DIZIONARIO
SHOGAKUKAN
giapponese-italiano

小学館

和伊中辞典

第2版

●監修=和田忠彦 ●編者=西川一郎

DIZIONARIO SHOGAKUKAN giapponese-italiano
Seconda edizione
小学館 和伊中辞典 第2版
© Shogakukan 1994, 2008

Printed in Japan

まえがき

　小学館『和伊中辞典』が刊行されてから14年が経った。この初版は，編者でいらした故西川一郎先生の多年にわたるイタリアにおける日本語教育の成果を存分に反映して，日本語を母語とする使用者の便宜を考慮するにとどまらず，イタリア語を母語とする日本語学習者にたいする配慮も行き届いた辞典として，画期的な双方向性をそなえていた。

　14年という歳月は，だが，当初予想もつかなかった大きな変化を世界にもたらした。ヨーロッパがひとつの共同体として数えきれないほどの矛盾や困難をかかえながら肥大していくなかで，イタリアの有様も社会構造をふくめ根底から変貌を遂げつつある。一方，日本社会もまたそうした変化と無縁でいられるはずもなく，みずからの居場所をもとめてゆれうごいているようにみえる。こうした状況のもと，ふたつの言語，日本語とイタリア語も否応なく変化を蒙っているとすれば，それを反映した辞典の改訂も必要かつ必然であるといえるかもしれない。

　今回の改訂にあたっては，先に挙げた初版の特性を活かしながら，イタリア語学習者が日本語による表現に即してイタリア語表現を組み立てるうえで，さらに使いやすい内容を盛りこみ実用性を高めることを第一に心懸けた。

　そのために，初版刊行以後に生じた世界情勢のめまぐるしい劇的な変化に対応して，時事用語や専門用語を大幅に追加したことは当然として，巻末には「固有名詞一覧」と「手紙の書き方」を新たに設け，複合語や慣用表現を網羅的に採録するなどして，いざ作文や会話にのぞむときに役に立つ生きたイタリア語へのアプローチが容易になるように工夫を凝らした。さらに「場面別会話表現集」や「用語集」を充実させるとともに，みずからイタリア語で表現を組み立て発信するために欠かすことのできない用例についても，日本語の表現との距離をできるかぎり縮めてイタリア語として自然な言い廻しとなるように努めた。

　これらの作業は，辞典の根幹をなす語義と用例の徹底した見直しを経てはじめて可能になる。だが幸いにして，この困難な作業にあたって，労を厭わず多彩な創意を如何なく発揮してくださるイタリア人の方がたのお力を得ることができた。日本（と日本語）にたいする卓越した理解とふかい愛情に根ざしたかれらの助力があったからこそ，ゆるぎない基点に立って改訂をすすめることができたと確信している。方がたに特段の謝意を述べておきたい。

　こうした改訂作業が実現の運びとなるまでに，執筆，編集，校正の面で，また資料提供のうえで，じつに多くの方がたのご協力を仰いだことは言うまでもない。お名前を掲げ感謝を申し上げ，第2版の改訂終了のよろこびを分かち合いたい。また近年のイタリアにたいする関心と理解の深化を反映して，専門研究者のみならず，一般の「イタリア応援団」と称すべき方がたからも，折にふれて懇切な指摘や助言，励ましのことばを頂戴した。こうした支えがあってこそその作業完遂であると，お礼を申し上げたい。そして最後まで，たゆまぬ努力と，そしてなにより挫けることのない意志と熱意をかたむけつづけた小学館外国語辞典編集部に心より感謝をおくる。

　これからも小学館『和伊中辞典』がひとりでも多くのイタリア語学習者と研究者の手に，そして願わくばひとりでも多くのイタリアに関心をいだく人びとの手にとどき末永く愛用されることを祈って筆を擱く。

2008年1月

和　田　忠　彦

第2版 執筆・校閲・編集協力者

監　　修	和田忠彦	東京外国語大学教授
編　　者	西川一郎	元ミラノ大学助教授

執筆・校閲　和田忠彦　　柱本元彦　　堂浦律子　　林　直美　　小林　勝
榊原志代　　服部文彦　　橋本勝雄　　遠藤礼子　　井上昭彦
武田　好　　萱野有美　　花本知子
八木宏美（環境用語）　椎名規子（法律用語）　西村暢夫（料理用語）
西村徹夫（ワイン用語）
Alessandro Clementi degli Albizzi　　Elena Ricci Sato
Cristina Banella　　Alessandro Giovanni Gerevini
Mizuko Ugo Yokote（建築用語）　　Maria Alfonsa Suzuki
Luca Saccogna　　Manuel Capriati　　Stefano Brandi
Stefania Baldi Satoh　　Giovanni Gnudi

編集協力　田吹侯子　　石川若枝　　石田聖子　　江川敦子　　小久保真理江
小林沙矢佳　笹岡俊夫　　佐藤徳和　　澤田恵子　　中山健一
袴田貴代　　本多曜子　　町田彩佳

装　　丁　太田徹也
地　　図　小学館クリエイティブ

制作企画：速水健司　　制作：山崎法一　　資材：森 雅彦　　販売：前原富士夫
宣伝：宮村政伸　　編集：森口弘子　井面雄次

****

初版 執筆・校閲・編集協力者

編集・執筆　西川一郎　　ミラノ大学助教授

執筆（基本語）　在里寛司　　一ノ瀬俊和　岡田由美子　尾形希和子　押場靖志
西端しづか　西村暢夫　　山本真司

執筆協力　内海正智　　小池真由美　佐藤栄利子　諏訪羚子　　関口英子
森口いずみ　山田裕子

会　　話　Ermanno Arienti　　Filippo Fiorentini　　町田 亘

専 門 語　池田孝江　　上田太蔵　　菊野正隆　　木戸星哲　　倉田　清
堺　憲一　　嶋津英郷　　末常尚志　　裾分一弘　　諏訪羚子
宗田好史　　高田和文　　戸谷渉子　　中沢純一　　中埜栄三
西本晃二　　藤田黎明　　前之薗幸一郎　森川貞夫　　横田佐保子
Maria Celeste　　Alma Lauria　　Carola Lodari　　Paolo Lodi
Corrado Molteni　　Nicoletta Spadavecchia

イタリア語校閲　Franco Corsi　　Maria Celeste　　Ermanno Arienti
Corrado Molteni　　Barbara Pizziconi　　Matilde Mastrangelo
Carla Erzingher　　Filippo Fiorentini　　Amalia Miglionico
Maria Roberta Novielli　　Fabiola Palmeri　　Giuseppina Parini
Caterina Salvati　　Marco Sbaragli　　Susanna Stori

全体調整　山田裕子　　森口いずみ　安田和代
編集協力　株式会社　文流（木戸星哲　宇賀神規子　上之薗昌子　武田欣子
立石弘子　元吉陽子）　川竹克直　　越山美樹　　白田雅子

初版まえがき

　日本語と西欧語との最初の接触がいつ生じたかは正確には決めがたいが，エンリケ航海王(1394-1460)によってスタートが切られた「大航海時代」の波が，1500年代の半ばに九州の岸辺を打ちはじめる．1543年（天文12）のポルトガル人の種子島漂着は，それが戦国時代の日本に二丁の鉄砲をもたらしたことから日本史の重要な一ページとなったが，それは日本と西欧との，より内面的な接触の始まりであった．6年後の1549年（天文18）には宣教師ザビエルが来日し，イエズス会の日本宣教が開始され，その動きの中で画期的な『日葡辞書』が刊行される(1603-04；慶長8-9)．これに携わった人々の名は残されていないが，収録語数32,000余という一事をもってしても，宣教師たちの熱気が伝わってくる．その後の蘭学の時代を経て，幕末にアメリカの医師でプレスビテリアン派の宣教師であるヘボンが『和英語林集成』第一版を慶応3年（1867）に刊行し，第二版を明治維新直後の明治5年（1872），第三版を14年後の明治19年(1886)に，その都度増補改訂しながら，江戸から東京への時代の激動を辞書編集の中で証言していることは，まことに興味あることである．われわれの編集作業中に「ベルリンの壁」も「ソ連」という国名も消えてなくなり，地図が次々と塗り替えられていくそのスピードに驚き，途方に暮れる，というのに似た経験を，明治維新と文明開化の激動の中でヘボンも味わったはずである．

　さて上述の二つの辞書の場合，日本語を見出し語に立てた「日本語－ポルトガル語」あるいは「日本語－英語」の二か国語辞典で，編者は日本語を学習しようとする外国人であった．やがて時代が移るにつれて，日本人が英作文を主目的として和英辞典などを編集する気運が高まり，明治・大正・昭和期には武信由太郎，斎藤秀三郎，勝俣銓吉郎などの優れた和英辞典が生まれた．二か国語辞典の編纂の作業は日本語と外国語の意味及び構文の比較研究を内包する．二か国語辞典の編集者が絶えず参照する国語辞典の恩恵を一方的に被るだけではなく，逆に欧米の意味論や辞書学が国語辞典の飛躍的進歩に貢献したという事実を見落としてはなるまい．

　明治以来二か国語辞典は，日本人が外国語を読み書きするという目的のもとに専ら編まれてきた．対（?）をなす外国語を母語とする人々の実用には，留意してこなかったのが実情である．この『和伊中辞典』も二か国語辞典の歴史の流れの中にあって，日本人の手によって日本人のために作られたものではあるが，実は和伊辞典を日本人の立場からだけでは考えられない事情が生じているのである．イタリアにおける日本語教育・学習の普及・拡大である．現在イタリアで正規の日本語講座のある大学，またはそれに準じる教育機関のある都市は次の通りである．ナポリ，サッサリ，ローマ，ウルビーノ，ピサ，シエナ，フィレンツェ，パヴィーア，ミラノ，ヴェネツィア，トリノの11都市で，ローマにはローマ大学，イズメオ（イタリア中亜極東協会），日本文化会館（国際交流基金）と，3つの大学レベルの講座があり，ミラノにはミラノ大学政経学部，ボッコーニ商科大学，イズメオ・ロンバルディア支部と，3つの講座がある．これらの講座は大小さまざまで，大学講座としてはナポリとヴェネツィアが大きく，新学期にはそれぞれ180人ほどの受講生を受け入れ，ミラノのイズメオは市立の夜間学校という特別の性格もあって，毎年200名を越える受講生がある．この学習者たちがもっと手軽に利用できる辞書を求めることは無理からぬことであるが，日本語部分を単にローマ字表記に移し替えた和伊辞典を作ることで解決できる問題ではない．それは極めて初歩的な障害を取り除くにすぎない．本来，漢字・かな混じりである日本語をローマ字表記辞典で読解しようとするのは，安易な実用主義であって，旅行者用などの簡便な日本語には役立っても，それ以上のものではあり得ない．なぜなら，イタリア語と日本語というまったく構造の異なった二言語の本格

的な辞典は、緻密な比較研究を基にして、できることなら「伊和」辞典と「和伊」辞典の編集方針が合体・融合できるほどに均質化されているのが理想である．「英伊／伊英」辞典や「仏伊／伊仏」辞典の場合には比較的容易に実現可能であるが、われわれもまたその方向に進もうとした．少なくともその意図はこの辞書のあちこちに見て取っていただけるかと思う．この『和伊中辞典』の中に「伊和」辞典の要素を採り入れて幾つかのイタリア語の意味論的な解明を試みたところなどがそれである．第二に、言葉というものはそれ自体が使われる環境なしには成りたたない．そのためにこの辞書には百科事典的要素も豊富に採り入れられている．それはイタリアの事情に関する情報であり、またイタリア人に説明するのに骨の折れる日本事情の知識でもある．

次に、あるいは編集陣の私事にわたることかもしれないが、私としては書き残しておきたいことがある．私は1970年代に、現在学習院大学でイタリア語を教えておられる白尺定雄氏といっしょに、ローマの日本文化会館で日本語講座を担当していた．その仕事の過程で700ページばかりの『和伊基本語辞典』を講座のイタリア人研究生の協力を得て編集し、それがローマ日本文化会館および国際交流基金によって刊行された．1976年の春であった．このころヴェネツィア大学で日本語を教えておられた西村暢夫氏の訪問をローマの文化会館に受け、和伊辞典を小学館から刊行することを勧められた．かねてからやってみたい仕事であった．

この辞書は多数の方々の共同作業の成果であり、今日の日を迎えるにあたり、17年間に及ぶ仕事の結実として共に完成の感慨を分かち合いたい．しかしこれらの協力者の参加の時期や期間はさまざまで、その役割にも自ずと相違があったことは当然であり、特に決定的な貢献のあった数名の編集参加者の名前を書き残しておくことは、編集責任者としての私の義務であるように思う．

イタリア人のインフォーマントとしては、編集作業の第一日目からほとんど最後まで厳密にイタリア語の校閲をしてくださったローマの Franco Corsi 氏と、編集作業の後半に仕事の中心がローマ・ミラノから東京に移った段階からの Ermanno Arienti 氏の貢献は決定的であった．全体のイタリア語部分の校閲をしたのは Maria Celeste 氏である．また編集責任者である私がミラノにいて東京にいないという事情を配慮して、小学館との間にあって編集プロダクションの機能を果たしていた文流は、木戸星哲氏を編集事務担当に当てた．そして特に強調しておかねばならないのは、山田裕子さんを中心に森口いずみさんと安田和代さんで構成された「全体調整」という編集実務の中核が、さまざまな創意を発揮したことである．私の心の中に、どうしても和伊辞典を創り出したいとの、悲願にも似たものが最初に芽生えてから、優に20年近くを閲したことになる．この短いともいえぬ歳月、終始われわれの作業を支えてこられた小学館に対し、敬意と感謝を表したい．

この辞書はご覧のような中辞典にすぎないが、激しい時代の流れの中、一人でも多くの読者に愛され、次代の辞書への土台として十分に役割を果たすことを念願しつつ、この仕事にピリオドを打ちたい．

1993年7月　　　　　　　　　　　　　　　　　　　　　　　　　　　　　西　川　一　郎

この辞典の使い方

1 見出し語

1.1 一般語, 略語, 接頭辞, 接尾辞, 擬態語など5万2千語を, ひらがなまたはカタカナで五十音順に配列し, 次の順序に従った.
清音 → 濁音 → 半濁音
促音, 拗音 → 直音
独立語 → 接頭語 → 接尾語

1.1.1 長音符「ー」は, その直前の文字を延ばした音をア行に置き換えて配列した.

　　ふうど　風土　／　フード〔英 food〕

1.2 見出し語はひらがなまたはカタカナで表し, その後に, それに相当する漢字あるいはアルファベットを, 外来語には原語を示した.

　　けむり　煙　fumo男
　　シーディー　CD
　　ブーツ〔英 boots〕stivali男[複]

1.3 使用頻度の高い重要語（1725語）は2行取りの大見出しとした.

1.4 複合語は主見出しの語の後に, 先頭の語の前に ♣ を置いて配列した.

　　しょうけん　証券…
　　♣証券会社…
　　　証券市場…

2 語義と訳語

2.1 語義の区分には **1**, **2**, …を, 慣用句, 複合語の中では (1), (2)… を用いた.
その中で訳語が並ぶときはカンマ（ , ）を, やや意味に隔たりがあるときはセミコロン（ ; ）を用いた.

2.2 語義の定義を《 》内に日本語で示し, そのあとにイタリア語の訳語を置いた.

　　しき　式　**1**《儀式》cerimonia…
　　　　　　2《様式》stile…

2.2.1 基本語などで大きな語義区分には【 】を用いた.

　　なか　中　**1**【物の内側】in, dentro …
　　　　　　2【範囲】in, fra …

2.3 変化形

2.3.1 語義に当たる名詞には男性・女性の区別をつけた. 男性名詞で女性形のあるものは [ ] 内に示した.

　　きょうじゅ　教授　profess*ore*男[女 -*essa*]

2.3.2 語尾変化のわかりにくい名詞・形容詞は変化部分をイタリック体で示し, [ ] 内に変化形を示した.

　　incend*io*男[複 -*i*]
　　artist*ico*[男複 -*ci*]

2.3.3 単数・複数同形の名詞には [無変] と示した.

　　toccasana男[無変]

2.3.4 essere, rimanere などの「自動詞不定形＋形容詞」で示されるとき, 主語の性・数によって変化する形容詞の語尾部分はイタリック体とした.

　　essere allegr*o*

2.4 自動詞には学習上の便宜を図るために自明のものを除き, 自動詞であることを自で示した. さらに複合時制を作る場合の助動詞を avere を取るものには [*av*], essere を取るものには [*es*] と示した.

　　rispondere自[*av*]
　　rimpatriare自[*es*]

他動詞のうち, 目的語なしでも用いられる語には, 他の後に（▶単独でも可）と示した.

　　おがむ　拝む…pregare他（▶単独でも可）

2.5 結びつきの強い前置詞を訳語の後に示した.

　　andarsene 《から da》

2.6 文型の指示, 前置詞とのつながりを示した.

　　di＋不定詞, che＋接続法
　　a *qlcu.*

2.7 名詞の性・数により語形が変わる所有形容詞はイタリック体の *proprio* で表した.

　　呼吸を整える controllare il *proprio* respiro

2.8 補語人称代名詞の一般形にはイタリック体の *sé* を用いた. 強勢形は *se* stesso.

2.9 日本語のローマ字表記にはヘボン式を用い, イタリック体とした.

　　judo, kimono, haiku, kabuki

2.10 派生語は語義・訳語の後に ◇ を用いて示した.

　　はっけん　発見　scoperta女　◇発見する scoprire…

3 用 例

3.1 語義を示した後に ¶ に続けて挙げた．
イタリア語訳が2つ以上あるときには / を用いて並列した．

3.2 用例の日本語が諺である場合は《諺》と記した．また，イタリア語の訳文が諺である場合はそのイタリア語文を " " で囲んだ．

3.3 訳文中の単語あるいは訳の一部が入れ替え可能であるときは，入れ替え可能部分を [ ] で囲んだ．入れ替え部分がわかりにくい場合は入れ替えが始まるところに「 を置いた．

3.4 省略可能な部分は日本語，イタリア語ともに ( ) で囲んだ．

3.5 見出し語が商標であるときは《商標》と示した．イタリア語の訳語が商標であるときは訳語の後に（▶商標）と示した．

4 慣用表現

日本語の慣用表現を用例の後に続けて 慣用 を用いて並べた．

5 アクセント・発音

5.1 イタリア語のアクセント位置の表示は語末から2つ目の母音に落ちない場合にのみ母音字に下線（ ˍ ）を付けて示した．
　　utile

5.2 s, z の清音・濁音の区別を濁音になる文字の下に点（.）を付けて示した．
　　realiṣmo
　　organiẓẓazione

5.3 gli を [gli], gn を [gn] と読む場合は音標文字によって示した．
　　negligente [-gli-]
　　gneiss [gnɛ-]

5.4 訳語がイタリア語以外の外国語で，発音がわかりにくい語や，イタリア的な発音がされる語などには適宜，音標文字による発音を示した．

6 コラム

6.1 類語の使いわけを 使いわけ，語法上の注意事項を 語法，語形上の注意事項を 語形 としてあげた．

6.2 見出し語に関連する語を 関連 欄でまとめた．

6.3 参考となる記述を 参考 欄で挙げた．

6.4 日本固有の文化や事象について 日本事情 の囲みで記述した．

6.5 実際の会話場面で使える会話文を「会話」のコラムとして載せた．

6.6 専門分野の用語を「用語集」として収録した．

7 記号類

記号	意味
慣用	日本語の慣用表現
関連	見出し語に関連する単語
参考	主に文化的な参考記事
使いわけ	類語の使い分け
語法	語法上の注意事項
語形	語形上の注意事項
◇	派生語を示す
♣	複合語の始まり
▶	語法・文法上の説明
◆	文化的背景の解説
¶	用例
⇌	同義語，記述参照
( )	省略可能な語句
《 》	語義の定義
【 】	大きな区分の語義の定義
《 》	イタリア語のスピーチレベル
	地域語の表示
[ ]	置き換え可能な語句
《 》	結びつきの強い前置詞
/	[ ] 内で前後の語句の入れ替え可能
	2つ以上の用例を並べるとき
「	置き換え可能な語句の始まり
〔 〕	外国語名
	外国語の原語
[ ]	名詞・形容詞の変化形
	複合時制を作るときの助動詞の区別
	発音記号
〈 〉	qlcu. に対する日本語訳「人」を示す
〚 〛	専門語の分野名
" "	イタリア語の会話文，作品名，諺，掲示文，表示文など
「 」	日本語の会話文
『 』	日本語の作品名
+	文型の指示
qlcu.	人を表す名詞(qualcuno の略)
ql.co.	物を表す名詞(qualcosa の略)
男	男性名詞，男性形
女	女性名詞，女性形
[複]	複数形
[無変]	単数・複数同形
自	自動詞
他	他動詞

《擬》	擬音語, 擬態語		〔光〕	光学
《俗》	俗語		〔鉱〕	鉱物
《話》	口語		〔工〕	工学
《文》	文語		〔工芸〕	工芸
《詩》	詩語		〔古ギ〕	古代ギリシア
《親》	親密語		〔古生〕	古生物
《卑》	卑語		〔古ロ〕	古代ローマ
《蔑》	軽蔑語		〔昆〕	昆虫
《諷》	風刺語		〔コンピュータ〕	コンピュータ
《諧》	諧謔語		〔財〕	財政学
《隠》	隠語		〔魚〕	魚類
《稀》	稀用語		〔史〕	歴史
《比喩的》	比喩的な用法		〔詩学〕	詩学
《婉曲》	婉曲用法		〔写〕	写真
			〔宗〕	宗教
〔ラ〕	ラテン語		〔修辞〕	修辞学
〔英〕	英語		〔商〕	商業
〔仏〕	フランス語		〔植〕	植物
〔独〕	ドイツ語		〔心〕	心理学
〔ス〕	スペイン語		〔人類〕	人類学
〔ポ〕	ポルトガル語		〔数〕	数学
〔ギ〕	ギリシャ語		〔スポ〕	スポーツ
〔蘭〕	オランダ語		〔聖〕	聖書
〔ロ〕	ロシア語		〔政〕	政治
〔梵〕	サンスクリット		〔生〕	生物
			〔生化〕	生化学
〔医〕	医学		〔空〕	航空
〔印〕	印刷		〔地〕	地理学
〔映〕	映画		〔地質〕	地質学
〔織〕	織物		〔彫〕	彫刻
〔音〕	音楽		〔通信〕	通信
〔音声〕	音声学		〔テ〕	テレビ
〔化〕	化学		〔哲〕	哲学
〔貝〕	貝類		〔鉄道〕	鉄道
〔解〕	解剖学		〔天〕	天文学
〔会〕	会計学		〔電〕	電気
〔カト〕	カトリック		〔電子〕	電子工学
〔神〕	神学		〔土〕	土木
〔官庁〕	官庁用語		〔統〕	統計学
〔気〕	気象学		〔動〕	動物
〔機〕	機械		〔鳥〕	鳥類
〔幾何〕	幾何学		〔農〕	農業
〔ギ神〕	ギリシャ神話		〔美〕	美術
〔行政〕	行政		〔服〕	服飾
〔キリ〕	キリスト教		〔物〕	物理学
〔金融〕	金融		〔仏教〕	仏教
〔薬〕	薬学		〔船〕	船舶
〔車〕	自動車		〔文学〕	文学
〔軍〕	軍事		〔文法〕	文法
〔経〕	経済		〔法〕	法律
〔芸〕	芸術		〔冶〕	冶金
〔劇〕	演劇		〔ラジ〕	ラジオ
〔建〕	建築		〔料〕	料理
〔言〕	言語学		〔ロ神〕	ローマ神話
〔考〕	考古学		〔論〕	論理学

会話, 用語集, 図版, 関連用語, 語法, 使いわけ一覧 (数字は掲載ページ)

会話集

あいさつ	Saluti	2
駅で	Alla stazione	162
買い物	Spese	247
銀行で	Alla banca	415
空港で	All'aeroporto	424
警察で	Alla polizia	462
時間	Tempo cronologico	634
タクシー	Taxi	938
天気	Tempo atmosferico	1080
電話	Telefono	1091
バス	Autobus	1282
病院で	All'ospedale	1366
ホテルで	All'albergo	1486
道を尋ねる	Chiedere Informazioni stradali	1543
郵便局で	Alla posta	1640
レストランで	Al ristorante	1718

専門用語集

医学	Medicina	70
映画	Cinematografia	156
演劇	Teatro	170
音楽	Musica	226
数	Numero	280
環境	Ambiente	328
気象	Meteorologia	360
教育	Istruzione	388
キリスト教	Cristianesimo	408
建築	Architettura	490
昆虫	Insetti	573
コンピュータ	Computer	574
自動車	Automobile	670
植物	Piante	748
スポーツ	Sport	821
政治	Politica	829
聖書	Bibbia	831
テレビとラジオ	Televisione e Radio	1078
動物	Animali	1112
農業	Agricultura	1241
美術	Arte	1340
文学(1)	Letteratura	1430
文学(2)	Letteratura	1432
法律	Diritto	1472
料理	Cucina	1704
ワイン	Vino	1736

図版

家	67
犬	106
駅	161
干支(えと)	165
オートバイ	185
階	233
絵画	234
顔	251
鍵	256
楽譜	266
家系図	270
オーケストラ	294
楽器	295
かばん	305
歌舞伎舞台	306
かぶと	307
体	315
ギター	365
着物	377
教会建築様式	391
靴	436
下駄	472
こけし	536
琴	552
昆虫	572
魚	593
サッカー	605
下着	655
自転車	667
自動車	669
尺八	687
三味線	691
笙	723
鉦鼓	729
食器	754
数字：手書きの数字	789
スキー	793
図形	797
製図用具	832
生徒	836
石柱	844
潜水具	866
千羽鶴	872
草履	889
大工道具	916
太鼓	917
台所	926
足袋	960
地球	984
調理器具	1007
月	1024
鼓	1035
天気図，天気記号	1082
天狗	1083
テント	1087

灯籠	1116
鳥居	1151
なべ	1184
能舞台	1240
俳句	1260
バスルーム	1280
パラシュート	1307
ハンググライダー	1315
箪笥(たんす)	1346
日除け	1371
ベッド	1446
帽子	1462
本	1492
窓	1517
御輿	1535
洋服	1660
ヨット	1671
ラグビー	1684
立体	1694
ワイシャツ	1734

日本事情

生け花	78
いろは歌	118
浮世絵	128
干支(えと)	165
温泉	228
かな	301
歌舞伎	306
カルタ	319
漢字	332
着物	377
義理と人情	405
敬語	460
五十音	543
戸籍	545
こたつ	547
茶道	609
塾	708
正月	726
鮨	799
相撲	816
歳暮	838
節分	852
銭湯	870
先輩	871
そば	902
畳	948
七夕	957
天ぷら	1089
床の間	1131
鍋物	1184
年賀状	1236
能	1239

俳句	1260
花見	1298
判子(はんこ)	1316
彼岸	1330
風呂	1425
忘年会	1467
盆	1493
味噌	1541
餅	1598

主な関連用語・参考

関連	愛称:イタリア人の愛称	4
参考	アクセント:イタリア語のアクセント	16
関連	雨	44
参考	アルファベット:電話などでイタリア語のつづりを伝える	53
参考	いただく:「いただきます」の表現	87
関連	馬	144
参考	エピファニア	166
関連	汚染	200
関連	カード	232
関連	会社	239
参考	ガイド	243
関連	刀:刀の部分名称	288
関連	株:株の種類	306
関連	髪形	310
関連	革:革の種類	321
参考	願(がん)	324
関連	貴族:貴族の爵位	364
参考	共産党:イタリア共産党	394
関連	銀行:銀行のいろいろ	414
参考	区:イタリアの行政区分	420
関連	薬	430
参考	口癖:イタリア人の口癖	434
関連	経済	461
関連	経済学	461
参考	警察:イタリアの警察	462
関連	競馬	465
関連	化粧:化粧品と化粧道具	471
参考	県	480
参考	講師	509
関連	コーヒー	527
関連	国債:イタリアの主な国債	531
関連	裁判所	589
関連	サッカー	605
関連	市場(しじょう)	647
関連	地震	648
関連	使徒:十二使徒	668
関連	資本	679
関連	祝日:日本の国民の祝日/イタリアの国民の祝日	709
関連	証書	732
関連	新聞:イタリアの主な新聞/新聞の紙面構成	778

| 関連 | スカート：スカートの種類 ……791
| 関連 | スト：ストライキの種類…………806
| 関連 | 税：税金の種類 …………………822
| 関連 | 星座 ……………………………827
| 参考 | 成績：イタリアの学校における
   成績のシステム ………………833
| 関連 | 政党：日本の主な政党 …………836
| 関連 | 大罪：七つの大罪 ………………918
| 関連 | 手形 ……………………………1061
| 関連 | 電池 ……………………………1087
| 関連 | 投資 ……………………………1102
| 関連 | 時計：時計の部分名称…………1129
| 関連 | トランプ ………………………1150
| 関連 | ナッツ …………………………1180
| 参考 | ばつ（×）……………………1287
| 参考 | 日付：日付の表記………………1347
| 関連 | ベッド：ベッドの種類…………1445
| 関連 | 宝石：宝石の種類………………1464
| 参考 | ボーナス ………………………1472
| 関連 | 保険 ……………………………1477
| 関連 | 豆：豆の種類……………………1521
| 関連 | 労働組合：イタリアの主な労働
   組合 …………………………1726

語法・使い分け・語形

| 使いわけ | 間：per と in ……………………5
| 使いわけ | 朝：
   mattina, mattino, mattinata ……20
| 使いわけ | あそこ：là と lì ………………25
| 使いわけ | 遊ぶ：giocare …………………26
| 使いわけ | 頭：testa と capo ……………28
| 語法 | 新しい：nuovo の位置 …………29
| 語法 | あなた：tu, lei, voi ……………38
| 語形 | いい：buono と bello …………62
| 使いわけ | 行く：andare と venire ………76
| 使いわけ | 石：
   pietra, sasso, macigno, masso …80
| 語法 | 以上：「10人以上」の言い方 ……83
| 使いわけ | 疑う：
   dubitare と sospettare …………135
| 語法 | 大きい：grande …………………183
| 語法 | 贈り物：
   regalo, dono, presente …………192
| 使いわけ | 教える：
   insegnare, istruire, educare ……197
| 使いわけ | 思う：pensare, credere,
   ritenere, temere, trovare ………217
| 使いわけ | 顔：
   faccia, viso, volto, aspetto ………252
| 使いわけ | 風邪：
   raffreddore と influenza ………283
| 語法 | かまう：
   non mi importa (di) + 不定詞…308
| 語法 | 感謝：感謝の気持ちを表現する………333

| 語法 | 簡単：semplice …………………337
| 使いわけ | 頑張る：Forza! ………………340
| 使いわけ | 聞く・聴く：
   ascoltare, sentire, udire …………354
| 使いわけ | 軍隊：
   arma, esercito, forze, truppe …455
| 使いわけ | 後悔：
   rimorso と rimpianto …………502
| 使いわけ | ごめん：
   scusare と perdonare …………563
| 語形 | －歳：数詞＋anni ………………580
| 使いわけ | 詩：poesia と poema …………624
| 語法 | 写真：…の写真を撮る …………688
| 語法 | 出発：partire …………………716
| 語法 | 職業：職業を尋ねられたとき …745
| 語法 | 序数：序数の作り方 ……………751
| 使いわけ | 知る：
   conoscere, sapere, ignorare ……761
| 使いわけ | 推測：推測する supporre,
   presumere, congetturare,… ……785
| 語法 | 数字：数字を使った表現………789
| 語法 | 好き：piacere …………………793
| 使いわけ | 少し：poco と un po' ………798
| 使いわけ | すべて：tutto, ogni, intero ……810
| 使いわけ | すみません：
   "Scusi" / chiedere scusa と
   chiedere perdono ………………815
| 語形 | 聖：santo ………………………821
| 使いわけ | ーたい：
   volere と avere voglia di ………911
| 語法 | 小さい：piccolo ………………980
| 使いわけ | 冷たい：freddo と fresco …1042
| 使いわけ | 飛ぶ・跳ぶ：
   volare と saltare ………………1145
| 語法 | ーに：…に行く andare＋前置詞…1200
| 語法 | ーに：日付＋ーに ……………1200
| 使いわけ | ーので：poiché と perché …1247
| 語法 | パーセント ……………………1257
| 使いわけ | 幅：ampiezza と larghezza 1301
| 使いわけ | 服：
   vestito, abito, abbigliamento…1390
| 語法 | 古い ……………………………1421
| 使いわけ | 待つ：
   aspettare と attendere ………1514
| 使いわけ | 見る：vedere と guardare …1555
| 使いわけ | 目指す：
   aspirare, puntare, mirare ……1582
| 語法 | もらう：…してもらう ………1609
| 語法 | 約 ………………………………1617
| 使いわけ | 山登り：alpinismo,
   trekking, camminata,… ………1629
| 語法 | 優秀：bravo …………………1637
| 使いわけ | 練習：esercizio,
   allenamento, prova …………1722

あ

ああ 1《あのように》in quel modo, così ¶ああすればよかった. Sarebbe stato meglio se avessi fatto così. ¶ああするより仕方がなかった. Non si poteva fare altrimenti. ¶彼はああ見えて根は善良だ. Nonostante l'apparenza, è una brava persona. ¶彼女はああでもないこうでもないと決めかねている. Pensa e ripensa ma non riesce a decidere. ¶彼は私のやることに，ああでもないこうでもないとケチをつけたがる. Non fa che criticare tutto quello che faccio io. ¶彼はああ言えばこう言う. Ha sempre una scusa pronta. / È sempre pronto a contraddirmi!
2《否定的な意味合いを込めて，あれほど，あんなに》fino a quel punto, così ¶ああおしゃべりじゃかなわない. Non sopporto una persona così chiacchierona. ¶彼女のことを，ああまで言わなくてもかろうに. Non c'era bisogno di parlare così male di lei.

ああ 1《感動したり，嘆いたりして》ah, oh;《嘆いて》ahimè ¶ああ，うれしい. Ah, sono proprio contento! 2《呼びかける時に発する》¶ああ，それは開けちゃだめだ. Ehi [Attenzione], non aprirlo! 3《返事》sì

ああいう《あのような，あんな》come quello, così ¶ああいう男 un uomo come quello ¶ああいうこと una cosa simile ¶彼はああいう人だ È fatto così. ¶ああいうことをしてはいけない. Non si deve fare una cosa del genere. ¶私は彼のああいうもったいぶったところがいやだ. Non mi piacciono tutte quelle arie che si dà.

アーカイブ〔英 archive〕《コンピュータ》archivio㊚《複 -i》

アーケード〔英 arcade〕《建》galleria㊛, porticato㊚, portico㊚《複 -ci》;《商店街》arcata㊛

アース〔英 earth〕《電》terra㊛, massa㊛
◇アースする mettere ql.co. a (far) massa, scaricare a terra [a massa] ql.co.
✿アース線《板》filo㊚ [piastra㊛] di terra
✿アースデー《地球の日》Giornata㊛ (mondiale) della Terra;〔英〕Earth Day㊚《無変》(◆4月22日)

アーチ〔英 arch〕《建》arco㊚《複 -chi》¶アーチ状に ad arco
✿アーチダム diga㊛ ad arco [a volta unica]

アーチェリー〔英 archery〕《スポ》tiro㊚ con l'arco

アーティスト〔英 artist〕artista㊚《㊛》《複 -i》

アーティチョーク〔英 artichoke〕《植》carciofo㊚

アート〔英 art〕《芸術, 美術》arte㊛
✿アート紙 carta㊛ patinata

アートシアター〔仏〕cinéma㊚《無変》d'essai;《特に実験映画の》teatro㊚ sperimentale

アートディレクター direttore㊚《㊛ -trice》artistico《㊚複 -ci》

アーム〔英 arm〕《腕状の物》braccio㊚《複 -ci》
✿アームチェア poltrona㊛
✿アームホール《服》giromanica㊚《複 -che》

アーメン〔ヘブライ語 amen〕Amen!, Così sia!

アーモンド〔英 almond〕mandorla㊛

アール〔仏 are〕《面積の単位》ara㊛;《記号》a

アールエイチ Rh ¶Rhプラス[マイナス] Rh㊚《無変》positivo [negativo]
✿Rh因子《生》fattore㊚ Rh [Rhesus], antigene㊚ Rh

アールしてい R指定 ◇R指定の vietato ai minori

アールデコ〔仏 art déco〕《美》art déco [ardekó]㊚《無変》¶アールデコの家具 mobili art déco

アールヌーボー〔仏 art nouveau〕《美》art nouveau [arnuvó]㊚《無変》

あい 藍《植》indigofera㊛ giapponese;《染料, 色》indaco㊚《複 -chi》¶青は藍より出でて藍より青し.《諺》"L'allievo talvolta supera il maestro."
✿藍染め tintura㊛ con l'indaco

あい 愛 amore㊚;《情愛》affetto㊚, bene㊚;《好意》affezione㊛;《優しさ》tenerezza㊛;《愛着, 執着》attaccamento㊚;《慈愛》benevolenza㊛, carità㊛;《神の慈愛》grazia㊛;《敬愛》adorazione㊛, devozione㊛;《慈愛, 隣人愛》carità㊛ ¶親を思う子の愛 amore filiale ¶夫婦愛 amore [affetto] coniugale ¶友愛 fraternità ¶大きな愛 Amore con la A maiuscola ¶愛をこめて con amore /《情愛》con affetto / affettuosamente ¶愛のない結婚 matrimonio senza amore ¶愛の証し pegno [prova] d'amore ¶報われぬ愛 amore non corrisposto ¶〈人の〉愛をかちとる[失う] conquistare il cuore [perdere l'amore] di qlcu. ¶愛をささやく sussurrare parole d'amore a qlcu. ¶愛を告白する dichiarare il proprio amore a qlcu. ¶永遠の愛を誓う giurare amore eterno

あいあいがさ 相合傘 ¶相合傘で行く camminare stretti stretti sotto lo stesso ombrello ¶相合傘の落書き graffito per denunciare il legame affettivo vero o presunto tra due persone

あいいれない 相容れない《妥協できない》essere inconciliabile con ql.co.;《両立しない》essere incompatibile con ql.co.;《対立する》essere contrastante;《反対している》essere contrario《複 -i》a ql.co. [a qlcu.] ¶相容れない意見 punti di vista inconciliabili

あいうち 相打ち ¶相打ちになる colpirsi contemporaneamente (con qlcu.)

アイエーイーエー IAEA《国際原子力機関》Agenzia㊛ Internazionale per l'Energia Atomica;《略》AIEA㊛

アイエムエフ IMF《国際通貨基金》Fondo㊚ Monetario Internazionale;《略》FMI㊚

アイエルオー ILO Organizzazione[女] internazionale del lavoro; 《略》 OIL [ɔ́il][女]; 〔英〕 ILO[女]
✤ILO憲章 Statuto[男] dell'Organizzazione internazionale del lavoro

あいえんか 愛煙家 (grande) fuma*tore*[男][女 -*trice*]; amante[男][女] del fumo

アイオーシー IOC 《国際オリンピック委員会》 Comitato[男] Internazionale Olimpico; 《略》 CIO [tʃío][男]

あいかぎ 合鍵 《複製した》 duplicato[男] di una chiave; 《マスターキー》〔仏〕 passe-partout[男][無変]; chiave[女] comune; 《泥棒などの》 chiave[女] falsa

あいかた 合方 《歌舞伎》 accompagnamento[男] con lo *shamisen* per il narratore del *kabuki*; 《謡曲のはやし方》 accompagnamento[男] per il canto (salmodico) del teatro *nō*

あいかた 相方 《相手》 l'altr*o*[男][女 -*a*]; 《相手役》〔英〕 partner[男][女][無変]

あいがも 合鴨 〔鳥〕 incro*cio*[男][複 -*ci*] tra l'anatra selvatica e quella domestica

あいかわらず 相変わらず come sempre ¶彼は相変わらずだ. Lui è sempre lo stesso. ¶彼は相変わらず貧乏だ. È povero come「sempre [al solito]. ¶君は相変わらず若いね. Ti mantieni sempre giovane. ¶彼女は相変わらずの完璧主義者だ. Lei è la solita perfezionista. ¶医者に止められても彼は相変わらずタバコを吸っている. Continua a fumare nonostante il divieto del dottore.

あいかん 哀感 tristezza[女], malinconia[女]; 《文学などの》 pathos[男][無変]

あいかん 哀歓 gioie[女][複] e dolori[男][複], felicità[女] e tristezza[女] ¶人生の哀歓を知る[味わう] provare [assaporare] le gioie e i dolori della vita

あいがん 哀願 implorazione[女], supplica[女] ◇哀願する supplicare [implorare / pregare] *qlcu.*「di + [不定詞] [che + [接続法]], supplicare [implorare] *ql.co.* da *qlcu.*

あいがん 愛玩 ◇愛玩する vezzeggiare, coccolare
✤愛玩犬 cane[男] da compagnia ⇀犬 [図版]
愛玩動物 animale[男] prediletto

あいぎ 合着 ⇀合服

あいきどう 合気道 *aikido*[男][無変]

あいきゃく 相客 《同室の人》 compagn*o*[男][女 -*a*] di stanza; 《共に食事などに招待された人》 commensale[男][女], convitat*o*[男][女 -*a*]; 《乗り合わせた客》 vicin*o*[男][女 -*a*] di posto, compagn*o*[男][女 -*a*] di viaggio

アイキュー IQ 《知能指数》 quoziente[男]「d'intelligenza [intellettivo]; 《略》 QI[男]

あいきょう 愛敬 **1**《愛らしくかわいい》 ◇愛敬のある amabile, piacevole, simpati*co* [男複 -*ci*], sorridente ◇愛敬のない scostante **2**《商人や芸人の》 comportamento[男] complimentoso, blandizie[女][複], compiacenza[女] ¶愛敬をふりまく profondersi in complimenti e sorrisi ¶ご愛敬に何か歌います. Canterò qualcosa per divertirvi. **3**《こっけいなこと》 ◇愛敬のある faceto, divertente, buffo

---

《 会 話 》 あいさつ Saluti

◎(敬称 lei で話す相手に) △(親称 tu で話す相手に) ○(両方に使える表現)

あいさつをする
おはようございます. / こんにちは.
◎Buongiorno. (►朝から昼食まで, 地域によっては夕方まで用いる)
こんにちは. / こんばんは.
◎Buonasera. (►午後から用いるが, 地域と季節によっては夕刻から用いる. 別れのあいさつとしては, 午後も夜も用いる)
おはようございます. / こんにちは. /こんばんは.
△Ciao!
○Salve.

自分の名前を言う
私は…です.
○Sono... / Mi chiamo...

名前を尋ねる
お名前はなんとおっしゃいますか.
◎Come si chiama? / 《電話・役所などで》 (Qual è) il suo nome, prego?
△Come ti chiami? / 《電話・役所などで》 (Qual è) il tuo nome?

人を紹介する
こちらは…さんです.
◎Questo è il signor... / Questa è la signora [la signorina]... / Questi sono i signori ... / Queste sono le signore [le signorine] ... / Questi sono il signor e la signora...
△Questo è... / Questa è... / Questi sono... / Queste sono...
…さんを紹介します.
◎Le presento...
△Ti presento...

紹介に答える
はじめまして.
◎Molto liet*o*. / Come sta? / Come va? / Liet*o* di conoscerla.
○Piacere.
△Come stai?

国籍や出身地を尋ねる
どちらの出身ですか.
◎Da dove viene? / Di dove è? / 《役所などで》 Di che nazionalità è (lei)?
△Da dove vieni? / Di dove sei? / 《役所などで》 Di che nazionalità sei (tu)?

国籍や出身地を答える
日本人です.
○Sono giapponese.

あいくるしい 愛くるしい ¶愛くるしい赤ん坊 bambino dolcissimo

あいけん 愛犬 il *proprio* cane㊚
✤**愛犬家** cino*filo*㊚[㊛ *-a*]

あいこ 相子《同点》par*eggio*㊚[複 *-gi*], pari*ta*㊛; partita㊛ pari ¶これでおあいこだ. Con questo siamo pari e patta.

あいこ 愛顧 ¶永らくご愛顧いただき,ありがとうございました. La ringraziamo di essere stato nostro cliente affezionato.

あいご 愛護 protezione㊛, tutela㊛ ¶動物愛護 protezione [tutela] degli animali

あいこう 愛好 ◇愛好する amare, essere appassionato [amante] di *ql.co.*
✤**愛好家** appassionato㊚[㊛ *-a*] di *ql.co.*, amante㊚㊛ di *ql.co.*

あいこうしん 愛校心 amore㊚ per la *propria* scuola [università]

あいこく 愛国 ◇愛国的 patri*ottico*[㊚複 *-ci*] ¶非愛国的 antipatri*ottico*
✤**愛国者** patri*ota*㊚㊛[㊚複 *-i*]
愛国心 patriott*ismo*㊚ ¶狂信的愛国心 scioviniṣmo

あいことば 合い言葉《合図の言葉》segnale㊚ convenuto;《戦争などで》parola㊛ d'*ordine*;《スローガン》*motto*㊚ [無変] ¶味方に合い言葉で答える dare la parola d'*ordine*[il segnale convenuto] all'amico ¶「安全第一」を合い言葉に sotto lo ṣlogan "La sicurezza prima di tutto"

アイコン 〔英 icon〕《コンピュータ》icona㊛

アイコンタクト 〔英 eye contact〕◇アイコンタクトをとる comunicare con lo ṣguardo; ammiccare

あいさい 愛妻 m*oglie*㊛[複 *-gli*] adorata ¶愛妻を亡くす perdere l'amata moglie
✤**愛妻家** marito㊚ devoto [molto innamorato della moglie]

あいさつ 挨拶 **1**【動作・言葉による】sal*uto*㊚;《ひざを折り身をかがめたお辞儀》riverenza㊛;《儀礼的な》convenevoli㊚[複] ◇あいさつする salutare *qlcu.*, fare [dare] un saluto a *qlcu.*;《儀礼的に》fare i convenevoli;《堅苦しく》rivolgere [rendere] il saluto a *qlcu.*;《敬意を示して》osseguiare *qlcu.*;《互いに》salutarsi, scambiarsi [ricambiare] i saluti ¶軽く会釈して[うなずいて/握手して]あいさつする salutare (*qlcu.*) con un leggero inchino [con un cenno del capo / con una stretta di mano] ¶おはよう[今晩は]とあいさつする dare il buongiorno [la buonasera] ¶別れのあいさつをする accomiatarsi /《永遠の》dire addio ¶《人》にあいさつを返す ricambiare [restituire] il saluto a *qlcu.* ¶彼はあいさつもせず行ってしまった. Se n'è andato senza salutare [senza una parola di saluto].
2【催し物・式典の祝辞】discorso㊚[parole㊛[複]] di saluto;《開会の辞》discorso㊚ inaugurale ¶あいさつを述べる pronunciare [fare / rivolgere / formulare] un saluto ¶ひとことあいさつする dire qualche breve parola di saluto ¶歓迎のごあいさつを申し上げます. Mi ritengo mol-

---

日本から来ました.
○Vengo dal Giappone.
東京出身です.
○Sono di Tokyo.

別れるとき
さようなら.
◎Arrivederla. (▶単数の相手に)/ Arrivederci. (▶複数の相手に)/ Buongiorno. / Buonasera.
○Arrivederci. / Buonanotte. (▶就寝時に近い夜遅くに用いる)
△Ciao.
じゃあまた.
△Ci vediamo.

応用例
またあとで.
A più tardi.
あとでね.
A dopo.
じゃあまた. / 近いうちに.
A presto.
よいご旅行を. / お気を付けて.
Buon viaggio.
幸運を祈ってます. / うまくやれよ.
Buona fortuna(, mi raccomando)!
さようなら.
Addio. (▶二度と,または長く会わない人に)
がんばってね.
In bocca al lupo! (▶受験者などに対して)
ありがとう.
Crepi (il lupo)! (▶ In bocca al lupo! に対する返事)
どうぞ. / お願いします. / どういたしまして.
Prego.
おめでとう. / 成功を祈っています. /《病気の人に》早くよくなってください.
Auguri.
お会いできてうれしかったです.《別れ際に》
Mi ha fatto piacere conoscerla.
田中さんをご紹介します.
Mi permetta di preṣentarle il signor Tanaka.
友達を紹介するよ.
Ti preṣento un mio amico.
奥様によろしくお伝えください.
La prego di salutarmi sua moglie [《話者が男性》la sua signora].
ご主人によろしく.
Tanti saluti a suo marito.
お兄さん[弟さん]によろしくね.
Salutami tuo fratello.

to onorato di pronunciare queste parole di benvenuto.

3【「ごあいさつ」の形で】 ¶これはごあいさつだね.《皮肉を込めて》Che razza di risposta è mai questa?

4【儀礼的な言葉・書状】 ¶新年［時候］のあいさつ gli auguri di Capodanno［di stagione］ ¶あいさつ回りをする fare un giro di visite di cortesia

✤**あいさつ状** biglietto[男]［cartolina[女]］d'auguri;《通知状》annun*cio*[男]［複 *-ci*］ ¶あいさつ状を出す mandare［inviare］i *propri* saluti a *qlcu.*

あいじ 愛児 [定冠詞]＋*proprio*［amato / caro］fi*glio*[男]［[女] *-glia*; [男]複 *-gli*］

アイシー IC 〘電子〙《集積回路》circuito[男] integrato;《略》〔英〕IC[男]［無変］

✤ **ICカード** carta[女] con circuito integrato

アイシービーエム ICBM 《大陸間弾道ミサイル》〘軍〙missile[男] balisti*co*［複 *-ci*］intercontinentale;《略》〔英〕ICBM[男]［無変］

あいしゃ 愛車 la *propria* automobile[女]［macchina[女]/ auto[女]［無変］/《二輪》moto[女]［無変］］adorata

アイシャドー 〔英 eye shadow〕 ombretto[男] ¶アイシャドーを塗る darsi［mettersi］l'ombretto (sulle palpebre)

あいしゅう 哀愁 tristezza[女], malinconia[女], mestizia[女], amarezza[女]; dolore[男] ¶哀愁を感じる sentirsi trist*e*［malinconi*co*［[男]複 *-ci*］］/ sentire［provare］malinconia

あいしょう 相性 ¶あの２人は相性がいい. Quei due「vanno molto d'accordo ［sono fatti l'uno per l'altro］. ¶獅子座と魚座は相性がよくない. Il Leone e i Pesci sono incompatibili.

あいしょう 愛称 appellativo[男] affettuoso, vezzeggiativo[男];《縮めた名前》diminutivo[男];《あだ名, 通称》soprannome[男], nomignolo[男]

> [関連]
> **イタリア人の愛称** (vezzeggiativo)
> 《**男性**》Carluccio (Carlo). Cecè (Cesare). Cecco, Checco (Francesco). Nico (Nicola). Enzo (Lorenzo, Vincenzo, Renzo). Gianni, Nanni (Giovanni). Gigi, Gino (Luigi). Mimmo (Domenico). Nardo (Leonardo). Piero (Pietro). Pippo (Filippo, Giuseppe). Tonio (Antonio). Totò (Salvatore).
> 《**女性**》Bice (Beatrice). Gabry (Gabriella). Giusy (Giuseppina). Lena, Nena (Maddalena). Mimì (Emilia, Emma). Nunzia (Annunziata)

あいじょう 愛情 amore[男], affetto[男], affezione[女] ¶愛情のある affettuoso / pieno di amore ¶愛情のない senza amore / arido / dal cuore di pietra / insensibile ¶愛情に飢えた子供 bambino assetato di affetto ¶〈人〉に愛情を注ぐ ricoprire *qlcu.* d'amore ¶〈人〉に愛情を抱く affezionarsi a *qlcu.* / nutrire affetto［tenerezza］per *qlcu.* ¶その夫婦の間には愛情のかけらもない. Non c'è un briciolo d'amore in quella coppia.

あいしょうか 愛唱歌 la *propria* canzone[女] preferita

あいしょか 愛書家 amante[男][女] dei libri, bibliofil*o*[男]［[女] *-a*］

あいじん 愛人 《情人》amante[男][女];《妾・ひも・囲い者》mantenut*o*[男]［[女] *-a*］

アイシング 〔英 icing〕 **1**《ねんざなどを冷やす》〔英〕icing[男]［無変］; antidolorifi*co*［複 *-ci*］[男] refrigerante **2**《糖衣》glassa[女]

アイス 〔英 ice〕《氷》ghiac*cio*[男]［複 *-ci*］ ¶ドライアイス ghiaccio secco

✤**アイスキャンデー** ghiacciolo[男]

アイスクリーム gelato[男]

アイスクリームサンデー coppa[女] gelato

アイスクリーム屋 《店》gelateria[女];《人》gela*taio*[男]［[女] *-ia*; [男]複 *-i*］

アイスコーヒー caffè[男] freddo（◆冷やすだけで氷は入れない）

アイススケート pattinag*gio*[男]［複 *-gi*］su ghiaccio

アイスダンス danza[女] sul ghiaccio

アイスティー tè[男] freddo

アイスバーン 《スキー場の》campo[男] di sci ghiacciato;《道路の》strada[女] ghiacciata

アイスピック rompighiaccio[男]［無変］

アイスフォール cascata[女] di ghiaccio

アイスペール secchiello[男] per il ghiaccio

アイスボックス ghiacciaia[女] (portatile)

アイスホッケー hockey[男]［無変］su ghiaccio

アイスリンク pista[女] di ghiaccio［da pattinaggio］

あいず 合図 segnale[男], segno[男];《身振りなどによる》cenno[男] ◇合図する segnalare, fare segno［un cenno］(a *qlcu.*) ¶出発の合図 segnale di partenza ¶〈人〉に合図して危険を知らせる segnalare un pericolo a *qlcu.* ¶目で合図を交わす scambiarsi un'occhiata d'intesa

あいする 愛する

《人・物を大切に思う, 愛好する》amare *qlcu.*, provare［sentire］amore per *qlcu.*;《親愛の情をもつ》provare affetto［tenerezza］per *qlcu.*;《恋する》innamorarsi［《状態》essere innamorat*o*］di *qlcu.*;《好きだ, 大切に思う》volere bene a *qlcu.*;《愛着の念をもつ》essere affezionat*o* a *ql.co.*［*qlcu.*］ ¶愛するわが子 il mio adorato［amato］figlio ¶愛すべき人物 una persona amabile ¶子供の愛すべきいたずら innocua［simpatica］birichinata［bambinata］ ¶君を愛している. Ti amo. / Ti voglio tanto bene. / Mi sono innamorato di te. ¶私はこの町を愛している. Sono affezionato a questa città.

あいせき 相席 ¶〈人〉と相席になる dividere la tavola con *qlcu.* / avere la tavola in comune con *qlcu.*

あいせき 哀惜 ¶ご尊父の死の知らせに接し哀惜の念に堪えません. La notizia della morte di Suo padre mi ha riempito di dolore.

アイゼン 〘スポ〙《登山用具》rampone[男]

あいそ 愛想 **1**《人にいい感じを与える態度》affabilità[女], amabilità[女], giovialità[女];《親切》cortesia[女];《厚遇》ospitalità[女];《世辞》complimenti[男]［複］ ◇愛想のよい《感じがいい》simpati*co*［[男]複 *-ci*］, amabile, affabile, gioviale, amichevole;《交際好きの》socievole;《ていねいな》cortese;《もてなしのよい》ospitale, accogliente ◇愛想のない secc*o*［[男]複 *-chi*］, arcigno;《冷た

い》freddo;《交際ぎらいの》poco socievole;《打ちとけない》timido, chiuso;《感じの悪い》antipatico [[男][複] -ci];《客扱いの悪い》inospitale ¶愛想のない顔 viso arcigno ¶愛想のない返事をする rispondere seccamente ¶彼は愛想よく話しかけてきた. Mi ha parlato「in maniera affabile [affabilmente]. ¶ずいぶんお愛想を言うのね. Mi fai troppi complimenti!
2《もてなし》accoglienza[女], ospitalità[女]
3《勘定》conto[男] ¶お愛想お願いします. Il conto, per favore.
[慣用] **愛想が尽きる, 愛想を尽かす** averne abbastanza di *ql.co.* [*qlcu.*], disgustarsi [disamorarsi] di *qlcu.*, perdere la pazienza con *qlcu.*, essere deluso di *qlcu.*
✤愛想尽かし ¶愛想尽かしを言う essere crudel*e* per disilludere *qlcu.*
愛想笑い sorriso[男] falso ¶愛想笑いをする sorridere[自][*av*] in modo artificioso

あいぞう 愛憎 amore[男] e od*io*[男][複 -*i*], simpatie[女][複] e antipatie[女][複]

あいぞう 愛蔵 **◇愛蔵する** custodire gelosamente

アイソトープ 〔英 isotope〕〘化〙isotopo[男]

あいた 開いた・空いた **1**《ひらいた》aperto ¶開いた口がふさがらなかった. Sono rimasto a bocca aperta. **2**《からの》vuoto;《ふさがっていない》libero ¶空いたびん bottiglia vuota ¶空いた部屋 camera libera **3**《暇のある》libero ¶あいた日 giorno libero

あいだ 間

1【空間的な】¶私の家は教会と駅の間にある. Casa mia sta fra la chiesa e la stazione. ¶木の枝の間に屋根が見える. Si vede il tetto fra i rami degli alberi. ¶数キロの間人家が1軒もなかった. Non si vedeva nemmeno un'abitazione per diversi chilometri.
2【時間的な】¶2時間の間 per due ore ¶休暇の間に durante le vacanze ¶7時と8時の間に電話してください. Mi telefoni fra le sette e le otto. ¶2年の間に彼女はずいぶん変わった. Lei è molto cambiata in due anni. ¶私は長い間彼に会っていない. Non lo vedo da molto tempo. ¶3か月の間に彼は全快した. È guarito completamente nel giro di tre mesi. ¶1週間の間に仕事を終えます. Finirò il lavoro entro una settimana. ¶私が食事をしている間にマーリオが到着した. Mentre mangiavo, è arrivato Mario.
3【人と人との関係, 事物相互の関係】¶彼らの間はうまくいっている. Tra loro corrono buoni rapporti. ¶彼女はしゅうとめとの間がうまくいっている. Va d'accordo con la suocera. ¶両国の間は険悪になった. Le relazioni fra i due paesi sono peggiorate.
4【ある限られた集合や範囲】¶この歌手は若者の間で人気がある. Questo cantante è molto popolare fra i giovani.

[使いわけ] **per と in**
時間を表現するとき, **per**は「ある行為・状態がその間継続すること」を, **in**は「行為が終了するまでの期間」を表す.
¶彼はこの仕事をひと月続けた. Ha fatto questo lavoro per un mese.
¶彼はこの仕事をひと月でやり終えた. Ha fatto questo lavoro in un mese.

あいたいする 相対する **1**《前面にある》stare di fronte《に a》;《向かい合っている》fronteggiarsi ¶敵に相対する far fronte al [affrontare il / fronteggiare il] nemico ¶私たち2人は相対して座っていた. Stavamo seduti「faccia a faccia [di fronte / frontalmente]. **2**《対立する》¶相対する意見 opinioni contrastanti

あいだがら 間柄 relazione[女], rapporto[男], legame[男] ¶夫婦[友人]の間柄 relazione coniugale [di amicizia] ¶彼とは親しい間柄です. È un mio carissimo amico.

あいたしゅぎ 愛他主義 altruismo[男]

あいちゃく 愛着 attaccamento[男], affetto[男], affezione[女] ¶…に愛着を抱く provare affetto per *qlcu.* [*ql.co.*] / affezionarsi a *qlcu.* [*ql.co.*] ¶彼女にはまだ愛着がある. Sono ancora attaccato a lei. ¶彼は故郷に強い愛着を持っている. Si sente molto attaccato al suo paese natio [nativo].

あいちょう 哀調 ¶哀調をおびた音楽 musica malinconica [lamentosa]

あいちょうしゅうかん 愛鳥週間 settimana[女] (per la protezione) degli uccelli

あいつ 彼奴 《あの人物》quell*o*[男][[女] -*a*];《男性》quel tizio[男];《女性》quella tizia[女];《男性》quel tipo[男];《女性》quella tipa[女];《あれ》quell*o*[男][[女] -*a*] ¶あいつは変わった奴だ. È uno strano tipo quello lì!

あいついで 相次いで uno dietro [dopo] l'altro ¶相次いで起こる susseguirsi / succedersi ¶相次いで3人の兄弟みんなに死なれた. Mi morirono uno dietro l'altro tutti e tre i fratelli.

あいつぐ 相次ぐ ¶相次ぐ地震に市民はおびえている. I cittadini sono spaventati dalle scosse telluriche che si susseguono (le une alle altre).

あいづち 相槌 ¶あいづちを打つ mantenere il ritmo della conversazione (◆イタリア語の会話では日本語の会話ほどあいづちを打たず, ただ相手の話を聞くことが多い)

あいて 相手

1《もう一方の側》l'altr*o*[男][[女] -*a*], l'altra parte[女];《ものごとを一緒にする人》compagn*o*[男][[女] -*a*];《対話者, 話相手》interlocu*tore*[男][[女] -*trice*] ¶遊び相手 compagno di giochi ¶テニスの相手《ダブルスの》compagno (nel doppio) di tennis /《対戦相手》avversario a tennis ¶ダンスの相手 〔英〕partner /《男性》cavaliere[男] /《女性》dama[女] ¶〈人〉の相手をする fare [tenere] compagnia a *qlcu.* /《話相手をつとめる》intrattenere *qlcu.* ¶相手の意見を尊重する rispettare le opinioni degli altri ¶孫の相手をする giocare con il nipotino ¶次のダンスのお相手をお願いできますか. Posso avere l'onore del prossimo ballo? ¶君の文通相手はイタリア人ですか. È italiano l'amico (a) cui scrivi spesso? ¶妹の相手をしてやりなさい. Bada alla tua sorellina. ¶誰も私を相手にしてくれない.《かまってくれない》Nessuno mi prende sul serio. /《かかわり合わない》Nessuno vuole「avere a che fare [trattare] con me. ¶(あんな奴)相手にするな. Non dargli retta! / Ignoralo! ¶聞

かれた相手はびっくりしていたよ. L'interpellato si mostrò sorpreso. ¶相手によりけりだ. Dipende di chi si tratta. ¶相手を見てものを言え. Prima di aprir bocca, considera a chi ti stai rivolgendo!
2《働きかける対象, 店・会社のお客》 ¶学生相手の店 negozio per studenti
3《スポーツなどで対抗して争う人》 avversario男 [女 -ia; 男複 -i];《敵対者, 敵役》antagonista男 [女 -i];《ライバル》rivale男;《競争相手》concorrente男, competitore男;《訴訟などの相手側》la parte女 avversaria [in causa] ¶相手側の要求 richiesta della parte avversa ¶相手になる《挑戦を受ける》accettare la sfida di qlcu. /《争奪する》contendere con qlcu. /《張り合う》gareggiare [competere] con qlcu. ¶相手にとって不足はない. È un buon avversario. / Come avversario「non c'è male [può andare]. ¶…にふさわしい相手を見つける《同等・同類の》trovare qualcuno che stia a pari a qlcu. /《パートナーとしての》trovarsi l'uomo giusto [la donna giusta] ¶彼とけんかするなんて相手が悪い. Non ti conviene litigare con lui. ¶私などあなたの相手ではありません. Non posso competere con lei. / Non sono alla sua altezza. ¶相手次第でこちらの態度を決めることにした. Abbiamo deciso che assumeremo una posizione in linea con la reazione della controparte.
✤相手方 l'altra parte女, la controparte女
相手役〔英〕partner男女[無変] ¶主役は決まったが相手役はまだだ. È stato deciso chi sarà il protagonista, ma non ancora il suo partner.

アイディア〔英 idea〕idea女, trovata女, pensata女 ¶奇抜なアイディア un'idea originale ¶アイディアを生かす sfruttare un'idea ¶アイディアを出す proporre [presentare / esprimere] un'idea ¶彼にいいアイディアが浮かんだ. Lui ha avuto [Gli è venuta] una buona idea.
✤アイディア商品 articolo男 eccentrico [複 -ci] [fantasioso]; novità女

アイディアマン ¶彼はなかなかのアイディアマンだ. È un uomo pieno di idee [di trovate].

アイティー IT tecnologia女 [複 -gie] informatica
✤ IT革命 rivoluzione女 informatica

アイディー ID identità女
✤ IDカード carta女 d'identità

あいてどる 相手取る《戦う》affrontare qlcu. [ql.co.], avere qlcu. come avversario;《訴訟する》chiamare [citare] qlcu. [ql.co.] in giudizio, intentare una causa contro qlcu. [ql.co.] ¶彼は会社を相手取って損害賠償の訴訟を起こした. Ha citato la ditta per danni.

アイテム〔英 item〕elemento男, articolo男
アイデンティティー〔英 identity〕identità女

あいとう 哀悼 compianto男, condoglianze女 [複], cordoglio男[複 -gli] ¶哀悼の手紙 lettera di condoglianze ¶ご遺族に衷心より哀悼の意を表します. Porgo le mie sentite condoglianze alla famiglia del defunto.

あいどく 愛読 ◊愛読する leggere ql.co. con piacere;《定期的に》leggere ql.co. abitualmente [regolarmente]
✤愛読者 lettore男[女 -trice] fedele《(定期的な)regolare》;《(予約読読者)》abbonato男[女 -a]
愛読書 ¶私の愛読書 il mio libro preferito

アイドリング〔英 idling〕《機》minimo男 del motore, funzione女「al minimo [in folle] del motore ¶エンジンをアイドリングさせる far girare il motore al minimo [a vuoto] ¶アイドリングが高い[低い]. avere il minimo alto [basso]
✤アイドリングストップ spegnimento男 del motore per risparmio energetico

アイドル〔英 idol〕《偶像》idolo男; divo男 [女 -a] ¶その歌手は少女たちのアイドルだ. Quel cantante è uno degli idoli delle ragazze.

あいなかばする 相半ばする ¶彼の業績は功罪相半ばする. Sul suo lavoro i suoi meriti e demeriti sono in ugual misura. ¶彼は父親に愛憎相半ばする気持ちを持っている. Per suo padre prova sentimenti confusi di amore e di odio insieme. ¶両チームは実力相半ばしている. Le due squadre si equivalgono per abilità.

あいにく 生憎《不幸にも》sfortunatamente, per disgrazia [sfortuna];《残念な事に》purtroppo ◊あいにくな[の] sfortunato, inopportuno;《不測の》imprevisto ¶あいにく彼は来られなかった. Purtroppo non è potuto venire. ¶おあいにくさまです. Siamo spiacenti. / Mi dispiace.

アイヌ ainu男[無変]
✤アイヌ語 la lingua女 ainu

あいのて 合いの手 ¶彼らは一節ごとに「ラララ」と合いの手を入れた. Loro prendevano parte, cantando "la, la, la" dopo ogni strofa. ¶私と話す間, 彼は「そうだ」と何度も合いの手を入れた. Mentre parlavo, intercalava continuamente con i suoi "Appunto".

あいのり 相乗り **1**《乗り物に一緒に乗ること》◊相乗りする salire女[es] insieme ¶タクシーに相乗りする dividere un taxi con qlcu. **2**《共同で行うこと》¶テレビの相乗り番組 programma tv sponsorizzato da più società

アイバンク banca女 degli occhi
あいはんする 相反する《一致しない》non essere d'accordo《と con》;《逆である》andare contro《essere contrario男複 -i]》《と a》¶両国の利害は相反している. I due paesi hanno interessi contrastanti.

アイピーアドレス IPアドレス〔英 IP address〕《コンピュータ》indirizzo男 del protocollo internet

あいびき 逢引 appuntamento男 segreto「di amanti [tra fidanzati] ◊逢引する incontrare l'amante segretamente

あいびき 合い挽き《料》carne女 macinata mista di manzo e di maiale

あいぶ 愛撫 carezza女 ◊愛撫する《なでる》accarezzare;《かわいがる》coccolare, vezzeggiare
あいふく 合服 abito男 [indumento男] di mezza stagione

あいふだ 合い札《預かり証》scontrino男;《割り符》tagliando男

あいべや 相部屋 ¶私は彼と相部屋になった. Ho diviso la camera con lui.

あいぼう 相棒 compagno男[女 -a];《共犯者》

complice男女

アイボリー [英 ivory]《象牙, 象牙色》avorio男[複 -i] ¶アイボリー色の di color avorio

あいま 合間（あいだ）intervallo男;（休憩）pausa女 ¶合間合間に di tanto in tanto / ad intervalli ¶授業の合間に学生と会う incontrare gli studenti durante l'intervallo [la pausa]

あいまい 曖昧 ◇曖昧な（はっきりしない）poco chiaro;《不明瞭な》vago男[複 -ghi], incerto, impreciso;《多義・両義にとれる》ambiguo, equivoco男[複 -ci];《言い逃れする》evasivo ¶曖昧に vagamente, imprecisamente; ambiguamente; evasivamente ◇曖昧さ ambiguità女, equivocità女; evasività女 ¶曖昧な返事をする dare una risposta ambigua [evasiva] ¶曖昧な態度をとる avere un atteggiamento ambiguo
✤曖昧検索 《コンピュータ》ricerca女 approssimativa

あいまって 相俟って ¶…と相まって insieme [congiuntamente] a ql.co. ¶色と形が相まってすばらしい服ができあがった. Dalla perfetta combinazione di forma e colore è nato un abito stupendo.

あいみたがい 相身互い ¶困ったときは相身互いだ. Quando si è in difficoltà ci si dovrebbe aiutare「a vicenda [l'un l'altro].

あいよう 愛用 ◇愛用する usare ql.co. abitualmente, fare un uso abituale di ql.co. ¶愛用のカメラ la propria macchina fotografica (favorita)

あいよく 愛欲 passione女 amorosa, desiderio男[複 -i],（色欲）lussuria女

アイライナー [英 eyeliner] eye-liner [ailainer]男[無変]; matita女 per (il trucco degli) occhi; kajal [kadʒál]男[無変]

アイライン ¶アイラインを入れる darsi la matita agli occhi

あいらしい 愛らしい grazioso

アイリス [英 iris]《植》iride女, giaggiolo男

あいろ 隘路 1（道の狭くなっている所）strettoia女;（狭い道）strada女 stretta;（山の）sentiero男 2（障害）ostacolo男;（停滞した状態）punto男 morto;（困難）difficoltà女;《経》（ボトルネック）strozzatura女 ¶隘路をなす costituire un grave ostacolo per ql.co. / provocare una situazione senza sbocco a ql.co.

アイロン [英 iron]（衣服用）ferro男 da stiro;（毛髪用）ferro per capelli ¶スチームアイロン ferro (da stiro) a vapore ¶シャツにアイロンをかける stirare una camicia ¶髪にアイロンをかける arricciare i capelli col ferro
✤アイロンがけ stiro男
アイロン台 tavolo男[asse女] da stiro

アインスタイニウム [英 einsteinium]《化》einsteinio男;《元素記号》Es

あう 合う 1【一致する, 合致する】accordarsi, corrispondere男[av] a ql.co., coincidere男[av] con ql.co.;（意見が）essere d'accordo ¶この商品は見本と合っていない. Questo articolo non corrisponde al campione. ¶この仕事は私の気性に合っている. Questo lavoro「mi è congeniale [si adatta alla mia personalità]. ¶私たちは値段の点で合わなかった. Non ci siamo trovati d'accordo sul prezzo. ¶私たちの目が合った. I nostri sguardi si sono incontrati. ¶彼とは話が合わない. Con lui non ci prendiamo. ¶あの二人はとても気が合う. Tra quei due c'è molto feeling.
2【釣り合う, 調和する】armonizzare男[av] con ql.co., andare [stare] bene a ql.co., essere adatto a ql.co.; sposarsi ¶場所に合った服 un vestito adatto all'ambiente ¶赤ワインは肉料理によく合う. Il vino rosso si sposa bene con i piatti di carne. ¶この靴は私の足に合う. Queste scarpe mi stanno bene. ¶去年のめがねがもう私に合わない. Non ci vedo più bene con gli occhiali dell'anno scorso. ¶このシャツは君にとてもよく合っている. Questa camicia ti sta bene. ¶このネクタイは明るい服によく合う. Questa cravatta si armonizza con un vestito chiaro. ¶この薬は私に合わない. Questa medicina non è adatta a me.
3【かなう, 正確である】essere giusto [esatto] ¶君の話は理屈に合わない. Il tuo discorso non è logico. ¶その時計は合っていない. Quell'orologio non è esatto. ¶計算が合わない. I conti non tornano.
4【引き合う, 割に合う】essere proficuo [fruttuoso], convenire男[es] ¶この仕事は合わない. Questo lavoro「rende poco [non vale la fatica]. ¶上役に逆らっても合わない. Non ti conviene scontrarti con i superiori.
5【「…し合う」の形で, 互いに…する】(▶相互的再帰動詞で表現する) ¶愛し合う amarsi ¶あの二人の若者は兄弟のように愛し合っていた. Quei due giovani si amavano come fratelli.

あう 会う・遭う 1【人と顔を合わせる】vedere ql.co., vedersi con ql.co., incontrare ql.co., incontrarsi con ql.co.;（互いに）vedersi, incontrarsi;（会いに行く）andare a incontrare ql.co., visitare ql.co., fare una visita a ql.co.;（訪問する）andare a trovare ql.co., visitare ql.co., fare una visita a ql.co.;（見かける）vedere [intravedere /《文》scorgere] ql.co. ¶お会いできて光栄です. È un onore incontrarla. / Onorato! (▶主語の性・数に合わせて語尾変化する) ¶明日また会いましょう. Arrivederci a domani! ¶近いうちに会いましょう. Ci vediamo presto! ¶彼と駅で5時に会うことになっている. Ho un appuntamento con lui alla stazione alle cinque. ¶彼とは会わないようにしなさい. Sta' alla larga da lui. / Non frequentarlo. ¶支配人に会わせていただけますか. Può farmi ottenere un incontro con il direttore? ¶初めて会った時に al primo incontro ¶この前会ってから1年以上たった. È passato più di un anno da quando ci siamo visti l'ultima volta.
2【出会う】incontrare ql.co., incontrarsi con ql.co.;（出くわす）trovarsi davanti a ql.co.;（偶然出会う, 巡り会う）imbattersi in ql.co. ¶私たちはローマ行きの列車の中で偶然会った. Ci siamo incontrati per caso sul treno per Roma. ¶いいところで君に会えた. Avevo giusto bisogno di te! ¶喫茶店から出たとたん友達に会った. Appena uscito dal bar, mi sono「trovato davanti a [imbattuto in] un amico.
3【事故などに遭遇する】incontrare ql.co., incontrarsi con ql.co., imbattersi in ql.co.;（すれ違う）

incrociare *ql.co.* ¶困った目にあう incontrare (una) difficoltà / imbattersi [incappare⊕[*es*]] in una difficoltà ¶反対にあう incontrare [trovare] obiezioni ¶雨にあう essere sorpreso dalla pioggia / imbattersi nella pioggia ¶事故にあった. Ho avuto [Mi è successo / Mi è capitato / Ho subito] un incidente.
|慣用|逢うは別れの始め Incontrare qualcuno significa doverlo, prima o poi, lasciare.

アウェー 〔英 away〕《スポ》◇アウェーの[で] fuori casa ¶アウェーで試合する giocare in trasferta

アウストラロピテクス 〔ラ australopithecus〕《人類》australopit*eco*⊕[複 -*ci*, -*chi*]

アウト 〔英 out〕**1**《野球などの》〔英〕out⊕[無変] ¶アウトになる essere eliminat*o*
2《テニス・バレーなどの》〔英〕out⊕[無変]; fuori⊕[無変] **3** →失敗, 駄目

アウトサイダー 〔英 outsider〕estran*eo*⊕[⊕ -*a*]; 〔英〕outsider[無変]

アウトソーシング 〔英 outsourcing〕《経》outsourcing [autsúrsin(g)]⊕[無変], appalti⊕[複] esterni

アウトドア 〔英 outdoor〕◇アウトドアの〔英〕outdoor [autdór]⊕[無変] ¶アウトドアスポーツ sport outdoor [all'aperto]

アウトプット 〔英 output〕《電》uscita⊕; 〔英〕output⊕[無変]

アウトライン 〔英 outline〕profil*o*⊕, 《重要点》punti⊕[複] principali; 《下書き》abbozzo⊕; 《案》schem*a*⊕[複 -*i*] ¶アウトラインを描く tracciare il contorno di *ql.co.* / 《概要をたてる》descrivere a grandi linee (*ql.co.*)

アウトレット 〔英 outlet〕outlet [áutlet]⊕[無変]

アウトロー 〔英 outlaw〕fuorilegge ⊕⊕[無変]; 《悪党》bandit*o*⊕; 《反逆者》ribelle⊕⊕

あうんのこきゅう 阿吽の呼吸・阿吽の呼吸 ¶あの二人はあうんの呼吸で働いている. Quei due lavorano in perfetta sintonia. ¶彼はあうんの呼吸で答えた. Ha risposto come se avesse anticipato la mia domanda.

あえぐ 喘ぐ **1**《息を切らす》ansare⊕[*av*], ansimare⊕[*av*], boccheggiare⊕[*av*] ◇あえぎ affann*o*⊕, ansit*o*⊕, respiro affannoso
2《苦しむ》soffrire⊕[*av*] ¶繊維業界は不況にあえいでいる. L'industria tessile soffre per la recessione.

あえて 敢えて ¶あえて言えば se devo proprio dirlo ¶あえて…する osare⊕[+不定詞] ¶あえて訴訟も辞せない essere pronto a andare anche [perfino] in tribunale ¶あえて行くには及ばない. Non c'è bisogno che ti disturbi ad andare. ¶あえて反対するというわけではない. Non sono contrario a tutti i costi.

あえない 敢え無い《あっけない》troppo facile; 《はかなく哀をさそう》miser*o*, tragic*o*⊕[複 -*ci*]; 《むなしい》vano ¶彼は敢えなく破れた. Fu sconfitto fin troppo facilmente. ¶あえない最期を遂げた. È morto miseramente [tragicamente].

あえる 和える condire ¶野菜をごまであえる condire le verdure con semi di sesamo

あえん 亜鉛《化》zinco⊕; 《元素記号》Zn
✤**亜鉛華** bianco [ossid*o*⊕] di zinco ¶亜鉛華軟膏《薬》pomata all'ossido di zinco
亜鉛凸版（版）cliché⊕[無変] in zinco

あお 青 **1** azzurr*o*⊕; 《空色》celest*e*⊕; 《トルコブルー》turchin*o*⊕ ¶《濃い青, 紺色》blu⊕[無変]; 《藍》indac*o* [複 -*chi*]
2《緑》verd*e*⊕ ¶青信号 →見出し語参照
3《馬の》¶青毛の馬 cavallo dal manto nero (bluastro)
✤**青コーナー**《スポ》l'angol*o*⊕ dello sfidante

あおあお 青青 ¶どこまでも青々と広がる大海原 la distesa infinitamente blu del mare ¶青々とした野菜 verdura fresca ¶青々とした野原 pianura verdeggiante

あおあざ 青痣《植》livido⊕
あおい 葵《植》malva⊕, malvaros*a*⊕, altea ⊕ ros*ata*

あおい 青い **1**《色》azzurr*o*; 《紺色の》blu⊕[無変]; 《トルコブルーの》turchin*o* ¶青い空 cielo azzurro [blu / turchino] ¶山が青くなった. Le colline si sono coperte di verde. ¶青い鳥《幸運の印》uccello azzurro della felicità
2《蒼白な》pallido ¶青くなる impallidir*e*⊕[*es*] ◇青さ pallor*e*⊕ ¶青い月 la pallida luna ¶彼は驚いて青くなった. È impallidito per lo [dallo] spavento.
3《未熟な》non maturo; acerbo, verde; 《人が》immaturo ¶まだ青い麦 grano verde ¶君は青い. Sei ancora immaturo.

あおいきといき 青息吐息 ¶青息吐息である essere [sentirsi] angosciat*o* [preoccupat*o*] / trovarsi in difficoltà

あおいろしんこく 青色申告 dichiarazione⊕ dei redditi su carta blu; un tipo⊕ di dichiarazione per ottenere agevolazioni fiscali

あおかび 青黴《生》muff*a*⊕ verde, penicill*io*⊕[複 -*i*], muffa⊕ a pennello

あおき 青木《植》alloro⊕ giapponese

あおぐ 仰ぐ **1**《見上げる》guardare in su [alto], sollevare lo sguardo verso *ql.co.* [*qlcu.*] ¶天を仰ぐ volgere lo sguardo al cielo / guardare in alto verso il cielo ¶仰いで天に恥じず俯して地に恥じない. Davanti agli uomini e davanti a Dio「non ho alcun rimorso di coscienza [ho la coscienza pulita].
2《敬う》rispettare [ammirare / riverire] *qlcu.* ¶師と仰ぐ rispettare *qlcu.* come maestro
3《求める》richiedere *ql.co.* a *qlcu.*, rivolgersi a *qlcu.*; 《頼る》dipendere⊕[*es*] da *qlcu.* (*ql.co.*) ¶〈人に〉助けを仰ぐ rivolgersi a *qlcu.* per avere aiuto / contare sull'aiuto di *qlcu.* ¶一般に寄付を仰ぐ richiedere [sollecitare] un contributo [un'offerta] dal pubblico
4《ぐいと飲む》bere *ql.co.* in un sorso ¶毒を仰ぐ ingerire [ingoiare] veleno

あおぐ 扇ぐ far vento a *ql.co.* [*qlcu.*], usare il ventaglio, sventagliare, sventolare; 《自らが》sventolarsi ¶扇子であおぐ farsi vento [fresco] col ventaglio

あおくさい 青臭い **1**《青草のにおいがする》¶青くさいにおい[味] odore [sapore] vegetale ¶青

くさい味 sapore d'erba ¶この畳は青くさい。Questo *tatami* odora d'erba fresca.
2 《未熟である》inesperto, immaturo, giovane ◇青くささ inesperienza㊛, ingenuità㊛ ¶青くさい理屈をならべる fare argomentazioni puerili

あおぐろい 青黒い verde nerastro [無変]; 《灰色の》cinereo livido [無変]

あおさぎ 青鷺 《鳥》airone㊚ cenerino

あおざめる 青ざめる 《人が主語》diventare [es] pallido, impallidire [es], sbiancare [es] (in volto), sbiancarsi

あおじゃしん 青写真 **1**《青焼き》copia㊛ cianografica **2**《将来の計画》piano㊚, progetto㊚ ¶結婚後の生活の青写真はできている。Ho già programmato il mio futuro coniugale.
✤青写真機 macchina㊛ cianografica

あおじろい 青白い 《顔色》pallido, esangue, smorto ¶青白い顔をしている avere il viso pallido [esangue]

あおしんごう 青信号 **1**《交通信号》semaforo㊚ verde, segnale㊚ di via libera ¶青信号で道を渡る attraversare la strada con il verde
2《開始の許可》¶開発計画に青信号が出た。Abbiamo ottenuto il permesso di procedere nel progetto per lo sviluppo.

あおすじ 青筋 vena㊛ azzurrognola ¶青筋をたてて怒る infuriarsi tanto da far scoppiare le vene

あおぞら 青空 cielo㊚ azzurro ¶久しぶりの青空だ。Finalmente è tornato il sereno.
✤青空市場 mercato㊚ all'aperto
青空教室 lezioni㊛[複] [classe㊛ / scuola㊛] all'aperto
青空駐車 parcheggio㊚[複 -gi] all'aperto

あおた 青田 verdi risaie㊛[複]
✤青田買い (1)《稲の》acquisto㊚ del riso prima del raccolto (2)《企業が早期に採用を決めること》accaparramento㊚ dei prediplomati [prelaureati] più promettenti prima del periodo ufficiale dei colloqui di assunzione

あおだいしょう 青大将 《動》serpente㊚ innocuo degli elafi color verde bluastro; 《学名》*Elaphe climacophora*

あおな 青菜 verdura㊛, ortaggi㊚[複]
[慣用]青菜に塩 ¶彼は青菜に塩という体だった。Era [Si sentiva] depresso [abbattuto].

あおにさい 青二才 pivello㊚[㊛ -a], sbarbatello㊚

あおば 青葉 fogliame㊚ verde, vegetazione㊛;《文》verzura㊛;《若 葉》foglia㊛ nuova [tenera] ¶青葉のころ inizio d'estate

あおみ 青み **1**《色》blu㊚;《緑》verde㊚ ◇青みがかった bluastro, azzurrino, azzurrognolo; verdastro, verdino, verdognolo
2《つけ合わせの青野菜》contorno㊚ di verdure ¶ちょっと青みが足りないようですね。Manca un po' di verde su questo piatto, no?

あおみどろ 青味泥 《植》spirogira㊛;《俗》capelli㊚[複] delle Naiadi

あおむく 仰向く 《上の方を見る》guardare su;《顔を上に向ける》rivolgere [voltare] la faccia in su

あおむけ 仰向け ◇仰向けの supino ¶仰向けに寝る giacere supino [sul dorso / col viso rivolto in su] ¶仰向けにする《人を》mettere [adagiare] *qlcu*. "in posizione supina [sul dorso] /《物を》girare *ql.co*. "all'insù [verso l'alto]

あおむける 仰向ける ¶頭を仰向けて旗を見る alzare la testa e [per] guardare la bandiera

あおむし 青虫 bruco㊚[-chi] verde

あおもの 青物 **1**《野菜》verdura㊛; ortaggi㊚[複] **2**《青魚》pesce㊚ azzurro
✤青物市場 mercato㊚ ortofrutticolo

あおり 煽り **1**《風などの》¶爆風のあおりを食う essere investito da una violenta ventata
2《反動》¶バスが急停車したあおりで私は倒れた。L'autobus ha frenato bruscamente ed io sono caduto per il contraccolpo.
3《余波》¶不景気のあおりを食って私の会社は倒産した。La mia ditta è fallita sull'onda della recessione.

あおる 呷る tracannare *ql.co*., bere *ql.co*. (tutto)「d'un sorso [d'un fiato]

あおる 煽る **1**《火勢などを》alimentare, ravvivare;《風が旗などを》agitare, sbattere, scuotere ¶風にあおられる essere alimentato dal vento /《はためく》sventolare㊀[*av*] /《激しく》sbattere ㊀[*av*] ¶旗が風に激しくあおられていた。Le bandiere sventolavano [sbattevano] violentemente al vento.
2《扇動する》incitare, istigare, spingere;《感情などをかきたてる》alimentare, infiammare, accendere, ravvivare;《拍車をかける》spronare (*qlcu*. a + 不定詞) ¶虚栄心をあおる lusingare la vanità (di *qlcu*.) ¶焦燥をあおる eccitare l'irritabilità (di *qlcu*.) ¶彼は労働者をあおってストライキへと駆り立てた。Ha spinto [istigato] gli operai allo sciopero. ¶その言葉が彼の憎悪をあおった。Quelle parole gli infiammarono il cuore d'odio.
3《物事に勢いをつける》¶相場をあおる far lievitare i prezzi ¶需要をあおる政策 politica㊛ volta a stimolare la domanda

あか 赤 **1** rosso㊚;《深 紅》amaranto㊚[無変], color㊚ rosso scuro, rosso scuro ¶赤犬 cane dal mantello rosso bruno ¶赤信号 →見出し語参照
2《共産主義者》comunista㊚㊛[㊚複 -i];《俗》rosso㊚[㊛ -a]
3《「赤の」の形で、まったくの》¶私たちは赤の他人です。Siamo due perfetti estranei.
4《校正の訂正》¶赤を入れる correggere le bozze
✤赤コーナー《スポ》l'angolo「del campione in carica [del detentore del titolo]
赤点《落第点》insufficienza㊛ ¶赤点を取る prendere un'insufficienza(で a, in)

あか 垢 **1**《体のよごれ》sporcizia㊛, sudiciume㊚, lordura㊛, sozzura㊛ (►いずれも「よごれ」の意味であり、日本語の「垢」に相当する語は特にない);《水あか、湯あか》incrostazione㊛, deposito㊚ ◇あかのついた sporco㊚[複 -chi], sudicio[複 -ci]㊛[複 -ce, -cie] ¶風呂に入ってあかを落とした。Mi sono tolto di dosso la sporcizia con un bel bagno caldo.
2《けがれ》¶浮世のあかを落とす liberarsi della

sozzura mondana

あか 亜科 《生》sottofamiglia㊛

あかあか 赤赤 ¶たき火が赤々と燃えている。Il fuoco fiammeggia. ¶西の空が赤々と燃えている。Ad occidente il cielo è「acceso di rosso vivo [infuocato]

あかあか 明明 ◇明々と luminosamente, splendentemente ◇明々とした luminoso, splendente, illuminato, brillante ¶道にはたくさんの電灯が明々とついていた。La via era illuminata di mille luci. ¶街の灯が明々と見える。Si vedono risplendere le mille luci della città.

あかい 赤い **1**《色》rosso;《深紅の》amaranto [無変], (di color) rosso [無変] scuro [無変] ◇赤くなる diventare rosso, arrossire㊂[es] ◇赤くする arrossare ql.co. ¶私は恥ずかしくて耳まで赤くなった。Sono diventato rosso [Sono arrossito] fino alle orecchie「per la [di] vergogna. ¶彼女はちょっと赤くなった。《恥ずかしくて》Le vennero leggere vampe [vampate] al viso. ¶夕日が西の空を赤く染めていた。Al tramonto il sole aveva acceso di rosso il cielo ad occidente.

2《共産主義的な》rosso, comunista㊚複 -i》

あかいりょだん 赤い旅団 Brigate㊛複 Rosse;《略》B.R. (►イタリアの極左テロ組織で、所属メンバーは brigatista㊚㊛《㊚複 -i》)

アカウンタビリティ〔英 accountability〕《説明責任》responsabilità㊛ di chiarire una questione

アカウント〔英 account〕《コンピュータ》〔英〕account㊚ [無変]

あかがい 赤貝 《貝》《フネガイ科》arca㊛ (►形は cuore「ザルガイ科」に似る)

あかかぶ 赤蕪 《植》rapa㊛ [barbabietola㊛ rossa]

あがき 足掻き《苦闘》¶最後のあがき l'ultima lotta [resistenza] disperata
|慣用| **あがきが取れない**《動きがとれない》¶あがきが取れないはめになった。Mi sono messo「nei guai [in un bel pasticcio].

あかぎれ 皸 screpolature㊛[複] ¶手があかぎれになった。Mi si sono screpolate le mani per il gelo.

あがく 足掻く **1**《馬が》scalpitare㊂[av]
2《苦闘する》lottare㊂[av] [sforzarsi] disperatamente;《じたばたする》dibattersi, dimenarsi, divincolarsi ¶こう不景気ではいくらあがいてみてもはじまらない。Con la crisi che c'è è inutile「darsi tanto da fare [sforzarsi troppo].

あかぐろい 赤黒い di color rosso scuro [nerastro]

あかげ 赤毛 capelli㊚[複] rossi ◇赤毛の pel [無変] di carota

あかご 赤子 ¶それは赤子の手をひねるようなものだ。E assai semplice [facile] (come torcere un braccio a un bambino).

あかさび 赤錆 ruggine㊛

あかし 証 prova㊛, testimonianza㊛ ¶身の証を立てる sostenere [dimostrare / provare] la *propria* innocenza

あかじ 赤字 **1**《決算の不足額》passivo㊚, deficit㊚ [無変], disavanzo㊚;《借り越し勘定》conto ㊚ scoperto;《欠損》perdita㊛ ◇赤字の in rosso, passivo, deficitario [㊚ -ia, ㊛ -i] ¶赤字を出す《会社などが主語》essere in passivo [in deficit / in perdita] /《会計年度などが主語》chiudere in passivo / registrare al passivo ¶赤字を埋める《なくす》colmare [eliminare] un deficit ¶赤字が増える。Il passivo aumenta. / Il deficit aumenta. ¶商売は赤字だ。L'impresa è in perdita [in deficit]. ¶あの会社は昨年 10 億円にのぼる赤字を出した。L'anno scorso, quella ditta ha accumulato un deficit di un miliardo di yen.

2《校正で書き入れた文字》¶ゲラに赤字を入れる correggere (in rosso) le bozze

✤**赤字国** nazione㊛ deficitaria

赤字国債 obbligazioni㊛[複] emesse per coprire il deficit

赤字財政 finanze㊛[複] in disavanzo

赤字補塡(ほてん) copertura㊛ di un deficit

赤字融資 finanziamento㊚ per disavanzo

赤字予算 bilancio㊚[複 -ci] preventivo deficitario [passivo]

赤字路線 linea㊛ di trasporto in deficit [in passivo]

アカシア 赤 acacia 《植》acacia㊛[複 -cie]

あかしお 赤潮 marea㊛ rossa

あかしんごう 赤信号 **1**《交通信号》semaforo ㊚ rosso ¶赤信号で止まる[を無視して走る] fermarsi al [passare col] (semaforo) rosso
2《危険信号》segnale㊚ di pericolo ¶電力事情は赤信号だ。La situazione energetica è critica.

あかす 明かす **1**《打ち明ける》confidare ql.co.;《告白する》confessare ql.co.;《暴露する》rivelare, svelare ¶手品の種を明かす rivelare il trucco [l'inganno] di un gioco di prestigio ¶秘密を明かす rivelare [svelare] un segreto ¶名を明かす fare [rivelare] il nome di qlcu.

2《夜を過ごす》passare [trascorrere] una notte ¶寝ずに一夜を明かす trascorrere una notte insonne ¶遊び明かす divertirsi tutta la notte

3《真実を明らかにする》¶身の潔白を明かす provare la *propria* innocenza

あかす 飽かす **1**《飽きさせる》tediare ¶彼の演説は聴衆を飽かさなかった。Il suo discorso ha tenuto desta [viva] l'attenzione dell'uditorio.

2《ふんだんに使う》¶金に飽かして家を建てる costruire una casa senza badare a spese ¶ひまに飽かして avendo tanto tempo libero

あかず 飽かず《飽きないで》¶彼はあたりの景色を飽かず眺めていた。Non si stancava mai di guardare il paesaggio.

あかちゃ 赤茶 ◇赤茶ける diventare㊂[es] di color bruno rossastro [di color marrone rossiccio];《色があせる》scolorirsi; sbiadire㊂[es]

✤**赤茶色** bruno㊚ rossastro [rossiccio㊚ [複 -ci]];《栗色》marrone [castagno㊚]rossiccio;《さび色》color㊚ ruggine, henna㊛

あかちゃん 赤ちゃん《乳飲み子》neonato㊚ [㊛ -a], infante㊚㊛;《幼児》bambino㊚ [㊛ -a]; bimbo㊚ [㊛ -a]

あかチン 赤チン《マーキュロクロムの俗称》mercurocromo㊚

あかつき 暁 **1**《夜明け、あけぼの》alba㊛; aurora㊥（▶東の空が白々と明け始めるのが alba、それに続いて日の出直前の金色の光が aurora）；《文》lo spuntar㊚ del giorno ¶暁を告げる鐘 la campana che annuncia lo spuntar del giorno **2**《ある事が実現したその時》¶…が実現した暁には nel momento in cui si ottiene [si realizza] ¶合格の暁には改めてお礼に伺います。Quando avrò superato gli esami tornerò ancora a ringraziarla.

あがったり 《振るわないこと》¶収穫はあがったりだ。Il raccolto è andato in rovina. ¶ Il raccolto è andato distrutto. ¶商売あがったりだ。Gli affari vanno male.

あかつち 赤土 terra㊛ [argilla㊛] rossa

アカデミー 〔英 academy〕accademia㊛
✤**アカデミー賞**《アメリカの映画賞》Premio㊚ Oscar

アカデミズム 〔英 academism〕accademismo㊚

アカデミック 〔英 academic〕◇アカデミックな accademico㊚複 -ci》¶アカデミックな議論 discussione accademica

あかとんぼ 赤蜻蛉 《昆》《一般に》libellula㊛ rossa；《アキアカネ》《学名》*Sympetrum frequens*

あがない 贖い penitenza㊛, espiazione㊛；《キリ》redenzione㊛

あがなう 贖う ¶死をもって罪をあがなう espiare [scontare] una colpa con la morte

あかぬけ 垢抜け ◇あか抜けした 《人・様式が洗練された》raffinato, fine, elegante；《人・趣味が》delicato；ricercato（▶「きざな」という意味でも用いる）；《表現・話し方が》forbito；《優美な》aggraziato；《趣味のいい》di buon gusto；《都会風の》urbano；ingentilito（▶「人」に対して用いる）；《礼儀正しい》civile, educato ◇あか抜けしない grossolano, rozzo, inelegante；《粗野な》scortese, maleducato, incivile, sgarbato；《俗悪な》volgare；《田舎者の》burino ¶あか抜けした女 donna di buone maniere ¶あか抜けしている avere modi urbani

あかね 茜 **1**《植》robbia㊛ **2**《色》rosa㊚《無変》di robbia, rosa㊚《無変》scuro ¶茜色の空 il cielo rosso del tramonto

あかはじ 赤恥 ¶赤恥をかく fare una pessima figura / fare una figuraccia

アカペラ 〔伊〕《音》◇アカペラで[の] a cappella

あかぼう 赤帽《駅のポーター》facchino㊚, portabagagli㊚《無変》

あかまつ 赤松《植》pino㊚ rosso giapponese

あかみ 赤味 rossore㊚, sfumatura㊛ rossa ¶赤みがかった rossiccio / rossastro

あかみ 赤身《肉や魚の》polpa㊛ magra e rossa ¶赤身の魚 pesce a carne rossa
✤**赤身材** durame㊚

あがめる 崇める 《敬う》rispettare [riverire / onorare] qlcu., avere qlcu. in gran(de) stima；《神を》adorare ql.co. [qlcu.]；《崇拝する》venerare qlcu. ¶祖先をあがめる venerare gli antenati ¶先住民は彼を神とあがめた。Gli indigeni lo adoravano come un dio.

あからがお 赤ら顔 viso㊚ rubicondo [rubizzo]

あからさま ◇あからさまな《明白な》chiaro, evidente；《率直な》esplicito, aperto, franco㊚《複 -chi》, schietto；《正直な》onesto；《はっきりした, 露骨な》diretto ◇あからさまに chiaramente；esplicitamente, espressamente, onestamente, francamente, senza riserve ¶あまりにあからさまな行為 azione troppo diretta ¶あからさまに言えば per parlare chiaramente / ad essere franco / a dire il vero

あからむ 赤らむ ¶実が赤らんできた I frutti stanno diventando rossi.

あからむ 明らむ 《空が》schiarire㊂ [es] ¶空が明らんできた。Il cielo sta schiarendo.

あからめる 赤らめる arrossare ¶彼はきまりが悪くて顔を赤らめた。È arrossito per l'imbarazzo. / L'imbarazzo gli arrossò il viso.

あかり 明かり **1**《照明用の光》luce㊛；《電灯、照明器具, ランプ》lampada㊛；《シャンデリアなど天井から吊るす照明器具》lampadario㊚《複 -i》；《照明》illuminazione㊛, luce㊛ ¶ランプの明かりで alla luce di una lampada ¶部屋の明かりをつける [消す] accendere [spegnere] la luce nella stanza ¶町の明かりがよく見える。Le luci della città si vedono bene. ¶明かりを持っておいで。Portami una lampada.
2《自然界の光》chiarore㊚ ¶月明かり chiaro [chiarore] di luna ¶雪明かり chiarore [riverbero] della neve

あがり 上がり **1**《上昇》salita㊛, ascensione㊛, ascesa㊛；《増加》rialzo㊚, aumento㊚, crescita㊛, incremento㊚
2《収穫》quantità㊛ del raccolto；《収入》entrata㊛, introito㊚, proventi㊚《複》；《所得》reddito㊚；《収益》rendita㊛；《利益》profitto㊚；《売り上げ》incasso㊚ ¶店の上がりが少ない。Gli incassi del negozio sono scarsi.
3《仕上がり》completamento㊚, ultimazione㊛；《最終結果》risultato finale ¶仕事の上がりがきれいだ。Il lavoro è venuto [è riuscito] bene.
4《終わり》fine㊛, termine㊚ ¶一丁上がり。Questa è fatta! / Ecco fatto! /《終わった》Finito!
5《ゲームなどの》¶6が出れば上がりだ。Se viene [esce] il sei, vinco.
6《名詞に付いて、「…直後」,「…出身」を表す》¶雨上がりの庭 giardino ancora bagnato dopo la pioggia ¶湯上がりに dopo il bagno ¶役人上がりの人 un ex pubblico ufficiale

あがりさがり 上がり下がり salita㊛ e discesa㊛ ◇上がり下りする salire㊂ [es]㊚ e scendere㊂, [es]㊚ ¶階段を上がり下りする andare su e giù per le scale / salire e scendere le scale

あがりぐち 上がり口《玄関の》entrata㊛, ingresso㊚；piano㊚ rialzato per entrare in una casa giapponese；《階段の登り口》base㊛ di una scala

あがりこむ 上がり込む insinuarsi [introdursi / fare intrusione]《へ in》, penetrare㊁ [es]《へ in》 ¶変な男が家に上がり込んできた。Uno strano individuo si è introdotto nella casa.

あがりさがり 上がり下がり il salire㊚ e lo scendere㊚；《物価・相場などの変動》oscillazioni

あ

[女] [複], fluttuazioni[女] [複] ◇上がり下がりする salire[自] [es], [他] e scendere[自] [es], [他], andare su e giù;《変化する》oscillare[自] [av];《増減する》aumentare[自] [es] e calare[自] [es] ¶気温の上がり下がりが激しい. La temperatura ha forti oscillazioni.

あかりとり 明かり取り 〔建〕《天 窓》lucernario[男] [複 -i], abbaino[男];《壁にあけた》finestrella[女], lunetta[女] (a vetri);《高窓の上の部分に付けて開閉する》〔仏〕vasistas[男] [無変]

あがりめ 上がり目 **1** ⇀釣り目 **2**《物価などが上がりぎみ》tendenza[女] al rialzo;《運の》svolta[女] fortunata della vita ¶相場は今が上がり目だ. La quotazione ha cominciato a salire.

あがる 上がる・揚がる・挙がる **1**【上方へ移動する】salire[他], [自] [es], alzarsi ¶階段を上がる salire per le scale / salire le scale ¶舞台に上がる salire sul palcoscenico ¶幕が上がった. Si è alzato [Si è aperto] il sipario. ¶凧(たこ)がたくさん揚がっていた. Molti aquiloni si libravano nel cielo. ¶夜空に花火が揚がった. I fuochi artificiali si sono alzati nel cielo notturno. ¶どうぞ上がってください.《家に入る》S'accomodi.

2【地位・段階・価値・程度・数値が高まる】salire[自] [es], aumentare[自] [es], crescere[自] [es] ¶学力が上がる fare progressi negli studi ¶給料が上がった. Il mio salario è aumentato. ¶血圧が上がった. Mi è salita la pressione del sangue. ¶気温が上がった. La temperatura è salita. ¶ピアニストとしての名が上がった. Ha acquistato una grande reputazione come pianista. ¶物価が3%上がった. I prezzi sono aumentati [saliti] del 3 per cento. / C'è stato un rincaro del 3 per cento. ¶中学校に上がる cominciare a frequentare la scuola media ¶彼は地位が上がった. È stato promosso di grado. ¶彼女の料理の腕前はますます上がった. Si è fatta sempre più brava [È migliorata] in cucina. ¶若者の間で彼の人気が上がりつつある. La sua popolarità fra i giovani è in aumento.

3【水から出る】¶プールから上がる uscire dalla piscina ¶もう風呂から上がったのか. Hai già fatto il bagno? ¶毎日大量の魚が揚がる. Ogni giorno viene pescato moltissimo pesce. ¶川から死体があがった. Un cadavere è venuto a galla nel fiume.

4【利益・効果が得られる】¶すばらしい効果が上がった. Si sono ottenuti ottimi risultati. ¶この店から毎月100万円利益が上がる. Ogni mese si ricava un milione di yen da questo negozio. ¶その土地からはたいした収穫は上がらない. La terra non dà molti frutti. / La terra produce poco.

5【生じる, 起こる】sollevarsi ¶反対の声があがった. Si sono sollevate delle obiezioni. ¶どっと笑い声があがった. C'è stato uno scoppio di risate. ¶火の手が上がった. C'è stata una vampata di fuoco.

6【示される】¶証拠がまだ上がっていない. Non si è ancora trovata la prova. ¶彼の名も候補に上がっている. Il suo nome figura fra i candidati.

7【仕上がる, 済む】essere completat*o* ¶仕事は明日上がります. Il lavoro sarà fatto [terminato / completato] per domani. ¶印刷がきれいに上がった. Questa stampa è riuscita bene. ¶費用はどのぐらいで上がりますか. A quanto ammontano le spese? / Quanto sarà la spesa? ¶修理は思ったよりも安く上がった. La riparazione mi è costata meno del previsto.

8【終わりになる, 完了する】finire[自] [es], smettere[自] [av] ¶雨が上がった. Ha smesso di piovere. ¶バッテリーが上がった. Si è scaricata la batteria.

9【血がのぼる】emozionarsi, perdere la calma ¶上がってしまってうまく歌えなかった. Mi sono emozionato e non ho potuto cantare bene. ¶私は上がって何も答えられなかった. Mi sono innervosito [Mi sono lasciato prendere dalla paura / Sono stato tradito dall'emozione] e non ho saputo rispondere.

10【油で】essere fritt*o* ¶からっと揚がったポテト patatine croccanti

11【検挙される】essere arrestat*o*, essere catturat*o* ¶犯人が挙がった. Il colpevole è stato arrestato.

あかるい 明るい **1**【光線が十分にある】chiaro, luminoso;《照明が》ben illuminato, pieno di luce;《晴れた》sereno;《澄んだ》limpido ¶明るいうちに finché c'è luce / prima che「faccia buio [sopraggiunga la notte] / prima dell'imbrunire ¶月の明るい夜 una chiara [limpida] notte di luna ¶部屋は真昼のように明るかった. La stanza era illuminata a giorno. ¶明るくなる farsi [rendersi] luminos*o* [chiar*o*] /《夜明けで》far chiaro ¶空が明るくなる.《明け方に》Albeggia. / Il cielo si sta schiarendo. (►天気がよくなる意もある) ¶太陽が明るく輝いていた. Il sole risplendeva luminoso.

2【色が澄んでいる】chiaro ¶明るい青 azzurro chiaro ¶明るい色の服を着る vestirsi di chiaro

3【明朗な, 朗らかな】allegro, ridente, felice, lieto;《晴れやかな》sereno;《陽気な》ga*io* [[男] 複 -*i*] ¶明るい家庭 famiglia allegra [spensierata] ¶私は気分が明るくなった. Mi è tornato il buonumore. / Mi è sparito il malumore. ¶彼の顔が明るくなった.《喜びで》Il suo volto si è「rischiarato [rallegrato / illuminato]. ¶彼は明るい性格だ. Ha un carattere allegro.

4【将来性のある】promettente;《物について》incoraggiante, incitante, lusinghiero;《肯定的な》positivo ¶明るい局面 aspetto positivo ¶君たちの前途は明るい. Avete un futuro promettente [pieno di speranza]. ¶見通しはあまり明るくない. Le prospettive non sono particolarmente rosee.

5【「…に明るい」の形で, 精通している】《事情に》essere informat*o* su *ql.co.*, essere al corrente di *ql.co.*;《現状に》essere aggiornat*o* su *ql.co.* ¶彼はこの町の地理に明るい. È pratico di [Conosce bene] questa città. ¶事情に明るい人 persona informata

6【公正な】pulito, limpido, trasparente ¶明るい政治 politica trasparente

あかるさ 明るさ **1**《光度》luminosità[女];《光》luce[女] ¶写真撮影に明るさが足りない. Non c'è lu-

あかるみ ce sufficiente per scattare fotografie.
2《気持ちなどの》allegria㊛, allegrezza㊛ ¶彼は明るさを取り戻した。Riacquistò la sua vivacità [《落ち着き》serenità].

あかるみ 明るみ ¶…を明るみに出す rivelare [svelare / portare alla luce] ql.co. / rendere ql.co.「noto [di dominio pubblico]」(▶notoは目的語の性・数に合わせて語尾変化する。) ¶問題が明るみに出た。La faccenda è venuta a galla [alla luce / a sapersi].

あかんたい 亜寒帯 zona㊛ subpolare [《亜北極》subartica /《亜南極》subantartica]

あかんべ(え) ¶《人》にあかんべをする fare le boccacce [gli sberleffi] a qlcu. 《▶舌を両唇の間にはさんでブーと音を出す軽蔑・嘲笑を表すしぐさ》

あかんぼう 赤ん坊 《新生児》neonato㊚ [㊛ -a], infante㊚; bambino㊚ [㊛ -a] (▶8, 9歳くらいまで含む); bebè㊚ [無変]; bimbo㊚ [㊛ -a];《胎児》《医》feto㊚ (▶ふつう bambinoを用いる) ¶僕はもう赤ん坊じゃないよ。Non sono「nato ieri [più un poppante]」! ¶僕は彼にかかってはまるで赤ん坊だ。Sono come un bambino nelle sue mani. ¶彼はまだ赤ん坊だ。《青二才》Ha ancora bisogno del biberon.

あき 空き **1**《空間》spazio㊚ [複 -i] vuoto [in bianco];《余地》spazio㊚ [複 -i];《すき間》apertura㊛, fessura㊛;《突破口など》varco㊚ [複 -chi] ¶空きを埋める《亀裂をふさぐ》chiudere un'apertura /《空間をなくす》riempire gli spazi vuoti ¶トランクにはまだ空きがある。Nella valigia c'è ancora spazio.
2《空席》¶空きの (a sedere) libero ¶バスはがら空きだった。L'autobus era quasi vuoto.
3《欠員》¶空きを埋める coprire un posto vacante ¶空きができた。Si è liberato un posto.
4《使用していない物》¶傘の空きがあったら貸してくれ。Se hai un ombrello che non ti serve, prestamelo.
❖ **空き缶[瓶]** lattina㊛ [bottiglia㊛] vuota ¶「あき缶, あき瓶はくずかごへ」《表示》"Non disperdere nell'ambiente dopo l'uso."

空き時間《暇》tempo㊚ libero

あき 秋 autunno㊚ ◇秋の autunnale ¶秋に in autunno / d'autunno ¶秋蒔きの花 fiore che si semina in autunno ¶だんだん秋めいてきた。A poco a poco l'autunno si fa sentire. ¶人生の秋 l'autunno della vita ¶男心[女心]と秋の空。Gli uomini [Le donne] sono incostanti come il tempo in autunno.

あきあき 飽き飽き ◇飽き飽きする stancarsi [seccarsi / annoiarsi /《親》stufarsi] (di qlco. / di + 不定詞), averne abbastanza (di qlco. [di qlcu. / di + 不定詞);《俗》averne le tasche piene (di qlco. [di qlcu. / di + 不定詞) ¶飽き飽きするような講義 conferenza noiosa [tediosa / insopportabile] ¶あの男には飽き飽きしそう。Quell'uomo mi annoia a morte. / Ne ho le tasche piene di quell'uomo.

あきかぜ 秋風 brezza㊛ autunnale ¶二人の間にはすでに秋風が立っていた。Il rapporto tra loro due si avviava ormai verso la fine.

あきぐち 秋口 ¶秋口に all'inizio [sul far] dell'autunno

あきさめ 秋雨 pioggia㊛ [複 -ge] autunnale

あきす 空き巣 《こそ泥を働く人》ladruncolo㊚ [㊛ -a] ¶空き巣に入られた。La nostra casa è stata visitata dai ladri [Sono entrati i ladri in casa] in nostra assenza.

あきたりない 飽き足りない 《満足できない》¶彼は田舎の生活に飽き足りず上京した。È andato a vivere a Tokyo, non essendo soddisfatto della vita di campagna. ¶きさまは殺しても飽き足りないやつだ。Ucciderti sarebbe poco (per quello che hai fatto)!

あきち 空き地 terreno㊚ non utilizzato, spazio㊚ [複 -i] libero [aperto]

あきっぽい 飽きっぽい che si stanca [stufa] subito;《根気がない》incostante;《気が変わりやすい》volubile, mutevole;《気まぐれな》capriccioso

あきない 商い **1**《商売》affari㊚ [複], commercio㊚ [複 -ci], traffico㊚ [複 -ci] **2**《売り上げ》vendite㊛ [複], incassi㊚ [複];《利益》profitti㊚ [複];《収入》guadagni㊚ [複];《取引高》giro㊚ [volume㊚] d'affari

あきなう 商う vendere ql.co., commerciare (in) ql.co., trafficare㊌ [av] in ql.co.;《扱う》trattare ql.co. ¶彼は繊維を商っている。Commercia in tessuti.

あきばれ 秋晴 schiarita㊛ [bel tempo㊚] autunnale

あきや 空き家 casa㊛ vuota,《住人のいない家》casa㊛ disabitata,《貸し家》casa㊛ sfitta [da affittare] ¶「空き家」《貸し家の掲示》"Casa da affittare" / "Affittasi" / "Fittasi"

あきやすみ 秋休み vacanze㊛ [複] autunnali

アキュムレータ [英 accumulator] 《機・コンピュータ》accumulatore㊚

あきらか 明らか ◇明らかな《疑いの余地のない》chiaro, evidente;《誰の目にも明らかな》palese;《わかりきった, 顕著な》manifesto;《公然の》pubblico [複 -ci];《言うまでもない, 自明の》ovvio [複 -i];《疑いのない, 明白な》indubbio [複 -i];《はっきりした, 明解な》nitido ◇明らかに chiaramente, evidentemente, ovviamente;《疑いなく》senza dubbio, palesemente;《明瞭に述べられた》espressamente, esplicitamente ◇明らかにする《明白にする》chiarire ql.co., mettere in chiaro [evidenza] ql.co.;《表明する》manifestare ql.co.;《定義する, 厳密化する》definire ql.co. con precisione;《立証する》provare [dimostrare] ql.co.;《明かす, 漏らす》rivelare [svelare] ql.co. ◇明らかになる《確認される》essere accertato,《証明される》essere provato [dimostrato];《公になる》rendersi pubblico [noto];《秘密などが漏洩する》rivelarsi, svelarsi ¶明らかな間違い errore palese ¶明らかな差異 differenza nitida [ovvia] ¶問題点を明らかにする fare il punto sulla questione ¶意図を明らかにする manifestare [rendere palesi / rivelare] le proprie intenzioni ¶彼の死因は明らかだ。Non ci sono dubbi sulla causa della sua morte. ¶火元は明らかだ。L'origine del fuoco è già localizzata. ¶それは言わずとも明らかだ。È ovvio [evidente]. / Va da sé. ¶彼の怒りは誰の目にも明らかであった。La sua rabbia era evidente a

あきらめ ¶彼の返事は明らかにイエスだ. La sua risposta è senz'altro [certamente] affermativa. ¶君は立場を明らかにすべきだ. Devi「mettere in chiaro [definire] la tua posizione. ¶真相はいずれ明らかになるだろう. La verità prima o poi verrà a galla. ¶その返事で彼の無知が明らかになった. Con quella risposta, ha dimostrato la sua ignoranza.

あきらめ 諦め《断念》rinuncia㊛ [複 -ce];《諦観》rassegnazione㊛ ¶あきらめの悪い人 persona che non sa「rassegnarsi [perdere] ¶あきらめがつく《人が主語》mettersi l'anima in pace ¶何ごともあきらめが肝心だ. La rinuncia è la prima lezione di vita. ¶彼はあきらめがいい. Sa prenderla con filosofia.

あきらめる 諦める《断念する》rinunciare㊛ [av] a ql.co. [qlcu.];《甘受する》rassegnarsi a ql.co.;《期待を持たない》perdere la speranza di + 不定詞;《忘れる》dimenticare ql.co. [qlcu.] ¶出世をあきらめる rinunciare alla carriera ¶ないものとあきらめる considerare ql.co. [qlcu.] perduto (▶ perdutoは目的語の性・数に合わせて語尾変化する) ¶仕方がないとあきらめる rassegnarsi al destino [all'inevitabile] ¶あきらめた気持ちになる sentirsi [essere] rassegnato ¶あきらめの試合ぶり gioco rinunciatario ¶息子は死んだものとあきらめました. Ho perso la speranza di rivedere mio figlio. ¶これも運命とあきらめよう. Anche questo era destino [era scritto]! ¶落としたお金のことはもうあきらめた方がいい. Il denaro è perduto, è meglio non pensarci più.

あきる 飽きる《続ける気がしなくなる》stufarsi [stancarsi] di ql.co. [di + 不定詞];《状態》essere stanco㊚ [複 -chi] [stufo / disgustato] di ql.co. [di + 不定詞];《うんざりする》stufarsi [annoiarsi / averne abbastanza] di ql.co. [qlcu. / di + 不定詞];《これ以上はいらないだ》stufarsi [stancarsi / 十分だ] essere sazio㊚ [複 -i] di ql.co. [di + 不定詞] ¶あきるまで fino alla noia ¶あきるほど飲む bere a sazietà ¶この絵は何度見てもあきない. Non mi stanco mai di contemplare questo quadro. ¶彼にはもうあきた. Ne ho abbastanza di lui. ¶彼は何事にもあきやすい性(ㅅ)だ. Ha un carattere per cui perde facilmente interesse in ogni cosa. ¶甘い物もこうかさなるとあきる. Mangiare così tanti dolci fa venire la nausea. ¶もう雨にはあきた. Questa pioggia mi ha stufato ormai. ¶もうあきたよ. Che noia! / Uffa! ¶彼の愚痴をあきるほど聞いた. Ho sentito le sue lamentele fino alla nausea. ¶肉はあきた. Mi sono stufato di mangiare sempre carne. / La carne mi ha stufato.

あきれかえる 呆れ返る ¶あきれ返ってものも言えなかった. Sono rimasto senza parole (per lo stupore).

アキレスけん アキレス腱 **1**《解》tallone㊚ [tendine㊚] d'Achille **2**《弱点》punto㊚ debole, tallone㊚ d'Achille

あきれる 呆れる《驚く》stupirsi di ql.co. [qlcu.], stupirsi che + 接続法;《眉をひそめる》scandalizzarsi di ql.co. [qlcu.];《愛想をつかす》essere disgustato di ql.co. [qlcu.] ¶あきれてものが言えない rimanere senza parole ¶自分でもあきれるほど忘れっぽくなった. Mi dimentico così facilmente delle cose che mi vergogno di me stesso. ¶あきれた人だね. Che uomo! ¶あきれた. Sono stupefatto! / Incredibile! ¶こんな物が5000円とはあきれた. Cinquemila yen per questo orrore? Ma è pazzesco! ¶彼の厚かましさにはあきれ果てた. Sono rimasto disgustato dalla sua sfrontatezza. / La sua sfrontatezza mi lascia senza parole.

あく 灰汁 **1**《洗濯用・染色の灰を水につけたうわずみ》lisciva㊛;《俗》lisciva㊛, ranno㊚ ¶…をあく洗いする lisciviare ql.co.

2《植物の渋味》asprezza㊛, sapore aspro;《煮汁などの》strato㊚ di sporco, pellicola㊛ d'impurità ¶あくが強い avere un sapore aspro ¶あくを抜く eliminare il sapore aspro da ql.co. ¶スープのあくを取る schiumare il brodo / togliere la schiuma al brodo

3《性格や文章のどぎつさ》¶あくの強い《しつこい》troppo insistente /《無遠慮な》indiscreto / importuno ¶あくの強い文章 frase con uno stile「particolare [ben marcato]

あく 悪 male㊚;《悪徳》vizio㊚ [複 -i];《邪心》perversità㊛, malvagità㊛;《不正行為》ingiustizia㊛;《違法行為》atto㊚ illegale;《非道徳的行為》atto㊚ immorale;《不誠実》disonestà㊛ ¶社会悪 male sociale ¶悪の権化(ケ) incarnazione del male ¶悪の道に誘う portare qlcu. sulla cattiva strada [sulla strada del vizio]

あく 開く・明く・空く **1**【戸などがひらく】aprirsi ¶大きく開いた窓 finestra spalancata ¶ひとりでに戸が開いた. La porta si è aperta da sola. ¶芝居の第1幕が開く. Il primo atto è cominciato.

2【営業を始める、営業している】aprire㊚ [es], essere aperto ¶図書館は9時に開く. La biblioteca apre alle nove. ¶あの喫茶店は遅くまで開いている. Quel bar è aperto fino a tardi.

3《ふさいでいたもの・中身がなくなる》liberarsi, essere libero, essere vuoto ¶空いた箱 scatola vuota ¶マンションが空いた. L'appartamento si è liberato. ¶この席は空いている. Questo posto è libero. ¶ポストが一つ空いている. C'è un posto vacante. ¶セーターに穴が開いた. Si è fatto un buco nel maglione.

4《使われていない状態にある、暇である》essere libero ¶トイレがなかなか空かない. Il bagno è sempre occupato. ¶暇を空いているんだったら手伝ってくれ. Se non hai nulla da fare, dammi una mano! ¶時間が空いていたので映画に行った. Avevo del tempo libero e sono andato al cinema.

5《目や口をひらく》aprire ¶目を開く aprire gli occhi ¶私は開いた口がふさがらなかった. Sono rimasto a bocca aperta.

アクアマリン〔英 aquamarine〕acquamarina㊛

アクアラング〔英 aqualung〕《商標》autorespiratore㊚, respiratore㊚ subacqueo

アクアリウム〔英 aquarium〕acquario㊚ [複 -i]

あくい 悪意 **1**《意地悪な心》 ¶悪意で per dispetto [cattiveria / ripicca] / con malevolenza [cattiva intenzione / 《敵意》ostilità] ¶彼は私に悪意を抱いている. Ha dell'ostilità verso di me. **2**《意地の悪い見方》 ¶彼は私の言葉を悪意に取った. Ha interpretato「male [in senso cattivo] le mie parole.

あくうん 悪運 **1**《悪いことをしながらも恵まれる運》 ¶彼は悪運が強い. La sua fortuna sfacciata gli ha permesso di cavarsela. ¶彼は悪運が尽きた. La fortuna l'ha abbandonato.

2《不運》sfortuna[女], sventura[女]; 《親》iella[女], malasorte[女][複 *malesorti*] ¶悪運つづきだ. Ho avuto una lunga serie di sventure. / Sono stato assai scalognato. ¶悪運をもたらす portare sfortuna [iella]

あくえいきょう 悪影響 ¶悪影響を及ぼす avere un'influenza dannosa [un influsso nocivo / un effetto negativo] su *qlcu.* [*ql.co.*]

あくかんじょう 悪感情 ¶人に悪感情を与える suscitare antipatia [《悪印象》un'impressione sfavorevole] nella gente ¶彼は私に悪感情を持っている. Mi porta rancore [ostilità].

あくぎょう 悪行 ¶悪行の限りを尽くす fare tutto il male possibile

あくさい 悪妻 cattiva moglie[女][複 *-gli*]

あくじ 悪事 misfatto[男], malefatta[女], malvagità[女], azione[女] malvagia [複 *-gie*] [perfida]; furfanteria[女]; 《犯罪》crimine[男]; delitto[男]; 《罪》peccato[男] ¶悪事を働く far del male / compiere un misfatto [una malvagità] / 《犯罪をおかす》commettere un crimine ¶悪事をたくらむ tramare azioni malvagie ¶悪事は知れる. 《諺》"Il diavolo fa le pentole ma non i coperchi." ¶悪事千里を走る. 《諺》"Le cattive notizie volano [hanno le ali]."

あくしつ 悪質 ◇**悪質な**《たちの良くない》cattivo, maligno, malvagio [[男]複 *-gi*; [女]複 *-gie*], malevolo; 《有害な》dannoso, nocivo, pernicioso; 《道徳的に悪い》disonesto, brutto, corrotto; 《品質》di qualità inferiore; scadente ¶悪質な犯罪 crimine「della peggiore specie [《非道な》mostruoso / brutale] ¶悪質な冗談 scherzo maligno / scherzo di pessima qualità ¶悪質な商品 merce di infima qualità [di qualità scadente]

アクシデント 〔英 accident〕《事故》incidente[男]; 《不慮のできごと》accidente[男]

あくしゅ 握手 stretta[女] di mano ◇**握手する** stringere [dare] la mano a *qlcu.*; 《互いに》stringersi [darsi] la mano; 《和解・仲直りする》far pace, rappacificarsi, riconciliarsi《と con》 ¶握手を求める porgere la mano a *qlcu.*

あくしゅう 悪臭 cattivo odore[男], puzzo[男]; 《強烈な》fetore[男] ◇**悪臭のある** puzzolente, fetido ¶悪臭を放つ puzzare[自][*av*] / essere maleodorante / emanare (un) cattivo odore ¶悪臭が鼻を突いた. Un tanfo insopportabile ha assalito le mie narici.

あくしゅう 悪習 ¶悪習に染まる contrarre un vizio [una cattiva abitudine]

あくしゅみ 悪趣味 cattivo gusto[男], kitsch[男][無変] ¶壁の色が悪趣味だ. Il colore di queste pareti è di cattivo gusto [di pessimo gusto / 《けばけばしい》di gusto pacchiano].

あくじゅんかん 悪循環 circolo[男] vizioso ¶悪循環に陥る[を引き起こす] cadere in [causare] un circolo vizioso

あくじょ 悪女 《たちの悪い女》donna[女] malvagia [複 *-gie*] [maliziosa]; 《醜女》donna[女] brutta

[慣用] **悪女の深情け** affezione[女] esagerata e importuna da parte di una brutta donna; 《ありがた迷惑》gentilezza[女] noiosa [appiccicaticcia]

あくじょうけん 悪条件 circostanze[女][複] sfavorevoli [svantaggiose], condizioni[女][複] difficili; 《逆境, 障害》avversità[女], difficoltà[女] ¶工事は悪条件のもとに進められた. I lavori sono stati portati avanti in condizioni sfavorevoli.

アクション 〔英 action〕azione[女]

✤**アクション映画** film[男] d'azione

アクションスター star[女][無変] del cinema d'azione

あくせい 悪政 malgoverno[男], cattiva amministrazione[女] pubblica ¶悪政を行う governare [amministrare] male

あくせい 悪性 ◇**悪性の** 〔医〕maligno, pernicioso

✤**悪性インフレ** 〔経〕inflazione[女] galoppante [a spirale]

悪性腫瘍 〔医〕tumore[男] maligno; 《癌》cancro[男]; 《肉腫》sarcoma[男][複 *-i*]

悪性貧血 〔医〕anemia[女] perniciosa

あくぜい 悪税 ¶悪税に苦しむ soffrire sotto il peso di tasse [imposte] inique [ingiuste]

あくせく 齷齪 ¶あくせく働く faticare[自][*av*] / sfacchinare[自][*av*] / sgobbare[自][*av*] ¶つまらぬことにあくせくする preoccuparsi di sciocchezze ¶今さらあくせくしても始まらない. Ormai bisogna rassegnarsi.

アクセサリー 〔英 accessory〕《模造宝石などの総称》bigiotteria[女]; 《宝石・貴金属類》gioielli[男][複]; 《服飾の付属品》accessori[男][複]

アクセス 〔英 access〕accesso[男] ◇**アクセスする**〔コンピュータ〕collegarsi《に a》, accedere[自][*es*]《に a》

✤**アクセスポイント** 〔コンピュータ〕punto[男] di accesso

アクセル 〔車〕acceleratore[男] ¶アクセルを踏む schiacciare [premere] il pedale dell'acceleratore / dare gas ¶アクセルを放す togliere il piede dall'acceleratore

あくせん 悪銭 ¶悪銭身につかず. 《諺》"La farina del diavolo va tutta in crusca."

あくせんくとう 悪戦苦闘 lotta[女] disperata [furibonda / furiosa] ¶困難と悪戦苦闘する lottare strenuamente [accanitamente] contro le difficoltà

アクセント 〔英 accent〕 **1**《発音の高低・強弱の変化》accento[男] ¶アクセントのある accentato / tonico ¶アクセントのない non accentato / atono ¶閉口音の[開口音の]アクセント accento acuto [grave] ¶単語の第2シラブルにアクセントをつける accentare una parola [mettere l'accento] sulla seconda sillaba ¶この言葉のアクセントはどこにありますか. Dove cade l'accento tonico di questa parola? ¶彼のイタリア語には強いナ

ポリのアクセントがある．Il suo italiano ha un forte accento napoletano.
2《強勢，強調》enfaṣi⊕[無変] ¶アクセントをおく（重点をおく）porre [mettere] l'accento su *ql.co.*;《強調する》accentuare [sottolineare / enfatizzare] l'importanza di *ql.co.*
3〖音〗accento男

> 参考
> **イタリア語のアクセント**
> イタリア語はいわゆる強弱アクセントの言語とされる．アクセントのある音節は，子音も母音もていねいに，そして特に母音は長めに発音される．文中で高い音程で発音される音節とアクセントのある音節が一致することは多い．
> アクセントの位置は，最後から数えて2番目にある語（parola piana）が最も多く全体の8割を占めている．次に多いのは最後から数えて3番目にある語（parola ṣdrucciola）である．最後の音節にアクセントのある語（parola tronca）は，つづり字にアクセント記号が付けられる．

✤**アクセント記号** accento男
あくたい 悪態 ¶悪態をつく imprecare⊕[*av*] contro *qlcu.* / ingiuriare *qlcu.* / lanciare [rivolgere] insulti a *qlcu.* / dire (le) parolacce a *qlcu.* / uṣare un linguaggio volgare [offensivo] verso *qlcu.*
あくたれぐち 悪たれ口 ¶あの子はいつも親に悪たれ口をたたいている．Quel bambino parla sempre in maniera molto maleducata ai genitori.
あくたれこぞう 悪たれ小僧 birichino男, monello男, peste⊕
アクチニウム 〔英 actinium〕《化》attinio男;《元素記号》Ac
あくてんこう 悪天候 brutto [cattivo] tempo男, maltempo男 ¶悪天候を冒して malgrado il maltempo
あくどい 1《性質などが》¶あくどい商法 commercio diṣonesto [immorale] ¶あくどい振る舞い《むかつくような》comportamento stomachevole [nauṣeante] ¶あくどい輩 gente senza scrupoli **2**《色などがしつこい》¶あくどい色 colore troppo ṣgargiante [chiassoso / pacchiano] ¶あくどい化粧 trucco troppo pesante
あくとう 悪党 malvagio男[⊕ -gia;男複 -gi;⊕複 -gie], cattivo男[⊕ -a]
あくどう 悪童 →いたずらっ子
あくとく 悪徳 《不徳》depravazione⊕, vizio男[複 -i];《道徳観の欠如》amoralità⊕;《反道徳》immoralità⊕;《邪 辣》cattiveria⊕;《不 誠実》diṣonestà⊕ ¶悪徳を重ねる commettere una serie di atti immorali [di cattiverie]
✤**悪徳業者** commerciante⊕ diṣonesto
悪徳商法 affari男[無変] loschi
あくなき 飽くなき ¶飽くなき欲望 deṣiderio insaziabile ¶飽くなき名誉欲を抱く男 uomo cupido [avido] di gloria ¶飽くなき野望 ambizione ṣmodata [sfrenata]
あくにん 悪人 canaglia⊕, farabutto男[⊕ -a], furfante男⊕, mascalzone男[⊕ -a], malfattore男[⊕ -trice]; malvagio男[⊕ -gia; 男複 -gi; ⊕複 -gie] ¶お前も悪人だね．《ふざけて》Sei un birbone [briccone]!

あくぬき 灰汁抜き ¶あくぬきをする togliere l'aspro [l'amaro]
あくぬけ 灰汁抜け《相場の下落が止まること》◊あく抜けする toccare il fondo e riprendersi
‒あぐねる ¶考えあぐねた結果今回の旅行はあきらめることにした．Ho deciṣo di rinunciare al viaggio dopo sofferta riflessione. ¶私は彼を待ちあぐねて家に帰った．Sono tornato a casa perché「non ce la facevo più ad aspettarlo [mi sono stancato di aspettarlo].
あくび 欠伸 ṣbadiglio男[複 -gli] ◊あくび(を)する ṣbadigliare⊕[*av*], fare uno ṣbadiglio ¶退屈で《眠くて》あくびをする ṣbadigliare di noia [di sonno] ¶あくびをかみころす reprimere [trattenere / soffocare] uno ṣbadiglio ¶この本はあくびが出る．Questo libro fa solo venire gli ṣbadigli.
あくひつ 悪筆 ¶彼は悪筆だ．《読みづらい》Ha una brutta [indecifrabile / illeggibile] calligrafia [scrittura].
あくひょう 悪評 《人格などに対する》cattiva reputazione⊕ [fama⊕;《作品などに対する》critica⊕ avversa [sfavorevole] ¶悪評を立てる parlare male di *qlcu.* [*ql.co.*] / sparlare di *qlcu.* [*ql.co.*] /《中 傷 する》calunniare [diffamare] *qlcu.* [*ql.co.*] /《否定的な批評をする》criticare sfavorevolmente [negativamente] / giudicare male *qlcu.* [*ql.co.*] ¶とかく悪評のある人 persona di dubbia fama ¶悪評をとる farsi un cattivo nome
あくふう 悪風 malcostume男, perversione⊕ [corruzione⊕] della società ¶世の悪風に染まる contrarre [essere contagiato da] tutti i vizi del mondo
あくぶん 悪文 ¶彼は悪文家だ．Ha un pessimo stile. / Il suo stile è scadente.
あくへい 悪弊 ¶悪弊を一掃する spazzare via i mali della società
あくへき 悪癖 vizio男[複 -i], brutta [cattiva] abitudine⊕, cattivo vezzo男 ¶飲酒の悪癖が身につく prendere il vizio del bere
あくほう 悪法 legge⊕ iniqua [cattiva]
あくま 悪魔 demonio男, demone男, diavolo男;《魔王》Satana男, spirito男 del male;《極悪人，悪魔のような人》diavolo男[⊕ -a], demonio男[複 -i] ◊悪魔的(な) diabolico [男複 -ci], demoniaco [男複 -ci]; satanico [男複 -ci] ¶悪魔に憑つかれた男 uomo indemoniato / ossesso / uomo posseduto [invaṣato] dal demonio ¶悪魔に魂を売り渡す vendere l'anima a Satana
✤**悪魔祓い** eṣorciṣmo男 ◊**悪魔祓いをする** eṣorciẓẓare gli ossessi; eṣorciẓẓare *ql.co.* [*qlcu.*]
あくまで 《最後まで》fino all'ultimo, sino alla fine, fino in fondo, ad oltranza, ;《執拗に》con ostinazione, ostinatamente, tenacemente, ;《厳格に》rigorosamente, severamente, rigidamente;《過度に》fino all'estremo, eccessivamente, troppo ¶あくまで自説を曲げない restare tenacemente fedele alle *proprie* convinzioni ¶あくまでもやるぞ．Andrò fino in fondo! / 《最善を尽くす》Lo farò come meglio posso! ¶空はあくまで青い．Il cielo è completamente azzurro. ¶あくまでも彼の責任だ．La responsabilità è interamente sua.

あくむ 悪夢 incubo[男], sogno[男] angoscioso, brutto sogno[男];《妄執》ossessione[女] ¶悪夢から覚める uscire [svegliarsi] da un incubo ¶悪夢に悩まされる essere perseguitato dagli incubi ¶悪夢のような戦争 guerra angosciosa

-あぐむ ⇒-あぐねる

あくめい 悪名 cattiva reputazione[女] [fama[女]] ¶悪名が高い《人が主語》essere tristemente noto [famoso] per *ql.co.* [per + [不定詞]] / godere di una brutta fama

あくやく 悪役 《芝居の》il cattivo[男] [《女性》la cattiva[女]], personaggio[男] [複 -*gi*] malvagio [複 -*gi*]

あくゆう 悪友 cattiva compagnia[女] ¶悪友と交わる frequentare cattive compagnie

あくよう 悪用 cattivo uso[男], abuso[男], uso[男] indebito [illecito] ◇**悪用する** far cattivo uso di *ql.co.*, abusare[自] [*av*] di *ql.co.*, adoperare male *ql.co.* ¶大臣の地位を悪用する abusare della posizione di ministro

あぐら 胡座 ¶あぐらをかく sedersi a gambe incrociate ¶権力の上にあぐらをかく essere arroccato nella *propria* autorità ¶過去の名声にあぐらをかく riposare [dormire] sugli allori

✤**あぐら鼻** naso[男] camuso [rincagnato]

あくらつ 悪辣 ◇**悪辣な** malvagio [[男]複 -*gi*; [女]複 -*gie*], perfido, perverso, maligno;《非良心的な》privo di scupoli;《狡猾な》scaltro, astuto ¶悪辣な手段 mezzi disonesti / perfido inganno

あくりょう 悪霊 spirito[男] maligno, demonio[男] [複 -*i*], demone[男] ¶悪霊に憑(つ)かれている essere posseduto dal demonio [dallo spirito maligno] / essere indemoniato

あくりょく 握力 forza[女] della presa [della stretta] di mano ¶握力が強い[弱い]《人が主語》avere una presa forte [debole]

✤**握力計** dinamometro[男]

アクリル 〔英 acryl〕 acrile[男] ◇アクリルの acrilico [[男]複 -*ci*]

✤**アクリル樹脂** resina[女] acrilica

アクリル繊維 fibra[女] acrilica, tessuto[男] acrilico

あくる- 明くる- seguente ¶明くる日 l'indomani / il giorno dopo [seguente] ¶明くる年 l'anno seguente

あくれい 悪例 cattivo esempio[男] [複 -*i*];《悪い先例》cattivo [brutto] precedente[男]

アグレマン 〔仏 agrément〕《外交で》¶アグレマンを求める[与える] chiedere [concedere] il gradimento alla nomina di *qlcu.* 《に a》

アクロバット 〔英 acrobat〕《曲芸》acrobazia[女];《人》acrobata[男][女] [[男]複 -*i*]

✤**アクロバット飛行** acrobazia[女] aerea, volo[男] acrobatico [複 -*ci*]

あけ 明け 《終わり》termine[男], fine[女] ¶つゆ明け la fine della stagione delle piogge ¶夏休み明けに finite le vacanze estive / al termine delle vacanze estive

あげ 上げ 《衣服の》¶スカートの上げをする fare una piega [una basta] alla gonna ¶上げを下ろす tirare giù una piega

あげあし 揚げ足 ¶揚げ足を取る《不用意な発言をとらえて非難する》trovare da ridire sugli errori [sui lapsus] verbali di *qlcu.* /《あら探しをする》trovare da ridire su *qlcu.* [*ql.co.*]

あげおろし 上げ下ろし・上げ降ろし 《積んだり降ろしたり》carico[男] [複 -*chi*] e scarico[男] [複 -*chi*];《上げたり下げたり》elevazione[女] e abbassamento[男] ◇**上げ下ろしする** 《貨物を》caricare e scaricare;《上に持って行ったり下ろしたり》portare su e giù *ql.co.*, alzare e abbassare *ql.co.* ¶箸の上げ下ろしにも文句を言う criticare *qlcu.* per qualsiasi cosa che faccia

あけがた 明け方 ¶明け方に all'alba

あげく 挙句 《最後に》alla fine, infine, come risultato finale ¶よくよく考えたあげく dopo lunga riflessione / dopo aver pensato e ripensato ¶口論のあげくなぐり合いを始めた. Il risultato della lite è stato che hanno cominciato ad accapigliarsi.

[慣用] **あげくの果てに** alla fine, in conclusione, per finire ¶彼は麻薬におぼれ，そのあげくの果てに刑務所入りになった. Si è lasciato sedurre dalla droga e come se non bastasse, è finito in prigione.

あけくれる 明け暮れる 《一日の大半を過ごす》passare [trascorrere] il tempo (+ジェルンディオ);《時間をとられる》essere preso《に da》;《没頭する》essere assorto [immerso]《に in》/ non fare altro che + [不定詞] ¶涙に明け暮れる passare il tempo in lacrime ¶私はピアノのレッスンに明け暮れていた. Tutto il mio tempo era preso dalle lezioni di pianoforte.

あげさげ 上げ下げ **1**《持ち上げたり下げたりすること》innalzamento[男] [sollevamento[男]] e abbassamento[男];《音声の》modulazione[女], intonazione[女] **2**《物価の》oscillazione[女] **3**《ほめたりけなしたりすること》lode[女] e biasimo[男] ¶〈人〉を上げ下げする lodare e biasimare *qlcu.*

あげしお 上げ潮 **1**《満ち潮》¶上げ潮に乗る approfittare「della marea crescente [dell'alta marea] (per salpare) **2**《上り調子》¶上げ潮に乗っている essere in rialzo / andare bene

あけしめ 開け閉め apertura[女] e chiusura[女] ◇**開け閉めする** aprire e chiudere

あげず 上げず ¶彼女は3日にあげずディスコに行っている. Lei va in discoteca almeno una volta ogni tre giorni.

あけすけ ◇**あけすけな** aperto, franco [[男]複 -*chi*], schietto ◇**あけすけに** apertamente, francamente;《ずけずけと》senza riserbo [ritegno] ¶あけすけな態度 comportamento aperto [franco] ¶あけすけに物を言う dire le cose come stanno / parlare「chiaro [apertamente / senza ritegno] / dire pane al pane e vino al vino

あげぜんすえぜん 上げ膳据え膳 ¶彼は上げ膳据え膳の殿様暮らしだ. Non alza mai un dito. / È sempre servito e riverito.

あげぞこ 上げ底 ¶この箱は上げ底だ. Questa scatola ha「il fondo rialzato [《二重底》un doppio fondo].

あけっぱなし 開けっ放し・明けっ放し ¶ドアを開けっ放しにしておく lasciare la porta aperta ¶門が開けっ放しになっていた. Il cancello era rimasto aperto.

あけっぴろげ 開けっ広げ・明けっ広げ ◇**あけっぴろげな** 《率直な》franco [[男]複 -*chi*], aperto;

あ

《誠実な》leale, sincero;《ざっくばらんな》schietto, chiaro, esplicito ¶彼は言うことがあけっぴろげだ. È franco nel parlare. / Non ha peli sulla lingua. ¶彼は誰とでもあけっぴろげに付き合う. È sincero e schietto con tutti.

あげつらう 論う 《あれこれ論じ合う》mettere *ql.co.* in discussione, mettersi a discutere di [su] *ql.co.*;《批判する》criticare *ql.co.* [*qlcu.*] ¶〈人〉の欠点をあげつらう enumerare [esporre] i difetti di *qlcu.*

あけてもくれても 明けても暮れても sempre, di continuo, per tutto il tempo; mattina e sera, giorno e notte;《毎日》ogni giorno, giorno dopo giorno, tutti i giorni ¶明けても暮れても彼は机に向かっていた. Stava alla scrivania giorno e notte. ¶彼は明けても暮れても息子のことを心配している. È in continuazione in pensiero [in ansia] per suo figlio.

あげはちょう 揚羽蝶 〔昆〕《キアゲハ》macaone[男]

あけはなす 開け放す 《大きく開け放つ》spalancare *ql.co.*;《開けておく》lasciare aperto *ql.co.* (►apertoは目的語の性・数に合わせて語尾変化する) ¶窓[戸]を開け放す spalancare le finestre [la porta]

あけび 通草・野木瓜 〔植〕《学名》*Akebia quinata*

あけぼの 曙 **1**《明け方》alba[女], lo spuntar[男] del giorno **2**《始まり, 始源》 ¶文明の曙 l'inizio [l'alba] della civiltà

あけまして 明けまして ¶明けましておめでとう. Buon anno!

あげもの 揚げ物 fritto[男], frittura[女]

あける 開ける・明ける・空ける

1【閉じてあるものをひらく】aprire ¶窓を開ける aprire la finestra ¶鍵で錠を開ける aprire la serratura con la chiave ¶びんのふたを開ける aprire [stappare] una bottiglia ¶店を開ける aprire il negozio ¶鍋のふたを開ける scoperchiare una pentola

2【何もない空間・時間をつくる】lasciare uno spazio vuoto ¶穴を開ける bucare / fare un buco ¶1行空ける lasciare una riga in bianco ¶AとBの間隔を開ける mettere una distanza fra A e B ¶木と木の間隔を開ける distanziare gli alberi ¶来週の水曜日は空けて置いてください. Si tenga libero per mercoledì prossimo.

3【中身を空にする】vuotare, svuotare ¶牛乳を鍋に空ける versare il latte nella pentola ¶家を空ける《留守にする》non essere in casa ¶杯を空ける vuotare un bicchierino ¶昨日われわれはウィスキーを一本空けた. Ieri ci siamo scolati una bottiglia di whisky. ¶10時までに部屋を空ける「lasciare libera [liberare]」la camera entro [per] le dieci ¶道を開けてください. Mi faccia passare!

4【ある期間が終わる】finire[自] [*es*], terminare[自] [*es*] ¶夜が明ける前に prima che si faccia giorno ¶梅雨が明けた. È finita la stagione delle piogge. ¶喪が明けた. È terminato il periodo di lutto.

あげる 上げる・揚げる・挙げる

1【下から上に移動させる】alzare, sollevare, levare;《上に運ぶ》portare su *ql.co.*;《吐く, もどす》vomitare, rigettare, rimettere[他] (►単独でも可); dare di stomaco;《陸揚げする》sbarcare, scaricare a terra ¶昂然と頭を上げて a fronte alta ¶机を2階に上げる portare (su) [trasportare] la scrivania al primo piano ¶かばんを網棚に上げる mettere una valigia sulla rete portabagagli ¶ほこりを上げる sollevare polvere ¶視線を…に上げる alzare [sollevare] lo sguardo [gli occhi] verso *qlcu.* [*ql.co.*] ¶髪の毛を上げる tirarsi su i capelli ¶お客様を座敷に上げる introdurre [invitare / far entrare] un ospite in salotto ¶芸者をあげる chiamare [far venire] una *geisha* ¶貨物を船から揚げる scaricare merci dalla nave ¶大量の魚を揚げた. Hanno fatto una grossa [ricca] pescata. ¶ふとんは自分で上げなさい. Metti via il tuo *futon*! ¶私は彼の家に上げてもらった. Mi ha fatto accomodare [salire] da lui. ¶祝杯をあげた. Hanno alzato [levato] il bicchiere per festeggiare.

2【空中高く揚げる】issare, alzare ¶旗を揚げる issare [《はためかせる》far sventolare] una bandiera ¶帆を揚げる alzare le vele ¶凧を揚げる issare [far volare] un aquilone ¶花火を揚げる lanciare fuochi d'artificio

3【地位・段階・価値・程度・数値を高める】aumentare, crescere;《上達させる, 改善する》migliorare, perfezionare, far progredire;《昇進させる》promuovere *qlcu.* ¶技量を上げる perfezionare una tecnica ¶給料をあげる aumentare lo stipendio (di *qlcu.*) ¶室温をあげる aumentare la temperatura ambientale ¶生産を倍にあげる raddoppiare la produzione ¶能率[質]をあげる migliorare il rendimento [la qualità] ¶スピードをあげる aumentare la velocità / accelerare ¶名声をあげる farsi un nome / guadagnare fama ¶子供を学校に上げる mandare [far andare] i figli a scuola ¶あのコックは腕を上げた. Quel cuoco è migliorato. ¶よい成績を上げる ottenere [riportare / conseguire] buoni risultati /《学校で》ottenere buoni voti / riportare una buona valutazione /《スポーツで》ottenere un buon punteggio [《順位》posto in classifica] ¶研究の成果を上げる cogliere il frutto delle ricerche ¶2点上げる《得点を》fare [segnare] due punti ¶利益を上げる avere [ricavare] un profitto / ottenere un guadagno / guadagnare

4【仕上げる, 済ませる】finire [terminare] *ql.co.*, finire di + [不定詞]; portare a termine *ql.co.*; completare *ql.co.* ¶費用を安く上げた. Ho contenuto [limitato / ridotto] le spese. ¶パーティーは1人5000円であげるように. Fa' [Fate] che la festa non costi più di 5.000 yen a testa. ¶私は手紙を書きあげた. Ho finito [terminato] di scrivere una lettera.

5【与える】dare *ql.co.* a *qlcu.*;《提供する》offrire *ql.co.* a *qlcu.*;《贈呈する》regalare [donare] *ql.co.* a *qlcu.* ¶この本を君にあげよう. Ti regalo [dono] questo libro. ¶君にもう一度チャンスをあげよう. Ti offrirò [darò] un'altra occasione.

6【声・叫びを発する】emettere, levare, lanciare ¶叫び声をあげる emettere [levare] un grido / urlare / gridare /《急に》lanciare [emettere /《短

く》 cacciare] un grido ¶歓声をあげる urlare [gridare] di gioia ¶負傷者は苦痛のうめき声をあげていた. Il ferito gemeva di dolore. ¶市民は反対の声をあげた. I cittadini hanno gridato la loro opposizione.

7【神仏に供える】 offrire *ql.co.* 《に a》 ¶仏壇に花をあげる offrire [mettere / deporre] fiori sull'altare di casa ¶お経をあげる recitare un sutra ¶線香をあげる bruciare bastoncini d'incenso

8【揚げ物をする】 friggere ¶魚をからっと揚げる friggere il pesce finché diventa croccante

9【列挙する】 enumerare, elencare; 《引用する》 citare; 《言及する》 menzionare, fare menzione, riferirsi 《について a》; 《提案する》 proporre; 《推薦する》 raccomandare ¶例をあげる fare [citare / portare] un esempio ¶…を例にあげる citare *ql.co.* 「come esempio [ad esempio] / prendere *ql.co.* ad esempio ¶作品名をあげる menzionare [fare menzione di] un'opera ¶〈人〉を候補に挙げる proporre *qlcu.* come candidato ¶理由をあげる esporre [specificare] i motivi ¶…の証拠をあげる dare [presentare / produrre] la prova di *ql.co.* ¶君の名前をあげていたよ. Ti hanno nominato [menzionato]. / Hanno fatto il tuo nome. ¶彼はこのホテルを1番に挙げた. Mi ha raccomandato per primo quest'albergo.

10【検挙する】 arrestare [catturare] *qlcu.* ¶警察は犯人を挙げた. La polizia ha arrestato il colpevole.

11【挙式する】 celebrare ¶結婚式を挙げる celebrare un matrimonio ¶荘厳な式を挙げる tenere una solenne cerimonia

12【すべてを出す】 ¶全力をあげる fare il possibile / raccogliere tutte le forze ¶兵を挙げる sollevare [far insorgere] le truppe 《に対して contro》 ¶記念日を国をあげて祝った. Tutto il paese ha festeggiato l'anniversario.

13【…してやる】 ¶お医者さんを呼んであげます. Le chiamo il medico. ¶やってあげるよ. Lo faccio per te. ¶彼にも見せてあげなさい. Fallo vedere anche a lui.

[慣用] **上げたり下げたり** 《ほめたりけなしたり》 ¶上げたり下げたりする alternare i complimenti e le critiche a *qlcu.* / lodare e criticare *qlcu.*

あけわたす 明け渡す 《家などを》 sgomb(e)rare *ql.co.*, lasciare libero *ql.co.* (►liberoは目的語の性・数に合わせて語尾変化する); 《城などを》 consegnare *ql.co.*, abbandonare *ql.co.* ◇明け渡し evacuazione[女], sfollamento[男] ¶家を明け渡す liberare una casa ¶敵に城を明け渡す consegnare [abbandonare] un castello al nemico

あご 顎 mento[男], mascella[女]; 《上あご》 mascella[女] (superiore); 《下あご》 mandibola[女], mascella[女] inferiore; 《ほお骨も含め》 gana*scia*[女] [複 *-sce*]; 《下あごの中央部》 mento[男] ¶二重あごの人 un uomo dal doppio mento ¶下あごの突き出た prognato / dal mento prominente ¶あごが外れた. Mi si è slogata la mascella. ¶あごが外れるほど笑う sganasciarsi dalle risate / farsi una bella risata ¶そんなにしゃべってよくあごが疲れないねえ. Ma non ti si sloga la mascella a forza di chiacchierare?

[慣用] **あごが落ちる** 《とてもおいしい》 essere squisit*o*

あごが干上がる essere ridott*o* 「alla fame [sul lastrico]; fare la fame

あごで使う menare *qlcu.* per il naso ¶彼女は夫をあごで使っている. Fa ciò che vuole del marito. / Rigira il marito come vuole.

あごを出す 《疲れ切る》 stancarsi, esaurirsi

あごをなでる accarezzarsi il mento compiaciut*o* [soddisfatt*o*]

アコースティック 〔英 acoustic〕 ◇アコースティックの acust*ico* [男複 *-ci*]

✤**アコースティックギター** chitarra[女] acustica

アコースティックサウンド suono[男] acustico

アコーディオン 〔英 accordion〕 《音》 fisarmonica[女], 〔仏〕 accordéon[男] [無変]

✤**アコーディオンカーテン[ドア]** porta[女] a soffietto

アコーディオンスカート gonna[女] plissettata

アコーディオン奏者 fisarmonicist*a*[男][女] [男複 *-i*]

あこがれ 憧れ 《崇拝》 adorazione[女], ammirazione[女]; 《熱望》 desider*io*[男] [複 *-i*] ardente, aspirazione[女] (per *ql.co.*); 《非常に強い》 bramosia[女], smania[女], passione[女], struggimento[男] ¶あこがれの的 l'oggetto delle *proprie* brame / 《アイドル》 idolo ¶あこがれのナポリ旅行 viaggio a Napoli tanto sognato [desiderato]

あこがれる 憧れる 《崇拝する》 ammirare [adorare] *ql.co.* [*qlcu.*]; 《恋する》 infatuarsi di *qlcu.*; aspirare[自] [*av*] a *ql.co.* [a + [不定詞]], bramare *ql.co.* [di + [不定詞]], anelare[自] [*av*] a *ql.co.*, desiderare ardentemente *ql.co.* [di + [不定詞]]; 《非常に強く》 spasimare[自] [*av*] 「di + [不定詞] [per *ql.co.*], struggersi [bruciare[自] [*es*]] dal desiderio (di + [不定詞]) ¶故郷の空にあこがれる 《懐かしむ》 aver nostalgia di casa ¶都会生活にあこがれる sentirsi attratt*o* dalla (vita di) città ¶若者はすぐ歌手にあこがれる. I giovani si infatuano facilmente dei cantanti.

あこぎ 阿漕 ¶あこぎなやり方 metodo 「duro e crudele [spietato] ¶あこぎな人間 uomo rapace [avido] e crudele

あごひげ 顎鬚 pizzo[男], barbetta[女] a punta; 《ほおひげも含めて》 barba[女] ¶あごひげを生やしている avere il pizzo / avere la barba a pizzo

あごひも 顎紐 《帽子の》 sottogola[男] または [女] [無変], 《軍帽などの》 soggolo[男]

あこやがい 阿古屋貝 《貝》 ostrica[女] perlifera

あさ 麻 《植》《亜麻》 (pianta[女] di) lino[男]; 《大麻》 canapa[女]; 《黄麻》 iuta[女]; 《マニラ麻》 canapa[女] di Manila

✤**麻糸** filato[男] [filo[男]] di canapa [di lino]

麻縄[ロープ] canapo[男]; 《太い》 fune[女] di canapa

麻の実 canapu*ccia*[女] [複 *-ce*]

麻ひも funicella[女] di canapa

あさ 朝 mattina[女]; mattino[男]; mattinata[女] ¶月曜の朝 lunedì mattina ¶明日の朝 domani mattina / domattina ¶翌日[前日]の朝 la mattina seguente [precedente] ¶朝早くから夜遅くまで働く lavorare dalla mattina presto fino a tarda sera ¶彼は朝が早い. È un tipo mattiniero. / È uno che si alza presto la mattina. ¶朝になる. Fa [Si fa] giorno. ¶明日会社に来たら朝一番にこれをやってくれ. Fai questo domani mattina appena arrivi al lavoro.

[使いわけ] **mattina, mattino, mattinata**
いずれも日の出から正午までをさす. mattinoは成句で用いられることが多く,「朝」の意味では mattinaが広く用いられ, mattinataは特定の朝をさすことが多い.
¶la [di] mattina 朝のうちに
¶mattinata piovosa 雨模様の朝
¶ di buon mattino, di prima mattina 朝早く
¶“Il mattino ha l'oro in bocca.”《諺》早起きは三文の得.

あざ 痣 《生まれつきの》macchia[女], voglia[女];《打ち身による》livido[男], contusione[女];《目の周りの》*occhio*[男][複 *-chi*] nero [pesto] ¶あざだらけになる essere tutt*o* un livido

あさい 浅い **1**【底までの距離が短い】basso, poco profondo;《傷が深くない》leggero, non grave, lieve ¶浅い皿 piatto piano ¶浅いところで泳ぐ nuotare nell'acqua poco profonda ¶打球が浅すぎた. Il tiro era troppo corto. ¶椅子に浅く腰掛ける sedere [sedersi] sull'orlo della sedia ¶傷は浅い. La ferita è leggera.
2【時間が経っていない】breve;《季節などで》appena iniziato ¶私は結婚してからまだ日が浅い. Non è molto [È da poco] che sono sposato. ¶春はまだ浅い. La primavera è appena iniziata. ¶2人は浅からぬ関係だ.《男女が》Loro due hanno un rapporto profondo.
3【程度が低い】basso;《表面的な》superficiale, poco profondo ◇浅さ superficialità[女] ¶見方が浅い《近視眼的》avere la vista corta ¶経験が浅い avere poche esperienze ¶思慮が浅い essere avventat*o* ¶君はまだ考えが浅い. Sei ancora superficiale. ¶朝は眠りが浅い. Il sonno del mattino è leggero.
4【色が濃くない】chiaro ¶浅いブルー azzurro chiaro

あさいち 朝市 ¶6時から12時まで朝市が立つ. Il mercato mattutino si tiene dalle 6 alle 12.

あさがお 朝顔 〘植〙convolvolo[男], ipomea[女];《俗》campanella[女]

あさがた 朝方 sul far del mattino, la mattina presto

あさぎ 浅葱 ◇浅葱の《薄い青緑》verde chiaro [無変];《水色》azzurrino, celeste

あさぐろい 浅黒い《肌が》scuro, bruno (di carnagione);《日焼けした》abbronzato

あざける 嘲る schernire [prendere in giro / dileggiare / deridere] *ql.co.* [*qlcu.*] ◇あざけり scherno[男], derisione[女], *dileggio*[男][複 *-gi*] ¶あざけりを受ける essere schernit*o* [deris*o* / dileggiat*o*] da *qlcu.* ¶彼はひとの失敗をあざけるように笑った. Rideva beffardamente degli errori altrui.

あさごはん 朝御飯 (prima) colazione[女], pasto[男] del mattino ¶パンとコーヒーの朝御飯をとる far colazione con lieviti e caffè

あさざけ 朝酒 cicchetto[男][bicchierino[男]] del mattino

あさせ 浅瀬 secca[女];《徒歩で渡れる場所》guado[男] ¶川の浅瀬を歩いて渡る guadare un fiume a piedi / passare un fiume a guado ¶船が浅瀬に乗り上げた. L'imbarcazione si arenò [si incagliò] in una secca [nella barra]. ¶負うた子に教えられて浅瀬を渡る.《諺》“Anche uno sciocco può insegnare qualche cosa a un saggio.” / Si può imparare da chiunque.

あさぢえ 浅知恵 idea[女] frivola [poco intelligente]

あさつき 浅葱 〘植〙erba[女] cipollina

あさづけ 浅漬け verdure[女][複] fresche sotto sale e crusca di riso

あさって 明後日 dopodomani[男] (►副詞としても用いる), posdomani ¶あさっての朝[晩] dopodomani mattina [sera]

あさっぱら 朝っぱら primo mattino[男] ¶朝っぱらからどこへ出かけるんだい. Dove te ne vai così di buon mattino [di prima mattina]?

あさつゆ 朝露 ¶草が朝露にぬれている. L'erba luccica per la rugiada del mattino.

あさなぎ 朝凪 *bonaccia*[女][複 *-ce*] mattutina, calma[女] di mare al mattino

あさねぼう 朝寝坊 《人》dormiglion*e*[男][[女] *-a*] ◇朝寝坊する dormire[自][*av*] fino a tardi, alzarsi tardi

あさはか 浅はか ◇浅はかな《皮相的な》superficiale;《軽率な, 思慮のない》frivolo, leggero; sconsiderato;《不注意な》sbadato;《愚かな》*sciocco* [[男]複 *-chi*], insensato ◇浅はかにも senza riflettere, con leggerezza, scioccamente ◇浅はかさ superficialità[女]; frivolezza[女], leggerezza[女]; sciocchezza[女] ¶彼は浅はかな考えから家出をした. Fuggì da casa spinto dalle sue sciocche idee.

あさばん 朝晩 mattina[女] e sera[女] (►副詞的にも用いる);《いつも》sempre ¶朝晩めっきり寒くなった. La mattina e la sera sono sempre più fredde.

あさひ 朝日 il sole[男] del mattino ¶山が朝日を受けて輝いていた. Il sole del mattino faceva risplendere le montagne.

あさぶろ 朝風呂 bagno[男] mattutino

あさましい 浅ましい **1**《軽蔑すべき》disprezzabile, spregevole;《心がいやしい》vile, meschino, basso;《恥知らずの》svergognato ◇浅ましさ meschinità[女], bassezza[女] ¶浅ましい了見 idea spregevole [meschina / gretta] ¶浅ましい行為 azione spregevole [vile / bassa] / comportamento vergognoso
2《哀れな》disgraziato, misero, sventurato;《嘆かわしい》deplorevole ¶わが身を浅ましく思っている. Mi vergogno di me stesso. / Mi sento un miserabile.

あざみ 薊 〘植〙cardo[男]

あさみどり 浅緑 verde[男] chiaro [pallido]

あざむく 欺く **1**《だます》ingannare [raggirare / truffare / gabbare] *qlcu.*
2《「…を欺く」の形で, まるで…のような》esattamente come..., proprio come... ¶花をも欺く美人 una donna bella come un fiore ¶昼を欺く明るさ una luce come in pieno giorno

あさめし 朝飯 ⇒朝御飯
✤朝飯前 ¶そんなことは朝飯前だ. È una passeggiata. / Non ci vuole niente a farlo. / È facile come bere un bicchiere d'acqua.
あさもや 朝靄 foschia[女] mattutina
あざやか 鮮やか **1**《色・形などが》 ◇鮮やかな chiaro, brillante;《美しい》bello;《生き生きしている》vivido, vivo, vivace ¶鮮やかな印象を与える dare a *qlcu.* una fresca impressione ¶鮮やかな色 colore vivido ¶鮮やかな筆跡 una bella scrittura ¶その光景が鮮やかに目に焼きついている. La scena ha lasciato in me un vivido ricordo.
2《巧みな》 ◇鮮やかな accurato, ben fatto, destro, abile;《完全な》perfetto ¶鮮やかな手並み esecuzione perfetta [magistrale / da maestro] ¶鮮やかな弁舌 un'eloquenza meravigliosa ¶鮮やかに勝つ ottenere una brillante vittoria ¶鮮やかな手際で con estrema [grande / consumata] abilità
あさやけ 朝焼け la luce[女] rosata dell'aurora, rosso[男] del mattino
あさゆう 朝夕 ⇒朝晩
あざらし 海豹 〘動〙foca[女]
あさり 浅蜊 〘貝〙vongola[女] ¶あさりのスパゲッティ spaghetti alle vongole
あさる 漁る **1** 《えさを探す》cercare da mangiare;《鳥がくちばしで》razzolare[自][*av*], ruspare[自][*av*]
2《拾い集める》spigolare *ql.co.*;《あちこち探す》cercare *ql.co.* qua e là ¶本をあさる andare a caccia di libri interessanti ¶ごみ箱をあさる frugare [rovistare] la pattumiera
あざわらう 嘲笑う ridere[自][*av*] beffardamente [con scherno] di *qlcu.* [*ql.co.*], schernire *qlcu.* [*ql.co.*], deridere *qlcu.* [*ql.co.*]
あし 足・脚 **1【人間・動物・椅子などの】**《足首からつま先まで》piede[男];《ももの付け根から足首まで》gamba[女] ⇒体 [図版];《動物や虫の》zampa[女];《小鳥の》zampetta[女], zampina[女];《たこ・いかの》tentacolo[男];《物の》gamba[女]; piede[男] ¶前[後]足 zampe anteriori [posteriori] ¶足の裏[甲] pianta [dorso] del piede ¶足の指 dito[男][複 le *dita*] del piede ¶彼は足が悪い. Ha un difetto alla gamba [al piede]. ¶足を折った. Mi sono rotto una gamba [un piede]. ¶足をひきずって歩く camminare trascinando i piedi ¶足を組んで腰掛ける sedersi con le gambe incrociate [accavallate] ¶足をそろえて跳ぶ saltare a piedi uniti [pari] ¶足がふらつく essere traballant*e* [malferm*o* / barcollant*e*] sulle gambe ¶足ががくがく震えた. Mi tremavano le gambe. ¶足がいうことをきかない. Non sento più le gambe. / Le gambe non mi rispondono più. ¶足を伸ばす allungare [distendere] le gambe /《くつろいだ姿勢になる》mettersi comod*o* / mettersi a *proprio* agio ¶足がつかない.《海などで》Non tocco il fondo con i piedi. ¶椅子の足が折れた. Si è rotta una gamba della sedia.
2【歩くこと】 passo[男], percorso[男] ¶足の遅い dal passo lento ¶足の速い dal passo rapido [spedito] / dai piedi agili ¶君は足が速いねえ. Come cammini [《走る》corri] svelto! ¶足を止める fermarsi / arrestarsi ¶君の足なら10分で行ける. Col tuo passo puoi arrivarci in dieci minuti. ¶その足で彼の家に寄った. Da lì sono andato direttamente a casa sua.
3【交通手段】 mezzo[男] di trasporto [di locomozione] ¶足がない essere senza macchina ¶ストライキで200万の人が足を奪われた. A causa dello sciopero due milioni di persone sono rimaste a piedi. ¶この辺は静かだが足の便が悪い. Questa zona è tranquilla, però è troppo fuori mano [è mal collegata].
4【お金】 denaro[男]
[慣用] **足が地に着いている**《着実な》essere una persona concreta [realista], avere i piedi per terra;《物が》essere realistic*o* [[男]複 *-ci*]
足がつく ¶盗品から足がついた. È stato rintracciato [scovato] seguendo la pista della merce rubata.
足が出る[を出す] ¶予算から足が出た. Il denaro non copre le spese. ¶今度の旅行では10万円も足が出た[足を出した]. Per questo viaggio ho dovuto sborsare centomila yen in più.
足が遠のく non frequentare più *ql.co.*
足が早い 《腐りやすい》marcire[自][*es*] subito
足が棒になる sentirsi le gambe come due stecchi
足で集める ¶データを足で集める raccogliere dati in giro
足に任せる lasciarsi portare dalle gambe
足を洗う chiudere (con) ¶悪事から足を洗う abbandonare [chiudere con] la malavita / diventare pulit*o*
足を入れる (1)《入り込む》mettere piede《に in, su》, entrare[自][*es*] [addentrarsi]《に in》(2)《物事に関係するようになる》entrare《に in》
足をすくう (1)《相手の足を横にはらう》fare lo sgambetto a *qlcu.* (2)《破綻させる: 計画を》far fallire i piani di *qlcu.*;《議論を》smantellare la tesi di *qlcu.*;《陥れる》fare cadere *qlcu.* in trappola
足を取られる ¶流れに足を取られる essere travolt*o* dalla corrente
足を延ばす ¶東京まで行ったついでに日光まで足を延ばした. Visto [Dato] che ero già a Tokyo, mi sono spinto fino a Nikko.
足を運ぶ venire[自][*es*], visitare, passare[自][*es*]《に da》
足を引っ張る 《重荷になる》essere di peso《の a》 ¶彼らが私たちの足を引っ張っている. Ci intralciano il lavoro.
足を棒にする non sentirsi più le gambe (dalla stanchezza)
足を向ける (1)《向かう》dirigersi《に verso》(2)《「足を向けて寝られない」の形で》 ¶彼の家には足を向けて寝られない. Gli sarò sempre riconoscente.
あし 葦 〘植〙canna[女]
✤葦笛 flauto[男] [piffero[男]] di canna
あじ 味 **1【味覚・風味】** gusto[男], sapore[男] ¶味がよい saporito / gustoso / squisito / avere un sapore buono [gradevole] ¶味が悪い disgustoso / avere un sapore cattivo [sgradevole] ¶味が濃い ben condito / avere un sapore forte ¶味が薄い poco condito / avere

[あ]

un sapore leggero / avere poco sapore ¶味がない insipido / senza sapore / non sapere di nulla ¶味をみる assaggiare ¶味をつける condire / dare sapore a *ql.co.* ¶味が落ちる perdere il sapore ¶最近あの店は味が落ちた. In quel ristorante si mangiava meglio prima. / Ultimamente in quel ristorante si mangia peggio. ¶ピッツァの味のよさはモッツァレッラによる. La bontà della pizza dipende dalla mozzarella.

2【物事の良し悪し, 具合】 ¶…の味を知る imparare [sapere] *ql.co.* per esperienza ¶このナイフは切れ味が鋭い. Questo coltello taglia bene. ¶このペンは書き味がよい. Questa penna scrive bene.

3【物事の良さ, 趣】 gusto[男], sapore[男] ¶味のある人物 persona interessante [piena di gusto] ¶勝利の味をかみしめる gustare [assaporare] il piacere della vittoria ¶彼はなかなか味のあることを言った. Ha detto cose molto suggestive [spiritose].

4【「味な」の形で, 気の利いた, しゃれた, 手際のよい】 ṣveglio [[男]複 -*gli*], spiritoso, intelligente, arguto, brillante, premuroso ¶味な表現 espressione arguto ¶君も味なことをするね. Quanto sai essere premuroso!

[慣用] **味も素っ気もない** completamente insipido ¶その講義は味も素っ気もない. Le lezioni sono insipide.

味を占める prendere gusto a *ql.co.* [a + [不定詞]] ¶最初の成功に味を占める prenderci gusto al primo successo ¶味を占めるとやめられない. Una ciliegia tira l'altra. ¶こんなことで味を占めてはいけない. Non pensare che ti vada sempre bene. / Non prenderci gusto.

あじ 鯵 〔魚〕sorello[男], sauro[男]; 《ヴェネト》 suro[男]; 《トスカーナ》 sugarello[男]

アジ ⇒アジテーション

アジア Aṣia[女] ◇アジア(人)の aṣiatico [[男]複 -*ci*] ✤**アジアアフリカ会議** Conferenza[女] dei Paeṣi Afro-Aṣiatici

アジアアフリカ諸国 le nazioni[女][複] afro-aṣiatiche, gli stati [i paeṣi][男][複] afro-aṣiatici

アジアアフリカブロック il blocco[男] afro-aṣiatico

アジア開発銀行 Banca[女] Aṣiatica di Ṣviluppo; 《略》 BAS[女]

アジア極東経済委員会 Commissione[女] economica per l'Aṣia e l'Estremo oriente; 《略》〔英〕 ECAFE [ekáfe][女]

アジア人 aṣiatico[男] [[女] -*ca*; [男]複 -*ci*]

あしあと 足跡 impronta[女] di piede, orma[女], traccia[女] [複 -*ce*] ¶足跡をつける[残す] lasciare le impronte sul terreno ¶足跡をたどる seguire le impronte [le orme] di *qlcu.*

アジえんぜつ アジ演説 discorso[男] sedizioso [sobillatore]

アジェンダ 〔英 agenda〕 《議題》 agenda[女]

あしおと 足音 rumore[男] di passi ¶足音を立てずに歩く camminare silenziosamente [senza far rumore / a passi felpati] ¶廊下を歩く足音がする. Si sente camminare in corridoio.

あしか 海驢 〔動〕 otaria[女], leone[男] marino

あしがかり 足掛かり **1** 《足を置く場所》 appiglio[男] [複 -*gli*] [punto[男] di appoggio] per i piedi ¶足掛かりを失う[得る] perdere il [assicurarsi un] punto di appoggio (►比喩的な意味にも用いる) ¶…を足掛かりにする fare presa con i piedi su *ql.co.*

2 《出発点》 punto[男] di partenza, baṣe[女], inizio [男][複 -*i*]; 《支え, 助け》 punto[男] di appoggio; 《問題を解く鍵》 chiave[女] ¶彼は山田と知り合ったことが出世の足掛かりとなった. L'incontro con Yamada segnò l'inizio del suo successo.

あしかけ 足掛け ¶東京に来て足かけ3年になる. Sono trascorsi meno di tre anni da quando mi sono stabilito a Tokyo.

あしかせ 足枷 **1** 《刑具》 ceppi[男][複] ¶足かせをはめる mettere i ceppi a *qlcu.* ¶足かせをはめられている essere in ceppi

2 《障害》 ostacolo[男], impedimento[男] 《の a》

あしがた 足形 impronta[女] del piede, orma[女]

あしがため 足固め 《足慣らし》 eṣercizio[男] [複 -*i*] di marcia, allenamento[男] podistico [複 -*ci*]; 《準備》 preparazione[女] ¶十分足固めをしてから事業に掛かる imbarcarsi in un'impresa dopo un'intensa preparazione

あしからず 悪しからず ¶悪しからずご了承ください. La prego di voler capire 「la mia situazione [come stanno le cose]. ¶悪しからずお含み置きください. Spero che Lei sia tanto corteṣe da volerselo ricordare.

あしがる 足軽 〔史〕《武家の》 soldato[男] di fanteria, fante[男]

あしきり 足切り ◇足切りする respingere i candidati all'eṣame preliminare ¶私は足切りにあった. Sono stato eliminato all'eṣame preliminare.

あしくび 足首 caviglia[女] ¶足首を捻坐(ねんざ)する prendere [procurarsi] una storta alla caviglia

あしげ 足蹴 ¶〈人〉を足げにする trattare villanamente *qlcu.* / trattare come una pezza da piedi *qlcu.*

あしげ 葦毛 《馬》 cavallo[男] grigio [複 -*gi*] pomellato

あじけない 味気ない 《おもしろみのない》 insipido, scialbo, arido; 《無意味な》 insignificante; 《単調な》 monotono, incolore; 《わびしい》 squallido; 《退屈な》 tedioso, noioso; 《空虚な》 vuoto ¶味気ない生活を送る condurre una vita incolore [monotona / grigia / squallida] ¶世の中が味気なくなった. La vita non ha più senso. / La vita è vuota per me.

あしこし 足腰 gambe[女][複] e lombi[男][複] ¶足腰が立たない病人《弱っていて立てない》 malato che non si regge in piedi / 《下半身の麻痺(まひ)した》 malato paraplegico ¶足腰を鍛える rafforzare le gambe e i lombi ¶足腰の立つうちは働こう. Finché sarò in grado di reggermi in piedi, lavorerò. ¶足腰の立たぬようにしてやるぞ. Te ne darò tante da non farti più rialzare.

あしごしらえ 足拵え ¶山に登るには足ごしらえを十分にしなければいけない. Prima di una scalata biṣogna 「fornirsi di buone calzature [mettersi in condizione di camminare comodamente].

あじさい 紫陽花 〔植〕 ortensia[女]

あしざま 悪し様 ¶悪しざまに言う parlare male di *qlcu.* [*ql.co.*] / sparlare di *qlcu.* [*ql.co.*] / de-

nigrare *ql.co.* [*qlcu.*]
あししげく 足繁く ¶足繁く通う visitare frequentemente *ql.co.* / frequentare assiduamente *ql.co.*
アシスタント 〔英 assistant〕 assistente男女 ♣アシスタントディレクター assistente男女 (di studio [di ripresa])
アシスト 〔英 assist〕 《スポ》(サッカーなどで)〔英〕 assist男[無変], pass*aggio*男[複 -*gi*], suggerimento男 ◇アシストする servire (*qlcu.*)
あした 明日 domani男 (►副詞としても用いる) ¶明日の朝 domani mattina / domattina ¶明日の晩 domani sera ¶また明日. A domani!
アジタート 〔伊〕《音》agitato
あしだい 足代 (交通費) spese女[複] di trasporto [di viaggio]; (電車・バスなどの運賃) prezzo男 della corsa ¶そこへ行く足代がない. Non ho il denaro per andarci.
あじつけ 味付け condimento男 ◇味付けする condire *ql.co.*
アジテーション 〔英 agitation〕istigazione女, incitamento男
アジテーター 〔英 agitator〕agit*atore*男 [女 *-trice*]
あしでまとい 足手纏い ostacolo男, impedimento男; (負担) peso男, palla女 al piede; (めんどうなこと) fast*idio*男 [複 -*i*], seccatura女 ¶〈人〉の足手まといである essere una palla al piede di *qlcu.* / legare le mani a *qlcu.* / essere un peso a *qlcu.*
アジト (組織の秘密司令所) centro男 operativo segreto; (隠れ家) nascond*iglio*男 [複 -*gli*], cov*o*男
あしどめ 足止め・足留め ◇足止めする bloccare [fermare] *qlcu.*; impedire a *qlcu.* di uscire [partire] ¶豪雨で宿に3日間の足止めを食った. A causa della pioggia torrenziale siamo stati costretti a rimanere rinchiusi [bloccati] in albergo per tre giorni.
あしどり 足取り 1 (歩調) andatura女, passo男 ¶重い足取り passo pesante ¶足取りも軽くcon [a] passo spedito ¶しっかりした足取りで歩く camminare con un passo sicuro [a passo dec*iso*].
2 《犯人の》tra*ccia*女 [複 *-ce*] ¶犯人の足取りをたどる (突きとめる) seguire [scoprire] i movimenti di un criminale
3 (相場の動き具合) tendenza女 [orientamento男 / andamento男] dei prezzi
あしなみ 足並み (歩調) passo男 ¶足並みが揃う mettersi al passo ¶足並みが乱れる[揃わない] perdere il passo ¶〈人〉と足並みを揃える andare al [tenere il] passo (con *qlcu.*) / procedere di pari passo (con *qlcu.*) (►いずれも言葉通りにも比喩的にも用いる) / 《比喩的》agire [andare] di concerto (con *qlcu.*).
あしならし 足慣らし ¶足慣らしをする riabituarsi a camminare
あしば 足場 (工事の足をのせるところ) base女 d'app*oggio*; (工事のため組んだもの) ponteggi男 [複], impalcatura女; (のせる台) piattaforma女; (台になるもの) piedistallo男 ¶足場を作る costruire [innalzare] un'impalcatura ¶足場を掛け

る erigere un'impalcatura [dei ponteggi] / 《橋のようなものを》gettare una passerella
2 (足もとの状態) ¶ぬかるみで足場が悪い. Il terreno melmoso non consente alcuna presa con i piedi. / Si scivola per la melma.
3 (活動のよりどころ) base女 ¶足場をかためる farsi una posizione / farsi delle solide basi ¶足場を作る stabilire un punto d'appoggio [una base] ¶彼の家を足場にしてミラノ見物をしてきました. Ho visitato Milano 「alloggiando a [approfittando di] casa sua.
4 (交通の便) ¶私の家は足場がいい[悪い]. La mia casa è ben [mal] servita dai mezzi di trasporto. / La mia casa 「è situata convenientemente [è fuori mano].
あしばや 足早 ¶彼は足早にその場を立ち去った. Se n'è andato via di corsa.
アジびら volantino男 propagand*istico* [複 *-ci*], volantino男 istigat*orio* [複 *-ii*]
あしぶみ 足踏み (歩調) andatura女, passo男; (停滞) punto morto, arresto男, pausa女 ¶足踏みをする (止まったまま両足を交互に入れ替える) battere i piedi in terra; (軍隊で) segnare il passo; (停滞する) non procedere [*es*], attraversare un periodo di immobilità ¶景気は足踏み状態である. Il mercato è fermo.
あしまかせ 足任せ ¶足任せに歩く 《目的もなく》camminare疽 [*av*] senza una meta precisa [senza meta] / (足の向くままに) lasciarsi portare dalle gambe
あじみ 味見 ass*aggio*男 [複 *-gi*] ¶スープの味見をする assaggiare la minestra
あしもと 足下・足元 1 (足の辺り) ◇足もとに ai (*propri*) piedi, vicino ai (*propri*) piedi ¶暗いので足もとにお気をつけください. È buio, faccia attenzione a dove mette i piedi.
2 (歩き方) ¶足もとがふらつく barcollare疽 [*av*] / non essere saldo sui *propri* piedi
3 (身近な所, 土台) ¶足もとをかためる consolidare le *proprie* basi [la *propria* preparazione] ¶足もとをよく見てから物を言え. Rifletti bene [Esamina bene te stesso] prima di criticare gli altri.
|慣用| 足下から鳥が立つように 《急激に》precipitosamente; (いきなり) bruscamente
足下に火が付く ¶足下に火がついた. Il pericolo è già alle porte.
足下にも及ばない non essere all'altezza di *qlcu.*, non poter competere con *qlcu.*
足下の明るいうちに ¶足下の明るいうちに帰ったほうがいい. È meglio tornare 「finché ci si vede [prima che diventi buio / (状況が険悪にならないうちに) prima che la situazione diventi critica].
足下を見る approfittare疽 [*av*] [abusare疽 [*av*]] delle debolezze di *qlcu.*
あしゅ 亜種 《生》sottospecie女 [無変]
あしゅら 阿修羅 《仏教》Asura男 [無変] ¶阿修羅のように come un demone infuriato / con furia selvaggia
あしらい (もてなし) ricevimento男, accoglienza女; (扱い方) modo男 di trattare ¶彼は客あしらいがうまい. Tratta bene la clientela.

あしらう 1 《軽く見ていいかげんに人に接する》 trattare [intrattenere / accogliere] qlcu. ¶そっけなくあしらう trattare qlcu. bruscamente [freddamente] ¶いい加減にあしらう《はっきり受け答えしない》 tergiversare con qlcu. ¶鼻であしらう《慇懃無礼な態度をとる》 trattare qlcu. con sussiego / 《馬鹿にする》 guardare qlcu.「dall'alto in basso [con sdegno / con disprezzo]
2 《配合する，取り合わせる》 combinare, assortire; 《服に》 decorare [ornare / guarnire]; 《料理で》 guarnire ql.co. 《を con, di》 ¶胸元に造花をあしらう mettersi [appuntarsi] un fiore finto sul petto ¶肉に野菜をあしらう guarnire la carne con verdure

アジる agitare qlcu. 《に対して contro》, istigare「a ql.co. [a + 不定詞], sobillare qlcu.

あじわい 味わい 1 《うまみ》 sapore 男
2 《おもむき》 gusto 男, eleganza 女, tono 男 ◇味わいのある significativo, suggestivo, espressivo; 《深遠な》 profondo ¶味わいのある言葉 osservazione significativa [suggestiva] / parola pregnante [densa di significati] ¶何とも言えぬ味わい una suggestione indefinibile

あじわう 味わう 1 《味をみる》 assaggiare qlcu.; 《味を楽しむ》 gustare ql.co., assaporare ql.co. 2 《観賞する》 apprezzare ql.co., gustare il valore di ql.co.; 《楽しむ》 godere 3 《体験する》 conoscere, sperimentare, provare, attraversare, incontrare ¶人生の悲哀を味わった. Ho provato [conosciuto] le amarezze della vita.

あしわざ 足技 《スポ》《柔道などの》 gioco 男 [複 -chi] [tecnica 女] di piede

あす 明日 1 《あした》 domani
2 《将来》 ¶明日の世代 generazione futura [di domani] ¶明日に備える《将来に》 provvedere per il domani ¶病人は明日の日も知れない. La vita del paziente è appesa ad un filo. / Il paziente ha i giorni contati. ¶明日はわが身.《諺》 "Oggi a te, domani a me."

あずかり 預かり 1 《保管》 custodia 女, deposito 男 ¶手荷物一時預かり所 deposito bagagli / 《クローク》 guardaroba 男 [無変]
2 《勝敗を決めないこと》 vittoria 女 non assegnata 《a causa dell'incertezza dell'esito di un incontro》

✤ 預かり金 denaro 男 affidato (in custodia); 《前金》 acconto 男, anticipo 男; 《保証金》 cauzione 女, deposito 男 cauzionale
預かり証 ricevuta 女 di deposito, scontrino 男
預かり物 oggetto 男 in custodia

あずかりしる 与り知る 《多く否定の形で》 ¶それは私の与り知らぬことだ. Io non c'entro [non ho nulla a che fare] con quella faccenda.

あずかる 与る 1 《関与する》 partecipare 自 [es] [prender parte / collaborare 自 [es]] a ql.co. ¶相談にあずかる partecipare ad una consultazione 2 《評価・厚意を受ける》 ¶お招きにあずかりありがとうございます. La ringrazio per l'invito.
[慣用] 与って力がある ¶私の今日の成功には彼の援助が与って力があった. Quello che sono [ho] oggi lo devo tutto al suo aiuto.

あずかる 預かる 1 【保管する】 prendere [tenere] ql.co. in custodia [in consegna / in deposito]; 《責任を任される》 occuparsi [incaricarsi] di ql.co., avere [assumersi] la responsabilità di ql.co. ¶私はこの事務所の会計を預かっています. Sono incaricato della cassa dell'ufficio. ¶パイロットは数百人の生命を預かっている. Il pilota「è responsabile della [ha nelle sue mani la] vita di centinaia di persone.
2 【責任をもって世話をする】 prendersi cura di qlcu., prendere qlcu. in custodia; guardare qlcu.; 《受け入れる》 accettare ql.co. ¶私は1年生を預かっている. Io ho una prima elementare. / Mi è stata affidata una prima elementare.
3 【保留する】 ¶この辞表は私が預かっておこう. Questa lettera di dimissioni per ora la tengo qua io (senza passarla al superiore).

あずき 小豆 fagioli 男 [複] azuki [無変], azuki 男 [無変]
✤ 小豆色 marrone 男 rossiccio

あずけいれる 預け入れる depositare denaro (in [su] un conto)

あずける 預ける 1 【保管を頼む】 affidare ql.co. a qlcu., depositare ql.co. da qlcu., mettere in custodia ql.co., consegnare ql.co. a qlcu. ¶銀行に金を預ける depositare denaro in banca ¶銀行に100万円預けてある. Ho un deposito in banca di un milione di yen.
2 【処理・決着を任せる】 affidare qlcu. alle cure di qlcu., assegnare ql.co., incaricare qlcu. di ql.co. [di + 不定詞] ¶この事件の解決は先生に預けることにした. La soluzione della questione è stata affidata al professore. ¶難しい仕事を預けられたものだ. Mi è stato assegnato [affidato] un lavoro complicato!

アスタチン 〔英 astatine〕《化》 astato 男; 《元素記号》 At

アステリスク 〔英 asterisk〕 asterisco 男 [複 -schi]; 《記号》 * (▶イタリア語では単語・文章などの左肩に付けられ，参照・省略・疑念・推定などを示す)

アストリンゼン(ト) 〔英 astringent〕 (lozione 女) astringente

あすなろ 翌檜《植》 tuia 女;《学名》 Thujopsis dolabrata

アスパラガス 〔英 asparagus〕 asparago 男 [複 -gi]

アスピリン 〔独 Aspirin〕《薬》 aspirina 女

アスファルト 〔英 asphalt〕 asfalto 男 ¶道にアスファルトを敷く asfaltare una strada

アスベスト 〔独 Asbest〕《鉱》 amianto 男; 《古》 asbesto 男

アスペルガーしょうこうぐん アスペルガー症候群《医》 sindrome 女 di Asperger

あずまや 四阿・東屋 pergola 女, pergolato 男, chiosco 男 [複 -schi] da giardino, gazebo 男 [無変]

アスリート 〔英 athlete〕 atleta 男女 [男複 -i]

アスレチッククラブ 〔英 athletic club〕 club 男 [無変] sportivo

あせ 汗 1 《体から出る》 sudore 男;《発汗》 traspirazione 女, sudorazione 女;《多量の》 sudata 女 ◇汗をかく sudare [av] ¶汗が盛んに出る《人が主語》 sudare abbondantemente [molto] / 《だらだらと》 grondare di sudore ¶汗をふく tergere il sudore di *qlcu.* / 《自分の》 asciugarsi il sudore ¶汗をうっすらかいている essere leggermente sudat*o* ¶汗を流す《汗をかく》 sudare / 《風呂に入る》 fare il bagno ¶汗びっしょり[汗だく / 汗まみれ]になる essere in un bagno di sudore / essere madid*o* [grondant*e*] di sudore ¶汗まみれのTシャツ maglietta inzuppata di sudore ¶血の汗を流す sudare sangue ¶額に汗して働く lavorare come un mulo

2 《物の表面についた水滴》 ¶湿気で壁が汗をかいていた. Le pareti sudavano gocce di umidità.

[慣用] **汗と涙の結晶** il risultato㊚ della fatica e del sudore (di *qlcu.*)

✤**汗かき** ¶私は汗かきだ. Sudo molto.

あぜ 畔・畦 argine㊚ tra risaie

✤**あぜ道** sentiero㊚ tra due risaie

アセアン ASEAN 《東南アジア諸国連合》 Associazione㊛ delle Nazioni del Sud-Est Asiatico; 《略》 ANSEA [ánsea]㊛

あせくさい 汗臭い ¶このシャツは汗くさい. Questa camicia puzza di sudore.

アセスメント 〔英 assessment〕《総合評価・査定》 accertamento㊚ ¶環境アセスメント valutazione sull'impatto ambientale

アセチレン 〔英 acetylene〕〘化〙 acetilene㊚

✤**アセチレンランプ** lampada㊛ ad acetilene

アセテート 〔英 acetate〕〘化〙 acetato㊚

アセトアルデヒド 〔独 Acetaldehyd〕〘化〙 acetaldeide㊛, aldeide㊛ acetica

あせどめ 汗止め farmac*o*㊚ [複 *-ci*] che elimina o riduce il sudore

あせばむ 汗ばむ 《状態》 essere accaldat*o*

あせび 馬酔木 〘植〙 asebo㊚, andromeda㊛

あせみず 汗水 ¶汗水流して働く sgobbare[自] [*av*] come un mulo / sudare sette camicie / lavorare sodo

あせみどろ 汗みどろ ¶汗みどろになって苦闘する sudare abbondantemente in una dura lotta

あせも 汗疹 sudamina㊛, eruzione㊛ [infiammazione㊛] cutanea da eccessiva sudorazione

あせる 焦る 《性急になる》 aver fretta; 《いらいらする》 essere impazient*e* di + [不定詞], essere agitat*o*; 《渇望する》 essere smanios*o* [troppo desideros*o*] di *ql.co.* [di + [不定詞]] ◇**焦り** impazienza㊛, smania㊛ ¶焦らずに senza fretta / senza perdere la pazienza / con calma ¶成功を焦る bramare il successo / smaniare per il successo ¶焦って失敗する sbagliare per l'eccessiva fretta [per la troppa impazienza] ¶出発の時間が迫って気が焦る essere in agitazione per l'avvicinarsi della partenza ¶彼の成功を見て僕は焦りを感じた. Vedendo il suo successo ho sentito che dovevo seriamente darmi da fare.

あせる 褪せる **1** 《色がさめる, 服などが主語で》 scolorire[自] [*es*], sbiadire[自] [*es*], stingere[自] [*es, av*] ¶色あせた花 fiori appassiti [avvizziti] ¶洋服の色があせた. L'abito si è scolorito.

2 《容色・体力などが衰える》 appassire[自] [*es*], avvizzire[自] [*es*], sfiorire[自] [*es*]

あぜん 啞然 ◇**啞然として** a bocca aperta; allibito [ammutolito] per la sorpresa (►allibito, ammutolitoは主語の性・数に合わせて語尾変化する) ◇**啞然とする** essere [rimanere] sbalordit*o* [sorpres*o* / stupit*o* / stupefatt*o* / sbigottit*o*] ¶意外な出来事に啞然とした. Sono rimasto stupefatto dall'inatteso avvenimento. ¶僕は啞然として物も言えなかった. Sono rimasto muto [a bocca aperta] dalla [per la] sorpresa.

アセンブラー 〔英 assembler〕〘コンピュータ〙 assemblatore㊚

アセンブリー 〔英 assembly〕《集会》 riunione㊛; 《組み立て》 assemblagg*io*㊚ [複 *-gi*], montagg*io*㊚ [複 *-gi*]

✤**アセンブリー言語** 〘コンピュータ〙 linguagg*io*㊚ [複 *-gi*] assemblatore

あそこ

彼処 **1** 《あの場所, 相手も知っている例の場所》 quel luogo㊚; là, lì ◇**あそこに** di là, laggiù, lassù ¶あそこの人 quello là [lì] ¶君の本はあそこにある. Il tuo libro è là. ¶このレストランよりあそこのほうがうまい. Si mangia meglio in quel ristorante che in questo.

2 《事態の程度》 ¶あの人があそこまで考えていたとは思わなかった. Non immaginavo che arrivasse a pensare persino a questo.

[使いわけ] **là と lì**

ともに話し手から離れた場所を指すが, 聞き手からは遠くても近くてもよい.

là は lì より遠い場所, より漠然とした範囲を指し示す. つまり là は「話し手・聞き手から遠い」場所を指す日本語の「あそこ」に, lìは「話し手・聞き手からそれほど遠くない」と意識される「そこ」にほぼ対応する.

¶あそこ[そこ]にいく andare là [lì]

¶君が探している本はあそこ[そこ]にある. Il libro che cerchi è là [lì].

¶ここには空席がないから, あの辺[そこ]に座ったら. Qui non c'è posto; mettiti là [lì].

前置詞 diと組み合わせると,「その場所へ」「その場所から」「その場所を通過して」という意味になる.

¶あそこ[そこ]から出よう. Usciamo di là [di lì].

¶あそこ[そこ]へ立ち寄ります. Passo di là [di lì].

あそばす 遊ばす ¶あれをご覧あそばせ. Si degni [Abbia la compiacenza] di guardarlo.

あそばせる 遊ばせる **1** 《好きなことをして楽しませる》 ¶子供たちを庭で遊ばせた. Ho fatto giocare i bambini in giardino. **2** 《使わずにおく》 tenere *qlcu.* [*ql.co.*] inattivo; 《仕事をさせない》 lasciare *qlcu.* 「senza lavoro [libero]; 《利用しない》 lasciare *ql.co.* inutilizzato (►inattivo, libero, inutilizzatoは目的語の性・数に合わせて語尾変化する), non usare *ql.co.* ¶その金を遊ばせておくのは損だ. È una perdita tenere il denaro in modo infruttifero. ¶機械を遊ばせておく lasciare inutilizzati [inattivi] i macchinari ¶〈人〉を遊ばせておく lasciare *qlcu.* senza lavoro

あそび 遊び **1** 《遊戯》 gioc*o*㊚ [複 *-chi*]; 《スポーツ》〔英〕 sport㊚ [無変]; 《気晴らし》 passatempo㊚, diletto㊚; 《娯楽, 遊興》 divertimento㊚; 《行楽》 gita㊛ ¶トランプ遊び gioco di carte ¶友だちのところへ遊びに行く andare a trovare il

[fare visita al / andare dal] *proprio* amico ¶町へ遊びに出かける andare a divertirsi in città ¶鎌倉へ遊びに行く andare 「a fare un'escursione [in gita] a Kamakura ¶遊び半分ではイタリア語は覚えられない。Non si può imparare l'italiano senza impegno [impegnarsi / una seria applicazione].
2【機械の】gioco㊚ ¶このハンドルは遊びがありすぎる。Questo volante ha troppo gioco.
❖遊び相手 compagno㊚ [㊛ -a] di gioco [di divertimento / di svago]
遊び癖 ¶夏休みにすっかり遊び癖がついてしまった。Durante le vacanze estive mi sono impigrito troppo.
遊び車《機》ingranaggio㊚ [複 -gi] di rinvio
遊び時間 ora㊛ di ricreazione;《学校の短い休み時間》intervallo㊚
遊び道具 giocattolo㊚, balocco㊚ [複 -chi]
遊び友達 →遊び相手.
遊び人《博打(ばくち)打ち》giocatore㊚ d'azzardo,《放蕩者》gaudente㊚㊛, amante㊚㊛ dei piaceri;《仏》viveur㊚ [無変];《定職のない人》persona㊛ disoccupata
遊び場 campo㊚ [terreno㊚ di gioco, cortile㊚ per la ricreazione;《娯楽・遊興の場所》luogo㊚ [複 -ghi] di svago

あそびほうける 遊び呆ける svagarsi ¶夏休みに遊び呆けてイタリア語を忘れてしまいました。Quest'estate mi sono dato alla pazza gioia e ho dimenticato il mio italiano.

あそぶ 遊ぶ **1**【楽しむ】divertirsi,《気晴らしをする》spassarsela, svagarsi, prendersi un po' di svago, distrarsi, rilassarsi, passare il tempo,《遊戯をする》giocare㊚ [av] ¶…をして遊ぶ giocare a ql.co. / divertirsi a + 不定詞 / divertirsi +ジェルンディオ ¶トランプ [ままごと] をして遊ぶ giocare a carte [alla mamma] ¶絵本を見て遊ぶ divertirsi sfogliando libri illustrati ¶おもちゃで遊ぶ giocare con un giocattolo ¶遊んでいる暇はない。Non ho tempo da perdere. ¶よく学びよく遊べ。Divertiti molto e studia altrettanto.
2【遊興する】divertirsi [svagarsi] nei quartieri di piacere [locali notturni],《飲んで騒ぐ》fare baldoria ¶この町には遊ぶところが少ない。Ci sono pochi svaghi in questa città. ¶彼は若いころには遊んだものだが、ついに結婚した。Dopo essersela spassata in gioventù, finalmente si è sposato.
3【何もしないでいる】non fare niente, stare in ozio, oziare㊚ [av], poltrire㊚ [av],《休息する》riposare [av], riposarsi, rilassarsi,《失業している》essere disoccupato㊚ [es], essere [trovarsi / rimanere㊚ [es] senza lavoro ¶彼は遊んで暮らしている。Vive senza lavorare [senza fare niente]. ¶今日はすっかり遊んでしまった。Oggi ho finito per farmi del tutto i miei comodi.
4【使われずにいる】non essere usato [utilizzato / adoperato] ¶遊んでいる土地 terreno incolto [non coltivato / non utilizzato]

【使いわけ】
giocareは、単に「遊ぶ」という意味では、子供同士で遊ぶとき、あるいは大人が子供を相手に遊んでやるときにしか使えない.
¶公園で子供たちが遊んでいる。Nel parco ci sono dei bimbi che giocano.
¶昨日は家にいて子供たちと遊んだ。Ieri sono rimasto a casa a giocare con i bambini.
中学生以上の若者や大人が「遊ぶ」ときは、「uscire 遊びに行く」を使うか、「andare in centro 街にいく」「andare al cinema 映画を見に行く」「andare a ballare 踊りに行く」など具体的な表現を用いる.
¶「人の家に遊びに行く」というときは、「andare da *qlcu.*」「andare a trovare *qlcu.*」を使う.
¶おばあちゃんの家に遊びに行った。Sono andato a trovare la nonna.
¶ルイーザのところに遊びに行った。Sono andato da Luisa.

あだ 仇 **1**《かたき》nemico㊚ [㊛ -ca;㊚複 -ci] ¶《人》の仇を討つ vendicare *qlcu.* / vendicarsi di *qlcu.* **2**《害悪》 ripagare il bene con il male ¶彼の人の良さがかえって身の仇となった。È stato rovinato dalla sua generosità. / La sua bontà lo ha rovinato.

あだ 徒 《徒労、無駄》¶せっかくの彼の好意もあだとなった。Tutte le sue buone intenzioni 「non sono servite a niente [sono state inutili].
❖あだ花 →見出し語参照

アダージョ《伊》《音》adagio㊚

あたい 価・値 **1**《値(段)》prezzo㊚ **2**《値打ち》valore㊚ **3**《数値》¶この方程式のxの値を求めよ。Trovare il valore della x di [in] questa equazione.

あたいする 値する meritare *ql.co.* [di + 不定詞], valere㊚ [es, av], essere degno di *ql.co.* [di + 不定詞] ¶この本は一読に値する。Questo libro merita di essere letto. / Vale la pena di leggere questo libro.

あたいりく 亜大陸 subcontinente㊚
あだうち 仇討 vendetta㊛ ¶《殺された》父親の仇討ちをする vendicarsi della [vendicare la] morte del *proprio* padre

あたえる 与える **1**【あげる】dare *ql.co.* a *qlcu.*;《贈る》donare [regalare / offrire] *ql.co.* a *qlcu.*;《授ける》conferire [concedere / dare in dono] *ql.co.* a *qlcu.* ¶…する機会を与える dare [offrire / concedere] l'occasione di + 不定詞 a *qlcu.* ¶称号を与える conferire un titolo a *qlcu.* ¶ほうびを与える dare una ricompensa a *qlcu.* ¶賞を与える conferire [assegnare / attribuire] un premio a *qlcu.* ¶自然の与える恩恵 benefici che dà [reca / apporta] la natura
2【あてがう、支給する】dare [conferire / provvedere] *ql.co.* a *qlcu.*;《供給する》fornire [provvedere] *ql.co.* a *qlcu.* [*ql.co.* di *ql.co.*];《分配する》distribuire *ql.co.* a *qlcu.* ¶子供たちに食事を与える far mangiare ai bambini ¶猫にえさを与える dare da mangiare al gatto ¶偽の情報を与える dare [fornire] informazioni false ¶工具に作業着を与える provvedere gli operai di apposite tute
3【割り当てる】assegnare [conferire] *ql.co.* a *qlcu.*;《任せる》affidare *ql.co.* a *qlcu.* ¶任務を与える dare [affidare / conferire] un incarico a

qlcu. ¶彼は重要な地位を与えられた. Gli è stato offerto un posto importante. ¶君は与えられた仕事だけをすればよい. Limitati a fare il lavoro che ti è stato assegnato. ¶与えられたテーマでレポートを書く scrivere una relazione su un argomento assegnato ¶与えられた時間で entro il tempo concesso ¶指示を与える dare [impartire] istruzioni a *qlcu.* ¶…する権限を与える attribuire a *qlcu.* la facoltà di + [不定詞] ¶円周上の与えられた1点 un punto dato su una circonferenza

4【影響・損害を】 dare; recare, provocare, cauṣare ¶敵に大きな損害を与える infliggere gravi perdite al nemico ¶被害を与える recare [fare / provocare] un danno a *qlcu.* [*ql.co.*] / danneggiare *qlcu.* [*ql.co.*] ¶罰を与える infliggere una punizione [《刑罰》una pena] a *qlcu.* ¶悪い印象を与える suscitare [dare] una brutta impressione ¶子供たちに夢を与える dare ai bambini un futuro in cui sognare

あたかも 恰も **1**《まるで》(proprio) come *qlcu.* [*ql.co.*], come se + [接続法] ¶日差しが暖かくてあたかも春のようだった. I raggi del sole erano caldi come in primavera. ¶彼はあたかも億万長者のようなことを言う. Parla come se fosse (un) miliardario. **2**《まさに》proprio, eṣattamente ¶時あたかも昭和20年8月15日だった. Era eṣattamente il 15 di agosto del 20° (読み方: ventesimo) anno dell'era Showa.

あたたかい 暖かい・温かい **1**【温度が】《気温がほどよい》caldo, temperato; 《気候が温暖である》mite; 《物の温度が》caldo; 《ぬるい, 生温かい》tiepido ◇あたたかさ caldo[男], calore[男]; mitezza[女], tepore[男] ¶風のあたたかさ tepore del vento ¶温かいスープ[部屋] zuppa [stanza] calda ¶今年の冬は割合暖かい. Il tempo è piuttosto mite quest'inverno. ¶暖かくなったら旅行に行こう. Facciamo un viaggio quando farà un po' più caldo. ¶何か温かいものが飲みたい. Vorrei bere qualcosa di caldo. ¶彼らは中で暖かくしていた. Stavano dentro al caldo.

2【気持・感じが】《恩情がある》affettuoso, caloroso, cordiale; 《人間味がある》umano ◇温かみ ⇒見出し語参照 ◇温かく con calore, caldamente, calorosamente, cordialmente ¶彼は温かい心の持ち主だ. È una persona「dal cuore caldo [di buon cuore / cordiale]. ¶温かい家庭 famiglia affiatata [unita] e felice ¶温かい手をさしのべる porgere [offrire] il *proprio* caloroso aiuto a *qlcu.* ¶温かくもてなす accogliere *qlcu.* con affettuosità / dare una calorosa accoglienza a *qlcu.*

3【金銭が十分にある】 ¶懐が温かい《人が主語》avere il portafoglio bello gonfio

あたたかみ 暖かみ・温かみ **1**《ぬくもり》calduccio[男] **2**《愛情, 温情》affetto[男]; affettuosità[女], calore[男] ¶温かみを感じさせない言葉 parole che non traṣmettono calore ¶彼は温かみのある人柄だ. È una persona affettuosa [calorosa]. ¶彼女は幸福な家庭の温かみを知らない. Non conosce il calore di una famiglia felice.

あたたまる 暖まる・温まる **1**《暖かくなる》scaldarsi, riscaldarsi ¶風呂につかって暖まる riscaldarsi con un bagno ¶酒で体が暖まる《暖まる人が主語》scaldarsi con un liquorino

2《心がなごやかになる》 ¶おばあさんの話を聞いて心が温まった. Le parole di mia nonna mi hanno scaldato il cuore. ¶心が温まる話を聞いた. Ho ascoltato un racconto「commovente [che fa bene al cuore].

3《ふところが豊かになる》 ¶給料が出てふところが温まった. Oggi ho il portafoglio pieno [la borsa piena] perché ho ricevuto il salario.

あたためる 暖める・温める **1**《加熱する, 熱くする》scaldare, riscaldare; 《生ぬるく熱する》intiepidire; 《体を温める》dare [darsi] una scaldata; 《保温する, 温めておく》tenere (in) caldo *ql.co.* (► inがない場合, caldoは目的語の性・数に合わせて語尾変化する) ¶ミルクを温める scaldare il latte ¶電子レンジで温める riscaldare nel forno a microonde ¶火に当たって体を温めなさい. Riscaldati davanti al fuoco. ¶空気は温めると膨張する. L'aria, scaldata, si dilata. ¶めんどりが卵を温めている. La chioccia sta covando le uova. ¶そのエピソードは人々の心を温めた. L'epiṣodio ha commosso gli animi.

2《大切にしまっておく》conservare, serbare; accarezzare nel cuore, nutrire; 《頭に》avere [tenere] in mente ¶長い間心の中で温めていたアイディア idea covata a lungo ¶構想を温める tenere in caldo un progetto / accarezzare [nutrire] un progetto

3《とだえていた付き合いを元に戻す》 ¶旧交を温める riallacciare [riannodare] vecchie amicizie

アタック 〔英 attack〕〘スポ・音〙 attacco[複 -*chi*] ◇アタックする〘スポ〙 attaccare[他] (►単独でも可); 《挑戦》affrontare *ql.co.* [*qlcu.*]

アタッシェ 〔仏 attaché〕《担当官》addetto[男] [[女] -*a*] ¶文化アタッシェ addetto culturale

アタッシュケース 〔英 attaché case〕 ventiquattrore[女][無変], valigetta[女] per documenti

あたって 当たって 《際して》in occaṣione di *ql.co.* ¶彼は辞任に当たって演説をした. Ha fatto un discorso prima di lasciare l'incarico.

あだっぽい 婀娜っぽい civettuolo, seducente, maliardo ◇あだっぽさ civetteria[女] ¶あだっぽい女 donna civettuola / civetta

あだな 渾名・綽名 soprannome[男], nomignolo[男] ¶〈人〉にあだなをつける soprannominare *qlcu.* / dare un soprannome [un nomignolo] a *qlcu.* ¶…というあだながつく essere soprannominato…

あだばな 徒花 《実のならない花》fioritura[女] [fiore[男]] senza frutti ¶この計画があだ花とならぬよう祈ろう. Speriamo che questo progetto si realizzi.

アダプター 〔英 adapter〕〘機〙 adattatore[男] ¶電源アダプター adattatore [alimentatore] di corrente alternata

あたふた(と) in gran fretta, in fretta e furia, affrettatamente; confuṣamente

あたま 頭 **1**【頭部】 testa[女], capo[男]; 《謔》zucca[女] ⇒体 [図版] ¶頭を上げる alzare [sollevare] la testa ¶頭を掻く grattarsi la testa (►困ったときのしぐさも表す) ¶頭が痛い[重い]《人が主語》avere「mal di testa [la testa pesante] ¶頭がぐらぐらする. (気絶しそうで) Sono stordito. / (目まいがする) Ho il capogiro. / Mi gira la testa. ¶頭のてっぺんから足の先まで dalla testa alla punta dei piedi

2【頭の働き，精神】mente㊛;（頭脳）cervello㊚; /（知能）intelligenza㊛, capacità㊛ intellettiva ¶頭がいい essere intelligente [acuto] / (回転が早い) sveglio / furbo (►furboには「ずるい」という意味もある) ¶頭の固い人 testa dura / testardo㊚ [㊛ -a] ¶頭の鋭い人 persona perspicace [dall'intelligenza acuta] ¶頭の古い人 persona all'antica ¶頭が冴えている《はっきりしている》 avere la mente lucida ¶頭が足りない essere sciocco / (俗) avere poco sale in zucca ¶頭が悪い essere「poco intelligente [tonto] / essere cretino [stupido] / avere un cervello di gallina ¶頭を使う《働かせる》usare il cervello [la testa] ¶頭に描く immaginare / vedere con l'occhio della mente / raffigurare ¶頭におく《考慮する》prendere ql.co. in considerazione / tener conto di ql.co. ¶頭に入れる《記憶する》ricordare / mettere in testa ¶頭が要る《仕事などが主語》richiedere cervello [testa] ¶頭に残っている《物が主語》rimanere in mente ¶人が主語》ricordarsi ancora di ql.co. [qlcu.] ¶私は頭が混乱している. Ho le idee confuse. / Mi sento confuso. ¶彼女のことで頭がいっぱいだ. Non faccio che pensare a lei. / (夢中) Sono innamorato pazzo di lei. ¶彼女のことが頭から離れない. Non riesco a togliermela dalla testa. ¶彼は政治のことばかりが頭にある. Il suo chiodo fisso è la politica. ¶彼女は彼のことなどてんで頭においてない. A lui non ci pensa per niente. ¶名案が頭に浮かんだ. Un'idea luminosa mi è passata per la [mi è balenata nella] mente.

3【頭髪】capelli㊚《複》, capigliatura㊛, chioma㊛ →髪 ¶白髪《しょう》[はげ / 坊主]頭 testa grigia [calva / rasata] ¶頭を丸める radersi la testa / (出家する) diventare monaco /《女性》monaca buddista ¶頭が白くなる《人が主語》incanutire㊟ [es] ¶頭が薄くなってきた. I capelli si diradano. / Sto perdendo i capelli.

4【最初】inizio㊚ [複 -i], principio㊚ [複 -i], capo㊚ ◇頭から daccapo, dal principio ¶頭からはねつける rifiutare categoricamente ql.co. ¶彼は頭から人を疑ってかかる. Sin dal primo incontro guarda la gente con sospetto.

5【末端】punta㊛, estremità㊛; /（頂上）cima㊛ ¶鼻の頭 la punta del naso ¶釘の頭 testa di un chiodo

6【上に立つ人】capo㊚; [英] boss㊚ [無変], leader㊚ [無変]

7【「一人頭」の形で，一人当たり》¶会費は一人頭3000円です. La quota è di tremila yen a testa.

【慣用】**頭が上がらない** provare soggezione per qlcu., sentirsi inferiore rispetto a qlcu.; (言うなり) essere succube [succubo㊚ [㊛ -a]] di qlcu.; essere alla mercè di qlcu. ¶女房に頭が上がらない亭主 marito bistrattato dalla moglie.
頭が痛い ¶娘のことで頭が痛い. Mia figlia è un bel rompicapo.
頭が切れる avere il cervello fine
頭隠して尻隠さず nascondere la testa nella sabbia
頭が下がる ¶彼の努力には頭が下がる. M'inchino davanti al suo impegno.
頭でっかち尻すぼみ cominciare bene e finire male
頭に来る ¶彼の態度は頭に来る. Il suo comportamento mi irrita.
頭を痛める《問題解決に苦しむ》torturarsi [spremersi] il cervello; (心配する) preoccuparsi per [di] ql.co.; (悩む) essere afflitto da ql.co.
頭を抱える scervellarsi su ql.co.
頭を下げる (1) 《お辞儀する》inchinarsi (2) 《謝る，お願いする》abbassare la testa ¶頭を下げて頼む abbassarsi a chiedere ql.co.
頭をしぼる spremersi [lambiccarsi] il cervello [(俗) le meningi] per ql.co.
頭を突っ込む ¶政治に頭を突っ込む ficcare il naso [immischiarsi] nella politica
頭を捻《ひね》る (1) 《一生懸命考える》pensare㊟ [av] intensamente, scervellarsi (2) 《疑問を感じる》dubitare「di 不定詞 [di + 接続法] / che +接続法
頭を冷やす calmarsi, raffreddare i bollenti spiriti
頭をもたげる (1)《出現する》emergere, fare capolino ¶反抗心が頭をもたげ始めた. Lo spirito della ribellione ha iniziato a farsi sentire [a serpeggiare]. (2)《目立つ》mettersi in vista;《台頭する》aumentare㊟ [es]

使いわけ testa と capo

testaは「頭」そのものを指すのに対し，capoは「体のいちばん上にあるもの」という漠然とした位置の認識を表す．どちらも人にっいても使えるが，capoは「直立するものの頭」と意識されるので，動物や魚の頭については使われない．

¶犬の頭をなでる carezzare la testa del cane
¶魚の頭をとり除く togliere la testa ai pesci
人に使う場合でも，動詞によっては capoとともに使いにくいものがある．

¶頭を低くする《体全体を使って》abbassare la testa [il capo]
¶頭を上げる alzare la testa [il capo]
¶頭を下げる《頭を前に傾けることによって》chinare la testa [il capo]
¶頭を人の肩にもたせかける appoggiare la testa [il capo] sulla spalla di qlcu.
¶頭を動かす《回す》muovere [girare / voltare] la testa (►capoはあまり使われない)

あたまうち 頭打ち ¶うちの会社では 50歳になると給与は頭打ちだ. Nella nostra ditta lo stipendio finisce di aumentare al compimento dei cinquant'anni. ¶株価が頭打ちの状態だ. I prezzi delle azioni non subiranno un rialzo.

あたまかず 頭数 《人数》numero㊚ di persone; 《出席者の数》numero㊚ dei presenti; 《定足数》numero㊚ legale ¶頭数を数える contare i presenti ¶頭数を揃える raccogliere il numero (necessario) delle persone ¶君は頭数に入っていない. Tu non rientri nel numero.

あたまきん 頭金《手付け金》caparra㊛;《前払

い金) anticipo男;《負債償還の内金》acconto男;《分割払いの第1回の払い込み金》prima rata女 ¶頭金を払う dare [versare] una caparra

あたまごし 頭越し ¶彼女は私の頭越しに部長にその問題を持っていった。È andata a reclamare direttamente dal direttore「senza interpellarmi [scavalcandomi].

あたまごなし 頭ごなし ¶頭ごなしにしかりつける rimproverare arbitrariamente

あたまでっかち 頭でっかち **1**《頭の大きい人》capoccione男[女 -a], testone男[女 -a] (►testoneには「がんこ者」という意味もある); macrocefalo男[女 -a] **2**《理屈ばかりの人》intellettualoide男女 ¶それはインテリの頭でっかちな考えだ。Queste sono idee nozionistiche da intelletuale.

あたまわり 頭割り ◇頭割りで in quote [parti] uguali;《一人当たり》a testa, come quota individuale;〔ラ〕pro capite ¶費用を頭割りで負担する dividere le spese in parti uguali

あたら 可惜 ¶あたら有能な人を失ってしまった。È un vero peccato che un uomo capace e competente come lui sia morto.

あたらしい 新しい
1《今までにない》nuovo;《独創的な》originale;《異例な》insolito;《更新された、新たな》rinnovato;《新しさ》novello 新しさ女;《独創性》originalità女 ◇新しくする rinnovare, rifare, aggiornare ◇新しくなる farsi nuovo, rinnovarsi, diventare nuovo;《変わる》cambiare ¶新しい服 abito nuovo /《新調したばかり》vestito「appena confezionato [fatto nuovo] /《買ったばかり》vestito appena comprato ¶真新しい靴 scarpe nuove di zecca ¶新しい社会 società rinnovata ¶新しい思いつき trovata [idea] originale ¶新しい型の機械 nuovo tipo [ultimo modello] di apparecchio ¶新しい先生《新任》professore nuovo ¶表紙を新しくする cambiare [rifare] la copertina ¶床が新しくなった。Abbiamo rifatto [rinnovato] il pavimento.

2《新鮮な、生々しい》fresco 男複 -schi, vivo, nuovo, novello ¶新しくする rinfrescare ¶新しい魚 pesce fresco ¶あの事故は記憶に新しい。Ho un ricordo vivo di quell'incidente.

3《できたての、最近の》ultimo, aggiornato, novello, appena fatto, recente, moderno ◇新しさ novità女; attualità女 ◇新しく《再び》di nuovo, nuovamente;《最近に》di recente, recentemente, ultimamente;《最初から》da capo
¶新しい情報 ultime informazioni / informazioni aggiornate ¶新しいファッション nuova moda ¶内容を新しくする rinnovare [aggiornare] il contenuto ¶新しく出た辞書 dizionario appena [ultimamente] pubblicato [uscito] / dizionario pubblicato di recente

---
語法 **nuovo**の位置
形容詞 nuovoは、poveroや grandeなどのいくつかの形容詞と同様に、置かれる位置によって意味が変わることがある。名詞の後に置かれると「新しい」の意味を表し、前に置かれると「別の」「新たな」「もう一つの」「新しく発売されたニューモデルの」を表す傾向がある。

¶una macchina nuova 新しく手に入れた車 (►新車でも中古車でも構わない)

¶una nuova macchina 新型車
¶un computer nuovo 新しく手に入れたコンピュータ
¶È uscito un nuovo computer. ニューモデルのコンピュータが発売された。
¶Ho comprato un computer nuovo. 新しくコンピュータを買った。(►"Ho comprato un nuovo computer."と言っても、「新型のコンピュータ」というよりは「新しくコンピュータを買った」の意味で受け止められやすい)

あたらしがりや 新しがり屋 amante男女 delle novità [delle modernità]

あたらずさわらず 当たらず障らず ◇当たらず障らずの《無害な》innocuo;《どっちつかずの、あいまいな》evasivo

あたり 辺り
1《周辺》dintorni [複], paraggi男[複], vicinato男;《近所》vicinanze女[複];《方角》parte女;《地域、地区、界隈》zona女, quartiere男 ¶…の辺りに intorno [vicino] a ql.co. / nei paraggi di ql.co. / dintorni di ql.co. ¶この辺りに da queste parti / qui intorno / nei paraggi ¶辺りに気を配る stare all'erta / essere vigile ¶辺りを見る《警戒して》guardarsi intorno [attorno] /《眺める》guardare intorno / in giro / qua e là ¶辺りー面に広がる propagarsi「tutt'intorno [dappertutto] ¶辺りには誰もいなかった。Non c'era nessuno in giro [intorno]. ¶辺りは一面火の海だった。Tutt'intorno era un mare di fiamme.
¶辺りかまわず騒ぐ fare chiasso senza preoccuparsi dei vicini [degli altri]

2《ころ、大体》circa, all'incirca, pressappoco, intorno a, verso, più o meno, giù di lì ¶晩の7時あたりに終わるだろう。Dovrebbe finire「verso le sette [alle sette circa] di sera. / Finirà più o meno alle sette di sera. ¶今日あたり彼がやって来るだろう。Dovrebbe farsi vivo più o meno oggi.

3《…か誰か》per esempio ¶田中さんあたりに聞いてみるといいかもしれない。Puoi provare a chiedere al signor Tanaka, per esempio.

4《様子》¶…あたりを見ると visto che + 直説法 / dato che + 直説法 ¶彼がいらいらしているあたりを見ると何か心配ごとがあるのだろう。Deve avere qualcosa che lo preoccupa, visto che è così nervoso.

あたり 当たり **1**《命中》centro男, colpo男 messo a segno esatto ¶5発中4発が当たりだった。Ho fatto quattro centri su cinque. ¶当たり所が悪く彼は死んだ。È stato colpito in un posto vitale che gli ha causato la morte. ¶彼の会心の当たりはホームランになった。Ha fatto un fuoricampo con un colpo all'altezza delle sue aspettative. ¶くじで当たりを引いた。Alla lotteria ho estratto un biglietto vincente.

2《成功》successo男 ¶この小説は大変な当たりだ。Questo romanzo ha centrato il versaglio.

3《感触》¶当たりのいい[柔らかい]人 persona affabile ¶この酒は当たりが柔らかい。Questo sakè ha un gusto morbido.

4《釣りで魚がえさをつつくこと》¶今日はちっとも当たりがない。Oggi non abboccano proprio.

5《見当》 ¶犯人の当たりがつく trovare una traccia [un indizio] del colpevole ¶彼の居場所の当たりをつけた. Più o meno ho capito dove si trova.
6《単位を示す名詞に付いて,「…につき」の意を表す》 ¶一人当たり a testa / per ciascuno ¶100人に一人当たり una persona su cento ¶1キロ当たりの運賃 tariffa chilometrica [per chilometro] ¶今度の旅行は1日当たり2万円かかった. Questo ultimo viaggio è costato ventimila yen al giorno.

-あたり -中り ¶食中り intossicazione alimentare ¶暑気中り colpo di sole [di caldo]

あたりくじ 当たり籤 biglietto[男] [numero[男]] vincente ¶当たりくじを引き当てる estrarre il numero vincente / vincere un premio alla lotteria

あたりさわり 当たり障り ◇当たりさわりのない《無害な》innocuo;《あいまいな》evasivo ¶彼は当りさわりのない返事をした. Ha dato una risposta evasiva [non impegnativa].

あたりちらす 当たり散らす ¶〈人〉に当たり散らす sfogare [scaricare] i *propri* nervi su *qlcu.*

あたりどし 当たり年 **1**《幸運な年》anno[男] fortunato [pieno di successi / felice / prospero] (per *qlcu.*)
2《豊作の年》annata[女] eccezionale (per *ql.co.*), grande annata[女] ¶ワインの当たり年だった. È stata una buona annata per il vino.

あたりはずれ 当たり外れ soddisfacimento[男] e tradimento[男] delle previsioni ¶このメーカーのテレビは当たり外れがある. Non tutti i televisori di questa marca sono alla stessa altezza.

あたりまえ 当たり前 ◇当たり前の《当然の》naturale;《正当な》giusto;《明白な》evidente, ovv*io* [[男] 複 *-i*];《普通の》comune, solito, usuale, consueto ¶当たり前だ. Va da sé. / È ovvio. / È naturale. ¶「怒ったのかい」「当たり前だ」 "Ti sei arrabbiato?" "E ti credo!" ¶君が失敗したのは当たり前だ. Non c'è nulla di strano che tu abbia fallito. / Il tuo insuccesso non mi sorprende. ¶当たり前なら in circostanze normali ¶ごく当たり前のことをしただけです. Ho fatto solo quello che sarebbe stato ovvio fare. ¶当たり前にやったのではとても彼にはかなわない. Non posso batterlo se non escogito qualcosa di diverso. ¶当たり前に《いつものように》come al solito ¶当たり前なら子供の2, 3人いてもいい年ごろだ. Normalmente una persona di quell'età può avere anche due o tre figli.

あたりや 当たり屋《わざと車にぶつかって金品をせしめる人》simula*tore*[男] [[女] *-trice*] di incidenti stradali

あたりやく 当たり役 ¶オセロは彼の当たり役だ. L'Otello è il suo 「cavallo di battaglia [pezzo forte].

あたる 当たる **1**【物と物がぶつかる】 colpire *ql.co.*, battere[自] [*av, es*] su *ql.co.* ¶ボールが私の顔面に当たった. La palla mi ha colpito alla faccia. ¶雨が窓ガラスに当たっていた. La pioggia batteva [picchiava] sui vetri (delle finestre). ¶この靴は指が当たる. Il piede tocca la punta (della scarpa).
2【立ち向かう, 引き受ける】 affrontare, occuparsi di *ql.co.* ¶難局に当たる affrontare le difficoltà ¶調査に当たる occuparsi di un'indagine ¶彼が通訳に当たった. Ha fatto da interprete. (► fare da...は「本業でない仕事につく」「代わりをつとめる」という場合に用いる) ¶当たって砕けろ. O la va o la spacca.
3【光・熱・風などを受ける】 ¶外気に当たる esporsi all'aria aperta ¶ストーブに当たる riscaldarsi alla stufa ¶西日の当たる部屋 stanza esposta al sole del pomeriggio ¶酔い覚ましに外に出て風に当たった. Ero ubriaco e sono uscito fuori a prendere un po' di fresco.
4【直に調べる, 確かめる】 consultare; sondare, scandagliare, controllare ¶辞書を当たる consultare un dizionario ¶原典に当たる controllare il testo originale ¶直接先方に当たる《交渉》negoziare direttamente con l'altra parte ¶ほかを当たってください. Chieda altrove [in altro luogo]. ¶方々の店を当たってみた. Ho provato in vari negozi.
5【相当する, 該当する】 corrispondere[自] [*av*] a *ql.co.*, equivalere[自] [*av, es*] a *ql.co.*, valere[自] [*es*] ¶これは全体の10パーセントに当たる. Questo vale il [corrisponde al] dieci per cento del totale. ¶シエナはフィレンツェの南に当たる. Siena si trova a sud di Firenze. ¶イタリア語の「amare」に当たる日本語は何ですか. Quale parola giapponese corrisponde all'italiano "amare"? ¶彼は君の何に当たりますか. Quale parentela hai con lui? ¶今年はクリスマスは水曜日に当たる. Quest'anno il Natale cade di mercoledì.
6【予想などが的中する】 essere indovinat*o*;《その通りになる》risultare [rivelarsi] esatto ¶天気予報はあまり当たらない. Le previsioni del tempo non ci prendono molto. ¶彼の予想が当たった. Le sue previsioni si sono avverate. ¶当たらずといえども遠からずだ. Non sei lontano dalla verità.
7【くじなどが当たる】 ¶宝くじで三等が当たった. Ho vinto il terzo premio della lotteria.
8【順番・当番が回ってくる】 toccare[自] [*es*] ¶いやな仕事が当たった. Mi è toccato (di fare) un lavoro che non volevo. ¶幹事の役が当たった. Sono stato nominato [designato alla carica di] segretario.
9【出会う】 toccare ¶厳しい試験官に当たった. Mi è capitato [Mi è toccato] un esaminatore severo.
10【成功する】 avere successo, dare buoni risultati ¶商売が当たった. Gli affari sono andati bene. ¶芝居が当たった. Questo spettacolo ha ottenuto [ha avuto] successo.
11【不満をぶつける】 trattare male *qlcu.* ¶彼は家族に当たった. Ha sfogato il cattivo umore sulla sua famiglia. ¶当たり散らす ⇒見出し語参照
12【中毒する】 avvelenarsi [intossicarsi] con *ql.co.* ¶一家全員がきのこに当たった. Tutta la famiglia si è intossicata [avvelenata] con i funghi. ¶古い魚に当たっておなかをこわした. Ho sofferto di mal di pancia per colpa del pesce

avariato.
13【果物が傷む】marcire⓲[es], andare a male ¶このオレンジは当たっている. Questa arancia è andata a male [è marcia].
14【「…に当たって」の形で, …に際して】in occasione di ql.co. ¶シンポジウムの開会に当たって in occasione dell'inaugurazione della conferenza
15【「…には当たらない」の形で, …するほどのことはない】¶心配するには当たらない. Non vale la pena [Non è il caso] di preoccuparsene.

アダルト【英 adult】adulto⓲[⑫ -a] ¶アダルト向きの per adulti
✤**アダルトビデオ** video⓲[無変] porno [無変]

あたん 亜炭【鉱】lignite⓳

アチーブメントテスト〔英 achievement test〕test⓲[無変] di rendimento scolastico

あちこち 彼方此方 《ここやあそこ》qua e là, un po' dappertutto;《上や下》su e giù;《前後》avanti e indietro ¶街のあちこちに公園がある. ¶ローマには世界のあちこちから人が集まって来る. A Roma vengono [affluiscono] persone da tutte le parti del mondo.

あちら 彼方
1【場所】là, di là, lì, di lì; lassù; laggiù;《方向》in quella direzione ¶あちらを見る guardare di [in] là ¶駅はあちらです. La stazione è là [da quella parte].
2【あの人, あの物】¶あちら(の方)がロッシさんです. Quello è il sig. Rossi. ¶こちらよりあちらの方がいい. Quello è migliore di questo.
3【外国】paese⓲ straniero [《欧米》occidentale] ¶あちら帰り persona ritornata dall'estero [dall'Occidente]

あちらこちら 彼方此方 →あちこち

あっ ah! / oh! ¶あっ, 火事 [泥棒] だ. Al fuoco [ladro]! ¶彼女はその人を見てあっと息をのんだ. Quando ha visto quell'uomo è rimasta sbigottita.
[慣用] あっという間に in un attimo, in un baleno, in un batter d'occhio, in un lampo ¶あっという間の出来事だった. È accaduto in un lampo. ¶あっという間もなかった. Non ho avuto il tempo di dire bah!

あっと言わせる stupire [sbalordire] qlcu.;《良くないことで》sbigottire [far trasalire] qlcu.

あつ 圧 pressione⓳ ¶圧のかかった sotto pressione

あつあつ 熱熱 ¶熱々のスープ zuppa ben calda ¶あの2人は熱々(の仲)だ. Quei due sono innamoratissimi.

あつい 熱い
1【温度が高い】caldo;《とても熱い》bollente, scottante, bruciante;《焼けつくように》rovente;《動詞》bruciare⓲[es], scottare⓲[av] ◇熱さ→見出し語参照 ¶熱くする scaldare;《温め直す, 十分熱くする》riscaldare ◇熱くなる scaldarsi; riscaldarsi ¶熱いコーヒー 《温かい》caffè caldo /《熱々の》caffè bollente ¶熱くも冷たくも感じる sentirsi caldo ¶紅茶を熱いうちにどうぞ. Beva il tè mentre [finché] è caldo. ¶モーターが熱くなった. Il motore si è surriscaldato. ¶額が熱い. Mi scotta la fronte. ¶熱で体が熱い. Mi sento bollire per la febbre.
2【感情が高まって】《熱烈な, 激しい》ardente, fervente, fervido, appassionato, focoso;《衝動的》impulsivo ◇熱くなる《興奮する》riscaldarsi, eccitarsi, accalorarsi, animarsi;《落ち着きを失う》inquietarsi;《怒る》arrabbiarsi ¶映画への熱い思い forte passione verso il cinema ¶熱い論争 discussione accesa [animata] ¶熱い涙を流す versare brucianti lacrime ¶彼は彼女に熱い思いを寄せている. È profondamente innamorato di lei. /《俗》Ha preso una cotta per lei. ¶あの2人は熱い仲だ. Quei due sono pazzi l'uno dell'altro. ¶そう熱くなるなよ. 《怒るな》Non ti arrabbiare! /《興奮するな》Non devi riscaldarti così! / Non eccitarti troppo!

あつい 暑い【気温が高い】caldo; fare (▶非人称動詞) [av]) caldo ◇暑さ→見出し語参照 ¶今日はとても暑い. Oggi fa molto caldo [un gran caldo / un caldo boia]. ¶蒸し暑い. Fa un caldo umido. / Fa un caldo afoso. ¶息がつまりそうに暑い. Fa un caldo soffocante. / Si soffoca dal caldo. ¶こう暑くてはやり切れない. Questo caldo è insopportabile. ¶今が暑い盛りだ. 《1年のうちで》Questo è il periodo più caldo. ¶明日はもっと暑くなるだろう. Domani la temperatura dovrebbe aumentare ancora di più.

あつい 厚い・篤い
1【物が】spesso, grosso;《化粧が》pesante ◇厚さ→見出し語参照 ¶厚い壁 muro spesso ¶厚い本 libro voluminoso / grosso libro ¶厚いオーバー cappotto pesante ¶厚い雲 nuvole dense [fitte] ¶唇の厚い女 donna dalle labbra carnose [spesse] ¶彼女は化粧が厚い. Si trucca pesantemente. ¶壁を厚くする必要がある. Bisogna 「aumentare lo spessore del [ispessire il] muro. ¶ハムの厚切り tagliare il prosciutto a fette spesse ¶パンにバターを厚く塗る spalmare uno spesso strato di burro sul pane ¶このサッカーチームはファンの層が厚い. Questa squadra di calcio ha un gran numero di tifosi. ¶この種の手当は下に厚くすべきだ. Questo tipo di indennità va distribuita 「di più [meglio] ai dipendenti di livello inferiore.
2《情がこまやかな》cordiale, caloroso;《思いやりのある》premuroso, gentile;《寛大な》generoso ◇厚く《心から》con premura, calorosamente, vivamente ¶厚いもてなしを受ける ricevere un'accoglienza calorosa [premurosa] ¶彼は友情に厚い. Ha un profondo senso dell'amicizia. ¶彼は上役の信用が厚い. Gode di una solida fiducia da parte dei suoi superiori. ¶厚くお礼申し上げます. Accolga [Accolgano] i miei più sentiti ringraziamenti.
3【病気が重い】¶彼は病が篤い. È malato 「gravemente [in modo grave].

あつえん 圧延【冶】laminazione⓳ ◇圧延する laminare
✤**圧延機** laminatoio⓲[複 -i]

あっか 悪貨 ¶悪貨は良貨を駆逐する. 《グレシャムの法則》La moneta cattiva scaccia la buona.

あっか 悪化 aggravamento⓲, peggioramento⓲, deterioramento⓲;《悪い状態の再発》recrudescenza[女] ◇悪化する aggravarsi, peggiorare[自] [*es*, *av*], deteriorarsi;《悪い方へと向かう》prendere una brutta piega ¶病状が悪化した. Le condizioni del paziente si sono aggravate.

あつかい 扱い **1**《使用法, 用途》uso[男];《機械・商品の保守》manutenzione[女], cura[女];《機械の操作》manovra[女];《管理》gestione[女];《薬品の》manipolazione[女];《考察, 評価》considerazione[女], valutazione[女] ¶この荷物の扱いには十分気をつけてください. Trattate questo bagaglio con molta attenzione.
2《処遇》trattamento[男];《もてなし》accoglienza[女], ospitalità[女];《客へのサービス》serv*izio*[男] [複 *-i*] ¶他人扱いする trattare *qlcu.* come un estraneo ¶ばか者扱いされる essere pres*o* per scem*o* ¶あのホテルは客扱いがいい. In quell'albergo il cliente è trattato molto bene.

あつかう 扱う **1**【手で扱う】trattare *ql.co.*, usare [adoperare] *ql.co.*;《運転する》condurre *ql.co.*;《機械・道具などを操作する》manovrare [maneggiare] *ql.co.* ¶美術品を大事に扱う trattare con cura gli oggetti d'arte ¶この機械は扱いやすい. Questa macchina è「maneggevole [facile da manovrare]. ¶道具を扱う adoperare un attrezzo ¶トラクターを扱う condurre un trattore
2【問題として取り上げる】trattare *ql.co.*;《論じる》discutere [trattare] (di) *ql.co.*;《報道する》scrivere [riferire] su *ql.co.* ¶問題を軽く扱う trattare una questione con leggerezza / prendere alla leggera una questione ¶新聞はそのニュースを大きく扱った. I giornali hanno dato grande risalto a questa notizia.
3【仕事として引き受ける, 商品などを取り扱う】trattare, occuparsi di *ql.co.*;《病人の治療をする》curare *qlcu.*;《管理する》amministrare *ql.co.*;《店で売る》commercializzare [commerciare] *ql.co.* ¶あの弁護士は刑事事件だけを扱っている. Quell'avvocato tratta soltanto [si occupa esclusivamente di] cause penali. ¶この会社は子供用の品物を扱っている. Questa ditta si occupa di articoli per bambini. ¶ここでは心臓病の患者を扱っている. In questo reparto si curano pazienti affetti da malattie cardiache. ¶彼は経理を扱っていた. Curava [Teneva] la contabilità. ¶食料品を扱う commercializzare [commerciare] in prodotti alimentari
4【応待する, もてなす】trattare *qlcu.*, accogliere *qlcu.* ¶扱いにくい人 persona difficile da trattare ¶扱いやすい人 persona facile da trattare / persona disponibile ¶手荒に扱う trattare *qlcu.* rudemente ¶〈人〉を上手に扱う essere abi*le* nel trattare *qlcu.* /《うまく働かせる》saper gestire bene la gente ¶私は彼を家族の一員として扱った. L'ho trattato come se fosse (uno) della famiglia.
5【…とみなす】considerare (come) ¶20歳すぎたら成人として扱われる. Dopo i 20 anni d'età si è considerati (uomini) adulti.

あつかましい 厚かましい《ずうずうしい》sfacciato, impudente;《恥知らずの》svergognato, spudorato, sfrontato;《鉄面皮の》dalla faccia di bronzo;《無礼な》insolente ◇厚かましさ sfacciataggine[女], impudenza[女]; aud*acia*[女] [複 *-cie*] ¶厚かましくも…する avere l'audacia [il coraggio /《話》la faccia tosta] di + [不定詞] ¶厚かましいお願いですが…. Chiedo troppo se + [直説法]? ¶何て厚かましいやつだろう. Che faccia tosta! / Che insolenza!

あつがみ 厚紙《厚い紙》cartoncino[男];《ボール紙》cartone[男]

あつがり 暑がり persona[女] sensibile al caldo

あつがる 暑がる ¶彼はさかんに暑がっている. Si lamenta molto del [Soffre molto il] caldo.

あっかん 圧巻《最も優れている部分》la parte[女] migliore;《最も印象的な部分》il meglio[男] [無変], il motivo[男] d'attrazione, la parte[女] più notevole;《山場》culmine[男];〔仏〕clou [klu][男] [無変] ¶第3章がこの小説の圧巻だ. Il culmine di questo romanzo è il terzo capitolo.

あっかん 悪漢 malfat*tore*[男] [[女] *-trice*, *-tora*], furfante[男][女], delinquente[男][女]

あっかん 熱燗 ¶熱燗で頼むよ. Portami del *sakè* ben caldo.

あつぎ 厚着 ◇厚着する essere vestit*o* pesantemente, imbottirsi bene, imbacuccarsi ¶厚着して行きなさい, 外は寒いから. Copriti bene [Metti qualcosa di pesante], che fuori fa freddo.

あつぎり 厚切り ◇厚切りの tagliato spesso

あつくるしい 暑苦しい caldo (e)「soffocante [afoso / opprimente] ¶暑苦しくて眠れなかった. Non ho potuto dormire per il troppo caldo.

あっけ 呆気 ¶あっけにとられる essere sopraffat*to* dallo stupore / rimanere sbalordit*o* [stupefatt*o* / stupit*o* /《話》di stucco]

あつげしょう 厚化粧 trucc*o*[男] [複 *-chi*] pesante [eccessivo] ◇厚化粧する truccarsi esageratamente

あっけない 呆気ない《期待はずれな》deludente;《不満足な》insoddisfacente;《短すぎる》troppo breve;《不十分な》insufficiente ¶あっけない勝利 vittoria troppo facile ¶あっけない幕切れ conclusione deludente [《早い》repentina] ¶あっけなく負けてしまった. Ho perso senza il tempo di rendermene conto.

あっけらかん ¶あっけらかんとしている《平然としている》essere indifferent*e* [non curant*e*]

あっこうぞうごん 悪口雑言 ingiurie[女] [複] ¶悪口雑言を浴びせる coprire *qlcu.* di ingiurie

あつさ 厚さ spessore[男] ¶この板の厚さは2センチあります. Quest'asse ha uno spessore di 2 centimetri.

あつさ 暑さ・熱さ caldo[男], calore[男] ¶焼けつくような暑さ caldo che arrostisce / caldo torrido ¶うだるような暑さ caldo intenso /《蒸し暑い》caldo afoso ¶暑さを避ける[和らげる] sfuggire al [mitigare il] caldo ¶暑さ負けする ammalarsi per il caldo ¶私は暑さに弱い. Non sopporto bene [《嫌い》Non mi piace] il caldo. ¶ひどい暑さだ. Che caldo terribile! ¶この暑さでは5キロも歩けない. Con questo caldo non posso camminare per 5 chilometri. ¶今日の暑さは特別だ. Oggi fa particolarmente caldo.

あっさく 圧搾 pressione[女], compressione[女] ◇圧搾する comprimere *ql.co.*, pressare *ql.co.*

✤**圧搾機** 《プレス》pressa㊛, torchio㊚《複 -chi》;《空気などの》compressore㊚;《油・果汁をしぼるもの》torchio㊚《複 -chi》

あっさつ 圧殺 ◇圧殺する《滅ぼす》annientare qlcu. [ql.co.];《鎮圧する》sopprimere qlcu. [ql.co.]

あっさり 1《くどさやしつこさがない》◇あっさりした《率直な》semplice, diretto, non complicato;《簡素な》semplice;《味が淡白な》leggero ¶彼［彼女］は性格があっさりしている。È una persona senza complicazioni. あっさりした飾りつけ decorazione semplice ¶あっさりした料理 piatto leggero
2《簡単に，すんなり》facilmente, in men che non si dica, senza opporre resistenza ¶あっさり白状する confessare facilmente. / あっさり断られた。 Mi hanno subito detto di no. / Ho ricevuto un rifiuto immediato.

あっし 圧死 ◇圧死する《圧迫死》morire [es] schiacciato;《窒息死》morire per soffocamento

あつじ 厚地 tessuto㊚ pesante ¶厚地のカーテン tenda di tela pesante

あっしゅく 圧縮 1《押しつけること》compressione㊛;《縮約》abbreviazione㊛;《濃縮》condensazione㊛ ◇圧縮する《押しつける》comprimere;《濃縮する》condensare ¶空気を圧縮する comprimere l'aria 2《要約する》compendiare, riassumere, abbreviare ¶原稿を半分に圧縮する abbreviare un manoscritto della metà 3《コンピュータ》compressione㊛ ◇圧縮する comprimere, compattare ¶ファイルを圧縮する comprimere un file
✤**圧縮ガス** gas㊚ [無変] compresso
圧縮機 compressore㊚
圧縮空気 aria㊛ compressa
圧縮率[性] comprimibilità㊛, compressibilità

あっしょう 圧勝 ◇圧勝する riportare una vittoria schiacciante [decisiva]

あっする 圧する 1《強く押す》premere 2《抑圧する》opprimere qlcu. [ql.co.];《圧倒する》sopraffare qlcu. [ql.co.];《威圧する》imporsi su qlcu. [ql.co.];《支配する》dominare su qlcu. [ql.co.] ¶敵を圧する sopraffare il nemico

あっせい 圧政 dispotismo㊚, tirannia㊛ ¶民衆が圧政に苦しむ。Il popolo soffre per l'oppressione del regime.

あっせい 圧制 oppressione㊛ ◇圧制的(な) oppressivo

あっせん 斡旋 1《就職の世話》raccomandazione㊛;《職業などの紹介》mediazione㊛;《稀》senseria㊛ ◇斡旋する 《お墨付》raccomandare qlcu. a qlcu. [ql.co.];《尽力》interporre buoni uffici per qlcu. ¶職業斡旋所 ufficio [agenzia] di collocamento ¶仕事を斡旋する procurare lavoro a qlcu.
2《労働争議などの仲裁》intervento㊚ (a [in] favore di qlcu.);《仲介》intercessione㊛ ◇斡旋する《仲裁する》intervenire㊥ [es];《仲介する》intercedere per qlcu. [ql.co.]
✤**斡旋収賄罪** reato㊚ di appropriazione indebita(▶横領罪の意味でも用いられる)

斡旋料 quota㊛ di intermediazione

あっち →あそこ, あちら

アッチェレランド 〔伊〕〔音〕 accelerando㊚ [無変]

あつで 厚手 ◇厚手の spesso, grosso, pesante ¶厚手の紙 carta spessa

-あっての ¶学生あっての大学だ. L'università c'è perché ci sono gli studenti.

あってん 圧点 〔解〕 barocettore㊚

あっとう 圧倒 ◇圧倒する《圧倒的優位を示す》sopraffare;《圧迫する》schiacciare, opprimere;《しのぐ》superare, sorpassare, aver la meglio (su qlcu.), prevalere [imporsi] su qlcu.[ql.co.] ◇圧倒的な schiacciante, predominante;《はっきりした》nettamente ¶圧倒的な勝利を収める riportare una vittoria schiacciante ¶彼は彼女の威厳に圧倒された。 Sono stato sopraffatto [dominato] dalla sua autorevolezza. ¶外国製品が国産品を圧倒した。I prodotti stranieri si sono imposti su quelli nazionali. ¶その法案は圧倒的多数で可決された。Quel disegno di legge è stato approvato a grande maggioranza.

アットホーム 〔英 at home〕 ¶アットホームな雰囲気の dall'atmosfera familiare

アットマーク 〔英 at mark〕 chiocciola㊛, 〔英 at〕[et]㊚ [無変];《記号》@

アッパーカット 〔英 uppercut〕〔スポ〕〔英〕 uppercut㊚ [無変];《打撃》montante㊚ ¶アッパーカットを食らわす sferrare un uppercut a qlcu.

あっぱく 圧迫 1《押し付けること》pressione㊛ ◇圧迫する《押し付ける》pesare su ql.co., spingere [premere] contro ql.co.
2《威圧》costrizione㊛, oppressione㊛;《圧力》pressione㊛ ◇圧迫する《抑圧する》opprimere, reprimere, sopprimere, soffocare;《押し迫る》far pressione su qlcu. [qlcu.] ¶言論を圧迫する reprimere la libertà di parola ¶マスコミを圧迫する imbavagliare la stampa ¶物価の高騰が私たちの家計を圧迫している。L'aumento dei prezzi sta mettendo a dura prova il nostro bilancio familiare.
✤**圧迫感** ¶圧迫感を与える《威圧する》esercitare la propria autorità su qlcu. /《萎縮させる》intimidire qlcu. ¶胸に圧迫感があるんです。Provo un senso di oppressione al petto [al torace].

あっぱれ 天晴 《掛け声》Bene!; Bravo! (▶相手の性・数に合わせて語尾変化する) ¶あっぱれした振る舞い splendido comportamento / un bel gesto ¶敵ながらあっぱれだ. L'avversario si è battuto coraggiosamente, bisogna riconoscerlo!

アップ 〔英 up〕 1《上がること，上げること》¶給料がアップした. La paga è aumentata.
2《「クローズアップ」の略》¶アップで撮る riprendere in primo piano qlcu. [qlcu.].
3《髪型で》¶髪をアップにする raccogliersi [tirarsi su] i capelli

あっぷあっぷ ◇あっぷあっぷする《おぼれかけている》stare per affogare;《困窮状態にある》avere l'acqua alla gola

アップグレード 〔英 upgrade〕《コンピュータ》〔英〕 upgrade㊚ [無変] ◇アップグレードする migliorare; potenziare

アップツーデート 〔英 up-to-date〕 ◇アップツーデートな《改訂された》aggiornato;《今日的

な) attuale ¶アップツーデートな情報 informazione aggiornata ¶アップツーデートな問題 problema attuale

アップデート 〔英 update〕《コンピュータ》aggiornamento男 ◇アップデートする aggiornare

アップライトピアノ 〔英 upright piano〕《音》pianoforte男 verticale

アップリケ 〔仏 appliqué〕applicazione女

アップルパイ 〔英 apple pie〕torta女 [crostata女] di mele

アップロード 〔英 upload〕《コンピュータ》〔英〕upload男 [無変] ◇アップロードする scaricare un upload; uplodare

あつぼったい 厚ぼったい molto spesso, grosso, pesante; 《腫れて》gonfio 〔男複 -i〕

あつまり 集まり 1《収集, 収穫》raccolta女, collezione女; 《参加, 出席》partecipazione女, presenze女[複] ¶今日の講演会は集まりが悪かった. Alla conferenza di oggi c'è stata poca partecipazione. 2《集会》riunione女, assemblea女, incontro男; 《つどい》raduno男; 《野外の政治集会》comizio男[複 -i]

あつまる 集まる 1《多くの人や物が寄り集まる》riunirsi, radunarsi, raggrupparsi; convenire男; trovarsi insieme; 《同じ場所に集まる》ritrovarsi; 《詰めかける》affollarsi, ammassarsi, affluire男 [es]; 《寄り集まる》raccogliersi ¶集まってそのことを相談しよう. Riuniamoci [Ci riuniamo] per parlarne. ¶明日の朝8時に東京駅に集まりましょう. Domani mattina alle otto troviamoci tutti alla stazione di Tokyo. ¶「集まれ」《号令》"Adunata!" ¶集まる時間と場所を教えてください. Ci dica l'ora e il luogo dell'appuntamento. ¶クリスマスには一家が祖父母の家に集まる. Tutta la famiglia si raduna a casa dei nonni per Natale.
2《コレクションなどが収集される》essere raccolto [collezionato]; 《商品・資本などが》affluire男 [es] ¶あまり金が集まらなかった. Non abbiamo raccolto molto denaro.
3《集中する》concentrarsi, convergere男 [es] su ql.co. [qlcu.] ¶太郎に同情が集まった. La compassione generale si è riversata su Taro. ¶国家機関は東京に集まっている. Gli organi governativi sono concentrati a Tokyo.

あつみ 厚み 1《物の厚さ》spessore男 2《芸などの奥行き》profondità女 ¶厚みのある profondo ¶彼は芸に厚みが付いてきた. Ha affinato la sua arte.

あつめ 厚め ¶厚めの靴下 calze pesanti

あつめ 熱め ¶この酒は僕にはちょっと熱めだな. Per me questo sakè è un po' caldo.

あつめる 集める 1《人や物を一か所に寄せ集める》raccogliere [mettere insieme / riunire / radunare / raggruppare] ql.co. [qlcu.]; 《収集する》collezionare ql.co.; 《かき集める》ammassare ql.co. [qlcu.]; 《呼び集める》chiamare qlcu. a raccolta ¶切手を集める fare la raccolta di francobolli ¶友だちを集めて婚約を披露した. Ho riunito gli amici per annunciare il fidanzamento. ¶資料を集めるのが大変だ. È un'impresa raccogliere i dati! ¶彼は青年の票を集めて当選した. È stato eletto con [raccogliendo] i voti dei giovani.
2《期待・注目などを集中させる》concentrare ql.co. [qlcu.], far convergere qlcu. [ql.co.], attirare qlcu. [ql.co.] ¶この発明は世界の注目を集めた. Questa invenzione ha attirato l'attenzione di tutto il mondo.

あつもの 羹 ¶羹に懲りて膾(なます)を吹く. "Chi è stato scottato dall'acqua calda teme anche quella fredda." / Chi è rimasto scottato da un'esperienza, finisce per essere esageratamente guardingo.

あつらえ 誂え ¶あつらえの服 vestito fatto su misura

あつらえむき 誂え向き ◇あつらえ向きの (ぴったりの) a pennello (a qlcu.), giusto, appropriato; 《理想的》ideale ¶この仕事は彼におあつらえ向きだ. Questo lavoro gli sta a pennello. ¶それはおあつらえ向きだ. È proprio quello che 「mi ci vuole [cercavo]!

あつらえる 誂える ordinare ql.co., farsi fare su misura ql.co. 《で da》

あつりょく 圧力 pressione女 ¶大気の圧力 pressione atmosferica ¶圧力を加える premere ql.co. [qlcu.] / esercitare una pressione su ql.co. [qlcu.] / sottoporre ql.co. [qlcu.] ad una pressione (►いずれも具体的な意味にも比喩的にも用いる) / 《物に与圧する》pressurizzare ql.co. ¶現政権は財界の圧力に弱い. Questo governo è debole alle pressioni del mondo finanziario.

✤**圧力釜**《鍋》pentola女 a pressione
圧力計 manometro男
圧力団体 gruppo男 di pressione

あつれき 軋轢 《摩擦》frizione女, attrito男; 《不一致》dissenso男; 《不和, 反目》disaccordo男, discordia女; 《経済的摩擦》contrasto男 ¶軋轢を生む provocare contrasti / seminare discordia / suscitare un conflitto

あて 当て 1《目的, 目当て》scopo男, meta女, fine男 ¶当てもなく歩き続ける continuare a camminare (una) meta
2《見込み》prospettiva女; 《期待》aspettativa女; 《希望》speranza女 ¶当てにする (頼りにする) contare su qlcu. [su ql.co.] / 《期待する》sperare in ql.co. [che + 接続法] / che + 直説法 《►未来形》/ aspettarsi ql.co. ¶当てになる [ならない] essere attendibile [inattendibile] ¶当てが外れる 《人が主語》essere deluso (nelle speranze) / 《ものごとが主語》deludere [ingannare / frustrare] le speranze [la attesa] di qlcu. ¶誰か金を借りる当てがあるのか. Hai qualcuno che ti possa prestare dei soldi? ¶イタリアへ行ける当てがなくなってしまった. Le mie speranze di andare in Italia sono sfumate. ¶食事が出るだろうと思っていたのに当てが外れた. Credevamo inutilmente che avremmo mangiato.
3《信頼, 頼り》affidamento男, fiducia女[複 -cie]; attendibilità女 ¶〈人を〉当てにできる poter fidarsi di [contare su] qlcu. ¶当てにならない人 persona che dà poco affidamento ¶当てにできる人物だ. È una persona「di cui ci si può fidare [su cui si può contare]. ¶彼の言うことは当てにならない. Non si può fare affidamento su ciò che dice. ¶他人の援助を当てにして

-**あて** 当て・-宛 《あて先》 ¶友人あてに小包を送る spedire un pacco all'indirizzo di un amico ¶田中氏あて小切手 assegno all'ordine del sig. Tanaka

あてうま 当て馬 《相手の出方を見るための》 ¶彼は当て馬候補にすぎない. È soltanto un candidato di disturbo.

あてがう 宛う 1 《ぴったりつける》applicare [posare] ql.co. su ql.co. ¶傷にガーゼをあてがう applicare della garza su una ferita 2 《割り当てる》assegnare [distribuire] ql.co. 《に を》¶いやな役目をあてがわれたものだ. Mi hanno assegnato un compito seccante!

あてこすり 当て擦り insinuazione㊛, rimprovero㊚ velato, allusione㊛ offensiva, frecciata㊛ ¶それは私への当てこすりかい. Stai alludendo a me? / È una frecciata diretta a me?

あてこする 当て擦る alludere㊌[av] a qlcu., criticare indirettamente qlcu.; fare un rimprovero velato, 《暗に言う》insinuare malignamente che + 直説法

あてこむ 当て込む ¶…を当て込んで in previsione di [contando su] ql.co. / con la speranza che + 接続法

あてさき 宛先 《人》destinatario㊚ [㊛ -ia; ㊚複 -i]; 《所番地》recapito㊚, indirizzo㊚; destinazione㊛ ⇆宛名 ¶先日出した小包があて先不明で戻ってきてしまった. Il pacco spedito l'altro giorno è ritornato indietro perché l'indirizzo risulta sconosciuto [《住所が不正確》ineşatto].

あてじ 当て字 ideogramma㊚ [複 -i] impiegato convenzionalmente come equivalente fonetico

あてずいりょう 当て推量 ⇆当てずっぽう

あですがた 艶姿 figura㊛ affascinante

あてずっぽう 当てずっぽう colpo㊚ alla cieca [a caso]; 《仮想》supposizione㊛ infondata [avventata], semplice congettura㊛, previsione㊛ azzardata ¶当てずっぽうに[で] a vanvera / a (lume di) naso / a casaccio [a caso] ¶当てずっぽうを言う azzardare un'ipotesi / tirare a indovinare

あてつけ 当てつけ →当て擦り

あてつけがましい 当てつけがましい ¶当てつけがましいことを言う fare delle allusioni pungenti

あてつける 当てつける 1 →当て擦る 2 《仲の良さを見せつける》mostrare affetto [intimità] in presenza di qlcu.

あてど 当て所 ¶あてど(も)なくさまよう camminare senza una meta

あてな 宛名 《人》destinatario㊚ [㊛ -ia; ㊚複 -i]; 《住所》indirizzo㊚, 《上書き》intestazione㊛ ¶あて名を間違える[書く] sbagliare [scrivere] (il nome e) l'indirizzo

アデノイド 〔英 adenoids〕〔医〕adenoidi㊛ [複] ◇アデノイドの adenoideo
❖アデノイド切除 adenoidectomia

あてはずれ 当て外れ delusione㊛ ¶当て外れの結果 risultato deludente

あてはまる 当て嵌まる 《適合する》essere applicabile [conforme / adatto] a ql.co., applicarsi a ql.co. [qlcu.]; 《対応する》corrispondere [essere corrispondente] a ql.co.; 《該当する, 真実である》valere per ql.co.; 《満たす》soddisfare ql.co. ¶この条件にあてはまる人 persona adatta a questo caso ¶そのイタリア語に当てはまる言葉 vocabolo corrispondente a quello italiano ¶これは今の日本にも当てはまる. Questo vale per il Giappone di oggi. ¶この規則はどんな場合にも当てはまる. Questa regola è applicabile in qualunque caso. / Questa regola si può applicare a tutti i casi.

あてはめる 当て嵌める applicare [adattare / conformare] ql.co. a ql.co. ¶実情にあてはめて規則を作る stabilire le norme in conformità alle situazioni reali ¶その方程式にはこの公式を当てはめればすぐ解ける. Se a questa equazione applicate questa formula, trovate subito la soluzione.

あてみ 当て身 ¶当て身を食らわす sferrare un colpo in un punto vitale mettendo fuori combattimento qlcu.

あでやか 艶やか ◇あでやかな affascinante [attraente / incantevole] ¶あでやかに装う abbigliarsi in modo incantevole [brioso]

あてられる 当てられる ¶私は彼の毒気にすっかり当てられてしまった. Sono rimasto sbalordito davanti all'insensatezza del suo comportamento. ¶あの2人の仲のいいのにはいつも当てられている. Le loro manifestazioni intime [d'affetto] mi mettono sempre un po' in imbarazzo.

あてる 当てる・充てる・宛てる 1【ぶつける】battere [colpire] ql.co. contro [su] ql.co., urtare [colpire] ql.co. ¶〈人〉に石を当てる colpire qlcu. con una sassata ¶馬に鞭を当てる dare un colpo di frusta al cavallo ¶ヘッドライトを電柱に当ててしまった. Ho rotto i fari andando a cozzare contro un palo della luce.
2【命中させる】centrare [colpire] ql.co., mandare a segno ql.co. ¶彼は矢を的に当てた. Ha lanciato la freccia sul bersaglio. /《まん中に》Ha mandato a segno la freccia.
3【太陽・風などにさらす】esporre ql.co. a ql.co. ¶日[雨]に当てる esporre ql.co. al sole [alla pioggia] ¶風に当てる esporre ql.co. al vento [all'aria]
4【当てがう】poggiare ql.co. su ql.co.; mettere ql.co. su ql.co.; applicare ql.co. su ql.co.; 《押し付ける》premere ql.co. su ql.co. ¶受話器を耳に当てる portare il telefono [la cornetta / il ricevitore] all'orecchio ¶望遠鏡を目に当てる poggiare l'occhio al telescopio ¶どうぞ座布団をお当てください. Prego, sieda sul cuscino.
5【言い当てる】indovinare [azzeccare] ql.co. ¶先のことを当てる indovinare il futuro ¶この箱に何が入っているか当ててごらん. Prova a indovinare cosa c'è in questa scatola.
6【成功する】aver successo, fare un colpo fortunato ¶彼は株で大いに当てた. Ha fatto un bel colpo in borsa.
7【振り向ける】dedicare ql.co. 《に a》; 《割り当てる》destinare ql.co. 《に a》; assegnare ql.co.

[qlcu.]《に a》¶〈人〉を新しい仕事に当てる destinare [assegnare] qlcu. ad un nuovo incarico ¶1日を読書に当てる dedicare un giorno alla lettura ¶収入の3割は家賃に当てている. Il 30 per cento delle entrate va per l'affitto. ¶この金は借金の返済に当てる. Questo denaro è destinato [serve] all'estinzione del debito.
8【生徒を指名する】interrogare un alunno [女子生徒] una alunna ¶先生は1人ずつ当てて本を読ませた. Il maestro chiamò gli alunni a leggere il libro uno ad uno. ¶数学の時間に当てられた. Sono stato interrogato nell'ora di matematica.
9【手紙などを差し向ける】indirizzare [destinare] ql.co. a qlcu. ¶父に宛てて手紙を書いた. Ho scritto una lettera a mio padre.

あてレコ 当てレコ 《映》《吹き替え》doppiaggio男 [複 -gi]

アテンポ 〔伊〕《音》a tempo

あと 後 **1**【後ろ】◇後に dietro, indietro, posteriormente;《背後》alle spalle;《一番後ろ》in coda;《奥》in fondo ¶1歩後に下がる fare un passo indietro ¶行列の後につく《買い物などの》mettersi in fila [in coda] /《行進する》seguire il corteo ¶泥棒の後を追う inseguire un ladro ¶おれの後に続け. Seguimi! / Vienimi dietro! ¶故郷を後にする lasciarsi alle spalle [abbandonare] il paese natale ¶〈人〉に後をつけられる avere qlcu. alle calcagna
2【時間的に】◇後に dopo, più tardi;《引き続いて》in seguito ¶そのあと dopo di che / dopodiché / e poi ¶3年あとに tre anni dopo / dopo tre anni ¶それは後にしよう. Questo lo facciamo dopo [più tardi]. ¶彼は後から《一番から》per ultimo. ¶飢饉(きん)の後に疫病が起こった. Alla carestia è seguita un'epidemia. ¶後から考えてみると僕も悪かった. Riflettendoci in seguito, ho capito che anch'io avevo torto.
3【次の人、後任】¶彼は妻に死別れて後をもらった. Mortagli la prima moglie, si è risposato. ¶おあとはどなたですか.《病院などで》Chi è il prossimo?
4【残り】resto男 ¶後は君に任せる. Al resto pensaci tu. ¶後は君たちの想像に任せるよ. Il resto ve lo lascio immaginare.
5【その後に起こること、結果、影響】conseguenza女, seguito男, risultato男, effetto男, ripercussione女;《将来》futuro男 ¶彼女は後のことも考えずに家出した. È scappata di casa senza preoccuparsi di quello che sarebbe successo. ¶〈人〉に後を頼む《仕事などを》lasciare l'incarico a qlcu. ¶後のことは頼む. Ti affido la cura di tutte le mie cose. / Puoi pensarci tu, quando non ci sarò più.
6【子孫】discendente男女 ¶彼の死で北条家は後が絶えた. Con la sua morte la famiglia Hojo si è estinta.
7【死後】¶妻子を後に残して死ぬ morire lasciando moglie e figli ¶後を弔う tenere servizi funebri per l'anima del defunto [《故人が女性の場合》della defunta] ¶故人の後をしのぶ rimpiangere il defunto [《故人が女性の場合》la de-funta] ricordando le sue opere
8【もう、さらに】¶あと1時間かかる. Ci vuole ancora un'ora. ¶りんごをあと3つください. Mi dia altre tre mele. ¶あと3日でお正月だ. Mancano tre giorni a Capodanno. / Fra tre giorni è Capodanno.
慣用 後がない ¶もう後がない.《これで終わりだ》È la fine. / È finita. /《追い詰められて》Non c'è una via d'uscita.
後から後から《次々に》uno dietro l'altro ¶災難が後から後から起こった. Le disgrazie sono seguite una dopo l'altra.
後にも先にも ¶あんなおもしろい映画は後にも先にも見たことがない. Non ho mai visto prima né vedrò mai più un film bello come quello.
後の祭り→見出し語参照
後は野となれ山となれ Quel che accadrà dopo non è più affare mio.
後へ引く《引き下がる》tirarsi indietro;《譲歩する》cedere il passo ¶後へは引けない立場なんだ. Sono in una situazione in cui non posso tirarmi indietro.
後を引く (1)《影響が残る》trascinarsi (2)《一度始めると止まらない》¶さくらんぼは後を引く. Una ciliegia tira l'altra. /「いったん味を占めるとやめられない」という意味の言い回し」¶彼の酒は後を引く. Quando attacca a bere, non la smette più.

あと 跡 **1**【足跡、痕跡】traccia女複, impronta女, segno男;《足跡》orma女;《傷跡》cicatrice女;《航跡、煙などの》scia女 [複 scie] ¶タイヤの跡 le tracce dei pneumatici ¶雪の上のうさぎの走った跡 le impronte [le orme] di lepre sulla neve ¶足跡 impronte dei piedi ¶けがの跡が残っている. È rimasto il segno della ferita. / È rimasta una cicatrice.
2【しるし、形跡】segno男 ;《証拠となるもの》prova女, dimostrazione女 ¶ここに火を焚いた跡がある. Ci sono i resti del falò. ¶彼の演奏には進歩の跡がみえない. Non si notano segni di progresso nella sua esecuzione. ¶君の作品には苦心の跡がうかがえる. Dalla tua opera si può comprendere quanto ti sia impegnato per finirla. ¶誰かが歩き回った跡がある. Qualcuno è passato lasciando le sue tracce.
3【遺跡】rovine女複, vestigia女複 (►単数形は vestigio男), resti男複, ruderi男複 ¶廃寺の跡 le rovine di un tempio antico ¶住居跡 resti di case
4【人の行方】passi男複, piste女複, tracce女複 ¶跡を追う《追跡する》seguire qlcu. / rincorrere qlcu. /《尾行する》pedinare qlcu. /《続いて死ぬ》seguire qlcu. nella tomba /《先人の手本に従う》seguire le orme [i passi / i passi] di qlcu. ¶跡をたどる seguire le tracce [la pista] di qlcu. ¶跡をくらます dileguarsi [scomparire] senza lasciare tracce
5【後継】¶跡を継ぐ《家督を》succedere a qlcu. [ql.co.] / ereditare il patrimonio familiare /《地位・業績を》prendere il posto di qlcu. / succedere a qlcu. /《従う》seguire le orme [i passi] di qlcu.
慣用 跡を絶たない ¶政府高官の汚職が跡を絶たない. La corruzione di alti funzionari politici

アド 《狂言の》 ruolo㊚ secondar*io* [複 -*i*] nel teatro kyogen

あとあし 後足 zampe㊛[複] [arti㊚[複]] posteriori ¶後足で立つ stare diritto sulle zampe posteriori / 《馬が》impennarsi ¶後足で立った rampante ¶後足立ちのライオン leone rampante [慣用] 後足で砂をかける dare fastidio [《俗》rompere le scatole] a qlcu. al momento di separarsi

あとあじ 後味 1 《味覚》retrogusto㊚, sapore㊚[gusto㊚]che rimane in bocca ¶後味の良いスープ zuppa che lascia un buon sapore ¶このワインは後味がさっぱりしている。Questo vino ha un retrogusto fresco.
2 《気分》conseguenza㊛ emotiva, impressione㊛ ¶後味が悪い《物事が主語》lasciare la bocca amara ¶その映画は後味がさわやかだった。Questo film mi ha lasciato un'impressione di freschezza.

あとあと 後後 futuro㊚;《副詞として》in futuro ¶後々のことが心配だ。Mi preoccupo del futuro. ¶彼の名は後々まで残るだろう。Il suo nome sarà ricordato nel tempo.

あとおし 後押し 1《押すこと》spinta㊛ dal di dietro ◇後押しする spingere ql.co. [qlcu.] dal di dietro
2《後援》appogg*io*㊚[複 -*gi*], sostegno㊚ ◇後押しする appoggiare [sostenere] qlcu. [ql.co.] ¶彼の後押しのおかげでこの会社に入れた。Sono entrato in questa ditta grazie al suo appoggio.

あとがき 後書き 《本の》postfazione㊛ (▶ふつうは著者以外の人による);《著者による》postilla㊛;《雑誌の》nota㊛ editoriale;《手紙の》poscritto㊚;〔ラ〕post scriptum [無変];《略》P.S.㊚

あとかた 跡形 ¶跡形もなく senza lasciare tracce ¶私の家は火事で跡形もなく焼けてしまった。La mia casa è stata completamente distrutta nell'incendio.

あとかたづけ 後片付け・跡片付け ¶食事の後片づけをする《食卓のものを下げる》sparecchiare la tavola

あとがま 後釜 1《後任》sostituto㊚[㊛ -*a*];《後継者》successore㊚[㊛ *successrice*] 2《後妻》seconda mogl*ie*㊛[複 -*gli*]

あときん 後金 1《残金》rimanenza㊛ di un pagamento 2《後払い》pagamento㊚ posticipato

あとくされ 後腐れ ¶後腐れのないように始末しておいてくれ。Sistema le cose per bene in modo che non sorgano「difficoltà in seguito[strascichi spiacevoli].

あとくち 後口 1《後に残る味覚》後口が悪い lasciare la bocca cattiva 2《後の申し込み》richiesta㊛[domanda㊛ / iscrizione㊛] ricevuta successivamente

あどけない innocente, ingenuo ◇あどけなさ innocenza㊛, ingenuità㊛

あとさき 後先 ¶後先になる《順序が逆になる》invertirsi / capovolgersi ¶後先かまわず senza preoccuparsi delle conseguenze ¶後先を考えずに行動する agire senza riflettere sulle conseguenze

あとざん 後産 secondamento㊚, distacco㊚[複 -*chi*] della placenta

あとしまつ 後始末・跡始末 messa㊛ in ordine (dopo la fine di ql.co.);《事後処理》sistemazione㊛, riassetto㊚ ◇後始末（を）する rimettere in ordine ql.co.; sistemare, riassettare; liquidare ¶倒産会社の後始末をする liquidare l'attivo di una ditta fallita ¶息子の借金の後始末をする pagare [sistemare] i debiti del figlio

あとずさり 後退り ◇後ずさりする indietreggiare㊀[*av, es*], spostarsi indietro, fare dei passi indietro;《尻込みする》tirarsi indietro

あとつぎ 跡継ぎ・後継ぎ 1《跡取り》successore㊚[㊛ *succeditrice*], erede㊚㊛ 2《学問・技芸などの後継者》continuat*ore*㊚[㊛ -*trice*], prosecut*ore*㊚[㊛ -*trice*]

あとづけ 後付け 《書物の後記・索引》postfazione㊛ e appendice㊛

あとのまつり 後の祭り ¶急いで家に駆けつけたがすでに後の祭りだった。Mi sono affrettato verso casa, ma ormai「era troppo tardi [non c'era più nulla da fare].

アドバイザー 〔英 adviser〕consigliere㊚[㊛ -*a*]

アドバイス 〔英 advice〕consigl*io*㊚[複 -*gli*],《警告・忠告》avviso㊚ ◇アドバイスする dare un consiglio a qlcu.;《忠告, 警告》ammonire qlcu.

あとばらい 後払い ¶後払いで〈物〉を買う comprare ql.co. a credito [con pagamento posticipato]

アドバルーン pallone㊚ pubblicitar*io* [複 -*i*]

アドバンテージ 〔英 advantage〕《テニスで》vantagg*io*㊚[複 -*gi*] (per qlcu.)

アトピー 〔英 atopy〕《医》atopia㊛
❖アトピー性皮膚炎 dermatite㊛ atopica

アドベンチャー 〔英 adventure〕avventura㊛

あとまわし 後回し ¶後回しにする rinviare ql.co. a più tardi / rimandare ql.co. / posporre ql.co.

アトミズム 〔英 atomism〕《哲》atomismo㊚

あとめ 跡目 1《家督, 財産》eredità㊛, successione㊛ 2《跡継ぎ》erede㊚㊛

あともどり 後戻り ◇後戻りする《引き返す》tornare㊀[ritornare㊀[*es*]] indietro;《車などが》fare marcia indietro;《後退・退化する》regredire㊀[*es*] ¶今来た道を後戻りする tornare indietro rifacendo la stessa strada

アトラクション 〔英 attraction〕attrazione㊛

アトランダム 〔英 at random〕◇アトランダムな casuale ◇アトランダムに a caso, casualmente, a casaccio

アトリウム 〔英 atrium〕《建》atr*io*㊚[複 -*i*]

アトリエ 〔仏 atelier〕stud*io*㊚[複 -*i*]

アドリブ 〔英 ad lib〕《即興》improvvisazione㊛,《演奏》libera interpretazione㊛,《演劇》recitazione㊛ a soggetto ◇アドリブで improvvisando, a piacere;〔ラ〕ad libitum

アドレス 〔英 address〕1《住所》indirizzo㊚, recapito㊚ 2《コンピュータ》indirizzo㊚

アドレナリン 〔独 Adrenalin〕《生・化》adrenalina㊛

あな 穴 **1**【くぼんだ所】《小さくて深い》buco㊚〔複 -chi〕;《くぼみ、穴ぼこ》buca㊛;《人為的な》foro㊚;《地面に掘った》fossa㊛;《動物の住む》tana㊛;《空洞》cavità㊛, vuoto㊚, apertura㊛;《深く大きな亀裂》squarcio㊚〔複 -ci〕;《長く細い》fessura㊛ ¶針の穴 cruna dell'ago ¶耳の穴 condotto uditivo ¶鼻の穴 cavità 〔fossa〕 nasale / narice㊛ ¶尻の穴《解》ano /《卑》buco del culo ¶ボタン穴(ボタンホール) asola ¶穴をあける fare un buco in ql.co. / bucare [forare / perforare] ql.co. ¶穴があく bucarsi ¶穴があいた。 Si è aperto un buco. ¶穴を繕う rammendare un buco ¶地面に穴を掘る scavare una buca [una fossa] nel terreno ¶穴をふさぐ chiudere [otturare] un foro / riempire una buca / tappare un buco
2《空白》spazio㊚〔複 -i〕libero, vuoto㊚ ¶時間割の穴を埋める eliminare un buco nell'orario ¶人の穴を埋める coprire un posto vacante
3《欠損》difetto㊚, imperfezione㊛, falla㊛, mancanza㊛;《弱点》punto debole,《空白》lacuna㊛ ¶穴を埋める riparare [colmare] una falla [un difetto] ¶国境線は穴だらけだ。La linea di frontiera è un colabrodo. ¶この予算案は穴だらけだ。Questa bozza di bilancio preventivo è piena di errori [lacune / imperfezioni].
4《損失》perdita㊛, disavanzo㊚; vuoto㊚ di cassa;〔ラ〕deficit㊚〔無変〕;《不正の》ammanco㊚〔複 -chi〕¶赤字の穴を埋める coprire [riparare] il passivo ¶彼は会社の経理に大きな穴をあけた。Ha aperto un grosso buco nel bilancio dell'azienda. ¶結局200万円の穴をあけた。Il bilancio alla fine è chiuso con un disavanzo di due milioni di yen.
5《穴場》bel posto㊚ conosciuto da pochi
6【競馬などの】¶穴を狙う tentare un colpo grosso

[慣用] 穴があいたよう ¶父親が死んで、彼の心はぽっかりと穴があいたようだ。La morte del padre gli ha lasciato un gran vuoto nell'animo.
穴があれば入りたい Vorrei sprofondare sottoterra. / Mi sotterrerei.
穴のあくほど ¶彼は私を穴のあくほど見つめた。Mi ha fissato con due occhi che sembravano trapassarmi.

アナーキー〔英 anarchy〕anarchia㊛ ◇アナーキーな anarchico㊚〔複 -ci〕
アナーキスト〔英 anarchist〕anarchico㊚〔複 -ca〕〔複 -ci〕
アナーキズム〔英 anarchism〕anarchismo㊚
あなうま 穴馬 《競馬などの》《英》outsider㊚〔無変〕
あなうめ 穴埋め ◇穴埋めする《損失を償う》coprire un deficit ◇穴埋めに《埋め合わせに》in compenso ¶ビールが切れたのでウイスキーで穴埋めをする compensare la mancanza di birra con del whisky ¶先日の失礼は穴埋めするため今日は何かごちそうしよう。Per ripagare la scortesia dell'altro giorno, oggi ti offro qualcosa.
アナウンサー〔英 announcer〕《ニュースの》giornalista㊚㊛〔複 -i / -e〕〔 〕cronista㊚㊛〔複 -i / -e〕radiotelevisivo㊚;《番組予告・お知らせなどを読む》annunciatore㊚〔 -trice〕;〔英〕speaker [spíker]

㊚㊛〔無変〕;《司会者》presentatore㊚〔 -trice〕
アナウンス〔英 announce〕annuncio㊚〔複 -ci〕, avviso㊚ ◇アナウンスする annunciare, avvisare
あながち 強ち《打ち消しの語を伴って、必ずしも、一概に》necessariamente ¶あながちそうとは限らない。Non è detto che sia così. / Non è necessariamente così. / Non è sempre così ¶あながち彼が悪いとは言えない。Non si può dire che sia tutta colpa sua.
あなぐま 穴熊《動》tasso㊚
あなぐら 穴蔵《地下貯蔵庫》cella㊛;《地下倉庫》cantina㊛
アナクロニズム〔英 anachronism〕《時代錯誤》anacronismo㊚ ◇アナクロニズムの anacronistico㊚
あなご 穴子《魚》grongo㊚〔複 -ghi〕

あなた 貴方 **1**《二人称単数、「君」の敬語表現》lei㊛; Ella㊛;《君》tu㊚ ◇あなたたち[方] voi㊚㊛〔複〕/《二人称複数の敬語表現》voi㊚㊛〔複〕/ loro㊚㊛〔複〕(►現在では、ふつう loro より voi を使う)
2《妻から夫への呼びかけ》caro㊚, tesoro㊚
3 → 彼方

[語法] **tu, lei, voi**
二人称の **tu** は家族や友人などのうちとけた間柄で使われる。一方、初対面や親しくない関係にある人、親しくても敬意を表すべき相手に対しては三人称単数の **lei** が使われる。
大人が子供に対するときや初対面であっても若者同士は tu で話し始める。
上司と部下といった立場が異なる状況では、上下関係に関わらずお互いに lei で話す場合もある。
敬称の lei とその所有形容詞 suo との、"Lei" "Suo" のように大文字で書き始めることもあるが、手紙や極度に改まった場合を除き、小文字で始めるのが最近の傾向である。
古くは二人称複数の voi が敬称として用いられたが、現在は南部など一部地域を除いてほとんど用いられない。ファシズム期に敬称 lei に代わり voi の使用が奨励されたが、定着しなかった。
敬称 lei を使うとき、形容詞や、複合時制で助動詞に essere をとる場合の過去分詞の語尾は、相手の性に合わせる。

¶あなたには大変お気遣いいただきました。《相手が男性》Lei è stato molto premuroso. /《相手が女性》Lei è stata molto premurosa.
複合時制で助動詞に avere をとる場合に、lei を代名詞 la で受けるとき、過去分詞は、相手の性にかかわらず、女性形の語尾変化する。

¶あなたを起こしてしまって申し訳ありません。Mi scusi se l'ho svegliata.
¶パーティーではあなたをお見かけしなかったように思います。Credo di non averla vista alla festa.
敬称に voi を使う場合、動詞は二人称複数で活用させ、形容詞と語尾変化させる過去分詞は、相手の性に合わせる。

¶あなたの歌、大変お上手でした。《相手が男性》Voi siete stato molto bravo a cantare. /《相手が女性》Voi siete stata molto brava a cantare.

あなたまかせ あなた任せ →人任せ

あなどる 侮る 《見くびる》sottovalutare;《軽蔑する》disprezzare [disdegnare / offendere] qlcu. ◇侮り disprezzo男, scherno男 ¶女と見て侮らないでください。Non creda di poter fare il prepotente perché sono una donna. ¶A社は競争相手として侮り難い力をもっている。La ditta A è un concorrente da non sottovalutare.

あなば 穴場 ¶釣りの穴場 ottimo posto segreto per pescare

アナリスト 〔英 analyst〕 analista男[複 -i]

アナログ 〔英 analog〕 ◇アナログの analogico [男複 -ci]
✤アナログ回線 linea女 analogica
アナログ計算機 calcolatrice女 analogica
アナログ時計 orologio男 [複 -gi] analogico

アナロジー 〔英 analogy〕 analogia女[複 -gie]

あに 兄 fratello男 maggiore [più grande] (►ふつうは fratello のみで言い、「兄」「弟」の区別は示さない) →家系図 ¶一番上の兄 il maggiore dei fratelli ¶義理の兄 cognato
✤兄嫁 cognata女

あにでし 兄弟子 allievo男 più anziano

アニミズム 〔英 animism〕 animismo男
✤アニミズムの animistico [男複 -ci]

アニメ(ーション) 〔英 animation〕 cartoni男[複] animati
✤アニメ(ーション)映画 cinema男[無変] / film男[無変] d'animazione

アニリン 〔英 aniline〕 《化》anilina女

あね 姉 sorella女 maggiore [più grande] (►ふつうは sorella のみで言い、「姉」「妹」の区別は示さない) →家系図 ¶義理の姉 cognata
✤姉婿 cognato男
姉娘 figlia女 maggiore

あねさんにょうぼう 姉さん女房 moglie女[複 -gli] più anziana del marito

あねったい 亜熱帯 zona女 subtropicale
✤亜熱帯植物《植》flora女 subtropicale

アネモネ 〔英 anemone〕《植》anemone男

あの **1**《話し手からも聞き手からも離れているものや事柄をさす》 ¶これよりあの方がいい。Quello è meglio di questo. ¶私もあのくらいピアノが上手に弾けたらいいんだけど。Come mi piacerebbe saper suonare il piano così bene.
2《話し手も聞き手も知っている事柄を示す》 quello ¶あの件はその後どうなりましたか。Quella faccenda, poi, come è andata a finire?

あの 《ものを尋ねるとき》Scusi. / Senta. ¶あの、失礼ですがビアンキさんですか。Mi scusi, ma lei è il sig. Bianchi?

あのかた あの方 quella persona女;《男》quel signore男;《女》quella signora女 ¶あの方が私の先生です。Quella persona è il mio professore.

あのころ あの頃 allora, a quei tempi, a quell'epoca ◇あの頃の di allora

あのて あの手 ¶あの手の仕事 quel genere di lavoro

あのてこのて あの手この手 ◇あの手この手で con [in] tutti i modi ¶敵はあの手この手で攻めてきた。Il nemico venne all'attacco impegnando tutte le sue risorse.

あのとおり あの通り ¶あの通りにやればいい。Fallo così! / Fallo in quel modo! ¶あの通り、いい人だ。《見ての通り》Come puoi vedere è una brava persona.

あのとき あの時 allora, a quei tempi;《時代》a quell'epoca ¶あの時はどうしようもなかった。Allora non potei farci niente.

あのね senti; stammi a sentire, guarda, ascoltami bene

あのへん あの辺 ¶あの辺にはおいしいレストランがたくさんある。In quella zona ci sono molti ristoranti dove si mangia bene. ¶あの辺でやめておけばよかったのに。Avresti dovuto smettere a quel punto.

あのまま あの儘 ¶あの件はあのままになっている。La questione è stata lasciata così com'era. ¶あのまま行けば今ごろ着いていたはずだ。《あの調子で》Mantenendo quel ritmo a quest'ora sarebbero arrivati.

あのよ あの世 l'altro mondo男, l'aldilà男 ¶あの世の人となる morire / andare all'altro mondo

あのような あの様な →あんな

アノラック 〔英 anorak〕 giaccone男 da sci [da montagna] con cappuccio

アパート appartamento男 →建築 用語集 ¶家具付きの[3 (D) Kの]アパート appartamento ammobiliato [di tre vani più servizi] (►servizi はキチンと風呂・トイレをさす) ¶"貸しアパート求む"《掲示》"Cercasi appartamento in affitto" ¶"貸しアパートあり"《掲示》"Affittasi appartamento"

アバウト 〔英 about〕 ◇アバウトな《いいかげんな、大ざっぱな》approssimativo, superficiale

あばく 暴く **1**《暴露する》svelare, smascherare;《知らせる》divulgare ¶ペテン師の正体を暴く smascherare l'impostore ¶秘密を暴く svelare un segreto **2**《掘り出す》¶墓を暴く violare [profanare / scoperchiare] una tomba

あばずれ donnaccia女[複 -ce], sgualdrina女, svergognata女,《俗》puttana女

あばた 痘痕 buttero男 ¶あばた面の男 uomo dal viso butterato ¶惚れてしまえばあばたもえくぼ.《諺》"L'amore rende ciechi ai difetti della persona amata."

あばよ Ciao! / In gamba! / A rivederci!

あばら(ぼね) 肋(骨) 《解》costa女, costola女 ¶彼はやせていてあばら骨が見える。È tanto magro che gli si contano le costole.

あばらや 荒ら屋 catapecchia女, casupola女;《バラック》baracca女;《倒壊しかかった家》casa女「in rovina [diroccata]」

アパルトヘイト 〔アフリカーンス apartheid〕〔蘭〕apartheid男[無変]

あばれうま 暴れ馬《一時的に機嫌の悪い》cavallo男 imbizzarrito [ricalcitrante]

あばれまわる 暴れ回る dimenarsi, scatenarsi; imperversare自[av], correre自[av, es] all'impazzata;《大声・音を出して》fare un chiasso del diavolo ¶天井でネズミが暴れ回っている。I topi fanno sarabanda su in soffitta.

あばれる 暴れる **1**《乱暴する》agire自[av] con violenza; usare violenza;《抑制を失う》scatenarsi;《怒り狂う》infuriarsi;《馬が興奮する、

アパレル 〔英 apparel〕 abbigliamento㊚
✜ アパレル産業 industria㊛ dell'abbigliamento

アバンギャルド 〔仏 avant-garde〕《前衛派》¶アバンギャルド文学 letteratura d'avanguardia

アバンチュール 〔仏 aventure〕¶アバンチュールを楽しむ avere delle avventure (galanti)

アピール 〔英 appeal〕《魅力》attrazione㊛, richiamo㊚;《呼びかけ》appello㊚ ◇アピールする《引きつける》cercare㊀[av] di richiamare l'attenzione di qlcu.;《訴える》fare appello a qlcu. ¶この映画には大衆にアピールするものがある. Questo film ha qualcosa che attrae il pubblico.

あびせる 浴びせる 1《水などを掛ける》¶頭から水を浴びせる gettare dell'acqua sulla testa di qlcu.
2《非難・質問・砲弾などを投げかける》ricoprire, bombardare ¶矢継ぎ早に質問を浴びせる bersagliare qlcu. di domande ¶悪口雑言を浴びせる coprire di insulti ¶敵陣に砲火を浴びせる far fuoco sul campo nemico / bombardare [cannoneggiare] il campo nemico ¶非難罵倒を浴びせる ricoprire qlcu. di rimproveri [di critiche] ¶罵声を浴びせる coprire qlcu. di insulti [ingiurie]

あひる 家鴨 anatra㊛ domestica㊛ ¶(ひな) anatroccolo㊚ ¶『みにくいあひるの子』(アンデルセン) "Il brutto anatroccolo" (Andersen) ¶あひるががあがあ鳴く. Le anatre fanno qua qua [schiamazzano / starnazzano].

あびる 浴びる 1《水などを体にかぶせる》¶頭から水を浴びる versarsi dell'acqua sulla testa ¶シャワーを浴びる fare la doccia ¶さあひと風呂浴びるか. Ed ora vado a farmi un bagno. ¶彼は浴びるように酒を飲む. Beve come una spugna.
2《体に受ける》¶光[X線]を浴びる esporsi alla luce [ai raggi X] ¶体にほこりを浴びる ricoprirsi di polvere ¶朝日を浴びて体操をする fare ginnastica inondato dal sole del mattino (►inondato は主語の性・数に合わせて語尾変化する)
3《受ける》ricevere ql.co.;《こうむる》subire ql.co. ¶非難[喝采(かっさい)]を浴びる ricevere il biasimo [uno scroscio di applausi] / essere sommerso dalle critiche [dagli applausi]

あぶ 虻《昆》tafano㊚ ¶虻蜂取らず.(諺) "Chi troppo vuole nulla stringe."

あぶく 泡 schiuma㊛; bolla㊛
✜ 泡銭 denaro㊚ guadagnato「senza fatica [《不当に得た》]」disonestamente]

アブサン 〔仏 absinthe〕《酒》assenzio㊚

アブストラクト 〔英 abstract〕→抽象

アフターケア 〔英 aftercare〕《医》assistenza㊛ postoperatoria
✜ アフターケア施設 centro㊚ di convalescenza

アフターサービス ¶あの店はアフターサービスがいい. Quel negozio offre un buon servizio di assistenza [di garanzia].

アフターシェービング 〔英 after shaving〕dopobarba㊚[無変] ¶アフターシェービングクリーム crema㊛ dopobarba [無変]

アフターシェーブローション lozione㊛ dopobarba [無変]

アフタヌーンドレス 〔英 afternoon dress〕abito㊚ da pomeriggio [da mezza sera / da cocktail]

アプトしきてつどう アプト式鉄道《鉄道》binario㊚[複 -i] a dentiera Abt

あぶない 危ない 1《危険な》pericoloso, rischioso;《冒険的な》rischioso, azzardato, avventuroso ◇危なくなる diventare pericoloso ¶危ない賭 gioco rischioso [azzardato] ¶危ない目に遭う correre un pericolo / esporsi al pericolo ¶危ない目に遭わせる mettere qlcu. in pericolo [a rischio] ¶危ないことをする fare una cosa pericolosa [azzardata] / rischiare㊀,㊀[av] / azzardare㊀《単独でも可》¶危ないところを per un pelo / per miracolo / appena /《最後に》all'ultimo momento /《ぎりぎりで》per un soffio ¶足元が危ない. C'è pericolo di cadere. ¶子供が道で遊ぶのは危ない. È pericoloso per i piccoli giocare sulla strada. ¶危ない!《気をつけろ》Attento! (►相手の性・数に合わせて語尾変化する) / Attenzione! / Pericolo!
2《きびしい状況にある》(molto) grave, critico [複 -ci], in pericolo ¶彼の命が危ない. È in pericolo di vita [morte]. ¶彼の政治的地位は危ない. Si trova in una situazione politica molto critica. ¶あの会社は危ない. Quella ditta è in una situazione rovinosa.
3《確かでない》dubbioso, incerto, inattendibile, precario[複 -i] ¶彼の約束は危ない. È inattendibile la sua promessa. / Non mi fido [Non c'è da fidarsi] della sua parola. ¶うまくいくかどうかも危ないものだ. Non c'è assolutamente certezza che fili tutto liscio. ¶空模様が危ない. Il cielo è minaccioso. /《雨になりそう》Minaccia di piovere.
4《不安定な》incerto, malfermo; instabile, mutabile ¶危ない勝ちを拾う ottenere una vittoria dopo essere stato sul punto di perdere ¶危ない手つきで con mano incerta [malferma] ¶彼の足取りは危ない. Va [Cammina] a passi malfermi.
慣用 危ない橋を渡る coprire un grosso rischio

あぶなく 危なく →危うく

あぶなげ 危なげ ◇危なげない sicuro, senza pericolo, certo;《信頼できる》fidato, affidabile ¶彼のやることは危なげない. Possiamo fidarci di quello che fa lui.

あぶなっかしい 危なっかしい malsicuro, instabile, pericolante, malfermo ¶危なっかしい手つきで酒を注いだ. Ha versato il sake con mano malsicura. ¶彼の合格は危なっかしい. È tutta da vedere se riuscirà a passare l'esame.

アブノーマル 〔英 abnormal〕◇アブノーマルな anormale, anomalo

あぶはちとらず 虻蜂取らず →虻

あぶみ 鐙 staffa㊛ ¶あぶみを踏む mettere i piedi nelle staffe

あぶら 油・脂《液状の》olio㊚[複 -i];《粘性の》grasso㊚;《動物の脂

肪》grasso⊛ animale; unto⊛;《ラード》lardo⊛, sugna⊛, strutto⊛;《牛・羊の腎臓の》grasso⊛ di rognone;《獣脂》sevo⊛, sego⊛［複 -ghi］（►石けん・ろうそくを作るのに用いる）;《グリース》grasso⊛;《植物性の油脂》grasso⊛ vegetale;《潤滑油》lubrificante⊛;《髪用》brillantina⊛; dare un po' di olio a *ql.co.* / lubrificare [ungere] *ql.co.* ¶油でいためる soffriggere [rosolare] *ql.co.* con l'olio. ¶油で揚げる friggere *ql.co.* ¶この肉は脂が多い。Questa carne è molto grassa. ¶油染みる ungersi / macchiarsi di grasso ¶油染みた服 vestito unto ¶機械の油が切れた。A questa macchina manca l'olio.

[慣用]脂が乗る (1)《魚肉などが》ingrassare⊛ [es] ¶この魚は脂が乗っている。Questo pesce è grasso e saporito. (2)《調子が出ている》¶彼は今脂が乗りきっている。È nel suo pieno vigore. ¶仕事に脂が乗ってきた。Il lavoro ha cominciato ad ingranare.

油を売る《のらくらする》trastullarsi, spassarsela, gingillarsi;《おしゃべりする》passare il tempo in chiacchiere

油を絞る《しかる》rimproverare *qlcu.* severamente;《親》dare una bella lavata di capo a *qlcu.* ¶人に油を絞られる beccarsi una lavata di capo da *qlcu.*

❖**油入れ**《食卓の》oliera⊛

油粕 morchia⊛; panello⊛ di semi oleosi;《オリーブ油の》sansa⊛

油漉し器 contenitore⊛ speciale per filtrare e conservare l'olio per friggere

油差し oliatore⊛, lubrificatore⊛

あぶらあげ 油揚げ *tofu*⊛［無変］fritto

あぶらあし 脂足 piede⊛ molto sudato

あぶらあせ 脂汗 ¶苦しくて脂汗が出た。Il dolore mi ha fatto sudare.（►脂汗にあたる語はない）

あぶらえ 油絵 pittura⊛ a olio, olio⊛［複 -*i*］→絵画［図版］¶油絵を描く dipingere un quadro a olio

あぶらえのぐ 油絵の具 colori⊛［複］a olio

あぶらがみ 油紙 carta⊛ oleata

あぶらぎる 脂ぎる ¶脂ぎった顔の中年男 un cinquantenne [un sessantenne] dalla faccia unta

あぶらけ 油気・脂気 oleosità⊛, untuosità⊛ ◇油気のある grasso ¶油気のない髪の毛 capelli secchi [opachi]

あぶらしょう 脂性 ¶彼は脂性だ。Lui ha la pelle grassa.

あぶらぜみ 油蟬《昆》cicala⊛ scura

あぶらっこい 脂っこい **1**《脂肪の多い》*ricco* [⊛複 -*i*］di grasso ¶私は脂っこい料理が好きです。A me piacciono i cibi grassi. **2**《性質がしつこい》pesante, elaborato, fastidioso

あぶらな 油菜《植》colza⊛, ravizzone⊛

あぶらみ 脂身 parte⊛ grassa della carne

あぶらむし 油虫 **1**《昆》《ありまき》afide⊛, gorgoglione⊛ **2**《昆》《ごきぶり》scarafaggio⊛［複 -*gi*］, blatta⊛

アプリオリ〔ラ a priori〕《哲》〔ラ〕a priori

アフリカ Africa⊛ ◇アフリカの africano

❖**アフリカ系アメリカ人** afroamericano⊛［⊛ -*a*］

アフリカ研究者 africanista⊛［⊛複 -*i*］

アフリカ人 africano⊛［⊛ -*a*］

アフリカ象 elefante⊛［⊛ -*essa*］africano

アフリカーンス《言》afrikaans⊛［無変］

アプリケ〔仏 appliqué〕→アップリケ

アプリケーション〔英 application〕《コンピュータ》applicazione⊛

❖**アプリケーションソフト** programma⊛［複 -*i*］applicativo

あぶりだし 炙り出し scrittura⊛ con inchiostro simpatico

あぶる 炙る・焙る scottare sul fuoco［《網で》sulla griglia］;《火にかざして乾かす》seccare al calore *ql.co.*, passare *ql.co.* sul fuoco;《きつね色に》tostare *ql.co.*;《こがす》abbrustolire *ql.co.* ¶炭火で干物(ぴの)をあぶる scottare il pesce essiccato sul carbone ¶のりを火であぶる passare del *nori* sul fuoco ¶ストーブで手をあぶる scaldarsi le mani alla stufa

アフレコ《映・テ》《吹き替え》doppiaggio⊛［複 -*gi*］;《音響の》sonorizzazione⊛

あふれる 溢れる **1**《液体がいっぱいになって外に出る》《川・ダムなどが主語》straripare⊛ [*av, es*];《コップなどから》traboccare⊛ [*av*]（►内容物が主語のとき [*es*], 容器が主語のとき [*av*]）;《川などが》dilagare⊛ [*es*];《外に流れ出る》fuoriuscire⊛ [*es*] ¶ワインがグラスからあふれた。Il vino è traboccato dal bicchiere. ¶川があふれて田畑を水浸しにした。Il fiume in piena inondò le campagne. ¶目に涙があふれていた。Aveva gli occhi colmi di lacrime.

2【入りきれずに外にはみ出す】essere gremito《で di》¶映画館に入りきれなかった人が入り口にあふれていた。L'entrata del cinema era gremita di gente che non era riuscita a entrare nella sala.

3【ふんだんにある】¶この店は品物があふれている。Questo negozio è pieno [colmo / zeppo] di merci.

4【才能や感情などが満ちている】¶彼は生気にあふれている。È pieno di vita. ¶魅力あふれる人物 una persona piena di fascino

あぶれる ¶雨で仕事にあぶれた。A causa della pioggia non c'era lavoro.

アプローチ〔英 approach〕**1**《接近, 取り組み》approccio⊛［複 -*ci*］◇アプローチする fare [tentare] degli approcci《に a》**2**《スポ》《助走》rincorsa⊛

アフロヘア〔英 afro hair〕¶アフロヘアの女の子 ragazza con acconciatura afro

あべこべ ◇あべこべな《反対の》opposto, contrario［⊛複 -*i*］;《裏返しの》rovescio［⊛複 -*sci*］;《さかさまの》capovolto, sottosopra［無変］◇あべこべにする rovesciare, invertire; capovolgere ¶靴をあべこべにはく mettersi le scarpe alla rovescia

アベック〔仏 avec〕coppietta⊛, coppia⊛ di fidanzati ◇アベックで in coppia

アベマリア〔ラ Ave Maria〕《天使祝詞》Ave Maria⊛［無変］, avemaria⊛［複 -*a*, -*e*］¶アベマリアの祈りを唱える dire [recitare] l'Ave Maria

アペリティフ〔仏 apéritif〕aperitivo⊛

アベレージ〔英 average〕media⊛

あへん 阿片 opp*io*男[複 -*i*] ¶阿片を吸う fumare l'oppio
❖阿片窟(くつ) fumer*ia*女 d'oppio男
阿片常用者 oppioman*e*男/女
阿片戦争 Guerra dell'oppio (◆ 1840-42)
阿片中毒 oppioman*ia*女;《医》tebaism*o*男

アポイント(メント)〔英 appointment〕appuntament*o*男 ¶アポイントをとる fissare [prendere] un appuntamento con *qlcu.*

あほう 阿呆 →馬鹿 1
あほうどり 信天翁〔鳥〕albatr*o*男
アボカド〔英 avocado〕《植》avocad*o*男
アポステリオリ〔ラ a posteriori〕〔哲〕〔ラ〕a posteriori
アポストロフィ〔英 apostrophe〕apostrof*o*男 ¶アポストロフィを打つ mettere un apostrofo
アポトーシス〔英 apoptosis〕《生》apoptos*i*女[無変]; morte女 cellulare programmata
あま 海女 pescatric*e*女 subacquea
あま 尼 monac*a* buddista;《シスター》suor*a*女 ¶尼になる farsi monaca
❖尼寺 monaster*o*男, convent*o*男 (di monache buddiste)
あま 亜麻《植》lin*o*男
アマ →アマチュア
あまあし 雨脚・雨足 ¶夏の雨はたいてい雨脚が早い。La pioggia d'estate di solito smette subito. ¶雨脚が激しい。Piove a dirotto.

あまい 甘い **1**【甘味・糖分の味のする】dolce, zuccherato;《蜂蜜の》mielato ◇甘さ dolcezza女 ◇甘くする addolcire, zuccherare ◇甘くなる diventare自[*es*] [farsi] dolce, addolcirsi ¶甘いものを食べると元気が出る。Mangiando qualcosa di dolce, ci si sente subito meglio. ¶蜜のように甘い dolce come il miele ¶甘い実 frutti zuccherini ¶砂糖をたくさん入れて甘くしたコーヒーが好きだ。Mi piace il caffè molto zuccherato.
2【塩加減が足りない】poco salato ¶【塩けの】甘い料理 pietanze poco salate
3【心地よい, 快い, 甘美な】dolce, soave, amabile, zuccheroso;《誘惑的な, 虚栄心をくすぐる》adulator*io*男[複 -*i*], lusinghiero;《わざとらしい》sdolcinato ¶甘い思い出 dolci ricordi / ricordi soavi [teneri / rosei] ¶甘い香り odore dolce / dolce fragranza [aroma] ¶甘い声 voce carezzevole [leziosa / dolce / lusinghiera] ¶甘い言葉《恋人への》dolci parole d'amore /《お世辞》adulazione / lusinghe ¶『甘い生活』(フェッリーニの映画)"La dolce vita" (Fellini)
4【甘やかした】indulgente, debole;《優しい》tenero;《寛大な》generoso, benevolo, clemente; tollerante ¶女に甘い essere indulgente [(弱い) debole] con le donne ¶甘い顔をする mostrarsi troppo generoso [benevolo] ¶あの先生は点数が甘い。Quel professore è largo nei voti. ¶君は人に甘すぎる。Tu sei troppo buono.
5【軽々しい, 軽薄な】leggero;《皮相な》superficiale;《楽観的な》ottimist*a*男/女[複 -*i*];《考えない》spensierato;《落ち着いていられる》tranquillo;《簡単, 単純》facile, semplice;《純朴》ingenuo ◇甘く alla leggera; ingenuamente; con troppo ottimismo ¶判断の甘さ leggerezza nel giudicare ¶甘い考え opinione superficiale / parere troppo ottimistico ¶見通しが甘い《人が主語》fare delle previsioni troppo rosee ¶あいつは人間が甘い。《軽い, だらしない》Quello lì è un frivolo [leggero]. /《詰めが足りない》Non ha capito ancora quanto è difficile la vita. / Ne deve fare ancora di esperienza. ¶甘く見る prendere *ql.co.* [*qlcu.*] alla leggera ¶おれを甘く見るな。Non mi sottovalutare.
6【緩い, 不十分な】¶結び目が甘くなっている。Il nodo si è allentato. ¶この写真はピントが甘い。Questa foto「è un po' sfocata [non è a fuoco].
慣用 甘い汁を吸う fare la parte del leone; accaparrarsi [prendersi] il meglio con poco impegno

あまえ 甘え《依頼心》immaturità女;《自分勝手な態度》incoscienza女, comportament*o*男 irresponsabile ed egoistico ¶彼の言動には甘えがある。Ha un atteggiamento immaturo. ¶『甘えの構造』(土居健郎) "Anatomia della dipendenza"
❖甘えっ子 →甘えん坊
あまえる 甘える **1**《気に入られようとする》cercar*e*自 di piacere a [accattivarsi la simpatia di] *qlcu.*, fare le moine a *qlcu.*;《人に頼る》contar*e*自[*av*] troppo su *qlcu.*, appoggiarsi troppo a *qlcu.*;《わがままな》viziato, capriccioso, egoistico[複 -*ci*];《依存心の強い》privo di indipendenza;《媚びた》civettuolo ¶妹は母に甘えてばかりいる。La mia sorellina sta attaccata alle gonne della mamma.
2《人の好意に》¶ではお言葉に甘えてそうさせていただきます。Allora approfitto della sua gentilezza. ¶お言葉に甘えて車に乗せていただきます。Accetto volentieri il suo passaggio.

あまえんぼう 甘えん坊 coccolon*e*男[女 -*a*], bambin*o*男[女 -*a*] viziato [coccolato];《お母さん子》mammon*e*男[女 -*a*]
あまがえる 雨蛙《動》raganella女, rana verde, ranocchi*o*男[複 -*chi*]
あまがさ 雨傘 ombrell*o*男, parapioggi*a*[無変]
あまかわ 甘皮 **1**《樹木・果物の》pellicol*a*女 di piante e frutta **2**《爪の根元の皮》pellicin*a*女 (dell'unghia)
あまぐ 雨具 necessar*io*男[複 -*i*] per ripararsi dalla pioggia;《傘》ombrell*o*男;《レインコート》impermeabil*e*男 ¶雨具の用意がある essere ben protetto contro la pioggia
あまくだり 天下り《上層部による一方的な》nomin*a*女 arbitraria;《高級官吏の民間会社への》assunzion*e*女 degli ex alti funzionari statali nelle ditte private (collegate agli organi governativi)
あまくち 甘口 ◇甘口の《酒など》dolce; amabile;《やや》abboccato
あまぐつ 雨靴 scarp*e*女[複] da pioggia
あまぐも 雨雲 nuvol*a*女 carica di pioggia,《文》nemb*o*男 ¶雨雲が空を覆っている。Il cielo è coperto da [di] nuvole cariche di pioggia.
あまぐり 甘栗 castagn*e*女[複] addolcite e arrostite

あまごい 雨乞い preghiera[女] per la pioggia ¶雨ごいをする pregare per la pioggia

あまざけ 甘酒 bevanda[女] dolce (poco alcolica) ottenuta dal riso fermentato

あまざらし 雨曝し ¶自転車を雨ざらしにするな. Non lasciare la bicicletta esposta alla pioggia.

あまじお 甘塩 ◇甘塩の poco salato, leggermente salato

あまじたく 雨仕度 preparazione[女] contro la pioggia

あます 余す ¶その事件はこの記事に余すところなく書かれている. Quella faccenda è trattata a fondo in questo articolo. ¶出発まで余すところ1週間に迫った. Manca solo una settimana alla partenza.

あまずっぱい 甘酸っぱい agrodolce ¶甘酸っぱいにおい odore agrodolce ¶青春時代の甘酸っぱい思い出 un ricordo dolce e nello stesso tempo amaro della giovinezza

あまぞら 雨空 cielo[男] piovoso

あまた 数多 ◇あまたの molto, tanto, numeroso ¶あまたある名所の中でここは特別美しい. Fra i tanti luoghi celebri, questo è il più bello.

あまだれ 雨垂れ ṣgocciol*io*[男][複 *-ii*] [gocce[女][複]] di pioggia ¶雨垂れの音を聴く ascoltare il picchiettio della pioggia che cade dai tetti ¶雨垂れ石を穿(うが)つ.《諺》"La goccia scava la pietra." / "Con la pazienza si arriva a tutto."

アマチュア 〔英 amateur〕 dilettante[男][女]
◇アマチュアの dilettante
✤**アマチュア無線通信士** radioama*tore*[男][[女] *-trice*]

あまったるい 甘ったるい **1**《甘味が強い》dolcissimo, zuccheroso;《シロップのように》sciropposo ¶甘ったるいコーヒー caffè troppo zuccherato
2《声・言葉・態度などが》ṣdolcinato, ṣvenevole; mellifluo ¶甘ったるい声で con voce melliflua

あまったれ 甘ったれ coccolon*e*[男][[女] *-a*], persona[女] viziata

あまったれる 甘ったれる atteggiarsi ṣvenevolmente ¶甘ったれたことを言うんじゃない. Piantala di fare il bambino [《相手が女性》la bambina]!

あまど 雨戸 imposte[女][複] scorrevoli (◆ a protezione di finestre)

あまどい 雨樋 《横の》grondaia[女];《縦の》pluviale[男], doc*cia*[女][複 *-ce*]

あまとう 甘党 ¶彼は大の甘党である. È goloso [ghiotto] di dolci.

あまに 亜麻仁 semi[男][複] di lino
✤**亜麻仁油** o*lio*[男][複 *-i*] (di semi) di lino

あまねく 遍く universalmente, dappertutto ¶あまねく世界に知られる essere conosciut*o* in tutto il mondo

あまのがわ 天の川 la Via[女] Lattea

あまのじゃく 天の邪鬼 bastian[男] contrario [複 *bastian contrari*], litigios*o*[男][[女] *-a*] ¶この子は天の邪鬼だ. Questo ragazzo è lo spirito di contraddizione in persona.

あまみ 甘味 dolcezza[女], sapore[男] dolce ¶甘味が強い essere molto dolc*e* /《砂糖の味が》essere molto zuccherat*o* ¶甘味を加える zuccherare / addolcire

あまみず 雨水 acqua[女] pluviale ¶軒から雨水が落ちる. La pioggia cade dalla gronda [dai tetti].

あまもり 雨漏り infiltrazione[女] [stillamento[男]] di pioggia (da fessure nel tetto) ¶雨漏りを直す riparare le falle del tetto ¶この家は雨漏りがする. Il tetto di questa casa fa acqua.

あまやかす 甘やかす ¶〈人〉を甘やかす《かわいがる》coccolare /《わがままを許す》viziare *qlcu.* / essere troppo indulgent*e* con *qlcu.* ¶甘やかされた子供 bambino viziato

あまやどり 雨宿り riparo[男] dalla pioggia ◇雨宿りする ripararsi dalla pioggia

あまり 余り

1【残り, 余分】resto[男], avanzo[男];《残りもの》rimasu*glio*[男][複 *-gli*];《商品の残部》rimanenza[女], residuo[男];《余剰》eccedenza[女], eccesso[男], superfluo[男], sovrappiù[男], sovrabbondanza[女];〘数〙resto[男] ¶昼食の余り l'avanzo [i resti] del pranẓo ¶布の余り ritagli di una stoffa ¶余りの時間 il tempo che avanza ¶余りを皆で分けた. Ci siamo diviṣi il resto fra di noi. ¶38割る7は5, 余り3. 38 diviṣo 7「è uguale a [fa] 5「e avanza [con il resto di] 3.

2【度を越えていること】◇あまりの eccessivo, troppo; eṣagerato ¶熱心なあまり per eccesso di ẓelo / trascinato dall'entuṣiaṣmo (►trascinatoは主語の性・数に合わせて語尾変化する) ¶絶望のあまり al colmo della disperazione ¶悲しさのあまり per il troppo dolore ¶あまりといえばあまりだ. Quel che è troppo è troppo. / Questo è troppo!

3【「あまり…ない」の形で, それほど】non… molto; non… tanto, non… troppo, poco ¶彼はあまり食べない. Non mangia molto. ¶私の仕事はあまりうまくいっていない. Il mio lavoro non va molto bene.

4【度を過ぎて】troppo, eccessivamente, eṣageratamente ¶あまり勉強がすぎると体によくない. A studiare troppo ci si rovina la salute. ¶彼は働くにはあまりにも年を取りすぎている. È troppo anziano per lavorare.

5【数量を表す語に付いて, それより幾分多い】più di; oltre ¶この前故郷に帰ってから10年余りになる. Sono「più di [oltre] dieci anni che non torno al mio paeṣe.

あまりある 余り有る **1**《十分である》¶今度の成功は前の失敗を補って余りある. L'ultimo successo mi ripaga abbondantemente dell'insuccesso precedente. **2**《いくら…しても十分でない》¶彼の苦衷は察するに余りある. Il suo dolore è troppo grande per essere compreso. / Il suo dolore è inimmaginabile.

あまりもの 余り物 resto[男], avanzo[男], rimanente[男];《食事の》avanzi[男][複]

アマリリス 〔英 amaryllis〕〘植〙amarilli[女][無変], amarillide[女]

あまる 余る

1【余分が出る】avanzare[自][*es*] (a *qlcu.*), essere d'avanzo [in eccesso];《残る》rimanere[自][*es*], restare[自][*es*] ¶余った金 denaro avanzato [in più] ¶ほとんど時間は余らないだろう. Penso che non mi avanzerà tempo. ¶もし時間が余れば君の所へ行くよ. Se mi avanza tempo vengo da te. ¶パンなら余っている. Di pane「ne abbiamo [ce n'è] in abbondanza. ¶5を2で割ると1が余る. Dividendo 5 per 2 avanza 1. ¶人手が余っている. C'è troppa manodopera.

2【限度を超える】essere superiore *a ql.co.*; eccedere *ql.co.* ¶それは私の手に余る. Ciò va「oltre le [al di là delle] mie capacità. / Eccede le mie possibilità. ¶身に余る光栄です. È un onore immeritato per me. ¶彼の振る舞いは目に余る. Il suo comportamento eccede limite.

アマルガム 〔英 amalgam〕〘化〙amalgam*a*[男][複 -*i*]

あまんじる 甘んじる 《満足する》accontentarsi di *ql.co.* [di + [不定詞]]; 《我慢する》tollerare [sopportare] *ql.co.*, subire passivamente [con pazienza] *ql.co.* ¶今の地位に甘んじる accontentarsi di restare al *proprio* posto attuale ¶屈辱に甘んじる subire un'umiliazione senza reagire ¶甘んじて罰を受ける ricevere una punizione con rassegnazione

あみ 網 **1** rete[女]; 《漁網》rete[女] da pesca; 《すくい網》retino[男], vangaiola[女]; 《投網》giacc*hio*[男][複 -*chi*]; 《焼き網》graticola[女], griglia[女] ◇網の《網状の》reticolare, reticolato ¶トロール引き網 rete a strascico ¶虫取り網 rete per farfalle ¶網を打つ gettare le reti ¶網を結(す)く fare una rete ¶網を張る tendere [stendere] la rete ¶網を引く ritirare la rete

2《張りめぐらされたもの》¶法の網をくぐる eludere la legge / sfuggire alla giustizia

3《わな》trappola[女] ¶警察のしかけた網にかかる cadere nella rete tesa dalla polizia

[慣用] **網を張る** ¶警察が網を張っている. La polizia ha teso la rete.

✤**網入りガラス** vetro[男] retinato

あみ 醤蝦 〘動〙crostaceo[男] dei misidacei

あみき 編み機 macchina[女] per [da] maglieria

あみだ 阿弥陀 **1**〘仏教〙Amitaba[男], Budda[男] Amida **2**《帽子のかぶり方》¶帽子をあみだにかぶる portare il cappello all'indietro

あみだす 編み出す escogitare, inventare

あみだな 網棚 reticella[女]

あみど 網戸 zanzariera[女]（►蚊帳の意味もある）

アミノさん アミノ酸 〘化〙amminoacido[男] ¶必須アミノ酸 amminoacido essenziale

あみのめ 網の目 maglie[女][複] della rete ¶地下鉄が市内を網の目のように走っている. Le linee della metropolitana coprono la città come le maglie di una rete.

あみばり 編み針 《鉤針(かぎばり)》uncinetto[男]; 《棒針》ferro[男] da calza

あみめ 網目 maglia[女]; rete[女] ¶網目の粗い[細かい] a maglie rade [fitte]

あみめ 編み目 punti[男][複] della maglia ¶編み目の粗い[細かい] a punti larghi [stretti] ¶編み目の粗いセーター maglione a maglie larghe

あみもと 網元 padron*e*[男][[女] -*a*] di pescherecci

あみもの 編み物 《編んで作ること》lavoro[男] a maglia; 《編んで作った物》maglieria[女] ¶編み物をする lavorare a maglia [ai ferri]

あみやき 網焼き 〘料〙griglia[女] ¶網焼きのステーキ bistecca alla griglia

アミラーゼ 〔独 Amylase〕〘生　化〙amilasi[女][無変]

アミン 〔英 amine〕〘化〙ammina[女]

あむ 編む **1**《編み針で》lavorare a maglia; 《糸・竹・頭髪などを》intrecciare *ql.co.* ¶毛糸でセーターを編む fare un maglione di lana ai ferri ¶花で花輪を編む intrecciare una ghirlanda con dei fiori

2《編集する》redigere *ql.co.*, compilare *ql.co.* ¶高校卒業記念に文集を編む raccogliere le composizioni scritte in occasione della licenza superiore ¶辞典を編む compilare un dizionario

あめ 雨 **1** piogg*ia*[女][複 -*ge*]; 《口語的表現や成句で》acqua[女] ⇀気象 [用語集], 天気 [会話] ◇雨が降る piovere（►非人称動詞 [*es, av*]） ¶雨の滴 goccia di pioggia ¶雨の多い季節 stagione piovosa ¶雨が降る[降っている]. Piove. ¶きのう雨が降った. Ieri è piovuto. ¶一晩中雨が降った. Ha piovuto tutta la notte. ¶雨が激しく降っている. Piove [Sta piovendo] molto [a dirotto / forte / fitto]. ¶雨が降りそうだ. Minaccia di piovere. / C'è aria di pioggia. / Sembra che voglia piovere. ¶雨が止んだ. Ha smesso di piovere. / La pioggia è cessata. ¶雨が小降りになった. La pioggia si è calmata. / Ormai piove di meno. ¶雨が降ったり止んだりしている. Piove a sbalzi. / C'è una pioggia intermittente. ¶雨に降られる essere sorpres*o* [colt*o*] dalla pioggia / prendersi la pioggia ¶ここは雨がかからない. Qui sotto non ci bagniamo. ¶町は雨に煙っていた. L'immagine della città sembrava sfumare sotto la pioggia. ¶彼がそんなことを言うとは, 雨が降るぞ. È proprio un caso raro che lui dica così.

2《雨のように降り注ぐもの》¶げんこつ[弾丸]の雨 pioggia di pugni [proiettili] ¶爆弾の雨が降った. Piovvero bombe. ¶血の雨を降らせる far spargere [sprizzare] sangue

[慣用] **雨が降ろうが, 槍が降ろうが** venisse giù il padreterno!; ad ogni costo; non ci sono santi!; accada quel che accada; 《否定文で》a nessun costo

雨降って地固まる Le liti consolidano le relazioni.

> [関連]
> **大雨** pioggia[女] forte, grande pioggia **大粒の雨** pioggia a goccioloni **豪雨** pioggia violenta **小雨, 小ぬか雨** pioggia fine [minuta], pioggerella[女]; 〘気象〙pioviggine[女] **小降りの雨** pioggia leggera **篠つく雨** pioggia fitta **滝のような雨** pioggia torrenziale **土砂降りの雨** pioggia a dirotto, pioggia [acqua] a catinelle **長雨** pioggia continua **にわか雨** acquazzone[男]; pioggia repentina **横なぐりの雨** piova*sco*[男][複 -*schi*]

あめ 飴 caramella[女]; bonbon[男][複 *bonbons*] ¶飴をなめる[しゃぶる] succhiare una caramella

[慣用] **飴と鞭(むち)** ¶あの男は飴と鞭で労働者をこき使った. Quell'uomo ha usato il bastone e la carota con i lavoratori.

あめあがり 雨上がり ¶雨上がりの道 strada subito dopo la pioggia

あめあられ 雨霰 piogg*ia*㊛[複 -ge] e grand*ine*㊛ ¶雨あられと降りそそぐ grandin*are*㊊[av]

アメーバ〔英 amoeba〕《動》ameba
✤アメーバ赤痢《医》dissenteria ameb*ica*

あめおとこ 雨男 ¶あいつは雨男だ。Quando c'è anche lui, piove sempre.

あめおんな 雨女 ¶彼女は雨女だ。Quando c'è anche lei piove sempre.

アメジスト〔英 amethyst〕《鉱》ametista㊛

あめつゆ 雨露 ¶さし当たって雨露をしのげるだけの屋根が欲しい。Per il momento quello di cui ho bisogno è un tetto sulla testa.

アメニティ〔英 amenity〕amenità㊛; attrattiva㊛
✤アメニティ空間 spaz*io*㊚[複 -i] ricreativo

あめふり 雨降り piogg*ia*㊛[複 -ge], tempo piovoso ¶こんな雨降りに出かけなくてもいいじゃないか。Chi te lo fa fare di uscire con questa pioggia?

あめもよう 雨模様 ¶雨模様の空 cielo che minaccia pioggia

アメリカ America㊛ ◇アメリカの americano ¶中央[南/北]アメリカ America centrale [meridionale / settentrionale]
✤アメリカ英語 l'americano㊚
アメリカ合衆国 gli Stat*i*㊚[複] Uniti d'America; 《略》USA [úza]㊚[複]
アメリカシロヒトリ《昆》(una specie di) arctoidi㊚[複];《学名》*Hyphantria cunea*
アメリカ人 americ*ano*㊚[㊛ -a], statunit*ense*㊚, nordameric*ano*㊚[㊛ -a]
アメリカ大陸 continente americano

アメリカナイズ〔英 Americanize〕◇アメリカナイズする (他のものを) americanizz*are*;(自らが) americanizz*arsi*

アメリカンフットボール football㊚ americano

アメリシウム〔英 americium〕《化》americ*io*㊚;《元素記号》Am

あめんぼ(う) 水黽《昆》idrometra㊛, ragno㊚ d'acqua

アモルファス〔英 amorphous〕《化·物》◇アモルファスの amorfo
✤アモルファス金属 metallo㊚ amorfo
アモルファスシリコン silicio㊚ amorfo
アモルファス物質 materia㊛ amorfa

あや 文・彩・綾 **1**《模様, 形, 彩り》disegno㊚, forma㊛, colorazione㊛ ¶目(にも)あやな《色とりどりの》coloratissimo / 《きらびやかな》sgargiante / sfarzoso / pomposo / 《目のさめるような》stupefacente
2《仕組み》trama㊛, meccanismo㊚;《入り組んだ筋道》intrecc*io*㊚[複 -ci]
3《表現上の技巧》espressione㊛ retorica [fiorita]¶《言い方》modo㊚ di dire ¶それは言葉のあやというものだ。Questo è solo un modo di dire.

あやうい 危うい =危ない ◇危うくする mettere ql.co. in pericolo, compromettere ql.co. ¶〈人〉の名声を危うくする compromettere la reputazione di qlcu. ¶〈人〉の生命を危うくする mettere in pericolo la vita di qlcu.

あやうく 危うく《辛うじて》appena, a malapena, a stento;《もう少しのところで》per poco ¶危うく難を逃れた。L'ho scampata per un miracolo. / Me la son cavata per un pelo. ¶危うく電車に乗り遅れるところだった。Ho rischiato di perdere il treno. / Ho fatto appena in tempo a prendere il treno. ¶危うく外出するところでした。Ero proprio sul punto di uscire. ¶彼は危うく車にひかれるところだった。C'è mancato poco [Mancò poco] che finisse sotto la macchina.

あやおり 綾織《織》〔英〕twill㊚[無変]

あやかる 肖る ¶少しあなたにあやかりたいものだ。Vorrei avere un po' della tua fortuna! ¶彼らはその俳優にあやかって息子に同じ名を付けた。Diedero al bambino il nome di quell'attore sperando che lo emulasse.

あやしい 怪しい **1**《不審な》sospetto, losco㊚[複 -schi];《変な》strano ¶怪しい物音 un rumore sospetto ¶怪しい輩がうろつく場所 luogo frequentato da loschi individui ¶怪しい男がこの辺をうろうろしている。Da queste parti si aggira una persona sospetta [strana].
2《信用できない》incerto, dubb*io*㊚[複 -i], inattendibile;《不確かな》discutibile ¶天気が怪しくなってきた。Il tempo è diventato minaccioso. ¶彼は大丈夫だと言っているが怪しいものだ。Lui dice che va bene, ma io ho qualche dubbio [io ne dubito]. ¶彼が来るかどうか怪しい。Dubito che lui venga.
3《男女の仲が》¶あの二人はどうも怪しい。Quei due non me la contano giusta.

あやしい 妖しい misterioso e inquietante ¶彼女には妖しい魅力がある。Ha un fascino inquietante.

あやしむ 怪しむ **1**《疑う》sospettare「di qlcu.」che +接続法」, dubitare[av] di qlcu. [di ql.co. / che +接続法] ¶私も彼を変な男だと怪しんでいた。Anch'io avevo pensato [intuito] che fosse un tipo strano. ¶夜遅く警官に怪しまれた。Di sera tardi un poliziotto si è insospettito di me.
2《不思議がる》meravigliarsi di ql.co., trovare strano ql.co. (▶strano は目的語の性·数に合わせて語尾変化する), sorprendersi che +接続法 ¶彼がそのような行動に出たのは怪しむに足りない。Non mi sorprende che abbia intrapreso un'azione simile.

あやす《抱いたり揺したりして》cullare;《甘えさせる》viziare;《遊んでやる》trastullare;《鎮める》acquietare, calmare ¶泣く子をあやす calmare un bimbo che piange

あやつりにんぎょう 操り人形《糸による》marionetta㊛;《指による》burattino㊚;《操られている人》burattino㊚[fantocc*io*㊚[複 -ci]] nelle mani di qlcu.

あやつる 操る **1**《人形を動かす》¶人形を操る manovrare [far muovere] le marionette
2《上手に扱う》maneggiare ql.co.; condurre ql.co. ¶馬を操る maneggiare un cavallo ¶ハン

ドルを巧みに操る manovrare abilmente il volante ¶彼は英語を上手に操る. Maneggia bene l'inglese. ¶巧みに言葉を操って con abili discorsi **3**《陰で糸を引く》manipolare *qlcu.* nell'ombra, manovrare *ql.co.* nell'ombra;《人を上手に使う》tenere *qlcu.* in pugno, dominare [manovrare] *qlcu.* ¶世論を操る manovrare l'opinione pubblica ¶彼は陰で政界を操っている. Muove dietro le quinte il mondo politico.

あやとり 綾取 ripiglino㊚

あやぶむ 危ぶむ《懸念する》preoccuparsi di *ql.co.* [*qlcu.*], temere㊐[*av*] per *ql.co.* [*qlcu.*], essere in apprensione per *ql.co.* [*qlcu.*];《疑う》dubitare㊐[*av*] di *ql.co.* [di *qlcu.* / che + 接続法]; avere dei dubbi su *ql.co.* [*qlcu.*] ¶彼の事業の成功を危ぶむ声が多い. Molti esprimono dubbi sul successo della sua impresa. ¶彼の健康が危ぶまれている. La sua salute desta preoccupazione.

あやふや ◇あやふやな《不確かな》incerto;《あいまいな》vago [㊚複 *-ghi*], ambiguo, equivoco [㊚複 *-ci*], evasivo;《決心がつかない》indeciso, irresoluto ¶あやふやな記憶 vago ricordo ¶あやふやな計画 progetto nebuloso [indefinito] ¶あやふやな態度を取るな. Non assumere quell'atteggiamento irresoluto. ¶その国についてはあやふやな知識しかない. Su quel paese non ho che una conoscenza incerta [superficiale].

あやまち 過ち
《間違い》sbaglio㊚[複 *-gli*], errore㊚;《過失》fallo㊚,《無意識の》〔ラ〕lapsus㊚[無変];《過失などの罪・責任》colpa㊛;《失敗, 怠惰》mancanza㊛;《方法などの失敗》passo㊚ falso;《道徳的・宗教的な》peccato㊚ ¶過ちを犯す commettere uno sbaglio [un errore / un peccato] / cadere in fallo ¶過ちを認める ammettere il *proprio* errore / riconoscersi colpevole ¶過ちを償う riparare a un errore [una colpa] ¶それは私の過ちだ. La colpa è mia.

あやまり 誤り
sbaglio㊚[複 *-gli*], errore㊚ ¶大きな誤り un grosso sbaglio / uno sbaglio madornale ¶誤りに気づく accorgersi dell'errore ¶誤りを正す correggere un errore /《道徳的に》emendarsi ¶私の記憶に誤りがなければ se mi ricordo bene / se la memoria non mi inganna ¶誤りのない人はいない. Nessuno è infallibile. ¶スペルの誤り errore d'ortografia ¶私の目に誤りはなかった. Avevo visto giusto. / Non mi ero sbagliato.

あやまり 謝り scusa㊛ ¶謝りの手紙 lettera di scuse

あやまる 誤る
《間違える》sbagliare㊣, ㊐[*av*], errare㊐[*av*]; fare [commettere] uno sbaglio [un errore], prendere un granchio;《失敗する》fallire㊣, ㊐[*av*] ◇誤った《間違った》sbagliato, errato;《偽りの》falso ¶誤った情報 informazioni sbagliate [false] ¶方向を誤る sbagliare strada [direzione /《職業を》professione] ¶身を誤る rovinarsi / prendere una cattiva strada ¶判断を誤る giudicare male *ql.co.* [*qlcu.*] / sbagliarsi nel giudicare *ql.co.* [*qlcu.*] ¶誤って人を殺してしまった. Ho ucciso un uomo「per errore [senza intenzione].

あやまる 謝る
《許しを乞う》chiedere [domandare] scusa a *qlcu.*;《謝罪する》chiedere [domandare] perdono di [per] *ql.co.* a *qlcu.*;《弁明する, 釈明する, 詫びる》scusarsi di [per] *ql.co.* con *qlcu.*, chiedere scusa a *qlcu.* per *ql.co.*;《丁重に》fare [porgere] le *proprie* scuse a *qlcu.* ¶遅刻を謝る scusarsi per il ritardo ¶君を傷つけたことについては謝ります. Chiedo scusa per averti offeso. ¶今さら謝っても仕方がない. Ormai scusarsi non serve a niente.

あやめ 菖蒲〔植〕iris㊛[無変]

あゆ 鮎・年魚〔魚〕*ayu*㊚[無変];《学名》*Plecoglossus altivelis*

あゆみ 歩み **1**《歩くこと》marcia㊛[複 *-ce*], cammino㊚, il camminare㊚, passo㊚, andatura㊛; cadenza㊛ ¶歩みを止めて花を眺める fermarsi a guardare un fiore
2《進行》progresso㊚, corso㊚, svolgimento㊚, andamento㊚ ¶日本の近代化の歩みは急速だった. La modernizzazione del Giappone è progredita a grandi passi.

あゆみよる 歩み寄る **1**《近づく》avvicinarsi [accostarsi] a *qlcu.* [*ql.co.*];《両者が》avvicinarsi ¶数歩歩み寄る avvicinarsi di alcuni passi
2《譲歩し合う》fare delle concessioni reciproche ◇歩み寄り compromesso㊚, concessioni㊛[複] reciproche, accomodamento㊚ ¶両者に歩み寄りの兆しが見えた. Si sono intravisti dei segnali di volontà d'intesa tra loro.

あゆむ 歩む《歩く》camminare㊐[*av*];《進行する》andare avanti ¶イタリアは発展の一途を歩んでいる. L'Italia sta progredendo sempre di più.

あら oh, eh;《本当か》davvero? ¶あら, しばらく. Oh, chi si rivede! ¶あら, そんなこと言っていいの. Eh, via, son cose da dirsi?

あら 粗 **1**《魚の》¶魚のあらで出し汁を取る fare il brodo con gli scarti del pesce **2**《欠点》difetto㊚, imperfezione㊛ ¶人のあらをさがす cercare di scovare i difetti in *qlcu.*

アラー《イスラム教の唯一神》Allah㊚

あらあらしい 荒荒しい《乱暴な》violento, impetuoso, furioso;《粗野な》rude, brusco [㊚複 *-schi*] ◇荒々しく violentemente, furiosamente, bruscamente, rudemente ¶荒々しい声 voce aspra [rude] ¶荒々しい男 uomo brutale ¶荒々しくドアをたたく音がした. Abbiamo sentito bussare alla porta furiosamente. ¶彼は足音も荒々しく部屋を出て行った. È uscito infuriato dalla stanza.

あらい 洗い **1**《洗うこと》lavaggio㊚[複 *-gi*] ¶この生地は洗いが利く. Questa stoffa è lavabile. **2**〔料〕¶鯉(こい)の洗い fettine di carpa cruda lavate in acqua gelata

あらい 荒い・粗い
1《性質などが強く激しい》rozzo, violento;《荒っぽい, 荒削りである》rude, brutale, brusco [㊚複 *-schi*];《たけり狂った》furioso;《波・海が》agitato, tempestoso, burrascoso ¶人使いが荒い strapazzare *qlcu.* / servirsi di *qlcu.* senza riguardo ¶彼は気性が荒い. Ha un temperamento violen-

to. ¶彼は言葉遣いが荒い. Ha un linguaggio grossolano. ¶今日は波が荒い. Oggi c'è mare grosso. / Oggi il mare è agitato [mosso].
2《細かくない》grosso ¶目の粗いざる cesta intrecciata grossolanamente ¶粗くひいたコーヒー caffè macinato grosso ¶きめの粗い肌 pelle 「non compatta [grossolana] ¶この砂糖は粒が粗い. Questo zucchero è a granuli grossi.
3《ざらざらしている》ruvido ¶このきれは手触りが粗い. Questa stoffa è ruvida al tatto.
4《大ざっぱである》grossolano;《粗雑な》poco curato, rozzo ¶あの大工は仕事が粗い. Quel carpentiere lavora in modo grossolano [poco curato].

あらいおとす 洗い落とす ¶…の汚れを洗い落とす lavare via lo sporco da *ql.co.*

あらいぐま 洗い熊〔動〕procione[男] lavatore

あらいざらい 洗い浚い completamente, senza riserve ¶洗いざらい白状しろ. Confessa tutto!

あらいざらし 洗い晒し ¶彼女はいつも洗いざらしのジーンズを着ている. Quella donna indossa sempre jeans sciupati e scoloriti (da tanti lavaggi).

あらいそ 荒磯 costa[女] rocciosa [irta di scogli]

あらいだす 洗い出す《調べ上げる》indagare [他],[自][*av*] (su) *ql.co.* interamente;《見つけ出す》scoprire dopo approfondita indagine; portare alla luce; individuare, identificare ¶警察は犯人の経歴を洗い出した. Le indagini della polizia hanno portato alla luce i precedenti del criminale.

あらいたて 洗い立て ¶浴衣の洗い立てを着る indossare uno *yukata* fresco di bucato

あらいなおす 洗い直す **1**《もう一度洗う》rilavare *ql.co.* **2**《調べ直す》¶計画を全面的に洗い直す rivedere [riesaminare] tutto il progetto

あらいもの 洗い物《洗う物》cose[女][複] da lavare;《洗濯物》bucato[男];《洗うこと》lavaggio[男] [複 *-gi*] ¶洗い物がたくさんたまっている.《洗濯物》C'è un mucchio di panni da lavare. ¶台所で洗いものをしている. Sta lavando i piatti in cucina.

あらう 洗う

1【水などで汚れを落とす】lavare *ql.co.* (a *qlcu.*);《自分の体の部分を》lavarsi *ql.co.*;《洗濯をする》lavare *ql.co.*, lavare i panni;《洗浄する》detergere *ql.co.*;《清める》purificare [pulire] *ql.co.* ¶顔[髪]を洗う lavarsi il viso [i capelli] ¶手を石けんで洗った. Mi sono lavato le mani col sapone. ¶皿を洗う lavare i piatti ¶傷口を洗う lavare [pulire] una ferita ¶洗濯機で洗える. Si può lavare in lavatrice. ¶心が洗われるような気持ちがする sentirsi sollevato ¶雨ですっかり道が洗われた. La pioggia ha ripulito del tutto le strade.
2【事実を調べてはっきりさせる】esaminare *ql.co.*, investigare (su) *ql.co.*, controllare *ql.co.*, indagare su *ql.co.* ¶〈人〉の素性を洗う controllare le origini di *qlcu.* / indagare nel passato di *qlcu.* ¶死体の身元を洗う identificare un cadavere ¶事件の背景を洗う investigare [indagare] lo sfondo della faccenda
3【波が岸辺に寄せては返す】¶波が岸を洗う. L'onda bagna la riva.

あらうま 荒馬 cavallo[男] bizzoso

あらうみ 荒海 mare[男] burrascoso [grosso]

あらがう 抗う resistere[自][*av*] ◇あらがいがたい irresistibile

あらかじめ 予め in anticipo, previamente, preventivamente;《まず先に》innanzitutto ¶あらかじめ通知する preavvertire *qlcu.* di *ql.co.* / avvisare [informare / comunicare] in anticipo *qlcu.* di *ql.co.* ¶あらかじめ用意する prepararsi in anticipo ¶あらかじめ災害に備える premunirsi contro un disastro [le calamità]

あらかせぎ 荒稼ぎ ◇荒稼ぎする《大もうけする》fare grossi guadagni;《賭博(とばく)で》far saltare il banco

あらかた 粗方 più o meno tutto ¶彼らは私の言うことをあらかたわかってくれた. Hanno capito i punti essenziali di quello che ho detto.

あらかべ 粗壁 muro[男] grezzo, muro[男] non rifinito

アラカルト〔仏 à la carte〕¶アラカルトで注文する[食事する] ordinare [mangiare] alla carta

あらかわ 粗皮 **1**《樹木の表皮》corteccia[女] [複 *-ce*];《もみがら》lolla[女], loppa[女], pula[女]
2《なめしていない動物の皮》pelle[女] non conciata

あらぎょう 荒行 ¶滝に打たれて荒行をした. Mi sono sottoposto alla pratica ascetica di bagnarmi sotto il getto della cascata.

あらくれ 荒くれ ◇荒くれ者《暴力的な》uomo rude [brutale];《向こう見ずな》uomo temerario

あらけずり 粗削り・荒削り ◇粗削りの[な]《木材をざっと削った》non piallato;《大ざっぱな》grossolano, non rifinito;《洗練されていない》poco raffinato;《未熟な》immaturo ¶粗削りの板 tavola ruvida ¶荒削りだが説得力のある文 frase rozza ma efficace

あらさがし 粗捜し ◇あら捜しする trovare da ridire sul conto di *qlcu.*; cercare i difetti in *qlcu.* [*ql.co.*], criticare *ql.co.* [*qlcu.*]

あらし 嵐 **1**《暴風雨》tempesta[女], bufera[女];《短い雷雨》temporale;《海上の突風, 時化(しけ)》burrasca[女];《ハリケーン》uragano[男];《台風》tifone[男];《サイクロン》ciclone[男] ◇嵐の tempestoso, temporalesco [男 複 *-schi*]; burrascoso ⇒気象 [用語集] ¶嵐が静まる[収まる / 過ぎる]. Il temporale 「si calma [finisce / passa]. ¶嵐が来そうだ. Minaccia temporale [burrasca]. ¶一晩中嵐が吹き荒れた. La bufera infuriò per tutta la notte. ¶彼女は嵐のような歓呼の声に迎えられた. È stata accolta da uno scroscio di acclamazioni [una pioggia di applausi].
2《大きな変動, もめ事》¶政界の嵐 tempesta politica ¶革命の嵐 bufera della rivoluzione
[慣用] **嵐の前の静けさ** calma[女] [bonaccia[女]] prima della tempesta

あらす 荒らす **1**《害を与える》danneggiare, rovinare;《荒廃させる》distruggere, rovinare, devastare ¶台風20号は関東地方を荒らした. Il tifone n. 20 ha devastato la regione del Kanto. ¶ねずみが食べ物を荒らした. I topi hanno rosicchiato il cibo. ¶戦争で国土が荒らされてしまった. Il paese uscì distrutto dalla guerra. ¶ここも観光客に荒らされてしまった. Anche questo posto è stato rovinato dal turismo (di massa).

あ

2 《侵入する》 fare una scorreria [un'irruzione] in *ql.co.*;《略奪する》 razziare [saccheggiare / depredare] *ql.co.*;《盗む》 rubare *ql.co.* ¶古墳の副葬品は荒らされたあとだった. L'antico tumulo era già stato saccheggiato di tutte le suppellettili.

あらすじ 粗筋《要約》riassunto㊚, sommario㊚[複 -*i*], sunto㊚;《物語・劇の》trama㊛ generale;《大筋》grandi linee㊛[複], linee㊛[複] generali;《要点》elementi㊚[複] essenziali ¶計画のあらすじを説明する spiegare le linee generali del piano ¶その映画のあらすじは新聞で読んだ. Ho letto la trama del film sul giornale. ¶…のあらすじをまとめる riassumere *ql.co.*

あらずもがな ◇あらずもがなの《不必要な》non necessario㊚[複 -*i*];《余計な》superfluo㊚;《求められていない》non richiesto;《むだな》inutile

あらせいとう 〘植〙《ストック》violacciocca㊛

あらそい 争い **1**《論争》controversia㊛, disputa㊛, discussione㊛, polemica㊛ ¶法廷の争い disputa in tribunale

2《闘争》lotta㊛;《口論, けんか》lite㊛, litigio㊚[複 -*gi*], contesa㊛;《殴り合い》rissa㊛;《敵対》contrasto㊚, ostilità㊛;《紛争》conflitto㊚ ¶覇権争い lotta per l'egemonia ¶功名争いをする contendersi l'onore / gareggiare per la gloria ¶言い争いをする fare una lite ¶争いの種をまく gettare il pomo [i semi] della discordia ¶内輪の争いをする fare una lite in famiglia / avere dissensi familiari ¶相続争いをする combattere sull'eredità ¶両国間には争いが絶えない. Le ostilità fra i due paesi non sono mai cessate.

あらそう 争う **1**《競う》fare concorrenza a *ql.co.* per [su] *ql.co.*, fare a gara con *qlcu.* per *ql.co.*;《競い合う》competere㊙ (► 複合時制を欠く) con *qlcu.* per *ql.co.*, contendersi *ql.co.* con *qlcu.*;《論争する》polemizzare㊙[*av*] con *qlcu.* su *ql.co.*, discutere (su) *ql.co.* con *qlcu.*, dibattere *ql.co.* con *qlcu.*;《口論する》litigare㊙[*av*] con *qlcu.*; bisticciare㊙[*av*] con *qlcu.* ¶チャンピオンタイトルを争う competere per il titolo ¶1等賞を争う contendere (a *qlcu.*) il [contendersi il / concorrere al] primo premio ¶議会の1議席を争う contendersi [disputarsi] un seggio al Parlamento ¶法廷で争う competere in tribunale / 《係争中》essere in lite con *qlcu.* ¶毎晩私は兄とチャンネルを争っている. Ogni sera litigo con mio fratello per che cosa vedere in televisione. ¶客は先を争って店内に殺到した. I clienti hanno fatto a gara per entrare per primi nel negozio. ¶手術は一刻を争う. Bisogna operare immediatamente, non possiamo perdere un minuto [attimo]. ¶その問題について, 大勢の学者が争っている. Molti studiosi disputano sul problema. ¶あの2人はいつもつまらないことで争ってばかりいる. Quei due non fanno che litigare per le cose più stupide.

2《「…は争えない」の形で》¶元気だった父も年は争えない. Pur essendo stato un uomo sempre in forma, è evidente [non si può nascondere] che anche per mio padre gli anni si fanno sentire. ¶彼女は母親に似て気性が激しい. やはり血筋は争えないものだ. Il suo forte temperamento è di chiara derivazione materna.

あらた 新た ◇新たな nuovo; fresco㊚[複 -*schi*];《さらに新しくなった》rinnovato;《別の》altro ◇新たに《また》di nuovo ¶新たにする rinnovare *ql.co.* ¶気持ちを新たにして再出発する ricominciare da capo con spirito rinnovato ¶日本経済は新たな局面を迎えた. L'economia giapponese affronta una nuova fase.

あらたか 霊験あらたかな神様 dio benefattore (che risponde prontamente alla preghiera del fedele)

あらだつ 荒立つ ¶語気が荒立つ《人が主語》mettersi a parlare in tono brutale ¶波が荒立つ. Il mare si fa agitato. ¶ことが荒立つと困る. Speriamo davvero che le cose non si complichino [si aggravino].

あらだてる 荒立てる **1**《荒くする》¶声を荒立てる alzare la voce ¶《人の》気を荒立てる irritare [esasperare] *qlcu.* ¶風が波を荒立てる. Il vento solleva le onde. **2**《悪化させる, 面倒にする》aggravare [esasperare / peggiorare] *ql.co.*;《複雑にする》complicare *ql.co.* ¶事を荒立てる aggravare [far degenerare] una situazione

あらたまる 改まる **1**《新しくなる》rinnovarsi, diventare nuovo;《変わる》cambiare㊙[*es*] ¶年が改まる. Inizia l'anno nuovo. ¶年号が改まり平成となった. È cominciata una nuova era chiamata Heisei.

2《良くなる》migliorare㊙ (► 人が主語のとき [*es*], 物が主語のとき [*es*]) ¶素行が改まる《人が主語》correggersi / emendarsi ¶教科書の内容が改まった. Il contenuto del libro di testo è migliorato.

3《儀式張る》 ◇改まった formale ◇改まって cerimoniosamente, formalmente ¶改まった場所 luogo 《occasione》formale ¶改まってお願いとは何ですか. Qual è il particolare favore che desidera da me? ¶そう改まらなくてもいい. Non essere così formale! / Non (c'è bisogno di) fare tante cerimonie!

あらためて 改めて《再び》di nuovo, ancora, ancora una volta, un'altra volta;《もう一度始めから》da capo;《後日》un altro giorno;《さらに》in aggiunta, ulteriormente;《ことさら》in particolare ¶改めて言うこともない. Non ho niente da dirti in particolare.

あらためる 改める **1**《変更する》cambiare, modificare, trasformare;《やり直す》rifare;《再点検する》rivedere ¶規則を改める cambiare il regolamento ¶日を改めてお話しましょう. Ne parliamo un altro giorno. ¶口調を改める cambiar tono di voce ¶教科書の内容を改める rivedere un libro di testo

2《改善する》migliorare;《正す》correggere;《刷新する》rinnovare, riformare, emendare, migliorare ¶姿勢を改める cambiare [correggere] la posizione ¶態度を改める cambiare [correggere] il *proprio* atteggiamento ¶素行を改める cambiare condotta / correggere i *propri* modi / rimettersi sulla buona via

あらっぽい

3《きちんとする》sistemare ¶服装を改める risistemarsi l'abito
4《確かめる，検査する》controllare, esaminare ¶切符を改めるcontrollare i biglietti ¶お勘定を改めてください．Verifichi il conto. / Veda se il conto è giusto [esatto].

あらっぽい 荒っぽい・粗っぽい 《乱暴な》violento, brutale, brusco《男複 -schi》；《無骨な》rude; 《粗野な》villano; 《粗雑だ》grezzo, poco accurato, grossolano ¶彼は気性が荒っぽい．Ha un temperamento violento. ¶彼は言葉遣いが荒っぽい．Ha un linguaggio villano [《無礼な》oltraggioso]. ¶ずいぶん粗っぽい翻訳だねえ．È una traduzione molto affrettata.

あらて 新手 **1**《新手の兵》truppe㊛《複》fresche, rinforzi㊚《複》 **2**《新しい手段・方法》¶新手の犯罪 crimine eseguito con una nuova tecnica / nuovo tipo di criminalità

あらなみ 荒波 maroso㊚, cavallone㊚《►いずれもふつう複数形で使う》¶船は荒波に弄ばれた．La barca era in balia dei marosi. ¶世の荒波にもまれる affrontare le tempeste della vita

あらなわ 荒縄 fune㊛ grezza (di paglia)

あらぬ ¶あらぬ方を眺める guardare altrove / fissare lo sguardo nel vuoto /《視線を移す》distogliere lo sguardo ¶あらぬ疑いをかけられる essere falsamente sospettato ¶あらぬことを口走る dire cose「impertinenti [che non si dovrebbero dire]

あらぬり 粗塗り ◇粗塗り(を)する dare una prima mano di vernice a ql.co.

アラビア Arabia㊛ ◇アラビアの arabico[男複 -ci], arabo
✤アラビア海 Mare㊚ Arabico
アラビア語 l'arabo㊚
アラビア数字 cifre㊛《複》arabiche

アラブ《アラブ人》arabo㊚《㊛ -a》
✤アラブ馬 cavallo㊚ arabo
アラブ諸国 gli stati㊚《複》[i paesi㊚《複》] arabi
アラブ石油輸出国機構 Organizzazione㊛ dei Paesi Arabi Esportatori di Petrolio;《略》OAPEC《ɔapék》㊚
アラブ文化 cultura㊛ araba
アラブ連盟 Lega㊛ Araba

アラベスク〔英 arabesque〕**1**《美》arabesche[男複 -schi] **2**《音》arabesca㊛, arabesco㊚[男複 -schi]

あらまし 1 ¶事件のあらましを説明する spiegare i punti essenziali di [riassumere] un fatto
2《だいたい》(a) grosso modo, all'incirca;《ほとんど》in gran parte, quasi ¶参加者はあらまし女性だった．La maggior parte dei [Quasi tutti i] partecipanti erano donne.

あらもの 荒物 articoli㊚《複》casalinghi
✤荒物屋 negozio㊚《複 -i》di articoli casalinghi

あらゆる《すべての》tutto;《各々の》ogni《►無変化で名詞の単数形に付く》¶あらゆる点で sotto tutti gli aspetti ¶あらゆる手段を講じる impiegare tutti i mezzi a disposizione / far l'impossibile per + 不定詞 ¶ありとあらゆる場合を予測した．Ho previsto tutti i casi possibili.

あららげる 荒らげる ¶声を荒らげる alzare la voce ¶父は声を荒らげて私をしかった．Mio padre mi ha rimproverato con voce infuriata.

あらりえき 荒利益《経》profitto㊚ lordo

あらりょうじ 荒療治 cura㊛ energica [vigorosa] ¶荒療治を施す《思い切った改革》applicare misure drastiche a ql.co. / introdurre riforme drastiche

あられ 霰 neve㊛ granulosa, grandine㊛ minuta ¶あられが降る．Cade una neve granulosa.

あられもない sconveniente, indecente, disdicevole ¶あられもない振る舞い comportamento sconveniente

あらわ 露・顕 **1**《むき出し》◇あらわな nudo, scoperto ¶肌もあらわな denudato ¶肌もあらわに a nudo / senza nulla addosso
2《公然，明白》◇あらわな aperto, palese ◇あらわに francamente, apertamente ¶矛盾があらわになる．La contraddizione è palese [lampante]. ¶あらわに反感を示す mostrare un'antipatia palese ¶秘密をあらわにする svelare un segreto

あらわす 表す **1**【示す】mostrare, indicare;《証明する，明示する》dimostrare, manifestare;《暴露する》rivelare;《思わず表す》tradire;《あらわにする》svelare; scoprire ¶感動[驚き]を表す mostrare commozione [sorpresa] / mostrarsi commosso [sorpreso] ¶共感を表す dimostrare simpatia ¶つい感情を表してしまう tradire i propri sentimenti ¶これは彼の法に関する無知を表している．《例証》Questo dimostra [《暴露》rivela / tradisce / scopre] la sua ignoranza in fatto di legge.
2【表現する】esprimere, rendere;《表明する》dichiarare, pronunciare, denunciare;《描写・叙述する》descrivere ¶考えを言葉に表す esprimere il proprio pensiero [le proprie idee] a parole ¶この映画は当時の雰囲気をよく表すのに成功している．Questo film riesce a rendere bene l'atmosfera di quel periodo. ¶イタリア語では言いたいことがまだ十分に表せない．Ancora non riesco sempre a farmi capire [a esprimere quello che voglio dire] in italiano. ¶言葉では表せないくらいに感謝している．Non so come esprimerti la mia gratitudine. ¶彼は笑っていたが，その目は悲しみを表していた．Sorrideva, ma con gli occhi esprimevano tristezza.
3【表示する】rappresentare, raffigurare, indicare;《象徴する》simboleggiare;《意味する》voler dire, significare ¶Hの記号は水素を表す．Il simbolo H rappresenta l'idrogeno [sta per idrogeno]. ¶赤は危険を表す．Il rosso simboleggia il pericolo. ¶この記号は何を表していますか．Che cosa significa [vuol dire] questo segno?

あらわす 現す rivelare, scoprire, manifestare ¶人前に姿を現す mostrarsi in pubblico ¶彼はパーティーに姿を現さなかった．Non si è presentato alla festa. ¶名声を世に現す farsi un nome / farsi conoscere / acquistare rinomanza ¶頭角を現す farsi conoscere [notare] / distinguersi / spiccare㊚ [av] / emergere㊚ [es] ¶腕前を現す mostrarsi capace [valente] / mostrare la propria abilità ¶音楽の

あらわす 素質を現す dimostrare attitudine [predisposizione] per la musica ¶彼は悪党の正体を現した。Ha rivelato la sua natura malvagia. ¶ついに彼は本性を現した。Alla fine ha rivelato il suo vero carattere. / Alla fine ha gettato la maschera. ¶彼は馬脚を現した。Il diavolo ha mostrato la coda.

あらわす 著す scrivere e pubblicare

あらわれ 現れ・表れ manifestazione㊛, espressione㊛, segno㊚;《反映》riflesso㊚;《結果》risultato㊚, effetto㊚ ¶彼の厳しさは愛情の表れだ。La sua severità è segno di amore. ¶これは彼の努力の表れだ。Questo è il risultato「dei suoi sforzi [del suo impegno].

あらわれる 現れる・表れる **1**【今までなかった物・人が出現する】mostrarsi; apparire㊙[es], comparire㊙[es], fare comparsa ¶雲の間から太陽が現れた。Il sole si è affacciato fra le nuvole. ¶彼のような天才は100年に1人しか現れない。Di geni come lui ne nasce uno ogni cento anni. ¶証人が現れた。Si è presentato il testimone.
2【表面に出てきて目で確認できるようになる】rivelarsi, scoprirsi, manifestarsi; venire alla luce ¶副作用の現れた場合は in caso di comparsa di effetti collaterali ¶酒を飲むと本性が現れる。Con il vino viene a galla la propria vera natura. /《ラ》"In vino veritas." ¶この絵には作者の個性がよく現れている。In questo quadro si rivela chiaramente il carattere dell'autore. ¶効果は間もなく現れるでしょう。L'effetto si manifesterà fra poco.
3【露見する】essere [venire] scoperto, essere [venire] rivelato ¶床下から死体が現れた。Sotto il pavimento è stato rinvenuto un cadavere.

あらんかぎり 有らん限り ¶命のあらん限り闘う combattere「finché c'è vita [fino all'ultimo respiro / fino allo stremo delle forze] ¶あらん限りの努力をする impegnarsi al massimo [il più possibile] ¶あらん限りの財産をつぎ込んだ。Ho investito「tutti i miei averi [fino all'ultimo centesimo].

あり 蟻 formica㊛ ¶働きあり formica operaia ¶白あり termite㊛ ¶羽あり formica alata 慣用 蟻のはい出るすきまもない ¶警察はありのはい出るすきまもない警戒網を張った。La polizia ha steso una rete di vigilanza così stretta che non passa neanche una formica.
✥蟻塚 formicaio㊚[複 -i]

アリア〔伊〕《音》aria㊛

ありあけ 有明《陰暦16日以後の夜明け》alba㊛ in cui la luna è ancora visibile dopo lo spuntar del sole (◆ dal 16º giorno della fase lunare)

ありあまる 有り余る essere in eccesso, sovrabbondare㊙[es, av] ¶彼は金があり余るほどある。Ha più soldi di quanto riesca a spendere. ¶今年は小麦があり余るほど取れた。Il grano quest'anno abbonda.

ありあり chiaramente, distintamente, visibilmente;《生き生きと》vivamente ¶ありありと思い浮かべる ricordare ql.co. chiaramente ¶生前の父の様子は今でもありありと目に浮かぶ。Il ricordo di mio padre è ancora vivissimo in me. / Ricordo mio padre ancora come se fosse presente.

ありあわせ 有り合わせ combinazione㊛ [messa㊛ insieme] di quello che si ha ¶ありあわせの金 denaro a disposizione / contante disponibile ¶ありあわせのもので食事をした。Abbiamo fatto un pranzo improvvisato. / Abbiamo pranzato con quello che avevamo.

アリーナ〔英 arena〕platea㊛

ありうる 有り得る possibile, probabile ¶…ということはあり得る。È possibile [È naturale] che + 接続法 / Può darsi [Può succedere] che + 接続法 ¶あり得る話だ。Può darsi. ¶あり得ない improbabile / impossibile /《ばかげた》assurdo ¶そんなのあり得ないよ。《話》Non esiste!

ありか 在り処 ubicazione㊛, posizione㊛, sito㊚;《隠れ家》nascondiglio㊚[複 -gli], rifugio㊚[複 -gi] ¶宝のありかを探す dare la caccia al tesoro ¶鍵のありかを教えろ。Dimmi dove è la chiave!

ありかた 在り方 ¶民主主義のありかた ciò che dovrebbe essere la democrazia ¶世界における日本のありかたを考える studiare la posizione che il Giappone dovrebbe avere nel mondo

ありがたい 有り難い **1**【感謝にたえない】essere riconoscente [obbligato / grato] ◇ありがたく con gratitudine;《喜んで》con piacere ¶あなたのご親切は本当にありがたいと思っています。Le sono veramente riconoscente per la sua gentilezza. / La ringrazio di cuore per la sua gentilezza. ¶あなたがそう言ってくださるのはありがたい。È molto gentile a dire questo. ¶来てくださるとありがたいんですが。Le sarei molto grato se venisse.
2【尊い】venerabile;《慈悲深い》misericordioso ¶ありがたいお経の本 un sutra prezioso [venerabile]
3【好都合でうれしい】¶ありがたいことに per fortuna / grazie a dio / grazie al cielo ¶いい時に来てくれてありがたい。Grazie di essere venuto in un momento così opportuno. ¶火がありがたい季節になった。Siamo nella stagione in cui un bel fuoco fa piacere. ¶こんなにありがたいものをいただいて申し訳ありません。Non ho parole per ringraziarla del gradito dono.

ありがたがる 有り難がる **1**《感謝する》essere grato **2**《尊ぶ》apprezzare molto ql.co. [qlcu.] ¶彼は肩書きをありがたがる。Lui tiene in gran conto i titoli.

ありがたみ 有り難み《価値》valore㊚ ¶水の有り難さを知る conoscere il valore [la preziosità] dell'acqua ¶死んでから初めて親の有り難さを知った。Solo dopo la loro morte ho capito quanto devo ai miei genitori. ¶少しも有り難みのない坊さんだ。È un monaco indegno.

ありがためいわく 有り難迷惑 cortesia㊛ non gradita ¶へたに手伝ってもらうのはかえって有難迷惑だ。Un aiuto maldestro diventa piuttosto un disturbo.

ありがち 有り勝ち ◇ありがちな comune, frequente, usuale ¶誰にもありがちな失敗 errore co-

ありがとう 有り難う Grazie. ¶「この席をどうぞ」「ありがとう(ございます)」"Questo è il suo posto." "Grazie." ¶お手紙ありがとう. Grazie [Ti ringrazio]「per la [della] lettera. ¶ほんとうにどうもありがとう. Grazie mille. / Molte [Tante] grazie.

ありがね 有り金 ¶有り金を残らずはたく[出す] spendere fino all'ultimo centesimo ¶有り金をそっくり巻き上げられてしまった. Mi hanno derubato di tutto il denaro che avevo (con me).

ありきたり 在り来たり ◇ありきたりの《ありふれた》ordinario 國復 -i》, usuale, comune;《陳腐な》banale;《因襲的な》convenzionale, abituale, tradizionale ¶これはありきたりの品とは違う. Questo non è un articolo dei soliti. ¶ありきたりの手段では敵に勝てない. Non si può battere l'avversario con i mezzi abituali.

ありくい 蟻食《動》formichiere國

-ありげ -有り気 ¶意味ありげな eloquente ¶彼女は意味ありげな微笑を浮かべた. Lei ha sorriso eloquentemente. ¶何か事ありげに見える. Ho l'impressione che sia successo qualche cosa.

ありさま 有り様《状態》stato國 (delle cose);《状況》condizione國, situazione國, circostanze國[複];《外見》aspetto國 ¶彼は惨めなさまで故国に帰って来た. È tornato in patria in uno stato pietoso. ¶君は何というありさまだ. In che stato sei! / Come sei「ridotto male [conciato]! (▶ridotto, conciatoは相手の性・数に合わせて語尾変化する)

ありじごく 蟻地獄《ウスバカゲロウの幼虫》larva国 di formicaleone

ありしひ 在りし日 ¶ありし日を偲(しの)ぶ《過去を》ripensare al passato / ricordare il passato ¶ありし日の父を偲ぶ. Ripenso a mio padre「mentre era in vita [come era da vivo]」.

ありそう 有りそう ◇ありそうなprobabile, verosimile, possibile ◇ありそうもない inverosimile, improbabile, impossibile;《信じられない》incredibile ¶ありそうな話[結末] storia [conclusione] verosimile ¶ひと雨ありそうだ. È probabile [Può darsi] che piova.

アリタリア《イタリア航空》ALITALIA国 (▶Aerolinee国[複] Italiane Internazionali の略, 会社コードは AZ)

ありつく 有り付く《職にありつく》trovare finalmente lavoro ¶夕食にありつく riuscire finalmente a cenare

ありったけ 有りったけ ¶彼はありったけの力でドアに体当たりした. Ha dato delle spallate alla porta con tutte le sue forze.

ありとあらゆる 有りと有らゆる →あらゆる

ありのまま 有りの儘 così com'è, così come sono ¶ありのままの事実 i fatti puri e semplici ¶ありのままを言うと a dire la verità ¶ありのままを告白する confessare tutta la verità ¶ありのままに物事を見る vedere le cose「così come sono [obiettivamente]」¶ありのままを話そう. Racconterò「i fatti così come si svolti [le cose come stanno]」.

アリバイ[英 alibi] alibi国[無変] ¶アリバイをこしらえる[を立証する / を突き崩す] costruirsi [provare / smantellare] un alibi

ありふれた 有り触れた《月並みな》comune, ordinario 國復 -i》, banale ¶ありふれた話 vecchia storia / storia trita e ritrita ¶ありふれたこと cose che succedono tutti i giorni / banalità ¶ありふれた人間 uomo qualunque ¶ありふれた考え opinione comune

ありまき 蟻巻《昆》afide国, pidocchio国[複 -chi] delle piante

ありもしない 有りもしない《存在しない》inesistente;《非現実的な》irreale;《根拠のない》infondato; senza fondamento;《嘘の》falso ¶そんなありもしないことを言うものではない. Non devi dire queste fandonie.

ありゅう 亜流 epigono国, imitatore国[女 -trice]

ありゅうさん 亜硫酸《化》acido国 solforoso
❖亜硫酸塩 solfito国
亜硫酸ガス anidride国 solforosa

ある 有る・在る **1**【存在する】esserci, esistere国[es] ;【位置する】essere, essere situato ¶この辺に貸家はありませんか. Ci sono case da affittare in questa zona? ¶少しでもあるほうがないよりましだ. Poco è meglio di niente. ¶青森は日本の北にある. Aomori「è situata [si trova] nel nord del Giappone.
2【人がその場所に存在する, いる】esserci, essere, stare, trovarsi ¶昔々おじいさんとおばあさんがありました. C'era una volta un'anziana coppia. ¶彼は今や死の床にある. Ora è sul letto di morte. ¶彼は幹事長のポストにある. Occupa il posto di segretario generale.
3【持っている】avere [possedere] ql.co. ¶彼は金がある. Lui ha i soldi. / Lui è ricco. ¶京都に親戚がある. Ho un parente a Kyoto.
4【付属している】avere ql.co., essere munito di ql.co. ¶庭のある家を探している. Cerco una casa con giardino. ¶この建物にはエレベーターがある. Questo edificio ha l'ascensore.
5【人などが, ある属性をもっている】¶彼は気品がある. Ha un aspetto dignitoso. ¶私は喘息がある. Io soffro di asma.
6【含まれている】essere contenuto [incluso] ¶この本にはおもしろい話が二, 三ある. In questo libro ci sono un paio di racconti divertenti.
7【数量を表す語が】《重さがある》pesare国[av, es];《長さがある》misurare国[av] ¶ミラノまで 600 キロ以上ある. Da qui a Milano ci sono più di 600 km (読み方: seicento chilometri). ¶この布は 3 メートルある. Questa stoffa misura tre metri.
8【起こる】accadere国[es], succedere国[es] ¶ゆうべ家の近くで火事があった. Ieri sera「c'è stato [è scoppiato] un incendio vicino a casa mia.
9【開催される】tenersi, aver luogo; effettuarsi; celebrarsi ¶4 時から会議がある. Alle quattro c'è la riunione.
10【「…とある」の形で】essere detto, essere scritto ¶遺書には全財産を学校に寄付するとあった. Nel testamento c'era scritto che lasciava tutti i suoi averi alla scuola. ¶彼の手紙には 11 月に来

るとあった. Nella sua lettera dice che arriverà in novembre.

11 【「…にある」の形で, …に存する】 consistere ⓖ [es] 「in ql.co. [nel + 不定詞]; (…にかかっている) dipendere ⓖ [es] da ql.co. [qlcu.] ¶この作品の特徴は作者の豊かな構想力にある. La caratteristica di quest'opera sta [consiste] nella ricchezza della fantasia dell'autore. ¶すべては君の決断にある. Tutto dipende dalla tua volontà [decisione].

12 【時間が経つ】 ¶ややあってから彼は口を開いた. Dopo un po' ha cominciato a parlare.

13 【「…することがある」の形で, ときおり何かをする】 accadere [capitare (▶非人称動詞) [es]] qualche volta che + 直説法; capitare anche... ¶テレビを見ないで寝ることがある. Qualche volta vado a letto senza aver guardato la televisione.

14 【「…したことがある」の形で, 経験】 ¶一度食べたことがある. L'ho mangiato una volta. ¶イタリアに行ったことがありません. Non sono mai stato in Italia.

15 【「…である」の形で】 ¶イタリアの首都はローマである. La capitale d'Italia è Roma. ¶彼はクラスで一番の成績であった. Era quello con i voti migliori in classe. ¶この部屋は静かである. È una stanza silenziosa. ¶父は常に冷静であった. Mio padre non perdeva mai la calma. ¶いつも健康でありたい. Spero di stare sempre bene. ¶誰もが彼のように正直でありたものだ. Tutti dovrebbero essere onesti come lui.

ある 或 uno; un certo + 男性名詞, una certa + 女性名詞 ¶ある日 un giorno ¶ある時 una volta ¶ある所に in un certo luogo ¶ある人 una persona / 《男性》un / una tale / un tizio / 《女性》una / una tale / una tizia ¶ある意味で(は) in un certo senso ¶その情景を見てある者は笑い, ある者は泣いた. A quella scena alcuni risero altri piansero.

あるいは 或いは **1** 《または》o, oppure ¶フランス語あるいはイタリア語を勉強したい. Vorrei studiare il francese o l'italiano.

2 《ある時は》 ¶人々はあるいは山へあるいは海へ出掛けて行った. Alcuni sono andati al mare, altri in montagna.

3 《ひょっとして》forse, probabilmente; chissà se + 直説法; può darsi che + 接続法 ¶あるいはそうかもしれない. Può anche darsi. ¶あるいはと思って受けた試験に合格した. Ho vinto il concorso a cui avevo partecipato pensando che ci fosse qualche probabilità.

あるかなきか 有るか無きか c'è e non c'è, come se non ci fosse ◇有るか無きかの pochissimo

あるがまま 在るが儘 →有りの儘

アルカリ 〔英 alkali〕《化》alcali ⓖ [無変]
✤**アルカリ化** alcalinizzazione ⓕ ◇アルカリ化する alcalinizzare ql.co.
　アルカリ金属 metallo ⓖ alcalino
　アルカリ性[度] alcalinità ⓕ ◇アルカリ性の alcalino ¶弱アルカリ性 bassa alcalinità
　アルカリ電池 batteria ⓕ alcalina
　アルカリ土類金属 metalli ⓖ [ⓖ複] alcalinoterrosi

アルカロイド 〔英 alkaloid〕《生化》alcaloide ⓖ

あるきタバコ 歩きタバコ ¶歩きタバコはいけません. Non fumare per la strada!

あるきまわる 歩き回る ¶部屋の中を歩き回る girare qua e là per la stanza. ¶金策に歩き回る muoversi in giro alla ricerca di finanziamenti

あるく 歩く **1** 《歩行する》camminare ⓖ [av] ¶歩いて行く andare [avanzare ⓖ [es, av]] a piedi; 《散歩する》passeggiare ⓖ [av] ¶大またで[すたすたと]歩く camminare 「a larghi passi [di buon passo]」 ¶ぶらぶら歩く《あてもなく》andare a zonzo [a spasso] ¶歩いて行く farsela a piedi ¶とぼとぼ歩く《疲れて》trascinarsi / avere un passo stanco ¶《うなだれて》camminare [andare] a capo chino ¶よたよた歩く camminare a passi 「incerti [traballanti]」 ¶胸を張って[つま先で]歩く camminare 「a testa alta [in punta di piedi]」 ¶早足で歩く camminare a passo svelto / andare con passo veloce ¶ゆっくり歩く camminare lento [a passi lenti] ¶歩きなれた道 strada abituale ¶歩き方 modo di camminare / andatura / passo ¶歩き疲れる stancarsi di camminare ¶足を棒にして歩く camminare fino a non sentirsi più le gambe ¶ちょっと公園を歩こうか. Facciamo 「una passeggiata [due passi / quattro passi]」 nel parco. ¶人の歩く速度で進む procedere a passo d'uomo ¶子供がよちよち歩くようになった. Il bambino ha cominciato a fare i primi passi. ¶私の家は駅から歩いて30分くらいのところだ. Casa mia sta a circa trenta minuti a piedi dalla stazione.

2 《徒歩や乗物であちこち移動する, …して回る》 ¶売り歩く andare in giro per vendere ql.co. ¶世界各地を歩いて観光する girare in tutto il mondo per turismo ¶伝道して歩く spostarsi da un luogo all'altro predicando ¶彼は毎晩飲み歩いている. Tutte le sere lo trovi da qualche parte a bere.

アルコール 〔英 alcohol〕 alcol [無変], alcool [無変], spirito ⓖ ◇アルコールの[を含んだ] alcolico [ⓖ複 -ci] ¶エチル[メチル / 変性]アルコール alcol etilico [metilico / denaturato] ¶工業用アルコール alcol per uso industriale ¶彼はアルコールをいっさい口にしない. Non beve mai alcol.

✤**アルコール飲料** bevanda ⓕ alcolica ¶ノンアルコール飲料 bevanda analcolica
　アルコール中毒[依存症] alcolismo ⓖ ◇アルコール中毒になる alcolizzarsi
　アルコール中毒者 alcolizzato ⓖ [ⓖ -a]; alcolista ⓖ [ⓖ複 -i], 《医》etilista ⓖ [ⓖ複 -i]
　アルコール発酵 fermentazione ⓕ alcolica
　アルコール分[度] gradazione ⓕ alcolica ¶アルコール分 45 % のブランデー brandy con una gradazione alcolica di quarantacinque gradi
　アルコールランプ fornelletto ⓖ a spirito; lampada ⓕ ad alcol

アルゴリズム 〔英 algorithm〕《数・コンピュータ》algoritmo ⓖ

アルゴン 〔英 argon〕《化》argo ⓖ, argon ⓖ; 《元素記号》Ar

あるじ 主 padrone ⓖ [ⓖ -a]; 《所有者》proprietario ⓖ [ⓖ -ia; ⓖ複 -i]; 《家長》capofami-

glia囡 [囡複 *capifamiglia*; 囡複 *capofamiglia*]; il capo囡 della famiglia ¶ある顔に振る舞う far da padrone / spadroneggiare自 [*av*]

アルちゅう アル中→アルコール中毒

アルツハイマーびょう アルツハイマー病〘医〙morbo囡 di Alzheimer

アルト 〔伊 alto〕〘音〙(音域、歌手) contralto囡 ¶アルトで歌う cantare da contralto
✤**アルト歌手** contralto囡
アルトサックス sassofono囡 contralto [無変]

アルバイト 〔独 Arbeit〕 lavoretto囡 ; (副業) secondo lavoro囡 ; (臨時の仕事) lavoro occasionale; (学生の労働) lavoro囡 di studenti; (短期契約社員) contrattista囡囡 [囡複 -i] ¶アルバイトをする fare un lavoretto ¶アルバイトに家庭教師をする dare lezioni private
✤**アルバイト従業員** lavorat*ore*囡 [囡 *-trice*] part-time, part-time囡
アルバイト情報誌 rivista囡 di annunci di lavoro part-time

アルパカ 〔英 alpaca〕〘動〙alpaca [alpaca]囡 [無変]

アルバム 〔英 album〕**1** (写真帳、収集帳) album囡 [無変]; (写真の) raccoglitore囡 di fotografie ¶家族アルバム album di famiglia
2 (複数の曲を収録したレコードやCD) album囡 [無変]

アルピニスト 〔英 alpinist〕 alpinist*a*囡囡 [囡複 -i]

アルファ 〔ギ alpha〕**1** (ギリシア字母の第1文字) alfa囡 または 囡 [無変]; (記号) *A, α*
2 (一定量・数以上に加わるもの) ¶年末手当は3か月分プラスアルファだ. La gratifica di fine anno è di tre mensilità più un tot.
✤**アルファ線**〘物〙raggi囡 [囡複] alfa
アルファ波〘医〙〘脳波〙ritmo囡 alfa [無変]
アルファ崩壊〘物〙decadimento囡 alfa
アルファ粒子〘物〙particella囡 alfa

アルファベット 〔英 alphabet〕 alfabeto囡 ¶アルファベット順に in ordine [secondo l'ordine] alfabetico

〔参考〕
電話などで人名を読み上げるとき、綴りを正確に伝えるために、名前をそのまま言うのではなく、Taro (太郎) は Torino–Ancona–Roma–Otranto のように言う。また、文字を聞き間違いのないように人に伝えるとき、地名の頭文字を使って、p di Palermo, p come Palermoのような言い方をする。
このようなときに使われる地名(一部に文字名や普通名詞が混じる)はアルファベット順に、次のとおり。
Ancona, Bari または Bologna, Catania または Como, Domodossola, Empoli, Firenze, Genova, hotel [otél] または Imola, Jersey [dʒérsi] または i lungo, kursaal [kúrsal] または cappa, Livorno, Milano, Napoli, Otranto, Padova または Palermo, Quarto または qu, Roma, Savona または Sassari, Torino, Udine, Venezia, Washington または doppio vu, Xeres [kséres] または ics, York [jork] または i greco か ipsilon, Zara または zeta

アルファルファ 〔英 alfalfa〕〘植〙erba囡 medica [spagna]

アルプス Alpi囡 [囡複] ¶アルプス山脈 le Alpi ¶日本アルプス le Alpi giapponesi

アルブミン 〔英 albumin〕〘生化〙albumina囡

あるべき ¶この図書館にはあるべき本が揃っていない. Questa biblioteca non è dotata di tutti i libri necessari [che dovrebbero esserci]. ¶これが民主主義のあるべき姿だ. Questa è la democrazia nella sua forma ideale.

アルペジオ 〔伊〕 〘音〙arpeggi*o*囡 [囡複 *-gi*] ¶アルペジオで奏する arpeggiare

アルペンきょうぎ アルペン競技 sci囡 [無変] alpino

アルマイト 《商標》 alluminio囡 anodizzato, allumite囡

あるまじき ¶学生としてあるまじき行為 comportamenti indegni di uno studente

アルマジロ 〔英 armadillo〕〘動〙armadillo囡

アルミ alluminio囡
✤**アルミサッシ** tela*io*囡 [囡複 -i] scorrevole d'alluminio
アルミホイール (自転車の) cerchi*o*囡 [囡複 *-chi*] in lega
アルミホイル (箔) fogli*o*囡 [囡複 *-gli*] di alluminio
アルミめっき alluminatura囡

アルミニウム 〔英 aluminium〕〘化〙alluminio囡; (元素記号) Al ¶アルミニウムで処理する [めっきする] alluminare *ql.co.*

あれ **1** (遠くの事物や人をさして) quello囡 [囡 *-a*] (là [lì]) ¶これよりあれのほうがいい. Quello (là) è meglio di questo (qui). ¶あれは誰だろう. Chi è quello (là)? ¶あれが駅へ行く道です. Quella è la strada per la stazione.
2 (時や事柄をさし示して) ¶あれから、あれ以来 da allora ¶あれは三年前のことだった. È successo tre anni fa. ¶あれからどこへ行ったの. Dove sei andato poi?
3 (場所をさして) ¶あれに見えるのが琵琶湖でございます. Quello che vedete laggiù è il lago Biwa.

あれ (驚き、不審を表して) ¶あれ、変だぞ. Ehi [Ma dai], che strano!

あれい 亜鈴 〘スポ〙pes*o*囡, manubri*o*囡 [囡複 *-i*]

あれきり あれ切り (あの時から) ¶彼からあれきり便りがない. Da allora non ho più avuto notizie di lui. ¶あれきり彼に会っていない. Quella fu l'ultima volta che lo vidi. ¶あの話はあれきりになった. La storia non ebbe seguito. / La cosa finì lì.

あれくらい あれ位 ¶あれくらいのことでがっかりするな. Non è niente di serio, non scoraggiarti. ¶あれくらい厳しく言わないと彼にはきかないよ. Se non gli parlo così severamente, non ha effetto su di lui. ¶あれくらいのことが我慢できないとは君も情けない. Se non riesci a sopportare nemmeno una cosa simile, sei uno smidollato.

あれくるう 荒れ狂う infuriare自 [*es, av*]; infuriarsi, scatenarsi ¶荒れ狂う波 onde furiose / mare burrascoso ¶ゆうべ台風が荒れ狂った. Questa notte si è scatenato un tifone.

アレグレット 〔伊〕〘音〙allegretto囡
アレグロ 〔伊〕〘音〙allegro囡
アレゴリー 〔英 allegory〕(寓意) allegoria囡

あれこれ ¶本や雑誌やあれこれ持って旅行に出かけ

た. Sono partito per il viaggio portando libri, riviste e tante altre cose. ¶彼はまだあれこれ(と)迷っている. È ancora indeciso fra questo e quello. ¶あれこれ(と)考えて眠れなかった. I tanti pensieri non mi hanno fatto dormire. ¶あれこれ言わずにその仕事をまずきちんとやってごらん. Cerca di far bene quel lavoro invece di brontolare troppo.

あれしき あれ式 ¶あれしきのことなら誰でもできる. Chiunque riesce a fare una cosa simile.

あれしょう 荒れ性 ¶私は荒れ性です. Io ho la pelle secca.

あれだけ あれ丈 ¶あれだけ注意深ければ事故は起こさないだろう. Uno prudente come lui, come potrebbe fare un incidente? ¶あれだけ言ったらすっきりするだろう. Dopo aver buttato tutto fuori ti sentirai sollevato.

あれち 荒れ地 《未開墾地》terra⒡ incolta; 《不毛の土地》terreno⒨ sterile; 《手入れの悪い田畑》terreno⒨ deserto

あれっきり →あれきり

あれっぽち ¶月給があれっぽっちでは彼も生活が苦しいだろう. Con uno stipendio「del genere [così basso] se la passerà male. ¶あれっぽっちか食べないでそんな力が出るか. Pur mangiando così poco, ne hai di forza!

あれで ¶あれでよく教師がつとまるね. Mi chiedo come lui possa fare il professore in quel modo.

あれでは ¶母親があれでは子供たちがかわいそうだ. Mi fa pena pensare ai bambini con una madre come quella.

あれで(も) ¶彼はあれでも親切のつもりなんだ. È gentile a modo suo. ¶あれで(も)家ではいい父親なんだ. Non sembra ma è un buon padre a casa.

あれの 荒れ野 terreno⒨ abbandonato, terreno⒨ incolto; 《不毛の地》deserto⒨; 《草の生い茂った》suolo⒨ selvatico [複 -ci], brughiera⒡

あれはてる 荒れ果てる 《荒廃する》andare⒤ [es] in rovina; 《畑が》rimanere⒤ [es] incolto; inselvatichirsi ¶荒れ果てた庭 giardino in stato di abbandono ¶荒れ果てた館 palazzo in rovina ¶私の生まれた家はすっかり荒れ果てていた. La casa dove sono nato era completamente in sfacelo.

あれほうだい 荒れ放題 ¶畑を荒れ放題にする lasciare un campo incolto

あれほど あれ程 tanto, a tal punto, così ¶あれほどの頭脳を持ちながらもったいない. È un peccato sprecare una simile intelligenza! ¶あれほど言ったのにまだわからない. Con tutte le volte che glielo abbiamo detto, ancora non ha capito.

あれもよう 荒れ模様 1《天候が》aria⒡ di temporale [tempesta] ¶今日は荒れ模様だ. Oggi il cielo minaccia il temporale.

2《機嫌や情勢が》¶国会は荒れ模様だ. C'è battaglia in Parlamento. ¶社長は昨日から荒れ模様だ. Da ieri il presidente è di cattivo umore.

あれよあれよ ¶あれよあれよという間に男は9階の窓から飛び降りてしまった. Un uomo si è buttato da una finestra dell'ottavo piano mentre lo guardavamo impietriti dallo stupore.

あれる 荒れる 1《風雨・波・天候が穏やかでなくなる》essere tempestoso [agitato / violento] ¶今日は海が荒れている. Oggi il mare è agitato.

2《荒廃する》andare⒤ in rovina, inselvatichirsi; ridursi in pessime condizioni ¶荒れた庭 giardino trascurato

3《皮膚がかさかさになる》screpolarsi; divenire⒤ [es] ruvido ◇荒れ ruvidezza⒡, screpolatura⒡ ¶寒さですっかり手が荒れてしまった. Ho le mani tutte rovinate dal freddo. ¶この洗剤は手が荒れる. Questo detersivo screpola la pelle.

4《行為・秩序などが乱れる》¶今日の会議は荒れた. La seduta di oggi è stata tempestosa. ¶荒れた生活 vita sregolata ¶彼はよく酒を飲んで荒れる. Spesso si arrabbia dopo avere bevuto.

アレルギー 〔独 Allergie〕〔医〕allergia⒡ [複 -gie] ◇アレルギー性の allergico⒨ [複 -ci] ¶アレルギー性疾患 affezione allergica ¶花粉アレルギー allergia da pollini ¶抗アレルギー剤 antiallergico ¶彼は警察アレルギーだ. È allergico alla polizia.

✣アレルギー体質 diatesi⒡ allergica ¶私はアレルギー体質だ. Io ho una diatesi allergica. / Io soffro di allergie.

アレルギー反応 reazione⒡ allergica

アレルゲン 〔独 Allergen〕〔医〕allergene⒨

アレンジ 〔英 arrange〕 1《編曲》arrangiamento⒨, adattamento⒨ ◇アレンジする arrangiare 《脚色する》adattare

2《手配する》organizzare, coordinare ¶仕事をアレンジする organizzare il lavoro ¶会合をアレンジする organizzare [coordinare] un incontro

-あろうと ¶日本人であろうとイタリア人であろうと法は守らなければならない. Bisogna rispettare la legge, che si sia giapponesi o italiani

-あろうに ¶人もあろうに彼が犯人だったなんて. Proprio lui è il colpevole! Non riesco a crederci. ¶こともあろうに人を殺すなんて. Ma arrivare addirittura ad ucciderlo!

アロエ 〔ラ aloe〕〔植〕aloe⒨ [無変], aloè⒨ [無変]

アロマテラピー 〔英 aromatherapy〕 aromaterapia⒡

あわ 泡 1《気泡》schiuma⒡, spuma⒡; 《熱湯や炭酸水の》bolla⒡, bollicina⒡; 《口からの》bava⒡ ¶水の泡となる risultare inutile / andare in fumo ¶この石鹸はよく泡が立つ. Questo sapone fa molta schiuma. ¶彼は口から泡を飛ばしてしゃべった. Chiacchierava spruzzando saliva. ¶あいつにひと泡吹かせてやるぞ. Gli farò sputare sangue!

[慣用] 泡を食う prendersi un colpo, spaventarsi

✣泡風呂 bagno⒨ di schiuma

あわ 粟 〔植〕miglio⒨ [複 -gli]

あわい 淡い 1《色が薄い》pastello [無変], tenue, pallido; 《味・香りなどが》delicato ¶淡いピンク rosa pastello [pallido]

2《かすかな, ほのかな》leggero, tenue, delicato; 《漠然とした》vago⒨ [複 -ghi]; 《はかない》effimero ¶淡い一条の光 un tenue filo di luce ¶淡い望みを抱く nutrire un filo di speranza

あわさる 合わさる 《閉じる》serrarsi; 《接合す

あわせ 袷 *kimono*男 [無変] foderato

あわせかがみ 合わせ鏡 ¶合わせ鏡で見るguardarsi in due specchi opposti

あわせガラス 合わせガラス vetro男 di sicurezza

あわせて 併せて e inoltre ¶新年のお祝いを述べ、併せて平素のごぶさたをお詫びいたします。Le invio gli auguri per il nuovo anno e colgo l'occasione per scusarmi del mio lungo silenzio.

あわせもつ 併せ持つ ¶人は誰でも長所と短所を併せもっている。Ogni persona coniuga pregi e difetti.

あわせる 会わせる・遭わせる ¶恋人を両親に会わせる presentare il fidanzato ai genitori ¶〈人をひどい目に遭わせる〉far passare dei brutti momenti a *qlcu.* ¶〈人を危い目に遭わせる〉esporre *qlcu.* al pericolo

あわせる 合わせる 1【一つにする】unire *ql.co.* a *ql.co.*, congiungere *ql.co.* con *ql.co.* ¶手を合わせて頼む supplicare a mani giunte ¶唇を合わせる baciarsi ¶紙を2枚合わせて丈夫な封筒をこしらえた。Ho fatto una solida busta unendo due fogli di carta.
2【そろえる】accordare, armonizzare, intonare, adattare, conformare, regolare;《比例させる》proporzionare *ql.co.* a *ql.co.* ¶皆で心を合わせて働く lavorare tutti insieme di comune accordo ¶力を合わせる unire le forze ¶オーケストラに合わせて歌を歌う cantare accompagnato dall'orchestra ¶ギターに合わせて踊る ballare al suono della chitarra ¶時計を合わせる regolare l'orologio ¶目覚まし時計を8時に合わせる mettere la sveglia alle otto / puntare la suoneria alle otto ¶ラジオのダイヤルをNHKに合わせる sintonizzare la radio sulla stazione della NHK ¶この絵の大きさに合わせて額縁を作ってください。Faccia una cornice adatta alla grandezza di questo quadro. ¶ネクタイを上着に合わせる armonizzare la cravatta con la giacca ¶彼に会ったらうまく話を合わせておいて下さい。Quando lo incontri ti prego di non smentirti [non contraddirti].
3【遭遇する,対面する】¶あそこで彼に顔を合わせるとまずい。Non mi conviene incontrarlo in quel posto. ¶君に合わせる顔がない Non so come posso chiederti scusa.
4【照合する】confrontare [paragonare] *ql.co.* con *ql.co.*, comparare *ql.co.* a *ql.co.* ¶答えを合わせる confrontare le risposte
5【足す】addizionare [aggiungere / sommare] *ql.co.* a *ql.co.*, fare la somma di *ql.co.* ¶合わせて in totale / in tutto ¶全部合わせていくらになりますか。Quanto è in tutto? ¶今年できた医学部を合わせて6学部になった。Contando la facoltà di medicina istituita quest'anno, ora ci sono sei facoltà in tutto.
6【混ぜる】mescolare *ql.co.* con [e] *ql.co.* ¶酢と油を合わせる mescolare aceto e olio

あわせる 併せる ¶いくつかの原因を併せて考える considerare insieme cause diverse ¶小銀行を併せてできた銀行 una banca nata dalla fusione di piccole banche

あわただしい 慌ただしい《せわしない》affrettato, frettoloso;《忙しい》indaffarato ¶慌ただしい都会生活 la vita frenetica della grande città ¶彼は今出発の準備で慌ただしい。Ora è tutto indaffarato nei preparativi per la partenza. ¶そこへ彼が慌ただしく入って来た。In quel momento entrò lui「tutto affannato [a precipizio]. ¶彼は慌ただしく出かけていった。È uscito frettolosamente.

あわだつ 泡立つ《石鹸が主語》schiumare自 [*av*];《水が》spumeggiare自 [*av*] ◇ 泡立ち schiumata女;《炭酸飲料などの》effervescenza女 ¶泡立つ波 onda spumeggiante

あわだてき 泡立て器《手動の》frullino男, frusta女, sbattiuova男 [無変];《電動の》frullatore男

あわだてる 泡立てる《石鹸などを》far schiumare;《卵白や生クリームを》montare ¶卵をかき混ぜて泡立てる frullare le uova

あわてふためく 慌てふためく perdere la testa [la calma]; farsi prendere dal panico ¶慌てふためく人々 folla in preda al panico

あわてもの 慌て者 persona女 sventata [sbadata]

あわてる 慌てる《気が転倒する》sconvolgersi, agitarsi;《冷静さを失う》perdere la calma [la testa] ◇ 慌てて in fretta, in modo frettoloso ¶慌てずに《冷静に》tranquillamente / con calma / senza agitarsi ¶火事のときは慌ててはいけない。In caso di incendio non si deve perdere la testa. ¶非常ベルを聞いて私たちは慌てて外へ飛び出した。Sentendo il campanello d'allarme ci siamo precipitati fuori. ¶慌てて家を出たので財布を忘れてきた。Uscendo di casa in fretta e furia, ho dimenticato il portafoglio.

あわび 鮑・鰒《貝》aliotide女, abalone男, orecchia女 di mare [marina]

あわや ¶あわや溺れようとしているところを助けられた。Sono stato salvato proprio (quando ero) sul punto di affogare.

あわゆき 淡雪 neve女 leggera [soffice]

あわよくば ¶あわよくば大金を手に入れようと彼はたくらんでいる。Sta tramando per impossessarsi, se possibile [se le cose andassero bene], di una grossa somma di denaro.

あわれ 哀れ 1【かわいそうと思う気持】pietà女, compassione女 ◇ 哀れな pietoso, povero; che suscita compassione ¶哀れな孤児 un povero orfano ¶人の哀れを誘う attirare la pietà della gente ¶哀れな話 storia pietosa
2【惨め】◇ 哀れな pietoso, miserabile ¶彼は哀れな身なりをしていた。Era vestito miseramente. ¶哀れな家 casa squallida ¶彼は哀れな様子をしていた。Aveva un aspetto desolato.
3【悲しみ】tristezza女, malinconia女 ¶そぞろ哀れを catchare provare una vaga tristezza

あわれみ 哀れみ pietà女, compassione女, misericordia女 ◇ 哀れみ深い compassionevole, caritatevole ¶〈人に哀れみをかける〉trattare *qlcu.* con pietà ¶哀れみを感じさせる suscitare

[fare] pietà (a qlcu.) / toccare il cuore (di qlcu.)

あわれむ 哀れむ 《かわいそうに思う》compatire qlcu. per qlco., provare [sentire] pietà per qlcu., sentirsi spiacente per qlcu. [ql.co.] ¶哀れむような目で con uno sguardo compassionevole ¶哀れなやつ un poveraccio / un poveretto ¶〈人〉を哀れんで per pietà verso qlcu.

あん 案 **1**《提案》proposta⊕; 《意見》opinione⊕, parere⊕; 《着想》idea⊕ ¶案を撤回する [出す] ritirare [presentare] una proposta ¶いい案が浮かんだ. È venuta fuori una buona idea. **2**《計画》piano⊕, programma⊕［複 -i］, progetto⊕; 《草案》idea⊕, bozza⊕ ¶案を立てる〔練る〕stendere [elaborare] un piano **3**《予想》previsione⊕, aspettativa⊕ ¶案に相違して contrariamente alle aspettative ¶案にたがわず彼が犯人だった. Come avevo sospettato, il colpevole era lui.

あん 庵 eremitaggio⊕［複 -gi］, ritiro⊕
あん 餡 pesto⊕ di azuki ¶あんを中に入れる farcire [riempire] ql.co. di pesto di azuki
✤**あんドーナツ** bombolone⊕ al pesto di azuki
あんパン pasticcino⊕ con ripieno di pesto di azuki

あんあんり 暗々裏 ◇暗々裏に segretamente ¶事を暗々裏に運ぶ condurre una faccenda segretamente

あんい 安易 ◇安易な facile, semplice;《のんきな》comodo ¶安易に senza serietà, con leggerezza;《軽々しく》imprudentemente, sventatamente, alla leggera ¶安易な道を選ぶ scegliere la strada comoda ¶彼はものの考え方が安易だ. Ha un modo di pensare superficiale [《楽観的》troppo ottimistico].

アンインストール〔英 uninstall〕《コンピュータ》disinstallazione⊕ ◇アンインストールする disinstallare

あんうん 暗雲 **1**《黒雲》nuvole⊕［複］nere ¶暗雲が垂れ込めている. C'è una cappa di nuvole nere. **2**《不穏な気配》nubi⊕［複］minacciose ¶ヨーロッパに暗雲が漂っていた. Nubi minacciose si addensavano sull'Europa. ¶夫婦の間に暗雲がただよい始めた. Le prime nubi sono apparse all'orizzonte nel rapporto tra i due coniugi.

あんえい 暗影 **1**《暗いかげ》ombra⊕ (nera) **2**《不安な前兆》minaccia⊕［複 -ce］, segni⊕［複］di pericolo ¶前途に暗影を投じる gettare delle ombre sull'avvenire

あんか 安価 **1**《値段が安い》◇安価な poco costoso; economico⊕［複 -ci］; a buon mercato, a buon prezzo (▶a buon mercato とか a buon prezzoは副詞としても用いる) **2**《安っぽい》◇安価な meschino, da quattro soldi, scadente ¶安価な同情 compassione meschina

アンカー〔英 anchor〕**1**《いかり》ancora⊕ **2**《リレーの最終走者》ultimo concorrente⊕ ⊕ [《最終泳者》nuotatore⊕［⊕ -trice］] di una staffetta
✤**アンカーマン**《テレビの》telecronista⊕ ⊕［複 -i］[《ラジオの》radiocronista⊕ ⊕［⊕ -i］] di collegamento

あんがい 案外 contro ogni aspettativa, contrariamente al previsto ◇案外な inatteso, imprevisto;《期待外れの》deludente ¶試験は案外易しかった. L'esame era più facile di quanto avessi pensato. ¶あの人があんなことをするとは案外だった. Non mi aspettavo che quell'uomo facesse una cosa del genere! ¶案外うまくいった. È andata inaspettatamente bene. / Sono riuscito「meglio di quanto speravo [del previsto].

あんかん 安閑 ◇安閑とした《無為の》ozioso [indolente] e spensierato;《のんきで無頓着な》comodo e「noncurante [indifferente];《平穏な》tranquillo ¶安閑として senza fare niente, con le mani in mano ¶安閑とした生活を送る condurre una vita oziosa [tranquilla] ¶これは安閑としてはいられない. Non posso「passarci sopra [stare senza far niente].

あんき 暗記 ◇暗記する imparare [《状態》sapere / conoscere] a memoria [a mente] ql.co.; fissare ql.co. nella memoria, memorizzare ql.co. ¶暗記力が強い［弱い］avere una buona [cattiva] capacità di memorizzazione

あんぎゃ 行脚《修行僧などの》pellegrinaggio⊕［複 -gi］;《徒歩旅行》viaggio⊕［複 -gi］a piedi ¶行脚する andare in pellegrinaggio;《文》peregrinare⊕［av］; viaggiare⊕［av］a piedi

あんきょ 暗渠 condotto [canale⊕] sotterraneo;《排水》fogna⊕ sotterranea

アングラ〔アングラの《秘密の, 前衛的》〕〔英 underground [無変]
✤**アングラ劇場**《演劇》teatro⊕ underground

あんぐり ¶彼は口をあんぐり開けて私を見た. Mi ha guardato a bocca spalancata [aperta] per la sorpresa.

アングル〔英 angle〕《角度》angolo⊕;《写真》angolazione⊕;《観点》punto⊕ di vista ¶この写真はアングルがいい. Questa fotografia ha una buona angolazione. ¶この問題はいろいろなアングルから考えなければいけない. Bisogna considerare questo problema da vari punti di vista.

アンケート〔仏 enquête〕questionario⊕［複 -i］;《統計》indagine⊕ statistica ¶広告についてのアンケート inchiesta sulla pubblicità ¶アンケートを取る[に答える] fare [rispondere a] un questionario ¶アンケート用紙に記入する riempire un questionario

あんけん 案件 questione⊕ [argomento⊕] da discutere ¶会議の重要案件 gli argomenti principali della conferenza ¶本日の案件リスト ordine del giorno

あんこう 鮟鱇『魚』rana⊕ pescatrice; coda⊕ di rospo

あんごう 暗号《数字の》cifra⊕;《通信用》codice⊕ segreto [cifrato]; criptogramma⊕［複 -i］, crittogramma⊕［複 -i］ ¶暗号で書く scrivere ql.co. in cifre [in codice] ¶暗号を解読する decifrare un codice / decodificare ql.co.
✤**暗号化**《コンピュータ》codificazione⊕ segreta ◇暗号化する codificare
暗号帳 cifrario⊕［複 -i］
暗号通信 corrispondenza⊕「in cifra [cifrata]
暗号電報 telegramma⊕［複 -i］in cifra [in codice / cifrato]

暗号文 crittogramma[男], messaggio[男][複 -gi] in codice
暗号文作成[**解読**] crittografo[男]
暗号法 crittografia[女]

アンコール〔英 encore〕 bis[男][無変]; chiamata[女] alla ribalta ¶アンコール! Bis! / Bravo, bis! ¶アンコールの拍手 applauṣo per ottenere il bis ¶アンコールを求める chiedere il bis (a *qlcu.*) ¶アンコールに応えて曲を演奏する[歌う] bissare un pezzo / fare il bis di un pezzo

あんこく 暗黒 profonda oscurità[女], buio[男] fitto, tenebra[女] ◇暗黒の oscuro, tenebroso, buio[男複 *bui*]
✤**暗黒街** ¶暗黒街のボス capo della malavita
暗黒時代 periodo[男] oscuro;《中世前期の》l'alto Medioevo[男], i Secoli[男][複] bui (◆476年ころから1000年ころまでのヨーロッパ史における知的暗黒の時代);《中世全体》il medioevo[男]
暗黒星雲〘天〙nebulosa[女] oscura
暗黒大陸 il continente[男] nero
暗黒面 aspetto[男] negativo

アンゴラ《毛糸》angora[女][無変] ¶アンゴラのセーター golf di angora
✤**アンゴラウサギ**[**ヤギ**] coniglio[男][複 -gli] [capra[女]] d'angora

アンザス ANZUS《太平洋安全保障条約》Patto[男] di Sicurezza fra Australia, Nuova Ẓelanda e USA

あんさつ 暗殺 assassinio[男][複 -i] ◇暗殺する assassinare *qlcu.*
✤**暗殺者** assassino[男][女 -a]

あんざん 安産 parto[男] facile ◇安産する partorire *qlcu.* senza difficoltà

あんざん 暗算 calcolo[男] [conto[男]] mentale ◇暗算する calcolare mentalmente ¶暗算で答える dare il risultato di un'operazione a mente

あんざんがん 安山岩〘鉱〙andeṣite[女]

アンサンブル〔仏 ensemble〕 **1**〘音〙《合奏》concerto[男];《合奏団》complesso[男];《合唱》coro[男] **2**〘服〙completo[男][insieme[男]] femminile;〔仏〕ensemble[男][無変]

あんじ 暗示 accenno[男], suggerimento[男], alluṣione[女];〘心〙suggestione[女];《当てこすり》insinuazione[女] ◇暗示する suggerire [alludere / accennare] *ql.co.* a *qlcu.* ◇暗示的な allusivo, suggestivo;《暗黙の》implicito ¶暗示にかける suggestionare *qlcu.* ¶…に暗示を得る ispirarsi a *ql.co.* / trovare l'ispirazione da *ql.co.* ¶私は暗示に弱い[かかりやすい]. Io sono facilmente suggestionabile. ¶自己暗示 autosuggestione[女]
✤**暗示療法**〘心〙metodo[男] di cura con la suggestione

アンジェラス〘カト〙《聖母マリアの受胎告知を記念する祈りと時刻を知らせる鐘》angelus[男][無変]

あんしつ 暗室 camera[女] oscura

あんしゅ 按手〘キリ〙impoṣizione[女] delle mani ◇按手する imporre le mani

あんじゅう 安住 ◇安住する vivere[自][*es*, *av*] tranquillamente [pacificamente] ¶安住の地を求める cercare un luogo dove vivere in pace / cercare un aṣilo ¶彼は今の地位に安住している. È soddisfatto della poṣizione attuale.

あんしゅつ 案出 invenzione[女]

あんしょう 暗礁《水面下の岩》scoglio[男][複 -gli] sommerso [invisibile], frangente[男] ¶船は暗礁に乗り上げた[ぶつかった]. La nave si è incagliata sugli scogli. ¶研究は暗礁に乗り上げた. Le ricerche sono giunte a un punto morto. / Le ricerche si sono arenate.

あんしょう 暗唱 recitazione[女] [recita[女]] a memoria ◇暗唱する recitare (a memoria)

あんしょうばんごう 暗証番号 codice[男] segreto, codice[男] PIN, pin[男][無変]

あんじる 案じる **1**《心配する》preoccuparsi ¶子供の将来を案じる preoccuparsi per il futuro dei *propri* figli **2**《考えをめぐらす》escogitare ¶一計を案じる escogitare un piano

あんしん 安心《心の平安,平穏》tranquillità[女], serenità[女];《確信,確かさ》sicurezza[女] ◇安心する tranquilliẓẓarsi (su *ql.co.*), calmarsi, rassicurarsi (su *ql.co.*), rasserenarsi, sentirsi al sicuro ◇安心させる tranquilliẓẓare [calmare] *qlcu.*, rassicurare *qlcu.* (su *ql.co.*) ◇安心して senza preoccupazioni, tranquillamente ¶安心している essere tranquill*o* [seren*o*] / essere sicur*o* di *ql.co.* ¶安心できる人 persona di cui ci si può fidare ¶ほっと安心する rilassarsi /《状態》sentirsi sollevat*o* ¶これで安心だ. Ora mi sento tranquillo. ¶もう熱が下がったので安心だ. La febbre è scesa, non c'è più da preoccuparsi. ¶元気でおりますのでどうぞご安心ください. Io sto bene, non stia in pensiero. ¶子供が大学を出たのでひと安心だ. Mio figlio ha finito l'università; questo è già un sollievo. ¶彼は安心した様子で帰っていった. Se ne andò con aria rassicurata [serena].
✤**安心感** senso[男] di sicurezza ¶安心感を抱く sentirsi sicur*o*

あんず 杏・杏子《実》albicocca[女];《木》albicocco[男][複 -chi]

あんずる 案ずる ⇒案じる ¶案ずるより産むが易(やす)し.《諺》"Il diavolo non è così brutto come lo si dipinge."

あんせい 安静 riposo[男], quiete[女] ¶安静にしている stare a riposo ¶絶対安静が必要だ. Ha biṣogno di assoluto riposo.
✤**安静療法** cura[女] attraverso il riposo assoluto

あんぜん 安全 sicurezza[女] ◇安全な sicuro, senza pericolo, certo ¶生命財産の安全を図る provvedere alla sicurezza della vita e della proprietà ¶安全な場所に逃げよう. Scappiamo in un posto sicuro! ¶鉄筋だから地震には安全だ. Essendo in cemento armato「resiste ai terremoti [è antisiṣmico].
✤**安全運転** guida[女] prudente
安全かみそり rasoio[男][複 -i] di sicurezza
安全管理 sicurezza[女] industriale; controllo[男] di sicurezza
安全器〘電〙interruttore[男] di sicurezza a scatto automatico
安全基準 norme[女][複] di sicurezza
安全性 ¶食品の安全性が問われる. Ci si interroga sulla sicurezza degli alimenti.
安全装置 dispoṣitivo[男] di sicurezza, salvavita[男][無変](►商標)
安全第一《掲示》"Prudenza innanzitutto"

安全地帯 《道路の》zona⨍ di sicurezza, isola⨍ spartitraffico [無変]

安全灯 lampada⨍ di sicurezza

安全ピン spillo⨔ di sicurezza, spillo⨔ [spilla⨍] da balia

安全ベルト 《自動車や飛行機の》cintura⨍ di sicurezza

安全弁 (1)《機》valvola⨍ di sicurezza (►比喩的にも用いられる) (2)《危険を防止するもの》sfogo⨔ [-ghi]

安全保障 ¶集団安全保障 sicurezza collettiva

安全保障理事会 《国連の》Consiglio⨔ di Sicurezza

あんぜん 暗然 ¶暗然として con dolore ¶事故の知らせを聞いて暗然とした. Saputo dell'incidente sono rimasto molto addolorato [prostrato].

あんそく 安息 riposo⨔
❖**安息香**《化》benzoino⨔
安息香酸《化》acido⨔ benzoico
安息日 il giorno di riposo; 《キリスト教で日曜日》domenica⨍;《ユダヤ教で土曜日》Sabbha⨔, sabato⨔

アンソロジー〔英 anthology〕antologia⨍ [複 -gie]

あんだ 安打《スポ》battuta⨍ valida

アンダーウエア〔英 underwear〕biancheria⨍ intima

アンダーシャツ〔英 undershirt〕camiciola⨍, maglia⨍

アンダーライン〔英 underline〕sottolineatura⨍ ¶重要な語句に赤でアンダーラインを引く sottolineare in rosso le parole e le frasi importanti

あんたい 安泰《平和》pace⨍;《秩序》ordine⨔;《安全》sicurezza⨍, bene⨔;《繁栄》benessere⨔ ¶社会の安泰 pace [tranquillità] pubblica / ordine sociale ¶彼の地位は当分安泰だろう. Il suo posto sarà al sicuro per un bel po'.

あんたん 暗澹 ◇暗澹たる tetro, lugubre, malinconico [⨔複 -ci];《はっきりしない》fosco⨔ [複 -schi] ¶暗澹たる思いで con animo tetro

アンダンテ〔伊〕《音》andante⨔

あんち 安置 ◇安置する《置く》collocare ql.co.;《死体を》deporre ql.co. ¶仏像を安置する collocare una statua di Budda sull'altare

アンチック →アンティーク

アンチテーゼ〔独 Antithese〕《哲》antitesi⨍ [無変] ¶アンチテーゼを出す avanzare una tesi contraria

アンチモン〔独 Antimon〕《化》antimonio⨔;《元素記号》Sb

あんちゅうもさく 暗中模索 brancolamento⨔ ¶暗中模索する brancolare [av] nel buio, andare a tentoni ¶研究はまだ暗中模索の段階だ. Le ricerche sono ancora in alto mare.

あんちょく 安直 ◇安直な《金のかからない》poco costoso, accessibile, modesto, economico [⨔複 -ci];《簡単な》semplice, facile;《気軽な》leggero ¶安直な楽しみ divertimenti accessibile

あんちょこ《自習書》bignami⨔ [無変], bignamino⨔;《古典の》traduttore⨔;《稀》bigino⨔

アンチョビー〔英 anchovy〕《魚・料》《カタクチイワシ》acciuga⨍
❖**アンチョビーソース** acciugata⨍

あんてい 安定 stabilità⨍, stabilizzazione⨍;《不変》costanza⨍;《バランス》equilibrio⨔ [-i] ◇安定する bilanciarsi ◇安定させる stabilizzare, equilibrare ◇安定した stabilizzato, stabile ¶物価の安定 stabilità [stabilizzazione] dei prezzi ¶安定を失う《体の》perdere l'equilibrio ¶生活の安定を得る trovare un mezzo sicuro di sostentamento ¶人心を安定させる tranquillizzare gli animi del popolo ¶為替レートが安定している. Il cambio è stabile.
❖**安定化** stabilizzazione⨍
安定感 ¶彼の態度には安定感がある. Il suo comportamento ci dà un senso di sicurezza.
安定器《電》resistore⨔ autoregolatore
安定恐慌《経》crisi⨍ [無変] di stabilizzazione
安定経済 economia⨍ solida
安定剤《電》stabilizzatore⨔ ¶精神安定剤《薬》tranquillante⨔
安定成長《経》sviluppo costante
安定多数 maggioranza⨍ qualificata
安定通貨《経》moneta⨍ stabile [solida]

アンティーク〔英 antique〕oggetti⨔ [複] antichi, oggetti⨔ [複] d'antiquariato

アンテナ〔英 antenna〕**1**《電》antenna⨍ ¶アンテナを張る[立てる] tendere [installare] un'antenna **2**《情報源》¶アンテナを張りめぐらす stendere una rete di informatori

あんてん 暗転《劇》cambiamento⨔ (di scena) al buio ¶舞台が暗転した. Il palcoscenico si è oscurato per il cambio di [della] scena.

あんど 安堵 ◇安堵する rassicurarsi; tranquillizzarsi ¶ほっと安堵の胸をなで下ろす tirare un profondo sospiro di sollievo / sentirsi il cuore sollevato da un peso

アンドゥ〔英 undo〕《コンピュータ》◇アンドゥする annullare

あんどん 行灯 lampada⨍ [lanterna⨍] con armatura lignea quadrangolare e paralume di carta

あんな di quel tipo, simile, come quello, tale ¶あんなに a tal punto, così ¶あんな絵は嫌いだ. Detesto quadri simili. ¶あんないい芝居は二度と見られない. Uno spettacolo bello come quello non si vedrà mai più. ¶彼はいつもあんなふうに強引なのか. È sempre così autoritario? ¶あんなことを言っても彼にはできっこないさ. Nonostante parli tanto non è capace di farlo. ¶彼はあんなことになって, 気の毒だ. Mi spiace per quello che gli è successo.

あんない 案内 **1**《導き》guida⨍ ◇案内する guidare《condurre / accompagnare》ql.cu.;《示す》mostrare ql.co. a ql.cu. ¶お客を部屋に案内する accompagnare l'ospite nella propria stanza ¶私が京都を案内しましょうか. Vuole che l'accompagni in giro per Kyoto?
2《取り次ぎ》¶案内を乞う farsi annunciare a ql.cu. [ql.co.] / chiedere (a ql.cu.) il permesso di 「entrare [essere ricevuto]
3《招待》invito⨔;《通知》avviso⨔ ¶出荷案内 avviso di spedizione ¶展覧会の案内を出す man-

dare gli inviti per la mostra
❖案内係 addetto⊛[⊛ -a] alle informazioni; 《劇場の》maschera⊛
案内書 opuscolo⊛ ¶旅行案内書 guida turistica
案内所 (ufficio⊛[複 -ci]) informazioni⊛[複]
案内状 biglietto⊛ d'invito
案内図 《地図》mappa⊛, cartina⊛
案内人 guida⊛
あんに 暗に 《間接的に》indirettamente, in modo indiretto [involuto]; 《無言のうちに》tacitamente; 《ひそかに》in segreto ¶暗にほのめかす lasciar intendere *ql.co.*
アンニュイ 〔仏 ennui〕《倦怠》noia⊛ ¶アンニュイなまなざし sguardo annoiato [languido]
あんのじょう 案の定 come volevasi dimostrare ¶案の定彼が犯人だった. Come avevo sospettato, il colpevole era lui. ¶彼は案の定失敗した. Ha fallito come prevedeva.
あんのん 安穏 ¶安穏な暮らし vita tranquilla [pacifica]
あんば 鞍馬 《スポ》cavallo⊛ con maniglie
あんばい 案配・塩梅 **1** ◇案配する《加減・調整する》regolare [aggiustare / adattare] *ql.co.*; controllare *ql.co.*; 《処理する》sistemare *ql.co.* ◇案配よく《適切に》bene, giustamente, adeguatamente; 《巧みに》abilmente ¶旅行の件は案配しておいてくれ. Sistemi tutto quello che riguarda il nostro viaggio.
2《味加減》condimento⊛ ¶あんばいを見る assaggiare *ql.co.* / provare il sapore [gusto] di *ql.co.*
3《状況, 調子, 具合》condizione⊛, stato⊛; 《方法》modo⊛, maniera⊛ ¶こんなあんばいでは先が思いやられる. Se continua così, non promette niente di buono. ¶いいあんばいに天気になった. Fortunatamente [Per fortuna] il tempo si è aggiustato. ¶(体の)あんばいはどうですか. Come sta? / Come sono le sue condizioni fisiche?
アンパイア 〔英 umpire〕《スポ》《野球などの》arbitro⊛ ¶野球のアンパイアを務める arbitrare una partita di baseball
アンバランス 〔英 unbalance〕squilibrio⊛[複 -i], sbilancio⊛[複 -ci] ¶国際収支のアンバランス squilibrio della bilancia dei pagamenti con l'estero
あんぴ 安否 ¶安否を知らせる《自分の安否を》dare *proprie* notizie a *qlcu.* / 《人の安否を》dare notizie di *qlcu.* a *qlcu.* ¶安否を確かめる accertarsi delle condizioni di *qlcu.* ¶人質の安否を気遣う preoccuparsi della sicurezza [salvezza] degli ostaggi
あんぶ 鞍部 《山の尾根のくぼんだ所》passo⊛, valico⊛[複 -chi], sella⊛
あんぷ 暗譜 ◇暗譜する imparare un brano [un pezzo] di musica a memoria ¶暗譜でピアノを弾く suonare il pianoforte "a memoria [senza spartito]
アンプ 〔電〕amplificatore⊛
アンフェア 〔英 unfair〕◇アンフェアな sleale
アンプル 〔仏 ampoule〕fiala⊛, fialetta⊛
アンペア 〔英 ampere〕《電》《仏》ampere⊛[無変]; 《記号》A ¶アンペアの法則 legge [relazione] di Ampere
❖アンペア回数 amperspira⊛
アンペア計 amperometro⊛
アンペア時 amperora⊛; 《記号》A·h
あんぽ 安保 **1** 《安全保障条約》trattato⊛ di sicurezza **2** 《日米安全保障条約》Trattato⊛ di sicurezza Nippo-Americano
あんま 按摩 《行為》massaggio⊛[複 -gi]; 《人》massaggiatore⊛[⊛ -trice] ◇按摩(を)する massaggiare *ql.co.*
あんまく 暗幕 tendina⊛ per oscuramento
あんまり ¶そりゃあんまりだ. Questo è troppo. /《相手に抗議して》Adesso esageri!
あんみつ 餡蜜 *mitsumame*⊛[無変] con *an* [con il pesto di *azuki*]
あんみん 安眠 sonno⊛ tranquillo ◇安眠する dormire⊜[*av*], riposare⊜[*av*] bene, fare un buon sonno ¶〈人〉に安眠を妨げられる essere disturbato nel sonno da *qlcu.*
❖安眠妨害 disturbo⊛ della quiete notturna; 《法》schiamazzi⊛[複] notturni
あんもく 暗黙 ◇暗黙の tacito ¶暗黙のうちに tacitamente / implicitamente ¶暗黙の了解 tacito [implicito] consenso
アンモナイト 〔英 ammonite〕《古生》ammonite⊛
アンモニア 〔英 ammonia〕ammoniaca⊛
❖アンモニア化 ammoniaco⊛[⊛ -ci]
❖アンモニア水 soluzione⊛ di ammoniaca
アンモニウム 〔英 ammonium〕《化》ammonio⊛[複 -ii,-i] ¶塩化[炭酸 / 硫酸]アンモニウム cloruro [carbonato / solfuro] di ammonio
あんや 暗夜 notte⊛ buia
《慣用》暗夜に灯火(ともしび) una luce⊛ di speranza nella disperazione
あんやく 暗躍 intrigo⊛[複 -ghi], manovre⊛[複] mosse⊛[複] sotterranee ◇暗躍する intrigare⊜[*av*], complottare⊜[*av*] nell'ombra ¶黒幕が政界の裏面で暗躍している. Qualcuno manovra la politica dietro le quinte.
あんゆ 暗喩 metafora⊛
あんよ 《足》piedino⊛; 《脚》gambetta⊛ ¶まあ, あんよがおじょうず. Ma che bravo, come cammina bene!
あんらく 安楽 comodità⊛, agio⊛[複 *agi*], benessere⊛[無変] ◇安楽な agiato, confortevole, comodo ¶安楽な生活 vita agiata
❖安楽椅子 poltrona⊛, divano⊛
安楽死 eutanasia⊛
アンラッキー 〔英 unlucky〕sfortuna⊛ ◇アンラッキーな sfortunato

い

い 井 《井戸》pozzo男 ¶井の中の蛙(かわず)大海を知らず. 《諺》La rana nel pozzo non conosce l'immensità del mare.

い 亥 《十二支の》il Cinghiale →干支(えと)
✣**亥年** l'anno男 del Cinghiale

い 医 medicina女 ¶医は仁術なり. La professione del medico deve essere ispirata alla carità.

い 威 《威厳》dignità女; 《気品, 壮厳さ》nobiltà女; 《威光, 威勢》autorità女, potere男; 《影響力》influenza女 ¶威を振るう esercitare la *propria* autorità (*nei confronti di su*) ¶親の威をかさにきている. Si rifugia sotto l'influenza [il prestigio] dei genitori.

い 胃 stomaco男 [複 -ci, -chi] ◇胃の gastrico [男複 -ci] ¶胃が痛い [重い] avere mal [pesantezza] di stomaco ¶胃が丈夫だ [弱い] avere uno stomaco forte [delicato] ¶胃がむかつく avere nausea ¶胃が悪い avere disturbi gastrici [di stomaco] ¶胃にもたれる pesare [rimanere] sullo stomaco ¶胃をこわす rovinarsi lo stomaco ¶胃の検査をした. Ho fatto un esame allo stomaco.
✣**胃液** succo男 [複 -chi] gastrico
胃炎 gastrite女, infiammazione女 della mucosa gastrica
胃潰瘍 ulcera女 gastrica
胃拡張 dilatazione女 dello stomaco, gastrectasia女
胃下垂 gastroptosi女 [無変], abbassamento男 dello stomaco
胃カタル catarro男 gastrico
胃カメラ gastroscopio男 [複 -i]
胃カメラ検査法 gastroscopia女
胃癌 cancro男 allo stomaco
胃痙攣 spasmo男 gastrico, spasmo男 dello stomaco, crampi男 [複] epigastrici
胃酸 →見出し語参照
胃散 polvere女 medicinale per lo stomaco
胃切開 gastrotomia女
胃切除 gastrectomia女
胃穿孔(せんこう) perforazione女 dello stomaco
胃洗浄 lavanda女 gastrica
胃痛 →見出し語参照
胃粘膜 mucosa女 gastrica
胃壁 pareti女 [複] dello stomaco

い 異 1 《異議》¶異を唱える obiettare / fare obiezione / contraddire
2 《怪しいこと, 不思議なこと》◇異な strano, insolito; singolare, particolare ¶異とするに足りない. Non c'è da meravigliarsi (di *ql.co.*).

い 《気持ち》¶感謝の意を表する esprimere la *propria* gratitudine [riconoscenza] per *ql.co.* a *qlcu.* / presentare i *propri* ringraziamenti a *qlcu.*
2 《意志, 意向》intenzione女, idea女; 《願望》desiderio男 [複 -i], voglia女 ¶〈人〉の意に従う rispettare la volontà di *qlcu.* / fare il volere [esaudire i desideri] di *qlcu.* / fare come dice *qlcu.* ¶〈人〉の意に逆らう agire contro le disposizioni di *qlcu.* / non ubbidire [non attenersi] agli ordini di *qlcu.* ¶意に反した結果になった. Ho ottenuto [conseguito] il risultato opposto ai miei desideri. / 《逆効果になった》È stato controproducente.
3 《意味》significato男, senso男 ¶読書百遍意おのずから通ず. Se lo leggi e rileggi più volte, ne comprenderai il significato [il senso].
[慣用] **意に介する** ¶人が何と言おうと意に介しない. Non m'importa di quello che gli altri possano dire.
意に適(かな)う ¶君の考えはわが意に適う. Le tue opinioni concordano [collimano] con le mie. ¶彼自身の意に適った作品はほとんどなかった. Quasi nessuna delle sue opere lo soddisfaceva.
意に染まぬ ¶この結婚は意に染まぬ結婚だった. Lei ha dovuto sposarsi contro la sua volontà.
意に満たない ¶この作品は意に満たない. 《満足しない》Questo lavoro non mi soddisfa. / 《気に入らない》Questo lavoro non è di mio gusto.
意のまま ¶意のままに振る舞う fare「il *proprio* comodo [a modo *proprio*] / agire di testa *propria* ¶富も名声も君の意のままになるだろう. Potrai avere tutta la fama e la ricchezza che vuoi.
意を汲む ¶彼女の意を汲んで細かなことは尋ねなかった. Non le ho chiesto alcun dettaglio per rispetto ai suoi sentimenti.
意を決する ¶彼はまだ意を決しかねている. È ancora indeciso.
意を尽くす ¶彼の手紙は短いが意を尽くしている. La sua lettera è breve ma esprime perfettamente i suoi sentimenti.
意を強くする ¶その言葉を聞いて私は意を強くした. Udendo quelle parole ho trovato la determinazione.
意を用いる ¶彼女は学生たちの健康に大いに意を用いている. È molto attenta allo stato di salute degli studenti.

イ 《音》la男 [無変] ¶イ長 [短] 調 la maggiore [minore] ¶イ長 [短] 調の in la maggiore [minore]

-い -位 1 《順位》posto男 ¶1 位 il primo posto ¶2 位に上る [落ちる] salire [scendere] al secondo posto ¶マラソンで3位になった. Sono arrivato terzo nella maratona. ¶去年の欧州選手権でイタリアは4位だった. L'anno scorso la squadra italiana è arrivata al quarto posto nei Campioni Europei. ¶決勝で6位に終わった. Nelle finali sono arrivato al sesto posto.
2 《位取り》¶小数点以下3位まで計算する conta-

re fino alla terza cifra decimale

いあつ 威圧 《強要》 coercizione㊛; 《脅し》 minaccia㊛ [複 -ce]; 《心理的》 pressione㊛ psicologica ◇威圧する intimidire, eṣercitare [fare] pressione 《を su》 ◇威圧的な opprimente; minaccioso; 《権威で》 autoritar*io* [㊚複 -*i*] ¶威圧される essere in soggezione / essere soggiogat*o* [sottomess*o* / oppress*o*] 《に da》 ¶威圧的な態度 atteggiamento arrogante [prepotente]

いあわせる 居合わせる trovarsi [essere preṣent*e*] per caṣo ¶居合わせた人たち i preṣenti ¶私はたまたま事故現場に居合わせた. Mi è capitato di trovarmi sul luogo dell'incidente.

いあん 慰安 distrazione㊛, ricreazione㊛, ṣvag*o*㊚ [複 -*ghi*] ◇慰安する ristorare, rinvigorire

✤**慰安会** riunione㊛ ricreativa

慰安旅行 viagg*io*㊚ [複 -*gi*] di piacere

いい 良い・善い ⇒よい **1**【上等な, 質の高い】 raffinato, elegante, di qualità, buono, bello ¶いい着物 un *kimono* raffinato ¶いい物件 una bella casa (in vendita [《賃貸の》 in affitto]) ¶彼は趣味がいい. Ha ottimi gusti.

2【優れた】 ottimo, superiore, eccellente, mirabile, bravo ¶いい医者 buon medico ¶いい本 《内容が》 buon libro / 《装丁も内容も》 bel libro ¶成績がいい avere dei bei [buoni] voti ¶彼は頭がいい. È intelligente. ¶聞き分けのいい子だ. È un bambino che capisce le cose.

3【身分・家柄が高い】 elevato, alto, buono ¶いい身分 status elevato ¶彼女は育ちがいい. È cresciuta in un'ottima famiglia.

4【好ましい】 《善良な, 温和な》 buono, bravo; 《美しい》 bello, attraente; 《すばらしい》 stupendo, meraviglioso, splendido ¶いいレストラン《味やサービスが》 buon ristorante / 《内装や雰囲気が》 bel ristorante ¶彼はいい人だ. È una persona buona. / È una brava persona. ¶日ごろの行いがいい. Si comporta sempre bene. ¶あの娘は気立てがいい. Quella ragazza ha un buon carattere. / Quella ragazza è di carattere docile [mite]. ¶なんて感じのいい人だろう. Che persona simpatica! ¶今日は天気がいい. Oggi il tempo è bello. ¶景色のいい所 luogo dal bel panorama

5【ふさわしい, 適切な, ぴったりの】 adatto, idoneo, appropriato; giusto ¶いいマンション[資料]を見つけた. Ho trovato 「un buon appartamento [del materiale valido]. ¶私にいい考えがある. Mi è venuta un'idea eccellente. ¶どうすればいいんだ. Come devo fare? / Come facciamo? ¶この服は私にちょうどいい. Questo vestito mi sta a pennello.

6【有効な】 efficace a *ql.co.*, utile per *ql.co.*, benefic*o* [㊚複 -*ci*] a *ql.co.*; 《有利な》 vantaggioso per *ql.co.*, proficuo a *ql.co.* ¶この薬は歯痛にいい. Questa medicina fa bene per il mal di denti. ¶スポーツは体にいい. Lo sport fa bene alla salute. ¶田中さんに会うといいでしょう. Sarà bene che tu incontri Tanaka. ¶本当のことを言ったほうがいい. È meglio dire la verità.

7【正当な, 適当な】 giusto, eṣatto, corretto ¶いいと思うだけ払ってください. Paghi pure la cifra che ritiene opportuna [appropriata]. ¶それでいいと思うのか. Secondo me, ṣbagli. ¶ちょうどいいところへ来た. Sei venuto (proprio) al momento giusto!

8【幸運な】 fortunato, felice; 《好都合な》 favorevole; 《うらやましい》 invidiabile ¶いいあんばいに雨が上がった. Fortunatamente ha ṣmesso di piovere. ¶いいお湿りですね. Ci voleva un po' di pioggerellina, dopo tanto tempo. / È una pioggia ristoratrice [benefica]! ¶人生はいい時ばかりじゃない. La vita non è tutta roṣe e fiori. ¶またいい時もくるさ. Vedrai che arriveranno tempi migliori. ¶君はいいなあ. Beato te! / Fortunato te! (►beatoと fortunatoは相手の性に合わせて語尾変化する) ¶いいご身分だね. La tua poṣizione è veramente invidiabile! / Ti invidio!

9【めでたい】 propiz*io* [㊚複 -*i*], fausto ¶2人はいい日を選んで式を挙げた. I due hanno scelto un giorno propizio [fausto] per celebrare il loro matrimonio.

10【うれしい, 望ましい】 ¶明日天気だといいんだが. Sarebbe bello se domani facesse bel tempo. / Mi auguro che domani faccia [sia] bel tempo. ¶病気が早く治るといいのだが. 《自分の病気が》 Spero di guarire presto. / 《相手の病気が》 Spero che tu guarisca presto. ¶ここに彼もいればいいのに. Magari [Se] fosse qui anche lui! ¶あの健康状態では今回の旅行はよしたほうがいい. Nelle sue condizioni di salute è preferibile rinunciare a questo viaggio. ¶無いよりはいい. È meglio di niente.

11【十分だ】 bastare[自] [*es*], essere sufficient*e* ¶もういい, 泣くな. Ora basta, non piangere più! ¶3万円でいいのかい. Bastano [Sono sufficienti] trentamila yen? ¶もう支度はいいのかい. Sei pronto? / Hai fatto? ¶これでいいんですか. Basta così? / Va bene così? ¶これでいいです. Così va bene.

12【かまわない, さしつかえない】 ¶窓を開けてもいいですか. Posso aprire la finestra? ¶君は来なくてもいい. Non è necessario che tu venga. / Puoi fare a meno di venire. ¶もうどうなってもいいんだ. Ormai, vada come vada, non me ne importa più nulla. ¶そんなことはどうだっていいじゃないか. Che ti importa di una cosa simile! ¶私はこの席でいい. A me questo posto sta bene. ¶好きにしてもいいよ. Sei libero di fare come vuoi. ¶それで本当にいいんだね. Allora, ti va veramente bene così? ¶彼はいいと言ったよ. Lui ha detto che andava bene. / Lui ha detto di sì. ¶コーヒーでも紅茶でもどちらでもいい. Caffè o tè, per me è uguale.

13【好きな】 ¶どれでもいいのを選んでください. Scelga quello che vuole [preferisce]. ¶あなたのいいようになさってください. Faccia pure come meglio crede [come le aggrada]. ¶いいようにしろ. Fa' come ti pare!

14【親密である】 andare d'accordo ¶仲のいい夫婦 una coppia che va d'accordo / coniugi affiatati ¶あの兄弟は仲がいい. Quei fratelli vanno d'accordo.

15【快適・快調な】 bene; sano; piacevole, gradevole; 《経済的に》 agiato ¶もうすっかりいいの.

Ti sei ristabilito completamente? / Sei guarito del tutto? ¶このごろは体の調子がいい. Attualmente「godo di buona salute [sono in ottima forma]. ¶いい湯だ. Che piacevole bagno caldo! ¶彼は近ごろ景気[羽振り]がいい. In questi ultimi tempi「gli affari gli vanno bene [dispone di molti mezzi finanziari].

16【…しやすい】 facile; gradevole, piacevole ¶書きいいペン penna che scrive bene ¶読みいい本 libro facile da leggere ¶この薬は飲みいい. Questa medicina non ha un cattivo sapore.

17【念を押して】¶いいかい, … Stammi a sentire, ... / Ascoltami bene, ...

18【強調して】¶恥さらしもいいところだった. Che figuraccia ho dovuto fare! ¶ぼんくらもいいところだ. Dire che è tonto non basta.

[語形] **buono** と **bello**

名詞の前に置かれることが多く, 後続する名詞の始めの音によって語形が変化する.

buono

s＋子音, z, x, gn, ps, pn, yあるいは半母音(uomoの“u”など)で始まる男性名詞単数形の前ではbuonoを使うのが原則であるが, pnで始まる語の前では buonとなることが多い. それ以外の子音あるいは母音で始まるときは buonとなる.

¶buono stipendio いい給料

¶buon pneumatico いいタイヤ

母音で始まる女性名詞単数形の前では buon'となることがある.

¶buona amica / buon'amica いい友人

bello

s＋子音, z, x, gn, ps, pn, yあるいは半母音で始まる男性名詞単数形の前では belloを使うのが原則であるが, pnで始まる語の前では belが使われることが多い. その他の子音で始まる語の前では belに, 母音で始まる語の前では bell'となる.

母音, s＋子音, z, x, gn, ps, pnで始まる男性名詞複数形の前では begliとなるが, pnで始まる語の前では beiを使う傾向がある. その他の子音で始まる男性名詞複数形の前では beiとなる.

母音で始まる女性名詞単数形の前では bell'となることがある.

いいあう 言い合う **1**《互いに言う》 ¶互いにお世辞を言い合っている. Si fanno dei complimenti a vicenda. ¶お互いの演奏について感想を言い合った. Ci siamo scambiati i pareri sulle nostre esecuzioni musicali.

2《言い争う》 litigare[自][av] con *qlcu.*, bisticciare[自][av] con *qlcu.* ◇言い合い litigio[男][複 -gi], lite[女], alterco[男][複 -chi], bisticcio[男][複 -ci], disputa[女] ¶彼と言い合いをした. Ho bisticciato [Ho avuto una lite / Ho litigato] con lui.

いいあてる 言い当てる indovinare *ql.co.*, azzeccare *ql.co.*

いいあらそう 言い争う litigare[自][av] con *qlcu.*

いいあらわす 言い表す esprimere, dire, descrivere, formulare ¶自分の考えを言い表す esprimersi / esprimere [manifestare] il *proprio* pensiero ¶この喜びはとても言葉では言い表せない. Non ho parole per esprimere la mia gioia.

いいえ 《肯定文の質問に》 no; 《否定疑問に》 sì ¶「あなたは中国人ですか」「いいえ, 違います」“Lei è cinese?” “No.” ¶「昨日海へ行かなかったのですか」「いいえ, 行きましたよ」“Non sei andato al mare ieri?” “Sì che ci sono andato.” ¶「昨日はありがとうございました」「いいえ, どういたしまして」“La ringrazio della cortesia di ieri.” “Di niente, si figuri!”

いいえてみょう 言い得て妙 ¶あいつがハムレットとは言い得て妙だ. Il nomignolo di “Amleto” gli calza a pennello.

いいおく 言い置く lasciare un messaggio

いいおくる 言い送る 《伝言する》 mandare un messaggio a *qlcu.*, mandare a dire *ql.co.* a *qlcu.*; 《書面で》 scrivere (una lettera) a *qlcu.* ¶来週伺うと彼に言い送った. Gli ho mandato a dire [Gli ho fatto sapere] che andrò a trovarlo la settimana prossima.

いいおとす 言い落とす trascurare [dimenticare / omettere] di dire ¶最も重要なことを私は言い落としてしまった. Ho dimenticato di dire la cosa più importante.

いいおよぶ 言い及ぶ riferirsi [alludere[自][av]]《に a》, menzionare

いいかえす 言い返す 《答える》 rispondere[自][av]《に a》; 《口答えする》 ribattere[自][av], [他](►単独でも可) ¶何か言い返してやりなさいよ. Rispondigli anche tu per le rime!

いいかえる 言い換える dire [esprimersi] in altre parole, cambiare [modificare] le parole ◇言い換え un altro modo[男] di dire, formulazione[女] [enunciazione[女]] diversa ¶言い換えれば in altre parole / per meglio dire / 《つまり》 vale a dire / cioè

いいかお いい顔 《機嫌のいい顔》 aria[女] soddisfatta ¶金を借りに行ったら彼はいい顔をしなかった. Quando sono andato a chiedergli i soldi in prestito, era piuttosto restio [non ha fatto una bella faccia].

いいがかり 言い掛かり ¶言いがかりを付ける accusare ingiustamente *qlcu.* / montare un'accusa contro *qlcu.* / 《けんかを売る》 attaccare lite [briga] con *qlcu.*

いいかける 言い掛ける tentare di parlare ¶彼は何か言いかけて口をつぐんでしまった. Stava per dire qualcosa ma poi (si) è ammutolito.

いいかげん いい加減 **1**《適度》 ◇いいかげんの appropriato, al punto giusto ¶いいかげんに煮たあと quando è cotto al punto giusto [a puntino]

2《おざなり》 poco serio [[男]複 -i] ◇いいかげんな《無責任な》 irresponsabile; 《おおざっぱな》 grossolano, approssimativo; 《あてずっぽうな》 a caso, a casaccio; 《根拠のない》 infondato ¶いいかげんに勉強する studiare superficialmente ¶いいかげんな返事をする dare risposte non ponderate ¶彼のイタリア語はいいかげんなものだ. Conosce l'italiano in maniera approssimativa. ¶いいかげんなことを言うな. Non parlare a vanvera.

3《かなり》 abbastanza ¶その映画にはいいかげんうんざりした. Mi sono proprio stufato di quel film.

4《ほどほど》 ¶いいかげんにしなさい. Finiscila!

¶おい、いいかげんにしろ。 Ehi, non esagerare! / Adesso basta!

いいかた 言い方 modo㊚ di dire, modo [maniera㊛] di parlare [di esprimersi / di descrivere]; 《表現》espressione㊛, enunciazione㊛ ¶彼はものの言い方も知らない。 Non sa nemmeno parlare nel modo dovuto. / Non sa neanche come esprimersi. ¶そんな言い方ってあるかね。 Che maniera di parlare è questa! ¶私の言い方が悪かったので、誤解が生じた。 Non mi sono espresso bene e ne è nato un malinteso [e così sono stato frainteso].

いいがたい 言い難い ¶言い難い悲しみ dolore㊚ [pena㊛] indescrivibile ¶私があなたがたの申し出を断ったのには言い難い事情があったのです。 Ho rifiutato la vostra offerta a causa di alcune circostanze che è meglio tacere. ¶彼は口(く)ち)く言い難い表情をした。 Il suo volto aveva un'espressione indefinibile.

いいかねる 言い兼ねる non poter (osare) dire;《言いにくい》esitare㊀[av] a dire ¶何とも言いかねるね。 Non so proprio cosa dire. / Non riesco a trovare le parole per rispondere. ¶彼が正直だとは言いかねるのだが。 Esiterei a definirlo onesto.

いいかわす 言い交わす 《約束する》impegnarsi, dare la *propria* parola;《結婚の約束をする》fidanzarsi ¶ほかに言い交わした女がいます。 Sono fidanzato con un'altra.

いいき 好い気 ◇いい気な《得意・高慢な》vanitoso, vanaglorioso, presuntuoso, superbo;《のん気な》ottimista㊂㊛[複 -i];indolente, spensierato ¶先生にほめられていい気になる inorgoglirsi [dare delle arie / vantarsi] per gli elogi del maestro ¶いい気なやつだなよ。 Non montarti la testa! ¶いい気なやつ《のん気》facilone㊚[-a] ¶あの会社に入ったからっていい気になっている。 Si gloria di essere stato assunto da quella ditta.

いいきみ 好い気味 ¶あんなやつは警察に捕まっていい気味だ。 È stato arrestato dalla polizia 「e gli sta bene [e ben gli sta / e se il meritato].

いいきる 言い切る 《断言する》dire [dichiarare / affermare] con certezza;《言い終わる》finire di dire [parlare] ¶あなたが彼一人の過失とも言い切れない。 Non posso affermare [asserire] che sia tutta colpa sua.

いいぐさ 言い種 **1**《物の言い方》modo㊚ di dire, maniera㊛ di parlare ¶何という言いぐさだ。 Che maniera di parlare è questa?! **2**《言い分、言い訳》pretesto㊚, scusa㊛, scappatoia㊛

いいくるめる 言い包める cavillare㊀[av][sofisticare㊀[av]] e convincere qlcu. di ql.co. [a+不定詞] ¶黒を白と言いくるめる far passare il nero per bianco ¶子供たちをうまく言いくるめて庭の掃除をやらせた。 Sono riuscita con pazienza a convincere i ragazzi a pulire il giardino.

いいこ いい子 buon bambino㊚[㊛ *buona bambina*] ¶いい子にしていなさい。 Cerca di fare il bravo [《女の子に》la brava].

いいこめる 言い込める far tacere qlcu., ridurre al silenzio qlcu., chiudere la bocca a qlcu. ¶私は妻にすっかり言いこめられてしまった。 Sono stato ridotto al silenzio da mia moglie.

イージー 〔英 easy〕《安易な》indolente, spensierato ¶イージーな考え方 modo di pensare avventato [ottimista]
✤イージーオーダー ¶イージーオーダーの服 abito semiconfezionato
イージーリスニング 〔英 easy listening㊚[無変]

イージスかん イージス艦 cacciatorpediniere㊚[無変] di tipo Aegis

いいしぶる 言い渋る esitare㊀[av][essere riluttante / essere restio㊛] a dire ¶少年は欠席の理由を言い渋った。 Il ragazzo era riluttante a dire la ragione della sua assenza.

いいしれぬ 言い知れぬ indicibile, inesprimibile, indescrivibile, inenarrabile;《良いことに》ineffabile ¶少女は親を亡くしていい知れぬ悲しみと不安にさいなまれていた。 La ragazza, rimasta orfana, era afflitta da una tristezza indescrivibile.

いいすぎる 言い過ぎる dire [parlare㊀[av]] troppo, parlare eccessivamente, andare troppo oltre nel parlare ¶言い過ぎ《言い過ぎた言葉》, affermazione㊛ esagerata ¶…と言っても言い過ぎではない。 Non è un'esagerazione affermare [dire] che ¶それは言い過ぎだよ。 Questo è troppo! / Ora passi [oltrepassi] il segno [i limiti].

イースター 〔英 Easter〕Pasqua㊛ →復活祭
✤イースター島 Isola㊛ di Pasqua

いいすてる 言い捨てる ¶そう言い捨てて彼は家を出た。 Detto ciò, è uscito di casa (senza aspettare risposta).

イースト 〔英 yeast〕fermento㊚, lievito㊚

イーゼル 〔英 easel〕《美》cavalletto㊚ (da pittore)

いいそびれる 言いそびれる perdere l'occasione di dire;《言う勇気がない》non avere il coraggio di dire ¶その旅行の本当の目的を父にはい言いそびれてしまった。 Ho perso l'occasione di dire a mio padre il vero motivo del mio viaggio.

いいだくだく 唯唯諾諾 ◇唯々諾々として remissivamente, in modo sottomesso, ubbidientemente

いいだこ 飯蛸 《動》moscardino㊚

いいだしっぺ 言い出しっ屁 ¶言い出しっぺの君から始めなさい。 Sei stato tu a lanciare l'idea, perciò fallo prima tu!

いいたす 言い足す soggiungere, aggiungere

いいだす 言い出す **1**《言い始める》cominciare a parlare [dire];《沈黙を破る》rompere il ghiaccio ¶言い出した以上あとには引けない。 Una volta detto ciò non posso ritirarmi. ¶イタリアに留学したいと娘が言い出した。 Mia figlia ha annunciato che vuole andare a studiare in Italia. **2**《提案》proporre ¶言い出したのは君だ。

Sei stato tu a proporlo!

いいたてる 言い立てる 《主張する》sostenere, affermare, dichiarare, asserire; 《強調する》far rilevare *ql.co.* a *qlcu.*, far notare *ql.co.* a *qlcu.*, mettere in evidenza *ql.co.*; 《列挙する》enumerare, elencare ¶人のあらを言い立てる mettere in rilievo i difetti degli altri

いいちがい 言い違い errore男 nel parlare; [ラ] lapsus (linguae)男 [無変]

いいちがえる 言い違える sbagliare自 [*av*] a parlare, commettere [fare] un errore nel parlare, fare un lapsus nel parlare

いいちらす 言い散らす **1**《いろいろなことを》dire ogni sorta di cose (について su); 《好き勝手なことを》parlare [*av*] liberamente [avventatamente / incautamente] **2** →言い触らす

いいつかる 言い付かる ricevere un ordine [un incarico], essere incaricato da *qlcu.* di + 不定詞 ¶大事な用事を言いつかった. Mi hanno incaricato di una commissione [una faccenda] importante.

いいつくす 言い尽くす ¶言いたいことは言い尽くした. Ti ho detto tutto quello che avevo da dirti. ¶彼に対しては言葉では言い尽くせないほどの恨みがある. Ho un'avversione indicibile per lui.

いいつくろう 言い繕う 《隠す》coprire, dissimulare, mascherare; 《弁明する》giustificare ¶彼は私の大失敗を何とか言い繕ってくれた. Lui ha coperto in qualche modo la mia cantonata [il mio errore madornale].

いいつけ 言い付け 《命令, 指図》ordine男, comando男; 《指示》direttive女[複], disposizioni 女[複], istruzioni女[複] ¶親の言いつけを守る [に背く] ubbidire [disubbidire] ai genitori ¶言いつけどおりにしなさい. Segui le istruzioni. ¶ご用がありましたらなんなりとお言いつけください. Di qualunque cosa lei abbia bisogno, disponga pure di me.

いいつける 言い付ける **1**《命じる》ordinare a *qlcu. ql.co.* [di + 不定詞], dare istruzioni ¶用を言いつける dare un ordine [un incarico] (a *qlcu.*) ¶言いつけられたとおりにする eseguire gli ordini ricevuti **2**《告げ口する》riferire *ql.co.* a *qlcu.*, far la spia a *qlcu.* ¶言うことをきかないとお父さんに言いつけますよ. Se non fai quello che ti dico, lo riferirò a tuo padre. ¶誰かが先生に言いつけたらしい. Qualcuno deve aver fatto la spia al maestro.

いいつたえ 言い伝え tradizione女, leggenda 女 ¶言い伝えによるとその山には天狗が住んでいるそうだ. Secondo una leggenda, su quella montagna vivrebbe un *tengu*.

いいつたえる 言い伝える 《広める》diffondere *ql.co.*, divulgare *ql.co.*, informare *qlcu.* di [su] *ql.co.*; 《口承で》tramandare *ql.co.* ¶言い伝えられてきた伝説 leggenda tramandata

イーティーシー ETC 《高速道路自動料金収受システム》Telepass男 [無変] (▶商標)

いいとおす 言い通す insistere自 [*av*] ¶最後までそのことについては何も知らないと言い通した. Ha insistito fino alla fine di non saperne nulla.

いいとし いい年 età女 matura [avanzata] ¶いい年をして恥ずかしくないのか. Non ti vergogni, alla tua età?

いいなおす 言い直す 《訂正する》correggersi; 《言い換える》esprimersi [esporre] in modo diverso, formulare nuovamente ¶言い直してもむだだよ. È inutile che ti corregga.

いいなか いい仲 ¶〈人〉といい仲になる entrare in intimità con *qlcu.* ¶あの 2 人はいい仲だ. Quei due si amano [sono innamorati].

いいなずけ 許嫁・許婚 fidanzato男 [女 *-a*] [promesso sposo男 *-a*] (scelto dai genitori); 《マンゾーニの小説》"I promessi sposi" (Manzoni) ¶許嫁になる fidanzarsi 《と con》

いいならわし 言い習わし tradizione女, leggenda女 ¶…という言い習わしがある. La tradizione vuole che + 接続法 [+不定詞] / Si usa dire che… / È tradizione dire che…

いいなり 言いなり ¶言いなりになっている essere alla mercé [agli ordini] di *qlcu.* ¶あなたはどうしていつもお母さんの言いなりなの. Perché fai sempre tutto quello che ti dice tua madre?

いいにくい 言い難い 《事柄が主語》non essere facile da dire; 《相手に気兼ねして》essere sgradevole da dire; 《微妙な》essere delicato da dire; 《人が主語》essere imbarazzato a dire *ql.co.* ¶言いにくそうに con esitazione / con titubanza ¶言いにくいことですが…. Mi è difficile [Sono imbarazzato a] dirlo, ma… ¶人前では言いにくい. È difficile parlarne in presenza di altri. ¶あの人は言いにくいことを平気で言う. Quell'uomo parla con disinvoltura delle [dice come se niente fosse le] cose più sgradevoli.

いいぬける 言い抜ける 《ごまかす》dare una risposta evasiva [ambigua], equivocare自 [*av*]; 《弁解する》addurre scuse [pretesti] ¶何とかその場は言い抜けた. Per il momento sono riuscito a districarmi [trarmi d'impaccio] con qualche scusa. ¶彼は質問をうまく言い抜けた. Ha eluso con abilità le domande.

いいね 言い値 ¶言い値で買う comprare al prezzo richiesto ¶君の言い値で買おう. Te lo pagherò quello che vuoi.

いいのがれ 言い逃れ pretesto男, scappatoia 女 ¶彼はいつものように時間切れの言い逃れをする. Usa sempre dei sotterfugi (per uscire dalle situazioni spiacevoli).

いいのこす 言い残す **1**《言い落とす》dimenticare di dire ¶何か言い残したことがあるのだが, 思い出せない. Ho ancora qualcosa da dire, ma non ricordo cosa.
2《言い置く》¶いつ帰るとも言い残さずに彼女は旅行に出た. È partita in viaggio senza nemmeno lasciarci detto quando sarebbe tornata.
3《遺言する》lasciare un testamento

いいはなつ 言い放つ dichiarare ¶彼は全部自分の功績だと言い放った. Ha dichiarato che era tutto merito suo.

いいはやす 言い囃す 《ほめる》lodare *qlcu.* per *ql.co.*, elogiare *ql.co.*, encomiare *ql.co.*, decantare *ql.co.* di *qlcu.*; 《言い触らす》mettere in giro, diffondere, far circolare ¶彼の文才は当時言いはやされたものだ. A quei tempi il suo talento letterario fu molto decantato.

いいはる 言い張る ostinarsi [persistere[自] [*av*] / insistere[自] [*av*]] a dire, sostenere fermamente [con tenacia] ¶自分の無実を言い張る sostenere la *propria* innocenza con tenacia ¶君は自分の意見を言い張るべきではない. Non devi ostinarti sulle tue idee. ¶彼は私が悪いんだと言い張っている. Insiste a dire che è colpa mia.

いいひらき 言い開き ⇒言い訳

いいふくめる 言い含める《わからせる》far「capire [comprendere] *ql.co.* a *qlcu.*;《納得させる》convincere *qlcu.* di *ql.co.*;《説得する》persuadere *qlcu.* pazientemente di *ql.co.* ¶事情を言い含める fare comprendere le circostanze

いいふせる 言い伏せる ¶とうとう彼を言い伏せた. Alla fine l'ho costretto [ridotto] al silenzio.

イーブック eブック〔英 e-book〕《電子書籍》〔英〕e-Book [ibúk] [男] [無変]

いいふらす 言い触らす divulgare, mettere in giro una voce ¶変なことを言い触らさないでくれ. Non mettere in giro strane voci!

いいふるす 言い古す ¶言い古された言葉 espressione trita ¶「沈黙は金」と昔から言い古されている. È proverbialmente noto che "Il silenzio è d'oro".

いいぶん 言い分 **1**《意見》parere[男], opinione[女];《見解》punto[男] di vista ¶言い分を通す far prevalere il *proprio* punto di vista [la *propria* opinione] ¶人にはそれぞれ言い分がある. Tutti hanno da dire la propria.

2《不平》lagnanza[女], lamentela[女], reclamo[男];《異議》obiezione[女] ¶これなら彼も言い分はあるまい. Questo lo soddisferà. / Neanche lui avrà da ridire [da obiettare]. ¶言い分もあろうが我慢しなさい. Sii paziente anche se hai qualcosa di cui lamentarti.

いいまかす 言い負かす vincere *qlcu.* in una discussione, battere *qlcu.* dialetticamente ¶その批評家を言い負かすのは難しい. È difficile battere dialetticamente quel critico.

いいまぎらす 言い紛らす equivocare[自] [*av*] su *ql.co.*, cavillare[自] [*av*] su *ql.co.*; schivare ¶彼はこの問題での責任をうまく言い紛らしてしまった. È riuscito a manipolare il discorso in modo da eludere le sue responsabilità nella faccenda.

いいまくる 言い捲る ¶彼は一人で言いまくって他の者にひとことも言わせなかった. Non ha fatto che parlare senza lasciare agli altri la possibilità di dire una sola parola.

いいまちがい 言い間違い svista[女] nel parlare, lapsus[男] [無変] ¶ごめんなさい, 言い間違いをしてしまいました. Chiedo scusa, non volevo dire così.

いいまわし 言い回し《慣用表現》modo[男] di dire, locuzione[女], frase[女] idiomatica [fatta];《表現の仕方》fraseolo*gia*[女] [複 -*gie*], enunciazione[女], formulazione[女]; modo[男] di esprimersi ¶うまい[下手な]言い回し espressione felice [maldestra] ¶言い回しを工夫する ricercare l'espressione

イーメール Eメール〔英 e-mail〕〔英〕e-mail [iméil] [女] [無変]

イーユー EU《欧州連合》UE[女], Unione[女] Europea

✤**EU憲法** Costituzione[女] dell'Unione Europea

いいよう 言い様 ¶言いようのない inesprimibile / indicibile / indefinibile / indescrivibile ¶彼女の美しさは言いようもない. La sua bellezza supera ogni descrizione. ¶彼の発言は無責任としか言いようがない. La sua affermazione non si può che definire sconsiderata. ¶物は言いようで角が立つ.《諺》Un'espressione non felice può ferire.

いいよどむ 言い淀む esitare[自] [*av*] a dire, essere resti*o* [riluttant*e*] a dire ¶彼は肝心な点になると言いよどんだ. Esitò quando giunse al nocciolo della questione.

いいよる 言い寄る corteggiare *qlcu.*, fare「la corte [approcci amorosi] a *qlcu.* ¶その娘はその男にしつこく言い寄られたが振り払った. Quella ragazza è stata corteggiata assiduamente da quell'uomo, ma alla fine l'ha rifiutato.

いいわけ 言い訳《釈明》spiegazione[女];《弁解, 弁明》scusa[女], pretesto[男], giustificazione[女];《理由》ragione[女] ◇**言い訳する** scusarsi [giustificarsi / spiegare la ragione]《について per》¶…と言い訳して con [sotto] la scusa [il pretesto] di *ql.co.* [di + [不定詞] / che + [直説法]] ¶…しないですむ言い訳をさがす cercare [inventare] una scusa per non + [不定詞] ¶社長にはそんな言い訳は通らないよ. Il presidente non accetterà queste scuse. ¶何かうまい言い訳はないだろうか. Quale buona scusa potrei trovare? ¶彼がその場でしたことは言い訳がたたない. Quello che ha fatto in quell'occasione è ingiustificabile. ¶彼はいつでもすぐに言い訳をする. Ha sempre una scusa pronta. ¶彼は自分の行動に言い訳がましいことは一切言わなかった. Non ha detto niente per giustificare il suo comportamento. ¶そんな言い訳は聞きたくない. Non voglio sentire queste scuse. ¶私のためにいろいろ言い訳をしてくれた.《弁護》Ha parlato molto in mia difesa. ¶学校をさぼるいい言い訳を思いついた. Ho trovato una buona scusa [un buon pretesto] per marinare la scuola.

いいわすれる 言い忘れる dimenticare di dire

いいわたし 言い渡し **1**《宣告》sentenza[女], verdetto[男] **2**《命令》ordine[男], comando[男] **3**《通告》annun*cio*[男] [複 -*ci*]

いいわたす 言い渡す **1**《宣告する》emettere, pronunciare ¶判決を言い渡す emettere una sentenza contro *qlcu.* ¶死刑を言い渡す condannare a morte *qlcu.* ¶無罪を言い渡す prosciogliere *qlcu.* da un'accusa

2《命じる》ordinare *ql.co.* a *qlcu.* [a *qlcu.* di + [不定詞]] ¶校長はその生徒たちに自宅謹慎を言い渡した. Per punizione il preside ha ordinato agli studenti di rimanere a casa.

3《通告する》annunciare, notiziare ¶借家人に立ち退きを言い渡す sfrattare [dare lo sfratto a] un inquilino

いいん 医員《集合的》personale[男] medico;《個人》medi*co*[男] [複 -*ci*], dottor*e*[男] [[女] -*essa*]

いいん 医院 stud*io*[男] [複 -*i*] medi*co* [複 -*ci*], ambulator*io*[男] [複 -*i*];《私立の》clinica[女], casa[女] di cura ⇒病院 ¶歯科[眼科]医院 studio den-

い

tistico [oculistico]

いいん 委員 membro[男] di un comitato [di una commissione]; 《公的機関の役員》 commissario[男] [[女] *-ia*; [男]複 *-i*]

✤委員会 comitato[男], commissione[女] ¶中央委員会 comitato centrale ¶委員会決定事項 risoluzione [decisione / delibera] della commissione

委員長 presidente[男] di un comitato

いう 言う **1**【話す，述べる】 dire, parlare[自] [*av*], esprimere ¶意見を言う esprimere un'opinione ¶〈人〉のことをよく[悪く]言う parlare bene [male] di *qlcu.* ¶彼の人柄については言うことない．Ha un carattere ineccepibile. ¶あまりものを言わぬ人 persona「di poche parole [taciturna] ¶私に言わせれば secondo me / se posso dire la mia ¶彼に言わせると a sentire lui ¶ああ言えばこう言うで，いつまでたっても要領を得ない．Qualunque cosa gli si dica, risponde sempre il contrario. Così non combineremo mai nulla. ¶あいつはよく言うよなあ．Che faccia tosta, proprio lui lo dice! ¶そんなことは言うに足りない．Non vale la pena di parlarne. ¶言うは易(やす)く行うは難(かた)し．《諺》"Tra il dire e il fare c'è di mezzo il mare." ¶今日来ると言ってきた．Mi ha lasciato detto che arriverà oggi. ¶それとなく言う alludere [accennare] a *ql.co.* / insinuare ¶そっと言う《内緒で》dire *ql.co.* a *qlcu.* in confidenza [in segreto] / 《小声で》 dire *ql.co.* a *qlcu.* in un sussurro ¶これは彼の最大の傑作と言っていい．Si può tranquillamente affermare [Non è esagerato dire] che questo è il suo più grande capolavoro. ¶私は事実を言った．Ho detto la verità [le cose come stavano]. ¶彼は一度言い出したら後に退かない．Una volta che l'ha detto, non torna indietro. ¶一体何を言いたいんだ．A che cosa miri? / Ma dove vuoi arrivare? ¶イタリア語ではどう言いますか．Come si dice [si chiama] in italiano? ¶何とも言えない変な気持ちだ．Ho una sensazione indefinibile. ¶僕を悪く言えた義理かい．Non hai alcun diritto di biasimarmi!

2【命令・勧告・依頼する】 dire, ordinare, consigliare ¶言うことを聞かない disubbidiente ¶私の言うとおりにしろ．Fa' come ti dico! / Segui il mio consiglio! ¶医者に何かスポーツをしろと言われた．Il medico mi ha consigliato di fare qualche sport. ¶君から彼に言ってくれると助かるんだが．Mi aiuteresti molto se gliene parlassi tu. ¶そら見ろ，言わんこっちゃない．Ecco, guarda! Non te l'avevo detto? ¶年をとってくると体がいうことをきかなくなる．Diventando vecchi il corpo smette di ubbidire.

3【呼ぶ，名づける】 dire, chiamare ¶田中という人 una persona che si chiama Tanaka / una persona di nome Tanaka ¶フィレンツェという都市 città di Firenze ¶ロッシとかいう人 un certo Rossi ¶皆が彼を天才と言う．Tutti lo dicono un genio. ¶それは何と言う花ですか．Che fiore è questo? / Che nome ha questo fiore? / Come si chiama questo fiore?

4【うわさする，伝える】 dire, parlare ¶彼は貧困のうちに死んだという．Dicono che morì in povertà. ¶政府が減税を行うといわれている．Si dice che il governo ridurrà le imposte.

5【音をたてる】 ¶この戸は風でがたがたいう．Quando tira vento, questa porta sbatte. ¶どしんという音がした．C'è stato un rumore sordo.

6【「…とはいえ」「…とはいうものの」「…はいっても」などの形で】 ¶年を取ったとはいえ per quanto vecchio ¶そうはいっても僕は困りますよ．Potrà anche essere così, ma questo non migliora la mia situazione. ¶そうはいうものの内心はびくびくだった．Ciò nonostante, dentro di me avevo paura.

⇀ーと言い，ーと言う，ーと言うので，ーと言うのに，と言うのは，ーと言えば，ーと言ったらない，ーと言って，ーと言っても，ーと言わず

[慣用] **言うなれば** ⇀言わば

言うに言われぬ ¶言うに言われぬ悲しみ una tristezza indicibile [indefinibile / indescrivibile]

言うに及ばず ¶国内は言うに及ばず世界中で oltre a, ovviamente, il nostro paese, in tutto il mondo

言うまでもない ¶…は言うまでもないことだ．È superfluo [inutile] dire che … / Non c'è bisogno di spiegare che … ¶言うまでもないが雨の場合は延期する．Va da sé che se dovesse piovere ci sarà un rinvio.

言わずと知れた evidente ¶言わずと知れた大悪党 un ben noto malvivente

言わずもがな ¶彼は言わずもがなのことを言った．Ha detto qualcosa che avrebbe fatto meglio a tacere.

言わぬが花 Meno se ne parla, meglio è.

言わんばかり ¶僕をばかだと言わんばかりの口ぶりじゃないか．Parli come se io fossi uno stupido! ¶彼は私を盗人だと言わんばかりに非難した．Mi insultava quasi come se mi stesse dando del ladro.

いえ 家 **1**【人の住む建物】 casa[女]; 《住まい》 abitazione[女]; 《集合住宅の一区画》 appartamento[男] ⇀次ページ [図版] ¶家で a [in] casa ¶家の中で nella [dentro la] casa / 《屋内》 all'interno ¶家の外で fuori di casa / 《屋外》 all'aperto / fuori ¶〈人〉の家に行く andare da *qlcu.* ¶家を建てる[建て直す] costruire [ricostruire] una casa ¶家をリフォームする ristrutturare la casa ¶家を貸す affittare [dare in affitto] una casa ¶家を借りる affittare [prendere in affitto] una casa ¶両親との折り合いが悪く家を飛び出した．Sono scappato di casa per un contrasto coi genitori. ¶3日間家を空けます．Mi assenterò da casa [Starò fuori (casa)] per tre giorni.

2【家族，家庭】 famiglia[女] ¶家で in famiglia ¶家の者は皆元気です．A casa tutti stanno bene. / Stiamo tutti bene.

3【家系，一族】 famiglia[女], casata[女] ¶家の名を汚す macchiare il (buon) nome della famiglia ¶家を継ぐ continuare la tradizione di famiglia ¶家を興す《栄えさせる》 aumentare la fama della *propria* famiglia / 《再興する》 riportare in auge la *propria* famiglia

いえい 遺影 fotografia[女] [ritratto[男]] di persona deceduta

いえがまえ 家構え struttura[女] [stile[男] /

aspetto[男]] di una casa ¶立派な家構えの家 casa「ben costruita [dal bell'aspetto] ¶家構えから見ると金持ちらしい. Dall'aspetto della sua casa dovrebbe essere ricco.

いえがら 家柄 nascita[女], estrazione[女]; famiglia[女]; posizione[女] sociale della famiglia ¶家柄を自慢する essere fiero dei *propri* natali ¶彼は家柄がいい. È di [Viene da una] buona famiglia. / È di nobili natali. / È di alto lignaggio.

いえじ 家路 ¶家路につく mettersi sulla via di casa ¶家路を急ぐ affrettarsi [affrettare il ritorno] verso casa ¶家路をたどる prendere la via [strada] di casa / incamminarsi [dirigersi] verso casa

イエス 〔英 yes〕 sì[男]
✤**イエスマン** persona[女] accondiscendente, uomo[男] [複 *uomini*] senza carattere

イエス・キリスト Gesù Cristo[男]

イエズスかい イエズス会 〘カト〙 Compagnia[女] di Gesù ◇イエズス会の gesuitico [男複 *-ci*]
✤**イエズス会士** gesuit*a*[男] [複 *-i*]
イエスズ会修道女 gesuita[女]

いえつき 家付き ¶家付きの娘と結婚する sposare un'ereditiera ¶家付きの土地 terreno con casa

いえで 家出 fuga[女] (da casa) ◇家出する fuggire[自] [*es*] [scappare[自] [*es*] / andar[自] [*es*] via] di casa; lasciare la famiglia
✤**家出人** persona[女] fuggita [scappata] di casa

いえども 雖も anche se [benché / sebbene / nonostante (che)] + [接続法]; 《話》 anche se + [直説法] ¶当たらずといえども遠からず. Sebbene non abbia colpito nel segno, c'è andato vicino. ¶親善試合といえども全力を尽くすべきだ. Si deve giocare con tutte le proprie forze anche se è una partita amichevole. ¶千万人といえども我行かん. Non mi scoraggerei anche se i nemici fossero una legione.

いえなみ 家並み fila[女] [allineamento[男]] di case ¶この通りの両側には古い家並みが続いている. Ai lati di questa strada si susseguono file di vecchie case.

いえねずみ 家鼠 〘動〙 ratto[男], topo[男] delle case

いえばえ 家蠅 〘昆〙 mosca[女] domestica [comune]

いえばと 家鳩 〘鳥〙 colombo[男] [piccione[男]] domestic*o* [複 *-ci*]

いえもち 家持ち **1** 《家を持っている人》 propriet*ario*[男] [[女] *-ia*; [男]複 *-i*] di casa; 《所帯持ち》 persona[女] sposata **2** 《家計のやりくり》 ¶姉は家持ちがいい. Mia sorella è brava negli affari domestici [nell'amministrazione familiare].

いえもと 家元 caposcuola[男][女] [[男]複 *capiscuola*; [女]複 *caposcuola*], fonda*tore*[男] [[女] *-trice*] (◆di teatro *nō*, cerimonia del tè, *ikebana*, danza, ecc.) ¶家元になる[を継ぐ] diventare un [succedere al] caposcuola

いえやしき 家屋敷 casa[女] padronale con an-

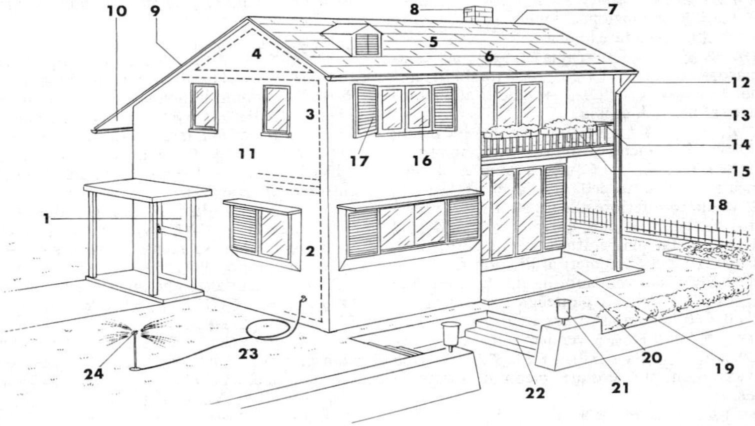

家
1 ドア porta[女]. **2** 1階 pianterreno[男], pianoterra[男]. **3** 2階 primo piano[男]. **4** 屋根裏部屋 soffitta[女], mansarda[女]. **5** 屋根 tetto[男]. **6** 軒どい grondaia[女]. **7** 棟(むね) colmo[男]. **8** 煙突 camino[男]. **9** 軒(のき) gronda[女]. **10** 張り出し sporgenza[女] del tetto. **11** 壁 muro[男]. **12** とい管 tubo[男] di scarico dell'acqua piovana. **13** バルコニー balcone[男]. **14** 手すり parapetto[男], ringhiera[女]. **15** プランター cassetta[女] portafiori [無変]. **16** 窓 finestra[女]. **17** よろい戸 persiana[女]. **18** 柵(さく) recinzione[女]. **19** テラス terrazzo[男]. **20** 庭 giardino[男]. **21** 庭園灯 lampada[女] da giardino. **22** 階段 gradini[男][複]. **23** 芝生 tappeto[男] erboso. **24** スプリンクラー irrigatore[男].

いえる 癒える guarire⊕ [es] ¶病が癒える《人が主語》guarire dalla malattia

イエローカード [英 yellow card] 《スポ》cartellino⊕ giallo

イエロージャーナリズム [英 yellow journalism] stampa⊕ gialla [scandalistica]

イエローページ [英 Yellow Pages] 《職業別電話帳》Pagine⊕ [複] Gialle

いえん 以遠 ¶フィレンツェ以遠の駅 le stazioni dopo Firenze
❖**以遠権** 《空》diritto⊕ al traffico aereo

いおう 硫黄 《化》zolfo⊕, solfo⊕; 《元素記号》S ¶硫黄の sulfureo
❖**硫黄泉** sorgente⊕ sulfurea

いおとす 射落とす ¶鳥を射落とす abbattere un uccello con una freccia

イオニアしき イオニア式 ordine⊕ ionico ◇イオニア式の ionico [男複 -ci] →石柱 図版

いおり 庵 eremitaggio⊕ [複 -gi], ritiro⊕ ¶庵を結ぶ costruirsi [isolarsi in] un eremo

イオン [独 Ion] 《化》ione⊕ ◇イオンの ionico [男複 -ci] ¶陰イオン anione⊕ / ione negativo ¶陽イオン catione⊕ / ione positivo ¶両性イオン ione dipolare [anfotero] ¶水素イオン ione (d')idrogeno / idrogenione⊕
❖**イオン化** ionizzazione⊕
イオン結合 legame⊕ ionico [eteropolare]
イオン結晶 cristallo⊕ ionico
イオン交換 scambio⊕ [複 -i] ionico
イオン交換樹脂 resina⊕ scambiatrice di ioni
イオン伝導 conduzione⊕ ionica
イオン濃度 densità⊕ ionica

いか 烏賊 《こういか》seppia⊕; 《やりいか》calamaro⊕; totano⊕ ¶いかの煮込み totani in umido ¶いか墨のスパゲッティ spaghetti all'inchiostro [al nero] di seppia

いか 以下 **1**《より少ない, より小さい》meno; meno di, al di sotto di, non superiore a, inferiore a ¶平均以下の inferiore alla media / al di sotto della media ¶予想以下の出来 risultato inferiore alle aspettative ¶以下に a [con] meno di ¶気温が零度以下になる. La temperatura scende sotto zero. ¶100 以下の数字 numeri al di sotto del cento ¶20 歳以下 dai vent'anni in giù ¶60 点以下は落第である. Con un punteggio「da 60 in giù [da 0 a 60 / che non supera i 60] si viene bocciati. ¶元値以下で売る vendere sotto costo [sottocosto] ¶上着は 1 万円以下では買えない. Una giacca non può costare meno di diecimila yen.
2《下記》¶試験の結果は以下の通りである. Gli esami hanno dato i seguenti risultati. / I risultati degli esami sono come segue.
3《これからあと》¶以下次号. Il seguito alla prossima puntata. ¶13 ページ以下参照. cfr. pp.13 ss (読み方: confronta pagina tredici e seguenti) ¶以下これに準ずる.《法》La stessa norma si applica qui di seguito. ¶以下省略 omissis ¶以下同様. Segue come sopra.
4《それを含めて全部》¶社長以下 30 人の会社 una ditta con 30 dipendenti compreso il presidente

いか 医科 facoltà⊕ di medicina
❖**医科大学** università⊕ di medicina

いか 異化 **1**《音声》dissimilazione⊕
2《生》catabolismo⊕
❖**異化作用** 《生》catabolismo⊕

いが 毬 riccio⊕ [複 -ci]

いかい 位階 rango⊕ [複 -ghi] (di corte)

いがい 貽貝 ¶むらさきいがい《ムール貝》mitilo⊕ / cozza⊕

いがい 遺骸 salma⊕, corpo⊕, spoglia⊕ mortale ¶遺骸を引き取る ricevere la salma (di qlcu.)

いがい 意外 ◇意外な《予期しない》inaspettato, inatteso, imprevisto, insperato; 《疑っていなかった》insospettato; 《驚くべき》sorprendente ¶意外な結果 risultato imprevisto [sorprendente] ¶芝居の意外な展開 incredibile svolta dello spettacolo (teatrale) ¶意外な抵抗に遭う incontrare una resistenza insospettata ¶ここで君に会うとは意外だ. Non mi aspettavo di trovarti qui. ¶これは意外だ. Che sorpresa! ¶彼の態度を意外に思った. Sono rimasto colpito dal suo comportamento. ¶父の病気は意外に重かった. Mio padre era malato più gravemente di quanto immaginassi. ¶全員意外に元気で山を下ってきた. Contrariamente alle aspettative, tutti sono scesi a valle freschi come rose. ¶犯人はニコラだと思っていたが意外や意外アンドレアだった. Credevamo che il colpevole fosse Nicola, invece, con nostra grande sorpresa, era Andrea.

−いがい −以外 **1**《⋯を除いて》tranne (che), eccetto (che), fuorché ¶⋯以外に all'infuori di ¶日曜以外暇がない. Tranne la domenica, non sono mai libero. ¶刺身以外なら何でも食べる. Escludendo [Escluso] il *sashimi*, mangio di tutto. ¶関係者以外は立ち入り禁止. È vietato l'ingresso ai non addetti. ¶私以外は皆若かった. Tranne me erano tutti giovani [ragazzi].
2《⋯の以外》¶⋯以外に oltre a / oltre che+不定詞 / in più ¶それ以外のことは知らない. Oltre a questo non so niente. / Non so niente altro che questo. ¶彼はうそつき以外の何者でもない. Non è nient'altro che un bugiardo.

いかが 如何 **1**《どんなふう》Come?; 《なに》Che cosa? ¶ご機嫌はいかがですか. Come sta?
2《相手の意向を聞く》¶いかが思われますか. Che cosa ne dice? / Che cosa le pare? / Qual è la sua opinione? / Lei che ne pensa? ¶お茶をもう一杯いかがですか. Vuole un'altra tazza di tè?
3《疑惑・不信・心配など》¶そのお考えはいかがなものでしょうか. La sua idea mi sembra discutibile. / Avanzerei qualche riserva sulla sua idea. ¶おひとりでお出掛けになるのはいかがかと存じます. Non mi sembra conveniente che lei esca da solo.

いかがく 医化学 chimica⊕ medica

いかがわしい 如何わしい **1**《信用できない》inattendibile, inaffidabile, infido, malfido;

《欠陥のある》difettoso, imperfetto;《不確かな／怪しい》discutibile, dubbio 男[複 -i], incerto; ambiguo, equivoco 男[複 -ci];《不審な》sospettabile, sospetto, losco 男[複 -schi]¶いかがわしい品物を売る vendere merci di dubbia provenienza ¶いかがわしい商売をする mettersi in affari equivoci [poco puliti] ¶いかがわしい評判が立つ avere una dubbia fama [reputazione] ¶いかがわしい人物と付き合う frequentare tipi「poco raccomandabili [equivoci / sospetti]

2《道徳的に》immorale;《下品な》indecoroso, indecente;《みだらな》osceno, lascivo, scabroso ¶いかがわしい女 donna (di reputazione) equivoca ¶いかがわしい場所 luogo malfamato [poco rispettabile] ¶いかがわしい写真 fotografia pornografica [sconcia / oscena] ¶いかがわしい小説 romanzo scabroso [osceno]

いかく 威嚇 minaccia 女[複 -ce], intimidazione 女 ◇威嚇する minacciare qlcu.; mostrare i denti (を a) ◇威嚇的な minaccioso ¶威嚇的な態度をとる assumere un atteggiamento minaccioso ¶威嚇射撃をする sparare in aria a scopo intimidatorio

いがく 医学 medicina 女, scienza 女 medica ◇医学の medico 男[複 -ci] ◇医学的に medicalmente →次ページ 用語集 ¶この病気は現代の医学では治せない。Questa malattia non è ancora curabile con la medicina attuale.
❖医学界 mondo 男 della medicina
医学書 libro 男 [testo 男] di medicina
医学生 [士 / 博士] studente 男 [女 -essa] [dottore 男 [女 -essa] / dottore 男 [女 -essa] di ricerca] in medicina
医学部 facoltà 女 di medicina

いがぐり 毬栗 castagna 女 nel suo involucro
❖いがぐり頭 testa 女 rapata [a zero]

いかけや 鋳掛け屋 calderaio 男[複 -i], stagnaio 男[複 -i], lattoniere 男

いかさま《ペテン》imbroglio 男[複 -gli], inganno 男, truffa 女;《にせもの》falso 男, imitazione 女
❖いかさま師 impostore 男[女 -a], imbroglione 男[女 -a], truffatore 男[女 -trice], turlupinatore 男[女 -trice], gabbamondo 男[無変]
いかさま賭博 gioco 男[複 -chi] d'azzardo truccato

いかす affascinante, attraente; elegante;〔仏〕chic [無変] ¶いかすシャツを着ているじゃないか。(Guarda) che camicia elegante che indossi!

いかす 生かす・活かす **1**《生かしておく》lasciare qlcu. in vita, far vivere qlcu. ¶彼を生かすも殺すも君の勝手だ。La sua vita è「interamente nelle tue mani [alla tua mercé].
2《活用する》utilizzare, sfruttare ql.co. al massimo [fino alla fine], valorizzare ql.co. qlcu.) ¶廃物を生かして使う utilizzare il materiale di scarto ¶〈人〉の能力[スペイン語の知識]を生かす valorizzare la capacità di qlcu. [la conoscenza dello spagnolo]

いかだ 筏 zattera 女, chiatta 女 ¶いかだを組む fare [costruire] una zattera (di tronchi d'albero)
❖いかだ師 [乗り] zatteriere 男

いがた 鋳型 forma 女, matrice 女, stampo 男 ¶溶解した金属を鋳型に流し込む versare metallo fuso in una forma [in uno stampo]

いかつい 厳つい duro e squadrato ¶いかつい顔の男 un uomo dal viso duro e squadrato ¶彼はいかつい肩をしている。Ha le spalle larghe [robuste / quadrate].

いかなる 如何なる →どんな

いかに 如何に come ¶この問題をいかにして解決すべきか。Come si può risolvere questo problema? ¶相手がいかに強かろうと私は戦う。Per quanto l'avversario possa essere forte, mi batterò.

いかにも 如何にも **1**《本当に》veramente, proprio ¶これはいかにも彼らしい。Questo è proprio da lui. ¶いかにも残念だ。È un vero peccato! ¶いかにもありそうなことだ。È più che probabile.
2《その通りだ》Ma certo! ¶いかにもおっしゃる通りです。Ma certo, lei ha ragione! / È proprio come dice lei.

いかほど 如何程 →幾ら

いがみあう 啀み合う (口論する) litigare 自[av], bisticciare 自[av] ◇いがみ合い（争い）contesa 女;《口論》disputa 女, litigio 男[複 -gi], alterco 男[複 -chi] ¶あの2人はいつもいがみ合っている。Quei due litigano sempre [sono come cane e gatto].

いかめしい 厳しい **1**《おごそかな》solenne, maestoso;《きびしい》severo, rigido ◇いかめしく maestosamente, dignitosamente, solennemente; severamente ◇いかめしさ maestosità 女, solennità 女; austerità 女 ¶いかめしい顔つきで con faccia [espressione] severa
2《もったいぶった》altisonante, reboante [roboante], pretenzioso;《ものものしい》imponente, grandioso ¶いかめしい肩書きの並んだ名刺 biglietto da visita con una sfilza di titoli altisonanti ¶最高裁判所のいかめしい建物 il palazzo imponente della Corte Suprema

いかもの 如何物 **1**《まがいもの》essere ingannato [abbindolato] con un articolo contraffatto [fasullo]
2《普通の人が食べないようなもの》¶いかもの食いである avere gusti bizzarri [stravaganti] nel mangiare

いからす 怒らす ¶肩を怒らして歩く camminare con aria baldanzosa / camminare pavoneggiandosi

いがらっぽい《のどが》irritato ¶のどがいがらっぽい。Ho qualche cosa in gola che mi provoca irritazione. / Ho la gola irritata.

いかり 怒り rabbia 女, collera 女, ira 女;《非常に強い》furore 男, furia 女 ¶怒りに燃えて我を忘れた。In un accesso d'ira ho perso il controllo di me stesso. ¶怒りに任せて〈人〉を侮辱する insultare qlcu. in uno scatto d'ira [in preda alla rabbia] ¶怒りで真っ赤になる essere rosso d'ira ¶怒りを抑える reprimere [tenere a freno / frenare / trattenere] l'ira ¶〈人〉の怒りを買う [招く] provocare l'ira di qlcu. / far arrabbiare qlcu. ¶激しい怒りを感じる provare una collera violenta ¶〈人〉に怒りをぶちまける scaricare la rabbia [l'ira] su qlcu.

《 用語集 》 医学 Medicina

眼科 oculistica㊛. 外科 chirurgia㊛. 産科 ostetricia㊛. 歯科 odontoiatria㊛. 耳鼻咽喉科 otorinolaringoiatria㊛. 小児科 pediatria㊛. 神経科 neurologia㊛. 心臓内科 cardiologia㊛. 整形外科 ortopedia㊛. 形成外科 chirurgia㊛ plastica. 精神科 psichiatria㊛. 内科 medicina㊛ (interna). 脳神経外科 neurochirurgia㊛. 泌尿器科 urologia㊛. 皮膚科 dermatologia㊛. 婦人科 ginecologia㊛. 放射線科 radiologia㊛. 麻酔科 anestesiologia㊛.

疾患 Malattie

アレルギー allergia㊛ (食物〜 allergia alimentare). アルツハイマー病 morbo㊚ di Alzheimer. 胃炎 gastrite㊛. 胃潰瘍 ulcera㊛ gastrica. 遺伝性疾患 malattia㊛ ereditaria. 咽頭炎 faringite㊛. 咽頭扁桃炎 faringoamigdalite㊛. インフルエンザ influenza㊛. ウイルス性肝炎 epatite㊛ virale. 魚の目 occhio㊚ di pernice. ウシ海綿状脳症 encefalopatia㊛ spongiforme bovina, BSE; morbo㊚ della mucca pazza. 鬱(うつ)病 malinconia㊛; depressione㊛. エイズ (後天性免疫不全症候群) [英] AIDS㊚ [無変] sindrome㊛ da immunodeficienza acquisita. エコノミークラス症候群 sindrome㊛ da classe economica. エボラ出血熱 febbre㊛ emorragica da virus Ebola. 黄熱 febbre㊛ gialla. おたふくかぜ parotite㊛ epidemica. 外傷後ストレス障害 disturbo㊚ da stress post-traumatico. 過食症 bulimia㊛. 脚気(かっけ) beri beri. 過敏症 iperestesia㊛. 花粉症 pollinosi㊛, allergia da pollini. 癌(がん) cancro㊚ (胃〜 cancro allo stomaco. 子宮〜 carcinoma㊚ [cancro㊚] dell'utero. 大腸〜 cancro del colon-retto. 直腸〜 cancro del retto. 肺〜 cancro polmonare. 乳〜 cancro al seno [alla mammella]). 肝炎 epatite㊛ (C型〜 epatite di tipo C). 感染症 malattia㊛ contagiosa [infettiva]. 肝硬変 cirrosi㊛ [無変] epatica. 眼精疲労 astenopia㊛. 肝不全 malfunzionamento㊚ del fegato. 関節炎 artrite㊛. 気管支炎 bronchite㊛. 急性(の) acuto. 狂牛病 →ウシ海綿状脳症. 狂犬病 idrofobia㊛, rabbia㊛. 狭心症 angina㊛ pectoris; stenocardia㊛. 筋無力症 miastenia㊛. クモ膜下出血 emorragia㊛ subaracnoidea. クロイツフェルト・ヤコブ病 malattia㊛ di Creutzfeldt-Jakob. 結核 tubercolosi㊛ [無変]. 結石 calcolo㊚ (腎〜 calcolo renale. 膀胱結石 calcolo vescicale). 結膜炎 congiuntivite㊛. 血友病 emofilia㊛. ケロイド cheloide㊚. 高血圧症 ipertensione㊛. 膠原(こうげん)病 collagenopatia㊛. 高脂血症 iperlipemia㊛, iperlipidemia㊛. 甲状腺炎 tiroidite㊛. 甲状腺機能低下症 ipotiroidismo㊚. 喉頭炎 laringite㊛. 口内炎 stomatite㊛. 骨髄炎 periostite㊛. 骨粗鬆症 osteoporosi㊛ [無変]. 梗塞(こうそく) infarto㊚ (脳〜 infarto cerebrale. 心筋〜 infarto del miocardio). 更年期障害 disturbi㊚ [複] del climaterio [della menopausa]. コレラ colera㊛.
サーズ (SARS) SARS㊛: sindrome㊛ respiratoria acuta. 挫傷 contusione㊛. 痔(核) emorroidi㊛ [複]. 色弱 discromatopsia㊛. 色覚異常 acromatopsia㊛. 子宮筋腫 fibroma㊚ dell'utero. 子宮頸癌 carcinoma㊚ [cancro㊚] della cervice uterina. 子宮内膜症 endometriosi㊛ [無変]. 歯周病 periodontite㊛. ジフテリア difterite㊛. 脂肪肝 fegato㊚ grasso. 腫瘍 tumore㊚. 猩紅(しょうこう)熱 scarlattina㊛. 自律神経失調症 neurodistonia㊛. 腎盂(じんう)炎 pielite㊛. 腎炎 nefrite㊛. 人格障害 disturbo㊚ della personalità. 神経症 nevrosi㊛ [無変]. 心身症 malattia㊛ psicosomatica. 心不全 insufficienza㊛ cardiaca. 髄膜炎 meningite㊛. 生活習慣病 malattia㊛ causata da cattive abitudini. 精神神経症 psiconevrosi㊛ [無変]. 脊髄炎 mielite㊛. 赤痢 dissenteria㊛. 摂食障害 disturbi㊚ [複] dell'alimentazione; paroressia㊛. 喘息(ぜんそく) asma㊛. 前立腺癌 cancro della prostata. 前立腺肥大 ipertrofia㊛ della prostata. 躁鬱(そううつ)病 psicosi㊛ [無変] maniaco-depressiva. 躁病 mania㊛. 卒中 apoplessia㊛.
大腸炎 colite㊛. 胆石 calcolo㊚ biliare. 胆嚢(たんのう)炎 colecistite㊛. 蓄膿症 empiema㊚. チフス tifo㊚ (腸〜 tifo addominale. パラ〜 paratifo㊚). 虫垂炎 appendicite㊛. 腸炎 enterite㊛. 腸捻転 volvolo㊚. 痛風 gotta㊛. 低血圧症 ipotensione㊛. 適応障害 disadattamento㊚. 癲癇(てんかん) epilessia㊛. 伝染病 →感染症. 天然痘 vaiolo㊚. 統合失調症 schizofrenia㊛. 糖尿病 diabete㊚. 動脈硬化症 arteriosclerosi㊛ [無変]. 動脈瘤 aneurisma㊚. とびひ impetigine㊛. トラコーマ tracoma㊚. 鳥インフルエンザ influenza㊛ aviaria, virus㊚ [無変] dei polli. 尿毒症 uremia㊛. 認知症 demenza㊛. 熱中症 colpo㊚ di sole, insolazione㊛. ネフローゼ nefrosi㊛ [無変]. 脳炎 encefalite㊛ (日本〜 encefalite giapponese).
パーキンソン病 morbo㊚ di Parkinson. 肺炎 polmonite㊛. 肺気腫 enfisema㊚ polmonare. 敗血症 sepsi㊛. 肺結核 tubercolosi㊛ [無変] polmonare; tisi㊛ [無変]. 白内障 cataratta㊛. はしか morbillo㊚. 破傷風 tetano㊚. 白血病 leucemia㊛. ハンセン病 lebbra㊛. 鼻炎 corizza㊛, rinite㊛. 皮膚病 dermatosi㊛ [無変]. 百日咳 pertosse㊛. 腹膜炎 peritonite㊛. ペスト peste㊛. ヘルニア ernia㊛ (椎間板〜 ernia del disco intervertebrale). 扁桃腺炎 tonsillite㊛. 膀胱炎 cistite㊛. 勃起障害 disfunzione㊛ erettile, impotenza㊛ maschile. ポリープ polipo㊚.
マラリア malaria㊛. メタボリックシンドローム sindrome㊛ metabolica. 面疔(めんちょう) foruncolo㊚ facciale. 盲腸炎 tiflite㊛. 網膜炎 retinite㊛. 網膜剥離(はくり) distacco㊚ della retina. ものもらい orzaiolo㊚. 流行病 malattia㊛ epidemica. リューマチ reumatismo㊚. 緑内障 glaucoma㊚. 老視 presbiopia㊛. 肋膜炎 pleurite㊛.

症状 Sintomi

息切れ affanno㊚. 萎縮 atrofia㊛. うっ血 congestione㊛. 壊死(ﾈｸﾛ) necroṣi㊚ [無変]. 炎症 infiammazione㊛. 黄疸 ittero㊚. 黄疸尿 coluria㊛. 嘔吐 vomito㊚. 外傷 ferita㊛. 潰瘍 ulcera㊛. かさぶた crosta㊛. カタル catarro㊚. 喀血(ｶｯｹﾂ) emottiṣi㊚ [無変]. 化膿 suppurazione㊛. かゆみ prurito㊚. 関節痛 artralgia㊛. 感染 infezione㊛, contagio㊚. 虚血 ischemia㊛. 虚脱状態 collasso㊚. 痙攣(ｹｲﾚﾝ) spaṣmo㊚, crampo㊚. 血腫 ematoma㊚. 血尿 ematuria㊛. 下痢 diarrea㊛. 健忘症 amneṣia㊛. 呼吸困難 dispnea㊛. 骨折 frattura㊛. 昏睡状態 coma㊚. 坐骨神経痛 nevralgia㊛ ischiatica. 自覚[他覚]症状 sintomo㊚ subiettivo [obiettivo]. 自己感染 autoinfezione㊛. 自己抗体 autoanticorpo㊚. 失禁 incontinenza㊛. 失語症 afaṣia㊛. 失神 sincope㊛. しびれ感 insensibilità㊛. 充血 iperemia㊛. 出血 emorragia㊛. 消化不良 dispepsia㊛. 瘢痕(ﾊﾝｺﾝ) cicatrice㊛. ヒステリー isteriṣmo㊚. 微熱 febbricola㊛. 糜爛(ﾋﾞﾗﾝ) eroṣione㊛. 肥満 obeṣità㊛. ヘルペス herpes㊚. 貧血(症) anemia㊛. 頻尿 pollachiuria㊛. 不安 anṣia㊛. 不快感 malessere㊚. 浮腫 edema㊚. 不眠症 insonnia㊛. 偏頭痛 emicrania㊛. 便秘 costipazione㊛ intestinale, stitichezza㊛;《特に医学で》stipṣi㊚ [無変]. 発作 attacco㊚, accesso㊚;《特に医学で》criṣi㊛ [無変]. 麻痺 paraliṣi㊛ [無変] (片側〜 emiplegia㊛). 耳鳴り acuṣme㊚ [複] 胸やけ piroṣi㊛ [無変]. 目まい vertigini㊛ [複]. 妄想症 paranoia㊛. 夜尿症 incontinenza㊛ [enureṣi㊛ [無変]] notturna. 癒着 sinechia㊛. 腰痛 lombalgia㊛. 利尿 diureṣi㊛ [無変]. 憔悴(ｼｮｳｽｲ) emaciazione㊛. 裂傷 lacerazione㊛. 聾(ﾛｳ) sordità㊛. 肋間神経痛 nevralgie㊛ [複] intercostali.
代謝異常 metaboliṣmo㊚ alterato. 脱臼 lussazione㊛. 多尿症 poliuria㊛ (夜間多尿症 nicturia㊛). 打撲 contuṣione㊛. タンパク尿 albuminuria㊛. チアノーゼ cianoṣi㊛ [無変]. 窒息 asfissia㊛. 転移(腫瘍の) metastaṣi㊛ [無変]. 吐血 ematemeṣi㊛ [無変]. 床擦れ decubito㊚. トラウマ trauma㊚. 尿毒症 uremia㊛. 捻挫 distorsione㊛. 捻転 volvolo㊚. 脳軟化症 encefalomalacia㊛. 吐き気 nauṣea㊛. 発疹 eṣantema㊚. 鼻出血 epistaṣṣi㊚ [無変].

検査 Esami

遺伝子診断 diagnoṣi㊛ [無変] genetica. 眼圧検査 oftalmotonometria㊛. 気管支鏡検査 broncoscopia㊛. 血液検査 eṣami㊚ [複] del sangue. 健康診断 eṣame㊚ medico. 腫瘍マーカー marcatore㊚ di tumori. 生体組織検査 biopṣia㊛. 潜血反応検査 analiṣi㊛ [無変] del sangue occulto. 断層撮影 tomografia㊛. 超音波検査(法) ecografia㊛. 内視鏡検査 endoscopia㊛. 人間ドック〔英〕check-up㊚ [無変]; controllo㊚ generale. 脳ドック check-up㊚ [無変] cerebrale. 尿検査 eṣami㊚ [複] dell'urina. レントゲン検査 eṣame㊚ radiologico.
アルブミン albumina㊛. ALP fosfataṣi㊛ [無変] alcalina. ウロビリノーゲン urobilinogeno㊚. 血清中総ビリルビン量 bilirubinemia㊛ totale. 体脂肪率 tasso㊚ dei grassi del corpo. γGTP gamma㊛ glutammico-transpeptidaṣi㊛. GOT transaminaṣi㊛ glutammico-ossalacetica. GPT transaminaṣi㊛ glutammico-piruvica. 総血漿蛋白 proteine㊛ [複] plaṣmatiche totali. 総血清コレステロール colesterolemia㊛ totale. 糖 zucchero㊚. 尿酸値 livello㊚ [tasso / valore㊚] di acido urico. ビリルビン bilirubina㊛. ブドウ糖 glucoṣio㊚. ヘモグロビン emoglobina㊛. ヘマトクリット ematocrito㊚. リンパ球 linfociti㊚ [複].

治療 Terapia

胃カメラ gastroscopia㊛. 移植 trapianto㊚ (角膜〜 innesto㊚ della cornea. 骨髄〜 trapianto di midollo osseo. 心臓〜 trapianto di cuore. 臓器〜 trapianto di organi). 遺伝子治療 terapia㊛ genetica. インフォームドコンセント consenso㊚ informato. 延命装置 apparecchiatura㊛ di rianimazione. カテーテル挿入法 cateteriṣmo㊚. 気管支造影法 broncografia㊛. 吸入器 inalatore㊚. 血液製剤 farmaco㊚ derivato dal sangue. 血管造影法 angiografia㊛. 抗生物質 antibiotico㊚. 抗ヒスタミン剤 farmaco㊚ antistaminico; sostanza㊛ antistaminica. 子宮切除術 isterectomia㊛. 自己血輸血 trasfuṣione㊛ autologa. 手術 operazione㊛. 消炎剤 antiflogistico㊚. 脂肪除去 liposuzione㊛. 人工授精 fecondazione㊛ artificiale. 心理療法 terapia㊛ psicologica. 接種 inoculazione㊛. 切断 amputazione㊛;《手足の》mutilazione㊛. 対症[原因]療法 terapia㊛ sintomatica [cauṣale]. 治癒 guarigione㊛. 注射 iniezione㊛ (筋肉内〜 iniezione intramuscolare. 静脈〜 iniezione endovenosa. 持続点滴〜 flebocliṣi㊛ [無変]. 皮下〜 iniezione ipodermica. 皮内〜 iniezione intradermica). 帝王切開 taglio㊚ ceṣareo. 摘出 estrazione㊛. 内視鏡的手術 trattamento㊚ endoscopico. 物理療法 fiṣioterapia㊛. 縫合(術) sutura㊛. 放射線療法 radioterapia㊛. 保存療法 terapia㊛ conservativa. 麻酔 anesteṣia㊛. 輸血 trasfuṣione㊛ di sangue. リハビリテーション riabilitazione㊛, rieducazione㊛. レーザー治療 trattamento㊚ con il laṣer. ワクチン注射 vaccinazione㊛.

いかり 錨 ancora[女] ¶錨をあげる levare[salpare] l'ancora / 《出帆する》salpare[自][*es*] ¶錨を下ろす gettare l'ancora

いかりがた 怒り肩 ¶いかり肩の男 uomo dalle spalle quadrate

いかりくるう 怒り狂う essere furioso [furibondo / furente / infuriato]《に contro; con, のことで per》

いかる 怒る **1**《腹を立てる》arrabbiare[自][*es*] **2**《角ばる》 ¶彼は肩がいかっている. Ha le spalle quadrate.

いかれる **1**《頭が変になる》diventare[自][*es*] matto;《性格・格好などがおかしくなる》diventare strano [stravagante / strambo] ¶彼は頭がいかれている. È un po' matto [tocco]. ¶彼はいつもいかれた格好をしている. Il suo abbigliamento è sempre strambo.
2《心を奪われる》andare pazzo per *qlcu.* [*ql.co.*] ¶彼は彼女にいかれている.《諧》È cotto di lei.
3《機械などがだめになる》consumarsi, logorarsi ¶エンジンがいかれた. Il motore si è logorato.

いかん 如何 ¶この計画が成功するかどうかは住民の協力いかんによる. Il successo di questo progetto dipende dalla collaborazione dei cittadini. ¶動機のいかんにかかわらず彼は非難されて当然だ. Qualunque siano le sue ragioni, è giusto che sia criticato.
[慣用] **いかんせん** ¶いかんせん資本が足りない. Purtroppo il capitale è insufficiente.
いかんともし難い ¶もはやいかんともし難い. Ora non c'è più rimedio [scampo]. / Non ci si può far più nulla.

いかん 移管 trasferimento[男] [cessione[女] / passaggio[男] [複 *-gi*]] del controllo [della giurisdizione] ◇移管する trasferire il controllo [la soprintendenza / la direzione] di *ql.co.* ¶この事業は市から県に移管された. Il controllo di questo lavoro è passato dal Comune alla Provincia.

いかん 遺憾 ◇**遺憾な**《残念》deplorevole, incresc̣ioso, spiacevole;《不満足》poco soddisfacente;《不十分》insufficiente, incompleto ¶…ということは遺憾である. È deplorevole [un gran peccato] che + [接続法] ¶遺憾の意を表する《謝る》esprimere il *proprio* dispiacere《に a》/《抗議する》esprimere indignazione《に a》 ¶遺憾ながらご希望にそいかねます. Mi dispiace di dover dire che non posso soddisfare il suo desiderio. ¶それは遺憾ながら事実だ. Purtroppo quella è la verità.
[慣用] **遺憾なく** completamente, pienamente, interamente, perfettamente ¶彼は能力を遺憾なく発揮した. Ha dimostrato tutta la sua abilità.

いがん 依願
✤**依願退職** dimissioni[女][複] volontarie
依願免官 licenziamento[男] [dimissioni[女][複]] a richiesta

いかんそく 維管束 〖植〗fascio[男] [複 *-sci*] vascolare

いき 生き **1**《新鮮》 ¶生きのいい若者 giovane pieno di vigore [di vita / di brio] ¶この魚は生きがいい. Questo pesce è fresco. **2**《校正用語の「イキ」》vive

いき 行き ⇀行(ゆ)き

いき 息 《呼吸》respiro[男];《特に吐く気》fiato[男], alito[男];《呼吸作用》respirazione[女] ¶息をする respirare[自][*av*] / riprendere fiato ¶息を吸う inspirare ¶息を吐く espirare[自][*av*], [他] (►単独でも可) ¶息を大きく吐く tirare [fare] un respiro profondo ¶息を止める trattenere il respiro ¶息が切れる rimanere senza fiato (►驚き・恐怖・感動のために気が動転することも意味する) / soffiare[自][*av*] ¶息が荒い avere il fiato grosso / respirare「con affanno [a fatica] ¶息がはずむ respirare con difficoltà / ansare[自][*av*] / ansimare[自][*av*] / avere il respiro corto / essere senza fiato ¶息が苦しい respirare appena [a stento / a malapena] ¶息がつまる essere soffocato ¶まだ息がある. Respira ancora. / È ancora vivo. ¶すでに息が絶えていた. Aveva già smesso di respirare. / Era già spirato. ¶彼の息は臭い. Gli puzza il fiato. ¶息が酒臭い. Ha l'alito che puzza d'alcol.
[慣用] **息が合う** essere affiatato con *qlcu.* ¶あの2人の俳優は息がぴったり合っている. Quei due attori lavorano insieme [recitano] in perfetta sintonia.
息が掛かる ¶あいつには社長の息が掛かっているから用心しろ. Guardati da quel tipo, è il pupillo [il beniamino] del presidente!
息が切れる ¶この事業はあまりお金がかかるので息が切れてしまいそうだ. Questa impresa richiede così tanti soldi che temo di non poterla più portare avanti.
息の下 ¶彼は苦しい息の下から息子のことを私に頼んだ. Sul letto di morte, parlando affannosamente, mi ha pregato di aver cura di suo figlio.
息の長い《長期にわたる》a lungo termine, di lunga scadenza;《長い間続いている》di vecchia data, di lunga durata ¶あの会社とは息の長い付き合いだ. Con quella ditta abbiamo un rapporto di vecchia data.
息の根を止める uccidere, ammazzare;《俗》eliminare ¶あいつの息の根を止めてやる. L'ucciderò! / L'ammazzerò io!
息もつかせず ¶息もつかせぬ早わざを見せた. Ha fatto una mossa veloce come un lampo.
息を凝(こ)らす[殺す] ¶カーテンの後ろに隠れてじっと息を凝らした. Mi ero nascosto dietro le tende trattenendo il respiro.
息をつく ¶息をつく暇もない. Non ho nemmeno il tempo di riprendere [prendere / 《親》pigliare] fiato. ¶息子が大学を出たのでやっと息をつきました. Mio figlio si è laureato e così ho tirato finalmente un sospiro di sollievo.
息を抜く prendere fiato
息をのむ ¶彼女の美しさに思わず息をのんだ. La sua bellezza mi ha mozzato il fiato [il respiro].
息を引き取る esalare [rendere] l'ultimo respiro, spirare[自][*es*] ¶父は今朝, 息を引き取った. Mio padre è morto [è spirato] stamattina.
息を吹き返す《生き返る》riprendere coscienza, rinvenire[自][*es*], ritornare[自][*es*] in *sé*;《よみがえる》rivivere[自][*es*,《稀》*av*], tornare[自][*es*] in

uṣo [voga / auge /《力を取り戻す》vigore] ¶ファシズムが息を吹き返すかもしれない. Il fasciṣmo può riaffermarsi.

いき 域 《状態》faṣe[女], stato[男];《段階》grado[男], stad*io*[男][複 *-i*];《水準》livello[男] ¶彼の歌は素人の域を脱している. Ha una voce da professionista. ¶それは憶測の域を出ない. Non è altro che una supposizione [una congettura].

いき 意気 **1**《精神の活力》morale[男], intraprendenza[女] ¶意気が上がる essere eṣultant*e* [pien*o* d'entuṣiaṣmo] / avere il morale alto ¶父は老いてもなお意気盛んだ. Mio padre, nonostante l'età (avanzata), è ancora arzillo.

2《気風, 気概》intesa[女] ¶私は彼の意気に感じた. Sono rimasto molto impressionato dal suo spirito [dalla sua vitalità].

✤意気軒昂 euforia[女] ¶意気軒昂としている essere su di morale / essere pien*o* di entuṣiaṣmo

意気消沈 abbattimento[男], avvilimento[男] ◇意気消沈する essere abbattut*o* [depress*o* / scoraggiat*o* / giù di morale]

意気阻喪 perdita[女] di ṣlancio [entuṣiaṣmo] ◇意気阻喪する abbacchiarsi

意気投合 ◇意気投合する trovarsi (subito) bene insieme

意気揚揚 ◇意気揚々と trionfalmente, con aria di trionfo ¶チームは試合に勝って意気揚々としていた. Dopo la vittoria, il morale della squadra era alle stelle.

いき 委棄 〔法〕rinun*cia*[女][複 *-ce*] (a *ql.co.*), abbandono[男] (di *ql.co.*) ◇委棄する rinunciare[自][*av*] a *ql.co.*, abbandonare *ql.co.*

いき 遺棄 abbandono[男], diṣerzione[女] ¶死体を遺棄する ṣbarazzarsi di un cadavere

✤遺棄死体 cadavere[男] abbandonato

遺棄物 oggetto[男] abbandonato;《海上の》relitto[男]

いき 粋 **1**《垢抜けした様子》eleganza[女], raffinata[女];《親》sciccheria[女] ◇粋な elegante, raffinato,〔仏〕chic [無変]; di classe ¶粋な人 persona elegante [chic / raffinata / distinta] /《男》bellimbusto / damerino / ẓerbinotto ¶彼女にはどこか粋なところがある. C'è una certa eleganza in lei. ¶着物を粋に着こなす portare il *kimono*「con distinzione [elegantemente]

2《人情に通じている様子》◇粋な umanitar*io* [[男]複 *-i*] ¶彼は粋にはからって彼らを2人きりにした. È stato delicato da parte sua lasciarli soli prima che glielo chiedessero.

いぎ 威儀 dignità[女] ¶威儀を正して承(うけたまわ)る ascoltare solennemente [dignitosamente]

いぎ 異議 《反論》obiezione[女], oppoṣizione[女];《不同意》dissenso[男], ricorso[男];《抗議》protesta[女], contestazione[女] ¶異議を唱える contestare *ql.co.* a *qlcu.* / fare [preṣentare] una protesta / muovere [sollevare] un'obiezione / obiettare / protestare[自][*av*] / dissentire[自][*av*]《に da》/ disapprovare *ql.co.* / sollevare un'eccezione /〔法〕avanzare ricorso ¶異議あり. Obiezione! / Mi oppongo! ¶異議なし. Nessuna obiezione! ¶異議はありませんか. Avete nulla in contrario? / Avete「nulla da obiettare [qualche obiezione]? ¶君が行くことに異議はない. Non ho niente in contrario a che tu vada.

✤異議申立て eccezione[女], obiezione[女] formale

異議申立て人〔法〕obiet*tore*[男][[女] *-trice*]

いぎ 意義 **1**《意味》significato[男], senso[男]

2《価値》valore[男], pre*gio*[男][複 *-gi*];《重要性》importanza[女], significato[男] ¶意義のある生活をする condurre una vita「ben spesa [degna di essere vissuta / utile]

いきあたりばったり 行き当たりばったり ⇀行(ゆ)き当たりばったり

いきあたる 行き当たる ⇀行(ゆ)き当たる

いきいき 生き生き ◇生き生きと vivacemente, animatamente, con brio ◇生き生きする animarsi, rallegrarsi, farsi anim*o*, ravvivarsi, rinvigorirsi ◇生き生きした vivace, vivo, vivido, brioso, animato, pieno di vita;《新鮮》fre*sco* [[男]複 *-schi*] ¶生き生きと描く descrivere *ql.co.* [*qlcu.*] vivacemente

いきうつし 生き写し ritratto[男] vivente ¶この子は父親に生き写しだ. Questo bambino è il ritratto del padre.

いきうま 生き馬 ¶生き馬の目を抜くような《人が》ṣve*glio* [[男]複 *-gli*] / furbo / scaltro

いきうめ 生き埋め ¶生き埋めにする seppellire viv*o qlcu.* (►vivoは目的語の性・数に合わせて語尾変化する) ¶生き埋めになる essere sepolt*o* viv*o*

いきえ 生餌 esca[女] viva

いきおい 勢い **1**【力】vigore[男], forza[女], potenza[女];《エネルギー》ener*gia*[女][複 *-gie*];《スピード》velocità[女];《テンポ》ritmo[男] ◇勢いよく con forza, con vigore, vigorosamente, energicamente ◇勢いのある vigoroso, forte, ener*gico* [[男]複 *-ci*], possente ◇勢いがつく fortificarsi, rafforzarsi, rinforzarsi ¶風の勢い la forza del vento ¶大変な勢いで発展する ṣvilupparsi ad un ritmo intenso ¶川の流れは勢いが強い. La corrente del fiume è forte. ¶台風の勢いは全然衰えない. Il tifone non perde minimamente la sua forza. ¶水道の水が勢いよく出る. L'acqua ṣgorga [esce] dal rubinetto con un potente getto. ¶車に勢いがついた. La macchina prese velocità. ¶車がすごい勢いで走ってくる. Un'automobile si sta avvicinando a fortissima velocità.

2【元気, 活気】spirito[男];《熱意》ardore[男], foga[女];《快活》brio[男] ◇勢いよく con brio, con ardore ◇勢いのある pieno di vita, vivace, animato; brioso ◇勢いがつく ravvivarsi, animarsi ¶勢いをつける ravvivare / rallegrare / animare ¶勢いをそぐ scoraggiare [avvilire / deprimere / abbattere] *qlcu.* ¶勢いをそがれる scoraggiarsi / avvilirsi / deprimersi / abbattersi ¶すごい勢いだね. Ma che energia! ¶彼は昔の勢いがなくなった. Ha perso il vigore di una volta. ¶彼は勢い余って転倒した. Per il troppo impeto è caduto [è finito in terra].

3【影響力, 権勢】influsso[男], influenza[女], ascendente[男];《権力》potere[男], autorità[女];《衝動, 刺激》impulso[男], spinta[女] ◇勢いのある influente, autorevole, potente ¶勢いを振るう eṣercitare [far valere] la *propria* autorità《に su》¶酒の勢いで sotto l'influenza dell'alcol

¶酒の勢いを借りる farsi coraggio con l'alcol ¶酔った勢いで彼を殴ってしまった. L'ha preso a pugni sotto l'influsso dell'alcol. ¶彼は最近あまり勢いがない. Negli ultimi tempi non ha più molta autorità.
4【趨勢】 corrente㊛, tendenza㊛, corso㊚ ¶勢いに乗る《時流に乗る》andare con la [farsi trascinare dalla] corrente / 《成功に乗じる》sfruttare il *proprio* successo / approfittare del vantaggio ¶時の勢いには争えないから. Date le circostanze, non ho potuto competere. ¶それは自然の勢いだ. È più che logico che sia così. / Questo è il corso naturale degli eventi. ¶与党は勢いに乗って勢力を広げた. I partiti di governo hanno approfittato del consenso per estendere la loro influenza.
5【必然的に, 当然】 naturalmente, di conseguenza, inevitabilmente, conseguentemente ¶人口は増えるのに土地は増えない. いきおい土地の値段は上がる. La popolazione aumenta ma la terra no; di conseguenza, il prezzo dei terreni cresce.

いきおいこむ 勢い込む farsi forza, ingagliardirsi
いきおいづく 勢い付く ¶みんなその知らせで勢いづいた. La notizia ha confortato [ha incoraggiato] tutti.
いきがい 生き甲斐 ragione㊛ d'essere [di vivere], scopo㊚ della vita ¶生きがいのある生活をする condurre una vita degna di essere vissuta ¶生きがいのない生活 vita vuota [infelice / inutile / senza scopo] ¶生きがいを感じる sentire la gioia di vivere
いきがい 域外 ◇域外の[に]《区域外》fuori zona [della regione], al di là dei confini
✧域外調達 approvvigionamento㊚ dall'estero
いきかう 行き交う →行(ゆ)き交う
いきかえり 行き帰り →行(ゆ)き帰り
いきかえる 生き返る riprendersi, riprendere i sensi ¶風呂のあとで生き返ったような気持ちがする sentirsi un altro [《女性が主語》un'altra] dopo un bagno ¶雨で庭の草木が生き返った. La pioggia ha ravvivato le piante inaridite del giardino.
いきがかり 行き掛かり →行(ゆ)き掛かり
いきがけ 行き掛け →行(ゆ)き掛け
いきかた 生き方 modo㊚ di vivere
いきかた 行き方 →行(ゆ)き方
いきがる 粋がる darsi delle arie
いきき 行き来 →行(ゆ)き来
いきぎれ 息切れ affanno㊚;《親》fiatone㊚ ¶息切れがする avere il fiato corto [il respiro affannoso]
いきぐるしい 息苦しい **1**《息の詰まるような》soffocante, asfissiante;《うっとうしい》afoso;《呼吸が苦しい》respirare㊚ [av] con difficoltà [affanno], ansimare㊚ [av], soffocare㊚ [es] ¶煙で息苦しい respirare con difficoltà a causa del fumo ¶暑さで息苦しい soffocare per il caldo ¶今日は暑さで息苦しいほどだ. Oggi c'è un caldo afoso [opprimente]. ¶階段を一気に駆け上ったら息苦しくなった. Ansimo perché ho fatto le scale di corsa.

2《雰囲気が緊張した》¶委員会には息苦しい雰囲気が漂っていた. Nella commissione c'era un'atmosfera opprimente [soffocante].
いきごみ 意気込み《熱意》ardore㊚, entusiasmo㊚;《決意》risolutezza㊛, decisione㊛ ¶非常な意気込みで con grande [ardore [entusiasmo]] ¶《人》の意気込みをくじく smorzare [spegnere] l'entusiasmo di *qlcu.* / raffreddare gli ardori di *qlcu.* ¶たいした意気込みじゃないか. Sei proprio pieno di entusiasmo!
いきごむ 意気込む《打ち込む》raccogliere tutte le *proprie* energie per + 不定詞, impegnarsi con energia in *ql.co.* [a + 不定詞];《熱望する》essere entusiasta㊛ [男㊛ -i] di *ql.co.*;《心に決める》essere risoluto a + 不定詞 ¶今度こそ優勝するぞとチーム全員が意気込んでいる. Questa volta tutta la squadra è risoluta a vincere.
いきさき 行き先 →行(ゆ)き先
いきさつ 経緯《事情》circostanze㊛ [複], situazione㊛;《委細》particolari㊚ [複], dettagli㊚ [複];《成り行き》storia㊛, sviluppo㊚, andamento㊚, dinamica㊛;《いきさつ》guai㊚ [複], complicazioni㊛ [複], difficoltà㊛ [複] ¶どんないきさつだったのですか. Come è accaduto? ¶どんないきさつで離婚したのか知らない. Non so perché abbiano divorziato. ¶いきさつを説明してくれ. Illustrami i dettagli [i particolari], per favore. ¶ちょっとしたいきさつがあって私はあの会社を辞めた. A causa di certe complicazioni, ho lasciato quella ditta.
いきじごく 生き地獄 l'inferno㊚ in terra;《苦しみ》le pene㊛ [複] dell'inferno ¶彼らは地震で生き地獄を経験した. Durante il terremoto per loro fu come un inferno.
いきし 生き死に ¶生き死にを共にする condividere la sorte di *qlcu.* / unire la *propria* sorte a quella di *qlcu.*
いきじびき 生き字引 enciclopedia㊛ vivente [ambulante]
いきすぎる 行き過ぎる →行(ゆ)き過ぎる
いきせききる 息せき切る ansimare㊚ [av]; sbuffare㊚ [av], avere il fiato grosso ¶彼は息せき切って駆けて来た. È arrivato di corsa [ansimando e sbuffando [col fiato grosso].
いきだおれ 行き倒れ →行(ゆ)き倒れ
いきち 生き血 sangue㊚ fresco ¶彼は人間の生き血を吸う高利貸しだ. È un usuraio che succhia il sangue alla gente.
いきちがい 行き違い →行(ゆ)き違い
いきづかい 息遣い respirazione㊛ ¶息遣いが苦しい avere difficoltà nella respirazione ¶息遣いがせわしい avere il respiro corto
いきつぎ 息継ぎ《歌・水泳などの》respiro㊚, respirazione㊛ ¶息継ぎをする prendere fiato ¶水泳では息継ぎが大切です. Nel nuoto la respirazione è molto importante.
いきつく 行き着く →行(ゆ)き着く
いきづくり 生き作り《料》*sashimi*㊚ [無変] di pesce (◆ viene tagliato mentre il pesce è ancora in vita e servito immediatamente dopo, ricomponendolo nella sua forma originaria)
いきつけ 行き付け ¶私の行きつけのレストラン il ristorante che frequento spesso

いきづまり 行き詰まり　→行(ﾞ)き詰まり

いきづまる 息詰まる　¶息詰まるような接戦 partita「da togliere il fiato [elettrizzante] ¶息詰まるような沈黙が数分間続いた. Ci fu un silenzio opprimente per alcuni lunghi minuti.

いきどおる 憤る　indignarsi, sdegnarsi

いきとしいけるもの 生きとし生ける物　tutte le creature㊛[複] viventi, tutti gli esseri㊚[複] viventi

いきとどく 行き届く　→行(ﾞ)き届く

いきどまり 行き止まり　→行(ﾞ)き止まり

いきない 域内　◇域内の[に] nell'ambito della regione
✤域内貿易 scambi㊚[複] commerciali a livello regionale

いきながらえる 生き長らえる　《長生きする》 continuare㊀ (►人が主語のとき [av], 物が主語のとき [es, av]) a vivere, vivere㊀[es, av] a lungo; 《生き残る》sopravvivere㊀[es] ¶彼は90歳まで生きた. Ha vissuto fino a 90 anni. ¶彼は息子の死から7年も生き長らえた. È sopravvissuto al figlio per sette anni.

いきなり 《突然》improvvisamente, all'improvviso, di sorpresa [colpo]; ad un tratto; inaspettatamente; 《予告なしに》senza preavviso ¶彼女はいきなり泣きだした. Tutto ad un tratto è scoppiata a piangere. ¶いきなりそんなこと言われても困る. Mi metti in difficoltà dicendomi queste cose all'improvviso.

いきぬき 息抜き　《短い休息》attimo㊚ di riposo, breve sosta㊛, pausa㊛; 《気分転換》rilassamento㊚, diversivo㊚, svago㊚[複 -ghi], passatempo㊚ ¶息抜きをする prendere fiato / prendersi un attimo di respiro / fare una breve sosta ¶息抜きにコーヒーを飲む prendere un caffè per ristorarsi

いきぬく 生き抜く　sopravvivere㊀[es], continuare㊀ (►人が主語のとき [av], 物が主語のとき [es, av]) a vivere ¶正直者として生き抜く mantenersi [restare] onesto / continuare a vivere onestamente ¶彼は山中にたった一人で何年も生き抜いた. È sopravvissuto da solo per molti anni in montagna.

いきのこり 生き残り　sopravvissuto㊚[㊛-a], superstite㊚㊛

いきのこる 生き残る　sopravvivere㊀[es] ¶その飛行機事故で生き残った者はいなかった. In quell'incidente aereo non è sopravvissuto nessuno.

いきのびる 生き延びる　¶彼は戦火の中を生き延びた. È sopravvissuto alla guerra.

いきば 行き場　→行(ﾞ)き場

いきはじ 生き恥　¶生き恥をさらす vivere nel disonore [nella vergogna] / vivere una vita piena d'ignominia [d'infamia]

いきぼとけ 生き仏　budda㊚ vivente, monaco㊚[㊛-ca]㊚[複-ci] santo; 《高徳の人》persona㊛ virtuosa

いきまく 息巻く　《怒りにまかせて言い放つ》dichiarare con aria arrogante (che+直説法) ¶私を殺してやるぞと息巻いていた. Minacciava di uccidermi. / Diceva con boria [con tono minaccioso] che mi avrebbe ucciso.

いきむ 息む　《便所で》sforzarsi [spingere] per andare di corpo; 《分娩時に》spingere durante il parto

いきもの 生き物　essere㊚ vivente [animato]; 《動物》animale㊚ ¶月に生き物のいる気配はなかった. Sulla luna non c'era alcun segno di vita [di esseri animati]. ¶言葉は生き物だ. La lingua è una cosa viva.

いきょ 依拠　¶…に依拠して in base a ql.co. ¶事実に依拠した小説 romanzo basato su [tratto da] fatti realmente accaduti

いきょう 異教　religione㊛ straniera; 《古代の多神教》paganesimo㊚
✤異教国 paese㊚ pagano; 《総称》paganìa㊛, il mondo㊚ pagano
異教徒 pagano㊚[㊛-a], idolatra㊚㊛[㊚複-i]; infedele㊚㊛

いきょう 異郷　un altro paese㊚ ¶異郷に骨を埋める morire in terra straniera [in un paese straniero]

いきょう 異境　《外国の地》terra㊛ straniera ¶異境にさすらう vagare per terre straniere

いぎょう 偉業　grande impresa㊛ [conquista㊛], grandi gesta㊛[複] ¶偉業を成し遂げる compiere una grande impresa

いぎょう 遺業　¶父の遺業を継ぐ proseguire il lavoro lasciato incompiuto dal padre defunto

いきょく 医局　ufficio㊚[複-ci] medico[複-ci]
✤医局員 membro㊚ del personale medico

いきょく 委曲　dettagli㊚[複] ¶委曲を尽くす spiegare nei particolari ¶委曲を尽くした説明 spiegazione particolareggiata [dettagliata]

いきりたつ 熱り立つ　essere arrabbiato [eccitato] / indignato ¶いきり立った群衆 folla eccitata

いきりょう 生き霊　apparizione㊛ (di persona vivente) ¶生き霊に取り憑(ﾟ)かれる essere posseduto da uno spirito

いきる 生きる　**1**【生命を保つ】vivere㊀ [es, av], esistere㊀[es], essere in vita ◇生きた vivo, vivente ¶生きた魚 pesce vivo ¶100歳まで生きる vivere fino a cent'anni ¶私の生きている限りは finché vivrò [avrò vita] ¶生きて帰る ritornare vivo ¶彼は5日間水だけで生きた. Ha vissuto bevendo soltanto acqua per cinque giorni. ¶生ける屍(しかばね) cadavere vivente [ambulante] ¶その病人は点滴だけで生きている. Quel paziente è tenuto in vita soltanto con le flebo. ¶鯨は何を食べて生きているの. Di che cosa si nutre [si ciba] una balena? ¶生きるための闘い lotta per la vita ¶生きるか死ぬかの問題 questione di vita o di morte ¶生きている甲斐がない. Non ho nulla per cui vivere. ¶私はただ生きているというだけだ. Non vivo ma vegeto. / Questo non è vivere, è vegetare. ¶爆撃中は生きた心地がしなかった. Durante il bombardamento mi sentivo più morto che vivo. ¶生きるか死ぬかの瀬戸際だ. La mia vita è in gioco [in pericolo / sospesa a un filo]. ¶「生きるべきか死ぬべきか. それが問題だ」"Essere o non essere, questo è il problema." ¶人はパンのみにて生くるにあらず《聖》 "Non si vive solo di pane."

2【生活する】guadagnarsi la vita [il pane / da

vivere], vivere di *ql.co*. ¶どうにか生きている campare⓪[*es*] ¶生きるための手段 mezzo di vivere ¶彼は翻訳をしてどうにか生きている. Tira avanti facendo traduzioni.
3【役に立つ】essere utile ¶あなたの苦労もいつかきっと生きるだろう. Le tue fatiche daranno sicuramente i loro frutti un giorno. ¶この法律はまだ生きている. Questa legge è ancora valida [ancora in vigore].
4【生き生きする】ravvivarsi, prendere vita ¶生きたイタリア語 l'italiano vivo ¶この絵で部屋が生きた. Questo quadro ha ravvivato la stanza.

いきわかれ 生き別れ ¶子供と生き別れになる separarsi per vivere dai figli

いきわたる 行き渡る →行(ゅ)き渡る

いく 行く **1**【目的地に向かう】andare, recarsi;《相手のいる場所へ向かう》venire ¶映画を見に行く andare al cinema ¶歩いて[電車で/バスで]行く andare a piedi [in treno / in autobus] ¶「ちょっと来て」「すぐ行くよ」"Vieni un momento." "Eccomi, vengo subito." ¶散歩に行かない? Vuoi venire a fare una passeggiata? ¶明日君の家へ行ってもいいかな. Domani posso venire 「a trovarti [da te]? ¶一緒に行くよ. Vengo anch'io. ¶「どこへ行って来たの」「スーパーへ買い物に行って来たんだ」"Dove sei stato?" "Sono andato a fare la spesa al supermercato." ¶ローマ[イタリア]へ行ったことがありますか. È mai stato a Roma [in Italia]?. ¶このバスは中央広場に行きますか. Quest'autobus va [porta] alla Piazza Centrale? ¶お先に行ってください. あとから行きますので. Lei vada avanti. La raggiungerò dopo. ¶2、3日したら通知が行きます. Fra un paio di giorni le arriverà la comunicazione. ¶友人は家に本を忘れていった. Il mio amico se ne è andato dimenticandosi il libro. ¶娘は嫁に行った. Mia figlia si è sposata. ¶行けども行けども山小屋は見えてこなかった. Camminavo, camminavo, ma non riuscivo a trovare la baita. ¶行ってらっしゃい. Buona giornata. (▶イタリア語では相手によって決まった表現はないが, 学校に行く人には "Buona lezione [scuola]." 仕事に行く人には "Buon lavoro." などと声をかける) ¶行ってきます. Ciao. / Ci vediamo più tardi.
2【過ぎる】passare⓪[*es*]; 《去る》andarsene ¶行く春を惜しむ rimpiangere la primavera che se ne va ¶街を行く人の顔が明るい. La gente che si vede camminare per strada ha un viso allegro. ¶バスは行ったばかりです. L'autobus è appena passato.
3【事が運ぶ】andare avanti, procedere⓪[*es*] ¶思ったとおりうまくいった. È andata (bene) come speravo. ¶そう簡単にはいかないよ. Mica si può fare così come dici tu! ¶仕事がうまくいかないようだ. Sembra che il lavoro non vada [non proceda] bene.
4【事を行う】¶次はその手でいこう. Ora proviamo questo metodo. / La prossima volta proviamo in quest'altro modo. ¶今日は日本式でいこう. Oggi seguiamo la maniera giapponese. ¶もう一度始めからいこう. Ricominciamo dal principio, ancora una volta.
5【ある状態になる】¶心ゆくまで花の季節を楽しむ godersi fino in fondo la stagione dei fiori ¶年端も行かぬ子供 bambino in tenera età ¶納得が行くまで考えろ. Pensaci su fino a quando non sarai del tutto convinto. ¶先生に何度聞いても満足の行く答えが得られなかった. Il professore non mi ha ancora mai dato una risposta che mi soddisfacesse, per quanto gliel'abbia domandato. ¶きれい好きもあそこまで行くと異常だ. Anche per un amante della pulizia, così è esagerato!
6【進行・継続する】¶だんだん寒くなっていく. Si sta facendo freddo. / A poco a poco si va sempre più rinfrescando. ¶船は次第に小さくなっていった. La nave si faceva sempre più piccola. ¶これからも1人で生きていく.《女性が主語》Continuerò a vivere da sola [《女性が主語》da sola].
7【快感が絶頂に達する】venire
8【「…するわけにはいかない」の形で】¶今は真実を話すわけにはいかない. Non posso certo dirvela adesso, la verità. ¶途中でやめるわけにはいかない. Non è che possa lasciare le cose così, a metà.

使いわけ andare と venire
日本語の「行く」はイタリア語の andare におおむね対応するが, 話し手が聞き手のいる場所あるいは聞き手が向かおうとしている場所へ「行く」ときには, andare ではなく, venire を使う.

¶今日の午後, お宅へ伺います. Vengo da lei questo pomeriggio.

¶みんなパーティーに行くのなら, 私も行きます. Ci andate tutti alla festa? Allora vengo anch'io.

¶すぐ行きますから, 少しお待ちください. Vengo [Arrivo] subito, attenda un attimo.

話し手自身が向かおうとしている場所に聞き手や第三者が「行く」ときも, venire を使う.

¶今晩映画を見に行くんだけど, 君も行くかい. Stasera vado al cinema. Vuoi venire anche tu?

いく‐ 幾‐ →なん‐ **1**【疑問】quanto ¶ご家族は幾人ですか. Quanti siete in famiglia?
2《多数》tanto, parecchio [複]‐chi, molto ¶イタリア語の本を幾冊も読んだ. Ho letto molti libri in italiano. ¶京都は幾度も訪れました. Ho visitato Kyoto parecchie volte.
3《少数》poco [複]‐chi ¶試験まであと幾日もない. Mancano solo pochi giorni agli esami.

イグアナ【英 iguana】【動】iguana⓪

いくえいしきん 育英資金 borsa⓪ di studio

いくえにも 幾重にも ¶城壁が幾重にも張り巡らされている. Il castello è circondato da più mura di cinta. ¶幾重にもおわびいたします. Le porgo tutte le mie scuse. / Chiedo mille scuse. ¶幾重にも感謝します. La ringrazio di cuore.

いくさ 戦 ¶これからひと戦だ. Adesso viene il bello! (▶直訳すると「お楽しみはこれからだ」. これから何か困難なことが起こることが, 話し手が気合いをこめていう表現) / Abbiamo una battaglia davanti a noi.

いぐさ 藺草【植】giunco⓪ [複]‐chi

いくじ 育児 cura⓪ [educazione⓪] dei figli
✢育児休暇 congedo⓪ per prendersi cura dei figli
育児休業《制度》congedo⓪ parentale

育児時間 〘法〙 tempo[男] di allattamento
育児書 vademecum[男][無変] di puericoltura
育児手当 indennità[女] per prendersi cura dei figli
育児ノイローゼ nevroṣi[女] cauṣata dallo stress per l'allevamento dei figli
育児費 spesa[女] per la cura dei figli
いくじ 意気地 fermezza[女], carattere[男] ¶意気地のない《根性のない》 debole / fiacco [[男]複 -*chi*] ¶うちの息子は意気地がない. Mio figlio è senza [privo di] carattere.
✤意気地無し 《臆病者》 puṣillanim*e*[男][[女] -*a*], codard*o*[男][[女] -*a*], vile[男][女]; 《弱虫》 timid*o*[男][[女] -*a*]; 《無力な人》 ṣvogliat*o*[男][[女] -*a*]
いくせい 育成 ◇育成する《人を》 educare; allevare; 《草花を》 coltivare; 《事業などを》 ṣviluppare
いくた 幾多 una gran quantità[女] ¶幾多の困難 molte [molteplici] difficoltà ¶幾多の理由で per diversi motivi
いくつ 幾つ **1** 《個数》 quanto; 《年齢》 quanti anni ¶いくつでも《数量》 qualsiasi quantità ¶いくつになっても《年齢》 a qualunque età / 《年甲斐もなく》 malgrado l'età ¶君いくつ. Quanti anni hai? ¶このりんごは1000円でいくつ買えますか. Quante mele si possono comprare con mille yen? ¶いくつでも欲しいだけ取ってください. Prendine quanti ne vuoi.
2 《「いくつも」の形で, 多数の》 molto, pare*cchio* [[男]複 -*chi*] ¶私の家は部屋がいくつもない. La mia casa non ha molte stanze.
3 《「いくつか」の形で, 数個の》 alcuni＋男性名詞の複数形, alcune＋女性名詞の複数形; qualche＋名詞の単数形, un certo numero di... ¶隣からりんごをいくつかもらった. Ho ricevuto alcune mele [qualche mela] dal vicino.
いくどうおん 異口同音 ◇異口同音に all'unisono, all'unanimità, unanimemente ¶異口同音に提案に賛成する approvare una proposta all'unanimità
いくとおり 幾通り ¶その文は幾通りにも訳せる. Quella fraṣe si può interpretare in vari [in tanti] modi.
イグニッションキー 〔英 ignition key〕 〘車〙 chiave[女] dell'accensione
いくばく 幾何・幾許 ¶いくばくかの金 un po' di denaro ¶彼は余命いくばくもない. Non gli è rimasto molto da vivere. / Ha ancora poco da vivere.
いくび 猪首 ¶猪首の男 uomo dal collo taurino
いくひさしく 幾久しく per sempre ¶幾久しくお幸せにとお祈りいたします. Le auguro grande felicità per gli anni a venire.
いくぶん 幾分 ⇒幾らか
いくもうざい 育毛剤 sostanza[女] per la crescita dei capelli; 《ローション》 lozione[女] per la crescita dei capelli
いくら 幾ら **1**【値段や数量をたずねて】 quanto ¶いくらですか. 《値段》 Qual è il prezzo [《料金》 la tariffa]? / Quanto costa [viene]? / Quant'è? ¶この生地は1メートルいくらですか. Quanto costa al metro questa stoffa?
2【どんなに, どれほど】 per quanto＋[接続法] ¶彼がいくらイタリア語がうまくてもイタリア人にはかなわない. Per quanto conosca bene la lingua, non potrà mai essere come un italiano. ¶いくら食べてもおなかがいっぱいにならない. Per quanto mangi, non sono mai pieno [sazio]. ¶いくら鈴木でもゴルフでは加藤にはかなわない. Persino il bravissimo Suzuki non può battere Kato a golf. ¶いくら何でもこの靴は大きすぎる. Dica pure quello che vuole, ma queste scarpe sono troppo grandi. ¶いくら何でも高すぎるよ. Comunque sia [In ogni caṣo] è troppo costoso!
イクラ 〔ロ ikra〕 uova[女][複] di salmone
いくらか 幾らか un po' ◇いくらかの qualche ¶今日はいくらか暖かいようだ. Oggi pare che faccia un tantino [un po'] più caldo. ¶英語はいくらかわかります. Capisco qualche parola d'inglese.
いくらでも 幾らでも **1** 《制限なく》 ¶あの人はいくらでも金を使える. Può spendere tutti i soldi che vuole. **2** 《わずかでも》 ¶いくらでも結構ですから募金に協力してください. La preghiamo di partecipare alla raccolta di fondi anche con un piccolo contributo. **3** 《「いくらでもない」の形で》 ¶ラジオの電気の消費量はいくらでもない. La radio consuma poca elettricità.
いくらも 幾らも ¶そんな例はいくらもある. Questi caṣi sono piuttosto frequenti. / Di questi caṣi ce ne sono molti. ¶残品はいくらもない. Gli articoli avanzati [rimasti] non sono molti. ¶いくらもしないうちに彼は帰って来た. Se n'era appena andato quando tornò indietro.
いくん 遺訓 istruzioni[女][複] testamentarie, ultime volontà[女] ¶遺訓を垂れる lasciare le ultime volontà
いけ 池 《浅い自然の沼》 stagno[男]; 《大きく深い》 laghetto[男]; 《水溜り》 pozza[女]; 《人工の用水》 vasca[女]; 《噴水などのある人工池》 fontana[女]
いけい 畏敬 timore[男] e rispetto[男] ◇畏敬する aver soggezione di *qlcu.*; 《敬う》 riverire [onorare / venerare] *qlcu.* ¶私たちは祖父に対して畏敬の念を抱いていた. Nutrivamo un profondo rispetto per nostro nonno.
いけがき 生け垣 siepe[女] ¶生け垣を巡らした家 una casa circondata da una siepe
いけす 生簀 peschiera[女], viva*io*[男][複 -*i*], riserva[女] (di pesca)
いけすかない いけ好かない ¶あいつはいけ好かないやつだ. È un tipo detestabile [odioso].
いげた 井桁 **1** 《井戸の縁》 parapetto[男] quadrangolare di un pozzo **2** 《模様, 形》 ¶井桁に組む disporre a doppia croce [a croci parallele]
いけづくり 生け作り ⇒生き作り
いけどる 生け捕る 《動物を》 catturare vivo *ql.co.* (►vivoは目的語の性・数に合わせて語尾変化する) ¶象を生け捕る catturare un elefante vivo ¶敵の将軍を生け捕った. Abbiamo catturato [fatto prigioniero] un generale nemico.
いけない **1**【よくない】 cattivo; 《正しくない》 ingiusto; 《間違った》 ṣbagliato, errato, ineṣatto ¶いけない子 bambino catti-

い

vo［《生意気》impertinente /《いたずら》birichino /《言うことを聞かない》diṣobbediente］¶私のどこがいけないの．Che male ho fatto? / Che ho fatto di male? ¶私がいけないのですか．È forse mia la colpa? ¶この答えのどこがいけないのですか．Che cosa c'è di ṣbagliato in questa risposta? **2**【望みがない，だめだ】 ¶この病人はもういけない．Il paziente è spacciato. ¶この魚はもういけない．Questo pesce è guasto［è andato a male］. **3**【具合が悪い】 spiacevole ¶しまった，これはいけない．Accidenti, questo è un guaio! ¶何かあるといけないからお金をもう少し持って行きなさい．Porta (con te) un altro po' di denaro in caṣo dovesse succedere qualche cosa. ¶病気とはいけないね．Mi rincresce［Mi dispiace］che tu stia male. ¶風邪をひくといけないからコートを着て行きなさい．Metti il cappotto「per non［perché potresti］prendere il raffreddore. **4**【「…してはいけない」の形で，禁止を表す】《人が主語》non dovere＋[不定詞]；《非人称的に》È vietato［proibito］＋[不定詞], Non è permesso＋[不定詞]［che＋[接続法]］ ¶2時間以上テレビゲームをしてはいけないよ．Non devi giocare con i videogiochi più di due ore. ¶ここでタバコを吸ってはいけない．Qui è vietato fumare. ¶危ないからそばへ来てはいけない．È pericoloso, non avvicinarti. **5**【「…しなくてはいけない」の形で，義務・必要を表す】 biṣogna＋[不定詞]；《人が主語》dovere＋[不定詞] ¶今日中にこの本を読まなくてはいけない．Devo leggere questo libro entro oggi. ¶あの歯を抜かなくてはいけない．Biṣognerà togliere quel dente.

いけにえ 生贄 sacrificio[男]［[複] -ci］；《犠牲》vittima[女]；《身代わりの》capro[男] espiatorio［[複] -i］ ◇いけにえの sacrificale ¶神にいけにえを捧げる offrire un sacrificio a una divinità ¶…のいけにえになる essere vittima di *ql.co.*［*qlcu.*］/ diventare l'agnello sacrificale di *ql.co.*［*qlcu.*］

いけばな 生け花 《華道》*ikebana*[男]［[無変]］, arte[女] di disporre i fiori ⇒[日本事情]

いける 行ける **1**《行くことができる》¶駅まで5分で行ける．È possibile andare alla stazione in cinque minuti. **2**《相当いい，おいしい》buono, gustoso, delizioso ¶この酒はなかなかいける．Questo *sakè* è veramente ottimo. **3**《うまくできる》saper＋[不定詞], essere bravo in *ql.co.* ¶彼はスキーも水泳もいける．Sa sciare e nuotare. **4**《酒が相当飲める》gradire gli alcolici ¶君は相当いける口だね．Ma sei proprio un gran bevitore!

いける 生ける vivente ¶生ける屍(しかばね) cadavere[男] vivente

いける 生ける ¶花を花瓶に生ける disporre (i) fiori in un vaṣo

いける 埋ける interrare *ql.co.*, seppellire *ql.co.* nel terreno ¶炭火を埋ける soffocare［coprire］un fuoco con la cenere

いけん 意見 **1**【考え】 opinione[女], parere[男], idea[女]；《見解》punto[男] di vista ¶意見が合う andare d'accordo con *qlcu.* / avere le stesse opinioni di *qlcu.* ¶明日出発することに皆の意見が一致した．Tutti si sono messi d'accordo di partire domani. ¶意見が衝突する《複数の人が主語》avere opinioni［idee］discordanti ¶僕は建築家の意見に従う．Mi atterrò al parere dell'architetto. ¶意見の交換をする avere uno scambio di idee con *qlcu.* ¶我々の間で意見の対立がある．C'è un contrasto d'opinioni tra di noi. ¶自分の意見を他人に押しつける imporre le *proprie* opinioni agli altri ¶皆の意見をまとめる《集める》raccogliere le idee di tutti /《調整する》appianare［comporre］le divergenze ¶私はどこまでも自分の意見を押し通すつもりだ．Sosterrò la mia opinione fino in fondo. ¶賛成意見より反対意見のほうが多い．I pareri contrari sono più numerosi di quelli favorevoli. **2**【忠告】 consiglio[男]［[複] -gli］；《叱責》ammonimento[男], rimprovero[男]；《注意》avvertimento[男] ◇意見する consigliare *ql.co.* a *qlcu.*［a *qlcu.* di＋[不定詞]］, dare un consiglio a *qlcu.*, fare un'osservazione su *ql.co.*; redarguire［ammonire］*qlcu.* per *ql.co.* ◇意見がましい ammonitor*io*［[男][複] -i］, di rimprovero, di riprovazione, di biaṣimo ¶まじめに勉強するように父親は息子に意見した．Il padre ha ammonito il figlio affinché studiasse seriamente. ¶あんな不まじめな男に意見してもむだだ．Le osservazioni fatte ad un uomo così frivolo sono parole al vento.

✤意見広告 articolo[男] d'opinione a inserzione［pagamento］(◆ spesso a carattere collettivo)

いけん 違憲 〘法〙 incostituzionalità[女], violazione[女] costituzionale ¶この決定は違憲である．Questa decisione è incostituzionale.

✤違憲立法審査権 diritto[男] di controllo di legittimità costituzionale sulle leggi ordinarie

[日本事情] 生け花

Quest'arte di compoṣizione floreale è documentata storicamente fin dal periodo Nara (710-784) come decorazione dell'altare buddista. Verso la seconda metà del periodo Kamakura (1180-1333) l'*ikebana* si staccò dalla religione, costituendo un settore d'arte a sé stante. Nella nuova cultura, creatasi durante lo shogunato di Ashikaga Yoshimasa (1436-1490), divenne un elemento importantissimo dell'architettura degli interni. Insieme con lo ṣviluppo della cerimonia del tè nacque poi una forma libera di *ikebana* (*ikebana* per la cerimonia del tè).

Nella seconda metà del XVII secolo l'*ikebana* passò dalla mano dei nobili e dei bonẓi a quella del popolo. Verso la metà del periodo Edo (1603-1867) subì un processo di schematizzazione estrema. Verso la metà dell'era Meiji (1868-1912) l'*ikebana* si ṣviluppò notevolmente. Grazie anche alla politica governativa di educazione femminile, essa divenne materia d'insegnamento insieme alla cerimonia del tè e al cucito. Dopo la seconda guerra mondiale, si ebbe un suo rinnovamento quale attività creativa e, a volte, d'avanguardia. Oggi si contano più di 3.000 tra correnti e scuole. Molti maestri e maestre di quest'arte insegnano anche all'estero.

いげん 威厳 dignità㊛, nobiltà㊛, maestosità㊛, solennità㊛ ¶威厳を保つ[失う] mantenere [perdere] la *propria* dignità ¶彼は威厳がある。È un uomo dall'aspetto dignitoso. ¶そんなことをしたら君の威厳にかかわる。Agendo così, ne va della tua dignità [del tuo prestigio].

いげんびょう 医原病 malattia㊛ iatrogena

いご 以後 **1**《これから先のこと》più tardi, d'ora [da questo momento] in poi;《将来》in futuro ¶以後二度と悪いことはいたしません。D'ora in poi non commetterò più cattive azioni.
2《ある時点から先のこと》dopo, a partire da;《それ以後》successivamente, ulteriormente ¶それ以後の successivo / ulteriore ¶3時以後 dopo le tre / dalle tre in poi ¶それ以後彼からは何の便りもない。Da allora in poi non ho ricevuto neanche una cartolina.

いご 囲碁 →碁

いこい 憩い riposo㊚, pausa㊛, sosta㊛

いこう 以降 dopo

いこう 衣桁 attaccapanni㊚[無変] per (appendere) il *kimono*

いこう 威光 autorità㊛, potere㊚;《影響力》influenza㊛ ¶おやじの威光で tramite l'influenza del padre /《口聞きで》raccomandato dal padre

いこう 偉功 ¶偉功をたてる compiere una grande impresa / conseguire un brillante risultato

いこう 意向《意図》intenzione㊛, intento㊚, disposizione㊛;《意 見》opinione㊛, parere㊚ ¶＜人＞の意向に沿う corrispondere alle intenzioni di qlcu. / accontentare qlcu. ¶政府はこの法律を廃止する意向である。Il governo è propenso ad abrogare questa legge.

いこう 遺稿 opere㊛[複] rimaste [postume], scritti㊚[複] postumi

いこう 移行 transizione㊛, trasferimento㊚, passaggio㊚[複 -gi] ¶移行する trasferirsi, passare㊚[es] a *ql.co.* ¶社会主義から資本主義へ移行する passare dal socialismo al capitalismo

❖移行期 periodo㊚[複] (fase㊛) di transizione
移行経済《経》economia㊛ in transizione
移行措置 misure㊛[複] speciali prese durante un periodo di transizione

いこう 移項《数》trasposizione㊛ ◇移項する trasporre

いこう 憩う riposare㊚[av], riposarsi ¶公園の木陰で憩う riposarsi nel parco all'ombra degli alberi

イコール〔英 equal〕◇イコールの uguale, eguale ¶3プラス4イコール7．Tre più quattro fa [è uguale a] sette.
❖イコール記号 segno㊚ dell'uguale

いこく 異国 paese㊚ straniero ◇異国的な esotico㊚[複 -ci]
❖異国情緒 esotismo㊚ ¶異国情緒豊かな pieno di esotismo

いごこち 居心地 ¶居心地がいい《人が主語》sentirsi a *proprio* agio / trovarsi bene /《物が主語》essere confortevole [comodo / accogliente] ¶このホテルは居心地がよくない。Questo hotel non è accogliente.

いこじ 意固地 ostinazione㊛, testardaggine㊛;《その場だけの》puntiglio㊚ ◇意固地な ostinato, testardo, cocciuto; puntiglioso ¶意固地になって…する ostinarsi [accanirsi / insistere] a+不定詞

いこつ 遺骨 reliquie㊛[複], resti㊚[複] [spoglie㊛[複]] mortali, ceneri㊛[複]

いこむ 鋳込む《冶》gettare ◇鋳込み getto㊚, fusione㊛, colata㊛ ¶溶解した鉄を型に鋳込んで鍋を作る colare ferro fuso in uno stampo per ricavarne una pentola

いころす 射殺す《矢で》uccidere *qlcu.* con una frecciata

いこん 遺恨 profondo rancore㊚, cupo㊚ livore

イコン〔ラ icon〕《宗》icona㊛

いざ 1《さあ》¶いざ行け．Va bene [Su], vai (pure)! **2**《いよいよ》¶いざとなれば私も働きます。Se sarà necessario lavorerò anch'io. ¶いざという時に備えなければならない。Dobbiamo prepararci per il peggio.
|慣用| いざ鎌倉 ¶いざ鎌倉という時に in caso di emergenza

いざしらず ¶そのことはいざ知らず a prescindere da ciò ¶他人はいざ知らず私は最後まで頑張ります。Non mi importa cosa faranno gli altri, io farò del mio meglio [io resisterò] sino alla fine.

いさい 委細 dettagli㊚[複], particolari㊚[複] ¶委細を話す entrare nei particolari / presentare un racconto particolareggiato (di *ql.co.*) ¶「委細面談」"I dettagli verranno fissati in fase di colloquio"
|慣用| 委細構わず ¶彼は委細構わず演壇に駆け上がった。Salì sul palco senza curarsi delle circostanze.

いさい 異彩 ¶異彩を放つ spiccare㊚[es] / farsi notare / mettersi [essere] in vista / risaltare㊚[es, av] / distinguersi ¶彼は発想のすばらしさで映画界に異彩を放っている。Si è fatto notare nel mondo del cinema per l'originalità delle sue idee.

いさい 偉才《抜きんでた才能、人》grande talento㊚;《人》persona㊛ di straordinario talento;《天才, 才能》genio㊚[複 -i], prodigio㊚[複 -gi]

いさかい 諍い ¶彼は隣の家と年中いさかいが絶えない。Litiga sempre col suo vicino di casa.

いざかや 居酒屋 taverna㊛, osteria㊛; bar㊚[無変]; enoteca㊛;《ヴェネト》bacaro㊚

いさき 伊佐木《魚》grugnitore㊚

いさぎよい 潔い《勇敢な》coraggioso, prode, valoroso, eroico㊚[複 -ci];《正しい》integro, retto, onesto;《男らしい》virile, forte, risoluto, cavalleresco㊚[複 -schi], leale ◇潔く coraggiosamente, integramente, risolutamente ¶…を潔しとしない vergognarsi [disdegnare] di+不定詞 ¶潔い最期だった。È stata una morte eroica. ¶彼は人に助けを乞うのを潔しとしない。È troppo orgoglioso per chiedere aiuto agli altri.

いさく 遺作 opera㊛ postuma, lavoro㊚ postumo

いざこざ《混乱》impiccio㊚[複 -ci], pasticcio

男[複 -ci], confusione女; (口論) lite女; (あつれき) attrito, disaccordo男 ¶〈人〉といざこざを起こす venire in disaccordo con qlcu. (のことで su)

いささか 些か un po', alquanto, piuttosto ¶私たちはいささか食べ過ぎた。Abbiamo mangiato un po' troppo. ¶責任者の返事をもらうのにいささか時間を取られた。Ho dovuto aspettare alquanto la risposta del responsabile. ¶それにはいささか驚いた。Questo mi ha piuttosto sorpreso. ¶いささかなりともお役に立てば光栄です。Sarò onorato se potrò rendermi un po' utile.

いざなう 誘う →誘(いざな)う

いさましい 勇ましい (勇敢な) coraggioso, valoroso, intrepido, eroico [男複 -ci]; (人を奮い立たせる) esaltante ¶勇ましい兵士 soldato coraggioso ¶勇ましい音楽 musica esaltante ¶勇ましい物語 racconti eroici [epici]

いさみあし 勇み足 ¶彼が学校のためにそう言ったのはわかるが、それは勇み足だった。Mi rendo conto che l'ha detto per amore della scuola, ma è andato troppo oltre.

いさみたつ 勇み立つ ¶成功の望みが見えてきて彼らは勇み立った。Sono stati spronati dalla prospettiva di un successo.

いさむ 勇む prendere coraggio, caricarsi ¶勇んで家を出る uscire di casa tutto armato di coraggio

いさめ 諫め ammonizione女, rimostranza女; (忠告) consiglio男[複 -gli]

いさめる 諫める ammonire [esortare] qlcu. a+不定詞, fare rimostranze a qlcu.; (…しないように) dissuadere qlcu. dal+不定詞 ¶友の非を諫める ammonire un amico a non sbagliare più

いざよい 十六夜 ¶十六夜の月 la luna della sedicesima notte / gobba di luna calante

いさりび 漁り火 fuoco男[複 -chi] acceso a bordo di un'imbarcazione per attirare i pesci

いさん 胃酸 《医》 acido cloridrico [複 -ci]
❖胃酸過多症 ipercloridria女, iperacidità女
胃酸欠乏症 acloridria女, ipoacidità女

いさん 遺産 eredità女; (世襲財産) patrimonio男[複 -i]; (法) lascito男, legato男 ¶遺産を残す lasciare un patrimonio ¶遺産を相続する ereditare una (successe男[es] nella) proprietà ¶日本の文化遺産を守る proteggere il patrimonio culturale giapponese ¶世界遺産 patrimonio mondiale
❖遺産争い controversia女 ereditaria
遺産受取人 legatario男[女 -ia; 男複 -i]
遺産管理人 amministratore男[女 -trice] dell'eredità
遺産相続 successione女 ereditaria
遺産相続人 erede男女, successore男[女 succeditrice]

いし 石 pietra女; sasso男; macigno男, masso男; (砂利) ghiaia女; (宝石) pietra女 preziosa; (碁石) pedina女 del go; (医) (結石) calcoli男[複] ¶石造りの建物 edificio di pietra ¶石でできた壁 muro di pietra ¶石のように固い essere duro come la pietra ¶石を切り出す cavare le pietre ¶石を投げる tirare sassate /〈人に〉prendere a sassate qlcu. / tirare [scagliare] un sasso contro qlcu. [qlco.] ¶石を磨く lucidare una pietra ¶石のように冷たい心 cuore di pietra [sasso] ¶畑から石を取り除く togliere le pietre dal campo ¶ライターの石 pietrina di accendino ¶庭石 pietra da giardino ¶石につまずいてころんだ。Sono inciampato in un sasso e sono caduto. ¶石から仏像を彫りだした。Ho scolpito un blocco di pietra a immagine di un buddha. ¶道端の大きな石に腰掛けた。Mi sono seduto su una grossa pietra [su un grosso masso] al lato della strada. ¶この辺の道は石が落ちてくるので危ない。In questa zona la strada è pericolosa per la caduta di pietre [di massi]. ¶汝らのうち罪なき者、最初の石を投げよ。(聖)"Chi è senza peccato scagli la prima pietra."

[慣用] 石にかじりついても ad ogni costo, a tutti i costi, perseverando, con perseveranza
石の上にも三年 (諺) "Chi la dura la vince." / La perseveranza porta al successo.
❖石けり campana女 ¶石けりをする giocare a campana
石切り工 scalpellino男, tagliapietre男[無変]
石切り場 cava女 di pietre
石細工 lavorazione女 della pietra
石屋 commerciante男女 in pietre e massi

使いわけ pietra, sasso, macigno, masso
pietraはこぶし大より大きい石の総称として用いられ、sassoは道や川原などの石ころを指す。macignoは非常に固くて重い石を、massoは建築・土木用の石材としても用いられる大きな石を指す。

いし 医師 →医者
❖医師会 associazione女 medica, ordine男 dei medici
医師国家試験 esame男 a livello nazionale per l'abilitazione della professione medica
医師免許 licenza女 medica, abilitazione alla professione medica

いし 意志 volontà女 ¶自分の意志で di propria volontà / volontariamente ¶彼は意志が強い。Ha una forte volontà [una volontà di ferro]. ¶彼は意志が弱い。È debole di carattere. / È senza volontà. ¶私はこの記事を意志に反して書いた。Ho scritto questo articolo「contro la mia volontà [mio malgrado]. ¶勉強する意志はあるんだが、どうもその気にならない。Vorrei studiare ma non sono nello spirito adatto. ¶彼の辞任の意志は固い。È assolutamente deciso a dimettersi. ¶すべては君の意志次第だ。Dipende tutto da te [dalla tua volontà].

いし 意思 (考え) idea女, pensiero男; (心づもり) intenzione女, intento男; (望み) desiderio男[複 -i] ¶意思が通じる raggiungere un accordo / intendersi / capirsi ¶意思を達成する portare a compimento il proprio proposito / conseguire [ottenere / raggiungere] l'intento ¶〈人〉の意思に屈する cedere ai desideri di qlcu. ¶〈人〉の意思に背く andare contro le intenzioni [volontà] di qlcu. ¶私には先生に

なる意思は毛頭ない. Non ho la minima intenzione di diventare un insegnante. ¶手紙ではなかなか意思が通じない. Non è facile「farsi capire [intendersi] per lettera. ¶イタリア語ではまだ十分に意思を伝えられない. Non riesco ancora a comunicare bene in italiano. ¶本人の意思にまかせます. Mi affido [Rimetto] alla volontà dell'interessato.

✤**意思決定** processo[男] decisivo

意思決定機関 organo[男] decisionale

意思表示〘法〙dichiarazione[女] di volontà [d'intenti] ◇**意思表示する** dichiarare [esprimere / indicare] la *propria* intenzione [volontà]

いし 遺志 ¶故人の遺志を尊重する [果たす] rispettare [eseguire] le ultime volontà del defunto [《故人が女性のとき》della defunta]

いし 縊死 impiccamento[男] ◇**縊死する** impiccarsi

いじ 医事 questioni[女][複] mediche

✤**医事訴訟** azione[女] legale per questioni mediche

医事評論家 critic*o*[男][[女] *-ca*; [男]複 *-ci*] [giornalist*a*[男][女][[男]複 *-i*]] specializzato in questioni mediche

医事問題 problemi[男][複] di medicina

いじ 意地 **1**《心の持ち方》¶意地が悪い essere malizios*o* [dispettos*o*] ¶意地の悪そうな顔つきをしている avere un'espressione maliziosa ¶僕に言わずにするなんて君も意地が悪いよ. Sei cattivo ad averlo fatto senza dirmi niente.

2《意気地》forza[女] di carattere [volontà];《我意, 強情》ostinazione[女], puntigli*o*[男][複 *-gli*], caparbietà[女];《誇り》orgogli*o*[男][複 *-gli*], amore[男] proprio ¶意地を張る insistere[自][*av*] in [su / con] *ql.co.* / insistere di＋[不定詞] /《度の過ぎた》essere troppo ostinat*o* / ostinarsi《…しようと a＋[不定詞]》¶意地を通す imporsi / imporre la *propria* volontà fino in fondo ¶意地になって con ostinazione / con caparbietà ¶意地を捨てて mettendo da parte i puntigli [l'orgoglio] ¶私は意地でも負けられません. Il mio orgoglio non mi permette di perdere. ¶彼には意地がない. Non ha carattere. ¶そう意地になるなよ. Non essere così ostinato. / Non insistere troppo.

いじ 遺児 orfan*o*[男][[女] *-a*], figli*o*[男][[女] *-glia*; [男]複 *-gli*] orfano (►父が死んだ場合 orfano di padre, 母の場合 orfano di madreという)

いじ 維持 conservazione[女], preservazione[女];《車・機械の》manutenzione[女], mantenimento[男] ◇**維持する** conservare, mantenere ¶平和 [緊密な関係] を維持する mantenere la pace [strette relazioni] ¶体面を維持する salvare la faccia / mantenere le apparenze ¶健康を維持する mantenersi in buona salute

✤**維持費** spese[女][複] di manutenzione

いしあたま 石頭 《固い頭, 頑固な頭》testa[女] dura;《頑固な人》teston*e*[男][[女] *-a*], zuccon*e*[男][[女] *-a*], testard*o*[男][[女] *-a*]

いじいじ ◇いじいじする essere esitant*e* [diffident*e* / titubant*e* / timoros*o*] ◇いじいじと con esitazione [diffidenza] ¶彼はいつもいじいじと決断に悩む. È sempre titubante prima di (prendere) una decisione.

イジェクト〔英 eject〕〘コンピュータ〙◇イジェクトする rimuovere

いしうす 石臼 《挽きうす》macina[女] di pietra;《つくための》mort*aio*[男][複 *-i*] di pietra

いしがき 石垣 muro[男] [《城壁》mura[女][複]] di pietrame

いしき 意識 **1**《はっきりした知覚》coscienza[女], conoscenza[女], sensi[男][複] ◇意識的な cosciente ¶意識を失う perdere i sensi / svenire[自][*es*] / perdere coscienza [conoscenza / i sensi] ¶意識を回復する rinvenire[自][*es*] / riprendere [riacquistare] coscienza [i sensi] / ritornare[自][*es*] cosciente ¶まだ意識がある. È ancora cosciente. ¶患者の意識がはっきりしている. Il paziente è lucido [conserva la lucidità].

2《認識, 自覚》coscienza[女], consapevolezza[女], conoscenza[女] ◇**意識的な** cosciente, consapevole, intenzionale ◇**意識的に, 意識して** coscientemente, con coscienza;《わざと》intenzionalmente, di proposito, consapevolmente ¶人を裏切っておきながら彼には罪の意識がまったくない. Non ha alcun scrupolo di coscienza per aver tradito. ¶彼は自分の欠点を意識している. È consapevole dei suoi [propri] difetti.

3《個人や集団の思想・感情》¶民族意識の目覚め presa di coscienza nazionale ¶政治意識が高い《人が主語》avere una marcata coscienza politica

✤**意識調査** ¶大学生の政治に対する意識調査 sondaggio d'opinioni sulla politica tra gli studenti universitari

意識不明 coma[男][無変] ¶意識不明だ. È in coma.

意識朦朧(もうろう) obnubilazione[女], offuscamento[男] della coscienza ¶傷のため彼は意識朦朧となった. Il trauma gli ha obnubilato [offuscato] la coscienza [i sensi].

いじきたない 意地汚い 《食べ物に》ingordo, ghiotto, vorace;《金に》avido, bramoso

いじける **1**《物おじして消極的になる》diventare[自][*es*] timid*o* [nervos*o*] ◇いじけた timido, schivo, pauroso ¶彼はいじけて隅にこもった. Si è appartato in un angolo per la timidezza.

2《ひねくれる》diventare scontros*o* [pervers*o*] ◇いじけた scontroso, perverso, introverso ¶いじけた性格 carattere scontroso

いしこ 石粉 《陶磁器の原料》feldspato[男] in polvere;《建築材料》calcare[男] in polvere

いしころ 石塊 (pezzo[男] di) pietra[女], ciottolo[男], sasso[男]

いしずえ 礎 prima pietra[女];《基礎》fondamenta[女][複], base[女] ¶礎を築く gettare le basi [le fondamenta] di *ql.co.* ¶国の礎 il pilastro dello stato

いしだい 石鯛 〘魚〙pesce[男] pappagallo [無変]

いしだたみ 石畳 pavimentazione[女] di pietra, lastricato[男]

いしだん 石段 scale[女][複] [scalinata[女]] di pietra, gradini[男][複] [scalini[男][複]] di pietra

いしつ 異質 eterogeneità[女] ◇**異質の [な]** eterogeneo; diverso ¶異質の文化 cultura diversa dalla *propria* ¶この事件はまったく異質のものです。Questa questione è di tutt'altra natura.

いしつぶつ 遺失物 oggetto男 perduto [ṣmarrito]
✤遺失物取扱所 uffịcio男 [複 -ci] degli oggetti ṣmarriti

いしづき 石突き 1《ステッキ・傘などの》puntale男;《槍の》calcio男 [複 -ci] 2《茸の》punta女 indurita del gambo di un fungo

いじっぱり 意地っ張り 《人》ostinato男 [女 -a], cocciuto男 [女 -a] ◇意地っ張りな ostinato, cocciuto, testardo

いしばし 石橋 ponte男 di pietra
[慣用] 石橋をたたいて渡る essere molto [troppo] prudente [scrupoloso]

いじましい gretto, meschino
いしむろ 石室 capanna女 di pietra
いじめ 苛め・虐め bullịsmo男; maltrattamento男 ¶弱い者いじめ maltrattamento delle persone deboli ¶学校におけるいじめ問題 problema del bullịsmo nelle scuole

いじめっこ 苛めっ子 prepotente男, bullo男
いじめる 苛める・虐める 1 maltrattare, molestare, tormentare ¶子犬をいじめる molestare un cucciolo ¶自分がいじめられたくないのなら他人をいじめてはいけないよ。Se non volete essere molestati, non dovete molestare gli altri.
2 《からかう》canzonare, beffare, prẹndere in giro ¶そんなに新婚夫婦をいじめるなよ。Non canzonare così gli spọsini.

いしもち 石持・石首魚《魚》ombrina女
いしゃ 医者 mẹdico男 [複 -ci] (►女性の医者もmẹdicoという), dottore男 [女 -essa] (mẹdico);《官庁》sanitario男 [複 -i];《病院の医長クラス》professore男 [女 -essa];《専門医》specialista男 [男複 -i] ¶かかりつけの医者 mẹdico di famịglia [di casa] ¶医者に行く andare da un mẹdico / farsi「vedere [viṣitare] da un mẹdico ¶医者にかかっている essere in cura da un mẹdico ¶医者になる diventare mẹdico ¶お医者さんごっこをする giocare al dottore
[慣用] 医者の不養生 È un buon mẹdico colui che segue i propri consigli. / Mẹdico, cura te stesso!

いしやき 石焼き 1《磁器》porcellana女
2《料》◇石焼きの cotto [arrostito] fra la ghiaia bollente [《上で》sopra una pietra]
✤石焼き芋 patate女 [複] dolci arrostite tra la ghiaia calda

いじゃく 胃弱 ◇胃弱の dispeptico男 [男複 -ci]
いしゃりょう 慰謝料 compenso男, risarcimento男, indennịzzo男 ¶慰謝料を請求する[もらう] chiẹdere [ottenere] il risarcimento (dei) danni

いしゅ 異種 tipo男 [gẹnere / spẹcie女 [無変]], differente, varietà女
✤異種交配《生》ibridazione女

いしゅ 意趣 ¶意趣を晴らす vendicarsi di qlcu.
いしゅう 異臭 cattivo odore男, puzza女, tanfo男, fetore男 ¶異臭が漂う。Si diffonde un cattivo odore.

いしゅう 蝟集 ◇蝟集する affollarsi, radunarsi;《大群の移動》sciamare自 [av, es]

いじゅう 移住 migrazione女;《他国への》emigrazione女;《他国からの》immigrazione女, traṣmigrazione女 ◇移住する migrare自 [es], traṣmigrare自 [av, es]; emigrare自 [av, es]; immigrare自 [es] ¶私の兄は 20 年前ブラジルに移住した。Il mio fratello maggiore emigrò in Braṣile vent'anni fa.
✤移住者《民》《流出者》emigrante男 女, emigrato男 [女 -a];《流入者》immigrante男 女, immigrato男 [女 -a]

いしゅく 畏縮 ◇畏縮する farsi piccolo piccolo, intimidirsi

いしゅく 萎縮 ◇萎縮する avvizzire自 [es], appassire自 [es];《気持ちや意志が》essere scoraggiato, essere abbattuto [depresso];《筋肉が》atrofizzarsi;《花・果物が》avvizzire自 [es] ◇萎縮性の《医》atrọfico男 [男複 -ci] ¶肝臓[腎臓]の萎縮 atrofia epạtica [renale]
✤萎縮症《医》atrofia女
萎縮腎《医》rene男 atrofizzato
萎縮病《農》arricciamento男 [accartocciamento男] delle foglie (per malattia)

いしゅつ 移出 spedizione女, trasporto男
◇移出する spedire ql.co., trasportare ql.co.

いじゅつ 医術 arte女 mẹdica
いしゆみ 石弓・弩 《中世の》balestra女;《古代の》catapulta女;《ぱちんこ》fionda女

いしょ 遺書《遺言状》testamento男;《書き置き》ụltima lẹttera, ụltimo biglietto ¶遺書をしたためる far testamento

いしょう 衣裳 ạbiti男 [複], vestiti男 [複], abbigliamento男, vestiạrio男 [複 -i], guardaroba男 [無変];《衣服一式》corredo男;《舞台用》costụmi男 [複] ¶花嫁衣装 corredo da spoṣa ¶民族衣装 costume folclorịstico ¶衣装道楽である andare matto per i vestiti ¶衣装持ちである avere un guardaroba molto ricco ¶馬子にも衣装.《諺》"Un bell'ạbito trasforma anche un carrettiere."
✤衣裳係《方》《劇・映・テ》costumista男 女 [男複 -i], vestiarista男 女 [男複 -i];《作製と管理》sarto男 [女 -a]
衣裳だんす guardaroba男 [無変]
衣裳デザイナー《劇・映》costumista男 女 [男複 -i], figurinista男 女 [男複 -i]
衣裳部屋 costumeria女

いしょう 異称 →別名
いしょう 意匠《工夫》idea女, espediente男;《デザイン》disegno男 ¶意匠を凝らす elaborare un'idea ¶彼は斬新な意匠を考案した。Ha inventato un nuovo disegno.
✤意匠権 diritti男 [複] di esclusiva di un modello [un disegno]; brevetto industriale
意匠登録 registrazione女 di disegno

いじょう 以上 1《それより上》più di, oltre, al di sopra di, maggiore a [di], superiore a ¶10 人以上の日本人 dieci o più giapponeṣi ¶10 万語以上収録した辞書 un dizionạrio che raccoglie oltre 100.000 voci ¶30 分以上待った。Ho aspettato (per) più di mezz'ora. ¶70 歳以上の人 una persona al di sopra dei [con più di] settanta anni /《日本語の意味を厳密に表すと》una persona di 70 anni o più ¶ 25歳以上35歳までの人 persone tra i 25 e i 35 anni di età ¶参加者20人以上 da 20 partecipanti in su ¶ 10以上100まで da 10 a 100 ¶収入以上の暮らしをする vivere al di sopra dei *propri* redditi [delle *proprie* possibilità] ¶私はこれ以上は働けない. Non posso lavorare più di così. ¶これ以上うまくは書けない. Non riesco a scrivere meglio di così. ¶台風の被害は想像以上だった. I danni provocati dal tifone sono stati 「inimmaginabili [superiori ad ogni previsione]. ¶これ以上議論してもむだだ. È inutile fare un ulteriore dibattito. / Non vale più la pena di parlarne.

[語法] 日本語の「10人以上の日本人」をイタリア語で厳密に言う場合は dieci o più giapponesi / non meno di dieci giapponesiと表現する.
più di dieci giapponesi / oltre dieci giapponesi と言うと, 10人は含まず, 11人以上を意味する.
una decina di giapponesi は9, 10, 11人を漠然とさす.

---

2 《上述のこと》 quanto suddetto [summenzionato / precede] ¶以上のデータ i dati di cui sopra / i suddetti dati ¶私の話は以上です. E con questo vorrei concludere il mio discorso. ¶以上は5年にわたる研究の結果である. Quanto sopra esposto è il risultato di cinque anni di ricerche.
3 《文書の最後で》 In fede (►官庁に提出する文書の末尾に「以上相違ございません」という意味で用いる. 「ここで終わり」の意味の「以上」に対応するイタリア語の表現はない)
4 《…する[した]からには》 perché [dal momento che / dato che / fintantoché]＋[直説法] ¶約束した以上は守らなければならない. Una volta [Ora che hai] preso un impegno devi mantenerlo. ¶学生である以上勉強しなければならない. Sei studente, è tuo dovere studiare.

いじょう 異状 anomalia㊛, anormalità㊛; 《器官・機械などの故障》 cattivo funzionamento ㊚, disfunzione㊛ ¶胃に異状が認められる. C'è qualcosa di anormale nello stomaco. ¶「総員異状なし」《軍隊などの》 "Tutti preṣenti!" ¶このエンジンは異状ありません. Questo motore non 「ha difetti [preṣenta anomalie].

いじょう 委譲 cessione㊛ ◇委譲する cedere *ql.co.* 《に a》 ¶権利は彼に委譲された. Il diritto è stato passato a lui. / Gli è stato ceduto il diritto.

いじょう 異常 ◇異常な《いつもと違う》 insolito; anormale; 《並外れた》 straordinar*io* [㊚複 *-i*]; 《例外的な》 eccezionale; singolare ¶異常な才能の持ち主である avere un talento straordinario ¶彼は精神に異常をきたした. È impazzito. ¶彼は異常な努力を払ってその計画を成功させた. È riuscito a realizzare quel progetto con uno sforzo eccezionale. ¶今年の夏は異常に暑かった. Quest'estate c'è stato un caldo eccezionale.
✤**異常乾燥** 〔気〕 siccità㊛ eccezionale
異常気象 tempo㊚ insolito [anormale]
異常事態 situazione㊛ di emergenza
異常心理 mentalità㊛ anormale
異常接近 ¶異常接近する mancare per un soffio
異常潮位 alta marea㊛ eccezionale

いしょく 衣食 vitto㊚ [cibo㊚] e vestiario ㊚; mezzi㊚ [複] di sostentamento ¶衣食に窮する scarseggiare [mancare] di cibo e vestiario / guadagnarsi da vivere con difficoltà ¶衣食に事欠かない avere l'indispensabile [il necessario] per vivere / 《不自由なく暮らす》 vivere agiatamente ¶衣食足りて礼節を知る. 《諺》 "La fame fa l'uomo ladro."

いしょく 異色 ◇異色の unico [㊚複 *-ci*] ¶彼は異色の存在である. È unico nel suo genere. / È più unico che raro.

いしょく 委嘱 incar*ico*㊚ [複 *-chi*], commissione㊛; 《任命》 nomina㊛; 《頼み》 richiesta㊛ ¶〈人〉に委嘱する affidare *ql.co.* a *qlcu.* / incaricare *qlcu.* di＋[不定詞] / dare un incarico a *qlcu.* ¶〈人〉の委嘱により su [a] richiesta di *qlcu.* ¶その件は田村氏に委嘱した. Ho affidato quel caṣo al Signor Tamura.
✤**委嘱殺人** omicid*io*㊚ [複 *-i*] su commissione

いしょく 移植 《臓器・植物の》 trapianto㊚; 《皮膚移植, 接ぎ木》 innesto㊚ ◇移植する trapiantare ¶皮膚移植 〔医〕 dermatoplastica / innesto epidermico [cutaneo] / trapianto cutaneo ¶角膜[心臓 / 腎臓]移植をする fare il trapianto 「della cornea [del cuore / renale] (a *qlcu.*)

いしょくじゅう 衣食住 vestiario㊚, vitto㊚ e alloggio㊚

いじらしい 《かわいらしい》 grazioso, amabile, carino; 《無邪気な》 innocente; 《哀れを誘う》 pietoso, compassionevole, patet*ico* [㊚複 *-ci*]

いじる 弄る **1** 《指・手でさわる》 toccare *ql.co.* con le dita, maneggiare *ql.co.*; 《指でさわって調べる》 tastare *ql.co.* con le dita; 《指でもてあそぶ》 rigirare *ql.co.* fra le dita ¶口ひげをいじる attorcigliarsi i baffi
2 《道楽で手入れする》 ¶骨董をいじる dilettarsi [occuparsi] (a tempo) perso di oggetti di antiquariato
3 《変える》 cambiare, modificare, mutare

いしわた 石綿 〔鉱〕 amianto㊚, aṣbesto㊚

いじわる 意地悪 《行為》 cattiveria㊛, perfidia㊛, malizia㊛; 《人》 persona㊛ maliziosa [cattiva] ◇意地悪する trattare male *qlcu.*, fare un dispetto ◇意地悪な malizioso, cattivo, maligno ¶意地悪はよしなさい. Ṣmettila di fare i dispetti! / Ṣmettila di fare il dispettoso [《相手が女性》 la dispettosa]!

いしん 威信 ¶威信を保つ salvaguardare la *propria* dignità [il *proprio* prestigio] ¶威信を失う perdere autorità [prestigio / dignità] ¶国の威信にかかわる問題だ. È una questione di prestigio per il paeṣe.

いしん 維新 rinnovamento㊚ completo dei sistemi politici in seguito al cambio del potere ¶明治維新 Riforma [Restaurazione] Meiji (◆1866–68)

いじん 偉人 grand'uomo㊚ [複 *grandi uomini*], mente㊛ superiore, gen*io*㊚ [複 *-i*]
✤**偉人伝** biografia㊛ [vita㊛] di un grande uomo

いしんでんしん 以心伝心 telepatia㊛, tacita

intesa㊛. ¶彼と私の間は以心伝心だ. Io e lui ci capiamo senza parlare.

いす 椅子 **1**《腰かけるための》sedia㊛;《ひじかけのある椅子》sedia㊛ con braccioli;《安楽椅子》poltrona㊛;《スツール》sgabello㊚;《ソファー》divano㊚;《ベンチ》panchina㊛;《揺り椅子》sedia㊛ a dondolo;《デッキチェアー》sedia㊛ a sdraio, sdraio㊚ [無変];《クッションスツール》〔仏〕pouf㊚ [無変] ¶回転[折りたたみ]椅子 sedia㊛ girevole [pieghevole] ¶椅子に腰掛ける sedersi [prendere posto] su una sedia ¶さあこの椅子にお掛けください. Prego, si accomodi pure su questa sedia.
2《地位》posto㊚, carica㊛ ¶社長の椅子につく[を争う / を降りる] occupare [contendersi / lasciare] il posto di presidente ¶社長の椅子をねらう mirare alla poltrona di presidente

いすか 鶍・交喙《鳥》crociere㊛
〖慣〗**いすかの嘴**《いすかの嘴は食い違い》¶彼らの見解はいすかの嘴で一致することがない. I loro due punti di vista non combaciano mai.

いすくまる 居竦る ¶その恐ろしい光景に私は居すくまった. Sono rimasto「paralizzato [di pietra / di stucco] alla terribile vista. ¶彼は居すくまったようにその場を動かなかった. È rimasto inchiodato al suo posto.

いすくめる 射竦める ¶私は彼の鋭い眼光に射しくめられた. Il suo sguardo fiero e penetrante mi ha raggelato.

いずこ 何処 dove ¶昔の栄光もいまずこ. Dove sono le glorie dei tempi passati?

いずまい 居ずまい ¶居ずまいを正して聞く ascoltare seduto in posizione corretta

いずみ 泉《水がわき出る所》fonte㊛, sorgente㊛;《噴水》fontana㊛ ¶泉がこんこんと湧いている. L'acqua sgorga incessantemente dalla fonte.
¶知識の泉 fonte del sapere

イズム《主義》principio㊚ [複 -i], dottrina㊛, pensiero㊚ (politico [複 -ci]);《イデオロギー》ideologia㊛ [複 -gie]

イスラム《イスラム教, イスラム世界・文化・文明・文化圏》islam㊚ [無変]

❖**イスラム化** islamizzazione㊛ ◇**イスラム化する**《自らが》islamizzarsi;《他のものを》islamizzare
イスラム教 islam㊚, islām㊚, islamismo㊚, musulmanesimo㊚ ◇**イスラムの** islamico㊚ [複 -ci], musulmano
イスラム教寺院 moschea㊛
イスラム教徒 islamico㊚ [複 -ci];㊚ [複 -ci], musulmano㊚ [複 -a], maomettano㊚ [複 -a]
イスラム圏[世界] paesi㊚ [複] islamici, mondo㊚ islamico
イスラム原理主義 fondamentalismo㊚ islamico
イスラム文化 cultura㊛ islamica
イスラム文明 civiltà㊛ islamica

いずれ **1**《2つのうちどちらか》l'uno o l'altro, uno dei due;《3つ以上のうちいずれか》qualcuno, alcuno;《どちらも, 両方》entrambi;《全部, どれも》tutto, ognuno, ciascuno ¶両者はいずれ劣らぬ秀才だ. Sono entrambi intelligenti allo stesso modo. ¶いずれの職業を選ぶか今迷っている. Non so ancora quale dei due lavori scegliere.
2《近いうちに》fra poco, uno di questi giorni, fra non molto, un giorno o l'altro;《遅かれ早かれ》prima o poi, presto o tardi ¶いずれ近いうちに伺います. Verrò a trovarla uno di questi giorni.
3《どうせ, どのみち》in ogni caso, comunque sia, ad ogni modo, dopo tutto ¶その問題はいずれにしても解決せねばならない. In ogni caso [Comunque] dobbiamo risolvere questo problema. ¶いずれにしても東京に行かねばならない. Comunque sia a Tokyo devo andarci.

いすわる 居座る《とどまる》trattenersi; rimanere㊚ [es], piantarsi ¶押し売りが居座って動かない. Un piazzista importuno è piantato lì e non vuole andarsene. ¶梅雨前線が太平洋岸に居座っている. Il fronte della pioggia stagionale è fermo [si è fermato] lungo la costa del Pacifico.

いせい 以西《以西の》a ovest di ¶箱根以西では《nell'area》a ovest《occidente》di Hakone

いせい 威勢 **1**《権勢》potere㊚, influenza㊛, autorità㊛ ¶威勢を示す far sentire la propria autorità / far sfoggio della propria influenza [potere]
2《元気》vivacità㊛;《勢い》slancio㊚ [複 -ci] ¶威勢のいい若者 un giovane vivace [ardito / audace] ¶威勢よく vivacemente / con slancio /《勇気づいて》con coraggio ¶威勢がつく diventare brioso [vivace] / farsi animo ¶威勢をつける incoraggiare [rallegrare / animare] qlcu.

いせい 異性 l'altro sesso ¶異性間の eterosessuale ¶二十で異性を知った. Ho avuto la mia prima esperienza sessuale all'età di vent'anni.
❖**異性愛** eterosessualità㊛
異性体験 esperienza㊛ eterosessuale

いせいしゃ 為政者 uomo㊚ [複 uomini] di Stato, statista㊚

いせいじん 異星人 alieno㊚ [㊛ -a]

いせえび 伊勢海老 aragosta㊛

いせき 遺跡 rovine㊛ [複], resti㊚ [複], ruderi㊚ [複] monumentali ¶遺跡の発掘[保存] scavi [tutela] di antiche rovine

いせき 移籍 ◇**移籍する**《戸籍》cambiare lo stato《di famiglia(civile)》;《所属》trasferirsi
❖**移籍金**《スポ》compenso㊚
移籍市場《スポ》mercato㊚ dei giocatori;《特にサッカーの》calciomercato㊚ [無変]
移籍料《スポ》premio di ingaggio

いせつ 異説 opinione㊛ diversa ¶異説を立てる sviluppare una teoria diversa [《理論》un'altra teoria] ¶異説を唱える dissentire dall'opinione di qlcu. ¶異説紛々としている. Le opinioni sono divergenti [discordanti / contrastanti].

いせん 緯線《地》parallelo㊚ (di latitudine)

いぜん 以前 **1**【それより前】precedentemente, prima;《今までに》prima d'ora; prima 「di ql.co. [di+不定詞 / che+接続法]」 ¶以前お目にかかったことがあります. L'ho già vista prima d'ora. ¶以前から彼を知っている. Lo conosco da molto tempo. ¶5月3日以前に prima del 3 maggio ¶10年以前に《現時点から》dieci anni fa /《過去のある時点から》

dieci anni prima ¶結婚するずっと以前に molto prima di sposarsi
2【ずっと前、昔】una volta, tempo fa [addietro], in passato ¶私の以前の住所 il mio vecchio indirizzo ¶以前と違って a differenza di una volta ¶もう私は以前の私ではない. Non sono più quello [《女性が主語》quella] di una volta [di prima].

いぜん 依然 ◇依然として invariabilmente, ancora, tuttora ¶依然として有効な ancora valido ¶株価は依然として低迷している. Il valore dei titoli è tuttora basso.

いそ 磯 riva⓰ (del mare) [costa⓰] rocciosa, scogli⓰ [複] ¶磯の香り odore di pesce [mare]
❖磯釣り pesca⓰ dalla riva [dagli scogli]

イソ ISO 《国際標準化機構》ISO [izo]⓰ [無変]

いそいそ ¶いそいそと〈人〉を出迎える accogliere qlcu. gioiosamente

いそう 位相 《天・電・物》fase⓰; 《数》topologia⓰ [複 -gie]; 《言》registro⓳ linguistico [複 -ci]
●位相幾何学《数学》topologia⓰
●位相空間 spazio⓳ [複 -i] topologico [複 -ci]
●位相差《物》differenza⓰ di fase
●位相差顕微鏡 microscopio⓳ [複 -i] a contrasto di fase
●位相速度《物》velocità⓰ di fase
●位相変調《通信》modulazione⓰ di fase

いそう 移送 trasporto⓳, trasferimento⓳ ◇移送する trasferire ¶この事件は最高裁判所に移送された. Il caso è stato trasferito [demandato] alla corte suprema.

いぞう 遺贈 legato⓳, lascito⓳ ◇遺贈する lasciare ql.co. in eredità, legare ql.co. a qlcu. per testamento

いそうろう 居候 mangiapane⓳ a ufo [a tradimento], parassita⓰ ◇居候する mangiare il pane di qlcu., vivere a [es, av] alle spalle di qlcu., vivere da parassita

いそがしい 忙しい essere occupato [impegnato]; avere molto da fare ¶試験の準備で忙しい essere occupato [impegnato] nella preparazione degli esami ¶仕事で目が回るほど忙しい essere oberato [sovraccarico] di lavoro ¶忙しげに動き回る andare in giro tutto affaccendato [tutto indaffarato] ¶忙しさに紛れて君に電話をするのを忘れた. Con tutti gli affari che avevo da sbrigare, ho dimenticato di telefonarti. ¶お忙しいところお出でいただき、ありがとうございます. Tante grazie per essere venuto nonostante i suoi impegni.

いそがせる 急がせる 《物事を》affrettare [sollecitare] qlcu., sollecitare qlcu. a+不定詞, far fretta a qlcu. (per+不定詞) ¶結婚式を急がせる affrettare un matrimonio

いそぎ 急ぎ lavoro urgente ¶急ぎの用がある. Ho un affare urgente [da sbrigare].
❖急ぎ足 passo⓳ celere [rapido / svelto / veloce] ¶急ぎ足で歩く camminare⓲ [av] affrettatamente

いそぎんちゃく 磯巾着 《動》anemone⓳ di mare

いそぐ 急ぐ aver fretta, affrettarsi, sbrigarsi, fare⓲ [av] in fretta ◇急いで affrettatamente, in fretta; 《性急に》precipitosamente, frettolosamente; 《速く》presto, rapidamente ¶急いで逃げる fuggire precipitosamente [in fretta e furia] ¶できるだけ急ぐ affrettarsi il più possibile ¶仕事を急ぐ accelerare [affrettare] il lavoro ¶帰りを急ぐ ritornare (a casa) in gran fretta ¶道を急ぐ affrettare [accelerare] il passo ¶成功を急ぐ aver fretta [essere impaziente] di raggiungere il successo ¶急げ! Sbrigati! ¶急げば間に合うよ. Arriverai in tempo, se ti sbrighi.
|慣用| 急がば回れ《諺》"Chi ha fretta finisce solo per fare tardi." / "Chi ha fretta vada adagio."

いぞく 遺族 i familiari⓳ [複] di un defunto [《故人が女性のとき》di una defunta] ¶戦没者遺族 famiglia dei caduti in guerra ¶日本遺族会 Associazione Giapponese delle Famiglie dei Caduti in Guerra
❖遺族年金《扶助料》pensione⓰ [indennità⓰] concessa al familiare del defunto

いそしぎ 磯鴫《鳥》piro-piro⓳ [無変] piccolo

いそしむ 勤しむ applicarsi ¶読書にいそしむ dedicarsi alla lettura

いぞん 依存 dipendenza⓰ ◇依存的 dipendente ◇依存する《従属する》dipendere⓲ [es] da ql.co. [da qlcu.]; 《頼りにする》contare⓲ [av] su [sopra] qlcu. [ql.co.], fidarsi di qlcu. [ql.co.], fare assegnamento su [sopra] qlcu. [ql.co.] ¶日本は原料を外国に依存している. Il Giappone dipende dall'estero per le materie prime. ¶相互依存 interdipendenza⓰ / dipendenza reciproca
❖依存症 dipendenza⓰ ¶薬物依存症 tossicodipendenza ¶アルコール依存症 alcolismo
依存体質 ¶ビタミンC依存体質 costituzione fisica bisognosa di vitamina C

いぞん 異存 ¶別に異存はありません. Non ho nulla in contrario.

いた 板 tavola⓰; 《木の長い薄板》asse⓰; 《ごく薄い》lamina⓰; 《木の厚板》pancone⓳; 《矩形の》tavoletta⓰; 《金属の》lastra⓰ ¶板を削る piallare una tavola [un'asse] ¶床に板を張る ricoprire il pavimento con un parquet
|慣用| 板に付く ¶彼は教師稼業が板に付いた. Ora si trova a suo agio nelle vesti di insegnante. ¶È entrato nel ruolo di insegnante. ¶着物姿が板に付いている. Quella ragazza porta il kimono con molta naturalezza.
❖板壁 parete⓰ di legno [di assi]
板ガラス vetro⓳, lastra⓰ di cristallo
板切れ pezzo⓳ di legno
板チョコ tavoletta⓰ di cioccolato

いたい 遺体 resti⓳ [複], spoglie⓰ [複] mortali, salma⓰, cadavere⓳
❖遺体安置室 camera⓰ mortuaria, obitorio⓳ [複 -i]

いたい 痛い **1**《肉体的に》doloroso ¶頭 [腹 / 歯] が痛い avere mal di testa [pancia / denti] ¶頭が痛くなった. Mi è venuto (il) mal di testa. ¶指を切ってとても痛かっ

た. Mi sono tagliato un dito e mi sono fatto molto male. ¶あっ痛. Ahi! ¶痛いかい. Ti fa male? ¶どこが痛いのですか. Dove le fa male? ¶足がしびれて痛い. Mi si è indolenzita una gamba.

2《精神的に》doloroso, penoso, tormentoso ¶痛い損失をこうむる subire una grave perdita [una perdita dolorosa] ¶2万円の出費は僕には痛い. 20.000 yen per me sono una forte spesa.

[慣用] 痛い所を衝(つ)く toccare il punto dolente, mettere il dito sulla piaga

痛い目 ¶痛い目にあう farsi male / mettersi nei guai / vedersela brutta ¶痛い目にあわせる fare del male a qlcu. / farla pagare cara a qlcu.

痛くも痒(かゆ)くもない Non mi fa né caldo né freddo.

痛くもない腹を探られる ¶痛くもない腹を探られた. Avevano un infondato sospetto su di me. / Mi hanno sospettato ingiustamente.

いだい 偉大 ◇偉大な grande; 《強大な》potente, poderoso; 《壮大な》grandioso; 《巨大な》massiccio 男複 -ci, enorme, gigantesco 男複 -schi ◇ 偉大さ grandezza 女; potenza 女; grandiosità 女 ¶偉大な人物 grande uomo / grand'uomo ¶彼は応用科学の分野で偉大な貢献をした. Ha dato un grande contributo nel campo delle scienze applicate.

いたいけ ◇いたいけな《かわいい》grazioso; 《年端もいかない》giovane e inerme; 《純真な》innocente, ingenuo; 《いじらしい》patetico 男複 -ci, toccante ¶いたいけな幼児 bambino in tenera età / bimbetto 男 [女 -a]

いたいたしい 痛々しい doloroso, penoso, compassionevole, commovente, patetico 男複 -ci ¶彼の生活は見るも痛々しい. La sua vita è penosa anche da guardare. ¶彼は痛々しいほどやせている. È magro da far pietà.

いたがこい 板囲い staccionata 女, steccato 男, palizzata 女

いたがね 板金 lamiera 女, lastra 女 di metallo

いたがる 痛がる lamentarsi per un dolore, soffrire 自 [av] ¶子供は痛がって泣いていた. Il bambino piangeva per il dolore.

いたく 委託 incarico 男複 [複 -chi] ◇委託する affidare ql.co.《に a》; incaricare qlcu. di ql.co.; 〔商〕depositare ql.co.《に presso》¶商品販売を代理店に委託する consegnare merce per la vendita a un'agenzia ¶研究［調査］を《人に》委託する affidare una ricerca [un'inchiesta] a qlcu.

❖委託金 deposito 男

委託注文 ordine 男, ordinazione 女

委託手数料 commissione 女, provvigione 女

委託販売 vendita 女 in commissione ¶委託販売する vendere ql.co. in commissione

委託受人 consegnatario 男 [女 -ia; 男複 -i], depositario 男 [女 -ia; 男複 -i]

いたく 甚く《非常に》estremamente, quanto mai ¶父はいたくご満悦でした. Mio padre era estremamente soddisfatto e felice.

いだく 抱く **1**《抱擁する》abbracciare qlcu., prendere [tenere / stringere] qlcu. tra le braccia ¶抱き合う abbracciarsi

2《心に持つ》covare, nutrire, alimentare ¶不審［反感］を抱く nutrire dubbi [antipatia] ¶希望を抱く nutrire [avere] speranza ¶彼は私に恨みを抱いている. Ce l'ha con me. / Mi porta rancore.

いたけだか 居丈高 ¶居丈高になる assumere un atteggiamento arrogante [prepotente / imperioso / altezzoso] ¶居丈高に言う parlare「con prepotenza [arrogantemente / imperiosamente]

いたご 板子《船の》tavolato 男 di coperta (di una nave)

[慣用] 板子一枚下は地獄 La vita dei marinai è costantemente appesa a un filo.

いたさ 痛さ dolore 男 ¶あまりの痛さに私は飛び上がった. Ho fatto un salto per il dolore.

いたしかた 致し方 ¶ご都合がお悪いのでしたら致し方ございません. Se per lei è proprio impossibile, non insisto.

いたしかゆし 痛し痒し ¶痛しかゆしだ. Ci sono vantaggi e svantaggi [pro e contro].

いたす 致す **1**《「する」の謙譲語・丁寧語》fare ¶それは私がいたします. Me ne occupo io. ¶ご説明いたします. Le spiego.

2《もたらす》portare, apportare ¶これは皆, 私の不徳のいたすところです. Tutto questo è accaduto a causa della mia negligenza [-gli-].

3《及ぼす》¶…に思いをいたす riandare col pensiero a ql.co.

いたずら **1**《悪さ》scherzo 男, burla 女, canzonatura 女; 《子供の》monelleria 女, marachella 女, ragazzata 女; 《いやがらせ》dispetto 男 ¶いたずらな cattivo, cattivello, birichino, birboncello ◇いたずら(を)する fare uno scherzo [una burla / una monelleria] (a qlcu.). ¶運命のいたずら capriccio [tiro] del destino ¶いたずらに〜をする fare ql.co. per scherzo [per burla / per celia] ¶うちの子はいたずらで困る. Il mio bambino mi fa disperare con le sue monellerie. ¶ライターをいたずらしてはいけないよ. Non trastullarti con l'accendino.

2《「いたずらに」の形で, 無益でむなしいさま》invano, inutilmente; 《目的もなく》senza scopo ¶いたずらに騒ぐ agitarsi inutilmente ¶いたずらに3年を過ごした. Ho passato tre anni「senza far nulla [in ozio].

❖いたずら書き (1)《らく書き》scritte 女複 sui muri, graffiti 男複 (2)《たわむれに書いたもの》scarabocchi 男複

いたずらっ子 monello 男 [女 -a], mascalzoncello 男 [女 -a], birichino 男 [女 -a]

いたずら電話 scherzo 男 telefonico [複 -ci]

いただき 頂 **1**《山などの》cima 女, vetta 女, sommità 女 ¶その山の頂から町全体が望める. Dalla cima di quella montagna si può vedere tutta la città. **2**《スポーツや勝負事で》¶この勝負はいただきだ. Questa partita sarà una facile vittoria per me.

いただく 頂く **1**《もらう》ricevere [ottenere] ql.co. da qlcu. ¶これを頂きます. 《店で》Prendo questo. / Mi dia questo. ¶この地図をいただけませんか. Potrei avere questa carta, per favore? ¶コーヒーをもう1杯いただけませんか. Potrei avere un altro caffè?

2《食べる, 飲む》prendere *ql.co.*;《食べる》mangiare *ql.co.*;《飲む》bere *ql.co.* ¶お酒もタバコもいただきません. Non bevo e non fumo. ¶もう十分いただきました. Grazie, ho mangiato a sufficienza. ¶何か温かいものをいただきます. Prendo qualcosa di caldo.

[参考]
イタリア語には, 日本語の食べ始めるときのあいさつ「いただきます」に相当する表現がない.
家やレストランでは, 食べようとしている人に向かって,「おいしく召し上がれ」の意味で "Buon appetito!"と声をかけることが多い. 言われた人は "Grazie."「ありがとう」と答え, 声をかけた相手と一緒に食事をする場合には, 同様に "Buon appetito!"と返したり, "Grazie, altrettanto."「ありがとう, あなたも」などと応じる.
おおぜいで食事するときに, 口々に "Buon appetito!"と声をかけ合うこともある.

3《してもらう》farsi＋[不定詞] da *qlcu.*; far＋[不定詞] *qlcu.* ¶…していただけますか. Potrebbe＋[不定詞]? / Mi farebbe il piacere di＋[不定詞]? ¶念のためお医者さんに診ていただきたいのですが. Per sicurezza vorrei farmi vedere dal medico. ¶写真を撮っていただけますか. Potrebbe farmi una foto?
4《頭に載せる》mettersi *ql.co.* sulla testa ¶王冠を戴く《戴冠》essere incoronat*o* ¶山が雪を頂いている. Le montagne sono ricoperte [incapucciate] di neve. ¶田中氏を会長に頂いている. Abbiamo il sig. Tanaka come presidente.
5《「いただける」の形で, 美味だ》essere squisit*o*;《かなり結構だ》essere abbastanza buon*o*, essere accettabil*e* ¶このワインはいただけないね. Questo vino è imbevibile.

いたたまれない 居た堪れない ¶むごたらしくていたたまれなかった. Era una scena che straziava il cuore. ¶恥ずかしくてその場にいたたまれなかった. Sarei sprofondato dalla vergogna.

いたち 鼬〔動〕donnola[女]
[慣用] **いたちごっこ** 《悪循環》circolo[男] vizioso ¶2人の論争はいたちごっこだ. La polemica di quei due non finisce mai.
いたちの最後っ屁(ぺ) freccia[女] del Parto

いたちざめ 鼬鮫〔魚〕squalo[男] tigre[無変]

いたって 至って ¶母は至って健康です. Mia madre è in perfetta salute.

いたで 痛手 **1**《重傷》ferita[女] grave ¶痛手を負う essere ferit*o* gravemente / subire una grave ferita ¶痛手を負わせる ferire *qlcu.* gravemente **2**《打撃》grave perdita[女], duro colpo[男], stoccata[女], botta[女] in pieno ¶不況で痛手をこうむる essere duramente colpit*o* dalla crisi economica

いだてん 韋駄天 ¶彼は韋駄天のごとく走った. Correva come una lepre [come un razzo / a tutta birra / come un fulmine].

いたのま 板の間 pavimento[男] di legno;《板敷きの部屋》camera[女] con il pavimento di legno [con parquet [parké]]

いたばさみ 板挟み ¶板挟みになる trovarsi dinanzi a un dilemma ¶義理と人情の板挟みになる essere dilaniat*o* tra il senso del dovere e il sentimento ¶私は2人の間で板挟みになって困っている. Fra loro due mi trovo in una situazione imbarazzante.

いたばり 板張り ¶板張りにする coprire *ql.co.* con assi di legno ¶板張りの壁 parete[女] di assi di legno

いたべい 板塀 recinto[男] di assi di legno

いたまえ 板前 cuoc*o*[男][[女] *-ca*; [男]複 *-chi*] (della cucina giapponese)

いたましい 痛ましい 《あわれな》triste, pietoso, doloroso;《同情を誘う》commovente, compassionevole;《悲愴な》patetic*o* [[男]複 *-ci*] ¶戦争の痛ましさを語る raccontare le sciagure [le miserie] della guerra ¶痛ましい事件だ. È un triste caso.

いたみ 痛み 《肉体・心の痛み》dolore[男], sofferenza[女];《心の》pena[女], patimento[男], afflizione[女], angosci*a*[女][複 *-sce*] ¶激しい痛み dolore acuto [lancinante / violento] ¶痛みに堪える sopportare il dolore ¶痛みを感じる sentire il dolore ¶痛みを止める far cessare il dolore (di *qlcu.*) / togliere il dolore (a *qlcu.*) ¶痛みをやわらげる alleviare [mitigare / lenire / attenuare] il dolore ¶痛みが去った[とれた]. Il dolore è passato. / Il dolore se ne è andato. ¶痛みがやわらいだ. Il dolore si è mitigato. ¶彼女の心の痛みがわからないのか. Non capisci le sue angosce?
✤**痛み止め** analgesic*o*[男][複 *-ci*]

いたみ 傷み danno[男];《質の》deterioramento[男];《腐敗, 故障》guasto[男];《摩耗》logor*io*[男][複 *-ii*];《へこみ》ammaccatura[女] ¶この暑さでは食べ物の傷みが早い. Con questo caldo il cibo「si deteriora [va a male] in fretta. ¶このエンジンは傷みがひどい. Questo motore è「in pessime condizioni [ridotto male].

いたみいる 痛み入る ¶ご親切痛み入ります. Le sono obbligatissimo della sua gentilezza. ¶お手数をかけて痛み入ります. Mi rincresce molto di averla disturbata.

いたむ 痛む

1【肉体的に】《人が主語》sentire dolore;《痛みの原因・痛む場所が主語》far male (a *qlcu.*) ¶刺すように痛む sentire delle punture dolorose [fitte dolorose] ¶きりきり痛む sentire un dolore lancinante [una fitta acuta] ¶頭がひどく痛む avere un terribile [forte] mal di testa ¶腹がしくしく痛む avere un sordo dolore addominale ¶腹が差し込むように痛む avere una colica addominale ¶傷が痛んで眠れない. La ferita non mi fa dormire per il dolore. ¶どこが痛みますか. Dove le fa male?
2【精神的に】 ¶心[胸]が痛む essere addolorat*o* (に per) ¶良心が痛む avere un rimorso di coscienza
3【経済的に】 ¶彼は自分のふところが痛むようなことはしない. Lui non fa mai nulla che possa impoverire [danneggiare] le proprie finanze.

いたむ 傷む essere danneggiat*o*; rovinarsi, guastarsi; deteriorarsi;《腐る》andare a male, avariarsi; marcire[自][es] ¶桃はすぐ傷む. Le pesche vanno a male facilmente. ¶この魚傷んでないかな. Questo pesce non è andato a male?

いたむ 悼む ¶友の死を悼む piangere la perdita [dolersi della morte / addolorarsi per la morte] di un amico

いため 板目《板と板の合わせ目》linea⊕ di giunzione di due assi; 《不規則な木目》venature⊕ [複] trasversali di un'asse
✜ **板目紙** sorta⊕ di carta ottenuta incollando uno sull'altro più fogli di carta

いためつける 痛めつける conciare *qlcu.* per le feste; 《いじめる》tormentare ¶彼は足腰が立たなくなるほど痛めつけられた。《殴られて》Lo hanno picchiato al punto che non poteva più reggersi in piedi.

いためる 痛める 1 《痛くする》farsi male 《を a》;《負傷する》ferirsi 《を a》¶足を痛めているので歩くのがつらい。Mi sono fatto male a un piede e cammino a fatica.
2 《精神的に》心[胸]を痛める tormentarsi / dolersi / addolorarsi / affliggersi / 《心配》preoccuparsi ¶彼女は息子の非行に心を痛めている。È profondamente addolorato per la cattiva condotta del figlio. ¶彼はいつも金策に頭を痛めている。Si lambicca sempre il cervello [Si scervella] per trovare (il) denaro.

いためる 傷める guastare, rovinare, danneggiare, deteriorare ¶借りた本を傷めてしまった。Ho rovinato i libri che avevo preso in prestito.

いためる 炒める friggere; 《中火で》soffriggere; 《弱火できつね色にする》rosolare; 《強火で》saltare; 《軽く》appassire ¶炒めたご飯 riso saltato [fritto] ¶《チャーハン》riso (alla) cantonese ¶フライパンで野菜を炒める friggere verdure in padella (con un po' di olio)

いたやがい 板屋貝《貝》conchiglia⊕ di pettine

いたらない 至らない negligente [-gli-], noncurante, trascurato; 《未経験の》inesperto ¶至らない者がどうぞよろしくお願いします。Sono inesperto, per cui la prego di darmi istruzioni. (▶イタリアではこういう言い方はしない) /《職場などで》Mi fa molto piacere lavorare con voi. ¶こうなったのも私が至らないためです。Tutto ciò è dovuto alla mia sbadataggine [negligenza [-gli-]].

いたり 至り ¶感謝の至りです。Gradisca i miei ringraziamenti più sentiti. ¶私は若気の至りで財産をなくした。Ho perso i miei beni a causa dell'inesperienza giovanile.

イタリア
《国名》Italia⊕;《イタリア共和国》la Repubblica⊕ Italiana;《換称》Bel Paese⊕ ◇イタリアの italiano ¶中部[北部/南部]イタリア Italia centrale [settentrionale / meridionale] ¶イタリア銀行 la Banca d'Italia ¶在東京イタリア大使館 l'Ambasciata d'Italia a Tokyo ¶イタリア式庭園 giardino all'italiana ¶イタリア料理 cucina italiana ¶イタリアに行く andare in Italia ¶彼女はイタリア生まれである。È nata in Italia.

✜ **イタリア化** italianizzazione⊕ ◇イタリア化する italianizzare

イタリア語 l'italiano⊕ ¶上手なイタリア語を話す parlare in un buon italiano ¶イタリア語を話す[が話せる] parlare (l')italiano (▶動詞 parlare の直接目的語として用いるとき,言語名の冠詞は省略できる)

イタリア史 storia⊕ d'Italia

イタリア人 italiano⊕ [⊕ -a]

イタリック〔英 italic〕《印》carattere⊕ corsivo, corsivo⊕ ◇イタリックの corsivo ¶イタリックで in corsivo

いたる 至る 1 《達する》arrivare⊕ [es], giungere⊕ [es]《に a》, raggiungere; 《通じている》portare《に a》¶この道はミラノに至る。Questa strada porta [conduce] a Milano.
2 《来る》venire ¶悲喜こもごも至る。La gioia e il dolore si avvicendano [vanno e vengono] nel mio cuore.
3 《…するようになる》giungere [essere portato] a + 不定詞;《…してしまう》finire col + 不定詞;《結果が…になる》risultare⊕ [es] ¶事ここに至る。Le cose sono giunte a questo punto. ¶私は彼の有罪を確信するに至った。Sono arrivato a credere alla sua colpevolezza. ¶なぜ彼は自殺するに至ったのか。Che cosa lo avrà portato al suicidio?
4 《及ぶ》¶野菜から本に至るまで何でもそこで売っている。In quel negozio vendono di tutto: dalla verdura ai libri.

いたるところ 至る所 ◇至る所で[に] dappertutto, in ogni luogo, dovunque ¶私たちは至る所で大歓迎を受けた。Abbiamo ricevuto dappertutto (una) buona accoglienza.

いたれりつくせり 至れり尽くせり ¶至れり尽くせりのもてなしを受ける ricevere un'ospitalità generosissima [impeccabile].

いたわしい 労わしい ¶病気でやつれた彼女がいたわしかった。Era così emaciata per la sua malattia che straziava il cuore a guardarla.

いたわる 労わる 1 《同情する》avere pietà per *qlcu.*;《慰める》consolare *qlcu.*;《大事にする》avere [prendersi] cura di *qlcu.*;《人を大事に扱う》essere gentile con *qlcu.*, trattare *qlcu.* con premura, tenere in considerazione *qlcu.* ◇いたわり comprensione⊕, considerazione⊕, riguardo⊕ ¶痛む足をいたわって歩く camminare [poggiando con precauzione il [facendo attenzione al] piede dolorante ¶老人に対するいたわり riguardo [comprensione] per gli anziani ¶彼は弱い者に対するいたわりの心を欠いている。Non ha alcuna comprensione per i deboli.
2 《ねぎらう》¶長年の労をいたわって妻を旅行に連れて行った。In ringraziamento ai lunghi anni di fatica trascorsi, ho portato mia moglie in viaggio con me.

いたん 異端 《反カトリック》eresia⊕; 《反正統派》eterodossia⊕ ¶異端の《反カトリックの》eretico《正統でない》eterodosso ¶彼の学説は異端視された。La sua dottrina fu considerata eretica.

✜ **異端審判**《カト》(Santa) Inquisizione⊕

異端裁判官《史》inquisitore⊕

異端者 (1)《異教徒》eretico⊕ [⊕ -ca; ⊕ -ci]; eterodosso⊕ [⊕ -a], pagano⊕ [⊕ -a] (2)《意見を異にする人》dissidente⊕, contestatore⊕ [⊕ -trice]

いち 市 mercato⊕;《定期市》fiera⊕ ¶日曜日には市が立つ。La domenica c'è il mercato.

いち 一 **1**《数字》uno[男];《トランプのエース》asso[男] ¶１に２を足すと３になる. Uno più due fa tre.
2《１番目》primo ¶彼はクラスで一，二を争っている. È uno dei due migliori allievi della classe. ¶この船は世界一大きい. Questa nave è la più grande del mondo.
3《名詞の前に付いて》uno（►「１つの」を表す形容詞のときは不定冠詞と同変化）¶一市民 un semplice cittadino / un cittadino qualsiasi ¶戦後の一時期 un certo periodo dopo la guerra
[慣用] **一か八か** ¶一か八かの勝負に出る partecipare a una contesa dove si rischia il tutto per tutto ¶一か八かやってみよう. O la va o la spacca!
一から十まで ¶君のことなら一から十まで知っている. So tutto di te, dalla a alla zeta.
一にも二にも ¶一にも二にも勉強が大切だ. Lo studio viene prima di ogni altra cosa.
一も二もなく ¶彼は私の言うことなら一も二もなく信用する. Crede ciecamente a [in] tutto ciò che dico. ¶彼らは一も二もなく私の提案に賛成するだろう. Accoglieranno immediatamente [senza problemi] la mia proposta.
一を聞いて十を知る ¶彼は一を聞いて十を知る. Gli basta un accenno e capisce tutto al volo.

いち 位置 《地理的な》posizione[女], posto[男], situazione[女], sito[男];《社会的な》posizione[女], rang*o*[男][複 *-ghi*] ◇**位置する** essere situat*o* [collocat*o* / post*o*], trovarsi, situarsi ¶このホテルはよい位置にある. Questo albergo è situato in un'ottima posizione. ¶彼は会社で重要な位置を占めている[にある]. Occupa un'importante posizione nella ditta. ¶位置づける ⇀見出し語参照 ¶「位置について」《号令》"In posizione di partenza!"
✤**位置エネルギー** 〔物〕energ*ia*[女][複 *-gie*] potenziale [di posizione]

いちあん 一案 ¶それも一案だ. Anche questa è un'idea.

いちい 一位 il primo posto[男]

いちい 一位・水松 〔植〕tasso[男];《学名》*Taxus cuspidata*

いちいせんしん 一意専心 ¶彼は一意専心会社の経営に当たった. Si è dedicato anima e corpo [Ha dedicato tutto se stesso] alla gestione della ditta.

いちいたいすい 一衣帯水 ¶日本と中国とは一衣帯水を隔てているのみだ. La Cina è separata dal Giappone solo da una striscia di mare.

いちいち 一一 《一つ一つ》uno ad [per] uno, singolarmente;《全部》tutto; ogni;《詳細に》dettagliatamente ¶いちいち述べる entrare nei particolari / esporre particolareggiatamente ¶課長は私の仕事にいちいち文句をつける. Il mio capufficio trova sempre da ridire su tutto ciò che faccio.

いちいん 一因 una causa[女]; una[女] delle cause ¶事故の一因 una delle cause dell'incidente

いちいん 一員 membro[男], componente[男][女];《会員制・組合などの》soci*o*[男][[女] *-cia*] ¶…の一員になる entrare a far parte di *ql.co.*

いちいんせい 一院制 〔政〕sistem*a*[男][複 *-i*] unicamerale

いちえん 一円 ¶この商品は関東一円で売られている. Questo prodotto è venduto [distribuito] in tutta l'area del Kanto.

いちおう 一応 《とにかく》comunque;《大体》grosso modo;《差し当たって》per il momento;《仮に》a titolo di prova;《気休めに》per scarico di coscienza;《形式的に》per pura formalità;《念のために》per precauzione ¶一応考えたうえで dopo sommaria considerazione ¶一応調べてみた. Ho fatto un primo controllo generale. ¶彼の言うことは一応もっともだ. In linea di massima ciò che dice è giusto. ¶一応彼に話してみる. Comunque proverò a parlargli. ¶一応その本には目を通した. Ho dato una rapida occhiata al libro.

いちおし 一押し ¶この商品は当店の一押しです. È il prodotto che consigliamo di più.

いちがいに 一概に 《一般に》genericamente;《すべて》completamente, totalmente;《絶対的に》in modo assoluto;《無差別に》indiscriminatamente; senza riserve, incondizionatamente ¶そうは一概に(は)言えないよ. Non si può generalizzare così semplicemente. ¶一概に彼が悪いとも言えない. Non ha completamente torto.

いちがつ 一月 gennaio[男];《略》gen. ¶１月に in [a / nel mese di] gennaio

いちがん 一丸 ◇**一丸となって** tutt*i* [[女]複 *-e*] insieme, compatt*i* [[女]複 *-e*]; all'unisono ¶危機を乗り越えるために打って一丸となる riunire tutte le forze per superare la crisi

いちがんレフ 一眼レフ 〔写〕reflex[男][無変] ad obiettivo semplice

いちぎてき 一義的 **1**《一つの意味しかない》¶この句は一義的である. Questa frase non ha che un significato. **2**《最も重要な》¶一義的な仕事 il lavoro principale [più importante]

いちく 移築 〔建〕◇**移築する** rimuovere e ricostruire *ql.co.* in altro luogo

いちぐう 一隅 ¶庭の一隅に in un angolo del giardino

いちぐん 一軍 **1**《一隊の軍》un esercito[男];《軍全体》tutto l'esercito[男] ¶一軍を率いて alla testa di un esercito **2**《野球などで》squadra[女] titolare ¶彼はまだ二軍から一軍に上がれない. Non ha ancora fatto il passaggio da riserva a titolare.

いちぐん 一群 《人の》un gruppo[男];《悪人の》una banda[女];《動物の》un branco[男];《魚の》un banco[男];《鳥の》uno stormo[男] ¶一群の牛 una mandria di buoi

いちげい 一芸 ¶一芸に秀でる eccellere in un'arte ¶一芸に秀でた人 maestro in un'arte

いちげき 一撃 una botta[女], un colpo[男], una percossa[女] ¶一撃のもとに con un solo colpo ¶敵に一撃を加える sferrare un colpo al nemico

いちげん 一元 ◇**一元的** unitar*io* [[男]複 *-i*], unificato, accentrato;〔哲〕monistic*o* [[男]複 *-ci*]
✤**一元一[二]次方程式** equazione[女] di primo [secondo] grado
一元化 unificazione[女], accentramento ◇**一元化する** unificare, accentrare

一元論 monismo㊚
一元論者 monista㊚㊛[㊚複 -i]
いちげん 一言 una parola㊛
❖**一言一行**(ぎょう) ogni singola parola㊛ e azione
一言居士(こじ) criticone㊚[㊛ -a]
いちげんきん 一弦琴 ichigenkin㊚[無変]; cetra㊛ da tavolo a una corda
いちけんしき 一見識 ¶この問題について彼は一見識をもっている. Ha fondate e concrete opinioni sul problema.
いちご 苺 fragola㊛
いちご畑 fragoleto㊚, fragolaia㊛
いちごジャム confettura㊛ di fragole
いちご 一期 ¶一期の不覚 il più grave errore della propria vita
❖**一期一会**(いちえ) Ogni incontro è irripetibile.
いちご 一語 una parola㊛ ¶一語も聞きもらすまいと注意深く聞く ascoltare attentamente per non perdere una sola parola
いちころ ¶蚊取り線香をたけばどんな蚊もいちころだ. Se accendi lo zampirone, le zanzare muoiono in un colpo solo.
いちごん 一言 una (sola) parola㊛ ¶一言もない. Non ho parole per giustificarmi [scusarmi]. ¶社長は一言のもとにこの案をはねつけた. Il presidente ha rifiutato categoricamente quel progetto. ¶彼は一言一句もおろそかにしない. Pesa tutte le singole parole attentamente.
❖**一言半句** ¶一言半句も聞き逃さない non perdere nemmeno una sillaba ¶一言半句も人に漏らすな. Non fiatare con nessuno!
いちざ 一座 **1**《満座》tutti㊚[複] i presenti ¶一座を見回す dare uno sguardo a tutti i presenti **2**《劇団》compagnia㊛ (teatrale) ¶一座の花形 il primo attore [《女性》la prima attrice] di una compagnia ¶一座を組む[率いる] mettere su [dirigere] una compagnia teatrale
いちじ 一次 ¶一次試験《入学・入社試験》la prima prova di un esame
❖**一次産品** primario[複 -i]
一次方程式 equazione㊛ lineare [di primo grado]
いちじ 一事 ¶この一事で彼の考え方がわかる. Questo solo esempio è sufficiente per capire il suo modo di pensare. ¶彼は一事が万事この調子だ. Con lui è sempre così [la stessa cosa].
❖**一事不再議** 《法》proibizione㊛ contro una seconda azione giudiziale, dopo un primo processo per la stessa infrazione
いちじ 一時 **1**《少しの間, ある期間》per un po' (di tempo);《ある時》ad un certo momento;《昔》una volta, un tempo ¶手荷物を一時預ける lasciare i bagagli al deposito ¶彼の病気は一時危なかった. La sua malattia ha avuto《attraversato》un momento critico. ¶明日は晴れ一時曇りでしょう. Domani il tempo sarà sereno con nubi sporadiche.
2《一時だけ》per il momento ◇一時的に, temporaneamente, provvisoriamente, momentaneamente ¶一時見合わす rimandare [rinviare] ql.co. temporaneamente ¶一時の現象 fenomeno passeggero [temporaneo] ¶一時の怒りにかせて in un accesso [un impeto] di collera [d'ira] ¶一時逃れを言う dire qualcosa per trarsi momentaneamente d'impaccio [dai guai] ¶彼は一時の成功に酔ってすべてを失った. Dopo un primo effimero successo ha perduto tutto.
3《同時》◇一時に allo stesso tempo, contemporaneamente, nel contempo;《一度に》in una volta, in un momento
4《時刻》l'una㊛ ¶いまちょうど1時だ. Ora è l'una esatta.
❖**一時預かり所** deposito㊚ bagagli
一時帰休 licenziamento㊚ temporaneo
一時金 bonus㊚; [ラ] una tantum㊛
一時しのぎ espediente㊚, ripiego㊚[複 -ghi], provvedimento㊚ temporaneo ¶これは一時しのぎの対策にすぎない. Questo non è che un provvedimento provvisorio [temporaneo].
一時停止《掲示》"Alt!" / "Stop!"
一時払い ¶一時払いにする pagare tutto in una volta [in un'unica soluzione]
いちじいっく 一字一句 parola per parola ◇一字一句たがわず letteralmente, alla lettera, testualmente; parola per parola ¶一字一句すべて辞書で調べた. Ho controllato sul dizionario parola per parola.
いちじく 無花果 《植》《木・実》fico㊚[複 -chi]
いちじげん 一次元 una dimensione㊛ ◇一次元の unidimensionale
いちじつ 一日 ¶ゴルフでは君は僕より一日の長がある. Sei di poco superiore a me nel golf.
❖**一日千秋** ¶一日千秋の思いで君と会えるのを待ってな. Non vedo l'ora di vederti.
いちじゅん 一巡 un giro㊚ ◇一巡する fare il giro (を di);《警官が》fare il proprio giro (di perlustrazione)
いちじょ 一助 ¶一助となる essere d'aiuto《の a》¶わずかですがご研究の一助にしてください. Ecco un modesto contributo per le sue ricerche.
いちじょう 一条 **1**《ひとすじ》una linea㊛, una riga㊛, una striscia㊛ ¶一条の光 un raggio di luce ¶一条の煙 una colonna di fumo
2《法律》un articolo㊚ ¶憲法第1条 Articolo 1 della Costituzione
いちじょう 一場 **1**《一つの場面, 一席》¶一場の演説をする fare un discorso **2**《その場かぎり》¶一場の夢と化する svanire come in un sogno
いちじるしい 著しい《注目すべき》notevole, considerevole, rilevante;《目立つ》distinto, evidente, marcato;《驚くべき》straordinario㊚[複 -i], sorprendente ◇著しく notevolmente, sensibilmente; straordinariamente ¶洪水の被害は著しいものだった. Il danno del diluvio è stato ingente. ¶著しく進歩する fare progressi considerevoli
いちじん 一陣 ¶一陣の風 una raffica [una folata] di vento ¶選手団の第一陣は今日出発した. Il primo gruppo di atleti è partito oggi.
いちじんぶつ 一人物 **1**《一人の人》¶彼は小説中の一人物になったような気がした. Si sentiva come se fosse il personaggio di un romanzo.
2《ひとかどの人物》persona㊛ di cui si deve tener conto

いちず 一途 ◇一途に 《誠実な》sincero; 《根気強い》perseverante, costante; 《意志のかたい》deciso, irremovibile, tenace ◇一途に sinceramente; 《夢中で》ciecamente, perdutamente; 《それだけに》unicamente ¶彼は一途な性格だ. Ha un carattere sincero. ¶彼は彼女を一途に思いつめている. La ama ciecamente. / Le ha dato tutto il suo cuore. ¶彼は研究に一途に打ち込んでいる. Si è buttato appassionatamente nella sua ricerca.

いちぜん 一膳 ¶飯一膳 una ciotola di riso ¶箸(はし)一膳 un paio di bastoncini

いちぞく 一族 《家族》famiglia㊛; 《親族》parenti㊚[複], congiunti㊚[複]; 《氏族》clan㊚[無変]《familiare》; stirpe㊛
❖**一族郎党** tutti i familiari e i vassalli

いちぞん 一存 ¶私の一存では決めかねる. Non posso deciderlo da solo. ¶彼の一存でどうにでもなる. Tutto dipende da lui [dalla sua decisione].

いちだい 一代 《一世代》una generazione㊛; 《一時代》un'epoca㊛ ¶この財産は祖父一代で築き上げられた. Questo patrimonio è stato messo insieme al tempo del nonno. ¶人は一代, 名は末代. 《諺》"L'uomo è mortale, la fama è duratura."
❖**一代記** biografia㊛

いちたいいち 一対一 ◇一対一で a tu per tu, (a) faccia a faccia ¶一対一で話をつけようじゃないか. Perché non ne parliamo faccia a faccia?

いちだいじ 一大事 una faccenda㊛ [una questione㊛] di grande importanza ¶国家の一大事 una questione vitale per la nazione / una crisi nazionale ¶一大事が起きた. È accaduta una cosa grave.

いちだん 一段 **1**《階段の》un gradino㊚, uno scalino㊚ ¶一段上がる[下がる] salire [scendere] di un gradino la scala / 《社会的地位が: 人が主語》salire [scendere] un gradino della scala sociale
2《ひときわ》¶彼はイタリア語がいちだんとうまくなった. Il suo italiano è migliorato 「ancora [di più]. / Ha fatto notevoli progressi in italiano.

いちだん 一団 un gruppo㊚ ¶観光客の一団 un gruppo di turisti

いちだんらく 一段落 ¶問題に一段落つける definire [regolare / risolvere] una questione per il momento ¶仕事が一段落ついたら帰る. Ritorno se finisco il grosso del lavoro per oggi.

いちづける 位置づける collocare [situare] *ql.co.*《に in, fra》¶これを全体の中でどう位置づけるかが問題だ. Il problema è come collocarlo nell'insieme.

いちど 一度 **1**《1回》una volta ¶もう一度尋ねる chiedere *ql.co.* ancora una volta ¶一度ならず più di una volta ¶一度聞いただけでは覚えられない. Non posso ricordarmi avendolo ascoltato solo una volta. ¶年に一度国に帰る. Torno al paese una volta l'anno. ¶一度ならず二度までも私の期待を裏切った. È già la seconda volta che tradisce le mie aspettative. ¶彼には一度も会ったことがない. Non l'ho mai incontrato. ¶一度始めたからには最後までやり抜くべきだ. Una volta che l'hai cominciato, dovresti terminarlo.
2《いつか》un giorno ¶一度家に遊びに来てください. Un giorno venite a trovarmi a casa.
3《同時》◇一度に tutti insieme, contemporaneamente, simultaneamente; in una volta, di [in un] colpo ¶イタリア語と英語とを一度に勉強する studiare l'italiano e l'inglese contemporaneamente ¶お皿を一度に運ぶ portare i piatti tutti insieme ¶こんなにたくさん一度には食べられない. Non posso mangiare così tanto in una volta sola.

いちどう 一同 ¶我々一同 tutti noi / noi tutti ¶家族一同 tutta la mia famiglia ¶出席者一同 tutti i presenti ¶彼は一同を代表して挨拶した. Ha rivolto il saluto iniziale a nome di tutti.

いちどう 一堂 ¶一堂に会する riunirsi in una sala

いちどく 一読 ◇一読する scorrere, dare una scorsa《を a》¶この雑誌は一読に値する. Vale la pena di leggere questa rivista.

いちなん 一難 ¶一難去ってまた一難. "Le disgrazie non vengono mai sole." / "Una disgrazia tira l'altra."

いちに 一二 **1**《一つか二つ》¶質問を一二する fare un paio di domande ¶一二度 una volta o due / una o due volte **2**《一位, 二位》¶クラスで一二を争っている. È uno dei due migliori allievi della classe.

いちにち 一日 **1**《日数の》un giorno㊚, una giornata㊛ ¶1日で仕事を終える finire il lavoro in un giorno [in una giornata] ¶1日に5回 cinque volte al [il] giorno ¶一日一日と di giorno in giorno ¶1日おきに ogni due giorni / un giorno sì e uno no ¶1日分の仕事 lavoro di una giornata ¶一日何もしなかった. Non ho combinato nulla per tutta la giornata [tutto il giorno]. ¶一日として君を思わずに過ごした日はなかった. Non c'è stato giorno che non ti abbia pensato. **2**《ある日》un (certo) giorno
一日千秋 ¶一日(いちじつ)千秋

いちにん 一任 ◇一任する affidare alle cure di *qlcu.*, affidare *ql.co.* a *qlcu.*, incaricare *qlcu.* di *ql.co.* ¶その問題を一任されている. La faccenda è stata affidata interamente a me.

いちにんしょう 一人称 《文法》prima persona㊛ ¶一人称で語る raccontare in prima persona

いちにんまえ 一人前 **1**《1人分の料理》una porzione㊛, un piatto㊚ ¶天ぷらは一人前2000円です. Il *tempura* costa 2.000 yen a persona.
2《成人》◇一人前の《成年》adulto; 《成熟》maturo; 《独立》indipendente ¶18といえば一人前の大人だ. A diciott'anni si è maggiorenni. ¶一人前の仕事もできない. Non è in grado di fare un lavoro come si deve.

いちねん 一年 《1年間》un anno㊚ ¶1年に1度 una volta l'anno [all'anno / in un anno] ¶一年中 tutto l'anno ¶一年で一番いい季節 la migliore stagione dell'anno ¶1年おきに un anno sì e uno no / ogni due anni ¶一年一年と di anno in anno ¶一年の計は元旦にあり. Il primo dell'anno [A capodanno] si decide tutto l'an-

no.
✤**一年生植物** pianta⒡ annua

いちねん 一念 《熱意》zelo⒨, fervore⒨;《熱望》desiderio ardente, aspirazione⒡;《意志》volontà⒡;《決意》determinazione, risoluzione⒡;《執念》unico[複 -ci] pensiero⒨, mente⒡ concentrata;《ゆるがぬ信念》sicura fede⒡ ¶一念を込めて祈る pregare con tutta l'anima ¶一念岩をも通す.《諺》"Volere è potere." ¶一念天に通ず.《諺》"La fede smuove le montagne."

✤**一念発起** determinazione⒡ [risolutezza⒡] di impegnarsi ¶彼は60歳になってから一念発起してイタリア語の勉強を始めた. A 60 anni si è armato di coraggio e ha cominciato a studiare l'italiano.

いちねんせい 一年生 《小学校の》alunno⒨ [⒡ -a] [scolaro⒨ [⒡ -a]] di prima (elementare);《中学の》alunno⒨ di prima media;《高校の》studente⒨ [-essa⒡] di prima liceo;《大学の》studente⒨ del primo anno (di corso), matricola⒡

いちば 市場 mercato⒨ ¶魚市場 mercato del pesce ¶市場に行く andare al mercato

いちばい 一倍 ¶彼は人一倍勉強家だ essere molto più studioso degli altri

いちはつ 一八・鳶尾 《植》iris⒡[無変], giaggiolo⒨, ireos⒨[無変];《学名》*Iris tectorum*

いちはやく 逸早く subito, senza perdere tempo, immediatamente ¶それを聞くといちはやく駆けつけた. Appena l'ho saputo sono subito accorso.

いちばん 一番 **1**【順番が最初】il numero⒨ uno;《第1位》il primo posto⒨;《第1位の人》定冠詞+primo⒨ (nella graduatoria) ◇一番の primo《ショパン、ピアノ・コンチェルト1番 Frédéric Chopin, Concerto per pianoforte e orchestra n. 1 (読み方: numero uno) ¶1番で合格する passare un esame con il miglior punteggio ¶この歌の歌詞は1番しか知らない. Conosco solo la prima strofa di questa canzone. ¶私は100メートル競走で1番になった. Sono arrivato primo nella gara dei 100 metri. ¶明朝一番にこの手紙を出す. Domattina per prima cosa spedirò questa lettera. ¶僕は一番に起きる. Sono il primo ad alzarmi.
2【最良・最高のもの】¶風邪にはこの薬が一番だ. Questo è il migliore rimedio per il raffreddore. ¶神経痛には温泉が一番だ. Per la nevralgia「nulla è migliore delle [la migliore cosa sono le] cure termali.
3【ひと勝負】una partita⒡, un incontro⒨ ¶彼にとってこれは一番というではやたらに強い. Quando si tratta di una partita importante, gioca benissimo.
4【最も】¶一番速く走る correre più velocemente degli altri ¶この子はクラスで一番よくできる. Questo bambino è il più bravo della classe. ¶君は何が一番好きか. Qual è la cosa che ti piace di più? ¶この叔父が私を一番理解してくれる. Nessun altro mi capisce come questo zio. ¶私は彼の親切な言葉に一番感謝した. Le sue gentili parole mi hanno commosso più di tutte le altre cose. ¶これが一番つまらない. Questo è il meno interessante. ¶彼は一番先に[後から]やってきた. È arrivato primo [ultimo]. ¶この町はイタリアの一番南に位置する. Questa è la città più a sud dell'Italia.
5【試しに一度】¶だめだとは思うが一番やってみようか. Penso che sia inutile, ma facciamo 「una prova [un tentativo].

✤**一番勝負** partita⒡ senza rivincita
✤**一番煎じ** la prima infusione⒡ di tè
✤**一番茶**《最初に摘んだ茶》le prime foglie⒡[複] di tè della stagione
✤**一番弟子** l'allievo⒨[⒡ -a] [il discepolo⒨ [la *discepola*⒡]] migliore
✤**一番鶏**(5) ¶一番鶏を聞く sentire il primo canto del gallo
✤**一番乗り** 定冠詞+primo⒨[⒡ -a] ad arrivare, 定冠詞+primo arrivato⒨[⒡ -a]
✤**一番星** la prima stella⒡ della sera
✤**一番列車** il primo treno⒨ del giorno

いちひめにたろう 一姫二太郎 È meglio avere una figlia e poi un figlio.

いちびょうそくさい 一病息災 Chi non gode di una buona salute [Chi ha una salute cagionevole] spesso sopravvive a tante persone sane poiché si prende cura di se stesso.

いちぶ 一分 (10分の1) un decimo⒨;(100分の1) uno⒨ per cento;(ほんの少し) appena un po' ¶一分のすきもなく身構える prendere una posizione di difesa impeccabile [inattaccabile]

いちぶ 一部 **1**【一部分】una parte⒡, una sezione⒡ ¶ピエモンテ州の一部に雪が降った. È nevicato su una zona del Piemonte. ¶一部の人は反対している. Un gruppo è contrario. ¶この車は一部を直せばまだ使える. Con una riparazione parziale quest'automobile può ancora andare.
2《書類・印刷物の1冊・1通》una copia⒡, un volume⒨, un libro⒨ ¶この本は1部90ユーロです. Questo libro costa 90 euro (al volume).

いちぶしじゅう 一部始終 (tutti) i particolari⒨[複];《副詞》dal principio alla fine, dalla a alla zeta, da capo a fondo ¶一部始終を語る[話す/告げる] dare ampi particolari a qlcu. / fare un resoconto completo e particolareggiato a qlcu. / raccontare tutta la storia a qlcu.

いちぶぶん 一部分 ¶この建物は一部分が完成しただけです. Questo edificio è stato completato solo in parte.

いちべつ 一別 ¶一別以来15年になります. Sono passati 15 anni da quando ti ho visto l'ultima volta.

いちべつ 一瞥 ◇一瞥する dare [lanciare / gettare] un'occhiata [uno sguardo]《a a》 ¶一瞥もせずに senza far caso《a a》¶一瞥の価値もない. Non vale neanche la pena di prenderlo in considerazione.

いちぼう 一望 ¶その丘の上から全市が一望のもとに収められる. Da quella collina si domina con lo sguardo [si gode una vista panoramica di] tutta la città.

いちまい 一枚 **1**《紙などの》un foglio⒨, un pezzo⒨;《葉》una foglia⒡;《書類・写真などの》

una copia㊛ ¶1枚の写真 una fotografia
2《一段, ひときわ》 ¶彼は君より一枚うわ手だ. È alquanto più abile di te. / È chiaramente superiore a te.
3《ひと役》 ¶その陰謀には彼女も一枚かんでいる. In quella congiura c'è anche il suo zampino.
❖**一枚岩** ¶我々の組合は一枚岩の団結を誇っている. Il nostro sindacato vanta una unione ferrea.
一枚貝 《貝》 mollusco㊚ [複 -schi] univalve

いちまいかんばん 一枚看板 《花形役者》 attore㊚ [㊛ -trice] principale; 《プリマ》 prima donna㊛; 《スター》 stella㊛; 《人気役者》 attore㊚ [㊛ -trice] di grande richiamo [di cassetta]; 《政党などのスローガン》[英] slogan㊚ [無変]; caposaldo㊚, parola d'ordine

いちまつ 一抹 ¶一抹の un po' di, un tantino di, un pizzico di ¶息子の前途には一抹の不安を感じる. Mi sento un po' inquieto per il futuro di mio figlio.

いちまつ(もよう) 市松(模様) disegno㊚ a quadri [a scacchi] ¶市松の着物 kimono a quadri [a quadretti / a scacchi]

いちみ 一味 cospiratori㊚[複], complici㊚ [複], congiurati㊚[複] ¶アル・カポネ一味 Al Capone e la sua cricca ¶一味に加わる prendere parte [partecipare] a una congiura

いちみゃく 一脈 ¶一脈相通じるものがある avere qualcosa in comune con *ql.co.* [*qlcu.*]

いちめい 一名 **1** 《ひとり》 una persona㊛ ¶1名につき a testa / per persona
2《別の名》altro nome㊚, pseudonimo㊚

いちめい 一命 ¶一命を落とす morire㊛ [*es*] / perdere la vita ¶一命をとりとめる sfuggire [scampare]㊛ [*es*] alla morte / essere salvato

いちめん 一面 **1** 《一側面》un lato㊚, una parte㊛, un aspetto㊚ ◇一面的な parziale, unilaterale ¶一面的な見方をする essere parziale [fazioso] nel giudicare ¶彼の言うことにも一面の真理はある. C'è un po' di verità in quello che dice. ¶物事を一面だけで判断するな. Non giudicare solo un aspetto delle cose.
2《一方では》da una parte;《ある観点からみれば》da un certo punto di vista;《他方では》d'altra parte, invece
3《あたり一帯》tutta la superficie㊛ ¶あたり一面銀世界だ. Tutto è ammantato di neve. ¶一面に雲が垂れこめている. Il cielo è annuvolato [è coperto].
4《新聞の第1ページ》¶新聞の1面に nella prima pagina del giornale
5《球技用コートなど平らな面をもったものの一つ》¶バレーコート1面 un campo da pallavolo

いちめんしき 一面識 ¶彼とは一面識もない. Non lo conosco「affatto [neppure di vista].

いちもうさく 一毛作 ¶一毛作をする fare un raccolto annuo

いちもうだじん 一網打尽 ¶盗賊団を一網打尽にする fare una retata di una banda di ladri

いちもく 一目 ¶彼には一目置いている. Riconosco i suoi meriti. / Mi levo il cappello davanti a lui. / Gli faccio tanto di cappello.

いちもくさん 一目散 ¶一目散に逃げる fuggire precipitosamente [a gambe levate] / darsela a gambe

いちもくりょうぜん 一目瞭然 ¶結果は一目瞭然だ. Le conseguenze sono chiare come la luce del sole.

いちもつ 一物 ¶彼は腹[胸]に一物ある. Ha segrete intenzioni. / Sta covando qualcosa (nella sua testa).

いちもん 一文 ¶一文の値打ちもない. Non vale un soldo (bucato). ¶彼は一文なしだ. È senza un soldo. / Non ha una lira. ¶私は一文なしになった. Sono andato in rovina.

いちもん 一門 ¶ヴィスコンティ家一門 i Visconti / la famiglia [il clan] dei Visconti

いちもんいっとう 一問一答 botta㊛ e risposta㊛, (una serie㊛ di) domande㊛ e risposte㊛[複] ◇一問一答する fare a botta e risposta

いちもんじ 一文字 ¶一文字に in linea diretta [d'aria] ¶口を一文字に結ぶ serrare le labbra

いちや 一夜 ¶一夜を過ごす passare una notte ¶一夜にして大金持ちになる diventare miliardario [㊛ -ia; ㊚複 -i] dal giorno alla notte

いちやく 一躍 con un balzo [un salto], di botto, di colpo, improvvisamente ¶彼女は一躍銀幕のスターになった. È diventata una stella del cinema dall'oggi al domani.

いちゃつく amoreggiare㊛ [*av*], civettare㊛ [*av*]; 《俗》pomiciare㊛ [*av*]

いちやづけ 一夜漬け 《漬物》ortaggi㊚[複] messi in salamoia la sera prima ¶一夜漬けの知識 conoscenza acquisita rapidamente ¶一夜漬けの勉強 preparazione affrettata prima di un esame

いちゃもん ¶いちゃもんをつける trovare sempre da ridire 《に su》 / cercare di attaccar briga 《に con》

いちゅう 意中 ¶意中の男[女] l'uomo [la donna] del cuore / l'amato [l'amata] ¶〈人〉の意中を察する leggere il pensiero [il cuore] di *qlcu.*

いちょ 遺著 lavoro㊚ postumo, opera㊛ postuma

いちょう 医長 primario㊚ [複 -i]

いちょう 胃腸 stomaco㊚ e intestino㊚ ◇胃腸の gastroenterico [㊚複 -ci]

❖**胃腸炎** gastroenterite㊛

胃腸障害 disturbi㊚[複] gastrointestinali [gastroenterici / delle funzioni digestive]

胃腸病 gastroenteropatia㊛, disturbo㊚ gastroenterico [digestivo]

胃腸薬 rimedio㊚ [複 -i] per disturbi gastrointestinali

いちょう 銀杏 《植》ginkgo [dʒínko]㊚ [無変]

❖**いちょう切り**《料》¶いちょう切りにする tagliare *ql.co.* a forma di piccolo ventaglio

いちょう 移調《音》trasposizione㊛, trasporto㊚ ¶ヘ長調からニ長調に移調する trasporre [trasportare] da fa maggiore a re maggiore

いちよう 一様 ◇一様の《同一の》stesso, identico [㊚複 -ci];《似ている》simile;《均一の》uniforme;《ありふれた》comune, ordinario [㊚複 -i], mediocre ¶人を一様に取り扱う trattare tutti alla stessa maniera [alla stessa stregua] ¶み

いちよく 一翼 ¶我々はわが国の産業開発の一翼を担っている. Stiamo facendo la nostra parte per la crescita economica del nostro paese.

いちらん 一覧 ¶ご一覧ください. Lo sottopongo al suo esame. ¶日本語文法一覧 sommario della grammatica giapponese
❖ 一覧後定期約束手形 effetto⓶ a termine
— 一覧払い 〘金融〙 pagamento⓶ a vista [a richiesta]
— 一覧払為替〘手形〙 cambiale⓶ [tratta] a vista
— 一覧表〘体系的〙 tavola⓶;〘項目別〙 lista⓶;〘網羅的〙 elenco⓶〘複 -chi〙;〘便覧〙 prospetto⓶;〘カタログ〙 catalogo⓶〘複 -ghi〙

いちらんせい 一卵性
❖ 一卵性双生児 gemelli⓶〘複〙 monovulari [monozigotici],〘女だけの場合〙 gemelle⓶〘複〙 monovulari [monozigotiche]

いちり 一理 ¶彼の意見にも一理ある. Nelle sue opinioni c'è della verità [del buon senso].

いちりいちがい 一利一害 ¶それも一利一害だ. Ha i suoi vantaggi e i suoi svantaggi. / Ha i suoi pro e contro.

いちりつ 一律 ¶一律に uniformemente, regolarmente, imparzialmente ¶一律2万円昇給した. Gli stipendi sono stati aumentati di ventimila yen indiscriminatamente.

いちりづか 一里塚 pietra⓶ miliare

いちりゅう 一流 **1**〘第一級〙 ◇一流の di prima classe [qualità / categoria] ¶一流の詩人 poeta sopraffino ¶一流選手 atleta di alto livello / fuoriclasse
2〘独特の〙 ¶それは彼の一流の皮肉さ. Questo è veramente il suo 〘inimitabile〙 cinismo.

いちりょうじつ 一両日 ¶一両日中に fra un paio di giorni

いちりん 一輪 〘花の〙 un fiore⓶;〘車輪〙 una ruota⓶
❖ 一輪差し piccolo vaso⓶ da fiori (per un solo fiore)
— 一輪車 〘曲芸の〙 monociclo⓶;〘手押し車〙 carriola⓶

いちる 一縷 ¶一縷の望みを抱く aggrapparsi ad un filo di speranza

いちるい 一塁 la prima base⓶

いちれい 一例 ¶一例として come esempio / per esempio / a mo' d'esempio ¶一例をあげる citare un esempio ¶これは数あるなかの一例にすぎない. Questo è soltanto uno fra i tanti esempi (possibili).

いちれい 一礼 ◇一礼する inchinarsi [fare un inchino / fare un cenno di saluto] a qlcu.

いちれつ 一列 una riga⓶ [fila⓶/ linea⓶/ coda⓶] ¶1列に並ぶ mettersi in fila [riga / coda] / allinearsi ¶1列に並べる allineare [mettere] qlcu. [ql.co.] in fila [coda]

いちれん 一連 **1**〘ひとつながり〙 una serie⓶ [sequela⓶ (di ql.co.)] ¶一連の放火事件 una serie di incendi dolosi **2**〘洋紙全紙500枚〙 risma⓶
❖ 一連番号 numeri⓶〘複〙「di serie [consecutivi]」

いちれんたくしょう 一蓮托生 ¶一蓮托生である condividere la sorte [il destino / il fato] con qlcu. / correre gli stessi rischi / essere (tutti) nella stessa barca

いちろ 一路 ¶一路帰国の途につく partire per tornare direttamente in patria

いちわり 一割 dieci⓶ per cento, 10%⓶ ¶1割の手数料 commissione del 10%

いつ 何時 quando;〘時刻〙 a che ora;〘日〙 in che giorno ¶今度会えるのはいつにしましょうか. Quando ci rivediamo? ¶その雑誌はいつのですか. Di quando [Di che giorno / Di che mese] è questa rivista? ¶いつ地震になるかわからない. Non si sa quando arriverà un terremoto. ¶いつごろ伺いましょうか. Verso che ora posso venire da lei? ¶いつからいつまでおひまですか. Da quando a quando è libero? ¶いつのまにしに senza sapere quando / senza accorgersene ¶〘少しずつ〙 a poco a poco ¶いつから始めても構いません. Posso cominciare in qualsiasi momento. ¶どうかいついつまでもお幸せに. Spero che tu possa essere felice per sempre. ¶いついつまでにできるとは確約できません. Non posso garantire il giorno preciso in cui finirò. ¶祖父母はいつ行ってもいない. Ogni volta che vado dai nonni, non li trovo mai. ¶彼はいつ電話しても同じことを言う. Quando gli telefono, mi dice sempre le stesse cose.
→いつか, いつでも, いつぞや, いつしか, いつまで, いつまでも, いつも

いつう 胃痛 gastralgia⓶〘複 -gie〙 ¶胃痛がする avere「mal di stomaco [〘医〙 una gastralgia]」

いっか 一価 〘化〙 ◇一価の monovalente

いっか 一家 **1**〘家庭〙 una famiglia⓶, una casa⓶;〘一族〙 un clan (familiare) ¶一家の柱 sostegno della famiglia / capofamiglia ¶一家そろって con tutta la famiglia ¶一家を支える sostenere una famiglia ¶一家を構えた. Ha messo su casa.
2〘一流派〙 una scuola⓶ (artistica);〘名声〙 reputazione⓶ ¶小説家として一家をなした. Si è fatto un nome come romanziere.
❖ 一家心中 suicidio⓶〘複 -i〙 collettivo di una famiglia
— 一家団欒〘欒〙 ¶一家団欒を楽しむ avere una piacevole riunione di famiglia

いっか 一過 ¶台風一過 dopo il (passaggio del) tifone
❖ 一過性 ◇一過性の passeggero ¶一過性の熱病 febbre passeggera

いつか 五日 〘第5日目〙 il cinque⓶ del mese⓶;〘5日間〙 cinque giorni⓶

いつか 何時か **1**〘未来の〙 un giorno (o l'altro), una volta, in futuro;〘近日中〙 uno di questi giorni, un giorno di questi, in un prossimo futuro, una volta o l'altra;〘遅かれ早かれ〙 prima o poi ¶いつか彼にお会いになったらこのことをお伝えください. Se dovesse incontrarlo glielo riferisca. ¶真実はいつかわかるだろう. Prima o poi si saprà la verità.
2〘過去の〙 un giorno, una volta;〘先日, 他日〙 l'altro giorno, l'altra volta ¶あれがいつかの

お話の人ですか. È quella la persona di cui mi ha parlato una volta [tempo fa]? ¶いつかお目にかかりましたね. Ci siamo visti [L'ho vista] prima?

3【いつの間にか】 ¶いつか子供は眠っていた. Ad un certo momento il bambino si è addormentato.

いっかい 一介 ¶一介のサラリーマン un semplice impiegato / un impiegato qualsiasi [qualunque]

いっかい 一回 《一度》una volta[女];《勝負の》una manche [mãʃ][女];《ボクシング》un round[男]; una ripresa[女] ¶週に1回 una volta la settimana ¶1回で成功した. È riuscito al primo tentativo.

✤一回戦 primo turno[男] ¶チームは一回戦で敗退した. La squadra è stata eliminata al primo turno.

一回分 《薬の》una doṣe[女];《分割払いなどの》una rata[女]

いっかい 一階 pianterreno[男], pianoterra[男] [無変];《1つの階》un piano[男];《劇場の平土間》platea[女] ⇒階 [図版] ¶私のアパートは1階です.《1階にある》Il mio appartamento è a [al] pianterreno.

いっかいてん 一回転 un giro[男] (su *se* stesso)

いっかく 一角 una parte[女], un angolo[男] ¶駅前の一角に喫茶店を開く aprire un caffè nella ẓona della piazza della stazione

いっかく 一画 **1**《土地の区画》un appezzamento[男] di terreno;《地域》una ẓona[女], un'area[女];《一街区》un quartiere[男]

2《漢字の》un tratto[男] (di un ideogramma)

いっかく 一郭《街区》un blocco[男];《特定の区域》un quartiere[男]; un iṣolato[男]

いっかくじゅう 一角獣 unicorno[男]

いっかくせんきん 一攫千金 ¶一攫千金を夢見る sognare di far molti quattrini「in fretta [di colpo]

いっかげん 一家言 《自分の意見》opinione[女] personale, il *proprio* punto[男] di vista;《見識のある意見》giudizio[男] lungimirante [acuto] ¶一家言のある人だ. È un uomo che ha le sue idee.

いっかつ 一括 ◇一括して in blocco, in massa, nell'insieme;《卸(おろし)で》all'ingrosso

✤一括購入 acquisto[男] in blocco [all'ingrosso] ¶一括購入する acquistare *ql.co.* in blocco [all'ingrosso]

いっかつ 一喝 ◇一喝する tuonare contro *qlcu.*, alzare la voce con *qlcu.* ¶大臣の一喝で計画は中止された. Il progetto è stato bloccato per la sfuriata del ministro.

いっかん 一巻 **1**《巻いてあるものの一つ》un rullo[男], un rullino[男]

2《全集の一冊》un volume[男];《第一巻》il primo volume

[慣用] **一巻の終わり** ¶これが売れなかったらわが社は一巻の終わりだ. Se non vendiamo questo, la nostra compagnia fallirà.

いっかん 一貫 ◇一貫した coerente, conseguente ◇一貫しない incoerente, incostante, incongruente ¶彼の主張は一貫していない. Insiste su qualcosa che manca di coerenza. ¶終始一貫清貧で通した. Si attenne sempre con coerenza ad una dignitosa povertà.

✤一貫作業 processo[男] di lavorazione completo

一貫性 coerenza[女] ¶一貫性に欠ける mancare di coerenza

いっかん 一環 ¶…の一環として come una parte di *ql.co.* / all'interno [nell'ambito] di *ql.co.*

いっき 一期 《1期間》un periodo[男], una durata[女];《半年1期》un semestre[男];《3か月1期》un trimestre[男] ¶彼はわが校の1期生だ. È uno dei diplomati del primo anno dalla fondazione della nostra scuola.

いっき 一揆 〘史〙insurrezione[女] [sommossa[女]] di contadini o di guerrieri locali minori ¶百姓一揆 rivolta dei contadini ¶支配者に対して一揆を起こす sollevare una rivolta [insorgere [自][*es*] / sollevarsi] contro il padrone

いっき 一騎 un solo cavallo[男]

✤一騎打ち duello[男], singolar tenzone[女], lotta[女] uomo contro uomo

一騎当千 ¶一騎当千のつわもの guerriero senza pari

いっき 一気 ◇一気に di seguito, di getto, di fila, di filato, senza sosta;《直接》direttamente ¶一瓶を一気に飲み干した. Ha vuotato una bottiglia「in un sorso [d'un fiato]. ¶この本を一気に読み終えた. Ho letto questo libro in una sola tirata.

いっきいちゆう 一喜一憂 ¶ニュースの入る度ごとに一喜一憂した. Ad ogni notizia che arrivava ci incoraggiavamo o ci rattristavamo.

いっきゅう 一級 ◇一級の di prima classe; di prim'ordine;《品質》di prima qualità;《ホテルなど》di prima categoria ¶彼女の演技は第一級だ. La sua interpretazione è di prim'ordine.

いっきょ 一挙 ◇一挙に in un sol colpo, in una sola tirata ¶一挙に敵を破った. Abbiamo sconfitto il nemico al primo assalto.

✤一挙一動 ¶世間は彼の一挙一動を見守っている. Tutto quello che fa è di pubblico dominio.

一挙両得 ¶一挙両得だ. Prendere due piccioni con una fava.

いっきょう 一興 ¶雨の中の散歩も一興だろう. Potrebbe essere divertente camminare sotto la pioggia.

いっきょく 一曲 un brano[男] muṣicale, un'aria[女], un motivo[男]

いっきょく 一局 ¶将棋を一局指す giocare una partita a *shogi*

いっく 一句 uno *haiku*[男] ¶一句ひねる comporre uno *haiku*

いっきょくしゅうちゅう 一極集中 centralizzazione[女]

いつく 居着く stabilirsi [sistemarsi]《に in》 ¶野良猫が家に居ついてしまった. Un gatto randagio si è stabilito [ha cominciato a vivere] in casa nostra. ¶あの家にはお手伝いさんが居つかない. Le domestiche non resistono a lungo in quella casa.

いつくしみ 慈しみ amore[男], affetto[男] ¶慈しみ深い affettuoso / tenero ¶彼は子供らを慈しみ深く見守っていた. Guardava i bambini con ṣguardo amoroso.

いつくしむ 慈しむ amare *qlcu.*, voler bene [essere affezionato] a *qlcu.*, trattare *qlcu.* teneramente

いっけい 一計 ¶一計を案じる escogitare un piano

いっけん 一件 《一つの事件》un caso㊚, una questione㊛ [faccenda㊛] ¶ようやく一件落着となった. Finalmente il caso è stato risolto.

いっけん 一見 《一目で》a colpo d'occhio; 《ちょっと見たところ》a prima vista ¶一見してそれがにせものだとわかった. Mi è bastato un colpo d'occhio per capire che era un falso. ¶すりは一見紳士風だった. A prima vista il borsaiolo aveva l'aspetto di un gentiluomo.

いっけんしき 一見識 →一見識(いっけんしき)

いっけんや 一軒家 《孤立した》una casa solitaria; 《一戸建て》villetta㊛, villino㊚

いっこ 一戸 una casa㊛; 《世帯》una famiglia㊛ ¶一戸建ての家 casa monofamiliare / villa / villetta / casa isolata unifamiliare

いっこ 一個 un pezzo㊚ ¶1個100円のりんごを8つ買った. Ho comprato otto mele a cento yen l'una.

いっこ 一顧 ¶彼は私の提案に一顧だにしなかった. Non ha dato alcuna importanza alla mia proposta.

いっこう 一行 《一緒に行く仲間》un gruppo㊚, una comitiva㊛ ¶君も我々一行に加わらないか. Vuoi unirti anche tu alla nostra comitiva [compagnia]?

いっこう 一考 ◇一考する pensare su *ql.co.*; pensarci, rifletterci, prendere *ql.co.* in considerazione ¶どうぞご一考ください. Ci pensi su. / Ci rifletta. ¶これは一考を要する問題だ. Ci dobbiamo soffermare su questo problema. ¶まだ一考の余地があるだろう. Ci sarebbero altre considerazioni da fare.

いっこう 一向 《まったく》del tutto, assolutamente; 《否定の語を伴って, 少しも…ない》non... affatto [per niente / minimamente] ¶そんなことを言われても私は平気だ. Che tu mi dica così, mi lascia del tutto indifferente. ¶一向に存じませんで失礼いたしました. Mi scusi, non ne sapevo nulla. ¶そんなことは一向に構いません. Ma prego, non è nulla. / Non ci pensi neppure.

いっこく 一刻 un momento㊚, un attimo㊚, un istante㊚ ¶一刻の猶予もできない. Non c'è tempo da perdere. / Non c'è da perdere un attimo. ¶一刻も早く来てくれ. Vieni immediatamente [il più presto possibile]. ¶一刻を争う問題だ. È un problema che richiede una immediata soluzione [della massima urgenza].

いっこく 一国 una nazione㊛, uno stato㊚, un paese㊚

[慣用] 一国一城の主(あるじ) ¶一国一城の主である essere indipendente [autonomo㊚]

いっさい 一切 **1** 《すべて》tutto㊚, ogni cosa㊛; interamente, assolutamente ¶やがて一切が明らかになるだろう. Prima o poi tutto si chiarirà. ¶食事のことは一切娘にまかせてある. Alla cucina ci pensa solamente mia figlia. **2** 《否定形と共に, 全然…ない》non... affatto [mai] ¶私は事件とは一切関係ありません. Io non c'entro per nulla con lo scandalo. ¶酒は一切飲まない. Sono completamente astemio.

✤**一切合切**(がっさい) proprio tutto㊚

いっさい 逸材 persona㊛ di talento

いっさいたふ 一妻多夫 poliandria㊛

いっさく 一策 ¶一策を案じる escogitare un piano

いっさくさくじつ 一昨昨日 tre giorni fa

いっさくさくねん 一昨昨年 tre anni fa

いっさくじつ 一昨日 l'altro ieri㊚, ieri㊚ l'altro 《►一昨日(おととい)》

いっさくねん 一昨年 due anni fa

いっさくばん 一昨晩 due notti fa, l'altro ieri notte

いっさつ 一札 ¶一札入れる[取る] dare [ricevere] una garanzia scritta

いっさん 一散 →一目散

いっさんかたんそ 一酸化炭素 《化》ossido㊚ di carbonio

いっし 一子 un figlio㊚; 《女》una figlia㊛ ¶一子をもうける avere un bambino

いっし 一矢 una freccia㊛

[慣用] 一矢を報いる restituire un colpo, reagire㊀ [*av*], render pan per focaccia, ribattere, rispondere㊀ [*av*] al fuoco

いっし 一糸 ¶一糸まとわぬ姿でソファに横たわっていた. Stava sdraiata completamente nuda sul divano. ¶デモは一糸乱れず進んだ. La dimostrazione è proceduta in ordine perfetto.

いつしか 何時しか ¶いつしか春が過ぎた. La primavera è passata senza quasi che me ne accorgessi.

いっしき 一式 un complesso㊚, un assortimento㊚, un set㊚, una serie㊛ ¶家具一式 un arredo / una mobilia completa ¶台所道具一式 una batteria da cucina ¶洗面道具一式 un completo da toeletta ¶野球道具一式 un equipaggiamento da baseball ¶手術用具一式 un'attrezzatura chirurgica ¶救急用品一式 una cassetta di pronto soccorso

いっしゅ 一首 un poema㊚, una poesia㊛; un *waka*㊚ [無変] ¶一首詠む《声に出して読む》recitare una poesia / 《作る》comporre una poesia

いっしゅ 一種 **1** 《一種類》un genere㊚ [tipo㊚], una specie㊛ [sorta㊛ / varietà㊛] ¶鯨は哺乳類の一種だ. La balena appartiene alla specie dei mammiferi.

2 《「一種の」の形で, ある意味で》¶彼は一種の天才だ. È una specie di genio. / In un certo senso è un genio.

3 《いささか》un po' ¶一種異様な臭い un odore un po' strano [particolare] ¶一種独特な味がする avere un sapore unico [tutto particolare]

いっしゅう 一周 un giro㊚ ◇一周する fare un giro [il giro] 《を di》, girare㊀ [*av*, *es*] attorno《を a》¶地球は太陽の回りを1年で1周する. La terra compie un giro intorno al sole in un anno.

いっしゅう 一蹴 **1** 《拒絶する》◇一蹴する rifiutare [respingere] decisamente **2** 《軽く打ち負かす》◇一蹴する sconfiggere facilmente

いっしゅうかん 一週間 una settimana㊛

¶ 1 週間以内に entro [nel giro di] una settimana ¶ 1 週間に 3 回 tre volte la settimana

いっしゅうき 一周忌 il primo anniversario [男] della morte di *qlcu.*

いっしゅうねん 一周年 ¶今日はわが社の創立 1 周年記念日だ. Oggi è il primo anniversario della fondazione della nostra ditta.

いっしゅん 一瞬 istante[男], un batter[男] d'occhio ¶一瞬の間に in un attimo [istante / momento] ¶彼は一瞬たじろいだ. Ha esitato per un istante [attimo / momento]. ¶一瞬の出来事だった. Tutto è accaduto in un attimo [in un batter d'occhio]. ¶一瞬それに気がつかなかった.《その瞬間には》Sul momento non l'ho notato.

いっしょ 一緒 **1**《共に》◇一緒に insieme;《…と共に》con, insieme con [a], in compagnia di;《…と協力して》di concerto con, in collaborazione con;《一団となって》in massa ¶〈人〉と一緒に悲しむ condividere la tristezza di *qlcu.* ¶姑と一緒にイタリアへ行った. Sono andata in Italia insieme a mia suocera. ¶誰と一緒だったの. Con chi eri? ¶玄関のベルと電話のベルが一緒に鳴った. Il campanello della porta e il telefono sono suonati contemporaneamente [nello stesso momento].
2《ひとまとめにすること, 同一に扱うこと》◇一緒になる unirsi ¶ＡとＢを一緒にする unire A a B /《混ぜる》mescolare A con B /《混同する》confondere A con B ¶地震と火事とが一緒になって大きな被害を生んだ. Il terremoto, insieme all'incendio che ne è conseguito, ha causato immensi danni. ¶私たちは駅前で一緒になった. Ci siamo incontrati davanti alla stazione e abbiamo proseguito assieme. ¶僕の本を君のと一緒にしないでくれ. Non confondere i miei libri con i tuoi. ¶あんな悪いやつと一緒にされてはたまらない. Non mi va di essere messo sullo stesso piano di quel farabutto. ¶私たちは 3 年前に一緒になりました.《結婚した》Ci siamo sposati tre anni fa.
3《同じ》uguale ¶私たちは小学校が一緒だった. Andavamo alla stessa scuola elementare.

いっしょう 一生 vita[女];《一生涯》tutta la vita[女] (►副詞的にも用いる) ¶幸福な一生を送る condurre una vita felice ¶一生を政治に捧げる dedicare tutta la vita alla politica ¶ご親切は一生忘れません. Non dimenticherò mai la sua gentilezza. ¶一生に一度はイタリアを訪れたい. Vorrei visitare l'Italia almeno una volta nella vita. ¶彼の一生はまるで小説のようだ. La sua vita è tutta un romanzo.

いっしょう 一将《将軍》un generale[男] ¶一将功成って万骨枯る.《諺》Il successo di una persona è costruito sul sacrificio di molti.

いっしょう 一笑《大笑》una risata[女];《微笑》un sorriso[男] ¶彼は私の提案を一笑に付した. Ha riso della mia proposta. ¶彼は破顔一笑した. Ha fatto un largo sorriso.

いっしょうがい 一生涯 tutta la vita[女] (►副詞的にも用いる)

いっしょうけんめい 一生懸命 con tutto *se* stesso ¶一生懸命働く lavorare con molto impegno [con dedizione / con zelo / intensamente] ¶一生懸命聞く ascoltare con la massima attenzione ¶一生懸命やる《全力を尽くす》fare del *proprio* meglio ¶一生懸命たたかう lottare con tutte le forze ¶彼は今イタリア語の勉強に一生懸命だ. Si sta dedicando「anima e corpo [《まじめに》seriamente] allo studio dell'italiano. / Sta studiando l'italiano con profondo impegno.

いっしょく 一色 **1**《ひと色》un colore[男] ¶赤一色のじゅうたん tappeto tutto rosso
2《一つの傾向》¶町は選挙一色だった. La città era completamente immersa nell'atmosfera [pervasa dall'atmosfera] preelettorale.

いっしょく 一食 un pasto[男] ¶一食抜く saltare un pasto

いっしょくそくはつ 一触即発 ¶一触即発の状態 situazione rischiosa [molto tesa / delicata] / momento cruciale / punto di rottura ¶一触即発の状態にある essere quasi ad un punto di rottura

いっしょくた 一緒くた ◇一緒くたにする《まぜこぜにする》mescolare;《混同する》confondere ¶彼女は細かいものは一緒くたにしてその箱に入れた. Ha raggruppato le chincaglierie e le ha messe in quella scatola. ¶彼の理論は社会主義と共産主義を一緒くたにしている. Le sue teorie constano di un miscuglio di socialismo e di comunismo.

いっしん 一心 ◇一心(不乱)に interamente [completamente] assorto, senza pensare ad altro ¶彼女はイタリアへ行きたい一心で金を貯めた. Ha risparmiato spinta solo dal desiderio di andare in Italia.
✤**一心同体** ¶あの夫婦は一心同体だ Quegli sposi sono un'anima e un corpo.

いっしん 一身 ¶彼は罪を一身に引き受けた. Si è addossato la colpa. ¶彼女は世間の注目を一身に集めた. Ha attirato su di sé l'attenzione della gente. ¶彼は一身上の都合で辞職した. Si è dimesso per motivi personali.

いっしん 一審 ¶彼は一審で無罪になった. Fu prosciolto (dall'accusa) in prima istanza.

いっしん 一新 ◇一新する rinnovare;《改革する》riformare;《根本的に変える》rivoluzionare;《入れ替える》sostituire, cambiare profondamente [totalmente] ¶生活を一新する cominciare una nuova vita ¶人心を一新する rinnovare lo spirito del popolo ¶メンバーを一新する sostituire tutti i membri

いっしんいったい 一進一退 ¶試合は一進一退の大接戦だった. È stata una partita ad alterne vicende [a fasi alterne]. ¶病状は一進一退を続けている. Le condizioni del paziente permangono incerte con continui alti e bassi.

いっしんきょう 一神教 monoteismo[男] ◇一神教の monoteistic*o* [[男]複 *-ci*], monoteist*a* [[男]複 *-i*]
✤**一神教徒** monoteista[男][女]

いっしんとう 一親等 parentela[女] di primo grado

いっすい 一睡 ¶ゆうべは一睡もしなかった. La notte scorsa non ho chiuso occhio.

いっする 逸する《逃す》perdere, lasciarsi

いっすん 一寸 ¶暗くて一寸先も見えない。È così buio che non riesco a vedere oltre il mio naso. ¶車は一寸刻みに進んだ。L'auto procedeva centimetro per centimetro.

慣用 一寸先は闇 Nessuno sa [Non si sa] che cosa ci riserva il domani.

一寸逃れ ¶一寸逃れを言う cercare [trovare] una scappatoia [un pretesto]

一寸の光陰軽んずべからず Non si deve sprecare nemmeno un istante.

一寸の虫にも五分の魂 "Anche il verme ha la sua collera."

いっすんぼうし 一寸法師 nano "Pollicino" (◆ personaggio alto appena 3 cm di una fiaba tradizionale giapponese)

いっせい 一世 《1人の国王の治世期間》un'epoca, un'era, un periodo; 《その当時》l'epoca, quei tempi《複》 ¶一世の文豪 il più grande letterato dell'epoca ¶一世を風靡(びう)する dominare un'epoca

2《一代》una vita; 《移民の一代目》una generazione ¶アメリカの日系一世《総称》prima generazione di giapponesi naturalizzati americani

3《同名の国王・法王などの最初の者》¶ナポレオン一世 Napoleone I (読み方: primo)

いっせい 一斉 ◇一斉に《異口同音に》in coro; 《満場一致で》unanimemente; 《一緒に》tutt*i*《女複 -e》insieme; 《同時に》simultaneamente, contemporaneamente ¶選手は一斉にスタートを切った。Gli atleti sono partiti tutti insieme. ¶試験は全国一斉に行われる。L'esame si svolge simultaneamente [contemporaneamente] in tutto il paese.

✤一斉検挙 ¶警察は選挙違反の一斉検挙を行った。La polizia ha operato arresti su vasta scala per brogli elettorali.

一斉検査 controllo generale

一斉攻撃 attacco《複 -chi》congiunto [combinato]

一斉射撃 ¶一斉射撃をする sparare una scarica /《艦砲の》tirare una bordata

一斉取り締まり ¶今日交通の一斉取り締まりが行われる。Oggi viene effettuato un controllo generale del traffico.

いっせいちだい 一世一代 **1**《一生で一度》¶これは一世一代の大仕事だ。Questo sarà il più grosso lavoro della mia vita.

2《舞台納め》¶一世一代の名演技を見せた。Ha eseguito la sua ultima e migliore interpretazione [il suo canto del cigno].

いっせき 一石 ¶彼は医学界に一石を投じた。Ha fatto sensazione [scalpore] nel mondo della medicina.

いっせき 一席 **1**《演説などの》¶一席ぶつ fare un discorso **2**《一席設ける》organizzare un banchetto in onore di qlcu. **3**《第1位》¶ピアノのコンクールで第1席を獲得した。Ha vinto il primo premio al concorso pianistico.

いっせきにちょう 一石二鳥 ¶一石二鳥となった。Ho preso due piccioni con una fava.

いっせつ 一節 《文章の》un paragrafo, un passaggio; 《音楽の》un brano; 《聖書の》un versetto

いっせつ 一説 《一つの意見》un'opinione; 《別の意見》una versione ¶一説によれば secondo una versione [una voce / un'opinione] ¶一説にいわく…. Qualcuno dice che + 直説法

いっせん 一線 ¶一線を引く distinguere chiaramente 《と da》¶わが党は与党とははっきり一線を画している。Il nostro partito ha tracciato una chiara linea di demarcazione nei confronti del partito al governo. ¶第一線 → 見出し語

いっせん 一戦 《戦闘》una battaglia, un combattimento; 《闘争》una lotta; 《戦争》una guerra; 《試合》una partita, una gara, un incontro ¶《人》と一戦を交える combattere una battaglia con qlcu.

いっそ ¶こんなに苦しむよりいっそ死んでしまいたい。Preferirei morire piuttosto che soffrire così. ¶いっそのこと殺してくれ。Uccidimi piuttosto! ¶そんなに故障するならいっそ新しい車を買ったほうがいい。Se si guasta tanto spesso, ti conviene comprare una macchina nuova.

いっそう 一層 più, (ancora) di più《di [che]》¶夜になると風はいっそう強くなった。Di sera il vento divenne più forte.

いっそう 一掃 ◇一掃する far piazza pulita di ql.co. [qlcu.], cacciare [spazzare] via ql.co. [qlcu.], togliere di mezzo qlcu.; 《根こそぎにする》sradicare ql.co. ¶党内から反対派を一掃する spazzare dal partito tutte le correnti contrarie

いっそく 一足 ¶靴1足 un paio di scarpe

いっそくとび 一足飛び ◇一足飛びに di colpo, d'un colpo, con un sol colpo, in un sol balzo; 《直接》direttamente

いつぞや 何時ぞや ¶いつぞやはお世話になりました。La ringrazio per la gentilezza che mi ha dimostrato tempo fa.

いったい 一体 **1**《一つにまとまること》un corpo solo ¶一体となる diventare un tutt'uno / unificarsi ¶一体となっている essere tutt'uno [《女性名詞が主語》tutt'una]《と con》/ essere unito [incorporato / integrato] ¶一体となって敵に当たる unirsi [far lega] contro il nemico

2《疑問・非難の気持ちを強めて》¶いったいどうしてそんなばかなことを考えたのだ。Come ti è potuta venire in mente una cosa tanto stupida?! ¶いったい今何時だと思っているんだ。Ma che ora credi che sia? ¶それはいったい本当だろうか。Ma sarà proprio vero?

3《総じて》◇一体に generalmente (parlando) ¶彼の評判は一体に悪い。In generale gode di una cattiva reputazione.

✤一体感 ¶両者の間に一体感が生まれた。Fra i due è nato un forte senso di collaborazione.

一体全体 ¶一体全体どうしたというんだ。Che diamine [Di che diavolo] si tratta? ¶一体全体誰がこのお皿を割ったのか。Chi è mai stato a rompere questo piatto?!

いったい 一帯 zona ¶その辺一帯に in tutta

la zona ¶関東地方一帯は大雨だ. Su tutta la regione del Kanto stanno cadendo piogge torrenziali.

いったい 一隊 un reparto[男], una compagnia [女] ¶兵士の一隊 un reparto di soldati ¶探検家の一隊 una spedizione / un gruppo di esploratori ¶盗賊の一隊 una banda di ladri

いつだつ 逸脱 《本筋からそれること》 deviazione [女] ◇逸脱する deviare[自][*av*][scostarsi / allontanarsi]《から da》

いったん 一旦 **1**《一度…したらもう》 una volta che＋[直説法], dopo che＋[直説法] ¶あの娘はいったんしゃべり出したら止まらない. Quella ragazza, quando comincia a parlare, non la smette più.

2《とりあえず一度》 un momento, momentaneamente, un po' ¶いったん家に帰ってまた出かけて来ます. Torno un momento a casa, poi vengo di nuovo.

いったん 一端 《片端》 un lato[男], un'estremità[女] ¶私は考えの一端を述べた. Ho dato alcune idee.

いっち 一致

《考え・感情などの》 accordo[男]; 《意見の》 concordanza[女]; 《主義・性格の》 conformità[女]; 《言行などの》 corrispondenza[女] 《AとBの fra A e B》; 《符合》 coincidenza[女]; 《統一》 unità[女]; 《協力》 concerto[男]; 〔文法〕 concordanza[女] ◇一致する《考えなどが》 concordare[自][*av*] con *qlcu.*, essere d'accordo con *qlcu.*; 《法則・法規に合う》 essere conforme a *ql.co.*; 《合致する》 corrispondere[自][*av*] a *ql.co.*; 《たまたま一致する》 coincidere[自][*av*] con *ql.co.* ◇一致させる《AをBに》 accordare A con B, far coincidere [corrispondere] A a B ◇一致した unito, unanime, concorde; 《同じ》 stesso ◇一致して di concerto, unanimemente, tutti [《女性のみ》 tutte] insieme ¶2人の意見は一致している. Le due opinioni concordano. / I due sono d'accordo. ¶全員[満場]一致で all'unanimità / in modo unanime ¶格[性 / 時制]の一致〔文法〕 concordanza di caso [di genere / dei tempi] ¶彼らは利害が一致している. Hanno gli stessi interessi. ¶容疑者の指紋が殺人犯の残したものと一致した. Le impronte digitali dell'assassino corrispondono a quelle della persona sospettata.

✤**一致団結** solidarietà[女] ◇一致団結する unirsi, agire[自][*av*]「di concerto [insieme] (con *qlcu.*)

一致点《合意》 punto[男] di accordo [d'incontro]; 《共通点》 punto[男] comune ¶一致点に達する venire a un'intesa

いっちはんかい 一知半解 conoscenza[女] superficiale, infarinatura[女] ¶一知半解の人 persona superficiale

いっちゃく 一着 **1**《競走などの一等》 ¶マラソンで1着になる arrivare prim*o* nella maratona

2《洋服の一組》 un capo[男] [vestito[男] / abito[男]]; 《スーツ》 un completo[男]

いっちゅうや 一昼夜 tutto un giorno e una notte, un giorno e una notte completi ¶一昼夜ぶっ通しで 24 ore di seguito / giorno e notte ¶一昼夜働いた. Ho lavorato consecutivamente un giorno e una notte.

いっちょう 一丁 ¶豆腐1丁 un panetto di *tofu* ¶スパゲッティ一丁上がり. Pronto il piatto di spaghetti! ¶一丁いきましょう. 《ゲームなど》 Facciamo una partita.

いっちょう 一朝 ¶一朝ことある時は in caso di emergenza [di bisogno]

[慣用] **一朝一夕に** in un giorno (solo), in un breve lasso di tempo ¶そのような大事業は一朝一夕にはできない. Un compito così importante non può essere eseguito in un giorno solo.

いっちょういったん 一長一短 ¶それぞれ一長一短がある. Ognuno ha i suoi meriti [pregi] e i suoi demeriti [difetti]. / Ognuno ha i suoi pro e contro.

いっちょうら 一張羅 l'unico vestito[男]; 《晴れ着》 l'unico vestito[男] buono

いっちょくせん 一直線 ◇**一直線の** diritto, retto ¶一直線に進む andare sempre diritto / tirare diritto ¶一直線の道 una strada diritta

いつつ 五つ cinque[男]; 《5歳》 cinque anni[男][複]

いっつい 一対 《物の》 un paio[男] (di *ql.co.*), 《人・動物の》 una coppia[女] (di *ql.co.*) ¶一対をなす formare una coppia

いっつう 一通 《書類など》 una copia[女] (di *ql.co.*); 《手紙》 una lettera[女]

いつづける 居続ける continuare[自][*av*] a stare [a vivere]《のもとに da》

いつつご 五つ子 cinque gemelli[男][複]; 《女だけの》 cinque gemelle[女][複]

いって 一手 **1**《独占》 ¶わが社はこの製品の販売を一手に引き受けている. La nostra ditta ha l'esclusiva per la vendita di questo prodotto.

2《唯一の方法》 ¶彼は押しの一手で彼女をものにした. Lei si è convinta a sposarlo dopo tanta insistenza.

3《将棋》 ¶あと一手で王がつむ. Con la prossima mossa il re è in scaccomatto.

✤**一手代理権** esclusiva[女], rappresentanza[女] esclusiva

一手販売 vendita[女] in esclusiva

一手販売人 concessionar*io*[男][[女] *-ia*; [男]複 *-i*]

いってい 一定 ◇**一定の**《定められた》 fisso, definito, stabilito, determinato; 《規則的な》 regolare; 《一様の》 uniforme; 《標準化された》 standardizzato; 《不変の》 costante, invariabile ◇一定する fissare, stabilire; uniformare; standardizzare ¶一定の間隔をおいて a intervalli regolari ¶一定の速度で a velocità costante ¶温度を一定に保つ mantenere stabile la temperatura ¶一定した収入 stipendio fisso

✤**一定温度**〔物・化〕 temperatura[女] costante

いってき 一滴 una goccia[女] ¶一滴ずつ goccia a goccia ¶最後の一滴まで飲む bere fino all'ultima goccia

いってきます 行ってきます Vado e torno. (►イタリア人はこういうあいさつはしない)

いってつ 一徹 ¶老いの一徹 caparbietà degli anziani

いつでも 何時でも 《つねに》 sempre; 《どんな時でも》 in qualunque momento, a qualunque ora; 《どんな場合も》 in qualunque caso; 《絶えず》 continuamente ¶いつでもいらっしゃい. Vieni quando vuoi. ¶その地域の人々はいつでも避難できるように準備している. Gli abitanti di quella regione sono pronti ad evacuare in ogni momento.

いってらっしゃい 行ってらっしゃい 《またあとで》A dopo!;《旅行に行く人に》Buon viaggio! (►イタリア人は「行ってらっしゃい」を直訳した言い方はしない)

イッテルビウム 〔英 ytterbium〕《化》itterbio男, ytterbio男;《元素記号》Yb

いってん 一天 ¶一天にわかにかき曇った. Improvvisamente il cielo si rannuvolò tutto.

いってん 一点 ¶空には一点の雲もない. Non si vede [Non c'è] una nuvola in cielo. ¶一点の塵(ちり)もない. Non c'è un granello di polvere. ¶彼の無実には一点の疑いもない. Non c'è la minima ombra di dubbi sulla sua innocenza.

いってん 一転 ◆一転する《がらりと変わる》cambiare 自 [es] completamente ¶一転して我がチームに有利になった. La situazione si è rovesciata e la nostra squadra ha avuto la meglio.

いってんばり 一点張り ¶知らぬ存ぜぬの一点張りである insistere nel negare ¶父は頑固一点張りだ. Mio padre è l'ostinazione personificata.

いっと 一途 ¶輸出は増加の一途をたどっている. Le esportazioni「sono in continuo aumento [continuano ad aumentare].

いっとう 一刀 ¶一刀のもとに切る abbattere ql.co. [qlcu.] con un sol colpo di spada
✦一刀両断 ¶一刀両断にする prendere provvedimenti drastici / tagliare il nodo gordiano

いっとう 一党《一つの党派》un partito (politico); 《派閥》una cricca女, una conventicola女; 《仲間》un gruppo男 ¶一党を率いて alla testa di un partito [gruppo] ¶一党一派に偏しない essere libero da spirito di parte [da partigianeria di partito]
✦一党独裁 dittatura「di un solo partito [monopartitica]

いっとう 一等 1《等級で最上のもの》la prima classe女;《第1位》il primo posto男 ¶マラソンで1等になる arrivare primo nella maratona
2《一つの等級, 段階》un grado男 ¶罪一等を減ずる ridurre la pena di un grado
3《最も》定冠詞+più [meno]+形容詞 ¶ここが一番眺めがいい. Da qui si gode la vista migliore.
✦一等機関士《鉄道・船》primo ufficiale男 di macchina
―一等客 passeggero男 [女 -a] [viaggiatore男 [-trice]] di prima classe
―一等航海士《船》primo ufficiale男 di rotta
―一等国 grande potenza女 [nazione女]
―一等車《鉄道》carrozza女 di prima classe (◆イタリアでは列車に1等と2等がある) ¶一等車で旅行する viaggiare in prima classe
―一等賞 primo premio男 [複 -i]
―一等親 parentela女 di primo grado
―一等星《天》stella女 di prima grandezza
―一等地 la migliore zona

いっとうち 一頭地 ¶彼は音楽の才にかけては一頭地を抜いている. Ha un talento musicale a tutti gli altri

いっとき 一時 1《短時間》un breve lasso男 di tempo 2《同時》◇一時に allo stesso tempo, contemporaneamente, nel contempo ¶一時にそんなにたくさんのことはできません. Non posso fare tante cose「in una volta sola [insieme]. 3《過去のある時》¶一時はもうだめかと[自分は死ぬかと]思った. Per un momento ho pensato che andasse a finire male [che stessi per morire].

イットリウム 〔英 yttrium〕ittrio男;《元素記号》Y

いつなんどき いつ何時 ¶いつなんどき地震があるかわからない. È impossibile sapere quando ci sarà un terremoto.

いつに 一に《もっぱら》interamente, solamente, esclusivamente

いつにない 何時に無い insolito, inconsueto ◇いつになく insolitamente ¶あの日彼はいつにない緊張した表情だった. Quel giorno aveva un'insolita espressione tesa sul volto. ¶いつになく陽気だった. Era insolitamente allegro [felice].

いつのま 何時の間 ¶いつの間に chissà quando ¶いつの間に彼は出掛けたのだろう. Chissà quando è uscito. ¶いつの間の出来事か少しも気がつかなかった. Non so quando è avvenuto, non me ne sono affatto accorto. ¶外に出てみたらいつの間にか晴れていた. Quando sono uscito, mi sono accorto che aveva smesso di piovere. ¶叔母はいつの間にかいなくなった. La zia scomparve senza che nessuno se ne accorgesse.

いっぱ 一派 un gruppo男;《党派》un partito 男;《政党などの派閥》una fazione女;《学派, 流派》una scuola女, una corrente女;《宗派》una scuola女, una setta女 ¶一派を立てる fondare [formare] una propria scuola

いっぱい 一杯 **1**【コップ・茶碗などの容器一つに満たされた量】¶水1杯 un bicchiere d'acqua ¶コーヒー[お茶]1杯 una tazza di caffè [di tè] ¶砂糖小さじ1杯 un cucchiaino di zucchero

2【少量の酒】¶一杯機嫌である essere un po' brillo alticcio [複 -ci; 女 -ce -ce] ¶会社の帰りに一杯やった. Di ritorno dall'ufficio mi sono fatto un bicchierino.

3【十分に満ちたようす】◇いっぱいの pieno di ql.co. ¶コップいっぱいにビールをいっぱい注ぐ riempire un bicchiere di birra ¶いっぱいになる riempirsi《di》 ¶部屋は人でいっぱいだ. La stanza è piena di gente. ¶彼は元気いっぱいだ. È pieno di energia. ¶もう腹がいっぱいだ. Sono pieno. ¶胸がいっぱいで何も言えない. Ho il cuore gonfio e non posso parlare. ¶息子のことで頭がいっぱいだ. È sempre in pensiero per il figlio.

4【たくさん】molto ¶父の書斎には本がいっぱいある. Nello studio di mio padre ci sono un mucchio di libri. ¶君に言いたいことはいっぱいある. Ho molte cose che voglio dirti.

5【限度ぎりぎりに】tutto, intero, completo;《以内》entro ¶今月いっぱいに entro [per] questo mese ¶工事は来年いっぱいかかる. I lavori continueranno tutto l'anno prossimo. ¶彼は試験の答案を時間いっぱいに書き終えた. Ha finito la prova scritta d'esame proprio allo scadere del tempo utile. ¶力いっぱい戸を押した. Ho

spinto la porta con tutte le mie forze.
[慣用] **一杯食わす** ingannare [imbrogliare / raggirare] *qlcu.* ¶彼に一杯食わされた. Mi ha preso in giro. ¶彼に一杯食わしてやりたい. Mi piacerebbe fargliela.

いっぱい 一敗 una sconfitta[女]
[慣用] **一敗地にまみれる**《大敗する》subire una disfatta [un roveṣcio / un tracollo];《したたか打ちのめされる》essere messo a terra

いっぱいいっぱい 一杯一杯 《限度ぎりぎりに》 ¶銀行からいっぱいいっぱいに借りている. Ho già preso in prestito tutto quello che potevo dalla banca. ¶部屋はいっぱいいっぱいでこれ以上人は入らない. La stanza è talmente piena che non può entrarci più nessuno.

いっぱく 一泊 ◇1泊する pernottare[自] [*av*] [fermarsi] per una notte《に in, a》 ¶1泊旅行をする fare un viaggio di due giorni ¶1泊3食付き pensione intera [completa] ¶1泊2食付き《朝食と夕食付きの》meẓẓa pensione ¶この部屋は1泊7000円です. Questa camera costa 7.000 yen a notte.

いっぱし 一端 ¶あの男はいっぱしきいた風な口をきく. Parla come se sapesse tutto. ¶彼はいっぱしの芸術家気取りだ. Si comporta come se fosse un artista già affermato.

いっぱつ 一発 un colpo[男];《鉄砲などの》uno sparo[男];《こぶしの》un pugno[男] ¶一発撃つ sparare un colpo ¶獲物を一発でしとめる uccidere la preda con un colpo solo ¶顔に一発くらわす[くらう] dare [ricevere] un pugno in faccia ¶今年の賃上げは一発回答で決まった. L'aumento dei salari quest'anno è stato deciṣo in un solo incontro.

いっぱん 一半 ¶その責任の一半は私にある. Ne sono parzialmente responsabile.

いっぱん 一般

1《全体, 全般》 ◇一般的(な) generale; universale ◇一般的に generalmente, in generale, in genere; universalmente ¶一般の人々《大衆》il pubblico (in generale) ¶一般受けがする soddisfare il gusto popolare / essere d'interesse generale ¶一般的に言って (parlando) in generale / generalmente (parlando) ¶今年は一般に不景気だ. Quest'anno si nota una recessione generale. ¶この映画は来週一般に公開される. Questo film sarà preṣentato al pubblico la settimana prossima. ¶そんな意見は一般的には受け入れられない. Un'opinione del genere non sarà generalmente accettata.
2《普通》 ◇一般の comune, ordinar*io* [[男]複 *-i*], solito ¶一般学生 gli studenti medi [comuni / ordinari] ¶政治の世界では一般に行われていることだ. È una pratica diffuṣa nel mondo politico.
✤**一般化** generaliẓẓazione[女] ◇一般化する generaliẓẓare *ql.co.*;《自らが》generaliẓẓarsi
一般会計〘財〙conto[男] generale
一般概念 concetto[男] generale [universale];《普及している考え》idea[女] diffuṣa
一般教養 cultura[女] [istruzione[女]] generale [baṣilare]
一般経費〘会〙spese[女] [複] generali
一般職 lavoro[男] d'ufficio privo di particolari responsabilità
一般理論 teoria[女] generale
一般論 《全般的考察》considerazione[女] generale;《類型的議論》argomento[男] gener*ico* [複 *-ci*]

いっぴきおおかみ 一匹狼 ¶彼は一匹狼だ. È un tipo [lupo] solitario.

いっぴつ 一筆 ¶一筆書く scrivere due righe《に a》

いっぴょう 一票 un voto[男] ¶一票を投ずる votare《に per》/ dare il voto《に a》

いっぴん 一品 《料理》un piatto[男] ¶一品料理 piatto alla carta / (piatto) à la carte

いっぴん 逸品 oggetto[男] incomparabile [impareggiabile (per eccellenza)], gemma[女];《傑作》capolavoro[男]

いっぷいっぷせい 一夫一婦制 monogamia[女] ◇一夫一婦制の monogamo

いっぷう 一風 ◇一風変わった strano, biẓẓarro, eccentr*ico* [[男]複 *-ci*], singolare

いっぷく 一服 **1**《薬の》una doṣe[女] ¶一服盛る《毒を》avvelenare *qlcu.* ¶私にとってこの話は一服の清涼剤だ. Questo è per me un discorso consolante. **2**《タバコの》una fumata[女];《パイプの》una pipata[女];《お茶の》una tazza[女] di tè ◇一服する fare [farsi] una fumata ¶タバコを一服吸った. Mi sono fatto una fumata. **3**《一休み》◇一服する riposare[自] [*av*], riposarsi

いつぶす 鋳潰す ¶古い貨幣を鋳つぶす fondere vecchie monete

いっぷたさいせい 一夫多妻制 poligamia[女] ◇一夫多妻制の poligamo

いっぷん 一分 un minuto[男] ¶一分一秒を争う問題だ. È un problema della massima urgenza.

いっぺん 一片 **1**《一切れ, 一部分》un pezzo[男], una fetta[女] ¶一片の紙切れ un pezzettino di carta ¶花びら一片 un petalo ¶一片の雪 un fiocco di neve ¶一片の雲 un lembo di nuvola **2**《ほんの少し》¶彼には一片の良心もない. Non ha neanche un minimo di coscienza. ¶空には一片の雲もない. Nel cielo non c'è nemmeno una piccola nuvola.

いっぺん 一遍 **1** una volta[女] ¶君に金を貸すのはいっぺんこっきりだよ. Questa è la prima e l'ultima volta che ti presto denaro, capito? **2**《ひととおり》¶彼は通りいっぺんの挨拶もしない. Non mi saluta neppure per corteṣia.

いっぺん 一変 cambiamento[男] [mutamento[男]] profondo ◇一変する《すっかり》cambiare[自] [*es*] completamente, subire un profondo cambiamento, trasformarsi radicalmente;《突然》mutare[自] [*es*] [cambiare] improvviṣamente ¶事態は一変した. La situazione è mutata radicalmente. ¶技術の進歩は生活を一変させた. Il progresso della tecnologia ha rivoluzionato la vita.

いっぺんとう 一辺倒 ¶アメリカ一辺倒の政策をとる seguire ciecamente [in tutto e per tutto] una politica filoamericana

いっぺんに 一遍に 《即刻》subito;《いちどきに》in una sola volta, d'un sol colpo ¶彼はいっぺんに酔いがさめてしまった. È ritornato sobrio in un istante.

いっぽ 一歩 un passo[男] ¶一歩一歩《少しずつ》passo a passo ¶第一歩を踏み出す fare il primo passo ¶一歩誤る fare un passo falso ¶一歩進む［退く］fare un passo avanti［indietro］¶一歩譲る《譲歩する》fare una concessione［cedere di un passo］《に a》/《劣っている》essere un po' inferiore《に a》¶一歩譲ってそれを認めても…. Anche supponendo per il momento che sia così… ¶一歩も動くな. Non muoverti di un solo passo. ¶彼は一歩も外へ出ない. Non fa un passo fuori di casa. ¶彼の研究は成功の一歩手前にある. Le sue ricerche sono ad un passo dal successo. ¶もう一歩のところで犯人を逃がしてしまった. Mi sono fatto sfuggire il criminale ad un passo di distanza. ¶千里の道も一歩から.《諺》"Un viaggio di mille miglia comincia con un passo."

いっぽう 一方 **1**【一つの方向】un lato[男], una parte[女];《他の方向》l'altro lato[男], l'altra parte[女] ◇一方的な unilaterale;《勝手》arbitrar*io*［[男] 複 *-i*］;《不公平》parziale ◇一方的に unilateralmente; arbitrariamente; parzialmente ¶一方的な態度 atteggiamento arbitrario ¶一方的に決める decidere *ql.co.* unilateralmente［a *proprio* arbitrio］¶一方的な見方をする vedere da un solo［unico］punto di vista ¶この試合はイタリアチームの一方的な勝利に終わった. La partita è terminata con la vittoria piena［schiacciante］della squadra italiana. ¶道の一方は川で, もう一方は山だった. Da una parte della strada scorreva un fiume, dall'altra c'era una montagna. ¶日本は一方では欧米から学び他方では自国の文化を育てた. Il Giappone da un lato［da una parte］ha imparato dall'Occidente, dall'altro［dall'altra］ha coltivato la sua cultura nazionale.

2【二者の片方】una parte[女];《相手側》l'altra parte[女] ¶一方の言い分を聞いただけでは正しい判断は下せない. Sentendo soltanto una delle parti［una campana］non si può dare un giudizio esatto.

3【「…する一方」の形で】soltanto; non fare altro che＋[不定詞] ¶車は増える一方だ. Il numero delle automobili aumenta continuamente. ¶学校を出たら英語は忘れる一方だ. Una volta terminata la scuola, si tende via via a dimenticare l'inglese.

4【…しつつ他方では】¶彼は私にお世辞を言う一方で陰で悪口を言っている. Mentre in mia presenza mi rivolge parole lusinghiere, dietro le spalle sparla di me.

✤**一方通行** (circolazione[女] a) senso[男] unico［複 *-ci*］;《掲示》"Senso unico" ¶一方通行の道 strada a senso unico

いっぽう 一報 ◇一報する informare *qlcu.* di *ql.co.*, far sapere *ql.co.* a *qlcu.* ¶ご一報次第カタログを進呈いたします. A richiesta inviamo catalogo.

いっぽん 一本 **1**《細長い物の1個》¶酒1本 una bottiglia di *sakè* ¶チョーク1本 un pezzo di gesso ¶一本松 un pino solitario ¶私の家から会社までは地下鉄一本で行ける. Posso andare da casa mia in ditta con una sola linea di metropolitana.

2《本1冊》una copia[女];《ある本》un certo libro[男] ¶蔵書に一本を加える aggiungere un libro alla *propria* libreria ¶一本にいわく…. Un libro dice che＋[直説法]

3《剣道・柔道で技が1回決まること》*ippon*[男]［無変］¶一本取る［取られる］segnare［perdere］un punto **4**《やりこめられる》¶これは一本取られた. Questo mi ha messo「a terra［fuori combattimento］. **5**《一つにまとまること》¶彼らの意見を一本にまとめるのは困難だ. È difficile riassumere la loro idea in un concetto.

✤**一本気** ¶一本気な若者 un giovane tutto d'un pezzo

一本勝負 partita[女] senza rivincita

一本立ち ◇一本立ちの indipendente ¶彼は一本立ちして店をやっている. Ha un negozio per conto suo.

一本調子 ◇一本調子な［の］monotono

一本釣り ¶かつおの一本釣り pesca di tonnetto striato con un solo amo

一本道《まっすぐな》strada[女] diritta;《分かれていない》strada[女] senza diramazioni

一本槍 ¶彼は正直一本槍で通した. Non ha mai deviato dai suoi principi di onestà per tutta la vita.

いつまで 何時まで fino (a) quando ¶いつまでに entro quando ¶この雨はいつまで続くのだろうか. Fino a quando durerà questa pioggia? ¶書類をいつまでに提出すればいいですか. Entro quando devo consegnare i documenti? ¶いつまで待っても彼は来なかった. Ho aspettato e aspettato, ma non è venuto. ¶いつまででも私の家に居てください. Rimanga pure a casa mia fino a quando vuole.

いつまでも 何時までも per sempre, eternamente;《際限なく》infinitamente, all'infinito ¶平和がいつまでも続きますように. Che la pace「duri per sempre［sia sempre con noi］. ¶いつまでも待つわけにはいきません. Non posso aspettare all'infinito. ¶君のことはいつまでも忘れません. Non ti dimenticherò mai.

いつも 何時も **1**《どんな時でも, 常に》sempre, ogni volta che＋[直説法];《一定して》costantemente ¶いつも8時に家を出る. Esco sempre di casa alle otto. ¶電話をするといつも話し中だ. Quando gli telefono, c'è sempre occupato. ¶彼はいつも家にいない. Non sta mai a［in］casa.

2《ふだん》¶いつもは di solito / comunemente / abitualmente ¶いつものように come al solito ¶今年はいつもより寒い. Quest'anno fa più freddo del solito. ¶いつもは同僚たちと社員食堂へ行く. Normalmente vado alla mensa (aziendale) con i colleghi. ¶いつもの所で会いましょう. Incontriamoci al solito posto. ¶彼の遅刻はいつものことだ. È sempre in ritardo. / È il solito ritardatario. ¶彼はいつもと様子が違う. Ha un aspetto insolito. ¶いつもの悪い癖がまた出た. Venne a galla il suo「vecchio vizio［vizio di sempre］.

いつわ 逸話 aneddoto[男], episod*io*[男]［複 *-i*］

¶逸話の多い人物 personaggio al centro di vari episodi

いつわり 偽り 《虚偽》falsità[女]; 《虚言》bugia[女][複 -gie], menzogna[女]; 《作りごと》falso[男]; 《欺瞞(ぎまん)》finzione[女], inganno[男], frode[女] ¶偽りの証言 testimonianza mendace [menzognera] ¶これが偽りのない今の気持ちです. Questo, francamente, è quello che sento adesso.

いつわる 偽る **1**《歪曲する》travisare, alterare, distorcere ¶彼は真実を偽って伝えた. Ha riportato i fatti in maniera distorta.

2《うそをつく》dire una bugia, mentire[自][*av*]; 《他人のふりをする》farsi passare per *qlcu.*, fingere [far finta] di essere *qlcu.* ¶名を偽る assumere un falso nome ¶偽らざる告白 confessione veritiera

3《だます》ingannare [imbrogliare / truffare / raggirare] *qlcu.*

イデア 〔ギ idea〕《理想》ideale[男]; 〘哲〙idea[女]

イディオム 〔英 idiom〕 idioma[男][複 -*i*]

イデー 〔独 Idee〕〘哲〙idea[女]

イデオロギー 〔独 Ideologie〕 ideologia[女][複 -*gie*] ◇イデオロギーの ideologico [[男]複 -*ci*]

✤**イデオロギー論争** disputa[女] ideologica

いてざ 射手座 〘天〙Sagittario[男]

いでたち 出で立ち 《身なり》abito[男]

いてつく 凍て付く gelare[自][*es*] (►非人称動詞[*es, av*]としても用いる); congelarsi ¶凍てついた道 strada gelata

いてもたってもいられない 居ても立っても居られない essere irrequieto, non riuscire[自][*es*] a stare fermo ¶心配でいても立ってもいられない. Non riesco a star fermo per l'ansia.

いでゆ 出湯 terme[女][複]

いてん 移転 《転居》cambio[男][複 -*i*] di casa, trasloco[男][複 -*chi*], trasferimento[男] ◇**移転する** traslocare[自][*av*], cambiar casa, trasferirsi; 《権利などを》trasferire

✤**移転先** nuovo indirizzo[男]; 《事務所などの》nuova sede[女]

移転通知 avviso[男] di cambio d'indirizzo [di trasferimento / di cambio di sede]

移転登記 registrazione[女] di un passaggio di proprietà

移転補償 indennità[女] di trasloco

いでん 遺伝 ereditarietà[女], eredità[女] (genetica), trasmissione[女] ◇**遺伝する**《遺伝を受ける人が主語》ereditare; 《遺伝される性質などが主語》essere ereditario [[男]複 -*i*] [genetico [[男]複 -*ci*]] ◇**遺伝的な, 遺伝性の** ereditario, di natura ereditaria, di carattere ereditario, ereditabile, trasmissibile ¶金髪は母からの遺伝です. Ho preso [ereditato] i capelli biondi da mia madre.

✤**遺伝学** genetica[女]

遺伝形質 caratteri[男][複] ereditari

遺伝情報 〘生〙informazione[女] genetica

遺伝病 malattia[女] ereditaria

遺伝法則 leggi[女][複] dell'ereditarietà

いでんし 遺伝子 gene[男] ¶優性[劣性]遺伝子 gene dominante [recessivo]

✤**遺伝子型** 〘生〙genotipo [genotipo][男]

遺伝子組み換え ricombinazione[女] genetica

遺伝子組み換え食品 cibo[男] transgenico [複 -*ci*], alimento[男] geneticamente modificato

遺伝子工学 ingegneria[女] genetica

遺伝子診断 〘医〙diagnosi[女][無変] genetica

遺伝子操作 manipolazione[女] genetica

遺伝子地図 mappa[女] cromosomica

遺伝子治療 〘医〙terapia[女] genetica

いと 糸 **1**《縫いものなどの》filo[男][複 *fili*, 《総称的》le *fila*]; 《織物の縦糸》ordito[男]; 《横糸》trama[女] ¶毛糸 filo di lana ¶絹糸 filo di seta ¶木綿糸 filo di cotone ¶糸を針に通す infilare un ago / infilare un filo nell'ago ¶糸がもつれてほどけない. Il filo si è aggrovigliato e non si dipana.

2《琴などの弦》corda[女]

3《釣り糸》lenza[女] ¶糸を垂れる《釣りをする》gettare una lenza / pescare con la lenza

4《蚕・くもなどの糸》¶蚕の糸 bava ¶くもの糸 filo di ragno ¶繭(まゆ)から糸を紡ぐ dipanare il filo dal bozzolo

[慣用] **糸を引く** (1)《糸を引っ張ったようになる》¶納豆が糸を引く. Il *natto* fa una bava filamentosa. (2)《陰で操る》tirare le fila nell'ombra, manovrare da dietro le quinte ¶陰で糸を引いていた大物が逮捕された. È stato arrestato il personaggio che manovrava il gioco dietro le quinte. (3)《影響などが長く続く》¶あの事件がまだ糸を引いている. Quel caso ha avuto degli strascichi.

✤**糸屑(くず)** pezzi[男][複] di filo inutilizzato

糸車 filatoio[男][複 -*i*]

糸巻き rocchetto[男], bobina[女], spola[女]

いと 意図 intenzione[女], intento[男], proposito[男]; 《目的》scopo[男], mira[女] ◇**意図的(な)** intenzionale, volontario [[男]複 -*i*] ◇**意図的に** con intenzione, appositamente ◇**意図する** intendere＋[不定詞], volere＋[不定詞], avere intenzione di＋[不定詞]; 《ねらう》mirare[自][*av*] a＋[不定詞], proporsi di＋[不定詞]

¶…する意図をもって con l'intenzione di＋[不定詞] / col deliberato scopo di＋[不定詞] ¶〈人〉の意図を探る sondare le intenzioni di *qlcu.* ¶我々の意図したところと違う結果となった. Il risultato è stato diverso da quello che noi ci eravamo proposti [che noi volevamo].

いど 井戸 pozzo[男] ¶井戸から水をくむ tirare su [attingere] acqua dal pozzo ¶井戸を掘る scavare [perforare] un pozzo ¶井戸が涸(か)れた. Il pozzo si è prosciugato.

✤**井戸端会議** chiacchiere[女][複] [ciarle[女][複]] tra comari

井戸掘り trivellazione[女], scavo[男] di pozzi; 《人》scavatore[男][[女] -*trice*] di pozzi

井戸水 acqua[女] di pozzo

いど 緯度 latitudine[女] ¶この町はローマと同じ緯度にある. Questa città si trova alla stessa latitudine di Roma. ¶高[低]緯度地方 zona di alta [bassa] latitudine

いとう 以東 ◇以東の a est di ¶大阪以東で a est di Osaka

いとう 厭う **1**《いやがる》¶出費をいとわずに senza「badare a spese [risparmio] ¶労をいとわず…する prendersi il fastidio [la pena] di＋[不定詞] / darsi la pena di＋[不定詞] / non ri-

いどう 異動　movimento男 di personale ¶私は4月に営業から経理に異動になる. Da aprile verrò trasferito dal reparto commerciale a quello amministrativo.

いどう 移動　spostamento男, movimento男, trasferimento男; (民族・動物・鳥の) migrazione女 ◇移動する muoversi, spostarsi, trasferirsi; migrare自[es] ◇移動させる muovere, spostare, trasferire ¶遊牧民は草を求めて絶えず移動していた. I nomadi erano continuamente in movimento alla ricerca di pascoli. ¶農村から都市への人口の移動が激しい. Lo spostamento della popolazione dalla campagna alla città è intenso [massiccio].

✤**移動劇団** compagnia女 teatrale itinerante
移動撮影 carrellata女
移動診療所 clinica女 mobile
移動性高気圧 (気) anticiclone男 migratorio [複 -i]
移動体通信 servizio男 [複 -i] di comunicazione mobile
移動図書館 biblioteca女 ambulante [itinerante], bibliobus男 [無変], autolibro男 [無変]

いとおしい (かわいい) ¶孫がいとおしくてしかたがない. Ho un debole per la mia nipotina. **2**(ふびんだ) ¶母親を亡くしたあの子がいとおしい. Quel bambino che ha perso la mamma mi fa tanta pena.

いとおしむ 1(惜しんで大切にする) ¶命をいとしむ avere cura della vita **2**(かわいがる) ¶祖父は私を大変いとおしんでくれた. Il nonno「mi amava molto [è stato molto buono con me].

いとおす 射通す ¶射通すような目 occhi penetranti ¶矢は的を射通した. La freccia trapassò il bersaglio.

いときりば 糸切り歯　dente男 canino
いとく 遺徳　¶故人の遺徳をしのぶ ricordare i meriti di un defunto [[故人が女性の場合は] una defunta]

いとぐち 糸口　**1**(巻いた糸の端) bandolo男, capo男　**2**(出発点) inizio男 [複 -i], punto男 di partenza ¶それが彼の出世の糸口となった. Questo è stato「il primo passo [l'inizio] verso il suo successo nella vita.　**3**(手掛かり) indizio男 [複 -i], chiave女, indicazione女 ¶警察は彼の住所ещまから事件解明の貴重な糸口をつかんだ. Il suo indirizzare ha fornito alla polizia indicazioni utili per risolvere il caso.

いとくり 糸繰り (糸を繰り出すこと) filatura女 della seta; (人) filatore男 [女 -trice] di seta

いとこ 従兄弟・従姉妹　cugino男 [女 -a] (di primo grado) →系図 ¶またいとこ secondo cugino

いどころ 居所　(住所) indirizzo男, recapito男; (法律上登録された) residenza女 ¶誰も彼の居所を知らない. Nessuno sa dove lui sia [si trovi].

いとしい 愛しい　**1**(親愛な) caro, amato; (かわいい) carino, grazioso ¶〈人〉がいとしい(《いとし

く思う人が主語》) pensare con tenerezza a qlcu.　**2**(気の毒に) pietoso, compassionevole

いとしご 愛し子 定冠詞 + proprio amato figlio男 [女 -glia; 男複 -gli]

いとすぎ 糸杉　(植) cipresso男
いとぞこ 糸底　(陶磁器の) orlo男 del fondo (di una tazza)

いとなみ 営み　**1**(仕事) lavoro男, mestiere男; occupazione女; (はたらき, 行為) operato男, operazione女; (活動) attività女, azione女 ¶自然の営み operato della natura ¶人間の営み attività dell'uomo ¶夫婦の営み vita [attività] sessuale coniugale
2(準備) preparativi男[複], preparazione女

いとなむ 営む　**1**(職業を) occuparsi, fare; (経営する) dirigere, gestire ¶農業を営む occuparsi di agricoltura ¶多忙な生活を営む condurre una vita molto impegnata　**2**(神事・仏事を行う) celebrare [[施主の]far celebrare] una cerimonia religiosa　**3**(作り整える) ¶この木に鳥が巣を営んでいる. Gli uccelli hanno fatto il nido su questo albero.

いとのこ 糸鋸　sega女 da traforo [da svolgere]

いとま 暇　¶休むいとまもない. Non ho un attimo di respiro. ¶いとまを告げる accomiatarsi / congedarsi / prendere congedo 《に da》/ dire addio 《に a》/ andarsene ¶おいとまいたします. È il momento di ritirarmi.
✤**いとまごい** commiato男

いとまき 糸巻き　**1**(円筒形の) rocchetto男, bobina女; (取っ手に2本の柄をとりつけたもの) aspo男　**2**(弦楽器の) bischero男

いとみみず 糸蚯蚓　(動) verme dei tubificidi

いどむ 挑む　**1**(挑戦する) sfidare qlcu., lanciare una sfida a qlcu. ¶〈人〉に決闘を挑む sfidare qlcu. a duello ¶〈人〉にけんかを挑む attaccare lite con qlcu.　**2**(立ち向かう) ¶前人未踏の山に挑む scalare una montagna impervia ¶君には世界記録に挑んでもらいたい. Devi cercare di battere il record mondiale.

いとめ 糸目　**1**(凧(たこ)の) fili男[複]　**2**(陶器などの筋目模様) linee女[複] sottili　**3**(釣り餌にする小動物) vermi男[複]
慣用 **糸目をつけない** ¶金に糸目をつけない non badare a spese

いとめる 射止める　**1**(射当てて殺す) ¶狼を一発で射止めた. Ha abbattuto [Ha ucciso] il lupo con un solo colpo.
2(勝ち取る) vincere ¶彼はあの美人を射止めた. Ha conquistato il cuore di quella bella ragazza. ¶彼女は宝くじで1等を射止めた. Ha ottenuto [Ha vinto] il primo premio della lotteria.

いとも ¶いとも簡単に come se niente fosse
いとわしい 厭わしい　(いやだ) ripugnante, disgustoso, detestabile; (憎らしい) odioso ¶いとわしげに con aria di disgusto

いな 否　Vorrei chiederti se approvi o no [o meno]. ¶これはわが国, 否, 全世界の問題だ. È un problema che riguarda il nostro paese, anzi, tutto il mondo.

いな 鯔　(魚) (ぼらの幼魚) giovane muggine男,

cefalotto㊚

いない 以内 entro, in, meno di ¶5キロ以内 fino a 5 chili ¶本を10日以内に返す restituire il libro entro dieci giorni ¶1000円以内で買える. Si può comprare con non più di 1.000 yen. ¶この建物の50メートル以内での喫煙を禁ずる. Non fumare nel raggio di 50 metri da questo edificio. ¶この線以内に立ち入ることを禁ずる. Vietato oltrepassare questa linea.

いなおす 鋳直す rifóndere; (貨幣を) riconiare ◇鋳直し rifusione㊛; (貨幣の) riconiatura㊛

いなおる 居直る **1**《座り直す》sedersi correttamente **2**《急に強い態度に変わる》assumere improvvisamente un atteggiamento ostile [minaccioso] ¶彼は自分の落ち度をわびるどころか居直って私にくってかかってきた. Invece di chiedere scusa per il suo errore, è divenuto aggressivo nei miei confronti.

いなか 田舎 **1**《田園》campagna㊛;《都会に対し》zona㊛ rurale, provincia㊛ [複 -ce];《山》montagna㊛;《海》mare㊚ ◇田舎の rustico [㊚複 -ci], paesano ◇田舎っぽい rustico [㊚複 -ci, ㊛複 -che]
2《故郷》paese㊚, paese㊚ natale [natio [㊚複 -ii]];《先代の出身地》paese㊚ d'origine ¶田舎に帰る tornare al proprio paese ¶田舎はどこですか. Da quale paese viene? / Di dov'è?

田舎暮らし vita㊛ di campagna
田舎言葉 《方言》dialetto㊚ regionale;《方言的な表現》parola㊛ [espressione㊛] regionale [dialettale]
田舎芝居 《下手な芝居》teatro㊚ da pochi soldi
田舎っぺ →田舎者
田舎町 cittadina㊛ di campagna
田舎道 strada㊛ [sentiero㊚] di campagna
田舎者 《蔑》provinciale㊛㊚, campagnolo㊚ [㊛ -a], cafone㊚ [㊛ -a], burino㊚ [㊛ -a], zotico㊚ [㊚複 -ca; ㊛複 -ci]

いながらにして 居ながらにして standō a casa, standō seduto, senza muoversi ¶インターネットのおかげで居ながらにして世界中の出来事を知ることができる. Grazie a Internet si possono sapere gli avvenimenti del mondo standosene a casa.

いなご 稲子・蝗 [昆] cavalletta㊛
いなさく 稲作 →米作
いなす 往なす ¶挑戦者の猛攻撃はチャンピオンにいなされてしまった. Il campione schivò facilmente i violenti attacchi dello sfidante. ¶彼は質問を軽くいなした. Ha eluso facilmente le domande.
いなずま 稲妻 →稲光 ¶稲妻が走る. Un lampo squarcia il cielo. ¶稲妻のように (速い) veloce come il lampo [il fulmine] ¶稲妻形に a zigzag
いなせ ¶いなせな若い衆 gioventù vivace e ardita
いなだ 〖魚〗〈ぶりの幼魚〉giovane seriola㊛
いなだ 稲田 risaia㊛
いななく 嘶く nitrire㊊ [av] ◇いななき nitrito㊚

いなびかり 稲光 lampo㊚, baleno㊚, fulmine㊚ ¶一晩中稲光がしていた. Ha lampeggiato tutta la notte.
いなほ 稲穂 spiga㊛ di riso
いなむ 否む **1**《ことわる》rifiutare **2**《否定する》negare, smentire
いなむら 稲叢 mucchio㊚ [複 -chi] di fieno di riso
いなめない 否めない innegabile ¶…ということは否めない. Non si può negare che+直説法 / È innegabile che+接続法 直説法
いなや 否や **1**《「…や否や」の形で, …かどうか》se+接続法 直説法 不定法 ¶この国は貧困から脱却するや否やはもっぱら国民の勤労意欲にかかっている. Se la nazione possa o no uscire dalla povertà dipende interamente dalla volontà di lavorare dei cittadini.
2《「…や否や」の形で, …とすぐに》(non) appena che+直説法, subito dopo che+直説法, ¶彼を見るや否や彼は逃げ出した. Non appena [Appena] mi vide scappò. ¶事務所に入ってくるや否や彼女は仕事にとりかかった. Appena giunta in ufficio si è messa subito al lavoro.
いならぶ 居並ぶ sedere㊊ [es] su una fila ¶居並ぶ名士たち tutti i distinti signori qui convenuti
いなり 稲荷
✤稲荷神社 tempio㊚ [複 templi] [〈小さいもの〉tempietto㊚] shintoista [複 -i] dedicato alla divinità del riso
稲荷寿司 polpetta㊛ di riso spruzzato di aceto e avvolta in aburaage
いなん 以南 ◇以南の a sud di ¶奈良以南に[で] a sud di Nara
イニシアチブ 〔英 initiative〕iniziativa㊛ ¶イニシアチブを取る prendere l'iniziativa
いにしえ 古 antichità㊛
イニシャライズ 〔英 initialize〕《コンピュータ》◇イニシャライズする inizializzare ¶フロッピーをイニシャライズする inizializzare [formattare] un dischetto
イニシャル 〔英 initial〕iniziale㊚ ¶シャツにイニシャルを刺しゅうしてもらう fare ricamare le proprie iniziali sulla camicia ¶僕のイニシャルはA.G.だ. Le mie iniziali sono A.G.
いにゅう 移入 introduzione㊛ ◇移入する introdurre
いにん 委任 《信用による》affidamento㊚;《任務の》incarico㊚ [複 -chi];《業務の》commissione㊛;《代表・代理としての》delega㊛, delegazione㊛, mandato㊚ ◇委任する affidare a qlcu. l'incarico [il mandato] di+不定詞, incaricare qlcu. di qlco. [di+不定詞]; delegare qlcu. a qlco., dare una delega a qlcu. [qlcu. di qlco.] ¶全権を〈人〉に委任する dare「carta bianca [pieni poteri」 a qlcu. ¶〈人〉から委任される ricevere l'incarico di+不定詞〉, essere incaricato da qlcu. di qlco., essere delegato da qlcu. per+不定詞
✤委任状 lettera㊛ di procura, delega㊛ ¶白紙委任状 carta bianca
委任統治 mandato㊚ (internazionale)
委任統治国 potenza㊛ mandataria, stato㊚ man-

datario [複 -i]
委任統治領 territorio 男 [複 -i] 「affidato in mandato [sotto mandato]
委任投票 voto 男 per procura
イニング 〔英 inning〕《スポ》《野球の》〔英〕inning 男 [無変]
いぬ 犬 **1** 《動物の》cane 男 [⥢ *cagna*]; 《子犬》cagnolino 男 [-*a*], cucciolo [-*a*] ¶犬を飼う tenere [avere] un cane ¶犬をつなぐ mettere il guinzaglio al cane / mettere il cane alla catena ¶犬が吠える. Il cane abbaia [fa bau bau / 《大声で》urla /《遠吠え》ulula /《きゃんきゃん》guaisce /《威嚇して》latra]. ¶犬がうなる Il cane ringhia. ¶犬が小声で [哀っぽく] 鳴く. Il cane guaiola [uggiola]. ¶犬がくんくん鳴く. Il cane mugola. ¶吠える犬は噛まぬ.《諺》"Can che abbaia non morde."
2 《スパイ》spia 女 ¶警察の犬 persona al soldo

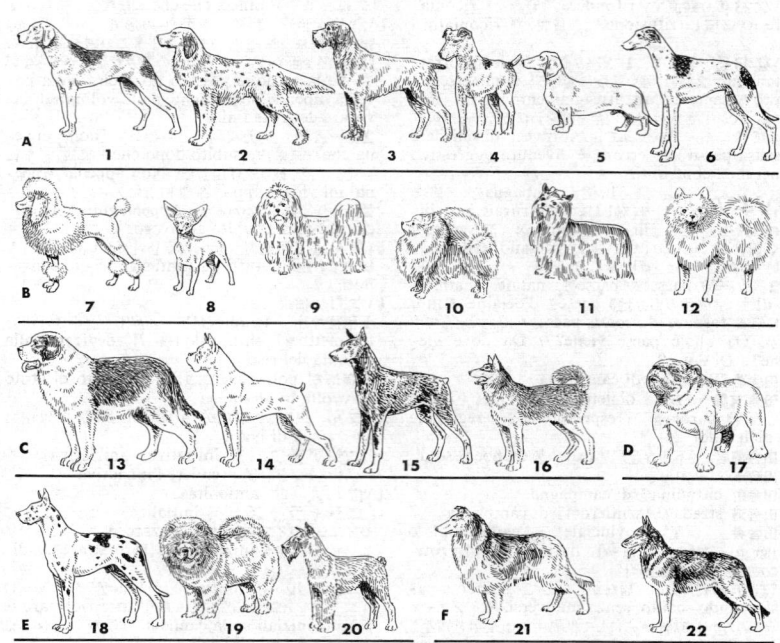

犬
A 猟犬 cani 男 [複] da caccia.
 1 ポインター 〔英〕pointer 男 [無変]. **2** セッター 〔英〕setter 男 [無変]. **3** グリフォン grifone 男. **4** フォックステリア 〔英〕fox-terrier 男 [無変]. **5** ダックスフント bassotto 男 tedesco. **6** グレーハウンド 〔英〕greyhound 男 [無変].
B 愛玩犬 cani 男 [複] da compagnia.
 7 プードル barbone 男. **8** チワワ 〔ス〕chihuahua 男 [無変]. **9** マルチーズ maltese 男. **10** ポメラニアン volpino 男 di Pomerania. **11** ヨークシャーテリア 〔英〕yorkshire terrier 男 [無変]. **12** スピッツ spitz 男 [無変], volpino 男.
C 作業犬 cani 男 [複] da utilità.
 13 セントバーナード sanbernardo, sambernardo. **14** ボクサー 〔英〕boxer 男 [無変]. **15** ドーベルマン dobermann 男 [無変]. **16** シベリアンハスキー 〔英〕husky 男 [無変] siberiano.
D 闘犬 cani 男 [複] da combattimento.
 17 ブルドッグ 〔英〕bulldog 男 [無変].
E 番犬 cani 男 [複] da guardia.
 18 グレートデーン alano 男. **19** チャウチャウ 〔英〕chow chow 男 [無変]. **20** シュナウザー schnauzer 男 [無変].
F 牧羊犬 cani 男 [複] da pastore.
 21 コリー 〔英〕collie 男 [無変]. **22** シェパード pastore 男.

degli ṣbirri
[慣用] **犬の遠ぼえ** mugolio[男][複 -ii] ¶彼の批判は犬の遠ぼえだ. Critica solo alle spalle.
犬も歩けば棒に当たる (1)《幸運にあう》Ognuno ha il suo raggio di sole. (2)《災難にあう》Ora è come andare in cerca di guai.
✤**犬小屋** (casotto[男] con) cuccia[女][複 -ce], canile[男]
犬橇(ぞり) ṣlitta[女] trainata da cani

いぬ 戌 《十二支の》il Cane[男] ⇀干支
✤**戌年** l'anno[男] del Cane

イヌイット 〔エスキモー語 inuit〕 inuit[男][女][無変]

いぬかき 犬掻き ¶犬かきで泳ぐ nuotare alla maniera dei cani / nuotare "a cagnolino"

いぬき 居抜き ¶店を居抜きで買った. Ho comprato il negozio, locali, stigli e avviamento.

いぬくぎ 犬釘 《線路用の》arpione[男] (per fissare le rotaie)

いぬじに 犬死に morte[女] inutile ◇**犬死にする** morire[自][es] invano

いぬねこびょういん 犬猫病院 ospedale[男] per animali, clinica[女] veterinaria

いぬわし 犬鷲 〔鳥〕aquila[女] reale [rapace]

いね 稲 riso[男] ¶稲を刈る fare il raccolto del riso / mietere il riso ¶稲をこく trebbiare il riso
✤**稲刈り** mietitura[女] del riso
稲こき trebbiatura[女] del riso
稲こき機 trebbiatrice[女]

いねむり 居眠り sonnellino[男], piṣolino[男] ◇**居眠りする** sonnecchiare[自][av], appiṣolarsi, fare un sonnellino [un piṣolino], dormicchiare[自][av]
✤**居眠り運転** ◇**居眠り運転をする** addormentarsi al volante [alla guida]

いのいちばん いの一番 ◇**いの一番に** per primo; prima di tutti gli altri

いのこり 居残り ¶彼は罰として放課後居残りさせられた. Per punizione è stato trattenuto a scuola dopo la fine delle lezioni.

いのこる 居残る rimanere[自][es] più a lungo, trattenersi;《残業する》fare lo straordinario

いのしし 猪 cinghiale[男]

イノシンさん イノシン酸 〔生化〕acido[男] inoṣinico

いのち 命 **1【生命】** vita[女] ¶彼の命に別状はない. Non c'è alcun pericolo per la sua vita. ¶命にかかわる傷 ferita mortale [fatale] ¶命あるもの un essere animato ¶命を失う[落とす] perdere la vita / morire[自][es] ¶命ある限り闘う lottare[自][av] fino all'ultimo respiro ¶〈人〉の命を救う salvare la vita di *qlcu.* ¶命を大切にする dare precedenza alla vita / mettere la vita al primo posto ¶命を捧げる dedicare la *propria* vita《に a》 ¶彼は酒で命を縮めた. L'alcol l'ha portato via presto. ¶病人は命を取り留めた. Il malato「se l'è cavata per miracolo [l'ha scampata bella]. ¶あなたは命の恩人です. Le devo la vita. ¶男は大統領の命をねらっていた. L'uomo attentava alla vita del presidente. ¶命だけはお助けください. Per amore di Dio, risparmiatemi (la vita)! ¶この絵は命の次に大事なものだ. Per me questo quadro è la cosa più importante dopo la vita.
2【寿命】 vita[女], durata[女] della vita;《物の》durata[女] ¶その子は短い命だった. Quel bambino ha avuto una vita breve. / Quel bambino è morto prematuramente.
3【最も大切な物】 ¶カメラにとってはレンズが命だ. Per la macchina fotografica l'obiettivo è l'elemento determinante. ¶歌手にとっては声が命である. Per un cantante, la voce è tutto.
[慣用] **命あっての物種** 《諺》"Finché c'è vita c'è speranza."
命が縮まる ¶心配すると命が縮まる. "Le preoccupazioni portano alla tomba." ¶命が縮まる思いだった. Sentivo che la vita si accorciava.
命の洗濯 ¶久しぶりに命の洗濯をした. Questa è la prima volta che riprendo fiato da non so più quanto tempo.
命の綱 ¶彼からの資金援助が最後の命の綱だった. L'ultima cosa su cui potevo fare affidamento era il suo appoggio finanziario.
命を懸ける ¶仕事に命を懸ける impegnarsi tutto [interamente] nel lavoro ¶秘密を守ることを命を懸けて誓います. Giuro sulla mia vita di mantenere il segreto.
命を削る ¶子供が消息を絶ってからは命を削る思いだった. Sono quaṣi morto per la preoccupazione quando mio figlio è scomparso.
命を拾う ¶この薬のおかげで命を拾った. Devo la vita a questa medicina.

いのちがけ 命懸け ◇**命がけの** rischioso, pericoloso ◇**命がけで** rischiando la *propria* vita, a rischio [a costo] della *propria* vita;《必死で》accanitamente, disperatamente, a oltranza ¶命がけの仕事 lavoro rischiosissimo [che impegna a fondo]

いのちからがら 命辛辛 ¶命からがら逃げのびた. Non ho potuto fare altro che mettermi in salvo.

いのちごい 命乞い ¶〈人〉に命ごいをする《自分の》chiedere di essere risparmiat*o* /《他人の》chiedere a *qlcu.*「di risparmiare la vita [la grazia della vita]《の di》

いのちしらず 命知らず 《人》temerar*io*[男][女 -*ia*; [男]複 -*i*] ◇**命知らずの** audace, temerario, avventato ¶この嵐の中を山に登るとは命知らずの暴挙だ. È da pazzi scalare la montagna con questa tempesta.

いのちづな 命綱 sagola[女] di salvataggio [sicurezza]

いのちとり 命取り ◇**命取りの** mortale, fatale ¶酒が彼の命取りになった. Il *sakè* lo portò alla tomba. ¶失言が命取りになり大臣を辞めた. Il suo lapsus si è rivelato fatale e così si è ritirato dalla carica di ministro.

いのちびろい 命拾い ◇**命拾い(を)する** salvarsi [salvare la *propria* vita] per un pelo, sfuggire [自][es] alla morte per un pelo, scamparla [cavarsela] per miracolo

いのちみょうが 命冥加 ¶命冥加なやつだ. Ha sette vite come i gatti.

イノベーション 〔英 innovation〕 innovazione[女]

いのり 祈り preghiera⼥, orazione⼥;《願いごと》supplica⼥, invocazione⼥;《死者のための》[カト] suffragio男[複 -gi] ¶祈りをささげる pregare / recitare le preghiere ¶神への祈り invocazione a Dio

いのる 祈る 1《神に》pregare他 (▶単独でも可) ¶ご健康をお祈りします。Prego per la sua salute. ¶神の助けを祈る。Prego Dio che mi aiuti. ¶病気の回復を祈ります。Prego perché lei guarisca.
2《願う》augurare a qlcu. che+接続法, augurarsi di+不定詞 ¶いい旅行を祈ります。Ti auguro buon viaggio. ¶試験がうまくいくように祈ります。In bocca al lupo per gli esami! ¶ご成功を祈ります。Che tu possa avere successo!

いはい 位牌 tavoletta⼥ mortuaria con il nome postumo buddista di un defunto [《女性の》di una defunta]

いばしょ 居場所 luogo男[複 -ghi] ¶この家に私の居場所はない。Non c'è posto per me in questa casa. ¶旅行中の居場所を知らせておく comunicare dove ci si trova durante il viaggio

いはつ 衣鉢 ¶彼は師の衣鉢を継いだ。Ha ereditato gli arcani segreti [È l'erede dello spirito] del suo maestro.

いはつ 遺髪 capelli男[複] di un defunto [《女性》di una defunta] tagliati come ricordo

いばら 茨 1《とげのある低木》rovo男, spino男;《とげ》spina⼥ ◇いばらの spinoso ¶いばらの冠 corona di spine ¶いばらの茂み cespuglio di rovi 2《苦難・苦痛》spine⼥[複], sofferenza⼥ ¶いばらの道を歩む camminare su una strada irta di spine

いばる 威張る 《高慢である》essere altero [altezzoso / arrogante],《自慢する》vantarsi, dire millanterie,《横柄に振る舞う》essere presuntuoso《に con》, fare il [《女性の》la] prepotente《に con》;《偉そうにする》darsi delle arie《に con》,《もったいぶる》darsi importanza《に con》◇威張った impettito, altezzoso ◇威張って con aria baldanzosa ¶威張って歩く camminare impettito [altezzoso] ¶威張った口をきく parlare con tono autoritario / usare parole grosse ¶部下に威張り散らす fare il prepotente (spadroneggiare) con gli inferiori ¶あまり威張るな。Non darti tante [troppe] arie! ¶彼は有名な作家だが少しも威張ったところがない。Pur essendo uno scrittore famoso, non è per nulla superbo.

✤威張り屋 sgargiasso男, superbone男[⼥ -a], spaccone男[⼥ -a], persona⼥ vanagloriosa

いはん 違反 《法律・規則への》violazione⼥, infrazione⼥, trasgressione⼥;《命令への》disobbedienza⼥;《法》contravvenzione⼥;《契約などに対する》rottura⼥;《約束への》inadempienza⼥ (contrattuale) ◇違反する violare, infrangere, rompere; contravvenire他[av]《に a》¶交通違反 infrazione del codice stradale / infrazione alle norme del traffico ¶スピード違反 trasgressione dei limiti di velocità ¶法律に違反する violare [trasgredire] la legge ¶協約[禁令]に違反する infrangere un patto [un divieto]

✤違反者 trasgressore男[⼥ trasgreditrice]; contravventore男[⼥ -trice]

いびき 鼾 il russare男 ◇いびきをかく russare自[av] ¶高いびきをかく《親》ronfare (sonoramente)

いびつ 歪 ◇いびつな《ゆがんだ》distorto, storto,《変形した》deformato, sformato;《楕円形《幾》の》ovale, ellittico[男複 -ci];《不規則な》irregolare ¶いびつになる deformarsi / sformarsi / distorcersi

いひょう 意表 ¶《人》の意表に出る[を突く] cogliere qlcu. di sorpresa / sorprendere qlcu. ¶意表を突いた作戦 operazione a sorpresa

いびりだす いびり出す ¶彼は会社をいびり出された。Era talmente vessato dal suo capo che ha lasciato la ditta.

いびる trattare male qlcu., maltrattare qlcu., tormentare qlcu.

いひん 遺品 oggetto男 [articolo男] lasciato da un defunto [《女性》da una defunta] ¶この時計は父の遺品です。《形見》Quest'orologio è un ricordo di mio padre.

いふ 異父

✤異父兄弟 fratello男 uterino, fratellastro男
異父姉妹 sorella⼥ uterina, sorellastra⼥

いふ 畏怖 timore男, paura⼥, sgomento男, soggezione⼥ ◇畏怖する temere qlcu., aver paura di qlcu., avere soggezione di qlcu. ¶畏怖の念に打たれる essere atterrito [sgomento / impaurito] ¶彼は人々に畏怖の念を起こさせる。Suscita timore [Incute soggezione] alla gente.

イブ[英 eve]《クリスマスイブ》la vigilia⼥ (di Natale)

いふうどうどう 威風堂堂 ¶威風堂々たる maestoso, imponente, grandioso, solenne ◇威風堂々と maestosamente, grandiosamente, solennemente, con atteggiamento austero

いぶかしい 訝しい dubbio男[複 -i], sospetto男 ¶彼の行動はいぶかしい。Il suo comportamento desta sospetto. ¶彼女はいぶかしそう[いぶかしげ]に私を見た。Mi ha guardato「con fare sospettoso [sospettosamente].

いぶかる 訝る sospettare ql.co. [qlcu. di ql.co. / che+接続法 / che+直説法(を未来形)], dubitare自[av] di ql.co. →怪しむ, 疑う ¶彼はこの仕事を引き受ける人がいるかどうかいぶかっている。Teme [Dubita] che non ci sia nessuno che accetti di fare quel lavoro.

いぶき 息吹 respiro男, alito男, soffio男[複 -i] ¶春の息吹を感じる sentire un soffio di primavera

いふく 衣服 abiti男[複], vestiti男[複], abbigliamento男, indumenti男[複] ¶衣服をあらためる《きちんとしたものに着替える》mettersi un abito decente /《武器などの携帯の有無を調べる》perquisire qlcu. ¶衣服を整える《場に応じた服装をする》vestirsi propriamente /《乱れを直す》rassettarsi

いぶくろ 胃袋 stomaco男[複 -chi, -ci] ¶胃袋を満たす riempire lo stomaco

いぶし 燻し 1《殺菌・殺虫のための》fumigazione⼥, suffumicazione⼥;《燻製のための》affumicatura⼥ ¶いぶしをかける suffumicare 2《金属

いぶしぎん 燻し銀 argento男 appannato [ossidato] ¶いぶし銀のような演技 grande e sobria interpretazione, frutto di una lunga e profonda esperienza

いぶす 燻す **1** affumicare;《蚊などを》tener lontano [allontanare] (le zanzare) col fumo, suffumicare
2《銀・銅などを》ossidare *ql.co.*
3《煙で黒くする》annerire *ql.co.* col fumo

いぶつ 異物 sostanza女 estranea, 《医》corpo男 estraneo

いぶつ 遺物 **1**《歴史上・考古学上の》resti男 [複], vestig*ia*女 [複]《▶単数形は vestig*io*男》, cimel*io*男 [複 *-i*];《聖人の》reliquia女 **2**《古めかしい人・物》¶彼は前世紀の遺物だ. Lui è una reliquia [un cimelio] del secolo scorso.

イブニングドレス〔英 evening dress〕abito男 da sera

いぶる 燻る fumare, emettere [fare] fumo

いぶんか 異文化 cultura女 diversa ¶異文化間コミュニケーション comunicazione tra le diverse culture [tra le civiltà]

いぶんし 異分子 elemento男 eterogeneo ¶党から異分子を排除する espellere gli elementi eterodossi dal partito

いへん 異変 《急変化》cambiamento男 straordinar*io* [複 *-i*];《事故, 事件》avvenimento男 [evento男] / incidente男 straordinar*io* [複 *-i*];《緊急事態》emergenza女;《災難》disastro男;《異常事態》anormalità女;《予期しない出来事》accidente男; qualcosa男 di insolito;《不運》infortun*io*男 [複 *-i*];《混乱》perturbamento男
¶暖冬異変 inverno eccezionalmente mite ¶父の身辺に異変が起きたのではないかと心配した. Avevo paura che fosse accaduto qualcosa [un incidente] a mio padre. ¶原子力発電所で何か異変が生じらしい. Sembra che siano sorti problemi insoliti alla centrale nucleare.

イベント〔英 event〕《出来事》manifestazione女, evento男, avvenimento男;《試合》incontro男, partita女

いぼ 疣 porro男;《ウイルス性の》verruca女;《たこ・いかの》ventosa女 ¶いぼをとる《切除》asportare una verruca ¶指にいぼができた. Si è formata una verruca sul dito.
✤**いぼがえる** rospo男
いぼ痔《医》emorroidi女 [複], nodulo男 emorroidar*io* [複 *-i*]

いぼ 異母
✤**異母兄弟** fratello男 di madre diversa, fratellastro男
異母姉妹 sorella女 di madre diversa, sorellastra女

いほう 違法 illegalità女, violazione女 della legge ◇違法の illegale
✤**違法建築** abusivismo男 edili*zio* [複 *-i*]
違法行為 reato男, azione女 illegale ¶違法行為を犯す commettere un reato [un'azione illegale]
違法コピー pirateria女; copia女 pirata [illegale]
違法者 viola*tore*男 [女 *-trice*] della legge, tra*sgressore*男 [女 *trasgreditrice*]; contravven*tore*男 [女 *-trice*]
違法処分 disposizione女 illegale
違法タクシー taxi男 [無変] abusivo [複 *-gi*]
違法駐車 parcheg*gio*男 [複 *-gi*] abusivo

いほうじん 異邦人 straniero男 [女 *-a*]

いほく 以北 ◇以北の a nord di ¶ボローニャ以北では a nord di Bologna

いぼた 水蝋《植》pianta女 cerifera, ligustro男;《学名》*Ligustrum obtusifolium*

いま 今 **1**【現在】ora, adesso, attualmente; oggi男 (▶副詞としても用いる), questo momento男, il presente男 ◇今の attuale, presente; di oggi, odierno ◇今から d'ora in poi, d'ora innanzi, da oggi ◇今では oggi, oggigiorno, al giorno d'oggi ◇今でも anche [ancora] adesso, anche [ancora] oggi ◇今まで finora, sinora, sino ad oggi ¶今から10年後に di qui a dieci anni / fra dieci anni ¶今にして思えば ripensandoci ora / in retrospettiva ¶今のうちに prima che sia troppo tardi ¶今のところ per il momento / al presente / per ora [adesso] ¶今までに書いた手紙 le lettere scritte finora ¶今までにない senza precedenti / mai prima d'ora / mai accaduto prima ¶今から行っても間に合うかしら. Mi chiedo se farò in tempo partendo ora. ¶今からでも遅くない. Non è ancora troppo tardi. ¶今こそ…すべきときだ. Ora [Questo] è il momento di + 不定詞 / È proprio il momento di + 不定詞 ¶今になって親の言葉がわかる. Soltanto ora [Adesso finalmente] capisco le parole dei miei genitori. ¶今までに見たこともないすばらしい映画だ. È il più bel film che abbia mai visto. ¶今だから言うが, 忘れたのは僕だったんだ. Ora posso dirti che sono stato io a dimenticarlo.

2【たった今】proprio ora, or ora, un attimo fa, appena, in questo momento ¶今帰ってきたところだ. Sono ritornato in questo momento [proprio un attimo fa]. / Sono appena rientrato.

3【すぐに】subito, immediatamente ¶今行きます.《呼ばれた時の返事》Vengo subito. / Eccomi! / Arrivo!

4【さらに】¶いま一度 ancora una volta / un'altra volta / di nuovo ¶いましばらくお待ちください. Attenda ancora un momento.

慣用 **今か今かと** impazientemente ¶君が来るのを今か今かと待っている. Aspetto「d'ora in ora [con impazienza / con ansia] il tuo arrivo.
今に始まったことではない ¶彼の遅刻は今に始まったことではない. Non è la prima volta che giunge tardi.
今は昔 (c'era) una volta
今や遅しと →今か今かと
今を時めく ¶彼は今を時めく文壇の大御所だ. È oggi la figura più importante nei circoli letterari.

いま 居間 soggiorno男, salotto男

イマーム《イスラム教の指導者》imam男 [無変], imano男 [無変], iman男 [無変]

いまいましい 忌忌しい《腹立たしい》irritante, seccante;《憎らしい》odioso, detestabile;

《迷惑な, うんざりする》fastidioso, molesto;《のろわしい》dannato, maledetto ◇いまいましげに con aria disgustata [seccata], disgustosamente ¶いまいましく思う essere irritato [contrariato / seccato] ¶ああ, いまいましい. Accidenti! / Al diavolo! / Maledizione! ¶いまいましいやつだ. È un individuo detestabile [insopportabile]. / Maledizione a lui! / Che strazio! ¶だまされた自分がいまいましい. Ce l'avevo con me stesso per esserci fatto imbrogliare. ¶いまいましい天気だ. Che tempo schifoso!

いまごろ 今頃 1《今》ora, adesso;《この時刻》a quest'ora;《今となっては》ormai ¶今ごろまでどこに行っていたのだ. Dove sei stato fino a quest'ora? ¶今ごろ(になって)そんなことを言っても遅い. Ormai [Arrivato a questo punto] è troppo tardi per dire queste cose.
2《過去・未来の同時刻・同時期》a quest'ora; in questo periodo ¶昨日の今ごろ ieri a quest'ora ¶来年の今ごろ私はどこにいるだろうか. Chissà dove sarò 「in questo periodo dell'anno prossimo [l'anno prossimo di questi tempi].

いまさら 今更 1《あらためて》¶彼のいたずら好きは今更言うまでもない. I suoi scherzi sono più una novità per noi. ¶彼女の熱心さには今更のように驚いている. Il suo entusiasmo mi stupisce「ancor di più [sempre]. ¶…は今更言うまでもない. Non è necessario ripetere ancora che + 直説法.
2《今となっては》ormai ¶今更いやだとは言えない. Ormai è troppo tardi per rifiutare.

いましがた 今し方 proprio ora, proprio adesso, un attimo fa

イマジネーション 〔英 imagination〕《想像力, 空想》immaginazione⊕, fantasia⊕

いまじぶん 今時分 ora, adesso, a quest'ora

いましめ 戒め 1《教え》lezione⊕, insegnamento⊕, precetto⊕;《訓戒》ammonizione⊕, ammonimento⊕, istruzioni⊕[複];《叱責》rimprovero⊕;《警告》avviso⊕, avvertimento⊕ ¶親の戒めを守る seguire gli insegnamenti [osservare gli ammonimenti] dei genitori ¶この失敗を戒めにしなさい. Questo insuccesso ti serva da lezione [insegnamento].
2《こらしめ》punizione⊕, castigo⊕[複 -ghi]

いましめ 縛め legame⊕, vincolo⊕ ¶いましめを解く slegare [sciogliere / liberare] qlcu.

いましめる 戒める 1《警告する》avvertire qlcu. a + 不定詞 ammonire qlcu. per ql.co., esortare qlcu. a ql.co. [a + 不定詞];《しないように》diffidare qlcu. dal + 不定詞;《用心させる》far prendere precauzioni, cautelare ¶みずから戒めて過ちを犯さないようにする prendere tutte le precauzioni per non commettere errori ¶先生は彼にそんなところに出入りしないよう戒めた. Il maestro lo ammonì di non [lo diffidò dal] frequentare quell'ambiente.
2《しかる, こらしめる》sgridare, rimproverare, rimbrottare, riprendere;《罰を与える》punire, castigare
3《禁じる》proibire [vietare] di + 不定詞 [che + 接続法] ¶時の政府は奢侈(しゃし)を戒めた. Governo di quel tempo proibì tutti i lussi.

いましも 今しも ¶飛行機は今しも滑走路から飛び立つところです. L'aereo sta decollando proprio in questo momento. / L'aereo si sta staccando dalla pista di decollo.

いまだ 未だ ◇いまだに ancora, finora, fino a oggi, tuttora, anche adesso ¶いまだに彼から音信がない. A tutt'oggi non ho sue notizie. / Non ho ancora ricevuto nessuna notizia da lui. ¶彼[彼女]はいまだに独身です. È ancora celibe [nubile].

いまだかつて 未だ曽て《否定を伴って, 今までに一度も…ない》non… mai ¶ニーナはいまだかつて自分が不幸だなどと思ったことがなかった. Nina fino a quel tempo non aveva mai pensato di essere infelice.

いまどき 今時 1《現代, 現在》oggi, oggigiorno, al giorno d'oggi ¶そんな冗談は今時の若者には通じない. I giovani d'oggi non capiscono quel tipo di battute.
2《今ごろ》a quest'ora

いまなお 今尚 ancora, anche adesso ¶彼は今なお行方不明だ. È ancora disperso.

いまに 今に 1《間もなく》presto, fra poco, fra non molto;《遠からず》prima o poi;《いつか将来》un giorno ¶今に成功してみせる. Vedrai che successo avrò un giorno. ¶今にみろ. Prima o poi la pagherai! / Te la farò vedere! / Te ne pentirai. ¶今にわかるさ. Aspetta e vedrai.
2《今でもなお》¶その時の父の言葉は今に忘れられない. Le parole che mio padre disse anni fa le ricordo ancora bene.

いまにも 今にも ¶今にも…しようとしている stare per + 不定詞 / essere sul punto di + 不定詞 ¶今にも雨が降りそうだ. Può piovere [Minaccia di piovere] da un momento all'altro. ¶今にもわっと泣きだしそうな顔をしている. Sembra che stia per scoppiare in lacrime [a piangere].

いまひとつ 今一つ《さらに1つ》ancora uno [⊕ -a], un altro [⊕ un'altra];《2つのうちのもう1つのほう》l'altro [⊕ -a] ¶今もう1つ質問したい. Ancora una domanda. ¶この映画は今一つ迫力がない. A quel film manca quel po' di mordente necessario.

いまふう 今風 ◇今風の moderno, aggiornato, alla moda ◇今風に alla moda

いままで 今迄 finora ¶今までにない senza precedenti / inaudito ¶今までのように come sempre ¶今までいったいどこにいたのか. Dove sei stato finora? ¶彼は今までにないくらい親切だよ. È gentile come non mai.

いまや 今や 1《今こそ》¶今や勝負をかける時だ. Questo è il momento di vincere. ¶今や機は熟した. Questa è l'ora (di agire)!
2《今では》¶今や彼も一流の画家だ. È un pittore di primo piano ora.

いまりやき 伊万里焼 porcellana⊕ Imari [無変]

いまわ 今際 ¶いまわの際(きわ)に in punto di morte / nell'ultimo momento di vita / appena prima di spirare

いまわしい 忌まわしい 1《不吉な》di cattivo augurio, malaugurato, sinistro ¶忌まわしい夢

を見た. Ho fatto un sogno sinistro.
2《憎むべき》abominevole, esecrabile, detestabile, odioso;《不名誉な》infame;《のろわしい》maledetto, dannato;《嫌な》disgustoso, nauseante;《嫌悪すべき》ripugnante, ributtante;《不愉快な》sgradevole, spiacevole;《なげかわしい》deplorevole ¶忌まわしい汚名をこうむる farsi una pessima reputazione ¶忌まわしい事件 deplorevole avvenimento ¶そんなことは口にするのも忌まわしい. Mi ripugna dire questa cosa.

いみ 意味 **1**【言葉や行為によって示される内容】senso㊚, significato㊚;《語の持つ個々の意味》accezione㊛ ◇意味する significare [voler dire] *ql.co.* [che＋直説法] ¶意味のない senza senso, privo di significato, insignificante ¶ある意味で in un certo senso ¶言葉の真の意味で nel vero senso della parola ¶広い[狭い]意味で in senso lato [stretto] ¶本来の[文字どおりの]意味で in senso proprio [letterale] ¶意味を取り違える fraintendere il significato (di *ql.co.*) / interpretare male (*ql.co.*) ¶この言葉はいろいろな意味に取れる.《いろいろな意味合いを含んでいる》Questa parola ha varie accezioni. ¶《いろいろに解釈できる》Si può interpretare questa parola in vari modi.
2【目的, 理由】《動機》motivo㊚;《意図》intenzione㊛;《含意》implicazione㊛ ¶意味ありげに微笑する sorridere in modo allusivo / sorridere misteriosamente ¶彼は意味ありげな目つきをした. Ha gettato uno sguardo pieno di sottintesi. ¶私の言ったことを悪い意味に取らないでくれ. Non interpretare male le mie parole. ¶それはどういう意味ですか. Ma che (cosa) vuol dire [significa]? /《つまりどういうことなのですか》Cioè? /《相手の発言に怒って》Con questo che cosa sta insinuando?
3【意義, 価値】senso㊚, significato㊚, importanza㊛ ¶そんなことをしても意味がない. Anche se lo facessi, sarebbe una cosa senza senso. / Ma che senso ha fare questo? / Fare questo non ha senso.
❖意味深長 ¶意味深長な言葉 osservazione significativa / parole pregnanti [dense di significati /《深い》profonde]
意味論〔言〕semantica㊛

いみあい 意味合い 《含意》implicazione㊛;《微妙な意味》sfumatura㊛ di significato ¶ルイージの話とマーリオの話では意味合いが少し違う. C'è una piccola differenza tra quello che dice Luigi e quello che dice Mario.

いみあけ 忌み明け fine㊛ del periodo di lutto

いみきらう 忌み嫌う detestare, aborrire㊊,㊀ [*av*]《を da》¶彼女はその男を蛇蝎(ｶﾂ)の如く忌み嫌った. Lei detestava [aborriva] quell'uomo come se fosse stato un serpente.

いみことば 忌み言葉 parola㊛ tabù

いみじくも《適切に》appropriatamente, giustamente ¶ピランデッロがいみじくも言ったように come Pirandello ha molto appropriatamente detto ¶「極楽鳥」とはいみじくも名付けたものだ. "Uccello del paradiso" è un nome mirabilmente appropriato.

いみづける 意味付ける dare (un) significato a *ql.co.* ¶彼は自分の人生を意味づけるものを求めている. Sta cercando qualcosa che dia significato alla propria esistenza.

イミテーション〔英 imitation〕imitazione㊛;《偽造, 他人の作品の模倣》contraffazione㊛ ¶イミテーションの真珠 perle finte [false]

いみょう 異名《別名》un altro nome㊚;《あだな》soprannome㊚;《愛 称》vezzeggiativo㊚, nomignolo㊚ ¶…の異名をとる essere soprannominato…

いみん 移民《外国への》emigrazione㊛;《外国からの》immigrazione㊛;《外国へ移民して行く人》emigrante㊚ [㊛ -*a*];《外国に定着した人》emigrato㊚ [㊛ -*a*];《外国から移民として来る人》immigrante㊚ [㊛ -*a*];《定着した人》immigrato㊚ [㊛ -*a*]（►これらの表現は国内の地方間でも使われる）◇移民する emigrare㊊ [*es*]（► 稀に [*av*]）; immigrare㊊ [*es*] ¶祖父母は50年前ブラジルに移民した. I miei nonni sono emigrati in Brasile 50 anni fa.
❖移民政策 politica㊛ di emigrazione [dell'immigrazione]
移民法 legge㊛ sull'immigrazione
移民問題 problema㊚ [複 -*i*] dell'emigrazione [dell'immigrazione]

いむしつ 医務室 infermeria㊛

いめい 威名 fama㊛, notorietà㊛, rinomanza㊛ ¶彼は天才ピアニストの威名を世界にとどろかせた. Raggiunse fama mondiale come pianista geniale.

いめいどうおん 異名同音〔音〕enarmonia㊛

イメージ〔英 image〕immagine㊛, impressione㊛ ◇イメージする figurarsi, figurare nella *propria* mente, immaginare
❖イメージアップ ¶これはわが党のイメージアップになる. Questo servirà a migliorare l'immagine del nostro partito.
イメージスキャナー《コンピュータ》scanner㊚ [無変]
イメージダウン ¶その事件はその会社のイメージダウンにつながった. Quell'incidente「ha influito negativamente sulla [ha nuociuto alla] reputazione della ditta.
イメージチェンジ ◇イメージチェンジする cambiare l'immagine [l'aspetto], dare una nuova impressione
イメージトレーニング simulazione㊛ mentale

いも 芋 **1**《じゃがいも》patata㊛;《さつまいも》batata㊛, patata㊛ dolce [americana];《さといも》taro㊚;《やまいも》igname㊚ giapponese ¶芋を掘る cavare [raccogliere] le patate
2《やぼったい人》¶あの劇団の役者は芋ばかりだ. Gli attori di quella compagnia teatrale sono ancora molto rozzi.
〔慣用〕芋を洗うよう ¶海水浴場は芋を洗うような混雑だった. La stazione balneare era tutto un formicolio di gente.
❖芋畑 campo㊚ di patate
芋掘り raccolta㊛ delle patate

いもうと 妹 sorella㊛ minore [più piccola] ¶義理の妹 cognata㊛, sorellastra㊛ (minore) →家系図
❖妹婿 cognato㊚

いもちびょう 稲熱病〔農〕carbonchio[男]［golpe[女]］del riso

いもづる 芋蔓 stoloni[男][複] di patate ¶麻薬密売人の一味は芋づる式に検挙された. La polizia ha arrestato uno dietro l'altro tutti i membri di un gruppo di trafficanti di droga.

いもの 鋳物 oggetto[男] di metallo fuso
✤鋳物工 fondi*tore*[男]［[女] *-trice*;《俗》*-tora*］
鋳物工場 fonderia[女]

いもむし 芋虫 bru*co*[男]［複 *-chi*］

いもり 井守 〔動〕lucertola[女] d'acqua, tritone[男] crestato

いもん 慰問 《慰め》consolazione[女], conforto[男], visita[女] ◇慰問する consolare *qlcu.*; visitare *qlcu.*, fare visita a *qlcu.*; portare conforto a *qlcu.*
✤慰問品 generi[男][複] di conforto

いや 嫌 ◇いやな schifoso, spiacevole, sgradevole, disgustoso;《憎らしい》odioso, detestabile, abominevole;《うっとうしい》scocciante, fastidioso;《感じ悪い》antipati*co*［[男]複 *-ci*］ ¶いやな味 sapore sgradevole ¶いやな顔をする storcere la bocca / imbronciarsi / fare un viso accigliato［scontento / offeso］¶いやな気がする essere riluttant*e*［rest*io*］a＋[不定詞] ¶いやな天気 tempo orribile / tempo da cani ¶いやなにおい cattivo odore ¶なんていやなやつだ. Che tipo odioso! ¶いやならよせよ. Se non ti va, lascia perdere. ¶いやになった. Mi sono stufato［stancato］. ¶冬は寒くていやだ. L'inverno non mi piace perché è freddo. ¶いやだと言ったらいやだ. Quando dico (di) no, è no. / Assolutamente no! ¶今の仕事がいやで仕方がない. Questo lavoro non lo sopporto proprio. ¶いやだね, 部屋をこんなに散らかして. Non ti vergogni di mettere la stanza così sottosopra? ¶いやとは言わせないぞ. Non accetto un "no" per risposta! / Non ti permetterò di dire di no!
[慣用] **いやというほど** ¶いやというほど食べた. Ho mangiato fino alla nausea. ¶その話はいやというほど聞かされた. Ne ho fin sopra i capelli delle tue storie.

いや 否 《いいえ》 ¶社長命令じゃいやも応もない. È un ordine del presidente, non c'è da discutere! ¶君, 来てくれないか, いや僕が行こう. Vieni tu, no anzi vengo io.

いやあ oh, ah, toh ¶いやあすばらしい眺めだ. Ah! Che bel panorama! ¶いやあしばらく. Toh, chi si vede! / Ma guarda chi si rivede!

いやいや 嫌嫌 malvolentieri, di malavoglia, controvoglia, con riluttanza ¶いやいやをする fare segno di no con la testa ¶私はいやいやながら承知した. Ho dato il mio riluttante consenso.

いやおう 否応 ◇いやおうなしに volente o nolente, piaccia o no ¶いやおうなしに…させる obbligare［costringere］*qlcu.* a＋[不定詞] ¶いやおうなしに私は北海道へ転勤しなければならなかった. Non avevo altra scelta che trasferirmi a lavorare nell'Hokkaido.

いやがうえに 弥が上に ancora più, ancora di più, sempre più, ulteriormente ¶困難な試合にいやが上にも闘志がわいた. La difficoltà dell'incontro mi ha stimolato ancor di più a combattere.

いやがらせ 嫌がらせ dispetto[男], fasti*dio*[男]［複 *-i*］, molestia[女] ¶嫌がらせ電話 telefonata molesta ¶嫌がらせを言う dire cose spiacevoli［sgradevoli］《に a》¶嫌がらせをする fare un dispetto《に a》/ tormentare / molestare / vessare / perseguitare

いやがる 嫌がる 《嫌う》detestare; essere rest*io* a＋[不定詞]; non volere＋[不定詞];《嫌なものが主語》non piacere a *qlcu.* ¶彼女は人の嫌がる仕事を進んで引き受ける. Lei accetta volentieri i lavori che non piacciono agli altri. ¶私は子供が嫌がるのを無理に歯医者に連れて行った. Ho portato la mia bambina dal dentista contro la sua volontà.

いやく 医薬 medicina[女], medicamento[男]
✤医薬品 prodotti[男][複] medico-farmaceutici, farmaci[男][複], medicinali[男][複]
医薬分業 distinzione[女] tra il ruolo del farmacista e quello del medico

いやく 意訳 traduzione[女] a senso ◇意訳する tradurre a senso

いやく 違約 rottura[女]［violazione[女] / inadempimento[男]］di contratto, inadempienza[女] contrattuale ◇違約する venire meno a una promessa［un accordo］; violare un contratto
✤違約金 penale[女] per inadempienza contrattuale

いやけ 嫌気 ¶…に嫌気がさす seccarsi di … / stancarsi di … / annoiarsi di … / stufarsi di … ¶嫌気を起こすな. Tieni duro. / Non arrenderti. ¶彼は仕事にすっかり嫌気がさして会社をやめてしまった. Si è annoiato［Si è stufato］di quel lavoro e ha lasciato la ditta.

いやし 癒し conforto[男],〔英〕healing[男][無変] ◇いやしの terapeuti*co*［[男]複 *-ci*］ ¶いやしを求める cercare conforto

いやしい 卑しい **1**《貪欲な》avido, cupido;《食べ物に》goloso;《金に》avaro
2《下劣な》vile, basso;《俗悪な》volgare ¶卑しい笑いを浮かべる fare un sorriso volgare ¶卑しい人物 un essere ignobile
3《身分が低い》umile, basso ¶生まれが卑しい essere di umili origini
4《みすぼらしい》frusto, misero, miserabile ¶身なり［風采］の卑しからぬ人物 persona「vestita decentemente［di aspetto rispettabile］

いやしくも ¶いやしくも信仰をもつなら良心に恥じる行動をするな. Se avete fede in Dio, non fate mai nulla di cui dobbiate vergognarvi.

いやしむ 卑しむ ⇒卑しめる ◇卑しむべき spregevole, disprezzabile, detestabile, meschino

いやしめる 卑しめる disprezzare *qlcu.*, disdegnare *qlcu.*, trattare *qlcu.* con alterigia, avere［tenere］*qlcu.* in dispregio ¶つまらない人間だなどと自分を卑しめてはいけない. Non dovresti biasimarti pensando di non valere nulla.

いやす 癒す **1**《病気を》curare;《傷を》guarire ¶病いをいやす curare una malattia ¶傷をいやす guarire una ferita
2《飢え・渇きを鎮める》dissetarsi, sfamarsi;《精神的苦痛を》consolare, confortare, alleviare,

いやに placare ¶飢えをいやす calmare [soddisfare] la fame ¶泉の水で渇きをいやした. Ci siamo dissetati all'acqua della fonte. ¶君の悲しみは時がいやしてくれるだろう. Il tempo allevierà il tuo dolore.

いやに 《妙に》strammente, incredibilmente; curiosamente; 《ひどく》terribilmente, molto ¶今日はいやに寒いね. Oggi fa un freddo cane. / Oggi fa terribilmente freddo. ¶社長はその日いやに機嫌がよかった. Quel giorno il presidente era stranamente di buon umore.

いやはや Dio mio!;《困惑, 落胆》Povero [女性] Povera] me!;《驚き, 強調》Perbacco!;《失望, 焦燥, 驚き》Perdinci!;《驚き, 失望》Santo Cielo!

イヤホン 〔英 earphone〕 auricolare男; cuffia女 ¶イヤホンをつける mettersi gli auricolari

いやみ 嫌味 《嫌らしさ》sgradevolezza女, spiacevolezza女;《皮肉》sarcasmo男, ironia女;《きざな態度》maniere女[複] affettate, snobismo男 ¶いやみのない人 persona simpatica ¶いやみたっぷりにしゃべる parlare con molto sarcasmo [con molta ironia] ¶彼は私にいやみを言った. Mi ha detto cose spiacevoli [parole sarcastiche].

いやらしい 嫌らしい **1**《不快な》sgradevole, spiacevole;《すごく》nauseante, disgustoso, stomachevole ¶いやらしい趣味だね. È di un gusto veramente nauseante. / È di pessimo gusto.

2《淫らな》lascivo, osceno, indecente ¶いやらしいことを言う[する] dire [fare] cose oscene

イヤリング 〔英 earring〕 orecchino男 ¶イヤリングをする mettersi gli orecchini

いよいよ **1**【ますます】 sempre più, progressivamente, più che mai ¶冬になっていよいよ寒さが増してきた. Con l'inverno il freddo si fece sempre più intenso.

2【ついに, とうとう】 finalmente (►よいことに用いる); alla fine ¶いよいよ明日ローマへ出発する. Finalmente domani parto per Roma. ¶いよいよ僕の番だ. Alla fine è (venuto [arrivato]) il mio turno.

3【最終段階】 ¶いよいよというときは助けてやる. Se ti troverai in pericolo [in difficoltà] ti aiuterò. / Quando ne avrai bisogno, ti aiuterò.

4【たしかに】 senza dubbio, certamente

いよう 威容・偉容 aspetto男 [portamento男] dignitoso [maestoso / solenne / grandioso / imponente] ¶威容を保つ avere un'aria dignitosa [maestosa] ¶偉容を誇る大聖堂 una cattedrale maestosa

いよう 異様 ◇異様な strano, insolito, singolare;《奇怪な》grottesco男(男[複] -schi);《奇抜な》bizzarro ◇異様に strammente, insolitamente; in modo bizzarro ¶異様ないでたちで現れる presentarsi vestito in modo strano [bizzarro] ¶彼の態度は異様に見えた. Il suo comportamento appare strano [insolito].

いよく 意欲 volontà女, volere男, voglia女;《大志》ambizione女;《熱意》zelo男 ◇意欲的な volenteroso, pieno di buona volontà, volitivo ◇意欲的に volenterosamente; con zelo ¶創作の意欲に燃える ardere [es] dall'estro creativo ¶彼はこの仕事に意欲的に取り組んでいる. Ha intrapreso questo lavoro con molto entusiasmo. ¶意欲的な作品だ. È un'opera ambiziosa.

いらい 依頼 **1**《願い, 頼み》richiesta女, preghiera女 ◇依頼する chiedere [domandare] ql.co. a qlcu., chiedere「a qlcu. di +不定詞 [che +接続法] ¶〈人〉の依頼で a [per la] richiesta di qlcu. ¶依頼を断る rifiutare una richiesta ¶就職斡旋の依頼を受けた. Mi è stato richiesto di aiutarlo a trovare un lavoro.

2《委任》incarico男 [複 -chi] ◇依頼する affidare ql.co. a qlcu., incaricare qlcu. di +不定詞 ¶財産の管理を弁護士に依頼する affidare l'amministrazione dei beni a un avvocato

❖依頼状 lettera女 di richiesta, richiesta女 scritta

依頼心 dipendenza女 dagli altri ¶彼は依頼心が強い. Si affida troppo agli altri.

依頼人 《弁護士の》cliente男

いらい 以来 da, da quando, dopo che +直説法 ¶それ以来 da allora (in poi) / da quel tempo ¶先月以来 dal mese scorso in poi ¶この学校が始まって以来の不祥事だ. È il più deplorevole evento dalla fondazione di questa scuola. ¶彼が結婚して以来私はもう会っていません. Non l'ho più visto da quando è sposato.

いらいら 苛苛 ◇いらいらする irritarsi, avere i nervi, innervosirsi, perdere la pazienza ◇いらいらさせる irritare qlcu., innervosire qlcu., far perdere la pazienza a qlcu. ¶いらいらしている essere irritato [nervoso / impaziente] / avere i nervi a fior di pelle ¶私はいらいらしながらバスを待っていた. Aspettavo l'autobus con molta impazienza. ¶私は彼ののん気なところにいらいらした. Sono stato molto contrariato dai suoi modi spensierati. / I suoi modi spensierati mi hanno fatto perdere la pazienza.

いらか 甍 《瓦のふち》tegola女;《瓦屋根》tetto男 di tegole

いらくさ 刺草 《植》ortica女

イラスト 〈レーション〉 〔英 illustration〕 illustrazione女 ¶イラストをかく disegnare un'illustrazione

イラストレーター 〔英 illustrator〕 illustratore男 (女 -trice)

いらだたしい 苛立たしい irritante, esasperante ¶彼の話を聞いているといらだたしくなる. Quando lo sento parlare, mi arrabbio sempre. ¶彼女はいらだたしい顔つきで私をにらんだ. Mi ha guardato esasperata [corrucciata / con stizza].

いらだつ 苛立つ irritarsi ¶彼女はいつも苛立っている. Lei è sempre irritabile.

いらだてる 苛立てる irritare, esasperare, dare a qlcu. ai nervi ¶彼はちょっとしたことにも神経をいらだてる. La più piccola cosa「gli dà ai nervi [lo urta].

いらっしゃい **1**《「いらっしゃる」の命令形》 ¶こっちにいらっしゃい. Vieni qui. ¶うちにいらっしゃい. Venga a casa mia. ¶またいらっしゃい. Ritorni pure. / A presto. / Arrivederci.

2《客に》 ¶いらっしゃい(ませ).《ようこそ》Benvenuto! (►相手の性・数に合わせて語尾変化する) /《店員が》Buongiorno! / Buonasera! / In che cosa posso esserle utile? / Dica! / 《お入りください》 S'accomodi, prego. / Entri pure. / Prego! Avanti!

いらっしゃる **1** 《「来る」の尊敬語》 venire ¶ようこそいらっしゃいました. Benvenuto! / Ben arrivato! (►いずれも相手の性・数に合わせて語尾変化する) / 《番組のゲストなどに》 Do il benvenuto a … ¶ご両親はいつこちらへいらっしゃいますか. Quando vengono [arrivano] i suoi genitori?

2 《「行く」の尊敬語》 andare ¶奥様もイタリアへいらっしゃるのですか. Va anche sua moglie in Italia?

3 《「居る」「ある」の尊敬語》 stare, essere, rimanere[自][*es*], restare[自][*es*] ¶社長さんはそちらにいらっしゃいますか. 《電話で》 C'è il presidente lì? ¶おじいさまはお元気でいらっしゃいますか. Come sta suo nonno?

いらぬ 要らぬ 《不要の》 non necessar*io* [[男]複 *-i*]; 《無用の》 inutile; 《余分の》 superfluo; 《頼まれもしない》 non richiesto, gratuito; fuori luogo ¶いらぬ心配をする preoccuparsi senza motivo [senza ragione] ¶いらぬ世話をやく immischiarsi [inserirsi / intromettersi] negli affari degli altri ¶要らぬお世話だ. Non è affare tuo. ¶いらぬことだ. È inutile! / Non serve a niente!

いられない ⇒居る 6

いり 入り **1** 《入ること》 entrata[女], ingresso[男] ¶1リットル入りのびん bottiglia da un litro ¶ミルク入りコーヒー caffè macchiato [con latte] ¶政界入りする iniziare una carriera politica / fare il debutto nel mondo politico ¶今日は観客の入りがよい. Oggi c'è una buona affluenza di pubblico.

2 《太陽, 月の》 tramonto[男] ¶今日の日の入りは6時55分だ. Oggi il sole tramonta alle 18.55 (読み方: diciotto e cinquanta cinque).

3 《始め》 iniz*io*[男][複 *-i*], avvento[男], primo giorno[男] ¶彼岸の入り l'inizio [il primo giorno] della settimana equinoziale

4 《収入》 entrate[女][複], introito[男], reddito[男], incasso[男] ¶いくら働いても入りは少ない. Pur lavorando sodo, le entrate sono scarse.

5 《出費》 ¶今月は入りがかさんだ. Questo mese le uscite [le spese] sono state molte.

いりあいけん 入会権 diritto[男] di servitù attiva

いりあいち 入会地 terreno[男] di proprietà comune; pascolo[男] demaniale, deman*io*[男][複 *-i*] comunale

いりえ 入り江 baia[女], insenatura[女]; 《海の》 brac*cio*[男][複 *-ci*] di mare, 《広い湾》 golfo[男]

いりぐち 入り口 entrata[女], ingresso[男]; 《門口》 portone[男]; 《戸口》 porta[女]; 《ほら穴などの》 apertura[女], imboc*co*[男][複 *-chi*]; 《高速道路のインター》 accesso[男] (a *ql.co.*) ¶映画館の入り口で〈人〉を待つ aspettare *qlcu.* all'ingresso del cinema

いりくむ 入り組む complicarsi ◇入り組んだ complicato, complesso, intricato, intrecciato ¶入り組んだ事情 circostanze complesse ¶入り組んだ海岸線 costa frastagliata ¶この話は入り組んでいて我々にはわかりにくい. Questa storia è così complicata che non riusciamo a comprenderla bene.

イリジウム 〔英 iridium〕 《化》 iridio[男]; 《元素記号》 Ir

いりたまご 炒り卵 uova[女][複] strapazzate

いりびたる 入り浸る frequentare abitualmente ¶彼は愛人の家に入り浸っている. È sempre [Si ferma a lungo] a casa dell'amante.

いりふね 入り船 nave[女] in arrivo

いりまじる 入り交じる・入り混じる mescolarsi [mischiarsi] con *ql.co.* ¶群衆に入り交じる mischiarsi tra la folla / mescolarsi alla folla

いりまめ 炒り豆 legumi[男][複] arrostiti

いりみだれる 入り乱れる confondersi, incrociarsi, mischiarsi ¶情報が入り乱れている. C'è un miscuglio di informazioni diverse. ¶敵味方入り乱れて戦った. Nemici ed amici hanno combattuto nella mischia.

いりむこ 入り婿 ¶入り婿になる sposare un'ereditiera / prendere il cognome della sposa

いりゅう 慰留 ◇慰留する dissuadere *qlcu.* dal dimettersi, persuadere *qlcu.* a rimanere in carica [a non dimettersi]

いりゅうひん 遺留品 oggetto[男] dimenticato

いりょう 衣料 abbigliamento[男], vestiar*io*[男][複 *-i*]

✤**衣料産業** industria[女] dell'abbigliamento

衣料費 spese[女][複] per il vestiario

いりょう 医療 assistenza[女] medica [sanitaria], trattamento[男] medi*co* [複 *-ci*], cure[女][複] mediche ¶医療を受ける ricevere assistenza medica

✤**医療過誤** malasanità[女]

医療機械 attrezzature[女][複] mediche

医療機関 istituzione[女] medica

医療事故 incidente[男] sanitario

医療施設 servizi[男][複] medici

医療費 spese[女][複] mediche

医療品 forniture[女][複] mediche, articoli[男][複] farmaceutici

医療扶助 assistenza[女] medica

医療法人 associazione[女] medica

医療保険 assicurazione[女] contro le malattie, cassa[女] mutua

いりよう 入り用 ¶旅行に入り用な品物 il necessario per un viaggio ¶いくら入り用なのか. Quanto denaro ci vuole [ti serve]?

いりょく 威力 potere[男], potenza[女], forza[女]; 《影響力》 influenza[女]; 《権威》 autorità[女] ¶金の威力で con la forza del denaro ¶新兵器が威力を発揮した. Le nuove armi hanno fatto sentire il loro peso.

いる 入る **1** 《中にはいる》「無用の者入るべからず」 《掲示》 "Ingresso vietato ai non addetti ai lavori."

2 《できる》 ¶茶碗にひびが入った. La tazza si è incrinata. ¶このとうもろこしは実が入っている. Questo granturco è maturo.

3 《ある状態に達する》 ¶堂に入っている essere eccellente

いる 要る

essere necessar*io* [[男]複 *-i*], bisognare[自][*es*] (►3人称単数・複数形のみで用いる); 《人が主語》 avere bisogno [la necessità] di *ql.co.*; servire a *qlcu.*, occorrere a *qlcu.*, bisognare a *qlcu.*, volerci ⇀要らぬ ¶ 1000円要る．Mi servono [Ci vogliono] mille yen. ¶この仕事には忍耐が要る．Questo lavoro richiede perseveranza. ¶お釣りは要りません．Tenga (pure) il resto.

いる 炒る abbrustolire, tostare, arrostire;《コーヒー豆を》torrefare ¶豆を炒る abbrustolire [tostare] fagioli

いる 居る **1**【存在する】essere, stare, esserci, trovarsi, esistere[自][*es*] ¶この川にはもう魚はいない．In questo fiume non ci sono più pesci. ¶幽霊がいると思いますか．Credi che esistano gli spiriti? ¶父は庭にいます．Mio padre sta in giardino. ¶今ローマにいます．Adesso mi trovo a Roma. ¶虎はインドにいる．La tigre vive in India. ¶私は兄が二人いる．Ho due fratelli più grandi. ¶駅の前にタクシーがいるはずだ．Davanti alla stazione ci dovrebbero essere dei taxi. ¶昔々おじいさんとおばあさんがいました．C'erano una volta un vecchio e una vecchia.
2【とどまる，居を定める】essere, stare, restare[自][*es*], rimanere[自][*es*], fermarsi, vivere[自][*es, av*] ¶1日中家にいる essere [stare] a casa tutto il giorno ¶姉は大阪にいます．Mia sorella vive a Osaka. ¶イタリアに2週間いました．Sono rimasto due settimane in Italia.
3【居合わせる】essere presen*te*, trovarsi, assistere[自][*av*] ¶人のいる所で in pubblico /《目前で》davanti alla gente ¶アンナと一緒にいる．Sono「in compagnia di [assieme a] Anna. ¶私は事故現場にいた．Mi sono trovato sul luogo dell'incidente. ¶こんな大変なときに彼がいてくれたらなあ．Se ci fosse lui in questo momento così difficile! ¶私のいない所で彼がどんなことを言っているか知れたものではない．Chissà che cosa dirà (su) di me, quando non ci sono [quando non sono presente]. ¶「どこにいるの」「ここにいるよ」"Dove sei?" "Sono qui."
4【「…している」の形で，進行・継続中を表す】stare＋ジェルンディオ ¶一日中何もせずにいる stare tutto il giorno senza fare nulla ¶何をしているの．Cosa stai facendo? ¶昨日の晩はテレビを見ていた．Ieri sera ho guardato la tv. ¶雨が降っている．Piove. / Sta piovendo. ¶私は2年前からフィレンツェに住んでいる．Abito a Firenze da due anni. ¶父は毎朝コーヒーを飲んでいる．Ogni mattina mio padre prende il caffè. ¶長いことこの会社に勤めていた．Ho lavorato a lungo in questa ditta.
5【「…している」の形で，状態を表す】essere, restare ¶ドアが開いている．La porta è aperta. ¶彼は出かけています．Non c'è. / È uscito. ¶カルロはもう仕事を終えている．Carlo ha già finito il lavoro. ¶彼女は結婚している．È sposata. ¶中に何か入っている．C'è qualche cosa dentro. ¶準備はできている．Siamo pronti. ¶彼は目下失業している．Ora è disoccupato. ¶彼は来ている．È arrivato. / È già qui. ¶3年後には駅は完成しているだろう．Fra tre anni la stazione dovrebbe essere terminata. ¶彼はイタリアへ何回も行っている．È stato più volte in Italia.
6【「いられない」の形で】¶…せずにはいられない non potere fare a meno di＋[不定詞] ¶泣かずにはいられなかった．Non ho potuto [Non sono riuscito a] trattenere le lacrime. ¶ぐずぐずしてはいられない．Non ho [Non c'è] tempo da perdere.
[慣用] 居ても立っても居られない ⇀見出し語参照

いる 射る《矢を》scoccare [《弓を引く》tirare] (una freccia);《的を》colpire (il bersaglio) ¶射るような目で見る guardare con occhi penetranti ¶光が目を射った．Un raggio di luce ha colpito i miei occhi.

いる 鋳る《鐘や立像を》gettare;《貨幣》coniare

いるい 衣類 abiti[男][複], vestiti[男][複], indumenti[男][複], vestiario[男], capi[男][複] di abbigliamento

いるか 海豚 delfino[男]
✤**いるか座** il Delfino[男]

いるす 居留守 ¶居留守を使う fingere [fare credere / dare ad intendere] di non essere in casa

イルミネーション〔英 illumination〕illuminazione[女];《広告》pubblicità[女] luminosa

いれ 入れ《証券で》copertura[女] a breve scadenza

いれあげる 入れ揚げる ¶女に入れ揚げる essere munif*ico* con una donna

いれい 異例 caso[男] singolare [eccezionale];《変則》anomalia[女];《例外》eccezione[女] ◇**異例の** eccezionale;《先例のない》senza precedenti ¶異例の措置 provvedimenti eccezionali ¶異例の昇進 promozione senza precedenti

いれい 慰霊 conforto[男] per le anime dei defunti
✤**慰霊祭** funzione[女] [commemorazione[女]] in memoria dei defunti
慰霊塔[碑] monumento[男] ai caduti; cenotaf*io*[男][複 -*i*];《納骨してあるもの》monumento[男] funebre

いれかえ 入れ替え・入れ換え《交替，交換》sostituzione[女], camb*io*[男][複 -*i*];《映画館などの》avvicendamento[男] degli spettatori;《車両の》manovra[女], smistamento[男]
✤**入れ替え線**〔鉄道〕binar*io*[男][複 -*i*] di raccordo

いれかえる 入れ替える・入れ換える **1**《別の人・物と替える》sostituire *ql.co.* [*qlcu.*] con *ql.co.* [*qlcu.*];《人事の》cambiare *qlcu.* con *qlcu.*;《車両を》smistare ¶客を入れ替える《劇場で》far uscire gli spettatori dopo una rappresentazione ¶部屋の空気を入れ替える cambiare aria nella stanza ¶お茶を入れ替えてください．Faccia del tè fresco, per favore. **2**《気持ちを新しくする》¶心を入れ替える correggersi / emendarsi / cambiar vita ¶散歩で気分を入れ替える cambiare umore con una passeggiata

いれかわり 入れ替わり《交替》sostituzione[女], camb*io*[男][複 -*i*], avvicendamento[男] ¶〈人〉と入れ替わりに in sostituzione di *qlcu.* ¶カルロが出て行くと入れ替わりにパオロが来た．Quando Carlo se n'è andato, al suo posto è venuto Paolo.
✤**入れ替わり立ち替わり** ¶入れ替わり立ち替わりお客が来た．C'è stato un continuo andirivieni [viavai] di ospiti.

いれかわる 入れ替わる cambiar posto con *qlcu.*, sostituire *qlcu.*, dare il cambio a *qlcu.*

い

¶君と入れ替わろう. Ti do il cambio. / Prendo il tuo posto. / Ti sostituisco [rimpiazzo] io.

イレギュラー 〔英 irregular〕 ◇イレギュラーな《不規則な，変則的な》irregolare
✤**イレギュラーバウンド**《スポ》salto㊚ irregolare

いれげ 入れ毛 《かもじ》posticcio㊚《複 -ci》

いれずみ 入れ墨・刺青 tatuaggio㊚《複 -gi》 ◇入れ墨する tatuarsi;《人に》tatuare qlcu.;《してもらう》farsi tatuare, sottoporsi a tatuaggio ¶背中に竜の入れ墨をしている. Ha un drago tatuato sulla schiena.

いれぢえ 入れ知恵 suggerimento㊚, allusione㊛ ◇入れ知恵する suggerire un'idea a qlcu., indurre [spingere] qlcu. a + 不定詞 ¶誰の入れ知恵だ. Chi te l'ha suggerita l'idea? ¶誰かに入れ知恵されたにちがいない. Sono certo che è stato istigato da qualcuno.

いれちがい 入れ違い ¶入れ違いになって彼とは会えなかった. Ci siamo incrociati「ma non l'ho visto [senza che lo incontrassi]. ¶彼女は私と入れ違いに出て行った. È uscita mentre entravo. ¶太郎が出ると次郎が来るというぐあいに2人はいつも入れ違いになっている. Quando Taro esce, Jiro arriva e così non si incontrano mai.

いれば 入れ歯 dente㊚ artificiale [finto / falso];《総入れ歯》dentiera㊛, dentatura㊛ artificiale, protesi㊛《無変》dentaria ¶入れ歯を入れる farsi mettere un dente artificiale / mettersi la dentiera [una protesi]

イレブン 〔英 eleven〕《サッカーの》l'undici㊚ (in una squadra di calcio)

いれもの 入れ物 contenitore㊚, recipiente㊚;《包むもの》involucro㊚,《箱》scatola㊛,《四角い燃料入れ》tanica㊛,《缶》bidone㊚,《壺》vaso㊚,《蓋つき円筒形》barattolo㊚,《かばん》borsa㊛,《袋》sacco㊚《複 -chi》

いれる 入れる・容れる **1**【外から中へ移す】mettere ql.co. in [dentro] ql.co., fare entrare ¶コーヒーに砂糖を入れる mettere lo zucchero nel caffè ¶コップに水を入れる versare l'acqua nel bicchiere ¶ズボンのポケットに手を入れる infilare [mettersi] le mani nelle tasche dei pantaloni ¶息子を学校に入れる iscrivere il figlio ad una scuola ¶患者を病院に入れる ricoverare un ammalato in ospedale ¶私を中に入れて. Fammi entrare. ¶窓を開けて風を入れよう. Apriamo la finestra e facciamo entrare un po' d'aria.
2【加える，含める】inserire, includere ¶彼の名前をリストに入れる inserire [includere] il suo nome nella lista ¶損害を勘定に入れる includere i danni nel conto ¶私も仲間に入れてください. Fatemi partecipare. ¶私を入れて5人です. Siamo in cinque, me compreso [《女性が主語》compresa]. ¶このことも計算に入れてある. Anche questo fatto è stato calcolato.
3【注ぐ】concentrare ¶念を入れて con molta cura ¶仕事に力を入れる concentrare le forze nel lavoro ¶勉学に身を入れる concentrarsi [impegnarsi] nello studio
4【受け入れる】accettare, ammettere, accogliere;《刻み込む》imprimere ¶要求を入れる accettare la richiesta ¶願いを入れる accogliere una richiesta ¶少数意見を入れる ammettere [accettare] il parere della minoranza ¶彼の説は世に入れられない. La sua teoria non è ascoltata [accettata] dalla gente. ¶このことは頭に入れておけ. Imprimiti bene questo nella mente.
5【渡す，納める】consegnare ¶誓約書を入れる consegnare un giuramento scritto ¶食費を入れる pagare le spese del vitto ¶時計を質に入れる impegnare l'orologio
6【仕入れる】acquistare;《輸入する》importare;《納入する》fornire ¶当店はその学校に体育用具を入れています. Forniamo gli attrezzi ginnici a quella scuola.
7【湯で飲み物をつくる】preparare ¶お茶をいれる preparare il tè ¶コーヒーでもいれましょうか. Le preparo un po' di caffè?
8【スイッチなどを】accendere, avviare ¶テレビのスイッチを入れる accendere la televisione ¶暖房を入れる accendere [inserire] il riscaldamento
9【はさむ，挟み込む】inserire ¶本に挿絵を入れる inserire le illustrazioni in un libro ¶窓枠にガラスを入れる mettere il vetro nel telaio di una finestra
10【投票する】votare㊙《av》¶どの党に入れていいかわからない. Non so per quale partito votare.

いろ 色 **1**【色彩】colore㊚, tinta㊛ ¶明るい[暗い]色 colore chiaro [scuro] ¶濃い[淡い]色 colore intenso [pallido] ¶地味な[派手な]色 colore sobrio [sgargiante] ¶落ち着いた色 colore pacato ¶藤色のシャツ camicia color glicine [gli-] ¶あなたの車は何色ですか. Di che colore è la sua macchina? ¶洗濯したらTシャツの色が落ちた. Lavandola, la maglietta ha stinto [si è scolorita]. ¶日光でカーテンの色があせた. Il sole ha scolorito le tende. ¶壁を何色に塗ろうか. Di che colore facciamo [dipingiamo / tinteggiamo] le pareti? ¶色を塗る colorare [dipingere] ql.co. ¶木の葉は木の色を変える. D'autunno le foglie cambiano (di) colore. ¶このフレスコ画は色がひどく落ちている. In questo affresco gran parte del colore è staccato.
2【顔色・皮膚の色】colore㊚; carnagione㊛ ¶彼女は色が白い[黒い]. È di carnagione chiara [scura].
3【表情・気配】¶失望の色が彼の顔に浮かんだ. La delusione gli si è dipinta in viso. ¶彼女の顔に苦痛の色がにじんでいた. Dal suo volto trapelava la sofferenza. ¶彼は株の話になると目の色を変える.《強い関心を示す》Quando si parla di titoli azionari gli brillano gli occhi. ¶秋の色が日増しに深まる. Le tinte autunnali si fanno sempre più intense. ¶敗北の色が濃い. La sconfitta è ormai evidente.
4【恋愛・情事】amore㊚; avventura㊛ amorosa ¶英雄色を好む.《諺》I grandi uomini sono dei grandi amanti. ¶彼は色に溺れて破滅した. Si è annullato nei piaceri della carne rovinandosi la vita.

|慣用| 色濃い ¶作家の宗教観が色濃く反映した小説 romanzo che riflette a fondo la visione reli-

giosa dello scrittore

色を失う ¶知らせを聞いて我々は色を失った. Siamo impalliditi alla notizia.

色を付ける ¶給料に色をつける dare un leggero aumento di stipendio ¶話に色をつける gonfiare [《おもしろくする》 ravvivare] una storia

色をなす ¶彼は色をなした. È diventato rosso per la rabbia.

いろあい 色合い 《色》 colore[男], tinta[女]; 《色調》 tonalità[女] [sfumatura[女]] di colore

いろあせる 色褪せる 《色がさめる》 scolorire[自] [*es*], ṣbiadire[自] [*es*], stingersi; 《精彩を失う》 perdere brillantezza [lustro] ¶彼の作品と比べると自分の作品が急に色あせて見えた. Confrontato con la sua opera, il mio quadro è sembrato improvviṣamente scialbo.

いろいろ 色色 ◇いろいろな diverso, di ogni genere [sorta], var*io* [[男]複 *-i*]; 《多数の》 pare*cchio* [[男]複 *-chi*], numeroso ◇いろいろと molto, in vari modi ¶デパートでいろいろなものを買う comprare parecchie [varie] cose ai grandi magazzini ¶日本に対する考えは人によっていろいろだ. Le opinioni sul Giappone variano a seconda delle persone. ¶いろいろ考えてみた. Ci ho pensato e ripensato. ¶いろいろやってみよう. Tentiamo tutti i mezzi possibili. ¶日本人にもいろいろある. Anche tra i giapponesi, vi sono molti tipi diversi.

いろう 遺漏 ◇遺漏なく senza trascurare [tralasciare / omettere] nulla, senza ṣviste, eṣaurientemente ¶万事遺漏のないように(頼みます). Fate attenzione a non trascurare nulla.

いろう 慰労 ricompensa[女] per un servizio

✤慰労会 ¶社員の慰労会を催す offrire ai dipendenti un pranzo di ringraziamento per i servizi resi

慰労休暇 vacanza[女] premio [無変]

慰労金 gratifica[女], prem*io*[男] [複 *-i*]

いろえんぴつ 色鉛筆 matita[女] colorata

いろおとこ 色男 《美男》 bell'uomo[男] [複 *begli uomini*], bellimbusto[男]; rubacuori[男] [無変]; 《情夫》 amante[男]

いろおんな 色女 《美女》 bella donna[女]; donna[女] sensuale; 《情婦》 amante[女]

いろか 色香 《色と香り》 colore[男] e odore[男]; 《容色の美しさ》 bellezza[女], leggiadria[女], grazia[女], fascino[男] ¶花の色香はあせるものだ. Il colore e la fragranza di un fiore sono destinati a ṣvanire. ¶彼はその女の色香に迷った. È caduto preda della sensualità di quella donna.

いろがみ 色紙 carta[女] colorata

いろがわり 色変わり **1** 《変色》 ◇色変わりする scolorire[自] [*es*], ṣbiadire[自] [*es*]

2 ⇒色違い

いろぐろ 色黒 ◇色黒の di [dalla] carnagione scura

いろけ 色気 **1** 《性的魅力》 fascino[男]; 《色情》 desider*io*[男] [複 *-i*] [appetito[男]] sessuale, erotiṣmo[男], sessualità[女] ¶色気より食い気である preferire i piaceri della tavola all'amore ¶うちの息子は最近色気づいてきた. Ultimamente nostro figlio ha cominciato a pensare all'amore.

2 《関心, 野心》 inclinazione[女], interesse[男], voglia[女], desider*io*[男] [複 *-i*] ¶彼はその地位に色気を示した. Era interessato a quel posto. / 《ものすごく》 Gli faceva gola quel posto.

3 《風情, 愛想》 atmosfera[女] suggestiva ¶色気のない話 storia proṣaica

いろけし 色消し **1** 〔光〕 acromatiṣmo[男], acromaṣia[女] ¶色消しレンズ lente[女] acromatica

2 《無粋》 non romanti*co* [[男]複 *-ci*], proṣai*co* [[男]複 *-ci*] ¶いくら美人でもああおしゃべりでは色消しだ. Anche una bella donna, se parla in quel modo perde ogni fascino.

いろこい 色恋 amore[男] ¶色恋に憂き身をやつす struggersi per amore di *qlcu.*

✤色恋沙汰 ¶色恋沙汰にうつつを抜かす essere così innamorat*o* da dimenticare tutto il resto

いろごと 色事 relazione[女] amorosa; avventura[女]

いろごのみ 色好み lascivia[女], lussuria[女]

いろじかけ 色仕掛け ¶色仕掛けで来てもその手には乗らないぞ. Puoi anche uṣare il tuo fascino, tanto non ci casco!

いろじろ 色白 ¶彼女は色白だ. Ha una carnagione chiara. / È di carnagione chiara.

いろずり 色刷り policromia[女] ¶色刷りにする stampare *ql.co.* a colori ¶色刷りの挿絵 illustrazione a colori

いろちがい 色違い ¶色違いのシャツ camicia di diverso [di un altro] colore ¶このセーターの色違いはありますか. Avete lo stesso modello di golf in altri colori?

いろづく 色付く colorarsi, prender colore; 《山が》 rivestirsi di colori ¶柿の実が色づいてきた. I cachi hanno cominciato a prendere colore.

いろづけ 色付け colorazione[女], coloritura[女] ¶陶器の色付け colorazione della ceramica

いろっぽい 色っぽい attraente, affascinante; 《誘惑するような》 seducente, allettante; 《感能的な》 eroti*co*[男] [複 *-ci*], sensuale; civettuolo ¶身のこなし[目付き]が色っぽい《人が主語》 avere un portamento [uno ṣguardo] seducente

いろつや 色艶 **1** 《顔色》 cera[女], carnagione[女] ¶顔の色つやがいい[悪い] avere un colorito florido [pallido] / avere una buona [cattiva] cera

2 《おもしろみ》 ¶話に色つやをつける colorire [abbellire] un discorso

いろどめ 色留め fissag*gio*[男] [複 *-gi*] [fissatura[女]] dei colori ◇色留めする fissare i colori, mordenzare

✤色留め剤 fissativo[男], mordente[男]

色留め法 fissaggio[男] dei colori

いろどり 彩り 《彩色》 colore[男], colorazione[女]; 《配色》 combinazione[女] di colori ¶彼のピアノ演奏がパーティーに彩りをそえた. La sua eṣecuzione al pianoforte ha ravvivato il ricevimento.

いろどる 彩る **1** 《色をつける》 colorare, colorire; dipingere ¶野も山も緑に彩られている. I campi e i monti si sono ricoperti di verde.

2 《飾る》 ornare, decorare ¶花で食卓を彩る ornare la tavola da pranzo con fiori

いろぬき 色抜き 《染色工程の》 decolorazione[女], scoloramento[男]

いろは **1** 《日本語の仮名文字》 (vecchio) alfabeto[男] sillabico giapponese

2《初歩》inizio⒨, abbiccì⒨《無変》¶いろはから…を習う studiare *ql.co.* dall'abbiccì ¶彼は経済学のいろはも知らない。Non conosce le nozioni elementari di economia.

【日本事情】いろは歌
「いろはにほへど／ちりぬるを／わがよたれぞ／つねならむ／うゐのおくやま／けふこえて／あさきゆめみじ／ゑひもせず」Poesia dell'undicesimo secolo che racchiude la concezione buddista della vita, composta di 47 lettere in versi di cinque e sette sillabe, che compongono i 47 suoni del vecchio alfabeto sillabico giapponese. Fino all'inizio dell'era Meiji, questa poesia veniva recitata per far imparare agli scolari l'alfabeto, e viene talvolta usata ancora oggi. →仮名, 五十音【日本事情】

❖**いろはガルタ** →カルタ【日本事情】
いろまち 色町 quartiere⒨ di piacere
いろめ 色目 ¶彼は私に色目を使った。Mi ha fatto gli occhi dolci [gli occhi di triglia].
いろめがね 色眼鏡 **1**《色ガラス製の》occhiali⒨[複] con lenti colorate;《サングラス》occhiali⒨[複] da sole **2**《偏った見方》¶色眼鏡で〈人〉を見る essere prevenuto [maldisposto] verso *qlcu.* / guardare *qlcu.* con pregiudizio
いろめく 色めく《活気づく, 緊張する》ravvivarsi, animarsi,《動揺する》eccitarsi, agitarsi, mettersi in agitazione ¶ワールドカップ優勝に国中が色めき立った。Tutto il paese era entusiasta [in agitazione] per la vittoria al campionato di calcio.
いろもの 色物 vestiti⒨[複] colorati, abbigliamento⒨ colorato ¶そのような席に派手な色物は避けた方がいい。Dovresti evitare di portare colori così sgargianti in simili occasioni.
いろやけ 色焼け《色あせること》◇色焼けする scolorire⒤[es], sbiadire⒤[es];《変色する》perdere colore
いろよい 色好い favorevole ¶色よい返事をする dare una risposta favorevole
いろり 囲炉裏 focolare⒨ incassato nel pavimento della stanza
いろわけ 色分け **1**《色による区別》divisione⒡ in colori ¶この地図を市町村別に色分けしてごらん。Prova a colorare sulla carta geografica i vari comuni con colori diversi.
2《分類》classificazione⒡; divisione⒡ ◇色分けする classificare, dividere ¶選挙で議会の新しい色分けができあがった。Con le elezioni si è avuto un nuovo schieramento del Parlamento.
いろん 異論 obiezione⒡, opinione⒡ [punto⒨ di vista] divergente ¶この計画には社内に異論がある。Su questo progetto nella ditta le opinioni divergono. ¶私は彼の説に異論を唱えた。Mi oppongo alle sue teorie.
いろんな 色んな ¶いろんな事を経験する fare esperienza di tante cose diverse [varie esperienze] ¶世の中にはいろんな人がいる。Al mondo ci sono persone di tutti i tipi.
いわ 岩 roccia⒡[複 -ce]; 《岩礁》scoglio⒨[複 -gli] ¶岩の多い roccioso / dirupato / scosceso ¶この海岸は岩が多い。Qui la costa è piena di scogli.
❖**岩穴** caverna⒡ [grotta⒡ / spelonca⒡] rocciosa
岩清水 sorgente⒡ che sgorga dalle rocce
岩棚 cornice⒡ di roccia, cengia⒡[複 -ge]
岩登り scalata⒡ su roccia
岩肌 superficie⒡[複 -ci, -cie] rocciosa, nuda roccia⒡
岩屋 →岩穴
岩山 montagna⒡ rocciosa

いわい 祝い celebrazione⒡;《祝辞》felicitazioni⒡[複], auguri⒨[複], congratulazioni⒡[複];《祝祭》festa⒡, festività⒡ ¶お祝いを言う esprimere le *proprie* congratulazioni a *qlcu.* ¶お祝いの手紙 lettera [《カード》biglietto] di congratulazioni [di felicitazioni] ¶誕生日［結婚］祝いの贈り物をする fare un regalo di compleanno [di matrimonio] ¶還暦の祝い celebrazione del sessantesimo compleanno

❖**祝い事** felice evento⒨ ¶今日家に祝い事がある。Oggi a casa facciamo festa.
祝い酒 ¶祝い酒を振る舞う offrire da bere in occasione di un lieto evento

いわう 祝う celebrare, festeggiare; congratularsi [felicitarsi] per *ql.co.*, augurare *ql.co.*, fare gli auguri di [per] *ql.co.* ¶正月を祝う celebrare il Capodanno ¶ご結婚を心からお祝い申し上げます。Vive felicitazioni [congratulazioni] per il vostro matrimonio.

いわかん 違和感 senso⒨ di disagio ¶違和感がある sentirsi indisposto verso *qlcu.* [*ql.co.*] / provare un senso di incompatibilità con *qlcu.* / sentirsi estraneo [fuori posto] ¶彼はどんな人にでも違和感なく融け込める。Non si sente mai fuori luogo qualunque siano le persone con cui si trova. / Lega bene con tutti. ¶胃に違和感がある。Ho una sensazione strana allo stomaco.

いわく 曰く **1**《言うことには》¶聖書に曰く…。La Bibbia dice… / Secondo la Bibbia, …
2《理由, 事情》ragione⒡ nascosta, motivo⒨ sconosciuto ¶彼の辞職には何かいわくがありそうだ。Sembra che ci sia sotto qualcosa alle sue dimissioni. ¶いわくありげな目付きで見る lanciare un'occhiata espressiva [eloquente] a *qlcu.*
【慣用】**いわく言い難い** È una situazione indescrivibile [difficile da descrivere].
いわく因縁 ¶彼女は出生についてのいわく因縁を聞かせてくれた。Mi ha raccontato una storia complicata sulle sue origini.
いわく付き ¶あの件はいわく付きだった。Dietro a quel caso c'era una strana storia.

いわし 鰯・鰮 sardina⒡, sarda⒡; alice⒡;《かたくちいわし》acciuga⒡
❖**いわし雲** cirrocumulo⒨ ¶いわし雲の広がった空 cielo a cirrocumuli [a pecorelle]
いわずもがな 言わずもがな →言う【慣用】
いわたおび 岩田帯 cintura⒡ [fascia⒡[複 -sce]] per gestanti da portare dopo il quarto mese di gravidanza
いわつばめ 岩燕『鳥』balestruccio⒨[複 -ci]
いわな 岩魚『魚』salmerino⒨

いわば 岩場 《山の》parete㊛ rocciosa;《海の》scogliera㊛

いわば 言わば per così dire, per modo di dire ¶彼と私は言わば兄弟のようなものだ. Lui e io siamo come fratelli.

いわゆる 所謂 cosiddetto ¶彼はいわゆるヌーヴェル・ヴァーグの作家だ. È uno degli autori della (corrente) cosiddetta Nouvelle Vague.

いわれ 謂れ **1**《理由》ragione㊛, motivo㊚ ◇いわれのない immotivato, infondato, ingiustificato ¶君を弁護しないわれはない. Non ho una ragione per difenderti. **2**《由来》origine㊛ ¶この地方のしきたりのいわれを尋ねる indagare sulle origini delle usanze di questa regione

いわんや 況んや 《肯定》ancora di più;《否定》ancora di meno, per non dir niente di

いん 印 **1**《はんこ》timbro㊚;《封印》sigillo㊚;《検印》bollo㊚ ¶印を押す apporre [mettere] il sigillo (に su) **2**《仏教》¶印を結ぶ fare segni magici con le dita

いん 院 **1** 衆議院, 参議院 ¶両院 le due Camere ¶院の内外 dentro e fuori del Parlamento **2**《史》《法皇, 上皇》imperatore㊚ che ha abdicato, ex-imperatore㊚ ¶後白河院 l'ex-imperatore in ritiro Go Shirakawa

いん 陰 ◇陰の《電》negativo ◇陰に《内密に》in segreto;《内面に》dentro di sé ◇陰イオン anione㊚ / ione㊚ negativo

慣用 陰にこもる ¶彼女はとかく陰にこもりがちだ. Si chiude subito in se stessa.

陰に陽に《公私にわたり》pubblicamente e privatamente;《どんな時も》in ogni occasione;《直接・間接に》direttamente e indirettamente

いん 韻 rima㊛ ¶韻を踏む《ある語が他の語と》rimare [fare rima] con qlco./《ある詩が主語》essere messo in rima ¶韻をふんだ詩 verso rimato [in rima]

❖**韻脚** piede㊚ metrico [複 -ci]
韻文 ➡見出し語参照
韻律 ➡見出し語参照

イン〔英 in〕《ゴルフで》la parte㊛ iniziale del campo da golf;《テニスで》buona㊛

いんうつ 陰鬱 ¶陰鬱な天気 tempo fosco ¶陰鬱な場所 luogo tetro ¶陰鬱な話 una storia triste

いんえい 印影 impressione㊛ (di un sigillo)

いんえい 陰影 ombra㊛;《美》ombratura㊛, ombreggiatura㊛;《ニュアンス》sfumatura㊛ ¶陰影に富んだ文体 stile ricco di sfumature

いんおうごぞく 印欧語族《言》lingue㊛複 indoeuropee

いんか 引火 ◇引火する prender fuoco, accendersi ¶引火しやすい infiammabile ¶タバコの火がガソリンに引火した. La benzina ha preso fuoco da una sigaretta accesa.

❖**引火性** infiammabilità㊛
引火点 punto㊚ di infiammabilità

インカ ◇インカの inca [無変]
❖**インカ族** popolo㊚ inca
インカ帝国 l'Impero㊚ incaico
インカ文明 civiltà㊛ incaica [inca]

いんが 因果 **1**《原因と結果》causa㊛ ed effetto **2**《運命》《仏教》karman㊚, karma㊚, fato㊚, destino㊚;《不運》sfortuna㊛, sventura㊛ ◇因果な《宿命的な》fatale,《不運な》sfortunato, sventurato ¶〈人〉に因果を含める persuadere qlcu. a rassegnarsi all'inevitabile ¶なんの因果でこんな目に合わねばならぬのか. Che cosa ho fatto (di male) per meritare queste sofferenze? ¶彼女は因果な生まれだ. È nata sotto una cattiva stella. ¶親の因果が子に報い.《諺》Le colpe dei genitori ricadono sui figli. ¶因果は巡る.《諺》Prima o poi si deve rispondere delle proprie azioni.

❖**因果応報** retribuzione㊛, nemesi㊛ [無変], karma㊚ [無変]
因果関係 rapporto㊚ di causa ed effetto ¶2つの事件の因果関係を明らかにする chiarire il rapporto [il nesso] causale fra due casi
因果律 principio㊚ [複 -i] di causalità

いんが 陰画《写》negativo㊚, negativa㊛

いんがいだん 院外団 gruppo㊚ extraparlamentare

いんがし 印画紙 carta㊛ fotosensibile [da stampa] ¶印画紙に焼き付ける stampare qlco. su carta fotosensibile

いんかしょくぶつ 隠花植物《植》crittogama㊛

いんかん 印鑑 timbro㊚
❖**印鑑証明** certificato㊚ comprovante l'autenticità del sigillo
印鑑登録 registrazione㊛ del timbro ¶印鑑登録をする registrare il timbro personale al municipio

いんき 陰気 ◇陰気な《沈んだ》malinconico [複 -ci];《悲しい》triste;《暗い》tetro ¶陰気な顔をしている avere una faccia triste [tetra]

いんきょ 隠居《人》pensionato㊚ [㊛ -a] ◇隠居する ritirarsi dalla vita attiva [dal lavoro / dagli affari], andare in pensione ¶私は今は楽隠居の身です. Adesso mi godo la mia vecchiaia.

いんきょく 陰極《電》catodo㊚, polo [elettrodo㊚] negativo
❖**陰極線** raggi㊚複 catodici
陰極(線)管 tubo㊚ a raggi catodici
陰極板 piastra㊛ negativa

いんぎん 慇懃 ◇慇懃な cortese, gentile, garbato; galante ◇慇懃に cortesemente, con cortesia, garbatamente
❖**慇懃無礼** cortese arroganza㊛, arroganza㊛ velata di cortesia ◇慇懃無礼な arrogante sotto il manto della cortesia

いんきんたむし 陰金田虫《医》tigna㊛

インク〔英 ink〕inchiostro㊚ ¶インクで書く scrivere con l'inchiostro [ad inchiostro] ¶インクをつける intingere la penna nell'inchiostro [nel calamaio] ¶この紙はインクがにじむ. Su questa carta l'inchiostro si spande.

❖**インク消し** correttore㊚
インクジェットプリンタ《コンピュータ》stampante㊛ inkjet, stampante㊛ a getto d'inchiostro
インク壺 calamaio㊚ [複 -i]
インク瓶 boccetta㊛ d'inchiostro
インクリボン nastro㊚ inchiostrato

イングリッシュホルン〔英 English horn〕〘音〙corno㊚ inglese
いんけい 陰茎 〘解〙pene㊚, fallo㊚;《卑》cazzo㊚
いんけん 引見 udienza㊛ ◇引見する concedere [accordare] un'udienza a *qlcu*.
いんけん 陰険 ◇陰険な perfido, ingannevole, scaltro, infido, subdolo, ṣleale ◇陰険に perfidamente, ingannevolmente, scaltramente, subdolamente ◇陰険さ perfidia㊛ ¶陰険な手段を使う uṣare metodi ingannevoli ¶陰険な目付きをしている avere un brutto ṣguardo / avere uno ṣguardo subdolo
いんげんまめ 隠元豆 〘植〙fagiolo㊚
いんこ 鸚哥 〘鳥〙parrocchetto㊚
いんご 隠語 ger*go*㊚[複 *-ghi*], linguaggio㊚ segreto [convenzionale] ¶隠語を使う parlare in gergo / uṣare il gergo
いんこう 咽喉 gola㊛
インゴット〔英 ingot〕lingotto㊚
インサイダーとりひき インサイダー取引〘経〙〔英〕insider trading㊚[無変]
いんさつ 印刷 stampa㊛ ◇印刷する stampare ¶印刷中である essere in corso di stampa ¶印刷が鮮明だ. La stampa è nitida. ¶この本は1万部印刷した. Di questo libro sono state stampate 10 mila copie.
✤印刷インク inchiostro㊚ da stampa
印刷機械 macchina㊛ tipografica, stampatrice㊛;《版画用プレス》tor*chio*㊚[複 *-chi*]
印刷工 tipogra*fo*㊚[㊛ *-a*], stampa*tore*㊚[㊛ *-trice*]
印刷工場 tipografia㊛
印刷物 stampati㊚[複], stampe㊛[複] ¶「印刷物在中」《表示》"Stampe"
いんさん 陰惨 ◇陰惨な lugubre, orribile, crudele, sinistro
いんし 印紙 marca㊛ da bollo
✤印紙税 imposta㊛ di bollo
いんし 因子 **1**〘数〙fattore㊚
2〘生〙gene㊚, fattore㊚ ¶遺伝因子 gene
いんじ 印字 stampa㊛;《打たれた》caratteri㊚[複] tipografici ◇印字する stampare
インジウム〔英 indium〕〘化〙indio㊚;《元素記号》In
いんしつ 陰湿 **1**《暗く湿っぽいこと》◇陰湿な umido [umidic*cio*[複 *-ci*]] e ombroso
2《陰険》¶陰湿なやり方で in maniera subdola
いんじゃ 隠者 eremit*a*㊚㊛[㊚複 *-i*], anacoret*a*㊚[複 *-i*] ¶隠者の庵(いおり) eremo / eremitaggio / romitaggio
✤隠者文学 letteratura㊛ del romitaggio
いんしゅ 飲酒 bevuta㊛, il bere㊚ ¶飲酒にふける essere dedit*o* [abbandonarsi] al bere [all'alcool]
✤飲酒運転 guida㊛ in stato di ubriachezza
飲酒家 bevi*tore*㊚[㊛ *-trice*]
飲酒検査 controllo㊚ del tasso alcolico
飲酒癖 alcoliṣmo㊚
いんしゅう 因習・因襲 antica uṣanza㊛; convenzionaliṣmo㊚;《伝統》tradizione㊛ ◇因習的な convenzionale; tradizionale, abitudinar*io*[㊚複 *-i*] ¶因習に囚われている essere schiav*o* delle convenzioni ¶因習を打破する infrangere le tradizioni / abbattere il convenzionaliṣmo
インシュリン〔英 insulin〕〘生〙insulina㊛
いんしょう 印章 sigillo㊚
いんしょう 印象 impressione㊛ ◇印象的な impressionante, che resta impress*o*, ric*co*[㊚複 *-chi*] di impressioni [di sensazioni] ¶強い印象を与える fare [dare / cauṣare] una viva impressione《に a》/ lasciare una forte impressione《に a》¶印象を受ける essere [rimanere] impressionat*o* ¶日本の第一印象はどうですか. Qual è la prima impressione avuta dal [sul] Giappone? ¶彼の印象はどう. Che impressione hai avuto di lui? / Che impressione ti ha fatto? ¶彼は消しがたい印象を残して立ち去った. Se n'è andato lasciando un'indelebile impressione di sé. ¶今度の旅行はとても印象的だった. Questo viaggio「è stato ricco di impressioni [mi si è impresso nella memoria].
✤印象主義〘美〙impressioniṣmo㊚ ¶後期印象主義 postimpressioniṣmo
印象派〘美〙scuola㊛ impressionista ¶印象派の画家 impressionist*a*㊚㊛[㊚複 *-i*]
印象批評 critica㊛ superficiale
いんしょう 引証 citazione㊛, passo㊚ citato ◇引証する citare
いんしょく 飲食 ◇飲食する mangiare e bere; rifocillarsi
✤飲食物 viveri㊚[複] [cibi㊚[複]] e bevande㊛[複]
飲食店 ⇒食堂, レストラン
いんしん 陰唇 〘解〙labbro㊚[複 le *labbra*] (della vulva) ¶小陰唇 piccole labbra / ninfe ¶大陰唇 grandi labbra
いんすう 因数 〘数〙fattore㊚ ¶素因数 fattore primo
✤因数分解 scompoṣizione㊛ in fattori, decompoṣizione㊛ ◇因数分解する scomporre *ql.co.* in fattori, decomporre *ql.co.*
いんずう 員数 ¶員数を揃える completare il numero necessario ¶彼は員数外だ. Lui non è incluṣo nel numero.
インスタレーション〔英 installation〕〘美〙installazione㊛
インスタント〔英 instant〕◇インスタントの istantaneo
✤インスタントカメラ macchina㊛ fotografica istantanea
インスタントコーヒー caffè㊚ istantaneo
インスタント食品 cibi㊚[複] precotti
インストール〔英 install〕《コンピュータ》installazione㊛; ◇インストールする installare
インストラクター〔英 instructor〕istrut*tore*㊚[㊛ *-trice*]
インスピレーション〔英 inspiration〕ispirazione㊛ ¶…からインスピレーションを受ける prendere [avere] l'ispirazione da *ql.co.*
いんする 淫する 《度を過ごす》eccedere《に in》;《ふける》indulgere[自][*av*]《に a, in》, abbandonarsi《に a》¶彼は芸術の道に入って芸術に淫せぬ男だ. Pur essendo un artista si dedica all'arte con moderazione.

いんせい 院政 **1**《史》governo@ esercitato da un imperatore che ha abdicato **2**《引退した人がなお実権を握っていること》manutenzione@ del potere gestionale in una ditta [《政界で》in politica] da parte di chi si è già ritirato

いんせい 陰性《反応がないこと》◇陰性の《負の》negativo; (潜在的) latente ¶ツベルクリン反応は陰性だ. La cutireazione con tubercolina è negativa.

いんぜい 印税 diritti@[複] d'autore ¶出版社が彼に支払った印税は1割であった. La casa editrice gli ha pagato il 10% in diritti d'autore.

いんせき 姻戚 parentela@ acquisita; parente@ acquisito; (一人一人) affine@ ¶姻戚関係にある essere parente acquisito ¶姻戚関係を結ぶ imparentarsi 《と con》

いんせき 隕石 meteorite@ または@;《石質隕石》aerolito@ ¶隕石が落ちた. È caduto un meteorite.

いんせき 引責 ¶その事件で彼は引責辞任した. Ha dato le dimissioni assumendosi [prendendosi] la responsabilità dell'incidente.

いんぜん 隠然 ◇隠然たる latente, nascosto, segreto ¶彼は政界に今なお隠然たる勢力をもっている. Ha ancora una grande influenza nel mondo politico pur restando in disparte.

いんそつ 引率 ◇引率する condurre, guidare, essere alla testa di *ql.co.* ¶生徒を引率して博物館へ見学に行く condurre gli alunni al museo ¶〈人〉に引率されて sotto la guida di *qlcuno.*
✤引率者 conduttore@[@ *-trice*]

インターカレッジ giochi@[複] interuniversitari

インターセプト 〔英 intercept〕《スポ》◇インターセプトする intercettare una palla

インターチェンジ 〔英 interchange〕《高速道路の》interscambio@[複 *-i*], svincolo@ autostradale;《入り口》accesso@

インターナショナル 〔英 international〕 **1**《国際的》◇インターナショナルな internazionale **2**《組織, 革命歌》Internazionale@ ¶第三インターナショナル la Terza Internazionale

インターネット 〔英 Internet〕《コンピュータ》internet [internet]@[無変] ◇インターネットする navigare@[*av*] su [in] internet
✤インターネット銀行 banca@ in rete [online]
インターネット中毒 internetdipendenza@

インターハイ Campionato@ Nazionale Scuole Superiori;《イタリアの》Giochi@[複] della Gioventù

インターバル 〔英 interval〕 intervallo@

インターフェア 〔英 interfere〕《スポ》interferenza@ ¶インターフェアをする ostacolare (il gioco dell'avversario)

インターフェース 〔英 interface〕《物·化·コンピュータ》interfaccia@[@ *-ce*]

インターフェロン 〔英 interferon〕《生化》interferone@;《略》IFN@

インターホン 〔英 interphone〕 citofono@

インターン 〔英 intern〕《仏》stage [staʒ]@[無変];《実習期間》tirocinio@[複 *-i*];《実習生》tirocinante@;《医学実習生》interno@[@ *-a*] ¶インターンとして働く fare uno stage

インターンシップせいど インターンシップ制度 sistema@[複 *-i*] di tirocinio; apprendistato@

いんたい 引退 ritiro@ (dalla vita attiva [pubblica]) ◇引退する ritirarsi;《年金生活に入る》andare in pensione ¶政界から引退する ritirarsi dalla vita politica

インダスぶんめい インダス文明 civiltà@ indiana

インダストリアルエンジニアリング 〔英 industrial engineering〕 ingegneria@ industriale

インダストリアルデザイン 〔英 industrial design〕disegno@ industriale,〔英〕industrial design@[無変]

インタビュアー 〔英 interviewer〕intervistatore@[@ *-trice*]

インタビュー 〔英 interview〕 intervista@ ◇インタビューする intervistare *qlcu.*, fare un'intervista a *qlcu.* ¶新聞記者のインタビューに応じる concedere un'intervista al cronista del giornale

インタラクティブ 〔英 interactive〕 ◇インタラクティブな(の) interattivo

インチ 〔英 inch〕 pollice@

いんちき frode@, inganno@, imbroglio@[複 *-gli*], truffa@ ◇いんちきな《にせの》falso, contraffatto, artefatto;《会社などが実体のない》fittizio@[複 *-i*], fasullo;《賭博で》truccato
いんちき野郎 ciarlatano@[@ *-a*]

いんちょう 院長 direttore@[@ *-trice*]

インディアペーパー 〔英 India paper〕 carta@ indiana, carta@ bibbia

インディアン 〔英 Indian〕indiano@[@ *-a*] (d'America), pellerossa@[複 *pellerossa, pellirosse*], pellirossa@, pellirossa@[複 *pellirossa, pellirosse*] ◇インディアンの indiano, di pellerossa

インディオ 〔ス Indio〕 indio@[複 *-i*] ◇インディオの indio

インディゴ 〔英 indigo〕indaco@ naturale

いんてつ 隕鉄 siderite@, meteorite@ ferrea

インデックス 〔英 index〕indice@

インテリ intellettuale@ @;《総称》intelligenzia@, intellettuali@[複];《知識·教養のある人》persona@ colta;《諷·蔑》testa@ d'uovo ¶彼はインテリぶっているだけだ. Fa l'intellettualoide.

インテリア 〔英 interior〕《室内装飾》arredamento@;《室内調度品》arredamenti@[複]
✤インテリアデザイナー arredatore@[@ *-trice*], architetto@[@ *-a*] di interni
インテリアデザイン arredamento@, architettura@ di interni

インテル 《印》interlinea@

インテルサット 〔英 Intelsat〕《国際商業衛星通信機構》Organizzazione@ Internazionale per le Telecomunicazioni via Satellite

インテルポスト Intelpost《国際電子郵便》Consorzio@ Internazionale per le Telecomunicazioni via Satellite

いんでんき 陰電気 elettricità@ negativa
いんでんし 陰電子《物》negatrone@

インドア〔英 indoor〕◇インドアの〔英〕indoor〔無変〕
♣インドアスポーツ[ゲーム] sport男[無変] indoor

いんとう 咽頭 《解》faringe女 ◇咽頭の faringeo
♣咽頭炎《医》faringite女

いんとう 淫蕩 lussuria女, lascivia女 ¶淫蕩な生活を送る condurre una vita dissoluta

いんどう 引導 ¶引導を渡す《仏教》fare un'orazione funebre /《(あきらめさせる)》convincere qlcu. ad abbandonare ql.co. /《(殺す)》mettere [mandare] a morte qlcu.

いんとく 隠匿 occultamento男 ◇隠匿する nascondere, occultare ¶贓品(ぞうひん)隠匿 occultamento di merce rubata ¶彼は犯人隠匿の罪に問われた。 È stato accusato di dare asilo a un delinquente.
♣隠匿罪 reato男 di occultamento
隠匿物資 merci女[複] occultate

イントネーション〔英 intonation〕intonazione女 →抑揚

インドヨーロッパごぞく インドヨーロッパ語族《言》lingue女[複] indoeuropee

イントラネット〔英 intranet〕《コンピュータ》〔英〕intranet男[無変]

イントロ(ダクション)〔英 introduction〕《音・文学》introduzione女 (a ql.co.); 《音》preludio男[複 -i]

いんとん 隠遁 ◇隠遁する isolarsi dal mondo ¶隠遁生活を送る fare (una) vita solitaria / fare (una) vita da eremita

いんないかんせん 院内感染 infezione女 ospedaliera

いんねん 因縁 **1**《仏教》karma男[無変]
2《運命》fato男, destino男, fatalità女 ¶万事因縁(尽く)とあきらめる rassegnarsi al *proprio* destino ¶これも何かの因縁だ。 Anche questo era predestinato.
3《関係, つながり》affinità女, connessione女, legame男 ¶浅からぬ因縁がある essere strettamente collegato / avere dei profondi legami
4《起源》origine女; 《由来》storia女
5《難くせ》¶やくざ者に因縁をつけられた。 Il teppista ha inventato un pretesto per attaccar briga.

いんのう 陰嚢《解》scroto男

インバータ〔英 invertor〕《電》invertitore男

インパクト〔英 impact〕《衝撃》impatto男, forte influsso男; 《(ボールへの)》forza女 di urto

いんび 隠微な《微かな》oscuro; 《微妙で理解しがたい》astruso, misterioso

いんぶ 陰部 regione女 pubica, genitali男[複]
¶陰部を隠す coprirsi i genitali

インフォーマル〔英 informal〕◇インフォーマルな《非公式の》informale; 《略式の》semiformale

インフォームドコンセント〔英 informed consent〕《医》consenso男 informato

インフォメーション〔英 information〕informazione女 →情報

インプット〔英 input〕《コンピュータ》〔英〕input男[無変]; ingresso男, entrata女

インフラ(ストラクチャー)〔英 infrastructure〕infrastruttura女

インプラント〔英 implant〕《人工歯植え込み》implantologia女[複 -gie]

インフルエンザ〔伊〕influenza女 ¶インフルエンザにかかる prendere l'influenza ¶インフルエンザにかかっている essere influenzato / avere l'influenza ¶インフルエンザのワクチン vaccino antinfluenzale
♣インフルエンザウイルス virus男[無変] influenzale
インフルエンザ脳症《医》encefalopatia女 d'influenza

インフレ(ーション)〔英 inflation〕inflazione女 ¶インフレを抑制する arrestare [contenere] l'inflazione ¶インフレが高進するおそれがある。 Si corre il pericolo [rischio] che l'inflazione si aggravi.
♣インフレ傾向 tendenza女 [spinta女] inflazionistica
インフレ政策[ムード] politica女 [atmosfera女] inflazionistica
インフレ対策 provvedimenti男[複] antinflazionistici

いんぶん 韻文 versi男[複], poesia女; componimento男 poetico [複 -ci]; rime女[複] →文学 用語集 ¶韻文で書く comporre versi / scrivere in rima

いんぺい 隠蔽 ◇隠蔽する nascondere, occultare, celare

インボイス〔英 invoice〕《商》《(送り状)》fattura女; 《(船荷証券)》polizza女 di carico

いんぼう 陰謀 complotto男, congiura女, intrigo男[複 -ghi], cospirazione女, macchinazione女 ¶政府転覆の陰謀 complotto per rovesciare il governo ¶〈人〉に対して陰謀を企てる complottare [congiurare / macchinare / tramare] contro qlcu. / cospirare contro qlcu. ¶陰謀を見破る scoprire [sventare] un complotto
♣陰謀家 macchinatore男[女 -trice], intrigante男女
陰謀団 combriccola女, cricca女

インポテンツ〔独 Impotenz〕impotenza女

インマルサット Inmarsat 《国際海上衛星機構》Organizzazione女 Internazionale per i Satelliti Marittimi

いんめつ 隠滅・湮滅 distruzione女; estinzione女 ◇隠滅する estinguere; distruggere, annientare ¶証拠を隠滅する distruggere [sottrarre] le prove

いんもう 陰毛《解》peluria女 pubica, peli男[複] pubici

いんもん 陰門《解》vulva女

いんゆ 隠喩 metafora女 ◇隠喩的(な) metaforico男[複 -ci] ◇隠喩的に metaforicamente

いんよう 引用《行為, 引用文》citazione女; 《引用文》passo男 citato ◇引用する citare ¶これは聖書からの引用である。 Questa è una citazione della Bibbia.
♣引用符 virgolette女[複] (di citazione) (►イタリア語では, 「" "」「' '」「《 》」を, 直接話法の会話部分・書名・引用などを示すとき, ある言葉を

特に強調するときなどに用いる)
引用文 frase㊛ citata
いんよう 飲用 ◊飲用する bere
✣飲用水 acqua㊛ potabile
いんらん 淫乱 ◊淫乱な lussurioso
いんりつ 韻律 ritmo㊚ (di un verso), elemento㊚ del ritmo (nella poesia) ◊韻律的な ritmico㊚[複 -ci], metrico㊚[複 -ci]
✣韻律学 metrica㊛
いんりょう 飲料 bevanda㊛, bibita㊛, beveraggio㊚[複 -gi] ¶アルコール[ノンアルコール]飲料 bevanda alcolica [analcolica] ¶清涼[炭酸]飲料(水) bevanda gassata
✣飲料水 acqua㊛ potabile
いんりょく 引力 《物体間の》attrazione㊛ fisica; 《地球の》attrazione㊛ gravitazionale, (forza㊛ di) gravità㊛, gravitazione㊛ ¶地球の引力 gravitazione terrestre ¶万有引力の法則 legge㊛ di gravitazione universale ¶潮の干満は月の引力によって起こる. Le maree sono causate dalla forza di gravità della luna.
✣引力圏 ¶宇宙船は月の引力圏内に入った. La navicella spaziale è entrata nel campo gravitazionale della luna.
いんれい 引例 citazione㊛; passo㊚[esempio㊚[複 -i]] citato
いんれき 陰暦 ¶陰暦の4月1日 il 1º [primo] aprile secondo il calendario lunare
いんろう 印籠 scatoletta㊛ per pillole, portapillole㊚[無変]
いんわい 淫猥 ◊淫猥な licenzioso, indecente

う

う 卯 《十二支の》il Coniglio男 →干支(ぇと)
❖卯年 l'anno男 del Coniglio
う 鵜 〚鳥〛cormorano男
〖慣用〗鵜の真似をする烏(からす)(水に溺れる)《諺》La rana si gonfiò per imitare il bue e scoppiò.(►イソップ童話の蛙と牛の話より)
鵜の目鷹(たか)の目 ¶鵜の目鷹の目で探す cercare con occhi ben aperti「in ogni direzione [dappertutto]
❖鵜飼い pesca女 con i cormorani
鵜匠 pesca*tore*男[女 -*trice*] con i cormorani
ウイークエンド 〔英 weekend〕〔英〕weekend男[無変]; (vacanze女[複] di) fine settimana女 または女[無変]
ウイークデー 〔英 weekday〕giorno男 feriale [lavorativo]
ウイークポイント 〔英 weak point〕punto男 debole
ウイークリー 〔英 weekly〕《週刊誌》rivista女 settimanale, settimanale男 ◊ウイークリーの settimanale
ういういしい 初々しい ingenuo, innocente, candido ◊初々しさ ingenuità女, grazia女 giovanile ¶初々しい花嫁だ。È「una sposina dall'aria ingenua [una candida sposina].
ういき 雨域 zona女 (area女) di pioggia ¶雨域が広がった。La pioggia si è estesa ad una vasta area.
ういきょう 茴香 finoc*chio*男[複 -*chi*]
ういざん 初産 il primo parto男
ういじん 初陣 la prima battaglia女, il battesimo男 del fuoco ¶初陣を勝利で飾る vincere la *propria* prima battaglia
ウイスキー 〔英 whisky〕〔英〕whisky男[無変] (►冠詞は il, unであるが，定冠詞は「l'」が使われることもある) ¶ウイスキーの水割り〔オンザロック〕whisky con acqua e ghiaccio [con ghiaccio]
ウイット 〔英 wit〕spirito男, arguzia女, ingegno男 ¶ウイットに富む会話 conversazione brillante
ういてんぺん 有為転変 mutabilità女 della vita; gli alti男[複] e i bassi男[複] della vita
ウイニングショット colpo男 vincente
ういまご 初孫 《男の》 il *proprio* primo nipotino男; 《女の》la *propria* prima nipotina女
ウイルス 〔ラ virus〕virus男[無変] (filtrabile) ◊ウイルス性の virale ¶ウイルス性の病気 malattia女 virale ¶濾過性のウイルス virus filtrabile ¶抗ウイルス剤 agente男 antivirale
❖ウイルス学《医》virolo*gia*女[複 -*gie*]
ウイルス感染 infezione女 virale
ウイルス性肝炎《医》epatite女 virale
ウイルス対策ソフト《コンピュータ》programma男 [複 -*i*] antivirus [無変]
ウインカー 〔英 winker〕《車》indicatore男 di direzione, lampeggiatore男, freccia女[複 -*ce*]
ウインク 〔英 wink〕ammicco男[複 -*chi*], ammiccamento男, strizzatina女 d'occhi, occhiolino男 ◊ウインクする ammiccare自[*av*] a qlcu., strizzare l'occhio [fare l'occhiolino] a qlcu.
ウインタースポーツ 〔英 winter sports〕sport男[無変] invernale
ウインチ 〔英 winch〕《機》argano男; (小さいもの) verricello男
ウインドウ 〔英 window〕《コンピュータ》finestra女 ¶ウインドウを開く[閉じる]aprire[chiudere] una finestra
ウインドー 〔英 window〕《窓》vetrina女 ¶ウインドーショッピングをする andare per vetrine
ウインドサーフィン 〔英 windsurfing〕〔英〕windsurfing男, 〔英〕windsurf男
ウインドブレーカー 〔英 windbreaker〕giacca女 a vento
ウインナコーヒー caffè男 viennese, caffè男 con panna
ウインナソーセージ 〚独〛würstel男[無変]; salsi*ccia*女[複 -*ce*] viennese
ウースターソース salsa女 Worcester
ウーステッド 〔英 worsted〕pettinato di lana, tessuto男 di lana pettinata
うーっ ¶うーっとうなる声《犬などの》rin*ghio*男[複 -*ghi*] ¶うーっとうなる ringhiare自[*av*]
ウーファー 〔英 woofer〕《低音用スピーカー》〔英〕woofer男[無変]; altoparlante男 per i toni bassi
ウーマンリブ 〔英 women's lib〕《運動》movimento男 femminista [複 -*i*] [per la liberazione della donna]
ウール 〔英 wool〕lana女 ¶ウールのジャケット giacca di lana
ウーロンちゃ 烏竜茶 tè男 oolong
うーん《考え込む様子》uhm ¶うーん，何と言ったらいいか。Uhm, non so cosa dire.
うえ 上 **1**【上部】parte女 superiore;《頂上》vetta女, cima女 ◊ 上の superiore, di sopra ◊ 上に su, in alto, al di sopra《 di 》¶木[山]の上 la cima di un albero [di un monte] ¶塔の上に in cima a una torre /《先端部または上方》sopra una torre ¶坂をさらに上に上る salire ancora più「su [in alto] ¶上の階の住人 vicino男[女 -*a*] del piano superiore [di sopra] ¶上から3行目 la terza riga dall'alto ¶この上に quassù ¶あの上に lassù ¶上から下まで da cima a fondo ¶「初めから終わりまで」の意もある】¶この丘の上から港が見える。Dall'alto di questo colle si vede il porto. ¶彼は私を上から下までじろりと見た。Mi ha squadrato [sguardato] dall'alto in basso [dalla testa ai piedi]. ¶この絵は上と下が逆に掛かっている。Questo quadro è appeso sottosopra. ¶上の方を見てごら

ん. Guarda lassù [là in alto / in alto / in su]. ¶ランプがテーブルの上につるしてあった. Una lampada pendeva sopra il tavolo.
2【物の表面】superficie㊛ [複 -ci, -cie] ¶テーブルの上に花瓶が置いてある. C'è un vaso sul tavolo. ¶寒いから上に何か着て出かけなさい. Fa freddo, mettiti qualcosa addosso quando esci. ¶線の上を色鉛筆でなぞる ricalcare delle linee con una matita colorata.
3【地位・等級・能力がより高い】◇上の maggiore 《より di》, superiore《より a》; 《より良い》migliore《より di》 ¶人の上に立つ essere alla testa degli altri / dirigere [guidare] gli altri ¶これは上からの命令だ. Questo è un ordine [che viene dall'alto [superiore]. ¶彼は私より位が上だ. Mi è superiore di [in] grado. ¶彼の絵のほうが私のより出来が上だ. Il suo quadro è venuto meglio del mio. ¶上を見ればきりがない. L'ambizione non conosce limiti. ¶この上もない喜び una gioia [senza uguali [insuperabile / ineguagliabile]] ¶上からの資本主義 capitalismo formato dall'alto
4【数量・年齢がより多い】◇上の《年長の》più anziano《より di》 ¶彼は私より2つ上だ. Lui ha due anni più di me. ¶上の息子は大学に, 下は中学に行っている. Il figlio maggiore [più grande] va all'università, quello [il] più piccolo alla scuola media. ¶70点以上を合格とする. Il punteggio [voto] minimo per superare l'esame è 70.
5【音の高い部分】¶私は上の音が出ない. Non riesco a raggiungere toni alti cantando.
6【既述の部分】¶上に掲げた実験結果 risultato dell'esperimento menzionato 「prima [in precedenza / qui sopra] / ¶上の表《上記の》tabella sopraindicata [soprariportata / di cui sopra] ¶上に述べたとおり come si è già detto
7【「…の上では」の形で】riguardo [in relazione] a qlco. ¶仕事の上では彼は申し分がない. Per quanto riguarda il lavoro non c'è niente da ridire sul suo conto. ¶暦の上ではもう春だ. Secondo il calendario è già primavera.
8【…した後, …である以上】dopo qlco. 《aver + 過去分詞 / che + 直説法》; 《…だから》poiché [perché] + 直説法, dato [visto] che + 直説法; 《時》quando + 直説法 ¶熟考の上 dopo matura riflessione ¶調査の上 a inchiesta ultimata / dopo l'inchiesta ¶法 esperite le indagini ¶酒の上の失敗 una brutta figura dovuta all'ubriachezza ¶こうなった上は stando così le cose / da [visto] come stanno le cose ¶それは覚悟の上だ. Sono pronto a questo. ¶間違いであることは承知の上でやったらしい. Sembra che l'abbia fatto pur sapendo di sbagliare.
9【…に加えて】oltre a, inoltre, non solo... ma anche..., per di più ¶彼は日本語ができる上に中国語もできる. Oltre al giapponese conosce anche il cinese. ¶道に迷った上に雨にまで降られた. Non solo ho perso la strada, ma sono stato anche sorpreso dalla pioggia.
慣用 上には上がある《人が》C'è sempre qualcuno più in alto di noi. /《物が》C'è sempre qualcosa di meglio.

上を下への大騒ぎ ¶それを聞いて町中が上を下への大騒ぎとなった. A tale notizia sono scoppiati tumulti che hanno messo sottosopra tutta la città.

うえ 飢え fame㊛; 《飢餓》carestia㊛ ¶飢えに苦しむ soffrire la fame ¶水を飲んで飢えをしのいだ. Ingannai la fame bevendo acqua.

ウエーター 〔英 waiter〕cameriere㊚
ウエーデルン 〔独 Wedeln〕《スポ》《スキーの》scodinzolo㊚
ウエート 〔英 weight〕《重量》peso㊚; 《重要性》importanza㊛, rilievo㊚, accento㊚ ¶ウエートを置く dare importanza a qlco. [qlcu.] / mettere l'accento su qlco.
✤ウエートコントロール controllo㊚ del peso
ウエートリフティング 《スポ》sollevamento㊚ pesi
ウエートレス 〔英 waitress〕cameriera㊛
ウエーブ 〔英 wave〕**1**《波》onda㊛ **2**《髪の》ondulazione㊛, onda㊛ ¶ウエーブした髪 capelli ondulati [a onde]

うえかえる 植え替える trapiantare ◇植え替え trapianto㊚
うえき 植木 pianta㊛ [albero㊚] da giardino
✤植木ばさみ forbici㊛ [複] [cesoie㊛ [複]] per giardinaggio
植木鉢 vaso㊚ (di terracotta per piante)
植木屋 《庭師》giardiniere㊚ [㊛ -a]; 《苗木商》vivaista㊚ [㊛ -i]
うえこみ 植え込み cespuglio㊚ [複 -gli]; 《生け垣》siepe㊛ (viva)
うえこむ 植え込む piantare
うえした 上下 ¶上下さかさまである essere capovolto
うえじに 飢え死に ◇飢え死にする morire di fame

ウエスタン 〔英 western〕《西部劇》film㊚ [無変] western [無変], western㊚ [無変] ¶マカロニウエスタン《映》spaghetti western / western all'italiana
ウエスト 〔英 waist〕vita㊛ ¶ウエスト回り giro vita / girovita ¶ウエスト位置 punto (di) vita ¶《人》のウエストを測る misurare la vita di qlcu. ¶ハイ[ロー]ウエストの服 vestito con la vita alta [bassa] ¶ウエストがきつい[ゆるい]スカート gonna stretta [larga] di vita

うえつける 植え付ける **1**《植える》piantare; 《移植》trapiantare, mettere a dimora ◇植え付け piantatura㊛; 《移植》trapianto㊚, messa㊛ a dimora ¶ぶどうを植えつける piantare un terreno a vigna
2《思想などを》seminare, infondere, inculcare ¶彼は労働者のあいだに不満の種を植えつけた. Ha seminato lo scontento fra i lavoratori.

ウエット 〔英 wet〕◇ウエットな sentimentale, romantico [㊚複 -ci]
✤ウエットスーツ《スポ》tuta㊛ [muta㊛] subacquea
ウエディング 〔英 wedding〕matrimonio㊚ [複 -i], nozze㊛ [複]; 《式》cerimonia㊛ nuziale, sposalizio㊚ [複 -i]
✤ウエディングケーキ torta㊛ nuziale [di nozze]
ウエディングドレス abito㊚ da sposa

[う]

ウエディングベル campane[女][複] a festa per le nozze
ウエディングマーチ mạr*cia*[女][複 -*ce*] nuziale
ウエハース 〔英 wafers〕 wafer[男][無変], cialda[女]
ウェブ 〔英 web〕《コンピュータ》〔英〕web[男][無変]
✤ウェブサイト sito[男] web [無変]
ウェブページ pạgina[女] web
ウェブマガジン rivista[女] web
うえる 飢える **1**《腹がへる》avẹr fame, ẹssere affamat*o* ¶飢えた狼のように come un lupo affamato ¶飢饉で農民は飢えている. A cạuṣa della carestia i contadini sọffrono la fame. **2**《渇望する》ẹssere ạvid*o* [assetat*o* / desideros*o*] di *ql.co.* ¶愛情に飢えている. È assetato d'affetto. ¶彼は女に飢えている. Lui ha fame di donne. ¶知識に飢えている. È ạvido di sapere.
うえる 植える 《木・草などを》piantare;《種をまく》seminare ¶庭に木を植える piantare ạlberi in un giardino ¶花壇には色とりどりのチューリップが植えてある. L'aiuola è piantata a tulipani di vari colori.
ウェルターきゅう ウェルター級 《ボクシングの》〔英〕welter [vèlter][男][無変], peso[男] welter [無変]
ウエルダン 〔英 well-done〕 ¶ウエルダンのステーキ bistecca ben cotta
うお 魚 pesce[男] ⇒魚(さかな)
[慣用] **魚心あれば水心**《諺》"Una mano lava l'altra." ¶そこは魚心あれば水心ありで, 便宜を図ってやらないでもない. Ti aiuterei se tu acconsentissi ad un accordo di recịproco aiuto.
✤魚座《天》Pesci[男][複] ¶「何座ですか」「私は魚座です」"Di che segno sei?" "Sono dei Pesci."
うおいちば 魚市場 mercato[男]「del pesce [ịttico [複 -*ci*]]
うおうさおう 右往左往 ◇右往左往する cọrrere da una parte all'altra
ウォーキング 〔英 walking〕〔英〕walking[男][無変]
✤ウォーキングシューズ scarpe[女][複] per camminare
ウォークマン 《商標》walkman [wólkmen] [男][無変]
ウォーターシュート 〔英 water chute〕 scịvolo[男] d'ạcqua
ウォータープルーフ 〔英 waterproof〕 ◇ウォータープルーフの impermeạbile, stagno, a tenuta d'ạcqua
ウォーターフロント 〔英 waterfront〕《海の》lungomare[男];《川の》lungofiume[男];《湖の》lungola*go*[男][複 -*ghi*]
ウォーターポロ 〔英 water polo〕 《スポ》《水球》pallanuoto[女]
ウォーミングアップ 〔英 warming-up〕 (eṣercizi[男][複] di) riscaldamento[男] ◇ウォーミングアップする scaldarsi
うおがし 魚河岸 mercato[男]「del pesce [ịtti*co* [複 -*ci*]]
ウオッカ vodka [vódka][女][無変]
うおのめ 魚の目 《足の》ọc*chio*[男][複 -*chi*]「di pernice [pollino]; callo[男]
うか 羽化 sfarfallamento[男] ¶さなぎが羽化して蝶になる. La criṣạlide sfarfalla.
うかい 迂回 deviazione[女] ◇迂回する deviare [自][*av*], prẹndere [fare] una deviazione ¶「工事中につき迂回」"Deviazione per lavori in corso"
✤迂回路 deviazione[女] stradale
うがい 嗽 gargariṣmo[男] ◇うがいする fare i gargariṣmi
✤うがい薬 colluto*rio*[男][複 -*i*]
うかうか **1**《何もせずに》◇うかうかしている ẹssere in ọzio, trascọrrere in ọzio le giornate ¶うかうかしていると人に追い越されるぞ. Se non stai attento [Se non ti dai da fare], ti farai superare dagli altri. **2**《気づかずに》senza accọrgersi, inconsciamente;《軽率に》ṣbadatamente, ṣventatamente ¶彼のうまい話にうかうかと乗ってしまった. Pur non volendo mi sono lasciato trascinare dalle sue convincenti proposte.
うかがい 伺い 《要請》richiesta[女];《質問》domanda[女] ¶(お)伺いを立てる chiẹdere chiarimenti a *qlcu.* ¶ご機嫌伺いに行く fare una vịṣita di corteṣia
うかがう 伺う **1**《質問する》chiẹdere *ql.co.* a *qlcu.*, interrogare *qlcu.*;《拝聴する》sentire [ascoltare] *ql.co.* da *qlcu.* ¶ご意見を伺いたい. Vorrei conọscere [sentire] la sua opinione. ¶その話はもう伺っております. Questo lo so già. ¶ちょっと伺いますが. Posso chiẹdere una cosa? / Permette una domanda? / 《道などを聞くとき》Senta, mi scụṣi.
2《訪問する》far vịṣita a *qlcu.*, viṣitare *qlcu.* ¶先生のお宅に伺う andare a casa del professore ¶喜んで伺います. Verrò a trovarla con piacere.
うかがう 窺う **1**《のぞく, 探る》spiare [vedere di nascosto /《盗み見する》ṣbirciare] *qlcu.* [*ql.co.*] ¶敵の動静をうかがう spiare i movimenti del nemico ¶相手の顔色をうかがう scrutare l'espressione dell'interlocutore
2《機会を待つ》aspettare, attẹndere ¶彼は10年もこの機会をうかがっていたのだ. Aspettava questa occaṣione da ben dieci anni.
3《察知する》capire;《推論する》supporre ¶彼女の言葉遣いから育ちの良さがうかがえる. Il suo modo di parlare ịndica [prova] che è di buona famịglia.
うかされる 浮かされる **1**《正気を失う》 ¶熱に浮かされてうわごとを言っている. Sta delirando per la febbre. / La febbre lo fa delirare. **2**《夢中になる》ẹssere pres*o* [trascinat*o* / incantat*o* / affascinat*o*] da *ql.co.*
うかす・うかせる 浮かす・浮かせる **1**《浮かべる》far galleggiare *ql.co.* **2**《持ち上げる》 ¶腰を浮かす alzare il sedere **3**《切り詰めて余らせる》risparmiare ¶1年間働いた金を浮かせて車を買った. Col denaro risparmiato [messo da parte] in un anno di lavoro mi sono comprato la mạcchina.
うかつ 迂闊 ◇うかつな《ぼんやりした》distratto;《不注意な》diṣattento, incạuto;《考えなしに》sconsiderato ◇うかつに《うっかり》ṣventatamente, per diṣattenzione;《軽率に》alla leggera;《偶然》per caṣo;《気づかずに》senza farci caṣo ¶私もうかつだった. Anch'io sono stato ṣbadato.

¶それはうかつだったね. È stato un errore, quello! ¶彼の前ではうかつに物が言えない. Davanti a lui bisogna stare attenti a che cosa dire.

うがつ 穿つ **1**《穴をあける》forare, bucare, perforare, traforare;《掘る》scavare ¶虫が木に穴をうがった. I tarli hanno perforato il legno. **2**《隠れた面をとらえる》うがった acuto, penetrante ¶うがった見方 visione acuta [profonda / sottile / giudiziosa] ¶彼はなかなかうがったことを言う. Lui dice delle cose significative.

うかぬかお 浮かぬ顔 ¶浮かぬ顔をしている avere un'aria triste [depressa / malinconica] / avere una brutta cera ¶母は兄のことで浮かぬ顔をしている.《心配して》Mia madre ha un'aria preoccupata per mio fratello.

うかばれる 浮かばれる **1**《成仏できる》¶これで仏も浮かばれよう. Ora la sua anima potrà riposare in pace. ¶これでは仏も浮かばれまい. Questo farà rivoltare il morto nella tomba. **2**《多く否定の語を伴って，報われる》¶今度失敗したら一生浮かばれないだろう. Se fallisce questa volta, 「non si risolleverà più [perderà la faccia per sempre].

うかびあがる 浮かび上がる **1**《浮かんでくる, 出てくる》emergere⑪[es], venire⑪[es] a galla, affiorare⑪[es] **2**《位が上がる》essere promosso, salire⑪[es] di grado ¶最下位から3位に浮かび上がった. Dall'ultimo posto c'è salito al terzo. **3**《隠れていたものが外に現れる》imporsi all'attenzione, venire alla ribalta, divenire⑪[es] d'attualità

うかぶ 浮かぶ **1**【水面に】stare a galla; galleggiare⑪[av] ¶湖に小舟が浮かんでいる. Sul lago galleggia una barca. **2**【水面に上がってくる】venire⑪[es] a galla, risalire⑪[es] in superficie ¶潜水艦は10分後に浮かんできた. Il sommergibile è risalito in superficie dopo 10 minuti. **3**【空に】librarsi nel cielo; essere in cielo ¶白い雲が浮かんでいた. Nuvole bianche erano alte in cielo. ¶月が空高くぽっかり浮かんでいる. La luna è in alta nel cielo. **4**【表面・外面に現れる】affiorare⑪[es], apparire⑪[es], venire⑪[es] allo scoperto, emergere⑪[es] ¶失望の色が彼の顔に浮かんだ. Sul suo viso è apparsa [è affiorata] un'espressione di sconforto. ¶涙が目に浮かんできた. Mi sono venute le lacrime agli occhi. **5**【思い浮かぶ】venire⑪[es] in mente a qlcu. ¶彼のình を思い浮かぶようだ. Mi par di vedere il suo viso radioso. ¶いい知恵が浮かんでこない. Non riesco a farmi venire [Non mi vengono in mente] buone idee.

うかべる 浮かべる **1**《水面に》far galleggiare ql.co. **2**《表す》esprimere ql.co. ¶喜びを顔に浮かべ esprimere la gioia sul volto ¶口もとに笑いを浮かべていた. Aveva un sorriso sulle labbra. **3**《思い出す》ricordare;《想像する》immaginare ¶母の顔を心に浮かべる. Ricordo il viso di mia madre. ¶彼の言葉をたびたび胸に浮かべる. Mi tornano spesso in mente [Mi affiorano spesso alla memoria] le sue parole.

うかる 受かる ¶試験に受かる superare un esame ¶私は大学に受かった. Sono stato ammesso all'università.

うかれる 浮かれる essere allegro, spassarsela, divertirsi; far festa ¶酒を飲んでみんなは浮かれている. Stanno bevendo in allegria. ¶月に浮かれて外に出た. È uscito attirato dal bel chiaro di luna.

うがん 右岸 riva⑭[sponda⑭] destra

うき 浮き・浮子《釣り糸につける》galleggiante ⑪, sughero⑪;《浮標》boa⑭

✤**浮きドック** bacino⑪ (di carenaggio) galleggiante

うき 雨期・雨季 stagione⑭ delle piogge

うきあがる 浮き上がる **1**《水面に出てくる》emergere⑪[es] **2**《くっきりとした形に見えてくる》¶夕空に山がくっきりと浮き上がった. La montagna si stagliò nitidamente nel cielo al tramonto. **3**《遊離する》essere isolato, distaccarsi, isolarsi ¶我々が結束したので上層部は浮き上がってしまった. I dirigenti sono rimasti isolati perché noi ci siamo coalizzati.

うきあしだつ 浮き足立つ perdere la calma; essere pronto a scappare

うきうき ◇うきうきする essere gioioso; rallegrarsi ◇うきうきと gaiamente, allegramente, gioiosamente ¶明日は遠足なので心がうきうきする. Sono felice [Non sto in me dalla gioia] perché domani c'è una gita. ¶恋人の来るのをうきうきしながら待っていた. Non stavo più nella pelle in attesa dell'arrivo della mia ragazza.

うきがし 浮き貸し《商》prestito⑪ illegale [illecito] ◇浮き貸しする prestare denaro illegalmente [illecitamente] a qlcu.

うきくさ 浮き草 pianta⑭ acquatica, lenticchia⑭ [lente⑭] d'acqua ¶彼は浮き草のような生活を送っている. Conduce una vita precaria.

✤**浮き草稼業** occupazione⑭ incerta [precaria]

うきぐも 浮き雲 nuvola⑭ vagante ¶彼は浮き雲のような生活を送っていた. Conduceva una vita errabonda.

うきごし 浮き腰 **1**《重心が高い体勢》¶体が浮き腰になっている non avere il corpo ben piantato **2**《落ち着かないこと》¶会社買収の噂に社員が浮き腰になっている. Da quando hanno saputo che la ditta sarà venduta, i dipendenti non riescono più a concentrarsi nel lavoro.

うきさんばし 浮き桟橋 pontile⑪ galleggiante

うきしずみ 浮き沈み **1**《浮いたり沈んだりすること》◇浮き沈みする affondare⑪[es] e riaffiorare⑪[es] ¶彼は浮き沈みしながら濁流に流されていった. Fu trascinato via dalla corrente torbida affondando e riaffiorando a tratti. **2**《栄枯盛衰》alti⑪[複] e bassi⑪[複] di [della] fortuna;《有為転変》vicissitudini⑭[複] della vita ¶浮き沈みは世の習い.《諺》"Il mondo è fatto a scale, c'è chi scende e c'è chi sale." / "La ruota della fortuna gira."

うきしま 浮き島 **1**《島のように密生している水草》distesa⑭ di piante acquatiche galleggianti in laghi e fiumi **2**《浮いているように見える島》isola ⑭ che sembra galleggiare sull'acqua

うきだす 浮き出す《出てくる》comparire⑪

[es], affiorare⊕[es], venire⊕[es] in superficie; 《浮いて見える》spiccare⊕[av]; stagliarsi ¶花模様が鮮やかに浮き出して見える。Il motivo floreale spicca nettamente sul fondo.

うきたつ 浮き立つ eccitarsi ¶浮き立つ心をしずめる frenare la gioia ¶契約成立の知らせに全社員が浮き立った。Alla notizia della conclusione del contratto, tutti i dipendenti si sono eccitati.

うきでる 浮き出る ¶汗が浮き出る essere imperlato di sudore

うきな 浮き名 fama⊕ per le avventure amorose ¶彼は浮き名を流した。Era famoso per le sue scappatelle amorose.

うきはし 浮き橋 《いかだを並べた》ponte⊕ galleggiante; 《船を並べた》ponte⊕ di barche

うきぶくろ 浮き袋 1 《水泳用・救命用》salvagente⊕[複 -e, -i], ciambella⊕; 《両腕に付ける》braccioli⊕[複]; 《魚の》vescica⊕ natatoria

うきぼり 浮き彫り 1 《レリーフ》rilievo⊕, sbalzo⊕ 2 《浮き出ること》 ¶浮き彫りにする mettere in rilievo ql.co. / dare risalto a ql.co. ¶この事件は社会の矛盾を浮き彫りにした。Questo crimine ha messo in rilievo le contraddizioni della nostra società.

うきみ 憂き身 ¶彼は恋に憂き身をやつしている。Lui è schiavo dell'amore.

うきめ 憂き目 sfortuna⊕, sventura⊕, sorte⊕ avversa, avversità ¶憂き目を見る[に遭う] subire dure prove / essere colpito dalla sventura / trovarsi nei guai ¶憂き目を耐え忍ぶ sopportare coraggiosamente le avversità

うきよ 浮世 questo (basso) mondo⊕, vita⊕, mondo⊕ ¶それが浮き世の習いというものだ。È la vita! / Così va il mondo! ¶彼は浮き世の荒波にもまれた。La vita si è accanita contro di lui. ¶とかく浮き世はままならぬ。Per un verso o per l'altro, in questo mondo niente va come vorremmo.

❖浮き世離れ ¶浮き世離れした staccato dal mondo / fuori dal mondo

うきよえ 浮世絵 stampa⊕ [incisione⊕] ukiyoe

┌─ 日本事情 浮世絵 ──────────────┐
│ Uno dei generi di pittura più in voga nel periodo Edo. Vi sono due tipi di *ukiyoe*: la pittura a mano con il pennello e l'incisione su legno. L'incisione, iniziata da Hishikawa Moronobu, fu dapprima monocroma per divenire poi policroma con il nome di "*nishikie*". All'inizio descriveva i quartieri di piacere e il teatro, poi ampliò la sua tematica rappresentando costumi sociali, paesaggi, attori.
│ Gli autori più rappresentativi sono: Suzuki Harunobu, Torii Kiyonaga, Katsukawa Shunsho, Kitagawa Utamaro, Katsushika Hokusai, Ando Hiroshige, ecc. Questo tipo di incisione influenzò profondamente la pittura moderna occidentale, soprattutto l'impressionismo e in particolare la pittura di Van Gogh.
└──────────────────────────────┘

うきわ 浮き輪 →浮き袋1

うく 浮く 1 《水面・空中に》galleggiare⊕[av]; 《水面に》fluttuare⊕[av] ¶水に浮く galleggiare sull'acqua
2 《ゆるむ》essere allentato; muoversi, dondolare⊕[av] ¶釘が浮いている。Il chiodo si muove [è allentato]. ¶歯が浮いている。Ho un dente che mi dondola.
3 《余る》avanzare⊕[av], essere risparmiato ¶タバコをやめると月に8000円は浮く。Smettendo di fumare si risparmiano 8.000 yen al mese.
4 《気持ちが晴れ晴れとしている》 ¶浮かない顔 un viso abbattuto
5 《周囲にとけこまない》 ¶彼は会社で浮いている。Non è ben integrato nella sua ditta.
6 《「浮いた」の形で，軽薄な》 ¶彼には浮いたうわさが絶えない。Ci sono sempre chiacchiere sulle sue scappatelle sentimentali.

うぐいす 鶯 《鳥》usignolo⊕ di fiume
❖うぐいす色 verde⊕ giallognolo

ウクレレ 〔ハワイ語 ukulele〕ukulele⊕ ⊕[無変]

うけ 受け 1 《評判》reputazione⊕, popolarità⊕, fama⊕; favore⊕ ¶この小説は受けがいい。Questo romanzo gode di un'ottima reputazione. ¶この映画は世間の受けがよくない。Questo film non incontra [non gode] il favore del pubblico. ¶彼は先輩たちに受けがいい。È nelle buone grazie dei superiori.
2 《防御，守り》guardia⊕, difesa⊕ ¶受けに回る essere sulla difensiva
3 《お笑いなどで》うけを狙う puntare alla risata / cercare la risata (del pubblico)

うけあい 請け合い・受け合い ¶彼の当選は受け合いだ。Sarà sicuramente eletto.

うけあう 請け合う・受け合う 《保証する》garantire [certificare] ql.co. a qlcu., assicurare qlcu. a qlcu. 「che+直説法」; 《確約する》promettere a qlcu. 「che+未来形[di+不定詞]」; 《引き受ける》assumersi la responsabilità di ql.co. [di qlcu.] ¶受けては私が請け合う。Te lo assicuro io. / Ti do la mia parola. ¶うまくいくかどうかは請け合えない。Non ne garantisco il successo. / Non posso assicurarvi il successo.

うけい 右傾 ◇右傾(化)する tendere⊕[av] a destra ¶知識人の一部に右傾化が見られる。Si osserva uno spostamento [uno slittamento] sulle posizioni di destra di una parte degli intellettuali.
❖右傾思想 idee⊕[複] di destra

うけいれ 受け入れ 《迎え入れ》accoglienza⊕, ricevimento⊕, accettazione⊕ ¶受け入れ態勢を整える preparare l'accoglienza ¶わが国では難民の受け入れ態勢は整っていない。Il nostro paese non è ancora preparato per accogliere i profughi.

うけいれる 受け入れる 1 《聞き入れる》accettare, approvare ¶彼の要求を受け入れた。Ho accettato le sue richieste.
2 《引き受けて世話をする》ammettere, ricevere, accogliere ¶留学生を受け入れる accettare [ammettere] studenti stranieri
3 《文化の受容・同化》 ¶日本は欧米の文化を受け入れてきた。Il Giappone ha assorbito la cultura

occidentale.

うけうり 受け売り ◇受け売りする essere l'eco di *qlcu*. ¶彼の話は受け売りだ. Le sue sono informazioni di seconda mano.

うけおい 請負 appalto[男], contratto[男]; 〔仏〕 forfait [fɔrfé] [男][無変] ◇**請負で** in appalto, a contratto ¶請負契約を結ぶ fare [stipulare] un contratto d'appalto

✤**請負業者** ditta[女] appaltatrice

請負工事 lavori[男][複] eseguiti da un'impresa appaltatrice

請負師 appalta*tore*[男][[女] *-trice*] di costruzioni [《公共の》di lavori pubblici]

請負仕事 lavoro[男] in appalto [a contratto]

請負賃金 salar*io*[男][複 *-i*] a cottimo

請負人 appalta*tore*[男][[女] *-trice*], imprendi*tore*[男][[女] *-trice*]

請負値段 prezzo[男] forfet(t)ar*io* [複 *-i*]

うけおう 請け負う ¶この公会堂はうちの会社が10億円で請け負って作った. La nostra impresa ha preso in appalto la costruzione di questa sala pubblica per un miliardo di yen.

うけこたえ 受け答え risposta[女], replica[女] ¶彼は受け答えがうまい. Ha la risposta pronta. ¶近ごろの若者は電話の受け答えを知らない. I giovani di oggi non sanno come si risponde al telefono.

うけざら 受け皿 sottobicchiere[男], piattino[男] ¶工場誘致のための受け皿を整える predisporre un ambiente ad accogliere l'introduzione di una nuova fabbrica

うけだす 請け出す disimpegnare, riscattare

うけたまわる 承る **1** ¶ご意見を承りたい. Vorrei chiedere il suo parere. ¶その件はすでに承っております. Sono già al corrente di questa faccenda. **2** 《承知する》 accettare [ricevere] *ql.co.* (rispettosamente)

うけつぐ 受け継ぐ 《事業・責任などを》 succedere[自][*es*] a *qlcu*. in *ql.co.*; 《遺伝・財産などを》 ereditare *ql.co.* ¶彼は父親の事業を受け継いだ. È succeduto al padre negli affari. ¶彼は母親の性質を受け継いでいる. Ha ereditato il temperamento della madre.

うけつけ 受付 《案内所》 uffic*io*[男][複 *-ci*] informazioni; 《官庁などの》 uffic*io*[男][複 *-ci*] ricevimento [無変] del pubblico, portineria[女]

✤**受付期間** ¶入学願書受付期間 termine[男] per la presentazione delle domande d'iscrizione a scuola

受付時間 《病院などの》 orar*io*[男][複 *-i*] di accettazione [di visita] per il pubblico

受付番号 《順番待ちの》 numero[男] d'appello [di chiamata / di ordine]; 《登録の》 numero[男] di matricola [d'iscrizione]

うけつける 受け付ける **1** 《受理する》 accettare *ql.co.*; ricevere *ql.co.* ¶提案[要求]は受け付けません. Non si accettano proposte [richieste]. ¶入学願書は9月1日から受け付ける. Le domande d'iscrizione si ricevono dal primo settembre. **2** 《受け入れる》 ¶患者は食べ物をいっさい受け付けない. Il malato non può ingerire alcun cibo.

うけてたつ 受けて立つ ¶私と勝負をしたいと言うなら喜んで受けて立つ. Se vuoi gareggiare con me, sarò ben lieto di affrontarti.

うけとめる 受け止める 《ボールなどを》 prendere, afferrare; 《攻撃を》 parare, bloccare ¶攻撃を受け止める respingere un attacco ¶球を受け止める prendere la palla ¶事態を深刻に受け止める riconoscere la gravità della situazione

うけとり 受取 《受領書》 ricevuta[女]; 〔商〕 quietanza[女]; 《サイン》 firma[女] di ricevuta; 《税金・郵便物などの支払い済証明》 bolletta[女]; 《レシート》 scontrino[男] ¶受け取りを出す dare una ricevuta / rilasciare quietanza

✤**受取勘定** 〔商〕 cambiali[女][複] all'incasso; 〔会〕 crediti[男][複] a breve scadenza

受取手形 〔商〕 conto[男] [distinta[女]] effetti all'incasso

受取人 《郵便物の》 destinatar*io*[男][[女] *-ia*; [男]複 *-i*]; 《為替などの》 porta*tore*[男][[女] *-trice*], prendi*tore*[男][[女] *-trice*]; 《保険・小切手などの》 beneficiar*io*[男][[女] *-ia*; [男]複 *-i*]

うけとる 受け取る **1**【受領する】 ricevere, ottenere, accettare ¶返事を受け取る ricevere una risposta ¶《領収書で》金100ユーロ正に受け取りました. Ricevo la somma di € 100,00 (読み方: cento euro).

2【解釈する】 prendere, interpretare ¶彼の話を文字どおりに[まじめに]受け取る prendere il suo discorso alla lettera [sul serio] ¶私の言ったことを間違って受け取ったらしい. Mi sembra che abbia interpretato male le mie parole.

うけながす 受け流す 《質問などをそらす》 eludere ¶質問を受け流す eludere una domanda ¶私の言ったことを冗談として受け流した. Ha preso per scherzo quello che gli ho detto.

うけみ 受け身 **1** 《消極的な態度》 atteggiamento[男] passivo ◇**受け身の** passivo ¶年をとるとすべてに受け身になる. Invecchiando si assume un atteggiamento passivo [si perde l'iniziativa in tutte le cose]. **2** 《柔道などで》 *ukemi*[男][無変]; tecnica[女] di caduta **3** 〔文法〕 forma[女] passiva, passivo[男]

うけもち 受け持ち ¶彼が受け持ちの先生です. È il maestro [il responsabile] della nostra classe. ¶彼は3年生の受け持ちだ. Ha una terza (classe). / Insegna in una terza.

✤**受持ち区域** 《警察, 軍隊》 giro[男] di servizio [di guardia], zona[女] di sorveglianza [di ronda]; 《郵便》 distretto[男] postale

うけもつ 受け持つ incaricarsi di *ql.co.*, assumere l'incarico di *ql.co.*; 《教える》 insegnare *ql.co.* (►教科名は無冠詞) ¶〈人〉に…を受け持たせる incaricare *qlcu.* di *ql.co.* / assegnare [affidare] *ql.co.* a *qlcu.*

うけもどし 請け戻し 〔法〕 estinzione[女], riscatto[男]

うける 受ける・承ける・請ける **1**【物を受け止める】 ricevere, prendere; 《つかむ》 afferrare, acchiappare ¶ボールを手で受けた. Ho preso [Ho raccolto] la palla con le mani. ¶雨水を甕(かめ)に受ける raccogliere l'acqua piovana in una giara

2【受け取る, 収める】 ricevere; 《獲得する》 ottenere ¶彼は奨学金を受けている. Riceve una borsa di studio. ¶彼はノーベル賞を受けた. Ha ricevuto [ottenuto / meritato] il premio Nobel. ¶結婚式の招待を受けた. Sono (stato) invitato al matrimonio. /（招待状をもらった）Ho ricevuto l'invito alle nozze. ¶大口の注文を受ける ricevere una grossa ordinazione

3【受け入れる, 応じる】 rispondere [av] a ql.co., accettare ql.co. ¶検査を受ける sottoporsi a [sostenere] un esame ¶電話を受ける ricevere una telefonata da qlcu./ rispondere alla telefonata di qlcu. ¶尊敬を受ける essere rispettato da qlcu./ godere del rispetto di qlcu. ¶保護を受ける essere protetto《の da》¶申し出を受ける accettare una proposta ¶印象を受ける ricevere un'impressione《から da》¶彼は手術を受けた. Ha subito [Si è sottoposto a] un intervento chirurgico. ¶明日英語の試験を受ける. Domani sostengo [do] un esame di inglese. ¶医師の診察を受ける必要があります. Lei deve farsi visitare da un medico. ¶教皇は熱烈な歓迎を受けた. Il Papa è stato accolto con entusiasmo. ¶彼の挑戦を受けて立とう. Rispondo alla [Accetto la] sua sfida. ¶ある雑誌からインタビューを受けた. Sono stato intervistato da una rivista. ¶古い知人の訪問を受けた. Ho ricevuto la visita di un vecchio conoscente. ¶この関係代名詞は何を受けていますか. A che cosa si riferisce questo pronome relativo?

4【受け継ぐ】 succedere [es] a qlcu. in ql.co., ereditare ql.co. da qlcu. ¶残念ながら私は画家の父の素質を受けなかったようだ. Purtroppo pare che come pittore non abbia preso da mio padre. ¶死んだ兄のあとを承けて私が会社を経営した. Sono succeduto al [Ho sostituito il] mio defunto fratello nella gestione della ditta. ¶この世に生を享(う)ける venire alla luce ¶彼は音楽の才を天から受けた. È dotato per la musica.

5【身をさらす】 essere esposto《に a》¶日の光を受ける essere esposto alla luce del sole ¶この岬は北風をまともに受けている. Il promontorio è colpito direttamente「dal vento del nord [dalla tramontana]. ¶木々が太陽の光をいっぱいに受けている. Gli alberi assorbono tutta la luce del sole.

6【蒙る】 subire, ricevere ¶私が彼らの誤解を受けていたことがわかった. Alla fine fu chiaro che non mi avevano compreso. ¶この地方は10年前に地震の被害を受けた. Questa regione ha subito dei danni a causa di un terremoto 10 anni fa. ¶あんな侮辱を受けたのは生まれて初めてだ. Non avevo mai ricevuto un insulto del genere. ¶彼女の分別ない行動は非難を受けた. I suoi comportamenti imprudenti sono stati「criticati [oggetto di riprovazione]. ¶日本は近隣諸国の文化の影響を受けてきた. Il Giappone ha sempre subito l'influenza dei paesi confinanti. / Il Giappone è sempre stato influenzato dai paesi confinanti.

7【人気を集める】 guadagnarsi la popolarità; 《成功する》avere successo ¶この芝居はインテリ層にはまったく受けなかった. Questo spettacolo non è piaciuto affatto agli intellettuali.

うけわたし 受け渡し consegna㊛
✤受け渡し条件 condizioni㊛〔複〕di consegna

受け渡し場所〔日〕luogo㊚〔複 -ghi〕[giorno㊚] di consegna

うけわたす 受け渡す consegnare ql.co. a qlcu.

うげん 右舷 tribordo㊚, dritta㊛ ◇右舷に destra ¶船は右舷に15度傾いた［針路を変えた］. La nave s'inclinò [modificò la rotta] di 15° a dritta.

うごうのしゅう 烏合の衆 folla㊛ disordinata

うごかす 動かす **1**【位置や地位を変える】spostare, muovere, rimuovere;《押す》spingere ¶邪魔だから君の荷物を動かしてくれ. Sposta le tue valigie, perché ingombrano. ¶彼を営業部長のポストから動かすことはできない. Non si può rimuoverlo dal posto di capo dell'ufficio commerciale. ¶病人は唇をかすかに動かした. Il paziente ha mosso leggermente le labbra. ¶彼は眉ひとつ動かさずに話を聞いた. Ha ascoltato senza battere ciglio.

2【変化させる】cambiare;《修正する》modificare ¶動かすことのできない事実 fatto indiscutibile [evidente] ¶動かしがたい証拠 prova schiacciante ¶予定はいまさら動かせない. Ormai non possiamo modificare [cambiare] il programma. ¶それは社会を動かす大きな運動になった. Questo è diventato un grande movimento che scuote la società.

3【心を動かす】 commuovere qlcu., scuotere ¶彼の話は皆の心を動かした. Il suo discorso ha commosso tutti.

4【機能させる, 作動させる】far muovere ql.co. ¶《人》を動かす far lavorare qlcu. / dirigere qlcu. /《操る》manovrare qlcu. ¶機械を動かす manovrare un macchinario ¶政界を動かしている黒幕は彼だ. È lui che tira i fili della politica. ¶社会を動かすのは若い人だ. Sono i giovani che spingono avanti la società.

うごき 動き **1**〔動作, 運動〕movimento㊚, moto㊚, spostamento㊚;〔働き〕funzionamento㊚ ¶雲の動きが速い. Le nuvole si muovono rapidamente. ¶この寒さでは動きが鈍る. Con questo freddo i nostri movimenti rallentano. ¶こう人が多くては動きがとれない. Con tutta questa folla non ci si può muovere.

2《変動》cambiamento㊚, mutamento㊚, variazione㊛; moto㊚;《傾向》tendenza㊛;《動向》movimento㊚, andamento㊚ ¶物価の動きと mutamento [andamento] dei prezzi ¶世の中の動きが激しい. I cambiamenti sociali sono violenti. ¶世界は急変化しつつある. Il mondo muta con rapidità. ¶顔色で彼の心の動きがわかる. Comprendo dal viso i moti del suo animo.

〖慣用〗動きがとれない ¶こう借金が重なっては動きがとれない. Sono pieno di debiti fin sopra i capelli. / Sono soffocato dai debiti. ¶部長と課長の意見が違うので動きがとれない. I pareri del direttore e del caposezione sono così contrastanti che non so che pesci pigliare [prendere].

うごく 動く **1**【位置を変える】 muoversi, spostarsi ¶動かないようにする immobilizzare ql.co. [qlcu.] / tenere fermo ql.co. [qlcu.]. (►fermoは目的語の性・数に合わせて語尾変化する) ¶動くな. 動くと撃つぞ. Fermo!

[Non muoverti!] Altrimenti [O] sparo! ¶彼らは恐怖のため一歩も動けなかった．Rimasero impietriti [paraliẓẓati] dal terrore. / Si irrigidirono per il terrore. ¶車が泥にはまって動かなくなった．L'automobile si è impantanata nel fango.

2《固定・静止した物が揺れる》ballare[自][*av*]；agitarsi ¶風で木の枝が動く．I rami degli alberi ondeggiano al vento.

3【異動する】 trasferire, cambiare[自][*es*] di posto ¶あの職場はつまらないのでみんな動きたがっている．Tutti vogliono essere trasferiti da quel reparto perché lì il lavoro non è interessante.

4【作動する, 機能する】 funzionare[自][*av*], essere in funzione [in moto]；《回転する》girare[自][*av, es*] ¶あの時計は動いていない．Quell'orologio「è fermo [non funziona / non cammina]. ¶エンジンが動かない．Il motore non va [non funziona /《作動しない》non si mette in moto]. ¶車が動かなくなった．L'auto si è bloccata [si è fermata /《故障》è in panne]. ¶この車は電気で動く．Questa macchina funziona ad elettricità.

5【行動する，働く】 lavorare[自][*av*], agire[自][*av*], operare[自][*av*]；essere attiv*o* ¶まったくよく動く男だ．È un uomo sempre in azione. ¶部下が思うように動かない．I miei dipendenti non lavorano come dovrebbero. ¶その事件で警察が動いている．La polizia si sta muovendo relativamente [riguardo] a questo caṣo. / Di questo caṣo si sta interessando [occupando] la polizia. ¶陰で誰かが動いているらしい．Sembra che qualcuno stia manovrando nell'ombra.

6【変動する】 cambiare[自][*es*]；modificarsi ¶世の中は目まぐるしく動いている．Il mondo cambia a velocità vertiginosa.

7【気持ちが変化する，ぐらつく】 ¶私は金では動きませんよ．Non sono in vendita, io! / Non mi lascio ṣmuovere dai soldi, io! ¶それを聞いてから決心が動いた．Dopo aver sentito questo, la mia deciṣione è vacillata.

8【「動かぬ」の形で，確かな】 ¶ここに動かぬ証拠がある．Ecco le prove inconfutabili [incontestabili / evidenti / indiscutibili].

うごのたけのこ 雨後の竹の子 ¶駅前に雨後のたけのこのように商店が建った．Davanti alla stazione sono spuntati tanti negozi come funghi dopo la pioggia.

うごめかす 蠢かす ¶彼は得意気に鼻をうごめかしている．È tutto gonfio d'orgoglio. / È insuperbito dal suo successo.

うごめく 蠢く dimenarsi, contorcersi, muoversi ¶闇の中で何かがうごめいている．C'è qualcosa che si dimena [si muove] nell'oscurità.

うこん 鬱金 〔植〕curcuma[女], radice[女] gialla

うさ 憂さ tristezza[女], malinconia[女] ¶酒で憂さを晴らす annegare il dolore nel vino

うさぎ 兎 《飼いうさぎ》conig*lio*[男][[女] *-glia*; [男]複 *-gli*]；《野うさぎ》lepre[女] ¶うさぎを飼う allevare conigli ¶うさぎ狩りに行く andare a caccia di lepri

✤**兎小屋** conigliera[女]

うさばらし 憂さ晴らし divertimento[男], ṣva*go*[男][複 *-ghi*], distrazione[女] ◇**憂さ晴らしする**《気分転換》ṣvagarsi, distrarsi；《心配事を忘れる》dimenticare le preoccupazioni ¶憂さ晴らしに映画を見に行った．Sono andata al cinema per distrarmi [per dimenticare le mie preoccupazioni].

うさんくさい 胡散臭い ¶うさんくさい男 uomo sospetto ¶うさんくさそうに見る guardare *qlcu.*「con sospetto [sospettosamente]

うし 丑 《十二支の》il Bue[男] ⇀干支(えと)

✤**丑年** l'anno[男] del Bue

丑の日 il giorno[男] del Bue ¶丑の日にはうなぎを食べる習わしがある．Il giorno del Bue si mangia l'anguilla.

うし 牛

《総称》bovini[男][複]；《生まれたばかりの》vitellin*o*[男][[女] *-a*]；《1歳以下の子牛》vitell*o*[男][[女] *-a*]；《1-2歳の肉牛》vitellone[男]；《1-4歳の雄牛》manẓo[男]；《1歳すぎの若牛》gioven*co*[男][[女] *-ca*; [男] 複 *-chi*]；《経産牛》vacca[女]；《乳牛》mucca[女]；《去勢牛》bue[男][複 *buoi*]；《去勢してない雄牛》toro[男] ¶牛を飼う allevare bovini ¶牛がもうと鳴く．Il bue muggisce. ¶牛のもうという声 muggito

[慣用] **牛に引かれて善光寺参り** fare qualcosa di buono non volendo

牛の歩み ¶この仕事はまるで牛の歩みのようだ．Questo lavoro「procede a passo di lumaca [si trascina in lungo / va per le lunghe / è interminabile].

牛を馬に乗り換える cambiare in meglio

✤**牛飼い** vacca*io*[男][[女] *-ia*; [男]複 *-i*]；butter*o*[男][[女] *-a*]；bovar*o*[男][[女] *-a*]

牛小屋 stalla[女] per bovini

うじ 氏 **1**《家系を示す名・姓》cognome[男], nome[男] di famiglia **2**《家柄, 血筋》nascita[女], natali[男][複], origine[女]

[慣用] **氏より育ち** L'educazione è più importante della nascita.

うじ 蛆 larva[女], bru*co*[男][複 *-chi*] ¶この魚にはうじがわいている．Questo pesce è pieno di larve.

うじうじ ◇うじうじする essere indeciṣ*o* [irresolut*o*]

うしお 潮 marea[女] ¶敵は潮のごとく押し寄せてきた．Il nemico attaccò a valanga.

ウシかいめんじょうのうしょう ウシ海綿状脳症 〔医〕encefalopatia[女] spongiforme

うじがみ 氏神 《氏族の》divinità[女] tutelare di famiglia;《地方の》divinità[女] locale

うじこ 氏子 devot*o*[男][[女] *-a*] della divinità locale

うしなう 失う

1《物をなくす》perdere *ql.co.*, ṣmarrire;《状態》restare[自][*es*] privo di *ql.co.* ¶視力[聴力]を失う perdere la vista [l'udito] ¶職を失う perdere il lavoro ¶財産を失う perdere i *propri* beni ¶気を失う perdere coscienza [conoscenza / i sensi] / ṣvenire[自][*es*] ¶前半戦で4点失った．Durante la prima parte della gara abbiamo perso quattro punti.

2《人に死なれる》perdere *qlcu.* ¶母を失った子供 bambino orfano di madre ¶戦争で息子を失った．Ho perso mio figlio in guerra.

3《取り逃がす》perdere ¶またとない機会を失った．

Ho perso un'occasione unica.
4《わからなくなる》perdersi ¶登山隊は霧のため道を失った. Un'équipe di alpinisti si è persa in montagna a causa della nebbia.

うしみつどき 丑三つ時 ¶草木も眠る丑三つ時(に) a notte fonda / nel cuore della notte

うじむし 蛆虫 →蛆
¶あの蛆虫め. Quel verme!

うじゃうじゃ →うようよ

うしろ 後ろ **1**《後方》dietro 働, parte 女 posteriore ◇後ろの di dietro, posteriore ◇後ろに indietro, all'indietro ¶塀の後ろから da dietro il muro ¶後ろの座席［劇場などの］posto di dietro ／《車の》sedile 働 posteriore ¶後ろに下がる indietreggiare 自 [av, es] / retrocedere 自 [es] ¶後ろに倒れる cadere all'indietro ¶《あおむけに》sulla schiena ¶列の後ろにつく mettersi in (coda alla) fila / accodarsi ¶皆様のお席は後ろから4列目です. I vostri posti si trovano nella「quarta fila partendo dal fondo [quartultima fila]. ¶彼の後ろについて行く andare dietro a lui
2《背後》◇後ろで alle spalle di qlcu. [ql.co.], dietro qlcu. [ql.co.] ¶後ろを見る guardarsi alle spalle / guardare dietro di sé ¶〈人〉の後ろに隠れる nascondersi dietro le spalle di qlcu. ¶〈人〉の後ろにつく spalleggiare qlcu. ¶後ろで〈人〉を操る manovrare qlcu. dietro le quinte ¶後ろするな，後ろに僕がついている. Non preoccuparti, ci sono io con te. ¶後ろから見るとお父さんにそっくりだ. Visto di spalle è tale quale suo padre.
3《背中》dorso 働 ¶この服は後ろにボタンを留める. Questo vestito ha i bottoni sul dorso [sulla schiena]. ¶敵に後ろを見せる fuggire 自 [es] di fronte [mostrare le spalle] al nemico

うしろあし 後ろ足 zampa 女 posteriore
¶後ろ足で立つ sollevarsi sulle zampe posteriori

うしろがみ 後ろ髪
〔慣用〕後ろ髪を引かれる essere riluttante [restio] a separarsi da qlcu., lasciare il cuore dietro di sé ¶彼女と別れるときには後ろ髪を引かれる思いがした. Fu uno strazio per me separarmi da lei.

うしろぐらい 後ろ暗い disonesto ¶私は少しも後ろ暗いところはない. Ho la coscienza tranquilla. / Mi sento la coscienza pulita [a posto]. ¶私は決して後ろ暗いことはしていない. Non faccio mai cose di cui debba vergognarmi.

うしろすがた 後ろ姿 aspetto 働 [figura 女] di spalle, sagoma 女 posteriore ¶後ろ姿がお母さんにそっくりだ. Di spalle sembra proprio sua madre. ¶彼の後ろ姿をじっと見送った. Lo seguii a lungo con lo sguardo mentre si allontanava.

うしろだて 後ろ楯 《後援》appoggio 働 [複 -gi], sostegno 働, 《推薦》raccomandazione 女, spinta 女, 《保護》protezione 女, 《保護する人》sostenitore 働 [女 -trice], fautore 働 [女 -trice]; 《支持者》protettore 働 [女 -trice], patrocinatore 働 [女 -trice] ¶彼には有力な後ろだてがある. Ha un protettore influente [potente]. / Ha delle spinte potenti.

うしろで 後ろ手 ¶私は後ろ手にしばられた. Mi hanno legato le mani dietro la schiena.

うしろまえ 後ろ前 ¶後ろ前に着る indossare ql.co.「col davanti di dietro [all'incontrario]

うしろむき 後ろ向き ¶後ろ向きに歩く camminare 自 [av] all'indietro ¶〈人〉に後ろ向きに座る sedersi volgendo le spalle a qlcu. ¶そんなに後ろ向きの考えではいけないよ. Devi iniziare a pensare in maniera più determinata.

うしろめたい 後ろめたい sentirsi colpevole, avere la coscienza sporca ¶私はレオナルドに後ろめたい思いをした. Ho provato un po' di rimorso nei confronti di Leonardo.

うしろゆび 後ろ指 ¶後ろ指を指される essere criticato dietro le spalle ¶他人に後ろ指を指されるようなことは決してするな. Non dare [offrire] occasione alla gente di criticarti alle spalle.

うす 臼 **1** mortaio 働 [複 -i], 《碾き臼》macina 女 ¶臼で小麦をひく macinare il grano con una macina [a mano] ¶臼でもちをつく pestare il *mochi* in un mortaio

うず 渦 vortice, turbine, mulinello 働, gorgo 働 [複 -ghi] ¶川の水が渦を巻いている. Il fiume forma dei vortici [dei mulinelli]. ¶船は渦にのみ込まれた. La barca è stata inghiottita dal vortice [dal gorgo]. ¶あの作品は賛否の渦を巻き起こした. Quell'opera ha provocato entusiasmi e critiche. ¶若者たちは革命の渦に巻き込まれた. I giovani sono stati coinvolti nei tumulti della rivoluzione.

うすあかり 薄明かり penombra 女 ¶薄明かりで見る guardare [vedere] nella penombra

うすあかるい 薄明るい ¶薄明るい部屋 stanza debolmente illuminata / camera nella penombra ¶東の空が薄明るくなってくる. Il cielo a oriente comincia a schiarirsi.

うすあじ 薄味 sapore debole [delicato / leggero]

うすい 薄い **1**《厚みが少ない》sottile, fine ¶薄い紙 foglio di carta sottile ¶薄い唇 labbra sottili ¶肉を薄く切る tagliare la carne a fette sottili ¶今日は暑いので薄いものを着よう. Oggi indosserò abiti leggeri, perché fa caldo.
2《色などが》chiaro, pallido ¶薄いピンクのブラウス camicetta rosa chiaro [pallido] ¶この壁には薄い色を塗ったほうがいいと思う. Preferisco dipingere questa parete con [di] un colore chiaro [pallido].
3《濃度·密度などが低い》leggero; 《弱い》debole; 《少ない, まばらな》scarso, rado, 《液体が》fluido; 《酒が水を加えられて》annacquato ¶薄いお茶 tè leggero ¶薄いコーヒー caffè lungo [leggero] ¶薄くなった毛 capelli radi ¶高い山の上は空気が薄い. In alta montagna l'aria è rarefatta. ¶父は髪が薄くなった. Mio padre「sta perdendo i capelli [ha pochi capelli]. ¶薄く霧がかかっている. C'è una leggera nebbia.
4《わずかである》scarso, poco 男複 -chi] ¶人情の薄い世の中だ. In questo mondo c'è poca umanità. ¶利益は薄い. I profitti sono scarsi [esigui].

うすうす 薄薄 oscuramente, indistintamente, vagamente ¶それは私もうすうす感じていた. Anch'io lo sospettavo vagamente. ¶そのことは聞い

うすうす ¶…てうすうす知っている. Ho sentito qualcosa a questo proposito.
うずうず ¶…したくてうずうずしている essere impaziente di + 不定詞 / morire dalla voglia di + 不定詞 ¶子供たちは遊びに行きたくてうずうずしていた. I bambini erano impazienti di andare a giocare.
うすがみ 薄紙 carta⒡ velina
  慣用 薄紙をはぐように ¶病気は薄紙をはぐように良くなった. La malattia è guarita poco per volta.
うすかわ 薄皮 pellicola⒡; (栗などの) membrana⒡; (牛乳の) strato⒨ di panna
うすぎ 薄着 ¶薄着(を)する portare abiti leggeri / vestirsi leggero ¶こんなに暑くなるとは思わなかった. 薄着してくればよかった. Non pensavo che facesse così caldo, avrei fatto bene a mettermi qualcosa di più leggero.
うずき 疼き dolore⒨ lancinante
うすぎたない 薄汚い (汚れて) sporco⒨ 複 -chi), sudicio [⒨ 複 -ci; ⒡ 複 -cie, -ce]; (卑劣な) vigliacco ⒨ 複 -chi], meschino ¶薄汚い部屋 stanza sporca ¶薄汚いやつだ. È un tipo sporco.
うすぎぬ 薄絹 seta⒡ leggera
うすきみわるい 薄気味悪い inquietante, sospetto; (不吉な) lugubre; sinistro; (異常な) strano ¶薄気味悪い笑い risatina inquietante ¶薄気味悪い部屋 stanza inquietante ¶薄気味悪く感じる provare un vago timore [una vaga apprensione]
うすぎり 薄切り fetta⒡ sottile, fettina⒡ ¶薄切りにする affettare ql.co. / tagliare ql.co. a fette sottili [((ごく薄く)) a lamelle]
うずく 疼く 1 (痛む) (痛む場所が主語) far male a qlcu., dolere⒤ [av] a qlcu.; (人が主語) avere un dolore lancinante ¶ひと晩中歯がうずいた. Mi hanno fatto male i denti tutta la notte. ¶冬になると古傷がうずく. D'inverno la vecchia ferita mi duole.
  2 《心が痛む》 ¶心の古傷がうずく. Mi si è risvegliata un'antica ferita che avevo nel cuore. ¶彼は失恋に胸がうずいた. Ha il cuore straziato per un amore non corrisposto.
うすくち 薄口 (味) sapore⒨ delicato ◇薄口の salsa leggero
  ✤薄口醬油 salsa⒡ di soia delicata di colore chiaro
うずくまる 蹲る accovacciarsi, accoccolarsi, piegarsi in due
うすぐも 薄雲 nuvola⒡ leggera
うすぐもり 薄曇り ¶明日は薄曇りでしょう. Domani sarà leggermente nuvoloso.
うすぐらい 薄暗い (部屋などが) oscuro, male illuminato; (照明が) troppo debole ¶薄暗い電球 lampadina debole ¶薄暗くなる farsi buio / imbrunire⒤ [es] ¶この部屋は薄暗い. Questa stanza è poco illuminata.
うすぐらがり 薄暗がり luogo⒨ [複 -ghi] poco illuminato, penombra⒡
うすくれない 薄紅 rosa⒡ [無変] [rosso⒨] pallido ◇薄紅の rosso pallido, rosa [無変], roseo

うすぐろい 薄黒い nerastro
うすげしょう 薄化粧 trucco⒨ [複 -chi] leggero [discreto] ¶薄化粧をする truccarsi leggermente ¶山は雪で薄化粧していた. La montagna era coperta da un leggero velo di neve.
うすごおり 薄氷 ghiaccio⒨ [複 -ci] sottile; sottile lastra⒡ di ghiaccio
うすさ 薄さ sottigliezza⒡, finezza⒡; (空気などの) rarefazione⒡ ¶彼は髪の薄さを気にしている. Se la prende per la [Si fa una problema della] sua calvizie.
うすじ 薄地 tessuto⒨ leggero ¶薄地のコート soprabito leggero
うすじお 薄塩 ◇薄塩の poco salato, leggermente salato [saporito]
うずしお 渦潮 gorgo⒨ [複 -ghi], mulinello⒨, risucchio⒨ [複 -chi]
うずたかい ¶うずたかいごみの山 una montagna di rifiuti [delle immondizie] ¶うずたかく積み上げる ammucchiare / accatastare ¶書斎には本がうずたかく積まれている. Nello studio ci sono cataste di libri.
うすちゃ 薄茶 1 (薄くたてた抹茶) tè⒨ verde in polvere leggero 2 (薄茶色) color⒨ avana [無変], nocciola⒨
うすっぺら 薄っぺら ◇薄っぺらな (厚さが) sottile, esile; (軽薄な) superficiale, leggero, frivolo ¶薄っぺらな知識 conoscenze superficiali
うすで 薄手 ¶薄手の靴下 calze leggere ¶薄手の紙 carta sottile [leggera]
うすのろ 薄鈍 ◇うすのろな lento, ottuso
うすば 薄刃 ¶薄刃の包丁 coltello dalla lama fine
うすばかげろう 薄羽蜉蝣 《昆》 formicaleone⒨
うすび 薄日 ¶雲間から薄日がもれてきた. Da uno squarcio delle nuvole filtrò un pallido sole.
うすべに 薄紅 ¶薄紅を注(さ)す mettersi un po' di rossetto sulle labbra
うずまき 渦巻 vortice⒨, gorgo⒨ [複 -ghi], mulinello⒨, turbine⒨
  ✤渦巻模様 disegno⒨ a spirale
うずまく 渦巻く turbinare⒤ [av], vorticare⒤ [av], svolgersi in spirali
うずまる 埋まる riempirsi ¶土砂でうずまる finire ricoperto di terra ¶彼は本にうずまって暮らしている. Vive seppellito dai libri. ¶畑はすっかり火山灰にうずまった. I campi sono stati sommersi dalla cenere vulcanica. ¶競技場はファンで埋まった. Lo stadio era pieno zeppo di fan.
うすむらさき 薄紫 viola⒨ pallido, lilla⒨ [無変] ◇薄紫色の viola [無変]
うすめ 薄目 1 (少し薄い) ¶肉を薄目に切る tagliare la carne piuttosto sottile ¶薄目のコーヒー caffè alquanto leggero / caffè lungo ¶塩味を薄目にする moderare il sale nei cibi 2 (目を少しあける) ¶薄目をあける socchiudere gli occhi
うすめる 薄める (液体で) allungare, diluire; (水を入れる) annacquare ¶ワインを水で薄める annacquare il vino ¶味を薄める attenuare il condimento [il sapore] di ql.co. / (塩味を)

rendere meno salato (▶salatoは目的語の性・数に合わせて語尾変化する) *ql.co.* ¶水で2倍に薄める diluire *ql.co.* a metà con acqua

うずめる 埋める 《埋めて隠す》sotterrare, seppellire ¶穴を掘ってごみをうずめる scavare una buca e interrarvi le immondizie ¶枕に顔をうずめる nascondere il viso nel cuscino ¶この国に骨をうずめるつもりだ. Voglio morire in questo paese. **2** 《いっぱいにする》ricoprire *ql.co.* di *ql.co.* ¶部屋を花でうずめる riempire la stanza di fiori ¶スタンドをうずめた観衆がどよめいていた. Gli spettatori assiepati nelle tribune vociavano.

うすもの 薄物 《薄い生地》tessuto(男) leggero; 《薄い生地の衣服》vestito(男) leggero

うずもれる 埋もれる **1** 《埋まって隠れる》essere sepolto; 《隠れる》essere nascosto ¶家が雪にうずもれる. La casa è sepolta sotto la neve. **2** 《いっぱいになる》essere pieno di, rempirsi ¶部屋中が花でうずもれる. Tutta la stanza è piena di fiori. **3** 《世に知られずにいる》isolarsi, seppellirsi ¶彼は天分に恵まれながら田舎にうずもれている. Con tutto il suo talento vive sepolto [isolato] in campagna.

うすやき 薄焼き ¶薄焼き卵 frittata sottile come un foglio di carta

うすよごれる 薄汚れる essere leggermente [appena] macchiato *sporco* [(男)複 -*chi*]

うずら 鶉 《鳥》quaglia(女)
❖うずら豆 fagiolo(男), borlotto(男)

うすらぐ 薄らぐ 《減少する》diminuire [*es*], scemare(自) [*es*], diventare(自) [*es*] minore [fioco [(男)複 -*chi*]]; 《程度がやわらぐ》calmarsi, attenuarsi, indebolirsi; 《愛などがさめる》affievolirsi; raffreddarsi ¶悲しみが薄らいだ. Il dolore si è affievolito.

うすれる 薄れる **1** 《濃さが》¶もやが薄れる. La foschia si dirada. **2** 《関心・記憶が》¶記憶が薄れる. I ricordi svaniscono. ¶どんなニュースも日がたつと人々の関心が薄れてくる. Qualunque sia la notizia, l'interesse della gente si affievolisce giorno per giorno. **3** 《度合いが》¶薬の効き目が薄れる. L'effetto della medicina sta scomparendo.

うすわらい 薄笑い sogghigno(男) ¶彼は皮肉っぽい薄笑いを浮かべた. Ha fatto un sorrisetto ironico.

うせつ 右折 ¶次の十字路で右折する svoltare a destra al prossimo incrocio ¶「右折禁止」《表示》"Divieto di svolta a destra"

うせる 失せる sparire(自) [*es*], scomparire(自) [*es*], svanire(自) [*es*], 《立ち去る》andarsene ¶うせろ. Vattene! / Fuori! / Sparisci!

うそ 嘘 **1** 《虚言》bu*gia*(女) [(女)複 -*gie*], menzo*gna*(女); 《大うそ》《親》balla(女) 《ごまかし》falsità(女); 《作りごと》invenzione(女), frottola(女); 《誤 り》errore(男), sba*glio*(男) [(男)複 -*gli*]; 《歪曲》deformazione(女) ◇うその menzognero, falso, inventato, mendace ¶うそをつく dire una bugia [una menzogna] / mentire(自) [*av*] ¶罪のない[下手な/もっともらしい/見えすいた]うそ bugia innocente [goffa / plausibile / evidente] ¶真っ赤なうそ menzogna spudorata ¶…についてのうそを言いふらす propagare in giro delle bugie sul conto di *qlcu*. [*ql.co.*] ¶うそ！ Non è vero! / Tu menti! ¶病気だなんてまったくのうそだ. La sua malattia è una pura invenzione. ¶うそか本当かわからない. Non si sa se sia vero o falso. ¶うそのような話だ. È una storia incredibile. ¶彼の言っていることにうそはない. È sincero in ciò che dice. ¶うそを教えられた. Mi hanno informato male. / 《道などを尋ねて》Mi hanno dato indicazioni sbagliate. ¶うそをつくにもほどがある. Si può mentire, ma non fino a questo punto! ¶うそはすぐばれる. "Le bugie hanno le gambe corte."
2 《不得策》¶…するのはうそだ. Non è bene che + 直説法 / Non conviene + 不定詞 ¶今この株を売るのはうそだ. Ora non è opportuno [Non è il momento di] vendere queste azioni.
3 《あり得ない》¶こうならなくてはうそだ. Non poteva essere altrimenti.
慣用 うそから出た実(まこと) ¶うそから出たまことということもある. Un'affermazione errata può alla fine rivelarsi corretta.
うそも方便 A volte le menzogne sono utili. / A volte la menzogna è un buon espediente.
❖うそ発見器 macchina(女) della verità, 〔英〕lie detector(男) [無変]

うそ 鷽 《鳥》ciuffolotto(男)

うぞうむぞう 有象無象 volgo(男) [複 -*ghi*], popolino(男)

うそつき 嘘吐き 《人》bugiard*o*(男) [(女) -*a*], menti*tore*(男) [(女) -*trice*], menzogn*ero*(男) [(女) -*a*] ◇うそつきの mendace ¶うそつきは泥棒の始まり. 《諺》"Chi mente ruba." / "Chi è bugiardo è ladro."

うそっぱち 嘘っぱち storia(女) inventata di sana pianta

うそはっぴゃく 嘘八百 ¶うそ八百をならべる dire una sfilza di bugie [di balle]

うそぶく 嘯く **1** 《とぼける》fare l'innocente, dissimulare, far finta di niente ¶何も知らぬとうそぶいている. Fa finta di non saperne nulla.
2 《豪語する》vantarsi, gloriarsi ¶チェスでは俺にかなうものはいないと彼はうそぶいている. Si vanta che nessuno può batterlo agli scacchi.
3 《ほえる》¶虎がうそぶく. La tigre ruggisce.

うた 歌 **1** canzone(女), 《歌曲》canto(男); 《アリア》aria(女) → 音楽 用語集 ¶歌を歌う cantare (una canzone) ¶彼は歌が上手だ. Lui canta bene. ¶この歌は今流行している. Questa canzone va molto di moda in questo momento. ¶彼の歌は調子が外れている. Lui canta in modo stonato. / Lui stona.
2 《詩》poesia(女), poem*a*(男) [複 -*i*]; 《和歌》wa*ka*(男) [無変] ¶歌を作る scrivere [comporre / fare] una poesia, poetare(自) [*av*]

うたあわせ 歌合 concorso(男) di *waka* su temi assegnati alla presenza di un arbitro-giudice

うたい 謡 → 謡曲 ¶謡を謡う declamare un testo del teatro *nō*

うたいあげる 歌い上げる **1** 《声を張り上げて歌う》cantare (una canzone) ad alta voce; 《終わりまで歌う》cantare una canzone「fino alla fi-

ne [per intero] ¶彼は愛の歌を朗々と歌い上げた. Ha cantato una canzone d'amore a voce alta e chiara.
2《意志・情感を表現する》esprimere in *ql.co.* i *propri* sentimenti ¶彼はこの作品で青春の哀歓を歌い上げている. In questa opera esprime le gioie ed i dolori dei giovani.

うたいて 歌い手 cantante(男)(女);《独唱者》solista(男)(女)[複 -*i*]

うたいもんく 謳い文句 slogan(男)[無変][motto(男)] pubblicitar*io* [複 -*i*] [propagandist*ico* [複 -*ci*]]

うたう 歌う **1**【声に出して歌う】cantare(他), (自)[*av*];《口ずさむ》canticchiare(他), (自)[*av*];《声を震わせて歌う》gorgheggiare(他), (自)[*av*];《吟唱する》recitare;《鳥が鳴く》cinguettare(自)[*av*], cantare(他)(自)[*av*] ¶歌を歌う cantare (una canzone [un canto]) ¶声をそろえて歌う cantare in coro ¶小声で歌う cantare sottovoce ¶ナポリ民謡をピアノの伴奏で歌う cantare canzoni napoletane accompagnat*o* dal pianoforte
2【詩や歌に作る】comporre [fare] una poesia ¶彼は自然の美しさを詩に歌った. Ha reso in versi [Ha cantato] la bellezza della natura.

うたう 謳う 《宣言する》dichiarare, proclamare, annunciare ¶彼は天才と謳われている. È acclamato come genio. ¶これは憲法に謳っている. Questo è proclamato dalla Costituzione.

うたかい 歌会 riunione(女) in cui si compongono poesie; gara(女) poetica

うたがい 疑い 《疑念》dubb*io*(男) [複 -*i*];《嫌疑》sospetto(男), diffidenza(女);《不信》sfiduc*ia*(女) [複 -*cie*] ◇疑いない indubb*io*(男)[複 -*i*], indubitabile, innegabile ◇疑いなく indubbiamente, senza dubbio ¶〈人〉に疑いをかける gettare i sospetti su *qlcu.* ¶疑いを抱く avere [nutrire] sospetti [dubbi] (に su) ¶疑いをかけられる essere sospettato di *ql.co.* ¶〈人〉に疑いを起こさせる destare [suscitare] sospetti in *qlcu.* /《親》mettere la pulce nell'orecchio di *qlcu.* ¶〈人〉の疑いを晴らす dissipare i sospetti di *qlcu.* / chiarire i dubbi di *qlcu.* ¶疑いの目で見る guardare *qlcu.* [*ql.co.*] con sospetto [diffidenza] ¶盲腸炎の疑いがある. Si sospetta un'appendicite. ¶我がチームの勝利は疑いなだ. La vittoria della nostra squadra è incontestabile. ¶…という疑いの余地がない. Non c'è dubbio che + 直説法 / È fuori di dubbio che + 直説法 ¶私に疑いがかかった. Hanno sospettato di me.

うたがいぶかい 疑い深い sospettoso;《懐疑的な》scett*ico*(男)[複 -*ci*];《信用しない》diffidente ¶彼は見知らぬ人に対して疑い深い. È diffidente con gli sconosciuti.

うたがう 疑う **1**《疑惑をもつ》dubitare(自)[*av*] di *ql.co.* [di + 不定詞 / che + 接続法 / se + 不定詞], mettere in dubbio *ql.co.* ¶うまくいくかどうか私は疑っている. Dubito che vada bene. / Sono incerto se va [vada] bene o no. ¶間に合うかどうか疑っている. Dubito di arrivare in tempo. ¶疑う理由がない. Non c'è ragione di dubitare.
2《不信を抱く》diffidare(自)[*av*]《を di》, nutrire sfiducia《を verso, in》, essere incerto [insicuro]《を di》¶私は自分の耳を疑った. Non credevo alle mie orecchie. ¶彼の誠意を疑いたくなる. Comincio a dubitare della [ad avere dei dubbi sulla] sua sincerità.
3《嫌疑を抱く》sospettare *qlcu.*《のことで di》, sospettare(自)[*av*] di *qlcu.* ¶警察は私が犯人ではないかと疑っている. La polizia sospetta che sia io l'autore del delitto. / Sono sospettato dalla polizia di essere il colpevole.

使いわけ dubitare と sospettare
dubitareは,「…ではないと思う」と疑惑の内容について否定的な結果を前提として疑っていることを表し, sospettareは「…であるのではないか」と疑惑が存在すること自体を表す.
¶Dubito che le tue parole siano sincere. 君が本心を言っているかは疑わしい.
¶Dubito che sia stata lei a farlo. それをやったのは彼女ではないと思う.
¶I medici sospettano che si tratti di un'insufficienza cardiaca. 医者は心不全を疑っている.
¶Tutti sospettavano che fosse lui il colpevole. 犯人は彼だと皆が疑ってかかった.

うたかた 泡沫 ◇うたかたの fugace, fuggevole, effimero ¶人生はうたかたの如し. La vita dell'uomo ha breve durata.

うたがわしい 疑わしい incerto, dubb*io*(男)[複 -*i*], inaffidabile;《うまくいくかどうか》aleator*io* [複 -*i*];《不審な》sospetto ¶彼が来るかどうか疑わしい. Dubito che venga. / Non è sicuro [Non sono sicuro] che venga. ¶このうわさの真偽のほどは疑わしい. L'autenticità di queste voci è dubbia. / Sono voci incontrollate. ¶疑わしきは罰せず. Non si possono condannare le persone per un semplice sospetto.

うたぐち 歌口《管楽器の》imboccatura(女)
うたぐる 疑る →疑う
うたげ 宴《祝宴》banchetto(男), festino, ricevimento(男)
うたごえ 歌声 canto(男) ¶悲しい歌声が聞こえる. Si sente un canto triste.
うたごころ 歌心 ¶君は歌心がある. Tu hai un animo poetico.
うたたね 転た寝《居眠り, 昼寝》sonnellino(男), pisolino(男);《まどろみ》sopore(男) ◇うたた寝する assopirsi, appisolarsi; sonnecchiare(自)[*av*]

うだつ 梲
|慣用| うだつが上がらない non aver possibilità di carriera, non poter fare carriera ¶この会社にいてはいつまでたってもうだつが上がらない. Rimanendo in questa ditta, non farò mai carriera.

うたひめ 歌姫 cantante(女)
うたまくら 歌枕《古歌に詠み込まれた名所》luoghi(男) resi famosi dai *waka*;《和歌作りの手引き書》manuale(男) di termini e nomi geografici spesso usati nei *waka*

うたものがたり 歌物語《平安前期の》breve narrazione(女) accentrata su uno o più *waka*

うだる 茹る soffocare(自) [*es*] (dal caldo), essere oppresso dal caldo ¶東京はうだるような暑さだった. A Tokyo faceva un caldo soffocante [si soffocava].

うち 内・家 **1**【物の内部】dentro, in; interno男 ¶明かりが消えて外も内も真っ暗だ. La luce è spenta, ed è buio dentro e fuori. ¶内から戸に鍵をかけた. Ho chiuso la porta a chiave dal di dentro [dall'interno].
2【心の中】¶心の内を打ち明けた. Ho parlato col cuore in mano. / Ho aperto il mio cuore. ¶彼女は深い怒りを内に秘めている. Lei nutre una rabbia profonda nel suo cuore. ¶内にこもる性格 carattere introverso
3【範囲内】entro, dentro, fra, tra ¶「白線の内側でお待ちください」《駅のホームの》Si prega di attendere「mantenendosi dietro [non superando] la linea bianca. ¶朝のうちに出かけた. Sono uscito nella mattinata. ¶2、3日のうちに entro due o tre giorni ¶締め切りは3日のうちに迫っている. La scadenza è fra soli tre giorni. ¶ガソリンスタンドはここから1キロのうちに2か所ある. A un chilometro da qui ci sono due distributori di benzina. ¶…のうちから選ぶ scegliere *ql.co.* [*ql.co.*] fra… ¶10人のうち9人までがこの病気にかかっていた. Questa malattia ha colpito nove persone su dieci. ¶英語とフランス語とスペイン語のうちでどれが一番やさしいか. Fra l'inglese, il francese e lo spagnolo, qual è la lingua più facile? ¶彼は私の知っているうちで一番いい人だ. È l'uomo migliore che conosca.
4【継続しているあいだ】《ある時点まで》prima di + 不定詞 [che + 接続法];《ある状況の進行中》mentre + 直説法 ¶若いうちは[に] da giovane ¶日が暮れないうちに帰ろう. Torniamo prima che il sole tramonti. ¶働けるうちに働け. Finché puoi lavorare, lavora! ¶身の上を聞くうちにこちらまで悲しくなってきた. A mano a mano che mi raccontava [Ascoltando] la storia della sua vita, mi rattristavo anch'io. ¶彼は見る見るうちに青くなった. È impallidito a vista d'occhio.
5【自分の属する範囲内】mio; nostro ¶うちの人[息子] mio marito [figlio] ¶うちの者《家族》la mia famiglia男, i miei男《複》;《従業員》i miei [i nostri] dipendenti男 ¶職人などの弟子》i miei [i nostri] apprendisti男《複》;《部下》i miei [i nostri] uomini男《複》(subordinati)
6《家》casa女;《家庭》(la *propria*) famiglia女 ¶家のこと affare男 di famiglia / 《家事》 faccende domestiche ¶家に帰る tornare a casa ¶家に遊びに来て. Vieni a trovarmi a casa. ¶長い間家を空けてしまった. Sono stato「assente da casa [lontano dalla mia famiglia] molto tempo. ¶家のことは妻にまかせてある. A tutto ciò che riguarda la casa pensa mia moglie.

うちあう 撃ち合う・打ち合う scambiarsi delle fucilate [colpi d'arma da fuoco], fare una sparatoria ◇ 撃ち合い sparatoria女, scambio男 [複 -*i*] di colpi d'arma da fuoco, scontro男 a fuoco

うちあげ 打ち上げ **1**《高く打ち上げること》lancio男 [複 -*ci*] ¶ロケット[人工衛星]の打ち上げ lancio di un missile [un satellite artificiale] ¶打ち上げ花火 razzo男 [spettacolo] pirotecnico
2《興行・仕事の終わり》l'ultimo giorno男 (di repliche) ¶この芝居は明日が打ち上げだ. Domani è l'ultimo giorno di repliche di questo spettacolo.

うちあけばなし 打ち明け話 confidenza女 ¶打ち明け話ついでに、もう一つ教えよう. Visto che siamo in vena di confidenze, te ne racconto un'altra.

うちあける 打ち明ける confidare *ql.co.* a *qlcu.*;《愛の告白をする》dichiarare il *proprio* amore a *qlcu.*;《秘密を》rivelare [svelare] *ql.co.* a *qlcu.*, dire in confidenza (a *qlcu.*) ¶自分の気持ちを打ち明ける confidare i *propri* pensieri ¶私は過去を打ち明けた. Ho rivelato il mio passato. ¶打ち明けた話、この店はもうだめだ. Parlando francamente, questo negozio non rende più.

うちあげる 打ち上げる **1**《花火を》sparare;《ロケットを》lanciare ¶月にロケットを打ち上げる lanciare un missile sulla luna **2**《波が》trascinare, gettare ¶気がついてみると無人島に打ち上げられていた. Quando sono tornato in me, ho visto che le onde mi avevano trascinato su un'isola deserta. **3**《芝居の興行を終える》terminare, finire

うちあわせ 打ち合わせ **1**《下相談》incontro男 preliminare, preliminari男《複》; incontro男, riunione女;《相談》consultazione女 **2**《前もって決められた》¶打ち合わせの場所に行く andare [recarsi] al luogo prestabilito [dell'appuntamento]
3《服の》¶打ち合わせの深いコート un cappotto con una ampia falda interna

うちあわせる 打ち合わせる **1**《あらかじめ相談する》concertare *ql.co.* con *qlcu.*, accordarsi [intendersi / combinare / predisporre] in anticipo [in precedenza] su *ql.co.* **2**《ぶつけ合わせる》battere [colpire] *ql.co.* contro *ql.co.*

うちいり 討ち入り irruzione女 a mano armata, incursione女, assalto男

うちいる 討ち入る fare irruzione con le armi in mano ¶四十七士が吉良邸に討ち入った. I 47 *ronin* di Ako irruppero nella dimora di Kira.

うちいわい 内祝い **1**《内輪だけの祝い》¶内祝いをする festeggiare nell'intimità [in famiglia] **2**《贈り物》¶母の病気全快の内祝いです. È un regalo che vi offro per festeggiare la guarigione di mia madre.

うちうち 内内 ◇ 内々の privato, familiare ◇ 内々に in famiglia, in privato ¶内々のこと affare男 [questione女] di famiglia ¶葬式を内々にすませた. Abbiamo fatto i funerali in forma privata. ¶内々で相談した. Ne abbiamo discusso solo fra di noi.

うちうみ 内海 mare男 interno

うちおとす 打ち落とす《たたき落とす》buttar giù *ql.co.*;《果実を》bacchiare *ql.co.* ¶さおで柿を打ち落とした. Ho raccolto i cachi percuotendo [battendo] la pianta con una pertica.

うちおとす 撃ち落とす《銃砲で》abbattere *ql.co.* con un colpo di arma da fuoco ¶敵機を3機撃ち落とす abbattere tre aerei nemici

うちかえす 打ち返す **1**《球を》rinviare, ribattere **2**《綿・羊毛を》battere *ql.co.* con il bat-

うちかけ 打ち掛け sopravveste㊛ per *kimono* (da sposa)

うちかた 撃ち方・打ち方 《射撃の》modo㊚ di sparare;《ボールの》maniera㊛ di colpire la palla ¶「撃ち方始め」《号令》㊗ "Fuoco!" ¶「撃ち方やめ」《号令》㊗ "Cessate il fuoco!"

うちかつ 打ち勝つ superare, sormontare, vincere ¶困難に打ち勝つ vincere [superare] gli ostacoli / superare le difficoltà ¶誘惑に打ち勝つ resistere alla tentazione ¶敵に打ち勝つ sconfiggere il nemico ¶打ち勝ち難い insuperabile

うちがわ 内側 l'interno㊚, la parte interna㊛ ¶内側のコース corsia interna ¶このドアは内側に開く。Questa porta si apre verso l'interno. ¶内側から鍵が掛かっている。È chiusa a chiave dall'interno.

うちき 内気 timidezza㊛, riservatezza㊛ ◇内気な timido, riservato, introverso ¶内気な人 persona timida

うちきる 打ち切る interrompere, smettere;《断ち切る》abbandonare;《終わらせる》chiudere ◇打ち切り chiusura㊛, cessazione㊛, interruzione㊛ ¶討論を打ち切る chiudere un dibattito ¶交渉は打ち切られた。I negoziati sono stati interrotti. ¶申し込み受け付けは100人で打ち切ります。L'accettazione delle domande è limitata a un massimo di cento aspiranti.

うちきん 内金 acconto㊚; caparra㊛ ¶内金として100ユーロ入れる dare 100 euro「di acconto [a titolo di caparra] a *qlcu*.

うちくだく 打ち砕く 1《打ってこなごなにする》frantumare, infrangere; schiacciare ¶氷を打ち砕く spezzare [rompere] il ghiaccio 2 stroncare, frustrare, render vano (▶vano は目的語の性・数に合わせて語尾変化する), sventare ¶敵の抵抗を打ち砕いた。Abbiamo stroncato la resistenza del nemico.

うちくび 打ち首 decapitazione㊛ ¶打ち首にする decapitare *qlcu*. / tagliare la testa a *qlcu*. ¶打ち首になる essere decapitato

うちけし 打ち消し smentita㊛, negazione㊛

うちけす 打ち消す smentire, negare ¶政府は新聞報道を打ち消した。Il Governo ha smentito la notizia apparsa sulla stampa.

うちゲバ 内ゲバ violente lotte㊛《複》interne

うちげんかん 内玄関《家族用の》ingresso㊚ privato;《脇の》entrata㊛ laterale

うちこみ 打ち込み ¶彼は仕事への打ち込みが足りない。Non si applica abbastanza sul lavoro.

うちこむ 打ち込む・撃ち込む 1《釘・杭・鋲《びょう》などを》piantare, conficcare ¶杭を打ち込む piantare un palo nel terreno 2《剣・球・鉄砲で》colpire;《剣で》fare un affondo;《鉄砲で》sparare, far fuoco 3《全力を注ぐ》dedicarsi completamente [tutto] a *qlco*., applicarsi con passione e diligenza a *qlco*., concentrarsi in *qlco*. ¶研究に打ち込む dedicarsi agli studi ¶あの両親は子供の教育に打ち込んでいる。Quei genitori seguono con cura [si dedicano con passione] all'educazione del figlio. ¶彼は仕事に打ち込んでいる。È tutto preso dal lavoro. 4《データを》¶コンピュータにデータを打ち込む inserire dati nel computer

うちころす 打ち殺す 1《撲殺する》uccidere *qlco.* [*qlcu.*] di botte, bastonare [picchiare] *qlco.* [*qlcu.*] a morte 2《殺す》uccidere, assassinare 3《撃って殺す》uccidere *qlco.* [*qlcu.*] con un'arma da fuoco ¶ライオンを一発で撃ち殺した。Ha ucciso il leone con un colpo di fucile.

うちこわす 打ち壊す rompere, rovinare, distruggere, fracassare

うちしずむ 打ち沈む essere depresso, essere abbattuto ¶悲しみに打ち沈む essere sopraffatto dal dolore

うちじに 討ち死に ◇討ち死にする morire combattendo, morire sul campo di battaglia

うちじゅう 家中《家の中をくまなく》tutta la casa㊛;《家族全体》tutta la famiglia㊛ ¶家中を探した。Ho frugato tutta la casa. ¶家中そろって con tutta la famiglia

うちそこなう 撃ち損なう・打ち損なう mancare il colpo, fallire il colpo [il bersaglio]

うちたおす 打ち倒す abbattere, buttare giù;《うち負かす》vincere, sconfiggere ¶彼を一撃で床に打ち倒した。L'ho steso [L'ho abbattuto] con un solo colpo.

うちだす 打ち出す 1《銃砲を撃ち始める》cominciare a sparare, aprire il fuoco 2《発表する》pubblicare, annunciare ¶政府は新政策を打ち出した。Il Governo ha annunciato una nuova politica. 3《薄い金属などに模様を》sbalzare, cesellare, goffrare ¶花模様を打ち出す fare un disegno di fiori「in rilievo [a sbalzo]

うちたてる 打ち立てる formulare, istituire, costituire ¶彼は新学説を打ち立てた。Ha formulato una nuova teoria.

うちちがい 打ち違い 1《すじかい》¶打ち違いにする incrociare 2《打ち間違い》¶1字打ち違いをする battere un tasto sbagliato

うちつける 打ち付ける 1《ぶつける》colpire, battere 2《釘を打ってとめる》inchiodare, fissare, attaccare

うちつづく 打ち続く durare㊐ [*es, av*] a lungo, perdurare㊐ [*es, av*];《相次ぐ》prolungarsi, succedersi ¶打ち続く雨で、鉄砲水や地すべりがあちこちで起きた。A causa del prolungarsi delle piogge [Per le piogge continuate] ci sono state violente inondazioni e frane.

うちづら 内面 ¶うちの亭主は外面はいいけど内面が悪い。Mio marito con gli estranei è un angelo [un santo] ma in casa è un diavolo.

うちつれる 打ち連れる andare insieme

うちでし 内弟子 alunno㊚ [㊛-a] [apprendista㊚ ㊛《複-i》] privato [a pensione presso il maestro]

うちでのこづち 打出の小槌 piccolo martello ㊚ magico《複-ci》che, se scosso, fa avverare i desideri

うちとける 打ち解ける confidarsi;《警戒心を捨てる》uscire dal riserbo;《いっそう気楽に感じる》sentirsi più *proprio* agio;《固苦しい態度を捨てる》rompere il ghiaccio, essere franco [㊛ 複-chi] ¶打ち解けた態度 atteggiamento amichevole [disinvolto / aperto] ¶打ち解けた間柄 rapporti amichevoli [familiari] ¶打ち解けた会話をする avere una conversazione amichevole ¶打ち解けない人 persona riservata [inaccessibile] ¶彼はいつまでも打ち解けない. Non esce mai dal suo riserbo. / Mantiene sempre le distanze.

うちどころ 打ち所 ¶非の打ち所のない impeccabile ¶彼は打ち所が悪くて死んだ. È morto per un colpo in un punto vitale.

うちとめる 撃ち止める uccidere con un colpo d'arma da fuoco, abbattere

うちとる 討ち取る・打ち取る **1**《殺す》abbattere, uccidere; 《虐殺する》ammazzare, trucidare **2**《負かす》sconfiggere, battere ¶ローマチームはトリノチームを3対2で打ち取った. La Roma ha battuto il Torino per 3 a 2.

うちなる 内なる ¶内なる声に耳を傾ける ascoltare la voce della coscienza [del cuore] / ascoltare la voce interiore

うちにわ 内庭 giardino*m* interno, corte*f*, cortile*m*, pat*io*(*m*) [複 -i];《修道院の回廊付き中庭》chiostro*m*

うちぬく 打ち抜く・撃ち抜く **1**《打って穴をあける》bucare, fare un foro [un'apertura] (a [in] ql.co.), forare;《型に合わせて》stampare ¶ブリキからびんの口金を打ち抜く tranciare con la fustella capsule di bottiglia **2**《弾丸が貫通する》¶弾丸が壁を撃ち抜いた. La pallottola ha trapassato il muro.

うちのめす 打ちのめす **1**《起き上がれないほどなぐる》atterrare [stendere] *qlcu.* con un pugno;《容赦なく》picchiare *qlcu.* senza pietà, massacrare di botte *qlcu.* **2**《打撃を与える》opprimere, schiacciare ¶彼女は悲しみに打ちのめされていた. Era oppressa dal dolore.

うちのり 内法 interno*m*, misura*f* interna ¶箱の内法をはかる misurare l'interno di una scatola

うちはらう 打ち払う **1**《撃退する》respingere, cacciare, scacciare ¶敵艦隊を打ち払った. Hanno respinto la squadra navale nemica. **2**《体から》scrollarsi *ql.co.* di dosso, far cadere *ql.co.*

うちひしぐ 打ち拉ぐ ¶災害に打ちひしがれた messo in ginocchio dal disastro

うちびらき 内開き ¶内開きのドア porta che si apre verso l'interno

うちぶ 打歩 〖金融〗aggio*m* [複 -gi]

うちべんけい 内弁慶 ¶彼は内弁慶だ. È un leone a casa ma un coniglio fuori. / È timido con gli estranei, ma a casa è prepotente.

うちポケット 内ポケット tasca*f* interna

うちぼり 内堀・内濠 fossato*m* interno

うちまかす 打ち負かす →負かす

うちまく 内幕 **1**《劇場の内側の幕》sipar*io*(*m*) [複 -i] interno **2**《内情》questioni*f*[複] faccende*f*[複] interne, situazione*f* interna;《秘密》segreti*m*[複], retroscena*m*[無変]; lavor*io*(*m*) [複 -ii] dietro le quinte, informazioni*f*[複] riservate ¶内幕をのぞく guardare [dare uno sguardo] dietro le quinte [dietro le scene] ¶内幕を知っている essere al corrente degli affari privati di *qlcu.* / sapere quello che succede dietro le quinte ¶内幕をあばく svelare aspetti nascosti ¶日本政治の内幕 retroscena della politica giapponese

✤**内幕話** voci*f*[複] di corridoio, informazioni*f*[複] confidenziali

内幕物 storia*f* segreta

うちまご 内孫 il figlio*m* [*f* la figlia; *m*複 i figli] del *proprio* erede

うちまた 内股 **1**《ももの内側》lato*m* interno della coscia **2**《歩き方》¶内股で歩く camminare coi piedi convergenti

✤**内股膏薬**(ごうやく)《人》persona*f* a due facce, opportunista*f*

うちみ 打ち身 contusione*f*, ammaccatura*f* ¶打ち身ができる essere contuso / avere [farsi] una contusione

うちみず 打ち水 ¶庭に打ち水をする innaffiare [annaffiare] il giardino / dare l'acqua al giardino

うちやぶる 打ち破る ¶ドアを打ち破って侵入する entrare forzando una porta ¶因習を打ち破る abbattere le convenzioni

うちゅう 宇宙 universo*m*, cosmo*m*, spazio*m* ◇宇宙の cosmico [*m*複 -ci], universale, spaziale ¶国際宇宙年 Anno Internazionale dello Spazio (◆ 1992)

✤**宇宙医学** medicina*f* spaziale

宇宙衛星 satellite*m* spaziale

宇宙開発計画 programma*m* [複 -i] per lo sviluppo spaziale [dello spazio]

宇宙化学 cosmochimica*f*

宇宙科学 scienza*f* spaziale

宇宙観 visione*f* [concezione*f*] dello spazio

宇宙基地 base*f* spaziale

宇宙空間 spazi*m*[複] cosmici

宇宙工学 ingegneria*f* spaziale

宇宙航行学 astronautica*f*

宇宙国際法 legge*f* internazionale per la regolamentazione dello spazio extra-atmosferico

宇宙雑音《通信》rumore*m* cosmico [複 -ci]

宇宙時代 era*f* spaziale

宇宙食 cibo*m* [alimenti*m*[複]] per astronauti

宇宙塵 polvere*f* cosmica

宇宙人 uomo*m* [複 uomini] spaziale, extraterrestre*m*

宇宙ステーション stazione*f* spaziale

宇宙生成 [進化] 論 cosmogonia*f*

宇宙生物学 astrobiologia*f*, ecobiologia*f*

宇宙線 raggi*m*[複] cosmici, radiazione*f* cosmica

宇宙船 nave*f* spaziale, astronave*f*

宇宙中継 collegamento*m* via satellite

宇宙飛行 volo*m* spaziale

宇宙飛行士 astronaut*a*(*m*) [*m*複 -i]

宇宙服 tuta*f* spaziale, scafandro*m* spaziale

宇宙兵器 arma*f* spaziale [interstellare]

宇宙遊泳 nuoto*m* spaziale

宇宙旅行 viaggio*m* [複 -gi] spaziale

宇宙論 cosmologia*f*

うちょうてん 有頂天 ¶有頂天になる salire [essere] al settimo cielo / toccare il cielo con un dito

うちよせる 打ち寄せる infrangersi, urtare

うちわ 団扇 venta*glio*男[複 *-gli*] (non pieghevole)　¶うちわであおぐ〈自らを〉ṣventagliarsi;〈他のものを〉ṣventolare

うちわ 内輪　**1**【身内、仲間内】◇内輪の familiare, intimo, privato　¶内輪の話 cose confidenziali / affari interni [privati / di famiglia]　¶ごたごたを内輪で片付ける lavare i panni sporchi in famiglia　¶この問題は内輪で済ませたい。Vorrei risolvere questa faccenda in privato. **2**《少なめ》◇内輪に a dir poco, con riserva, con un calcolo prudente　¶内輪に見積もっても 100 万円は。Costerà un milione di yen a dir poco.
♣内輪喧嘩[もめ] liti@[複] domestiche　¶内輪喧嘩をしたってしようがない。A che serve litigare fra di noi?

うちわく　内枠　**1**《内側の枠》struttura@ [intelaiatura@] interna　**2**《定められた範囲内》¶予算の内枠で nei limiti del bilancio

うちわけ　内訳 detta*glio*男[複 *-gli*];《会計報告》rendiconto男[無変] finanzi*ario* [複 *-i*]　¶内訳を出す dettagliare *ql.co.*;《会計の》fare un conto particolareggiato [dettagliato]　¶労働人口の内訳 suddivisione della popolazione attiva
♣内訳書 estratto男 (di) conto (con descrizione dettagliata)

うっ　¶彼は「うっ」となった。Emịse un grido.　¶殴られてうっと息が詰まった。Il colpo mi ha tolto [mi ha mozzato] il fiato.　¶余りの臭気にうっと息が詰まった。C'era un fetore tale che mi sono sentito soffocare.

うつ　鬱 depressione@, abbattimento男　¶うつになる deprịmersi, cadere@ [*es*] in depressione
♣鬱状態 stato男 di depressione
鬱病　→見出し語参照

うつ　打つ　**1**【たたく】battere; percuotere; colpire;《殴る》picchiare　¶棒で打つ bastonare　¶むちで打つ frustare　¶平手で打つ schiaffeggiare, dare schiaffi (《に a》¶槌(つち)で繰り返し打つ martellare　¶手を打って喜ぶ battere le mani per la gioia　¶壁に釘を打った。Ho piantato chiodi nella parete.　¶ボールを打つ colpire una palla　¶鐘を打つ suonare [battere] la campana　¶時計が6時を打った。L'orologio ha battuto le sei.　¶心臓が脈を打つ。Il cuore batte.　¶運動後は脈が激しく打つ。Dopo un eṣercịzio fịsico le pulsazioni aumentano.
2《ぶつける、打ちつける》battere, ṣbattere　¶転んで頭を打った。Nel cadere ho ṣbattuto la testa.　¶雨が激しく窓ガラスを打っていた。La pioggia picchiava violentemente contro i vetri.　¶波が岩を打っていた。Le onde si infrangevano contro gli scogli.　¶雷に打たれる essere colpit*o* dal fụlmine　¶雨に打たれる essere ṣferzat*o* dalla pioggia　¶タイプを打つ scrivere [battere] a mạcchina　¶電報を打つ spedire [fare / inviare] un telegramma / telegrafare@,@[*av*]
3【針を突き入れる】iniettare *ql.co.*, fare un'iniezione di *ql.co.*　¶腕に注射を打ってもらった。Mi sono fatto fare un'iniezione al braccio.
4【物を作る】battere, forgiare　¶刀を打つ battere una spada　¶そばを打つ preparare l'impasto per il *soba*　¶鉄は熱いうちに打て。《諺》"Battere il ferro finché è caldo."
5【記号をつける】¶ビリオドを打つ mettere un punto　¶傍点を重要語に打つ contrassegnare le parole importanti con puntini
6【感動させる】¶〈人〉の心を打つ toccare il cuore a *qlcu.*, commuọvere [impressionare] *qlcu.*　¶胸を打つ映画 film commovente
7【手段を講じる】¶もはや打つ手はない。Ormai non c'è più niente da fare.　¶すぐに手を打つ prẹndere sụbito provvedimenti
8【投げる、撒く】¶庭に水を打つ annaffiare [innaffiare] il giardino　¶網を打つ gettare la rete　¶縄を打つ legare *qlcu.* con una corda
9【興行する】¶芝居を打つ rappreṣentare [《プロモートする》organizzare] un lavoro teatrale　¶一芝居打つ《だますために》fare [recitare] la commedia
慣用 打てば響く　¶打てば響くように答える rispọndere immediatamente e opportunamente

うつ　討つ《襲う》attaccare;《服従させる》assoggettare;《打ち破る》abbạttere, vịncere　¶不意に敵を討つ attaccare il nemico all'improvviṣo

うつ　撃つ《銃砲を》sparare@,@[*av*]　¶〈人〉を撃つ sparare a (contro) *qlcu.*　¶〈人〉に撃つ sparare un colpo a *qlcu.*　¶ピストルで人を撃つ colpire *qlcu.* con una pistola　¶「撃て」《号令》〖軍〗"Fuoco!" / "Sparate!"

うつうつ　鬱鬱・鬱々 depresso malincọnico 男[複 *-ci*]　¶鬱々たる日々を送る trascọrrere le giornate in stato di avvilimento

うっかり《ぼんやりして》per distrazione, distrattamente;《不注意で》per diṣattenzione, per inavvertenza ◇うっかりする essere distratto [assente / fra le nụvole / soprappensiero]　¶うっかりしているうちに prima di rendermene conto / in un momento di distrazione　¶うっかりひどい言葉を言ってしまった。Ho finito per dire [Mi sono lasciato sfuggire] delle parole offensive.　¶あの男はうっかりできないよ。Bisogna diffidare di quell'uomo.
♣うっかり者 stordito男[@ *-a*], distratto男[@ *-a*], ṣbadato@ [@ *-a*]

うつぎ　空木・卯木〖植〗deutzia@

うつくしい　美しい　**1**【きれいだ、みごとだ】bello (→語尾変化については よい 語形); splẹndido, grazioṣo, elegante ◇美しく splendidamente, graziosamente, elegantemente ◇美しくする rẹndere *ql.co.* bell*o* (▶bello は目的語の性・数に合わせて語尾変化する), abbellire *ql.co.* [*qlcu.*]　◇美しくなる diventare@ [*es*] bell*o*, abbellirsi, farsi bell*o*　¶絵のように美しい景色 un panorama bello come un quadro　¶美しい声で歌う cantare con una bella voce　¶彼女は美しく着飾っていた。Si è agghindata elegantemente.
2【行為や態度が好ましい】bello; nọbile; puro　¶美しい友情 bell'amicịzia　¶彼は心が美しい。Ha un ạnimo nọbile [un cuore puro].　¶何て美しい話だ。Che storia bella [《感動的》commoven-

う

te]！

うつくしさ 美しさ bellezza[女] ¶景色の美しさ bellezza del paeṣaggio ¶声の美しさ bellezza della voce

うっけつ 鬱血 congestione[女] ¶鬱血している essere congestionat*o*

うつし 写し copia[女]; 《副本》doppione[男]; 《公文書・証明書などの》duplicato[男]; 《複写》riproduzione[女]; 《転写，筆写》trascrizione[女]; 《コピー機による》fotocopia[女] ¶写しをとる copiare

うつす 写す **1**《元の通りに書き取る》copiare, fare una copia di *ql.co.*; 《筆写する》trascrivere; 《複写する》riprodurre; 《コピー機で》fotocopiare; 《透写する，転写する》ricalcare; 《模写する》imitare ¶黒板の字をノートに写す copiare sul quaderno le parole dalla lavagna ¶本を写す《筆写する》ricopiare un libro / 《一部を》trascrivere brani da un libro
2《描写する》descrivere [riportare] *ql.co.* [*qlcu.*] ¶富士山の美しさを絵に写す rappreṣentare in un quadro la bellezza del monte Fuji
3《撮影する》 ¶写真を写す fare una foto(grafia) di *ql.co.* [*qlcu.*] / fotografare *ql.co.* [*qlcu.*] ¶景色を写真に写す fotografare un paeṣaggio

うつす 映す **1**《反射させる》riflettere, rispecchiare ¶鏡に自分の姿を映して見る guardarsi allo [nello] specchio ¶富士山が湖に美しい姿を映している．Il monte Fuji riflette la sua bella immagine sul lago.
2《映写する》proiettare ¶スクリーンにスライドを映す proiettare una diapoṣitiva sullo schermo

うつす 移す **1**【位置を変える】trasportare, trasferire; 《移動させる》spostare, muovere; 《他の容器に》travaṣare *ql.co.* 《に in》 ¶袋の砂糖を容器に移す versare lo zucchero dal pacchetto nella zuccheriera ¶彼を支店に移した．L'ho trasferito alla filiale.
2【対象を他に変える】 ¶彼はまた別の女に心を移した．Si è innamorato di un'altra donna ancora. ¶エリザは（母から）父へ視線を移した．Eliṣa ha spostato lo ṣguardo (dalla madre) verso il padre.
3【色や香りを】attaccare *ql.co.* 《に a》
4《伝染させる》attaccare *ql.co.* a *qlcu.*; contagiare *qlcu.* ¶彼に流感を移された．Mi ha attaccato l'influenza.
5【次の段階へ進める】 ¶計画を実行に移す mettere in pratica un piano
6【時を過ごす】 ¶時を移さず仕事にかかる必要がある．Dobbiamo cominciare a lavorare senza perdere tempo.

うっすら ◇うっすらと leggermente, lievemente, appena ¶雪がうっすらと積もっている．C'è un leggero strato di neve.

うっせき 鬱積 ◇鬱積する accumularsi ¶鬱積した怒り rabbia [insoddisfazione] repressa / scontento covato a lungo

うっそう 鬱蒼 ◇鬱蒼とした folto, fitto ¶鬱蒼たる森 foresta folta [lussureggiante]

うったえ 訴え 《訴訟》cauṣa[女], processo[男], lite[女]; 《告発》accuṣa[女], denun*cia*[女] [複 *-ce, -cie*]; 《告訴》querela[女], esposto[男]; 《請願》petizione[女], supplica[女], richiesta[女]; 《懇願》preghiera[女], sollecitazione[女] ¶訴えを起こす fare cauṣa a *qlcu.* per *ql.co.* / sporgere querela contro *qlcu.* / citare in giudizio *qlcu.* / intentare un processo contro *qlcu.* ¶私の起こした損害賠償の訴えは退けられた．Il mio ricorso per danni è stato respinto.

うったえる 訴える **1**《判定を求める》rivolgersi 《に a》; 《裁判に》ricorrere[自] [*es*] ¶裁判に訴える ricorrere al processo; 《告発する》denunciare *qlcu.* [*ql.co.*], lamentarsi di *qlcu.* [*ql.co.*] 《に con》 ¶警察に盗難を訴える denunciare un furto alla questura
2《行使する》 ¶暴力に訴える ricorrere [far ricorso] alla violenza
3《感覚・感情に働きかける》appellarsi ¶世論に訴える appellarsi [far appello] alla pubblica opinione ¶その映像は我々の良心に訴えてくる．Quelle immagini fanno appello alla nostra coscienza.
4《苦痛・不満を》lamentarsi di *ql.co.*; esprimere *ql.co.* ¶事故後被害者は頭痛を訴えた．Dopo l'incidente la vittima si è lamentata per un mal di testa.

うっちゃる 打っ遣る **1**《捨てる》gettare via, buttare via **2**《放棄する》abbandonare, lasciar stare *ql.co.* [*qlcu.*] ¶あいつのことは打っちゃっておけ．Dimentica quell'uomo! / Lascia stare [perdere] quell'uomo!

うつつ 現 **1**《現実》realtà[女] ¶夢かうつつか．È sogno o realtà? **2**《正気》¶うつつに返る tornare in senno
[慣用] **うつつを抜かす**《夢中になる》perdersi in *ql.co.*; 《恋する》invaghirsi di *qlcu.*, essere pazzamente innamorat*o* di *qlcu.*

うってかわる 打って変わる cambiare completamente; trasformarsi ¶打って変わった態度をとる cambiare completamente atteggiamento / prendere a un tratto un atteggiamento diverso

うってつけ 打ってつけ appropriato, adatto, conveniente 《に a, per》 ¶この仕事は君に打ってつけだ．È un lavoro fatto apposta [fatto su miṣura] per te. ¶隠れるには打ってつけの場所だ．Questo è il luogo adatto per nasconderci.

うってでる 打って出る **1**《出撃する》fare una sortita **2**《立候補する》candidarsi ¶彼は今度の選挙に東京から打って出る．Alle prossime elezioni si candida a Tokyo. **3**《スタートする》debuttare[自] [*av*] ¶政界に打って出る darsi alla politica / scendere[自] [*es*] in politica ¶文壇に打って出る debuttare [eṣordire[自] [*av*]] nelle lettere

ウッド 〔英 wood〕《ゴルフの》legno[男] (in una mazza da golf)

うっとうしい 鬱陶しい **1**《天候などが》triste, cupo; 《曇っている》coperto, nuvoloso ¶うっとうしい雨だ．È una pioggia antipatica e deprimente. **2**《じゃま》noioso, fastidioso ◇うっとうしさ seccatura[女], noia[女], fasti*dio*[男] [複 *-i*]

うっとり ◇うっとりする essere in estaṣi, essere incantat*o* [affascinat*o*] 《に da》; 《親》cadere in trance [trá:ns] ◇うっとりさせる incantare [affascinare / mandare in estaṣi] *qlcu.* 《に con》 ◇うっとりして in estaṣi, con ebbrezza ¶よい音

楽をうっとりして聞く ascoltare estasia*to*［incanta*to*］una bella mu̧sica

うつびょう 鬱病 malinconia㊛; 《医》depressione㊛ psichica ¶鬱病になる cadere in depressione

うつぶせ 俯せ ¶うつぶせになる coricarsi pro*no*［sul ventre］; giacere prono ¶うつぶせになって寝る dormire「a faccia all'ingiù［a pancia sotto / in po̧sizione prona］ ¶うつぶせに倒れる cadere「in avanti［con la faccia avanti］

うつぶせる 俯せる ¶コップをうつぶせる mettere un bicchiere capovolto ¶机にうつぶせて col capo appoggiato alla scrivania

うっぷん 鬱憤 rancore㊚, risentimento㊚, co̧llera㊛ ¶うっぷんを晴らす sfogare tutta la rabbia ¶〈人〉にうっぷんをぶちまける sfogare［scaricare］la pro̧pria co̧llera（rabbia） su qlcu. ¶責任者にうっぷんをぶちまけた Ho sfogato la mia co̧llera sui responsa̧bili.

うつぼ 鱓《魚》murena㊛

うつむく 俯く abbassare［chinare］la testa［lo ̧sguardo］, abbassare gli occhi, guardare in giù ¶彼女は恥ずかしそうにうつむいた. Ha abbassato lo ̧sguardo per le vergogna.

うつむける 俯ける ¶顔をうつむける abbassare la faccia

うつらうつら →うとうと

うつり 写り ¶この写真は写りがいい. Questa foto̧grafia è venuta bene.

うつりが 移り香 ¶移り香がまだ着物に残っていた. Si sentiva ancora il suo profumo sul *kimono*.

うつりかわり 移り変わり《変化》cambiamento㊚, mutamento㊚;《人生の転変》vicissitu̧dini㊛《複》;《移行》passa̧g*gio*㊚［複 -*gi*］, transizione㊛ ¶季節［世］の移り変わり cambiamento delle stagioni［del mondo］

うつりかわる 移り変わる cambiare㊀［es］, mutare［es］; evo̧lversi ¶流行は移り変わる. Le mode ca̧mbiano［pa̧ssano］. ¶時代は移り変わる. Il mondo si evolve.

うつりぎ 移り気 capric*cio*㊚［複 -*ci*］, incostanza㊛, frivolezza㊛ ¶移り気な女 donna capricciosa ¶彼は移り気で一つ事に落ち着かない. È inco̧stante e passa continuamente da una cosa all'altra.

うつる 写る 1《透けて見える》trasparire㊀［es］, vedersi in trasparenza ¶カーテンに人影が写った. Attraverso la tenda si vide l'ombra di una persona. 2《写真に》¶この写真はよく写っている. Questa foto̧grafia è riuscita bene.

うつる 映る 1《反射する》riflȩttersi, rispecchiarsi ¶月が水面に映っている. La luna si riflette sull'acqua.
2《映写される》essere proietta*to*;《撮れている》essere ripreso ¶子供の顔が画面にアップで映った. Il vi̧so del bambino è stato proiettato［è apparso］sullo schermo in primo piano. ¶このテレビはよく写る. Con questo televi̧sore si vede bene.
3《色などの配合がいい》armoni̧zzarsi, intona̧rsi;《似合う》andar bene a qlcu.［qlco.］ ¶この色は君によく映る. Questo colore ti dona. ¶青の上着は白のズボンによく映る. Una giacca azzurra

sta bene［s'intona］con i pantaloni bianchi.
4《思われる》sembrare㊀［es］, apparire㊀［es］ ¶彼の目には彼女が天使のように映った. Ai suoi occhi, lei è sembrata［è apparsa come］un angelo.

うつる 移る 1【移動する】andare; trasferirsi;《変わる》passare㊀［es］;《移行する》passare㊀［es］;《引っ越しする》cambiar casa; traslocare㊀, ㊀［*av*］ ¶新しい家に［京都から東京に］移った. Mi sono trasferito in una casa nuova［da Kyoto a Tokyo］. ¶彼の話は次から次へと移ってきりがない. Passa da un argomento ad un altro senza mai gi̧ungere alla conclusione. ¶その本はとうとう彼の手に移った. Quel libro alla fine è entrato in suo possesso. ¶彼女の心は別の男に移った. Ha lasciato lui per un altro uomo.
2《くっつく》attaccarsi［rimanere㊀［es］attacca*to*］《に a》 ¶薬のにおいが手に移った. Mi è rimasto sulle mani l'odore di medicina. ¶白いシャツにピンクのタオルの色が移った. La cami̧cia bianca si è tinta con il ro̧sa dell'asciugamano.
3【時が過ぎる】passare㊀［es］, trasco̧rrere㊀［es］ ¶時代が移るにしたがって con l'andar del tempo
4【伝わる, 伝染する】propagarsi, trasmȩttersi（per conta̧gio） ¶火が隣家に移った. L'incendio si è propagato alla casa vicina. ¶親の悪い癖が子供に移った. Le cattive abitu̧dini dei genitori sono passate ai figli.

うつろ 空ろ・虚ろ ◊うつろな vuoto, va̧cuo ¶うつろな目 occhi va̧cui［assenti］ ¶うつろに笑う fare una risata forzata［amara］ ¶心がうつろである avere il vuoto nel cuore

うつろう 移ろう passare㊀［es］ ¶女心は移ろいやすい. La donna è volu̧bile.

うつわ 器 1《容器》contenitore㊚, recipiente㊚;《壺, 鉢》va̧so㊚;《総称》vasella̧me㊚
2《能力》capacità㊛, attitu̧dine㊛ ¶私はその器ではない. Non sono in grado di farlo. ¶彼は大臣になるには器が小さい. È poco portato a fare il ministro.

うで 腕 1《人間の》brac*cio*㊚［複 le brac*cia*］;《前腕》avambrac*cio*㊚［複 -*gi*］ ¶腕を組んで考える riflettere con le bra̧ccia incrociate［conserte］ ¶腕まくり→見出し語参照 ¶腕を〈人〉の方に tendere il brac*cio*（の方に verso） ¶両腕を広げて a bra̧ccia aperte ¶腕に赤ん坊を抱く portare un bambino in brac*cio* ¶〈人〉の腕にすがる appoggiarsi al brac*cio* di qlcu. ¶彼女は夫と腕を組んで歩いている. Lei cammina「sottobrac*cio* al［a braccetto col］marito. ¶バスを降りるとき老人に腕を貸した. Quando sono sceso dall'a̧utobus ho offerto il brac*cio* a un vecchio.
2《機械などの》brac*cio*㊚［複 i brac*ci*］;《椅子の》bracciolo㊚;《横木》traversa㊛
3《技量》abilità㊛;《才能》facoltà㊛, talento㊚;《能力》valore㊚, capacità㊛ ¶彼の腕は確かだ. È bravo（capace）. ¶腕が鈍った. Ho perduto la mano. ¶ゴルフの腕が上がった. È migliorato nel golf. / È diventato più bravo nel gioco del golf. ¶彼は腕一本で今日の地位を築いた. Si è

creato la sua posizione attuale solo con le proprie forze [grazie alla propria abilità]. ¶ここが君の腕の見せどころだ. Questo è il momento di dimostrare ciò che sai fare. ¶あの職人は腕が立つ. Quell'artigiano è molto in gamba. ¶腕試し ⇒見出し語参照

[慣用] **腕が鳴る** ¶テニスの大会を翌日に控えて腕が鳴った. Alla vigilia dell'incontro di tennis, fremevo dalla voglia di mostrare la mia bravura.

腕に覚えがある ¶柔道なら腕に覚えがある. Nel *judo* non me la cavo male.

腕に縒(ょ)りをかける ¶クリスマスの正餐のために腕によりをかけて料理した. Ho fatto del mio meglio nella preparazione del pranzo natalizio.

腕をこまねく guardare *ql.co.* [*qlcu.*]「senza far niente [con le braccia incrociate]

腕を鳴らす ¶私も若いころはテニスの腕を鳴らしたものだ. Anch'io da giovane ero famoso per la mia bravura a tennis.

腕を振るう dare prova di abilità ¶料理に腕をふるう dare prova di abilità in cucina

腕を磨く migliorarsi

うできき 腕利き ¶腕利きの職人 abile artigiano

うでぐみ 腕組み ¶腕組みをする incrociare le braccia ¶腕組みをして con le braccia incrociate [in croce] / a braccia conserte

うでくらべ 腕比べ・腕競べ prova[女] di abilità [di forza]; competizione[女], gara[女] ¶〈人〉と腕比べをする misurarsi con *qlcu.* / rivaleggiare [gareggiare] in abilità con *qlcu.*

うでじまん 腕自慢 gara[女] di abilità

うでずく 腕尽く ◇腕ずくで con la forza, con le maniere forti ¶腕ずくでも彼に承知させよう. Lo persuaderemo con le buone o con le cattive.

うでずもう 腕相撲 gara[女] a braccio di ferro ¶腕相撲を取る[する] fare braccio di ferro

うでたてふせ 腕立て伏せ ¶腕立て伏せをする eseguire flessioni del corpo sulle braccia

うでだめし 腕試し prova[女] di abilità [di forza], esame[男] ◇腕試しに per misurare la *propria* capacità

うでっぷし 腕っ節 ¶腕っ節が強い avere muscoli d'acciaio / essere muscolos*o* [nerborut*o*]

うでどけい 腕時計 orolo*gio*[男][複 -*gi*] da polso

うでまえ 腕前 abilità[女]

うでまくら 腕枕 ¶腕枕で寝る dormire con la testa「sul braccio [《他の人の》sul braccio di *qlcu.*]

うでまくり 腕捲り ◇腕まくりする rimboccarsi le maniche (►「威勢をつける」「一生懸命やる」という意味もある) ¶腕まくりしている avere le maniche rimboccate [le braccia scoperte] fino al gomito

うてん 雨天 tempo[男] piovoso ⇒気象 [用語集] ¶競技は雨天順延. In caso di pioggia, l'incontro di atletica sarà rinviato al primo giorno sereno.

うど 独活〔植〕aralia[女];《学名》*Aralia cordata* Thunb.

[慣用] **うどの大木** omone[男] buono a nulla

うとい 疎い essere all'oscuro di *ql.co.*, sapere poco *ql.co.* ¶彼とは互いに疎くなった. Ho perso i contatti con lui. / Non ci vediamo più tanto spesso. ¶去る者は日々に疎し.《諺》"Lontano dagli occhi, lontano dal cuore."

うとうと ◇うとうとする sonnecchiare[自][*av*], dormicchiare[自][*av*];《眠りに落ちる》assopirsi, appisolarsi

うとましい 疎ましい essere ripugnant*e* [sgradevol*e* / antipati*co* [男複 -*ci*]] (a *qlcu.*) ¶顔を見るのも疎ましい. Solo a vederlo mi viene la nausea. / La sua sola vista mi disgusta.

うとむ 疎む《嫌う》detestare *qlcu.*;《近づけない》tenere a distanza *qlcu.*;《冷たくする》trattare *qlcu.* freddamente

うどん 饂飩 *udon*[男][無変]; trenette[女][複] bianche (di farina di frumento)

✤**うどん粉** farina[女] (di grano)

うとんじる 疎んじる ¶友だちに疎んじられる essere tenut*o*「a distanza [in disparte] dagli amici

うながす 促す stimolare [sollecitare] *qlcu.*;《せきたてる》invitare [esortare] *qlcu.* a + [不定詞];《刺激する》stimolare *qlcu.* a + [不定詞] ¶帰国を促す esortare *qlcu.* a rientrare sollecitamente in patria ¶食欲を促す stimolare [stuzzicare] l'appetito ¶〈人〉に…への注意を促す richiamare l'attenzione di *qlcu.* su *ql.co.* ¶返事を促す sollecitare una risposta ¶借金の返済を促す reclamare il pagamento di un debito

うなぎ 鰻〔魚〕anguilla[女] ¶うなぎのかば焼き anguilla alla griglia ¶うなぎの寝床 casa[女] lunga e stretta

✤**うなぎ丼**(どんぶり) anguilla[女] arrostita servita in una ciotola di riso bollito

うなぎ登り ¶うなぎ登りの物価 vertiginoso rialzo dei prezzi

うなされる avere un incubo, fare dei brutti sogni

うなじ 項 nuca[女]

うなずく 頷く annuire[自][*av*] (►同意も示す);《首を前に曲げる》chinare il capo;《首を縦にふって同意を示す》approvare [assentire] con un cenno del capo, fare un segno di approvazione [di assenso] con la testa;《納得している》essere convint*o* [persuas*o* / d'accordo] ¶彼がそう言うのもうなずける. Posso capire perché lo dice. ¶彼の要求もうなずける. La sua richiesta è giustificabile [comprensibile].

うなだれる 項垂れる abbassare la testa, tenere il capo chino ◇うなだれて a testa bassa, a fronte bassa ¶マリーアは悲しそうにうなだれていた. Maria teneva la testa china con aria afflitta.

うなばら 海原 mare[男], oceano[男] ¶大海原 vasto oceano

うなり 唸り **1**《うめき声》gemito[男], lamento[男];《犬・おおかみなどの》rin*ghio*[男][複 -*ghi*], latrato[男];《ライオン・虎などの》ruggito[男];《熊・猪などの》grugnito[男];《遠ぼえ》ululato[男] ¶大きな犬が低いうなり声をあげて出て来た. È venuto fuori un grosso cane ringhioso.

2《風の》rombo[男], muggito[男];《ひゅうひゅう鳴る音》gemito[男], sibilo[男], fi*schio*[男][複 -*schi*]

¶北風がうなりをあげて吹き荒れている. Il vento del nord soffia sibilando.
3《虫・モーターなどのぶんぶんいう音》ronzio[男][複 -ii] ¶オートバイがうなりをあげて走り去った. La motocicletta è partita rombando.
4〔物〕battimento[男]

うなる 唸る **1**《犬・けものなどが》ruggire[自][av], ringhiare[自][av];《遠ぼえ》ululare[自][av]《蜂など》ronzare[自][av];《人が》gemere[自][av], lamentarsi ¶彼は困り果ててうーんとうなった. Sentendosi in difficoltà ha emesso un lungo gemito. ¶うーんとうなって彼女は気絶した. Emiṣe un gemito e ṣvenne.
2《機械・風など》sibilare[自][av], fischiare[自][av] ¶外は北風がうなっている. Fuori fischia il vento del nord.
3《ひどく感心する》ammirare [meravigliarsi di] *ql.co.* ¶その美しいステンドグラスは見る者をうならせる. Quella bellissima vetrata attira l'ammirazione dei viṣitatori.
[慣用] **うなるほど** ¶彼女はうなるほど金がある. È ricca sfondata. / Ha soldi a palate.

うに 海胆〔動〕riccio[男][複 -ci] di mare

うぬぼれ 自惚れ preṣunzione[女], vanità[女], orgoglio[男] ¶彼はうぬぼれが強い. È molto preṣuntuoso [vanitoso].

うぬぼれる 自惚れる vantarsi [luṣingarsi] di *ql.co.*, essere vanitos*o* [preṣuntuos*o* / superb*o*] ¶彼はいい大学を出たとうぬぼれている. Si vanta di essersi laureato in una buona università. ¶うぬぼれるのもいい加減にしろ. Falla finita con queste arie!

うね 畝《畑の》porca[女];《織物の》costa[女] ¶畝を立てる〔農〕formare porche
✤**畝溝**(うねみぞ) solc*o*[男][複 -*chi*] ¶畝溝に種子をまく gettare il seme nel solco

うねうね a serpentina, tortuosamente ◇うねうね(と)する serpeggiare[自][av], ṣnodarsi ◇うねうね(と)した sinuoso, ondulante, serpeggiante

うねり 《波の》ondulazione[女], ondeggiamento[男];《大波》ondata[女], maroso[男], cavallone[男] ¶今日はうねりが高い. Oggi il mare è molto ondoso.

うねる 《海・湖などが主語》ondeggiare[自][av];《髪の毛が》arricciarsi;《川や道が》serpeggiare[自][av], curvare[自][av], fare una curva ¶波がうねっている. Le onde si sollevano. ¶川が幾重にもうねっている. Il fiume si ṣnoda in una serie di curve.

うのみ 鵜呑み《信じ込む》bere ¶彼女はどんな話でも鵜呑みにする. Lei beve [crede in] qualunque storia. / Lei prende per oro colato qualunque storia.

うは 右派 ala[女] destra;《保守派》conservatori[男][複]

うば 乳母 nutrice[女], balia[女], bambinaia[女]

うばいあう 奪い合う litigare per *ql.co.*, contendersi *ql.co.* ◇**奪い合い** lotta[女] [contesa[女] / litig*io*[男][複 -*gi*]] per *ql.co.* ¶泥棒たちは盗んだ金を奪い合った. I ladri hanno litigato per il denaro rubato. ¶選手たちはボールを奪い合った. I giocatori si sono contesi la palla. ¶役員たちは予算の奪い合いをした. I dirigenti si sono disputati le quote del bilancio.

うばいかえす 奪い返す riconquistare, riprendere

うばう 奪う **1**《盗む》rubare *ql.co.* a *qlcu.*, derubare [borseggiare] *qlcu.* di *ql.co.*;《強奪する》rapire *ql.co.* a *qlcu.*;《人をさらう》rapinare *qlcu.*;《ひったくる》scippare *ql.co.* a *qlcu.*;《失わせる》far perdere *ql.co.* a *qlcu.*, privare [defraudare] *qlcu.* di *ql.co.*;《取り去る》togliere *ql.co.* a *qlcu.* ¶私は金を奪われた. Mi hanno rubato il denaro. ¶政府は青年から希望を奪った. Il governo ha tolto ogni speranza ai giovani. ¶台風6号は幾千もの人命を奪った. Il tifone numero 6 ha fatto migliaia di vittime.
2《ひきつける》 ¶美しい音楽にすっかり心を奪われてしまった. Ero completamente rapito [affascinato] dalla meravigliosa muṣica. ¶行き合う人の目を奪うほど美しい人だった. Era tanto bella da attirare lo ṣguardo dei passanti.

うばぐるま 乳母車 carrozzina[女] per bambini, passeggino[男]

うばすてやま 姥捨山 luogo[男] montagnoso dove venivano abbandonati gli anziani

うぶ 初心・初 ◇うぶな ingenuo, innocente, candido, inesperto

うぶぎ 産着・産衣 vestitino[男] di un neonato

うぶげ 産毛 lanugine[女] ¶脚の産毛をそる fare la depilazione alle [depilare le] gambe

うぶごえ 産声 il primo vagito[男] ¶産声を上げる mandare il primo vagito /《生まれる》venire[自][*es*] alla luce, nascere[自][*es*]

うふふ ¶彼は私を見てうふふと笑った. Lui, vedendomi, ha ridacchiato.

うぶゆ 産湯 primo bagno[男] del neonato ¶産湯をつかわせる fare il primo bagno al neonato

うへん 右辺〔数〕lato[男] destro di un'equazione

うほう 右方 lato[男] destro, parte[女] destra

うま 午《十二支の》il Cavallo[男] ⇀干支(えと)
✤**午年** l'anno[男] del Cavallo

うま 馬 cavall*o*[男][女 -*a*];《子馬》puledr*o*[男][女 -*a*], cavallin*o*[男][女 -*a*];《大きな馬》cavallone[男];《やせ馬, 駄馬》ronzino[男] ¶馬から降りる[落ちる] scendere [cadere] da cavallo ¶馬に乗る montare [salire] a cavallo ¶馬に乗って行く andare a cavallo / fare una cavalcata ¶馬を走らす far correre un cavallo / spingere un cavallo al galoppo ¶馬に鞍を置く sellare un cavallo ¶馬に鞭(むち)を当てる frustare un [dare un colpo di frusta a un] cavallo ¶馬をとめる fermare un cavallo tirando le redini [briglie] ¶馬のいななき nitrito ¶馬がいななく. Il cavallo nitrisce.
[慣用] **馬が合う** ¶彼とは馬が合う. Vado perfettamente d'accordo con lui. / Noi due ci intendiamo bene.
馬の骨 ¶どこの馬の骨だかわかったもんじゃない. È venuto da non si sa dove. / È un uomo di dubbie origini.
馬の耳に念仏 ¶彼に何を言っても馬の耳に念仏だ. Parlare a lui è come predicare al deṣerto [al vento].
馬を牛に乗り換える ¶馬を牛に乗り換えたということ

だ．È un cambiamento per il peggio.

[関連]
競走馬 cavallo[男] da corsa　軍馬 cavallo[男] da battaglia, destriero[男]　サラブレッド〔英〕 thoroughbred[男][無変]　純血統の馬 cavallo[男]「di razza［purosangue［無変］］　乗用馬 cavallo[男] da sella　種馬 stallone[男]　荷馬 cavallo[男] da soma　ひき馬 cavallo[男] da tiro
馬の足並み：（►遅い順より．後に並べた語は動詞形）並足，常歩(つねあし) passo[男], andare al passo　アンブル，側対歩(そくたいほ) ambio[男], andare d'ambio　速足(はやあし)，トロット trotto[男], trottare　キャンター piccolo galoppo[男], andare al piccolo galoppo　ギャロップ galoppo[男], galoppare

うまい 旨い　**1**【おいしい】 buono, gustoso; delizioso
2【上手だ】 abile, bravo, eccellente;《熟練した》esperto;《適切だ》appropriato;《機知に富んでいる》spiritoso ¶うまい言い回し espressione appropriata ¶うまいしゃれ battuta spiritosa ¶…するのがうまい essere bravo a［nel］+ [不定詞] / sapere + [不定詞] bene ¶文章がうまい essere una buona penna ¶うまいぞ．《声援》Bravo!（►相手の性・数に合わせて語尾変化する） ¶彼は歌がうまい．Sa cantare bene. / È bravo a cantare. / Canta bene. ¶彼女は字がうまい．Lei ha una bella scrittura. ¶それはうまい考えだ．Che idea splendida!
3【都合のいい】 promettente, favorevole, vantaggioso;《もうかる》lucroso, proficuo ¶うまい話 proposta allettante ¶うまいもうけ話がある．C'è un buon affare. ¶こいつはうまいぞ．Che fortuna! ¶話がうますぎると思った．Mi sembrava troppo bello per essere vero. ¶君はいつもうまいことを言って仕事を怠けてばかりいる．Trovi sempre una buona scusa per evitare di lavorare.
[慣用] **うまい汁を吸う** ¶彼だけがうまい汁を吸っている．Ci guadagna solo lui.

うまかた 馬方 conducente[男][女] di un cavallo da soma

うまく 旨く《よく》bene;《上手に》abilmente, ottimamente;《巧妙に》ingegnosamente ¶うまくいけば con un po' di fortuna / se Dio vuole ¶仕事はうまくいっている．Il lavoro va bene［riesce bene / va a gonfie vele］. ¶万事うまくいっている．Tutto va bene. ¶彼とはうまくいっている．Vado d'accordo con lui. ¶あとは君がうまくやってくれ．Per il resto provvedi tu nel modo migliore. ¶うまくだまされた．Sono stato abilmente imbrogliato.

うまごや 馬小屋 stalla[女]

うまさ 旨さ《味の》buon sapore[男], gustosità[女]; bontà[女]（►味についても味以外についてもいう）;《上手さ》bravura[女] ¶彼の話のうまさは定評がある．Si è fatto un nome［Si è affermato］come un buon parlatore［oratore］.

うまずたゆまず 倦まず弛まず instancabilmente; assiduamente

うまづら 馬面 viso[男] cavallino, faccia[女][複 -ce] da cavallo

うまとび 馬跳び gioco[男] della cavallina ¶馬跳びをする giocare alla cavallina

うまのり 馬乗り ◇馬乗りになる sedersi［mettersi］a cavalcioni su *qlcu.*［*ql.co.*］, cavalcare *qlcu.*［*ql.co.*］

うまみ 旨味 **1**《味覚》buon sapore[男], gustosità[女], squisitezza[女], gusto[男] ¶肉のうまみを引き出す far risaltare il gusto della carne **2**《魅力》fascino[男], bellezza[女];《上手さ》abilità[女] ¶うまみのある文体 stile gustoso ¶芸にうま味が加わってきた．È molto maturato nella recitazione.
3《利益》profitto[男] ¶この商売にはうまみがある．È un affare lucroso.

うまや 馬屋・厩 scuderia[女], stalla[女]

うまる 埋まる **1**《土中に》essere sepolt*o*［sotterrat*o*］;《覆われる》essere copert*o*;《穴が》essere otturat*o*［colmat*o*］ ¶あたりは雪に埋まっている．È tutto coperto di neve.
2《…で一杯だ》essere pien*o*《で di》 ¶広場は人で埋まっている．La piazza è piena［gremita］di gente.
3《不足分が補われる》¶赤字はまだ埋まっていない．Il deficit non è stato ancora colmato.

うまれ 生まれ **1**《出生》nascita[女];《出生地》luo*go*[男][複 -*ghi*] di nascita;《生国》paese[男]「d'origine［natale］ ¶彼は1975年の生まれだ．È nato nel 1975. ¶ジャマイカ生まれの人たち i nativi della Giamaica ¶1980年生まれの人たち i nati nel 1980
2《家柄》origine[女], discendenza[女] ¶生まれがいい essere di ottima famiglia

うまれあわせる 生まれ合わせる ¶この２人の思想家は同時代に生まれ合わせた．Quei due pensatori「sono contemporanei［sono nati nello stesso periodo］.

うまれかわり 生まれ変わり《再生》rinascita[女];《化身》reincarnazione[女];《輪廻(りんね)》metempsicosi[女][無変]

うまれかわる 生まれ変わる **1**《再生する》rinascere[自][*es*];《化身する》reincarnarsi
2《人が変わる》rinnovarsi, rigenerarsi ¶あの悪人が生まれ変わったようになった．Quel mascalzone è tanto cambiato che sembra un uomo nuovo. ¶生まれ変わった気持ちになった．Mi sono sentito「un altro［rinascere］. ¶彼は生まれ変わったみたいだ．Sembra rinato.

うまれこきょう 生まれ故郷 paese[男] natale

うまれつき 生まれつき natura[女], indole[女], temperamento[男] ◇生まれつきの innato, naturale ¶声の悪いのは生まれつきだ．Ho una brutta voce sin dalla nascita. ¶生まれつきの臆病だ．È timido di natura.

うまれつく 生まれつく ¶彼は幸運［裕福］に生まれついている．È nato「sotto una buona stella［ricco］.

うまれながら 生まれながら ◇生まれながらの congenito; innato; per natura ¶生まれながらの金持ちだ．È ricco dalla nascita. ¶生まれながらの音楽家だ．È un musicista nato.

うまれる 生まれる・産まれる **1**【出生する】nascere[自][*es*] ¶生まれた場所 luogo di nascita ¶高貴な［貧しい］家に生まれる nascere「da famiglia nobile［in una famiglia povera］ ¶赤ん坊が生ま

れた. È nato un bambino. /《私に》Ho avuto un bambino. ¶彼は音楽家を父として生まれた. È nato da padre musicista. ¶生まれて初めてこんなおいしいものを食べた. Non avevo mai mangiato in vita mia una cosa così squisita. ¶生まれてこのかた嘘をついたことがない. Non ho mai detto una bugia in tutta la mia vita. ¶今度生まれてくる時は男に生まれたい. Se rinascerò, vorrei essere un uomo.

2【起こる, 生じる】 nascere[自] *[es]*, sorgere[自] *[es]* ¶新しい学説[社会]が生まれる. Nasce una nuova teoria [società]. ¶ある疑惑が生まれた. Mi è sorto un dubbio. ¶新しい雑誌がつぎつぎと生まれた. Numerose riviste sono uscite [nate] l'una dopo l'altra. ¶嫉妬から彼の心に殺意が生まれた. La gelosia ha fatto nascere in lui il desiderio di ucciderlo.

うみ 海 mare[男]; 《大洋》oceano[男] ◇海の marino; 《海に関する》marittimo; 《海洋の》oceani*co* [男複 *-ci*] ¶海に行く andare al mare ¶海に乗り出す andare in mare / salpare[自] *[es]* ¶海を渡る attraversare il mare [l'oceano] ¶海の男 uomo di mare ¶海の向こうに島が見える. Laggiù sul mare si vede un'isola. ¶あたりは火の海だ. C'è un mare di fiamme. / È tutto un mare di fiamme. ¶海より深い父母の愛. L'amore dei genitori verso i figli è profondo più del mare.

[慣用] **海のものとも山のものともつかない** ¶まだ海のものとも山のものともつかない. Non si sa che cosa diventerà「in avvenire [da grande]. / È ancora un'incognita.

✤海の家《海水浴客の》stabilimento[男] balneare; 《海辺の別荘など》casa[女] [villa[女]] al mare

うみ 膿 〘医〙pus[男] ¶膿を出す far uscire il pus ¶膿がたまっている. Si è formato del pus. /《切り傷に》La piaga è suppurata [purulenta].

うみうし 海牛 〘動〙gasteropode[男] dei nudibranchi

うみおとす 産み落とす partorire *qlcu.* [*ql.co.*]

うみかぜ 海風 brezza[女] marina [di mare]

うみがめ 海亀 〘動〙tartaruga[女] marina

うみせんやません 海千山千 vecchia volpe[女], furbacchion*e*[男] [女 *-a*] ¶彼は海千山千だ. È astuto come [più di] una volpe.

うみだす 生み出す・産み出す inventare, escogitare ¶新しい方法を産み出す inventare [escogitare] un nuovo metodo

うみたて 生みたて ¶生みたての卵 uovo[男] [複 le *uova*] fresco

うみづき 産み月 ⇒臨月

うみつける 産み付ける deporre le uova ¶蝶が葉に卵を産みつけた. La farfalla ha deposto le uova su una foglia.

うみつばめ 海燕 procellaria[女]

うみなり 海鳴り fragore[男] dei flutti, mug*ghio*[男] [複 *-ghi*] del mare ¶海鳴りがする. Il mare rumoreggia [mugghia / muggisce].

うみねこ 海猫 〘鳥〙gabbiano[男] dalla coda nera

うみの 生みの・産みの 《出産》parto[男] ¶産みの苦しみ doglie[女] [複] / dolori[男] [複] del parto / travaglio del parto /《物事を作り出したり, 始めたりするときの》difficoltà iniziale ¶産みの親《母》vera madre /《両親》veri genitori /《発案者》inven*tore*[男] [女 *-trice*] /《創立者》fonda*tore*[男] [女 *-trice*] ¶産みの親より育ての親.《諺》I bambini spesso si affezionano più ai genitori adottivi che a quelli veri.

うみのさち 海の幸 frutti[男] [複] [prodotti[男] [複]] di mare

うみびらき 海開き apertura[女] della stagione balneare

うみべ 海辺 riva[女] del mare, lido[男], costa[女]; 《砂浜》spiag*gia*[女] [複 *-ge*] ¶海辺を散歩する passeggiare lungo la spiaggia

うみへび 海蛇 〘動〙serpente[男] di mare

うむ 有無 ¶本店に品物の有無を問い合わせた. Mi sono informato se al magazzino centrale avevano l'articolo. ¶返事の有無にかかわらず上京する. Che risponda o no, io vado a Tokyo.

[慣用] **有無を言わせず** ¶有無を言わせず承知させた. L'ho costretto ad acconsentire. ¶彼は私に有無を言わせなかった. Mi ha imposto la sua volontà.

うむ 膿む suppurare[自] *[av, es]*, venire[自] *[es]* a suppurazione ¶傷が膿んでしまった. La ferita ha fatto infezione.

うむ 生む・産む **1**《出産する》partorire, generare; 《動物が》figliare; fare i piccoli; 《卵を》fare [deporre] le uova ¶男の子[女の子]を産む partorire un maschio [una femmina] ¶このめんどりはよく卵を産む. Questa gallina fa molte uova. ¶兎が子を6匹産んだ. La coniglia ha figliato sei coniglietti.

2《作り出す》produrre *ql.co.*, generare *ql.co.*, causare *ql.co.* ¶不和[傑作]を生む creare zizzania [un capolavoro] ¶よい結果を生む produrre buoni risultati ¶新記録を生む ottenere [fare] un nuovo record ¶利子が利子を生む. Gli interessi producono interessi. ¶ちょっとした不注意が大きな事故を生む. Una piccola disattenzione può provocare un grande incidente.

うめ 梅 〘植〙《学名》*Prunus mume*（◆イタリアには自生しない）; 《実》prugna[女], susina[女] (giapponese)

うめあわせる 埋め合わせる rimediare[自] *[av]*, risarcire *ql.co.*《で con》◇埋め合わせ compenso[男] ¶その埋め合わせに in compenso ¶これで埋め合わせがついた. Con questo mi sono rifatto [sono pari]. ¶そのうちに埋め合わせるよ. Ti risarcirò presto. ¶パーティーに行けなかったから夕食によんで埋め合わせよう. Per non essere venuto alla festa, rimedierò con una cena a casa mia. ¶なくしたお金は何とか埋め合わせます. In un modo o nell'altro mi rifarò del denaro che ho perso.

うめく 呻く gemere[自] *[av]*, lamentarsi, lagnarsi; 《声を上げる》emettere un gemito [un lamento] ◇うめき gemito[男], lamento[男], grida[女] [複] lamentose ¶苦しくてうめいている. Geme di [per il] dolore. / Si lamenta per il dolore.

うめくさ 埋め草 《新聞などの》riempitivo[男] ¶埋め草を書く scrivere un articolo come riempi-

うめこむ 埋め込む ¶ダイヤモンドを埋め込む incastonare un diamante ¶ペースメーカーを体内に埋め込む impiantare un pacemaker

うめしゅ 梅酒 liquore㊚ di prugne, prunella

うめたて 埋め立て bonifica㊛, prosciugamento㊚
❖埋め立て工事 lavori㊚[複] di bonifica
埋め立て地 bonifica㊛, terreno㊚ bonificato; 《蘭》polder㊚

うめたてる 埋め立てる prosciugare [colmare] ql.co. ¶湿原を埋め立てる prosciugare [risanare / bonificare] una palude ¶海を埋め立てる strappare terreno al mare

うめぼし 梅干し prugna㊛ in salamoia [sott'aceto]

うめもどき 梅擬き 《植》elce㊚, leccio㊚ [複 -ci]

うめる 埋める 1《土中にうずめる》sotterrare, seppellire; 《隠す》nascondere sotterra ¶ごみを土の中に埋める sotterrare le immondizie ¶宝物を埋める seppellire un tesoro ¶異国に骨を埋める finire la *propria* vita all'estero / lasciare le *proprie* ossa in terra straniera
2《空間をふさぐ》riempire, ricoprire; 《穴を》turare, otturare ¶壁の穴をセメントで埋める tappare [turare / riempire] di cemento il buco del muro ¶余白を埋める riempire gli spazi vuoti 《で con》
3《補う》coprire, colmare, compensare, ricoprire ¶赤字を埋める coprire il deficit ¶欠員を埋める ricoprire un posto vacante
4《風呂などを》¶風呂をうめる intiepidire l'acqua del bagno aggiungendo acqua fredda

うもう 羽毛 piuma㊛; 《集合的》piumaggio㊚ [複 -gi]

うもれぎ 埋もれ木 1《炭化した木》lignite㊛; 《化石化した木》legno㊚ fossile 2《不遇な人生》vita㊛ oscura [nell'oblio]; 《人》persona㊛ ignorata
❖埋もれ木細工 oggetto㊚ in lignite

うもれる 埋もれる 1《物の中や下にはいって見えない》essere sotterrato 2《人に知られないでいる》essere nascosto ¶埋もれた人材 un talento nascosto

うやうやしい 恭しい rispettoso, pieno di rispetto ¶恭しく一礼する inchinarsi rispettosamente [con riverenza] / fare un inchino rispettoso

うやまう 敬う rispettare, venerare, onorare ¶師として敬う venerare come un maestro

うやむや 有耶無耶 ◇うやむやな vago㊚[複 -ghi], incerto, indeciso, oscuro ¶うやむやになる finire in nulla / sfumare ¶スキャンダルをうやむやのうちに葬る soffocare uno scandalo ¶彼はその問題をうやむやにしておいた. Ha lasciato la faccenda insoluta. / Ha accantonato la questione.

うようよ a sciami ¶うようよしている《群がる》formicolare㊀[av] / brulicare㊀[av] / agitarsi in una massa confusa ¶この木には毛虫がうようよしている. Questo albero è pieno [brulica] di bruchi. ¶広場には人がうようよいる. Nella piazza c'è una folla [una massa] di gente.

うよきょくせつ 紆余曲折 ¶紆余曲折があった. Ci furono molte complicazioni. ¶紆余曲折を経て dopo molte peripezie ¶紆余曲折を経て二人は結婚した. Sono riusciti a sposarsi dopo aver attraversato mille peripezie.

うよく 右翼 1《右の翼》ala㊛ destra ¶飛行機の右翼 l'ala destra dell'aeroplano 2《右の部分》ala㊛ destra 3《保守派》destra㊛, partito㊚ [gruppo㊚] conservatore e nazionalista; 《反動勢力》forze㊛[複] reazionarie ¶彼は右翼だ. Appartiene alla destra. / È di destra.
❖右翼思想《保守思想》idee㊛[複] conservatrici; 《反動主義》idee㊛[複] reazionarie
右翼団体 gruppo㊚ di destra

うら 浦 baia㊛; 《入り江, 小湾》ansa㊛

うら 裏 1《紙・布・手などの》rovescio㊚ [複 -sci]; 《ページの裏》verso㊚, retro㊚; 《硬貨の裏》rovescio㊚, croce㊛ ¶紙の裏 l'altra [la seconda] facciata di un foglio ¶靴の裏 suola ¶足の裏 pianta ¶月の裏側 l'altra parte [faccia] della luna ¶ポケットの裏を返す rovesciare le tasche ¶この紙はどっちが表か裏かわからない. Non capisco qual è il diritto e quale il rovescio di questo foglio di carta. ¶名刺の裏に書いてくれ. Scrivi dietro questo biglietto da visita. ¶裏がでたら僕の勝ちだ. Se viene croce vinco io. ¶「裏につづく」《指示》"Vedi [V.] retro."
2【衣服の裏地】fodera㊛ ¶裏のついた服 vestito foderato
3【背後】dietro㊚, parte㊛ posteriore ¶裏[裏口]から入る entrare dalla porta posteriore ¶《入学・就職などの》farsi ammettere per vie traverse ¶家の裏を通る passare dietro la casa ¶この家の裏には山がある. Dietro [Alle spalle di] questa casa c'è una montagna.
4【隠された事情】situazione㊛ nascosta ¶《裏面工作》maneggi㊚[複] occulti ¶《秘密の動き》operazioni㊛[複] segrete ¶政界の裏 retroscena㊚[無変] della politica [del mondo politico].
5【隠された意味】significato㊚ nascosto ¶言葉の裏を読み取る capire il significato reconditio di una frase ¶心の裏を見透かす leggere nel cuore [nel pensiero] di *qlcu*.
6【野球で】¶9回の裏 la seconda metà (di turno) del nono inning
[慣用] 裏には裏がある È una situazione molto complessa. / È un caso che presenta un'infinità di risvolti.
裏を返す ¶「善処します」と彼は言うが, 裏を返せば「断ります」ということだ. "Vedrò cosa posso fare", dice lui, ma questo, in altre parole, significa "Mi rifiuto."
裏をかく ¶相手の裏をかく sorprendere l'avversario con una mossa imprevista ¶計画の裏をかく sventare [mandare a vuoto] un piano
裏を取る ¶容疑者のアリバイの裏を取る accertare le dichiarazioni dell'indiziato relative all'alibi
❖裏編み maglia㊛ rovescia

うらうち 裏打ち ◇裏打ちする rinforzare incollando *ql.co.* sul dorso ¶写真を裏打ちする mon-

うらうら ¶春の日はうらうらと野を照らした. La luce del sole primaverile giocava sui campi.

うらおもて 裏表 **1**《表面と裏面》diritto e rove*scio*男[複 -*sci*] ¶紙の裏表 le due facciate di un foglio di carta ¶硬貨の裏表 il diritto e il rovescio di una moneta / testa囡 e croce囡 (▶testaが「表」で croceが「裏」) **2**《見かけと内実》¶何事にも裏表がある. Ogni medaglia ha il suo rovescio. ¶裏表のある人 uomo a due facce / doppiogiochista男囡[複 -*i*] ¶事件の裏表を知る conoscere tutti i particolari [tutti gli aspetti] di una faccenda **3** →裏返し

うらかいどう 裏街道 **1**《間道》via囡 secondaria, viuzza囡 **2**《人生の》¶彼は人生の裏街道を歩いてきた. Ha conosciuto il lato brutto della vita.

うらがえし 裏返し ¶シャツを裏返しに着る mettersi [indossare] la camicia al rovescio [alla rovescia] ¶裏返しにする mettere *ql.co.* "a rovescio [capovolto (▶目的語の性・数に合わせて語尾変化する)]

うらがえす 裏返す rovesciare;《服を裏返しに仕立て直す》rivoltare

うらがえる 裏返る《裏が表になる》rovesciarsi, voltarsi, rivoltarsi, rigirarsi

うらがき 裏書き **1**《小切手・手形の》girata囡 ◊裏書きする《小切手などの》girare, avallare **2**《証明の》confermare, dimostrare
❖**裏書讓渡** girata囡
裏書手形 cambiale囡 girata [avallata]
裏書人 girante男囡, avallante男囡
裏書保証 girata囡 garantita

うらかた 裏方 **1**《舞台の》macchinista男囡[複 -*i*], personale男 dietro le quinte **2**《会議などの》persona囡 che si occupa dell'organizzazione di *ql.co.*

うらがなしい 心悲しい malinc*o*nico[男 複 -*ci*], triste ◊うら悲しみ malinconia囡, tristezza囡

うらがね 裏金《賄賂》tangente囡 ¶彼らは裏金工作に出た. Sono ricorsi alla corruzione.

うらぎり 裏切り tradimento男, infedeltà囡;《脱走, 転向》diserzione囡
❖**裏切り行為** azione囡 proditoria [sleale]
裏切り者 trad*i*tore男[囡 -*trice*], giuda男[無変];《背教者, 変節者》rinnegato男[囡 -*a*], transf*u*ga男[複 -*ghi*];《スパイ, 密告者》spia囡, del*a*tore男[囡 -*trice*], inform*a*tore男[囡 -*trice*]

うらぎる 裏切る tradire;《売る》vendere *qlcu.* ¶彼は仲間全員を裏切った. Ha venduto tutti i suoi complici. ¶〈人〉の期待を裏切る venir meno alle aspettative di *qlcu.* / deludere *qlcu.* / tradire [frustrare] le speranze di *qlcu.* ¶〈人〉の信頼を裏切る tradire la fiducia di *qlcu.*

うらぐち 裏口《裏の出入り口》ingresso男 posteriore [second*a*rio[複 -*i*]];《勝手口》porta囡 di servizio ¶裏口に回ってください. Passi dalla porta di servizio.
❖**裏口営業** attività囡 clandestina
裏口入学 裏口入学をする farsi iscr*i*vere irregolarmente [illegalmente] ad una scuola

うらごえ 裏声 falsetto男 ¶裏声で歌う cantare in falsetto

うらごし 裏漉し《道具》setaccio男[複 -*ci*];《野菜用》passaverdura男[無変];《芋用》schiacciapatate男[無変] ¶後の2つは細かくはすが, 繊維などはほとんど通す ¶豆を裏ごしする passare i legumi ¶じゃがいもの裏ごし purè男 di patate ¶トマトの裏ごく passato di pomodoro

うらさく 裏作 secondo raccolto男, raccolto男 second*a*rio[複 -*i*] [invernale] ¶稲の裏作に麦を作る coltivare il grano fra due raccolti di riso

うらじ 裏地 (tessuto男 [stoffa囡]) per f*o*dera囡

うらじろ 裏白《植》felce囡;《学名》*Gleichenia japonica* Spr.

うらづけ 裏付け《証明》prova囡;《確証》conferma囡;《根拠》base囡, fondamento男 ¶警察は裏付けとなる証拠を探している. La polizia sta ricercando le prove per avvalorare l'accusa. ¶おもしろい意見だが理論の裏付けがない. È un'opinione interessante, ma manca di fondamenti razionali [ma è inconsistente]. ¶この計画には資金の裏付けがない. Mancano i capitali per realizzare questo progetto.
❖**裏付け捜査** ind*a*gine囡 probatoria ¶警察は自白の裏付け捜査をしている. La polizia sta accertando l'autenticità della confessione.

うらづける 裏付ける confermare [corroborare / convalidare] *ql.co.*, avvalorare *ql.co.* con prove evidenti ¶彼の意見は事実によって裏付けられた. La sua opinione "ha ricevuto conferma [è stata confermata] dai fatti.

うらて 裏手 retro男, parte囡 posteriore ¶家の裏手 il retro della casa

うらどおり 裏通り strada囡 sul retro

うらとりひき 裏取り引き accordo男 concluso segretamente, intrallazzo男

うらない 占い predizione囡;《手相の》chiromanz*i*a囡;《トランプによる》cartomanz*i*a囡;《星座による》or*o*scopo男, astrolog*i*a囡[複 -*gie*] ¶占いに凝る avere la mania dell'astrologia [la cartomanzia / l'oroscopo] ¶占いが当たった. La predizione si è avverata. ¶占いで吉と出た. Ho avuto un oroscopo favorevole.
❖**占い師** indovino男[囡 -*a*]; m*a*go男[複 -*ghi*]; veggente男囡; chiromante囡; cartomante男囡;《星座による》astr*o*logo男[複 -*gi*, -*ghi*];《女性の》sibilla囡 chiaroveggente ¶占い師に見てもらう consultare un indovino

うらなう 占う predire la sorte [il futuro] a *qlcu.*, trarre auspici, fare una predizione [una divinazione];《手相で》leggere la mano;《トランプで》fare le carte a *qlcu.*, leggere le carte;《星座で》fare l'oroscopo a *qlcu.*;《予測する》prevedere *ql.co.* ¶占ってもらう farsi predire il futuro da *qlcu.* ¶この商品の売れ行きでわが社の将来は占える. Possiamo prevedere il futuro della nostra ditta dall'andamento della vendita di quest'articolo.

うらなり 末生り **1**《作物の》frutto[男] tardivo e stentato ¶うらなりのぶどう grappolo cresciuto all'estremità del tralcio **2**《人》persona[女]「pallida e malaticcia [複 -ce] [gracile e smunta]

ウラニウム 〔英 uranium〕 ⇒ウラン

うらにわ 裏庭 giardino[男] [cortile[男]] posteriore [dietro la casa]

うらばなし 裏話 fatti[男] [複] ignorati, storia[女] segreta [riservata]

うらはら 裏腹 《反対》 ¶…とは裏腹に contrariamente a *ql.co.* ¶心とは裏腹なことを言った. Ha detto il contrario di quello che pensa. ¶彼は言うこととやることが裏腹だ. Fa il contrario di quello che dice. / Le sue azioni contraddicono le sue parole.

うらばんぐみ 裏番組 programma[男] [複 -i] mandato in onda su un diverso canale contemporaneamente a una trasmissione di successo

うらびょうし 裏表紙 copertina[女] posteriore (di un libro)

うらぶれる ¶うらぶれた暮らしをしている vivere poveramente [nella miseria] / fare una vita squallida ¶彼はうらぶれた姿で現れた. Si è presentato「tutto cencioso [ridotto in miseria].

うらぼん 盂蘭盆 ⇒盆 2

うらまち 裏町 quartiere[男] di strade secondarie, zona[女] di vicoli [stradine] laterali

うらみ 恨み・怨み risentimento[男], rancore[男];《憎悪》odio[男] [複 -i], inimicizia[女] ¶〈人〉に恨みを抱く avere [nutrire] rancore verso *qlcu.* ¶〈人〉の恨みを買う attirarsi il risentimento [l'odio] di *qlcu.* ¶恨みを晴らす vendicarsi / sfogare il *proprio* odio / rendere la pariglia / regolare i conti con *qlcu.* ¶殺された父親の恨みを晴らす vendicare la morte del padre ¶彼女の仕打ちを恨みに思った. Ho trovato riprovevole la condotta della donna.

[慣用] **恨み骨髄に徹する** portare un odio profondo, essere pieno di risentimento (contro *qlcu.*)

恨みをのむ ingoiare [mandar giù / sopportare] un affronto senza dir nulla

うらみ 憾み rammarico[男] [複 -chi], dispiacere[男] ¶人柄はいいが積極性に欠ける憾みがある. È una brava persona, ma quanto a spirito d'iniziativa lascia a desiderare.

うらみがましい 恨みがましい《とがめるような》che rimprovera;《悔やんでいる》addolorato, afflitto

うらみごと 恨み言 ¶恨み言を言う esporre le *proprie* lagnanze a *qlcu.* su *ql.co.* / lamentarsi [lagnarsi] con *qlcu.*《について di》

うらみち 裏道 **1**《裏通り》strada[女] [passaggio[男] [複 -gi]] sul retro; passaggio[男] [sentiero[男]] secondario [複 -i];《近道》scorciatoia[女] **2**《不正な手段》mezzo[男] illecito, via[女] traversa ¶裏道から許可を得る essere ammesso per vie traverse

うらみっこ 恨みっこ ¶これで恨みっこなしだ. Ora siamo pari. ¶もう恨みっこなしにしよう. Senza rancore. / Mettiamo da parte i rancori.

うらみつらみ 恨みつらみ ¶彼女は私に対する恨みつらみを並べたてた. Ha enumerato tutti i motivi di rancore che aveva contro di me.

うらむ 恨む portare [serbare] rancore verso *qlcu.*, avere del risentimento verso *qlcu.*;《憎む》odiare *qlcu.*, nutrire odio contro *qlcu.*, volerne a *qlcu.*, avercela con *qlcu.*;《悔む》rammaricarsi ¶君に恨まれるような覚えはない. Non capisco perché tu ce l'abbia con me. ¶息子を奪った戦争はどんなに恨んでも足りない. Non odierò mai abbastanza la guerra che mi ha tolto il figlio. ¶彼を誘わなければ恨まれるだろう. Se non lo invitassi, non me lo perdonerebbe. ¶私を恨むな. Non volermene. / Non avercela con me. ¶時間が足りずにゆっくりローマ見物できなかったことがうらまれる. Mi rammarico di non aver potuto visitare Roma con calma per mancanza di tempo.

うらめ 裏目 ¶彼の善意が裏目に出た. Le sue buone intenzioni gli si sono ritorte contro.

うらめしい 恨めしい rammaricarsi di *ql.co.*, lamentarsi [lagnarsi] di *qlcu.*[*ql.co.*], rimproverare *qlcu.* per *ql.co.* ¶恨めしそうな顔をする avere un'espressione「risentita [di rimprovero] ¶恨めしそうに見る guardare con aria di rimprovero [con aria risentita]

うらもん 裏門 porta[女] [cancello[男]] posteriore;《通用門》ingresso[男] di servizio

うらやま 裏山 collina[女] che sta dietro

うらやましい 羨ましい invidiabile, invidioso ¶うらやましがらせる suscitare l'invidia di *qlcu.* ¶他人からうらやましがられる essere oggetto d'invidia per gli altri ¶うらやましそうに見る guardare con occhio invidioso / lanciare occhiate d'invidia su *ql.co.* ¶君は兄弟が多くてうらやましい. Ti invidio perché hai tanti fratelli e sorelle. ¶うらやましいご身分だ. Hai una posizione invidiabile. / Beato [《相手が女性》Beata] te!

うらやむ 羨む invidiare *qlcu.* per *ql.co.*, invidiare *ql.co.* a *qlcu.*, essere invidioso di *qlcu.* [*ql.co.*], provare invidia per *qlcu.* [*ql.co.*] ¶人のうらやむような invidiabile ¶人のうらやむようなカップルだ. È una coppia invidiata da tutti.

うららか 麗らか ◇うららかな bello, splendido, radioso ¶うららかな春の日 una radiosa giornata di primavera

うらわかい うら若い nella prima giovinezza; molto giovane ¶彼女はうら若い身で未亡人になった. È diventata vedova ancor giovanissima.

うらわざ 裏技 trucco[男] [複 -chi] ¶裏技を使う usare un trucco

ウラン 〔独 Uran〕《化》uranio[男];《元素記号》U ¶濃縮ウラン uranio arricchito

✤**ウラン鉱** minerali[男] [複] uraniferi

うり 瓜 melone[男]

[慣用] **瓜のつるになすびはならぬ**《諺》"Non si può cavar sangue da una rapa [un muro]." / "Il pesco non s'innesta all'olivo." / "Quale il padre, tale il figlio."

うり二つ ¶あの二人はうり二つだ. Quei due sono come due gocce d'acqua [sono identici].

うり 売り vendita[女] ¶家を売りに出す mettere in vendita la casa ¶売りに出ている essere in vendita ¶今は売りじゃなくて買いだ. Questo è il

momento di comprare, non di vendere.
❖売り気配《(株)の》tendenza㊛ alla vendita
売り注文《(株)の》ordine㊚ di vendita
売りレート cambio㊚《複 -i》di vendita
うりあげ 売り上げ totale㊚ delle vendite, fatturato㊚, incasso㊚ ¶一日の売り上げ incasso [introito] giornaliero
❖売上勘定 conto㊚ vendite
売上金 profitto㊚, incassi[複]
売上純益 utile㊚ netto delle vendite
売上税 imposta㊛ sull'entrata, tassa㊛ sulle vendite
売上高 ¶総売り上げ高 ricavo [incasso / provento / profitto] lordo
売上帳 libro㊚ (delle) vendite
売上伝票 scontrino㊚ di cassa
うりあるく 売り歩く fare il venditore ambulante, vendere porta a porta
うりいそぐ 売り急ぐ aver fretta di vendere, vendere in fretta
うりおしむ 売り惜しむ astenersi dal vendere, limitare [tenere in sospeso] la vendita; non vendere ¶値上がりを見越して売り惜しんでいる。Si astengono dal vendere perché prevedono un aumento di prezzi.
うりかい 売り買い →売買
うりかけ 売り掛け 《商》vendita㊛ a credito
❖売掛勘定 conto㊚ creditori [a credito]
売掛金 conto㊚ vendite a credito, cambiali㊛[複] all'incasso, crediti㊚[複] a breve scadenza
うりかた 売り方 1《販売方法》arte㊛ di vendere, tecnica㊛ della vendita 2《信用取引の売り手》ribassista㊚㊛[複 -i] ¶売り方にまわる speculare al ribasso
うりきる 売り切る vendere tutto lo stock di ql.co., esaurire ql.co.
うりきれ 売り切れ esaurimento㊚ (di merce) ¶「本日売り切れ」《掲示》"Tutto esaurito per oggi."
うりきれる 売り切れる essere tutto esaurito [venduto / smerciato]
うりぐい 売り食い ◇売り食いする vendere oggetti personali per vivere
うりこ 売り子 《(店)の》commesso㊚[㊛ -a]; venditore㊚[㊛ -trice]
うりことば 売り言葉 botta㊛ ¶売り言葉に買い言葉でそう言った。L'ho detto per ribattere [per ritorsione]./ Gli ho risposto per le rime in questo modo.
うりこみ 売り込み promozione㊛ delle vendite, propaganda㊛ commerciale; 《販売》vendita㊛ ¶この国では日本製品の売り込みが激しい。In questo paese si svolge un'intensa campagna di vendita dei prodotti giapponesi.
❖売り込み競争 concorrenza㊛ commerciale [per accaparrarsi i mercati]
うりこむ 売り込む 1《販売を拡大・促進する》sviluppare [incrementare / promuovere] la vendita di ql.co.;《売る》vendere 2《大いに宜伝し広める》farsi propaganda [pubblicità / un nome] ¶編集者に原稿を売り込む sollecitare un editore a pubblicare un manoscritto ¶彼は自分を売り込むのがうまい。È abile nel promuoversi [pubblicizzarsi].

うりざねがお 瓜実顔 viso㊚ ovale
うりさばく 売り捌く smerciare ql.co. ¶彼はこの地区で自動車を500台売りさばいた。È riuscito a vendere 500 automobili in questa zona. ¶生産を一時とめて滞貨を売りさばく必要がある。È necessario smaltire le giacenze fermando la produzione temporaneamente.
うりだし 売り出し 《売り始め》inizio㊚ delle vendite;《証券などの》emissione㊛;《宣伝》lancio㊚[複 -ci];《安売り》liquidazione㊛, svendita㊛, saldi[複] ¶いま売り出しの女優 attrice㊛ che sta cominciando a farsi un nome ¶「夏物大売り出し」《掲示》"Grande svendita di articoli estivi"
❖売り出し価格《証券の》prezzo㊚ d'emissione [d'offerta]
うりだす 売り出す 1《売り始める》mettere in vendita ql.co., lanciare [mettere] ql.co. sul mercato; emettere 2《有名になる》diventare㊚[es] celebre [famoso], acquistare notorietà;《宣伝する》lanciare qlcu. 《性célebre俳優として売り出した。Si è fatto conoscere come attore caratterista. ¶彼は若い歌手を売り出すのがうまい。È molto abile nel lancio di giovani cantanti.
うりたたき 売りたたき vendita㊛ sottocosto [無変]
うりつくす 売り尽くす →売り切る
うりつける 売りつける forzare [persuadere] qlcu. a comprare ql.co., appioppare [affibbiare] ql.co. a qlcu.
うりて 売り手 venditore㊚[㊛ -trice];《相場の》speculatore㊚[㊛ -trice] al ribasso
❖売り手市場 mercato㊚ favorevole ai venditori [alle vendite]
うりとばす 売り飛ばす disfarsi [sbarazzarsi] di ql.co.; liquidare, svendere ¶家宝を二束三文で売り飛ばす vendere il tesoro di famiglia per quattro soldi
うりぬし 売り主 venditore㊚[㊛ -trice]
うりね 売り値 prezzo㊚ di vendita [di listino];《会》《市場価値》valore㊚ venale
うりば 売り場 banco㊚[複 -chi], reparto㊚ di vendita ¶婦人服売り場 reparto vestiti per signora
❖売り場主任 caporeparto㊚㊛[複 capireparto;㊛複 caporeparto]
うりはらう 売り払う svendere ql.co., sbarazzarsi [disfarsi] di ql.co.
うりひかえる 売り控える frenare la vendita [le vendite]
うりもの 売り物 1《売買する品物》oggetto㊚ [articolo㊚ / merce㊛] in vendita, articolo㊚, prodotto㊚ ¶このラジオは売り物ではない。Questa radio non è in vendita [non la vendo]. ¶これでは売り物にならない。In questo stato è invendibile. 2《人を引きつける手段》¶彼女は美貌を売り物にしてスターになった。È diventata una stella grazie alla sua bellezza.
うりや 売り家 casa㊛ da vendere [in vendita];《掲示》"Vendesi casa"
うりょう 雨量 precipitazione㊛ atmosferica,

piovosità㊛ ¶昨日の雨量は 20 ミリであった. Ieri sono caduti 20 mm di pioggia.
❖雨量計 pluviometro㊚

うりわたし 売り渡し vendita㊛, cessione㊛, trapasso㊚ di proprietà
❖売渡契約 contratto㊚ [atto㊚] di vendita [di compravendita]
売渡証書 certificato㊚ di vendita
売渡商品目録 distinta㊛ delle merci vendute
売渡人 vendit*ore*㊚ [㊛ -*trice*]

うりわたす 売り渡す vendere [cedere] *ql.co.* a *qlcu.*

うる 売る 1【代金と引き換えに】 vendere [commerciare] *ql.co.* ¶時価で「原価で / 原価以下で / 正札通りに / 割引して」売る vendere 「al prezzo corrente [al prezzo di costo / sotto costo / a prezzi fissi / con lo sconto] ¶高く売る vendere caro [a caro prezzo] ¶安く売る vendere a basso prezzo [a buon mercato] ¶競売で売る vendere all'asta ¶掛け[貸し]売りで売る vendere a credito ¶目方で[切り売りで / 分割払いで / まとめて]売る vendere a peso [a taglio / a rate / in blocco] ¶現金で売る vendere per contanti ¶これはいくらで売りますか. A quanto vende questo? / Quanto chiede per questo? ¶この靴下は 1 足 500 円で売っています. Queste calze si vendono a 500 yen al paio.
2【裏切る】 tradire, vendere ¶国を売る tradire la patria / vendere la patria al nemico ¶彼は良心を売った. Ha venduto la coscienza.
3【世間に広める】 acquistare rinomanza, farsi un nome; 《人を有名にする》 propagandare *qlcu.* ¶あの女優は若さと美貌で売っている. Quell'attrice è famosa [nota] per la sua giovinezza e la sua bellezza.
4【しかける, 押し付ける】 ¶けんかを売る provocare una lite / attaccare briga [lite] ¶売られたけんかは買わねばならない. Se mi provocano, sono costretto ad accettare la sfida.
-うる -得る ¶考えうる限りのケース tutti i casi immaginabili ¶ありうる話だ. Questo 「è possibile [può succedere]. / 《不思議でない》 È una storia prausibile.

うるう 閏 ◊ 閏の bisestile
❖閏月 mese㊚ intercalare
閏年 anno㊚ bisestile

うるおい 潤い 1《適度な水分》 umidità㊛ ¶彼女は潤いのある肌をしている. Lei ha una pelle fresca. 2《おもむき, ゆとり》 grazia㊛, fascino㊚, dolcezza㊛ ¶潤いのある声 voce pastosa [calda / armoniosa] ¶潤いのある[ない]生活 vita piacevole [scialba] ¶潤いのない文体 stile arido [asciutto] 3《物質的・金銭的なもの》 ¶この土地は観光客の落とす金で潤っている. Questo luogo 「deve la sua prosperità [prospera grazie] al denaro dei turisti.

うるおう 潤う 1《湿る》 inumidirsi, bagnarsi 2《経済的ゆとりを得る》 trarre un profitto, prosperare㊦ [*av*], arricchire㊦ [*es*] ¶この土地は観光客の落とす金で潤っている. Questo luogo 「deve la sua prosperità [prospera grazie] al denaro dei turisti.

うるおす 潤す 1《湿らす》 umettare, inumidire, bagnare ¶灌漑(かんがい)で土地を潤す irrigare il terreno [la terra] ¶お茶でのどを潤す rinfrescarsi [inumidirsi la gola] con il tè
2《利益を与える》 arricchire, rendere prospero *ql.co.* (► prosperoは目的語の性・数に合わせて語尾変化する) ¶機械工業がこの国を潤している. L'industria meccanica assicura la prosperità di questo paese.

うるさい 煩い 1《騒音が》 rumoroso; 《人の声が》 chiassoso ¶うるさいからラジオを消してくれ. Per favore spegni la radio: mi dà fastidio. ¶うるさい, 静かにしろ. Silenzio, state calmi!
2《うっとうしい》 noioso; 《わずらわしい》 seccante, molesto, fastidioso, stucchevole ¶うるさい蝿(はえ). Come sono noiose queste mosche! ¶うるさい! 《ほっておいてくれ》 Lasciami in pace!
3《口うるさい》 petulante ¶帰りが遅いとおふくろがうるさい. Se torna a casa tardi, mia madre mi rimprovera. ¶うちでは母は何にも言わないが父がうるさい. Nella mia famiglia, mia madre non dice mai nulla, ma mio padre brontola.
4《要求が多い》 esigente, difficile da accontentare, incontentabile; 《細かい》 pignolo, rigoroso, meticoloso ¶彼は着るもの[食べ物]にうるさい. È difficile da accontentare in fatto di vestiti [di cibo]. / È esigente nel vestire [mangiare]. ¶この家は行儀にうるさい. In questa casa tengono molto all'etichetta.
5《しつこい》 ostinato, importuno, assillante ¶うるさく質問する importunare *qlcu.* con domande ¶うるさくせがむ chiedere con insistenza *ql.co.* a *qlcu.* / sollecitare *ql.co.* da *qlcu.*

うるさがた 煩さ型 critic*one*㊚ [㊛ -*a*], ipercritico㊚ [㊚ -*ca*; ㊚複 -*ci*]

うるさがる trovare *qlcu.* importuno [noioso] [►importuno, noiosoは目的語の性・数に合わせて語尾変化する] ; essere infastidito [importunato / seccato] da *qlcu.* [*ql.co.*]

うるし 漆 lacca㊛ del Giappone; 《木》 pianta㊛ della lacca del Giappone ¶漆を塗る laccare *ql.co.* ¶漆塗りの椀 scodella laccata

うるち 粳 riso㊚ comune

ウルトラ 《英 ultra-》《極端な》 ultra-
❖ウルトラナショナリズム ultranazionalismo㊚

うるむ 潤む 1《湿り気をおびる》 inumidirsi, annebbiarsi; 《ぼんやりする》 velarsi, offuscarsi; 《霧がかかる》 appannarsi ¶月が潤んで見える. La luna appare offuscata.
2《涙がにじむ》 ¶目が涙で潤んでいた. I suoi occhi si velarono di lacrime. ¶思わず目が潤んだ. Senza accorgermene mi sono venute le lacrime agli occhi.
3《涙声になる》 ¶声を潤ませて con voce lacrimosa [commossa] / con il pianto nella voce

うるわしい 麗しい 1《美しい》 bello; magnifico 《複 -*ci*》 2《良い》 ¶うるわしい天気 bel tempo / tempo buono ¶ご機嫌がうるわしい 《人が主語》 essere di buon umore 3《心あたたまる》 grazioso, leggiadro ¶うるわしい光景 graziosa scena

うれあし 売れ足 ¶不景気で売れ足が鈍る. Le

vendite sono stazionarie per la crisi.

うれい 愁い malinconia[女];《悲しみ》tristezza[女];《苦しみ》dolore[男] ¶愁いに沈む sprofondare nella tristezza

うれい 憂い 《心配》preoccupazione[女], ansia[女], inquietudine[女] ¶憂いに包まれる essere tutt*o* ansios*o* [preoccupat*o*] ¶憂い顔をする apparire preoccupat*o* [inquiet*o* / ansios*o*] / avere l'aria afflitta [mesta]

うれえる 憂える・愁える inquietarsi《を per》, preoccuparsi《を per, di》, darsi pensiero《を di》, essere inquiet*o* [in ansia]《を per》;《嘆く》piangere *ql.co.* [*qlcu.*], deplorare *ql.co.* [*qlcu.*] ¶憂うべき事態 situazione[女] inquietante ¶身の不運を愁える deplorare la *propria* disgrazia [il *proprio* destino]

うれくち 売れ口 ṣbocc*o*[男][複 -*chi*], mercato[男];《就職先》ṣbocco[男] professionale ¶製品の売れ口を見つける trovare uno ṣbocco per un prodotto ¶この学校の卒業生は売れ口がいい. I diplomati di questa scuola sono molto richiesti.

うれしい 嬉しい

essere felic*e* [content*o* / liet*o*]「di + [不定詞] [che + [接続法]], essere gai*o* [男 複 -*i*], essere giois*o* ¶うれしいニュース lieta notizia ¶うれしくてたまらない essere pazz*o* di gioia / essere al settimo cielo / essere al colmo della gioia ¶あなたにお会いできて本当にうれしい.《初対面のあいさつ》Sono molto lieto di conoscerla. / Piacere. ¶明日お会いできればたいへんうれしいのですが. Sarei molto felice se potessi vederla domani. ¶ああうれしい！ Che gioia! / Che felicità! / Che bello! ¶君は何だかうれしそうな顔をしているね. Hai un'espressione felice. / Hai una faccia contenta. ¶うれしいことに我々の映画が成功した. Per fortuna [Con mia grande gioia] il nostro film ha avuto successo. ¶涙がこぼれるほどうれしい. Sono tanto felice che mi viene da piangere. ¶うれしいことを言ってくれるね. Mi fai un complimento. / Mi dici delle cose che mi rendono felice. ¶うれしく頂戴いたします. Lo accetto volentieri. / Lo gradisco molto. ¶お手紙うれしく拝見しました. La Sua lettera mi ha fatto piacere. / Ho letto la Sua lettera con piacere.

うれしがらせ 嬉しがらせ 《お世辞》adulazioni[女][複], complimenti[男][複] ◇うれしがらせる far piacere a *qlcu.*; rallegrare [allietare] *qlcu.* ¶うれしがらせを言う adulare *qlcu.* / fare dei complimenti a *qlcu.*

うれしがる 嬉しがる gioire, godere di *ql.co.*, rallegrarsi「di *ql.co.* [di + [不定詞] / che + [接続法]];《祝う》congratularsi [felicitarsi] di *ql.co.* ¶躍り上がってうれしがる saltare[自][*av*] di gioia [per la gioia / per la contentezza]

うれしさ 嬉しさ gioia[女], allegria[女]《満足》contentezza[女];《幸福》felicità[女] ¶あの時のうれしさは忘れられない. Non dimenticherò mai la felicità di quel momento. ¶うれしさにわれを忘れた. Non ho capito più niente per la gioia.

うれしそう 嬉しそう ◇うれしそうな gioioso, felice, contento ◇うれしそうに gioiosamente, con aria radiosa

うれしなみだ 嬉し涙 ¶うれし涙を流す piangere di gioia / versare lacrime di gioia ¶うれし涙にくれる abbandonarsi ad un pianto di gioia

ウレタン 〔独 Urethan〕《化》uretano[男]
✤ウレタンフォーム schiuma[女] di uretano

うれっこ 売れっ子 favorit*o*[男][女 -*a*], beniamin*o*[男][女 -*a*], personagg*io*[男][複 -*gi*] di successo [molto popolare] ¶彼女は売れっ子の小説家になった. È diventata una romanziera di gran moda [di grande successo]. ¶彼は今売れっ子だ. È sulla cresta dell'onda.

うれのこり 売れ残り 《商品の》giacenze[女][複] di magazzino;《デッドストック》scorte[女][複] morte ¶売れ残りの品 merci invendute / rimanenze

うれのこる 売れ残る restare[自][*es*] [rimanere[自][*es*]] invendut*o*

うれゆき 売れ行き vendita[女], ṣmerc*io*[男][複 -*ci*], spacc*io*[男][複 -*ci*] ¶売れ行きがいい[悪い] vendersi [non vendersi] bene / avere una larga [scarsa] circolazione / essere molto [poco] richiest*o* ¶売れ行きが早い vendersi rapidamente [subito / in fretta] /《飛ぶように売れる》vendersi come il pane ¶売れ行きが遅い non essere molto richiest*o* ¶売れ行きが伸びる. C'è un incremento delle vendite.

うれる 売れる **1**《売れて行く》vendersi;《売ることができる》essere vendibil*e*, potersi [riuscirsi a] vendere ¶この商品はいい値段で売れた. Questo articolo è stato venduto ad un buon prezzo. ¶この品物はよく売れた. Ho venduto bene questa merce. ¶あの店はよく売れている. Quel negozio vende bene [realizza molte vendite]. ¶このクリスマスカードは飛ぶように売れた. Questi biglietti di Natale andavano a ruba.

2《広く知られる》essere not*o* [famos*o* / celebr*e* / popolar*e*] ¶彼は歌手としてまだ名が売れていない. Non è ancora conosciuto come cantante.

うれる 熟れる maturare[自][*es*] ◇熟れた maturo ¶畑で熟れたトマト pomodori maturati sulla pianta

うろうろ **1**《うろつく様子》◇うろうろする girovagare[自][*av*], gironzolare[自][*av*]; aggirarsi, andare a zonzo [a spasso] **2**《うろたえる様子》agitarsi, essere nervos*o*, essere irrequiet*o*;《混乱する》essere confuṣ*o*, perdere la testa

うろおぼえ うろ覚え vag*o*[複 -*ghi*] ricordo[男] ¶うろ覚えに覚えている avere un ricordo ṣbiadito di *qlcu.* [*ql.co.*] / ricordarsi solo vagamente di *qlcu.* [*ql.co.*]

うろこ 鱗 scaglia[女], squama[女] ¶うろこのある squamoso ¶魚のうろこを落とす desquamare [squamare] il pesce / levare le squame ad un pesce ¶その本を読んで目から鱗が落ちる思いがした. Mentre leggevo quel libro ho aperto gli occhi sulla verità. / Leggendo quel libro mi è caduto il velo dagli occhi.
✤うろこ雲 cirrocumulo[男]
うろこ模様 dispoṣizione[女] a embrice, disegno[男] embricato

うろたえる turbarsi, agitarsi, sconcertarsi;《冷静でいられない》perdere la testa [il sangue freddo / il controllo di sé];《状態》essere confuso [disorientato / sconcertato] ◇うろたえさせる sconcertare [confondere / agitare / turbare] *qlcu*. ¶彼はいきなり外国語で話しかけられてうろたえた. Lui si è agitato quando improvvisamente gli hanno parlato in una lingua straniera.

うろちょろ ¶入り口付近をうろちょろするな. Non star lì a bighellonare all'entrata.

うろつく aggirarsi qua e là; ronzare[自][*av*]; 《ぶらつく》 andare a zonzo, andare a spasso, trascinarsi ¶夜の盛り場をうろつく vagabondare di notte nei quartieri del piacere

うわあご 上顎 mascella[女][mascellare[男]] superiore; 《口蓋(こうがい)》 palato[男]

うわえ 上絵 《陶磁器の》 figura[女] (dipinta) su porcellana

うわがき 上書き intestazione[女] ◇上書きする 〘コンピュータ〙 sovrascrivere

✤**上書き保存**〘コンピュータ〙 ◇上書き保存する salvare sovrascrivendo

うわき 浮気 **1** 《異性に対しての移り気》 infedeltà[女], tresca[女]; 《一時的な》 scappatella[女] ◇浮気な infedele ◇浮気する avere un'avventura con *qlcu*.; 《夫が》《俗》 fare le corna alla moglie; 《妻が》《俗》 fare le corna al marito; avere una scappatella con *qlcu*. ¶浮気された《俗》 cornuto ¶浮気される《俗》 avere [portare] le corna ¶夫の浮気がやまない. Mio marito è un libertino incorreggibile.

2 《移り気》 incostanza[女], leggerezza[女] ◇浮気な mutevole, incostante, leggero, volubile

✤**浮気者**《男》 dongiovanni[男][無変], libertino[男]; 《女》 donna[女] incostante [leggera / di facili costumi]

うわぎ 上着 giacca[女], giacchetta[女]; 《ジャンパー》 giubbotto[男]

うわぐすり 釉薬 vernice[女], smalto[男], vetrina[女], rivestimento[男] vitreo ¶陶器にうわ薬をかける verniciare [smaltare] una ceramica

うわくちびる 上唇 labbro[男] superiore

うわぐつ 上靴 ⇀上履き

うわごと 譫言 《錯乱状態の》 discorsi[男][複] deliranti ¶うわごとを言う delirare[自][*av*] / vaneggiare[自][*es*]

うわさ 噂 《風説》 voce[女], diceria[女]; 《陰口》 chiacchiera[女], ciarla[女], pettegolezzo[男]; 《悪意の》 maldicenza[女], calunnia[女] ◇うわさをする parlare di *qlcu*. ¶うわさを立てる mettere in giro [far circolare] delle voci ¶今君のうわさをしていたところだ. Stavamo proprio parlando di te. ¶…といううわさがある Si dice [Corre voce] che + [接続法] ¶うわさによると彼はアメリカへ行くそうだ. Ho sentito dire che andrà in America. ¶こんなうわさが彼の耳に入ったら大変だ. Se queste chiacchiere [notizie / voci] giungono al suo orecchio, è un bel guaio. ¶学校では彼のうわさでもちきりだ. Non si parla che di lui a scuola. ¶おうわさはかねがね伺っております. Ho sentito parlare spesso di lei. ¶人のうわさも七十五日.《諺》 È un fuoco di paglia. ¶うわさをすれば影.《諺》 "Parli del diavolo e ne spuntano le corna." / 〔ラ〕 "Lupus in fabula."

うわずみ 上澄み ¶上澄みを取る decantare *ql.co.*

✤**上澄み液**〘化〙 supernatante[男]

うわずる 上擦る ¶うわずった声で con voce eccitata [stridula] ¶興奮して声がうわずっている. Eccitandosi, la sua voce si era fatta acuta [stridula].

うわつく 浮つく ◇浮ついた《変わりやすい》 incostante, volubile, frivolo; 《影響されやすい》 influenzabile ¶浮ついた気持ちを捨てる diventare serio [posato] ¶気持ちが浮ついている. È sensibile alle sollecitazioni esterne. / È uno spirito frivolo.

うわっちょうし 上っ調子 ◇上っ調子な frivolo, leggero, volubile, superficiale; 《慎重ではない》 disattento, imprudente

うわっつら 上っ面 ⇀上辺

うわっぱり 上っ張り camice[男], grembiule[男], 《子供のスモック》 grembiulino[男]

うわづみ 上積み ◇上積みする《荷を》 ammucchiare *ql.co.* su *ql.co.*; 《金額を》 aggiungere dei soldi

うわて 上手 ¶ゴルフにかけては彼は君より一枚上手だ. A golf 「ti supera [è più bravo di te]. ¶ああいうタイプの人間には下手(した)に出ないで上手に出た方がいい. Con persone di quel tipo è meglio assumere un atteggiamento forte piuttosto che umile.

うわぬり 上塗り **1** 《仕上げ塗り》 l'ultima mano[女] di vernice, il tocco[男] finale ¶壁の上塗りをする dare l'ultima mano a [rifinire] un muro

2 《同じことを重ねてする》 ¶恥の上塗りをする rendere completa la vergogna / rendere più grande l'umiliazione / infliggere l'ultima umiliazione

うわね 上値 《高値》 prezzo[男] alto ¶今日は10%の上値だ.《株式相場が》 Oggi il prezzo è più alto del dieci per cento.

うわのせ 上乗せ ¶彼は規定の料金に若干上乗せして払ってくれた. Mi ha pagato un po' di più dell'importo normale.

うわのそら 上の空 ◇うわの空で distrattamente, con un orecchio solo ¶彼はうわの空だ. Ha la testa fra le nuvole. / È assente. / Ha la mente altrove.

うわばき 上履き pantofole[女][複], ciabatte[女][複], pianelle[女][複], scarpe[女][複] da casa

うわばみ 蟒蛇 **1** 《大蛇》 boa[女] costrittore, pitone[男] **2** 《大酒飲み》 forte bevi*tore*[男][女 *-trice*], beon*e*[男][女 *-a*], crapulon*e*[男][女 *-a*]

うわべ 上辺 《外見》 apparenza[女], facciata[女], esteriorità[女]; 《仮面》 maschera[女]; 《表面》 superfic*ie*[女][複 *-ci, -cie*]; 《外面》 esterno[男] ◇うわべの apparente, esteriore ¶うわべは in [all'] apparenza ¶うわべを繕う salvare le apparenze [la faccia] ¶彼の親切はうわべだけだ. La sua gentilezza [bontà] è tutta 「apparenza [vernice]. ¶物事のうわべだけを見ていてはいけない. Non bisogna guardare solo le apparenze.

うわまえ 上前 **1** 《着物の》 la parte[女] sinistra di un *kimono* che si sovrappone alla destra
2 《他人の利益の一部》 ¶上前をはねる prendere una percentuale [commissione] su *ql.co.*

うわまぶた 上瞼 palpebra[女] superiore

うわまわる 上回る sorpassare, eccedere, supe-

rare ¶今年の米の収穫は予想をはるかに上回った. Il raccolto del riso quest'anno ha superato di molto le previsioni.

うわむき 上向き **1**《上を向いた姿勢》posizione㊛ a viso in su, posizione㊛ supina ¶上向きに寝る dormire supin*o*
2《相場・物価の》tendenza㊛ al rialzo [a salire] ¶景気は上向きです. Il mercato [La situazione del mercato] tende al rialzo.

うわめ 上目 ¶上目づかいに〈人〉を見る guardare *qlcu.* con lo sguardo rivolto in alto

うわやく 上役 superiore㊚

うわる 植わる essere piantato ¶道の両側に木が植っている. Sui due lati della strada ci sono degli alberi.

うん 運 《運命》sorte㊛, fato㊚, fortuna㊛, destino㊚;《偶然》caso㊚, casualità㊛, eventualità㊛;《チャンス》occasione㊛ ◇運のいい fortunato ◇運の悪い sfortunato ◇運よく fortunatamente, per fortuna, per buona sorte; felicemente ◇運悪く sfortunatamente, per sfortuna, per cattiva sorte, disgraziatamente, sventuratamente, per malasorte ¶運を天にまかせる affidarsi al caso [alla sorte / alla provvidenza] / tentare la sorte ¶君は運がいい [悪い]人だ. Sei fortunato [sfortunato]. ¶ロベルトは運の強い男だ. Roberto è un uomo che ha la fortuna dalla sua (parte). ¶あきらめるのはまだ早い. È ancora presto per rassegnarsi alla cattiva sorte. ¶だんだん運が向いてきた. A poco a poco la fortuna ha girato in mio favore. ¶人には運不運があるものだ. Alcuni nascono fortunati, altri no. ¶運を試してみる tentare la fortuna ¶私は運がなかった. Non ho avuto la fortuna (dalla mia). / A me è andata male. ¶私は運が尽きたらしい. Sembra che la fortuna mi abbia abbandonato [voltato le spalle]. ¶家に電話したのが運の尽きで逮捕された. La telefonata fatta a casa gli è stata fatale ed è stato catturato.

うん **1**《返事》sì ¶うん, いいよ. Okay! / Eh, va bene! ¶お願いだからうんと言ってくれ. Per piacere, di' di sì!
2《思い出した時》¶うんそうだ, あれを忘れていた. Ah, l'avevo dimenticato!

うんうん ¶痛くてうんうんうなる lamentarsi [gemere] per il dolore

うんえい 運営 direzione㊛, gestione㊛, amministrazione㊛ ◇運営する amministrare, gestire, dirigere
❖運営委員会 comitato㊚ direttivo
運営規則 regolamenti㊚[複] dirigenziali
運営資金 fondo㊚ di rotazione [di cassa corrente], capitale㊚ circolante
運営費 costo㊚[spese㊛複] d'esercizio

うんか 浮塵子《昆》《総称》cicadellidi㊚[複]

うんか 雲霞 ¶雲霞の如く人が集まってきた. In brevissimo tempo si è radunata una gran folla.

うんが 運河 canale㊚; naviglio㊚[複 *-gli*] ¶運河を開く aprire [costruire] un canale ¶パナマ[スエズ]運河 Canale di Panama [di Suez] ¶水閘(こう)式[海平式]運河 canale a chiuse [a livello del mare]
❖運河地帯 zona㊛ del canale
運河通行料 pedaggio㊚[複 *-gi*] per passaggio di canale

うんかい 雲海 mare㊚ di nuvole

うんきゅう 運休 ◇運休する sospendere, annullare ¶ミラノ－ボローニャ間は雪のため運休している. Il servizio ferroviario fra Milano e Bologna è stato sospeso a causa della neve. ¶バスは市内で全面運休している. Tutti gli autobus della città sono fermi.

うんこ →うんち

うんこう 運行 **1**《バス・列車などの》◇運行する essere in servizio ¶列車の運行が止まった. Tutto il traffico ferroviario è stato 「interrotto [disturbato]. **2**《天体の》movimento㊚, moto㊚;《公転》rivoluzione㊛
❖運行試験 prova㊛ su strada

うんこう 運航 servizio㊚[複 *-i*];《航行》navigazione㊛

うんざり ◇うんざりする stancarsi [annoiarsi] di *ql.co.*, averne abbastanza, essere stufo di *ql.co.* ◇うんざりさせる annoiare [stancare / seccare] *qlcu.* ◇うんざりさせるような noioso, seccante, irritante ¶君はうんざりだ. Ne ho abbastanza di te. / Mi hai seccato. ¶毎日魚ばかりでうんざりしている. Sono stufo di mangiare solo pesce tutti i santi giorni.

うんさんむしょう 雲散霧消 ◇雲散霧消する svanire㊄[*es*], sfumare㊄[*es*], disperdersi

うんしほう 運指法《音》digitazione㊛

うんしん 運針 modo㊚ di usare l'ago per cucire

うんすい 雲水 bonzo㊚ mendicante

うんせい 運勢 futuro㊚, sorte㊛, fortuna㊛ ¶運勢がいい[悪い] essere nat*o* sotto una buona [cattiva] stella ¶運勢を見る predire l'avvenire [il futuro] di *qlcu.* / leggere la sorte [l'avvenire] di *qlcu.*

うんそう 運送 trasporto㊚, spedizione㊛ ◇運送する trasportare, spedire ¶海上運送 spedizione via mare ¶貨物運送 trasporto merci
❖運送会社 agenzia㊛ di trasporti, casa㊛ di spedizioni
運送業者 spedizioniere㊚, corriere㊚;《船の》agente㊚ di navigazione
運送人 trasportat*ore*㊚[㊛ *-trice*], corriere㊚
運送費 spese㊛[複] di trasporto, nolo㊚

うんだめし 運試し ¶運試しをする tentare la sorte /《やってみる》fare un tentativo /《賭け事で》giocare d'azzardo

うんち《大便》merda㊛, feci㊛[複];《特に幼児語》cacca㊛;《幼》popò㊚ ¶うんちをする fare la cacca ¶うんちをもらす farsi la popò addosso

うんちく 蘊蓄 vasta erudizione㊛ 【慣用】蘊蓄を傾ける mostrare tutta la *propria* erudizione [tutto il *proprio* sapere], esibire la *propria* cultura

うんちん 運賃 costo㊚[prezzo㊚ / tariffa㊛] di trasporto;《貨物の》nolo㊚, porto㊚ ¶運賃無料で franco di porto
❖運賃協定 accordo㊚ tariffario [複 *-i*]
運賃込み値段《C&F》costo e nolo

運賃支払済み porto㊚ pagato
運賃先方払い nolo㊚ pagato a destinazione
運賃表 tariffa㊛
運賃保険料込み《CIF》 costo, assicurazione e nolo
運賃前払い nolo㊚ anticipato
運賃割増し cappa㊛, soprannolo㊚
運賃割戻し rimborso㊚ del nolo

うんでい 雲泥 ¶あの２人のピアニストには演奏に雲泥の差がある. C'è un abisso tra le eṣecuzioni dei due pianisti.

うんてん 運転 **1**《自動車・船などの》 guida㊛;《機械の》 manovra㊛, funzionamento㊚ ◇**運転する**《操縦する》 guidare *ql.co.*;《船を》 dirigere [manovrare] *ql.co.*;《動かす》 funzionare, mettere in moto *ql.co.* ¶運転を誤る ṣbagliare una [la] manovra ¶車の運転ができるの. Sai guidare (la macchina)? ¶電車が終夜運転をしている. I treni funzionano tutta la notte. ¶停電で機械の運転が止まった. Per l'interruzione della corrente elettrica tutti i macchinari si sono fermate.
2《運用》 impie*go*㊚[複 *-ghi*], sfruttamento㊚
✤**運転休止** arresto㊚ temporaneo [momentaneo] della circolazione
運転資金〔経〕 capitale㊚ liquido [d'eṣercizio]
運転席 ¶運転席に座る salire al volante
運転台 posto㊚ di guida
運転免許証 patente㊛ di guida

うんてんしゅ 運転手 《一般に, また職業として》 autist*a*㊚㊛[㊚複 *-i*];《電車, 列車, バスの》 conducente㊚㊛;《鉄道の》 macchinist*a*㊚[複 *-i*];《タクシーの》 tassist*a*㊚㊛[㊚複 *-i*];《トラックの》 camionist*a*㊚㊛[㊚複 *-i*]

うんどう 運動 **1**《物体の》 movimento㊚, moto㊚ ◇**運動する** muoversi ¶円[直線]運動 moto circolare [rettilineo] ¶物体の運動に関する法則 leggi sul moto dei corpi
2《体力を使う》 eṣercizi*o*㊚[複 *-i*] fiṣico [複 *-ci*];《体操》 ginnastica㊛;《スポーツ》〔英〕 sport㊚[無変];《競技》 atletica㊛ ◇**運動する** fare dello sport [del moto / della ginnastica] ¶運動は何をやっているの. Quale sport fai [pratichi]? ¶これはいい運動になる. È un bell'eṣercizio. ¶私は運動不足だ. Faccio poco movimento.
3《政治的, 社会的》 movimento㊚;《キャンペーン》 campagna㊛;《改革, 改善運動》 crociata㊛;《行動》 azione㊛ ◇**運動する** intervenire㊂[*es*] in favore di *qlcu.* [*ql.co.*]; intraprendere una campagna per + [不定詞] ¶組合[学生 / 大衆]運動 movimento sindacale [studentesco / di massa] ¶市民運動 campagna dei cittadini ¶政治運動 attività politica ¶アルコール依存症撲滅運動 crociata [campagna] contro l'alcoliṣmo ¶平和運動 movimento pacifista [contro la guerra] ¶労働運動 movimento operaio [dei lavoratori]
✤**運動員**《選挙の》 agente㊚㊛ elettorale, galoppino㊚ elettorale
運動エネルギー〔物〕 ener*gia*㊛[複 *-gie*] cinetica, forza㊛ viva
運動会 incontro㊚ sportivo, festa㊛ sportiva [dello sport]
運動着 abbigliamento㊚ sportivo
運動靴 scarpe㊛[複] da ginnastica
運動場 campo㊚ da gioco;《スタジアム》 stad*io*㊚[複 *-i*]
運動神経〔解〕 nervo㊚ motore [無変] ¶彼は運動神経がいい. È portato per lo sport.
運動費《選挙の》 spese㊛[複] per una campagna elettorale
運動部 club㊚[無変] [circolo㊚] sportivo

うんともすんとも ¶彼はうんともすんとも言わなかった. Non ha detto una sola parola. ¶その後彼からうんともすんとも言ってこない. Dopo di ciò non ho avuto più sue notizie.

うんぬん 云云 eccetera, e così via ◇**云々する** parlare di *ql.co.* [*qlcu.*] /《批評する》 criticare *ql.co.* [*qlcu.*]

うんぱん 運搬 trasporto㊚ ◇**運搬する** trasportare
✤**運搬作用**〔地質〕 trasporto㊚ fluviale
運搬人 trasport*atore*㊚[㊛ *-trice*], facchino㊚
運搬費 spese㊛[複] di trasporto, porto㊚

うんまかせ 運任せ ¶すべて運任せだ. Mi rimetto [sottometto] al fato. / Lascio fare al destino. / Tutto è nelle mani di Dio.

うんめい 運命 destino㊚, sorte㊛, fortuna㊛ ¶運命に甘んじる sottomettersi al *proprio* destino ¶運命に翻弄される essere ṣballottat*o* dal destino ¶運命のいたずら scherzo del destino / ironia della sorte / gioco della sorte ¶船と運命を共にする condividere la sorte della nave / affondare con la nave ¶これはわが国の運命を決する戦いである. Questa guerra deciderà il futuro [la sorte] del nostro paeṣe. ¶彼はそういう運命だったのだ. Era il suo destino. / Era scritto. ¶早く死ぬことを運命づけられていた. Era destinato a morire presto [giovane]. ¶これも運命とあきらめよう. Mi rassegnerò al destino.
✤**運命論** fataliṣmo㊚
運命論者 fatalist*a*㊚㊛[㊚複 *-i*]

うんも 雲母 〔鉱〕 mica㊛

うんゆ 運輸 trasporto㊚, meẓẓo㊚ di trasporto, meẓẓo㊚ di comunicazione ¶鉄道運輸 trasporto ferroviario [per ferrovia] / traffico [servizio] ferroviario ¶陸上運輸 trasporto via terra
✤**運輸会社** ditta㊛ di trasporti, agenzia㊛ di spedizioni
運輸機関 meẓẓi㊚[複] di trasporto
運輸通信業 industria㊛ dei trasporti e delle telecomunicazioni

うんよう 運用 《適用》 applicazione㊛;《投資》 investimento㊚;《活用》 impie*go*㊚[複 *-ghi*] fruttifero, valoriẓẓazione㊛ ◇**運用する** applicare; investire
✤**運用資産** fondi㊚[複] d'investimento

うんりょう 雲量 〔気〕 nuvolosità㊛

え

え 柄 《傘・容器・金づちなどの》manico男[複 -ci]；《槍の》impugnatura女 ¶傘の柄を持つ tenere [afferrare] l'ombrello per il manico

え 絵 《絵画》pittura女;《額に入った》quadro男, dipinto男;《線描》disegno男;《スケッチ》schizzo男;《油絵》dipinto [quadro] a olio;《水彩画》acquerello男;《版画》incisione女, stampa女;《挿絵》illustrazione女, figura女 →美術 用語集 ¶絵のような風景 paesaggio pittoresco ¶絵の技法 tecnica pittorica ¶絵入りの本 libro illustrato [figurato] ¶絵を描く dipingere ¶絵を始める cominciare ad imparare a dipingere ¶彼女は絵のように美しい。Lei è bella come un quadro. ¶絵にも描けない美しさだ。È più bello di un quadro.

[慣用]**絵に描いた餅**(も) ¶この計画は絵に描いた餅だ。Questo progetto è bello ma irrealizzabile.
絵に描いたよう ¶あの子は健康を絵に描いたようだ。Quel bambino sembra il ritratto della salute.
絵になる ¶彼女の着物姿は絵になっていた。Il kimono le donava moltissimo.

エア 〔英 air〕《空気》aria女
✿**エアカーテン** cortina女 d'aria
エアクリーナー 《キャブレターの》filtro男 dell'aria;《空気清浄機》depuratore男 d'aria
エアコン (ディショナー) condizionatore男 d'aria
エアゾール aerosol男[無変]
エアターミナル aerostazione女;〔英〕terminal男[無変]
エアチェック registrazione女 di trasmissione radio
エアバス aerobus [aerobus]男[無変]
エアバッグ《車》〔英〕airbag男[無変]；cuscino salvavita[無変]
エアブラシ aerografo男, pistola女 ad aria compressa [《塗料用》a spruzzo]
エアブレーキ freno男 pneumatico [複 -ci] ad aria compressa,《飛行機の》corrente女 d'aria discendente; sfiatatura女
エアメール posta女 (per via) aerea
エアログラム 〔英 aerogram〕aerogramma男[複 -i]
エアロビクス 〔英 aerobics〕aerobica女, ginnastica女 aerobica
えい《よいしょ》op là!; issa!
えい 鱏・鱝《魚》razza女
えい 嬰《音》diesis男[無変] ¶嬰ヘ長[短]調の in fa diesis maggiore [minore]
✿**嬰記号**(segno男 di) diesis;《記号》♯ ¶重嬰記号 doppio diesis;《記号》𝄪
えいい 鋭意 con zelo, fervidamente, ardentemente; con diligenza;《あきらめずに》con assiduità ¶…に鋭意努力する fare tutto il possibile per+[不定詞] / dedicarsi energicamente [darsi anima e corpo] a ql.co.

えいえん 永遠 eternità女, permanenza女;《不滅》immortalità女 ◇永遠の eterno, perpetuo; immortale ◇永遠に per sempre, eternamente ¶永遠の謎 l'eterno enigma ¶永遠の都 Città Eterna (◆ローマの総称) ¶永遠の眠りにつく andare nella pace eterna [nel riposo eterno / nella luce eterna] ¶こんな楽しい時が永遠に続くといいのに。Vorrei che questi momenti felici non finissero mai.

えいが 映画 〔英〕film男[無変]；filmato男, cinematografo男 (►どちらも「映画館」もさす);《製作過程をも含めて》cinematografia女; grande schermo →次ページ 用語集 ¶テレビ用映画 telefilm男[無変] ¶日本映画 film giapponese ¶映画の2本[3本]立て programmazione in una sala cinematografica di due [tre] film al prezzo di uno ¶映画を見に行く andare 「a vedere un film [al cinema] ¶映画を上映する proiettare [dare] un film ¶映画を撮影する girare un film ¶映画を製作する produrre un film / fare un film ¶映画に出演する apparire [essere] sullo schermo / avere un ruolo in un film ¶その映画は大当たりした。Quel film ha avuto [riportato] un gran(de) successo. ¶第7芸術とは映画のことだ。La settima arte indica la cinematografia.
✿**映画音楽** musica女 per film
映画化 adattamento男 cinematografico [複 -ci] ¶モラヴィアの小説が映画化された。È stato tratto [Hanno realizzato] un film da un romanzo di Moravia.
映画館 cinema男[無変], cinematografo男 ¶映画館に行く andare al cinema
映画祭 festival男[無変] cinematografico [複 -ci] [del cinema]

えいが 栄華 《繁栄》prosperità女;《栄光》gloria女 ¶栄華を極める essere all'apogeo della gloria / raggiungere il massimo splendore ¶彼は栄耀栄華の限りを尽くした。È salito ai più alti fastigi.

えいかく 鋭角 angolo acuto
✿**鋭角三角形** triangolo男 acutangolo

えいかん 栄冠 ¶勝利の栄冠を勝ち得る ottenere [riportare] la palma [la corona / l'alloro] della vittoria

えいき 英気 talento男, abilità女 eccezionale;《活力》vigore男, energia女[複 -gie] ¶天性の英気 talento innato ¶英気を養う distendersi [rilassarsi] per poter dimostrare in pieno [rilassarsi] la propria abilità

えいき 鋭気《元気》spirito男, vigore男;《気力》energia女[複 -gie], vitalità女, forza女

えいきゅう 永久 ◇永久の eterno, permanente, perpetuo ◇永久に per sempre, eternamente

《用 語 集》 映画 Cinematografia

映画《作品》〔英〕film[男][無変]；《総称》cinema[男][無変]．フィルム・ライブラリー cineteca[女]．フィルモグラフィー filmografia[女]．映画会社 società[女] cinematografica (製作会社 casa[女] di produzione, 配給会社 casa di distribuzione, distributore[男] cinematografico).
映画祭 festival[男][無変] cinematografico [del cinema]. アカデミー賞 Premio[男] Oscar[男][無変]．ヴェネチア国際映画祭 Mostra[女] (internazionale d'arte Cinematografica) di Venezia (◆「グランプリ」は Leone d'oro「金獅子賞」). カンヌ国際映画祭 Festival[男] internazionale di Cannes. ベルリン映画祭 Festival del cinema di Berlino.

アニメ(ーション) film[男] d'animazione. SFX映画 film con effetti speciali. オムニバス映画 film a episodi. 短編映画 cortometraggio[男]. 長編映画 lungometraggio[男]. トーキー film sonoro [parlato]. ドキュメンタリー documentario[男]. ミュージカル〔英〕musical[男][無変]. 無声映画 cinema[男] muto. 立体映画 cinema「in rilievo [《3D》tridimensionale / 《ステレオスコープ》stereoscopico]. リメイク rifacimento[男],〔英〕remake[男][無変].
アクション映画 film d'azione. ウエスタン (film) western[男][無変]. SF映画 film di fantascienza. オカルト cinema del mistero. (お笑い)喜劇 film comico. 告発映画 film di denuncia. コスチュームもの, 歴史劇 film in costume. コメディー commedia[女]. ミステリー (film) giallo[男]. スペクタクル film spettacolare. スラップスティック・コメディ cinema delle torte in faccia,〔英〕slapstick[男][無変]. スリラー〔英〕thriller[男][無変]. 成人映画 film per adulti. フィルム・ノワール film noir [無変]. ホラー film dell'orrore. ポルノ映画 film pornografico [a luci rosse]. マカロニ・ウェスタン western[男][無変] all'italiana, spaghetti[男][複] western. メロドラマ film sentimentale [romantico]. 恋愛映画 film rosa [無変] [d'amore].
アートシネマ film[男] d'arte;〔仏〕cinéma[男][無変] d'essai. インディーズ cinema indipendente. 実験映画 film sperimentale. シネマ・ヴェリテ cinema verità. ヌーベルバーグ〔仏〕nouvelle vague [女][無変]. ネオレアリズモ neorealismo[男].

製作 Produzione cinematografica
衣装 costumi[男][複]. 絵コンテ sceneggiatura[女] illustrata [con disegni];〔英〕story-board[男][無変]. 演出 regia[女]. 音楽 musica[女]. 書き割り fondale[男]. 脚本, シナリオ sceneggiatura[女]. 脚本草稿 trattamento[男]. クランクアップ[イン] ultimo [primo] giro[男] di manovella. 原案 soggetto[男]. 現像 sviluppo[男]. 撮影 ripresa[女]. スクリプト copione[男]. ストーリーボード ⇒絵コンテ. 製作 produzione[女] (合作 coproduzione[女], 共同製作 compartecipazione[女]). せりふ dialoghi[男][複], battuta[女]. ト書き didascalia[女]. 配給 distribuzione[女]. 箱書き scaletta[女]. 美術 scenografia[女]. 焼き付け stampa[女].
移動マイク giraffa[女]. オープンセット allestimento[男] all'aperto. かちんこ ciac [ciak] [男][無変]. キャメラ macchina[女] da presa; 《16ミリ以下》cinepresa[女]; 《スーパーエイト》superotto[女][無変]. クレーン gru[女][無変]. セット apparato[男] scenico, allestimento[男], scenografia[女]. 照明 luci[女][複], proiettore[男] di scena. スタジオ teatro[男] di posa; studio[男] (◆「建物」「撮影所」も指す). 装置 arredamento[男]. ドリー carrello[男];〔英〕dolly[男][無変]. ビデオカメラ telecamera[女]; videocamera[女]. フィルム pellicola[女]; film[男][無変]. リール bobina[女].
移動撮影 carrellata[女]. NGを出す non approvare la ripresa di una scena. 屋外撮影 esterni[男][複]. 屋内撮影 interni[男][複]. カメラ・アングル angolazione[女]; 《構図》inquadratura[女]. カメラ・ムーブメント movimento[男] di macchina. クローズアップ primo piano[男]. こま落とし, 微速度撮影 ripresa[女] a velocità ridotta. シークエンス sequenza[女]. シーン scena[女]. ショット, カット, フレーム inquadratura[女]. ズーム zumata[女]. スチール foto[女][無変] pubblicitaria, fotografia[女] di scena. ストップモーション fermo-immagine[男]. スローモーション撮影 ripresa[女] al rallentatore. テスト撮影 provino[男] (◆「オーディション」もさす). 特殊音響[視覚]効果 effetti[男][複] speciali sonori [visivi]. 特殊効果, SFX effetti speciali, trucchi[男][複]. 特殊撮影 ripresa[女] speciale. パン panoramica[女]. ビデオ撮影 videoregistrazione[女]. フレーミング messa[女] in quadro. ミディアム・ショット campo[男] medio. 野外撮影 esterni[男][複]. 録音 registrazione[女]. ロング・ショット campo[男] lungo.「静かに, 本番です」 "Silenzio, si gira!".「カメラスタート」「用意」「回せ」 "Motore!".「スタート」「アクション」 "Azione!" .「カット」 "Stop!".

編集 Montaggio
アテレコ⇒吹き替え. アフレコ⇒音入れ. インサート inserto[男]. 映写機 proiettore[男]. オーバーラップ dissolvenza[女] incrociata. 音入れ sonorizzazione[女]. 音響効果 effetto[男] sonoro, rumori[男][複]. カットバック controcampo[男]. クレジット (タイトル) titoli[男][複]]; 《スタッフのみ》〔英〕credit[男] (前[後]クレジット titoli di testa [coda]). コマ fotogramma[男]. サウンド・トラック colonna[女] sonora. 字幕 sottotitoli[男][複], didascalia[女]. シンクロ(ナイズ) sincronizzazione[女]. スーパーインポーズ sovrimpressione[女]⇒字幕. ディゾルブ dissolvenza[女]. ナレーション narrazione[女]. ネガ negativa[女]. フェード・アウト[イン] dissolvenza[女] in chiusura [in apertura]. 吹き替え

doppiaggio男. フラッシュバック〔英〕flashback男[無変]. ポジ(ティブ) positiva女. ミキシング missaggio男; 〔英〕mixage男[無変]. ムビオラ moviola女. モンタージュ montaggio男. ラッシュ giornalieri男[複].

キャスト Interpreti エキストラ comparsa女. 主演 protagonista男/女. 女優 attrice女. スタンドイン《代役》controfigura女. スタントマン cascatore男; controfigura女. 声優《吹き替えの》doppia*tore*男[女 -trice]. 代 役 sostituto男[女 -a]. 俳 優 at*tore*男[女 -trice]. 脇役 ruolo男 secondario.

スタッフ Troupe cinematografica 衣装係 costumista男/女. 大道具 macchinista男 cinematografico. 音響効果 rumorista男/女. かちんこ係 ciacchista男/女. 監督 regista男. 監督助手 assistente男/女 alla regia. 脚本家 sceneggia*tore*男[女 -trice]. キャメラマン、キャメラオペレーター opera*tore*男[女 -trice] alla macchina [ai fuochi]. キャメラマン助手、オペレーター助手 assistente男/女 operatore;《フィルム・カメラの管理》aiuto [無変] opera*tore*男. 原案作成者 soggettista男/女. 小道具 attrezzista男/女. 撮影監督 diret*tore*男[女 -trice] della fotografia. 照明技師 tecnico男[女 -ca] delle luci. 助監督 aiuto [無変] regista男/女. 進行主任 ispet*tore*男[女 -trice] [segretario男] di produzione. スクリプター segretaria女 di edizione. 製作主任 diret*tore*男 [女 -trice] di produzione. 製作総指揮 produt*tore*男[女 -trice] esecutivo, organizza*tore*男 [女 -trice] generale. 装置 arreda*tore*男[女 -trice]. ダビング技術の doppiaggio. チーフキャメラマン cameraman男[無変]; opera*tore*男. 美術監督 scenografo男[女 -a]. プロデューサー produt*tore*男[女 -trice]. ヘア parrucchiere男[女 -a]. 編集 monta*tore*男[女 -trice]. ミキサー〔英〕mixer男[無変]. メイク trucca*tore*男[女 -trice]. 録音 fonico男.

上映・鑑賞 Visione
アート・シアター〔仏〕cinéma男[無変] d'essai. 映画館 sala女 cinematografica, cinema男[無変]. 映写技師 proiezionista男/女, opera*tore*男[女 -trice] di proiezione. 学生割引 riduzione女 per gli studenti. 切符 biglietto男.「近日上映」"Prossimamente su questo schermo". 試写会 anteprima女. スクリーン schermo男. セカンド・ラン seconda visione女. 封切 prima visione女. 予告編〔英〕trailer男[無変]. リバイバル〔英〕revival男[無変]. レイトショー spettacolo男 notturno. ロード・ショー prima visione女 esclusiva. ロング・ラン lunga programmazione女.

日本映画 Cinema giapponese
溝口健二:『雨月物語』*Racconti della luna pallida d'agosto*,『山椒大夫』*L'intendente Sansho*; 小津安二郎:『東京物語』*Viaggio a Tokyo*,『晩春』*Tarda primavera*; 黒沢明:『野良犬』*Cane randagio*,『七人の侍』*I sette samurai*,『用心棒』*La sfida dei samurai*,『影武者』*Kagemusha-L'ombra del guerriero*,『八月の狂詩曲』*Rapsodia in agosto*; 今村昌平『豚と軍艦』*Porci, geishe e marinai*;『神々の深き欲望』*Il profondo desiderio degli dei*,『楢山節考』*La ballata di Narayama*; 大島渚:『青春残酷物語』*Racconto crudele della giovinezza*,『日本の夜と霧』*Notte e nebbia in Giappone*,『少年』*Il ragazzo*,『愛のコリーダ』*L'impero dei sensi*,『戦場のメリークリスマス』*Furyo*; 北野武:『その男、凶暴につき』*Violent Cop*,『あの夏いちばん静かな海』*Il silenzio sul mare*,『HANA-BI』*Hana-bi-Fiori di fuoco*; 宮崎駿:『千と千尋の神隠し』*La città incantata*,『ハウルの動く城』*Il castello errante di Howl*

イタリア映画 Cinema italiano
Roberto Rossellini: *Città aperta*『無防備都市』, *Paisà*『戦火のかなた』; Luchino Visconti: *Rocco e i suoi fratelli*『若者のすべて』, *Il gattopardo*『山猫』, *Senso*『夏の嵐』, *Morte a Venezia*『ベニスに死す』; Vittorio De Sica: *Ladri di biciclette*『自転車泥棒』, *Stazione Termini*『終着駅』, *Matrimonio all'italiana*『ああ結婚』, *I girasoli*『ひまわり』; Pietro Germi: *Il ferroviere*『鉄道員』, *Un maledetto imbroglio*『刑事』, *Divorzio all'italiana*『イタリア式離婚狂想曲』; Federico Fellini: *I vitelloni*『青春群像』, *La strada*『道』, *La dolce vita*『甘い生活』; Pier Paolo Pasolini: *Il vangelo secondo Matteo*『奇跡の丘』; Michelangelo Antonioni: *L'avventura*『情事』, *L'eclisse*『太陽はひとりぼっち』; Bernardo Bertolucci: *Il conformista*『暗殺の森』, *Novecento*『1900年』, *L'ultimo imperatore*『ラスト・エンペラー』; Sergio Leone: *Per un pugno di dollari*『荒野の用心棒』; Luigi Comencini: *La ragazza di Bube*『ブーベの恋人』; Francesco Rosi: *Salvatore Giuliano*『シシリーの黒い霧』, *Cronaca di una morte annunciata*『予告された殺人の記録』; Ermanno Olmi: *L'albero degli zoccoli*『木靴の樹』; Ettore Scola: *C'eravamo tanto amati*『あんなに愛しあったのに』; Paolo e Vittorio Taviani: *Kaos*『カオス・シチリア物語』; Giuseppe Tornatore: *Nuovo cinema Paradiso*『ニュー・シネマ・パラダイス』; Roberto Benigni: *La vita è bella*『ライフ・イズ・ビューティフル』; Nanni Moretti: *La stanza del figlio*『息子の部屋』; Marco Tullio Giordana: *La meglio gioventù*『輝ける青春』

えいきょう 158 えいせい

❖永久運動〖物〗moto男 perpetuo
永久歯 dente男 permanente
永久磁石 magnete男 permanente
永久保存する tenere [conservare] *ql.co.* per sempre

えいきょう 影響 influenza女, influsso男;《衝撃力》impatto男;《結果》conseguenza女;《効果》effetto男;《反響》ripercussione女, risonanza女 ◇影響する agire(自) su *ql.co.*, avere [produrre] un effetto su *ql.co.*, influenzare *qlcu.* [*ql.co.*] ◇影響のある influente ¶影響を与える esercitare un'influenza(に su) / influire [ripercuotersi](に su) ¶影響を受ける farsi [lasciarsi] influenzare《da》/ essere influenzato《da》¶ストは多方面に大きな影響を与えた。Gli scioperi hanno determinato gravi ripercussioni in vari campi. ¶台風の影響ですべての交通機関が麻痺(ひ)している。A causa del tifone, tutti i mezzi di trasporto sono fermi.
❖影響力 ¶彼は政界にかなりの影響力がある。Ha una grande influenza nell'ambiente politico.

えいぎょう 営業《事業》affari男[複];《商業》commercio男[複 -ci];《活動》esercizio男[複 -i], attività女[operazione女] commerciale, gestione女 ◇営業する far affari; commerciare(自)[*av*] in *ql.co.*; gestire [amministrare] *ql.co.* ◇営業している(店が) essere aperto ¶「営業中」《掲示》"Aperto" ¶「終夜営業」《掲示》"Sempre aperto"
❖営業案内 volantino男 che illustra le [informazioni女[複] sulle] attività commerciali di un'azienda
営業外収益 entrate女[複] accessorie
営業許可 licenza女 [permesso男] di vendita [d'esercizio]
営業権 avviamento男
営業時間《事務所の》orario男[複 -i] d'ufficio, ore女[複] di lavoro;《店の》orario男 di apertura ¶「営業時間：9 時 - 17 時」《掲示》"Aperto dalle 9.00 alle 17.00"
営業資金 capitale男 d'esercizio
営業実績 volume男 degli affari
営業収入 entrate女[複] d'esercizio
営業所 ufficio男[複 -ci]
営業停止 sospensione女 di una licenza [d'esercizio [commerciale] ¶この店は営業停止となった。La licenza di questo negozio è stata revocata.
営業年度 anno男 sociale, esercizio男[複 -i]
営業費 spese女[複] d'esercizio [di gestione]
営業部 reparto男 commerciale, ufficio男 vendite[無変]
営業不振 ristagno男 negli affari
営業妨害 blocco男[複 -chi] degli affari
営業報告 rapporto男 [relazione女] sulle operazioni commerciali
営業方針 linea女 di condotta negli affari

えいこ 栄枯 vicissitudini女[複] ¶栄枯盛衰世の習い。《諺》"Ogni flusso ha il suo riflusso." / "La vita è piena di alti e bassi."

えいご 英語 l'inglese男 ◇英語の inglese ¶アメリカ英語 l'americano ¶商業英語 inglese commerciale ¶英語からの借用表現 anglicismo [-gli-]
❖英語学 linguistica女 inglese
英語学者 anglista [-gli-]男女[男複 -i]

えいこう 栄光 gloria女, aureola女;《名誉》onore男;《威信》prestigio男 ¶神の栄光を称える rendere gloria a Dio ¶優勝の栄光に輝く essere incoronato vincitore [-trice]

えいこう 曳航 traino男, rimorchio男[複 -chi] ◇曳航する rimorchiare [trainare] una nave

えいごう 永劫 eternità女, tempo男 lunghissimo ¶永劫に変わらぬ愛 amore eterno ¶未来永劫(にわたって) per sempre / eternamente

えいこうだん 曳光弾 proiettile男 tracciante

えいこく 英国 Inghilterra女
❖英国国教 anglicanesimo男 [-gli-]
英国国教会 chiesa女 anglicana [-gli-]
英国人 inglese男女

えいさい 英才
❖英才教育 istruzione女 speciale per ragazzi dotati [superdotati]

えいじ 嬰児 neonato男 [女 -a]
嬰児殺し《行為》infanticidio男[複 -i];《人》infanticida女[男複 -i]

えいしゃ 泳者 nuotatore男 [-trice]

えいしゃ 営舎 caserma女, alloggio男[複 -gi] per le truppe, acquartieramento男

えいしゃ 映写 proiezione女 ◇映写する proiettare un film
❖映写機 proiettore男
映写技師 proiezionista男女[男複 -i]
映写室 cabina女 di proiezione

えいじゅう 永住 ◇永住する stabilirsi per sempre, risiedere(自)[*av*] definitivamente
❖永住外国人 straniero男 [女 -a] con permesso di soggiorno permanente
永住権 diritto男 di residenza permanente
永住地 domicilio男 permanente
永住ビザ visto男 illimitato

えいしょう 詠唱 aria女

えいじる 映じる 1《光・影がうつる》riflettersi 2《…のように見える》apparire(自)[*es*] [sembrare(自)[*es*] a *qlcu*.

エイズ AIDS〔後天性免疫不全症候群〕〔英〕AIDS [Aids] [áids; aidiésse]男[無変]; sindrome女 da immunodeficienza acquisita
❖エイズウィルス virus男[無変] dell'AIDS
エイズ患者 malato男 [女 -a] di AIDS
エイズ感染者 sieropositivo男 [女 -a]
エイズ関連症候群 sindrome女 correlata all'AIDS

えいせい 永世
❖永世中立 neutralità女 perpetua
永世中立国 stato男 perpetuamente neutrale [a neutralità permanente]

えいせい 衛生 igiene女, sanità女 ◇衛生的 sanitario男[複 -i], igienico男[複 -ci] ¶学校衛生 igiene scolastica ¶公衆衛生 igiene [sanità] pubblica ¶食品衛生法 la Legge per l'Igiene Alimentare ¶衛生的でない antigienico
❖衛生学 igiene女
衛生学者 igienista男女[男複 -i]
衛生工学 ingegneria女 sanitaria

衛生試験所 istituto男 [laboratorio男 [複 -i]] d'igiene

衛生状態 condizioni女 [複] sanitarie [igieniche] ¶衛生状態が悪い. Le condizioni igieniche sono cattive.

衛生設備 installazioni女 [複] sanitarie

えいせい 衛星 satellite男 ¶気象[軍事／人工／テレビ]衛星 satellite meteorologico [militare / artificiale / televisivo] ¶通信衛星 satellite per telecomunicazioni ¶有人[無人]衛星 satellite con [senza] equipaggio ¶衛星を打ち上げる[回収する] lanciare [richiamare a terra] un satellite

❖**衛星基地** stazione女 satellite [無変]

衛星国 satellite男, stato男 satellite

衛星中継 trasmissione女 [collegamento男] via satellite ¶サッカーの試合が衛星中継される La partita di calcio è trasmessa via satellite.

衛星通信 telecomunicazione女 via [a mezzo] satellite, comunicazione satellitaria

衛星都市 città女 satellite

衛星破壊衛星 satellite男 caccia-satelliti [無変]

衛星放送 trasmissione女 [(番組) programma男 [複 -i]] via satellite

えいぞう 映像 immagine女; riflessione女 ¶テレビの映像がぼやけている[乱れている]. Le immagini del televisore「non sono nitide [sono disturbate].

❖**映像芸術** [文化] arte女 [cultura女] delle immagini

映像周波数 videofrequenza女

えいぞく 永続 durare自 [es, av] a lungo; (永久に) permanere自 [es], perpetuarsi ◇永続的(な) durevole, duraturo; eterno, permanente, perpetuo; (不滅の) immortale ◇永続的に durevolmente; permanentemente, perpetuamente

❖**永続性** perpetuità女, perennità女, permanenza女

えいたい 永代 ◇永代に in perpetuo

❖**永代小作権** enfiteusi女 [無変]

永代小作権者 enfiteuta男 [複 -i]

永代借地権 enfiteusi女 in perpetuo

永代所有権 diritto男 di proprietà in perpetuo

えいたん 詠嘆・詠歎 esclamazione女; ammirazione女 ◇詠嘆する esclamare自 [av]; ammirare

えいだん 英断 risoluzione女, decisione女 saggia [複 -ge] ¶英断を下す adottare provvedimenti drastici / agire con risolutezza ¶英断を欠く mancare di risolutezza

えいち 英知 saggezza女, profonda intelligenza女 ¶科学者の英知を集めて dal contributo dei più grandi scienziati del mondo

エイチアイブイ HIV 〈医〉(ヒト免疫不全ウイルス) HIV男 [無変], virus男 [無変] dell'immunodeficienza umano

えいてん 栄典 **1**〈儀式〉cerimonia女 **2**〈位階, 叙勲〉onorificenza女

えいてん 栄転 promozione女 con trasferimento ◇栄転する essere promosso e trasferito ¶彼は本店の課長から京都支店長に栄転した. È stato promosso da capoufficio della sede centra-

le a direttore della filiale di Kyoto.

エイト 〔英 eight〕《スポ》otto男 [無変]

えいねん 永年 lungo periodo男

❖**永年勤続者** dipendente男女 con un lungo periodo di servizio

えいびん 鋭敏 ◇鋭敏な (洞察力のある) perspicace; (人・知性などが) acuto; (観察・分析などが) penetrante; (才覚のある) sagace, accorto, ingegnoso; (敏感な) sensibile, fine ¶彼は頭脳が鋭敏だ. Ha la mente acuta.

えいふつ 英仏 Inghilterra女 e Francia女 ◇英仏の anglo-francese, franco-inglese

❖**英仏海峡** la Manica女

英仏海峡トンネル tunnel男 sotto la Manica; 〔英〕 Eurotunnel男

えいぶんがく 英文学 letteratura女 inglese

❖**英文学者** studioso男 [女 -a] di letteratura inglese

英文学科 dipartimento男 di letteratura inglese

えいぶんぽう 英文法 grammatica女 inglese

えいへい 衛兵 guardia女, sentinella女

❖**衛兵交代** cambio男 [複 -i] della guardia

衛兵所 posto男 di guardia

えいべい 英米 Inghilterra女 e America女 [Stati男 [複] Uniti]

❖**英米文学** letteratura女 anglo-americana

えいほう 泳法 stile男 di nuoto ¶潜水泳法 stile di nuoto subacqueo

えいほう 鋭鋒 ¶彼の鋭鋒にたじたじとなった. Mi ha assalito con parole veementi zittendomi.

えいみん 永眠 sonno男 eterno, trapasso男 ◇永眠する spegnersi, esalare l'ultimo respiro, rendere l'anima a Dio

えいやく 英訳 traduzione女 (in) inglese ◇英訳する tradurre ql.co. in inglese

えいゆう 英雄 eroe男 [女 eroina]; grand'uomo男 [複 grandi uomini] ◇英雄的な eroico [男複 -ci] ◇英雄的に eroicamente ¶不世出の英雄 eroe senza pari ¶英雄的な行為 eroismo男

〔慣用〕**英雄色を好む** Gli eroi sono sensibili al fascino femminile.

❖**英雄譚**(たん) poema男 [複 -i] epico [複 -ci], epopea女

えいよ 栄誉〈名誉〉onore男, gloria女

❖**栄誉礼** onori男 [複] militari

えいよう 栄養 nutrizione女; (食べ物) nutrimento男, alimentazione女, sostentamento男 ¶栄養のある nutriente, nutritivo ¶栄養のいい[悪い／不十分な] 子供 bambino「ben nutrito [malnutrito / denutrito] ¶栄養をとる assumere [ingerire] alimenti, nutrirsi bene

❖**栄養価** valore男 nutritivo ¶栄養価が高い[低い] avere un alto [basso] potere nutritivo

栄養学 dietetica女

栄養過剰 sovralimentazione女

栄養士 dietista男女 [男複 -i]

栄養失調 malnutrizione女, distrofia女

栄養障害 disturbo男 trofico [複 -ci]

栄養素〔分〕alimento男, nutrimento男, sostanza女 nutritiva

栄養ドリンク bevanda女 vitaminica

栄養不足[**不良**] sottoalimentazione女, insufficienza女 alimentare, denutrizione女

栄養物 cibo nutriente [nutritivo]
栄養補助食品 integratore alimentare

えいり 営利 profitto, lucro ◇営利的 produttivo, proficuo, fruttuoso ¶営利目的で a scopo di lucro
✤**営利事業** impresa [attività] commerciale
営利主義 commercialismo, spirito commerciale
営利団体 organizzazione a scopo di lucro
営利法人 ente a scopo di lucro
営利誘拐 rapimento a scopo di estorsione

えいり 鋭利 ◇鋭利な〈刃物などが〉tagliente, aguzzo;〈研いだ〉affilato;〈頭脳などが〉acuto, penetrante ¶鋭利な刃物 lama tagliente [affilata]

エイリアン〔英 alien〕alieno [-a]

えいりん 映倫〈映画倫理規定管理委員会〉Commissione di Revisione Cinematografica

えいりん 営林
✤**営林署** sezione locale dell'amministrazione delle foreste e dei boschi

えいわじてん 英和辞典 dizionario [複 -i] [vocabolario 複 -i] inglese-giapponese [無変]

えいん 会陰〔解〕perineo

ええ 1〈返事〉sì 2〈驚き〉eh?, cosa?, come? 3〈ためらい, 疑い〉ehm

エーヴイじょゆう AV女優 attrice porno [無変]

エーカー〔英 acre〕《面積の単位》acro

エークラス Aクラス《チーム》serie [無変] A;《最高級》prima classe, prima qualità, prim'ordine ¶Aクラスの di prim'ordine

エージェント〔英 agent〕《代理店》agenzia;《代理業者》agente

エース〔英 ace〕1《第一人者》asso ¶彼は我々のチームのエースだ. È l'asso della nostra squadra. 2《トランプの》asso ¶ハートのエース l'asso di cuori →トランプ 関連 3《テニスで》¶サービスエース servizio vincente

エーディーエイチディー ADHD〔医〕《注意欠陥多動性障害》disturbo di ipercinesia

エーディーエーけっそんしょう ADA欠損症〔医〕deficit [無変] di adenosina deaminasi

エーテル〔独 ether〕〔化〕etere
✤**エーテル麻酔** eterizzazione

エーデルワイス〔独 Edelweiß〕〔植〕stella alpina; edelweiss [無変]

ええと〈待てよ〉vediamo un po', beh, ehm, dunque ¶彼の名は, ええと, 山田だったかな. Il suo nome, ehm..., dovrebbe essere Yamada.

エービーエス ABS《アンチロックブレーキシステム》〔英〕ABS [abbiésse] [無変], sistema [複 -i] antibloccaggio [無変], antibloccoo [無変]

エービーエスじゅし ABS樹脂〔化〕resina ABS

エービーシー〔英 ABC〕《アルファベット》abc, abbiccì;《alfabeto;《初歩》primi elementi [複], rudimenti [複] ¶ABC順に in ordine alfabetico ¶ABCからやり直す ricominciare da capo [dall'inizio]
✤**ABC兵器** armamenti [複] atomici, biologici e chimici

エープリルフール〔英 April fool〕pesce d'aprile ¶今年もエイプリルフールにひっかかってしまった. Mi hanno fatto un pesce d'aprile anche quest'anno.

エール〔英 yell〕《応援の叫び》grido [複 le grida] d'incitamento

えがお 笑顔 viso sorridente, volto ridente ¶笑顔で迎える salutare [dare il benvenuto a] qlcu. con un sorriso ¶笑顔になる illuminarsi tutto ¶笑顔を作る fare un sorriso forzato ¶私に笑顔を向けた. Si è rivolto a me con un sorriso.

えかき 絵描き 1《絵を書くこと》¶お絵書きしましょう. Facciamo un disegno. 2《画家》pittore [-trice]

えがく 描く 1【絵や形をかく】《線描する》disegnare, fare un disegno di ql.co. [qlcu.];《絵筆で》dipingere, pitturare;《スケッチする》fare uno schizzo di ql.co. [qlcu.], schizzare;《線・図形を》tracciare;《挿絵を》illustrare ¶家の設計図を描く tracciare [disegnare] il progetto di una casa ¶鷲(ｼ)が空に輪を描いて飛んでいる. Un'aquila vola in cielo descrivendo un cerchio.
2【文章・音楽などで表現する】descrivere, rappresentare ¶この交響曲は田園の風景を描いている. Questa sinfonia rappresenta [descrive] un paesaggio pastorale.
3【思い浮かべる】raffigurarsi ql.co., immaginarsi ql.co. [che→接続法]

えがたい 得難い difficile da ottenere;《まれな》raro;《貴重な》prezioso ¶得難い人物 persona preziosa [insostituibile]

えがら 絵柄 disegno, motivo

えがらっぽい →いがらっぽい

えき 易 divinazione; predizione;《易学》arti [複] divinatorie ¶易を見る divinare ql.co. / predire ql.co. /《星で》fare un oroscopo /《手相で》leggere la mano (di qlcu.)
✤**易経** I-Ching, lo Yi-Jing, il Libro dei Mutamenti

えき 益《役に立つこと》utilità;《利益》beneficio [複 -ci], vantaggio [複 -gi], profitto ◇益する《利益になる》giovare [av, es] [essere utile] a ql.co. [qlcu.];《利益を引き出す》trarre profitto da ql.co.

えき 液《液体》liquido, fluido;《果実の》succo [複 -chi];《樹液》linfa;《溶液》soluzione;《分泌液》secrezione ◇液状の liquido, fluido;《液化した》liquefatto

えき 駅 stazione; fermata ◇→次ページ 図版, 162ページ 会話 ¶新宿駅 la stazione di Shinjuku ¶始発[終着]駅 stazione di testa/ capolinea ¶通過駅 stazione di transito [di passaggio] ¶乗り換え駅 stazione di coincidenza ¶中央駅 stazione centrale ¶地下鉄の駅 stazione della metropolitana [del metrò] ¶市電の駅 fermata [marciapiede] del tram ¶貨物駅 scalo merci ¶駅の構内で nella stazione ¶次の駅で scendere alla prossima stazione ¶「上野まで駅はあといくつですか」「あと4つです」 "Quante fermate ci sono prima di Ueno?" "Ce ne sono ancora quattro."

えきいん 駅員 ferroviere [-a], impiegato

[男] [[女] *-a*] della stazione

えきか 液化 liquefazione[女] ◇液化する《他のものを》liquefare; 《自らが》liquefarsi

✤液化ガス gas[男] [無変] liquefatto [liquido]

液化石油ガス gas[男] di petrolio liquefatto; 《略》GPL[男]

液化天然ガス gas[男] naturale liquefatto; 《略》GNL[男]

えきがく 易学 arti[女] [複] divinatorie

えきがく 疫学 epidemiologia[女] ◇疫学の epidemiologi*co* [[男]複 *-ci*]

えきぎゅう 役牛 《耕作用》bue[男] [複 *buoi*] da tiro; 《運搬用》bue[男] da soma

えきざい 液剤 medicinale[男] liquido; 《殺虫剤》insetticid*a*[男] [複 *-i*], 《殺菌・防腐剤》antisetti*co*[男] [複 *-ci*]

✤液剤散布 aspersione[女] di antisettico

エキサイト 〔英 excite〕 eccitazione[女] ◇エキサイトする eccitarsi ¶試合に観客が次第にエキサイトしてきた. Alla partita, l'eccitazione degli spettatori cresceva sempre più.

エキジビション 〔英 exhibition〕 esibizione[女]

✤エキジビションマッチ[ゲーム] incontro[男] [partita[女]] amichevole, esibizione[女]

えきしゃ 易者 indovin*o*[男] [[女] *-a*], divina*tore*[男] [[女] *-trice*]; 《占星術師》astrolog*o*[男] [[女] *-ga*; [男]複 *-gi, -ghi*]; 《手相見》chiromante[男][女]

えきしゃ 駅舎 edifi*cio*[男] [複 *-ci*] di una stazione[女] ferroviaria

えきしょう 液晶 cristallo[男] liquido

✤液晶ディスプレー[モニター] monitor[男] [無変] a cristalli liquidi; monitor[男] [schermo[男]] LCD

液晶テレビ tv[女] [無変] a「cristalli liquidi [LCD]

液晶表示 display[男] [無変] a cristalli liquidi

えきじょうか 液状化 〔地質〕 liquefazione[女]

✤液状化現象 fenomeno[男] di liquefazione

エキス estratto[男], essenza[女]

エキストラ 〔英 extra〕 **1** 〔映・テ〕 comparsa[女] ¶僕はこの映画にエキストラで出た. Ho fatto la comparsa in questo film. **2** 《追加の》supplementare, addizionale; 《特別の, 臨時の》straordinar*io* [[男]複 *-i*] ¶エキストラチャージを取られた. Mi hanno fatto pagare un supplemento.

エキスパート 〔英 expert〕 espert*o*[男] [[女] *-a*] (in [di] *ql.co.*); specialist*a*[男][女] [[男]複 *-i*] (in *ql.co.*); perit*o*[男] [[女] *-a*]

エキスパンダー 〔英 expander〕 estensore[男] per il torace

エキスポ EXPO 〔仏〕 expo [ɛkspó] [女] [無変], esposizione[女] internazionale

エキゾチシズム 〔英 exoticism〕 esotismo[男]

エキゾチック 〔英 exotic〕 eso*tico* [[男]複 *-ci*]

えきたい 液体 liquido[男]

✤液体空気 aria[女] liquida

液体酸素[水素/窒素] ossigeno[男] [idrogeno[男] / azoto[男]] liquido

液体洗剤 detersivo[男] liquido

液体燃料 propellente[男] liquido

えきちく 役畜 bestiame[男] da lavoro

えきちょう 益鳥 uccello[男] utile

えきちょう 駅長 capostazione[男] [女] [[男]複 *capistazione*; [女]複 capostazione]

✤駅長室 uffi*cio*[男] [複 *-ci*] del capostazione

えきでん(きょうそう) 駅伝(競走) maratona

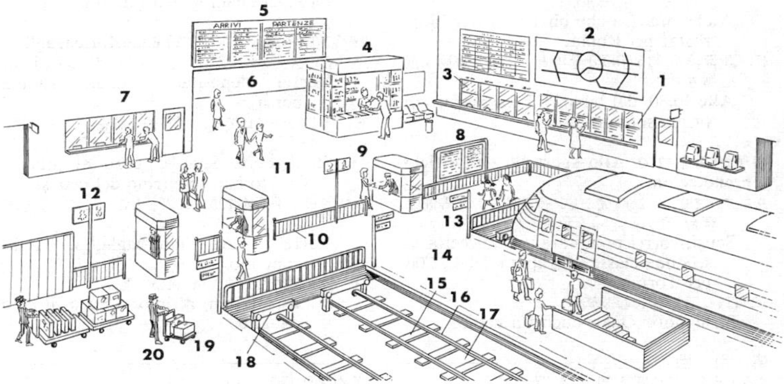

駅

1 切符自動販売機 emettitrice[女] automatica di biglietti. **2** 鉄道路線図 pianta[女] della rete ferroviaria. **3** 出札所 biglietteria[女]. **4** 売店 chiosco[男]. **5** 発着表示板 quadro[男] degli arrivi e delle partenze. **6** 出入り口 entrata[女] e uscita[女]. **7** 案内所 ufficio[男] informazioni. **8** 時刻表 orario[男] ferroviario. **9** 改札口 ingresso[男] per il controllo dei biglietti. **10** 改札柵 barriera[女]. **11** コンコース atrio[男]. **12** プラットホームナンバー numero[男] del binario. **13** 行き先表示板 cartello[男] indicatore di destinazione. **14** プラットホーム marciapiede[男]. **15** 枕木 traversa[女]. **16** レール rotaia[女]. **17** 軌道 binario[男]. **18** 車止め fermacarro[男]. **19** 手荷物運搬用手押し車 carrello[男] per bagagli. **20** ポーター portabagagli[男] [無変].

えきどめ 駅留め・駅止め consegna㊛ [ritiro㊚] alla stazione ◇駅留めの fermo stazione [無変]
❖駅留め小荷物 pacco㊚ [複 -chi] fermo stazione
えきばしゃ 駅馬車 diligenza㊛, corriera㊛
えきびょう 疫病 epidemia㊛, malattia㊛ contagiosa [epidemica]
❖疫病流行地域 zona㊛ [area㊛] infetta
えきビル 駅ビル edificio㊚ [複 -ci] con negozi e stazione annessa
えきべん 駅弁 cestino㊚ da viaggio
えきまえ 駅前
❖駅前交番 posto㊚ di polizia di fronte alla stazione
駅前広場 piazza㊛ [piazzale㊚] della stazione
えきむばいしょう 役務賠償 risarcimento㊚ corrisposto tramite servizi [lavoro]
えきり 疫痢 dissenteria㊛ infantile
エクササイズ 〔英 exercise〕 esercizio㊚ [複 -ci]
エクスタシー 〔英 ecstasy〕 estasi㊛ [無変] ¶エクスタシーに達する andare in estasi
エクストラネット 〔英 extranet〕《コンピュータ》〔英〕 extranet㊛ [無変]
えくぼ fossetta㊛ ¶彼女は笑うとえくぼができる. Quando sorride, sulle sue guance si formano due fossette.
えぐる 抉る scavare, incavare; 《切り取る》tagliar via; 《摘出する》 estirpare, asportare ¶彼は人の肺腑をえぐるような辛辣な言葉を吐いた. Proferì parole taglienti come un rasoio. ¶私は胸をえぐられるように悲しかった. Ero di una tristezza straziante.
エクレア 〔仏 éclair〕 bignè㊚ [無変] al cioccolato
えげつない 《下品な》 volgare, villano; 《非情な》 spietato, senza cuore
エゴ 〔ラ ego〕 ego㊚ [無変], l'io㊚ [無変]
エゴイスティック 〔英 egoistic〕 ◇エゴイスティックな egoistico [㊚複 -ci]
エゴイスト 〔英 egoist〕 egoista㊚㊛ [㊚複 -i]
エゴイズム 〔英 egoism〕 egoismo㊚
えこう 回向 ◇回向する《祈る》 recitare le pre-

《会話》 駅で Alla stazione

■切符売り場で Alla biglietteria

A: フィレンツェまでの１等[２等]の切符を１枚ください.
Per favore, un biglietto di prima [seconda] classe per Firenze.

B: 往復ですか, 片道ですか.
Andata e ritorno o solo andata?

A: 往復です.
Andata e ritorno.

A: ローマ行きのユーロスターは何時に出発ですか[何番線から出ますか].
A che ora [Da che binario] parte l'Eurostar per Roma?

B: ３番線から15時30分発です. １等の車両は前寄りです.
Alle 15.30, dal binario 3. Le vetture di prima sono in testa.

■予約用窓口で Allo sportello dell'ufficio prenotazioni

A: すみません. 23時発トリノ行き特急の２等簡易寝台[クシェット]を予約したいのですが.
Scusi, vorrei prenotare una cuccetta di seconda classe sul rapido delle 23.00 per Torino.

B: はい, どの段にしますか.
Sì, signore. Quale cuccetta vuole?

A: できれば, 上[中 / 下]段にしたいのですが.
Se è possibile, preferisco una cuccetta in alto [mezzo / basso].

■案内所の窓口で Allo sportello dell'ufficio informazioni

A: シエナまで乗り換えなしで行ける列車はありますか.
C'è un treno diretto per Siena?

B: ありません. エンポリで乗り換えてください.
No. Deve cambiare a Empoli.

■手荷物一時預り所で Al deposito bagagli

A: このスーツケース[バッグ]を預けたいのですが.
Vorrei depositare questa valigia [borsa].

B: １日５ユーロです. 引き替え証をお持ちください.
Sì, signore. Sono 5 euro al giorno. Questo è lo scontrino del deposito.

A: 預けた手荷物を取りに来ました. これが引き替え証です.
Vorrei ritirare il mio bagaglio, ecco lo scontrino.

B: 少々お待ちください. はい, どうぞ.
Sì, aspetti un attimo... Ecco il suo bagaglio.

応用例

すみません, この席は空いてますか.
Scusi, è libero questo posto?

恐れいります. 切符を拝見いたします.
Signori, i biglietti, prego.

窓側の[中央の / 通路側の]席がいいのですが.
Preferirei un posto [vicino al finestrino [centrale / vicino al corridoio].

喫煙席[禁煙席]がいいのですが.
Vorrei un posto fumatori [non fumatori].

予約を取り消したいのですが.
Vorrei disdire [cancellare] la mia prenotazione.

荷物を網棚に載せるのを手伝っていただけますか.
Potrebbe aiutarmi a mettere su il bagaglio?

窓を開けていいですか.
Posso aprire il finestrino?

エコー 〔英 echo〕 eco㊛ または㊚ [複 gli echi] ¶声にエコーをかける fare echeggiare la voce
エコカー automobile㊛ ecologica
エコグッズ prodotto㊚ ecologico [複 -ci]
えごころ 絵心 ¶絵心がある avere attitudine per la pittura
えこじ 依怙地 →意固地
エコツーリズム 〔英 ecotourism〕 ecoturismo㊚
エコノミー 〔英 economy〕 economia㊛
❖エコノミークラス classe㊛ economica
エコノミークラス症候群 《急性肺動脈血栓塞栓症》《医》 sindrome㊛ da classe economica
エコノミスト 〔英 economist〕 economista㊚㊛ [㊚複 -i]
えこひいき 依怙贔屓 parzialità㊛ (in favore di qlcu.); 《偏愛》predilezione㊛ (per qlcu.); 《上役の》favoritismo㊚ ◇えこひいきする essere parziale verso qlcu., prediligere qlcu., favorire qlcu. ¶えこひいきなしに imparzialmente / disinteressatamente ¶彼はえこひいきがない. È imparziale. / Non fa parzialità.
エコビジネス ecobusiness㊚ [無変]
エコマーク marchio㊚ [複 -chi] ecologico [複 -ci]
エコラベル 〔英 ecolabel〕 etichetta㊛ ecologica
エコロジー 〔英 ecology〕 ecologia㊛ [複 -gie] ◇エコロジーの ecologico [㊚複 -ci]
エコロジスト 〔英 ecologist〕《生態学者》ecologista㊚㊛ [㊚複 -i]; ecologo [㊚ -ga; ㊛複 -gi] 《環境保全運動家》ecologista㊚㊛ [㊚複 -i]
えさ 餌 **1**《飼料》mangime㊚; 《草と穀類の混合》foraggio㊚ [複 -gi] ¶鶏にえさをやる dare da mangiare ai polli / nutrire i polli
2《釣り餌》esca㊛ ¶釣り針にえさをつける munire un amo di esca / mettere un'esca a un amo
3《誘惑》lusinga㊛, allettamento㊚, esca㊛; 《おとり》richiamo㊚ ¶高利回りにえさに人々をひきつける attirare la gente offrendo alti interessi
えし 絵師 pittore㊚ [㊛ -trice]
えし 壊死 necrosi㊛ [無変] ◇壊死の necrotico

■駅の構内放送
お知らせいたします. ナポリ発インターシティー863号は約40分の遅れが出ています.
Attenzione, prego. L'Intercity 863 proveniente da Napoli viaggia con circa 40 minuti di ritardo.
10時15分のミラノ発ローマ行ユーロスター813号は, 11番線ではなく, 8番線に到着します.
Si informano i signori viaggiatori che l'Eurostar 813 delle ore 10.15 proveniente da Milano per Roma arriverà al binario 8 anziché al binario 11.

■駅での掲示文
あらかじめ切符をお求めのうえ, ご乗車ください.
Munirsi del biglietto a terra.
反対側からお降りください.
Scendere dal lato opposto.
線路の横断禁止.
Vietato attraversare i binari.

用 語 集 •
●駅の構内と人
イタリア鉄道 Trenitalia㊛, Ferrovie㊛ [複] dello Stato, FS㊛ [複]. 切符売り場 biglietteria㊛. 待合室 sala㊛ d'aspetto. 案内所, インフォメーション ufficio㊚ informazioni;《掲示》"i". 忘れ物取扱所 ufficio㊚ oggetti smarriti. 手荷物預り所 deposito㊚ bagagli. 手荷物 bagaglio㊚. ホーム binario㊚. 預かり品, 引き替え証 scontrino㊚ (bagagli). 鉄道員 ferroviere㊚. 検札車掌 controllore㊚. ポーター facchino㊚. 鉄道警察(隊) polizia㊛ ferroviaria. 乗客 viaggiatore㊚ [㊛ -trice].

●列車の種類と発着
列車, 電車 treno㊚. ユーロスター〔英〕Eurostar㊚ [無変];《略》ES(◆国内の特急列車で, 指定席のみ, 全席禁煙). インターシティ〔英〕Intercity㊚ [無変];《略》IC(◆国内の特急列車で, 予約が可能). ユーロナイト〔英〕Euronight㊚ [無変]. 急行 espresso㊚;《略》Expr. 準急, 直行㊚;《略》Dir.. ローカル regionale㊚;《略》Reg.. 各駅停車 locale㊚;《略》Loc.. 地下鉄 metropolitana㊛;《親》metro㊛ [無変], metrò㊚ [無変]. 市電 tram㊚ [無変];《独立した軌道の》metropolitana leggera. 時刻表 orario㊚. 出発 partenza㊛. 到着 arrivo㊚. 接続便 coincidenza㊛. 平[休]日 giorno㊚ feriale [festivo]. 定刻で運行している [遅れている / より早い] essere puntuale [in ritardo / in anticipo]. ストライキ sciopero㊚. 遅れ ritardo㊚.

●切符
切符 biglietto㊚. 往復 andata㊛ e ritorno㊚. 片道 (solo) andata㊛. 割引切符 biglietto㊚ ridotto. 1[2]等 prima [seconda] classe㊛. 予約 prenotazione㊛. 料金[切符]の払い戻し rimborso㊚ della tariffa [del biglietto]. 特急料金 supplemento㊚ rapido.

●車両と車内
車両 carrozza㊛, vettura㊛. 先頭車両 carrozza㊛ di [in] testa. 中ほどの車両 carrozza㊛ centrale. 最後尾の車両 carrozza㊛ di [in] coda. 最後尾[最後尾]の車両に乗る salire in testa [in coda]. 喫煙[禁煙]車 carrozza㊛ fumatori [non fumatori]. 食堂車 carrozza㊛ ristorante [無変]. 寝台車 vagone㊚ letto [無変]. クシェット, 簡易寝台 cuccetta㊛. コンパートメント compartimento㊚, scompartimento㊚. トイレ〔仏〕toilette㊛ [無変], bagno㊚, ritirata㊛.

[[男]複 -ci] ◇壊死する necrotiẓẓarsi ¶膵臓(すいぞう)壊死 necroṣi pancreatica [del pancreas] ¶壊死を起こす necrotiẓẓare

えじき 餌食 《獲物》preda[女];《犠牲》vittima[女] ¶海に落ちればふかの餌食になる. Se cadi in mare, sarai preda degli squali. ¶彼は悪名高い詐欺師の餌食になった. È diventato vittima [È caduto nelle mani] di un famoso truffatore.

エジプトまめ エジプト豆 cece[男]

えしゃく 会釈 inchino[男] ◇会釈する fare un inchino [inchinarsi] a *qlcu.*

エシャロット 〔仏 échalote〕〖料〗scalogno[男]

エス S ¶エスサイズ taglia piccola ¶S字形のカーブ curva ad S

エスアイディーエス SIDS《乳幼児突然死症候群》〖医〗〖英〗SIDS[女]; sindrome[女] della morte improvviṣa del lattante (neonato)

エスエフ 〔英 SF〕 fantascienza[女]

✤**SF映画** film[男][無変] di fantascienza

SF小説 romanẓo[男] fantascientifi*co* [複 -*ci*] [di fantascienza]

エスエム SM 《サドマゾヒズム》sadomasochiṣmo[男]

エスエル SL《蒸気機関車》locomotiva[女] a vapore

エスオーエス SOS 〔英〕 SOS[男][無変], segnale[男] di pericolo ¶エスオーエスを発する[受信する] lanciare [ricevere] un SOS ¶エスオーエスである《危機》essere in pericolo

エスカルゴ 〔仏 escargot〕〖料〗lumaca[女]

エスカレーター 〔英 escalator〕 scala[女] mobile ¶昇り[下り]のエスカレーターに乗る prendere la scala mobile in salita [in discesa] ¶エスカレーターで上る[下る] salire [scendere] su una scala mobile

✤**エスカレーター条項** clauṣola[女] della scala mobile

エスカレート 〔英 escalate〕 ◇エスカレートする《増す, 強くなる》aumentare, intensificarsi

エスキモー 〔英 Eskimo〕 eschimese[男][女] ◇エスキモーの eschimese

エスケープ 〔英 escape〕 ◇エスケープする《こっそり抜け出す》squagliarsela, ṣvignarsela;《学校・授業を》marinare la scuola [le lezioni]

✤**エスケープキー** 〖コンピュータ〗tasto[男] escape

エスディーアイ SDI《戦略防衛構想》Iniziativa[女] di Difesa Strategica;《略》〖英〗SDI[女];《新聞用語で》scudo[男] spaziale

エステティシャン 〔仏 esthéticien〕 estetist*a* [男][女] [[男]複 -*i*]

エステティック 〔英 aesthetic〕 bellezza[女] estetica ◇エステティックの este*tico* [[男]複 -*ci*]

✤**エステティックサロン** centro[男] estetico, istituto[男] di bellezza

エステル 〔独 Ester〕〖化〗estere[男]

エストラゴン 〔仏 estragon〕〖植・料〗dragoncello[男]

エスピー SP **1**《要人警護の私服警官》agente[男] di scorta **2**《レコード盤》(di*sco*[男][複 -*schi*] a) 78 giri[男][無変]

エスプリ 〔仏 esprit〕《精神, 機知》¶エスプリに富んだ文章 stile estremamente arguto

エスプレッソコーヒー caffè[男] espresso, espresso[男]

エスペランチスト 〔英 Esperantist〕 esperantist*a*[男][女] [[男]複 -*i*]

エスペラント 〔英 Esperanto〕 esperanto[男]

えせ- 似非-・似而非- pseudo-; sedicente, falso, faṣullo, finto

✤**えせ学者** studios*o*[男][[女] -*a*] sedicente; saccente[男][女]

えせ君子 lupo[男] in veste d'agnello

えそ 壊疽 〖医〗cancrena[女] secca

えぞ 蝦夷 Ezo[男], Yezo[男] (◆ nome con cui veniva in passato definita l'iṣola di Hokkaido)

✤**エゾギク**〖植〗astro[男] cinese

エゾマツ〖植〗abete[男] nero;《学名》*Picea jezoensis*

えそらごと 絵空事 chimera[女], sogno[男], fantasticheria[女] ¶そんな計画は絵空事にすぎない. Un simile progetto non è che una chimera.

えだ 枝 ramo[男];《小枝》ramoscello[男], rametto[男];《葉に覆われた》frasca[女]; fronda[女] (►frondaは複数で, 総称的に樹木全体の葉・枝を表す);《幹から出ている大枝》ramo[男] primar*io* [複 -*i*] ¶大きく広がった枝 rami molto estesi ¶枝を刈り込む tagliare i rami /《剪定(せんてい)》potare l'albero ¶庭の柿の木には枝もたわわに実がなっている. L'albero di cachi nel giardino è pieno [stracarico] di frutti.

えたい 得体 ◇得体の知れない《不可解な》misterioso, enigma*tico* [[男]複 -*ci*], incomprensibile;《正体不明の》sconosciuto;《うす気味悪い》strano ¶得体の知れない病気 malattia sconosciuta

えだげ 枝毛 doppie punte[女][複] ai capelli

エタノール 〔英 ethanol〕〖化〗etanolo[男], alcol[男][無変] etilico

えだは 枝葉 《枝と葉》rami[男][複] e foglie[女][複] ¶枝葉の問題 questione secondaria

えだぶり 枝ぶり forma[女] estetica di un'albero ¶枝ぶりのいい松 pino con i rami armoniosamente disposti

えだまめ 枝豆 fagioli[男][複] di soia verdi

えだみち 枝道 **1**《道の》strada[女] secondaria, via[女] traversa

2《話の》digressione[女] ¶話が枝道にそれた. Il discorso si è allontanato dal tema.

えだわかれ 枝分かれ ◇枝分かれする ramificarsi

エタン 〔独 Äthan〕〖化〗etano[男]

エチケット 〔仏 étiquette〕 etichetta[女], buone maniere[女][複], buona educazione[女], galateo[男] ¶エチケットを守る osservare le buone maniere [le regole dell'etichetta]

エチュード 〔仏 étude〕《習作, 練習曲》stud*io* [男][複 -*i*]

エチル 〔独 Äthyl〕〖化〗etile[男]

✤**エチルアルコール** alcol[男][無変] etili*co* [複 -*ci*], etanolo[男]

エチレン 〔独 Äthylen〕〖化〗etilene[男]

✤**エチレンガス** gas[男][無変] etilenico

エチレングリコール glicole [gli-][男] etilenico

えっ eh?, come?, cosa? ¶えっ, なに. Come? Cosa hai detto?

えつ 悦 ¶悦に入る compiacersi「di *se stesso*

えっきょう 越境 sconfinamento⒨;《不法な》violazione⒡ di frontiera ◇越境する sconfinare⒤[av]《へ in》, varcare il confine, passare [oltrepassare] la frontiera ¶越境入学する iscriversi a una scuola fuori del *proprio* distretto

エックス 〔英 X〕x⒨⒩, ics⒨⒩[無変];《(未知数)》incognita⒡ ¶エックス形の fatto a X / a forma di X
✤X脚 gambe⒡[複] dal ginocchio valgo
X軸〔数〕asse⒨ delle acisse [delle x]
X線 raggi⒨[複] X [Röntgen] ¶X線で調べる esaminare *qlcu*. [*ql.co*.] ai raggi X
X線写真 schermografia⒡
X線治療 terapia⒡ ai raggi X

えづけ 餌付け ¶猿の餌付けをする ammansire le scimmie selvatiche con del cibo

えっけん 越権 abuso⒨ di autorità [di potere]
✤越権行為 pretesa⒡ arrogante [ingiusta], condotta⒡ scorretta, prevaricazione⒡ ¶越権行為をする abusare della *propria* autorità/ prevaricare

えっけん 謁見 udienza⒡ ¶謁見を賜る concedere un'udienza a *qlcu*. ¶教皇が謁見を許す. Il papa concede un'udienza.
✤謁見室 sala⒡ delle udienze

エッセイ 〔英 essay〕saggio⒨[複 -gi]

エッセイスト 〔英 essayist〕saggista⒨ ⒡[複 -i]

エッセンス 〔英 essence〕essenza⒡ ¶レモンのエッセンス essenza di limone ¶学問のエッセンス l'essenza dello scibile

えっちらおっちら laboriosamente, con fatica

エッチング 〔英 etching〕(incisione⒡ all')acquaforte⒡

えっとう 越冬 svernamento⒨;《動物の》ibernazione⒡ ◇越冬する passare l'inverno, svernare; ibernare ¶南極越冬隊 spedizione che trascorre l'inverno nell'antartide

えつねん 越年 ◇越年する entrare nell'anno nuovo ◇越年性の〘植〙biennale

えっへっへ 《擬》hi hi hi

えっぺい 閲兵 ◇閲兵する passare in rivista [in rassegna] le truppe
✤閲兵式 rassegna⒡ militare, parata⒡

えつらく 悦楽 piaceri⒨[複], divertimenti⒨[複], bella [dolce] vita⒡

えつらん 閲覧 lettura⒡; consultazione⒡ ◇閲覧する leggere; consultare
✤閲覧券 tessera⒡ d'ammissione ad una biblioteca
閲覧室 sala⒡ di lettura
閲覧者 lettore⒨[⒡ -trice]
閲覧ソフト《コンピュータ》software⒨[無変] per leggere

えて 得手 punto⒨ forte, forte⒨ ¶人には得手不得手がある. Ciascuno ha i suoi punti forti e i suoi punti deboli.
[慣用] 得手に帆を揚げる avere la fortuna di sfruttare pienamente le *proprie* capacità

エディプスコンプレックス 〔英 Oedipus complex〕〘心〙complesso⒨ edipico [複 -ci] [di Edipo], edipo⒨

えてかって 得手勝手《自分勝手》egoismo⒨ ◇得手勝手な egoistico [⒨複 -ci]

えてして ¶えてして…しがちである essere soggetto [incline / portato] a + 不定詞 / rischiare di + 不定詞 ¶慌てるとえてして忘れ物をする. Quando si ha fretta è facile dimenticare qualche cosa.

エデンのその エデンの園 Eden, paradiso⒨ terrestre

えと 干支《十干(ジッカン)十二支》il sistema⒨ sessagesimale;《十二支》i dodici segni⒨[複] dell'oroscopo nel calendario (astrologico cinese) ¶今年の干支は酉(トリ)だ. Secondo il calendario astrologico cinese questo è l'anno del Gallo.

┌─[日本事情] 干支──────────────┐
│ Sistema sessagesimale ideato per indicare anni, mesi, giorni, direzioni, ecc., secondo i 60 simboli di classificazione di origine cinese, alla cui ideazione contribuirono dottrine astronomiche e filosofiche: (a) dottrina di Yin e Yang, "E" fratello maggiore, cioè Yang (valenza positiva) e "TO", fratello minore cioè Yin (valenza negativa); (b) dottrina taoista secondo cui l'Universo è costituito di 5 elementi; legno, fuoco, terra, metallo, acqua, a loro volta distinti in positivo e negativo (dieci segni ideografici); (c) dottrina astronomica basata sul moto di rotazione di Giove che assume 12 posizioni cui corrispondono 12 segni ideografici, indicati con 12 nomi di animali. Questo sistema fu introdotto anticamente in Giappone e utilizzato ufficialmente fino alla Riforma Meiji.
└──────────────────────────┘

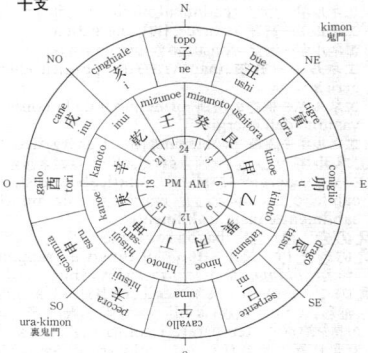
干支

えど 江戸 Edo, Yedo⒨
[慣用] 江戸の敵(カタキ)を長崎で討(ウ)つ vendicarsi di *qlcu*. in un modo, in una località e in un'occasione inaspettati [assurdi]

えとき 絵解き 1《絵を説明すること》interpreta-

えとく 会得 ◇会得する imparare a fare ql.co., comprendere ql.co. a fondo, impadronirsi di ql.co.

エトス 〔ギ ēthos〕《哲》ethos男[無変], morale男

えどっこ 江戸っ子 edochiano男[女 -a], nativo男[女 -a] di Tokyo

エトルリア Etruria ◇エトルリアの etrusco[男複 -schi]
✤**エトルリア学** etruscologia女
エトルリア人 gli Etruschi男[複]
エトルリア美術 arte女 etrusca

えな 胞衣 《解》placenta女

エナメル 〔英 enamel〕《ほうろう》smalto男 《ペンキ・ワニスなど》vernice女 ¶…にエナメルを塗る smaltare ql.co. ¶エナメルの靴 scarpe lucide [di copale] ¶エナメル革 cuoio verniciato
✤**エナメル質** 《解》smalto男

えにし 縁 →縁(えん)1, 2

エニシダ 〔ス hiniesta〕《植》ginestra女

えにっき 絵日記 diario男[複 -i] illustrato

エヌジー NG 《映》《エヌジーを出す(監督が)》bocciare una scena mal riuscita /《俳優が》sbagliare una scena

エヌジーオー NGO 《政》organizzazione女 non governativa; 《略》ONG

エヌピーオー NPO 《経》organizzazione女 "no-profit [no profit]"

エネルギー 〔独 Energie〕energia女[複 -gie] ¶運動エネルギー energia cinetica / forza viva ¶原子[電気 / 熱 / 位置]エネルギー energia atomica [elettrica / termica / potenziale]
✤**エネルギー革命[危機]** rivoluzione [crisi女[無変]] energetica
エネルギー効率 rendimento男 di energia
エネルギー資源 risorse女[複] energetiche
エネルギー消費 consumo男 energetico[複 -ci]
エネルギー政策 (manovra女 di) politica energetica
エネルギー保存の法則 principio男 della conservazione dell'energia
エネルギー問題 problema男[複 -i] energetico

エネルギッシュ 〔独 energisch〕◇エネルギッシュな energico[複 -ci], infaticabile, instancabile ◇エネルギッシュに energicamente, infaticabilmente, instancabilmente

えのき 榎 《植》bagolaro男 cinese

えのきたけ 榎茸 tipo男 di fungo a grappoli; 《学名》*Flammulina velutipes* (Fr.) Sing.

えのぐ 絵の具 《水彩》colori男[複] ad acqua; 《油彩》colori男[複] a olio →絵画 図版 ¶水で絵の具を溶かす stemperare i colori nell'acqua ¶背景に緑の絵の具を塗る colorare di verde lo sfondo
✤**絵の具箱** scatola女 dei colori

えはがき 絵葉書 cartolina女 illustrata

えび 海老 《伊勢えびの類》aragosta女;《中型》gambero男;《車えび》gamberone男;《小えび, 芝えび》gamberetto男 ¶あかざえび scampo ¶手長えび gamberone delle rocce ¶てっぽうえび gamberone di sabbia ¶大正えび gamberone mazzancolla ¶がざみえび grancetta ¶オマールえび omaro / astice
|慣 用|えびで鯛(たい)を釣る dare un uovo per avere una gallina

エピキュリアン 〔英 epicurean〕epicureo男[女 -a]

エピグラム 〔英 epigram〕epigramma男[複 -i]

えびす 恵比須 dio男 della ricchezza ¶えびす顔をしている avere il viso raggiante

エピソード 〔英 episode〕episodio男[複 -i];《逸話》aneddoto男

えびちゃ 葡萄茶・海老茶 ◇えび茶(色)の di colore marrone rossastro [bruno rossiccio]

エピファニア 〔伊〕《カト》《御公現の祝日, 1月6日》Epifania女;《一般に》Befana女
> 参考
> この前夜に Befana と呼ばれるサンタクロースに似た存在の老婆が子供たちに贈り物を届ける。枕元の靴下に, 良い子にはキャンディ caramella, 悪い子には石炭に似たお菓子 carbone男 dolce が入れられる。

エピローグ 〔英 epilogue〕epilogo男[複 -ghi]

エフェドリン 〔英 ephedrine〕《化》efedrina女

エフエム FM modulazione女 di frequenza;《略》FM男

エフオービー FOB 《商》franco a bordo;《略》FOB, fob [fob]

えふで 絵筆 pennello男 da pittore

エプロン 〔英 apron〕**1**《前掛け》grembiule男 ¶エプロンを掛ける mettersi il grembiule **2**《空港の》area女 di stazionamento
✤**エプロンステージ** proscenio男[複 -i]

えへん 《擬》(a)hem ¶えへんとせき払いをした。Si è schiarito la voce [la gola].

えぼし 烏帽子 copricapo男 cerimoniale;《神主の》copricapo男 di sacerdote scintoista

エポック 〔英 epoch〕epoca女, periodo男 ¶エポックメーキングな事件 avvenimento「epocale [che fa epoca /d'importanza storica]

エボナイト 〔英 ebonite〕《化》ebanite女

エホバ Geova男, Jeova男, Iehova男, Jehova男;《ヤハウェ》Yahveh男 ¶エホバの証人《ものみの塔》Testimoni di Geova

エボラしゅっけつねつ エボラ出血熱 《医》febbre女 emorragica da virus Ebola

えほん 絵本 libro男 illustrato

えま 絵馬 tavoletta女 votiva ¶絵馬を神社に奉納する offrire una tavoletta votiva al tempio scintoista

えまきもの 絵巻物 pittura女 su rotolo che raffigura storie o antiche leggende

えみ 笑み ¶彼は口もとに笑みを浮かべた。Schiuse le labbra in un sorriso.

エム M ¶Mサイズ taglia女 media [M]

エムオー MO 《コンピュータ》MO男[無変]

エメラルド 〔英 emerald〕《鉱》smeraldo男

えもいわれぬ えも言われぬ indescrivibile, inesprimibile, indicibile, oltre ogni descrizione ¶えも言われぬ美しさ bellezza indescrivibile

えもじ 絵文字 pittogramma男[複 -i]

えもの 獲物 《狩りの》preda㊛, selvaggina㊛, caccia㊛[複 -ce];《漁の》pesca㊛; retata㊛;《戦利品》bottino㊚ ¶たいした獲物はなかった. Non ho preso [cacciato / pescato] un gran che. ¶まるで獲物をねらうライオンのようだ. Sembra un leone che punta la preda.

えもんかけ 衣紋掛け gruccia㊛[複 -ce], ometto㊚, stampella㊛

えら 鰓 branchia㊛

❖**えら呼吸** respirazione㊛ branchiale

エラー〔英 error〕errore㊚, sbaglio㊚[複 -gli]

エラーチェック controllo㊚ degli errori

エラーメッセージ〔英 error message〕《コンピュータ》messaggio㊚[複 -gi] di errore

えらい 偉い **1**《偉大な》grande (►この意味では名詞の前に置かれる), importante;《卓越した》superiore, eccellente;《優秀な》bravo, forte; in gamba;《立派な》ammirevole;《尊敬すべき》rispettabile;《知識のある》colto;《寛大・勇敢な》generoso;《すばらしい》meraviglioso, stupendo ¶この問題がよく解けたね, えらいぞ. Sei riuscito a risolvere il problema, bravo! ¶えらそうにする darsi delle arie
2《地位・身分が高い》alto, superiore, di alto grado, di grado (più) elevato;《有名な》famoso, rinomato, celebre ¶展覧会にはえらい先生方も大勢みえる. Alla mostra parteciperanno anche parecchi professori famosi.
3《ひどい, たいへん》¶この部屋はえらく暑いねえ. Fa troppo caldo nella stanza, vero? ¶昨日はえらい目にあった. Ieri ho avuto un'esperienza bruttissima. ¶えらいことをしてくれたもんだ. Che bel pasticcio hai combinato! / Che capolavoro hai fatto!

えらぶ 選ぶ **1**《選択する》scegliere, prendere; optare㊀[av] per ql.co.;《選抜する》prescegliere [selezionare] qlcu. [ql.co.];《識別する》discernere ql.co.;《作物・製品を選別する》fare una cernita di ql.co.;《区別する》distinguere [differenziare] ql.co. [qlcu.] ¶彼の趣味に合ったネクタイを選ぶのはむずかしい. È difficile scegliere una cravatta di suo gusto. ¶好きなのを選びなさい. Prendi quello che vuoi. ¶民衆は自由を選んだ. Il popolo ha optato per la libertà. ¶彼女は40名の候補者の中から国費留学生の1人に選ばれた. Lei è stata prescelta fra quaranta candidati alla borsa di studio del Governo. ¶彼は昇進のためなら手段を選ばない. Fa di tutto pur di fare carriera. ¶私は社員よりもフリーの仕事を選ぶ. Preferirei il lavoro come freelance a quello come impiegato.
2《選挙する》eleggere qlcu. ¶投票によって会長には清水氏が選ばれた. Mediante votazione abbiamo eletto presidente il signor Shimizu.

〔慣用〕**選ぶところがない** C'è poco da scegliere tra i due.

えり 襟 《折り返しのある》colletto㊚, bavero㊚, collo㊚;《カラー》colletto㊚ ¶立ち[丸 / セーラー]衿 colletto alto [tondo / alla marinara] ¶衿なしの senza collo ¶オーバーの襟を立てる tirare su il bavero del cappotto ¶襟をつかむ afferrare qlcu. per il colletto

〔慣用〕**襟を正す** 襟を正して聞く ascoltare attentemente con rispetto

エリア〔英 area〕《地域》area㊛

えりあき 襟あき scollo㊚, scollatura㊛

えりあし 襟足 nuca㊛

エリート〔仏 élite〕élite㊛[無変], il meglio㊚[無変], il fior fiore㊚[無変], la parte㊛ eletta;《管理クラス》classe㊛ dirigente ¶彼はエリート意識が強い. Ha una forte coscienza elitaria.

❖**エリート官僚** burocrate㊚ d'élite

えりがみ 襟髪 ¶襟髪をつかむ prendere qlcu. per i capelli della nuca

えりくび 襟首 nuca㊛ ¶襟首をつかまえる prendere qlcu. per il colletto [bavero]

えりぐり 襟刳 ¶この服は襟ぐりが深すぎる. La scollatura di quest'abito è troppo bassa.

えりごのみ 選り好み ¶選り好みする essere esigente [di gusti difficili / schizzinoso / difficile da accontentare] ¶彼は食べ物にえり好みをする. È schizzinoso [schifiltoso] nel mangiare.

えりしょう 襟章 distintivo㊚《兵士の》mostrina㊛

えりすぐる 選りすぐる scegliere, selezionare attentamente

えりぬき 選り抜き →選(よ)り抜き

えりわき 選り分き →選(よ)り分き

えりまき 襟巻 sciarpa㊛,《スカーフ》〔仏〕foulard [fulàr] ㊚[無変] ¶襟巻きをする mettersi una sciarpa ¶襟巻きを首にまく avvolgersi una sciarpa intorno al collo

えりもと 襟元《襟首》nuca㊛;《服の》collo㊚, colletto㊚

えりわける 選り分ける →選(よ)り分ける

エル L 《大きいサイズ》¶Lサイズ taglia grande [L]

える 得る **1**《手に入れる》ottenere, (riuscire ㊀[es] ad) avere, prendere;《見つける》trovare;《努力によって》guadagnare;《買う》acquistare;《勝ち取る》vincere, conquistare;《達成する》conseguire, raggiungere;《利益などを》ricavare ¶許可を得る ottenere un permesso ¶信頼を得る guadagnarsi la fiducia di qlcu. ¶学位を得る ottenere la laurea [laurearsi] 《で presso》 ¶私は学生時代に生涯の知己を得た. Ho trovato un vero amico quando ero studente. ¶名声を得る conseguire [raggiungere] la fama ¶彼は土地を売って得た金で新しく事業を始めた. Si è imbarcato in una nuova impresa con il denaro ricavato dalla vendita del terreno. ¶この本を読んで大いに得るところがあった. Dalla lettura di questo libro ho imparato molto.
2《できる》potere+不定詞, riuscire a+不定詞 ¶やっとのことで敵の所在を探知し得た. Dopo molte faticose ricerche abbiamo potuto localizzare i nemici. ¶…せざるを得ない →ざるを得ない ¶やむを得ない →見出し語参照

エルイーディー LED 《電》led㊚[無変] →発光ダイオード

エルエスアイ LSI 《電子》integrazione㊛ su vasta scala

エルエヌジー LNG →液化天然ガス

エルエル LL **1**《設備, 教室》laboratorio㊚[複 -i] linguistico[複 -ci] **2**《特大》¶LLサイズ

のシャツ camicia di taglia forte [extra large / XL]

エルグ 〔英 erg〕《物》erg男[無変]

エルディーケー LDK ¶4LDK quattro camere più soggiorno e cucina abitabile

エルニーニョ 〔ス El Niño〕《気》El Niño男[無変]

エルピー LP disco男[複 -schi] long-playing [無変] [di lunga durata]; (略) LP男[無変]

エルピージー LPG →液化石油ガス

エレガント 〔英 elegant〕¶エレガントな装い vestiti eleganti

エレキギター 《音》chitarra女 elettrica

エレクトーン 《商標》《音》Electone男; (電子オルガン) organo男 elettronico [複 -ci]

エレクトラコンプレックス 〔英 Electra complex〕《心》complesso男 di Elettra

エレクトロニクス 〔英 electronics〕《電子》elettronica女

エレクトロン 〔英 electron〕《電子》elettrone男

エレジー 〔英 elegy〕elegia女[複 -gie]

エレベーター 〔英 elevator〕(人の) ascensore男; (荷物用) montacarichi男[無変] ¶エレベーターで昇る salire con l'ascensore [in ascensore] ❖ エレベーターガール ragazza女 dell'ascensore in grandi magazzini

エロ erotismo男, oscenità女, pornografia女
❖ エロ写真 fotografia女 pornografica [erotica]
エロ本 libro男 erotico [複 -ci]

エロチックな erotico [男 複 -ci], osceno, sessuale, pornografico [男 複 -ci], porno[無変]

えん 円 **1** 《円形》cerchio男[複 -chi] ¶円を描く disegnare [descrivere] un cerchio ¶円を描いて飛ぶ volare in cerchio / volteggiare
2 (通貨) yen男[無変] ¶円の切り上げ rivalutazione dello yen ¶円をユーロに替える cambiare yen in euro ¶円で払ってもいいですか. Va bene se pago in yen? ¶円の価値が上がった[下がった]. Il valore dello yen è salito [sceso].
❖ 円運動 moto男 circolare
円為替 cambio男 dello yen
円軌道 orbita女 circolare
円高 →見出し語参照
円建て →見出し語参照
円安 →見出し語参照

えん 宴 =宴会 ¶宴に列する partecipare a un pranzo [un ricevimento] ¶宴たけなわである. Il banchetto è al culmine.

えん 塩 sale男
❖ 塩類 《化》sali男[複]

えん 縁 **1** (関係) rapporto男 [relazione女] tra persone; (絆) legame男, vincolo男; (親戚関係) parentela女 ¶〈人〉と縁を切る rompere [troncare] i rapporti con qlcu. / separarsi da qlcu. / lasciare [abbandonare] qlcu. / (夫婦の) divorziare da qlcu. / (親子の) disconoscere qlcu. ¶今日限りお前と親子の縁を切る. Da oggi, non ti riconosco più come figlio. ¶縁もゆかりもない non aver nulla a che fare [vedere] con qlcu. [ql.co.] / non avere alcun rapporto con qlcu. [ql.co.] ¶彼は金にはまったく縁のない男だ. Quell'uomo non ha mai denaro.
2 《宿命》destino男, fatalità女 ¶君と知り合ったのも何かの縁だ. Nel nostro incontro ci deve essere la mano del destino. ¶その本を読んだのが縁でイタリアに行く気になった. E stata la lettura di quel libro che mi ha fatto venire il desiderio di andare in Italia.
3 =縁側
[慣用] 縁なき衆生は度し難し Non c'è peggior sordo di chi non vuol sentire.
縁は異なもの味なもの Strani e meravigliosi sono i fili che uniscono un uomo e una donna.

えんいん 遠因 causa女 remota [indiretta], origine女

えんいん 延引 (遅れること) ritardo男; (遅らすこと) procrastinazione女, rinvio男[複 -ii]

えんえい 遠泳 lunga nuotata女; (競技) gara女 di nuoto di fondo ◇遠泳する fare una lunga nuotata / fare una gara di nuoto di fondo

えんえき 演繹 deduzione女 ◇演繹する dedurre ql.co. da ql.co. ◇演繹的 deduttivo ◇演繹的に deduttivamente
❖演繹法 metodo男 deduttivo, deduzione女

えんえん 延々 ¶彼の演説は延々3時間に及んだ. Il suo discorso è durato per ben tre ore.

えんえん 炎々 ¶炎々たる炎 fiamme ardenti / un mare di fiamme ¶家は炎々と燃えさかっていた. La casa bruciava con violenza.

えんえん 蜿蜒 ¶川は平野を蜿蜒と流れている. Il fiume serpeggia nella pianura. ¶展覧会場前には蜿蜒長蛇の列ができていた. Davanti all'ingresso della mostra c'era una fila lunghissima.

えんか 円価 (円の価値) valore男 dello yen; (レート) quotazione女 [corso男] dello yen

えんか 円貨 lo yen男[無変]; l'unità女 monetaria del Giappone

えんか 演歌 canzone女 popolare giapponese enfatica e prevalentemente sentimentale

えんか－ 塩化 -
❖塩化アンモニウム cloruro男 di ammonio
塩化カルシウム cloruro男 di calcio
塩化水素 cloruro男 di idrogeno
塩化ナトリウム cloruro男 di sodio
塩化ビニール cloruro男 di vinile
塩化物 cloruro男, sostanza女 clorurata

えんかい 沿海 (陸に沿った海) acque女[複] costiere; (海に沿った陸) costa女, litorale男 ◇沿海の costiero, rivierasco, litoraneo
❖沿海漁業 pesca女 costiera
沿海都市 città女 costiera

えんかい 宴会 festa女, banchetto男, pranzo男, ricevimento男, trattenimento男, rinfresco男[複 -schi]; 〔英〕party男[無変]
❖宴会場 sala女 dei banchetti

えんかい 遠海 mare aperto, alto mare男, il largo男
❖遠海魚 pesce男 d'alto mare
遠海漁業 pesca女 d'altura [d'alto mare / al largo / oceanica]

えんがい 円蓋 (volta女 a) cupola女

えんがい 煙害 danni男[複] provocati da aria inquinata [dal fumo delle ciminiere]

えんがい 塩害 danni男[複] provocati dalla salsedine [dall'aria salmastra] ¶塩害を被る

essere danneggiato dalla salsedine

えんかく 沿革 《歴史》storia㊛, testimonianze㊛[複] storiche; 《変遷》vicende㊛[複]; vicissitudini㊛[複]; 《発展》sviluppo㊚

えんかく 遠隔 ◇遠隔の lontano, distante; 《人里離れた》remoto, isolato; 《行きにくい》fuori mano
✤遠隔制御[操作] controllo㊚ [comando㊚] a distanza, telecomando㊚ ◇遠隔制御する telecomandare, controllare [comandare] a distanza
遠隔操縦 manipolazione㊛ a distanza, guida㊛ a distanza, teleguida㊛ [無変] ◇遠隔操縦する teleguidare, guidare a distanza
遠隔測定 telemisura㊛
遠隔測定装置 telemisuratore㊚

えんかつ 円滑 ◇円滑な liscio [㊚複 -sci; ㊛複 -scie]; 《順調な》regolare; 《楽な》facile ◇円滑に in modo liscio; regolarmente; facilmente, senza difficoltà ¶議事の円滑な進行を図る accelerare il buon andamento dei dibattiti

えんがわ 縁側 veranda㊛ al pianterreno [pianoterra] di una casa in stile giapponese

えんかん 鉛管 tubo㊚ di piombo

えんがん 沿岸 costa㊛, litorale㊚, riviera㊛ ◇沿岸の costiero, litoraneo, rivierasco [㊚複 -schi] ¶太平洋沿岸都市 città sul Pacifico ¶地中海沿岸地方 regioni lungo il [le coste del] Mediterraneo / bacino mediterraneo ¶アドリア海沿岸で[に] sulla costa adriatica
✤沿岸漁業 pesca㊛ costiera
沿岸警備隊 guardia㊛ costiera
沿岸航行[航法] navigazione㊛ costiera, cabotaggio㊚[複 -gi]
沿岸航路 servizio㊚[複 -i] costiero, rotta㊛ costiera
沿岸貿易 commercio㊚[複 -ci] costiero, scambi㊚[複] costieri, cabotaggio㊚

えんき 塩基 base㊛ ◇塩基性の basico [㊚複 -ci], alcalino
✤塩基性塩 sale㊚ basico
塩基性度 basicità㊛

えんき 延期 rinvio㊚[複 -ii], proroga㊛, differimento㊚ ◇延期する posporre, rinviare, rimandare, differire, posticipare; prorogare ¶雨天の場合、運動会は 10 月 16 日に延期する. In caso di pioggia, la festa dello sport verrà rinviata al 16 ottobre. ¶契約の期限を 2 か月延期する prorogare i termini di un contratto di due mesi

えんぎ 縁起 ¶《前兆》augurio㊚[複 -i], presagio㊚[複 -gi], auspicio㊚[複 -ci] ◇縁起のよい fortunato, propizio [㊚複 -i], di buon augurio, di lieto auspicio ◇縁起の悪い malaugurato, infausto, di cattivo auspicio, sinistro ¶縁起直しに per scaramanzia / per buon auspicio ¶縁起をかつぐ. È superstizioso. ¶縁起をかつぐ. È superstizioso. ¶彼は縁起をかつぐ. È superstizioso. **2**《由来》l'origine㊛; la storia㊛ (di un tempio)
✤縁起物 portafortuna㊚[無変], amuleto㊚ portafortuna [無変]; [仏] mascotte㊛[無変]

えんぎ 演技 《俳優の》interpretazione㊛, recitazione㊛; 《体操の》esecuzione㊛ ◇演技する interpretare, recitare; 《俳優・スポーツ選手の》esibirsi ¶あれは演技だよ. Quello sì che è recitare! ¶あの俳優は演技力がある. Quell'attore recita molto bene.

えんきょく 婉曲 ◇婉曲な eufemistico [㊚複 -ci], perifrastico [㊚複 -ci], indiretto ◇婉曲に indirettamente, per eufemia, con un giro di parole ¶婉曲な言い回し espressione perifrastica / perifrasi㊛ [無変] / eufemismo㊚ circonlocuzione㊛

えんきょり 遠距離 lunga distanza㊛ ¶遠距離から撃つ sparare da lontano

えんきり 縁切り 《関係》separazione㊛, scioglimento㊚ di un legame; 《離婚》divorzio㊚[複 -i]
✤縁切り寺 tempio㊚[複 templi] buddista [複 -i] per le donne fuggite dal marito che desiderano divorziare

えんきん 遠近 ¶遠近両用のめがね occhiali con lenti bifocali ¶遠近を問わず senza riguardo [senza curarsi] della distanza
✤遠近調節《目の》accomodazione㊛
遠近法《美》prospettiva㊛, rappresentazione㊛ prospettica

えんぐみ 縁組み 《結婚》matrimonio㊚[複 -i] ◇縁組みする《結婚》contrarre matrimonio con qlcu.; 《養子縁組み》adozione㊛

えんグラフ 円グラフ istogramma㊚[複 -i] circolare

えんぐん 援軍 rinforzi㊚[複], soccorsi㊚[複] ¶援軍を頼む chiedere rinforzi

えんけい 円形 cerchio㊚[複 -chi], circolo㊚, forma㊛ circolare ◇円形の circolare, rotondo ◇円形に in cerchio, in tondo
✤円形劇場 anfiteatro㊚
円形脱毛症《医》alopecia㊛[複 -cie] areata

えんけい 遠景 veduta㊛ da lontano ¶ここから富士山の遠景が望める. Da qui si vede in lontananza il monte Fuji.

えんげい 園芸 giardinaggio㊚[複 -gi]; 《菜園の》orticoltura㊛; 《花作り》floricoltura㊛
✤園芸家 giardiniere㊚[-a]; orticoltore㊚ [㊛ -trice]; floricoltore㊚ [㊛ -trice]
園芸植物 pianta㊛ da giardino
園芸用具 attrezzi㊚[複] da giardiniere

えんげい 演芸 trattenimento㊚, divertimento㊚, 《spettacolo㊚ di》varietà㊛
✤演芸場 teatro㊚ di varietà
演芸放送 trasmissione㊛ di varietà
演芸欄 pagina㊛ degli spettacoli

エンゲージリング anello di fidanzamento

えんげき 演劇 teatro㊚, dramma㊚[複 -i], spettacolo㊚ teatrale [drammatico㊚[複 -ci]] → 次ページ 用語集 ◇演劇的 teatrale
✤演劇界 mondo㊚ teatrale
演劇学校 scuola㊛ di arte drammatica
演劇部 circolo㊚ teatrale

エンゲルけいすう エンゲル係数 coefficiente di Engel

えんこ ¶えんこする《座りこむ》accucciarsi; 《車などが》rimanere㊛[es] in panne

えんこ 円弧 ¶円弧を描く descrivere un arco

えんこ 縁故 《関係》relazione㊛, connessione

えんご・えんしゅう

ⓐ;（コネ，推薦）raccomandazioneⓐ;（血縁）parentelaⓐ,（知り合い）conoscenzaⓐ;（親類）parenti𤴸[複] ¶縁故で就職する trovare un posto per mezzo di conoscenze ¶縁故で〈人〉を採用する assumere qlcu. per conoscenza ¶縁故を頼ってアメリカに渡る andare negli Stati Uniti contando sui parenti
✤**縁故採用**(人員の) assunzioneⓐ su raccomandazione

えんご 援護 1（援助）soccorso𤴸, aiuto𤴸, assistenzaⓐ **2**（攻撃から）copertura, protezioneⓐ ◇援護する coprire, proteggere

✤**援護射撃** fuoco𤴸 [複 *-chi*] di copertura

エンコード〔英 encode〕〘コンピュータ〙codificaⓐ, codificazioneⓐ

えんこん 怨恨 →恨み

えんざい 冤罪 accusaⓐ infondata ¶冤罪をこうむる essere accusato ingiustamente ¶冤罪を晴らす discolparsi da una falsa accusa

エンサイクロペディア 〔英 encyclopedia〕enciclopediaⓐ

えんさん 塩酸 〘化〙acido𤴸 cloridrico [複 *-ci*];（商品名）acido muriatico [複 *-ci*]

えんざん 演算 calcolo𤴸, conto𤴸; operazioneⓐ ◇演算する calcolare, fare un calcolo [conto]

✤**演算時間**〘コンピュータ〙tempo𤴸 operativo

演算装置〘コンピュータ〙unitàⓐ aritmetica

えんし 遠視 presbiopiaⓐ, ipermetropiaⓐ ◇遠視の presbite, ipermetrope ¶私は遠視だ. Sono presbite.

えんじ 園児 alunno𤴸 [ⓐ *-a*] della scuola materna, bambino𤴸 [ⓐ *-a*] dell'asilo

えんじ 臙脂 ◇えんじ色の di rosso cupo, amaranto [無変]

エンジェル →エンゼル

えんじつてん 遠日点 〘天〙afelio𤴸 [複 *-i*]

エンジニア 〔英 engineer〕ingegnere𤴸

エンジニアリング〔英 engineering〕ingegneriaⓐ ¶システムエンジニアリング ingegneria dei sistemi

えんじゃ 縁者 parente𤴸ⓐ

えんしゅう 円周 circonferenzaⓐ ◇円周の circonferenziale

《 用語集 》 演劇 Teatro

演劇一般 Teatro
戯曲 Dramma エピローグ epilogo𤴸. 脚本 sceneggiaturaⓐ. 作劇術 drammaturgiaⓐ. 筋 tramaⓐ. 台本 copione𤴸, testo𤴸. ト書き didascaliaⓐ. 場 scena, quadro. フィナーレ finale𤴸. プロローグ prologo𤴸. 幕 atto𤴸.

演劇の種類・ジャンル Generi teatrali 音楽劇 melodramma𤴸. 歌劇 liricaⓐ. 喜劇 commediaⓐ. 実験劇 teatro sperimentale. 児童劇 teatro per bambini. 前衛劇 teatro d'avanguardia. 即興仮面劇 commediaⓐ dell'arte. 大衆演劇 teatro popolare. ドラマ dramma𤴸. 人形劇 teatro di marionette [di burattini]. バレエ balletto𤴸. パントマイム pantomimaⓐ, mimo𤴸 [無変]. 悲喜劇 tragicommediaⓐ. 悲劇 tragediaⓐ. 風刺劇 teatro satirico. 不条理劇 teatro dell'assurdo. 舞踊 ballo𤴸, danzaⓐ. ボードビル〔仏〕vaudeville𤴸 [無変]. ミュージカル commedia musicale;〔英〕musical𤴸[無変]. メロドラマ melodramma𤴸. 野外劇 spettacolo𤴸 all'aperto, teatro in piazza. レビュー rivistaⓐ.

劇場 Teatro
舞台 Palcoscenico エプロン・ステージ passerellaⓐ. オーケストラ・ボックス fossaⓐ dell'orchestra. 奥舞台 retropalco𤴸. 上手 destraⓐ della scena. 下手 sinistraⓐ della scena. 袖幕 quintaⓐ. 調光室 cameraⓐ di regia. 緞帳（どんちょう）sipario𤴸, telone𤴸. 引き幕 sipario ad apertura orizzontale. 舞台 palcoscenico𤴸; scenaⓐ. 舞台裏 retroscena𤴸. 舞台下 sottopalco𤴸. プロンプター・ボックス bucaⓐ del suggeritore. ホリゾント fondale𤴸. 前舞台 proscenio𤴸. 幕 telaⓐ, velario𤴸. 回り舞台 palcoscenico𤴸 rotante.

劇場 Teatro 楽屋 camerino𤴸. 切符売り場 botteghino𤴸, biglietteriaⓐ. 客席 salaⓐ per il pubblico [gli spettatori] (一階席 plateaⓐ. 二階席 prima galleriaⓐ. 三階席 seconda galleriaⓐ. 桟敷席 palco𤴸. 天井桟敷 loggione𤴸, piccionaiaⓐ. ◆劇場によって席の名称が異なることがある). クローク guardaroba𤴸. 指定席 posto𤴸 numerato. 自由席 posto unico [non numerato]. 立見席 posto in piedi. ロビー ridotto𤴸;〔仏〕foyer𤴸[無変].

装置，道具 Attrezzatura 暗転 cambio𤴸 di scena al buio. 衣装 costume𤴸. 大道具 macchinaⓐ teatrale;《総体》apparato𤴸 scenico. 音響効果 effetto𤴸 sonoro. かつら parruccaⓐ. 仮面 mascheraⓐ. 小道具 materiale𤴸 di scena;《総体》attrezzeriaⓐ. 照明 luceⓐ. ステージライト lampadaⓐ di scena. スポットライト faretto𤴸, occhio𤴸 di bue;〔英〕spot𤴸 [無変]. 迫り sollevamento𤴸 idraulico. 迫り穴 botolaⓐ. 投光器 riflettore𤴸. ドーラン cerone𤴸, belletto𤴸. 舞台装置 scenografiaⓐ, scenaⓐ; scenario𤴸. フットライト luciⓐ[複] della ribalta. 扮装 travestimento𤴸. メーキャップ trucco𤴸.

劇団 Compagnia teatrale
俳優 Attori, 役柄 Ruoli コメディアン commediante𤴸ⓐ. 三枚目 attore𤴸 [ⓐ *-trice*] comico.

♣円周率 rapporto㊚ tra la circonferenza e il diametro di un cerchio; pi㊚[無変] greco;《記号》π

えんしゅう 演習 《練習》esercizio㊚[複 -i], esercitazione㊛;《機動演習》manovre㊛[複];《ゼミナール》seminario㊚[複 -i] ¶射撃演習 esercitazioni di tiro

えんじゅく 円熟 maturità㊛, perfezione㊛ ◇円熟する maturare㊊[es], arrivare㊊[es] a maturazione ◇円熟した maturo, perfetto ¶円熟の域に達する raggiungere la maturità [la perfezione]

えんしゅつ 演出 regia㊛, messa㊛ in scena ◇演出する mettere in scena, curare la regia di ql.co.
♣演出家 regista㊚㊛[㊛複 -i]
演出効果 effetto㊚ scenico [複 -ci]

えんしょ 炎暑 canicola㊛, arsura㊛, calura㊛, caldo㊚ intenso

えんじょ 援助 aiuto㊚, assistenza㊛;《支援》appoggio㊚[複 -gi], sostegno㊚;《寄付金》contributo㊚;《助成金》sovvenzione㊛ ◇援助する aiutare qlcu. a+不定詞, assistere qlcu. nel+不定詞, appoggiare qlcu., sostenere qlcu. nel+不定詞 ¶財政[経済]援助 aiuto finanziario [economico] ¶援助を求める chiedere aiuto a qlcu. ¶彼は友人たちの援助を受けるのを潔しとしない. Si vergogna di ricevere assistenza dai suoi amici. ¶この研究所は国の援助を受けている. Questo istituto è sovvenzionato dallo Stato. ¶海外経済援助計画 programma di aiuti economici a paesi stranieri
♣援助組織 organizzazione㊛ di supporto

エンジョイ 〔英 enjoy〕 godimento㊚ ¶私は学生生活をエンジョイしている. Sto godendomi la vita studentesca.

えんしょう 炎症 infiammazione㊛, flogosi㊛[無変] ◇炎症性の infiammatorio [複 -i], flogistico [複 -ci] ¶炎症を起こす infiammarsi ¶右目が炎症を起こしている. Ho l'occhio destro infiammato.

えんしょう 延焼 propagazione㊛ di un incendio ◇延焼する propagarsi, estendersi ¶延焼を防ぐ impedire l'estendersi delle fiamme ¶

主演女優 prima attrice. 主演男優 primo attore㊚. 出演契約 scrittura. 出演者 interprete㊚㊛. 主役 protagonista㊚㊛. 女優 attrice㊛. スター divo㊚[㊛ -a], stella㊛. 性格俳優 caratterista㊚㊛. 道化(師) pagliaccio㊚;〔英〕clown㊚[無変]. 登場人物 personaggio㊚. デビュー debutto㊚. 二枚目 attore㊚ amoroso, brillante㊚. 配役 parte㊛. 俳優 attore㊚[㊛ -trice]. 端役 comparsa㊛, ruolo minore. 脇役 spalla㊛, ruolo secondario.

スタッフ **Staff** 衣装係 costumista㊚㊛. 衣装デザイナー figurinista㊚㊛. 裏方《総体》personale㊚ dietro le quinte. 演出家 regista㊚㊛. 大道具係 macchinista㊚㊛. 音響係 fonico㊚. 芸術監督 direttore㊚[㊛ -trice] artistico. 劇作家 drammaturgo㊚[㊛ -ga]《喜劇作家》commediografo㊚[㊛ -a]. 悲劇作家 tragediografo㊚[㊛ -a]). 劇団 compagnia㊛ teatrale. 劇団主宰者 direttore di una compagnia. 劇評家 critico㊚ teatrale, recensore㊚[㊛ -sitrice]. 小道具係 trovarobe㊚㊛[無変], attrezzista㊚㊛. 作者 autore㊚[㊛ -trice]. 座長 capocomico㊚. 照明係 tecnico㊚ delle luci. スタッフ〔英〕staff㊚[無変]. 舞台監督 direttore㊚[㊛ -trice] di scena [di palcoscenico], regista㊚㊛ teatrale. 舞台美術家 scenografo㊚[㊛ -a]. 振付師 coreografo㊚[㊛ -a]. プロンプター suggeritore㊚[㊛ -trice], rammentatore㊚[㊛ -trice]. メイク係 truccatore㊚[㊛ -trice].

上演 **Rappresentazione**
公演 **Rappresentazione, recita** 演劇祭 festival㊚[無変] teatrale. 再演 replica㊛. 巡業〔仏〕tournée㊛[無変]. 上演 rappresentazione㊛ messa in scena, messinscena㊛.（午前の～, マチネ〔仏〕matinée㊛[無変]. 午後の～ rappresentazione pomeridiana. 夜の～ rappresentazione serale). 初演, 初日 prima㊛. 特別公演 spettacolo㊚ speciale. プレミア・ショー spettacolo di gala.

演出 **Regia** 脚色 adattamento㊚. 稽古 prova㊛. ゲネプロ prova generale. 舞台稽古 prova sul palcoscenico. 振付け coreografia㊛. レパートリー repertorio㊚.

演技 **Interpretazione, recitazione** アクロバット acrobazia㊛. アドリブ《せりふ》improvvisazione㊛, battuta㊛ a soggetto. ギャグ〔英〕gag㊚, battuta. 即興 recitazione㊛ a soggetto. 台詞 battuta, dialogo㊚, parole㊛[複]. 独白 monologo㊚. 発声 dizione㊛. 傍白 a parte (◆ト書きで). マイム mimo, pantomima㊛. 身振り gesto㊚. モノローグ →独白.

鑑賞 **Visione** 案内係 maschera㊛. 売切れ esaurito (▶形容詞). 演劇シーズン stagione㊛ teatrale. 演目 programma㊚ dello spettacolo [della serata]. 大入り pieno, completo (▶いずれも形容詞). カーテンコール chiamata㊛ alla ribalta. 切符 biglietto㊚. 口笛《不満の》fischio㊚. 公演ポスター cartellone㊚, locandina㊛. さくら〔仏〕claque㊛[無変]. シーズン通し切符 abbonamento㊚. 上演時間 orario㊚ dello spettacolo. だふ屋 bagarino㊚. 拍手 applauso㊚. 不入り fiasco㊚. 前売り prevendita㊛. 幕間 intervallo㊚. 予約 prenotazione㊛.

森林火災が延焼した. Si è propagato un incendio nel bosco.

えんじょう 炎上 ◇炎上する incendiarsi, avvampare団[es]; essere distrutto dal fuoco, bruciare completamente ¶炎上している essere in fiamme

えんじる 演じる 1《演劇・映画で役を》interpretare, recitare ¶ハムレット役を演じる interpretare la parte di Amleto / recitare il ruolo di Amleto 2《行う, しでかす》¶大失敗を演じる commettere un grosso errore ¶醜態を演じる fare una figuraccia

えんしん 遠心 centrifugazione囡
❖遠心脱水機 centrifuga囡
遠心分離機 separatore男 centrifugo [複 -ghi], centrifuga囡
遠心力 forza囡 centrifuga

えんじん 円陣 circolo男, cerchio男 [複 -chi] ¶…の周りに円陣を作る fare cerchio intorno a qlcu. [ql.co.]

えんじん 猿人 uomo scimmia男 [複 uomini scimmia];《人類》australopiteco男 [複 -chi, -ci]

エンジン 〔英 engine〕motore男 (▶エンジンとモーターの区別はせずに, 原動機はすべて motore. 特に電動機を区別するときは motore elettricoを使う)¶ディーゼル[ロータリー／レシプロ／ターボ／水冷／ジェット]エンジン motore diesel [rotativo / a pistoni / turbo / raffreddato ad acqua / a reazione] ¶エンジンをかける avviare [accendere] il motore ¶エンジンを止める fermare [spegnere] il motore ¶エンジンの具合が悪い. Il motore non funziona bene. ¶やっと練習にエンジンがかかった. L'allenamento è cominciato finalmente ad andar bene.
❖エンジンオイル olio男 [複 -i] per motori
エンジンブレーキ freno男 motore [無変]

えんすい 円錐 cono男 →立体 図版 ¶円錐形の conico [男複 -ci], a cono ¶直円錐 cono retto
❖円錐曲線 sezione囡 conica
円錐台 tronco男 [複 -chi] di cono

えんすい 塩水 acqua囡 salata [salmastra]
❖塩水湖 lago男 [複 -ghi] salato

えんずい 延髄 《解》midollo男 allungato, bulbo男 [複 -i]《解》cefalo-rachidiano ◇延髄の bulbare

エンスト arresto男 del motore, blocco男 [複 -chi] del motore, guasto男 al motore ¶車がエンストを起こした. Il motore si è fermato.

えんせい 厭世 noia囡 di vivere; pessimismo男, misantropia囡 ◇厭世的(な) stanco [男複 -chi] della vita [del mondo]; pessimista [男複 -i] ¶厭世自殺をする suicidarsi deluso dalla [della] vita
❖厭世家 pessimista男
厭世観[主義] pessimismo男

えんせい 遠征 spedizione囡 ◇遠征する fare una spedizione,《試合で》andare a giocare in trasferta ¶アレキサンダー大王のインド遠征 la spedizione di Alessandro Magno in India
❖遠征隊 spedizione囡

えんせき 宴席 banchetto男

えんせきがいせん 遠赤外線 infrarosso男 lontano

えんぜつ 演説 discorso男, orazione囡, conferenza囡 ◇演説する fare [pronunciare] un discorso, tenere una conferenza ¶演説口調で話す parlare con tono oratorio [declamatorio] ¶街頭演説をする tenere un comizio in piazza / arringare la folla agli angoli delle strade ¶彼は演説がうまい. È un buon oratore.
❖演説家 oratore男 [囡 -trice], conferenziere男 [囡 -a]
演説会 conferenza囡 ¶選挙の立ち会い演説会 conferenza [comizio] elettorale

エンゼル 〔英 angel〕angelo男
❖エンゼルフィッシュ pesce男 angelo [無変]

えんせん 沿線 ¶私鉄沿線に住む abitare lungo una linea ferroviaria privata

えんせん 厭戦 ¶厭戦的になる stancarsi della guerra ¶厭戦気分 senso di avversione alla guerra
❖厭戦思想 antibellicismo男

えんそ 塩素 《化》cloro男;《元素記号》Cl
塩素ガス gas男 [無変] cloro
塩素殺菌 clorazione囡
塩素酸 acido男 clorico

えんそう 演奏 esecuzione囡 [esibizione囡 / interpretazione] musicale ◇演奏する esibirsi in un'esecuzione musicale;《楽器を》suonare;《作品を》eseguire, interpretare →音楽 用語集, 楽器 図版 ¶ピアノ曲を[ピアノで]演奏する eseguire un brano per [al] pianoforte ¶フルートを演奏する suonare il flauto
❖演奏家 esecutore男 [囡 -trice], suonatore男 [囡 -trice]
演奏会 concerto男;《独奏会》〔英〕recital [rétʃitəl] 男 [無変] ¶バイオリンの演奏会を催す dare un concerto di violino
演奏会場 sala囡 dei concerti
演奏曲目 programma男 [複 -i]
演奏法 esecuzione囡, interpretazione囡
演奏旅行 tournée囡 musicale

えんそく 遠足 escursione囡, gita囡, lunga passeggiata囡;〔英〕picnic男 [無変] ¶遠足で日光へ行く andare in gita a Nikko

エンターキー 〔英 enter key〕《コンピュータ》tasto男 enter [d'invio]

エンターテイナー 〔英 entertainer〕artista男 [囡 -i] di varietà, cantante男, comico [男 -ca; 複 -ci]

えんたい 延滞 ritardo男 ◇延滞する essere in ritardo (nei pagamenti) ¶家賃を3か月延滞している. Ho tre mesi di affitto arretrato.
❖延滞金 arretrato男
延滞利子 interessi男 [複] di mora

えんだい 演題 argomento男 di una conferenza [di un discorso]

えんだい 縁台 panca囡, panchina囡

えんだい 遠大 ◇遠大な grande; ambizioso, grandioso ¶遠大な計画をたてる elaborare un progetto「di vasta portata [ambizioso]

えんだか 円高 yen男 [無変] forte [solido], apprezzamento男 [rivalutazione囡] dello yen ¶為替相場はやや円高だ. Lo yen si è rafforzato al mercato dei cambi.
❖円高差益 profitto男 derivante dallo yen forte
円高ドル安 ¶依然円高ドル安の傾向が続いている.

Sussiste ancora una tendenza allo yen forte e al dollaro debole.

えんたく 円卓 tavola㊛ rotonda ¶円卓会議を開く tenere una tavola rotonda

えんだて 円建て ◇円建ての başato sullo yen, espresso in yen ¶円建てで支払う pagare başandosi sullo yen ¶この輸出契約は円建てになっている. Questo contratto di esportazione è in yen.
❖円建て外国為替 cambio㊛ in yen

えんだん 演壇 ¶演壇に登る salire sul palco [sulla tribuna / sul podio]

えんだん 縁談 offerta㊛[proposta㊛] di matrimonio ¶縁談を断る rifiutare una proposta di matrimonio ¶娘の縁談がまとまった. Il matrimonio di nostra figlia è stato combinato.

えんちてん 遠地点 《天》apogeo㊚

えんちゃく 延着 ritardo㊚ ¶列車が3時間延着した. Il treno è arrivato con tre ore di ritardo.

えんちゅう 円柱 colonna㊛; 《幾何》cilindro㊚ 一立体 図版 ¶円柱形の cilindrico [㊛複 -ci] ¶直円柱 cilindro retto

えんちょう 園長 direttore㊚ [㊛ -trice] ¶幼稚園の園長 direttore di una scuola materna

えんちょう 延長 prolungamento㊚, allungamento㊚, estensione㊛ ¶延長する prolungare, allungare ¶支払い期限を延長する prorogare il termine di pagamento ¶次の町まで鉄道を延長することになった. Hanno deciso di prolungare la ferrovia fino alla città successiva.
❖延長記号 《音》fermata㊛

延長戦 ¶延長戦をする giocare i tempi supplementari

延長線 prolungamento㊚ di una linea ¶この結論はその考えの延長線上にある. Questa conclusione deriva da quell'idea.

えんちょく 鉛直 perpendicolarità㊛ ◇鉛直の perpendicolare, a piombo, verticale
❖鉛直線 linea㊛ perpendicolare, verticale

えんづく 縁づく spoşarsi con qlcu., spoşare qlcu.

えんつづき 縁続き parentela㊛, legame㊚ di parentela ¶遠い縁続きに当たる人 parente lontano

えんてい 園丁 giardiniere㊚ [㊛ -a]

エンディング 〔英 ending〕 fine㊛

えんてん 炎天 ¶炎天にさらされる essere esposto ad un sole cocente ¶炎天下を歩く camminare sotto il sole bruciante

えんでん 塩田 salina㊛

えんとう 円筒 cilindro㊚ ¶円筒状の cilindrico [㊚複 -ci]

えんどう 沿道 ◇沿道の[に] lungo la strada, ai bordi [lati] della strada

えんどう 豌豆 《植》pisello㊚

えんどおい 縁遠い 1 《結婚相手がみつからない》non trovare l'anima gemella 2 《関係が薄い》¶私は自然科学には縁遠い人間です. Io ho poco a che fare [poca familiarità] con le scienze naturali.

えんどく 鉛毒 《毒》veleno㊚ contenuto nel piombo; 《中毒》saturnişmo㊚

えんとつ 煙突 《工場・機関車などの》ciminiera㊛, fumaiolo㊚; 《家屋の》comignolo㊚, camino㊚
❖煙突掃除 spazzatura㊛ del camino
煙突掃除人 spazzacamino㊚

エンドユーザー 〔英 end user〕 utente㊚㊛ finale

エンドライン 〔英 end line〕《スポ》linea㊛ di fondo

エントランスホール 〔英 entrance hall〕 hall [hol] ㊛[無変], vestibolo㊚, atrio㊚ [複 -i]

エントリー 〔英 entry〕《参加登録》iscrizione㊛ ◇エントリーする iscriversi a ql.co.

エントロピー 〔英 entropy〕《物》entropia㊛ ¶エントロピーの増大 aumento dell'entropia

えんにち 縁日 festa㊛ patronale ¶縁日の露店 [屋台] bancarella

えんねつ 炎熱 ¶炎熱地獄 inferno bruciante/ fiamme dell'inferno

えんのう 延納 pagamento㊚ differito [ritardato] ¶税金の延納を許す accordare una dilazione nel pagamento delle imposte a qlcu.

えんのした 縁の下 《縁側の下》spazio㊚ [複 -i] sotto la veranda; 《床下》spazio㊚ da terra lasciato vuoto sotto il pavimento ¶彼はこの計画の縁の下の力持ちだ. Ha avuto un ruolo nascosto ma vitale in questo progetto.

えんばく 燕麦 《植》avena㊛

えんばん 円盤 disco㊚ [複 -schi] ¶円盤状の discoidale / a forma di disco ¶空飛ぶ円盤 disco volante
❖円盤投げ 《スポ》lancio㊚ del disco
円盤投げ選手 《スポ》discobolo㊚ [㊛ -a], lanciatore㊚ [㊛ -trice] di disco

えんばん 鉛版 《印》lastra㊛ stereotipa; 《印刷術》stereotipia㊛ ¶鉛版印刷する stereotipare

えんぴつ 鉛筆 matita㊛ ¶鉛筆を削る temperare la matita ¶芯の柔らかい鉛筆 matita morbida ¶色鉛筆 matita colorata ¶鉛筆の芯が折れた. Si è spezzata la mina della matita.
❖鉛筆画 disegno㊚ a matita
鉛筆削り temperamatite㊚ [無変]

えんびふく 燕尾服 marsina㊛; 《仏》frac㊚ [無変]

えんぶ 円舞 ballo㊚ in tondo, danza㊛ in cerchio
❖円舞曲 valzer㊚ [無変]

エンブレム 〔英 emblem〕 emblema㊚ [複 -i]

えんぶん 塩分 sale㊚, salinità㊛ ¶塩分を含んでいる contenere sale/ essere salato

えんぽう 遠方 luogo㊚ [複 -ghi] lontano [distante]

えんま 閻魔 il re㊚ [無変] dell'inferno; 《インドの神話》Yama㊚
❖閻魔帳 《教師の》registro㊚ dell'insegnante, libro㊚ nero

えんまく 煙幕 cortina㊛ fumogena [di fumo] ¶煙幕を張る creare una cortina fumogena (per nascondere ql.co.)

えんまこおろぎ 閻魔蟋蟀 《昆》grillo㊚ campestre orientale

えんまん 円満 ◇円満な《調和のとれた》armonioso; 《満足できる》soddisfacente; 《平和な》pacifico㊚ [複 -ci] ¶ストライキを円満に解決する risolvere in modo pacifico uno sciopero ¶彼は人柄が

円満である. Ha un carattere mite e armonioso. ¶あの家では夫婦仲が円満にいっていない. In quella casa non c'è armonia coniugale.

[え]

えんむ 煙霧 《スモッグ》 smog[男][無変]; 《煙と霧》 fumo[男] e nebbia[女]

えんむすび 縁結び ¶縁結びの神 dio[男][複 *dei*] delle nozze/〔ギ神〕Imene[男] / 〔ロ神〕Cupido[男]

えんめい 延命 ¶延命の薬 elisir[男][無変] di lunga vita ¶〈人〉に延命処置を施す prolungare la vita di *qlcu*.

✤**延命装置** 〔医〕 apparecchiatura[女] di rianimazione

えんもく 演目 programm*a*[男][複 *-i*]; numero[男]

えんやす 円安 yen[男][無変] debole ¶円安傾向 tendenza all'indebolimento dello yen ¶円安ドル高である. Lo yen si è indebolito nei confronti del dollaro.

えんゆうかい 園遊会 garden-party[男][無変], intrattenimento[男] in giardino ¶園遊会を催す tenere una festa campestre

えんよう 遠洋 oceano[男], mare[男] aperto
✤**遠洋漁業** pesca[女] oceanica [d'alto mare / d'altura]
遠洋航海 navigazione[女] oceanica

えんよう 援用 《引用》 citazione[女]; 《依拠》 riferimento[男] ◇**援用する** citare, riportare; 《法律などを》 invocare ¶法律を援用する appellarsi a una legge

えんらい 遠来 ¶遠来の客 visita*tore*[男][女 *-trice*] [ospite[男][女]] che viene da lontano

えんらい 遠雷 ¶遠雷が聞こえる. Si sente tuonare in lontananza.

えんりょ 遠慮 《控えめ》 riserbo[男], riservatezza[女]; 《抑制, 気兼ね》 ritegno[男]; 《節制, 自制》 astensione[女], discrezione[女]; 《ためらい》 esitazione[女] ◇**遠慮深い** modesto, discreto, moderato; 《内気な》 riservato; 《疑い深い》 diffidente ◇**遠慮なく**《気兼ねなく》 senza (fare) complimenti [cerimonie]; 《くつろいで》 a *proprio* agio; 《ためらわずに》 senza esitazione; 《率直に》 francamente, senza riserve; 《自由に》 liberamente; 《ぶしつけに》 indiscretamente ◇**遠慮する**《差し控える, 慎む》 astenersi [trattenersi] da *ql.co.* [dal + [不定詞]]; 《形式ばる》 fare complimenti [cerimonie]; 《気兼ねする》 avere ritegno a + [不定詞]; 《ためらう》 esitare a + [不定詞]; 《断る》 non accettare *ql.co.*, declinare *ql.co.* ◇**遠慮がちに** vergognosamente, timidamente

¶彼と話があるので, 君はちょっと遠慮してくれないか. Lasciaci soli per un momento, perché devo parlare personalmente con lui! ¶恐れ入りますが, ここではタバコはご遠慮ください. Ci scusi, ma La preghiamo di non fumare qui. ¶せっかくの申し出だが, 今回は遠慮しておこう. Apprezzo molto la proposta, ma questa volta la declinerei. ¶どうぞご遠慮なく. Non faccia complimenti! ¶ご遠慮なくご用をお申し付けください. Sono a vostra completa disposizione. ¶どうぞご遠慮なくお楽にしてください. Si metta a suo agio! / 《腰掛ける》 S'accomodi, prego! (►「お入りください」の意味でも使う) ¶遠慮なくご意見をお聞かせください. Esprimete liberamente le vostre opinioni. ¶その男は遠慮なしにしきりにタバコを吹かした. Quell'uomo accendeva una sigaretta dopo l'altra senza badare alle persone accanto.

[慣用] **遠慮会釈(も)なく** 《自分勝手に》 egoisticamente; 《厳しく》 severamente; 《激しく》 ferocemente, aspramente

えんろ 遠路 ¶遠路はるばるおいでくださいましてありがとうございました. La ringrazio infinitamente per essere venuto da così lontano.

お

お 尾 《動物・彗星などの》coda㊛ ¶尾の長い[短い]犬 cane dalla coda lunga [corta] ¶尾を振りながら agitando la coda
[慣用]尾を引く trascinarsi ¶不況がまだ尾を引いている.《続いている》La recessione continua [si trascina /《影響が残る》si fa sentire ancora]. ¶病気がまだ尾を引いている. La malattia ha lasciato dei postumi.

お 緒 ¶下駄の緒をすげる fissare le corregge [le stringhe] ai geta ¶琴の緒 corda del koto

おあいそ 御愛想 ⇒愛想

オアシス 〔英 oasis〕oasi㊛ [無変]

おあずけ 御預け ¶お預け!《犬に》Non ancora! / Aspetta! ¶血圧が高くてお酒は当分お預けだ. Ho la pressione alta e per un po' di tempo devo lasciar stare l'alcol. ¶資金不足で計画はお預けを食った. Il progetto è stato rimandato a causa della mancanza di fondi.

オアペック OAPEC 《アラブ石油輸出国機構》Organizzazione㊛ dei Paesi Arabi Esportatori di Petrolio;《略》〔英〕OAPEC [oapék]㊛

おい 《呼びかけ》ehi, oh; senti

おい 老い 《老年》vecchiaia㊛, età㊛ avanzata;《老人》vecchio㊚ [-chia];《複》vecchi;anziano㊚ [㊛ -a] ¶老いも若きも giovani e vecchi / sia (i) giovani sia [che] (i) vecchi ¶老いの一徹で con l'ostinazione dei vecchi
[慣用]老いの繰(く)り言(ごと) le solite lamentele㊛ [複] dei vecchi

おい 甥 nipote㊚, figlio㊚ [㊚複 -gli] del fratello o della sorella →家系図 (▶イタリア語では甥・姪の配偶者のことも, nipoteという. 必要に応じて, nipote di sangue「甥または姪」, nipote acquisito「姪の夫」, nipote acquisita「甥の妻」という)

おいあげる 追い上げる 《距離や差を詰める》accorciare le distanze

おいうち 追い討ち・追い撃ち ¶敵に追い討ちをかける incalzare il nemico in rotta ¶つぎつぎと不幸が彼に追い討ちをかけた. Una dopo l'altra lo hanno assalito una serie di disgrazie.

おいえ 御家 ¶これはお家の一大事だ. Questo è un fatto molto grave per il nostro clan.
✤お家芸 il numero che riesce meglio
お家騒動 trambusto㊚ [bega㊛] nel clan

おいおい 追い追い 《だんだんに》gradualmente, (a) mano a mano;《少しずつ》a poco a poco ¶おいおい春が近づくにつれて con l'avvicinarsi della primavera / (a) mano a mano che la primavera si avvicina ¶おいおい詳細は説明いたしましょう. Ti spiegherò i dettagli poco per volta.

おいおい 《泣く様子》¶彼女はおいおい泣いた. La ragazza piangeva singhiozzando.

おいおとす 追い落とす ¶A社の製品を市場から追い落とす escludere i prodotti della ditta A dal mercato

おいかえす 追い返す 《撃退する》respingere, mandar via qlcu.; 《追い出す》ricacciare [scacciare] qlcu. ¶彼は私を追い返した. Mi ha mandato via. / Mi ha chiuso la porta in faccia.

おいかける 追い掛ける seguire qlcu., rincorrere qlcu., correre㊐ [av] dietro a qlcu. ¶彼を追いかけて駅の前で追いついた. L'ho rincorso e l'ho raggiunto davanti alla stazione. ¶前の車を追いかけてくれ. Segua quell'automobile! ¶いつも仕事に追いかけられている. Ha sempre il lavoro alle costole.

おいかぜ 追い風 vento㊚ favorevole ¶追い風に乗って con (il) vento favorevole

おいこし 追い越し sorpasso㊚ ¶「追い越し禁止」《掲示》"Divieto di sorpasso"
✤追い越し車線 corsia㊛ di sorpasso

おいこす 追い越す **1**《車などが》sorpassare, superare ¶カーブで追い越してはいけない. Non si può sorpassare in curva. **2**《しのぐ》superare, distinguersi, oltrepassare ¶あとから始めたのにもかかわらず彼はたちまち他の人を追い抜いた. Nonostante avesse cominciato dopo gli altri, li ha subito superati.

おいこみ 追い込み fase㊛ finale; 《ラストスパート》volata㊛ [scatto㊚] finale ¶選挙戦は追い込みに入った. La battaglia elettorale è entrata nella fase finale [è alle ultime battute]. ¶試験勉強に追い込みをかけている. Sto facendo la sgobbata finale per gli esami.

おいこむ 老い込む invecchiare㊐ [es], diventare㊐ [es] vecchio [㊚複 -chi] ¶急に[めっきり / すっかり] 老い込む invecchiare di colpo [sensibilmente / completamente]

おいこむ 追い込む **1**《追い入れる》spingere [cacciar] dentro ¶鶏を小屋に追い込む chiudere le galline nel pollaio **2**《苦しい立場に》spingere [costringere] qlcu. a ql.co. [a+不定詞] ¶私は窮地に追い込まれた. Mi hanno messo「con le spalle al muro [alle corde]」. ¶悲しみが彼を自殺に追い込んだ. Il dolore l'ha spinto al suicidio. ¶彼は辞職に追い込まれた. È stato costretto a dimettersi.

おいさき 生い先 《将来》¶彼は生い先頼もしい若者だ. È un giovane promettente.

おいさき 老い先 《年をとった人の行く末》il resto㊚ della vita ¶老い先短い父を幸せにしてやりたい. Vorrei rendere felice mio padre per quel poco che gli resta da vivere.

おいしい 美味しい **1**《味がよい》buono (▶語尾変化については, →い 〔語形〕), saporito, gustoso, delizioso, appetitoso; 《ほっぺたが落ちるくらい》squisito
◇おいしさ buon sapore㊚, squisitezza㊛
¶おいしそうな料理 piatto invogliante ¶おいしいチーズ formaggio gustoso ¶すごく [最高に] おい

しい. È squisito [ottimo]. (▶ottimoは buonoの最上級) ¶彼はミートソーススパゲッティをおいしそうに食べた. Ha mangiato di gusto [di buon appetito] gli spaghetti al ragù. ¶おいしくいただきました. Era tutto molto buono, grazie.
2《魅力のある》interessante, attraente ¶実においしい話だ. È veramente un buon affare.

おいしげる 生い茂る crescere⊕[es] rigogliosamente ¶雑草が生い茂った庭 giardino folto di erbacce ¶庭に野ばらが生い茂っている. Le rose selvatiche sono cresciute rigogliose in tutto il giardino.

おいすがる 追い縋る stare alle calcagna di qlcu., seguire qlcu. da vicino

おいそれと《すぐに》rapidamente, lì per lì, subito;《容易に》facilmente;《軽々しく》senza riflettere ¶おいそれとはできない. Non si può fare immediatamente. ¶おいそれとは承知できない. Non posso acconsentire così su due piedi [senza riflettere]. ¶おいそれとは決めかねる.《すぐには》Ci vuole tempo per decidere.

おいだす 追い出す **1**《追い払う》mandar via [scacciare] qlcu.; mettere qlcu. alla porta;《遠ざける》allontanare qlcu.;《締め出す》escludere qlcu.《追い出し《締め出し》esclusione⊕;《縁切り》ripudio⊕[複-i] ¶子供を外に追い出して mandare fuori i bambini
2《解雇する》licenziare qlcu.《追放する》espellere qlcu. ¶会社を追い出されて仕事もなく困っている. Buttato fuori dalla ditta e senza lavoro, mi trovo in difficoltà.

おいたち 生い立ち《成長すること》crescita⊕;《成長の過程》percorso⊕ di crescita ¶生い立ちの記 diario di formazione ¶自分の生い立ちを語る raccontare la storia della propria formazione ¶彼の生い立ちは恵まれていた. È cresciuto in un buon ambiente.

おいたてる 追い立てる **1**《追い払う》cacciar via [allontanare] qlcu.;《アパートなどから》sfrattare qlcu., far sloggiare qlcu. ◇追い立て sfratto⊕ ¶羊の群れを追い立てる spingere avanti un gregge di pecore ¶家主から追い立てられた. Sono stato sfrattato dal padrone di casa.
2《せき立てる》sollecitare, incalzare ¶毎日たくさんの用事に追い立てられている. Ogni giorno sono incalzato da mille faccende. ¶私は時間に追い立てられている. Il tempo incalza.

おいちらす 追い散らす disperdere, (far) sfollare, mettere in rotta [in fuga] ¶守衛が記者たちを追い散らした. Il guardiano ha sfollato [ha scacciato] i cronisti.

おいつく 追い付く **1** raggiungere qlcu.;《同点になる》⊕[av]《con》[uguagliare] qlcu. [ql.co.];《地位・能力など》essere all'altezza di qlcu.;《勉学などで》arrivare al livello di qlcu. ¶息子は身長が父親に追いついた. Il figlio ha raggiunto il padre in altezza. ¶誰も彼には追いつけない.《かなわない》Nessuno lo può uguagliare. ¶相手チームに追いついた.《同点になった》Abbiamo pareggiato con l'avversario.
2《「追いつかない」の形で解消されない》¶今さら悔やんでも追いつかない. Ora è troppo tardi per pentirsi. / Ormai i rimpianti sono inutili.

おいつめる 追い詰める inseguire e raggiungere, perseguitare qlcu., mettere 「alle strette [con le spalle al muro] qlcu. ¶泥棒を追いつめた. Hanno inseguito e raggiunto il ladro. ¶借金に追いつめられて自殺した. Perseguitato dai debiti si suicidò.

おいて 於いて **1**《場所》a, in ¶会議はローマにおいて行われた. Il Congresso ha avuto luogo a Roma. **2**《時, 場合》a, in ¶その時点においては al momento / in quel momento ¶この場合においては in questo caso ¶先方においては da parte loro **3**《…に関して》(in) quanto a ql.co., a proposito di ql.co., riguardo a ql.co. ¶家の件においては a proposito della casa

おいで 御出で ◇おいでになる《居る》esserci, trovarsi;《行く》andare, recarsi;《来る》venire ¶今晩お宅においでになりますか. Sarà in casa stasera? ¶おいでをお待ちしております. Attendo che lei venga. / L'aspetto. ¶《思っていたとおりになった》Ecco, lo sapevo! / Ci siamo! ¶こっちにおいで. Vieni qui! ¶行っておいで.(Su,) vai!
慣用 **お出でお出で** ¶おいでおいでをする chiamare qlcu. con la mano

おいてきぼり 置いてきぼり ◇置いてきぼりにする abbandonare, mollare ¶置いてきぼりを食う essere abbandonato / esser lasciato solo ¶ぐずぐずしていると置いてきぼりをくうよ. Se non ti sbrighi, ti lascio qui! / Spicciati o (me ne) vado via!

おいとま 御暇 →暇(いとま) ¶もうおいとましなければなりません. Ora devo andare via [congedarmi / lasciarla / accomiatarmi].

おいぬく 追い抜く →追い越す

おいはぎ 追い剝ぎ《人》bandito⊕[⊕ -a];《行為》brigantaggio⊕[複 -gi], brigantismo⊕; rapina⊕ ¶追いはぎに遭(あ)う essere rapinato per strada / essere assalito dai banditi

おいはらう 追い払う scacciare, mandar [cacciar] via,《追い散らす》disperdere,《排除する》eliminare, allontanare ¶蠅(はえ)を追い払う scacciare le mosche ¶借金取りを追い払う sbarazzarsi dei creditori ¶敵を追い払う mettere in fuga [respingere / sbaragliare] il nemico ¶警察はデモの参加者を追い払った. La polizia ha disperso [messo in fuga] i dimostranti.

おいぼれる 老い耄れる diventare⊕[es] decrepito, invecchiare⊕[es],《もうろくする》rimbambire⊕[es], rimbambirsi ◇老いぼれ《人》vecchio⊕[⊕ -chia;⊕ 複 -chi] decrepito ◇老いぼれた decrepito, invecchiato; rimbambito

おいまくる 追い捲る ¶私は毎日仕事に追いまくられている. Ogni giorno sono oberato di lavoro.

おいまわす 追い回す **1**《うるさくつきまとう》inseguire qlcu. dappertutto, correre⊕[av, es] dietro a qlcu. ¶女の尻を追い回す correre dietro alle donne [alle gonnelle] / ronzare attorno alle donne **2**《せきたてる》¶あの子はいつも追い回されている. Quel ragazzo lo sovraccaricano sempre di compiti.

おいめ 負い目 debito⊕; obbligo⊕[複-ghi] ¶彼に負い目を感じている. Mi sento in debito con lui. / Mi sento obbligato verso di lui.

おいもとめる 追い求める ¶理想を追い求める inseguire [perseguire] i *propri* ideali ¶快楽を追い求める cercare [ricercare] i piaceri

おいやる 追いやる ¶彼の判断の誤りが味方を敵方に追いやってしまった。 La sua errata valutazione ha spinto i suoi alleati fra le file dei nemici. ¶その事件が一家を破滅へと追いやった。 Quell'avvenimento ha portato [ha trascinato] la famiglia alla rovina.

おいらく 老いらく ¶老いらくの恋 amore (in età) senile

オイル 〔英 oil〕 *olio*男〔複 -*i*〕;《石油》 petr*olio*男〔複 -*i*〕
✤**オイルガス** 《化》 gas男〔無変〕 di raffineria
オイル交換 《車》 camb*io*男〔複 -*i*〕 dell'*olio* ◇オイル交換する cambiare l'*olio*
オイルショック cr*isi*女〔無変〕 del petr*olio*
オイルスキン 《織》 t*ela*女 impermeabile [cerata]; incerata女
オイルダラー petrod*ollari*男〔複〕
オイルタンク serbat*oio*男〔複 -*i*〕 dell'*olio* [《石油タンク》 del petr*olio*]
オイルヒーター radiat*ore*男 dell'*olio*
オイルフェンス barri*era*女 galleggiante per arginare l'espansione di macchie di petr*olio*
オイルポンプ p*ompa*女 dell'*olio*

おいる 老いる invecchiare自 [*es*], diventare自 [*es*] v*ecchio* 男〔複 -*chi*〕, avanzare自 [*es*] in età;《もうろくする》 rimbambire自 [*es*] ¶彼は老いてますます盛んだ。 Con l'età è sempre più arzillo. ¶老いては子に従え。《諺》"I figli sono il bastone della vecchiaia".

おいろなおし 御色直し camb*io*男〔複 -*i*〕 d'abito della sposa (e dello sposo) durante il banchetto nuziale

おう 王 re男〔無変〕, sovr*ano*男;《君主》 mon*arca*男〔複 -*chi*〕 ◇王の reale, sovrano ¶石油王 magnate [re] del petr*olio* ¶発明王 il re degli inventori ¶百獣の王 il re degli animali (►イタリア語でもライオンをさす) ¶王に立てる mettere sul [il] tr*ono* q*lcu*. ¶王を廃する deporre un re ¶王を詰める《チェスで》 dare scacco al re

おう 凹 concav*ità*女, inc*avo*男 ◇凹(状)の concavo

おう 応 ¶否か応か sì o no

おう 翁 《老人の尊敬語》 芭蕉(ばしょう)翁 il venerabile Basho / il maestro Basho

おう 負う **1** 《背負う》 portare q*lcu*. [*ql.co.*] sulla schiena ¶薪を負って山を下る discendere la montagna con un fascio di legna sulle spalle
2《責任などを》 assumersi, addossarsi ¶他人の罪[重大な任務]を負う assumersi "la colpa di un altro [un incarico importante]" ¶自分がやったことの責任は君が負え。 Prenditi la responsabilità di ciò che hai fatto.
3《傷を》 ¶重[軽]傷を負う ferirsi gravemente [leggermente] ¶彼はガラスの破片で傷を負った。 Si è ferito con un pezzo di vetro.
4《恩恵をこうむる》 essere dovuto a q*lcu*. [*ql.co.*] ¶この仕事の成功は彼の努力に負うところが大きい。 La riuscita di questo lavoro è dovuta in gran parte ai suoi sforzi.

おう 追う **1**【追いかける】 inseguire q*lcu*., dare la caccia a q*lcu*., andare a caccia di q*lcu*. ¶泥棒[敵]を追う inseguire un ladro [il nemico] ¶警察は犯人を追っている。 La polizia dà la caccia ai criminali. ¶急いで彼の後を追った。 Mi sono precipitato dietro a lui. ¶飛行機を目で追う seguire un aereo con gli occhi ¶追い追われての接戦に観客は沸いた。 Gli spettatori erano eccitati dai capovolgimenti continui dell'incontro.
2【追い払う】 cacciar via, scacciare ¶蝿(は)を追う cacciar via [scacciare] le mosche
3【追放する】¶彼は国を追われた。 È stato esiliato [bandito] dal paese. ¶彼は大学を追われた。 È stato espulso dall'università.
4《追い求める》 inseguire q*l.co*. [*qlcu*.], correre自 [*av, es*] dietro a q*lcu*. [*ql.co*.] ¶流行を追う correre dietro alla moda ¶快楽を追う ricercare i piaceri ¶夢を追う seguire un sogno ¶二兎を追う者は一兎をも得ず。《諺》 "Chi troppo vuole, nulla stringe."
5【「追われる」の形で、追いたてられる】 essere occupato con *ql.co*. ¶私はいつも仕事に追われている。 Sono sempre oberato di lavoro.
6《動物などを》 condurre ¶羊飼いは羊の群れを牧場に追っていった。 Il pastore condusse il gregge al prato [pascolo].
7【順序を】 seguire q*l.co*. ¶先例を追う seguire un esempio precedente ¶順を追ってすべてを話してください。 Raccontami tutto con ordine. ¶彼は年を追って頑固になった。 Col passar degli anni è diventato sempre più cocciuto. ¶日を追って病人は快方へ向かった。 Il malato migliorava di giorno in giorno.

おうい 王位 tr*ono*男, cor*ona*女, r*egno*男 ¶王位に就く salire自 [*es*] al trono ¶〈人〉と王位を争う contendere il trono a q*lcu*. ¶王位を継ぐ[退く] succedere自 [*av*] nel [abdicare *av*] al regno ¶王位を譲る cedere la corona a q*lcu*.
✤**王位継承権** diritto男 di successione al trono

おういん 押韻 r*ima*女 ◇押韻する fare rima

おういん 押印 ◇押印する apporre un timbro [un sigillo] 《に su》

おうえん 応援 《援助》 ai*uto*男, assist*enza*女;《支援》 appogg*io*男〔複 -*gi*〕, sost*egno*男;《救援》 socc*orso*男 ◇応援する aiutare, assistere; appoggiare, sostenere; soccorrere ¶応援を求める chiedere aiuto [appoggio / soccorso]《に a》 ¶僕はこのチームを応援している。 Faccio il tifo per [Tifo per / Sono un tifoso di] questa squadra.
✤**応援演説** disc*orso*男 in favore di q*lcu*.
応援歌 c*anto*男 di incitamento dei sostenitori [dei tifosi]
応援席 p*osti*男〔複〕 riservati ai sostenitori
応援団 gr*uppo*男 di sostenitori
応援団長 c*apo*男 dei sostenitori, capocl*aque*男〔無変〕

おうおうにして 往々にして 《時々》 qualche volta, ogni tanto, a volte;《しばしば》 tante [molte] volte, spesso ¶そんなことは往々にしてあることだ。 Capita. / Sono cose che "a volte capitano [capitano spesso]".

おうか 欧化 《ヨーロッパ化》europeizzazione㊛ ◇欧化する《自らが》europeizzarsi;《他のものを》europeizzare
❖欧化主義 europeismo㊚
おうか 謳歌 ◇謳歌する godere ql.co.
おうが 横臥 ◇横臥する《横たわる》sdraiarsi, coricarsi;《横を向いて》giacere「su un fianco [di traverso)
おうかくまく 横隔膜 《解》diaframma㊚ 《複 -i》
おうかん 王冠 **1**《王のかぶる冠》corona㊛ (reale [di re])¶王冠を戴(％)く essere incoronato / cingere la corona《瓶の口金》capsula㊛ (metallica), tappo a corona
おうぎ 扇 ventaglio㊚《複 -gli》¶扇を開く[閉じる] aprire [chiudere] il ventaglio ¶扇であおぐ《人を》sventagliare qlcu. /《自分を》sventagliarsi
❖扇形 settore㊚ ◇扇形の[に] a (forma di) ventaglio
扇状 ◇扇状に a ventaglio ¶扇状に広げる allargare a ventaglio
おうぎ 奥義 segreti㊚《複》[arcani㊚《複》/ misteri㊚《複》] (di un'arte);《技法》arte㊛ ¶華道の奥義を極める approfondire [penetrare] i segreti dell'*ikebana* / impadronirsi dell'*ikebana*
おうきゅう 王宮 palazzo㊚ reale
おうきゅう 応急 ◇応急の urgente; d'emergenza;《臨時の》temporaneo, provvisorio㊚《複 -i》;《間に合わせの》di ripiego ¶応急策をとる prendere「misure d'emergenza [provvedimenti urgenti]
❖応急修理 riparazione㊛ temporanea [provvisoria]
応急手当 ¶我々は怪我人に応急手当をした. Abbiamo prestato le prime cure ai feriti.
おうけ 王家 famiglia㊛ [casa㊛] reale
おうけん 王権 potere㊚ [autorità㊛] reale, potere㊚ regio《複 -gi》, diritto sovrano
❖王権神授説 teoria㊛ del diritto divino dei re
おうこう 王侯 reali㊚《複》e principi㊚《複》
❖王侯貴族 famiglia㊛ reale e nobiltà㊛ (titolata)
おうこう 横行 invasione㊛, diffusione㊛ ◇横行する《うろつく》aggirarsi;《荒らし回る》infestare, saccheggiare, devastare ¶この村では強盗や人殺しが横行している. Questo paese è infestato da briganti e assassini.
おうこく 王国 regno㊚;《古・文》reame㊚;《君主国》monarchia㊛ ¶野獣の王国 regno animale
おうごん 黄金 oro㊚
❖黄金時代 epoca㊛ [tempi㊚《複》] d'oro, età㊛ aurea
黄金分割 sezione㊛ aurea
黄金律 regola㊛ aurea
おうざ 王座 trono㊚, corona㊛;《第1位》il primo posto㊚, primato㊚;《覇権》supremazia㊛;《ヘゲモニー》egemonia㊛ ¶ヘビー級の王座につく conquistare la corona dei pesi massimi ¶…の王座を占める occupare il primo posto in ql.co.
❖王座決定戦 la finale㊛, gara㊛ conclusiva per l'assegnazione del titolo supremo
おうさつ 殴殺 ◇殴殺する picchiare a morte qlcu.
おうさま 王様 il re㊚
❖王様ペンギン《鳥》pinguino㊚ reale
おうし 雄牛・牡牛 toro㊚ →牛
❖牡牛座《天》Toro㊚
おうし 横死 ◇横死する morire[es] di morte violenta [non naturale], fare una tragica fine
おうじ 王子 principe㊚ (reale), figlio㊚《複 -gli》del re
おうじ 往時 passato㊚, tempi㊚《複》passati ¶往時の隆盛 prosperità passata / i bei tempi andati ¶往時をしのぶ ricordare il passato / riandare㊙[es] al passato
おうじ 皇子 principe㊚ imperiale, figlio㊚《複 -gli》dell'imperatore
おうしつ 王室 famiglia㊛ reale, casa㊛ regnante
おうじて 応じて secondo, a seconda di;《…次第で》secondo che+直説法;《…に準じて》in conformità a,《…に比例して》in proporzione a ¶場合に応じて a seconda dei casi ¶彼の希望に応じて secondo [in conformità ai] suoi desideri ¶功績に応じてボーナスを各人に与える dare una gratifica a ciascuno secondo il [in proporzione al] merito
おうじゃ 王者 re㊚《無変》;《女の》regina㊛, monarca㊚《複 -chi》, sovrano㊚《㊛-a》;《チャンピオン》campione㊚《㊛ -essa》
おうしゅう 欧州 Europa㊛ ◇欧州の europeo
❖欧州安全保障協力機構 Organizzazione㊛ per la Sicurezza e la Cooperazione in Europa;《略》OSCE
欧州委員会 Commissione㊛ Europea
欧州議会 Parlamento㊚ Europeo;《略》PE㊚
欧州共同市場 Mercato㊚ Comune Europeo;《略》MEC [mek]
欧州共同体 Comunità㊛ Europea;《略》CE㊛(◆欧州経済共同体, 欧州石炭鉄鋼共同体, 欧州原子力共同体の統合により1967年に成立. 1993年, 欧州連合に名称を変更)
欧州経済共同体 Comunità㊛ Economica Europea;《略》CEE㊛ →欧州共同体
欧州経済協力機構 Organizzazione㊛ Europea per la Cooperazione Economica;《略》OECE
欧州経済社会評議会 Comitato㊚ Economico e Sociale Europeo
欧州経済統合 integrazione㊛ economica dell'Europa
欧州決済同盟 Unione㊛ Europea dei Pagamenti
欧州原子力共同体《ユーラトム》Comunità㊛ Europea per l'Energia Atomica;《略》《英》Euratom →欧州共同体
欧州サッカー連盟 Unione㊛ delle Federazioni Calcistiche Europee;《略》UEFA [wéfa]㊛
欧州司法裁判所 Corte㊛ di Giustizia dell'Unione Europea
欧州自由貿易連合 Associazione㊛ Europea di Libero Scambio;《略》《英》EFTA [éftə]㊛
欧州石炭鉄鋼共同体 Comunità㊛ Europea per il Carbone e l'Acciaio;《略》CECA [tʃéka]㊛ →

欧州共同体
欧州中央銀行 Banca[女] Centrale Europea; 《略》 BCE[女]
欧州通貨協定 Accordo[男] Monetario Europeo
欧州通貨制度 Sistema[男] Monetario Europeo; 《略》 SME [zme][男]
欧州通貨統合 Unione[女] Monetaria Europea
欧州投資銀行 Banca[女] Europea per gli Investimenti; 《略》 BEI [bέi][女]
欧州理事会 Consiglio[男] Europeo
欧州連合 Unione[女] Europea; 《略》 UE[女]
欧州連合条約 Trattato[男] sull'Unione Europea; 《通称》 Trattato[男] di Maastricht

おうしゅう 応酬 scamb*io*[男][複 -*i*]; 《言い返す》 risposta[女], replica[女] ◇**応酬する** rispondere 《に a》; ribattere [replicare] 《に a》; ritorcere le accuṣe ¶野次の応酬 scambio di frecciate ¶敵の攻撃に応酬する controbattere i colpi dell'avverṣario / ritorcere le accuṣe [le critiche] dell'avverṣario

おうしゅう 押収 sequestro[男], confisca[女] ◇**押収する** sequestrare, confiscare; 《接収・徴用する》 requiṣire ¶密輸品を押収する confiscare le merci di contrabbando

おうじょ 王女 principessa[女] (reale), figlia[女] del re

おうしょう 王将 《将棋の駒》 re[男][無変] dello *shogi*

おうしょう 応召 ◇**応召する** arruolarsi, rispondere[自][*av*] all'appello, essere richiamat*o* alle armi
✤応召兵 richiamato[男] (alle armi)

おうじょう 往生 **1** 《死ぬこと》 ◇**往生する** morire[自][*es*], spirare[自][*es*], andarsene, spegnersi; 《文》 mancare[自][*es*]; 《俗》 crepare[自][*es*] ¶彼は大往生を遂げた. Ha avuto una bella morte. / È spirato serenamente.
2 《閉口すること》 ◇**往生する** essere imbarazzat*o* [sconcertat*o* / scocciat*o* / in difficoltà], non poterne più ¶〈人〉を往生させる mettere *qlcu.* in un ginepraio [nei pasticci / nei guai] ¶彼には往生する. Non ce la faccio più con lui. ¶彼は借金の返済で往生している. È in difficoltà con la restituzione del debito.
✤往生際(ぎわ) ¶彼は往生際の悪い男だ. È un uomo che non sa「perdere [rassegnarsi alla sconfitta].

おうしょく 黄色 giallo[男]
✤黄色人種 razza[女] gialla; 《蔑》 muṣo[男] giallo

おうじる 応じる

1 《こたえる》 rispondere[自][*av*] a *ql.co.* [*qlcu.*] ⇀ 応じて ¶呼び出し[質問]に応じる rispondere alla chiamata [domanda] di *qlcu.*
2 《受け入れる》 accettare *ql.co.*, accondiscendere[自][*av*] [acconsentire[自][*av*]] a *ql.co.*, essere d'accordo con *qlcu.* ¶挑戦[注文 / 提案]に応じる accettare una sfida [un'ordinazione / una proposta] ¶喜んでご招待に応じます. Accetto volentieri il suo invito.
3 《かなえる》 soddisfare, eṣaudire, appagare ¶希望に応じる soddisfare le aspettative di *qlcu.* / eṣaudire i desideri di *qlcu.* ¶彼女の要求にすべて応じることは難しい. È difficile soddisfare in tutto le sue richieste.
4 《適合する》 adeguarsi a *ql.co.* ¶状況に応じた手段をとる prendere i provvedimenti「del caṣo [appropriati / adeguati alla situazione]

おうしん 往信 lettera[女] inviata per avere una risposta; 《往復はがきの往信面》 parte[女] riservata al mittente di una cartolina con risposta pagata

おうしん 往診 viṣita[女] medica a domicilio ◇**往診する** viṣitare un malato a domicilio, fare il giro delle viṣite ¶往診を頼む chiamare il dottore / far venire il medico a casa

おうせい 王政 regime[男] monarch*ico* [複 -*ci*], monarchia[女]
✤王政復古 restaurazione[女] della monarchia [dell'autorità imperiale]

おうせい 旺盛 ¶元気旺盛な人 persona「in gran forma [piena di energia] ¶彼は食欲が旺盛だ. Ha molto [un grande] appetito.

おうせつ 応接 ricevimento[男], accoglienza[女] ¶客の応接に忙しい. Sono occupato a ricevere gli ospiti [i viṣitatori / i clienti].
✤応接間 sala[女] [stanza[女]] di ricevimento, salotto[男]

おうせん 応戦 ◇**応戦する** accettare [rispondere a] una sfida ¶彼は猛烈なパンチで応戦した. Ha risposto all'aggressione con un pugno micidiale.

おうせんこぎって 横線小切手 〔金融〕 assegno[男] ṣbarrato

おうそ 応訴 〔法〕《訴えに応じること》 costituzione[女] in giudizio

おうぞく 王族 famiglia[女] reale

おうだ 殴打 colpo[男]; 《げんこつで》 pugno[男]; 《棒で》 bastonata[女] ◇**殴打する** colpire *qlcu.*, aggredire *qlcu.*; dare un pugno a *qlcu.*; bastonare *qlcu.*

おうたい 横隊 ◇**横隊で** in fila [riga] orizzontale ¶横隊2列になる allinearsi su due「righe [linee] orizzontali

おうたい 応対 《歓迎》 accoglienza[女]; 《もてなし》 ricevimento[男], trattenimento[男] ◇**応対する** 《もてなす》 ricevere *qlcu.*, intrattenere *qlcu.*; 《相手をする》 intrattenere *qlcu.*, conversare[自][*av*] con *qlcu.*; 《店の客などに》 servire *qlcu.* ¶巧みに応対する trattenere *qlcu.* con tatto [con diplomazia] ¶窓口の応対が不親切だ. Gli impiegati allo sportello sono ṣgarbati.

おうたいホルモン 黄体ホルモン 〔生〕 progesterone[女], progestina[女], ormone[男] del corpo luteo

おうだん 黄疸 〔医〕 ittero[男], itterizia[女]
◇**黄疸の** itter*ico* [男複 -*ci*]

おうだん 横断 traversata[女], attraversamento[男] ◇**横断する** attraversare ¶道を横断する attraversare una strada ¶「横断禁止」《掲示》 "Divieto di attraversamento"
✤横断線 linea[女] traṣversale
横断歩道 passag*gio*[男][複 -*gi*] [attraversamento[男]] pedonale, strisce[女][複] [《稀》 ẓebre[女][複]] pedonali
横断幕 striscione[男]
横断面 sezione[女] traṣversale

おうちゃく 横着 1《無精なこと》◇横着な pigro, indolente, ozioso ◇横着する scansare le fatiche, essere indolente [pigro / svogliato], sottrarsi agli obblighi ¶横着を決め込む trascurare il *proprio* dovere / starsene in ozio / poltrire⑬[*av*] 2《ずうずうしいこと》◇横着な sfrontato, impudente, sfacciato
✤横着者 poltrone⑬[⑭ -*a*]

おうちょう 王朝 dinastia⑭

おうて 王手《チェスで》scaccomatto⑬ ¶王手をかける dare scacco matto al re ¶「王手」"Scacco al re!" ¶優勝に王手がかかる essersi ipotecato la vittoria

おうてっこう 黄鉄鉱《鉱》pirite⑭

おうてん 横転 ◇横転する rovesciarsi su un fianco, girarsi su un lato, cadere di fianco

おうと 嘔吐 vomito⑬ ◇嘔吐を vomitare (►単独でも可), rimettere⑬ (►単独でも可); dar[*av*] di stomaco ¶嘔吐を催す avere la nausea / avere conati di vomito

おうど 黄土 ocra⑭, terra gialla; loess [löss]⑬[無変]
✤黄土色 ocra⑬[無変], color⑬ ocra [無変]
◇黄土色の ocraceo

おうとう 王党 partito⑬ monarchico[複 -*ci*]
✤王党派 monarchici⑬[複], realisti⑬[複]

おうとう 応答 risposta⑭, replica⑭ ◇応答する rispondere⑬[*av*] a *qlcu.*, replicare, dare una risposta ¶質疑応答 domande e risposte ¶「1号車, 応答せよ」"Carrozza numero uno, risponderе."
✤応答時間《コンピュータ》tempo⑬ di risposta

おうどう 王道 1《王者の仁徳による政治》arte⑭ del regnare con giustizia, governo⑬ esemplare 2《楽な方法》¶学問に王道はなし. La via del sapere non ammette scorciatoie.

おうどう 黄銅 ottone⑬
✤黄銅鉱《鉱》calcopirite⑭

おうとつ 凹凸 ◇凹凸のある concavo-convesso; con gobbe e rientranze, irregolare

おうなつ 押捺 ◇押捺する apporre un timbro ¶指紋押捺 impronta⑭ digitale

おうねつびょう 黄熱病《医》febbre⑭ gialla

おうねん 往年 passato⑬, altri tempi⑬[複] ¶往年のチャンピオン campione⑬[⑭ -*essa*] d'altri tempi / ex-campione⑬

おうはん 凹版《印刷の》intaglio⑬[複 -*gli*]
✤凹版印刷 stampa⑭ a intaglio

おうひ 王妃 regina⑭

おうふく 往復《行きと帰り》andata⑭ e ritorno⑬; 《機械の》va e vieni⑬[無変]; 《手紙の》scambio⑬[複 -*i*] di corrispondenza ◇往復する andare e tornare, fare il pendolare; 《バス・電車などが》fare servizio, fare la spola《の間でfra》;《手紙のやりとりをする》essere in corrispondenza con *qlcu.*, scambiarsi delle lettere (►いずれも人が主語) ¶私は毎日千葉と東京を往復します. Faccio ogni giorno la spola fra Chiba e Tokyo. ¶往復2時間かかります. Ci vogliono due ore per andare e (ri)tornare. ¶大型観光バスがティヴォリまで往復している. Il pullman fa servizio fino a Tivoli. ¶ローマまで往復2枚ください. Due biglietti di andata e ritorno per Roma, per favore. ¶このごろは彼との手紙の往復が途だえている. In questo periodo la corrispondenza con lui si è interrotta. ¶プールで10往復泳いだ. Ho fatto dieci vasche.
✤往復運動機関 motore⑬「a pistoni [alternativo]
往復切符 biglietto⑬ di andata e ritorno
往復はがき cartolina⑭ con risposta pagata
往復びんた ¶往復びんたをくらわす schiaffeggiare [prendere a ceffoni] *qlcu.* su ambedue le guance
往復文書 corrispondenza⑭
往復割引 riduzione⑭ per un biglietto di andata e ritorno

おうぶん 応分 ◇応分の《分に応じた》a seconda della *propria* condizione;《ふさわしい》appropriato [conveniente]《に a》¶応分の寄付 contributo libero

おうぶん 欧文《文字》caratteri⑬ europei;《文章》testo⑬[documento⑬] scritto in una lingua occidentale
✤欧文タイプライター macchina⑭ da scrivere con caratteri europei

おうへい 横柄 arroganza⑭, insolenza, presunzione⑭ ◇横柄な arrogante, insolente, presuntuoso ◇横柄に con arroganza ¶横柄に構える assumere un atteggiamento arrogante /《人に対して》essere arrogante con *qlcu.*

おうべい 欧米 l'Europa e l'America⑭;《西洋》l'Occidente⑬ ¶欧米風の考え方 il modo di pensare occidentale
✤欧米諸国 i paesi⑬[複] occidentali
欧米人 gli europei⑬[複] e gli americani⑬[複]; gli occidentali⑬[複]

おうぼ 応募《参加》partecipazione⑭;《寄付などの》sottoscrizione⑭;《株式, コンクールの》iscrizione⑭ ◇応募する iscriversi [partecipare / prendere parte] a *ql.co.*
✤応募原稿《作品》manoscritto⑬ [opera⑭] partecipante (a un concorso)
応募者《試験などの》partecipante⑬, concorrente⑬;《志望者》aspirante⑬;《株式の》sottoscritt*ore*⑬[⑭ -*trice*] (di azioni)
応募申し込み domanda⑭ (per concorrere)
応募要領 modalità⑭ (per concorrere)

おうぼう 横暴 prepotenza⑭; tirannia, dispotismo⑬;《抑圧》oppressione⑭ ◇横暴な prepotente, tirannico⑬[複 -*ci*], dispotico [despotico]⑬[複 -*ci*], dittatoriale; oppressivo ◇横暴に con [di] prepotenza ¶横暴を極める comportarsi [agire] tirannicamente

おうむ 鸚鵡《鳥》pappagallo⑬
✤おうむ返し ¶おうむ返しに答える fare il pappagallo [l'eco] / ripetere *ql.co.* come un pappagallo

おうめん 凹面 ◇凹面の concavo
✤凹面鏡《光》specchio⑬[複 -*chi*] concavo

おうもんきん 横紋筋《解》muscolo⑬ striato

おうよう 応用 applicazione⑭ ◇応用する applicare, mettere in pratica ¶科学を日常生活に応用する applicare le scienze alla vita quotidiana ¶理論を実践に応用

する applicare una teoria alla pratica ¶応用できる applicabile ¶応用できない inapplicabile
✤**応用科学** scienza[女] applicata
応用化学 chimica[女] applicata
応用言語学〘言〙linguistica[女] applicata
応用数学 matematica[女] applicata
応用範囲 ¶その理論は応用範囲が広い［狭い］. Quella teoria ha un vasto [ristretto] campo d'applicazione.
応用問題 esercizi[男][複] d'applicazione, esercitazioni[女][複] pratiche

おうよう 鷹揚 ◇**鷹揚な** generoso, magnanimo, liberale; di cuore grande ¶鷹揚に構える darsi l'aria del gran signore

おうらい 往来 **1**《通行》andirivieni[男][無変]; traffico[男], passaggio[男], circolazione[女], transito[男] ¶この道は往来がはげしい.《車が通る》In questa strada c'è molto traffico. /《人通りが多い》Questa strada è molto frequentata. ¶往来が絶えた. Il traffico è cessato.
2《道路》strada[女], via[女]

おうりつ 王立 ◇**王立の** reale, regale, regio[男] [[男]複 -*gi*; [女]複 -*gie*] ¶王立大学 regia università

おうりょう 横領《他人の権利・財産の》usurpazione[女];《役人による公金の》peculato[男], appropriazione[女] indebita di denaro pubblico;《民間人による交付金の》malversazione[女] ◇**横領する** usurpare; appropriarsi indebitamente di *ql.co.* ¶彼は公金を横領した. Si è appropriato indebitamente di denaro pubblico. ¶彼は横領罪で逮捕された. È stato arrestato per peculato.

おうりん 黄燐 〘化〙fosforo[男] giallo [comune / bianco]

おうれつ 横列 riga[女] [linea[女] / fila[女]] orizzontale;〘軍〙rango[男] [複 -*ghi*] ¶横列を作る fare una fila orizzontale / allinearsi orizzontalmente / formare i ranghi

おうレンズ 凹レンズ 〘光〙lente[女] concava;《両面とも凹の》lente[女] biconcava

おうろ 往路 ¶マラソンの往路 la prima metà della gara di maratona ¶往路は船で復路は飛行機にしよう. Prendiamo la nave all'andata e l'aereo al ritorno.

おえつ 嗚咽 singhiozzo[男], pianto[男] dirotto ◇**嗚咽する** singhiozzare[自] [*av*] piangere[自] [*av*] a dirotto

おえらがた 御偉方 personaggi[男][複] importanti, pezzi[男][複] grossi; autorità[女][複];〔英〕vip[男][女][複]

おえる 終える finire, terminare, portare a termine [compimento];《完成する》completare ¶学業を終える completare gli studi ¶夕食を終えてから dopo (la) cena

おお oh!, ah!, accidenti!; oh Dio (mio)!, santo Dio!, santo cielo! ¶おお, 怖い. Oddio! Che paura! ¶おお, もちろんいいとも. Oh, ma certo che va bene!

おお- 大- ¶大火事 grande incendio / incendio di vaste [ampie] proporzioni ¶大広間 ampia hall [sala] ¶大人数 gran numero di persone ¶大雪 violenta nevicata

おおあじ 大味 ¶この梨は大味だ. Questa pera è poco gustosa. ¶大味な演技 interpretazione priva di sensibilità [di delicatezza / di raffinatezza]

おおあせ 大汗 abbondante sudata[女] ¶大汗をかく sudare[自] [*av*] abbondantemente [molto] / farsi una bella sudata (►「たいへん苦労する」という比喩的な意味もある)

おおあたり 大当たり **1**《籤(くじ)の》grossa vincita[女] ¶3000万円の大当たり una grossa [grande] vincita di trenta milioni di yen
2《芝居・映画などの》grande successo[男] ¶この芝居は大当たりをとった. Questa commedia ha avuto [ottenuto] un grande successo.

おおあな 大穴 **1**《欠損, 不足》grande perdita ¶大穴をあける causare una grande falla
2《競馬で》¶彼は大穴を当てた. Ha fatto una grossa vincita con un cavallo non quotato.

おおあめ 大雨 pioggia[女] [複 -*ge*] torrenziale [abbondante], forte pioggia[女];《豪雨》rovescio[男] [複 -*sci*] (di pioggia), diluvio[男] [複 -*i*];《集中豪雨》acquazzone[男];《驟雨(しゅう)》scroscio[男] [複 -*sci*] (di pioggia) ¶大雨が降った. Ha piovuto「a dirotto [abbondantemente]. / È caduta una pioggia torrenziale.
✤**大雨注意報** allarme[男] di possibili forti piogge

おおあり 大あり ¶理由は大ありだよ.《たくさんある》Ce ne sono eccome, di ragioni. /《もちろんある》Certamente c'è un motivo.

おおあれ 大荒れ **1**《暴風雨》violenta tempesta[女], grande burrasca[女] ¶海は大荒れだった. Il mare era「in burrasca [molto agitato / molto mosso]. **2**《混乱》¶会議は大荒れだった. La riunione è stata burrascosa [tempestosa]. ¶彼は大荒れに荒れた. È diventato furioso [《暴力的に》violento].

おおあわて 大慌て ◇**大慌てで** con grande agitazione, in gran fretta

おおい《呼びかけ》ehi, ohi, ehilà

おおい 覆い coperta[女], copertura[女], fodera[女] ¶覆いをかける coprire / velare /《見えなくする》nascondere / occultare / celare ¶覆いを取る scoprire / svelare

おおい 多い
⇒多く **1**《数量が》molto, tanto, numeroso, abbondante ¶彼は女友だちが多い. Lui ha tante [molte / numerose] amiche. ¶イタリアには観光客が多い. L'Italia ha un gran numero di turisti. ¶車が増えれば事故も多くなる. Se aumentano le automobili, sale anche il numero degli incidenti. ¶多くて来るのは30人でしょう. I partecipanti saranno al massimo trenta. ¶今年は雨が多い. Quest'anno piove molto [tanto]. ¶寄付は多ければ多いほどいい. Maggiore è l'offerta, meglio è.
2《頻度が高い》frequente, continuo ¶日本は地震が多い. I terremoti in Giappone sono frequenti. ¶この線の列車は遅れることが多い. Su questa linea ci sono continui ritardi dei treni.

おおいかくす 覆い隠す nascondere, velare;《意図・感情などを》dissimulare;《目にふれないようにする》sottrarre *ql.co.* alla luce

おおいかぶさる 覆い被さる **1**《上からかぶさる》¶道の上に大木の枝が覆いかぶさっている. Grandi alberi protendono i rami sulla strada. ¶村の

上に黒雲が覆いかぶさってきた．Nuvole scure cominciarono ad addensarsi sul villaggio.
2《責任などがかかる》¶全責任が彼に覆いかぶさっている．Tutta la responsabilità è passata [è caduta] sulle sue spalle.

おおいかぶせる 覆い被せる ¶種の上に土を覆いかぶせる coprire [ricoprire] i semi con la terra

おおいそぎ 大急ぎ ◇大急ぎの urgente, pressante, precipitoso ◇大急ぎで in tutta [gran] fretta, di corsa, di furia, con urgenza, precipitosamente ¶大急ぎで階段を下りる scendere le scale a quattro a quattro

オーいちごーなな O157 《生》escherichia⊛ coli O157

おおいちばん 大一番 《相撲や将棋などの》 ¶大一番に勝つ vincere la partita decisiva

おおいちょう 大銀杏 《すもうの》 acconciatura ⊛ da lottatore di *sumo*

おおいなる 大いなる grande ¶大いなる功績 grandi meriti ¶大いなる感謝をささげる ringraziare immensamente

おおいに 大いに 《大変》molto, tanto; grande; 《非常に》veramente, assai, proprio ¶イタリア人は大いに人生を楽しんでいる．Gli italiani si godono veramente [alla grande] la vita. ¶君の意見に大いに賛成だ．Sono pienamente d'accordo con te. ¶大いに迷惑だ．È una grande seccatura per me. ¶今晩は大いに飲もう．Stasera ubriachiamoci!

おおいばり 大威張り ◇大威張りで boriosamente, trionfalmente, con alterigia

おおいり 大入り ◇大入りの pieno zeppo (di gente) ¶劇場は大入りだった．Il teatro era pieno zeppo [tutto esaurito].
✤**大入り袋** premio⊛[複 -i] (concesso in occasione di un tutto esaurito)
大入り満員《掲示》"Tutto esaurito" / "(Al) completo"

おおう 覆う **1**《上から被せる》coprire *ql.co.*《で con, di》;《完全に》ricoprire [rivestire] *ql.co.*《con, di》, ammantare *ql.co.*《di》;《包む》avvolgere *ql.co.*《で con》;《隠す》nascondere, velare;《遮る》intercettare [oscurare / ombreggiare] *ql.co.*《で con》;《保護する》schermare [proteggere / riparare] *ql.co.*《で con》;《一面に広がる》diffondersi, spargersi《su》¶顔を覆って泣く piangere nascondendo il volto fra le mani ¶厚い雲が空を覆っている．Grosse nubi coprono il cielo. ¶山は雪に覆われている．Le montagne sono coperte di neve. ¶耳を覆いたくなるようなひどい話だ．È una storia così orribile che mi viene voglia di tapparmi le orecchie.
2《包み隠す》nascondere, dissimulare ¶失敗はもはや覆うべくもない．Ormai non è più possibile nascondere il fallimento.

おおうけ 大受け ¶その司会者は主婦の間で大受けしている．Quel presentatore è molto popolare tra le massaie.

おおうなばら 大海原 vasto mare⊛, grande oceano⊛

おおうりだし 大売出し《在庫処分》liquidazione⊛;《大安売り》grande svendita⊛, saldo⊛, vendita⊛ promozionale

オーエー OA automazione⊛ dell'ufficio
✤**OA機器** strumento⊛ [apparecchio⊛[複 *-chi*]] per l'automazione dell'ufficio

オーエス OS 《コンピュータ》sistem*a*⊛[複 *-i*] operativo

オーエル OL impiegata⊛

おおおく 大奥 gli appartamenti⊛[複] femminili nel Castello di Edo

おおおじ 大伯父・大叔父 prozio⊛[複 *-ii*]

おおおとこ 大男《大柄の男》omone⊛;《巨人》gigante⊛ ¶大男総身に知恵が回りかね．《諺》"Tutti i muscoli poco cervello."

おおおば 大伯母・大叔母 prozia⊛

おおおんな 大女 donna⊛, donnone⊛

おおがかり 大掛かり ◇大掛かりな su [di] vasta scala; esteso ◇大掛かりに in grande, su larga scala, in massa ¶大掛かりな計画 piano su vasta scala

おおかぜ 大風 forte vento⊛, ventaccio⊛[複 *-ci*]; burrasca⊛

おおかた 大方 **1**《大部分》maggioranza⊛, la maggior parte⊛;《副詞として》quasi (per intero), in gran parte ◇大方の la maggior parte di *qlcu.* [*ql.co.*] ¶出席者の大方は女性だった．La maggior parte dei presenti erano donne. ¶大方できあがった．Ho quasi finito.
2《多分》forse, probabilmente; quasi ¶大方だめだろうと思っていた．Pensavo che sarebbe stato quasi impossibile. ¶大方そんなことだろうと思っていた．Me l'aspettavo. / Ci avrei giurato.
3《世間一般の人々》gente⊛;《公衆》pubblico⊛;《大衆》masse⊛[複] ◇大方の generale, universale, comune ¶大方の考えはそちらへ向いている．L'opinione「della gente [pubblica / generale]」è orientata in tal senso.

おおがた 大形・大型 ◇大型の《型の大きい》grande, enorme;《壮大な》gigantesco⊛[複 *-schi*];《紙などの》di grande formato;《寸法の》di grande dimensione ¶大型の台風 tifone⊛ di grandi dimensioni [di eccezionale violenza]
✤**大型消費税** imposte⊛[複] dei consumi su larga scala

オーガニック［英 organic］ ◇オーガニックの biologico⊛[複 *-ci*], organico⊛[複 *-ci*] ¶オーガニックの食品 prodotti alimentari bio (logici)

おおがねもち 大金持ち miliardario⊛[複 *-i*], riccone⊛[⊛ *-a*]

おおかみ 狼《動》lupo⊛[⊛ *-a*]
✤**狼人間** lupo⊛ mannaro

おおがら 大柄 ◇大柄な《模様》a grandi disegni;《体格》di grande corporatura, di grossa taglia

おおかれすくなかれ 多かれ少なかれ più o meno ¶今度の台風では多かれ少なかれみんな被害を受けた．A causa dell'ultimo tifone tutti, chi più chi meno, hanno subito dei danni.

オーガンディー［英 organdy］《織》［仏］organdi(s)⊛［無変］; organza⊛

おおきい 大きい →大きく, 大きさ, 大きな
1《形・体積が》grande, grosso, voluminoso;《巨大な》enorme, gi-

gante, gigantesco [[男]複 -schi]；《広々とした》vasto, spazioso, esteso；《どっしりとした》massiccio [[男]複 -ci; [女]複 -ce]；《幅広い》largo [[男]複 -ghi], ampio [[男]複 -i]　¶彼は大きい家に住んでいる. Abita in una grande casa.　¶大きい旅行かばん grossa valigia　¶息子は私より大きい. Mio figlio è più alto di me.

2【音が】 alto, forte　¶もう少し大きい声で話して. Parla a voce più alta.　¶ラジオの音を大きくする aumentare [alzare] il volume della radio

3【年令が】 grande　¶大きいほうの兄 il fratello più grande　¶大きくなったら何になりたいの. Cosa farai [vuoi fare] da grande?

4【程度がはなはだしい】grande;《重大である》importante, grosso

5【包容力がある】　¶人物が大きい. È una persona magnanima.

6【大げさである，威張る】　¶大きいことを言う fare il fanfarone [《女性》la fanfarona] / spararle grosse /《大げさ》eṣagerare[他]（►単独でも可）　¶大きい顔をする darsi arie d'importanza

---

[語法] **grande**
置かれる位置によって意味が変わることがある. 名詞の前に置かれると,「素晴らしい」「偉大な」の意味を表し, 後置されると物理的に「大きい」の意味になる.
¶una grande opera　素晴らしい作品
¶un'opera grande　大きな作品
¶un grand'uomo　偉人
¶un uomo grande　大きな男の人
grandeが名詞の前に置かれるとき, 子音で始まる名詞の前では性・数にかかわらず granとなることがある. ただし原則として s＋子音, gn, pn, ps, x, zで始まる名詞の場合を除く.
また母音の前では, 単数 grande, 複数 grandiが grand'と省略されることがある.

おおきく 大きく　《規模が》su vasta [larga / grande] scala, grandemente;《強度などが》intensamente, altamente;《著しく》notevolmente, molto ◇**大きくする** fare *ql.co.* più grande（►grandeは目的語の性・数に合わせて語尾変化する), ingrandire;《増す》aumentare;《苦痛などを》aggravare;《火・感情などを》attizzare;《活動などを》attivizzare ◇**大きくなる** farsi [diventare] grand*e*, ingrandirsi;《成長する》crescere[自] [*es*], ṣvilupparsi;《増す》aumentare[自] [*es*]；《強度などが》intensificarsi;《数が》moltiplicarsi;《広がる, 膨張する》allargarsi, estendersi, ampliarsi;《普及する》diffondersi, propagarsi　¶字を大きく書く scrivere a grossi caratteri / scrivere in grande　¶窓を大きく開く spalancare la finestra / aprire compleramente la porta　¶目を大きく開ける ṣbarrare gli occhi　¶店を大きくする ingrandire un negozio　¶新聞はその事件を大きく扱った. I giornali hanno dato grande risalto all'incidente.　¶問題が大きくなった. Il problema si è fatto serio [grave].　¶大きく構える assumere un atteggiamento insolente

おおきさ 大きさ　grandezza[女];《広がり》dimensione[女], estensione[女];《本などの型》formato[男];《容量, かさ》grossezza[女], volume[男], ampiezza[女]　¶これくらいの大きさの grande [grosso] come questo / di queste dimensioni　¶これと同じ大きさの靴が欲しいのですけれど. Desidererei delle scarpe dello stesso numero di queste.　¶大きさの順に in ordine di grandezza　¶この2つの劇場は同じ大きさだ. Questi due teatri hanno la stessa capienza.

おおきな 大きな ⇀大きい　¶地震は大きな被害を与えた. Il terremoto ha provocato enormi danni.　¶これは我々にとっては大きな問題だ. Questo per noi rappreṣenta un grosso problema.　¶大きな顔をしてよくもそんなうそが言えたものだ. Che sfacciato! Come ha potuto dire una simile menzogna?
[慣用] **大きなお世話** ¶大きなお世話だ. Non t'impicciare, nessuno te l'ha chiesto! / Ti vuoi fare gli affari tuoi?!

おおきめ 大き目 ◇**大きめの** piuttosto grosso [grande]

オーきゃく O脚　gambe[女][複] arcuate [storte]

おおぎょう 大仰 ⇀大袈裟(おおげさ)

おおく 多く ⇀多い　**1**《たくさん》◇**多くの** tanto, molto ◇**多くとも** tutt'al più, al più, al massimo　¶私は彼に多くのことをしてやった. Ho fatto tanto per lui.　¶非常に多くの金 una gran quantità di soldi　¶来るのは多くとも20人ほどでしょう. Verranno venti persone al massimo.

2《大部分》◇**多くの** la maggior parte di ◇**多くは** generalmente, in generale, il più delle volte, per lo più　¶日本人の多くは molti giapponesi　¶多くの場合は nella maggioranza [nella maggior parte] dei caṣi

おおぐい 大食い　《たくさん食べること》voracità[女], ingordigia[女] (nel mangiare)；《人》(forte) mangia*tore*[男] [[女] *-trice*], ghiotton*e*[男] [[女] *-a*]；buona forchetta[女];《親》mangion*e*[男] [[女] *-a*] ◇**大食いの** vorace, ingordo ◇**大食いする** mangiare molto, essere ingord*o* nel mangiare;《がつがつと》mangiare con avidità

オークション 〔英 auction〕《競売》asta[女]

おおぐち 大口　**1**《大きな口》　¶大口を開けて笑う ridere a bocca spalancata

2《大量》¶大口の注文 grande ordinazione[女], grossa commissione　¶大口の寄付 donazione cospicua [importante]
[慣用] **大口をたたく** fare il fanfarone [il gradasso /《女性》la fanfarona / la gradassa], vantarsi　¶私に大口をたたくな. Non fare il fanfarone con me.

おおくまざ 大熊座 〔天〕Orsa[女] maggiore

オークル 〔仏 ocre〕 ◇**オークルの**《黄褐色》ocra [無変]

オーケー 〔英 O.K.〕 ¶…について〈人〉のオーケーを取る ottenere il benestare di *ql.co.* da *qlcu.*　¶オーケーだ. D'accordo! / Va bene! / Benissimo! / O.K.!　¶万事オーケー. Va tutto alla perfezione.

おおげさ 大袈裟 ◇**大げさな** eṣagerato, eccessivo;《表現などが》ampolloso, enfatico [[男]複 -ci] ◇**大げさに** eṣageratamente, eccessivamente; in modo eṣagerato; ampollosamente　¶大げさな身振りで con gesti eṣagerati　¶彼は自分の冒険を大

げさに語った。Lui ha esagerato [ha gonfiato] la sua avventura.

オーケストラ 〔英 orchestra〕《管弦楽、管弦楽団》orchestra◇ オーケストラ用の orchestrale → 音楽 用語集 ¶オーケストラ用に作曲 [編曲] する orchestrare / scrivere [trascrivere] per orchestra
✤オーケストラ団員 orchestrale◎
オーケストラボックス orchestra◎, fossa [buca◎] dell'orchestra

オーケストレーション 〔英 orchestration〕《音》orchestrazione◎; strumentazione◎

おおごえ 大声 voce◎ alta [forte / grande]; 《叫び声》grido◎, urlo◎;《金切り声》strillo◎◇ 大声で ad alta voce, con voce alta, a gran voce ¶大声で叫ぶ gridare [strillare] a gran voce /《のども張り裂けんばかりに》gridare a squarciagola ¶私はあらんかぎりの大声を張りあげて叫んだ。Ho gridato con quanto fiato avevo in gola.

おおごしょ 大御所 pezzo◎ grosso, eminente [autorevole] figura◎

おおごと 大事 faccenda◎ seria [grave] ¶大事になりそうだ。La situazione rischia di aggravarsi.

おおざけ 大酒 ¶大酒を飲む bere eccessivamente /《話》bere come una spugna
✤大酒飲み gran bev*itore*◎ [◎ -*trice*]

おおさじ 大匙 cucchia*io*◎ (da tavola) ¶大さじ2杯の塩 due cucchiai di sale

おおざっぱ 大雑把 1《概略》◇大ざっぱな approssimativo; sommar*io* [◎複 -*i*] ◇大ざっぱに approssimativamente ¶大ざっぱに見積もる valutare all'incirca [a occhio e croce] ¶大ざっぱに言う dire「grosso modo [approssimativamente / a grandi linee / per sommi capi」 ¶大ざっぱに言うと parlando in generale / per linee generali
2《粗雑》◇大ざっぱな grossolano, noncurante ◇大ざっぱに grossolanamente, superficialmente ¶彼は大ざっぱな人だ。È un gran confusionario. ¶彼の仕事は大ざっぱだ。Non è accurato nel suo lavoro.

おおさわぎ 大騒ぎ chiasso◎, fracasso◎;《どんちゃん騒ぎ》baldoria◎, baccano◎;《混乱》confusione◎, disordine◎ ◇大騒ぎする fare chiasso [baldoria / tumulto] ¶大騒ぎするには当たらない。Non è necessario fare chiasso. ¶つまらぬことで大騒ぎするな。Non fare「una tragedia [tanto fracasso] per niente [per un nonnulla].

おおさんしょううお 大山椒魚《動》salamandra◎ gigante

おおしい 雄々しい《男らしい》virile;《勇ましい》coraggioso, ardimentoso;《英雄的》eroi*co* [◎複 -*ci*] ◇雄々しく virilmente, coraggiosamente, valorosamente ◇雄々しさ coragg*io*◎, prodezza◎

おおしお 大潮《満月の》marea◎ di plenilunio;《新月の》marea◎ di luna nuova

おおじかけ 大仕掛け ⇒大掛かり

おおじだい 大時代 ◇大時代な antiquato, molto antic*o* [◎複 -*chi*] ¶大時代な口調で con uno stile oratorio alla vecchia maniera ¶なんて大時代な考えだ。È un'idea anacronistica!

おおすじ 大筋 ¶大筋を述べる fare un riassunto [sommario / estratto] / esporre「la trama [per sommi capi」 ¶大筋で a grandi linee

おおせ 仰せ ◇《目上の言い付け》indicazione◎, istruzione◎ ◇仰せつかる ricevere l'ordine [il comando] di + 不定詞 ¶仰せに従って conformandosi alle istruzioni [indicazioni] di *qlcu.* ¶仰せのとおりです。Lei ha ragione. / È come dice lei. ¶仰せのままにいたします。Ai suoi ordini.

おおぜい 大勢 molti◎[複], molta [tanta] gente, molte [tante] persone◎[複];《群衆》folla◎[無変] ◇大勢の un gran numero di, una folla di; una moltitudine di; numerosi ¶大勢で in molti / in gran numero / in massa ¶大勢の人が投票に行った。Si sono presentati in tanti alle urne elettorali. ¶大勢集まっていた。C'era tanta gente.

おおぜき 大関《相撲の》lottatore◎ di *sumo* secondo in graduatoria

おおせる 果せる ¶まんまと逃げおおせた。Riuscì a fuggire [a scappare].

おおそうじ 大掃除 grandi pulizie◎[複], pulizie◎[複] generali [a fondo], pulizie◎[複] di Pasqua [di primavera]（◆イタリアでは春に行うところから）¶家を大掃除する ripulire tutta la casa (da cima a fondo)

オーソドックス 〔英 orthodox〕◇オーソドックスな ortodosso

おおぞら 大空 cielo◎, volta◎ celeste

オーソリティー 〔英 authority〕autorità◎ ¶数学のオーソリティー autorità in matematica

オーダー 〔英 order〕1《注文》ordine◎, ordinazione◎ 2《順序》ordine◎;《配列》disposizione◎
✤オーダーメード オーダーメードの fatto su「misura [ordinazione」

おおだい 大台 ¶株価は 10,000 円の大台に乗ったを越えた」。Le azioni「sono salite a [hanno superato i] diecimila yen.
✤大台乗せ《株で》aumento◎ di una cifra
大台割れ《株で》diminuzione◎ di una cifra

おおたか 大鷹《鳥》astore◎

おおだすかり 大助かり ¶ご援助いただいて大助かりです。Il suo appoggio è stato di grande aiuto.

おおだてもの 大立て者 ⇒大物 2

おおちがい 大違い《差異》grande differenza◎;《誤り》grande errore◎ ¶見ると聞くとは大違いだ。Tra sentirlo raccontare e vederlo di persona c'è una bella differenza.

おおづかみ 大摑み ¶大づかみに見積もる valutare *ql.co.* approssimativamente

おおっぴら ◇おおっぴらに apertamente, pubblicamente, in pubblico, davanti a tutti, sotto gli occhi di tutti

おおつぶ 大粒 ¶大粒のぶどう uva a grossi acini ¶大粒の雨 grosse gocce di pioggia ¶彼女の目から大粒の涙が流れた。Grosse lacrime [Lacrimoni] le scendevano dagli occhi.

おおづめ 大詰め《劇の》ultimo atto◎, ultima scena◎, atto◎ finale, finale◎;《事件の》conclusione◎;《悲劇の》catastrofe◎;《終わり》fine◎ ¶交渉は大詰めに近づいている。I negoziati si stanno avvicinando alle fași concluṣive.

おおて 大手 ¶大手の業者 grosso operatore economi*co* [複 *-ci*] / grosso commerciante ¶証券大手 le grandi società di intermediazione mobiliare

♣**大手筋**〘金融〙《投資家》grandi speculatori男 [複];《取り引き商》grossisti男[複], commercianti男[複] all'ingrosso;《買い手》acquirenti 男[複] all'ingrosso;《大会社》grandi compagnie女[複][imprese女[複]

大手門 portone男 principale di un castello

おおで 大手 ¶大手を広げて con le braccia aperte

|慣用| 大手を振って《堂々と》trionfalmente;《はばかることなく》impunemente ¶ここでは賄賂(ﾜｲﾛ)が大手を振ってまかり通っている. Qui le bustarelle circolano impunemente.

オーディーエー ODA 《政府開発援助》〘政〙Aiuti Ufficiali allo Șviluppo

オーディオ〔英 audio〕 audio男[無変]
♣**オーディオマニア** appassionat*o*男[女 *-a*] di sistemi audio

オーディション〔英 audition〕 audizione女; provino男 ¶新人歌手のオーディションを行う fare un'audizione a un nuovo cantante ¶ピアノのオーディションを受けた. Ho partecipato a un'audizione di pianoforte.

オーデコロン〔仏 eau de Cologne〕 acqua女 di colonia

オード〔英 ode〕〘詩学〙ode女

おおどうぐ 大道具〘劇〙macchinar*io*男[複 *-i*] teatrale; apparato男 scen*ico* [複 *-ci*]
♣**大道具係** macchinist*a*男女[男複 *-i*]

おおどおり 大通り strada女 principale, corso男, viale男;《主要街路》arteria女 principale

おおとかげ 大蜥蜴〘動〙varano男

オートクチュール〔仏 haute couture〕 creazioni女[複] della sartoria parigina; alta moda

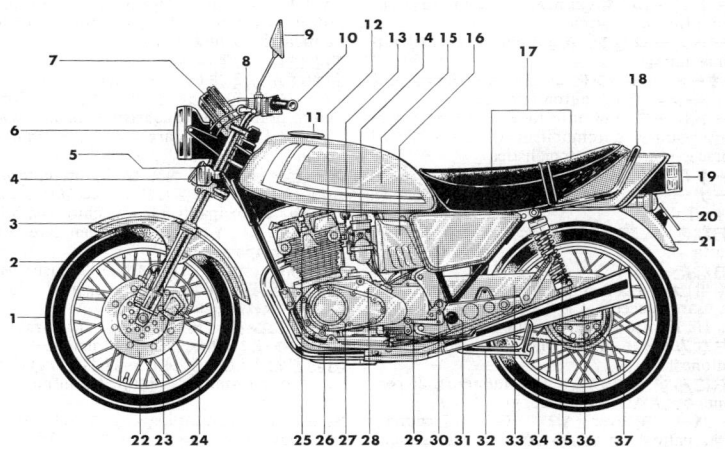

オートバイ
1 タイヤ pneumatico男. **2** テレスコピック・フォーク forcella女 telescopica. **3** フロントフェンダー parafango男 anteriore. **4** ホーン segnalatore男 acustico, clacson男[無変]. **5** 方向指示器 indicatore男 di direzione. **6** ヘッドライト fanale男. **7** 計器板 plancia女 portastrumenti. **8** ブレーキレバー(右側) leva女 del freno, クラッチレバー(左側) leva女 della frizione. **9** バックミラー specchietto男 retroviṣore. **10** スロットルグリップ (右側) manopola女 dell'acceleratore. **11** タンクキャップ tappo男 del serbatoio. **12** シリンダーヘッド testa女 del cilindro. **13** 燃料コック rubinetto男 della benẓina. **14** キャブレター carburatore男. **15** フューエルタンク serbatoio男. **16** エアクリーナー filtro男 dell'aria. **17** タンデムシート sella女 biposto. **18** タンデムグリップ maniglia女. **19** ストップ・テールランプ fanale男 posteriore-stop. **20** ナンバープレート targa女. **21** リアフェンダー parafango男 posteriore. **22** フロントディスクブレーキ freno男 a disco anteriore. **23** フロントフォーク forcella女 anteriore. **24** ディスクブレーキキャリパー pinza女 del freno a disco. **25** エンジン motore男. **26** エグゾーストパイプ tubo男 di scarico. **27** 発電機 alternatore男, generatore男 di corrente. **28** トランスミッション trașmissione女. **29** ギアレバー leva女 del cambio. **30** サイドカバー fiancata女 laterale. **31** ステップ poggiapiedi男[無変]. **32** スタンド cavalletto男 di sostegno. **33** チェーンカバー[ガード] carter男[無変] copricatena. **34** ドライブチェーン catena女 di trașmissione. **35** リヤショックアブソーバー ammortiẓẓatore男 posteriore. **36** マフラー silenziatore男, marmitta女. **37** ドリブンスプロケット corona女 di trașmissione.

オートさんりん オート三輪 〚車〛triciclo a motore, mototriciclo 男, furgoncino 男 a tre ruote

オートジャイロ 〔英 autogyro〕〚空〛autogiro 男

オートバイ motocicletta 女, moto [無変] 女 →前ページ 図版 ¶400ccのオートバイ una motocicletta di 400cc (di cilindrata) ¶オートバイに乗る salire [montare] in motocicletta

オートパイロット 〔英 autopilot〕pilota 男 [複 -i] automatico [複 -ci]

オートフォーカス 〔英 autofocus〕autofocus 男 [無変]

オードブル 〔仏 hors-d'œuvre〕〚料〛antipasto 男 →料理 用語集

オートマチック 〔英 automatic〕automatico [男複 -ci]
✣オートマチック車 automobile 女 [macchina 女] con (il) cambio automatico

オートミール 〔英 oatmeal〕〚料〛farina 女 d'avena; fiocchi d'avena

オートメーション 〔英 automation〕〚工〛automazione 女
✣オートメーション化 automatizzazione 女 ◇オートメーション化する automatizzare

オートレース 〔英 auto race〕(自動車の) corsa 女 [gara 女] automobilistica; (オートバイの) corsa 女 [gara 女] motociclistica

オートロック chiusura 女 automatica

オーナー 〔英 owner〕proprietario 男 [女 -ia; 男複 -i]

おおなぎ 大凪 bonaccia 女 [複 -ce], calma 女 piatta

おおなた 大鉈
|慣用|大鉈を振るう prendere drastiche misure, usare l'accetta ¶彼は人員整理に大鉈を振るった。Ha ridotto drasticamente il personale.

おおなみ 大波 grande onda 女, maroso 男, cavallone 男

おおにんずう 大人数 gran numero 男 di persone ◇大人数の numeroso, grande

オーバー 〔英 over〕 **1**(オーバーコート) cappotto 男, paltò 男 **2**(オーバーする) esagerato ◇オーバーする superare [oltrepassare] (i limiti) ¶彼は事の重大さをオーバーに語った。Ha esagerato l'importanza del fatto.

オーバーオール 〔英 overalls〕〚服〛(胸当て付きズボン) 〔仏〕salopette [salopét] 女 [無変]; (つなぎの服) tuta 女 da lavoro

オーバーシューズ 〔英 overshoes〕soprascarpe 女 [複], calosce 女 [複], galosce 女 [複]

オーバードクター ricercatore 男 [女 -trice] universitario [男複 -i] non a contratto

オーバーヒート 〔英 overheat〕surriscaldamento 男 ◇オーバーヒートする surriscaldarsi ¶エンジンがオーバーヒートした。Il motore si è surriscaldato.

オーバーホール 〔英 overhaul〕revisione 女, controllo 男 completo ◇オーバーホールする revisionare, fare la revisione

オーバーラップ 〔英 overlap〕〚映〛dissolvenza 女 incrociata, sovrapposizione 女 ◇オーバーラップする sovrapporre, sovrapporsi ¶幼いころの光景が目の前の光景にオーバーラップする。La scena attuale si sovrappone a quella della mia infanzia. / È come avere davanti agli occhi una scena della mia infanzia.

オーバーワーク 〔英 overwork〕lavoro eccessivo ¶君はこのところオーバーワークだよ。In questi ultimi tempi lavori troppo.

おおばこ 車前草 〚植〛piantaggine 女

おおはば 大幅 **1**《物事の変化の差》◇大幅な grande, forte; (はっきりした) netto; (著しい) notevole, considerevole; (本質的な) sostanziale ◇大幅に nettamente; notevolmente, considerevolmente; (思い切って) drasticamente ¶大幅な減税 drastica [netta] riduzione delle tasse ¶法律の大幅な修正 maxiemendamento di una legge ¶鉄道運賃の大幅な値上げ forte aumento delle tariffe ferroviarie
2《布地のダブル幅》¶大幅の布 stoffa di doppia altezza

おおばん 大判 **1**《大型》grande formato 男 ¶大判の本 volume [libro] di formato grande [di gran formato] **2**《金貨》grande moneta 女 antica giapponese d'oro

おおばん 大鷭 〚鳥〛folaga 女

おおばんぶるまい 大盤振舞い ¶〈人〉に大盤ぶるまいをする《気前よく盛大にもてなす》offrire un lauto pranzo [un banchetto] a qlcu. / (物を惜し気もなく人に与える) dare ql.co. generosamente a qlcu.

オービー OB **1**《卒業生》ex-allievo 男 [女 -a]; (サークル・部活などの) vecchio 男 [女 -chia; 複 -chi] partecipante 男, vecchio membro **2**《ゴルフで》¶オービーを出す mandare la palla fuori campo

おおびけ 大引け (株式市場の) chiusura 女

おおひろま 大広間 grande sala 女, salone 男; 《講堂、大教室》aula 女 magna

オープニング 〔英 opening〕apertura 女, inizio 男 [複 -i]; (開会式) inaugurazione 女

おおぶね 大船 ¶大船に乗った気持ちでいてください。Dorma sonni tranquilli. / È in buone mani.

おおぶり 大降り pioggia 女 [複 -ge] torrenziale, diluvio 男 [複 -i] ¶雨が大降りだ。Piove a dirotto. / Diluvia.

おおぶろしき 大風呂敷 ¶大風呂敷を広げる spararle grosse / dire fanfaronate

オーブン 〔英 oven〕〚料〛forno 男 ¶…をガス[電気／薪]のオーブンで焼く cuocere ql.co. al forno「a gas [elettrico / a legna]
✣オーブン皿《天パン》piano di cottura del forno; 《耐熱皿》pirofila 女

オーブントースター tostapane 男 [無変], forno (elettrico) [複 -ci] tostapane [無変]

オープン 〔英 open〕**1**《開始》inizio 男 [複 -i]; 《開店、開業》apertura 女 ◇オープンする aprire 男 [av]; aprirsi; (店などを) aprire ¶あの映画館は5月にオープンする。Quel cinema apre [si inaugura] in maggio.
2《フランクな》◇オープンな aperto; franco 男 複 -chi ¶オープンに話し合う parlare francamente [apertamente] con qlcu
✣オープンエア ◇オープンエアの[で] all'aperto

オープンカー 〔車〕 automobile[女] convertibile [decappottabile], macchina[女] scoperta; 〔仏〕 cabriolet[男][無変]
オープン価格 prezzo[男] aperto [non definito]
オープンキッチン cucina[女] all'americana
オープンゲーム 〔スポ〕 gara[女] [torneo[男]] open [無変] [a partecipazione aperta]
オープンシャツ cami*cia*[女] [複 *-cie*] con il collo aperto
オープンショップ azienda[女] che accoglie anche operai non iscritti ai sindacati
オープンセット《撮影用の》 set[男] [無変] [allestimento[男] sceni*co* [複 *-ci*]] esterno [all'aperto]
オープン戦《スポーツの非公式試合》 partita[女] di precampionato
オープンチケット biglietto[男] aperto ¶ 1年間のオープンチケット biglietto d'aereo aperto [open] valido un anno
オープンリール nastro[男] magneti*co* [複 *-ci*] a bobina
オープンリールデッキ registratore[男] a bobina
おおべや 大部屋 **1**《病院で》 corsia[女] **2**《劇場で下級の俳優用》 sala[女] delle comparse
✤**大部屋俳優** at*tore*[男] [[女] *-trice*] per [di] piccole parti [per particine]
オーボエ 〔伊〕 〔音〕 oboe[男]
✤**オーボエ奏者** oboist*a*[男][女] [[男]複 *-i*]
おおまか 大まか ◇おおまかな approssimativo
おおまけ 大負け **1**《大幅な割引》 forte sconto [男]; 《特価》 prezzo[男] d'occasione
2《スポーツなどで》 ¶大負けに負けた. Subì una severa sconfitta.
おおまじめ 大真面目 serietà[女] fuori luogo ¶ 大まじめで話す parlare in maniera ridicolmente seria
おおまた 大股 ¶大股に歩く camminare[自] [*av*] a passi lunghi [a grandi passi]
おおまちがい 大間違い grande [grave] errore [男], sba*glio*[男] [複 *-gli*] madornale ¶大間違いをする fare un grave errore
おおまわり 大回り ◇大回りする《遠回り》 fare una grande deviazione; fare un grande giro [una grande curva]
おおみえ 大見得 [慣用] **大見得を切る** parlare in modo pomposo
おおみず 大水 《洪水》 inondazione[女], allagamento[男] ¶家の周りは一面大水だった. La casa era circondata dall'inondazione.
おおみそか 大晦日 l'ultimo giorno[男] [l'ultimo[男]] dell'anno; (giorno[男] di) San Silvestro[男] ¶大晦日の晩に la sera [notte] di Capodanno / la sera [notte] di San Silvestro
おおみだし 大見出し ¶大見出しで報道する. riportare [pubblicare] *ql.co.* (con titoli) a caratteri cubitali
オーム 〔独 Ohm〕 〔電〕 ohm[男] [無変]
¶オームの法則 la legge [il principio] di Ohm
✤**オーム計** ohm(m)etro[男]
オーム抵抗 resistenza[女] ohmica
おおむかし 大昔 remota antichità[女], lontano passato[男] ◇**大昔の** dei tempi antichi; anti*co* [[男]複 *-chi*]; 《「古くさい」という意味も含んで》 arcai*co* [[男]複 *-ci*], preistori*co* [[男]複 *-ci*] ¶大昔に nei tempi antichi / nel lontano passato / 《「人類以前の」という意味も含んで》 nella notte dei tempi ¶大昔から da tempo immemorabile / sin dall'antichità / da che mondo è mondo
おおむぎ 大麦 〔植〕 orzo[男] [無変]
おおむこう 大向こう ⇒演劇 [用語集] ¶大向こうをうならせる entusiasmare la platea [il pubblico]
おおむね 概ね più o meno
おおめ 大目 [慣用] **大目に見る** chiudere un occhio su *ql.co.*; 《許可》 lasciar correre, perdonare ¶大目に見てもらう farsi perdonare ¶大目に見てやれ. Lascia correre.
おおめ 多目 ¶塩の量がやや多めだった. Era un po' troppo salata. ¶多めのご飯 una porzione di riso abbondante
おおめだま 大目玉 ¶大目玉を食う prendersi una sonora strigliata
おおもうけ 大儲け ¶大儲けをする realizzare un grosso guadagno / fare un affare d'oro / fare un buon colpo
おおもじ 大文字 maiuscola[女], maiuscolo[男], lettera[女] maiuscola, carattere[男] maiuscolo ¶大文字で書く scrivere a lettere maiuscole
おおもて 大持て ¶彼は大もてだ. È molto popolare [richiesto]. / Se lo contendono. / 《重要視されている》 Gode di molta considerazione.
おおもと 大本 《原理》 princip*io*[男] [複 *-i*]; 《基本点》 l'essenziale[男], il fondamento[男], la base [女]; 《根元》 origine[女] ¶民主主義の大本 principi della democrazia (democratici)
おおもの 大物 **1**《大きな獲物・幸運など》 ¶大物を釣り落とす perdere una grossa occasione / 《魚》 lasciare scappare un pesce grosso
2《実力者》 grand'uomo[男] [複 *grandi uomini*], grande figura[女], personag*gio*[男] [複 *-gi*] importante; 《権威者》 autorità[女]; 〔英〕 vip[男][女] [無変]
おおもり 大盛り porzione[女] abbondante
おおや 大家 proprietar*io*[男] [[女] *-ia*; [男] 複 *-i*] di una casa in affitto, padrone[男] [[女] *-a*] di casa
おおやけ 公 **1**《国，政府，官庁》 ◇公の pubbli*co* [[男]複 *-ci*]; 《公式・正式の》 ufficiale, formale ◇公に pubblicamente, in pubblico; ufficialmente, formalmente ¶公にする annunciare ufficialmente *ql.co.* [che＋[直説法]] ¶公に語る parlare in forma ufficiale ¶公の事と私事(わたくしごと)を混同する confondere gli affari pubblici e quelli privati
2《公然》 ¶…を公にする pubblicare *ql.co.* / rendere *ql.co.* di dominio pubblico ¶公の席で語る parlare in (un luogo) pubblico ¶事件は公になった. La faccenda è stata rivelata [è stata resa nota] al pubblico.
3《公共》 ¶公園は公のものだ. Il parco è aperto al pubblico. / Il parco è di uso pubblico.
おおやすうり 大安売り ◇大安売りする liquidare; svendere ¶「大安売り」《掲示》 "Liquidazione!" / "(Grande) Svendita!" / "Saldi!"
おおやまねこ 大山猫 〔動〕 lince[女]
おおゆき 大雪 《降雪》 grande [forte / abbondante] nevicata[女]; 《積雪》 neve[女] fitta [alta] ¶大雪が降る. Cade una fitta neve. / Nevica fitto [a larghe falde].
おおよそ 凡そ ⇒およそ1，大体1，2

おおよろこび 大喜び grande gioia㊛, immenso piacere㊚, esultanza㊛ ◇大喜びする rallegrarsi [gioire] immensamente, essere pazzo [colmo] di gioia ◇大喜びで con immensa gioia, con esultanza, con molta felicità, col massimo piacere; 《進んで》molto volentieri

オーラ 〔英 aura〕 aura㊛ ¶オーラを発するemanare un'aura ¶彼のふるまいから高貴なオーラが漂ってくる。Dalle sue maniere emana un'aura di nobiltà.

オーライ ¶発車オーライ。《運転手に向かって》Andiamo! ¶オーライ、オーライ、オーライ…《バックなどする時》Vai, vai, vai... / Ancora, ancora, ancora...

おおらか ◇おおらかな《鷹揚な》generoso, magnanimo; 《とらわれない》liberale; 《寛容な》tollerante, indulgente; 《稀》longanime; 《偏見のない, 闊達(かったつ)な》aperto, di larghe vedute; 《包容力のある》comprensivo ¶心のおおらかな人 una persona dal cuore grande

オール 〔英 oar〕《(ボートの)》remo㊚

オールインワン 〔英 all-in-one〕 **1**《下着》〔英〕body㊚[無変] **2**《一体となった》◇オールインワンの tutto incorporato [無変]

オールオアナッシング 〔英 all or nothing〕 tutto o niente

オールスターキャスト 〔英 all-star cast〕 cast㊚[無変] di celebrità

オールスターゲーム 〔英 all-star game〕 partita㊛ con campioni famosi

オールスパイス 〔英 allspice〕《香辛料》pepe㊚ di (della) Giamaica, pimento㊚

オールドミス zitella㊛

オールナイト 〔英 all-night〕 ¶オールナイトの店 locale aperto tutta la notte

オールバック ¶髪をオールバックにする pettinarsi i capelli all'indietro

オールマイティー 〔英 almighty〕 **1**《全能》◇オールマイティーな onnipotente; 《文》onnipossente **2**《トランプの》asso㊚ pigliatutto; 《スペードのエース》asso㊚ di picche; 《ジョーカー》〔英〕 jolly㊚[無変]

オールラウンド・プレイヤー 〔英 all-round player〕 giocatore completo [versatile]

オーロラ 〔英 aurora〕 aurora㊛ (polare)
✤オーロラ帯 zona㊛ aurorale

おおわらい 大笑い **1**《大きな声で笑うこと》grande risata㊛ ◇大笑いをする fare una gran risata, ridere㊐[av] a crepapelle **2**《ばかげたこと》¶こいつは大笑いだ。Questo mi fa ridere. / Questo è veramente ridicolo.

おおわらわ 大童 ¶…に大わらわである《一生懸命》essere preso in fuori sopra ai capelli [da ql.co.] / essere in trambusto per ¶出発の準備に大わらわである。È tutto preso dai preparativi per la partenza.

おか 丘 colle㊚, collina㊛; 《丘陵》altura㊛, poggio㊚[複 -gi]

おか 陸 terra㊛
[慣用] 陸に上がった河童(かっぱ) pesce㊚ fuor d'acqua

おかあさん
お母さん madre㊛; 《親》mamma㊛; 《私の母》mia madre㊛ (▶無冠詞で用いる); la mia mamma㊛; 《呼びかけ》Ma'! ¶家系図 ¶お母さんはおうちですか。È a casa la mamma?
✤お母さん子(っ調) cocco㊚ [複 -chi] di mamma

おかえし 御返し **1**《好意に対する返礼》contraccambio㊚ [複 -i]; 《贈り物》regalo㊚ [favore㊚] per contraccambiare ¶お返しをする contraccambiare ql.co. [qlcu.] ¶…のお返しに in cambio di ql.co. / in ricompensa di ql.co. **2**《仕返し》vendetta㊛; 《スポーツなど》rivincita㊛ ◇お返しする vendicarsi; prendersi una rivincita (per ql.co.); 《けりをつける》regolare i conti **3**《釣り銭》resto㊚

おかえり お帰り **1**《帰って来た人を迎える言葉》"Ciao!" / "Eccoti!" / "Bentornato!" (▶旅行などから帰った人に対して掛ける言葉で, 毎日の帰宅には使わない。bentornatoは相手の性・数に合わせて語尾変化する》《帰宅》¶お帰りの時に傘をお忘れなく。Al momento di andarsene non dimentichi l'ombrello. ¶ご主人はお帰りになっていますか。È già tornato suo marito? **3**《帰り道》¶お帰りにどうぞローマに寄ってください。Mi raccomando, al ritorno passi da Roma.

おかかえ 御抱え ¶お抱え運転手 autista privato [personale]

おがくず 大鋸屑 《(のこぎりの)》segatura㊛

おかげ 御陰 **1**《恩恵》grazia㊛, favore㊚, beneficio㊚ [複 -ci]; 《保護》protezione㊛; aiuto㊚ ¶…のおかげで grazie a qlcu. [ql.co.] / per merito di qlcu. [ql.co.] ¶おかげさまで ringraziando il cielo ¶日ごろの勉強のおかげで大学に入学できた。Sono riuscito a entrare all'università grazie al fatto che ho studiato ogni giorno. ¶私がいま生きていられるのは彼のおかげだ。Gli devo la vita. ¶「お元気ですか」「おかげさまで」 "Sta bene?" "Sì, grazie". ¶おかげさまで借り入れ金を完済できました。Fortunatamente [Per fortuna] ho potuto restituire completamente il debito.
2《せい》¶…のおかげで a causa di / per colpa di qlcu. ¶君のおかげで僕が怒られた。Per causa [colpa] tua si è arrabbiato con me.

おかざり 御飾り ¶正月のお飾り《飾り物》addobbi㊚; 《供え物》offerte votive㊛ di capodanno

おかしい
1《おもしろい》buffo, divertente, comico㊚ [複 -ci]; 《滑稽(こっけい)な》ridicolo ¶何がそんなにおかしいんだい。Cosa c'è di così comico? ¶おかしくて死にそうだった。Mi sentivo morire dal ridere. / Era divertente da morire. ¶そんな帽子をかぶると本当におかしいよ。Sei proprio buffo con quel cappello!
2《変な》strano, insolito; 《風変わりな》bizzarro ¶おかしいなあ。È strano. / Che strano! ¶彼が来ないとはおかしい。È strano che (lui) non venga. ¶あいつは頭が少しおかしいんじゃないか。La testa non gli deve funzionare bene, a quel tipo. ¶暖房の調子がおかしい。Il riscaldamento ha qualcosa che non va. ¶おかしなものでそれを見ると急に元気が出た。Sembrerà strano, ma appena l'ho visto, mi sono sentito subito meglio. ¶式にジーンズはおかしい。I jeans non sono adatti a una cerimonia.

3《あやしい》sospetto, dubb*io*男複 *-i*] ¶ロッカーの中におかしな荷物があった. Nell'armadietto c'era un pacco sospetto.

おかしさ **1**《滑稽さ》comicità女, buffoneria女, ridicolaggine女;《笑いたい気持ち》voglia女 di ridere;《ユーモア》umorismo男 ¶おかしさをこらえる trattenersi dal ridere / resistere all'impulso di ridere **2**《奇異》stranezza, bizzarria女, stramberia女

おかしらつき 尾頭付き pesce女 intero [con testa e coda]

おかす 犯す **1**《罪・過ちを》commettere, perpetrare;《法などを》contravvenire団 [*av*] a *ql.co.*, trasgredire団 [*av*] a *ql.co.*, violare ¶法を犯す violare [infrangere / trasgredire] la legge ¶忘恩の過ちを犯す peccare d'ingratitudine **2**《強姦する》violentare, stuprare

おかす 侵す **1**《国などを》invadere *ql.co.*;《侵入》entrare団 [*es*] abusivamente in *ql.co.* ¶《隣の》国を侵す invadere un paese (limitrofo) ¶国境を侵す violare le frontiere ¶侵し難い要塞 fortezza inattaccabile [impenetrabile]

2《権利などを侵害する》usurpare *ql.co.* ¶他人の権利を侵す usurpare un diritto altrui ¶侵すべからざる権利 diritto inviolabile [sacro] ¶言論の自由を侵してはならない. Non si deve violare la libertà di parola.

おかす 冒す **1**《危険などを》rischiare, esporsi (a *ql.co.*) correre il rischio (di+不定詞);《挑む》sfidare ¶…の危険を冒して a rischio di *ql.co.* / incurante del pericolo di *ql.co.* ¶嵐を冒して海に乗り出した. Ha sfidato il mare in tempesta.

2《害を与える, 病気などがとりつく》¶霜に冒される essere danneggiato [rovinato] dalla gelata ¶彼は病《に》冒された. È stato colpito [affetto] da una malattia. / È caduto in malattia.

3《神聖を汚す》profanare

おかず 御数 piatti男複 (di accompagnamento al riso), pietanze女複

おかっぱあたま 御河童頭 capelli男複 tagliati a caschetto [alla paggio]

おかづり 陸釣《岸辺の釣り》pesca女 dalla riva

おかどちがい 御門違い ¶私に頼むなんてお門違いだよ. Hai bussato alla porta sbagliata, se hai intenzione di chiederlo a me!

おかぶ 御株 ¶彼にお株を奪われた. Mi ha superato [Mi ha battuto] nella mia specialità.

おかま 御釜 **1**《同性愛者の男性》omosessuale 男 ma*schio*男 [複 *-schi*];《英》gay男 [無 変];《卑》fino*cchio*男 [複 *-chi*];《卑》fro*cio*男 [複 *-ci*]

2《噴火口》cratere男 [無変]

おかまい 御構い **1**《もてなし》¶どうぞお構いなく. Prego, non si disturbi [non si scomodi]. ¶なんのお構いもできません. Mi scusi «per la modesta ospitalità [per non aver preparato niente di speciale]». (◆イタリアでは, 単なるあいさつではなく本当にもてなしが不十分であったことをわびるときに言う)

2《とんちゃく》¶お構いなしに senza「tener conto di [riguardo per] *ql.co.* [*qlcu.*] ¶人の迷惑もお構いなしに senza curarsi del disturbo che si arreca agli altri ¶彼は何でもお構いなしにしゃべる.《ずけずけと》Non ha peli sulla lingua. ¶あの人は見栄(え)も外聞もお構いなしだ. Non dà peso né alle esteriorità né ai nomi altisonanti.

おかみ 御上《当局》autorità女 [複];《政府》governo男;《支配者》signore男;《将軍》*shogun* 男 [無変];《天皇》Imperatore男, Sua Maestà女

おかみ 女将 responsabile女 del servizio ¶宿屋の女将《所有者》padrona di un albergo / albergatrice

おかみさん 御上さん《女主人への呼びかけ》Signora!

おがみたおす 拝み倒す supplicare, persuadere *qlcu.* insistendo ◇拝み倒される cedere団 [*av*] alle insistenti preghiere, lasciarsi persuadere ¶彼に拝み倒されてこの仕事を引き受けた. Mi ha persuaso a incaricarmi di questo lavoro.

おがむ 拝む **1**《崇める》adorare;《祈願する》pregare他 (▶単独でも可) ¶手を合わせて拝む pregare a mani giunte ¶柏手(${}^{かしわ}_{で}$)を打って拝む battere le mani in preghiera

2《懇願する》supplicare *ql.co.* da *qlcu.* [*qlcu.* per *ql.co.* / *ql.co.* di+不定詞], implorare (di+不定詞 [*ql.co.* da *qlcu.*]) ¶拝まんばかりに頼む chiedere [scongiurare] in ginocchio

3《拝見する》vedere (una persona molto importante o qualcosa di prezioso)

おかめ 御多福

おかめはちもく 傍目八目 Un terzo occhio vede meglio dei diretti interessati.

おから feccia女 [複 *-ce*] del *tofu*

オカリナ《伊 ocarina》《音》ocarina女

オカルティズム《英 occultism》occultismo男

オカルト《英 occult》occulto男, nascosto男 ¶オカルト的な力 forze occulte

おがわ 小川 ruscello男, rivo男

おかわり 御代わり ¶ご飯のお代わり un'altra [una seconda] porzione di riso ¶お茶のお代わりをする prendere un'altra tazza di tè

おかん 悪寒 brivido di febbre ¶悪寒がする avere [sentire] i brividi /《ぞっとする》rabbrividire男 [*es*]

おかんむり 御冠 ¶彼はおかんむりだ.《不機嫌》È di pessimo umore. / È di malumore. / È contrariato. /《怒っている》È molto seccato. / È in collera.

おき 沖 alto mare男, mare男 aperto, il largo 男 ◇沖に[で] al largo, in mare aperto, in alto mare ¶沖に出る prendere il largo ¶10キロ沖で a 10 chilometri dalla costa

おき 燠 brace女, tizzone男

-おき -置き **1**《間を隔てること》a distanza di, a intervalli di; ogni ¶1日おきに ogni due giorni / a giorni alterni ¶3時間置きに ogni tre ore **2**《前もって用意すること》¶汲(く)み置きの水 riserva [scorta] d'acqua ¶タバコを買い置きする fare la scorta di sigarette

おぎ 荻《植》canna女 di palude, gium*co*男 [複 *-chi*] comune

おきあい 沖合い ⇒沖

✤ **沖合漁業** industria女 della pesca d'altura [d'alto mare]

おきあがりこぼし 起き上がり小法師 misirizzi⽉ [無変]

おきあがる 起き上がる alzarsi; levarsi, rizzarsi, mettersi in piedi;《再起・回復する》tirarsi su, rialzarsi

おきかえ 置き換え sostituzione㊛; spostamento㊚, trasposizione㊛;《変更》cambiamento㊚ ◇置き換え可能な sostituibile, permutabile, commutabile, intercambiabile

おきかえる 置き換える《場所を変える》spostare, trasferire, cambiare di posto;《交替させる》rimpiazzare;《AをBと》sostituire A con B, sostituire B a A;《AとBを》commutare A in B ¶陳列品が置き換えられている。Ci sono nuovi articoli esposti. /《並べ方が》Gli articoli esposti sono stati riordinati.

おきがさ 置き傘 ombrello㊚ di riserva

おきざり 置き去り ¶《人》を置き去りにする abbandonare *qlcu.* / lasciar *qlcu.* in asso / disertare *qlcu.*

オキシダント〔英 oxidant〕《化》ossidante㊚, sostanza㊛ ossidante

オキシドール acqua㊛ ossigenata, perossido㊚ d'idrogeno

おきちがえる 置き違える mettere *ql.co.* nel posto sbagliato

おきっぱなし 置き放し ¶《物》を置きっ放しにする lasciare *ql.co.* in giro / lasciare *ql.co.* abbandonato (►abbandonatoは目的語の性・数に合わせて語尾変化する)

おきづり 沖釣り pesca㊛ al largo [d'altura / d'alto mare]

おきて 掟《総称》regolamento㊚;《規範・規律など》regola㊛, norma㊛;《定款・規約など》statuto㊚;《法律》legge㊛;《戒律》comandamento㊚;《命令・条令など》ordine㊚, ordinanza㊛ ¶宗教上の掟 norma religiosa ¶掟を破る infrangere [violare] una legge ¶掟を守る rispettare [osservare] i regolamenti

おきてがみ 置き手紙 messaggio㊚ [複 -gi] scritto ¶《人》に置き手紙をする lasciare una lettera [un messaggio] per *qlcu.*

おきどけい 置き時計 orologio㊚ [複 -gi] da tavolo

おきどころ 置き所 ¶身の置き所もない。Non so dove mettermi [dove stare].

おぎなう 補う supplire㊀ [*av*] a *ql.co.* con *ql.co.*; integrare *ql.co.*, completare *ql.co.* con *ql.co.*, colmare un vuoto;《補償・賠償する》compensare *qlcu.* di *ql.co.* [*qlcu.*] con *ql.co.* ◇補い integrazione㊛, supplemento㊚; compenso㊚; arrotondamento㊚ ¶才能の不足を努力で補う supplire con l'impegno alla mancanza di talento ¶赤字を補う colmare il disavanzo ¶言葉を補う spendere qualche parola in più / spiegarsi meglio ¶彼は安月給を残業手当で補っている。Arrotonda [Integra] il magro salario con lo straordinario.

おきなかし 沖仲仕 stivatore㊚ [㊛ -trice], scaricatore㊚ [㊛ -trice] di porto

おきにいり 御気に入り preferito㊚ [㊛ -a], favorito㊚ [㊛ -a], prediletto㊚ [㊛ -a] (► 3 語とも形容詞としても用いる) ¶《人》のお気に入りの詩人 poeta favorito [preferito] di *qlcu.* ¶この子はおじいさんのいちばんのお気に入りだ。Questo bambino è il beniamino del nonno. ¶彼のお気に入りの作曲家はロッシーニです。Il suo compositore preferito è Rossini.

おきぬけ 起き抜け ¶起き抜けに appena alzato / appena sceso dal letto

おきば 置き場 rimessa㊛, deposito㊚ ¶自転車置き場 rimessa di biciclette ¶石炭置き場 carbonaia㊛ ¶木材置き場 legnaia㊛ ¶本の置き場がない。Non c'è spazio [posto] per i libri. ¶恥ずかしくて身の置き場がない。Provo tanta vergogna che vorrei sparire.

おきびき 置き引き《行為》furto㊚;《人》ladro㊚ [㊛ -a] (che ruba in un attimo cose lasciate incustodite)

おきまり 御決まり ◇お決まりの abituale, solito, usuale;《月並みの》convenzionale ¶お決まりの文句 il solito ritornello / la solita storia [frase]

おきみやげ 置き土産 ricordo㊚, regalo㊚ lasciato in memoria (da *qlcu.*) ¶彼はこの事業を置き土産に世を去った。È morto lasciandoci questa impresa.

おきもの 置物 **1**《飾るもの》ornamento㊚, soprammobile㊚;《小間物》ninnolo㊚ **2**《名目だけの人》fantoccio㊚ [複 -ci], uomo㊚ [複 uomini] di paglia

おぎゃあ《擬》gne, uè ¶おぎゃあと泣く vagire ㊀ [*av*] / fare gne gne

おきゅう お灸 ⇨灸

おきる 起きる **1**《起床する》alzarsi;《目を覚ます》svegliarsi, destarsi ¶私は毎朝8時に起きる。Ogni mattina mi alzo alle otto. ¶毎朝6時には起きている。Tutte le mattine alle sei sono già in piedi.
2《眠らずにいる》stare alzato, star [rimanere] sveglio㊚ [㊚複 -gli] ¶私は本を読みながら夜遅くまで起きている。La sera sto alzato fino a tardi a leggere.
3《病床を離れる》¶2, 3日で起きられるようになると思う。Potrò lasciare il letto fra pochi giorni.
4《起き上がる》sollevarsi, tirarsi su, rialzarsi, alzarsi ¶一人で起きられるよ。Posso sollevarmi da solo.
5《事件・事故が発生する》accadere㊀ [*es*], avvenire㊀ [*es*], succedere㊀ [*es*], capitare㊀ [*es*]; aver luogo ¶おかしなことが起きた。Mi è accaduta una cosa strana.

おきわすれる 置き忘れる ¶喫茶店に傘を置き忘れてきた。Ho lasciato [dimenticato] l'ombrello al bar.

おきをつけて お気をつけて Mi raccomando. / Buona fortuna. /《よい旅を》Buon viaggio!

おく 奥 fondo㊚, interno㊚, parte㊛ interna ¶たんすの奥にしまう riporre *ql.co.* in fondo al cassettone ¶客を奥に案内する《客間に》accompagnare l'ospite in salotto ¶奥の深い絵 pittura dal significato molto profondo ¶心の奥で in fondo al [nell'intimo del] cuore ¶我々は森の奥に入っていった。Siamo entrati nella parte più profonda della foresta.

おく 億 cento milioni(男)[複] ¶1億円 cento milioni di yen ¶10億 un miliardo ¶1億番目の cento milionesimo

おく 置く・措く・擱く **1**【据える】 mettere, poggiare, porre;《店で扱う》avere, tenere ¶本を机の上に置く poggiare un libro sul tavolo ¶敵の支配下に置かれた国々 paesi posti sotto il controllo [il dominio] degli avversari ¶彼をミラノ支社長のポストに置いた. Gli hanno dato il posto di direttore della filiale di Milano. ¶お宅では消火器を置いていますか. Avete un estintore a casa? ¶ *x* を50と置くdare a *x* il valore di 50 ¶そのことを頭に置いて行動しなさい. Comportati tenendo conto di ciò. ¶この地区は国連管理下に置かれた. Questa zona è stata messa sotto il controllo delle Nazioni Unite.

2【設置する】《機関・役目などを》fondare, istituire, aprire;《機械などを》installare, mettere;《配置する》collocare ¶ローマに支店を置く aprire una filiale a Roma ¶新しく置かれた講座 un corso di nuova istituzione

3【人を配置する】 avere, tenere, alloggiare;《雇う》impiegare, assumere ¶下宿人を2人置いている. Ho due pensionanti. ¶通訳を1人置きたい. Desidero assumere un interprete.

4【定める】 stabilire, fissare ¶選挙での勝利を目標に置く proporsi come obiettivo la vittoria elettorale ¶対米貿易に重点を置く dare importanza al commercio con gli Stati Uniti

5【間を隔てる】 ¶時間をおく lasciar passare un po' di tempo ¶時をおかずに senza por tempo in mezzo (▶por は porre を語尾切断した形) ¶2日おいてもう一度来てください. Ritorni fra tre giorni. ¶距離を置いて付き合う frequentare *qlcu.* mantenendo una certa distanza ¶1行置いて書く scrivere ogni due righe ¶この問題は時間をおいて再検討しよう. Riesamineremo questo problema in futuro. ¶隣に10メートル置いて家を建てた. Ho costruito la casa a 10 metri di distanza da quella accanto.

6【除外する】 escludere *ql.co.*[*qlcu.*];《別にする》mettere da parte *ql.co.*[qlcu] ¶…をおいて eccetto *qlcu.*[*ql.co.*] / che+直説法 / oltre a *qlcu.*[*ql.co.*] ¶彼をおいて他に相談する人はいない. Eccetto [Escluso / A parte] lui, non ho nessuno con cui consultarmi. ¶背が高いということをおけば彼にそっくりだ. È identico a lui se si lascia da parte il fatto che è più alto. ¶冗談はさておいて scherzi a parte / lasciando da parte gli scherzi ¶何はさておき prima di tutto / innanzi tutto ¶この話は今のところおいておこう. Per il momento lasciamo da parte questo discorso.

7【そのままにする】 lasciare;《放置する》abbandonare;《保存する》conservare ¶家族を日本に置いて lasciando la famiglia in Giappone ¶政治の問題はひとまず措いておいて tralasciando per un attimo i problemi politici ¶傘を学校に置いてきた. Ho lasciato [dimenticato] l'ombrello a scuola. ¶私はそれを彼に言わずにはおけなかった. Non potevo fare a meno di dirglielo. ¶この肉は明日までおけない. Questa carne「non si può conservare [non dura / non si mantiene] fino a domani.

8【霜・露が降りる】 ¶霜のおいた花 fiori ricoperti di brina

9【「筆を擱く」の形で,書くのをやめる】 ¶この辺で筆を擱きたいと思います.《手紙の末尾で》A questo punto vorrei far riposare la penna.

10【「…しておく」の形で】 lasciare, tenere ¶電灯を朝までつけておこう. Lasciamo [Teniamo] accesa la luce fino al mattino. ¶疲れているんだ,寝かせておこう. È stanco. Lasciamolo dormire. ¶待たせておく lasciar aspettare *qlcu.* ¶聞かなかったことにしておこう. Facciamo finta di non aver sentito. ¶行く前に電話しておいたほうがいいでしょう. Sarà meglio dare un colpo di telefono prima di andare. ¶話だけは伺っておきます. Intanto sento [ascolto] cosa ha da dire.

おくがい 屋外 ◇屋外の esterno, all'aperto;〔英〕outdoor [無変] ◇屋外で all'aperto, all'esterno, fuori

❖屋外アンテナ antenna(女) esterna

屋外競技[スポーツ] gara(女) [sport(男)] all'aperto

おくがた 奥方《妻》moglie(女) [複 -gli]; signora(女)

おくさま 奥様 moglie(女) [複 -gli], signora(女);《女主人》padrona(女) ¶山田さんの奥様 la signora Yamada / la moglie del signor Yamada /《呼びかけ》Signora Yamada (▶無冠詞)

おくじょう 屋上 terrazza(女) (sul tetto di un edificio)

[慣用] 屋上屋(おく)を架す portare acqua al mare, pestar l'acqua in un mortaio

❖屋上庭園 giardino(男) pensile

おくする 臆する essere intimidito [impaurito] (da *ql.co.*[*qlcu.*]), intimidirsi; esitare(自)[av] (a+不定詞) ¶臆せずものを言う parlare senza timori ¶臆する色もない. Non mostra alcun segno di timore [di nervosismo].

おくせつ 臆説 ipotesi(女)[無変] ¶臆説を立てる formulare [fare] un'ipotesi ¶多くの臆説が流れている. Circolano tante ipotesi.

おくそく 臆測 supposizione(女) (infondata), congettura(女) (infondata) ¶臆測をたくましくする fare varie congetture / dar corso alla *propria* fantasia [immaginazione] ¶それは憶測にすぎない. È solo una congettura [una supposizione].

おくそこ 奥底 ¶心の奥底で感じる sentire in fondo al cuore [nel segreto del cuore]

オクターブ 〔仏 octave〕《音》ottava(女)

❖オクターブ記号 segno(男) di ottava

オクタンか オクタン価 numero(男) di ottani

おくち 奥地 regioni(女)[複] interne ¶アフリカの奥地 regioni interne dell'Africa / il cuore dell'Africa

おくづけ 奥付《印》colofone(男)

おくて 奥手・晩生《遅く実る作物》raccolta(女) tardiva;《稲の》riso(男) tardivo ◇おくての a tarda maturazione ¶うちの娘はおくてだ. Nostra figlia è ancora molto bambina, nonostante l'età.

おくない 屋内 ◇屋内の interno;《屋根のある》coperto;［英］indoor［無変］◇《閉め切った所で》al chiuso;《家の中》di [in]casa ¶屋内で all'interno; al coperto; al chiuso; in casa
❖**お屋内競技**［スポーツ］gara🔒［sport🔒［無変］］al coperto
屋内競技場 palestra🔒, stadio🔒［複 -i］coperto
屋内プール piscina🔒 coperta

おくに 御国 ¶お国はどちらですか. Lei di dov'è?
❖**お国柄** caratteristiche🔒［複］di una regione ¶なにかとお酒が出てくるのは当地のお国柄です. È tipico di questa regione che un liquore venga servito in qualsiasi occasione.
お国ことば →方言
お国自慢 ¶お国自慢をする parlare con orgoglio [vantarsi] del proprio paese
お国訛 (なま) ¶お国訛で話す《方言で》parlare in dialetto /《地方のアクセントで》parlare con accento dialettale

おくのて 奥の手 **1** →奥義 **2**《とっておきの手段》asso🔒 nella manica ¶奥の手を出す giocare l'ultima carta [la carta segreta]

おくば 奥歯 《後方の歯》dente🔒 posteriore;《臼歯》molare🔒;《前臼歯》premolare🔒 ¶奥歯に物が挟まったような言い方をする. Tu parli come se temessi [volessi nascondere] qualcosa.

おくび 噯気 rutto🔒, ruttino🔒
[慣用] ¶おくびにも出さない non accennare per nulla a ql.co., non lasciare trapelare il fatto di +不定詞

おくびょう 臆病 timidezza🔒; pusillanimità🔒;《文》codardia🔒 ◇臆病な《内気な》timido, fifone［🔒 -a］;《怖がりな》pauroso, pusillanime;《腰抜けの》codardo ¶一度失敗すると臆病になる. Quando ci si scotta una volta, si diventa fifoni.
[慣用] 臆病風に吹かれる rimanere terrorizzato, farsi prendere dal panico [dalla paura]
❖**臆病者** vigliacco🔒［🔒 -ca; 🔒複 -chi］, codardo🔒［🔒 -a］

おくふかい 奥深い profondo,《計り知れない》inesplorabile, impenetrabile, insondabile ◇奥深さ profondità🔒 ¶奥深い山の中の村 un paese nel profondo dei monti ¶奥深い意味 profondo significato

おくまった 奥まった interno,《隔離された》appartato, isolato, separato;《人里離れた》solitario［🔒複 -i］¶奥まった所 luogo isolato / recesso ¶奥まった部屋 camera interna

おくまん 億万 ¶何億万年も前に milioni d'anni fa
❖**億万長者** miliardario🔒［🔒 -ia; 🔒複 -i］

おくめん 臆面 ◇臆面もない impudente, sfrontato, sfacciato, spudorato ◇臆面もなく impudentemente, senza ritegno [pudore / vergognarsi] ¶彼は臆面もなく見えすいたうそを言う. Dice bugie colossali senza ritegno. / Ha la faccia tosta [la sfrontatezza] di dire bugie madornali.

おくやみ お悔み condoglianze🔒［複］¶お悔やみ申しあげます. Vogliate accettare le mie più sincere [sentite] condoglianze.

おくゆかしい 奥床しい modesto; raffinato,

elegante, fine, delicato;《控え目な》riservato;《育ち・しつけの良い》educato

おくゆき 奥行き profondità🔒; 《広がり》estensione🔒 ¶奥行きのある家 casa che si estende in profondità ¶奥行きが10メートルある. È profondo dieci metri.

おくら 御蔵 ¶この映画はお蔵になった. Quel film non è mai uscito dal magazzino [stato distribuito].
❖**お蔵入り** ¶お蔵入りにする mettere da parte in magazzino ¶この企画はお蔵入りになった. Il progetto non è stato realizzato.

オクラ ［英 okra］《植》abelmosco🔒［複 -schi］

おくらせる 遅らせる 《far》ritardare,《延期する》differire, rimandare, rinviare ¶訪問［出発］を明日に遅らせる rimandare la visita [la partenza] a domani ¶時計を5分遅らせる mettere indietro l'orologio di cinque minuti

おくり 送り **1**《人・物を送ること》¶横浜工場送りの部品 parti di macchinari destinati alla fabbrica di Yokohama ¶彼は強制収容所送りになった. È stato deportato in un campo di concentramento.
2《死者を送ること》¶野辺の送り corteo funebre
3《順に移すこと》¶次のページへ2行送りになります. Due righe vanno spostate [portate] alla pagina seguente.

おくりかえす 送り返す rimandare, rinviare, rispedire, mandare indietro

おくりがな 送り仮名 desinenza🔒 in kana apposta a un ideogramma cinese

おくりこむ 送り込む mandare, inviare, spedire;《密かに》infiltrare ¶敵国にスパイを送り込む infiltrare delle spie nel paese nemico

おくりさき 送り先 destinazione🔒;《あて名》indirizzo🔒, recapito🔒

おくりじょう 送り状 《商》fattura🔒;《運送証》polizza🔒 di carico

おくりだす 送り出す ¶子どもを学校に送り出す mandare i bambini a scuola ¶客を玄関に送り出す accompagnare gli ospiti alla porta ¶この学校は毎年千名もの卒業生を社会に送り出している. Questa scuola lancia nella società mille diplomati l'anno.

おくりて 送り手 《発送人》mittente🔒 🔒;《情報の》emittente🔒 🔒

おくりとどける 送り届ける 《手紙・品物を》spedire [inviare / recapitare] ql.co. a qlcu.;《人を》accompagnare [guidare / scortare] qlcu.《へ a》¶商品を送り届ける consegnare merce

おくりな 贈り名・諡 nome🔒 postumo

おくりぬし 送り主 《発送人》mittente🔒 🔒

おくりむかえ 送り迎え ¶《人》の送り迎えをする accompagnare e riprendere qlcu.

おくりもの 贈り物 regalo🔒, dono🔒, presente🔒;《贈呈品》omaggio🔒［複 -gi］¶贈り物をする[もらう] fare [ricevere] un regalo

---

使いわけ regalo, dono, presente
「贈り物」の意味では **regalo** が最も一般的に使われる. ¶父への贈り物を買った. Ho comprato un regalo per mio padre.
dono は抽象的な意味で使われることが多い.

¶友情は何よりの贈り物だ. L'amicizia è il dono più prezioso.
presènteは, 贈る人が相手に自分の贈り物を言うときに限られ, 高額の贈り物や, 親しい間柄での贈り物のときには使えない. また,「贈り物をする恩がある」「手ぶらで土産なしでは行けない」というような, その贈り物を持っていく儀礼上の義務があるときに使われる.
¶君へのささやかな贈り物を持ってきたよ. Ho portato un piccolo preṣente per te.

おくる 送る **1**【物を他の場所に移す】spedire, mandare, inviare;《送信する》traṣmettere *ql.co.*《に a》¶郵便で小包みを送る spedire un pacco per posta ¶料金を為替で送る mandare l'importo tramite vaglia ¶メールを送る inviare un'e-mail ¶映像を送る traṣmettere le immagini
2【気持ちや考えを伝える】¶声援を送る rivolgere parole d'incoraggiamento《に a》¶…の合図を送る dare il segnale di *ql.co.* ¶秋波()を送る lanciare uno ṣguardo seducente a *qlcu.*
3【人を派遣する】mandare [inviare] *qlcu.* ¶国際会議に代表を送る inviare [mandare] un rappreṣentante a una conferenza internazionale ¶身柄を検察庁へ送る inviare un carcerato presso la procura
4【見送る】accompagnare *qlcu.*《に in, a》¶駅まで送っていこう. Ti accompagno alla stazione. ¶車で送る《便乗させる》offrire [dare] un passaggio a *qlcu.* ¶送ろうか.《車などで》Vuoi un passaggio? ¶空港までイタリアへ立つ友人を送っていった. Sono andato all'aeroporto a salutare un amico che parte per l'Italia.
5【死者に別れを告げる】¶大勢の人が父の棺(ひつぎ)を送った. Molta gente ha dato l'estremo saluto a nostro padre [alla salma di nostro padre] al cimitero.
6【過ごす】passare, trascorrere, spendere il tempo ¶幸福な月日を送る passare [trascorrere] giorni felici / vivere felicemente ¶彼は一生を音楽家として送った. Ha fatto il muṣicista per tutta la vita.
7【順々に移す】passare [traṣmettere] *ql.co.* ¶用紙を1枚ずつ取って後ろに送ってください. Prendete un foglio a testa e passate il resto alla persona dietro.
8【送り仮名を付ける】¶漢字に仮名を送る completare [integrare] la lettura di un *kanji* con la parte in *kana*

おくる 贈る 《贈与する》dare [regalare / donare] *ql.co.* a *qlcu.*;《授与する》conferire [offrire / preṣentare] *ql.co.* a *qlcu.* ¶会社から私に記念品が贈られた. La ditta mi ha offerto un dono commemorativo.

おくるみ 御包み copertina㊛ per avvolgere un bambino

おくれ 後れ ¶後れをとる rimanere indietro /《負ける》essere superato da *qlcu.* ¶彼は抜け目なさにおいては誰にも後れをとらない. Non è secondo a nessuno in accortezza. ¶彼に後れをとった. Sono stato superato [distanziato] da lui. / Mi ha lasciato indietro.

おくれ 遅れ 《時間などの》ritardo㊚;《支払い・仕事などの》arretrato㊚;《文化・経済・知恵などの》arretratezza㊛ ¶時間の遅れを取り戻す recuperare il ritardo [il tempo perduto] ¶仕事の遅れを取り戻す recuperare il lavoro arretrato ¶2日遅れで in ritardo di due giorni

おくれげ 後れ毛 capelli㊚[複] sciolti
おくればせ 遅ればせ ◇遅ればせの in ritardo, tardivo, dell'ultimo minuto ¶遅ればせながら… Benché in ritardo…

おくれる 遅れる・後れる **1**《時間・時刻に間に合わなくなる》essere in ritardo, ritardare㊋[*av*], fare tardi ¶バスに遅れる perdere l'autobus ¶彼は授業に遅れた. È arrivato in ritardo alla lezione. ¶…するのが遅れる ritardare a＋不定詞 ¶今年は春が遅れている. La primavera è in ritardo quest'anno. ¶列車は20分遅れて着いた. Il treno è arrivato con venti minuti di ritardo. ¶15分遅れて《過去・未来》quindici minuti dopo ¶彼は先頭から50メートル遅れている. Lui è a cinquanta metri di distanza dall'atleta che è in testa.
2《時計が遅くなる》¶この時計は1日に2分遅れる. Questo orologio va indietro di due minuti al giorno.
3《取り残される》essere [rimanere㊋[*es*]] indietro ¶流行に後れる essere indietro in fatto di moda ¶時勢に後れる non essere al passo con i tempi ¶文化が後れている essere culturalmente arretrato ¶産業の後れた国 paeṣe "poco industrializzato [industrialmente arretrato] ¶勉強が後れてしまった. Sono rimasto indietro nello studio.

おけ 桶 《バケツなど小型の》sécchio㊚[複 *-chi*]; 《洗濯だらい・浴槽など大型の》tinozza㊛, vasca㊛

おけいこごと お稽古事 lezione㊛ nel tempo libero di muṣica, danza, etc. o arti tradizionali giapponesi

おけら 螻蛄 [昆] grillotalpa㊛ africana

おける 於ける a, in ¶世界経済における日本の立場 poṣizione [condizione] del Giappone nell'economia mondiale ¶イタリア滞在中における貴殿のご親切に深く感謝いたします. La ringrazio molto per la Sua gentilezza durante il mio soggiorno in Italia.

おこえがかり 御声掛かり ¶社長のお声がかりで《命令》per ordine [《要請》su richiesta /《推薦》su raccomandazione /《影響力》sotto l'influenza] del preṣidente

おこがましい 痴がましい 《生意気な》preṣuntuoso, impudente ¶おこがましくも…する avere la preṣunzione [la pretesa] di＋不定詞 / pretendere di＋不定詞 ¶自分で言うのもおこがましいが…. Sarò preṣuntuoso [Non per vantarmi], ma…

おこす 起こす **1**《目を覚まさせる》ṣvegliare *qlcu.* ¶明日の朝6時に起こしてください. Mi ṣvegli domattina alle sei, per favore.
2《横のものを立てる》sollevare, alzare, rialzare ¶台風で倒れた柱を起こす rialzare i pali abbattuti dal tifone ¶転んだ老人を助け起こした. Ho aiutato un vecchio che era caduto a rialzarsi in piedi. ¶顔を起こして姿勢よく. Ritti e con il pet-

to in fuori! /《軍隊で》Spalle (in) fuori, pancia (in) dentro! 病人はベッドで体を起こした。Il malato si è messo a sedere sul letto.
3《掘り返す》scavare;《畑を》arare;《開墾する》dissodare ¶畑を起こす arare il campo
4《開始する》iniziare [cominciare] *ql.co.* [a+不定詞]; intraprendere *ql.co.* ¶核廃絶の運動を起こす iniziare una campagna contro il nucleare
5《設立する》fondare, istituire ¶学校を起こす fondare [creare] una scuola ¶新事業を起こす intraprendere [iniziare] una nuova attività
6《生じさせる》causare, provocare;《感情・欲望などを》provare;《熱・電気を》generare, produrre;《文字を》trascrivere;《訴訟を》presentare ¶彼はどこへ行ってももめごとを起こす。Dovunque vada, provoca litigi. ¶君の不注意が事故を起こしたのだ。La tua mancanza di attenzione ha causato l'incidente. ¶車がエンストを起こした。Il motore della macchina si è spento. ¶好奇心を起こす provare curiosità / diventare curioso ¶また彼が気まぐれを起こしている。Sta facendo di nuovo i capricci. ¶熱を起こす produrre [generare] calore ¶草稿を起こす iniziare a scrivere un abbozzo [uno schema] ¶録音テープを起こす trascrivere una registrazione ¶訴訟を起こす presentare un'istanza giudiziaria

おこす 興す 《再び勢いづかせる》riportare *ql.co.* alle condizioni originarie《家を興す過去の栄誉を取り戻す》ridare lustro al casato《傾いた一家を立て直す》risollevare le sorti della famiglia ¶つぶれそうだった会社を興した。Ha rimesso in sesto la ditta che era in crisi.

おこす 熾す ¶火をおこす《火をつける》accendere il fuoco /《火の勢いを盛んにする》ravvivare il fuoco

おこぜ 虎魚 〚魚〛scorfano®

おごそか 厳か solenne;《厳格な》austero, severo, grave;《威厳のある》dignitoso
◇厳かに solennemente; severamente

おこたる 怠る《怠ける》essere negligente [-gli.] in *ql.co.*;《注意を払わない》trascurare *ql.co.*, venire meno a *ql.co.*;《手抜き仕事をする》raffazzonare *ql.co.* ¶怠り negligenza®, trascuratezza®; ozio® [複 -i] ¶義務を怠る mancare al dovere ¶怠りなく《油断なく》accuratamente / con molta attenzione ¶怠りなく準備する preparare con cura

おこない 行い **1**《行動》azione®, atto®, comportamento® ¶よい[悪い]行いをする agire ®[*av*] bene [male] / fare una buona [cattiva] azione
2《身持ち》condotta®, comportamento®, maniere® [複] ¶行いのよい[悪い]男 uomo di buona [cattiva] condotta ¶行いを慎む controllarsi / comportarsi prudentemente ¶行いを改める corregersi / correggere la *propria* condotta [le *proprie* maniere]

おこなう 行う **1**《実行する》fare *ql.co.* ¶試験を行う fare l'esame ¶僕は君の指示したとおりに行った。Ho fatto così come mi hai detto.
2《実施・実現する》realizzare [effettuare / compiere / eseguire / attuare] *ql.co.*;《適用・実践する》applicare *ql.co.*, mettere in esecuzione [in pratica / in vigore] *ql.co.*;《調査・実験などを》condurre *ql.co.*;《会議・講演会などを》tenere *ql.co.* ¶核廃絶の運動を起こす iniziare una campagna contro il nucleare ¶科学実験を行う condurre un esperimento scientifico ¶手術を行う eseguire un intervento chirurgico ¶1時から会議を行います。A partire dall'una, si terrà una riunione.
3《挙行する》celebrare; tenere ¶記念式典を行う celebrare l'anniversario ¶ミサを行う dire [celebrare] la Messa

おこなわれる 行われる **1**《実施・実行される》svolgersi, aver luogo, tenersi ¶授業は3時から行われます。La lezione avrà luogo alle 15.00. ¶サミットは昨日から行われています。Il summit è in corso da ieri. ¶結婚式は教会で行われた。Il matrimonio è stato celebrato in chiesa. ¶遺跡調査が専門家によって行われた。L'esame dei reperti è stato condotto dagli specialisti.
2《広くはやる》¶この国では古い習慣が今も行われている。In questo paese ancora oggi si praticano le usanze di una volta.

おこのみやき 御好み焼き (sorta® di) frittata® di carne o frutti di mare con verdura

おこぼれ 御零れ una piccola parte di *ql.co.* ¶皆で彼の大儲けのおこぼれにあずかった。Per il fatto di esserglis stati vicini, tutti hanno ricavato qualcosa dai suoi grossi utili.

おこり 起り《起源, 根源》origine®, sorgente®, fonte®;《始まり》principio® [複 -i], inizio® [複 -i], genesi® [無変]; punto di partenza;《原因, 理由》causa®, ragione®, motivo® ¶ことの起こりはこうだ。La causa è questa. ¶この習慣の起こりはインドだ。Questa usanza è di origine indiana [è nata in India].

おごり 奢り **1**《ぜいたく》lusso®, sontuosità®, sfoggio®, stravaganza® **2**《人にごちそうすること》pasto® offerto, bevuta® offerta ¶今日は僕のおごりだ。Oggi ti invito io.

おごり 驕り《尊大, 高慢》orgoglio®, arroganza®, alterigia®, superbia®, fierezza®

おこりじょうご 怒り上戸 persona® che ha la sbronza「violenta [collerica]

おこりっぽい 怒りっぽい collerico [® 複 -ci], irritabile, irascibile

おこりんぼう 怒りん坊 persona® collerica [irritabile / irascibile / nervosa]

おこる 怒る **1**《腹を立てる》arrabbiarsi [adirarsi] con *qlcu.* (per *ql.co.*), avercela [prendersela] con *qlcu.* (per *ql.co.*);《いらだつ》inquietarsi, innervosirsi, irritarsi;《憤激する》sdegnarsi, indignarsi;《気を悪くする》offendersi; rimanere ® [*es*] male ◇怒っている essere arrabbiato [offeso / adirato]; essere irritato [nervoso] ◇怒らせる far arrabbiare *qlcu.*, offendere [irritare] *qlcu.*; provocare la collera [lo sdegno] di *qlcu.*, indignare *qlcu.* ¶つまらないことで怒るなよ。Non prendertela per una sciocchezza. ¶私を怒っているの? Sei arrabbiato con me? / Ce l'hai con me? ¶彼は怒って僕に殴りかかってきた。Si è scagliato contro di me per la rabbia. ¶彼女はかんかんに怒って行ってしまった。Se n'è andata infuriata [piena di rab-

bia］.
2《叱る》rimproverare *qlcu.* per *ql.co.* [*ql.co.* a *qlcu.*]; ammonire [《どなって》sgridare] *qlcu.* per *ql.co.* ¶君はいつも先生に怒られるね. Sei sempre rimproverato dal maestro, eh?

おこる 起こる **1**《発生する》avvenire⊕［*es*］, accadere⊕［*es*］, succedere⊕［*es*］; avere luogo; 《行われる》essere in atto; 《突発する》scoppiare⊕［*es*］ ¶何が起ころうと qualunque cosa accada ¶昨日は火事が3件も起こった. Ieri sono scoppiati ben tre incendi. ¶何が起こるかわかったものじゃない. Nessuno sa cosa accadrà. ¶起こったことは起こったことで仕方がない. Quel che è successo, è successo. Pazienza! / Quel che è stato, è stato! ¶彼の身の上に何かが起こったに違いない. Deve essergli successo [capitato] qualche cosa.
2《起因する》essere causato [provocato] 《から da》;《派生する》derivare⊕［*es*］, provenire⊕［*es*］《から da》¶この病気は不衛生から起こる. Questa malattia è causata dalla mancanza d'igiene.
3《電気などが》essere generato [prodotto] ¶電気が起こる. Si genera elettricità.
4《病気などが現れる》¶頭痛が起こった. Mi è venuto il mal di testa.
5《起源を持つ, 始まる》¶この儀式は平安時代に起こった. Questa cerimonia ha avuto origine nel periodo Heian. ¶この国が起こったのは18世紀だ. Questa nazione nacque nel XVIII secolo.

おこる 興る 《繁栄する》prosperare⊕［*av*］, fiorire⊕［*es*］, svilupparsi ¶新しい産業が興った. Sono fiorite nuove industrie.

おこる 熾る essere acceso ¶火が熾った. Il fuoco si è acceso.

おごる 奢る **1**《ご馳走する》offrire (*ql.co.* a *qlcu.*);《支払う》pagare ¶今晩は私がおごる. Stasera sei mio ospite. / Stasera offro io.
2《贅沢する》¶彼は口がおごっている. Ama la buona tavola. / È un buongustaio.

おごる 驕る essere arrogante [orgoglioso / superbo] ¶驕れる者は久しからず. (諺) "La superbia andò a cavallo e tornò a piedi."

おさ 筬《織》pettine⊕ (del telaio), cardo⊕

おさえ 押さえ《抑制》¶…に押さえがきく tenere sotto controllo *ql.co.* [*qlcu.*] / aver autorità su *qlcu.* ¶首相は議会でもはや押さえがきかなくなってしまった. Il primo ministro ha ormai perso il controllo sul parlamento.

おさえつける 押さえつける **1**《動かなくする》immobilizzare, tenere fermo（►fermoは目的語の性・数に合わせて語尾変化する）¶敵を押さえつける bloccare il nemico **2**《抑制する》controllare, tenere sotto controllo;《抑圧する》opprimere, reprimere ¶彼らは我々の自由な振る舞いを押さえつけた. Hanno tenuto sotto controllo la libertà dei nostri movimenti.

おさえる 押さえる **1**《動かないようにする》tenere fermo（►fermoは目的語の性・数に合わせて語尾変化する）, trattenere ¶彼の腕を押さえて引き止めた. L'ho trattenuto per il braccio. ¶彼が入ってこないように戸を押さえた. Ho bloccato la porta affinché lui non entrasse. ¶ここのところを押さえていてくれ. Tieni fermo qui, per favore.
2《証拠などを見つける》mettere le mani su, procurare, trovare;《要点をつかむ》afferrare ¶有力な証拠物件を押さえる trovare delle prove irrefutabili ¶現場を押さえる cogliere *qlcu.* sul fatto [in fallo / in flagrante] ¶話の要点を押さえる afferrare i punti essenziali di un discorso
3《支配下に置く》¶財産を押さえる mettere dei beni sotto sequestro
4《予約する》prenotare ¶今晩この町のホテルは全部押さえられている. Per questa sera gli alberghi della città sono tutti prenotati [riservati].
5《覆う》coprire *ql.co.* ¶耳を押さえて聞こうとしない. Si copre le orecchie per non ascoltarmi. ¶手で口を押さえて笑った. Ha riso coprendosi la bocca. ¶注射のあとをしっかり脱脂綿で押さえてください. Dopo l'iniezione prema con l'ovatta con forza.

おさえる 抑える《制御する》controllare;《制限する》limitare;《少なくする》ridurre;《抑制する》frenare, contenere, trattenere;《抑圧する》reprimere, sottomettere;《鎮圧する》sopprimere, soffocare, sedare ¶抑えきれない悲しみ dolore incontenibile ¶怒りを抑えて soffocando la collera, con ira trattenuta ¶暴動を抑える sedare [soffocare] un'insurrezione ¶疫病の蔓延(まんえん)を抑える prevenire il diffondersi di un'epidemia ¶自分を抑える frenarsi / controllarsi / trattenersi ¶…に抑えがたい欲望を感じる sentire una voglia [un desiderio] irrestibile di *qlcu.* [*ql.co*] ¶相手チームを無得点に抑えた. Abbiamo dato cappotto alla squadra avversaria. / Non gli abbiamo lasciato prendere nemmeno un punto.

おさがり 御下がり ¶兄のお下がりの服 vestito smesso del fratello maggiore ¶この辞書はお下がりです. Questo dizionario è di seconda mano.

おさき 御先 **1**《前途》¶お先まっ暗だ. Le previsioni sono nere [pessime / scoraggianti]. / 《何が起こるかわからない》Il futuro è incerto.
2《先》¶どうぞお先に. Dopo di lei, prego! ¶お先に失礼します. La saluto.

おさきぼう 御先棒 ¶〈人〉のお先棒を担ぐ fare da gregario a *qlcu.*

おさげ 御下げ《三つ編》treccia⊕ [複 *-ce*] ¶お下げにしている portare le trecce

おさだまり 御定まり ◇お定まりの usuale, solito ¶お定まりの泣き言 i soliti piagnistei

おさつ 御札 banconota⊕ ¶お札を数える contare le banconote

おさと 御里 [慣用] **お里が知れる** ¶そんなことを言ったらお里が知れるよ. Parlando così tradisci le tue origini.

おさない 幼い《幼少の》piccolo, giovane;《幼稚な》infantile, puerile ¶幼いころに da bambino [《女性が》bambina] / nell'infanzia / da piccolo [《女性が》piccola] ¶幼いころから sin dall'infanzia

おさながお 幼顔 ¶どこか幼顔の残る顔 un volto che ricorda ancora i lineamenti da bambino

おさなご 幼子 piccolo⊕ [⊕ *-a*], bambino⊕

[㊌-*a*]

おさなごころ 幼心 ¶幼心にそう思った. Ho pensato così nella mia mente infantile.

おさなじみ 幼馴染 amico [㊊-*ca*; ㊋ 複 -*ci*] [compagno㊋ -*a*] d'infanzia ¶私たちは幼なじみだ. Ci conosciamo da quando eravamo bambini. / Siamo amici d'infanzia.

おざなり 御座成り ◇おざなりの《形式的な》formale, convenzionale;《表面的な》superficiale;《いつもの》solito;《その気のない》svogliato;《その場しのぎの》solo momentaneo ¶おざなりなあいさつを交わす scambiare saluti 「di circostanza [convenzionali / formali] ¶おざなりを言う dire delle banalità / parlare del più o del meno /《調子を合わせる》adeguarsi all'ambiente

おさまり 収まり ¶収まりがつく《和解》venire [arrivare] ad un accomodamento /《合意》mettersi d'accordo /《結論》giungere㊌ [*es*] ad una conclusione ¶会議は収まりがつかなくなった. La seduta è ormai fuori controllo.

おさまる 収まる・納まる・治まる

1【きちんと入る】¶収まっている essere 「messo a posto [sistemato] ¶書類は全部この金庫に収まっている. Tutti i documenti sono chiusi in questa cassaforte. ¶この計画は1週間では収まらない. Questo programma non può essere portato a termine in una sola settimana.

2【安定する・静まる】《安定した状態になる》sistemarsi;《平和裏に終わる》concludersi pacificamente;《鎮められる》essere represso [domato];《風雨・痛み・感情が静まる》calmarsi, placarsi, acquietarsi, quietarsi ¶インフレが収まった. L'inflazione è sotto controllo. ¶ごたごたがまるく収まった. Tutte le difficoltà si sono appianate. ¶嵐が収まった. La tempesta è passata. ¶反乱が収まった. La rivolta è stata domata [repressa]. ¶混乱が収まった. La confusione si è risolta. ¶この国はよく治まっている. Questo paese è molto tranquillo [pacifico]. ¶痛みが治まった. Il dolore si è calmato. ¶彼女の怒りは収まらなかった. La sua ira non si è placata.

3【納入される】¶品物は約束の期限に納まった. La merce è stata consegnata nei termini prestabiliti.

4【地位・役目に就く】prendere il posto [assumere l'incarico] 《の di》¶彼は営業部長に納まった. Ha assunto il posto di caporeparto vendite.

5【納得する】《同意する》accontentarsi di *ql.co.*;《満足する》essere contento [soddisfatto] di *ql.co.* ¶そんな返事では彼らは納まるまい. Non si accontenteranno di una risposta così.

おさめる 収める・納める・治める

1【収約する】riporre *ql.co.* 《に in》, (ri)mettere *ql.co.* a posto, tenere *ql.co.* 《に in》¶着物を引き出しに収める riporre un *kimono* nel cassetto ¶これは私の胸のうちに納めておこう. Questa cosa la terrò nel segreto del mio cuore. ¶つまらないものですがどうぞお納めください. È solo un pensierino, ma la prego di accettarlo.

2【獲得する】ottenere, guadagnare;《受け入れる》ricevere ¶成功[勝利]を収める ottenere un successo [una vittoria]

3【納入する】《品物を》consegnare [fornire] *ql.co.*;《金銭を》pagare *ql.co.* ¶部品を納める consegnare i pezzi di ricambio ¶税金を納める pagare le tasse [le imposte]

4【安定させる・収拾する】《混乱を静める》sedare [sopprimere / reprimere] *ql.co.*;《調停する》conciliare *ql.co.* ¶暴動を治める sedare i tumulti ¶けんかをまるく収めた. Ha risolto appieno la lite.

5【終わらせる】concludere *ql.co.*, porre termine [mettere fine] a *ql.co.* ¶彼女は美しく舞い納めた. Ha eseguito una danza stupenda. ¶今日で今年の仕事を納める. Con oggi si conclude un anno di lavoro.

6【統治する】《国を》governare [amministrare] un paese;《君主制で》regnare㊌ [*av*] in un paese

おさめる 修める **1**《学問を》acquisire [apprendere / studiare]《深めるは》approfondire gli studi, conoscere a fondo *ql.co.* ¶イタリア語をひととおり修める acquisire una buona conoscenza dell'italiano ¶大学で政治学を修めた. Ho terminato i miei studi di scienze politiche all'università.

2《身持ち・素行を》¶身持ち[素行]を修める correggere la *propria* condotta /《身を律する》regolare la *propria* condotta / regolarsi

おさらい 御浚い《復習》ripetizione㊐, ripasso㊋;《音楽・劇のリハーサル》prova㊐;《稽古》esercizio㊋ [複 -*i*], esercitazione㊐ ◇おさらいする ripassare *ql.co.*; esercitarsi in *ql.co.* [a fare *ql.co.*]; provare *ql.co.*

おさらば ◇おさらばする dare l'addio《に a》¶生まれ故郷におさらばする lasciare il paese nativo

おさん 御産《出産》parto㊋ ¶お産をする partorire㊌ (▶単独でも可) ¶彼女はお産がとても重かった[軽かった]. Ha avuto un parto assai laborioso [facile]. ¶お産の予定日はいつごろですか. Quando partorisce? / Qual è il giorno previsto per il parto?

おさんどん →炊事

おし 押し **1**《押すこと》spinta㊐;《重し》peso㊋ ¶押しをする mettere un peso su *ql.co.* ¶一押しで con una spinta **2**《強引に自分の意志を通すこと》¶押しが強い saper imporsi ¶押しの強い人, una persona che sa imporsi ¶押しの一手だ. Non mi rimane [Non resta altro] che insistere.

[慣用] **押しがきく**《影響力がある》essere influente, avere autorità (su *qlcu.*)

おじ 伯父・叔父 zio㊋ [複 *zii*]《▶イタリア語では伯父と叔父は特に区別しない》→家系図 ¶父方[母方]の叔父 zio paterno [materno]

おしあいへしあい 押し合いへし合い spinta㊐ e urto㊋; pigia pigia㊋ [無変];《混雑》affollamento㊋, calca㊐ ◇押し合いへし合いする spingersi e urtarsi, pigiare㊌ [*av*] ¶人々は外に出ようと押し合いへし合いした. La folla pigiava per uscire.

おしあける 押し開ける ¶扉を押し開ける aprire la porta forzandola

おしあげる 押し上げる spingere in alto
おしあてる 押し当てる ¶傷口にハンカチを押し当てる premere [applicare] un fazzoletto sulla ferita ¶枕に顔を押し当てて泣いた. Ho pianto poggiando la faccia sul guanciale.

おしい 惜しい **1**《大切なものを失いたくない》 prezioso, caro ¶誰でも命は惜しい. La vita è cara per chiunque. ¶惜しい人を亡くした. È venuto a mancare un uomo prezioso.
2《もったいない》¶時間が惜しい. Non vogliamo perdere tempo. ¶あの本はなくしても惜しくない. Anche se quel libro è andato perduto, non ha importanza. ¶勉強のためならいくらお金を使っても惜しくない. Se è per lo studio, spendo volentieri qualunque somma. ¶秘書にしておくには惜しい男だ. È sprecato come segretario. ¶すばらしいシュートでしたが惜しくもゴールになりませんでした. Ha fatto uno splendido tiro che purtroppo, per un pelo, non è andato in gol.
3《残念だ》¶…なのは惜しい. È un peccato + 不定詞 [che + 接続法] ¶捨てるのは惜しい. È un peccato buttarlo via. ¶こんないい天気に家にいるのは惜しい. È un peccato [Mi dispiace] rimanere in casa con [in] una giornata così bella! ¶いかにも惜しそうにこれをくれた. Me lo ha dato come se lo facesse a malincuore. ¶彼は惜しいことに試験に落ちてしまった. Purtroppo, non ha superato l'esame. ¶惜しくも1点差で負けてしまった. Peccato! Abbiamo perso per un punto. ¶おしい!《クイズなどで》Peccato!

おじいさん **1**《祖父》nonno男 →家系図
2《老人の男性》vecchio男 [複 -chi], anziano男;《呼びかけ》signore男

おしいる 押し入る fare irruzione《に in》, irrompere自《▶複合時制を欠く》《に in》¶群衆はその屋敷に押し入った. La folla ha fatto irruzione nel palazzo.

おしいれ 押し入れ armadio男 [複 -i] a muro [guardaroba男 [無変]] alla giapponese

おしうり 押し売り《行為》vendita女 aggressiva;《人》venditore男 [女 -trice] importuno ◇押し売りする forzare qlcu. a comprare ql.co.

おしえ 教え《教訓》lezione女;《教義》dottrina女, dogma男 [複 -i];《教育, 教化》istruzione女, ammaestramento男;《忠告》consiglio男 [複 -gli];《戒律, 規律》precetto男, norma女 ¶教えに従う seguire l'insegnamento [la dottrina] ¶〈人〉に教えを乞う chiedere un insegnamento a qlcu. ¶〈人〉から教えを受ける ricevere istruzioni da qlcu. / studiare sotto la direzione di qlcu.

おしえかた 教え方 metodo男 d'insegnamento, didattica女 ¶あの先生は教え方がうまい [悪い]. Quel maestro sa [non sa] insegnare.

おしえご 教え子 ex-allievo男 [女 -a]; ex-studente男 [女 -essa];《門弟》discepolo男 [女 -a]

おしえこむ 教え込む《心に刻み込む》inculcare; insegnare bene [fino in fondo];《技術などを習得させる》far apprendere

おしえる 教える **1**【教授する】insegnare ql.co. a qlcu., istruire qlcu. in ql.co., dare istruzioni a qlcu. su ql.co.;《手ほどきをする》iniziare qlcu. a ql.co. ¶数学を教える istruire qlcu. in matematica ¶柔道を教える insegnare il judo ¶私は大学でイタリア語を教えている. Insegno (l')italiano all'università. ¶私に古典を教えてくれたのは祖父だ. È stato mio nonno a iniziarmi allo studio dei classici. ¶犬に芸を教える addestrare un cane a degli esercizi di bravura
2【行動・規範を示す】insegnare ql.co. a qlcu.;《指導する》guidare qlcu.;《教育する》istruire qlcu., far imparare ql.co. a qlcu.;《しつけ》educare ¶子供に躾(しつけ)を教えるのは家庭の務めだ. Educare i bambini è compito della famiglia. ¶教授の生き方には教えられるところが大きい. Dalla vita del professore arriva un grande insegnamento.
3【告げ知らせる】indicare [mostrare] ql.co. a qlcu., far conoscere [sapere] ql.co. a qlcu.;《知らせる》informare qlcu. di [su] ql.co. ¶あなたの電話番号 [メールアドレス] を教えてください. Mi dà 「il suo numero di telefono [la sua e-mail]? ¶駅に行く道を教えてくださいませんか. Può indicarmi la strada per la stazione? ¶本が届いたら教えてください. Mi faccia sapere quando arriverà il libro.

使いわけ **insegnare, istruire, educare**
「教える」の意味でもっとも一般的に使われるのは insegnareである.
insegnareは「学問的・実用的な情報を伝達し, 人にそれを習得させること」「規範・道徳上の決まりごとを人に伝達すること」を, istruireは「人を訓練して, その能力・知識を高めること」を, educareは「徳育・知育の観点から人を成長させること」を意味する.
insegnareは「教える内容」が直接目的語になり, 「教える対象」は「a + 〈人〉」で表される. 科目名が直接目的語になるときは無冠詞であることが多い.
¶この機械の使い方を教えてください. Mi insegni come usare questa macchina?
¶生徒に英語 [物理] を教える insegnare inglese [fisica] agli studenti
istruireは「教える対象」が直接目的語となり, 「教える内容」は前置詞 in で表される. 「教える内容」に定冠詞がつくときは直接目的語に a が用いられることもある.
¶若者に音楽を教える istruire i giovani nella musica
educareは「教える対象」を直接目的語にして, 「教える内容」は前置詞 a とともに表される.
¶子供に敬意を持って人に接するように教える educare i bambini al rispetto degli altri

おしおき 御仕置き《罰》punizione女;《子供への》castigo男 [複 -ghi] ¶子供にお仕置きをする punire [castigare] i bambini

おしかえす 押し返す respingere [ricacciare indietro / far indietreggiare] ql.co. [qlcu.].

おしかける 押し掛ける《殺到する》fare irruzione in ql.co.;《招かれないのに強引に》autoinvitarsi a ql.co. ¶デモ隊は首相官邸に押し掛かった. I dimostranti hanno fatto irruzione nella residenza del Primo Ministro.

おじぎ 御辞儀《腰を折る》inchino男;《ばかていねいな》salamelecco男 [複 -chi];《あいさつ》salu-

おしきせ 御仕着せ 《上から与えられたもの》 ¶お仕着せの社内旅行 viaggio (organizzato dalla ditta) per i dipendenti ¶お仕着せの制服 divisa imposta (dal datore di lavoro)

おじぎそう 御辞儀草 《植》mimosa㊛ sensitiva [pudica]

おしきる 押し切る sfidare, superare ¶反対を押し切る sfidare [superare] l'opposizione ¶反対を押し切って nonostante [malgrado] l'opposizione

おしげ 惜し気 ¶惜し気もなく senza risparmio; profusamente;《寛大に》generosamente, di buon cuore

おじけ 怖気 ◇おじけづく[を振るう]《臆病になる》perdere il coraggio, intimidirsi;《怖がる》temere ql.co. [qlcu.] / di + 不定詞 / che + 接続法], impaurirsi, avere paura di ql.co. [di + 不定詞 / 不定詞 / che + 接続法], intimorirsi per ql.co. [qlcu.] ¶彼は観客におじけづいた。Si è intimorito alla presenza del pubblico.

おしこみ 押し込み → 強盗

おしこむ 押し込む **1**《詰め込む》riempire a forza ql.co. 《を di》¶競技場に5万人を押し込む stipare cinquantamila persone in uno stadio ¶服をトランクに押し込む riempire fino a scoppiare una valigia di vestiti **2**《無理やり押し入る》fare irruzione

おしころす 押し殺す 《感情などを》soffocare, trattenere, contenere; trattenersi da ql.co. [dal + 不定詞] ¶笑いを押し殺す trattenere la risata ¶押し殺した声で con voce soffocata ¶感情を押し殺す soffocare i sentimenti

おじさん **1**《伯父・叔父》zio㊚ [複 zii] **2**《よその、見知らぬ》signore㊚

おしすすめる 押し進める spingere in avanti, fare andare avanti ¶われわれは計画を推し進めた。Abbiamo fatto avanzare il piano.

おしせまる 押し迫る avvicinarsi ¶敵軍が押し迫ってきた。L'esercito nemico si stava avvicinando. ¶年の暮れも押し迫ってきた。Siamo ormai quasi alla fine dell'anno.

おしたおす 押し倒す spingere giù, far cadere giù

おしだし 押し出し ¶彼は押し出しが立派だ。Ha un magnifico aspetto [una bella presenza].

おしだす 押し出す **1**《力づくで外に出す》spingere fuori qlcu., far uscire a forza qlcu.;《追い出す》scacciare via qlcu.;《絞り出す》spremere [strizzare] ql.co. ¶彼は相手を土俵から押し出した。Ha spinto l'avversario fuori dal *dohyo* [dal campo di lotta]. **2**《主張などを》¶減税のスローガンを押し出して選挙にのぞんだ。Ha fatto una campagna elettorale all'insegna della riduzione fiscale delle tasse.

おしたてる 押し立てる **1**《旗などを》issare, tirare su ¶旗を押し立てる issare una bandiera **2**《表面に立たせる》¶彼を社長に押し立てる。Abbiamo sostenuto [Abbiamo appoggiato] la sua candidatura a presidente. ¶彼を押し立てて、うまく交渉をまとめた。Usando lui come nostro portavoce siamo riusciti a concludere un ottimo affare.

おしだまる 押し黙る tacere㊐ [av], tenere la bocca chiusa ¶彼は貝のように押し黙っている。Sta muto come un pesce. / Se ne sta zitto zitto.

おしちや 御七夜 (festeggiamenti㊚ [複]) del settimo giorno dopo la nascita

おしつけがましい 押し付けがましい assillante, importuno ¶押し付けがましい態度で con atteggiamento importuno ¶押し付けがましい話ですが…. Perdoni la mia insistenza [invadenza], ma…

おしつける 押し付ける **1**《抑えつける》spingere ql.co. 《に contro》;《圧迫する》premere [pressare] ql.co. 《に contro》, schiacciare ql.co. ¶満員電車の中で扉に押し付けられた。Sono stato schiacciato contro la porta del treno affollato. **2**《強制する》imporre a qlcu. di + 不定詞, costringere [forzare / obbligare] qlcu. a + 不定詞;《強要する》estorcere [strappare] ql.co. a qlcu. ¶いやな仕事を彼に押し付けた Gli ho imposto di fare quel lavoro fastidioso. ¶彼は私に責任を全部押し付けた。Mi ha forzato ad assumermi tutta la responsabilità.

おしっこ 《幼》pipì㊛ ¶おしっこをする fare la pipì ¶おしっこを漏(*)らす farsi la pipì addosso ¶おしっこが漏れちゃうよう。Me la faccio sotto!

おしつぶす 押し潰す schiacciare, spiaccicare;《粉々にする》stritolare;《上から押す》pigiare ¶じゃが芋を押しつぶす schiacciare le patate ¶ぶどうを押しつぶす pigiare l'uva

おしつまる 押し詰まる ¶情勢は押し詰まってきた。La situazione sta diventando urgente [critica]. ¶年が押し詰まる。L'anno è lì lì per finire.

おして 押して 《無理に》a forza, forzatamente;《…にもかかわらず》malgrado [nonostante] ql.co. [che + 接続法], ad onta di ql.co. ¶彼は病を押して毎日働いている。Malgrado la sua malattia lavora ogni giorno. ¶お忙しいところ押してお願い申し上げます。Le chiedo questo favore, nonostante comprenda quanto sia impegnato.

おしとおす 押し通す **1**《主張する》insistere㊐ [av] [persistere㊐ [av] in ql.co.; ostinarsi in ql.co. [a + 不定詞] ¶わがままを押し通す far valere i *propri* capricci ¶自分の意見を押し通す insistere [ostinarsi] nella *propria* opinione **2**《やり抜く》andare fino in fondo, portare ql.co. a termine ¶信念を押し通す essere [restare] fedele fino alla fine alle *proprie* convinzioni

おしどり 鴛鴦 《鳥》anatra㊛ mandarina ❖**おしどり夫婦** due piccioncini㊚ [複]

おしながす 押し流す trascinar via ql.co.; travolgere ql.co.

おしなべて 押し並べて 《ことごとく》tutto, totalmente;《一般に》in generale, in [per la] maggior parte ¶この土地の人はおしなべて親切だ。Tutti [In generale] gli abitanti di questo paese sono gentili.

おしのける 押し退ける 《押してどける》scostare qlcu., spingere da parte qlcu. [ql.co.] ¶反対意見を押しのける eliminare i pareri contrari ¶

彼を押しのけて前に出た. Mi sono fatto avanti spingendolo da parte. ¶群衆を押しのけながら進んだ. Sono avanzato facendomi largo tra la folla.

おしのび 御忍び ◇お忍びで in incognito, segretamente ¶国王はお忍びで狩に出かけた. Il re è andato a cacciare in incognito [in segreto].

おしば 押し葉 foglia㊛ pressata e seccata; 《集合的に》erbario㊚

おしはかる 推し量る・推し測る presumere, congetturare;《気持ちを察する》penetrare ql.co. penetrare il cuore di qlcu. ¶推しはかれない impenetrabile, imperscrutabile

おしばな 押し花 fiore㊚ pressato e seccato

おしべ 雄蕊 《植》stame㊚, androceo㊚

おしボタン 押しボタン pulsante㊚ ¶押しボタンスイッチ interruttore㊚ a pulsante

おしぼり 御絞り piccolo asciugamano㊚ inumidito, caldo o freddo secondo le stagioni, offerto all'ospite o agli avventori

おしまい 御仕舞 **1**《終わり》termine㊚, fine㊛ ¶今日はこれでおしまい. È tutto per oggi. / Per oggi abbiamo finito. **2**《売り切れ》¶半袖セーターはもうおしまいです. Abbiamo esaurito le maglie con le maniche corte. **3**《だめになる》¶彼もおしまいだ. Per lui è finita. / È spacciato.

おしみない 惜しみない ¶聴衆は彼に惜しみない拍手を送った. L'uditorio l'ha applaudito generosamente.

おしむ 惜しむ **1**《出し惜しむ》risparmiare ql.co., economizzare ql.co.; lesinare㊚, [av] (su) ql.co. ¶出費を惜しむ lesinare sulle spese ¶費用を惜しまずに senza badare a spese ¶骨身を惜しまず働く lavorare fino a spezzarsi la schiena ¶…に賛辞を惜しまない elogiare ql.co. [qlcu.] senza riserve ¶協力を惜しまない offrire piena collaborazione
2《残念に思う》deplorare [rimpiangere / compiangere] ql.co. [qlcu.], lamentarsi di ql.co. ¶彼らはいつまでも別れを惜しんでいた Hanno sempre rimpianto di essersi separati. ¶彼は惜しまれつつ世を去った. La sua scomparsa ha costituito una grande perdita.
3《大事にする》aver caro ql.co. (►caro は目的語の性・数に合わせて語尾変化する), far tesoro di ql.co., curarsi di ql.co. ¶名を惜しむ tenere al proprio onore ¶命を惜しむ avere cara la vita / non sacrificare la propria vita ¶時間を惜しむ non voler perdere tempo ¶彼らは命を惜しまずに戦った. Hanno combattuto con sprezzo della vita. ¶彼は寸暇を惜しんで勉強した. Ha studiato sfruttando tutti i momenti possibili.

おしむらくは 惜しむらくは ¶惜しむらくは彼に積極性がないことだ. Quel che lascia a desiderare è la sua mancanza d'iniziativa.

おしめ 襁褓 pannolino㊚ →襁褓(むつき)

おしめり 御湿り pioggerellina㊛ benefica ¶いいお湿りですね. Questa pioggia ci voleva proprio!

おしもおされもせぬ 押しも押されもせぬ consolidato, di solida fama;《有力な》influente ¶彼女はいまや押しも押されもせぬ大スターだ. È ormai una star a tutti gli effetti. ¶押しも押されもせぬ地位にある avere un nome consolidato

おしもどす 押し戻す respingere, ricacciare indietro

おしもんどう 押し問答 discussione㊛, disputa㊛;《中世の》alterco㊚ [複 -chi] ◇押し問答する discutere㊎ [av] accanitamente ¶押し問答の末 dopo un'accesa discussione

おじや →雑炊(ぞうすい)

おしゃか 御釈迦 ¶火事で製品が全部おしゃかになった. Tutte le merci sono state rovinate [rese inutilizzabili] dall'incendio.

おしゃく 御酌 ¶お酌をする versare [servire] da bere a qlcu.

おしゃぶり ciuccio㊚ [複 -ci],《親》succhiotto㊚, tettarella㊛

おしゃぶる 押し破る ¶鉄格子の門を押し破る forzare un cancello

おしゃべり《行為》chiacchiere㊛ [複];《ゴシップなど》ciarla㊛, pettegolezzo㊚;《人》chiacchierone㊚ [㊛ -a], pettegolo㊚ [㊛ -a] ◇おしゃべりする chiacchierare㊎ [av] [(s)pettegolare㊎ [av] (di ql.co.) ◇おしゃべりな chiacchierone [㊛ -a], pettegolo ¶君はなんておしゃべりなんだ. Che chiacchierone (che) sei! / Sei un vero pettegolo!

おしゃま ◇おしゃまな precoce ¶おしゃまな子 bambina che si comporta già come un'adulta

おしやる 押し遣る;《押しのける》cacciare via;《拒絶する》respingere ¶彼はその本を脇に押しやった. Ha spinto da parte il libro.

おしゃれ 御洒落 eleganza㊛;《気取り》ricercatezza㊛;《人》elegantone㊚ [㊛ -a] ◇おしゃれする《めかしこむ》farsi bello;《着飾る》vestirsi elegantemente, agghindarsi;《化粧する》truccarsi con cura ◇おしゃれな elegante, raffinato;《服装》ricercato nel vestire, azzimato;《ファッショナブルな》alla moda;《しゃれこんで》《諺》in ghingheri ¶いつも彼はとてもおしゃれだ. Si veste sempre「con molta ricercatezza [molto bene]. ¶おしゃれしてどこへ行くの. Dove vai tutto elegante [《女性に対して》tutta elegante]?

おじゃん fallimento, rovina㊛, fiasco㊚ [複 -schi] ¶おじゃんになる andare a monte / andare in rovina [in malora] / finire nel nulla; fare fiasco

おしょう 和尚 bonzo㊚ (◆ capo di un tempio buddista);《高僧》maestro㊚ di dottrina buddista

おじょうさん お嬢さん《呼びかけ》signorina㊛ ¶お嬢さんはいつご卒業ですか. Quando si diploma sua figlia? ¶彼女はお嬢さん育ちだ. È una ragazza「allevata nel lusso [《世間知らず》che ignora la realtà del mondo [《苦労知らず》cresciuta senza alcuna difficoltà nella vita].

おしょく 汚職《贈収賄》corruzione㊛;《法》concussione㊛; tangente㊛;《公金横領》malversazione㊛;《法》peculato㊚ ¶汚職官吏 funzionario corrotto ¶彼は汚職で起訴された. È stato incriminato per concussione.

❖ 汚職事件 episodio㊚ [複 -i] [caso㊚] di corruzione, scandalo㊚, tangenti㊛ [複]

おしよせる 押し寄せる《軍隊が進む》avanzare㊎ [es, av], marciare㊎ [av] 《に contro, verso》;

おしろい 白粉 cipria㊛ ¶おしろいをつける incipriarsi

おしろいばな 白粉花 [植] bella㊛ di notte

オシログラフ [英 oscillograph] 【電】 oscillografo㊚

オシロスコープ [英 oscilloscope] 【電】 oscilloscopio㊚ [複 -i]

おしわける 押し分ける ¶人波を押し分けて進む farsi strada tra la folla

おしんこ 御新香 verdure㊛ [複] sotto sale

おす 雄・牡 maschio㊚ [複 -schi] ◇雄の maschile →動物 [用語集] ¶雄のとら il maschio della tigre / la tigre maschio (►動物を表す生物名詞には男性形と女性形があるものとないものがある。また、女性形があってもあまり使わない場合も多い)

おす 押す **1**《手前から向こうへ》spingere, sospingere, pigiare ¶このドアは押しても引いても開かない。 Questa porta non si apre né a spingerla né a tirarla. ¶「押す」《表示》"Spingere"
2《圧力を加える》premere, spingere, comprimere, pigiare ¶呼び鈴を押す premere [suonare] il campanello ¶ボタンを押す。 spingere [schiacciare] un pulsante ¶膝を押すと痛む。Quando premo, il ginocchio mi fa male. ¶背文字に金箔を押す stampare caratteri in oro sul dorso di un libro ¶印を押す timbrare / imprimere [mettere] un timbro
3《相手を圧倒する》¶気迫に押されてつい彼の申し出を受けてしまった。Ho dovuto accettare la sua proposta travolto dalla sua determinazione. ¶押しも押されもせぬ →見出し語参照
4《意志を通す》¶この条件でもう一度押してみてくれ。Prova a insistere ancora una volta con queste condizioni.
5《無理をする》→押して ¶今日は風邪を押して来てくださってありがとうございました。Grazie per essere venuto nonostante il raffreddore.
6《念を押す》の形で、確かめる》¶念を押す richiamare l'attenzione di qlcu. su qlco. / ricordare di nuovo ql.co. a qlcu. / assicurarsi che+ [接続法]

おす 推す **1**《推薦する》raccomandare [appoggiare] qlcu.; 《提案する》proporre ql.co. a qlcu.; 《指名する》indicare [designare] qlcu. ¶万場一致で彼は委員長に推された。È stato indicato come presidente all'unanimità.
2《推し量る》presumere, congetturare ¶…から推して 「a giudicare [giudicando] da ql.co. ¶他は推して知るべし。/ 残りのことは容易に想像がつく。/ È facile dedurre il resto.

おすい 汚水 acqua㊛ sporca; 《下水》acque㊛ [複] di scolo [di fogna], liquami㊚ [複] ¶工場汚水を処理する trattare [depurare] le acque di scolo della fabbrica
❖**汚水管** tubo㊚ per le acque di scarico
汚水処理場 depuratore㊚

おずおず 怖ず怖ず ◇おずおずと con esitazione, timidamente, timorosamente ◇おずおずした esitante, timido, timoroso ¶彼は部屋におずおずと入って来た。È entrato timidamente nella stanza.

おすそわけ 御裾分 ◇おすそ分けする dividere un dono [un guadagno] con qlcu.

おすなおすな 押すな押すな ◇押すな押すなの pieno zeppo ¶バーゲンセールは押すな押すなの大盛況だった。La sala della vendita speciale era piena zeppa.

オスマン ◇オスマン(トルコ)の ottomano, osmanico [複 -ci]
❖**オスマン語** la lingua㊛ turca osmanica
オスマン帝国 Impero㊚ Ottomano
オスマントルコ族 Ottomani㊚ [複]

オスミウム [英 osmium] 【化】 osmio㊚;《元素記号》Os
❖**オスミウム酸塩** osmiato㊚

おすみつき 御墨付 sigillo di garanzia, garanzia㊛, approvazione㊛ ¶貴殿が本物だと言われるのですからお墨付きを頂いたも同然です。Il fatto che lei dica che è genuino, per me è come una garanzia ufficiale.

オセアニア [英 Oceania] 《大洋州》Oceania㊛ ◇オセアニアの oceaniano
❖**オセアニア人** oceaniano㊚ [複 -a]

おせおせ 押せ押せ ¶仕事が押せ押せになってきた。Sono oberato di lavoro.

おせじ 御世辞 《讃辞》complimenti㊚ [複];《おべっか》adulazione㊛, lusinga㊛ ¶彼は見えすいたお世辞を言う。Si capisce che sono solo complimenti, i suoi. ¶彼はお世辞がうまい。È un abile adulatore. ¶お世辞はよしてくれ。Smettila di adularmi [incensarmi]!
❖**お世辞笑い** sorriso㊚ adulatorio [複 -i] [ingraziante / affettato]

おせちりょうり 御節料理 cibi㊚ [複] speciali preparati appositamente per l'anno nuovo → 正月 [日本事情]

おせっかい 御節介 **1**《干渉, 介入》intromissione㊛, ingerenza㊛, intrusione㊛ ◇お節介《うるさい》scocciante;《出しゃばりな, ずうずうしい》invadente ¶お節介をやく ficcare il naso [mettere il becco] in ql.co. / intromettersi impicciarsi in ql.co. ¶お節介はよせ。Smettila di intromettertti! / Non t'impicciare! **2**《干渉したがる人》impiccione㊚ [複 -a], ficcanaso㊚ [複 -i;㊛ -o]; invadente㊛

おせん 汚染 contaminazione㊛, inquinamento㊚ ◇汚染する contaminare, inquinare ¶川が工場廃液で汚染されている。Il fiume è inquinato dai liquidi di scolo della fabbrica.

[関連]
海洋汚染 inquinamento㊚ 「del mare [marino] **カドミウム汚染** inquinamento㊚ (causato) da cadmio **環境汚染** inquinamento㊚ 「dell'ambiente [ambientale] **水銀汚染** inquinamento㊚ (causato) da mercurio **水質汚染** inquinamento㊚ dell'acqua **大気汚染** inquinamento㊚ atmosferico **放射能汚染** contaminazione㊛ radioattiva

✤汚染源 fonte[女][causa[女]] d'inquinamento
汚染者 impresa[女] inquinante ¶汚染者負担の原則〘法〙principio secondo il quale chi inquina deve anche provvedere alla bonifica
汚染除去 decontaminazione[女]
汚染対策 misure[女][複] antinquinamento
汚染物質 sostanza[女] inquinante
汚染防止 antinquinamento[男]

おぜんだて 御膳立て ¶…のお膳立てをする fare i preparativi di *ql.co.* / disporre *ql.co.* ¶彼がすべてお膳立てをしてくれた. Mi ha preparato tutto lui. ¶お膳立てはすっかりできている. Tutto è pronto [predisposto].

おそい 遅い **1**【時間が】 tardo, in ritardo ¶遅い夕食 cena tarda ¶到着が遅い場合は in caso di arrivo in ritardo ¶君は来るのが遅い. Sei in ritardo. ¶もう…するには遅い. È ormai troppo tardi per＋[不定詞] / 《時間がない》Non「c'è [《私が》ho] più tempo per＋[不定詞] ¶今からすぐ出かけてももう遅い. Anche se usciamo subito, ormai non facciamo più in tempo. ¶学ぶのに遅すぎるということはない. Non è mai troppo tardi per imparare.
2【速度が】 lento ¶市電のほうがバスより遅い. Il tram è più lento dell'autobus. ¶彼は何をやらせても遅い. È lento in tutto. ¶進歩が遅い. I progressi sono lenti.
3【頭脳や心の動きが鈍い】 lento, tardo ¶彼は頭の回転が遅い. È lento [tardo] nel capire. / Non è sveglio.

おそいかかる 襲い掛かる aggredire *qlcu.*; 《飛びかかる》balzare addosso a *qlcu.*; 《突然》piombare su *qlcu.* ¶山賊どもは暗がりで突然彼に襲いかかった. Nell'oscurità i banditi lo hanno aggredito di sorpresa.

おそう 襲う 《襲撃する》assalire, assaltare; 《攻撃する》attaccare; 《病気などが》colpire, assalire; 《災害などが》colpire, abbattersi su *ql.co.* [*qlcu.*] ¶彼は泥棒に襲われた. È stato assalito da un ladro. ¶敵が襲って来た. Il nemico ha sferrato l'attacco. ¶彼は心臓の発作に襲われた. È stato colpito da un attacco di cuore. ¶嵐が町を襲った. Una tempesta si è abbattuta sulla città.

おそうまれ 遅生まれ ¶遅生まれの子供 bambino nato tra il 2 aprile e il 31 dicembre (che differisce di un anno l'iscrizione alla scuola elementare rispetto a un coetaneo nato tra il 1° gennaio e il 1° aprile)

おそかれはやかれ 遅かれ早かれ presto o tardi, prima o poi, una volta o l'altra

おそく 遅く 《時刻や時期が》tardi; 《速度が》lentamente ◇遅くとも non più tardi di ¶1時間遅く un'ora più tardi ¶夜遅くまで fino a tardi [tarda notte] ¶もう遅くなったからそろそろ帰ろう. Si è fatto tardi, è ora di andare. ¶明日はいつもより遅くまで寝ていられる. Domattina posso dormire un po' più del solito. ¶8時[2月5日]には遅くとも帰って来ます. Sarò di ritorno non più tardi delle 8 [del 5 febbraio]. / Sarò di ritorno al più tardi per le 8 [del 5 febbraio].

おそざき 遅咲き fioritura[女] tardiva ¶遅咲きの花 fiore che sboccia tardi

おそなえ 御供え offerta[女] ¶米をお供えする fare un'offerta di riso 《に a》

おそばん 遅番 l'ultimo turno[男]; 《午後の》turno[男] pomeridiano; 《夜勤》turno[男] di notte ¶遅番をする fare il turno di notte

おそまき 遅蒔 **1** 《時期の遅い種まき》semina[女] tarda ◇遅まきの seminato tardi; tardo, tardivo
2 《遅ればせ》 ¶遅まきながら当局はその事件を調査し始めた. Anche se in ritardo, l'autorità ha cominciato a indagare sul caso.

おぞましい 《ぞっとする》orribile, terribile, raccapricciante; 《嫌悪を催させる》disgustoso, rivoltante ◇おぞましさ orrore[男], raccapriccio[男] ¶おぞましい光景だった. Era uno spettacolo orribile [raccapricciante].

おそまつ 御粗末 ¶お粗末な論文 un articolo (specialistico) poco consistente

おそらく 恐らく 《たぶん》forse, probabilmente; 《ほぼ確実に》quasi certamente ¶おそらく明日は雨だ. Può darsi [Temo] che domani piova. ¶おそらくもう帰ってくると思う. Penso che tornerà fra poco. / Dovrebbe tornare fra poco.

おそるおそる 恐る恐る 《こわごわ》con timore, paurosamente, timidamente; 《慎重に》con precauzione, cautamente; 《うやうやしく》riverentemente; umilmente, modestamente; con deferenza

おそるべき 恐るべき 《恐ろしい》terribile, temibile; 《たぐいまれな》straordinar*io* [[男]複 *-i*], eccezionale ¶恐るべき頭脳 intelligenza eccezionale

おそれ 恐れ **1** 《恐怖》paura[女], spavento[男], sgomento[男]; 《やや軽い》timore[男]; 《非常な》terrore[男], orrore[男] ¶彼は私に恐れをなしている. Ha paura di me. ¶敵は恐れをなして逃走した. Il nemico si è dato alla fuga in preda al panico. ¶彼は恐れを知らない. 《無鉄砲》È temerario [imprudente].
2 《心配・懸念》paura[女], timore[男]; 《危険》pericolo[男], ri*schio*[男][複 *-schi*] ¶彼が来ないおそれがある. Ho paura [timore] che non venga. ¶海が時化るおそれがある. Il mare minaccia burrasca. ¶悪い影響を与えるおそれがある. C'è il rischio [pericolo] che possa esercitare un cattivo influsso.

おそれいる 恐れ入る **1** 《申し訳ない》 ¶迷惑をおかけして恐れ入ります. Mi dispiace di averle causato tanto disturbo. ¶恐れ入りますがお電話をいただけますか. Vuole essere così [tanto] gentile da telefonarmi?
2 《感謝する》essere grat*o* a *qlcu.* di [per＋[不定詞]], ringraziare *qlcu.* di *ql.co.* ¶恐れ入りました. 《恐縮》Mi sento obbligato. / 《感謝》La ringrazio!
3 《感心する》meravigliarsi [stupirsi] di *ql.co.* [di＋[不定詞]] ¶君の腕前には恐れ入った. Mi inchino davanti alla tua bravura.
4 《あきれる, 驚く》essere sorpres*o* [stupefatt*o*] ¶あれで一流のピアニストとは恐れ入った. Sono sorpreso che sia un pianista di primo livello. ¶この寒いのに水泳とは恐れ入った. Nuotare con

questo freddo?! Mamma mia!

おそれおおい 恐れ多い riverente e timoroso, che incute riverente timore ¶恐れ多くも陛下からお言葉を頂いた. L'imperatore si è degnato di rivolgermi la parola. ¶恐れ多いことながら一言釈明させていただきたく存じます. Con tutto il dovuto rispetto [Se mi è permesso], vorrei offrire una parola di spiegazione.

おそれおののく 恐れ戦く tremare[自][*av*] di [per la] paura ¶彼は死の恐怖に恐れおののいた. Tremava come una foglia [Se la faceva addosso] dalla paura di morire.

おそれながら 恐れながら ¶恐れながら…ということを申し上げます. Chiedo scuṣa, ma mi permetto di dirle che＋[直説法]

おそれる 恐れる **1**《怖がる》temere *ql.co.* [*qlcu.* / di＋[不定詞] / che＋[接続法]], aver paura di *qlcu.* [di *ql.co.* / di＋[不定詞] / che＋[接続法]] ¶死ぬことを恐れている aver paura della morte ¶何も恐れることはない. Non hai niente da temere. ¶彼は試験に失敗することを恐れている. Ha paura di non riuscire a superare gli eṣami.

2《気遣う》preoccuparsi di *qlcu.* [per *ql.co.*] ¶…を恐れて per paura di ¶彼は人を傷つけることを恐れて何も言わなかった. Non ha detto nulla per paura di [preoccupandosi di] (non) offendere gli altri.

おそろしい 恐ろしい **1**《怖い》pauroso, terribile;《ぞっとする》orribile, spaventoso, tremendo;《恐るべき》temibile;《残忍な》feroce, crudele ¶恐ろしい目に遭った. È stata un'esperienza terribile! ¶彼は恐ろしい罪を犯した. Ha commesso un crimine atroce. ¶あいつは恐ろしいやつだ.《侮りがたい》Lui è un temibile [formidabile] avversario. ¶父の怒りに触れるのが恐ろしい. Ho paura d'incorrere nell'ira di mio padre. ¶恐ろしい目つき ṣguardo cupo [feroce]

2《心配・気遣い》¶失敗したらと思うと恐ろしい. Sono atterrito dal pensiero di fallire.

3《驚くべき》terribile, tremendo, spaventevole, formidabile (►いずれも良いことにも用いる)《たいしたものだ》¶習慣とは恐ろしいものだ. La forza dell'abitudine è spaventosa. ¶恐ろしい速度で運転する guidare「a velocità spaventevole [ad altissima velocità]

おそろしく 恐ろしく《甚だしく》terribilmente, orribilmente, spaventosamente;《非常に》molto, assai, tanto ¶恐ろしく腹が減った. Ho una fame spaventosa. ¶今日は恐ろしく寒い. Oggi fa un freddo cane [tremendo].

おそろしさ 恐ろしさ paura[女], spavento[男]; terrore[男] ¶恐ろしさのあまり per il troppo spavento

おそわる 教わる ⇒習う

おそわれる 襲われる essere assalito ¶夜ごと同じ夢におそわれる. Faccio lo stesso terribile sogno ogni notte.

おそん 汚損 ◇汚損する《汚す》imbrattare, macchiare;《損傷する》deteriorare, danneggiare ¶「器具を汚損しないこと」《掲示》"Si prega di non danneggiare gli strumenti"

オゾン 〔英 ozone〕〘化〙oẓono[男] ◇オゾンの [を含んだ] oẓonico [男複 *-ci*]

✤**オゾン層** oẓonosfera[女]

オゾン層破壊 distruzione[女] dell'oẓonosfera

オゾン分解 oẓonoliṣi[女][無変]

オゾンホール buco[男][複 *-chi*] dell'oẓono

おだいもく 御題目 ¶減税はお題目にすぎない. Tutti i discorsi sulla riduzione delle imposte non sono che promesse formali.

おたおた ¶そんな事ぐらいでおたおたするんじゃない. Non agitarti così per un'inezia del genere!

おたかい お高い ¶あいつはお高くとまっている. Si dà arie di importanza. / Fa lo spavaldo.

おたがい 御互い ◇お互いに reciprocamente ¶お互いにほめあう elogiarsi a vicenda

おたがいさま 御互い様 ¶悪いのはお互いさまです. Siamo entrambi [tutti e due] da biaṣimare. ¶うそつきというならお互いさまだ. Se io sono un bugiardo, lo sei anche tu! ¶困った時はお互いさまだよ. Faresti lo stesso per me se fossi io nei guai. ¶お互いさまです.《同情して》È la stessa cosa [lo stesso] anche per me.

おたく お宅 **1**《相手の家を敬って》¶お宅はどちらですか. Dov'è casa sua? / Dove abita?

2《マニア》maniaco[男][女 *-ca*; 男複 *-ci*], *otaku*[男][無変] ¶コンピュータおたく *otaku* del computer ¶アニメおたく un maniaco di *anime*

おたけび 雄叫び ¶雄たけびを上げる lanciare il grido [l'urlo] di guerra

おたずねもの 御尋ね者 ricercato[男][女 *-a*]

おたっし 御達し ¶その筋のお達しにより in conformità con l'annuncio delle autorità

おだてる 煽てる《へつらう》adulare, luṣingare;《言葉巧みに》lisciare, leccare;《扇動する》incitare, istigare ◇おだて adulazione[女], luṣinga[女]; incitamento[男] ¶おだての効かない人 persona insensibile all'adulazione ¶皆におだてられて歌を歌わせられた. Incitato da tutti, ho cantato una canzone. ¶おだてても駄目だよ. È inutile che cerchi di lisciarmi. ¶彼はすぐおだてに乗る. Cede subito alle luṣinghe.

おたふく 御多福《女》donna[女] dal viṣo tondo e paffuto;《不美人》donna[女] bruttina;《お面》maschera[女] da *otafuku*

✤**おたふく風邪** orecchioni[男][複];〘医〙parotite[女] epidemica

おだぶつ 御陀仏 ¶お陀仏になる《死ぬ》morire /《親》tirare le cuoia /《俗》crepare

おだまき 苧環 〘植〙aquilegia[女][複 *-gie*]

おたまじゃくし 蝌蚪・御玉杓子 **1**〘動〙girino[男] **2**〘音符〙nota[女] muṣicale **3**〘料〙ramaiolo[男], mestolo[男]

おためごかし 御為ごかし secondi fini[男][複] dietro a un comportamento apparentemente complice ¶おためごかしの親切 gentilezza infida

おだやか 穏やか《人や物の平静なこと》◇穏やかな《落ち着いた》sereno, tranquillo, quieto, calmo;《控え目な》moderato, mite;《温和な》pacifico [男複 *-ci*], gentile ◇穏やかに serenamente, tranquillamente; con calma ¶穏やかな人 persona tranquilla [mite] ¶穏やかな批評 critica serena [《片寄らない》moderata] ¶今日は穏やかな良いお天気だ. Oggi il tempo è sereno. ¶海が穏

やかになった. Il mare è diventato calmo [si è calmato]. ¶私は毎日穏やかな日々を過ごしています. Trascorro tranquillamente le mie giornate. ¶穏やかならぬことが生じた. Sono accadute cose inquietanti.

おだわらひょうじょう 小田原評定 discussione® destinata a finire alle calende greche

おち 落ち 1《手抜かり》omissione®, svista®;《欠陥》lacuna®;《失念》dimenticanza® ¶準備に落ちがある. La preparazione presenta delle lacune. ¶君の報告には重大な落ちがある. C'è una grande omissione nel tuo rapporto.
2《落ちること》¶なんて落ちの悪い石けんだろう. Questo sapone lava malissimo.
3《行きつくところ》¶笑われるのが落ちさ. Finirai per renderti ridicolo [essere beffato]!
4《落語などの》¶あの落語の落ちは実におもしろい. L'ultima battuta di quel racconto *rakugo* è stata veramente divertente.

おちあう 落ち合う 《人が》incontrarsi, riunirsi, unirsi;《川が合流する》confluire® [*av, es*] (in *ql.co.*) ¶駅で落ち合って一緒に行った. Siamo partiti tutti insieme dopo esserci incontrati alla stazione. ¶二つの川がこの地点で落ち合う. I due bracci del fiume confluiscono in questo punto.

おちいる 陥る《穴などに》cadere® [*es*] [scivolare® [*es,《稀》av*]] in *ql.co.*;《計画などに》cascare® [*es*] in *ql.co.*;《誘惑などに》cedere® [*av*] a *ql.co.* ¶まんまと計略に陥った. Ci è cascato in pieno. ¶街は混乱に陥った. La città è caduta nel caos. ¶彼は誘惑に陥りやすい性格だ. Cede facilmente alle tentazioni. ¶危険な状態に陥る essere ridotto in condizioni critiche ¶…するはめに陥る essere ridotto a + 不定詞 / giungere® [*es*] [arrivare® [*es*]] al punto di + 不定詞

おちおち ¶おちおちしてもいられない. Non posso rimanere tranquillo. ¶昨夜はおちおち眠ることもできなかった. Ieri notte non ho dormito tranquillamente.

おちかづき 御近付き ¶お近づきのしるしに come pegno di una conoscenza appena fatta ¶お近づきになれてうれしゅうございます. Sono felice di aver fatto la sua conoscenza.

おちくぼむ 落ち窪む ¶目が落ちくぼんでいる avere gli occhi incavati [infossati]

おちこぼれ 落ち零れ persona® [《学生》studente® [®-*essa*]] che non riesce a stare al passo
◇落ちこぼれる essere lasciato indietro

おちこむ 落ち込む 1《気が沈む》¶彼はすっかり落ち込んでいる. È giù di morale. / È abbattuto [depresso].
2《落ちる》cadere® [*es*] in *ql.co.*;《悪い状態になる》peggiorare® [*es, av*] ¶溝に落ち込んだ. Sono caduto in un fosso. ¶税収が落ち込んだ. Il gettito fiscale è diminuito.
3《沈下する》sprofondare® [*es*], cedere® [*av*] ; avvallarsi ¶地面が落ち込んだ. Il terreno si è avvallato.

おちつき 落ち着き 1《心の》calma®, tranquillità® d'animo, serenità®;《冷徹さ》sangue ® freddo ◇落ち着きのある tranquillo, calmo, sereno; placido ◇落ち着きのない《興奮している》agitato, inquieto,《神経質な》nervoso;《心配事がある》turbato ¶落ち着きを失う perdere la calma [la padronanza di sé] ¶落ち着きを取り戻す riacquistare la calma [il controllo di sé]
2《安定》stabilità® ¶この椅子は落ち着きが悪い. Questa sedia è "poco stabile [traballante].

おちつきはらう 落ち着き払う mantenere la padronanza di sé, restare impassibile ◇落ち着き払って con perfetta calma, senza batter ciglio, con grande padronanza di sé ¶彼は妙に落ち着き払っていた. Dimostrava una strana calma.

おちつく 落ち着く 1《気持ちが静まる》calmarsi, tranquillizzarsi, rassicurarsi, acquietarsi ◇落ち着いた sereno, tranquillo, calmo ◇落ち着いて serenamente, tranquillamente, con calma ¶落ち着いて暮らす vivere tranquillamente ¶落ち着きたまえ. Calmati! / Calma! / Sta' tranquillo! ¶自分の部屋に戻ると気分が落ち着く. Quando torno nella mia stanza, mi sento a mio agio [mi rilasso]. ¶明日は試験なので気が落ち着かない. Mi sento nervoso [agitato] perché domani ho gli esami. ¶彼の気持ちが落ち着くまで待ちましょう. Aspettiamo finché (non) rimette la testa a posto.
2《安定する》stabilizzarsi,《鎮まる》calmarsi, placarsi, tranquillizzarsi ¶天気が落ち着かない. Il tempo è instabile. ¶インフレが落ち着いてきた. L'inflazione è tornata a livelli normali. ¶痛みが落ち着いた. Il dolore si è calmato [mi è passato].
3《ある場所に納まる》fermarsi《に in》, prendere alloggio《に in》;《定住する》stabilirsi《に a》¶ひとまず兄の家に落ち着いた. Per il momento mi sono sistemato in casa di mio fratello.
4《結着がつく》arrivare alla conclusione ¶落ち着くところはそれしかない. È l'unica conclusione (a) cui possiamo arrivare.
5《調和する》armonizzarsi con *ql.co.* ◇落ち着いた《派手でない》sobrio [®pl. -*i*], moderato;《抑制のきいた》misurato, contenuto ¶落ち着いた柄のネクタイ cravatta dal disegno sobrio ¶落ち着いた調子 tono misurato ¶落ち着いた文体 stile contenuto

おちつける 落ち着ける 1《自分の気持ちを安定させる》calmarsi, tranquillizzarsi, ricomporsi,《人を》calmare [acquietare / tranquillizzare] *qlcu.* ¶心を落ち着けてよく聞いてくれ. Ascoltami con calma. ¶私の心を落ち着けてくれる音楽 musica che mi tranquillizza
2《ある場所に納まる》sistemarsi (►「就職する」「結婚する」の意味もある) ¶腰を落ち着ける [腰掛けてゆっくりする] accomodarsi ¶《居を構える》stabilirsi, sistemarsi ¶腰を落ち着けて勉強する decidersi a studiare seriamente [sul serio]

おちど 落ち度《誤り》errore®, sbaglio® [®複 -*gli*] ;《見落とし》svista®;《怠慢》disattenzione®;《過失》colpa®, peccato®, fallo® ¶私に落ち度はない. Io non ho colpe.

おちのびる 落ち延びる riuscire [*es*] a fuggire [scappare], mettersi in salvo

おちば 落ち葉 foglie® [®複] morte [cadute];

《葉が落ちること》defogliazione㊛

おちぶれる 落ちぶれる andare [cadere㊊[es]] in rovina [in miseria / in malora];《没落する》decadere㊊[es], ridursi sul lastrico ¶落ちぶれている essere ridotto in miseria

おちぼ 落ち穂 spighe㊛《複》cadute ¶落ち穂を拾う spigolare㊏ (►単独でも可) /raccogliere le spighe
♣落ち穂拾い《人》spigola*tore*㊚《㊛ -*trice*》;《行為》spigolatura

おちめ 落ち目 ¶彼も落ち目だ. La sua (buona) stella è tramontata [è caduta]. / La fortuna gli ha voltato le spalle. ¶彼の人気は落ち目になっている. La sua popolarità sta precipitando.

おちゃ 御茶 **1**《飲み物の》tè㊚;《日本茶》tè㊚ verde;《抹茶》tè㊚ in polvere ¶お茶を入れる fare il tè ¶お茶をたてる preparare il tè ¶お茶の時間 l'ora del tè ¶お茶(の会)に誘う invitare qlcu. a un tè ¶このお茶はもう出ないから入れ替えて. Questo tè è consumato, mettine dell'altro. ¶お茶が入りましたからどうぞ. Prego, il tè è pronto. **2**《休憩》¶3時だからお茶にしましょう.《仕事の間のひと休み》Sono le tre, facciamo una pausa per il tè [per il caffè]. **3**《茶道》¶お茶を習う imparare la cerimonia del tè
慣用 お茶を濁す cavarsela bene [furbamente]
お茶の子(さいさい) lavoro㊚[compito㊚] facile; gioco㊚《複 -*chi*》da bambino, nonnulla㊚[無変], piccolezza㊛ ¶入試なんかお茶の子(さいさい)だ. L'esame d'ammissione è un nonnulla [una bazzecola]!
♣お茶請け《菓子》pasticcino㊚ da tè ¶お茶請けは何になさいますか. Che cosa prende col tè?
お茶汲み ◇お茶汲みをする servire il tè
お茶漬け riso㊚ al vapore innaffiato di tè verde

おちょうしもの 御調子者 《軽はずみな人》persona㊛ frivola [che si fa prendere da facili entusiasmi];《調子を適当に合わせる人》opportuni*sta*㊚《㊚複 -*i*》

おちょこ 御猪口 tazzina㊛ per *sakè*
おちょぼぐち おちょぼ口 boccuccia㊛

おちる 落ちる **1**【落下する】cadere㊊[*es*], cascare㊊[*es*];《真っ逆さまに》precipitare㊊[*es*];《転落する》ruzzolare㊊[*es*];《涙・露が》cadere, scendere㊊[*es*];《剝がれ落ちる》staccarsi, sfaldarsi ¶歩いていたら穴に落ちた. Mentre camminavo sono caduto in una buca. ¶2階から子供が落ちた. Un bambino è cascato dal primo piano. ¶涙が母の頰を流れ落ちた. Le lacrime scendevano sulle [rigavano le / solcavano le] guance della madre. ¶車が真っ逆さまに海に落ちた. La macchina è precipitata a capofitto nel mare. ¶「3人を乗せたヘリコプター住宅街に落ちる」《新聞の見出しなどで》"Elicottero con a bordo tre persone precipita su quartiere residenziale" ¶私は階段から落ちた. Sono ruzzolato per le scale. ¶しっくいが剝がれ落ちた. L'intonaco [Lo stucco] si è staccato. ¶橋が落ちた. È crollato il ponte. ¶雷が木に落ちた. Il fulmine si è abbattuto sull'albero. ¶突然雨が落ちてきた. Improvvisamente è venuto a piovere.

2【日・月が沈む】tramontare㊊[*es*] ¶月[日]が落ちる. La luna [Il sole] tramonta.
3【光・視線が注がれる】¶縁側に日差しが落ちている. I raggi del sole battono sulla veranda. ¶彼の視線が少女に落ちた. Il suo sguardo è caduto sulla ragazza.
4【取れる】togliersi, staccarsi;《なくなる》andar via ¶汗で化粧が落ちてしまった. Il trucco è colato col sudore. ¶セーターの色が落ちた. Il maglione si è scolorito. ¶彼はまるで憑(つ)き物が落ちたみたいに元気になった. Si è rimesso in salute come se si fosse liberato di uno spirito maligno.
5【程度が低くなる】calare㊊[*es*], abbassarsi, scendere㊊[*es*];《評判・質が》scadere㊊[*es*];《減少する》diminuire㊊[*es*], scemare㊊[*es*] ¶速度が落ちる. Cala la velocità. ¶こちらの品物のほうが質が落ちる. Quest'articolo è「di qualità inferiore [più scadente]. ¶鮮度が落ちる perdere la freschezza ¶あんなことでは信用が落ちるよ. Così perderai la fiducia. ¶客足がめっきり落ちた. I clienti sono diminuiti notevolmente.
6【品格が下がる】diventare㊊[*es*] volgare, involgarirsi;《地位が下がる》ridursi,《堕落する》corrompersi, decadere㊊[*es*], degenerare㊊[*av*, *es*] ¶話がすっかり落ちてしまった. Il discorso è diventato molto volgare. ¶盗みを働くとは彼も落ちたものだ. Anche lui si è ridotto a rubare. ¶人情も地に落ちた. Anche i sentimenti umani sono scesi così in basso!
7【ある状態になる】¶深い眠りに落ちる cadere in un sonno profondo ¶敵の術中に落ちてしまった. Sono「stato preso in trappola dai [caduto nella trappola dei] nemici.
8【敵・他人のものになる】¶店がとうとう人手に落ちた. Alla fine il negozio è passato nelle mani di altri. ¶城が落ちた. Il castello「è caduto nelle mani del nemico [ha capitolato]. ¶彼女は彼にしつこく口説かれてついに落ちた. L'ha corteggiata insistentemente fino a che lei ha ceduto. / Alla fine lei ha ceduto al suo corteggiamento insistente.
9【都から辺鄙なところへ移る】¶敗残の武将は都を落ちていった. Il generale sconfitto è fuggito di nascosto dalla capitale.
10【耐え切れず自白する】crollare㊊[*es*], confessare㊏ (►単独でも可);《隠》cantare㊊[*av*] ¶容疑者が落ちるまで待つしかない. Non ci resta che aspettare che l'indiziato crolli e confessi.
11【もれる】mancare㊊[*es*] ¶私の名が名簿から落ちている. Manca il mio nome nell'elenco. ¶文書に肝心な一節が落ちていた. Nel documento è stato omesso un passo fondamentale.
12【落第する、落選する】essere bocciato㊊[*es*] ¶入学試験に落ちた. Sono stato bocciato [respinto] all'esame di ammissione. ¶前議員は選挙に落ちた. L'ex senatore non è stato rieletto.
13【手形・料金などが】scadere㊊[*es*] ¶この手形は今月10日に落ちる. Questa cambiale scade il 10 del corrente mese. ¶このクレジットカードの利用料金は毎月15日に落ちる. Le spese fatte con questa carta di credito vengono accreditate il 15 di ogni mese.

おつ 乙 **1**《評価の第2位》B⊛[無変], secondo ⊛, numero⊛ due **2**《気のきいた様子》◇おつな spiritoso, arguto, brillante;《しゃれた》elegante, fine, raffinato;《美味な》delicato, squisito ¶おつなことを言う dire cose spiritose ¶おつな着こなしをしている essere vestito elegantemente ¶おつな味がする avere un sapore delicato ¶彼はおつにすましている. Si dà delle arie.

おつかい 御使い 《用足し, 買い物》commissioni⊛[複]《お使いに行く(買い物)》→使い1 andare a fare la spesa (per qlcu.)

おっかけ 追っかけ 《人》fanatico⊛[⊛ -ca; 複 -ci] di qlcu.;《行為》inseguimento⊛ da parte di fan ¶おっかけをする inseguire ovunque

おっかなびっくり ¶釣り橋をおっかなびっくり渡った. Ho attraversato il ponte sospeso, tremando come una foglia.

おつかれ(さま) 御疲れ(様) ¶お疲れさまでした.《ありがとう》Grazie (mille)./《さようなら》Buonasera. / Buonanotte.(► 「お疲れさま」「ご苦労さま」に対応する表現はイタリア語にはないので, 感謝の言葉, 別れのあいさつを状況に応じて使いる) / Ottimo lavoro. / Ben fatto.(►上司や先生からの仕事・研究に対するほめことばとして)

おつき お付き 《従僕》servitore⊛[⊛ -tora, -trice], dipendente⊛;《集合的》seguito⊛;《貴婦人の付き添いの婦人》dama⊛ di compagnia;《護衛》scorta

おっくう 億劫 ◇おっくうな noioso, fastidioso;《しつこい》importuno, molesto ◇おっくうがる《めんどくさがる》essere troppo pigro [indolente] per +不定詞,《…する気がしない》non sentirsi di +不定詞, non avere voglia di +不定詞 ¶何をするのもおっくうだ. Fare qualsiasi cosa mi dà noia. / Non mi andrebbe di muovere un dito.

おつげ 御告げ oracolo⊛, rivelazione⊛, messaggio⊛[複 -gi] divino ¶お告げを受ける ascoltare un oracolo / ricevere un messaggio (divino)

おっしゃる 仰る ¶お考えをおっしゃってください. Vorrei ascoltare la sua opinione. ¶おっしゃる通りです. È come dice lei. ¶お名前は何とおっしゃいますか. Posso chiedere il suo nome?

おっちょこちょい 《人》sbadato⊛[⊛ -a], sventato⊛[⊛ -a], facilone⊛[⊛ -a] ◇おっちょこちょいな sbadato, sventato;《軽率な》leggero, incauto ¶彼のおっちょこちょいにはあきれた. Sono stupefatto della sua sventatezza [mancanza di cautela].

おっつけ presto, a momenti, tra breve, fra poco

おって 追っ手 inseguitore⊛[⊛ -trice] ¶追っ手をかける mandare qlcu. all'inseguimento di qlcu. / far inseguire qlcu.

おって 追って più tardi, in seguito, dopo, poi, successivamente ¶追ってお知らせします. Glielo faremo sapere in seguito.
✤追って書き →追伸

おっと ¶おっと, 危ないよ. Attento, è pericoloso!(►attentoは相手の性・数に合わせて語尾変化する) ¶あら, 失礼. Oh! Mi scusi! ¶おっとどっこい, そうはいかないぜ. Ohé, non puoi fare questo!

おっと 夫 marito⊛, sposo⊛;《配偶者》consorte⊛, coniuge⊛ →家系図

おっとせい 膃肭臍《動》otaria⊛, leone⊛ marino del sud

おっとり ◇おっとりした moderato, quieto, calmo;《鷹揚(おうよう)な》generoso;《落ち着いた》composto ¶彼はおっとり構えている. Si mostra calmo e composto.

おっぱい seno⊛;《親》tette⊛[複] ¶おっぱいをのむ poppare⊛(►単独でも可) il latte / succhiare il latte materno

おつまみ 御摘み bocconcino⊛;《クラッカーのようなもの》salatino⊛;《食前酒と共に食べるもの》stuzzichino⊛

おてあげ 御手上げ ¶お手上げだ. Non ce la faccio più! / Non so più cosa fare! /《降参》Mi arrendo! / Mi do per vinto!

おでき 御出来 foruncolo⊛, bitorzolo⊛, bozzo⊛

おでこ 《額》fronte⊛;《突き出した額》fronte⊛ sporgente

おてつき 御手付き 《カルタなどで》¶お手付き3回で失格だよ. Se tocchi tre volte la carta sbagliata, sei squalificato.

おてつだい 御手伝い《手伝うこと》aiuto⊛ in casa;《家政婦》domestica⊛, collaboratrice⊛[⊛ -trice] familiare; colf⊛[無変] ¶「お手伝いさん募集」《掲示》"Cercasi domestica"

おてのもの 御手の物《数学なら彼のお手の物だ. La matematica è il suo forte [la sua specialità / il suo cavallo di battaglia].

おてまえ 御手前・御点前《茶の湯の》modo⊛ di servire il tè (nella cerimonia del tè)

おてもり 御手盛り ¶お手盛りの案 progetto che va a proprio vantaggio

おてやわらか お手柔らか ◇お手柔らかに senza severità, con indulgenza ¶お手柔らかに(願います). Mi raccomando, 「non usi la mano pesante [con dolcezza]!

おてん 汚点 **1**《汚れ》macchia⊛ **2**《不名誉》macchia⊛; vergogna⊛, disonore⊛, onta⊛;《不徳》difetto⊛, vizio⊛[複 -i] ¶汚点のない senza macchia / immacolato / impeccabile ¶この行為は彼の輝かしい生涯に汚点を残すものだ. Questa azione lascerà una macchia nella sua brillante carriera.

おでん oden⊛[無変](◆ polpette di pasticcio di pesce, konnyaku, uova sode, radice, shirataki e altro in ammollo in un brodo caldo)

おてんきや 御天気屋 persona⊛ volubile [capricciosa / lunatica]

おてんば 御転婆《いたずらな》birichina⊛, monella⊛;《男の子のような》maschietta⊛, maschiaccio⊛[複 -ci]

おと 音《耳に聞こえる響き》suono⊛;《騒音, 物音》rumore⊛;《響き・音色からみた》timbro⊛;《音程・音質・音量からみた》tono⊛;《破裂音・爆音》scoppio⊛[複 -i];《銃声》fracasso⊛;《轟音(ごうおん)》rombo⊛, fragore⊛ ¶足音 rumore di passi ¶鐘の音 rintocco⊛ ¶[小さい / 鋭い]音 suono forte [debole / acuto] ¶ベルの音 suono del campanello ¶音の響き[高さ] il timbro [l'altezza] del suono ¶高い[低い]

音が出ない non prendere (bene) i suoni alti [bassi] ¶音が外れている essere fuori tono / essere stonato ¶この家は車の音がうるさい. In questa casa siamo disturbati dal rumore delle macchine. ¶音を立てて食べてはいけません. Quando si mangia, non si fa rumore con la bocca.
[慣用] **音に聞く** famoso, noto, celebre ¶彼女は音に聞くソプラノ歌手だ. È un celebre soprano.

おとあわせ 音合わせ accordatura[女] ¶バイオリンの音合わせをする accordare un violino

おとうさん お父さん padre[男];《親》papà[男];《親・幼》babbo[男];《私の父》mio padre[男] (► 無冠詞で用いる); il mio papà[男] [babbo [男]] ⇀家系図

おとうと 弟 fratello[男] minore [più piccolo] ¶義理の弟 cognato ⇀家系図

おとうとでし 弟弟子 discepolo[男] [allievo [男]] più giovane (di *qlcu.*)

おとおし 御通し stuzzichino[男] (◆ servito per primo quando si va a bere in un locale); piccolo antipasto[男]

おどおど ◇おどおどする essere timoros*o* [intimidit*o*]; intimidirsi;《気がかりで》essere nervos*o* [in ansia];《怖がって》essere pauros*o* [spaventat*o*], tremare[自] [*av*] di paura ◇おどおどして timidamente, con timidezza, timorosamente; in ansia; tremante di paura ◇おどおどした timido, timoroso; ansioso; pauroso ¶おどおどした目付きで私を見た. Mi ha guardato spaventato [intimidito / impaurito]. / Mi ha rivolto uno sguardo ansioso.

おどかす 脅かす **1**《恐れさせる》minacciare [intimidire] *qlcu.* ¶殺すと脅かす minacciare di uccidere [di morte] ¶脅かして金を取る farsi dare del denaro con le minacce / ricattare *qlcu.* per denaro **2**《びっくりさせる》spaventare [atterrire] *qlcu.*, fare [mettere] paura a *qlcu.* ¶脅かさないでくれよ. Non spaventarmi così!

おとぎ 御伽 ¶おとぎの国 regno delle favole / paese dei sogni / paese incantato
✤**御伽草子** brevi racconti[男] [複] dal periodo Muromachi al periodo Edo
おとぎ話 racconto[男] [storia[女]] di fate, fiaba[女], favola[女]

おとくい 御得意 cliente[男][女]
✤**お得意さん** cliente[男][女] affezionat*o*, cliente[男][女] privilegiat*o*;《集合的に》clientela[女]

おどけもの 戯け者 burlon*e*[男] [[女] *-a*], buffon*e*[男] [[女] *-a*]

おどける 戯ける《冗談を言う》scherzare[自] [*av*];《稀》celiare[自] [*av*] : raccontare una barzelletta;《道化る》fare lo sciocco [《女性》la sciocca], fare il buffone [《女性》la buffona] ◇おどけ scherzo[男], burla[女];《ジョーク》barzelletta[女];《機知に富んだ言葉など》arguzia[女], umorismo[男] ◇おどけた divertente, buffo, comic*o* [[男] 複 *-ci*]; faceto, scherzoso;《ユーモラスな》umoristic*o* [[男] 複 *-ci*] ◇おどけて per scherzo, per burla, scherzosamente; con arguzia, umoristicamente ¶ちょっとおどけただけだ. È solo uno scherzo. ¶皆の緊張をほぐそうとおどけてみせた. L'ho buttata sul ridere per sciogliere la tensione generale.

おとこ 男 **1**《成年男子》uomo[男] [複 *uomini*];《性別上の男性》mas*chio*[男] [複 *-schi*];《青年》ragazzo[男] ⇀男の子;《会話で「やつ」》tizio[男] [複 *-i*], tipo[男] ◇男の maschile ¶男の友だち amic*o*[男] [複 *-ci*] ¶男同士で fra uomini [maschi] ¶彼はたいした男だ. È un uomo eccezionale. ¶あの男は誰だい. Chi è quel tizio [tipo]? ¶今日の参加者は男が少ない. Tra i partecipanti di oggi ci sono pochi uomini. ¶やつは男の風上にも置けない. Quel tale è una disgrazia per tutti gli uomini.
2《情人, 愛人》amante[男];《恋人》ragazzo[男] ¶彼女に男ができた. Ha trovato un fidanzato.
[慣用] **男が廃(すた)る** perdere la faccia [la reputazione]
男が立つ salvare la faccia
男を上げる ¶彼はあの仕事で男を上げた. Si è fatto un nome con quel lavoro.

おとこぎ 男気 ◇男気のある《正義感のある》cavallere*sco* [[男] 複 *-schi*];《勇気のある》virile, coraggioso; ero*ico* [[男] 複 *-ci*] ¶男気を出す mostrare la *propria* generosità [il *proprio* spirito cavalleresco]

おとこぎらい 男嫌い ¶彼女は男嫌いだ. Odia [Detesta] gli uomini.

おとこぐせ 男癖 ¶彼女は男ぐせが悪い. Per lei gli uomini sono un brutto vizio. / È sempre appresso agli uomini.

おとこけ 男気 ⇀男っ気

おとこごころ 男心 animo[男] maschile ¶男心をくすぐる stuzzicare la fantasia maschile

おとこざかり 男盛り ¶彼は男盛りだ. È nel pieno (rigoglio) della virilità.

おとこじょたい 男所帯 casa[女] [famiglia[女]] senza donne

おとこずき 男好き ¶男好きの女 donna dissoluta [scostumata] ¶男好きのする女 donna che attrae gli uomini

おとこっけ 男っ気 ¶男っ気のない所帯 famiglia senza uomini ¶男っ気のない女性 donna che non ha l'aria di avere un uomo accanto

おとこで 男手 ¶男手が必要だ. C'è bisogno di una mano maschile. ¶男手が足りない. Manca mano d'opera maschile. ¶男手一つで育てられた. Sono stato tirato su solo dalle mani di mio padre.

おとこのこ 男の子 《新生児》neonato[男];《乳児》poppante[男];《幼児》bambino[男];《少年》ragazzino[男];《青年》ragazzo[男];《息子》fi*glio*[男] [複 *-gli*]

おとこぶり 男振 **1**《男としての顔つき》¶彼は男ぶりがいい. Ha un bell'aspetto. / È un bell'uomo. **2**《男性としての名誉・面目》onore[男] di uomo ¶彼はこの一件で男ぶりを上げた. Grazie a questa faccenda si è fatto un'ottima reputazione. / In seguito a quel episodio, adesso è più rispettato.

おとこまさり 男勝り ¶男勝りの女《強い性格の》donna「dall'animo virile [di carattere mascolino] / omac*cio*[男] [複 *-ci*]

おとこもの 男物 ◇男物の da uomo, per uomini, maschile ¶男物の売り場 reparto uomini

おとこやく 男役 attrice㊛ che interpreta parti maschili

おとこやもめ 男鰥 uomo㊚ [複 *uomini*] singolo; 《妻と死別した》vedovo㊚

おとこらしい 男らしい virile, maschile; 《態度や行動が》degno di un uomo ◇男らしく virilmente, in modo maschio ◇男らしさ virilità㊛, mascolinità㊛ ¶男らしい男 un uomo virile ¶男らしい顔つきをした avere un aspetto virile ¶いまさらそんなことを言うのは男らしくない. È indegno di un uomo parlare così adesso. ¶男らしくしろ. Sii uomo! / Comportati da uomo!

おとさた 音沙汰 ¶この頃彼女からさっぱり音さたがない. Ultimamente lei non si fa sentire per niente.

おどし 脅し minaccia㊛ [複 *-ce*], intimidazione㊛;《恐喝》ricatto㊚, estorsione㊛ ¶脅しに屈する cedere alle minacce ¶これはただの脅しだろう. Non è che una minaccia. ¶彼には脅しがきかない. Le minacce non hanno alcun effetto su di lui.
❖ 脅し文句 parole㊛[複] minacciose; linguaggio㊚ minaccioso

おとしあな 落とし穴 **1**《動物などを落とす穴》trappola㊛, tagliola㊛ **2**《策略》trappola㊛, tranello㊚, insidia㊛;《言葉でだますこと》inganno㊚, imbroglio㊚ [複 *-gli*]

おとしいれる 陥れる **1**《罠に》fare cadere *qlcu.* in trappola, intrappolare *qlcu.*;《だます》ingannare [adescare] *qlcu.*, allettare *qlcu.* con *ql.co.* ¶彼の術策に陥れられた. Sono caduto nella trappola che mi aveva teso.
2《ある状態にする》¶絶望に陥れる gettare *qlcu.* nella disperazione ¶苦境に陥れる mettere *qlcu.* nei guai [in difficoltà]
3《攻め落とす》catturare [conquistare] *ql.co.*, fare cadere *ql.co.*

おとしご 落とし子 ¶貧困は戦争の落とし子だった. La povertà fu uno strascico della guerra.

おとしだま 御年玉 mancetta㊛ augurale di Capodanno per bambini ¶お年玉付き年賀はがき cartolina postale di Capodanno abbinata ad una lotteria

おとしぬし 落とし主 proprietario㊚ [㊛ *-ia*; ㊚複 *-i*] di un oggetto smarrito

おとしぶた 落とし蓋 ¶いわしを落とし蓋をして煮る cuocere le sardine in una pentola col coperchio che poggia direttamente (sui pesci)

おとしめる 貶める《見下げる》guardare *qlcu.* dall'alto in basso;《名誉を傷つける》diffamare

おとしもの 落とし物 oggetto㊚ smarrito ¶落とし物をする perdere *ql.co.*

おとす 落とす **1**《落下させる》far [lasciar] cadere *ql.co.*, gettare in terra *ql.co.*, abbattere *ql.co.* ¶コップを床に落とした. Ho fatto cadere un bicchiere sul pavimento. ¶台風が収穫寸前のりんごを落としてしまった. Il tifone ha abbattuto a terra quasi tutte le mele appena prima del raccolto. ¶塔が湖に影を落とす. La torre proietta [getta] la propria ombra sulla superficie del lago. ¶敵機は爆弾を落とした. Gli aerei nemici hanno sganciato delle bombe.
2《取り去る》portar via [togliere / eliminare] *ql.co.* ¶しみを落とす togliere una macchia ¶垢を落とす pulirsi / lavarsi ¶屋根の雪を落とす Ho tolto [Ho spalato / Ho spazzato] la neve dal tetto. ¶彼女は髪を落として尼になった. Si è rasata i capelli e si è fatta suora.
3《なくす, 失う》perdere *ql.co.* ¶命を落とす perdere la vita / morire㊛ [*es*] ¶財布を落とした. Ho perso il portafoglio. ¶彼はうそばっかつくので信用を落とした. A forza di (dire) bugie ha perso ogni credibilità. ¶第1試合を落とした. Hanno perso la prima partita.
4《程度・価値を低くする》abbassare, diminuire, ridurre;《位を》degradare ¶声を落とす abbassare la voce ¶品質を落とす peggiorare la qualità ¶そう気を落とすな. Non scoraggiarti così! ¶運転手はスピードを落とした. L'autista ha diminuito la velocità.
5《陥らせる》《罠に》far cadere *qlcu.*;《苦境に》mettere in difficoltà *qlcu.* ¶彼は私を罠に落とした. Mi ha fatto cadere nella trappola. ¶友人を苦境に落とした. Ho messo in difficoltà l'amico.
6《置いていく》lasciare ¶この町にはたくさんの観光客が金を落としていく. Un gran numero di turisti lascia molto denaro in questa città.
7《落第させる》bocciare ¶2次試験で落とされた. Sono stato bocciato [respinto] alla seconda prova (d'esame).
8《もらす》omettere, tralasciare ¶うっかり彼の名前を落としてしまった. Per distrazione ho omesso il suo nome.
9《攻め落とす》¶城を落とす prendere [conquistare / catturare] un castello ¶何が何でも彼女を落としてみせるぞ. Ti farò vedere come riuscirò a conquistarla.
10《手に入れる》¶アンティークの家具を50万円で落とした. Mi sono aggiudicato un mobile antico all'asta per cinquecentomila yen.
11《処理する》¶食事代を経費で落とした. Ho dedotto [scaricato] le spese per il pranzo come spese di gestione.

おどす 脅す ¶脅して…させる intimare [minacciare] a *qlcu.* di + 不定詞 / costringere *qlcu.* con la minaccia di + 不定詞 ¶武器で脅す minacciare *qlcu.* con un'arma ¶脅してもすかしても言うことを聞かない. Non dà retta a quello che dico né con le minacce né con le lusinghe.

おとずれ 訪れ visita㊛;《到来》venuta㊛, arrivo㊚ ¶今年は冬の訪れが早い. L'inverno è arrivato in anticipo quest'anno.

おとずれる 訪れる visitare *qlcu.*, andare a trovare *qlcu.*;《見物に》vedere [visitare] *ql.co.*;《来る》venire; arrivare㊛ [*es*]

おととい 一昨日 l'altro ieri㊚, ieri l'altro (▶いずれも副詞的にも用いる) ¶おとといの朝 l'altro ieri mattina

おととし 一昨年 due anni fa (▶副詞句) ¶おととしから da due anni di qua ¶おとししの春 la primavera di due anni fa

おとな 大人 adulto㊚ [㊛ *-a*], persona㊛ adulta;《成人》maggiorenne㊚㊛;《全体》grandi㊚ [複] ¶大人になる diventare adulto / farsi uo-

おとなげない 大人気ない immaturo;《子供っぽい》infantile, puerile ¶腹を立てるなんて君も大人気ないね. È puerile da parte tua arrabbiarti. ¶大人気ないまねはよせ. Non fare il bambino! ¶大人気ないことをするものだ. Fa cose puerili.

おとなしい 大人しい **1**【性格・態度が】《温和な》mite;《静かな》silenzioso;《落ち着いた》calmo, tranquillo, quieto;《行儀の良い》educato, beneducato;《従順な》ubbidiente, docile ◇おとなしく dolcemente; silenziosamente; tranquillamente; civilmente, cortesemente; docilmente ◇おとなしくなる ammansirsi, diventare ⊕ [es] ubbidiente [mansueto] ¶餌をやると犬はすぐおとなしくなる. Quando ho dato da mangiare al cane, si è subito ammansito.
2【色・デザインが派手でない】こっちの柄のほうがおとなしいね. Questo disegno è meno vivace.

おとなびる 大人びる 《大人らしくなる》maturare ⊕ [es];《成長する》crescere ⊕ [es];《大人っぽく振る舞う》agire [comportarsi] come un adulto [《女性》un'adulta] ◇大人びた prematuro, precoce ¶あの子は年の割りには大人びている. Quel bambino sembra maturo per la sua età.

おとめ 乙女《娘》fanciulla ⊕, ragazza ⊕, giovinetta ⊕;《文》donzella ⊕;《処女》vergine ⊕
❖**乙女座**《天》Vergine ⊕

オドメーター〔英 odometer〕《車》《走行距離計》contachilometri ⊕ [無変], odometro ⊕

おとも お供 accompagnatore ⊕ 《⊕ -trice》;《従者, 家来》seguace ⊕, assistente ⊕;《集合的に》seguito ⊕ ◇お供する andare insieme con qlcu., accompagnare qlcu.

おとす 躍らす ¶その男は崖の上から身を躍らせて海に落ちた. L'uomo si è gettato in mare dalla cima della rupe. ¶彼はその光景に胸を躍らせた. Si era molto emozionato a quella vista.

おどらす 踊らす ¶彼はチーフに踊らされている. Il capo lo 「fa ballare [manovra] come vuole. / È una marionetta nelle mani del capo. ¶一般投資家は虚偽のもうけ話に踊らされた. I piccoli investitori sono stati abbindolati da false promesse di facili guadagni.

おとり 囮 esca ⊕; richiamo ⊕, lusinga ⊕ ¶羊をおとりにして獲物をおびき寄せる usare una pecora per adescare la preda
❖**おとり商品**《商》articolo ⊕ civetta [無変]
おとり捜査 indagine ⊕ della polizia con l'impiego di agenti travestiti
おとり捜査員 agente ⊕ travestito [segreto / infiltrato]

おどり 踊り danza ⊕, ballo ⊕
❖**踊り子** danzatrice ⊕, ballerina ⊕

おどりあがる 躍り上がる ¶躍り上がって喜ぶ fare salti di gioia / saltare ⊕ [av] di gioia ¶《後ろ脚で立つ》馬は驚いて躍り上がった. Il cavallo, spaventato, si è impennato.

おどりかかる 躍り掛かる ¶ライオンが獲物に躍りかかった. Il leone si è scagliato sulla preda.

おどりこむ 躍り込む ¶敵陣に躍り込む lanciar-si all'attacco nel campo nemico

おどりば 踊り場《(階段の)》pianerottolo ⊕, ballatoio ⊕ [複 -i]

おとる 劣る essere inferiore a qlco. [qlcu.], essere peggiore di qlco. [qlcu.], rimanere indietro [in coda] a qlcu. [ql.co.] ¶彼はゴルフにかけては誰にも劣らない. Per quanto riguarda il golf non è secondo a nessuno. ¶兄に劣らず頭がいい. In quanto a intelligenza non è da meno di suo fratello.

おどる 踊る danzare ⊕ [av], ballare ⊕ [av] ¶音楽に合わせて踊る danzare con l'accompagnamento della musica ¶ワルツが踊れますか. Sa ballare il valzer? ¶一緒に踊っていただけますか. Posso avere l'onore di questo ballo? / Vuole ballare con me?

おとろえる 衰える《衰弱する》indebolirsi, diventare ⊕ [es] debole; deperire ⊕ [es], affievolirsi;《徐々に》languire ⊕ [av], perdere vigore, venire meno;《傷む・だめになる》deteriorarsi,《おちぶれる》decadere ⊕ [es], declinare ⊕ [av];《やつれる》sfiorire ⊕ [es], appassire ⊕ [es], avvizzire ⊕ [es] ◇衰え indebolimento ⊕; deperimento ⊕; affievolimento ⊕; languore ⊕; deterioramento ⊕, decadimento ⊕, declino ⊕ ¶彼女の美貌は衰えた. La sua bellezza è sfiorita. ¶私の記憶力も衰えてしまった. La mia memoria si è indebolita. ¶父は体力と視力が衰えるや, 生への執着も衰えを見せはじめた. Da quando a mio padre sono venute meno le forze e la vista, si è affievolita anche la volontà di vivere. ¶ようやく火勢が衰えた. L'incendio ha finalmente perso di intensità. ¶彼の腕はいまだに衰えを見せていない. La sua abilità non dà ancora segni di declino.

おどろおどろしい《恐ろしい》terribile, tremendo;《大げさな》esagerato

おどろかす 驚かす《びっくりさせる》sorprendere [stupire / meravigliare / sbalordire] qlcu.;《怖がらせる》spaventare [atterrire / impaurire] qlcu.;《感銘を与える》far colpo su qlcu. ¶君を驚かすことがある. Ho una sorpresa per te.

おどろき 驚き《驚嘆》sorpresa ⊕, meraviglia ⊕;《感嘆, 奇跡》portento ⊕, miracolo ⊕;《唖然・茫然とすること》attonimento ⊕, stupore ⊕ ¶驚きの目を見張る spalancare gli occhi per 「lo stupore [la meraviglia / la sorpresa] ¶彼の記憶力の良さには驚きだ. È un portento di memoria. ¶あの薬の効き目には驚きだ. Quella medicina fa miracoli.

おどろく 驚く **1**《思いがけないことにびっくりする》meravigliarsi [stupirsi / sorprendersi] di qlco., essere meravigliato [stupito / sorpreso] di qlco.;《茫然とする》essere sbalordito [stupefatto / attonito]; restare ⊕ [es] di sasso [di stucco]; restare a bocca aperta;《全く知らなかったことを知らされて》cascare ⊕ [es] dalle nuvole ¶彼は私に会って驚いた. Si è meravigliato 「Si è stupito / Si è sorpreso」di vedermi. ¶驚いたことに彼らの会社は倒産した. Con mia sorpresa, la loro ditta è andata in fallimento. ¶驚きのあまり, ものが言えなかった. Per la sorpresa non ho potuto dire nulla. / Sono rimasto a bocca aperta per la sorpresa [lo stupore]. ¶…は驚くにはあたらない. Non c'è da stupirsi se＋[直説法] [che＋[接続法]] ¶驚いたねえ. Che sorpresa [meraviglia]! / Ma pensa un po'! / Chi l'avrebbe mai detto!

2《怖がる, おびえる》 essere terrorizzat*o* [spaventat*o* / impaurit*o*] ¶ピストルを突き付けられて驚いた. Sono rimasto terrorizzato dalla pistola puntata. ¶鳥は銃声に驚いて飛び立った. L'uccello è volato via spaventato dallo sparo del fucile. ¶驚かせないでくれ. Non spaventarmi!

3《驚嘆する》 meravigliarsi di *ql.co.* [*qlcu.*] ¶君の知識にはまったく驚いた. Sono veramente meravigliato della tua cultura.

✤**驚くべき** sorprendente, stupefacente, meraviglioso;《大評判の》 sensazionale;《奇跡的な, 非凡な》 prodigioso ¶驚くべき技量の持ち主だ. Ha un talento meraviglioso [ammirevole].

おないどし 同い年 stessa età[女] ◇同い年の coetaneo; della stessa età ¶〈人〉と同い年である avere la stessa età di *qlcu.* / essere「della stessa età [coetane*o*] di *qlcu.* ¶同い年の人 coetane*o* [男] [[女] *-a*]

おなか 《腹部》 pan*cia*[女] [複 *-ce*], ventre[男];《胃》 stoma*co*[男] [複 *-chi, -ci*] ¶おなかが大きい《妊娠》 essere incint*a* [gravid*a* / in stato interessante] /《肥満》 avere la pancia ¶おなかが痛い. Mi duole la pancia [lo stomaco]. / Ho mal di pancia [di stomaco]. ¶おなかがすいた. Ho fame. ¶おなかをこわした. Ho fatto (un')indigestione. ¶おなかが鳴る.《空腹で》 Mi brontola lo stomaco per la fame.

おなが 尾長 〔鳥〕 gazza[女] blu [無変]

✤**尾長猿** cercopite*co*[男] [複 *-chi*]

尾長鶏(どり) gallo[男] dalla lunga coda

おながれ 御流れ 《中止》 sospensione[女], annullamento[男];《延期》 aggiornamento[男] ¶月曜の会議はお流れになった. La riunione di lunedì è aggiornata [sospesa].

おなぐさみ 御慰み ¶うまくいったらお慰み.《手品などで》 Se ci riesco, battetemi le mani.

おなさけ 御情け ¶お情けで per pietà / per pura compassione

おなじ 同じ

1【同一の】 stesso, medesimo; identi*co* [[男]複 *-ci*];《等しい》 uguale a *ql.co.* [*qlcu.*], equivalente a *ql.co.* ¶同じ年齢である avere età uguale / avere la stessa età ¶同じ間隔で木を植える piantare gli alberi a intervalli uguali ¶私は彼のと同じ車をもっている. Ho la macchina uguale alla sua. ¶あの服はこれとまったくといっていいほど同じだ. Quel vestito lì è del tutto identico a questo. ¶私と彼は毎朝同じ電車に乗る. Io e lui prendiamo ogni mattina lo stesso treno. ¶私は君と同じ意見だ. Sono della tua stessa idea. / Condivido le tue opinioni. / Le mie opinioni sono identiche alle tue.

2【類似の, 同様の】 simile [uguale / somigliante] a *ql.co.* ¶同じような二つの建物 due edifici simili ¶見本と同じようなのを作ってください. Lo faccia uguale al campione. ¶彼女も兄と同じように大学に進学したがっている. Anche lei vuole entrare all'università, come suo fratello. ¶男は皆同じね. Gli uomini sono tutti uguali. ¶あんな態度は私を軽蔑しているのと同じだ. Un atteggiamento del genere è come insultarmi. ¶どちらを選んでも同じことだ. Scegliere l'uno o l'altro「è la stessa cosa [non fa alcuna differenza].

3【「同じ…なら」の形で, どうせなら】 ¶同じやるなら, いい仕事をしよう. Se proprio va fatto, almeno facciamo un buon lavoro.

おなじく 同じく nello [allo] stesso modo, nella medesima maniera; come... ¶時を同じくして in coincidenza《と con》 ¶私たちは利害を同じくしている. I nostri interessi coincidono.

おなじみ 御馴染 ⇀馴染み

オナニー 〔独 Onanie〕 onanismo[男], masturbazione[女]

おなみだちょうだい 御涙頂戴 ◇お涙頂戴の strappalacrime [無変] ¶お涙頂戴の映画 film strappalacrime

おなら peto[男];《音のする》《俗》 sco(r)reg*gia*[女] [複 *-ge*];《音のしない》 loffa[女];《婉曲》 vento[男] ¶おならをする fare un vento [un peto / una scoreggia] / scor(r)eggiare[自] [*av*]

おに 鬼 **1**《想像上の生き物》《民話などに出てくる怪物》 orco[男] [複 *-chi*];《鬼神》 demon*io*[男] [複 *-i*], demone[男];《悪魔》 diavolo[男] ◇鬼の(ような) diaboli*co* [[男]複 *-ci*], demonia*co* [[男]複 *-ci*];《残忍な》 crudele, disumano, inumano ¶鬼のような女 donna diabolica

2《厳しく物事に打ち込む人》 ¶戦場の鬼 leone in battaglia ¶仕事の鬼 stacanovista del lavoro

3《非情で冷酷な人》 ¶鬼検事 pubblico ministero[男] implacabile [inesorabile] ¶心を鬼にする indurire il cuore (contro la compassione)

4《鬼ごっこ・かくれんぼうの》 persona[女] che sta sotto「a guardia e ladri [a mosca cieca /《かくれんぼう》 a nascondino]

[慣用] **鬼が出るか蛇**(じゃ)**が出るか** Chissà cosa succederà?

鬼が笑う ¶来年のことを言うと鬼が笑う. È da sciocchi voler discutere su quello che potrà accadere l'anno prossimo.

鬼に金棒 Questo ci rende onnipotenti! / Ci dà l'arma definitiva!

鬼のいぬ間に洗濯《諺》 "Via la gatta i topi ballano."

鬼の霍乱(かくらん) malanno[男] che improvvisamente colpisce una persona sana e robusta

鬼の首を取る ¶鬼の首でも取った気でいる. È felicissimo del suo piccolo successo come se avesse fatto una conquista.

鬼の目にも涙 Anche il cuore più duro talvolta è mosso a compassione.

鬼も十八番茶も出花(でばな) Da giovani tutte le ragazze sono belle.

✤**鬼ごっこ** ¶鬼ごっこをする giocare a「guardia e ladri [acchiapparella /《目隠し》 moscacieca]

鬼婆(ばば) megera[女], vecchia bisbetica[女], strega[女]

おにぎり 御握り ⇀握り飯

おにご 鬼子 **1**《親に似ていない子》 bambin*o*[男] [[女] *-a*] che non assomiglia ai genitori **2**《歯が生えて生まれた子》 bambino[男] nat*o* con alcuni denti

おにば 鬼歯 dente[男] canino sporgente

おにび 鬼火 fuoco[男][複 -*chi*] fatuo
おにゆり 鬼百合 〘植〙giglio[男][複 -*gli*] tigrino
おね 尾根 cresta[女], dorsale[女], crinale[男];《分水嶺》spartiacque[男][無変] ¶尾根づたいに歩く camminare lungo il crinale di una montagna
おねじ 雄螺子 〘機〙vite[女] (maschia)
おねしょ 〘医〙enuresi[女][無変] ¶おねしょをする bagnare il letto / fare la pipì a letto
おの 斧 ascia[女][複 *asce*], accetta[女], scure[女];《大きな》mannaia[女]
おのおの 各各 ⇒各自, それぞれ
おのずから 自ずから《自然に》spontaneamente, naturalmente, involontariamente;《ひとりで》da solo, da sé; ¶おのずからわかる《わかる事柄が主語》dimostrarsi da sé
おののく 戦く tremare[自][*av*], fremere[自][*av*]《のために di, per》 ◇おののき brivido[男], tremore[男], tremito[男]
おのぼりさん 御上りさん turist*a*[男][女][男複 -*i*] arrivato in città dalla provincia
オノマトペ 〔仏 onomatopée〕〘言〙onomatopea[女]
おのれ 己 *se*[男][女] stesso [[女] -*a*] ¶己に打ち勝つ controllarsi / essere padron*e* [《女性》padron*a*] di *se* stesso ¶己を制する dominarsi ¶己を虚(きょ)しゅうする comportarsi umilmente e disinteressatamente ¶己を知れ. Conosci te stesso! ¶おのれ! Maledetto!
おば 伯母・叔母 zia[女] (►イタリア語では特に伯母と叔母を区別しない) ⇒家系図 ¶父方[母方]の叔母 zia paterna [materna]
おばあさん **1**《祖母》nonna[女] ⇒家系図 **2**《老人の女性》donna[女] anziana;《呼びかけ》signora[女]
オパール 〔英 opal〕〘鉱〙《宝石》opale[男]
おはぎ dolce[男] di riso ricoperto di pesto di *azuki*
おはぐろ 御歯黒 nero[男] per (i) denti ¶お歯黒をつける tingersi i denti di nero
おばけ 御化け spettro[男], fantasm*a*[男][複 -*i*], folletto[男], spirito[男] (maligno) ¶あの家にはお化けが出る. Quella casa è abitata dagli spettri.
✤お化け屋敷 casa[女] abitata dagli spiriti;《遊園地の》casa[女] degli orrori
おはこ 十八番 il cavallo[男] di battaglia, il *proprio* forte[男], la *propria* specialità[女] ¶おはこを出す sfidare sul *proprio* campo / imbarcarsi sul soggetto preferito ¶彼のおはこが始まった. È partito col suo「argomento preferito [repertorio].
おばさん **1**《伯母・叔母》zia[女] **2**《よその》donna[女] di mezza età;《呼びかけ》signora[女]
おはじき 御弾き《平たい玉》gettoni[男][複] di vetro colorato;《遊戯》gioco[男] delle palline [biglie], gioco[男] delle pulci ¶おはじきをする giocare alle palline
おはち 御鉢 ¶私にお鉢が回ってきた. È il mio turno. / Tocca a me.
おはつ 御初 **1** ⇒初物 **2**《初めてであること》¶お初にお目にかかります. Piacere di conoscerla. / Tanto piacere di conoscerla [di fare la sua conoscenza].
おばな 雄花 〘植〙fiore[男] staminifero
おはなばたけ 御花畑 campo[男] di fiori
おはよう(ございます) 御早う(御座います) Buongiorno! ⇒あいさつ [会話] ¶おはようを言う dire buongiorno / dare il buongiorno
おはらい 御祓い purificazione[女];《悪魔祓い》esorcismo[男] ¶お祓いをする compiere un rito di purificazione / esorcizzare *qlcu.* [*ql.co.*]
おはらいばこ 御払い箱 ¶お払い箱にする《解雇する》licenziare *qlcu.* /《不要品を捨てる》buttare via *ql.co.* ¶お払い箱になる essere licenziat*o* / perdere il lavoro
おび 帯 **1**《着物の》fasci*a*[女][複 -*sce*] per *kimono* ¶帯を結ぶ[解く] annodare [sciogliere] la fascia del *kimono* **2**《本の》fascetta[女]
[慣用] **帯に短し襷(たすき)に長し** Troppo per una cosa, poco per l'altra. / Non va bene né per l'una né per l'altra cosa.
✤帯揚げ sottofasci*a*[女][複 -*sce*] per sostenere l'*obi* del *kimono*
帯金《樽などの》fasci*a*[女][複 -*sce*] metallica [di ferro]
帯締め cordicella[女] per mantenere la fascia del *kimono*
帯状 ¶この種の松は日本海沿岸に帯状に分布している. Questo tipo di pino cresce su una fascia di terra lungo il Mare del Giappone.
帯留め ornamento[男] portato anteriormente sulla fascia del *kimono*
帯ドラマ teleromanzo[男], sceneggiato[男] televisivo (a puntate) in onda ogni giorno alla stessa ora
帯鋸(のこぎり) sega[女] a nastro
帯封 fascetta[女] per stampati
おびえる 怯える impaurirsi, avere paura, spaventarsi, essere intimidit*o* ◇おびえさせる impaurire [spaventare / atterrire / intimidire] *qlcu.*;《ひどく》terrorizzare *qlcu.* ◇おびえた spaventato, atterrito, impaurito ¶おびえて震える tremare[自][*av*] di paura ¶彼は何かにおびえているようだった. Sembrava che avesse paura di qualcosa.
おびきいれる 誘き入れる attirare [adescare / allettare] *qlcu.* in [dentro] *ql.co.*, far entrare *qlcu.* con un trucco
おびきだす 誘き出す attirare [adescare / allettare] *qlcu.* fuori di *ql.co.*, far uscire *qlcu.* con un trucco
おびきよせる 誘き寄せる attirare verso di *sé*, far avvicinare *qlcu.* ¶犯人をおびき寄せるためにおとりを使った. Per attirare il criminale abbiamo usato un'esca.
おひさま 御日様 sole[男] 太陽
おひたし 御浸し verdura[女] bollita e condita con salsa di soia
おびただしい 夥しい **1**《多量の》grande quantità di *ql.co.*, abbondante, immenso;《多数の》molto, innumerevole, numeroso, parecchio [[男]複 -*chi*] (►molto以下の語は主に複数で用いる) ◇おびただしく abbondantemente, in abbondanza, copiosamente, a profusione ¶町はおびただしい人出だ. C'è una folla di gente in città.
2《甚だしい》molto, assai, tanto, grandemente,

enormemente ¶彼は無責任なことおびただしい. È enormemente irresponsabile. ¶寒いことおびただしい. Fa un freddo terribile.

おひつじざ 牡羊座 《天》 Ariete㊚ ¶牡羊座の人 gli Arieti / gli uomini Ariete

おひとよし 御人好し 《気だてのいい人》 bonaccione㊚[㊛ -a]; 《軽々しく信じる人》 persona㊛ credulona [ingenua], credulone㊚[㊛ -a]; 《単純な人》 semplicione㊚[㊛ -a] ◇お人よしの bonaccione; credulone; semplice

おひなさま 御雛様 →雛2

オピニオンリーダー 〔英 opinion leader〕 guida㊛ dell'opinione pubblica

おひや お冷や 《水》 acqua㊛

おびやかす 脅かす minacciare, mettere in pericolo ¶平和[国境]を脅かす minacciare la pace [la frontiera]

おひゃくど 御百度 sorta㊛ di novena (che prevede di recarsi cento volte in un tempio o santuario per chiedere una grazia) ¶お百度を踏む recarsi molte volte da qlcu. (per sollecitare favori)

おひょう 大鮃 《魚》 ippoglosso㊚; 〔英〕 halibut㊚[無変]

おひらき 御開き chiusura㊛, fine㊛ ¶これでお開きとしよう. Con questo chiudiamo.

おびる 帯びる 1《武器を身に付ける》portare addosso ql.co., essere armato di ql.co.; 《剣などを》 cingere (al fianco) ql.co.
2《委任される》essere incaricato di ql.co. ¶全権を帯びる essere investito di pieni poteri ¶重要な任務を帯びてイタリアに向かった. È partito alla volta dell'Italia per un'importante missione.
3《含む》赤みを帯びた顔色をしている. Ha il volto soffuso di rossore. ¶彼の顔は憂いを帯びている. Il suo viso ha un'aria afflitta. / Ha un'espressione triste. ¶彼は酒気を帯びている. È brillo [alticcio / sotto i fumi dell'alcol].

おひれ 尾鰭 《魚の尾》 pinna㊛ caudale; 《一般に》 coda㊛
|慣用| 尾ひれを付ける esagerare, gonfiare, abbellire, infiorare ¶彼はその出来事に尾ひれを付けて話した. Ha raccontato l'avvenimento ingigantendolo.

おひろめ 御披露目 annuncio㊚[複 -ci] pubblico[複 -ci] ¶結婚のお披露目をする annunciare pubblicamente un matrimonio

オフ 〔英 off〕 1《器具のスイッチが》 ◇オフの 〔英〕 off[無変]; 《使用していない》 inattivo; 《接続されてない》 disinserito; 《消えている》 spento ¶スイッチをオフにする spegnere l'interruttore 2《割引》 riduzione㊛ ¶全品40%オフです. C'è il 40% di sconto su tutta la merce. 3《暇な》 ◇オフの libero 4→オフシーズン

オファー 〔英 offer〕 《申し出, 付け値》 offerta㊛; 《提案》 proposta㊛

オフィシャル 〔英 official〕 ◇オフィシャルな ufficiale
❖オフィシャルサプライヤー fornitore㊚ ufficiale

オフィス 〔英 office〕 uffi*cio*㊚[複 -ci]
❖オフィスアワー《大学の》 ora*rio*㊚[複 -i] di ricevimento
❖オフィス街 quartiere㊚ degli uffici
❖オフィスビル edifi*cio*㊚[複 -ci] destinato ad uffici
❖オフィスラブ relazione㊛ amorosa nata segretamente in ufficio

おぶう 負ぶう portare qlcu. sulla schiena

おふくろ 御袋 《母親》 mamma㊛

オブザーバー 〔英 observer〕 osservatore㊚[㊛ -trice]

オフサイド 〔英 offside〕 《スポ》 fuorigioco㊚[無変]

おぶさる 負ぶさる 1《背負われる》farsi portare sulla schiena da qlcu. 2《依存する》 dipendere da qlcu.; 《世話になる》 essere「a carico [sulle spalle] di qlcu.

オフシーズン 〔英 off-season〕《客足の少ない時期》 bassa stagione㊛ ◇オフシーズンの[に]《スポ》 fuori stagione agonistica

オブジェ 〔仏 objet〕《美》 oggetto㊚

オフショア 〔英 offshore〕《経》 offshore㊚[無変]
❖オフショア金融 finanza㊛ offshore[無変]
❖オフショア市場 mercato㊚ offshore

オプション 〔英 option〕《選択売買権》 opzione㊛; 《オプショナルパーツ》 equipaggiamento㊚ facoltativo, 〔英〕 optional㊚[無変]

おふせ 御布施 →布施

オフセット 〔英 offset〕《印》〔英〕 offset㊚[無変] ¶オフセットで印刷する stampare ql.co. in offset [a rotocalco]
❖オフセット印刷 stampa㊛ offset, rotocalcografia㊛

おふだ 御札 amuleto㊚, talismano㊚, portafortuna㊚

おぶつ 汚物 sporcizia㊛, sudiciume㊚, lercime㊚, lordura㊛; 《下水などの》 liquame㊚; 《排泄物》 escrementi㊚[複]

オフピーク 〔英 off-peak〕 ◇オフピークの[に] fuori dalle ore di punta

オフホワイト 〔英 off-white〕 grigio㊚ perla [無変], bianco㊚ avorio[無変]

オブラート 〔独 Oblate〕 ostia㊛; 《医》 cialda㊛

オフライン 〔英 off-line〕《コンピュータ》 ◇オフラインの 〔英〕 off line[無変], scollegato
❖オフラインシステム sistema㊚「fuori linea [off-line]

おふる お古 ¶兄のお古の服 vestito [indumento] smesso di mio fratello maggiore

オフレコ ◇オフレコの[で] in via confidenziale ¶オフレコの情報 informazioni「da non pubblicare [confidenziali] ¶今の話はオフレコにしてくれ. Non pubblicare [Non rendere nota] questa storia, ti prego.

オフロード 《車》 fuoristrada㊚ または ㊛[無変]
❖オフロード車 fuoristrada㊚ または ㊛[無変]

おべっか lusinga㊛, adulazione㊛ ¶《人に》おべっかを使う adulare [lusingare / lisciare] qlcu.; 《卑》 leccare qlcu.
❖おべっか使い adulatore㊚[㊛ -trice], lustrascarpe㊚㊛[無変]; 《卑》 leccapiedi㊚㊛[無変]

オペック OPEC《石油輸出国機構》 Organizzazione㊛ dei Paesi Esportatori di Petrolio; 《略》

[英] OPEC [ópek] 女

オペラ [伊]《音》opera女 lirica, lirica女, opera女 ◇オペラの operistico [男複 -ci] ¶オペラの台本 libretto (d'opera)
→演劇 用語集, 音楽 用語集

❖オペラ歌手 cantante男 lirico [男複 -ci]
オペラグラス binocolo男 da teatro
オペラ劇場 teatro dell'opera, opera女
オペラ作曲家 operista男女 [男複 -i], autore男 [女複 -trice] [compositore男 [女 -trice] di melodrammi
オペラシーズン stagione女 operistica [(di) lirica]
オペラセリア opera女 seria
オペラブッファ opera女 buffa, melodramma男 [複 -i] giocoso

オベリスク [仏 obélisque]《方尖塔》obelisco男 [複 -schi]

オペレーション [英 operation]《市場操作》operazione女

❖オペレーションリサーチ ricerca女 operativa

オペレーター [英 operator] operatore男 [女 -trice];（電話交換手）centralinista男女 [男複 -i];（無線通信士）radiotelegrafista男女 [男複 -i]

オペレッタ [伊]《音》operetta女 ◇オペレッタの operettistico [男複 -ci]

❖オペレッタ作曲家 operettista男女 [男複 -i]

おべんちゃら →おべっか

おぼえ 覚え **1**《記憶》memoria女, ricordo男, rimembranza女;《理解》comprensione女, apprendimento男 ¶彼は仕事の覚えが早い。Impara il lavoro alla svelta. ¶彼は覚えがいい［悪い］。《記憶》Ha una buona [cattiva] memoria. ／《理解》È pronto [lento] nell'apprendere. ¶そんなことを言った覚えがない。Non ricordo di aver detto niente del genere.
2《心当たり》¶彼の話に覚えのない話だ。Non so niente di questa cosa. ／ Ne sono all'oscuro. ¶彼からひどい目に遭った覚えがある。Ho avuto dei guai con lui una volta. ／ Mi ha fatto passare un guaio una volta.
3《自信》fiducia女 ¶柔道なら腕に覚えがある。Nel judo mi fa cavo bene. ／ Confido nella mia abilità nel judo.
4《信任，寵愛》apprezzamento男, stima女 ¶彼は社長の覚えがめでたい。Ha la stima [È nelle buone grazie / Gode del favore] del presidente.

おぼえがき 覚え書き（メモ）nota女, annotazione女, appunto男;（外交の）[ラ] memorandum男[不変]; nota女 diplomatica ¶覚え書きをとりかわす（外交）scambiarsi note diplomatiche

おぼえちがい 覚え違い ¶私の覚え違いらしい。Forse mi ricordo male.

おぼえる 覚える **1**【記憶する】ricordare, rammentare;【暗記する】imparare a memoria ¶覚えている ricordarsi 「di ql.co. [di qlcu.] / di + 不定詞 / che + 直説法] ¶はっきり［かすかに］覚えている ricordarsi perfettamente [vagamente] ¶私の覚えている限りでは per quello che mi ricordo ¶君の名前は覚えやすい。Il tuo nome è facile da ricordare. ¶昨日のことのように覚えている。Me lo ricordo come se fosse ieri. ¶このことはよく覚えておきなさい。Ricordatevi bene questo. ／ Tenetelo bene a mente. ¶覚えていろ。Te ne ricorderai! ／（Ricorda che) me la pagherai (cara)! ¶この詩は空で覚えている。Ho imparato a memoria questa poesia. ¶九九は覚えること。Dovete imparare bene a memoria le tabelline!
2【修得する】apprendere, imparare ¶仕事を覚える apprendere [imparare] un mestiere ¶運転のこつを覚えた。Ho appreso le tecniche di guida.
3【感じる】sentire, provare ¶疲れ［痛み］を覚える sentire la stanchezza [il dolore] ¶寒さを覚える sentire [avere] freddo

おぼしい 思しい ¶殺人犯とおぼしい人物 presunto assassino ¶真夜中とおぼしいころ forse intorno alla mezzanotte

おぼしめし 思し召し **1**《希望》volontà女;《意図》disegno男, intenzione女, proposito男;《摂理》provvidenza女 ¶これも神のおぼしめしです。Questo è il disegno di Dio. ／ È la divina provvidenza. **2**《好意》¶寄付はおぼしめしで結構です。Il contributo è a sua discrezione.

おぼつかない 覚束無い **1**《疑わしい》incerto, dubbio [男複 -i], discutibile; poco promettente, quasi senza speranza ¶彼の成功はおぼつかない。Ha scarse probabilità di successo. ／ Sono alquanto scettico sul suo successo. ／ Dubito che possa riuscire.
2《頼りない》¶おぼつかない足どりで歩く camminare con passo malfermo [incerto / insicuro] ¶おぼつかないイタリア語で話す parlare in un italiano esitante [approssimativo / smozzicato]

おぼっちゃん 御坊ちゃん《良家の息子》signorino男;《世間知らず》ingenuo男 ¶お坊ちゃん育ち uomo cresciuto nella bambagia

おぼれじに 溺れ死に morte女 per annegamento

おぼれだに 溺れ谷 valle女 sommersa

おぼれる 溺れる **1**《水中》annegare自 [es], affogare自 [es] ¶溺れている子を助けた。Ho salvato un bambino che stava per affogare. ¶溺れる者は藁(わら)をも攫(つか)む。《諺》Chi sta per affogare si afferra anche a una paglia. ／ Quando si è disperati ci si attacca alla più flebile speranza.
2《心を奪われる》essere rapito a [preso da] ql.co., indulgere自 [av] a ql.co. ¶愛情に溺れる（男女の）essere travolto dalla passione ¶酒色に溺れる darsi all'alcol e alle donne / essere dedito a una vita dissoluta

おぼろ 朧 ¶おぼろな人影 figura vaga ¶月影がおぼろだ。La luna è leggermente velata.

❖おぼろ月夜 notte女 di luna pallida [velata]

おぼろげ 朧気 ◇おぼろげな（はっきりしない，ぼやけた）vago [男複 -ghi], indistinto, oscuro; confuso;（不確定な）impreciso,（不完全な）imperfetto;（かすかな）debole ◇おぼろげに vagamente; confusamente ¶そのことをおぼろげに覚えています。Ne ho un ricordo vago [confuso].

おぼん 御盆 →盆2

おまいり 御参り（寺へ）visita女 al tempio [（神社へ）al santuario /（墓へ）a una tomba]

◇お参りする andare a pregare

おまえ 御前 《二人称単数》tu ¶お前が悪いんだ. È solo colpa tua, ti dico!

おまけ 《割引き》sconto男, riduzione女 di prezzo;《景品》premio男[複 -i], regalo男, omaggio男[複 -gi];《付録》inserto男, supplemento男;《開くまでわからない付録》sorpresa女 ◇おまけする fare uno sconto, concedere una riduzione di prezzo ¶100円おまけしてくれた. Mi ha fatto uno sconto di cento yen. ¶この話にはまだおまけがあるんだ. E non è finita qui!

おまけに 《その上》per giunta, per di più, e come se non bastasse ¶彼は大酒飲みでおまけにギャンブル狂だ. È sempre ubriaco e per giunta va pazzo per i giochi d'azzardo.

おませ ◇おませな precoce

おまたせしました お待たせしました《待たせて謝る時》Mi scusi [Scusatemi] del ritardo. /《店員などが》Ecco, a lei. /《食事の用意ができた時》A tavola. /《あなたの番です》Ora tocca a lei.

おまつりさわぎ お祭り騒ぎ ¶お祭り騒ぎをする fare baldoria [festa] / darsi alla pazza gioia

おまもり お守り amuleto男, talismano男; portafortuna男[無変];《首にぶら下げる》ciondolo男 portafortuna [無変]

おまる vaso男 da notte, orinale男;《病人用の》padella女

おまわり(さん) お巡り(さん) poliziotto男 di quartiere [di ronda]

おみき 御神酒 ¶お神酒をあげる offrire sakè alla divinità shintoista

おみくじ 御神籤 biglietto男 con un pronostico ¶おみくじを引く estrarre[pescare]un biglietto con un pronostico

おみこし 御神輿 →みこし

おみそれ 御見逸れ 1《気づかない》¶ついお見それしました. Mi dispiace, ma non l'ho riconosciuta perché ero distratto. 2《過小評価》¶最優等で卒業したって？それはそれはお見それしました. Ti sei laureato a pieni voti? Questa sì che è una sorpresa!

おむすび 御結び →握り飯

おむつ 襁褓 pannolino男 ¶おむつを替える cambiare i pannolini a [di] qlcu. ¶おむつをしている portare i pannolini

❖おむつカバー mutande女[複] copripannolino

オムニバスえいが オムニバス映画 film男[無変] a episodi

オムライス 《料》omelette女 con riso saltato

オムレツ 〔仏 omelette〕《料》frittata女, omelette女

おめ 御目 ¶今日あなたのお父様にお目にかかりました. Oggi ho visto [ho incontrato] suo padre. ¶初めてお目にかかります. Piacere di conoscerla. ¶お目にかかれて光栄です. Mi sento onorato di averla potuta incontrare. ¶明日お目にかかりたいのですが. Domani, se possibile, gradirei poterla venire a trovare. ¶社長のお目にかなう ben visto dal presidente. ¶さすがお目が高い. Come sempre lei ha un occhio da intenditore. ¶写真をお目にかけましょう. Le mostro [faccio vedere] qualche foto.

おめい 汚名《悪評》cattiva fama女 [reputazione女];《不名誉》onta女 ¶裏切り者の汚名を着せられる essere bollato come traditore / essere accusato di tradimento ¶汚名をすすぐ liberarsi dall'infamia / recuperare una buona reputazione ¶うそつきの汚名を返上する smentire la fama di bugiardo

おめおめ 《恥をさらして》vergognosamente, ignominiosamente, vilmente; a testa bassa; 《厚かましく》sfacciatamente, impudentemente, senza vergogna ¶おめおめとは引き下がれない. Non posso ritirarmi con la coda fra le gambe.

オメガ《ギリシア字母の最後の文字》omega男 または女[無変];《記号》Ω, ω

おめかし ◇おめかしする mettersi in ghingheri, agghindarsi (►いずれもからかって、または親しみをこめた表現);《化粧する》truccarsi

おめがね お眼鏡 ¶彼のおめがねに適うような人物はなかなかいない. È difficile trovare una persona che vada bene per lui.

おめし 御召し 1《呼び寄せること、着ること》¶お召しになる《呼び寄せる》chiamare qlcu./ convocare qlcu./ far venire qlcu. /《衣服を着る》vestirsi 2《衣服》veste女

❖お召し物 cambio男[複 -i] d'abito

❖お召し物 abito男

おめずおくせず 怖めず臆せず coraggiosamente, senza paura, intrepidamente;《断固として》fermamente, senza esitazione

おめだま お目玉 sgridata女, rimprovero男, biasimo男;《親》lavata女 di capo ¶お目玉を食う essere sgridato [rimproverato] da qlcu./ ricevere un rimprovero da qlcu.

おめでた ¶お嬢さんがおめでただそうですね.《結婚》Mi dicono che sua figlia 「sta per sposarsi [妊娠] aspetta un bambino. /《出産》ha avuto un bambino!

おめでたい →めでたい1, 2

おめでとう Congratulazioni! / Felicitazioni! / Rallegramenti! / Auguri! (►いずれも複数形で用いる) / Accetti le mie congratulazioni! (►ややていねいな言い方) ¶明けましておめでとう. Buon anno! / Felice anno nuovo! ¶お盆年おめでとう. (Auguri di) Buon Compleanno! / Cento di questi giorni! ¶昇進[卒業]おめでとう. Congratulazioni per la promozione [per la laurea]! ¶お子さんの誕生おめでとう. Complimenti [《書くメッセージなどで》Felicitazioni] per la nascita del bambino! ¶ご成功おめでとう. Felicitazioni [Rallegramenti] per il suo successo!

おめみえ 御目見え 1《謁見》udienza女;《会見》intervista女 2《初登場》◇お目見えする debuttare自[av]; presentarsi [mostrarsi] (per la prima volta) ¶新1000円札幣が今月お目見えする. Questo mese tutti potranno vedere il nuovo biglietto da mille yen.

おもい 思い 1【考え, 感慨】pensiero男, idea女 ¶思いにふけっている essere assorto nei propri pensieri / avere qualche cosa per la testa ¶戦争犠牲者に思いを致す rivolgere un pensiero alle vittime della guerra 2【自然に受ける感じ】¶怖い[うれしい / つらい]思いをする provare paura [gioia / dolore] ¶肩身

おもい

の狭い思いをする sentirsi in soggezione ¶こんな楽しい思いをしたことはない. Non sono mai stato tanto felice.

3【回想，追憶】ricordo㊚, memoria㊛, reminiscenza㊛ ¶過ぎし日の思い i ricordi degli anni passati ¶学生時代の思いにふけった. Mi ritornavano alla mente gli anni dell'università.

4【願い】desiderio㊚ [複 -i], speranza㊛ ¶やっとの思いで家へ帰った. Finalmente sono tornato a casa. ¶10年来の思いがかなった. Si è realizzato un sogno che accarezzavo da dieci anni. ¶それはみごとに思いどおりにいった. È andata benissimo, esattamente come speravo. ¶私はとうとう思いを遂げた. È riuscito a raggiungere il suo scopo. ¶彼は何でも思いのままになると思っている. Crede di poter fare tutto quello che vuole.

5【心配，悩み】¶思いに沈む essere immerso nei propri pensieri ¶彼は子供らに思いを残しながら逝った. Se n'è andato rivolgendo l'ultimo pensiero ai propri figli.

6【恋しい気持ち】amore㊚ ¶私は彼女に思いを寄せている. Sono innamorato di lei. ¶私は彼女に思いを打ち明けた. Le ho dichiarato [confessato] il mio amore. ¶彼は故郷の妻に思いを馳せていた. I suoi pensieri andavano alla moglie lontana che l'aspettava a casa.

7【大切にする気持ち】¶この子は親思いだ. Questo bambino pensa sempre ai suoi genitori.

8【恨みの気持ち】¶ようやく思いを晴らすことができた. Alla fine mi sono「preso la rivincita [vendicato].

|慣 用|**思いの外** →見出し語参照

思いもよらない ¶君がそんなことをするとは思いもよらなかった. Chi avrebbe mai pensato che saresti arrivato a questo? / Non avrei mai immaginato che avresti combinato una cosa del genere. ¶思いもよらない騒ぎが起こった. Si è creata una confusione incredibile [inimmaginabile]. ¶数十年前までは海外旅行など思いもよらなかった. Fino a qualche decina di anni fa fare un viaggio all'estero era fuori di discussione.

おもい 重い →重く，重さ **1**【重量がある】pesare㊛ [es,av] ¶このスーツケースは重すぎる. Questa valigia è troppo pesante ¶背中の荷物がだんだん重くなってきた. Il carico sulle spalle mi pesa sempre di più.

2【重要である】grande, serio㊚複 -i], importante ¶重い責任 una responsabilità molto grande ¶彼は会社で重い地位についている. Lui ha un posto importante nella ditta.

3【程度が甚だしい】grave, pesante, serio㊚ -i] ¶重い犯罪 delitto grave ¶重い税 tassa pesante [onerosa] ¶重い罰 severa punizione ¶彼の病気は重いと聞いた. Ho sentito che la sua malattia è molto「grave [seria].

4【負担を感じる】pesante ¶重い食べ物 cibo pesante ¶胃が重い avere lo stomaco pesante / avere un peso sullo stomaco (▶後者は「心配事や悩み事を抱えている」という比喩的な意味もも つ) ¶今日は頭が重い. Oggi mi sento la testa pesante. ¶この仕事は彼には荷が重いだろう. Questo lavoro per lui sarà un peso eccessivo. ¶重

い足を引きずって家に帰った. Sono tornato a casa malvolentieri [di malavoglia]. ¶彼女に会うのは気が重い. L'idea di rivederla mi opprime.

5【動きや働きが鈍い】¶彼は口が重い. (口数が少ない) Lui è taciturno. / È una persona「che parla poco [《口が堅い》discreta]. ¶腰が重い (取りかかるのに時間がかかる) essere lento nell'agire /《怠け者である》essere pigro

おもいあがる 思い上がる essere presuntuoso [vanitoso / borioso / pieno di sé]; inorgoglirsi ◇ 思い上がり presunzione㊛, orgoglio㊚, superbia㊛ ¶思い上がった態度をとる assumere un atteggiamento presuntuoso [un'aria di sufficienza] ¶成功して思い上がっている. Si è montato la testa per il suo successo. ¶思い上がるな. Non montarti la testa! ¶思い上がりも甚だしい. Che presunzione!

おもいあぐねる 思いあぐねる ¶どこから手をつけたらいいか思いあぐねた. Non sapevo decidere da dove incominciare. ¶さんざん思いあぐねた末に彼にそのことを話した. Gliel'ho detto, dopo averci pensato tante volte.

おもいあたる 思い当たる ¶言われてみると思い当たる節がある. Ciò mi fa venire in mente una cosa che avevo dimenticato. ¶思い当たることは何もない. Non ne ho la minima idea.

おもいあまる 思い余る 《決心がつかない》non riuscire a decidersi; 《こらえきれない》non riuscire a contenersi, non farcela più ¶彼女は思い余って自殺した. Dopo lunga ma vana riflessione, la ragazza si suicidò.

おもいあわせる 思い合わせる ¶いろいろ思い合わせると tutto considerato / tutto sommato

おもいいたる 思い至る ¶事の重大さに思い至る rendersi conto della gravità dei fatti

おもいいれ 思い入れ **1**《深く心を寄せること》trasporto㊚ (intenso); 《熱意》passione㊛ ¶思い入れの強い人 persona che si lascia facilmente trasportare **2**《演劇で》intensità㊛, profonda identificazione㊛ ¶思い入れたっぷりの演技 una mimica recitativa estremamente espressiva

おもいうかぶ 思い浮かぶ affiorare alla mente

おもいうかべる 思い浮かべる ¶子供時代を思い浮かべる far riaffiorare alla mente i ricordi d'infanzia ¶娘の花嫁姿を思い浮かべる figurarsi la propria figlia in abito da sposa

おもいえがく 思い描く ¶その光景を心に思い描いた. Mi sono raffigurata [Mi sono immaginata] la scena (nella mente).

おもいおこす 思い起こす far tornare alla mente

おもいおもい 思い思い ◇ 思い思いに ciascuno a suo modo, ognuno di testa sua; 《別々に》separatamente; 《自由に》liberamente, indipendentemente ¶みんな思い思いのことをしている. Ognuno fa quello che vuole.

おもいかえす 思い返す **1**《考え直す》cambiare idea **2**《再び思う》ripensarci ¶思い返せばあの試みもむだではなかった. Non è stata inutile quella prova, a ripensarci.

おもいがけない 思い掛けない 《予期しない》inaspettato, inatteso, impensato, imprevisto;

《突然の》improvviso ◇思いがけなく inaspettatamente; improvvisamente, all'improvviso;《偶然》per caso ¶思いがけない知らせ notizia inaspettata ¶思いがけない幸運 colpo di fortuna ¶災難は思いがけない時にやってくる. Le disgrazie capitano quando uno meno se le aspetta. ¶町で思いがけなく彼に会った. L'ho incontrato del tutto per caso in centro.

おもいきや 思いきや ¶学校へ行ったと思いきや, 彼は公園で遊んでいた. Pensavamo che fosse andato a scuola, invece era al parco a divertirsi.

おもいきり 思い切り **1**《決断》 ¶思い切りがいい essere risolut*o* ¶思い切りの悪い男だ. È un uomo indeciso [irrisoluto].

2《思う存分》senza limiti, a volontà;《最大限に》al massimo;《力いっぱい》con tutte le *proprie* forze ¶思い切り安く売る vendere a un prezzo bassissimo [al prezzo più basso possibile] ¶思い切り食べる《十分に》mangiare a volontà [a sazietà] ¶思い切り金を使う spendere e spandere / non badare a spese / spendere senza pensare al domani ¶昨日海で思い切り泳いだ. Ieri al mare ho nuotato senza fermarmi mai. ¶彼は思い切り泣いた. Ha pianto finché non si è sfogato.

おもいきる 思い切る **1**《断念する》rinunciare [自][*av*] a *ql.co.* [a＋[不定詞]] ¶彼女のことをいまだに思い切れない. Non riesco a rinunciare a lei.

2《決断する》decidere[自][*av*] di＋[不定詞], risolversi a＋[不定詞] ◇思い切った《大胆な》ardito, audace;《徹底的な》drastic*o* [[男]複 *-ci*], completo;《断固たる》risoluto, deciso, fermo ◇思い切って arditamente, con audacia; drasticamente; risolutamente;《ためらわず》senza esitare [esitazione];《ストレートに》senza mezzi termini ¶政府は思い切った措置をとった. Il governo ha preso provvedimenti risoluti [drastici]. ¶思い切ってこの秘密を打ち明けよう. Mi sono risolto a svelare questo segreto.

おもいこがれる 思い焦がれる《恋する》innamorarsi di *qlcu.*;《諧》prendere una cotta per *qlcu.*;《望む》appassionarsi a [entusiasmarsi per] *ql.co.*

おもいこみ 思い込み ¶思い込みが激しい人 persona piena di fissazioni ¶それはあなたの一方的な思い込みです. Non è altro che una tua convinzione.

おもいこむ 思い込む **1**《信じ込む》essere convint*o* [persuas*o*] di＋[不定詞] [che＋[接続法] / che＋[直説法]], credere di＋[不定詞] [che＋[接続法]] ¶思い込ませる convincere [persuadere / far credere] a *qlcu.* che＋[接続法] [che＋[直説法]] ¶彼は迫害されていると思い込んだ. Si è fissato di essere perseguitato. ¶この絵を本物と思い込んでいる. È convinto che questo dipinto sia autentico. ¶そう思い込んでいるならそう思い込ませておいたほうがいい. Se ne è convinto, è meglio lasciarlo nella sua convinzione.

2《心を決める》mettersi in testa *ql.co.* [di＋[不定詞]];《夢中になる》innamorarsi perdutamente di *qlcu.* [di *ql.co.*] ¶一度思い込んだらとことんやり通す人だ. È una persona che, se si mette in testa (di fare) una cosa, la porta a termine ad ogni costo.

おもいしる 思い知る《自覚する》rendersi conto di *ql.co.*, prendere coscienza di *ql.co.*, accorgersi di *ql.co.* ¶思い知らせる far capire a *qlcu.* *ql.co.* /《こらしめる》castigare [punire] *qlcu.* per *ql.co.*, far pagare *ql.co.* a *qlcu.* ¶無知を思い知る Mi accorgo della mia ignoranza. ¶自分の愚かさを彼に思い知らされた. Mi ha fatto capire com'ero stato stupido. ¶あいつに思い知らせてやる. Gliela farò pagare! / Me la pagherà! ¶どうだ, 思い知ったか. E allora ?! Hai imparato la lezione?

おもいすごし 思い過ごし ¶それは君の思い過ごしだ. Hai troppa immaginazione.

おもいだしわらい 思い出し笑い ◇思い出し笑いをする ridere[自][*av*] tra *sé* e *sé* ricordando qualcosa

おもいだす

思い出す ricordare *ql.co.* [*qlcu.*], ripensare a *ql.co.* [*qlcu.*], ricordarsi [rammentarsi] di *qlcu.* [*ql.co.*];《思い出す対象が主語》venire in mente a *qlcu.*, richiamare [tornare] alla mente a *qlcu.* ¶どこに置いたか思い出せない. Non riesco a ricordare dove l'ho messo. ¶この絵はピカソを思い出させる. Questo quadro mi fa venire in mente [mi ricorda] Picasso. ¶この写真を見るとあのころのことが思い出される. Quando guardo questa foto「mi ricordo di [la mia mente va a] quei tempi. ¶あの事故のことは二度と思い出したくない. Non voglio più ripensare a quell'incidente. ¶彼は時々思い出したように手紙をくれる. Mi scrive solo occasionalmente.

おもいたつ 思い立つ decidere improvvisamente di＋[不定詞] ¶飛行機で行くことを急に思い立った. Improvvisamente ho deciso di andare in aereo. / Mi è venuta all'improvviso l'idea di andare in aereo.

[慣用] **思い立ったが吉日**《諺》"Non rimandare a domani quello che puoi fare oggi." / "Domani vuol dire mai."

おもいちがい 思い違い ¶彼と会う日を明日と思い違いしていた. Ero convinta, sbagliando, che l'appuntamento con lui fosse per domani.

おもいつき 思い付き《着想》pensata[女], trovata[女], idea[女];《とっさの》ispirazione[女] ¶彼に相談するとはいい思いつきだ. È una buona idea [soluzione] chiedere consiglio a lui. ¶そんな思いつきばかり言うな. Non dire la prima cosa che ti salta in mente!

おもいつく 思い付く escogitare;《物事が主語で》venire in mente a *qlcu.* ¶いいことを思いついた. Ho avuto [escogitato] una buona idea. ¶そうしようと急に思いついた. Mi è venuta l'ispirazione di agire così. ¶思いつくままにノートに書きつけた. Ne ho preso nota così come mi veniva in mente.

おもいつめる 思い詰める《ずっと考える》pensare continuamente [troppo] a *ql.co.*, fissarsi su *ql.co.*;《思い悩む》tormentarsi a [per] *ql.co.* ¶何か思い詰めている. Ha qualche pensiero che lo tormenta. ¶彼は思い詰めて自殺した. Si è suicidato in preda all'angoscia [alle ossessioni]. ¶彼は職が見つからなくて思い詰めている. È molto preoccupato perché non riesce a trovare un lavoro.

おもいで 思い出 memoria㊛, ricordo㊚, reminiscenza㊛, rimembranza㊛ ¶旅行の思い出に写真をとる fare una foto a ricordo del viaggio ¶思い出の多い土地 un luogo pieno di ricordi ¶思い出にふける abbandonarsi ai ricordi ¶思い出話をする parlare dei *propri* ricordi

おもいどおり 思い通り secondo il *proprio* volere ¶〈人〉を思いどおりにさせておく lasciar libertà d'azione a qlcu. ¶思いどおりの結果が出た. 《望みどおりの》I risultati sono stati quelli desiderati [previsti]. /《満足しうる》I risultati sono stati soddisfacenti. ¶会社で人を思いどおりに動かしている. In ditta manovra le persone come vuole.

おもいとどまる 思い止まる abbandonare [scartare] l'idea di+不定詞, rinunciare㊚ [*av*] a *ql.co.* [a+不定詞], astenersi [trattenersi] da *ql.co.* [dal+不定詞], decidere di non+不定詞 ◇思いとどまらせる sconsigliare㊚ *qlcu.* di+不定詞 [a *qlcu.* di+不定詞], dissuadere *qlcu.* dal+不定詞, persuadere *qlcu.* a non+不定詞 ¶私は彼にその任務の受諾を思いとどまらせた. L'ho sconsigliato [L'ho dissuaso] dall'accettare l'incarico.

おもいなおす 思い直す cambiare idea ¶何とか思い直してくれませんか. Non vuole proprio ripensarci?

おもいなしか 思いなしか ¶思いなしか彼は顔色が悪かった. Sarà una mia impressione, ma mi sembra che abbia una brutta cera.

おもいなやむ 思い悩む ¶将来のことであれこれ思い悩んだ. Ho riflettuto molto a fondo sul mio futuro.

おもいのこす 思い残す ¶これで死んでも思い残すことない. Ora posso morire contento senza rimpianti. ¶できることはすべてしたので思い残すことはない. Ho fatto tutto quello che potevo e non ho nulla da rimpiangere [rimproverarmi].

おもいのほか 思いの外 ¶この部屋は思いのほか居心地が良い. Questa stanza è più comoda di quanto pensassi. ¶思いのほかうまくできた. Non credevo che riuscisse così bene.

おもいのまま 思いの儘 ¶思いのままを述べる esprimersi 「a piacimento [in piena libertà]

おもいみだれる 思い乱れる perdere la testa per *qlcu.* [*ql.co.*]

おもいめぐらす 思い巡らす riflettere㊚ [*av*] su *ql.co.*, considerare㊚ (▶単独で可), meditare㊚, ㊛ [*av*] (su) *ql.co.* ¶私の提案に対する反応をあれこれ思い巡らした. Ho pensato e ripensato alle reazioni sollevate dalla mia proposta. ¶昔の楽しかった日々を思い巡らした. Sono tornato con la mente ai lieti giorni passati.

おもいもよらない 思いも寄らない ¶ここで君に会おうとは思いもよらなかった. Non avrei mai immaginato di incontrarti qui. / Chi avrebbe mai immaginato [pensato] di incontrarti qui?!

おもいやられる 思い遣られる essere in apprensione per *ql.co.* ¶この子の行く末が思いやられる. Sono in apprensione per il futuro di questo bambino.

おもいやり 思い遣り attenzioni㊛[複] verso l'altro;《理解》comprensione㊛;《人情》umanità㊛;《優しさ》cortesia㊛, premura, benignità㊛ ◇思いやりのある attento all'altro, comprensivo; premuroso, pieno di cortesia; cordiale ◇思いやりのない《無関心な》indifferente; egoista [複 -*i*];《残酷な》crudele ¶思いやりのある [のない] 人 persona piena [scarsa] di attenzioni / persona comprensiva [sorda a *ql.co.*] / persona「di buon cuore [egoista] ¶思いやりのある言葉 parole premurose

おもいやる 思い遣る 《思いをはせる》pensare a *qlcu.* [*ql.co.*];《同情する》compatire *qlcu.* [*ql.co.*], sentire [provare] compassione [pietà] per *qlcu.* ¶遠く離れた家族を思いやる pensare alla *propria* famiglia lontana

おもいわずらう 思い煩う preoccuparsi di [per] *ql.co.*, essere ansioso [in apprensione] per *ql.co.*

おもう 思う **1**【心に感じる】sentirsi ¶悲しく思う sentirsi triste ¶こんなにうれしく思ったことはありません. Niente mi ha mai fatto più felice.
2【考える】pensare㊚, ㊛[*av*], ritenere, credere ¶君は彼のことをどう思う. Che cosa pensi di lui? ¶彼を悪く思うなよ. Non pensare male di me. ¶一度医者に診てもらわなければいけないと思っていた. Pensavo che prima o poi dovrei farmi vedere dal medico. ¶彼は侮辱されたと思っている. Si ritiene offeso. ¶明日出発しようと思っている. Penso [Conto] di partire domani. ¶君の言うことが正しいと思う. Credo che tu abbia ragione. ¶万事うまくいくと思う. Mi sento che andrà tutto per il meglio.
3【想像する】immaginare [pensare] di+不定詞 [che+接続法];《推量する》presumere, supporre ¶まさか彼が来るとは思わなかった. Non mi aspettavo che sarebbe venuto. ¶まだ山は寒いと思う. Immagino che in montagna faccia ancora freddo. ¶裏切り者は彼かもしれないと思った. Sospettavo che fosse lui il traditore. ¶チケットの売り上げからすれば, 100人くらいは来ると思う. Dal numero dei biglietti venduti presumo [suppongo] che venga un centinaio di persone.
4【期待する】sperare [aspettarsi / contare] che+接続法 ¶雨が降らなければいいがと思う. Spero che non piova. ¶思ったとおり《予想どおり》come previsto /《願望どおり》come sperato /《懸念したとおり》come temuto ¶映画は思っていたほどではなかった. Il film ha deluso le mie aspettative. ¶思っていたよりうまくいった. È andata meglio di quanto sperassi. ¶思ったとおりだ. Ah, è proprio quello che pensavo.
5【回想する】pensare, ricordare ¶昔のことを思う pensare al passato ¶子供のころを思う ricordare la *propria* fanciullezza
6【心配する, 気にかける】temere *ql.co.* [di+不定詞 / che+接続法], aver paura di *ql.co.* ¶子供の将来を思う pensare al futuro dei figli ¶雨が降るかと思っていたがやっぱり雨だ. Temevo che sarebbe piovuto ed infatti piove. ¶彼は思ったより落ち着いていた. Era più calmo di quanto mi

sarei aspettato. ¶彼の病気は思っていたほど悪くなかった。Era meno grave di quanto temessi.
7【愛する】amare ¶君のことを思っている。Ti amo. / Mi sono innamorato di te. / Ti voglio bene. / Penso a te.

使いわけ pensare, credere, ritenere, temere, trovare

判断・意見を表すときには pensare, ritenere, credere を使う。

ritenere は思考の結果、ある意見をもつに至っていることを表し、やや硬い改まった表現になる。

　¶両者の言い分を聞くべきだと思う。Penso [Ritengo / Credo] (che) sia necessario ascoltare ambedue le parti. (►che 以下の節で接続法が使われる場合、che は省略できる)

　¶正しいことをしたと思っています。Penso [Ritengo / Credo] di aver fatto la cosa giusta. (►主語とその思う内容の主体とが一致するときは、di + 不定詞で表す)

　¶あの人はローマ出身だと思う。Penso [Credo] che sia di Roma. (►主語とその思う内容の主体とが異なるときには che + 節を用いる)

　¶その本についてどう思いますか。Cosa pensi di quel libro?

　¶彼のことを本当の友達だと思っていた。Lo ritenevo [credevo] un vero amico.

「計画している、そういう予定を考えている」という意味では、pensare を用いる。

　¶ほかの町に引っ越そうかと思う。Penso di trasferirmi in un'altra città.

temere は、思う内容が好ましくない事柄のときに使う。

　¶試験には合格していないと思う。Temo di non aver superato l'esame.

　¶もう手遅れだと思う。Temo (che) sia ormai troppo tardi.

trovare は、判断・感想・印象を表す。

　¶彼女はとても感じがいいと思う。La trovo molto simpatica.

　¶これは高すぎるよ、そう思わないか。È troppo caro, non trovi?

おもうぞんぶん 思う存分 a piacere, a volontà ¶彼は思う存分の働きをせず死んだ。È morto senza aver potuto lavorare quanto [come] voleva. ¶言いたいことを思う存分言ってやった。Mi sono sfogato dicendogli tutto quello che pensavo. ¶私たちは思う存分羽を伸ばした。Ce la siamo spassata a volontà. ¶彼は思う存分青春を満喫している。È nel pieno delle sue forze giovanili.

おもうつぼ 思う壺 ¶万事思うつぼだ。Tutto è riuscito secondo le mie speranze [i miei desideri]. ¶彼が怒れば思うつぼだ。Se si arrabbia, (è proprio quello che volevamo [fa il nostro gioco]. ¶こちらの思うつぼにはまった。È caduto nel tranello [nella trappola] che gli avevamo teso.

おもおもしい 重々しい 《深刻》serio 《複 -i》, grave, pesante; 《厳粛》solenne; 《荘重》imponente ◇重々しく seriamente, gravemente; solennemente; con aria autoritaria [imponente] ◇重々しさ solennità⓰, dignità⓰ ¶重々しい口調で in tono grave [solenne]

おもかげ 面影 ¶彼には父親の面影がある。Nel suo viso c'è qualcosa di suo padre. ¶このあたりには戦前の東京の面影が残っている。In questa zona è rimasto l'aspetto della Tokyo anteguerra. ¶彼には昔の面影はない。È (diventato) l'ombra di se stesso.

おもかじ 面舵 ¶面かじをとる virare a dritta [a tribordo] ¶「面かじいっぱい!」"《号令》Tutto a tribordo!" / "Barra a dritta!"

おもき 重き peso⓶; 《重要性》importanza⓰; 《価値》valore⓶; 《影響力》influenza⓰; 《権威》autorità⓰ dare importanza [peso] a ql.co. [qlcu.] ¶重きをなす avere peso [valore] / contare⓬ [av] / essere importante / essere influente [autorevole] ¶彼はこの会社で重きをしている。È molto influente nella ditta. ¶私は彼の意見には重きを置いていない。Do poco peso alle sue opinioni.

おもく 重く ◇重くする rendere pesante (►pesante は目的語の性・数に合わせて語尾変化する), appesantire, gravare; 《事態・病状などを》aggravare, far peggiorare ◇重くなる diventare⓬ [es] pesante, appesantirsi; aggravarsi; peggiorare⓬ [es, av] ¶税金が重くなる。Le tasse diventano più pesanti [aumentano]. ¶当局はその事件を非常に重くみている。Le autorità considerano molto grave [serio] il caso. ¶病気がますます重くなる。La malattia peggiora [si aggrava] sempre più. ¶罪の意識が重くのしかかった。Il senso di colpa si è aggravato. ¶お前の将来を思うと気が重くなる。Il pensiero del tuo avvenire mi opprime [mi angustia]. / Il tuo futuro mi preoccupa.

おもくるしい 重苦しい pesante; 《うっとうしい》noioso; 《憂鬱な》deprimente, oppressivo ◇重苦しさ pesantezza⓰ ¶重苦しい空気 aria pesante ¶重苦しい天候 tempo deprimente / cielo pesante [di piombo] ¶胸が重苦しい《人が主語》sentire un senso pesante nel petto

おもさ 重さ **1**《重量》peso⓶; pesantezza⓰ ¶小包の重さを測る pesare un pacco ¶重さが21キロalmm。Pesa 21 kg. ¶このトランクの重さを測ってください。Pesi questa valigia, per favore.
2《重要さ》importanza⓰; 《重圧》peso⓶ ¶生命の重さ l'importanza della vita ¶責任の重さ il peso delle responsabilità

おもし 重石 peso⓶; 《文鎮》fermacarte⓶ [無変] ¶…に重しをする mettere un peso su ql.co. ¶彼が課長では若い者に重しが効かない。Come capoufficio non ha alcuna influenza [autorità] sui giovani.

おもしろい 面白い **1**【楽しい, おかしい】divertente, spassoso
¶こんなにおもしろい映画は今までに見たことがない。Non ho mai visto un film così divertente. ¶ああ、おもしろかった。Mi sono divertito molto! ¶おもしろくない顔をしているね。Non hai l'aria divertita. ¶どこがそんなにおもしろいのか。Che gusto ci trovi?
2【機知に富んだ】spiritoso; 《滑稽な》buffo, comico《複 -ci》, ridicolo; strano, curioso ¶いつもおもしろいことばかり言うね。Dici sempre cose spiritose. ¶おもしろい顔をした人形だ。È una bambola dalla faccia buffa.

3【興味をひく】interessante ¶彼の考えはおもしろい. Le sue idee sono interessanti. ¶イタリア語がおもしろくなった. Ho preso gusto a studiare l'italiano. ¶新内閣の閣僚の顔ぶれはおもしろい. I membri del nuovo Consiglio dei Ministri sono personalità interessanti. ¶この絵はおもしろいね. Questo quadro è suggestivo, vero?
4【否定の形で,望ましくない】¶おもしろくない結果に終わった. È finito con un esito deludente. ¶おもしろくないことになったね. Non mi piace come stanno andando le cose.

おもしろおかしい 面白可笑しい divertente, spassoso, faceto ¶彼はそれをおもしろおかしく語った. Ne ha fatto un racconto spassosissimo.

おもしろがる 面白がる divertirsi con ql.co. [a+不定詞], dilettarsi con [di] ql.co.;《関心をもつ》interessarsi di [a] ql.co., trovare ql.co. interessante (►interessante は目的語の性・数に合わせて語尾変化する) ◇おもしろがらせる divertire [dilettare / interessare] qlcu. ◇おもしろがって con divertimento; con interesse ¶彼女は彼をからかうのをおもしろがった. Si è divertita a prenderlo in giro. ¶彼の話は皆をおもしろがらせた. Il suo racconto ha interessato tutti. ¶君と話してもだれもおもしろがらないよ. Nessuno prova gusto a parlare con te.

おもしろはんぶん 面白半分 ◇おもしろ半分に[で]《冗談で》per scherzo, un po' per gioco

おもしろみ 面白味《関心》interesse男;《楽しみ》piacere男, divertimento男;《味わい》gusto男, sapore男 ◇おもしろみのある interessante; divertente; gustoso ◇おもしろみのない《単調な》monotono, tedioso;《深み・内容がない》insulso, scipito ¶彼はまじめすぎておもしろみがない. È troppo serio e così poco interessante.

おもたい 重たい →重い
おもだった 主だった principale, importante ¶主だった人々《有力者・権威》notabili / autorità /《市や会社・団体などの》maggiorenti

おもちゃ 玩具 giocattolo男, balocco男 [複 -chi], ninnolo男 ¶おもちゃのピストル pistola-giocattolo女 [複 pistole-giocattolo] ¶大事なものだからおもちゃにしてはいけない. È un oggetto di valore, perciò non ci si deve giocare. ¶彼は彼女の愛情をおもちゃにしている. Lui sta giocando con i sentimenti di lei.
✤おもちゃ箱 cesta女 di giocattoli
おもちゃ屋(店) negozio男 [複 -i] di giocattoli;《人》giocattolaio男 [女 -ia; 男複 -i]

おもて 表 **1**《表側》diritto男 ¶メダルの表と裏 il diritto e il rovescio di una medaglia ¶封筒の表にあて名を書く scrivere l'indirizzo sul diritto della busta ¶両表の布 stoffa double-face ¶「表か裏か?」《コインを投げて》"Testa o croce?"
2《建物の正面》facciata女, faccia女 [複 -ce], fronte女 ¶表に車が来ている. La vettura aspetta davanti alla casa.
3《物事のうわべ》apparenza女;《外部》esterno男;《表面》superficie女 [複 -ci, -cie] ¶表を飾るより生活の内容が大切だ. La sostanza nella vita è più importante delle apparenze. ¶彼は意志を表に出した. Ha mostrato [rivelato] le sue intenzioni. ¶表の理由は per ragioni ufficiali
4《戸外》◇表に[で] fuori di casa; all'aperto ¶表で遊んでおいで. Vai a giocare fuori. ¶表へ出ろ. Vieni fuori!
5《野球の》¶3回の表 la prima metà del terzo inning
✤表編み maglia女 liscia [複 -sce] [diritta]
表構え《建物の正面》facciata女
表地 stoffa女 per confezioni

おもて 面 **1**《顔》¶面を上げる[ふせる] alzare [abbassare] la testa **2**《表面》¶水の面 superficie dell'acqua
[慣用]**面を冒す** ¶面を冒して諫める fare rimostranze a [protestare con] qlcu. pur immaginandone le conseguenze

おもてかんばん 表看板 insegna女 all'entrata (di un negozio) ¶表看板は不動産業だが裏で何をしているかわからない. Ufficialmente si tratta di una società immobiliare, ma sotto sotto non si sa quale attività svolga.

おもてぐち 表口 ingresso男 principale
おもてげんかん 表玄関 entrata女 principale
おもてざた 表沙汰 ¶表ざたにする《公表する》rendere ql.co. di pubblico dominio / mettere in luce ql.co. / rivelare ql.co. /《訴訟》denunciare ql.co. [qlcu.] / ricorrere [fare ricorso] in tribunale ¶表ざたになる diventare di pubblico dominio

おもてだつ 表立つ 表立った《公然の》pubblico [男複 -ci];《正式の》ufficiale;《形式上の》formale;《目立った》chiaro, dichiarato, palese, evidente ¶まだ表立った通知は受けていない. Non ho ancora ricevuto nessun annuncio ufficiale. ¶今のところ表立った変化は認められない. Per ora, non esiste ancora alcun movimento「di rilievo [degno di nota]」. ¶彼に表立って反対できない. Non posso oppormi apertamente alla sua opinione.

おもてどおり 表通り strada女 principale
おもてむき 表向き ◇表向きは《公然と》pubblicamente;《公式に》ufficialmente;《形式上》formalmente;《表面上》apparentemente, in superficie ◇表向きの pubblico男 [複 -ci]; ufficiale, formale; apparente, formale ¶表向きは禁じられている. È pubblicamente [ufficialmente / formalmente] vietato.

おもてもん 表門 porta女 [ingresso男] principale, portone男

おもな 主な《主要な》principale, maggiore;《重要な》importante ¶今年の主な事件 i principali avvenimenti di quest'anno ¶パスコリの主な作品 le opere principali del Pascoli ¶主な人たちはみんな来ていた. C'erano tutte le persone più importanti.

おもなが 面長 ◇面長の dal [di] viso ovale [lungo]

おもに 重荷 carico男 [複 -chi] pesante, peso男;《障害》ostacolo男 ¶この仕事は私には重荷です. Questo lavoro è troppo gravoso per me. ¶君のおかげで心の重荷が下りた. Mi hai tolto un peso dallo stomaco. ¶彼女の親切が次第に重荷となってきた. La sua gentilezza comincia a pesarmi troppo.

おもに 主に 《主として》 principalmente; 《とりわけ》 soprattutto; 《たいてい》 generalmente, quasi sempre, di solito; 《大部分は》 per la maggior parte, per lo più ¶主に教会を見て回ります. Vado in giro visitando soprattutto le chiese. ¶この雑誌の読者は主に若い女性だ. I lettori di questa rivista sono principalmente [per la maggior parte] ragazze.

おもねる 阿る avere un atteggiamento servile

おもはゆい 面映い →照れ臭い

おもみ 重み 《重量》 peso男, pesantezza女; 《威厳》 dignità女; 《重要性》 importanza女; peso男 ◇重みのある pesante, grave; 《重要な》 importante ◇重みのない poco influente, di poco peso ¶社長としては重みが足りない. Come presidente è poco influente [manca di autorità]. ¶彼の言葉には千鈞(きん)の重みがある. Le sue parole hanno molto peso.

おもむき 趣 **1** 《様子, ありさま》 atmosfera女, aspetto男, aria女 ¶この辺りにはまだ明治時代の趣が残っている. In questo quartiere rimane ancora l'atmosfera [l'aspetto] dell'era Meiji. ¶彼の今度の小説はこの前のものとまったく趣を異にしている. Il suo ultimo romanzo ha un'aria completamente diversa dal precedente.

2 《風情》 sapore男, gusto男; 《魅力》 fascino男; 《洗練された美しさ》 grazia女, eleganza女 ◇趣のある elegante, raffinato, aggraziato ◇趣のない 《内容がない》 insapore, insipido; 《洗練されていない》 sgraziato; 《俗な》 volgare ¶趣のある庭 un giardino elegante ¶実に趣のある絵だ. È un quadro veramente raffinato.

おもむく 赴く andare 《へ a, in》; recarsi 《へ a》 ¶彼はローマに赴いた. Si è recato a Roma. ¶足の赴くままに海岸を散歩した. Ho fatto una passeggiata lungo la spiaggia andando dove mi portavano le gambe. ¶欲望の赴くままに行動する agire in linea con i propri desideri

おもむろに 徐に 《ゆっくり》 lentamente, piano piano; 《静かに》 tranquillamente, con calma ¶彼はおもむろに話し始めた. Ha cominciato lentamente a parlare.

おももち 面持ち ¶悲しげな面持ちで con aria [viso] triste ¶何か言いたげな面持ちだった. Aveva l'aria di voler dire qualche cosa.

おもや 母屋 casa女 [edificio男 《複 -ci》] principale

おもゆ 重湯 acqua女 di cottura del riso bianco resa densa dall'amido

おもり 御守り 《英》 baby-sitter男女 《無変》; bambinaia女 ¶子供のお守りをする fare da baby-sitter [bambinaia] / avere [prendersi] cura di un bambino

おもり 重り peso男, piombo男 ¶釣り糸に重りをつける attaccare il peso [il piombo] alla lenza

おもわく 思惑 **1** 《意図》 intenzione女, intento男, proposito男; 《考え》 pensiero男, idea女; 《期待》 aspettativa女, speranza女; 《予想》 previsione女; 《計算》 calcolo男; 《推量》 congettura女, supposizione女 ¶彼の思惑どおりになった. È andata come aveva previsto. / Ha raggiunto il suo intento. ¶思惑が外れた. La mia aspettativa è andata delusa. ¶そう言うからには何か思惑があるに違いない. Sono certo che deve avere qualche secondo fine per dire così.

2 《評判》 ¶世間の思惑など気にするな. Non devi 「preoccuparti di [fare caso a] quello che dice la gente.

❖思惑買い 《金融》 ¶思惑買いをする giocare [speculare] al rialzo

おもわしい 思わしい 《満足できる》 soddisfacente; 《好ましい》 desiderabile; 《良い》 favorevole, buono; 《期待できる》 promettente ¶思わしい結果が得られなかった. Non ho potuto ottenere un risultato soddisfacente [il risultato desiderato]. ¶病状が思わしくない. La malattia ha preso una brutta piega. ¶商売が思わしくない. Gli affari 「vanno male [sono deludenti].

おもわず 思わず involontariamente, senza intenzione, inconsciamente, inconsapevolmente; 《本能的に》 istintivamente ¶思わず敵陣に迷い込んだ. Ci inoltrammo inconsapevolmente [inavvertitamente] nelle linee nemiche. ¶思わず吹き出してしまった. Sono scoppiato a ridere 「mio malgrado [senza volerlo]. ¶思わずかっとなって殴ってしまった. L'ho colpito in un impeto di rabbia.

おもわせぶり 思わせぶり ◇思わせぶりな insinuante, allusivo ¶思わせぶりをする insinuare ql.co.; alludere 《a [av]》 a ql.co. ¶《好きなふりをする》 simulare di essere innamorato ¶思わせぶりな話し方をする parlare in modo da solleticare delle aspettative ¶思わせぶりな女だ. È una donna provocante.

おもわせる 思わせる 《想起させる》 rammentare [ricordare] ql.co. a qlcu., 《思い込ませる》 fare credere a qlcu. 「ql.co. [di+不定詞 / che+接続法], dare ad intendere; 《印象を与える》 dare l'impressione di ql.co. 「di [di+不定詞 / a qlcu. ¶彼女の花嫁姿は亡くなった母を思わせる. In abito da sposa, la sua figura mi ricorda quella della sua povera madre.

おもわぬ 思わぬ inaspettato, inatteso; imprevisto ¶思わぬ不覚をとる subire una sconfitta imprevista ¶思わぬ遺産が転がり込んだ. Ho ricevuto un'eredità inaspettata.

おもわれる 思われる 《見える》 parere [sembrare] a qlcu. che+接続法, 《愛される》 essere amato 《da qlcu.》 ¶彼はみんなからよく思われている. È amato da tutti. / Tutti lo considerano bene. ¶私にはそう思われる. Per me è proprio così.

おもんじる 重んじる 《尊敬する》 stimare [apprezzare] ql.co. [qlcu.], onorare [rispettare] qlcu.; 《重視する》 dare importanza [peso] a ql.co., tenere in grande considerazione [in gran conto] ql.co. ¶社長は田中より山田を重んじている. Il presidente stima Yamada più di Tanaka. ¶相手の意見を重んじる tenere in considerazione [conto] il parere dell'altra parte

おもんぱかる 慮る riflettere自 [av] bene ¶子供の将来をおもんぱかる avere molto a cuore il futuro dei figli

おや 《驚き, 不審, 疑問》 oh, ah; santo cielo; ma guarda ¶おや, ここに置いたはずの財布がない.

Aspetta, ma dov'è il portafoglio che avevo messo qui? ¶その時おやと思いませんでしたか。Non ha pensato allora che fosse un po' strano?

おや 親 **1**（両親）genitori*m*《複》；（父）padre*m*, genitore*m*；（母）madre*f* ◇親の（父）paterno*m*,（母）materno*m* →家系図 ¶実の親 vero genitore / genitore biologico ¶育ての親 genitore adottivo ¶親のない子 orfano*m*《-a》¶あんな行儀の悪い子の親の顔が見たいね。Mi piacerebbe conoscere i genitori di quel bambino così maleducato. ¶この親にしてこの子あり。《諺》"Tale padre, tale figlio." **2**（元祖）fond*atore*《*f* -*trice*》¶この機械の生みの親 inven*tore*《*f* -*trice*》di questa macchina **3**（賭博の）banco*m*；（トランプの）mazziere*m* ¶今度は君が親だ。Sta a te fare [dare] le carte.

[慣用] 親の因果が子に報い I figli pagheranno le colpe dei padri.
親の心子知らず Spesso i figli sono irriconoscenti verso i genitori.
親のすねをかじる dipendere ancora dai *propri* genitori
親の光は七光 Un genitore famoso può essere di grande aiuto.
親の欲目 ¶親の欲目で子を見がちなものだ。Si è portati a guardare i propri figli con occhi indulgenti.

おやおもい 親思い ◇親思いである essere premuroso con i genitori ◇親思いの premuroso ¶親思いの娘 figlia premurosa

おやがいしゃ 親会社 società*f*《casa》madre [無変], società*f* capogruppo [無変], società*f* controllante [di portafoglio]；〔英〕holding*f*《無変》

おやがかり 親掛かり ¶彼はまだ親がかりだ。È ancora「a carico dei [mantenuto dai] genitori.

おやかた 親方（首領，上司）capo*m*,〔英〕boss*m*《無変》；《諺・古》cap*occia m*《複 -*cia, -ci*》；（相撲の）maestro di una squadra di lottatori di *sumo*

[慣用] 親方日の丸 l'ala protettiva del governo ¶あそこは親方日の丸だ。È un'azienda che ha lo stato alle spalle.（◆detto di enti pubblici che mostrano noncuranza nella gestione, soprattutto economica）

おやかぶ 親株 **1**（植物の）ceppo*m* [radice*f*] che mette gemme **2**（株式の）vecchia azione*f*（emessa prima dell'aumento di capitale）

おやがわり 親代わり《後見人》tu*tore*《*f* -*trice*》；（保護者）protet*tore*《*f* -*trice*》, difensore*m* 《*f* difensora, difenditrice》¶親代わりになる diventare il tutore

おやきょうだい 親兄弟 genitori*m*《複》, fratelli*m*《複》e sorelle*f*《複》；（家族）famiglia*f*

おやくしょしごと お役所仕事 burocrazia*f*

おやこ 親子 genitori*m*《複》e fi*glio m*《*f* -*glia, m*複 -*gli*》¶親子の縁を切る rompere i rapporti [i legami] fra genitori e figli

❖親子関係 filiazione*f*, rapporto*m*（tra）genitori (e) figli

親子電話 telefono*m* interno

おやこうこう 親孝行 ◇親孝行な devoto ai genitori

おやごころ 親心 affetto*m* [amore*m*]「dei genitori [（父の）paterno /（母の）materno]；（肉親の愛）amore*m* parentale ¶それが親心というものだ。Questo è l'affetto naturale dei genitori.

おやごろし 親殺し（父親殺し）parricid*io m*《複 -*i*》；（母親殺し）matricid*io m*《複 -*i*》；（人）parricid*a m*；matricid*a m*《複 -*i*》

おやじ 親父 **1**（父親）papà*m*, babbo*m* **2**（店の主人）《諺・古》oste*m*；（呼びかけ）capo*m*（◆appellativo amichevole del padrone di un negozio）

おやしらず 親知らず dente*m* del giudizio ¶私に初めて親知らずが生えた。Mi è cresciuto il primo dente del giudizio.

おやすい 御安い **1**（わけない）¶お安いご用です。喜んでいたします。Non mi richiede gran che. Lo faccio volentieri. **2**（男女の仲）¶お安くないね。Siete veramente innamorati! / Vi volete veramente bene!

おやすみ 御休み →あいさつ[会話] ¶お休みなさい。Buonanotte! /（昼寝する人に）Buon riposo! ¶お休みを言う dare la buonanotte a *qlcu.* ¶よくお休みになれましたか。Ha riposato bene?

おやつ 御八つ merenda*f*, spuntino*m* ¶おやつに～を食べる prendere [mangiare] *ql.co.* per merenda / fare merenda con *ql.co.*

おやばか 親馬鹿（人）genitore*m*「troppo indulgente [che stravede per i figli]

おやふこう 親不孝 mancanza*f* d'amore filiale；ingratitudine*f* verso i genitori；（親に従わないこと）disubbidienza*f* ai *propri* genitori ¶あんな親不孝なやつもいない。（尊敬しない）Nessuno è così irrispettoso verso i *propri* genitori come lui. ¶彼は親不孝だ。（大事にしない）Trascura i suoi genitori. ¶親不孝するな。Non dare tante pene ai tuoi genitori.

❖親不孝者 fi*glio m*《*f* -*glia, m*複 -*gli*》disubbidiente [ingrato / irriverente / irrispettoso]

おやぶん 親分 capo*m*；〔英〕boss*m*《無変》；（雇い主など）padrone*m*；（指導者など）dirigente*m* ¶親分肌の magnanimo / premuroso（verso i dipendenti）

おやま 女形 →女形（おんながた）

おやもと 親元 ¶親元を離れる lasciare la casa paterna ¶彼は親元に帰った。È tornato dai genitori [dai suoi].

おやゆずり 親譲り ◇親譲りの ereditato dai genitori, patrimoniale, eredita*rio m*《複 -*i*》, geneti*co m*《複 -*ci*》¶彼には親譲りの財産がある。Ha ereditato il patrimonio familiare. ¶早起きは親譲りの習慣です。Ho l'abitudine, presa dai miei genitori, di alzarmi presto la mattina.

おやゆび 親指（手の）pollice*m*；（足の）alluce*m*

およがす 泳がす ¶警察はしばらく容疑者を泳がしておいた。La polizia ha lasciato l'indagato libero di muoversi per un po'.

およぐ 泳ぐ（水泳する）nuotare[*av*]；（巧みに世間を渡る）barcamenarsi, destreggiarsi ◇泳ぎ nuoto㊚; nuotata㊛ ⇒スポーツ 用語集 ¶泳ぎがうまい nuotare bene [come un pesce] ¶泳ぎに行く andare 「a nuotare [fare una nuotata] ¶泳ぎのうまい人 buon nuotatore / 《女性》buona nuotatrice ¶川を泳ぎ渡る (at)traversare il fiume a nuoto ¶私は全然泳げない。 Non so nuotare affatto. ¶世の中をうまく泳いで渡る barcamenarsi bene nella vita ¶彼はつまずいて体が前に泳いだ。 E inciampato ed è barcollato [ha vacillato] in avanti.

およそ 凡そ 1 《約》circa, all'incirca, intorno a; 《おおまかなところ》approssimativamente, grosso modo; 《ほぼ》quaṣi, pressappoco 《およその》approssimativo ¶学生がおよそ 1000 人いる。 Ci sono circa [più o meno] mille studenti. ¶およその見積もり calcolo approssimativo ¶要求はおよそ叶れた。 La richiesta è stata accolta in linea generale.
2《全然 (…ない)》およそ無意味だ。 È perfettamente [assolutamente] inutile. / Non ha alcun senso. ¶およそ私には役立たない。 Non mi serve affatto [per niente].
3《一般的に》generalmente ¶およそ食べられるものは何でも食べてみた。 Ho provato a mangiare tutto quello che si può (mangiare).

およばずながら 及ばずながら ¶及ばずながら全力を尽くしましょう。 Nel mio piccolo farò tutto quello che posso. ¶及ばずながらお手伝いします。 L'aiuterò per quanto posso [nel limite del possibile].

およばれ 御呼ばれ invito㊚ ¶昼食におよばれした。 Sono stato invitato a pranzo.

および 及び e; nonché ¶A及びB A e B ¶この条例はラツィオ州及びロンバルディア州で実施されている。 Questa ordinanza è in vigore sia in Lazio che in Lombardia.

およびごし 及び腰 ¶彼はいつも及び腰だ。 È sempre indeciṣo [irresoluto]. / Non si decide mai. ¶反対にあって彼は及び腰になった。 Davanti a tale opposizione egli ha esitato [ha tentennato].

およびたて 御呼び立て ¶お呼び立てして申しわけありません。 Le chiedo scuṣa per averla fatta venire.

およぶ 及ぶ 1【達する】《ある場所に》giungere㊥ [es] a ql.co., espanderṣi fino a ql.co.; 《ある時覚時間まで》prolungarsi; durare [es, av]; 《ある金額に》ammontare㊥ [es] a ql.co., 《ある範囲に》estenderṣi [propagarsi] a ql.co. ¶その事件は私の耳にまで及んだ。 Mi è giunto all'orecchio quell'accaduto. ¶討論は深夜に及んだ。 Il dibattito si è prolungato fino a notte inoltrata. ¶講演は 3 時間に及んだ。 La conferenza è finita per durare 3 ore. ¶この期に及んで抜けるとは卑怯だ。 Sei un vigliacco a tirarti indietro all'ultimo momento! ¶支出総額は 10 億円に及んだ。 Le spese ammontano in totale a un miliardo di yen. ¶地震の被害は中心部に及んだ。 Il terremoto è arrivato a danneggiare il centro della città. ¶火事は隣家に及んだ。 L'incendio si è esteso fino alla casa vicina. ¶過ぎたるは及ばざるがごとし。《諺》 "Il troppo stroppia."

2【できる, 成し遂げられる】essere 「capace [in grado] di + 不定詞 ¶力の及ぶ限り努力する fare tutto il possibile / fare del *proprio* meglio ¶この仕事は私の力に及ばない。 Non sono capace [in grado] di fare questo lavoro. / Queṣto lavoro va al di là delle mie capacità. ¶そこまでは考え及ばなかった。 Fino a lì non sono arrivato a pensarci. ¶及ばぬ恋 amore impossibile
3【匹敵する】essere paragonabile [pari / uguale] a *ql.co.* [*qlcu.*]; uguagliare ¶イタリア語では彼に遠く及ばない。 Nell'italiano 「non sono paragonabile a lui [non riesco a tenergli testa]. ¶ゴルフで彼に及ぶ者はいない。 Nel golf è impareggiabile [non ha rivali].
4【「…には及ばない」の形で, …する必要はない】non c'è biṣogno, non è necessario ¶心配するには及ばない。 Non c'è biṣogno di preoccuparsi. ¶謝るには及ばない。 Non c'è biṣogno di chiedermi scuṣa. ¶高いテレビを買うには及ばない。 Non è necessario acquistare un televiṣore costoso.

およぼす 及ぼす apportare, estendere ¶雨が重大な被害を及ぼした。 La forte pioggia ha cauṣato danni ingenti. ¶タバコは健康に害を及ぼす。 Fumare fa male alla salute. ¶…に悪い影響を及ぼす eṣercitare una cattiva influenza su *qlcu.* [*ql.co.*].

オラトリオ 〔伊〕《音》oratorio㊚ 〔複 *-i*〕
オランウータン 〔英 orang-utan〕《動》orango㊚ 〔複 *-ghi*〕, orangutan㊚ 〔無変〕

おり 折 《時》momento㊚, quando; 《場合》caṣo㊚, circostanza㊛; 《機会》occaṣione㊛ ¶出発の折に al momento di partire ¶京都に行った折に鈴木と話した。 Quando sono andato a Kyoto, ho parlato con Suzuki. ¶折をみて彼に話してみよう。 Quando mi capiterà [Cogliendo] l'occaṣione, gli parlerò. ¶折を待つ attendere l'occaṣione propizia [favorevole] ¶またとない折だ。 Ora o mai! / Non si preṣenterà più un'occaṣione simile!
[慣用] 折悪しく《不運にも》diṣgraziatamente; 《都合悪く》inopportunamente
折に触れて ogni tanto, di tanto in tanto
折もあろうに ¶折もあろうにこんな時に病気になろうとは。 Dovevo ammalarmi proprio adesso!
折も折 ¶折も折, 雨が降り出した。 Proprio in un momento simile comincia a piovere.
折良く《幸運にも》fortunatamente, per fortuna; 《都合よく》opportunamente, a propoṣito

おり 折り **1**《折ること》piega㊛ ¶紙を 2 つ折りにする piegare una carta in due **2** ⇒折り箱, 折り詰め

おり 澱 sedimento㊚, depoṣito㊚, poṣatura㊛, feccia㊛ 〔複 *-ce*〕, residuo㊚ ¶コーヒーのおり fondo di caffè ¶ワインのおりをこす decantare il vino / filtrare il depoṣito del vino

おり 檻 gabbia㊛; 《牧場などの囲い》chiuṣo㊚; 《牢獄》prigione㊛

おりあい 折り合い **1**《人と人との関係》rapporti㊚〔複〕(umani) ¶折り合いがよい [悪い] rapporti in buoni [cattivi] con *qlcu.* / 《気が合う》[合わない] andare [non andare] d'accordo con *qlcu.*
2《妥協》compromesso㊚; 《同意, 一致》conci-

おりあう 折り合う 《同意》accordarsi [mettersi d'accordo / raggiungere un accordo] con *qlcu.* [su *ql.co.*]; 《妥協》fare delle concessioni [un compromesso]; 《和解》riconciliarsi, riavvicinarsi ¶私たちは一緒に出発することで折り合った. Ci siamo messi d'accordo di partire insieme.

おりいって 折り入って ¶折り入ってお願いがあります. La prego di volermi fare un favore speciale.

オリーブ 〔英 olive〕《木》olivo男; 《実》oliva女 ¶オリーブの収穫 il raccolto delle olive
✤オリーブ色の olivastro, di color verde oliva
オリーブ畑 oliveto男
オリーブ油 *olio*男 [複 *-i*] d'oliva

オリエンテーション 〔英 orientation〕 riunione女 esplicativa per i neoiscritti [《会社の》i neoassunti]

オリエンテーリング 〔英 orienteering〕〔英〕 orienteering男 [無変]; orientamento男

オリエント 〔英 Orient〕 Oriente男 (secondo il mondo antico occidentale) ◇オリエントの orientale
✤オリエント学者 orientalista男女 [複男 *-i*]
オリエント急行 〔英〕 Orient Express男 [無変]
オリエント文明 la civiltà女 dell'Antico Medio Oriente e del Nord Africa

おりおり 折折 ¶四季折々の花 fiori di ogni stagione

オリオン 《ギ神》Orione男
✤オリオン座《天》Orione男
オリオン星雲《天》nebulosa女 [nebula女] di Orione

おりかえし 折り返し 1 《襟・ズボンの》risvolto男 2 《詩や歌のリフレイン》ritornello男, ripresa女 3 《列車・バスなどの》*servizio*男 [複 *-i*] di navetta; 《水泳・船・飛行機の》virata女 4 《…してすぐに》appena, subito ¶折り返しお返事をください. Rispondi a (stretto) giro di posta per favore. ¶帰ったら折り返し電話をくれるよう, 彼に伝えてください. Gli dica di richiamarmi (subito) appena ritorna.
✤折り返し地点《マラソンの》voltata女

おりかえす 折り返す 1 《裾などを折る》ripiegare [rimboccare] *ql.co.* 2 《引き返す》¶雪のため列車はボローニャで折り返します. A causa della neve i treni fanno servizio solo fino a Bologna.

おりかさなる 折り重なる sovrapporsi, accavallarsi ◇折り重ねる rimboccare, ripiegare ¶折り重なって倒れる cadere自 [es] l'uno sull'altro

おりがみ 折り紙 1 《色紙を折る遊び》origami男 [無変]; arte女 di formare delle figure piegando la carta ¶折り紙で鶴を折る fare una gru con la carta →千羽鶴 図版
2 《保証》garanzia女 ◇折り紙付きの garantito; 《謔》patentato ¶教授は彼の才能に折り紙付けた. Il professore ci ha garantito le sue capacità. ¶折り紙付きの悪党 brigante patentato ¶彼女の料理の腕前は折り紙付きである. È universalmente conosciuta come un'ottima cuoca.

おりから 折から ¶折から通りかかった車で病院に運んでもらった. Mi hanno portato all'ospedale con un'auto che passava proprio in quel momento. ¶酷暑の折からお体をお大事に. Abbia cura di sé con questo caldo!

おりぐち 降り口・下り口 1 《バスなどの出口》 uscita女; 《掲示》"Discesa" 2 《降りるための通路》*passaggio*男 [複 *-gi*] per scendere ¶階段の降り口 caposcala男 [複 *capiscala*]

オリゴとう オリゴ糖《化》oligosaccaride男

おりこみこうこく 折り込み広告 inserto男 pubblicit*ario* [複 *-i*] in [di] un giornale

おりこむ 折り込む ¶ベッドカバーを折り込む rimboccare il copriletto ¶端を3センチ折り込む rincalzare il bordo di tre centimetri ¶チラシ広告を新聞に折り込む inserire volantini pubblicitari nei giornali

おりこむ 織り込む intessere, intrecciare (insieme) ¶つづれ織りに金糸を織り込む intessere fili dorati in un arazzo

オリジナリティー 〔英 originality〕 originalità女

オリジナル 〔英 original〕 originale男 ◇オリジナルの《独創的な, 原作の》originale ¶オリジナルの作品《独創的な作品, 原作》opera originale

おりしも 折しも →おりから

おりじゃく 折り尺 metro男 pieghevole [articolato / tascabile]

おりたたみ(しき) 折り畳み(式) ◇折りたたみの pieghevole ¶折りたたみの椅子 sedia pieghevole ¶折りたたみ傘 ombrello pieghevole

おりたたむ 折り畳む piegare [ripiegare] *ql.co.* 折り畳める pieghevole

おりたつ 降り立つ・下り立つ scendere自 [es] ¶庭に降り立ち, 美しい満月を眺めた. Scesi in giardino ad ammirare la bella luna piena.

おりづめ 折り詰め ¶すしを折り詰めにする mettere del *sushi* in una scatola da portare via
✤折り詰め弁当 pranzo男 in cestini, cestino男

おりづる 折鶴 *origami*男 [無変] di una gru →千羽鶴 図版

おりばこ 折り箱 scatola女 di cartoncino

おりひめ 織り姫《天》《織り姫星》Vega女 →七夕 日本事情

おりほん 折り本 ¶折り本になったお経 sutra ripiegato a fisarmonica per formare un libro

おりまげる 折り曲げる piegare [ripiegare / rimboccare] *ql.co.*; 《体を》piegarsi

おりめ 折り目 1 《折った筋》piega女, grinza女, sgualcitura女; 《本のページの》orecchia女, piega dell'angolo di una pagina ¶ズボンに折り目をつける sgualcire [spiegazzare] i pantaloni / fare la piega ai pantaloni 2 《物事のけじめ, 作法》¶折り目正しい人 persona educata (cortese)

おりめ 織り目 tessitura女, trama女 ¶織り目の荒い [つんだ] 布 tessuto a trama rada [fitta]

おりもと 織り元 fabbricante男女 di tessuti

おりもの 下り物《こしけ》leucorrea女, perdite女 [複] bianche

おりもの 織物 tessuto男, tela女, stoffa女
✤織物工業 industria女 tessile

織物工場 impianto男 [fabbrica女] tessile

おりる 下りる・降りる

1【上から下に】scendere自, 自[es], discendere自, 自[es], andare giù ¶階段を下りる scendere le scale ¶地下室に下りる andare giù nel sotterraneo ¶夜のとばりが下りる. Scende la sera. ¶幕が下りる. Il sipario si abbassa [cala]. ¶飛行機が下りてくる. Un aereo sta atterrando. ¶彼女が謝ってくれたので胸のつかえが下りた. Dopo le sue scuse, mi sono sentito molto sollevato [soddisfatto].

2【乗り物から】scendere他 [es] da ql.co.;《船・飛行機から》sbarcare他 [es] da ql.co.;《馬・バイクから》smontare他 [es, av] da ql.co. ¶バス[列車/トラム]から降りる scendere dall'autobus [dal treno / dal tram] ¶飛行機から降りた. Sono sceso [Sono sbarcato] da un aereo. ¶次の停留所で降ります. Scendo alla prossima fermata. ¶彼女は馬を降りた. Lei è smontata da cavallo. ¶「降りるかたが済むまでお待ちください」Siete pregati di attendere che tutti i passeggeri siano scesi prima di salire, grazie.

3【途中でやめる】《事業・活動などを》ritirarsi da ql.co., lasciare ql.co., rinunciare他 [av] a ql.co. [a+不定詞];《地位・役職を》dimettersi da ql.co. ¶主役を下りる lasciare il ruolo principale ¶けがのため試合をおりる. Si è ritirato dalla gara a causa di una ferita. ¶もうこの計画からはおりるよ. Io rinuncio a questo progetto. ¶彼は会長の座を降りた. Si è dimesso dalla carica di presidente.

4【許可・金などが】essere concesso [rilasciato / accordato / assegnato] ¶やっと年金が下りた. Finalmente mi è stata concessa la pensione. ¶許可が下りるまでにずいぶん時間がかかった. C'è voluto molto tempo prima che concedessero il permesso. ¶ビザが下り次第出発するつもりだ. Penso di partire appena il visto mi sarà rilasciato.

5【露・霜が】brinare (►非人称動詞 [es, av]) ¶今朝は畑一面に霜が降りた. Stamattina 「ha brinato [c'era la brina] su tutto il campo.

6【錠などがしまる】¶ドアにはしっかり錠が下りていた. La porta era solidamente chiusa a chiave. ¶窓にはよろい戸が下りていた. La saracinesca [persiana] della finestra era chiusa.

オリンピック 〔英 Olympic〕 Olimpiadi女[複]

◇オリンピックの olimpico男[複-ci] →スポーツ用語集 ¶トリノ・オリンピック le Olimpiadi di Torino ¶次のオリンピック開催地 paese che ospiterà le prossime Olimpiadi ¶冬季オリンピック Olimpiadi invernali

❖**国際オリンピック委員会** Comitato男 Olimpico Internazionale Olimpico;《略》CIO [tʃíʃo] ¶イタリア・オリンピック委員会 Comitato Olimpico Nazionale Italiano;《略》CONI [kóːni]男

オリンピック競技 giochi男[複] olimpici
オリンピック競技場 stadio男[複-i] olimpico
オリンピック種目 disciplina女 olimpica
オリンピック選手 olimpionico男[女-ca, 複-ci]
オリンピック組織委員会 Comitato男 Olimpico Organizzativo

オリンピック村 villaggio男[複-gi] olimpico

おる 折る

1《折りたたむ・折り曲げる》piegare ¶手紙を3つに折る piegare in tre una lettera ¶折り紙で鶴を折る fare una gru con un foglio da origami ¶彼は膝を折って私に許しを請うた. Mi ha chiesto di perdonarlo in ginocchio. ¶指を折る piegare le dita ¶指を折って数える contare sulle dita

2《強く曲げて壊す》rompere, spezzare ¶棒を2つに折る rompere [spezzare] il bastone in due ¶木の枝を折るな. Non spezzare i rami degli alberi. ¶彼女はスキーで足の骨を折った. Si è rotta [si è fratturata] una gamba sciando.

おる 織る tessere ¶布[羊毛]を織る tessere la tela [la lana]

オルガスムス 〔独 Orgasmus〕 orgasmo男 ¶オルガスムスに達する raggiungere l'orgasmo /《俗》venire

オルガナイザー 〔英 organizer〕 organizzatore男[女-trice]

オルガン 〔ポ orgão〕《音》《リードオルガン》armonium男[無 変], armonio男[複-i], organetto男;《パイプオルガンの類》organo男 ¶電子オルガン organo elettronico

❖**オルガン奏者** organista男女[複男-i]

オルグ《人》organizzatore男[女-trice] ◇オルグする organizzare

❖**オルグ活動** attività女[複] organizzative

オルゴール 〔蘭 orgel〕《仏》carillon男[無変]; scatola女 musicale [armonica]

オルドビスき オルドビス紀 《地質》periodo男 ordoviciano, ordoviciano

おれあう 折れ合う →折り合う

おれい お礼 →礼 3, 4, 5

❖**お礼参り** (1)《神社などへの》¶神社へお礼参りに行ってきた. Mi sono recato al tempio shintoista per esprimere la mia riconoscenza (agli dei). (2)《暴力団の仕返し》¶…のお礼参りをする vendicare [vendicarsi (su qlcu.) di] ql.co. [qlcu.]

オレイン 〔英 olein〕《化》oleina女

❖**オレイン酸** acido男 oleico

オレガノ 〔ス oregano〕《植・料》origano男

おれきれき 御歴歴 →御偉方;《家柄の高い人々》nobili男[複]

おれくぎ 折れ釘 《かぎ型の》rampino, uncino男

おれせんグラフ 折れ線グラフ grafico男[複-ci] lineare [a linea spezzata]

おれる 折れる

1《折れ曲がる》piegarsi;《曲げられている》essere piegato;《折れて壊れる》rompersi, frangersi, spezzarsi;《骨折する》fratturarsi ¶じゅうたんの端が折れている. L'orlo del tappeto è piegato. ¶衝突で彼の肋骨が2本折れた. Nell'urto gli 「si sono rotte [si sono fratturate] due costole.

2《道を曲がる》girare他 [es, av], voltare [av], curvare他 [av] ¶角を右に折れる girare all'angolo a destra

3《譲歩する》cedere他 [av] a ql.co., darsi per vinto;《断念する》rinunciare他 [av] a ql.co., recedere他 [es, av] da ql.co. ¶両親はついに彼の頑固さに折れた. Alla fine i genitori hanno ceduto alla sua insistenza.

オレンジ 〔英 orange〕《実》ara*nci*a㊛《複 -ce》;《木》ar*anci*o㊚《複 -ci》
❖**オレンジ色** colore㊚ arancio [無変], arancio㊚ [無変] ◇**オレンジ色の** arancione [無変], arancio, di colore arancio
オレンジジュース succo㊚ d'arancia; spremuta㊛ d'arancia (▶しぼりたての果汁100%のもの); aranciata㊛ (▶炭酸入りのことが多く, 無果汁のものも含む)

おろおろ ◇**おろおろする**《混乱》turbarsi;《興奮する》agitarsi;《懐疑がない》non sapere come fare ◇**おろおろして** in agitazione;《心配して》sulle spine, in ansia ¶おろおろした声で話す parlare con voce spezzata ¶彼は証拠を突きつけられておろおろした. Era turbato [confuso] di fronte alle prove.

おろか 愚か ◇**愚かな** stupido, idiota㊚㊛《複 -i》, scemo; imbecille;《頭がおかしい》pazzo;《無知な》ignorante ◇**愚かさ** stupidità㊛, stoltezza㊛, cretineria㊛, ignoranza㊛ ◇**愚かにも** scioccamente, stupidamente; ignorantemente ¶愚かな考え idea sciocca ¶私は愚かにも全部信用してしまった. Ho fatto la stupidaggine di [Sono stato tanto sciocco da] prestare fede a tutto.
❖**愚か者** scio*cc*o㊚《㊛ -ca, ㊚複 -chi》

おろか 疎か おろか, 英語だってよくわからない. Non capisco bene nemmeno l'inglese, per non parlare (poi) del greco. ¶ヨーロッパはおろか日本にもこの習慣はない. Questa usanza non esiste né in Giappone né tanto meno in Europa.

おろし 嵐 ¶比叡おろし il vento che soffia dal monte Hiei ¶山おろしの北風 tramontana㊛

おろし 卸 commercio㊚ all'ingrosso ¶卸で買う[売る] comprare [vendere] all'ingrosso
❖**卸売り** vendita㊛ all'ingrosso
卸売価格 prezzo㊚ all'ingrosso
卸売業者 grossist*a*㊚㊛《複 -i》, commerciante㊚ all'ingrosso
卸売市場 mercato㊚ (per la vendita) all'ingrosso
卸売物価指数 indice㊚ dei prezzi all'ingrosso
卸値 prezzo㊚ al rivenditore

おろしがね 下ろし金 grattu*gi*a㊛《複 -gie》

おろす 下ろす・降ろす **1**《高いところから》abbassare, ammainare, calare;《引き下ろす》tirar giù ¶旗を下ろす ammainare una bandiera ¶いかりを下ろす gettare l'ancora ¶鍋を火から下ろす togliere la pentola dal fuoco ¶看板を下ろす togliere l'insegna /《商売をやめる》chiudere un negozio [una ditta] ¶棚からお皿を下ろしてください. Tira giù i piatti dalla mensola. ¶木がしっかりと根をおろしている. L'albero ha messo salde radici.
2《乗り物から》《人を》far scendere qlcu.《から da》;《荷物を》scaricare ¶ここで降ろしてください. Mi faccia scendere qui. ¶車から荷物を降ろす scaricare i bagagli dalla macchina ¶船の荷を降ろしている. Stanno scaricando la nave.
3《地位・役目から》¶《人》を社長の座から下ろす rimuovere qlcu. dalla poltrona di presidente ¶彼は主役から下ろされた. È stato rimosso dal ruolo di protagonista.
4《切り落とす》¶髪を下ろす radersi i capelli per diventare monaco ¶枝を下ろす potare un albero [i rami], sfrondare i rami ¶鯛(たい)を三枚に下ろす diliscare una sardina per trarne due filetti
5《錠・幕などを》¶戸の錠を下ろす「chiudere a chiave [serrare] la porta ¶幕を下ろす abbassare il sipario /《終える》finire [terminare / concludere / portare a termine] ql.co. /《下に置く》mettere giù / poggiare / posare ¶ブラインドを下ろす abbassare le persiane
6《おろし金で》¶大根〔チーズ〕をおろす grattugiare il *daikon* [il formaggio]
7《新品を使い始める》¶今日新しい靴をおろした. Oggi ho messo per la prima volta [ho inaugurato] le scarpe nuove.
8《預金を》¶銀行から預金をおろす prelevare [ritirare] denaro dalla banca / fare un prelievo [prelevamento] dalla banca
9《堕胎する》abortire㊂《*av*》, avere [subire] un aborto procurato

おろす 卸す vendere ql.co. all'ingrosso ¶小売値の7掛けで卸す vendere all'ingrosso con uno sconto del trenta per cento

おろそか 疎か ◇**おろそかな** negligente [-gli-], trascurato ◇**おろそかにする** trascurare ql.co. [qlcu.] / non prestare attenzione a ql.co. [qlcu.] / non tenere alcun conto di ql.co. [qlcu.] ¶勉強をおろそかにする essere negligente nello studio ¶考え事をしていて仕事がおろそかになった. Pensavo a qualcos'altro e ho trascurato il lavoro che stavo facendo.

おわかれ 御別れ add*io*㊚《複 -i》 ¶お別れパーティー festa㊛ [party㊚ [無変]] d'addio

おわせる 負わせる **1**《背負わせる》far portare ql.co. a qlcu. (sul dorso)
2《身に受けさせる: 任務を》addossare ql.co., imporre ql.co.;《委託する》incaricare qlcu. di ql.co., affidare ql.co. a qlcu.;《罪を》accusare [incolpare] qlcu. di ql.co.;《傷を》ferire qlcu., fare una ferita a qlcu. ¶彼は私に責任を負わせて逃げた. Ha addossato [Ha scaricato] la responsabilità su di me ed è scappato. ¶戦争が国民に耐え難い苦悩を負わせた. La guerra impose ai popoli delle sofferenze insopportabili.

おわび 御詫び →詫び

おわらい 御笑い storia㊛ [storiella㊛] umoristica, barzelletta㊛
❖**お笑いぐさ** ¶とんだお笑いぐさだ. È veramente ridicolo.
お笑い番組 varietà㊚ [無変] televisivo incentrato su personaggi comici

おわり 終わり fine㊛ (▶「結末」の意味では㊚ もある);《終結, 結び》conclusione㊛;《終点, 期限の終わり》termine㊚;《会などを閉めること》chiusura㊛ ◇**終わりの**《最後の》finale, ultimo;《結論的な》conclusivo, definitivo ¶今月の終わりころ verso la fine di questo mese ¶人生の終わりに il termine della vita ¶学年度の終わり la chiusura dell'anno accademico [scolastico] ¶ページの終わりに a fine pagina ¶終わりに臨んで per concludere / concludendo / per finire ¶終わりに近づく volgere alla fine [al termine] ¶終わりを全(まっと)うする《一生を終える》concludere la *propria* vita / 《成し遂げる》portare a termine *ql.co.* / completare *ql.co.* ¶終わりまで sino alla fine / sino in fondo ¶この映画は終わりがいい. Questo film ha un bel finale. ¶もう議論は終わりにしましょう. Concludiamo il discorso. ¶あんな事件を起こしたのでは, 彼の選手生命もこれで終わりだ. Con questo incidente ha chiuso con la carriera sportiva. ¶何事も終わりが肝心だ. In tutte le cose l'essenziale è come si finisce. ¶終わりよければすべてよし. (諺)"Tutto è bene quel che finisce bene."

❖終わり値〔金融〕〔株の〕prezzo男 di chiusura; [英]fixing男 [無変]

おわる　終わる　**1**《終了する》finire自 [*es*], terminare自 [*es*]; arrivare自 [*es*] alla fine [alla conclusione]; avere fine; 《完了する》concludersi, compiersi, completarsi; 《やむ》cessare自 [*es*], smettere自 [*av*] ¶試験が終わった. Gli esami sono terminati. ¶今年もあとわずかで終わろうとしている. Anche quest'anno sta per finire. / Mancano pochi giorni alla fine dell'anno. ¶交渉が終わった. I negoziati si sono conclusi [sono giunti alla fine]. ¶万事休すわった. Tutto è finito. ¶彼の講演は世界平和を呼びかけて終わった. La sua conferenza si è conclusa con un richiamo alla pace mondiale. **2**《「…に終わる」の形で…という結果になる》¶失敗に終わる《人・物が主語で》finire con un fallimento / fallire自 (▶人が主語のとき [*av*], 物が主語のとき [*es*]) /《物が主語で》andare a monte ¶成功に終わる finire con [in un] successo / giungere in porto ¶夢に終わる andare in fumo ¶交渉が成功に終わった. I negoziati sono arrivati in porto.

おん　音　《おと》suono男
おん　恩　《恩義》obbligo男 [複 -*ghi*], debito di gratitudine; 《善行》atto男 di gentilezza, beneficio男 [複 -*ci*] ¶親の恩 benefici ricevuti dai [gratitudine verso i] genitori ¶あの先生には恩がある. Ho un debito di gratitudine con quel professore. ¶ご恩は一生忘れません. Le sarò grato per tutta la vita!

[慣用] 恩に着せる ¶べつに恩に着せるつもりはない. Non ho intenzione di far pesare particolarmente questo favore.

恩に着る ¶ありがとう, 恩に着ます. Grazie, le sono molto obbligato. / Grazie, non lo dimenticherò.

恩を仇(あだ)で返す ¶彼は恩を仇で返した. Ha ricambiato il bene con il male.

恩を売る aiutare *ql.co.* in vista di farsi restituire il favore

オン　[英 on]〔電〕inserito; in funzione; acceso; [英] on [無変]
おんあつ　音圧　《物》pressione女 acustica
おんいき　音域　《音》registro男, diapason男 [無変], estensione女, tessitura女
おんいん　音韻　《言》《音楽》fonema男 [複 -*i*]

❖音韻組織 sistema男 [複 -*i*] fonetico [複 -*ci*]
音韻変化 cambiamenti男 [複 -*i*] fonologici [fonetici]

音韻法則 regole女 [複] fonologiche [fonetiche]
音韻論 fonologia女 [複 -*gie*]
音韻論学者 fonologo男 [複 -*ga*, -*ghi*]
オンエア ¶番組をオンエアする mandare in onda un programma
おんかい　音階　《音》scala女 musicale, gamma女 →音楽[用語集] ¶全[半 / 長 / 短]音階 scala diatonica [cromatica / maggiore / minore]
おんがえし　恩返し　atto男 di riconoscenza
◇恩返しする contraccambiare una gentilezza a *ql.co.*, dimostrare la *propria* riconoscenza [gratitudine] a *ql.co.* per *ql.co.* ¶金メダルを獲得して彼はトレーナーに恩返しすることができた. Ha dimostrato la sua riconoscenza verso l'allenatore vincendo la medaglia d'oro.
おんがく　音楽　musica女　◇音楽的(な) musicale; 《歌うような》melodioso; 《リズミカルな》ritmico [複 -*ci*] →次ページ[用語集] ¶音楽の才能 predisposizione alla musica ¶音楽を聞く ascoltare la musica ¶音楽を奏する suonare la [fare della] musica ¶音楽に合わせて踊る ballare al suono della musica ¶彼は音楽がわからない. Non ha "orecchio per la musica [sensibilità musicale / attitudine alla musica].

❖音楽愛好者 amante男女 della musica, patito男 [女 -*a*] della musica, filarmonico男 [女 -*ca*; 男複 -*ci*]
音楽映画 film男 [無変] musicale
音楽家 musicista男女 [男複 -*i*]
音楽会 concerto男;《夜開催の》serata女 musicale
音楽学 musicologia女
音楽学者 musicologo男 [複 -*ga*, -*gi*];《史家, 理論家》musicografo男 [女 -*a*]
音楽学校 scuola女 di musica;《イタリアの》Conservatorio男 [複 -*i*] di Musica (◆小学校卒業から受験資格があり, 年限は学科により異なり, 5年から10年制である)
音楽教育 educazione女 musicale
音楽教師 maestro男 [女 -*a*] [professore男 [女 -*essa*]] di musica
音楽教室 corso男 di musica
音楽劇 melodramma男 [複 -*i*]
音楽コンクール concorso男 musicale
音楽祭 festa女 musicale, festival男 [無変] della musica
音楽史 storia女 della musica
音楽堂 sala女 da concerti, auditorium男 [無変]
音楽美学 estetica女 musicale
音楽批評 critica女 musicale
音楽批評家 critico男 [複 -*ci*] musicale
音楽理論 musicografia女, teoria女 musicale

おんかん　音感　sensibilità女 uditiva ¶絶対[相対]音感がある avere un orecchio assoluto [relativo] ¶あの人は音感がいい. Ha "una buona sensibilità [buon orecchio] musicale.

❖音感教育 educazione女 uditiva
おんぎ　恩義　obbligo男, debito男 →恩 ¶恩義を感じる essere in obbligo verso *ql.co.* per *ql.co.* ¶恩義に報いる ricambiare il favore di *ql.co.*
おんきせがましい　恩着せがましい　¶恩着せが

《 用語集 》 音楽 Musica

音楽一般 Musica
アンコール bis男 [無変]. 演奏 esecuzione女, interpretazione女. 演奏会, コンサート concerto男. 演奏会場, 音楽ホール, コンサートホール sala女 da concerto. オーケストラ, 管弦楽団, 合奏団 orchestra女. オーケストレーション orchestrazione女, strumentazione女. 音 suono男. オペラ台本 libretto男. 音域, 声域 tessitura女, registro男. 音楽作品, 曲 composizione女, opera女 musicale; 《その一節》 brano男 musicale; 《特に軽音楽の》 pezzo男 musicale. 音感 orecchio男. 音叉 corista男, diapason男 [無変]. 音程 (高さ) altezza女. 音名, 階名 nota女 (ド do男. レ re女. ミ mi男. ファ fa男. ソ sol男. ラ la男. シ si男). 音量 volume男. 楽章 movimento男, tempo男. 楽節 (大楽節 periodo男. 小楽節 frase女. 動機 semifrase女, motivo男. 2部 [3部] 形式 forma女 binaria [ternaria]). 歌詞 testo男 musicale, parole女 [複]. 合唱団 coro男. 軍楽隊 banda女 militare. コンクール concorso男. 作曲(法) composizione女. 指揮 direzione女. 指揮棒 bacchetta女. 聴衆 pubblico男; 《オペラなどの》 spettatori男 [複]. 調律, 音合わせ accordatura女, intonazione女. 音色 timbro男. 伴奏 accompagnamento男. バンド, 楽団 banda女; [英]band男 [無変]; gruppo男 musicale; 《ブラスバンド》 fanfara女. フィナーレ《ソナタ等の終楽章》 finale男; 《オペラの一幕を閉じる部分》 finale男, concertato男. 譜面台 leggio男. 平均律 sistema男 temperato, temperamento男 equabile. 編曲, アレンジ trascrizione女, 《軽音楽の》 arrangiamento男. メトロノーム metronomo男.

音楽家 Musicisti
アルト歌手 contralto男. 演奏家 esecutore男 [女 -trice]; interprete男女. 《ソリスト》 concertista男女, solista男女. 《器楽奏者》 strumentista男女. 音楽家 musicista男女. 歌手 cantante男女; interprete男女. カストラート歌手 castrato男. 合唱団員 corista男女. コンサートマスター primo violino男; (violino男 di) spalla男. 作曲家 compositore男 [女 -trice]. 指揮者 direttore男 [女 -trice] (d'orchestra). ソプラノ歌手 soprano男. テノール歌手 tenore男. バス歌手 basso男. バリトン歌手 baritono男. ボーイソプラノ voce女 bianca. メゾソプラノ歌手 mezzosoprano男.

音楽の種類 Generi e stili musicali
●楽種 generi 合唱(曲) musica女 d'insieme. 器楽 musica strumentale. 教会音楽 musica ecclesiastica. クラシック音楽 musica classica. 軽音楽 musica leggera. 現代音楽 musica contemporanea. 古典派音楽 musica di stile classico. 室内楽 musica da camera. 宗教音楽 musica sacra [religiosa]. 重奏[唱] (二重奏[唱] duetto男. 二重奏 duo男. 三重唱 terzetto男. 三重奏 trio男. 四 [五／六／七／八] 重奏[唱] quartetto [quintetto / sestetto / settimino / ottetto]男. ピアノ三重奏 terzetto con pianoforte. 弦楽四重奏 quartetto per archi. 管楽九重奏 nonetto per fiati). 声楽 musica vocale. 西洋音楽 musica occidentale. 世俗音楽 musica profana. 中世音楽 musica medievale. 典礼音楽 musica liturgica. 東洋音楽 musica orientale. 独奏[唱] solo男. バロック音楽 musica barocca. 舞台音楽 musica teatrale. 民俗音楽 musica popolare [folcloristica]. ルネサンス音楽 musica rinascimentale. ロマン派音楽 musica romantica.
●具体音楽 musica concreta. 12音音楽 musica dodecafonica. 旋法音楽 musica modale. 対位法音楽 musica contrappuntistica. 多声音楽 polifonia女. 単旋律音楽 monodia女. 調性音楽 musica tonale. 電子音楽 musica elettronica. 不確定性の音楽 musica aleatoria. 無調音楽 musica atonale. 有声音楽 omofonia女.
●オペラ, 歌劇 opera女 (in musica), melodramma男. オペラ・セリア[ブッファ] opera seria [buffa]. グランドオペラ [仏]grand-opéra男 [無変]. オペレッタ operetta女. オラトリオ oratorio男. カノン canone男. 間奏曲 intermezzo男. カンタータ cantata女. 協奏曲 concerto男. 組曲 [仏] suite女 [無変]. グレゴリオ聖歌 canto gregoriano. 交響曲 sinfonia女. 交響詩 poema男 sinfonico. 受難曲 passione女. 序曲 [仏]ouverture女 [無変]; (前奏曲) preludio男. フーガ fuga女. 変奏曲 variazione女. ミサ曲 messa女. レクイエム, 鎮魂ミサ曲 (messa女 di [da]) requiem男.

楽典 Grammatica musicale
●楽譜 musica scritta; 《スコア》 partitura女; 《パート譜》 parte女; 《オーケストラなどをピアノ譜その他に編曲したもの》 spartito男. 五線(譜) pentagramma男. 五線紙 carta女 da musica. 小節 battuta女, misura女. 縦線, 小節線 barra女, stanghetta女. 終止線, 複従線 doppia sbarra女 [stanghetta女]. 加線 tagli男 [複] addizionali.
音部記号と譜表 chiave e rigo
ト音記号 chiave di sol. ヘ音記号 chiave di fa. ハ音記号 chiave di do. 高音部譜表 rigo男 con chiave di canto [di violino]. 低音部譜表 rigo con chiave di basso.
音符と休符 nota e pausa
全音符 semibreve女, intero男. 全休符 pausa女 di semibreve. 二分音符 minima女, metà女. 二分休符 pausa di minima. 四分音符 semiminima女, quarto男. 四分休符 pausa di semiminima. 八分音符 croma女, ottavo男. 八分休符 pausa di croma. 十六分音符 semicroma女, sedicesimo男. 十六分休符 pausa di semicroma. 三十二分音符 biscroma

お

●音程 intervallo 同音、完全一度 unisono男. 全音 tono男. 半音 semitono男. 四分の一音 un quarto di tono男. 短三度 terza女 minore. 長三度 terza maggiore. 増四度 quarta女 eccedente [aumentata]. 減五度 quinta女 diminuita. 完全四度[五度] quarta [quinta] giusta. オクターブ ottava女. 異名同音 enarmonia女. 臨時記号、変化記号 accidente男, alterazione女. 嬰(えい)記号、シャープ dieṣis男 [無変];《記号》♯. 重嬰記号、ダブルシャープ doppio dieṣis男;《記号》𝄪. 変記号、フラット bemolle男 [無変];《記号》♭. 重変記号、ダブルフラット doppio bemolle男 bb. 本位記号、ナチュラル bequadro男;《記号》♮.

●音階 scala, 和声 armonia, 調性 tonalità
音階 scala 長音階 scala女 maggiore. 短音階 scala minore. 自然[和声／旋律]短音階 scala minore naturale [armonica / melodica]. 全音階 scala diatonica, diatonia女. 半音階 scala cromatica. 五音音階 scala pentafonica [pentatonica]. 旋律、メロディー melodia女. 旋法 modo男, modalità 女. 教会旋法 modi男[複] ecclesiastici.
和声、ハーモニー armonia 和音、コード accordo男. 三和音、トライアド triade女 (長三[短三／増三／減三]和音 triade maggiore [minore / eccedente / diminuita]. 主[属／下属]和音 triade di tonica [dominante / sottodominante]. 七の和音、四和音 accordo di settima. 属七の和音 accordo di settima di dominante. 九の和音、五和音 accordo di nona. カデンツ、終止形、終止法 cadenza女. 基本形 stato男 fondamentale, fondamentale女. 転回(形) rivolto男. 第一[第二／第三]転回 primo [secondo / terzo] rivolto). 協和音 consonanza女; accordo consonante. 不協和音 dissonanza女; accordo dissonante. 分散和音 accordo spezzato [arpeggiato]. 非和声音 nota女 accidentale.
調性 tonalità キー chiave女. 調号 armatura女 di chiave. 主音、トニック nota女 tonica, tonica女, nota di chiave. 属音、ドミナント nota dominante, dominante女. 下属音、サブドミナント nota sottodominante, sottodominante女. 導音 nota sensibile, sensibile女, settima女. 長調 tonalità 女 maggiore. 短調 tonalità minore. 転調 modulazione女. 移調 trasporto男.

●拍子 misura, battuta 音価 valore男. 二拍子 binaria女. 二分の二拍子 miṣura女 di due metà [minime]. 三拍子 ternaria女. 四拍子 quaternaria女. 四分の四拍子 miṣura di quattro quarti [semiminime]. 四分の三拍子 miṣura di tre quarti [semiminime]. 八分の六拍子 miṣura di sei ottavi [crome]. 十六分の九拍子 miṣura di nove sediceṣimi [semicrome]. ビート〔英〕beat男[無変]. リズム ritmo男.

●速度標語 indicazioni agogiche テンポ tempo男. ラルゴ largo. レント lento. アダージョ adagio. アンダンテ andante. モデラート moderato. アレグレット allegretto. アレグロ allegro. プレスト presto. だんだん速く accelerando. だんだんとせきこんで stringendo. より速く più mosso. だんだん遅く ritardando, allargando. より遅く meno mosso.

●強弱記号 segni dinamici クレッシェンド crescendo. クレッシェンド[デクレッシェンド／ディミヌエンド]記号 forcella女. 音を弱めながら消えるように ṣmorzando. ディミヌエンド diminuendo. デクレッシェンド decrescendo. ピアノ piano. ピアニッシモ pianiṣsimo. フォルテ forte. フォルティッシモ fortissimo. メゾ・ピアノ mezzo piano. メゾ・フォルテ mezzo forte.

●発想標語 indicazioni di espressione 愛らしく amabile. 生き生きと con brio. 動きをもって con moto. 歌うように cantabile. おさえ気味に(音を十分に保って) sostenuto. 悲しげに dolente, doloroso. 軽く leggero. 華麗に brillante. 感情をこめて affettuoso. 気まぐれに capriccioso. 決然と risoluto, deciṣo. 行進曲風に marziale. 静かに tranquillo. 情熱的に appassionato. 神秘的に misterioso. 楽しげに giocoso. 戯れるように scherzando. 堂々と maestoso. 熱烈に、激しく impetuoso. 激しく con fuoco. 表情豊かに espressivo. やさしく、甘美に dolce. 優雅に grazioso.

●奏法記号、奏法標語 segni e indicazioni di esecuzione アルペジオ arpeggio男. オクターブ記号 segno男 di ottava. 省略記号 segno di abbreviazione. シンコペーション contrattempo男, sincope女. スタッカート staccato男. 先取音 anticipazione女. 前打音 appoggiatura女. 装飾音 abbellimento男. ターン、回音 gruppetto男. タイ legatura女 (di valore). 短前打音 acciaccatura女. トリル trillo男. トレモロ tremolo男. 反復記号 segno di ripetizione. ピッチカート pizzicato男. フェルマータ記号 corona女. モルデント mordente男. やわらげた声[音]で、ソットヴォーチェ sottovoce. リフレイン ritornello男. レガート legato男.

おんきゅう ましい態度をとる fare pesare i *propri* favori ¶彼に恩着せがましくするな. Non fargli pesare i tuoi favori!

おんきゅう 恩給　pensione㊛ per impiegati pubblici

おんきょう 音響　suono㊚
❖**音響学** acustica㊛
音響効果 effetti㊚[複] acustici, acustica㊛; 〖映〗effetti㊚[複] sonori
音響効果係 rumorista㊚㊛[㊚複 -i]
音響測深機 ecometro㊚, ecoscandaglio㊚[複 -gli]

オングストローム〔英 angstrom〕〖物〗angstrom㊚[無変]; 〖記号〗A, Å

おんくん 音訓　pronuncia㊛ cinese e giapponese dei *kanji*
音訓表 lista㊛ delle pronunce cinesi e giapponesi dei *kanji*

おんけい 恩恵　favore㊚, beneficio㊚[複 -ci]; 《神の恩寵(おんちょう)》grazia㊛ ¶恩恵をこうむる dovere molto a qlcu. ¶恩恵を施す fare [concedere] un favore a qlcu.

おんけつどうぶつ 温血動物　〖生〗animale㊚ a sangue caldo

おんけん 穏健　◇穏健な moderato;《良識のある》ragionevole, equilibrato
❖**穏健派**《政党》partito㊚ moderato;《派閥》corrente㊛ moderata;《人》i moderati㊚[複]

おんげん 音源　fonte㊛ sonora

おんこ 恩顧　¶恩顧を受ける ricevere favori /〖支援〗appoggi㊚[複] speciali da qlcu.

おんこう 温厚　◇温厚な mite, calmo,《優しい》gentile,《感じのいい》affabile, amabile

おんさ 音叉　diapason㊚[無変], corista㊚[複 -i]

オンザロック〔英 on the rocks〕¶オンザロックのウイスキー whisk(e)y㊚[無変] con ghiaccio

おんし 恩師　定冠詞 + *proprio* vecchio㊚ 複 -chi] e amato maestro㊚[㊛ -a] ¶彼は大学時代の恩師です. È il mio amato professore dei tempi dell'università.

おんしつ 音質　qualità㊛ di un suono;《トーン》tono㊚;《音色》timbro㊚;《響き具合》sonorità㊛

おんしつ 温室　serra㊛ ¶温室育ちの子 bambino allevato negli agi [in un letto di rose]
❖**温室効果** effetto㊚ serra
温室効果ガス gas㊚[無変] effetto serra
温室栽培 coltivazione㊛ in serra
温室植物 pianta㊛ di serra

おんしゃ 恩赦　〖法〗indulto㊚, grazia㊛;《大赦》amnistia㊛ ¶恩赦を与える concedere l'indulto (a qlcu.) / graziare qlcu.

おんしゃ 御社　(la) Vostra azienda㊛

おんじゅん 温順　◇温順な《穏やかな》docile, mansueto, mite;《従順な》ubbidiente

おんしょう 恩賞　ricompensa㊛, premio㊚[複 -i] ¶恩賞を授かる essere ricompensato / ricevere una ricompensa [un premio]

おんしょう 温床　**1**《苗木の》letto㊚ caldo **2**《悪の発生しやすい場所》¶悪の温床 covo [focolaio / fucina] di vizi [di corruzione]

おんじょう 温情　cordialità㊛, buon cuore㊚, affettuosità㊛, benevolenza㊛ ◇温情ある cordiale, benevolente, caloroso, dal cuore caldo
❖**温情主義** paternalismo㊚ ◇温情主義の paternalistico[㊛複 -ci]
温情主義者 paternalista㊚㊛[㊚複 -i]

おんしょく 音色　《ねいろ》timbro㊚; tono㊚;《音》suono㊚

おんしらず 恩知らず　ingratitudine㊛;《人》ingrato㊚[㊛ -a] ◇恩知らずの ingrato

おんしん 音信　¶彼とは久しく音信不通だ. Non mi scrive da tempo. / Da tempo non dà notizie di sé.

おんじん 恩人　benefattore㊚[㊛ -trice];《命の》salvatore㊚[㊛ -trice] ¶君は命の恩人だ. Ti devo la vita.

オンス〔蘭 ons〕oncia㊛[複 -ce]

おんすい 温水　acqua㊛ calda [riscaldata]
❖**温水暖房** riscaldamento㊚ ad acqua calda
温水プール piscina㊛ (ad acqua) riscaldata

おんせい 音声　voce㊛, suono㊚ (vocale)
❖**音声学** fonetica㊛
音声学者 fonetista㊚㊛[㊚複 -i]
音声記号 →音標文字
音声言語 lingua㊛ orale
音声合成器〖電子〗sintetizzatore㊚ della voce
音声多重放送〖テ〗trasmissione㊛ multiplex (multilingue)[無変]
音声入力装置〖コンピュータ〗apparecchio㊚[複 -chi] di riconoscimento vocale
音声認識〖コンピュータ〗riconoscimento㊚ vocale

おんせつ 音節　sillaba㊛ ◇音節の sillabico[㊛複 -ci]¶単[2 / 3 / 多]音節 monosillabo [bisillabo / trisillabo / polisillabo]
❖**音節区分**《法》sillabazione㊛

おんせん 温泉　sorgente㊛ termale;《湯治場》terme㊛[複]; stazione㊛ termale ¶温泉に湯治に行く andare alle terme per una cura
❖**温泉浴** bagno㊚ termale
温泉療法 cura㊛ termale [delle acque termali], balneoterapia㊛, idroterapia㊛
温泉旅館 albergo㊚[複 -ghi] con sorgente termale

日本事情　温泉
In Giappone ci sono molte sorgenti termali, frequentate attualmente più come località turistiche che come luogo di cure. Le più famose sono Atami, Beppu e Dogo. Ne esistono molte all'aperto dove ci si può godere la natura mentre si fa il bagno.　→銭湯, 風呂 日本事情

おんそ 音素　《音声》fonema㊚[複 -i]
❖**音素論** fonematica㊛

おんそく 音速　velocità㊛ del suono ¶超[亜]音速 velocità supersonica [subsonica]

おんぞん 温存　◇温存する tenere in serbo *ql.co.*, preservare *ql.co.*, conservare *ql.co.*

おんたい 温帯　zona㊛ temperata
❖**温帯気候** clima㊚ temperato
温帯低気圧〖気〗ciclone㊚ extratropicale →天気 図版

おんだん 温暖 ◇温暖な mite, caldo, temperato
❖温暖化〖地球の〗riscaldamento㊚
温暖前線〖気〗fronte㊚ caldo

おんち 音痴 1《音感が鈍いこと》mancanza㊛ di orecchio musicale;《人》stonato㊚ [㊛ -a] ¶彼は音痴だ. Non ha orecchio musicale. / È stonato. 2《ある感覚が鈍いこと》¶彼は方向音痴だ. Gli manca il senso dell'orientamento.

おんちゅう 御中《会社などへのあて名で》¶A社御中 Spettabile [〖略〗Spett.]. Ditta A (▶ spettabileは会社や協会の名前の前に使う. 部署名には何もつけない)

おんちょう 音調 1《音の調子》tono㊚;《抑揚》intonazione㊛; modulazione㊛;《アクセント》accento㊚ 2《音楽のふし》melodia㊛; aria㊛
❖音調言語 lingua㊛ tonale

おんちょう 恩寵《君主の》favore㊚, beneficio㊚ [複 -ci];《神の》grazia㊛

おんてい 音程〖音〗intervallo㊚ (musicale);《高さ》altezza㊛ (di un suono) →音楽用語集 ¶音程が正しくない《人が主語》non rispettare l'intervallo ¶彼の音程は下がりぎみだ. Ha una intonazione un po' calante. ¶このピアノは音程が狂っている. Questo pianoforte è scordato. ¶あのテノールはしばしば音程をはずした. Il tenore ha stonato più volte.

オンデマンド 〖英 on demand〗 ◇オンデマンドの(で) su richiesta
❖オンデマンド出版 pubblicazione㊛ su richiesta [on demand]

おんてん 恩典 favore㊚ [privilegio㊚ [複 -gi]] speciale;《措置》provvedimento㊚ speciale

おんど 音頭《大勢が歌につれて踊る》canzone㊛ ballata
〖慣用〗音頭を取る (1)《歌などの》dare il tempo, intonare [dirigere / introdurre] (un coro) (2)《運動などの指揮をとる》dirigere, prendere l'iniziativa (3)《乾杯の合図をする》¶加藤氏に乾杯の音頭を取っていただきましょう. Chiediamo al signor Kato di fare un brindisi.
❖音頭取り〖指導者〗dirigente㊚;〖英〗leader㊚ [無変];〖首唱者〗promotore㊚ [㊛ -trice]

おんど 温度 temperatura㊛ (◆イタリアでも摂氏を用いる)¶温度を上げる[下げる] aumentare [diminuire] la temperatura ¶温度を測る misurare la temperatura ¶温度が上がる[下がる]. La temperatura sale [scende]. ¶温度が5度[5度に]上がる. La temperatura aumenta 「di 5 gradi [a 5 gradi].
❖温度計 termometro㊚ ¶摂氏[華氏]温度計 termometro centigrado [Fahrenheit] ¶アルコール[水銀]温度計 termometro ad alcol [a mercurio] ¶乾球[湿球]温度計 termometro a bulbo secco [bagnato] ¶乾湿球温度計 psicrometro㊚
温度測定〖学〗termometria㊛
温度調節器 termoregolatore㊚
温度調節装置 termostato㊚

おんとう 穏当 ◇穏当な《控えめな》moderato, misurato, discreto;《バランスのとれた》equilibrato ¶穏当な措置 provvedimento moderato [《妥当な》appropriato / conveniente / adatto]

おんどく 音読 1《声を出して読むこと》lettura㊛ ad alta voce ◇音読する leggere ql.co. ad alta voce 2 →音読み

おんどり 雄鶏 gallo㊚;《去勢した》cappone㊚

おんな 女 1《成年女子》donna㊛;《性別上の女性》femminile㊛ ◇女の友だち amica㊛ →女の子 ¶あの子も女になった.《成熟した》Quella ragazza si è fatta donna [è diventata una donna]. ¶彼女もこれで女になった. E così anche lei ha perso la verginità.
2《情婦》amante㊛;《妾(めかけ)》concubina㊛, mantenuta㊛;《恋人》ragazza㊛ ¶彼は女を囲っている. Mantiene una donna [un'amante]. ¶彼は女をつくった. Si è fatto un'amante.
〖慣用〗女三人寄れば姦(かしま)しい "Tre donne fanno un mercato e quattro una fiera."
女の一念岩をも通す La volontà di una donna è capace di trapassare la roccia.

おんなあそび 女遊び ¶女遊びをする andare a donne [a puttane]

おんながた 女形 attore㊚ che rappresenta le parti femminili nel teatro *kabuki* →歌舞伎
〖日本事情〗

おんなぎらい 女嫌い misoginia㊛;《人》misogino㊚ ◇女嫌いの misogino

おんなぐせ 女癖 vizio㊚ delle donne ¶やつは女癖が悪い. È sempre alle prese con le donne. / È un donnaiolo.

おんなぐるい 女狂い follia㊛ per le donne ¶女狂いをする far follie [rovinarsi] per una donna

おんなごころ 女心 sentimenti㊚[複] di una donna ¶女心と秋の空. Le donne sono incostanti come il tempo in autunno.

おんなざかり 女盛り ¶彼女は今が女盛りだ. È nell'età migliore per una donna. ¶彼女は女盛りを過ぎた. Ha ormai una certa età.

おんなじょたい 女所帯 casa㊛ [famiglia㊛] senza uomini

おんなずき 女好き ¶彼は女好きだ. Gli piacciono le donne. ¶女好きのする男 uomo che piace alle donne

おんなたらし 女誑し rubacuori㊚[無変], dongiovanni㊚[無変]

おんなっけ 女っ気 ¶女っ気のない男性 uomo che non dà l'idea di avere accanto a sé una donna ¶わが家には女っ気がない. In casa nostra non ci sono donne.

おんなで 女手 1《女の労働力》¶女手ひとつで息子を育て上げた. Ha allevato il figlio completamente da sola. ¶家には女手がない. A casa mia manca una mano femminile. 2《女の筆跡》¶女手の手紙 lettera scritta con calligrafia femminile

おんなのこ 女の子《幼児》bambina㊛, bimba㊛;《少女》ragazzina㊛;《若い女性》ragazza㊛;《自分の娘》figlia㊛

おんなもの 女物 ¶女物の時計 orologio per [da] donna

おんならしい 女らしい femminile ◇女らしさ femminilità㊛ ¶女らしいしとやかさ grazia femminile [muliebre]

おんねん 怨念 profondo rancore[男]
おんのじ 御の字 ¶この家が5000万円で売れるなら御の字だ. Mi ritengo [Mi riterrei] soddisfatto se riesco [riuscissi] a ricavare 50 milioni di yen da questa casa.
おんぱ 音波 《物》onda[女] sonora [acustica] ¶超音波 onde ultrasoniche [supersoniche]
オンパレード 〔英 on parade〕《勢ぞろい》carrellata[女] ¶名画のオンパレード carrellata di dipinti famosi
おんぴょうもじ 音標文字 《発音記号》simbolo[男] fonetico [複 -ci] ¶国際音標文字 simbolo fonetico internazionale
おんびん 音便 《音韻》eufonia[女], modificazione[女] eufonica ◇音便の eufonico [男複 -ci] ¶イ[促(そく) / 撥(はつ)]音便 modificazione eufonica della i [di consonante geminata / di suono nasale]
おんびん 穏便 ◇穏便な《円満な》quieto, tranquillo;《友好的な》amichevole, morbido;《内密の》privato, segreto, riservato ◇穏便に tranquillamente; pacificamente; privatamente, segretamente ¶穏便な措置を講ずる prendere provvedimenti morbidi [non troppo severi] ¶事を穏便に済ませる risolvere [appianare] una vertenza in via amichevole
おんぶ 負んぶ **1**《背中に負うこと》◇おんぶする portare *ql.co.* a cavalluccio [sulla schiena / sulle spalle] **2**《人の負担によること》¶他人におんぶする contare [fare assegnamento] sugli altri ¶他人におんぶして生活する vivere sulle spalle degli altri
おんぷ 音符 〔音〕nota[女] musicale ⇀音楽[用語集], 楽譜[図版]
おんぷ 音譜 ⇀楽譜 ¶音譜を読む leggere la musica
おんぷう 温風 aria[女] calda [riscaldata]
✤温風暖房機 calorifero[男] ad aria calda, aerotermo[男], termoventilatore[男]
おんぶきごう 音部記号 〔音〕chiave[女]
オンブズマン 〔英 ombudsman〕〔法〕difensore[男] civico
おんぼろ 《乗り物, 家具: 譴》trabiccolo[男];《乗り物》macinino[男] ◇おんぼろの vecchio [男複 -chi];《いたんだ》consumato, decrepito;《服などが》logoro, frusto ¶おんぼろの家 catapecchia /《崩れそうな》baracca cadente
おんみつ 隠密 《密偵》spia[女], agente[男] segreto ◇隠密に in segreto, segretamente
おんやく 音訳 traslitterazione[女] ¶日本語をローマ字に音訳する traslitterare la scrittura giapponese in caratteri latini
おんよく 温浴 bagno[男] caldo [bollente]
✤温浴療法 terapia[女] consistente in bagni caldi
おんよみ 音読み pronuncia[女] alla cinese di un ideogramma ◇音読みする pronunciare un ideogramma alla maniera cinese
オンライン 〔英 on line〕〔コンピュータ〕◇オンラインの on line [無変], in linea
✤オンラインサービス servizio[男] [複 -i] on line
オンラインシステム sistema[男] in linea [on line]
オンライン出版 editoria[女] on line
オンラインショッピング shopping[男] [無変] on line
オンライン書店 libreria[女] on line
オンライン処理 elaborazione[女] (di dati) in linea [on line]
オンライン制御 controllo[男] in linea [on line]
オンラインビジネス business[男] [無変] on line
おんりょう 音量 volume[男] ¶音量を上げる[下げる] alzare [abbassare] il volume
おんりょう 怨霊 fantasma[男] [複 -i] malvagio [複 -gi], spirito[男] [spettro[男]] vendicativo
おんわ 温和 ◇温和な 《気候が》mite, temperato;《性格などが》moderato; calmo, pacifico [男複 -ci];《優しい》dolce, gentile, cordiale ¶温和な気候 clima mite ¶温和な性格 carattere mite

か

か 可 **1**《学校の評点》sufficiente ⇀成績 [参考]
2《許容しうる》possibile, tollerato, ammesso ¶月末払いも可. È accettato il pagamento a fine mese. ¶筆記試験には辞書の持ち込み可. Durante la prova scritta è ammesso [consentito] l'uso del dizionario.
[慣用] **可もなく不可もなし** Né buono [bene] né cattivo [male]. / È passabile.

か 科 **1**《動・植物の》famiglia[女]
2《学校の》sezione[女];《学部》facoltà[女];《大学の学部内部の》dipartimento[男]; istituto[男];《講座》corso[男] ¶国際法科 Dipartimento di Diritto Internazionale ¶初[中 / 高]等科 corso elementare [medio / superiore]
3《病院の》reparto[男], clinica[女] ¶内科 reparto di medicina interna
4《教科》 ¶社会科 scienze naturali

か 香 《芳香》profumo[男], fragranza[女]

か 蚊 〖昆〗zanzara[女] ¶蚊を払う allontanare le zanzare ¶蚊にさされた. Sono stato punto da una zanzara. ¶蚊よけの antizanzare[無変] / repellente contro le zanzare
[慣用] **蚊の鳴くような声で** con voce fioca, con un filo di voce

か 課 **1**《官庁・会社の》ufficio[男][複 -ci], servizio[男][複 -i], sezione[女], reparto[男]
2《教科書の》lezione[女], unità[女] ¶第3課 terza lezione

-か -箇 ¶5か月 cinque mesi ¶3か所 tre punti [luoghi]

-か **1**《疑問》 ¶お元気ですか. Come stai?
2《反語》 ¶そんなこと誰が予測できるか. Una cosa così, come si fa a prevederla?
3《念を押す》 ¶いいか, 頼むよ. Hai capito? Mi raccomando.
4《勧誘, 依頼》 ¶ローマに行かないか. Che ne dici di andare a Roma ? ¶地図を書いてくれませんか. Le dispiacerebbe farmi la piantina?
5《驚き, 非難》 ¶彼も死んだか. È morto anche lui! ¶そんなことするやつがあるか. Ma a chi verrebbe mai in mente di fare una cosa del genere?
6《不確実, 疑わしい気持ち》 ¶時間が早すぎたのか誰もいない. Forse sono venuto troppo presto, non c'è ancora nessuno. ¶なぜか寂しいんだ. Non so perché, ma mi sento triste.
7《あれかこれか》 ¶君か僕かが彼に話そう. O tu o io vediamo di parlargli.
8《…するかしないうちに》 ¶家を出るか出ないうちに雨が降り出した. Non abbiamo quasi nemmeno fatto in tempo a uscire che è cominciato a piovere.
9《…かどうかわからない》 ¶彼は来るかどうかわからない. Non so se verrà o meno. ¶なぜあんなことを言ったのかわからない. Non so perché abbia detto una cosa del genere.

-か -下 ¶外国の支配下にある essere sotto il dominio straniero ¶銅像の足下(もと)に alla base di una statua di bronzo

-か -化 ¶体系化 sistematizzazione ¶労働を組織化[機械化]する organizzare [meccanizzare] il lavoro

-か -日 ¶3月3日 il 3 marzo ¶これを仕上げるのには5日かかる. Ci vogliono 5 giorni per completarlo.

が 我 **1**《我意, わがまま》 ¶我が強い. È ostinato [testardo / caparbio].
2《自我》〔ラ〕ego[男][無変]; io[男][無変]
[慣用] **我を折る** piegarsi, cedere a *qlcu.* [*ql.co.*], finire col dare ragione a *qlcu.*
我を張る ostinarsi in *ql.co.* [a + [不定詞]]

が 蛾 〖昆〗falena[女], farfalla[女] notturna [crepuscolare]

-が **1**【主語を示す】 ¶私が行きます. Ci vado io. ¶少年が3人いる. Ci sono tre ragazzi.
2【目的語を示す】 ¶私はコーヒーが好きだ. Mi piace il caffè. ¶何がしたいの. Che cosa vorresti fare?
3【前後の事柄を結びつけて】 ¶きれいな花だが何という花だろう. È un bel fiore, come si chiamerà?
4【逆接】 ¶すみませんがちょっと待ってください. Mi scusi, attenda un attimo. ¶薬を飲んだが, 風邪は少しもよくならない. Ho preso delle medicine, eppure il raffreddore non è migliorato affatto. ¶彼らは金持ちであるがつつましく暮らしている. Benché [Sebbene] siano ricchi, conducono una vita modesta.
5【譲歩】 ¶何が起ころうが私の責任ではない. Accada quel che accada, io non ne sarò responsabile. ¶彼が行こうが行くまいが私には関係ない. Che ci vada o meno [Sia che lui vada, sia che non vada], a me non interessa.
6【願望】 ¶彼が来てくれればよかったんだが. Mi avrebbe fatto piacere se fosse venuto. ¶大学に入れるといいのだが. Magari potessi entrare all'università.
7【口調を和らげて】 ¶何時にミサが始まるか教えていただきたいのですが. Saprebbe dirmi a che ora comincia la messa?
8【名詞につけてののしりの気持ちを表す】 ¶この大ばか者めが. Idiota!

かあ ¶からすがかあかあ鳴く. Il corvo gracchia [fa cra cra].

カー 〔英 car〕⇀自動車
✤**カーエアコン** climatizzatore[男]
カーステレオ autoradio[女][無変] stereo [無変]
カーナビ(ゲーション) navigatore[男] satellitare, GPS[男][無変]

カーフェリー traghetto男 per autovetture
カーラジオ autoradio女 [無変]
カーレース 《スポ》 automobilismo男; corse女 [複] automobilistiche

があがあ ¶あひるががあがあ鳴いている. L'anatra fa qua qua. / L'anatra schiamazza. ¶スピーカーがかあがあいっている. L'altoparlante sta facendo un sacco di chiasso.

カーキ 〔英 khaki〕 cachi男 [無変]
❖カーキ色 color男 cachi [kaki / coloniale] ◇カーキ色の cachi [無変], kaki [無変]

かあさん 母さん 《呼びかけ》Mamma!;《親》Ma'! →お母さん

カースト 〔英 caste〕 casta女
ガーゼ 〔独 Gaze〕 garza女
カーソル 〔英 cursor〕 cursore男
ガーター 〔英 garter〕 reggicalze男 [無変]; (靴下どめ) giarrettiera女

カーディガン 〔英 cardigan〕 cardigan男 [無変]

ガーデニング 〔英 gardening〕 giardinaggio男 [複 -i]

カーテン 〔英 curtain〕 tenda女 ¶カーテンを引く[閉める] tirare [chiudere] le tende ¶カーテンを開ける aprire [scostare] le tende ¶鉄のカーテン 《史》 cortina di ferro ¶カーテンを売る店 negozio di tendaggi
❖カーテンコール chiamata女 alla ribalta
❖カーテンリング anelli男 [複] per tende
❖カーテンレール binario男 [複 -i] da tenda; riloga女; passante男
❖カーテンロッド asta女 per tende

ガーデンパーティー 〔英 garden party〕 〔英 garden-party男 [無変]; ricevimento男 all'aperto [in giardino]

カート 〔英 cart〕 carrello男
カード 〔英 card〕 **1** 《会員証, 利用者証》 tessera女
2 《データ整理用の》 scheda女 ¶本をカードで整理する schedare i libri ¶カードに当たる《図書館などで》 consultare le schede
3 《クレジットカード》 carta di credito ¶カードで払う pagare con la carta (di credito)
4 《試合の組合せ》 abbinamento男
5 《トランプの》 carte女 [複] ¶カード遊びをする giocare a carte ¶カードを切る mescolare le carte

──[関連]──
IDカード carta女 d'identità キャッシュカード bancomat [bancomat]男 [無変] クリスマスカード biglietto男 di auguri per Natale クレジットカード carta女 di credito タイムカード cartellino男 テレフォンカード scheda [tessera女 / carta女] telefonica 図書カード scheda女 バースデーカード biglietto男 di auguri per il compleanno プリペイドカード carta女 prepagata

❖カードキー chiave女 elettronica (a scheda)
カード式索引 schedario男 [複 -i]
カード式目録 catalogo男 [複 -ghi] a scheda
カード破産 ¶カード破産する rovinarsi con la carta di credito

カードリーダー lettore男 di schede
ガード (陸橋) ponte男 a travata, viadotto男
ガード 〔英 guard〕《防御・防衛・球技の》 difensore男
❖ガードマン guardiano男 [複 -a], guardia女
❖ガードレール〔英〕guardrail男 [無変]

カートリッジ 〔英 cartridge〕 cartuccia女 [複 -ce] (レコードプレーヤーの) testina女

ガードル 〔英 girdle〕 guaina女; panciera女; fascia女 [複 -sce] elastica →下着 図版

カートン 〔英 carton〕 (タバコの) stecca女
カーニバル 〔英 carnival〕 carnevale男
◇カーニバル(風)の carnevalesco [男複 -schi]

カーネーション 〔英 carnation〕《植》 garofano男

ガーネット 〔英 garnet〕《鉱》 granata女, granato男

カーバイド 《化》 carburo男 (di calcio)
カービンじゅう カービン銃 carabina女
カーフ (牛革) (pelle女 di) vitello男
カーブ 〔英 curve〕 curva女 ¶急な[ゆるい]カーブ curva stretta [larga] ¶左にカーブを切る prendere [girare] a sinistra ¶道がカーブしている. La strada fa una curva.

カーペット 〔英 carpet〕 tappeto男; (敷きつめた) 《仏》 moquette女 [無変]

カーボン 〔英 carbon〕《炭素》 carbonio男 [複 -i]; 《炭》 carbone男
❖カーボン紙 foglio男 [複 -gli] di carta carbone
カーボンブラック 《化・工》 nerofumo男
カーラー 〔英 curler〕 bigodino男
ガーリック 〔英 garlic〕《料》 aglio男 [複 agli]
カーリング 〔英 curling〕《スポ》〔英 curling男

カール 〔英 curl〕 ¶髪がカールしている avere i capelli ricci [ondulati] ¶髪をカールする 《自分で》 arricciarsi i capelli
❖カールピン (クリップ型の) becco男 [複 -chi] d'oca, beccuccio男 [複 -ci]; (ばね型の) molletta女

ガール 〔英 girl〕 ragazza女
❖ガールスカウト〔英〕 girl scout女, giovane esploratrice女
ガールハント ¶ガールハントする andare a caccia di ragazze
ガールフレンド 《女の友達》 amica女; (恋人) la propria ragazza女

かい 下位 ◇下位の di basso rango [grado]; (相対的に) di rango [grado] inferiore; (地位・階級が) subalterno ¶下位の役人 funzionario di seconda [terza] categoria
❖下位区分 suddivisione女

かい 甲斐 appagamento男 ¶やり甲斐のある仕事 un lavoro che dà soddisfazione ¶努力の甲斐がなかった. Tutti gli sforzi sono stati inutili. ¶彼女なしでは生きる甲斐がない. Senza di lei, non vale la pena di vivere.

かい 会 **1** 《会合, 会議》 riunione女, seduta女; 《全体会議》 assemblea女; 《集会, 演説会》 comizio男 [複 -i]; 《評議会》 consiglio男 [複 -gli]; 《政党・学会の大会》 congresso男; 《講演会》 conferenza女; 《研究会》 convegno男, simposio男 [複 -i]; 《会見》 incontro男; 《少人数の集まり》 colloquio男 [複 -i] ¶会に出席する

partecipare [intervenire / prendere parte] a una riunione ¶会を開催する organizzare [tenere] una riunione ¶会を閉じる chiudere [sciogliere] la seduta ¶明日会がある. Domani avrà luogo [si terrà / ci sarà] una riunione.
2 《機関の総称》sessione㊛; 《団体》associazione㊛; ordine㊚; 《クラブ》 [英] club [無変]; circolo㊚ ¶医師[弁護士]会 l'Ordine dei medici [degli avvocati] ¶ドミニコ会 l'ordine domenicano ¶会に入る diventare socio (di un club)/ diventare membro (di un'associazione)/ iscriversi a un'associazione

かい 回 **1** 《回数, 度数》volta㊛; 《定期開催行事の》edizione㊛ (►規模の大きな行事に使う) ¶何回か più di una volta ¶3回目に alla terza volta ¶今回 questa volta ¶次回 la prossima volta / la volta successiva ¶前回 la volta precedente / l'ultima volta ¶年[月]に3回 tre volte (al)l'anno [al mese] ¶何回も più volte / a più riprese ¶第5回映画祭 la quinta edizione del Festival cinematografico ¶第12回ヴァイオリン・コンクール dodicesimo concorso di violino ¶1回に3人ずつ来てください. Venite tre per volta. ¶この会合は回を重ねるごとに盛んになる. Queste riunioni hanno di volta in volta sempre più successo.
2 《スポーツで》turno㊚; 《ボクシングで》[英] round [無変]; ripresa㊛; 《野球で》[英] inning㊚[無変]

かい 戒 **1** 《いましめ》ammonizione㊛
2 《宗教上の規則・戒律》comandamento㊚, precetto㊚

かい 貝 mollusco㊚ [複 -schi] (►molluschiは水棲無脊椎動物の総称で, イカもこれに入るが主として貝類をさす); 《貝殻》conchiglia㊛
❖貝塚 cumulo㊚ preistorico [複 -ci] di conchiglie
貝類学 conchiliologia㊛; concologia㊛

かい 怪 mistero㊚; stranezza㊛ ¶怪情報 informazione misteriosa

かい 階 piano㊚ ¶この階で[に] su questo piano ¶上の階で al piano superiore ¶1階 pianterreno ¶2階 il primo piano ¶3階建ての建物 edificio su [a] tre piani

階

イタリア		日 本	
3	terzo piano	4階	4
2	secondo piano	3階	3
1	primo piano	2階	2
T	pianoterra	1階	1
S	(primo piano) interrato	地下1階	B1
	secondo piano interrato	地下2階	B2

かい 買い acquisto㊚ ¶円買い acquisto di yen

❖**買い気配** 《株の》tendenza㊛ all'acquisto
買い注文 《株の》ordine d'acquisto
買いレート cambio㊚ [複 -i] all'acquisto
かい 解 《数》soluzione㊛, risposta㊛ ¶二次方程式の解を求める cercare la soluzione a un'equazione di secondo grado

かい 櫂 remo㊚ ¶櫂で漕ぐ remare㊀ [av] / vogare㊀ [av]

-かい -界 mondo㊚; ambito㊚, regno㊚; campo㊚, circolo㊚ ¶数学界の天才 genio nel campo della matematica ¶動物[植物]界 regno animale [vegetale]

-かい -かい 《本当かい. Dici davvero? ¶そんなこと知るもんかい. Cosa vuoi che ne sappia, io?!

がい 害 danno㊚, male㊚ ¶害のある dannoso ¶タバコは体に害がある. Il tabacco fa male all'organismo. ¶日本は毎年台風の害を受ける. Il Giappone ogni anno viene colpito dai tifoni.

-がい -外 ¶時間外労働 lavoro straordinario ¶それは問題外だ. Questo è un problema 「che non si pone [fuori discussione]. ¶この問題は私の専門外です. Questo problema non rientra nel mio campo.

-がい -街 ¶旧市街 un vecchio quartiere ¶住宅街 abitato / quartiere residenziale

かいあく 改悪 ¶憲法を改悪する modificare la Costituzione in peggio

がいあく 害悪 male㊚; 《悪影響》influenza㊛ dannosa [nociva]

かいあげ 買い上げ acquisto㊚ ◊ 買い上げる comprare, acquistare
❖**買上価格** prezzo㊚ d'acquisto

かいあさる 買い漁る ¶掘り出し物を買いあさる andare a caccia di occasioni

がいあつ 外圧 pressione㊛ esterna ¶外圧に屈する piegarsi alle pressioni esterne ¶外圧をはねのける respingere le pressioni esterne

かいあん 改案 emendamento㊚ ◊ 改案する emendare

かいい 怪異 ◊ 怪異な strano, misterioso, alieno

かいいき 海域 ¶日本海域「la zona di mare [le acque] intorno al Giappone

かいいぬ 飼い犬 cane㊚ domestico [複 -ci]
|慣用| 飼い犬に手をかまれる ¶飼い犬に手をかまれた. Ho coltivato una serpe in seno.

かいいれ 買い入れ compera㊛, acquisto㊚ ◊ 買い入れる comprare, acquistare; 《株などを》sottoscrivere
❖**買入れ価格** prezzo㊚ d'acquisto [di costo], valore㊚ [corso㊚] d'acquisto

かいいん 会員 《クラブ》socio㊚ [㊛ -cia; ㊚複 -ci; ㊛複 -cie]; 《団体一般の》membro㊚; 《政党》aderente㊚; 《クラブ, 政党》associato㊚ [㊛ -a], iscritto㊚ [㊛ -a] ¶正[名誉]会員 socio ordinario [onorario]
❖**会員証** tessera㊛ (di associazione [di iscrizione])
会員制 sistema㊚ della quota sociale da parte dei soci
会員名簿 elenco㊚ [複 -chi] dei soci

かいいん 海員 marinaio㊚ [複 -i], marittimo㊚; 《総称》gente㊛ di mare

❖海員組合 sindacato dei marittimi
海員宿泊所 casa㊛ del marinaio
かいいん 開院 《病院などの》apertura㊛; 《開設》inaugurazione㊛ ¶病院は9時開院だ. L'ospedale apre alle nove.
がいいん 外因 causa㊛ esterna, fattore㊚ esterno [estrinseco [㊚複 -ci]] ◇外因的な esogeno, estrinseco [㊚複 -ci]
かいうけ 買い受け acquisto㊚ ◇買い受ける acquistare
❖買い受け代金 prezzo㊚ per merci acquistate
買い受け人 compratore㊚ [㊛ -trice]
かいうん 海運 spedizione㊛ marittima, traffico㊚ [複 -ci] marittimo
❖海運会社 spedizioniere㊚ marittimo
海運業 industria㊛ navale, trasporti㊚[複] marittimi
海運代理店 agenzia㊛ marittima
かいうん 開運 《開運のお守り》amuleto [talismano] portafortuna
かいえん 海淵 《地質》fossa㊛ oceanica
かいえん 開園 apertura㊛ (di un parco) ¶動物園は10時に開園する. Lo zoo apre alle dieci.
かいえん 開演 inizio㊚ dello spettacolo ¶7時開演. Il sipario si alza alle 19.
❖開演時間 orario㊚ [複 -i] d'inizio
がいえん 外延 《哲》estensione㊛ [campo㊚ di applicazione] (di un concetto); denotazione㊛ ◇外延的 estensivo; denotativo
かいおうせい 海王星 《天》Nettuno㊚
かいおき 買い置き rifornimento㊚, provvista㊛, riserva㊛ ◇買い置きする fare una provvista di ql.co., rifornirsi di ql.co.
かいか 開化 diffusione㊛ della cultura
かいか 開花 《花が開くこと》fioritura㊛, sboccio㊚ [複 -ci], schiudimento㊚ ◇開花する fiorire㊛ [es], schiudersi, sbocciare㊛ [es] ¶文明の開花 fioritura di una civiltà
❖開花期 (stagione㊛ della) fioritura㊛
かいか 開架 scaffali㊚[複] aperti ¶開架式の図書館 biblioteca a scaffali aperti
かいか 階下 piano㊚ di sotto [inferiore]
かいが 絵画 pittura㊛, dipinto㊚ ◇絵画の pittorico [㊚複 -ci] →美術 [用語集]
❖絵画館 pinacoteca
絵画展 mostra㊛ di quadri
がいか 外貨 **1** 《外国の貨幣》《経》valuta㊛ [divisa㊛] estera ¶手持ち外貨 valori in divisa estera ¶外貨を獲得する ottenere [procurarsi] valuta estera **2** 《輸入品》merci㊛[複] estere
❖外貨勘定 conto in valuta estera
外貨準備高 riserve㊛[複] di valuta estera
外貨預金 deposito㊚ in valuta estera
がいか 凱歌 canto di vittoria [di trionfo] ◇凱歌をあげる gioire per la vittoria
ガイガーけいすうかん ガイガー計数管 《物》contatore㊚ (di) Geiger
かいかい 開会 apertura㊛; 《展覧会など》inaugurazione㊛ ◇開会する iniziare ql.co., aprire ql.co., inaugurare ql.co. ¶開会を宣言する dichiarare aperta una riunione ¶議会は開会中である. Il Parlamento è in seduta.
❖開会演説 discorso㊚ d'apertura
開会式 cerimonia㊛ d'apertura [d'inaugurazione]
かいがい 海外 estero㊚, paesi㊚[複] esteri ◇海外で [に] all'estero ¶海外に出かける andare all'estero
❖海外視察 ispezione㊛ all'estero
海外市場 mercato㊚ estero
海外支店 filiale㊛ estera
海外進出 penetrazione㊛ [introduzione㊛] in

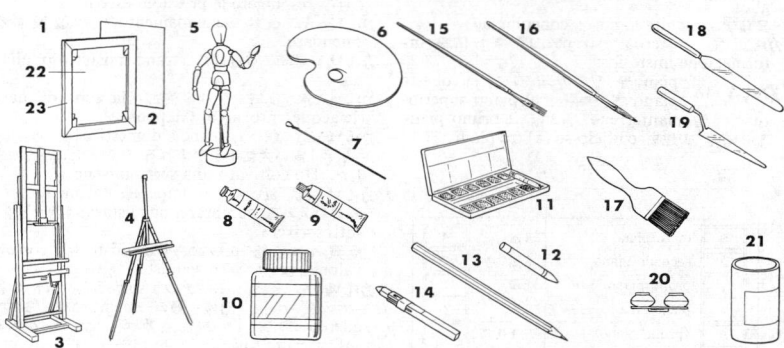

絵画
1 絵 quadro㊚. **2** カートン紙 cartoncino㊚. **3** 画架 cavalletto㊚ da studio. **4** 架台 cavalletto㊚ portatile. **5** 人体模型 manichino㊚. **6** パレット tavolozza㊛. **7** マールスティック bacchetta㊛. **8** テンペラ絵の具 colore㊚ a tempera. **9** 油絵の具 colore㊚ a olio. **10** アクリル絵の具 colore㊚ acrilico. **11** 水彩絵の具 acquerelli㊚[複]. **12** パステル pastello㊚. **13** 鉛筆 matita㊛. **14** 炭筆 carboncino㊚. **15** 平筆 pennello㊚ piatto. **16** 丸筆 pennello㊚ tondo. **17** 平塗り用大はけ pennellessa㊛. **18** パレットナイフ spatola㊛. **19** ペインティングナイフ mestichino㊚. **20** 絵具配合皿 scodellini㊚[複]. **21** 溶剤 solvente㊚. **22** キャンバス tela㊛. **23** フレーム telaio㊚.

un mercato estero
海外投資 investimenti[男][複] all'estero
海外特派員 inviato[男][女 -a] speciale all'estero
海外ニュース cronaca[女] estera
海外派兵 spedizione[女] di truppe all'estero
海外放送 trasmissioni[女][複] per l'estero
海外旅行 viaggio[男][複 -gi] all'estero
がいかい 外海 alto mare[男], mare[男] aperto
がいかい 外界 mondo[男] esterno;〘哲〙《意識の外》l'esteriore[男], mondo[男] esteriore
かいがいしい 甲斐甲斐しい ¶かいがいしく働く lavorare diligentemente [con lena]
かいかく 改革 riforma[女], innovazione[女] ◇改革する riformare *ql.co.*, introdurre una riforma a *ql.co.*, innovare *ql.co.* ¶宗教改革 la Riforma / riforma protestante ¶反宗教改革 la Controriforma / riforma cattolica ¶社会[学校]を改革する riformare la società [la scuola] ¶農業法を改革する innovare la legge sull'agricoltura
✤**改革案** progetto[男] di riforma
改革者 riformatore[男][女 -trice]
改革派 fautori[男][複] della riforma, riformisti[男][複]
がいかく 外角 **1**〘数〙angolo[男] esterno **2**《野球で》palla[女] curva esterna
がいかく 外郭 《城などの》mura[女][複] esterne
✤**外郭団体** organizzazione[女] affiliata
かいかた 買い方 《信用取引の買い手》rialzista[男][女][男複 -i] ¶買い方にまわる speculare al rialzo
かいかつ 快活 ◇快活な allegro, lieto, gaio[男複 -i] ◇快活に allegramente, lietamente, gaiamente
がいかつ 概括 ◇概括する sintetizzare; riassumere ◇概括的 sintetico[男複 -ci]
かいかぶる 買い被る sopravvalutare ¶私は彼の才能を買いかぶっていた. Avevo sopravvalutato il suo talento.
かいがら 貝殻 conchiglia[女]
✤**貝殻細工** artigianato[男] delle conchiglie
かいかん 会館 ¶日本[イタリア]文化会館 Istituto Giapponese [Italiano] di Cultura ¶市民会館 circolo cittadino [comunale]
かいかん 快感 piacevole [gradevole] sensazione[女]
かいかん 開館 ◇開館する aprire[自][av, es] ¶「9時開館」《掲示》"Apertura alle ore 9"

かいがん 海岸

riva[女] del mare;《浜辺》spiaggia[女][複 -ge], lido[男];《沿岸》litorale[男], costa[女] ¶海岸に打ち上げられる essere gettato a riva [sulla sponda] dalle onde ¶海岸を散歩する fare una passeggiata lungo la costa ¶鉄道が海岸に沿って走っている. La ferrovia corre lungo il litorale.
✤**海岸砂丘** duna[女] costiera
海岸線 costa[女], linea[女] costiera [di costa]
海岸地方 litorale[男], regione[女] costiera
海岸通り lungomare[男][無変]
かいがん 開眼 ◇開眼する 《自分の目が》riacquistare la vista;《人の目を》ridare la vista (a *qlcu.*) ⇒開眼(かいげん) 1
✤**開眼手術** intervento[男] chirurgico[複 -ci] per ridare la vista

がいかん 外観 apparenza[女], aspetto[男]; presentazione[女] ◇外観上[は] apparentemente ¶〈人〉を外観で判断する giudicare *qlcu.* dalle apparenze
がいかん 概観 sguardo[男] [quadro[男]] generale ¶情勢を概観する esaminare la situazione in generale
かいき 会期 sessione[女] ¶会期を延長する prolungare una sessione ¶会期中である essere in seduta
かいき 回忌 ¶父の13回忌の法要を営む celebrare il dodicesimo anniversario della morte del padre
かいき 回帰 ritorno[男] (al punto di partenza) ¶中世への回帰 ritorno al medioevo ◇回帰的 ricorrente ¶インフレは回帰的な現象だ. L'inflazione è un fenomeno ricorrente.
✤**回帰線** ¶北[南]回帰線 tropico del Cancro [del Capricorno]
かいき 怪奇 mistero[男] ◇怪奇な《不思議な》misterioso; soprannaturale;《グロテスクな》grottesco[男複 -schi] ¶怪奇な彫刻 una scultura grottesca ¶複雑怪奇な事件 affare complicato e misterioso
✤**怪奇小説** romanzo[男] horror [dell'orrore]
かいき 買い気 〘金融〙¶買い気をあおる causare una tendenza al rialzo

かいぎ 会議

riunione[女], assemblea[女], seduta[女];《評議, 話し合い》consiglio[男][複 -gli] ¶家族会議 consiglio di famiglia ¶秘密会議 consiglio segreto / seduta [riunione] a porte chiuse ¶円卓会議 tavola rotonda ¶会議にかける demandare (*ql.co.*) all'assemblea / rimettere (*ql.co.*) all'approvazione dell'assemblea ¶社長は会議中です. Il presidente è in riunione.
✤**会議室** sala[女] delle riunioni
会議録 verbale[男] (della riunione)
かいぎ 懐疑 dubbio[男][複 -i] ◇懐疑的な scettico[男複 -ci]
✤**懐疑主義**[論] scetticismo[男]
懐疑論者 scettico[男][女 -ca; 男複 -ci]
がいき 外気 aria[女] fresca [aperta] ¶外気に当てる esporre *ql.co.* all'aria / dare [far prendere] aria a *ql.co.* ¶部屋に外気を入れる cambiare l'aria alla stanza
かいきいわい 快気祝い ¶父の快気祝いをした. Abbiamo festeggiato la guarigione di nostro padre.
かいきしょく 皆既食 〘天〙《皆既月食》eclissi[女][無変] totale di luna;《皆既日食》eclissi[女][無変] totale di sole
かいぎゃく 諧謔 umorismo[男] ¶彼は諧謔を解さない. Non ha alcun senso dell'umorismo.
かいきゅう 階級 classe[女] (sociale);《階層》strato[男] [ceto[男]] (sociale);《カースト》casta[女] ¶労働者[勤労者 / 資本家 / ブルジョア / 特権]階級 classe operaia [lavoratrice / capitalistica / borghese / privilegiata] ¶下層階級 classe umile / classe bassa / i bassi fondi / basso ceto ¶上層階級 classe alta / l'alta società ¶中流階級 ceto medio ¶有閑階級 le classi agiate / i ricchi ¶知識階級 gli intellettuali

階級意識 coscienza㊛ di classe
階級差別 distinzione㊛ di classe
階級社会 società㊛ classista [gerarchica]
階級制度 gerarchia㊛ sociale
階級闘争 lotta㊛ di classe

かいきょ 快挙 splendida [eroica] impresa㊛, impresa㊛ coraggiosa [valorosa] ¶…の快挙を成し遂げる riuscire nell'eccezionale impresa di +不定詞

かいきょう 回教 →イスラム教
✤**回教寺院** moschea㊛

かいきょう 海峡 stretto㊚; 《広いもの》canale㊚; 《短いもの, 河口》bocche㊛[複] ¶メッシーナ海峡 stretto di Messina

かいきょう 懐郷 ¶懐郷の念にひたる sentire nostalgia del *proprio* paese

かいぎょう 改行 avanzamento㊚ di riga; 《指示》a capo ◇改行する andare a capo

かいぎょう 開業 ◇開業する《医師, 弁護士》aprire uno studio ¶薬局を開業する aprire una farmacia
✤**開業医** medico㊚[複 -ci] privato

がいきょう 概況 condizione㊛ [situazione㊛] generale ¶天気概況 situazione meteorologica generale

かいきょく 開局 ¶駅前に郵便局が開局した. Hanno [È stato] aperto un nuovo ufficio postale di fronte alla stazione. ¶町にテレビ局が開局した. In città è stata aperta [attivata / messa in funzione] una nuova stazione televisiva.

かいきる 買い切る 《店の全商品を》comprare tutta la merce di un negozio; 《劇場などの》prenotare tutti i posti di *ql.co.*

かいきん 皆勤 ◇皆勤する non assentarsi mai ¶彼は小学校の6年間皆勤した. Durante i sei anni della scuola elementare non ha mai fatto un'assenza.
✤**皆勤賞** premio㊚[複 -i] di assiduità

かいきん 解禁 ¶今日鮎が解禁になった. Oggi si è aperta la pesca del pesce *ayu*. ¶金の輸出が解禁になった. L'embargo sull'oro è stato tolto. / L'esportazione dell'oro è stata liberalizzata.

がいきん 外勤 servizio㊚[複 -i] esterno
✤**外勤者** persona㊛ in servizio esterno

かいきんシャツ 開襟シャツ camicia㊛[複 -cie] sportiva [con il collo aperto]

かいくぐる 掻い潜る ¶取り締まりの目をかいくぐる eludere l'occhio vigile della polizia

かいぐん 海軍 marina㊛ (militare), forze㊛[複] navali ◇海軍の navale, di marina ¶海軍に入る entrare in marina
✤**海軍基地** base㊛ navale
海軍省[大臣] Ministero [Ministro㊚] della Marina militare
海軍大将 ammiraglio㊚[複 -gli]
海軍兵学校 accademia㊛ navale
海軍力 potenza㊛ [forza㊛] navale

かいけい 会計 《勘定》conto㊚; 《経理》contabilità㊛ ¶お会計をお願いします. Mi faccia il conto per favore.
✤**会計課** ufficio㊚[複 -ci] (di) contabilità
会計係 contabile㊚㊛; ragioniere㊚[㊛ -a] della ditta; 《市や国の収入役》tesoriere㊚[㊛ -a];《現金出納(すいとう)係》cassiere㊚[㊛ -a];《学校・公共団体の出納係》economo㊚[㊛ -a] ¶会計をする tenere la contabilità [la cassa]
会計学 ragioneria㊛
会計課長 caporagioniere㊚[㊛ -a]
会計監査 revisione㊛ dei conti
会計検査 verifica㊛ (ufficiale) dei conti
会計検査院 Corte㊛ dei Conti
会計士 ragioniere㊚[㊛ -a] ¶公認会計士 commercialista㊚㊛[㊚複 -i] iscritto all'albo / perito commerciale
会計年度 anno㊚ finanziario[複 -i] [fiscale]
会計簿 libro㊚ [registro㊚] contabile [dei conti], libro㊚ di cassa, libro㊚ mastro
会計報告 relazione㊛ finanziaria

がいけい 外形 forma㊛ esterna; 《外観》apparenza㊛

がいけい 外径 diametro㊚ esterno

かいけつ 解決 soluzione㊛, risoluzione㊛; sistemazione㊛; definizione㊛ ◇解決する risolvere; sistemare; definire ¶解決済みの問題 una questione già risolta ¶争いを円満に解決する definire una controversia amichevolmente [in via amichevole] ¶この問題は解決していない. Questo problema rimane insoluto.
✤**解決策** soluzione㊛

かいけつびょう 壊血病 《医》scorbuto㊚
◇**壊血病の** scorbutico[㊚複 -ci]

かいけん 会見 incontro㊚ (ufficiale); 《対談, 面接》colloquio㊚[複 -i]; 《インタビュー》intervista㊛; 《謁見, 引見》udienza㊛ ◇会見する avere un'intervista con *qlcu.*, intervistare *qlcu.*; essere ricevuto in udienza da *qlcu.* ¶記者会見 conferenza stampa ¶会見に応じる concedere [accordare] un'intervista [un'udienza] a *qlcu.* ¶〈人〉に会見を申し込む chiedere un'intervista [un'udienza] a *qlcu.*
✤**会見記** resoconto㊚ di un'intervista

かいけん 改憲 revisione㊛ della Costituzione
◇**改憲する** riformare [rivedere] la Costituzione

かいげん 改元 ◇改元する cambiare il nome di un periodo [di un'era] ¶1989年に昭和から平成に改元された. Nel 1989 si è passati dall'era Showa a quella Heisei.

かいげん 開眼 1《真理を悟ること》◇開眼する avere un'illuminazione ¶芸道に開眼する arrivare a intuire lo spirito dell'arte
2《供養の》¶大仏開眼 consacrazione㊛ [inaugurazione㊛] di un'immagine [una statua] del grande Budda

がいけん 外見 apparenza㊛ ¶人を外見で判断してはいけない. Non si devono giudicare le persone dalle apparenze.

かいげんれい 戒厳令 legge㊛ marziale ¶戒厳令を敷く[解く] imporre [abrogare] la legge marziale

かいこ 回顧 retrospezione㊛ ◇回顧する ricordare *ql.co.* [*qlcu.*], guardare indietro, riandare al passato ◇回顧的 retrospettivo
✤**回顧録** ricordi㊚[複], memorie㊛[複], reminiscenze㊛[複], ricordanze㊛[複]

かいこ 蚕 〘動〙 baco[男] [複 -*chi*] da seta

かいこ 解雇 licenziamento[男] ◇解雇する licenziare *qlcu.*

✤**解雇通知** avviso[男] [notifica[女]] di licenziamento

解雇手当 indennità[女] di licenziamento

解雇予告 preavviso[男] di licenziamento

かいこ 懐古 reminiscenza[女] nostal*gia*[女] [複 -*gie*] del passato ◇懐古する ricordare *ql.co.* con nostalgia ◇懐古的 nostal*gico* [男複 -*ci*]

✤**懐古趣味** gusto[男] nostalgico

かいご 介護 《病人の》 assistenza[女], cura[女] ◇介護する curare *qlcu.*, prendersi cura di *qlcu.* ¶彼女は高齢の母親を介護している. Lei si prende cura della madre anziana.

✤**介護休暇** periodo[男] di ferie per assistere anziani e invalidi.

介護人 badante[男][女]

介護保険 assicurazione[女] sanitaria per la cura degli anziani e degli invalidi

かいご 悔悟 pentimento[男]; penitenza[女]; rimorso[男]

かいこう 回航 **1** 《船を移す》 ¶船をジェノヴァ港に回航させた. Abbiamo riportato la nave nel porto di Genova. **2** ⇒巡航

かいこう 海港 porto[男] marittimo

かいこう 海溝 〘地質〙 fossa[女] oceanica ¶マリアナ海溝 fossa delle Marianne

かいこう 開口 ¶彼は開口一番インフレの危険を強調した. Ha cominciato il discorso sottolineando il pericolo dell'inflazione. ¶傷の開口部 apertura di una ferita

かいこう 開校 ◇開校する fondare [aprire] una scuola

✤**開校記念日** anniversa*rio*[男] [複 -*i*] della fondazione di una scuola

かいこう 開港 apertura[女] di uno scalo ◇開港する《新しい港を》 aprire un nuovo porto [《空港》 aeroporto]; 《外国との通商のために》 aprire un porto al commercio con l'estero

かいこう 開講 ◇開講する《開設》 istituire un nuovo corso; 《開始》 cominciare [fare la prima di] una serie di lezioni ¶4月20日より開講する. Le lezioni avranno inizio lunedì 20 aprile.

かいこう 邂逅 incontro[男] inaspettato

かいごう 会合 incontro[男], riunione[女] ¶会合を開く organizzare un incontro

がいこう 外交

diplomazia[女] ◇外交的 [(上)の] diploma*tico* [男複 -*ci*] ◇外交的に diplomaticamente, per via diplomatica ¶アジア外交 rapporti diplomatici in Asia ¶外交関係を開く allacciare [instaurare] le relazioni diplomatiche [i rapporti diplomatici] 《と con》 ¶外交関係を断つ troncare [rompere] le relazioni diplomatiche 《と con》 ¶彼には外交的手腕がある. Sa fare il diplomatico. ¶首相は外交に力を注ぐと演説した. Nel suo discorso il primo ministro ha detto che aumenterà l'impegno diplomatico.

✤**外交員** piazzist*a*[男][女] [男複 -*i*] ¶保険の外交員をする fare l'agente d'assicurazione

外交演説 discorso[男] sulla [di] politica estera

外交官 diploma*tico*[男] [女 -*ca*; 男複 -*ci*] ¶外交官になる entrare in diplomazia ¶キャリア外交官になる diventare un diplomatico di carriera

外交儀礼 cerimoniale[男] [protocollo[男]] diplomatico

外交交渉 negoziati[男] [複] diplomatici, trattative[女] [複] diplomatiche

外交使節団 missione[女] diplomatica

外交辞令 ¶外交辞令を言う usare finte attenzioni

外交筋 fonte[女] diplomatica ¶外交筋によれば stando a fonti diplomatiche

外交政策 politica[女] estera

外交折衝 contatti[男] [複] diplomatici

外交団 corpo[男] diplomatico

外交断絶 rottura[女] delle relazioni diplomatiche

外交特権 immunità[女] diplomatica

外交文書 documento[男] diplomatico

外交方針 politica[女] estera

外交ルート canale[男] diplomatico

がいこう 外向 ◇外向的(な) aperto, comunicativo; estroverso; espansivo

かいこく 戒告 ammonimento[男], ammonizione[女] ◇戒告する ammonire *qlcu.*

かいこく 海国 《島国》 paese[男] marittimo

かいこく 開国 **1** 《外国との国交のために》 apertura[女] di un paese ◇開国する aprire un paese (alle relazioni diplomatiche)
2 《建国》 fondazione[女] di un paese ◇開国する fondare uno stato [una nazione]

がいこく 外国

《海外》 estero[男]; paese[男] straniero ◇外国の estero ¶外国からの観光客 turist*a*[男][女] [男複 -*i*] stranie*ro* ¶外国(産)のワイン vino estero ¶外国(製)の時計 orologio di fabbricazione estera ¶外国向けの商品 merce per l'estero [per l'esportazione] ¶外国へ行く[で暮らす] andare [vivere] all'estero ¶外国の使節を迎える accogliere la rappresentanza diplomatica di un paese straniero

✤**外国企業** impresa[女] straniera

外国資本 capitale[男] straniero

外国商社 società[女] [ditta[女]] straniera

外国商品 merce[女] straniera

外国電報 telegramm*a*[男] [複 -*i*] internazionale, cablogramm*a*[男] [複 -*i*]

外国法人 persona[女] giuridica straniera

がいこくかわせ 外国為替 〘経〙 cam*bio*[男] [複 -*i*] di valuta estera

✤**外国為替管理** controllo[男] del movimento della valuta estera

外国為替公認銀行 banca[女] di cambio autorizzata

外国為替市場 mercato[男] delle valute estere

外国為替制度 sistema[男] di cambio estero

外国為替相場 corso[男] [tasso[男]] di cambio

外国為替手形 cambiale[女] estera

外国為替ポジション[持ち高] posizioni[女] [複] valutarie

がいこくご 外国語 lingua[女] straniera

✤**外国語大学** università[女] di lingue straniere

がいこくじん 外国人 stranier*o*[男] [女 -*a*], forestier*o*[男] [女 -*a*] ¶外国人と結婚する sposarsi

con uno straniero [una straniera]
❖**外国人街** zona⒡ residenziale degli stranieri
外国人登録 registrazione⒡ degli stranieri
がいこつ 骸骨 scheletro⒨ ¶彼は骸骨のようにやせている。È ridotto a uno scheletro. / È tutt'ossa.
かいこむ 買い込む fare una scorta di ql.co. ¶彼は缶詰をたくさん買い込んだ。Ha fatto una grossa scorta di cibi in scatola.
かいごろし 飼い殺し ¶飼い殺しにする《家畜を》 prendersi cura di un animale domestico anche da vecchio finché muore /《使用人を》mantenere un dipendente affidandogli però mansioni inferiori alle sue capacità / frustrare le capacità di un dipendente
かいこん 悔恨 pentimento⒨, rimpianto⒨, compunzione⒡, contrizione⒡
かいこん 開墾 dissodamento⒨;《干拓》bonifica⒡ ◇開墾する bonificare, dissodare
❖**開墾事業** impresa⒡ di dissodamento
開墾地 terreno⒨ dissodato [coltivato / bonificato] ¶未開墾地 terreno incolto [vergine]/ sodaglia
かいさい 開催 ◇開催する promuovere; tenere, dare ¶レセプションを開催する dare un ricevimento ¶イタリア近代美術展は11月1日から12月15日まで開催される。La Mostra d'Arte Moderna Italiana「si terrà [avrà luogo] dal 1º di novembre al 15 di dicembre.
❖**開催国** paese⒨ ospitante
開催地 luogo⒨[複 -ghi] [sede⒡] di ql.co.
開催日 data⒡ (di ql.co.)
かいざい 介在 ¶この問題には彼の父親が介在している。In questa faccenda c'è di mezzo suo padre.
がいさい 外債《負債》debito⒨ con l'estero;《債券》prestito⒨ estero
かいさく 改作 rimaneggiamento⒨, rifacimento⒨;《小説を映画などに》adattamento⒨ ◇改作する rimaneggiare, rifare
かいさく 開削, 開鑿;《運河を開削する》sterrare un canale ¶トンネルを開削する scavare [costruire] una galleria [un tunnel]
かいさつ 改札 controllo⒨ [convalida⒡] dei biglietti ◇改札する convalidare i biglietti
❖**改札係** controllore⒨
改札口 ingresso⒨ per il controllo [la convalida] dei biglietti
かいさん 開山 **1**《寺の創立》fondazione⒡ di un tempio buddista;《創立者》fondatore⒨[⒡ -trice] di un tempio buddista **2**《創始者》fondatore⒨[⒡ -trice] [iniziatore⒨[⒡ -trice]]
かいさん 解散 scioglimento⒨ ◇解散する《群衆などが》sciogliersi, lasciare il luogo di raccolta;《議会などを》sciogliere ¶議会の解散を宣する dichiarare sciolto il parlamento ¶デモは駅前で解散した。La dimostrazione si è sciolta davanti alla stazione. ¶「解散」《デモ隊などへの命令》 "Scogliete le righe!"
かいざん 改竄 contraffazione⒡, falsificazione⒡ ¶小切手を改竄する falsificare [contraffare] un assegno
がいさん 概算 ◇概算する fare un calcolo approssimativo, calcolare approssimativamente ◇概算で approssimativamente, all'incirca, grosso modo
❖**概算価格** prezzo⒨ [valore⒨] approssimativo
概算書 preventivo⒨ approssimativo
概算費用 spesa⒡ presunta
かいさんぶつ 海産物 prodotti⒨[複] marini [del mare]
かいし 怪死 morte⒡ misteriosa ◇怪死する morire misteriosamente
かいし 開始 inizio⒨[複 -i] ◇開始する iniziare, cominciare
かいし 懐紙 fazzoletti⒨[複] di carta bianca portati ripiegati nel risvolto del *kimono* (e usati durante la cerimonia del tè)
かいじ 海事 ◇海事の marittimo, nautico [複 -ci], navale
❖**海事裁判所** tribunale⒨ marittimo
海事法 diritto⒨ marittimo [della navigazione]
かいじ 開示 svelamento⒨ ◇開示する svelare
がいし 外資 capitali⒨[複] stranieri
❖**外資系会社** azienda⒡ a capitale straniero
外資導入 introduzione⒡ [immissione⒡] di capitali stranieri
外資法 legge⒡ sulle partecipazioni straniere
がいし 碍子《電》isolatore⒨
がいじ 外字《コンピュータ》carattere⒨ non codificato
がいじ 外耳《解》padiglione⒨ (auricolare), orecchio⒨[複 -chi] esterno
❖**外耳炎**《医》otite⒡ esterna
がいじか 外事課 sezione⒡ straniera, ufficio⒨[複 -ci] stranieri [無varie]
かいして 介して tramite [per mezzo di] qlcu. [ql.co.]; attraverso [mediante] qlcu. [ql.co.] ¶ラジオを介して tramite la radio ¶有力者である友人を介して彼はその仕事を手に入れた。Ha ottenuto il lavoro grazie alla mediazione [all'interesse] di un amico influente.
がいして 概して《一般に》in genere, generalmente;《大ざっぱに言って》a grandi linee, in linea di massima;《大部分》in gran parte, per la maggior parte;《ふつうは》di solito;《結局》tutto sommato, in fin dei conti
かいしめ 買い占め accaparramento⒨, incetta⒡ ◇買い占める accaparrare [accaparrarsi / fare incetta di] ql.co.
かいしゃ 会社 società⒡, ditta⒡, compagnia⒡, azienda⒡, impresa⒡;《代理店, 支店》agenzia⒡ ¶会社を設立[解散]する fondare [sciogliere] una società ¶会社に勤める lavorare per [essere alle dipendenze di] una società
❖**会社員**《事務員》impiegato⒨[⒡ -a];《工場など》operaio⒨[⒡ -ia; ⒨複 -i];《管理職》funzionario⒨[⒡ -ia; ⒨複 -i]
会社経営 amministrazione⒡ [gestione⒡] aziendale
会社更生法 legge⒡ sul risanamento d'impresa
会社資産 patrimonio⒨ aziendale
会社資本 capitale⒨ sociale
会社定款 statuto⒨ societario [複 -i] [di una società]

会社人間 tipico [perfetto] impiegato[男] ¶彼って会社人間だね. Per lui esiste solo la ditta.
会社法 diritto[男] corporativo, legge[女] [legislazione[女]] sulle società
会社役員 membro[男] del consiglio d'amministrazione

[関連]
株式会社 società[女] per azioni;《略》S.p.A.[女] **合資会社** società[女] in accomandita;《略》S.Acc.[女] **有限会社** società[女] a responsabilità limitata;《略》S.r.l.[女] **合名会社** società[女] in nome collettivo;《略》s.n.c.[女] **合弁会社**〔英〕joint venture[女][無変]; associazione[女] in partecipazione **親会社** casa[女] madre [無変], società[女]「di controllo [controllante / capogruppo [複 *capigruppo*]] **子会社** società[女] controllata, filiale[女], affiliata[女], consociata[女] **同族会社** ditta[女] a proprietà familiare **持ち株会社**〔英〕holding[女][無変], gruppo[男] finanziar*io* [男複 *-i*] **関連会社** società[女] affiliata [collegata] **国営会社** azienda[女] di Stato, impresa[女] statale **個人会社** società[女] privata

かいしゃ 膾炙 ¶この金言は人口に膾炙している. Questa massima è「sulla bocca di tutti [da tutti altamente apprezzata].
がいしゃ 外車 《外国の車》automobile[女] straniera, autovettura[女] d'importazione
かいしゃく 介錯 ◇**介錯する** decapitare una persona che sta facendo *harakiri*
かいしゃく 解釈 interpretazione[女] ◇**解釈する** interpretare ¶彼の言葉はいろいろに解釈できる. Le sue parole danno adito a diverse interpretazioni. ¶彼の態度は解釈に苦しむ. Non so come interpretare il suo comportamento. ¶彼はなんでも善意[悪意]に解釈する. Interprete tutto in positivo [in negativo].
がいじゅ 外需 domanda[女] estera
かいしゅう 回収 raccolta[女], recupero[男] ◇**回収する** incassare, recuperare, raccogliere, ritirare ¶売掛金[欠陥商品]を回収する recuperare i *propri* crediti [una merce difettosa] ¶廃品を回収する raccogliere oggetti fuori uso ¶手形を回収する incassare effetti ¶政府は旧紙幣を回収した. Il governo ha ritirato le vecchie banconote.
✤**回収率** tasso[男] di recuperabilità
かいしゅう 改宗 conversione[女] ◇**改宗する** convertirsi《に a》 ◇**改宗させる** convertire *qlcu.*《に a》 ¶彼はキリスト教に改宗した. Si è convertito al cristianesimo.
✤**改宗者** convertit*o*[男][女 *-a*], proselit*o*[男][女 *-a*]
かいしゅう 改修 《修理》riparazione[女];《修復》restauro[男], ristrutturazione[女] ¶橋を改修する riparare un ponte
かいじゅう 怪獣 mostro[男], animale[男] mostruoso
✤**怪獣映画** film[男][無変] di mostri
かいじゅう 晦渋 ¶彼の文章は晦渋だ. Le sue frasi sono「di difficile comprensione [astruse].
かいじゅう 懐柔 ◇**懐柔する** ammansire, accattivarsi
✤**懐柔策** ¶懐柔策をとる scegliere una strategia accattivante
がいしゅう 外周 **1**《外側で測った周囲の長さ》circonferenza[女] esterna **2**《町や地域の外側・周囲》periferia[女], sobborghi[男][複] ¶城の外周には堀がある. Il castello è circondato da un fossato [fosso].
がいじゅうないごう 外柔内剛 morbido all'esterno ma saldo all'interno ¶彼は外柔内剛だ. Sembra gentile ma dentro di sé è un duro.

がいしゅつ 外出

◇**外出する** uscire (di casa) ¶外出嫌いの人 amante della casa / persona casalinga ¶社長は外出中です. Il direttore「è fuori [non è in sede]. ¶彼の外出先に電話した. Gli ho telefonato dove era andato.
✤**外出着** abbigliamento[男] [abiti[男][複]] per uscire
外出禁止令 ordine[男] di coprifuoco
かいしゅん 改悛 pentimento[男], ravvedimento[男] ¶改悛の情が著しい pentirsi sinceramente / essere profondamente pentit*o*
かいしゅん 買春 ◇**買春する** andare con una prostituta, pagare una prostituta
かいしょ 楷書 ¶楷書で書く scrivere (gli ideogrammi) in stampatello
かいじょ 介助 aiuto[男], assistenza[女] ¶介助なしで senza essere sostenut*o* / senza alcun aiuto ¶車椅子の病人を介助する assistere un malato sulla sedia a rotelle
✤**介助犬** cane[男] da accompagnamento
かいじょ 解除 《契約・法令など》annullamento[男], rescissione[女] (►法令による);《廃止・撤回》revoca[女]; abrogazione[女];《束縛など》liberazione[女] ◇**解除する** rescindere, revocare;《一般に》togliere ¶契約を解除する rescindere [annullare] un contratto ¶予約講読を解除する revocare [togliere] l'abbonamento ¶警報を解除する dare [suonare] il cessato allarme ¶要塞を解除する smantellare una fortezza
✤**解除権** diritto[男] di rescissione
解除条件 clausola[女] [condizione[女]] risolutiva
かいしょう 甲斐性 ¶甲斐性のある男《有能》uomo abile [pieno di risorse / ingegnoso] /《行動的》un uomo intraprendente ¶甲斐性のない男 un uomo incapace [inconcludente / incompetente / inefficiente]/ buono a nulla ¶男の甲斐性をみせる dimostrare il *proprio* valore come uomo.
かいしょう 快勝 ◇**快勝する** ottenere [riportare] una schiacciante [luminosa] vittoria
かいしょう 改称 ◇**改称する** cambiare denominazione (da *ql.co.* a *ql.co.*)
かいしょう 解消 ◇**解消する**《やめる》annullare, sciogliere; rompere;《解決する》risolvere ¶婚約を解消する rompere il fidanzamento ¶経済危機を解消する risolvere la crisi economica
かいじょう 会場 luog*o*[男][複 *-ghi*] di riunione, sala[女] ¶ミラノ見本市の会場 area della Fiera Campionaria di Milano ¶会場はミラノ大学です. Il luogo della riunione è l'università di Mila-

no.

かいじょう 海上 《海面》superficie[女] del mare ◇海上の marittimo, navale ¶英国は海上の覇者となった. L'Inghilterra ebbe il dominio dei mari. ¶10日も海上をただよった. Sono andato alla deriva per ben 10 giorni.

✤**海上運賃** nolo[男] marittimo
海上勤務 servizio[男][複 -i] a bordo
海上権 potenza[女] marittima
海上自衛隊 marina[女] delle forze di Autodifesa
海上封鎖 blocco[男][複 -chi] marittimo
海上保安庁 ente[男] per la Sicurezza Marittima
海上法 diritto[男] marittimo [della navigazione]
海上貿易 commercio[男][複 -ci] marittimo, traffici[男][複] marittimi
海上保険 assicurazione[女] marittima
海上輸送 trasporto[男] marittimo

かいじょう 開城 resa[女] (di una fortezza), capitolazione[女] ◇開城する consegnare una fortezza (al nemico)

かいじょう 開場 ¶午後8時開場. Si apre alle 20.

かいじょう 階上 piano[男]「di sopra [superiore]

かいじょう 階乗 〔数〕fattoriale[男] ¶3の階乗 3 (di) fattoriale / fattoriale 3

がいしょう 外相 ⇒外務大臣

がいしょう 外商 promozione[女] della vendita di un prodotto recandosi da cliente a cliente

✤**外商部** reparto[男] vendite esterne; 《通信販売の》reparto[男] vendite per corrispondenza

がいしょう 外傷 ferita[女], lesione[女] esterna; 〔医〕trauma[男][複 -i] ¶外傷がある avere una ferita

がいしょう 街娼 prostituta[女], donna[女]「di strada [da marciapiede]

がいしょうごストレスしょうがい 外傷後ストレス障害 《PTSD》〔医〕disturbo[男] da stress post-traumatico

かいしょく 会食 ◇会食する mangiare insieme (con *qlcu.*) ¶我々は今夜レストランで会食することになっている. Stasera ceniamo [mangiamo] insieme in un ristorante.

✤**会食者** commensale[男][女], convitato[男][女 -a]

かいしょく 海食 〔地質〕erosione[女] marina [delle onde / delle acque]

✤**海食作用** (effetto[男] di) erosione[女] delle acque
海食台地 piattaforma[女] continentale [litorale]
海食洞 grotta[女] marina

かいしょく 解職 licenziamento[男], destituzione[男]; 《除隊》congedo[男] ◇解職する licenziare, destituire, dimettere

がいしょく 外食 ◇外食する mangiare fuori

✤**外食産業** industria[女] della ristorazione

かいしん 会心 ¶会心の笑みを浮かべる fare un sorriso di compiacimento [di soddisfazione] ¶これは私の会心の作です. Questa è un'opera di cui vado fiero.

かいしん 回診 giro[男] di visite mediche ¶10時に医長の回診がある. Alle 10 il primario compie il suo giro di visite.

✤**回診時間** ora[女] delle visite

かいしん 改心 pentimento[男], ravvedimento[男] ◇改心する pentirsi, ravvedersi, correggersi, tornare sulla retta via ¶彼には改心の見込みがない. È incorreggibile [irrecuperabile].

かいしん 改新 riforma[女] ¶大化の改新 la Riforma Taika (◆645 d.C. (読み方: dopo Cristo)) ¶政治体制を改新する riformare un sistema politico

かいじん 灰塵 ¶彼の財産は灰塵に帰した. Le sue proprietà sono state「ridotte in cenere [distrutte dal fuoco].

かいじん 海神 il dio[男][複 *dei*] del mare; 〔ロ神〕Nettuno[男]; 〔ギ神〕Pos(e)idone[男]

がいしん 外信 notizie[女][複] [informazioni[女][複]] estere

✤**外信部** reparto[男] notizie [informazioni] estere

がいじん 外人 straniero[男][女 -a] ⇒外国人 ¶外人教師[選手] professore [giocatore] straniero

✤**外人記者クラブ** 《日本外国特派員協会》Club[男][無変] dei Corrispondi Stranieri
外人部隊 legione[女] straniera
外人墓地 cimitero[男] degli stranieri

かいず 海図 carta[女] marina [idrografica]

かいすい 海水 acqua[女] marina [di mare]

✤**海水着** costume[男] da bagno
海水魚 pesce[男] di mare [d'acqua salata]
海水帽 cuffia[女] da bagno

かいすいよく 海水浴 bagno[男] (nel mare) ¶海水浴をする fare il bagno (nel mare)

✤**海水浴客** bagnante[男][女]
海水浴場 stazione[女] balneare ¶どの海水浴場も芋を洗うようだ. Tutte le spiagge sono gremite di bagnanti.

かいすう 回数 numero[男] di volte; 《頻度》frequenza[女] ¶回数が多い[少ない] essere frequente [raro] ¶回数を重ねて練習する esercitarsi frequentemente [ripetutamente]

✤**回数券** 〔仏〕carnet [karné] [男][無変] ¶10回分の回数券 carnet da [di] 10 biglietti / carnet da 10 corse

がいすう 概数 cifra[女] tonda, numero[男] approssimativo

かいする 介する **1**《間に立てる》⇒介して
2《心にかける》¶そんなことはいささかも意に介さない. Non mi disturba affatto. / Non mi dà alcun fastidio.

かいする 会する 《集まる》riunirsi, radunarsi; 《出合う》incontrarsi ¶一同に会する radunarsi tutti in un luogo

かいする 解する 《理解する》capire; comprendere, afferrare; 《芸術を》saper apprezzare; 《解釈する》interpretare

がいする 害する nuocere[自][*av*] a *ql.co.*, danneggiare ¶彼は働きすぎて健康を害した. Il troppo lavoro「ha danneggiato la [ha nuociuto alla] sua salute. ¶私は彼の感情を害したくない. Non voglio offendere [urtare] i suoi sentimenti. ¶看板広告は景色の美しさを害する. I tabelloni pubblicitari deturpano la bellezza del panorama.

かいせい 快晴 bel tempo[男], tempo[男] sereno ¶明日は快晴でしょう. Domani dovrebbe fare

かいせい 改正 《変更》 modificazione㊛, revisione㊛;《修正》 emendamento㊚ ◇改正する modificare, rivedere; emendare; riformare ¶憲法改正 riforma della Costituzione ¶税制の改正 riforma tributaria
❖改正案 proposta㊛ di emendamento
改正料金 tariffe㊛[複] ritoccate

かいせい 改姓 ◇改姓する cambiare il *proprio* cognome

かいせき 会席
❖会席料理 piatto elaborato e di alta qualità servito su un particolare vassoio laccato

かいせき 懐石
❖懐石料理 piatto leggero servito durante la cerimonia del tè

かいせき 解析 ¶データを解析する analizzare i dati
❖解析学 analisi㊛[無変]
解析幾何学 geometria㊛ analitica

がいせき 外戚 parente㊚ da parte di madre [di linea materna]

かいせつ 開設 istituzione㊛; fondazione㊛; apertura㊛ ◇開設する istituire, fondare, aprire ¶イタリア語コースの開設 istituzione del corso di lingua italiana ¶支店の開設 apertura di una filiale

かいせつ 解説 spiegazione㊛; interpretazione㊛; commento㊚ ◇解説する spiegare; interpretare; commentare
❖解説記事 articolo㊚「di commento [esplicativo]
解説者 commentatore㊚[㊛ -trice]
解説書 guida㊛, manuale㊚

がいせつ 外接 《幾何》◇外接する essere circoscritto
❖外接円 cerchio㊚[複 -chi] circoscritto

がいせつ 概説 compendio㊚[複 -i], relazione㊛ sommaria ◇概説する fare un profilo di *ql.co.* ¶哲学概説 introduzione alla filosofia

かいせん 回船 《運送船》 nave㊛ da carico
❖回船問屋 agente㊚ marittimo

かいせん 回線 《回路》 circuito㊚ ¶通信[電話/デジタル/アナログ]回線 linea [telefonica / digitale / a banda analogica] ¶回線はただいま込み合っております[不通です]. Adesso le linee sono occupate [interrotte].
❖回線切り替え smistamento㊚ delle linee, commutazione㊛

かいせん 改選 rielezione㊛ ◇改選する rieleggere ¶参議院議員の半数を改選する rieleggere la metà dei membri della Camera alta

かいせん 海戦 battaglia㊛ navale ¶日本海海戦 Battaglia del Mar del Giappone

かいせん 疥癬 《医》 scabbia㊛, rogna㊛, psoriasi㊛[無変]
❖疥癬虫 acaro㊚ della scabbia

かいせん 開戦 inizio㊚[複 -i] [apertura㊛] delle ostilità ◇開戦する aprire [iniziare] le ostilità ¶開戦を宣する dichiarare guerra 《に a》
❖開戦派 partito㊚ militarista

かいぜん 改善 miglioramento㊚, cambiamento㊚ per il meglio ◇改善する migliorare, cambiare in meglio ¶まだ改善の余地が大いにある. C'è ampia possibilità di miglioramento.

がいせん 外線 **1**《電話》¶外線をお願いします. Vorrei comunicare con l'esterno. / Vorrei la linea esterna. **2**《電気の》 cavo㊚ elettrico [複 -ci] esterno

がいせん 凱旋 ritorno㊚ trionfale ◇凱旋する fare un ritorno trionfale, ritornare in trionfo
❖凱旋将軍 generale㊚ vittorioso
凱旋門 arco㊚[複 -chi] di trionfo

がいぜんせい 蓋然性 alta probabilità㊛

かいそ 改組 riorganizzazione㊛, riordinamento㊚;《内閣の》 rimpasto㊚ (ministeriale);《制度の》 ristrutturazione㊛ ◇改組する riorganizzare; rimpastare, rimaneggiare; ristrutturare

かいそ 開祖 fondatore㊚[㊛ -trice]

かいそう 会葬 ◇会葬する partecipare a un funerale
❖会葬者 persone㊛[複] che seguono [sono presenti a] un funerale

かいそう 回送 ◇回送する《手紙などを》 ritrasmettere, rispedire ¶空車を回送する portare un tassì [un treno] al deposito
❖回送車《電車》treno㊚[《タクシー》tassì㊚[無変]] fuori servizio

かいそう 回想《過去のできごとを思い返すこと》 ricordo㊚,《過去の思い出》 reminiscenza㊛ ◇回想する ricordare *ql.co.* [di + 不定詞]; ricordarsi di *ql.co.* ¶1960年代を回想する ricordarsi degli anni '60《読み方: sessanta》/ riandare con i ricordi agli anni '60
❖回想シーン scena㊛ retrospettiva
回想録 reminiscenze㊛[複], ricordi㊚[複], memoriale㊚

かいそう 回漕 trasporto㊚ marittimo [navale] ¶木材を回漕する trasportare legname via mare
❖回漕業 impresa㊛ di trasporti marittimi

かいそう 快走 ◇快走する muoversi rapidamente, filare ¶我々のヨットは追い風を受けて快走した. Il nostro yacht filava col vento in poppa.

かいそう 改装 ◇改装する《店を》 ammodernare, modernizzare, rifare;《家・店を》 rinnovare;《模様がえ》 modificare la sistemazione di *ql.co.* ¶あの店は店内改装のため休業中だ. Quel negozio è chiuso per i lavori di rinnovo.

かいそう 海草 vegetazione㊛ marina
かいそう 海藻 alga㊛ (marina)
かいそう 階層《社会の》 ceto㊚ sociale, stratificazione㊛ sociale ¶さまざまな階層の人々 persone di ceti diversi [disparati]
❖階層分化 stratificazione㊛ sociale

かいそう 壊走 ◇壊走させる 敵を壊走させる mettere in fuga il nemico

かいぞう 改造 ◇改造する《作り直す》 rifare;《修理・修復する》 restaurare;《用途を変えて作り直す》 trasformare, ristrutturare;《変更》 modificare, apportare modifiche ¶台所を食堂に改造する trasformare una cucina in sala da pranzo

がいそう 外装 rivestimento男 esterno;《外側の飾り》decorazione女 sulla parte esterna (di *ql.co.*);《外側の包装》copertura女, involucro男, involto男
✤外装工事 lavori男[複] all'esterno (di un edificio)

かいぞうど 解像度 《テレビの》definizione女, risoluzione女;《光の解像力》potere男 risolvente [separante]

かいぞえ 介添え assistenza女; aiuto男;《人》assistente男女, aiutante男女;《結婚式の立ち会い人》testimone男;《花嫁の介添え役をする少女》damigella女;《決闘の》padrino男, secondo男

かいそく 会則 statuto男 societario [複 -*i*], ordinamento男 di un'associazione

かいそく 快速 rapidità女 ◇快速の veloce, rapido
✤快速船 nave女 veloce, levriero男 dei mari
快速電車 treno男 rapido, rapido男

かいぞく 海賊 pirata男 [複 -*i*], corsaro男 ◇海賊的[の] piratesco男 [複 -*schi*], pirata [無変]
✤海賊行為 pirateria女 ¶海賊行為を働く esercitare la pirateria / saccheggiare per mare
海賊船 nave女 pirata [corsara]
海賊版 edizione女 pirata;《レコード》disco男 [複 -*schi*] pirata

がいそふ 外祖父 nonno男 materno
がいそぼ 外祖母 nonna女 materna

かいたい 解体 **1**《機械などの》smontaggio男 [複 -*gi*];《オーバーホール》revisione女;《建物などの》demolizione女;《防備などの》smantellamento男 ◇解体する smontare; revisionare; demolire; smantellare, disarmare
2《組織などの》scioglimento男 ◇解体する sciogliere ¶秘密結社[財閥]を解体する sciogliere un'organizzazione segreta [un *zaibatsu*]

かいたく 開拓 《土地の開墾・耕作など》sviluppo男 (di un terreno o territorio non sfruttato); dissodamento男;《干拓》bonifica女 ◇開拓する dissodare; bonificare ¶沼地を開拓する bonificare una zona paludosa / mettere una zona paludosa a frutto
2《新しい分野などの》¶新市場を開拓する trovare nuovi mercati [sbocchi commerciali] ¶これはまだ開拓されていない分野だ. Questo appartiene ad un campo ancora inesplorato.
✤開拓事業 lavori男[複] di dissodamento
開拓者 colonizzatore男 [女 -*trice*];《先駆者》iniziatore男 [女 -*trice*], pioniere男 [女 -*a*]
開拓者精神 pionierismo男
開拓地 terre女[複] coltivate [dissodate / messe a frutto]

かいだく 快諾 consenso男 entusiasta ◇快諾する dare il *proprio* pieno consenso《に a》¶彼女は快諾してくれた. Mi ha dato la sua più completa disponibilità.

かいだし 買い出し ¶スーパーに1週間分の買い出しに行く andare a fare la spesa per la settimana al supermercato

かいだす 掻い出す ¶水をかい出す gettare via acqua da *ql.co.*

かいたたく 買い叩く farsi fare un prezzo stracciato ¶足元を見て買いたたく approfittare del punto debole del venditore per farsi ribassare il prezzo

かいだめ 買い溜め ◇買いだめする fare provvista di [incettare / accaparrare] *ql.co.*

がいため 外為 →外国為替 ¶外為会計 conto speciale valute estere

かいだん 会談 colloquio男 [複 -*i*];《交渉》negoziato男, trattativa女 ¶首脳会談は東京で開かれた. La conferenza al vertice si è aperta a Tokyo.

かいだん 怪談 leggenda女 [storia女] di fantasmi; racconto男 dell'orrore

かいだん 階段 scala女;《屋外の大きな》scalinata女, gradinata女;《1段》gradino男 ¶非常階段 scala di sicurezza [d'emergenza] ¶20段の階段 scala di 20 gradini ¶階段を上る[下りる] salire [scendere] le scale ¶《fare le scale は上る・下りる両方を表わす》¶階段から落ちる cadere dalle《転がって》per le scale ¶階段を踏みはずす scivolare sulle scale ¶出世の階段 scalata al vertice del successo
✤階段教室 (aula女 ad) anfiteatro男

かいだんし 快男子 tipo男 simpatico [複 -*ci*]

ガイダンス〔英 guidance〕 orientamento男 ¶学生にガイダンスを行う indirizzare gli studenti

がいち 外地《外国》paese男 straniero [estero]
✤外地勤務 servizio男 [複 -*i*] all'estero

かいちく 改築 ricostruzione女, ristrutturazione女 ◇改築する ristrutturare, ricostruire ¶店舗を事務所に改築する ristrutturare [convertire] un negozio in un ufficio ¶改築中である essere in fase di ristrutturazione
✤改築工事 lavori男[複] di ristrutturazione [ricostruzione]

かいちゅう 回虫 〚医〛 ascaride女

かいちゅう 海中 ◇海中の sottomarino, subacqueo ¶海中に沈む affondare

かいちゅう 懐中 ¶懐中を探る《自分の》frugarsi nelle tasche /《他人の》frugare le tasche ¶僕は懐中無一文だ. Ho le tasche vuote. / Non ho nemmeno un soldo.
✤懐中電灯 lampadina女 tascabile;《円筒型》torcia女 [複 -*ce*] elettrica, lampada女 a pila
懐中時計 orologio男 [複 -*gi*] da taschino

がいちゅう 外注 ◇外注する fare un'ordinazione (di merci) al fornitore ¶ソフトウエアを外注する chiedere a una ditta esterna di sviluppare un software
✤外注品 merci女[複] ordinate a un fornitore

がいちゅう 害虫 insetto男 nocivo ¶害虫を駆除する cacciare via gli insetti nocivi
✤害虫駆除 sterminio男 [複 -*i*] degli insetti nocivi

かいちょう 会長 presidente男 [女 -*essa*] (di assemblea, comitato ecc.);《会社の》presidente男 onorario [複 -*i*]《◆ carica conferita al presidente di un'azienda al momento del suo ritiro》
✤会長代理 presidente男 [女 -*essa*] incaricato

かいちょう 快調 ¶すこぶる快調に運んでいる. Tutto va benissimo. ¶コンディションは快調だ. Sono in「forma [buone condizioni].

かいちょう 開帳 **1**《仏像の》 ¶仏像を開帳する mettere in mostra una statua di Budda **2**《賭博の》 ¶賭博場を開帳する dare inizio a un gioco d'azzardo

かいちょう 害鳥 uccello㊚ nocivo

かいつう 開通 ◇開通する essere aperto; 《電話・鉄道などが》essere inaugurato;《再開する》essere riaperto ¶両都市間に鉄道［電話］が開通した. Tra le due città è stato inaugurato un servizio di collegamento ferroviario [telefonico].
❖**開通式** inaugurazione㊛

かいづか 貝塚 banco㊚［複 -chi］［cumulo㊚］di conchiglie fossili

かいつけ 買い付け **1**《いつも買っていること》 ¶私の買いつけの店 il solito negozio / il mio negozio favorito **2**《購入》acquisto㊚, compera㊛;《売買契約》contratto㊚, affare㊚;《注文》ordine㊚, ordinazione㊛;《仕入れ》approvvigionamento㊚, rifornimento㊚, fornitura㊛ ◇買い付ける acquistare; fare approvvigionamento di ql.co.
❖**買い付け価格**［注文］ prezzo㊚［ordine㊚］d'acquisto

かいつぶり《鳥》tuffetto㊚, svasso, colimbo㊚

かいつまむ 掻い摘む riassumere, delineare ¶かいつまんで言えば in breve / in poche parole / per farla breve ¶問題の要点をかいつまんでお話ししましょう. Riassumo il problema.

かいて 買い手 compratore㊚［㊛ -trice］, acquirente㊚㊛, committente㊚㊛ ¶買い手がつく trovare un acquirente / un cliente
❖**買い手寡占**(ゕせん)《経》oligopsonio㊚
買い手市場 mercato㊚ del compratore

かいてい 改定 revisione㊛, modifica㊛ ◇改定する rivedere, ritoccare ¶運賃改定 ritocco delle tariffe

かいてい 改訂 revisione㊛ ◇改訂する rivedere;《直す》correggere
❖**改訂版** edizione㊛ riveduta e corretta ¶改訂増補版 edizione corretta e ampliata

かいてい 海底 fondo㊚ marino［del mare］ ◇海底の sottomarino ¶海底で sul fondo del mare
❖**海底火山**［ケーブル/トンネル］ vulcano㊚［cavo㊚ / tunnel㊚［無変］］sottomarino
海底地震 terremoto㊚ sottomarino
海底地形 configurazione㊛ del fondo del mare
海底油田 giacimento㊚ petrolifero sottomarino

かいてい 開廷 ◇開廷する aprire un'udienza ¶開廷を宣する dichiarare aperta l'udienza ¶開廷中である. La corte è in udienza.

かいてき 快適 ◇快適な comodo, confortevole; accogliente ¶この車の乗り心地は快適だ. Questa macchina è molto comoda. ¶快適な旅 un viaggio confortevole [piacevole]

がいてき 外敵 nemico㊚［複 -ci］ esterno［invasore］ ¶外敵の襲来 invasione straniera [da parte del nemico]

がいてき 外的 ◇外的な esterno, esteriore;《本質的でない, 外来的な》estrinseco㊚［複 -ci］;《表面的な》superficiale ¶外的条件 condizione esterna

かいてん 回転 **1**《回ること》giro㊚;《自転》rotazione㊛;《公転》rivoluzione㊛;《旋回》giramento㊚;《アルペン競技の》slalom㊚ ◇回転する girare［av, es］, ruotare［av］ ◇回転式の girevole ¶この円盤は1分間に5000回転する. Questo disco fa cinquemila giri al minuto. **2**《頭の働き》 ¶彼は頭の回転が速い. Ha una mente vivace [pronta]. / È molto sveglio. ¶彼は頭の回転が遅い. È lento nel ragionare. **3**《資金・人の出入りなど》¶資本の回転 rotazione [giro] dei capitali ¶回転の速い食堂 una trattoria con un grande andirivieni [un gran viavai]
❖**回転椅子** sedia㊛ girevole
回転運動《物》moto㊚［movimento㊚］rotatorio［複 -i］［di rotazione］
回転資金《経》capitale㊚ circolante, fondi［複］di gestione
回転軸 asse㊚ di rotazione, perno㊚
回転数 numero㊚ di rotazione
回転寿司 sushi㊚［無変］ su nastro trasportatore
回転速度 velocità㊛ di rotazione
回転ドア porta㊛［cancelletto㊚］girevole
回転木馬 giostra㊛, carosello㊚
回転率（在庫などの）tasso㊚ di rotazione del magazzino［delle giacenze］

かいてん 開店 apertura㊛, inaugurazione㊛ ◇開店する《店が主語》aprire㊋［av, es］;《人が主語》aprire ¶レストランを開店する inaugurare / aprire［iniziare / inaugurare］un ristorante ¶この店は朝8時半に開店する. Questo negozio apre alle otto e mezzo del mattino.
❖**開店休業** ¶あの店は開店休業だ. Quel negozio non vende molto. ¶議会は開店休業のありさまだ. Sebbene il Parlamento sia in sessione, i lavori sono di fatto sospesi.
開店時間 ore㊛［複］［orario㊚］d'apertura
開店日 giorno㊚ d'inaugurazione

がいでん 外電 notizia㊛［dispaccio㊚［複 -ci］/《電報》telegramma㊚［複 -i］］dall'estero ¶最新の信頼すべき外電によれば secondo le ultime notizie attendibili dall'estero

ガイド［英 guide］ guida㊛ (turistica); cicerone㊚ ◇《人》のガイドを務める fare da guida a qlcu. ¶ガイドをしている《職業》fare la guida [il cicerone]

> 《参考》
> イタリアでは, 観光ガイド guida turisticaはイタリア人のみが, 添乗員 accompagnatore㊚［㊛ -trice］turisticoは, イタリア人と外国人の両方が認められる. また, 観光通訳 interprete㊚ turisticoはイタリア人のみが認められ, 必ず観光ガイドを伴わなければならない. 以上3種は operatore turisticoと総称され, 各州 (regione) の検定試験がある.

❖**ガイドナンバー**《写》numero㊚ guida［無変］
ガイドブック guida㊛ (turistica), manuale㊚

かいとう 回答《返事》risposta㊛ ◇回答する rispondere a qlcu.［ql.co.］ ¶アンケートへの回答は非常に少なかった. Ben pochi hanno risposto al questionario.
❖**回答者**《テレビ・新聞などで》consulente㊚㊛,

esperto㊚ [㊛ *-a*] che risponde alle domande

かいとう 快刀 lama㊛ affilatissima
[慣用] 快刀乱麻を断つ tagliare il nodo gordiano; risolvere un'inestricabile situazione

かいとう 解凍 scongelamento㊚ ◇ 解凍する scongelare ¶冷凍魚を解凍する scongelare il pesce ¶急速解凍 scongelamento rapido ¶電子レンジで解凍したパンはあまりおいしくない。Il pane scongelato con il forno a microonde non è molto buono.

かいとう 解答 soluzione㊛, risposta㊛ ◇ 解答する rispondere, risolvere ¶試験問題に解答する rispondere a una domanda d'esame
❖**解答者**(クイズ番組などの) concorrente㊚ (di un quiz)
解答用紙 foglio㊚ [複 *-gli*] per la prova scritta
解答欄 colonna㊛ per le risposte [per la soluzione]

かいどう 街道 strada㊛ principale [maestra], arteria㊛ ¶アッピア街道 Via Appia ¶裏街道 strada secondaria (poco frequentata)

がいとう 外套 cappotto㊚, paltò㊚; (男性用で特に軍服の) pastrano㊚; (合着のコート) soprabito㊚; (マント・ケープの類) mantello㊚, mantella㊛, cappa㊛
❖**外套掛け** attaccapanni㊚ [無変]

がいとう 街灯 lampione㊚
がいとう 街頭 ¶街頭で sulla [in / per] strada / (屋外で) all'aperto
❖**街頭演説** ¶街頭演説をする fare un discorso [tenere un comizio] sulla pubblica via
街頭募金 colletta㊛ [questua㊛] fatta per la strada

がいとう 該当 ◇ 該当する corrispondere a *ql.co.* ¶この行為は刑法 24 条に該当する。Questo modo di agire「corrisponde all'[è contemplato dall']articolo 24 del Codice penale.

かいどく 買い得 ¶これはお買い得(品)です。Questo è un affare [un'occasione].

かいどく 解読 deciframento㊚, decifrazione㊛, decodificazione㊛ ◇ 解読する decifrare, decodificare ¶解読できない indecifrabile

がいどく 害毒 male㊚, danno㊚ ¶社会に害毒を流す avvelenare [contaminare] la società

かいとり 買い取り acquisto㊚ ¶この本は買い取りだから返本ができない。Trattandosi di libri acquistati [Non trattandosi di libri in deposito] non si possono restituire alla casa editrice.

かいとる 買い取る 《買う》comprare [acquistare] *ql.co.*; 《引き取る》riprendere indietro *ql.co.*

かいならす 飼い慣らす addomesticare, domare

かいなん 海難 disastro㊚ marittimo [in mare], sciagura㊛ [disgrazia㊛] marittima [in mare]; (難波) naufragio㊚ [複 *-gi*]; (海上保険で) rischi㊚ [複] concernenti il trasporto via mare
❖**海難救助** salvataggio㊚ [複 *-gi*] in mare [di naufraghi]
海難事故 incidente㊚ marittimo ¶海難事故で7人死亡 sette morti in incidente marittimo
海難信号 segnale㊚ di soccorso, segnale㊚ di pericolo, l'S.O.S.㊚ [無変]
海難審判 tribunale㊚ marittimo

かいにゅう 介入 intervento㊚; (干渉) interferenza㊛; (お節介) ingerenza㊛, intromissione㊛ ◇ 介入する intervenire㊄ [*es*], interferire㊄ [*av*] in *ql.co.*, intromettersi in *ql.co.*, immischiarsi [ingerirsi] in *ql.co.* ¶国の経済介入 intervento pubblico nell'economia ¶政治的介入 interferenze politiche

かいにん 解任 rimozione㊛, destituzione㊛, revoca㊛ ◇ 解任する revocare [rimuovere / destituire / esonerare] *qlcu.* da un incarico [una carica] ¶大臣が収賄のかどで解任された。Il Ministro è stato destituito dalla carica in quanto corrotto.

かいにん 懐妊 gestazione㊛, gravidanza㊛, stato㊚ interessante

かいぬし 買い主 compratore㊚ [㊛ *-trice*], acquirente㊚

かいぬし 飼い主 padrone㊚ [㊛ *-a*] ¶飼い主のいない犬 cane randagio [senza padrone]

かいね 買い値 prezzo㊚ d'acquisto; (原価) prezzo di costo

がいねん 概念 concetto㊚, nozione㊛, idea㊛ generale; (考え方) concezione㊛ ◇ 概念的 concettuale, nozionale ◇ 概念的に concettualmente, in modo teorico ¶…に対して明確な概念を持つ avere un concetto chiaro di *ql.co.*
❖**概念論** 《哲》concettualismo㊚
概念論者 concettualista㊚ [複 *-i*]

かいば 飼い葉 foraggio㊚ [複 *-gi*]; (干し草) fieno㊚ ¶馬に飼い葉をやる distribuire [dare] foraggio ai cavalli / foraggiare i cavalli
❖**飼い葉桶** mangiatoia㊛; (豚の) trogolo㊚, greppia㊛

がいはく 外泊 ◇ 外泊する dormire [pernottare] fuori casa

がいはく 該博 ◇ 該博な(広い) vasto, ampio [複 *-i*]; (深い) profondo, approfondito
¶該博な知識 vasta [profonda] erudizione [conoscenza] / cultura enciclopedica

かいばしら 貝柱 muscolo㊚ adduttore dei bivalvi

かいはつ 開発 (産業などの) sviluppo㊚, incremento㊚; (土地などの) sfruttamento㊚, valorizzazione㊛; (機械などの) realizzazione㊛ ◇ 開発する sviluppare, incrementare; valorizzare ¶産業を開発する sviluppare [incrementare] un'industria ¶山岳地帯を開発する valorizzare una zona montagnosa ¶あの国はミサイルの開発を急いでいる。Quel paese si affretta a realizzare [approntare / mettere a punto] un sistema missilistico.
❖**開発援助** 《経》aiuto㊚ allo sviluppo
開発援助委員会 Comitato㊚ per l'Assistenza Economica; (略)〔英〕DAC [dak]㊚
開発銀行 《経》banca㊛ per lo sviluppo
開発計画 piano㊚ di sviluppo
開発地域 area㊛ di sviluppo
開発途上国 paese㊚ in via di sviluppo, paese emergente

かいばつ 海抜 altitudine㊛ (sul livello del mare), quota㊛ ¶海抜 335 メートルの地点で a quota 335 metri ¶この山は海抜 1000 メートルである。Questo monte misura 1.000 metri sul [so-

かいひ 会費 《会員の》quote㊛[複] sociali; 《会合などの》quota㊛ ¶会費を払う pagare la *propria* parte [quota] ¶会集を集める riscuotere le quote
❖**会費制** ¶会費制でパーティーをする dare un party dove ognuno paga la sua quota

かいひ 回避 ◇回避する sottrarsi a *ql.co.*, schivare, evitare, scansare, eludere ¶責任を回避する sottrarsi a una responsabilità

がいひ 外皮 gu*scio*㊚[複 *-sci*] ¶栗の外皮 pericarpo㊚ della castagna

かいひかえる 買い控える trattenersi dal comprare *ql.co.* ◇買い控え rilutt*anza*㊛ all'acquisto

かいびゃく 開闢 uscita㊛ dal caos primordiale ¶天地開闢以来 sin [fin] dall'in*izio* [dalla creazione] del mondo ¶開闢以来の事件だ. È un caso senza precedenti.

かいひょう 開票 sp*oglio*㊚[複 *-gli*] [scrutin*io*㊚ [複 *-i*] dei voti [delle schede] ¶開票する aprire le urne, procedere allo [fare lo] spoglio [scrutinio] dei voti
❖**開票結果** resp*onso*㊚ [*esito*㊚] delle urne, risultato㊚ di uno scrut*inio* [di una votazione]
開票所 uff*icio*㊚[複 *-ci*] dove si procede allo [alle operazioni di] spoglio delle schede
開票速報 resoc*onto*㊚ immediato sulle operazioni di spoglio
開票立会人 scrutat*ore*㊚[㊛ *-trice*]
開票率 percentuale㊛ dei voti già scrutinati

かいひょう 解氷 disgelo㊚, sgelo㊚
❖**解氷期** stagione㊛ del disgelo

かいひん 海浜 lido㊚, litorale㊚; 《砂浜》spia*ggia*㊛[複 *-ge*] ¶海浜で sulla riva del mare, sulla spiaggia
❖**海浜公園** p*arco*㊚[複 *-chi*] litoraneo
海浜植物 pianta㊛ costiera

かいふ 回付 ◇回付する inviare, passare ¶法案は参議院に回付された. Il disegno di legge è passato per approvazione alla Camera alta.

がいぶ 外部 esterno㊚, parte㊛ esterna ◇外部で all'esterno, fuori ¶外部の人 estran*eo*㊚ [㊛ *-a*] ¶外部と連絡をとる mettersi in contatto con l'esterno ¶秘密が外部に漏れた. Il segreto è trapelato.
❖**外部記憶装置** 《コンピュータ》mem*oria*㊛ esterna
外部経済 [**不経済**] 〚経〛 economia [diseconomia]㊛ esterna

かいふう 開封 ◇開封する aprire una lettera [una busta] ¶開封で出す mandare una lettera aperta [non sigillata]

かいふく 回復 recupero㊚, ripr*istino*㊚, ristabilim*ento*㊚, ripresa㊛; 《健康の》guarigione㊛, ristabilim*ento*㊚ ¶名誉を回復する riabilitarsi / riscattare il *proprio* onore ¶彼の信用[友情]を回復する riacquistare la fiducia [l'amicizia] di qlcu. ¶治安を回復する ristabilire [ripristinare] l'*ordine* pubblico ¶景気が回復した. Il mercato si è ripreso. ¶天候が回復した. Il tempo si è rasserenato. ¶体力を回復する riacquistare le forze / rimettersi / ristabilirsi ¶視力を回復する riacquistare la vista ¶意識を回復する rinvenire / riprendere [recuperare] conoscenza [i sensi] ¶彼は回復の見込みがない. È incurabile. / Non ha alcuna speranza di ripresa [di recuperare]. ¶彼は順調に回復しつつある. È in via di completa guarigione.
❖**回復期** 〚医〛 convalescenza㊛ ◇回復期の convalescente

かいぶつ 怪物 **1** 《化け物》mostro㊚ **2** 《得体の知れない人物》figura㊛ misteriosa; 《鬼才，天才》genio㊚[複 *-i*], mostro㊚ geniale, 《親》fenomeno㊚ ¶政界の怪物 genio politico

かいぶん 回文 《どちらから読んでも同音・同文字になる文句》palindromo㊚, frase㊛ bifronte (▶日本語の「たけやぶやけた」, イタリア語の "eran i modi di dominare" 「支配の方法だった」など)

がいぶん 外分 〚数〛 divisione㊛ esterna ◇外分する dividere *ql.co.* esternamente

がいぶん 外聞 ¶それは君の外聞にかかわる. Ciò nuocerà al tuo buon nome. ¶外聞が悪い. È scandaloso [vergognoso / disonorevole]. ¶恥も外聞もなく senza ritegno e senza vergogna / senza pudore ¶外聞をはばかっていては何もできない. Temendo per la *propria* reputazione, non si riesce a far nulla.

かいぶんしょ 怪文書 《出所不明の文書》documento㊚ anonimo [di fonte non identificata / di dubbia fonte]; 《中傷的な文書》documento㊚ diffamat*orio* [calunnioso]

がいぶんぴつ 外分泌 〚医〛 secrezione㊛ esterna
❖**外分泌腺** 〚解〛 ghi*andola*㊛ es*ocrine* [a secrezione esterna]

かいへい 海兵 marin*aio*㊚[複 *-i*]
❖**海兵隊** truppa㊛ da sbarco; 《アメリカ》il c*orpo*㊚ dei Marines

かいへい 皆兵 ¶国民皆兵制度 sistema「del serv*izio* militare obbligat*orio* [di coscrizione obbligat*oria*]

かいへい 開平 〚数〛 estrazione㊛ di una radice quadrata ¶100を開平する estrarre [trovare] la radice (quadrata) di 100

かいへい 開閉 apertura e chiusura㊛; 《電気の》operazione㊛ in apertura-chiusura, commut*atore*㊚; 《発電所などの》apparecchiatura㊛ di manovra
❖**開閉橋** ponte㊚ levat*oio* [複 *-i*] [girevole]
開閉器 〚電〛 interr*uttore*㊚

がいへき 外壁 muro㊚ esterno

かいへん 改変 modifica㊛, modificazione㊛ ◇改変する modificare [cambiare / trasformare] *ql.co.*, apportare [attuare] delle modifiche a *ql.co.*

かいへん 改編 riorganizzazione㊛, ristrutturazione㊛ ◇改編する riorganizzare, ristrutturare, risistemare ¶教科書を改編する rivedere [ripubblicare] un libro di testo

かいほう 介抱 aiuto㊚ [supp*orto*㊚] prestato al momento ¶飲み過ぎた彼を介抱した. L'ho aiutato quando si è sentito male per aver bevuto troppo.

かいほう 会報 《定期的な》bollettino㊚ notizi*ario* [複 *-i*]; 《報告書》rapp*orto*㊚, relazione㊛; 《議事録》atti㊚[複] di un congresso

かいほう 快方 ¶快方に向かう andar meglio / essere in via di guarigione / essere convalescente

かいほう 開放 ◇開放する aprire, lasciare *ql.co.* aperto（▶apertoは目的語の性・数に合わせて語尾変化する）◇開放的な aperto, franco [男複 -chi] ¶一般に開放されている essere aperto al pubblico ¶彼(女)は開放的な性格だ. Ha un carattere aperto [franco]. ¶「開放厳禁」《掲示》 "Si prega di chiudere la porta."
✤開放経済 economia㊛ aperta

かいほう 解放 《自由にすること》liberazione㊛;《支配・束縛・社会的地位からの》emancipazione㊛;《奴隷からの》affrancamento㊚ ◇解放する liberare《から da》; emancipare [affrancare]《から da》¶女性解放運動 movimento per l'emancipazione della donna / movimento femminista ¶奴隷解放 affrancamento [emancipazione / liberazione] degli schiavi /《史》(ローマ法の) manomissione ¶民族解放運動《戦線/戦争》movimento [fronte / guerra] nazionale di liberazione ¶これでいっさいの責任から解放された. Ciò mi ha liberato da qualsiasi [ogni] responsabilità.
✤解放感 ¶解放感を味わう provare un senso di liberazione [sollievo]
解放軍 esercito di liberazione
解放地区 regione㊛ [zona㊛] liberata

かいほう 解剖 《解剖学の》dissezione (anatomica);《検死の》autopsia㊛, necroscopia㊛ ◇解剖する fare l'autopsia [la necroscopia] di *ql.co.*, fare un esame anatomico [necroscopico] su *ql.co.*; anatomizzare, fare la dissezione di *ql.co.* ¶生体解剖 vivisezione㊛ ¶死体解剖 esame anatomico [necroscopico]
✤解剖学 anatomia㊛ ◇解剖学的 anatomico [男複 -ci] ◇解剖学的に anatomicamente
解剖学者 anatomista㊚ (男複 -i)
解剖教室 anfiteatro anatomico, sala [aula㊛] anatomica
解剖図 tavola㊛ anatomica
解剖台 tavolo anatomico
解剖模型 modello anatomico

がいほう 外報 notizie㊛ [複] dall'estero
✤外報部 redazione esteri

がいまい 外米 riso㊚ d'importazione [di produzione straniera]

かいまく 開幕 **1**《芝居の》inizio㊚ di uno spettacolo ¶午後5時30分開幕. Il sipario si alza [L'apertura del sipario è] alle 17.30. **2**《物事の始まり》¶新時代の開幕 l'alba [l'inizio] di una nuova epoca ¶全国大会が明日開幕する. Domani「si apre [comincia] il congresso nazionale.
✤開幕戦 partita㊛「di apertura [inaugurale]

かいまみる 垣間見る《物陰からちょっとのぞく》intravedere *ql.co.* [*qlcu.*];《ちらっと見る》guardare furtivamente *ql.co.* [*qlcu.*];《盗み見る》guardare di sottecchi [di soppiatto] *ql.co.* [*qlcu.*], sbirciare *ql.co.* [*qlcu.*]

かいみょう 戒名 nome㊚ buddista (複 -i) postumo

かいむ 皆無 ◇皆無の zero [無変], nullo ¶彼の昇進の見込みは皆無だ. Non ha proprio nessuna opportunità di promozione. ¶応募者は皆無だった. Non c'è stato alcun candidato [alcun richiedente]. ¶利益は皆無に等しい. Il guadagno è pari a zero.

がいむ 外務 affari㊚ [複] esteri
✤外務次官 sottosegretario㊚ [㊛ -ia; 男複 -i] degli affari esteri
外務省 Ministero㊚ degli Affari Esteri;《イタリア外務省の通称》la Farnesina㊛
外務大臣 Ministro㊚ degli Affari Esteri

かいめい 改名 cambiamento㊚ del *proprio* nome

かいめい 階名《音》nome㊚ di ciascuna nota della scala musicale, sillabe㊛ [複] di solmisazione —音楽[用語集]
✤階名唱法 solmisazione㊛

かいめい 解明 chiarimento㊚, spiegazione㊛ ◇解明する《明らかにする》chiarire;《詳細にする》individuare ¶古代の謎を解明する chiarire [sciogliere] il mistero dei tempi antichi

かいめつ 壊滅《破壊》distruzione㊛;《建造物の》demolizione㊛;《崩壊》rovina㊛, crollo㊚;《一掃》annientamento㊚, sterminio㊚ [複 -i];《激減》decimazione㊛ ◇壊滅する essere distrutto [demolito / annientato / sterminato / decimato]; andare distrutto ◇壊滅させる distruggere; demolire; annientare, sterminare; decimare ¶敵は壊滅状態だ. Il nemico è stato annientato. ¶敵に壊滅的打撃を与えた. Abbiamo inferto al nemico un colpo mortale.

かいめん 海面 superficie㊛ del mare
✤海面上昇 innalzamento㊚ del livello del mare

かいめん 海綿 spugna㊛ ◇海綿状[質]の spugnoso
✤海綿状組織《植》parenchima㊚ (複 -i) spugnoso, spongina㊛
海綿類《動》spongiari㊚ [複]

かいめん 界面 interfaccia㊛ [複 -ce]
✤界面活性剤《物》tensioattivo㊚
界面張力《物》tensione㊛ superficiale [interfacciale]

がいめん 外面 apparenza㊛, aspetto㊚;《表面》superficie㊛ ◇外面的 apparente; superficiale ¶外面をつくろう salvare le apparenze ¶外面は平穏をよそおっているが内面は穏やかではない. Apparentemente è imperturbabile ma dentro di sé è inquieto.

かいもく 皆目 nulla, niente ¶彼の言うことは皆目わからなかった. Non ho capito niente di quello che diceva.

かいもどし 買い戻し riscatto㊚, riacquisto㊚
✤買い戻し権 diritto㊚ di riscatto
買い戻し約款 facoltà㊛ di ricompra, patto㊚ di riscatto

かいもどす 買い戻す ricomprare, riacquistare, svincolare, riscattare

かいもの 買い物《買うこと》acquisto㊚, compera㊛, spesa㊛;《買った品物》acquisto㊚ ¶買い物をする fare (delle) spese [(delle) compere / (degli) acquisti] /《食品などのお使い》fare la spesa ¶得な[損

な]買い物をする fare un buon [cattivo] acquisto ¶この品は買い物だ. Questo articolo è 「un affare [《安い》vantaggioso]」!
買い物かご della spesa, sporta⊛
買い物客 acquirente⊛⊛
買い物袋《スーパーなどのビニールの》sacchetto⊛ [borsa]⊛ di plastica;《紙の》sacchetto⊛ [borsa⊛] di carta;《網状の》borsa⊛ a rete per la spesa

かいもん 開門 ◇開門する aprire i cancelli [le porte] ¶動物園の開門は9時です. Lo zoo apre alle nove.

がいや 外野 **1**《野球で》campo⊛ esterno [in erba] **2**《第三者》terzi⊛[複], estranei⊛[複] ¶外野は黙ってろ. Taci tu che sei profano!

かいやく 解約 rescissione⊛ [annullamento

――《 会 話 》 買い物 **Spese** ――

A: いらっしゃいませ. 何かお探しですか.
   Buongiorno. Vuole vedere qualcosa?
B: ショーウインドーの緑のスカートが見たいのですが.
   Sì, vorrei vedere quella gonna verde esposta in vetrina.
A: はい、ただいま. サイズはおいくつですか.
   Subito, signora. Che taglia porta?
B: よくわかりません.
   Non saprei.
A: では40で試してみましょうか.
   Proviamo con la 40?
B: 私にどうかしら.
   Come mi sta?
A: とてもよくお似合いです.
   Le sta benissimo.
   他の色もご覧になりますか.
   Vuole vedere altri colori?
B: 他にどんな色がありますか.
   Che colori ci sono?

A: 同じサイズでは、ブルーとベージュと赤と黒があります.
   Dunque, della stessa taglia abbiamo anche il blu, il beige, il rosso e il nero.
B: そうですか、でも私はこのグリーンが好きです.
   No, mi piace questo verde.
   やわらかいですねえ. この生地[素材]は何ですか.
   Com'è morbida! Di che tessuto [materiale] è?
A: ウールの混紡です. アクリルが40%、シェットランドウールが60%です.
   Misto lana, signora. 40% acrilico e 60% shetland.
B: おいくらですか.
   Quanto costa?
A: 70ユーロです.
   Settanta euro.
B: わかりました. やはりこれをいただきます.
   Va bene. Allora la prendo.

応用例

「何かお探しですか」「いいえ、ちょっと見ているだけです」
"Desidera [Posso aiutarla]?" "No, grazie, sto solo dando un'occhiata."
この近くにデパートはありますか.
C'è qualche grande magazzino da queste parti?
すみません、スポーツ用品店を探しているのですが.
Scusi, sto cercando un negozio di articoli sportivi.
紳士[婦人／子供]服売り場はどこですか.
Dov'è il reparto di abbigliamento da uomo [da donna / per bambini]?
もっとカジュアルな[あまりカジュアルすぎない]ものはありますか.
Avete qualcosa di più [di meno] sportivo?
試着してもいいですか.
Posso provarlo?
少し値引きをしていただけませんか.
Mi fa un po' di sconto, per favore?
欲しいものはこれとは違います.
Cercavo qualcosa di diverso.
もっと安いものはありますか.
Ci sarebbe qualcosa che costa di meno?
プレゼントなのです. プレゼント用に包んでいただけますか.
È per un regalo. Può farmi un pacchettino?
品物をこの住所に届けていただけますか.

Potete consegnarlo a questo indirizzo?
全部でおいくらですか.
Quant'è [Quanto viene] in tutto?
勘定が合っていないようです. 確かめていただけますか.
Mi sembra che il conto non sia esatto. Può controllare?
すみません、おつりが違っています.
Scusi, mi pare che il resto non sia esatto [non corrisponda].
この品物には欠陥があります. 取り替えていただけますか.
Questo articolo ha un difetto. Potrebbe cambiarlo?
クレジットカードで[円で]払えますか.
Posso pagare 「con la carta di credito [in yen]?
すみません、領収証[レシート]をいただきたいのですが.
Scusi, vorrei la ricevuta [lo scontrino].
レジへどうぞ.
Si accomodi alla cassa.
靴のサイズはいくつですか.
Che numero di scarpe porta?
「この靴は少しきつい[ゆるい]ようです」「それでは、1サイズ上[下]をお試しになります」
"Queste scarpe mi sembrano un po' strette [larghe]." "Proviamo una misura in più [in meno]?"

[男]] di un contratto ◇解約する rescindere [annullare] un contratto
✤**解約金** penale[男] per annullamento (di contratto)
解約払戻金《保険の》valore[男] di riscatto di una polizza
解約予告 notifica[女] di annullamento (del contratto)

か

かいゆ 快癒 ⇒回復2 ¶傷口は快癒しつつある. La ferita è in via di guarigione.
かいゆう 回遊 **1**《旅行して回ること: 陸上を》escursione[女], giro[男];《海上を》crociera[女] ◇回遊する fare un'escursione [una gita / un giro / una crociera], andare in giro
2《魚の》migrazione[女] ◇回遊する migrare
✤**回遊魚** pesce[男] migratore
回遊券 biglietto[男] circolare
がいゆう 外遊 viaggio[男] [複 -gi] [giro[男]] all'estero ◇外遊する fare un viaggio [un giro] all'estero ¶彼女は音楽の勉強のために外遊中です. È all'estero per studiare musica.
かいよう 海洋 《大洋》oceano[男];《諸海域》mari[男][複];《外海》mare[男] aperto ◇海洋の oceanico [[男]複 -ci], marino
✤**海洋学** oceanografia[女]; scienze[女][複] oceaniche
海洋学者 oceanografo[男] [[女] -a]
海洋気象台 osservatorio[男] [複 -i] meteorologico marino, stazione[女] meteorologica marina
海洋性気候 clima[男] [複 -i] marittimo
海洋深層水 acqua[女] di mare profonda
海洋投棄 ◇海洋投棄する gettare rifiuti in mare ¶あの工場は海洋投棄で高い罰金を払った. Quell'industria ha pagato una multa salata per aver gettato i suoi scarichi in mare.
海洋物理学 oceanografia[女] fisica, fisica[女] oceanografica
海洋牧場 maricoltura[女]
かいよう 潰瘍 〔医〕ulcera[女] ◇潰瘍性の ulceroso, ulcerativo ¶潰瘍性のはれ物 pustola ulcerosa ¶胃[十二指腸]潰瘍 ulcera gastrica [duodenale]
がいよう 外用 ◇外用の per uso esterno
✤**外用薬** farmaco[男] [複 -ci] per uso esterno;《薬の表示》"Applicazione locale"
がいよう 外洋 mare[男] aperto; oceano[男]
がいよう 概要 ⇒概略
かいらい 傀儡 《他人の手先》fantoccio[男] [複 -ci], burattino[男], marionetta[女] ¶彼は社長の傀儡だ. È un burattino nelle mani del presidente.
✤**傀儡政権** governo[男] fantoccio [無変]
がいらい 外来 **1**《外国・よそから来た》◇外来の introdotto [venuto] dall'estero
2《外来患者》malato[男] [[女] -a] [paziente[男] [女]] esterno [ambulatoriale]
✤**外来語** parola[女] (di origine) straniera, forestierismo[男]
外来思想 idee[女][複] introdotte dall'estero
外来種 specie[女] [無変] introdotta
かいらく 快楽 piacere[男], diletto[男], godimento[男];《性的な》voluttà[女] ◇快楽的 epicureo; voluttuoso, sensuale ¶快楽を追う[求める] andare in cerca del piacere / godersi la vita ¶快楽にふける abbandonarsi ai piaceri
✤**快楽主義** edonismo[男], epicureismo[男]
快楽主義者 edonista[男] [女] [[男]複 -i], epicureo[男] [[女] -a]
かいらん 回覧 circolazione[女] ◇回覧する mettere in circolazione [far circolare] *ql.co.* 《に fra》per consultazione
✤**回覧板** circolare[女], lettera[女] circolare
かいらん 壊乱 corruzione[女] ◇壊乱する corrompere *ql.co.*, nuocere a *ql.co.* ¶風紀の壊乱 corruzione dei costumi
かいり 乖離 alienazione[女], allontanamento[男]; scarto[男], distacco[男] [複 -chi] ◇乖離する allontanarsi, separarsi ¶与党から人心が乖離した. La gente è delusa dai partiti di governo. / La gente non ha più interesse nella politica del governo.
かいり 海里 miglio[男] [複 le *miglia*] marino [nautico] ¶この船は毎時30海里で進む. Questa nave procede [va] a「30 miglia l'ora [30 nodi].
かいり 解離 〔化〕dissociazione[女] ◇解離する dissociarsi
✤**解離エネルギー[定数]**〔物・化〕energia[女] [複 -gie] [costante[女]] di dissociazione
かいりき 怪力 forza[女] straordinaria [prodigiosa] ¶怪力の持ち主 un uomo dalla forza erculea
かいりつ 戒律 comandamento[男], precetto[男];《修道会の》osservanza[女] ¶戒律を守る[破る] osservare [violare] i comandamenti
がいりゃく 概略 compendio[男] [複 -i], riassunto[男], sunto[男], sommario[男] [複 -i];《副詞》in sunto, sommariamente ¶小説の概略を述べる fare il compendio della trama di un romanzo ¶彼の経歴は概略以下の通りです. Riassumendo, la sua carriera è come segue.
✤**概略図** diagramma[男] [複 -i] schematico [複 -ci]
かいりゅう 海流 corrente[女] oceanica [marina]
かいりょう 改良 miglioramento[男]; miglioria[女];《改革》riforma[女] ◇改良する migliorare ¶土地改良 miglioramento [miglioria] del terreno
✤**改良種**〔生〕razza[女] selezionata
改良主義 riformismo[男]
改良主義者 riformista[男][女] [[男]複 -i]
がいりんざん 外輪山 〔地質〕caldera[女]
がいりんせん 外輪船 piroscafo[男] [battello[男]] a ruote [a pale laterali]
かいろ 回路 circuito[男] (elettrico [複 -ci]) ¶集積回路 circuito integrato /《略》〔英〕IC[男] [無変] ¶映像[音声]回路 circuito video [audio] [無変] ¶回路を開く[閉じる] aprire [chiudere] un circuito
✤**回路遮断器** interruttore[男]
回路図 schema[男] [複 -i] circuitale
かいろ 海路 ¶海路で via [per] mare ¶待てば海路の日和あり.《諺》"Tutto arriva a chi sa aspettare." / "A saper aspettare c'è tutto da guadagnare."

かいろ 懐炉 scaldino男 portatile [tascabile]

がいろ 街路 strada女, via女, viale男 ¶街路で[に] per la strada

❖街路樹 alberi男[複] ai lati [ai margini] della strada

かいろう 回廊 《建》corrid*oio*男[複 -i], galleria女, p*o*rtico男[複 -ci];《教会・僧院などの》chi*o*stro男

カイロプラクティック〔英 chiropractic〕《医》chiropr*a*tica女

がいろん 概論 lineamenti男[複], elementi男[複], compend*io*男[複 -i];《入門》introduzi*o*ne女 (a *ql.co.*);《手引き, 教科書》manuale男 (di *ql.co.*) ¶英文学概論 lineamenti di letteratura inglese ¶無機化学概論 ch*i*mica inorg*a*nica generale

かいわ 会話 conversazi*o*ne女;《対話》di*a*logo男[複 -ghi] ◇会話する fare conversazione con *qlcu.*, convers*a*re[av] [parl*a*re[av]] con *qlcu.* ¶イタリア語会話の授業 corso di conversazione di [in] lingua italiana

❖会話体 stile男 colloquiale;《話し言葉》lingua女 parlata

かいわい 界隈 ¶神田界隈 la z*o*na [il quartiere] di Kanda / Kanda e dintorni ¶この界隈にはよく来る vengo spesso qui intorno / in questa zona / da queste parti / nei paraggi

かいん 下院 C*a*mera女 bassa; C*a*mera女 dei Deputati;《イタリア下院の通称》Montecit*o*rio男 (▶建物の名に因む);《フランスの》Assembl*e*a Nazionale;《イギリスの》C*a*mera dei Com*u*ni;《アメリカの》C*a*mera dei Rappresent*a*nti

❖下院議員 deput*a*to男[女 -a];《敬称》onor*e*vole男女 (▶《略》on.).

かう 支う《つっかいをする》m*e*ttere un puntello [sost*e*gno] a *ql.co.* ¶つっかい棒をかう sosten*e*re *ql.co.* con un puntello

かう 買う **1**《お金を払って自分の所有にする》compr*a*re [comper*a*re] *ql.co.*, acquist*a*re *ql.co.* ¶キャラメルを買ってちょうだい。 Mi compri le caramelle? ¶高く買う comprare *ql.co.* a caro prezzo / pagare caro *ql.co.* ¶安く買う comprare a buon mercato [a poco prezzo] *ql.co.* ¶現金で買う comprare [acquistare] *ql.co.* in contanti ¶小切手[クレジットカード / つけ / 分割払い]で買う comprare *ql.co.* pagando con un assegno [con una carta di cr*e*dito / a cr*e*dito / a rate] ¶卸値[小売り値]で買う compr*a*re *ql.co.* all'ingrosso [al min*u*to] ¶20ユーロで買う comprare a 20 euro ¶称号を金で買う comprare un'onorificenza ¶この店はいい品が安く買える。 In questo negozio si spende bene.

2《わが身に招き寄せる》 ¶恨みを買う attir*a*rsi il rancore di *qlcu.* ¶世の不評を買う f*a*rsi una cattiva reputazione ¶怒りを買う inc*o*rrere nell'ira di *qlcu.*

3《ある事柄を進んで引き受ける》procur*a*rsi ¶けんかを買う raccogl*ie*re [accett*a*re] una sfida ¶社長の歓心を買う accattiv*a*rsi il favore del direttore ¶彼はこの事件に一役買っている。È coinvolto [implic*a*to] in questa faccenda.

4《高く評価する》stim*a*re [apprezz*a*re] *qlcu.* [*ql.co.*] ¶私は彼の才能を高く買っている。Ho in alta considerazione il suo talento. / Ho grande stima del suo talento. ¶彼の誠意は買ってやるべきだ。È doveroso apprezzare [ricon*o*scere] la sua devozione. ¶その批評家は彼の作品を高く買っている。Quel critico stima molto le sue *o*pere. / Quel critico tiene in gran conto le sue opere.

かう 飼う ten*e*re, av*e*re;《飼育する》allev*a*re ¶犬を2匹飼っている。 Ho [T*e*ngo] due cani.

カウボーイ〔英 cowboy〕〔英〕cowboy男[無変]; b*u*ttero男

かうん 家運 ¶家運の衰退 declino della fort*u*na di famiglia

ガウン〔英 gown〕《部屋着》vest*a*glia女 (da c*a*mera);《裁判官などの》toga女;《ボクシング選手などの》accappat*oio*男[複 -i]

カウンセラー〔英 counsellor〕consigli*e*re男 [女 -a], consul*e*nte男女;《子供向け》assist*e*nte男女[複 -i];《病院の中などでの精神カウンセラー》consul*e*nte男女 psicoanal*i*tico [男複 -ci]

カウンセリング〔英 counselling〕consul*e*nza女;〔英〕counselling男[無変] ¶カウンセリングを受ける ric*e*vere una consul*e*nza ¶精神カウンセリングを受ける fare una sed*u*ta psicoanal*i*tica

カウンター〔英 counter〕**1**《会計用の》cassa女;《銀行などの》sport*e*llo男 ¶カウンターで支払う pag*a*re alla cassa **2**《バーなどの》banc*o*ne男, banco男[複 -chi] **3**《ボクシングで》colpo男 d'incontro **4**《計数器》cont*a*tore男

❖カウンターアタック contratt*a*cco男[複 -chi]

カウント〔英 count〕《数を数えること》conteg*gio*男[複 -gi], c*a*lcolo男, conto男 **2**《得点》punteg*gio*男[複 -gi];《ボクシングの》conteg*gio*男[複 -gi] ¶カウントアウトになる *e*ssere dichiar*a*to fuori combattim*e*nto ¶カウントをとる cont*a*re i secondi

❖カウントダウン conto男 alla rov*e*scia

かえうた 替え歌 parod*i*a女 di una canzone

カエサル〔ラ Caesar〕ガイウス・ユリウス・カエサル C*a*io G*iu*lio C*e*sare ¶カエサルの物はカエサルに, 神の物は神のカエサルに.《聖》 "Date a C*e*sare quel che è di C*e*sare, a Dio quel che è di Dio.

かえしん 替え芯 mina女 sostitu*i*bile (di mat*i*ta)

かえす 返す **1**《持ち主に戻す》restitu*i*re [r*e*ndere] *ql.co.* 《に a》;《元の場所に戻す》rim*e*ttere a posto *ql.co.* ¶本を元の所に返す rim*e*ttere a posto il libro ¶貸した金を返してくれ。 Restitu*i*scimi il denaro che ti ho prestato.

2《裏返す》volt*a*re *ql.co.*;《上下逆さにする》rovesci*a*re [ribalt*a*re / rivolt*a*re] *ql.co.* ¶カードを返す gir*a*re una carta ¶鋤で土を返す rovesci*a*re [rivolt*a*re] le zolle con la vanga

3《相手の働きかけに同じ動作あるいは反対の動作で報いる》contraccambi*a*re, ricambi*a*re ¶彼はあいさつを返さなかった。 Non ha contraccambiato i miei saluti. / Non ha risposto al mio saluto. ¶返す言葉もなかった。 Non sapevo come risp*o*ndere. ¶恩を仇で返す ricambi*a*re il bene con il male ¶殴り返す restitu*i*re il colpo ¶お言葉を返すようですが事態はもっと重大なんです。Mi perdoni se la contraddico, ma la situazione è più critica di quanto lei possa credere.

4《送り返す》 ¶郵便物を発信人に返す rinviare un plico al mittente ¶贈り物を返す rifiutare [non accettare] un regalo

5《退却する》 ¶きびすを返す tornare indietro ¶軍を返す ritirare l'esercito

6《戻る，遠ざかる》 ¶寄せては返す波 le onde che vengono e vanno

かえす 帰す far tornare, rimandare indietro, congedare ¶丁重な言葉をかけて彼を帰した. L'ho congedato con delle parole gentili.

かえす 孵す ¶卵を[ひなを]かえす covare [《人工的に》 incubare] le uova

かえすがえす 返す返す **1**《何としても》 ¶彼を失ったことがかえすがえすも悔まれる. La sua morte è una terribile perdita. ¶…とはかえすがえす(も)残念だ. È un vero peccato che + [接続法]

2《繰り返し》 ¶彼にかえすがえす警告した. L'ho avvisato ripetutamente [tante volte].

かえズボン 替えズボン 《はき替え用の》 pantaloni[男][複] di ricambio

かえだま 替え玉 sostituto[男]; 《俳優の》 controfigura[女]; 《生き写しの人物での》 sosia[男][無変]; 《偽物，贋造物》 falsificazione[女], contraffazione[女] ¶替え玉を使う usare una controfigura [un uomo di paglia / un sosia] ¶替え玉を使って受験した. Ha mandato qualcun altro per fare l'esame al suo posto.

かえって 却って **1**《反対に》 al contrario, invece ¶儲けるつもりがかえって損をした. Pensavo di guadagnarci ed invece ci ho rimesso.

2《むしろ》 piuttosto che ¶車より歩いたほうがかえって速い. A piedi si fa addirittura prima che in macchina. ¶恥をさらすくらいならかえって死んだほうがよい. Preferisco la morte al [piuttosto che il] disonore. / Se devo affrontare il disonore, allora preferisco la morte.

3《だからいっそう》 tanto più che ¶びくびくしているからかえって疑われるんだよ. Non fai che insospettirli di più, con quell'aria impaurita.

かえで 楓 〔植〕 acero[男]

かえば 替え刃 lametta[女] di ricambio

かえり 帰り ritorno[男] ¶今日は帰りが遅くなるよ. Oggi torno tardi. ¶帰りは１人だった. Al ritorno ero solo.

✤帰りがけ ¶帰りがけに《帰る途中で》 sulla via del ritorno ¶会社の帰りがけに映画に行った. Al ritorno dall'ufficio sono andato al cinema.

帰り仕度 ¶帰り支度をする prepararsi a ritornare [a far ritorno] (a casa)

帰り道 via[女] di casa ¶学校からの帰り道に本屋が３軒ある. Sulla via del ritorno da scuola ci sono tre librerie.

かえりうち 返り討ち ¶彼は父の仇を討とうとして返り討ちにあった. Fu ucciso dalla persona della quale intendeva vendicarsi per la morte di suo padre.

かえりざく 返り咲く **1**《花が》 rifiorire[自] [*es, av*] **◇返り咲き**〔植〕 rifioritura[女]

2《失われた地位・力などを再び取り戻す》 ¶彼は舞台に返り咲いた. È tornato a brillare sul palcoscenico. ¶彼は今日の政界に返り咲いた. Ha riacquistato un potere fra i politici contemporanei.

かえりみる 省みる riflettere [meditare] su *ql.co.*, essere introspettivo, fare un esame introspettivo ¶自己を省みる riflettere [meditare] su *se* stesso / fare un (serio) esame di coscienza ¶省みて恥じない. Riflettendo sulla mia vita, non ho nulla da rimproverarmi.

かえりみる 顧みる **1**《振り返る》 voltarsi indietro, voltarsi a guardare, guardare indietro

2《気にかける，考慮する》 avere riguardo per *ql.co.*, tenere conto di *ql.co.*, prendere in considerazione [a cuore] *ql.co.*, badare a *qlcu.* [*ql.co.*] ¶他人の迷惑を顧みないで senza preoccuparsi di [curarsi di / avere riguardo per] disturbare gli altri ¶忙しくて人を顧みるひまがない. Sono troppo occupato per interessarmi degli affari altrui.

3《回顧する》 ripensare (al passato), tornare col pensiero a *ql.co.*, ricordare *ql.co.* ¶青春を顧みてなつかしく思う. Quando ripenso alla mia giovinezza, tanti bei ricordi mi riaffiorano alla mente.

かえる 蛙 rana[女]; 《アマガエル》 raganella[女]; 《ヒキガエル》 rospo[男] ¶アオ[アカ]ガエル rana verde [rossa] ¶ツノガエル discoglosso ¶蛙がけろけろ鳴く. La rana gracida.

[慣用] **蛙の子は蛙**《諺》 "Tale (il) padre, tale (il) figlio."

✤蛙泳ぎ nuoto[男] a rana

蛙跳び cavallina[女]

かえる 代える・換える・替える

1《別のものに》 cambiare [scambiare] 《AをBに A con B》 ¶部屋の空気をかえる cambiare l'aria a [arieggiare / dare aria a] una stanza ¶ドルをユーロにかえる cambiare dollari in euro ¶小切手を現金にかえる cambiare [incassare / riscuotere] un assegno ¶これを別のとかえてください. Me lo cambi con un altro. ¶言葉をかえて言えば in altre parole

2《代替》 sostituire [rimpiazzare] 《AをBに A con B》 ¶もっと明るい電球にかえる sostituire una lampadina con un'altra più luminosa ¶彼女は私にとってかえがたい人だ. Lei è insostituibile per me. ¶子供たちは私の命にかえても守ります. Darei la mia vita per i miei figli.

3《新しくする》 rinnovare

かえる 返る **1**《元の状態に戻る》 tornare[自] [*es*], ritornare[自] [*es*] ¶我にかえる《意識が戻る》 tornare in *sé* / rinvenire[自] [*es*] / riprendere coscienza / 《迷いから覚める》 tornare in *sé* ¶年を取ると子供にかえる. Con la vecchiaia si ritorna bambini. (►「童心に戻る」と「ぼける」の両方を意味する) ¶戦火で焼かれた町はやっと昔の姿にかえった. La città devastata dagli incendi della guerra è finalmente ritornata all'aspetto di un tempo.

2《元の場所・持ち主に戻る》 ¶本題にかえる rientrare in argomento ¶無くした品がかえってきた. Ho ritrovato [Mi è stato restituito] un oggetto smarrito. ¶彼に本を貸したらかえってこなかった. Una volta che gli ho prestato il libro, non mi è più tornato indietro.

かえる 変える **1**《変化させる》cambiare [mutare] *ql.co.*;《部分的に》modificare *ql.co.*;《姿・形を》trasformare [tramutare] *ql.co.* [*qlcu.*]《に in》 ¶顔色を変える cambiare colore in viso ¶道を変える cambiare [prendere un'altra] strada ¶向き[方向]を変える cambiare direzione ¶姿を変える《変装》travestirsi《に da》/《仮装》mascherarsi《に da》/《変身》trasformarsi《に in》
2《場所・時間などを》spostare ¶机の位置を変える spostare la [cambiar posto alla] scrivania ¶場所を変えよう. Andiamo in un altro posto. / Cambiamo posto. / Spostiamoci.

かえる 帰る **1**《人がもとの場所へ戻る》tornare®[*es*], ritornare®[*es*], ¶家に帰る tornare a casa ¶祖国に帰る rimpatriare®[*es*] / tornare [ritornare] in patria ¶お帰りなさい.《家族が外出から帰ってきたとき》Ciao! /《旅行などから帰ってきたとき》Bentornato!《▶相手の性・数に合わせて語尾変化する》¶帰らぬ人となる sparire®[*es*] / scomparire®[*es*] / morire®[*es*] ¶おや, もう帰ったの. Sei già di ritorno?
2《去る》andarsene, tornarsene ¶そろそろ帰らなくては. È ora che me ne vada. / È tardi, devo tornare a casa. ¶とっとと帰れ. Vattene! / Fuori di qui!
3《野球で, 走者が生還する》¶2人帰って同点となる. Due giocatori hanno conquistato la casa base, e ora il punteggio è in parità.

かえる 孵る schiudersi;《生まれる》nascere®[*es*],《殻から出る》uscire dal guscio ¶ひよこがかえった. I pulcini sono usciti dall'uovo [dal guscio]. / I pulcini sono nati.

かえん 火炎 fiamma㊛, fiammata㊛, vampa㊛, vampata㊛.
♣ 火炎瓶 bottiglia㊛ molotov [無変] [incendiaria]
火炎放射器《軍》lanciafiamme㊚[無変]

かお 顔 **1**《人の》faccia㊛《複 -ce》, viso㊚, volto㊚;《動物の》muso㊚ ¶顔を背ける voltare la testa / distogliere lo sguardo ¶顔を洗う lavarsi la faccia [il viso] ¶顔を赤らめる arrossire®[*es*] / diventare rosso ¶両手で顔を覆う coprirsi il volto con le mani ¶彼らは顔を見合わせた. Si guardarono in faccia. ¶「窓から顔を出さないでください.」《掲示》"È pericoloso sporgersi dal finestrino." ¶顔で笑って心で泣いた. Sorridevo col viso, ma piangevo nel cuore. ¶丸[うりざね]顔 volto rotondo [ovale] ¶彫りの深い顔 volto dai tratti decisi ¶彼の顔は見たことがある. Lo conosco di vista.
2《顔つき・表情》faccia㊛, viso㊚, aspetto㊚, aria㊛, volto㊚ ¶いやな顔をする fare una faccia contrariata / mostrarsi infastidito ¶さびしそうな顔をする avere l'aria solitaria [triste / malinconica] ¶うれしそうな顔をする avere un'aria felice ¶顔を曇らせる rabbuiarsi in volto / essere scuro in viso ¶顔をしかめる fare una smorfia / fare smorfie [boccacce / versacci] ¶顔をほころばせる sorridere®[*av*] ¶彼はうれしいとすぐに顔に出す. Quando è felice, gli si legge subito in faccia. ¶浮かない顔をしてるね. Non hai un viso allegro! / Che viso lungo hai! ¶そんなことを頼めば彼だっていい顔はしないよ. Per forza che storcerà il naso, se gli chiedi una cosa simile! ¶大きな顔をするな. Non fare il superbo [l'altezzoso / l'altero].
3《物や人を代表する一面》¶東京は日本の顔である. Tokyo è il volto del giappone. ¶校長の裏の顔 vero volto del preside
4《信用, 評判》¶私は叔父の顔でこの会社に入れた. Sono riuscito ad entrare in questa ditta grazie all'influenza di mio zio.

[慣用] 顔が合わせられない ¶みっともなくて皆に顔が合わせられない. Con che faccia posso presentarmi davanti a tutti?
顔が売れる ¶顔が売れている essere noto[popolare]
顔が利く ¶彼は顔が利くからまかせておこう. È una persona influente, lasciamo fare a lui.
顔がそろう ¶これで顔がそろった. Ora ci sono tutti.
顔が立つ《人が主語》fare una bella figura ¶こんなことじゃ顔が立たないよ. Così farei una pessima figura.
顔が広い《人が主語》essere molto conosciuto, avere un volto noto, avere molte conoscenze
顔から火が出る avvampare®[*es*] per la[di] vergogna
顔に泥を塗る ¶私は父親の顔に泥を塗った. Ho infangato il nome di mio padre.
顔を合わせる ¶いやなやつと顔を合わせた. Mi sono trovato faccia a faccia con una persona detestabile.
顔を売る farsi conoscere [pubblicità]
顔を貸す ¶ちょっと顔を貸してくれ. Ho bisogno

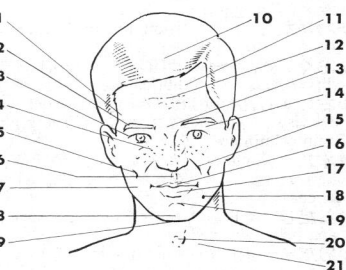

顔
1 こめかみ tempia㊛. **2** まゆ毛 sopracciglia㊛[複]. **3** まつげ ciglia㊛[複]. **4** そばかす efelide㊛. **5** えくぼ fossetta㊛. **6** 人中 filtro㊚. **7** 上あご mascella㊛ superiore. **8** 下あご mascella㊛ inferiore. **9** おとがい窩(か) fossetta㊛ del mento. **10** 頭 testa㊛. **11** 額 fronte㊛. **12** しわ ruga㊛. **13** 眉間(みけん) glabella㊛. **14** 瞼(まぶた) palpebra㊛. **15** 鼻唇(びしん)溝 solco㊚ nasolabiale. **16** 上唇 labbro㊚ superiore. **17** 下唇 labbro㊚ inferiore. **18** ほくろ neo㊚. **19** 頤唇(いしん)溝 solco㊚ mentolabiale. **20** 喉仏 pomo㊚ d'Adamo. **21** 首 collo㊚.

顔を利かす ¶彼は顔を利かせて部下たちを重要なポストにつけた. Ha usato la sua influenza per assegnare dei posti importanti ai suoi dipendenti.

顔をそろえる radunarsi tutti ¶いつものメンバーが顔をそろえた. Si sono radunati i soliti membri.

顔を出す［見せる］ ¶彼は事務所に顔を出した. Si è presentato [Si è fatto vedere] in ufficio.

顔を立てる far fare una bella figura a qlcu.

顔を突き合わせて ¶顔を突き合わせて話し合う parlare a quattr'occhi [faccia a faccia]

顔をつなぐ ¶何らかの形で彼らに顔をつないでおいたほうがよい. È meglio mantenere i contatti con loro in qualche modo.

顔をつぶす（自分の）perdere la faccia [il prestigio];（他人の）screditare *qlcu*., far perdere la faccia a *qlcu*.

使いわけ **faccia, viso, volto, aspetto**

facciaは日本語の「顔」の定義と同じく「頭部の前面」を意味する. visoはfacciaと同義であるが, facciaよりや上品な表現とされている. voltoは顔付き, 感情の表れた表情を指す. aspettoは人間の体の前面またはその姿全体の印象を表す.

かおいろ 顔色 cera㊛, carnagione㊛, colorito㊚; aspetto㊚ ¶顔色がいい［悪い］（人が主語）avere una bella [brutta] cera ¶顔色を変える cambiare colore in viso /（青ざめる）impallidire㊀[es] / diventare pallido ¶〈人の顔色をうかがう scrutare la faccia [l'umore] di *qlcu*. ¶顔色を読む leggere negli occhi di *qlcu*.

かおう 花押 parafa㊛, sigla㊛ ¶花押を押す parafare / siglare / apporre la parafa [la sigla]

がおお ¶がおおと吠える ruggire㊀[av] ¶がおおと吠える声 ruggito

かおかたち 顔形 fisionomia㊛, lineamenti㊚[複] del viso →顔立

かおく 家屋 casa㊛;（ビル）palazzo㊚;（建物）edificio㊚[複 -ci], fabbricato㊚

かおじゃしん 顔写真 fotografia㊛ del volto [del viso] ¶犯人の顔写真 ritratto (fotografico) di un criminale

カオス〔英 chaos〕 caos㊚[無変] ◇カオス的 caotico[㊚複 -chi] ◇カオス理論《物》teoria㊛ del caos

かおだし 顔出し ¶ちょっと顔出しする fare una capatina / farsi vedere

かおだち 顔立ち lineamenti㊚[複] ¶きれいな顔だちをしている avere dei bei lineamenti (del viso) ¶あの娘は顔だちが母親にそっくりだ. Quella ragazza è identica a sua madre nel viso.

かおつき 顔つき ¶けわしい顔つきをする fare la faccia feroce

かおなじみ 顔馴染み ¶顔なじみの娘 una ragazza che conosco ¶この町には顔なじみがひとりもいない. In questa città non conosco nessuno.

かおぶれ 顔触れ membri㊚[複], componenti㊚[複], nominativi㊚[複] ¶内閣の顔ぶれが一部変わった. La composizione del gabinetto è cambiata per alcuni membri.

かおまけ 顔負け ¶彼は専門家顔負けの腕の持ち主だ. Possiede capacità tali da far impallidire gli stessi esperti. ¶彼の厚かましさには顔負けする. La sua impudenza [insolenza] mi lascia senza parole.

かおみしり 顔見知り ¶犯人は顔見知りの男だった. Il criminale era un uomo che la vittima conosceva. ¶彼とはほんの顔見知りにすぎない. Lo conosco solo di vista.

かおみせ 顔見せ esordi*o*㊚[複 -*i*], debutto㊚;《総出演での紹介》presentazione㊛ degli attori

かおむけ 顔向け ¶父に顔向けができない. Non oso presentarmi [mostrarmi] al cospetto di mio padre. ¶私はお前のことが恥ずかしくて人さまに顔向けできないよ. Mi vergogno tanto di te che non ho il coraggio di「presentarmi agli altri [mostrarmi in pubblico].

かおもじ 顔文字 《コンピュータ》 emoticon㊚[無変]; faccina㊛

かおやく 顔役 ¶彼はこの地域の顔役だ. È un personaggio influente [un pezzo grosso] in questa zona.

かおり 香り・薫り **1**《よいにおい》profumo㊚, fragranza㊛, odore㊚; arom*a*㊚[複 -*i*] ¶かぐわしい香り odore soave ¶部屋にはコーヒーの香りがたちこめていた. La camera traboccava dell'aroma del caffè.

2《趣(おもむき)》 ¶芸術の香り高い作品 opera ricca di respiro artistico

カオリン〔英 kaolin〕《鉱》caolino㊚

かおる 香る・薫る ¶風薫る五月 maggio con la sua brezza che reca il profumo delle foglie nuove

がか 画架 《美》cavalletto㊚

がか 画家 pitt*ore*㊚[㊛ -*trice*] ¶日本画家 pittore di stile giapponese

かかあ 嚊・嬶 la *propria* moglie㊛[signora㊛ / consorte㊛]

✤**かかあ天下** ¶あの家はかかあ天下だ. In quella casa è la moglie che「porta i pantaloni [comanda].

かがい 課外 ◇課外の《学習》parascolastic*o*[㊚複 -*ci*]

✤**課外活動**《昼休みの》attività㊛ interscolastica;《授業を補完するための》attività㊛ parascolastica;《学校外の》attività㊛ extrascolastica

課外授業 corso㊚ libero; doposcuola㊚[無変]（◆放課後の補習など）

がかい 瓦解 crollo㊚, disfacimento㊚, collasso㊚ ◇瓦解する crollare㊀[es], disintegrarsi, essere distrutto, andare in rovina [in sfacelo], cadere㊀[es] ¶ローマ帝国の瓦解 crollo [caduta / rovina] dell'Impero Romano

かがいこうい 加害行為 attentato㊚, violenza㊛; vi*e*㊛[複] di fatto ¶加害行為に及ぶ ricorrere [fare ricorso] alla forza [alla violenza] / venire [scendere] alle vie di fatto

かがいしゃ 加害者 attent*atore*㊚[㊛ -*trice*]; persecut*ore*㊚[㊛ -*trice*]

かかえ 抱え ¶一抱えの本 una bracciata di libri

かかえこむ 抱え込む **1**《両腕や手で抱き込む》 ¶彼は重いかばんを抱え込んで歩いていた. Camminava, tenendo una borsa pesante fra le braccia.

¶彼は問題の解決に頭を抱え込んでいる. Si sta scervellando per cercare di risolvere il problema. **2**《多くのことを引き受ける》 ¶やたら仕事を抱え込むと病気になるぞ. Se continui a prendere tanti impegni, finirai con l'ammalarti. ¶やっかいな問題を抱え込んでしまったものだ. Ho tra le mani una gran scocciatura.

かかえる 抱える **1**《腕に抱く》tenere [portare] *ql.co.* [*qlcu.*] in braccio [fra le braccia];《両手で》prendere *ql.co.* a piene mani;《胸に》tenere *ql.co.* [*qlcu.*] sul seno [petto];《小脇に》portare *ql.co.* [*qlcu.*] sotto il braccio ¶膝を抱える abbracciarsi le ginocchia ¶頭を抱えて con la testa tra le mani ¶子供の学校の問題で頭を抱えている. Sto [Sono] in pensiero per il problema della scuola dei figli. **2**《負担・責任としてもつ》 ¶私は病人を抱えている. Ho un malato (a) cui badare. **3**《雇う》¶彼は運転手を抱えている. Ha un autista personale.

カカオ〔ス cacao〕《木, 実》cacao男 [無変]
♣カカオ園 piantagione女 di cacao

かかく 価格《値段》prezzo男;《原価》costo男;《価値》valore男 ¶協定[公正／公定]価格 prezzo convenuto [giusto／ufficiale] ¶固定価格 prezzo fisso [stabile] ¶市場価格 prezzo corrente [di mercato／del giorno] ¶消費者価格 prezzo al consumo ¶独占価格 prezzo di monopolio ¶価格を上げる aumentare [alzare] il prezzo ¶価格を下げる abbassare [diminuire／ridurre] il prezzo ¶価格の自動調節作用《経》azione di autoregolamentazione del prezzo
♣価格安定 stabilità女 dei prezzi
価格維持 mantenimento男 [sostegno男／difesa女] dei prezzi
価格協定 accordo男 sui prezzi
価格指数 prezzo男 indice
価格据置き tenuta女 dei prezzi
価格体系 sistema男 [複 -i] dei prezzi
価格凍結 blocco男 [複 -chi] dei prezzi
価格統制 controllo男 dei prezzi
価格破壊 prezzo男 abbattuto
価格表 listino男 (dei) prezzi [無変]
価格変動 fluttuazione女 dei prezzi

かがく 化学 chimica女 ◇化学的 chimico [複 -ci], 化学的に chimicamente ¶化学的性質 proprietà chimiche ¶一般[応用／分析／量子／理論]化学 chimica generale [applicata／analitica／quantistica／teorica] ¶核[工業／食品／農芸／物理]化学 chimica nucleare [industriale／bromatologica／agraria／fisica] ¶光化学 fotochimica ¶生化学 biochimica ¶石油化学 petrolchimica ¶地球化学 geochimica ¶電気化学 elettrochimica ¶放射(線)化学 radiochimica ¶無機[有機]化学 chimica inorganica [organica]
♣化学エネルギー energia女 [複 -gie] chimica
化学基 radicale男
化学記号 simbolo男 chimico
化学結合 legame男 chimico
化学工業 industria女 chimica
化学作用 azione女 chimica
化学式 formula女 chimica
化学者 chimico男 [女 -ca; 男複 -ci]
化学製品 prodotto男 chimico
化学成分 composizione女 chimica
化学繊維 fibra女 sintetica
化学調味料 esaltatore男 di sapore
化学テロ terrorismo男 chimico
化学反応式 formula女 di reazione chimica
化学肥料 fertilizzante男 [concime男] chimico
化学分析 analisi女 [無変] chimica
化学兵器 armi女 [複] chimiche
化学変化 trasformazione女 chimica
化学薬品 sostanza女 chimica
化学療法《医》chemioterapia女

かがく 科学 scienza女 ◇科学的 scientifico [複 -ci], ◇科学的に scientificamente ¶自然[社会／人文]科学 scienze naturali [sociali／umane] ¶科学の進歩 progresso della scienza
♣科学技術 tecnologia女 [複 -gie] scientifica
科学者 scienziato男 [女 -a]
科学主義 scientismo男
科学主義者 scientista男女 [男複 -i]
科学性 scientificità女
科学的社会主義 socialismo男 scientifico
科学哲学 filosofia女 della scienza

ががく 雅楽 musica女 (e danza女) *gagaku* (◆ musica e danza di corte d'origine cino-coreana introdotta in Giappone nel periodo Nara)

かかげる 掲げる **1**《高く上げる》¶国旗を掲げる alzare [issare] la bandiera nazionale ¶標識を掲げる innalzare uno stendardo
2《掲示する》esporre;《つるす》appendere;《出して》mettere fuori ¶掲示を掲げる esporre un avviso ¶新聞はその記事を第1面に掲げた. Il giornale riportava l'articolo in prima pagina. ¶政府は福祉政策を掲げている. Il governo lancia lo slogan di una politica del benessere sociale.

かかし 案山子 spaventapasseri男 [無変], spauracchio男 [複 -chi]

かかす 欠かす **1**《ないままにしておく》¶これは日常生活に欠かすことのできないものです. Questo è indispensabile [essenziale] per la vita quotidiana. **2**《怠る》¶私は一度も欠かさず会議に出席している. Non sono mai mancato ad una sola riunione. ¶京都に行くたびに欠かさず祖母を訪ねる. Quando vado a Kyoto, non manco mai di andare a trovare mia nonna.

かかずらう intestardirsi ¶こまかい点にかかずらって大事な点を見落としてはならない. Non dovrebbe intestardirsi sui più piccoli dettagli e trascurare invece i punti importanti.

かかと 踵 **1**《足の》tallone男, calcagno男
2《靴の》tacco男 [複 -chi] ¶かかとの高い[低い]靴 un paio di scarpe con i tacchi alti [bassi] ¶かかとがとれた. Mi si è staccato un tacco. ¶靴のかかとがすり減った I tacchi delle scarpe si sono consumati. ¶この靴のかかとを取り替えてください. Mi rifaccia i tacchi a queste scarpe per favore.

かがみ 鏡 **1**《姿を写す道具》specchio男 [複 -chi];《小型の》specchietto

かがみ;（懐中鏡）specchietto男 tascabile [da borsetta];（大型で枠のついた）specchiera女 ¶手[壁掛け]鏡 specchio a mano [da parete] ¶鏡を見る guardarsi nello [allo] specchio ¶鏡を見ながらひげをそる farsi la barba guardandosi allo specchio ¶鏡をのぞいて髪を直す darsi un'occhiata allo specchio per aggiustarsi i capelli ¶鏡が曇っている。Lo specchio è appannato. ¶時計が鏡に写っている。L'orologio si riflette nello specchio.

2（酒樽のふた）coperchio男 [複 -chi] del barile del *sakè*

かがみ 鑑 （模範）modello男, esempio男 [複 -i] ¶鑑とする prendere qlcu. come [a] modello / seguire il modello (di *qlcu*.) ¶彼は軍人の鑑だ。È un soldato esemplare. ¶彼は父親の鑑である。È uno specchiato padre di famiglia.

かがみいた 鏡板 pannello男;（舞台の）fondale男

かがみびらき 鏡開き l'usanza女 di spezzare e mangiare i *kagamimochi* (◆ l'11 gennaio)

かがみもち 鏡餅 due *mochi*男 [複] rotondi e piatti offerti per capodanno alla divinità

かがむ 屈む chinarsi, curvarsi, piegarsi, abbassarsi

かがめる 屈める curvare, piegare ¶背をかがめる curvare la schiena ¶体をかがめる piegare il corpo ¶膝をかがめる flettere le ginocchia ¶腰をかがめて挨拶する salutare *qlcu*. con un inchino

かがやかしい 輝かしい brillante; luminoso;（すばらしい）mirabile, splendido ¶輝かしい未来 futuro brillante ¶輝かしい朝 mattino luminoso ¶輝かしい微笑 sorriso radioso [smagliante]

かがやく ¶彼は目を輝かした。Gli si sono illuminati gli occhi. ¶彼は喜びに顔を輝かした。Era raggiante di gioia. / Si è illuminato per la contentezza. ¶彼はピアニストとして名をかがやかせた。Si è fatto una reputazione come pianista.

かがやき 輝き splendore男, bagliore男, fulgore男, radiosità女,（きらめき）brillio男 [複 -ii], luccichio男 [複 -chii], scintillio男 [複 -ii];（またたき）scintilla女;（光沢）lucentezza女

かがやく 輝く brillare自 [av]; splendere自 (► 複合時制を欠く), risplendere自 (► 複合時制を欠く);（きらきらする）luccicare自 [es, av]; scintillare自 [av];（光を出す）lampeggiare自 [av] ¶太陽がぎらぎらと輝いている。Il sole risplende sfolgorante. ¶空には星が輝いている。Le stelle brillano [scintillano] in cielo. ¶空が夕日に輝いて美しい。È bello il cielo illuminato dal sole del tramonto. ¶輝くものが必ずしも金ならず。《諺》"Non è tutto oro quel che luccica." ¶彼の目は喜びに輝いていた。I suoi occhi splendevano di gioia. ¶ネオンに輝く東京の空がなつかしい。Ricordo con nostalgia il luccicare delle luci al neon nel cielo di Tokyo. ¶彼女は今年度ピアノコンクール第1位の栄誉に輝いた。Quest'anno al concorso di pianoforte ha ottenuto un glorioso primo posto.

かかり 係 （担当, 部署）servizio男 [複 -i]; reparto男, ufficio男 [複 -ci];（担当者）addetto男 [女 -a];（責任者）responsabile男 女;（集合的に職員・人員）personale男 addetto

✤ **係員** persona女 incaricata, incaricato男 [女 -a], addetto [女 -a]

係官 ufficiale男 (incaricato) (► 女性に対しても男性形を用いる)

係長 caposervizio男 女 [男複 capiservizi; 女複 caposervizio], caporeparto男 女 [男複 capireparto; 女複 caporeparto]

かかり 掛かり ¶エンジンのかかりが悪い。Il motore「fa fatica ad avviarsi [è lento a partire]。 ¶今回はパーマのかかりが悪かった。La mia permanente non ha preso bene questa volta.

-がかり **1**（ある数を必要とすること）¶3日がかりの仕事 lavoro di tre giorni ¶3人がかりで庭を掃除した。Abbiamo pulito il giardino in tre.

2（依存）¶まだ親がかりの身です。Sono ancora a carico dei genitori.

3（ついでに）¶通りがかりに姉の家に寄った。Passando da quelle parti mi sono fermato a casa di mia sorella.

4（似たようなこと）¶彼はいつも芝居がかりのもの言いをする。Parla sempre in un modo teatrale.

かかりあう 掛かり合う ¶暴力団にかかりあうのをおそれる。Ho paura ad avere a che fare con le bande malavitose.

かかりきり 掛かり切り ¶彼は研究にかかりきりである。Si dedica totalmente alla ricerca. / Si occupa esclusivamente della ricerca. ¶私は一晩中報告書にかかりきりだった。Ho passato tutta la notte a scrivere il rapporto.

かかりつけ 掛かり付け ¶掛かり付けの医者 medico di famiglia

かがりび 篝火 falò男 ¶篝火をたく accendere [fare] un falò

かかる 係る **1**《関係する》→係わる

2《それによって決まる》¶その申し出を受けるか否かは君の判断にかかっている。È una tua scelta accettare o meno la proposta.

3《文法的に修飾する》¶冠詞はかかる名詞の性と数に一致する。L'articolo concorda in genere e in numero con il nome (a) cui si riferisce.

かかる 掛かる・懸かる・架かる **1**【吊り下がる】essere appeso [sospeso];（くっついている）essere attaccato (a *ql.co*.) ¶壁に絵が掛かっている。Sulla parete è appeso un quadro.

2【上にのる】essere appoggiato, essere posto ¶やかんが火にかかっている。Il bollitore è sul fuoco.

3【覆う】essere ricoperto ¶チョコレートのかかったドーナツ ciambella ricoperta [pralinata] di cioccolato ¶テーブルクロスのかかった食卓 tavola con tovaglia ¶月に雲がかかっていた。Una nuvola ha velato la luna.

4【引っ掛かる】¶凧が木の枝に掛かっている。L'aquilone è rimasto impigliato tra i rami dell'albero. ¶魚が釣り針に掛かった。Il pesce ha abboccato all'amo. ¶彼の指は引き金に掛かっていた。Il suo dito era appoggiato al grilletto. ¶シャツのボタンは掛かりにくい。I bottoni di questa camicia sono difficili da abbottonare. ¶この部屋はいつも鍵が掛かっている。Questa stanza è sempre chiusa a chiave. ¶彼女のことが気に掛かる. Sono in pensiero per lei. ¶獲物が罠に掛かった. La preda è caduta nella trappola. ¶彼はまんまと罠に掛かった. Ci è cascato in pieno. ¶ひものかかった包み pacco legato con una corda

5【立て掛けられる】 ¶壁にはしごが掛かっていた. C'era una scala appoggiata al muro.

6【降りかかる】 ¶雨がかかる essere bagnato dalla pioggia / 《さらされている》essere esposto alla pioggia ¶泥水がかかった. Mi sono schizzato di fango. / Mi sono inzaccherato.

7【渡される】 ¶川に橋が架かった. È stato gettato [costruito] un ponte sul fiume. ¶虹がかかった. È apparso l'arcobaleno.

8【作動する】 mettersi in azione ¶エンジンがすぐかかる. Il motore si accende [parte] subito. ¶ラジオがかかったままになっている. La radio è rimasta accesa. ¶今かかっているのは何という曲ですか. Come si chiama questa canzone [la canzone che stiamo ascoltando]?

9【必要とする】 impiegare *ql.co.*, richiedere *ql.co.*, volerci[自][*es*], occorrere[自][*es*];《人が主語で》metterci ¶この仕事には時間と人手と金がかかる. Questo lavoro richiede tempo, mano d'opera e denaro. ¶学校まで何分かかりますか. Quanti minuti ci vogliono [Quanti minuti occorrono] per arrivare alla scuola? ¶切符を買うのに2時間かかった. Mi ci sono volute due ore per comprare il biglietto. ¶宿題を終えるのに3日かかった. Ci ho messo tre giorni per finire i compiti. ¶子供を大学にやると金がかかる. Mandare i figli a studiare all'università richiede molti soldi.

10【作用・影響が及ぶ】 ¶そんなことをすると他人に迷惑がかかるよ. Facendo così, metti in imbarazzo gli altri. ¶疑いが僕にかかった. Il sospetto è caduto su di me. ¶誘いがかかる essere invitato a *ql.co.* ¶仕事の誘いがかかる ricevere una proposta [un'offerta] di lavoro ¶君に電話がかかっている. Ti vogliono al telefono.

11【効果・効力が発揮される】 ¶シャツにアイロンがよくかかっている. Questa camicia è ben stirata. ¶私の髪はパーマが掛かりにくい. I miei capelli non reagiscono bene alla permanente. ¶彼は暗示にかかりやすい. È molto suggestionabile. ¶この家には2000万円の火災保険が掛かっている. Questa casa ha un'assicurazione contro gli incendi per [di] venti milioni di yen. ¶このDVDレコーダーには関税がかからない. Questo registratore DVD è esente da dazio.

12【ゆだねる】 ¶その件は次の会議にかかるだろう. Quel caso riguarderà probabilmente la prossima riunione. ¶その事件は裁判にかかった. Quel caso è stato portato in tribunale. ¶医者にかかる[かかっている] andare [essere in cura] da un medico ¶君にかかると彼も形なしだな. Se ti ci metti tu (a criticarlo), ne esce rovinato.

13【左右する】 dipendere[自][*es*] da *ql.co.* [*qlcu.*] ¶このプロジェクトの成否は彼女にかかっている. Il successo o il fallimento di questo progetto dipende da lei. ¶この試合には優勝がかかっている. Questa partita è decisiva per il titolo. / In questa partita ci si gioca [è in palio] il titolo.

14【し始める】 mettersi a *ql.co.* ¶そろそろ仕事にかかろうか. E adesso mettiamoci al lavoro.

15【差し掛かる】 ¶船が岬にかかったとき, 嵐になった. Come la nave fu vicina al promontorio, si scatenò una burrasca.

16【上演・上映される】 ¶あの映画館ではなにがかかっていますか. Che film c'è in programma in [a] quel cinema? / Che film danno [proiettano] in [a] quel cinema?

17【「…かかる」の形で, …しそうになる, …し始める】 ¶彼は今, 死にかかっている. Sta per morire. ¶あの子は乳歯が生えかかっている. A quel bambino stanno spuntando i dentini da latte. ¶たまたまそこを通りかかった女の人 una signora che passava di lì per caso

18【「…かかる」の形で, 動作が向けられる】 ¶壁にもたれかかる appoggiarsi a una parete ¶飛びかかる avventarsi contro *qlcu.*

かかる 罹る ¶病気にかかる ammalarsi / essere colpito [colto] da una malattia / prendere [《特に伝染病》contrarre] una malattia ¶呼吸器系の病気にかかりやすい人 persona predisposta alle malattie dell'apparato respiratorio ¶彼は重い病気にかかっている. È stato colpito [È affetto] da una grave malattia.

かがる 縢る《縁を》 ¶ハンカチの縁をかがる orlare [fare l'orlo a] un fazzoletto ¶ボタン穴をかがる fare [orlare] un'asola ¶くつ下をかがる rammendare [rammagliare] le calze

-がかる -掛かる ◇…掛かった di sapore di *ql.co.*, tinto di *ql.co.* ¶芝居がかった振る舞い comportamento drammatico [teatrale] ¶青味がかった緑のコート un soprabito verde bluastro [tendente al blu]

かかわらず 拘らず **1**《…であるのに》nonostante [malgrado / a dispetto di] *ql.co.*, nonostante (che) + [接続法], malgrado (che) + [接続法] ¶それにもかかわらず nondimeno / con tutto ciò / ciononostante ¶才能があるにもかかわらず彼は世に認められなかった. Con tutto il suo talento non era apprezzato dagli altri.

2《…に無関係に》indipendentemente da *ql.co.*, senza riguardo a *ql.co.*, senza tener conto di *ql.co.* ¶晴雨にかかわらず遠足は決行されます. L'escursione si effettuerà「indipendentemente dalle condizioni atmosferiche [piova o no]. ¶好むと好まざるとにかかわらず君はそれをしなければいけない. Ti piaccia o no [meno], devi farlo.

かかわり 係わり・関わり ¶僕にはかかわりのないことだ. Ciò non mi riguarda. / Io non c'entro. /《無関心を示して》Non me ne frega niente. / Me ne frego.

かかわりあい 係わり合い・関わり合い ¶そんなことにはかかわりあいにならないほうがいい. È meglio restare fuori da questa faccenda.

かかわる 拘る《こだわる》 ¶つまらないことにかかわるのはよせ. Non essere così pignolo. / Non essere così attaccato ai dettagli.

かかわる 係わる・関わる **1**《関係する》avere a che fare [vedere] con *ql.co.* [*qlcu.*] ¶そんな仕事にかかわりたくない. Non vorrei avere nulla a che fare [vedere] con un lavoro del genere. ¶今そんなことにかかわっていられない. Non è il mo-

かかん mento di preoccuparsi di una faccenda come questa. ¶彼にかかわるのをやめた. Ho rotto (i rapporti) con lui.
2《重大な影響を及ぼす》 ¶私の一生にかかわる出来事だった. È stato un avvenimento che ha determinato [sconvolto] la mia vita. ¶これは命にかかわる問題だ. Ne va della vita. / È in gioco la vita.

かかん 花冠 《植》corolla㊛
かかん 果敢 ◇果敢な《断固とした》risoluto, deciso, fermo;《勇敢・大胆な》audace, intrepido ◇果敢に risolutamente, decisamente, fermamente; coraggiosamente, audacemente, intrepidamente

かがん 河岸 riva㊛ del fiume
✤**河岸段丘**《地質》terrazzo㊚ fluviale

かき 下記 ◇下記の seguente, sottoindicato, sottomenzionato, (menzionato) qui sotto ¶下記の理由により per la ragione sottomenzionata ¶条件は下記のとおりです. Le condizioni sono come segue.

かき 火気 ¶「火気厳禁」《掲示》"Divieto di accendere fuochi" / "Pericolo! Altamente infiammabile"

かき 火器 arma㊛[複 -i] da fuoco

かき 牡蠣 ostrica㊛ ¶生がき ostrica cruda ¶かきの殻を開ける aprire un'ostrica ¶かきの殻 conchiglie [gusci / valve] d'ostrica ¶かきフライ ostriche fritte / frittura d'ostriche ¶かきの養殖 ostricoltura㊛ / allevamento㊚ d'ostriche ¶かきの養殖場 banco [vivaio] d'ostriche

かき 花卉《草花》pianta㊛ fiorifera
かき 花期 stagione㊛ della fioritura
かき 花器《花瓶》vaso㊚ da fiori;《水盤》vaso㊚ per conservare fiori recisi
かき 垣 →垣根
かき 柿 cachi㊚[無変](►語源は日本語)
かき 夏季 estate㊛, stagione㊛ estiva
かき 夏期 estate㊛, periodo㊚ estivo
✤**夏期学校** scuola㊛ estiva

夏期休暇 vacanze㊛[複] estive
夏期講習 corso㊚ estivo

かぎ 鈎 gancio㊚[複 -ci], uncino㊚ ◇鈎形の uncinato, a gancio, a uncino ¶鈎に掛ける attaccare [appendere] ql.co. a un gancio
✤**鈎ホック** graffa㊛, gancio㊚ ¶スカートの鈎ホックをはめる[はずす] agganciare [sganciare] una gonna

かぎ 鍵 **1**《錠をあけるための》chiave㊛;《錠》serratura㊛;《南京錠》lucchetto㊚;《(閂の)掛け金》catenaccio㊚[複 -ci];《親鍵》→マスターキー ¶鍵をあける aprire ql.co. con la chiave / fare scattare la serratura / togliere il catenaccio ¶鍵をかける chiudere a chiave ql.co. / mettere il catenaccio ¶ドアの鍵をあける[かける] aprire [chiudere a chiave] la porta ¶鍵をかけてしまっておく mettere [tenere] ql.co. sotto chiave ¶鍵を差し込む introdurre una chiave (nel buco della serratura) ¶鍵を2回まわして戸締まりをする chiudere una porta a doppia mandata ¶この箱には鍵がかかる[かかっている]. Questa scatola 「si chiude [è chiusa] a chiave.
2《手掛り》 ¶縦[横]の鍵《クロスワードパズルの》(definizioni) verticali [orizzontali] ¶彼は問題解決の鍵を握っている. Possiede la chiave del problema.

✤**鍵穴** buco㊚[複 -chi] della serratura, toppa㊛
鍵束 mazzo㊚ di chiavi
鍵っ子 bambino㊚[㊛ -a] (di genitori che lavorano e) che ha le sue chiavi di casa

がき 餓鬼 **1**《仏教》dannato㊚ [condannato㊚] [㊛ -a] alla fame **2**《子供をののしる言葉》marmocchio㊚[㊛ -chia; 複 -chi], moccioso㊚[㊛ -a]; monello㊚[㊛ -a] ¶このがきめ. Maledetto mocciso! ¶ナポリの悪がき scugnizzo napoletano

かきあげ 掻き揚げ《料》frittura㊛ di verdura e pesce fatti a pezzetti

かきあげる 書き上げる《書き終える》finire di scrivere ql.co.;《書き並べる》compilare una li-

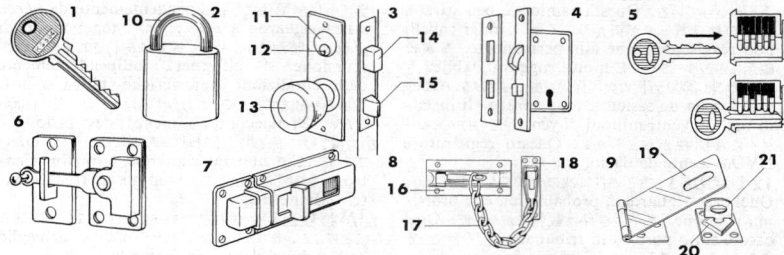

鍵
1 鍵 chiave㊛. 2 南京錠 lucchetto㊚. 3 レバータンブラー錠 serratura㊛ a leva. 4 かま錠 cremonese㊛. 5 シリンダー錠 serratura㊛. 6 回転式差し錠 catenaccio㊚ girevole. 7 水平式差し錠 catenaccio㊚ orizzontale. 8 ドアチェーン catenella㊛ della porta d'ingresso. 9 掛け金 cerniera㊛ di chiusura ad occhiello. 10 掛け金, つる gambo㊚. 11 シリンダー cilindro㊚. 12 キーホール, 鍵穴 toppa㊛. 13 ノブ, 取っ手 maniglia㊛. 14 デッドボルト, かんぬき chiavistello㊚ senza scatto. 15 ラッチボルト, 空締めボルト chiavistello㊚ a scatto. 16 ドアプレート piastra㊛ della porta 17 チェーン catena㊛. 18 ジャムプレート piastra㊛ dello stipite. 19 ストラップ, 掛け金 piastra㊛ di ferro a fessura. 20 受け座 piastra㊛ orientabile. 21 ひねり anello㊚ girevole.

sta di *ql.co.* ¶質問事項を書き上げる scrivere [fare / compilare] una lista di domande ¶論文を書き上げた. Ho terminato di scrivere un articolo.

かきあげる 掻き揚げる ¶髪のほつれをかきあげる sistemarsi con le mani i capelli sciolti

かきあじ 書き味 ¶書き味の良い[悪い]ペン una penna molto [poco] scorrevole

かきあつめる 掻き集める raccogliere, mettere insieme; 《熊手などで》rastrellare; 《苦心して少しずつ》racimolare; 《収集する》collezionare ¶こわれた壺の破片をかき集める raccogliere [mettere insieme] i pezzi di un vaso rotto ¶私はあらゆる方面から情報をかき集めた. Ho preso [raccolto] informazioni da tutte le parti.

かぎあてる 嗅ぎ当てる fiutare ¶不正の臭いをかぎ当てる fiutare [subdorare] un'illegalità ¶重要なニュースをかぎ当てた. Ho scovato una notizia importante.

かきあらためる 書き改める 《書き直す》riscrivere; 《手直しする》modificare, correggere

かきあらわす 書き表す scrivere; 《描写する》descrivere; 《表現する》esprimere ¶書き表せる descrivibile ¶その惨状はとても筆で書き表せなかった. L'orrore di quella scena era indescrivibile [superava ogni descrizione].

かきいれどき 書き入れ時 periodo[男] di punta [di maggiore impegno]; 《観光の》alta stagione[女]

かきいれる 書き入れる compilare ¶用紙に書き入れる riempire [compilare] un modulo

かきうつす 書き写す copiare, trascrivere, ricopiare

かきおき 書き置き 《置き手紙》lettera[女] lasciata (prima di uscire); 《伝言》messaggio[男] [複 -*gi*] scritto; 《遺言》testamento[男] ◇書き置きする lasciare un messaggio (scritto); 《遺言》fare [lasciare] testamento

かきおこす 書き起こす dare inizio alla scrittura ¶新しい小説を書き起こす cominciare a scrivere un nuovo romanzo

かきおとす 書き落とす saltare [omettere] *ql.co.*, dimenticare di scrivere *ql.co.* ◇書き落とし omissione[女], dimenticanza[女], lacuna[女] ¶報告書の中に大事なことを書き落としてしまった. Ho dimenticato di inserire [scrivere] nel mio rapporto un elemento importante.

かきおろし 書き下ろし ¶書き下ろしの小説 romanzo nuovo (che non è stato precedentemente pubblicato a puntate)

かきおろす 書き下ろす ¶テレビ用に脚本を書き下ろす scrivere una nuova sceneggiatura per la TV

かきかえる 書き換える **1** 《書き直し》riscrivere ¶手紙を書き換える riscrivere [scrivere di nuovo] una lettera

2 《更新》rinnovare; 《名義を》trasferire ◇書き換え rinnovo[男]; trasferimento[男] (di titolo) ¶運転免許証の書き換え rinnovo della patente ¶手形を書き換える rinnovare una cambiale ¶電話加入者の名義を書き換える cambiare il nominativo [fare la voltura] del telefono ¶所有権を息子の名義に書き換える cedere [trasferire / intestare] una proprietà sotto il nominativo di un figlio

かきかた 書き方 《方法》modo[男] di scrivere; 《一定の書式》formula[女] ¶この用紙の書き方を教えてください. Mi potrebbe indicare come si riempie questo modulo?

かぎかっこ 鉤括弧 《引用符》virgolette[女][複] ¶かぎかっこを閉じる[開く] chiudere [aprire] le virgolette ¶会話文はかぎかっこでくくる riportare le parti dialogate tra virgolette

かききず 掻き傷 graffio[男] [複 -*i*] ¶顔にかき傷ができた. Mi sono fatto un graffio sul viso.

かききる 掻き切る tagliare ¶彼はのどをかき切って死んだ. Si è ucciso [suicidato] tagliandosi la gola [sgozzandosi / scannandosi].

かきくだす 書き下す **1** 《筆のおもむくままに一気に書く》¶彼はこの評論を一気に書き下した. Ha buttato giù [scritto] questo saggio「di getto [in una sola tirata].

2 《漢文を》riscrivere uno scritto cinese usando insieme i *kanji* e i caratteri *kana*

かきくわえる 書き加える aggiungere; 《挿入する》inserire ¶手紙に追伸を書き加える aggiungere un poscritto a una lettera ¶この行に2語を書き加えた. Ho inserito due parole in questa linea.

かきけす 掻き消す ¶彼はかき消すように姿をくらました. È scomparso come per incanto [come nebbia al sole]. / Si è volatilizzato. ¶彼の声は怒号のなかにかき消された. La sua voce si è persa tra il fragore delle urla.

かきごおり 欠き氷 granita[女], granatina[女]

かきことば 書き言葉 lingua[女] scritta

かきこみ 書き込み commento[男], intervento[男] ◇書き込みする scrivere ¶図書館の本に書き込みをしないでください. Vietato scrivere sui libri presi in prestito.

かきこむ 書き込む riempire per iscritto; 《覚え書き・付記などを》annotare; 《登録する》registrare ◇書き込み nota[女], annotazione[女]; registrazione[女] ¶書式[空所]に書き込む riempire il modulo [gli spazi in bianco] ¶余白に注釈を書き込む scrivere [apporre] note [commenti] a margine

かきこむ 掻き込む 《食事を》mangiare velocemente, ingoiare, trangugiare, divorare

かぎざき 鉤裂き ¶服にかぎざきをこしらえる farsi uno strappo nel vestito

かぎじゅうじ 鉤十字《まんじ(卍)》croce[女] uncinata; 《ナチスの(卐)》croce[女] gammata [uncinata], svastica[女]

かきしるす 書き記す scrivere, mettere per iscritto *ql.co.* ¶事件の次第をノートに書き記しておきましょう. Scriviamo [Registriamo] sul quaderno lo svolgersi degli avvenimenti.

かきそえる 書き添える aggiungere ¶手紙には近く日本へ来ると書き添えてあった. Ha aggiunto nella sua lettera che sarebbe venuto presto in Giappone.

かきそこなう 書き損なう sbagliare a scrivere *ql.co.* ◇書き損ない errore[男] di scrittura; 〔ラ〕lapsus calami[男][無変]; 《タイプライターなどでの》errore[男] di battitura ¶書きそこないの文章

か

fraṣi◉[複] da riscrivere per gli errori commessi ¶うっかりして書きそこないをした. Per disattenzione ho fatto un errore scrivendo. ¶5枚も書きそこなった. Ho consumato ben 5 fogli a causa degli errori.

かきぞめ 書き初め　uṣanza◉ giapponese di scrivere calligrafie all'inizio dell'anno nuovo (◆ generalmente il 2 gennaio)

がきだいしょう 餓鬼大将　capo◉ di un gruppo di monelli

かきだし 書き出し　¶小説の書き出し l'inizio [la prima fraṣe / il brano iniziale] di un romanzo

かきたす 書き足す　→書き加える

かきだす 書き出す　《書き始める》cominciare [mettersi] a scrivere; 《抜き書きする》citare, scegliere, estrarre; 《書き写す》copiare; 《表示・掲示する》ṣcrivere ¶掲示板に合格者の名前を書き出す esporre in bacheca i nomi dei (candidati) ammessi

かきだす 掻き出す　¶ストーブから石炭がらをかき出した. Ho raccolto [tolto] i residui di carbone dalla stufa.

かきたてる 書き立てる　1《一つ一つ書き並べる》elencare, enumerare, fare una lista [= di]
2《目立つように取りあげて書く》¶新聞はその人物についてセンセーショナルに書き立てた. I giornali hanno scritto su quella persona cose sensazionali. ¶彼はその新人歌手のことを悪しざまに[ほめそやして]書き立てた. Ha scritto male [bene] del nuovo cantante.

かきたてる 掻き立てる　1《かき回す》¶火鉢の火をかき立てる attizzare [ravvivare] il fuoco del braciere
2《煽る》¶好奇心をかき立てる destare [risvegliare / stuzzicare] la curiosità ¶世論をかき立てる sensibilizzare l'opinione pubblica

かぎタバコ 嗅ぎ煙草　tabacco◉[複 -chi] da fiuto ¶かぎタバコをかぐ fiutare tabacco

かきまじる 掻き卵汁　brodo◉ di uova strapazzate, stracciatella◉

かきちらす 書き散らす　scrivere qua e là; 《乱雑にいいかげんに書く》scarabocchiare; 《主につまらないことを》scribacchiare ◇書き散らし scarabocchio◉[複 -chi]

かきつくす 書き尽くす　¶この地方の景色の美しさはとても言葉では書き尽くせない. La bellezza del paesaggio di quella regione sarebbe impossibile da mettere per iscritto. ¶そのことについてはすべて書き尽くした. Ho scritto tutto quello che c'era da dire「su questo argomento [a questo propoṣito].

かきつけ 書き付け　《書類》documento◉, carta◉; 《メモ》appunto◉, nota◉; 《勘定書き》conto◉

かきつける 書き付ける　1《書きとめる》ṣcrivere, annotare, enumerare, prendere nota di *ql.co.*, mettere *ql.co.* per iscritto
2《書き慣れている》¶彼は手紙を書き付けている. È abituato a ṣcrivere lettere.

かぎつける 嗅ぎ付ける　1《においで見つけ出す》fiutare ¶猫は魚のにおいをかぎつけた. Il gatto ha fiutato un pesce. 2《探り出す》avere sentore di *ql.co.*, fiutare, intuire

かきつたえる 書き伝える　¶原爆の被害を子孫に書き伝える tramandare per iscritto ai poṣteri la tragedia della bomba atomica

かきつばた 杜若・燕子花　《植》iris◉[無変], giaggiolo◉;《学名》*Iris laevigata*

かきつらねる 書き連ねる　《説明する》esporre;《枚挙する》enumerare ¶名前を書き連ねる fare [compilare] una lista di nomi

かきて 書き手　¶彼はなかなかの書き手だ. Lui sì che è uno ṣcrittore.

かきとめ 書留　raccomandata◉ →郵便局 会話 ¶書留で手紙を出す spedire una lettera raccomandata ¶これを書留にしてください. Mi faccia questa raccomandata, per favore.
✦書留小包 pacco◉[複 *-chi*] per raccomandata
書留料金 taṣṣa◉ [tariffa◉] di raccomandazione

かきとめる 書き留める　¶彼の電話番号を手帳に書き留めた. Ho preso nota del [Ho ṣcritto il] suo numero telefonico sul taccuino.

かきとる 書き取る　《口述する》ṣcrivere *ql.co.* [prendere nota di *ql.co.*] sotto dettatura (di *qlcu.*), fare un dettato;《書いてある文章などを》copiare, traṣcrivere ¶書き取り dettato ◇書き取らせる dettare *ql.co.* a *qlcu.* ¶彼は秘書に手紙を書き取らせた. Ha dettato una lettera alla segretaria.

かきなおす 書き直す　《書き改める》riscrivere, scrivere di nuovo, fare una nuova steṣura di *ql.co.*;《他言語文字に》traṣlitterare;《清書する》trascrivere [mettere] in bella copia, fare una bella copia di *ql.co.* ¶日本語の文章をローマ字に書き直す traṣlitterare un testo giapponese secondo l'alfabeto latino

かきながす 書き流す　¶彼は小品をさらさらと書き流した. Ha buttato giù [Ha ṣcritto] il breve ṣaggio con grande facilità.

かきなぐる 書きなぐる　¶乱暴な字で手紙を書きなぐる buttar giù una lettera in brutta scrittura

かきならす 掻き鳴らす　¶ギターをかき鳴らす suonare [pizzicare] la chitarra ¶琵琶をかき鳴らして『平家物語』を吟ずる recitare la ṣtoria epica dello "Heike monogatari" pizzicando il *biwa*

かきにくい 書き難い　1《書くのが難しい》¶この漢字は書きにくい. Questo *kanji* è complicato da scrivere. 2《ペンが使いにくい》¶書きにくいペンだね. Come scrive male queṣta penna!
3《書くのが妥当でない》¶この問題は手紙では書きにくいなあ. Non è un problema che poṣṣa eṣsere trattato per lettera.

かきぬき 書き抜き　estratto◉, stralcio◉[複 *-ci*], copiatura◉ parziale ¶詩の一節を書き抜きする (ri)copiare [estrapolare / ṣtralciare / citare] un brano da una poema

かきね 垣根　《柵状の》recinzione◉, recinto◉, staccionata◉, steccato◉;《防柵用の柵》palizzata◉;《生け垣》《石垣》muretto◉ di cinta ¶庭に垣根をめぐらす recintare il giardino

かきのこす 書き残す　1《書いて残す》¶遺言を書き残す lasciare un testamento 2《書かないでお

かぎのて 鉤の手 ¶かぎの手になった留め金 gancio ad angolo retto [a squadra]

かぎばな 鉤鼻 naso*男* adun*co* [複 -*chi*] [aquilino]

かぎばり 鉤針 (編み物の) uncinetto*男* ¶かぎ針でショールを編む fare uno scialle all'uncinetto

かきまぜる 掻き混ぜる (ri)mescolare, rimestare, mischiare ¶トランプをかき混ぜる mischiare [mescolare] le carte

かきまわす 掻き回す **1** (混ぜ合わせる) mescolare, mischiare, rimescolare; (卵を) sbattere, strapazzare; (卵白・生クリームを泡立てる) sbattere, frullare; (形になるまで) montare; (ひっくり返す) frugare*他*, *[av]* (in) *ql.co.*, rovistare*他*, *[av]*, *他* (▶単独でも可) ¶たんすの中をかき回して手袋をさがした. Ho frugato [rovistato] il cassettone per cercare i guanti.
2 (混乱させる) ¶彼らは会議をかき回すためにやって来た. Sono venuti a disturbare la riunione.

かきみだす 掻き乱す **1** (ごちゃごちゃにする) mettere in disordine *ql.co.*, portare confusione in *ql.co.*, scompigliare *ql.co.*
2 (混乱させる) sconvolgere, disorientare, turbare, scompigliare ¶公共の秩序をかき乱す sconvolgere [turbare] l'ordine pubblico ¶その光景は彼の心をかき乱した. Quello spettacolo l'aveva turbato.

かきむしる 掻き毟る ¶髪をかきむしる grattarsi violentemente la testa (絶望・怒りなどに駆られて髪をひっぱる) strapparsi i capelli (頭を抱える) mettersi le mani nei capelli ¶彼がこんなに悲しむのを見ると私の心はかきむしられる. Mi si spezza [si stringe / si strazia] il cuore a vederlo soffrire così!

かきもの 書き物 ¶書かれたもの scritto*男*, (文書) documento*男*; (証文など) scritta*女*; (刊行物など) pubblicazione*女* ¶書き物をする scrivere ¶回答を書き物の形で受け取った. Abbiamo ricevuto una risposta scritta [per iscritto].

かぎゃく 可逆 (物) ◇可逆的(な) reversibile (↔irreversibile) ◇可逆性 reversibilità*女*
✜可逆反応 reazione*女* reversibile

かきゃくせん 貨客船 nave*女* mista

かきゅう 下級 grado*男* inferiore ◇下級の inferiore, subalterno
✜下級裁判所 tribunale*男* di prima istanza [di grado inferiore]

下級生 alunno*男* *[女 -a]* [student*e* *[女 -essa]*] di classe inferiore

かきゅう 火急 urgenza*女*, emergenza*女* ◇火急の urgente ¶彼は火急の用事で外出中です. È fuori per impegni urgenti.

かぎゅう 蝸牛 (かたつむり) chiocciola*女*, lumaca*女*
慣用 蝸牛の歩み passo*男* di lumaca, passo*男* lento
蝸牛角上の争い controversia*女* futile

かきゅうてき 可及的 nei limiti del [per quanto] possibile ¶可及的すみやかに il più presto possibile

かきょう 佳境 acme*女*, punto *男* [parte*女*] culminante, momento *男* [punto*男* / parte*女*] di maggior interesse ¶物語はいよいよ佳境に入った. Eccoci al momento culminante del racconto.

かきょう 架橋 ◇架橋する costruire [gettare] un ponte
✜架橋工事 lavori*男* [複] per la [di] costruzione di un ponte

かきょう 華僑 cinese*男女* residente all'estero

かぎょう 家業 mestiere*男* [lavoro*男* / professione*女*] di famiglia ¶家業を継ぐ ereditare la professione di famiglia

かぎょう 稼業 (商取引) commerc*io* *男* [複 -*ci*]; (職業) mestiere*男*, professione*女*; (仕事) lavoro*男* ¶しがない稼業 lavoro umile / misera occupazione ¶浮草稼業 occupazione precaria [incerta]

かきょく 歌曲 canto*男*, aria*女*, melodia*女*, canzone*女*

かきよせる 掻き寄せる ¶雪を道端にかき寄せた. Ho ammassato la neve lungo la strada.

かぎり 限り limite*男*, fine*女*, confine*男* ◇限りある illimitato ◇限りない illimitato, sconfinato; (終わりのない) sterminato, infinito, senza fine; eterno ◇限りなく senza fine [limiti], infinitamente, sconfinatamente, all'infinito ¶限りなく広い海 mare sconfinato ¶彼の金欲は限りがない. La sua sete di ricchezza non conosce limiti.

-かぎり -限り **1** (限度いっぱい) nel limite del possibile ¶力の限りたたかう combattere fino al limite [allo stremo] delle forze ¶できる限りやります. Farò del mio meglio. / Farò tutto il possibile. ¶あらん限りの声を張り上げて叫んだ. Ho gridato a pieni polmoni [a più non posso].
2 (範囲) ¶私の知る限りでは彼は非常に善良な男だった. Per quanto「ne sappia io [mi risulti], era un uomo di buon cuore.
3 (条件) ¶事情の許す限り式に出席しましょう. Finché le circostanze me lo permetteranno [A meno che le circostanze non me lo impediscano], interverrò alla cerimonia. ¶彼が本当のことを言わない限りこちらも何も言うつもりはない. Non voglio dire niente「se prima lui non dice [a meno che lui non dica] la verità.
4 (制限) ¶願書の受け付けは今日限りです. Oggi è l'ultimo giorno utile per la presentazione delle domande. ¶やり直しは一回限りです. Lo si può ripetere solo [soltanto] una volta. ¶ほんとにこの場限りの話だよ. Questo discorso resti fra noi, mi raccomando!

かぎる 限る **1** (制限する) limitare *ql.co.* (に a), restringere *ql.co.* (に a); restringersi (に a) ¶限られた時間内で in un tempo limitato [determinato / fisso / stabilito] ¶支払期日を限る fissare la data di scadenza del pagamento / porre un termine (a *ql.co.*) ¶応募は女性に限る. La partecipazione è limitata alle sole donne. ¶旅行の参加者の人数は60人に限られている. Il numero dei partecipanti alla

gita è limitato a sessanta. ¶この切符は1枚につき入場者1人に限る. Questo biglietto è valido per una persona.
2《限定する》¶彼に限ってそんな悪ふざけはしないと思う. Sono convinto che lui è [sia] l'ultima persona al mondo capace di fare una cattiveria simile. ¶いつも家にいるのに今日に限って留守だった. In genere è sempre in casa, ma proprio oggi non c'era. ¶君に限らず誰でも失敗はする. Chiunque può sbagliare, non sei soltanto tu.
3《一番よい》¶これに限るよ. È proprio questo che ci vuole per me. / Fa proprio al caso mio. ¶夏はビールに限る. D'estate non c'è che una buona birra. ¶こういう場合は黙っているに限る. In questi casi la miglior cosa da fare è tacere.
4《「限らない」の形で, そうとは決まっていない》¶彼が成功しないとも限らない. Non è improbabile [Può darsi] che riesca. ¶彼が来ないとも限らない. Non è detto che non venga. ¶金持ちが幸福とは限らない. Non è detto che i ricchi siano sempre felici. / I ricchi non sono necessariamente felici. ¶君がいつも正しいとは限らないぞ. Non pensare di avere sempre ragione.

かきわける 掻き分ける ¶群集を掻き分けて進む farsi largo tra la folla / farsi avanti [procedere]「a forza di spintoni [spingendo la gente]

かぎわける 嗅ぎ分ける ¶犬は犯人の匂いをかぎ分けた. Il cane ha fiutato il criminale. / Il cane ha scovato le tracce del criminale.

かきわり 書き割り 〚劇〛fondale㊚, scena㊛ di fondo, scenario㊚

かきん 家禽 pollame㊚; animali㊚[複] da cortile

かく 角 **1**《角度》angolo㊚ ¶対向角 angoli opposti al vertice ¶鋭[鈍]角 angolo acuto [ottuso] **2**《四角》quadrato㊚
✤角加速度《物》accelerazione㊛ angolare
角距離《物》distanza㊛ angolare
角速度 velocità㊛ angolare
角柱 colonna㊛ [pilastro㊚] a sezione quadrangolare

かく 画 tratto㊚ ¶6画の漢字 ideogramma㊚ [複 -i] di 6 tratti ¶この漢字は何画ですか. Di quanti tratti è composto questo ideogramma?

かく 格 **1**《格式, 身分》stato㊚; [英] status [無変]; rango㊚ [複 -ghi], classe㊛; 《状況》condizione㊛, situazione㊛; 《地位》grado㊚, posizione㊛ (sociale) ¶格が違う essere in due classi distinte ¶この選手は他とは格が違う. Quest'atleta è di tutt'altra classe rispetto agli altri. ¶格が上がる《人が主語》essere promosso a un grado superiore / avanzare di grado ¶格が下がる《人が主語》essere degradato
2《文法》caso㊚ ¶主[属 / 与 / 目的 / 呼 / 奪]格 (caso) nominativo [genitivo / dativo / accusativo / vocativo / ablativo]
✤格変化《文法》declinazione㊛, flessione㊛ secondo il caso

かく 核 **1**《果実の》nocciolo㊚ **2**《細胞内・原子内の, 物事の》nucleo㊚ ◇核の nucleare ¶原子核 nucleo atomico ¶わが国は核の持ち込みを禁止している. L'introduzione di armi nucleari nel nostro paese è proibita.
✤核移植《医》trapianto㊚ di nucleo
核エネルギー《物》energia㊛ [複 -gie] nucleare
核化学 chimica㊛ nucleare
核拡散防止条約 Trattato㊚ contro la [per la non] Proliferazione delle Armi Nucleari
核家族 →見出し語参照
核基地《軍》base㊛ nucleare
核施設 centrale㊛ nucleare
核実験 test㊚ [無変] [esperimento㊚] nucleare
核実験停止会議 conferenza㊛ per la cessazione degli esperimenti nucleari
核戦争 guerra㊛ nucleare [atomica]
核弾頭 testata㊛ [ogiva㊛] nucleare [atomica]
核爆発 esplosione㊛ nucleare
核反応《物》reazione㊛ nucleare
核不拡散条約 trattato㊚ di non proliferazione nucleare
核物理 fisica㊛ nucleare
核分裂 fissione㊛ (nucleare)
核兵器 armamenti㊚[複] nucleari, arma㊛[複 -i] nucleari
核保有国 potenza㊛ nucleare
核燃料 combustibile㊚ nucleare
核融合 fusione㊛ nucleare
核抑止力 forza㊛ di dissuasione nucleare

かく 欠く **1**《不足する: 人が主語》mancare㊀ [es] a [di] ql.co., essere a corto [essere sprovvisto] di ql.co.; 《物が主語》mancare [far difetto] a qlcu.
2《怠る》tralasciare, trascurare, omettere, mancare a [di] ql.co., venire meno a ql.co. ¶義理を欠く mancare [venire meno] al proprio dovere ¶礼を欠く mancare di rispetto / trascurare [non osservare] le regole della buona creanza
3《破損する》rompere, intaccare ¶ナイフの刃が欠けた. La lama del coltello si è intaccata.

かく 書く **1**《文字や記号を》scrivere ql.co. ¶ペンで[手で / 鉛筆で / インクで]書く scrivere ql.co. a penna [a mano / a matita / con l'inchiostro] ¶字を小さく[大きく]書く scrivere piccolo [grande] ¶大文字[小文字 / 活字体]で書く scrivere in maiuscolo [in minuscolo / in stampatello] ¶イタリア語で書く scrivere ql.co. in italiano ¶きれいな[汚い]字を書く avere una bella [brutta] calligrafia ¶正しく書く scrivere senza errori ¶書き間違える sbagliare a scrivere ¶紙に書く scrivere su un foglio / 《証拠として残す》mettere ql.co. sulla carta ¶この単語[あなたの名前]はどう書くのですか. Come si scrive quella parola [il tuo nome]? ¶何か書くものをお持ちですか. Ha qualcosa per scrivere?
2《文章を》scrivere ql.co.;《創作する》comporre ql.co.;《書類などを》stendere ql.co. ¶散文で[韻文で]書く scrivere in prosa [in versi] ¶新聞に書く scrivere in [su] un giornale ¶交響曲を書く comporre una sinfonia ¶詩を書く comporre una poesia ¶近代日本経済について論文を書く scrivere un saggio sull'economia giapponese moderna ¶母に手紙を書く scrivere una lettera alla madre ¶手紙に来月来ると書いてある. Nella sua lettera dice che verrà il mese prossimo. ¶

新聞に犯人と書かれている. Dalla stampa è descritto come il colpevole.

かく 描く 《図を》disegnare;《図示する》illustrare;《スケッチする》schizzare;《色彩画を》dipingere;《地図を》tracciare

かく 掻く **1**《爪などでこする》grattare ¶頭を掻く grattarsi la testa ¶馬がひづめで地面を搔く. Il cavallo raspa il terreno (con le zampe).
2《かき集めたり押しのけたりする》¶雪を掻く spalare [rimuovere] la neve ¶両手で水を掻いて泳ぐ nuotare con entrambe le mani ¶オールで水を掻く remare㉔[av]
3《刃物で切る》tagliare ¶寝首を掻く uccidere nel sonno ¶恋をかく cogliere qlcu. di sorpresa

かく 斯く così, in questo modo, in questa maniera ¶かくなる上は覚悟を決めよう. Giunti a questo punto, prepariamoci al peggio. ¶事情はかくのごとし. La situazione è come segue [è la seguente].

かく- 各- ogni [無変], ciascuno (►単数形につく);《種々の》vario [㊛複 -i], svariato ¶各員 ogni membro / tutti i membri ¶各家庭 ogni famiglia ¶各学校 ciascuna scuola ¶各2部ずつのコピー due copie per ciascuno

かぐ 家具 mobile㊚;《家具一式》mobilia㊛;《総称》arredamento ¶アパートに家具を入れる ammobiliare [arredare] un appartamento ¶家具付き[無し]アパート appartamento ammobiliato [non ammobiliato]
✤家具屋《店》negozio㊚[複 -i] di mobili;《人》mobiliere㊚[㊛ -a]

かぐ 嗅ぐ《花のにおいなど》odorare;《嗅ぎつける, 直感する, 犬などがくんくんと》annusare, fiutare ¶獲物のにおいを嗅ぐ annusare [fiutare] una preda ¶いいにおいだから嗅いでごらん. Senti che buon profumo!

がく 学《学問》studio㊚[複 -i] ¶学を修める studiare **2**《教養, 知識》¶学のある essere colto [erudito / istruito] ¶なんて学のない男なんだ. Quanto è rozzo quell'uomo!

がく 楽《妙なる楽の音㊁》soave musica / musica celestiale / armonia

がく 萼《植》calice㊚

がく 額**1**《金額》somma㊛;《総額》ammontare㊚ **2**《額縁》cornice㊛ ¶絵を額に入れる mettere un quadro in cornice / incorniciare un quadro ¶額入りの絵 quadro incorniciato
✤額(縁)屋《人》corniciaio㊚[複 -ia;㊛複 -i]

かくあげ 格上げ promozione㊛, avanzamento㊚ ¶格上げする promuovere ¶重役への格上げ promozione a dirigente

かくい 各位 ognuno di ... ¶関係者各位 a chi di spettanza / a tutti gli [ai rispettivi] interessati ¶保護者各位 ai genitori o a chi ne fa le veci ¶協力者各位に衷心から御礼申し上げます. Ringrazio di cuore tutti coloro che hanno collaborato con me.

がくい 学位 titolo di studio, titolo universitario㊚[複 -i], accademico[複 -ci] ¶学士の学位を与える[得る] conferire [ottenere] il titolo di dottore
✤学位論文《修士論文》tesi㊛[無変] di master;《博士論文》tesi㊛[無変] di dottorato

かくいつ 画一 ◇画一的 uniforme;《製品が》di serie ◇画一的に uniformemente ◇画一性 uniformità㊛ ¶画一的教育 istruzione stereotipata
✤画一化 uniformazione㊛, unificazione;《規格化, 標準化》normalizzazione㊛, standardizzazione㊛ ◇画一化する unificare, uniformare, rendere uniforme (►uniformeは目的語の性・数に合わせて語尾変化する) ql.co., standardizzare

かくいん 各員 ognuno㊚[㊛ -a], ciascuno㊚[㊛ -a]

がくいん 学院 →学校

かくう 架空 ◇架空の immaginario㊚[複 -i], fantastico [複 -ci] ¶架空の人物 carattere immaginario ¶架空の物語 storia fantastica [immaginaria] ¶《夢物語》castelli in aria ¶架空の名義で貯蓄する depositare denaro in banca sotto un nome inventato
✤架空線《電信・電話の》filo㊚[cavo㊚] aereo, linea㊛ aerea;《電車の》linea aerea di contatto

かくえきていしゃ 各駅停車《電車》treno㊚ locale ¶この電車はここより先は各駅停車となります. Da qui in poi questo treno ferma a tutte le stazioni.

がくえん 学園 istituto㊚ d'istruzione
✤学園祭 festival㊚[無変] studentesco[複 -schi] [scolastico[複 -ci]]
学園生活 vita㊛ scolastica [studentesca / universitaria]
学園都市 città㊛ universitaria
学園紛争 lotte㊛[複][contestazioni㊛[複]] universitarie [studentesche]

がくおん 楽音 suono㊚[nota㊛] musicale

かくかい 各界 ogni campo㊚[ambito㊚ / ambiente㊚ / mondo㊚] ¶各界の名士 eminenti personalità di vari campi

かくがい 閣外 fuori del governo ¶閣外協力をする appoggiare il governo dall'esterno

がくがい 学外 ◇学外の extra scolastico㊚[複 -ci];《大学の外の》extra universitario㊚[複 -i] ¶学外公開講座 corso extra universitario

かくかく 斯く斯く ¶かくかくしかじかの物語 un racconto come quanto detto ¶事件のいきさつはかくかくであった. L'incidente si è svolto così e così.

がくがく ¶こわくて足ががくがく震えた. Le gambe mi「tremavano [《親》facevano giacomo giacomo」per la paura. ¶ひざががくがくした. Mi si sono piegate le ginocchia.

かくかぞく 核家族 famiglia㊛ nucleare; famiglia costituita dai due genitori e dai figli
✤核家族化 tendenza㊛ alla famiglia nucleare

かくぎ 閣議 Consiglio㊚ dei Ministri

がくぎょう 学業 studi㊚[複], lezioni㊛[複] ¶学業に励む impegnarsi negli studi ¶学業を終《怠》る completare [trascurare] gli studi

かくぎり 角切り ¶角切りにする tagliare a dadini [a cubetti] ¶牛肉の角切り pezzetti di carne di manzo

がくげい 学芸 arti㊛[複] e scienze㊛[複]
✤学芸員 curatore㊚[㊛ -trice]《di museo》
学芸会《音楽の》saggio㊚[複 -gi] musicale;《演劇の》recita㊛ scolastica

学芸欄〔新聞などの〕pagina㊛ culturale [artistica e letteraria]

がくげき 楽劇 《ワーグナーの》dramma㊚ musicale

かくげつ 隔月 ◇隔月の bimestrale ◇隔月に bimestralmente ¶私たちは隔月に1回研究会を開いています。Teniamo un seminario「una volta ogni due mesi [a cadenza bimestrale].
❖**隔月刊**〔雑誌〕rivista㊛ bimestrale

かくげん 格言 massima㊛, aforism*a*㊚〔複 -*i*〕, adag*io*㊚〔複 -*gi*〕,〔諺〕proverb*io*㊚〔複 -*i*〕

かくげん 確言 dichiarazione㊛, affermazione㊛, asserzione㊛ ◇確言する dichiarare formalmente [affermare / asserire] *ql.co.* [di + 不定詞 / che + 直説法] ¶彼はUFOがいると確言してるよ。Mi ha asserito [dato per certa] l'esistenza degli UFO.

かくご 覚悟 《決意》risoluzione㊛, determinazione㊛;《心構え》preparazione㊛;《諦念》rassegnazione㊛ ◇覚悟する《決意》risolversi [decidersi] a + 不定詞 (accettandone tutte le conseguenze);《心の準備をする》prepararsi interiormente a + 不定詞 [a *ql.co.*];《あきらめる》rassegnarsi a + 不定詞 a *ql.co.*);《予測する》aspettarsi di + 不定詞 ¶死を覚悟する rassegnarsi alla morte / essere pronto a morire ¶あなたからこういう侮辱を受けるだろうことは覚悟してました。Mi aspettavo quest'offesa da te. ¶あがいても無駄だ、覚悟しろ。Per te è la fine! Rassegnati!

かくさ 格差 divar*io*㊚〔複 -*i*〕, disparità㊛, scarto㊚ ¶賃金格差を撤廃[是正]する abolire [correggere] le disparità salariali ¶企業規模別賃金格差 differenziale㊚ salariale in base alla grandezza delle imprese
❖**格差拡大** ampliamento㊚ del divario [dello scarto]

かくざい 角材 legname㊚ squadrato ¶ 12センチの角材 travetto di legno a sezione quadrata di 12 centimetri

がくさい 学際 学際的 interdisciplinare
❖**学際組織** organism*o*㊚〔sistem*a*㊚〔複 -*i*〕〕interdisciplinare

かくさく 画策 ◇画策する《たくらむ》macchinare㊦ (▶単独で使うことが多い), tramare [*av*], complottare㊦ [*av*], brigare㊦ [*av*]; manovrare㊦ [*av*] ¶陰で画策している者がいる。Qualcuno sta tramando alle spalle.

かくさげ 格下げ retrocessione㊛, degradazione㊛ ◇格下げする retrocedere, degradare, declassare ¶彼は部長から部長代理に格下げされた。È stato degradato [retrocesso] da direttore a vicedirettore.

かくざとう 角砂糖 zucchero㊚ in zollette
❖**角砂糖ばさみ** mollette㊛〔複〕(per lo zucchero), pinze㊛〔複〕da zucchero

かくさん 拡散 diffusione㊛, propagazione㊛, disseminazione㊛, proliferazione㊛ ◇拡散する diffondersi, propagarsi, disseminare, proliferarsi ❖**拡散性**の diffusivo ¶液体〔熱 / 光〕の拡散性 diffusività del liquido [del calore / della luce] ¶核兵器の拡散に反対する opporsi alla diffusione delle armi nucleari

かくさん 核酸 《生化》acido㊚ nucle*ico* 〔複 -*ci*〕リボ核酸 acido ribonucl*eico*

かくし 客死 morte㊛ all'estero ◇客死する morire all'estero

かくし 隠し 《隠すこと》¶隠し財産 ricchezza nascosta ¶財産隠し occultamento dei beni
❖**隠し絵**〔英〕puzzle㊚, gioc*o*㊚〔複 -*chi*〕di pazienza
隠しカメラ〔英〕candid camera㊛〔無変〕, macchina㊛ fotografica nascosta
隠し子 figli*o*㊚〔㊛ -*glia*;㊚複 -*gli*〕illegittim*o* 〔dell'amore〕
隠し事 segreto㊚
隠しマイク microfono㊚ nascosto [spia〔無変〕];《隠》pulce㊛

かくじ 各自 ogni persona㊛, ognuno㊚〔㊛ -*a*〕, ciascuno㊚〔㊛ -*a*〕

がくし 学士 laureato㊚〔㊛ -*a*〕; dottore㊚〔㊛ -*essa*〕;《謔》-*a*〕*dottore*はイタリアでは「医師」の他に「大学卒業者」を指す。略称は dott.と dott.ssa〕¶文〔法 / 理〕学士 laureato 〔dottore in Lettere [Legge / Scienze]〕¶ビアンキ学士 il dott. Bianchi
❖**学士院** ¶日本学士院 Accademia Giapponese delle Scienze ¶イタリア学士院 Accademia Nazionale dei Lincei
学士会 Associazione㊛ Laureati Universitari
学士号 (titolo㊚ [diplom*a*㊚〔複 -*i*〕] di) laurea㊛

がくし 学資 spese㊛〔複〕scolastiche [per l'istruzione / per gli studi] ¶学資につまる essere nell'impossibilità di pagarsi gli studi

がくし 楽士 music*ista*㊚㊛〔㊚複 -*i*〕

かくしき 格式 **1**《世間の習わし・しきたり》formalità㊛, regole㊛〔複〕[convenzioni㊛〔複〕] sociali ¶格式ばった cerimonioso / formale /(もったいぶった、気取った) affettato / ampolloso / manierato ¶格式ばらずに alla buona / senza cerimonie [formalità / pretese / complimenti]
2《社会的身分、家柄》status㊚〔無変〕, posizione㊛ sociale, ceto㊚ ¶格式の高い家柄 una famiglia appartenente all'alta società

がくしき 学識 《学問》dottrina㊛;《教養》erudizione㊛, cultura㊛;《知識》sapere㊚, conoscenza㊛;《教育》istruzione㊛ ¶学識豊かな dotto / colto / sapiente / erudito / di vasta cultura
❖**学識経験者** studios*o*㊚〔㊛ -*a*〕esperto [competente]

がくしき 楽式 forma㊛ musicale

かくしげい 隠し芸 ¶彼は隠し芸を披露(ひろう)した。Ha eseguito un numero preparato in segreto.

かくしだて 隠し立て ¶隠し立てをする tenere segreto *ql.co.* (▶*segreto*は目的語の性・数に合わせて語尾変化する) ¶なんの隠し立てもするな。Non avere segreti con me. / Non tenermi segreto [nascosto] niente.

かくしつ 角質 sostanza㊛ cornea;《ケラチン》cheratina㊛ ◇角質の corneo, cheratoide, cheratinoso
❖**角質繊維**〔海綿類の〕cheratos*i*㊛〔無変〕

かくしつ 確執 《不和》discordia㊛;《長期間の反目》antagonismo㊚ ¶党員間に確執が生じた。Si è creata discordia tra i membri del partito.

かくじつ 隔日 ◇隔日に ogni due giorni, a giorni alterni

かくじつ 確実 ◇確実な《確かな》certo, sicuro; 《信用できる》di fiducia, attendibile, affidabile ◇確実に certamente, di sicuro, senza dubbio, senza fallo, per certo ¶当選は確実だ. La vittoria alle elezioni è garantita. ¶優勝は確実だ. La vittoria è assicurata.
❖確実性 attendibilità囡, credibilità囡;《確信》certezza囡

かくして 斯くして così, in questo modo

かくしどり 隠し撮り ◇隠し撮りする scattare una fotografia [《ビデオなど》riprendere ql.co.] di nascosto

かくしどり 隠し録り ◇隠し録りする registrare ql.co. di nascosto

がくしゃ 学者 studioso男[囡 -a];《研究者》ricercatore男[囡 -trice] ¶学者ぶる darsi arie di [da] studioso ¶学者肌の人 persona che ha 「qualcosa [la mentalità] dello studioso
❖各種学校 scuola囡 professionale →教育【用語集】

かくしゃく 矍鑠 ¶父は80歳だが今なお矍鑠としている. A 80 anni il padre è ancora 「vivo e vegeto [in forma / in gamba].

かくしゅ 各種 ◇各種の《あらゆる種類の》di ogni genere [specie / tipo], ogni genere di;《いろいろな種類の》di diversi tipi, vari, svariati ¶各種の食品 ogni genere di alimenti ¶各種の楽器 vari tipi di strumenti musicali
❖各種学校 scuola囡 professionale →教育【用語集】

かくしゅう 隔週 ◇隔週の quindicinale ◇隔週に ogni due settimane, ogni quindici giorni

かくじゅう 拡充 espansione囡, estensione囡, allargamento男, amplificazione囡 ◇拡充する espandere, estendere, allargare, amplificare ¶軍備を拡充する incrementare [potenziare] gli armamenti ¶図書館を拡充する espandere [allargare] una biblioteca

がくしゅう 学習 studio男[複 -i], apprendimento男 ◇学習する studiare, imparare, apprendere
❖学習参考書 testo男 scolastico [複 -ci] integrativo男
学習指導要領 direttive囡[複] ministeriali sull'insegnamento
学習塾 doposcuola男[無変] privato per preparare l'ammissione ai livelli scolastici successivi
学習プログラム programma男[複 -i] di apprendimento

がくじゅつ 学術 scienze囡[複] ◇学術的《学術上の》《科学的》scientifico[男複 -ci];《専門的》specialistico[男複 -ci], tecnico[男複 -ci] ¶日本学術会議 Consiglio Nazionale Giapponese per la Ricerca Scientifica《◆イタリアのConsiglio Nazionale delle Ricerche, 略称CNRは研究費, 奨学金の配分などを行う国家機関》
❖学術研究 ricerca囡 scientifica
学術雑誌 rivista囡 scientifica
学術書 pubblicazione囡 scientifica, libro男[testo男] scientifico
学術調査 indagine囡 scientifica
学術調査団 gruppo男 di ricerca accademica
学術用語《総称》terminologia囡[複 -gie] scientifica [tecnica / specialistica];《個々の用語》

termine男 scientifico
学術論文 saggio男[複 -gi] scientifico

かくしょ 各所 ◇各所で《すべての所で》in ogni luogo, dovunque, dappertutto;《いろいろの所で》in vari luoghi, qua e là ¶日本の各所に支店がある. Ci sono filiali dappertutto in Giappone.

かくしょう 各省 ciascun Ministero男 ¶各省の通達 circolare囡 che riguarda ciascun dicastero

かくしょう 確証 prova囡 irrefutabile [evidente / convincente / incontestabile / sicura], conferma囡, avvaloramento男 ¶確証がある[を握る] avere [assicurarsi] una prova incontestabile

がくしょう 楽章 movimento男, tempo男 ¶ベートーベンの第5交響曲の第1楽章 il primo movimento [tempo] della quinta sinfonia di Beethoven

かくじょし 格助詞 《日本語文法の》particella囡 segnacaso

かくしん 革新 《社会的・政治的》riforma囡;《刷新》innovazione囡, rinnovazione囡, rinnovamento男 ◇革新する riformare ql.co., fare una riforma di ql.co.; innovare ql.co., rivoluzionare ql.co. ◇革新的な riformatore[男 -trice]; (r)innovatore[男 -trice];《進歩的》progressista[男複 -i] ¶革新的発想[作品] idea [opera] rinnovatrice
革新主義 progressismo男
革新主義者 progressista囡[男複 -i]
革新政党 partiti男[複] progressisti
革新勢力 forza囡 progressista

かくしん 核心 nucleo男, nocciolo男, punto男 essenziale, cuore男 ¶論題の核心に触れる venire al nocciolo [all'essenza] di un argomento ¶問題の核心を突く centrare il problema

かくしん 確信 convinzione囡, convincimento男, certezza囡 ◇確信する convincersi di ql.co. [che + 直説法], credere fermamente ◇確信している essere convinto di ql.co. [che + 直説法], avere la ferma convinzione di ql.co. [che + 直説法], essere certo [sicuro] di ql.co. [che + 直説法] ¶確信ありげに con aria sicura ¶確信をもってその問いに答えた. Ho risposto alla domanda con sicurezza.
❖確信犯《信条に基づいて犯行に及ぶ人》criminale男 convinto;《問題を引き起こすとわかっていながらする人》persona囡 che fa qualcosa anche se è consapevole che così potrebbe causare problemi

かくじん 各人 ogni persona囡, ognuno男[囡 -a], ciascuno男[囡 -a] ¶各人各様に ognuno per conto proprio ¶それは各人の自由だ. Ognuno può fare come meglio crede.

かくす 隠す 《秘密にする》nascondere ql.co., tenere segreto (▶segretoは目的語の性・数に合わせて語尾変化する) ql.co.;《偽る》dissimulare, mascherare;《隠匿〈とうひ〉する》tenere nascosto (▶nascostoは目的語の性・数に合わせて語尾変化する), occultare ¶名前を隠す serbare [mantenere] l'incognito ¶両手で顔を隠す coprirsi il volto con le mani ¶隠さずに何もかも話してください. Dica tutto senza nascondere nulla. ¶彼は木陰に身を隠した. Si è nascosto dietro un albero.

かくすい 角錐 〘幾何〙 piramide㊛ →立体 図版 ¶六角[直角]錐 piramide esagonale [retta]

かくする 画する **1**(はっきりと区切る) demarcare, delimitare, distinguere ¶一時期を画する fare epoca **2**(計画する) progettare la creazione [la fondazione] di un nuovo partito

かくせい 覚醒 (睡眠・迷いからの) risveglio㊚ [複 -gli];(迷いからの) disinganno㊚, disillusione㊛ ◇覚醒する risvegliarsi, destarsi; disilludersi, riaversi da una delusione;(知らなかったことに気づく) aprire gli occhi su ql.co. ◇覚醒させる risvegliare [destare / disingannare / disilludere] qlcu.
❖**覚醒剤** 〘薬〙 eccitante㊚, stimolante㊚
覚醒剤中毒 tossicomania㊛ [tossicodipendenza㊛] da eccitanti
覚醒剤中毒患者 tossicomane㊚㊛ [tossicodipendente㊚㊛] da eccitanti

かくせい 隔世 ¶隔世の感がある. Mi sembra di appartenere ad un'altra epoca.
❖**隔世遺伝** atavismo㊚ ◇隔世遺伝の atavico㊚

がくせい 学生 studente㊚ [㊛ -essa];(生徒) alunno㊚ [㊛ -a];(高校生) liceale㊚㊛ ◇学生の studentesco㊚ [複 -schi] →教育 用語集
❖**学生アルバイト** studente㊚ [㊛ -essa] lavoratore㊚ [㊛ -trice]
学生運動 movimento㊚ studentesco
学生課 ufficio㊚ [複 -ci] studenti
学生時代 (大学時代) periodo㊚ universitario; periodo in cui si era studenti ¶学生時代には da studente
学生証 tessera㊛ studentesca [di iscrizione scolastica]
学生食堂 (大学の) mensa㊛ universitaria
学生生活 vita㊛ studentesca
学生服 divisa㊛ (da studente)
学生寮 dormitorio㊚ [複 -i] studentesco [複 -schi]
学生割引 sconto㊚ per studenti, riduzione㊛ per studenti

がくせい 学制 sistema㊚ [複 -i] scolastico [複 -ci]
❖**学制改革** riforma㊛ dell'ordinamento [del sistema] scolastico

がくせい 楽聖 grande musicista㊚㊛ [㊚複 -i], genio㊚ [複 -i] della musica

かくせいき 拡声器 altoparlante㊚;(メガフォン) megafono㊚

がくせき 学籍 registro㊚ scolastico [複 -ci] ¶学籍に入れる iscrivere uno studente nel registro scolastico ¶学籍を離れる lasciare [abbandonare] la scuola ¶大学院に学籍を置く essere iscritto ai corsi post-laurea

かくぜつ 隔絶 (孤立) isolamento㊚;(離れること) separazione㊛ ◇隔絶させる isolare ql.co. [qlcu.] (da ql.co.); separare ql.co. [qlcu.] (da ql.co.) ◇隔絶する isolarsi (da ql.co.); separarsi (da ql.co.) ¶彼は世間から隔絶して生きている. Vive isolato dal mondo.

がくせつ 学説 dottrina㊛, teoria㊛ ¶新学説を立てる formulare [fondare] una nuova teoria

がくせつ 楽節 〘音〙(大楽節) periodo㊚;(小楽節) frase㊛, passaggio㊚ [複 -gi]

かくぜん 画然 ◇画然たる chiaro, distinto, netto, preciso ◇画然と chiaramente, distintamente, nettamente, precisamente

がくぜん 愕然 ¶愕然とする essere stupito [sbalordito / stupefatto / scioccato] / restare [rimanere] di stucco ¶愕然として con stupore [meraviglia] / a bocca aperta

がくそう 学窓 (学校) scuola㊛;(大学) università㊛ ¶学窓を巣立つ congedarsi [accomiatarsi] dalla scuola / concludere [finire] gli studi

がくそう 楽想 motivo㊚ [tema㊚ [複 -i]] musicale; ispirazione㊛ [idea㊛] musicale

がくそく 学則 statuto㊚ della scuola

がくそつ 学卒 (大学卒業者) laureato㊚ [㊛ -a] (►「卒業予定者」は laureando㊚ [㊛ -a])

かくだい 拡大 (拡張) allargamento㊚, estensione㊛;(音響などの) ampliamento㊚, intensificazione㊛;〘光〙 ingrandimento㊚ ◇拡大する (広げる) ingrandire, allargare, estendere;(増強する) intensificare;(大きくなる, 広がる) ingrandirsi, allargarsi, estendersi; intensificarsi ¶140％に拡大する ingrandire del 140％ ¶内乱は全国に拡大した. La rivolta si estese a tutto il paese. ¶これは 1000 倍に拡大されたバクテリアの写真である. Questa è una fotografia dei batteri ingrandita di mille volte.
❖**拡大解釈** interpretazione㊛ estensiva ◇拡大解釈する interpretare ql.co. in modo estensivo
拡大鏡 lente㊛ d'ingrandimento
拡大コピー fotocopia㊛ ingrandita ¶A4からA3に拡大コピーする ingrandire il formato della fotocopia da A4 a A3
拡大再生産 〘経〙 riproduzione㊛ allargata
拡大辞 〘文法〙 accrescitivo㊚ (►-one, -ona など)
拡大写真 macrofotografia㊛

がくたい 楽隊 banda㊛ (musicale);(ブラスバンド) fanfara㊛

かくたる 確たる ¶確たる証拠はない. Non vi sono prove certe [inequivocabili].

かくたん 喀痰 〘医〙 espettorazione㊛; sputo㊚
❖**喀痰検査** analisi㊛ [無変] dell'escreato

かくだん 格段 ¶格段の進歩をとげる fare un notevole [sensibile] progresso 《において in》 ¶あの2人には格段の相違がある. C'è una netta differenza tra i due. ¶これは彼の作品の中でも格段に美しい. Tra le sue opere questa è decisamente la più bella.

がくだん 楽団 《管弦楽団》 orchestra㊛;(交響楽団) orchestra㊛ filarmonica;(弦楽団) orchestra㊛ d'archi;(吹奏楽団) fanfara㊛, banda㊛;(ジャズ楽団) orchestra㊛ jazz [無変]

がくだん 楽壇 ¶楽壇にデビューする fare il proprio debutto nel mondo della musica

かくち 各地 ogni posto [luogo / località㊛ / zona㊛];(諸地方) vari luoghi㊚ [複], varie località[女][複] [ẓone[女][複]] ¶世界各地から da tutte le parti del mondo ¶反対運動が各地に広がった. La contestazione si estese dappertutto [in ogni parte].

かくちく 角逐 concorrenza[女], competizione[女], rivalità[女]

かくちゅう 角柱 **1** 《四角い柱》 pilastro[男] (quadrato) **2** 〔幾何〕 priṣm*a*[男][複 *-i*] ⇀立体 [図版] ¶三角柱 priṣma triangolare ¶斜角柱 priṣma obliquo

かくちょう 拡張 《幅・範囲など》 allargamento[男], estensione[女]; 《大きさ・量など》 espansione[女], ampliamento[男]; 《拡大》 ingrandimento[男], ampliamento[男]; 〔医〕 dilatazione[女] ◇**拡張する** allargare, estendere; espandere; ingrandire; dilatare (►いずれも再帰動詞としても用いられる) ¶植林地域を拡張する allargare [estendere] una ẓona di rimboschimento ¶領土を拡張する espandere il territorio ¶店舗を拡張する ingrandire [ampliare] un negozio ¶胃拡張 dilatazione dello stomaco

✤**拡張子** 〔コンピュータ〕 estensione[女]

拡張メモリー 〔コンピュータ〕 memoria[女] espansa

かくちょう 格調 stile[男] raffinato ¶これは実に格調の高い詩だ. Lo stile di questa poeṣia è veramente raffinato [aulico].

がくちょう 学長 ret*tore*[男][女 *-trice*] ¶副学長 proret*tore*[男][女 *-trice*] / vice rettore ⇀教育 [用語集]

✤**学長室** rettorato[男]

がくちょう 楽長 capobanda[男][女][男複 *capibanda*; 女複 *capobanda*] (di muṣicanti); 《楽団などの指揮者》 diret*tore*[男][女 *-trice*] (d'orchestra)

かくづけ 格付け classificazione[女] ◇**格付けする** classificare *ql.co.*, dividere *ql.co.* in classi [categorie]

がくっと **1** 《急に倒れたりする様子》 ¶彼はがくっとひざを折って倒れた. Le sue ginocchia cedettero [si piegarono] all'improvviṣo e cadde.

2 《急激に変わる様子》 di sorpresa, ad un tratto, all'improvviṣo, di punto in bianco ¶今月は売り上げががくっと減った. Questo mese gli incassi sono crollati improvviṣamente.

3 《精神的衝撃などを受ける様子》 ¶彼は試験に落ちてがくっときている. L'eṣame gli è andato male e si sente molto abbattuto.

かくて 斯くて 《このようにして》 così, in questo modo

かくてい 画定 demarcazione[女], delimitazione[女] ¶所有地の境界を画定する demarcare [segnare / stabilire] i limiti [confini] della proprietà

かくてい 確定 determinazione[女], deciṣione[女]; 《決議》 deliberazione[女], delibera[女] ◇**確定する** determinare, decidere, stabilire, fissare; deliberare ◇**確定的** definitivo, finale, concluṣivo

✤**確定公債** 〔金融〕 obbligazione[女] consolidata

確定申告 《所得税の》 dichiarazione[女] dei redditi (definitiva [finale])

確定判決 〔法〕 giudi*zio*[男][複 *-i*] definitivo, sentenza[女] definitiva

確定負債 〔会〕 debito[男] fisso

カクテル 〔英 cocktail〕 〔英〕 cocktail[男][無変]

✤**カクテルグラス** calice[男] [coppa[女]] da cocktail

カクテルシェーカー 〔英〕 shaker[男][無変]; ṣbattighiaccio[男][無変] per cocktail

カクテルドレス abito[男] da cocktail [da meẓẓa sera]

カクテルパーティー 〔英〕 cocktail[男][無変]

カクテルハット cappello[男] da cocktail

がくてん 楽典 《規則》 grammatica[女] muṣicale [di muṣica]; 《本》 manuale[男] di muṣica

かくど 角度 **1** 《角》 angolo[男], angolazione[女]; 《度数》 miṣura[女] angolare, gradi[男][複] di un angolo ¶ある角度から見るとそれはまったく別の物体のように見える. Visto da una certa angolazione, sembra essere un oggetto completamente diverso. ¶船は20度の角度で左舷に傾いている. La nave è inclinata a sinistra di 20 gradi.

2 《視点》 punto[男] di vista ¶あらゆる角度から検討してみたが, 彼に落ち度はなかったと思われる. Sotto tutti i punti di vista, sembra che lui non abbia ṣbagliato.

✤**角度計** goniometro[男]

かくど 確度 grado[男] di accuratezza

がくと 学徒 《学生》 student*e*[男][女 *-essa*]; 《学究の徒》 studios*o*[男][女 *-a*]

✤**学徒出陣** partenza[女] degli studenti per il fronte durante la guerra del pacifico (1941-1945)

学徒動員 mobilitazione[女] degli studenti

かくとう 格闘 lotta[女] [combattimento[男]] corpo a corpo; 《乱闘, けんか》 zuffa[女], mischia[女], colluttazione[女], baruffa[女], rissa[女] ◇**格闘する** lottare [combattere] corpo a corpo (con *qlcu.*), venire alle mani (con *qlcu.*), azzuffarsi [accapigliarsi] (con *qlcu.*) ¶彼は難問と格闘している. È alle prese con difficili problemi.

✤**格闘技** combattimento[男] agonisti*co*[複 *-ci*] che richiede il contatto fiṣico senza l'uṣo di armi (◆ come il *judo*, la lotta, ecc.)

かくとう 確答 risposta[女] definitiva [preciṣa / categorica] ◇**確答する** rispondere in modo definitivo [categorico], dare una risposta definitiva [preciṣa]

がくどう 学童 scolar*o*[男][女 *-a*]

✤**学童保育** servi*zio*[男][複 *-i*] di doposcuola

かくとく 獲得 acquiṣizione[女], ottenimento[男], guadagno[男] ◇**獲得する** ottenere *ql.co.* 《から da》 ¶市民権を獲得する acquiṣire la cittadinanza ¶独立[自由]を獲得する conquistare l'indipendenza [la libertà] ¶信頼[友情]を獲得する guadagnarsi la fiducia [l'amicizia]

✤**獲得物** conquiste[女][複]

かくとした 確とした ¶彼が犯人だという確とした証拠はない. Non eṣiste alcuna prova certa che lui abbia commesso il crimine.

がくない 学内 ¶学内の秩序を守る mantenere l'ordine nell'ambito del campus ¶学内が騒然となった. L'università era in tumulto.

✤**学内新聞** giornale[男] universitar*io*[複 *-i*]

学内選挙 elezioni[女][複] universitarie

かくにん 確認 《事実の》 conferma[女], accertamento[男], verifica[女]; 《身元などの》 identificazione[女] ◇**確認する** confermare, accertare, verifica-

かくねん 隔年 ◇隔年の biennale ◇隔年に ogni due anni, ad anni alterni ¶総会は隔年に行なわれる. L'assemblea generale si apre ogni due anni [ad anni alterni].

がくねん 学年 《小・中・高校の》anno scolastico [複 -ci];《大学の》anno accademico [複 -ci];《略》a.a.(◆イタリアでは小・中学校, 高校は9月1日から翌年の8月31日まで, 大学は11月1日から10月31日まで) ¶ 2008-2009学年度 anno accademico 2008-2009 ¶高[低]学年 classi superiori [inferiori] ¶第1学年の生徒 studente di prima (▶「学年」は anno,「組」は sezione.「小学校3年」は terza elementare.「3年B組」は terza B [la sezione B del terzo anno])

❖学年末試験 esami男[複] di fine anno

かくのうこ 格納庫 〔仏〕hangar [ángar]男[無変]; aviorimessa女

かくは 各派 《政党》ogni partito; tutti i partiti[複];《派閥》ogni fazione[複]; tutte le fazioni女[複] ¶各派交渉会《政党間の》riunione interpartitica

かくは 学派 corrente女 di studio, scuola女 ¶フロイト学派 la scuola freudiana

がくばつ 学閥 《出身校による》baronia女 [consorteria女] universitaria [accademica]; clan男 [無変] dell'università;《同じ学派の学者間の》raccolta女 di studiosi ¶学閥を作る formare cricche [conventicole] accademiche

かくばる 角張る **1**《角がある》¶角張った顔 un viso squadrato ¶角張った字を書く scrivere con calligrafia squadrata **2**《かしこまる》¶そう角張らずになんでもお話しください. Si senta pure libero di dirmi tutto, senza alcuna formalità.

かくはん 各般 ¶各般の事情 varie [diverse] condizioni [circostanze]

かくはん 撹拌 sbattitura女;《化》agitazione女 ◆撹拌する《液体を》agitare;《卵を》sbattere;《生クリームを》montare ¶溶液を撹拌する agitare la soluzione ¶生クリームを撹拌する montare la panna

❖撹拌器 mescolatore男, agitatore男《料》《泡立て器》frullino男;《ミキサー》frullatore男

がくひ 学費 tasse女[複] scolastiche e spese女[複] per i testi;《大学の》tasse女[複] universitarie ¶学費を払う pagare gli studi

かくぶ 各部 **1**《それぞれの部分》ogni parte女 [porzione];《いろいろな部分》varie parti[複] [porzioni[複]] **2**《各部局》ogni sezione女 [divisione女], ogni dipartimento [reparto男]

がくふ 楽譜 musica女 (scritta);《スコア》partitura女, spartito男;《オーケストラなどの》partitura女;《パート譜》parte女;《ピアノ用などに編曲したもの》spartito男 ¶楽譜を読む leggere la musica ¶楽譜なしでピアノを弾く suonare il pianoforte「senza musica [senza spartito / a memoria]

❖楽譜入れ portaspartito男[無変]
楽譜台 leggio男[複 -gii]

がくぶ 学部 facoltà女 ¶法[政経]学部 facoltà di giurisprudenza [di scienze politiche] ⇒教育 用語集

❖学部長 preside男女 (di facoltà)

楽譜

1 速度標語 indicazione女 agogica. 2 速度記号 indicazione女 agogica. 3 譜表 pentagramma男. 4 ト音記号 chiave女 di sol [violino/canto]. 5 ヘ音記号 chiave女 di fa [basso]. 6 調号 armatura女 di chiave. 7 拍子記号 indicazione女 del tempo. 8 発想[強弱]記号 segno男 dinamico. 9 全音符 semibreve女, intero男. 10 二分音符 pausa女 di minima. 11 四分音符 semiminima女, quarto男. 12 八分音符 pausa女 di croma. 13 八分音符 croma女, ottavo男. 14 タイ legatura女 di valore. 15 スラー《フレーズのまとまりを示す》legatura女 di espressione. 16 スラー《音型を表す》legatura女 di suono 17 四分休符 pausa女 di semiminima. 18 符点 punto男 di valore. 19 三連音符 terzina女. 20 スタッカート staccato男. 21 十六分休符 pausa女 di semicroma. 22 シャープ diesis男[無変]. 23 十六分音符 semicroma女, sedicesimo男. 24 アクセント accento男. 25 符頭, たま testa女 della nota. 26 符尾, 棒 gambo男 della nota. 27 旗, 鉤(*) uncino男 della nota. 28 二分音符 minima女, metà女. 29 小節 battuta女, misura女. 30 小節線 barra女, stanghetta女. 31 発想標語 indicazione女 espressiva. 32 フラット bemolle男. 33 ナチュラル bequadro男. 34 全休符 pausa女. 35 モルデント mordente男. 36 フェルマータ corona女. 37 アルペッジョ arpeggio男. 38 終止線 doppia stanghetta女.

がくふう 学風 1《学問上の傾向・伝統》tendenza㊛ [tradizione㊛] accademica; 《学派》indirizzo㊚ scolastico [複 -ci], scuola㊛;《研究法》metodo㊚ di studio ¶あの2人の学風はまったく違う。Quei due appartengono a scuole completamente diverse. 2《校風》tradizioni㊛ [複] di una scuola [《大学》un'università]

がくぶち 額縁 cornice㊛
❖**額縁職人** corniciaio㊚ [㊛ -ia; ㊚複 -i]

かくへき 隔壁 《建》divisorio㊚ [複 -i], tramezzo㊚;《船・飛行機の》paratia㊛ ¶防水隔壁 paratia stagna
❖**隔壁工事** tramezzamento㊚

かくべつ 格別 ◇格別な particolare, speciale, eccezionale, straordinario [㊚複 -i] ◇格別に particolarmente, in particolare ¶格別することはない。Non ho niente di particolare da fare. ¶味は格別だ。È eccezionalmente saporito. / È un sapore del tutto fuori del comune.

かくほ 確保 ◇確保する assicurare;《自分のために》assicurarsi ql.co. ¶輸送力を確保する garantire la capacità del trasporto ¶座席を2つ確保しておいてくださいませんか。Potrebbe prenotare [prendere] due posti?

がくぼう 学帽 berretto㊚ da scolaro

かくまう 匿う nascondere, occultare, imboscare ¶脱獄囚をかくまう dare asilo [rifugio] a un evaso / nascondere un evaso / tenere nascosto un evaso

かくまく 角膜 《解》cornea㊛ ◇角膜の corneale
❖**角膜移植**《医》cheratoplastica㊛, trapianto㊚ della cornea
角膜炎《医》cheratite㊛, infiammazione㊛ della cornea

かくまく 核膜《生》membrana㊛ nucleare

かくまく 隔膜 diaframma㊚ [㊚複 -i]

かくめい 革命 rivoluzione㊛ ◇革命的 rivoluzionario [㊚複 -i] ¶革命的発明 invenzione rivoluzionaria ¶反革命 controrivoluzione ¶産業[平和]革命 rivoluzione industriale [pacifica] ¶革命を起こす fare una rivoluzione
❖**革命運動** movimento㊚ rivoluzionario
革命歌 canzone㊛ rivoluzionaria
革命家 rivoluzionario㊚ [㊛ -ia; ㊚複 -i]
革命思想 idee㊛ [複] rivoluzionarie
革命政府 governo㊚ [regime㊚] rivoluzionario
革命理論 teoria㊛ della rivoluzione

がくめい 学名 nome㊚ scientifico [複 -ci]

がくめん 額面 1《額面価格》valore㊚ nominale;《略》v.n.;《切手・貨幣などの表面に記されている金額》valore㊚ facciale [nominale] ¶額面で[の]al valore nominale / alla pari ¶額面50ユーロの新株 nuova azione v.n. € 50 《読み方: valore nominale euro cinquanta》¶額面以上[以下]である essere sopra [sotto] al valore nominale ¶額面を越える salire sopra la pari
2《総支給額》¶私の月給は額面で20万円だ。Il mio salario lordo è di 200.000 yen.
3《言葉通りの意味》¶彼の言うことを額面通りに受け取ってはいけない。Devi prendere per oro colato tutto quello che dice.
❖**額面株** azione㊛ a valore nominale

がくもん 学問 《諸科学》scienze㊛ [複];《学識》dottrina㊛, erudizione㊛;《研究》studio㊚ [複 -i], ricerca㊛;《学業》studio㊚;《専門学科》disciplina㊛ ◇学問的な scientifico [㊚複 -ci]; accademico [㊚複 -ci] ◇学問的に scientificamente, dal punto di vista scientifico ◇学問のある erudito, istruito, colto, dotto ◇学問のない poco colto, senza istruzione, ignorante ¶学問の世界 mondo accademico ¶学問を修める studiare ql.co. / fare uno studio di ql.co. ¶哲学は高尚な学問だ。La filosofia è una disciplina nobile.

がくや 楽屋 1《出演者の支度部屋》camerino㊚ 2《内幕》situazione㊛ interna ¶楽屋をお見せしてしまいましたね。Scusami se ti ho mostrato tutti questi retroscena spiacevoli.
❖**楽屋裏** retroscena㊚ [無変] ¶両党は楽屋裏でそこそこ取り引きしたらしい。Sembra che i due partiti abbiano trattato dietro le quinte.
楽屋落ち argomenti㊚ [複] privati incomprensibili agli altri
楽屋口《役者の》ingresso㊚ artisti;《通用門》porta㊛ di servizio
楽屋話 informazioni㊛ [複] riservate

かくやく 確約 promessa㊛ solenne, parola㊛ d'onore, impegno㊚ inderogabile ◇確約する promettere ql.co., dare a qlcu. la propria parola [d'onore]

かくやす 格安 prezzo㊚ d'occasione, sconto㊚ speciale ◇格安の[に]d'occasione, a poco prezzo, a buon mercato
❖**格安航空券** biglietto㊚ aereo low cost, biglietto㊚ d'aereo a prezzo molto ridotto

がくゆう 学友《学校の仲間》compagno㊚ [㊛ -a] di scuola;《学問上の》collega㊚ [㊚複 -ghi]
❖**学友会** associazione㊛ studentesca;《卒業生の》associazione㊛ di ex-alunni

かくよう 各様 ¶各人各様だ。"Tante teste, tanti cervelli." / "Tutti i gusti sono gusti."

がくようひん 学用品 articoli㊚ [複] scolastici, materiale㊚ scolastico,《文房具》articoli㊚ [複] di cancelleria

かぐら 神楽 musica㊛ e danza㊛ sacra eseguite in un santuario shintoista ¶神楽を奏する eseguire un *kagura*

かくらん 攪乱 turbamento㊚, confusione㊛, scompiglio㊚ [複 -gli] ◇攪乱する turbare, mettere in scompiglio ql.co.

かくり 隔離《病人の》isolamento㊚;《人種の》segregazione㊛;《検疫のための》quarantena㊛ ◇隔離する isolare; segregare; mettere [tenere] in quarantena
❖**隔離患者**《医》paziente㊚ in isolamento
隔離病棟《医》padiglione㊚ d'isolamento

がくり 学理 teoria㊛ [dottrina㊛] scientifica; principio㊚ [複 -i] scientifico [複 -ci] ◇学理(上)の teorico [㊚複 -ci], dottrinale ◇学理的に teoricamente, dal punto di vista teorico, in teoria

かくりつ 確立 stabilimento㊚; consolidamento㊚ ◇確立する stabilire [consolidare] ql.co.;《自分が》stabilirsi ◇確立された stabilito, saldo, stabile; consolidato, cristallizzato ¶主体性の確立 conseguimento dell'autonomia ¶社会的地位を確立する consolidare la posizione sociale

かくりつ 確率 probabilità㊛ ¶統計的確率 probabilità statistica ¶一定の確率で con una certa probabilità / con probabilità costante ¶彼が来る確率はまずない. Non c'è alcuna probabilità che lui venga. ¶確率が高い[低い]. Ci sono forti [scarse] probabilità.
✤ 確率過程 《数》processo㊚ stocastico [複 -ci] [aleatorio [複 -i]]; 《オペレーションズ・リサーチで》 procedimento㊚ stocastico
確率変数 《統》variabile㊛ stocastica
確率論 teoria㊛ della probabilità

かくりょう 閣僚 membro㊚ del Gabinetto [Consiglio dei Ministri], ministro㊚
✤ 閣僚会議 riunione㊛ del Gabinetto, Consiglio㊚ [複 -gli] dei Ministri
閣僚折衝 trattativa㊛ tra ministri

かくりょく 核力 energia㊛ [複 -gie] nucleare
がくりょく 学力 capacità㊛ nello studio ◇学力がある essere bravo nello studio ¶このクラスの子供はみんな学力がある. In questa classe tutti gli alunni riescono bene nello studio.

がくれい 学齢 ¶学齢に達する raggiungere l'età scolare ¶学齢児童 bambini in età scolare [scolastica]

かくれが 隠れ家 rifugio㊚ [複 -gi], nascondiglio㊚ [複 -gli], covo㊚

がくれき 学歴 titolo㊚ di studio, curriculum㊚ [無変] di studi ¶彼は学歴がない. Non ha al suo attivo un curriculum di studi. ¶最終学歴 l'ultimo titolo di studio
✤ 学歴社会 società㊛ basata sul valore legale dei titoli di studio, società㊛ che dà primaria importanza al titolo di studio
学歴偏重主義 sopravvalutazione㊛ dei titoli di studio

かくれキリシタン 隠れキリシタン i primi cristiani㊚ [複] clandestini del Giappone che tenevano nascosta la propria fede durante il periodo Edo

かくれみの 隠れ蓑 ¶ある暴力団がこの会社を隠れみのにして暗躍している. Una banda di malfattori agisce segretamente sotto la copertura di questa ditta.

かくれもない 隠れもない ben noto, manifesto, risaputo, conosciuto ¶隠れもない事実 un fatto 「ben noto a tutti [di pubblico dominio].

かくれる 隠れる **1**《覆われて見えない》nascondersi, nascondersi ◇隠れた nascosto, celato; 《人目につかない》recondito; 《偽った》dissimulato; 《秘密の》segreto; 《潜在的》latente; 《無名の》sconosciuto, ignoto, ignorato ¶月が雲間に隠れた. La luna「si è nascosta [è sparita / è scomparsa] dietro le nuvole. ¶彼は人込みに隠れて見えなくなった. È sparito confondendosi tra la folla. ¶彼の隠れた才能が現れた. È affiorato [È venuto fuori] un lato sconosciuto del suo talento. ¶山に隠れて町が見えない. La vista della città è nascosta dalla montagna.

2《潜む》nascondersi, celarsi, occultarsi; 《避難する》rifugiarsi; 《人目を忍ぶ》sottrarsi alla vista ◇隠れて di soppiatto, di nascosto, furtivamente, in segreto, segretamente; 《非合法に》clandestinamente ¶人に隠れて悪いことをする agire malvagiamente di nascosto

3《隠遁(いんとん)する》¶田舎に隠れて住む ritirarsi [vivere nascosto] in campagna

かくれんぼう 隠れん坊 nascondino㊚, rimpiattino㊚ ¶隠れん坊をする giocare a nascondino

かくろん 各論 discussione㊛ dettagliata [su temi particolari / punto per punto] ¶各論に入る entrare [scendere] nei particolari, esaminare minuziosamente

かぐわしい 馨しい fragrante, profumato

がくわり 学割 →学生割引
✤ 学割料金 prezzo㊚ [tariffa㊛] speciale per studenti

かくん 家訓 ¶家訓を守る osservare [seguire] i precetti [le regole] familiari [di famiglia]

がくん ¶電車はがくんと止まった. Il tram si è fermato「di [con un] sobbalzo.

かけ 欠け ¶月の満ち欠け le fasi (crescente e calante [decrescente]) della luna

かけ 掛け **1**《掛け売り, 掛け買い》¶掛けで買う [売る] comprare [vendere] qlco. a credito

2《「…かけ」の形で, 動作をし始めてその途中であること》¶描きかけの肖像画 un ritratto non ancora finito di dipingere ¶彼は食べかけで席を立った. Si è alzato da tavola senza finire di mangiare. ¶私は手紙を書きかけにして家を出た. Sono uscito di casa lasciando la lettera a metà.
✤ 掛け勘定 conto㊚ aperto (presso un negozio)

かけ 賭け scommessa㊛; 《勝負事》gioco㊚ [複 -chi] d'azzardo ¶賭けをする fare una scommessa / scommettere ¶賭けで勝つ[負ける] vincere [perdere] una scommessa ¶どちらのチームが勝つか同僚と賭けをした. Ho scommesso con un mio collega su quale squadra avrebbe vinto. ¶この会社への投資は大きな賭けだ. Investire su questa azienda è una forte scommessa.

かげ 陰 **1**【光の当たらない場所】zona㊛ d'ombra [riparata] ¶木の陰で all'ombra di un albero ¶涼しい日陰で al fresco dell'ombra ¶私の家は新しく建ったビルの陰になっている. La mia casa è sempre all'ombra di un nuovo palazzo. ¶(絵の中の)山に陰をつける aggiungere l'ombreggiatura alle montagne (in un dipinto)

2【後ろ】¶彼はドアの陰に隠れている. È nascosto dietro la porta. ¶船が島の陰に隠れた. La nave è nascosta dall'isola.

3【表面に現れないところ】¶陰の実力者 personaggio influente che agisce dietro le quinte / eminenza grigia ¶陰で人の悪口を言う parlare male di [calunniare] qlcu. dietro le spalle

4【暗い面】¶あの人にはどこかしらかげがある. C'è qualcosa di triste in lui.

慣用 陰で糸を引く manovrare i fili dietro le quinte, manovrare (da) dietro le quinte, esercitare nascostamente la propria influenza [autorità]

陰になり日なたになり ¶陰になり日なたになって助けてくれた. Ha fatto tutto il possibile per me sia apertamente sia in segreto.

かげ 影 **1【影法師】** ombra[女] ¶建物は道路に影を落としていた. L'ombra dei palazzi si allungava sulla strada.

2【像】 immagine[女], figura[女];《シルエット》〔仏〕silhouette[女][無変] ¶山の影が湖に映っている. La montagna si specchia [si riflette] nel lago.

3【姿】 ¶見る影もない《落ちぶれる》essere caduto alquanto in basso /《やつれる》essere ridotto all'ombra di se stesso /《貧乏になる》essere ridotto in miseria ¶走ってゆく人の影を見た. Ho visto di sfuggita qualcuno che correva. ¶うわさをすれば影.《諺》"Parli del diavolo e ne spuntano le corna." /〔ラ〕"Lupus in fabula."

4【不吉な兆候】 ¶死の影におびえる avere paura della morte ¶彼の将来に暗い影が忍び寄りつつあった. Sul suo avvenire si avvicinava incombente un'ombra sinistra.

5【光】 luce[女] ¶月影が射し込む. Entra la luce della luna.

[慣用] **影が薄い** ¶影の薄い男《目立たない》un uomo「poco brillante [scialbo] / un uomo che passa inosservato ¶学校時代は影の薄い男だった. A scuola quasi non ci si accorgeva di lui.

影も形もない ¶戻ってみると私の荷物は影も形もなかった. Quando sono tornato, della mia borsa non c'era neanche più l'ombra.

影を潜める ¶最近はテロ活動も影を潜めた. Ultimamente non si sente più parlare di attentati terroristici.

✤**影の内閣** governo[男] ombra [無変]

がけ 崖 precipizio[男][複 -*i*], rupe[女];《切り立った岩壁》parete[女] scoscesa [a picco] ¶がけをよじ登る arrampicarsi su una rupe

✤**がけ崩れ** frana[女] ◇**がけ崩れする** franare[自][*es*];《山崩れ》smottare[自][*es*]

-がけ -掛け **1**《割合》¶定価の8がけで con il 20 per cento di sconto / all'80 per cento del prezzo

2《…を身に着けて》¶彼はゆかたがけでやってきた. È venuto vestito con uno *yukata*.

3《…の途中で, …しようとした時》¶行きがけに per la via / andando / passando ¶帰りがけに彼はそのことをちょっとにおわせた. Al momento di [Sul punto di] lasciarci, ha accennato un po' a quella faccenda.

4《座席にその人数だけ腰掛けられること》¶3人がけのソファー divano a 3 posti

かけあい 掛け合い **1**《交渉》trattativa[女], negoziato[男] **2**《会話》dialogo[男][複 -*ghi*];《デュエット》duetto[男] ◇**掛け合いで**《交互に》alternativamente, a turno, a vicenda

かけあう 掛け合う **1**《交渉・談判する》negoziare [trattare / discutere] *ql.co.* con *qlcu.* **2**《互いに掛ける》¶子供たちは水を掛け合っていた. I bambini si spruzzavano l'acqua a vicenda.

かけあがる 駆け上がる ¶階段を駆け上がる precipitarsi su per le scale / salire di corsa le scale

かけあし 駆け足 **1**《走ること》corsa[女];《馬の》galoppo[男] ◇**駆け足で** di corsa, correndo;《急ぎ足で》di corsa; a [al / di] galoppo ¶急坂を駆け足で登る fare di corsa [al galoppo] una ripida salita

2《あわただしいこと》¶あまり時間がなくてイタリア旅行は駆け足になってしまいました. Purtroppo, per mancanza di tempo, il viaggio in Italia è stato frettoloso [tutto di corsa]. ¶5年間があっという間に駆け足で過ぎてしまった. Questi cinque anni sono passati in un batter d'occhio.

かけあわせる 掛け合わせる **1**《掛け算する》moltiplicare **2**《交配》¶フォックスハウンドとポインターを掛け合わせる incrociare [far accoppiare] un bracco con un pointer

かけい 火刑《火あぶりの刑》(pena[女] del) rogo[男] ¶火刑に処する mandare [condannare] al rogo [alle fiamme]/ condannare a essere bruciato vivo ¶火刑に処せられる morire sul rogo

✤**火刑台** rogo[男][複 -*ghi*]

かけい 家系 genealogia[女][複 -*gie*], linea[女], famiglia[女], discendenza[女];《血筋》casato[男];《文》lignaggio[男][複 -*gi*]

✤**家系図** albero[男] genealogico [複 -*ci*] ⇀次ページ [図版]

かけい 家計 bilancio[男][複 -*ci*] familiare [domestico [複 -*ci*]] ¶家計を切りつめる ridurre le [risparmiare sulle / economizzare sulle] spese familiari ¶わが家の家計は楽じゃない. In casa nostra, non è facile far quadrare il bilancio. / Ce la passiamo male.

✤**家計簿** ¶家計簿をつける tenere il libro「dei conti di casa [delle spese familiari]

かけうり 掛け売り〔商〕vendita[女] a credito ◇**掛け売りする** vendere *ql.co.* a credito ¶「掛け売りお断り」《掲示》"Non si fa credito."

✤**掛け売り代金** conto[男] a credito, conto[男] creditori

掛け売り値 prezzo[男] per la vendita a credito

かげえ 影絵 ombre[女][複] cinesi;《紙で作った》ombre[女][複] cinesi con figure di carta;《シルエット》〔仏〕silhouette[女][無変] ¶影絵(芝居)をする fare le ombre cinesi

かけおち 駆け落ち fuga[女] d'amore ¶2人は駆け落ちした. I due sono fuggiti insieme.

かけおりる 駆け下りる ¶坂を駆け下りる precipitarsi giù per [scendere di corsa] un pendio

かけがい 掛け買い〔商〕compera[女] [acquisto[男]] a credito ◇**掛け買いする** comprare [acquistare] *ql.co.* a credito

かけがえ 掛け替え ◇**かけがえのない** insostituibile ¶お前は私のかけがえのない宝物だよ. Tu sei il mio unico tesoro. ¶この自由はかけがえがない. Nulla è così prezioso come la nostra libertà.

かけがね 掛け金 saliscendi[男][無変], catenaccio[男][複 -*ci*], chiavistello[男] ¶戸に掛け金をかける chiudere la porta col catenaccio

かけかんじょう 掛け勘定〔商〕conto[男] aperto presso un negozio

かげき 歌劇 opera[女] lirica ⇀オペラ

✤**歌劇団** compagnia[女] lirica [dell'opera / operistica]

かげき 過激 ◇**過激な** furioso;《がむしゃらな》

accanito; 《急進的な》radicale, estremo, drastico [男複 -ci] ¶過激な労働《肉体的》lavoro troppo pesante [duro] ¶過激な思想を持っている avere idee radicali [estremistiche] ¶医者は過激な運動を避けるようにと忠告した. Il medico mi ha detto di non fare alcuno sport violento.
❖過激派 estremista男女[男複 -i], oltranzista男女[男複 -i], radicale男女; 《議会外派》extraparlamentare男女

かけきん 掛け金 《月々の》rata女 (mensile); 《保険の》premio男[複 -i] (d'assicurazione) ¶毎月1万円の掛け金をする pagare rate [premi] mensili di 10.000 yen

かけきん 賭け金 posta女, puntata女, scommessa女, giocata女 ¶あの馬に1万円の賭け金を張った. Ho puntato [giocato] 10.000 yen su quel cavallo.

かげぐち 陰口 maldicenza女, calunnia女 ¶陰口をたたく[きく] calunniare / denigrare / sparlare (di qlcu.) / parlare [dire] male (di qlcu.)

かけごえ 掛け声 grido男[複 le grida] (di incoraggiamento) ◇掛け声をかける gridare a qlcu.; 《声援を送る》incoraggiare qlcu. a gran voce, emettere grida di incoraggiamento; 《喝采する》applaudire qlcu. ¶拍子をとるための掛け声 grido per scandire il tempo ¶掛け声ばかりで何もしない. Si urla molto ma non si combina niente.

かけごと 賭け事 scommessa女, gioco男[複 -chi] d'azzardo ¶彼は賭け事が好きだ. Gli piace il gioco d'azzardo.

かけことば 掛詞・懸詞 parola a doppio senso usata [bisticcio男[複 -ci] usato] soprattutto in poesia

かけこみ 駆け込み ¶駆け込み乗車は危険ですからおやめください. È vietato cercare di salire a tutti i costi sul treno in partenza. ¶駆け込みでレポートを提出した. Sono riuscito a consegnare la tesina per il rotto della cuffia.
❖駆け込み寺 tempio男[複 templi] che offre rifugio alle donne che fuggono dal marito; 《比喩的》[ラ] refugium peccatorum男[無変]

かけこむ 駆け込む 《走り込む》entrare di corsa [precipitarsi] 《へ in》; 《訴えるために》appellarsi direttamente [ricorrere direttamente in appello] (に a) ¶発車間際に駆け込む saltare (su un mezzo di trasporto) mentre sta già quasi per partire ¶交番に駆け込む《逃げ込む》rifugiarsi [cercare rifugio] al posto di polizia

かけざん 掛け算 moltiplicazione女 ◇掛け算する moltiplicare [fare il prodotto di] ql.co., fare una moltiplicazione ¶5と6を掛け算する moltiplicare 5 per 6

かけじく 掛け軸 pittura女[calligrafia女] su un rotolo di carta da appendere

家系図

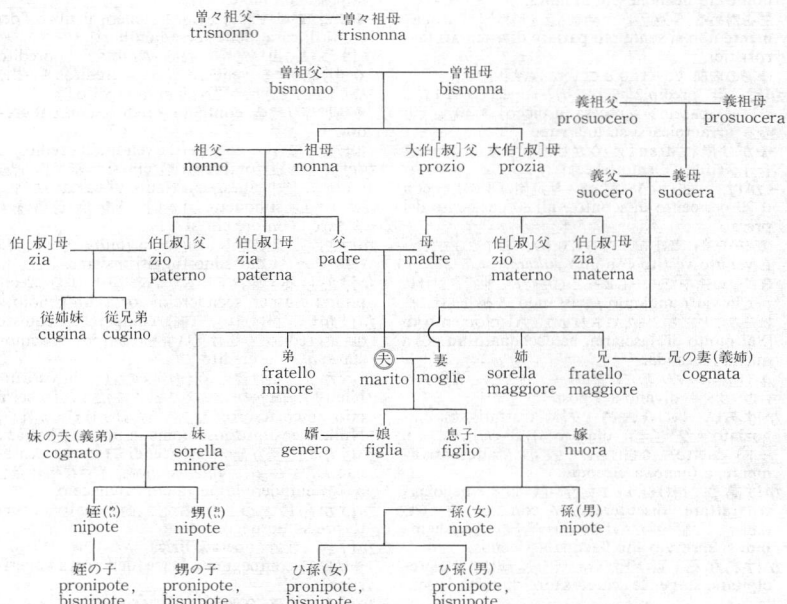

かけす 懸巣 《鳥》 ghiandaia⊛

かけず 掛け図 《地図》 pianta⊛ murale;《図表》 grafico⊕《複 -ci》 murale

かけすて 掛け捨て ◇掛け捨てにする《掛け金を途中でやめる》interrompere i pagamenti rateali;《掛け金の払い戻しが一切ない保険にはいる》far scadere un pagamento rateale ¶掛け捨ての保険 polizza assicurativa scaduta

かけずりまわる 駆けずり回る ¶金策に駆けずり回る darsi da fare su più fronti [correre a destra e a sinistra] per raccogliere denaro

かけそば 掛け蕎麦 soba⊕[無変] in un brodo caldo (senza altri ingredienti)

かけだおれ 掛け倒れ ¶信用販売で掛け倒れになった. Ha subito una perdita nella vendita a credito. ¶掛け金が掛け倒れになった. Ho visto tutti i miei pagamenti rateali andare in fumo.

かけだし 駆け出し 《新米》esordiente⊕⊛ ◇駆け出しの principiante, esordiente, debuttante, novizio⊕《-i》;《未経験の》inesperto, senza esperienza ¶駆け出しの新聞記者 giornalista「alle prime armi [con poca esperienza / in erba]

かけだす 駆け出す 《走り出す》mettersi [cominciare] a correre ¶彼はすごい勢いで部屋から駆け出して行った. Si è lanciato [È corso] fuori dalla stanza impetuosamente.

かけつ 可決 approvazione⊛ ◇可決する approvare ¶法案は満場一致で[300 票対 250 票で]原案通り可決された. Il disegno di legge ha ottenuto l'approvazione senza emendamenti「all'unanimità [con 300 voti favorevoli e 250 contrari]

かけつける 駆け付ける accorrere⊜[es], arrivare [recarsi] di corsa [in gran fretta / in fretta e furia]

かけっこ 駆けっこ corsa⊛ ¶駆けっこをする fare una corsa di velocità [una gara di corsa]

かけて 掛けて **1**《…にわたって》¶1980 年から 1988 年にかけてローマで暮らした. Sono vissuto a Roma dal 1980 al 1988. ¶'86 年から'87 年にかけての冬にこの地方は豪雪に見舞われた. Quell'inverno a cavallo tra il '86 e il '87 ci furono abbondanti nevicate in questa regione. ¶週末にかけて雨が降るでしょう. Pioverà con l'inizio del fine settimana.
2《…については》¶ゴルフにかけては per quanto concerne [riguarda] il golf / nel golf ¶数学にかけては彼に並ぶ者はいない. In [Se si tratta di] matematica, non c'è nessuno pari a lui.
3《…に誓って》¶名誉にかけて sul proprio onore / sull'onore ¶神にかけて誓う giurare davanti a Dio ¶優勝をかけて戦う lottare per il titolo di campione

かけどけい 掛け時計 orologio⊕《複 -gi》da muro [parete]

かけとり 掛け取り 《掛け金の取り立て》incasso⊕《riscossione⊛》dei crediti [di fatture];《取り立て人》incaricato⊕《⊛ -a》della riscossione di crediti

かげながら 陰ながら segretamente, in segreto, di nascosto ¶陰ながらご成功を祈ります. In cuor mio pregherò per il tuo successo.

かけぬける 駆け抜ける ¶人込みを駆け抜ける 《かき分ける》correre facendosi strada [largo] tra la folla ¶私の脇を誰かが駆け抜けて行った. Qualcuno mi è passato accanto correndo [di corsa].

かけね 掛け値 **1**《高くつけた値段》prezzo⊕ d'affezione ¶掛け値をする chiedere un prezzo eccessivo [maggiorato] ¶掛け値なしの値段 prezzo netto [pulito] **2**《誇張》¶掛け値のないところで francamente / in tutta franchezza / senza esagerazione [complimenti] ¶掛け値なしに彼は世界的な学者だ. È indubbiamente uno studioso di fama internazionale.

かけはし 懸け橋 《仮の橋》ponte⊕ provvisorio[複 -i] **2**《仲立ち》¶わが国は両国の掛け橋とならねばならない. Il nostro paese deve fare da intermediario fra le due potenze.

かけはなれる 懸け離れる 《大きく異なる》¶君の考えは現実からかけ離れている. Il tuo pensiero è molto lontano [si discosta molto] dalla realtà. ¶彼らの実力はかけ離れている. Tra loro esiste un notevole divario di capacità.

かけひ 筧・懸け樋 tubo⊕ di bambù per l'acqua (in giardino)

かけひき 駆け引き tattica⊛, manovra⊛;《権謀術数》stratagemma⊕《複 -i》;《奸計》astuzia ⊛ ◇かけひきする comportarsi con furbizia [con scaltrezza], usare uno stratagemma ¶政治のかけひき stratagemmi della politica ¶商売のかけひき trattative d'affari condotte con scaltrezza ¶かけひきのある人 persona astuta [scaltra / furba]/《策士、手腕家》tatticone⊕《⊛ -a》¶かけひきのない人 persona diritta ¶かけひきなしで取り引きしましょう. Trattiamo gli affari senza sotterfugi.

かげひなた 陰日向 ¶陰ひなたのある人 persona「a due facce [doppia] / ipocrita⊕⊛《複 -i》 ¶彼は陰ひなたがあるよ. Di fronte a te fa una cosa e alle tue spalle ne fa un'altra. ¶彼は陰ひなたなく働く. Lavora sempre coscienziosamente [responsabilmente / onestamente].

かけぶとん 掛け布団 coperta⊛ imbottita [trapunta], imbottita⊛, trapunta⊛

かげぼうし 影法師 ombra⊛ (di una persona)

かげぼし 陰干し ¶衣類を陰干しにする asciugare i panni all'ombra ¶きのこを陰干しにする seccare [essiccare] i funghi all'ombra

かけまわる 駆け回る correre⊜[av, es] qua e là;《奔走する》andare in giro「con un'aria affaccendata [di corsa] ¶知り合いを駆け回ってやっと仕事を見つけた. Sono andato in giro rivolgendomi a tutti i conoscenti e finalmente ho trovato lavoro.

かげむしゃ 影武者 sosia⊕[無変];《黒幕》intrigante⊕⊛;《蔭》maneggione⊕《⊛ -a》 ¶信玄の影武者 il sosia di Shingen

かけめぐる 駆け巡る ¶山野を駆け巡る風 vento che soffia attraverso monti e campi ¶大統領暗殺のニュースが世界中を駆け巡った. La notizia dell'assassinio del presidente ha fatto il giro del mondo.

かけもち 掛け持ち ¶彼はあの大学とこの大学[2つの大学]を掛け持ちで教えている. Fa la spola insegnando「sia in quell'università che in questa [in due università].

かけもの 掛け物 ⇒掛け軸

かけよる 駆け寄る avvicinarsi di corsa a *qlcu.*

かけら **1**《欠けた1片》 frammento[男], pezzo[男], scheggia[女][複 -ge] ¶一かけらのパン un pezzo [tozzo] di pane ¶ガラスのかけらで右手を切った. Mi sono tagliato la mano destra con un frammento di vetro. **2**《わずかのもの》 ¶彼にはひとかけらの誠意もない. Non c'è il minimo di sincerità in lui. / Non ha un pizzico di sincerità.

かげり 陰り ¶日の陰り oscuramento momentaneo del sole ¶景気に陰りが見える. Le prospettive del mercato non sono rosee.

かける 欠ける **1**《一部が破損する》 rompersi ¶私は歯が1本欠けた. Mi si è rotto un dente. ¶茶碗の縁が欠けた. Il bordo della tazza si è scheggiato. ¶このナイフは刃が欠けている. La lama di questo coltello è intaccata. ¶月は満ちたり欠けたりする. La luna cresce e cala [decresce].

2《不足する》 ¶彼は常識に欠けている. Lui manca di [Gli manca il] buon senso. ¶彼には何ひとつ欠けるものがない. Non gli manca niente.

かける 掛ける・懸ける・架ける **1**【吊るす】 appendere *ql.co.* (a *ql.co.*) ¶壁に絵を掛ける appendere un quadro alla parete ¶窓にカーテンを掛ける mettere le tende alle finestre

2【立て掛ける】 appoggiare *ql.co* a *ql.co.* ¶壁にはしごを掛ける appoggiare una scala a una parete

3【上にのせる】 ¶鍋を火にかける mettere la pentola sul fuoco ¶肩に手を掛ける posare una mano sulla spalla di *qlcu.* ¶子供に毛布を掛ける coprire un bambino con una coperta

4【付ける】 ¶めがねをかける[かけている] mettersi [portare] gli occhiali ¶肉に塩をかける salare la carne / mettere del sale sulla carne ¶顔に水をかける《自分の》 bagnarsi la faccia / 《他人の》 spruzzare acqua in faccia a *qlcu.* ¶箱にリボンをかける mettere un fiocco [un nastro] sul pacco ¶川に橋を架ける gettare [costruire] un ponte sul fiume ¶車にワックスをかける spalmare cera su una macchina

5【作動させる】 mettere in funzione *ql.co.* ¶CDをかける mettere un CD ¶エンジンをかける accendere [avviare] il motore ¶7時に目覚まし時計をかける regolare [mettere] la sveglia alle sette

6【ゆだねる】 ¶議題を会議にかける presentare un argomento di discussione all'assemblea ¶裁判にかける ricorrere[自][*av*] al tribunale / sottoporre *ql.co.* al tribunale

7【作用を及ぼす】 ¶〈人〉に体重をかける appoggiarsi a *qlcu.* ¶圧力をかける esercitare una pressione su *ql.co.*[*qlcu.*] ¶催眠術をかける sottoporre *qlcu.* a ipnosi ¶号令をかける dare un ordine a *qlcu.* ¶声を掛ける《呼ぶ》 chiamare / 《誘う》 invitare *qlcu.* ¶電話をかける telefonare a *qlcu.* ¶気合をかける incitare *qlcu.* ¶税金をかける tassare *ql.co.* [*qlcu.*]/ imporre a *qlcu.* una tassa [un'imposta] ¶車に盗難保険を掛ける assicurare un'automobile contro i furti ¶〈人〉をペテンにかける imbrogliare *qlcu.* ¶罠に掛ける prendere [far cadere] in trappola *qlcu.* [*ql.co.*] ¶彼は盗みの疑いをかけられている. È sospettato di furto.

8【影響を及ぼす】 ¶迷惑をかける procurare delle noie a *qlcu.* / creare dei problemi a *qlcu.* / 《当惑させる》 mettere in imbarazzo *qlcu.* ¶情けをかける avere pietà per *qlcu.* ¶息子に望みをかけた. Ho riposto (tutte) le speranze in mio figlio.

9【使う】 impiegare, metterci; spendere ¶時間をかける impiegare [metterci] molto tempo a + [不定詞] ¶6ヶ月かけてこの論文を仕上げた. Ho impiegato [Ci ho messo] sei mesi per scrivere questa tesi. ¶金をかける spendere molto per *ql.co.* ¶10億円かけてビルを建設する spendere un miliardo di yen per costruire un edificio

10【引っ掛ける, 留める】ドアに鍵を掛ける chiudere a chiave una porta ¶服のボタンを掛ける abbottonare il vestito

11【機械で処理する】 ¶書類をシュレッダーにかける distruggere i documenti con il [nel] tritacarta ¶遠心分離機にかける centrifugare *qlco.* / sottoporre *qlco.* a centrifugazione

12【掛け算をする】 ¶5に6を掛ける moltiplicare cinque per sei ¶3掛ける2は6. Tre per due fa [è uguale a] sei.

13【座る】 ¶どうぞおかけください. S'accomodi, prego. / Si sieda pure.

14【「…かける」の形で】 《…し始める》 cominciare [mettersi / accingersi] a + [不定詞]; 《…するところである》 stare per + [不定詞], essere sul punto di + [不定詞]; 《危うく…しそうになる》 correre il rischio di + [不定詞] ¶私は眠りかけたところを起こされた. Sono stato risvegliato proprio mentre stavo per addormentarmi. ¶彼は溺れかけた. Per poco non è annegato. / Ha corso il rischio di annegare. / È mancato poco che annegasse.

15【「…かける」の形で, 相手に向けて…する】 ¶彼は無理難題を投げかけてきた. Ha posto un problema assolutamente inaccettabile. ¶運命の女神が彼に微笑みかけた. La fortuna gli ha sorriso.

かける 翔る volare in alto, librarsi a volo

かける 駆ける correre[自][*av, es*]; 《馬が》 galoppare ¶彼は馬に乗って駆けて行った. È montato a cavallo e se n'è andato al galoppo. ¶彼は駆けどおしで家に帰ってきた. È tornato a casa facendo tutta la strada di corsa.

かける 賭ける **1**《賭け事で》 puntare, scommettere ¶ポーカーで賭ける giocare a poker a [con i] soldi ¶私たちは彼の合格に1万円ずつ賭けた. Abbiamo scommesso 10.000 yen sulla sua riuscita agli esami. ¶彼がやったのは確かだ. 100万円かけてもいい. È che è stato lui. Sono pronto a scommetterci un milione di yen.

2《失う覚悟でやる》 mettere「in gioco [a repentaglio] *ql.co.*, rischiare *ql.co.* ¶命をかけて a rischio e pericolo della vita ¶命をかけた恋 amore che mette in gioco la vita ¶彼は今度の試合に選手生命を賭けている. Nella prossima par-

tita mette in gioco la propria carriera sportiva.
3《優勝杯などを》¶優勝を賭けてたたかう lottare per il titolo di campione

かげる 陰る ¶庭がそこだけ陰っていた. Quella parte del giardino era「ombreggiata [all'ombra]. ¶日が陰ると急に寒くなる.《夕暮》Quando il sole cala [tramonta], improvvisamente cala la temperatura.

かげろう 陽炎 vapori㊚[複] che si levano dal terreno, ondeggiano, al sole primaverile o estivo; tremolante foschia㊛ di calore

かげろう 蜻蛉・蜉蝣《昆》effimera㊛, efemera㊛ ¶かげろうのような effimero

かげん 下弦 ¶下弦の月 luna calante [all'ultimo quarto] ⇒月 図版

かげん 下限 limite㊚ più basso, il minimo㊚ ¶相場の下限 il valore [il punto] più basso nel mercato della Borsa

かげん 加減 **1**《足し算と引き算》addizione㊛ e sottrazione㊛
2《調節すること》◇加減する aggiustare, moderare, regolare ¶仕事をいい加減しないと体をこわすよ. Se non ti moderi un po' nel lavoro, ti rovinerai la salute.
3《調子, 具合, 程度》condizione㊛, grado㊚, estensione㊛;《料理の味》gusto㊚, sapore㊚; salute㊛ ¶お加減はいかがですか. Come sta [stai]? ¶「お風呂の加減を見てくれ」「ちょうど入り加減です」"Senti un po' se è giusta la temperatura del bagno." "Sì, è perfetta." ¶陽気の加減で体の具合が悪い. Questo tempo mi fa sentire un po' giù di tono. ¶味加減がいい. Il sapore è a puntino. ¶私の間抜け加減にはわれながらあきれました. Io stesso mi meraviglio d'esser stato tanto stupido. ¶どうした加減か彼は今日機嫌が良くない. Non so perché, ma oggi lui non è di buon umore.
4《少し…の感じ》¶うつむき加減で彼女はソファーに腰かけていた. Stava seduta sul divano con la testa appena chinata.
✤加減乗除 le quattro operazioni㊛[複]

かこ 過去 **1**《過ぎ去った時》passato㊚, tempi㊚[複] andati ¶過去の passato, d'altri tempi ◇過去に in passato, anticamente, una volta ¶過去3年間に negli ultimi tre anni ¶過去のことは水に流そう. Il passato è passato. / Mettiamoci una pietra sopra. ¶彼はもう過去の人だ. È una persona che ormai appartiene al passato. ¶《俳優などの人気がすたれた》Ormai è passato di moda. ¶《政治家などの影響力がない》Non conta più nulla.
2《人の前歴》¶過去のある女 donna con un passato ambiguo ¶あの人は暗い過去を負っている. Ha un passato oscuro.
3《文法》tempo㊚ passato, passato㊚ ¶過去分詞 participio passato ¶近[遠/半]過去 passato prossimo [remoto / imperfetto] ¶大[先立]過去 trapassato prossimo [remoto] ¶条件法過去 condizionale passato ¶接続法[接続法半/接続法大]過去 congiuntivo passato [imperfetto / trapassato]

かご 加護 protezione㊛[provvidenza㊛] divina ¶神のご加護によって grazie al Cielo [a Dio]/ per fortuna ¶神のご加護のあらんことを. Che Dio ti accompagni! / Vai con Dio!

かご 駕籠 palanchino㊚, portantina㊛ ¶かごを担ぐ portare un palanchino sulle spalle

かご 籠 cesto㊚;《取っ手つきの大型かご》paniere㊚;《背負いかご》gerla㊛;《鳥かご, 檻》gabbia㊛;《籐(とう)のかごを編む intrecciare un cestino di vimini ¶りんごを1かご買った. Ho comprato un cestino di mele.

かご 雅語 parole㊛[複] raffinate e arcaiche

かこい 囲い recinto㊚, recinzione㊛ ¶囲いをする circondare / recingere ¶工事現場に囲いをする recintare i lavori in corso

かこう 下降 abbassamento㊚,《景気などの》declino㊚, flessione㊛;《沈下》sprofondamento㊚, avvallamento㊚ ¶下降する discendere㊀[es], scendere㊀[es], calare㊀[es]; abbassarsi;《減少する》diminuire㊀[es];《沈下する》sprofondare㊀[es]; avvallarsi ¶グラフを見ると小麦の生産率はここで急に下降している. Esaminando il diagramma, la percentuale della produzione di grano a questo punto diminuisce improvvisamente.
✤下降気流 corrente㊛ atmosferica discendente
下降曲線 curva㊛ discendente ¶生産は下降線をたどりはじめている. La produzione comincia a mostrare una curva discendente [una tendenza al ribasso].

かこう 火口 cratere㊚
✤火口丘《地質》cono㊚ vulcanico [複 -ci]
火口原 cratere㊚
火口湖 lago㊚[複 -ghi] vulcanico [cratere㊚][複 -ci]

かこう 加工 lavorazione㊛, trasformazione㊛;《化学的な》trattamento㊚ ◇加工する lavorare; trattare ¶原料を加工する sottoporre una materia prima a un processo [un procedimento / un trattamento] ¶布地に防水加工をする trattare un tessuto con sostanze impermeabili
✤加工業 industria㊛ trasformatrice
加工賃 compenso㊚ per la trasformazione
加工品 prodotto㊚ finito [lavorato / industriale]
加工貿易 commercio㊚ estero basato sulla trasformazione

かこう 河口 foce㊛, bocca㊛ di un fiume
✤河口港 porto㊚ alla foce

かこう 囲う **1** circondare, attorniare ¶牧場を柵で囲う recintare i pascoli con una staccionata **2**《かくまう》¶犯人を囲う nascondere un criminale
3《貯蔵する》¶野菜を囲う conservare verdura
4《こっそり養う》mantenere ¶女を囲う avere [mantenere] un'amante

かごう 化合《化》combinazione㊛ (chimica) ◇化合させる combinare ql.co. con ql.co. ◇化合する combinarsi (con ql.co.)
✤化合物 composto㊚ (chimico [複 -ci])

がごう 雅号 pseudonimo㊚, nome㊚ d'arte ¶寒山の雅号で sotto lo pseudonimo di Kanzan

かこうがん 花崗岩《鉱》granito㊚ ◇花崗岩(質)の granitico [複 -ci]

かこく 苛酷 ◇苛酷な rigoroso, duro, severo, rigido, crudele; 《非人間的な》spietato, disumano, inesorabile ¶苛酷な労働条件 dure condizioni di lavoro ¶苛酷な判決[批判] sentenza [critica] severa

かこちょう 過去帳 registri®[複] di un tempio buddista

かこつ 託つ ¶わが身の不運をかこつ lamentarsi [lagnarsi] della *propria* sorte

かこつける 託ける prendere *ql.co.* a pretesto 《するために》per + 不定詞, addurre *ql.co.* come scusa, dare [attribuire la] colpa a *ql.co.* di *ql.co.* [di + 不定詞] ¶彼は病気にかこつけて仕事を休んだ。Ha chiesto un permesso col pretesto [con la scusa] della malattia. ¶彼はいつも何かしらにかこつけて招待を断る。Ha sempre qualche scusa per non accettare l'invito.

かこむ 囲む circondare, attorniare;《壁などで》cingere [recintare / chiudere]《で con, di》;《包囲する》accerchiare, assediare ¶該当する数字を○で囲む fare un cerchio attorno al numero corrispondente ¶テーブルを囲んで座る sedere attorno al tavolo ¶教授を囲んで謝恩会を開く tenere una festa in onore del professore ¶庭を生け垣で囲む recintare il giardino con una siepe

かこん 禍根 radici®[複] del male, causa® di disgrazia [di disastro] ¶禍根を断つ sradicare il male alle radici [all'origine] ¶将来に禍根を残す avere conseguenze dannose nel futuro

かごん 過言 ¶…といっても過言ではない。Non è esagerato dire che + 直説法 / Si può dire senza (paura di) esagerare che + 直説法

かさ 傘・笠 **1**《雨傘》ombrello®;《日傘》parasole®[無 変], ombrello® da sole;《ビーチパラソル》ombrellone®;《婦人用の小傘》ombrellino ¶折りたたみ傘 ombrello pieghevole ¶ワンタッチ傘 ombrello ad apertura automatica ¶からかさ ombrello di carta oleata ¶傘の布地[柄 / 骨 / 露先 / 石突き / とめ紐] copertura [manico / stecca / copripunta / puntale / cinturino di chiusura] di un ombrello ¶傘を広げる aprire l'ombrello ¶傘をさして歩く camminare sotto l'ombrello ¶傘を閉じる chiudere l'ombrello ¶傘をたたむ《折りたたみ傘を》piegare l'ombrello ¶〈人〉に傘をさしかける porgere l'ombrello a *qlcu.*
2《すげ笠》ampio copricapo di paglia [di vimini];《電灯の》paralume®;〔仏〕abat-jour® [無変]
3《茸の》cappello®
慣用 笠に着る ¶親の威光を笠に着る farsi bello [vantarsi] con i meriti dei genitori ¶恩を笠に着る rinfacciare a *qlcu.* un favore fatto
❖傘立て portaombrelli®[無変]
傘屋《店》ombrelleria®, negozio®[複 -i] di ombrelli®;《人》ombrellaio®[複 -ia;®複 -i]

かさ 嵩《大きさ》grandezza®;《容量》volume ®;《分量, 数量》quantità® ¶かさの割りには軽い荷物 pacco che non pesa molto per il suo volume [la sua grandezza]
慣用 嵩に懸かる ¶嵩にかかった態度 atteggiamento arrogante [dispotico / autoritario]

かさ 量 alone® ¶月に量がかかっている。La luna è circondata da un alone.

かさ 瘡《皮膚病》dermatosi®[無変];《皮膚炎》dermatite®

かさあげ 嵩上げ ¶堤防のかさ上げ工事 innalzamento dell'argine di un fiume ¶費用のかさ上げ maggiorazione [gonfiamento] delle spese

かざあし 風足 velocità® del vento ¶風足が速く雲が切れてきた。I forti venti hanno causato una rottura sul fronte nuvoloso.

かざあな 風穴 **1**《通風口》ventilatore®, apertura® per「la ventilazione [l'aerazione]
2《洞穴, 風穴》caverna®, grotta®
慣用 風穴をあける ¶党の古い体制に風穴をあける portare vento nuovo nel vecchio sistema del partito

かさい 火災 incendio®[複 -i], rogo®[複 -ghi];《大火災》conflagrazione® ¶夜中に火災が発生した。Nella notte è scoppiato un incendio.
❖火災報知器 rilevatore® antincendio [無変]
火災保険 assicurazione® contro gli incendi
火災保険会社 società® d'assicurazione contro gli incendi
火災予防 prevenzione® degli incendi

かざい 家財《財産》beni®[複] familiari;《家具類》mobili®[複]
❖家財道具 masserizie®[複], mobilia®

がさい 画才 ¶彼には画才がある。È dotato di talento artistico.

がざい 画材《絵の題材》soggetto® di un quadro;《絵を描く道具》arnesi®[複] [strumenti® [複]] per dipingere →絵画 図版
❖画材屋 colorificio®[複 -ci]

かさいりゅう 火砕流《地質》colata® piroclastica

かさかさ 1《乾いた音》fruscio®[複 -scii] ¶かさかさ音がする frusciare®[av] / fare [produrre] un fruscio ¶風で落ち葉がかさかさと鳴った。Si udiva il fruscio delle foglie mosse dal vento.
2《乾燥した感触》◇かさかさした *secco* ®[複 *-chi*], asciutto ¶かさかさした皮膚 pelle secca

がさがさ 1《乾いた音》fruscio®[複 -scii](secco) ¶がさがさ音がする frusciare®[av] /《木の枝が》stormire® [av]
2《滑らかでない感触》◇がさがさした screpolato, *secco*®[複 -chi], ruvido
3《心・態度のがさつな様子》◇がさがさした aspro, sgarbato, *brusco*®[複 -schi], rude

かざかみ 風上 ◇風上に sopravvento, al vento ¶風上に向かって進む avanzare sopravvento [controvento]
慣用 風上にも置けぬ ¶教師の風上にも置けぬやつだ。Lui è un professore gretto [meschino / da rifuggire].

かさく 佳作 opera® meritevole, bella opera ®, buon lavoro® ¶選外佳作 opera che ha ottenuto una menzione d'onore

かさく 寡作 ¶寡作の作家 autore poco [non] prolifico

かざぐるま 風車 **1**《玩具》girandola®, mulinello® ¶風車を回す far girare una girandola
2《風車(ぐるま)》mulino® a vento

かさご 笠子《魚》scorfano®, scorpena®

かざごえ 風邪声➡風邪声(かぜごえ)
かささぎ 鵲 《鳥》gazza⒡, picca⒡
かざしも 風下 ◇風下に sottovento ¶火事の風下に sottovento rispetto all'incendio
かざす 翳す ¶ネガを光にかざして見る guardare un negativo contro luce ¶火鉢に手をかざす scaldarsi le mani sul braciere / tenere [stendere] le mani sul braciere (per scaldarle)
がさっ 1《乾いた音》¶がさっと落ち葉を踏む音がした. Si sentì uno scricchiolio di foglie morte calpestate. 2《突然大量に変動するさま》¶予算をがさっと減らす tagliare di netto il bilancio
がさつ ◇がさつな rude, grossolano, rozzo, villano, indelicato ¶彼は態度ががさつなために嫌われている. È detestato [Si fa detestare] da tutti per il suo atteggiamento indelicato.
かさなり 重なり 《積み重ね》pila⒡, mucchio⒨《複 -chi》;《重複》sovrapposizione⒡ ◇重なり合う sovrapporsi (reciprocamente) ¶2つの図形の重なり sovrapposizione delle due figure ¶彼と私の研究分野は重なり合う部分がある. Il suo campo di studi coincide in parte con il mio.

かさなる 重なる

1《物の上に物がのる》sovrapporsi, accavallarsi, ammucchiarsi ¶たくさんの新聞紙が重なっている. Ci sono tanti fogli di giornale ammucchiati.
2《さらに加わる》sovrapporsi, sopraggiungere ¶不幸が重なった. È capitata una disgrazia dopo l'altra. / È sopraggiunta una serie di sciagure.
3《一致する》¶祭日が日曜と重なる. La festa coincide con la domenica. ¶2つの事故が重なった. Si sono verificati [Sono successi] due incidenti nello stesso tempo.

かさねがさね 重ね重ね ¶重ね重ね不幸なことに per colmo di sventura [sfortuna] ¶重ね重ねご迷惑をおかけして申しわけありません. Mi scusi se la importuno continuamente.
かさねぎ 重ね着 ¶セーターを2枚重ね着した. Mi sono messo due maglie. / Ho indossato una maglia sopra l'altra.
かさねて 重ねて 《苦労に苦労を重ねて a furia di dispiaceri ¶重ねて言う dire di nuovo / insistere su《ql.co.》¶重ねて言うが僕はそのことを知らないんだよ. Torno a ripetere che non so niente. ¶彼は重ねて約束した. Ha「rinnovato la promessa [confermato l'impegno].

かさねる 重ねる

1《物の上に物をのせる》sovrapporre;《積み重ねる》ammucchiare, accatastare ¶机の上に本を重ねた. Ho accatastato i [Ho fatto una pila di libri] sulla scrivania. ¶汚れた皿を重ねるな. Non mettere i piatti sporchi uno sull'altro.
2《繰り返す》ripetere ¶誤りを重ねる ricadere nell'errore / ripetere l'errore ¶犯罪を重ねる essere recidivo ¶版を重ねる avere molte ristampe ¶失敗に失敗を重ねる accumulare insuccessi

かさばる 嵩張る farsi [diventare] voluminoso ¶かさばった荷物 bagaglio voluminoso [ingombrante]
かさぶた 瘡蓋・痂 crosta⒡;《医》escara⒡
かざみ 風見 《向向計》banderuola⒡;《吹き流し》manica⒡ a vento
✤**風見鶏** (1)《風向計》banderuola⒡, segnavento⒨ (2)《日和見主義者》opportunista⒨⒡《複 -i》;《順応主義者》conformista⒨⒡《複 -i》;《意見のくるくる変わる人》banderuola⒡
かさむ 嵩む ¶借金がかさむ. I debiti si accumulano. / Il debito s'ingrossa. ¶費用がかさむ. Le spese aumentano.
かざむき 風向き 1《風の方向》direzione⒡ del vento ¶風向きが北に変わった. Il vento è girato a nord. ¶風向きが良い. Il vento è favorevole.
2《形勢》¶風向きが悪くなった. La situazione è peggiorata. / La fortuna ci ha voltato le spalle. ¶風向きはいいよ. Abbiamo il vento favorevole [in poppa].
3《機嫌》¶今日は親父の風向きが悪い. Oggi papà ha la luna di traverso.
かざよけ 風除け riparo⒨ dal vento, protezione⒡, frangivento⒨[無変];《防風林》frangivento⒨ [無変] ¶これらの木が庭の風よけになっている. Questi alberi servono a proteggere il giardino dal vento.
かざり 飾り 1《装飾》decorazione⒡, ornamento⒨;《衣装の》guarnizione⒡;《室内の》arredamento⒨, addobbo⒨ ◇飾りの ornamentale, decorativo ¶服にレースの飾りをつける applicare una guarnizione di pizzo a un vestito / guarnire un vestito con un pizzo
2《虚飾》abbellimento⒨
✤**飾りボタン** bottone⒨ ornamentale
飾り窓 vetrina⒡
かざりけ 飾り気 《気取り》affettazione⒡, posa⒡;《見せびらかし》ostentazione⒡, vistosità⒡ ◇飾り気たっぷりの vistoso, chiassoso, appariscente ◇飾り気のない senza fronzoli, genuino;《率直な》semplice, franco, schietto ¶彼は飾り気のない人だ. È una persona senza fronzoli. ¶彼の文体は飾り気がなくて良い. Il suo stile è genuino.
かざりたてる 飾りたてる adornare ¶彼女は宝石で飾りたてていた. Era tutta ingioiellata.
かざりつけ 飾り付け decorazioni⒡[複] ¶クリスマスツリーの飾り付け gli addobbi dell'albero di Natale ¶この店のショーウインドーの飾り付けはセンスがいい. La vetrina del negozio è allestita [addobbata] con gusto.
かざりつける 飾り付ける addobbare, ornare, decorare, adornare;《配置する》sistemare, disporre ¶ショーウインドーに冬物を飾り付ける esporre in vetrina l'abbigliamento invernale ¶和風に飾り付ける arredare in stile giapponese
かざりもの 飾り物 ornamento⒨, oggetto⒨ decorativo, soprammobile⒨ ¶彼はただの飾り物だ. Ha la stessa funzione di un soprammobile.

かざる 飾る

1《美しくする》decorare [guarnire / abbellire]《ql.co.》《で con》, ornare ql.co.《で di, con》;《飾り付けをする》addobbare ql.co.《で con》¶髪にリボンを飾る abbellire una pettinatura con un fiocco ¶ショーウインドーをクリスマス用に飾る allestire [abbellire] una vetrina per Natale ¶文章を飾る ornare lo stile

2《展示する》esporre, mettere *ql.co.* in vista [mostra] ¶壁に絵を飾る appendere un quadro alla parete ¶テーブルに花が飾ってある. Sul tavolo sono stati messi dei fiori.
3《つくろう》¶言葉を飾る parlare con affettazione / imbellire di parole ¶うわべを飾る salvare le apparenze

かさん 加算 addizione㊛, somma㊛ ◇加算する addizionare, sommare ¶この300万円の中には利子は加算されていない. Gli interessi non sono conteggiati [compresi] in questi tre milioni di yen.

かざん 火山 vulcano㊚ ◇火山の vulcanico㊚ 複 *-ci* ¶活 [休] 火山 vulcano attivo [inattivo] ¶火山の爆発 esplosione vulcanica ¶火山が噴火する. Il vulcano erutta.
❖火山学 vulcanologia㊛
火山学者 vulcanologo㊚ [㊛ *-ga*; ㊚複 *-gi*]
火山活動 attività㊛ vulcanica
火山岩 roccia㊛ [複 *-ce*] vulcanica
火山現象 vulcanismo㊚, fenomeni㊚ [複] vulcanici
火山国 paese㊚ vulcanico
火山錐 cono㊚ vulcanico
火山性地震 terremoto㊚ di origine vulcanica
火山帯 zona㊛ [regione㊛] vulcanica
火山泥流 colata㊛ di fango vulcanico
火山島 isola㊛ vulcanica
火山灰 ceneri㊛ [複] vulcaniche
火山噴火 eruzione㊛ vulcanica
火山噴出物 proiezioni㊛ [複] [deiezioni㊛ [複]] vulcaniche
火山礫(さ) lapillo㊚

かさんかすいそ 過酸化水素 perossido㊚ d'idrogeno ¶過酸化水素水 acqua ossigenata

かし 下肢 arti㊚ [複] inferiori, gambe㊛ [複]

かし 可視 ◇可視の visibile
❖可視光線 radiazioni㊛ [複] visibili, raggi㊚ [複] visibili

かし 仮死 morte㊛ apparente; 《人事不省, 失神》sincope㊛ ¶仮死状態に陥る cadere in uno stato di morte apparente

かし 河岸 **1**《川の岸》riva㊛ di un fiume
2《魚市場》mercato㊚「del pesce [ittico㊚ 複 *-ci*]」(lungo un fiume)

かし 華氏 ¶摂氏100度は華氏212度である. 100 gradi centigradi corrispondono a 212 gradi Fahrenheit.

かし 菓子 [英] snack [znɛk] ㊚[無変], stuzzichino㊚; 《甘いもの》dolce㊚; 《総称》dolciumi㊚[複] ¶菓子を作る fare un dolce
❖菓子入れ vassoio㊚ [複 *-i*] per dolci
菓子皿 piattino㊚ da dolce
菓子屋 《人》pasticciere㊚ [㊛ *-a*]; 《店》pasticceria㊛; negozio㊚ [複 *-i*] di snack

かし 貸し **1**《貸したもの, 特に金》prestito㊚; 《貸し金》credito㊚; 《売り掛け金》crediti㊚ [複] (a breve scadenza); 《賃貸し》prestito㊚ [複 *-gi*] ¶彼に10万円の貸しがある. Ho un credito di 100.000 yen con lui. / Mi deve 100.000 yen.
2《義理など》¶彼に貸しをつくった. È in debito con me.

❖貸し衣裳 vestito㊚ [costume㊚] in affitto [a nolo / a noleggio]
貸し衣裳屋 noleggio㊚ di costumi
貸し自転車 bicicletta㊛ a nolo [a noleggio]
貸し事務所 ufficio㊚ [複 *-ci*] da affittare
貸しビデオ videocassetta㊛ a noleggio
貸しビル edificio㊚ [複 *-ci*] [palazzo㊚] da affittare [in affitto]
貸し部屋 camera㊛ da affittare
貸しボート [別荘] barca㊛ [villa㊛] in affitto
貸し本 libro㊚ da dare in prestito
貸し本屋 libreria㊛ con prestito di libri

かし 歌詞 parole㊛ [複] [testo㊚] (di una canzone) ¶歌詞に曲をつける mettere in musica un testo [delle parole] ¶歌詞を書く scrivere le parole di un pezzo [di una canzone]

かし 樫 《植》quercia㊛ [複 *-ce*] ¶樫の実 ghianda

かじ 火事 incendio㊚ [複 *-i*] ¶大火事 grande incendio ¶山火事 incendio in montagna ¶タバコの火の不始末による火事 incendio provocato da un mozzicone di sigaretta non spenta per negligenza [-gli-] ¶火事を消す [起こす] spegnere [causare] un incendio ¶火事で焼け出される perdere la casa [rimanere senza tetto] a causa di un incendio ¶火事にあった. Ho subito un incendio. ¶隣家から火事が出た. L'incendio「è divampato dalla [ha avuto origine nella」casa di fianco. ¶火事だ. Al fuoco! ¶学校は火事で全焼 [半焼] した. La scuola è andata completamente distrutta nell'[è stata semidistrutta dall']incendio.
❖火事場 ⇒見出し語参照
火事見舞い ¶火事見舞いに行く fare una visita di conforto dopo un incendio

かじ 加持《悪魔払い》esorcismo㊚,《魔法》incantesimo㊚ ¶加持(祈禱)をする fare un esorcismo [incantesimo]

かじ 家事 lavori㊚ [複] di casa, faccende㊛ [複] domestiche ¶家事をする fare i lavori di casa ¶手早く家事をする sbrigare le faccende domestiche [i lavori di casa]

かじ 舵 timone㊚ ¶舵を取る《船の》prendere il timone / stare [essere] al timone /《主導権を握る》manovrare / controllare / dirigere ¶彼女は亭主の舵を取るのがうまい. Quella donna sa come manovrare il marito.

かじ 鍛冶 fucinatura㊛, forgiatura㊛ ¶刀しじ fabbricante di spade / spadaio㊚ [複 *-i*]
❖かじ屋《人》fabbro㊚ ferraio㊚ [複 *-i*], fabbro, ferraio㊚ [複 *-i*];《仕事場》fucina㊛, officina㊛

がし 餓死 morte㊛ d'inedia [per fame] ◇餓死する morire di [per la] fame ¶何千人もの人が餓死した. Migliaia di persone morirono di fame.

かしうり 貸し売り vendita㊛ a credito

カシオペアざ カシオペア座《天》Cassiopea㊛

かじか 河鹿《動》《かじかがえる》rana㊛ *kajika*, rana㊛ giapponese di fiume

かじか 鰍《魚》scazzone㊚, magnarone㊚;《学名》*Cottus hilgendorfi*

かしかた 貸し方《会》《帳簿の》(colonna㊛ dell') avere㊚, conto㊚, attivo㊚, credito㊚;

《債権者》credit*ore*男[女 -*trice*] ¶10万円を〈人〉の貸し方に記入する accreditare centomila yen 「sul conto di *qlcu.* [a *qlcu.*]
✣**貸方勘定** conto男 creditore
貸方残高 differenza女 [saldo男] a credito, saldo男 creditore [attivo], avere男

かじかむ ¶手がかじかむ avere le mani intirizzite 「per il [dal] freddo

かしかり 貸し借り cred*iti*男[複] e deb*iti*男[複] ¶これで君とは貸し借りなしだ. Ora sono pari (e patta) con te. / Ora siamo pari.

かしかん 下士官 《軍》sottufficiale男

かじき(まぐろ) 梶木(鮪) 《魚》pesce男 spada男[無変]

かしきり 貸し切り ¶今夜は全席貸し切りです. Stasera tutti i posti sono riservati.
✣**貸し切りバス** pullman男[無変] noleggiato [a noleggio], autobus男[無変] riservato

かしきる 貸し切る 1《一定期間貸す》prenotare [riservare] a *proprio* uso esclusivo ¶ホテルの部屋は会議のために全部貸し切られた. Tutte le camere dell'albergo sono riservate per la conferenza.
2《残らず貸し出す》¶資金を限度額ぎりぎりまで貸し切る finanziare fino al limite massimo

かしきん 貸し金 prestito男, sold*i*男[複] prestati ; somma女 prestata ¶貸し金を取り立てる recuperare un prestito [un credito]

かしげる 傾げる ¶彼は首をかしげて椅子に座っていた. Era seduta sulla sedia chinando la testa.

かしこい 賢い《知性が優れている》intelligente, perspicace ;《賢明な》sagg*io*男[複 -*gi*; 女 *saggia* -*ge*] ;《目先のきく》furbo (►「ずるい」という意味合いもある), sveg*lio*男[複 -*i*] ◊ 賢さ furberia女, sagacia女, intelligenza女, perspicacia女, saggezza女 ¶この犬は実に賢い. Questo cane è molto intelligente. ¶賢く立ち回る agire con furbizia

かしこし 貸し越し 《金融》scoperto男 ¶当座貸し越し conto scoperto

かしこまる 畏まる 1《恐懼(きょう)・従順な態度をとる》fare cerimonie ◊ かしこまって rispettosamente, con deferenza ¶そうかしこまらないでください. Non faccia cerimonie. / Si metta a suo agio.
2《承知する》¶かしこまりました. (わかりました) Ho capito. / Va bene. /《何かを頼まれて》Certamente. /《ボーイなどの返事》Sì, signore /《女性に》signora. / Come lei desidera.

カシス《仏 cassis》《植》ribes男[無変] nero

かしずく 傅く servire *qlcu.*, essere al servizio di *qlcu.* ;《世話をする》prendersi cura di *qlcu.*

かしだおれ 貸し倒れ《経》credito男 [prestito男] inesigibile [di dubbia esigibilità] ¶100万円が貸し倒れになった. Non è stato restituito il prestito di un milione di yen.
✣**貸倒準備金** ammortamento dei crediti inesigibili

かしだし 貸し出し prestito男 ◊ 貸し出す prestare *ql.co.* a *qlcu.* ;《金をとって》noleggiare [dare a nolo] *ql.co.* a *qlcu.* ¶この本は貸し出しできません. Non possiamo dare in prestito questo libro. / Questo libro non è in prestito.

✣**貸出金利**《金融》tasso男 attivo ;《銀行の》tasso男 d'impiego
貸出限度《金融》fido男

かしちん 貸し賃《車・船などの》noleggio男[複 -*gi*] ;《家・土地などの》affitto男

かしつ 過失《誤り》errore男, sbag*lio*男[複 -*gli*] ;《怠慢》negligenza [-gli-]女 ;《罪》colpa女 ¶重大な過失を犯す commettere un grosso errore ¶過失を見逃す lasciar correre uno sbaglio / chiudere un occhio (su *ql.co.*) ¶君の過失だ. È tuo l'errore. / Hai sbagliato tu. / È colpa tua.
✣**過失死** morte女 accidentale
過失傷害 les*ioni*女[複] personali involontarie [colpose]
過失致死 omic*idio*男[複 -*i*] colposo [involuntar*io*男[複 -*i*]]

かじつ 佳日 ¶彼らは佳日を期して結婚式を挙げた. Hanno scelto un giorno fausto [propizio] per il loro matrimonio.

かじつ 果実 frutto男 ;《果物》frutta女
✣**果実酒** alcol男[無変] di frutta

かじつ 過日 l'altro giorno (►副詞句としても用いる)

がしつ 画室 stud*io*男[複 -*i*] (di pittore)

がしつ 画質 risoluzione女 ¶高画質のモニター monitor ad alta risoluzione

かしつき 加湿器 umidificatore男

かしつけ 貸し付け prestito男 ;《商》anticipazione女, credito男 ;《銀行の》fido男 ¶短[長]期貸付 prestito a breve [lungo] termine ¶銀行貸付 prestito bancario ¶信用貸付 prestito sulla fiducia / fido / credito in bianco ¶担保付貸付 prestito su pegno
✣**貸付価額** valore男 (massimo) di credito
貸付期限 scadenza女 di un prestito
貸付金 prestito男; anticipo男
貸付残高 saldo男 a debito
貸付歩合 tasso男 di un prestito
貸付利子 interesse男 di prestito

かしつける 貸し付ける prestare [fare un prestito di / dare in prestito] *ql.co.* ;《前払いする》anticipare *ql.co.*

かして 貸し手 → 貸し主

かじとり 舵取り **1**《操舵手》timoniere男
2《団体などのリーダー》〔英〕leader男[無変] ; dirigente男女, capo男

かしぬし 貸し主 prestat*ore*男[女 -*trice*] ;《債権者》credit*ore*男[女 -*trice*] ;《不動産の》locat*ore*男[女 -*trice*], concedente男 ;《部屋などの》affitta-camere男女[無変], padrone男 [女 -*a*] di casa

カジノ〔伊〕cas*inò*男, casa女 da gioco

かじば 火事場 ¶火事場の馬鹿力 forza sovrumana in risposta a situazioni di forte emergenza
✣**火事場泥棒** saccheggiat*ore*男[女 -*trice*] nel luogo di un incendio ; sciacallo男 (►比喩的にも用いる) ¶火事場泥棒を働く approfittare della confusione di un incendio per rubare [per saccheggiare] ¶彼は火事場泥棒のようなやつだ. È uno che pesca nel torbido.

かしま 貸し間 camera女 [stanza女] in affitto [da affittare] ¶「貸し間あり」《掲示》"Camere da affittare" ¶「貸し間求む」《掲示》"Cercasi camera (in affitto)"

かしましい 喧しい・姦しい rumoroso, chiassoso

カシミヤ 〔英 cashmere〕〔仏〕cachemire [káʃmir][男][無変]; cascimir[男][無変]

かしゃ 貨車 vagone[男][carro[男]] merci [無変], furgone[男]; 《無蓋の》vagone[男] piatto [scoperto]; 《有蓋の》vagone[男] coperto; 《冷凍車》vagone[男] frigorifero [無変]

かしや 貸し家 casa[女] [《アパート》appartamento[男]] da affittare [in affitto] ¶「貸し家」《掲示》"Affittasi" ¶「4DK貸し家」《掲示》"Affittasi quattro camere, cucina abitabile" ¶「貸し家求む」《掲示》"Cercasi casa in affitto"

かしゃく 呵責 ¶良心の呵責を感ずる avere un rimorso di coscienza

かしゅ 歌手 cantante[男][女] ¶オペラ歌手 cantante lirico [d'opera]

かじゅ 果樹 albero[男] da frutto

✤果樹園 frutteto[男]

果樹栽培 frutticoltura[女], coltivazione[女] di alberi da frutto

カジュアル 〔英 casual〕◇カジュアルな〔英〕casual [kéʒual] [無変], sportivo

✤カジュアルウェア abbigliamento[男] informale [casual / sportivo]; 〔英〕casual[男][無変]

かしゅう 歌集 raccolta[女] [antolo*gia*[女] [複 *-gie*]] di poesie, canzoniere[男]; 《歌曲集》raccolta[女] di canti

かじゅう 加重 《重さの》appesantimento[男]; 《負担・刑などの》aggravamento[男]

✤加重平均 〔統〕media[女] ponderata

かじゅう 果汁 suc*co*[男] [複 *-chi*] di frutta; 《絞りたての》spremuta[女] ¶オレンジ果汁 succo d'arancia

かじゅう 荷重 cari*co*[男] [複 *-chi*], portata[女] ¶安全荷重 carico massimo [ammissibile / di sicurezza]

かじゅう 過重 《荷物の》sovracca*rico*[男] [複 *-chi*] ◇過重な eccessivo, troppo pesante ¶過重な労働 lavoro eccessivo [troppo pesante] ¶過重な負担[責任]を負う avere un incarico troppo oneroso / avere una responsabilità eccessiva

がしゅう 我執 egocentrismo[男] ¶我執を捨てる liberarsi del *proprio* egocentrismo

がしゅう 画集 libro[男] [raccolta[女] / album[男] [無変]] di pitture [di disegni]

カシューナッツ 〔英cashew nuts〕《木・実》anacar*dio*[男] [複 *-i*]

がしゅん 賀春 《年賀状で》"Buon anno"

かしょ 箇所 《点》punto[男]; 《部分》parte[女]; 《場所》luo*go*[男] [複 *-ghi*]; 《文章・曲などの》passo[男], passag*gio*[男] [複 *-gi*], brano[男] ¶引用箇所 passo citato ¶3か所 tre punti [luoghi]

かしょう 仮称 titolo[男] [nome[男]] provviso*rio* [複 *-i*], denominazione[女] provvisoria

かしょう 河床 letto[男] (di un fiume), alveo[男] fluviale

かしょう 歌唱 《歌》canto[男] ◇歌唱する cantare

✤歌唱力 abilità[女] canora

かしょう 過小 ◇過小に[の] troppo poco

✤過小評価 sottovalutazione[女]; 〔経〕svalutazione[女] ◇過小評価する sottovalutare, deprezzare

かしょう 過少 ◇過少に[の] troppo poco, troppo scarso

✤過少雇用 〔経〕sottoccupazione[女]

過少生産 〔経〕sottoproduzione[女]

かじょう 箇条 《法律・条約の条項》articolo[男], clausola[女]; 《項目》punto[男], voce[女] ¶要旨を5箇条に分ける dividere i punti principali in cinque voci

✤箇条書き ¶要点を箇条書きする annotare uno per uno i punti principali

かじょう 過剰 eccesso[男], eccedenza[女], superfluo[男] ◇過剰な eccessivo, eccedente, superfluo ◇過剰に troppo, eccessivamente ¶自意識過剰 eccessiva coscienza di sé / consapevolezza erronea di trovarsi sempre al centro dell'attenzione ¶人口過剰 sovrappopolazione ¶労働力過剰 eccedenza di manodopera ¶君は自信過剰だね. Da dove ti viene tutta questa sicurezza?

✤過剰供給 〔経〕eccesso[男] [eccedenza[女]] di offerta, offerta[女] eccessiva

過剰雇用 〔経〕sovraoccupazione[女], occupazione[女] eccessiva

過剰生産 〔経〕sovrapproduzione[女], eccesso[男] di produzione

過剰投資 〔経〕investimento[男] eccessivo (di capitali)

過剰防衛 〔法〕eccesso[男] di legittima difesa

過剰労働力 manodopera[女] eccedente

がしょう 画商 mercante[男][女] di quadri; 《画廊経営者》galleris*ta*[男][女] [[男]複 *-i*]

がしょう 賀正 《年賀状で》"Auguri per il nuovo anno", "Auguri di Capodanno"

がじょう 牙城 roccaforte[女] [複 *roccheforti*, *roccaforti*], cittadella[女], fortezza[女] ¶敵の牙城に迫る intaccare la roccaforte nemica

がじょう 賀状 《年賀状》cartolina[女] d'auguri per l'anno nuovo; 《祝いの手紙》lettera[女] d'auguri (per *ql.co.*)

かしょくしょう 過食症 〔医〕bulimia[女]

かしょぶんしょとく 可処分所得 〔経〕reddito[男] disponibile [netto]

かしら 頭 **1** 《あたま》testa[女], capo[男] ⇒あたま [使いわけ] ¶「頭右」《号令》"Attenti a destra!" ¶「頭中」《号令》"Fissi!"

2 《集団を統率する人》capo[男]; 〔英〕leader[男][無変]

3 《一番上》¶彼は7歳を頭に3人の子供がいる. Ha tre figli, il più grande dei quali ha sette anni.

-かしら ¶風邪をひいたのかしら. Mi sa tanto che ho il raffreddore. ¶彼は来るかしら. Chissà se verrà. ¶彼は来ないんじゃないかしら. Temo che non venga.

かしらもじ 頭文字 《イニシャル》iniziale[女]; 《冒頭の装飾文字》capolettera[男] [複 *capilettera*]

かじりつく 齧り付く **1** 《かみつく》¶りんごにかじりつく addentare [mordere] una mela

2 《しがみつく》¶母親にかじりつく attaccarsi [incollarsi] alla madre ¶彼は朝から晩まで本にかじりついている. Rimane incollato [attaccato] ai libri per tutta la giornata. ¶彼は大臣の座にかじりついている. Si è attaccato alla poltrona di Ministro. ¶石にかじりついてもやるぞ. Lo farò a costo di sputare sangue!

かじる 齧る **1**《固いものをかむ》morsicchiare ¶りんごをかじる mordere una mela ¶せんべいをかじる sgranocchiare *senbei* ¶ねずみのかじった跡 i segni dei morsi di un topo ¶私はまだ親のすねをかじっている身分です. Vivo ancora sulle spalle [a carico] dei miei genitori.
2《少し知識がある》 ¶若いころイタリア語を少しかじった. Da giovane ho masticato un po' d'italiano. ¶私のイタリア語は少しかじった程度です. Ho appena un'infarinatura d'italiano.

かしわ 柏《植》quer*cia*㊛ [㊛複 -*ce*] del Giappone;《学名》*Quercus dentata*
✤柏餅 *mochi*㊚ [無変] ripieno di *anko* e avvolto in una foglia di quercia

かしわで 柏手 ¶神社でかしわ手を打つ battere le mani davanti a un santuario shintoista in segno di venerazione

かしん 家臣 vassallo㊚, dipendente㊚㊛, sud-dito㊚ [㊛ -*a*]

かしん 過信 eccesso㊚ di fiducia, fede㊛ cieca ◊ 過信する fidarsi eccessivamente di *ql.co.* [*qlcu.*], riporre troppa [eccessiva] fiducia in *ql.co.* [*qlcu.*]. ¶自分の能力を過信する sopravvalutare le *proprie* capacità / fidarsi eccessivamente delle *proprie* forze

かじん 佳人 →美人
かじん 家人 (i membri㊚ [複] della) famiglia㊛
かじん 歌人 poet*a*㊚ [㊛ -*essa*; ㊚複 -*i*] di *tanka*

がしんしょうたん 臥薪嘗胆 ¶彼は臥薪嘗胆10年の末ついに研究を完成させた. Grazie a dieci anni di perseveranza, alla fine ha portato a termine la sua ricerca.

かす 糟・粕・滓 **1**《残留物》resi*duo*㊚;《沈殿物》《化》depo*sito*㊚;《浮きかす》schium*a*㊛;《絞りかす》sansa㊛, fec*cia*㊛ [複 -*ce*];《ぶどうの》vinac*cia*㊛ [複 -*ce*] ¶コーヒーのかす fondi del caffè
2《つまらぬもの》 ¶お前は人間のかすだ. Sei un rifiuto [la feccia / lo scarto] della società.
✤粕漬け alimenti㊚ [無変] conservati nella feccia di *sakè*

かす 貸す **1**《返してもらう約束で渡す》prestare [dare in prestito] *ql.co.* a *qlcu.* ¶彼は私に本を2冊貸してくれた. Mi ha prestato due libri. ¶利子付きで[無利子で]大金を貸す prestare una grossa somma a interesse [senza interesse] ¶口約束で貸す prestare *ql.co.* sulla parola ¶土地を抵当に金を貸す concedere prestiti su terreni
2《料金を取って物を使わせる》affittare [dare in affitto / dare a pigione / dare a nolo] *ql.co.* a *qlcu.*;《不動産を》locare *ql.co.* a *qlcu.* ¶家をひと月8万円で[1年契約で]貸す affittare una casa 「a ottantamila yen al mese [con un contratto di un anno]

3《他人の用に立てる》 ¶〈人〉に力を貸す dare aiuto [una mano] a *qlcu.* ¶〈人〉に知恵を貸す dare un consiglio a *qlcu.* ¶〈人〉に耳を貸す dare [prestare] ascolto a *qlcu.* / prestare orecchio a *qlcu.* ¶電話を貸してもらえますか. Posso usare il telefono?

かず 数 **1**《数字》numero㊚, cifra㊛ →次ページ用語集 ◊ 数の numerale, numerico㊚複 -*ci*] ¶2けたの数 un numero di due cifre ¶大きい数 un numero alto [grande / maggiore] ¶小さい数 un numero basso [piccolo / minore] ¶数の上での多数 maggioranza numerica ¶数が増える crescere [aumentare] di numero ¶数が減る calare [diminuire] di numero ¶数を限る limitare il numero di *ql.co.* ¶数がわからなくなる〈人が主語〉perdere il conto ¶数が合う[合わない] I conti tornano [non tornano]. ¶数がまだ足りない.〈人数が〉Ne manca ancora qualcuno. ¶彼を出席者として数に入れなかった. Non l'hanno calcolato tra i pre̥senti. ¶潰れた会社がどのくらいあるか数が知れない. Non so nemmeno quante società sono [siano] fallite. ¶敵は数においてわが軍にまさっている. Le forze nemiche sono numericamente superiori alle nostre. / Il nemico ha una superiorità numerica. ¶住民の数は年々減っている. Gli abitanti diminuiscono di anno in anno. ¶この会社の従業員の数は600人である. Questa ditta conta seicento dipendenti.
2《数の多さ》 ¶数多く in gran numero ¶数多くの un buon [gran] numero di / un numero enorme [spropositato] di ¶数少ない un piccolo [uno scarso] numero di / un numero insufficiente di ¶数限りない innumerevole / incalcolabile ¶あの店は値段を下げて数でかせいでいる. Quel negozio fa affari abbassando i prezzi e rifacendosi sulla quantità. ¶これは数ある中の一つにすぎない. Questo è un esempio fra i tanti. ¶間違いは数限りなくある. Gli errori non si contano. ¶この戦争で命を落とした人は数限りない. Un'infinità di persone ha perso la vita in questa guerra. ¶彼らは数にものを言わせて我々の提案に反対している. A maggioranza numerica si oppongono alla nostra proposta.
3《取り立てて数える価値のあるもの》 ¶数に加える includere [calcolare / contare] nel numero / annoverare ¶数に入る rientrare [essere] nel numero fissato ¶私の作品などは物の数に入りません. La mia opera non conta nulla [non vale nulla].

ガス 〔蘭 gas〕 **1**《気体》gas㊚ [無変];《発散物, 排気ガス》esalazione㊛ ◊ ガス状の gassoso ¶天然[燃料/都市/毒/催涙]ガス gas naturale [combustibile / di città / tossico / lacrimogeno] ¶水素ガス idrogeno gassoso ¶ガス入りミネラルウォーター acqua (minerale) gasata ¶排気ガス gas di scappamento [di scarico] ¶有毒ガス esalazione venefica ¶ガスをつける[消す] accendere [spegnere] il gas ¶ガスを引く allacciare il gas ¶栓をひねったのにガスが出ない. Ho aperto il rubinetto, ma il gas non esce. ¶ガスが漏れている. C'è una fuga di gas. ¶ガス臭いよ. C'è puzza di gas!

2《濃霧》nebbia㊛ fitta ¶海にひどいガスがかかっていた. Sul mare è calata una fitta nebbia.
3《腸内の》gas㊚ intestinale, aria㊛;《鼓腸》《医》meteorismo㊚ ¶おなかにガスがたまっている. Ho dell'aria nella pancia. / Ho un po' di meteorismo addominale.
4《ガソリン》benzina㊛

♣**ガス壊疽**(￡)《医》cancrena㊛ gassosa
ガスオーブン forno㊚ a gas
ガス化 gassificazione㊛ ◇ガス化する gassificare
ガス会社 società㊛ del gas
ガス釜《風呂の》scaldabagno㊚[無変] a gas
ガス管 tubo㊚[tubatura㊛ / conduttura㊛] del gas

《 用語集 》 数 Numero

基数 Numeri cardinali
1 uno (una, un, un'). 2 due. 3 tre. 4 quattro. 5 cinque. 6 sei. 7 sette. 8 otto. 9 nove. 10 dieci. 11 undici. 12 dodici. 13 tredici. 14 quattordici. 15 quindici. 16 sedici. 17 diciassette. 18 diciotto. 19 diciannove. 20 venti. 21 ventuno. 22 ventidue. 23 ventitré. 24 ventiquattro. 25 venticinque. 26 ventisei. 27 ventisette. 28 ventotto. 29 ventinove. 30 trenta. 31 trentuno. 38 trentotto. 40 quaranta. 50 cinquanta. 60 sessanta. 70 settanta. 80 ottanta. 90 novanta. 100 cento. 101 centouno, centuno. 200 duecento. 210 duecentodieci. 300 trecento. 350 trecentocinquanta. 499 quattrocentonovantanove. 1000 mille. 1001 milleuno. 2000 duemila. 3500 tremilacinquecento. 7777 settemilasettecentosettantasette. 9000 novemila. 1万 diecimila. 9万 novantamila. 10万 centomila. 25万 duecentocinquantamila. 100万 un milione. 200万 due milioni. 1000万 dieci milioni. 1億 cento milioni. 10億 un miliardo. 1兆 mille miliardi, un trilione. 10兆 diecimila miliardi, dieci trilioni.

▶31〜99は, 21〜29と同様に十の位の数に一の位の数を続けて言う. 200, 300...900は, 百の位の数に cento とつける. cento は無変化. mille(千)は2千以上では複数形 mila とし, duemila(2千)のように1語で書く.
▶ milione(百万), miliardo(十億)は名詞なので, due milioni(2百万), tre miliardi(30億)のように1語にはならない. また名詞が続く場合は, di を必要とする場合がある. 例: 2億5560万円 duecentocinquantacinque milioni (e) sessantamila yen, 15億7200万円 un miliardo (e) cinquecentosettantadue milioni di yen.
▶1兆は, ふつう mille miliardi というが, trilione とも言う.
▶ cento のあとに母音で始まる数がつづく場合, cento の最後の母音が省略される場合がある. 例: 108 centotto, 180 centottanta; 時には 101 centuno, 111 centundici.
▶100万未満の数字を文字で書く場合は, 字間を空けずに続けて書く. 例: 534.900 cinquecentotrentaquattromilanovecento.
▶20以上の数字が -tre で終わるとき, 原則として tre にアクセント記号をつける. 例: 203 duecentotré.
▶ -uno のあとに名詞がつづく場合は, 「s+子音」で始まる名詞を除き, 原則として -un となる.
▶位取りには「.」(punto) を, 小数点には「,」(virgola) の記号を用いる. 例: 100万 1.000.000, 100分の1 0,01.

序数 Numeri ordinali
第1 primo. 第2 secondo. 第3 terzo. 第4 quarto. 第5 quinto. 第6 sesto. 第7 settimo. 第8 ottavo. 第9 nono. 第10 decimo. 第11 undicesimo. 第12 dodicesimo. 第13 tredicesimo. 第14 quattordicesimo. 第15 quindicesimo. 第16 sedicesimo. 第17 diciassettesimo. 第18 diciottesimo. 第19 diciannovesimo. 第20 ventesimo. 第21 ventunesimo. 第33 trentatreesimo. 第50 cinquantesimo. 第100 centesimo. 第999 novecentonovantanovesimo. 第1000 millesimo. 第1001 milleunesimo. 第2000 duemillesimo. 第3500 tremilacinquecentesimo. 第10,000 diecimillesimo. 第100,000 centomillesimo. 第1,000,000 milionesimo. 第1,000,000,000 miliardesimo.
▶序数は形容詞なので, 女性名詞の前では prima, seconda のように女性形の語尾になる. イタリアで数字を使って書く場合は, 1º, 2º, 3º... (primo, secondo, terzo...), 1ª, 2ª, 3ª... (prima, seconda, terza) のように, 語尾の母音を右肩に添えて表す場合がある.
▶第11以降は, 基数の語尾の母音を落としたものに「-esimo」を付けて作る. 例: sedici(16) → sedicesimo(第16の), cento(100) → centesimo(第100の).
▶20以上の数で, 一の位の数が3と6の場合, 基数の語尾の母音は落さずに「-esimo」を付ける. 例: quarantatreesimo(第43の), ottantaseiesimo(第86の).

ローマ数字 Numeri romani (一般に序数として用いられる)
1 I. 2 II. 3 III. 4 IV. 5 V. 6 VI. 7 VII. 8 VIII. 9 IX. 10 X. 11 XI. 12 XII. 13 XIII. 14 XIV. 15 XV. 16 XVI. 17 XVII. 18 XVIII. 19 XIX. 20 XX. 30 XXX. 40 XL. 50 L. 60 LX. 70 LXX. 80 LXXX. 90 XC.. 100 C. 400 CD. 500 D. 600 DC. 1000 M. 1999 MCMXCIX. 2008 MMVIII.
▶ I(1), V(5), X(10), L(50), C(100), D(500), M(1000) の組み合わせで表す.

ガス欠 ¶ガス欠だ. Abbiamo finito la benzina.	ガス灯 lampada⸨女⸩ a gas;《街灯》fanale⸨男⸩ [lampione⸨男⸩] a gas
ガスこんろ fornello⸨男⸩ a gas	ガスバーナー bruciatore⸨男⸩ a gas
ガスストーブ stufa⸨女⸩ a gas	ガス爆発 esplosione⸨女⸩ di gas
ガス栓 rubinetto⸨男⸩ del gas	ガスボンベ bombola⸨女⸩ del gas
ガス台 cucina⸨女⸩ a gas	ガスマスク maschera⸨女⸩ antigas [無変]
ガスタンク gasometro⸨男⸩	ガスメーター contatore⸨男⸩ del gas
ガス中毒〔医〕avvelenamento⸨男⸩ da gas	

倍数 Numeri moltiplicativi　2倍 doppio. 3倍 triplo. 4倍 quadruplo または quattro volte. 5倍 quintuplo または cinque volte. 6倍 sestuplo または sei volte. 7倍 settuplo または è sette volte. 8倍 ottuplo または otto volte. 9倍 nonuplo または nove volte. 10倍 decuplo または dieci volte. 11倍 undecuplo または undici volte. 12倍 dodecuplo または dodici volte. 100倍 centuplo または cento volte.

小数 Decimali　0,1 zero virgola uno. 0,01 zero virgola zero uno. 1,5 uno virgola cinque. 0,33 zero virgola trentatré.
►イタリア語では小数点を「,」(virgola) で示す.

分数 Frazioni　$\frac{1}{2}$ un mezzo. $\frac{1}{3}$ un terzo. $\frac{1}{4}$ un quarto. $\frac{2}{3}$ due terzi. $\frac{3}{5}$ tre quinti. $2\frac{5}{6}$ due e cinque sesti. $\frac{5}{10}$ cinque decimi. $\frac{45}{49}$ quarantacinque quarantanovesimi または quarantacinque fratto quarantanove.
►分母を序数で, 分子を基数で表し, 分子が2以上の場合は分母の序数が複数形になる.

概数 Numeri colletivi　約10 decina. 約20 ventina. 約30 trentina. 約40 quarantina. 約50 cinquantina. 約60 sessantina. 約70 settantina. 約80 ottantina. 約90 novantina. 約100 centinaio [複 le *centinaia*]. 約1000 migliaio [複 le *migliaia*].

累乗と根 Potenza e radice
3^2　tre al quadrato または tre alla seconda (potenza).
3^3　al cubo または tre alla terza (potenza).
3^4　tre alla quarta.
x^n　x all'ennesima potenza.
$\sqrt{4}$　radice quadrata di quattro.
$\sqrt[3]{27}$　radice cubica di ventisette.
$\sqrt[n]{x}$　radice ennesima di x.
$x=\sqrt{\frac{5y}{z}}$　x è uguale alla radice (quadrata) di cinque y fratto z.

数学の記号 Simboli matematici
プラス (記号)　+ (più; positivo).
マイナス (記号)　− (meno; negativo).
プラス・マイナス (記号)　± (più o meno; positivo o negativo).
掛け算 (記号)　× (per) ►まれに・の記号も使う.
割り算 (記号)　: (diviso).
ルート (記号)　√ (radice).
等号　= (fa; è uguale a; uguale).
不等号　≠ (è diverso da).
小数点　, (virgola).
分数の横線　− (fratto).

演算 Operazioni matematiche
10 + 5 = 15 dieci più cinque fa [è uguale a] quindici.
9 − 6 = 3 nove meno sei fa [è uguale a] tre.
7 × 7 = 49 sette per sette fa [è uguale a] quarantanove.
45 : 9 = 5 quarantacinque diviso nove fa [è uguale a] cinque.

$\frac{1}{10} \times 11 = 1{,}1$　un decimo per undici fa uno virgola uno.

$(a+b)(a+c) = a^2+ab+ac+bc$　a più b per binomio a più c è uguale ad a al quadrato più ab più ac più bc.

ガス屋《工事人》gassista㊚《複 -i》；《検針・集金人》impiegato㊚《㊛ -a》del gas
ガス湯沸かし器 scaldabagno㊚《無変》a gas
ガスライター accendino㊚ a gas
ガス料金 tariffa㊛《prezzo㊚》del gas
ガスレンジ fornelli㊚《複》

かすい 下垂 sospensione㊛ ¶胃下垂《医》gastroptosi
✤下垂体《解》ipofisi㊛《無変》

かすいぶんかい 加水分解《化》idrolisi㊛《無変》◇加水分解する《他のものを》idrolizzare；《自らが》idrolizzarsi

かすか 微か ◇かすかな debole, leggero, fioco《㊚複 -chi》¶かすかに debolmente, leggermente, lievemente ¶かすかな声で答える rispondere con voce fioca [debole / fievole / soffocata / spenta] ¶かすかに笑う abbozzare [accennare / far trasparire] un sorriso ¶かすかな記憶がある. Ne ho un vago [confuso] ricordo. / Lo ricordo appena. ¶富士山がかすかに見える. Si intravede appena [vagamente] il monte Fuji.

かすがい 鎹 morsetto㊚, graffa㊛, rinforzo㊚ di angolo ¶かすがいでとめる fissare [chiudere] ql.co. con un morsetto [una graffa] ¶子はかすがい.《諺》I figli consolidano [cementano] il legame coniugale.

かすかす 1《水分の少ない》¶このみかんはかすかすだ. Questa clementina non è succosa [è priva di succo]. ¶このりんごはかすかすだ. Questa mela è farinosa. 2《かろうじて, すれすれで》¶かすかすで合格した. Ho passato l'esame per un pelo.

かずかず 数数 ◇数々の innumerevole, numeroso, molto ¶数々の記録 innumerevoli record [primati] ¶言いたいことが数々ある Ci sono parecchie cose che vorrei dire.

カスタード〔英 custard〕
✤カスタードクリーム crema㊛ pasticciera
カスタードプディング budino㊚ di crema caramellata；《仏》crème caramel㊛ または ㊚《無変》

カスタネット〔英 castanets〕《音》nacchere㊛《複》, castagnette㊛《複》

カスタマー〔英 customer〕cliente㊚ ㊛ (abituale)；《飲食店の》avventore㊚《㊛ -trice,《俗》-tora》
✤カスタマーサービス servizio㊚《複 -i》clienti
カスタマーレビュー commenti㊚《複》《書籍の》recensioni㊛《複》dei clienti

カスタマイズ〔英 customize〕《コンピュータ》◇カスタマイズする personalizzare

カステラ dolce㊚ giapponese d'origine portoghese simile al pandispagna

カストラート〔伊〕《音》castrato㊚

かずのこ 数の子 uova㊛《複》d'aringa

かすみ 霞 foschia㊛；《霧》nebbia㊛ ¶少し霞が立ちこめた. È salita un po' di foschia. ¶霞がたなびいている. C'è un banco di foschia.
✤霞網 rete㊛ per uccellagione

かすむ 霞む ¶彼は目の前がだんだんかすんでいくのに気がついた. Sentì che la vista gli si offuscava. ¶涙で目がかすんだ. Le lacrime mi velarono [annebbiarono] gli occhi. ¶島がかすんで見える. Si intravede vagamente un'isola. ¶彼が来ると他の者は皆かすんでしまった. Quando arrivò lui, offuscò [eclissò] tutti gli altri.

かすめる 掠める 1《盗む》¶彼は人の財産をかすめ取って金持ちになった男だ. È un uomo diventato ricco appropriandosi dei beni altrui. ¶労働者の給料をかすめ取る defraudare i lavoratori dei loro stipendi ¶手柄はみんな彼にかすめ取られてしまった. Si è preso tutto il merito. / Mi ha soffiato tutto il merito. ¶釣り銭をかすめる fare la cresta sulla spesa
2《目をかすめる》¶人目をかすめて忍び込む entrare「di soppiatto [alla chetichella] ¶父親の目をかすめて all'insaputa del padre / di nascosto dal padre
3《わずかに触れる》¶弾丸が頬をかすめた. Un proiettile mi sfiorò la guancia. ¶飛行機は屋根をかすめて飛んで行った. L'aeroplano è passato rasente i tetti.
4《考えなどがよぎる》¶ある考えが私の頭をかすめた. Un'idea mi passò per la mente.

かずら 葛《植》pianta㊛ rampicante, rampicante㊚

かすり 絣・飛白 ¶かすりの着物 kimono con disegno chiazzato

かすりきず 掠り傷 graffio㊚《複 -i》；escoriazione㊛, abrasione㊛, sbucciatura㊛；《軽い怪我》ferita㊛ leggera [superficiale] ¶かすり傷を負う graffiarsi ¶彼はかすり傷も負わなかった. Non si fece neanche un graffio.

かする 化する 《…になる》diventare；《…にする》cambiare [tramutare] ql.co. in ql.co. ¶デモ隊は暴徒と化した. La dimostrazione si è tramutata in rivolta. ¶内戦でその町は廃墟と化した. Con la guerra civile, quella città è diventata un cumulo di macerie.

かする 科する ¶1万円の罰金を科せられた. Mi hanno fatto [inflitto] una multa di 10.000 yen.

かする 掠る →加寿

かする 嫁する 1《嫁に行く》andare sposa a qlcu.；《嫁にやる》dare in sposa
2《転嫁する》¶責任を〈人〉に嫁する addossare la responsabilità a qlcu. / rigirare le responsabilità

かする 課する ¶税金を課する tassare qlcu. / imporre una tassa a qlcu. ¶責任を課する dare [assegnare] una responsabilità a qlcu. ¶苛酷な労働を課せられる essere assegnato a un incarico disumano

かすれる 掠れる ¶声がかすれるほど叫んだ. Gridai tanto da sgolarmi [da diventare rauco]. ¶字がかすれて読みにくい. I caratteri「sono sbiaditi [non sono chiari] e sono indecifrabili.

かせ 枷 1《刑具：鎖状》catena㊛；《鉄製》ferri㊚《複》；《手錠》manette㊛《複》；《首かせ》gogna㊛, berlina㊛, giogo㊚《複 -ghi》¶〈人〉にかせをはめる mettere qlcu. ai ferri / incatenare qlcu.
2《束縛するもの》→足枷 2

かぜ 風 1 vento㊚；《そよ風》brezza㊛, zefiro㊚, venticello㊚ →気象 用語集
¶冷たい[涼しい]風 vento freddo [fresco] ¶強い風 vento teso [impetuoso] ¶乾いた[湿った]風 vento secco [umido] ¶かすかな風 vento debole [leggero] ¶一陣の風 un alito [un buffo / un

soffio / una soffiata] di vento ¶向かい風 vento contrario [di prora / sfavorevole] ¶追い風 vento「in poppa [favorevole / prospero] ¶風のよく当たる丘 collina ventosa ¶風が当たらない場所にいる[ある] essere al riparo dal vento ¶風を送る fare vento ¶部屋に風を通す ventilare [arieggiare] una camera ¶風のうなり lamento [gemito / 《ヒューッという》 fischio] del vento ¶風の音がする. Il vento fischia [sibila]. ¶風の吹く季節 la stagione ventosa ¶衣服を風に当てる esporre i panni al vento ¶風のように速い veloce come il vento ¶風が吹く. Tira [Soffia / Spira] vento. / C'è vento. ¶今夜は風が強い. Il vento soffia forte stasera. ¶風はそよとも吹いてこなかった. Non c'era un filo di vento. ¶風はどの方向から吹いてきますか. Da che parte soffia il vento? ¶風の方向が変わる. Il vento cambia. ¶風が立った[静まった]. Si è levato [calmato / placato] il vento. ¶風がやんだ. Il vento è caduto. ¶今日は少し風がある. C'è aria oggi. ¶枯れ葉が風に舞う. Le foglie secche sono sollevate dal vento. ¶明日は明日の風が吹く. Chissà che cosa ci riserverà il domani.

2 《職業・身分を表わす語について, 態度, そぶりの意》 ¶あいつはいつも役人風を吹かす. Ha sempre attaccata addosso quell'aria presuntuosa da funzionario. ¶そう学者風を吹かすな. Non darti delle arie da studioso.

[慣用] **風の便り** ¶風の便りで彼の消息を知った. Mi sono giunte all'orecchio notizie di lui.

風の吹き回し ¶あなたが来るなんてどういう風の吹き回しかしら. Qual buon vento ti「porta [manda / mena]?

風を切る ◇風を切って contro [attraverso il] vento

かぜ 風邪

influenza[女]; raffreddore[男] ¶重い[軽い]風邪 un forte [leggero] raffreddore ¶風邪をひいている essere influenzato [raffreddato] ¶風邪をひく prendere [prendersi] il raffreddore [l'influenza] / raffreddarsi ¶風邪気味だ. Mi sento un po' indisposto. ¶風邪をうつす contagiare [attaccare] il raffreddore a *qlcu.* ¶この風邪はなかなか抜けない. Non riesco a liberarmi da questo raffreddore. / Questo raffreddore non mi passa mai!

[使いわけ] **raffreddore と influenza**

日本語では風邪とインフルエンザを区別して言うが, イタリア語では発熱を伴う風邪であれば, インフルエンザでなくても influenzaと言う. raffreddoreは症状の軽い風邪にしか言わない.

¶風邪で3日間寝込んだ. Sono stato costretto a letto per tre giorni a causa dell'influenza.

¶くしゃみがしきりに出る. 風邪をひいたみたいだ. Non faccio che sternutire. Mi devo essere preso un raffreddore.

✤**風邪薬** medicina[女] per il raffreddore

風邪声 ¶風邪声をしている avere la voce raffreddata [rauca]

かぜあたり 風当たり

¶風当たりが強い essere ventoso [battuto dal vento]/《激しく批判される》 essere「esposto alle [oggetto di] critiche / sollevare molte critiche

かせい 化成

〘化〙 trasformazione[女], sintesi[女][無変] chimica

かせい 火星

Marte[男] ◇火星の di Marte, marziano

✤**火星人** marziano[男] [[女] -a]

かせい 火勢

forza[女] del fuoco ¶風で火勢がつのる. Col vento la forza delle fiamme aumenta. / Il vento alimenta l'incendio.

かせい 加勢

《援助, 救助》 aiuto[男], soccorso[男], assistenza[女]; 《援軍》 rinforzi[男][複]

かせい 仮性

〘医〙 ◇仮性の pseudo-; falso

✤**仮性近視** 〘医〙 pseudomiopia[女]

かせい 家政

amministrazione[女] [governo[男]] della famiglia [casa]

✤**家政学** economia[女] domestica

家政学科 corso[男] di economia domestica

家政婦 domestica[女], donna[女] di servizio, collaboratrice[女] familiare, colf[女][無変]; massaia[女]

かぜい 課税

tassazione[女], imposizione[女] di tasse ◇課税する tassare ¶累進課税 imposta [tassazione] progressiva ¶輸入品に課税する imporre le tasse sulle merci importate ¶国民に課税する tassare la nazione ¶これは課税の対象となります. Questo è imponibile.

✤**課税所得** reddito[男] tassabile [imponibile]

課税品 merce[女] soggetta a dazio [tassazione]

課税免除 esenzione[女] dalle tasse [dalle imposte] ◇課税免除の esentasse [無変]

課税率 tasso[男] d'imposta

かせいカリ 苛性カリ

〘化〙 potassa[女] caustica

かせいがん 火成岩

roccia[女] [複 -ce] ignea [eruttiva]

かせいソーダ 苛性ソーダ

〘化〙 soda[女] caustica

カゼイン

〔独 Kasein〕〘生化〙 caseina[女]

かせき 化石

fossile[男] (►「時代遅れの人・物」という意味もある) ¶化石を含んだ fossilifero ¶彼はまるで生きた化石だ. È quello che si dice un fossile vivente.

✤**化石化** fossilizzazione[女], pietrificazione[女] ◇化石化する《他のものを》 fossilizzare, pietrificare; 《自らが》 fossilizzarsi, pietrificarsi ¶化石化した動物[植物] animale [pianta] fossile

化石作用 fossilizzazione[女]

化石植物 dendrolite[男]

化石動物 zoolite[男]

化石燃料 combustibile[男] fossile

かせぐ 稼ぐ

1 《働いて収入を得る》 guadagnare ◇稼ぎ guadagno[男] ¶稼ぎが良い[悪い] guadagnare bene [male] ¶これはいい稼ぎになる. È un buon affare. / Rende bene. ¶生活費を稼ぐ guadagnarsi「da vivere [il pane] / procurarsi da vivere ¶彼は一家の稼ぎ手だ. È il sostegno della famiglia. / Mantiene tutta la famiglia.

2 《自分の有利になるようにする》 ¶時間を稼いで guadagnando tempo ¶彼は点を稼ぐために上司にお世辞を言った. Ha adulato il suo superiore per ottenere i suoi favori.

かせつ 仮設

1 《仮に設けること》 stabilimento[男] temporaneo [provvisorio [複 -i]] ◇仮設の temporaneo, momentaneo, provvisorio [[男]複 -i], transitorio [[男]複 -i] ◇仮設する allestire *ql.co.*

かせつ temporaneamente **2** →仮定
- **仮設工事** lavori㊚[複] temporanei [provvisori]
- **仮設住宅** casa㊛ provvisoria
- **仮設テント村** tendopoli㊛[無変]

かせつ 仮説 ipotẹsi㊛[無変], suppoṣizione㊛ ◇仮説的 ipotetico[㊚複 -ci], preṣunto ¶作業仮説 ipoteṣi di lavoro ¶仮説を証明する provare [dimostrare / verificare] un'ipotesi ¶仮説を立てる avanzare [fare] un'ipotesi / ipotizzare / supporre / preṣumere

かせつ 架設 costruzione㊛; installazione㊛ ◇架設する costruire; installare ¶橋を架設する costruire un ponte ¶電話を架設する installare il telefono ¶地下ケーブルを架設する posare i cavi sotterranei

カセット [英 cassette] cassetta㊛
- **♣カセットテープ** nastro㊚ a cassetta
- **カセットテープレコーダー** registratore㊚ a cassette
- **カセットデッキ** piastra㊛ (di registrazione) a cassette, lettore㊚ (di) cassette

かぜとおし 風通し ventilazione㊛ ◇風通しの良い ventilato / aerato ¶部屋の風通しをよくする ventilare [aerare] la stanza ¶社内の風通しをよくする migliorare la comunicazione all'interno dell'azienda

かぜよけ 風除け →風(ぜ)除け

かせん 下線 sottolineatura㊛ ¶下線を引く sottolineare ¶下線部分 parte sottolineata ¶文章の重要な部分に下線を引く sottolineare le parti più importanti di un testo

かせん 化繊 《布》tessuto㊚ sintetico[複 -ci]; 《繊維》fibre㊛[複] sintetiche

かせん 河川 fiume㊚ ◇河川の fluviale
- **♣河川汚染** inquinamento㊚ fluviale
- **河川工事** lavori㊚[複] [opere㊛[複]] fluviali
- **河川交通** navigazione㊛ fluviale

かせん 架線 filo㊚[《ケーブル》cavo㊚] (elettrico [複 -ci]), linea㊛ ¶電話の架線が切れた. Il cavo del telefono si è spezzato.
- **♣架線工事** posa㊛ di cavi, installazione㊛ di fili

かせん 寡占 《経》oligopolio㊚[複 -i] ◇寡占の oligopolistico[㊚複 -ci]
- **♣寡占経済** economia㊛ oligopolistica
- **寡占市場** mercato㊚ oligopolistico

がぜん 俄然 di colpo, improvvisamente ¶俄然景気が良くなった. La situazione economica è migliorata「di colpo [improvvisamente].

かそ 過疎 spopolamento㊚ ◇過疎の spopolato ¶人口過疎地帯 regione [zona] spopolata ¶農業的人口過疎 eṣodo agricolo
- **♣過疎化** diminuzione㊛ della popolazione, spopolamento㊚ ¶農村の過疎化が著しい. Lo spopolamento delle campagne è sempre più evidente.

がそ 画素 《コンピュータ》[英] pixel㊚[無変], elemento㊚ di immagine

かそう 下層 strato㊚ inferiore
- **♣下層雲** 《気》nuvole㊛[複] basso
- **下層階級** classi㊛[複] inferiori, basso ceto㊚
- **下層社会** bassifondi㊚[複], volgo㊚[複 -ghi]
- **下層民**《蔑》popolino㊚, plebaglia㊛, popolo㊚ minuto

かそう 火葬 cremazione㊛ ◇火葬の crematọrio[㊚複 -i] ¶亡骸(なきがら)を火葬に付す cremare un cadạvere [una salma]
- **♣火葬場** crematọrio㊚[複 -i], forno crematọrio

かそう 仮装 travestimento㊚, mascheramento㊚, camuffamento㊚ ◇仮装する travestirsi [mascherarsi] (da ql.co. [qlcu.])
- **♣仮装行列** sfilata㊛ di maschere, corteo mascherato, parata㊛ in costume

かそう 仮想 suppoṣizione㊛, ipotẹsi㊛[無変] ◇仮想の immaginạrio[㊚複 -i], ipotetico[㊚複 -ci], virtuale, fittizio[㊚複 -i] ◇仮想する immaginare, ipotizzare, supporre
- **♣仮想現実** realtà㊛ virtuale
- **仮想敵国** nemico㊚[複 -ci] ipotetico [virtuale / potenziale]
- **仮想メモリー**《コンピュータ》memọria㊛ virtuale

かそう 家相 ¶この家は家相が良い. Questa casa è ben strutturata ed esposta in una poṣizione propizia.

がぞう 画像 《肖像》ritratto㊚; 《テレビの映像》immạgine㊛, video㊚[無変]
- **♣画像処理** elaborazione㊛ dell'immagine
- **画像信号** 《コンピュータ》segnale㊚ video[無変]

かぞえあげる 数え上げる 《並べたてる》enumerare, elencare; 《数える》sommare, calcolare l'ammontare di ql.co. ¶彼の欠点は数え上げたらきりがない. I suoi difetti sono innumerẹvoli. ¶彼は自分の手柄ばかり数え上げる. Non fa che elencare le sue prodezze.

かぞえうた 数え歌 canzone㊛ in cui ogni strofa comincia con un numero progressivo

かぞえどし 数え年 sistema tradizionale giapponese di contare gli anni per cui al giorno della nạscita si conta un anno ed in seguito, indipendentemente da questo giorno, ad ogni Capodanno si aumenta l'età di un anno

かぞえる 数える contare, calcolare, 《数に入れる》calcolare, annoverare, inclụdere ql.co. [qlcu.] nel nụmero; 《列挙する》enumerare, annoverare ¶金を数える contare del denaro ¶10 まで数を数える contare fino a dieci ¶指折り数える contare sulle dita ¶クリスマスを指折り数える contare quanto manca al Natale ¶数え違える ṣbagliare il conto / contare male ¶数え直す ricontare / contare di nuovo ¶入社以来 10 年を数える. Sono passati dieci anni da quando ho cominciato a lavorare in questa ditta. ¶数えるほどしかない. Si pọssono contare sulle dita [sulla punta delle dita]. ¶数えられないほどたくさんある. Sono tanti da non potersi contare. ¶この作品は彼の傑作の中に数えられている. Questa ọpera è annoverata fra i suoi capolavori.

かそく 加速 accelerazione㊛; 《車の》ripresa㊛ ◇加速する accelerare㊐[av], ㊣ ¶私の車は加速がいい. La mia automọbile ha una buona ripresa. ¶社会の二極化が加速する. La scomparsa del ceto medio dalla società è sempre più accentuata.

✤加速器〘物〙acceleratore[男] di particelle
加速装置《アクセル》acceleratore[男]
加速度 accelerazione[女] ◇加速度的 accelerato ◇加速度的に acceleratamente, progressivamente
加速度運動〘物〙moto[男] accelerato
加速度計 accelerometro[男]

かぞく 家族 famiglia[女];《一人一人》membro[男] della famiglia, familiare[男] ◇家族の familiare, di famiglia ⇀家系図 ¶核家族 famiglia nucleare ¶3人家族 famiglia di tre persone ¶小家族 famiglia poco numerosa ¶大家族 famiglia numerosa [grande / 《強い家父長権に基づいた》patriarcale] ¶家族ぐるみのつきあい frequentazione a livello familiare [tra amici di famiglia] ¶家族そろって旅行する viaggiare con tutta la famiglia ¶家族を養う mantenere una famiglia ¶家族を背負って con famiglia a carico ¶「あなたは何人家族ですか」「3人です」"Quanti siete in famiglia?" "Siamo in tre." ¶私の家は家族そろって長身である. Siamo tutti alti in famiglia. ¶ご家族の皆さんによろしく. Mi saluti tutta la sua famiglia [i suoi]. ¶彼は家族思いだ. Ci tiene alla famiglia.
✤家族会議 riunione[女] [consiglio[男] [複 -gli]] di famiglia
家族経営 ¶家族経営の会社 azienda familiare
家族計画 pianificazione[女] familiare
家族制度 sistema[男] [複 -i] familiare
家族手当 assegni[男] [複] familiari
家族労働 lavoro[男] a conduzione familiare

かぞく 華族 nobiltà[女] (◆ termine in uso dagli inizi dell'era Meiji a poco dopo la seconda guerra mondiale per indicare la classe nobiliare (1869–1947))

かぞくおん 下属音 〘音〙sottodominante[女]

かそざい 可塑剤 plastificante[男], flessibilizzante[男]

かそせい 可塑性 plasticità[女] ◇可塑性の plastico [[男]複 -ci]
✤可塑性物質 materia[女] plastica

カソリック ⇀カトリック

ガソリン 〔英 gasoline〕benzina[女], carburante[男] (►gasolioは軽油) ¶ガソリンを入れる fare benzina ¶スーパーガソリン benzina super ¶レギュラーガソリン benzina verde [senza piombo]
✤ガソリンエンジン[機関] motore[男] a benzina
ガソリンスタンド stazione[女] di servizio, distributore[男] di benzina ¶ガソリンスタンドの店員 benzinaio[男] [複 -i]
ガソリンタンク serbatoio[男] [複 -i] della benzina

かた 方 **1**《敬意の念をもって人を指す》¶あの[この]方 quella [questa] persona ¶男の方 un uomo [signore] ¶女の方 una donna [《既婚》signora / 《未婚》signorina]
2《方角, 側》lato[男], parte[女] ¶東の方に sul lato orientale
3《方法》maniera[女], modo[男] ¶考え[話し]方 modo di pensare [di parlare]
4《側》¶父方の祖父 nonno paterno [da parte del padre] ¶源氏方につく[ついている] stare dalla parte di Genji
5《気付》presso; 〔英〕c/o ¶アントニオ・ロッシ氏方岡田様 sig. Okada, presso il sig. Antonio Rossi **6**《ころ, 時節》¶明け方 verso l'alba

かた 片 ¶まずこの問題に片をつけよう. Prima risolviamo [sistemiamo] questo problema. ¶彼女との間は片がついた. Ho rotto [troncato] i rapporti con lei.

かた 形・型 **1**《形状》forma[女], foggia[女] [複 -ge];《原型, ひな形》modello[男];《鋳型など》stampo[男];《石膏の》calco[男] [複 -chi];《紙・本・写真などの》formato[男];《模様》disegno[男] ¶ケーキの型 stampo per torte ¶アンフォラ型の壺 vaso a foggia di anfora ¶布地に型を押す stampare una stoffa
2《借金などの抵当》¶…をかたにとる prendere ql.co. in garanzia [in pegno] ¶私は家を借金のかたに入れた. Ho dato la casa come garanzia del prestito.
3《決まった動作》¶舞踊の型 figura convenzionale di danza ¶歌舞伎の型 convenzioni sceniche del *kabuki*
4《標準》〔英〕standard[男] [無変]; modello[男], modulo[男], norma[女], schema[男] [複 -i] ¶型を破る rompere la tradizione [le convenzioni] ¶生徒を型にはめる sfornare studenti in serie ¶彼は古い型の人間だ. È un uomo di stampo antico. ¶彼は型どおりの結婚式を挙げた. Si è sposato con una cerimonia convenzionale.
5《様式, 原型》tipo[男], modello[男], stile[男];《形状》forma[女] ¶この型はもう流行遅れだ. Questo stile è già superato [è passato di moda].

かた 肩 spalla[女] ¶なで[怒り]肩 spalle cadenti [squadrate] ¶大胆に肩を出したドレス《胸元が開いた》abito con uno scollo vertiginoso sulle spalle ¶肩にショールをかける mettersi uno scialle sulle spalle ¶肩にかつぐ portare *ql.co.* sulle spalle [a spalla] ¶カメラを肩にかける portare una macchina fotografica sulla spalla [《斜めに》a tracolla] ¶肩をもんでください. Mi faccia un massaggio sulle spalle. ¶彼は肩が強い.《投げる力が強い》Lui ha un lancio potente.
[慣用] **肩が凝る** (1)《肩凝り》avere le spalle indolenzite (2)《重圧に感じる》¶肩の凝らない読み物 letture leggere [non impegnative] ¶肩の凝らない集まり《くだけた》riunione rilassante [《仲間うちの》tra amici] ¶あの人と話すと肩が凝る. Parlare con lui mi rende teso [mi stanca].
肩で息をする ansimare[自] [*av*], ansare[自] [*av*], respirare con difficoltà
肩で風を切る ¶肩で風を切って歩く marciare impettito / camminare tutto tronfio / camminare con aria baldanzosa
肩にかかる 《物が主語》pesare sulle spalle di *qlcu.*; 《人が主語》avere la responsabilità di *ql.co.* ¶我々の勝利は彼の肩にかかっている. La nostra vittoria dipende da lui [è tutta sulle sue spalle].
肩の荷が下りる togliersi un peso dalle spalle, sentirsi sollevato
肩を落とす deprimersi;《状態》essere giù di morale
肩を貸す 《肩につかまらせて支える》sostenere

[か]

qlcu. facendolo appoggiare sulla *propria* spalla; 《手助けをする》dare una mano a *qlcu*.
肩をすぼめる　《寒くて肩をちぢめる》stringersi nelle spalle;《「仕方ない」という気持ちで》alzare le spalle, fare spallucce
肩を並べる (1)《並んで歩く》camminare spalla a spalla ¶友達と肩を並べて歩いた. Camminavo a fianco del mio amico. (2)《対等のレベルにある》essere della stessa altezza di *qlcu*.;《進度が同じである》andare di pari passo con *qlcu*.;《価値・功績が同じである》essere a pari merito con *qlcu*.;《ライバル関係にある》rivaleggiare con *qlcu*. ¶現代文学の分野では彼と肩を並べる者はいない. Non c'è nessuno che possa stargli alla pari nel campo della letteratura moderna.
肩を持つ　spalleggiare *qlcu*. [*ql.co*.], prendere le parti di *qlcu*. [*ql.co*.]
♣**肩当て** (1)《スポ》protezione㊛ per le spalle, paraspalle㊚ [無変] (2)《服》→肩パッド
肩たたき (1) massaggio㊚ [複 -gi] percussivo sulle spalle (2)《退職の勧告》¶肩たたきをする consigliare il prepensionamento a *qlcu*.
肩肉　spalla㊛
肩パッド　imbottitura㊛ per le spalle, spallina㊛

かた　潟　《海岸の湖沼》laguna㊛;《干潟》spiaggia㊛ [複 -ge] [riva] durante la bassa marea;《湾》baia㊛

かた　過多　¶胃酸過多《医》ipercloridria ¶供給過多《経》offerta eccessiva / eccedenza dell'offerta ¶脂肪過多《医》obesità ¶人口過多 sovrappopolazione

がた　¶この車はがたがきている. Quest'auto è sganherata [è un macinino]. ¶私は体にがたがきた. Il mio fisico è malfermo.

-がた　-型　¶卵型の顔 viso ovale ¶U字型の谷 valle a forma di ferro di cavallo ¶最新型のカメラ macchina fotografica di ultimo modello ¶小[中・大]型バイク moto di piccola [media / grande] cilindrata ¶2008年型の車 un'automobile del 2008 ¶AB型の血液 sangue tipo AB

-がた　-方　**1**《敬意の念をもって複数の人を指す》¶皆様方 signore e signori ¶先生方 i professori **2**《その割合であること》¶物価は2割がた上がった. I prezzi sono aumentati di circa il venti per cento.

かたあし　片足　una (sola) gamba㊛ ¶片足で跳ぶ saltare㊚ [*av*] con una gamba ¶片足で立つ stare su una gamba

かたい　堅い・固い・硬い　**1**【堅牢な】duro, rigido;《密で堅い》solido;《締まっている，力を加えても形が変わらない》duro, sodo ¶堅い地面 terra solida [dura] ¶かたくゆでた卵 uovo molto sodo ¶硬い歯ブラシ spazzolino duro ¶鋼鉄を硬くする temprare l'acciaio ¶ガラスは堅いが割れやすい. Il vetro è duro ma fragile.
2【硬直した】duro, rigido, irrigidito ¶猫は死んで硬くなっていた. Il gatto morto era già irrigidito. ¶彼は体が硬い. Non ha elasticità. / Ha il corpo rigido [duro]. ¶彼は動きが固い. Ha i movimenti legati. / Non è snodato.
3【きつい】stretto ¶固い結び目 nodo stretto ¶タオルを固くしぼる strizzare fortemente un asciugamano ¶引き出しが固くて開かない. Il cassetto è talmente duro che non si apre. ¶扉は固く閉ざされていた. La porta era saldamente chiusa.
4【表情などがきつい，柔軟性がない】硬い顔つきで con il volto teso [rigido] ¶それを聞くと彼の表情が硬くなった. Quando ha sentito ciò, la sua espressione si è irrigidita.
5【堅実な】sicuro;《信用できる》affidabile ¶堅い商売 affari sicuri [certi / non rischiosi] ¶堅い商人 commerciante onesto ¶彼は口が堅い. Mantiene i segreti. ¶固いところ月末には返す. Te lo restituirò senz'altro alla fine del mese. ¶彼の合格は固い. La sua ammissione è sicura.
6【まじめな】serio㊚ [複 -i];《形式ばった》formale;《厳重な，非常に厳格な》rigido ¶固い人 persona rigida [tutta d'un pezzo] ¶彼はいつも堅いことを言う. È sempre intransigente quando parla. ¶彼は頭が固い.《頑固》È testardo [caparbio]. ¶そう堅く考えないでください. Cerca di essere un po' più aperto di mente. ¶この規則は固く守ってください. Queste regole devono essere osservate rigidamente [rigorosamente].
7【強固な】forte, fermo, saldo ¶固い信念 credenza solida ¶固い決心をする prendere una ferma decisione ¶固い約束 promessa solenne ¶彼は意志が固い. Ha una volontà ferrea [ferma]. ¶彼は頭が固い. Ha idee fisse in testa. ¶2人は固い友情で結ばれている. Sono legato a lui da una sincera [salda] amicizia.

かだい　仮題　titolo㊚ provvisorio [複 -i] ¶小説の仮題 titolo provvisorio di un romanzo

かだい　課題　《テーマ》tema㊚ [複 -i], soggetto㊚, argomento㊚;《任務》compito㊚;《練習問題》esercizi㊚[複];《宿題》compiti㊚[複] (per casa) ¶当面の課題 problema [compito] immediato [urgente / impellente]

かだい　過大　◇過大な eccessivo, esagerato ¶過大な要求をする fare una richiesta eccessiva [esagerata] / essere troppo esigente
♣**過大視**　過大視する dare troppa importanza a *ql.co*. [a *qlcu*.]
過大評価　《人》を過大評価する sopravvalutare *qlcu*.

-がたい　-難い　¶彼が死んだなんて信じ難い. Non riesco a credere [È incredibile] che lui sia morto. ¶解決し難い問題だ. È un problema difficile da risolvere.

かたいじ　片意地　◇片意地な ostinato, caparbio [複 -i], testardo, cocciuto ¶片意地を張る ostinarsi / intestardirsi

かたいっぽう　片一方　→片方

かたいなか　片田舎　¶片田舎に住む abitare in un angolo [un paese] sperduto [fuori mano]

かたいれ　肩入れ　《支援》appoggio㊚ [複 -gi], sostegno㊚;《愛顧》patronato㊚, patrocinio㊚ ¶《人》を肩入れする appoggiare, sostenere [fare] spalla a *qlcu*.; favorire ¶A銀行がこの会社に肩入れしている. La banca A sostiene finanziariamente questa ditta.

かたうで　片腕　《片方の腕》un braccio㊚;《最も頼りになる人》braccio㊚ destro ¶彼は社長の片腕だ. È il braccio destro del presidente.

がたおち がた落ち caduta㊛, crollo㊚, ribasso㊚ sensibile ¶株価はがた落ちだ. Le azioni sono crollate.

かたおもい 片思い amore㊚ non ricambiato, amore㊚ a senso unico ¶〈人〉に片思いをする amare qlcu. senza esserne ricambiato [corrisposto] / essere innamorato (di qlcu.) senza speranza

かたがき 肩書き titolo㊚ ¶肩書きのない人 persona senza titoli ¶肩書きを偽る attribuirsi un titolo falso ¶彼は肩書きを重んじる. Dà molto peso ai titoli.

かたかけ 肩掛け (ショール) scialle㊚ ¶肩掛けをかける mettersi uno scialle (sulle spalle)

かたかた ¶風で窓がかたかた鳴る. La finestra trema per il vento. / La finestra è scossa dal vento.

かたがた 方々 ¶ご来場の方々 (呼びかけ) signore e signori

-かたがた -旁 ¶イタリア語の勉強かたがたイタリア旅行をした. Approfittando dello studio dell'italiano, ho visitato il paese. ¶本を返しかたがた教授のところにあいさつに行ってきます. Vado a restituire un libro e ne approfitto per salutare il professore.

がたがた ¶戸ががたがたいう. La porta sbatte. ¶寒くて歯ががたがた鳴る. Batto i denti per il freddo. ¶怖くてひざががたがたふるえた. Le ginocchia mi tremavano per la paura. ¶車ががたがた揺れた. La vettura sobbalzava rumorosamente. / La vettura era violentemente scossa. ¶この会社はがたがただ. Questa ditta traballa.

かたかな 片仮名 katakana㊚ [無変]; caratteri㊚ [複] sillabici fonetici giapponesi (di forma più squadrata rispetto allo *hiragana*) (◆ usati soprattutto nella scrittura di parole di origine straniera, o allo scopo di evidenziare o attribuire un senso particolare) →仮名 [日本事情]

かたがみ 型紙《服》modello㊚ di carta, cartamodello㊚ ¶洋服の型紙をとる fare il modello di carta di un abito ¶型紙に合わせて裁断する tagliare la stoffa seguendo un cartamodello

かたがわ 片側 un lato㊚, una parte㊛ ¶道の片側に su [da] un lato della strada
❖片側交互通行 senso㊚ unico alternato

かたがわり 代わり ◇肩代わりする assumersi ql.co. al posto di qlcu. ¶〈人〉の借金を肩代わりする assumersi [addossarsi] i debiti di qlcu.

かたき 敵 **1**《あだ》¶父親の敵を討つ vendicare il padre **2**《競争相手》¶恋敵 rivale㊛㊚ in amore ¶商売敵 concorrente㊚ in affari
❖敵討ち vendetta㊛ ¶⋯の敵討ちをする vendicarsi di qlcu. [ql.co.]

敵役 (1)《劇で》→悪役 (2) →憎まれ役

かたぎ 気質 attributi㊚ [複], caratteristiche㊛ [複] mentali in comune ¶学生気質 carattere㊚ dello studente ¶職人気質 spirito artigianale ¶名人気質 mania di perfezione / perfezionismo㊚ ¶彼は昔気質の人間だ. È una persona strutturata all'antica. / È attaccato alle tradizioni.

かたぎ 堅気 ¶堅気の稼業 professione onesta [seria] / mestiere onesto ¶足を洗って堅気になる abbandonare una vita disonesta / mettersi sulla buona strada

かたく 家宅 domicilio㊚ [複 -i]
❖家宅侵入 violazione㊛ di domicilio
家宅捜索 ¶家宅捜索する fare una perquisizione [un sopralluogo] domiciliare
家宅捜索令状 mandato㊚ di perquisizione

かたくずれ 型崩れ ¶型崩れのしない服 abiti che mantengono [che non perdono] la forma

かたくちいわし 片口鰯《魚》acciuga㊛, alice㊛

かたくな 頑な ◇かたくなな ostinato, testardo, tenace, caparbio㊚ [複 -i] ◇かたくなに ostinatamente, tenacemente, testardamente, caparbiamente ¶かたくなな態度をとる intestardirsi / prendere un atteggiamento irremovibile [inflessibile] / impuntarsi ¶彼はかたくなに口をつぐんでいる. Si rifiuta ostinatamente di parlare. / Si ostina a non parlare.

かたくない 難くない ¶彼の心境は想像に難くない. Immagino bene. [Non è difficile immaginare] il suo stato d'animo.

かたくり 片栗《植》lingua㊛ di cane, cinoglossa㊛
❖片栗粉 fecola㊛ di lingua di cane

かたくるしい 堅苦しい 《形式張る》troppo formale, cerimonioso, compassato;《ぎこちない》rigido, teso;《丁寧すぎる》troppo gentile, troppo cortese ¶堅苦しい話は抜きにしよう. Lasciamo da parte i convenevoli [le formalità / le cerimonie]. ¶彼がいると雰囲気が堅苦しくなる. Quando c'è lui l'atmosfera si irrigidisce [si raggela].

かたぐるま 肩車 ¶子供を肩車に乗せる portare un bambino (a cavalcioni) sulle spalle

かたごし 肩越し ¶肩越しに新聞を見る sbirciare il giornale di qlcu. da dietro le spalle

かたこと 片言 balbettio㊚ [複 -ii] infantile, balbettamento㊚ ¶片言で話す《赤ん坊が》farfugliare / balbettare;《外国語を》parlare in maniera spezzettata ¶片言のイタリア語を話す parlare un italiano stentato [storpiato] / balbettare un po' d'italiano

かたこり 肩凝り irrigidimento㊚ dei muscoli delle spalle ¶肩凝りしている avere le spalle rigide [indolenzite] ¶肩凝りをもみほぐす massaggiare le spalle indolenzite

カタコンベ〔伊 catacombe〕catacomba㊛

かたじけない 忝ない →有難い

かたず 固唾 ¶かたずを飲むようなシーン scena mozzafiato ¶かたずを飲む trattenere il fiato [il respiro] ¶かたずを飲んで成りゆきを見守った. Osservavo l'andamento senza respirare.

かたすかし 肩透かし ¶〈人〉に肩透かしをくわせる schivare [evitare / scansare] abilmente il colpo di qlcu.

カタストロフィー〔英 catastrophe〕catastrofe㊛

かたすみ 片隅 angolo㊚ ¶都会の片隅にひっそり暮らす vivere nascosto in un angolo sperduto della città

かたち 形 **1**《外形, あるまとまったもの》forma㊛, figura㊛, foggia㊛ [複 -ge];《型》tipo㊚ ¶形の良い足 gambe belle [ben fatte / ben fornite] ¶形の悪い鼻 naso brutto [malfatto] ¶丸い形をした石 un sasso di forma sferica ¶変わった形の家 una casa della forma curiosa ¶人間の形をした怪物 un mostro con sembianze umane ¶卵の形をした人形 [foggia] d'uovo ¶〈物の形を変える cambiare la forma di *ql.co.* ¶粘土で形を作る modellare la creta ¶計画は形を成し始めている. Il progetto comincia a prendere forma. ¶研究の成果を論文の形にまとめる raccogliere in forma di articolo i risultati delle *proprie* ricerche

2 〔形式〕〔ラ〕 pro forma⊕ [無変] (►形容詞，副詞的にも用いる), formalità⊕ ¶形ばかりの質問 domanda「pro forma [per pura formalità] ¶形だけの検査 controllo pro forma ¶形ばかりで内容がない. È tutto forma e niente sostanza.

かたちづくる 形作る formare, costituire; 〈構成する〉comporre; 〈形にする〉foggiare ¶私のこの性格は子供のころに形作られた. Questo mio carattere si è formato quando ero piccolo.

がたっ **1** 〔何かが動いたり落ちたりする様子〕con un gran fracasso ¶がたっと列車は動いた. Il treno si è mosso sferragliando.

2 〔急に変化する様子〕 ¶今年に入ってがたっと売上げが落ちた. Con l'inizio di quest'anno gli incassi sono improvvisamente diminuiti.

かたづく 片付く **1** 〔整理整頓される〕ritornare in ordine ¶部屋はかたづいている. La stanza è in ordine. / La stanza è stata riordinata.

2 〔物事が解決する〕essere sistemato [completato], risolversi ¶仕事はすっかりかたづいた. Il lavoro è stato del tutto sbrigato. ¶借金がかたづいた. Il debito è stato pagato [liquidato / saldato].

3 〔子供が結婚する〕 ¶娘がやっと3人ともかたづいた. Finalmente le nostre tre figlie si sono「sistemate [accasate].

かたづける 片付ける **1** 〔整える〕ordinare [mettere in ordine] *ql.co.*; 〔元の場所に戻す〕mettere [rimettere] a posto *ql.co.*; 〔取り除く〕togliere *ql.co.* ¶散らかしたものは自分でかたづけなさい. Rimetti a posto da solo quello che hai sparso in giro.

2 〔物事を終わらせる〕portare a termine *ql.co.*, finire; 〔解決する〕risolvere, sistemare ¶彼女はいつもてきぱきと家事をかたづける. Sbriga i lavori di casa che è un piacere. (►このように a vedersi のような語句が省略された表現で、「見ていて気持のよい」様子を表す) ¶借金をかたづける liquidare [saldare] i debiti

3 〔結婚させる〕far sposare [accasare] *qlcu.* (con *qlcu.*)

4 〔邪魔者を除く〕〈隠〉far fuori *qlcu.*; 〈隠〉eliminare *qlcu.*

かたっぱし 片っ端 ¶かたっぱしから片付ける mettere in ordine iniziando da quello che si ha sottomano ¶攻めて来る敵をかたっぱしからやっつけた. Ho sconfitto l'uno dopo l'altro [a uno a uno] gli avversari che attaccavano.

かたつむり 蝸牛 chiocciola⊕; (一般に) lumaca⊕

かたて 片手 una mano⊕ ¶片手で[に] con [in] una mano

かたてま 片手間 ◊片手間に nelle ore libere, a tempo perso ¶片手間仕事で come secondo lavoro

かたどおり 型通り ◊型通りの formale ¶我々は型通りのあいさつをした. Ci siamo salutati formalmente.

かたとき 片時 ¶君のことは片時も忘れていない. Non ti ho mai dimenticato neanche per un momento.

かたどる 象る imitare, copiare, prendere *ql.co.* come modello ¶〈物〉を象って sul modello di *ql.co.* ¶この池は琵琶湖を象ってつくられた. Questo laghetto è stato creato a imitazione del lago Biwa.

かたな 刀 〈剣〉spada⊕; (サーベル) sciabola⊕; 〔日本刀〕*katana*⊕ ¶刀をさす cingere la spada ¶刀を差している portare la spada al fianco ¶刀を抜く sguainare la spada ¶抜き身の刀 spada nuda [sguainata]

[慣用] 刀折れ矢尽きる fallire⊕ [*es*] malgrado tutti i *propri* sforzi

〔関連〕
刀の部分名称
切っ先 punta⊕ **鞘** (さ) fodero⊕, guaina⊕ **柄** impugnatura⊕, elsa⊕ **鍔** guardamano⊕, elsa⊕ **刃** filo⊕, lama⊕ **峰** costola⊕, dorso⊕

❖**刀掛け** reggispada⊕ [無変]
刀鍛冶 (じ) spada*io*⊕ [複 -*i*]
刀傷 ¶顔に刀傷がある. Ha una ferita di spada sul viso.

かたなし 形無し ¶これではせっかくの大学者も形なしだ. Questo「va a scapito della [rovina la] reputazione di quel grande studioso.

かたならし 肩慣らし riscaldamento⊕ ¶選手は肩ならしをしている. L'atleta si sta riscaldando.

かたは 片刃 ¶片刃の剣 spada ad un taglio [una lama / un filo]

かたはだ 片肌 ¶片肌を脱ぐ scoprirsi una spalla / 〈助力する〉aiutare *qlcu.* / spalleggiare *qlcu.* / correre in aiuto di *qlcu.*

かたはば 肩幅 ampiezza⊕ [larghezza⊕] di spalle ¶彼は肩幅が広い[狭い]. È largo [stretto] di spalle. / Ha le spalle larghe [strette].

かたばみ 酢漿草 〔植〕acetosella⊕, ossalide⊕

かたはらいたい 片腹痛い ridicolo, buffo, assurdo ¶君が僕にゴルフを教えるなんて片腹痛い. È veramente ridicolo [C'è da piegarsi in due dalle risate a] pensare che tu possa insegnarmi il golf.

カタパルト 〔英 catapult〕〔軍〕catapulta⊕

かたひざ 片膝 ¶片膝をつく posare [mettere] un ginocchio a terra

かたひじ 片肘 ◊片肘張る〈威張る〉essere prepotente [arrogante]; 〈堅苦しい〉essere troppo formale; 〈緊張する〉essere teso ¶彼は肩肘張っている. Fa mostra di essere forte e indipendente.

がたぴし ¶この戸はがたぴしして開けにくい. Questa porta cigola e non si vuole aprire bene.

かたびら 帷子 《服》*kimono*男 [無変] sfoderato di lino leggero o di seta

かたびらき 片開き ¶片開きの戸棚 credenza con una sola anta

かたぶつ 堅物 persona女 austera [rigida / rigorosa / inflessibile]

かたぶとり 固太り ◇固太りの rotondello ma sodo, robusto

かたほう 片方 《一方》l'uno男 [女 -a], una parte女; 《他方》l'altro男 [女 -a], l'altra parte女 ¶靴が片方ない。C'è una sola scarpa. / Non c'è l'altra scarpa. ¶塀の片方にだけペンキを塗った。Ho tinteggiato solo un lato del muretto.

かたぼう 片棒 ¶彼はこの贈賄(ぞうわい)事件の片棒を担いだ。Ha preso parte a [Si è implicato in] questo caso di corruzione.

かたぼうえき 片貿易 commercio男 [複 -ci] estero unidirezionale

かたまり 塊 **1**《固まったもの》massa女; 《固いもの》blocco男 [複 -chi]; 《凝固したもの》grumo男 ¶鉄[雪]のかたまり ammasso di ferro [neve] ¶パン[バター]のかたまり tocco di pane [burro] ¶土[砂糖]のかたまり zolla di terra [zucchero] ¶血[小麦粉]のかたまり grumo di sangue [farina]
2《集団, 群れ》gruppo男; 《群衆》folla女 ¶かたまりになって in massa / in gruppo
3《性質・傾向の極端な様子》¶彼は欲のかたまりだ。È l'avarizia incarnata [personificata]. ¶彼はうそのかたまりだ。È un solenne impostore [un gran bugiardo]. / È impastato di falsità.

かたまる 固まる **1**《固くなる》diventare duro [solido], solidificarsi, indurirsi, rassodarsi; 《特に牛乳が》cagliare男[es]; 《凝固・濃縮する》rapprendersi; 《セメントなどが形になる》far presa; 《血液が》coagularsi ¶乳児の骨はまだ固まっていない。Le ossa del neonato non si sono ancora solidificate.
2《一箇所に集まる》《人が》raggrupparsi; 《多人数が》affollarsi, ammucchiarsi ¶固まってやって来る arrivare in gruppo [《大人数で》in massa / a frotte] ¶皆ストーブの回りに固まった。Si sono tutti ammucchiati intorno alla stufa.
3《確実なものとなる》consolidarsi; 《計画などが具体化する》concretizzarsi ¶まだ決心が固まらない。Non riesco ancora a decidermi. ¶計画はまだ固まっていない。Il piano non è ancora definito.
4《驚きや恐怖に体が硬直する》¶余りの恐怖にその場で固まってしまった。Sono rimasto impietrito sul posto dallo spavento.

かたみ 片身 《半分》metà女; 《魚を2枚におろした片方》filetto男; 《着物の身頃の片側》una metà 女 della parte davanti del *kimono*

かたみ 形見 ricordo男, reliquia女 ¶形見分けをする distribuire i ricordi di un defunto [《故人が女性の場合》una defunta]

かたみ 肩身 ¶お前がいつまでも結婚しないから私は肩身が狭いよ。Mi vergogno [Provo vergogna] del fatto che tu non ti sia ancora sposato. ¶息子がいい会社に入って肩身が広い。Sono molto fiero di mio figlio, perché è entrato in una buona ditta.

かたみち 片道 andata女 ¶スペインに行くのに片道は船にしよう。Per andare in Spagna, usiamo la nave, dai! ¶ナポリまで片道2枚ください。Mi dia due biglietti di andata per Napoli.

❖片道切符 biglietto男 di (sola) andata
片道料金 prezzo男 del biglietto di sola andata

かたむき 傾き **1**《傾斜》inclinazione女
2《傾向, 性向》tendenza女, inclinazione女, propensione女 ¶彼女はものごとを悲観的に見る傾きがある。Ha la tendenza a vedere in maniera pessimistica qualunque cosa.

かたむく 傾く **1**《傾斜する》inclinarsi, chinarsi; pendere男 [*av*] ¶船は右舷に15度傾いている。La nave è inclinata di 15°(読み方: quindici gradi) a destra. ¶地震で家が傾いた。La casa si è inclinata a causa del terremoto.
2《日や月が沈みかける》¶日が西に傾いた。Il sole è calato ad occidente.
3《衰える》declinare男 [*av*] ¶あの会社は傾きかけている。Quella ditta è in declino.
4《傾向にある》tendere a + 不定詞 [verso *ql.co.*], avere inclinazione [tendenza] a + 不定詞 essere incline a + 不定詞, [a *ql.co.*] ¶インフレはますます激化の方向に傾いている。L'inflazione tende ad aggravarsi sempre di più. ¶この国は軍国主義に傾いてきた。Questo paese è slittato verso il militarismo. ¶世論は講和の方向に傾いている。L'opinione pubblica propende per la pace.

かたむける 傾ける **1**《傾斜させる》chinare, piegare, inclinare ¶体を傾ける piegare il corpo / chinarsi ¶首を傾ける piegare [chinare] il capo [la testa] ¶彼はなん杯も杯を傾けた。Ha vuotato tanti bicchieri di *sakè*.
2《衰えさせる》portare *ql.co.* alla rovina ¶彼はギャンブルで身代を傾けた。Si è rovinato [È andato in rovina] per una speculazione.
3《集中する》¶イタリア語の勉強に全力を傾ける dedicare tutte le *proprie* forze [energie] all'apprendimento dell'italiano ¶全力を傾けてたたかう combattere 「con tutte le forze [strenuamente」¶注意を傾ける prestare attenzione a *ql.co.* [*qlcu.* / + 不定詞 /] / concentrare [dirigere] l'attenzione su *ql.co.* [*qlcu.*] ¶彼は全力を傾けて福祉政策に取り組んだ。Ha consacrato i propri sforzi alla politica del benessere sociale. ¶皆が彼の言葉に耳を傾けていた。Tendevano l'orecchio [Prestavano ascolto] alle sue parole.

かため 片目 un occhio男 ¶片目をつぶってみせる(に a) ammiccare男 [*av*] / strizzare l'occhio

かため 固め **1**《固めること》¶土台の固めが十分でないと家はすぐ傾いてくる。Se non sono salde le fondamenta, la casa si inclina subito.
2《防御, 警備》difesa女; 《警護》guardia女, scorta女; 《防御工事, 築城》fortificazione女 ¶入り口の固めを厳重にする rafforzare le difese alle porte ¶この城の固めは堅固だ。Le fortificazioni [Le difese] di questo castello sono solide.
3《固い約束》promessa女, giuramento男 ¶夫婦の固めの杯を交わす scambiarsi le coppe nuziali

かため 堅め・固め ¶固めにゆでたスパゲッティ spaghetti al dente ¶ご飯を固めに炊く far bollire il riso al dente

かためる 固める **1**《固くする》rendere duro [solido] (►duro, solidoは目的語の性・数に合わせて語尾変化する) ¶こぶしを固める stringere [serrare] i pugni ¶足で雪を踏み固める comprimere la neve con i piedi ¶地盤をかためる consolidare le fondamenta ¶ゼリーを固める far rapprendere la gelatina

2《一か所に寄せ集める》¶荷物を一か所にかためる radunare i bagagli in un unico posto

3《守りなどを強固にする》¶城の守りをかためる rafforzare le difese del castello ¶祖国の守りをかためる stringersi intorno alla patria

4《確実なものにする》¶自分の地位[会社の基礎]をかためる consolidare la *propria* posizione [la base della ditta] ¶決心をかためる prendere una ferma risoluzione [decisione] ¶鎧甲(よろいかぶと)で身をかためる rivestirsi di un'armatura da capo a piedi

5《身を落ち着ける》¶身をかためる sistemarsi / sposarsi

かためん 片面 un lato[男], una facciata[女]

かたや 片や ¶片や歴史の古い国エジプトがあり片や新興国のアフリカ諸国がある. Da una parte c'è l'Egitto, una nazione con una lunga storia, dall'altra ci sono le nuove nazioni africane.

かたやぶり 型破り **◇型破りの**《形式にとらわれない》non convenzionale, anticonformist*a* [男複 *-i*], di modi liberi e originali;《普通でない》non comune, fuori del comune, fuori dai soliti schemi;《並外れた》insolito, singolare;《すばらしい》straordinar*io* [男複 *-i*], eccezionale ¶型破りな人物 un tipo originale [anticonformista]

かたより 偏り sbilanciamento[男]; faziosità[女] ¶栄養の偏り alimentazione sbilanciata ¶この報告には偏りがある. Questo resoconto「è tendenzioso [non è obiettivo].

かたよる 偏る **1**《傾斜する》pendere[自] [*av*]《に verso》;《船などの方向がそれる》deviare[自] [*av*];《中心から遠ざかる》scostarsi ¶船の進路は東にかたよっていた. La nave stava deviando [si allontanava dalla rotta] verso oriente. ¶あの党は最近左に偏っている. Negli ultimi anni quel partito si è spostato a sinistra.

2《不均衡・不公平になる》**◇偏った**《不公平な》preconcetto, unilaterale, parziale ¶偏った考えをもつ avere idee preconcette [unilaterali / parziali] / essere prevenut*o* ¶人口が都市に偏る. La popolazione tende a concentrarsi nelle città. ¶食事が偏っている. L'alimentazione non è equilibrata.

かたらい 語らい chiacchierata[女] ¶愛の語らい scambio di parole d'amore ¶私たちは楽しい語らいをもった. Abbiamo fatto una piacevole chiacchierata.

かたらう 語らう ¶公園で恋人たちが楽しそうに語らっていた. Nel parco due fidanzati sembravano divertirsi un mondo raccontandosi delle cose. ¶友人を語らって事業を興した. Ho convinto un amico a farsi coinvolgere nel dare il via a un'attività.

かたり 語り racconto[男];《映画・演劇・詩などの》narrazione[女] ¶能の語り parte narrativa nel teatro *nō*

✤語り口 recitazione[女], modo[男] di recitare

語り手 narra*tore*[男] [[女] *-trice*]

語り部 colui che ha il compito di tramandare oralmente alle generazioni future i fatti del tempo

語り物 narrativa[女]

かたり 騙り frode[女];《人》imbroglion*e*[男] [[女] *-a*]

かたりあう 語り合う raccontare tra più persone ¶昔の思い出を語り合う rievocare assieme i ricordi del passato

かたりあかす 語り明かす ¶よく友だちと語り明かしたものだ. Parlavo spesso con gli amici tutta la notte [fino all'alba].

かたりぐさ 語り草 argomento[男] [tem*a*[男] [複 *-i*]] di conversazione ¶その事件は後世の語り草になった. L'evento ha fatto discutere anche le ultime generazioni. ¶彼の昔の活躍はこの会社の語り草だ. La sua precedente attività è sulla bocca di tutti in ditta.

かたりつぐ 語り継ぐ ¶何代も何代も語り継がれた話 leggenda tramandata di generazione in generazione

かたる 語る dire [raccontare] *ql.co.*, parlare di [su] *ql.co.* ¶自分の体験を語る raccontare la *propria* esperienza ¶語るに足らぬ作品だ. È un'opera insignificante. / È un'opera di cui non vale la pena di parlare.

[慣用] **語るに落ちる** ¶語るに落ちるというものだ. Si è lasciato sfuggire di bocca la verità.

かたる 騙る **1**《詐称する》¶にせの名刺を使って新聞記者を騙る farsi passare per giornalista usando un biglietto da visita falso ¶彼は私の名を騙って詐欺を働いた. Ha commesso una truffa usando illecitamente il mio nome. **2**《金品をだまし取る》scroccare [frodare] *ql.co.* a *qlcu.*, ottenere *ql.co.* con l'inganno

カタル 〔独 Katarrh〕〔医〕catarro[男] ¶カタル性肺炎 polmonite[女] catarrale ¶大腸カタル colite[女] catarrale ¶腸カタル catarro intestinale

カタルシス 〔ギ katharsis〕catarsi[女] [無変]

カタログ 〔英 catalogue〕catal*ogo*[男] [複 *-ghi*]

✤カタログ販売 vendita[女] per catalogo

かたわら 傍ら **1**《そば》¶道の傍らに sul bordo della strada ¶私の傍らに al mio fianco / accanto a me ¶車が来たので傍らに寄った. Poiché sopraggiungeva una macchina, mi sono fatto da parte.

2《…する一方で》¶彼は会社で働く傍ら小説を書いた. Ha scritto un romanzo mentre lavorava in una ditta.

かたわれ 片割れ **1**《割れた破片》frammento[男] **2**《仲間の一員》un membro[男] del gruppo, compagn*o*[男] [[女] *-a*];《犯罪の》complice[男][女] ¶彼は密輸団の片割れだ. È uno della banda dei contrabbandieri. **3**《ひと揃いのものの一部》¶靴下の片割れを探す cercare uno dei due calzini

かたん 荷担・加担《加わって力を貸すこと》partecipazione[女];《助力》aiuto[男] **◇荷担する**《参加する》partecipare a *ql.co.*, fare parte di *ql.co.*, prendere parte a *ql.co.*, assistere a *ql.co.*;《力を

かだん 　(貸す) aiutare, sostenere, appoggiare ¶彼は反乱に荷担して処刑された. Ha preso parte alla rivolta ed è stato giustiziato.
❖荷担者《悪事の》complice男女;《共謀者》cospiratore男[女 -trice], congiurato男[女 -a]

かだん 　花壇　aiuola女

かだん 　歌壇　mondo男[ambiente男] dei poeti di *tanka*

かだん 　果断　◇果断な risoluto, deciso ¶果断な措置をとる prendere drastiche misure / fare un passo risoluto ¶彼は果断さに欠ける. Manca di decisione.

がだん 　画壇　mondo男 della pittura

カタンいと 　カタン糸　filo男 di cotone per macchina da cucire

がたん(と) 　**1**《物のぶつかる音》¶いすががたんと倒れた. La sedia si ribaltò con rumore.
2《急に下がる様子》¶売り上げががたんと落ちた. Gli incassi sono crollati [sono calati bruscamente / sono precipitati].

かち 　価値　valore男, merito男, pregio男 [複 -gi] ◇価値のある di valore, meritevole, che vale, prezioso, pregiato ◇価値のない senza valore, immeritevole, che non vale nulla ¶価値の高い di molto [grande] valore ¶《貴重》preziosissimo ¶価値の低い di poco valore ¶価値が出る acquistare valore ¶価値が下がる svalutarsi / diminuire di valore ¶額面価値《経》valore nominale [facciale] ¶現在価値《経》valore attuale ¶この宝石は100万円以上の価値がある. Questo gioiello vale più di un milione di yen. ¶この映画は一見の価値がある. Questo film merita di essere visto. / Vale la pena vedere questo film.
❖価値観 senso男[idea女] dei valori, ottica女
価値尺度 scala女 di valori
価値判断 giudizio男[複 -i] di valore, valutazione女 ◇価値判断する dare [esprimere] un giudizio su *ql.co.*, valutare [stimare] *ql.co.*
価値論《経》teorie女[複] del valore

かち 　勝ち　vittoria女, trionfo男;《成功》successo男;《勝負・けんかなどでの》vincita女 ¶裁判で勝ち負けを争う lottare in tribunale ¶この試合はイタリアの勝ちだ. In questa partita vince l'Italia. ¶裁判は組合側の勝ちとなった. Il tribunale ha dato ragione al sindacato. ¶早い者勝ち.《諺》"Chi prima arriva, meglio alloggia."
|慣用|**勝ちに乗ずる** approfittare del successo
勝ちを拾う vincere inaspettatamente, conseguire una vittoria inaspettata

-がち 　◇…がちである《傾向がある》tendere a *ql.co.* [a + 不定詞], essere incline [soggetto / portato] a *ql.co.* [a + 不定詞], avere la tendenza a *ql.co.* [a + 不定詞];《度合いが強い》essere frequente [prevalente] ¶雨がちの天気 tempo prevalentemente piovoso [tendente alla pioggia] ¶氾濫しがちな川 fiume soggetto ad alluvioni ¶彼は欠席しがちだ. Fa molte assenze. / Si assenta spesso. ¶冬は野菜が不足しがちだ. D'inverno la verdura spesso scarseggia. ¶この子は病気しがちだ. Questo bambino è di salute cagionevole.

かちあう 　搗ち合う　**1**《同時に起こる》coincidere, cadere insieme ¶会議が2つかち合っている. Le due riunioni「coincidono [si sovrappongono]. **2**《ぶつかり合う》¶出会いがしらに頭と頭がかち合った. Scontrandosi「hanno battuto la testa l'uno contro l'altro [si sono dati una capocciata].

かちいくさ 　勝ち戦　guerra女[battaglia女] vittoriosa ¶味方の勝ち戦だ. La vittoria è nostra. / La battaglia è vinta.

かちえる 　勝ち得る ¶名声を勝ち得る farsi una bella reputazione / conquistare la fama / acquistare rinomanza

かちかち 　¶時計がかちかちと動いている. L'orologio fa tic tac. ¶かちかちと石を打ち合わせて火をおこした. Ho acceso il fuoco facendo cozzare una pietra contro l'altra. ¶水がかちかちに凍っている. L'acqua si è del tutto ghiacciata. ¶糊がかちかちに固まった. La colla si è completamente indurita. ¶彼は頭がかちかちだ.《頑固な》È una persona estremamente ostinata. / È un testardo. ¶私は初舞台でかちかちになっている. È il mio debutto in palcoscenico e sono spaventato a morte.

がちがち 　¶寒くて体ががちがち震えた. Tremavo terribilmente [molto] per il freddo. ¶がちがちになったパン pane diventato duro come un sasso

かちき 　勝ち気　¶勝ち気な性格《肯定的に》carattere deciso [indipendente] /《否定的に》carattere forte [ostinato] ¶勝ち気な女性《肯定的に》donna energica [coraggiosa / di carattere]

かちく 　家畜　animali男[複] domestici,《集合的》bestiame男 ¶家畜を育てる allevare animali domestici
❖家畜小屋 stalla女;《柵状のもの》chiuso男

かちこす 　勝ち越す ¶3対2で勝ち越した. Si è portato in vantaggio per tre a due.

かちすすむ 　勝ち進む ¶トーナメントを勝ち進む vincere e arrivare alla fase successiva di un torneo

かちっ 　《擬》clic (►男[無変] としても用いる) ¶かちっとスイッチを入れる音が聞こえた. Ho sentito il clic dell'interruttore.

かちづける 　価値付ける　《評価する》valutare *ql.co.* [*qlcu.*];《価値のあるものにする》valorizzare *ql.co.* ¶彼の作品を価値付けているのは、高い宗教性である. Quello che dà alle sue opere il loro valore è l'alto senso religioso.

かちっぱなし 　勝ちっ放し ¶このチームは今シーズン勝ちっ放しだ. La squadra ha vinto tutte le partite di questa stagione. / In questa stagione la squadra continua a vincere.

かちてん 　勝ち点　《スポ》punteggio男 [複 -gi]

かちどき 　勝ち鬨　grido男[複 le *grida*] di vittoria ¶勝ち鬨を上げる cantar vittoria / lanciare un grido [un urlo] di trionfo

かちとる 　勝ち取る　ottenere *ql.co.* (lottando); conquistare

かちにげ 　勝ち逃げ ¶おい、勝ち逃げする気かい. Ehi, hai proprio intenzione di prenderti le vincite e di svignartela?

かちぬきせん 　勝ち抜き戦　《スポ》torneo男 (ad eliminazione)

かちぬく 勝ち抜く ¶このチームは最後まで勝ち抜いた. Questa squadra è sempre riuscita a passare al turno successivo fino alla fine. / La squadra ha superato tutte le partite.

かちのこる 勝ち残る rimanere in lizza [in campo] ¶予選に勝ち残る superare le eliminatorie

かちほこる 勝ち誇る essere trionfante [vittorioso / esultante]; esultare㊀ [av] della vittoria [del successo] ◇勝ち誇って trionfalmente, in trionfo, con esultanza

かちめ 勝目 ¶勝ち目のない試合 partita disperata ¶この戦争には勝ち目がない. Non c'è speranza di vincere questa guerra.

かちゃかちゃ ¶コップがかちゃかちゃいってる. I bicchieri tintinnano.

がちゃがちゃ 1《物の触れ合う音》¶がちゃがちゃと大きな音を立てて con grande fracasso
2《乱雑な様子》→滅茶苦茶2

がちゃっ ¶鍵ががちゃっと開くのが聞こえた. Si sentì il rumore di una serratura che si apriva.

がちゃん ¶電話をがちゃんと切る sbattere il telefono in faccia a qlcu. ¶がちゃんとお皿が割れた. Rompendosi, il piatto fece un rumore secco. ¶機械の音がしょっちゅうがちゃんがちゃんいっていた. I macchinari spesso facevano un gran rumore.

かちゅう 火中 ¶火中に身を投じる gettarsi 「tra le fiamme [nel fuoco]
[慣用] 火中の栗を拾う levare le castagne dal fuoco per qlcu.

かちゅう 渦中 ¶渦中の人 la persona coinvolta ¶スキャンダルの渦中に巻き込まれた. Sono stato trascinato [risucchiato] in uno scandalo.

かちょう 家長 capofamiglia㊚ [複 capifamiglia], ㊛複 capofamiglia]
✤**家長権**[法] autorità㊛ paterna, patria potestà㊛

かちょう 課長 caporeparto㊚ [複 capireparto], cap(o)ufficio㊚ [複 capi ufficio], caposezione㊚ [複 capisezione], caposervizio㊚ [複 capiservizio] (►いずれも女性複数形には無変)
✤**課長代理** caposezione㊚ facente funzione
課長補佐 assistente㊚ del caposezione

がちょう 鵞鳥 [鳥] oca㊛

かちょうきん 課徴金 sovrapprezzo㊚

かちょうしゅうはすう 可聴周波数 [物] frequenza㊛ udibile

かちょうふうげつ 花鳥風月 bellezza㊛ della natura ¶彼は花鳥風月を友として生涯を送った. Ha trascorso la vita a contatto con la natura.

かちん ¶かちんと音をたてて con rumore metallico ¶彼らはかちんとグラスを鳴らして乾杯した. Hanno fatto tintinnare i bicchieri in un brindisi. ¶彼の話し方にはいつもかちんとくるものがある. Il suo modo di parlare mi dà sempre sui nervi. ¶私は彼の態度にかちんときた. Mi ha dato molto fastidio il suo atteggiamento.

カチンコ [映] ciac㊚ [無変], ciak㊚ [無変]

かつ 活 ¶死中に活を求める cercare una via d'uscita [di scampo] da una difficile situazione ¶活を入れる rianimare [rincuorare / incoraggiare] qlcu. ¶生徒に活を入れる 「tenere alto [tirare su] il morale degli studenti

かつ 渇 (渇き) sete㊛

かつ 勝つ 1《争って相手を負かす》vincere㊀, ㊁ [av], ottenere la vittoria ¶戦争で勝つ vincere una guerra ¶敵に勝つ vincere [sconfiggere / piegare / sgominare / debellare] il nemico ¶決闘で勝つ vincere in duello ¶競走で勝つ vincere una corsa / vincere qlcu. in una corsa ¶《(人)[〈物〉]に》4対2で勝つ vincere quattro a due (per qlcu. [ql.co.]) ¶3点勝ち越す superare qlcu. di tre punti ¶私はトランプで彼に2000円勝った. Gli ho vinto duemila yen a carte. ¶良識が常に勝つとは限らない. Non sempre il buonsenso prevale.
2《欲望を抑える, 克服する》¶誘惑に勝つ vincere le tentazioni ¶己(おのれ)に勝つ dominarsi ¶病気に勝つ vincere una malattia ¶あらゆる障害に勝つ superare ostacoli di ogni genere
3《傾向・能力などが勝る》¶彼は他の人たちに力で勝っている. In quanto a forza supera tutti.
[慣用] 勝って兜(かぶと)の緒(お)を締めよ(諺) Non allentare la guardia anche dopo la vittoria.
勝てば官軍 "La ragione sta dalla parte del vincitore."

かつ 且つ e; anche;《その上》inoltre, per di più ¶踊り且つ歌い ballando e cantando ¶私は勉強し且つ食うために働かなければならない. Devo studiare e inoltre lavorare per mantenermi.

カツ →カツレツ

かつあい 割愛 ◇割愛する rinunciare con rammarico a ql.co. ¶時間の都合で割愛する omettere [tralasciare] ql.co. malvolentieri per mancanza di tempo

かつお 鰹 [魚] palamita㊛ sarda, tonno㊚ palamita, tonnetto㊚
✤**かつお節** tonnetto㊚ essiccato usato [palamita㊛ essiccata usata] prevalentemente a scaglie

かっか 閣下 Eccellenza㊛;《呼びかけ》Sua [Vostra] Eccellenza ¶大統領閣下 Sua Eccellenza il Presidente della Repubblica

がっか 学科 1《教科科目》materia㊛ (「di studio [accademica]) ¶理科系 [必修] 学科 materia scientifica [obbligatoria]
2《教科課程》corso㊚ (di studi);《いくつかの講座 corsi によって構成される課程》istituto㊚;《講座数が一定数を越えた場合》dipartimento㊚;《文系・理系などのコース》indirizzo㊚ →教育[用語集]

がっか 学課 《授業》lezione㊛;《専攻学課》indirizzo㊚;《講座》corso㊚
✤**学課時間割** orario㊚ [複 -i] delle lezioni

かっかい 各界 →各界(かくかい)

がっかい 学会 accademia㊛;《それぞれの組織》società㊛ [istituto㊚ / associazione㊛] (culturale);《大会》congresso㊚ [convegno㊚] (di studi) ¶日本物理学会に出席する assistere a [presenziare] un congresso della Società Giapponese di Fisica

がっかい 学界 mondo㊚ accademico [複 -ci], circoli㊚ [複] culturali [scientifici] ¶学界に認められる essere riconosciuto dal mondo scientifico

かっかざん 活火山 vulcano㊚ attivo

かつかつ ¶かつかつの生活 una vita vissuta al

limite
がつがつ ¶がつがつ食う mangiare avidamente [a quattro palmenti] / divorare *ql.co.* / ingozzarsi (di *ql.co.*) / rimpinzarsi (di *ql.co.*) ¶彼はがつがつと稼いでいる. È affamato di guadagno.
かっか(と) ¶火がかっかとおこっている. Il fuoco sta crepitando. ¶暖炉の薪がかっかと燃えていた. La legna fiammeggiava [ardeva] nel caminetto. ¶運動をすると体がかっかしてくる. L'esercizio fisico mi fa accaldare. ¶恥ずかしくて顔がかっかとほてっていた. Era tutto rosso per la vergogna. ¶彼はその知らせを聞いてかっかしている. Alla notizia si è sentito ardere dalla rabbia. ¶そうかっかするな. Calmati! / Non agitarti così! / Non prendere fuoco così!
がっかり ◇がっかりする《落胆》essere scoraggiato [demoralizzato / abbattuto]; 《期待外れ》essere [sentirsi / rimanere] deluso ◇がっかりさせる deludere *qlcu.*; scoraggiare [demoralizzare / abbattere] *qlcu.* ¶がっかりさせられる知らせ notizia scoraggiante ¶彼は試験に落ちてがっかりしている. È abbattuto [Si è sentito deluso / È molto giù], perché non è riuscito agli esami. ¶彼はひどくがっかりしたようだった. Aveva un'aria molto abbattuta [depressa / avvilita]. ¶そんなにがっかりするなよ. Non abbatterti così! ¶彼にはいつもがっかりさせられる. Mi delude sempre!
かつがん 活眼 occhi[男][複] penetranti [acuti] ¶活眼を開く aguzzare la mente
かっき 活気 animazione[女]; 《勇気, 元気》animo[男]; 《力強さ, 生命力》vigore[男], energia[女][複 -gie], slancio[男][複 -ci]; 《生気, 生彩》vivacità[女] ◇活気ある animato, energico [男複 -ci], vivo, vivace, pieno di vita ◇活気づく animarsi, ravvivarsi, riprendere forza, rinvigorirsi ¶活気のない senza animazione / smorto / fiacco ¶活気のない芝居 commedia senza vivacità ¶活気づける animare ¶市場を活気づける attivare [vivificare] il commercio ¶国中が活気にあふれていた. Tutto il paese era esuberante di vita [di alacrità / d'energia].
がっき 学期 《2学期制の》semestre[男] (scolastico [複 -ci]); 《3学期制の》quadrimestre[男] (scolastico) ◇学期の semestrale; quadrimestrale ¶新学期 nuovo semestre [quadrimestre]
✤**学期始め** riapertura[女] dei corsi semestrali [quadrimestrali]
学期末 fine[女] del semestre [del quadrimestre]
学期末試験 esami[男][複] semestrali [quadrimestrali]
がっき 楽器 strumento[男] musicale ⇒次ページ [図版], 音楽 [用語集] ¶管[弦 / 打]楽器 strumento a fiato [a corda / a percussione] ¶何か楽器が弾けますか. Sa suonare qualche strumento musicale?
✤**楽器(奏)法** strumentazione[女]
楽器店 negozio[男][複 -i] di strumenti musicali
かっきてき 画期的 ¶これは画期的な発明だ. Questa è un'invenzione storica [che ha fatto epoca]. ¶これは建築史上画期的な作品だ. È una pietra miliare nella storia dell'architettura.
かつぎや 担ぎ屋 **1** 《だます人》imbroglione[男] [[女] -a] **2** 《縁起を気にする人》persona[女] superstiziosa
がっきゅう 学究 studioso[男] [[女] -a] ◇学究的な accademico [男複 -ci] ¶学究肌の人 persona portata per l'accademia ¶学究生活に入る iniziare la vita 「dello studioso [accademica]
がっきゅう 学級 《クラス》sezione[女]
✤**学級担任** coordinatore[男] [[女] -trice] [《小学校》maestro[男] [[女] -a]] di una sezione
学級閉鎖 sospensione[女] delle lezioni ¶インフルエンザのため明日から一週間学級閉鎖になる. A causa dell'influenza da domani le lezioni saranno sospese per una settimana.
学級崩壊 fenomeno[男] delle classi (scolastiche) indisciplinate, perdita[女] di controllo sulle classi indisciplinate
かつぎょ 活魚 pesce[男] vivo
かっきょう 活況 ¶市場は活況を呈している. Il mercato è attivo [vivace / 《持ち直し》in ripresa].
がっきょく 楽曲 〔音〕pezzo[男] [brano[男]] (musicale), composizione[女] (musicale)
かっきり ¶7時かっきりに集合. Raduno fissato rigorosamente per le sette.
かつぐ 担ぐ **1** 《背負う》portare [mettersi] *ql.co.* sulle spalle ¶担ぎ出す portare *ql.co.* [*qlcu.*] fuori ¶銃を担いで行進する marciare con il fucile in spalla ¶この荷物を2階に担ぎ上げてくれ. Porta questa scatola (al piano) di sopra. ¶私たちは怪我人を病院に担ぎ込んだ. Abbiamo portato i feriti all'ospedale.
2 《祭り上げる》avere *qlcu.* come capo ¶元大臣を会長に担いだ. Abbiamo persuaso l'ex ministro ad accettare la presidenza.
3 《だます》mettere *qlcu.* nel sacco, menare *qlcu.* per il naso, prendere in giro *qlcu.*, intrappolare *qlcu.* ¶また彼に担がれた. Me l'ha fatta ancora! ¶君は彼に担がれているんだよ. Bada che ti stai facendo mettere nel sacco da lui!
4 《縁起を気にする》essere superstizioso
がっく 学区 circoscrizione[女] scolastica, distretto[男] scolastico [複 -ci]
✤**学区制** sistema[男] 「scolastico distrettuale [dei distretti scolastici]
かっくう 滑空 volo[男] planato [librato] ◇滑空する planare[自][av], volare[自][es, av] a vela
✤**滑空機**《グライダー》aliante[男]
がっくり ¶がっくり首をたれる chinare la testa all'improvviso ¶そんなことでがっくりするなよ. Non scoraggiarti per questo. ¶この店は客足ががっくりと減った. In questo negozio è diminuito di colpo l'afflusso dei clienti.
かっけ 脚気 〔医〕beriberi[男][無変] [beri beri[男][無変]]
かつげき 活劇 《映画》film[男][無変] d'azione; 《演劇》dramma[男][複 -i] in cui prevale l'azione; 《乱闘》scena[女] tumultuosa [movimentata]
かっけつ 喀血 〔医〕emottisi[女][無変], vomito[男] di sangue ◇喀血する avere un'emottisi, vomitare sangue
かっこ 各戸 ogni casa[女] [famiglia[女]] ◇各戸に in ogni casa, di porta in porta
かっこ 各個 ◇各個に a ciascuno, uno per

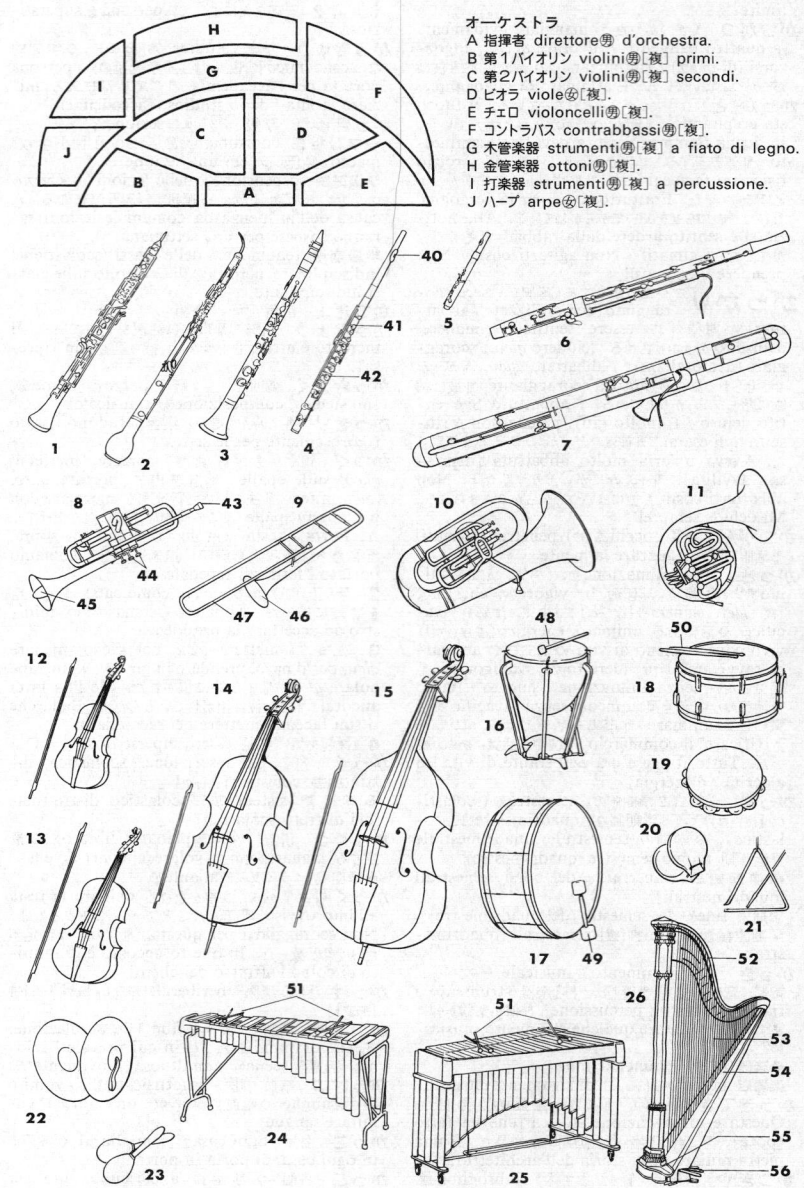

オーケストラ
A 指揮者 direttore男 d'orchestra.
B 第1バイオリン violini男[複] primi.
C 第2バイオリン violini男[複] secondi.
D ビオラ viole女[複].
E チェロ violoncelli男[複].
F コントラバス contrabbassi男[複].
G 木管楽器 strumenti男[複] a fiato di legno.
H 金管楽器 ottoni男[複].
I 打楽器 strumenti男[複] a percussione.
J ハープ arpe女[複].

uno, individualmente ¶各個に意見を聞く chiedere a ciascuno il proprio parere

かっこ 括弧 parentesi[女][無変] ¶丸括弧 (( )) parentesi tonde ¶角括弧 ([ ]) parentesi quadre ¶中括弧 ({ }) (parentesi) graffe ¶二重括弧 (《 》) parentesi doppie ¶言葉を括弧でくくる mettere una parola tra parentesi ¶括弧を開く[閉じる] aprire [chiudere] una parentesi

かっこ 確固 ◇確固たる sicuro; 《果断な》 risoluto; 《確実な》 deciso; 《不動の》 fermo, deliberato ◇確固として fermamente, saldamente, inflessibilmente ¶確固たる決意 risoluzione salda [irremovibile] ¶確固たる意志 volontà ferrea [incrollabile] ¶確固たる基盤 fondamenta [basi] solide [stabili] ¶確固たる態度 atteggiamento deciso

かっこいい 《形が》 bello; 《服装が》 elegante; 《俗》 fico [[男]複 *-chi*] ¶わあ, かっこいい. Che bello [bella]! / Come è elegante!

かっこう 格好 **1** 《姿, 形》 forma[女], figura[女]; 《輪郭》 profilo[男], contorno[男] ¶格好のよい《体つきが》 ben proporzionato / prestante / 《服装が》 ben fatto / di buon taglio / elegante ¶格好の悪い《体つきが》 sproporzionato / sgraziato / brutto / 《服装が》 malfatto / informe / sciatto / brutto ¶この山の格好は富士山に似ている. Il profilo di questa montagna somiglia al monte Fuji. ¶こんな格好で失礼します. Mi scusi se mi presento in disordine. ¶彼は哀れな格好をしていた. Aveva un aspetto pietoso.

2 《体裁, 様子》 figura[女], apparenza[女], aspetto[男]; 《態度》 atteggiamento[男]; 《仕方》 maniera[女] ¶格好をつける darsi delle arie / 《俗》 fare il fico [《女性が主語》 la fichetta] / 《外面をつくろう》 salvare le apparenze [la forma] / 《平静を装う》 darsi un contegno ¶会議に社長が来ないと格好がつかない. Non sta bene che il presidente non

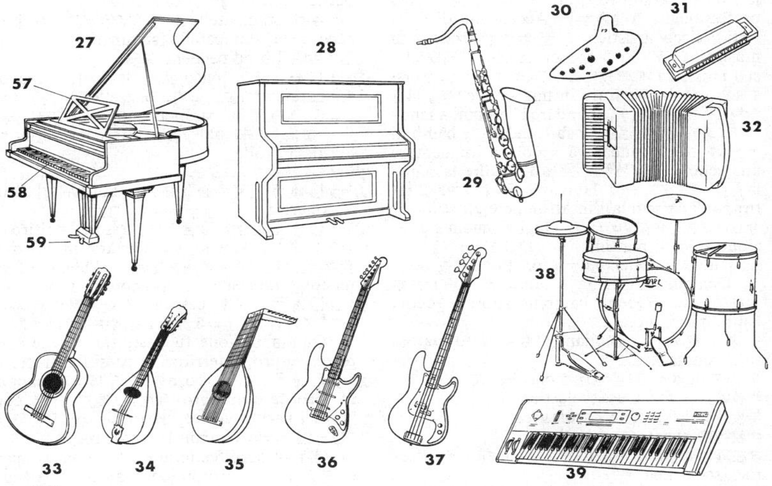

楽器

1 オーボエ oboe[男]. **2** イングリッシュホルン corno[男] inglese. **3** クラリネット clarinetto[男]. **4** フルート flauto[男] traverso. **5** ピッコロ ottavino[男]. **6** ファゴット fagotto[男]. **7** コントラファゴット contrafagotto[男]. **8** トランペット tromba[女]. **9** トロンボーン trombone[男]. **10** チューバ tuba[女]. **11** ホルン corno[男]. **12** バイオリン violino[男]. **13** ビオラ viola[女]. **14** チェロ violoncello[男]. **15** コントラバス contrabbasso[男]. **16** ティンパニ timpano[男]. **17** 大太鼓 grancassa[女]. **18** 小太鼓 tamburo[男]. **19** タンバリン tamburello[男]. **20** カスタネット nacchere[女][複]. **21** トライアングル triangolo[男]. **22** シンバル piatti[男][複]. **23** マラカス〔ス〕 maracas[女][複]. **24** 木琴, シロフォン silofono[男], xilofono[男]. **25** ビブラフォン vibrafono[男]. **26** ハープ arpa[女]. **27** グランドピアノ pianoforte[男] a coda. **28** アップライトピアノ pianoforte[男] verticale. **29** サクソフォン sassofono[男]. **30** オカリナ ocarina[女]. **31** ハーモニカ armonica[女] a bocca. **32** アコーディオン fisarmonica[女]. **33** ギター chitarra[女]. **34** マンドリン mandolino[男]. **35** リュート liuto[男]. **36** エレキギター chitarra[女] elettrica. **37** エレキベース basso[男] elettrico. **38** ドラム batteria[女]. **39** シンセサイザー sintetizzatore[男]. **40** 歌口 imboccatura[女]. **41** 指板 tasto[男]. **42** キー chiave[女]. **43** マウスピース bocchino[男]. **44** バルブボタン pistoni[男][複]. **45** 弱音器, ミュート sordina[女]. **46** 朝顔 campana[女]. **47** ハンドスライド〔仏〕 coulisse[女][無変]. **48** ばち mazzuolo[男]. **49** ばち mazza[女]. **50** ばち bacchette[女][複]. **51** ばち martelletti[男][複]. **52** 糸倉 cavigliere[男]. **53** 弦 corde[女][複]. **54** 共鳴板 tavola[女] armonica. **55** 台座 zoccolo[男]. **56** ペダル pedali[男][複]. **57** 譜面台 leggio[男]. **58** 鍵盤 tastiera[女]. **59** ペダル pedaliera[女].

partecipi alla riunione. ¶何かおみやげを持っていかないと格好がつかない. È imbarazzante [Si fa una brutta figura] andare a far visita senza portare un regalino.
3《ころあい》 ¶私には格好な家だ. Per me è una casa adatta. ¶格好な結婚相手が見つからないんです. Non trovo il marito adatto a me [fatto per me].
4《約, 大体》 ¶六十格好の男 uomo sulla sessantina / sessantenne

かっこう 郭公〔鳥〕 cuculo㊚, cuculo㊚
かっこう 滑降《アルペン競技の》discesa㊛ ◇滑降する sciare in discesa, fare una discesa
✤滑降競技 discesa㊛ libera

がっこう 学校 scuola㊛ →教育 用語集 ¶洋裁［料理］学校 scuola di cucito [di cucina] ¶看護学校 istituto di formazione professionale per infermieri ¶盲学校 scuola per ciechi ¶聾学校 scuola per sordomuti ¶高等専門学校 istituto professionale / corsi parauniversitari ¶専門学校 scuola professionale ¶美術学校 Accademia di Belle Arti / liceo artistico ¶音楽学校 scuola di musica /《イタリアの》conservatorio /《高校》liceo musicale ¶学校に入る《入学する》iscriversi a una scuola / entrare in una scuola ¶子供を学校にやる《送り出す》mandare i bambini a scuola /《教育を受けさせる》far studiare i bambini ¶学校に行く andare a scuola / frequentare una scuola ¶学校を出る《卒業》finire la scuola /《大学を卒業する》laurearsi ¶学校をやめる ritirarsi dalla scuola / interrompere gli studi ¶今日は学校は午前中だけだ. Oggi a scuola c'è lezione solo di mattina. ¶学校は8時に始まる. La scuola comincia alle otto. ¶明日学校は休みだ. Domani non c'è (la) lezione. ¶この子は来年学校に上がる. Questo bambino andrà a scuola l'anno prossimo.
✤学校案内（書）dépliant㊚ [無変] informativo sulla scuola
学校医 medico㊚ [複 -ci] scolastico [複 -ci]
学校給食 refezione㊛ scolastica
学校教育 istruzione㊛ scolastica
学校行事 evento㊚ scolastico
学校経営 amministrazione㊛ scolastica, segreteria㊛ scolastica
学校新聞 giornale㊚ [giornalino㊚] scolastico [di scuola]
学校生活 vita㊛ scolastica
学校統廃合 accorpamento㊚ di più scuole
学校図書館 biblioteca㊛ scolastica
学校仲間 compagno㊚ [㊛ -a] di scuola
学校法人 fondazione㊛ accademica
学校放送《校内放送》annuncio㊚ [複 -ci] interno con l'impianto di diffusione della scuola;《学校内の放送》trasmissione㊛ di programmi

かっこく 各国 ogni paese㊚;《諸国》diversi paesi㊚ [複]
かっさい 喝采 applauso㊚, ovazione㊛, acclamazione㊛ ◇喝采する applaudire [acclamare] qlcu. ¶喝采を浴びる essere applaudito / ottenere [ricevere] un applauso [un'ovazione] ¶大会は喝采のうちに幕を閉じた. Il congresso si è concluso tra gli applausi.

がっさく 合作 collaborazione㊛, lavoro㊚ [opera㊛] in comune [d'équipe [ekíp] / di gruppo / in collaborazione],；《映》coproduzione㊛ ◇合作する cooperare⑪ [av] alla produzione di ql.co. ¶日伊合作映画 film㊚ [無変] in coproduzione italo-giapponese

がっさん 合算 ◇合算する addizionare [sommare / calcolare] ql.co.

カツサンド sandwich㊚ [複] con cotoletta fritta di maiale

かつじ 活字《印》tipo㊚, carattere㊚ (da stampa) ¶大きな [小さな / 8ポイント]活字で印刷する stampare in caratteri grandi [in caratteri piccoli / con corpo 8] ¶活字にする《印刷》mettere in stampa ql.co. /《出版》(far) pubblicare ql.co. / dare ql.co. alle stampe ¶活字を組む comporre (i caratteri) ¶イタリック［ゴチック]体の活字で in corsivo [neretto] ¶彼は活字のようにきれいな筆跡をしている. Ha una calligrafia pulita come caratteri di stampa.
✤活字体 stampatello㊚ ¶活字体で書く scrivere ql.co. a [in] stampatello [stampato]
活字中毒 librodipendente㊚㊛

かっしゃ 滑車 puleggia㊛ [複 -ge], carrucola㊛, paranco㊚ [複 -chi], bozzello㊚;《解》troclea㊛ ¶複滑車 paranco doppio ¶差動［動定 / 遊動］滑車 puleggia differenziale [mobile / fissa / folle]

ガッシュ →グアッシュ

がっしゅうこく 合衆国 Stati㊚ [複] Uniti (d'America)

がっしゅく 合宿 ◇合宿する essere in ritiro ¶合宿練習をする《スポーツ》allenarsi in ritiro ¶我々は合宿して集中講座を受けた. Abbiamo fatto un corso intensivo con pernottamento.

かつじょう 割譲 cessione㊛ ◇割譲する cedere ¶この国は領土の3分の1を隣国に割譲させられた. Questa nazione fu costretta a cedere un terzo dei propri territori ai paesi limitrofi.

がっしょう 合唱 coro㊚ ◇合唱する cantare in coro, fare un coro ¶同声［混声]合唱 coro "a voci pari [a voci dispari / misto] ¶女声［男声]合唱 coro femminile [maschile] ¶女声三[四]部合唱 coro femminile a tre [quattro] parti ¶児童合唱 coro di voci bianche ¶合唱の指揮者 maestro del coro
✤合唱曲 corale㊛
合唱団 complesso㊚ corale, coro㊚
合唱団員 corista㊚㊛ [複 -i]

がっしょう 合掌 **1**《手を合わせること》¶合掌して祈る congiungere le mani per pregare
2《建》puntone㊚
✤合掌造り《建》¶合掌造りの家 casa con tetto di paglia spiovente / costruito senza l'uso di chiodi

かっしょく 褐色 colore㊚ bruno, bruno㊚, marrone㊚ scuro ◇褐色の bruno ¶褐色がかった brunastro ¶褐色の肌 pelle scura [bruna] /《日に焼けた》abbronzata] ¶褐色になる scurirsi /《日焼けする》abbronzarsi

がっしり ◇がっしりした robusto, forte, solido;《たくましい》massiccio [㊚複 -ci; ㊛複 -ce], resi-

かっすい 渇水 siccità㊛, secca㊛
✤渇水期 stagione㊛ secca [asciutta], periodo㊚ di siccità [di secca]

がっする 合する 《一つになる》unirsi, congiungersi, incontrarsi;《一つにする》unire [combinare] ql.co. ¶流れの合する地点 punto in cui confluiscono i corsi d'acqua ¶この県道はここで国道と合する. Questa strada provinciale si unisce qui con la statale.

かっせい 活性 《化》attività㊛ ◇活性の attivo
✤活性化 attivazione㊛ ◇活性化する《他のものを》attivare ql.co.;《自らが》attivarsi
活性剤 attivante㊚
活性炭 carbone㊚ attivo
活性ビタミン vitamina㊛ attiva [attivata]

かっせき 滑石 talco㊚ [複 -chi]

かっせん 合戦 battaglia㊛ ◇合戦する battersi, ingaggiare battaglia ¶歌合戦 gara [competizione] canora [di canzoni]

かっせん 割線 《幾何》secante㊛

かつぜん 豁然 1《ぱっと開ける様子》¶森を出ると目の前に豁然と平野が開けた. Quando siamo usciti dai boschi, ci siamo trovati improvvisamente [inaspettatamente] davanti un'ampia vallata. 2《突然迷いから覚醒する様子》¶豁然大悟(ご)する《禅宗で》raggiungere improvvisamente l'illuminazione.

かっそう 滑走 《飛行機の》rullaggio㊚ [複 -gi];《スケートの》pattinaggio㊚ [複 -gi] ◇滑走する rullare㊀ [av];《氷上などを》scivolare㊀ [es] pattinare㊀ [av];《スキー》sciare㊀ [av];《滑空》planare㊀ [av] ¶空中滑走 volo planato
✤滑走路 pista㊛ (di rullaggio);《離陸用》pista㊛ di decollo;《着陸用》pista㊛ di atterraggio

がっそう 合奏 《行為》il suonare㊚ la musica d'insieme;《作品》musica㊛ d'insieme ◇合奏する suonare insieme ¶尺八とバイオリンの合奏をする suonare lo *shakuhachi* e il violino insieme
✤合奏協奏曲 concerto㊚ grosso
合奏曲 musica㊛ d'insieme
合奏団 complesso㊚ orchestrale

カッター 〔英 cutter〕1《船》〔英〕cutter㊚ 〔無変〕 2《切る道具》coltello㊚;《刃が替え刃式・収納式の》sgarzino㊚;《機械》fresa㊛

カッターシャツ 〔服〕camicia㊛ [複 -ce] senza gemelli

がったい 合体 unione㊛, combinazione㊛

かったつ 闊達・豁達 ◇闊達な cordiare, aperto ¶彼は闊達だ. Ha un carattere generoso [aperto].

かったん 褐炭 《鉱》lignite㊛

かつだんそう 活断層 《地層》faglia㊛ attiva

がっち 合致 ¶事実と合致する combaciare con i fatti

かっちゅう 甲冑 armatura㊛

がっちり ◇がっちりした《頑丈な》robusto;《緊密な》stretto;《抜け目ない》astuto, abile, accorto, scaltro ◇がっちりと《緊密に》strettamente;《ときっちり》a fondo ¶がっちりした壁 parete robusta ¶がっちり同盟を組む allearsi strettamente《に対して contro di》¶がっちり勉強しようじゃないか. Diamoci da fare con lo studio!

ガッツ 〔英 guts〕¶ガッツのあるやつ uomo coraggioso [grintoso / pieno di grinta] ¶さあ、ガッツでいこうぜ. Avanti, mettiamocela tutta!
✤ガッツポーズ gesto㊚ di vittoria ¶ガッツポーズを決める mettersi in posa facendo il gesto di vittoria

がっつく 1《食べ物に》divorare, tranguiare 2《むさぼるように何かをする》¶そんなにがっついて勉強しなくてもいいかに. Non è necessario che tu studi così intensamente.

かって 勝手 1《具合, 都合》¶勝手の良い conveniente / comodo / adatto / 《便利な》utile ¶この家の(使い)勝手が悪い. Questa casa è scomoda. ¶彼はいつも勝手だ. Volge tutto a suo vantaggio.
2《様子, 状況》situazione㊛, circostanza㊛;《習慣》abitudine㊛ ¶イタリアに着いたばかりなので勝手がちっともわからない. Sono appena arrivato in Italia e 「non mi sono ancora ambientato. [《事情が》non conosco bene la situazione]. ¶人の家は勝手がちがう. In casa d'altri le cose funzionano in maniera diversa.
3《気まま, 自由》◇勝手な《利己主義》egoistico [複 -ci];《気まぐれ》capriccioso; arbitrario [複 -i] ◇勝手に a modo *proprio*; secondo il *proprio* capriccio;《許可なく》senza permesso ¶勝手に…させる lasciare + 不定詞 a ql.cu. (▶不定詞 が他動詞のとき) / lasciare + 不定詞 ql.cu. (▶不定詞 が自動詞のとき) / lasciare che + 接続法 / dar mano libera a ql.cu. ¶勝手に泣かせておけ. Lasciato piangere! ¶勝手気ままに行動する comportarsi egoisticamente / fare i *propri* interessi / fare 「di testa *propria* [a *proprio* arbitrio] / fare quello che pare e piace ¶それは君の勝手だ. (Sono) Fatti tuoi! / Sei libero di farlo. ¶大変勝手で申しわけありませんが…. Mi scusi se Le chiedo tanto, ma… ¶勝手なことを言うな. Non dire solo quello che fa comodo a te! / Non parlare da egoista! ¶勝手なことをして楽しんでいます. Me la spasso come voglio. ¶勝手にしろ. Fa' come ti pare (e piace)! /《私には関係ないぞ》Chi se ne importa! /《俗》Me ne frego! ¶勝手に使わないでくれ. Non usarlo senza permesso.
4《台所》cucina㊛
✤勝手口 porta㊛ di servizio
勝手仕事 lavoro㊚ di cucina

かつて 《昔》un tempo, una volta;《否定文で》non… mai;《疑問文で》mai ¶かつて栄えた町 una città un tempo fiorente ¶かつての学友 vecchio amico di scuola ¶かつての首相 ex Primo Ministro ¶かつてはここに学校があった. Qui una volta c'era una scuola. ¶そんなことは未だかって聞いたことがありませんよ. Non avevo mai sentito una cosa simile! ¶かつてそんなことを経験したことがあるかい. Ti è mai capitata una cosa del genere, in passato?

カッティング 〔英 cutting〕〔服〕taglio㊚ [複 -gli]

かってっこう 褐鉄鉱 〔鉱〕 limonite[女]
かってでる 買って出る ¶仲裁を買ってでる offrirsi di far da intermediario
かってむき 勝手向き **1**《台所仕事》 ¶勝手向きのことは苦手だ. Non sono un gran che in cucina. **2**《暮らし向き》 ¶勝手向きがいい passarsela bene
がってん 合点 ¶合点だ. D'accordo! / O.K.! / Va bene!
かっと **1**《怒る様子》 ◇かっとなる avere un attacco di collera [d'ira], andare su tutte le furie; 《冷静さを失う》 perdere le staffe, perdere la calma ¶かっとなって殴る picchiare *qlcu.* in un accesso d'ira [in un impeto di collera] ¶彼はすぐかっとなる. Gli va subito il sangue alla testa. **2**《勢いのよい様子》 ¶顔がかっとほてった. Ho sentito improvvisamente caldo alla faccia. **3**《急に開く様子》 ¶かっと目を開く sbarrare gli occhi
カット 〔英 cut〕 **1**《切ること, 削除》 tagl*io*[男] [複 -*gli*] ; 《検閲後の》 censura[女]; soppressione[女] ◇カットする tagliare; 《除外》 eliminare ¶髪をカットしてもらった. Mi sono fatto tagliare i capelli. ¶「カット」《映画撮影を止めるときに》 "Stop!" / "Alt!"
2《挿し絵》 illustrazione[女], vignetta[女], incisione[女] ¶カットを入れる inserire delle vignette
3〔映〕 inquadratura[女]
4〔スポ〕《テニスなどで》 ¶ボールをカットする tagliare la palla
ガット 〔英 GATT〕《関税貿易一般協定》 Accordo[男] Generale sulle Tariffe e sul Commercio (Estero) ; 《略》〔英〕 GATT [gat] [男]
ガット 〔英 gut〕《楽器・ラケットの》 minu*gia*[女] [複 -*gia*, -*gie*, -*ge*], corde[女] [複]
カットアンドペースト 〔英 cut and paste〕 〘コンピュータ〙 taglia e incolla
かっとう 葛藤 **1**《争い》 conflitto[男], contrasto[男], discordia[女] ¶党内に葛藤がある. Vi sono dei dissensi in seno al partito. **2**〔心〕 conflitto[男] psichi*co* [複 -*ci*] ; 《ジレンマ》 dilemm*a*[男] [複 -*i*]
かつどう 活動 attività[女], azione[女] ◇活動する svolgere un'attività, essere attiv*o*, operare[自] [*av*] ; darsi da fare ◇活動的 attiv*o*, energi*co* [男複 -*ci*], dinami*co* [男複 -*ci*], intraprendente ¶経済[生産]活動 attività economiche [produttive] ¶活動的な男 uomo「d'azione [dinamico / attivo] ¶世界平和のために活動する adoperarsi [impegnarsi] per la pace mondiale
✤**活動家**《政治的》 militante[男][女], attivist*a*[男][女] [男複 -*i*] ; 《組合の》 sindacalist*a*[男][女] [男複 -*i*]
活動範囲 campo[男] [sfera[女]] d'azione
活動方針 linea[女] di condotta, programm*a*[男] [複 -*i*]
活動力 attività[女], dinamismo[男], energia[女]
カットグラス 〔英 cut glass〕 cristallo[男] [vetro[男]] tagliato
カットバック 〔英 cutback〕《サッカーの》 rovesciata[女]; 〔映〕 salto[男] indietro, scena[女] retrospettiva, narrazione[女] retrospettiva
カツどん カツ丼 *katsudon*[男] [無変], cotoletta[女] di maiale servita (con uova e verdure) su una ciotola di riso
かっぱ 合羽 〔ポ capa〕 mantello[男] [cappa[女]] impermeabile
かっぱ 河童 **1**《想像上の生き物》 *kappa*[男] [無変] (◆ i *kappa* sono folletti che vivono nei fiumi, somiglianti a piccoli ragazzi dalla faccia di rana, sulla cui testa c'è un piatto bagnato che dà loro forza) ¶陸(おか)に上がった河童も同然だ. È come un pesce fuor d'acqua.
2《水泳の達人》 buon [[女] *buona*; [男]複 *buoni*] nuota*tore*[男] [[女] -*trice*]
[慣用] **河童の川流れ**《諺》 "Sbaglia anche il prete sull'altare."
かっぱ 喝破 ◇喝破する esporre [spiegare / dichiarare] chiaramente *ql.co.* [che + [直説法]]
かっぱつ 活発 ◇活発な vivace, animato, vivo, attivo ◇活発に vivacemente, animatamente, vivamente, attivamente ¶活発な議論 discussione accesa [animata]
かっぱらい 掻っ払い 《どろぼう》 ladr*o*[男] [[女] -*a*] ; 《行為》 furto[男]; 《ひったくり》 scippa*tore*[男] [[女] -*trice*] ; 《行為》 scippo[男]; 《すり》 borsaiol*o*[男] [[女] -*a*] ; 《行為》 borseg*gio*[男] [複 -*gi*]
かっぱらう 掻っ払う rubare [《親》 sgraffignare / 《する》 borseggiare / sfilare / 《ひったくる》 scippare / 《横取りする》 soffiare] *ql.co.* a *qlcu.* ¶駅で財布をかっぱらわれた. Mi hanno rubato il portafoglio alla stazione.
かっぱん 活版 〔印〕 tipografia[女]
✤**活版印刷** stampa[女] tipografica
がっぴょう 合評 critica[女] [recensione[女]] congiunta ◇合評する commentare [criticare] *ql.co.* insieme
かっぷ 割賦 rata[女]
✤**割賦払い** credito[男] con pagamento rateale
割賦販売 vendita[女] rateale
カップ 〔英 cup〕《茶わん》 tazza[女]; 《小さいカップ》 tazzina[女] ⇒食器 [図版]; 《賞杯》 coppa[女], trofeo[男] ¶計量カップ bicchiere graduato / misurino
✤**カップ麺** spaghetti[男] [複] giapponesi precotti in appositi contenitori di plastica
かっぷく 恰幅 ¶恰幅のいい男性 uomo prestante
カップル 〔英 couple〕 coppietta[女], coppia[女] ¶似合いのカップル una bella coppia
がっぺい 合併 《統合》 unione[女], fusione[女]; 《併合》 incorporazione[女], annessione[女], combinazione[女]; 《吸収合併》 assorbimento[男] ◇合併する《他のものを》 unire, fondere, annettere, assorbire, incorporare; 《自らが》 unirsi, fondersi ¶4つの村を合併する incorporare quattro villaggi ¶A商事はB商事を合併した. La ditta A ha assorbito [si è fusa con / si è unita con] la ditta B.
かっぽ 闊歩 ◇闊歩する incedere[自] [*av*] con sussiego, camminare[自] [*av*] tutto tronf*io* ¶政界を闊歩する darsi importanza [darsi delle arie] nei circoli politici
かつぼう 渇望 deside*rio*[男] [複 -*i*] impaziente [ardente] ◇渇望する essere assetat*o* [affamat*o*] di *ql.co.*, essere ansios*o* di + [不定詞], bramare *ql.co.* ¶金銭[名誉]への渇望 brama di ricchezze [onori]

かっぽう 割烹 **1**《料理》cucina⼥ giapponese **2**《料理店》ristorante⽊ giapponese
✤割烹着 grembiule⽊ [camice⽊] da cucina

がっぽり ¶彼は株でがっぽりもうけた。Ha guadagnato un bel po' [un sacco] di soldi giocando in borsa.

がっぽん 合本 fascicoli⽊《複》riuniti in volume ¶合本にする rilegare ql.co.in volume

かつもく 刮目 ¶刮目して待つ aspettare ql.co. con vivo interesse ¶刮目に値する essere degno di attenta considerazione

かつやく 活躍 attività⼥, coinvolgimento⽊ in ql.co. ◇活躍する prendere parte attiva a ql.co., svolgere un ruolo importante in ql.co. ¶オリンピックで大いに活躍した comportarsi magnificamente alle Olimpiadi

かつやくきん 括約筋 《解》sfintere⽊, muscolo costrittore

かつよう 活用 **1**《利用》utilizzo⽊, uso⽊, utilizzazione⼥;《応用》applicazione⼥ ◇活用する utilizzare ql.co., impegnare qlcu. efficacemente, sfruttare ql.co. ¶新しい方法を産業に活用する applicare un nuovo metodo nell'industria **2**《文法》《動詞の》coniugazione⼥;《語形変化・屈折》flessione⼥;《日本語動詞の》morfologia⼥;《体言の》declinazione⼥ ◇活用する coniugarsi; flettersi; declinarsi ¶動詞の活用 flessione verbale ¶名詞[形容詞]を活用させる declinare un nome [un aggettivo]
✤活用語 parola⼥ declinabile [variabile]
活用語尾 desinenza⼥
活用表 paradigma⽊《複 -i》(di declinazione [di coniugazione])

かつら 桂《植》albero⽊ di Giuda, siliquastro⽊ giapponese;《学名》Cercidiphyllum japonicum

かつら 鬘 parrucca⼥ ¶かつらをかぶる[かぶっている] mettersi [portare] la parrucca
✤かつら師 parrucchiaio⽊《-ia; 複 -i》, parrucchiere⽊《-a》

かつりょく 活力 vitalità⼥, energia⼥, vigore⽊ ¶活力に満ちた人 persona「piena di forza [energica / vitale]

かつれい 割礼《宗》circoncisione⼥ ¶割礼を行う circoncidere qlcu. / sottoporre qlcu. a circoncisione

カツレツ〔英 cutlet〕《料》cotoletta⼥ ¶ミラノ風(仔牛の)カツレツ cotoletta alla milanese

かつろ 活路 ¶活路を開く aprirsi una via d'uscita [una scappatoia / una via di scampo]

かて 糧 **1**《食糧》nutrimento⽊, cibo⽊ ¶その日の糧に困る non riuscire nemmeno a procurarsi la minestra ¶「日々の糧を与えたまえ」《キリスト教の祈り》"Dacci oggi il nostro pane quotidiano."
2《心の支え》¶私は聖書を心の糧としている。La Bibbia è il mio nutrimento spirituale.

かてい 仮定 supposizione⼥;《仮説》ipotesi⼥;《前提条件》presupposto⽊;《数》presupposto⽊, postulato⽊ ◇仮定する supporre [ipotizzare / ammettere per ipotesi] che +接続法 ◇仮定的 ipotetico《⽊複 -ci》¶…と仮定して supposto [supponendo / nell'ipotesi / mettiamo] che +接続法 ¶あくまで仮定の話ですが… Lo dico in via del tutto ipotetica, ma… ¶ちょうど今大地震が起きたと仮定して、皆さんはどうしますか。Supponiamo che venga [Se venisse] un grande terremoto proprio adesso, che cosa fareste? ¶それを彼がやったと仮定してみよう。Ammettiamo pure (per ipotesi) che lo abbia fatto lui. ¶AとBが等しいと仮定せよ。Supponete che A sia pari a B.

かてい 家庭 famiglia⼥, casa⼥ ◇家庭の familiare, domestico⽊《複 -ci》¶家庭で a casa / in famiglia ¶家庭がある[をもつ] avere famiglia ¶家庭的な夫 marito casalingo ¶家庭的なホテル albergo familiare ¶家庭の事情で per ragioni di famiglia ¶裕福な家庭に生まれる nascere⾃《es》in una [essere di] famiglia ricca ¶家庭に入る《家族の一員になる》entrare a fare parte di un nucleo familiare /《結婚で退職する》lasciare il lavoro dopo il matrimonio ¶模範的な「円満な]家庭だ。È una famiglia modello. ¶家庭的な奥さんだ。È una donna「dedita alla famiglia [portata per i lavori di casa].
✤家庭科 corso⽊ di economia domestica
家庭教育 educazione⼥ familiare
家庭教師 insegnante⽊⼥ che dà lezioni private direttamente a casa dell'allievo;《昔の良家の》precettore⽊《-trice》◇家庭教師をする dare lezioni private
家庭経済 economia⼥ domestica, bilancio⽊《複 -ci》familiare
家庭裁判所 Tribunale⽊ per le Controversie della Famiglia（◆イタリアにはない）
家庭生活 vita⼥ familiare
家庭争議 lite⼥ [discordia⼥] in famiglia
家庭内暴力 violenza⼥ domestica
家庭用電気器具 elettrodomestico⽊《複 -ci》
家庭用品 (articoli⽊《複》) casalinghi⽊《複》
家庭料理 la cucina⼥ casalinga

かてい 過程 processo⽊, corso⽊ ¶進化[生産]過程 processo evolutivo [produttivo] ¶社会変革の過程で nel corso di una trasformazione sociale ¶法案についての議会の審議過程 l'iter parlamentare di una legge

かてい 課程 corso⽊ (di studio), programma⽊《複 -i》¶義務教育課程 periodo [ciclo] della scuola dell'obbligo ¶専門課程 corsi specialistici ¶修士課程 corso di master (biennale) ¶博士課程 corso di dottorato (triennale)

カテーテル〔蘭 katheter〕《医》catetere⽊
カテゴリー〔独 Kategorie〕categoria⼥

-がてら《…の機会に》in questa [quella] occasione, con l'occasione;《…する一方》mentre;《付随的に》incidentalmente ¶散歩がてらタバコを買ってきた。Sono andato a fare una passeggiata e ho approfittato per comprare le sigarette. ¶商用がてら見物に京都へ行った。Sono andato a Kyoto in parte per affari e in parte per turismo.

かてん 加点 ◇加点する far punti
かでん 家伝 ¶家伝の秘宝 tesoro⽊ di famiglia ¶家伝の秘術 segreto di famiglia tramandato di padre in figlio

かでん 荷電《電》carica⼥ elettrica

✤荷電子 elettrone[男] di valenza
かでん 家電 elettrodomestic*o*[男][複 *-ci*]
✤家電製品 elettrodomestic*o*[男][複 *-ci*]
家電メーカー produttore[男] di elettrodomestici
家電リサイクル法 legge[女] per il riciclaggio di elettrodomestici
がてん 合点 ◇合点する[がいく] comprendere, capire; essere convint*o* ¶どうも合点のいかない話だねえ. Non è un discorso convincente. / Questo discorso non mi convince affatto.
がでんいんすい 我田引水 tirare l'acqua al proprio mulino ¶我田引水のようだけれど…. Posso sembrare un egoista, ma…
カデンツァ 〔伊〕〘音〙cadenza[女]
かと 過渡 transizione[女] ◇過渡的 transitor*io* [男複 *-i*]; di transizione;《当面の》immediato ◇過渡的に transitoriamente;《当面は》per il momento ¶過渡的現象[状態] fenomeno [stato] transitorio ¶過渡的手段 misure immediate [per l'immediato]
✤過渡期 periodo[男] transitorio [di transizione / di passaggio]
かど 角 **1**《とがった部分, すみ》angolo[男];《へり》spigolo[男] ¶角の多い岩 roccia spigolosa ¶テーブルの角に頭をぶつける battere la testa contro lo spigolo del tavolo ¶角がとがりすぎているからもっと丸くしたほうがいい. Quest'angolo sporge troppo, ha bisogno di essere smussato.
2《曲がり角》angolo[男] ¶角から2軒目の家 la seconda casa dall'angolo ¶次の[あの銀行の]角を右に曲がってください. Giri per favore a destra 「al prossimo angolo [all'angolo dove c'è la banca].
[慣用] 角がある《人が》scontroso, spigoloso ¶彼の言うことには角がある. È aspro [brusco] nel parlare.
角が立つ ¶そう言っては角が立つよ. Il tuo modo di parlare potrebbe crearti dei problemi.
角が取れる ¶年をとって彼は角が取れた. Con il tempo il suo carattere si è fatto meno spigoloso.
かど 門 ⇒門(もん)1
かど 廉 **1**《罪科》 ¶殺人のかどで逮捕された. È stato arrestato per [sotto l'accusa di] omicidio. **2**《原因》 ¶職務怠慢のかどで per negligenza [-gli-] nell'esercizio delle *proprie* funzioni
かど 過度 ◇過度の eccessivo, esagerato, smodato;《余分な》superfluo;《接頭辞》iper-, super-, sovra- ◇過度に eccessivamente, esageratamente, all'eccesso, troppo, senza [oltre] misura ¶過度の運動は控えたほうがいい. È meglio astenersi da un'attività eccessiva.
かとう 下等 ◇下等な inferiore《より a》;《下劣な》volgare, basso, vile, ignobile;《蔑》plebeo
✤下等植物 pianta[女] inferiore
下等動物 animale[男] inferiore
かとう 果糖 fruttosio[男], levulosio[男]
かとう 過当 ◇過当な eccessivo ¶料金の過当な請求 richiedere un prezzo eccessivo
✤過当競争〘経〙concorrenza[女] eccessiva
かどう 可動 ◇可動の mobile ◇可動性 mobilità[女]
✤可動橋 ponte[男] mobile
かどう 花道・華道 ⇒生け花
かどう 歌道 arte[女] di comporre poesie *waka*
かどう 稼働・稼動 **1**《稼ぎ働くこと》◇稼働する lavorare (e guadagnare) **2**《機械が動くこと》funzionamento[男], operazione[女] ◇稼働する funzionare[自][*av*], lavorare[自][*av*]; essere in funzione ◇稼働させる mettere in funzione [far funzionare] *ql.co.* ¶稼働中である essere in funzione ¶稼働し始める mettersi [entrare] in funzione
✤稼働人口 manodopera[女]
稼働日数 numero[男] delle giornate lavorative
稼働率 percentuale[女] degli impianti operanti [in funzione]
-かどうか ⇒どうか4
かとうせいじ 寡頭政治 oligarchia[女];《稀》oligocrazia[女] ◇寡頭政治の oligarchic*o* [男複 *-ci*]
かどかどしい ¶かどかどしい態度で in modo intrattabile
かとく 家督 ¶家督を継ぐ succedere al padre come capofamiglia ¶長男に家督を譲る cedere al primogenito 「la direzione della famiglia [il posto di capofamiglia]
✤家督相続人 erede[男][女][successore[男][[女] *succeditrice*]] alla direzione della famiglia
かどぐち 門口 ¶門口で sulla soglia di casa / alla porta
かどだつ 角立つ ¶それでは話が角立つじゃないか. Così il discorso non fa che diventare spigoloso.
かどだてる 角立てる ¶なにもそう話に角立てなくてもいいだろう. Perché devi parlare con tanta asprezza?
かどち 角地 lotto[男][appezzamento[男]] d'angolo
かどづけ 門付け ¶門付けをする esibirsi in piccoli spettacoli di intrattenimento porta a porta
かどで 門出 partenza[女] ¶門出を祝う《旅立ちを》augurare buon viaggio ¶門出を見送る accompagnare *qlcu.* alla partenza ¶人生の門出に当たって sulla soglia della vita ¶お二人の新生活の門出を祝して乾杯. Brindiamo all'inizio della vostra nuova vita di sposi!
かどばる 角張る **1**《四角い感じ》 ¶この自動車は角張っている. Quest'auto ha una forma squadrata. **2**《堅苦しい感じ》 ¶角張ったあいさつぬきに senza far tanti complimenti ¶そう角張らずに考えてください. Non piantarti così sulle tue posizioni.
かどまつ 門松 decorazione[女] del portone di casa con rami di pino ⇒正月 [日本事情]
カドミウム 〔英 cadmium〕〘化〙cadmio[男];《元素記号》Cd
✤カドミウム電池 pila[女] al cadmio
カトラリー 〔英 cutlery〕posateria[女]
カドリール 〔仏 quadrille〕《舞踊, 音楽》quadriglia[女]
かとりせんこう 蚊取り線香 incenso[男] zanzarifug*o* [複 *-ghi*], zampirone[男] ¶蚊取り線香をた

く accendere uno zampirone

カトリック 〔蘭 katholiek〕 cattolicesimo[男]
◇カトリックの cattolico [男複 -ci] ⇒キリスト教 [用語集] ¶ローマカトリック教会 la Chiesa Cattolica Romana / La Santa Romana Chiesa
✤カトリック教徒 cattolico[男] [女 -ca; 男複 -ci]
カトリック改革〔宗〕Riforma[女] cattolica

カトレア 〔英 cattleya〕〔植〕cattleya[女] [無変]; catleia[女]

かどわかす ¶子供をかどわかす rapire un bambino traendolo in inganno

かとんぼ 蚊蜻蛉 **1**〔昆〕tipula[女] **2**《やせて背の高い人》persona[女] alta e molto magra

かな 仮名 alfabeto[男] sillabico [複 -ci] giapponese

[日本事情] かな
I due tipi di alfabeto sillabico (*hiragana* e *katakana*) ideati nel periodo Heian (794–1185) attraverso la semplificazione dei corsivi di un ideogramma (*hiragana*) e attraverso l'utilizzazione di una parte di un ideogramma (*katakana*). Tranne che per le cinque vocali e la "ん", si tratta di segni fonetici monosillabici. Quindi, eccetto la "ん", non esistono lettere che esprimono solo una consonante. Oggi le 47 lettere dello *hiragana*, insieme con i circa 2.000 ideogrammi (*kanji*), sono i caratteri fondamentali della scrittura giapponese; i *katakana* vengono usati per scrivere i nomi stranieri comeローマ(Roma), アントニオ (Antonio), ecc.
⇒いろは歌, 漢字, 五十音 [日本事情]

-かな **1**《はっきりしないときや疑問に思っているとき》 ¶誰か来たのかな. Chissà se è venuto qualcuno? ¶この本は太郎にどうかな. Questo libro sarà adatto a Taro, che ne dici? ¶明日は何曜だったかな. Che giorno sarà domani?
2《願望》 ¶早く夏休みにならないかな. Non vedo l'ora che arrivino le vacanze estive!

かなあみ 金網 rete[女] metallica; 《刑務所などの》grata[女]; 《魚・肉を焼く》griglia[女] ¶金網越しに話す parlare da una grata

かない 家内 **1**《自分の妻》mia moglie[女]
2《家族》(tutta la) famiglia[女] ¶家内安全を祈る pregare per il benessere della famiglia
✤家内工業 industria[女] familiare

かなう 叶う essere compiut*o* [eseguit*o* / realizzat*o*] ¶かなわぬ恋 amore irrealizzabile [disperato / senza speranza] ¶長い間の願いがかなった. Ho realizzato il desiderio che accarezzavo da tempo. ¶願ったりかなったりです. Questo è proprio quello che desideravo.

かなう 適う essere adatt*o* a *ql.co.* [*qlcu.*]; corrispondere a *ql.co.* ¶法にかなった措置 provvedimento「legale [conforme alla legge] ¶ご期待にかなうよう努力いたします. Farò di tutto per soddisfare il suo desiderio.

かなう 敵う **1**《匹敵する》essere pari a *qlcu.* in *ql.co.*, essere ugual*e* a *qlcu.* [*ql.co.*] uguagliare *qlcu.* [*ql.co.*] ¶彼にかなう者はいない. È impareggiabile. / Non c'è nessuno pari a lui. / Nessuno può stargli alla pari. ¶僕は数学では彼にかなわない. In matematica non「posso paragonarmi a lui. ¶美しさに関しては彼女にかなう女はいない. Nessuna può uguagliarla in bellezza.
2《我慢する》sopportare, tollerare ¶こう暑くてはかなわない. Questa calura mi sfinisce. ¶不当にどなられてはかなわない. Non posso sopportare di essere sgridato ingiustamente.

かなえ 鼎 ¶鼎の軽重(けいちょう)を問う mettere in dubbio la tanto decantata abilità

かなえる 叶える esaudire, appagare; soddisfare; 《実現する》realizzare ¶神は私の願いをかなえてくれた. Dio ha esaudito [appagato] il mio desiderio.

かなきりごえ 金切り声 ¶金切り声をあげる lanciare uno strillo [un grido stridente / un urlo lacerante]

かなぐ 金具 guarnizione[女] metallica; 《鉄製器具》ferramento[男]; 《ねじなどの工具》ferramenta[女] [複]

かなぐし 金串 spiedo[男], schidione[女]

かなくず 金屑 《鉱石の》rottami[男] [複] di ferro, ferraglia[女]

かなぐつわ 金轡 ¶彼は金ぐつわをはめられた. 《賄賂で口止めされる》Hanno comprato il suo silenzio. / È stato pagato per tenere la bocca chiusa.

かなぐりすてる かなぐり捨てる ¶彼はシャツをかなぐり捨てた. Si è sfilato [Si è levato] di dosso la camicia in fretta e furia.

かなしい 悲しい
triste, addolorato, afflitto, rattristato; 《かわいそうな》triste, patetico [男複 -ci]; 《悲劇的な》tragico [男複 -ci]; 《物事が》doloroso, rattristante ⇒悲しむ ¶悲しそうな顔をして話す parlare con un'espressione triste ¶ああ悲しい. Che tristezza! / Oh, quanto mi dispiace! ¶父に死なれて悲しい. Sono addolorato per la perdita di mio padre. ¶親に悲しい思いをさせるな. Non dare dispiaceri ai tuoi genitori!

かなしげ 悲しげ ◇悲しげな addolorato, afflitto, triste, mesto ◇悲しげに dolorosamente, tristemente, mestamente ¶悲しげな歌声 canto lamentoso [malinconico / triste] ¶彼は悲しげに出て行った. Se ne è andato tutto triste.

かなしばり 金縛り sensazione[女] di paralisi [di impossibilità a muoversi] ¶夜中に金縛りにあった. Nella notte mi sentii come incatenato al letto.

かなしみ 悲しみ tristezza[女]; 《苦悩》dolore[男], pena[女]; 《哀惜》rimpianto[男], amarezza[女]; dispiacere[男] ¶悲しみのあまり per il troppo dolore ¶悲しみに暮れる[沈む] abbandonarsi al [sprofondare nel] dolore

かなしむ 悲しむ essere [sentirsi] trist*e*, essere addolorat*o*, affliggersi, rattristarsi, addolorarsi; 《哀惜する》rimpiangere *qlcu.* [*ql.co.*]; 《嘆く》lamentarsi di [per] *ql.co.*, essere addolorat*o*, per *ql.co.* ◇悲しませる addolorare [affliggere / rattristare] *qlcu.* ¶悲しむべき事件 caso doloroso [spiacevole] ¶悲しんでいる時ではない. Non è il momento di affliggersi.

かなた 彼方 ◇彼方に lontano, in lontananza;

[か]

《上から下を見て》laggiù;《下から上を見て》lassù ¶山のかなたに al di là delle [oltre le] montagne ¶海のかなたに laggiù sul mare

かなづち 金槌・金鎚 **1**《金属のつち》mazza[女], martello[男] ¶金槌で釘を打つ piantare un chiodo col martello **2**《泳げない人》 ¶私は金槌だ. Se mi metti in acqua, vado giù come un'incudine.

[か]

カナッペ〔仏 canapé〕〘料〙crostino[男]; canapè[男]

かなてこ 金梃 leva[女] di ferro, palanchino[男], piede[男] di porco, grimaldello[男]

かなでる 奏でる suonare ¶バイオリンを奏でる suonare il violino

かなとこ 鉄床 incudine[女];《双角の》bicornia[女]

かなぶん 金蚉〘昆〙《コガネムシ科》cetonia[女]

かなめ 要 **1**《扇の》perno[男] [cerniera[女]] di un ventaglio **2**《重要な点》punto[男] principale, fulcro[男], chiave[女], cardine[男];《戦略地域》zona[女] strategica ¶問題の要 fulcro [punto chiave] della questione

✤**要石**〘建〙pietra[女] angolare, chiave[女] di volta

かなもの 金物 oggetto[男] metallico [複 -ci];《道具, 要具》utensile[男] di metallo;《集合的に》ferramenta[女][複]

✤**金物屋**《店》negozio[男] [複 -i] di ferramenta;《人》negoziante[男][女] di ferramenta

かならず 必ず《確かに》sicuramente, certamente, senz'altro;《絶対に》assolutamente;《ぜひとも》a ogni costo;《常に》sempre;《不可避的に》necessariamente, inevitabilmente, obbligatoriamente ¶必ずうまくいくでしょう. Certamente [Sicuramente / Senz'altro] andrà tutto bene. ¶毎朝必ず1時間散歩します. Ogni mattina di regola faccio una passeggiata di un'ora.

かならずしも 必ずしも ¶金持ちが必ずしも幸福だとは限らない. Non è detto che i ricchi siano sempre felici. / Non sempre il denaro dà la felicità.

かなり assai;《どちらかと言えば, 普通よりも》piuttosto; parecchio, alquanto ◇かなりの《顕著な》notevole, sensibile, considerevole;《相当数の》un buon numero di *ql.co.* [*qlcu.*];《相当量の》una quantità di *ql.co.* ¶今日はかなり寒い. Oggi fa parecchio freddo. ¶これだけの金を集めるにはかなり無理をした. Mi è costato molto raccogliere questa somma. ¶実験の結果はかなり良好である. I risultati dell'esperimento sono alquanto soddisfacenti. ¶彼にはかなりの財産がある. È in possesso di patrimonio cospicuo. ¶彼はかなりの借金を抱えている. I suoi debiti sono rilevanti. ¶彼にはかなりの収入がある. Ha un discreto reddito. ¶かなりの大金をはたいてこの車を買った. Ho pagato una bella somma (di denaro) per acquistare questa macchina.

カナリア〔ス canaria〕〘鳥〙canarino[男];《ローラーカナリア》ghiandaia[女] marina

がなる ¶酔っ払いが大声でがなっていた. L'ubriaco shiamazzava voce alto.

かなん 火難 ¶彼には火難の相がある. Nel suo volto leggo il pericolo di un incendio.

かに 蟹 granchio[男] [複 -chi] ¶かにの甲羅(こうら) carapace[男] ¶かにのはさみ chela

✤**かに缶** carne[女] di granchio in scatola

かに工船 nave[女] adibita alla pesca e alla lavorazione dei granchi

蟹座 Cancro[男]

かにく 果肉 polpa[女] (di un frutto)

かにたま 蟹玉〘料〙sorta[女] di omelette di tipo cinese con carne di granchio

がにまた 蟹股 gambe[女][複] arcuate, gambe da fantino ¶がに股の男 uomo dalle [con le] gambe arcuate

かにゅう 加入 affiliazione[女], appartenenza[女], entrata[女], partecipazione[女], accesso[男];《電話などの》abbonamento[男] ◇加入する entrare in [a far parte di] *ql.co.*, dare la *propria* adesione a *ql.co.*, affiliarsi a *ql.co.*, diventare membro; abbonarsi a *ql.co.* ¶大西洋条約へのイタリアの加入 l'entrata dell'Italia nel Patto Atlantico ¶政党に加入する aderire [iscriversi] a un partito

✤**加入者** membro[男], socio[男] [[女] -cia; [男]複 -ci; [女]複 -cie], affiliato[男] [[女] -a], aderente[男][女];《契約の》firmatario[男] [[女] -ia; [男]複 -i];《電話などの》abbonato[男] [[女] -a];《利用者》utente[男][女]

カヌー〔英 canoe〕canoa[女]

✤**カヌー競技** canoismo[男]

カヌー競技選手 canoista[男][女] [[男]複 -i]

かね 金《貨幣, 金銭, お金》denaro[男] (►単数形で用いる);《稀》danaro[男], soldi[男][複] (►ふつう複数形で用いる);《資金》fondi[男][複];《資力》mezzi[男][複], risorse[男][複];《財産》beni[男][複];《富》ricchezza[女] ⇀銀行 [会話]
¶かなりの金 mucchio di denaro / fior di quattrini ¶わずかな金 quattro soldi / poco denaro ¶金の問題[心配] questioni di denaro ¶金がある avere soldi ¶金がない non avere soldi ¶金が足りない essere a corto di quattrini [denaro] ¶金を貯める mettere da parte dei soldi / accumulare [risparmiare] denaro ¶金を目当てに結婚する fare un matrimonio d'interesse ¶金をもうける fare soldi ¶ピアノを買う金 soldi destinati a comprare il pianoforte ¶何億というお金を注ぎ込む investire centinaia di milioni in *ql.co.* ¶服[本 / 旅行]にお金をつぎ込む spendere molto in vestiti [in libri / in viaggi] ¶金を使う spendere denaro ¶金を湯水のように使う avere le mani bucate / buttare i soldi dalla finestra ¶金を上手に使う saper spendere bene ¶金をこしらえる fare quattrini ¶こんなぜいたくをしてよく金がつづくねえ. Come fanno a bastarti i soldi, continuando a vivere in questo lusso? ¶この庭にはお金がかかっている. Questo giardino è costato un mucchio di soldi [denaro]. ¶お金ができたらすぐ送ります. Appena avrò il denaro te lo spedirò subito. ¶金で買えないものもある. Non tutto si può comprare con i soldi. ¶金に困って家を売った. Essendo a corto di denaro, ho venduto la casa. ¶時計を売って金にした. Ho racimolato dei soldi vendendo l'orologio. ¶時は金なり.《諺》"Il tempo è denaro." ¶地獄の沙汰も

金次第.《諺》"Il denaro può tutto." / "Il denaro è la chiave che apre tutte le porte." / Senza soldi non si fa nulla.

[慣用] 金がうなる essere imbottito d'oro, essere ricco [男複 -chi] sfondato, avere soldi a palate, nuotare [navigare] nell'oro ¶彼は金がうなるほどある. Nuota [Sguazza] nell'oro.

金が物を言う ¶金が物を言う世の中だ. In questo mondo sono i soldi che contano.

金に飽かす ¶金に飽かせて大きな家を建てた. Ha costruito una grande casa senza badare a spese [senza (fare) economie].

金に糸目を付けない ¶彼は金に糸目を付けない. Non si mette a contare i soldi.

金になる ¶これを売れば大した金になる. Se lo vendo, faccio un sacco di soldi. ¶これは金になる. Questo renderà molto. / Ci si può ricavare molto. / È un ottimo affare.

金に目がくらむ ¶金に目がくらんで危ない仕事を引き受けた. Accecato dalla brama di denaro, ho accettato anche lavori pericolosi.

金の切れ目が縁の切れ目《諺》 "Quando la miseria entra dalla porta, l'amore esce dalla finestra." / "Finiti i soldi, finito l'amore." /《友情》 "Chi cade in povertà, perde ogni amico."

金のなる木 ¶彼は金のなる木を持っている. Per le mani ha la gallina dalle uova d'oro.（直訳すると「彼は金の卵を産むにわとりを持っている」）

金は天下の回りもの《諺》 "Il denaro va e viene." / "Il denaro è tondo e convien che rotoli."

金を食う essere un [《女性》una] mangiasoldi, richiedere grandi investimenti [spese]

金を寝かす lasciare il denaro infruttifero [inutilizzato]

かね 鐘 campana⼥; 《小さな》campanella⼥; 《鐘の音》rintocco男[複 -chi]; 《連打された》scampanellio男[複 -ii]; scampanio男[複 -ii] ¶始業の鐘 la campanella d'inizio del lavoro ¶鐘をつく suonare una campana ¶弔いの鐘 rintocco funebre ¶教会の鐘が鳴る. La campana della chiesa suona [rintocca]. ¶鐘が聞こえる. Si sente il rintocco di una campana.

❖鐘つき《鐘をつくこと》scampanio男
鐘つき堂 campanile男, torre⼥ campanaria;《仏教寺院の》tettoia⼥ della campana
鐘つき番 campanaro男[⼥ -a]

かねあい 兼ね合い ¶それは状況との兼ね合いで解決しなければならない. Dobbiamo deciderlo tenendo conto della situazione. ¶醤油と酢の兼ね合いが大切だ. L'equilibrio tra salsa di soia e aceto è importante.

かねかし 金貸し《人》prestatore男[⼥ -trice] di denaro;《高利貸し》usuraio男[⼥ -ia;男複 -i]

かねがね 予予 ¶ご高名はかねがね伺っておりました. La conosco di fama da qualche tempo.

かねぐり 金繰り finanziamento男 ¶金繰りが苦しい avere difficoltà nel procurarsi [nel reperire] fondi ¶金繰りに困っている stare "piuttosto male a finanze [in difficoltà finanziarie]

かねじゃく 曲尺・矩尺 《木工などに用いるL字形の物差し》squadra⼥

かねずく 金尽く ¶彼はなんでも金尽くで解決しようとする. Cerca di aggiustare tutto col denaro. ¶彼は金尽くでは動かないよ. Non si muoverà per denaro.

かねそなえる 兼ね備える ¶彼は文武を兼ね備えている. Unisce in sé sia la penna che la spada.

かねつ 加熱 riscaldamento男 ◇加熱する riscaldare [scaldare] ql.co.;《少し温める》dare una scaldata a ql.co.;《火にかける》mettere ql.co. sul fuoco;《温度を上げる》elevare la temperatura di ql.co. ¶この牡蠣(かき)は加熱してから食べてください. Cucinate [Cuocete] queste ostriche prima di mangiarle.

❖加熱処理 trattamento男 termico [複 -ci]
「加熱処理済」《表示》"Precotto"（*形容詞）

かねつ 過熱 surriscaldamento男 ◇過熱する《物が主語》surriscaldarsi, riscaldarsi eccessivamente;《人が主語》surriscaldare [riscaldare eccessivamente] ql.co. ¶景気の過熱 eccessiva attività negli affari

❖過熱器《工》surriscaldatore男

かねづかい 金遣い ¶金遣いが荒い essere prodigo [男複 -ghi]《del proprio denaro》/ essere spendaccione [⼥ -a] / essere scialacquatore [⼥ -trice] /《話》avere le mani bucate

かねづまり 金詰まり scarsità [scarsezza⼥ / penuria⼥] monetaria [di denaro];《通貨流動性の不足》scarsa liquidità⼥ monetaria ¶金詰まりになる trovarsi「a corto di denaro [in difficoltà finanziarie / in ristrettezze]

かねづる 金蔓 fonte⼥ di guadagno, filone男 [miniera⼥] d'oro ¶彼はいい金づるをつかんだ. Ha trovato un ricco finanziatore.

かねて 予て 《以前に》precedentemente, in precedenza;《すでに》già, in anticipo;《少し前》qualche tempo fa;《少し前から》da qualche tempo ¶かねての打ち合わせ通りに in "conformità con il [base al] precedente accordo ¶彼はかねての希望をかなえた. Ha realizzato un desiderio accarezzato da tempo. ¶そのうわさはかねてから聞いている. Ho già sentito prima queste chiacchiere.

かねばなれ 金離れ ¶彼は金離れがよすぎる. È troppo「generoso col [largo di] denaro. / È prodigo.

かねまわり 金回り 《流通》circolazione⼥ monetaria;《金融状態》condizioni⼥[複] finanziarie ¶金回りがいい[悪い] essere in buone [cattive] condizioni finanziarie / passarsela bene [male] ¶彼は金回りが悪そうだ. Sembra che sia a corto di denaro.

かねめ 金目 ¶金目の物 oggetto di valore /《宝飾品》preziosi

かねもうけ 金儲け guadagno男 ◇金もうけする guadagnare, fare soldi ¶彼は金もうけがうまい. Ha il senso degli affari. / Sa come far soldi.

❖金もうけ主義 culto del denaro

かねもち 金持ち persona⼥ ricca, ricco男 [⼥ -ca;男複 -chi];《総称》abbienti男[複], ricchi男[複] ¶金持ちになる diventare ricco ¶金持ちの息子 figlio di papà ¶大金持ち miliardario男[⼥ -ia;男複 -i] ¶彼は金持ちの家に生まれた. È nato ricco.

かねる 兼ねる ¶趣味と実益を兼ねる unire l'utile al dilettevole ¶仕事と遊びを兼ねてローマへ行く andare a Roma sia per lavoro sia per divertimento ¶台所は食堂を兼ねている。La cucina serve anche da sala da pranzo. ¶彼は英語と音楽の先生を兼ねている。È contemporaneamente insegnante di inglese e di musica.

-かねる -兼ねる **1**《…できない》non potere [non sapere] + 不定詞, non essere in grado di + 不定詞 ¶そのお話には賛成しかねます。È impossibile essere [trovarsi] d'accordo su questo discorso. ¶残念ながら私にはできかねます。Mi dispiace, ma 《ciò va al di là dei miei mezzi [non mi è possibile]》. ¶見るに見かねて彼を助けてやった。L'ho soccorso, incapace di assistere senza fare niente. ¶彼らは好機到来を待ちかねていた。Aspettavano con impazienza la buona occasione. ¶行くか行くまいか決めかねている。Sono indeciso se andare o no.
2《…しにくい》 ¶まことに申し上げかねますが…. Mi rincresce di doverla importunare [Mi è difficile dirlo], ma…
3《「…かねない」の形で、…するかもしれない》 ¶彼は自殺しかねない。Potrebbe anche suicidarsi. / Non è da escludere che si suicidi. ¶彼は裏切りかねない男だよ。È un uomo capace di tradirci! ¶なんでもしかねないやつだ。È una persona senza scrupoli.

かねん 可燃 ◇可燃性 combustibilità㊛;《引火性》 infiammabilità㊛ ◇可燃性の combustibile; infiammabile
✤可燃ごみ rifiuti㊚[複] combustibili
可燃物 combustibile㊚

かねんど 過年度 anno㊚ (finanziario [fiscale] precedente
✤過年度支出 spese㊛[複] [esborsi㊚[複]] appartenenti "al precedente esercizio [all'anno finanziario precedente]

かの 彼の 〖模様〗2

かのう 化膿 〖医〗 purulenza㊛, suppurazione㊛, maturazione㊛ ◇化膿する suppurare㊌[av, es], venire a [andare in] suppurazione, maturare㊌[es] ◇化膿性の purulento, suppurante, suppurativo
✤化膿菌 germe㊚ piogeno
化膿止め 〖薬〗 antisettico㊚[複 -ci]

かのう 可能 ◇可能な possibile;《実現可能な》realizzabile, fattibile, attuabile;《実行可能な》praticabile, eseguibile. ¶…は可能である。È possibile + 不定詞 [che + 接続法] / Può darsi che + 接続法 ¶もし可能ならば nel caso che sia possibile (+ 不定詞) ¶可能な範囲内で nei limiti del possibile [delle possibilità] ¶不可能が可能となった。L'impossibile è diventato possibile.
✤可能性 possibilità㊛, eventualità㊛, probabilità㊛ ¶可能性を試す《能力を》mettere alla prova le potenzialità ¶あらゆる可能性を試みる tentare tutte le vie possibili ¶成功の可能性はゼロだ。Non c'è alcuna probabilità di riuscita.

かのこ 鹿の子 《模様》disegno㊚ maculato ¶鹿の子の帯 *obi* maculato di chiazze bianche
✤鹿の子編み maglia㊛ a grana di riso, punto㊚ riso

かのじょ 彼女 **1**《あの女性》quella donna㊛;《人称代名詞:三人称単数》lei㊛, ella㊛ (▶口語では lei を用いる) ¶彼女たち loro㊛[複], esse㊛[複]
2《恋人、婚約者》fidanzata㊛;《愛人》amante㊛ ¶マリオに彼女ができた。Mario si è fatto la ragazza.

カノン 〖英 canon〗〖音〗canone㊚

かば 河馬 〖動〗ippopotamo㊚

かば 樺 〖植〗betulla㊛
✤樺色 rosso㊚ bruno, giallo㊚ rossastro

カバー 〖英 cover〗**1**《覆うもの》coperta㊛; soprabcoperta㊛;《自動車・商品などの》telone㊚, tendone㊚;《ブックカバー》sopraccoperta㊛, copertina㊛, fodera㊛ ◇カバーする coprire ¶本にカバーをかける mettere una copertina al libro
2《償う》◇カバーする compensare; coprire ¶損害は保険金でカバーできるでしょう。Il danno potrà esser coperto dall'assicurazione. ¶借入れ金で負債をカバーする. Il credito compensa il debito.
✤カバーガール 〖英〗cover-girl㊛[無変]; ragazza㊛ da copertina

かばいだて 庇い立て ¶彼をかばいだてする者は一人もいなかった。Non c'è stato nessuno a prendere le sue parti [difese].

かばう 庇う 《庇護,保護》proteggere *qlcu*., difendere *qlcu*., prendere *qlcu*. sotto la propria protezione;《弁護》intercedere [parlare] in favore di *qlcu*., prendere le difese di *qlcu*.;《身などを》farsi schermo 《 a, で con》 ¶目をかばう farsi schermo agli occhi

かはく 仮泊 《船舶》ancoraggio㊚[複 -gi] temporaneo

がはく 画伯 insigne pittore㊚ [㊛ -trice], Maestro㊚

かばしら 蚊柱 nugolo㊚ di zanzare

がばっと di colpo ¶「火事だ」という声に皆がばっととび起きた。Al grido di "Al fuoco!" tutti sono balzati in piedi.

かばやき 蒲焼 ¶鰻(うなぎ)のかば焼き anguilla㊛ arrosto / anguilla cotta ai ferri [sulla graticola]

かばらい 過払い pagamento㊚ eccessivo [in eccesso] ◇過払いする pagare troppo (caro);《給料などを》strapagare

かはん 河畔 ¶テーベレ川の河畔を散歩する fare una passeggiata sul lungotevere

かばん 鞄 borsa㊛;《学童・勤め人・弁護士などの》cartella㊛;《トランク》valigia㊛[複 -gie, -ge];《アタッシュケース》valigetta㊛, ventiquattrore㊛[無変];《ボストンバッグ》borsa㊛ sportiva

がばん 画板 tavola㊛ [tavoletta㊛] da disegno

かはんしん 下半身 parte㊛ inferiore del corpo

かはんすう 過半数 maggioranza㊛ ¶女性が出席者の過半数を占めている。La maggioranza dei presenti è composta da donne. ¶賛成過半数でその提案は可決された。La proposta è stata approvata con la maggioranza dei voti.

かひ 可否 affermazione㊛ e negazione㊛;《賛否》(i) pro e (i) contro, il sì e il no ¶可否を問う mettere *ql.co*. ai voti ¶問題の可否を論ずる dibattere i pro e i contro di una questione

かび 華美 sfarzo⒨, magnificenza㊛; lusso⒨, sontuosità㊛, fasto⒨ ◆華美な lussuoso, sfarzoso, fastoso, sontuoso;《けばけばしい》chiassoso ¶華美な生活《内実のない》un tenore di vita appariscente ¶《人》と華美を競う rivaleggiare in sfarzo con qlcu.

かび 黴 muffa㊛ ¶かびが生える ammuffire㊐ [es] / fare [prendere] la muffa ¶かびの生えたパン pane ammuffito ¶チーズはかびだらけだ. Il formaggio è coperto di muffa.

かびくさい 黴臭い ¶この部屋はかび臭い. C'è odore [puzza] di muffa in questa stanza. ¶かび臭い話だね. È una storia vecchia ammuffita. ¶彼の考え方はひどくかび臭い. Ha delle idee molto superate.

かひつ 加筆《修正, 訂正》correzione㊛, revisione㊛, ritocco⒨ [複 -chi] ◇加筆する correggere, rivedere, ritoccare ¶原文に加筆する portare ritocchi a un testo ¶加筆された絵 un quadro ritoccato [修復] restaurato]

がひつ 画筆 pennello⒨《da pittore》

がびょう 画鋲 puntina㊛《da disegno》

かびる 黴る ammuffire㊐ [es], ammuffirsi, prendere [fare] la muffa

かびん 花瓶 vaso⒨ da fiori

かびん 過敏 ◇過敏な ipersensibile《に a》;《心理的に》suscettibile《に a》;《短気な》irritabile;《神経質な》nervoso ¶バイクの騒音には皆過敏になっていた. Il fracasso delle motociclette dava ai nervi.

✤**過敏症** ipersensibilità㊛;《医》iperestenia㊛, eretismo⒨

かふ 下付 ◇下付する《公的書類など》rilasciare; concedere ¶年金を下付する concedere una pensione

✤**下付金** sovvenzione㊛, sussidio⒨ [複 -i]

かふ 寡婦 vedova㊛

かぶ 下部 parte㊛ inferiore

✤**下部機関**《支店・出張所など》succursale㊛, agenzia㊛

下部構造《経》infrastruttura㊛;《上部構造に対して》struttura㊛

下部組織 sezione㊛ subordinata

かぶ 株 **1**《木の切り株》ceppo⒨;《植物の一本一本・根》cespo, cesto ¶レタス[桜草]ひと株 un cespo di lattuga [primule] ¶ほうれん草一株 un cesto di spinaci **2**《株式》azione㊛;《株式証券, 株券》certificato⒨ azionario [複 -i], cartella㊛ azionaria, azione㊛, titolo⒨ azionario ¶株を買う comprare titoli [azioni] ¶株をやる giocare [speculare] in Borsa ¶株でもうける guadagnare in Borsa ¶株が上がって[下がって]いる. Le azioni sono in rialzo [in ribasso]. /《相場全体の場合》Le quotazioni sono in rialzo [in ribasso]. **3**《評価》stima㊛ ¶彼の株が上がった. Le sue azioni sono in rialzo. / Gode di maggiore stima rispetto a prima.

✤**株分け** divisione㊛ di una radice per dare origine a una nuova pianta

かばん
1 トランク baule⒨. **2** ポートマントー baule⒨ armadio. **3** スーツケース valigia㊛. **4** ガーメントバッグ portabiti⒨[無変]. **5** ブリーフケース borsa㊛ portadocumenti [無変]. **6** アタッシュケース ventiquattrore㊛[無変]. **7** ボストンバッグ borsa㊛ da viaggio. **8** ショルダーバッグ borsa㊛ a tracolla. **9** ハンドバッグ borsetta㊛. **10** ショッピングバッグ borsa㊛ della spesa. **11** 旅行かばん borsone⒨ da viaggio. **12** 巾着(きんちゃく) scarsella㊛. **13** デイパック zainetto⒨. **14** ゴルフバッグ sacca㊛ da golf. **15** リュックサック zaino⒨. **16** クラッチバッグ borsello⒨, borsetta㊛ senza manico. **17** ウエストポーチ marsupio⒨. **18** 掛け金 serratura㊛. **19** ふた coperchio⒨. **20** フット piedino⒨. **21** キャスター rotella㊛. **22** 取っ手 manico⒨. **23** マチ soffietto⒨. **24** フラップ, かぶせ ribalta㊛. **25** ファスナー cerniera㊛. **26** サイドポケット tasca㊛ laterale. **27** ショルダーストラップ tracolla㊛. **28** 留め金 gancio⒨.

[関連]
額面株 azioni[女][複] a valore nominale **貸し株** riporto[男] **議決権[無議決権]株** azioni con [senza] diritto di voto **記名[無記名 / 後配]株** azioni nominative [al portatore / a pagamento differito] **実株** azioni reali **上場[非上場]株** azioni quotate [non quotate] in Borsa **新[旧]株** nuove [vecchie] azioni **通常株** azioni ordinarie **統合株** azioni consolidate **人気株** azioni particolarmente richieste **浮動株** flottante[男] **無償[優先]株** azioni gratuite [preferenziali] **優良株** 〔英〕 blue chip[男][無変]; titoli[男][複]「di prim'ordine [sicuri / ben affermati] **累加的優先株** azioni privilegiate cumulative

かぶ 蕪 〘植〙 rapa[女]
がふ 画布 tela[女] (per dipingere)
かふう 家風 ¶家風に合わない non essere adatto alle tradizioni [agli usi / ai costumi] della famiglia
がふう 画風 stile[男] (pittorico [複 -*ci*]) ¶北斎の画風 stile di Hokusai
カフェ 〔仏 café〕⇒喫茶店
カフェイン 〔英 caffeine〕 caffeina[女]
✤**カフェインレスコーヒー** caffè[男] decaffeinato; caffè Hag[男] (►Hagは商標)
カフェオレ 〔仏 cafè au lait〕 caffellatte[男]
カフェテリア 〔英 cafeteria〕 self-service[男][無変]; tavola[女] calda; 《火を通さない食べ物をだす》 tavola[女] fredda
かぶか 株価 〘経〙 corso[男] di Borsa
✤**株価規制** regolamentazione[女] dei prezzi di listino in borsa
株価指数 indici[男][複] azionari, numeri[男][複] indici di Borsa
株価収益率 rapporto[男] prezzo-utili
株価操作 operazione[女] dei prezzi di listino in borsa
がぶがぶ ¶がぶがぶ飲む tracannare *ql.co.* ¶ジュースでお腹ががぶがぶだ. Ho la pancia zeppa di succo di frutta.
かぶき 歌舞伎 (teatro[男]) *kabuki*[男][無変]
かふく 禍福 ¶人生の禍福 le vicissitudini [gli alti e bassi] della vita
[慣用] **禍福は糾(あざな)える縄の如し** La buona e la cattiva sorte si avvicendano. / La vita è un intreccio di venture e sventure.
かふくぶ 下腹部 basso ventre[男]; 〘解〙 ipogastr*io*[男][複 -*i*]
かぶけん 株券 ⇒株 2
かぶさる 被さる **1**《覆う》 ¶彼の額(ひたい)に一房の髪がかぶさっていた. Un ciuffo gli cadeva sulla fronte. ¶黒雲が頭上にかぶさっていた. Il cielo era coperto di nuvole nere.
2《責任などがかかってくる》 ¶彼が休んだために仕事が全部私にかぶさってきた. Ho dovuto farmi carico di tutto il lavoro a causa della sua assenza.
かぶしき 株式 azioni[女][複], titoli[男][複] ¶株式を発行する emettere azioni
✤**株式会社** società[女] per azioni; 《略》 S.p.A.
株式市場 mercato[男] azionar*io* [複 -*i*], Borsa[女] (Valori) ¶株式市場の崩壊 crollo dei prezzi in Borsa
株式資本 capitale[男] azionario [in azioni]
株式操作 operazioni[女][複] borsistiche [di Borsa]
株式相場 quotazioni[女][複] di Borsa
株式相場表 listino[男] di Borsa
株式取引所 Borsa[女] Valori
株式仲買人 agente[男] di cambio
株式配当金 dividendo[男] (azionario)
株式分割 frazionamento[男] azionario
株式名義書換え trasferimento[男] di azioni
株式持ち合い azioni[女][複] di borsa condivise
株式持ち分 capitale[男] netto
カフス 〔英 cuffs〕〘服〙 polsini[男][複]
✤**カフスボタン** gemelli[男][複]
かぶせる 被せる **1**《のせる, かける》 mettere,

[日本事情] **歌舞伎**
È la più rappresentativa delle forme teatrali giapponesi premoderne, sorta come arte popolare che concentra in sé il dramma, la musica e la danza, circa 400 anni fa insieme al *bunraku* (arte dei burattini).
Durante il periodo Edo, si sviluppò lontano dalla protezione dei nobili e ancora adesso richiama grande pubblico.
Si dice che abbia avuto origine dalla danza eseguita a Kyoto verso il 1603 dalla sacerdotessa Okuni del tempio shintoista Izumo. All'inizio era una danza in cui le donne recitavano i ruoli principali.
Nel periodo successivo il governo proibì la partecipazione delle donne per motivi morali e le parti femminili furono affidate a giovani di bell'aspetto. In seguito anche tale forma venne proibita (1653) ed il kabuki assunse la forma attuale in cui le parti femminili sono affidate a uomini (*onnagata*). L'interpretazione venne sempre più stilizzata, la tecnica teatrale, i vestiti, il trucco ed i movimenti enfatizzati.

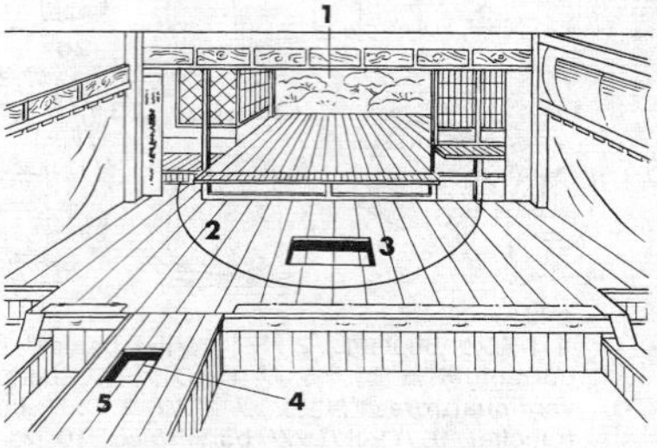

歌舞伎舞台
1 書割(かきわり) scenario[男]. **2** 回り舞台 palcoscenico[男] girevole. **3** 迫り穴 botola[女]. **4** すっぽん botola[女] situata sulla passerella. **5** 花道 *hanamichi*, passerella[女].

coprire ¶子供に帽子をかぶせる mettere il cappello al bambino ¶虫歯にプラチナをかぶせてもらう farsi mettere una corona [una capsula] di platino a un dente cariato ¶…に水をかぶせる versare dell'acqua su *ql.co.* [*qlcu.*] ¶死体に毛布をかぶせる coprire il cadavere con una coperta **2**《人に負わせる》¶罪を他人にかぶせる dare la colpa agli altri / far ricadere la colpa sugli altri

カプセル〔独 Kapsel〕capsula㊛ ¶宇宙カプセル capsula spaziale
✤カプセルホテル hotel㊚ [無変] con minuscole camere delle dimensioni di una cuccetta, hotel㊚ [無変] ad alveare

かふそく 過不足 ◇過不足なく né più né meno; opportunamente ¶3人の子供に過不足なく分配された遺産 eredità divisa equamente fra i tre figli

カプチーノ〔伊〕cappuccino㊚

かふちょうせい 家父長制《史》patriarcato㊚

かぶと 兜・冑 elmo㊚, elmetto㊚
慣用 かぶとを脱ぐ《降参する》gettare la spugna, arrendersi [cedere] a *qlcu.*;《負けを認める》darsi per vinto, ammettere la sconfitta ¶彼にはかぶとをぬぐよ。È assai più bravo di me.

かぶと

かぶとがに 兜蟹《動》xifosuri㊚ [複], limulo㊚, granchio㊚ [複 -chi] reale

かぶとむし 甲虫・兜虫《昆》scarabeo㊚ ercole;《角が後方に曲がっているもの》scarabeo㊚ rinoceronte;《甲虫類》coleotteri㊚ [複]

かぶぬし 株主 azionista㊛㊚ [㊚複 -i]
✤株主権 diritti㊚ [複] degli azionisti
株主総会 assemblea㊛ generale degli azionisti ¶定時[臨時]株主総会 assemblea ordinaria [straordinaria] degli azionisti
株主名簿 libro㊚ [lista㊛] degli azionisti

カプリチオ《音》capriccio㊚ [複 -ci]

かぶりつき 齧り付き《劇場などの》la prima fila㊛ (della platea)

かぶりつく 齧り付く addentare, mordere, azzannare

がぶり ¶犬が私の足にがぶりとかみついた。Il cane mi「ha addentato la [ha dato un morso alla] gamba improvvisamente.

かぶりもの 冠り物 copricapo㊚

かぶる 被る **1**《覆う》mettersi *ql.co.* ¶帽子をかぶる[かぶっている] mettersi [portare] il cappello ¶頭にスカーフをかぶる coprirsi il capo con un foulard
2《上から浴びる》¶頭から水をかぶる versarsi acqua sulla testa ¶ほこりをかぶって長い道を歩いた。Ha camminato a lungo coperto di polvere.
3《身に引き受ける》assumere, addossarsi ¶いったいどうして彼が弟の罪をかぶることになったのか。Come mai gli è stata addossata la colpa di suo fratello?

かぶれ 1《皮膚の》《医》eruzione㊛ cutanea, esantema㊚ [複 -i];《アレルギー性皮膚炎》《医》dermatite㊛ allergica **2**《感化されること》¶アメリカかぶれの人 persona americanizzata ¶左翼かぶれの若者 giovane㊚㊛ sinistroide

かぶれる 1《皮膚が》avere un'eruzione cutanea [un esantema] ¶漆(うるし)にかぶれる avere un'intossicazione prodotta dalla lacca
2《感化される》essere permeato [infatuato] di *ql.co.* ¶彼は前衛主義に大いにかぶれている。È molto influenzato dall'avanguardismo.

かふん 花粉《植》polline㊚
✤花粉管 budello㊚ [tubo㊚] pollinico [複 -ci]
花粉症《医》allergia㊛ [複 -gie] ai pollini, pollinosi㊛ [無変]
花粉数 misurazione㊛ della quantità di polline nell'atmosfera

かぶん 過分 ◇過分な eccessivo, smoderato, smodato ¶過分な報酬をいただいた。Mi è stato pagato un generoso onorario. ¶過分なおほめをいただき恐縮です。Temo di non meritare tutti questi elogi.

かぶん 寡聞 ¶寡聞にして私はまだそのことを知りません。Non essendo ancora stato informato, non ne so niente.

かぶんすう 仮分数《数》frazione㊛ impropria

かべ 壁 **1**《外壁》muro㊚ [複 i *muri*];《城壁, 城塞(じょうさい)》muro㊚ [複 *le mura*];《内壁》parete㊛ ◇壁の murale; parietale ¶壁をはさんで隣り合わせに住む abitare muro a muro / essere a muro (con *qlcu.*) ¶壁にいろいろな絵を掛ける appendere diversi dipinti alle pareti ¶壁をクリーム色に塗る dipingere le pareti di colore crema ¶ベルリンの壁の崩壊 caduta del muro di Berlino ¶壁に向かってしゃべっているみたいなものだ。È come parlare al muro. ¶壁に耳あり。《諺》"Anche i muri hanno orecchie."
2《障害》ostacolo㊚, intoppo㊚, intralcio㊚ [複 -ci], barriera㊛ ¶氷の壁 barriera di ghiaccio ¶思想の壁をぶち破る abbattere le barriere ideologiche ¶私の計画はすべて壁にぶち当たった。Tutti i miei progetti「si sono arenati [hanno trovato un muro davanti].
✤壁掛け tappezzeria
壁掛けテレビ televisione㊛ a muro
壁紙 carta㊛ da pareti;《コンピュータ》sfondo㊚ ¶壁に壁紙を貼る tappezzare la parete con carta da pareti
壁新聞 giornale㊚ murale
壁土《漆喰(しっくい)の》malta㊛ per intonaco;《わら入り粘土の》malta㊛ di argilla e paglia

かへい 貨幣 moneta㊛, denaro㊚; valuta㊛;《硬貨》conio㊚ [複 -i] ◇貨幣の monetario [複 -i] ¶補助貨幣 moneta frazionaria [divisionale] ¶信用貨幣 moneta fiduciaria [a corso forzoso] ¶貨幣を発行する emettere denaro ¶貨幣を鋳造する coniare [battere] moneta ¶貨幣の流通 circolazione monetaria ¶貨幣の限界効用《経》utilità marginale della moneta
✤貨幣価値 valore㊚ monetario
貨幣供給 offerta㊛ di moneta
貨幣経済 economia㊛ monetaria

貨幣市場[**制度**] mercato㊚ [sistem*a*㊚ [複 *-i*]] monetario
貨幣単位 unità㊛ monetaria
貨幣鋳造 coniatura㊛, monetazione㊛
貨幣流通高 volume㊚ monetario
がべい 画餅 ¶計画はすべて画餅に帰した. Tutti i progetti sono finiti in niente [sono andati in fumo].
かへん 可変 ◇可変の variabile, cambiabile, trasformabile
✤**可変コンデンサー** 〘電子〙 condensatore㊚ variabile
かべん 花弁 〘植〙 petalo㊚
かほう 下方 ¶下方を見下ろす guardare 「in giù [verso il basso] ¶下方に街が見える. Laggiù si vede una città.
かほう 加法 〘数〙 addizione㊛
かほう 果報 ¶果報は寝て待て.《諺》"Tutto arriva a chi sa aspettare." / "Col tempo e con la paglia maturano le nespole."
✤**果報者** fortunat*o*㊚ [㊛ *-a*] ;《諧》fortunell*o*㊚ [㊛ *-a*]
かほう 家宝 tesoro㊚ di famiglia
かほう 家法 《家のしきたり》usi㊚[複] e tradizioni㊛[複] familiari;《家伝の技法》tecnica㊛ [arte㊛] tramandata da padre in figlio
がほう 画法 tecnica㊛ [arte㊛] pittorica
がほう 画報 rivista㊛ illustrata [《写真が主の》fotografica]
かほうわ 過飽和 〘化〙 soprassaturazione㊛ ¶過飽和溶液 soluzione soprassatura
かほご 過保護 protezione㊛ [cura㊛] eccessiva ¶過保護に育つ crescere troppo coccolat*o* [viziat*o*]
カポジにくしゅ カポジ肉腫 〘医〙 sarcom*a*㊚ [複 *-i*] di Kaposi
かぼそい か細い esile, snello, delicato ¶か細い少女 una ragazza esile [snella] come un giunco
かぼちゃ 南瓜 zucca㊛
ガボット 〔仏 gavotte〕〘音〙 gavotta㊛
かま 釜・罐・窯 **1**《料理器具》marmitta㊛, pentola㊛ ⇒鍋 [図版] ¶圧力釜 pentola a pressione **2**《ボイラー》caldaia㊛ **3**《かまど》forno㊚, fornace㊛
[慣用] **ひとつ釜の飯を食う** ¶彼とはひとつ釜の飯を食った仲だ. Abbiamo condiviso tutto sotto lo stesso tetto.
かま 鎌 falce㊛;《小形の》falcetto㊚ ¶干し草を鎌で刈る falciare il fieno / mietere il fieno con la falce
[慣用] **鎌をかける** cercare di sapere *ql.co.* da *qlcu.* facendo giri di parole
がま 蒲 〘植〙 mazzasorda㊛
がま 蝦蟇 〘動〙 rospo㊚
カマーバンド 〔英 cummer bund〕〘服〙 fa*scia*㊛ [複 *-sce*] di seta
かまう 構う **1**《気遣う》badare a *ql.co.* [*qlcu.*], preoccuparsi di *ql.co.* [*qlcu.*] ¶なりふり構わずに暮らす vivere senza curarsi di come ci vedono gli altri ¶彼は身なりに構わない. Non bada all'abbigliamento. / Non si cura dell'abbigliamento.
2《問題にする》 ¶人の陰口など構わずに, やりたいことをやりたまえ. Fa' quello che preferisci senza curarti dei pettegolezzi altrui. ¶構うものか. Non m'importa. /《俗》Me ne frego. /《親》Me ne infischio. ¶彼が行こうが行くまいが構いやしない. Importa poco che lui vada o no. ¶これで構わないよ. Va bene così. ¶靴のまま入っても構いませんか. Le dà fastidio se entro con le scarpe?

[語法] **non mi importa (di)** + [不定詞]
「…できなくてもかまわない」の意味では, di以下に一般的に, あるいは社会通念上, 肯定・否定を問わず価値や評価の定まっている事柄を置き, それを否定したり覆したりするときに用いる.
¶たくさん稼げなくてもかまわない. Non mi importa (di) guadagnare molto.
「…したってかまわない」の意味では, di以下をネガティブな内容で表現する.
¶残酷だと思われようがかまわない. Non mi importa (di) apparire crudele.
¶面目を失ってもかまわない. Non mi importa (di) perdere la faccia.

3《世話をする》avere [prendersi] cura di *qlcu.*, occuparsi di *qlcu.* ¶子供を構う prendersi cura dei figli ¶たいしたお構いもできませんで失礼いたしました. Mi scusi per la modesta accoglienza. (►イタリアでは, 単なるあいさつではなく, 本当に十分もてなすことができなかった場合に用いる)
4《立ち入る》 ¶関係のないことには構わないほうがいい. Non preoccuparti di ciò che non ti riguarda. ¶私の問題に構わないでくれ. Non ficcare [mettere] il naso nei fatti miei!
5《からかったりふざけたりする》 ¶子供に構わないでください. Lascia il bambino in pace. ¶犬を構ってはいけません. Non molestare il cane!
かまえ 構え **1**《建物の構造》struttura㊛, costruzione㊛;《様式》stile㊚;《外見》apparenza㊛, aspetto㊚ ¶ヨーロッパ風の構えの古い家 vecchia casa di stile europeo ¶壮麗な構えの宮殿 palazzo pomposo ¶立派な構えの家 una casa dall'aspetto imponente
2《態度》atteggiamento㊚;《姿勢》posizione㊛, posa㊛ ¶横柄な構え atteggiamento arrogante
かまえる 構える **1**《家・店などを》 ¶一家を構える mettere su casa /《結婚して》mettere su famiglia ¶彼は東京に大きな会社を構えている. Ha una grande azienda a Tokyo. ¶彼は小さな喫茶店を構えて生計をたてている. Si guadagna il pane con un piccolo bar.
2《ある態度をとる》 ¶平然と構える restare calm*o* [impassibil*e* / imperturbabil*e*] ¶横柄に構える assumere un atteggiamento arrogante [altezzoso] ¶守勢に構える mettersi in guardia ¶彼はのんきに構えている. Se la prende comoda [con calma] ¶彼はどうしてあんなに構えてしゃべるのだろう. Perché assume un atteggiamento così difensivo [rigido], quando parla?
かまきり 蟷螂 〘昆〙 mantide㊛ (religiosa)
がまぐち 蝦蟇口 portamonete㊚[無変] ; borsellino㊚

かまくび 鎌首 ¶蛇がかま首をもたげる. Il serpente alza la testa.

かまける ¶子供にかまけて仕事に集中できない. Sono così occupato a prendermi cura dei figli che non riesco a concentrarmi nel lavoro.

-がましい ¶おしつけがましい言い方をする parlare in modo autoritario ¶言い訳がましい説明 spiegazione che ha tutta l'aria di essere una scusa ¶差し出がましい忠告 consiglio non richiesto

かます 魳《魚》barracuda㊚, sfirena㊛, luccio㊚《複》-ci di mare;《カワカマス》luccio㊚

かます 嚙ます ¶〈人〉に猿ぐつわをかます imbavagliare [mettere il bavaglio a] qlcu.

かまち 框《枠》intelaiatura㊛; infisso㊚;《床の》zoccolo㊚

かまど 竈 forno㊚;《台所用の》fornello㊚ 慣用 かまどを分ける mettere su una nuova famiglia

かまとと ¶かまととぶる fingersi innocente / recitare [fare] la parte dell'innocente ¶あの娘はかまととぶっている. Fa la santerellina. (►santa「聖女」に縮小辞がついた)

かまぼこ 蒲鉾 pasticcio㊚《複》-ci di pesce preparato di solito in forma semicilindrica ❖蒲鉾型の semicilindrico[㊚複 -ci], semicircolare

かまもと 窯元 fabbrica㊛ di ceramiche e porcellana;《人》ceramista㊚㊛《複》-i

かまゆで 釜茹で ¶釜ゆでの刑 esecuzione capitale che prevede l'immersione di un condannato in un calderone d'acqua bollente

がまん 我慢 sopportazione㊛, pazienza㊛, perseveranza㊛;《忍耐力, 耐久力》tolleranza㊛ ◇我慢する sopportare [tollerare] qlco. [qlcu.], pazientare[av];《満足する》accontentarsi di qlco.;《なしで済ます》fare a meno di qlco. [＋不定詞];《あきらめる》rassegnarsi a qlco. [＋不定詞];《自制する》controllarsi, trattenersi (dal ＋不定詞);《許す》tollerare [perdonare] qlco. [qlcu.] ◇我慢強い《辛抱強い》paziente;《暑さ・寒さ・飢えなどに耐える》resistente (a qlco.), tollerante (per qlco.) ◇我慢強く con pazienza, pazientemente, con perseveranza, con sopportazione ¶怒りたいのを我慢する trattenere l'ira / trattenersi dall'arrabbiarsi ¶我慢できない痛み dolore insopportabile [intollerabile] ¶我慢に我慢を重ねたが, ついに我慢しきれなくなった. Sopporta oggi, sopporta domani, alla fine ho perso la pazienza. ¶彼のやり方には我慢ならない. Non sopporto il suo modo di fare. ¶バターを切らしているのでマーガリンで我慢してね. Accontentati della margarina, perché il burro è finito. ¶3日もタバコなしで我慢した. Ho resistito senza fumare [Ho fatto a meno delle sigarette] per ben tre giorni. ¶あの絵は喉から手が出ほど欲しかったが我慢した. Desideravo ardentemente quel quadro, ma ci ho dovuto rinunciare. ¶おかしくてたまらなかったが我慢して笑わなかった. ¶死ぬほど笑いたかったが堪えた. C'era da morire dal ridere, ma sono riuscito a trattenermi. ¶我慢してください. Porti [Abbia] pazienza. ¶もうやつには我慢ならない. Non ne posso più di quello!

かみ 上 **1**《上方》parte㊛ superiore ¶川を10キロ上にさかのぼる risalire il fiume per 10 km **2**《短歌で》¶上の句 le prime 17 sillabe di un tanka

かみ 加味 ¶厳しい躾(しつ)の中に遊びを加味する mitigare un'educazione severa con un po' di gioco / aggiungere un po' di gioco a un'educazione severa

かみ 神 《キリスト教の》Dio㊚ (►ふつう無冠詞), Iddio㊚, il Signore㊚, l'Onnipotente, l'Eterno, l'Essere Supremo;《創造主》il Creatore㊚;《他の宗教の》il dio㊚, divinità㊛;《多神教の神》gli dei㊚[複];《女神》dea㊛ ¶神に祈る pregare Dio [Iddio] ¶神として崇める divinizzare [deificare] qlcu. [ql.co.] / adorare qlcu. [ql.co.] come un dio ¶神を信じる credere in Dio ¶神を讃える lodare [glorificare] Dio ¶神様のおかげで grazie a Dio / ringraziando Dio / per fortuna ¶神のみぞ知る. Lo sa solo Iddio. ¶神の子キリスト il Figlio di Dio ¶神の民 il popolo di Dio ¶神も仏もあるものか. "Non c'è santo che tenga!" ¶神の御加護がありますように. Che il cielo ti protegga!

慣用 神かけて ¶神かけて誓う giurare su Dio (che ＋接続法) ¶神かけて誓います. Lo giuro mettendo le mani sul fuoco. / Lo giuro su Dio.

触らぬ神に祟(たた)りなし《諺》"Non svegliare il can che dorme"

かみ 紙 carta㊛;《紙片》foglio㊚[複 -gli] ◇紙(製)の di carta ¶1枚の紙 un foglio di carta ¶紙の箱 scatola di carta ¶紙で包む avvolgere ql.co. nella carta / incartare ql.co. / impacchettare ql.co. con la carta ¶紙を折る[たたむ]《ri》piegare un foglio di carta ¶紙をひろげる svolgere un foglio di carta ¶紙を漉(す)く fabbricare carta

❖紙入れ《財布》portafogli(o)㊚[無変]
紙おむつ pannolino㊚ di cellulosa
紙切れ pezzo㊚ di carta
紙屑 ⇒見出し語参照
紙コップ bicchiere㊚ di carta
紙細工 lavoro㊚ [opera㊛] di carta
紙漉(す)き fabbricazione㊛ della carta;《人》fabbricante㊚ di carta
紙包み pacco㊚[複 -chi] di carta
紙つぶて pallina㊛ di carta arrotolata
紙詰まり ¶プリンターの紙詰まりをおこした. Si è inceppato un foglio nella stampante.
紙鉄砲 cerbottana㊛ di bambù per palline di carta
紙ナプキン tovagliolo㊚ di carta
紙粘土 cartapesta㊛
紙挟み《ペーパー・ホルダー》cartella㊛;《クリップ》fermaglio㊚[複 -gli], graffa㊛;〔英〕clip㊛[無変]
紙袋 sacchetto㊚ di carta
紙吹雪 coriandoli㊚[複] ¶五色の紙吹雪が舞った. Coriandoli multicolori danzavano nell'aria.
紙やすり carta㊛ vetrata [smerigliata]

かみ 髪 《1本の》capello㊚;《毛髪全体》capelli㊚[複], capigliatura㊛, chioma㊛;《整髪, 髪形》pettinatura㊛, acconciatura㊛ ¶太い[細い]髪 capelli spessi [sottili] ¶金色の髪の女 donna dai capelli biondi / una bionda ¶長い[短い / ウェーブのかかった / 細かくカールした / まっすぐな]髪をしている avere i capelli lunghi [corti / ondulati / ricci / lisci] ¶髪を短く切る《自分で》tagliarsi i capelli corti /《美容院などで》farsi tagliare i capelli corti ¶髪を伸ばす farsi crescere i capelli ¶髪を染める《自分で》tingersi i capelli /《美容院で》farsi tingere i capelli ¶髪を染めている avere i capelli tinti ¶髪を七三に分けている portare la riga in parte ¶髪を左で[右で / まん中で]分けている portare la scriminatura a sinistra [a destra / al centro] ¶髪を編む[結ぶ / ほどく] intrecciarsi [legare / sciogliersi] i capelli ¶髪をアップにする tirare su i capelli ¶髪が乱れている avere i capelli in disordine / avere la testa scapigliata / essere spettinato ¶髪をカールする《自分で》arricciarsi [ondularsi] i capelli /《美容院で》farsi arricciare [ondulare] i capelli (►arricciarsiは「細かいカール」, ondularsiは「ゆるやかなウェーブ」) ¶髪をセットする farsi una messa in piega ¶髪を結う《げに》fare un chignon [una crocchia] ¶髪を掻きむしる strapparsi i capelli ¶髪を逆立てる《驚いて》far rizzare i capelli ¶母はすっかり髪が白くなった. A mia madre sono venuti tutti i capelli bianchi. ¶髪が薄くなった. I capelli si sono diradati [sfoltiti] ¶髪が伸びた. I capelli sono cresciuti. ¶風で髪がくしゃくしゃになった. I capelli si sono arruffati per il vento.

❖髪飾り ornamento㊚ per capelli;《ピン留め》fermaglio㊚[複 -gli]

髪形 →見出し語参照

髪結い《整髪》acconciatura㊛, pettinatura㊛;《人》parrucchiere㊚[㊛ -a] ¶髪結いの亭主 marito mantenuto (che vive alle spalle della moglie)

かみあう 嚙み合う 1《互いにかむ》mordersi「l'un l'altro [reciprocamente] 2《歯車などが》ingranare㊀[av], combaciare㊀[av] ¶歯をかみ合わせる stringere i denti ¶2つの歯車をかみ合わせる (far) ingranare due ruote dentate 3《話などが》¶彼らの話はかみ合っていない. Stanno parlando di cose diverse.

かみあわせ 嚙み合わせ《歯の》occlusione㊛ dentale;《歯車の》ingranaggio㊚[複 -gi]

かみがかり 神懸かり・神憑り《人》posseduto㊚[㊛ -a], indemoniato㊚[㊛ -a] ◇神がかりの ispirato;《狂信的な》fanatico㊚[㊚複 -ci];《悪魔的な》posseduto

かみかくし 神隠し sparizione㊛ di una persona ad opera di qualche entità soprannaturale

かみかぜ 神風 vento㊚ divino, tempesta㊛ provvidenziale

❖神風タクシー《人》tassista㊚[㊛複 -i] spericolato

神風特攻隊員 kamikaze㊚[無変]; pilota㊚[複 -i] suicida[複 -i]

かみがた 髪形 acconciatura㊛, pettinatura㊛ ¶流行の髪形 acconciatura alla moda ¶その髪形は君には似合わないよ. Questa pettinatura non ti sta bene.

|関連|
グラデーションカット taglio sfumato シニョン〔仏〕chignon㊚[無変], toupet㊚[無変] シャギー sfoltimento㊚ ショートカット taglio corto;《ボーイッシュに》acconciatura㊛ alla maschietta パーマ permanente㊛ ポニーテール coda㊛ di cavallo ボブ pettinatura㊛ a casco マッシュルームカット caschetto㊚, scalato㊚ 三つ編み treccia㊛[複 -ce] ロングヘア capelli㊚[複] lunghi

かみき 上期 il primo semestre㊚

かみきりむし 髪切虫・天牛〔昆〕cerambice㊚

かみくず 紙屑 carta㊛ straccia [複 -ce], cartaccia㊛[複 -ce] ¶こんな契約書は紙くず同然だ. Questo contratto è solo un pezzo di carta straccia.

かみくだく 嚙み砕く 1《かんで砕く》masticare ql.co. ¶氷をかみ砕く schiacciare un cubetto di ghiaccio con i denti 2《分かりやすくする》¶かみ砕いて説明する spiegare ql.co. a qlcu. in modo「chiaro e semplice [digeribile]

かみころす 嚙み殺す 1《かんで殺す》¶私の猫がねずみをかみ殺した. Il mio gatto ha ucciso un topo「a morsi [dandogli un morso / azzannandolo]. 2《抑える》¶あくびをかみ殺す reprimere [soffocare / frenare] uno sbadiglio ¶笑いをかみ殺す trattenere il riso / mordersi le labbra per non ridere

かみこんしき 紙婚式 il primo anniversario㊚ di matrimonio, le nozze㊛[複] di carta

かみざ 上座 posto㊚ d'onore [di capotavola] ¶上座に座る sedere a capotavola

かみさん 上さん ¶うちの上さん mia moglie ¶魚屋の上さん la signora del pescivendolo

かみしばい 紙芝居 teatrino㊚ ambulante in cui si narra una storia accompagnandola con immagini su dei pannelli di carta

かみしめる 嚙み締める 1《食べ物をよくかむ》masticare ql.co. 2《力を入れてかむ》mordere forte ¶唇をかみしめる mordersi le labbra 3《深く感じとる》meditare [riflettere] su ql.co. ¶喜びをかみしめる assaporare la gioia ¶先生の忠告を十分かみしめる riflettere sul consiglio del maestro

かみしも 裃 vestito㊚ formale dei samurai
|慣用| 裃を着る avere modi formali [cerimoniosi]

裃を脱ぐ assumere modi confidenziali

かみそり 剃刀 rasoio㊚[複 -i] ¶電気[安全]剃刀 rasoio elettrico [di sicurezza] ¶剃刀の刃 filo del rasoio ¶《替え刃》lametta di un rasoio (da barba) ¶剃刀を当てる radersi ¶剃刀を研ぐ affilare un rasoio (sulla coramella)

|慣用| 剃刀の刃を渡る trovarsi in una situazione molto rischiosa

❖剃刀負け infiammazione㊛ cutanea provocata dal rasoio

かみだな 神棚 altarino㊚ domestico[複 -ci] shintoista㊚

かみだのみ 神頼み ¶神頼みする implorare l'aiuto degli dei ¶苦しいときの神頼み.《諺》"Passato il pericolo, dimenticate le preghie-

かみタバコ 嚙み煙草 tabacco男[複 -chi] da masticare ¶かみタバコをかむ masticare tabacco

かみつ 過密 ◇過密化する《都市が》sovrappopolarsi, popolarsi all'eccesso ◇過密の sovraffollato

❖**過密現象**《人口の》(fenomeno男 di) sovrappopolamento

過密ダイヤ《鉄道》orario男[複 -i] ferroviario [複 -i] congestionato

過密都市 città女 sovrappopolata

かみつく 嚙み付く 1《食いつく》mordere [dare un morso a / addentare / azzannare] ql.co. [qlcu.] ¶犬が子供にかみついた。Un cane ha dato un morso al bambino.
2《激しく詰め寄る》¶彼はかみつくような目で私を見た。Mi ha guardato come se volesse addentarmi.

かみつぶす 嚙み潰す ¶彼はにが虫をかみつぶしたような顔をしていた。Aveva l'aspetto disgustato.

カミツレ《植》camomilla女

かみて 上手《観客席から見て右側》parte女 destra del palcoscenico (vista dal pubblico in sala)

かみなり 雷 1《雷鳴》tuono男;《稲妻》fulmine男 ¶雷が鳴る tuonare自[es, av] (▶非人称動詞[es, av] としても用いる) →気象 用語集 ¶ひと晩中雷が鳴っていた。Ha [È] tuonato tutta la notte. ¶木に雷が落ちた。Il fulmine [è caduto [si è abbattuto] su un albero. ¶彼は雷に打たれて死んだ。È morto colpito da un fulmine.
2《どなって叱ること》¶雷のような tuonante ¶おやじの雷が落ちた。Sono piovuti tuoni e fulmini da mio padre.

❖**雷おやじ** vecchio男[複 -chi] collerico [複 -ci] e stizzoso

雷雲 nube女 temporalesca

雷よけ《避雷針》parafulmine男

かみはんき 上半期 il primo semestre男

かみひとえ 紙一重 ¶紙一重の差で勝つ vincere l'avversario per un soffio [per un pelo / con uno scarto minimo] ¶天才と狂人は紙一重。Una linea sottilissima separa il genio dalla pazzia.

かみまきタバコ 紙巻き煙草 sigaretta女

かみよ 神代 era女 degli dei, epoca女 mitologica ¶神代の昔から da tempo immemorabile / dal tempo che Berta filava

かみわける 嚙み分ける ¶彼は酸いも甘いもかみわけた人だ。Conosce la vita. / Ha esperienza del mondo.

かみわざ 神業 opera女 「di Dio [sovrumana];《奇跡》miracolo男, prodigio男[複 -gi], meraviglia女 ¶それは神業だ。È sovrumano [un miracolo]. / Supera le capacità umane.

かみん 仮眠 sonnellino男, pisolino男 ◇仮眠する schiacciare un pisolo [un pisolino / un sonnellino], appisolarsi; pisolare自[av];《昼寝》fare la siesta

カミングアウト〔英 coming-out〕〔英〕 coming out男[無変] ◇カミングアウトする dichiarare di essere omosessuale

かむ 擤む ¶鼻をかむ soffiarsi il naso ¶彼は大きな音をたてて鼻をかんだ。Si è soffiato il naso 「con forza [rumorosamente].

かむ 嚙む 1《かじる》mordere ¶ご飯をよくかんで食べる masticare bene il boccone ¶私は蛇にかまれた。Sono stato morso da un serpente. / Un serpente mi ha dato un morso. ¶犬が骨をかんでいる。Il cane rode l'osso. ¶爪をかむ mangiarsi [rosicchiarsi] le unghie ¶彼は唇を軽くかんだ。Si è mordicchiato le labbra. ¶かんで含めるようにそのことを説明した。Ho spiegato il fatto pazientemente in modo che fosse facilmente digeribile. 2《関係をもつ》¶彼がその陰謀にかんでいたなんて信じられない。È incredibile che abbia preso parte a quel complotto.

カム〔英 cam〕《機》camma女, bocciolo男
❖**カム軸**〔シャフト〕albero男 a camme

ガム〔英 gum〕gomma女 da masticare ¶ガムをかむ masticare la gomma

がむしゃら ◇がむしゃらに come un matto [《女性の場合》una matta], furiosamente;《無謀に》temerariamente

ガムテープ nastro男 adesivo per pacchi

カムバック〔英 come back〕ritorno男, rientro男, riapparizione女, ricomparsa女 ◇カムバックする fare un ritorno [un rientro], ritornare ¶彼は映画界にカムバックした。Ha fatto ritorno nel mondo del cinema.

カムフラージュ〔仏 camouflage〕mimetizzazione女, mascheramento男, travestimento男, camuffamento男 ◇カムフラージュする mimetizzare, mascherare, camuffare, travestire

かめ 瓶・甕 vaso男; giara女;《取っ手が付いた》brocca女

かめ 亀 tartaruga女, testuggine女
[慣用]亀の甲より年の功 "Gli anni portano la saggezza." / "Gli anni danno senno."

かめい 加盟 adesione女, alleanza女, affiliazione女, partecipazione女 ◇加盟する unirsi [prendere parte / associarsi] a ql.co., diventare membro di ql.co., aderire a ql.co. ¶国連に加盟する aderire all'ONU
❖**加盟国** ¶国連加盟国 paese membro dell'ONU

かめい 仮名《偽名、ペンネーム、雅号》pseudonimo男;《芸名》nome男 d'arte ◇仮名の pseudonimo ¶山田太郎という仮名で sotto il nome [con il nome d'arte / con lo pseudonimo] di Taro Yamada

かめい 家名 nome男 di famiglia ¶家名をあげる accrescere il buon nome della famiglia ¶家名を傷つける disonorare la famiglia

カメオ〔英 cameo〕cammeo男

がめつい esoso ¶がめつい奴 tipo ingordo [avido] ¶がめつい商売 un affare predatorio

かめむし 椿象《昆》cimice女 delle piante

カメラ〔英 camera〕macchina女 fotografica;《テレビの》telecamera女;《映画用の》macchina女 da presa;《映画用の 16 ミリ以下の携帯型撮影機》cinepresa女;《ビデオの》videocamera女 ¶一眼レフカメラ reflex男[無変] ad obiettivo singolo ¶デジタルカメラ fotocamera女 [macchina女 fotografica] digitale ¶胃カメラ gastroscopio男 ¶カメラに収める fare una foto(grafia) di ql.co.

[*qlcu.*] / fotografare *ql.co.* [*qlcu.*] ¶カメラを構える essere pronto a scattare ¶カメラのシャッターを切る scattare una foto(grafia) ¶カメラのセルフタイマーをセットする[作動させる] inserire [mettere in funzione] l'autoscatto ¶カメラのピントを合わせる mettere a fuoco ¶カメラにフィルムを入れる「caricare la [inserire un rullino nella] macchina fotografica ¶カメラのフィルムを巻く avvolgere [mandare avanti] il rullino

✤カメラアングル angolazione㊛

カメラ付き携帯電話 cellulare㊚ [telefonino㊚] con fotocamera (incorporata)

カメラ店 negozio㊚ [複 -*i*] di materiale fotografico

カメラマン《プロの写真家》fotografo㊚ [㊛ -*a*] (professionale) ;《新聞などの》fotoreporter㊚㊛ [無変] ;《映画・テレビの》operatore㊚ [㊛ -*trice*] (alla macchina)

カメラワーク〔映〕movimenti㊚ [複] di macchina

カメレオン〔英 chameleon〕《動》camaleonte㊚

かめん 仮面 maschera㊛ ¶仮面をつける mettersi una maschera / mascherarsi ¶仮面をとる《自分の》togliersi la maschera / smascherarsi ¶仮面舞踏会 ballo in maschera ¶〈人〉の仮面をはがす strappare [togliere] la maschera a *qlcu.*

がめん 画面 《テレビの》teleschermo㊚;《映画・映像のひとこま》fotogramma㊚ [複 -*i*] ;《スクリーン》schermo㊚ ¶テレビの画面に登場する apparire sul teleschermo

かも 鴨 **1**〔鳥〕anatra㊛ selvatica **2**《だまされやすい人》gonzo㊚, pollo㊚, fesso㊚, ingenuo㊚ [㊛ -*a*] ;《だまされた人》vittima㊛ (di un imbroglio) ¶鴨にする abbindolare [gabbare / infinocchiare] *qlcu.* / trarre *qlcu.* in inganno ¶鴨になる lasciarsi ingannare [abbindolare] (da *qlcu.*) ¶いい鴨が来たぞ. Ecco un fesso! ¶彼は詐欺師のいい鴨になった. È stato facile preda di quell'imbroglione.

[慣用] **鴨がねぎをしょって来る** Capita un gonzo il quale non chiede altro che di essere alleggerito del suo denaro.

かもい 鴨居〔建〕architrave㊚, piattabanda㊛

かもく 科目 **1**《区分, 項目》articolo㊚, voce㊛, dettaglio㊚ [複 -*gli*] **2**《学科》materia㊛, disciplina㊛ ¶必修[選択 / 選択必修]科目 materia fondamentale [facoltativa / opzionale] ¶試験科目 materia d'esame

かもく 寡黙 ◇**寡黙な** silenzioso, taciturno ¶寡黙な男 uomo「di poche parole [taciturno]

かもく 課目 ⇒科目 2

かもじ 髢 capigliatura㊛ posticcia;〔仏〕toupet㊚ [無変]

かもしか 羚鹿 《動》camoscio㊚ [複 -*sci*] ;《ガゼル》gazzella㊛;《レイヨウ》antilope㊛

かもしだす 醸し出す creare, causare, suscitare ¶彼は巧みな話でなごやかな雰囲気を醸し出した. Con le sue abili parole ha creato un'atmosfera rilassata di amicizia.

-かもしれない forse, può darsi che + [接続法], può essere che + [接続法], può essere +形容詞 ¶もう出かけたかもしれない. Forse è già uscito. / Sarà già uscito. ¶彼は知っているのかもしれないね. Può darsi che lo sappia. ¶そうかもしれない. Può anche darsi. / Può darsi di sì. / Può essere [Sarà / Forse è] vero.

かもつ 貨物 merci㊛ [複] ; carico㊚ [複 -*chi*], 《食料の》derrate㊛ [複] ¶船から貨物を下ろす scaricare merci da una nave ¶列車に貨物を積み込む caricare merci su un treno

✤貨物運賃 tariffa㊛ [spesa㊛] di trasporto

貨物駅 scalo㊚ merci

貨物エレベーター montacarichi㊚ [無変]

貨物自動車 camion㊚ [無変], furgone㊚

貨物証券 cambiale㊛ [tratta㊛] derivante da transazioni commerciali

貨物船 nave㊛ da carico, nave㊛ mercantile, mercantile㊚, cargo㊚ [無変]

貨物倉庫 magazzino㊚ [deposito㊚] merci

貨物輸送 trasporto㊚ merci

貨物輸送機 aereo㊚ da carico, aereo㊚ merci, cargo㊚ [無変]

貨物輸送料 nolo㊚, noleggio㊚ [複 -*gi*]

貨物列車 treno㊚ merci

かものはし 鴨嘴〔鳥〕ornitorinco㊚ [複 -*chi*]

かもめ 鷗〔鳥〕gabbiano㊚;《中型の》gavina㊛ ¶ユリカモメ gabbiano comune

かもん 家紋 insegna㊛ (nobiliare) [stemma㊚ [複 -*i*]] di una famiglia ¶ヴィスコンティ家の家紋 lo stemma dei Visconti

かや 茅・萱〔植〕graminacee㊛ [複]

かや 蚊帳 zanzariera㊛ ¶蚊帳を吊る[はずす] appendere [togliere] una zanzariera

かや 榧〔植〕noce㊛ moscata giapponese;《学名》*Torreya uncifera*

がやがや(と) rumorosamente ¶がやがや騒ぐ fare un baccano /《俗》fare casino ¶がやがや声がする sentire chiasso

かやく 火薬 polvere㊛ da sparo, polvere㊛ pirica ¶黒色[無煙]火薬 polvere nera [senza fumo] ¶綿火薬 fulmicotone㊚ / cotone㊚ fulminante

✤火薬庫 polveriera㊛ (►比喩的にも用いる);《弾薬庫》deposito㊚ di munizioni;《軍艦の》santabarbara㊛ [複 *santebarbare*]

火薬製造所 polverificio㊚ [複 -*ci*]

カヤック〔英 kayak〕〔英〕kayak㊚ [無変], caiacco㊚ [複 -*chi*]

かやぶき 茅葺き・萱葺き ¶かやぶきの小さな家 casetta con tetto composto da lunghi steli di paglia

かやり 蚊遣り ¶蚊やりを焚(た)く fare fumo per tenere lontano le zanzare

かゆ 粥 pappa㊛ leggera di riso in bianco (◆イタリアでは日本のものより固く, ふつう塩味がつけてあり, バターやチーズをかけて食べる)

かゆい 痒い pruriginoso; prudere㊐ (►分詞と複合時制を欠く.「かゆい所」が主語となる), cagionare prurito ◇**かゆみ** prurito㊚, pizzicore㊚, prurigine㊛ ¶手がかゆい. Mi prudono le mani. ¶背中がかゆくなった. Mi ha preso un prurito alla schiena. ¶かゆみがとれた. Non mi prude più. / Il prurito se n'è anda-

かゆい所に手が届く ¶かゆい所に手が届くように世話をしてくれた. Mi ha aiutato fino all'inverosimile. / Si è fatto in quattro per aiutarmi.

かよい 通い ¶ナポリ通いの船 traghetto [nave in servizio regolare] sulla linea di Napoli ¶通いの家政婦 governante [colf] a mezzo servizio

かよいつめる 通い詰める fare frequenti visite a *qlcu.* [*ql.co.*], andare spesso 「a *ql.co.* [in *ql.co.*] / da *qlcu.*」 ¶図書館に通いつめる frequentare assiduamente una biblioteca

かよう 通う 1《通勤・通学する》frequentare *ql.co.*;《よく行く》andare regolarmente《に a》¶学校に電車で通う andare a scuola con il treno ¶子供を学校に通わせる mandare i figli a scuola ¶通い慣れた道 strada familiare [percorsa molte volte]
2《通じる》¶江戸から日光に通う街道 strada che arriva da Edo a Nikko ¶血の通った作品 opera 「cui l'autore si è dato anima e corpo [in cui l'autore ha profuso tutto se stesso]」¶バスが通うようになった. Ora hanno messo una linea di autobus. ¶この針金には電流が通っている. In questi fili passa la corrente elettrica. ¶まだ息が通っている. Respira ancora. / Dà ancora segni di vita. ¶どことなく顔かたちに父親と通ったところがある.《似ている》Nei lineamenti del volto somiglia un po' a suo padre.
3《心が届く》¶〈人〉と心が通う ricambiare l'affetto [l'amicizia] di *qlcu.*;《互いに》ricambiarsi l'affetto [l'amicizia] /《理解し合う》capirsi / comprendersi

かようきょく 歌謡曲 canzone⸋ popolare giapponese (♦ viene cantata con un accompagnamento musicale occidentale)

がようし 画用紙 carta⸋ da disegno

かようせい 可溶性《液体に》solubilità⸋;《熱で》fusibilità⸋ ◇可溶性の solubile; fusibile

かよう(び) 火曜(日) martedì⸋;《略》mar.

かよく 寡欲 ¶彼は寡欲な人だ. Non è avido [bramoso]. / È una persona di poche pretese.

がよく 我欲 egoismo⸋, interesse⸋ personale ¶彼は我欲が強い. È un egoista. / Cerca solo il suo interesse.

かよわい か弱い debole, fragile;《声などが》fievole, fioco [複 *-chi*], lieve, tenue ¶か弱い体 costituzione debole [gracile / delicata] ¶か弱い声 voce fievole [lieve / tenue]

から 空 ◇空の vuoto;《空洞》cavo ◇空にする vuotare, svuotare ¶空のびん bottiglia vuota ¶米びつが空になった. La cassetta di riso si è vuotata.

から 殻 1《卵・くるみなどの》guscio⸋ [複 *-sci*];《牡蠣(かき)の》guscio⸋ [複 *-sci*] (d'ostrica);《貝殻》conchiglia⸋ [複 *-glie*];《甲殻類の》carapace⸋;《穀類の》pula⸋ ¶…の殻をむく sgusciare *ql.co.*
2《閉ざすもの》¶殻に閉じこもる rinchiudersi 「nel *proprio* guscio [in *se* stesso]」¶旧来の殻を破る rompere un'antica [una vecchia] tradizione

-から 1【場所の起点】da ¶車窓から海を眺める guardare il mare dal finestrino del treno ¶家から駅までは歩きます. Vado a piedi da casa alla stazione. ¶フランスからイタリアに入った. Sono entrato in Italia passando dalla Francia. ¶壁のすき間から風が入ってくる. Tra le fessure della parete passa aria.
2【時間の起点】da ¶その時から da quel momento ¶9時から始まる cominciare alle nove ¶ずっと後になってから molto tempo dopo ¶7月10日からこの列車は運転中止になります. A partire dal 10 luglio questo treno verrà soppresso. ¶父が死んでから20年たちます. Sono venti anni che mio padre è morto. / Sono passati 20 anni dalla morte di mio padre.
3【順序・範囲・数量の起点】da ¶まず私からやってみよう. Prima cominciamo da me. ¶何から始めようか. Con [Da] che cosa cominciamo? ¶食べてから出かけます. Dopo aver mangiato, uscirò. ¶この川は深い所では10メートルからある. Nei punti più profondi, questo fiume supera i dieci metri.
4【動作を行う人】da ¶先生から教わる prendere lezioni da un professore ¶両親からひどく叱られた. Sono stato ferocemente rimproverato dai miei.
5【選択の対象となるもの】¶10冊の中から1冊選ぶ scegliere un libro fra dieci ¶ダンテからの一節 un passaggio citato di Dante
6【分離, 解放】da ¶ようやく忙しさから解放された. Finalmente sono libero da ogni impegno. ¶子供は母親からひき離された. Il bambino è stato separato da sua madre.
7【材料, 成分, 構成】da ¶酒は米から作る. Il *sake* viene [si ottiene / si ricava] dal riso. ¶水は酸素と水素からできている. L'acqua si compone di [è composta da / è costituita da] ossigeno e idrogeno. ¶この本は2巻から成っている. Questo libro è in due volumi. ¶委員会は12人から成る Il comitato è composto da dodici membri.
8【根拠】¶聞いたところから判断すると被害は甚大だ. Considerando ciò che ho sentito, sembra che il danno sia stato disastroso. ¶これまでの成績からみて試験には受からないだろう. Visti i [A giudicare dai] risultati finora ottenuti, non supererà gli esami.
9【原因, 動機, 理由】poiché, perché, per il fatto che, a causa di ¶暑いから窓を開けてください. Fa caldo, apri la finestra per favore. ¶雨が降りそうだから傘を持って行く. Prendo l'ombrello, perché credo che pioverà. ¶君がやってくれるから安心している. Ero tranquillo perché credevo che me lo facessi tu. ¶食べたくないからといって何も食べないのはよくない. Anche se non hai appetito, non puoi rimanere completamente a digiuno.
10【いたわり, 脅し】¶いいから, いいから, 大丈夫だよ. Va bene, va bene, non fa niente. ¶ただではおかないぞ. Bada che non te la faccio passare liscia!

がら 柄 1《模様》disegno⸋, modello⸋;《モチーフ》motivo⸋ ¶いい柄の着物を着ていらっしゃいますね. Il suo *kimono* ha dei disegni veramente belli! 2《体格》statura⸋, fisico⸋, corporatura⸋; tipo⸋ ¶柄の大きな子 ragazzo di gros-

sa corporatura **3** 《性格》carattere㊚, natura㊛; tipo㊚ ¶柄の悪い人 persona maleducata [volgare] ¶柄にもないことをするな。È roba che non fa per te, lascia stare! ¶彼は学生運動などやる柄じゃない。Il movimento studentesco non è roba per lui.
❖**柄編み** ¶柄編みのセーター maglione㊚ con disegni
がら 殻 ¶鶏の殻でスープをとる fare un brodo con ossa di pollo
カラー 〔英 collar〕《服》《襟》collo㊚, colletto㊚ ¶ソフト［ハイ］カラー colletto floscio [alto]
カラー 〔英 color〕《色》colore㊚
❖**カラー画像** immagine㊛ a colori
カラーコピー fotocopia㊛ a colori
カラー写真 fotografia㊛ a colori, foto㊛ [無変] colorata
カラーテレビ televisore㊚ a colori
カラーバランス armonia㊛ dei colori
カラーフィルム 《写》pellicola㊛ a colori
がらあき がら空き ¶列車はがらあきだった。Il treno era vuoto.
からあげ 空揚げ・唐揚げ ¶鶏のから揚げ pollo (infarinato leggermente e) fritto
からい 辛い **1**《塩辛い》salato; 《ぴりっとする》piccante;《味付けが強い》saporito;《ワインなどが辛口の》secco㊚複 -chi] **2**《評点が厳しい》rigido, severo, tirato
からいばり 空威張り ◇空いばりする fare il fanfarone [lo spaccone /《女性》la fanfarona / la spaccona]
からいり 乾炒り ¶大豆をから炒りする abbrustolire [arrostire / tostare] i fagioli di soia
カラオケ karaoke㊚ [無変] ¶カラオケで歌う cantare sopra una base musicale
がらおち 瓦落落ち 《相場の》ribasso㊚ improvviso, crollo㊚, brusco [複 -schi] calo㊚
からかいはんぶん からかい半分 ◇からかい半分に per burle, per scherzo, per celia, per scherzare
からかう canzonare qlcu., prendere in giro qlcu., burlarsi di qlcu.;《犬や子供を》stuzzicare [molestare] qlcu. ¶女をからかう molestare [infastidire] una donna
からかさ 傘 ombrello㊚ di bambù e carta oleata
からから 1《乾ききった様子》¶のどがからからだ。Ho la gola secca dalla sete. **2**《空っぽの様子》¶財布がからからになった。Ho svuotato il portafoglio. **3**《乾いた軽い音》¶あき缶がからからと転がった。Una scatoletta di latta vuota è rotolata rumorosamente. ¶彼はからからと高笑いをした。Ha riso a crepapelle.
がらがら 1《音》¶なべががらがらと床に落ちた。La pentola è caduta sul pavimento con fracasso. ¶彼の自信はがらがらと音を立てて崩れた。Le sue certezze sono andate in pezzi [in fumo]. **2**《詰まっていない様子》¶列車はがらがらだった。C'erano di fatto pochi passeggeri sul treno.
❖**ガラガラ蛇** serpente㊚ a sonagli, crotalo㊚
からくさもよう 唐草模様 arabesco㊚ [複 -schi]
からくじ 空籤 biglietto㊚ (numero㊚) non vincente (di una lotteria)

がらくた cianfrusaglia㊛, anticaglia㊛, ciarpame㊚
❖**がらくた市** mercato㊚ delle anticaglie, mercato㊚ delle pulci
からくち 辛口 ◇辛口の secco ¶辛口のワイン vino㊚ secco [《さわやかな》asciutto]
からくも 辛くも ¶辛くも難局を切り抜けた。Sono riuscito「a malapena [a stento] a superare la crisi.
からくり《仕組み》meccanismo㊚, ingranaggio㊚ [複 -i];《しかけ》trucco㊚ [複 -chi];《策略》macchinazione㊛, manovra㊛, maneggio㊚ [複 -gi], intrigo㊚ [複 -ghi];《わな》trappola㊛, inghippo㊚, laccio㊚ [複 -ci] ¶政治のからくり trame politiche ¶からくりを見破る scoprire il trucco ¶この事件には何かからくりがありそうだ。C'è odore di trappola [trucco / intrigo] in questo affare.
からげいき 空景気 空景気をつける ostentare una falsa prosperità / fingersi prosperoso
からげる 絡げる・紮げる legare ql.co. (con uno spago) ¶川を(歩いて)渡るために彼女はスカートをからげた。Si è tirata su la sottana per guadare il fiume.
からげんき 空元気 ¶空元気を出す far mostra di coraggio / fingersi vivace
カラザ 〔ラ chalaza〕《卵の》calaza㊛
からさわぎ 空騒ぎ ¶彼らはいつも空騒ぎばかりしている。Fanno sempre un gran chiasso per nulla.
からし 芥子《製品》mostarda㊛;《原料》senape㊛ piccante
❖**からし粉** farina㊛ di senape
からし醤油 salsa㊛ di soia con mostarda
からし泥 《医》senapismo㊚
からし菜 《植》senape㊛
-からして《…を初めとして》¶彼の言い方からして気に食わない。Tanto per cominciare, il suo modo di parlare non mi piace per niente. ¶この会社では社長からして勤勉だ。In questa azienda tutti, dal presidente in giù, lavorano con impegno.
からす 烏・鴉 《鳥》corvo㊚, cornacchia㊛ ¶烏が鳴く。Il corvo gracchia [gracida / fa cra cra].
慣用 **からすの行水**(ぎゃう) ¶君の風呂は烏の行水だね。Per te fare il bagno è immergersi un attimo nell'acqua e poi subito via, eh?
からすの濡れ羽色 ¶彼女の髪は烏の濡れ羽色をしている。Lei ha i capelli「di ebano [di un nero intenso / corvini /《光った》di nero lucente].
からす 枯らす・涸らす **1**《水分をなくす》disseccare, seccare ¶十分乾した材木 legno seccato bene ¶沼をからす《干拓》prosciugare uno stagno ¶小川をからす seccare un ruscello ¶泉をからす inaridire una sorgente
2《出し尽くす》esaurire; sfruttare ¶鉱脈をからす sfruttare una miniera ¶彼は財産をからしてしまった。Ha esaurito tutti i suoi beni.
3《草木を》¶盆栽を枯らす far「appassire [seccare] un *bonsai*
4《声を》¶しゃべりすぎて声をからした。Sono rauco perché ho parlato troppo. ¶声をからして

演説する fare discorsi fino a perdere la voce [sgolarsi]

ガラス 硝子 〔蘭 glas〕 vetro㊚ ◇ガラスの《ガラス質の》vetroso; 《ガラスのような》vitreo ¶色ガラス vetro colorato [dipinto] ¶強化ガラス vetro temprato ¶曇り[すり]ガラス vetro smerigliato ¶防弾ガラス vetro antiproiettile [無変] ¶窓にガラスを入れる applicare [mettere] un vetro alla finestra

✤ガラス板 lastra㊛ di vetro
ガラス化 vetrificazione㊛
ガラスカッター tagliavetro㊚ [無変]
ガラスケース vetrina㊛, bacheca㊛
ガラス工場 vetreria㊛, fabbrica㊛ di vetri
ガラス細工 articoli㊚ [複] di vetro, vetrerie㊛ [複]
ガラス繊維 fibra㊛ di vetro
ガラス張り ◇ガラス張りの vetrato ¶ガラス張りのビル edificio di vetro ¶ガラス張りの政治 politica「fatta alla luce del sole [di trasparenza]
ガラス窓 finestra㊛ a vetri, vetrata㊛
ガラス屋《人》vetraio㊚ [複 -ia; ㊚ 複 -i]; 《店》vetreria㊛, negozio㊚ [複 -i] di vetri

からすがい 烏貝 〔貝〕〔学名〕Cristaria plicata
からすぐち 烏口 《製図用の》tiralinee㊚ [無変]

からすみ 〔料〕bottarga㊛ (di cefalo)
からすむぎ 烏麦 〔植〕avena㊛
からせき 空咳 (乾いた咳) tosse㊛ secca ¶空せきをする《わざと》tossire apposta
からせじ 空世辞 《〈人〉に空世辞を言う adulare *qlcu.* con parole insincere

からだ 体 **1**《人や動物の肉体》corpo㊚; 《体格》corporatura, costituzione㊛, fisico㊚ [複 -ci] ◇体の fisico [㊚ 複 -ci], corporale, corporeo ¶体の健康 salute fisica [del corpo] ¶体中 da capo a piedi ¶体中が痛い. Mi fa male tutto il corpo. ¶体の大きな[小さな]男 uomo "di grande [di piccola] corporatura ¶体に合わせて服を仕立てる farsi un abito su misura ¶体を休める riposarsi / riposare ¶体を楽にする accomodarsi ¶体で覚える imparare *ql.co.* con la pratica [《経験》l'esperienza] ¶やせた[すらりとした / がっしりした]体をしている. Ha un fisico asciutto [slanciato㊚ / robusto]. ¶この上着は体に合わない. Questa giacca non (mi) sta.
2《健康, 体力》salute ¶体が弱い essere di costituzione debole ¶体に気をつける curarsi / avere cura della *propria* salute ¶体を壊す rovinarsi la salute ¶体を鍛える rafforzare la *propria* salute ¶彼は体が丈夫だ. Ha "una buona salu-

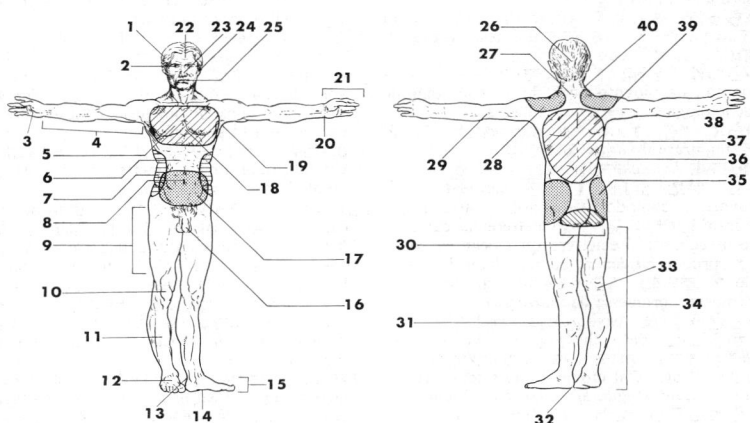

体
1 毛, 頭髪 capelli㊚[複]. **2** 目 occhio㊚. **3** 手のひら palmo㊚. **4** 腕(うで) braccio㊚ [複 le braccia]. **5** 胸 torace㊚. **6** 胃 stomaco㊚. **7** わき腹 fianco㊚. **8** へそ ombelico㊚. **9** 大腿(たい), もも coscia㊛. **10** ひざ ginocchio㊚. **11** すね stinco㊚. **12** 足の甲 dorso㊚ del piede. **13** 踝(くるぶし) caviglia㊛. **14** 土踏まず arco㊚ plantare. **15** 足 piede㊚. **16** 生殖器, 性器 genitali㊚[複]. **17** 腹 ventre㊚, addome㊚. **18** みぞおち epigastrio㊚. **19** 腋窩(えきか), わきの下 ascella㊛. **20** 手首 polso㊚. **21** 手 mano㊛ [複 le mani]. **22** 顔 viso㊚, volto㊚; faccia㊛. **23** 鼻 naso㊚. **24** 耳 orecchio㊚. **25** 口 bocca㊛.
26 頭 testa㊛. **27** うなじ nuca㊛. **28** 肩 spalla㊛. **29** ひじ gomito㊚. **30** 尻, 臀部(でんぶ) sedere㊚. **31** ふくらはぎ polpaccio㊚. **32** 踵(かかと) calcagno㊚. **33** 膝窩(しっか) cavo㊚ popliteo, piega㊛ del ginocchio. **34** 脚 gamba㊛. **35** ヒップ fianchi㊚[複]. **36** ウエスト vita㊛. **37** 背中 schiena㊛. **38** 手の甲 dorso㊚ della mano. **39** 肩甲骨 scapola㊛. **40** 首 collo㊚.

te [una salute di ferro]. ¶これは君の体によい[悪い]. Questo ti fa bene [male] alla salute. ¶最近体の調子が悪い. In questi ultimi giorni sto poco bene. ¶体の調子がよい. Mi sento bene. ¶出産まで大事な体だよ. Abbi cura del tuo fisico fino a quando (non) partorirai. ¶お体を大切に. Abbia cura di Lei. ¶こんな予定では体がもたない. Con questo programma il fisico non regge [resiste].

[慣用] **体を売る** vendersi, prostituirsi

体を張る ¶彼は体を張ってクーデターを阻止しようとした. Ha cercato di ostacolare il colpo di stato anche a costo della vita.

体を許す ¶ついに彼女は体を許した. Alla fine gli si è concessa.

✤**体つき** corporatura[女], costituzione[女] ¶彼は体つきがずんぐりしている. È di costituzione tarchiata [tozza]. ¶あの兄弟は体つきがそっくりだ. Quei fratelli hanno la stessa corporatura.

からだき 空焚き ¶薬缶(やかん)を空だきする riscaldare il bollitore senza mettere acqua

からたち 枳殻 〘植〙 mandarino[男] selvatico [複 -ci]; 《学名》 *Poncirus trifoliata*

からっかぜ 空っ風 vento[男] invernale forte, freddo e secco senza pioggia né neve

カラット 〔英 carat〕 carato[男] ¶このダイヤは10カラットだ. Questo diamante pesa dieci carati. ¶純金は24カラットと表される. L'oro puro è fissato a 24 carati.

からっぽ 空っぽ ¶からっぽの箱 scatola vuota ¶あいつは頭がからっぽだ. È una testa vuota. ¶懐がからっぽだ. Sono al verde.

からつゆ 空梅雨 ¶今年は空梅雨だった. Quest'anno ha piovuto poco durante la stagione delle piogge.

からて 空手 **1**《スポーツ》 *karate*[男] ¶空手を習う imparare il *karate* **2** ⇀手ぶら

✤**空手家** *karateka*[男][女][無変]

からてがた 空手形 **1**〘金融〙 cambiale[女]「di favore [di comodo]; 《不渡小切手》 assegno[男] a vuoto ¶空手形を発行する emettere una cambiale di comodo / emettere un assegno a vuoto / procurarsi denaro con cambiali di comodo **2**《空約束》 ¶空手形を出す fare una vana promessa [promessa da marinaio]

からとう 辛党 bevi*tore*[男] [[女] *-trice*]

-からには dato che + [直説法], visto che + [直説法] ¶イタリアに来たからにはこの地の習慣に合わせます. Dato [Dal momento] che sono venuto in Italia, mi adeguo alle usanze del luogo.

からねんぶつ 空念仏 《表面だけりっぱな主張》 (solo) bei paroloni[男][複], vane promesse[女][複] ¶選挙の公約は空念仏に終った. Le pubbliche promesse elettorali erano soltanto belle parole.

からぶかし 空吹かし ¶エンジンの空吹かし funzionamento in folle di un motore ¶エンジンを空吹かしする far girare un motore a vuoto

からぶき 乾拭き ¶廊下をから拭きする pulire [lucidare] il pavimento del corridoio con uno straccio asciutto

からぶり 空振り ¶彼はその男の頭をなぐろうとしたが空振りだった. Ha cercato di colpire l'uomo alla testa, ma l'ha mancato. ¶犯人の捜査は空振りに終わった. Le ricerche del colpevole sono state「vane [un fallimento].

カラフル 〔英 colorful〕 ◇カラフルな pieno di colore, pittore*sco* [[男][複] *-schi*], vivido

からまつ 唐松・落葉松 〘植〙 larice[男] giapponese

からまる 絡まる ¶釣り糸が葦(あし)に絡まってしまった. La lenza mi si è impigliata tra le canne.

からまわり 空回り **1**《車の空転》 slittamento[男], movimento[男] [giro[男]] a vuoto ◇**空回りする** slittare[自] [*av, es*], muoversi [girare] a vuoto **2**《議論の空転》 ¶議論が空回りしている. La discussione「è inconcludente [procede inutilmente].

からみ 辛味 ¶料理に辛みを効かす rendere piccante un piatto ¶辛みが足りない. Non è abbastanza piccante [《塩味》 salato].

-がらみ -搦み **1**《おおよそ》 ¶40がらみの女[男] una [un] quarantenne **2**《…に関係する》 ¶会社がらみの問題だから彼も軽率には動けない. È un problema che riguarda la ditta, lui non può agire con leggerezza [imprudenza].

からみつく 絡み付く attorcigliarsi; avvinghiarsi

からむ 絡む **1**《物に巻きつく》 avvinghiarsi a *ql.co.*, intrecciarsi a *ql.co.* ¶小指を絡ませて約束する fare una promessa unendo i mignoli ¶木に蔦(つた)が絡んでいる. L'edera si avvinghia [si attorciglia] agli alberi. ¶蔓草(つるくさ)が絡み合って道がふさがれている. Il sentiero è bloccato da un groviglio [viluppo] di rampicanti.

2《密接に関係をもつ》 essere legat*o* strettamente, riguardare *ql.co.*, avere a che「fare [vedere] con *ql.co.* ¶彼の失踪に絡む謎 il mistero che avvolge la sua scomparsa ¶この運動には政党が絡んでいる. Questo movimento è strettamente legato al partito politico.

3《難癖をつける》 ¶彼は飲むといつも人に絡む. Quando beve, non la smette più di molestare gli altri.

からめ 辛目 **1**《味が》 ¶辛めだ. È un po' piccante [《塩気が》 salato]. **2**《評価・判定が》 ¶採点が辛めの tirato [stretto] nell'assegnare voti

からめて 搦め手 **1**《城の裏門》 porta[女] posteriore di un castello ¶搦め手から攻める attaccare il nemico alle spalle **2**《相手の弱点, 攻めやすい側面》 ¶論敵を搦め手から攻めたてる sfruttare un buco nella logica dell'avversario in una discussione

からめる 搦める **1**《逮捕する》 arrestare *qlcu.*, mettere agli arresti *qlcu.*; 《捕らえる》 catturare *qlcu.*; 《しばる》 legare *qlcu.* **2**《砂糖などをまぶす》 ¶蜂蜜をからめたケーキ torta ricoperta di miele

カラメル 〔英 caramel〕〘料〙 caramello[男]

からり ¶からりと晴れた空 cielo sereno [chiaro / luminoso] ¶からりと揚がったフライ fritto croccante ¶洗濯物がからりと乾いた. Il bucato si è asciugato del tutto. ¶彼はからりとした人だ. È molto aperto [franco] di carattere. ¶からりと忘れる《すっかり》 dimenticarsi di tutto

がらり **1**《音の様子》 ¶がらりと戸が開いた. La porta scorrevole si è aperta con fracasso.

2《急に変わる様子》 ¶彼はがらりと態度を変えた. Ha cambiato (l')atteggiamento「di colpo [bru-

カラリスト 〔英 colorist〕 《美》 colorist*a*囡 [男複 -i]
かられる 駆られる ¶好奇心に駆られて麻薬をやった. Mi sono drogato spinto dalla curiosità. ¶怒りに駆られて彼をなぐった. L'ho colpito in un impeto [in un accesso] d'ira. ¶恐怖に駆られて逃げ出した. Sono fuggito in preda al panico.
カラン 〔蘭 kraan〕 《蛇口》 bocca囡 del rubinetto dell'acqua
がらん ¶学校がらんとしていた. La scuola era vuota [deserta].
がらん 伽藍 tempio男 [複 *templi*] buddista [複 -i]
がらんどう ¶がらんどうの部屋 stanza completamente vuota ¶大仏の内側はがらんどうだ. L'interno della grande statua di Budda è vuoto [cavo].
かり 仮 ◇仮の 《一時的な》 provvisorio男 [男複 -i], temporaneo, transitorio [男複 -i], precario [男複 -i]; 《束の間の》 passeggero, effimero, momentaneo; 《条件付きの》 condizionale; 《代理の》 〔ラ〕 ad interim; provvisorio, interinale; 《仮説的な》 supposto, ipotetico [男複 -ci]
◇仮に → 見出し語参照 ¶仮の名前 nome falso / pseudonimo 男 ¶仮の life vita effimera
✤仮契約 accordo男 [contratto男] provvisorio
仮採用 assunzione囡 in prova ¶仮採用の職員 impiegato (assunto) in prova
仮差押え sequestro男 provvisorio
仮執行《法》 esecuzione囡 [applicazione囡] provvisoria
かり 狩り caccia囡 [複 -ce] ¶狩りの獲物 selvaggina / cacciagione囡 ¶狩りに行く andare a caccia / cacciare ¶きのこ狩りに行く andare "in cerca di [a raccogliere / per] funghi ¶紅葉(もみじ)狩りに行く andare in montagna ad ammirare le foglie rosse dell'autunno
かり 借り prestito男, debito男; 《借り方》 dare男, addebito男 ¶借りを返す pagare [estinguere] un debito ¶借りをつくる indebitarsi / contrarre debiti ¶彼に5万円の借りがある. Gli devo 50.000 yen. ¶彼女に借りがある.《比喩的》 Sono in debito con lei.
かり 雁《鳥》 oca囡 selvatica
カリ 〔蘭 kali〕 → カリウム
✤カリ石けん sapone男 potassico [複 -ci]
カリ肥料 concime男 potassico [複 -ci]
がり 我利 interesse男 personale
✤我利我欲 avidità囡, bramosia囡, cupidigia囡
かりあげ 刈り上げ 《髪型》 sfumatura囡 alta
◇刈り上げる fare la sfumatura alta
かりあげ 借り上げ 《政府や官庁の》 requisizione囡 ¶馬を借り上げる requisire i cavalli
かりあつめる 駆り集める ¶援軍を駆り集める raccogliere i rinforzi
かりいれ 刈り入れ mietitura囡, raccolto男 ◇刈り入れる mietere, raccogliere ¶稲を刈り入れる fare il raccolto del riso / raccogliere il riso
✤刈り入れ時 tempo男 della mietitura / tempo del raccolto
かりいれ 借り入れ 《金融》 indebitamento男,

assunzione囡 di prestito ◇借り入れる prendere in prestito ¶銀行から100万円借り入れる prendere in prestito un milione di yen dalla banca
✤借入金利《金融》 tasso男 passivo; 《銀行》 tasso男 di raccolta
かりうけ 借り受け ◇借り受ける assumere un prestito
✤借受証《法》 contratto男 di locazione
カリウム 〔蘭 Kalium〕 《化》 potassio男; 《元素記号》 K
ガリウム 〔英 gallium〕 《化》 gallio男; 《元素記号》 Ga
カリエス 〔独 Karies〕 《医》 carie囡 [複] ¶脊椎(せきつい)カリエス tubercolosi ossea
かりかた 借り方 《会》《帳簿の》 colonna囡 del) dare男, debito男, addebito男; 《借り手》 debitor*e*男 [囡 -trice] ¶ある金額を人の借り方に記入する addebitare un importo a qlcu.
✤借方残高 saldo男 a debito, saldo男 passivo [debitore]
借方表 nota囡 d'addebito
カリカチュア 〔英 caricature〕 caricatura囡
かりかぶ 刈り株 《麦などの》 stoppie囡 [複]
かりかぶ 借り株 《金融》 deporto男
かりかり 1 《砕ける音》 ◇かりかりした croccante ¶かりかりしたパン pane男 croccante
2 《神経質な様子》 ¶なぜだか彼は今かりかりしてるよ. Non so perché, ma adesso ha i nervi.
がりがり 1 《音》 ¶氷をがりがりとかじる sgranocchiare pezzetti di ghiaccio ¶猫がドアをがりがり引っかいている. Il gatto sta graffiando la porta. ¶ねずみが壁をがりがりかじっている. Un topo raspa contro il muro.
2 《やせた・固まった様子》 ¶彼はがりがりにやせている. È tutto pelle e ossa. ¶昨日降った雪がかりがりに凍っている. La neve caduta ieri si è gelata.
3 《凝り固まった様子》 ¶彼はがりがり勉強している. Sta sgobbando sui libri.
がりがりもうじゃ 我利我利亡者 egoist*a*男 [複 -i] eccessivo, persona囡 troppo avida
カリキュラム 〔英 curriculum〕 programma男 [複 -i] [piano男] di studi, curricolo男; 〔ラ〕 curriculum男 [無変]
かりきる 借り切る ¶ホテルを全部借り切る prenotare un intero hotel ¶バスを借り切る noleggiare un pullman
かりこし 借り越し 《金融》 scoperto男 ¶当座借り越し conto scoperto
かりこみ 狩り込み 《警察の》 retata囡 ¶警察は深夜営業の狩り込みを行った. La polizia ha fatto una retata nei locali notturni.
かりこみ 刈り込み 《樹木の》 potatura囡; 《羊などの毛の》 tosatura囡
かりこむ 刈り込む ¶桃の木を刈り込む《剪定(せんてい)する》 potare [sfrondare] un pesco ¶草を刈り込む falciare [tagliare] l'erba ¶羊の毛を刈り込む tosare le pecore
かりしゃくほう 仮釈放《法》 libertà囡 provvisoria, rilascio男 sulla parola ¶仮釈放する rilasciare qlcu. sulla parola ¶彼はいま仮釈放中だ. È in libertà provvisoria.
かりしょぶん 仮処分《法》 disposizione囡 [misura] provvisoria, provvedimento男 provvi-

sorio〔複 -i〕 ◇仮処分する prendere una misura provvisoria contro qlcu.
カリスマ〔独 Charisma〕 carisma男〔複 -i〕 ◇カリスマ的な carismatico [av]
かりずまい 仮住まい residenza temporanea, abitazione女 provvisoria ◇仮住まいする risiedere目 [av] temporaneamente
かりそめ 仮初め ◇かりそめの《一時の》passeggero, effimero, transitorio〔男複 -i〕 ¶かりそめの恋 amore passeggero [fugace] / passioncella [fugace] ¶かりそめの幸せ felicità effimera [fugace]
[慣用] かりそめにも (1)《決して》¶かりそめにもお父さんに向かってそんなことを言ってはいけません. Per nessun motivo devi dire a tuo padre una cosa simile! ¶かりそめにもそんなことを考えるな. Non pensarlo neanche per un attimo. (2)《いやしくも》¶かりそめにもわが家の人間であるならそのようなことはするべきではない. Se vuoi essere degno (di essere) della nostra famiglia, non devi fare una cosa simile.
かりたおす 借り倒す non pagare un debito [un conto]
かりだす 駆り出す・狩り出す 1《狩猟で》¶獲物を狩り出す stanare [scovare] la selvaggina / far uscire la selvaggina dalla macchia 2《促して引き出す》¶投票者を駆り出す richiamare i votanti alle urne ¶私はビラ配りに駆り出された. Ero mobilitato per la distribuzione di volantini.
かりだす 借り出す ¶図書館から本を借り出す prendere in prestito un libro dalla biblioteca
かりたてる 駆り立てる・狩り立てる 1《狩猟で》cacciare, braccare ¶鹿を狩り立てる braccare un cervo 2《仕向ける》pungolare [sospingere / incalzare] qlcu. ¶群衆を暴動に駆り立てる incitare la folla alla rivolta ¶虚栄心に駆り立てられて sospinto dalla vanità ¶若者は戦場に駆り立てられた. I giovani sono stati spinti sul campo di battaglia.
かりちん 借り賃《家などの》(canone男 d')affitto男, prezzo della locazione;《船・車などの》noleggio男〔複 -gi〕
かりて 借り手 affittuario男〔女 -ia; 男複 -i〕;《借家人》locatario男〔女 -ia; 男複 -i〕, inquilino男〔女 -a〕; mutuatario男〔女 -ia; 男複 -i〕;《小作人など》fittavolo男〔女 -a〕;《債務者》debitore男〔女 -trice〕;《船・車などの, レンタル品の》noleggiatore男〔女 -trice〕
かりとじ 仮綴じ 1《仮に綴じること》rilegatura女 provvisoria 2《ペーパーバック》brossura女
✤仮綴じ本 libro in brossura [brossurata];《フランス綴じ》libro intonso
かりとる 刈り取る mietere e raccogliere ¶草を刈り取る falciare l'erba ¶小麦を刈り取る mietere [raccogliere] il grano
✤刈り取り《収穫》raccolta女, mietitura女
かりに 仮に 1《一時的に》per il momento, temporaneamente, provvisoriamente, precariamente, a titolo provvisorio,〔ラ〕ad interim ¶仮に私が議長をつとめましょう. Per il momento assumo io la presidenza.
2《仮定して》supposto che +〔接続法〕, anche quando +〔接続法〕, anche se +〔接続法〕, quand'anche +〔接続法〕;《仮にそうなら》caso mai ¶仮に僕が君だとしたらローマに行くね. Se fossi in te, andrei a Roma. ¶仮に彼の話が真実であるとしてみよう. Mettiamo [Ammettiamo / Supponiamo] che il suo discorso sia vero. ¶仮にも人に疑惑を起こさせるような行動をとってはいけない. Dovresti comportarti in modo tale da non provocare il benché minimo sospetto.
カリニはいえん カリニ肺炎《医》polmonite女 da Pneumocystis carinii
かりぬい 仮縫い imbastitura女 ◇仮縫いする imbastire ql.co.
かりぬし 借り主 ⇒借り手
かりばらい 仮払い《行為, 金》anticipo男, pagamento男 provvisorio〔複 -ri〕 ◇仮払いする fare un pagamento provvisorio, pagare in anticipo
がりばん がり版 ⇒謄写版
カリフ〔英 caliph〕《イスラム世界の最高指導者》califfo男
カリプソ〔英 calypso〕《音》calipso男
カリフラワー〔英 cauliflower〕《植》cavolfiore男
がりべん がり勉 sgobbone男〔女 -a〕;《学生用語で》secchia女〔男 -o〕, secchione男〔女 -a〕
かりほ 刈り穂 ¶大麦の刈り穂 spighe d'orzo raccolte
カリホルニウム〔英 californium〕《化》californio男;《元素記号》Cf
かりめんきょ 仮免許 licenza女 [《自動車の》autorizzazione女] provvisoria
✤仮免許証《自動車の》foglio男〔複 -gli〕 rosa〔無変〕(◆桃色の紙に印刷されているところから)
かりもの 借り物 cosa女 [oggetto男] in prestito ¶この本は私のではなく借りものだ. Questo libro non è mio, l'ho preso in prestito. ¶彼の本はみんな人の書いたものからの借り物だ. Tutti i suoi libri sono un plagio.
かりゃく 下略 omissis〔無変〕
かりゅう 下流 1《川の》parte女 [corso男] inferiore di un fiume, tratto女 a valle di un fiume ¶テーヴェレ川の下流にある trovarsi a valle [sul corso inferiore] del Tevere 2《社会階層の下層》◇下流の plebeo, popolano
かりゅう 顆粒 granulo男 ◇顆粒状の granuloso
✤顆粒剤《薬》granulato, granulo
がりゅう 我流 ◇我流で a modo proprio, di testa propria
かりゅうかい 花柳界 mondo男 delle geisha e delle prostitute
かりゅうど 狩人 cacciatore男〔女 -trice〕
かりょう 加療 applicazione女 di una terapia [cura] ◇加療する curare qlcu., fare una terapia a qlcu. ¶加療中である essere "in cura [sotto trattamento medico]
かりょう 科料《法》multa女 ¶1万円の科料に処する condannare qlcu. ad una multa di diecimila yen
がりょう 雅量 tolleranza女; magnanimità女, generosità女 ◇雅量のある tollerante; magnanimo
がりょうてんせい 画竜点睛 l'ultimo tocco

かりょく 火力 energia⊕ termica
✤火力発電 produzione⊕ ['termica di energia elettrica] [termoelettrica]
火力発電所 centrale⊕ termica [termoelettrica]

かりる 借りる **1** 《人から物を》prendere in prestito *ql.co.* da *ql.cu.*, farsi prestare *ql.co.* da *ql.cu.*;《金を》dovere *ql.co.* a *ql.cu.*;《料金を払って船・車などを》noleggiare *ql.co.*, prendere a nolo *ql.co.*;《家・部屋・土地を》prendere *ql.co.* in affitto, affittare *ql.co.* (►affittareには「借りる」と「貸す」の両方の意味があるが、「貸す」意味をはっきりさせたい場合は、dare *ql.co.* in affitto) ¶自動車を借りる noleggiare [prendere a nolo] un'automobile ¶アパートを借りて住む stare in affitto ¶本を借りる prendere un libro in prestito ¶月末まで借りておく tenere in prestito *ql.co.* fino alla fine del mese ¶彼に10万円借りている。Gli devo diecimila yen. ¶電話をお借りしていいですか。Posso usare il telefono? **2**《他人の力や考えを》¶彼の助けを借りて[借りずに] con [senza] il suo aiuto ¶名前を借りる《コネ・推せんのための》fare il nome di *ql.cu.* ¶《人》の口を借りて per bocca di *ql.cu.* ¶友情に名を借りて sotto la maschera dell'amicizia ¶君の知恵を借りたい。Avrei bisogno di consultarti [chiederti un consiglio]. ¶彼の力を[助けを]借りたい。Vorrei contare su di lui. ¶今は彼の手を借りずにはいられない。Non posso fare a meno di lui proprio ora. ¶私は彼の名前を借りた。Mi servii del suo nome. ¶この場をお借りしてひと言あいさつ申し上げます。Approfitto dell'occasione per porgervi alcune parole di saluto.
慣用 借りてきた猫 ¶彼女は借りてきた猫のようにおとなしい。È diventata improvvisamente mite come un agnellino.

かりん 花梨 〔植〕melo⊕ cotogno cinese
かりんとう 花林糖 dolce⊕ di pasta fritta ricoperto di zucchero

かる 刈る **1**《草・動物の毛など》tosare ¶羊の毛を刈る tosare una pecora **2**《髪を》tagliare ¶髪を刈ってもらう farsi tagliare i capelli

かる 狩る cacciare⊕ [*av*], 億 (►単独でも可)

かる 駆る ¶牛の群れを駆る sospingere una mandria di mucche ¶ナポリまで車を駆る guidare l'automobile fino a Napoli

-がる ¶寂しがる sentirsi solo [triste] ¶哀れがる sentire [provare] compassione (per *ql.cu.*) / avere pietà (per *ql.cu.*) ¶イタリアに行きたがる voler andare in Italia ¶強がる far mostra di essere forte e coraggioso

かるい 軽い **1**【目方が少ない】leggero ◇軽くする alleggerire *ql.co.* ¶軽い服 abito leggero ¶羽根のように軽い essere leggero come una piuma ¶積み荷を軽くする alleggerire il carico ¶氷は水より軽い。Il ghiaccio è più leggero dell'acqua.
2【程度が】leggero, non grave, lieve ◇軽く leggermente, debolmente;《やさしく》dolcemente ¶軽い罪 reato di minore gravità ¶軽い損害 lievi danni ¶軽い病気 malattia leggera ¶軽く眠る appisolarsi ¶軽く見る sottovalutare a *ql.cu.* [*ql.co.*] ¶苦労を軽くする alleviare una fatica ¶刑を軽くする ridurre [mitigare] una pena [una punizione] ¶税金を軽くする diminuire le tasse ¶君にとっては軽い仕事だ。È un impegno lieve per te. ¶彼は軽く彼女の手に触れた。Le ha toccato lievemente la mano. ¶この注射は痛みを軽くする。Questa iniezione calmerà [allevierà / mitigherà] il dolore.
3【軽率・軽薄な】◇軽く leggermente, frivolmente ¶尻の軽い女 donna leggera [frivola] ¶軽い気持ちで転職する cambiare lavoro senza riflettere bene ¶彼は口が軽い。È un chiacchierone. / Ha la lingua lunga. / Non mantiene i segreti.
4【軽快な】leggero, agile;《簡単な》facile, semplice ◇軽く facilmente, agevolmente ¶軽い読み物 libro leggero [di facile lettura] ¶軽い音楽 musica leggera ¶軽い運動をする fare un po' di moto ¶軽い足どりで帰る tornare a casa a passi leggeri ¶軽い気持ちでする fare *ql.co.* a cuor leggero ¶軽い気持ちで言う dire *ql.co.* per scherzo ¶私は気持ちが軽くなった。Mi sono alleggerito di un peso. / Mi sento sollevato da un peso. ¶彼女はやすやすとパスした。Ha superato facilmente gli esami.
5【あっさりした】leggero ¶軽いワイン vino leggero ¶軽い食事をとる fare un pasto leggero

かるいし 軽石 pietra⊕ pomice, pomice⊕
かるがも 軽鴨 〔鳥〕anatra⊕ dal becco chiazzato

カルキ 〔蘭 kalk〕《化》cloruro⊕ di calcio
かるくち 軽口 **1**《しゃれ》battuta⊕ ¶軽口をたたく lanciare una battuta **2**《口が軽い人》chiacchierone⊕ [⊕ -*a*]

カルシウム 〔蘭 calcium〕《化》calcio⊕;《元素記号》Ca ◇カルシウムの calcico [⊕複 -*ci*] ¶塩化カルシウム cloruro di calcio

カルスト 〔独 Karst〕《地質》karst⊕ ◇カルストの carsico [⊕複 -*ci*]
✤カルスト現象 carsismo⊕
カルスト台地 altopiano⊕ carsico
カルスト地形 morfologia⊕《複 -*gie*》carsica

カルタ 〔ポ carta〕carte⊕《複》da gioco giapponesi ¶カルタをする giocare con le carte giapponesi

---

日本事情 カルタ
Esistono vari tipi di *karuta*. *Hyakunin isshu*: sono composte da 100 carte con 100 *waka* e da 100 carte che riportano solo la seconda metà di questi *waka*. Un lettore legge i primi versi di ogni *waka* e i giocatori si contendono le carte corrispondenti. *Irohagaruta*: nate nella seconda metà del periodo Edo, sono formate da 47 carte con proverbi popolari che il lettore legge e da 47 carte con disegni che i giocatori devono riuscire a prendere. *Hanafuda*: sono formate da 48 carte che riproducono, in quattro versioni, dodici piante e fiori corrispondenti ai dodici mesi dell'anno.
→いろは歌 日本事情

カルタゴ 〘史〙Cartagine[女] ◇カルタゴの cartaginese
✤カルタゴ人 cartaginese[男][女] ◇カルタゴ人の punico [[男]複 -*ci*]
カルチャー 〔英 culture〕 cultura[女]
✤カルチャーショック shock[男][無変] culturale
カルチャースクール corsi[男][複] educativo-amatoriali di vario genere
カルチャーセンター centro[男] culturale

カルテ 〔独 Karte〕〘医〙cartella[女] [tabella[女]] clinica, scheda[女] dei malati
カルテット 〔伊〕〘音〙quartetto[男]
カルデラ 〔英 caldera〕〘地質〙caldera[女]
✤カルデラ湖 lago[男][複 -*ghi*] vulcanico [複 -*ci*]
カルテル 〔独 Kartell〕 〘経〙cartello[男], consorzio[男][複 -*i*] ¶カルテルを形成する formare un cartello
カルト 〔英 cult〕 cult[男][無変]
✤カルト教団 setta[女] religiosa
カルトムービー cult movie[男][無変]
かるはずみ 軽はずみ imprudenza[女], sconsideratezza[女] ◇軽はずみな imprudente, ṣventato, sconsiderato, irriflessivo;《性急な》precipitoso ◇軽はずみに alla leggera, sconsideratamente, imprudentemente ¶私は軽はずみでした. Sono stato ṣventato [precipitoso].
かるめ 軽め ¶彼は身長に比べて体重がやや軽めだ. Per la sua altezza è piuttosto leggero.
かるわざ 軽業 acrobazia[女]
✤軽業師 acrobata[男][女][[男]複 -*i*]
かれ 彼 **1**《あの男性》quell'uomo[男];《人称代名詞: 三人称単数》lui[男], egli[男] (►口語では luiを用いる)
2《恋人》ragazzo[男];《婚約者, 恋人》fidanzato[男];《愛人》amante[男] ¶私の彼です. È il mio ragazzo.
かれい 鰈 〘魚〙limanda[女]
かれい 華麗 ◇華麗な magnifico [[男]複 -*ci*], splendido, sontuoso ◇華麗に magnificamente, splendidamente, sontuosamente ¶華麗な演奏 magnifica eṣecuzione
カレー 〔英 curry〕〔英〕curry[男][無変]
✤カレー粉 (polvere[女] di) curry[男][無変]
カレーライス riso[男] al curry
ガレージ 〔英 garage〕〔仏〕 garage [garáʒ][男][無変]; autorimessa[女]
✤ガレージセール 〔英 garage sale〕 vendita[女] degli oggetti personali che non servono più
かれえだ 枯れ枝 ramo[男] morto [rinsecchito]
かれき 枯れ木 albero[男] secco [複 -*chi*] [morto]
[慣用] **枯れ木も山の賑わい**《諺》"Qualcosa, anche se poco, è meglio che niente."
がれき 瓦礫 macerie[女][複] ¶地震で街は瓦礫の山と化した. Dopo il terremoto la città era ridotta a un ammasso di macerie.
かれくさ 枯れ草 erba[女] secca;《干し草》fieno[男]
✤枯れ草菌 〘生〙〔ラ〕Bacillus[男] subtilis
かれこれ 彼此 **1**《だいたい》suppergiù, circa ¶もうかれこれ5年前のことだ. È un fatto di, suppergiù, 5 anni fa.
2《あれやこれや》 ¶かれこれするうちに事態が一変した. Nel frattempo la situazione cambiò radicalmente.
かれさんすい 枯れ山水 ¶枯れ山水の庭園 giardino "secco" di tipo giapponese (o cinese) fatto di rocce e ghiaia con rari vegetali
かれし 彼氏 →彼2
かれつ 苛烈 ◇苛烈な violento, accanito, furioso, impetuoso ¶苛烈な闘争 lotta accanita [violenta]
カレッジ 〔英 college〕《大 学》università[女],《単科大学》istituto[男] universitario [複 -*i*]
かれの 枯れ野 campo[男] spoglio [複 -*gli*] [deṣolato]
かれは 枯れ葉 foglia[女] secca [morta]
かれら 彼等 《人称代名詞: 三人称複数》loro[男][女][複]; essi[男][複];《女性のみ》esse[女][複] (►口語では loroを用いる)
かれる 枯れる・涸れる **1**《水分がなくなる》seccarsi, disseccarsi;《花が》appassire, avvizzire;《干上がる》prosciugarsi; ◇枯れた secco [[男]複 -*chi*]; morto, appassito, avvizzito; prosciugato ¶枯れた花 fiore appassito [《ドライフラワー》secco] ¶枯れた木 albero secco [morto] ¶涸れることのない泉 sorgente ineṣauribile ¶水の涸れた貯水池 bacino idrico asciutto
2《出尽くす》inaridirsi ¶声がかれた. La voce è diventata rauca [roca]. / La voce si è inaridita. /《声が出なくなる》Ho perso la voce.
かれん 可憐 ◇可憐な《愛くるしい》grazioso, carino;《いじらしい》innocente, ingenuo
カレンダー 〔英 calendar〕 calendario[男][複 -*i*];《祝祭日・月齢などを記載したもの》almanacco[男][複 -*chi*] ¶カレンダーに用件を書き込む appuntare gli impegni sul calendario
かろう 家老 capo[男] dei vassalli di un *daimyo*
かろう 過労 sovraffaticamento[男];〔仏〕surmenage[男][無変]; eccesso[男] di lavoro, superlavoro[男] ¶過労で倒れた. È eṣaurito [Si è ammalato] per l'eccessiva stanchezza [lo strapazzo].
✤過労死 morte[女] improvviṣa cauṣata dal sovraffaticamento sul lavoro
がろう 画廊 galleria[女] d'arte ¶画廊の主人 gallerista[男][女][[男]複 -*i*]
かろうじて 辛うじて appena, a malapena; a stento, per il rotto della cuffia, per un pelo ¶彼は辛うじて試験に合格した. Ha superato l'eṣame a malapena [per il rotto della cuffia]. ¶辛うじて列車に間に合った. Sono arrivato giusto in tempo per prendere il treno. ¶辛うじて助かった. Me la sono cavata per miracolo [per un pelo].
カロテン 〔英 carotin〕〘化〙carotina[女]
カロリー 〔英 calorie〕 caloria[女] ¶1日のカロリー必要量 fabbiṣogno giornaliero di calorie ¶低カロリー食品 cibo a basso contenuto calorico ¶食事のカロリーを計算する calcolare la quantità di calorie in un pasto
✤カロリーメーター calorimetro[男]
ガロン 〔英 gallon〕 gallone[男]
かろんじる 軽んじる trascurare *qlcu.* [*ql.co.*], dare poca importanza a *qlcu.* [*ql.co.*]; sottovalutare *qlcu.* [*ql.co.*], tenere *qlcu.* [*ql.co.*] in po-

co conto; 《礼を失する》mancare di riguardo a qlcu. ¶一語なりとも軽じてはならない. Non dovete trascurare neanche la più piccola parola. ¶若いからといって軽んじてはいけません. Anche se è giovane, non va sottovalutato.

かわ 川・河 fiume⑨;《小川, 流れ》ruscello⑨, rio⑨[複 *rii*], corso d'acqua, ruscelletto⑨, torrentello⑨;《急流》torrente⑨ ◇川の fluviale ¶ポー川 il fiume Po ¶隅田川 il fiume Sumida ¶川の流域 bacino fluviale ¶川の支流 affluente⑨ ¶川の合流点 confluenza ¶浅い川 fiume poco profondo ¶航行可能な川 fiume navigabile ¶川を上る[下る] risalire [scendere] un fiume ¶川を渡る attraversare un fiume /《歩いて》guadare un fiume ¶川に沿って散歩する passeggiare lungo il fiume ¶雨で川が増水した. Le piogge hanno gonfiato [ingrossato] il fiume. ¶その川は幅が 24 メートルある. Il fiume misura 24 metri in larghezza.

かわ 皮・革 1《表皮》pelle⑰;《解・動・植》epidermide⑰;《人の》cute⑰;《なめしたもの》cuo*io*⑨[複 *-i*];《薄手の柔らかいなめし革》nappa⑰;《毛皮》pellic*cia*⑰[複 *-ce*];《植物の》corteccia⑰[複 *-ce*], scorza⑰;《野菜・果物の》bucc*ia*⑰[複 *-ce*];《解・植》epicarpo⑨;《厚目の》scorza⑰;《パンなどの》crosta⑰ ¶チーズの皮 la crosta del formaggio ¶とうもろこしの皮 cartoccio ¶玉ねぎの皮 il velo della cipolla ¶桃の皮 pelle della pesca ¶皮をはぐ《動物や魚の》scorticare [scuoiare / spellare] *ql.co.* ¶木の皮をはぐ scortecciare un albero ¶パンの皮を除く togliere la crosta al pane ¶じゃが芋の皮をむく sbucciare [pelare] una patata ¶皮をむいたトマト pomodoro pelato ¶皮をなめす conciare una pelle ¶彼は骨と皮ばかりだ. È tutto pelle e ossa.

2《比喩的に, 物の表を包み隠すもの》¶面の皮が厚い avere la pelle dura / essere impudente [spudorato / sfrontato / sfacciato] ¶化けの皮をはぐ smascherare *ql.co.* / strappare la maschera a *qlcu.*

〔関連〕
革の種類
あざらし《シールスキン》pelle⑰ di foca いのしし pelle di cinghiale 牛 pelle bovina うさぎ pelle di coniglio エナメル vernice⑰, copale⑨ カーフ pelle di vitello キッドスキン pelle di capretto 合成皮革 similpelle⑰[無変], pelle sintetica [artificiale] スエード pelle scamosciata とかげ pelle di lucertola バックスキン pelle di daino 羊 pelle di pecora 豚 pelle di scrofa 蛇 pelle di serpente ムートン pelle di montone モロッコ革 marocchino⑨ 山羊 pelle di capra わに pelle di coccodrillo

♣**革靴** scarpe⑰[複] di pelle
革ジャン giubbotto⑨ di pelle
革製品 artic*oli*⑨[複] di [in] pelle;《総称》pelletteria⑰
革装 rilegatura⑰ in pelle;《表紙》copertina⑰ di pelle ¶革装の本 libro rilegato in pelle
革手袋 guanti⑨[複] di pelle

皮なめし職人 conciatore⑨ [⑰ *-trice, -tora*]
皮なめし(法) conciatura⑰
革ひも lacc*io*⑨[複 *-ci*] di [in] pelle
革袋 sacc*o*⑨[複 *-chi*] di pelle
皮むき器 sbucciatore⑨, pelatrice⑰

がわ 側 lato⑨, parte⑰, fianco⑨[複 *-chi*] ¶南側に a sud ¶右側に dalla parte destra, a destra ¶彼は道の向かい側に住んでいる. Abita dall'altra parte della strada. ¶彼は敵側に回った. È passato al [dalla parte del] nemico. ¶彼は我々の側だ. È dalla nostra parte. / È con noi.

かわいい 可愛い 1《愛らしい》grazioso; bello (▶語尾変化については 一いい [語形]) adorabile; tenero; carino ¶かわいい小犬 cagnolino adorabile ¶かわいい女の子 ragazza carina ¶かわいい赤ちゃんですこと. Che grazioso bambino!

2《いとしい》caro, amato, diletto ¶誰でも自分がかわいいものだ. Ognuno agisce pensando prima di tutto a se stesso. ¶かわいい子には旅をさせよ.《諺》I figli, per quanto adorati, è meglio mandarli allo sbaraglio ¶かわいさ余って憎さ百倍. "Il troppo amore si trasforma in odio."

かわいがる 可愛がる coccolare *qlcu.*;《愛する》amare [voler bene a / adorare] *qlcu.*;《偏愛する》prediligere *qlcu.* ¶目に入れても痛くないほどかわいがる amare *qlcu.* ciecamente ¶彼は家中の人にかわいがられていた. Era coccolato da tutta la famiglia.

かわいげ 可愛い気 ¶なんてかわいげのない子だ. Questo bambino non è per niente simpatico!

かわいそう 可愛そう 1《哀れ》◇かわいそうな povero (▶名詞の前に置かれる); misero, meschino; degno di compassione, sventurato;《物語・出来事など》pietoso, penoso;《不幸な》infelice, miserabile, sfortunato, tribolato ¶かわいそうな人たち povera gente ¶かわいそうに思って犬を連れ帰った. Ho avuto pietà di quel cane e l'ho portato a casa. ¶なんだか彼のことがかわいそうになってきた. Non so perché, ma mi ha fatto pietà. ¶まあかわいそうに. Poverino! / Poveraccio! (▶いずれも相手の性・数に合わせて語尾変化する) / Che pena mi fa [《相手に》fai]! ¶彼女も招待してあげないとかわいそうですよ. Se non invitiamo anche lei, si sentirà messa da parte. ¶動物を殺すなんてかわいそうだ. È crudele uccidere gli animali.

2《悲しい》◇かわいそうな triste, afflitto, dolente ¶そのかわいそうな場面を見てみんな泣いた. Davanti a quella triste scena, tutti piansero.

かわいらしい 可愛らしい 一可愛い
かわうそ 獺・川獺《動》lontra⑰
かわかす 乾かす asciugare; essiccare, disseccare ¶洗濯物を乾かす far asciugare il bucato
かわかみ 川上 tratto⑨ a monte di un fiume ¶川上に a monte di un fiume
かわき 乾き・渇き 1《乾燥すること》disseccamento⑨, essiccamento⑨;《乾燥していること》seccheza⑰;《枯渇》aridità⑰ ¶乾きが速い asciugarsi [essiccarsi / disseccarsi / seccarsi] facilmente 2《のどの》¶渇きをうるおす《飲み物が主語》dissetare *qlcu.* /《人が主語》dissetarsi /《飲み物・人が主語》spegnere [appagare] la

sete ¶焼けつくようなのどの渇きをいやす dissetarsi dall'arsura ¶ビールでのどの渇きをうるおす rinfrescarsi la gola con una birra ¶渇きをおぼえる aver fame ; essere assetato

かわぎし 川岸 riva㊛ [sponda㊛] di un fiume ¶川岸に沿って歩く camminare「lungo la riva di un fiume [sul lungofiume]

かわきり 皮切り inizio㊚ [複 -i], principio㊚ [複 -i], avvio㊚ [複 -ii] ¶皮切りに all'inizio, per primo ; partendo 《を da》

かわく 乾く **1**《濡れた物が》asciugarsi;《干からびる》essiccarsi, disseccarsi, seccarsi ¶乾いた asciutto, secco [複 -chi], arido;《乾かした》seccato, inaridito ¶乾いた気候 clima arido ¶乾いた空気 aria secca ¶乾いた唇 labbra secche ¶乾いた咳 avere una tosse secca ¶絵の具が乾く [乾かない]. Il colore「si è asciugato [è ancora fresco].
2《感情や生気が感じられなくなる》◇乾いた secco, asciutto;《無感動な》arido ¶乾いた文体 stile secco [asciutto] ¶乾いた心 cuore arido

かわく 渇く ¶のどが渇いた. Ho sete.

かわざかな 川魚 pesce㊚ di fiume

かわざんよう 皮算用 ¶取らぬ狸の皮算用.《諺》"Vendere la pelle dell'orso prima d'averlo ucciso."

かわしも 川下 tratto㊚ a valle di un fiume ¶川下に in valle di un fiume

かわす 交わす ¶手紙を交わす scambiarsi delle lettere ¶あいさつを交わす scambiarsi i saluti ¶言葉を交わす scambiare due [quattro] parole

かわす 躱す ¶身をかわして車をよける scostarsi per evitare una macchina ¶危険をかわす evitare [scansare / schivare] il pericolo / sfuggire al pericolo

かわせ 為替 **1**《交換》cambio㊚ [複 -i] **2**《経》vaglia㊚ [無変];《手形》cambiale㊛;《送金為替》mandato㊚ di pagamento ¶電報[郵便]為替 vaglia telegrafico [postale] ¶為替を組む[発行する] fare [emettere] un vaglia ¶為替で10万円送金する inviare a qlcu. un mandato di pagamento di 100.000 yen
✤為替管理 controllo㊚ valutario [複 -i]
為替規制 regolamentazione㊛ dei cambi
為替銀行 banca㊛ di cambio
為替市場 mercato㊚ valutario [複 -i]
為替自由化 liberalizzazione㊛ dei cambi
為替制限 restrizioni㊛ [複] valutarie [di cambio]
為替送金 rimessa㊛ attraverso c/c (読み方:conto corrente)
為替相場 tasso㊚ [corso㊚] del cambio ¶為替相場の安定 stabilità dei tassi di cambio ¶為替相場の切り上げ[切り下げ] apprezzamento [deprezzamento] della valuta
為替相場表 bollettino㊚ dei cambi
為替手形 cambiale㊛, tratta㊛, effetto㊚ ¶〈人〉に為替手形10万円を振り出す spiccare tratta su qlcu. per 100.000 yen
為替取引 operazioni㊛ [複] di cambio
為替ブローカー《商》agente㊚「di cambio [broker]
為替変動 fluttuazione㊛ dei cambi

為替レート →為替相場

かわせみ 翡翠《鳥》martin [無変] pescatore㊚

かわぞい 川沿い ◇川沿いに lungo il fiume ¶川沿いの道 lungofiume ¶アルノ川の川沿いの道 lungarno㊚

かわぞこ 川底 fondo㊚ di un fiume;《河床》alveo㊚, letto㊚ fluviale ¶川底を浚(さら)う dragare un fiume

かわった 変わった《普通でない》non comune, particolare;《奇妙な》bizzarro, strano;《ユニークな》singolare; originale;《異常な》anormale ¶変わった形の車 automobile con una forma bizzarra ¶変わった男だ. È un eccentrico!. È un tipo un po'strano! ¶彼はいつも変わった服装をしている. Si veste sempre in modo bizzarro.

かわと 革砥 coramella㊛ ¶革砥でかみそりをとぐ affilare un rasoio sulla coramella

かわどこ 川床 alveo㊚ fluviale, letto㊚ del fiume

かわはぎ 皮剥ぎ《魚》《学名》Stephanolepis cirrhifer

かわばた 川端 ¶川端の柳 salice sulla riva di un fiume ¶川端を歩く camminare「sulla sponda del fiume [lungo il fiume]

かわべ 川辺 sponda㊛ di un fiume

かわむこう 川向こう ¶川向こうに sull'altra parte [riva] del fiume

かわも 川面 superficie㊛ di un fiume

かわら 瓦 tegola㊛ ¶瓦葺(ぶ)きの家 casa con il tetto di tegole
✤瓦版 antico giornale㊚ a pagina singola stampato con una tegola o matrice di legno

かわら 河原・川原 greto㊚ (di un fiume)

かわらけ 土器 terraglie㊛ [複] [terrecotte㊛ [複]] non invetriate;《素焼きの杯》tazza [coppa㊛] di terracotta

かわり 代わり・替わり **1**《代理人, 代用品》sostituto㊚ [複 -a] ;《人》supplente㊚㊛;《代用品》surrogato㊚ ¶…の代わりに「al posto [invece] di qlcu. [ql.co.] /《…に反して》al contrario di ql.co. ¶〈人〉の代わりをする sostituire qlcu. [ql.co.] ¶代わりの人が来た. È venuto un sostituto [un supplente]. ¶社長の旅行では私が代わりをします. Sostituirò io il presidente [Farò io le veci del presidente] mentre sarà in viaggio.
2《「おかわり」の形で》¶コーヒーのおかわりはいかがですか. Vuole un altro po'di caffè?
3《代償》ricompensa㊛ ¶つらい仕事だが, その代わり私は満足を得ている. È un lavoro faticoso, ma in「compenso [cambio] ho delle soddisfazioni. ¶彼はなくした本の代わりに新しい本を買って返してくれた. Mi ha comprato un libro nuovo in sostituzione di quello che aveva perso.
4《交替》alternativa㊛, cambio㊚ [複 -i], rimpiazzo㊚ ◇変わりの alternativo;《別の》altro ¶替わりの提案がおありですか. Ha qualche proposta alternativa? ¶替わりが来るまで少し待ってください.《交替の人》Attenda un momento fino a che non arrivi il mio sostituto.

かわり 変わり **1**《変化》cambiamento㊚, mutamento㊚;《変更》modificazione㊛, modifica㊛ ¶以前と少しも変わりがない. È「tutto come

かわりだね prima [sempre come ieri]. / Niente è cambiato. ¶君への友情に変わりはない. I miei sentimenti d'amicizia per te「non sono mutati [sono rimasti immutati]. ¶お宅の皆さんにはお変わりありませんか. State tutti bene a casa?
2《相違》differenza㊛, variazione㊛ ¶金持ちも貧乏人も人間に変わりはない. Povero o ricco, un uomo è sempre un uomo. ¶どれを選んでもなんの変わりもない. Non fa alcuna differenza quale scegli.

かわりだね 変わり種 **1**《変種》varietà㊛, variazione㊛ **2**《変人》persona㊛ eccentrica [bizzarra / stravagante];《独創的な人》persona㊛ originale, originale㊚㊛;《異色の人》persona㊛ insolita ¶彼は実業界の変わり種だ. È un tipo eccezionale nel campo degli affari.

かわりばえ 代わり映え ¶どの作品もあまり代わりばえしないねえ. Tutte le opere「sono più o meno uguali [non differiscono gran che].

かわりはてた 変わり果てた ¶彼の変わり果てた姿を見てショックを受けた. È stato uno shock per me vederlo ridotto così.

かわりばんこ 代わり番こ ¶代わり番こに食事の仕度をする preparare da mangiare a turno

かわりみ 替わり身・変わり身 ¶彼は替わり身が早い. Si adatta rapidamente alle nuove situazioni.

かわりめ 変わり目 cambiamento㊚, svolta㊛, transizione㊛, passaggio㊚ [複 -gi] ¶季節の変わり目には病気をしやすい. È facile ammalarsi ai cambi di stagione.

かわりもの 変わり者 persona㊛ strana [eccentrica / bizzarra / stravagante]

かわる 代わる・替わる・換わる《別のものになる》cambiare㊀ [es];《…の代わりをする》prendere il posto di qlcu., sostituire qlcu. [ql.co.] ¶社長に代わって話す《代行》parlare al posto del direttore ¶社員一同に代わって《代表して》a nome di tutti gli impegnati ¶バスが電車に代わって走る. L'autobus funziona in sostituzione del treno. ¶持ち主が替わった. È cambiato il proprietario. ¶ゴールキーパーが替わった. Il portiere è stato sostituito. ¶運転を代わろうか. Guido un po' io adesso? / Ti do il cambio alla guida?

かわる 変わる **1**《変化する》cambiare㊀ [es], mutare㊀ [es], subire un cambiamento;《性格・習慣が》cambiare;《姿・形・性質が》trasformarsi ◇変わりやすい variabile, instabile;《不確かな》incerto ¶変わらない immutabile, invariabile, costante ¶顔色が変わる alterarsi in viso ¶喜びで[怒りで]顔つきが変わる trasfigurarsi per la gioia [per l'ira] ¶話変わって cambiando discorso ¶風向きが変わった. Il vento è cambiato [è girato]. ¶雨は雪に変わった. La pioggia si è mutata in neve. ¶そのときになれば事情は変わるさ. Quando sarà il momento, cambieranno le condizioni. ¶この数年間で彼はすっかり変わった. Come sei cambiato [Hai fatto un gran cambiamento] in questi anni! ¶彼の悲しみは時がたつにつれあきらめに変わった. Il suo dolore, col tempo, si è mutato [si è trasformato] in rassegnazione. ¶毛虫は蝶に変わる. Il bruco si trasforma in farfalla. ¶天気が変わりつつある. Il tempo sta cambiando.
2《以前と異なる, 改まる》variare㊀ ▸人が主語のとき [av], 物が主語のとき [es]; 《移る》mutare㊀ [es], mutarsi ¶品質によって値段が変わる. I prezzi variano in base alla qualità. ¶所変われば品変わる. 《諺》"Paese che vai, usanze [gente che trovi." ¶君の説明は彼のとちっとも変わらない. La tua spiegazione non è affatto differente [diversa] dalla sua. ¶彼の住所が変わった. L'indirizzo è cambiato. / 《引っ越し》Ha cambiato recapito.

かん 缶 scatola㊛ metallica, barattolo㊚ metallico [複 -ci] ¶缶に詰める mettere ql.co. in scatola ¶缶のふたをする [開ける] chiudere [aprire] il barattolo ¶鮭㊚缶 scatola di salmone

かん 冠 →冠たる

かん 疳 《子供の神経性の病気》irritabilità㊛, nervosismo㊚;《引き付け》convulsioni㊛ [複] (infantili) ¶疳の虫 crisi convulsiva

かん 勘 intuito㊚, intuizione㊛;《第六感》sesto senso㊚ ◇勘で con l'intuito, per intuizione, intuitivamente ¶勘がよい[悪い] essere intuitivo /《反応が》avere i riflessi pronti [lenti] ¶私はそれが勘でわかった. L'ho capito per intuizione.

かん 貫 *kan*㊚[無変]; unità㊛ di peso pari a ca. 3,75kg (読み方: tre chili e settecentocinquanta grammi)

かん 棺 bara㊛, cassa㊛ da morto ¶遺体を棺に納める mettere il cadavere nella bara
[慣用] 棺を覆(おお)って事定まる《諺》Il valore di una persona lo si capisce spesso solo dopo la sua morte.

かん 間 ¶その間に nel frattempo / intanto ¶東京−大阪間の距離 distanza fra Tokyo e Osaka ¶列車は東京−大阪間を3時間で走る. Il treno impiega tre ore da Tokyo a Osaka. ¶10日間も雨が降っている. Continua a piovere da dieci giorni. ¶イタリア語を3か月間勉強した. Ho studiato l'italiano per tre mesi.
[慣用] 間髪(はつ)を入れず ¶彼は間髪を入れずに答えた. Ha risposto immediatamente [senza por tempo in mezzo]. (▸porは動詞 porreの語尾切断をした形)

かん 寒 il periodo più freddo dell'anno (◆coincide con i trenta giorni che precedono il primo giorno di primavera secondo il vecchio calendario lunare, più o meno dal 6 di gennaio al 4 di febbraio)

かん 感 《感じ》sensazione㊛;《感情》sentimento㊚;《感動》emozione㊛;《印象》impressione㊛ ¶空腹感 sensazione di fame ¶圧迫感《医》senso di oppressione ¶第六感 sesto senso ¶彼は感極まって涙を浮かべた. È stato mosso al pianto. ¶隔世の感がある. È come se stessi vivendo in un'epoca completamente diversa. ¶うまくしてやられた感がある. Ho l'impressione di esser stato imbrogliato [fregato].

かん 漢 《中国の古代王朝》Dinastia㊛ degli Han nell'antica Cina, gli Han㊚[複] ¶前[後]漢 prima [ultima] Dinastia degli Han ¶西[東]漢 gli Han occidentali [orientali]

かん 管 tubo⒨;《集合的に》tubatura⒡ ◇管状の tubolare, tubiforme;《植》tuboloso ¶水道[ガス]管 conduttura dell'acqua [del gas] ¶下水管 tubo di scarico [di scolo / di spurgo]

かん 燗 ¶燗をつける scaldare il sakè

かん 癇 irritabilità⒡, irascibilità⒡ ¶彼は癇が強い。 È un tipo irritabile [irascibile]. / Si scalda per un nonnulla. ¶私の言ったことが癇にさわったのならごめんなさい。 Scusami se ti ho offeso [irritato].

かん 観 **1**《ありさま》 ¶…の観を呈する avere [dare] l'aria [l'impressione] di ql.co. / mostrare l'aspetto di ql.co. / sembra che + 接続法 ¶いよいよ大詰めにきた観がある。 Finalmente sembra che si sia alla fase finale. **2**《見方, 考え方》 ¶人生観 concezione⒡ [visione⒡] della vita

かん 鐶 ¶カーテンの鐶 anello di una tenda

-かん -巻《本》volume⒨, tomo⒨;《映画フィルムの》 rotolo⒨, bobina⒡ ¶10巻から成る全集 opera completa in dieci volumi in dieci volumi

がん 眼 **1**《目》occhio⒨[複 -chi] **2**《眼力》 discernimento⒨

慣用 眼をつける ¶眼をつけたといってやくざにからまれそうになった。 Accusandomi di averlo guardato male [storto], un teppista ha cercato di spillarmi del denaro.

がん 雁 《鳥》oca⒡ selvatica

がん 癌 **1**《医》cancro⒨, carcinoma⒨[複 -i];《悪性腫瘍のこと》tumore⒨ maligno ¶胃癌 cancro allo stomaco ¶抗癌剤 rimedio contro il cancro / medicina anticancerogena ¶癌の早期発見 scoperta di un cancro allo stadio iniziale ¶癌にかかっている avere un cancro **2**《障害》cancro⒨, rovina⒡ ¶それがわが国の政治の癌だ。 Quello è il cancro del nostro governo.

✤癌遺伝子 gene⒨ cancerogeno
癌化 cancerizzazione⒡ ◇癌化する cancerizzarsi
癌細胞 cellula⒡ cancerosa
癌組織 tessuto⒨ canceroso
癌抑制遺伝子 gene⒨ anticancro
癌予防薬 medicina⒡ per prevenire il cancro

がん 願 voto⒨; preghiera⒡ ¶願をかける pregare Dio [una divinità] (affinché + 接続法) / invocare gli dei / fare il voto di + 不定詞 ¶子供が授かるようにと願をかけた。 Ha fatto un voto (a Dio) per avere un bambino.

参考
カトリックでは願"voto"を立て、それをかなえてくれるのが神や聖母の恩寵"grazia"である。イタリア各地に多数ある Santa Maria delle Grazie という教会は特に庶民が願を立てた教会であり、病気の平癒・子供の誕生などの願いごとのかなった庶民が礼として奉納する品物は ex voto と呼ばれ、教会の壁面を飾っている。

かんい 官位 《官職と位階》ufficiale⒨ e rango⒨ [複 -ghi];《官職の等級》rango⒨ di carica ufficiale

かんい 簡易 ◇簡易な《簡素な》semplice;《容易な》facile ¶手続きが簡易になった。 La procedura è stata semplificata.

✤簡易裁判所 pretura⒡, tribunale⒨ unico [複 -ci] di primo grado
簡易食堂《セルフサービスの》[英]self-service [無変];《軽食堂》tavola⒡ calda, tavola⒡ fredda
簡易保険《郵便局の》assicurazione⒡ sulla vita dell'amministrazione delle poste

かんいっぱつ 間一髪 ¶間一髪のところで死を免れた。 Sono scampato per un pelo alla morte.

かんいん 姦淫 fornicazione⒡;《既婚者の》adulterio⒨[複 -i] ¶姦淫するなかれ. "Non fornicare." / "Non commettere atti impuri." (◆「モーセの十戒」"i Dieci Comandamenti"の第6)

かんえい 官営 ◇官営の pubblico⒨[複 -ci], dello Stato

かんえつ 観閲 ◇観閲する ispezionare le truppe

✤観閲式 rivista⒡, parata⒡

かんえん 肝炎《医》epatite⒡ ¶血清肝炎 sieroepatite / epatite da siero ¶A[B]型肝炎 epatite da virus A[B]

がんえん 岩塩 sale⒨ di roccia, salgemma⒨ [無変]

かんおけ 棺桶 bara⒡ ¶彼は棺桶に片足を突っ込んでいる。 Ha già un piede nella tomba [nella fossa]. / È più di là che di qua.

かんか 看過 ¶その問題は看過できない。 Non possiamo lasciar passare la faccenda senza protestare.

かんか 感化 influsso⒨, influenza⒡ ◇感化する influenzare [esercitare un influsso su] qlcu. ¶〈人〉の感化で influenzato da qlcu. / sotto l'influenza [l'influsso] di qlcu. ¶感化を受ける essere influenzato da qlcu. / subire l'influsso di qlcu. ¶感化されやすい人 persona influenzabile

✤感化院 riformatorio⒨[複 -i], casa⒡ di correzione

かんか 管下 ¶その事件は警察の管下にある。 È sotto la giuridizione [la competenza] della polizia.

がんか 眼下 ¶眼下に湖を見下ろす godere dall'alto la vista di un lago / avere sotto gli occhi la veduta di un lago

がんか 眼科 oftalmologia⒡, oftalmoiatria⒡, oculistica⒡;《病院内の》reparto⒨ oculistico ◇眼科の oftalmico⒨[複 -ci]

✤眼科医 oculista⒨[複 -i], oftalmologo⒨[⒡ -ga; ⒨複 -gi]
眼科病院 clinica⒡ oftalmica

がんか 眼窩《解》orbita⒡ (dell'occhio), cavità⒡ dell'occhio

かんかい 官界 mondo⒨ burocratico ¶官界に入る entrare nell'amministrazione statale

かんがい 干害 danni⒨[複] provocati dalla siccità ¶干害を受ける essere colpito dalla siccità

かんがい 寒害 danni⒨[複] causati dal freddo

かんがい 感慨 ¶感慨にふける essere preso da [abbandonarsi a] una forte emozione ¶感慨無量だ。 Sono in preda a una profonda emozione. / Sono profondamente emozionato.

かんがい 灌漑 irrigazione㊛ ¶田畑を灌漑する irrigare un campo
♦**灌漑計画** progetto㊚ d'irrigazione
灌漑地 terreno㊚ irrigato
灌漑池 laghetto㊚ d'irrigazione
灌漑用水 acqua㊛ d'irrigazione

かんがえ 考え **1**《思考, 思想, 思いつき》pensiero㊚, idea㊛;《意見》opinione㊛ ¶考えに沈む essere assorto nei *propri* pensieri ¶考えにふける lasciarsi andare alle fantasticherie ¶考えを述べる esprimere le *proprie* idee ¶考えをまとめる riordinare le *proprie* idee / metter ordine nelle *proprie* idee ¶〈人〉の考えを見抜く leggere nei pensieri di *qlcu*. ¶〈人〉の考えを変える far cambiare idea a *qlcu*. ¶〈人〉の考えを聞く domandare l'opinione di *qlcu*. ¶私の考えでは a mio avviso / secondo me / secondo la mia opinione / secondo il mio parere ¶君の考えを聞かせて. Che cosa ne pensi? / Qual è la tua opinione? ¶彼は古い考えの持ち主だ. È uno attaccato a idee antiquate. ¶いい考えが浮かんだ. Mi è venuta (in mente) una buona idea. ¶ある考えが脳裏をかすめた. Un'idea mi è passata per la mente. ¶あの経験が私の考えを変えた. Quell'esperienza mi ha fatto pensare in maniera diversa. **2**《思慮》prudenza㊛, discrezione㊛;《考慮》considerazione㊛;《熟考》riflessione㊛ ¶考え深い人 uomo riflessivo [ponderato] ¶考えの浅い人 uomo poco riflessivo [frivolo] ¶考えに入れる prendere in considerazione [tener conto di] *ql.co*. ¶私の考えだけで決めました. Ho deciso soltanto in base al mio giudizio. ¶それは君の考えにまかせるよ. Mi rimetto alla tua decisione. ¶そこまでは考えが及ばなかった. Non ero arrivato a prevedere tanto. **3**《意図》intenzione㊛

かんがえかた 考え方 modo㊚ di pensare, ragionamento㊚;《観点》punto㊚ di vista ¶君の考え方は間違っている. Il tuo modo di pensare è errato. / Hai torto. / Sei in errore.

かんがえごと 考え事 ¶ごめん, ちょっと考え事をしていた. Scusami, pensavo ad altro. ¶ちょっと考え事があって落ち着かないんです.《心配ごと》Ho dei pensieri per la testa e non riesco a stare calmo.

かんがえこむ 考え込む ¶そんなに考え込む必要はない. Che bisogno di stare così a pensare? ¶彼は考え込んでいた. Si perdeva [Era assorto] nei *propri* pensieri.

かんがえだす 考え出す **1** inventare, pensare **2**《考え始める》¶考え出したらきりがない. Se comincio a pensarci non ne esco più.

かんがえちがい 考え違い《誤解》incomprensione㊛, malinteso㊚, impressione㊛ errata;《誤った考え》idea㊛ sbagliata ¶それは考え違いです. La sua è un'impressione errata. ¶とんだ考え違いをしていた. Mi sono sbagliato di grosso.

かんがえつく 考え付く ¶いい考えを考えついた. Mi è venuta una buona idea!

かんがえなおす 考え直す **1**《考えを変える》cambiare idea **2**《再び考える》¶この問題はもう一度考え直してみましょう. Riesaminiamo ancora [ripensiamo ancora a] questo problema.

かんがえもの 考え物 ¶それは考え物だ. È una questione「dubbia [da rivedere / in dubbio].

かんがえよう 考え様 ¶ものは考えようだ. Le cose cambiano secondo il punto di vista. / Ogni cosa dipende da come la guardi.

かんがえる 考える **1**《思考する》pensare㊙,㊄[*av*]《を a》¶何を[どう]考えているの. A che cosa [Cosa ne] pensi? ¶それは私が考えるよ.《まかせておいて》Ci penso io! ¶君は自分の立場を考えたほうがいい. È meglio che pensi ai fatti tuoi [a te]. ¶考えれば考えるほどわからなくなる. Più ci penso, meno ci 「vedo chiaro [capisco]. ¶君の何をしているか考えてみたまえ. Ma hai provato a pensare a che cosa stai facendo? ¶人間は考える動物である. L'essere umano è un animale pensante.
2【熟考する】riflettere㊙[*av*]《を su》, meditare㊙,㊄[*av*]《を su》, considerare ¶人生の意義について深く考える meditare sul significato della vita ¶問題をじっくり考える prendere attentamente in considerazione un problema ¶考えたあげく dopo una matura riflessione / dopo averci pensato e ripensato ¶少し考えさせてください. Mi lasci il tempo di rifletterci un po'. ¶それは考えさせられることだ. È una cosa che fa riflettere.
3【考慮する】considerare *ql.co*., tenere conto di *ql.co*. [*qlcu*.], prendere in considerazione *ql.co*. [*qlcu*.] ¶事情を考えて considerando la situazione / tenendo conto della situazione ¶万一の場合を考えると prendendo in considerazione il peggio / tenendosi preparati al peggio ¶どう考えても変だ. Da qualsiasi punto lo si consideri, la cosa resta strana. ¶法規ではこのような場合は考えていない. Il codice non prevede questo caso. ¶もう一度私の提案を考えてみてくれ. Ti prego di riconsiderare la mia proposta. ¶輸送費を考えなくても100ユーロはかかる. Ti costerà cento euro senza considerare le spese di trasporto. ¶天気がくずれかけている点を考えると, ハイキングは中止したほうがよい. Considerato che il tempo si sta guastando, è meglio rinunciare alla gita.
4【意図する】intendere + 不定詞, pensare di + 不定詞, avere intenzione di + 不定詞 ¶私は明日出発しようと考えている. Intendo [Ho intenzione di / Ho idea di / Penso di] partire domani. ¶私は夕食後出かけようかと考えている. Avrei una mezza intenzione di uscire dopo cena.
5【想像・予期する】pensare㊙,㊄[*av*], immaginarsi, supporre *ql.co*. ¶そんなことは考えられないよ. È impensabile [inconcepibile / impossibile]! ¶死者は100人以上と考えられる. Si pensa [Si calcola] che i morti siano più di cento. ¶考えていたほど利口じゃなかった. Non si è dimostrato furbo come avevo immaginato. ¶考えただけでもぞっとする. Rabbrividisco al solo pensarci. ¶君が家にいるものと考えていた. Supponevo [Immaginavo] che tu fossi in casa.
6【思いつく】pensare [ideare / escogitare / concepire / inventare] *ql.co*. ¶いたずらを考える ideare uno scherzo ¶新しい遊びを考える inventare un gioco nuovo ¶長編小説を考える

concepire un romanzo ¶トリック[対策]を考える escogitare「un trucco [delle misure]
7【見なす】 ritenere, giudicare ¶私は彼を兄のように考えている。 Lo ritengo (come) un fratello. ¶彼は自分を大人物と考えている。 Crede di essere [Si crede] un grand'uomo. ¶この文章を私はこういう意味だと考える。 Secondo me la frase ha questo significato.

かんかく 間隔 intervallo㊚;《空間的》spazio㊚[複 -i];《距離》distanza㊛ ¶建物と建物との間隔は少なくとも20メートルは必要だ。 Bisogna costruire gli edifici a distanza di almeno venti metri l'uno dall'altro. ¶電車は10分間隔で発車している。 Il treno parte「ogni [ad intervalli di] dieci minuti.

かんかく 感覚 senso㊚, sensazione㊛;《感受性》sensibilità㊛;《趣味》gusto㊚ ¶皮膚感覚 sensazione epidermica ¶足がしびれて感覚がない。 Ho le gambe intorpidite. / Mi si sono addormentate le gambe. ¶寒くて手の感覚がなくなった。 Mi si sono intirizzite [intorpidite] le mani per il freddo. ¶彼は鋭い感覚を持っている。 È molto sensibile. / Ha dei sensi molto acuti. ¶あの人は感覚的にきらい。 Ma, a pelle, non mi piace.
✤**感覚器官** 《解》organo㊚ [apparato㊚] sensore
感覚主義 《哲》sensualismo㊚
感覚神経 《解》nervi㊚[複] sensitivi
感覚論 《哲》sensismo㊚

かんがく 漢学 studio㊚ dei classici cinesi; 《中国学》sinologia㊛
漢学者 studioso㊚ [㊛ -a] di classici cinesi; sinologo㊚ [-ga; ㊚複 -gi, -ghi]

かんかつ 管轄 giurisdizione㊛, controllo㊚, competenza㊛ ¶管轄する avere competenza su ql.co ¶…の管轄外にある esulare dalla [non essere di] competenza di ql.co. [qlcu.] ¶これは環境省の管轄に属する。 Questo è di competenza del Ministero dell'Ambiente.
✤**管轄官庁** autorità㊛ competente
管轄裁判所 tribunale㊚ competente

かんがっき 管楽器 strumento㊚ a fiato; fiati㊚[複] →楽器 図版

かんがみる 鑑みる ¶過去の業績に鑑みて alla luce [in considerazione] dei passati successi di qlcu.

カンガルー 〔英 kangaroo〕《動》canguro㊚

かんかん 鐘をかんかん鳴らす scampanare㊐ [av] / suonare una campana ¶テラスには日がかんかん照っている。 Il sole picchia sul terrazzo. ¶彼はかんかんになって怒っている。 Bolle [Freme] di rabbia.
✤**かんかん照り** ¶かんかん照りの日 una giornata torrida

かんがん 汗顔 ¶大失態をお目にかけて汗顔の至りです。 Mi vergogno profondamente di aver commesso un così grave errore al suo cospetto.

かんがん 宦官 eunuco㊚ [複 -chi]

がんがん 鐘をがんがん鳴らす scampanare / suonare una campana ¶ステレオをがんがんかける far rimbombare lo stereo a tutto volume ¶がんがん怒る rimproverare severamente qlcu. ¶頭ががんがんする。 Mi pulsa la testa. / Ho un mal di testa da impazzire. ¶がんがん暖房をきかせる accendere il riscaldamento al massimo

かんかんがくがく 侃侃諤諤 ¶その事件をめぐって侃々諤々の議論がおこった。 Ognuno pretendeva di avere ragione sulla questione.

かんかんしき 観艦式 parata㊛ navale

かんかんぼう かんかん帽 paglietta㊛, canottiera㊛ →帽子 図版

かんき 乾季・乾期 stagione㊛ secca

かんき 勘気 ¶私は父の勘気にふれた。 Sono incorso nella disapprovazione di mio padre.

かんき 喚起 喚起する svegliare, risvegliare, destare ¶注意を喚起する richiamare l'attenzione di qlcu. ¶世論を喚起する sensibilizzare [stimolare / risvegliare] l'opinione pubblica

かんき 換気 aerazione㊛, ventilazione㊛ ¶部屋を換気する dare aria alla [cambiare l'aria della / aerare la] stanza
✤**換気孔** presa㊛ d'aria, sfiatatoio㊚ [複 -i]
換気扇《装置》aeratore㊚;《全体》sistema㊚ [複 -i] d'aerazione;《ファン》ventilatore㊚

かんき 寒気 freddo㊚;《気》aria㊛ fredda ¶寒気が厳しい。 C'è un'aria gelida.
✤**寒気団**《気》massa㊛ d'aria fredda
寒気流《気》corrente㊛ atmosferica fredda

かんき 歓喜 gioia㊛, piacere㊚, delizia㊛ ◇歓喜する essere felice di ql.co., rallegrarsi [gioire㊐ [av] di [per] ql.co.

かんきつるい 柑橘類《植》agrumi㊚[複]

かんきゃく 観客 spettatore㊚ [㊛ -trice];《聴衆》uditore㊚ [-trice];《集合的》uditorio㊚, pubblico㊚
✤**観客席** posto㊚ (per gli spettatori)

かんきゅう 感泣 ¶彼の言葉にみな感泣した。 Le sue parole ci mossero tutti alle lacrime.

かんきゅう 緩急 **1**《速いことと遅いこと》¶彼は球を緩急自在に投げる。 Sa controllare la velocità della palla come vuole. **2**《緊急事態》¶一旦(たん)緩急あらば in caso di emergenza
慣用 ¶緩急よろしきを得る ¶指導者たる者は緩急よろしきを得ていなければならない。 Un leader deve sapere quando essere duro e quando indulgente.

がんきゅう 眼球《解》bulbo㊚ oculare, globo㊚ dell'occhio

かんきょ 閑居 **1**《静かな生活》vita㊛ tranquilla (ritirata) **2**《暇な生活》vita㊛ ricca di tempo libero ¶小人閑居して不善をなす。《諺》"Gli oziosi sono facile preda del diavolo."

かんきょう 感興《興味, 関心》interesse㊚; piacere㊚ ¶なんの感興も湧かない。 Non sento nessuna ispirazione. / Non mi interessa affatto.

かんきょう 環境 ambiente㊚, condizioni㊛[複] ambientali →328ページ 用語集 ¶地球環境の保全 salvaguardia dell'ambiente globale ¶家庭環境 ambiente familiare ¶彼はたちまち環境に順応する。 Si adatta subito all'ambiente.
✤**環境汚染** inquinamento㊚ ambientale
環境教育 educazione㊛ ecologica
環境共生 simbiosi㊛ [無変] ambientale
環境権 diritto㊚ all'ambiente

環境コスト costi㊚[複] ambientali
環境省 Ministero dell'Ambiente
環境税 tassa㊛ sull'ambiente
環境設定《コンピュータ》configurazione㊛ di sistema
環境対策車 automobile㊛ predisposta per l'ambiente
環境の日 Giornata㊛ (Mondiale) dell'Ambiente (◆ 5 giugno)
環境破壊 distruzione㊛ dell'ambiente
環境保護 tutela㊛ ambientale
環境保護主義者 ambientalista㊚[㊛][複 -i]; ecologista㊚[㊛][複 -i]
環境ホルモン ormone㊚ letale per l'ambiente
環境問題 problemi㊚[複] ambientali [ecologici]
環境倫理 etica㊛ ambientale

かんきょう 艦橋 ponte㊚ di comando (di una nave da guerra)

かんぎょう 官業 impresa㊛ statale ¶官業の払い下げ cessione di proprietà governativa / privatizzazione di un'impresa dello Stato

がんきょう 頑強 tenacia㊛, ostinazione㊛; accanimento㊚ ◇頑強な tenace, ostinato; 《激烈な》accanito ◇頑強に tenacemente, ostinatamente; accanitamente

かんきり 缶切り apriscatole㊚[無変]

かんきん 桿菌《生》bacillo㊚

かんきん 換金 realizzazione㊛, realizzo㊚, conversione㊛ in denaro liquido ◇換金する realizzare ql.co., convertire ql.co. in contanti ¶小切手を銀行で換金する incassare [riscuotere] un assegno

かんきん 監禁 imprigionamento㊚, incarcerazione㊛;《監禁状態》prigionia㊛, detenzione㊛ ◇監禁する imprigionare [incarcerare] qlcu.;《閉じ込める》rinchiudere qlcu. ¶人質を監禁する tenere sotto sequestro un ostaggio

がんきん 元金《会》capitale㊚ ¶元金を5％の利息で投資する investire il capitale al 5 per cento

かんく 甘苦 ¶人生の甘苦をなめる provare「le gioie e i dolori [le dolcezze e le amarezze] della vita ¶私たちは甘苦を共にしてきた仲だ. Abbiamo passato insieme tempi belli e tempi duri.

かんく 管区 ¶この地区はA保健所の管区です. Questo quartiere è「sotto la giurisdizione [nel distretto] dell'Ufficio sanitario di A.

かんく 艱苦 sofferenze㊛[複], stenti㊚[複], avversità㊛[複] ¶艱苦に耐える sopportare le avversità ¶艱苦をなめる attraversare tempi duri

がんぐ 玩具 giocattolo㊚
❖**玩具商[店]** commerciante㊚ [negozio㊚ [複 -i]] di giocattoli

がんくつ 岩窟 caverna㊛, grotta㊛, spelonca㊛

がんくび 雁首 ¶彼らは雁首をそろえて私のところに謝りに来た. Sono venuti tutti insieme a capo chino a chiedermi scusa.

かんぐる 勘ぐる essere sospettoso [maldisposto]; diffidare ¶彼は私の言葉に裏があるのではないかと勘ぐっているようだった. Sembrava diffidare delle mie parole come se vi fosse un secondo scopo.

かんぐん 官軍 esercito㊚ regolare ¶勝てば官軍, 負ければ賊軍.《諺》"Chi vince ha sempre ragione."

かんけい 奸計・姦計 trucco㊚[複 -chi], piano㊚ astuto e malvagio[複 -gi];《陰謀》intrigo㊚[複 -ghi], complotto㊚ ¶奸計を巡らす ideare un piano astuto e malvagio

かんけい 関係 **1**【つながり, 関連, 関与】relazione㊛, rapporto㊚, nesso㊚, legame㊚, connessione㊛ ◇関係する avere a che「fare [vedere] con qlcu. [ql.co.]; entrarci; essere in rapporto [in relazione] con qlcu. [ql.co.], avere rapporto con qlcu. [ql.co.];《かかわる》riferirsi a ql.co., concernere qlcu. [ql.co.], riguardare qlcu. [ql.co.]; connettersi;《巻き込まれる》essere implicato [coinvolto] in ql.co.;《参加する》prendere parte a ql.co.;《利害関係がある》essere interessato in ql.co.;《特に不法行為に》avere le mani in pasta in ql.co. ◇関係づける connettere ql.co., riferire ql.co. a ql.co., collegare ql.co., mettere in relazione [in rapporto] ql.co. ¶友好関係 rapporto d'amicizia [amichevole] ¶密接に関係している essere in stretta relazione ¶関係なく indipendentemente《と da》¶関係を作る stabilire rapporti [relazioni]《と con》¶2つの事実の関係 connessione tra due fatti ¶〈人〉と取引の関係がある avere degli affari in corso con qlcu. / essere in rapporto d'affari con qlcu. ¶関係を断つ rompere un rapporto [un legame]《との con》¶私には関係ない. Non è affar mio. / Io non c'entro. ¶私はこの事件に何の関係もない. Non ho niente a che fare con questo caso. ¶まったく関係ない. Questo c'entra come i cavoli a merenda. ¶それは私が関係しないところで行われたことだ. Ciò è stato fatto senza la mia partecipazione. ¶彼はこの会社に関係している. Ha una cointeressenza [È cointeressato / È interessato] in quest'azienda. ¶勝手にしろ, 私には関係ない. Fate come volete, io me ne lavo le mani. ¶彼のことなんかまったく関係ないよ. Non mi importa niente di lui. /《俗》Me ne frego di lui.

2【間柄】relazione㊛, rapporto㊚ ¶血縁関係 legame㊚ di sangue ¶恋愛関係 relazione amorosa [sentimentale] ¶人間関係 relazioni umane ¶親しい関係である essere in buoni rapporti《と con》¶関係を結ぶ[断つ] stringere [troncare] una relazione《と con》¶彼と君とはどんな関係なの. In quali rapporti sei [Che rapporti hai] con lui? /《親戚》Che parentela hai con lui? ¶彼とは道で会えばあいさつする程度の関係です. I miei rapporti con lui si riducono a un cenno di saluto quando ci incontriamo per la strada.

3【影響】◇関係する interessare ql.co. [qlcu.];《良い意味で》avere [esercitare] una buona influenza su qlcu., influire su ql.co. [qlcu.] ¶気候の関係で a causa del clima ¶日本の将来に大いに関係がある問題だ. È un problema che influisce notevolmente sul futuro del Giappone. ¶この決定は私に大いに関係がある. Per me questa

《用語集》 環境 Ambiente

地球環境 Ambiente globale
異常気象 fenomeni㊚[複] meteorologici estremi [inusuali]. エルニーニョ現象 fenomeno㊚ del Niño. オゾン層破壊 distruzione㊛ dell'ozonosfera. オゾンホール buco㊚ dell'ozono. 温室効果 effetto㊚ serra. 温室効果ガス gas㊚[無変] (effetto) serra. カーボンニュートラル〔英〕carbon neutral㊚ (zero emissioni di anidride carbonica). 干ばつ siccità㊛. 気候変動 cambiamento ㊚ climatico. 気象生態学 bioclimatologia㊛. 砂漠化 desertificazione㊛. 生活域 ecospazio㊚. 生活圏 biosfera㊛; ecosfera㊛. 世界水会議 Consiglio Mondiale dell'Acqua; (略)WWC. 代替フロン sostituto㊚ dei clorofluorocarburi (新～ HFC; Fluoroidrocarburi㊚). 地球温暖化 riscaldamento㊚ globale. 地球温暖化防止条約 Convenzione㊛ quadro delle Nazioni Unite sui cambiamenti climatici (per la prevenzione del riscaldamento globale). 地球サミット Summit㊚[無変] della Terra. ヒートアイランド現象 fenomeno㊚ isola di calore. フロンガス gas㊚[複] clorofluorocarburi; (略)CFC. ラニーニャ現象 fenomeno㊚ della Niña.

自然・生態系保護 Protezione dell'ecosistema e dell'ambiente naturale
外来[侵入]種 specie㊛[無変] alloctone invasive. 順応 adattamento㊚. 植物生態学 ecologia㊛ vegetale. 食物連鎖 catena㊛ alimentare. 生態学 ecologia㊛. 生態系 ecosistema㊚. 生態系破壊 distruzione㊛ ecologica. 絶滅 estinzione㊛. 絶滅危惧種 specie㊛[無変] a rischio. 絶滅種 specie㊛[無変] estinta. 鳥獣保護区 aree㊛[複] naturali protette. 適応 adattamento㊚. 動植物生息空間, ビオトープ biotopo㊚. 動物生態学 ecologia㊛ animale. 動物保護 protezione㊛ degli animali. ナショナル・トラスト〔英〕National Trust㊚[無変]. 熱帯雨林 foresta㊛ pluviale tropicale. 保護動物 specie㊛ protetta, animali㊚[複] protetti. ラムサール条約 Convenzione㊛ di Ramsar. レッドリスト Lista㊛ Rossa dello IUCN delle Specie Minacciate d'Estinzione. ワシントン条約 Convenzione㊛ di Washington.

エネルギー Energia
エネルギー energia㊛ (化石～ energia fossile. 環境にやさしい～ energia sostenibile. クリーン～ energia pulita. 再生可能～ energia rinnovabile. 循環可能～ energia riciclabile. 代替～ energia alternativa. 太陽～ energia solare. 風力～ energia eolica). ガス〔英〕gas㊚[無変] (合成～ gas artificiale. 天然～ gas naturale. 都市～ gas di città. バイオ～ biogas㊚). 化石燃料 combustibile㊚ (化石燃料 combustibile fossile. ガソリン benzina㊛. 褐炭 lignite㊛. 原油 petrolio㊚ greggio [crudo]. コークス〔英〕coke㊚[無変]. ごみ固形燃料 combustibili solidi non minerali ricavati da rifiuti; (略)RDF. 石炭 carbone. 石油 petrolio. タール bitume㊚. 泥炭 torba㊛. 灯油 cherosene㊚. メタン metano㊚. 木炭 carbone㊚ di legna). 原子力発電所 centrale㊛ nucleare [atomica; termonucleare]. 原子炉 reattore㊚ nucleare. ごみ発電 energia elettrica ricavata da rifiuti. 水力 energia idraulica. 水力発電所 centrale㊛ idroelettrica. 太陽光発電所 centrale solare [elettrosolare]. 太陽電池 cella㊛ [pila㊛] solare. 太陽電池[ソーラー]パネル pannello㊚ solare. 地熱 energia geotermica. 地熱発電所 centrale geotermica. 潮力発電 produzione㊛ di energia dal moto ondoso [mareale]. 熱電気発電所 centrale termoelettrica. バイオエタノール bioetanolo㊚. バイオマス biomassa㊛. 風力 energia eolica. 風力発電 produzione di energia eolica

環境問題 Problemi ambientali [ecologici]
赤潮 marea㊛ mucillaginosa. 悪疫 moria㊛. 悪臭 fetore㊚. アスベスト(石綿) amianto㊚. オキシダント ossidante㊚. 汚染 inquinamento㊚, contaminazione㊛. 汚染度 livello㊚ di contaminazione. 汚染物質 sostanza㊛ inquinante. 汚染防止 antinquinamento㊚. 汚泥 limaccio㊚, mota㊛;〔英〕sludge㊚. 害虫駆除 disinfestazione㊛. 害虫駆除剤 insetticida㊚, antiparassitario㊚. 海洋汚染 inquinamento del mare. 海洋投棄 sversamento a mare (dei rifiuti), scarico㊚ illegale. 化学兵器 armi㊛[複] chimiche. 化学肥料 concime㊚ chimico. 核 nucleare㊚, (主に物理学で)nocciolo㊚. 除塩 desalinizzazione㊛. 単一栽培 monocultura㊛. 核兵器 armi㊛[複] nucleari. 環境悪化 degrado㊚ ambientale. 環境汚染 inquinamento dell'ambiente. 環境破壊 distruzione㊛ ambientale. 環境ホルモン distruttori㊚[複] endocrini contaminanti ambientali. 公害 disastro㊚ ambientale. 公害病 patologia㊛ provocata dall'inquinamento ambientale. 公害対策 disposizioni㊛[複] contro l'inquinamento ambientale. 降下物 depositi㊚[複] 黄砂 fango㊚ giallo proveniente dalla Cina. ごみ rifiuti ㊚[複] (可燃～ rifiuti combustibili. 不燃～ rifiuti non combustibili. 生～ rifiuti organici. 資源～ rifiuti riciclabili. プラスチック～ rifiuti di plastica). ごみ公害 contaminazioni㊛[複] causate da rifiuti. ごみ収集の有料化 tassazione㊛ per lo smaltimento dei rifiuti. ごみ処理場 centro㊚ trattamento rifiuti.
酸性雨 pioggia㊛ acida. 残留農薬 residuo㊚ di antiparassitari (consentiti per i prodotti destinati al consumo). 残留放射能 radioattività㊛ residua. 地盤沈下 abbassamento㊚ del

suolo, subsidenza㊛. 食品公害 inquinamento alimentare. 除草剤 erbicida㊚. 浸食作用 erosione㊛. 森林伐採 disboscamento㊚, deforestazione㊛. 水質汚染 inquinamento idrico. 水質汚濁 intorbidamento㊚ delle acque. 水質基準 standard㊚[無変] di qualità delle acque. 水質浄化 depurazione㊛ dell'acqua. スモッグ smog㊚[無変]. 光化学スモッグ smog fotochimico. 生物[生体]濃縮 bioaccumulo㊚, accumulo㊚ biologico, biomagnificazione㊛. 生物兵器 armi㊛[複] biologiche [batteriologiche]. 騒音公害 inquinamento acustico. タール砂 sabbie㊛[複] bituminose. ダイオキシン diossina㊛. 大気汚染 inquinamento atmosferico. 大気汚染物質 HAPs; sostanze㊛[複] che causano o possono causare gravi effetti negativi sulla salute o sull'ambiente. 土壌汚染 inquinamento del suolo.
ばい煙 fumo㊚ fuligginoso. 排煙脱硫 desolforazione㊛. 廃棄物 rifiuti㊚[複] (産業〜 rifiuti industriali. 放射能〜 rifiuti radioattivi). 廃棄物処分場 discarica㊛ dei rifiuti. 廃棄物処理 trattamento㊚ dei rifiuti. 廃棄物処理場 stazione㊛ (di) trattamento (dei) rifiuti. 煤塵汚染 inquinamento dovuto a particelle aerodisperse. 排水 acque㊛[複] di scarico [reflue]. PCB policlorobifenili㊚[複]; policlorodifenili㊚[複]; (略)PCB. 光害 inquinamento luminoso. 風害 danni provocati dal vento. 富栄養化 eutrofizzazione㊛. 不法投棄 smaltimento㊚ illecito. 浮遊粒子状物質 (略)SPM; materiale particolato sospeso [aerodisperso], particelle㊛[複] sospese. ヘドロ (産業廃棄物)fanghi㊚[複] industriali; (排水溝の)fanghi fognari. 放射能汚染 inquinamento radioattivo. 放射能漏れ fuga㊛ radioattiva. 有毒物質 sostanze㊛[複] nocive. 流出油 petrolio㊚ disperso.

環境運動 Movimento ambientale, エコビジネス Eco-business
アースデー Giornata㊛ della Terra; 〔英〕Earth Day㊚[無変]. アイドリングストップ 〔英〕idling stop㊚[無変], spegnimento㊚ del motore a veicolo fermo. エコグッズ prodotti㊚[複] eco-compatibili. エコツーリズム ecoturismo㊚. エコマーク marchio㊚ ecologico. エコラベル etichetta㊛ ecologica. カーシェアリング 〔英〕car sharing㊚. 環境デー giornata dell'ambiente (◆6月5日). 企業の社会的責任 responsabilità㊛ sociale delle imprese; (略)RSI. コージェネレーション, コージェネ cogenerazione㊛. 省エネ製品 prodotti㊚[複] con un minor consumo di energia. スローフード 〔英〕slow food㊚[無変]. スローライフ 〔英〕slow life㊛. 世界環境デー Giornata㊛ Mondiale dell'Ambiente. マイバッグ運動 movimento㊚ per la riduzione dell'utilizzo dei sacchetti plastici al supermercato. ライトダウン protezione㊛ del cielo notturno. ロハス 《LOHAS》Campagna㊛ per il vivere sostenibile.

環境対策, 規制 politiche di intervento e regolamentazione ambientale
環境アセスメント valutazione㊛ dell'impatto ambientale. 環境格付け 〔英〕environmental rating㊚; valutazione㊛ delle performance ambientali. 環境ガバナンス governance㊛ ambientale. 環境基準 standard㊚ ambientale [di qualità ambientale]. 環境コスト costi㊚[複] ambientali. 環境税 tassa㊛ sull'ambiente. 環境白書 Libro㊚ Bianco sui problemi ambientali. 京都議定書 Protocollo㊚ di Kyoto. 古紙 carta㊛ usata. 再資源化 riciclaggio㊚. 再生紙 carta㊛ riciclata. 再利用 riutilizzo㊚. 砂漠緑化 rimboschimento㊚ del deserto.
省エネ risparmio㊚ energetico. 節水 riduzione㊛ del consumo d'acqua. 炭素税 〔英〕carbon tax㊚; tassa㊛ sulle emissioni di CO_2. 低公害車 automobile㊛ eco-compatibile. 電気自動車 auto㊛ con motore elettrico. 天然ガス車 auto㊛ a gas naturale. 二酸化炭素排出権取引 scambio㊚ delle quote di emissione di (biossido di) carbonio. 燃料電池 cella㊛ [pila㊛] a combustibile. 燃料電池車 auto㊛ a cella combustibile. 排ガス規制 controllo㊚ dei gas di scarico. 分別収集 raccolta㊛ differenziata. モーダルシフト shift㊚ modale. リサイクル riciclaggio㊚. リサイクルショップ negozio㊚ di (articoli di) seconda mano. リサイクル法 legge㊛ sul riciclaggio dei rifiuti. RoHS[ローズ]指令 Direttiva㊛ RoHS.

環境保護 [保全] Tutela ambientale
環境基本法 legge㊛ base per la protezione ambientale. 環境教育 educazione㊛ ambientale. 環境共生 simbiosi㊛[無変] della società con l'ambiente naturale. 環境権 diritto㊚ dell'ambiente. 環境効率 eco-efficienza㊛. 環境財 bene㊚ ambientale. 環境にやさしい eco-compatibile. 環境保護主義者 [運動家] ambientalista㊚㊛. 環境倫理 etica㊛ dell'ambiente. 自然環境保護主義 ambientalismo㊚. 自然保護区 riserva㊛ naturale. 浄化 depurazione㊛. 植林 rimboschimento㊚, rimboscamento㊚. 森林再生 rimboschimento㊚. 生分解 biodegradazione㊛. 世界自然保護基金 Fondo㊚ Mondiale per la Natura; (略)WWF. 堆肥 letame㊚. 天然記念物 monumento㊚ naturale. バード・ウォッチング, 野鳥生態観察 〔英〕bird-watching㊚[無変]. バイオ農業 bioagricoltura㊛, agricoltura㊛ biologica. ホエール・ウォッチング osservazione㊛ delle balene. 緑の党 Partito㊚ dei Verdi. 有機肥料 concime㊚ organico. 緑化計画 piano㊚ verde.

decișione è della mąssima importanza.

4【男女関係】 rapporto[男], relazione[女] ¶肉体関係 rapporti carnali [sessuali] ¶僕は彼女との関係を断った. Ho rotto (la mia relazione) con lei. ¶まだ彼と関係があるの. Stai ancora con lui?

✤関係会社 società[女] affiliata
関係官庁 autorità[女] competente
関係者 interessat*o*[男][[女] *-a*];《担当者》addett*o*[男][[女] *-a*] ¶「関係者以外立入禁止」《掲示》"Vietato ai non addetti ai lavori"
関係諸国 nazioni[女][複] interessate [coinvolte]
関係書類 documentazione[女] relativa
関係節〘文法〙proposizione[女] relativa
関係代名詞〘文法〙pronome[男] relativo
関係調〘音〙tonalità[女] relativa
関係当事者 le parti[女][複] interessate, interessat*o*[男][[女] *-a*]

かんげい 歓迎 buona [cordiale] accoglienza[女];《歓迎のあいさつ》benvenuto[男];《手厚いもてなし》ospitalità[女] ◇歓迎する accogliere *qlcu.* cordialmente [calorosamente]; dare un caloroso [cordiale] benvenuto a *qlcu.*, far festa a *qlcu.*;《喜んで受け入れる》accogliere con entușiașmo *ql.co.* ◇歓迎される essere accolt*o* a braccia aperte, ricevere un caloroso [cordiale] benvenuto ¶熱狂的な歓迎 un'accoglienza entușiastica ¶歓迎の辞を述べる porgere un saluto di caloroso benvenuto ¶歓迎される人[物] benvenut*o*[男][[女] *-a*] ¶君ならいつでも歓迎だ. Sei sempre il benvenuto.

✤歓迎会 ricevimento[男] [party[男][無変]] di benvenuto

かんげいこ 寒稽古 eșercizi*o*[男][複 *-i*] atletic*o*[複 *-ci*] nel cuore dell'inverno

かんげき 間隙 《すき間》fessura[女], spira*glio*[男][複 *-gli*];《合間》rita*glio*[男][複 *-gli*] (di tempo) [慣用] **間隙を縫う** ¶敵の間隙を縫って進む filtrare fra le maglie [linee] del nemico ¶嵐の間隙を縫って durante una pausa della tempesta

かんげき 感激 emozione[女] [impressione[女]] profonda, commozione[女];《興奮》entușiașmo[男] ◇感激する emozionarsi, commuoversi, impressionarsi ◇感激させる commuovere *qlcu.*, toccare il cuore a *qlcu.* ◇感激的 commovente, emozionante, toccante, patetic*o*[男複 *-ci*] ¶感激の涙を流す essere moss*o* al pianto ¶こんなに感激したことはない. È la più grande emozione della mia vita. ¶彼は感激しやすい男だ. È un uomo 「molto emotivo [che si commuove facilmente].

かんげき 観劇 ¶私の楽しみは観劇です. Il mio divertimento è andare a teatro.

かんけつ 完結 completamento[男], compimento[男], fine[女], termine[男];《文章などの結末・結論》conclușione[女] ◇完結する《終える》completare [finire / terminare / concludere] *ql.co.*, portare *ql.co.* a termine;《終わる》essere completat*o* [conclus*o*]; finire[自][*es*], terminare[自][*es*]

かんけつ 間欠 intermittenza[女] ◇間欠的 intermittente ◇間欠的に ad intermittenza, intermittentemente, saltuariamente, a singhiozzo

✤間欠泉〘地質〙〘英〙geyser[男][無変]; sorgente[女] termale intermittente
間欠ワイパー tergicristallo[男] a intermittenza

かんけつ 簡潔 ◇簡潔な concișo, laconic*o*[男複 *-ci*], succinto ◇簡潔に concișamente, laconicamente, succintamente ◇簡潔さ concișione[女], laconicità[女] ¶彼は簡潔な文章を書く. Ha uno stile laconico [conciso].

かんけん 官権 autorità[女] del governo

かんけん 官憲 《当局》autorità[女][複];《警察》(autorità[女][複] di) polizia[女]

かんげん 甘言 ¶甘言を弄する dire parole melliflue [di adulazione] a *qlcu.* / lușingare *qlcu.* ¶甘言をもって欺く ingannare *qlcu.* con belle parole [promesse]

かんげん 換言 ¶換言すれば in altre parole / in altri termini

かんげん 諫言 ammonizione[女] [monito[男]] verso un superiore ◇諫言する ammonire *qlcu.* contro *ql.co.* ¶諫言は耳に逆らう. Le ammonizioni non fanno piacere a nessuno.

かんげん 還元 **1**《返還》restituzione[女] ◇還元する restituire ¶還元しうる riducibile ¶企業利益を社会に還元する restituire una parte dei guadagni delle imprese alla comunità

2〘化〙riduzione[女];《脱酸》dișossidazione[女], deșansidazione[女] ◇還元する ridurre, sottoporre *ql.co.* a riduzione; dișossidare ◇還元性の riducente; dișossidante

✤還元剤 riducente[男]; dișossidante[男]
還元糖 zucchero[男] riducente

がんけん 頑健 ◇頑健な robusto, forte, vigoroso, di costituzione robusta

かんげんがく 管弦楽 mușica[女] orchestrale [d'orchestra] ¶曲を管弦楽に編曲する orchestrare un brano mușicale

✤管弦楽曲 mușica[女] per orchestra
管弦楽団 ¶室内管弦楽(団) orchestra da camera ⇒楽器 [図版]
管弦楽法 orchestrazione[女]

かんこ 歓呼 grido[男][複 le *grida*] di gioia [di entușiașmo / di trionfo];《喝采》acclamazione[女];《拍手》applaușo[男] ¶歓呼の声をあげる emettere grida di gioia / gridare di gioia

かんご 看護 cura[女] [assistenza[女]]《の a》¶厚い看護を受ける ricevere cure premurose

✤看護学校 istituto[男] di formazione professionale per infermieri
看護師 assistente[男][女] sanitar*io*[[女] *-ia*; [男]複 *-i*]; infermier*e*[男][[女] *-a*]
看護師長 capoinfermier*e*[男][[女] *-a*]
看護婦 infermiera[女]
看護兵 infermiere[男] militare, soldat*o*[男][[女] *-essa*] di Sanità

かんご 漢語 《漢字語》parole[女][複] giapponesi di origine cinese

がんこ 頑固 ◇頑固な ostinato, caparb*io*[[男]複 *-i*], testardo, cocciuto, acido ◇頑固に ostinatamente, caparbiamente ◇頑固さ ostinazione[女], caparbietà[女], testardaggine[女] ¶自説を頑固に主張する sostenere le *proprie* idee tenacemente [con tenacia] ¶頑固に沈黙を守る ostinarsi nel *proprio* silenzio ¶頑固にもほどがある. C'è un limite all'ostinazione.

かんこう 刊行 pubblicazione㊛ ◇刊行する pubblicare ¶定期刊行物 periodico
❖刊行者 editore㊚ [㊛ -trice]；《出版社》casa㊛ editrice
かんこう 完工 completamento㊚ (di una costruzione) ¶トンネル工事は来年完工する. Il tunnel sarà ultimato il prossimo anno.
かんこう 官公
❖官公庁 uffici㊚[複] [enti㊚[複]] pubblici
かんこう 敢行 compiere ql.co. nonostante tutto ¶組合はストライキを敢行した. I sindacati non hanno avuto esitazioni a proclamare lo stesso lo sciopero.
かんこう 感光 esposizione㊛ alla luce；《感光性を与えること》sensibilizzazione㊛ ◇感光させる《写》impressionare ◇感光する《光》impressionarsi ◇感光(性)の sensibile, impressionabile
❖感光ガラス vetro㊚ fotosensibile
感光記録計 registratore㊚ fotografico [複 -ci]
感光紙 carta㊛ sensibile
感光度 sensibilità㊛, impressionabilità㊛
かんこう 慣行 costume㊚, abitudine㊛, usanza㊛, consuetudine㊛, tradizione㊛ ◇慣行の abituale ¶慣行に従って secondo la tradizione / in base alla tradizione ¶慣行を守る conformarsi a una consuetudine (un'usanza)

かんこう 観光 turismo㊚ ◇観光の turistico [㊚複 -ci] ◇観光する fare una gita turistica
❖観光案内 informazioni㊛[複] turistiche
観光案内所 ufficio㊚[複 -ci] turistico (soggiorno e turismo)
観光ガイド guida㊛ turistica
観光客 turista㊚ [㊚複 -i]
観光コース itinerario㊚[複 -i] turistico
観光シーズン stagione㊛ turistica; alta stagione㊛
観光事業《産業》industria㊛ turistica
観光資源 risorse㊛[複] turistiche
観光施設 attrezzature㊛[複] turistiche, impianti㊚[複] turistici
観光団 gruppo㊚ turistico
観光地 zona㊛ turistica, luogo㊚[複 -ghi] turistico
観光都市 città㊛ turistica
観光バス pullman㊚[無変] turistico
観光ビザ visto㊚ turistico
観光ホテル hotel㊚[無変] per turisti
観光旅行 giro㊚ turistico
がんこう 眼光《目つき》¶眼光人を射る avere uno sguardo penetrante
かんこうへん 肝硬変 《医》cirrosi㊛[無変] epatica
かんこうれい 箝口令 ordine㊚ di sopprimere la libertà di parola ¶報道に箝口令を敷く ordinare il silenzio stampa
かんこく 勧告 consiglio㊚[複 -gli], raccomandazione㊛, esortazione㊛ ◇勧告する consigliare a + 不定詞, raccomandare a qlcu. di + 不定詞, esortare [intimare] qlcu. a + 不定詞 ¶勧告に従う seguire il consiglio di qlcu. ¶勧告に従って dietro [per] consiglio di qlcu. ¶辞職を勧告する persuadere qlcu. a dimettersi

かんごく 監獄 carcere㊚[複 le carceri]
かんこつだったい 換骨奪胎 rimaneggiamento㊚ ¶この作品は『ドン・キホーテ』の換骨奪胎だ. Questa opera è un rimaneggiamento del "Don Chisciotte".
かんこどり 閑古鳥 ¶あの店は閑古鳥が鳴いている. In quel negozio tira aria di desolazione. / Quel negozio è [versa] in cattive acque.
かんこんそうさい 冠婚葬祭 cerimonie㊛[複] e ricorrenze㊛[複]
かんさ 監査 revisione㊛, controllo㊚, ispezione㊛ ◇監査する rivedere, verificare, controllare, ispezionare ¶会計監査報告 relazione㊛ dei revisori contabili
監査役 ispettore㊚ [㊛ -trice] ¶会計監査役 revisore㊚ ufficiale dei conti / revisore㊚ contabile / controllore㊚ dei conti / sindaco㊚ [㊛ -ca; ㊚複 -ci]
監査役会 collegio㊚[複 -gi] dei sindaci
かんさ 鑑査 《鑑定》valutazione㊛, stima㊛
❖鑑査員 stimatore㊚ [㊛ -trice]
かんさい 完済 (pagamento㊚ a) saldo㊚ ◇完済する pagare totalmente, saldare ¶債権者に借金を完済する estinguere un debito [pagare tutto il debito] con il proprio creditore
かんざい 寒剤 《化》sostanza㊛ [miscela㊛] refrigerante, miscuglio㊚[複 -gli] criogeno
かんざい 管財 amministrazione㊛ di beni
❖管財人《遺産・不動産の》amministratore㊚ [㊛ -trice] (di proprietà)；《遺言の》curatore㊚ [㊛ -trice] testamentario㊚[複 -i]；《倒産した会社・法人の》amministratore㊚ fiduciario[複 -i] (dei beni pubblici)
かんさく 奸策・姦策 →奸計
かんさく 間作 coltura㊛ intercalare, seconda coltura㊛, coltura㊛ da copertura ¶桑畑にじゃが芋を間作する coltivare patate come coltura intercalare in un campo di gelsi
がんさく 贋作 ¶これはモディリアーニの贋作だ. Questo è un falso (di Modigliani).
かんざし 簪 ¶髪にかんざしを挿す appuntare una forcina ornamentale sui capelli
かんさつ 監察 ispezione㊛ ◇監察する ispezionare
❖監察官 ispettore㊚ [㊛ -trice]
かんさつ 観察 osservazione㊛ ◇観察する osservare ql.co. [qlcu.] ¶観察力が鋭い avere spirito d'osservazione ¶…ということが観察された. Si è osservato [Si è individuato] che + 直説法
かんさつ 鑑札 permesso㊚, licenza㊛ ¶犬の鑑札 medaglietta㊛ di registrazione di un cane
かんさん 換算 conversione㊛, cambiare ◇換算する convertire, cambiare ¶円をユーロに換算する convertire [cambiare] yen in euro ¶市場価格に換算で a prezzi di mercato ¶貨幣に換算して a termine monetario ¶マイル数に換算するとどのくらいの距離になりますか. Quant'è la distanza calcolando in miglia?
❖換算表 bollettino㊚ dei cambi；《度量衡の》tabella㊛ di conversione dei pesi e delle misure
換算率《為替相場》(tasso㊚ di) cambio㊚[複 -i]
かんさん 閑散 ¶閑散とした《人のまばらな》poco frequentato ¶閑散とした市場《不況気味の》un

mercato stagnante [inattivo / in ristagno] ¶ 雨のために遊園地は閑散としていた. Il luna-park era quași deșerto a caușa della pioggia.

かんし 冠詞 〘文法〙 articolo[男] ¶定[不定 / 部分]冠詞 articolo determinativo [indeterminativo / partitivo]

かんし 漢詩 **1**《中国の古典詩》 poeșia[女] cinese classica
2《日本人が作った》 poeșia[女] giapponese a imitazione di quella cinese classica

かんし 鉗子 〘医〙 forcipe[男]
✤**鉗子分娩** parto[男] con forcipe

かんし 監視 《警戒》 sorveglianza[女], vigilanza[女], guardia[女]; 《観察》 osservazione[女]; 《管理》 controllo[男], superviṣione[女] ◇**監視する** fare la guardia, sorvegliare, vigilare; osservare; controllare ¶あの少年は監視する必要がある. Bisogna tenere sotto controllo quel ragazzo. ¶我々は警察の監視下にある. Siamo sotto la sorveglianza della polizia.
✤**監視カメラ** telecamera[女] di sorveglianza
監視所 posto[男] d'osservazione, vedetta[女]
監視人 guardia[女], guardiano[男] [[女] -a], sorvegliante[男][女]
監視レーダー 〘空〙 radar[男] [無変] di sorveglianza

かんし 環視 ¶衆人環視の中で彼は逮捕された. È stato arrestato sotto gli occhi di tutti.

かんじ 幹事 《団体などの事務をつかさどる役》 segretario[男] [[女] -ia; [男]複 -i], membro[男] eșecutivo; 《まとめ役, 世話人》 organizzatore[男] [[女] -trice]
✤**幹事会** commissione[女] eșecutiva, comitato[男] eșecutivo
幹事長 segretario[男] [[女] -ia; [男]複 -i] generale, caposegretario[男]

かんじ 感じ

1《感覚》 percezione[女], sensazione[女]; 《身体的感覚も含めて》 sensibilità[女]; 《手触り》 tatto[男] ¶指の感じがなくなった. Ho perso sensibilità alle dita. ¶この布はふわふわした感じがする. Questa stoffa è morbida al tatto.
2《印象》 impressione[女]; 《予感》 presentimento[男] ¶感じの悪い[良い]人 persona antipatica [simpatica] ¶「どんな感じの人だった」「明るくて感じの良い子だったよ」 "Che impressione ti ha fatto?" "Era una ragazza dal carattere gioviale e simpatico." ¶孤島に1人とり残されたような感じだ. Mi sento come se fossi stato abbandonato su un'ișola deșerta. ¶白いガウンを着ていたので看護師のような感じだった. Con quella vestaglia bianca mi faceva l'effetto di un'infermiera.

かんじ 漢字 carattere[男] cinese, ideogramma[男] [複 -i] (cinese) ⇒[日本事情] ¶漢字で書く scrivere in *kanji* [ideogrammi (cinesi) / caratteri cinesi] ¶教育漢字 ideogrammi per l'istruzione elementare ¶常用漢字 ideogrammi d'uso quotidiano
✤**漢字制限** limitazione[女] nell'uso dei *kanji*

かんじ 監事 ispettore[男] [[女] -trice]; 《会計の》 revișore[男] [[女] -a]

かんじいる 感じ入る essere colpito [commosso/ toccato/ impressionato] da *ql.co.* [*qlcu.*] ¶あの言葉には感じ入ってしまった. Quelle parole mi hanno toccato il cuore.

> [日本事情] 漢字
> I *kanji* sono parole monosillabiche, le più vecchie delle quali, risalgono al 14°-11° secolo a.C. Dalla Cina si propagarono in tutta la zona culturale che comprende il Giappone, la Corea e il Vietnam.
> Si ritiene che in Giappone arrivarono nel 1° secolo d.C. e si diffușero in seguito con l'introduzione del buddișmo, taoișmo e confucianeșimo. Inizialmente i giapponesi ușarono la lettura cinese (pronuncia *on*) ma in seguito vi sovrapposero come lettura il termine giapponese di significato corrispondente all'ideogramma cinese (pronuncia *kun*). In Giappone un solo ideogramma può avere così due o più pronunce.
> I *kanji* sono suddiviși in sei categorie, di cui circa il 90 per cento appartiene alla categoria "*keisei*" (ideogrammi formati da un elemento fonetico e da un elemento semantico). In seguito i giapponesi stessi, seguendo il sistema *keisei*, hanno creato nuovi ideogrammi chiamati "*kokuji*" (ideogrammi nazionali). Ci sono più di 50.000 *kanji* dei quali 2.000 sono i fondamentali. ⇒かな, 五十音 [日本事情]

がんじがらめ 雁字搦め ¶私たちは泥棒をがんじがらめに縛った. Abbiamo legato strettamente il ladro mani e piedi. ¶こう規則がやかましくては, がんじがらめになって何もできない. Siamo vincolati da regole così rigide che nessuno riesce a far niente.

かんしき 鑑識 《見分けること》 distinzione[女]; 《身元確認など》 identificazione[女]
✤**鑑識課** (servizio[男] [複 -i] di) identificazione[女] giudiziaria, polizia[女] scientifica
鑑識眼 ¶彼は美術に対する高い鑑識眼を持っている. È un buon conoscitore d'arte.

かんじき racchetta[女] da neve

がんしき 眼識 discernimento[男], occhio[男] critico, giudizio[男] ¶彼はイタリア美術に関しては専門家の眼識がある. Ha l'occhio esperto per l'arte italiana.

がんじつ 元日 Capodanno[男], il primo[男] dell'anno ⇒正月 [日本事情]

かんしゃ 官舎 residenza[女] della pubblica amministrazione

かんしゃ 感謝

《気持ち》 riconoscenza[女], gratitudine[女]; 《表現》 ringraziamento[男] ◇**感謝する**《ありがたく思う》 essere grato a *qlcu.*; 《謝意を表す》 ringraziare *qlcu.* di [per] *ql.co.* ¶感謝の意を表する esprimere la *propria* gratitudine / esprimere il *proprio* apprezzamento ¶感謝の念を抱く essere「riconoscente verso [grato a] *qlcu.* per *ql.co.* ¶感謝の言葉を述べる rivolgere parole di ringraziamento a *qlcu.* ¶感謝のしるしに in segno di riconoscenza ¶感謝を込めて con gratitudine ¶ご親切を感謝します. La ringrazio della [per la] sua gentilezza. ¶あなたには感謝の言葉もありません.

Non ho parole per ringraziarla.
✤感謝状 attestato男 di ringraziamento

語法 【感謝の気持ちを表現する】
grazieを使って
感謝する内容は，前置詞 di, perのあとに，名詞あるいは不定詞で示す．
¶ Grazie dell'invito [per l'invito]．ご招待ありがとう．
¶ Grazie della lettera [per la lettera]．お手紙ありがとう．
¶ Grazie di [per] essere venuto．来てくれてありがとう．
¶ Grazie di [per] essere sempre premuroso nei miei confronti．いつも気を使ってくれて，ありがとう．
¶ Grazie di tutto．いろいろありがとう．
感謝の気持ちを強調したいときは，grazieに形容詞の女性複数形か，副詞（あるいは副詞句）を添える．
¶ Grazie mille．/ Molte grazie．/ Tante grazie．/ Grazie infinite．どうもありがとう．(►infiniteを用いると，強調の度合いが他の表現より心もち高まる)
¶ Grazie davvero．本当にありがとう．
¶ Grazie di cuore．心からありがとう．
grazieは，間投詞としてだけでなく，「感謝」という意味の男性名詞として用いられることがある．
¶ Un grazie sentito a tutti voi．みなさんに心からの感謝を（贈ります）．/ みなさんに心から感謝します．
「こちらこそありがとう」というときは，grazieのあとに前置詞 a＋人称代名詞強勢形を続ける．このとき，grazieは省略されることがある．
¶ "Grazie." "Grazie a te."．「ありがとう」「こちらこそありがとう」
¶ "Grazie." "A lei."．「ありがとう」「こちらこそ」
ringraziareを使って
より丁寧に謝意を表すときに ringraziareを用い，感謝の対象となる相手を直接目的語にとる．感謝する内容は前置詞 diあるいは perを用いて示す．
¶ La ringrazio molto del regalo [per il regalo]．プレゼント，どうもありがとうございます．
¶ Ti ringraziamo per [di] tutto quello che hai fatto per noi．私たちのためにいろいろしてくれてありがとう．
¶ Ti ringrazio di [per] avermi avvertito．知らせてくれてありがとう．
問い合わせの電話などで ringraziare qlcu.を用いると，「ご親切に（教えてくださって）ありがとうございました」の意から，「聞きたいことは聞き終えて用件は済んだのでもう電話を切ってもいい」という合図になることがある．
¶ Va bene, la ringrazio molto. Buona giornata．わかりました，どうもありがとうございました．失礼いたします．

かんじゃ 患者 paziente男女; (病人) malato男 [女 -a], (症例) caso男 ¶外来患者 paziente esterno ¶入院患者 ricoverato男 [女 -a]

かんしゃく 癇癪 ¶癇癪を起こす avere un impeto di collera / avere uno scatto d'ira ¶彼は癇癪もちだ．Ha la testa calda. / È collerico [irascibile / irritabile].
✤癇癪玉 (玩具の) petardo男

かんしゅ 看守 secondino男 [女 -a], carceriere

男 [女 -a], guardia女 carceraria, agente男 di custodia

かんじゅ 甘受 ◇甘受する sottomettersi「docilmente [con rassegnazione] a qlco., essere rassegnato a qlco., subire [accettare] qlco. senza protestare [senza reagire]

かんしゅう 慣習 costume男, abitudine女, uso男, usanza女, usi男[複] e costumi男[複], consuetudine女 ¶慣習に従う conformarsi agli usi ¶慣習に従って secondo l'uso [la consuetudine]
✤慣習法 diritto男 consuetudinario [複 -i]

かんしゅう 監修 supervisione女 editoriale ◇監修する dirigere (la compilazione [pubblicazione] di) qlco. ¶百科事典を監修する curare l'edizione di un'enciclopedia ¶…の監修による辞典 dizionario a cura di...
✤監修者 direttore男 [女 -trice]; caporedattore男 -trice; 《集》capiredattori

かんしゅう 観衆 spettatori男[複]; pubblico男[複 -ci]; uditorio男[複 -i]

かんじゅせい 感受性 sensibilità女, impressionabilità女 ¶感受性の強い人 persona sensibile [impressionabile]

かんしょ 寒暑 freddo男 e caldo男 ¶この植物は寒暑の差に敏感である．Questa pianta 「è sensibile agli [soffre gli] sbalzi di temperatura.

がんしょ 願書 domanda女[richiesta女] scritta; (出願用紙) modulo男 di domanda ¶入学願書を出す presentare una domanda d'ammissione

かんしょう 干渉 intervento男, ingerenza女, interferenza女, intromissione女; 《物》interferenza女 ◇干渉する intervenire自[es] ¶武力干渉 intervento armato ¶内政に干渉する intervenire [interferire / intromettersi] negli affari interni ¶私の問題に干渉しないでください．Non ficcare il naso negli affari miei.
✤干渉計 《物》interferometro男
干渉顕微鏡 《光》microscopio男[複 -i] interferenziale
干渉縞(ｼﾞﾏ) 《光》frange女[複] di interferenza
干渉主義 《政》interventismo男

かんしょう 完勝 ◇完勝する conseguire [riportare] una completa vittoria su qlcu. [qlco.]

かんしょう 換称 《修辞》antonomasia女 ¶「聖地」はパレスチナの換称である．La Palestina è chiamata, per antonomasia, la "Terra santa".

かんしょう 感傷 sentimentalità女, sentimentalismo男 ◇感傷的な sentimentale ◇感傷的に sentimentalmente ¶感傷的になる fare il [《女性の場合》la] sentimentale ¶安っぽい感傷だよ．È un sentimentalismo a buon mercato.

かんしょう 緩衝
✤緩衝国 《政》stato男 cuscinetto [無変]
緩衝剤 《化》tampone男
緩衝在庫 《経》stock-tampone男
緩衝装置 《器》《機》ammortizzatore男, paracolpi男[無変], (鉄道) respingente男
緩衝地帯 《政》zona女 neutra [neutrale]

かんしょう 環礁 atollo男 ¶ビキニ環礁 l'atollo di Bikini

かんしょう 癇症 irritabilità女, irascibilità女

かんしょう 観賞 ammirazione◈ ◇観賞する ammirare, guardare meravigliato ¶名月を観賞する ammirare la bellezza della luna
❖観賞用植物 pianta◈ ornamentale

かんしょう 鑑賞 apprezzamento◈, ammirazione◈ ◇鑑賞する apprezzare, ammirare ¶美術館で名画を鑑賞する ammirare i capolavori della pittura al museo ¶私の趣味は映画［音楽］鑑賞です。Il mio passatempo preferito è「andare al cinema［ascoltare musica］.
❖鑑賞眼 ¶彼は焼き物に鑑賞眼がある。È un buon conoscitore [S'intende] di ceramiche.

かんじょう 勘定 **1**《計算》conto◈, calcolo◈ ◇勘定する contare [calcolare] ql.co., fare un conto [un calcolo], fare i conti ¶勘定が合っている。I conti tornano. / Il risultato quadra.
2《代金支払い》conto◈; pagamento◈, saldo◈ ¶勘定を払う [《清算する》saldare] il conto ¶お勘定をお願いします。(Mi faccia) il conto, per favore. ¶勘定は僕が持つよ。Le spese sono a mio carico. ¶勘定が合っていない。Il conto「è sbagliato [non torna].
3《考慮》considerazione◈ ¶勘定 高い《けち》avaro, tirchio ¶勘定-chii ¶《打算的な》interessato ¶勘定高い人 calcolatore◈ [◈ -trice] ¶勘定に入れる tener conto di ql.co. [qlcu.] / prendere ql.co. [qlcu.] in considerazione ¶彼を出席者の勘定に入れなかった。《招待していない》Non l'hanno inserito nel conto degli invitati. /《来ないと思った》Non avevo preso in considerazione che lui sarebbe venuto. ¶すべて彼が勘定ずくでやったことだ。《損得をわきまえて》Ha fatto questa cosa per interesse. /《事前に予想して》Il fare questa cosa rientrava nei suoi calcoli.
4《貸借勘定》《商》conto◈ ¶清算 [決済ずみ／現金] 勘定 conto aperto [chiuso / cassa] ¶未払い勘定 conto arretrato [in pendenza] ¶〈人〉の勘定に付ける addebitare ql.co. sul conto di qlcu.
❖勘定書 conto◈, bolletta◈;《商》fattura◈
❖勘定簿《会》libro◈ [registro◈] contabile

かんじょう 感情 《気持ち》sentimento◈, cuore◈;《理性に対して》emozione◈;《激情》passione◈;《衝動》impulso◈, impeto◈ ¶感情をこめて歌う cantare con sentimento [cuore / passione] ¶感情を抑える《外に表わす》soffocare [dimostrare] i propri sentimenti ¶感情に訴える fare appello al sentimento di qlcu. ¶感情に溺れる farsi trasportare dalle emozioni ¶一時の感情に駆られて d'impulso / sotto l'impulso del momento ¶感情を害する essere offeso /《他人の》offendere qlcu. / ferire [offendere] i sentimenti di qlcu. ¶彼は感情に走りやすい。Si fa facilmente dominare dall'istinto. ¶別に彼に対して悪い感情はもっていない。Non sono particolarmente mal disposto verso di lui.
❖感情移入《哲・心》empatia◈
感情的 ¶彼はすぐ感情的になる。《取り乱す》Lei si fa prendere subito dalle emozioni. /《興奮する、腹を立てる》Lei si scalda subito.

かんじょう 環状 ◇環状の anulare
❖環状線《バス・電車の》linea◈ di circonvallazione, raccordo◈ anulare
❖環状道路 circonvallazione◈, raccordo◈ anulare

がんしょう 岩床《地質》basamento◈ roccioso

がんしょう 岩礁 →暗礁

がんじょう 頑丈 ◇頑丈な《人》forte, robusto, gagliardo;《物》solido, robusto ¶この建物は頑丈にできている。Questo edificio è costruito solidamente.

かんじょうどうみゃく 冠状動脈《解》arterie◈[複] coronarie

かんしょく 官職 官職に就く assumere una carica pubblica ¶彼の祖父は官職に就いていた。Suo nonno era un pubblico ufficiale.

かんしょく 間色 colore◈ secondario [複 -i]

かんしょく 間食 ◇間食する fare uno spuntino tra un pasto e l'altro

かんしょく 閑職《名目だけの》sinecura◈ ¶彼は閑職に回された。È stato trasferito in un posto di minore impegno.

かんしょく 寒色 colore◈ freddo

かんしょく 感触 **1**《手触り》¶この布地は感触が荒い [よい]. Questa stoffa è ruvida [gradevole] al tatto. **2**《印象》¶彼が提案を受け入れる感触を得た。Ho avuto l'impressione che volesse accettare la proposta.

がんしょく 顔色 ¶彼の料理の腕前にかけてはプロも顔色なしだ。Accanto a lui anche un cuoco professionista sfigura. ¶彼らはその知らせに顔色を失った。A quella notizia impallidirono.

かんじる 感じる **1**《ある気持ちをもつ》avere una sensazione ¶感じやすい sensibile ¶感じやすい子供 bambino sensibile ¶〈人〉に嫌悪を感じる provare avversione per qlcu. ¶罪深さを感じる essere conscio della propria colpevolezza ¶〈人〉に同情を感じる provare pietà per qlcu. ¶幸せだと感じる sentirsi felice / sentirsi allargare il cuore ¶〈人〉に恩義を感じる sentirsi in debito「verso [con] qlcu. ¶いささか感じるところがあって per certi motivi ¶私はこの仕事に困難を感じた。Ho trovato difficoltà in questo lavoro. ¶君の親切をマリアはうれしく感じた。Maria è stata toccata dalla tua gentilezza.
2《ある感覚を覚える》sentire [percepire / provare] ql.co. ¶暑く [寒く] 感じる sentire caldo [freddo] ¶空腹を感じる sentire fame / sentire (avvertire) i morsi della fame ¶〈人〉の気持ちを感じる capire i sentimenti [lo stato d'animo] di qlcu. ¶背中に痛みを感じる sentire male alla schiena ¶危険を感じる percepire [intuire] un pericolo ¶背後に人の気配を感じた。Ho sentito la presenza di qualcuno alle mie spalle. ¶私は何か恐ろしいことが起きそうだと感じた。Sentivo che stava per succedere qualcosa di terribile. ¶彼の悲痛な訴えにも聴衆は何も感じなかった。La gente è rimasta insensibile al suo accorato appello.

かんしん 奸臣・姦臣 vassallo◈ infido [sleale]

かんしん 寒心 ¶このような小さな子供たちの自殺が多発していることは実に寒心に耐えない。Mi sento gelare a sentire parlare dei suicidi tentati da ragazzi così piccoli.

かんしん 感心 ◇感心な《模範的》modello [無変]；《立派な》bravo; 《賞賛すべき》ammirevole, lodevole ◇感心する ammirare *ql.co.* [*qlcu.*], provare [avere] ammirazione per *ql.co.* [*qlcu.*], essere preso da [essere pieno di] ammirazione per *ql.co.* [*qlcu.*]; 《驚く》meravigliarsi di *ql.co.* [*qlcu.*] ¶感心，感心，よくできた．Bravo, ben fatto! ¶感心しない翻訳 traduzione[女] non soddisfacente ¶彼女の礼儀正しさにはいつも感心させられる．Rimango sempre colpito dalla sua cortesia. ¶彼のばかさ加減には感心するよ．《驚きあきれる》È stupefacente quanto sia stupido!

かんしん 関心 interesse[男] ¶関心を持つ interessarsi di *ql.co.* ¶関心を失う perdere l'interesse per *ql.co.* ¶〈人〉の関心をひく suscitare [destare / risvegliare] l'interesse di *qlcu.* ¶関心がない essere disinteressat*o* 《に a, di》/《無視》essere indifferent*e* 《に a》 ¶環境問題に関心がある．Mi interessano i problemi ambientali. ¶彼は政治になんか関心がないよ．Non gli importa di politica. ¶彼の今一番の関心事は大学に入ることさ．La cosa che ora più gli sta a cuore è (di) entrare all'università.

かんしん 歓心 ¶歓心を買う accattivarsi la benevolenza di *qlcu.* / entrare nelle grazie di *qlcu.*

かんじん 肝心 ◇肝心な importante; essenziale, fondamentale ¶肝心なときに al momento decisivo [critico]

[慣用] **肝心要**(かなめ) ¶お前にとって肝心要の問題はまず卒業することだ．La cosa di primaria importanza per te è laurearti.

かんじんちょう 勧進帳 rotolo[男] su cui c'è scritta una petizione per sollecitare i contributi

かんじんもと 勧進元 promo*tore*[男] [[女] -*trice*] [impresar*io*[男] [[女] -*ia*; [男]複 -*i*]] di *sumo* o di teatro

かんすい 完遂 compimento[男], completamento[男], adempimento[男] ◇完遂する compiere, completare, adempiere

かんすい 冠水 sommersione[女], allagamento[男] ◇冠水する essere sommers*o* [allagat*o* / inondat*o*]

✤**冠水灌漑**《稲作の》irrigazione[女] per sommersione

冠水地帯 zona[女] allagata [inondata]

がんすいたんそ 含水炭素 〔化〕carboidrato[男]

かんすう 関数 funzione[女] ¶ yはxの関数である．y è in funzione di x. ¶代数関数 funzione algebrica ¶ 2次[n次]関数 funzione di secondo [ennesimo] grado

かんする 関する riguardare [concernere] *ql.co.* ¶…に関しては(in) quanto a *qlcu.* [*ql.co.*] / per quanto riguarda *qlcu.* [*ql.co.*] / a proposito di *qlcu.* [*ql.co.*] ¶経済に関しては per quanto riguarda [concerne] l'economia ¶経済に関する論文 articolo sull'economia ¶政治に関する話 discorso di politica ¶彼は車に関することは駄目だ．Non ne vuol sapere di automobili.

かんずる 観ずる ¶人の運命を観ずる meditare sul fato [destino] dell'uomo ¶人生の無常を観ずる rendersi conto della fugacità della vita

かんせい 完成 completamento[男], compimento[男]; perfezionamento[男] ◇完成する completare ¶未完成の incompleto / incompiuto

かんせい 官製 ◇官製の di produzione statale

✤**官製はがき** cartolina[女] postale

かんせい 乾性 ◇乾性の sec*co* [[男]複 -*chi*]

✤**乾性油** ol*io*[男] [複 -*i*] siccativo

かんせい 喚声 ¶喚声を上げる gridare[自] [*av*] (con voce eccitata) / urlare[自] [*av*]

かんせい 感性 sensibilità[女] ¶感性の鋭い人 persona sensibile

かんせい 慣性 〔物〕inerzia[女] ¶慣性の力[法則] forza [principio] d'inerzia

✤**慣性航法** sistem*a*[男] [複 -*i*] di navigazione inerziale

慣性モーメント〔物〕momento[男] d'inerzia

かんせい 管制 controllo[男] ¶灯火管制〔英〕blackout[男] [無変] / interruzione[女] dell'illuminazione

✤**管制官**《空港の》controllore[男] di volo

管制圏〔空〕regione[女] di controllo

管制塔《空港の》torre[女] di controllo

かんせい 歓声 ¶歓声を上げる lanciare [levare] grida di gioia

かんせい 閑静 ◇閑静な calmo, tranquillo, quieto ¶閑静な環境 ambiente tranquillo

かんぜい 関税 daz*io*[男] [複 -*i*] doganale, tassa[女] [imposta[女]] doganale; 《税関》dogana[女] ¶保護関税 dazi protettivi ¶関税のかかる商品 merce soggetta a dogana ¶関税のかからない商品 merce franca da [esente da] dazio doganale ¶関税を課する gravare *ql.co.*di dogana ¶関税を払う pagare la dogana

✤**関税協定** accordo[男] tariffar*io* [複 -*i*]

関税局 uffic*io*[男] [複 -*ci*] doganale

関税切下げ riduzione[女] tariffaria

関税交渉 negoziati[男] [複] tariffari

関税自主権 autonomia[女] tariffaria

関税障壁 barriere[女] [複] doganali

関税線 linea[女] doganale

関税同盟 unione[女] doganale

関税払戻し rimborso[男] dei dazi doganali, restituzione[女] di dazio

関税率 tariffa[女] doganale

関税割当て contingenti[男] [複] tariffari [doganali]

関税割当制度 sistema[男] di quote doganali

がんせいひろう 眼精疲労 affaticamento[男] agli occhi; 〔医〕astenopia[女]

がんせき 岩石 roc*cia*[女] [複 -*ce*]

✤**岩石学** litolo*gia*[女] [複 -*gie*], petrografia[女], petrologia[女]

岩石圏〔地質〕litosfera[女]

かんせつ 間接 ◇間接的(な) indiretto ◇間接的に indirettamente

✤**間接課税** imposizione[女] fiscale indiretta, fiscalità[女] indiretta

間接喫煙 fumo[男] passivo

間接撮影《X線の》schermografia[女]

間接照明 illuminazione[女] indiretta

か

間接税 imposta㊛ indiretta
間接費《会》costi㊚[複] indiretti
間接補語，間接目的語《文法》complemento㊚ indiretto
間接話法《文法》discorso㊚ indiretto
かんせつ 関節 《解》articolazione㊛;《接合部》giuntura㊛;《指の》nocca㊛ ◇関節の articolare ¶関節のある articolato ◇腕の関節が外れた．Mi sono slogato un braccio.
✤**関節炎**《医》artrite㊛
関節痛《医》artralgia㊛[複 -gie]
関節リューマチ《医》reumatismo㊚ articolare
かんせん 汗腺《解》ghiandole㊛[複] sudorifere [sudoripare]
かんせん 官選 →国選
かんせん 幹線《鉄道の》arteria㊛ ferroviaria, tronco㊚[複 -chi] [linea㊛ (ferroviaria)] principale;《電信の》linea㊛ interurbana;《航空路の》rotta㊛ aerea principale;《船の航路の》rotta㊛ marittima principale;《河川の》arteria㊛ fluviale
✤**幹線道路** arteria㊛ stradale, grande via㊛ di comunicazione
かんせん 感染 **1**《病気の》infezione㊛, contagio㊚[複 -gi] ◇感染する essere infetto [contagiato]《に da》;《病気にかかる》contrarre ql.co. ¶感染を予防する prevenire il contagio [il diffondersi] di un'infezione ¶院内感染 infezione㊛ ospedaliera
2《感化を受ける》¶皆，彼の狂信ぶりに感染した．Sono stati tutti contagiati dal suo fanatismo.
✤**感染経路** canali㊚[複] d'infezione
感染源 fonte㊛ d'infezione
感染症 malattia㊛ contagiosa [infettiva]
かんせん 観戦 ¶試合を観戦する assistere a una partita ¶テレビでサッカーの試合を観戦する vedere le partite di calcio alla tv
かんせん 乾癬《医》psoriasi㊛[無変]
かんぜん 間然 ¶彼の技巧は間然するところがない．La sua tecnica non lascia adito a critiche di sorta.

かんぜん 完全 perfezione㊛, completezza㊛, integrità㊛ ◇完全な perfetto, completo ◇完全に perfettamente, alla [a] perfezione, completamente, interamente, totalmente, del tutto, in tutto e per tutto ◇完全にする completare, portare a termine [a completamento] ◇完全になる essere portato a termine [a completamento] ¶完全な自由 libertà totale ¶完全な勝利 vittoria schiacciante ¶あの計画は完全な失敗に終わった．Quel progetto è stato un fiasco totale. ¶その像は完全な形で残っている．Quella statua si è conservata intatta.
✤**完全看護** assistenza㊛ completa
完全五度《音》quinta㊛ giusta
完全雇用 piena occupazione㊛
完全失業 disoccupazione㊛ totale
完全失業率《経》tasso㊚ di disoccupazione completa
完全主義 perfezionismo㊚
完全主義者 perfezionista㊚㊛[複 -i]
完全操業 lavoro㊚ a tempo pieno
完全燃焼 combustione㊛ completa
完全犯罪 delitto㊚ perfetto
完全武装 ◇完全武装して armato fino ai denti
完全変態《生》metamorfosi㊛[無変] completa
かんぜん 敢然 ◇敢然と《大胆に》arditamente, intrepidamente, coraggiosamente,《決然と》risolutamente, decisamente ¶敢然と難局に立ち向かった．Ha affrontato decisamente una crisi.
がんぜん 眼前 ¶眼前に広がる雄大な景色 panorama immenso che mi si è parato davanti agli occhi
かんぜんちょうあく 勧善懲悪 giustizia㊛ ideale, incitamento㊚ alle virtù e punizione㊛ del vizio
✤**勧善懲悪劇**《小説》dramma㊚[複 -i] [romanzo㊚] didascalico[複 -ci]
かんそ 簡素 semplicità㊛, modestia㊛, sobrietà㊛ ◇簡素な semplice, modesto, sobrio㊚[複 -i] ◇簡素に semplicemente, modestamente, sobriamente
✤**簡素化** semplificazione㊛, snellimento㊚ ◇簡素化する semplificare, sveltire ¶手続きを簡素化する snellire le procedure
がんそ 元祖 《家系の》antenato㊚[㊛ -a], ascendente㊚, avo㊚[㊛ -a], capostipite㊚㊛[㊚複 capostipiti];《創始者》fondatore㊚[㊛ -trice];《考案者》inventore㊚[㊛ -trice]
かんそう 完走 ¶10キロを完走した．Ha corso tutti i dieci chilometri.
かんそう 乾燥 asciugatura㊛, essiccazione㊛, essiccamento㊚, disseccamento㊚;《気候の》secchezza㊛, aridità㊛ ◇乾燥する《物が》seccare㊛[es], seccarsi, diventare secco㊚[複 -chi], disseccarsi ◇乾燥させる seccare [disseccare] ql.co.; strizzare e asciugare ql.co. ◇乾燥した secco, essiccato, disseccato, asciutto
✤**乾燥機**《器》asciugatrice㊛, essiccatore㊚, essiccatoio㊚[複 -i]
乾燥剤 essiccante㊚, essiccativo㊚, disseccativo㊚
乾燥室 camera㊛ d'essiccazione, essiccatoio㊚[複 -i]
乾燥注意報 allarme㊚ di siccità
乾燥摩擦《物》attrito㊚ secco
乾燥野菜 legumi㊚[複] secchi
乾燥炉《工》forno㊚ di essiccazione

かんそう 感想 《印象》impressione㊛;《感慨》sentimenti㊚[複];《意見》idea㊛, parere㊚, opinione㊛, osservazione㊛ ¶感想を述べる《印象を》raccontare le proprie impressioni,《見解を》far conoscere il proprio pensiero《について su》¶この本を読んで感想を書きなさい．Leggete questo libro e scrivete le vostre impressioni. ¶ご感想はいかがですか．Che cosa ne pensa? / Qual è il suo parere in proposito?
かんそう 歓送 ◇歓送する augurare una buona partenza a qlcu.
✤**歓送会** festa㊛ di addio (in favore di qlcu.)
かんそう 観相 fisiomanzia㊛
かんぞう 甘草《植》liquirizia㊛, liquerizia㊛;《根》radice㊛ di liquirizia
かんぞう 肝臓 fegato㊚ ◇肝臓の epatico[複 -ci] ¶肝臓が腫れている．Il fegato è ingrossa-

がんぞう
肝臓病 malattia㊛ del fegato, disturbo㊚ epatico

がんぞう 贋造 falsificazione㊛, contraffazione㊛ ◇贋造する falsificare, contraffare ◇贋造の falso, contraffatto
❖贋造紙幣 banconota㊛ falsificata
贋造者 falsario㊚ [㊛ -ia; ㊚複 -i], falsificatore㊚ [㊛ -trice], contraffattore㊚ [㊛ -trice]
贋造品 falsificazione㊛, falso㊚, contraffazione㊛, oggetto falsificato [contraffatto]

かんそうきょく 間奏曲 [音] interludio㊚ [複 -i], intermezzo㊚

かんそく 観測 osservazione㊛ ◇観測する osservare ¶希望的観測 previsione ottimistica ¶気象[天体]観測 osservazione meteorologica [astronomica] ¶…ということが観測された. Si è osservato che + 直説法
❖観測気球 pallone㊚ sonda [無変]
観測基地 base㊛ di osservazione
観測者 osservatore㊚ [㊛ -trice]
観測所 osservatorio㊚ [複 -i]

かんそん 寒村 villaggio㊚ [複 -gi] solitario [複 -i] [remoto] e povero

かんそんみんぴ 官尊民卑 ¶彼の考え方は官尊民卑だ. Considera il popolo come un'entità inferiore rispetto agli organismi statali.

カンタータ 〔伊〕【音】cantata㊛
カンタービレ 〔伊〕【音】cantabile

かんたい 寒帯 [地] zona㊛ glaciale [polare]; 《北極圏の》 regioni㊛ [複] artiche; 《南極圏の》 regioni㊛ [複] antartiche
❖寒帯植物 flora㊛ artica [antartica]
寒帯性気候 clima㊚ glaciale [polare]
寒帯動物 fauna㊛ artica [antartica]

かんたい 歓待 ospitalità㊛, accoglienza㊛ calorosa [cordiale], caloroso [cordiale] benvenuto㊚ ◇歓待する accogliere qlcu. calorosamente [cordialmente]

かんたい 艦隊 flotta㊛ militare, squadra㊛ navale ¶小艦隊 flottiglia ¶連合艦隊 la flotta alleata

かんだい 寛大 generosità㊛, magnanimità㊛, indulgenza㊛, clemenza㊛ ¶寛大な generoso, magnanimo, indulgente, clemente ◇寛大に generosamente, magnanimamente, indulgentemente, con indulgenza [clemenza] ¶他人の過ちに寛大である. Mostra indulgenza per gli errori altrui. ¶王は彼に寛大な態度を示した. Il re si è mostrato clemente con [verso di] lui.

がんたい 眼帯 ¶眼帯をする mettersi [portare] una benda sull'occhio

かんたいじ 簡体字 《中国の》ideogrammi㊚ [複] cinesi semplificati

かんたいへいよう 環太平洋
❖環太平洋構想 concetto㊚ della cooperazione tra tutti i paesi dell'area dell'Oceano Pacifico
環太平洋諸国 i paesi㊚ [複] dell'area dell'Oceano Pacifico
環太平洋地震帯 la zona㊛ sismica dell'area dell'Oceano Pacifico

かんだかい 甲高い ¶甲高い声 voce acuta [stridula]

かんたく 干拓 bonifica㊛ ¶沼地を干拓する bonificare un terreno paludoso
❖干拓工事 lavori㊚ [複] [opere㊛ [複]] di bonifica
干拓地 terre㊛ [複] bonificate, zona㊛ bonificata

かんたる 冠たる ¶世界に冠たる経済大国 una delle maggiori potenze economiche del mondo ¶物理学における彼の業績は世界に冠たるものがある. Le sue scoperte nel campo della fisica sono quelle che più si distinguono nel mondo.

かんたん 肝胆 ¶私と彼は肝胆相照らす仲だ. Io e lui ci intendiamo benissimo.

かんたん 邯鄲
[慣用] 邯鄲の歩み Imitando gli altri, perdi la tua originalità [finirai per non diventare né carne né pesce].
邯鄲の夢 castello㊚ di sabbia

かんたん 感嘆 ammirazione㊛, meraviglia㊛ ◇感嘆する meravigliarsi di ql.co., essere pieno di ammirazione per ql.co. ¶感嘆すべき ammirevole / meraviglioso ¶感嘆の叫びを上げる emettere delle grida di ammirazione
❖感嘆符 [文法] punto esclamativo (▶感嘆文・命令文の最後や間投詞の後に用いる符号「！」)
感嘆文 [文法] proposizione㊛ [frase㊛] esclamativa

かんたん 簡単 《単純》semplicità㊛; 《容易》facilità㊛; 《簡潔》concisione㊛ ◇簡単な semplice; facile; conciso, breve ◇簡単に semplicemente; facilmente; concisamente, brevemente ◇簡単にする《平易に》semplificare, rendere facile (▶facileは目的語の性・数に合わせて語尾変化する); 《簡潔に》rendere conciso (▶concisoは目的語の性・数に合わせて語尾変化する), accorciare ¶簡単に言えば《手短に》in breve / in poche parole / 《わかりやすく》in parole povere ¶食事を簡単に済ませる fare un rapido spuntino ¶このごろ海外旅行も簡単になった. Oggi è diventato facile [semplice] anche andare all'estero.

語法 semplice
形容詞 semplice は置かれる位置によって意味が変わることがあり, 名詞に前置されると「ただの」「単なる」の意を, 後置されると「簡単な」の意を表す.
¶ Era una semplice domanda... 単なる質問に過ぎなかったのですが…
¶ una domanda semplice 簡単な質問

かんだん 間断 ◇間断なく continuamente, in continuazione, ininterrottamente

かんだん 閑談 《むだ話》chiacchiere㊛ [複] inutili, vane parole㊛ [複]; 《くつろいだ語らい》quattro chiacchiere㊛ [複] ◇閑談する fare quattro chiacchiere [fare una conversazione amichevole] con qlcu.

かんだん 歓談 conversazione㊛ [chiacchierata㊛] piacevole, quattro chiacchiere㊛ [複] ◇歓談する conversare piacevolmente con qlcu., intrattenersi amichevolmente con qlcu.

がんたん 元旦 la mattina㊛ di Capodanno ⇒正月 [日本事情]

かんだんけい 寒暖計 termometro㊚

かんち 奸知 astuzia㊛, furberia㊛, scaltrezza㊛ ◇奸知にたけた astuto, furbo, scaltro

かんち 完治 guarigione㊛ completa ◇完治する guarire㊌[es] completamente

かんち 感知 ◇感知する percepire, sentire, intuire, rendersi conto di ql.co. ¶危険を感知する sentire [subodorare] un pericolo
❖感知器（センサー） sensore㊚

かんち 関知 ¶それは私の関知するところではない。Non mi riguarda. / Non è affar mio. / Non ha niente a che fare con me. ¶私の関知するところは Per quanto mi riguarda...

かんちがい 勘違い 《誤解》malinteso㊚, equivoco㊚[複 -ci]；《取り違え》svista㊛；〔ラ〕qui pro quo㊚[無変] ◇勘違いする equivocare; fraintendere; capire male ¶勘違いして per errore / per sbaglio ¶私は君を別の人と勘違いしていた。Ti avevo preso [scambiato] per un altro.

がんちく 含蓄 ¶含蓄のある言葉だ。È una parola significativa [molto profonda / che dice tutto].

かんちゅう 寒中 il periodo㊚ più freddo dell'inverno
❖寒中稽古［水泳］allenamento㊚[nuoto㊚] nel cuore dell'inverno

がんちゅう 眼中 ¶眼中にない trascurare [far poco caso a] ql.co. [qlcu.] / non prendere in considerazione ql.co. [qlcu.] / non tenere in conto ql.co. [qlcu.] ¶彼は眼中人なしだ。Si comporta come se fosse l'unico al mondo.

かんちょう 干潮 bassa marea㊛, riflusso㊚ della marea ¶干潮時に潮干狩りをする raccogliere vongole durante la bassa marea ¶干潮になる La marea rifluisce [cala / decresce].

かんちょう 官庁 ufficio㊚[複 -ci] statale；《当局》autorità㊛ pubblica)
❖官庁街 zona㊛ [quartiere㊚] dei Ministeri

かんちょう 浣腸・灌腸 clistere㊚；《洗腸》enteroclisma㊚[複 -i] ◇浣腸する fare un clistere a qlcu.
❖浣腸液 liquido㊚ (medicamentoso) per clistere, clistere㊚
浣腸器 clistere㊚, siringa㊛；《俗》peretta㊛

かんちょう 館長 direttore㊚[㊛ -trice] ¶博物館長 direttore di un museo

かんちょう 艦長 comandante㊚ (di una nave da guerra)

かんつう 姦通 adulterio㊚[複 -i] ◇姦通する commettere adulterio con qlcu.
❖姦通罪 adulterio㊚
姦通者 adultero㊚[㊛ -a]

かんつう 貫通 traforazione㊛, perforazione㊛ ◇貫通する traforare, perforare ¶弾が彼の大腿(だい)部を貫通した。Il proiettile gli ha traforato [perforato] la coscia. ¶海峡に海底トンネルが貫通した。Una galleria sottomarina è stata scavata attraverso lo stretto.

カンツォーネ 〔伊〕《音》canzone㊛ italiana

かんづく 感づく《気づく》accorgersi di ql.co., notare ql.co.；《かぎつける》「aver sentore di [fiutare] ql.co., subodorare ql.co.；《疑いをもつ》sospettare, intuire；《秘密を》mangiare la foglia ¶感づかれないように彼の後をつけた。L'ho seguito 「senza farmi scorgere [senza che se ne accorgesse].

かんづめ 缶詰 1《食品の》scatoletta㊛, scatola㊛ ¶魚を缶詰にする inscatolare pesce / mettere pesce in scatola ¶缶詰の肉［肉の缶詰］carne㊛ in scatola
2《閉じこめること》¶小説を仕上げるためにホテルに缶詰になる essere costretto a tapparsi in una camera di albergo per poter terminare un romanzo

かんてい 官邸 residenza㊛ ufficiale ¶大統領官邸 residenza presidenziale /《イタリアの》(palazzo del) Quirinale (◆大統領官邸として使用される建物の名) ¶首相官邸 residenza ufficiale del primo ministro /《イタリアの》palazzo Chigi《首相官邸として使用される建物の名》

かんてい 艦艇 nave㊛ da guerra

かんてい 鑑定 《専門家の判定》giudizio㊚[複 -i]［opinione㊛］di un esperto；《法》consulenza㊛ legale；《評価》valutazione㊛, stima㊛
◇鑑定する《評価》stimare [valutare] ql.co., fare la stima di ql.co.；《美術品の真贋をを》fare l'autenticazione di ql.co. / redigere l'autentica di ql.co. / autenticare ql.co. ¶精神鑑定を行う fare un esame psichiatrico a qlcu. ¶筆跡鑑定を行う fare una perizia calligrafica [un esame grafologico] ¶指紋を鑑定する identificare le impronte digitali
❖鑑定家 stimatore㊚[㊛ -trice], perito㊚[㊛ -a]；conoscitore㊚[㊛ -trice]
鑑定書《評価》perizia㊛, stima㊛；《真偽の》autenticazione㊛, autentica㊛；〔仏〕expertise㊛[無変]；《法廷への》rapporto㊚, relazione㊛

がんてい 眼底 《解》fondo㊚[無変] dell'occhio
❖眼底血圧《医》pressione㊛ arteriosa della retina
眼底検査《医》oftalmoscopia㊛
眼底出血 emorragia㊛[複 -gie] della retina

かんてつ 貫徹 conseguimento㊚, realizzazione㊛ ◇貫徹する compiere [portare a termine] ql.co., raggiungere [conseguire] ql.co. ¶初志を貫徹する conseguire il proprio intento originale ¶われわれは要求を貫徹した。Abbiamo portato avanti fino in fondo le nostre richieste.

カンテラ 〔蘭 kandelaar〕 lanterna㊛；《坑夫の》lampada㊛ da minatore [da miniera]

カンデラ 〔英 candela〕《光度の SI 単位》〔英〕candela㊛ (nuova)；《記号》cd

かんてん 干天 cielo㊚ permanentemente torrido e assolato ¶干天の慈雨 avvenimento provvidenziale in un momento di difficoltà

かんてん 寒天 1《テングサを原料とした食品》agar-agar㊚[無変] 2《冬の寒空》cielo㊚ gelido

かんてん 寒点《皮膚の》punto㊚ sulla pelle sensibile al freddo

かんてん 観点 punto㊚ di vista ¶経済的観点からすれば dal punto di vista economico (►形容詞 economico は punto にかかる) / da un'angolazione [nell'ottica] economica

かんでん 感電 scossa㊛ elettrica, shock㊚[無変] elettrico[複 -ci] [da folgorazione] ◇感電す

る prendere [ricevere] la scossa
❖**感電死** (morte㊛ per) fulminazione㊛ [folgorazione㊛] ◇感電死する essere ucciso [folgorato] da una scarica elettrica
かんでんち 乾電池 pila㊛ [batteria㊛] a secco →電池 関連
かんど 感度 sensibilità㊛;《受信機の》ricettività㊛ ¶感度のいいラジオ apparecchio radio ad alta ricettività ¶高感度のフィルム pellicola ad alta sensibilità
❖**感度測定** sensitometro㊚
かんとう 巻頭 parte㊛ iniziale di un volume [di un libro] ¶巻頭の辞 prefazione㊛ / premessa
❖**巻頭論文** articolo㊚ iniziale di testa
かんとう 敢闘 ¶敢闘する lottare [combattere] coraggiosamente
❖**敢闘精神** spirito㊚ combattivo, audacia [複 -cie]
かんどう 勘当 diseredazione㊛, ripudio㊚ [複 -i] ◇勘当する diseredare, ripudiare
かんどう 間道 《脇道》 strada㊛ secondaria;《近道》scorciatoia㊛
かんどう 感動 emozione㊛, commozione㊛, profonda impressione㊛ ◇感動する essere commosso [toccato / intenerito] da ql.co. [qlcu.] ◇感動させる commuovere [toccare / intenerire] qlcu. per [con] ql.co. ◇感動的な emozionante, toccante, commovente ¶感動して泣く essere commosso fino alle lacrime ¶彼の講演は学生に深い感動を与えた. Il suo discorso ha fatto una profonda impressione sugli studenti. ¶彼の誠意には心から感動した. Sono sinceramente commosso della sua onestà.
かんとうし 間投詞 《文法》interiezione㊛, esclamazione㊛
かんどうみゃく 冠動脈《解》arterie㊛ [複] coronarie
かんとく 感得 ¶ようやく隠れた真理を感得した. Finalmente mi sono reso conto della verità nascosta.
かんとく 監督 1《監視・指図・管理すること》sorveglianza㊛, direzione㊛, controllo㊚;《視察》ispezione㊛;《工事の》direzione㊛;《映画の》regia㊛ ◇監督する sorvegliare; dirigere, condurre; controllare; ispezionare; curare la regia (di un film);《チームを》allenare ¶…監督のもとで sotto la sorveglianza [la direzione] di qlcu. ¶エットレ・スコラ監督『マカロニ』"Maccheroni" regia di Ettore Scola / un film di Ettore Scola, "Maccheroni"
2《人の上に立って全体をまとめて指揮をする人》sorvegliante㊚, direttore㊚ [㊛ -trice];《視察者》ispettore㊚ [㊛ -trice];《映画の》regista㊚ [㊛ 複 -i];《スポーツの》allenatore㊚ [㊛ -trice] ¶助監督《映画の》aiuto [無変] regista
❖**監督官庁** autorità㊛ competente
かんどころ 勘所《急所, 要点》punto㊚ vitale [essenziale] ¶彼の話は簡潔でいて勘所を逃がさない. Parla in modo conciso e pertinente.
がんとして 頑として ¶彼は頑としてそれを拒絶した. Si è ostinatamente [risolutamente / fermamente] rifiutato.

カントリー〔英 country〕《国》paese㊚, nazione㊛;《田舎》campagna㊛
❖**カントリーアンドウエスタン**〔英〕country and western㊚ [無変]
カントリーリスク rischio paese㊚
かんな 鉋 pialla㊛, piallatrice㊛ ¶板にかんなをかける piallare un'asse di legno
❖**かんなくず** truciolo㊚
❖**かんな仕上げ** piallatura㊛
カンナ〔英 canna〕《植》canna㊛ indica
かんない 管内 ¶ミラノ裁判所管内 zona di competenza del tribunale di Milano
かんない 館内 ¶館内に [で] dentro l'edificio, nei locali ¶「館内禁煙」《掲示》"Vietato fumare all'interno dell'edificio"
かんなん 艱難 ¶艱難汝(なんじ)を玉にす. "Danno fa far senno."
❖**艱難辛苦** molte avversità㊛ [複] e sofferenze㊛ [複]
かんにん 堪忍《忍耐》pazienza㊛, sopportazione㊛, sopportamento㊚;《許し》perdono㊚ 慣用 堪忍袋の緒(お)が切れる esaurire la pazienza ¶私は相当我慢したが, もう堪忍袋の緒が切れた. Ho pazientato abbastanza, ora non ne posso più.
カンニング〔英 cunning〕◇カンニングする copiare ¶彼は試験でカンニングした All'esame ha copiato le soluzioni.
かんぬき 閂 catenaccio㊚ [複 -ci], chiavistello㊚, spranga㊛, sbarra㊛ ¶戸にかんぬきをかける sprangare una porta / chiudere una porta con il catenaccio
かんぬし 神主 sacerdote㊚ shintoista [複 -i]
かんねつし 感熱紙 carta㊛ termica
かんねん 観念 1《哲》idea㊛;《概念》concetto㊚, concezione㊛, nozione㊛ ◇観念的な concettuale; nozionistico [㊛複 -ci];《抽象的な》astratto;《観念論的な》idealistico [㊛複 -ci] ¶観念の世界 mondo ideale ¶彼は観念的にしか物事を理解しない. Non capisce le cose che in astratto.
2《物の考え方・判断》¶彼らには善悪の観念がない. Non hanno la cognizione [nozione] del bene e del male. ¶彼には道徳的観念がない. Gli manca una moralità.
3《あきらめ》◇観念する rassegnarsi a ql.co. [a + 不定詞];《断念する》rinunciare a ql.co. [a + 不定詞];《降参する》arrendersi ¶彼はもう助からないと観念した. Ha abbandonato ogni speranza di salvezza. ¶彼はもはやこれまでと観念した. Ha capito che è finita.
❖**観念論**《哲》idealismo㊚ ◇観念論的 idealistico;《思弁的な》speculativo
観念論者 idealista㊚㊛ [㊛複 -i]
がんねん 元年 ¶平成元年 il primo anno dell'era Heisei ¶福祉元年 un anno inaugurale per l'assistenza sociale
かんのう 完納 pagamento㊚ a saldo ¶税金を完納する pagare totalmente [saldare] le tasse
かんのう 官能 sensualità㊛, sensi㊚ [複]
◇官能的な sensuale, carnale, voluttuoso; erotico [㊛複 -ci] ¶官能の赴くままに振る舞う la-

sciarsi trascinare dai sensi
❖官能主義 sensualismo㊚

かんのう 間脳 〚解〛diencefalo㊚

かんのう 感応 ◇感応する reagire [rispondere]《に a》;《神が祈りや願いを叶える》esaudire *ql.co.*
❖感応電流 corrente㊛ indotta

かんのん 観音 〚仏教〛〚梵〛Avalokiteśvara㊚; Bodhisattva㊚ della misericordia (che si manifesta sotto varie forme)
❖観音堂 tempio㊚ [複 *templi*] dedicato alla divinità della *kannon*
観音開き ¶観音開きの食器棚 credenza a due ante (che si aprono verso l'esterno)

かんば 悍馬・駻馬 《未調教の馬》cavallo㊚ [㊛ -*a*] non domato;《気性の荒い馬》cavallo㊚ riottoso [focoso] ¶悍馬を御(ぎょ)する domare un cavallo indomito

かんぱ 看破 ¶彼は事の真相を直ちに看破した. Ha subito afferrato come stessero realmente le cose.

かんぱ 寒波 ¶関東地方を寒波が襲った. Un'ondata di freddo ha colpito la zona del Kanto.

カンパ 《資金集め》sottoscrizione㊛, campagna㊛ per la raccolta di fondi ¶資金カンパをする《集める》lanciare una campagna per la raccolta di fondi

かんばい 完売 ◇完売の esaurito ¶この品物は完売しました. Questo prodotto è esaurito.

かんぱい 完敗 grave [completa] sconfitta㊛, disfatta㊛, fallimento completo ◇完敗する subire una completa sconfitta [una disfatta], essere sbaragliato

かんぱい 乾杯 brindisi㊚ [無変] ◇乾杯する fare un brindisi ¶「乾杯」"Salute!" / "Alla salute!" / "Cin cin!" ¶君の成功を祝して乾杯. Al tuo successo! ¶シャンペンで乾杯しましょう. Brindiamo con lo champagne.

かんぱく 関白 〚史〛reggente㊚ che assisteva l'imperatore nell'amministrazione degli affari

かんばしい 芳しい **1**《香りが》profumato, odoroso, aromatico㊚ [複 -*ci*]
2《情勢などが》favorevole ¶実験結果は芳しくない. I risultati dell'esperimento non sono soddisfacenti.

かんばしる 甲走る ◇甲走った《調子の高い》acuto;《高く鋭い》stridulo

カンバス 〚英 canvas〛〚美〛tela㊛ →絵画 [図版]

かんぱち 間八 〚魚〛seriola㊛

かんばつ 早魃 siccità㊛ ¶早魃に見舞われる subire i danni della siccità

かんばつ 間伐 diradamento㊚ di un bosco [una foresta] ◇間伐する diradare una foresta

かんぱつ 煥発 ¶才気煥発な子だ. È un ragazzo brillante.

がんばり 頑張り tenacia㊛ [複 *-cie*], perseveranza㊛ ¶近ごろ頑張りがきかない. Negli ultimi tempi non ho più l'energia di una volta. ¶彼は頑張りがきかない. Si arrende [Si dà per vinto / Cede] facilmente. ¶彼は頑張り屋だ.《一生懸命》È uno che si dà da fare. /《粘り強い》È tenace. / È uno che non molla. /《譲らない》Non fa concessioni. / È inflessibile. /《働き者》È un gran lavoratore.

がんばる 頑張る **1**《踏ん張る》tenere㊚ [*av*] duro, non cedere㊚ [*av*] a *ql.co.*, resistere㊚ [*av*] a *ql.co.* ¶最後までがんばる resistere fino alla fine ¶がんばれ. Forza! / Tieni duro! / Resisti! / Non cedere! ¶繰り返される敵の攻撃にもかかわらず, 部隊はがんばった. Il reparto, nonostante i ripetuti attacchi del nemico, ha tenuto (bene).

2《努力する》sforzarsi di + 不定詞, fare del *proprio* meglio ¶12時間も仕事をしたんだってね, がんばりすぎないようにね. Hai lavorato dodici ore? Attento a non stancarti troppo.

3《主張する》insistere㊚ [*av*] in *ql.co.* [nel + 不定詞 / a + 不定詞], intestardirsi a + 不定詞 [in *ql.co*], ostinarsi a + 不定詞 [in *ql.co.*], persistere㊚ [*av*] a + 不定詞 [in *ql.co.*]. ¶彼は転職するとがんばった. Si è intestardito [Insisteva] nel voler cambiare lavoro. ¶彼は自分のせいではないとがんばっている. Insiste [Si ostina a dire] che non è colpa sua.

4《ある所から動かない》¶デモ隊ががんばっていて道が通れなかった. Il corteo dei dimostranti aveva invaso l'intera strada e non si poteva più passare. ¶警察官が入り口にがんばっていた. La polizia bloccava l'entrata.

使いわけ Forza!
「がんばって」と相手を励ます時に, "Forza!"は広く使えるが, "Tieni duro!" "Registi!" "Non cedere!" は, 困難な状況にあって, それに耐えている人を励ますときにしか使えない.
目的を持って行動している人に「しっかりやれよ」という意味では "Mettici impegno!" と言う.
舞台や試験などの本番に向かう人には, "In bocca al lupo!"と声を掛け, 言われた人は "Crepi il lupo!" あるいは "Crepi!" と応える.

かんばん 看板 **1**《店などの》insegna㊛;《宣伝用立て看板》cartellone㊚ [pannello㊚ / cartello㊚] pubblicitario [複 -*i*] ¶看板を掲げる[出す] mettere l'insegna ¶看板を下ろす togliere l'insegna /《商売をやめる》chiudere un negozio [una ditta]
2《関心を引くための》¶彼は減税を看板に掲げて選挙戦を戦った. Ha condotto la campagna elettorale all'insegna della riduzione delle tasse.
3《信用・主張など》¶看板に偽りなしだ.《物が主語》È proprio come viene descritto. /《人が主語》È così come si presenta. / È coerente con se stesso. ¶君はいつ看板を塗り替えたのかい.《方針を変える》Quando hai cambiato la tua linea di condotta? **4**《閉店すること》¶すみませんがもう看板です. Scusi, ma ora dobbiamo chiudere.
❖看板倒れ ¶看板倒れだ. È tutto fumo e niente arrosto. / Ha una reputazione [una fama] esagerata.
看板娘 ragazza㊛ di richiamo

かんぱん 甲板 ponte㊚, coperta㊛, tolda㊛ ¶上甲板 ponte di coperta, centro coperta ¶中甲板 interponte㊚ / ponte intermedio ¶下甲板 sottocoperta

かんぱん 乾板 〚写〛lastra㊛

かんパン 乾パン galletta㊛

がんばん 岩盤 basamento⒨ roccioso

かんび 完備 ¶冷暖房装置が完備している essere fornito di un impianto di condizionamento dell'aria ¶「貸しアパート，ガス，電気，水道完備」(掲示) "Affittasi appartamento con allacciamento di gas, luce, acqua"

かんび 甘美 ◇甘美な dolce, soave ◇甘美に dolcemente, soavemente ¶甘美な楽の音(ね) melodia soave [dolce / deliziosa]

かんぴ 官費 ¶官費で a spese del governo

かんびょう 看病 cura⒡ [assistenza⒡] a un malato ◇看病する curare [assistere] (un malato)

がんびょう 眼病 《医》oftalmia⒡

かんぶ 患部 parte⒡ affetta [sofferente / malata]

かんぶ 幹部 dirigente⒨⒡; (首脳部) dirigenza⒡; (軍隊・会社・政党・組合などの) quadri⒨ [複] ¶中堅幹部 quadri intermedi
✤幹部会 comitato⒨ direttivo
幹部候補生 〔軍〕cadetto⒨

かんぷ 完膚 ¶敵を完膚なきまでにたたきのめす infliggere una sonora [completa] sconfitta al nemico

かんぷ 姦夫 adultero⒨

かんぷ 姦婦 adultera⒡

かんぷ 還付 ◇還付する restituire [ritornare / rendere] ql.co. a qlcu.; (払い戻す) rimborsare ¶所得税の一部が還付された。Parte delle imposte sul reddito mi sono state rimborsate.
✤還付金 somma⒡ rimborsata, ammontare⒨ rimborsato; (損害などの賠償としての) rifusione⒡ (dei danni); (税の) rimborso⒨ di imposte [tasse]

かんぷう 完封 (野球) ¶完封勝ちする battere per cappotto

かんぷう 寒風 ¶寒風が吹きすさぶ. Soffia un forte vento freddo [gelido].

かんぷく 感服 ammirazione⒡ ◇感服する ammirare qlcu. [ql.co.], essere impressionato da qlcu. [ql.co.]

かんふぜん 冠不全 《医》insufficienza⒡ coronarica

かんふぜん 肝不全 《医》malfunzionamento⒨ del fegato

かんぶつ 乾物 alimento⒨ seccato
✤乾物屋(店) drogheria⒡; (人) droghiere⒨ [⒡ -a]

かんぷまさつ 乾布摩擦 massaggio⒨ [複 -gi] [strofinata⒡] con un asciugamano asciutto

カンブリアき カンブリア紀 《地質》periodo⒨ cambriano, cambriano

カンフル 〔蘭 Kamfer〕《化》canfora⒡
✤カンフル注射 《医》iniezione⒡ di olio canforato

かんぶん 漢文 《古典中国語》cinese⒨ classico, 《中国古典》testo⒨ cinese classico [複 -ci]; (中国古典文学) letteratura⒡ cinese classica; (日本人作の) testo⒨ giapponese in ideogrammi cinesi a imitazione del cinese classico

かんぺいしき 観兵式 parata⒡ [visita⒡] militare

かんぺき 完璧 ◇完璧な perfetto, impeccabile, irreprensibile ◇完璧に perfettamente, impeccabilmente, irreprensibilmente ¶彼は教師として完璧だ。È impeccabile come insegnante.

がんぺき 岸壁 molo⒨, banchina⒡

がんぺき 岩壁 parete⒡ di roccia ¶岩壁をよじ登る scalare [arrampicarsi su] una parete

かんべつ 鑑別 《区別》distinzione⒡; discriminazione⒡; (識別，判断) discernimento⒨, giudizio⒨ [複 -i] ◇鑑別する distinguere, discriminare; discernere, giudicare ¶真偽を鑑別する distinguere il vero dal falso ¶少年鑑別所 riformatorio (giudiziario)

かんべん 勘弁 scusa⒡, perdono⒨, tolleranza⒡ ◇勘弁する (許す) perdonare「qlcu. per ql.co. [ql.co. a qlcu.], scusare qlcu.; (大目に見る) passar sopra a ql.co.; (免除する) dispensare [esonerare] qlcu. da ql.co. ¶どうか勘弁してください。Mi perdoni,「la prego [per carità] / (放っといて) Mi lasci stare. ¶それだけは勘弁する。Ti posso perdonare tutto, ma non questo! ¶命は勘弁してやる。Ti risparmio la vita. ¶もう勘弁できない。Non posso più sopportarlo.

かんべん 簡便 ◇簡便な semplice e facile

かんぼう 官房 segretariato⒨, segreteria⒡ ¶大臣官房 segretario del Ministro ¶内閣官房長官 caposegretario di Gabinetto

かんぼう 感冒 →風邪

かんぼう 監房 cella⒡

かんぽう 官報 Gazzetta⒡ Ufficiale; (略) G.U.

かんぽう 漢方 《医学》medicina⒡ cinese; (療法) terapia⒡ cinese
✤漢方医 medico⒨ [複 -ci]「erborista [複 -i] cinese [della scuola cinese]
漢方薬 (farmaco⒨ [複 -ci] fatto con) erbe⒡ [複] medicinali cinesi

かんぽう 艦砲 cannone⒨ navale
✤艦砲射撃 bombardamento⒨ navale [dal mare]

がんぼう 願望 desiderio⒨ [複 -i], speranza⒡ ◇願望する desiderare, sperare ¶平和は全人類の願望だ。La pace è ciò che tutti gli uomini desiderano.

かんぼく 灌木 cespuglio⒨ [複 -gli], arbusto⒨
✤灌木(地)帯 macchia⒡

かんぼつ 陥没 sprofondamento⒨, cedimento⒨ ◇陥没する sprofondare⒤ [es], cadere⒤ [es]; abbassarsi, avvallarsi; (落盤，地すべり) franare⒤ [es]

かんぽん 完本 ¶漱石全集の完本 opera [collezione] omnia [completa] di Natsume Soseki

がんぽん 元本 《会》capitale⒨

カンマ →コンマ

ガンマ 《ギリシア字母の第3文字》gamma⒨ または⒡ [無変]; (記号) Γ, γ
✤ガンマ線 《物》raggi⒨ [複] gamma [無変]
ガンマ崩壊 《物》emissione⒡ gamma

かんまつ 巻末 ¶巻末に in fondo al [alla fine del] libro

かんまん 干満 flusso⒨ e riflusso⒨ della marea ¶干満の差が激しい。La differenza tra la

かんまん 緩慢 lentezza㊛ ◇緩慢な lento ◇緩慢に lentamente, con lentezza, adagio ¶緩慢な足どり passi lenti ¶市況は緩慢である. Il mercato rimane fiacco [in congiuntura bassa].

かんみ 甘味 dolcezza㊛, sapore㊚ dolce
✤甘味料 dolcificante㊚, edulcorante㊚ ¶人工甘味料 dolcificante artificiale

がんみ 玩味 **1**《食べ物を味わうこと》◇玩味する gustare, assaggiare, degustare **2**《物事を考え味わうこと》◇玩味する apprezzare, valutare

かんみんいったい 官民一体 ¶官民一体となって汚職をなくすよう努めなければならない. Il governo e i cittadini devono combattere insieme la corruzione.

かんむり 冠 corona㊛;《法王の》tiara㊛ ¶冠を授ける incoronare qlcu.

かんむりょう 感無量 ¶感無量です. Sono profondamente commosso.

かんめい 官命 direttiva㊛ ufficiale ¶彼らは官命により海外視察に出かけた. Sono stati inviati all'estero per un giro d'ispezione ufficiale.

かんめい 感銘 emozione㊛, profonda impressione㊛ ¶感銘を与える emozionare [impressionare] qlcu. profondamente ¶感銘を受ける ricevere una viva emozione [impressione] / essere profondamente emozionato [impressionato]

かんめい 簡明 ◇簡明な conciso e chiaro ¶簡明な文章 periodi chiari e concisi

がんめい 頑迷 ◇頑迷な 《強情な》ostinato; 《頑固・狂信的な》intransigente;《物わかりの悪い》incomprensivo
✤頑迷固陋(ぇぅ) ◇頑迷固陋な bigotto

がんめん 顔面 faccia㊛ [複 -ce], viso㊚ ¶顔面蒼白である《人が主語》essere pallido ¶顔面に一撃を浴びる ricevere un colpo in piena faccia
✤顔面神経 nervo㊚ facciale
顔面神経痛 [医] nevralgia㊛ facciale;《顔面の痙攣(けい)》tic㊚ [無変] nervoso

かんもう 冠毛 [植]《タンポポなどの》pappo㊚

がんもく 眼目 mira㊛, fulcro㊚ ¶話の眼目 il nucleo essenziale del discorso

かんもん 喚問《呼び出し》convocazione㊛; [法]《裁判所・議会への召喚》citazione㊛, mandato㊚ di comparizione ◇喚問する convocare, invitare; citare ¶彼は証人として裁判所に喚問された. È stato convocato dal tribunale come testimone.

かんもん 関門 《障壁》barriera㊛;《障害》ostacolo㊚ ¶関門を突破する forzare un blocco / abbattere una barriera /《入試の》superare gli esami d'ammissione

かんやく 完訳 traduzione㊛ completa [integrale]

かんやく 簡約 ◇簡約する riassumere ¶簡約した conciso ¶長い物語を簡約する riassumere [condensare / semplificare] una lunga storia ¶簡約日本語辞典 dizionario compatto [conciso] della lingua giapponese

がんやく 丸薬 pillola㊛

かんゆ 肝油 olio㊚ di fegato di merluzzo

かんゆう 勧誘 invito㊚;《説得》persuasione㊛;《本の販売・保険の》esortazione㊛ ◇勧誘する invitare [sollecitare] qlcu. a +不定詞 ¶生命保険への加入を勧誘する esortare qlcu. a contrarre un'assicurazione sulla vita
✤勧誘員《営業販売の》rappresentante㊚㊛, piazzista㊚ [複 -i];《選挙の》galoppino㊚ [-a] elettorale;《寄付などの》questuante㊚㊛

がんゆう 含有 [化] ◇含有する contenere qlco., comprendere qlco. ¶ビタミンAを含有する食べ物 cibo contenente vitamina A
✤含有量 tenore㊚, contenuto㊚ ¶アルコール含有量 tenore di alcol
含有物 contenuto㊚

かんよ 関与 partecipazione㊛, intervento㊚ ◇関与する partecipare [intervenire] a ql.co., prendere parte a ql.co., fare parte di ql.co. ¶私は事件には関与していない. Non ho niente a che fare con [Non sono coinvolto in] quel caso.

かんよう 涵養 ¶道義心を涵養する promuovere [stimolare / coltivare] il senso morale

かんよう 慣用 uso㊚ corrente, usanza㊛ ◇慣用の d'uso corrente ; usuale
✤慣用句 frase㊛ [espressione㊛] idiomatica, idioma㊚ [複 -i]

かんよう 肝要 ◇肝要な《極めて重要な》molto importante, vitale, cruciale;《欠くべからざる》indispensabile, essenziale

かんよう 寛容 ◇寛容な《気前の良い》generoso; 《許容できる》tollerante

かんようしょくぶつ 観葉植物 pianta㊛ verde ornamentale;《室内の》pianta㊛ d'appartamento

がんらい 元来《元は》in origine, originariamente, inizialmente;《始めから》fin dall'origine, fin dall'inizio;《本質的には》essenzialmente, in fondo;《生来》di natura, per natura ¶彼は元来とても素直な人間だ. È per natura molto docile.

かんらく 陥落 **1**《陥没》sprofondamento **2**《城などの》resa㊛, caduta, capitolazione㊛ ◇陥落する capitolare㊚ [av], arrendersi, cedere a qlcu. [ql.co.], cadere㊇ [es] ¶《口説き落とされる》cedere a qlcu., essere conquistato da qlcu. ¶陣は3か月にわたって包囲されて陥落した. Il campo nemico fu espugnato dopo tre mesi d'assedio.

かんらく 歓楽 piacere㊚, diletto㊚, godimento㊚ ¶歓楽を求める (ri)cercare i piaceri (della vita)
✤歓楽街 quartieri㊚ [複] vivaci

かんらん 観覧 ¶一般の観覧に供される essere aperto al pubblico
✤観覧車 ruota㊛ panoramica
観覧席《スタジアムの》tribuna㊛, gradinata㊛
観覧料 prezzo㊚ del biglietto d'ingresso

かんらんせき 橄欖石 [鉱] olivina㊛

かんり 官吏 →公務員

かんり 管理《運営, 経営》gestione㊛; amministrazione㊛; [英] management㊚ [無変];《点検, 監視》controllo㊚;《指導》direzione㊛;《保管》custodia㊛;《保護》guardia㊛ ◇管理する gestire; amministrare; controllare; dirigere; custodire; guardare ¶国際管理 controllo internazionale ¶選挙管理委員会 commissione

elettorale ¶労務管理 direzione del personale ¶会社を管理する gestire [amministrare / dirigere] una ditta ¶生産を管理する controllare il processo produttivo ¶鉄鋼産業は国の管理下に置かれた。 L'industria dell'acciaio è stata messa sotto il controllo dello Stato.
❖**管理会計** contabilità㊛ direzionale
管理価格 prezzo㊚ predeterminato
管理経済 economia㊛ controllata
管理者 amministratore㊚ [㊛ -trice], gestore㊚ [㊛ -trice]
管理職 《職》 posto㊚ amministrativo; 《人》〔英〕 executive㊚ [無変]; dirigente㊚㊛; amministratore㊚ [㊛ -trice];《総称》 classe㊛ direttiva [amministrativa]
管理人 《共同住宅の門番》 portinaio㊚ [㊛ -ia; ㊚複 -i], portiere㊚ [㊛ -a];《ガードマン》 custode㊚㊛;《共同住宅の会計管理人》 amministratore㊚ [㊛ -trice];《財産などの》 amministratore㊚ [㊛ -trice]
管理人室 portineria㊛
管理能力 capacità㊛ di controllo
管理貿易 《経》 commercio㊚ [複 -ci] controllato
がんり 元利 capitale㊚ e interesse㊚ ¶元利合計 capitale con l'aggiunta degli interessi maturati
がんりき 眼力 spirito㊚ d'osservazione, penetrazione㊛, perspicacia㊛, acume㊚ ¶鋭い眼力を持っている essere molto perspicace / avere un acuto spirito d'osservazione ¶彼は人物を見る眼力がある。 Ha un gran occhio per le persone.
かんりゃく 簡略 ¶簡略な《簡単》 semplice;《まとまった》 conciso, sommario [㊛複 -i], sintetico [㊚複 -ci];《短い》 breve ◇簡略に semplicemente; sommariamente, sinteticamente, per sommi capi; brevemente ¶簡略な報告書 resoconto sommario
❖**簡略化** ◇簡略化する semplificare; abbreviare; compendiare, condensare, riassumere, sintetizzare
かんりゅう 乾留《化》 distillazione㊛ distruttiva [secca / a secco]
かんりゅう 貫流 ¶利根川は関東平野を貫流している。 Il fiume Tone corre attraverso la pianura del Kanto.
かんりゅう 寒流 corrente㊛ marina fredda
かんりょう 完了 compimento㊚;《成就, 達成》 completamento㊚, realizzazione㊛, conseguimento㊚ ◇完了する《人が主語》 compiere, completare, terminare [portare a termine], concludere;《物などが主語》 essere completato [finito / terminato], concludersi ¶旅の準備は完了しましたか。 Sei pronto per il viaggio?
❖**完了[未完了]時制** 《文法》 tempo㊚ perfetto [imperfetto]; tempo㊚ verbale che indica il completamento [il non completamento] dell'azione
かんりょう 官僚 burocrate㊚㊛, funzionario㊚ [㊛ -ia; ㊚複 -i] ¶官僚的 burocratico [㊚複 -ci] ¶高級官僚 alto funzionario ¶官僚化する burocratizzare
❖**官僚機構** sistema㊚ [複 -i] [organismo㊚] burocratico
官僚主義 burocratismo㊚
官僚制 burocrazia㊛
官僚政治 burocrazia㊛, governo㊚ burocratico
がんりょう 顔料 《染料》 colorante㊚, pigmento㊚;《絵の具》 colori㊚[複]
がんりょく 眼力 →眼力(がん)
かんるい 感涙 ¶感涙にむせぶ commuoversi fino alle lacrime
かんれい 寒冷 freddo㊚
❖**寒冷前線** 《気》 fronte㊚ freddo
寒冷地 zone㊛[複] fredde
かんれい 慣例 costume㊚, usanza㊛ ¶慣例に従って secondo l'uso / in base all'uso ¶慣例に従う seguire [conformarsi ad] un uso ¶慣例を破る violare un'usanza
かんれき 還暦 ¶還暦を祝う celebrare [festeggiare] il sessantesimo compleanno (di qlcu.)
かんれん 関連 rapporto㊚, relazione㊛, nesso㊚, collegamento㊚, connessione㊛ ◇関連する essere in relazione con ql.co. ¶関連づける mettere ql.co. in relazione con ql.co. ¶…に関連して in relazione con ql.co. / con riferimento a ql.co. / a proposito di ql.co.
❖**関連会社** società㊛ affiliata, compagnia㊛ associata
関連記事 articolo㊚ concernente
関連産業 industria㊛ connessa
関連事項 questione㊛ relativa (a ql.co.)
関連質問 《議会などの》 interpellanza㊛ concernente (ql.co.)
かんろ 甘露 《甘い液体》 nettare㊚, melata㊛
かんろく 貫禄 dignità㊛, imponenza, statura㊛ ¶貫禄のある人 una persona di grande statura ¶彼はこの頃社長としての貫禄がついてきた。 Di recente ha assunto la levatura di un vero presidente d'azienda.
かんわ 緩和 alleviamento㊚, alleggerimento㊚, attenuazione㊛;《苦痛の》 sollievo㊚;《軽減》 riduzione㊛;《緊張の》 distensione㊛, rilassamento㊚;《物・冷》 rilassamento㊚ ◇緩和する alleviare, alleggerire, attenuare; ridurre; rilassare ¶国際的緊張緩和 distensione internazionale ¶金融緩和政策 politica monetaria espansive ¶苦痛を緩和する alleviare [mitigare] un dolore / portare sollievo a una pena ¶衝撃を緩和する ammortizzare [neutralizzare] l'urto ¶輸入制限を緩和する allentare [moderare] le restrizioni delle importazioni
❖**緩和剤** 《薬》《鎮痛剤》 lenitivo㊚, calmante㊚;《安定剤》 sedativo㊚
かんわきゅうだい 閑話休題 ¶さて, 閑話休題だ。 Beh, 「riprendiamo il filo del discorso [torniamo al discorso principale].
かんわじてん 漢和辞典 dizionario㊚ [複 -i] degli ideogrammi cinesi usati in giapponese

き

[き]

き 木　**1**《樹木》albero[男];《低木》cespu*glio*[男][複 -*gli*],《灌木》arbusto[男] ¶ばらの木 un cespuglio di rose ¶木に登る[よじ登る] salire [arrampicarsi] su un albero ¶木を切る tagliare un albero ¶木を植える piantare un albero ¶木の茂った山 montagna boscosa

2《材木》legno[男];《集合的》legname[男];《たきぎ》legna[女] ¶木の机 scrivania di legno ¶木で家を造る costruire una casa con il legno ¶木をくべて部屋を暖める riscaldare una stanza con la legna ¶木の香 odore [profumo] di legno

[慣用] **木で鼻をくくる** ¶木で鼻をくくったような返事 risposta secca [fredda]

木に竹を接ぐ ¶木に竹を接いだような話 discorso incoerente [illogico / irragionevole]

木によって魚を求む cercare l'impossibile

木を見て森を見ない Se guardi un [singolo] albero, non vedi la foresta. / Se ci si sofferma sul particolare, si perde di vista l'insieme.

き 生　◇生の《純粋な》genuino, puro ¶ウイスキーを生で飲む prendere un whisky liscio

き 気　**1**【空気】aria[女] ¶清澄(せいちょう)の気 aria chiara e limpida ¶人のいない浜辺にはもう秋の気が漂っていた. Sulla spiaggia deserta c'era già aria d'autunno.

2【雰囲気】atmosfera[女], aria[女] ¶戦後の日本には復興の気がみなぎっていた. Nel Giappone del dopoguerra si avvertiva ovunque un'aria [un'atmosfera] di ristrutturazione.

3【風味】arom*a*[女][複 -*i*], fragranza[女] ¶気が抜けたコーラ coca cola sgasata

4【性格】carattere[男], natura[女] ¶気が[の]荒い violento / focoso /《けんか好きな》litigioso / rissoso ¶彼女はとても気が強い. È una donna di grande tempra. ¶私の父は気が短くてすぐに怒り出す. Mio padre è una persona molto impaziente e si arrabbia subito.

5【意図】intenzione[女];《意志》volontà[女];《希望》voglia[女] ¶…する気がある avere intenzione di＋[不定詞] / volere＋[不定詞] / avere voglia di＋[不定詞] ¶彼はイタリアへ勉強しに行く気だ. Ha intenzione di andare a studiare in Italia. ¶今から何をする気. Che pensi di fare adesso? ¶僕にけんかを売る気かい. Vuoi litigare con me?

6【気分, 気持ち】sensazione[女] ¶…する気になる《決意する》decidersi a＋[不定詞] ¶…する気がする avere la sensazione di ＋ [不定詞] [che ＋ [接続法]] ¶今日はいい天気なので散歩する気になった. Oggi, con questo bel tempo, mi è venuta voglia di fare una passeggiata. ¶それで結婚する気になった. E così mi sono deciso a sposarmi. ¶空を飛んでいるような気がした. Mi sembrava di volare. ¶今日は勉強する気がしない. Oggi non me la sento di studiare. ¶今度こそ彼女に会える気がした. Avevo la sensazione di poterla incontrare questa volta. ¶勉強する気になった. Mi è venuta voglia di studiare.

7【意識】coscienza[女], animo[男], spirito[男] ¶気を強く持たなければだめだよ. Non devi scoraggiarti. ¶気は確かか. Ma sei matto? ¶彼は気が若い. Ha uno spirito giovanile.

[慣用] **気が合う** andare d'accordo [intendersi bene] con *qlcu.* ¶だから私達は気が合うんだと思う. Forse è per questo che andiamo così d'accordo.

気がある《好きだ》¶彼は彼女に気があるらしい. Sembra che lei gli piaccia.

気がいい《気立てがいい》di (buon) cuore;《人がいい》buono ¶彼女は気がいいから頼まれるとなんでも引き受けてしまう. Non se la sente mai di dire di no, buona com'è.

気が多い (1)《興味のあることが多い》¶彼は気が多い. S'interessa di tutto. / Ha molti interessi. (2)《移り気な》volubile, capriccioso (3)《異性に対して》volubile ¶あの娘は気が多い. Quella ragazza ha il vizio di cambiare sempre uomo.

気が大きい《小さいことを気にしない》largo di cuore;《心が広い》generoso ◇気が大きくなる diventare[自][*es*] generoso [magnanimo];《大胆になる》imbaldanzirsi, diventare audace ¶彼は酒を飲むと気が大きくなる. Bere lo rende audace.

気が[の]置けない ¶彼とは気が置けない仲だ. Mi sento a mio agio con lui. ¶気の置けない集まり riunione informale

気が重い sentirsi oppress*o* [depress*o* / abbattut*o* / demoralizzat*o*] ¶試験のことを考えると気が重い. Mi sento oppresso quando penso agli esami.

気が軽くなる sentirsi sollevat*o*

気が変わる《人が主語》cambiare idea ◇気が変わりやすい capriccioso, incostante, instabile, volubile

気が利く premuroso ¶私の夫は気が利く. Mio marito è premuroso. ¶本当に気が利かない男だねえ. È un uomo davvero privo di tatto. / Manca del tutto di attenzioni.

気が[の]利いた《おしゃれな》elegante;《適切な》opportuno;《機知に富んだ》spiritoso ¶気の利いた答え una risposta (veramente) brillante ¶気の利いたことを言うね. Ben detto!

気が気でない essere [stare] sulle spine, preoccuparsi molto di *ql.co.* [*qlcu.*], essere molto inquiet*o* [impensierit*o*] per *ql.co.* [*qlcu.*]

気が狂う impazzire[自][*es*], diventare[自][*es*] pazz*o*, perdere la ragione, uscire[自][*es*] di senno ¶彼女は息子を亡くして気も狂わんばかりだった. La perdita del figlio l'ha fatta quasi impazzire.

気が差す 《やましい気がする》sentirsi colpevol*e*, sentire [provare] rimorso

気が知れない ¶この寒いのにサーフィンをする人の気

気が知れない. Non riesco a capire quelli che fanno surf in una giornata così fredda.
気が進まない non sentirsela di+不定詞, non avere voglia di+不定詞 ¶病院に行くのは気がすすまない. Non me la sento di andare in ospedale.
気が済む mettersi l'animo in pace, sentirsi soddisfatto ¶やるだけやらないと気が済まない. Non mi metterò l'animo in pace fino a quando non avrò fatto tutto quello che è possibile fare. ¶彼女の気が済むまで泣かせてやれ. Lasciala piangere quanto vuole.
気がする avere l'impressione di+不定詞 [che+接続法] ¶どこかでお目にかかったような気がいたします. Ho l'impressione [Mi sembra] di averla già vista da qualche parte.
気が急(せ)く ⇨気が急いている essere di fretta ¶気が急いていて時間を確認するのを忘れた. Ero di fretta e non mi sono ricordato di guardare l'ora.
気が立つ《いらいらしている》essere nervoso;《興奮している》essere eccitato [agitato] ¶彼は気が立っている. È nervoso [agitato].
気が小さい《小心である》timido;《臆病な》pavido, timoroso, pauroso, pusillanime
気が散る distrarsi ¶テレビがついていると気が散る. Mi distraggo se c'è la televisione accesa. ¶気が散って勉強に身が入らない. Non riesco a concentrarmi nello studio.
気が付く (1) ⇨気付く (2)《意識を回復する》riprendere i sensi (3)《気が利く》premuroso
気が詰まる sentirsi a disagio
気が強い di carattere forte;《気性が激しい》impetuoso;《頑固な》intransigente, inflessibile;《勝気な》aggressivo, violento
気が転倒する perdere la testa, essere sconcertato [imbarazzato / confuso]
気が遠くなる sentirsi svenire, stare come per perdere i sensi ¶気が遠くなるような vertiginoso;《遠大な》grandioso ¶気が遠くなるような計画だ. È un piano troppo grandioso. ¶気が遠くなるような金額だ. È una somma di denaro vertiginosa.
気が咎(とが)める ⇨気が差す
気がない (1)《意欲がない》non avere voglia [intenzione] di+不定詞 ¶まったく行く気がない. Non ho nessuna voglia [intenzione] di andarci. (2)《好きじゃない》¶彼女は僕に気がない. Lei non ha alcun interesse per me.
気が長い 《完成までに8年かかるなんてずいぶん気の長い話だ. Ci vuole una gran pazienza per aspettare otto anni fino a quando sarà finito.
気が抜ける (1)《意欲をなくす》sgonfiarsi, perdere la voglia, scoraggiarsi, demoralizzarsi ¶私たちはすっかり気が抜けてしまった. Siamo tutti veramente scoraggiati [demoralizzati]. (2)《ぼんやりする》essere apatico [團複 -ci] ¶気が抜けたような表情をする avere un'espressione assente ¶《飲み物の香気がなくなる》¶気が抜けたビール birra sgasata
気が[の]早い frettoloso, precipitoso, impaziente ¶8月にスキー場さがしを始めるとは何とも気の早い話だ. In agosto è troppo presto per cominciare a cercare una stazione sciistica ¶ちょっと気が早いかもしれないが… Forse corro un po' troppo, ma...
気が張る《緊張する》essere teso ¶気が張る食事 una cena molto tesa
気が晴れる《sentirsi (molto) meglio ¶言いたい事を言って気が晴れた. Mi sono sentito subito meglio, una volta detto tutto quello che volevo dire.
気が引ける《居心地が悪い》sentirsi a disagio;《恥ずかしい》vergognarsi di+不定詞 ¶そんなことをするのは気が引ける. Mi vergogno a fare cose del genere.
気が塞(ふさ)ぐ ⇨気が滅入る
気が短い impaziente ¶部長は気が短くてこちらの話を最後まで聞かない. Il direttore non ha mai la pazienza di starmi a sentire fino alla fine.
気が向く sentirsi [sentirsela] di+不定詞 ¶気が向かなければ行かない. Se non me la sento, non ci vado. ¶気が向いたら[向いたときに]電話してください. Se [Quando] ti va, chiamami.
気が滅入る sentirsi depresso [giù di morale] ¶このいまいましい雨のおかげで気が滅入ってくる. Questa maledetta pioggia mi deprime.
気が緩む perdere la tensione [concentrazione], rilassarsi
気が弱い timido, vergognoso, debole ¶彼は気が弱くて仕事を断りきれない. Per debolezza non riesce mai a rifiutare un lavoro.
気が楽になる sentirsi sollevato, levarsi un peso di dosso ¶彼に金を返したので気が楽になった. Mi sono levato un peso di dosso restituendogli il denaro.
気に入る ⇨見出し語参照
気に掛かる《対象が主語; 心に残る》stare a cuore a qlcu.;《心配させる》preoccupare qlcu. ¶例の問題が気に掛かる. Quella faccenda mi sta a cuore. / Sono in pensiero per quella faccenda. / Non riesco a togliermi dalla mente quella faccenda.
気に掛ける《心配する》essere in pensiero per ql.co. [qlcu.], preoccuparsi [impensierirsi] di ql.co. [qlcu.];《心遣いをする》essere attento verso ql.co. [qlcu.] ¶猫のことをいつも気にかけている. Ho sempre mille attenzioni per il mio gatto. ¶お気に掛けていただいてありがとうございます. La ringrazio per il suo interessamento.
気に食わない《対象が主語》non andare giù, non piacere團 [es] a qlcu., essere antipatico [團複 -ci] [odioso] a qlcu. ¶あのウエーターの態度が気に食わない. L'atteggiamento del cameriere non mi va giù. ¶ああいうタイプは気に食わないね. Quel tipo non mi piace per niente.
気に障(さわ)る《対象が主語》dare ai nervi a qlcu., offendere qlcu. ¶あの子はいつも私の気に障ることばかりする. Quel bambino fa sempre cose che mi danno ai nervi. ¶気に障ったのならごめんよ. Scusami se ti ho offeso.
気にする continuare團 [av] a pensare a ql.co., prendersela a cuore;《俗》fregarsene di ql.co. [qlcu.] ¶気にしない non fare caso《について a》¶私は健康を気にしている. Sto sempre

molto attento alla salute. ¶人が何と言おうと気にするな. Fregatene di quello che dicono gli altri. ¶私の言うことは気にしないで. Non fare caṣo a quello che dico. ¶そんなことは気にしない. Non faccio caṣo a queste cose.

気に留める (1) ⇀気にする (2)《心に止める》 fissare *ql.co.* nella mente

気になる (1)《心配である》 ⇀気に掛かる (2)《神経に障る》 ¶隣のステレオの音が気になって眠れなかった. Non ho potuto dormire infastidito dallo stereo del vicino. (3)《心をひかれる》 ¶気になる人がいる. C'è una persona che mi interessa.

気に病む angosciarsi ¶彼はつまらないことを気に病んでいる. Si angoscia per un nonnulla.

気のせい ¶気のせいだよ. È solo una tua impressione .

気のない ¶気のない返事をする rispondere senza entuṣiaṣmo [senza interesse]

気の持ちよう ¶すべては気の持ちようだ. Penso che tutto dipenda dal modo con cui prendi le cose.

気は心 È il pensiero che conta.

気もそぞろ ◇気もそぞろな agitato, irrequieto ¶彼は間もなく彼女が来るので気もそぞろだ. È agitato al pensiero che fra poco lei arriverà.

気を入れる ◇気を入れて《注意して》 attentamente, con attenzione ¶もう少し気を入れてやれ. Mettici un po' più di buona volontà.

気を失う perdere i sensi [conoscenza]

気を落ち着ける calmarsi, tranquillizzarsi ¶気を落ち着けてすべて話してください. Mi racconti tutto con calma [senza agitarsi].

気を落とす scoraggiarsi

気を利かす ¶夫人は気を利かせて灰皿を持って来てくれた. La signora mi ha portato un portacenere intuendo il mio desiderio.

気を配る《注意を向ける》 tenere ṣveglia l'attenzione

気を静める calmarsi, tranquillizzarsi

気を確かに持つ ¶気を確かに持て. Su col morale! / Non perderti d'animo, eh!

気を使う preoccuparsi di *qlcu.* ¶彼は両親に気を使ってテレビの音を小さくした. Ha abbassato il volume della televiṣione per non disturbare i genitori.

気を付け《号令》 "Attenti!" ¶「気を付け」の号令をかける dare l'attenti ¶「気を付け」をする mettersi sull'attenti

気をつける fare attenzione「a *ql.co.* [a *qlcu.* / a＋[不定詞] / che＋[接続法]] ¶言葉に気をつけろ. Fai attenzione a quello che dici! ¶壊さないように気をつける. Faccio attenzione a non romperlo. ¶猫が逃げないように気をつけて. Fai attenzione che non scappi il gatto! ¶気をつけて行ってらっしゃい.《旅立つ人に》 Buon viaggio, mi raccomando!

気を取られる ¶彼は仕事に気を取られて息子の教育をおろそかにした. Tutto preso dal lavoro, ha trascurato l'educazione del figlio.

気を取り直す riprendere coraggio ¶気を取り直してまた仕事をし始めた. Ho ripreso coraggio [vigore] e ho ricominciato a lavorare.

気を抜く (1)《気持ちを緩める》 rilassarsi (2)《いいかげんにする》 ¶気を抜いて仕事をする lavorare alla carlona

気を飲まれる ¶我々は皆彼の剣幕に気を飲まれた. Siamo stati tutti travolti dalla sua sfuriata.

気を吐く essere attiv*o*, mostrare uno spirito intraprendente

気を張りつめる essere tes*o*

気を引き締める ⇀気を入れる

気を引き立たせる incoraggiare *qlcu.*

気を引く attirare l'attenzione di *qlcu.*;《言い寄る》 corteggiare *qlcu.*

気を紛ら(わ)す ṣvagarsi

気を回す ¶そんなことにまで気を回すことはない. Non è necessario stare dietro anche a queste cose. ¶発音にまで気を回す余裕がない. Non ce la faccio a preoccuparmi anche della pronuncia.

気を持たせる fare sperare *qlcu.* ¶気を持たせる終わり方 un finale che lascia aperte delle speranze ¶そんなに気を持たせないでくれ. Non farmi illudere così! / Non farmi sperare troppo!

気を揉(も)む preoccuparsi ¶開票結果に最後まで気を揉まされた. I risultati degli scrutini mi hanno tenuto sulle spine. ¶今後どうなるのか気を揉んでいる. Sono in ansia per come andranno a finire le cose.

気を許す fidarsi di *qlcu.* ¶我々は気を許し合った仲だ. Siamo amici inseparabili [intimi / per la pelle]. ¶少しでも気を許すとつけあがる. Appena ti distrai se ne approfitta subito.

気を緩める perdere la concentrazione, deconcentrarsi; allentare l'attenzione ¶最後まで気を緩めるな. Fino alla fine non allentare la corda.

気をよくする《うれしい》 essere felic*e*;《満足》 essere content*o*;《機嫌がいい》 essere di buon umore

気を楽にする rilassarsi, mettersi a *proprio* agio

気を悪くする offendersi;《怒る》 aversela a male, risentirsi, prendersela, contrariarsi ¶気を悪くしないで聞いてくれ. Ascoltami senza offenderti!

き 忌 **1**《喪》 lutto[男] **2**《命日》 giorno[男] della morte ¶父の3回忌 il secondo anniversario della morte di mio padre

き 奇《不思議》 stranezza[女];《新奇》 novità[女];《奇抜》 eccentricità[女]

[慣用] **奇をてらう** mostrarsi originale [eccentric*o* [[男][複] -*ci*]], ostentare originalità

き 基〘化〙 radicale[男] ¶アルキル基 radicale alchilico ¶遊離基 radicale libero

き 期 **1**《期間》 periodo[男];《期限》 termine[男];《時代》 epoca[女], era[女], età[女] ¶平安時代前[中 / 後]期に all'inizio [alla metà / alla fine] del periodo Heian ¶長[中 / 短]期資金〘金融〙 fondi[男][複] a lungo [medio / breve] termine ¶彼は会長を3期務めた. È stato in carica come presidente della società per tre volte.
2《階段, 局面》 stad*io*[男][複 -*i*], faṣe[女] ¶癌の第1期 il primo stadio di un tumore ¶口唇期〘心〙 faṣe orale

き 機《機会, 時機》 occaṣione[女], opportunità[女] ¶機を見て al momento giusto ¶…を機に in occaṣione di *ql.co.* ¶妊娠を機にタバコをやめた. Con l'occaṣione della gravidanza ho ṣmesso di fumare. ¶機を待つ[逸する] aspettare [perdere] l'occasione

[慣用] 機が熟する ¶今や行動の機は熟している. Ora la situazione è matura per agire.

機に乗じる approfittare dell'occasione

ぎ 義 **1**《正義》giustizia㊛;《信義》fede㊛;《忠義》lealtà㊛;《道義》moralità㊛ ¶義を見てせざるは勇なきなり. Chi conosce il giusto e non lo compie, è un pusillanime. **2**《意味》significato㊚

ぎ 議 discussione㊛ ¶議に付す sottoporre al dibattito

ギア〔英 gear〕《歯車》ruota㊛ dentata, ingranaggio㊚[複 -gi];《自動車の》marcia㊛[複 -ce],《変速装置》cambio㊚[複 -i] (di velocità); rapporto㊚ ¶ 4 段[オートマチック / マニュアル]ギア cambio「a quattro marce [automatico / manuale] ¶前進[バック / 低]ギア marcia avanti [indietro / bassa] ¶ギアを入れる inserire la retromarcia ¶ギアをトップに入れる mettere [innestare / ingranare] la marcia più veloce ¶ギアを変える cambiare marcia ¶ギアをはずす disinnestare [togliere] la marcia

♣ギアカッター《機》fresa㊛, dentatrice㊛
ギアボックス《車》scatola㊛ del cambio
ギアレバー leva㊛ del cambio

きあい 気合い《精神》spirito㊚;《力》forza㊛;《掛け声》grido㊚[複 le grida] ¶彼の気合いにのまれる essere intimidito dall'avversario ¶奴は気合いが入っている. È molto caricato.

[慣用] 気合いを入れる《自分に》raccogliere tutte le forze, caricarsi;《他人に》incoraggiare [incitare] qlcu.

ぎあく 偽悪 ¶彼は偽悪的態度をとる. Vuole apparire cattivo.

きあつ 気圧《気》pressione㊛ atmosferica [barometrica] ¶気圧の谷 saccatura㊛ ¶高[低]気圧 alta [bassa] pressione ¶冬型の気圧配置 distribuzione㊛ della pressione atmosferica invernale

♣気圧計 barometro㊚ ¶水銀気圧計 barometro a mercurio ¶自記気圧計 barometro registratore

きあわせる 来合わせる capitare㊀[es] per caso

ぎあん 議案《法案》progetto㊚[《政府提出の》disegno㊚] di legge;《会議の》soggetto㊚ di discussione;《議事日程》ordine㊚ del giorno;《略》o.d.g.㊚

きい 奇異 ◇奇異な strano, bizzarro ¶私は彼の行動に奇異の念を抱いた. Ho trovato strano il suo comportamento.

キー〔英 key〕《鍵》chiave㊛ **2**《電信機の》tasto㊚ trasmettitore [telegrafico][複 -ci];《ピアノ・コンピュータなどの》tasto㊚ ¶Aの[キャプスロック]キー tasto「della A [di blocco delle maiuscole] **3**《音》《調性》chiave㊛ ¶Aマイナーのキー chiave la minore

きいきい **1**《きしる音》¶きいきいいう音 stridio㊚[複 -ii] ¶きいきい音をたてる cigolare㊀[av], stridere㊀[av](▶複合時制は稀);《壊れそうな感じ》scricchiolare㊀[av] **2**《金切り声で》¶きいきいわめく strillare㊀[av]

♣キーキー声 voce㊛ stridula

ぎいぎい ¶ぎいぎいと戸が開いた. La porta si è aperta con un cigolio.

キーステーション〔英 key station〕《放送網の中心となる放送局》stazione㊛ principale [centrale]

きいたふう 利いた風 ¶利いた風な口をきくな. Non parlare con aria saccente [presuntuosa]. / Non fare il saputello.

きいちご 木苺《植》lampone㊚ ¶木苺のケーキ torta di lamponi

きいっぽん 生一本 **1**《純粋なこと》¶灘㊅の生一本 puro sakè di Nada **2**《性格が》¶生一本な性格 carattere molto schietto

きいと 生糸 seta㊛ grezza

キーパーソン〔英 key person〕 persona㊛ chiave [無変]

キーポイント〔英 key point〕 punto㊚ chiave [無変], chiave㊛

キーボード〔英 keyboard〕《鍵盤, 楽器, コンピュータの》tastiera㊛

♣キーボード奏者 tastierista㊚㊛[㊚複 -i]

キーホルダー portachiavi㊚[無変]

きいろ 黄色 giallo㊚ ◇黄色い giallo ◇黄色くする ingiallire ql.co. ◇黄色くなる ingiallire㊀[es], diventare giallo ¶黄色っぽい giallastro ¶黄色い花 fiori gialli

[慣用] 黄色い声 ¶黄色い声で叫ぶ urlare con voce acuta

キーワード〔英 key word〕 parola㊛ chiave

きいん 起因 ◇…に起因する provenire㊀[es] da ql.co., essere causato da ql.co., essere dovuto a ql.co., avere origine in [da] ql.co. ¶不景気に起因する犯罪 crimine「causato dalla [che ha origine nella] recessione

ぎいん 議員《国会の》membro㊚ del Parlamento [della Dieta] (▶女性の議員を指す場合でも membro㊚ を使う);《略》M.P.㊚; parlamentare㊚㊛ ¶衆議院議員 membro della Camera dei Rappresentanti ¶下院議員《イタリアの》deputato㊚[㊛ -a];《敬称》onorevole㊚ ¶参議院議員 membro della Camera dei Consiglieri ¶上院議員 senatore㊚[㊛ -trice] ¶州《県 / 市町村》議会議員 consigliere㊚[㊛ -a] regionale [provinciale / comunale]

ぎいん 議院 Parlamento㊚; Dieta㊛
♣議院運営委員会 Commissione㊛ di controllo parlamentare

キウイ〔英 kiwi〕《植・鳥》kiwi㊚[無変], kivi㊚[無変]

きうつり 気移り ◇気移りする essere volubile [incostante],《気になることが多い》avere troppi pensieri per la testa

きうん 気運 tendenza㊛《への verso》¶イタリア文学界における新しい気運 nuova tendenza nel mondo letterario italiano ¶核戦争回避の気運が盛り上がっている. C'è un forte desiderio di evitare la guerra atomica.

きうん 機運 ¶…の機運は熟している. La situazione è matura per ql.co. [per+不定詞] / I tempi sono maturi per ql.co. [per+不定詞]

きえ 帰依 fede㊛ assoluta [cieca] ¶仏教に帰依

する affidarsi anima e corpo al buddiṣmo

きえい 気鋭 ◇気鋭の intraprendente ¶気鋭の実業家 uomo d'affari intraprendente

きえいる 消え入る ¶消え入るような声で con un fil di voce ¶恥ずかしくて消え入るような思いがした. Mi vergognavo tanto da voler scomparire.

きえうせる 消え失せる andarsene; scomparire[自][es] ¶とっとと消え失せろ. Vattene!

きえる 消える **1**《見えなくなる》scomparire[自][es], sparire[自][es], dileguarsi;《煙・雲・霧が》dissiparsi;《泡が》rompersi, scoppiare[自][es];《雪などが解ける》sciogliersi;《蒸発する》dissolversi ¶犯人は人込みの中に消えた. Il colpevole è scomparso [sparito] nella folla. ¶霧が消えた. La nebbia si è dissipata. ¶彼が戻ってくると車が消えていた. Quando è tornato, la macchina era sparita [scomparsa]. ¶山の雪が消える. La neve della montagna si scioglie. ¶このページは文字が消えていて読めない. Questa pagina è illeggibile perché i caratteri sono ṣbiaditi. ¶そのしみはベンジンがあれば消える. La macchia può essere cancellata con la benẓina.
2《火・電灯などが》spegnersi ¶突然灯が消えた. La luce si è spenta improvviṣamente. ¶火事はようやく消えた. Finalmente l'incendio「si è spento [è stato domato]. ¶テレビの音が消えた. Ora non si sente più il rumore della TV.
3《感覚・感情などが》andare via ¶足の痛みが消えた. Mi è passato [Mi è andato via] il dolore alla gamba. ¶一瞬のうちに悲しみが消えた. In un attimo la tristezza è andata via. ¶長年抱いていた夢が消えた. È andato in fumo il sogno che accarezzavo da molti anni. ¶彼の少年時代の記憶は全部消えてしまった. Ha perso completamente la memoria della sua infanzia. / La memoria della sua infanzia si è completamente cancellata. ¶彼の傲慢さは消えた. Ha perso l'arroganza. / È scomparsa la sua arroganza. ¶彼のうわさは消えた. Non si parla più di lui.

きえん 気炎 ¶気炎を上げる[吐く]《意気盛んになる》animarsi / infiammarsi /《威勢よくしゃべる》parlare con vivacità [con veemenza] ¶気炎が上がらない mancare[自][es] di brio [di vivacità]

ぎえんきん 義援金・義捐金 《募金》colletta[女];《寄付金》contributo[男] (per un'opera di carità) ; donazione[女] ¶〈人〉のために義援金を募る fare una colletta per *qlcu.* / raccogliere contributi per *qlcu.*

きえんさん 希塩酸 〘化〙acido[男] cloridri*co* [複 -*ci*] diluito

きおう 気負う eccitarsi, animarsi, accalorarsi ¶気負いすぎて失敗した. Abbiamo fallito per il troppo eccitamento [entuṣiaṣmo].

きおうしょう 既往症 〘医〙anamneṣi[女][無変] ;《一般に》malattie[女][複] avute [passate]

きおく 記憶 《覚えること, 覚える力》memoria[女];《覚えた内容》ricordo[男];《追憶》reminiscenza[女], rimembranza[女]
◇記憶する《覚える, 覚えている》ricordare *ql.co.* [*qlcu.* / di＋[不定詞] / che＋[直説法]], ricordarsi di＋[不定詞] [di *ql.co.* / di *qlcu.* / che＋[直説法]];《忘れないようにする》tenere a mente *ql.co.* [*qlcu.*];《暗記する》imparare [mandare] *ql.co.* a memoria;《記憶に刻み込む》memoriẓẓare *ql.co.*;《心に残す》tenere preṣente *ql.co.* [*qlcu.*] (►preṣenteは目的語の性・数に合わせて語尾変化する)
◇記憶させる fare ricordare *ql.co.* a *qlcu.*; far memoriẓẓare *ql.co.* a *qlcu.* [*ql.co.*];《データなどを》memoriẓẓare *ql.co.*
¶記憶すべき出来事 avvenimento「da non dimenticare [《忘れられない》memorabile / indimenticabile] ¶コンピュータにデータを記憶させる memoriẓẓare dati sul computer ¶パスワードを記憶しておいて下さい. Non dimenticate la password. ¶記憶違い difetto [errore] di memoria / lapsus[男][無変] (memoriae) ¶私の記憶違いだった. La mia memoria mi ha tradito. ¶私の記憶する限りでは per quanto me ne ricordi ¶私の記憶に間違いなければ se ben ricordo / se la memoria non m'inganna / se non mi ṣbaglio ¶〈人〉の記憶によみがえる tornare in mente a *qlcu.* ¶記憶を失う perdere la memoria ¶過去の記憶を呼び起こす rammentare [ricordare] il passato / richiamare alla memoria [alla mente] il passato ¶彼女を駅で見た記憶がある. Mi ricordo di averla vista alla stazione. ¶子供のころのことはかすかな記憶しかない. Ho soltanto vaghe reminiscenze della mia infanzia. ¶彼の勇敢な行いはなお人々の記憶に残っている[新しい]. I suoi atti eroici sono ancora vivi nella mente della gente. ¶クラス会で学生時代の記憶を新たにした. La riunione dei vecchi compagni di classe ha riṣvegliato il ricordo di quei giorni di scuola. ¶その出来事は人々の記憶から消え去った. Quell'avvenimento è sparito dalla memoria della gente.
✤**記憶術** mnemotecnica[女], mnemonica[女]
記憶障害 〘医〙diṣmneṣia[女]
記憶喪失症 〘医〙amneṣia[女]
記憶装置 〘コンピュータ〙memoria[女] ¶外部[内部 / 主 / 補助]記憶装置 memoria esterna [interna / centrale / auṣiliare]
記憶密度 〘コンピュータ〙densità[女] di memoria
記憶容量 〘コンピュータ〙capacità[女] di memoria
記憶力 memoria[女] ¶記憶力がいい[悪い] avere una buona [cattiva] memoria ¶なんて記憶力が鈍ったんだろう. Come sono diventato ṣmemorato! / Come si è indebolita la mia memoria!

きおくれ 気後れ ◇気後れする essere [sentirsi] timid*o* [apprensiv*o*];《ひけめを感じる》sentirsi inferior*e* [in soggezione];《ひるむ》perdersi d'animo ¶聴衆を前にして気後れがした. Mi sono perso d'animo davanti [di fronte] al pubblico.

キオスク 〔英 kiosk〕《駅・公園などにある売店》chio*sco*[男][複 -*schi*];《新聞・雑誌・CDなどを売る》edicola[女]

きおち 気落ち scoraggiamento[男], sconforto[男] ◇気落ちする scoraggiarsi, perdersi d'animo, avvilirsi

きおん 気温 temperatura[女] (atmosferica) (◆イタリアでも摂氏を用いる) ¶最高[最低 / 平均]気温 temperatura massima [minima / media] ¶高い[低い]気温 temperatura alta [bassa] ¶摂氏[華氏] 40 度の気温 temperatura di quaranta

きおん 基音 〖音〗nota⒡ fondamentale

ぎおん 擬音〖人工の音〗rumori⒨[複] artificiali;〖音響効果〗effetti⒨[複] sonori

❖**擬音語** →擬声語

きか 気化 〖揮発〗volatilizzazione⒡;〖蒸発〗evaporazione⒡, evaporamento⒨, vaporizzazione⒡;〖ガス化〗gassificazione⒡;〖車〗〖内燃〗carburazione⒡ ◇気化する volatilizzarsi; vaporizzarsi, svaporare⒤[es] ◇気化させる volatilizzare; evaporare, vaporizzare; carburare ¶気化しやすい物質 sostanza evaporabile

❖**気化器** evaporatore⒨;〖内燃機関の〗carburatore⒨

気化熱 〖物〗calore⒨ di vaporizzazione

きか 帰化 naturalizzazione⒡ ¶日本に帰化する naturalizzarsi〖farsi naturalizzare〗giapponese / prendere la cittadinanza giapponese

❖**帰化害虫** insetto⒨ nocivo naturalizzato
帰化植物 pianta⒡ naturalizzata
帰化人 naturalizzato⒨[⒡-a]

きか 幾何 geometria⒡ →幾何学

❖**幾何級数** ¶幾何級数的に増える aumentare in progressione geometrica

きが 飢餓 fame⒡ ¶飢餓に苦しむ soffrire la[di] fame

ぎが 戯画 caricatura⒡ ◇戯画的な caricaturale

❖**戯画化** ◇戯画化する fare la caricatura di qlcu.;〖滑稽化する〗mettere in caricatura qlcu.

戯画作家 caricaturista⒨⒡[複-i]

ギガ 〔英 giga-〕〖10億倍の〗giga-

❖**ギガバイト** 〖コンピュータ〗gigabyte⒨[無変]
ギガヘルツ 〖物〗gigahertz⒨[無変]

きかい 器械 strumento⒨, apparecchio⒨[複-chi];〖一式〗apparato⒨;〖道具〗attrezzo⒨ ¶光学器械 strumento ottico

❖**器械体操** 〖スポ〗ginnastica⒡ attrezzistica

きかい 機会 occasione⒡, opportunità⒡;〖偶然の〗caso⒨ ¶…の機会を捕える cogliere[afferrare] l'occasione di ql.co.[di+不定詞] ¶機会あるごとに tutte le occasioni ¶…する機会をねらう aspettare[spiare] il momento buono per +不定詞 ¶惜しい機会を逃す lasciarsi sfuggire un'occasione preziosa〖d'oro〗 ¶機会があり次第 alla prima occasione ¶次の機会に in altra occasione ¶機会があれば all'occasione ¶機会があればまた行きたいですね。Se ne avrò l'occasione, mi piacerebbe ritornarci. ¶私は機会に恵まれなかった。Mi è mancata l'opportunità. ¶これを機会にいつでもお付き合い願います。Ora che ci siamo conosciuti, spero che diventeremo amici. ¶君にもう一度機会を与えよう。Ti do[Ti offro] un'altra occasione[opportunità].

❖**機会均等** pari opportunità⒡
機会費用 〖会・経〗〖原価〗costo⒨「d'opportunità[alternativo]

きかい 機械 macchina⒡;《総称》macchinari⒨[複];〖工場設備一式〗impianto⒨;〖装置〗apparecchiatura⒡, dispositivo⒨;〖器具〗apparecchio⒨[複-chi], strumento⒨;〖しかけ〗meccanismo⒨, congegno⒨ ◇機械的な meccanico[複-ci];〖自動的〗automatico[複-ci] ◇機械的に meccanicamente; automaticamente;〖冷たく〗freddamente ¶医療機械 apparecchio medico ¶工作機械 macchina utensile ¶精密機械 macchina di precisione ¶印刷機械 macchina per stampare ¶機械を動かす〖始動させる〗avviare[mettere in moto] una macchina /〖機能させる〗far funzionare una macchina ¶機械を止める fermare[bloccare] una macchina ¶データを機械的に処理する ordinare meccanicamente i dati ¶機械が故障した[している]. La macchina si è guastata[è guasta]. ¶彼の考え方はあまりに機械的だ。Il suo modo di pensare è troppo meccanico.

❖**機械編み** maglia⒡ a macchina
機械エネルギー 〖物〗energia⒡ meccanica
機械化 meccanizzazione⒡ ◇機械化する meccanizzare ¶高度機械化農業 agricoltura ad alta meccanizzazione
機械語 〖コンピュータ〗linguaggio⒨[複-gi]
機械工 meccanico⒨[複-ci; ⒡-ca]
機械工学 ingegneria⒡ meccanica
機械工業 industria⒡ meccanica ¶金属機械工業 industria metalmeccanica
機械染色 tintura⒡ a macchina
機械文明 civiltà⒡ delle macchine
機械翻訳 traduzione⒡ automatica
機械油 olio⒨[複-i] lubrificante
機械論 〖哲〗meccanicismo⒨, macchinismo⒨

きかい 奇怪 ◇奇怪な〖奇妙な〗strano; straordinario[複-ri];〖不可解な〗incomprensibile, misterioso, inspiegabile, enigmatico[複-ci]

きがい 危害〖傷〗ferita⒡; male⒨;〖加害行為〗offesa⒡, aggressione⒡;〖犯行〗attentato⒨ ¶〈人〉に危害を加える fare(del) male a qlcu. /〖傷害〗ferire[aggredire / assalire] qlcu. /〖殺害目的で〗attentare alla vita di qlcu.

きがい 気概 ¶気概がある avere carattere[fermezza] / essere pieno d'energia ¶気概のある[ない]男 uomo di[senza] carattere

ぎかい 議会〖一般に〗assemblea⒡ legislativa;《日本・北欧諸国などの》Dieta⒡;《イタリア・英国・カナダなどの》Parlamento⒨;《アメリカの》Congresso⒨ ¶議会の召集[解散] convocazione[scioglimento] di un'assemblea ¶第65回議会 la 65ª sessione della Camera ¶欧州議会 Parlamento Europeo ¶州[県]議会 Consiglio regionale[provinciale] ¶市町村議会 Consiglio municipale[comunale]

❖**議会主義** parlamentarismo⒨
議会制度 parlamentarismo⒨, regime⒨[sistema⒨[複-i] parlamentare ¶一院制[二院制]議会制度 sistema monocamerale[bicamerale]
議会選挙〖国会の〗elezioni⒡[複] politiche;《地方議会の》elezioni⒡[複] amministrative
議会費〖国家予算の〗spese⒡[複] per il Parlamento;《地方予算の》spese⒡[複] per i Consigli lo-

cali

きがえ 着替え 《行為》cambio㊚《複 -i》d'abito;《衣服》vestito㊚ [abito㊚] di ricambio

きがえる 着替える cambiarsi (d'abito) ¶私は黒の背広に着替えた. Mi sono cambiato e ho messo la giacca nera.

きかがく 幾何学 geometria㊛ ◇幾何学的な geometrico㊚《複 -ci》◇幾何学的に geometricamente ¶解析[非ユークリッド]幾何学 geometria analitica (non euclidea)
❖幾何学模様 disegno㊚ geometrico

きがかり 気掛かり 《不安》ansia㊛, ansietà㊛, inquietudine㊛;《心配》preoccupazione㊛, apprensione㊛, pensiero㊚ ¶気がかりな状況 situazione preoccupante [inquietante] ¶君の将来が気がかりだ. Mi preoccupo del [per il] tuo avvenire.

きかく 企画 progetto㊚, piano㊚, programma㊚《複 -i》;《計画立案》progettazione㊛, pianificazione㊛, programmazione㊛ ◇企画する progettare, pianificare, programmare, preparare [fare] un piano ¶パーティーを企画した. Abbiamo organizzato una festa.
❖企画書 progetto㊚
企画部 reparto㊚ progettazione [programmazione], ufficio㊚《複 -ci》studi e programmazione
企画力 abilità㊛ di progettazione

きかく 規格 norma㊛, tipo㊚;〔英〕standard㊚ [無変];《仕様》specifica㊛ ◇規格化 standardizzazione㊛ ◇規格化する standardizzare ¶品質規格 norme conformi di qualità / standard qualitativi
❖規格品 articolo㊚ standard [無変] [conforme alle norme]

きがく 器楽 musica㊛ strumentale

きげき 喜歌劇 operetta㊛; opera㊛ comica

きざる 着飾る 《盛装する》vestirsi a festa;《念入りに》agghindarsi;《流行の服装をする》vestirsi come un figurino ¶派手に着飾る《親・諸》mettersi in ghingheri ¶華やかな着飾る vestirsi sfarzosamente ¶みんなで着飾って出かけた. Siamo usciti tutti vestiti a festa.

きかす 利かす すごみをきかす impaurire ¶もう少しスープに塩気をきかす aggiungere un po' di sale alla zuppa ¶気を利かす →気

きかせる 利かせる →利かす

きかせる 聞かせる **1**《聞くようにさせる》leggere [raccontare] ql.co. a qlcu.; fare ascoltare [sentire] ql.co. a qlcu. ¶彼にCDを聞かせた. Gli ho fatto ascoltare il cd. ¶先生は私たちに童話を聞かせた. La maestra ci ha letto una fiaba.
2《思わず聞き入らせる》¶あのギターはなかなか聞かせるよ. Quel chitarrista sa conquistare il pubblico.

きがた 木型 《鋳型の》stampo㊚ di legno;《靴などの》forma㊛ di legno

きがね 気兼ね 《ためらい》esitazione㊛;《窮屈》costrizione㊛, soggezione㊛ ◇気兼ねする temere [preoccuparsi] di disturbare qlcu., avere uno scrupolo eccessivo per ql.co. [qlcu.];《気詰まりを感じる》sentirsi in soggezione ¶気兼ねせずに senza preoccuparsi di disturbare / senza esitazione ¶近所に気兼ねして犬が飼えない. Non me la sento di tenere un cane per timore di disturbare i vicini.

きがまえ 気構え preparazione㊛, attitudine㊛ ¶…に対して気構えができている essere pronto a ql.co. / predisporsi a ql.co.

きがる 気軽 ◇気軽な non impegnativo ◇気軽に《形式ばらずに》senza cerimonie, senza tanti complimenti;《ためらわずに》prontamente, senza riluttanza;《負担に思わずに》senza impegno;《気さくに》apertamente ¶気軽な服装 vestiti sportivi / abbigliamento casual ¶申し出に気軽にオーケーをした. Ha acconsentito alla mia proposta prontamente [facilmente].

きかん 気管〔解〕trachea㊛ ◇気管の〔医〕tracheale ¶《飲食物が》気管に入る andare di traverso
❖気管鏡検査 tracheoscopia㊛
気管切開 tracheotomia㊛

きかん 汽缶 caldaia㊛, generatore㊚ di vapore
❖汽缶室《船の》locale㊚ [sala㊛] macchine [無変] [della caldaia]

きかん 季刊 pubblicazione㊛ trimestrale
❖季刊誌 rivista㊛ trimestrale

きかん 軌間〔鉄道〕scartamento㊚

きかん 既刊 ◇既刊の già pubblicato ¶既刊図書目録 catalogo delle pubblicazioni

きかん 帰還 ritorno㊚, rientro㊚;《本国への》rimpatrio㊚《複 -i》◇帰還する ritornare㊀ [es], rientrare㊀ [es]; rimpatriare㊀ [es], ritornare in patria;《命令されて》essere rimpatriato
❖帰還兵 soldato㊚ [㊛ -essa] reduce

きかん 基幹 nucleo㊚
❖基幹産業 industria㊛ chiave [無変] [di base]

きかん 期間 periodo㊚;《定められた期間》termine㊚;《持続する時間》durata㊛;《会期, 試験期間》sessione㊛ ¶期間の延長 prolungamento del termine ¶試験期間中に nella [durante la] sessione d'esami ¶一定期間内に entro [in] un determinato periodo di tempo

きかん 旗艦 ammiraglia㊛, nave㊛ ammiraglia
❖旗艦店〔英〕flagship store [無変]

きかん 器官 organo㊚, apparato㊚ ◇器官の organico㊚《複 -ci》¶感覚[生殖]器官 organo sensorio [genitale] ¶消化器官 apparato digerente ¶発声器官 apparato [organo] fonatorio
❖器官学 organologia㊛, organografia㊛

きかん 機関 **1**《機械を動かす装置》macchina㊛;《エンジン》motore㊚ ¶蒸気機関 macchina [motore] a vapore ¶内燃機関 motore a combustione interna
2《組織》organizzazione㊛, organo㊚, organismo㊚;《文化・教育・金融関係の》istituto㊚; centro㊚ ¶交通機関 mezzo di trasporto ¶教育機関 istituto scolastico [d'istruzione] ¶立法機関 organo legislativo ¶在外機関 agenzia [organizzazione] all'estero ¶金融機関 istituto bancario [finanziario / monetario] ¶公共機関 servizi pubblici ¶報道機関 mezzo [organo] d'informazione
❖機関庫《鉄道》deposito㊚ per locomotive

機関士 motorist*a*[男][女][[男]複 *-i*], macchinist*a*[男][女][[男]複 *-i*]
機関紙［誌］ organo[男] di stampa
機関室 sala[女]（delle) macchine［無変］
機関車 locomotiva[女] ¶ディーゼル［蒸気／電気］機関車 locomotiva diesel［a vapore／elettrica］
機関車ボイラー〘鉄道〙caldaia[女] da locomotiva
機関助士〘鉄道〙fochist*a*[男]［複 *-i*］
機関投資家〘金融〙investitore[男] istituzionale

きがん 祈願 preghiera[女], orazione[女], invocazione[女] ¶神に平和を祈願する pregare［invocare］Dio per la pace

ぎかん 技官 tecnic*o*[男]［[女] *-ca*; [男]複 *-ci*］governativo

ぎがん 義眼 occhio[男]［複 *-chi*］「di vetro［artificiale］;〘医〙protesi[女]［無変］oculare

きかんき 利かん気・聞かん気 ◇きかん気の《強情な》ostinato, caparb*io*［[男]複 *-i*］, cocciuto, testardo;《従わない》indocile, turbolento, riottoso

きかんし 気管支〘解〙bronc*o*[男]［複 *-chi*］
✤**気管支炎**〘医〙bronchite[女]
気管支鏡検査〘医〙broncoscopia[女]
気管支喘息(ぜんそく)〘医〙asma[女] bronchiale
気管支肺炎〘医〙broncopolmonite[女]

きかんじゅう 機関銃 mitragliatrice[女], mitra[男]［無変］ ¶重［軽］機関銃 mitragliatrice pesante［leggera］ ¶機関銃で撃つ mitragliare

きかんぼう 利かん坊・聞かん坊 bambin*o*[男]［[女] *-a*］cocciut*o*, teston*e*[男]［[女] *-a*］, zuccon*e*[男]［[女] *-a*］;《腕白》birichin*o*[男]［[女] *-a*］

きき 危機 crisi[女]［無変］; momento[男] critico; situazione[女] tesa ◇危機的 critic*o*［[男]複 *-ci*］; ser*io*［[男]複 *-i*］, acuto, grave ¶危機的症状 sintomo critico ¶危機的状況にある essere in「una situazione critica［uno stato di crisi］／essere sull'orlo del precipizio ¶危機を脱する uscire da una crisi ¶危機に陥る entrare in crisi ¶危機に瀕(ひん)する essere in crisi ¶危機に直面する trovarsi di fronte ad una crisi
✤**危機一髪** ¶危機一髪のところを助かった. Me la sono cavata［Mi sono salvato］per un pelo［per il rotto della cuffia］. / L'ho scampata bella.
危機感 ¶危機感を抱く essere in allarme《に per》/ avere coscienza［consapevolezza］dello stato di crisi《に di》
危機管理 gestione[女] delle crisi［dei rischi］

きき 鬼気 ¶鬼気迫る光景 scena raccapricciante［terrificante］

きき 機器・器機 apparecc*hio*[男]［複 *-chi*］; strumento[男]

きき 喜喜 ◇喜々として con gioia, felicemente

ぎぎ 疑義 ¶疑義を抱く avere un dubbio / nutrire dubbi《に su》 ¶疑義をただす farsi chiarire un dubbio ¶この統計には大きな疑義を抱いている. Queste statistiche non mi convincono affatto.

ききあきる 聞き飽きる ¶おやじの小言は聞き飽きた. Ne ho abbastanza［Sono stufo］di sentire le prediche di mio padre.

ききあし 利き足 gamba[女] dominante ¶あのサッカー選手の利き足は左だ. Quel giocatore tira di sinistro.

ききいる 聞き入る ¶演説に聞き入っていた. Ascoltava con attenzione il discorso. ¶音楽に聞き入っていた. Era assorto nella musica.

ききいれる 聞き入れる accogliere, accettare; soddisfare;《従う》seguire;《神などが》esaudire ¶我々の要求は当局に聞き入れられた. Le autorità hanno accolto la nostra richiesta. ¶神は願いを聞き入れた. Dio ha accolto la nostra preghiera.

ききうで 利き腕 braccio[男]［mano[女]］dominante ¶あのテニスプレーヤーは左が利き腕だ. Quel giocatore di tennis è mancino.

ききおく 聞き置く ¶陳情は聞き置く程度に終わった. Hanno ascoltato la richiesta senza dare una risposta immediata.

ききおとす 聞き落とす ¶彼の言うことを聞き落とした. Non sono riuscito ad afferrare le sue parole. / Mi sono sfuggite le sue parole.

ききおぼえ 聞き覚え ¶聞き覚えで歌う cantare ad orecchio ¶あの声には聞き覚えがある. Quella voce non è nuova al mio orecchio. / Quella voce mi è familiare. ¶その名前には聞き覚えがない. Non mi pare di aver mai sentito quel nome.

ききおよぶ 聞き及ぶ ¶お聞き及びの通り come lei sa già / come lei ha già sentito

ききかいかい 奇奇怪怪 ◇奇々怪々な strano;《風変わりな》bizzarro, eccentri*co*［[男]複 *-ci*］;《不可解な》misterioso;《信じられない》incredibile ¶奇々怪々な出来事 avvenimenti quanto mai strani e misteriosi

ききかえす 聞き返す《再度質問する》chiedere di nuovo, ripetere la domanda;《繰り返し聞く》ascoltare tante volte ¶彼は私に理由を聞き返した. Mi ha chiesto di nuovo il perchè.

ききかじる 聞きかじる avere una conoscenza superficiale［parziale］di *ql.co.*, avere un'infarinatura di *ql.co.*

ききかた 聞き方 **1**《ものの尋ね方》modo[男] di domandare ¶すまん, これは僕の聞き方が悪かった. Scusami, ho sbagliato il modo di porgerti la domanda. **2**《聞き手》ascolta*tore*[男]［[女] *-trice*］

ききぐるしい 聞き苦しい **1**《よく聞こえない》 ¶当時の音源のため一部お聞き苦しい点がございます. Alcune parti non si sentono bene in quanto è una registrazione dell'epoca. **2**《不愉快な》 ¶聞き苦しい言葉 parole sconce［sconvenienti / scurrili］ ¶近ごろの若者の話し方は本当に聞き苦しい. I giovani d'oggi usano davvero un linguaggio indecoroso［sconveniente］.

ききこみ 聞き込み indagine[女] condotta interpellando persone sul posto

ききこむ 聞き込む ¶いいことを聞き込んだ. Mi è giunta all'orecchio una buona notizia. / Sono stato informato di una buona notizia.

ききざけ 利き酒 assag*gio*[男]［複 *-gi*］［assaggiatura[女] / degustazione[女]］di *ql.co.* ¶利き酒をする人 assaggia*tore*[男]［[女] *-trice*］ ¶利き酒をする《ワインの》assaggiare［degustare］vini

ききじょうず 聞き上手 ¶彼は話し上手の聞き上手だ. Sa parlare, ma sa anche ascoltare.

ききずて 聞き捨て ¶そんな言葉は聞き捨てならな

い．Quello che hai detto è imperdonabile. / È un'osservazione su cui non si può passar sopra.

ききすてる 聞き捨てる ¶忠告を聞き捨てる ignorare [non tenere conto di / trascurare] un consiglio

ききそこなう 聞き損なう **1**《聞く機会を逃がす》 ¶そのラジオ番組を聞き損なった．Ho perso [Non ho potuto ascoltare] quella traṣmissione radiofonica. ¶名前を聞き損なった．Non sono riuscito a chiedere il suo nome. **2**《聞き違える》 fraintendere, capire male

ききたがる 聞きたがる essere curios*o* [desideros*o*] di ascoltare [sapere] *ql.co.*

ききだす 聞き出す **1**《探り出す》 ¶彼から重大な秘密を聞き出した．Sono riuscito a carpirgli [Gli ho strappato] un importante segreto.
2《聞き始める》 incominciare ad ascoltare *ql.co.*

ききただす 聞き質す ¶事の真相を本人に聞きただす chiedere chiarimenti sul reale ṣvolgimento delle cose all'interessato

ききちがえる 聞き違える fraintendere, capire [sentire / interpretare] male ¶名前を聞き違えた．Ho capito male il nome.

ききつける 聞きつける **1**《聞く》 sentire *ql.co.* [che＋[直説法]]；《事情を知る》 venire a sapere *ql.co.*, venire a conoscenza di *ql.co.*;《偶然に》 sapere per caṣo *ql.co.* ¶新聞記者に聞きつけられないように用心しろ．Bada bene che la voce non giunga ai [all'orecchio dei] giornalisti. ¶大安売りの話を聞きつけて alla notizia della ṣvendita a prezzi di liquidazione ¶すごい秘密を聞きつけた．Sono venuta a conoscenza di un gran segreto. ¶どこからかパーティーのことを聞きつけてやって来た．È venuto dopo aver sentito della festa da qualcuno.
2《聞き慣れる》 ¶あまり聞きつけない名前だ．È un nome「non familiare [un po' insolito].

ききづたえ 聞き伝え ¶聞き伝えに知る venire a conoscenza di *ql.co.* per sentito dire [per vie traverse] ¶聞き伝えによると secondo quanto mi è stato riferito / secondo le voci

ききづらい 聞き辛い **1**《よく聞こえない》 ¶電話が聞きづらいのですが．Si sente male. / Non si sente bene. **2**《尋ねにくい》 ¶人前ではちょっと聞きづらい問題なんですが．È un problema「difficile da discutere [troppo delicato per parlarne] in preṣenza d'altri. **3**《聞きたくない》 ¶自分の家族に対する悪口は聞きづらい．Sono ṣgradevoli [Non si ascoltano volentieri] le maldicenze contro i membri della famiglia.

ききて 利き手 mano[女] dominante

ききて 聞き手 **1**《聞く人》 ascolta*tore*[男] [[女] *-trice*], udi*tore*[男] [[女] *-trice*]；〘文法〙 ascolta*tore*[男] [[女] *-trice*] (►話し手は parlante[男][女])；《聴衆》 uditorio[男], pubblico[男] ¶聞き手に回る fare da ascoltatore **2**《質問する人》 intervista*tore*[男] [[女] *-trice*]；persona[女] che fa le domande, eṣamina*tore*[男] [[女] *-trice*]

ききとがめる 聞き咎める《問いただす》 chiedere chiarimenti a *qlcu.*;《非難する》 criticare le parole di *qlcu.*

ききどころ 聞き所 ¶聞き所のない話 discorso「privo di senso [tralasciabile] ¶ここがこの曲の聞き所だ．Questa è la parte migliore [più bella] di questo brano.

ききとどける 聞き届ける ⇒聞き入れる

ききとる 聞き取る afferrare, ascoltare; sentire;《理解する》 capire ◇聞き取り ascolto[男];《調査》 intervista[女] ¶聞き取り試験 eṣame di comprensione orale [di ascolto e comprensione] ¶声が小さくて聞き取れない．La sua voce è bassa e impercettibile. ¶彼のイタリア語は聞き取りにくい．Si stenta ad afferrare il suo italiano.

ききなおす 聞き直す ascoltare「di nuovo [ancora una volta]；《もう一度尋ねる》 chiedere di nuovo [far ripetere] *ql.co.* a *qlcu.*

ききながす 聞き流す non dare ascolto [retta] a *ql.co.*, essere sord*o* a *ql.co.* ¶他人の言うことなんか聞き流しておけ．Non dare retta a quello che dicono gli altri.

ききなれる 聞き慣れる abituarsi a sentire *ql.co.* ¶聞き慣れた声だ．È una voce che mi è familiare. ¶聞き慣れない名前だ．《私の知らない》 È un nome sconosciuto per me. /《珍しい》 È un nome che non si sente spesso.

ききのがす 聞き逃す ¶大事な講義を聞き逃した．Mi sono lasciato sfuggire una conferenza importante.

ききふるした 聞き古した ¶それはもう聞き古した議論だ．Questi sono argomenti triti e ritriti.

ききべた 聞き下手 cattiv*o* ascolta*tore*[男] [[女] *-trice*]

ききほれる 聞き惚れる ¶モーツァルトに聞きほれる ascoltare rapit*o* [con profonda attenzione] Mozart (►rapitoは主語の性・数に合わせて語尾変化する)

ききまちがう 聞き間違う udire [sentire] male *ql.co.*

ききみみ 聞き耳 ¶聞き耳を立てる tendere l'orecchio《に a》 / drizzare le orecchie《に a》

ききめ 効き目 effetto[男], efficacia[女] ◇効き目のある efficace, effettivo ¶薬の効き目があった．La medicina「è stata efficace [ha avuto effetto].

ききもらす 聞き漏らす ¶彼の話をひと言も聞き漏らさないように．Non perdere una sola parola della sua conferenza.

ききゃく 棄却 rifiuto[男];〘法〙 rigetto[男] ¶上告を棄却する rigettare [respingere] un ricorso in appello

ききやく 聞き役 ⇒聞き手

ききゅう 危急 emergenza[女], circostanza[女] pericolosa, frangente[男] ¶危急の際に in caṣo di emergenza [di pericolo] / in un momento critico [cruciale] / in un brutto frangente ¶危急に備える prevenire un pericolo [un'emergenza]

ききゅう 気球 pallone[男] (aerostatic*o* [複 *-ci*]), aerostato[男], mongolfiera[女] ¶係留気球 pallone frenato ¶観測気球 pallone osservatorio [sonda] ¶気球に乗る salire [viaggiare] in pallone

ききゅう 帰休《軍隊の》 licenza[女] militare;《労働者の》 sospensione[女] dal lavoro

ききょ 起居 ¶〈人〉と起居を共にする vivere insieme [sotto lo stesso tetto] con *qlcu.* / convi-

ききょう 気胸 ¶自然[人工]気胸 pneumotorace spontaneo [artificiale / terapeutico]

ききょう 桔梗 《植》campanula㊛ (a fiori grandi); 《学名》*Platycodon grandiflorum*

ききょう 帰郷 ritorno㊚ al paese (natio)
◇帰郷する ritornare al paese (natio)

きぎょう 企業 impresa㊛, azienda㊛, società㊛; 《産業》industria㊛ ◇企業の imprenditoriale, aziendale ¶公営企業 impresa [azienda] pubblica ¶民間企業 azienda privata ¶大[零細]企業 grande [piccola] impresa ¶中小企業 piccole e medie imprese ¶外資系[外国]企業 impresa straniera ¶多国籍企業 (impresa) multinazionale㊛ ¶企業を興(ｵｺ)す mettere su un'azienda ¶大企業に就職したい。Mi piacerebbe trovare lavoro in una grande impresa.

❖企業家 industriale㊚, imprenditore㊚ [㊛ -trice]

企業化 《工業化》industrializzazione㊛; 《商業化》commercializzazione㊛

企業間信用 credito㊚ interaziendale [tra imprese / dei fornitori]

企業規模 dimensione㊛ di impresa

企業組合主義 sindacalismo㊚ aziendale

企業形態 tipo㊚ di impresa, struttura㊛ di un'impresa

企業系列化 affiliazione㊛ fra imprese

企業合同《トラスト》〖英〗trust㊚〖無変〗

企業合理化 razionalizzazione㊛ di imprese

企業財政 finanziamento㊚ di un'impresa

企業再編成 riorganizzazione㊛ delle imprese

企業集団 gruppo㊚ di imprese

企業税 imposta㊛ sulle società

企業整備 sistemazione㊛ [ristrutturazione㊛] del settore industriale

企業提携 produzione㊛ in collaborazione

企業内[別]組合 sindacato㊚ aziendale

企業内失業 inattività㊛ interna alle aziende

企業連合《カルテル》cartello㊚; 《シンジケート》sindacato㊚

きぎょう 起業 ◇起業する intraprendere nuove attività

❖起業家 imprenditore㊚ [㊛ -trice]

きぎょう 機業 industria㊛ tessile

ぎきょう 義侠 cavalleria㊛, nobiltà㊛ d'animo, lealtà㊛

❖義侠心 spirito㊚ cavalleresco [複 -schi] ¶義侠心に富んだ cavalleresco; 《寛大な》generoso

ぎきょうだい 義兄弟 《配偶者の兄弟または姉妹、兄弟または姉妹の配偶者》cognato㊚ [㊛ -a] →家系図

ぎきょく 戯曲 dramma㊚ [複 -i]; lavoro㊚ teatrale; 《脚本》sceneggiatura㊛ ¶戯曲を書く scrivere un dramma [una commedia]

❖戯曲化 ◇戯曲化する drammatizzare; sceneggiare

戯曲家 drammaturgo㊚ [㊛ -ga; ㊚複 -ghi]; sceneggiatore㊚ [㊛ -trice]

きぎれ 木切れ pezzo㊚ di legno

ききわけ 聞き分け ¶聞き分けのない人 persona cocciuta [testarda / intrattabile] ¶マリオは聞き分けがいい。Mario è una persona accondiscen-dente.

ききわける 聞き分ける **1**《区別する》differenziare, distinguere; 《声などを》riconoscere ¶rと l を聞き分けるのは難しい。Mi è difficile distinguere tra la "r" e la "l". **2**《従う》ascoltare, ubbidire; 《納得する》capire le ragioni

ききん 飢饉 carestia㊛, fame㊛; 《物の不足》carenza㊛, mancanza㊛ ¶この国は今飢饉に襲われている。Questo paese è colpito dalla carestia.

ききん 基金 fondo㊚; 《財団》fondazione㊛ ¶基金を募る raccogliere [richiedere] fondi ¶癌研究のための基金を設立する istituire un fondo per le ricerche sul cancro

ききんぞく 貴金属 metallo㊚ prezioso [nobile]

❖貴金属細工 oreficeria㊛

貴金属商《店》oreficeria㊛; 《人》orefice㊚

きく 菊 《植》crisantemo㊚ ¶母の墓に菊を供えた。Ho deposto dei crisantemi sulla tomba di mia madre. ¶菊の節句 festa del crisantemo (♦ nono giorno del nono mese lunare)

❖菊人形 pupazzo㊚ fatto di crisantemi

菊判 libro㊚ in ottavo

きく 利く **1**《機能が十分に発揮される》¶彼女は体の自由が利かない。《麻痺》È paralizzata. ¶彼は目が利く。《視力がある》Ha un ottimo occhio. /《鑑賞眼がある》Ha un occhio esperto. /《炯眼(ｹｲｶﾞﾝ)である》Ha occhi di lince. (▶直訳すると「大山猫の目をしている」) ¶犬は鼻が利く。Il cane ha un buon fiuto. ¶ブレーキが利かない。I freni non funzionano. ¶エアコンが利かない。Non funziona il condizionatore.
2《可能であること》¶このストーブはまだ修理が利きます。Questa stufa è ancora riparabile. ¶このズボンは水洗いが利きます。Questi pantaloni si possono lavare in acqua. ¶そこは見通しが利く。C'è buona visibilità. ¶病後で無理が利かない。Non posso strapazzarmi perché sono appena guarito. ¶大型車は小回りが利かない。Una grande macchina non può fare una curva stretta. ¶この治療は保険が利かない。L'assicurazione medica [La mutua] non copre questo tipo di cura. ¶彼にごまかしは利かないよ。Non puoi ingannarlo [imbrogliarlo]. ¶あいつはいろいろな所に顔が利く。Conosce tante persone.
3《「口を利く」の形で》¶口を利く dire; parlare; 《仲介する》parlare, intervenire ¶あいつとはもう口を利きたくない。Non voglio parlare più con lui. ¶知った口を利くね。Non fare il saputello. ¶私が大家さんに口を利いてあげましょうか。Devo parlare io direttamente con il padrone? / Vuoi che faccia io da intermediario tra il proprietario e te?

きく 効く 《効果がある》avere effetto su ql.co., essere efficace contro ql.co., fare bene a ql.co.; 《作用する》agire su ql.co. ¶ぱりっと糊の効いたワイシャツ camicia ben inamidata ¶この薬は風邪によく効く。Questa medicina è molto efficace contro [per] il raffreddore. ¶注射はすぐに効いた。L'iniezione ha agito immediatamente. ¶この薬はちっとも効かない。Questa medicina non fa alcun effetto. / Questa medicina è priva di effetto. ¶先生の小言が

効き過ぎたようだ. Sembra che il rimprovero del maestro abbia avuto troppo effetto. ¶蜂蜜は喉に効く. Il miele fa bene alla gola. ¶この寿司はずいぶんわさびがきいている. Si sente fortemente il sapore del *wasabi* in questo *sushi*. ¶この料理はちょっと塩が効き過ぎた. Questo piatto è un po' troppo salato [saporito].

きく 聞く・聴く **1**【音や声を感じる】sentire, udire; 【耳を傾ける】ascoltare ¶〈人〉が…するのを聞く sentire *qlcu.* +不定詞 ¶階段の方で妙な物音がするのを聞いた. Ho sentito uno strano rumore dalle scale. ¶部屋で彼女が歌っているのを聞いた. L'abbiamo sentita cantare nella sua stanza. ¶音楽を聴きながら勉強するのはやめなさい. Piantala di ascoltare la musica quando [mentre] studi.
2【聞いて理解する】ascoltare, sentire ¶講義を聞く ascoltare [seguire] la lezione / 《出席する》 presenziare [assistere] alla lezione ¶彼の言い分も聞く必要がある. Bisogna ascoltare anche quello che dice lui. ¶君はその話をもう聞いているね. Hai già sentito [saputo di] quella storia, vero? ¶現地の事情はお察び及びのことと思います. Ritengo che lei sia al corrente della situazione sul posto. / Credo che lei sia ben informato sulla situazione locale.
3【聞き入れる】《従う》ubbidire⊕[*av*] a *qlcu.* [*ql.co.*], seguire; 【耳を傾ける】prestare attenzione, dare retta [ascolto] a *qlcu.* [*ql.co.*], ascoltare; 《受け入れる》accogliere *ql.co.*; acconsentire [accondiscendere] a *ql.co.* ¶友人たちの忠告を聞いたほうがいいよ. È meglio ascoltare [seguire] i consigli degli amici. / Sarebbe meglio dare retta [ascolto] agli amici. ¶この子は言うことを聞かない. Questo bambino non ubbidisce mai. ¶ホテル側は私たちの要望を喜んで聞いてくれた. L'hotel ha accolto volentieri la nostra richiesta. ¶神はあなたの願いをかなえてくださるに違いありません. Sono certo che Dio esaudirà la tua richiesta. ¶医者の注意を聞く ascoltare i consigli del medico
4【尋ねる】chiedere [domandare] *ql.co.*, informarsi di *qlcu.* ¶〈人〉に駅までの道を聞く chiedere [domandare] a *qlcu.* la strada per la stazione ¶何時に着くのか電話で聞いてみよう. Chiediamogli per telefono a che ora arriverà.
5【においを嗅ぐ,味を見分ける】¶香(ゕ)を聞く odorare d'incenso ¶酒を聞く assaggiare il *sakè*
慣用 聞いてあきれる ¶やつが正直者だなんて聞いてあきれるよ. Lui onesto? Questa è grossa.
聞きしに勝る ¶聞きしに勝る景観だ. Il panorama supera di gran lunga ogni aspettativa.

使いわけ **ascoltare, sentire, udire**

「聞こえる」「音に気づく」「耳に入ってくる」の意味では, sentireと udireを使う. udireは文語的で, 使用頻度は比較的低い.
¶子供の泣き声を聞いた. Ho sentito [udito] il pianto di un bambino.
¶物音を聞いた. Sentii [Udii] un rumore.
「注意して聞く」「意識的に聞こうとして聞く」の意味では, ascoltare, stare a sentire, sentireが使われる.
¶ラジオを聞く ascoltare [sentire] la radio
¶私の言うことをよく聞いてね. Stammi bene a sentire. / Ascoltami con attenzione.
ただし, sentireを使うか ascoltareを使うかで意味が変わることがある.
¶Mi ascolti?《聞く意志があって聞いている》私の話を聞いているのか.
¶Mi senti?《物理的に聞こえる》私の声が聞こえる?
「聞いて知る」という意味では sentireと udireを使うが,「他者からの伝聞として知る」という意味で「人が私に言う」と表現することも多い.
¶聞いたことがないようなこと una cosa mai udita [sentita]
¶だれからそれを聞いたの. Dove l'hai sentito? / Chi te l'ha detto? / Da chi l'hai saputo?
¶彼は近々イタリアを離れると聞きました. Ho sentito [Mi hanno detto] che sta per lasciare l'Italia.
「願いを聞き入れる」「聞いて従う」という意味では ascoltareを使う.
¶彼は私の言うことを全然聞いてくれない. Lui non mi ascolta mai.
¶医者の注意を聞く ascoltare i consigli del medico

きぐ 危惧 《恐れ》timore⊕, paura⊕; 《心配》preoccupazione⊕, apprensione⊕ ◇危惧する stare [essere] in apprensione 《を per, su》, avere paura 《を di》[che + 接続法], temere che + 接続法 ¶危惧することはない Niente paura! / Non aver paura! ¶何か悪いことが起こるのではないかと危惧している. Ho paura che succeda qualcosa di brutto.

きぐ 器具 《道具》strumento⊕, attrezzo⊕; 《工具》utensile⊕; 《装置》apparecchio⊕ *-chi* ¶電気器具 congegno [apparecchio] elettrico ¶光学器具 apparecchio ottico ¶調理用器具 utensile di cucina ¶家庭用電気器具 elettrodomestico

きぐう 奇遇 ¶ここで会うとは奇遇だね. Che coincidenza [sorpresa] incontrarci qui!

きぐう 寄寓 ◇寄寓する stare [abitare] da *qlcu.* per un certo periodo ¶兄の家に寄寓しています. Per il momento abito da mio fratello maggiore.

きぐち 木口 **1**《木材の質》qualità⊕ del legno ¶木口の上等な家 casa costruita con legno pregiato **2**《断面》sezione⊕ del legno

ぎくっ → ぎくり

きぐみ 木組み struttura⊕ in legno a incastro (che non usa chiodi), armatura⊕ di legno

きぐらい 気位 ¶気位が高い essere fiero [altero / sdegnoso / superbo]

きくらげ 木耳 《植》orecchio⊕ [複 *-chi*] di Giuda

ぎくり ¶ぎくりとする essere scioccato [spaventato] / spaventarsi ¶その声にぎくりとした. Quella voce mi ha spaventato. / A quella voce sono trasalito.

きぐろう 気苦労 preoccupazione⊕, pensiero⊕, ansietà⊕, ansia⊕ ¶彼は息子のことで気苦労が絶えない. Suo figlio è sempre causa di preoccupazioni.

きけい 奇形 deformazione⚥, malformazione⚥, deformità⚥, anormalità⚥

きけい 奇計 piano⚨ ingegnoso, strate*gia*⚥ [複 -gie] geniale ¶奇計をめぐらす elaborare un piano ingegnoso

ぎけい 義兄 《姉の夫，配偶者の兄》cognato⚨ →義理2, 家系図

きげき 喜劇 commedia⚥;《笑劇》farsa⚥ (▶いずれも「滑稽な出来事」の意味もある) ◇喜劇的な comico [⚨複 -ci] ◇喜劇的に comicamente ¶喜劇映画 film comico ¶喜劇を演じる recitare una commedia

❖喜劇役者 commediante⚥⚨; comico⚨ [⚥ -ca; ⚨複 -ci], attore⚨ [⚥ -trice] brillante

きけつ 既決 ◇既決の deciso, determinato
❖ 既決囚 prigioniero⚨ [⚥ -a] dichiarato colpevole
既決書類 documento⚨ [[仏] dossier⚨ [無変]] agli atti

きけつ 帰結 conseguenza⚥, esito⚨, risultato⚨, conclusione⚥ ¶当然の帰結として come conseguenza naturale [logica]

ぎけつ 議決 《決定》decisione⚥, risoluzione⚥;《議論の決定》delibera⚥, deliberazione⚥;《可決》approvazione⚥;《表決》voto⚨ ◇議決する《決定する》decidere, prendere una decisione [una risoluzione]; deliberare;《採決する》procedere⚨ [av] allo scrutinio

きけん 危険 pericolo⚨, rischio⚨ [複 -schi] ◇危険な pericoloso; rischioso;《危機的な》critico [⚨複 -ci] ¶危険な場所 luogo pericoloso ¶危険な商売 speculazione rischiosa ¶危険を防ぐ prevenire [evitare / scongiurare] un pericolo ¶危険に直面する affrontare un pericolo ¶危険に陥る ficcarsi in un pericolo [in una situazione pericolosa] ¶…を危険にさらす mettere qlcu. [ql.co.] in pericolo ¶わが身を危険にさらす esporsi al pericolo ¶危険を冒す sfidare [correre] un pericolo / rischiare ⚥, ⚨ [av], correre un rischio ¶すべてを失う危険を冒す correre il rischio di perdere tutto ¶生命の危険を冒して a rischio della vita ¶危険を脱する sfuggire (a) un pericolo / scampare (a [da]) un pericolo / tirarsi fuori [trarsi] da un pericolo ¶母の病気はどうやら危険な状態を脱したようだ。Pare che mia madre「sia ormai fuori pericolo (sia sfuggita al momento critico). ¶この仕事には危険が伴う。《危ない》Questo è un lavoro pericoloso. /《失敗の可能性がある》In questo lavoro ci sono dei rischi. ¶コンピュータがウイルスに感染する危険がある。C'è il pericolo che il virus infetti il computer. ¶「危険注意」《掲示》"Attenzione!" / "Pericolo!" ¶窓から手や顔を出すのは危険です。È pericoloso sporgersi dal finestrino.

❖危険思想 idea⚥ pericolosa
危険信号 ¶危険信号を出す dare il segnale di pericolo
危険人物 persona⚥ pericolosa
危険性 pericolosità⚥
危険地域 zona⚥ pericolosa
危険手当 indennità⚥ di rischio
危険負担者《保険で》chi corre un rischio

危険物 ¶「危険物持ち込み禁止」《掲示》"Vietato portare [introdurre] oggetti pericolosi"

きけん 棄権 《権利放棄》rinunc*ia*⚥ [複 -ce] a un diritto;《選挙・票決での》astensione⚥ dal voto;《競技で》ritiro⚨ ◇棄権する rinunciare⚥ [av] a ql.co. ¶投票を棄権する astenersi dal voto ¶競技を棄権する ritirarsi da una gara ¶試合を棄権する abbandonare una partita ¶法案を棄権する 300, 反対 23, 棄権 6 で可決された。Il disegno di legge è stato approvato con 300 voti favorevoli, 23 contrari e 6 astenuti.

❖棄権者《選挙の》astenuto⚨ [⚥ -a]
棄権主義 astensionismo⚨
棄権主義者 astensionista⚥⚨ [⚨複 -i]
棄権率 tasso⚨ di astensione

きげん 紀元 era⚥, epoca⚥, periodo⚨ ¶キリスト紀元 era cristiana ¶西暦紀元 1988 年に nel 1988「d.C. [dopo Cristo] ¶西暦紀元前 500 年に nel 500「a.C. [avanti Cristo]

きげん 起源・起原 origine⚥; nascita⚥ ¶文明の起源 le origini della civiltà ¶この行事は起源不明だ。Questo evento è di origine sconosciuta. ¶『種の起原』《ダーウィン》"L'origine della specie" (Darwin) ¶言葉の起源を尋ねる risalire all'origine di una parola

きげん 期限 termine⚨;《満期日》scadenza⚥;《期間》periodo⚨;《ぎりぎりの》termine⚨ massimo;《締め切り》(data⚥ [ora⚥] di) scadenza⚥ ¶手形の期限 scadenza di una cambiale ¶納税期限 termine per il pagamento delle imposte ¶期限つきの契約 contratto a termine ¶期限内に entro il termine stabilito ¶期限を早める [遅らせる / 定める] anticipare [prorogare / fissare] la scadenza ¶期限が切れる scadere⚨ [es] ¶滞在許可証は7月に [あと1週間で] 期限が切れる。Il permesso di soggiorno scade a luglio [fra una settimana]. ¶期限が近づいている。Il termine stabilito si avvicina. ¶期限切れのパスポート passaporto scaduto

❖期限延長 proroga⚥ del termine
期限満了 scadenza⚥

きげん 機嫌 umore⚨, stato [disposizione⚥] d'animo →御機嫌 ¶機嫌がいい [悪い] essere di buon [cattivo] umore ¶機嫌を損ねる offendersi ¶彼は機嫌がよくない。《いらいらしている》È nervoso. /《落ち込んでいる》È giù di morale. /《怒っている》È arrabbiato. ¶彼は機嫌を直した。Ha ritrovato il suo buon umore. ¶男の子が生まれて父親はご機嫌だ。Il padre è felice [allegro] per la nascita di un maschietto. ¶社長の機嫌を損じてしまった。Ho offeso [urtato / fatto arrabbiare] il presidente. ¶彼はわずかなことで機嫌を損ねる。È permaloso. ¶ご機嫌はいかがですか。Come sta? / Come va?

[慣用] 機嫌をとる compiacere qlcu., assecondare l'umore di qlcu.;《へつらう》lusingare [adulare] qlcu.

きご 季語 parola⚥ in uno *haiku* che indica una stagione →俳句 [日本事情]

きこう 気孔 **1**《岩などの》poro⚨;《植物の》stom*a*⚨ [複 -i] **2**《ガスが抜けたあとの》cavità⚥ gassosa, poro⚨

❖気孔率 porosità⚥

きこう　気功　Qi Gong[男], Chi Kung[男] ¶気功をする praticare il Qi Gong [il Chi Kung]

きこう　気候　clima[男] [複 -i]；《天候》tempo[男]；《季節》stagione[女] ⇒気象 [用語集] ¶海洋性[大陸性 / 地中海性]気候 clima oceanico [continentale / mediterraneo] ¶気候がよい. Il clima è mite [buono / dolce / temperato]. ¶気候が悪い. Il clima è aspro [brutto / cattivo]. ¶ここの気候は健康にいい[悪い]. Qui c'è un clima salubre [insalubre]. ¶気候の変化が著しかった. Il tempo è stato assai incostante.

✤**気候学** climatologia[女]

気候学者 climatologo[男] [女 -ga; 男複 -gi]

気候帯 zona[女] [fascia[女] [複 -sce]] climatica

きこう　希覯

✤**希覯本**[書] libro[男] raro

きこう　奇行　comportamento[男] eccentrico [複 -ci], eccentricità[女], bizzarria[女], stranezza[女]

きこう　紀行　《紀行文》racconto[男] [diario[男] [複 -i] / memorie[女] [複]] di viaggio, resoconto[男] [cronaca[女]] di un viaggio ¶『イタリア紀行』(ゲーテ) "Viaggio in Italia" (Goethe)

きこう　起工　inizio[男] [複 -i] di un lavoro; 《造船の》messa[女] in cantiere; 《建築の》posa[女] della prima pietra ◇起工する cominciare un lavoro; mettere in cantiere *ql.co.*; posare la prima pietra di *ql.co.*

✤**起工式** (cerimonia[女] della) posa[女] della prima pietra

きこう　起稿　◇起稿する cominciare a scrivere

きこう　帰航　viaggio[男] [複 -gi] [navigazione[女]] di ritorno ¶帰航の途につく prendere la via del ritorno

きこう　寄港・寄航　scalo[男], approdo[男] ¶横浜に寄港する fare scalo [sosta] a Yokohama

✤**寄港地** porto[男] di scalo

きこう　寄稿　collaborazione[女]《への a》¶新聞に寄稿する scrivere (un articolo) per un giornale / collaborare a un giornale

✤**寄稿者** collaboratore[男] [女 -trice]

きこう　機構　**1**《構造》meccanismo[男], congegno[男], struttura[女]; 《システム》sistema[男] [複 -i] **2**《組織》organizzazione[女] ¶社会機構 organizzazione sociale ¶国際機構 organizzazione internazionale ¶機構を改革する introdurre riforme strutturali《の in》/ ristrutturare *ql.co.*

✤**機構改革** riorganizzazione[女] (del sistema), riforma[女] (strutturale), ristrutturazione[女]

きごう　記号　segno[男]; 《象徴》simbolo[男]; emblema[男] [複 -i]; 《印》contrassegno[男] ¶化学記号 simbolo chimico ¶製品に記号を付ける segnare i prodotti / mettere un segno sui prodotti / contrassegnare i prodotti ¶言葉の意味を記号で表す indicare il significato di una parola con un simbolo ¶ト音[ヘ音]記号 chiave[女] di sol [fa]

✤**記号化** simbolizzazione[女] ◇記号化する simbolizzare

記号学[論]〔言〕semiologia[女]; semiotica[女]

記号法 notazione[女]

記号論理学 logica[女] simbolica [matematica]

ぎこう　技巧　《テクニック》arte[女], tecnica[女]; 《卓抜な》virtuosismo[男], bravura[女]; 《器用さ》abilità[女] ¶職人の技巧 maestria artigianale ¶技巧を弄(ろう)する usare la [ricorrere alla / impiegare la] tecnica del mestiere

きこうし　貴公子　giovane nobile[男] ¶貴公子然としている avere l'aria nobile [aristocratica]

ぎこうし　技工士　《歯科》odontotecnico[男] [女 -ca; 男複 -ci], meccanico[男] [複 -ci] dentista [複 -i]

きこうぶたい　機甲部隊　truppe[女] [複] blindate [corazzate]

きこえ　聞こえ　**1**《聞こえること》¶私は左耳の聞こえが悪い. Non sento bene all'orecchio sinistro.

2《世間体，評判》¶社長といえば聞こえはよい. Il titolo di presidente suona bene. ¶そんなことが知れると世間の聞こえが悪いよ. Se la gente lo saprà, ti farai una cattiva reputazione. ¶彼女は美人の聞こえが高い. È famosa [nota] per la sua bellezza.

きこえよがし　聞こえよがし　¶彼の悪口を聞こえよがしに言った. Ha parlato male di lui con l'intenzione di farsi sentire.

きこえる　聞こえる　**1**《自然に耳に入る：人が主語で》sentire, udire; 《音・声が主語で》sentirsi, udirsi ¶隣の部屋の話し声が聞こえる. Sento (qualcuno) parlare [Sento delle voci / Si sentono delle voci] nella stanza accanto. ¶もしもし，聞こえますか. Pronto, mi sente? ¶拍手で彼の声が聞こえなかった. Gli applausi hanno coperto la sua voce. ¶彼は生まれつき右の耳が聞こえない. È sordo dalla nascita all'orecchio destro. ¶玄関の呼び鈴が聞こえた. Ho sentito suonare il campanello.

2《受けとれる》¶変に聞こえるかもしれないが…. Per quanto strano possa sembrare… ¶そういう表現は耳障りに聞こえる. Tali espressioni suonano male.

3《有名である》¶優秀な政治家として世に聞こえた人物だ. È molto famoso [conosciuto / noto] per la sua abilità come uomo politico.

きこく　帰国　ritorno[男] a casa [in patria], rimpatrio[男] [複 -i] ◇帰国する ritornare[自] [es] [far ritorno] a casa [in patria]; rimpatriare[自] [es] ¶帰国の途につく prendere la via del ritorno

✤**帰国子女** persona[女] ritornata in Giappone dopo aver frequentato all'estero tutte (o in parte) le scuole fino alle medie superiori

ぎごく　疑獄　scandalo[男], caso[男] di corruzione ¶大疑獄 grave scandalo ¶ロッキード疑獄 scandalo Lockheed ¶疑獄事件に連座する essere implicato [coinvolto] in uno scandalo

きごこち　着心地　¶着心地抜群のジャケット giacca con un'ottima vestibilità ¶着心地がいい服 abito comodo

きごころ　気心　¶気心の知れた友 intimo amico; 《信頼できる》amico fidato [di fiducia] ¶気心の知れない人 persona infida

ぎこしゅぎ　擬古主義　《古典主義》classicismo[男]; 《言語・美術上の》arcaismo[男]; 《偽の》pseudoarcaismo[男], pseudoclassicismo[男]

ぎこちない　《動作・言葉が》rigido, goffo, sgraziato, impacciato; 《雰囲気が》imbarazzante; teso; 《文章・演説が》aspro, duro ¶ぎこちない態

度 atteggiamento sforzato ¶ぎこちない文体 stile faticoso ¶ぎこちない文だ. Questa frase non scorre. ¶ぎこちない訳文で申し訳ない. Scusate la traduzione poco scorrevole. ¶彼は好きな人の前ではぎこちない態度をとってしまう. Davanti alla persona amata diventa sempre impacciato. ¶何か室内の雰囲気がぎこちない. Nella stanza si respira un'aria di tensione. ◇ぎこちなさ《動作の》goffaggine ◇ぎこちなく《動作・態度》maldestramente ¶ぎこちなく動く［歩く］muoversi［camminare］come una marionetta

きこつ 気骨 fermezza[女] (d'animo), carattere[男], saldezza[女] ¶気骨がある essere saldo［tutto d'un pezzo］¶気骨がない mancare di carattere / non avere spina dorsale / essere smidollato / essere senza carattere ¶気骨のある男 uomo「di carattere［risoluto］

きこなす 着こなす vestire[自][*av*] bene ¶彼女はいつも上手に服を着こなしている. Veste sempre con stile. ◇着こなし ¶彼女は着物の着こなしがうまい. Sa portare il *kimono* con eleganza.

ぎこぶん 擬古文 stile[男] pseudoclassico

きこむ 着込む **1**《たくさん着る》¶着込んでいる essere imbottit*o* di vestiti **2**《きちんと着る》¶すてきなドレスを着込んで現れた. Apparve vestita magnificamente.

きこり 樵 boscaiol*o*[男][[女] *-a*], tagliaboschi[男][女][無変], taglialegna[男][女][無変]

きこん 気根〔植〕radice[女] aerea

きこん 既婚 ◇既婚の sposato;《書類などで》coniugato

✤既婚者 coniuga*to*[男][[女] *-a*]

きざ 気障 ◇きざな affettato, manierato;〔英〕snob [znɔb]［無変］¶きざな人 snob[男][女][無変] ¶まったくきざなやつだ. Che snob che è! ¶きざなことをするな. Non comportarti affettatamente! / Non fare lo snob!

きさい 奇才《才能》genialità[女];《人》gen*io*[男][複 *-i*]

きさい 記載《言及》menzione[女];《記述》descrizione[女];《特記》segnalazione[女];《帳簿への登録》registrazione[女];《登録》iscrizione[女];《表示, 注意書き》dicitura[女] ◇記載する menzionare; descrivere, scrivere; registrare; iscrivere ¶右に記載の条令 la suddetta［soprammenzionata］ordinanza ¶上に記載のごとく come (è scritto) sopra

✤記載事項 voce[女], articolo[男]

記載内容 contenuto[男] della voce

記載漏れ omissione[女]

きさい 起債〔金融〕emissione[女] obbligazionaria ◇起債する emettere obbligazioni

✤起債市場 mercato[男] delle emissioni, mercato[男] obbligazionar*io*[複 *-i*] primar*io*[複 *-i*]

きさい 鬼才《才能》talento[男] unico;《人》prodig*io*[男][複 *-gi*], genio[男]（►女性にも使う）¶イタリア映画界の鬼才 genio del cinema italiano

きざい 器材 apparecchi[男][複]［attrezzi[男][複]］e materiali[男][複], attrezzatura[女]

きざい 機材 macchinari[男][複] e materiali[男][複] ¶録音用機材 attrezzatura per registrazione

きさき 后・妃《皇后》imperatrice[女];《王妃》regina[女], sovrana[女]

ぎざぎざ dentellatura[女], frastagliatura[女];《硬貨の》granitura[女], zigrinatura[女] ◇ぎざぎざにする dentellare; seghettare ◇ぎざぎざのある dentellato;《硬貨》zigrinato, con l'orlo zigrinato;《のこぎりの刃状の》seghettato

きさく 奇策 piano[男] ingegnoso

きさく 気さく ◇気さくな fran*co*[[男]複 *-chi*], aperto ◇気さくに francamente ¶気さくな男 un uomo franco e schietto［aperto e semplice / alla mano］

ぎさく 偽作 falso[男], pla*gio*[男][複 *-gi*], opera[女] falsa［plagiata］

きざし 兆し sintomo[男], segno[男]; presa*gio*[男][複 *-gi*]（►presagioは「よくない前兆」の意味で使われることが多い.）¶戦争の兆し presagio di guerra ¶春の兆し sentore di primavera

きざす 兆す dare i primi segni, mostrare i sintomi ¶すでに春が兆している. Si vedono già i primi segni della primavera. ¶彼の心にある疑惑が兆した. Nel suo cuore è sorto un dubbio.

きさま 貴様 tu[男][女]

きざみ 刻み ¶刻み足で歩く camminare a piccoli passi

✤刻みタバコ tabac*co*[男][複 *-chi*] trinciato per pipa

刻み目 intac*co*[男][複 *-chi*] ¶刻み目をつける fare degli intagli［delle tacche / delle intaccature］/ intaccare *ql.co.*

-きざみ -刻み ¶棒に1ミリ刻みに目盛りをつける graduare un'asta con tacche intervallate di 1 mm ¶30分刻みに ogni［a intervalli di］trenta minuti ¶分刻みのスケジュール tabella di marcia impegnatissima / programma fittissimo

きざむ 刻む **1**《野菜・肉などを》tritare, tagliuzzare ¶玉ねぎを刻んでいためて下さい. Tritate la cipolla e soffriggetela. **2**《彫刻する》scolpire ¶石碑に碑銘を刻む incidere un'iscrizione sulla lapide / iscrivere［scolpire］un epitaffio sulla lapide ¶目盛りが刻んである essere graduat*o* **3**《時を》¶時計が時を刻んでいる. L'orologio scandisce i minuti che passano. **4**《心に記憶する》¶想い出を心に刻み込む imprimere un ricordo nel cuore

きさん 起算 ◇起算する contare *ql.co.* a partire da ¶出発日前日より起算して3日前 4 giorni prima della partenza / 3 giorni alla vigilia della partenza

✤起算点 punto[男] di partenza del computo

起算日 giorno[男] iniziale del computo

ぎさん 蟻酸〔化〕acido[男] formico

きし 岸《川・海・湖の》riva[女], sponda[女];《沿岸》costa[女];《砂浜》spiag*gia*[女][複 *-ge*] ¶川の岸を散歩する passeggiare「sul lungofiume［lungo la riva del fiume］

きし 旗幟 posizione[女] chiara ¶旗幟を鮮明にする assumere una posizione chiara［un atteggiamento deciso］

きし 騎士《ヨーロッパ中世の》cavaliere[男] ¶〈人〉を騎士の位に列する armare *qlcu.* cavaliere

✤騎士団 ordine[男] cavallere*sco*[複 *-schi*]

騎士道 cavalleria[女]

き

きじ 生地 **1**《布地》tessuto[男], stoffa[女];《端切れ》scampolo[男] ¶丈夫な[縮まない]生地 tessuto resistente [irrestringibile] ¶しわになりにくい生地 tessuto ingualcibile [antipiega] ¶防水の生地 tessuto impermeabile
2《パンなどの》pasta[女] ¶パン生地 pasta da pane / impasto per il pane ¶パイ生地《練り》pasta frolla /《折り》pasta sfoglia
3《焼成前の陶磁器》〔仏〕biscuit[男][無変]; biscotto[男]
✤**生地屋** negoz*io*[男][複 *-i*] di tessuti

きじ 記事 articolo[男];《ニュース》notizia[女] ⇀新聞 [関連] ¶三面記事《ゴシップ》cronaca roṣa;《犯罪関係の》cronaca nera ¶政治[国外 / 国内]記事 cronaca politica [estera / interna] ¶スポーツ記事 articolo di sport ¶汚職事件についての記事を載せる riportare un articolo su un epiṣodio di corruzione ¶記事を差し止める bloccare la pubblicazione di un articolo

きじ 雉・雉子〔鳥〕fagiano[男]

ぎし 技師 ingegnere[男];《略》ing.(►「大学の工学部卒業者」もさす. また女性にも使う);《専門家》tecn*ico*[男][[女] *-ca*; [男]複 *-ci*] ¶主任技師 ingegnere capo [無変] ¶電気[土木 / 建築 / 機械 / 造船]技師 ingegnere elettrotecnico [civile / edile / meccanico / navale]

ぎし 義姉《兄の妻, 配偶者の姉》cognata[女] ⇀義理2, 家系図

ぎし 義肢 arto[男] artificiale

ぎし 義歯 dente[男] falso ⇀入れ歯

ぎじ 擬似 ¶擬似コレラ paracolera

ぎじ 議事《議題》argomento[男][tem*a*[男][複 *-i*]](da discutere [da trattare]);《議事日程, 会議の議事リスト》ordine del giorno;《討論》dibattito[男] ¶議事を進行する dirigere il dibattito
✤**議事進行** andamento[男] dell'ordine del giorno
議事進行係 modera*tore*[男][[女] *-trice*]
議事定(足)数 quorum[男][無変] deliberativo
議事日程 ordine[男] del giorno;《略》o.d.g.[男]
議事妨害 ostruzioniṣmo[男] ¶議事妨害をする adottare una tattica「ostruzioniṣtica [di ostruzioniṣmo tecnico]
議事録 verbale[男], resoconto[男], registro[男] dei verbali; atti[男][複](di un convegno)

きしかいせい 起死回生 ¶起死回生のチャンス occaṣione di rimettersi in gioco

ぎしき 儀式 cerimonia[女];《宗教的》rito[男], rituale[男];《宗教的祭典》solennità[女](religiosa);《作法》formalità[女] ◇儀式ばった cerimonioso; solenne; formale;《形式主義的》formalist*a*[[男]複 *-i*] ¶洗礼の儀式 rito del battẹsimo ¶記念日を祝して儀式を行う celebrare una cerimonia per commemorare un anniversario

ぎしぎし ¶ぎしぎしいう階段 scala cigolante [che scricchiola / scricchiolante]

きじく 機軸 **1**《車輪などの》asse[男];《機械の》perno[男] **2**《活動の中軸》centro[男][fulcro[男]] dell'attività

きしつ 気質 temperamento[男]; carattere[男]

きしつ 基質〔医・生〕strom*a*[男][複 *-i*]; substrato[男], sostrato[男]

きじつ 期日《定められた日》data[女] fissata [convenuta / stabilita];《期限》termine[男];《支払い日, 期限》scadenza[女] ¶所定の期日に nel [al] giorno stabilito / nel termine stabilito ¶期日を守る rispettare la data stabilita [convenuta] ¶期日には間に合わないよ. Non faccio in tempo per la scadenza. ¶期日が迫っている. Il tempo stringe.

ぎじどう 議事堂 Palazzo[男] del Parlamento;《日本の》Palazzo[男] della Dieta;《イタリア上院議事堂の通称》Palazzo[男] Madama;《イタリア下院議事堂の通称》Montecitorio[男]

きじばと 雉鳩〔鳥〕tortora[女]

ぎじばり 擬餌鉤 esca[女] artificiale

きしべ 岸辺《海辺, 湖畔》riva[女], sponda[女];《海浜》lido[男];《砂浜》spiagg*ia*[女][複 *-ge*]

きしぼじん 鬼子母神〔梵〕Hariti[女]; divinità[女][spirito[男] guardiano] del parto e dei bambini

きしむ 軋む cigolare[自][*av*], stridere[自][*av*](►複合時制はまれ);《壊れそうに》scricchiolare[自][*av*] ◇きしみ cigol*io*[男][複 *-ii*], strid*io*[男][複 *-ii*]; scrichiol*io*[男][複 *-ii*] ¶風にきしむ戸 una porta che cigola al vento ¶足下の床板がきしんだ. Il pavimento scricchiolò sotto i miei piedi. ¶ベッドのきしむ音 cigolio del letto

きしめん 棊子麺 pasta[女] di farina simile alle fettuccine

きしゃ 汽車《蒸気機関車》locomotiva[女] a vapore;《列車》treno[男] ⇀列車 ¶夜汽車 treno notturno ¶汽車で con il treno / in treno

きしゃ 記者 giornalist*a*[男][女][[男]複 *-i*];《報道記者》cronist*a*[男][女][[男]複 *-i*];《編集者》redat*tore*[男][[女] *-trice*];《通信員》corrispondente[男][女]
✤**記者会見** conferenza[女] stampa [無変]
記者クラブ circolo[男][無変] della stampa
記者席 tribuna[女] stampa
記者団 la stampa[女]

きしゃ 貴社 la Sua [Vostra / Loro] società[女] [ditta[女] / compagnia[女]]

きしゃく 希釈〔化〕diluizione[女] ◇希釈する diluire *ql.co.*
✤**希釈液** soluzione[女] diluita
希釈度[率] grado[男] di diluizione

きしゅ 気腫〔医〕enfiṣem*a*[男][複 *-i*] ¶肺気腫 enfiṣema polmonare

きしゅ 旗手 portabandiera[男][女][無変] ¶新文学の旗手 il portabandiera di un nuovo movimento letterario

きしゅ 機首 muṣo[男](d'aeroplano) ¶飛行機は機首を上げた[下げた]. L'aereo ha cabrato [ha picchiato].

きしゅ 機種 **1**《飛行機の》modello[男][tipo[男]] di aereo **2**《機械の》modello[男], tipo[男] ¶あらゆる機種の家電製品 vasto assortimento di elettrodomẹstici

きしゅ 騎手 cavalier*e*[男][[女] *-a*];《競馬の》fantin*o*[男][[女] *-a*];《サーカスの》cavallerizz*o*[男][[女] *-a*]

きじゅ 喜寿 il settantasettẹsimo compleanno[男] secondo il *kazoedoshi* ⇀数え年

ぎしゅ 義手《腕》braccio[男][複 le *braccia*] artificiale;《手首から先》man*o*[女][複 *-i*] artificiale

きしゅう 奇襲 attac*co*[男][複 *-chi*] di [a] sorpresa ¶敵に奇襲をかける sorprendere il nemi-

co / attaccare il nemico di sorpresa
- ❖**奇襲兵** incursore男
- **きじゅう** 機銃 《機関銃》 mitragliatrice女
- ❖**機銃掃射** 〖軍〗 mitragliata女, raffica女 di mitragliatrice 〖飛行機掃射をする〗 mitragliare / 《飛行機からの》 mitragliare a bassa quota
- **きしゅく** 寄宿 ◇寄宿する stare a pensione da qlcu., abitare [vivere a pensione] presso qlcu.; 〖寮に住む〗 vivere in un dormitorio
- ❖**寄宿学校** collegio男 [複 -gi], convitto男
- **寄宿舎** dormitorio男 [複 -i], pensione女, pensionato男
- **寄宿生** collegiale男女
- **きじゅつ** 奇術 prestidigitazione女, gioco男 [複 -chi] di prestigio 〖奇術を披露する〗 fare giochi di prestigio
- ❖**奇術師** prestigiatore男 [女 -trice]
- **きじゅつ** 既述 既述のごとく come si è già detto [scritto]
- **きじゅつ** 記述 descrizione女 ◇記述的 descrittivo ◇記述する descrivere ql.co.
- ❖**記述言語学** linguistica女 descrittiva
- **記述文法** grammatica女 descrittiva
- **ぎじゅつ** 技術 tecnica女; 《科学技術》 tecnologia女 [複 -gie]; 〖工学〗 ingegneria女; 《技能》 abilità女 tecnica; 《ノウハウ》 〔英〕 know-how [無 変]; complesso男 di cognizioni tecniche; 《技法》 arte女; 《すばらしい演技・演奏技術》 bravura女 ◇技術的 tecnico男 [複 -ci], tecnologico [男複 -ci] ◇技術的に tecnicamente, tecnologicamente 〖高度な技術水準を誇る〗 vantarsi di un'alta capacità tecnica 〖これは技術を要する仕事だ〗 Questo è un lavoro che richiede molta abilità. 〖それは今のところ技術的に不可能だ〗 Almeno per ora è tecnicamente impossibile. 〖彼女は卓抜したピアノの演奏技術を披露した〗 Lei ha dimostrato la sua bravura nel suonare il pianoforte.
- ❖**技術援助** assistenza女 tecnica 〖技術援助を行う〗 dare assistenza tecnica 《に a》
- **技術格差** divario男 [複 -i] tecnologico [tecnico]
- **技術革新** innovazione女 tecnica [tecnologica]
- **技術監督** direttore男 [女 -trice] di [dell'] allestimento, responsabile男女 del lato tecnico
- **技術協力** 〖提携〗 cooperazione女 tecnologica
- **技術指導** insegnamento男 tecnico, guida [consulenza]女 tecnica
- **技術者** 〖技師〗 ingegnere男女; 《技能者》 tecnico男 [女 -ca; 男複 -ci]
- **技術進歩** progresso男 tecnico [tecnologico]
- **技術点** 〖スポ〗 merito男 tecnico
- **技術導入** introduzione女 di tecnologie avanzate
- **技術輸出** esportazione女 di tecnologia
- **きじゅん** 帰順 《服従》 sottomissione女; 《降伏》 resa女, capitolazione女 ◇帰順する sottomettersi 《に a》; arrendersi 《に a》
- **きじゅん** 基準・規準 〔英〕 standard男 [無変]; 《従うべき》 norma女; 《判断・決定の》 criterio男 [複 -i], regola女, principio男 [複 -i] 〖排出ガス基準〗 standard di emissioni (dei gas di scarico) 〖私自身の基準で〗 in base ai miei principi [criteri] 〖車が安全基準に適合していることを確認しましょ

う〗. Controlliamo che la nostra macchina risponda alle norme di sicurezza. 〖どのような基準で車を選ぶか〗. Con quale criterio si sceglie una macchina?
- ❖**基準外賃金** paga女 straordinaria
- **基準価格** prezzo男 normale [standard [無変] / 《基準となる》 di riferimento]
- **基準線** [点] linea女 [punto男] di riferimento
- **基準地価** prezzo男 standard del terreno
- **基準通貨** moneta女 di base
- **基準電圧** 〖電〗 tensione女 di riferimento
- **基準内賃金** salario男 [複 -i] base [無変], retribuzione女 minima
- **きしょう** 気性 《生まれつきの》 indole女; 《性格》 temperamento男, carattere男 〖気性が激しい〗 avere un temperamento violento [focoso] / avere un'indole violenta 〖気性の激しい女〗 donna di carattere [dal carattere] forte 〖優しい気性の犬〗 cane di indole dolce
- **きしょう** 気象 fenomeno atmosferico [複 -ci] →次ページ 用語集 ◇気象の meteorologico [複 -ci]
- ❖**気象衛星** satellite meteorologico [複 -ci]
- **気象概況** condizioni女 [複] generali del tempo
- **気象学** meteorologia女
- **気象学者** meteorologo男 [男 -ga; 男複 -gi]
- **気象管制** controllo meteorologico
- **気象観測** osservazioni女 [複] meteorologiche
- **気象台** osservatorio男 [複 -i] meteorologico
- **気象庁** Agenzia女 Meteorologica; 《イタリアの》 Servizio男 Meteorologico dell'Aeronautica 《◆空軍の管轄下にある》
- **気象通報** bollettino男 meteorologico
- **気象予報** meteo男 [無変], previsioni女 [複] meteorologiche
- **気象レーダー** radar男 [無変] meteorologico
- **きしょう** 希少 ◇希少の raro, scarso
- ❖**希少価値** valore男 di rarità
- **きしょう** 記章 《身分・階級を示す》 distintivo男; 《メダル》 medaglia女
- **きしょう** 起床 alzata女, levata女; sveglia女 ◇起床する alzarsi, levarsi; svegliarsi 〖起床時刻〗 l'ora di alzarsi 〖起床ラッパを鳴らす〗 dare la sveglia con la tromba
- **きじょう** 机上 〖机上の計画〗 progetto irrealizzabile [solo teorico / a tavolino] 〖机上の空論〗 discussione astratta
- ❖**机上作戦演習** 〖軍〗 gioco男 [複 -chi] di guerra [di strategia]
- **きじょう** 気丈 〖気丈な女〗 donna ardimentosa [energica / forte / ferma] 〖気丈に振る舞う〗 comportarsi [agire] coraggiosamente
- **きじょう** 機上 〖機上の人となる〗 salire a bordo
- **ぎしょう** 偽証 falsa testimonianza女; spergiuro男 ◇偽証する giurare il falso, rendere falsa testimonianza
- ❖**偽証罪** reato男 di falsa testimonianza
- **ぎじょう** 議場 《会議場》 sala女 delle riunioni [dell'assemblea]; 《国会の》 Parlamento男; Camera女
- **きしょうてんけつ** 起承転結 **1** 《漢詩の絶句の配列》 struttura女 in quattro fasi di (un tipo di) poesia cinese: introduzione, sviluppo, svol-

ta e conclusione **2** 《論の立て方》struttura㊛ di「una composizione scritta [un articolo], argomentazione㊛, impostazione㊛ di un discorso ¶彼の話には起承転結がない. Il suo discorso non ha né capo né coda.

ぎじょうへい 儀仗兵 guardia㊛ [picchetto㊚] d'onore; 《護衛》scorta㊛ militare

きしょく 気色 **1**《顔色》espressione㊛ del volto **2**《気持ち》¶気色の悪い映画 film disgustoso [schifoso / ripugnante]

きしょく 寄食 ◇寄食する vivere㊥ [es, av] alle spalle [a spese] di *qlcu*., fare il parassita

きしょく 喜色 espressione㊛ felice ¶彼は喜色満面だった. Ha manifestato tutta la sua

---

《 用語集 》 気象 Meteorologia

●悪天候続き ondata㊛ di maltempo. 雨 pioggia㊛. 稲光, 稲妻 lampo㊚. エルニーニョ〔ス〕El Niño㊚. オーロラ, 極光 aurora㊛. 海氷 ghiaccio㊚ marino. 解氷, 雪解け disgelo㊚. 雷（電光）fulmine㊚;《雷鳴》tuono㊚. 寒波 ondata㊛ di freddo. 気温の急激な変化 sbalzo㊚ di temperatura. 逆転層 strato㊚ di inversione. 霧, 靄(もや) nebbia㊛, bruma㊛（海霧(うみぎり)）nebbia marina. 煙霧 foschia㊛. 川霧 nebbia di fiume. 霧雨 pioggerellina㊛. 雲 nuvola㊛, nube㊛ (巻雲(けんうん)) cirro㊚. 巻積(けんせき)雲 cirrocumulo㊚. 巻層(けんそう)雲 cirrostrato㊚. 高積雲 altocumulo㊚. 高層雲 altostrato㊚. 積雲 cumulo㊚. 積乱雲 cumulonembo㊚. 層雲 strato㊚. 層積雲 stratocumulo㊚. 層積雲 nembostrato㊚. 豪雨 pioggia㊛ torrenziale. 降水 precipitazione㊛. 洪水 inondazione㊛, alluvione㊛, allagamento㊚. 降雪 nevicata㊛. 氷 gelo㊚. 時化(しけ) mare㊚ grosso. 霜 brina㊛. 霜柱 brina㊛ a cristalli. 驟雨(しゅうう) rovescio㊚. 集中豪雨 acquazzone㊚. 樹氷 brina㊛ soffice. スモッグ〔英〕smog㊚. 積雪 manto㊚ nevoso. 大気 atmosfera㊛. 対流圏 troposfera㊛. 露 guazza㊛, rugiada㊛. 凪(なぎ) calma㊛ del mare. 夏日 giorno㊚ in cui la temperatura massima supera i 25 gradi（真夏日 giorno㊚ in cui la temperatura massima supera i 30 gradi. 猛暑日 giorno㊚ in cui la temperatura massima supera i 35 gradi). 南極光 aurora㊛ australe. 虹 arcobaleno㊚. にわか雨 pioggerellina㊛. 熱帯夜 notte㊛ afosa (quando la temperatura non scende sotto i venticinque gradi centigradi). 熱波 ondata㊛ di caldo. ひょう grandine㊛. 降ひょう grandinata㊛. フェーン föhn㊚ [無変]. 吹雪 bufera㊛, tempesta㊛ di neve. 冬日 giorno㊚ in cui la temperatura minima scende sotto zero gradi (◆最低気温が0°C未満の日) (真冬日 giorno㊚ in cui la temperatura massima non supera lo zero (◆最高気温が0°C未満の日)). 放射冷却 raffreddamento㊚ radiativo. 北極光 aurora㊛ boreale. 霙(みぞれ) nevischio㊚. 夕暮れ crepuscolo㊚, tramonto㊚. 夕立 acquazzone㊚ serale. 雪 neve㊛. 夜明け alba㊛. 雷雨 temporale㊚. 落雷 scarica㊛ nuvola-terra. 流氷 ghiaccio㊚ alla deriva.

● 嵐 tempesta㊛ (海上の嵐 fortunale㊚). 海風 brezza㊛ di mare. 風 vento㊚. 北風 tramontana㊛. 黄砂 sabbia㊛ gialla proveniente dalla Cina. グレカーレ grecale㊚ (◆北東の強い風). サイクロン ciclone㊚. 砂塵嵐 tempesta㊛ di polvere. シロッコ scirocco㊚ (◆北アフリカからの熱風). 砂嵐 tempesta㊛ di sabbia. 旋風 mulinello㊚. 台風 tifone㊚. 高潮 acqua㊛ alta. 竜巻 tornado㊚ [無変]; tromba㊛ d'aria; tromba marina. 谷風 brezza㊛ di valle. ハリケーン uragano㊚. 偏西風 correnti㊛ [複] occidentali. 貿易風 alisei㊚ [複]. ボラ bora㊛ (◆アドリア海岸北部に冬に吹く季節風). 山風 brezza㊛ di monte. 陸風 brezza㊛ di terra.

●亜寒帯気候 clima㊚ subpolare. 亜熱帯気候 clima subtropicale. 温帯気候 clima temperato. 海洋気候 clima marittimo. 寒帯気候 clima glaciale [polare]. 季節風気候 clima monsonico. 赤道気候 clima equatoriale. 大陸気候 clima continentale. 地中海気候 clima mediterraneo. 熱帯気候 clima tropicale.

●雨季 stagione㊛ delle piogge. 雲級 classificazione㊛ delle nubi. 雲量 nuvolosità㊛. 温暖前線 fronte㊚ caldo. 温度計 termometro㊚. 風見鶏 ventarola㊛. 乾季 stagione secca. 寒冷前線 fronte㊚ freddo. 気圧 pressione㊛ barometrica. 気圧の谷 saccatura㊛. 気圧配置 distribuzione㊛ della pressione atmosferica. 気象衛星 satellite㊚ meteorologico. 気象概況 condizioni㊛ [複] generali del tempo. 気象台 osservatorio㊚ meteorologico. 気象庁（日本）Agenzia㊛ Meteorologica;《イタリア》Servizio㊚ Meteorologico dell'Aeronautica. 気象レーダー radar㊚ [無変] meteorologico. 気団 massa㊛ d'aria. 気象警報 [注意報] avviso㊚ [allarme㊚] meteorologico (暴風警報 avviso di vento forte. 大雨注意報 allarme di possibili forti piogge. 大雪注意報 allarme di possibile forte nevicata. 波浪注意報 avviso di mare mosso. 濃霧警報 avviso di fitti banchi di nebbia). 高気圧 anticiclone㊚, alta pressione㊛ (移動性〜 anticiclone mobile). 降水量 piovosità㊛. 最高 [最低] 気温 temperatura㊛ massima [minima]. 自記風速計 anemografo㊚. 湿度, 湿気 umidità㊛. 湿度計 igrometro㊚. 視程 visibilità㊛. 月の出 il sorgere㊚ della luna. 月の入り il tramonto㊚ della luna. 低気圧 bassa pressione㊛;《サイクロン》ciclone㊚ (移動性〜 ciclone mobile). 天気図 carta㊛ sinottica. 日射 insolazione㊛. 日照 luce㊛ del sole. 日の出 il sorgere del sole. 日の入り il tramonto (del sole). 風向 direzione㊛ di provenienza del vento. 風速 velocità㊛ del vento.

キシリトール 〔英 xylitol〕『薬』xilitolo男

きしん 帰心 ¶帰心矢のごとしだった. Non vedevo l'ora di tornare a casa.

きしん 寄進 donazione女, offerta女 ◇寄進する contribuire [donare / offrire] ql.co. 《に a》

きじん 奇人 persona女 eccentrica [stravagante / bizzarra]; 《変人》persona女 strana

きじん 貴人 nobile男, aristocratico男 [《-ca》; 複 -ci]; 《男》nobiluomo男 [複 -uomini]; 《女》nobildonna女

ぎしん 疑心 《嫌疑》sospetto男; 《疑い》dubbio男 [複 -i]; 《懸念》apprensione女 ¶疑心暗鬼になる essere ossessionato dai dubbi

ぎじんか 擬人化 personificazione女 ◇擬人化する personificare

ぎじんほう 擬人法 prosopopea女

きす 鱚 sillago男

キス 〔英 kiss〕 bacio男 [複 -ci]; 《頬・額などへの》bacino男, bacetto男 《►キスの「ちゅっ」という音を smackという》◇キスする baciare ql.cu. 《に su》, baciare ql.co. a ql.cu., dare un bacio a ql.cu. [a ql.co.]; 《互いに》baciarsi ¶おやすみ［永遠の別れの］キス bacio della buonanotte [d'addio] ¶投げキスをする lanciare un bacio a ql.cu. ¶キスして. Dammi un bacio. ¶彼女の口［頬］にキスする. La bacio sulla bocca [guancia]. / Le bacio la bocca [guancia]. ¶〈人〉の手にキスをする baciare la mano a [di] ql.cu. 《◆シチリアでは出会った時, 別れる時の丁寧なあいさつの言葉として, "Bacio la mano.", "Baciamo le mani."と言うことがある》

きず 傷・疵・瑕 **1**《体の》ferita女; 《傷口》piaga女 《►特に, 加膿した》; 《切り傷》taglio男 [複 -gli]; 《打ち身》contusione女, ammaccatura女, livido男; 《ひっかき傷》graffio男 [複 -i], graffiatura女; 《擦り傷》escoriazione女, abrasione女, scorticatura女, spellatura女; 《かみ傷》morso男, morsicatura女; 《内臓などの損傷》lesione女 ¶深い[浅い]傷 ferita grave [leggera] ¶傷を負う ferirsi / essere ferito ¶彼の指に傷を負わせた. L'ho ferito al dito. ¶傷の手当をする medicare una ferita ¶傷が回復しつつある[治った]. La ferita 'sta migliorando [è guarita]. ¶傷が悪化した. La ferita si è aggravata. ¶手術後の傷が痛む. Mi duole la ferita dell'operazione.
2《物の》difetto男; 《損傷》danno男; 《ひっかき傷》graffio男 [複 -i]; 《ひび割れ》crepa女, fessura女; 《へこみ》ammaccatura女; 《しみ》macchia女 ◇きずのある《不完全な》difettoso, imperfetto; 《ひっかき傷のある》graffiato; 《ひびの入った》incrinato, screpolato; 《へこんだ》ammaccato, deformato, schiacciato; 《切り裂かれた》lacerato; 《しみ》macchiato ◇きずのない perfetto, senza difetti ¶きずのついた車体 carrozzeria ammaccata ¶その高価な絵に傷をつけたら大変だ. È un guaio se quel prezioso quadro viene danneggiato! ¶この花瓶には傷があるので交換していただけますか. Questo vaso è scheggiato. Me lo può cambiare?
3《心の痛手》dolore男, ferita女; 《欠点》difetto男, imperfezione女; 《弱点》lato男 [punto男] debole, debolezza女; 《汚点》disgrazia女; 《不名誉》disonore男, infamia女, ignominia女 ¶心の傷を癒やす rimarginare una ferita nel cuore ¶家名に傷をつける macchiare il nome di una famiglia ¶脛に傷持つ身である avere la coscienza sporca ¶彼は酒を飲み過ぎるのが玉にきずだ. Il suo unico vizio è che beve troppo.

❖傷薬 ¶傷薬をつける applicare una pomata 《に su》

傷口 ⇒見出し語参照

きずあと 傷跡《けがの跡》cicatrice女 ¶頬（ほお）に傷跡がある avere una cicatrice sulla guancia **2**《被害の影響》ferita女 ¶この町には戦争の傷跡がまだ生々しい. La città ha ancora le ferite [cicatrici] della guerra.

きすい 既遂 ◇既遂の consumato, perpetrato

❖既遂犯 delitto男 compiuto [perpetrato]

きずいせん 黄水仙『植』giunchiglia女

きすう 奇数 numero男 dispari《無変》◇奇数の dispari《無変》

❖奇数日 giorno男 dispari

奇数ページ pagina女 dispari

きすう 帰趨《行き着く所》conseguenza女, risultato男, esito男 ¶自然の帰趨（きすう）として come corso naturale degli eventi / come naturale conseguenza ¶富を得る選択は彼の選択にかかっていて. L'esito di quel problema politico è dipeso dalla sua decisione.

きすう 基数 numero男 cardinale

ぎすぎす ¶ぎすぎすした態度をとる avere un atteggiamento freddo [distaccato / arido]

きずく 築く costruire, edificare, fabbricare; 《立てる》erigere; 《創り上げる》creare ¶城を築く costruire un castello ¶名声[地位]を築く farsi un nome [una posizione] ¶富を築く costruirsi una fortuna ¶安らぎのある家庭を築く costruire una famiglia serena ¶彼は会社のために確固たる基礎を築いた. Ha posto [gettato] le fondamenta di questa ditta.

きずぐち 傷口《切った》ferita女, taglio男 [複 -gli]; 《軽い》scalfittura女; 《化膿した, ぉれた》piaga女 ¶傷口を洗う[消毒する] lavare [disinfettare] la ferita ¶傷口に包帯を巻く bendare la ferita ¶傷口を縫合する cucire [suturare] la ferita ¶傷口が開いている[ふさがった]. La ferita 'è aperta [si è rimarginata].

きずげ 黄菅『植』emerocallide女

きずつきやすい 傷付き易い **1**《物が》fragile, delicato **2**《人が》sensibile, delicato; 《ささいなことで》permaloso, suscettibile ¶彼は傷つきやすい. È 'assai vulnerabile [ipersensibile].

きずつく 傷付く **1**《けがをする》ferirsi **2**《品物などが壊れる》essere danneggiato **3**《心に痛手を受ける》¶その言葉に彼女は深く傷ついた. È stata ferita da quelle parole. **4**《損なわれる》¶名誉が傷ついた. Il mio onore è stato offeso.

きずつける 傷付ける **1**《けがをさせる》ferire [《切り傷をつける》sfregiare]「ql.co. di ql.cu. 《体に a ql.co.》《►ql.co.は体の部位》; 《自分を》ferirsi ¶転んで右ひざを傷つけた. Cadendo mi sono ferito il ginocchio destro. ¶彼の手を傷付けてしまった. L'ho ferito alla mano.

2《品物を》danneggiare;《ひっかく》graffiare, scalfire;《刃物などで切って》sfregiare;《へこます》ammaccare ¶カメラのレンズを傷つける graffiare l'obiettivo
3《気持ち・信用などを害する》ferire, ledere, nuocere⊜[*av*] a *ql.co.* [*qlcu.*], fare male a *ql.co.* [*qlcu.*];《気を悪くさせる》offendere;《苦しめる》addolorare ¶《人の名誉を傷つける nuocere alla [ledere la] reputazione di *qlcu.* / disonorare *qlcu.* / oltraggiare l'onore di *qlcu.* ¶彼は私の自尊心を傷つけた. Mi ha mortificato. / Ha ferito il mio amor proprio. / Mi ha offeso. ¶彼の態度は私の心を傷つけた. Il suo atteggiamento mi ha ferito (il cuore).

きずな 絆 legame⊛, vincolo⊛ ¶夫婦のきずな legame coniugale / vincolo matrimoniale ¶家族とのきずなを断ち切る rompere i rapporti [tagliare i legami] con la famiglia

きずもの 傷物《傷のついた品物》articolo⊛ difettoso;《輸送中に傷がついた品物》articolo avariato ¶傷物にする danneggiare [guastare] rovinare] *ql.co.* ¶娘を傷物にする sverginare una ragazza violentandola

きする 記する《書き記す》annotare *ql.co.*, registrare *ql.co.*, segnare *ql.co.*;《書く》scrivere *ql.co.*;《碑などに刻む》incidere *ql.co.* ¶思い出を心に記する imprimere un ricordo nel cuore

きする 帰する **1**《結局…となる》arrivare⊜[*es*] a *ql.co.*, finire⊜[*es*] in *ql.co.* [col +不定詞];《悪い状態になる》ridursi a [essere ridotto in] *ql.co.*;《陥る》cadere⊜[*es*] in *ql.co.* ¶我々の努力は水泡に帰した. I nostri sforzi non sono approdati a nulla. ¶町は灰燼(ゕ)に帰した. La città fu ridotta in cenere a causa dell'incendio. ¶失敗に帰する finire in un fallimento
2《責任などを他人のせいにする》attribuire [ascrivere] *ql.co.* a *qlcu.* ¶自分の罪を他人に帰する far ricadere le *proprie* colpe sugli altri
❖帰するところ dopo tutto, alla fin fine

きする 期する **1**《期限を定める》fissare (una data) ¶明朝8時を期してストライキに入る. Scendiamo in sciopero da domattina alle 8.
2《期待する》aspettarsi ¶彼には多くを期し得ない. Non possiamo aspettarci molto da lui. ¶再会を期して sperando [promettendo] di rivedersi
3《覚悟する》essere preparato a +不定詞 [a *ql.co.*], essere pronto per +不定詞 [per *ql.co.*];《決心する》decidersi [risolversi] a +不定詞 ¶必勝を期する decisо a riportare la vittoria ¶彼は心中ひそかに期するところがある. Cova progetti in segreto. ¶私は必ずイタリアを訪れようと心に期した. Mi sono ripromesso di andare in Italia a tutti i costi.

ぎする 擬する **1**《なぞらえる》comparare [paragonare]《に a》¶この寺は清水寺を擬して作られた. Questo tempio è stato costruito sul modello del tempio Kiyomizu. **2**《仮に予定する》〈人〉をある職の候補に擬する considerare *qlcu.* come candidato per qualche ufficio **3**《突き付ける》〈拳銃を〈人〉に擬する puntare una pistola a [contro] *qlcu.*

きせい 気勢 entusiaṣmo⊛, ardore⊛, morale ⊛ ¶気勢を上げる animarsi / entuṣiaṣmarsi ¶〈人〉の気勢をそぐ raffreddare l'entuṣiaṣmo di *qlcu.* / togliere la voglia a *qlcu.*

きせい 奇声 grido⊛ strano ¶奇声を発する emettere uno strano grido

きせい 既成 ◇既成の《出来上がっている》compiuto, già fatto;《既存の》eṣistente;《伝統的な》tradizionale;《現行の》vigente;《体制化した》istituito, instaurato
❖既成概念 nozione⊛ [idea⊛] preconcetta, preconcetto⊛;《紋切り型の》stereotipo⊛
既成作家 scritt*ore*⊛ (⊛ -*trice*) affermato
既成事実 fatto⊛ ineluttabile [innegabile]
既成政党 partiti⊛ [複] politici eṣistenti
既成道徳 morale⊛ corrente

きせい 既製 ◇既製の preconfezionato, industriale
❖既製品 articolo⊛ pronto [industriale]
既製服 abito⊛ confezionato, confezioni⊛ [複]
高級既製服《仏》prêt-à-porter⊛ [無変]

きせい 帰省 ritorno⊛ (al paeṣe nativo)
◇帰省する tornare⊜ [*es*] dai *propri* genitori / ritornare⊜ [*es*] al paeṣe natio [nella caṣa di famiglia]
❖帰省ラッシュ traffico⊛ [複 -*ci*] intenso per l'eṣodo estivo o di fine anno verso 《il paeṣe d'origine [la città d'origine / la caṣa di famiglia]

きせい 寄生 parassitiṣmo⊛ ◇寄生する parassitare *ql.co.*;《人が会社・他人に》vivere⊜[*es*] da [come un] parassita a spese《に di》◇寄生性 の parassita⊛ [複 -*i*]
❖寄生植物 pianta⊛ parassita [parassitica]
寄生生活 vita⊛ parassitica
寄生地主 latifondista⊛ ⊛ [⊛ 複 -*i*] parassitar*io* [複 -*i*]

きせい 規正・規整《調整》aggiustamento⊛;《訂正》correzione⊛ ◇規正する aggiustare, rettificare, correggere

きせい 規制《法的な》regolamentazione⊛;《管理, 統制》controllo⊛ ◇規制する regolare; controllare ¶自動車輸出規制 controllo sulle esportazioni delle autovetture ¶交通を規制する regolare la circolazione stradale
❖規制緩和 deregolamentazione⊛
規制撤廃 ◇規制撤廃する abolire una regolamentazione

きせい 擬制 法的擬制 finzione⊛ legale
❖擬制資本《経》capitale⊛ fittiz*io* [複 -*i*]

ぎせい 犠牲 sacrific*io*⊛ [複 -*ci*], abnegazione⊛;《いけにえ》vittima⊛, immolazione⊛ ¶犠牲にする《他人を》sacrificare [immolare] *qlcu.* /《自分を》sacrificarsi / immolarsi ¶自分の利益を犠牲にする sacrificare i *propri* interessi ¶犠牲的精神で con spirito di sacrificio [abnegazione] ¶大きな犠牲を払う fare grandi sacrifici ¶このトンネルが完成するまでに多くの人命が犠牲になった. Nella costruzione di questa galleria è costata molte vite umane. ¶どんな犠牲を払っても a costo di qualunque sacrificio / ad ogni costo ¶他人を犠牲にして a scapito degli altri
❖犠牲者 vittima⊛ ¶戦争の犠牲者 vittime del-

la guerra / perdite umane in guerra

ぎせいご 擬声語 onomatopea㊛, parola㊛ onomatopeica

きせいちゅう 寄生虫 parassita㊚[複 -i]；《腸内の》vermi㊚[複] parassiti ¶社会の寄生虫的存在 parassita della società / scroccone㊚[㊛ -a]
✤寄生虫駆除剤《虫下し》vermifug*o*㊚[複 -*ghi*]
寄生虫病 malattia㊛ parassitaria, parassitosi㊛[無変]

きせかえにんぎょう 着せ替え人形 bambola㊛ con corredo

きせかえる 着せ替える ¶子供の服を着せ替える cambiare i vestiti al[d'abito il] bambino

きせき 奇跡 miracol*o*㊚《不思議》prodig*io*㊚[複 -*gi*], meraviglia㊛, portent*o*㊚ ◇奇跡的 miracoloso; prodigioso, portentoso ¶奇跡的に死を免れる sfuggire alla morte miracolosamente [per miracolo] ¶奇跡を行う fare un miracolo ¶奇跡だ. È un miracolo.

きせき 軌跡 1《数》luog*o*㊚[複 -*ghi*]（geometric*o*㊚[複 -*ci*]) 2《通った跡》tracc*ia*㊛[複 -*ce*], impronta㊛；《足跡》orma㊛ ¶歴史の軌跡をたどる. seguire le tracce della storia

ぎせき 議席 segg*io*㊚[複 -*gi*] ¶この政党は衆議院に35議席持っている. Questo partito ha 35 seggi alla Camera dei Rappresentanti.

きせずして 期せずして《思いがけず》inaspettatamente；《偶然に》casualmente, per caso, a caso ¶期せずしてあなたの意見と一致しました. Incidentalmente ero della sua stessa idea.

きせつ 季節 stagione㊛ ◇季節の stagionale ¶種蒔きの季節 stagione della semina ¶収穫の季節 stagione del raccolto /《ぶどうの》(stagione della) vendemmia ¶雨の多い季節 stagione piovosa ¶暑くもなく寒くもない季節《春, 秋》mezza stagione ¶季節の[季節はずれの]果物 frutta di [fuori] stagione ¶季節の変化 mutamento stagionale ¶季節の移り変わり ｢季節｣ [la successione] delle stagioni ¶季節はずれの嵐 tempesta fuori stagione ¶季節の終わりのバーゲンセール saldi di fine stagione ¶こたつの恋しい季節 periodo dell'anno in cui si sente il desiderio del *kotatsu* ¶季節の変わり目には風邪をひきやすい. Ai cambi di stagione è facile prendere il raffreddore. ¶柿は今が季節だ. È la stagione dei cachi. ¶桜にはちょっと早すぎる季節だ. È un po' troppo presto per i fiori di ciliegio.
✤季節移民 emigrazione㊛ stagionale；《人》emigrat*o*㊚[㊛ -*a*] stagionale
季節感 senso㊚ delle stagioni；《変わり目の》percezione㊛ dei cambiamenti stagionali
季節商品 merce㊛ stagionale
季節風 vento㊚ stagionale；《モンスーン》monsone㊚
季節変動《経》fluttuazione㊛ stagionale
季節料理 piatto㊚ di stagione
季節労働 lavoro㊚ stagionale
季節労働者 stagionale㊚㊛

きせつ 既設 ¶既設の施設 le attrezzature esistenti

きぜつ 気絶 svenimento㊚, mancamento㊚, deliqu*io*㊚[複 -*i*]；《医》sincope㊛ ◇気絶する svenire㊚[*es*], perdere i sensi [la coscienza], venire meno, cadere in deliquio ¶恐怖のあまり気絶した. È svenuto per lo spavento.

キセノン〔独 Xenon〕《化》xeno㊚；《元素記号》Xe

きせる 着せる 1《服をつけさせる》(far) vestire *qlcu.*, aiutare *qlcu.* a vestirsi
2《かぶせる》 ¶毛布を着せる coprire con una coperta
3《他人の責任にする》¶<人>に罪を着せる accusare *qlcu.* di un crimine / incolpare *qlcu.*

キセル 煙管 1《パイプ》pipa㊛ (giapponese) ¶キセルをくゆらす fumare la pipa (giapponese) 2《不正乗車》¶キセルをする truffare pagando solo il primo e l'ultimo segmento del percorso in treno o metropolitana

きぜわしい 気忙しい《落ち着かない》agitato, inquieto, irrequieto；《性急な》frettoloso；《忙しい》affaccendato ¶気忙しい人 persona sempre di fretta ¶結婚式が近いので気ぜわしい. Sono agitato [Sono preso dall'agitazione] per l'avvicinarsi della data del matrimonio.

きせん 汽船 piroscafo㊚, battello㊚ a vapore
きせん 基線 linea㊛ di base
きせん 貴賤 ¶職業に貴賤はない. Qualunque mestiere è degno di rispetto.
きせん 機先 ¶敵の機先を制する prevenire il nemico [precedere l'avversario]

きぜん 毅然 毅然として con fermezza, con risolutezza ¶毅然とした態度をとる assumere un atteggiamento deciso [risoluto / fermo] ¶危険に直面しても彼は毅然としていた. È restato imperturbabile davanti al pericolo.

ぎぜん 偽善 ipocrisia㊛, farisèismo㊚ ◇偽善的(な) ipocrit*a*㊚[㊛複 -*i*], fariseo ¶彼の偽善的な態度にはがまんできない. Non posso tollerare il suo atteggiamento ipocrita.
✤偽善者 ipocrit*a*㊚[㊛複 -*i*], farise*o*㊚[㊛ -*a*]

きそ 起訴 accusa㊛ ◇起訴する accusare *qlcu.* di *ql.co.*, formulare [muovere] un'accusa contro *qlcu.* per *ql.co.* ¶彼は殺人罪で起訴された. È stato accusato di omicidio.
✤起訴状 atto㊚ d'accusa

起訴猶予 archiviazione㊛ dell'accusa ¶その政治家は起訴猶予となった. L'accusa a quel politico è stata archiviata.

きそ 基礎 1《建築物の土台》base㊛, basamento㊚, fondamento㊚[複 *le fondamenta*] ¶建物の基礎を築く gettare [porre] le fondamenta ¶しっかりした基礎 fondamenta solide
2《根底, 基本》base㊛, fondamento㊚[複 i *fondamenti*]；《基準点》caposaldo㊚[複 *capisaldi*]；〔言・哲〕sostrato㊚ ◇基礎的な, 基礎の fondamentale, basale, basilare, bas*ico*㊚[複 -*ci*], di base；《本質的な》essenziale；《初歩的な》elementare ¶イタリア語の基礎 italiano di base ¶生活の基礎を築く impostare le basi della vita ¶基礎を固める consolidare [rinsaldare] le basi ¶…の基礎にして in base a *ql.co.* / sulla base di *ql.co.* ¶家賃は所得を基礎にして計算される. L'affitto si calcola 「in base al reddito [sulla base del reddito]. ¶あの生徒は数学の基礎がしっかりで

きている. Quell'allievo ha buone basi di matematica. ¶その理論は実験の結果を基礎にしている. La teoria è basata sul risultato degli esperimenti. ¶彼は1921年にこの学校の基礎を築いた. Nel 1921 egli pose [gettò] le basi di questa scuola.
❖**基礎化学** chimica㊛ di base
基礎研究 ricerca㊛ di base
基礎工事 《土木》 lavori㊚[複] [scavi㊚[複]] di fondazione
基礎控除 《課税の》 abbattimento㊚ alla base
基礎収支 《経》 bilancio㊚[複 -ci] base [無変]
基礎資料 documento㊚ [dato㊚] base [無変]
基礎体温 《医》 temperatura㊛ (corporea) basale
基礎代謝 《生》 metabolismo㊚ basale
基礎知識 conoscenza㊛ fondamentale [di base]
基礎文法 grammatica㊛ elementare [di base]

きそう 奇想 idea㊛ fantastica [originale]
❖**奇想天外** ◇奇想天外な molto originale, fantastico㊚[複 -ci], non immaginabile

きそう 起草 abbozzo㊚, prima stesura㊛ ◇起草する elaborare ql.co. ¶新しい法律を起草する elaborare una nuova legge
❖**起草委会** commissione㊛「incaricata dell' [preposta all'] elaborazione (di ql.co.)

きそう 競う competere [gareggiare] con qlcu. per ql.co., fare [una] gara con qlcu. per ql.co. → 競って ¶技を競う gareggiare in abilità con qlcu. ¶〈人〉とおしゃれを競う rivaleggiare [gareggiare] in eleganza con qlcu. ¶誰がすいかの種をいちばん遠くまでとばせるかを競う fare a gara a chi sputa più lontano i semi di anguria

きぞう 寄贈 donazione㊛, offerta㊛, contributo㊚; (贈呈) omaggio㊚[複 -gi]; (遺贈) lascito㊚ ◇寄贈する fare dono di ql.co. 《に a》, offrire [donare] ql.co. 《に a》
❖**寄贈者** donatore㊚ [㊛ -trice]
寄贈図書 libri㊚[複] donati
寄贈品 dono㊚, offerta㊛
寄贈本[書] copia㊛ offerta in omaggio (dall'autore)

ぎそう 偽装・擬装 camuffamento㊚, mascheramento㊚, travestimento㊚, mimetismo㊚ ◇偽装する 《他のものを》 camuffare [mascherare] ql.co. [qlcu.]. da ql.co. [qlcu.]; 《自らを》 camuffarsi [mascherarsi] da ql.co. [qlcu.]. ¶アンチウイルスに偽装したウイルス virus mascherato da antivirus ¶偽装自動車事故 incidente stradale fasullo
❖**偽装失業** 《経》 disoccupazione㊛ mascherata
偽装倒産 《経》 bancarotta㊛ fraudolenta

ぎそう 艤装 equipaggiamento㊚ ◇艤装する allestire [equipaggiare] una nave

ぎぞう 偽造 contraffazione㊛, falsificazione㊛ ◇偽造の contraffatto, falsificato, falso ◇偽造する contraffare, falsificare
❖**偽造罪** contraffazione㊛
偽造紙幣 banconota㊛ falsa [contraffatta / falsificata]
偽造手形 cambiale㊛ falsa

きそうきょく 奇想曲 《音》 capriccio㊚[複 -ci] ¶『スペイン奇想曲』を演奏した. Ho suonato il "Capriccio Spagnolo".

きそうほんのう 帰巣本能 istinto㊚ del nido

きそく 規則 regola㊛, regolamento㊚, norma㊛; 《規律》 disciplina㊛; 《戒律》 precetto㊚; 《原則》 principio㊚[複 -i], massima㊛ ◇規則的(な) regolare; ◇規則的に regolarmente; 《秩序ある》 giustamente, con ordine; 《一定の》 costantemente, 《律動的な》 ritmicamente ¶学校規則 regolamento scolastico ¶文章構成[文法]規則 regole sintattiche [grammaticali] ¶規則を定める stabilire le regole ¶規則を修正する[見直す] modificare [revisionare] le regole ¶規則を守る osservare [rispettare] le regole / attenersi alle regole ¶規則を破る violare [trasgredire / infrangere] le regole / disobbedire alle regole ¶規則正しい[不規則な]生活をする condurre una vita regolata [sregolata] ¶規則どおりに [規則に反して] conformemente [contrariamente] a quanto stabilito dal regolamento ¶あらゆる規則に反して contro ogni regola ¶規則に従って secondo le regole ¶薬を規則的に服用する prendere una medicina regolarmente ¶例外のない規則はない. 《諺》 "Non c'è regola senza eccezioni."
❖**規則違反** infrazione㊛ [trasgressione㊛] del regolamento, contravvenzione㊛ al regolamento
規則書 direttiva㊛, regolamento㊚
規則動詞 《文法》 verbo㊚ regolare

きぞく 帰属 ◇帰属する appartenere㊚[es, av] a ql.co. [qlcu.]. ¶この島の帰属は2国間で争っている. Questa isola è causa di controversie territoriali fra i due Paesi. ¶著作権は著者に帰属する. Il copyright appartiene all'autore.

きぞく 貴族 《総称》 nobiltà㊛, aristocrazia㊛, classi㊛[複] alte; 《個人》 nobile㊚㊛, aristocratico㊚[㊛ -ca; ㊚複 -ci]; 《男》 nobiluomo㊚[複 -uomini]; 《女》 nobildonna㊛ ◇貴族的な aristocratico ◇貴族の nobile ¶彼は貴族の出である. È di sangue nobile. / È di nobile origine. / È di nobili natali. / Ha il sangue blu.

関連
貴族の爵位: 公爵 duca㊚ [㊛ -chessa; ㊚複 -chi] 侯爵 marchese㊚ [㊛ -a] 伯爵 conte㊚ [㊛ -essa] 子爵 visconte㊚ [㊛ -essa] 男爵 barone㊚ [㊛ -essa]

❖**貴族院** Camera㊛ dei Lord [dei Pari]
貴族政治 governo㊚ aristocratico, aristocrazia㊛

ぎそく 偽足 《生》 pseudopodio㊚[複 -i]

ぎそく 義足 gamba㊛ artificiale; 《足首から先》 piede㊚ artificiale; 《話》 gamba㊛ di legno

ぎぞく 義賊 ladro㊚ [㊛ -a] che ruba per aiutare i poveri

きそくえんえん 気息奄奄 ¶患者は気息奄々だ. Il paziente è sul punto di morire. ¶彼の会社は気息奄々だ. La sua ditta si trova in gravi difficoltà. / La sua ditta è sull'orlo del fallimento.

きそづける 基礎付ける 《立脚させる》 basare ql.co. su ql.co. ¶彼は現代言語学を基礎づけた. Ha gettato [Ha posto] le fondamenta della linguistica moderna. ¶違法性を基礎付ける事実がない. Non sussistono fatti a comprova [a sostegno] della violazione.

きそって 競って rivaleggiando, gareggiando, a gara ¶競って…する fare a gara per + [不定詞] ¶みんな競ってアルファロメオの新型車を買った. Tutti avrebbero voluto essere i primi a comprare l'ultimo modello dell'Alfa Romeo. ¶旧友たちは競って彼に財政援助を申し出た. I suoi vecchi amici hanno fatto a gara per offrirgli aiuto finanziario. ¶テレビは競って事故現場から生中継した. Le televisioni hanno fatto a gara per trasmettere per primi la diretta dal luogo dell'incidente.

きそん 既存 ¶既存の社会組織 struttura sociale (già) esistente

きた 北 nord㊚; 《記号》 N; 《北部地方》 settentrione㊚ ◇北の del nord, nordico [㊚複 -ci] ; settentrionale ◇北へ diretto a nord, verso [in direzione] nord, a settentrione ¶北へ100メートル行く andare 100 metri a nord ¶北は北海道から南は沖縄まで dallo Hokkaido, al nord, fino a Okinawa, al sud / 《日本中に》 in tutto il Giappone ¶この部屋は北向きだ. Questa stanza è esposta a nord. ¶その町は東京から100キロ北にある. Quella città si trova 100 km a nord di Tokyo.

✤**北アフリカ** Nord Africa㊛
北アメリカ America㊛ del Nord, Nord America㊛
北イタリア Italia㊛ del Nord, il Nord㊚ d'Italia, Italia㊛ settentrionale
北回帰線 Tropico㊚ del Cancro
北国 paese㊚ del nord
北太平洋 Oceano㊚ Pacifico del Nord
北半球 emisfero㊚ boreale [del Nord]
北ヨーロッパ Nord Europa㊛

ギター 〔英 guitar〕 〘音〙 chitarra㊛ ¶ギターを弾く[つま弾く] suonare [pizzicare] la chitarra ¶ギターで伴奏する accompagnare con la chitarra ¶クラシック[エレキ / アコースティック / スパニッシュ]ギター chitarra classica [elettrica / acustica / spagnola]

✤**ギター奏者** chitarrista㊚㊛ [㊚複 -i]

きたい 気体 corpo㊚ gassoso, gas㊚ [無変] ; 《蒸気》 vapore㊚ ¶気体にする gassificare

✤**気体温度計** termometro㊚ a gas
気体定数 〘化・物〙 costante㊛ dei gas perfetti
気体燃料 combustibile㊚ gassoso
気体物理学 aerologia㊛
気体力学 aerodinamica㊛

きたい 期待 aspettative㊛ [複], attesa㊛; 《希望》 speranza㊛ ◇期待する sperare di + [不定詞] [che + [接続法]], sperare in *ql.co.*, aspettarsi [attendere] che + [接続法]; 《〈人〉に…を望む》 aspettarsi *ql.co.* da *qlcu.*; 《〈人〉を当てにする》 contare [puntare] su *qlcu.*; 《予感にわくわくする》 godere [assaporare] in anticipo *ql.co.* ¶…を期待して sperando [nella speranza] che + [接続法] [di + [不定詞]] ¶〈人〉の期待を裏切る tradire [deludere] le aspettative di *qlcu.* ¶私の期待に反して contrariamente alle mie aspettative ¶期待どおりの[はずれの]結果 risultato previsto [deludente] ¶期待に胸をふくらませる essere carico [colmo / pieno] di aspettative ¶〈人〉に期待を抱かせる creare delle illusioni a *qlcu.* ¶〈人〉の期待に背く deludere le aspettative [speranze] di *qlcu.* ¶私の期待どおりにミランが優勝した. Come speravo, il Milan ha vinto il campionato. ¶先生は君たちに大いに期待している. Il professore si aspetta molto da voi. ¶私には何も期待しないで. Non aspettarti niente da me. ¶彼の援助は期待できないよ. Non si può sperare nel [contare sul] suo aiuto. ¶彼女の両親は娘に期待しすぎだ. I genitori pretendono troppo dalla loro figlia. ¶あの映画は期待はずれだった. Quel film mi ha deluso molto. ¶ご期待に添えるかどうかわかりません. Non so se posso corrispondere alle sue aspettative. ¶期待されたほどの利益は上がらなかった. Non abbiamo avuto i profitti sperati [desiderati].

✤**期待値** 〘数〙 speranza㊛ matematica

きたい 機体 《飛行機》 aeroplano㊚, aereo㊚; 《飛行機の胴体》 fusoliera㊛

きだい 希代 ◇希代の《世にもまれな》 raro; senza precedenti; 《無比の》 senza pari

ぎたい 擬態 〘生〙 mimetismo㊚

ぎだい 議題 argomento㊚ [tema㊚] di discussione; 《議事日程》 ordine㊚ del giorno ¶議題になる venire discusso / essere oggetto di discussione ¶その件は今日の会議の議題になるだろう. La questione verrà discussa nella riunione di oggi.

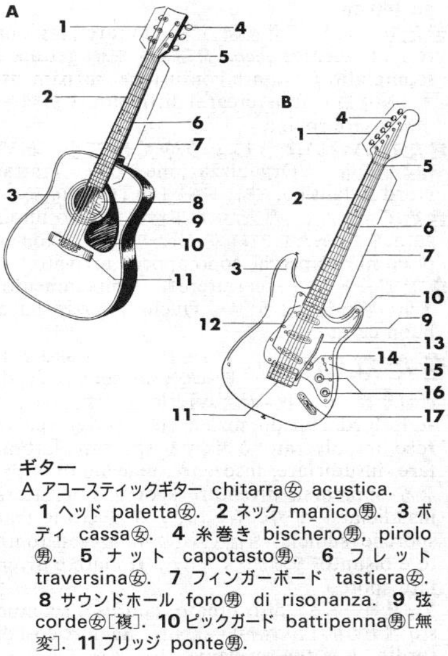

ギター
A アコースティックギター chitarra㊛ acustica.
1 ヘッド paletta㊛. **2** ネック manico㊚. **3** ボディ cassa㊛. **4** 糸巻き bischero㊚, pirolo㊚. **5** ナット capotasto㊚. **6** フレット traversina㊛. **7** フィンガーボード tastiera㊛. **8** サウンドホール foro㊚ di risonanza. **9** 弦 corde㊛[複]. **10** ピックガード battipenna㊚[無変]. **11** ブリッジ ponte㊚.
B エレキギター chitarra㊛ elettrica.
12 ピックアップ〔英〕 pick up㊚[無変]. **13** トレモロアーム leva㊛ del tremolo. **14** ボリューム調節 controllo㊚ del volume. **15** ピックアップセレクター selettore㊚ dei pick up. **16** トーン調節 controllo㊚ del tono. **17** ジャック presa㊛ del jack.

ぎたいご 擬態語 espressione㊛ onomatopeica che riproduce o suggerisce impressioni visive o sensoriali

きたえる 鍛える **1** 《身心を》allenare, fortificare; esercitare; 《訓練する》temprare ¶筋肉を鍛える allenare i muscoli ¶心身を鍛える allenare il corpo e la mente ¶ゴルフの腕を鍛える esercitarsi al golf ¶若者たちを勉強で鍛える allenare i giovani allo studio ¶逆境は根性を鍛える. I caratteri si temprano nelle avversità. **2** 《鉄を》battere, forgiare; 《焼き入れ》temprare

きだおれ 着倒れ ¶京の着倒れ大阪の食い倒れ. Kyoto spende「(molti) soldi [una fortuna] in vestiti, Osaka in cibi.

きたかぜ 北風 vento㊚「del nord [settentrionale]; tramontana㊛

きたきりすずめ 着た切り雀 ¶僕は着たきりすずめだ. Non ho altri vestiti tranne quello che indosso.

きたく 帰宅 ritorno㊚ a casa ◇帰宅する ritornare a casa, rincasare㉚[es] ¶帰宅の途中でフィリッポに会った. Ho incontrato Filippo「sulla via di casa [mentre tornavo a casa].

きたけ 着丈 lunghezza㊛ di un vestito ¶私の着物は着丈が140センチです. Il mio *kimono* è lungo 140 cm.

きたす 来す 《引き起こす》causare [cagionare / provocare] *ql.co.* ¶混乱を来す gettare lo scompiglio / causare confusione [turbamento] ¶支障を来す fare [creare] difficoltà ¶破滅を来す causare rovina

きたたいせいようじょうやくきこう 北大西洋条約機構 Organizzazione㊛ del Trattato Nord Atlantico; 《略》《英》NATO [náto㊚]

きたて 来たて ¶来たての事務員 nuovo impiegato ¶まだ来たてで右も左も分かりません. Non capisco niente perché sono appena arrivato.

きだて 気立て carattere㊚, temperamento㊚ ¶あの娘は気立てがいい. Quella ragazza ha un buon carattere.

きたない 汚い
1 《汚れている》sporco [㊚複 -chi], macchiato, sudicio [㊚複 -ci & 複 -cie, -ce], lercio [㊚複 -ci & 複 -ce], lordo, lurido, sozzo; 《ほこりまみれ》polveroso, impolverato ◇汚くする sporcare, imbrattare, insudiciare, insozzare, macchiare ◇汚くなる sporcarsi, diventare sporco, imbrattarsi, insudiciarsi ¶汚い手をしている avere le mani sporche [súdice] ¶油まみれの汚い服 vestito unto e bisunto ¶海が汚くなった. Il mare è diventato sporco.
2 《乱雑である》disordinato, confuso, scomposto ¶君の机はいつも汚いんだから. Sempre così disordinata la tua scrivania.
3 《醜い》brutto, antiestetico [㊚複 -ci] ¶あの作家は字が汚い. Quello scrittore ha una brutta grafia.
4 《下品で見苦しい》volgare, scurrile; 《卑猥な》sconcio [㊚複 -ci & ㊛複 -ce], osceno ¶汚い言葉で〈人〉を罵る offendere *qlcu.* con parole volgari [scurrili] / imprecare contro *qlcu.* ¶彼女は言葉が汚い. Lei parla in modo sgarbato [volgare].
5 《卑劣な》vile, vigliacco [㊚複 -chi]; 《臆病者》codardo; 《不正な》disonesto, scorretto; 《不正な》illegale, illecito ¶お前のやり方はいつも汚い. Ti comporti sempre da vigliacco. / Il tuo comportamento è sempre disonesto. ¶汚い金 denaro sporco ¶汚い手を使って con metodi illeciti **6** 《けちな》avaro, spilorcio [㊚複 -ci], gretto, taccagno; 《貪欲な》avido, vorace ¶彼は金に汚い. È un avaro [uno strozzino / un usuraio].
❖汚い爆弾 bomba㊛ sporca

きたならしい 汚らしい →汚い

きたまくら 北枕 ¶北枕で寝る dormire con la testa rivolta a nord（◆ In Giappone si dice che porti sfortuna essendo la direzione in cui si sposano i morti).

ぎだゆう 義太夫 *gidayu*［無 変］; scuola principale del *joruri* iniziata da Takemoto Gidayu Primo nel 1684 come teatro dei burattini

-きたら →-ときたら

きたる 来たる ¶「スカラ座来たる」"Prossimamente anche da noi il Teatro alla Scala"

きたる 来る 《この次の》prossimo ¶来る9月21日 il prossimo 21 (di) settembre

きたん 忌憚 ¶忌憚なく言えば parlando francamente [schiettamente / senza riserve / senza peli sulla lingua] ¶忌憚のないご批評をお聞かせください. Mi esprima apertamente le sue critiche.

きだん 気団 《気》massa㊛ d'aria ¶寒[暖]気団 massa d'aria fredda [calda]

きだん 奇談 storie㊛[複] strane [singolari]

きち 危地 situazione㊛ pericolosa ¶危地に陥る mettersi in pericolo [in una situazione pericolosa] ¶危地を脱する trarsi da una situazione critica [[苦境を] da un impaccio]

きち 吉 buona fortuna㊛, buon augurio㊚, segno fausto㊚ ¶トランプ占いは吉だ. Le carte sono favorevoli.

きち 既知 ◇既知の (già) noto [conosciuto]
❖既知数 numero㊚ [termine㊚] noto

きち 基地 base㊛ ¶宇宙 [海軍 / 空軍 / 観測] 基地 base spaziale [navale / aerea / di osservazione] ¶前進基地 base avanzata, avamposto
❖基地公害 inquinamento㊚ provocato da una base militare

きち 機知 spirito㊚, arguzia㊛ ◇機知のある spiritoso, arguto ¶機知に富んだ人 spiritoso [㊚ -a] / persona「di spirito [arguta / piena di risorse] ¶機知に富んだ言葉 parole molto spiritose

きちきち **1** 《規則正しい様子》regolarmente, con regolarità **2** 《すきまのない様子》¶きちきちに詰まっている essere strapieno [stipato / gremito]《で di》**3** 《限度すれすれの様子》¶きちきちの予算でまかなう farcela entro i ristretti limiti del bilancio

きちじ 吉事 avvenimento㊚ [evento㊚] lieto [fausto / felice]

きちじつ 吉日 giorno㊚ fortunato ¶思い立ったが吉日.《諺》"Non rimandare a domani ciò che puoi fare oggi." / "Chi ha tempo non

きちゃく 帰着 **1**《帰り着くこと》◇帰着する ritornareⓘ[es] [fare ritorno]《に a》
2《帰結》◇帰着する arrivareⓘ[es] [giungere ⓘ[es]] alla conclusione che + 直説法 ; ridursi a *ql.co.* ¶結局金の問題に帰着した. Alla fine si è ridotto tutto a una questione di soldi.
きちゅう 忌中 ¶忌中である essere in lutto 《の per》
きちゅう 機中 ¶機中で a bordo dell'aereo
✤**機中泊** pernottamento⓶ in aereo [a bordo]
きちょう 記帳 《会計の》registrazioneⓕ; 《署名》firmaⓕ ◇記帳する registrare; apporre la firma ¶400ユーロの売り上げを記帳する registrare un incasso di 400 euro ¶名簿に記帳する apporre la firma su un registro
きちょう 基調 《基本的傾向》tendenzaⓕ; 《音》tonalitàⓕ principale ¶相場の基調は相変らず弱い. L'andamento generale dei titoli si mantiene basso. ¶その絵は青を基調としている. Il colore dominante di quel quadro è il blu.
✤**基調演説** discorso⓶ programmatico [複 *-ci*]
きちょう 機長 comandante⓶ pilota
きちょう 貴重 ◇貴重な prezioso, di grande valore ¶貴重なご意見をありがとうございます. Mille grazie dei suoi preziosi suggerimenti.
✤**貴重品** oggetto⓶ di valore ¶貴重品をセーフティーボックスに預ける depositare gli oggetti di valore nella cassetta di sicurezza
ぎちょう 議長 《国会・会議などの》presidente⓶ⓕ; 《座談会などの》moderat*ore*⓶ [ⓕ *-trice*] ¶衆議院[参議院]議長 presidente della Camera dei Rappresentanti [dei Consiglieri] ¶会議の議長を務める presiedere una riunione
✤**議長職** presidenzaⓕ
議長席 seggio⓶ [複 *-gi*] presidenziale
きちょうめん 几帳面 ◇几帳面な metodic*o*⓶ [複 *-ci*] ; 《正確な》preciso; 《細心の》scrupoloso ◇几帳面に ordinatamente, metodicamente; puntualmente; scrupolosamente ¶几帳面に日記をつける tenere un diario metodicamente ¶几帳面な性格 carattere metodico

きちんと
1《整った様子》in ordine, accuratamente, per bene ◇きちんとした ordinato, per bene ¶きちんとした服装で vestito「con ordine [per bene] ¶きちんとした書棚 uno scaffale ordinato ¶きちんと部屋をかたづける mettere bene in ordine [riordinare bene] la stanza
2《正確な様子》precisamente; 《時間に正確な様子》puntualmente ¶あの子は計算がきちんとできない. Quel ragazzo non sa fare bene i conti. ¶彼女はきちんと仕事をする. È uno che lavora con precisione. ¶真偽をきちんと区別する必要がある. Bisogna distinguere precisamente.
3《規則正しい様子》puntualmente, regolarmente, con regolarità ◇きちんとした regolare ¶きちんとした生活を送る fare una vita regolare ¶家賃は毎月きちんと払っている. Pago l'affitto ogni mese con regolarità.
4《適切な様子》a modo ¶彼女は息子たちをきちんとしつけた. Lei ha educato bene [a modo] i suoi figli.

きちんやど 木賃宿 locandaⓕ d'infima categoria; bettolaⓕ (◆ in passato, locande dove si poteva pernottare pagando le spese per la legna)
きつい **1**《強い・激しい》forte, violento ¶きつい酒 liquore forte / liquore che dà alla testa ¶きつく抱きしめる stringere forte tra le braccia ¶暑さ[寒さ]がきつかった. Faceva un caldo [freddo] terribile.
2《厳しい・気позиций性が激しい》severo, duro ¶きつい女 donna dal carattere duro ¶きつい言葉 parole dure ¶父にきつく叱られた. Sono stato sgridato duramente da mio padre.
3《辛く苦しい》duro, aspro, faticoso ¶きつい仕事 lavoro duro ¶きつい旅行日程 duro programma di viaggio ¶きつい坂を登る fare una salita ripida /《山で》salire per un aspro pendio
4《窮屈で》stretto ¶ベルトをきつくしめる stringere la cintura ¶この靴はきつい. Queste scarpe sono strette. ¶蓋がきつくて開かない. Il coperchio è così duro che non si apre.
きつえん 喫煙 ◇喫煙する fumare (una sigaretta)
✤**喫煙禁止**《揭示》"Vietato fumare"
喫煙コーナー angolo⓶ fumatori
喫煙車 carrozzaⓕ per fumatori
喫煙席 posto⓶ per fumatori ¶喫煙席をお願いします. Vorrei un posto per fumatori.
きつおん 吃音 balbuzieⓕ [無変], balbettio⓶ ◇吃音の balbuziente
きっかい 奇っ怪 ◇きっかいな strano →奇怪
きづかい 気遣い pauraⓕ, timore⓶; 《心配》apprensioneⓕ, preoccupazioneⓕ ¶どうぞお気遣いなく. 《心配無用》Non si preoccupi. /《気遣い無用》Non si disturbi. ¶お気遣いありがとうございます. La ringrazio per il pensiero [per la sua gentilezza].

きづかう
気遣う 《心配する》essere ansioso per *ql.co.* [*qlcu.*], essere preoccupato per *ql.co.* [*qlcu.*], preoccuparsi 「di *ql.co.* [di *qlcu.* / di + 不定詞 / che + 接続法], 《注意を払う》fare attenzione a *qlcu.* [a *ql.co.*] ¶気遣わしげに ansiosamente, con l'aria preoccupata ¶事故のないように気遣う fare attenzione a non provocare un incidente ¶あの子の将来が気遣われる. L'avvenire di mio figlio mi preoccupa molto.
きっかけ 切っ掛け 《機会》occasioneⓕ, opportunitàⓕ; 《始まり》inizio⓶ [複 *-i*] ; 《手がかり》chiave, indizio⓶ [複 *-i*] ; 《動機》motivo⓶, causaⓕ ¶きっかけをつかむ cogliere [afferrare] l'occasione ¶彼と話をするきっかけをうかがった. Ho atteso che si presentasse l'occasione per [di] parlare con lui. ¶世に出るきっかけとなる dare l'opportunità di diventare conosciuto / essere [diventare] l'occasione per diventare conosciuto ¶秘密を解くきっかけ chiave per scoprire il segreto ¶それが長い友情のきっかけとなった. Quello è stato l'inizio di una lunga amicizia. ¶イタリア語を始めたきっかけは何ですか. Per quale motivo hai cominciato a studiare l'italiano?

きっかり eṣattamente, preciṣamente

きづかれ 気疲れ stanchezza㊛ mentale ¶気疲れした mentalmente stan*co* [㊚複 *-chi*] ¶気疲れする essere ṣnervant*e* [estenuant*e*] mentalmente ¶彼と付き合うと気疲れする È ṣnervante avere rapporti con lui.

きづかわしい 気遣わしい ◇気遣わしげに ansiosamente, con aria preoccupata ¶気遣わしい出来事 fatto preoccupante

きっきょう 吉凶 fortuna㊛ e sfortuna㊛, buona e cattiva sorte㊛ ¶トランプで〈人〉の吉凶を占う predire la fortuna di *qlcu.* con le carte

キック 〔英 kick〕〘スポ〙calcio㊚ [複 *-ci*] ¶コーナー[ペナルティ]キック calcio d'angolo [di rigore]

✤キックオフ calcio㊚ d'inizio

キックボクシング 〔英 kick boxing〕〘スポ〙〔英〕kick boxing㊚ [無変]

きづく 気付く **1**《意識する》notare [percepire / avvertire] *ql.co.* [che＋[直説法]], accorgersi [rendersi conto] di *ql.co.* [di *qlcu.* / di＋[不定詞] / che＋[直説法]] ¶そのことに気づかなかった. Non l'ho notato. / Mi è sfuggito. / Non ci ho fatto caṣo. ¶父に気づかれないようにそっと家を出た. Sono uscito di casa di soppiatto per non farmi scorgere da mio padre. ¶彼は自分の誤りに気づいた. Si è accorto dei suoi errori. ¶彼女は事の重大さに十分気づいていた. Era perfettamente cosciente della gravità della situazione.

2《意識を回復する》riprendere「i sensi [coscienza / conoscenza]

ぎっくりごし ぎっくり腰 colpo㊚ della strega ¶ぎっくり腰になる avere uno strappo alla schiena / avere il colpo della strega

きつけ 気付け rinvigorimento㊚ ¶気付けに一杯やる bere un bicchiere per tirarsi su

✤気付け薬 cordiale㊚; 《刺激剤》stimolante㊚

きつけ 着付け ¶〈人〉に着物の着付けをする aiutare *qlcu.* a mettere il *kimono*

✤着付け教室 scuola㊛ dove si insegna come indossare il *kimono*

きづけ 気付 presso; 《略》〔英〕c/o (読み方: presso) ¶在ローマ日本大使館気付山田太郎様 Sig. Taro Yamada, presso l'Ambasciata [c/o Ambasciata] del Giappone a Roma

きっこう 拮抗 ◇拮抗する rivaleggiare[自] [*av*] con *qlcu.* in *ql.co.*, essere alla pari, essere spalla a spalla ¶実力の拮抗した試合 una partita equilibrata / una partita in cui le forze in campo si eguagliano ¶賛成と反対の割合はほぼ拮抗している. Le percentuali di favorevoli e di contrari sono più o meno alla pari.

✤拮抗力〘経〙potere㊚ bilanciante

きっさき 切っ先 ¶剣の切っ先 punta della spada ¶切っ先鋭く〈人〉に切り込む attaccare *qlcu.* con un affondo (di spada)

きっさてん 喫茶店 bar㊚ [無変], caffè㊚, sala㊛ da tè (►sala da tèはテーブル席中心の広々とした喫茶店) ¶喫茶店でコーヒーを飲む. prendere un caffè al bar ¶喫茶店で長話をした. Abbiamo parlato a lungo in una sala da tè.

ぎっしり ¶衣類のぎっしり詰まったトランク baule stipato [pieno zeppo] di vestiario ¶我々は一室にぎっしりと詰め込まれた. Eravamo stipati (come sardine) in una sola stanza.

きっすい 生粋 ◇生粋の vero, genuino ¶生粋のローマっ子 vero romano / romano autentico

きっすい 喫水 pescag*gio*㊚ [複 *-gi*] ¶喫水の深い[浅い]船 nave di grande [piccolo] pescaggio

✤喫水線 linea㊛ di galleggiamento

きっする 喫する ¶敗北を喫する essere sconfit*to* / subire una sconfitta

きづち 木槌 martello㊚ di legno

きっちょう 吉兆 segno㊚ propiz*io* [複 *-i*] ¶吉兆を予言する fare un buon pronostico

きっちり **1**《数量や時刻などが正確な様子》puntualmente, in punto; eṣattamente; 《完全に》perfettamente ¶きっちり7時に家を出た. Sono uscito di casa alle sette in punto.

2《透き間のない様子》⇀ぴったり 1, 2

キッチン 〔英 kitchen〕cucina㊛ ⇀台所 [図版] ¶ダイニングキッチン cucina abitabile

✤キッチンドリンカー casalinga㊛ alcolizzata

きつつき 啄木鳥 〘鳥〙picc*hio*㊚ [複 *-chi*]

きって 切手 francobollo㊚ ⇀郵便局 [会話] ¶手紙に切手を貼る affrancare una lettera ¶60セントの切手 francobollo da 60 centeṣimi ¶記念切手 francobollo commemorativo ¶この手紙にはいくら切手を貼ったらいいですか. Quanto ci vuole per affrancare questa lettera? ¶切手を集める far collezione di francobolli

✤切手収集 filatelia㊛

切手収集家 filatel*ico*㊚ [㊛ *-ca*; ㊚複 *-ci*], collezionist*a*㊚㊛ [㊚複 *-i*] di francobolli

きっての ¶彼女は学内きっての人気者です. È la ragazza più popolare della scuola.

きっと **1**《確実に》certamente, sicuramente; 《間違いなく》senz'altro, senza dubbio ¶きっと雨になるだろう. Sicuramente pioverà. / Temo proprio che piova. ¶きっとそうします. Lo farò senz'altro. / Non mancherò di farlo. ¶きっとそうなるよ. Vedrai che sarà così. ¶きっとそうだと思います. Ne sono certo [sicuro / convinto].

2《厳しく》severamente, rigidamente ¶私は彼をきっとにらみつけた. L'ho guardato severamente. ¶彼は彼女のその言葉にきっとなった. Alle sue parole è diventato improvviṣamente serio.

キット 〔英 kit〕kit㊚ [無変]; 《道具・部品などの一式》attrezzi㊚ [複] ¶組立キット kit di montaggio

キッド 〔英 kid〕《子やぎの革》capretto㊚ ¶キッドの手袋 guanti di capretto

きつね 狐 volpe㊛ ¶きつねの毛皮 pelliccia di volpe ¶きつねがこんこんと鳴く. Una volpe guaisce. ¶彼はきつねにつままれたような顔をしていた. È rimasto molto sorpreso [confuṣo / inebeti*to* / scombussola*to*].

✤きつね色 ¶肉をきつね色に焼く (far) roṣolare la carne

きつね狩り cac*cia*㊛ [複 *-ce*] alla volpe

きつね火 fuo*co*㊚ [複 *-chi*] fatuo

きつねの嫁入り piog*gia*㊛ [複 *-ge*] improvviṣa a cielo sereno

きっぱり 《決然と》deciṣamente, con risolutez-

きっぷ／きどうらく

za; 《決定的に, 明確に》definitivamente ¶申し出をきっぱりと断る rifiutare un'offerta decisamente [seccamente / nettamente / categoricamente] ¶きっぱりとした態度をとる avere un atteggiamento risoluto

きっぷ 切符 biglietto男 →駅 会話 ¶往復切符 biglietto di andata e ritorno ¶片道切符 biglietto di sola andata ¶割引切符 biglietto ridotto ¶通し切符 abbonamento ¶切符を買う fare [comprare] il biglietto ¶切符を切る forare il biglietto /《切り離す》strappare il biglietto ¶ミラノまで2等の往復切符を1枚ください。Per favore, un biglietto di seconda classe di andata e ritorno per Milano.
✤切符売り bigliettaio男 [＆ -ia;複 -i]
切符売り場 biglietteria女

きっぷ 気っ風 ¶気っぷがよい essere franco e generoso

きっぽう 吉報 ¶吉報を待つ［もたらす］aspettare [portare] buone notizie

きづまり 気詰まり soggezione女 ¶父と一緒だと気詰まりだ。Con mio padre mi sento「a disagio [in imbarazzo].

きつもん 詰問 interrogatorio男 [複 -i] severo ◇詰問する interrogare mettendo con le spalle al muro

きつりつ 屹立 ◇屹立する ergersi, innalzarsi

きて 来手 ¶彼には嫁の来手がない。Nessuna vuole sposarlo.

きてい 既定 ◇既定の già deciso [fissato], stabilito ¶既定の方針 piano stabilito

きてい 基底 base女, fondazione女

きてい 規定 regolamento男, norma女 ◇規定する《法律・法規などが主語》prescrivere; 《定義する》definire; 《決定する》determinare ¶第2条の規定により come stabilito dall'art. 2 /《法律の》ai sensi della Legge, art. 2 ¶規定通りに conforme al regolamento ¶規定に従って secondo la norma ¶規定の手続きをとる [ふむ] compiere le formalità necessarie ¶法律は…と規定している。La legge prescrive che ＋ 接続法
✤規定演技《スポ》programma男 [複 -i] obbligatorio [複 -i]
規定種目《スポ》esercizi男 [複] obbligatori
規定料金 tariffa女 stabilita

ぎてい 義弟《妹の配偶者, 配偶者の弟》cognato男 →義理2, 家系図

ぎていしょ 議定書 protocollo男 ¶京都議定書 protocollo di Kyoto

きてき 汽笛《汽車の》fischio男 [複 -schi] del vapore; 《船の》sirena女 a vapore ¶汽笛を鳴らす dare un colpo di sirena [fischio] / fischiare 自 [av]

きてん 起点 punto男 di partenza ¶コースはポポロ広場を起点としている。L'itinerario inizia da Piazza del Popolo.

きてん 基点 punto男 cardinale, punto男 di riferimento ¶東京を基点として半径100キロ以内 per un raggio di 100 km attorno a Tokyo

きてん 貴店 suo [vostro] negozio男

きてん 機転 presenza女 di spirito, tempestività, accortezza女 ¶機転が利く avere presenza di spirito

ぎてん 疑点 ¶〈人〉に疑点を質(ﾀﾀﾞ)す chiedere a qlcu. una spiegazione su un punto dubbio

ぎてん 儀典 cerimoniale男, rito男

きと 帰途 via女 del ritorno ¶帰途につく prendere la [mettersi sulla] via del ritorno ¶フィレンツェからの帰途に sulla via del ritorno da Firenze

きど 木戸 cancello男 di legno

きど 輝度 《光》splendore男, luminanza女, brillantezza女;《テレビ・コンピュータ画面の》luminosità女 dell'immagine

きどあいらく 喜怒哀楽 tutte le possibili emozioni女 [複]（◆ gioia, rabbia, sofferenza, piacere）¶彼女は喜怒哀楽が激しい。È molto emotiva. ¶彼は喜怒哀楽を表に出さない。Non lascia trapelare le proprie emozioni.

きとう 気筒《機》cilindro男 (di motore) ¶4気筒の車 automobile a quattro cilindri

きとう 祈禱 preghiera女,《霊魂を呼びよせる》invocazione女 ◇祈禱する dire [recitare] le preghiere, offrire una preghiera a Dio ¶食前の祈禱 preghiera prima del pasto
✤祈禱会 incontro男 di preghiera
祈禱師 guaritore男 [＆ -trice] tramite preghiera
祈禱書《カト》breviario男 [複 -i], libro男 delle preghiere
祈禱台 inginocchiatoio男 [複 -i]
祈禱料 offerta女 per far dire le preghiere [per una messa]

きとう 亀頭《解》glande男

きどう 気道《解》vie女 [複] respiratorie

きどう 軌道《天体の》orbita女;《鉄道の》binario男 [複 -i] ¶円［楕円 / 偏心］軌道 orbita circolare [ellittica / eccentrica] ¶人工衛星を軌道に乗せる mettere in orbita un satellite artificiale ¶人工衛星は軌道を外れた。Il satellite ha deviato dalla sua orbita [rotta orbitale].
2《ある事柄の進行過程》¶会社は軌道に乗っている。Gli affari della ditta stanno iniziando a girare bene. / La ditta ha preso quota.
✤軌道修正 (1)《人工衛星の》correzione女 della rotta di un satellite (2)《方針などの》correzione女 della propria politica ¶政策を軌道修正した。Ha corretto la sua politica.
軌道制御 controllo男 dell'orbita
軌道飛行 volo男 orbitale

きどう 起動 messa女 in moto [in marcia / in azione], avviamento男, avvio男, partenza女 ◇起動する partire自 [es];《コンピュータ》avviare ◇起動させる mettere ql.co. in moto, avviare ql.co. ¶パソコンを起動する avviare il computer ¶パソコンが起動しない。Il computer non si avvia.
✤起動装置 motorino男 di avviamento [d'accensione], avviatore男
起動力 forza女 motrice

きどう 機動 ◇機動的な mobile
✤機動性 mobilità女, manovrabilità女
機動隊 celere女 [単のみ], reparto男 antisommossa
機動部隊《陸軍の》truppe女 [複] mobili; 《海軍の》squadra女 navale di combattimento

きどうらく 着道楽 ¶彼は着道楽だ。Ha un

きとく 危篤 ◇危篤の in punto di morte, in fin di vita ¶父が危篤だ. Mio padre sta per morire.

きとく 既得 ◇既得の (già) acquisito
❖既得権 diritto⑨ acquisito; 《労働運動などの成果》conquista㊛ (di diritti, ecc.)

きとく 奇特 ¶奇特な行為 azione lodevole [《慈善的》caritatevole]

きどり 気取り 1《ふりをすること》affettazione㊛, ostentazione㊛, mostra㊛, posa㊛ ¶彼には気取りもてらいもない. È un uomo molto spontaneo. 2《名詞に付いて》¶あの2人は夫婦気取りだ. Quei due si comportano come marito e moglie. ¶彼は英雄気取りでいる. Crede di essere un eroe.
❖気取り屋 〔英〕snob [znɔb]⑨㊛《無変》

きどる 気取る 1《もったいぶる》darsi delle arie, assumere un atteggiamento affettato [manierato], comportarsi affettatamente ◇気取った affettato, manierato ◇気取って affettatamente ¶気取らない senza orpelli ¶気取った文章 stile ricercato 2《それらしく振る舞う》darsi delle arie 《... を da qlcu.》¶彼はインテリを気取っている. Si dà delle arie da intellettuale. ¶ダンディーを気取る fare il dandy

キナ 〔蘭 kina〕〔植〕cinchona㊛, china㊛

きない 機内 ◇機内で a bordo dell'aereo, in aereo ¶機内の温度を一定に保つ mantenere una temperatura costante in aereo
❖機内食 pasto⑨ a bordo
機内泊 pernottamento⑨ a bordo [in aereo]

きなが 気長 ◇気長な《辛抱強い》paziente; 《物事に動じない》flemmatico《複 -ci》¶気長に待つ aspettare pazientemente [con pazienza]

きなくさい きな臭い 1《焦げ臭い》¶なにかきな臭いですよ. Si sente odore di bruciato! 2《戦争が始まりそうな》¶地中海がなんとなくきな臭くなってきた. C'è odore di guerra nel Mediterraneo.

きなこ 黄な粉 farina㊛ di soia tostata
きなん 危難 pericolo⑨
キニーネ 〔蘭 kinine〕〔薬〕chinina㊛;〔化〕chinino⑨

きにいり 気に入り →御気に入り

きにいる 気に入る《対象が主語》piacere㊥《es》 a qlcu.;《満足》soddisfare [contentare / appagare] qlcu.;《人が主語》essere contento [soddisfatto] di ql.co. [qlcu.]; trovare qlcu. [qlcu.] di proprio gusto ¶彼のやり口は気に入らない. Non mi piace il suo modo di agire. ¶皆の気に入るようにはできない. Non si può soddisfare tutti. ¶どの品がお気に入りましたか. Quale articolo le piace? ¶この映画は気に入った. Mi è piaciuto questo film.

きにゅう 記入 《記帳》iscrizione㊛, registrazione㊛;《メモ》annotazione㊛, appunto⑨
◇記入する scrivere; registrare; annotare;《空欄に》riempire, compilare ¶アンケートに記入する compilare un questionario ¶名簿に名前を記入して下さい. Scrivete il vostro nome sul registro. ¶この用紙に記入してください. Compilate questo modulo.
❖記入漏れ omissione㊛ ¶記入漏れのないように注意してください. Fate attenzione affinché niente sia omesso.

きにん 帰任 ◇帰任する riprendere le *proprie* funzioni [il *proprio* servizio] ¶大使は12月12日に帰任した. L'ambasciatore ha ripreso le sue funzioni il 12 dicembre.

きぬ 絹 seta㊛ ◇絹の serico《複 -ci》¶絹のブラウス camicia㊛ di seta ¶絹を裂くような悲鳴をあげる emettere un grido lacerante ¶これは絹製ですか. Questo è di seta?
❖絹糸 filo⑨ di seta

きぬおりもの 絹織物 tessuto⑨ di seta
❖絹織物業者〔労働者〕setaiolo⑨《㊛ -a》
絹織物工場 seteria㊛, setificio⑨《複 -ci》

きぬけ 気抜け 1《精神的》apatia㊛ ¶気抜けする《気落ちする》scoraggiarsi;《ぼんやりする》essere in uno stato di apatia;《緊張から解放されて》tranquillizzarsi, rasserenarsi ¶彼は気抜けしたように虚空を見つめている. Se ne sta con lo sguardo sperduto nel vuoto. 2《ビール・サイダーなどの》気抜けしたビール birra㊛ sgasata

きぬずれ 衣擦れ ¶衣ずれの音 fruscio⑨《複 -scii》di vesti ¶衣ずれの音をさせる《服・布地が主語》frusciare㊥ [av];《布擦れの音が聞こえた. Ho sentito un fruscio [movimento] di vesti.

きね 杵 pestello⑨ ¶杵でつく《餅を》pestare il riso cotto a vapore →餅〔日本事物〕

きねづか 杵柄 ¶昔とった杵柄 →昔

きねん 祈念 preghiera㊛ ¶世界平和を祈念する pregare per la pace mondiale

きねん 記念 《思い出》memoria㊛, ricordo⑨; commemorazione㊛
◇記念の commemorativo ◇記念する commemorare ◇記念すべき memorabile ¶この記念すべき日に in questo giorno memorabile ¶2人の結婚を記念して in ricordo del loro matrimonio ¶タイガース優勝記念セール saldi straordinari in occasione della vittoria dei Tigers ¶天然記念物 monumento⑨ naturale
❖記念館 palazzo⑨ commemorativo ¶樋口一葉記念館 Museo (dedicato a) Higuchi Ichiyo
記念切手 francobollo⑨ commemorativo
記念祭 commemorazione㊛
記念式典 cerimonia㊛ commemorativa, commemorazione㊛
記念写真 ¶記念写真を撮る fare [scattare] una foto ricordo
記念碑 monumento⑨ commemorativo
記念日《年1回の》anniversario⑨《複 -i》¶イタリア解放記念日 Anniversario della Liberazione (◆4月25日)
記念品 ricordo⑨;《みやげ》〔仏〕souvenir [suvenír]⑨《無変》

ぎねん 疑念《疑い》dubbio⑨《複 -i》;《嫌疑》sospetto⑨ ¶疑念を抱く avere [nutrire] dei dubbi ¶疑念が晴れた. I miei dubbi si sono dissipati. / I miei sospetti sono risultati infondati. ¶彼の態度が私に疑念をおこさせた. Il suo atteggiamento mi ha fatto nascere dei dubbi.

きのう 気嚢《昆虫》sacco⑨《複 -chi》aerifero;《鳥の》sacca㊛ aerifera

きのう 昨日 ieri⒨ (►副詞としても用いる) ¶昨日の朝[夕方] ieri mattina [sera] ¶昨日の新聞 il giornale di ieri ¶まるで昨日のことのように覚えている. Ricordo tutto come se fosse ieri. ¶昨日今日と雨が降っている. Piove ininterrottamente da ieri. ¶昨日今日に始まった問題じゃない. Non è un problema sorto [nato] ieri. ¶昨日の敵は今日の友. Chi ti è amico oggi, un domani ti potrà essere nemico e viceversa.

きのう 帰納 〚論理〛induzione⒡ ◇帰納する indurre, arguire [inferire] per induzione ¶帰納的推論 ragionamento induttivo
❖帰納法 metodo⒨ induttivo

きのう 帰農 ◇帰農する ritornare⒤[es] alla campagna [a fare l'agricoltore]

きのう 機能 funzione⒡; (はたらき, 役割) funzione⒡, ruolo⒨; (機能の仕方) funzionamento⒨; (機能性) funzionalità⒡ ◇機能的である funzionare⒤[av] ◇機能的 funzionale; (有効な) efficace ◇機能的に funzionalmente; efficacemente ¶機能を果たす compiere [adempiere] una funzione ¶マウスが機能しない. Il mouse non funziona. ¶機能的な台所が欲しい. Voglio avere una cucina funzionale.
❖機能言語学 linguistica⒡ funzionale
機能主義〚建・心〛funzionalismo⒨
機能障害〚医〛disfunzione⒡

ぎのう 技能 (わざ) abilità⒡; (資格) qualifica⒡ ¶技能を磨く migliorare le *proprie* abilità ¶彼は技能を磨くために訓練している. Si sta esercitando per migliorare le sue abilità.
❖技能労働者 operaio⒨ [⒡ -ia; ⒨複 -i] specializzato [qualificato]

きのこ 茸 fungo⒨ [複 -ghi] ¶きのこ狩りをする raccogliere funghi / andare per funghi ¶毒[食用]きのこ fungo velenoso [commestibile] ¶きのこのリゾット risotto ai funghi
❖きのこ雲 fungo atomico [複 -ci]

きのどく 気の毒 ◇気の毒な (状況が) pietoso, pessimo, miserabile, gramo; (人が) povero (►poveroはこの意味では必ず名詞の前に置かれる) ¶お気の毒です. Mi dispiace tanto. / (お悔み) Sono molto addolorato. ¶…とは気の毒 (な話) だ. Mi dispiace che + 接続法 ¶彼が解雇されたとは気の毒だ. Mi dispiace che sia stato licenziato. ¶彼にはずいぶん気の毒なことをした. Non mi sono comportato bene con lui. ¶彼は気の毒そうな眼差しで私を見た. Mi ha guardato con compassione. ¶ーC'era uno sguardo di pietà nei suoi occhi. ¶気の毒に. (男性に) Poveretto! / Poverino! / (女性に) Poveretta! / Poverina! ¶気の毒な男だ. Pover'uomo! (► 「あわれだ」「見下げてた」の意味もある)

きのぼり 木登り ◇木登りする arrampicarsi su un albero

きのみ 木の実 (果実一般) frutto⒨; (くるみなど堅いもの) noce⒡; (球果) bacca⒡

きのみきのまま 着の身着の儘 ¶彼は着のみ着のままで逃げた. È scappato solo con il vestito che aveva indosso.

きのめ 木の芽 gemma⒡ fogliare; germoglio⒨ [複 -gli]; (山椒の) gemma⒡ di pepe giapponese ¶木の芽が出る germogliare⒤[es, av]

きのり 気乗り ¶この話は気乗りがしない. Questa proposta non mi attrae. ¶気乗りしないままに彼の申し出を受けた. Ho accettato la sua proposta con scarso entusiasmo. ¶彼はその旅行に気乗り薄だ. È privo di entusiasmo per quel viaggio.

きば 木場 deposito⒨ di legname

きば 牙 (象・犬などの) zanna⒡; (蛇の) dente⒨ velenoso ¶牙をむく mostrare [digrignare] i denti (►比喩的にも用いる) ¶牙を研ぐ affilare i denti ¶象の牙 zanna d'elefante

きば 騎馬 ◇騎馬の[で] a cavallo
¶騎馬行列 sfilata⒡ [corteo⒨] di cavalli
騎馬警察 polizia⒡ a cavallo
騎馬像 statua⒡ equestre
騎馬民族 nomadi⒨[複] a cavallo

きばえ 着映え ¶この着物は彼女が着ると着映えがする. Questo *kimono* le dona.

きはく 気迫 (強い気力, 勢い) vigore⒨, energia⒡ [複 -gie]; (強い意志) fermezza⒡, volontà⒡ ¶気迫のこもった演説 discorso energico [pieno di vigore]

きはく 希薄 1 (濃度・密度が) ◇希薄な (気体・液体が) poco denso; (気体が) rarefatto; (液体が) diluito 2 (気持ち・意識などが) mancanza⒡ ¶彼にはこの仕事を何が何でもやってやろうという気持ちが希薄だ. Non ha molta voglia di buttarsi in questo lavoro.

きばく 起爆 accensione⒡, ignizione⒡
❖起爆剤 detonatore⒨
起爆装置 dispositivo⒨ detonatore

きはずかしい 気恥ずかしい essere imbarazzato ¶気恥ずかしくて何も言えなかった. Ero troppo imbarazzato per parlare. ¶すべてを書くのは気恥ずかしい. È imbarazzante per me scrivere tutto.

きはだ 木肌 corteccia⒡ [複 -ce], scorza⒡

きはつ 揮発 volatilizzazione⒡ ◇揮発する volatilizzarsi
揮発性[度] volatilità⒡
揮発性溶剤 solvente⒨ volatile
揮発物 componenti⒨[複] volatili
揮発油 olio⒨ [複 -i] volatile; (ベンジン) benzina⒡

きばつ 奇抜 ◇奇抜な (独創的) originale, unico; (風変わりな) strano; (常軌を逸した) eccentrico ⒨複 -ci] ¶奇抜なことをする fare cose strane ¶奇抜な服装をする vestirsi in modo originale [bizzarro]

きばむ 黄ばむ diventare⒤[es] giallo, ingiallirsi ◇黄ばんだ ingiallito

きばらし 気晴らし passatempo⒨, svago⒨ [複 -ghi]; (娯楽) diversivo⒨, divertimento⒨, ricreazione⒡ ¶気晴らしをする svagarsi, distrarsi; divertirsi, ricrearsi; (憂さ晴らしする) dimenticare le preoccupazioni ◇気晴らしに per svago, per diporto

きばる 気張る 1 (気持ちを奮い起こす) tirarsi su di morale, tenere⒤[av] duro, sforzarsi 《…するために di + 不定詞》, stringere i denti ¶気張って大声を出す gridare con tutte le (*proprie*) forze 2 (緊張する) essere teso ¶そんなに気張るな

よ．Rilassati, non devi essere così teso! **3**〔気前よく金を出す〕¶彼は気張ってフランス料理をご馳走してくれた．Mi ha offerto magnanimamente [generosamente] una cena in un ristorante francese.

きはん 規範・軌範〔基準〕norma㊛; 〔模範〕modello㊚, esempio㊚ [複 *-i*], esemplare㊚

きばん 基盤 base㊛, fondamento㊚ [複 *fondamenta*; 《比喩的》 i *fondamenti*] ¶…を基盤として basandosi [fondandosi] su *ql.co.* / in base a *ql.co.* ¶日本経済の基盤をなす servire di base all'economia giapponese ¶産業基盤 infrutture industriali

きはんせん 機帆船 veliero㊚ a motore; 〔英〕motorsailer㊚ [無変]

きひ 忌避 **1**《嫌がること》¶徴兵を忌避する sottrarsi al servizio militare [di leva] **2**《裁判官の》ricusazione㊛ ¶裁判官を忌避する ricusare un giudice

きび 黍 〔植〕miglio㊚
✣きび団子 gnocchetto㊚ di miglio

きび 機微 sottigliezza㊛ ¶人情の機微に触れる toccare il profondo dell'animo umano ¶彼は人生の機微を解する人だ．Ha la capacità di capire le sottigliezze della vita.

きびき 忌引き assenza㊛ dal lavoro [dalla scuola] a causa di un lutto

きびきび きびきびと vivacemente, briosamente; 《すばやく》con prontezza ◇きびきびした vivace, brioso ¶きびきびした文章 stile brioso [vivace]

きびしい 厳しい **1**《厳格な》severo, rigido, duro ◇厳しく severamente, rigidamente, duramente ◇厳しさ severità㊛, rigidezza㊛, durezza㊛ ¶厳しい先生 insegnante severo [esigente / inflessibile] ¶厳しい目つき sguardo severo [rigido / duro] ¶厳しい尋問 interrogatorio stringente ¶現実の厳しさに直面する affrontare la dura realtà ¶自分にも他人にも厳しい人だ．È severo con se stesso come lo è con gli altri. ¶作品に対して厳しい目をもっている．Ha un criterio molto severo [rigido / rigoroso] nel giudicare le opere.
2《過酷な》intenso, terribile, aspro ¶厳しい寒さ freddo intenso [rigido] ¶厳しい自然条件 condizioni naturali aspre [inclementi] ¶厳しいスポーツ sport duro ¶今年の夏は非常に暑さが厳しかった．Quest'estate abbiamo avuto un caldo torrido [intenso / terribile].
3《険しい，荒々しい，容易ではない》¶厳しい山道 sentiero ripido ¶この仕事を明日までにかたづけるのはかなり厳しい．È difficile finire il lavoro per domani. ¶冬の日本海は厳しい表情をしている．In inverno il Mare del Giappone si presenta con un aspetto rigido.
4《緊迫した》teso ¶厳しい表情 espressione tesa ¶国際情勢は依然として厳しい．La situazione internazionale è ancora tesa.

きびす 踵 calcagno㊚, tallone㊚ ¶きびすを返す tornare indietro / girare i tacchi ¶事件がきびすを接して起こった．Si è avuta una serie di eventi a catena.

ぎひつ 偽筆 scrittura㊛ falsificata; 《絵》quadro㊚ contraffatto

きびょう 奇病 strana [rara] malattia㊛

きひん 気品 〔上品〕eleganza㊛, nobiltà㊛; 《気高さ》dignità㊛; 〔洗練〕grazia㊛, raffinatezza㊛, distinzione㊛ ¶気品のある人 persona dall'aria distinta ¶その老人には冒しがたい気品が備わっている．In quel vecchio c'è una dignità severa.

きひん 貴賓 personaggio㊚ [複 *-gi*] importante; vip㊚ [無変]
✣貴賓室 sala㊛ dei vip
貴賓席 posto㊚ [tribuna㊛] d'onore

きびん 機敏 ◇機敏な pronto, lesto; 《うまい》agile ◇機敏さ prontezza㊛, lestezza㊛; agilità㊛ ◇機敏に prontamente; agilmente

きふ 寄付 contributo㊚, donazione㊛; 〔遺贈〕lascito㊚ ◇寄付する dare [concedere] un contributo (*a*), fare dono di [fare la donazione di] *ql.co.* (*a*) ¶寄付を募る aprire una sottoscrizione [fare una colletta / raccogliere le offerte] a favore di *qlcu.* [*ql.co.*] ¶NPOに100万円寄付した．Ho donato un milione di yen a un'organizzazione non profit.
✣寄付金 contributo㊚ (in denaro)

ぎふ 義父〔しゅうと〕suocero㊚; 〔継父〕patrigno㊚; 〔養父〕padre adottivo →家系図

ギブアップ〔英 give up〕◇ギブアップする rinunciare a [abbandonare] *ql.co.*, arrendersi

ギブアンドテーク〔英 give-and-take〕concessioni㊛[複] reciproche; compromesso㊚ ¶ギブアンドテークだよ．Niente per niente. /〔ラ〕Do ut des.

きふう 気風 spirito㊚ ¶現代の若者の気風 spirito [carattere] della gioventù di oggi

きふく 起伏 **1**《高低があること》ondulazione㊛; 《道路などの》dosso㊚ e cunetta㊛ ¶起伏の多い土地 terreno ondulato [irregolare] **2**《勢力や感情などの》¶起伏の多い人生を送る condurre una vita movimentata [piena di vicissitudini] ¶彼は感情の起伏が激しい．Ha bruschi alti e bassi emotivi.

きぶくれる 着膨れる infagottarsi, vestirsi con abiti pesanti ¶着膨れした子供 bambino infagottato

きふじん 貴婦人 signora㊛, dama㊛, matrona㊛; 〔英〕lady㊛ [無変]

ギプス〔独 Gips〕gesso㊚; 〔医〕ingessatura㊛ ¶彼は右足にギプスをはめている．Ha la gamba destra ingessata. / Ha un'ingessatura [È ingessato] alla gamba destra.

きぶつ 器物〔容器〕contenitore㊚, recipiente㊚; 〔器具〕utensile㊚, arnese㊚; 〔食器類〕vasellame㊚; 〔什器〕《家》mobili㊚ [複]
✣器物損壊 danneggiamento㊚ di cose (◆ Talvolta definisce un danno patrimoniale che non comprende scritti, edifici, imbarcazioni, per esempio, rottura di vasi altrui, avvelenamento del cane del vicino.)

ギフト〔英 gift〕regalo㊚, dono㊚
ギフト券 buono㊚ premio [無変] [omaggio [無変]]
ギフトショップ negozio㊚ [複 *-i*] di articoli da regalo; 《土産物店》negozio㊚ di souvenir [rega-

きぶとり 着太り **1**《たくさん着て膨れる》¶冬は着太りする. D'inverno i vestiti sono pesanti e ingombranti. **2**《服を着ると実際より太って見えること》¶君は着太りするたちだね. Vestita, appari un po' grassa di come sei.

きふるし 着古し 《古い服》vestito*m* vecchio [複 *-chi*];《すり切れた服》vestito*m* consunto [consumato]

きふワイン 貴腐ワイン vinsanto*m*, vino*m* da muffa nobile, vino*m* liquoroso

きぶん 気分 **1**《体の具合による》¶今日は気分がいい. Oggi「mi sento [sto] bene. /(よくなった) Oggi mi sento meglio. ¶ご気分はいかがですか. Come sta? / Come si sente? ¶気分が悪いのかい. Ti senti male? **2**《気持ち・感情の状態》stato*m* d'animo, sentimento*m*, umore*m* ¶気分がいい[悪い] essere di buon[cattivo] umore ¶〈人〉の気分を引き立てる tirare su il morale di *qlcu*. / incoraggiare[stimolare] *qlcu*. ¶気分転換に旅行でもしたらどうですか. Dovrebbe distrarsi un po', magari con un viaggio. ¶泣き出したい気分だ. Mi è venuta voglia di piangere. / Mi viene da piangere. ¶映画に行きたいような気分じゃないんだ. Non mi sento[Non mi va] di andare al cinema. ¶この仕事には気分が乗らない. Non riesco a concentrarmi in questo lavoro. ¶彼は君の言葉に気分を害したようだ. Sembra che le tue parole l'abbiano「offeso[《怒る》fatto arrabbiare]. ¶それは君の気分次第だ. Questo dipende da come ti senti. ¶彼はまわりの気分を壊す名人だ. È un guastafeste. **3**《いかにもそれらしい雰囲気》¶この写真には祭りの気分がよくでている. Questa fotografia rende bene l'aria[l'atmosfera] di festa. ¶この部屋は気分がよくない. Non mi sento a mio agio in questa stanza. **4**《気質, 性質, 気性》carattere*m* ¶みんな気分のいい連中だ. Sono tutti simpatici.

❖気分屋 lunatico*m* [複 *-ca*; *m*複 *-ci*]

ぎふん 義憤 sdegno*m* legittimo ¶不正に義憤を感じる essere preso da sdegno[giusta indignazione] / indignarsi per un'ingiustizia

ぎぶん 戯文 scritto*m* umoristico [複 *-ci*]
❖戯文作家 scritt*ore*[*m* *-trice*] umorist*a* [*m*複 *-i*]

きへい 騎兵 《隊》cavalleria*f*;《人》cavaliere*m*, soldato*m* a cavallo

きべん 詭弁 sofism*a*[*m* 複 *-i*];《へりくつ》cavillo*m* ◇詭弁的 sofistico [*m*複 *-ci*] ¶詭弁を弄(ろう)する sofisticare*in*[*av*] / usare sofismi
❖詭弁家 sofist*a*[*m*複 *-i*]

きぼ 規模 scala*f*; grandezza*f*; dimensione*f*, raggi*o*[*m* 複 *-gi*] ¶小[大]規模に su piccola[vasta]scala ¶全国的[世界的]規模で調査をする fare un'inchiesta su scala nazionale[mondiale] ¶会社は活動の規模を拡大[縮小]した. La ditta ha esteso[ristretto] il suo campo d'azione.

ぎぼ 義母 《しゅうとめ》suocera*f*;《継母》matrigna*f*;《養母》madre*f* adottiva →家系図

きほう 気泡 bolla*f* d'aria, schiuma*f*

きほう 既報 ¶既報のとおり《新聞など》come precedentemente pubblicato /《テレビなど》come già annunciato

きぼう 希望 speranza*f*;《願望》desider*io*[*m* 複 *-i*];《切望》ansia*f*, anelito*m*;《熱望》aspirazione*f*;《期待》attesa*f*, aspettativa*f*;《見込み》prospettiva*f* ◇希望する sperare 「(in) *ql.co.*[di +不定詞 / che +接続法], desiderare *ql.co.*[+不定詞 / che +接続法], augurarsi「di +不定詞[che +接続法] ¶第一[第二]希望 prima[seconda] preferenza ¶希望的観測 prospettiva ottimistica ¶転勤を希望する chiedere un trasferimento ¶希望を取り戻す riprendere a sperare ¶希望を抱く nutrire[alimentare]la speranza ¶希望を失う perdere la speranza ¶〈人〉の希望をかなえる soddisfare le richieste[le aspettative] di *qlcu*. ¶勤務地の第一希望は金沢, 第二希望は秋田です. Come sede di lavoro, preferirei Kanazawa, altrimenti Akita. ¶ご希望に沿うように努力しましょう. Farò di tutto per venire incontro ai suoi desideri. ¶彼は希望に満ちている. È gonfio di speranze. ¶彼は生きる希望を失った. Ha perso il desiderio di vivere. ¶希望を高くもて. Siate ambiziosi! / Guardate in alto! ¶父親は息子が弁護士になることを希望している. Il padre desidera che il figlio diventi avvocato.
❖希望小売価格 prezzo*m* al minuto suggerito dal produttore

希望者 aspirante*mf*;《申請者》richiedente*mf*;《候補者》candidat*o*[*m* *-a*]

希望退職 dimissioni*f*[複] volontarie

ぎほう 技法 tecnica*f* ¶木版画の技法 tecnica della silografia

きぼうほう 喜望峰 Capo*m* di Buona Speranza

きぼね 気骨 ¶気骨が折れる stancarsi[stressarsi]mentalmente

きぼり 木彫り scultura*f* in legno ◇木彫りの scolpito in legno ¶木彫りの仏像 statua*f* di Budda in legno

きほん 基本 base*f*, fondamento*m*;《基本要素》elemento*m*;《原則》principi*o*[*m* 複 *-i*] ◇基本的 fondamentale, basilare, di base;《初歩の》primario, 《本質的, 欠くべからざる》essenziale ◇基本的に fondamentalmente; essenzialmente, sostanzialmente; principalmente ¶基本的人権 diritti umani fondamentali ¶イタリア語を基本からやり直す ricominciare (a studiare) l'italiano dalle basi[dai primi rudimenti / dall'ini*zi*o] ¶彼は基本がわかっていない. Non ha ancora compreso[assimilato] le basi essenziali.

❖基本音《物》frequenza*f* fondamentale, prima armonia*f*

基本給 stipend*io*[*m* 複 *-i*][salar*io*[*m* 複 *-i*] / paga*f*/ retribuzione*f*] base [無変]

基本語彙 vocabolari*o*[*m* 複 *-i*] essenziale, vocabolari*o*[*m* 複 *-i*][lessico*m* [複 *-ci*]] di base [複 *-i*]

基本周波数《物》frequenza*f* fondamentale

基本税率 tasso*m* d'imposta

基本線 ¶政党としての基本線 linea politica di base di un partito

基本ソフト《コンピュータ》programm*a*[*m* 複 *-i*]

basilare
基本法 legge㊛ quadro [cornice]
基本方針 politica㊛ di base
基本料金 tariffa㊛ base

ぎまい 義妹《弟の妻，配偶者の妹》cognata㊛ →義理2，家系図

きまえ 気前 ¶彼は気前がいい．È generoso [prodigo / di gran cuore / magnanimo]. ¶気前よく夕食をおごってくれた．Mi ha generosamente offerto una cena.

きまぐれ 気紛れ capriccio㊚ [複 -ci], ghiribizzo㊚, grillo㊚ ◇気まぐれな capriccioso, volubile ¶一時の気まぐれで per un capriccio passeggero ¶気まぐれな天気．Il tempo è mutevole [instabile / incostante]. ¶彼の気まぐれにはあきれた．I suoi capricci mi hanno seccato.

きまけ 気負け ¶戦う前に気負けする impaurirsi [intimorirsi] già prima di combattere

きまじめ 生真面目 ◇きまじめな serioso ¶きまじめに考える essere troppo scrupoloso

きまずい 気まずい ¶気まずい思いをする sentirsi imbarazzato [a disagio]. ¶彼との仲が気まずくなった．Si è venuta a creare una certa freddezza nei rapporti tra lui e me. ¶彼の発言で一座が気まずくなった．La sua osservazione ci lasciò in un silenzio imbarazzante. ¶名前を思い出せず気まずかった．Mi sentivo imbarazzato perché non ricordavo il suo nome.

きまつ 季末 fine㊛ stagione
✤季末大バーゲン saldi㊚ [複] [liquidazioni㊛ [複]] di fine stagione

きまつ 期末 termine㊚ di un periodo
✤期末残高〚会〛bilancio㊚ [複 -ci] di chiusura
期末試験 esame㊚ di fine quadrimestre;《2学期制の》esame㊚ di fine semestre, esame㊚ di metà anno [fine anno]

きまって 決まって（いつも）sempre;《習慣的に》abitualmente, regolarmente, immancabilmente ¶彼は彼女に会うと決まって陽気になる．Ogni volta che la vede diventa immancabilmente allegro.

きまま 気儘 ◇気ままな《心配のない》spensierato;《気まぐれな》capriccioso;《勝手な》egoistico㊚ [複 -ci] ¶気ままな生活を送る condurre una vita spensierata ¶彼は気ままに生活している．Vive come gli va [viene]. ¶彼は気ままに振る舞っている．Si comporta a modo suo [di testa sua].

きまり 決まり **1**《規則》regola㊛, regolamenti㊚ [複];《区別》distinzione㊛ ◇きまりでは di norma, secondo i regolamenti; come principio ¶きまりを守る [破る] attenersi alle [non rispettare le] regole
2《解決》soluzione㊛, determinazione㊛;《結着》conclusione㊛;《合意》accordo㊚, convenzione㊛ ¶仕事のきまりを早くつけたい．Voglio concludere presto il lavoro. ¶よし，それで話はきまりだ．Bene! L'affare è fatto.
3《習慣，癖》usanza㊛ ¶わが家では皆そろって昼ご飯を食べきまりになっている．A casa nostra si usa pranzare tutti insieme. ¶おきまりの話が始まった．Ha cominciato la solita storia [la solita tiritera].

きまりきった 決まりきった **1**《自明な》ovvio㊚ [複 -i], chiaro, evidente, lapalissiano, scontato ¶きまりきったことを聞くな．Non fare domande ovvie! **2**《単調な》monotono;《型にはまった》stereotipato ¶きまりきった生活 vita monotona

きまりて 決まり手 tecnica㊛ vincente

きまりもんく 決まり文句《陳腐な表現》frase㊛ stereotipata, espressione㊛ trita [trita e ritrita];《常套句》frase㊛ fatta, luogo㊚ [複 -ghi] comune;《口ぐせ》solita frase㊛, ritornello㊚ ¶決まり文句を覚える [避ける] imparare [evitare] le frasi fatte

きまりわるい きまり悪い essere imbarazzato [in imbarazzo / perplesso] ¶きまり悪そうに話す parlare con aria imbarazzata

きまる 決まる **1**《ある事柄が決定する》stabilirsi; essere stabilito [deciso / fissato] ¶話が決まった．Affare fatto! ¶彼は有罪と決まった．È stato riconosciuto colpevole. ¶決まり次第お知らせします．Vi informerò appena sarà deciso. ¶長い議論の末この制度の廃止が決まった．Dopo una lunga discussione si è deciso per l'abolizione di questo sistema. ¶まだ何も決まってない．Non è ancora deciso niente.
2《「決まった」の形で，ある一定の》¶決まった収入 reddito fisso ¶決まった日 giorno stabilito
3《「…に決まっている」の形で，きっと…である，当然である》¶夏は暑いに決まっている．È naturale che in estate faccia caldo. ¶わが子はかわいいに決まっている．È una cosa naturale amare i propri figli. ¶彼は当選するに決まっている．È scontato che venga eletto lui. ¶そんなこと決まってるじゃないか．Va da sé! / È evidente!
4《態度や服装などがさまになる》¶彼女は着物がいつも良くきまっている．Sta sempre bene in kimono.

ぎまん 欺瞞 inganno㊚, frode㊛, imbroglio㊚ [複 -gli] ◇欺瞞的 ingannevole, fallace, fraudolento ¶欺瞞的広告 pubblicità ingannevole

きみ 気味 ¶気味の悪い《謎めいた》misterioso;《気持ち悪い》ripugnante, schifoso;《不吉な》sinistro, lugubre;《恐ろしい》spaventoso, orribile ¶気味の悪い音 suono misterioso ¶気味の悪いほどの静けさ silenzio minaccioso [sinistro] ¶蛇に気味が悪い．I serpenti mi fanno ribrezzo [rabbrividire / schifo]. ¶彼女は気味悪そうに鰐(だ)を眺めた．Guardava i coccodrilli con disgusto. ¶彼が負ける気味がいい．Che gusto che mi dà la sua sconfitta.

きみ 君《二人称単数》tu;《夫・妻・恋人などへの呼びかけ》amore, tesoro →あなた 〘語法〙¶おい，君．Ehi, tu! ¶君呼ばわりするな．Non darmi del tu! ¶君たち voi

きみ 黄身 tuorlo㊚, rosso㊚ d'uovo ¶黄身と砂糖をまぜて下さい．Mescolate i tuorli con lo zucchero.

-ぎみ -気味 ¶彼女はヒステリー気味だ．È un po' isterica. ¶私は風邪気味で頭が痛い．Mi fa male la testa, sarà un principio di raffreddore. ¶物価は上がり気味だ．I prezzi tendono ad aumentare. ¶労働力は不足気味だ．La manodopera tende a essere insufficiente.

きみじか 気短 ◇気短な impaziente, impetuoso ¶気短な人 persona impaziente

きみつ 気密 ◇気密の a tenuta d'aria, a chiusura ermetica, ermetico[形複 -ci] ¶この部屋は気密性が高い. In questa camera non c'è ricambio d'aria.
❖気密室 camera㊛ a tenuta d'aria;《航空機などの》cabina㊛ pressurizzata

きみつ 機密 segreto㊚;〔英〕top secret㊚[無変];《軍》segretissimo㊚ ◇機密の segreto, confidenziale ¶軍事機密 un segreto militare ¶国家機密が漏れた. È trapelato un segreto di Stato.
❖機密情報 informazione㊛ confidenziale
機密書類 documento㊚ segreto [confidenziale]
機密費 fondi㊚[複] segreti

きみどり 黄緑 giallo verde㊚ ¶黄緑色のかばん borsa giallo verde

きみゃく 気脈 ¶〈人〉と気脈を通じる essere in collusione [combutta] con qlcu.

きみょう 奇妙 ◇奇妙な《変な》strano,《独特な》singolare;《風変わりな》bizzarro, curioso ¶奇妙なことに strano a dirsi, stranamente ¶ちょっと奇妙だね. È un po' strano [curioso]. ¶奇妙なことだが誰もそのことに気づかなかった. Strano a dirsi ma nessuno ci aveva fatto caso.

ぎむ 義務 dovere㊚, obbligo㊚[複 -ghi];《責任》responsabilità㊛ ◇義務的の obbligatorio[形複 -i], doveroso ◇義務的に obbligatoriamente ¶義務を果たす assolvere un dovere / fare [compiere] il proprio dovere ¶義務を怠る trascurare (di fare [di compiere]) il proprio dovere ¶…する義務がある avere l'obbligo di + 不定詞 ¶〈人〉に…することを義務づける obbligare qlcu. a + 不定詞 ¶国民には納税の義務がある. I cittadini sono tenuti a pagare le tasse. ¶僕は義務的にやっているだけだ. Lo faccio soltanto per dovere. ¶子弟に教育を受けさせることは法律で義務づけられている. È obbligatorio per legge far frequentare le scuole ai bambini.
❖義務感 senso㊚ di obbligazione; senso㊚ del dovere
義務教育 istruzione㊛ obbligatoria, scuola㊛ dell'obbligo

きむずかしい 気難しい 《満足させにくい》difficile da contentare, incontentabile;《要求がやかましい》esigente ¶気むずかしい老人 vecchio bisbetico ¶気むずかしい子供 bambino difficile

きむすめ 生娘《処女》vergine㊛;《うぶな女の子》ragazza㊛ innocente [ingenua]

きめ 木目《材木の》venatura㊛;《肌の》grana㊛ ¶彼は仕事のきめが細かい. Lavora meticolosamente. ¶彼女は肌のきめが細かい. Ha la pelle morbida e liscia.

-ぎめ -極め ¶月極めの mensile ¶彼女は時間極めでスーパーのレジをやっている. Quella signorina fa la cassiera al supermercato pagata a ore.

きめい 記名 firma㊛ ◇記名する scrivere il proprio nome ¶所定の欄に記名して下さい. Scrivete il vostro nome nell'apposito spazio.
❖記名株券 azione㊛ nominativa
記名債券 obbligazione㊛ nominativa ¶無記名債券 obbligazione [titolo] al portatore
記名投票 scrutinio㊚[複 -i] pubblico [複 -ci], votazione㊛ nominale

ぎめい 偽名 ¶偽名でホテルに泊まる fermarsi in un albergo sotto falso nome ¶偽名を使う assumere uno pseudonimo [un falso nome]

きめこむ 決め込む 1《思い込む》dare per scontato ql.co. [di + 不定詞 / che + 接続法] ¶私は入社できるものと決め込んでいた. Davo per scontato di poter essere assunto dalla ditta. ¶彼女は試験に合格するものと決め込んでいる. Quella ragazza conta di superare gli esami.
2《ふりをする》fingere, far finta ¶居留守を決め込む fingere [fare finta] di non essere in casa ¶横着を決め込む lasciarsi prendere dall'indolenza ¶だんまりを決め込む usare la tattica del silenzio

きめつける 決め付ける ¶彼は私を怠慢だときめつけた. Mi ha tacciato [bollato] di pigrizia.

きめて 決め手《問題解決の》fattore㊚ conclusivo [decisivo / determinante], chiave㊛;《動作の》azione㊛ conclusiva, colpo㊚ vincente ¶どちらにも決め手がない. Non c'è niente di decisivo a favore dell'uno o dell'altro. ¶決め手をつかむ trovare la prova decisiva ¶討論の決め手となる発言 argomento decisivo [che taglia la testa al toro] ¶速度が決め手だ. La velocità è il fattore decisivo.

きめる 決める 1【決定する】decidere ql.co. [di + 不定詞], fissare ql.co.;《制定する》stabilire [determinare / definire / deliberare] ql.co.;《選ぶ》scegliere [selezionare] ql.co., optare㊕[av] per ql.co.;《選出する》eleggere [nominare] qlcu., decidere una carica ¶出発日を決める decidere [fissare] il giorno della partenza ¶就業規則を決める stabilire le norme di lavoro ¶製品価格を決める determinare il prezzo di un prodotto ¶委員会は作業の中断を決めた. La commissione ha deliberato di sospendere il lavoro. ¶「AとBのどちらにするか決めてください」「Aに決めましょう」 "Scelga fra A e B." "Sceglierei A." ¶我々は彼を委員長に決めた. L'abbiamo eletto [nominato] presidente della commissione. ¶あの1球が勝負を決めた. È stato quello il lancio che ha deciso la partita.
2【決心する】decidersi a + 不定詞, decidere 「di + 不定詞 [che + 接続法], determinare di + 不定詞 [che + 接続法], prendere la decisione [la risoluzione] di + 不定詞 ¶こうすると決めなさい Deciditi a fare così! ¶私は覚悟を決めた. Sono preparato per [a] qualsiasi evenienza. ¶私は賛成か反対か態度を決めかねている. Sono indeciso se votare pro o contro. ¶彼はいつも物事を決めるのが早い. Decide sempre con prontezza. / È sempre ben deciso.
3【思い込む】dare per scontato (che + 接続法), dare ql.co. per scontato, essere convinto「di ql.co. [che + 接続法] ¶彼は話してもむだだと決めてかかっている. È convinto dentro di sé che parlargli sarebbe inutile. ¶父は僕がA大学に合格するものと決めている. Mio padre dà per scontato [è convinto] che io possa superare l'esame d'ammissione dell'[all']Università A.
4【習慣にしている】¶私は11時に寝ることに決めて

いる．Ho l'abitudine di andare a letto alle undici. ¶彼は待ち合わせには少し早めに行くことに決めている．È solito arrivare un po' in anticipo agli appuntamenti.

5【成功させる】 ¶シュートを決める《バスケットボール》centrare il [fare] canestro / 《サッカー》realizzare [segnare] un gol ¶ストライクを決める《野球・ボウリング》fare uno strike

6【身なりを整える】 vestirsi bene, farsi bello ¶今晩のパーティーにはびしっと決めて行くからね．Andrò alla festa di stasera vestito di tutto punto.

きも 肝 《肝臓》fegato[男]; 《内臓》interiora[女][複]

[慣用] **肝がすわる** ¶彼は肝がすわっている．Non perde mai il suo sangue freddo [la sua calma].

肝が小さい《小心》essere pauroso; 《勇気・胆力がない》non avere fegato

肝が太い essere coraggioso; avere del fegato

肝に銘じる ¶肝に銘じろ．Fissatelo bene in mente. / Ricordalo sempre.

肝を潰す ¶夕べの地震で肝を潰した．Il terremoto di stanotte mi ha spaventato a morte.

肝を冷やす ¶今度の試験には肝を冷やした．Ero impaurito dagli ultimi esami.

きもいり 肝煎り 《仲立ち》mediazione[女] ¶教授の肝煎りで就職する ottenere un posto grazie ai buoni uffici del professore

きもう 起毛 〔織〕garzatura[女]; 《長いもの》felpa[女] ¶起毛のパジャマ pigiama di felpa

きもだめし 肝試し prova[女] di coraggio

きもち 気持ち **1**【感情・考え】sentimento[男], emozione[女], sensazione[女]; 《心の中の思い》cuore[男], idea[女], pensiero[男]; 《意図》intenzione[女]; 《情熱》passione[女], ardore[男] ¶他人の気持ちを尊重する[無視する] prendere in considerazione [ignorare] i sentimenti degli altri ¶〈人〉の気持ちを傷つける offendere [insultare / ingiuriare] *qlcu.* ¶気持ちを打ち明ける parlare col cuore in mano [a cuore aperto] a *qlcu.* / 《愛情を》dichiarare [confessare] il *proprio* amore a *qlcu.* / 《秘密を》svelare le vere intenzioni / confidare un segreto a *qlcu.* ¶〈人〉に気持ちをぶちまける sfogarsi con *qlcu.* ¶気持ちを落ち着ける calmarsi / tranquillizzarsi / ricomporsi / riprendere il *proprio* sangue freddo ¶気持ちが動く convincersi / persuadersi / 《感激して》commuoversi ¶少しは私の気持ちにもなって欲しいものだ．Spero che tu cerchi di capirmi. ¶彼の気持ちがわからない．Non so che cosa pensa. ¶そのプレゼントには彼女の気持ちが込められている．Lei ti ha fatto quel regalo con affetto. ¶もっと気持ちを込めて歌いなさい．Devi cantare con più passione. ¶彼女はだいぶ気持ちが高ぶっているようだ．Sembra che lei sia molto emozionata [eccitata].

2【心の持ち方】 ¶気持ちを引き立てる《他人の》incoraggiare *qlcu.* / rincuorare *qlcu.* / 《自分の》incoraggiarsi / farsi coraggio / rincuorarsi ¶気持ちを引き締める stare attento / essere teso / concentrarsi ¶気持ちを新たに con spirito nuovo / con forza nuova ¶彼は気持ちがたるんでいる．È distratto [sbadato / disattento]. ¶こんな時によく遊びに行く気持ちになれるね．Come puoi voler andare a divertirti in un momento simile?

3【気分】stato[男] d'animo, umore[男] ◇**気持ちいい** piacevole, dilettevole, gradevole; 《人について》simpatico [[男]複 -*ci*]; 《設備など》confortevole ◇**気持ちよく**《楽しく》piacevolmente, allegramente, gradevolmente; 《快適に》comodamente, agiatamente; 《機嫌よく》di buon umore; 《快く》volentieri, con piacere, di buona voglia; 《自発的に》spontaneamente, volontariamente ¶気持ちのいい音楽 una musica piacevole ¶清潔で気持ちのいい部屋 camera pulita e confortevole ¶気持ちがいい sentirsi bene ¶気持ちが悪い sentirsi male / 《吐き気がする》provare nausea / 《悪寒がする》sentirsi i brividi / 《車・船・飛行機に酔って》avere [soffrire[自] [*av*] di] mal d'auto [di mare / d'aria] ¶いい気持ちになる sentirsi bene / 《愉快になる》provare piacere / 《くつろぐ》sentirsi a *proprio* agio ¶今日はとても気持ちのいい天気だ．Oggi fa veramente bel tempo. / Oggi il tempo è piacevolissimo. ¶ゆっくりと風呂に入った後は本当にいい気持ちだ．Dopo aver fatto un bel bagno mi sento 「proprio a mio agio [completamente disteso]. ¶彼と一緒にいると愉快な気持ちになる．Sto bene quando sto con lui. ¶気持ちのいい人だ．È una persona simpatica. ¶何だか気持ちの悪い絵だね．《醜悪な》È un quadro grottesco. / 《不思議な感じのする》È un quadro che mette a disagio, vero? / 《嫌悪を催す》Questa pittura è ripugnante, no?

4【心遣い】 ¶これはほんの気持ちです．どうぞお納めください．Questo è soltanto un nostro piccolo pensiero. La prego di accettarlo.

5【副詞的に用いて，ほんのちょっと】 ¶気持ち詰めていただけませんか．《座席を》Potrebbe stringersi un po'?

きもの 着物 **1**《衣服》vestito[男], abito[男]; 《総称》abbigliamento[男] ⇒服 ¶着物を着る vestirsi / mettersi un vestito / indossare un abito ¶着物を脱ぐ svestirsi / spogliarsi / togliersi gli abiti [i vestiti]

2《和服》*kimono*[男][無変] ⇒次ページ [日本事情], [図版] ¶私はいつも着物を着ている．Porto [Indosso] sempre il *kimono*. ¶彼女は着物姿が美しい．Lei sta molto bene con il *kimono*.

きもん 鬼門 **1**《不吉な方角》direzione[女] infausta [che porta sfortuna]; 《丑寅(うしとら)の方角》direzione[女] nord-est **2**《弱点》punto[男] debole, debolezza[女]

ぎもん 疑問 《疑惑》dubbio[男][複 -*i*]; 《質問》interrogativo[男]; 《不確かさ》incertezza[女]; 〔文法〕interrogazione[女], interrogativo[男] ¶疑問を出す esporre un dubbio 《に a》/ 《議会が政府に》presentare un'interpellanza ¶疑問を抱く avere dei dubbi [nutrire un dubbio] 《に su》 ¶人生に疑問を抱く chiedersi che cosa sia la vita ¶食品の安全性に疑問を抱く mettere in dubbio la sicurezza alimentare ¶〈人〉に疑問を質(ただ)す chiedere a *qlcu.* una spiegazione soddisfacente su un punto dubbio ¶私はこの話に疑問を抱いている．Ho dei dubbi su questa storia. ¶やっと疑問が解けた. I miei dubbi sono stati dissipati. / Ora tutto è chiaro. ¶彼の言うことが正しいかどうか疑問だ. Mi domando [Mi chiedo] se quello che dice sia giusto o no. ¶疑問の余地がない. Non c'è dubbio「su *ql.co.* [che＋[接続法]] ¶間違いであることに疑問の余地はない. Non c'è dubbio che sia un errore. ¶彼の考えには疑問を感じる. La sua idea non mi convince molto. ¶この案を疑問視する向きもある. C'è chi guarda con sospetto a questa proposta.

✤**疑問形容詞** [**代名詞** / **副詞**] aggettivo[男] [pronome[男] / avverb*io*[男] [複 *-i*]] interrogativo

疑問符 punto[男] interrogativo

疑問文 fraṣe[女] interrogativa

ギヤ ⇀ギア

きゃあ ¶きゃあと叫ぶ strillare[自] [*av*], urlare[自] [*av*], gridare[自] [*av*]

[日本事情] **着物**

Eṣistono diverse varianti di questo tipico abito tradizionale giapponese. Il più comune tra i *kimono* è lungo fino ai piedi e si chiude sul davanti, con la parte sinistra sopra la destra, per mezzo di una cintura larga, detta *obi*, legata dietro la schiena. Non ci sono bottoni né cerniere. *Tabi*, *zori* e un cordoncino per fermare l'*obi* accompagnano il *kimono*. Anche l'acconciatura deve essere pertinente.
In baṣe all'ora, al luogo e alla persona che lo indossa, eṣistono regole preciṣe da osservare. Attualmente viene uṣato quaṣi escluṣivamente nelle cerimonie o in occaṣioni particolari soprattutto per il fatto che costa molto, richiede una grande cura, non è facile da indossare e non permette movimenti molto liberi.
Lo *yukata*, un *kimono* molto semplice di cotone, viene uṣato soprattutto d'estate o dopo il bagno.

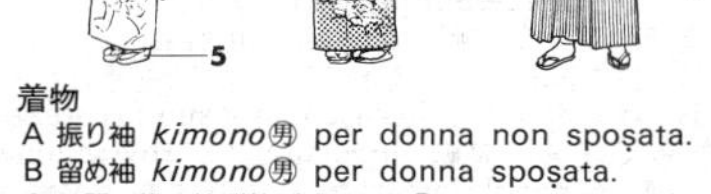

着物
A 振り袖 *kimono*[男] per donna non spoṣata.
B 留め袖 *kimono*[男] per donna spoṣata.
C 羽織袴(はかま) *kimono*[男] maschile da cerimonia.
1 帯揚げ sottofascia[女] per *obi*. **2** 帯 *obi* [男], fascia[女]. **3** 帯締め cordicella[女] per *obi*. **4** 袂(たもと) manica[女]. **5** 草履(ぞうり) sandali[男][複]. **6** 羽織 giacca[女] per *kimono*. **7** 袴(はかま) *hakama*[男].

ぎゃあぎゃあ ¶ぎゃあぎゃあ泣く urlare[自] [*av*]; 《特に幼児が》 strillare[自] [*av*]

きゃく 客 **1** 《来客》 ospite[男] [女]; 《来訪者》 viṣita*tore*[男] [[女] *-trice*] 《招待客》 invitat*o*[男] [[女] *-a*] (►ospiteは客を招待する側も意味するが, 現在では「客」の意に用いられることのほうが多い) ¶最高のお客様 l'ospite più gradito ¶不意の[招かれざる]客 ospite inaspettato [inopportuno] ¶君にお客さんだよ. C'è una viṣita per te. ¶客を招く invitare un ospite ¶今日の夕食にはお客さんが来る. Stasera ho degli ospiti a cena. ¶彼らの結婚式には大勢のお客が集まった. Alle loro nozze sono convenuti numerosi invitati.

2 《顧客》 cliente[男][女], avven*tore*[男] [[女] *-trice*]; 《集合的》 clientela[女]; 《依頼主》 cliente[男][女]; 《買い手》 acquirente[男][女]; 《消費者》 consuma*tore*[男] [[女] *-trice*] ¶固定客がついている avere dei clienti abituali [fissi] ¶時たま顔を見せる客 cliente saltuario ¶女性客《総称》 clientela femminile ¶客の動向を調査する indagare sulle tendenze della clientela [dei consumatori] ¶客の要望に答える soddisfare le eṣigenze dei clienti ¶このレストランの客の大半は日本人だ. Questo ristorante ha una clientela per lo più giapponese.

3 《観客》 spetta*tore*[男] [[女] *-trice*]; 《聴衆》 udi*tore*[男] [[女] *-trice*]; 《総称》 uditorio[男]; 《一般的な総称》 pubblico[男] ¶客が拍手した. Gli spettatori hanno applaudito.

4 《乗客》 passegger*o*[男] [[女] *-a*]; 《旅行客》 viaggia*tore*[男] [[女] *-trice*]; 《観光客》 turist*a*[男] [女] [[男]複 *-i*]; 《団体客》 comitiva[女] (►集合的に用いる); 《小旅行の》 escursionist*a*[男][女] [[男]複 *-i*]; 《避暑・避寒客》 villeggiante[男][女] ¶この町を訪れる客の大半は日帰り客だ. La maggior parte dei viṣitatori di questa città sono escursionisti.

5 《接客用の器物を数える単位》 ¶ティーカップ5客 (servizio di) cinque tazze da tè

きやく 規約 《定款》 statuto[男]; 《規則》 regolamento[男] ¶規約通りにする rispettare il regolamento ¶組合規約 statuto del sindacato

ぎゃく 逆 contrar*io*[男] [複 *-i*], inverso[男], opposto[男] ◇逆の contrario, contrapposto, inverso, opposto ◇逆に al contrario, a rovescio, alla rovescia; 《そうではなく》 viceversa, per contro, anzi, invece ¶逆の方向に in direzione opposta / in senso contrario [inverso] ¶項目の順序を逆にする invertire i termini ¶セーターを逆に着る《後ろ前に》 mettersi il golf al contrario ¶水が逆に流れる. L'acqua scorre al contrario. ¶彼は言うこととやることが逆だ. Fa tutto il contrario di ciò che dice. ¶それでは話が逆だ. Questo è tutto il contrario [tutto l'opposto]. ¶僕が君に謝るなんて話が逆だ. Sei tu che devi chiedermi scuṣa. ¶逆を突く prendere [cogliere] *qlcu.* in contropiede / giocare in contropiede ¶逆もまた真. È vero anche il contrario [l'opposto]. ¶逆は必ずしも真ならず. Non sempre è vero il contrario.

✤**逆為替** 〖経〗 camb*io*[男] [複 *-i*] sfavorevole

逆関数 〖数〗 funzione[女] inversa

逆作用 reazione[女] opposta

逆指名 ◇逆指名する 〖スポ〗 autocandidarsi (per far parte di una squadra di baseball)

逆数 →見出し語参照
逆スパイ spia㊛ del controspionaggio
逆剃り ◇逆ぞりする radersi contropelo
逆探知 →見出し語参照
逆引き辞典 dizionario㊚[複 -i] inverso
ギャグ [英 gag] gag [geg]㊚[無変]; trovata㊛, motto di spirito, battuta㊛ ¶ギャグを入れる improvvisare motti di spirito ¶このギャグはおもしろくない. Questa gag non fa ridere.
きゃくあし 客足 ¶あの店は最近客足が減った. Ultimamente i clienti di quel negozio sono diminuiti.
きゃくあしらい 客あしらい ospitalità㊛, servizio㊚[複 -i] ¶あの店員は客あしらいがうまい. Quel commesso è molto bravo「nel trattare [con] i clienti.
きゃくいん 客員 (準メンバー) socio㊚[㊛ -cia; ㊚複 -ci;㊛複 -cie] corrispondente
✤客員教授 professore㊚[㊛ -essa] invitato [ospite]; (外国人の)[英] visiting professor㊚[無変]
きゃくいん 脚韻 (詩学) rima㊛ ¶この言葉はあの言葉と脚韻を踏んでいる. Questa parola rima [fa rima] con quella.
きゃくうけ 客受け ¶この店は客受けがいい. Questo negozio è apprezzato dai clienti.
きゃくえん 客演 partecipazione㊛ come ospite ¶客演指揮者 direttore d'orchestra「ospite [non stabile]
ぎゃくこうか 逆効果 effetto㊚ contrario [複 -i], reazione㊛ avversa ¶そんなことを彼に言うものなら逆効果だよ. Se glielo dici otterrai l'effetto contrario.
ぎゃくコース 逆コース (逆方向) senso inverso; (反動) orientamento㊚ reazionario [複 -i] ¶逆コースをたどる fare il percorso in senso inverso
ぎゃくさつ 虐殺 (大量の) massacro㊚, carneficina㊛, strage㊛, macello㊚, ecatombe㊛; (ジェノサイド) genocidio㊚[複 -i] ◇虐殺する uccidere [ammazzare] qlcu. brutalmente; massacrare [far strage di / trucidare] qlcu.; (大虐殺) fare una carneficina
✤虐殺者 trucidatore㊚[㊛ -trice], sterminatore㊚[-trice], massacratore㊚[-trice]
ぎゃくざや 逆ざや (経) deporto㊚
ぎゃくさん 逆算 calcolo㊚ inverso ◇逆算する fare il calcolo inverso
きゃくしつ 客室 (ホテルの) camera㊛, stanza㊛; (船・航空機の) cabina㊛
✤客室係 (ホテルなどの) cameriere㊚[㊛ -a] ai piani
客室乗務員 (飛行機の) assistente㊚㊛ di volo
きゃくしゃ 客車 carrozza㊛ [vagone㊚] viaggiatori [passeggeri]
ぎゃくしゅう 逆襲 contrattacco㊚[複 -chi]; (議論などでの応酬) rimbeccata㊛ ◇逆襲する contrattaccare qlcu.; (言い返す) rimbeccare qlcu.; replicare㊙ (►単独でも可) ¶彼女は彼の非難に鋭く逆襲した. Lei ha replicato con vigore alle sue critiche.
ぎゃくじょう 逆上 ◇逆上する perdere la testa, infuriarsi ¶逆上して〈人〉を殺す perdere la testa e uccidere qlcu. / uccidere qlcu. in un violento accesso di collera
きゃくしょうばい 客商売 (ホテル業) industria㊛ alberghiera; (飲食業) ristorazione㊛; (サービス業) settore㊚ dei servizi
きゃくしょく 脚色 1 (脚本に書き換えること) adattamento㊚, riduzione㊛ ¶小説を映画に脚色する adattare [ridurre / trasformare] un romanzo in un film 2 (粉飾) ¶彼の話には脚色が多い. Lui tende ad abbellire [esagerare] i suoi racconti.
ぎゃくしん 逆臣 soggetto㊚ ribelle, vassallo㊚ ribelle
ぎゃくすう 逆数 《数》 numero㊚ inverso [reciproco][複 -ci]
きゃくすじ 客筋 ¶この店は客筋がいい. Questo negozio ha una clientela scelta.
ぎゃくせい 虐政 (暴政) tirannia㊛, governo㊚ oppressivo; (独裁) dispotismo㊚
ぎゃくせいせっけん 逆性石鹸 sapone antisettico[複 -ci]
きゃくせき 客席 (集合的) posti㊚[複] per gli spettatori ¶客席数 600 の劇場 teatro con 600 posti per gli spettatori
ぎゃくせつ 逆説 paradosso㊚ ◇逆説的な paradossale ◇逆説的に paradossalmente
きゃくせん 客船 nave㊛ (da) passeggeri; (大洋を航海する) transatlantico㊚[複 -ci]
ぎゃくせんでん 逆宣伝 contropropaganda㊛ ◇逆宣伝をする fare una contropropaganda
きゃくせんび 脚線美 bellezza㊛ delle gambe ¶みごとな脚線美だ. Ha un bel paio di gambe.
きゃくたい 客体 (哲) oggetto㊚
✤客体化 oggettivazione㊛ ◇客体化する oggettivare
ぎゃくたい 虐待 maltrattamento㊚ ◇虐待する maltrattare ¶動物虐待 maltrattamento di animali ¶児童虐待 violenza ai minori
きゃくだね 客種 = 客筋
ぎゃくたんち 逆探知 indagine㊛ a ritroso ¶電話を逆探知する rintracciare l'autore di una telefonata
✤逆探知機 dispositivo㊚ per rintracciare l'autore di una telefonata
きゃくちゅう 脚注 nota㊛ a piè di pagina, nota㊛ in calce ¶脚注をつける mettere note「a piè di pagina [in calce]
ぎゃくちょう 逆調 tendenza㊛ negativa [peggiore]; (経) (予算・貿易の) disavanzo㊚, deficit㊚[無変], passività㊛ ¶逆調である avere una tendenza negativa [sfavorevole]
ぎゃくて 逆手 1 (腕をひねること) ¶〈人〉の逆手をとる torcere il braccio a qlcu.
2 (スポ) ¶逆手で dall'alto in basso
3 (逆に利用して) ¶彼は私の言葉を逆手にとった. Ha ribaltato il mio discorso a suo favore.
ぎゃくてん 逆転 inversione㊛, rovesciamento㊚, capovolgimento㊚ ◇逆転する invertirsi, rovesciarsi, capovolgersi ¶イタリアは逆転勝ちした. Le posizioni si sono invertite e ha vinto l'Italia.
✤逆転層 《気》 strato㊚ di inversione
逆転ホームラン fuoricampo㊚[無変] che inverte le posizioni

逆転優勝 vittoria[女] strappata all'ultimo minuto, vittoria[女] in extremis
きゃくどめ 客止め teatro[男] pieno ¶「満員客止め」《掲示》"Tutto esaurito"
きゃくひき 客引き 《店の》procacciatore[男][[女] -trice] di clienti;《ぽん引き》adescatore[男][[女] -trice] ¶客引きをする procacciarsi clienti /《娼婦が》adescare (i passanti)
きゃくぶ 脚部 gambe[女][複];《動物》zampe[女][複] ¶テーブルの脚部 gambe del tavolo
ぎゃくふう 逆風 vento[男] contrario [複 -i] [di prora] ¶逆風をついて進む procedere con il vento contrario
ぎゃくふんしゃ 逆噴射 ◇逆噴射する invertire i reattori ¶逆噴射ロケット razzo frenante / retrorazzo
きやくぶんすう 既約分数 〖数〗frazione[女] irriducibile
ぎゃくほうこう 逆方向 ¶逆方向に行く andare nella direzione contraria ¶帰り道とは逆方向に nella direzione opposta a quella di casa
きゃくほん 脚本 sceneggiatura[女]; copione[男]
✤**脚本家** sceneggiatore[男][[女] -trice]
きゃくま 客間 salotto[男], salone[男] per ospiti
ぎゃくもどり 逆戻り retrocessione[女];《逆行, 退化》retrogressione[女], reversione[女] ◇逆戻りする retrocedere[自][av, es], regredire[自][av, es]; tornare[自][es] indietro;《状態に》ricadere[自][es]《に in》¶悪の道に逆戻りする riprendere la strada del male ¶冬に逆戻りした. L'inverno è ritornato. ¶それを説明するには時間を 100 年逆戻りしなければならない. Per spiegarlo bisogna retrocedere nel tempo di 100 anni.
ぎゃくゆしゅつ 逆輸出 〖経〗riesportazione[女] ◇逆輸出する riesportare
ぎゃくゆにゅう 逆輸入 〖経〗reimportazione[女] ◇逆輸入する reimportare
ぎゃくよう 逆用 ¶彼は相手の力を逆用した. Ha volto a suo vantaggio la forza dell'avversario. ¶私は彼の説を逆用した. Mi sono servito (per controbatterlo) dei suoi stessi argomenti.
きゃくよせ 客寄せ ¶客寄せの目玉商品 articolo per attirare i clienti
ぎゃくりゅう 逆流 (flusso[男] in) controcorrente[女] ¶下水が逆流した. L'acqua dello scarico è rifluita. ¶逆流の中を泳ぐ nuotare controcorrente
✤**逆流防止弁**〖機〗valvola[女] di non ritorno
きゃくりょく 脚力 ¶脚力で con la forza delle gambe ¶脚力が強い avere le gambe forti ¶脚力が衰える perdere la forza nelle gambe
ギャザー 〔英 gather〕〖服〗increspatura[女], arricciatura[女] ¶袖にギャザーを寄せる arricciare le maniche
✤**ギャザースカート** gonna[女] increspata
きゃしゃ 華奢 ◇きゃしゃな《人が》sottile;《体が》esile, gracile;《こわれやすい》fragile
きやすい 気安い ¶彼女となら気安く話せる. Con lei posso parlare liberamente in maniera rilassata. ¶フランチェスカは気安い人だ. Francesca è una persona alla mano.
キャスター 〔英 caster〕**1**《小さな車輪》ruota[女] orientabile, rotella[女] ¶キャスター付きの椅子 sedia con rotelle **2** ⇀ニュースキャスター
キャスティング 〔英 casting〕assegnazione[女] delle parti;〔英〕casting [kástin(g)] [男][無変] ¶抜群にすばらしいキャスティング cast favoloso
キャスティングボート 〔英 casting vote〕¶この政党は議会内でキャスティングボートを握っている. Il partito detiene [ha] il voto decisivo in Parlamento.
キャスト 〔英 cast〕〔英〕cast [kast] [男][無変]; interpreti[男][複], attori[男][複] ¶オールスターキャスト cast [complesso] di celebrità ¶ミスキャスト cast sbagliato [non azzeccato]
きやすめ 気休め consolazione[女] [conforto[男]] di ripiego;《一時しのぎ》palliativo[男] ¶気安めを言う cercare di sdrammatizzare [di minimizzare]
きやせ 着痩 ¶彼女は着やせするたちだ. Sembra più magra nei vestiti.
キャセロール 〔英 casserole〕casseruola[女]
きゃたつ 脚立 scaleo[男], scala[女] a libretto
キャタピラー 《商標》cingolo[男]
きゃっ ¶きゃっと叫ぶ emettere un breve grido / strillare[自][av] /《猿が》urlare[自][av] ¶きゃっという叫び声 strillo
きゃっか 却下〖法〗rigetto[男], rifiuto[男], reiezione[女] ◇却下する respingere ¶上告を却下する respingere un appello
きゃっかん 客観 ◇客観的な obiettivo, oggettivo ◇客観的に obiettivamente, oggettivamente, in modo oggettivo [obiettivo] ¶客観的に判断すれば giudicando obiettivamente [con obiettività]
✤**客観化** oggettivazione[女] ◇客観化する oggettivare, obiettivare
客観主義 oggettivismo[男]
客観性 obiettività[女], oggettività[女]
客観テスト test[男][無変] oggettivo
ぎゃっきょう 逆境 avversità[女], sfortuna[女] ¶逆境にある essere in una situazione sfavorevole / trovarsi di fronte alle avversità ¶逆境と闘う combattere contro le avversità
きゃっこう 脚光 **1**〖劇〗luci[女][複] della ribalta **2**《注目》¶脚光を浴びる essere in vista / destare l'attenzione pubblica
ぎゃっこう 逆光 controluce[女] ¶逆光で写真を撮る fotografare in controluce
ぎゃっこう 逆行 movimento[男] all'indietro, retrogressione[女], retrocessione[女];《退行》regressione[女] ◇逆行する retrocedere[自][av, es];《車が》andare in senso contrario ¶時勢に逆行する andare controcorrente
キャッシュ 〔英 cash〕contanti[男][複]
✤**キャッシュカード** bancomat[男][無変]
キャッシュレス ¶キャッシュレス時代が到来した. È arrivato il tempo in cui non è necessario usare [portare con sé] denaro contante.
キャッチ 〔英 catch〕¶電波をキャッチする captare un'onda ¶ナイスキャッチ! Bella presa!
✤**キャッチアンドリリース**〔英〕Catch and Release[男][無変], No-Kill[男][無変]
キャッチコピー[フレーズ] slogan[男][無変] (pubblicitario [複 -i])
キャッチャー 〔英 catcher〕〖スポ〗ricevitore

キャッチャーボート 〔英 catcher boat〕 cacciabalene㊚〔無変〕

キャッツアイ 〔英 cat's-eye〕 《鉱》occhio㊚〔複 -chi〕 di gatto

キャップ 〔英 cap〕 **1** 《ペンなどの》cappuccio㊚〔複 -ci〕;《びんのふた》tappo㊚ **2** 《ふちのない帽子》berretto㊚

ギャップ 〔英 gap〕《格差》scarto㊚, divario㊚〔複 -i〕;〔英〕gap㊚〔無変〕 ¶北と南のギャップ divario tra Nord e Sud

キャディ 〔英 caddie〕《ゴルフの》〔英〕caddie [kéddi]㊚〔無変〕; portamazze㊚〔無変〕

キャド CAD《設計支援システム》CAD [kad]〔無変〕, progettazione㊛ assistita da elaboratore

ギャバジン 〔英gabardine〕 gabardine [gabardín]㊛〔無変〕 ¶ギャバジンのパンツ pantaloni di gabardine

キャバレー 〔仏 cabaret [kabaré]〕㊚〔無変〕;《夜間風俗営業》locale notturno per soli uomini

キャビア 〔英 caviar〕《料》caviale㊚ ¶キャビアのカナッペ tartina al caviale

キャビネ 〔仏 cabinet〕 ¶キャビネ判 formato㊚ gabinetto (◆日本では16.5×12cm, イタリアでは10×15cm)

キャビネット 〔英 cabinet〕《スピーカーの》cassa㊛;《ラジオなどの》scatola㊛;《飾り棚》armadietto㊚

キャビン 〔英 cabin〕《船・飛行機の》cabina㊛

キャプション 〔英 caption〕《字幕, 写真説明》didascalia㊛;《新聞の見出し》titolo㊚

キャプスタン 〔英 capstan〕《録音機の》rullo㊚ di trascinamento

キャプテン 〔英 captain〕《船長, 主将》capitano㊚ (▶女性についても用いる)

キャブレター 〔英 carburetor〕《エンジンの》carburatore㊚

ぎゃふん ¶〈人〉をぎゃふんと言わせる ridurre qlcu. al silenzio / chiudere la bocca a qlcu.

キャベツ 〔英 cabbage〕 cavolo㊚, verza㊛ ¶芽キャベツ cavoletti di Bruxelles ¶ロールキャベツ cavolo farcito / involtini di verza

キャミソール 〔英 camisole〕《服》〔英〕top㊚〔無変〕, sottoveste㊛ corta

キャメラ 〔英 camera〕《映》macchina㊛ da presa;《16ミリ以下の》cinepresa㊛

キャメル 〔英 camel〕《織》cammello㊚ ¶キャメルのコート cappotto di cammello

きゃら 伽羅《香木》aquilaria, agallocha㊛;《沈香》legno㊚ di aloe

ギャラ compenso㊚;〔仏〕cachet [kaʃé]㊚〔無変〕 ¶高いギャラを支払う dare un compenso alto

キャラクター 〔英 character〕 **1**《性格》carattere㊚, indole㊛, temperamento㊚ **2**《小説・漫画の》personaggio㊚〔複 -gi〕
❖**キャラクター商品** prodotti㊚〔複〕che ritraggono famosi personaggi soprattutto di fumetti e cartoni animati

キャラコ 〔英 calico〕《織》calicò㊚

キャラバン 〔英 caravan〕《隊商》carovana㊛

キャラメル 〔英 caramel〕 caramella㊛ mou [mu], caramella㊛ morbida a base di zucchero, burro e latte;《カラメル》caramello㊚ ¶キャラメル風味のパンナコッタ panna cotta al caramello

ギャラリー 〔英 gallery〕 **1**《回廊, 歩廊》galleria㊛ **2**《画廊》galleria㊛ d'arte **3**《観衆》pubblico㊚

ギャランティー 〔英 guarantee〕《保証料, 手数料》garanzia㊛;《報酬》→ギャラ

キャリア 〔英 career〕《経歴》carriera㊛;《経験》esperienza㊛ pratica;《外交官の》diplomatico㊚〔複 -ci〕 di carriera ¶彼にはこの道30年のキャリアがある. Ha trent'anni di carriera in questo mestiere.
❖**キャリアウーマン** donna㊛ in carriera
キャリア組 funzionario㊚〔複 -ia;㊛複 -i〕 di carriera

キャリア 〔英 carrier〕《保菌者》¶エイズウイルスキャリア portatore㊚〔複 -trice〕 di AIDS

ギャロップ 〔英 gallop〕 galoppo㊚→馬 関連
¶ギャロップで行く galoppare / andare al galoppo

きゃん ¶犬は痛がってきゃんきゃん悲鳴をあげた. Il cane ha guaito per il dolore.

ギャング 〔英 gang〕〔英〕gangster㊚〔無変〕; bandito㊚〔複 -a〕
❖**ギャング映画** film㊚〔無変〕 di gangster

キャンセル 〔英 cancel〕 cancellazione㊛, disdetta㊛ cancellare, disdire ¶予約をキャンセルする cancellare [annullare] la prenotazione ¶予約のキャンセルは1週間前まで可能だ. La prenotazione si può cancellare fino a una settimana prima.
❖**キャンセル待ち** ¶キャンセル待ちである essere in lista d'attesa

キャンター 〔英 canter〕 piccolo galoppo㊚→馬 関連

キャンデー 〔英 candy〕 **1**《糖果》caramella㊛ **2**《アイスキャンデー》ghiacciolo㊚

キャンドル 〔英 candle〕《ろうそく》candela㊛

キャンパー 〔英 camper〕《キャンプする人》campeggiatore㊚〔㊛ -trice〕

キャンバス 〔英 canvas〕《美》tela㊛

キャンパス 〔英 campus〕〔英〕campus㊚〔無変〕

キャンピング 〔英 camping〕 campeggio㊚〔複 -gi〕;〔英〕camping [kémping]㊚〔無変〕 ¶オートキャンピング campeggio con roulotte
❖**キャンピングカー** autocaravan〔無変〕;〔英〕camper [kámper]㊚〔無変〕;《トレーラー式》〔仏〕roulotte [rulót]㊛〔無変〕; caravan [káravan]㊚〔無変〕

キャンプ 〔英 camp〕 **1**《野営》campeggio㊚〔複 -gi〕;〔英〕camping㊚〔無変〕;《スポーツの》ritiro㊚ ◇キャンプする fare un campeggio, campeggiare; andare in ritiro ¶ベースキャンプ《登山などの》campo base㊚〔無変〕 ¶私たちは浜辺でキャンプをした. Abbiamo campeggiato sulla spiaggia.
2《兵営》caserma㊛;《兵士の野営》accampamento㊚ militare
❖**キャンプ場** campeggio㊚〔複 -gi〕
キャンプファイヤー fuoco㊚〔複 -chi〕 di bivacco

¶キャンプファイヤーを囲んで歌う cantare intorno al fuoco
キャンプ用品 equipaggiamento[男] per il campeggio
ギャンブラー〔英 gambler〕《賭博(とく)師》 giocatore[男][女 -trice] d'azzardo
ギャンブル〔英 gamble〕 gioco[男][複 -chi] d'azzardo;《投機的な仕事》 impresa[女] rischiosa
キャンペーン〔英 campaign〕 campagna[女] ¶反公害キャンペーンを繰り広げる lanciare [fare] una campagna contro l'inquinamento
きゅう 九 nove[男] ¶9番目の nono ¶9倍 nove volte ¶9分の1 un nono ¶9分の5 cinque noni
きゅう 旧 **1**《古い》 vecchio [男複 -chi];《以前の》 ex, precedente ¶情勢は旧に復した. La situazione è stata riportata allo stato precedente. ¶旧ソ連 ex Unione Sovietica **2** ⇒旧暦
きゅう 灸 moxibustione[女], moxa[女] ¶灸を据える applicare la moxa;《処罰・叱責する》 punire *qlcu.* severamente
きゅう 級 classe[女], grado[男], rango[男][複 -ghi] ¶彼は僕より2級上だ.《学年》 È più avanti di me di due classi [anni]. ¶彼は大臣級の人物だ. Ha la stoffa del Ministro.
きゅう 宮 〘天〙 segno[男] zodiacale ¶黄道十二宮 i dodici segni dello zodiaco
きゅう 球 globo[男], sfera[女];《ボール》 palla[女] ◇球状[形]の sferico [男複 -ci]
キュー〔英 cue〕 **1**《玉突きの》 stecca[女] **2**《放送などで演出家が手の動作で示す合図》 ¶キューを出す dare il via [il segnale]
きゅう 急 **1**【速いこと】 rapidità[女], velocità[女], celerità[女];《急ぐこと, 敏捷性》 sveltezza[女], lestezza[女] ◇急な rapido, veloce, celere; svelto, lesto ◇急に rapidamente, velocemente; in fretta, precipitosamente ¶川の急な流れ corrente rapida del fiume ¶急な動き movimento svelto [veloce] ¶急な催促 sollecitazioni pressanti e insistenti ¶そんなに急に決断しろと言われても困るよ. Mi trovo in difficoltà a prendere una decisione così rapida. ¶急に外気温が下がった. La temperatura esterna è scesa rapidamente.
2【突然】 subitaneità[女], repentinità[女] ◇急な improvviso, subitaneo;《速い》 repentino;《突然の》 brusco [男複 -schi];《予期しない》 inatteso, impensato, imprevisto ◇急に all'improvviso, improvvisamente, di colpo; d'un tratto ¶急に怒りだす arrabbiarsi improvvisamente / scoppiare dalla rabbia ¶急に笑いだす scoppiare a ridere / esplodere in una risata ¶急に泣きだす scoppiare a piangere/ prorompere in pianto [in lacrime] ¶急な用事 impegno improvviso [imprevisto] ¶急な話なので何と答えたらいいのやら. Così all'improvviso, non so che rispondere. ¶急に風が吹いてきて帽子を飛ばされた. Una ventata improvvisa mi ha portato via il cappello.
3【緊急】 immediatezza[女], urgenza[女], emergenza[女];《危機》 crisi[女], circostanza[女] pericolosa ◇急な immediato, urgente ◇急に immediatamente, urgentemente ¶焦眉(しょうび)の急だ. È un caso della massima urgenza. ¶急にお金が必要になった. Ho finito con l'avere urgente bisogno di denaro. ¶急を告げる《警報を発する》 dare l'allarme / allertare /《救助を求める》 mandare l'SOS ¶〈人〉の急を救う salvare *qlcu.* da un pericolo / soccorrere *qlcu.* ¶大統領の病状が急を告げた. Lo stato di salute del Presidente era diventato critico [allarmante]. ¶政情は風雲急を告げている. La situazione politica diventa sempre più tesa.
4【傾斜が大きいこと】 ripidezza[女] ◇急な ripido, erto ¶急な上り坂 salita ripida [erta]
✤**急カーブ** curva[女] stretta;《ヘアピンカーブ》 tornante[男];《直角な》 curva[女] a gomito ¶「急カーブ危険」《掲示》 "Curve pericolose"
急テンポ ritmo[男] incalzante [febbrile] ¶急テンポで a ritmo incalzante
急ピッチ ◇急ピッチで rapidamente, alacremente, a passo spedito, in tutta fretta
急ブレーキ ¶急ブレーキをかける fare una frenata improvvisa [brusca]
きゆう 杞憂 timore[男] infondato ¶それは君の杞憂にすぎない. Si tratta di timori infondati.
きゅうあい 求愛 corteggiamento[男] ◇求愛する corteggiare *qlcu.*, far la corte a *qlcu.*;《告白する》 dichiarare il *proprio* amore a *qlcu.* ¶動物の求愛行動 danza di corteggiamento degli animali
きゅうあく 旧悪 errori[男][複] [misfatti[男][複]] del passato ¶〈人〉の旧悪を暴く rivangare il passato di *qlcu.* / riesumare i trascorsi di *qlcu.*
きゅういん 吸引 《吸収》 assorbimento[男];《液体の》 succhio[男][複 -chi];《気体の》 aspirazione[女] ◇吸引する assorbire; succhiare; aspirare
✤**吸引力** forza[女] aspirante
ぎゅういんばしょく 牛飲馬食 ◇牛飲馬食する bere come una spugna e mangiare come un maiale; bere smodatamente e mangiare con ingordigia
きゅうえん 休演 ◇休演する《主催者が主語》 sospendere la rappresentazione;《役者が主語》 non presentarsi in scena
きゅうえん 救援 soccorso[男], aiuto[男], assistenza[女] ◇救援する soccorrere *qlcu.*, prestare soccorso a *qlcu.*, aiutare *qlcu.*, assistere *qlcu.* ¶救援におもむく andare in soccorso《の di》
✤**救援活動** operazione[女] di soccorso
救援部隊 squadra[女] di soccorso
救援物資 beni[男][複] di prima necessità ¶救援物資を送る inviare beni di prima necessità
きゅうおん 旧恩 ¶旧恩に報いる ricambiare una vecchia gentilezza
きゅうおん 吸音 assorbimento[男] acustico
✤**吸音材** isolante[男] acustico [複 -ci]
きゅうか 旧家 ¶彼は由緒ある旧家の出だ. Proviene da una buona ed antica famiglia.
きゅうか 休暇 vacanza[女], ferie[女][複]; congedo[男] ¶夏期休暇 vacanze [ferie] estive ¶クリスマス休暇 vacanze natalizie [di Natale] ¶復活祭休暇 vacanze pasquali [di Pasqua] ¶有給休暇 ferie pagate ¶休暇中に durante le vacanze ¶休暇になる《学校・商店などが主語》 chiudere per le vacanze ¶

休暇を海[田舎/湖/山]で過ごす trascorrere le vacanze al mare [in campagna / al lago / in montagna] ¶1週間の休暇を取る prendersi una vacanza di una settimana

✣休暇戦術 strategia㊛ sostitutiva dello sciopero consistente nella richiesta simultanea di un giorno di congedo da parte di tutti i lavoratori

休暇願い[届け] domanda㊛ [richiesta㊛] di ferie

きゅうかい 休会 sospensione㊛ di una seduta [di una riunione] ◇休会する sospendere una riunione [i lavori]

きゅうかく 嗅覚 olfatto㊚, odorato㊚ ¶鋭い嗅覚 olfatto fino [molto sviluppato]

✣嗅覚神経 nervo㊚ olfattivo

きゅうがく 休学 interruzione㊛ temporanea degli studi; assenza㊛ temporanea dalla scuola ¶1年間休学する interrompere [sospendere] gli studi per un anno

きゅうかくど 急角度 angolo㊚ acuto

きゅうかざん 休火山 vulcano㊚ inattivo

きゅうがた 旧型 ¶旧型の自動車 automobile㊛ di vecchio modello

ぎゅうがわ 牛革 pelle㊛ bovina

きゅうかん 休刊 sospensione㊛ della pubblicazione ◇休刊する sospendere la pubblicazione di ql.co. ¶今日は新聞休刊日だ. Oggi i giornali non escono.

きゅうかん 休館 ◇休館する《定期的に》essere chiuso per riposo;《一時的に》essere chiuso temporaneamente ¶月曜休館 lunedì chiuso / chiuso di lunedì

きゅうかん 急患 paziente㊚㊛ urgente

きゅうかんち 休閑地 maggese㊚

きゅうかんちょう 九官鳥 《鳥》gracola㊛

きゅうき 吸気 aspirazione㊛

きゅうぎ 球技 gioco㊚ [複 -chi] di palla →スポーツ 用語集

きゅうきゅう 救急 pronto soccorso㊚

✣救急医療体制 sistema㊚ [複 -i] di pronto soccorso

救急救命士 addetto㊚ [㊛ -a] [(総称) personale㊚] del pronto soccorso

救急車 ¶救急車を呼ぶ chiamare l'autoambulanza (◆イタリアでは電話番号は118)

救急箱 cassetta㊛ di pronto soccorso

救急病院 pronto soccorso㊚

救急法 primo soccorso㊚

きゅうきゅう 汲汲 ¶彼は売名に汲々としている. Non fa [pensa] che crearsi pubblicità.

きゅうきゅう《擬》**1**《音》¶きゅうきゅう鳴る scricchiolare㊀ [av], strillare㊀ [av], cigolare㊀ [av] **2** →ぎゅうぎゅう1 **3**《苦しい様子》¶テスト責めできゅうきゅう言わせる pressare qlcu. con tanti esami

ぎゅうぎゅう 1《押し込める様子》¶私たちは満員電車にぎゅうぎゅうに詰め込まれた. Eravamo schiacciati nel treno affollato. ¶バスはぎゅうぎゅうだった. Il bus era affollatissimo [stipatissimo / pieno zeppo].

2《責めて苦しませる様子》¶あいつをぎゅうぎゅうの目にあわせてやる. Gliela faccio passare brutta.

ぎゅうぎゅうのいちもう 九牛の一毛 ¶九牛の一毛に過ぎない. Non è altro che una goccia nell'oceano.

きゅうきょ 急遽《直ちに》subito, immediatamente e in modo improvviso;《大急ぎで》in fretta e furia, precipitosamente ¶彼は急遽上京した. Si è precipitato a Tokyo.

きゅうきょう 旧教 →カトリック

きゅうぎょう 休業 chiusura㊛;《定期的な》riposo㊚ ◇休業する《店を》chiudere il negozio;《仕事を》sospendere il lavoro;《営業を》cessare l'attività ¶「本日休業」《掲示》"Oggi chiuso"

きゅうきょく 究極 ◇究極の finale, estremo ¶究極のところ in ultima analisi / dopo tutto / in fin dei conti ¶究極の選択 scelta estrema

きゅうきん 球菌 《生》cocco㊚ [複 -chi], micrococco㊚ [複 -chi]

きゅうくつ 窮屈 **1**《狭小なこと》◇窮屈な stretto, angusto;《小さい》piccolo ¶窮屈な靴 scarpe strette ¶この服は肩のあたりが窮屈だ. Questo abito mi va stretto di spalle.

2《堅苦しいこと》◇窮屈な severo, rigoroso, rigido ¶会社で窮屈な思いをしている. Mi trovo a disagio nella ditta. ¶あまり窮屈に考えるな. Non essere così intransigente.

3《金銭・物が不足すること》¶窮屈な暮らしをする vivere con mezzi limitati

ぎゅうぐん 義勇軍 esercito㊚ di volontari

きゅうけい 弓形 **1**《弓の形》arco㊚ [複 -chi] ◇弓形の arcuato, a forma di arco;《建》arcuato **2**《数》segmento㊚ circolare

きゅうけい 休憩《小休止》pausa㊛;《休息》riposo㊚;《幕間, 休み時間》pausa㊛, intervallo㊚;《学校・事務所の》ricreazione㊛;《コーヒーブレイク》intervallo㊚ per il caffè, pausa㊛ caffè ◇休憩する riposare ¶休憩にしましょうか. Facciamo una pausa?

✣休憩室 sala㊛ di ricreazione

きゅうけい 求刑 richiesta㊛ della pena ¶被告に無期懲役[死刑]を求刑する chiedere la pena dell'ergastolo [di morte] per l'accusato

きゅうけい 球茎 《植》bulbo㊚

きゅうけいしゃ 急傾斜 pendio㊚ [複 -ii] ripido ◇急傾斜の ripido, erto, scosceso

きゅうげき 急激 ◇急激な《突然の》improvviso;《速い》rapido;《急進的な》radicale;《激烈な》drastico㊚ [複 -ci] ¶急激に improvvisamente, rapidamente ¶急激に発展する avere un rapido sviluppo

きゅうけつき 吸血鬼 vampiro㊚;《ドラキュラ》Dracula㊚

きゅうげん 急減 ◇急減する ridursi [diminuire] rapidamente

きゅうご 救護 soccorso㊚, aiuto㊚, salvataggio㊚ [複 -gi] ◇救護する aiutare qlcu., soccorrere qlcu.

✣救護班 squadra㊛ di soccorso [di salvataggio]

きゅうこう 旧交 ¶〈人〉と旧交を温める rinnovare una vecchia amicizia con qlcu.

きゅうこう 休校 ¶臨時休校 chiusura straordinaria della scuola

きゅうこう 休耕 ¶休耕にする lasciare un campo a riposo [a maggese]
✤**休耕地** maggese[男]
休耕田 risaia[女] tenuta a riposo
きゅうこう 休講 ¶岡田教授は本日休講です. Oggi il prof. Okada non terrà lezione.
きゅうこう 急行 **1**《急いで行くこと》 ¶事故現場へ急行する precipitarsi sul [affrettarsi verso il] luogo dell'incidente **2** 《列車》 treno[男] espresso ⇒駅 [会話] ¶18時10分ローマ発ミラノ行き急行に乗る prendere l'espresso Roma-Milano delle 18.10
✤**急行券** biglietto[男] per treno espresso
急行料金 supplemento[男] per treno espresso
きゅうごう 糾合 ¶同志を糾合する radunare [raccogliere] persone della stessa opinione
きゅうこうか 急降下 picchiata[女] ◇**急降下する** gettarsi in picchiata ¶工場を急降下爆撃する bombardare una fabbrica in picchiata
✤**急降下爆撃機** bombardiere[男] in picchiata
きゅうこうばい 急勾配 forte pendenza[女], pend*io*[男][複 *-ii*] ripido ¶急勾配の階段 scale ripide ¶急勾配の屋根 tetto spiovente
きゅうこく 急告 avviso[男] urgente ◇**急告する** avvisare *qlcu.* di *ql.co.* con urgenza ¶「急告, 下記の者は窓口に申し出ること」"Avviso urgente. Le persone sottoindicate sono pregate di rivolgersi allo sportello."
きゅうこく 救国 ¶救国の士 salva*tore*[男][[女] *-trice*] della patria
きゅうごしらえ 急拵え ¶急ごしらえの舞台 palco costruito in fretta e furia
きゅうこん 求婚 ◇**求婚する** fare una proposta di matrimonio a *qlcu.*;《男性が》chiedere la mano di *qlcu.*
✤**求婚者** pretendente[男] alla mano《の di》(►男性にだけ使われる) ¶姉の求婚者 pretendente alla mano di mia sorella
きゅうこん 球根 〔植〕 bulbo[男] ¶チューリップの球根を植える piantare i bulbi di tulipano
きゅうさい 休載 ◇**休載する** sospendere la pubblicazione di *ql.co.*
きゅうさい 救済 salvezza[女], soccorso[男], assistenza[女], aiuto[男] ◇**救済する** salvare [soccorrere / aiutare] *qlcu.*, prestare soccorso a *qlcu.*
✤**救済事業**《社会保障》assistenza[女] sociale;《慈善事業》opere[女][複] di carità
救済資金 fondi[男][複] per l'assistenza
救済者《宗教・政治的》salva*tore*[男][[女] *-trice*];《救援者》soccorri*tore*[男][[女] *-trice*]
きゅうし 九死 ¶私は九死に一生を得た. Ero [Sono stato] a un passo dalla morte. / Mi sono salvato per miracolo [per un pelo].
きゅうし 休止 《中止, 停止》sospensione[女], cessazione[女], arresto[男];《休息》riposo[男] ◇**休止する** sospendere *ql.co.* ¶バスは運行を休止している. Il servizio degli autobus è sospeso.
きゅうし 臼歯 dente[男] molare ¶大臼歯 molare[男] ¶小臼歯 premolare[男]
きゅうし 急死 morte[女] improvvisa [inattesa] ◇**急死する** morire improvvisamente
きゅうし 急使 ¶急使を派遣する mandare un corriere diplomatico
きゅうじ 給仕 《行為》servi*zio*[男][複 *-i*] di cameriere;《人》camerier*e*[男][[女] *-a*];《喫茶店の》barist*a*[男][女][[男]複 *-i*] ¶給仕をする《食事の》servire a tavola
✤**給仕長**〔仏〕maître [mɛtr] [男][無変]; capo[男] servizio, capocameriere[男][[女] *-a*]
きゅうしがい 旧市街 centro[男] stor*ico* [複 *-ci*]; quartiere[男] vec*chio* [複 *-chi*]
きゅうしき 旧式 ◇**旧式の** di vecchio modello [stile], vec*chio* [[男]複 *-chi*];《流行遅れの》passato di moda, fuori moda;《時代遅れの》antiquato, superato;《すたれた》in disuso, desueto ¶旧式の自動車 vecchio modello di auto ¶旧式な考え方 maniera di pensare sorpassata [superata]
きゅうしつ 吸湿 assorbimento[男] di umidità ◇**吸湿性** igroscopicità[女] ◇**吸湿性の(ある)** igrosco*pico* [[男]複 *-ci*]
きゅうじつ 休日 vacanza[女], giorno[男] di riposo;《兵士の》(giorno[男] di) permesso[男];《祝祭日》giorno[男] festivo
✤**休日出勤** ¶休日出勤する lavorare in un giorno non lavorativo
きゅうしふ 休止符 〔音〕pausa[女], arresto[男] ¶休止符を打つ mettere un punto provvisorio
きゅうしゃ 厩舎 《王室・競馬の》scuderia[女];《家畜小屋》stalla[女] (per cavalli)
きゅうしゃ 鳩舎 colombaia[女]
ぎゅうしゃ 牛車 carro[男] trainato da buoi
ぎゅうしゃ 牛舎 stalla[女] (per buoi)
きゅうしゅう 旧習 antica usanza[女]
きゅうしゅう 吸収 **1**《吸い取ること》assorbimento[男] ◇**吸収する** assorbire ¶この布は湿気を吸収する. Questo tessuto assorbe l'umidità.
2《外のものを内部にとり込んで自分のものとすること》assorbimento[男], assimilazione[女];《企業の》incorporazione[女], fusione[女] ¶栄養[知識]を吸収する assimilare nutrimento [una cognizione] ¶新しい文化を吸収する assorbire una nuova cultura ¶その小さな工場は大工場に吸収された. Quella piccola fabbrica è stata assorbita da una più grande.
✤**吸収合併** incorporazione[女] per assorbimento
吸収剤 assorbente[男]
吸収率 fattore[男] di assorbimento
吸収力 (1)《吸いとる力》capacità[女] di assorbimento (2)《内にとり込む力》potere[男] di assimilazione
きゅうしゅう 急襲 attac*co*[男][複 *-chi*] di sorpresa ◇**急襲する** attaccare [assalire] *qlcu.* [*ql.co.*] di sorpresa

きゅうじゅう 九十

novanta[男][無変] ¶90番目のnovantesimo ¶90分の1 un novantesimo ¶90分の8 otto novantesimi ¶91 novantuno ¶90歳の人 novantenne[男][女] / nonagenar*io*[男][[女] *-ia*; [男]複 *-i*] ¶約90 una novantina
きゅうしゅつ 救出 ⇒救助 ◇**救出する** mettere [trarre] in salvo *qlcu.*
✤**救出作業** operazioni[女][複] di soccorso [di salvataggio]
きゅうじゅつ 弓術 (arte[女] di) tiro[男] con l'arco

きゅうしょ 急所 **1** 《生命にかかわる所》punto男 [parte女] vitale; 《弱点》punto debole ¶〈人〉の急所を突く toccare qlcu. nel punto debole / colpire qlcu. in un punto vitale
2 《要点》punto essenziale [fondamentale / principale] ¶急所を突いた質問 domanda pertinente [appropriata]

きゅうじょ 救助 salvataggio男 [複 -gi], soccorso男; aiuto男 ◇救助する salvare qlcu.《から da》, soccorrere qlcu. ¶人命を救助する salvare la vita ¶救助の手を差しのべる dare [prestare] aiuto 《に a》 ¶救助を求める chiedere aiuto a qlcu./ domandare [chiamare] soccorso
❖救助訓練[作業] esercitazione女 [operazione女] di soccorso
救助信号 chiamata女 di soccorso; [英] SOS [és seoésse] 男 [無変]
救助船 imbarcazione女 di salvataggio, nave女 soccorso
救助隊 squadra女 di soccorso

きゅうじょう 休場 ◇休場する《競技場などが》essere chiuso; 《選手が》assentarsi da una partita [《陸上など》una gara / 《格闘技など》un incontro]; 《役者が》assentarsi dalla scena

きゅうじょう 球場 《野球場》stadio男 [複 -i] di baseball

きゅうじょう 窮状 situazione女 difficile, difficoltà女; 《経済的》miseria女 ¶〈人〉に窮状を訴える lagnarsi con qlcu. della situazione

きゅうしょうがつ 旧正月 Capodanno男 lunare ¶今年の旧正月は2月9日です。Questo anno il Capodanno lunare cade il 9 febbraio.

きゅうしょく 休職 sospensione女 dal servizio ¶彼は休職を命じられた。È stato sospeso dal servizio. ¶私は病気で2年間休職した。Per malattia sono stato in congedo per due anni.

きゅうしょく 求職 richiesta女 di lavoro [d'impiego]
❖求職者 persona女 in cerca di lavoro
求職情報 annunci男 [複] di offerta lavoro

きゅうしょく 給食 《学校の》refezione女 scolastica
❖給食費 spese女 [複] per la refezione [mensa scolastica]

ぎゅうじる 牛耳る ¶会社を牛耳る avere il controllo di una ditta ¶あいつは奥さんに牛耳られている。A casa sua comanda la moglie.

きゅうしん 休診 ¶「本日休診」《掲示》"Oggi non si fanno visite mediche" / "Oggi il medico non riceve"
❖休診日 giorno男 di chiusura di uno studio medico

きゅうしん 求心 ◇求心的な centripeto
❖求心力 forza女 centripeta

きゅうしん 急進 ◇急進的な radicale
❖急進思想 idee女 [複] radicali
急進主義 radicalismo男
急進派 《集合的》radicali男 [複]

きゅうしん 急診 visita女 medica urgente

きゅうじん 求人 offerta女 di lavoro [d'impiego], ricerca女 di personale ¶求人《掲示》"Offerte d'impiego" / "Cercasi" / "Offresi lavoro."

❖求人広告 ¶新聞に求人広告を出す mettere un annuncio「di offerta di lavoro [di ricerca di personale] su un giornale
求人倍率 rapporto男 tra domanda e offerta di lavoro ¶求人倍率は2倍である。Il rapporto tra domanda e offerta di lavoro è di due a uno.
求人欄 rubrica女 delle offerte di lavoro

きゅうす 急須 《piccola》teiera女

きゅうすい 吸水 assorbimento男, aspirazione女
❖吸水管 tubo男 d'aspirazione dell'acqua
吸水性 proprietà女 idrofila ◇吸水性の idrofilo
吸水ポンプ pompa女 aspirante

きゅうすい 給水 approvvigionamento [rifornimento男] idrico [複 -ci] ¶町に給水する approvvigionare [rifornire] d'acqua la città
❖給水管 tubo男 dell'acqua,
給水車 autobotte女 acqua
給水制限 razionamento男 della distribuzione idrica
給水栓 presa女 d'acqua; 《消火栓》idrante男
給水タンク cisterna女
給水塔 torre女 serbatoio [無変]
給水ポンプ pompa女 dell'acqua

きゅうすう 級数 《数》progressione女 ¶幾何[等比]級数 progressione geometrica ¶算術[等差]級数 progressione aritmetica

きゅうする 窮する **1** 《行き詰まる》¶答えに窮する non sapere cosa rispondere
2 《足りなくて困る》essere in difficoltà; 《経済的に》essere in ristrettezze ¶資金繰りに窮している essere in difficoltà finanziarie ¶家賃の支払いに窮する essere in difficoltà con l'affitto
慣用 窮すれば通ず "La necessità [La fame] aguzza l'ingegno."

きゅうせい 旧姓 vecchio [複 -chi] cognome男; 《既婚女性の》cognome男 da ragazza [da nubile] ¶私は山田、旧姓田中です。Sono la signora Yamada, nata Tanaka.

きゅうせい 急性 《医》◇急性の acuto ¶亜急性毒性 tossicità subacuta
❖急性アルコール中毒 intossicazione女 acuta da alcol
急性中毒 intossicazione女 acuta
急性肺炎 polmonite女 acuta

きゅうせい 急逝 morte女 improvvisa ◇急逝する morire di colpo

きゅうせい 救世 salvezza女, redenzione女
❖救世軍 Esercito男 della Salvezza
救世主 il Salvatore男, il Redentore男, il Messia男

きゅうせいこうこう 旧制高校 liceo男 secondo il vecchio sistema scolastico

きゅうせかい 旧世界 il Vecchio Mondo男 [Continente男]

きゅうせき 旧跡 luogo男 [複 -ghi] di interesse storico; 《遺跡》rovine女 [複], ruderi男 [複]

きゅうせきほう 求積法 《面積》planimetria女; 《体積》stereometria女

きゅうせっきじだい 旧石器時代 periodo男 paleolitico, età女 paleolitica, paleolitico男 ¶旧石器時代の化石 fossile paleolitico

きゅうせん 休戦 armistizio男 [複 -i]; 《停戦》

tregua㊛, cessazione㊛ temporanea delle ostilità ◇休戦する sospendere [cessare] le ostilità, concludere [firmare] un armistizio [una tregua] ¶休戦協定を結ぶ[破る] raggiungere [violare] l'accordo del cessate il fuoco / firmare [violare] un trattato di armistizio

きゅうせんぽう 急先鋒 ¶急先鋒[alla guida]《の di》 ¶彼は反グローバリズム運動の急先鋒に立っている. È alla testa del movimento no-global.

きゅうそ 窮鼠 topo㊚ in trappola
[慣用]窮鼠猫を噛む La disperazione rende coraggioso un codardo.

きゅうそう 急送 ◇小包みを急送する spedire un pacco urgentemente [《速達》per espresso]

きゅうぞう 急造 ◇急造する costruire ql.co. in gran fretta [in fretta e furia]

きゅうぞう 急増 rapido incremento㊚ [aumento㊚] ◇急増する aumentare㊀[es] rapidamente ¶交通事故が急増している. Il numero degli incidenti stradali sta aumentando rapidamente.

きゅうそく 休息 riposo㊚;《くつろぎ》rilassamento㊚,〔英〕relax㊚[無変] ◇休息する riposarsi, riprendere fiato; distendersi, rilassarsi ¶5分間の休息 5 minuti di riposo [intervallo]
✤休息所 luogo㊚[複 -ghi] di riposo

きゅうそく 急速 ◇急速な rapido, veloce ◇急速に rapidamente, velocemente, con rapidità ¶科学技術は急速に進歩している. La tecnologia scientifica sta facendo progressi rapidissimi.
✤急速冷凍 surgelamento㊚

きゅうたい 旧態 ¶この建物は旧態をとどめていない. Questo palazzo non ha più l'aspetto di una volta. / Quest'edificio non conserva più alcuna traccia del suo passato.
✤旧態依然 ¶旧態依然とした考え方 la solita vecchia maniera di pensare ¶彼のやり方は旧態依然たるものがある. Le sue maniere sono rimaste immutate.

きゅうたい 球体 corpo㊚ sferico[複 -ci], globo㊚

きゅうだい 及第《進級》promozione㊛;《試験の合格》superamento㊚ di un esame ◇及第する essere promosso, ricevere una promozione; superare un esame ¶彼女は一期目の市会議員としては及第だといえる. Penso che una nuova consigliera comunale abbia ottenuto un buon giudizio.
✤及第点 punteggio㊚[複 -gi] minimo ¶彼の成績は及第点に達していない. Non ha ottenuto il punteggio minimo [sufficiente] per la promozione.

きゅうたいせい 旧体制 vecchio[複 -chi] sistema㊚[複 -i][regime㊚]

きゅうたいりく 旧大陸 il Vecchio Continente㊚

きゅうだん 糾弾 biasimo㊚,《messa㊛ in stato d'》accusa㊛, denuncia㊛[複 -ce] ◇糾弾する biasimare [accusare / mettere in stato d'accusa / denunciare] qlcu. ¶汚職事件を糾弾する denunciare un caso di corruzione

きゅうだん 球団 squadra㊛ di baseball

ぎゅうタン 牛タン lingua㊛ di manzo

きゅうち 旧知 vecchio[複 -chi] amico㊚[㊛ -ca;㊚複 -ci], vecchia conoscenza㊛ ¶2人は旧知の間柄です. Di sono vecchi amici.

きゅうち 窮地 difficoltà, guaio㊚[複 -i], impiccio㊚[複 -ci], pasticcio㊚[複 -ci] ¶窮地に陥る mettersi [cacciarsi] nei guai ¶〈人〉を窮地に陥れる mettere [cacciare] qlcu. nei pasticci / mettere qlcu. con le spalle al muro ¶経済的な窮地に立つ trovarsi in difficoltà economiche ¶窮地を脱する cavarsi dai guai

きゅうちゃく 吸着《液体・気体の》《化》adsorbimento㊚ ◇吸着性の adsorbente ◇吸着する adsorbire ql.co. ¶活性炭に不純物を吸着させる fare adsorbire al carbone attivo le particelle impure
✤吸着剤 adsorbente㊚
吸着力 capacità㊛ di adsorbimento

きゅうちゅう 吸虫《動》distoma㊚[複 -i] ¶住血吸虫 schistosoma㊚[複 -i]
✤吸虫類 trematodi㊚[無変]

きゅうちゅう 宮中 corte㊛ imperiale

きゅうてい 休廷 sospensione㊛ dell'udienza ◇休廷する sospendere l'udienza ¶今日は休廷である. Non c'è udienza oggi.

きゅうてい 宮廷 corte㊛ ¶宮廷詩[文学] poesia [letteratura] cortese

きゅうていしゃ 急停車 arresto㊚ improvviso [brusco㊚複 -schi] ◇急停車する fermarsi improvvisamente ¶車を急停車させる arrestare [frenare] bruscamente la macchina

きゅうてき 仇敵 nemico㊚[㊛ -ca;㊚複 -ci] mortale ¶彼は私を仇敵のごとくつけねらっている. Mi insegue come se fossi il suo acerrimo nemico.

きゅうてん 急転 mutamento㊚ improvviso ¶事態は急転した. La situazione è cambiata di colpo.
✤急転直下 ¶事件は急転直下解決した. Il caso si è risolto improvvisamente [inaspettatamente].

きゅうでん 宮殿 palazzo㊚ reale [《皇帝の》imperiale] ¶バチカン宮殿 Palazzo Vaticano

きゅうでん 給電 alimentazione㊛ (dell'energia elettrica)
✤給電線《電》linea㊛ di alimentazione

きゅうてんかん 急転換 brusco[複 -schi] cambiamento㊚ ¶計画を急転換する modificare bruscamente il progetto

きゅうと 旧都 antica capitale㊛;《前の》ex capitale㊛

きゅうとう 急騰 rialzo㊚[rincaro㊚] brusco[複 -schi] ◇急騰する rincarare㊀[es] improvvisamente [di colpo / bruscamente] ¶M社の株価が急騰した. Le azioni della ditta M hanno avuto un brusco rialzo.

きゅうとう 給湯 erogazione㊛[distribuzione㊛] di acqua calda
✤給湯設備 sistema㊚[複 -i] di erogazione di acqua calda

きゅうどう 弓道 kyudo㊚; arte㊛ del tiro con l'arco giapponese

きゅうどう 旧道 antica via㊛, vecchia strada㊛

きゅうどう 求道
- ✢**求道者** person*a*㊛ alla ricerca della verità
- **求道心** desideri*o*㊚ della verità

ぎゅうとう 牛痘 vaiol*o*㊚ bovino ⇒種痘

きゅうなん 救難 salvatagg*io*㊚[複 -gi]

ぎゅうにく 牛肉 carne㊛ bovina;《成牛の》manz*o*㊚;《若牛の》vitellone㊚;《子牛の》vitell*o*㊚

きゅうにゅう 吸入 inspirazione㊛;《治療としての》inalazione㊛ ◇**吸入する** inspirare *ql.co.*; inalare [fare inalazioni di] *ql.co.* ¶酸素吸入 inalazione d'ossigeno
- ✢**吸入器** inalatore㊚

ぎゅうにゅう 牛乳 latte㊚ ¶全脂[熱殺菌／低温殺菌／ホモ]牛乳 latte intero [sterilizzato / pastorizzato / omogeneizzato] ¶低脂肪牛乳 latte scremato [magro] ¶ビタミン強化[長期保存]牛乳 latte vitaminizzato [a lunga conservazione] ¶コーヒー牛乳 caffellatte / caffelatte ¶牛乳を飲む bere il latte ¶コーヒーに牛乳を入れる aggiungere latte al caffè
- ✢**牛乳屋** latteria㊛;《人》latta*io*㊚[㊛ -*ia*; ㊚ 複 -*i*]
- **牛乳瓶** bottiglia㊛ di latte di vetro

きゅうねん 旧年 anno㊚ scorso [passato] ¶旧年中はお世話になりました。La ringrazio per l'aiuto [la collaborazione / l'assistenza] nello scorso anno.

きゅうは 急派 ◇**急派する** inviare rapidamente *qlcu.* [*ql.co.*]《に a, in》

きゅうば 急場 emergenza㊛, crisi㊛[無変], momento㊚ crit*i*co[複 -*ci*] ◇**急場の《緊急性の》**urgente, pressante, impellente ¶急場しのぎに come rimedio temporaneo ¶急場の措置をとる prendere misure d'emergenza ¶急場をしのぐ superare la crisi

ぎゅうば 牛馬 ¶牛馬のようにこき使う fare lavorare *qlcu.* come una bestia

きゅうはいすい 給排水 approvvigionamento㊚ idrico e scarico delle acque
- ✢**給排水設備** sistem*a*㊚[㊚複 -*i*] di erogazione e di scolo dell'acqua

きゅうはく 急迫 imminenza㊛, urgenza㊛ ¶極めて急迫した問題 problema urgentissimo ¶事態は急迫している。La situazione è critica.

きゅうはく 窮迫 ristrettezza㊛ economica

きゅうはん 旧版 vecchia edizione㊛

きゅうばん 吸盤 ventosa㊛ ¶吸盤でお守りをフロントガラスにくっ付ける attaccare un amuleto a ventosa al parabrezza

きゅうひ 給費 ¶給費を受ける《奨学金の》ricevere [beneficiare di / usufruire di] una borsa di studio
- ✢**給費生** borsis*ta*㊚㊛[㊚複 -*i*]

キューピッド〔英 Cupid〕《ロ神》Cupido㊚ ¶キューピッドの彫像 amorino ¶彼女にキューピッドの矢が刺さった。La freccia di Cupido l'ha colpita.

きゅうびょう 急病 malattia㊛ acuta ¶急病にかかる ammalarsi [cadere ammalat*o*] improvvisamente
- ✢**急病人** paziente㊚ affetto da malattia acuta

きゅうひんいん 救貧院 osp*i*z*io*㊚[複 -*i*] dei poveri

きゅうひんじぎょう 救貧事業 opera㊛ di beneficenza

きゅうふ 休符 《音》pausa㊛ ¶全[二分／四分／八分]休符 pausa di 『semibreve [minima / semiminima / croma]』

きゅうふ 給付 ◇**給付する** fornire, dare; accordare, concedere ¶奨学金を給付する fornire una borsa di studio ¶医療補助金を給付する accordare l'assistenza medica ¶父は現在年金の給付を受けています。Mio padre prende la pensione.
- ✢**給付金** assegno㊚

きゅうぶ 休部 ¶休部する non partecipare alle attività di un club (per un certo periodo)

きゅうぶん 旧聞 notizie㊛[複] vecchie ¶それは旧聞に属する。È una vecchia storia.

きゅうへい 旧弊 **1**《古くからの悪習》vecchi abusi㊚[複] **2**《旧習にとらわれること》¶旧弊な人 persona di vecchio stampo [di idee antiquate]

ぎゅうへい 義勇兵 volontar*io*㊚[㊛ -*ia*; ㊚ 複 -*i*]

きゅうへん 急変 **1**《突然の変化》improvviso mutamento㊚ [cambiamento㊚];《病状などの》improvviso aggravamento㊚ [peggioramento㊚] ◇**急変する**《悪化》cambiare [mutare] improvvisamente [bruscamente] in peggio; prendere improvvisamente una brutta piega ¶病状は急変した。Il decorso della malattia è improvvisamente peggiorato.
2《変事》emergenza㊛

きゅうぼ 急募 ¶スタッフを急募する ricercare urgentemente personale

ぎゅうほ 牛歩 passo㊚ di lumaca
- ✢**牛歩戦術**《議会の》tattica㊛ dilatoria, ostruzionismo㊚

きゅうほう 急報 messagg*io*㊚[複 -*gi*] urgente; 《知らせ》allarme㊚ ◇**急報する**《直接》avvertire *ql.co.* di *ql.co.* urgentemente;《手紙などで》mandare un messaggio urgente;《警報で》dare l'allarme di *ql.co.*

きゅうぼう 窮乏 povertà㊛, indigenza㊛, necessità㊛ ¶窮乏生活を送る vivere in povertà
- ✢**窮乏化** impoverimento㊚

キューポラ〔英 cupola〕《冶》cubilotto㊚

きゅうみん 休眠 **1**《生》quiescenza㊛, dormienza㊛ **2**《休止》¶この機械は休眠状態にある。Questa macchina non è in uso.

きゅうむ 急務 compito㊚ [dovere㊚] urgente ¶目下の急務だ。È il compito più urgente del momento. ¶物価を抑えるのが急務だ。È necessario contenere urgentemente i prezzi.

きゅうめい 究明 ◇**究明する** chiarire, studiare *ql.co.* a fondo ¶真相を究明する chiarire la verità

きゅうめい 糾明 ◇**糾明する** fare un esame accurato di *ql.co.*; chiedere chiarimenti convincenti su *ql.co.*

きゅうめい 救命 salvatagg*io*㊚[複 -*gi*]
- ✢**救命具** salvagente㊚
- **救命胴衣** giubbotto㊚ di salvataggio, salvagente㊚
- **救命ブイ** boa㊛ di salvataggio

救命ボート lancia㊛ [複 -ce] di salvataggio

きゅうめん 球面 superficie㊛ [複 -ci, -cie] sferica

✤**球面幾何学** geometria㊛ sferica
球面鏡 specchio㊚ [複 -chi] sferico [複 -ci]

きゅうやくせいしょ 旧約聖書 Antico [Vecchio] Testamento㊚

きゅうゆ 給油 rifornimento㊚ di carburante ◇**給油する** rifornire di carburante ql.co., fornire carburante a ql.co.; (ガソリンスタンドで) fare benzina ¶**空中給油** rifornimento in volo

✤**給油所** distributore㊚ di benzina
給油船 petroliera㊛

きゅうゆう 旧友 vecchio [㊚ 複 -chi] amico [㊛ -ca; ㊚ 複 -ci]; amico㊚ di vecchia [lunga] data

きゅうゆう 級友 compagno㊚ [㊛ -a] di classe

きゅうよ 給与 **1** 《与えること》 assegnazione㊛ ¶**食べ物[被服]の給与** razione㊛ di cibo [vestiti] ¶**現物給与** indennità in natura **2** 《給料》 retribuzione㊛; salario㊚ [複 -i], stipendio㊚ [複 -i]

✤**給与所得者** salariato㊚ [㊛ -a]
給与水準 livello㊚ salariale
給与体系 sistema㊚ [複 -i] salariale
給与明細書 busta㊛ paga [無変], prospetto㊚ retributivo, cedolino㊚ dello stipendio

きゅうよ 窮余 ¶**窮余の一策に訴える** ricorrere a un ultimo ripiego [espediente]

きゅうよう 休養 riposo㊚, ristabilimento㊚ ◇**休養する** riposarsi

きゅうよう 急用 affare㊚ urgente [pressante / impellente] ¶**急用で** per un affare urgente ¶**急用ができた.** Mi è capitato un affare urgente.

きゅうらい 旧来 ◇**旧来の** vecchio [㊚複 -chi], antico [㊚複 -chi], secolare; 《伝統的》 tradizionale; 《因習的》 convenzionale ¶**旧来の習慣を改める** correggere vecchi usi

きゅうらく 及落 promozione㊛ o bocciatura㊛; avanzamento o retrocessione㊚

きゅうらく 急落 《株・価格・物価などの》 ribasso㊚ [calo㊚] 《大暴落》 crollo㊚ ¶**今日のドルは120円に急落した.** Oggi il dollaro è caduto improvvisamente a 120 yen.

きゅうり 胡瓜 cetriolo㊚ ¶**きゅうりのサラダ** insalata di cetrioli ¶**きゅうりの酢漬け** cetrioli sottaceto

きゅうりゅう 急流 rapida㊛ ¶**急流をさかのぼる[下る]** risalire [discendere] una rapida

きゅうりょう 丘陵 collina㊛ ¶**丘陵の多い** collinoso

✤**丘陵地帯** zona㊛ collinare ¶**その家は丘陵地帯にある.** La casa è situata in zona collinare.

きゅうりょう 給料 paga㊛; 《主に事務労働者の月給》 stipendio㊚ [複 -i]; 《主に肉体労働者の》 salario㊚ [複 -i]; retribuzione㊛ ¶**この会社は給料が高い[安い].** Gli stipendi di questa ditta sono alti [bassi]. / Questa ditta paga bene [male]. ¶**今月から給料が 1 万円上がる.** Da questo mese il mio stipendio aumenta di 10.000 yen. ¶**彼は社長並みの給料を取っている.** Riceve il trattamento economico di un presidente. ¶**今月は給料から 1 万円引かれた.** Ho avuto diecimila yen di trattenute questo mese.

✤**給料日** giorno㊚ di paga
給料袋 busta㊛ paga [無変]
給料明細(書) prospetto㊚ retributivo, cedolino㊚ dello stipendio

きゅうれい 急冷 raffreddamento㊚ rapido

きゅうれき 旧暦 calendario㊚ lunare ¶**旧暦の 1 月 15 日** il 15 gennaio del calendario lunare

きゅうん ¶**機械がきゅうんと音を立てていた.** Dalla macchina usciva un suono metallico. ¶**その光景を見たとたん胸がきゅうんとなった.** Ebbi una stretta al cuore quando vidi quella scena.

きゅっと **1** 《きしむ音》 ¶**きゅっと鳴る** cigolare㊀ [av] / stridere㊀ [av] (►複合時制は稀) / scricchiolare㊀ [av] **2** 《きつく締める様子》 ¶**きゅっと締めつけられるような痛み** dolore acuto **3** 《一息に飲む》 ¶**冷酒をきゅっと 1 杯飲んだ.** Ho bevuto un bicchiere di sakè freddo in un sorso [d'un colpo].

ぎゅっと ¶**母は私の手をぎゅっと握った.** La mamma mi strinse forte la mano.

キュビスム [英 cubism] 〖美〗 cubismo㊚ ◇**キュビスムの** cubista [㊚複 -i]

キュラソー [仏 curaçao] 〖仏〗 curaçao [kurassó] ㊚[無変] ¶**オレンジキュラソー** curaçao all'arancia

キュリー 〖物〗 [仏] curie㊚ [無変]

キュリウム [英 curium] 〖化〗 curio㊚; 《元素記号》 Cm

キュレーター [英 curator] 《学芸員》 curatore㊚ [㊛ -trice]

キュロット [仏 culotte] 〖服〗 gonna㊛ pantalone

きょ 居 abitazione㊛; casa㊛ ¶**居を構える** sistemarsi / mettere su casa ¶**彼は東京に居を構えた.** Si è stabilito a Tokyo.

きょ 虚 **1** 《むなしいこと》 vacuità㊛, vuotaggine㊛; vanità㊛ **2** 《油断》 ¶**敵の虚を衝(つ)く** attaccare [cogliere] il nemico 「alla sprovvista [di sorpresa]」 **3** 《うそ》 ¶**虚と実** verità e falsità

きよ 寄与 contributo㊚ ◇**寄与する** contribuire㊀ [av] a ql.co., dare un contributo a ql.co. ¶**技術の発展に寄与する** contribuire al progresso tecnologico

きよい 清い **1** 《濁りがない》 chiaro, puro, limpido ¶**谷川の清い水を飲む** bere l'acqua limpida [chiara] di un ruscello di montagna **2** 《純粋な》 puro, candido, innocente ¶**清い心の人** uomo dal cuore puro ¶**清き一票を投じる** esprimere un voto limpido ¶**彼らは清い仲だ.** La loro è una relazione puramente platonica. **3** 《潔い》 ¶**清く別れる《あとくされなく》** separarsi senza strascichi /separarsi senza nessun rammarico]

ぎょい 御意 ¶**御意に召す[かなう]** accontentare qlcu. / far piacere a qlcu ¶**御意のままに.** Come vuole. / Come gradisce.

きょう 今日 oggi㊚, oggigiorno㊚ (►いずれも副詞としても用いる) ◇**今日の** di oggi ¶**今日から** da oggi /a partire da oggi ¶今日まで fino ad oggi ¶今日中に entro oggi ¶今日の午後 oggi [questo] pomeriggio ¶来週[来月 / 来年]の今日 oggi a otto [a un mese / a un anno] ¶再来週の今日 esattamente fra due settimane ¶先週[去年]の今日 esattamente una settimana [un anno] fa ¶今日という今日は彼に家賃を払ってもらわないと. Oggi gli farò assolutamente pagare l'affitto. ¶今日は何曜日ですか. Che giorno è oggi? ¶今日は何日ですか. Quanti ne abbiamo oggi? ¶明日の百より今日の五十. (諺) "Meglio un uovo oggi che una gallina domani."

きょう 凶 cattiva fortuna㊛, sfortuna㊛ ¶トランプ占いは凶と出た. Le carte predicono una cattiva fortuna.

きょう 経 sutra㊚; sacre scritture㊛[複] buddiste ¶経を読む cantare [recitare / salmodiare] un sutra

---

《 **用語集** 》 **教育 Istruzione**

学校教育 Istruzione scolastica
●教育省《イタリア》Ministero㊚ della Pubblica Istruzione (◆高校までの公教育を担当する省); Ministero dell'Università e della Ricerca Scientifica e Tecnologica (◆大学ならびに研究機関を管轄する省). 《日本》Ministero㊚ dell'Istruzione, Cultura, Sport, Scienza e Tecnologia. 州教育委員会 Sovrintendenza㊛ Scolastica Regionale. ミラノ市教育委員会 Provveditorato㊚ agli Studi di Milano.
●公立学校 scuola㊛ pubblica. 私立学校 scuola privata;《非教会系の》scuola privata laica;《教会系の》scuola privata confessionale. 全日制学校 scuola a tempo pieno;《中学校の場合》scuola a tempo prolungato.

大学 Università
国立総合大学 università㊛ degli studi. 単科大学 istituto㊚ universitario (◆学部の数が一定に達しないと "università" と呼ばれない). 私立大学 università privata, libera università. 工科大学 politecnico㊚ (◆ミラノ, トリノ, バーリにある). 大学院《修士課程》master㊚, corso㊚ biennale di specializzazione post-laurea;《博士課程》corso㊚ di dottorato di ricerca. 短期大学 università㊛ breve. 大学卒業証書 (diploma㊚ di) laurea㊛. 短大卒業証書 diploma universitario; laurea breve. 大学卒業試験 esame㊚ di laurea;《卒論審査》discussione㊛ della tesi di laurea. 東京大学 Università㊛ di Tokyo. 慶応大学 Università Keio. ローマ・ラ・サピエンツァ大学 Università degli Studi di Roma "La Sapienza". ヴェネツィア大学 Università degli Studi di Venezia. ボッコーニ商科大学 Università Commerciale Luigi Bocconi. ナポリ東洋大学 Università degli Studi di Napoli "L'Orientale". トリノ大学 Università degli Studi di Torino. 国立演劇大学 Accademia㊛ Nazionale di Arte Drammatica. 国立舞踊大学 Accademia Nazionale di Danza. 美術学校 Accademia di Belle Arti (◆大学と同格). ブレラ美術学校 Accademia di Belle Arti di Brera. ペルージャ外国人大学 Università per Stranieri di Perugia.

●法学部 facoltà㊛ di giurisprudenza. 文学・哲学部 facoltà di lettere e filosofia. 理学部 facoltà di scienze naturali; facoltà di scienze matematiche, fisiche e naturali. 工学部 facoltà di ingegneria. 医学部 facoltà di medicina; facoltà di medicina e chirurgia. 薬学部 facoltà di farmacia. 農学部 facoltà di agraria. 獣医学部 facoltà di medicina veterinaria. 政経学部 facoltà di scienze politiche. 社会学科 dipartimento㊚ di sociologia. 外国語学科 istituto㊚ di lingue straniere.

●教授 professore㊚[㊛ -essa], docente㊚. 正教授《准教授などに対して教授》professore ordinario, professore di ruolo (di prima fascia);《時間講師など臨時雇いの性格のものに対して正規の教授・准教授》professore. 正教授見習い professore straordinario (◆正教授資格を得た後, 3年間の試験期間にある者). 准教授 professore associato ◆肩書きとしては女性にも男性形を用いる), professore di ruolo (di seconda fascia). 非常勤講師 professore a contratto. 助手《日本》assistente㊚㊛ (◆イタリアでは1980年代の始めになくなり「常勤研究員」に変わった). 外国人語学講師 lettore㊚[㊛ -trice] (◆ある外国語を母語とする者で外国語講座の演習を行う). 常勤研究員 ricercatore㊚[㊛ -trice] universitario di ruolo (◆国家試験に合格して大学で研究を行う者. 授業の一部を担当することもある). 博士 diplomato㊚[㊛ -a] in dottorato di ricerca (◆大学院で博士課程を修了した者). 修士 diplomato in master. 講座主任 titolare㊚㊛ di corso, cattedratico㊚[㊛ -ca]. 総長 presidente㊚. 学長 rettore㊚[㊛ -trice]. 副学長 prorettore㊚[㊛ -trice]. 学部長 preside㊚㊛ di facoltà. 事務局長 capo amministrarore㊚[㊛ -trice], capo amministrativo. 評議会 senato㊚ accademico. 学部教授会 Consiglio㊚ di facoltà. 職員 personale㊚ non docente, personale ATA (► amministrativo-tecnico-ausiliario). 校舎管理人 custode㊚㊛ (◆しばしば用務員の長でもある).

高等学校 scuola secondaria di secondo grado
高校 liceo㊚ (◆5年制高校レベルの学校は, 現在大学進学を前提として一般教養を授ける liceo と,

きょう 興 interesse㊚, piacere㊚ ¶興に乗る essere entusiasmato [animato] ¶〈人〉の興を殺(*)ぐ rovinare il piacere di qlcu. /guastare il divertimento [la festa] a qlcu. ¶彼の歌が会に興を添えた. Ha rallegrato [allietato] il rinfresco con le sue canzoni. ¶彼は興が乗ってくると早口になる. Quando si eccita [si entusiasma] attacca a parlare velocemente.
-きょう -狂 ¶映画狂 fanatico㊚[㊛ -ca; ㊚複 -ci] del cinema / cinefilo㊚ [㊛ -a] ¶殺人狂 maniaco㊚[㊛ -ca; ㊚複 -ci] assassino ¶スピード狂 maniaco㊚[㊛ -ca; ㊚複 -ci] della velocità
-きょう -強 ¶15％強 poco più del 15 per cento
きょう 紀要 raccolta㊛ di saggi pubblicata periodicamente da un istituto o un' università
きょう 起用 ◇起用する nominare, designare; 《昇進させる》elevare, promuovere ¶〈人〉を大臣

職業・技術の養成を目的とする専修学校 istituto tecnico に二分される). 文科高校 liceo classico. 理科高校 liceo scientifico. 外国語高校 liceo linguistico. 美術高校 liceo artistico (◆4年制). 音楽高校 liceo musicale. 舞踊高校 liceo coreutico. 人文科学高校 liceo scienze umane. 専修学校 istituto㊚ tecnico (◆一般に5年制). 商業専門高校 istituto tecnico commerciale. 建築専門学校 istituto tecnico per geometri. 工業専門高校 istituto tecnico industriale. 農業専門高校 istituto tecnico agrario. 応用芸術専門高校 istituto d'arte. 職業専門学校 istituto professionale (商業職業学校 istituto professionale per il commercio. ホテル業専門学校 istituto professionale alberghiero. この他に, 観光, 農業, ファッション関係などの専門学校がある. ◆職業専門学校は, 大学進学を希望する場合は5年制, 希望しない場合は3年制). 音楽学校 conservatorio㊚ (◆高校・大学と同格で5年制から10年制).

●高校卒業資格 (diploma㊚ di) maturità㊛ (◆外国語の場合は licenza㊛ linguistica). 高校校長 preside㊚㊛. 校長協力教員 collaboratore㊚[㊛ -trice]. 副校長 vice preside㊚㊛ (◆イタリアの高校・中学・小学校では教員が数名の校長協力教員を選出し, その中から校長が副校長を選ぶ). 事務長 segretario㊚[㊛ -ia]. 高校教師 professore㊚[㊛ -essa].

義務教育 istruzione obbligatoria
中学校《通称》scuola㊛ media; 《公式》scuola secondaria di primo grado (◆イタリアでも3年制). 中学校校長 preside㊚㊛. 中学校教師 professore㊚[㊛ -essa].
小学校 scuola㊛ primaria [elementare] (◆イタリアでは5年制). 小学校校長 direttore㊚[㊛ -trice] (didattico). 小学校教師 maestro㊚[㊛ -a], insegnante㊚㊛ elementare.
幼稚園《0歳から3歳児まで》asilo㊚ nido [無変]; 《3歳から6歳児まで》scuola㊛ dell'infanzia, scuola materna (◆日本では保育所は厚生労働省, 幼稚園は文部科学省の管轄であるが, イタリアでは教育省に一本化されており, 年齢によって2つの機関に分かれる).

●学内決議機関 organi㊚[複] collegiali. 執行機関 giunta㊛ esecutiva. 全国学校協議会《大学を除くすべての学校の共通の問題を協議して諮問する被選挙機関》Consiglio㊚ scolastico nazionale. 県学校協議会 Consiglio scolastico provinciale. 地区学校協議会 Consiglio scolastico distrettuale. 学校協議会《小学校の場合》Consiglio di circolo; 《中学・高校の場合》Consiglio d'istituto (◆校長, 職員代表, 教師代表, 両親代表, 高校の場合はさらに生徒代表で構成される). 教員会議 Collegio㊚ dei docenti. 学年会議 Consiglio di classe (◆ある学年のそれぞれの組の教師・両親の代表, 高校の場合には学生代表). 学内選挙 elezioni㊛[複] scolastiche.
●必修科目 materia㊛ obbligatoria. 選択課目 materia facoltativa; 《選択必修》materia opzionale.
●校舎 edifici㊚[複] scolastici. (大学) 総長室 presidenza㊛. 学長室 rettorato㊚. 校長室《小学校》ufficio㊚ del direttore, direzione㊛; 《中学・高校》presidenza㊛. 学部長室 presidenza㊛ della facoltà. 大学事務局 amministrazione㊛ universitaria. 事務所 segreteria㊛. 経理課 ragioneria㊛, economato㊚. 人事課 ufficio㊚ del personale. 普通教室 aula㊛ normale. 特別教室 aula speciale. 大教室 aula grande. 理科実験室 laboratorio㊚ di scienze naturali. 語学ラボ laboratorio㊚ linguistico. 校庭 cortile㊚. 教員室 sala㊛ dei professori. 保健室 ambulatorio㊚, infermeria㊛. 体育館 palestra㊛. 更衣室 spogliatoio㊚. 図書館 biblioteca㊛. 講堂 auditorium㊚[無変], aula㊛ magna. 便所 servizi㊚[複] igienici, gabinetti㊚[複]. 守衛宿舎 casa㊛ del custode.

●国家試験《医師・弁護士などの》Esame㊚ di Stato; 《特に教員になるための》esame di abilitazione. 高等学校卒業国家試験 esame di maturità. 小学校[中学校]修了試験 esame di licenza elementare [media]. 検定試験 esame di idoneità. 未修学課認定試験 esame integrativo. 追試験 esame di riparazione.

社会教育 Educazione sociale 成人教育 educazione㊛ degli adulti (◆学齢期に教育を受けられなかった者のための教育). 生涯教育 educazione permanente (◆幼児から老人までの社会教育).

きょう ～に起用する nominare [designare] qlcu. Ministro ¶彼女は課長に起用された. È stata promossa a capoufficio. ¶彼は重要な任務に起用された. È stato chiamato [nominato] per un importante incarico.

きよう 器用 ◇器用な abile, bravo, capace, provetto ◇器用に abilmente, accortamente, destramente ◇器用さ abilità④, destrezza④ ¶彼は手先が器用だ. È abile con le mani. ¶この論文は器用にまとめてある. Questo saggio è abilmente elaborato. ¶彼は器用に世を渡る. Sa come cavarsela nella vita.

✤器用貧乏 ¶彼は器用貧乏だ. È un uomo tuttofare ma maestro di nulla.

ぎょう 行 1 《文字の》 riga④; 《詩の》 verso男 ¶行を改める andare a capo / cambiare riga ¶63ページの下から5行目 la quinta riga dalla fine a pagina 63 ¶1行おきに書く scrivere ogni due righe / scrivere una riga sì e una riga no ¶1行あける lasciare「un rigo in bianco [una riga bianca] ¶1行とばす saltare una riga
2 《仏道の修業》 ¶行をする condurre pratiche ascetiche

ぎょう 業 1《職業, 仕事》 professione④ ¶彼は医を業としている. Fa il medico. 2《学業》 studi男[複] 3《事業》 ¶製紙業 industria della carta ¶出版業 attività editoriale

きょうあく 凶悪 ◇凶悪な atroce, efferato
✤凶悪犯罪 crimine男 atroce
凶悪犯 criminale男④ pericoloso

きょうあつ 強圧 ◇強圧的な oppressivo, autoritario [男複 -i] ¶強圧的な手段で con mezzi autoritari ¶強圧的な態度をとる assumere un atteggiamento autoritario

きょうい 胸囲 ¶胸囲を計る prendere la misura del torace ¶彼は胸囲が1メートルある. Ha una circonferenza toracica di un metro.

きょうい 脅威 minaccia④[複 -ce] ¶世界平和の脅威となる essere [rappresentare] una minaccia alla pace del mondo ¶我々は戦争の脅威にさらされている. Siamo sotto la [esposti alla] minaccia di una guerra.

きょうい 強意 ◇強意の助詞《文法》 particella enfatica [rafforzativa] (►「こそ」など)

きょうい 驚異 meraviglia④; 《奇跡》 prodigio男[複 -gi], miracolo男, portento男 ¶驚異的な《すばらしい》 meraviglioso, straordinario [男複 -i], portentoso; 《驚く》 sorprendente ¶驚異の目を見張る sbarrare gli occhi per la meraviglia ¶彼の語学力はまったく驚異的だ. La sua abilità nello studio delle lingue è prodigiosa.

きょういく 教育 《学校教育》 istruzione④; 《家庭教育》 educazione④; 《教育行為》 insegnamento男; 《職業教育》 formazione④; 《軍の》 addestramento男 →前ページ 用例集 ◇教育する istruire qlcu. in ql.co.; educare qlcu. a ql.co.; formare qlcu. in ql.co. ◇教育の istruttivo, didattico [男複 -ci] ◇教育的に istruttivamente, didatticamente ¶教育のある人 persona istruita [《博識の》 erudita] ¶教育のない人 persona ignorante [senza istruzione] ¶教育的見地からみて dal punto di vista「didattico [dell'istruzione] ¶教育を受ける ricevere un'istruzione / fare i propri studi
✤教育委員会 Consiglio男 Scolastico Provinciale; 《イタリアの》 Provveditorato男 agli Studi
教育映画 film男[無変] didattico [istruttivo / educativo]
教育界 mondo男 dell'insegnamento
教育学 pedagogia④ [-gie]; 《教育諸科学》 scienze④[複] dell'educazione
教育学者 pedagogista男④[男複 -i]; pedagogo男④ [④ -ga; 男複 -ghi]
教育学部 facoltà④ di magistero
教育課程 programma男[複 -i] didattico, corso男 di studi
教育機関 istituto男 scolastico [複 -ci]
教育基本法 Legge④ Quadro per l'Istruzione
教育行政 amministrazione④ della Pubblica Istruzione
教育実習 tirocinio男[複 -i] didattico ¶教育実習をする fare il tirocinio didattico 《イタリアでは小学校教員養成学校 liceo delle scienze umane の学生にのみ課せられており, 教育原理の教師と小学校側の教師の指導のもとに行われる. 中学・高校教員養成のためには行われない》
教育実習生 tirocinante男④
教育者 insegnante男④, docente男④; 《教育実践家》 educatore男[④ -trice]
教育心理学 psicologia④ dell'educazione
教育年度 anno男 scolastico, a.s. (◆イタリアでは9月から8月); 《大学》 anno男 accademico [複 -ci] (略) a.a., A.A. (◆イタリアでは11月から10月)
教育年齢 età④ scolare
教育費 《国家予算中の》 bilancio男[複 -ci] della Pubblica Istruzione; 《家計中の》 spese④[複] per l'istruzione
教育法 didattica④, metodo男 d'insegnamento
きょういん 教員 insegnante男④, docente男④; 《中学・高校・大学の》 professore男[④ -essa]; 《小学校の》 maestro男[④ -a]; 《集合的》 corpo男 insegnante, personale男 docente ¶正教員 professore di ruolo 《小学校》 maestro di ruolo ¶補助教員 supplente男④
✤教員会議 collegio男[複 -gi] dei docenti
教員組合 sindacato男 degli insegnanti
教員室 《小学校》 sala④ insegnanti; 《中学, 高校》 sala④ professori
教員免許 diploma男[複 -i] di abilitazione all'insegnamento

きょうえい 競泳 gara④ di nuoto
✤競泳大会 torneo男 di nuoto

きょうえきひ 共益費 spese④[複] condominiali [di condominio] ¶共益費込み家賃 550ユーロ euro 550,00 mensili spese condominiali comprese

きょうえん 共演 ◇共演する《演技で》 recitare insieme a qlcu., lavorare[av] con qlcu. in un film [in teatro]; 《演奏で》 eseguire ql.co. con qlcu. ¶その男優と女優はこの映画で共演している. Quell'attore e quell'attrice compaiono insieme in questo film.

きょうえん 饗宴 banchetto男, festino男, convito男; 《プラトンの著作》 "Convito"; 《ダンテの著作》 "Convivio" ¶《人》のために饗宴を催す orga-

nizzare un banchetto in onore di qlcu.
きょうえん 競演 ◇競演する concorrere㊐[av], gareggiare㊐[av], competere㊐(►複合時制を欠く);《同じ役を演じる》interpretare lo stesso ruolo
きょうか 狂歌 tanka㊚[無変] comico[複 -ci][umoristico[複 -ci]/ buffo]
きょうか 強化 rafforzamento㊚;《補強》rinforzamento㊚;《強固にすること》consolidamento㊚ ◇強化する rafforzare, potenziare; consolidare ¶防衛を強化する rafforzare [potenziare / consolidare] le difese ¶同盟関係を強化する consolidare l'alleanza ¶筋肉を強化する rinforzare i muscoli
✤強化合宿 campo㊚ di addestramento
強化プラスチック plastica㊛ rinforzata
きょうか 教化 《宗教的, 道徳的》moralizzazione㊛;《文明化》civilizzazione㊛;《福音による》evangelizzazione㊛ ◇教化する moralizzare qlcu.; civilizzare qlcu.; evangelizzare qlcu.
✤教化活動 azione㊛ moralizzatrice
きょうか 教科 《課目》materia㊛ ¶どの教科が得意ですか. In quale materia riesci meglio? ¶高校生のときの教科が好きでしたか. Quale materia preferivi al liceo?
きょうかい 協会 associazione㊛; istituto㊚, società㊛;《同盟》lega㊛ ¶協会を設立[運営]する [gestire] un'associazione ¶動物愛護協会 Società per la protezione degli animali
きょうかい 教会 《組織》Chiesa㊛;《建物》chiesa㊛;《司教の法座のある教会》cattedrale㊛;《カテドラルまたは都市の中心的教会》duomo㊚;《イスラム教の》moschea㊛;《ユダヤ教の》sinagoga㊛;《宗教を特定せずに》tempio㊚[複 templi] ¶カトリック[プロテスタント/ギリシア正]教会 Chiesa cattolica [protestante / ortodossa] →キリスト教用語集 ¶教会へ行く andare in chiesa ¶ゴシック様式の教会 chiesa gotica ¶ローマカトリック教会 Chiesa Cattolica Apostolica Romana
✤教会音楽 musica㊛ sacra [ecclesiastica]
教会建築 architettura㊛ chiesastica
教会旋法《音》modi㊚[複] ecclesiastici
教会法 diritto㊚ canonico[複 -ci]

きょうかい 境界 confine㊚;《国境》frontiera㊛, confine㊚ ¶境界を定める fissare [stabilire] il confine ¶境界を越す valicare il confine
✤境界線 linea㊛ di confine ¶境界線を引く tracciare i confini
境界標識 confine㊚, segnale㊚ di confine;《石の》pietra㊛ confinaria
ぎょうかい 業界 settore㊚ ¶繊維業界 settore dell'industria tessile
✤業界紙 giornale㊚ professionale [specializzato / di categoria]
業界団体 gruppo㊚ del settore
ぎょうかいがん 凝灰岩 《鉱》tufo㊚ vulcanico[複 -ci]
きょうかいし 教戒師・教誨師 cappellano㊚ del penitenziario;《仏教の》prete㊚ buddista[複 -i] di un carcere
きょうかく 胸郭《解》torace㊚ ¶胸郭成形術《医》chirurgia㊛ toracica
きょうがく 共学 coeducazione㊛ ◇共学の misto ◇共学の学校 scuola mista
きょうがく 驚愕 stupore㊚;《恐怖》spavento㊚ ◇驚愕する spaventarsi《に per》, sorprendersi《di》; restare attoniti [sbigottito]
きょうかく 仰角 angolo㊚ di elevazione
きょうかしょ 教科書 (libro di) testo㊚;《教本》manuale㊚ ¶数学の教科書 libro di testo di matematica
✤教科書検定制度 sistema㊚ di autorizzazione dei libri scolastici
きょうかつ 恐喝 ricatto㊚ ◇恐喝する ricattare qlcu.
✤恐喝罪 ricatto㊚, estorsione㊛
きょうかん 共感 simpatia㊛, partecipazione㊛;《同情, 感動》compassione㊛ ¶共感を覚える avere [provare] simpatia《に per》 ¶<人>の共感を呼ぶ[得る] suscitare [accattivarsi] la simpatia di qlcu.
きょうかん 教官 《指導官》istruttore㊚[㊛ -trice];《教師》insegnante㊚㊛, docente㊚㊛; professore㊚[㊛ -essa]
ぎょうかん 行間 spazio㊚[複 -i] tra due righe [tra le righe], spazio㊚ interlineare, interli-

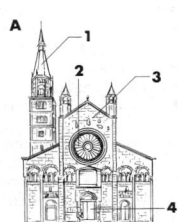

教会建築様式
A ロマネスク様式 stile㊚ romanico (Duomo di Modena). B ゴシック様式 stile gotico (Duomo di Orvieto). C ルネサンス様式 stile rinascimentale (Chiesa di San Biagio di Montepulciano). D バロック様式 stile barocco (Duomo di Siracusa).
1 鐘楼 campanile㊚. **2** バラ形窓 rosone㊚. **3** ファサード facciata㊛. **4** ポータル, 入り口 portale㊚. **5** ティンパヌム timpano㊚.

nea㊛ ¶行間に…を書き込む scrivere *ql.co.* tra le righe ¶行間を読みとる leggere tra le righe ¶行間をあける distanziare「le righe [due righe]」¶行間を1.5行に設定する applicare un'interlinea di 1,5

きょうかんかく 共感覚 《心》 sinesteşia㊛, sinesteşi㊚ [無変]

きょうき 凶器 arma㊛ [複 -i] mortale [pericolosa]; (犯罪に使われた) arma㊛ del delitto ¶凶器を持った誘拐者 rapitore armato [a mano armata]

❖**凶器準備集合罪** reato㊚ di partecipazione a banda armata

きょうき 狂気 follia㊛, pazzia㊛ ◇狂気の pazzo, matto ¶狂気の沙汰だ。E pazzesco! / Roba da pazzi [da matti]. /(君は) Sei matto [pazzo]!

きょうき 狂喜 eşultanza㊛, tripudio㊚ [複 -i], gioia㊛ indicibile, estaşi㊛ [無変] ◇狂喜する essere al colmo dell'eşultanza, non stare in sé dalla gioia, essere ebbro [folle / pazzo] di gioia ¶それを見て彼は狂喜乱舞した。A quella vista saltò dalla gioia.

きょうき 侠気 spirito㊚ cavalleresco, lealtà㊛ ¶侠気のある男 uomo prode [leale / cavalleresco / dallo spirito cavalleresco]

きょうき 狭軌 ¶狭軌の鉄道 ferrovia a scartamento ridotto

きょうぎ 協議 (議論) discussione㊛; (諮問) consultazione㊛ ¶協議する diſcutere *ql.co.* con *qlcu.*; consultarsi su *ql.co.* con *qlcu.* ¶ただいま協議中です。Quel problema è ancora in discussione.

❖**協議会** consiglio㊚ [複 -gli]
協議事項 argomento㊚ di discussione; (議事日程) ordine㊚ del giorno
協議離婚 divorzio㊚ [複 -i] [separazione㊛] consensuale

きょうぎ 狭義 senso㊚ stretto ¶狭義に解釈する interpretare *ql.co.* in senso stretto

きょうぎ 教義 dottrina㊛, dogma㊚ [複 -i] ◇教義上の dottrinale, dogmatico [㊚複 -ci] ¶キリスト教の教義 la dottrina di Cristo

きょうぎ 経木 foglio㊚ [複 -gli] di legno sottilissimo (◆ è uşato per avvolgere cibi)

きょうぎ 競技 competizione㊛ (sportiva); gara㊛ ¶団体競技 sport di squadra ¶馬術競技 concorso ippico ¶陸上[水上]競技 gare di atletica [di nuoto] ¶競技に勝つ vincere una gara ¶競技に参加する partecipare [prendere parte] a una gara ¶オリンピック競技種目 disciplina sportiva dei Giochi Olimpici

❖**競技会** raduno㊚ sportivo, manifestazione㊛ sportiva
競技場 campo㊚ sportivo, stadio㊚ [複 -i]; (室内) palazzo㊚ dello sport, palestra㊛

ぎょうぎ 行儀 maniere㊛ [複], comportamento㊚, condotta㊛, contegno㊚ ¶彼はとても行儀がいい[悪い]。È molto educato [maleducato]. / Si comporta bene [male]. / È di buone [di cattive] maniere. ¶お行儀よくしなさい。Comportati bene!

❖**行儀作法** etichetta㊛, galateo㊚ ¶行儀作法を知らない non conoscere il galateo

きょうきゃく 橋脚 pilone㊚ di un ponte

きょうきゅう 供給 rifornimento㊚, fornitura㊛; approvvigionamento㊚; 《経》(需要に対する) offerta㊛; (機械への) alimentazione㊛ ◇供給する rifornire [fornire / provvedere] *ql.co.* a *qlcu.* [*qlcu.* di *ql.co.*]; approvvigionare (AにBを A di B); munire *qlcu.* di *ql.co.*; alimentare ¶供給が需要に追いつけない。L'offerta non arriva a soddisfare [coprire] la domanda. ¶需要と供給の関係 rapporto tra la domanda e l'offerta ¶住民に電力を供給する rifornire gli abitanti di elettricità

❖**供給源** fonti㊛ [複] d'approvvigionamento
供給国 paeşe㊚ fornitore [produttore]
供給者 fornitore㊚ [㊛ -trice]

きょうぎゅうびょう 狂牛病 《医》 encefalopatia㊛ spongiforme bovina, BSE㊛; morbo㊚ della mucca pazza

ぎょうぎょうしい 仰々しい (大げさな) eşagerato; (もったいをつけた) pomposo, enfatico [㊚複 -ci], ridondante ◇仰々しく eşageratamente; pomposamente; ridondantemente ¶仰々しい文体 stile pomposo ¶仰々しいあいさつは抜きにしよう。Tralasciamo i convenevoli. ¶名刺に物々しい肩書が並べてある。Sul suo biglietto da vişita figurano titoli altisonanti.

きょうきん 胸襟 ¶胸襟を開く aprire il *proprio* cuore a *qlcu.* / rivelare i *propri* sentimenti a *qlcu.* ¶胸襟を開いて話す parlare col cuore in mano

きょうく 教区 (カトリックの) parrocchia㊛ ◇教区の parrocchiale

❖**教区主任司祭** parroco㊚ [複 -ci]
教区民 parrocchiano [㊛ -a]

きょうぐう 境遇 (状況) circostanze㊛ [複], situazione㊛; (身分) condizione㊛ sociale ¶私は経済的に恵まれた[恵まれない]境遇にある。Sono in una condizione economicamente favorevole [sfavorevole]. ¶君と僕とは境遇が同じだ。Tu ed io siamo nella stessa situazione.

きょうくん 教訓 lezione㊛, insegnamento㊚; (なすべきこと) precetto㊚; (模範) morale㊛ ◇教訓的な istruttivo; edificante; morale ¶教訓を与える insegnare una morale ¶この失敗は僕にはいい教訓になった。Questa ſconfitta mi è stata [servita] di lezione. ¶この話の教訓は何だろう。Qual è la morale di questa ſtoria?

きょうげき 挟撃 manovra㊛ a tenaglia

きょうけつしゃ 供血者 donatore㊚ [㊛ -trice] di sangue

ぎょうけつ 凝血 coagulazione㊛ del sangue
❖**凝血剤** coagulante㊚

ぎょうけつ 凝結 (液化) condensazione㊛

きょうけん 狂犬 cane㊚ idrofobo [rabbioso]
❖**狂犬病** idrofobia㊛, rabbia㊛
狂犬病患者 paziente㊚ affetto da idrofobia
狂犬病ワクチン vaccino㊚ antirabbico [複 -ci]

きょうけん 強健 ◇強健な forte, robusto, vigoroso

きょうけん 強権 autorità㊛ ¶強権を発動する adottare mişure autoritarie

きょうけん 教権 (キリスト教会の) autorità㊛

ecclesiastica

きょうげん 狂言 **1**《能狂言》*kyogen*男[無変]; farsa女 rappresentata tra due drammi *nō* →能 [日本事情] **2**《歌舞伎狂言》opera女 di *kabuki* **3**《にせの》falsità女, impostura女, finzione女 ¶彼は狂言強盗を仕組んだ. Ha finto di essere stato rapinato.
✣**狂言自殺** suicidio男 simulato ¶狂言自殺をする simulare un suicidio / fingere di suicidarsi

きょうこ 強固 ◇**強固な** solido, fermo, ferreo; 《崩れない》incrollabile ¶強固な信念 fede女 incrollabile ¶父は意志強固な人だった. Mio padre è sempre stato di volontà ferma.

ぎょうこ 凝固 《液体が固体になること》solidificazione女; 《凍結》congelamento男; 《血液・牛乳などの》coagulazione女 ◇**凝固する** solidificarsi; congelarsi; coagularsi; 《牛乳などが》cagliare自 [*es*], raggrumarsi ¶凝固した血液 grumo di sangue
✣**凝固剤** coagulante男
凝固点 punto男 di congelamento
凝固熱 calore男 di solidificazione

きょうこう 凶行 violenza女; 《殺人》omicidio男[複 -i], assassinio男[複 -i] ¶凶行に及ぶ attentare alla vita di *qlcu.* / uccidere [[傷害]] ferire] *qlcu.*

きょうこう 恐慌 **1**《パニック》panico男; 《恐怖》terrore男, paura女 ¶群衆は恐慌状態に陥った. La folla era in preda al panico. **2**《経済恐慌》crisi女[無変] economica ¶慢性[循環性／構造的]恐慌 crisi cronica [ciclica / strutturale] ¶大恐慌 Grande Crisi (◆ 1929 - 1933)

きょうこう 強行 ◇**強行する** fare *ql.co.* a tutti i costi, mettere *ql.co.* in atto malgrado tutto; 《反対を押し切って》effettuare *ql.co.* malgrado l'opposizione di *qlcu.*, forzare *ql.co.* ¶強行採決する procedere lo stesso alla votazione (nonostante le proteste dell'opposizione) ¶核実験を強行する proseguire imperterrito gli esperimenti nucleari

きょうこう 強硬 ◇**強硬な** duro; 《断固とした》fermo, inflessibile, irriducibile; 《精力的》energico[男複 -ci] ◇**強硬に** strenuamente, fermamente, ostinatamente; caparbiamente ¶強硬な措置をとる ricorrere a misure drastiche ¶法案に強硬に反対する opporsi fermamente [con fermezza] al disegno di legge

きょうこう 教皇 papa男[複 -i] →法王
きょうごう 強豪 avversario男[複 -ia; 男複 -i], potente [agguerrito]; 《競技の》giocatore男 [女 -trice] fortissimo [temibile]

きょうごう 競合 **1**《競争》competizione女, concorrenza女 ¶2社が市場独占をめぐって競合している. Due ditte concorrono [competono] per monopolizzare il mercato. **2**《法》¶この犯行には3つの違法行為が競合している. Questo delitto contravviene a tre norme di legge.

ぎょうこう 僥倖 (buona) fortuna女
きょうこうぐん 強行軍 ¶強行軍で a marcia forzata /《詰め込んだ日程の》a ritmo serrato
きょうこく 峡谷 burrone男, gola女; [英] canyon [kénjon]男[無変]; canalone男

きょうこく 強国 potenza女, nazione女 potente →大国 ¶5大強国 le cinque potenze
きょうこつ 胸骨 [解] sterno男
きょうさ 教唆 istigazione女, incitamento男 ◇**教唆する** istigare [spingere / incitare] *qlcu.* a *ql.co.* [a+不定詞] ¶マクベスは妻に教唆されて王を殺した. Macbeth uccise il Re istigato [spinto] dalla moglie.
✣**教唆罪** istigazione女
教唆者 istigatore男[女 -trice]

きょうさい 共催 ¶×新聞社・イタリア文化会館共催ルネサンス美術展 Mostra dell'Arte del Rinascimento organizzata congiuntamente dal Giornale X e dall'Istituto Italiano di Cultura

きょうざい 教材 materiale男 didattico [複 -ci] [scolastico [複 -ci]]

きょうさいか 恐妻家 marito男 dominato dalla moglie ¶彼は恐妻家だ. A casa sua comanda la moglie.

きょうさいくみあい 共済組合 società女 mutualistica di mutuo soccorso]
✣**共済組合員** socio男[女 -cia; 男複 -ci; 女複 -cie] di una società mutualistica

きょうさく 凶作 raccolto男 scarso; pessima annata女 ¶2003年は米が凶作だった. Il 2003 è stata una pessima annata per il riso.

きょうさく 狭窄 [医] stenosi女[無変], restringimento男 ¶食道狭窄 stenosi dell'esofago ¶大動脈弁狭窄 cardiostenosi女[無変]

きょうさく 競作 ¶新進の5人の作家の競作によるテレビドラマを放映させします. Sarà trasmessa una serie di teledrammi di cinque giovani autori in concorso.

きょうざめ 興醒め delusione女 ◇**興ざめする** perdere l'entusiasmo [l'interesse] ¶〈人を〉興ざめさせる smorzare l'entusiasmo di *qlcu.* ¶興ざめなことをする fare il [〈女性〉la] guastafeste ¶私は彼の言葉ですっかり興ざめしてしまった. Le sue parole mi hanno guastato tutto il divertimento.

きょうさん 協賛 ◇**協賛する** dare il *proprio* appoggio 《に》a ¶…の協賛で sotto il patrocinio di *ql.co.* [*qlcu.*] / con l'appoggio di *ql.co.* [*qlcu.*] ¶オリンピックの協賛企業 impresa che offre il suo contributo alle Olimpiadi ¶コンサートはたくさんの団体の協賛で行われた. Il concerto è stato organizzato con l'appoggio di numerosi gruppi.

きょうさんけん 共産圏 blocco男[複 -chi] [orbita女 / sfera女 d'influenza] comunista [男 -i]

きょうさんしゅぎ 共産主義 comunismo男 ◇**共産主義の** comunistico [複 -ci]
✣**共産主義思想** idee女[複] comuniste
共産主義者 comunista男女[複 -i]
共産主義陣営 campo男 comunista

きょうさんとう 共産党 partito男 comunista [複 -i] ¶『共産党宣言』《マルクス, エンゲルスの》"Manifesto del partito comunista" ¶日本共産党 Partito Comunista Giapponese ¶イタリア共産党 Partito Comunista Italiano /《略》PCI
✣**共産党員** comunista男女[男複 -i]

> **参考**
> イタリア共産党は,1991年に「左翼民主党」Partito Democratico della Sinistra,《略》PDSと「共産主義再建党」Partito della Rifondazione Comunista,《略》PRCに分裂した. 1998年には, PDSが「左翼民主(党)」Democratici di Sinistra,《略》DSと名称を変更し, PRCからは一部が分離して「イタリア共産主義者党」Partito dei Comunisti Italiani,《略》PdCIを結成した. 2007年11月には新たに大連合して「民主党」Partito Democratico,《略》UDCとして再編された.

きょうし 教師 insegnante男女;《小学校の》maestro男[女 -a];《中学・高校・大学の》professore男[女 -essa] ¶私は高校の教師です. Sono professore [insegnante] di liceo. / Insegno al liceo.

きょうじ 凶事 sventura女; disgrazia女

きょうじ 教示 istruzioni女[複], indicazioni女[複] ◇教示する dare istruzioni a qlcu.

ぎょうじ 凝視 sguardo男 fisso ◇凝視する guardare fisso qlcu. [ql.co.]

ぎょうじ 行司 arbitro男 di *sumo*

ぎょうじ 行事 evento男;《宗教的な》rito男 ¶年中行事 riti [cerimonie / feste] annuali

❖行事予定《団体の》programma男[複 -i] di attività

きょうしきこきゅう 胸式呼吸 respirazione女 toracica

きょうしきょく 狂詩曲《音》rapsodia女

きょうじげんごがく 共時言語学《言》linguistica女 sincronica

きょうしつ 教室 1《部屋》aula女; classe女;《階段教室》anfiteatro男 ¶教室に入る entrare in aula

2《大学の学科》facoltà女;《講座》cattedra女;《研究室》seminario男[複 -i] →教育 [用語集] ¶医学教室 facoltà di medicina

3《講習会》corso男;《学校》scuola女 ¶イタリア料理教室 corso di cucina italiana ¶イタリア語教室に通う seguire un corso di lingua italiana

きょうじてき 共時的《言》sincronico [男複 -ci] ◇共時的に sincronicamente

きょうしゃ 強者 i forti男[複]

ぎょうしゃ 業者《企業家》imprenditore男[女 -trice];《商業従事者》commerciante男女;《製造業者》fabbricante男女;《納入業者》fornitore男[女 -trice]

ぎょうじゃ 行者 asceta男女[男複 -i]

きょうじゃく 強弱《力の強さと弱さ》forza女 e debolezza女;《音の強勢》intensità女; accento男 ¶音の強弱 intensità di un suono

❖強弱記号《音》segno男 dinamico [複 -ci]

きょうしゅ 教主 fondatore男[女 -trice] [capo男] di una religione

きょうじゅ 享受 godimento男 ◇享受する godere自[av]《を di》¶自由を享受する godere della libertà

きょうじゅ 教授 1《行為》insegnamento男 ¶個人教授を受ける prendere lezioni private ¶「イタリア語教授いたします」"Si danno [Si impartiscono] lezioni di italiano."

2《大学教授》professore男[女 -essa] ordinario [男複 -i];《大学の教員》docente男女 (universitario [男複 -i]) (▶professoreは中学・高校・大学の教師をさし, docenteは准教授も含む) →教育 [用語集] ¶山本教授 il professor Yamamoto /《正式な手紙などのあて書き》chiarissimo professor Yamamoto ¶名誉教授 professore emerito [onorario] ¶准教授 professore associato

❖教授会 collegio男[複 -gi] dei docenti;《大学の議決機関としての》consiglio男[複 -gli] di facoltà

教授法 metodo男 d'insegnamento, didattica女

ぎょうしゅ 業種 categoria女[settore男] di attività industriale

きょうしゅう 強襲 feroce attacco男[複 -chi] ◇強襲する attaccare qlcu. violentemente ¶我々は敵陣を強襲した. Abbiamo sferrato un feroce attacco contro la posizione nemica.

きょうしゅう 郷愁 nostalgia女[複 -gie] ¶故国への郷愁を抱く avere nostalgia del proprio paese natio ¶郷愁を誘う provocare nostalgia (a qlcu.)

ぎょうしゅう 凝集《物》coesione女;《化》aggregazione女;《分子の》flocculazione女;《医》agglutinazione女 ◇凝集する aggregarsi

きょうしゅうじょ 教習所 scuola女 ¶自動車教習所 scuola (di) guida / autoscuola女 ¶自動車教習所に通う frequentare la [andare a] scuola guida

きょうしゅく 恐縮 ◇恐縮する《感謝する》sentirsi obbligato verso qlcu. [ql.co.], essere riconoscente a qlcu. per ql.co.;《恐れ入る》sentirsi imbarazzato [confuso] per ql.co. ¶いつもお願いばかりで恐縮です. Mi rincresce di aver sempre qualche cosa da chiedere. ¶お話し中恐縮ですが … Mi dispiace (di) interrompervi, ma … / Scusate se vi interrompo, ma … ¶お邪魔して恐縮です. Mi dispiace per il disturbo. / Scusate il disturbo.

ぎょうしゅく 凝縮 condensazione女 ◇凝縮する《他のものを》condensare ql.co.;《自らが》condensarsi

❖凝縮ウラン uranio男[無変] arricchito

凝縮物 condensato男

きょうしゅつ 供出 ◇供出する effettuare la consegna obbligata (di ql.co.) al governo

きょうじゅつ 供述 deposizione女 ◇供述する deporre, fare una deposizione ¶うその供述をする deporre il falso ¶〈人〉に有利[不利]な供述をする deporre "a favore di [contro] qlcu.

❖供述書 deposizione女 scritta

きょうしょ 教書 messaggio男[複 -gi]

ぎょうしょ 行書 scrittura女 semicorsiva ¶行書で書く scrivere in semicorsivo

きょうしょう 協商 intesa女, accordo男 ¶協商を結ぶ giungere a un accordo [a un'intesa]《と con》¶協商国 paese membro di un'intesa [un accordo]

きょうしょう 狭小 ◇狭小な《幅が狭い》stretto;《限定された》limitato;《小さい》piccolo

きょうじょう 教条 dogma男[複 -i]

❖教条主義 dogmatismo男

教条主義者 dogmatista男女[男複 -i]

ぎょうしょう 行商 ¶行商をする esercitare il commercio ambulante

❖**行職人** vendit*ore*㊚ [㊛ *-trice*] ambulante, ambulante㊚㊛

ぎょうじょう 行状 comportamento㊚, condotta㊛ ¶彼は行状を改めるべきだ. Lui dovrebbe ravvedersi.

ぎょうしょく 教職 professione㊛ d'insegnante ¶教職にある fare l'insegnante / essere insegnante / stare in cattedra ¶教職につく darsi all'insegnamento

❖**教職員** personale㊚ docente e non docente della scuola [dell'università]

教職員組合 sindacato㊚ della scuola [dell'università], sindacato㊚ degli insegnanti e del personale della scuola

教職課程 corsi㊚ di scienze dell'educazione

きょうじる 興じる ¶テニスに興じる divertirsi a giocare a tennis

きょうしん 共振 〖物〗risonanza㊛;〈音叉の〉vibrazioni㊛㊷ simpatiche

きょうしん 狂信 fanatismo㊚ ◇狂信的な fanatico [㊹㊷ *-ci*] ◇狂信的に fanaticamente

❖**狂信者** fanatico㊚ [㊛ *-ca*]

きょうしん 強震 《旧震度階級の一つ》 terremoto㊚ distruttivo

きょうじん 凶刃 ¶首相はテロリストの凶刃に倒れた. Il Primo Ministro ha perso la vita sotto la lama di un terrorista.

きょうじん 狂人 matto㊚ [㊛ *-a*], pazzo㊚ [㊛ *-a*]

きょうじん 強靱 ◇強靱な resistente, forte;〈断固とした〉saldo, fermo, ferreo;〈負けない〉incrollabile;〈肉体が〉robusto ¶強靱な精神 spirito forte ¶強靱な意志 volontà ferrea

きょうしんかい 共進会 esposizione㊛ (competitiva), fiera㊛ concorso ¶かぼちゃの共進会 esposizione concorso delle zucche

きょうしんざい 強心剤 〖薬〗cardiotonico㊚ [㊹ *-ci*], cardiostimolante㊚

きょうしんしょう 狭心症 〖医〗stenocardia㊛, angina㊛ pectoris

ぎょうずい 行水 ◇行水する lavarsi [fare il bagno] in una tinozza

きょうする 供する **1**〈差し出す〉offrire *ql.co.* a *qlcu.*;〈食卓に〉servire ¶様々なサービスを供する offrire vari servizi ¶イタリア料理を供するレストラン ristorante che serve la cucina italiana ¶この蛙は食用に供される. Questa rana è commestibile.

2〈役立てる, 公開する〉 ¶本を参考に供する mettere a disposizione un libro per la consultazione ¶この庭園は年に1度一般の観覧に供される. Questo giardino è aperto al pubblico una volta all'anno.

きょうせい 共生 〖生〗simbiosi㊛ [無変] ◇共生する vivere㊷ [*es, av*] insieme

きょうせい 胸声 〖音〗voce㊛ di petto

きょうせい 強制 costrizione㊛, imposizione㊛ ◇強制する costringere [obbligare / forzare] *qlcu.* a+不定詞, imporre *ql.co.* [di+不定詞] a *qlcu.* ◇強制的な forzato;〈義務的な〉obbligatorio㊚ [㊹㊷ *-i*] ◇強制的に con la forza, forzatamente; obbligatoriamente ¶子供たちは歌うことを強制された. Hanno costretto i bambini a cantare.

❖**強制換気** 〖工〗ventilazione㊛ forzata

強制権 〖法〗(diritto㊚ di) coercizione㊛

強制執行 〖法〗esecuzione㊛ forzata

強制収容所 campo㊚ di concentramento

強制終了 〖コンピュータ〗arresto forzato (del sistema), spegnimento㊚ forzato

強制処分 〖法〗pignoramento㊚

強制送還 〖法〗rimpatrio㊚ [㊷ *-i*] forzato ◇強制送還する rimpatriare forzatamente *qlcu.*

強制捜査 〖法〗perquisizione㊛ ◇強制捜査する perquisire *ql.co.* [*qlcu.*]

強制疎開 evacuazione㊛ forzata

強制保険 assicurazione㊛ obbligatoria

強制労働 lavori㊚㊷ forzati

きょうせい 強勢 〖音声〗accento㊚ tonico [㊷ *-ci*]

きょうせい 教生 student*e*㊚ [㊛ *-essa*] che insegna durante il tirocinio, tirocinante㊚㊛

きょうせい 嬌声 ¶嬌声をあげる parlare con voce civettuola

きょうせい 矯正 correzione㊛ ◇矯正する correggere, rettificare ¶歯並びを矯正する correggere la dentatura ¶矯正可能な correggibile ¶矯正不可能な incorreggibile

❖**矯正施設** riformatorio㊚ [㊷ *-i*], casa㊛ di correzione

矯正視力 vista㊛ corretta

ぎょうせい 行政 amministrazione㊛ pubblica ◇行政的な amministrativo, esecutivo

❖**行政委員会** commissione㊛ amministrativa [esecutiva]

行政改革 riforma㊛ amministrativa

行政官 funzionario㊚ [㊛ *-ia*; ㊚㊷ *-i*] amministrativo

行政監督 ispezione㊛ amministrativa

行政機関 organo㊚ amministrativo

行政機構 struttura㊛ amministrativa

行政規則 regolamento㊚ amministrativo

行政区画 circoscrizione㊛ amministrativa

行政区分 divisione㊛ in circoscrizioni amministrative

行政権 potere㊚ esecutivo

行政裁判所 tribunale㊚ amministrativo

行政指導 orientamento㊚ amministrativo

行政書士 notaio㊚ [㊷ *-i*] (▲女性にも使う)

行政処分 misure㊛ [㊷] amministrative

行政訴訟 contenzioso㊚ amministrativo

行政法 diritto㊚ amministrativo

行政命令 decreto㊚ legge [無変]

ぎょうせいざい 強精剤 afrodisiaco㊚ [㊹ *-ci*]

ぎょうせき 業績 〈実績〉risultato㊚;〈功績〉merito㊚;〈仕事, 作品〉lavoro㊚, opera㊛;〈著作〉produzione㊛;〈会社の〉attività㊛ ¶新製品の販売で最高の業績をあげる ottenere ottimi risultati nella vendita dei nuovi prodotti ¶やっと彼の業績が表われてきた. Finalmente si vedono i risultati del suo lavoro. ¶今年は会社の業績が上がった. Quest'anno si è registrato un notevole incremento dell'attività della ditta.

きょうせん 胸腺 〖解〗timo㊚;〖料〗(子牛・子羊の) animella㊛

きょうそ 教祖 fondat*ore*㊚ [㊛ *-trice*] di una setta religiosa

きょうそう 競争 concorrenza㊛, competizione㊛;《対抗》rivalità㊛;《試合》gara㊛;《競争試験》concorso㊚ ◇競争する concorrere a [competere in / gareggiare in] *ql.co.* con *qlcu.*, fare a gara con *qlcu.* in *ql.co.* ¶非価格競争《経》concorrenza non basata sul prezzo ¶競争的供給［需要］offerta [domanda] concorrenziale ¶激しい競争 concorrenza spietata [accanita] ¶生存競争 lotta per la sopravvivenza ¶どっちが先に仕上げるか競争しようか. Facciamo a gara a chi finisce per primo? ¶各社が競争して安く売っている. Le ditte si fanno concorrenza vendendo a prezzi bassi. ¶A社はB社との競争に勝った. La ditta A l'ha spuntata sulla ditta B.

✤競争相手 concorrente㊚㊛, rivale㊚㊛ ¶競争相手の新聞 giornale della concorrenza / giornale concorrente

競争意識 rivalità㊛

競争価格 prezzo concorrenziale [competitivo]

競争原理 principio㊚ di competizione ¶競争原理が働く. Vale il principio di competizione.

競争試験 esame㊚ competitivo; concorso㊚

競争社会 società㊛ competitiva, società㊛ basata sulla competizione

競争心 spirito㊚ di competitività ¶社員の競争心をあおる stimolare lo spirito di competitività tra i dipendenti

競争率 tasso㊚ di competizione ¶あの学校は競争率が高い. La percentuale dei candidati ammessi a quella scuola è bassa.

競争力 competitività㊛ ¶国際競争力 competitività nel mercato mondiale

きょうそう 競走 corsa㊛ ◇競走する fare una (gara di) corsa con *qlcu.*, disputare una corsa con *qlcu.* ¶自動車［自転車/障害物］競走 corsa automobilistica [ciclistica / ad ostacoli] ¶競走に勝つ［負ける］ vincere [perdere] una corsa ¶100メートル競走で1等になる risultare primo nei 100 metri piani

✤競走馬 cavallo㊚ da corsa

きょうぞう 胸像 busto㊚

きょうそう 形相《顔つき》volto㊚, aspetto㊚;《表情》espressione㊛ ¶形相を変える mutare l'espressione del viso ¶ものすごい［必死の］形相で con un'espressione orribile [disperata]

きょうそうきょく 狂想曲《音》capriccio㊚ [複 -ci]

きょうそうきょく 協奏曲《音》concerto㊚ ¶ピアノ協奏曲 concerto per pianoforte

きょうそうざい 強壮剤 tonico㊚ [複 -ci], fortificante㊚; ricostituente㊚

きょうそくぼん 教則本 manuale㊚ ¶ギター教則本 manuale di chitarra

きょうぞん 共存 coesistenza㊛ ◇共存する coesistere㊊ [es];《互いの領分を侵さずに》vivere㊊ [es, av] e lasciar vivere ¶平和共存 coesistenza pacifica

きょうだ 強打 colpo violento ◇強打する colpire [battere] *qlcu.* [*ql.co.*] violentemente ¶私は頭を戸に強打した. Ho sbattuto forte la testa contro la porta.

✤強打者 battitore㊚ [㊛ -trice] fortissimo

きょうたい 狂態《常軌を逸した行為》comportamento㊚ eccentrico [複 -ci] [bizzarro]; condotta㊛ folle ¶彼は酒に酔って狂態を演じた. Si è ubriacato e si è comportato in modo indecente.

きょうたい 嬌態 civetteria㊛ ¶彼女は彼に嬌態を示した. Ha fatto la civetta con lui.

きょうだい 兄弟《男の》fratello㊚;《女の》sorella㊛; cognato㊚ [㊛ -a] 一家系図 ¶タヴィアーニ兄弟 i fratelli Taviani ¶兄弟はいますか. Hai fratelli? ¶私は兄弟がいない. Non ho fratelli.

✤兄弟愛 amore㊚ fraterno

兄弟げんか lite㊛ tra fratelli

兄弟殺し fratricidio㊚ [複 -i]

兄弟弟子 condiscepolo㊚ [㊛ -a]

兄弟分 amico㊚ [㊛ -ca; 男複 -ci] per la pelle

きょうだい 鏡台 toletta㊛, pettiniera㊛ con specchio ¶鏡台の前に座る sedersi davanti alla toletta

きょうだい 強大 ◇強大な potente;《大きい》enorme

きょうたく 供託 deposito㊚ ◇供託する depositare

✤供託金 deposito㊚, denaro depositato

供託者 depositante㊚㊛

供託所 depositario㊚ [複 -i]

供託物 deposito㊚, oggetto depositato

きょうたく 教卓 cattedra㊛

きょうたん 驚嘆 ammirazione㊛, meraviglia㊛ ◇驚嘆する ammirare *ql.co.*, provare ammirazione per *ql.co.*; meravigliarsi di *ql.co.* [di +不定詞] ◇驚嘆させる suscitare ammirazione in *qlcu.*, meravigliare *qlcu.* ¶驚嘆すべき meraviglioso, sorprendente;《奇蹟的》prodigioso;《印象的》impressionante;《すばらしい》straordinario [男複 -i], ammirevole

きょうだん 凶弾 ¶凶弾に倒れる essere assassinato con un colpo d'arma da fuoco

きょうだん 教団 ordine㊚ religioso, congregazione㊛

きょうだん 教壇 predella㊛, cattedra㊛ ¶教壇に立つ《教師になる》diventare un 「《女性に》un'] insegnante ¶教壇を去る《教師をやめる》lasciare l'insegnamento

きょうち 境地《心境》stato㊚ d'animo ¶彼はおだやかな境地に達した. Ha raggiunto [È arrivato a] uno stato mentale tranquillo. ¶ようやく彼は自分の芸術に新境地を開いた. Finalmente ha aperto nuovi orizzonti alla sua arte.

きょうちくとう 夾竹桃《植》oleandro㊚ ¶夾竹桃の花 fiori di oleandro

きょうちゅう 胸中 ¶《人に》胸中を明かす confidarsi con *qlcu.* ¶《人の》胸中を察する leggere nel cuore di *qlcu.* ¶胸中に秘める non confidare i *propri* segreti più profondi

ぎょうちゅう 蟯虫《動》ossiuro㊚;《線虫類》nematodi㊚ [複]

きょうちょ 共著 collaborazione㊛ ¶《人》と共著で本を出す scrivere un libro in collaborazione con *qlcu.*

✤共著者 coautore㊚ [㊛ -trice]

きょうちょう 凶兆 malaugu*rio*男 [複 -i], cattivo segno男 ¶凶兆の鳥 uccello del malaugurio

きょうちょう 協調 《合意》accordo男; 《折り合い》conciliazione女, compromesso男; 《協力》collaborazione女, cooperazione女 ◇協調する accordarsi con *qlcu*.; raggiungere un compromesso con *qlcu*.; collaborare自 [*av*] [cooperare 自 [*av*] con *qlcu*. ◇協調的 cooperativo; conciliante ¶協調して働く lavorare di concerto ¶協調して生きる vivere in armonia
✤協調介入 intervento男 coordinato
協調性 ¶彼は協調性がある. Ha spirito di collaborazione [cooperazione].

きょうちょう 強調 enfași女 [無変]; 《アクセント》accento男 ◇強調する sottolineare [mettere l'accento su / mettere in rilievo] *ql.co.*; accentuare *ql.co.* ¶重要性を強調する sottolineare l'importanza di *ql.co.* ¶その絵では赤が強調されている. In quel quadro spicca il rosso.

きょうつい 胸椎 《解》vertebra女 toracica
きょうつう 共通 《共通の》comune ¶世界共通の現象 fenomeno comune a tutte le nazioni ¶僕は彼と共通の利害関係にある. Io e lui abbiamo interessi comuni.
✤共通語 lingua*ggio*男 [複 -*gi*] comune
共通性 comunanza女
共通点 punto男 comune ¶共通点がある avere punti in comune

きょうつう 胸痛 mal男 di petto
きょうてい 協定 accordo男, patto男; 《国家間の》convenzione女, trattato男 ◇協定する mettersi d'accordo con *qlcu*. ¶紳士協定 accordo leale [sulla parola] ¶協定を締結する concludere [sottoscrivere] un accordo ¶協定を守る osservare una convenzione ¶協定を破る violare [rompere] un patto
✤協定価格 prezzo男 convenuto
協定関税 tariffa女 convenzionale
協定事項 questione女 concordata
協定書 accordo男 scritto
協定賃金 sala*rio*男 [複 -*i*] contrattuale
協定貿易 comme*rcio*男 estero bașato su accordi

きょうてい 教程 《課程》corso (di studio); 《ラ》curriculum男 [無変]; 《教本》manuale男

きょうてい 競艇 gara女 di motoscafi
✤競艇場 bacino男 per gare motonautiche
競艇選手 motona*uta*男女 [複 -*i*] professionista [複 -*i*]
競艇用ボート motoscafo男 da competizione

きょうてき 強敵 rivale男女 / concorrente男女 / nemi*co*男 [複 -*ci*] potente

きょうてん 教典 libro男 sacro; 《教本》manuale男

きょうてん 経典 《経文》libri男 [複] sacri buddisti, sutra男 [無変]

ぎょうてん 仰天 sorpresa女, stupore男 ¶仰天する essere stupefatto [attonito / sbalordito] da [per] *ql.co.* [*qlcu*.]

きょうと 教徒 fedele男女, credente男女 ¶イスラム教徒 iṣlamico ¶キリスト教徒 cristiano ¶仏教徒 buddista

きょうど 匈奴 《史》gli Unni男 [複]
きょうど 強度 **1** 《強さ》intensità女; 《堅さ》durezza女; 《丈夫さ》solidità女 ¶壁の強度を高める aumentare la solidità di un muro **2** 《甚だしいこと》◇強度の intenso, acuto, forte ¶彼は強度の miopia acuta.

きょうど 郷土 pae*se*男 natio
✤郷土愛 amore男 per il paese natio; 《強い》campanilismo男
郷土芸能 spettacolo folclori*stico* [複 -*ci*], arte女 folcloristica
郷土史 storia女 locale [regionale]
郷土色 ¶郷土色豊かな踊り danza ricca di colore locale

きょうとう 共闘 lotta女 in comune ◇共闘する fare fronte comune [lottare congiuntamente] con *qlcu*. 《に対して contro》

きょうとう 教頭 docente男女 vicario男 [複 -*i*]
→教育 用語集

きょうどう 共同 collaborazione女, cooperazione女 ◇共同の riunito, congiunto; 《共に》in comune; 《協力》di cooperazione ◇共同で in collaborazione 《と con》; di concerto; 《一緒に》insieme; 《組んで》congiuntamente ¶《人》と共同で…する cooperare [collaborare] con *qlcu*. a +不定詞
✤共同アンテナ antenna女 centralizzata
共同運航(便) volo男 in collaborazione tra due linee aeree, tratta女 condivisa, 《英》code sharing男 [無変]
共同開発 organizzazione congiunta →共催
共同管理 cogestione女
共同記者会見 conferenza女 stampa [無変] congiunta
共同研究 ricerche女 [複] congiunte, studi男 [複] congiunti
共同事業 impresa女 in compartecipazione
共同市場 mercato男 comune
共同社会 società女 comunitaria
共同出資 investimento男 in comune
共同所有 proprietà女 collettiva
共同生活 《同居》coabitazione女; 《集団生活》vita女 in comune ¶共同生活をする coabitare自 [*av*] / vivere自 [*es*, *av*] insieme
共同製作 《映》compartecipazione女; 《合作》coproduzione女
共同正犯 《法》coauto*re*男 [女 -*trice*]
共同宣言 dichiarazione女 congiunta, comunicato男 congiunto
共同戦線 ¶《人》と共同戦線を張る far fronte comune [far causa comune] con *qlcu*. 《に対して contro》
共同体 comunità女 ◇共同体の comunita*rio*男 [複 -*i*]
共同農場 fattoria女 collettiva
共同謀議 《法》congiura女
共同募金 fondo男 di beneficenza
共同墓地 cimitero男 comunale [municipale]

きょうどう 協同 cooperazione女
✤協同組合 società女 cooperativa, cooperativa女, coop女 [無変]
協同組合運動 movimento男 cooperativistico

きょうとうほ 橋頭堡 testa㊛ di ponte [di sbarco] (▶比喩的にも用いる) ¶橋頭堡を確保する assicurarsi una testa di ponte

きょうねん 凶年 anno㊚ negativo;《不作の年》brutta annata㊛

きょうねん 享年 età㊛ alla morte ¶享年83歳であった. Mori all'età di 83 anni.

きょうは 教派 setta㊛ [scuola] religiosa

きょうばい 競売 asta㊛, incanto㊚, licitazione㊛ ◇ピカソの絵を競売する vendere all'asta [all'incanto] un quadro di Picasso ¶…を競売にかける mettere ql.co. all'asta ¶…を競売で落とす aggiudicarsi ql.co. a un'asta

❖競売場 sala㊛ delle aste
競売人 banditore㊚ [㊛ -trice] (di aste)

きょうはく 脅迫《おどし》minaccia㊛, intimidazione㊛;《ゆすり》ricatto㊚ ◇脅迫する minacciare qlcu.; ricattare qlcu. ◇脅迫的 minaccioso, intimidatorio ㊚複 -i] ¶男は私に子供を殺すと脅迫した. L'uomo ha minacciato di uccidere mio figlio.

❖脅迫罪 intimidazione㊛,《ゆすり》ricatto㊚
脅迫者 ricattatore㊚ [㊛ -trice]
脅迫状 lettera㊛ minatoria
脅迫電話 telefonata㊛ minatoria

きょうはく 強迫 costrizione㊛;《心理的な》coazione㊛ ◇強迫する costringere qlcu. a ql.co. [a +不定詞], imporre a qlcu. ql.co. [di +不定詞]

❖強迫観念 ossessione㊛, fissazione㊛ ¶強迫観念にとらわれている essere in preda ad un'ossessione

きょうはん 共犯《共犯関係》complicità㊛;《共謀》congiura㊛, complotto㊚

❖共犯者 complice㊚㊛

きょうび 今日日 oggigiorno (▶副詞)

きょうふ 恐怖 paura㊛, terrore㊚, spavento㊚;《パニック》panico㊚ ¶恐怖におののく tremare di paura ¶恐怖に襲われる essere in preda alla paura /essere preso dallo spavento [dal panico] ¶恐怖を覚える spaventarsi / terrorizzarsi ¶恐怖の色を浮かべる avere la paura dipinta in volto ¶彼は恐怖で動けなくなった. È restato paralizzato per il terrore. ¶この映画は子供に恐怖心を起こさせる. Questo film spaventa i bambini. / Questo film incute terrore ai bambini.

❖恐怖症 fobia㊛ ¶高所恐怖症 acrofobia㊛ ¶赤面恐怖症 ereutofobia㊛ ¶広場恐怖症 agorafobia㊛ ¶閉所恐怖症 claustrofobia㊛

恐怖政治 dittatura㊛ spietata;《フランス革命の》il Terrore

きょうふ 教父 **1**《初期キリスト教の神学者》Padre㊚ della Chiesa **2**《代父》padrino㊚

きょうぶ 胸部 torace㊚, petto㊚ ◇胸部の toracico [㊚複 -ci], pettorale,《肺の》polmonare

❖胸部疾患 affezione㊛ polmonare
胸部内視鏡 toracoscopia㊛

きょうふう 強風 forte vento㊚

❖強風雨 vento㊚ e pioggia㊛ forti
強風注意報 allarme㊚ per vento forte

きょうへき 胸壁 **1**《医》parete㊛ toracica **2**《城の》bastione㊚

きょうへん 共編 compilazione㊛ in gruppo [équipe]

❖共編者 compilatore㊚ [㊛ -trice]

きょうべん 教鞭 ¶彼はある高校で教鞭をとっている. Insegna in un liceo.

きょうほ 競歩 gara㊛ di marcia ¶競歩の選手 podista㊚㊛ [㊚複 -i]

きょうぼ 教母《代母》madrina㊛

きょうほう 凶報 brutta notizia㊛;《訃報》notizia㊛ nefasta, notizia㊛ luttuosa

きょうぼう 凶暴 furia㊛ ◇凶暴な brutale, violento; ◇凶暴性 brutalità㊛, violenza㊛ ¶凶暴性を発揮する abbandonarsi a una cieca brutalità [a una ferocia spietata]

きょうぼう 共謀 complotto㊚, cospirazione㊛, congiura㊛ ◇共謀する complottare㊂ [av] di +不定詞 [macchinare ql.co.] con qlcu.; cospirare㊂ [av] [congiurare㊂ [av]] con qlcu.《に対して contro》《人》と共謀して行動する agire in complicità con qlcu.

❖共謀者 cospiratore㊚ [複 -trice]

きょうぼく 喬木 grande albero㊚, albero㊚ alto

きょうほん 狂奔 ¶金策に狂奔する andare in giro a chiedere denaro in prestito ¶彼は裏工作に狂奔した. Ha fatto sforzi disperati dietro le quinte.

きょうほん 教本 manuale㊚

きょうまく 胸膜《解》pleura㊛

❖胸膜炎《医》pleurite㊛

きょうまん 驕慢 ⇨倣慢

きょうみ 興味《関心》interesse㊚;《好奇心》curiosità㊛;《引き付ける力》attrazione㊛ ¶興味深い interessante ¶興味がある《人が主語》interessarsi di [a] ql.co. [qlcu.] / avere interesse「per ql.co. [per qlcu. / a +不定詞] ¶…に対して興味を感じる essere interessato a ql.co. [qlcu. / +不定詞] ¶《人》の興味をひく attirare l'interesse [la curiosità] di qlcu. ¶興味深い話だ. È una faccenda [una storia] di grande interesse. ¶私はイタリア文学に興味がある. Mi interessa la letteratura italiana. / Sono interessato alla letteratura italiana. ¶彼はスポーツに興味を示すようになった. Ha cominciato a nutrire un interesse per lo sport. ¶私はすっかり興味を失った. Ho perso ogni interesse.

❖興味津々(しんしん) ¶彼がどんな行動に出るか興味津々たるものがある. Sono curiosissimo di vedere come reagirà.

興味本位 ◇興味本位で a titolo di [solo per / per pura] curiosità;《気晴らしで》solo per passatempo

きょうむ 教務 **1**《学校の》lavoro㊚ d'ufficio che riguarda l'istruzione **2**《宗門上の事務》affari㊚ [㊚複] di un tempio

❖教務課 segreteria㊛ didattica
教務主任 direttore㊚ [㊛ -trice] didattico [㊚複 -ci]

ぎょうむ 業務 affari㊚ [複];《任務としての》mansioni㊛ [複], obblighi㊚ [複], compiti㊚ [複] ¶業務をこなす svolgere i propri compiti ¶新支店は来月1日より業務を行います. Dal 1° del mese prossimo la nuova succursale comincerà l'attività.

❖業務上 ¶業務上の過失 negligenza [-gli-] sul

lavoro ¶業務上過失致死罪 omicidio colposo per negligenza professionale
業務提携 〚経〛cooperazione⼥ commerciale
業務命令 ordine男 di servizio
業務用 ◇業務用の per uso commerciale
業務連絡 comunicazione⼥ di servizio
きょうめい 共鳴 **1**《物》risonanza⼥ ◇共鳴する risuonare⽣[es, av]
2《共感》simpatia⼥ ◇共鳴する condividere ql.co. con qlcu. ¶彼は君の考えにすっかり共鳴している. Condivide in pieno le tue idee.
❖共鳴者 simpatizzante男
共鳴箱 cassa⼥ di risonanza
共鳴板 tavola⼥ armonica
きょうもん 経文 〚仏教〛(testo男 di un) sutra男[無変]
きょうやく 共役 〚数〛coniugato男
きょうやく 共訳 traduzione⼥ in collaborazione
きょうやく 協約 convenzione⼥, accordo男 ¶労働協約を結ぶ stipulare un contratto collettivo di lavoro
きょうゆ 教諭 →教員
きょうゆう 共有《所有権の》comproprietà⼥, proprietà⼥ comune ◇共有の in comproprietà, in (proprietà) comune; 〚法〛indiviso ◇共有する possedere ql.co. in comproprietà con qlcu.; 《考え方などを》condividere ql.co. con qlcu.
❖共有結合〚化〛legame男 covalente
共有権 condominio男, comproprietà⼥
共有財産 proprietà⼥ indivisa [comune], beni男[複] in comproprietà
共有者 comproprietario男 [⼥ -ia; 男複 -i]
共有地 terreno男 di proprietà comune
共有物 comproprietà⼥
きょうゆう 享有 ¶全ての人が基本的人権を享有する. I diritti basilari dell'uomo sono un valore intrinseco.
きょうよ 供与《提供》offerta⼥;《贈与》donazione⼥ ◇供与する offrire [donare] ql.co. a qlcu., fare una donazione ¶この国は某大国から武器の供与を受けている. Questo paese riceve armi da una grande nazione.
きょうよう 共用 ◇共用する usare [utilizzare] ql.co. in comune ◇共用の d'uso comune, comune;《公共の》pubblico 男複 -ci]
❖共用部分《建物の》spazio男[複 -i] condominiale
きょうよう 強要 ◇強要する esigere ql.co. da qlcu., costringere qlcu. a + 不定詞 ¶彼は金銭を強要した. Ha insistito per avere del denaro. ¶彼は退職を強要された. Lo hanno costretto a licenziarsi.
きょうよう 教養 cultura⼥ ◇教養のある colto;《学識のある》istruito ¶教養のある人 persona colta [di ingegno / di cultura] ¶教養を身につける farsi una cultura ¶教養を高める elevare la propria cultura ¶彼は教養がない. È incolto.
❖教養課程 biennio男[複 -i] fondamentale
教養科目 materia⼥ di cultura generale
教養小説 romanzo男 di formazione
教養人 cultore男[⼥ -trice];《総称》uomini男[複] di cultura

教養番組 programma男[複 -i] didattico [複 -ci] [istruttivo]
きょうらく 享楽 godimento男, piacere男 ◇享楽的な godereccio [男複 -ci; ⼥複 -ce] ¶享楽にふける darsi ai piaceri
❖享楽主義 epicureismo男, edonismo男
享楽主義者 epicureo男[⼥ -a]
きょうらん 狂乱 follia⼥;《激怒》furia⼥;《熱狂》frenesia⼥
❖狂乱物価 inflazione⼥ galoppante
きょうり 教理 dottrina⼥, dogma男[複 -i]
❖教理問答〚カト〛catechismo男
きょうり 郷里 paese男 nativo [natio]
きょうりゅう 恐竜〚古生〛dinosauro男
きょうりょう 狭量 ◇狭量な meschino;《不寛容な》intollerante ¶狭量な考え idee meschine
きょうりょう 橋梁 ponte男
❖橋梁かけかえ工事 lavori男[複] per gettare un nuovo ponte al posto di quello vecchio
きょうりょく 協力 collaborazione⼥, cooperazione⼥;《寄与》contributo男;《参加》partecipazione⼥ ◇協力する collaborare⽣[av] con qlcu. a ql.co., offrire la propria collaborazione a qlcu.; contribuire⽣[av] a ql.co. ◇協力的 collaborativo, disposto a collaborare [cooperare] ¶協力し合う aiutarsi / collaborare a vicenda ¶経済協力 collaborazione economica ¶〈人〉と協力して in collaborazione con qlcu. ¶協力して敵に当たる unirsi contro il nemico comune
❖協力者 collaboratore男[⼥ -trice] ¶対独協力者（第二次大戦時の）collaborazionista男[⼥]
きょうりょく 強力 ◇強力な energico[男複 -ci], vigoroso; potente; forte ◇強力に energicamente, vigorosamente; potentemente; forte(mente) ¶強力にする rafforzare / fortificare /《強固にする》consolidare ¶強力な反対 forte obiezione ¶強力なエンジン motore potente ¶強力な内閣を作る formare un governo forte
きょうれつ 強烈 ◇強烈な《鮮明》vivo;《鋭い》acuto, penetrante;《強い》forte;《濃い》intenso ¶強烈な色 colore vivo ¶強烈なにおい odore forte ¶強烈な太陽の光 sole rovente [ardente] ¶強烈な印象を与える impressionare moltissimo qlcu. / colpire molto qlcu. ¶彼は強烈な個性の持ち主だ. Ha una fortissima personalità.
ぎょうれつ 行列 **1**《買い物などの》fila⼥ ◇行列する fare la fila ¶行列の後ろにつく mettersi in fila / fare la coda ¶劇場の切符売り場に長い行列ができた. Davanti al botteghino del teatro si era formata una lunga fila.
2《祭りの》corteo男, processione⼥;《デモなどの》corteo男;《パレード》parata⼥, sfilata⼥ ◇行列する sfilare⽣[av, es], andare in corteo ¶仮装行列 corteo di [in] maschere
3〚数〛matrice⼥
❖行列式〚数〛determinante男
きょうれん 教練 addestramento男 militare
きょうわ 協和 concordia⼥, armonia⼥
❖協和音〚音〛consonanza⼥; accordo男 consonante ¶不協和音 dissonanza

きょうわこく 協和精神 spirito男 di concordia

きょうわこく 共和国 repubblica女 ◇共和国の repubblicano ¶イタリア共和国 la Repubblica Italiana

きょうわしゅぎ 共和主義 repubblicanesimo男

❖共和主義者 repubblicano男 [女 -a]

きょうわせい 共和制 repubblica女

きょえいしん 虚栄心 vanità女, vanagloria女 ¶虚栄心をそそる[満たす] sollecitare [soddisfare] la vanità ¶彼は虚栄心が強い。È vanitoso.

きょおく 巨億 ◇巨億の milionario男 [女複 -i]; in gran numero; in gran quantità

ギョーザ 餃子 ravioli男 [複] cinesi ¶揚げ[焼き／水／蒸し]ギョーザ ravioli cinesi fritti [arrostiti / bolliti / a vapore]

きょか 許可 1《許すこと》permesso男;《入学・入社などの》ammissione女 ◇許可するpermettere ¶〈人〉に…を許可する permettere a qlcu. qlco. [di +不定詞], dare a qlcu. il permesso di +不定詞 ¶許可を得る ottenere il permesso ¶父の許可を得てまいりました。Sono venuto con il permesso di mio padre. ¶彼に部屋の使用を許可した。Gli ho permesso di usare la stanza.

2《法的免許》autorizzazione女, licenza女, nullaosta [nulla osta]男 [無変] ◇許可する autorizzare qlcu. a +不定詞, dare [accordare] a qlcu. l'autorizzazione di [a] +不定詞 ¶警察は彼の営業許可を取り消した。La polizia gli ha ritirato la licenza di esercizio. ¶この店は無許可で営業している。Quel negozio esercita senza licenza.

❖許可営業 attività女 [複] commerciali per il cui espletamento è richiesta una licenza da parte del Comune 《イタリアでは街頭の屋台もふくめてあらゆる営業行為は地方自治体の許可が必要》

許可証 permesso男; licenza女 ¶滞在[労働]許可証 permesso di soggiorno [di lavoro]

ぎょかい 魚介・魚貝 pesci男 [複] e molluschi 男 [複];《海の幸》frutti男 [複] di mare;《海産物》prodotti男 [複] ittici ¶魚介のスパゲッティ[リゾット] spaghetti [risotto] alla pescatora

きょがく 巨額 somma女 [cifra / importo 男] ingente ¶巨額の公共投資 enormi investimenti pubblici ¶巨額の被害を受ける subire danni enormi

ぎょかく 漁獲 pesca女

❖漁獲高［量］quantità女 di pesce pescato
漁獲物 pesca女

きょかん 巨漢 gigante男

ぎょがんレンズ 魚眼レンズ〔光〕obiettivo男 fish-eye [fíʃai]

きょぎ 虚偽 falsità女, menzogna女;《無根拠》infondatezza女 ◇虚偽の falso, menzognero, mendace ¶虚偽の申告をする presentare una falsa dichiarazione

ぎょき 漁期 stagione女 della pesca

ぎょぎょう 漁業 pesca女;《産業》industria 女 della pesca [ittica] ¶沿岸[近海・遠洋]漁業 pesca costiera [al largo / d'alto mare]

❖漁業組合 cooperativa女 di pescatori
漁業権 diritti男 [複] di pesca
漁業資源 risorse女 [複] ittiche
漁業専管区域 zona女 esclusiva di pesca

きょきょじつじつ 虚々実々 ¶虚々実々の駆け引きが与野党間で行われている。Tra il Governo e l'opposizione sono in corso intense e accorte trattative.

きょく 曲 1《楽曲》musica女, brano男 musicale;《歌》canzone;《小曲》pezzo男（▶特に軽音楽）¶歌曲 canto ¶器楽曲 brano musicale strumentale ¶ヴェルディの曲 la musica di Verdi ¶1人2曲ずつ歌いましょう。Cantiamo due brani ciascuno. ¶いい曲だ。È un bel pezzo.

2《おもしろみ》interesse男

きょく 局 1《官庁の》Direzione女 generale;《その下》ufficio男 [複 -ci] ¶郵便[電話]局 ufficio postale [telefonico] ¶テレビ局 stazione televisiva ¶政府観光局 ente nazionale per il turismo

2《碁・将棋の》partita女

❖局員 funzionario男 [女 -ia; 男複 -i] [impiegato 男 [女 -a] d'ufficio;《集合的》personale男 di un ufficio

きょく 極 1《きわみ》estremità女;《力の限界》stremo男 ¶彼は疲労の極に達している。È ridotto allo stremo delle forze.

2《天・物・電》polo男 ¶地球［地磁気／天体］の極 poli terrestri [magnetici / celesti]

❖極軌道 orbita女 polare
極座標〔数〕coordinate女 [複]

ぎょく 漁区 riserva女 di pesca

ぎょぐ 漁具 arnesi男 [複] da pesca

きょう 極右 estrema destra女;《人》estremista男 [男複 -i] di destra

❖極右政党 partito男 di estrema destra
極右テロ terrorismo男 nero
極右分子 elemento男 di estrema destra

きょくがい 局外 ¶局外に立つ tenersi al di sopra della mischia

❖局外者 estraneo男 [女 -a]
局外中立 ¶局外中立を守る osservare la neutralità

きょくげい 曲芸 acrobazia女, numero acrobatico [複 -ci];《つな渡り、玉乗りなどの》equilibrismo男 ¶曲芸飛行 volo acrobatico ¶イルカの曲芸 acrobazie di delfini ¶曲芸をする fare acrobazie

❖曲芸師 acrobata男 女 [男複 -i]; saltimbanco 男 [女 -ca; 男複 -chi]; equilibrista男 [男複 -i];《綱渡りの》funambolo男 [女 -a];《空中ぶらんこの》trapezista男 女 [男複 -i]

きょくげん 局限 ◇局限する limitare, delimitare

きょくげん 極言 ◇極言する usare termini estremi ¶極言すれば per dirla in termini estremi

きょくげん 極限 limite男 (estremo) ¶極限に達する[を越える] raggiungere [oltrepassare] i limiti

❖極限状況 situazione女 limite
極限値 valore男 limite

きょくさ 極左 estrema sinistra女;《人》estremista男 [男複 -i] di sinistra

❖極左政党 partito男 di estrema sinistra
極左テロ terrorismo男 rosso

極左分子 elemento*m* di estrema sinistra
ぎょくさい 玉砕 morte*f* onorevole ¶この島の日本兵は玉砕した. I soldati giapponesi di questa isola hanno combattuto tutti fino alla morte.
きょくしゃほう 曲射砲 obice*m*
きょくしょ 局所 ⇒局部
きょくしょう 極小 il minimo*m* ◇極小の minimo, minuscolo
❖**極小値** 《数》 valore*m* minimo
ぎょくせきこんこう 玉石混交 ¶それは玉石混交だ. C'è del buono e del cattivo in ciò.
きょくせつ 曲折 **1** 《折れ曲がること》 sinuosità*f*; zigzag*m* [無変] ◇曲折の多い sinuoso ¶曲折の多い道 strada sinuosa **2** 《紆余曲折》 meandro*m* di complicazioni
きょくせん 曲線 linea*f* curva [arcuato], curva*f* ¶上昇[下降]曲線 curva ascendente [discendente] ¶曲線美 bellezza delle curve (di un corpo femminile) ¶曲線を描く tracciare una curva
きょくだい 極大 il massimo*m* ◇極大の massimo, il più grande, il più alto, il più elevato
❖**極大値** 《数》 valore*m* massimo ¶流星の極大 picco massimo di stelle cadenti / flusso massimo di meteore
きょくたん 極端 estremità*f*, estremo*m*; 《過度》 eccesso*m*; 《例外》 eccezionalità*f*; 《徹底的》 radicalità*f* ◇極端な estremo; eccessivo; eccezionale; radicale; 《大げさな》 esagerato ◇極端に estremamente, all'eccesso; eccessivamente; esageratamente ¶極端から極端に走る passare da un estremo all'altro ¶極端に暑い気候 clima estremamente caldo ¶両極端は相通じる. "Gli estremi si toccano." ¶彼は何事にも極端だ. È eccessivo in tutto.
きょくち 局地 località*f* ◇局地的な locale, localizzato ◇局地的に localmente ¶局地的な雨 pioggia locale
❖**局地化** ¶戦闘の局地化 localizzazione*f* di una guerra
局地戦争 guerra*f* locale
きょくち 極地 regioni*f* [複] polari, polo*m*
❖**極地探険** spedizione*f* polare
きょくち 極致 《頂点》 culmine*m*; apice*m*; 《最高段階》 il massimo grado; 《完成の域》 perfezione*f* ¶芸の極致 arte eccelsa [sublime / somma] ¶美の極致 apice della bellezza ¶極致に達する raggiungere la perfezione [il culmine]
きょくちょう 曲調 melodia*f*; tono*m*, tonalità*f*
きょくちょう 局長 direttore*m* [*f* -trice] (generale); caposezione*f* [*f*複 capisezione], caposezione*f*; capoufficio [capiufficio]; *m*複 capiufficio; *f*複 capoufficio]
きょくてん 極点 **1** 《北緯·南緯90度の地点》 polo*m* **2** 《極限》 limite*m*, culmine*m*
きょくど 極度 ◇極度の estremo, sommo ◇極度に estremamente, al massimo grado ¶極度の疲労で倒れる ammalarsi per stanchezza estrema
きょくとう 極東 l'Estremo Oriente*m*
❖**極東諸国** paesi*m* [複] dell'Estremo Oriente

きょくどめ 局留め fermo posta*m* [無変], fermoposta*m* [無変] (►形容詞·副詞としても用いる) ¶局留めで手紙を送る inviare [spedire] una lettera fermoposta
きょくのり 曲乗り ¶自転車の曲乗り acrobazia in bicicletta / ciclismo acrobatico
きょくばん 局番 《市外局番》 prefisso*m* (urbano)
きょくび 極微 ◇極微の microscopico [複 -*ci*]
きょくひどうぶつ 棘皮動物 《動》 echinodermi*m* [複] ⇒動物 用語集
きょくぶ 局部 **1** 《部位》 parte*f* ◇局部的な locale ¶局部的痛み dolore locale **2** 《陰部》 parti*f* [複] intime
❖**局部麻酔** 《医》 anestesia*f* locale
きょくめい 曲名 titolo*m* (di una musica)
きょくめん 曲面 superficie*f* [複 -*ci*,-*cie*] curva
きょくめん 局面 **1** 《物事の成りゆき·ありさま》 fase*f*, situazione*f*; aspetto*m* ¶局面が一変した. La situazione è cambiata drasticamente. ¶日本経済はむずかしい局面に立っている. L'economia giapponese è in una situazione difficile. ¶最終局面 ultima fase **2** 《碁·将棋などの勝負の形勢》 fase*f* (del gioco)
きょくもく 曲目 programma*m* [複 -*i*]; 《曲名》 titolo*m*
きょくりょう 極量 《薬》 dose*f* di massima
きょくりょく 極力 con tutte le forze, con tutti i mezzi; 《是が非でも》 ad ogni costo, con le buone o le cattive; 《可能な限り》 quanto più possibile
ぎょくろ 玉露 tè*m* verde di prima qualità
きょくろん 極論 ◇極論する spingere la logica di *ql.co.* all'estremo ¶君の言っていることは極論だよ. Quello che dici mi pare eccessivo. / Stai esagerando! ¶極論すれば原因は彼にある. A voler essere precisi la colpa è sua.
ぎょぐん 魚群 banco*m* [複 -*chi*] di pesci, branco*m* [複 -*chi*] di pesci
❖**魚群探知器** sonar*m* [無変] (per branchi di pesci)
きょけつ 虚血 《医》 ischemia*f* ◇虚血の ischemico [複 -*ci*]
❖**虚血性心疾患** 《医》 ischemia*f* cardiaca
きょげん 虚言 bugia*f* [複 -*gie*], fandonia*f*, frottola*f* ¶虚言を弄する inventare fandonie
❖**虚言癖** mitomania*f* ¶虚言癖のある人 mitomane*m f*
きょこう 挙行 ◇挙行する celebrare *ql.co.*, commemorare *ql.co.* ◇挙行される aver luogo, tenersi, essere celebrato
きょこう 虚構 finzione*f*, 〔英〕 fiction*f* [無変] ◇虚構の fittizio [複 -*i*]; 《見せかけの》 finto; 《作り話の》 inventato; 《想像上の》 immaginario [複 -*i*] ¶それはまったくの虚構だ. Questa è pura invenzione!
ぎょこう 漁港 porto*m* peschereccio [複 -*ci*]
きょこく 挙国 ¶挙国一致して難局に当たった. Tutta la nazione si è unita per superare le difficoltà.
きょこん 虚根 《数》 radice*f* immaginaria
きょしき 挙式 ◇挙式する fare una cerimonia;

《結婚式》celebrare il matrimonio

きょじつ 虚実 **1**《真偽》falsità e verità ¶虚実織りまぜた話 storia in cui sono mescolate la verità e la finzione **2** →虚虚実実

きょしてき 巨視的 macroscopico[男複 -ci];《全体的な見地から見た》generale
✤**巨視的経済** macroeconomia女

ぎょしゃ 御者 vetturino, cocchiere男[女 -a], postiglione男
✤**御者台** cassetta女

きょじゃく 虚弱 ◇虚弱な debole;《病気がちな》malaticcio[男複 -ci;女複 -ce], gracile ¶虚弱体質である essere di costituzione gracile [debole]

きょしゅ 挙手 ◇挙手する alzare la mano ¶挙手で採決する votare qlco. per alzata di mano ¶挙手の敬礼をする fare il saluto militare ¶質問のある人は挙手して下さい。Chi ha domande alzi la mano.

きょしゅう 去就 ¶全員が彼の去就に注目している。Tutti sono in attesa di vedere se va o resta. ¶今や去就を決する時だ。È venuto il momento di prendere una decisione.

きょじゅう 居住 abitazione女, dimora女, residenza女;《居住地》domicilio男[複 -i] ◇居住する abitare[av]
✤**居住権** diritto男 di residenza
居住者 abitante男
居住証明書 certificato男 di residenza
居住性 abitabilità女 ◇居住性のよい confortevole
居住地 luogo男[複 -ghi] di residenza

きょしゅつ 拠出 offerta, contributo男 ¶震災被害者に救済資金を拠出する fare un'offerta a favore dei terremotati
✤**拠出金** contributo男

きょしょ 居所 ¶東京に居所を定める stabilirsi a Tokyo

きょしょう 巨匠 maestro男[女 -a];《大芸術家》grande artista男[男複 -i];《大音楽家》grande musicista男[男複 -i];《大作家》grande scrittore男[-trice]

ぎょじょう 漁場 zona女 di pesca ¶漁場に着く arrivare alla zona di pesca

きょしょく 虚飾 falsa ostentazione女;《気取り》affettazione女 ¶虚飾に満ちた暮らしをする condurre una vita piena di false ostentazioni ¶虚飾なしに語る parlare senza affettazione

ぎょしょく 漁色 libertinaggio男 ¶漁色にふける darsi al libertinaggio ¶漁色の生活 vita libertina
✤**漁色家** dongiovanni男[無変], libertino男

きょしょくしょう 拒食症《医》anoressia女 ◇拒食症の anoressico[男複 -ci] ◇拒食症の人 anoressico男[複 -ca;女複 -ci]

きょじん 巨人 **1**《大男》gigante男[女 -essa], colosso男;《ギ神》titano男 **2**《偉大な人》grande figura女

きょしんたんかい 虚心坦懐 ◇虚心坦懐に cuore aperto, francamente;《先入観なく》senza preconcetti [pregiudizi]

きょすう 虚数 《数》numero男 immaginario [複 -i]

ぎょする 御する《馬や乗物を》guidare;《人・機械を》manovrare qlcu. [ql.co.]《a proprio piacere》¶馬を御する guidare il cavallo ¶実に御しがたいやつだ。È veramente immanovrabile.

きょせい 去勢 **1**《動物の》castrazione女 ◇去勢する evirare, castrare ¶去勢牛 bue ¶去勢馬 cavallo castrato / castrone ¶去勢鶏 cappone **2**《活力を奪うこと》¶指導者の死後、その運動は去勢されてしまった。Dopo la morte del leader, il movimento ha perso vitalità.

きょせい 巨星 **1**《天》stella女 gigante ¶超巨星 stella supergigante **2**《各分野の大人物》grande figura女 ¶クラシック音楽界の巨星 superstar女[無変]《男》nel campo della musica classica ¶巨星墜(お)つ。Abbiamo perduto una grande figura.

きょせい 虚勢 ¶虚勢を張る《空いばり》fare lo spaccone [《女性が》la spaccona] /《こけおどし》vantarsi / millantarsi

きょせき 巨石 grande pietra女 ◇巨石の《考》megalitico[男複 -ci]
✤**巨石建造物**《ドルメン、メンヒルなど》megalite男
巨石文化 cultura女 megalitica

きょせつ 虚説 voce女 infondata

きょぜつ 拒絶 rifiuto男 ◇拒絶する rifiutare ql.co.[di+不定詞], respingere ql.co. ¶不当な要求を断固拒絶する rifiutare [respingere] decisamente una richiesta irragionevole ¶彼はかたくなに面会を拒絶した。Ha ostinatamente rifiutato di ricevermi.
✤**拒絶症**《心》negativismo男
拒絶反応 rigetto男;《医》rigetto男《di un organo trapiantato》¶原子力発電に対して拒絶反応を起こす mostrare un rigetto per l'energia nucleare

ぎょせん 漁船 peschereccio男[複 -ci]

きょぞう 巨像 colosso男, grande statua女 ¶ロードス島の巨像 il colosso di Rodi

きょぞう 虚像《物》immagine女 virtuale;《見せかけだけの姿》falsa immagine女

ぎょそん 漁村 villaggio男[複 -gi] di pescatori

きょたい 巨体 corpo男 gigantesco[複 -schi]

きょだい 巨大 ◇巨大な gigantesco[男複 -schi], colossale, enorme
✤**巨大都市** megalopoli女[無変]

きょだく 許諾《許可》autorizzazione女;《合意》consenso男, assenso男 ◇許諾する autorizzare; permettere ¶彼の提案を許諾する acconsentire alla sua proposta

きょだつ 虚脱《医》collasso男, atonia女, prostrazione女;《無気力》inerzia女, letargo男 ◇虚脱した prostrato; abbattuto, moralmente depresso
✤**虚脱感** prostrazione女
虚脱状態 stato男 di prostrazione, abbattimento男 ¶虚脱状態になる abbattersi / avvilirsi, essere prostrato

きょっかい 曲解 interpretazione女 distorta;《誤解》malinteso男 ◇曲解する distorcere, fraintendere, interpretare male

きょっけい 極刑 ¶殺人犯を極刑に処する condannare un omicida alla「pena capitale [massima pena]

きょっけん 極圏 circolo男 polare

ぎょっと ◇ぎょっとする sobbalzare[av], trasalire㊙[*av, es*], sussultare [*av*], spaventarsi, essere sciocc*ato* ◇ぎょっとさせる far sobbalzare *qlcu.*, scioccare *qlcu.*

きょてん 拠点 ¶アメリカに拠点を築く costruire una base [un punto d'appoggio] in America

きょとう 巨頭 capo㊚;《重要人物》perso*naggio*㊚ [複 *-gi*] importante;《産業界・財界などの》magnate㊚

きょとう 挙党
❖**挙党体制** ¶挙党体制を作る costituire un partito unitario ¶挙党体制で con la solidarietà di tutto il partito

きょどう 挙動《動作》movimento㊚;《しぐさ》gesto㊚;《振る舞い》comportamento㊚, condotta㊛;《態度》atteggiamento㊚;《行動》azione㊛;《策動》mossa㊛ ¶その挙動不審な男は尋問を受けた。Quell'uomo è stato interrogato a causa del suo comportamento sospetto.

きょときょと ¶きょときょとあたりを見回す guardarsi intorno con aria inquieta

きょとん ¶彼はきょとんと突っ立っていた。Rimase immobile「dallo stupore [con l'espressione stupita].

ぎょにく 魚肉 carne㊛ di pesce
❖**魚肉ソーセージ** salsic*cia*㊛ [複 *-ce*] di carne di pesce

きょねん 去年 l'anno㊚ scorso [passato], lo scorso anno㊚ (▶いずれも副詞的にも用いる）¶去年の夏 la scorsa estate / l'estate dell'anno scorso ¶去年の今日 un anno fa ad oggi / esattamente un anno fa ¶私は去年イタリアに行った。L'anno scorso sono andato in Italia.

きょひ 巨費 spesa㊛ ingente ¶環境対策事業に巨費を投じる investire grossi capitali in politiche di tutela ambientale

きょひ 拒否 dinie*go*㊚ [複 *-ghi*]; rifiuto㊚ ◇拒否する negare, rifiutare; respingere; mettere [opporre] il veto
❖**拒否権** diritto㊚ di veto ¶拒否権を行使する esercitare il *proprio* diritto di veto
拒否反応《心》rigetto㊚, rifiuto㊚, reazione㊛

ぎょひ 魚肥 concime㊚ di pesce

ぎょふ 漁夫 pescat*ore*㊚
|慣用|**漁夫の利**《諺》"Tra i due litiganti il terzo gode." ¶漁夫の利を得る pescare nel torbido

ぎょふん 魚粉 farina㊛ di pesce

きょへい 挙兵 ◇挙兵する radunare [mobilitare] un'armata [un esercito];《武力に訴える》prendere le armi;《反乱を起こす》sollevarsi [ribellarsi] contro *qlcu.*

きょへん 巨編 opera㊛ lunga;《映画》film㊚ [無変] colossale

きょほう 虚報 falsa notizia㊛

ぎょほう 漁法 met*odo*㊚ di pesca ¶巻き網漁法 pesca con la scorticana

きよほうへん 毀誉褒貶 lode㊛ e critica㊛ ¶彼に対しては毀誉褒貶が相半ばする。Metà dell'opinione pubblica è in suo favore, metà è contraria.

きょまん 巨万 ¶巨万の富を築く accumulare miliardi [un'enorme fortuna]

きよみずのぶたい 清水の舞台 ¶清水の舞台から飛び降りる思いでこの家を買うことにしました。Ho fatto una follia e mi sono deciso a comprare questa casa.

ぎょみん 漁民 pescat*ore*㊚ [㊛ *-trice*]

きょむ 虚無 il nulla㊚, il niente㊚ ◇虚無的な nichilista [㊚複 *-i*]
❖**虚無思想** idee㊛ [複] nichiliste
虚無主義 nichilismo㊚
虚無主義者 nichilist*a*㊚㊛ [㊚複 *-i*]

きょめい 虚名 fama㊛ usurpata [infondata], falsa reputazione㊛ ¶作家の虚名を得る usurpare la fama di scrittore

きよめる 清める purificare;《洗う》lavare ¶身を清める lavarsi / pulirsi / purificarsi /《みそぎをする》fare abluzioni ¶私は心が洗い清められたように感じた。Mi sono sentito completamente purificato.

ぎょもう 魚網・漁網 rete㊛ da pesca

ぎょゆ 魚油 olio㊚ di pesce

きょよう 許容 permesso㊚ ◇許容する concedere a *qlcu. ql.co.* [di + 不定詞], permettere a *qlcu. ql.co.* [di + 不定詞], permettere che + 接続法; tollerare *ql.co.*, ¶許容しがたい態度 atteggiamento inammissibile [intollerabile]
❖**許容荷重** cari*co*㊚ [複 *-chi*] ammissibile
許容限度 limite㊚ di tolleranza ¶許容限度を超える superare il limite di tolleranza
許容範囲 tolleranza㊛
許容量 livello㊚ massimo di tolleranza, massima dose㊛ tollerabile

きょらい 去来 ◇去来する andare e venire;《脳裏に》passare nella mente di *qlcu.*

ぎょらい 魚雷 siluro㊚ ¶魚雷を発射する lanciare un siluro
❖**魚雷艇** torpediniera㊛
魚雷発射管 tubo㊚ lanciasiluri [無変]
魚雷網 rete㊛ di protezione (contro i siluri)

きよらか 清らか ¶清らかな乙女 ragazza pura ¶清らかな水 acqua pura [cristallina] ¶清らかな心 cuore puro [immacolato] ¶清らかな目 occhi limpidi

きょり 巨利 enorme guadagno㊚ ¶巨利を博する fare un enorme guadagno

きょり 距離 **1**《物理的な》distanza㊛;《間隔》intervallo㊚ (▶distanza は主に「空間的な距離」を示し, intervallo は空間的, 時間的両方に用いられる);《範囲, 限界》portata㊛;《道のり》tratto㊚ ¶距離を計る misurare la distanza ¶駅までどのくらい距離がありますか。Quanto è lontana la stazione? ¶200メートルほどの距離です。A circa 200 metri. / Dista circa 200 metri. ¶私たちはかなりの距離を一緒に行った。Abbiamo fatto un bel tratto di strada insieme. ¶市役所は歩いて5分の距離にある。Il municipio si trova a cinque minuti a piedi. ¶50キロの距離を置いて a distanza di cinquanta chilometri ¶手[目]の届く距離に a portata di mano [d'occhio]
2《抽象的な事物間の隔たり》distanza㊛, differenza㊛ ¶彼らの考えにはかなりの距離がある。Esiste una differenza notevole tra il loro modo di pensare.
3《心理的な隔たり》differenza㊛, distanza㊛ ¶

彼とは距離を保って付き合ったほうがよい．È meglio mantenere le distanze con lui. / Non gli si deve concedere molta confidenza. **4**《数》distanza㊛ ¶A, B 2点間の距離を求めよ．Calcolare la distanza fra i punti A e B.
❖**距離感** senso㊚ di distanza
距離競技《スキーの》sci㊚ di fondo
距離計《測距儀》telemetro㊚
距離標識 riferimento㊚ [indice㊚] di distanza

きょりゅう 居留 residenza㊛ (all'estero)
◇**居留する** vivere [risiedere] (all'estero)
❖**居留地** concessione㊛
居留民 residenti㊚[複], colonia㊛ ¶ブラジルの日本人居留民 comunità giapponese in Brasile

ぎょるい 魚類 pesci㊚[複] →動物 用語集
❖**魚類学** ittiologia㊛
魚類学者 ittiologo㊚[㊛ -ga; ㊚複 -gi]

きょれい 虚礼 ¶虚礼を廃する abolire tutte le formalità inutili

きょろきょろ ◇**きょろきょろする** guardarsi curiosamente intorno

ぎょろぎょろ ¶老人は目をぎょろぎょろさせてあたりを見回していた．L'anziano si guardava intorno con gli occhi spalancati e severi.

ぎょろり ¶彼は私をぎょろりと見た．Mi ha guardato con occhi torvi.

きよわ 気弱 ¶**気弱な** timido;《いくじのない》pauroso, timoroso ¶気弱にほほえむ sorridere[av] timidamente / fare un timido sorriso

きらい 機雷 mina㊛ marittima [subacquea] ¶浮遊機雷 mina vagante ¶機雷を敷設する posare mine
❖**機雷原** zona㊛ di mare minata

きらい 嫌い
1《好きでない》◇**嫌いだ**《嫌いな物事が主語》non piacere㊊ [es] a qlcu. (▶non piace + 名詞の単数形, non piace + 不定詞, non piacciono + 名詞の複数形のような形で用いる);《人が主語》non amare ql.co. [qlcu. / + 不定詞] (▶non piacereより少し意味が強い), odiare [detestare] ql.co. [ql.co.] (▶かなり強い表現で「大嫌いだ」「憎悪する」の意味あいを持つ) ◇**嫌いになる**《対象が主語》non piacere più a qlcu.;《あきあきする: 人が主語》stufarsi [annoiarsi] di ql.co. [di + 不定詞];《対象が主語》venire a noia ¶私[君]の嫌いな食べ物 il cibo che non mi [ti] piace ¶私[君]の嫌いな事 quello che non mi [ti] piace ¶動物嫌い zoofobia㊛ /《人》zoofobo㊚ [㊛ -a] ¶旅行嫌い avversione per i viaggi ¶私の勉強嫌いは生来のものだ．Di natura non amo studiare. ¶一人で家に閉じこもっているのは嫌いだ．Non mi piace rinchiudermi in casa da sola. ¶私はピーマンが嫌いだ．Non mi piaccioni i peperoni. ¶こういう絵は嫌いですか．Non le piacciono questi quadri? ¶ああいうタイプの男は嫌いだね．Veramente odio quel tipo di uomo! ¶僕は彼女が嫌い．Mi è antipatica. / Lei non mi piace. ¶レバーは本当に嫌いだ．Il fegato, non lo sopporto proprio! ¶彼はうわさ話が嫌いだ．Odia i pettegolezzi. ¶調子のいいことばかり言うやつは嫌いだ．Detesto chi dice solo cose belle e positive. ¶彼は人の好き嫌いをすぐ顔に出す．Esprime subito le sue simpatie e antipatie con l'espressione del volto.

2《「…の嫌いがある」の形で, 好ましくない状態になる傾向がある》avere la tendenza a + 不定詞 (▶「好ましい傾向」にも用いる) ¶彼は人の言うことを信じ過ぎるきらいがある．Ha la tendenza a prestare troppa fede a tutto quello che dice la gente. ¶最近のあの国の政府が右傾化のきらいがある．Recentemente il governo di quel paese è orientato verso destra.

3《区別, 差別》distinzione㊛, discriminazione㊛ ¶この会社は男女のきらいなく昇給可能である．In questa ditta si può essere promossi senza distinzione di sesso.

きらう 嫌う
1 non amare qlcu. [ql.co.] ;《憎悪する》odiare [detestare] ql.co. [qlcu.] ¶人を嫌えば嫌われる．Chi odia sarà odiato. ¶彼は皆に嫌われている．È odiato da tutti. / Non l'ama nessuno. / Nessuno l'ama. ¶タバコは湿気を嫌う．Il tabacco teme l'umidità. ¶父が最も嫌うのは人の信用を裏切ることです．La cosa più odiata da mio padre è tradire la fiducia altrui.

2《「きらわず」の形で, わきまえる》¶彼は酒に酔うと場所をきらわずわめき散らす．Quando è ubriaco grida dovunque si trovi.

きらきら ◇**きらきらする**《ちかちかと》luccicare [es, av] ; scintillare㊊[av], sfavillare㊊[av]; 《光り輝く》splendere㊊ (▶複合時制を欠く), risplendere㊊[av, es] (▶複合時制は稀); brillare㊊[av] ◇**きらきらした** luccicante, brillante, splendente, scintillante, sfavillante ◇**きらきらと** ¶きらきらと輝くダイヤ diamanti sfavillanti ¶彼は喜びにきらきらと目を輝かせている．Aveva gli occhi luccicanti per la gioia.

ぎらぎら ◇**ぎらぎらする** splendere㊊ (▶複合時制を欠く) di luce viva, brillare㊊[av] intensamente ◇**ぎらぎらした** abbagliante, brillante ¶太陽がぎらぎらと照りつけている．Il sole abbaglia gli occhi. ¶彼の目は怒りでぎらぎらとしていた．I suoi occhi scintillavano per la rabbia.

きらく 気楽 **1**《のんきな様子》◇**気楽な** noncurante, spensierato;《無頓着な》indolente;《無関心な》indifferente ¶気楽に senza pensieri, senza preoccupazioni, spensieratamente ¶試験が終わって気楽になった．Ora che ho finito gli esami sono tranquillo. ¶気楽なやつだ．È un uomo spensierato.

2《くつろいでいる様子》◇**気楽な** comodo, a proprio agio ¶気楽な服装 abbigliamento comodo e informale ¶どうぞ気楽にしてください．Si metta a suo agio! ¶気楽に付き合える人だ．È una persona accomodante.

きらす 切らす **1**《切れた状態にする》¶息を切らす essere senza fiato ¶彼は息を切らしていた．Gli mancava il respiro. **2**《品物を》finire, esaurire ¶コーヒーをきらしています．Ho finito il caffè [la provvista di caffè].

ぎらつく brillare㊊[av] intensamente

きらびやか ◇**きらびやかな** splendido, magnifico [㊚複 -ci] ¶きらびやかに装う vestirsi splendidamente [magnificamente]

きらぼしのごとく 綺羅星の如く ¶会場にはお偉方が綺羅星のごとく並んでいた．Nella sala c'erano molte personalità.

きらめき scintill*io*男 [複 *-ii*], luccich*io*男 [複 *-chii*], sfolgor*io*男 [複 *-ii*] ¶星のきらめき scintillio delle stelle

きらめく 煌く ¶空に星がきらめいている。Le stelle scintillano in cielo.

きらり →きらきら ¶彼の目に涙がきらりと光った。Gli luccicavano gli occhi per le lacrime.

きり 切り **1**《区切り》fine女 ¶ちょうどきりがいい。Questo mi sembra il momento buono per interrompere. ¶ひとまずこれできりをつけよう。Per ora terminiamo qui.
2《際限》limite男 ¶きりのない interminabile / senza fine [limiti] ¶きりのない仕事 lavoro che non finisce mai ¶きりのない欲望 desiderio senza limiti ¶欲を言えばきりがない。Non c'è limite ai desideri. ¶彼の話はきりがない。Non la smette più di parlare! ¶そんなことを気にしていたらきりがないよ。Se ti preoccupi anche di queste cose, non la finiremo mai.

きり 桐 《植》paulonia女 ¶桐のたんす armadio (in legno) di paulonia

きり 錐 《千枚通し》punteruolo男;《ねじれ錐》succhiello男 ¶錐で穴をあける fare un foro con un punteruolo

きり 霧 **1**《大気の》nebbia女;《薄い霧, もや, 霞》foschia女, bruma女;《濃霧》nebbione男 ¶霧の多い地域 zona nebbiosa ¶今日は霧が出ている。Oggi c'è la nebbia. ¶私は霧に紛れて道に迷った。Mi sono perso nella nebbia. ¶霧が晴れた。La nebbia si è dissipata. ¶午後から霧が出るでしょう。Nel pomeriggio scenderà [calerà] la nebbia.
2《しぶき》spruzzo男 ¶洗濯物に霧を吹く inumidire la biancheria

キリ 《最後》l'ultimo男;《最低》il peggio男 ¶ピンからキリまで →ピン

-きり **1**《だけ》solo, soltanto ¶兄弟は1人きりです。Non ho che un fratello solo. ¶本は1冊あるきりだった。Sul tavolo c'era un libro solo.
2《以後》dopo che, da quando ¶彼は東京へ行ったきり電話もして来ない。Da quando è andato a Tokyo non mi ha più telefonato. ¶あれっきり彼とは会っていない。Non l'ho più incontrato.
3《ずっと…したまま》¶寝たきりの老人 persona anziana inferma ¶彼女は付きっきりで夫の看病をした。Non si è mossa mai dal capezzale del marito.

ぎり 義理 **1** obbligo男 [複 *-ghi*];《恩に対する》debito男 morale ◇義理堅で per dovere ¶義理を果たす assolvere ai *propri* obblighi ¶《人》に義理を欠く dimostrarsi ingrato verso *ql.co.* ¶《人》に義理を立てて… fare *ql.co.* per dovere sociale verso *ql.co.* ¶義理と人情の板挟みになっている essere [trovarsi] nel dilemma tra il senso del dovere e una questione di umanità ¶彼にはいろいろと義理がある。Ho degli obblighi verso di lui. ¶今さらあなたにお会いできた義理じゃありませんが。Non avrei più nemmeno il diritto di guardarla in faccia. ¶文句を言えた義理かい。Che diritto hai di criticare? ¶義理にもおいしいとは言えない。《お世辞にも》Sinceramente non posso dire che sia buono neppure per complimento.
2《結婚などで生じる血縁以外の関係》¶義理の兄[姉] cognato [cognata] (►「義理の姉」は正確に言えば「兄[妻]の妻」moglie del fratello maggiore, 「夫[妻]の姉」sorella maggiore「del marito [della moglie]となるが, イタリア語ではふつう cognata を使う)

──|日本事情|── 義理と人情
Giri (il dovere sociale in senso confuciano ossia la necessità di accettare i sacrifici che spettano ad ognuno) e *ninjo* (il sentimento umano spontaneo) sono due concetti che si sono sviluppati nella classe samuraica durante il feudalesimo giapponese. Il rapporto feudale tra superiori e inferiori si basava sul "sentimento di debito morale (*giri*)" che l'inferiore provava nei confronti del suo superiore per i favori ricevuti. Tali valori, pur entrando talvolta in forte conflitto, rappresentano in realtà le due facce di una stessa medaglia. Il rapporto *giri-ninjo* è un leitmotiv che ricorre spesso nelle rappresentazioni teatrali del *kabuki*.

きりあう 切り合う incrociare le spade ◇切り合い duello男 alla spada

きりあげ 切り上げ **1**《終了》conclusione女 ¶今が切り上げ時だ。Ora è il momento di concludere. **2**《数》arrotondamento男 per eccesso **3**《平価》rivalutazione女

きりあげる 切り上げる **1**《途中でやめる》interrompere;《終わらせる》concludere, finire ¶今日は早めに仕事を切り上げた。Oggi ho finito il lavoro un po' prima del solito. **2**《数》¶小数点以下を切り上げる arrotondare per eccesso a numero intero (eliminando i decimali) **3**《平価》rivalutare ¶円を切り上げる rivalutare lo yen

きりうり 切り売り ¶切り売りのピザ pizza al taglio ¶布を切り売りする vendere della stoffa a scampoli ¶彼は知識の切り売りをしている。Mercanteggia il suo sapere.

きりえ 切り絵 figure女 [複] artistiche ottenute tagliando un unico foglio di carta

きりおとす 切り落とす tagliare;《剪定》する》potare ¶枝を切り落とす tagliare [《一気に, 元から》recidere] i rami di un albero ¶首を切り落とす decapitare *ql.cu.* / tagliare la testa a *ql.cu.* ¶イワシの頭を切り落とす togliere la testa alle sardine

きりかえ 切り替え cambiamento男, conversione女;《更新》rinnovo男;《電》commutazione女;《服》sprone男;《仏》carré男 [無変] ¶プロパンガスから都市ガスへの切り替え conversione da propano a gas di città ¶彼は頭の切り替えがはやい。Passa facilmente da una cosa all'altra.
❖切り替えスイッチ commutatore男

きりかえす 切り返す **1**《反撃する》contrattaccare *ql.cu.* ◇切り返し contrattacco男 [複 *-chi*];《報復》vendetta女 **2**《ハンドルを》sterzare他 [*av*] ◇切り返し sterzata女 ¶ハンドルを右に切り返す sterzare a destra

きりかえる 切り替える　cambiare, convertire; 《電流などを》invertire;《更新する》rinnovare ¶電流を切り替える　commutare [invertire] una corrente elettrica ¶燃料を石炭から石油へ切り替える　cambiare [convertire] il combustibile dal carbone al petrolio ¶線路のポイントを切り替える　manovrare uno scambio ¶頭を切り替える《考え方》adottare un nuovo punto di vista / cambiare modo di pensare ¶テレビをほかの局に切り替える　cambiare canale televisivo / sintonizzarsi su un altro canale

きりかかる 切り掛かる　attaccare *qlcu.* con la spada

ぎりがたい 義理堅い　essere leale al *proprio* dovere ¶彼は義理堅く毎年年賀に来る. Viene immancabilmente ogni anno a farmi gli auguri di Capodanno.

きりかぶ 切り株　ceppo男;《稲・麦の》stoppie女[複]

きりがみ 切り紙　figure女[複] artistiche ottenute ritagliando variamente un foglio di carta piegato in più parti, che poi spiegato assume forme inaspettate

きりかわる 切り替わる　passare自[es] da *ql.co.*《に a》, essere sostituito da *ql.co.* ¶4月1日から新制度に切り替わる. Dal 1° aprile questo sistema verrà sostituito da uno nuovo.

きりきざむ 切り刻む　tagliare [fare] a pezzi, tagliuzzare, trinciare

きりきず 切り傷　taglio男[複 -gli], ferita女 (a taglio);《傷跡》cicatrice女 ¶手に切り傷をこしらえる　tagliarsi una mano / farsi un taglio a una mano ¶切り傷の手当てをする　medicare un taglio

きりきり 1《物がきしる様子》¶ロープをきりきりと木に巻き付ける　avvolgere una corda saldamente [fermamente] attorno ad un albero ¶きりきりと歯を食いしばる　arrotare i denti
2《ひどく痛む様子》¶胃がきりきりと痛む. Ho un dolore acuto allo stomaco.
3《かいがいしい様子》¶彼女は毎日きりきりとよく立ち働く. Lei lavora diligentemente ogni giorno.
❖**きりきり舞い** ¶客の応待にきりきり舞いをする　essere enormemente occupato [indaffarato] a servire i clienti

ぎりぎり 1《極限》¶時間ぎりぎりに　appena in tempo / per un pelo ¶ぎりぎりで列車に間に合った. Sono salito sul treno appena in tempo. ¶それは私が譲歩できるぎりぎりの線だ. Quello è il massimo che posso concederti.
2《きつく》¶ぎりぎり歯ぎしりしてくやしがる　serrare i denti ¶古本をひもでぎりぎり縛る　legare strettamente i libri usati

きりぎりす 螽斯・蟋蟀[昆] locusta女

きりくず 切り屑　《木の》truciolo男;《布, 紙》ritagli男[複] ¶金属切り屑　truciolo metallico

きりくずす 切り崩す　1《丘や山を》spianare ¶宅地造成のために丘を切り崩す　spianare una collina per costruire un centro abitato
2《分裂させて弱める》¶スパイ組織を切り崩す　demolire l'organizzazione di spionaggio

きりくち 切り口　1《断面》sezione女, spaccato男, taglio男[複 -gli] 2《傷》taglio男, ferita女 3《切り込み》intaglio男[複 -gli];《版面》incisione女 4《物事の》taglio男 ¶彼のその問題に対する切り口はまったく独創的だった. Ha affrontato il problema con un taglio originalissimo.

きりこ 切り子　faccetta女 ¶宝石に切り子面を刻む　sfaccettare una pietra preziosa
❖**切り子ガラス** vetro男 tagliato

きりこうじょう 切り口上　¶切り口上で話す　usare un linguaggio formale [cerimonioso]

きりこむ 切り込む　1《深く切る》intagliare, incidere ◇切り込み《切れ目》taglio男[複 -gli], intaglio男[複 -gli];《V字型の》tacca女;《ぎざぎざの》dentatura女 ¶切り込みを入れる　fare delle tacche in *ql.co.*
2《突撃する》¶敵陣に切り込む　assaltare i nemici all'arma bianca
3《追及する》tempestare *qlcu.* di domande, mettere *qlcu.* alle strette con domande

きりころす 切り殺す　uccidere *qlcu.* con la spada, ammazzare *qlcu.* a colpi di spada

きりさく 切り裂く　stracciare;《割る》spaccare;《ずたずたに》lacerare ¶布を切り裂く　stracciare una stoffa

きりさげる 切り下げる　svalutare;《減らす》ridurre ◇切り下げ　svalutazione女, riduzione女 ¶物価の切り下げ　riduzione dei prezzi ¶為替レートを切り下げる　far calare il tasso di cambio

きりさめ 霧雨　pioggerellina女 ◇霧雨が降る　piovigginare (▶非人称動詞 [es, av])

ギリシア Grecia女 ◇ギリシアの　greco男[複 -ci] ¶古代ギリシア　antica Grecia
❖**ギリシア語** il greco
❖**ギリシア十字** croce女 greca (▶縦横の長さが等しい)
❖**ギリシア人** greco男[女 -ca]男[複 -ci]
❖**ギリシア神話** mitologia女 greca
❖**ギリシア正教会** Chiesa女 Greco-Ortodossa
❖**ギリシア文字** alfabeto男 greco

キリシタン 切支丹《ポ Christão》《キリスト教》cristianesimo男;《信者》cristiano男[女 -a];《カトリック教徒》cattolico男[女 -ca;男[複 -ci] (durante il periodo Edo)
❖**キリシタン大名** *daimyo*男[無変] convertito al cristianesimo

きりすて 切り捨て　1《刀で切ってそのまま放っておくこと》¶江戸時代は切り捨て御免の世の中だった. Nel periodo Edo i *samurai* potevano uccidere la gente comune senza essere puniti.
2《省略》omissione女;《削減》riduzione女
3《数》arrotondamento per difetto

きりすてる 切り捨てる　1《切って捨てる》¶きゅうりの端を切り捨てる　tagliare le estremità di un cetriolo 2《省略する》omettere ¶小数点以下を切り捨てる　omettere [trascurare] le cifre decimali ¶小数点以下2位未満を切り捨てる　arrotondare al secondo decimale 3《無視する》abbandonare ¶政府は予算で福祉を切り捨てた. Il Governo ha ridotto le spese per l'assistenza sociale.

キリスト Cristo男 →イエス・キリスト
❖**キリスト紀元** era女 cristiana, dopo Cristo;《略》d.C.

キリストきょう キリスト教 cristianésimo⒨, religione⒡ cristiana →次ページ【用語集】◇キリスト教(式)の cristiano ◇キリスト教的に cristianamente ¶キリスト教を信じる credere nel cristianésimo ¶人々にキリスト教の伝道をする evangelizzare il popolo ¶キリスト教に改宗させる cristianizzare / convertire qlcu. al cristianésimo
❖キリスト教神学 teologia⒡ cristiana
キリスト教徒 cristiano⒨ [⒡ -a]

きりたおす 切り倒す ¶木を切り倒して畑を作る abbattere gli alberi e formare un campo

きりだす 切り出す 1《石・木材を》¶石を採石場から切り出す estrarre pietre da una cava ¶森から木材を切り出す ricavare del legname da un bosco 2《話し始める》¶話を切り出す affrontare l'argomento / iniziare a parlare ¶切り出しにくい話 argomento difficile da affrontare

きりたつ 切り立つ elevarsi, ergersi ¶切り立った崖 pendio ripido [scosceso] / precipizio

ぎりだて 義理立て ◇義理立てする fare qualcosa per obbligo morale

きりつ 起立 ◇起立する alzarsi in piedi ¶起立している essere in piedi ¶「起立」《号令》"Alzatevi!" / "In piedi!"
❖起立投票 votazione⒡ per alzata e seduta

きりつ 規律《秩序》disciplina⒡, ordine⒨;《掟》regolamento⒨, norma⒡, regola⒡ ¶規律正しい毎日を送る condurre una vita regolata [disciplinata] ¶規律を守る osservare la disciplina [regola] / uniformarsi alla disciplina ¶規律を破る rompere [violare] la disciplina ¶規律が乱れている. La disciplina non è come dovrebbe essere.

きりつける 切り付ける 1《切りかかる》assalire qlcu. con la spada 2《彫り付ける》¶木に名前を切りつける intagliare il proprio nome sull'albero

きりっと ¶きりっとした服装をする vestirsi con sobrietà ¶きりっとした態度をとる assumere un atteggiamento deciso [risoluto]

きりづまやね 切り妻屋根 tetto⒨ a due spioventi su timpano

きりつめる 切り詰める 1《短くする》accorciare, abbreviare, ridurre ¶古い枝を切り詰める potare i rami vecchi 2《節約する》economizzare, ridurre, risparmiare ¶人件費を切り詰める ridurre le spese per il personale ¶生活を切り詰める vivere limitandosi allo stretto necessario

きりどおし 切り通し strada⒡ scavata

きりとり 切り取り ritaglio⒨ [複 -gli]
❖切り取り線 linea⒡ punteggiata [《穴のある》perforata] (lungo la quale bisogna ritagliare)

きりとる 切り取る tagliare, ritagliare;《切除》asportare ¶癌を切り取る asportare un tumore ¶入場券の半券を切り取る strappare il (tagliando del)biglietto d'entrata

きりぬき 切り抜き ritaglio⒨ [複 -gli] ¶新聞の切り抜き ritagli di giornali

きりぬく 切り抜く tagliare ¶新聞記事を切り抜く ritagliare un articolo da un giornale

きりぬける 切り抜ける《自分を解放する》liberarsi, salvarsi;《困難から抜け出す》trarsi d'impaccio, cavarsela;《克服する》superare ¶敵の包囲網を切り抜ける aprirsi un varco nell'accerchiamento dei nemici ¶危ないところを切り抜けた. Me la son cavata per 「un pelo [il rotto della cuffia]. ¶内閣は難局を切り抜けた. Il governo è venuto a capo della difficile situazione. / Il governo ha superato la situazione critica.

きりばな 切り花 fiore⒨ reciso

きりはなす 切り離す tagliare ql.co. da ql.co.;《切断する》recidere;《別にする》separare, staccare ¶ナイフで紐を切り離す tagliare la corda con un coltello ¶車両を機関車から切り離す sganciare i vagoni dalla locomotiva ¶スペースシャトルから燃料タンクが切り離された. Il serbatoio del carburante si è staccato dalla navetta spaziale. ¶その2つの問題は切り離して考えではいけない. Bisogna considerare le due questioni separatamente. ¶あの2人は切り離せない仲だ. Quei due sono inseparabili.

きりはらう 切り払う tagliare via;《鎌⒢で刈る, なぎ倒す》falciare ¶枝を切り払う tagliare i rami degli alberi /《剪定⒯する》potare un albero ¶草を切り払う falciare l'erba

きりばり 切り張り ◇切り張りする tagliare e incollare ¶新聞記事をスクラップブックに切り張りする incollare su un album i ritagli di un giornale ¶障子を切り張りする rattoppare la carta degli *shoji*

きりひらく 切り開く ¶荒地を切り開く dissodare un terreno incolto ¶森を切り開いて道を作った. Hanno aperto una strada attraverso la foresta. ¶敵の包囲を切り開いて逃げた. Ci salvammo con la fuga rompendo l'accerchiamento nemico. ¶苦労して運命を切り開く farsi faticosamente strada nella vita ¶彼は映画に新しい分野を切り開いた. Ha aperto nuove strade nel cinema.

きりふき 霧吹き spruzzatore⒨;〔英〕spray [sprái]⒨ [無変] ¶霧吹きで布に水を吹く spruzzare l'acqua su una stoffa con lo spray [spruzzatore]

きりふだ 切り札 ¶切り札を出す《とっておきの手を使う》giocare una buona carta [l'ultima carta] ¶最後の切り札がある avere l'asso nella manica

きりまくる 切り捲る ¶敵兵を切りまくる fendere i soldati nemici

きりまわす 切り回す amministrare, maneggiare, dirigere ¶切り回し amministrazione⒡, gestione⒡ ¶会社を実際に切り回しているのは社長の秘書だ. È il segretario del presidente che controlla (dirige) realmente la ditta. ¶彼は大会に関する諸事万端を切り回した. Si è occupato di tutti i problemi riguardanti il congresso.

きりみ 切り身《肉・魚の》fetta⒡;《魚の》filetto⒨, trancia⒡ [複 -ce] ¶舌平目⒯の切り身 filetto di sogliola ¶鮭の切り身 fetta di salmone

きりめ 切り目《切り込み》intacco⒨ [複 -chi] ¶ステーキに切り目を入れる intaccare una bistecca

きりもみ 錐揉み《飛行機の》vite⒡, avvitamento男 ¶きりもみしながら墜落する precipitare自[es] a vite

きりもり 切り盛り ◇切り盛りする amministrare, dirigere, maneggiare

きりゃく 機略 risorse女[複];（機知）intelligenza女, spirito男 ¶機略縦横の人 uomo di molte risorse

きりゅう 気流 corrente女 atmosferica [d'aria] ¶上昇［下降］気流 corrente (d'aria) ascendente [discendente]

きりゅう 寄留 ◇寄留する risiedere自[av] temporaneamente da [presso] qlcu.
✤**寄留地** residenza女 temporanea

きりょう 器量 **1**《容色》aspetto男 ¶彼女は器量がいい［悪い］. È bella [brutta]. **2**《才能》abilità女, talento男, capacità女;（信望）prestigio

---

《**用語集**》 **キリスト教 Cristianesimo**

●**キリスト教会 Chiesa cristiana**
キリスト教徒 cristiano男[女 -a]. カトリシズム cattolicesimo男. カトリック教会 chiesa女 cattolica. カトリック教徒 cattolico男[女 -ca]. プロテスタンティズム protestantesimo男. プロテスタント教会 chiesa protestante. プロテスタント教徒 protestante男女.（ギリシア）正教会 chiesa ortodossa (greca). 長老派教会 chiesa presbiteriana. 長老派会員 presbiteriano男[女 -a]. 英国国教会 chiesa anglicana. 聖公会 chiesa episcopale. 清教徒 puritano男[女 -a]. 福音主義 evangelismo男. 福音教会 chiesa evangelica.
宗派 setta女. 改宗 conversione女. 改宗者 convertito男[女 -a]. 棄教者 apostata男女. 教権主義 clericalismo男. 巡礼 pellegrinaggio男. 巡礼者 pellegrino男[女 -a]. 宗教改革 riforma女. 宗教改革者 riformatore男[女 -trice]. 宗教裁判 inquisizione女.

●**キリスト，イエズス，イエス Cristo, Gesù**
位格 persona女. 受肉, 託身(じん) incarnazione女. 降誕 natività女. 変容 trasfigurazione女. 奇跡 miracolo男. 最後の晩餐 ultima cena. 受難 passione女. 磔刑(たっ) crocifissione女. 聖骸布 sacra sindone. 復活 risurrezione女. 昇天 ascensione女. 再臨 avvento男. 贖い主 Redentore男. 贖罪(ざい) redenzione女. キリストの神性 divinità女 di Cristo. キリストの人性 umanità女 di Cristo. キリストの神秘体 corpo男 mistico di Cristo. 慈愛 carità女. 至福 beatitudine女. 真福八端 le otto beatitudini女[複]. 聖家族 Sacra Famiglia. 救い salvezza女. 救い主 Salvatore男. 東方三博士の礼拝 adorazione女 dei Magi.

●**聖母 Madonna**
受胎告知 Annunciazione女. 無原罪の宿り Immacolata Concezione女. 聖母被昇天（の祝日） Assunzione女.

●**聖霊 Spirito Santo** 聖霊の賜物 dono男 dello Spirito Santo.
●**天使 Angeli** 熾(し)天使 serafini男[複]. 智天使 cherubini男[複]. 座天使 troni男[複]. 主天使 dominazioni女[複]. 力天使 virtù女[複]. 能天使 potestà女[複]. 権天使 principati男[複]. 大天使 arcangelo男. 守護天使 angelo男 custode.
●**聖人 Santi** 保護の聖人 (santo) patrono男[女 -a]. 完徳 perfezione女. 聖性 santità女. 聖化 santificazione女. 聖人崇敬 venerazione女 dei santi. 聖徒の交わり, 諸聖人の通功(つう) comunione女 dei santi. 殉教 martirio男. 殉教者 martire男女. 幼な子殉教者たち Innocenti男[複]. 列聖 canonizzazione女. 列福 beatificazione女. 福者 beato男[女 -a].

●**教皇 Sommo Pontefice, Papa** 教皇位 papato男. 教皇冠 tiara女 papale. 教皇座 sede女 del papato. 教皇使節 delegato男 apostolico. 教皇選挙会議 conclave男. 回勅 enciclica女. 大勅書 bolla女. 小勅書 breve男. 聖座 Santa Sede. 公会議 concilio男.
●**司祭 Ministri del culto, Clero** 大司教 arcivescovo男. 司教 vescovo男. 司祭職 sacerdozio男. 主任司祭 parroco男, curato男. 助任司祭 vicario男. 在俗司祭 clero secolare. 教区付き司祭 clero regolare. 従軍司祭 cappellano男 militare. 神父（カトリック）padre男, sacerdote男, prete男. 牧師（プロテスタント） pastore男. 説教 predica女, sermone男. 説教者 predicatore男. 宣教, 布教, 伝道 missione女. 宣教師 missionario男[女 -ia]. 隠修士 eremita男. 隠修所, エルミタージュ eremo男. 霊の指導神父 padre spirituale. 枢機卿 cardinale男.

●**修道院 Convento**
大修道院 abbazia女. 大修道院長 abate男, badessa女. 修練院 noviziato男. 修練者 novizio男[女 -ia]. 修道会 ordine男, congregazione女. イエズス会 Compagnia女 di Gesù. イエズス会士 gesuita男. ドミニコ会 Ordine domenicano. ドミニコ会士 domenicano男[女 -a]. フランシスコ会 Ordine francescano. フランシスコ会士 francescano男[女 -a]. 厳律シトー会，トラピスト Ordine trappista. シトー会修道士 trappista男. シトー会修道女 trappistina女. カルメル会 Ordine carmelitano. カルメル会修道士［女］carmelitano男[女]. 托鉢(はっ)修道会 Ordine mendicante. 托鉢修道会士 mendicante男女. 観想修道会 Ordine contemplativo. 観想 contemplazione女. 観想者 contemplatore男[女 -trice]. 観想生活 vita女 contemplativa. 黙想

[男] ¶彼にはこの仕事をするだけの器量がある. Ha la capacità per fare questo lavoro.
[慣用] **器量を上げる** ottenere[guadagnare] prestigio
器量を下げる ¶この失敗で彼は器量を下げた. A causa di questo insuccesso ha perso la faccia.
✤**器量負け** (1)《顔立ちが良すぎてかえって縁遠いこと》 ¶あの娘は器量負けしている. Quella ragazza è troppo bella per essere felice. (2)《才能がありすぎてかえって物事に失敗すること》 ¶彼なら器量負けしないでうまくやっていけるだろう. Sono sicuro che per lui il talento non sarà un peso e che ce la farà egregiamente.
器量よし bella donna[女], donna[女] attraente[avvenente]

ぎりょう 技量 abilità[女], talento[男] competen-

meditazione[女]. 戒律 comandamento[男]; 《修道会の》osservanza[女]. 照明 illuminazione[女]. 召命 vocazione[女].
●誓願 **Voti** 服従の誓願 voto[男] di obbedienza. 清貧の誓願 voto di povertà. 貞潔の誓願 voto di castità.

●聖務日課 **Ufficio divino** 定時課 ore[女][複] canoniche. 朝課 ufficio[男] delle ore, mattutino[男]. 賛課 laudi[女][複]. 一時課 prima[女]. 三時課 terza[女]. 六時課 sesta[女]. 九時課 nona[女]. 晩課 vespro[男]. 終課 compieta[女].
●典礼 **Liturgia** ガリア式典礼 liturgia[女] gallicana. ローマ式典礼 liturgia romana.
●教会暦 **Calendario ecclesiastico** 主日 domenica[女]. 安息日 sabato[男]. 祝日 giorno[男] festivo[di festa]. 斎日 giorno[男] di astinenza. 待降節 Avvento[男]. 降誕祭, クリスマス Natale[男]. 公現の祝日 Epifania[女]. 四旬節 Quaresima[女]. 聖週間 Settimana[女] santa. 聖金曜日 Venerdì [男] santo. 過越(すぎこし) pasqua[女]. 復活祭 Pasqua[女]. 聖年 Anno[男] santo.

●ミサ, ミサ聖祭 **Messa** 歌ミサ messa[女] cantata. 荘厳ミサ messa solenne. 読唱ミサ messa letta[piana / bassa]. 深夜ミサ messa di mezzanotte. 死者の追悼ミサ messa dei morti. ミサ典書 messale[男]. 司式 celebrazione[女]. 司式者 celebrante[男]. (ミサの)侍者 chierico[男]. 祭壇 altare[男]. 聖櫃(せいひつ) tabernacolo[男]. ホスチア ostia[女]. (ミサでのパンとぶどう酒の)奉献 oblazione[女], offerta[女]. 聖別 consacrazione[女]. 祝福 benedizione[女]. 祝別されたパン pane[男] benedetto. 按手(あんしゅ) imposizione[女] delle mani. 灌水 aspersione[女]. 香 incenso[男]. 聖餐(式) sacra cena[女]. 聖歌, 賛美歌 inno[男]. 聖歌隊 coro[男]. グレゴリオ聖歌 canto[男] gregoriano. 賛歌 cantico[男]. 礼拝 adorazione[女]. 礼拝堂, チャペル cappella[女]. 献堂式 dedicazione[女] di una cappella.

●祈り **Preghiera** お告げの祈り Angelus[男]. 感謝の祈り preghiera[女] di ringraziamento. 祈願 invocazione[女]. 祈祷 orazione[女]. クレド credo[男]. グロリア gloria[男][無変]. 主の祈り, 主祷文 orazione[女] domenicale. 代願 intercessione[女]. 代願者 intercessore[男][[女] *interceditrice*]. 代祷 suffragio[男]. 天使祝詞 Salutazione[女] angelica, Ave Maria[女]. 念祷 orazione[女] mentale. ロザリオの祈り rosario[男]. 奥義 mistero[男]. 連祷 litania[女]. 十字架の道行き〔ラ〕via crucis[女]. 留《十字架の道行きの》stazione[女].

●神学 **Teologia** 教理神学 teologia[女] dogmatica. 護教神学 teologia apologetica. 司牧神学 teologia pastorale. 修徳神学 teologia ascetica. 神秘神学 teologia mistica. 聖書神学 teologia biblica. 弁証神学 teologia dialettica. 倫理神学 teologia morale. 解放の神学 teologia della liberazione. 神学者 teol*ogo*[男][[女] *-ga*]. 護教 apologia[女]. 護教論 apologetica[女]. 教父 Padri[男][複] (della Chiesa). 教父学 patristica[女].
●対神徳 **Virtù teologali** 信徳 fede[女]. 望徳 speranza[女]. 愛徳 carità[女].

●秘跡 **Sacramenti** 洗礼 battesimo[男]. 洗礼志願者 catecumen*o*[男][[女] *-a*]. 洗礼名 nome[男] di battesimo. 代父 padrino[男]. 代母 madrina[女]. 受洗者 battezzat*o*[男][[女] *-a*]. 堅信 confermazione[女], cresima[女]. 堅信志願者 cresimand*o*[男][[女] *-a*]. 受堅者 cresimat*o*[男][[女] *-a*]. 聖体 eucaristia[女]. 聖体拝領 comunione[女]. 初聖体 prima comunione. 悔悛 penitenza[女]. 悔悛者 penitente[男][女]. 病者の塗油 unzione[女] 「dei malati[degli infermi]. 叙階 ordine[男]. 婚姻 matrimonio[男].

●四終(人間の死後の四大事) **Novissimi** 死 morte[女]. 審判 giudizio[男] (私審判 giudizio particolare. 公審判, 最後の審判 giudizio universale). 地獄 inferno[男] (煉獄 purgatorio[男]). 天国 paradiso[男], cielo[男].

●教会 **Chiesa** 闘う教会(現世の悪と闘う信徒) Chiesa[女] militante. 苦しむ教会 (煉獄で苦しむ信徒) Chiesa purgante. 凱旋の教会(天国に憩う信徒) Chiesa trionfante. 沈黙の教会(信仰の自由のない国でのキリスト教会) Chiesa del silenzio. 教会一致運動 ecumenismo[男]. 教区 parrocchia[女]. 教区教会 chiesa parrocchiale. 教会法 diritto[男] canonico. 教会法学者 canonista[男][女].

きりょく 気力 《精力，活力》energ*ia*㊛[複 -gie], vigore㊚, spirito㊚; 《勇気》coraggio㊚; 《精神力》forza㊛ mentale ◇気力のある energ*ico* [複-ci], vigoroso ¶気力を奮い起こす farsi forza ¶気力を取り戻す riprendere vigore [le energie] ¶彼は気力に満ちている. È pieno di energia [vigore]. ¶彼は気力に乏しい. È fiacco. ¶何をする気力もない. Non ho la forza di fare niente.

きりりと ¶きりりと鉢巻きをしめる cingersi una benda strettamente intorno alla testa

きりわける 切り分ける ¶パンを切り分ける dividere una pagnotta di pane tagliandola a pezzi

きりん 騏驎 veloce cavallo㊚ leggendario cinese ¶騏驎も老いては駑馬㊛に劣る Un genio invecchiato è peggio di un genio mediocre.

きりん 麒麟 《動》giraffa㊛
♣麒麟児 bambino㊚ prodig*io* [複 -gi]

きる 切る **1**【刃物で切る】tagliare; 《のこぎりで挽く》segare; 《斧などで縦に切る》fendere; 《まきなどを割る》spaccare; 《木の枝などを》recidere, troncare; 《首・枝などを切り落とす》mozzare; 《動物の毛・木を刈り込む》tosare, potare; 《パンやハムをスライスする》affettare; 《傷を負う》ferirsi ¶髪を切る tagliarsi i capelli ¶細めに[細かく]切る tagliare *ql.co.* a pezzi grossi [piccoli] ¶たまねぎをみじんに切る tagliare [fare] a pezzettini le cipolle ¶桜の木を切る tagliare [troncare] il ramo di un ciliegio ¶髪を切る《自分で》tagliarsi i capelli / 《人の》tagliare i capelli a *qlcu.* / 《美容院などで》farsi tagliare i capelli ¶肉を厚く[薄く]切る tagliare la carne a fette grosse [sottili] ¶ロープを長めに切る tenersi largo nel tagliare lo spago ¶竹を斜めに切る tagliare di sbieco il bambù ¶ナイフで指を切った. Mi sono tagliato un dito con un coltello.
2【関係を断つ】¶彼とは手を切った. Ho rotto i rapporti con lui. ¶切っても切れない仲である essere molto affiatat*i* / essere am*ici* per la pelle
3【終わらせる】¶電話を切る interrompere la comunicazione telefonica / riattaccare la cornetta ¶電話を切らずにお待ちください. Rimanga in linea, per favore. ¶言葉を切る interrompere il discorso ¶ラジオを切る spegnere la radio
4【期日を区切る】¶日を切って金を借りた. Ho avuto un prestito a termine.
5【下回る】essere inferiore a *ql.co.* ¶原価を切って売る vendere *ql.co.* 「sottocosto [a prezzo inferiore al costo] ¶彼は100メートル競走で10秒を切った. Ha corso i 100 metri in meno di 10 secondi. ¶イタリア行き航空券の値段は10万円を切った. Il costo di un biglietto aereo per l'Italia è sceso sotto ai centomila yen.
6【水分を除く】¶皿の水[米のとぎ汁]を切る scolare i piatti [il riso]
7【方向を変える】¶私はハンドルを右に切った. Ho sterzato a destra.
8【発行する】¶小切手を切る emettere [staccare] un assegno ¶伝票を切る dare [fornire] una fattura
9【動作をする】¶しらを切る fare finta di niente / fare lo gnorri [《女性》la gnorri] ¶スタートを切る《競技で》partire / 《開始する》avviarsi ¶まっ先に口を切ったのは彼だった. È stato lui il primo a parlare. ¶シャッターを切ってくださいますか. Mi scatta una foto, per favore?
10【交ぜ合わせる】¶トランプを切る mescolare le carte
11【「…し切る」の形で，…し終わる】finire di + 不定詞; finire [terminare] *ql.co.*, portare *ql.co.* a termine ¶漱石全集を読み切る terminare la lettura dell'opera completa di Soseki ¶乗客が全部乗り切らないうちに電車のドアが閉まった. Le porte del treno si sono chiuse prima ancora che tutti i viaggiatori fossero riusciti a salire.
12【「…し切る」の形で，完全に…する】¶疲れ切っている essere spossat*o* ¶逃げ切る riuscire㉒[*es*] a scappare ¶退屈しきった顔をしている. Ha il viso molto annoiato. ¶彼は私を信用しきっている. Ha piena fiducia in me.

きる 着る **1**《衣服をまとう》¶新しい背広を着る indossare [mettersi] una nuova giacca ¶白を着る vestirsi di bianco ¶はやりの服を着ている. Porta un vestito all'ultima moda. ¶この赤いセーターを着てごらん. Prova questo maglione rosso. ¶私は服を着たまま眠り込んでしまった. Mi sono addormentato tutto vestito.
2《自分の身に引き受ける》¶罪を着る addossarsi una colpa ¶あのことは十分恩に着ている. Mi sento molto obbligato per quella faccenda.

ギルダー 〔英 guilder〕→グルデン

キルティング 〔英 quilting〕trapunta㊛, imbottitura㊛ trapuntata ¶キルティングのジャケット giacca imbottita

キルト 〔英 quilt〕《キルティング》trapunta㊛

キルト 〔英 kilt〕《スコットランドの伝統衣装》kilt㊚; gonnellino㊚ degli scozzesi

ギルド 〔英 guild〕corporazione㊛, gilda㊛

きれ 切れ **1**《小片》pezzo㊚; fetta㊛ ¶肉[パン]をひと切れ un pezzo di carne [di pane]
2《布》(tagli*o*㊚[複 -gli] di) stoffa㊛ ¶余り切れ avanzi di stoffa / scampoli
3《勢いのある》¶切れの鋭い話し方 modo di parlare pungente [penetrante]
4《水分などがなくなること》¶この布は水の切れがよい. Questo panno si asciuga subito.
♣切れ端 《残り物》resti㊚[複], avanzi㊚[複], rimasugli㊚[複]

-ぎれ -切れ ¶時間ぎれで作文を書き終わらなかった. Non sono riuscito a terminare il tema per mancanza di tempo.

きれあじ 切れ味 ¶切れ味のいい小刀 coltello affilato [tagliente] ¶切れ味の悪い non affilato ¶刃物の切れ味を試す provare il filo di una lama ¶切れ味のいいピッチング lancio di palla molto tagliato

きれい 綺麗 **1**《目や耳に美的に感じられること》◇きれいな bello (▶語尾変化については →いい 語形); 《かわいい》carino ¶きれいな人《女性》bella donna / 《男性》bell'uomo ¶きれいな花々 bei fiori ¶字のきれいな人 persona con una bella scrittura ¶きれいなイタリア語を話す parlare un bell'italiano / 《訛りのない》parlare un italiano senza accento
2《汚れがない，澄んでいる，清潔な》◇きれいな

ぎれい pulito, puro, lindo, limpido;《整頓されている》ordinato ¶きれいな水［空気］acqua [aria] pulita ¶部屋をきれいにする《掃除》pulire la stanza /《整頓して》mettere in ordine la stanza ¶彼の部屋はいつもきれいになっている.《整頓》La sua camera è sempre in ordine.
3《公正な，フェアな》◇きれいな pulito ¶これはきれいなお金だ. È denaro pulito [onestamente guadagnato].
4《何も残さないこと》◇きれいに senza lasciare niente ¶持っていた金をきれいに使ってしまった. Ho speso tutto il denaro che avevo. ¶きれいに忘れてしまった. L'ho completamente dimenticato. ¶きれいさっぱり白状する confessare tutto /《隠》cantare tutto

ぎれい 儀礼《儀式》cerimonia⼥, rito男;《礼儀》etichetta⼥ ◇儀礼的な cerimoniale ¶通過儀礼 rito di passaggio

きれいごと 綺麗事 ¶きれい事で済ます《面倒を避ける》evitare complicazioni / non procurarsi dei guai /《体面を汚さない》salvare le apparenze /《本音を吐かない》coprire le proprie vere intenzioni ¶きれい事ばかり言ってはいられない. Non si può dire sempre belle parole senza combinare nulla.

きれいずき 綺麗好き ¶《人》amante男⼥ della pulizia;《病的な》maniaco男《複 -ci;⼥ -ca》della pulizia, igienista男⼥《男複 -i》¶彼女はきれい好きだ. Lei è un'amante [una maniaca] della pulizia.

きれぎれ 切れ切れ ◇切れ切れの frammentario《男複 -i》, sconnesso ¶隣の部屋の会話がきれぎれに聞こえた. Si sentiva a spezzoni un discorso dalla stanza accanto.

きれこみ 切れ込み ¶切れ込みのある葉 foglia lobata

きれつ 亀裂 **1**《壁などの割れ目》fessura⼥, crepa⼥, creparura⼥;《ひび》spaccatura⼥, incrinatura⼥ ◇亀裂のある crepato; screpolato; incrinato ¶亀裂が生じる creparsi / screpolarsi / incrinarsi ¶ブロンズ像の表面に亀裂が生じた. Nella statua di bronzo 「si è aperta una spaccatura [si è formata una crepa].
2《対人関係の》frattura⼥ ¶両国間の友好に亀裂が生じた. L'amicizia tra i due paesi si è incrinata.

-きれない ¶この教室に 50 人は入りきれない. Quest'aula è troppo piccola per 50 persone. ¶食べきれないほどご馳走が出た. Il cibo era così abbondante che non sono riuscito a [non ce l'ho fatta a] mangiarlo tutto. ¶彼は待ちきれずに先に出掛けた. Stanco di aspettare, se ne è andato da solo.

きれなが 切れ長 ¶切れ長の目をしている avere gli occhi a mandorla

きれはし 切れ端《紙・布の》pezzo男, pezzetto男;《布の》scampolo男, pezza⼥;《布・肉の》brandello男

きれま 切れ間 fessura⼥, apertura⼥ ¶crepa⼥, fenditura⼥, spaccatura⼥ ¶雲の切れ間 apertura delle nuvole / spiraglio fra le nuvole

きれめ 切れ目 **1**《物が切れた部分》spaccatura⼥, apertura⼥; intervallo男 ¶難民の列が切れ目なく続いていた. La fila dei profughi procedeva ininterrottamente.
2《区切り》interruzione⼥;《休み》pausa⼥, intervallo男 ¶話の切れ目 pausa nella conversazione [storia] ¶切れ目なしに ininterrottamente / senza interruzione
3《尽きた時》¶金の切れ目が縁の切れ目.《諺》"Finito il denaro, addio l'amore." / "Senza soldi non si cantano messe."

きれもの 切れ者 persona⼥ abile

きれる 切れる **1**《土手などが崩壊する》crollare《自》[es] ¶ひもが切れた. La corda si è spezzata. ¶電球が切れた. La lampadina si è fulminata. ¶土手が切れた. L'argine ha ceduto.
2《傷つく》tagliarsi ¶指先が切れた. Mi sono tagliato la punta del dito.
3《切れ味がいい》¶このナイフはよく切れる. Questo coltello taglia bene [è ben affilato / è tagliente].
4《関係がなくなる，途切れる》rompere con qlcu. ¶彼と縁が切れた. Ho rotto [troncato] le relazioni con lui. ¶電話が切れた. La linea è caduta. / La comunicazione telefonica si è interrotta. ¶息が切れる →息
5《尽きる》¶砂糖が切れた. Siamo rimasti a corto di zucchero. / Manca lo zucchero. ¶期限が切れた. Il termine è scaduto.
6《下回る》essere inferiore a ql.co. ¶体重が 60 キロを切った. Il mio peso è sceso sotto i 60 kg.
7《それる，曲がる》curvare ¶ボールが左に切れた. La palla ha curvato con effetto a sinistra. ¶道はこの先で右に切れる. Più avanti la strada curva a destra.
8《頭脳が鋭敏である》avere un'intelligenza acuta, essere intelligente ¶恐ろしいほど切れる男だ. La sua intelligenza è talmente acuta da far paura.
9《自制心を失う》perdere l'autocontrollo [la padronanza di sé]

きろ 岐路 bivio男《複 -i》¶岐路に立つ essere al [a un] bivio ¶彼は続けるかやめるかの岐路にあった. Era a un bivio: continuare o smettere? ¶彼はわずか 15 歳で人生の岐路に立たされた. Si è trovato di fronte a scelte determinanti all'età di soli quindici anni.

きろ 帰路 strada⼥ di casa, via⼥ di ritorno

キロ〔仏 kilo〕**1**《キログラム》chilogrammo男, chilo男;《略》kg男 [無変]（▶イタリア語では 100 chili は「100 キログラム」の意味でなく，「100 キロメートル」の意味になりうる）¶これは 2 キロです. Questo pesa due chili [chilogrammi]. ¶半キロください. Me ne dia mezzo chilo [5 etti]. ¶1 キロ 20 ユーロです. Costa venti euro al chilo.
2《キロメートル》chilometro男;《略》km男 [無変] ¶ローマから 30 キロの地点に a 30 chilometri da Roma ¶時速 80 キロで走る viaggiare a 80 chilometri all'ora

✥**キロバイト**〔英〕kilobyte男 [無変];《記号》kB
キロヘルツ chilohertz男 [無変], kilohertz男 [無変];《記号》kHz
キロボルト chilovolt男 [無変], kilovolt男 [無

変]；《記号》kv
キロリットル chilolitro[男], kilolitro[男]；《記号》kl
キロワット chilowatt[男][無変], kilowatt[男][無変]；《記号》kW
キロワット時 kilowattora[女][無変]；《記号》kWh

きろく 記録 **1**《書き記すこと》registrazione[女]；《文書》documento[男]；《年代記》cronaca[女], annali[男][複]；《古文書》archi*vio*[男][複 -*i*]；《議事録》verbale[男]；《訴訟の》atti[男][複]；〘コンピュータ〙〔英〕record[男][無変] ◇**記録する** registrare *ql.co.* ¶記録によれば secondo i documenti ¶ノートに意見を記録する annotare le osservazioni sul quaderno
2《競技などの成績》〔英〕record[男][無変]；primato[男] ¶公認［未公認］記録 record omologato［ufficioso］¶世界記録 record［primato］mondiale ¶記録を樹立［保持／更新］する stabilire［detenere／migliorare］un record ¶記録を破る battere un record ¶交通事故件数は記録的数字に達した. Il numero degli incidenti stradali ha raggiunto una cifra record.
✤**記録映画** film[男][無変] documentar*io*[男複 -*i*], documentar*io*[男][複 -*i*]
記録係《文書保管所の》archivist*a*[男][女][男複 -*i*]；《官庁・公証人などの》protocollist*a*[男][女][男複 -*i*]；《公文書保管官》cancelliere[男]；《競技の》cronometrist*a*[男][女][男複 -*i*]
記録計 strumento[男] registratore
記録文学 letteratura[女] a carattere documentaristico
記録保管所《古文書》archivio[男]；《裁判所》cancelleria[女]
記録保持者《競技の》deten*tore*[男][女 -*trice*] di un record［di un primato］, primatist*a*[男][女][男複 -*i*]；recordman[男][無変]
記録破り ¶今年は記録破りの暑さだ. Quest'anno il caldo è a livelli record.

ギロチン〔仏 guillotine〕ghigliottina[女] ¶ギロチンにかける ghigliottinare *qlcu.*

ぎろん 議論《討論》dibattito[男], discussione[女]；《論争, 口論》disputa[女], controversia[女], polemica[女] ◇**議論する** discutere［dibattere］*ql.co.*, discutere con *qlcu.* su［di］*ql.co.*, avere una controversia con *qlcu.* per［su］*ql.co.* ¶激越な議論 polemica accesa ¶〈人〉に議論で勝つ aver la meglio su *qlcu.* in una discussione ¶私は彼と核問題について議論した. Ho discusso con lui del problema del nucleare. ¶議論好きな男だ. È un uomo polemico. ¶政治について議論になった. È nata una discussione［polemica］sulla politica. ¶この問題はもはや議論の余地がない. Questo è incontestabile. ¶議論も尽きたようですから, このあたりで結論を出しましょう. Mi pare che la discussione sia esaurita, concludiamo.

きわ 際 **1**《ふち》orlo[男], bordo[男]；《そば》lato[男], fian*co*[男][複 -*chi*] ¶壁際に accanto alla parete ¶窓際に座る《列車の》sedersi vicino al finestrino ¶上まぶたのきわにアイラインを入れる applicare l'eyeliner sul contorno della palpebra
2《ぎりぎりの時》momento[男], punto[男] ¶彼は別れ際に私の手を握った. Mi ha stretto la mano「sul punto［al momento］di partire. ¶桜の花は散り際にある. I fiori di ciliegio stanno per cadere. ¶往生際の悪いやつだ. Non sa darsi per vinto. / Non sa perdere.

ぎわく 疑惑 dubb*io*[男][複 -*i*]；sospetto[男] ¶疑惑を抱く avere dubbi《に su》/ nutrire un sospetto《に su》/ sospettare［dubitare］《に di》¶疑惑を招く destare［creare］sospetti / suscitare un dubbio ¶疑惑を解く dissipare un dubbio / scacciare un sospetto ¶彼が私をだまそうとしているという疑惑をぬぐい切れない. Non riesco a togliermi il sospetto［il dubbio］che voglia ingannarmi.

きわだつ 際立つ《抜きん出ている》spiccare[自][*av*], risaltare[自][*es, av*]《の点で per, の中で su, fra》, distinguersi《の点で per》；《人目をひく》attirare l'attenzione ◇**際立たせる** mettere in risalto ◇**際立った** distinto, rilevante, notevole ¶彼の才能は他から際立っている. Il ragazzo spicca per abilità su tutti gli altri. ¶彼は文壇で際立った存在だ. È uno che spicca nel mondo letterario. ¶この2つの辞書には際立った違いはない. Tra questi due dizionari non c'è grande differenza. ¶光が輪郭を際立たせている. La luce mette in risalto le forme.

きわどい 際疾い **1**《危険な, ぎりぎりの》¶際どいところで列車に間に合った. Sono arrivato giusto［appena］in tempo per prendere il treno. ¶際どいところを助かった. L'ho scampata (proprio) bella. / Mi sono salvato per un pelo［per il rotto della cuffia］. **2**《微妙な》delicato ¶際どい問題をうまく処理する trattare bene un problema delicato **3**《みだらな》spinto ¶際どい話 discorsi spinti［scurrili］

きわまりない 極まり無い ¶無礼極まりない態度 atteggiamento estremamente［assai］scortese ¶あんな遊びは危険極まりない. Quel gioco è terribilmente pericoloso.

きわまる 極まる・窮まる ¶彼は感極まって泣きだした. Sopraffatto dall'emozione è scoppiato「in lacrime［a piangere］. ¶彼の野心は極まるところを知らない. La sua ambizione non ha limiti. ¶僕は進退きわまった. Mi sono ficcato in un imbroglio.

きわみ 極み ¶そのようにおほめいただいて光栄の極みです. Queste lodi sono l'onore più grande che potessi ricevere.

きわめつき 極め付き ¶極め付きの品 articolo garantito ¶極め付きの悪者 un noto malvivente ¶ハムレットは彼の極め付きの役だ. L'Amleto è il suo cavallo di battaglia.

きわめて 極めて molto, assai, estremamente;《著しく》notevolmente, sensibilmente ¶極めて重大な問題 problema estremamente grave

きわめる 極める・窮める・究める **1**《頂点に行きつく》¶山頂を極める raggiungere la vetta［la cima］di una montagna ¶多忙を極める essere estremamente occupato ¶口を極めて〈人〉をほめる portare *qlcu.* alle stelle / magnificare *qlcu.* con molte lodi ¶豪奢を極めた宮殿 palazzo di inaudito splendore ¶このトンネル工事は困難を極めた. Ci sono state molteplici difficoltà nella costruzione di questa galleria.

きわもの 2《奥底まで探る》 ¶芸の奥義を窮める apprendere a fondo i segreti di un'arte ¶問題の本質を究める andare a fondo in una questione

きわもの 際物 ◇際物的な(センセーショナルな) sensazionale

きをつけ 気を付け ¶「気を付け」《号令》"Attenti!" ¶気を付けの号令をかける dare l'attenti ¶気を付けをする mettersi sull'attenti

きん 斤 **1**《尺貫法の重量単位》kin働[無変]; unità働 di peso pari a ca. 600g (読み方: circa seicento grammi) **2**《食パンの》filone働 di pane (del peso di 350–400g)

きん 金 **1**《金属元素》oro働;《元素記号》Au ◇金の d'oro, aureo ¶金色の dorato / del colore dell'oro ¶金の指輪 anello d'oro ¶金の延べ棒 lingotto [barra] d'oro ¶純金 [24金] oro puro ¶18金 oro a 18 carati ¶18金のブレスレット bracciale in oro 18 ct [in oro a 18 carati] ¶金と同じ値で a peso d'oro ¶輝くものの必ずしも金ならず.《諺》"Non è tutto oro quel che luccica." **2**《金銭》denaro働 ¶「金100ユーロ正に領収いたしました」"Ricevo la somma di €100,00 (cento euro)."
✤**金解禁** fine働 dell'embargo sull'oro, liberalizzazione働 dell'esportazione d'oro
金細工 oggetto働 d'oro;《集合的》oreficeria働
金細工師 orefice働 (►「金細工商人」も指す)
金糸 filo働 d'oro
金市場 mercato働 dell'oro
金準備 riserva働 aurea
金時計 orologio働 [複 -gi] d'oro
金杯 coppa働 d'oro
金平価 parità働 aurea
金ボタン bottone働 dorato
金本位制 sistema働 monetario aureo
金メダル medaglia働 d'oro
金約款〖法〗clausola働 riguardante il pagamento in oro

きん 菌 《きのこ類》fungo働 [複 -ghi];《細菌》batterio働 [複 -i], microbo働, microorganismo働;《球菌》micrococco働 [複 -chi];《桿菌》bacillo働 ¶病原菌 germe patogeno [di malattia]
✤**菌糸** ifa働
菌糸体 micelio働 [複 -i]
菌類 funghi働 [複]
菌類学 micologia働, micetologia働

きん 筋〖解〗muscolo働
✤**筋萎縮病(症)**〖医〗atrofia働 muscolare
筋炎〖医〗miosite働
筋弛緩剤〖薬〗farmaco働 che rilassa muscoli
筋ジストロフィー〖医〗distrofia働 muscolare, miodistrofia働
筋組織 tessuto働 muscolare
筋無力症〖医〗miastenia働
筋力 forza働 muscolare

きん 禁 proibizione働, divieto働, bando働 ¶禁を破る[犯す] violare un divieto ¶18禁 vietato ai minori di 18 anni

ぎん 銀 argento働;《元素記号》Ag ◇銀の d'argento, argenteo ¶銀色の d'argento / argenteo / argentato ¶銀のさじ cucchiaio d'argento

✤**銀器** 《総称》argenteria働 (►「銀器を扱う店」もさす)
銀細工 oggetto働 d'argento
銀細工師 argentiere働 [働 -a] (►「銀細工商人」もさす)
銀糸 filo d'argento
銀杯 coppa働 d'argento
銀本位制 sistema働 monetario argenteo
銀メダル medaglia働 d'argento

きんあつ 禁圧 《禁止》interdizione働;《弾圧》repressione働 ◇禁圧する interdire, proibire

きんいつ 均一 uniformità働 ◇均一の uniforme ◇均一に uniformemente ¶「500円均一」《掲示》"Tutto a 500 yen"
✤**均一セール** saldi働 [複] a prezzo unico
均一料金 tariffa働 unica, prezzo働 unico [複 -ci]

きんいっぷう 金一封 ¶金一封をもらう ricevere una somma ¶《寄付》un'offerta di denaro

きんいん 近因 causa働 immediata [diretta]

きんうん 金運 ¶私には金運がない. Non ho fortuna con il denaro.

ぎんえい 吟詠 ◇吟詠する《歌う》recitare una poesia;《作る》comporre una poesia

きんえん 禁煙 ◇禁煙する smettere di fumare, astenersi dal fumare ¶「禁煙」《掲示》"Vietato fumare"
✤**禁煙車[席]** carrozza働 [posto働] non fumatori;《掲示》"Non fumatori"

きんか 金貨 moneta働 d'oro
ぎんか 銀貨 moneta働 d'argento
ぎんが 銀河〖天〗via lattea, galassia働
✤**銀河系**(宇宙) galassia働

きんかい 近海 mare働 costiero ◇近海の costiero
✤**近海魚** pesce働 costiero
近海漁業 pesca働 costiera

きんかい 金塊 oro働 in barre [in verghe], lingotto働 d'oro;《小さい塊》pepita働 d'oro

きんかぎょくじょう 金科玉条 regola働 aurea ¶私は父の教えを金科玉条としている. Seguo fedelmente gli insegnamenti di mio padre.

きんがく 金額 somma働 di denaro; importo働;《総額》ammontare働 di denaro ¶その金額を払い込む versare l'importo

きんがしんねん 謹賀新年 Le auguro un felice anno nuovo. / Buon anno.

ぎんがみ 銀紙 《銀色の紙》carta働 argentata;《錫箔》carta働 stagnola;《アルミ箔》foglio働 di alluminio

ギンガム〔英 gingham〕〖織〗percalle働 a righe [a quadretti]

きんかん 近刊 ¶その本は近刊の予定です. Quel libro è di prossima pubblicazione.
✤**近刊書**《近く出版される》libro働「di prossima pubblicazione [in corso di stampa];《最近出版された》libro働 pubblicato recentemente
近刊予告 annuncio働 [複 -ci] dei libri di prossima pubblicazione

きんかん 金冠 **1**《金の冠》corona働 d'oro **2**《歯の》¶歯に金冠をかぶせる farsi mettere una capsula d'oro a un dente

きんかん 金柑 〖植〗《実》kumquat働 [無変];《木》fortunella働 ¶金柑の砂糖漬け kumquat

canditi
きんがん 近眼 miopia㊛ ¶近視の人 miope㊚㊛ ¶私は近眼です. Sono miope.
きんかんがっき 金管楽器 《音》ottoni㊚[複] →楽器 図鑑
きんかんしょく 金環食 《天》eclissi㊚[無変] anulare di sole
きんき 禁忌 1《タブー》tabù㊚ 2《医》controindicazioni㊛[複]
ぎんぎつね 銀狐 volpe㊛ argentata ¶銀狐の毛皮 pelliccia di volpe argentata
きんきゅう 緊急 urgenza㊛ ◇緊急の urgente; d'urgenza; emergente, pressante ¶緊急の場合には in caso di urgenza
❖緊急安全保障理事会 urgente incontro㊚ del Consiglio di Sicurezza
緊急事態 ¶緊急事態が発生した. È scoppiato un caso di emergenza.
緊急質問 interpellanza㊛ urgente
緊急措置 ¶緊急措置をとる prendere misure di emergenza
緊急逮捕 arresto㊚ d'urgenza
緊急着陸 atterraggio㊚[複 -gi] di emergenza
緊急動議 mozione㊛ d'urgenza
緊急避難 evacuazione㊛ di emergenza
緊急輸入制限措置 misure㊛ d'emergenza per controllo importazioni
きんぎょ 金魚 pesce㊚ rosso; 《原種》carassio㊚ dorato
❖金魚すくい gioco㊚ in cui si pescano pesciolini rossi con una rete di carta o con una cialda a forma di cucchiaio
金魚鉢 vaso㊚[vasca㊛] di pesci rossi ¶私は金魚を飼っている. Ho i pesci rossi.
きんきょう 近況 ¶近況を知らせてね. Fammi avere tue notizie.
きんきょり 近距離 breve distanza㊛
❖近距離列車 treno㊚ locale
きんきらきん ¶きんきらきんに装う vestirsi [mettersi] in ghingheri
きんぎん 金銀 1《金と銀》oro㊚ e argento㊚ 2《金銭》soldi㊚[複]
きんく 禁句 tabù㊚, parola tabù [proibita] ¶彼の前ではそれは禁句だ. È un argomento tabù in sua presenza.
キング 〔英 king〕re㊚[無変] →トランプ 関連
キングサイズ 〔英 king-size〕taglia㊛ forte ¶キングサイズのズボン pantaloni per taglie forti
きんけい 近景 primo piano㊚ ¶近景に川, 遠景に山々を描く dipingere un fiume in primo piano e le montagne sullo sfondo
きんけつ 金欠 ¶僕は金欠(病)だ. Non ho denaro. / Sono a corto di soldi. / Sono al verde.
きんけん 近県 province㊛[複] vicine
きんけん 金券 buono㊚
きんけん 金権 potere㊚ del denaro
❖金権政治 plutocrazia㊛ ◇金権政治の plutocratico㊚[複 -ci]
金権政治家 plutocrate㊚
きんげん 金言 aforisma㊚[複 -i], massima㊛
きんげん 謹厳 solennità㊛, serietà㊛ ◇謹厳な solenne, serio㊚[複 -i] ¶謹厳実直な男 uomo serio e onesto

きんこ 金庫 cassaforte㊛[複 casseforti]; 《商店の》cassa㊛; 《国庫》tesoreria㊛ ¶手提げ金庫 cassetta portavalori [無変] ¶大金を金庫に収める mettere una grossa somma in cassaforte ¶夜間金庫 cassa continua ¶貸し金庫 cassetta di sicurezza ¶信用金庫 cooperativa [cassa] di credito
きんこ 禁固 imprigionamento㊚, carcerazione㊛, detenzione㊛ ¶無期禁固 ergastolo
❖禁固刑 reclusione㊛ ¶彼は3年の禁固刑に処せられた. È stato condannato a tre anni di reclusione.
きんこう 均衡 equilibrio㊚[複 -i], pareggio㊚[複 -gi] ¶均衡をとる(他のものの) equilibrare / bilanciare / (自らが) bilanciarsi / equilibrarsi ¶均衡のとれた[均衡を欠いた]予算 bilancio equilibrato [squilibrato] ¶均衡を失う[破る] perdere [rompere] l'equilibrio ¶財政の均衡を保つ tenere le finanze in equilibrio ¶収支の均衡を保たせる equilibrare le entrate e le uscite / pareggiare il bilancio
❖均衡価格 prezzo㊚ di equilibrio [di mercato]
均衡財政 finanza㊛ sana [equilibrata]
均衡予算 bilancio㊚[複 -ci] in pareggio
きんこう 近郊 periferia㊛, vicinanze㊛[複], dintorni㊚[複], sobborghi㊚[複] ¶ローマ近郊に住む vivere alla periferia [nei sobborghi] di Roma
きんこう 金鉱 (鉱山) miniera㊛ d'oro; 《鉱石》minerale㊚ aurifero
❖金鉱脈 filone㊚ aurifero [d'oro]
きんごう 近郷 villaggi㊚[複] vicini; sobborghi㊚[複]

ぎんこう 銀行 banca㊛, istituto㊚ bancario㊚[複 -i] ¶銀行に金を預ける depositare il denaro in banca / mettere i soldi in banca ¶銀行から100万円引き出した. Ho ritirato dalla banca un milione di yen. ¶銀行の営業時間 orario di banca ¶銀行に行く andare in banca ¶銀行で働く lavorare in banca

関連
アジア開発銀行 Banca㊛ Asiatica di Sviluppo 欧州中央銀行 Banca Centrale Europeo; 《略》BCE㊛ 欧州投資銀行 Banca Europea degli Investimenti 国際決済銀行 Banca dei Regolamenti Internazionali; 《略》BRI㊛ 国際復興開発銀行 Banca Internazionale per la Ricostruzione e lo Sviluppo; 《略》BIRS㊛ 商業銀行 banca commerciale 信託銀行 banca fiduciaria 世界銀行 Banca Mondiale 相互銀行 cassa㊛ mutua di risparmio 地方銀行 banca regionale 中央銀行 banca centrale (▶日本では「日本銀行」Banca del Giappone, イタリアでは「イタリア銀行」Banca d'Italia) 長期信用銀行 istituto㊚ di credito a lungo termine 投資銀行 banca d'investimenti

❖銀行員 impiegato㊚[㊛ -a] di banca, bancario㊚[㊛ -ia; ㊚複 -i]
銀行家 banchiere㊚[㊛ -a]
銀行貸出 credito㊚ bancario

銀行貸付 prestito男 bancario
銀行貸付[預金]利子率 《銀行の立場から》tasso男 attivo [passivo]
銀行為替手形 assegno男 circolare
銀行間借款 prestito男 interbancario
銀行勘定 conto男 di [in] banca
銀行業務 attività女[複] bancarie
銀行券 banconota女, biglietto男 di banca
銀行口座 conto男 bancario [in banca]
銀行強盗 《行為》rapina女 di banca;《人》rapinatore男[女 -trice] di banca
銀行小切手 assegno男 bancario
銀行通帳 libretto男 di banca [di risparmio]
銀行手形 cambiale女 bancaria, effetto男 bancario, tratta女
銀行当座預金 conto男 corrente [《略》c/c男] bancario
銀行振り込み versamento男 su un conto in banca
銀行融資 credito男 bancario

《 会 話 》 銀行で Alla banca

A: 3万円[トラベラーズチェック]を替えたいのですが.
  Vorrei cambiare 30.000 yen [questi traveller's cheque].
B: パスポートをお持ちですか.
  Ha il passaporto, per favore?
A: はい, これです. 今日の円の交換レートはいくらですか.
  Sì, eccolo. Qual è il cambio dello yen oggi?
B: 1円が0.58セントです. ここにサインをお願いします.
  0,58 (読み方: zero virgola cinquantotto) centesimi per uno yen. Per favore, firmi qui.
A: 20ユーロ札も混ぜていただけますか. あと, 小銭も少しお願いします.
  Mi può dare anche banconote da 20 euro e un po' di spiccioli?
B: はい, 承知しました.
  Va bene, signore.

応用例 ●

口座に入金する
Vorrei fare un versamento.
versare [depositare] denaro sul conto corrente
ガス料金を支払いたいのですが.
口座からお金を引き出す
Vorrei pagare la bolletta del gas.
prelevare [ritirare] denaro dal conto corrente
自動引き落としの手続きをしたいのですが.
自動引出機でお金を引き出す
Vorrei che mi addebitasse l'importo della bolletta direttamente sul conto corrente.
prelevare [ritirare] denaro con il [al] bancomat
口座を解約する
estinguere [chiudere] un conto corrente
残高の確認[計算書]を頼む
richiedere il saldo [l'estratto conto]
振り込みをしたいのですが.

[参考] conto corrente は日常的な支払いなどに使う口座だが, 日本の普通預金口座と違い, 小切手が使え, また当座預金口座とも違い, 利子が付く. 一方, libretto di [a] risparmio は貯蓄が目的なので, 頻繁に出し入れはできない. 利子は conto corrente より高い. なお, イタリアの銀行では口座維持費がかかる.

用語集

●銀行・金融業務
銀行業務 operazione女 bancaria. (口座の一定期間の)計算書, 内訳書 estratto男 (di) conto. 預け入れ, 預金(高) deposito男. 定期預金 deposito男 vincolato. 通帳 libretto男. 明細書, 伝票 distinta女. 銀行振替 bonifico男, bancogiro男. 税引前[後]の利息 interesse男 lordo [netto]. クレジット, 債権 credito男. 借金, 債務 debito男. 貸付 prestito男, fido男;(ローン) mutuo男. 融資 finanziamento男. 交換レート corso男 del cambio. 証券取引 operazione女 di Borsa. 株式 azioni女[複]. 相場 quotazione女. 国債 titolo男 di Stato.
●銀行員と銀行
銀行家 banchiere男[女 -a]. 銀行員 bancario男[女 -ia], impiegato男[女 -a] di banca. 頭取 direttore男[女 -trice] generale. 支店長 direttore男[女 -trice] di una filiale. 会計係 cassiere男[女 -a]. 両替商 cambiavalute男[無変]. 本店 sede女 centrale. 支店 filiale女, succursale女, agenzia女. 会計, 出納窓口 cassa女. 窓口 sportello男. 自動引出機, CD bancomat男[無変], cassa女 di prelievo automatica. ATM terminale男 bancario automatico. 暗証番号 codice男 segreto, pin男[無変]. 貸し金庫 cassetta女 di sicurezza.
●通貨
お金 soldi男[複], denaro男. 現金 denaro男 contante [liquido]. (50ユーロ)紙幣 banconota女 [biglietto男] (da cinquanta euro). (20セント)硬貨 moneta女 (da venti centesimi). 小銭, 硬貨 spiccioli男[複]. 通貨 valuta女 corrente. 外貨 valuta女 estera. クレジットカード carta女 di credito. トラベラーズチェック [英] traveller's cheque男[無変]. 小切手 assegno男. 銀行為替 vaglia男 bancario. 手形 cambiale女. 為替手形 tratta女. 約束手形 pagherò男. キャッシュカード bancomat男[無変].

銀行預金 depos_ito_㊚ banc_ario_ [複 -i]
ぎんこう 銀鉱 （鉱山）minier_a_㊛ d'argento; 《鉱石》mineral_e_㊚ argentifero
きんこく 謹告 ¶謹告… Informiamo la spettabile clientela che...
きんこつ 筋骨 ¶彼は筋骨隆々としている. È robusto e muscoloso [nerboruto].
きんこんしき 金婚式 nozz_e_㊛ [複] d'oro ¶金婚式を祝う festeggiare le nozze d'oro
ぎんこんしき 銀婚式 nozz_e_㊛ [複] d'argento
きんさ 僅差 ¶僅差で敗れる perdere per [con] uno stretto margine ¶僅差で当選した. È stato eletto con una stretta maggioranza.
きんざい 近在 →近郷
きんさく 近作 oper_a_㊛ recente
きんさく 金策 ¶金策に走り回る darsi da fare per「procurarsi un pr_e_stito [trovare un finanziatore]¶金策に行き詰まる essere a corto di fondi / essere alle strette per mancanza di denaro
きんざん 金山 minier_a_㊛ d'oro
ぎんざん 銀山 minier_a_㊛ d'argento
きんし 禁止 proibizion_e_㊛, diviet_o_㊚ ¶禁止する proibire, vietare ¶〈人〉に…を禁止する proibire [vietare]「_ql.co._ a _qlcu._ [a _qlcu._ di+不定詞]¶法律で禁止されている essere vietato [proib_i_to] per [dalla] legge ¶牛肉の輸入を禁止する vietare l'importazione di carne bovina ¶禁止を解く togliere [levare] un divieto ¶「立ち入り禁止」《掲示》"Vietato l'ingresso" / "Ingresso vietato" ¶「芝生立入禁止」《掲示》"Vietato calpestare l'erba" ¶「駐車禁止」《掲示》"Divieto di sosta" ¶医者からコーヒーを禁止された. Il dottore mi ha proibito [vietato] il caffè. ¶母にテレビを見るのを禁止された. La mamma mi ha proibito [vietato] di guardare la tv. ¶ファシズム時代この映画は上映を禁止された. Durante il fasc_i_smo la proiezione di questo film era vietata.
❖**禁止関税** tariff_e_㊛ [複] proibitive
きんし 金糸 fil_o_㊚ d'oro ¶金糸の刺繍 ricami in filo d'oro
きんし 近視 →近眼
きんじ 近似 ◇近似している approssimare ◇近似の approssimativo, approssimato ◇近似的に approssimativamente, in modo approssimativo
❖**近似計算** 《数》approssimazion_e_㊛
近似値 《数》cifr_a_㊛ approssimativa
ぎんし 銀糸 fil_o_㊚ d'argento
きんしがん 近視眼 →近眼 ¶近視眼的な政策 pol_i_tica m_i_ope [imprevidente]
きんしつ 均質 omogeneit_à_㊛ ◇均質な omog_e_neo ◇均質に omogeneamente
❖**均質化** omogeneizzazion_e_㊛ ¶牛乳を均質化する omogeneizzare il latte
均質性 omogeneit_à_㊛
きんじつ 近日 ¶近日中に pr_o_ssimamente, uno di questi giorni / tra pochi giorni ¶「近日開店」《掲示》"Pr_o_ssima apertura" ¶「近日上映」《掲示》"Imminente" / "Pr_o_ssimamente su questo schermo" ¶「近日発売」《掲示》"Pr_o_ssimamente in v_e_ndita"

きんじつてん 近日点 《天》perieli_o_㊚ [複 -i]
きんじとう 金字塔 ¶金字塔を打ち立てる compiere un'opera monumentale
きんしゅ 筋腫 《医》miom_a_㊚ [複 -i] ¶子宮筋腫 mioma dell'_u_tero
きんしゅ 禁酒 astinenz_a_㊛ dall'alcol ◇禁酒する astenersi dal bere, sm_e_ttere㋑ [_av_] di bere ¶医者に禁酒を言いわたされた. Il m_e_dico mi ha vietato l'alcol.
❖**禁酒運動** moviment_o_㊚ antialc_o_lico [複 -ci]
禁酒法 《アメリカの》proibizion_i_smo㊚
きんしゅく 緊縮 austerit_à_㊛, restrizion_e_㊛; 《削減》riduzion_e_㊛ delle spese ◇緊縮する restr_i_ngere; ridurre (le spese)
❖**緊縮財政** finanz_e_㊛ [複] ristrette [limitate]
緊縮政策 pol_i_tica austera
緊縮予算 bilanci_o_㊚ [複 -ci] ristretto [limitato / d'austerità]
きんしょ 禁書 libr_o_㊚ proibito ¶…を禁書にする m_e_ttere _ql.co._ all'_I_ndice
❖**禁書目録** 《カト》l'_I_ndic_e_㊚ (dei libri proibiti)
きんじょ 近所 vicinanz_a_㊛; prossimit_à_㊛ ◇近所の vicino; del vicinato ◇近所に[で] vicino a, nei pressi di ¶近所の人 vicin_o_ [㊛ -_a_] / 《全体》vicinato ¶私の家の近所に vicino a casa mia ¶学校の近所に vicino alla scuola ¶彼は近所付き合いがいい. È molto soci_e_vole con i vicini di casa. ¶あのピアノは近所迷惑だ. Quel pianoforte dist_u_rba [mol_e_sta] i vicini. ¶この近所に郵便局がありますか. C'è un ufficio postale「qui vicino [da queste parti / nelle adiacenze]?
きんしょう 近称 《文法》dimostrativ_o_㊚ indicante cose vicine al parlante
きんしょう 僅少 ¶僅少の m_i_nimo, lieve ¶在庫僅少 scorta m_i_nima ¶被害は僅少だった. Abbiamo subito un danno m_i_nimo [lieve].
きんじる 禁じる 1 《禁止する》proibire [interdire / vietare] a _ql.co._ _qlcu._ [di+不定詞] ¶医者は彼に飲酒を禁じた. Il m_e_dico gli ha vietato (di bere) gli alc_o_lici. 2 《禁じ得ない》の形で抑えることができない ¶彼に同情の念を禁じ得ない. Non posso fare a meno di sentire pietà per lui. ¶私たちは怒りを禁じ得なかった. Non abbiamo potuto contenere [frenare / trattenere] la r_a_bbia.
ぎんじる 吟じる 《歌う》recitare una poesia ritmicamente; 《作る》comporre una poesia
きんしん 近親 parent_e_㊚ pr_o_ssimo, congiunt_o_㊚ [㊛ -_a_], consanguin_eo_㊚ [㊛ -_a_]
❖**近親結婚** matrim_o_ni_o_㊚ [複 -i] tra consangu_i_nei [tra parenti pr_o_ssimi]
近親相姦 incest_o_㊚, rapport_o_㊚ incestuoso
きんしん 謹慎 reclusion_e_㊛ domiciliare; 《軍隊の》arrest_i_㊚ [複] ◇謹慎する rimanere㋑ [_es_] chiuso in casa per punizione; 《行動を慎む》comportarsi in maniera sottomessa come segno di pentimento
きんせい 均整・均斉 《全体としての》proporzion_e_㊛ (armoniosa);《左右の》simmetr_i_a㊛ ◇均整の proporzionato; simm_e_trico ◇均整のとれていない sproporzionato; asimm_e_trico, senza simmetria ¶均整のとれた体 corpo proporzionato

きんせい 近世 età⊛ moderna, tempi⊛[複] moderni, evo⊛ moderno
きんせい 金星 《天》Venere⊛
きんせい 禁制 proibizione⊛, divieto⊛ ◇禁制の proibito, vietato ¶禁制を解く togliere [annullare] il divieto ¶「女人禁制」[掲示] "Vietato l'ingresso alle donne"
❖**禁制品** merce proibita, articolo⊛ vietato
ぎんせかい 銀世界 mondo⊛ argentato ¶夕べの雪で辺り一面銀世界だ. Dopo la nevicata di stanotte tutto intorno è ammantato di bianco.
きんせきがく 金石学《碑銘学》epigrafia⊛ ◇金石学的 epigrafico⊛[男複 -ci]
❖**金石学者** epigrafista⊛⊛[男複 -i]
きんせきぶん 金石文 epigrafe⊛
きんせつ 近接 ◇近接する《近づく》avvicinarsi《に a》;《隣接する》confinare⊛[av]《に con》;《近くにある》essere vicino《に a》 ◇近接の vicino, limitrofo, attiguo, confinante
きんせん 金銭 denaro⊛, soldi⊛[複];《通貨》moneta⊛, valuta⊛ ◇金銭的（な）finanziario[男複 -i], economico⊛[男複 -ci], pecuniario⊛[男複 -i] ◇金銭的に finanziariamente, economicamente ¶〈人〉を金銭的に援助する aiutare qlcu. finanziariamente [economicamente] ¶金銭ずくで働く lavorare solo per i soldi
❖**金銭解決** risoluzione⊛ economica
金銭感覚 ¶彼は金銭感覚がない. Non conosce il valore del denaro.
金銭出納帳 libro⊛[giornale⊛] di cassa
金銭登録機 registratore⊛ di cassa
金銭問題 questione⊛ di denaro [di soldi]; affari⊛[複] finanziari
金銭欲 sete⊛[brama⊛] dell'oro
きんせん 琴線 **1**《琴の糸》corda⊛ del *koto* **2**《心の》corde⊛[複] del cuore, sentimenti⊛[複] più profondi ¶〈人〉の心の琴線に触れる fare appello ai sentimenti di *qlcu*. ¶彼の話は彼女の心の琴線に触れた. Il suo discorso l'ha toccata nel più profondo.
きんそく 禁足 divieto⊛ di uscita;《軍》(punizione⊛ della) consegna⊛
きんそく 禁則 regola⊛ tipografica
きんぞく 金属 metallo⊛ ◇金属の metallico⊛[男複 -ci] ¶軽[重]金属 metallo leggero [pesante] ¶金属的な音を立てる con forte sibilo metallico ¶金属的な冷たさ freddezza metallica
❖**金属機械工業** industria⊛ metalmeccanica
金属元素 elemento⊛ metallico
金属産業 industria⊛ metallurgica
金属製品 prodotto⊛ metallico;《工具などの》ferramenta⊛[複]
金属バット《スポ》mazza⊛ metallica
金属疲労 fatica⊛ del metallo
きんぞく 勤続 ◇勤続する restare in servizio ¶15年以上の勤続の者には年金がつく. Tutti coloro che hanno più di 15 anni di servizio hanno diritto ad una pensione.
❖**勤続年数** anzianità⊛ di servizio
きんだい 近代 età⊛ moderna, tempi⊛[複] moderni ◇近代的 moderno ¶近代的な建物 palazzo⊛ moderno ¶近代的な思想 idee moderne [moderniste]
❖**近代化** modernizzazione⊛ ◇近代化する modernizzare ◇近代化される modernizzarsi
近代化政策 politica⊛ di modernizzazione
近代五種《スポ》pentathlon [pentatlon]⊛ [無変] moderno
近代国家 stato⊛ moderno
近代史 storia⊛ moderna
近代主義 modernismo⊛ ◇近代主義的な modernistico⊛[男複 -ci]
近代主義者 modernista⊛⊛[男複 -i]
近代性 modernità⊛
きんたま 金玉 《卑》palle⊛[複], coglioni⊛[複]
きんだん 禁断 proibizione⊛ ¶禁断の木の実を食べる mangiare il frutto proibito
❖**禁断症状**《医》sindrome⊛ da privazione, crisi⊛[無変] di astinenza
きんちさん 禁治産《法》interdizione⊛ (giudiziale) ¶禁治産を宣する interdire l'esercizio dei diritti civili《に a》
❖**禁治産者** interdetto⊛[⊛ -a]
きんちてん 近地点《天》perigeo⊛
きんちゃく 巾着 borsetta⊛ di pelle o di stoffa con cordone; scarsella⊛
きんちゃく 近着 ¶近着の洋書 libro arrivato recentemente dall'estero
きんちょう 緊張 **1**《心身の》tensione⊛;《神経の》nervosismo⊛;《便化》irrigidimento⊛ ◇緊張する essere teso [nervoso];《硬くなる》irrigidirsi;《精神を集中する》essere concentrato;《あがる》emozionarsi ¶緊張した面持ちで col viso teso ¶会議は緊張した雰囲気の中で開かれた. La seduta si è aperta in un'atmosfera di tensione. ¶そんなこちこちに緊張するなよ. Non irrigidirti così! ¶その場の緊張がほぐれた. La tensione si è allentata. ¶試験が終わって皆は緊張から解放さ Finiti gli esami, tutti si sono rilassati. ¶ラジオで演奏した時, とても緊張した. Quando ho suonato alla radio, ero molto emozionato. **2**《関係などの》tensione⊛ ◇緊張する essere teso, minacciare di rompersi ¶国際的緊張を緩和する distendere la situazione internazionale
❖**緊張緩和**《仏》détente [detaánt]⊛, distensione⊛ ¶緊張緩和政策 politica⊛ di distensione
きんちょう 謹聴 ◇謹聴する ascoltare *qlcu*. attentamente [con attenzione]
きんてい 欽定
❖**欽定憲法** costituzione⊛ accordata da un sovrano;《日本の》Costituzione⊛ Imperiale
きんてい 謹呈 omaggio⊛ dell'autore ◇謹呈する fare omaggio a *qlcu*.《《を di》(◆贈る物に "Omaggio", "Libro omaggio"と書き添える)
きんてき 金的《あこがれの的》◇金的を射止める ottenere un oggetto ambito da tutti
きんてんさい 禁転載（表示）"Vietata la riproduzione"/ "Riproduzione vietata"/ "Tutti i diritti di riproduzione sono riservati."
きんでんず 筋電図《医》elettromiogramma⊛[男複]
きんとう 均等 parità⊛, uguaglianza⊛ ◇均等の pari [無変], uguale ◇均等に ugualmente, nella stessa misura ◇均等化 pareggiamento

きんとう 近東 il Vicino Oriente㊚

ぎんなん 銀杏 noce㊚ di ginkgo

きんにく 筋肉 muscolo㊚ ◇筋肉の muscolare ¶筋肉隆々の muscoloso, nerboruto ¶体操で筋肉を鍛える sviluppare i muscoli con l'esercizio fisico

✤ 筋肉組織 muscolatura㊛, sistema㊚[複 -i] [tessuto㊚] muscolare

筋肉痛 dolore㊚ muscolare ¶足が筋肉痛になった。 Ho i muscoli delle gambe indolenti.

筋肉(内)注射 iniezione㊛ intramuscolare

筋肉リューマチ〖医〗mialgia㊛[複 -gie]

きんねん 近年 (in) questi ultimi anni, negli anni recenti

きんのう 勤皇・勤王 lealtà㊛ verso l'Imperatore ¶勤皇の志士 samurai㊚[無変] lealista[複 -i] verso l'Imperatore

きんば 金歯 dente㊚ d'oro ¶金歯を入れる mettere un dente d'oro

きんばえ 金蝿〖昆〗lucilia㊛

きんぱく 金箔 foglio㊚[複 -gli] [lamina㊛] d'oro ¶…に金箔を張る dorare [indorare] ql.co.

きんぱく 緊迫 tensione㊛ ◇緊迫する diventare㊂[es] teso, tendersi ¶会議は緊迫した雰囲気の中で進められた。 L'incontro si è svolto in un'atmosfera tesa.

ぎんはくしょく 銀白色 bianco㊚ argento

きんぱつ 金髪 capelli㊚[複] biondi; (人) biondo㊚[㊛ -a] ◇金髪の biondo

ぎんぱつ 銀髪 capelli㊚[複] argentei [d'argento / (白) bianchi]

きんばり 金張り ◇金張りの placcato in oro

ぎんばん 銀盤〖スケートリンク〗pista㊛ di pattinaggio (su ghiaccio) ¶銀盤の女王 diva del ghiaccio

きんぴか 金ぴか ◇金ぴかの (光る) rilucente, luccicante; (はでな) sgargiante, vistoso ¶金ぴかの服 vestito di lamé d'oro

きんぴん 金品 ¶金品を贈る offrire [regalare] denaro e oggetti vari (に a)

きんぶち 金縁 struttura㊛ [intelaiatura㊛/cornice㊛] dorata, telaio㊚ dorato ¶金縁のめがね occhiali d'oro [con la montatura d'oro]

きんべん 勤勉 diligenza㊛, assiduità㊛ ◇勤勉な diligente, assiduo; laborioso, operoso ◇勤勉に assiduamente, diligentemente ¶勤勉に働く lavorare con assiduità [diligenza]

✤ 勤勉家 lavoratore㊚[㊛ -trice] accanito [tenace/assiduo]

きんぺん 近辺 area㊛ intorno a ◇近辺の nelle vicinanze di

きんぽうげ 金鳳花〖植〗ranuncolo㊚

きんぼし 金星 (相撲で) vittoria㊛ contro uno yokozuna; (大手柄) grandi gesta㊛[複] ¶金星をあげる compiere un'azione meritoria

ぎんまく 銀幕 schermo㊚ cinematografico ¶銀幕の女王 diva [stella] cinematografica

ぎんみ 吟味 esame㊚ approfondito [attento/minuzioso], verifica㊛ ◇吟味する esaminare ql.co., verificare ql.co.; (テストする) mettere ql.co. alla prova ¶吟味の上お答えします。 Vi risponderò dopo un attento esame. ¶料理はよく吟味されていた。 Il menu è stato attentamente selezionato.

きんみつ 緊密 ◇緊密な stretto, intimo ◇緊密に strettamente ¶〈人〉と緊密に連絡をとる avere stretti contatti con qlcu. ¶二国間の緊密な関係 stretti rapporti tra i due paesi

きんみゃく 金脈 **1** 〖鉱脈〗giacimento㊚ aurifero **2** fonte㊛ di entrate ¶彼は大変な金脈をもっている。 Ha un ricco finanziatore.

きんむ 勤務 servizio㊚[複 -i], lavoro ◇勤務する lavorare㊂[av], compiere le proprie mansioni ¶夜間勤務 servizio notturno ¶超過勤務 (lavoro) straordinario/lavoro oltre l'orario normale ¶勤務を怠る trascurare i propri doveri ¶彼はただ今勤務中です。 È attualmente in servizio. ¶彼女は商社に勤務している。 Lei lavora in un ufficio commerciale. ¶勤務中は禁煙です。 È vietato fumare「in ufficio [durante le ore d'ufficio].

✤ 勤務規定 regolamento㊚ d'ufficio

勤務先 luogo㊚[複 -ghi] di lavoro

勤務時間 orario㊚[複 -i] d'ufficio [di lavoro]

勤務成績 risultati㊚[複] del lavoro, rendimento㊚ sul lavoro

勤務評定 note㊛[複] di qualifica

きんむく 金無垢 oro fino ¶金無垢の仏像 statua㊛ di Budda d'oro massiccio

きんめっき 金めっき ◇金めっきする dorare; (金張り) placcare ql.co. in oro ◇金めっきの dorato; placcato in oro ¶金めっきのライター accendino placcato in oro

ぎんめっき 銀めっき ◇銀めっきする argentare; (銀張り) placcare ql.co. in argento ◇銀めっきの argentato; placcato in argento

きんもじ 金文字 caratteri㊚[複] dorati, lettere㊛[複] dorate ¶黒地に金文字の表紙 copertina nera in caratteri dorati

きんもつ 禁物 tabù㊚, cosa㊛ proibita, cosa che deve essere evitata ¶ダイエット中に甘い物は禁物だ。 Le cose dolci sono tabù durante la dieta. ¶あの男に油断は禁物だ。 Dobbiamo tenerlo bene sott'occhio. ¶夜ふかしは子供には禁物です。 Ai bambini deve essere vietato di andare a letto tardi.

きんゆ 禁輸 embargo㊚[複 -ghi] sulle esportazioni [importazioni] di ql.co. ¶武器の禁輸 embargo sulle esportazioni delle armi

✤ 禁輸品 merci㊛[複] vietate; (密輸品) merci di contrabbando

きんゆう 金融 finanza㊛, finanziamento㊚; (信用) credito㊚ ◇金融の finanziario [複 -i], monetario㊚[複 -i]; (通貨の) valutario㊚[複 -i]

¶国際金融 finanza internazionale ¶金融を緩和する diminuire le restrizioni finanziarie ¶金融を引き締める restringere il credito
❖ 金融界 ambienti㊚[複] finanziari, società㊛ di finanziamento
金融緩和政策 politica㊛ monetaria morbida
金融機関 istituto㊚ finanziario, finanziaria㊛
金融業 affari㊚[複] finanziari
金融恐慌 crisi㊛[無変] finanziaria
金融業者 finanziere㊚
金融債 obbligazione㊛ bancaria
金融市場 mercato㊚ finanziario
金融情勢 posizione㊛ finanziaria
金融政策 politica㊛ monetaria
金融正常化 normalizzazione㊛ finanziaria
金融制度調査会《日本の》Comitato㊚ per la Ricerca sul Sistema Finanziario
金融統制 controllo㊚ finanziario
金融引き締め政策 politica㊛ di restrizione monetaria, stretta㊛ creditizia
金融ビッグバン《経》big bang㊚
金融逼迫《ヒッ》scarsità㊛ di denaro

ぎんゆう 吟遊
❖ 吟遊詩人 menestrello㊚, giullare㊚, cantastorie㊚[無変];《中世の南フランスの》trovatore㊚

きんよう(び) 金曜(日) venerdì㊚《略》ven. ¶聖金曜日 Venerdì Santo（◆復活祭の前の週の金曜日．キリストの死を記念して，肉は食べない．地方によっては受難劇や行列を行うこともある）¶《毎週》金曜日は仕事が休みだ．Non lavoro il venerdì.

きんよく 禁欲 continenza㊛; astensione㊛;《性欲の》mortificazione㊛ della carne; stoicismo㊚ ◇禁欲する mortificare le passioni, astenersi dai piaceri della carne; praticare lo stoicismo ◇禁欲的な ascetico㊚[複 -ci], stoico㊚[複 -ci]
❖ 禁欲主義 ascetismo㊚, stoicismo㊚
禁欲主義者 asceta㊚㊛[㊚複 -i], stoico㊚[㊛ -ca]

きんらい 近来 recentemente, di recente, di [in] questi ultimi tempi
きんらん 金襴 broccato㊚ d'oro
きんり 金利 interesse㊚; rendita㊛;《利子率》tasso㊚ d'interesse ¶標準金利 tasso base d'interesse bancario ¶法定金利 tasso d'interesse legale ¶固定[変動]金利 tasso d'interesse fisso [variabile] ¶金利の引き上げ[引き下げ] aumento [ribasso] del tasso d'interesse
❖ 金利生活者 beneficiario㊚[㊛ -ia; ㊚複 -i] di una rendita
金利政策 politica㊛ del tasso d'interesse bancario

きんりょう 禁猟 《掲示》"Divieto di caccia"
❖ 禁猟期 periodo㊚ di chiusura della stagione della caccia
禁猟区《掲示》"Riserva di caccia"

きんりょう 禁漁 《掲示》"Divieto di pesca"
❖ 禁漁期 periodo㊚ di chiusura della stagione di pesca
禁漁区《掲示》"Riserva di pesca"

きんりょく 金力 ¶彼は金力に物を言わせて当選した．È stato eletto grazie al suo potere finanziario [al potere del denaro].

きんりん 近隣 vicinanze㊛[複];《近所》vicinato㊚
❖ 近隣諸国 paesi㊚[複] vicini

きんろう 勤労 lavoro㊚
❖ 勤労意欲 ¶勤労意欲をかき立てる stimolare la voglia di lavorare
勤労階級 classe㊛ lavoratrice
勤労学生 studente㊚[㊛ -essa] lavoratore [-trice]
勤労感謝の日《日本の》Giorno㊚ del Ringraziamento per il Lavoro（◆23 novembre）
勤労者 lavoratore㊚[㊛ -trice]
勤労所得 reddito㊚ da [di] lavoro
勤労奉仕 collaborazione㊛ non remunerata

く

[く]

く 九 nove[男]

く 区 **1**《行政単位としての》circoscrizione[女] amministrativa ¶新宿区 circoscrizione di Shinjuku

> [参考]
> イタリアでは,「市,町,村」comuneの下にいくつかの circoscrizioneと呼ばれる行政単位が置かれていて,これが「区」に当たる. distretto(管区)は行政単位とは無関係に学区 distretto scolastico, 軍管区 distretto militareなどの形で用いられ,いくつかの comuneを含むこともある.「地区」を意味する quartiereや rioneは歴史的な区分であり,地図上でその範囲を明記することはできない.

2《区域》zona[女]; distretto[男];《地区》quartiere[男], rione[男] ¶選挙区 distretto [collegio] elettorale

✤区議会 giunta[女] esecutiva della circoscrizione, consi*glio*[男][複 *-gli*] circoscrizionale [comunale]

区長 presidente[男][女] di una circoscrizione

区民 abitante[男][女] di una circoscrizione

区役所 sede[女] circoscrizionale

く 句 **1**《文章の一区切り》frase[女], espressione[女];《文の構成単位》sintagm*a*[男][複 *-i*];《成句》locuzione[女] ¶名詞[副詞]句 sintagma nominale [avverbiale] **2**《詩歌の》verso[男] **3**《俳句》*haiku*[男][無変]

く 苦 **1**《心配,悩み》ansietà[女], inquietudine[女], preoccupazione[女], ansia[女] ¶苦にする tormentarsi / angustiarsi《を per》/ preoccuparsi《を di, per》/ farsi una croce di *ql.co.* /《劣等感をもつ》avere il complesso《を di》 ¶彼は物事を苦にしすぎる. Se la prende troppo. ¶彼は将来を苦にして自殺した. Si è ucciso perché si tormentava pensando al suo futuro. ¶そんな事ちっとも苦にならない. Non mi pesa affatto.
2《骨折り,苦労》difficoltà[女], fatica[女] ¶苦もなく senza sforzo [difficoltà] ¶苦あれば楽あり.《諺》"Dopo la pioggia risplende il sole."

ぐ 具 **1**《料理の》 ¶みそ汁の具 ingredienti da aggiungere alla zuppa di *miso*
2《道具》strumento[男] ¶反戦運動を政争の具にする strumentalizzare un movimento pacifista con una politica partitica

ぐ 愚 ¶愚の骨頂だ. È il colmo! / È pura follia!
[慣用] **愚にもつかない** scioc*co* [[男]複 *-chi*], folle, assurdo ¶愚にもつかぬことを言うな. Non dire stupidaggini [corbellerie / fesserie / bestialità]!

ぐあい 具合 **1**《健康状態》condizione[女] di salute ¶具合がよい sentirsi [stare] bene ¶どこか具合が悪いんですか. C'è qualcosa che non va? / Si sente [Sta] male? ¶胃の具合がちょっと悪いんです. Ho qualche disturbo allo stomaco.
2《物事の状態・調子》condizione[女], stato[男];《形勢》situazione[女];《仕事などの進行状況・進展》andamento[男];《機械などの機能状態》funzionamento[男] ¶具合よくいけば se le cose vanno bene ¶機械の具合を調整する mettere a punto una macchina ¶天気の具合 condizioni del tempo ¶仕事の進み具合はどうですか. Come va il suo lavoro?
3《方法》 ¶お箸はこんな具合に持つのです. I bastoncini si tengono in questo modo [in questa maniera].
4《都合》 ¶明日の午前中は具合が悪いのです. Domani mattina non mi è possibile. ¶万事具合よくいった. È andato tutto bene.
5《体裁》 ¶ちょっと具合が悪かった. Mi sono sentito un po' a disagio.

グアッシュ 〔仏 gouache〕〔美〕guazzo[男] ¶グアッシュで描く dipingere a guazzo

くい 杭 palo[男], picchetto[男] ¶杭を打つ[立てる / 抜く] battere [piantare / estrarre] un palo ¶出る杭は打たれる《諺》"A caval che meglio tira, toccan le peggiori scudisciate."
✤杭打ち機 battipalo[男][無変]

くい 悔い 《失ったものへの》rimpianto[男];《後悔,改悛》pentimento[男];《残念,罪悪感》rincrescimento[男];《罪・過ちへの改悛・改悟》rimorso[男] ¶悔いを残す avere dei rimpianti / pentirsi (in seguito) ¶悔いのない人生を送る vivere senza rimpianti

くいあう 食い合う ¶歯車はがっちりと食い合った. I denti delle ruote si sono incastrati perfettamente. ¶2つの新聞は読者層を食い合っている. Quei due giornali si contendono i lettori. ¶両候補は票を食い合った. I due candidati si sono mangiati i voti l'un l'altro.

くいあげ 食い上げ ¶これでおまんまの食い上げだ. A questo punto non ho più「come sostentarmi [i mezzi per vivere].

くいあらす 食い荒らす **1**《がつがつと食べる》ingozzarsi avidamente di *ql.co.*, divorare *ql.co.*;《虫が紙や布を》tarlare *ql.co.* ¶作物はいなごに食い荒らされてしまった. Il raccolto è stato irrimediabilmente danneggiato dalle cavallette. **2**《領域を犯す》 ¶〈人〉の領域を食い荒らす invadere il campo di *qlcu.*

くいあらためる 悔い改める ¶悔い改めた罪人 pecca*tore*[男][[女] *-trice*] pentito ¶罪を悔い改める pentirsi dei *propri* peccati

くいあわせ 食い合わせ 《2種類以上の食べ物の》 ¶すいかと天ぷらは食い合わせが悪い. Non fa bene mangiare *tempura* e cocomero insieme.

くいいじ 食い意地 ¶食い意地の張った男 uomo ingordo [avido]

くいいる 食い入る ¶食い入るように見つめる fissare *qlcu*. [*ql.co.*] negli occhi / guardare fisso *qlcu*. [*ql.co.*]

クイーン 〔英 queen〕regina㊛; (トランプの) donna㊛, regina㊛ →トランプ関連

くいき 区域 zona㊛, quartiere㊚; (学区, 鉄道・郵便局などの区画) distretto㊚; area㊛ (管轄/巡回) 区域 zona di sicurezza [di competenza / di pattuglia] ¶配達区域 (郵便局の) settore㊚ di distribuzione postale / (デパートなどの) zona di consegna a domicilio

ぐいぐい ¶ぐいぐいとロープを引っ張る tirare la corda「a strattoni [con forza] ¶ワインをぐいぐい飲む tracannare un bicchiere di vino (dopo l'altro)

くいけ 食い気 ¶あの娘はまだ色気より食い気だよ. Quella ragazza è ancora interessata più al cibo che all'amore.

くいこむ 食い込む **1**《入り込む》penetrare in *ql.co.*, introdursi in *ql.co.* ¶手錠が肉に食い込んだ. Le manette sono penetrate nelle carni. **2**《侵入する》invadere *ql.co.*; farsi strada in *ql.co.* ¶敵陣に食い込む aprirsi [fare] una breccia nello schieramento nemico / infiltrarsi nelle posizioni del nemico ¶欧州市場に食い込む introdursi [penetrare] nei mercati europei ¶私は田中の選挙地盤に食い込んだ. Ho sottratto voti al collegio elettorale di Tanaka. **3**《他の領域に入る》¶会議が昼休みに食い込んだ. La riunione ha sottratto [portato via] parte del tempo dell'intervallo per il pranzo. **4**《赤字になる》◇食い込み〔ラ〕deficit㊚ [無変]; disavanzo㊚, perdita㊛ ¶今月はだいぶ食い込んでしまった. Questo mese abbiamo perso un bel po' di soldi [siamo andati in rosso di molto].

くいさがる 食い下がる (くっつく, しがみつく) attaccarsi a *qlcu*., avvinghiarsi a *ql.co.*; (あきらめずに続ける) non demordere㊚ [*av*], persistere㊚ [*av*] in *ql.co.* [a+不定詞], ostinarsi a+不定詞 ¶食い下がって交渉する irrigidirsi nelle trattative ¶先頭走者に食い下がって離れない stare alle calcagna del [tallonare il] corridore di testa ¶記者たちはしつこく質問して首相に食い下がった. I giornalisti hanno tormentato il [non hanno dato tregua al] Primo Ministro con le loro insistenti domande.

くいしばる 食い縛る ¶歯を食いしばって痛みに耐える sopportare il dolore stringendo i denti

くいしんぼう 食いしん坊 goloso㊚ [㊛ -a], ghiottone㊚ [㊛ -a]; (大食漢) mangione㊚ [㊛ -a]

クイズ 〔英 quiz〕〔英〕quiz㊚ [無変]; (なぞなぞ) indovinello㊚ ¶クイズ番組 programma㊚ di quiz

くいぞめ 食い初め cerimonia㊛ dello svezzamento (◆si compie il centoventesimo giorno dopo la nascita)

くいだおれ 食い倒れ ¶京の着倒れ大阪の食い倒れ. Kyoto spende una fortuna in vestiti, Osaka in cibi.

くいだめ 食い溜め ◇食いだめする mangiare in abbondanza [riempirsi lo stomaco] per poi potersaltare qualche pasto

くいたりない 食い足りない **1**《まだ腹がへっている》¶何か食い足りない. Non ho mangiato a sufficienza. / Ho ancora un po' di appetito. **2**《物足りない》non「essere soddisfatto [accontentarsi] (di *ql.co.* [di *qlcu*. / di+不定詞]) ¶この本は若者には食い足りない. Questo libro non soddisfa le esigenze dei giovani. ¶この作品は何か食い足りない. Questa opera lascia alquanto a desiderare. / A questa opera manca qualcosa.

くいちがい 食い違い (不一致) disaccordo㊚, discordanza㊛; (相違) divergenza㊛, differenza㊛; (対立) contrasto㊚; (衝突) conflitto㊚; (矛盾) contraddizione㊛, discrepanza㊛; (首尾一貫しないこと) incoerenza㊛; (誤解) malinteso㊚ ¶意見の食い違いをなくす eliminare le divergenze [i conflitti] / appianare i disaccordi [i contrasti] ¶理論と実際の間には常に食い違いがある. C'è sempre una certa discrepanza fra la teoria e la pratica. ¶両者の証言には食い違いがある. Le due testimonianze si contraddicono.

くいちがう 食い違う essere diverso [differente] da *ql.co.*, (一致しない) non coincidere㊚ [*av*] [collimare㊚ [*av*] con *ql.co.* ¶我々の間で意見が食い違っている. Fra di noi c'è「un contrasto [una divergenza] di opinioni. ¶2人の考え方が食い違っている. Hanno due modi di pensare opposti. ¶どうも話が食い違っているようだ. Pare che ci sia stato un malinteso [un equivoco]. ¶ことが志と食い違ってしまった. Le cose non sono andate come avrei voluto [come volevo]. / Le cose non sono andate storte.

くいちぎる 食いちぎる staccare a morsi *ql.co.*, staccare *ql.co.* con i denti

くいちらす 食い散らす **1**《食べ散らかす》mangiare disseminando cibo dappertutto **2**《あれこれ手をつける》spilluzzicare un po' da ogni piatto **3**《色々なことをやる》fare un po' di tutto ¶あれこれ食い散らしたが結局どれもとまらなかった. Ho iniziato tante cose ma non ne ho portata a termine nessuna.

くいつく 食い付く abboccare㊚, ㊚ [*av*], azzannare ¶魚がえさにくいつく. Il pesce abbocca all'amo. ¶彼に食いついて離れるな. Non lo lasciare. / Stagli attaccato [dietro] ¶すぐに私の話に食いついてきた. Ha accettato subito la mia proposta.

くいつくす 食い尽くす ¶冬に備えて蓄えた食糧をすべて食い尽くしてしまった. Abbiamo consumato [mangiato] tutte le provviste per l'inverno.

クイックステップ 〔英 quickstep〕(ダンス) passo㊚ veloce

クイックターン virata㊛ con capriola

ぐいっと ¶ワインをぐいっと飲み干した. Ha bevuto un bicchiere di vino「(tutto) d'un fiato [in un sorso]. ¶車はぐいっと右に曲がった. La macchina ha deviato improvvisamente a destra.

くいつなぐ 食い繋ぐ tirare㊚ [*av*] avanti, campare㊚ [*es*] (a stento); (生き延びる) sopravvivere㊚ [*es*] ¶あの金で3月まで食いつないだ. Con quei soldi ho tirato avanti fino a marzo.

くいつぶす 食い潰す ¶彼は株で財産を食いつぶした. Si è mangiato [Ha sperperato / Ha dissipato] tutto il patrimonio giocando in borsa.

くいつめる 食い詰める ¶彼は食いつめて盗みを働いた. Ridottosi「alla fame [in miseria], ha finito per rubare.

くいで 食い出 ¶ここは安くて食いでがある. Qui i pasti sono abbondanti e costano poco.

くいどうらく 食い道楽 《美食》amore㊚ per la [i piaceri㊚ della] buona tavola; 《人》ghiottone㊚, buongustaio㊚ [㊛ -ia; ㊚複 -i]

くいとめる 食い止める ¶物価の上昇を食い止める contenere [frenare / bloccare] il rialzo dei prezzi ¶延焼を食い止める impedire il propagarsi delle fiamme / circoscrivere l'incendio ¶損害を最小限に食い止める ridurre [limitare] i danni al minimo ¶この川で敵の前進を食い止めよう. Arresteremo l'avanzata nemica su questo fiume.

くいな 水鶏 《鳥》porciglione㊚

くいにげ 食い逃げ ◇食い逃げする filarsela [svignarsela] (dal ristorante) senza pagare il conto

くいのばす 食い延ばす far durare le provviste「più a lungo [ancora per un po']」¶遺産を食い延ばす usare un'eredità per mantenersi il più a lungo possibile

ぐいのみ ぐい飲み 《大きな杯》coppa㊛ grande (per il sake)

くいはぐれる 食い逸れる **1**《食べそこなう》finire㊀ [es] per saltare un pasto **2**《暮らしに困る》trovarsi in difficoltà economiche; 《生活の方法を失う》perdere i mezzi per vivere ¶腕に職があれば食いはぐれることはない. Se hai un mestiere in mano, potrai sempre cavartela.

くいぶち 食い扶持 ¶食いぶちを稼ぐ mantenersi / guadagnarsi「da vivere [il pane / la vita]

くいほうだい 食い放題 ¶ここは 3000 円で食い放題だ. Qui si può mangiare「a sazietà [quanto si vuole]」per [con] 3.000 yen.

くいもの 食い物 **1**《食べ物》cibo㊚, roba㊛ da mangiare ¶食い物の恨みは恐ろしい. I rancori nati da questioni riguardanti il cibo non sono cosa da poco. **2**《犠牲》¶《人》を食い物にする sfruttare qlcu. ¶《人》に食い物にされる cader preda [vittima] di qlcu.

くいる 悔いる →後悔 ¶前非を悔いる pentirsi degli errori passati

クインテット [英 quintet]《音》quintetto㊚

くう 空 **1**《空中》aria㊛; 《空》cielo㊚ ¶空を見つめる guardare in aria [nel vuoto] ¶空を切って進む fendere l'aria ¶彼のこぶしは空を打った. Ha colpito a vuoto con i pugni. **2**《むなしいこと》vacuità㊛, vanità㊛, vuoto㊚; 《無》nulla㊚ ◇空なる futile, vano ¶空に帰す andare in fumo [a vuoto] ¶一切空. Tutto è vano.
✤**空集合**《数》insieme㊚ vuoto

くう 食う **1**《食べる》mangiare ¶何か食うものが欲しい qualcosa da mangiare ¶腹いっぱい食う rimpinzarsi / mangiare a sazietà / abbuffarsi ¶昼飯を食う pranzare㊀ [av] ¶ああ, food ch'ha mangiata! **2**《生活する》vivere㊀ [es, av] ¶どうにかこうにか食っている tirare avanti / sbarcare il lunario / vivere stentatamente ¶文筆で食う vivere della propria penna / guadagnarsi da vivere scrivendo ¶食うだけのものは稼いでいる. Almeno il pane me lo guadagno.
3《刺 す・か む》《蚊・虫 が》pungere [pizzicare / 《親》morsicare] qlcu.; 《虫が紙・布を》tarlarsi ¶私は蚊に食われた. Sono stato punto da una zanzara. ¶服が虫に食われた. Il vestito si è tarlato.
4《消費する》¶この車はガソリンをたくさん食う. Quest'automobile consuma [beve / succhia] molta benzina. ¶この仕事はずいぶん時間を食った. Questo lavoro (mi) ha preso [ha fatto perdere / ha richiesto] un mucchio di tempo.
5《「食われる」の形で, 領分を侵される》¶小さな店はデパートに食われてしまう. I piccoli negozi finiscono per essere ingoiati dai grandi magazzini.
6《謀られる》¶不意打ちを食う essere preso alla sprovvista ¶今度はその手は食わないぞ. Questa volta non ci casco! ¶まんまと一杯食わされた. Ho preso una bella fregatura. / Mi ha incastrato.
7《被る》subire ¶お目玉を食った. Ho ricevuto una bella lavata di testa.
8《「人を食う」の形で, ばかにする》¶おや, ずいぶん人を食った言い方をするね. Ma mi stai prendendo in giro?! / Mi prendi per scemo [《話し手が女性》per scema]?!
[慣用] **食うか食われるか** ¶食うか食われるかの闘いだった. Era stata una battaglia「all'ultimo sangue [ad oltranza / accanita / spietata].
食うや食わず ¶食うや食わずの生活をしている avere a malapena di che mangiare / riuscire appena a sopravvivere

ぐう 《じゃんけんの》¶ぐうを出す indicare [fare] il sasso nella morra cinese

ぐう 空腹でおなかがぐうと鳴った. Lo stomaco ha brontolato [gorgogliato] per la fame.

くうい 空位 posto㊚ vacante; 《王位の》trono㊚ vacante; 《法王の》sede㊛ vacante
✤**空位時代** interregno㊚

ぐうい 寓意 allegoria㊛ ◇寓意的 allegorico [㊛複 -ci]
✤**寓意小説** romanzo㊚ allegorico

ぐういん 偶因 causa㊛ accidentale

くうかん 空間 spazio㊚ [複 -i]; vuoto㊚; spazio㊚ vuoto [libero] ◇空間の spaziale
✤**空間芸術** arte㊛ spaziale
空間主義《美》spazialismo㊚
空間性 spazialità㊛; estensione㊛

くうき 空気 aria㊛ ¶圧縮[液体]空気 aria compressa [liquida] ¶空気を入れる《換気》aerare [arieggiare] qlco., ventilare qlco. ¶《風船などに》gonfiare qlco. ¶きれいな空気を入れる far entrare l'aria pura ¶この部屋は空気がよどんでいる[悪い]. In questa stanza c'è aria「di chiuso [viziata]. ¶タイヤの空気が少し減っている. Il pneumatico è un po' sgonfio.
2《雰囲気》緊張した空気 atmosfera tesa
✤**空気圧**《圧縮空気の》pressione㊛ dell'aria;《大気圧》pressione㊛ atmosferica;《タイヤの》pressione㊛ delle gomme
空気圧縮機 compressore㊚ d'aria

空気入れ pompa[女] dell'aria
空気室《エンジンの》camera[女] d'aria;《飛行機の》camera[女] di precombustione
空気銃 carabina[女] ad aria compressa
空気清浄器 filtro[男] dell'aria
空気調節［調和］ condizionamento[男] dell'aria
空気抵抗 resistenza[女] aerodinamica
空気伝染〘医〙contagio[男][複 -i] per via aerea
空気弁 valvola[女] (di sfiato) dell'aria
空気枕 cuscino[男] pneumatico [複 -ci] [d'aria]
空気密度 densità[女] dell'aria
空気力学 aerodinamica[女]
くうきょ 空虚 vuoto[男], vacuità[女] ◇空虚な vuoto, vacuo ¶空虚な心で con un vuoto nel cuore ¶空虚な生活を送る condurre una vita vuota [senza senso / inutile] ¶それを聞いて私は空虚な気持ちになった. A queste parole, ho provato un senso di vuoto [inutilità].
くうくう 空空 ◇空々たる vuoto, vacante
ぐうぐう ¶ぐうぐう寝る dormire profondamente [come un ghiro] ¶弟はぐうぐういびきをかいていた. Mio fratello russava [ronfava] molto forte.
くうぐん 空軍 aeronautica[女] [aviazione[女]] (militare), forze[女][複]「dell'aria [aeree]
✤**空軍基地** base[女] aerea; aeroporto[男] militare
くうげき 空隙 《隙き間》apertura[女]; vuoto[男]
くうこう 空港 aeroporto[男] ¶新東京国際空港 Nuovo Aeroporto Internazionale di Tokyo / Aeroporto (di) Narita ⇒次ページ [会話]
✤**空港管制塔** torre[女] di controllo
ぐうじ 宮司 prete[男] capo di un tempio shintoista
くうしつ 空室 《あき部屋》camera[女] [stanza[女]] libera;《空っぽの》camera[女] [stanza[女]] vuota
くうしゃ 空車 taxi[男][無変] libero ¶「空車」《表示》"Libero"
くうしゅう 空襲 incursione[女] aerea;《空爆》bombardamento[男] [attacco[男][複 -chi]] aereo ◇空襲する fare un'incursione aerea ¶空襲に遭う subire [essere sorpreso da] un bombardamento (aereo)
✤**空襲警報** allarme[男] aereo ¶空襲警報を出された. È stato dato l'allarme aereo.
くうしょ 空所 spazio[男][複 -i] vuoto [bianco [複 -chi]]
ぐうすう 偶数 numero[男] pari [無変] ◇偶数の pari ¶偶数と奇数 numeri pari e dispari
✤**偶数番号** numero[男] pari
偶数日 giorno[男] pari
偶数ページ pagina[女] pari
くうせき 空席 **1**《空いた席》posto[男] libero ¶空席が1つある. C'è un posto. ¶「空席ですか」"È libero?" ¶空席待ちの客 passeggero in lista d'attesa **2**《役職の》posto[男] vacante ¶経理課長のポストが空席になっている. Il posto di capoufficio contabile è vacante.
くうぜん 空前 ◇空前の inaudito; senza precedenti [pari] ¶彼は空前の成功を収めた. Ha ottenuto un successo「strepitoso [senza precedenti].
✤**空前絶後** ¶空前絶後の企てだ. È un'impresa unica e irripetibile! / È l'impresa più grande di tutti i tempi!

ぐうぜん 偶然 caso[男], accidente[男];〘哲〙casualità[女], contingenza[女] ◇偶然の casuale, accidentale, fortuito ◇偶然に per caso, casualmente, accidentalmente, fortuitamente, per combinazione ¶偶然の一致 una strana coincidenza ¶偶然通りかかる trovarsi a passare per caso ¶…は偶然ではない. Non è a (un) caso che＋[接続法] ¶僕たち3人の誕生日は偶然にも同じ日だった. Il compleanno di noi tre capitava proprio quello stesso giorno. ¶食事の際, 偶然彼と同席することになった. Mi è capitato di mangiare allo stesso tavolo con lui. ¶偶然を当てにしていては成功はおぼつかない. È difficile arrivare al successo se ci si affida al caso.
✤**偶然性** casualità[女], accidentalità[女], contingenza[女]
偶然論〘哲〙casualismo[男]
くうそう 空想 fantasia[女]; immaginazione[女];《夢》sogno[男]; chimera[女] ◇空想する immaginare *ql.co.* [*qlcu.* / di＋[直説法] / che＋[接続法]], immaginarsi;《空想力で探究する》fantasticare[他], [自][av];《夢想》sognare *ql.co.* ad occhi aperti ◇空想的《空想の産物》immaginario [[男]複 -i];《空想力に富んだ》immaginativo;《幻想的》illusorio [[男]複 -i];《非現実の》irreale, fantastico [[男]複 -ci] ¶空想上は immaginariamente ¶空想にふける perdersi in fantasie / abbandonarsi ai sogni ¶空想力にすぐれた作家 scrittore immaginifico [immaginoso] ¶こんな考えはすべて空想の産物だ. Tutte queste idee sono effetto dell'immaginazione.
✤**空想家** sognatore[男][[女] -trice]; fantasticatore[男][[女] -trice];《夢想家》utopista[男][女][[男]複 -i]; idealista[男][女][[男]複 -i]
空想科学小説 romanzo[男] fantascientifico [複 -ci] [di fantascienza]
空想的社会主義 socialismo[男] utopico
空想力 immaginativa[女], inventiva[女]
ぐうぞう 偶像 idolo[男] ◇偶像化 idolatria[女];《神格化》divinizzazione[女] ◇偶像化する fare un idolo di *qlcu.*; idolatrare [idoleggiare] *qlcu.*
✤**偶像崇拝** idolatria[女]
偶像崇拝者 idolatra[男][女][[男]複 -i]
偶像破壊 iconoclastia[女]
偶像破壊者 iconoclasta[男][女][[男]複 -i]
ぐうたら 《人》pigrone[男][[女] -a], poltrone[男][[女] -a], fannullone[男][[女] -a] ◇ぐうたらな pigro, ozioso;《不規則な》disordinato ¶ぐうたらな毎日を送る condurre una vita pigra [disordinata]
くうちゅう 空中 aria[女]; cielo[男] ◇空中の aereo;《大気の》atmosferico [[男]複 -ci] ◇空中へ[で] nell'aria, nel cielo, nello spazio, nel vuoto ¶ロケットが空中高く上がった. Il razzo è salito in alto [si è innalzato] nel cielo.
✤**空中サーカス** acrobazie[女][複] aeree
空中査察 ricognizione[女] aerea
空中撮影 ripresa[女] aerea
空中写真 aerofotografia[女]
空中戦 battaglia[女] aerea
空中ぶらんこ trapezio[男][複 -i]

く

空中分解 disintegrazione㊛ [esplosione㊛] nel vuoto ◇空中分解する《物体が》disintegrarsi nell'aria ¶計画は空中分解した. Il progetto 「è abortito [è andato a monte] sul nascere.

空中放電 scarica㊛ nell'atmosfera

空中楼閣 ¶空中楼閣を築く fare castelli in aria

くうちょう 空腸 《解》digiuno㊚

✤空腸炎 digiunite㊛

くうちょう 空調 condizionamento㊚ dell'aria ¶このビルには空調設備がある. Questo palazzo è fornito di aria condizionata.

クーデター 〔仏 coup d'État〕 colpo di stato; 《特に南米の》golpe㊚ [無変] ¶クーデターを企てる complottare un colpo di stato ¶クーデターは成功した. Si è compiuto il colpo di stato.

くうてん 空転 **1** 《エンジンの》imballo㊚ (del motore), marcia㊛ a vuoto **2** 《理論・行動の》¶国会は丸1週間空転した. La Dieta è rimasta inattiva per tutta la settimana.

くうでん 空電 《通信》interferenza㊛ atmosferica

くうどう 空洞 vuoto㊚, cavità㊛; 《洞窟》caverna㊛, grotta㊛; 〔医〕caverna㊛ ¶空洞になっている木の幹 tronco cavo

✤空洞化現象 ¶産業の空洞化現象 fenomeno㊚ del trasferimento della produzione all'estero

ぐうのね ぐうの音 ¶彼はぐうの音も出なかった. Non è riuscito a proferir parola. /《敗北》È stato decisamente sconfitto.

くうはく 空白 **1** spazio㊚ [複 -i] bianco [複 -chi], bianco㊚ [複 -chi];《場所》margine㊚;《空間》spazio㊚《時間》vuoto㊚, lacuna㊛ ¶記憶の空白 vuoto di memoria ¶政治的空白 vuoto di potere / sospensione㊛ dell'attività politica ¶空白を埋める colmare una lacuna / riempire un [il] vuoto (di *ql.co.*)

くうばく 空爆 bombardamento㊚ aereo

くうばく 空漠 ◇空漠たる《広大な》vasto, ampio㊚ [複 -i];《限りない》senza confini, sconfinato;《漠然とした》vago㊚ [複 -ghi]

ぐうはつ 偶発 ◇偶発的 fortuito, accidentale, casuale;《予想しない》imprevisto ◇偶発的に

《 会 話 》 空港で All'aeroporto

■チェックイン　Accettazione

A: こんにちは，搭乗手続きをしたいのですが．
　Buongiorno, vorrei fare il check-in.

B: パスポートとチケットをお願いします．スーツケースをここに載せてください．
　Posso avere il suo passaporto e il biglietto? Il bagaglio, qui sopra, per favore.

A: 搭乗は何時からですか．
　A che ora è l'imbarco?

B: 14時10分からです．搭乗口27番にお進みください．
　Alle 14.10 (読み方: quattordici e dieci), all'uscita 27.

■税関で　Alla dogana

A: どちらからですか．
　Da dove viene?

B: 日本からです．
　Dal Giappone.

A: 何か申告するものはありますか．
　Qualcosa da dichiarare?

B: いいえ，身の回りの品だけです．
　No, solo effetti personali.

A: スーツケースの中を見せてください．はい，けっこうです．
　Può aprire la valigia, per favore?
　Bene, grazie.

応用例

これを機内に持ち込めますか．
È possibile portare questo sull'aereo?

「飛行機の便をキャンセル［リコンファーム］したいのですが」「どの便ですか」「8月27日，15時40分発のローマ発東京行787便です」
"Buongiorno, vorrei cancellare [confermare] il mio volo." "Sì, mi dica il numero." "Il volo 787 del 27 agosto, da Roma per Tokyo, partenza alle 15.40."

私のスーツケースが出てきません．サービスカウンターはどこですか．
Non trovo il mio bagaglio. Dov'è l'ufficio bagagli smarriti?

ホテルを予約できますか．
È possibile prenotare alberghi?

すみません，イタリア時間でいま何時ですか．
Scusi, mi può dare l'ora locale?

レンタカーのオフィスはありますか．
C'è un servizio di autonoleggio?

すみません，荷物のカートはどこにありますか．
Scusi, dove posso prendere un carrello per i bagagli?

窓側［通路側］の席がいいのですが．
Vorrei un posto vicino al finestrino [corridoio].

用語集

●空港
出発《掲示》"Partenze". 到着《掲示》"Arrivi". 待合室 sala㊛ d'attesa. 塔乗サテライト sala㊛ d'imbarco. タラップ scaletta㊛ d'imbarco. 滑走路 pista㊛. 乗り継ぎカウンター《掲示》"Coincidenze". 荷物引取所《掲示》"Ritiro bagagli". 案内所 ufficio㊚ informazioni. 両替所 ufficio㊚ cambi. 管制塔 torre㊛ di controllo. エアーターミナル〔英〕air terminal㊚ [無変].

●機内
救命胴衣 giacca㊛ di salvataggio, salvagente㊚. 酸素マスク maschera㊛ dell'ossigeno. エチケット袋 sacco㊚ igienico. 禁煙《掲示》"Vietato fumare". シートベルトを締める allacciare le

fortuitamente, per caso, accidentalmente, per combinazione ◇偶発する capitare㊐[es] [accadere㊐[es] / succedere㊐[es]] per caso ¶これは偶発事だ. Questo è un caso. / È una combinazione.
❖偶発性 casualità㊛, accidentalità㊛

くうひ 空費 spreco㊚[複 -chi], sperpero㊚ ¶時間と金を空費する sprecare [buttare] tempo e denaro

くうふく 空腹 fame㊛ ¶空腹である avere fame ¶空腹に耐える resistere alla fame / sopportare la fame ¶空腹を訴える lamentarsi「per la fame [della fame] ¶空腹を感じる[紛らわす] sentire [ingannare la] fame ¶空腹をしのぐ sfamarsi ¶空腹を満たす soddisfare la fame ¶この薬は空腹時に服用すること. Questa medicina va presa a stomaco vuoto. ¶空腹にまずいものなし. (諺)"L'appetito è la salsa più buona che ci sia." / "La fame è il migliore condimento."

くうぶん 空文 ¶規則は今や空文化した. Il regolamento è diventato ormai「lettera morta [un pezzo di carta].

クーペ 〔仏 coupé〕〔車〕〔仏〕coupé[kupé]㊚[無変]

くうぼ 空母 portaerei㊛[無変] ¶原子力空母 portaerei nucleare

くうほう 空包 cartuccia㊛[複 -ce] a salve ¶空包を撃つ sparare a salve

くうほう 空砲 colpo㊚ a salve

クーポン 〔仏 coupon〕buono, tagliando㊚;〔仏〕coupon [kupón]㊚[無変]

くうめい 空名 reputazione㊛ irrisoria

くうゆ 空輸 trasporto㊚ (per) via aerea, aerotrasporto㊚ ◇空輸する trasportare ql.co.「(per) via aerea [con l'aereo] ¶物資を空輸する trasportare le merci via aerea

ぐうゆうせい 偶有性 〖哲〗accidente㊚

クーラー 〔英 cooler〕condizionatore㊚ (d'aria) ¶クーラー付きの部屋 stanza con aria condizionata

❖クーラーボックス frigorifero㊚ portatile

くうらん 空欄 spazio㊚[複 -i] vuoto [in bian-

---

cinture. アルコール飲料 alcolico㊚. ソフトドリンク analcolico㊚. 毛布 coperta㊛. イヤホーン cuffiette㊛[複], auricolari㊚[複]. 通路 corridoio㊚. トイレ 〔仏〕toilette㊛[無変]; gabinetto㊚. 乗客 passeggero㊚[㊛ -a] 機長 capitano㊚. パーサー commissario㊚[㊛ -ia] di bordo. 客室乗務員 assistente㊚㊛ di volo.
●搭乗
チェックイン accettazione㊛;〔英〕check-in㊚[無変]. 国際線 linee㊛[複] internazionali. 国内線 linee㊛[複] interne [nazionali]. ファーストクラス prima classe. ビジネスクラス〔英〕business class. エコノミークラス classe㊛ economica. 荷物重量オーバー sovrappeso㊚. 荷物引き換え券 scontrino㊚ bagagli. 割れ物 oggetto㊚ fragile. フライト volo㊚. 欠航 volo㊚ cancellato. 出発延期[見合わせ] volo㊚ sospeso. 遅れ ritardo㊚. 搭乗 imbarco㊚. 搭乗待ち attesa㊛ d'imbarco. 離陸 decollo㊚. 寄港 scalo㊚. トランジット transito㊚. 乗り継ぎ coincidenza㊛ di volo. 現地時間 ora㊛ locale. 時差 (di fferenza) di fuso㊚ orario.
●出国・入国カード
出国[入国]カード carta㊛ d'imbarco [di sbarco]. 出国 emigrazione㊛. 入国 immigrazione㊛. 名字 cognome㊚. 名前 nome㊚. 生年月日 data㊛ di nascita. 年齢 età㊛. 性別 sesso㊚. 男性 maschio㊚. 女性 femmina㊛. 既婚者 sposato㊚[㊛ -a]. 独身（男性）celibe㊚；（女性）nubile㊛. 国籍 nazionalità㊛. 外国人 straniero㊚[㊛ -a]. 居住者 residente㊚㊛. 非居住者 non residente㊚㊛. 住所 indirizzo㊚. 職業 professione㊛. 出国の場所 luogo㊚ di partenza. 入国空港 porto㊚ di sbarco. 渡航先, 目的地 destinazione㊛. 出発空港 porto㊚ d'imbarco. 渡航[旅行の]目的 scopo㊚ della visita. 旅行 turismo㊚. 勉強 studio㊚. 仕事 lavoro㊚. 滞在期間 durata㊛ del soggiorno. サイン firma㊛.
●入国審査
税関 tasse㊛[複] doganali. 免税品 articolo㊚ esentasse [無変]. 香水 profumo㊚. タバコ tabacco㊚, sigarette㊛[複]. 税関申告書 modulo㊚ di dichiarazione doganale. 所持金の申告 dichiarazione㊛ di valuta. 税関史 doganiere㊚, guardia㊛ di finanza. 現金 contanti㊚[無変]. 外貨 valuta㊛ estera. 宝石類 gioielli㊚[複]. パスポート passaporto㊚. 入国査証 visto㊚ d'entrata. 銃砲刀剣類等所持許可証 porto㊚ d'armi. パスポート[検疫 / 所持通貨]検査 controllo㊚ passaporto㊚[無変] [sanitario / valuta] [無変]. 検疫検査 quarantena㊛. 予防接種 vaccinazione㊛. 検査 ispezione㊛. ボディチェック perquisizione㊛ personale.
●イタリアの主な空港
Alghero: Fertilia. **Ancona**. Falconara. **Bari**: Palese. **Bergamo**: Orio al Serio. **Bologna**: Guglielmo Marconi. **Brindisi**: Papola Cosale. **Cagliari**: Elmas. **Catania**: Fontanarossa. **Firenze**: Peretola. **Genova**: Cristoforo Colombo. **Lamezia Terme**: Sant'Eufemia. **Milano**:《リナーテ》Linate,《マルペンサ》Malpensa. **Napoli**: Capodichino. **Olbia**: Costa Smeralda. **Palermo**: Punta Raisi. **Pescara**: Aeroporto internazionale d'Abruzzo. **Pisa**: Galileo Galilei. **Reggio Calabria**: Tito Minniti. **Roma**:《レオナルド・ダ・ヴィンチ》Leonardo da Vinci, Fiumicino,《チャンピーノ・オヴェスト》Ciampino Ovest. **Sassari**: Alghero Fertilia. **Torino**: Caselle. **Trapani**: Birgi. **Trieste**: Ronchi dei Legionari. **Venezia**: Marco Polo. **Verona**: Villafranca Veronese.

co); colonna㊛ in bianco ¶空欄を埋める riempire gli spazi vuoti

くうり 空理 teoria㊛ irrealizzabile
✤**空理空論** ¶彼はいつも空理空論を振り回す. Non fa che sciorinare teorie vuote.

クーリングオフきかん クーリングオフ期間 periodo㊚ di ripensamento [di riflessione] (in cui si ha il diritto di recedere da un contratto di vendita)

クール 〔英 cool〕◇クールな《冷静な》calmo, tranquillo; freddo; dal fascino imperturbabile;《慎重な》misurato;《冷たい》freddo, indifferente;《客観的な》obiettivo

くうれい 空冷 raffreddamento㊚ ad aria
✤**空冷式エンジン** motore㊚ raffreddato [a raffreddamento] ad aria

くうろ 空路 rotta㊛ aerea ¶空路で per via aerea / in aereo / con l'aereo ¶我々は空路ミラノに向かった. Siamo partiti per Milano in aereo.

くうろん 空論 《空理》teoria㊛ irrealizzabile [inattuabile];《空虚な議論》discussione㊛ vana [astratta];《机上の空論》discussione astratta (accademica)

クーロン 《仏 coulomb》《電》〔英〕coulomb [kulóm]㊚〔無変〕《記号》C ¶クーロンの法則 legge di Coulomb ¶クーロン毎キログラム《照射線量率の単位》coulomb per chilogrammo /《記号》C/kg

ぐうわ 寓話 favola㊛, fiaba㊛;《寓意》allegoria㊛;《道徳・宗教的》parabola㊛;《教訓》apologo㊚〔複 -gi〕¶寓話的の favoloso, fiabesco㊚〔複 -schi〕¶イソップ寓話 le favole di Esopo

クエスチョンマーク 〔英 question mark〕punto㊚ interrogativo ¶クエスチョンマークをつける mettere un punto interrogativo

くえる 食える 1《食べられる》¶このきのこは食える. Questo fungo è commestibile. ¶この肉は固くて食えない. Questa carne è troppo dura, è immangiabile.
2《生活できる》¶30万円あれば食える. Con 300.000 yen ce la caveremo. ¶こんな仕事では食えない. Solo con questo lavoro non è possibile mantenersi.
3《「食えない」の形で,油断できない》¶食えないやつだ. È un tipo astuto [un volpone / un dritto].

くえんさん 枸櫞酸 《化》acido㊚ citrico

クオーツ 〔英 quartz〕¶クオーツ時計 orologio al quarzo

クオーテーションマーク 〔英 quotation mark〕virgolette㊛〔複〕→引用符

くかい 句会 incontro㊚ dove si recitano haiku

くかく 区画《分割》divisione㊛, frazionamento㊚;《市街の》quartiere㊚, zona㊛;《土地の》lotto㊚;《境界》limite㊚;《境界線を引くこと》demarcazione㊛ (dei confini) ◇区画する dividere [delimitare] ql.co., segnalare i limiti di ql.co. ¶行政区画 divisione amministrativa
✤**区画整理** riassetto㊚ urbanistico〔複 -ci〕

くがく 苦学 ◇苦学する lavorare per mantenersi agli studi
✤**苦学生** studente㊚〔㊛ -essa〕lavoratore㊚ -trice〕

くがつ 九月 settembre㊚;《略》set. ¶9月に a [in / nel mese di] settembre

くかん 区間 tratto㊚;《リレーなどの》frazione㊛;《自転車レースなどの》tappa㊛ ¶運転区間 tratto di percorso ¶不通区間 tratto interrotto

くき 茎 《花の》stelo㊚, gambo㊚, fusto㊚;《葉の》picciolo㊚;《砂糖きびなどの》canna㊛

くぎ 釘 chiodo㊚ ¶釘を打つ piantare [conficcare] un chiodo in ql.co. / inchiodare ql.co. ¶板を釘で打ち付ける inchiodare una tavola ¶釘を抜く estrarre un chiodo (da ql.co.) ¶この壁は釘がきかない. Su questo muro i chiodi non reggono. ¶股釘 cavallottino / cambretta
〔慣用〕釘を刺す ribadire ql.co. nella mente [in testa] a qlcu. ¶今度こそは来るようにやつに釘を刺しておいた. Gli ho ricordato chiaramente di venire assolutamente questa volta.

くぎづけ 釘付け 1《釘で固定》¶この扉は長いこと釘付けになっている. Questa porta è rimasta inchiodata a lungo.
2《動けない状態》¶敵をくぎづけにする inchiodare [immobilizzare] il nemico ¶女優の美しさに目がくぎづけになった. I miei occhi sono stati attratti dalla bellezza dell'attrice. ¶怖くてその場にくぎづけになった. Sono rimasto immobilizzato dalla paura.

くぎぬき 釘抜き cacciachiodo㊚〔複 -i, -o〕;《やっとこ》(un paio di) tenaglie㊛〔複〕

くきょう 苦境 situazione㊛ imbarazzante [spiacevole] ¶苦境に陥る finire nei guai [in una situazione difficile] ¶苦境を脱する trarsi d'impaccio / cavarsi dalle peste

くぎょう 苦行 pratica㊛《disciplina㊛》ascetica; penitenza㊛ ◇苦行する praticare l'ascetismo, fare penitenza, mortificarsi
✤**苦行者** asceta㊚〔複 -i〕, penitente㊚

くぎり 区切り・句切り 1《仕事などの切れ目》interruzione㊛;《終わり》termine㊚ ¶一日の仕事の区切りをつける interrompere il [porre termine al] lavoro della giornata ¶区切りがいいからここでやめよう. Questo è il momento buono per sospendere. ¶《文章の》pausa㊛

くぎる 区切る・句切る dividere ql.co. in più parti, frazionare ql.co., delimitare ql.co., separare 《AとBを A da B》;《細分する》suddividere;《切り離す》staccare 《AとBを A da B》;《句読点で文章を》punteggiare ql.co. ¶一語一語区切って話す parlare staccando le parole

くく 九九 ¶九九の表 tavola pitagorica ¶九九を習う imparare la moltiplicazione [le tabelline]

くぐらせる 潜らせる ¶野菜をさっと熱湯にくぐらせる scottare le verdure nell'acqua bollente

くくり 括り 1《ひとくくりの》fascio㊚〔複 -sci〕, fascina㊛, mazzo㊚ 2《終わり》termine㊚, conclusione㊛ ¶仕事のくくりをつける portare a termine una parte del lavoro

くくりつける 括り付ける legare ¶荷物を自転車の荷台にくくりつける legare il bagaglio al portapacchi

くぐりど 潜り戸 portello㊚; porticina㊛

くぐりぬける 潜り抜ける **1**《通り抜ける》¶山門をくぐり抜けた. Sono passato sotto [attraverso] l'arco del tempio. **2**《切り抜ける》¶金融難はなんとかくぐり抜けた. Me la sono cavata malgrado le difficoltà finanziarie. ¶幾多の危機をくぐり抜けた. Ho attraversato [Ho superato] numerose crisi.

くくる 括る **1**《縛る》¶〈人〉の手足をくくる legare le mani e i piedi a qlcu. (► 「行動の自由を奪う」の意味もある) ¶私は柱にくくりつけられた. Sono stato messo [legato] al palo. **2**《締める》¶首をくくる (自らの) impiccarsi; (他の人の) impiccare qlcu. **3**《まとめる》¶不必要な語をかっこでくくりなさい. Mettete fra parentesi le parole non necessarie.

くぐる 潜る **1**《下を通る》passare㉿ [es] sotto [per] ql.co.; 《間を通る》attraversare **2**《監視や規制を切り抜けていく》法の網をくぐる eludere la legge / sottrarsi alla [sfuggire㉿ [es] alle maglie della] giustizia **3**《水中を》immergersi

くげ 公家 《朝廷, 貴族層》corte㉿ (antica giapponese); 《宮廷人》nobile㉿ [《総称》nobiltà㉿ della corte imperiale

❖**公家政治** aristocrazia㉿, potere aristocratico㉿ [複 -ci]

けい 矩形 rettangolo㉿ ¶矩形波 onda rettangolare

くげん 苦言 consiglio㉿ [複 -gli] franco [複 -chi] ma severo ¶〈人〉に苦言を呈する ammonire qlcu. severamente ma sinceramente

ぐげん 具現 《実現》realizzazione㉿; 《体現》incarnazione㉿ ◇ 具現する realizzare ql.co.; concretizzare ql.co.; dar corpo a ql.co.; incarnare ql.co. ¶作家自身の哲学が主人公に具現している. La filosofia dell'autore si personifica nel protagonista.

くさ 草 erba㉿; 《雑草》erbaccia㉿ [複 -ce]; 《牧草》foraggio㉿ [複 -gi]; 《干し草》fieno㉿ ¶草の生えた erboso ¶草を取る estirpare le erbacce ¶草を刈る falciare l'erba ¶草を食(は)む brucare l'erba / pascolare㉿ [av] ¶庭に草が生える Le erbacce invadono il giardino.

慣用 草の根を分けても捜す cercare qlcu. [ql.co.] minuziosamente, setacciare ogni angolo; 《調査などをして》fare indagini a tappeto (alla ricerca di ql.co.)

❖**草色** verde㉿ erba [chiaro] ◇草色の di color verde chiaro

草の根運動 movimento㉿ di base

くさい 臭い **1**《悪臭がする》fetido, puzzolente, maleodorante, mefitico [㉿複 -ci], putrido ¶臭いにおいがする. 《何かが》Puzza. / Manda cattivo odore. / 《漠然と》C'è puzza. ¶君は口が臭いよ. Hai l'alito cattivo. / Ti puzza il fiato. ¶君の足は臭い. I tuoi piedi puzzano.

2《怪しい》¶あの男はどうも臭い. Quell'uomo 「ha un fare sospetto [è sospetto]. ¶どうも臭いぞ. 《怪しい》C'è del losco. / 《道徳的腐敗》C'è del marcio. / 《裏に何かある》La faccenda puzza. / Sento puzza di bruciato.

3《演技などが鼻につく》esagerato; gigionesco㉿

[複 -schi]

4《名詞に付いて, そのにおいがする, いかにもそのような感じがする》¶彼は酒臭い息をしていた. Aveva il fiato che puzzava di alcol. ¶彼は少しもインテリ臭くない. Non ha affatto l'aria da intellettuale.

慣用 臭い飯を食う stare in galera [gattabuia] 臭い物に蓋(ふた)をする soffocare uno scandalo

くさいきれ 草いきれ ¶草いきれを感じる sentire l'odore forte dell'erba

くさかり 草刈り falciatura㉿ dell'erba ◇草刈りする falciare l'erba

❖**草刈り鎌** falce㉿
草刈り機 falciatrice㉿

くさき 草木 piante㉿ [複]; vegetazione㉿ ¶草木も眠る丑(うし)三つ時に nel cuore della notte

くさくさ ◇くさくさする essere d'umore nero [di malumore]; avere delle idee nere; avere il morale a terra

くさけいば 草競馬 corsa㉿ locale di cavalli

くさす 腐す 《悪口を言う》parlare㉿ [av] male (di qlcu.); 《けなす》criticare qlcu. ¶彼は私のすることはなんでも腐す. Qualunque cosa io faccia, lui trova sempre da ridire.

くさとり 草取り 《手か鎌(かま)で》sarchiatura㉿; 《薬で除草》diserbo㉿; 《根こそぎ》estirpazione㉿ di erbacce, estirpatura㉿, scerbatura㉿ ¶庭の草取りをする sarchiare [diserbare] il giardino / estirpare le erbacce del giardino

くさば 草葉 ¶草葉の陰から見守る proteggere qlcu. dopo la morte (dal cielo)

くさばな 草花 piante㉿ [複] e fiori㉿ [複]; 《花の咲く草》pianta㉿ da fiore

くさはら 草原 pianura㉿ erbosa; 《牧草地》prato㉿; 《広い》prateria㉿

くさび 楔 cuneo㉿; zeppa㉿; bietta㉿; 《輪止め》calzatoia㉿ ◇楔形の cuneiforme, a cuneo ¶丸太に楔を打つ inserire un cuneo [una zeppa] in un tronco

慣用 楔を打ち込む ¶敵陣の一角に楔を打ち込む incunearsi in un angolo delle linee nemiche

❖**楔形文字** caratteri㉿ [複] cuneiformi; scrittura㉿ cuneiforme

くさぶえ 草笛 ¶草笛を吹く emettere dei suoni con un filo di erba [una foglia]

くさぶかい 草深い 《ひなびた》in piena campagna ¶草深い田舎 villaggio sperduto [isolato]

くさぶき 草葺き ¶草ぶきの屋根 tetto di paglia

くさみ 臭み **1**《悪臭》cattivo odore㉿, fetore㉿, puzzo㉿ ¶臭みのある [ない] 魚 pesce fetido [inodore] ¶肉の臭みを抜く togliere l'odore dalla carne

2《嫌味, 気取り》affettazione㉿, snobismo㉿ ¶臭みのある文体 stile affettato

くさむら 草叢・叢 cespuglio㉿ [複 -gli]

くさらす 腐らす **1**《腐敗させる》fare marcire; 《腐って分解させる》far decomporre ¶肉を腐らせてしまった. Ho finito col far imputridire la carne. **2**《気を滅入らせる》deprimersi; scoraggiarsi, demoralizzarsi

くさり 鎖 catena㉿ ¶金の鎖 (首飾り) catenina [collana] d'oro ¶囚人を鎖でつなぐ incatenare [mettere in catene] i prigionieri ¶犬を鎖につ

なぐ legare il cane alla catena ¶鎖をはずす sciogliere la catena a *ql.co.*

くさる 腐る **1**《食べ物が》marcire, guastarsi, imputridire, andare a male;《肉などが》putrefarsi;《肉・死体が》corrompersi;《酸っぱくなる》inacidirsi;《分解する》decomporsi ¶腐った魚 pesce guasto ¶腐った肉 carne putrefatta ¶腐った木 legno marcio ¶腐った牛乳 latte inacidito [andato a male] ¶腐りやすい食べ物 cibo facilmente deteriorabile ¶この柱は腐っている。Questo pilastro è marcito. **2**《腐食する》corrodersi ¶ドアの錠がさびて腐っている。La serratura della porta「è corrosa dalla ruggine [si è arrugginita]. **3**《堕落する》¶腐った根性 animo corrotto [pervertito / degenerato] ¶彼は心の芯まで腐っている。Lui è marcio fino al midollo. **4**《気持ちがふさぐ》¶そう腐るなよ。Non ti abbattere [scoraggiare / avvilire] così. ¶こう雨ばかりでは気がくさってしまう。Questa pioggia continua「mi mette malinconia [è deprimente / è uggiosa]. 慣用 腐っても鯛 "Buon sangue non mente." 腐るほど ¶あの女には金は腐るほどある。Quella donna「nuota nell'oro [è ricca sfondata].

◆**くされえん** 腐れ縁 legame *m* indissolubile; amore *m* fatale ¶彼女とは腐れ縁だ。Non riesco a rompere i rapporti con quella donna.

くさわけ 草分け《先駆者》pioniere *m* [⚥ *-a*], precursore *m* [⚥ *precorritrice*] ¶彼は日本におけるイタリア文学研究の草分けだ。È un pioniere negli studi sulla letteratura italiana in Giappone.

くし 串 spiedo *m*;《細い》spiedino *m* ¶魚を串に刺す infilzare un pesce nello spiedo ¶肉を串に刺して焼く cuocere la carne allo spiedo

くし 駆使 ◇駆使する trarre il massimo vantaggio da *ql.co.* ¶イタリア語を駆使する maneggiare l'italiano / avere una buona padronanza della lingua italiana

くし 櫛 pettine *m* ¶くしの歯 dente di un pettine ¶髪にくしを入れる pettinarsi ¶くし形に切る《料》tagliare a spicchi *ql.co.*

くじ 籤 lotteria *m*;《引くこと》sorteggio *m* [複 *-gi*] ¶当たりくじ biglietto [numero] vincente ¶からくじ biglietto [numero] perdente ¶…くじで決める decidere *ql.co.* tirando a sorte / sorteggiare *ql.co.* ¶くじに当たる[外れる] vincere [perdere] alla lotteria ¶くじを引く estrarre un numero [biglietto] / fare il sorteggio / tirare a sorte

❖**くじ運** ¶くじ運がいい[悪い] essere fortunato [sfortunato] alla lotteria

くじ引き ¶くじ引きで1等が当たった。Ho vinto il primo premio della lotteria.

くしき 奇しき ¶奇しき運命で出会う incontrarsi per uno strano caso [destino]

くじく 挫く **1**《関節を》lussarsi [storcersi] *ql.co.* ¶足首をくじいた。Mi sono lussato [storto] una caviglia. **2**《勢いをそぐ》scoraggiare *qlcu.*, demoralizzare *qlcu.*;《打ちのめす》abbattere *qlcu.* ¶敵の計画をくじく mandare a monte [far fallire] i piani dell'avversario ¶この失敗で気がくじかれた。Quest'ultimo insuccesso mi ha demoralizzato.

くしくも 奇しくも ¶くしくも私たちは誕生日が同じだった。Per una strana coincidenza noi due siamo nati nello stesso giorno.

くしけずる 梳る《自分の髪を》pettinarsi,《人の髪を》pettinare *qlcu.*

くじける 挫ける《気持ちが》scoraggiarsi, demoralizzarsi, perdersi d'animo ¶彼の返答に私は気がくじけてしまった。Davanti alla sua risposta mi sono scoraggiato [demoralizzato].

くしざし 串刺し ¶槍で串刺しにする trafiggere *ql.co.* [*qlcu.*] con una lancia

くしやき 串焼き ¶えびの串焼き spiedini di scampi arrostiti

くじゃく 孔雀《鳥》pavone *m* [⚥ *-a, -essa*]
❖**孔雀石**《鉱》malachite *f*

くしゃくしゃ ¶ジャケットがくしゃくしゃになった。La giacca si è sgualcita. ¶くしゃくしゃの髪 capelli spettinati ¶最近気持ちがくしゃくしゃしている。《すっきりしない》In questi giorni sono nero.

くしゃっ ¶メロンが落ちてくしゃっと潰れた。Ciac! Un melone si è spiaccicato per terra.

くしゃみ 啑 starnuto *m* ¶くしゃみをする starnutire *m* [*av*] / fare uno starnuto (◆「はくしょん」は "eccì" という。また、イタリアではくしゃみをすると、周りの人が "Salute!"「お大事に」と言い、言われた人は "Grazie."と応じる) ¶誰かが僕のうわさをしているんだろう、くしゃみが出る。Qualcuno sta parlando di me, mi ronzano [fischiano] le orecchie. (►イタリア語では「耳が鳴る」と表現する)

くじゅう 苦汁 ¶苦汁をなめる fare un'amara esperienza / rimanere a [avere la] bocca amara

くじゅう 苦渋 angoscia *f* [複 *-sce*], preoccupazione *f*, pena *f* ¶苦渋の色 espressione addolorata

くじょ 駆除 sterminio *m* [複 *-i*] ¶虫を駆除する distruggere [sterminare] gli insetti ¶倉庫のねずみを駆除する disinfestare un magazzino dai topi

くしょう 苦笑 sorriso *m* amaro ◇苦笑する sorridere *m* [*av*] amaramente

くじょう 苦情《不平》lamentela *f*, lagnanza *f*;《抗議》protesta *f*, reclamo *m* ¶苦情を言う dolersi [lagnarsi / lamentarsi (di)] / reclamare *m* [*av*] / protestare *m* [*av*]《に対して per, contro》/《ぶつぶつ言う》brontolare *m* [*av*] / mormorare *m* [*av*]《のことを contro》¶騒音に対する苦情が絶えない。Ci sono sempre proteste per i rumori. ¶苦情が持ち込まれた。Hanno fatto [presentato] un reclamo. ¶苦情のたね motivo di lagnanza / fonte [causa] di malcontento

ぐしょう 具象 ◇具象的 concreto, materiale;《美》figurativo
❖**具象化** materializzazione *f*, realizzazione *f*
◇**具象化する** materializzare [realizzare] *ql.co.*
具象画 pittura *f* figurativa
具象名詞《文法》nome *m* concreto

くじら 鯨《動》balena *f*; cetaceo *m* ¶雄[雌]鯨 balena maschio [femmina] ¶鯨のひげ fanoni *m* ¶ながすくじら balenottera ¶しろながすくじら balenottera sulfurea [azzurra] ¶まっこうくじら capidoglio

くしん 苦心 《努力》 sforzo[男], impegno[男]; 《苦労》 fatica[女], pena[女], affanno[男] ◇苦心する affaticarsi a [per]+[不定詞]; sforzarsi di+[不定詞], affannarsi [industriarsi / brigare] per *ql.co.* [per+[不定詞]] ¶せっかくの苦心が水の泡だ. Tutta la fatica è andata sprecata. ¶この論文には苦心の跡がみえる. Si vede che questo saggio è stato elaborato faticosamente. ¶苦心の甲斐があった. È valsa la pena di aver faticato. ¶私の苦心の作品だ. È il frutto delle mie fatiche. ¶私はイタリア語を学ぶのにいろいろと苦心した. Mi sono applicato assiduamente per imparare l'italiano.
✤**苦心惨憺**(さんたん) ¶この金を工面するのに苦心さんたんした. C'è voluto un bel daffare [C'è voluta molta fatica] per raccogliere questo denaro.
苦心談 ¶苦心談を語る raccontare (a *qlcu.*) le peripezie 《の di》

ぐしん 具申 ◇具申する fare una relazione su *ql.co.*; 《書面で》 presentare un rapporto a *qlcu.*
✤**具申書** parere[男] scritto (particolareggiato)

くす 樟・楠 〔植〕 canforo[男]

くず 屑 rifiuti[男][複], spazzatura[女]; 《残り物》 avanzi[男][複], rimasugli[男][複]; 《残骸(ざんがい)》 resti[男][複]; 《紙・布の》 ritagli[男][複] ¶おがくず segatura ¶紙くず ritagli [pezzi] di carta / carta straccia ¶パンくず briciole [tozzo] di pane ¶社会のくず rifiuto [feccia] della società
✤**くず籠** cestino[男] della carta [per i rifiuti], pattumiera[女]
くず鉄 rottami[男][複] di ferro, ferraglia[女]

くず 葛 〔植〕 kudzu[男]; 《学名》 *Pueraria lobata*
✤**くず粉** fecola[女] di kudzu

ぐず 愚図 ◇愚図な lento, tardo; fiacco [[男]複 *-chi*], melenso

くすくす ¶くすくす笑い risata sommessa [contenuta] ¶くすくす笑う ridere sommessamente [di nascosto] / 《短く》 fare una risatina [un risolino]

ぐずぐず **1** 《のろのろと》 lentamente, piano piano; 《ためらって》 con esitazione, irresolutamente; 《怠けて》 pigramente, svogliatamente ◇ぐずぐずする 《理解・動作が鈍い》 essere lento nel+[不定詞] [in *ql.co.*]; 《手間どる》 tardare a+[不定詞]; 《時間稼ぎのため》 andar piano in *ql.co.*, tirare per le lunghe *ql.co.*; 《つまらぬことで時間を食う》 gingillarsi; 《ためらう》 esitare a+[不定詞], tentennare nel+[不定詞], essere incerto [indeciso / irresoluto] nel+[不定詞] ¶ぐずぐずせずに senza perdere tempo / senza esitare ¶ぐずぐずするな. Sbrigati! / Spicciati! / Non gingillarti! / Non perdere tempo! ¶ぐずぐずしている場合ではない. Non è il caso di perdere tempo. / Non c'è tempo da perdere.
2 《不平を言う様子》 ¶ぐずぐず言う brontolare[自] [*av*] / borbottare[自] [*av*] / mormorare[自] [*av*]
3 《しまりが悪い様子》 ¶風邪で鼻がぐずぐずいう. Mi solletica il naso [Ho il solletico al naso] per il raffreddore.

くすぐったい 擽ったい **1** 《むずむずする》 ¶くすぐったいよ. Mi fai il solletico! **2** 《恥ずかしい》 ¶ほめられてくすぐったい気持ちがした. Mi sentivo「in imbarazzo [confuso] per le lodi.

くすぐる 擽る **1** 《肌に触れて》 solleticare *qlcu.* ¶わきの下をくすぐる fare il solletico a *qlcu.* sotto le ascelle ¶足の裏をくすぐる solleticare la pianta dei piedi di [a] *qlcu.*
2 《虚栄心などをそそる》 ¶これは人の好奇心をくすぐる話だ. Questa storia è fatta apposta per solleticare [stuzzicare / stimolare] la curiosità della gente.

くずしじ 崩し字 lettere[女][複] [caratteri[男][複]] in corsivo; 《書体》 scrittura[女] corsiva

くずす 崩す **1** 《破壊する》 distruggere; 《倒す》 abbattere; 《解体する》 demolire; 《ならす》 livellare, spianare ¶小山をくずして土地を広げる ampliare un terreno spianando una collina
2 《乱す》 ¶列をくずす rompere le file ¶どうぞ膝をお崩しください. Si metta「comodo [a suo agio].
3 《両替する》 ¶小銭にくずす cambiare *ql.co.* in moneta spicciola [in spiccioli / in monete / 《小額紙幣》 in banconote di piccolo taglio] ¶1万円札を1000円札10枚にくずしてください. Può cambiarmi un biglietto da 10.000 yen in 10 da 1.000?
4 《字を》 ¶字をくずす scrivere in corsivo / 《略して書く》 semplificare i caratteri

ぐずつく **1** 《のろのろしてはっきりしない》 procedere con estrema lentezza **2** 《むずかる》 inquietarsi, irritarsi ¶赤ん坊がぐずついている. Il bambino è di cattivo umore. **3** 《天気が悪い》 ¶天気がぐずつく. Il tempo rimane incerto [instabile]. / Il cielo non si schiarisce.

くすねる rubacchiare, rubare; 《他人の財産を》 appropriarsi di *ql.co.* ¶出納(すいとう)係が売り上げの一部をくすねていた. Il cassiere intascava [rubacchiava] parte dell'incasso.

くすのき 樟・楠 〔植〕 canforo[男]

くすぶる 燻る **1** 《けぶる》 fumare[自] [*av*], bruciare senza fiamma ¶ストーブがくすぶる. La stufa brucia senza fiamma.
2 《すすける》 annerirsi, affumicarsi
3 《活動しない》 ¶家にくすぶっている starsene tappato in casa ¶彼はまだあの会社にくすぶっているのか. Lui vegeta ancora in quella ditta?!
4 《解決しないでいる》 covare[自] [*av*] sotto la cenere, rimanere[自] [*es*] latente ¶社員の不満がくすぶっている. Fra gli impiegati cova il malcontento.

くすむ ◇くすんだ 《黒ずんでいる》 scuro, nerastro; 《地味な》 sobrio [[男]複 *-i*]; 《はっきりしない》 non appariscente; 《つやがない》 opaco [[男]複 *-chi*] ¶くすんだ緑 verde (un po') scuro ¶くすんだ赤 rosso spento ¶学校ではくすんだ存在でした. 《目立たない》 A scuola non emergevo.

くすり 薬 **1** 《薬剤》 medicina[女], medicamento[男], farmaco[男][複 *-ci*, *-chi*], rimedio[男][複 *-i*] ◇薬の medicinale ⇒病院 [会話] ¶せき止めの薬 rimedio per la tosse / 《ドロップ》 caramella per la tosse ¶風邪によく効く薬 medicina efficace contro il raffreddore ¶薬を1服[1錠]飲む prendere una dose [una compressa] di medicina ¶薬を飲ませる dare una medicina a *qlcu.* ¶薬を処方する prescrivere una medicina ¶薬を患部に塗る applicare una pomata sulla parte dolente ¶薬が効いてきた. La medicina ha cominciato a fare effetto. ¶彼は薬漬けになっている.《薬でもっている》Va avanti [Lo sostengono] con le medicine. /《必要以上に投薬されている》Prende più medicine del necessario. /《薬物中毒》È farmacodipendente.

関連
カプセル capsula㊛　顆粒 granulo㊚　丸薬 pillola㊛　粉薬 polvere㊛ (farmaceutica), polverina㊛　抗生物質 antibiotico㊚ [複 -ci] 座薬 supposta㊛　錠剤 compressa㊛, tavoletta㊛　シロップ sciroppo㊚　スプレー[英] spray㊚[複 無変] せんじ薬 tisana㊛　洗浄剤 lozione㊛　消毒液 disinfettante㊚　糖衣錠 confetto㊚　ドロップ pasticca㊛, pastiglia㊛　塗り薬 pomata㊛, unguento㊚　飲み薬 medicina㊛ per via [uso] orale　貼り薬 impacco㊚ [複 -chi]　水薬 pozione㊛

2《教訓》lezione㊛;《心や体のためになるもの》farmaco㊚ [複 -ci, -chi] ¶この失敗は彼にはいい薬になっただろう. Penso che questo insuccesso gli sia servito di lezione. ¶若い時の苦労は薬だ. Quando si è giovani le difficoltà sono salutari. ¶これは目の薬だ.《保養》È un piacere [una gioia] per gli occhi. ¶そんなものは毒にも薬にもならない. Non farà né bene né male. ¶甲の薬は乙の毒.《諺》Quel che giova all'uno nuoce all'altro.

慣用 薬にしたくもない ¶あの男には親切など薬にしたくもない. In quell'uomo non c'è neanche un briciolo di gentilezza.

❖薬瓶 boccetta㊛ per medicina
薬屋《人》farmacista㊚㊛ [複 -i];《店》farmacia㊛ [複 -cie] (◆イタリアには終夜営業する farmacia notturnaと, 日曜・祭日に当番制で営業する farmacia di turnoがある)
薬湯 bagno㊚ terapeutico [複 -ci]

くすりゆび 薬指 anulare㊚

ぐずる brontolare㊀ [av], borbottare㊀ [av], lamentarsi

-くずれ -崩れ ¶値崩れ calo dei prezzi ¶役者崩れ《落ちぶれた》attore fallito [mancato]

くずれる 崩れる **1**《建造物・文明・体制などが》crollare㊀ [es];《崩壊する》rovinare㊀ [es];《粉々になる》frantumarsi, farsi in mille pezzi, ridursi in briciole;《がけなどが》franare㊀ [es];《陥没する》sprofondare㊀ [es];《足場・床などが》cedere㊀ [av];《壁などが》sgretolarsi ¶崩れかかった古い建物 vecchio edificio pericolante ¶積んでおいた本の山が崩れた. La pila di libri è crollata. ¶がけが崩れた. C'è stata una frana.
2《負ける》¶敵の攻撃で軍隊が崩れた. L'armata ha ceduto all'attacco nemico.
3《形が乱れる》deformarsi, sformarsi ¶《体の》線が崩れていない mantenere la forma ¶この服は形が崩れた. Questo vestito si è sformato [ha perso la forma]. ¶試合を前にして体調が崩れた. Prima dell'incontro ho perso la forma.
4《天気が悪化する》guastarsi ¶明日から天気は崩れるでしょう. Da domani il tempo si guasterà.
5《相場が急落する》¶相場が崩れた. Le quotazioni sono crollate.

くせ 癖 **1**《習慣》abitudine㊛;《悪癖》vezzo㊚, vizio㊚ [複 -i];《偏執》mania㊛, fissazione㊛, tic㊚[無変];《奇癖》stravaganza㊛ ¶癖を直す《自分の》togliersi il vizio / correggere una brutta abitudine /《他人の》correggere un vizio a qlcu. ¶癖になる diventare un'abitudine / trasformarsi in abitudine 《人が主語》prendere l'abitudine [il vizio] di + 不定詞 ¶私には鼻をいじる癖がある. Ho il vizio [l'abitudine] di toccarmi il naso. ¶無くて七癖.《諺》"Ciascuno ha le sue piccole manie." ¶彼は飲むと癖が悪い. Quando beve, diventa cattivo.
2《普通と違う特徴》caratteristica㊛, peculiarità㊛, particolarità㊛ ¶あの先生は話し方に癖がある. Quel professore ha una parlata caratteristica. ¶このチーズは癖がない. Questo formaggio non è troppo forte. ¶ひと癖ありそうな男だ. Sembra un uomo intrattabile.
3《普段と違う状態が固定したもの》¶髪の毛に変な癖がついた. I capelli hanno preso una strana piega.

くせげ 癖毛 capelli㊚[複] ribelli [indomabili];《縮れた》capelli㊚[複] ricci ¶くせ毛の人《縮毛》persona dai capelli ricci

くせつ 苦節 ¶苦節10年にして dopo dieci anni di fatiche [sforzi instancabili]

くせに nonostante [malgrado / sebbene / benché] + 接続法 ¶金持ちのくせにけちだ. Nonostante sia ricco è un avaraccio. ¶知らないくせにいい加減な事を言うな. Tu non ne sai niente, stattene zitto!

くせもの 曲者《悪者》malfattore㊚ [複 -a];《怪しげな》individuo㊚ losco [複 -schi];《油断のならない者》furbacchione㊚ [複 -a], volpone㊚ [複 -a];《要注意人物》persona㊛ poco affidabile

くせん 苦戦 combattimento㊚ disperato, lotta㊛ serrata [dura / cruenta];《競技などの》partita㊛ difficile ◇苦戦する combattere㊀ [av] duramente con qlcu.; giocare una partita difficile con qlcu.

くそ 糞 **1**《大便》《俗》merda㊛;《幼》cacca㊛
2《ののしる言葉》¶くそっ. Merda! / Diavolo! / Accidenti! / Cavolo! / Maledizione! ¶くそったれ.《相手に》Va al diavolo! / Va all'inferno! / Che ti venga un accidente! ¶勉強なんかそくらえ. Al diavolo lo studio! **3**《強意を表す》¶今日はくそ暑い. Oggi fa un caldo bestiale. ¶やつはくそまじめだ. È serio come un gufo. / È di una serietà mortale.

くそみそ 糞味噌 ¶彼からくそみそに言われた. Me ne ha dette di tutti i colori. / Ha detto peste e corna di me.

くだ 管 tubo㊚, condotto㊚;《ボビン》bobina㊛;《織》《スプール》rocchetto㊚

慣用 管を巻く ripetere persistentemente la stessa cosa

ぐたい 具体 ◇具体的な concreto;《明確》chiaro, preciso;《実際的》pratico [複 -ci] ◇具体的に concretamente, in modo concreto [《明確

に〕preciso / definito〕 ¶具体例を挙げて説明する spiegare con degli esempi pratici ¶もっと具体的に説明してください。Si spieghi più concretamente.

❖**具体案** ¶具体案を示す avanzare delle proposte concrete

具体化 ◇具体化する《(自らが)》concretizzarsi;《(実現)》realizzarsi, prender corpo;《(明確化)》diventare㉤ [es] chiaro [preciso];《(他のものを)》concretizzare; realizzare; chiarire, precisare

具体性 concretezza㉛; praticità㉛ ¶彼の計画は具体性を欠いている。Il suo progetto manca「di senso realistico [di praticità].

くだく 砕く **1**《(粉々にする)》frantumare, ridurre in pezzi;《(ほろほろにする)》sminuzzare;《(壊す)》rompere;《(つぶす)》schiacciare;《(破壊する)》distruggere ¶ビスケットを砕く sminuzzare i biscotti ¶氷[岩]を砕く rompere il ghiaccio [la roccia] ¶〈人〉の望みを砕く distruggere le speranze di qlcu.
2《(わかりやすくする)》rendere ql.co. comprensibile (►comprensibile は目的語の性・数に合わせて語尾変化する), semplificare ql.co. ¶砕いて言えば (per dirla) in parole povere [in modo più semplice]
3《(悩む)》 ¶問題を解決しようと心を砕く lambiccarsi il cervello [scervellarsi] per risolvere un problema

くたくた ¶もうくたくただ. Non ne posso più. / Sono sfinito [a pezzi]. / Sono stanco morto.

くだくだしい ¶くだくだしい文章 stile prolisso ¶くだくだしい説明 spiegazione tortuosa

くだけた 砕けた 《(打ち解けた)》¶砕けた表現 espressione familiare [semplice] ¶砕けた人だ。È un uomo semplice [alla buona / alla mano]. ¶砕けた態度で話す parlare in modo familiare

くだける 砕ける 《(ばらばらになる)》frantumarsi, andare in pezzi [in frantumi];《(壊れる)》rompersi ¶砕けたガラス vetro in pezzi [in frantumi] ¶波が岩に当たって砕ける。Le onde si infrangono sugli scogli. ¶当たって砕けろ. Tenta il tutto per tutto! / O la va o la spacca!

ください 下さい ¶これをください。Mi dia questo. ¶お手紙をください。Mi scriva, per favore. ¶お塩を取ってください。Mi passi il sale), per favore. ¶お水をください。《(飲食店などで)》Mi porti un po' d'acqua, per favore. ¶…してください。La prego di+|不定詞| / Mi faccia il favore di+|不定詞| / Le dispiacerebbe+|不定詞|? / Sarebbe così gentile da+|不定詞|? ¶ちょっとお待ちください。Aspetti un attimo. / Potrebbe aspettare un attimo? ¶静かに話してください。Parlate piano, per favore.

くださる 下さる **1**《「くれる」の尊敬語》dare;《(プレゼントする)》regalare;《(寄贈する)》donare;《(譲渡する)》concedere ¶私にくださるのですか。Questo è per me? ¶この本をくださいました。Mi ha regalato questo libro.
2《「…してくださる」の形で》 ¶ご自分の著作を送ってくださった。Mi ha spedito gentilmente il suo libro. ¶法王は私どもに謁見のお許しをくださった。Il Papa「si è degnato [ci ha fatto l'onore] di concederci un'udienza.

くだす 下す **1**《(意志・判断を)》dare, emettere ¶命令を下す dare [emettere] un ordine ¶判決を下す emettere [pronunziare] un giudizio ¶結論を下す concludere ql.co.
2《(相手を負かす)》 ¶敵国を下す「far capitolare [soggiogare / sottomettere] il paese nemico
3《(手を)》 ¶自ら手を下して殺す uccidere qlcu. con le proprie mani
4《(腹を)》 ¶おなかを下す avere la diarrea
5《(虫を出す)》 ¶虫を下す eliminare i vermi intestinali / prendere un vermifugo

くたばる **1**《(死ぬ)》crepare;《(諺)》tirare le cuoia ¶くたばれ。Va all'inferno! / Crepa!
2《(ひどく疲れる)》 ¶厳しい練習にくたばった。Sono stremato per la durezza degli allenamenti.

くたびれもうけ 草臥れ儲け ¶くたびれもうけだ。Questa è fatica sprecata. / Questo è un lavoro che non rende.

くたびれる 草臥れる **1**《(疲れる)》stancarsi, sfinirsi, spossarsi **2**《(使って古くなる)》 ¶この服はずいぶんくたびれている。Questo vestito è tutto logoro [è troppo usato].

くだもの 果物 frutta㉛;《(すべての植物の実)》frutto㉙ ¶新鮮な「熟した / 熟していない]果物 frutta fresca [matura / acerba] ¶果物の盛り皿 fruttiera ¶果物ジュース succo di frutta
❖**果物ナイフ** coltello㉙ da frutta

果物屋《(店)》negozio㉙ [複-i] di frutta;《(人)》fruttivendolo㉙ [㉛-a]

くだらない 《(取るに足りない)》insignificante, poco importante, irrilevante;《(無価値な)》senza valore;《(ばかげた)》stupido, assurdo,《(無益な)》inutile, futile, vano ¶くだらないことで怒る arrabbiarsi per un nonnulla ¶くだらないことに金を使う spendere i soldi in cose inutili ¶くだらないことを言うな。Non dire assurdità [stupidaggini]!

くだり 下り **1**《(下降)》discesa㉛ ¶ここから海に向かって道は下りになる。Da qua la strada scende [è in discesa] verso il mare. ¶「下り急勾配あり」《(掲示)》"Discesa pericolosa"
2《(中央から地方へ行くこと)》 ¶東京発大阪行き下り列車 treno per Osaka proveniente da Tokyo
❖**下り列車** treno㉙ che dalla città principale porta in provincia

くだり 件 《(文の一節)》passaggio㉙ [複-gi], passo㉙, parte㉛;《(句)》frase㉛;《(場面)》scena㉛ ¶このくだりは感動的だ。Questa parte è commovente.

くだりざか 下り坂 **1** discesa㉛, pendio㉙ [複-ii], declivio㉙ [複-i] **2**《(衰退していくこと)》declino㉙, decadenza㉛, tramonto㉙ ¶下り坂になる declinare㉑ [av], tramontare㉑ [es] / essere in declino [《(名声などが)》in decadenza / 《(商売などが)》in ribasso] ¶天気が下り坂になる。Il tempo volge al brutto. ¶景気は下り坂だ。Il mercato ristagna. ¶人気が下り坂だ。La popolarità è in ribasso [è al tramonto].

くだる 下る **1**《(上から下へ移る)》scendere㉙ [es],㉚, discendere㉚,㉙ [es,

av] ¶坂を下る scendere per il pendio ¶私たちは急いで山を下った. Siamo scesi [discesi] in fretta dalla collina. ¶坂を下った所に学校があった. C'era una scuola ai piedi della collina. ¶今日は午後から気温が下った. Oggi nel [di] pomeriggio la temperatura è scesa.
2《地位の低い方に移る》 ¶野(°)に下る dimettersi [ritirarsi] da una carica ufficiale /《権力の座から降りる》rinunciare al potere
3《中央から地方に行く》 ¶九州へ下る andare nel Kyushu
4《上位から下位に示される》 ¶撤退命令が下った. Ci è stato dato [è giunto] l'ordine di ritirata. ¶懲役 2 年の判決が下った. È stata pronunziata [emessa] la sentenza di due anni di carcerazione [reclusione].
5《上流から下へ, 南の方向に》 ¶舟で川を下る discendere un fiume in barca ¶南に下る spostarsi verso sud
6《降伏する》 arrendersi [consegnarsi]《に a》, capitolare⓪ [*av*] ¶我々は敵軍に下った. Ci siamo arresi all'esercito nemico.
7《時代が現代に近くなる》 ¶時代が下ると col passar del tempo ¶下って大正時代に入ると più tardi nell'era Taisho
8《数量が下になる》 ¶被害は 10 億円を下らない. I danni superano [sono superiori a / non sono inferiori a] un miliardo di yen.
9《下痢をする》 ¶腹が下っている. Ho la diarrea [dissenteria /《俗》la cacarella].

くだん 件 ◇くだんの suddetto, summenzionato, succitato, sopraindicato, sunnominato ¶くだんの医師 il medico in questione / tale medico

くち 口 **1**【人間・動物の口】 bocca㊛;《口腔》 fauci㊛[複];《くちばし》 becco㊚ [複 -*chi*];《唇》 labbro㊚[複 le *labbra*] ¶タバコを口にくわえる tenere in bocca una sigaretta ¶ナプキンで口をぬぐう pulirsi la bocca con il tovagliolo ¶食べ物を子供の口に入れてやる imboccare un bambino ¶お菓子を一口に飲み込む ingoiare un dolce in un boccone ¶口をゆがめる far la bocca storta ¶アンナは怒って口をとがらせた. Anna si è arrabbiata e ha storto la bocca.
2【味覚】 ¶口がおごっている《人が主語》avere il palato fine / essere un buongustaio [《女性》una buongustaia] ¶口に合う《物が主語》essere gradevole al gusto [al palato] di *qlco*. ¶このスープはお口に合いますか. Le piace questa minestra? ¶彼女は肉はいっさい口にしない. Non mangia assolutamente carne. ¶彼は食事を出されても口をつけない. Non tocca cibo neanche se gli viene messo in tavola.
3【話すこと, 言葉】 ¶口がよく回る《人が主語》avere la parola facile [la lingua sciolta] ¶口から伝わる passare di bocca in bocca ¶感動のあまり私は口が利けなくなった. Per l'emozione rimasi senza parole. ¶口だけではだめだ. Basta con le chiacchiere! (Vogliamo i fatti!) ¶彼自身の口から聞きました. L'ho sentito proprio dalle sue labbra. ¶人の口に戸は立てられぬ.《諺》Le dicerie, una volta uscite di bocca, sono incontrollabili.
4【容器などの口】 bocca㊛, becco㊚ [複 -*chi*], imboccatura㊛, labbro㊚;《やかんなどの注ぎ口》 beccuccio㊚ [複 -*ci*];《管楽器の吹き口》 becco㊚ ¶口の広い壺 vaso a bocca larga ¶瓶の口を開け[閉め]る stappare [tappare] una bottiglia
5【食事を必要とする人数】 bocca㊛ da sfamare ¶口の多い家庭 famiglia numerosa
6【始まり】 iniz*io*㊚ [-*i*] ¶宵の口に al calar della sera ¶登山道の口 「punto di partenza [imbocco] di un sentiero di montagna
7【出入口】《入り口》entrata㊛;《出口》uscita㊛;《戸口》porta㊛ ¶駅の南口 l'entrata [uscita] sud della stazione
8【勤め口】 posto㊚, impiego [複 -*ghi*], occupazione㊛ ¶仕事の口を探す cercare lavoro
9【寄付・出資の単位】 parte㊛, quota㊛ ¶寄付を 3 口申し込む contribuire con un'offerta di tre quote ¶もうけ仕事に一口乗る prendere parte ad un affare lucroso ¶一口 10 万円で出資を募る raccogliere finanziamenti con quote di 100 mila yen ciascuno

[慣用] 口がうまい《話上手》essere un buon parlatore [《《女性》una buona parlatrice];《能弁》essere eloquente [facondo];《口が達者》avere una gran parlantina
口がうるさい《世間の批判》 ¶そんなことをしたら世間の口がうるさいぞ. Se farai una cosa simile, sarai oggetto di critiche.
口が重い ¶口が重い. È un uomo di poche parole. / È un uomo taciturno [abbottonato].
口がかかる ¶彼に通訳の口がかかった. Gli hanno offerto un lavoro da interprete.
口が堅い《人が主語》essere discreto [riservato] ¶彼の口が堅いことには定評がある. È conosciuto come uno che sa tenere la bocca chiusa.
口が軽い《秘密を守れない: 人が主語》non mantenere i segreti;《よくしゃべる》essere chiacchierone [indiscreto]
口が裂けても ¶口が裂けてもお前なんかに言うものか. Qualunque cosa accada, non te lo dirò mai!
口が過ぎる ¶ちょっと口が過ぎるのじゃないか. Non rivolgerti a me in quel modo!
口が酸っぱくなる ¶口が酸っぱくなるほど言う ripetere *ql.co*. sino alla noia
口が滑る ¶すみません, ついつい口が滑ってしまって. Mi scusi, mi è sfuggito [scappato] di bocca.
口が立つ essere brillante [eloquente / un buon parlatore /《女性》una buona parlatrice]
口が干上がる non avere niente da mettere sotto i denti
口が減らない ¶口が減らないやつだ. Ha sempre qualcosa da ridire.
口がよく回る avere la lingua sciolta [la parola facile]
口から先に生まれる ¶口から先に生まれたような男だ. È un chiacchierone di natura.
口が悪い《人が主語》essere maldicente [sarcastico㊚複 -*ci*] / una linguaccia / un linguacciuto / una lingua velenosa]
口と腹とが違う ¶彼は口と腹とが違う. Non dice quello che pensa.
口にする (1)《話題にする》 ¶あんなやつのことを口

にするのもいやだ．Non è piacevole parlare di un tipo come lui. (2)《食べる》¶こんなごちそうは口にしたことがない．Non avevo mai assaggiato un cibo così prelibato［gustoso］.

口に出す parlare di *ql.co.* ¶口に出しかけてやめる ringoiarsi le parole / tenersi *ql.co.* in gola ¶これは口に出しては言えない．Non posso parlarne.

口に任せる ¶彼は口に任せてものを言う．Dice la prima cosa che gli passa per la mente.

口(の端)に上る ¶もう人の口にのぼらなくなった．Ormai non se ne parla più.

口八丁手八丁 È bravo nel parlare come nell'agire.

口は禍(わざわい)のもと《諺》"Chi poco parla poco sbaglia."

口ほどにもない ¶口ほどにもないことがすぐばれた．Si è capito subito che non era così bravo come diceva.

口より先に手が出る ¶彼は口より先に手が出るたちだ．Ricorre subito alla violenza. / Prima picchia, poi parla.

口を合わせる mettersi d'accordo su cosa dire

口を利く (1)《話す》parlare ¶何て口の利き方だ．Che modo di parlare è questo? (2)《推薦する》mettere una buona parola (per *qlcu.*), parlare a favore di *qlcu.* ¶教授が口を利いてくれたおかげで私はこの会社に就職した．Ho trovato un lavoro in questa ditta grazie alla raccomandazione del professore. (3)《仲立ちをする》intervenire[自][*es*] ¶第三者が口を利いて話し合いが実現した．Grazie all'intervento di una terza persona, i colloqui hanno avuto luogo.

口を切る aprire la conversazione; prendere la parola per prim*o*, rompere il ghiaccio

口を極めて ¶彼は口を極めてマルコのことをほめた．Ha fatto lodi enormi di Marco.

口を酸っぱくして ¶あんな男と結婚するなと口を酸っぱくして言った．Le ho detto cento volte di non sposare un uomo come lui.

口を滑らす ¶私はその問題についてうっかり口を滑らせてしまった．Distrattamente mi è sfuggita una parola su questo argomento.

口をそろえる ¶口をそろえて反対する protestare all'unisono

口を出す dire la *propria*; intervenire in *ql.co.*

口をついて出る ¶激しい言葉が彼の口をついて出た．Dalla sua bocca sono uscite parole violenti.

口をつぐむ tacere[自][*av*], proteggere il silenzio, tenere la bocca chiusa

口を慎しむ misurare le parole, parlare con prudenza

口を閉ざす tacere[自][*av*], chiudere la bocca

口をぬぐう (1)《無実のふり》fingersi senza macchia; fingere di avere le mani pulite (2)《知らないふり》fare l'innocente

口を挟む ¶私が話しているときに口を挟まないでくれ．Non intervenire mentre parlo.

口を開く ¶彼はようやく口を開いた．Finalmente ha aperto la bocca.

口を封じる chiudere la bocca a *qlcu.*, far tacere *qlcu.* ¶金で口を封じる comprare il silenzio di *qlcu.*

口を割る confessare (*ql.co.*);《どろを吐く》vuotare il sacco;《俗》cantare[自][*av*]《について su》¶口を割らせる far vuotare il sacco a *qlcu.*

ぐち 愚痴 lamentela[女], lamento[男], brontol*io*[男][複 -*ii*], lagnanza[女] ¶愚痴をこぼす lamentarsi［lagnarsi］(con *qlcu.*) di［per］*ql.co.* / borbottare / brontolare[自][*av*] ¶愚痴っぽい男だ．È un brontolone［un borbottone］.

くちあたり 口当たり ¶口当たりのいい酒 buon *sakè* /《ワイン》vino gradevole

くちうつし 口写し ¶彼の言っていることは部長の口写しだ．È il pappagallo［Non fa che ripetere le parole］del caposezione.

くちうつし 口移し ¶食べ物を口移しする nutrire *qlcu.* bocca a bocca ¶親鳥は口移しでひなに餌をやる．La mamma uccello imbocca i suoi piccoli. ¶口移しに教える dare istruzioni a［istruire］*qlcu.* oralmente

くちうら 口裏 ¶口裏を合わせる mettersi d'accordo su cosa dire ¶あの2人は口裏を合わせているようだ．Le loro dichiarazioni sembrano concordate. ¶全員が口裏を合わせたように私に反対した．Tutti si sono schierati contro di me come se「si fossero messi d'accordo［l'avessero prestabilito］.

くちうるさい 口煩い ¶口うるさい姑(しゅうとめ) suocera brontolona ¶口うるさく注意する ammonire *qlcu.* persistentemente

くちえ 口絵 frontespiz*io*[男][複 -*i*]

くちかず 口数 **1**《言葉数》¶この子は口数が多い．Questo bambino「chiacchiera tanto［è un chiacchierone］. ¶口数が少ない《寡黙》essere taciturn*o*［di poche parole］ **2**《養う人数》¶口数の多い家庭 famiglia numerosa

くちがね 口金 《瓶の》coper*chio*[男][複 -*chi*]［tappo[男]］di metallo;《留め金》ferma*glio*[男][複 -*gli*], cerniera[女], fibbia[女], gan*cio*[男][複 -*ci*];《バッグなどの》chiusura[女];《電球の》zoccolo[男]

くちき 朽ち木 albero[男] morto

くちきき 口利き ¶先生の口利きで tramite il professore / tramite con la mediazione del［per intervento del］professore

くちぎたない 口汚い ¶口汚くののしる coprire *qlcu.* di ingiurie［di parolacce］/ insultare *qlcu.* villanamente

くちく 駆逐 ◇駆逐する《追い払う》espellere;《一掃する》scacciare;《壊滅させる》annientare, disperdere

✤**駆逐艦** cacciatorpediniere[男][無変]

くちぐせ 口癖 espressione[女] abituale; tema[男] favorito; intercalare[男] ⇒次ページ[参考] ¶おやじの口癖が始まった．Papà ha ricominciato「con i suoi soliti discorsi［con la solita solfa］. ¶彼はそれを口癖のように言っていた．Lo ripeteva come un ritornello.

くちぐちに 口口に《各自》ciascuno a suo modo, individualmente;《異口同音に》unanimemente, all'unanimità, in coro

くちぐるま 口車 ¶彼の口車に乗せられてしまった．Mi sono lasciato convincere［Sono stato ingannato / Sono stato incantato］dalle sue belle parole.

くちげんか 口喧嘩 lite[女], bistic*cio*[男][複 -*ci*] ◇口喧嘩をする litigare[自][*av*]《と con》

> **参考**
> **イタリア人の口癖**
> cioè「つまり」, allora「それでは」, dunque「したがって」, niente「何でもないのだけど」, comunque「とにかく」, beh「ええと」, praticamente「実質的には」, insomma「結局」
> このような表現が会話のなかで頻繁に使われている場合には、単なる口癖になっていて、「 」で示された本来の意味は失われていることも多い。質問への答えを考えているときや言いよどんでいるときに、文頭、文末、あるいは挿入句的に使われる.

くちごたえ 口答え replica⊛ ◇口答えする ri̯spondere⊟ [av] [ribattere⊟ (av)] a qlcu. contraddire qlcu. ¶彼はいつでも口答えする. È sempre pronto a ribattere. ¶親に口答えするな. Non rispondere ai [replicare ai / contraddire i] tuoi genitori!

くちコミ 口コミ comunicazione⊛ orale, passaparola⊛ [無変] ¶その評判はすぐ口コミで広まった. La fama positiva si è propagata rapidamente di bocca in bocca.

くちごもる 口籠る 《言葉に詰まる》non sapere più che cosa dire, balbettare⊟ [av]; 《あいまいに言う》mangiarsi le parole; 《ためらって話す》 parlare con esitazione

くちさがない 口さがない ¶なんて口さがない女だ. Che donna pettegola! / Che comare!

くちさき 口先 ¶口先だけの《不誠実な》insincero / 《媚びた》mellifluo /《二枚舌の》ipocrita⊛ 複 -i] ¶口先だけのお世辞 complimenti insinceri [ipocriti] ¶口先だけの男だよ. 《偽善者》È un ipocrita. / 《はったり屋》È un fanfarone.

くちざみしい 口寂しい ¶タバコをやめたら口ざみしくて仕方がない. Poiché ho smesso di fumare, sento il bisogno di avere qualcosa fra le labbra.

くちずさむ 口ずさむ canticchiare⊛, ⊟ [av]

くちぞえ 口添え raccomandazione⊛;《あと押し》appoggio⊛ [複-gi], spinta ◇口添えする raccomandare qlcu. a qlcu., mettere una buona parola (a favore di qlcu.) ¶口添えを頼む chiedere l'appoggio [l'aiuto] (di qlcu.) / chiedere una raccomandazione a qlcu.

くちだし 口出し ◇口出しする dire la propria su ql.co.; immischiarsi [impicciarsi] in ql.co.; metter bocca in ql.co., ficcare il naso in ql.co. ¶余計な口出しをするな. Non t'impicciare! / Non metter il becco (negli affari degli altri)! / Pensa agli affari tuoi!

くちだっしゃ 口達者 ◇口達者な《雄弁な》eloquente;《流暢な》fluente;《弁舌さわやかな》di [dalla] lingua sciolta;《おしゃべりな》loquace, chiacchierone⊛ [-a]

くちづけ 口付け bacio⊛ [複 -ci]

くちづたえ 口伝え 《口頭》trasmissione⊛ a voce;《言い伝え》tradizione⊛ orale ◇口伝えで《口から口へと》di bocca in bocca;《口承で》oralmente,《口頭で》a voce, verbalmente ¶口伝えに聞いたところでは a quanto ho sentito dire / secondo le voci che corrono ¶口伝えに教わる apprendere dalla viva voce

くちどめ 口止め ◇口止めする imporre「il si̯lenzio [di stare zitto / di tenere la bocca chiusa] a qlcu. (▶zittoは相手の性・数に合わせて語尾変化する), chi̯udere la bocca (di qlcu.); imbavagliare qlcu. ¶それは社長から口止めされているので言えない. Non posso parlarne perché il presidente mi ha imposto il silenzio.
❖**口止め料** prezzo⊛ del silenzio ¶口止め料を出すなら黙っていてやる. Se mi paghi, terrò la bocca chiusa.

くちなおし 口直し ¶お口直しにどうぞ. Prenda, per rinfrescare la bocca.

くちなし 梔・梔子《植》gardenia⊛

くちばし 喙 becco⊛ [複 -chi] ¶くちばしでつつく beccare [becchettare / colpire col becco] ql.co.
[慣用] **くちばしの黄色い** immaturo, inesperto ¶くちばしの黄色い若者 sbarbatello⊛ / pivello⊛ [⊛ -a]

くちばしを容(い)れる ¶彼はどんな問題にもくちばしを容れる. Vuole dire la sua su qualsiasi argomento. / Vuol metter becco in qualsiasi cosa.

くちばしをはさむ ¶余計なくちばしをはさむな. Non t'impicciare!

くちばしる 口走る lasciarsi sfuggire ql.co. (di bocca), dire ql.co. sconsideratamente;《秘密をもらす》svelare ql.co. ¶あらぬことを口走る《取り乱して》parlare incoerentemente

くちはてる 朽ち果てる **1**《腐る》decomporsi;《腐って朽ちる》cadere⊟ [es] per il marciume / sfasciarsi ¶古い木の橋は朽ち果てた. Il vecchio ponte di legno è marcito. **2**《世に知られずに死ぬ》morire abbandonato [solo / sconosciuto / come un cane]

くちはばったい 口幅ったい ¶口はばったいことを言うな. Non dire impertinenze. ¶口はばったいことを言うようですが… Oserei dire che+直説法 / Non per vantarmi, ma…

くちばや 口早 ¶口早に言う dire ql.co. precipitosamente / parlare affrettatamente

くちび 口火 **1**《ガス器具などの》accenditore⊛, fiamma⊛ pilota [無変], fiammella⊛;《銃砲・ダイナマイトの》miccia⊛ [複 -ce], spoletta⊛, innesco⊛ [複 -schi]
2《発端》causa⊛, origine⊛ ¶論争の口火を切る iniziare la discussione ¶《事件などの》口火を切る scatenare [far scattare] ql.co. / dar fuoco alla miccia di ql.co. ¶この贈収賄事件の口火となって政府が倒れた. Questo caso di corruzione ha fatto scoppiare uno scandalo che ha provocato la caduta del governo.

くちひげ 口髭 baffi⊛ [複], mustacchi⊛ [複] →鬢 図版 ¶口ひげがある avere [farsi] i baffi

くちひも 口紐 ¶袋の口ひもを締める stringere i lacci della borsa

くちびる 唇 labbro⊛ [複 le labbra] ¶上唇 labbro superiore ¶下唇 labbro inferiore
[慣用] **唇をかむ**《怒りに[後悔に]》唇をかむ mordersi le labbra per l'ira [per il rammarico]

唇をとがらす sporgere le labbra in segno d'insoddisfazione; avere il muso lungo

唇を盗む rubare un bacio a qlcu.

唇を許す lasciarsi baciare da qlcu.

くちぶえ 口笛 fi*schio*男 [複 *-schi*] ¶口笛を吹く fischiare自, 自[*av*] / 《軽く, 楽しみながら》fischiettare自, 自[*av*] ¶口笛を吹きながら歩く camminare fischiettando ¶口笛でイタリア民謡を吹く fischiettare una canzone popolare italiana ¶男の子たちは道を歩く女性を口笛を吹いて冷やかした. Per strada i ragazzi fischiavano alle donne.

くちぶり 口振り modo男 di parlare ¶彼は事件を知っているような口ぶりだった. Ha parlato come se fosse al corrente della faccenda. ¶彼は不満そうな口ぶりだった. A sentirlo sembrava scontento.

くちべた 口下手 ¶やつは口下手だ. Non sa esprimersi bene.

くちべに 口紅 rossetto男 (per labbra) ¶口紅を塗る [直す] mettersi [ritoccarsi] il rossetto (sulle labbra) ¶口紅を落とす togliersi il rossetto (dalle labbra) ¶口紅が濃いね.《色が》Hai un rossetto troppo forte. ¶口紅が薄いね.《色が》Hai un rossetto troppo delicato. ¶《付け方が》Hai messo proprio appena un velo di rossetto.

くちへらし 口減らし ¶口減らしをする ridurre il numero delle bocche da sfamare

くちまかせ 口任せ ¶口任せにしゃべる parlare a vanvera [a casaccio]

くちまね 口真似 ¶口まねをする《話し方, 口調》imitare il modo di parlare di *qlcu*. / 《声色》contraffare la voce di *qlcu*.

くちもと 口元・口許 ¶口元に sulle labbra ¶口元がお父さんに似ている. Ha la bocca del padre.

くちやかましい 口喧しい ipercrit*ico* [男 複 *-ci*], incontentabile, esigente, brontolone [囡 *-a*], cerbero

くちやくそく 口約束 impegno男 [promessa囡] verbale; 《から約束》vana promessa囡, promessa囡 da marinaio ◇口約束する fare una promessa "a voce [verbale]; 《口頭で保証する》dare la parola (a *qlcu*.); 《いいかげんに》fare una promessa "al vento [da marinaio], impegnarsi a parole

くちゃくちゃ 1《しわくちゃ》◇くちゃくちゃの spiegazzato, raggrinzito, sciupato 2《音を立ててかむ様子》¶ガムをくちゃくちゃとかんでいた. Masticava la gomma rumorosamente.

ぐちゃぐちゃ 1《水びたしの様子》inzuppato, fradic*io* [男複 *-ci*, 囡複 *-ce*], zuppo, bagnato; 《泥だらけの》fangoso, melmoso
2《乱雑な様子》◇ぐちゃぐちゃな disordinato, trascurato ¶部屋中に脱ぎ捨てた服がぐちゃぐちゃに散らかっている. La stanza è tutta piena di abiti tolti e sparpagliati per terra.
3《あれこれ愚痴る様子》¶ぐちゃぐちゃ文句を言うな. Non lamentarti in continuazione.

くちゅう 苦衷 ¶苦衷を察する prender parte [partecipare] al dolore (di *qlcu*.) / mostrar compassione per le sofferenze (di *qlcu*.)

くちゅうざい 駆虫剤《殺虫剤》insetticida男 [複 *-i*], antiparassitar*io*男 [複 *-i*]; 《虫下し》vermifu*go*男 [複 *-ghi*]

くちょう 口調 tono男 (di voce); 《声調》inflessione囡, intonazione囡, accento男; 《言い回し》stile男, eloqu*io*男 [複 *-i*], fraṣar*io*男 [複 *-i*] ¶いつもの口調で nel [con il] solito tono ¶興奮した [穏やかな / 皮肉な] 口調で in tono agitato [sereno / sarcastico] ¶演説口調で in tono [con stile] oratorio ¶悲しげな [うれしそうな] 口調で con accento triste [felice]

ぐちょく 愚直 ◇愚直な semplice e onesto, 《正直すぎる》troppo onesto ¶彼は愚直な男だ. È un bonaccione.

くちよごし 口汚し ¶ほんのお口汚しですが召し上がってください. Prego, lo assaggi. Oddio, non si aspetti chissà che.

くちる 朽ちる《腐る》marcire自 [*es*]; 《崩壊する》crollare自 [*es*], andare自 [*es*] [cadere自 [*es*]] in rovina; 《死ぬ》morire自 [*es*]; 《衰える》declinare自 [*av*] ¶朽ちた木 albero morto [marcito] ¶朽ちかけた壁 muro pericolante [diroccato] ¶朽ちることのない業績 risultati stabili

ぐちる 愚痴る《ぶつぶつと》brontolare自 [*av*], borbottare自 [*av*], 《嘆く》lagnarsi di *ql.co.*, lamentarsi per [di] *ql.co.*

くちわ 口輪 muṣeruola囡 ¶犬に口輪をはめる mettere la muṣeruola al cane

くつ 靴 scarpe囡[複]; 《ブーツ》stivali男[複] →次ページ 図版 ¶雨 [運動 / 矯正] 靴 scarpe 「da pioggia [da ginnastica / ortopediche] ¶登山靴 scarponi da montagna / pedula ¶スキー靴 scarponi da sci ¶婦人靴 scarpe da donna ¶革 [ゴム] 底の靴 scarpe con la suola di cuoio [para] ¶ハイ [ロー / ピン] ヒールの靴 scarpe con il tacco alto [basso / a spillo] ¶靴を 1 [2] 足買う comprare un paio [due paia] di scarpe ¶靴をはく mettersi [infilarsi] le scarpe ¶靴を脱ぐ togliersi le scarpe ¶靴を磨く lucidare le scarpe ¶靴をはいたままでどうぞ. Entri pure con le scarpe.

❖**靴音** rumore男 di passi
靴型 forma囡 per scarpe (▶「シューキーパー」もさす)
靴クリーム crema囡 per scarpe
靴墨 lucido男 da scarpe, crema囡 per calzature
靴ずれ piaga囡 (al piede) da scarpe strette ¶靴ずれができた. Mi sono venute le vesciche ai piedi.
靴底 suola囡 (delle scarpe) ¶靴底を張り替える risuolare [risolare] le scarpe
靴直し《人》calzola*io*男 [囡 *-ia*, 男複 *-i*], 《蔑》ciabattin*o*男 [囡 *-a*] (▶いずれも「作る職人」もさす)
靴ひも lacc*io*男 [複 *-ci*] [stringa囡] delle scarpe ¶靴ひもを結ぶ legarsi i lacci delle scarpe / allacciarsi le scarpe ¶靴ひもをほどく ṣlacciare le scarpe
靴ブラシ spazzola囡 da scarpe
靴 べら calzante男, calzato*io*男 [複 *-i*], calzascarpe男 [無変]
靴 磨き《人》lustrascarpe男 [無変]; 《道具》lucidascarpe男 [無変]
靴屋 →見出し語参照

くつう 苦痛《痛み》dolore男; 《苦しみ》sofferenza囡, pena囡; 《苦悩》ango*scia*囡 [複 *-sce*] ¶苦痛にうめく lamentarsi per il dolore ¶苦痛を訴える confidare le *proprie* pene ¶苦痛を感じ

る sentire [provare] dolore ¶苦痛を与える far soffrire qlcu.

くつがえす 覆す ◇情勢を覆す capovolgere la situazione ¶前判決を覆す ribaltare la precedente sentenza ¶船を覆す ribaltare una nave

くつがえる 覆る rovesciarsi; capovolgersi; ribaltarsi; 《政府が》cadere⾃[es] ¶判決が覆った. Il verdetto è stato revocato.

クッキー 〔英 cookie〕biscotto男 (al burro), galletta女

くっきょう 屈強 ◇屈強な vigoroso, robusto, muscoloso; forte

くっきょく 屈曲 curvatura女;《鉄棒などの》piegatura女;《道などの》curva女;《関節などの》flessione女 ◇屈曲した curvo, piegato;《くねくねした》tortuoso;《川が》sinuoso ◇屈曲する piegarsi; curvare, piegare;《くねくねと》serpeggiare;《ジグザグに》zigzagare ¶屈曲の多い道 strada「con molte curve [tortuosa]」

くっきり ¶くっきりと chiaramente, distintamente, nettamente ¶くっきりとした映像 immagine chiara

クッキング 〔英 cooking〕cucina女 ¶クッキング講座 corso di cucina

くっくっ ¶彼はくっくっと笑った. Ha ridacchiato.

ぐつぐつ ¶ぐつぐつと煮る cuocere a fuoco lento [vivo] (▶lentoは「弱火で」, vivoは「強火で」) ¶ぐつぐつと煮える sobbollire⾃[av]

くっさく 掘削 scavo男;《穴をあける》perforazione女;《深く下に》trivellazione女 ◇掘削する scavare; perforare; trivellare ¶「掘削工事中」《掲示》"Lavori di scavo in corso"

✤掘削機《土木工事用》scavatore男, escavatore男; foratore男

くっし 屈指 ◇屈指の di prim'ordine ¶日本屈指の歌手だ. È un grande cantante [uno dei migliori cantanti] del Giappone.

くつした 靴下 calze女[複];《長い》calze女[複] lunghe (▶男性用は「ハイソックス」, 女性用は「ストッキング」をさす);《厚手のハイソックス》calzettoni男[複];《ソックス》calze女[複] corte, calzini男[複];《ローマ》pedalini男[複];《ストッキング》calze女[複] da donna →下着 図版 ¶靴下をはく mettersi [infilarsi] le calze ¶靴下を脱ぐ togliersi le calze

✤靴下留め giarrettiera女;《ガーターベルト》reggicalze男[無変]

くつじゅう 屈従 sottomissione女, servitù女 ◇屈従する sottomettersi a qlcu., sottoporsi a qlcu.; soccombere⾃[es] (▶複合時制はまれ) a qlcu.;《状態》soggiacere⾃[es, av] a qlcu. ◇屈従させる sottomettere, piegare ¶屈従に甘んじる vivere in soggezione

くつじょく 屈辱 umiliazione女, affronto男, onta女;《恥辱》disonore男;《侮辱》offesa女 ◇屈辱的 umiliante;《恥ずべき》disonorevole, infamante;《みっともない》degradante ¶屈辱的な扱い trattamento umiliante ¶屈辱を与える umiliare [disonorare] qlcu. / fare un affronto a qlcu. ¶屈辱を受ける ricevere un'umiliazione / subire un affronto ¶屈辱を感じる sentirsi umiliato ¶屈辱に堪える sopportare un affronto

ぐっしょり ¶ぐっしょりと濡れる essere tutto bagnato / essere bagnato「come un pulcino

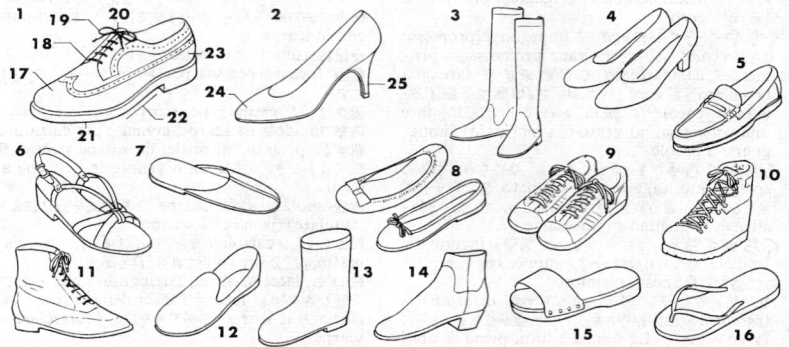

靴
1 革靴（紳士用）scarpe女[複] da uomo. 2 ハイヒール scarpe女[複] con i tacchi alti. 3 ブーツ stivali男[複]. 4 パンプス scarpe女[複] scollate. 5 モカシン mocassini男[複]. 6 サンダル sandali男[複]. 7 スリッパ pianelle女[複]. 8 バレーシューズ paperine女[複], ballerine女[複]. 9 スニーカー scarpe女[複] da ginnastica. 10 登山靴 scarponi男[複]. 11 編み上げ靴 stivaletti男[複] con stringhe. 12 上履き pantofole女[複]. 13 ゴム長靴 stivali男[複] di gomma. 14 レインシューズ scarpe女[複] da pioggia. 15 木靴, サボ zoccoli男[複]. 16 ゴムぞうり sandali男[複] infradito di gomma. 17 飾り革 mascherina女 allungata, rinforzo男 di cuoio. 18 はとめ occhiello男. 19 ひも stringa女, laccio男. 20 舌 linguetta女. 21 靴底 suola女. 22 土踏まず fiosso男. 23 腰革 quartiere男. 24 装甲, つま先革 tomaia女. 25 かかと tacco男.

[fradicio] / essere zuppo 《で di》 / essere madido 《で di》 ¶汗でぐっしょりだ. Sono madido di sudore.

クッション 〔英 cushion〕 cuscino男; (機)ammortizzatore男; (ばね) molla女; (ビリヤードの) sponda女; (車のサスペンション) sospensione女 ¶やっとの間にはワンクッションおいたほうがいい. È meglio che tra te e lui ci sia "una terza persona [qualcuno che faccia da cuscinetto]. ¶この車はクッションがいい.（シートが）I sedili di questa vettura sono confortevoli.

くっしん 屈伸 ¶屈伸(運動)をする fare movimenti di flesso-estensione
❖**屈伸性** elasticità女 ¶屈伸性のある elastico[男複 -ci]

グッズ 〔英 goods〕 merce女; prodotti男[複]

ぐっすり ¶ぐっすりと眠る dormire bene [profondamente / sodo / saporitamente] ¶ぐっすりと寝ている dormire「come un ghiro [della grossa]

くっする 屈する 1 《折り曲げる》piegare; flettere ¶膝を屈する piegare [flettere] le ginocchia ¶身を屈する piegarsi
2 《服従する》cedere自[av]《に a》; sottomettersi [piegarsi]《に a》
3 《意志をまげる》¶反論に屈せず彼は初志貫徹した. Ha realizzato il suo desiderio senza cedere alle obiezioni. ¶母は不幸にあっても屈するような人ではない. Mia madre non è una donna che si lasci scoraggiare dalla sfortuna.

くっせい 屈性 (生) tropismo男

くっせつ 屈折 ;（光の）rifrazione女 ◇屈折する flettersi;（光が）rifrangersi ¶屈折しうる flessibile /（言語が）flessivo ¶（光が）屈折した rifratto ¶心境 stato d'animo complesso ¶女性に対する屈折した心理 sentimenti distorti [complessati] verso le donne
❖**屈折角** angolo男 di rifrazione
屈折語 (言) lingua女 flessiva (►インドヨーロッパ語族・セム語族の諸語族)
屈折望遠鏡 telescopio男[複 -i] a rifrazione
屈折率 indice男 di rifrazione

くったく 屈託 ◇屈託のない senza preoccupazioni [pensieri];（平静な）tranquillo ¶なんの屈託もなく暮らす vivere senza alcuna preoccupazione

ぐったり ¶ぐったりとしている essere「senza energie [a terra / sfinito / esausto / stremato] ¶ぐったりと疲れている essere stanco morto / essere allo stremo delle forze / essere esausto / essere [sfinito] dalla fatica ¶バジルが暑さでぐったりしている. Il basilico è avvizzito per il caldo.

くっちせい 屈地性 (生) geotropismo男 ◇屈地性の geotropico[男複 -ci]

くっつく 1 《密着する》aderire自[av] a ql.co.; appiccicarsi [attaccarsi] a ql.co.;（のりで）incollarsi a ql.co. ¶のりでくっついている. Sono appiccicati con la colla. / Sono incollati insieme.
2 《人にまとわりつく》◇くっついていく seguire qlcu.;（そばにある）stare alle calcagna di qlcu.;（そばにある）essere vicino a ql.co. [qlcu.] ¶君がどこに行こうがくっついて離れないよ. Io ti seguirò ovunque tu vada.

くっつける appiccicare [attaccare]《A を B に A a B》;（のりで）incollare ql.co.《に a, su》;（止める）fissare ql.co.《で con》;（釘で）inchiodare《A を B に A a B》 ¶窓に顔をくっつけて外を見る guardare fuori con il naso incollato alla finestra

くってかかる くって掛かる apostrofare qlcu.（a parole）; assalire qlcu. con insulti d'ogni genere;（抗議）ribellarsi a qlcu., protestare [levarsi] contro qlcu.;（反論）replicare a qlcu., confutare qlcu. ¶証拠を示せと彼は私にくってかかった. Mi ha sfidato a presentargli le prove di quello che dicevo.

ぐっと 1 《力を込めて》con tutta la forza ¶涙をぐっと押さえた. Ho represso le lacrime. ¶ロープをぐっと引いた. Ho tirato la corda con uno strattone.
2 《一気に》 ¶水を 1 杯ぐっと飲み干す bere un bicchiere d'acqua「tutto d'un fiato [in un sorso]
3 《一段と》 ¶交通事故はぐっと減った. Gli incidenti stradali sono notevolmente [sensibilmente] diminuiti. ¶君は赤を着るとぐっと引き立つよ. Il rosso ti dona molto.
4 《心に衝撃を受ける様子》 ¶この場面はぐっとくる. Questa scena è commovente [mi commuove / mi tocca il cuore]. ¶私はどう答えていいかぐっとつまった. Non sapendo come rispondere mi sono bloccato.

くっぷく 屈服・屈伏 ◇屈服する arrendersi a qlcu., cedere自[av] a qlcu.;（支配される）sottomettersi a qlcu. ◇屈服させる sottomettere; soggiogare; ridurre qlcu. all'obbedienza

くつや 靴屋 （販売店）negozio男[複 -i] di calzature;（製造・販売店）calzoleria女;（職人, 修理人）calzolaio男[女 -ia; 男複 -i];（修理人）《蔑》ciabattino男[女 -a]

くつろぐ 寛ぐ mettersi comodo;（慣れて）stare a proprio agio;（緊張を解く）rilassarsi;（気分的に）sentirsi a proprio agio ¶くつろいで話す chiacchierare「senza cerimonie [liberamente] ¶どうぞおくつろぎください. Prego, stia comodo. / Si metta a suo agio. / Non faccia cerimonie. / Faccia come fosse a casa sua.

くつわ 轡 morso男 ¶馬にくつわをはめる mettere il morso a un cavallo / imbrigliare un cavallo ¶くつわを締める [緩める] stringere [allentare] il morso （►比喩的にも用いる）
[慣用]**くつわを並べる** ¶くつわを並べてゴールインする tagliare il traguardo「testa a testa [insieme]

くつわむし 轡虫 specie女[無 変] di locusta (◆ il cui stridio risuona in autunno);《学名》Mecopoda nipponensis

くてん 句点 punto男 （fermo） ¶句点を打つ mettere un punto

くでん 口伝 （口授）istruzione女 [insegnamento男] orale;（口碑）tradizione女 orale;（奥義）segreto男 ¶口伝の秘法 metodo segreto trasmesso oralmente

ぐでんぐでん ¶ぐでんぐでんに酔う essere ubriaco fradicio / prendersi [avere] una sbornia solenne

くどい 諄い **1**《しつこい》insistente;《うるさい》fastidioso;《冗長な》prolisso, verboso;《長すぎる》troppo lun*go*〔男複〕*-ghi*;《うんざりする》noioso, fastidioso ¶君はくどいよ. Come la fai lunga! / Ma sei noioso! /《要点を早く言え》Vieni al punto! /《たくさんだ》Basta! ¶それは彼からくどいほど言われた. Me l'ha detto [ripetuto] tante volte da infastidirmi [seccarmi]. / Me l'ha detto [ripetuto] fino alla noia. ¶くどいようですが… Non vorrei ripetermi, ma... / A costo di sembrare insistente, ...
2《味が》pesante;《色がけばけばしい》troppo carico〔男複〕*-chi*;《派手》[vistoso / appariscente] ¶この色は壁にはくどすぎる. Questo colore contrasta troppo con la parete. ¶彼女は化粧がくどい. È troppo truccata. / Il suo trucco è troppo "appariscente [pesante].

くとうてん 句読点 punteggiatura〔女〕 ¶句読点を打つ mettere la punteggiatura

くとうほう 句読法 (regole〔女〕[複] di) punteggiatura〔女〕, interpunzione〔女〕 ¶日本語の句読法では文中の区切りに「、」を, 文の終わりに「。」を使う. In giapponese come segno d'interpunzione che indica una pausa in una frase si usa ",", alla fine di una frase si usa ".".

くとう 苦闘 ¶癌との苦闘を続ける continuare la difficile lotta contro il cancro

くどう 駆動《機》trasmissione〔女〕, comando〔男〕 ¶前輪[後輪/四輪]駆動の車 autoveicolo a trazione anteriore [posteriore / integrale]
✦駆動軸 albero〔男〕primario [motore / di comando]

くどく 功徳 **1**《良い行い》azione〔女〕meritoria, atto〔男〕di carità, beneficenza〔女〕; virtù〔女〕 ¶功徳によって[恩寵によって] per carità / per amor di Dio / (…のおかげで) in virtù di [per merito di / grazie a] *ql.co.* ¶功徳を積む acquisire meriti / accumulare merito ¶功徳を施す fare la carità (a *qlcu.*)
2《ご利益》merito〔男〕, grazia〔女〕; ricompensa〔女〕

くどく 口説く **1**《頼み込む》sollecitare *qlcu.* a+〔不定詞〕;《しつこく》assillare *qlcu.* per *ql.co.*, chiedere *ql.co.* a *qlcu.* insistentemente;《説得する》(cercare di) persuadere [convincere] *qlcu.* a+〔不定詞〕 ¶くどき落とす riuscire a persuadere *qlcu.* a+〔不定詞〕/ convincere *qlcu.* a+〔不定詞〕 ¶くどかれて立候補することにした. Mi hanno persuaso a presentare la candidatura.
2《女に言い寄る》corteggiare *qlcu.*, fare la corte a *qlcu.*;《誘惑する》(cercare di) sedurre *qlcu.* ¶ついにあの娘をくどき落としたぞ. Finalmente ho conquistato (l'amore [il cuore]) di quella ragazza!

くどくど ¶くどくど言う ripetere sempre le stesse cose / ribadire con insistenza *ql.co.* ¶くどくど説明する spiegare *ql.co.* verbosamente

ぐどん 愚鈍 ◇愚鈍な《ばかな》stupido, idiota〔男複〕*-i*〕, imbecille, cretino;《鈍い》lento, scemo

くないちょう 宮内庁 Agenzia〔女〕della Casa Imperiale ¶宮内庁長官 Direttore dell'Agenzia della Casa Imperiale ¶宮内庁御用達 fornitore〔男〕della Casa Imperiale

くなん 苦難 difficoltà〔女〕; sofferenza〔女〕; tribolazioni〔女〕[複] ¶苦難を乗り越える superare le difficoltà

くに 国 **1**《国家》paese〔男〕, stato〔男〕, nazione〔女〕;《領土》territorio〔男〕[複]*-i*;《帝国》impero〔男〕;《王国》regno〔男〕, reame〔男〕;《共和国》repubblica〔女〕 ◇国の statale, nazionale, territoriale ¶il nostro paese ¶国を治める governare un paese ¶国を相手どって訴訟を起こす intentare causa allo Stato ¶国を売る tradire la patria [la nazione] ¶「お国はどちらですか」「日本です」"Di che nazione [nazionalità] è? / Qual è la sua cittadinanza?" "Sono giapponese."
2《故郷》terra〔女〕natale [natia], paese〔男〕natio [natale];《故国》patria〔女〕, casa〔女〕;《郷土》contrada〔女〕 ¶国に帰る ritornare in patria ¶国には両親がいます. Nel mio paese ci sono i miei genitori. ¶「お国はどちらですか」「福岡です」"Di dov'è?" "Sono di Fukuoka."
3《別天地》¶夢の国 paese [regno] dei sogni / utopia ¶日出(い)づる国 il paese del Sol Levante / il Giappone
4《昔の日本の行政区画》provincia〔女〕[複]*-ce, -cie*〕(◆feudo del Giappone antico fino al periodo Edo) ¶武蔵の国 Provincia di Musashi
✦国々 varie nazioni〔女〕[複], paesi〔男〕[複];《各国》ogni nazione〔女〕

国境 confine〔男〕;《昔の日本の》confine〔男〕delle province antiche giapponesi

国自慢 ¶お国自慢をする parlare con orgoglio [vantarsi] del *proprio* paese

国訛(なま)り →お国訛り

国番号《国際通話の》prefisso〔男〕internazionale

くにがら 国柄 carattere〔男〕nazionale ¶イタリアと日本とはお国柄が違う. L'Italia e il Giappone hanno basi [tradizioni] storiche [culturali] diverse. ¶陽気な社会だ. È un popolo allegro.

くにく 苦肉 ¶苦肉の策をとる prendere misure disperate

くにじゅう 国中 ¶彼らの人気は国中に広まった. La loro popolarità si è diffusa in tutto il paese

くにもと 国元・国許 ¶国もとに帰る tornare al *proprio* paese [in patria] / rimpatriare〔自〕*[es]*

ぐにゃぐにゃ **1**《柔らかい様子》◇ぐにゃぐにゃの molle, morbido, soffice;《ぶよぶよ》flaccido ¶鉄の棒が熱でぐにゃぐにゃになった. La sbarra si è sformata [《熔けた》si è fusa] per la calura.
2《しっかりしない》¶ぐにゃぐにゃした男 uomo senza carattere

くぬぎ 櫟《植》quercia〔女〕[複]*-ce*;《学名》*Quercus acutissima*

くねくね ¶くねくねした道 strada piena di curve ¶彼女は腰をくねくねさせて歩く. Quella ragazza cammina ancheggiando.

くねる《蛇行》serpeggiare〔自〕*[av]*;《ジグザグ》zigzagare〔自〕*[av]*;《曲がる》curvare〔自〕*[av]* ¶くねった strada serpeggiante [tortuosa] ¶この道はくねりながら頂上まで続いている. Questa strada arriva fino in cima serpeggiando. ¶彼は身をくねらせてその透き間を通り抜けた. Ha attraversato la strettoia torcendosi.

くのう 苦悩 sofferenza㊛; angos*cia*㊛[複 -*sce*], angustia㊛, afflizione㊛; (心配) preoccupazione㊛; (悲しみ) dolore㊚; (苦労) pena㊛

くはい 苦杯 ¶苦杯をなめる[喫する] avere un'esperienza amara / (敗北する) subire un'amara sconfitta

くばる 配る **1** (分配する) distribuire; (当てがう) assegnare; (送る) spedire, mandare ¶トランプのカードを配る distribuire le carte ¶新聞を配る(配達) fare la consegna a domicilio dei giornali ¶ビラを配る distribuire volantini
2 (配置する) disporre; (割り当てる) assegnare ¶人員を各職場に配る distribuire le incombenze fra i dipendenti
3 (いきわたらせる) ¶気を配る essere attento a *ql.co.* [*qlcu.*] / sorvegliare *qlcu*. ¶辺りに目を配る guardarsi intorno / gettare uno sguardo intorno ¶子供がけがをしないように目を配っていてくれ. Sorveglia per favore che il bambino non si faccia male.

くび 首 **1** (頸部) collo㊚; (うなじ、えり首) nuca㊛ ¶首をくくる[吊る] (自殺) impiccarsi ¶首を絞める strangolare *qlcu*. ¶首を切る[打つ/はねる] decapitare *qlcu*. ¶首を伸ばす tendere il collo ¶鶏の首をひねる tirare il collo a un pollo ¶このセーターは首がきつい. Questo maglione ha il girocollo stretto.
2 (頭部) testa㊛, capo㊚ ¶窓から首を出す sporgersi da una finestra
3 (瓶の) collo㊚
4 (解雇) ¶首になる essere licenziato / ricevere gli otto giorni ¶首を切る licenziare *qlcu*. / dimettere *qlcu*. ¶お前は首だ. Sei licenziato! / Ti licenzio!
[慣用] 首がつながる ¶彼はまだ首がつながっている. Lui non è stato ancora licenziato.
首が回らない essere indebitato fino al collo
首をかしげる ¶この計画には首をかしげざるをえない. Questo progetto「non mi convince molto [mi lascia perplesso].
首を縦に振る far segno di sì con la testa, assentire col capo
首を突っ込む mettere [ficcare] il naso in *ql.co.*
首を長くする ¶君に会える日を首を長くして待っている. Non vedo l'ora [Sto aspettando con impazienza] di incontrarti.
首をひねる ¶この謎には首をひねった. Ho dovuto ragionarci su molto prima di risolvere questo mistero.
首を横に振る far segno di no con la testa, scuotere il capo
♣首回り circonferenza㊛ del collo

くびかざり 首飾り collana㊛; (ペンダント) pendente㊚; (チョーカー) collana㊛ a girocollo

くびかせ 首枷 gogna㊛ ¶首かせをはめる mettere *qlcu*. alla gogna / mettere la gogna

くびき 頸木・軛 giogo㊚[複 -*ghi*] ¶牛にくびきをつける mettere i buoi sotto il giogo

くびきり 首切り **1** (斬首刑) decapitazione㊛; (首切り役人) boia㊚[無変]; carnefice㊚
2 (解雇) licenziamento㊚

くびじっけん 首実検 ¶犯人の首実検をする procedere all'identificazione [al riconoscimento] di un criminale

くびじんそう 虞美人草 〚植〛 papavero㊚ sel*vatico* [複 -*ci*]

くびすじ 首筋 ¶首筋が寒い. Sento freddo alla nuca [al collo]. ¶〈人〉の首筋をつかむ prendere *qlcu*. per la collottola

くびったけ 首ったけ ¶あの女に首ったけなんだ. Sono pazzo [perdutamente innamorato / cotto] di quella ragazza.

くびったま 首っ玉 collo㊚ ¶彼女は父親の首っ玉にしがみついた. Lei ha buttato le braccia attorno al collo di suo padre.

くびっぴき 首っ引き ¶この本は辞書と首っ引きで読みました. Questo libro l'ho letto consultando continuamente il dizionario.

くびつり 首吊り impiccagione㊛, impiccamento㊚ ¶首つり死体 impiccato㊚[㊛ -*a*] ¶ここで彼は首つり自殺をした. Qui si è ucciso impiccandosi.

くびねっこ 首根っこ collottola㊛, nuca㊛

くびれ 括れ strozzatura㊛; parte㊛ ristretta㊛; (ウエスト) cintola㊛

くびれる 括れる restringersi ¶腰のくびれた服 abito con la vita stretta ¶あの女は腰がくびれている. Quella donna ha un vitino di vespa. ¶この島は中央がくびれている. Quest'isola「ha la forma di un 8 [è a forma di 8].

くびわ 首輪 collare㊚ ¶犬に首輪をはめる mettere il collare al cane

くぶ 九分 (90 パーセント) novanta per cento㊚; (9 パーセント) nove per cento㊚ ¶九分どおり per il [al] novanta per cento / (ほとんど全部) quasi (del) tutto / (ほとんど確実に) quasi sicuro ¶橋は九分どおり出来上がった. Il ponte è quasi terminato [è praticamente finito].

くふう 工夫 (発明) invenzione㊛; (考案) idea㊛; (思いつき) trovata㊛; (手段) me*zz*o㊚, espediente㊚, stratagemm*a*㊚[複 -*i*], risorsa㊛ ◇工夫する ideare; inventare; trovare; escogitare ¶工夫をこらす ingegnarsi a [per]+不定詞 / escogitare il modo di+不定詞 / cercare un me*zz*o per+不定詞 / aguzzare l'ingegno per+不定詞 / (改良する) cercare di migliorare *ql.co.*

くぶくりん 九分九厘 (99 パーセント) novantanove per cento㊚; (ほとんど) quasi (del) tutto

くぶん 区分 (分割) divisione㊛, ripartizione㊛; (分類) classificazione㊛; (配分) distribuzione㊛ ◇区分する dividere, ripartire; classificare; distribuire ¶種は属の下位区分である. La specie è una suddivisione del genere. / Ogni genere è suddiviso in specie.

くべつ 区別 distinzione㊛ 《の di, の間の tra, AとBの di A da B》; (相違) differenza㊛ 《AとBの fra A e B》; (分離) separazione㊛; (識別、差別) discriminazione㊛, discernimento㊚ ◇区別する(識別する) distinguere 《を tra, AをBと A da B》; (区分する) differenziare 《AをBと A da B》; discernere 《AとBを A da B》 ¶公私を区別する distinguere le cose pubbliche da quelle private ¶善悪を区別する discernere il bene dal male ¶老若男女の区別なく senza distinzioni di età o di sesso / senza riguardo al sesso o all'età ¶区別できない indistinguibile

くべる ¶ストーブに薪をくべる mettere la legna nella stufa ¶古い手紙を火にくべる gettare [bruciare] le vecchie lettere nel fuoco

くぼち 窪地・凹地 depressione[女]; infossamento[男] del terreno

くぼみ 窪み・凹み 《空洞》 cavità[女]; 《穴》 buca[女]; 《表面の凹部》 concavità[女]; 《窪地》 depressione[女]; 《人工的な》 fossa[女]; 《奥行きのある》 buca[女] ¶地面のくぼみ avvallamento nel terreno

くぼむ 窪む・凹む 《地面・床などが沈下・落下する》 sprofondare[自] [*es*], deprimersi; 《へこみが生じる》 incavarsi; 《引っ込む》 rientrare[自] [*es*] ¶彼は疲れで目がくぼんでいる. Ha gli occhi infossati [incavati] per la stanchezza.

くま 隈 ¶彼は疲れて目の回りにくまができていた. Aveva gli occhi cerchiati dalla stanchezza. / Aveva le occhiaie per la stanchezza.

くま 熊 orso*o*[男] [[女] *-a*]; 《子 熊》 orsett*o*[男] [[女] *-a*]; orsacchiott*o*[男] [[女] *-a*] ¶シロクマ orso bianco [polare] ¶ヒグマ orso bruno ¶ぬいぐるみの熊 orsacchiotto[男]

くまで 熊手 rastrello[男] (di bambù) ¶くまでで落ち葉を掃く rastrellare le foglie morte

くまどり 隈取 **1** 〔美〕 sfumatura[女] **2** 《歌舞伎の》 truccatura[女] caratteristica del teatro *kabuki*

くまばち 熊蜂 〔昆〕 **1** 《学名》 *Xylocopa appendiculata* Smith **2** 《スズメバチの俗称》 calabrone[男]; vespa[女]

くまなく 隈無く 《隅々まで》 dappertutto, ovunque, dovunque, in ogni angolo

くみ 組 **1** 《同じ物の一揃い》 serie[女] [無変]; 《一揃い》 assortimento[男], servizio[男] [複 *-i*]; 《対》 paio[男] [複 le *paia*], coppia[女] ¶布団2組 due set completi di *futon* ¶ゴルフ道具1組 un set di mazze da golf ¶トランプ1組 un mazzo di carte ¶このジャケットはあのスカートと組みになっています. Questa giacca è abbinata a quella gonna.

2 《集団》 gruppo[男]; 《スポーツ・仕事の》 squadra[女]; 《旅行の》 comitiva[女]; 《2人の》 coppia[女]; 《悪い仲間の集団》 banda[女], combriccola[女], cricca[女] ¶組みを作る formare una classe [un gruppo / una squadra / una comitiva] ¶5人組 gruppo di cinque ¶2人[2個 / 2つ]1組みで a coppie di due ¶3人組の強盗 una banda di tre rapinatori ¶組みになって a squadre / a gruppi / in gruppo / 《2人で》 in coppia con *qlcu.* ¶〈人〉を自分の組に入れる avere [tenere] al fianco *qlcu.* ¶工場の日勤[夜勤]組 squadra del turno di giorno [di notte]

3 《学級》 sezione[女]; classe[女] ¶私は2年G組です. Io sono della seconda (classe) G. ¶彼と私は同じ組です. Sono in classe con lui. / Io e lui siamo nella stessa classe.

4 〔印〕《組み版》 composizione[女] (tipografica [複 *-che*])

ぐみ 茱萸 〔植〕 eleagno[男], olivagno[男]

くみあい 組合 《労働組合》 sindacato[男] (dei lavoratori); 《協同組合》 cooperativa[女]; associazione[女]; 《同業組合》 corporazione[女] ◇組合の sindacale ¶企業別[産業別]組合 sindacato aziendale [industriale] ¶独立組合 sindacato autonomo ¶消費組合 cooperativa di consumo ¶組合に加入する iscriversi [aderire] al sindacato ¶組合を作る formare un sindacato / organizzarsi in sindacato

✤**組合員** membro[男] del sindacato; so*cio*[男] [[女] *-cia*; [男]複 *-ci*; [女]複 *-cie*] di una cooperativa

組合運動 《労働組合の》 movimento[男] sindacale, sindacalismo[男]; 《協同組合の》 movimento[男] cooperativo; cooperativismo[男]

組合活動 attività[女] sindacale

組合活動家 sindacalist*a*[男][女] [[男]複 *-i*]

組合規約 norma[女] sindacale

組合専従者 sindacalista[男][女] permanente [di professione]

組合費 quota[女] [contributo[男]] sindacale; quota[女] per la cooperativa

くみあう 組み合う **1** 《お互いに》 ¶腕を組み合って歩く camminare a braccetto [sotto braccio] **2** 《仲間となる》 unirsi, cooperare[自] [*av*]; associarsi **3** 《つかみ合って争う》 ¶彼は泥棒と組み合った. Si è battuto [Ha lottato / È venuto alle prese] con il ladro.

くみあげる 汲み上げる **1** 《水などを》 attingere; 《採掘する》 estrarre; scavare; 《ポンプで》 pompare ¶水を汲み上げる tirare l'acqua 《から da》 / 《ひしゃくで》 attingere l'acqua con il mestolo / 《ポンプで》 pompare l'acqua 《から da》

2 《意見などを》 trarre ¶指導者は部下の意見を汲み上げるべきだ. I dirigenti devono 「trarre le idee dai [saper cogliere le idee dai / 《考慮する》 prendere in considerazione le idee dei] dipendenti.

くみあわせ 組み合わせ **1** 《取り合わせ》 combinazione[女]; 《対》 accoppiamento[男]; 《対になったもの》 coppia[女]; 《一揃い》 assortimento[男]

2 《試合の》 abbinamento[男]; 《対戦》 incontro[男] ¶サッカーの試合の組み合わせ abbinamento delle squadre per partite di calcio

3 〔数〕 combinazione[女]

くみあわせる 組み合わせる **1** combinare *ql.co.* con *ql.co.*; 《対にする》 accoppiare; 《一緒にする》 mettere insieme; 《配合する》 assortire; 《調和を考えて》 accordare, armonizzare ¶配色を考えて服を組み合わせる assortire gli abiti secondo il colore ¶端切れを組み合わせてクッションを作った. Ho fatto un cuscino con vari pezzi di stoffa.

2 《試合相手を決める》 abbinare ¶我々のチームは強い相手と組み合わされた. Hanno abbinato la nostra squadra con un avversario forte.

くみいれる 組み入れる 《挿入する》 inserire *ql.co.* [*qlcu.*] in *ql.co.*; 《合体させる》 incorporare *ql.co.* in *ql.co.*; 《含める》 includere *ql.co.* [*qlcu.*] in *ql.co.*; 《加える》 aggiungere *ql.co.* [*qlcu.*] in *ql.co.* ¶名簿に組み入れる includere *qlcu.* [il nome di *qlcu.*] nella lista ¶雑誌に広告を1ページ組み入れる introdurre una pagina di pubblicità nella rivista

くみうち 組み討ち・組み打ち combattimento

男[incontro男] corpo a corpo ◇ 組み討ちする venire alle mani [alle prese] con *qlcu.*; 《主語が複数》lottare corpo a corpo, azzuffarsi

くみおく 汲み置く ¶断水に備えて飲料水を汲み置く conservare dell'acqua potabile in caso di mancata erogazione

くみかえ 組み替え・組み換え riordinamento男; riassetto男; 《再構成》riorganizzazione女, ristrutturazione女; 《変更》modificazione女; 《活字の》ricomposizione女 ¶遺伝子組み換え ricombinazione genetica

くみかえる 組み替える・組み換える riordinare, riorganizzare; 《練り直す》rimpastare; 《記事などを》ricomporre; 《生》ricombinare ¶予算を組み替える rifare [rimaneggiare] il bilancio ¶サッカーチームのメンバーを組み替える rimaneggiare la composizione [formazione] della squadra di calcio ¶省を組み替える rimpastare il Ministero ¶記事を組み替える ricomporre un articolo

くみかわす 酌み交わす ¶酒を酌み交わす bere insieme a [con] *qlcu.*

くみきょく 組曲 《音》〔仏〕suite [swit] 女《無変》 ¶ラベルの組曲 suite di Ravel

くみこむ 組み込む introdurre [inserire / incorporare] *ql.co.* in *ql.co.* ¶我々は「社会」という巨大なシステムに組み込まれている. Siamo incorporati in quel grosso sistema che si chiama "società"

くみしやすい 与し易い ¶くみしやすいやつだ. È un tipo facile da trattare. / È un concorrente non temibile.

くみする 与する 《味方する》schierarsi a favore di *qlcu.*; parteggiare per *qlcu.* [*ql.co.*]; 《肩をもつ》spalleggiare *qlcu.*; 《仲間入りする》prendere parte a *ql.co.*; 《加担する》essere complice di *ql.co.* ¶私はどちらにもくみしない. Io sono neutrale.

くみだす 汲み出す attingere; vuotare, estrarre ¶船の淦(あか)[船底の水]をくみ出す aggottare [sgottare] una barca ¶水をポンプでくみ出す pompare (via) l'acqua

くみたて 組み立て costruzione女, montaggio男 [複 -gi]; 《構造》struttura女; 《構成》composizione女; 《組 織》sistema男 [複 -i]; organizzazione女; 《部品などを組み立てること》assemblaggio男 [複 -gi]

✤組立工 montatore男 [女 -trice]

組立工場 ¶自動車組立工場 officina di montaggio [stabilimento di assemblaggio] di automobili

組み立て式 ¶組み立て式本棚 libreria componibile

組立図 disegno男 complessivo [d'insieme]

くみたてる 組み立てる comporre, costruire; 《製品などを》montare; 《部品を》assemblare; 《設営する》allestire ¶文章を組み立てる comporre una frase ¶理論を組み立てる formulare [mettere su] una teoria

くみちょう 組長 capo男, capogruppo男 [複 *capigruppo*男] 女男 複 *capogruppo*女; 《やくざの》capobanda女 男 複 *capibanda*; 女 複 *capobanda*] (dello) *yakuza*; 《工場の》caposquadra男 [男複 *capi-*

squadra; 女複 *caposquadra*]

くみつく 組み付く agguantare [afferrare / gettarsi su] *qlcu.*

くみとり 汲み取り svuotamento男 [spurgo男 [複 -ghi]] di un pozzo nero

くみとる 汲み取る 1 attingere; vuotare; estrarre ¶汚水をくみ取る spurgare [svuotare] le acque sporche 2 《わかる》capire, comprendere; 《推量する》immaginare; 《考慮に入れる》prendere in considerazione ¶子供の気持ちをくみ取る comprendere i sentimenti del figlio

くみはん 組版 《印》《組むこと》composizione女 (tipografica); 《組んだ版》forma女

くみひも 組紐 treccia女 [複 -ce]; 《柄に編んだもの》gallone男

くみふせる 組み伏せる atterrare *qlcu.*, inchiodare *qlcu.* a terra, lanciarsi su *qlcu.* e trattenerlo

くみほす 汲み干す 《すっかり》svuotare completamente; 《池などから》prosciugare, vuotare; 《船から》sgottare, aggottare ¶池の水を汲み干す prosciugare il laghetto

ぐみん 愚民 ¶国民を愚民扱いする considerare stupido il popolo

✤**愚民政策** politica女 per tenere il popolo nell'ignoranza; 《反啓蒙主義》oscurantismo男

くむ 汲む 1 《液体を容器に》versare; 《水を川などから》attingere; 《酒を》mescere ¶泉から[バケツで]水をくむ attingere acqua a una sorgente [con il secchio]
2 《推察する》supporre; 《評価する》valutare; 《考慮する》tenere conto di, prendere in considerazione ¶彼の気持ちもくんでやれ. Tieni conto dei suoi sentimenti. / Sii comprensivo con lui. ¶事情をくむ considerare la circostanza

くむ 組む 1 《手・腕・足を》¶足を組む (あぐらをかくように)incrociare [《腰かけて》accavallare] le gambe ¶手を組む 《両手の指を》incrociare le mani ¶腕を組む incrociare le braccia ¶腕を組んで考えこむ meditare a braccia conserte [incrociate] ¶《人》と腕を組んで歩く camminare 「sottobraccio a [a braccetto di] *qlcu.*
2 《構成する, 組み立てる》¶足場を組む costruire un'impalcatura / montare i ponteggi ¶為替を組む compilare [fare] un vaglia ¶旅行の日程を組む organizzare [combinare] il programma di un viaggio
3 《仲間になる》associarsi a *qlcu.*; 《組みになる》formare un gruppo con *qlcu.*; 《協力する》collaborare自 [av] con *qlcu.*; 《結 託 す る》far lega con *qlcu.*; 《対になる》far coppia con *qlcu.* ¶左翼と手を組む collaborare con le sinistre ¶徒党を組む formare una banda [una cricca] ¶2人ずつ組んで警備する fare la ronda 「in due [due per due] ¶マリアと組んでテニスをした. Ho giocato a tennis in coppia con Maria.
4 《活字に》¶最初の10ページ分を組む comporre le prime dieci pagine
5 《対戦する》disputare contro *qlcu.*; 《つかみ合う》lottare corpo a corpo

くめん 工面 ◇工面する《用意できる》riuscire a procurarsi *ql.co.*; 《都合をつける》trovare il mo-

くも 雲 nuvola㊛; nube㊛ →気象 用語集 ¶飛行機雲 scia (di condensazione) di un aereo ¶人工雲 nube artificiale ¶雲一つない青空 cielo terso, cielo senza nemmeno una nuvola ¶空は一面黒い雲に覆われている. Tutto il cielo è coperto di nuvole nere. ¶雲の切れ目 distacco tra le nuvole ¶月は雲に隠れていて見えない. Nascosta dalle nuvole, la luna non si vede. ¶向こうの山に雲がかかってきた. Le nuvole stanno coprendo la montagna. ¶雲の多い天気 tempo nuvoloso
慣用 雲の上 ¶雲の上の人 persona irraggiungibile
雲を霞(かすみ)と ¶彼は雲を霞と逃げていった. Scappò「a gambe levate [veloce come il vento].
雲をつかむ ¶雲をつかむような話だ. 《あいまい》È una storia nebulosa [vaga / ambigua]. / 《非現実的》È una faccenda fantasiosa [campata in aria].
雲を突く ¶雲を突くような大男 omone gigantesco / uomo grande come una montagna
❖雲足 ¶雲足が速い. Le nuvole si muovono velocemente.

くも 蜘蛛 ragno㊚ ¶くもの糸 filo di ragno ¶くもの巣 tela di ragno / ragnatela ¶くもの巣だらけの部屋 stanza piena di ragnatele ¶くもが巣を張る. Il ragno fila [tesse] la tela.
慣用 蜘蛛の子を散らす ¶くもの子を散らすように逃げる scappare sparpagliandosi「in tutte le direzioni [da tutte le parti]

くもがくれ 雲隠れ ◇雲隠れする scomparire㊂ [es], sparire㊂ [es]; svanire㊂ [es]; far perdere le tracce, tagliare la corda ¶どくさにまぎれて雲隠れした. È scomparso nella confusione.

くもがたじょうぎ 雲形定規 curvilineo㊚

くもすけ 雲助 《悪いかごかき》conducenti㊚ [複] di portantina delinquenti
❖雲助タクシー tassista㊚㊛; 《㊚複 -i》disonesto

くもつ 供物 ¶祭壇に供物を捧げる portare offerte all'altare

くもま 雲間 ¶雨が上がって雲間に太陽が現れた. Dopo la pioggia si è aperto uno squarcio fra le nuvole. ¶月が雲間に隠れた. La luna è scomparsa [si è nascosta] dietro le nuvole.

くもまく 蜘蛛膜《解》aracnoide㊛
❖蜘蛛膜下出血《医》emorragia㊛《複 -gie》subaracnoidea

くもゆき 雲行き《天気》¶雲行きがあやしくなってきた.《嵐》Queste nuvole portano un temporale. /《雨》Il tempo si è fatto minaccioso. /《比喩的》Le cose hanno preso una brutta piega.

くもらす 曇らす 1《鏡などを》appannare 2《感情を》¶顔を曇らす rannuvolarsi [oscurarsi] in volto ¶声を曇らす parlare con voce triste

くもり 曇り 1《天候》nuvolosità㊛; ㊚ nuvoloso [coperto] →気象 用語集 ¶曇りのち晴れ(予報などで) nuvolosità seguita da schiarite ¶今日は曇りだ. Oggi è nuvoloso. / Oggi il cielo è coperto.

2《鏡などの》appannamento㊚;《影》ombra㊛;《ネガの》velatura㊛;《心のふさぎ》nube㊛ ¶心の曇りが晴れた. Mi sono sentito risollevato.

3《うしろぐらいこと》¶曇りのない良心 coscienza cristallina
❖曇りガラス vetro㊚ smerigliato
曇り止め antiappannante㊚

くもる 曇る 1《空が》annuvolarsi, rannuvolarsi, diventare nuvoloso;《暗くなる》oscurarsi, offuscarsi →気象 用語集 ¶空は曇っている. Il cielo è nuvoloso [coperto]. ¶この季節は曇る日が多い. In questa stagione è spesso nuvoloso.

2《不鮮明になる》appannarsi, velarsi, offuscarsi ¶涙で彼女の目が曇った. Le lacrime le velavano gli occhi. ¶ガラスが湯気で曇る. Il vapore appanna i vetri. ¶めがねが曇った. Gli occhiali si sono appannati.

3《悲しみなどで明るさを失う》¶顔を曇らす rabbuiarsi [oscurarsi] in volto ¶目 [声] が曇る avere la vista [la voce] velata ¶彼の顔が悲しみに曇った. Il suo volto [viso] si è oscurato [si è rannuvolato] per la tristezza.

4《判断力・理性がにぶる》¶怒りで理性が曇る. L'ira offusca la ragione.

くもん 苦悶 angoscia㊛《複 -sce》, tormento㊚, spasimo㊚, agonia㊛ ◇苦悶する soffrire㊂ [av] atrocemente, spasimare㊂ [av]《のために per, da》; torcersi per il dolore; torturarsi; angosciarsi ¶苦悶の表情を浮かべる assumere un'espressione angosciata

くもん 愚問 domanda㊛ stupida ¶愚問を発する fare una domanda stupida
❖愚問愚答 dialogo㊚《複 -ghi》stupido

くやしい 悔しい《屈辱的》mortificante, umiliante;《残念な》spiacevole, increscioso, deplorevole;《腹立たしい》irritante, fastidioso, seccante (▶いずれも物事について用いる) ¶努力が全部無駄になって悔しい. Mi secca [Sono seccato] che tutti i miei sforzi siano stati tutti inutili. ¶負けて悔しい. Sono indispettito per aver perso. ¶ああ悔しい. Che rabbia! /《残念》Che peccato! /《恥ずかしい》Che vergogna!

くやしがる 悔しがる provare dispetto [rabbia] ¶地団駄踏んで悔しがる pestare i piedi per la rabbia

くやしさ 悔しさ《失望》amara delusione㊛, frustrazione㊛;《無念》dispiacere㊚, contrarietà㊛;《苛立ち》irritazione㊛, fastidio㊚《複 -i》, seccatura㊛, cruccio㊚《複 -ci》 ¶悔しさを顔に表す mostrare il proprio dispiacere sul volto

くやしなき 悔し泣き ◇悔し泣きする piangere㊂ [av] per la rabbia [per il dispiacere]

くやしまぎれ 悔し紛れ ◇悔し紛れに《怒って》per dispetto [ripicca / rabbia] ¶運転免許の試験に落ちた悔し紛れに家族に当たった. Avvilito per aver fallito all'esame [l'esame] di guida, se l'è presa con i suoi.

くやみ 悔やみ 1《後悔》pentimento㊚; rincrescimento㊚

2《哀悼》condoglianze㊛《複》 ¶お悔やみを言う esprimere [fare] le proprie condoglianze

❖悔やみ状 lettera㊛ di condoglianze
くやむ 悔やむ **1**《非を》pentirsi [rammaricarsi] di *ql.co.*;《残念は:「悔やまれる内容」が主語》rincrescere㊌ [*av*] a *qlcu.*;《良心の呵責》provare rimorso di [per] +不定詞 [*ql.co.*] ¶いまさら悔やんでも始まらない。Ormai è inutile piangere sul latte versato. / Non serve piangere ora. ¶彼と一緒に行かなかったことが悔やまれる。Mi rincresce di non essere andato con loro.
2《死を》rimpiangere, piangere (la morte di) *qlcu.*, essere addolorato (per la morte di *qlcu.*) ¶心からお悔やみ申しあげます。Le porgo [Le faccio] sentite condoglianze. / Condoglianze. /《手紙の文面》Partecipo sentitamente al Suo dolore.

くゆらす 燻らす ¶タバコ[パイプ]をくゆらせる fumare una sigaretta [la pipa] ¶香をくゆらす bruciare l'incenso

くよう 供養 ◇供養する celebrare un funerale [un servizio funebre]; dire una messa di requiem;《法要》celebrare una funzione commemorativa per *qlcu.* ¶これは亡父へのなによりの供養になると思います。Questo sarebbe una bella consolazione per la buon anima di mio padre.

くよくよ ◇くよくよする affannarsi per *ql.co.* [*qlcu.*], tormentarsi per [per] *ql.co.* [*qlcu.*];《心配する》preoccuparsi di [per] *ql.co.* [*qlcu.*];《いらいらする》angustiarsi per *ql.co.*; prendersela per *ql.co.*

くら 蔵・倉 deposito㊚; magazzino㊚;《穀物倉庫》granaio㊚ [複 -*i*] ¶蔵に入れる mettere *ql.co.* in deposito / immagazzinare *ql.co.* [慣用] **蔵が建つ** ¶彼は今では蔵が建つほどだ。È diventato milionario.

くら 鞍 sella㊛;《荷鞍》basto㊚ ¶馬に鞍を置く sellare un [mettere la sella a un] cavallo ¶馬の鞍を外す togliere la sella da [dissellare] un cavallo

くらい 位 **1**《地位》posizione㊛;《資格》titolo㊚;《軍隊などの階級》grado㊚; rango㊚ [複 -*ghi*];《聖職者の位》dignità㊛;《資格、称号》titolo㊚;《公的に与えられた資格》carica㊛ ¶位が上がる《人が主語》avanzare di grado / fare carriera / salire la scala gerarchica ¶位が高い [低い] essere di alto [basso] grado ¶位を上げる promuovere *qlcu.*《に a》¶位を下げる retrocedere *qlcu.* di grado / degradare *qlcu.* ¶位を奪う destituire *qlcu.* / privare *qlcu.* del grado [della carica] ¶司教の位を授ける conferire la carica [la dignità] vescovile a *qlcu.* ¶会社では彼は私より位が上[下]だ。Nella ditta ha una posizione superiore [inferiore] alla mia.
2《王位》trono㊚; corona㊛ ¶王の位に就く salire al trono
3《数値の桁》¶1の位の数 (cifra delle) unità / ultima cifra ¶10 [100 / 1000] の位 ordine delle decine [centinaia / migliaia] ¶1000 以下の位は無視する arrotondare [approssimare] per difetto alle decine di migliaia

くらい 暗い **1**【光が弱い】buio㊚ [複 -*i*] poco illuminato, scuro, oscuro ¶電気を暗くする abbassare la luce ¶部屋を暗くする oscurare una stanza /《明かりを消す》 spegnere la luce di [in] una stanza ¶暗くなるまで働く lavorare fino all'imbrunire ¶暗くならないうちに家に帰る tornare a casa prima che faccia buio ¶照明が暗い luce è fioca [debole]. ¶暗いね。È buio. ¶私は暗いうちから起きる。Mi alzo prima che faccia giorno. ¶目の前が突然暗くなった。Improvvisamente mi si è oscurata la vista.
2【黒ずんでいる、くすんでいる】scuro ¶暗い赤のオーバー cappotto rosso scuro
3【よく知らない】non conoscere bene *ql.co.*, ignorare *ql.co.*;《情報がない》non essere al corrente di *ql.co.* ¶私は法律に暗い。Io non mi intendo di legge. ¶彼はこの辺の地理に暗い。Non sono pratico di questa zona.
4【怪しい、はっきりしない】oscuro, scuro, tenebroso ¶彼は暗い過去をもっている。Ha un passato losco [poco chiaro / oscuro].
5【陰気な】tetro;《悲しい》lugubre, mesto; triste;《不吉な》sinistro ¶暗い気持ちになる rattristarsi ¶彼にはどこか暗いところがある。C'è un che di malinconico in lui. ¶彼の顔に暗い影がさした。Il suo viso si è rabbuiato. ¶私は暗い毎日を送っている。Tutte le mie giornate trascorrono malinconicamente. ¶わが国経済の見通しは暗い。Le prospettive della nostra economia sono grigie.

-くらい **1**《およそ》circa, all'incirca, pressappoco, approssimativamente, più o meno;《ほとんど》quasi ¶10 [20 / 30 / 40 / 100] 人くらいの人 una decina [una ventina / una trentina / una quarantina / un centinaio] di persone ¶当時、教師の初任給は2万円くらいだった。Lo stipendio iniziale di un insegnante, all'epoca, viaggiava intorno ai ventimila yen. ¶家までどのくらいかかりますか。Quanto ci vuole da casa alla stazione? ¶彼は40歳くらいです。È sulla quarantina. / Ha circa quarant'anni.
2《同じくらい》¶この山の高さは富士山くらいある。Questo monte è alto come [quanto] il Fuji.
3《程度》¶新聞に出ているくらいの漢字はみんな知っている。Gli ideogrammi che si usano sui [nei] giornali li conosco tutti. ¶そんなことを言うくらいだから何をしでかすやら。Se parla così, mi chiedo che cosa combinerà. ¶彼は怖くて震えていたくらいだ。Aveva tanta paura che tremava tutto. ¶彼くらいの人はめったにいないよ。È raro trovare uomini come lui. ¶私にくらい話してね。Parlane almeno [perlomeno] con me. ¶外国で病気をするくらい心細いことはない。Non c'è niente di più deprimente che ammalarsi in un paese straniero.
4《「…するくらいなら」の形で》¶降服するくらいなら死んだほうがましだ。Piuttosto che arrendermi preferisco morire.

クライアント [英 client] 《顧客》cliente㊚㊛

くらいする 位する **1**《地位を占める》¶うちの会社は大手の下位に位している。La nostra ditta si trova nella fascia inferiore delle maggiori imprese. ¶彼はリストで第4位に位している。Occupa il [Si trova al / È al] quarto posto nella lista. / È il quarto dell'elenco.
2《位置する》¶その国の首都は少し北の方に位して

いる. La capitale del paese「si trova [è situata] piuttosto a nord.

グライダー〔英 glider〕aliante⑨ ¶グライダーを操縦する pilotare un aliante ¶グライダー飛行 volo librato [planato]

くらいつく 食らい付く 《かみつく》mordere *ql.co.* [*qlcu.*], dare un morso a *ql.co.* [*qlcu.*] ¶魚が餌に食らいついた. Un pesce ha abboccato all'amo.

くらいどり 位取り ◇位取りする dividere un numero in cifre ¶位取りを間違える incolonnare male i numeri

✤位取り記数法 notazione㊛ posizionale

くらいまけ 位負け 1《自分の地位に》¶彼は自分の地位に[名声に]位負けしている. Non è all'altezza di quel compito [della sua fama].
2《相手に圧倒される》¶彼の前では位負けしてしまう. La sua presenza mi mette [mi fa] soggezione.

クライマックス〔英 climax〕punto⑨ culminante, culmine⑨, colmo⑨ ¶クライマックスに達する raggiungere [toccare] il punto culminante

グラインダー〔英 grinder〕molatrice㊛; rettificatrice㊛

くらう 食らう 1《食べる》mangiare;《飲み込む》ingozzare;《飲む》bere; tracannare ¶大飯を食らう tranguggiare un grosso boccone / mangiare molto 2《受ける》¶おやじに小言を食らった. Il mio papà mi ha「fatto una ramanzina [dato una lavata di capo]. ¶あの事件で2年の実刑をくらった. Per quel fatto sono stato condannato a due anni di prigione.

グラウンド〔英 ground〕《運動場》campo⑨ ¶サッカーグラウンド campo di calcio ¶ホームグラウンドで試合をする giocare in casa

✤グラウンドコンディション condizioni㊛㊝ del campo

グラウンドストローク《テニスで》colpo ribattuto

くらがえ 鞍替 ¶ワインからビールにくら替えした. È passato dal vino alla birra. ¶彼女はまた別の男にくら替えした. Lei ha cambiato ancora ragazzo.

くらがり 暗がり penombra㊛ ¶暗がりで al buio / all'oscuro / in penombra

くらく 苦楽 苦楽を共にする dividere gioie e dolori《と con》

クラクション〔英 klaxon〕¶クラクションを鳴らす suonare il clacson

くらくら ¶頭がくらくらする. Mi gira la testa. / Ho le vertigini.

ぐらぐら ¶この椅子はぐらぐらする. Questa sedia traballa [oscilla / tentenna / vacilla]. ¶お湯がぐらぐら煮え立っている. L'acqua sta bollendo. ¶彼の気持ちはいつもぐらぐらしている. È sempre indeciso [titubante].

くらげ 水母・海月《動》medusa㊛ ¶ミズクラゲ aurelia ¶くらげ形の medusoide

くらさ 暗さ 1《明暗の》oscurità㊛, tenebre㊛㊝, buio⑨ ¶暗さが増していった. L'oscurità aumentava sempre di più.
2《陰気》¶あの暗さがなかったら誰からも好かれる男

だが. Se non fosse così cupo di carattere, sarebbe amato da tutti.

くらし 暮らし《生活》vita㊛, esistenza㊛;《生活の程度》condizione㊛ di vita, tenore⑨ di vita ¶暮らしに困る non sapere come tirare avanti ¶暮らしを立てる guadagnarsi「da vivere [la vita] ¶ぜいたく[貧乏]な暮らしをする vivere nel lusso [nella miseria] ¶一家の暮らしを支える contribuire al sostentamento della *propria* famiglia ¶私はその日暮らしをしている. Vivo alla giornata. ¶暮らしが楽になった. Il livello di vita è migliorato.

✤暮らし方 modo di vivere

グラジオラス〔英 gladiolus〕《植》gladiolo⑨

くらしきりょう 倉敷料 spese㊛㊝ di immagazzinamento

クラシック〔英 classic〕classico⑨ [㊝ -ci];《クラシック音楽》musica㊛ classica

くらしむき 暮らし向き tenore⑨ di vita ¶暮らし向きがいい[悪い] godere di un buon [avere un basso] tenore di vita

くらす 暮らす 1《生きる, 生活を営む》vivere㊒,㊒ [*es, av*];《住む》vivere㊒ [*es, av*], abitare㊒,㊒ [*av*] ¶幸福に暮らす vivere felicemente ¶やっと[ほそぼそ / 何とか]暮らす condurre una vita di stenti / tirare avanti in qualche modo / sbarcare il lunario / guadagnarsi da vivere a stento / campare㊒ [*es*] ¶どうにか暮らしていくだけのものはある avere di che vivere ¶〈人〉の世話になって暮らす vivere alle spalle di *qlcu.* ¶いろいろやりくりして暮らす vivere di espedienti ¶ほどほどに暮らす passarsela discretamente ¶気楽に暮らす tirare a campare ¶家族[両親]と暮らす abitare in famiglia [con i genitori] / 一緒に暮らす vivere insieme (a *qlcu.*) / convivere㊒ [*av, es*] / coabitare㊒ [*av*] con *qlcu.*
2《時を過ごす》trascorrere [passare] il tempo ¶毎日遊び暮らす condurre una vita allegra e spensierata ¶私は病気で3か月寝て暮らした. Ho passato tre mesi a letto ammalato.

クラス〔英 class〕1《学級》classe㊛, sezione㊛ 2《等級》classe㊛ ¶ファーストクラスの切符 biglietto di prima classe

✤クラス委員 rappresentante⑨㊛ di classe

クラス会 ritrovo con gli ex compagni di classe

クラスメート compagno⑨ [㊛ -*a*] di classe

グラス〔英 glass〕bicchiere⑨; coppa㊛ ➡コップ, 食器 図版 ¶ヴェネツィアングラス vetro veneziano ¶シャンペングラス flûte ¶グラスを傾けて bere (alcol) ¶グラスをあける vuotare il *proprio* bicchiere

✤グラスウール《建》lana㊛ di vetro

グラスファイバー fibra㊛ di vetro

グラスコート〔英 grass court〕《テニスの》campo⑨ da [di] tennis erboso [in erba]

グラタン〔仏 gratin〕《仏》gratin⑨ [無変] ¶マカロニグラタン maccheroni gratinati [al gratin]

ぐらっ ¶2時にぐらっときた.《地震が》Abbiamo avvertito un terremoto [La terra ha tremato] alle due.

クラッカー 〔英 cracker〕 **1**《菓子》〔英〕cracker男[無変]; galletta女, salatino男
2《爆竹》petardo男 ¶クラッカーを鳴らす far scoppiare un petardo

ぐらつく 1《足元がおぼつかない》barcollare自[av], traballare自[av], vacillare自[av];《歯が》oscillare自[av], tentennare自[av] ¶歯がぐらつく. Mi dondola un dente.
2《決心などが》titubare自[av]; oscillare自[av], tentennare自[av] ¶意見がぐらつく《人が主語》fra due opinioni [fra il sì e il no] / non avere un'opinione precisa ¶信念をぐらつかせる scuotere [far vacillare] la fede di qlcu.

クラッシュ 〔英 crash〕《コンピュータ》〔英〕crash男[無変] ¶パソコンがクラッシュした. Il computer è andato in crash.

クラッチ 〔英 clutch〕《車》frizione女 ¶クラッチをつなぐ[切る] innestare [disinnestare] la frizione ¶クラッチペダルを踏む premere il pedale della frizione ¶ノークラッチの車 auto女[無変] 「a frizione automatica [a cambio automatico]
✤**クラッチ板** disco男[複 -schi] della frizione

くらに 倉荷《商》merci女[複] in un magazzino doganale
✤**倉荷証券** fede女 di deposito

グラニューとう グラニュー糖 zucchero男 granulare

くらばらい 蔵払い saldi男[複], liquidazione女 (dei depositi di magazzino) ◇蔵払いする liquidare le merci
✤**蔵払い品** merce女[articolo男] in liquidazione, saldo男

グラビア 〔英 gravure〕fotoincisione女; rotocalco男[複 -chi] ¶グラビアページ pagina di rotocalco

クラビコード 〔英 clavichord〕《音》clavicordo男, clavicordio男

クラブ 〔英 club〕**1**《同好会》circolo男, associazione女, società女;〔英〕club[cleb]男[無変] **2**《酒場》locale男 notturno;〔英〕night-club[無変] **3**《ゴルフの》mazza女 (da golf) **4**《トランプの》bastoni男[複], fiori男[複] →トランプ 関連
✤**クラブ活動**《学校・会社の》attività女 ricreativa (di doposcuola o dopolavoro)

グラフ 〔英 graph〕**1**《図》grafico男[複 -ci];《図解》diagramma男[複 -i] ¶折れ線[帯]グラフ diagramma lineare [a colonne] ¶棒グラフ istogramma男[複 -i] ¶円グラフ istogramma circolare ¶グラフにする fare un grafico [mettere ql.co. in diagramma **2**《雑誌》rivista女 illustrata, rotocalco男[複 -chi]
✤**グラフ用紙** carta女 millimetrata

グラブ →グローブ

グラフィック 〔英 graphic〕《グラフィックアート》grafica女;《グラフィック》grafico男[複 -ci]
✤**グラフィックイコライザー** equalizzatore男 grafico
グラフィックディスプレイ unità女 di visualizzazione grafica
グラフィックデザイナー grafico男[女 -ca]; graphic designer男[無変]
グラフィックデザイン graphic design男[無変]; arte女 grafica

クラフトし クラフト紙 carta女 marrone

くらべ 比べ ¶根くらべをする fare 「una prova di resistenza [una gara di pazienza]
✤**比べ物** ¶AとBは比べものにならない. Non c'è paragone tra A e B. / Non si può paragonare A con B. ¶彼の作品は他のものと比べものにならないほどよい. La sua opera è indubbiamente superiore a quelle degli altri.

くらべる 比べる・較べる **1** paragonare, confrontare《AとBを A con B》¶去年に比べて rispetto [in confronto all'anno scorso ¶AにくらべるとBのほうが親しみやすい. In confronto ad A, B è più simpatico. ¶君に比べれば彼など問題じゃない. Rispetto a te, lui è zero. / Non vorrai paragonarti con uno come lui!
2《競う》¶力を比べる misurare la propria forza《と con》

グラマー 〔英 glamour〕 ¶グラマーな女性 donna formosa

グラマー 〔英 grammar〕《文法》grammatica女

くらます 晦ます **1**《欺く》¶警察の目をくらます trarre in inganno la polizia / gettar fumo negli occhi alla polizia **2**《隠す》¶ゆくえ[姿]をくらます scomparire自[es] / far perdere le proprie tracce / tagliare la corda

くらむ 眩む **1**《目が回る》¶目がくらむほどの高さ altezza vertiginosa ¶目がくらむ. Mi gira la testa. / Ho 「il capogiro [le vertigini]. **2**《目が見えなくなる》rimanere自[es] [essere] abbagliato [accecato] da ql.co. **3**《惑わされる》¶彼女の美しさに目がくらんだ. È rimasto abbagliato [affascinato] dalla sua bellezza. ¶金に目がくらんだ. È stato allettato dai soldi.

グラム 〔仏 gramme〕grammo男;《記号》g ¶金4グラム 4 grammi di oro ¶生ハム100[200]グラム un etto [due etti] di prosciutto crudo (►etto はettogrammo「ヘクトグラム」の略で100グラムを表し, 特に食品店などで使われる)
✤**グラムイオン**《化》grammo-ione男
グラムカロリー《化》caloria-grammo女
グラム原子《化》grammo-atomo男
グラム当量《化》grammo-equivalente男
グラム分子《化》grammomolecola女

くらやみ 暗闇 oscurità女, tenebre女[複]
◇暗やみで nell'oscurità, nelle tenebre, al buio

クラリネット 〔英 clarinet〕《音》clarinetto男, clarino男
✤**クラリネット奏者** clarino男[女 -a], clarinettista男[複 -i]

くらわす 食らわす **1**《食わせる》far mangiare ql.co. a qlcu.;《飲ませる》far bere ql.co. a qlcu. **2**《打撃を与える》¶パンチを1発くらわす dare [sferrare / mollare / appioppare] un pugno a qlcu.

くらわたし 倉渡し《商》¶倉渡しで品物を渡す consegnare la merce 「franco magazzino [ex magazzino]

クランク 〔英 crank〕《機》manovella女;《ペダルクランク》pedivella女;《エンジンの中の》biella

[女] ¶クランク形の a gomito
✤クランクアップ[イン]〘映〙 ultimo [primo] giro[男] di manovella ◇クランクアップ[イン]する finire [iniziare] le riprese di un film
クランクカーブ curva[女] a gomito
クランク軸 albero[男] a gomito

グランド ⇒グラウンド

グランドオペラ 〔英 grand opera〕 grand-opéra[男][無変]

グランドピアノ 〔英 grand piano〕 piano[男] [pianoforte[男]] a coda

グランプリ 〔仏 grand prix〕 Gran Premio [男]; Primo Premio[男] ¶グランプリをとる ottenere il Gran Premio

クランベリー 〔英 cranberry〕〘植〙 mirtillo[男] palustre

くり 栗 《木》 castagno[男]; 《実》 castagna[女] ¶栗拾いに行く andare a [per] castagne
✤栗色 ⇒見出し語参照

クリア 〔英 clear〕 ◇クリアな《透明な》 trasparente, limpido; 《明確な》 chiaro ◇クリアする《超える》 superare; 《ゼロにする》 azzerare; 《サッカー: 外にけり出す》 rinviare fuori campo; 《ゴールキーパーが》 ribattere ¶計器をクリアする azzerare uno strumento di misurazione ¶クリアにする chiarire / chiarificare ¶問題をもっとクリアにしよう. Chiarifichiamo maggiormente il punto di questa discussione. ¶一度で２メートル５センチをクリアした. Ho superato al primo salto (la misura di) 2 metri e 5 centimetri.

くりあがる 繰り上がる ¶会議は５月から３月に繰り上がった. Il convegno di maggio è stato anticipato a marzo. ¶当選者の急死で彼が繰り上がった. È subentrato per la morte improvvisa di un membro eletto prima di lui.

くりあげ 繰り上げ avanzamento[男], movimento[男] in avanti ¶議会の繰り上げ解散 scioglimento anticipato del Parlamento
✤繰り上げ選挙 elezioni[女][複] anticipate
繰り上げ当選 elezione[女] di un candidato per rimpiazzarne un altro
繰り上げ返済 rimborso[男] anticipato

くりあげる 繰り上げる anticipare; 《数字を》 arrotondare per eccesso *ql.co.* ¶10時の約束を９時に繰り上げる anticipare alle nove l'appuntamento fissato per le dieci

クリアランスセール 〔英 clearance sale〕 svendita[女], liquidazione[女]

くりあわせる 繰り合わせる ¶この仕事には時間の繰り合わせがつかない. Non posso trovare il tempo per questo lavoro. ¶万障お繰り合わせのうえおいでください. Sollecitiamo la sua presenza. ¶何とか繰り合わせて伺います. Verrò da lei appena le cose (si) saranno sistemate.

グリース 〔英 grease〕《潤滑油》 grasso[男], lubrificante[男]

クリーニング 〔英 cleaning〕《洗濯》 lavaggio[男][複 -*gi*] ¶ドライクリーニング lavaggio a secco ¶服をクリーニングに出す portare un vestito in lavanderia / mandare a lavare un vestito
✤クリーニング屋《店》 lavanderia[女]; tintoria[女] (◆染色・しみ抜きもする); 《人》 lavand*aio*[男][[女] -*ia*; [男]複 -*i*]

クリーム 〔英 cream〕 **1**《食品》 crema[女]; 《生クリーム》 panna[女]; crema[女] (del latte); 《ホイップクリーム》 panna[女] montata ◇クリーム状の cremoso ¶いちごクリーム crema alle fragole
2《化粧品・薬品など》 crema ¶クレンジング[栄養 / コールド]クリーム crema detergente [nutritiva / emolliente (e protettiva)] ¶ひげ剃り用クリーム crema da barba ¶ハンドクリーム crema per le mani ¶靴クリーム lucido[男] da scarpe / crema[女] per calzature
✤クリーム色 ◇クリーム色の color[男] panna [無変]
クリームソース salsa[女] alla panna
クリームソーダ gelato[男] con soda e sciroppo
クリームチーズ formag*gio*[男][複 -*gi*] cremoso

くりいれ 繰り入れ 〘会〙 trasferimento[男]
✤繰入金〘会〙 fondi[男][複] trasferiti

くりいれる 繰り入れる 《挿入する》 inserire; 《加える》 aggiungere; 《移す》 trasferire ¶利子を元金に繰り入れる accreditare [aggiungere] gli interessi al capitale

くりいろ 栗色 ◇栗色の castano, marron*e* [複 -e, -*i*]

グリーン 〔英 green〕 **1**《色》 verde[男] **2**《ゴルフの》 campo[男] da golf; 〔英〕 green[男][無変]
✤グリーン車《列車の》 carrozza[女] di prima classe (◆イタリアでは，１等車がこれに相当する)
グリーンベルト《都市計画の緑地帯》 fascia[女] verde; 《道路の》 aiuola[女] spartitraffico [無変]

グリーンピース 〔英 Greenpeace〕《国際環境保護団体》 Greenpeace[女]

クリーンルーム 〔英 clean room〕 camera[女] bianca [sterile]

くりかえし 繰り返し ripetizione[女]; 《リフレイン》 ritornello[男]; 《副詞》 ripetutamente ¶繰り返し練習する esercitarsi ripetutamente ¶同じことの繰り返しじゃないか. È sempre la stessa [solita] storia! ¶この実験は繰り返しがきかない. Questo esperimento non è ripetibile.
✤繰り返し精度 ripetibilità[女], errore[男] di fedeltà

くりかえす 繰り返す ripetere, reiterare; 《やり直す》 rifare; 《理解または確認のため》 ribadire; 《更新する》 rinnovare; 《再び始める》 ricominciare; 《悪いことを》 ricadere[自][*es*] in *ql.co.* ◇繰り返して a più riprese, più volte; ripetutamente; con insistenza ¶「歴史は繰り返す」 "La storia si ripete." ¶こんなことは２度と繰り返すなよ. Non rifarlo più! / Che non si ripeta!

くりくり ¶くりくりしたかわいい目の子 bambino dai begli occhi grandi e rotondi ¶目をくりくりさせる roteare gli occhi ¶くりくり坊主の男の子 ragazzino con i capelli rapati a zero

ぐりぐり **1**《はれ物》 gonfiore[男]; 《腺がはれたもの》 ingrossamento[男] [gonfiore[男]] delle ghiandole; 《るいれき・リンパ節炎》 scrofola[女]; 《小節》 nodulo[男]
2《目など》 ¶やせて目ばかりぐりぐりした少年 ragazzo magrissimo dagli occhi sporgenti
3《押しつけてもむ様子》 ¶ひじでぐりぐりする premere e massaggiare con il gomito

くりげ 栗毛 ¶栗毛の馬 (cavallo) baio [sauro]

クリケット 〔英 cricket〕〘スポ〙〔英〕 cricket[男] [無変]

グリコーゲン〔独 Glykogen〕 glicogeno [gli-]男

グリコール〔独 Glykol〕《化》glicol [gli-]男, glicole [gli-]男

くりこし 繰越《会》riporto男
✤**繰越金** residuo男
繰越残高 saldo男 a riportare
繰越高 riporto男

くりこす 繰り越す portare ql.co. in conto nuovo;《会》riportare ql.co. ¶次年度の予算へ繰り越す riportare ql.co. sul bilancio dell'anno successivo

くりごと 繰り言 solita storia女; tiritera女, litania女;《愚痴》filastrocca女 ¶繰り言を言う《愚痴を言う》lamentarsi in continuazione ¶老いの繰り言 ciance dei vecchi

くりこむ 繰り込む **1**《乗り込む》entrare男 [es]《に in》¶駅で集合して皆で競技場に繰り込んだ. Dopo esserci incontrati alla stazione, siamo andati insieme allo stadio.
2《他へ繰り入れる》trasferire [mettere] ql.co. in ql.co. ¶年末ボーナスも生活費に繰り込んだ. Ho destinato anche la tredicesima alle spese per vivere.
3《たぐり寄せる》¶ロープを手元に繰り込む tirare la corda verso di sé
4《送り込む》spedire, inviare, mandare ¶軍隊を繰り込む inviare l'esercito

くりさがる 繰り下がる spostarsi indietro;《延期される》essere rinviato男, essere posticipato男;《数》essere riportato男

くりさげる 繰り下げる《延期する》posporre, rimandare, rinviare; posticipare ¶試験は10月に繰り下げられた. Gli esami sono stati spostati [rinviati] a ottobre.

クリスタル〔英 crystal〕《水晶》cristallo男
✤**クリスタルガラス** cristallo男

クリスチャニア〔独 Kristiania〕《スポ》(スキーの) cristiania女

クリスチャン〔英 Christian〕cristiano男 [女-a]
✤**クリスチャンネーム** nome男 di battesimo

クリスマス〔英 Christmas〕Natale男 ◇クリスマスの natalizio [男複-i], di Natale ¶クリスマスに a Natale ¶メリークリスマス. Buon Natale! ¶クリスマスを祝う festeggiare il Natale
✤**クリスマスイブ** vigilia女 di Natale
クリスマスカード cartolina女 [biglietto男] di Natale
クリスマスキャロル canto男 di Natale
クリスマス休暇 vacanze女[複]「di Natale [natalizie]
クリスマスツリー albero男 di Natale
クリスマスプレゼント regalo男 di Natale

グリセード〔英 glissade〕《登山で》scivolata女 su pendio nevoso

グリセリン〔英 glycerin(e)〕《化》glicerina [gli-]女, glicerolo [gli-]男

くりだす 繰り出す **1**《連れ立って出かける》uscire男[es] insieme ¶街に繰り出そう. Andiamo in centro. ¶海水浴客が海に繰り出した. I bagnanti 「si dirigono verso le [vanno sulla] spiaggia.
2《手元から次々に出す》¶新手の軍勢を繰り出す inviare truppe fresche ¶ロープをゆっくり繰り出す mollare la corda lentamente

クリック〔英 clic〕《コンピュータ》〔英〕clic男 [無変] ◇クリックする cliccare他,自[av]

グリッサンド〔伊〕《音》glissando [gli-]男 [無変];《記号》gliss.

グリッド〔英 grid〕《電》griglia女

クリップ〔英 clip〕《紙ばさみ》fermaglio男 [複-gli];《針金状の》graffetta女;〔英〕clip男 [無変] (da carta); fermaglio男,《毛髪用の》fermaglio男, fermacapelli男 [無変];〔英〕clip男

グリップ〔英 grip〕 **1**《握り》manico男 [複-ci, -chi], impugnatura女 **2**《車》aderenza女, presa女 ¶このタイヤはグリップがいい. Questi pneumatici hanno un'ottima aderenza.

クリトリス〔ラ clitoris〕《解》clitoride女男

クリニック〔英 clinic〕一医院, 診療所, 病院

グリニッジひょうじゅんじ グリニッジ標準時 ora女 di Greenwich, Tempo男 Medio di Greenwich;《略》TMG男

くりぬく 刳り貫く《えぐる》strappare, cavare;《穴をあける》scavare, perforare ¶目をくりぬく strappare [cavare] gli occhi (a qlcu.) ¶りんごの芯をくりぬく estrarre il torsolo della mela

くりのべ 繰り延べ《延期》posticipazione女, rinvio男 [複-ii];《延長》prolungamento男
✤**繰り延べ支払い** pagamento男 posticipato

くりのべる 繰り延べる **1**《延期する》posporre, rimandare, rinviare; aggiornare ¶会議は2週間繰り延べられた. La riunione è stata posticipata [rinviata] di due settimane. **2**《延長する》estendere, prolungare

クリノメーター〔英 clinometer〕《機》clinometro男;《医》clinoscopio男 [複-i]

くりひろげる 繰り広げる ṣvolgersi ¶この部屋で惨劇が繰り広げられた. In questa stanza「si è svolta [è avvenuta] una tragedia.

クリプトン〔英 krypton〕《化》cripto男;《元素記号》Kr

くりょ 苦慮 pena女 ◆**苦慮する**《苦心》darsi pena di+不定詞 [per ql.co.], affannarsi a+不定詞 [per ql.co.], sforzarsi di+不定詞 [per ql.co.], rompersi la testa per+不定詞 [per ql.co.];《心痛》preoccuparsi (di ql.co.), essere in pena per qlcu. [ql.co.] ¶問題の解決に苦慮する darsi pena di [rompersi la testa per] risolvere un problema

グリル〔英 grill〕 **1**《料理店》rosticceria女; tavola女 calda **2**《焼き網》griglia女 ¶鯛のグリル dentice alla griglia

くりわた 繰り綿 cotone男 sgranato

クリンチ〔英 clinch〕《ボクシングで》lotta女 corpo a corpo;〔英〕clinch男 [無変] ◇クリンチする legare l'avversario

グリンピース〔英 green peas〕piselli男[複]

くる 来る **1**《空間的・時間的にこちらに近づく》venire自[es];《接近する》avvicinarsi;《到着する》arrivare自[es];《到達する》giungere自[es] ⇒行く 使いわけ ¶走って[急いで/歩いて]来る venire di corsa [in fretta / a piedi] ¶ミラノから来る列車 treno proveniente da Milano ¶向こうからきれいな娘が来る. Sta arrivando una bella ragazza. ¶さあ, 来い. Su vie-

ni! / Su, fatti avanti! ¶この手紙はどこから来たの. Da dove viene [arriva] questa lettera? ¶秋には台風が来る. In autunno arrivano i tifoni. ¶水は腰まできた. L'acqua mi arrivava ai fianchi. ¶もうすぐ春が来る. Fra poco arriva [viene] la primavera. ¶…すべき時が来た. È arrivato [giunto] il momento「di+不定詞[che+接続法]」. ¶いよいよ出発の時が来た. È venuto il momento di partire. ¶とうとう私の番が来た. Finalmente tocca a me. / Alla fine è giunto il mio turno. ¶私は1度ここに来たことがある. Sono stato qui una volta. ¶4月が来ると息子は小学校に上がる. Il prossimo aprile mio figlio entrerà nella scuola elementare. ¶来る日も来る日も空は鉛色だった. Un giorno dopo l'altro [Tutti i santi giorni] il cielo era plumbeo. ¶イタリア人の友だちから小包が来た. Ho ricevuto un pacco da un amico italiano. ¶彼は会議に遅れて来た. È arrivato alla riunione in ritardo. ¶幼稚園に迎えに行くと娘は私のほうに走って来た. Quando sono andato a prendere mia figlia all'asilo, mi è corsa incontro.
2【由来・起因する】provenire⓸[es] / derivare⓸[es] da ql.co.; essere causato da ql.co. [ql.cu.], essere dovuto a ql.co. [ql.cu.] ¶ギリシア語から来た言葉 parola di origine greca ¶イタリアから来た流行 moda importata dall'Italia ¶ロマンス諸語はすべてラテン語から来ている. Tutte le lingue romanze derivano dal latino. ¶これは中国から日本に来た思想だ. È una concezione introdotta in Giappone dalla Cina. ¶すべては彼の誤解から来たことだ. Tutto è dovuto a [è cominciato da / è originato da] un suo malinteso.
3【感覚が生じる】accadere⓸[es], avvenire⓸[es], succedere⓸[es] ¶足にむくみがきた. Mi è venuto un gonfiore ai piedi. ¶地震が来ても慌ててはいけない. Anche se verrà [ci sarà] un terremoto, non perdere la calma. ¶40を過ぎると体のあちこちにがたが来る. Dopo i quarant'anni si comincia「a sentire disturbi [ad avere acciacchi] in tutto il corpo. ¶誰のことを言っているのかすぐにぴんと来た. Ho subito afferrato di chi stavano parlando. ¶彼の態度は頭に来る. Il suo comportamento mi dà ai nervi. ¶レストランの前を通るといいにおいがして来る. Se si passa davanti al ristorante, si sente un buon odorino.
4【…をして来る】¶誰が来たのか見てきなさい. Va' a vedere chi è venuto! ¶学校に教科書を忘れてきた. Ho lasciato il libro di testo a scuola. / Me ne sono andato da scuola dimenticando il libro di testo.
5【…し始める】¶日ごとに寒さが増してきた. Diventa di giorno in giorno sempre più freddo. ¶最近少し太ってきた. Recentemente (mi) sono un po' ingrassato.
6【ずっと…して来る】¶10年間ひとりで生きてきた. Da dieci anni vivo (da) solo. ¶長いことイタリア語の勉強を続けてきたが今はできなくなった. Ho continuato a studiare l'italiano per tanto tempo, ma ora non posso più farlo.
→と来たら

くる 刳る ¶襟の大きくくれたブラウス camicetta con ampia scollatura / camicetta molto scollata

くる 繰る **1**【巻き取る】¶糸を繰る avvolgere [aggomitolare] il filo **2**【順に送る】¶数珠を繰る sgranare il rosario buddista **3**【順に数える】¶それがいつだったか日を繰って確かめた. Ho enumerato [contato] i giorni per sapere quando era accaduto quel fatto. **4**【めくる】¶ページを繰る girare [voltare] la pagina / ¶目を通す sfogliare le pagine

ぐる complice⓴⓶ ¶あの2人はぐるだよ. Quei due fanno lega (contro qlcu.). / Quei due sono complici.

くるい 狂い 《混乱》disordine⓹, confusione⓶;《計算・統計・予測などの誤り》errore⓹, sbaglio⓹[複-gli];《逸脱》deviazione⓶;《機械の変調》irregolarità⓶[複] ¶旅程に狂いが生じた. Il programma del viaggio ha subito cambiamenti. ¶僕の目に狂いはなかった. L'ho indovinato [azzeccato]. / Avevo visto giusto.

くるいざき 狂い咲き ¶家の桜が2月に狂い咲きした. I ciliegi del nostro giardino sono fioriti fuori stagione in febbraio.

くるう 狂う **1**《気(が)》impazzire⓸[es], perdere la ragione;《錯乱する》perdere la testa [la ragione], sconvolgersi ◇狂った pazzo, impazzito, folle, matto;《錯乱》sconvolto《で da》¶狂ったように all'impazzata / disperatamente / fuori di sé / come un pazzo [《女性》una pazza] ¶僕は試験のことで気もそぞろだ. Sono tutto sottosopra [scombussolato] a causa degli esami.
2《装置・調子が》essere「in disordine [in scompiglio / turbato];《故障する》guastarsi, rovinarsi ◇狂った《列車のダイヤなどが》in disordine, confuso, turbato, scompigliato;《変調》irregolare, squilibrato;《故障》guasto ¶順序が狂っている non essere in ordine / essere in disordine ¶この時計は狂っている. Questo orologio non va bene [non segna l'ora esatta]. ¶予定が狂った. I piani sono andati a rotoli.
3《夢中になる》¶女に狂う diventare matto per le donne ¶彼は彼女に狂っている. È infatuato di lei. ¶彼は競馬に狂っている. Va matto per le corse dei cavalli.

クルー 〔英 crew〕equipaggio⓹[複-gi];《スタッフ》〔英〕staff⓹[無変]

クルーザー 〔英 cruiser〕《船》《巡洋艦》incrociatore⓹;《クルーズ用の》nave⓶ da crociera

クルーズ 〔英 cruise〕crociera⓶ ¶エーゲ海クルーズ crociera sul Mare Egeo ¶地中海クルーズ crociera nel Mediterraneo ¶世界一周クルーズ giro del mondo in crociera

グループ 〔英 group〕gruppo⓹;《小さな》gruppetto⓹ ¶グループで働く lavorare in gruppo ¶子供たちをグループに分ける dividere i bambini in gruppi ¶先頭グループ《競走などで》gruppo di testa

✦グループ作業 lavoro⓹ di gruppo
グループダイナミックス 〔心〕dinamica⓶ di gruppo

くるおしい 狂おしい ¶彼は狂おしいまでにその女を愛していた. Amava pazzamente quella donna.

くるくる 1《回る様子》¶くるくる回る girare [es, av] / roteare [av] / turbinare [av] ; 《…の回りを》girare intorno a ql.co.
2《巻き付く様子》¶毛糸をくるくると巻いて玉にする avvolgere la lana in un gomitolo
3《立ち働く様子》¶あの娘はくるくる立ち働く. Quella ragazza lavora senza sosta.
4《変化が目まぐるしい様子》¶あの人はくるくる気が変わる. Quella persona cambia spesso idea.

ぐるぐる ¶市内をぐるぐる回る andare in giro per la città / girare la città in lungo e in largo ¶ボートは一か所をぐるぐる回っている. La barca gira su se stessa. ¶傷に包帯をぐるぐる巻きした. Ho avvolto una benda attorno alla ferita.

くるしい 苦しい 1【肉体的に】¶息が苦しい《呼吸困難》sentirsi soffocare / avere difficoltà di respirazione /《息がはずむ》affannarsi ¶胸が苦しい《胸部痛》avere dolore al petto ¶お腹が苦しい.《食べ過ぎで》Mi sento scoppiare.
2【精神的に】《つらい》penoso, doloroso, amaro;《大変な》duro;《きつい》pesante;《骨の折れる》faticoso;《いやな》sgradevole;《困難な》difficile, spinoso ¶苦しい目に遭う passare dei brutti momenti ¶苦しい思いをしてイタリア語を勉強した. Ho studiato l'italiano con molta fatica.
3【経済的に】¶生活が苦しい vivere in ristrettezze economiche ¶家計が苦しい. Ce la passiamo male.
4【追いつめられて】¶苦しい立場にある trovarsi in una posizione imbarazzante / essere in un brutto pasticcio ¶苦しい言い訳 scusa forzata 慣用 苦しい時の神頼み《諺》"Pericolo scampato, Dio dimenticato."

くるしさ 苦しさ →苦しみ

くるしまぎれ 苦し紛れ ◇苦し紛れに per disperazione, per necessità;《どうしていいかわからずに》non sapendo + più che fare [che pesci prendere / a che santo votarsi]

くるしみ 苦しみ《肉体的苦痛, 悲嘆》dolore ;《不安・恐怖を伴う苦悩》angoscia [複 -sce], angustia;《肉体的・精神的苦悩》sofferenza ;《苦痛, 心痛》pena, tormento;《心配, 心痛》preoccupazione, ansia ¶苦しみに満ちた一生 una vita piena di sofferenza ¶苦しみに堪える sopportare un dolore ¶苦しみを乗り越える superare il dolore ¶地獄の苦しみを味わう soffrire le pene dell'inferno ¶産みの苦しみ《出産の》travaglio di parto /《創造の》travaglio creativo ¶qlcu. le sofferenze

くるしむ 苦しむ 1【肉体的に】soffrire , [av] (di) ql.co., patire , [av] (di) ql.co. ¶空腹に苦しむ soffrire [patire] la fame ¶心臓病に苦しむ soffrire [patire] di cuore ¶大病に苦しむ essere afflitto da una grave malattia ¶不眠症に苦しむ essere tormentato dall'insonnia
2【困る, 苦労する】財政難に苦しむ trovarsi in difficoltà finanziarie ¶虐政に苦しむ gemere [av] sotto la tirannia ¶家庭内のいざこざに苦しんでいる essere angustiato [oppresso] dai problemi familiari ¶苦しんで…する《懸命に》darsi la pena di +直説法 ¶私は父の残した借金に一生苦しんだ. Ho penato tutta la vita per colpa dei debiti contratti da mio padre. ¶彼の言葉の理解に苦しむ. Non riesco a capire ciò che lui intende dire.

くるしめる 苦しめる affliggere, tormentare, perseguitare, fare soffrire qlcu.《で con》;《困らせる》imbarazzare,《迷惑をかける》infastidire, importunare ¶嫉妬に苦しめられる tormentarsi per la gelosia ¶借金に苦しめられる essere assillato dai debiti

グルタミンさん グルタミン酸 《化》acido glutammico
✤グルタミン酸ソーダ glutammato di sodio
グルテン 〔英 gluten〕《化》glutine
グルデン 〔蘭 gulden〕《オランダの旧通貨単位》〔蘭〕gulden [無変], fiorino olandese
くるびょう 佝僂病《医》rachitismo ◇くる病の rachitico -ci]
✤くる病患者 rachitico [複 -ca];《蔑》gobbo [複 -a]
くるぶし 踝 caviglia;《解》malleolo,《距骨(きょこつ)》astragalo

くるま 車 1《車両》veicolo,《自動車》automobile , macchina, vettura, auto [無変];《馬車》carrozza;《荷車》carro, carretto;《タクシー》taxi [無変] →自動車 用語集 ¶車に乗る《乗り込む》salire in automobile [in macchina] ¶車で行く andare in automobile [in macchina / con l'automobile / con la macchina /《タクシー》in taxi] ¶車を降りる《下車》scendere dall'automobile [dalla macchina] ¶車を飛ばす lanciare l'auto a tutta velocità ¶車を運転する guidare l'automobile ¶車を拾う prendere un taxi ¶その道は車が混んでいる. In quella strada c'è un gran traffico.
2《車輪》ruota;《家具などの》rotella
✤車椅子 sedia a rotelle
車代《タクシーなどの代金》prezzo della corsa, tariffa;《交通費》《複》spese di trasporto;《謝礼》mancia [複 -ce] ¶ほんのお車代です. Tenga, per il disturbo [per la benzina].
車止め sbarramento;《鉄道》fermacarro, paraurti [無変]
車酔い mal d'auto
車寄せ《アーケード》portico [複 -ci];《ポーチ》androne
くるまえび 車海老 gambero;《ローマ》mazzancolla
くるまざ 車座 ¶車座になる《座る》fare [sedersi in] cerchio
くるまる 丸まる avvolgersi (in ql.co.);《衣服に》imbacuccarsi in ql.co. ¶毛布にくるまって寒さをしのいだ. Si è protetto dal freddo avvolgendosi in una coperta (di lana).
くるみ 胡桃《木》noce ,《実》noce ¶くるみ入りチーズ formaggio alle noci
✤くるみリキュール nocino
くるみ割り schiaccianoci [無変]
-ぐるみ ¶町ぐるみの反対運動が起こった. È sorto un movimento di opposizione in tutta la

città. ¶彼とは家族ぐるみの付き合いだ. È un amico di famiglia.

くるみボタン 包みボタン bottone[男] ricoperto di stoffa

くるむ 包む ¶ケーキをアーモンドでくるむ ricoprire [rivestire] la torta con le mandorle ¶指輪を薄紙にくるむ avvolgere l'anello con [in] una carta velina

グルメ 〔仏 gourmet〕 buongust*aio*[男][[女] *-ia*; [男]複 *-i*]; 〔仏〕gourmet[男][無変]

くるり ¶くるりとカールした柔らかい髪 capelli soffici [morbidi] e ondulati ¶鏡の前でくるりとまわる girare su *se* stess*o* davanti allo specchio ¶態度をくるりと変えた. Ha cambiato improvviṣamente il suo atteggiamento.

ぐるり **1**《周囲》 ¶家のぐるりに垣根をめぐらす costruire un muro [un recinto / uno steccato] attorno [intorno] alla casa ¶警官はその家のぐるりをかためた. La polizia ha circondato la casa. **2**《回る様子》 ¶首をぐるりと回す運動 eṣercizio di rotazione del collo ¶ぐるりと周囲を見回した. Si è guardato attorno.

くるわせる 狂わせる **1**《心を》fare impazzire *qlcu.* **2**《正確でなくする》 ¶機械を狂わせる rovinare la macchina ¶メーターを狂わせる fare impazzire il contatore **3**《手違いを生じる》 ¶インフレが計画を狂わせた. L'inflazione ha scombinato [ha sconvolto] il progetto.

くれ 暮れ **1**《夕方》crepuscolo[男]; tramonto[男]; 《晩》sera[女] ¶暮れ時に all'ora del crepuscolo / al tramonto **2**《年末》fine anno[男], fine[女] dell'anno ¶暮れに a fine anno ¶暮れの大売り出し grande vendita di fine anno [di Natale]

クレー 〔英 clay〕〘スポ〙piattello[男], piccione[男]

✤**クレー射撃** tiro[男] al piattello [al piccione]

グレー 〔英 gray〕《灰色》color[男] grigio [複 *-gi*], gri*gio*[男][複 *-gi*] ◇グレーの gri*gio* [[男]複 *-gi*; [女]複 *-gie*, *-ge*]

グレー 〔英 gray〕〘物〙〔英〕gray[男][無変]; 《記号》Gy

クレーター 〔英 crater〕〘地質〙cratere[男]

グレードアップ ⇀アップグレード

グレートデーン 〔英 Great Dane〕〘動〙danese[男], alano[男] (tede*sco* [複 *-schi*]) ⇀犬 [図版]

グレーハウンド 〔英 greyhound〕〘動〙〔英〕greyhound[男][無変]; levriere[男] inglese ⇀犬 [図版]

クレープ 〔仏 crêpe〕 **1**〘織〙crespo[男]; 〔仏〕crêpe[男][無変] **2**〘料〙crespelle[女][複]; 〔仏〕crêpe[女][無変]

✤**クレープデシン**〘織〙crespo[男] (di Cina)

グレープジュース succo[男] d'uva

グレープフルーツ 〔英 grapefruit〕pompelmo[男]

クレーム 〔英 claim〕**1**《損害賠償請求》richiesta di risarcimento ¶クレームをつける preṣentare una domanda d'indennizẓo **2**《苦情》reclamo[男] ¶クレームをつける《正式に》inoltrare reclamo / 《文句を言う》reclamare presso *qlcu.* contro *ql.co.* / lamentarsi presso *qlcu.* di *ql.co.* ¶ペナルティーキックの判定にクレームをつける reclamare presso l'arbitro contro un calcio di rigore

クレーン 〔英 crane〕〘機〙gru[女][無変] ¶クレーン船 gru galleggiante ¶ジブクレーン gru a braccio [a bandiera] ¶クレーンで大理石の塊を持ち上げる alzare [sollevare] un blocco di marmo con una gru

✤**クレーン車** autogrù[女], carro[男] attrezzi [無変]

クレオール 〔仏 créol〕 ◇クレオールの creolo ¶クレオール文学 letteratura creola

クレオソート 〔英 creosote〕 creoṣoto[男]

くれぐれも 呉れ呉れも ¶お父上からあなたのことをくれぐれも頼むと言われました. Suo padre mi ha raccomandato di prendermi cura di lei. ¶奥様にくれぐれもよろしく. La prego di porgere a sua moglie i miei omaggi. ¶寒さが厳しい折からくれぐれもお体をお大事に. Con questa temperatura rigida, mi raccomando, si riguardi.

グレゴリオせいか グレゴリオ聖歌 canto[男] gregoriano

グレゴリオれき グレゴリオ暦 calendario[男] gregoriano

グレコローマン 〔英 Greco-Roman〕《レスリング》lotta[女] greco-romana

クレジット 〔英 credit〕 **1**〘金融〙《信用販売》credito[男] ¶クレジット口座を開設する aprire un credito **2**〘映〙《クレジットタイトル》titoli[男][複]; 《スタッフの》〔英〕credit[男][無変]

✤**クレジットカード** carta[女] di credito

クレジットライン〘金融〙cifra[女] di fido; castelletto[男]

クレゾール 〔独 Kresol〕 creṣolo[男]

クレソン 〔仏 cresson〕〘植〙crescione[男]

クレチンびょう クレチン病 cretiniṣmo[男]

✤**クレチン病患者** cretin*o*[男][[女] *-a*]

ぐれつ 愚劣 ◇stupidità[女] ◇愚劣な stupido

クレッシェンド 〔伊〕〘音〙crescendo[男][無変] ¶クレッシェンドで (in) crescendo

くれない 紅 **1**〘植〙《ベニバナ》cartamo[男], ẓafferano[男] falso **2**《色》 ◇紅の cremiṣino, cremiṣi [無変]; scarlatto, di color rosso vivo

くれなずむ 暮れ泥む ¶暮れなずむ空 il (lento rosseggiare del) cielo all'ora del crepuscolo

くれのこる 暮れ残る ¶暮れ残る空 chiarore[男] crepuscolare del cielo / cielo rosseggiante nel riverbero del tramonto

クレバス 〔英 crevasse〕 crepac*cio*[男][複 *-ci*]

クレヨン 〔英 crayon〕 pastello[男]

✤**クレヨン画** (dipinto[男] a) pastello[男]

くれる 呉れる **1**《自分または自分の側の者に第三者が物を与える》dare *ql.co.* 《に a》; 《贈る》regalare *ql.co.* 《に a》 ¶彼女はヴェネツィアから絵はがきをくれた. Lei mi ha mandato una cartolina (illustrata) da Veneẓia. ¶叔父が時計を誕生日にくれた. Mio zio mi ha regalato un orologio per il mio compleanno.
2《物を与える》dare *ql.co.* 《に a》 ¶野良犬にえさをくれてやる. Do da mangiare ai cani randagi.
3《「…してくれる」の形で》 ¶私たちのために車を用意してくれた. Ci hanno preparato una macchina. ¶彼は (親切にも) 帰りの切符まで買ってくれた. Lui mi ha gentilmente comprato anche il biglietto di ritorno. ¶明日10時に迎えに来てくれ. Passa a prendermi alle dieci domani. ¶今晩も

う一度電話をかけてくれませんか. Mi fai il favore di telefonarmi di nuovo stasera? ¶ちょっと待ってくれないか. Puoi [Vuoi] aspettarmi un minuto? ¶大変なことをしてくれたなあ. Che disastro mi hai combinato!

くれる 暮れる **1**《夜になる》farsi scuro [buio] per il tramonto ¶日が暮れる. Il sole tramonta. / Scende la sera. / Si fa notte. ¶日が暮れかかる. Comincia ad imbrunire. ¶日の暮れないうちに prima del calar del sole
2《季節・年が》finire㉑ [es], passare㉑ [es] ¶あと2日で今年も暮れる. Mancano due giorni alla fine dell'anno. ¶秋が暮れる. L'autunno finisce.
3《…しながら時を過ごす》¶悲しみに暮れる essere oppresso [sopraffatto] dal dolore ¶思案に暮れる perdersi [immergersi / sprofondare] nei propri pensieri ¶途方に暮れる non sapere più cosa fare ¶涙に暮れる sciogliersi in lacrime

ぐれる traviarsi, sviarsi ¶彼は受験に失敗してからぐれた. Dopo aver fallito gli esami di ammissione [essere stato bocciato agli esami di ammissione], ha preso una brutta piega [strada].

クレンザー [英 cleanser][磨き粉] abrasivo㉑

クレンジングクリーム crema㉑ detergente

くろ 黒 **1**《色》colore㉑ nero, nero㉑ ¶黒のスーツ完璧の黒で彼女は全身黒でまとめていた. Si era vestita di nero dalla testa ai piedi.
2《容疑が事実であること》¶黒か白かをはっきりさせる chiarire se qlcu. sia colpevole o meno (► colpevole は qlcu. の性・数に合わせて語尾変化する) ¶間違いなく彼は黒だ. Lui è sicuramente colpevole.
3《黒字》¶収支は黒だ[黒になった]. Il bilancio è in [è diventato] attivo.
慣用 黒を白と言いくるめる fare apparire bianco il nero

くろい 黒い **1**《黒色の》nero; 《黒っぽい》nerastro, scuro ◇黒くなる annerire㉑ [es], annerirsi, scurirsi; diventare㉑ [es] nero ¶黒い髪 capelli neri [scuri] ¶《漆黒の》capelli neri come l'ebano ¶黒く染める tingere qlc.co. in [di] nero ¶黒く縁取りされた紙 carta listata di nero
2《日焼けなどで》abbronzato ◇黒くなる abbronzarsi ¶彼は色が黒い. È di carnagione scura [bruna]. / È bruno [scuro] di pelle.
3《汚れて》sporco㉑複 -chi ¶すすで黒くなった天井 soffitto annerito di fuliggine ¶シャツの袖口が黒くなっている. I polsini della camicia sono diventati neri.
4《暗い》scuro, oscuro ¶黒い闇が彼を取り巻いていた. Era circondato dall'oscurità. / Era al [immerso nel] buio.
5《悪意のある》malvagio [㉑複 -gi; ㉑複 -gie], vile ¶腹の黒い人 persona malvagia
6《不吉な》sinistro, infausto, di malaugurio ¶死の黒い影 l'ombra sinistra della morte

クロイツフェルト・ヤコブびょう クロイツフェルト・ヤコブ病 [医] malattia㉑ di Creutzfeldt-Jakob

くろう 苦労 《努力》sforzo㉑, strapazzo㉑; 《骨折り》pena㉑, fatica㉑; 《困難, 貧困》stento㉑, difficoltà㉑; 《いらい》seccatura㉑; 《心労, 心痛》preoccupazione㉑, ansia㉑, ansietà㉑; 《さらに強い》assillo㉑, affanno㉑ ◇苦労する《努力する》faticare㉑ [av] [penare㉑ [av] / stentare㉑ [av]] a + 不定詞 [苦労して…する] durar fatica a + 不定詞, sforzarsi di + 不定詞; 《困難である》aver difficoltà a + 不定詞; 《心配・努力する》affannarsi「a + 不定詞 [per qlcu. / per ql.co.]; 《一生懸命やる》darsi la pena [la briga] di + 不定詞; 《心配する》stare in ansia per qlcu. [ql.co.], preoccuparsi di ql.co. [qlcu.] ◇苦労して a fatica; a stento; con grande sforzo, duramente, laboriosamente; penosamente
¶苦労なしに senza fatica [sforzo / difficoltà] ¶苦労のない生活 vita spensierata ¶金の苦労をする avere preoccupazioni [difficoltà] finanziarie ¶苦労でやつれた顔をしている avere il viso scavato dall'ansietà ¶苦労の種 fonte di preoccupazioni [di guai / di tribolazioni] ¶親に苦労をかける dare delle preoccupazioni ai propri genitori ¶あの子には本当に苦労させられる. Quel figlio è la mia croce. / Quel figlio mi dà molte preoccupazioni. ¶この車はエンジンをかけるのに苦労する. Questa macchina stenta a partire. ¶この仕事には大いに苦労した. Questo lavoro mi ha fatto sudare sette camicie. ¶苦労した甲斐があったよ. Ne è valsa la pena. / Non è stata fatica sprecata. ¶母はいろいろと苦労が多かった. Mia madre ha tribolato molto. ¶ご苦労な話だ. È stata una bella sfacchinata! ¶ご苦労さま.《何かしてもらったとき》Ti ringrazio per quanto hai fatto. (►イタリア語ではあいさつの言葉としては使われない)

❖**苦労性**(しょう) ¶彼は苦労性だ. È (un) ansioso per natura.

苦労人 ¶彼はなかなかの苦労人だ. È un uomo che ha molto vissuto.

ぐろう 愚弄 beffa㉑, canzonatura㉑, derisione㉑, irrisione㉑, scherno㉑ ◇愚弄する ridere [burlarsi / farsi beffe] di qlcu. ¶人を愚弄するような話 storia beffarda [canzonatoria]

くろうと 玄人《熟練者》esperto㉑ [㉑ -a]; 《プロ》professionista㉑ [㉑複 -i]; 《専門家》specialista㉑ [㉑複 -i] ¶彼女の歌はくろうとはだしだ. Lei canta meglio di un professionista.

くろうんも 黒雲母 [鉱] biotite㉑

グロー [英 glow] [電子] bagliore㉑
❖**グロー管** tubo㉑ a scarica a bagliore
グローランプ lampada㉑ a scarica [a luminescenza]

クローク [英 cloak] guardaroba㉑ [無変]
❖**クローク係** guardarobiere㉑ [㉑ -a]

クローズアップ [英 close-up] **1**[映] ¶クローズアップで撮る fotografare [riprendere] qlcu. in un primo piano **2**《大きく取り上げること》¶この町では公害問題がにわかにクローズアップされた. In questa città il problema dell'inquinamento è improvvisamente balzato alla ribalta.

クローズドショップ [英 closed shop] azienda che assume solo personale iscritto a un certo sindacato

クローゼット 〔英 closet〕(洋服だんす) armad*io*男 [男 -*i*]; (大きな、また納戸式の) guardaroba男 [無変]

クローネ 〔ノルウェー語 krone〕《デンマーク・ノルウェーの通貨単位》 corona女

クローバー 〔英 clover〕《植》 trifogl*io*男 [複 -*gli*] ¶四つ葉のクローバー quadrifoglio

グローバリゼーション 〔英 globalization〕《経》 globalizzazione女

グローバル 〔英 global〕 ¶グローバルな視点から見れば da un punto di vista globale

くろおび 黒帯 (柔道で) ¶黒帯である essere una cintura nera

クローブ 〔英 clove〕《料・植》 chiodo男 di garofano

グローブ 〔英 glove〕 guanto男; (ボクシング用) guantone男

クロール 〔英 crawl〕 crawl男[無変]; (自由形) stile男 libero ¶クロールで泳ぐ nuotare自 [*av*] a crawl [a stile libero]

クローン 〔英 clone〕《生》 clone男
✤**クローン技術規制法** regolamento男 sulla clonazione
クローン羊 pecora女 clonata

くろかみ 黒髪 capelli男[複] neri
くろくも 黒雲 nuvola女 nera
くろぐろ 黒黒 ◇黒々とした di colore nero profondo [cupo] ¶黒々と字を書く scrivere i caratteri con inchiostro abbondante ¶からすの黒々とした羽 ali nerissime di corvo ¶黒々とした髪 capelli nerissimi [tutti neri]

くろこ 黒子・黒衣 (歌舞伎などで) assistente男女 di scena vestito di nero nel *kabuki* o teatro dei burattini; (裏方) chi aiuta [organizza] dietro le quinte

くろこげ 黒焦げ ¶黒焦げ死体 cadavere carbonizzato ¶黒焦げにする carbonizzare / bruciare ¶黒焦げになる carbonizzarsi / bruciarsi

くろざとう 黒砂糖 zucchero男 greggio; zucchero男 [nero] di canna

くろじ 黒字 avanzo男 di bilancio; attivo男; 〔英〕 surplus男[無変] ¶予算は黒字だ. Il bilancio è in attivo.

くろしお 黒潮 corrente女 Kuroshio

くろシャツとう 黒シャツ党 (ファシスト党) partito男 fascista italiano
✤**黒シャツ党員** fascista男女 [男複 -*i*], cam*i*cia女 [複 -*cie*] nera

クロス 〔英 cloth〕 tessuto男, tela女 ¶クロス装の rilegato in tela

クロス 〔英 cross〕《十字》 croce女 ◇クロスする incrociarsi
✤**クロスカントリースキー** 《スポ》 sci男 di fondo
クロスカントリーレース 《スポ》 corsa女 campestre
クロスステッチ punto男 croce
クロスバー 《スポ》 traversa女
クロスリファレンス rimando男
クロスレート 《金融》 camb*io*男 [複 -*i*] incrociato [indiretto]
クロスワードパズル (gioco男 di) parole女[複] crociate; cruciverba男 [無変]

グロス 〔英 gross〕 grossa女 ¶ボタン1グロス「una grossa [dodici dozzine] di bottoni

くろずむ 黒ずむ annerirsi, diventare自[*es*] nero ¶目の縁が黒ずんでいる. Ha le occhiaie.

クロッカス 〔英 crocus〕《植》 croco男 [複 -*chi*]

クロッキー 〔仏 croquis〕 schizzo男 (veloce), bozzetto男 ◇クロッキーをする fare uno schizzo rapido (di *qlcu*. [di *ql.co.*])

グロッキー 〔英 groggy〕 ¶グロッキーである《ボクシングで》 essere groggy [suonato / barcollante] / (疲れた) essere esaurito [esausto]

クロック 〔英 clock〕《コンピュータ》〔英〕 clock男[無変]

くろつち 黒土 (黒い土) terra女 nera, suolo男 nero; (沃土(ょくど)) terra女 grassa e nera, terra男 [suolo男] fertile

くろっぽい 黒っぽい nero; scuro; (黒味がかった) nerastro ¶絵全体を黒っぽくする scurire l'intero dipinto ¶黒っぽい服 abito scuro (▶「礼服」という意味もある)

グロテスク 〔英 grotesque〕 ◇グロテスクな grott*esco* [男複 -*schi*], bizzarro
✤**グロテスク模様** 《美》 grottesca女
グロテスク様式 《美》 grottesco男

くろてん 黒貂 《動》 zibellino siberiano; (その毛皮) zibellino男

くろぬり 黒塗り ◇黒塗りの verniciato di nero; (ラッカーで) laccato di nero

クロノメーター 〔英 chronometer〕 cronometro男

くろパン 黒パン pane男 nero [(全粒粉の) integrale]; (ライ麦パン) pane男 di segale

くろビール 黒ビール birra女 nera [scura]

くろびかり 黒光り ¶黒光りしている essere di un nero lucente

くろひょう 黒豹 《動》 pantera女 nera

グロブリン 〔英 globulin〕《生》 globulina女

くろぼし 黒星 **1** (的の中心) centro男 del bersaglio **2** (負け) perdita女, sconfitta女; (失敗) fallimento男, errore男 ¶黒星を取る(試合で) perdere la partita [l'incontro] / essere sconfitto ¶ 一瞬の答弁は彼の黒星だった. Con quella risposta si è tirato la zappa sui piedi.

くろまく 黒幕 **1** 《劇場の》 quinte女[複], sipar*io*男 [複 -*i*] nero **2** 《陰で繰る人物》 persona女 che manovra dietro le quinte [che regge le fila nell'ombra] (▶ le fila は il filoの複数形) / 《政・財界の》 potenza女 occulta, eminenza女 gr*i*gia [複 -*ge*]
✤**黒幕政治** manovre女[複] politiche (occulte)

くろまめ 黒豆 (fag*io*lo男 di) soia女 nera

くろみ 黒味 ◇黒みがかった nerastro, nereggiante, tendente al nero

クロム 〔仏 chrome〕《化》 cromo男; (元素記号) Cr ¶クロムめっきの cromato
✤**クロムイエロー** giallo男 cromo [無変]
クロム鋼 accia*io*男 al cromo
クロム酸塩 cromato男
クロム鉄鉱 cromite女

くろめ 黒目 iride女

くろやま 黒山 ¶広場は黒山のような人だかりだ.

Nella piazza c'è una folla immensa. / La piazza brulica [è nereggiante] di folla.
くろゆり 黒百合 〚植〛giglio男 [複 -gli] nero
クロレラ 〚英 chlorella〛〚植〛clorella女
クロロフィル 〚英 chlorophyll〛〚植〛clorofilla女
クロロホルム 〚独 Chloroform〛〚化〛cloroformio男 [複 -i] ¶患者にクロロホルムで麻酔をかける cloroformizzare un paziente
クロロマイセチン 〚英 chloromycetin〛〚薬〛cloromicetina女
くろわく 黒枠 ◇黒枠の bordato [orlato] di nero ¶黒枠のはがき cartolina che annuncia la morte di qlcu. ¶黒枠の記事 necrologio
クロワッサン 〔仏 croissant〕〚仏〛croissant男 [無変]; cornetto男, 〔仏〕brioche [brió]女 [無変]
くわ 桑〚植〛gelso男, moro男 ¶桑の実 mora (di gelso)
くわ 鍬 zappa女 ¶ぶどう畑に鍬を入れる zappare la vigna
くわい 慈姑〚植〛sagittaria女;〚食べる部分〛rizoma男 [複 -i] tuberoso di sagittaria
くわいれ 鍬入 **1**〚農家の〛cerimonia女 agreste di Capodanno in cui si zappa la terra rivolti in una buona [fortunata] direzione **2**〚着工の〛cerimonia女「prima di una costruzione [〚定礎式〛di posa della prima pietra〛 ◇鍬入れをする rompere il terreno ¶市長は新庁舎の起工式で鍬入れを行った. Il sindaco ha posto la prima pietra del nuovo edificio comunale.
くわえタバコ 銜え煙草 ¶くわえタバコで仕事をする lavorare con la sigaretta in bocca
くわえて 加えて ¶加えて彼には莫大な資産があった. Inoltre aveva [possedeva] un ingente patrimonio.
くわえる 加える **1**〚追加する〛aggiungere, addizionare《AをBに A a B》;〚合計する〛addizionare, sommare《AをBに A a B》;〚挿入する〛inserire《AをBに A in B》;〚含める〛includere qlcu.[qlco.]《に in》 ¶全部加えると in tutto / tutto compreso ¶それに加え inoltre / oltre a ciò ¶この2つの数を加えなさい. Addizionate questi due numeri. ¶税金とサービス料を加えて7500円になります. Sono 7.500 yen compresi tasse e servizio. ¶3に5を加えると8になる. Somma 3 a 5 e avrai 8. / 3 più 5 fa 8. ¶君を加えて全員で7名だ. In tutto siamo sette, te compreso. / Contando anche te, siamo sette.
2〚増す〛¶スピードを加える《車が主語》prendere velocità,《運転者が主語》aumentare la velocità della macchina / accelerare la macchina ¶雨が激しさを加える. La pioggia diventa più forte.
3〚仲間に入れる〛fare partecipare qlcu.《に a》; inserire qlcu.《に in》 ¶その旅行に僕も加えてくれ. In questo viaggio includi pure me.
4〚与える, 課す, 負わす〛imporre, infliggere ¶打撃を加える sferrare [dare] un colpo《に a》 ¶罰を加える infliggere un castigo [una punizione]《に a》 ¶修正を加える apportare modifiche《に a》

くわえる 銜える tenere [portare] qlco.「in bocca [tra i denti] ¶葉巻をくわえる tenere un sigaro in bocca ¶指をくわえて眺める《羨望の目で》guardare qlco.《qlcu.》con invidia ¶指をくわえて好機を逃がす farsi sfuggire una buona occasione senza poter alzare un dito
くわがたむし 鍬形虫 cervo男 volante
くわけ 区分け 〚区分〛divisione女;〚分類〛classificazione女 ◇区分けする dividere; classificare;〚さらにまた分ける〛suddividere ¶郵便物を区分けする smistare la corrispondenza ¶送り先に応じて区分けされた荷物 bagagli raggruppati secondo le destinazioni

くわしい 詳しい 〚詳細な〛particolareggiato, dettagliato, circostanziato; minuzioso;〚精通した〛esperto ◇詳しく con tutti i particolari; accuratamente, minuziosamente, per esteso, con precisione, con esattezza ¶詳しい説明 spiegazione dettagliata ¶詳しい地図 mappa particolareggiata ¶…に詳しい《人が主語》essere al corrente di qlco. /〚知識がある〛conoscere qlco. a fondo / intendersi di qlco. ¶彼は法律に詳しい. È un esperto in (materia di) legge. ¶彼は詳しく話してくれた. Mi ha riferito dettagliatamente [fin nei minimi particolari] ogni cosa. ¶私はその事件について詳しくは知らない. Non conosco i particolari del caso. ¶彼は会社内部の事情に詳しい. È estremamente informato sulle questioni interne dell'azienda.
くわずぎらい 食わず嫌い ¶食わず嫌いである evitare di mangiare qlco. pur non avendola mai assaggiata /〚わけもなく嫌う〛odiare qlco. senza alcun motivo particolare /〚毛嫌いする〛avere antipatia《に per》 ¶彼女はチーズを食わず嫌いしている. Lei dice che non le piace il formaggio senza nemmeno assaggiarlo. ¶それは食わず嫌いというものだ. È un pregiudizio!
くわせもの 食わせ物・食わせ者 〚いかさま〛imbroglio男 [複 -gli];〚にせもの〛falsificazione女, simulazione女, oggetto男 falso;〚詐欺〛impostore男 [女 -a], imbroglione男 [女 -a];〚偽善者〛ipocrita男 [男複 -i] ¶一見紳士ふうのくわせもの lupo travestito da pecora ¶彼の親切はとんでもないくわせものだった. La sua gentilezza era pura apparenza.
くわせる 食わせる **1**〚食べさせる〛¶この店ではうまい物[天ぷら]を食わせる. In questo ristorante si mangia「bene [un buon *tempura*]. **2**〚養う〛¶一家を食わせる nutrire [mantenere] la famiglia **3**〚だます〛giocare un tiro a qlcu. ¶まんまと一杯食わされた. Mi ha imbrogliato [Mi ha giocato] per bene! / L'ho bevuta come un allocco!
くわだて 企て 〚計画〛progetto男, piano男, programma男 [複 -i];〚試み〛tentativo男, prova女;〚事業の〛impresa女;〚犯罪の〛attentato男;〚陰謀〛complotto男 ¶企てを実行する attuare [eseguire] un progetto
くわだてる 企てる 〚計画する〛progettare qlco. [di+不定詞];〚決意する〛proporsi di+不定詞;〚事業などを〛intraprendere qlco.;〚想像・予定する〛contemplare qlco., aver in mente

くわばたけ ... di+不定詞;（試みる）provare *ql.co.* [a+不定詞], tentare *ql.co.* [di+不定詞] ¶陰謀を企てる ordire una congiura / tramare un complotto ¶そのテロ組織は大統領暗殺を企てていた. Quel gruppo di terroristi tramava l'assassinio del Presidente.

くわばたけ 桑畑 campo⒨ di gelsi

くわばら 桑原 ¶くわばら，くわばら. Dio ce ne scampi! / Per amor del cielo! / Non sia mai!

くわわる 加わる **1** 《増す》aumentare⒤ [*es*] ¶日ごとに暑さが加わる. Di giorno in giorno ⌈il caldo aumenta [fa sempre più caldo⌋. **2**《付加される》¶被爆に台風の被害が加わって，広島は大惨事となった. Il tifone che seguì alla bomba atomica rese Hiroshima un inferno. **3**《参加する》unirsi [associarsi / partecipare / prendere parte] a *ql.co.* ¶仲間に加わる unirsi alla compagnia [al gruppo]

くん 勲- ¶勲一等を賜る ricevere un'onorificenza di primo grado dell'Ordine al Merito

-くん -君 ¶やあ，山田君. Ciao, Yamada! ▶親しい間柄の人を呼ぶ場合，イタリアでは名前を呼び捨てにするのがふつう. ニュアンスによって，姓に signorをつけて言うほうがよいときもある.

ぐん 軍 **1**《軍隊》arma⒡ [複 *-i*]; forza⒡; truppe⒡[複] ¶軍の militare ¶軍当局 autorità militari ¶軍司令部[官] comando [comandante] militare **2**《チーム》¶女性軍 squadra femminile

ぐん 郡 distretto⒨ ¶西多摩郡 Distretto di Nishitama

❖**郡部** distretto⒨;（農村地帯）campagna⒡;（都市郊外）periferia⒡

ぐん 群 **1**《群れ》¶一群の労働者 un gruppo di operai ¶いなごの大群 nuvola di cavallette ¶群をなして in massa **2**《数》gruppo⒨ 慣用 群を抜く ¶あの生徒は群を抜いている. Quell'alunno ⌈si distingue su [eccelle fra] tutti gli altri.

❖**群論**《数》teoria⒡ dei gruppi

ぐんい 軍医 medico⒨ [複 *-ci*] militare; ufficiale⒨ medico

ぐんいく 訓育 disciplina⒡, educazione⒡

ぐんか 軍歌 canto⒨ di guerra [di soldati]

くんかい 訓戒 《警告》ammonizione⒡, diffida⒡;《叱責》sgridata⒡, ramanzina⒡ ◇訓戒する ammonire, diffidare, esortare, dare un'ammonimento

ぐんかく 軍拡 potenziamento⒨ degli armamenti

❖**軍拡競争** corsa⒡ agli armamenti

ぐんがく 軍学 scienza⒡ militare;（戦略）strategia⒡;（戦術）tattica⒡ militare

ぐんがく 軍楽 musica⒡ militare

❖**軍楽隊** banda⒡ militare

ぐんかん 軍艦 nave⒡ da guerra

ぐんき 軍記 diario⒨ [複 *-i*] di guerra, cronaca⒡ militare

❖**軍記物語** racconto⒨ di guerra (◆ dei periodi Kamakura e Muromachi)

ぐんき 軍規・軍紀 disciplina⒡ militare ¶軍紀を乱す turbare [violare] la disciplina militare

ぐんき 軍旗 bandiera⒡ [vessillo] militare

ぐんきょ 群居 ◇群居する vivere⒤ [*es*] in gruppo

❖**群居性** gregarismo⒨ ◇群居性の gregario [複 *-i*]

群居本能 istinto⒨ gregale

くんくん ¶犬は獲物のにおいをくんくんかいだ. Il cane ha fiutato [annusato] la preda. ¶小犬が雨の中でくんくん鳴いていた. Sotto la pioggia un cagnolino piagnucolava [uggiolava / guaiva / mugolava].

ぐんぐん 《急速に》rapidamente;《勢いよく》energicamente ¶ぐんぐん大きくなる crescere [ingrandire] rapidamente [a vista d'occhio] ¶イタリア語がぐんぐん上達する fare rapidi [grandi] progressi in italiano ¶売り上げがぐんぐん上がった. Le vendite sono aumentate rapidamente e regolarmente.

くんこう 勲功 atto⒨ meritorio [複 *-i*]; impresa⒡ brillante ¶勲功ある男 uomo benemerito ¶勲功を立てる acquisire benemerenza

ぐんこう 軍港 porto⒨ militare; base⒡ navale

くんこく 訓告 avvertimento⒨, ammonimento⒨ ◇訓告する ammonire [avvertire] *qlcu.* per *ql.co.* [per+不定詞]

ぐんこくしゅぎ 軍国主義 militarismo⒨ ◇軍国主義的 militaristico [男複 *-ci*]

❖**軍国主義者** militarista⒨⒡ [男複 *-i*]

くんし 君子 saggio [⒨ *-gia*; ⒨ 複 *-gi*; ⒡ 複 *-ge*], persona⒡ saggia [virtuosa]

慣用 君子危うきに近寄らず《諺》"La prudenza è dei saggi." / "Nel dubbio astieniti."

君子は独りを慎しむ《諺》L'uomo virtuoso è sempre fedele alla sua coscienza.

君子は豹変(ひょうへん)**す**《諺》(1)《誤ちを改める》È da saggio riconoscere i propri errori. (2)《意見・態度を急に変える》cambiare improvvisamente opinione [atteggiamento]

くんじ 訓示 istruzione⒡, ammaestramento⒨ ◇訓示する dare istruzioni a *qlcu.*, ammaestrare *qlcu.*

ぐんし 軍使 parlamentare⒨ ¶軍使に立つ recarsi a parlamentare

ぐんし 軍師 consigliere⒨ militare;（軍事以外でも）stratega⒨ [複 *-ghi*]

ぐんじ 軍事 affari⒨ [複] militari ¶軍事的 militare, bellico⒨ [複 *-ci*], della guerra;（戦略的）strategico [複 *-ci*] ¶非軍事化 smilitarizzazione⒡

❖**軍事衛星** satellite⒨ strategico [militare]

軍事援助 aiuto⒨ militare

軍事介入 intervento⒨ delle forze armate

軍事基地 base⒡ militare

軍事機密 segreto⒨ militare

軍事協定 patto⒨ [accordo⒨] militare

軍事教練 addestramento⒨ militare

軍事行動[作戦] azione⒡ [operazione⒡] bellica

軍事裁判 ¶軍事裁判にかける sottoporre *qlcu.* a processo militare

軍事施設 installazioni⒡ [複] militari

軍事政権 governo⒨ militare

軍事費 spese⒡ [複] militari

軍事評論家 analista⒨; [⒨複 -i] di affari militari, esperto⒨ [⒢ -a] in affari militari
軍事法廷 tribunale⒨ militare, corte⒢ marziale
軍事予算 bilancio⒨ [⒨複 -ci] militare
軍事力 potenza⒢ militare; potenziale⒨ bellico; 《主に兵力》forze⒢ [複] armate; 《主に武器》armamenti⒨ [複]

ぐんしきん 軍資金 **1**《軍資》fondi⒨ [複] militari **2**《資金》¶選挙の軍資金が足りない. Mancano i fondi per la campagna elettorale.

くんしゅ 君主 monarca⒨ [複 -chi]; sovrano⒨ [⒢ -a]; 《王》re⒨ [無変]; 《女王》regina⒢; 《皇帝》imperatore⒨ [⒢ -trice], sovrano ¶専制君主 monarca assoluto ¶専制君主国 autocrazia ¶絶対君主制[国] monarchia assoluta ¶立憲君主制[国] monarchia costituzionale
✤**君主国** monarchia⒢
君主政体 monarchia⒢
君主独裁 autocrazia⒢; dispotismo⒨

ぐんじゅ 軍需 commesse⒢ [複] di guerra; forniture⒢ [複] militari
✤**軍需景気** prosperità⒢ dovuta alle commesse di guerra; boom⒨ [無変] degli armamenti
軍需経済 economia⒢ di guerra
軍需工場 fabbrica⒢ di munizioni
軍需産業 industria⒢ bellica
軍需品 [物資] materiale⒨ bellico [複 -ci]; munizioni⒢ [複]

ぐんしゅう 群衆 folla⒢, massa⒢ ¶群衆を扇動する agitare la folla
ぐんしゅう 群集 《集まること》raduno⒨ ◇群集する radunarsi
✤**群集心理** psicologia⒢ di massa

ぐんしゅく 軍縮 riduzione⒢ [limitazione⒢] degli armamenti, disarmo⒨ parziale
✤**軍縮会議[協定]** conferenza⒢ [accordo⒨] per il disarmo

くんしょう 勲章 decorazione⒢; medaglia⒢, onorificenza⒢; 《十字形》croce⒢ al merito ¶勲章を授ける conferire a qlcu. una decorazione [una medaglia] / decorare qlcu. al merito ¶胸に勲章を付ける[付けている] mettersi [portare] una medaglia sul petto

ぐんしょう 群小
✤**群小国家** paesi⒨ [複] [stati⒨ [複]] minori
群小作家 scrittori⒨ [複] minori

ぐんじょういろ 群青色 blu oltremare [無変], oltremare⒨ [無変]

ぐんしん 軍神 《戦の神》Dio⒨ della guerra; 『口神』Marte⒨; 『ギ神』Ares⒨; 《死んで神格化された軍人》eroe⒨ [⒢ eroina; ⒨複 eroi] guerriero divinizzato

ぐんじん 軍人 militare⒨; 《兵士》soldato⒨ [⒢ -essa]; 《下士官》sottufficiale⒨; 《将校》ufficiale⒨; 《将軍》generale⒨; 《提督》ammiraglio⒨ [複 -gli] ¶在郷軍人 ex-combattente / veterano / militare in congedo ¶職業軍人 militare di carriera / militare in SPE (▶servizio permanente effettivo の略)

くんずほぐれつ 組んず解れつ ¶組んずほぐれつのけんかをする azzuffarsi accanitamente

くんせい 薫製 《製法》affumicatura⒢ ◇薫製にする affumicare ¶薫製肉 carne affumicata

ぐんせい 軍政 ¶軍政を敷く instaurare un governo [una giunta] militare

ぐんせい 群生・群棲 gregarismo⒨ ◇群生する《植物が》crescere⒢ [es] in gruppi ◇群棲する《動物が》vivere⒢ [es] in branchi; fare vita gregaria, crescere in gruppo; 《羊などが》vivere in gregge; 《鳥が》vivere in stormo; 《群体として》vivere in colonia
✤**群生植物** piante⒢ [複] gregarie
群棲動物 animali⒨ [複] gregari

ぐんぜい 軍勢 《勢力》forze⒢ [複] armate; 《軍隊》truppe⒢ [複]; armata⒢; 《兵士の数》numero⒨ di soldati ¶5万の軍勢を率いて alla testa [al comando] di un'armata di 50.000 uomini

ぐんせき 軍籍 ¶軍籍に入る essersi arruolato
ぐんそう 軍曹 sergente⒨
ぐんそう 軍葬 funerale⒨ di guerra ¶軍葬にする seppellire qlcu. con gli onori militari

ぐんぞう 群像 rappresentazione⒢ in forma artistica di un gruppo, categoria o generazione di persone

ぐんぞく 軍属 civile⒨ impiegato nel settore militare

ぐんたい 軍隊 arma⒢ [複 -i], esercito⒨, forze⒢ [複]; forze⒢ [複] armate; truppe⒢ [複] ◇軍隊の militare ◇軍隊式に(の) in stile militare, alla militare ¶軍隊時代の友人 commilitone⒨ ¶軍隊に入る arruolarsi nell'esercito / entrare nelle forze armate [nel servizio militare] ¶軍隊にとられる essere arruolato nell'esercito / essere chiamato alle armi ¶軍隊を派遣する inviare l'esercito [le truppe]
✤**軍隊教育** educazione⒢ militare
軍隊生活 vita⒢ militare

―――――――
使い分け **arma** は具体的な目的や手段を持つ軍隊. **esercito** は特に陸軍. **forze** は軍事力を意味する. **forze armate** は一国もしくは,国連など多国籍から成る軍隊, 軍事施設の総体を表す. **truppe** は特に兵士からなる分隊.
―――――――

ぐんたい 群体 〖動・植〗colonia⒢
-くんだり ¶九州くんだりまで行く andare (addirittura) fin nel Kyushu
ぐんだん 軍団 corpo⒨ d'armata
ぐんて 軍手 guanti⒨ [複] da lavoro
ぐんと 1《力をこめて》¶足をぐんと踏ん張る piantare saldamente i piedi ¶扉をぐんと押した. Ho dato un forte spintone alla porta.
2《一段と》considerevolmente, notevolmente, sensibilmente ¶子供はぐんと大きくなった. Il bambino è cresciuto notevolmente.

くんとう 薫陶 《人格的影響》educazione⒢; formazione⒢ ¶師の薫陶よろしきを得て grazie alla guida del maestro ¶私は山田先生の薫陶を受けた. Mi sono formato alla scuola del prof. Yamada.

ぐんとう 軍刀 sciabola⒢; spada⒢
ぐんとう 群島 arcipelago⒨ [複 -ghi]
くんどく 訓読 →訓読み
ぐんばい 軍配 《相撲の》ventaglio⒨ [複 -gli]

dell'arbitro ¶〈人〉に軍配を上げる assegnare la vittoria a *qlcu*.
ぐんばつ 軍閥 cricca⊛[clan⊛] militare
❖**軍閥政治** governo⊛ militare
ぐんぱつじしん 群発地震 sciame⊛ sismico
ぐんび 軍備 armi⊛[複]; armamenti⊛[複] ¶再軍備 riarmo ¶軍備を拡張[縮小]する aumentare [ridurre] gli armamenti
❖**軍備拡張** →軍拡
軍備縮小 →軍縮
軍備撤廃 disarmo⊛ totale; smobilitazione⊛, abolizione⊛ degli armamenti
ぐんぶ 軍部 autorità⊛[複] militari
ぐんぶ 群舞 danza⊛「in gruppo [collettiva]」
ぐんぷく 軍服 uniforme⊛ [divisa⊛] militare ¶軍服を着ている essere in uniforme [in divisa]
ぐんぽう 軍法 **1**〈法律〉codice⊛ militare; legge⊛ marziale **2**〈兵法〉strategia⊛[複 -*gie*]
❖**軍法会議** corte⊛ marziale, tribunale⊛ militare
ぐんむ 軍務 affari⊛[複] militari, servizio⊛ [複 -*i*] militare ¶軍務に服する servire le forze armate / prestare servizio militare
ぐんもん 軍門 ¶軍門に降る arrendersi《の a》
ぐんゆうかっきょ 群雄割拠 rivalità tra potenze
ぐんよう 軍用 ◇軍用の(di uso) militare, di guerra, a scopi bellici
❖**軍用機** aereo⊛ militare [da combattimento]
軍用金 fondi⊛[複] [spese⊛[複]] militari
軍用犬 cane⊛「dell'esercito [poliziotto⊛[無変]]」
軍用車 veicoli⊛[複] militari
軍用道路 strada⊛ militare [strategica]
軍用列車 treno⊛ militare; tradotta⊛
くんよみ 訓読み pronuncia⊛ di un ideogramma secondo il corrispondente termine giapponese ◇訓読みする pronunciare un ideogramma alla maniera giapponese
ぐんらく 群落 〈植〉colonia⊛, comunità⊛, cenosi⊛[無変] vegetale; fitocenosi⊛[無変]
くんりん 君臨 ◇君臨する regnare⊛[*av*]《に in, su》; dominare⊛, ⊛[*av*] ¶彼は繊維業界に君臨している。Lui regna nel mondo dell'industria tessile. / Lui è un magnate [il re] dell'industria tessile. ¶立憲君主は君臨すれど統治せず。Un monarca costituzionale regna, ma non governa.
くんれい 訓令 istruzioni⊛[複] ¶訓令を発する dare le istruzioni gli ordini
❖**訓令式** sistema⊛ *kunrei* (◆ un sistema di traslitterazione del giapponese in caratteri latini) →ローマ字
くんれん 訓練 〈練習〉esercizio⊛[複 -*i*];〈運動の〉allenamento⊛;〈軍隊の〉addestramento⊛, esercitazione⊛;〈実習〉tirocinio⊛[複 -*i*], pratica⊛ ◇訓練する〈鍛える, 練習させる〉esercitare *qlcu*. [*ql.co.*];〈コーチする〉allenare *qlcu*. [*ql.co.*];〈仕込む〉addestrare *qlcu*. [*ql.co.*];〈実習〉far pratica [tirocinio] ¶火災避難訓練 esercitazioni antincendi ¶職業訓練 istruzione professionale ¶射撃訓練 esercitazioni di tiro ¶訓練の行き届いた軍隊 truppe perfettamente addestrate ¶耐寒訓練をする allenarsi a resistere al freddo ¶犬を狩猟用に訓練する addestrare cani alla caccia ¶パイロットの訓練中です。Sono in addestramento per diventare pilota.
❖**訓練所** centro⊛ d'addestramento
訓練生 allievo⊛[⊛ -*a*], apprendista⊛[⊛[⊛複 -*i*];〈軍隊の〉recluta⊛
訓練飛行 volo⊛ d'addestramento
くんわ 訓話 discorso⊛ [racconto⊛] edificante [istruttivo / morale]

け

け 毛 **1**《毛髪》capello男；《毛髪全体》capelli男《複》, capigliatura女；《体毛》pelo男 ¶毛が濃い［薄い］avere la capigliatura folta［rada］¶毛が縮れている［ウェーブしている / まっすぐである］《人が主語》avere i capelli ricci［ondulati / lisci］ **2**《動物の》pelo男；《羽毛》piuma女；《集合的に》piumaggio男《複 -gi》；《羊毛》lana女；《たてがみ・尾などの》crine男；《豚などの剛毛》setola女；《植物の軟毛・綿毛・うぶ毛》peluria女, lanugine女 ¶歯ブラシの毛 setole del spazzolino da denti ¶毛が抜け替わる《鳥，動物の》fare la muta /《鳥の》mutare le penne ¶鶏の毛をむしる spennare un pollo ¶毛のシャツ camicia di lana
[慣用] 毛の生えたような ¶あの役者は素人に毛の生えたようなものだ。Quell'attore non è molto meglio di un dilettante.
毛を吹いて疵(きず)を求める cercare i difetti degli altri con il lanternino
毛ほどもない ¶彼は良識が毛ほどもない。Non ha un pizzico di buon senso.

け 気《気配》segno男, indicazione女, sintomo男；《味》gusto男 ¶私は痛風の気がある。Ho i sintomi della gotta. ¶彼はしゃれっ気がまったくない。Non tiene affatto al vestire.

け 褻 normalità女 quotidiana ◇褻の comune, di tutti i giorni
[慣用] 褻にも晴にも quale che sia l'occasione

-け ¶ミラノ生まれとおっしゃいませんでしたっけ。Lei non aveva detto di essere nato a Milano？¶あの日は雨だっけ。Quel giorno pioveva, vero？¶いつだっけ、小包が届いたのは。Ma quand'era arrivato il pacco？

-け -家 famiglia女 ¶サヴォイア家 casa Savoia / i Savoia ¶王家 famiglia reale

げ 下 **1**《劣ること》inferiorità女；《等級》categoria女 inferiore；《卑しいこと》meschinità女, bassezza女 ¶この大学は上の下だ。Questa università è agli ultimi posti fra le università di prima categoria. ¶彼は人間としては下の下だ。È l'uomo più spregevole che ci sia. **2**《上下2巻の下巻》il secondo volume男［tomo男］；《上中下3巻の下巻》il terzo［l'ultimo］volume［tomo］男, la terza parte女

-げ -気 ¶悲しげな人 persona dall'aria triste ¶怪しげな人 persona sospetta ¶楽しげに con aria allegra / allegramente ¶彼はいかにもわけありげに話した。Ha parlato come se ci fosse stata una ragione nascosta.

ケア ［英 care］ terapia女；cura女

けあし 毛足《毛の長さ》lunghezza女 dei peli ¶毛足の長いじゅうたん tappeto dal pelo lungo

けあな 毛穴 poro男

けい 系《数》corollario男《複 -i》

けい 刑 pena女, condanna女；《懲罰》castigo男《複 -ghi》；《処罰》punizione女；《制裁》sanzione女；《制度としての》penalità女, sanzione女 penale；《体刑》pena女 corporale, supplizio男《複 -i》；《罰金》ammenda女, multa女, penale女, contravvenzione女 ¶刑の軽減 riduzione della pena / condono ¶《恩赦》grazia ¶刑を執行する eseguire la sentenza ¶刑の執行を猶予する sospendere l'esecuzione della sentenza ¶5年の懲役刑に処する condannare qlcu. a cinque anni di carcere ¶刑に服する subire una pena / scontare una condanna ¶2年の刑をつとめる scontare due anni di carcere［prigione］¶刑を課する imporre［applicare］una pena a qlcu. ¶刑を重くする aggravare［inasprire / aumentare］la condanna［la pena］¶刑を軽くする alleggerire［alleviare / mitigare / diminuire］la condanna［la pena］¶刑を宣告する pronunciare una condanna ¶刑を免れる sfuggire［sottrarsi］alla pena

けい 計 **1** →計画，計略 **2**《合計》totale男 ¶参加者は計100人に達した。I partecipanti ammontavano a cento persone.

けい 景 **1**《景色》scena女, veduta女；《美景》bel panorama男《複 bei panorami》 **2**《芝居の》¶第1幕最終景 scena finale del primo atto

けい 罫 riga女, linea女 ¶罫のない［ある］紙 carta senza［a］righe ¶罫を引く tracciare［tirare］delle righe［linee］

-けい -系 ¶太陽［神経］系 sistema solare［nervoso］¶日系米人 americano d'origine［di sangue］giapponese ¶ラテン系民族 popolazione latina / popoli di ceppo latino ¶文科［理科］系 corso di studi umanistici［scientifici］¶理工科系の大学 università di indirizzo scientifico e tecnologico

げい 芸《技能》arte女, talento男；《遊芸》arti女［複］（di intrattenimento）；《芸当》gioco男《複 -chi》di abilità ¶芸を磨く perfezionarsi［raffinarsi］in un'arte ¶犬に…の芸を仕込む ammaestrare［addestrare］un cane a+不定詞［in ql.co.］ ¶あの娘は筋もいいし芸も達者だ。Lei è dotata ed è impadronita della tecnica.
[慣用] 芸が細かい ¶やつのやることは芸が細かい。Ciò che lui fa è ben curato［è ben studiato］anche nei dettagli.
芸がない ¶それは芸がないよ。È「una cosa banale［troppo comune］. / Non c'è arte.
芸は身を助ける《諺》"Chi ha arte, ha parte." / "L'arte porta pane."

ゲイ ［英 gay］［英］gay男［無変］；omosessuale男 maschile
✤ゲイバー locale男 gay［無変］

けいあい 敬愛 ◇敬愛する rispettare, stimare, apprezzare；《形容詞で》apprezzato, stimato

けいい 経緯 **1**《経度と緯度》longitudine e latitudine㊛ **2** 《詳細な事情》 ¶経緯を説明する spiegare il proprio punto dell'andamento della vicenda

❖**経緯儀** teodolite㊚

けいい 敬意　rispetto㊚, omaggio㊚ reverenziale, deferenza㊛, ossequio㊚ ◇《人》に敬意を表する rendere omaggio a *qlcu.* / testimoniare il *proprio* rispetto per *qlcu.* ¶敬意をもって con rispetto / rispettosamente / con deferenza

げいいき 芸域　¶あの役者は芸域が広い。Quell'attore ha un ampio repertorio.

げいいん 鯨飲

❖**鯨飲馬食** ◇鯨飲馬食する bere come una spugna e mangiare come un lupo

けいえい 経営　《管理, 運営》 direzione㊛, amministrazione㊛, gestione㊛ ¶個人経営 gestione di impresa individuale ¶共同経営 cogestione ¶労働者の経営参加 partecipazione degli operai alla gestione ¶会社を経営する amministrare un'azienda / gestire un'azienda /《企業主として》dirigere una ditta ¶レストランを経営する avere [gestire] un ristorante ¶私はこの会社を友人と共同経営している。Cogestisco questa ditta con un amico. ¶僕には経営の才はない。Non sono un bravo amministratore.

❖**経営学** scienza㊛ dell'amministrazione, economia㊛ aziendale

経営側 quadri㊚ [複] dirigenti [dirigenziali]

経営管理 economia㊛ aziendale

経営コンサルタント consulente㊚ (d'organizzazione) aziendale

経営コンサルティング consulenza㊛ organizzativa

経営資金 fondi㊚ [複] per la gestione

経営資本 capitale㊚ d'esercizio [liquido]

経営者《企業家》imprenditore㊚ [㊛ -*trice*] ;《指導者》dirigente㊚;《管理者》amministratore㊚ [㊛ -*trice*]

経営難 ¶経営難に陥る《会社・経営者が主語》trovarsi in difficoltà finanziarie [in crisi finanziaria]

けいえん 敬遠　**1**《それとなく遠ざける》◇敬遠する tenersi a rispettosa distanza da *qlcu.*; evitare *qlcu.* ¶彼は皆に敬遠されている。È tenuto alla larga da tutti. **2**《野球》¶彼は強打者を敬遠した。Ha regalato intenzionalmente una base a un battitore forte.

けいえんげき 軽演劇　commedia㊛ leggera [brillante]

けいおんがく 軽音楽　musica㊛ leggera

けいか 経過　**1**《時間の》corso㊚ [passaggio㊚ [複 -*gi*] / il passare㊚ / lo scorrere㊚ (del tempo)　◇経過する《時が主語》passare㊊ [*es*], trascorrere㊊ [*es*], decorrere㊊ [*es*] ¶彼の失踪以来 2 年が経過した。Dalla sua scomparsa sono passati due anni.

2《成り行き, いきさつ》corso㊚, andamento㊚;《進展》sviluppo㊚, progresso㊚, evoluzione㊛. ¶試合の経過を解説する commentare il corso di una partita ¶事件の経過をたどる seguire il corso [l'andamento / lo svolgimento] del caso ¶手術後の経過は満足すべき状態だ。Il decorso postoperatorio può considerarsi soddisfacente.

❖**経過音**《音》(nota㊛ di) passaggio㊚ [複 -*gi*]

経過句 [部] 《音》passaggio㊚, transizione㊛.

けいが 慶賀　¶慶賀を述べる fare [presentare] le congratulazioni a *qlcu.* / congratularsi con *qlcu.* per *qlco.* ¶ご昇進慶賀のいたりです。Mi congratulo con Lei per la Sua promozione.

げいか 猊下　《敬称として》Sua [Vostra] Eminenza

けいかい 警戒　《警備》guardia㊛;《用心》vigilanza㊛, precauzione㊛, sorveglianza㊛ ◇警戒する《警備する》fare la guardia a *qlcu.* [*ql.co.*], sorvegliare *qlcu.* [*ql.co.*] ; vigilare㊊ [*av*] su *qlcu.* [*ql.co.*];《身を守る》stare in guardia 《contro》, guardarsi 《da》;《防備を固める》premunirsi 《contro》;《予防策をとる》prendere precauzioni 《contro》, cautelarsi 《da, contro》;《警戒心をもつ》diffidare *qlcu.* dal+不定詞 [a non+不定詞];《警備員を配置する》mettere *qlcu.* a guardia di *ql.co.* [*ql.co.*]《に対し contro》¶警戒を強める rafforzare la guardia [vigilanza] ¶暴風雨を警戒する prendere misure precauzionali contro le tempeste ¶警戒を怠る trascurare la vigilanza ¶インフレの悪化を警戒する prevenire l'aggravarsi dell'inflazione ¶しっかり警戒してくれ。Tenete gli occhi aperti! ¶空港の警戒は厳重であった。Il controllo all'aeroporto era rigoroso [stretto].

❖**警戒警報** allarme㊚, avvertimento㊚ precauzionale ¶警戒警報を発する dare l'allarme

警戒色 《動》colorazione㊛ aposematica [di avvertimento]

警戒心 vigilanza㊛, cautela㊛, circospezione㊛

警戒信号 segnale㊚ di avvertimento [d'allarme]

警戒水位 ¶警戒水位を突破する superare il livello di guardia

警戒線 (1)《警戒水位を示す線》livello㊚ di guardia ¶水位が警戒線を越えた。L'acqua ha superato il livello di guardia. (2)《警察の非常線》sbarramento㊚

警戒態勢 ¶警戒態勢にある essere in stato 「d'allarme [di allerta]

けいかい 軽快　◇軽快な《軽やかな》leggero, agile;《快活》allegro, ritmico [㊚複 -*ci*] ◇軽快に agilmente; allegramente, ritmicamente;《身軽に》come una gazzella ¶軽快な音楽 musica ritmica [allegra] ¶軽快な上着 giacca sportiva [leggera]

けいがい 形骸　《骨組み》ossatura㊛, scheletro㊚;《残骸》carcassa㊛, relitto㊚, rottami㊚ [複];《建造物》rovine㊛ [複], ruderi㊚ [複], resti㊚ [複] ¶これは民主主義の形骸にすぎない。È solo la forma [la parvenza esteriore] della democrazia.

❖**形骸化** ¶もはやその法は形骸化してしまった。Ormai della legge rimane solo il nome. / Ormai la legge ha perso di consistenza.

けいかく 計画　progetto㊚, piano㊚, programma㊚ [複 -*i*], programmazione㊛, disegno㊚;《基本綱領》piattaforma㊛ [複 *piatteforme*, *piattaforme*];《意図》proposito㊚, intenzione㊛, intento㊚ ◇計画する progettare [programmare] *ql.co.* [di+不定詞], avere in programma di+不定詞;《意

図》avere「intenzione [in mente] di +不定詞 ¶研究計画 piano di ricerca ¶5か年計画 piano quinquennale ¶長期[中期／短期]計画 piano a lungo [medio / breve] termine ¶都市計画 piano regolatore ¶産業計画 pianificazione industriale ¶経済発展計画 piano di sviluppo economico ¶計画どおりに come programmato [stabilito / fissato] / secondo il progetto ¶計画中である essere allo studio ¶計画を実現させる realizzare un piano ¶計画を実施する mettere in esecuzione un piano ¶計画をたてる creare un piano ¶計画を取り止める annullare [sospendere] un programma ¶計画を放棄[変更]する abbandonare [modificare] un piano ¶私はイタリア旅行を計画している。Ho in programma un viaggio in Italia. ¶ここに道路を作る計画がある。Qui il progetto prevede una strada. ¶計画が成功[失敗]した。Il piano è riuscito [fallito].
✤計画経済 economia㊛ pianificata
計画作成 pianificazione㊛
計画性 ¶彼には計画性がない。Non è bravo a pianificare. / Non sa organizzare bene le cose.
計画倒れ ¶計画倒れだった。Il piano è fallito a metà percorso.
計画的 programmato, pianificato;《計算された》calcolato;《意図的》intenzionale, deliberato, voluto;《犯罪など》premeditato ◇計画的に intenzionalmente; premeditatamente; deliberatamente; volutamente ¶計画的な犯罪 delitto premeditato

けいかん 桂冠 laurea㊛ ¶桂冠を授与する laureare qlcu. / conferire una laurea a qlcu. →月桂冠
✤桂冠詩人 《英国の》poeta㊚ [㊛ -essa]㊛複 -i] laureato [incoronato d'alloro]

けいかん 景観 vista㊛, veduta㊛, panorama㊚[複 -i] ¶高層ビルが景観を損なう Il grattacielo rovina la bella vista [il bel panorama].
✤景観建築 architettura㊛ del paesaggio

けいかん 警官 poliziotto㊚ [㊛ -a], agente㊚ (di polizia);《蔑》sbirro㊚ [㊛ -a], piedipiatti㊚㊛[無変] ¶女性警官 donna poliziotto [無変] / vigilessa ¶私服警官 poliziotto in borghese

けいがん 慧眼《頭脳明晰》perspicacia㊛;《直感力》intuizione㊛;《先見の明》lungimiranza㊛; chiaroveggenza㊛ ¶慧眼の士 persona perspicace [intuitiva]

けいき 刑期 durata㊛ della pena [reclusione], periodo㊚ di pena ¶彼は3年の刑期を終えた。Ha scontato tre anni di carcere.
✤刑期満了 termine㊚ della pena

けいき 契機《機会》occasione㊛;《きっかけ》causa㊛, motivo㊚;《決定的転換》svolta㊛ decisiva㊛;《哲》momento㊚ ¶これは民主主義の崩壊の契機となりうるものだ。Questo potrebbe determinare la rovina della democrazia. ¶この旅行を契機にイタリア語の勉強にさらに励みます。In occasione di questo viaggio approfondirò lo studio dell'italiano.

けいき 計器 contatore㊚; misuratore㊚, strumento㊚ di misurazione; indicatore㊚
✤計器着陸方式《ILS》sistema㊚ di atterraggio strumentale
計器板 quadro㊚ di comando [portastrumenti];《車》cruscotto㊚
計器飛行 volo㊚ strumentale [《視界不良による》cieco [複 -chi]]

けいき 景気 1《経済の情況》situazione㊛ del mercato; andamento㊚ degli affari; vivacità㊛ del mercato ¶景気のかげり tendenza al ribasso dell'economia ¶景気が良い[悪い]. La congiuntura economica è favorevole [sfavorevole]. ¶店の景気が良い[悪い]. Si vende bene [male]. ¶その会社の景気は良い[悪い]. La ditta è in condizioni prospere [attraversa un momento difficile]. ¶景気の見通しは暗い. Le prospettive economiche non sono buone. ¶景気が上向く. La situazione del mercato è in rialzo. ¶景気が回復する. Il mercato è in ripresa.
2《元気, 威勢》¶彼はいつも景気のいいことばかり言う. Dice sempre delle fanfaronate. ¶酒を飲んで明け方まで景気よく騒いだ. Abbiamo fatto baldoria [baccano] bevendo fino all'alba. ¶彼は景気よく金を使う. Spende「a piene mani [senza risparmio]. / Ha le mani bucate.
✤景気回復策 piano㊚ per la ripresa economica
景気過熱 eccessiva espansione㊛ economica
景気後退 recessione㊛
景気指標 indice㊚ generale dell'andamento economico
景気循環 ciclo㊚ commerciale [congiunturale] ¶景気循環の山と谷 massimo e minimo del ciclo economico
景気変動 fluttuazioni㊛[複] delle attività economiche

けいききゅう 軽気球 pallone㊚ (aerostatico [複 -ci]), aerostato㊚, mongolfiera㊛
けいへい 軽騎兵 cavalleria㊛ leggera
けいきょ 軽挙 azione㊛ temeraria; imprudenza㊛
✤軽挙妄動 azione㊛ imprudente; colpo㊚ di testa
けいきんぞく 軽金属 metallo㊚ leggero
けいく 警句 aforisma㊚[複 -i] ¶警句を吐く parlare per aforismi
けいぐ 敬具《官庁などの手紙で》Con osservanza;《丁重な手紙で》Con ossequi, Distinti [Cordiali] saluti
げいげき 迎撃 intercettamento㊚ ◇迎撃する intercettare, fermare
✤迎撃ミサイル missile㊚ antimissile [無変]

けいけん 経験 esperienza㊛;《現場の》pratica㊛ ◇経験する fare esperienza di ql.co.; far pratica (《の di)》 ◇経験のある esperto, pratico [複 -ci] ◇経験のない inesperto, senza esperienza, non pratico ¶経験に富む[乏しい] essere ricco [mancare] d'esperienza ¶つらい経験をする fare una brutta esperienza ¶世の中の経験を積む conoscere il mondo / avere molta esperienza della vita ¶経験を積んだ医師 medico di grande esperienza [di tecnica consumata] ¶経験に基づく知識 conoscenza empirica ¶長年の経験 lunghi anni d'esperienza ¶私の経験では per esperienza personale ¶新聞記者の経験を生かして sfruttando le *proprie* esperienze di giornalista ¶この仕事には経験がものを言う. In questo lavoro è la pratica che conta. ¶何事も経験だ. La pratica è la miglior maestra. ¶私にはいい経験になった. È stata una bella esperienza [《失敗などが》una bella lezione] per me. ¶タイピストの経験のある人を求めている. Mi serve una persona che abbia pratica di dattilografia.

✤経験者 ¶経験者は語る. Parla l'esperto! / Lui sì che se ne intende!

経験論 〘哲〙empirismo[男] ◇経験論的 empiric*o* [[男]複 *-ci*], empiristic*o* [[男]複 *-ci*]

経験論者 〘哲〙empirist*a*[男][女][[男]複 *-i*]

けいけん 敬虔 ◇敬虔な devoto, pio [[男]複 *pii*], osservante ◇敬虔に devotamente ¶敬虔な仏教徒 devoto buddista

けいげん 軽減 diminuzione[女], riduzione[女]; 《苦痛・刑罰の》alleviamento; 《課税の》sgravi*o*[男][複 *-i*] (fiscale) ◇軽減する diminuire, ridurre; alleviare ¶税を軽減する ridurre [alleggerire] le tasse

けいこ 稽古 《レッスン》lezione[女]; 《練習》esercitazione[女], esercizi*o*[男][複 *-i*], allenamento[男]; 《リハーサル》prova[女] ◇稽古する prendere lezioni (di *ql.co.*) ; esercitarsi (a *ql.co.*) , fare esercizi di *ql.co.*, allenarsi in *ql.co.*, far pratica di *ql.co.*; provare *ql.co.*, fare le prove di *ql.co.* ¶柔道の稽古をつける dare lezioni di *judo*

✤稽古着 divisa[女] da allenamento

稽古台 ¶若い選手は彼を稽古台にして練習した. I giovani giocatori si esercitavano gareggiando con lui.

稽古場 《スポーツの》palestra[女]

稽古日 giorno[男] di lezione

けいご 敬語 parola[女] formale [onorifica]; 〘文法〙espressione[女] [forma[女]] cortese; 《尊敬語》forma[女] onorifica; 《謙譲語》forma[女] umile; 《丁寧語》forma[女] cortese

[日本事情] **敬語**

Ci sono tre tipi di linguaggio formale.
(1) *Teineigo* (forma cortese) con cui tramite l'uso dei verbi ausiliari "*desu*", "*masu*", "*gozaimasu*", il parlante esprime rispetto verso l'ascoltatore.
(2) *Sonkeigo* (forma onorifica) con cui si esprime rispetto verso qualcuno (a) usando parole speciali come "*irassharu*", "*ossharu*", (b) usando dei prefissi o dei suffissi "*go-shujin*", "*oku-sama*", (c) oppure usando verbi ausiliari come "*-reru*", "*-rareru*".
(3) *Kenjogo* (forma umile) con cui tramite parole particolari come "*moushiageru*", "*itadaku*", il parlante mostra un atteggiamento umile verso qualcuno. In questo caso il soggetto è sempre la 1ª persona.
Il linguaggio formale ha una funzione grammaticale importante anche se è di difficile applicazione per i giapponesi stessi.

けいご 警護・警固《警戒, 警備》guardia[女], vigilanza[女], sorveglianza[女]; 《護衛》scorta[女] ◇警護する guardare, scortare ¶大臣の警護をする scortare un ministro

けいこう 経口 ◇経口の orale

✤経口投与 〘医・薬〙somministrazione[女] orale ◇経口投与する somministrare *ql.co.* a *qlcu.* per via orale

経口避妊薬 pillola[女] (contraccettiva [anticoncezionale])

けいこう 蛍光 fluorescenza[女] ¶蛍光を発する emettere una fluorescenza

✤蛍光インキ inchiostro[男] fluorescente

蛍光灯 lampada[女] al neon [a fluorescenza]

蛍光物質 sostanza[女] fluorescente

蛍光ペン evidenziatore[男]

けいこう 傾向

tendenza[女]; 《性向》inclinazione[女] ¶…の傾向がある avere la tendenza [tendere] a＋[不定詞] / essere inclin*e* [propens*o*] a *ql.co.* [a＋[不定詞]] ¶物価は上昇の傾向にある. I prezzi hanno la tendenza ad aumentare. ¶彼には飲酒の傾向がある. È incline al bere.

✤傾向文学 letteratura[女] a sfondo ideologico

けいこう 携行 ⇀携帯

げいごう 迎合 ◇迎合する《合わせる》conformarsi《に a》, adeguarsi《に a》; 《おもねる》adulare ¶迎合的な態度 atteggiamento conformista [opportunista] ¶読者に迎合する adulare i lettori

けいこうぎょう 軽工業 industria[女] leggera

けいごうきん 軽合金 lega[女] leggera

けいこく 渓谷 valle[女] infossata, burrone[男]; 《峡谷》gola[女]; 〔英〕canyon [kénjon][男][無変]

けいこく 警告 **1**《通告》avvertimento[男], ammonizione[女], diffida[女]; 《忠告》avviso[男] ¶〈人〉に…を警告する avvertire *qlcu.* di *ql.co.* / ammonire *qlcu.* contro *ql.co.* / avvisare *qlcu.* di *ql.co.* / 《…しないようにと》diffidare *qlcu.* dal＋[不定詞] [a non＋[不定詞]] ¶警告なしに senza avvertire / senza preavviso ¶警告に従う seguire l'avvertimento / obbedire alla diffida ¶警告を受ける ricevere un avviso [un avvertimento / una diffida] ¶警告を発する dare l'allarme / diffidare *qlcu.* per *ql.co.* ¶警告を無視する trascurare [ignorare] un'ammonizione
2〘スポ〙《サッカーで》ammonizione[女] (◆警告を受けると「イエロー・カード cartellino giallo」が示され, 2回受けると「退場 espulsione」となる) ; 《柔道で》*keikoku*[男][無変]

✤警告灯 spia[女] luminosa

けいこつ 脛骨 〘解〙tibia[女]; 《一般に》stinc*o*[男][複 *-chi*]

けいこつ 頸骨 〘解〙vertebra[女] cervicale

げいごと 芸事 arti[女][複]

けいさい 掲載 ◇掲載する pubblicare; inserire ¶雑誌に掲載される apparire [essere pubblicat*o*] su una rivista ¶新聞に広告を掲載する inserire un annuncio su un giornale

けいざい 経済

1《売買・生産などの活動》economia[女]; 《財政状態》finanza[女] ◇経済の economic*o* [[男]複*-ci*] ¶経済の安定 stabilità economica ¶経済的に苦しい essere in ristrettezze finanziarie ¶来年には経済が改善されるであろう. Nel prossimo anno la si-

tuazione economica migliorerà. ¶うちの経済は苦しい. La mia famiglia versa in difficili condizioni economiche.
2《節 約》economia㊛, risparm*io*㊚[複 *-i*], buon uso㊚ ◇ 経済的 econ*omico*㊚複 *-ci*］；a buon prezzo ¶経済的に時間を活用する fare buon uso del *proprio* tempo ¶ガスは電気より経済的だ. Il gas è più economico dell'elettricità.

─［関連］─
安定［健全 / 成長］経済 economia㊛ stabile [sana / in via d'espansione] 貨幣［交換 / 商品 / 信用］経済 economia monetaria [di scambio / mercantilista / creditizia] 計画経済《社会主義型》economia pianificata [《資本主義型》programmata] 公共投資［輸出］主導型経済 economia sospinta da「investimenti in infrastrutture pubbliche [esportazioni] 国民経済 sistema economico nazionale 混合経済 economia「di tipo misto [mista] 自給自足経済 economia autarchica 市場経済 economia di mercato 資本主義［社会主義］経済 economia capitalista [socialista] 自由市場経済 economia a mercato libero 自由(企業)経済 economia liberale [della libera impresa] 統制［封鎖］経済 economia controllata [bloccata] 農業経済 economia agraria [rurale] 閉鎖経済 economia chiusa

✤経済援助 aiuti㊚[複] economici, assistenza㊛ economica
経済閣僚会議 Consiglio㊚ Interministeriale Economico;《イタリアの》Consiglio㊚ Interministeriale per la Programmazione Economica;《略》CIPE [tʃípe]㊚
経済活動 attività㊛[複] economiche
経済観念 ¶君はまったく経済観念がない. Non hai il minimo senso del risparmio.
経済危機 crisi㊛[無変] economica
経済技術援助 aiuto㊚ economico e tecnologico
経済恐慌 pan*ico*㊚[複 *-ci*] finanziario
経済競争 competizione㊛ [concorrenza㊛] economica
経済協力開発機構 Organizzazione㊛ per la Cooperazione e lo Sviluppo Economico;《略》OCSE [ɔ́kse]㊚
経 済 計 画 piano㊚ [pian*o*㊚[複 *-i*]] economico
経済圏 area㊛ economica
経済国際化 internazionalizzazione㊛ economica [dell'economia]
経済財 beni㊚[複] economici
経済産業省 Ministero㊚ dell'Economia e delle Finanze
経済史 storia㊛ economica
経済指標 indice㊚ [indicatore㊚ / barometro㊚] economico
経済社会学 sociologia㊛ economica
経済自由主義《自由貿易主義》liberismo㊚
経済状態《世界または一国の》situazione㊛ economica, congiuntura㊛;《企業体の》posizione㊛ finanziaria
経済審議会 Consiglio㊚ Economico
経済水域 zona㊛ economica esclusiva

経済制裁 sanzione㊛ economica
経済政策 politica㊛ economica;《景気政策》politica㊛ congiunturale
経済成長 crescita㊛ economica, sviluppo㊚ [incremento㊚] economico ¶高度経済成長 rapida crescita economica
経済成長率 tasso㊚ di crescita economica
経済組織 organizzazione㊛ economica
経済大国 potenza㊛ economica
経済体制 sistem*a*㊚[複 *-i*] economico
経済統合 integrazione㊛ economica
経 済 動 向 congiuntura㊛; evoluzione㊛ della congiuntura
経済闘争 lotta㊛ economica [rivendicativa]
経済特区 zona㊛ a statuto economico speciale
経済白書 libro㊚ bianco sull'economia
経済発展 sviluppo㊚ economico
経済封鎖 blocco㊚ economico [commerciale]
経済法則 leggi㊛[複] economiche
経済摩擦 contrasto㊚ economico
経 済 面《新 聞 の》pagine㊛[複] economiche [spaz*io*㊚[複 *-i*] dedicato all'economia] su un quotidiano
経済予測 previsione㊛ economica
経済論 ¶国際[国内]経済論 economia internazionale [nazionale]

けいざいがく 経済学 economia㊛; scienze㊛[複] economiche; economia㊛ politica

─［関連］─
応用経済学 economia㊛ applicata 巨視的［マクロ］経済学 macroeconomia㊛ 近代経済学 teoria㊛ economica moderna 計量経済学 econometria㊛ ケインズ経済学 economia keynesiana 厚生経済学 economia del benessere 古典［新古典］経済学 economia classica [neoclassica] 実証経済学 economia positiva 動態経済学 economia dinamica, teoria㊛ economico-dinamica 微視的［ミクロ］経済学 microeconomia㊛ マルクス主義経済学 teoria㊛ economica marxista

✤経済学者 economist*a*㊚[㊚複 *-i*]

けいさつ 警察 polizia㊛ →次ページ［会話］
¶公安警察本部 Direzione㊛ Generale della Pubblica Sicurezza ¶自治体警察 polizia municipale ¶水上警察 polizia marittima [fluviale / delle acque] ¶秘密警察 polizia segreta ¶司法警察 polizia giudiziaria ¶皇宮警察 guardia imperiale ¶警察を呼ぶ chiamare il 110 (◆イタリアの公安警察の電話番号は 113) ¶警察に知らせる informare di *ql.co.* la polizia ¶警察に届ける denunciare *ql.co.* [*qlcu.*] alla polizia ¶警察に捕まる essere arrestato dalla polizia ¶警察に引き渡す consegnare *qlcu.* alla polizia [alla questura] ¶警察の厄介になる avere a che fare con la polizia
✤警察医 med*ico*㊚[複 *-ci*] legale
警察官 →官
警察権 poteri㊚[複] [autorità㊛] della polizia
警察犬 cane㊚ poliziotto [無変]
警察国家 Stato㊚ di polizia
警察署《県警》questura㊛;《県警に従属する警察署》commissariato㊚ (di polizia);《都市警察

けいさん 署） comando vigili urbani
警察署長 （県警の） questore; commissario [複 -i]
警察手帳 tessera [distintivo] di poliziotto

> **参考**
> **イタリアの警察**
> 「**国家警察** Polizia di Stato」は，警備・刑事警察が主な任務．中央機関は「**公安警察** Pubblica Sicurezza」で，その下には地方機関として「**県警察本部** Questura」が各県に置かれている．「**国防省警察，カラビニエーリ** Arma dei Carabinieri」は，治安維持と憲兵の両機能をもつ．「**市町村警察** Vigili Urbani」は各市に属し，行政警察を担当する．「**財務警察** Guardia di Finanza」は経済関連の犯罪を取締まる財務省に属する軍の組織．またそれぞれの下に，たとえば国家警察の「鉄道警察」など，特殊部門をもつ．さらに，凶悪な犯罪には，「**マフィア捜査本部** Direzione Investigativa Antimafia;《略》DIA [día]」という特別警察が活動する．

けいさん 計算 calcolo, conto;《運算》operazione ◇計算する contare, calcolare, computare, fare [eseguire] un calcolo [una somma / un'operazione]; fare il conto ¶何度やっても計算が合わない．Ho fatto e rifatto i conti più volte ma non quadrano. ¶彼は計算が得意だ [速い / 遅い]．È bravo [veloce / lento] nel calcolo. ¶その条件は計算に入れてある．Si è tenuto conto di questa condizione. ¶それは計算に入れてなかった．Questo non lo avevo preso in considerazione. ¶彼は計算高い男だ．È un uomo che calcola tutto. / È un calcolatore. ¶計算違いをした．Ho sbagliato i miei calcoli.（► 「目論見(%)がはずれた」という比喩的な意味もある）¶ことは計算どおりに運んだ．La faccenda si è svolta come previsto.
✤**計算機** calcolatore; calcolatrice; macchina calcolatrice
計算尺 regolo
計算書 （勘定書）conto;（納品書）fattura;（明細書）distinta;（取り引きの）estratto conto（◆イタリアでは通帳に記載されるかわりに，estratto conto によって金銭の出し入れが確認される）

けいさん 珪酸 acido silicico [複 -ci]
✤**珪酸塩** silicato

けいし 軽視 deprezzamento; negligenza [-gli-] ◇軽視する （ないがしろにする）trascurare ql.co. [qlcu.], deprezzare qlcu. [ql.co.];（重要視しない）tenere poco conto di [fare poco caso a] ql.co. [qlcu.], dare poca importanza a ql.co. [a qlcu.], prendere alla leggera qlcu. [ql.co.] ¶世論を軽視する non ascoltare [non tenere in considerazione] l'opinione pubblica ¶彼は会社で軽視されていた．Nella ditta non era molto apprezzato.

けいし 罫紙 carta a righe
けいし 警視 commissario [複 -i] (di polizia)
✤**警視総監** Prefetto di Polizia di Tokyo
警視庁 Questura di Tokyo

けいじ 刑事 **1**《刑事巡査》investigatore [

《 会 話 》 **警察で Alla polizia**

■**警察署で In questura**
A: こんにちは，バッグの紛失届[盗難届]を出したいのですが．
Buongiorno, vorrei denunciare 「lo smarrimento [il furto] della mia borsa.
B: いつ気がつきましたか．
Quando si è accorto del fatto?
B: どこでですか．
Dove è successo?
B: その時のことを覚えていますか．
Si ricorda come è successo?
B: よく覚えてないのですが，たぶん2時間ほど前に，市場で買い物をしている時だと思います．
Non ricordo bene, ma probabilmente è successo un paio di ore fa al mercato, mentre facevo la spesa.
B: バッグの中には何が入っていましたか．
Cosa c'era nella borsa?
B: 身分証明書類や貴重品が入っていましたか．
C'erano documenti o oggetti 「preziosi [di valore]?
B: 紛失した[盗まれた]物の総額はどのくらいですか．
Qual è il valore totale degli oggetti smarriti [rubati]?
A: バッグにはパスポート，クレジット・カード，トラベラーズ・チェック，それに現金が入っていました．
Nella borsa c'erano il passaporto, la carta di credito, alcuni traveller's cheque e dei contanti.
A: 保険会社に提出するので，届出証明をいただけますか．
Vorrei avere il certificato di denuncia per l'assicurazione.
A: この罰金支払い命令を受け取りました．どこで払えばいいでしょうか．
Scusi, mi hanno fatto questa contravvenzione [multa]. Dove devo andare per il pagamento?
B: 3日以内にこの警察署の罰金課で納めてください．または，お宅に郵送される郵便為替の用紙を使って，15日以内に納めてください．
Può pagarla entro tre giorni presso il nostro ufficio contravvenzioni, oppure entro quindici tramite il vaglia postale che riceverà presso il suo domicilio.
A: 滞在許可を申請[更新 / 延長]したいのですが．
Vorrei 「richiedere un [rinnovare il mio / prolungare il mio] permesso di soggiorno.
B: 2階の外国人登録課へ行ってください．
Si rivolga all'ufficio stranieri al primo piano.

-trice]、agente㊚ investigativo **2**《刑法にかかわること》の penale, criminale

❖**刑事裁判所** tribunale㊚ penale
刑事事件 crimine㊚
刑事責任 responsabilità㊛ penale
刑事訴訟 azione㊛ [procedimento㊚] penale
刑事訴訟法 codice㊚ di procedura penale, diritto㊚ processuale penale
刑事犯《人》criminale㊚㊛
刑事補償 indennità㊛ [riparazione㊛ / risarcimento㊚] (statale) di danni

けいじ 計時　cronometria㊛; misurazione㊛ cronometrica ◇計時する cronometrare ¶正式[非公式]計時《スポーツ競技の》cronometraggio ufficiale [ufficioso]

❖**計時係** cronometrista㊚㊛ [㊚複 -i]
けいじ 啓示　rivelazione㊛ ◇天の啓示を受ける avere una rivelazione
けいじ 掲示　avviso㊚ ◇掲示する mettere un avviso di *ql.co.*, affiggere un cartellone di *ql.co.*; annunciare *ql.co.* su affissi

❖**掲示板** bacheca㊛;《大型の》tabellone㊚
けいじか 形而下 ◇形而下の fisico [㊚複 -ci]
けいしき 形式　forma㊛;《所定の手続き》formalità㊛ ◇形式的な formale;《形式主義の》formalistico [㊚複 -ci] ◇形式的に per la forma, formalmente; formalisticamente ¶この書類は形式が整っていない。Questo documento non è redatto nella forma dovuta. ¶これは単なる形式です。È una semplice [pura] formalità. ¶彼は形式にこだわる。Lui si attiene rigidamente alle convenzioni [alle forme]. ¶彼は形式を重んじる。Lui dà molta importanza alla forma. / Lui è molto cerimonioso.

❖**形式主義** formalismo㊚
形式主義者 formalista㊚㊛ [㊚複 -i]
形式論理学 logica㊛ formale
けいじじょう 形而上 ◇形而上の metafisico [㊚複 -ci]

❖**形而上学** metafisica㊛
けいじどうしゃ 軽自動車　automobile㊛ (di piccole dimensioni e) di piccola cilindrata; utilitaria㊛ (◆イタリアに車種としてはない)
けいしゃ 珪砂　silice㊛; sabbia㊛ quarzifera
けいしゃ 傾斜　inclinazione㊛, pendenza㊛, pendio㊚ [複 -ii], declivio㊚ [複 -i];《斜めになっていること》obliquità㊛ ◇傾斜する inclinarsi, pendere㊌ [*av*], declinare [*av*];《状態》essere in discesa [in pendio] ◇傾斜した inclinato, pendente, in discesa, obliquo ¶ゆるやかな [急な] 傾斜を登る salire un dolce [erto] declivio ¶船は右舷に15度傾斜した。La nave「si è inclinata [ha sbandato] di 15 gradi a dritta.

❖**傾斜角** angolo㊚ d'inclinazione
傾斜計 inclinometro㊚
傾斜生産方式《経》sistema㊚ di produzione prioritaria
傾斜度 grado㊚ [angolo㊚] di pendenza
傾斜面 pendio㊚
げいしゃ 芸者　geisha㊛ [無変], gheiscia㊛ [無変]

げいじゅつ 芸術　arte㊛;《美術》belle arti㊛[複] ◇芸術的な artistico [㊚複 -ci] ◇芸術的に artisticamente ¶芸術的遺産 patrimonio artistico ¶芸術的センスがある avere una sensibilità artistica ¶ミケランジェロの芸術 l'arte di Michelangelo ¶中世の芸術 arte medievale ¶芸術がわかる capire l'arte / avere sensibilità per l'arte ¶芸術は長く人生は短し。《諺》"L'arte è lunga e la vita è breve."

❖**芸術愛好家** amico㊚ [㊛ -ca;㊚複 delle arti [delle muse], amante㊚㊛ dell'arte;《保護・育成者》mecenate㊚
芸術家 artista㊚㊛ [㊚複 -i] ¶彼は芸術家肌の男だ。Ha un temperamento d'artista.
芸術祭 festival㊚ [無変] [festival㊚ [無変]] dell'arte, festa㊛ dell'arte
芸術作品 opera㊛ d'arte
芸術至上主義 l'arte per l'arte
芸術大学 Istituto㊚ Universitario [複 -i] [Superiore] d'Arte (◆イタリアには音楽学部と美術学部を備えた総合芸術大学はなく、conservatorio「音楽院」と accademia delle belle arti「美術大学」がある)
芸術点《スポ》merito㊚ artistico
げいしゅん 迎春《年賀状で》Auguri per il nuovo anno!
けいしょう 形象　forma㊛, figura㊛

❖**形象化** figurazione㊛ ◇形象化する dare forma a *ql.co.*
けいしょう 敬称　titolo㊚ onorifico [複 -ci] [di cortesia] ◇敬称を略す omettere i titoli (◆イタリアではふつう新聞等の記事で敬称を付けない) ¶敬称を付けて呼ぶ chiamare *qlcu.* con il suo titolo onorifico
けいしょう 景勝　paesaggio㊚ [複 -gi] pittoresco [複 -schi] ¶日光は景勝の地として知られている。Nikko è conosciuta per la sua bellezza paesaggistica. (►都市名は基本的に女性名詞扱い)
けいしょう 軽症　malattia㊛ leggera [non grave / lieve] ¶軽症のコレラ forma leggera di colera

❖**軽症患者** malato㊚ [㊛ -a] non grave, caso㊚ leggero
けいしょう 軽傷　ferita㊛ leggera ¶幸いけがは軽傷で済んだ。Per fortuna la ferita era superficiale.

❖**軽傷者** ferito㊚ [㊛ -a] leggero
けいしょう 継承　successione㊛ ◇継承する succedere㊌ [*es*] ¶王位継承 successione al trono ¶〈人〉から…を継承する succedere a *qlcu.* in *ql.co.* / ereditare *ql.co.* da *qlcu*.

❖**継承権** diritto㊚ di successione
継承者 erede㊚㊛, successore㊚ [㊛ succeditrice]
けいしょう 警鐘　campanello㊚ d'allarme, campane㊛ [複] a martello [a stormo] ¶警鐘を打ち鳴らす suonare l'allarme / suonare a martello [a stormo] ¶世の中に警鐘を鳴らす dare l'allarme al mondo
けいしょう 軽少 ◇軽少な modico [㊚複 -ci], irrisorio [㊚複 -i], piccolo
けいじょう 刑場　luogo㊚ [複 -ghi] di un'esecuzione ¶刑場の露と消える morire sul patibolo
けいじょう 形状　forma㊛; figura㊛ ¶海底の形状 configurazione㊛ del fondo marino ¶頭蓋の形状 conformazione㊛ del cranio

❖形状記憶合金 lega⒇ indeformabile
形状記憶樹脂 resina⒇ antipiega
けいじょう 計上 ◇計上する includere, iscrivere, addizionare, sommare ¶新しい橋の建設費が予算に計上された. Sono state incluse nel bilancio preventivo le spese di costruzione del nuovo ponte.
けいじょう 経常 ◇経常の ordinario [⒈複-i]
❖経常赤字 passivo⒂ delle partite correnti
経常収支 bilancia⒇ [複-ce] delle partite correnti
経常費 spese⒇[複] ordinarie
経常予算 bilancio⒂[複-ci] ordinario [複-i]
経常利益 utile⒂ ordinario
けいじょうみゃく 頸静脈 〖解〗vena⒇ giugulare
けいしょく 軽食 pasto⒂ leggero;《間食》spuntino⒂;〔英〕snack [znek]⒂[無変]
❖軽食堂 tavola⒇ calda, 〔英〕snack-bar [znekbár]⒂[無変];(駅の) buffet⒂[無変](della stazione)
けいしん 軽震 (旧震度階級の１つ) terremoto⒂ lieve
けいず 系図 genealogia⒇ [複-gie], albero⒂ genealogico [複-ci] ¶〈人〉の系図を調べる fare ricerche sulla [esaminare la] genealogia di qlcu.
❖系図学 genealogia⒇ [複-gie]
系図学者 genealogista⒈⒉ [⒈複-i]
けいすう 係数 〖数〗coefficiente⒂
けいすう 計数 calcolo⒂; conti⒂[複] ¶彼は計数に明るい. È bravo nei conti. / Ci sa fare con i numeri.
けいせい 形成 formazione⒇ ◇形成する formare, costituire; 《教化, 育成》plasmare; modellare; foggiare ◇形成される formarsi ¶15戸の農家が１つの村落を形成している. Quindici fattorie costituiscono un villaggio. ¶近代国家の形成期 periodo di formazione dello stato moderno
❖形成外科 chirurgia⒇ plastica
形成層 〖植〗cambio⒂[複-i]
けいせい 形勢 situazione⒇, condizione⒇, circostanze⒇[複], stato⒂ delle cose ¶形勢を観望する seguire [osservare] il corso degli eventi ¶形勢が変わった. Le condizioni sono mutate. ¶形勢は有利[不利]だ. La situazione è favorevole [sfavorevole]. ¶形勢日々に非なり. La situazione peggiora di giorno in giorno.
けいせい 警世 ¶警世の書 libro ammonitorio ¶警世の一文 saggio di critica sociale
けいせき 形跡 traccia⒇[複-ce], indizio⒂ [複-i], segno⒂ ¶他殺の形跡がある. Ci sono indizi di un assassinio. ¶なんの形跡も発見できなかった. Non abbiamo potuto scoprire alcuna traccia.
けいせき 珪石・硅石 〖鉱〗pietra⒇ 「di silice [silicea]
けいせん 係船 ormeggio⒂[複-gi] ◇係船する ormeggiare (una nave);《使用を一時中止する》mettere in disarmo (una nave)
けいせん 経線 meridiano⒂
けいせん 罫線 riga⒇, linea⒇

けいそ 珪素・硅素 〖化〗silicio⒂;《元素記号》Si
❖珪素化合物 siliciuro⒂
けいそう 形相 〖哲〗forma⒇
❖形相因 causa⒇ formale
けいそう 係争 vertenza⒇; lite⒇; controversia⒇; contestazione⒇ ¶両国間の係争問題を解決する risolvere la controversia fra le due nazioni ¶その事件は現在係争中である. Il caso è attualmente discusso in tribunale.
❖係争点 punto controverso
係争物 oggetto⒂ di litigio
けいそう 珪藻・硅藻 〖植〗diatomea⒇
❖珪藻土 terra⒇ diatomacea [di diatomee]
けいそう 軽装 abbigliamento⒂ [vestito] leggero ¶軽装で外出する uscire di casa con vestiti [abiti] leggeri
けいそく 計測 misurazione⒇
❖計測器 apparecchio⒂[複-chi] [strumento⒂] di misura
けいぞく 継続《そのまま続くこと》durata⒇, continuazione⒇, continuità⒇;《延長》aggiornamento⒂;《更新》rinnovamento⒂ ◇継続的な continuo, continuato;《不断の》ininterrotto ◇継続的に continuamente, di continuo, in continuazione; senza interruzione, ininterrottamente ◇継続する continuare他, 自 (▶人が主語のとき [av], 物が主語のとき [es, av]), durare自 [es, av];《延長する》aggiornare, prolungare;《更新する》rinnovare ¶審議を継続する aggiornare [prolungare] la discussione ¶雑誌の購読を継続する rinnovare l'abbonamento a una rivista
けいそつ 軽率 imprudenza⒇, sventatezza⒇ ◇軽率な 《無思慮な》imprudente, avventato, sconsiderato, sventato;《不注意な, うかつな》distratto, disattento ◇軽率に imprudentemente, sventatamente, senza riflettere; distrattamente ¶軽率な人 persona leggera ¶軽率な判断を下す dare un giudizio avventato ¶考えてみると彼は軽率なことをしたものだ. Riflettendoci bene, ha commesso un'imprudenza.
けいたい 形態 forma⒇ ¶さまざまな形態の社会主義 varie forme di socialismo
❖形態学 〖生〗morfologia⒇
形態素 〖言〗morfema⒂[複-i]
形態論 〖言〗morfologia⒇ ◇形態論的(な) morfologico⒂[複-ci] ◇形態論的に morfologicamente
けいたい 携帯 portare ql.co. ¶携帯する portare ql.co. "con sé [su di sé / addosso] ◇携帯できる 《ポータブルの》portatile, 《ポケットに入る》tascabile ¶携帯に便利なパソコン personal computer comodo da portare
❖携帯電話 cellulare⒂, telefono cellulare;《親》telefonino⒂
携帯品 effetti⒂[複] personali;《手荷物》bagaglio⒂[複-gli] a mano
携帯品預り所 (駅などの) deposito⒂ bagagli;《劇場などの》guardaroba⒂ [無変]
携帯ラジオ radio⒇ [無変] portatile
けいだい 境内 recinto⒂ di un tempio
げいたっしゃ 芸達者 istrione⒂

けいちょう 傾聴 ◇傾聴する ascoltare attentamente, prestare orecchio a *qlcu*. [a *ql.co.*]

けいちょう 慶弔 auguri男[複] e condoglianze女[複]
✤**慶弔電報** telegramm*a*男[複 -*i*] d'auguri o di condoglianze

けいちょうふはく 軽佻浮薄 ¶軽佻浮薄な人 persona leggera e superficiale

けいつい 頚椎《解》vertebra女 cervicale

けいてき 警笛 (クラクション) clacson男[無変];《汽笛》fischio男[複 -*schi*];《サイレン》sirena女;《霧笛》corno男 (da nebbia), 《警報》allarme男 ¶警笛を鳴らす fare [lanciare] un fischio d'allarme /《自動車》suonare il clacson

けいと 毛糸 (filo男 di) lana女 ¶毛糸の靴下[手袋] calze [guanti] di lana ¶この毛糸はひと束いくらですか. Quanto costa questa lana al gomitolo?

けいど 経度 longitudine女

けいど 軽度 ◇軽度の leggero, lieve

けいとう 系統 **1**《組織》sistem*a*男[複 -*i*];《種》famiglia女;《血統》discendenza女;《動物の血統および血統書》stirpe女;〔英〕pedigree[pedigrí]男[無変];《回路, 路線網》circuito男, rete女 ◇系統的な sistemat*ico*男[複 -*ci*] ¶バスの運転系統 (運行網) rete di autobus ¶《一系統》percorso di un autobus ¶命令系統 catena di comando ¶神経系統 sistema nervoso ¶この2言語は同一の系統に属している. Queste due lingue appartengono alla stessa famiglia. ¶系統立てる sistemare *ql.co.* ¶系統立てて話をする parlare sistematicamente **2**《系列》corrente女, partito男;〔英〕clan男[無変]
✤**系統学** scienza女 dei sistemi
系統樹 albero男 genealog*ico*男[複 -*ci*]

けいとう 傾倒 ammirazione女 ◇傾倒する ammirare *qlcu*. [*ql.co.*],《行動》dedicarsi a *qlcu*. [a *ql.co.*], concentrarsi in [su] *ql.co.* ¶彼はイタリア絵画に傾倒している. È un grande ammiratore della pittura italiana. ¶彼は反核運動に傾倒している. È impegnato con tutte le sue forze nel movimento antinucleare.

けいとう 鶏頭《植》cresta女 di gallo

げいとう 芸当《芸》gioco男[複 -*chi*] di abilità;《アクロバットなど》acrobazia女, numero男 acrobatico[複 -*ci*];《手品》gioco男 di prestigio ¶一芸 ¶危い芸当だ. È rischioso!

げいどう 芸道 arte女 ¶芸道にいそしむ dedicarsi a coltivare la *propria* arte

けいどうみゃく 頸動脈 carotide女

けいにく 鶏肉 (carne女 di) pollo男

けいにく 鯨肉 carne女 di balena

げいにん 芸人 artist*a*男女[複 -*i*] (▶artistaは芸術家ばかりでなく芸能人までをさす. そのうち芝居をする者が attore男[女 -*trice*], 言葉のみに頼らない芸人は fantasist*a*男女[複 -*i*], artista男 di varietà と呼ばれる)

げいのう 芸能 intrattenimento男, spettacolo男 ¶郷土芸能 arte folcloristica
✤**芸能界** mondo男 dello spettacolo
芸能人 personaggio男[personalità女] dello spettacolo;《歌手》cantante男女;《俳優》attore男

[女 -*trice*]

けいば 競馬 corsa女 di cavalli; (gara女 di) ippica女 →馬 関連 ¶競馬でもうける[損をする] vincere [perdere] alle corse

関連
追い込み〔英〕sprint男[無変] オッズ quotazione女 騎手 →ジョッキー 厩舎 scuderia女 競走馬 cavallo男 da corsa 競馬場 ippodromo男; campo男 di corse 競馬ファン appassionat*o*男[女 -*a*] di corse di cavalli サラブレッド purosangue男[無変] ジョッキー fantino男[女 -*a*] ステイヤー cavallo男 per gare di fondo スプリンター〔英〕sprinter男[無変]; velocist*a*男[複 -*i*] ダークホース non favorit*o*男[女 -*a*];〔英〕outsider男[無変] ダービー〔英〕derby男[無変] 対抗馬 rivale男 単勝式馬券 puntata女 調教師 allen*atore*男[女 -*trice*] 馬券 scontrino男 della scommessa 馬券売り場 sportello男 della scommessa 馬丁 mozzo男 di scuderia 馬主 proprietario男[女 -*ia*; 複 -*i*] di un cavallo パドック recinto男 del peso 馬場 campo男 di corse 本命 favorit*o*男[女 -*a*] 連勝式馬券 accoppiata

けいはいしょう 珪肺症《医》silicosi女[無変]

けいはく 軽薄 frivolezza女; leggerezza女;《気まぐれ》incostanza女 ◇軽薄な frivolo, leggero, superficiale; incostante, volubile

けいはつ 啓発 ◇啓発する illuminare ¶〈人〉を啓発する chiarire le idee a *qlcu*. / aprire gli occhi a *qlcu*. ¶この本には大いに啓発されるところがあった. In questo libro ho trovato dei passi molto illuminanti.

けいばつ 刑罰 pena女; condanna女

けいばつ 閨閥 alleanza女 imperniata attorno ai parenti della moglie
✤**閨閥政治** politica女 imperniata sulle alleanze matrimoniali

けいはんざい 軽犯罪 contravvenzione女 [infrazione女] leggera, violazione女 leggera di una legge

けいひ 経費 spesa女, costo男 ◇経費のかかる costoso, dispendioso, oneroso ¶物的経費《会》spese essenziali [indispensabili] ¶経費の節約で計画を縮小する ridurre [abbreviare] il progetto per ragioni finanziarie ¶経費を節約する limitare le spese / ridurre i costi

けいび 軽微 ◇軽微な lieve, leggero ¶損害は軽微であった. I danni sono stati lievi [minimi].

けいび 警備 ◇警備する sorvegliare, vigilare;《防衛》difendere ¶〈人〉の身辺を警備する fare la scorta a *qlcu*. ¶警備が手薄だった. La sorveglianza era insufficiente.
✤**警備員** guardia女; sentinella女 ¶夜間警備員 guardia notturna
警備会社《警備員派遣会社》corpo男 di vigilanti;《夜に商店などを見回る》società女 di metronotte
警備船 guardacoste男[無変]
警備隊 guarnigione女; corpo男 di guardia, presidio男[複 -*i*], ronda女

けいひん 景品 premio男[複 -*i*] ¶景品を出す dare un premio [dei premi] / offrire dei premi

✤**景品券** buono[男], tagliando[男] per ritirare un premio

げいひんかん 迎賓館 casa[女] [residenza[女]] per ospiti dello Stato

けいふ 系譜 genealo*gia*[女] [複 *-gie*] ¶幻想文学の系譜をたどる studiare il filone della letteratura fantastica

けいふ 継父 patrigno[男]; 《養父》 padre[男] adottivo

けいぶ 頸部 collo[男]; 《えり首》 nuca[女]; 〔解〕 cervice[女] ◇頸部の 〔解〕 cervicale

けいぶ 警部 ispet*tore*[男] [[女] *-trice*] di polizia

げいふう 芸風 stile[男] artisti*co* [複 *-ci*]; maniera[女] artistica

けいふく 敬服 ◇敬服する ammirare, stimare, apprezzare ¶彼の誠実さには敬服している. Ammiro molto la sua onestà.

けいべつ 軽蔑 disprezzo[男], disdegno[男] ◇軽蔑的な sprezzante, disprezzante ◇軽蔑する disprezzare, disdegnare ◇軽蔑して sprezzantemente, con disprezzo 《を per》, a dispetto 《を di》, con sprezzo 《を di》 ¶軽蔑すべき spregevole ¶軽蔑の目で見る guardare *qlcu.* dall'alto in basso ¶彼は軽蔑したような笑い方をした. Ha fatto una risata di scherno. ¶これ以上周囲の軽蔑に耐えられない. Non posso più sopportare il disprezzo generale.

けいべん 軽便 ◇軽便な 《扱いやすい》 maneggiabile, manovrabile, maneggevole; 《持ち運びに便利な》 portatile

✤**軽便鉄道** ferrovia[女] a scartamento ridotto

けいぼ 敬慕 ◇敬慕する amare e rispettare *qlcu.*, adorare *qlcu.*, affezionarsi a *qlcu.*

けいぼ 継母 matrigna[女]; madre[女] adottiva

けいほう 刑法 diritto[男] penale, codice[男] penale ⇀法律 [用語集] ◇刑法上(の) penale, criminale

✤**刑法学者** penalist*a*[男][女] [[男]複 *-i*]

けいほう 警報 allarme[男]; 《サイレン》 sirena[女] d'allarme ¶警報を発する dare l'allarme ¶空襲警報 allarme aereo ¶台風警報 segnale [annuncio] di tifone ¶警報を解除する dare il cessato allarme

✤**警報器** dispositivo[男] di allarme; 《盗難防止装置》 antifurto[男] [無変]

警報信号 segnale[男] di allarme

警報ランプ lampeggiante[男] di allarme

けいぼう 警棒 sfollagente[男] [無変], manganello[男] [randello[男]] della polizia

けいみょう 軽妙 ◇軽妙な agile e brillante ¶彼の随筆には軽妙な味がある. Il suo saggio è scritto in tono brillante e spiritoso.

✤**軽妙洒脱**(しゃだつ) ¶軽妙洒脱なスタイル stile brillante e raffinato ¶軽妙洒脱な論評 osservazione arguta

けいむしょ 刑務所 prigione[女], carcere[男] [複 le *carceri*]; 《俗》 galera[女]; 《女性の》 carcere[男] femminile; 《少年の》 carcere[男] minorile ¶〈人〉を刑務所に入れる mettere [mandare] *qlcu.* in carcere [galera / prigione] / imprigionare *qlcu.* ¶刑務所を出る uscire di prigione ¶彼は刑務所に入っている. 《親》 Lui sta dentro. ¶刑務所に入れられてしまうぞ. 《親》 Finirai coll'andare dentro!

✤**刑務所長** diret*tore*[男] [[女] *-trice*] del carcere

げいめい 芸名 nome[男] d'arte ¶イザベッラ, 芸名ミミ Isabella, in arte Mimì

けいもう 啓蒙 illuminismo[男]; 《大衆化》 volgarizzazione[女] ◇啓蒙する istruire; illuminare; divulgare ◇啓蒙的な illuminante; divulgativo ¶大衆に民主主義を啓蒙する illuminare il popolo sulla democrazia

啓蒙主義 illuminismo[男]

✤**啓蒙主義者** illuminist*a*[男][女] [[男]複 *-i*]

けいやく 契約 contratto[男], impegno[男]; 《スポーツ選手などの》 ingag*gio*[男] [複 *-gi*] ¶1年契約 contratto annuale ¶仮契約 contratto provvisorio ¶口頭契約 contratto verbale ¶長期[短期]契約 contratto a lungo [breve] termine ¶双務[片務]契約 contratto bilaterale [unilaterale] ¶契約を結ぶ fare un contratto (con *qlcu.*) / stringere un patto (con *qlcu.*) / impegnarsi (a + [不定詞]) ¶サッカー選手と契約を結ぶ ingaggiare un calciatore ¶売買契約を結ぶ concludere [stipulare] un contratto di compravendita ¶契約を履行[破棄]する adempiere [rompere] il contratto ¶契約を解消する annullare [sciogliere / rescindere] un contratto ¶『社会契約論』(ルソー) "Contratto sociale" (Rousseau)

✤**契約違反** 〔商〕 violazione[女] [inosservanza[女]] del contratto

契約解消 scioglimento[男] del contratto

契約期限 termine[男] [validità[女]] contrattuale

契約更新 rinnovo[男] del contratto

契約者 contraente[男][女]; 《定期購読などの》 abbona*to*[男] [[女] *-a*]

契約社員 impiega*to*[男] [[女] *-a*] a contratto [a termine]

契約社員制度 sistem*a*[男] [複 *-i*] (di impiegati) con contratto a tempo determinato

契約書 contratto[男], atto[男]

契約条項 clausola[女] [articolo[男]] contrattuale

契約破棄 rottura[女] di un contratto

契約不履行 inadempienza[女] contrattuale

けいゆ 経由 ¶パリ経由でローマに行く andare a Roma via Parigi [passando per Parigi / facendo scalo a Parigi]

けいゆ 軽油 gasolio[男] (►ガソリンは benzina) ⇀自動車 [用語集]

げいゆ 鯨油 olio[男] di balena

けいよう 形容 《描写》 descrizione[女] ◇形容する 《描写する》 descrivere; 《修飾する》 qualificare ¶形容しがたい美しさだ. È di una bellezza indescrivibile [indicibile].

✤**形容語** attributo[男], epiteto[男]

形容詞 aggettivo[男]

形容詞句 sintagm*a*[男] [複 *-i*] aggettivale

形容詞的用法 uso[男] (di valore) aggettivale

けいよう 掲揚 ¶国旗を掲揚する issare la bandiera nazionale ¶町中に旗が掲揚されている. La città è tutta imbandierata.

けいらん 鶏卵 uovo[男] [複 le *uova*] (di gallina)

けいり 経理 《会計》 contabilità[女], ragioneria[女]; amministrazione[女] finanziaria ¶経理を担当する tenere la contabilità

✤**経理課** uffi*cio*[男] [複 *-ci*] contabilità [di ragio-

経理係 contabile男女, ragioniere男[複 -i];《学校・公共団体の》economo男[複 -a]

けいりゃく 計略 stratagemma男[複 -i], artificio男[複 -ci];《わな》trappola女, inganno男, tranello男, trabocchetto男;《陰謀》complotto男, intrigo男[複 -ghi], congiura女, cospirazione女 ¶〈人〉を計略にかける tendere una trappola a [contro] qlcu. ¶計略にかかる cadere nel tranello [nella trappola] / farsi mettere nel sacco / cascarci ¶計略を企てる ideare uno stratagemma / tramare un inganno [una congiura / un complotto]《に対し contro》¶計略を見破る sventare una macchinazione

けいりゅう 係留 ormeggio男[複 -gi] ◇係留する ormeggiare
✤**係留気球** pallone男 frenato
係留索 cavo男 d'ormeggio
係留船 nave女 all'ormeggio
係留柱 bitta女, palo男 d'ormeggio
係留ブイ boa女 d'ormeggio

けいりゅう 渓流 torrente男 [ruscello男] di montagna

けいりょう 計量 misurazione女;《重さの》pesata女 ◇計量する misurare; pesare
✤**計量カップ** bicchiere男 graduato, misurino男
計量器 《秤》bilancia女[複 -ce], pesa女, basculla女
計量経済学 econometria女
計量言語学 linguistica女 quantitativa [statistica]

けいりょう 軽量 ¶軽量コンクリート《建》cemento di basso peso

けいりん 競輪 keirin男[無変]; corsa女[gara女] ciclistica女;《賭け》scommessa女 al keirin
✤**競輪選手** ciclista男女[複 -i] professionista
競輪場 velodromo男

けいるい 係累 ¶彼は係累が多い。Ha una famiglia numerosa a carico.

けいれい 敬礼 saluto男 ◇敬礼する(あいさつ) salutare qlcu.;《挙手の》fare il saluto;《脱帽》togliersi il cappello, scappellarsi;《会釈する》chinare la testa (in segno di saluto)

けいれき 経歴 《前歴》precedenti男[複], passato男;《履歴》[ラ]curriculum vitae; curricolo男, carriera女;《勤務歴》stato男 di servizio ¶経歴がかんばしくない。I suoi precedenti lavorativi non sono buoni. ¶経歴には非の打ち所がない。Nel suo passato non c'è nulla da criticare. ¶そんなことをしたら君の経歴に傷がつくぞ. Se farai una cosa simile, ti rovinerai la carriera [(賞町の)ti macchierai la fedina penale]. ¶彼は教師としての経歴が長い。Ha una lunga carriera [esperienza] come insegnante. ¶彼はどんな経歴の人ですか. Quali sono i suoi precedenti?

けいれつ 系列 《ひと続き》serie女[無変];《体系》sistema男[複 -i];《分類》categoria女;《ジャンル》genere男;《資本などの》filone男, gruppo男, catena女 ¶企業系列化 affiliazione fra imprese ¶この会社はフィアットの系列だ. Questa ditta fa parte del gruppo [è affiliata alla] Fiat.
✤**系列企業** impresa女 affiliata

けいれん 痙攣 convulsioni女[複];《痛みを伴った》spasmo男, crampo男, contrazioni女[複] spasmodiche ◇けいれんする avere uno spasmo [dei crampi], contrarsi, contorcersi ◇けいれん性(の) convulso, spasmodico[男複 -ci] ¶胃けいれん crampi allo stomaco ¶けいれん性の咳》tosse convulsa ¶けいれんを起こす(全身に) avere le convulsioni ¶腕にけいれんを起こす avere contrazioni spasmodiche a un braccio / essere preso [colpito] da uno spasmo a un braccio

けいろ 毛色《髪の毛の色》colore男 dei capelli **2**《性質・種類など》¶毛色の変わった男だ.《ユニークな》È un originale [uomo singolare]. ¶この曲は彼の今までのとは毛色が違うね。Questo brano di musica è di un genere [tipo] diverso da quelli eseguiti da quel cantante.

けいろ 経路 via女, strada女 ¶地中海の通商経路 itinerari commerciali del Mediterraneo ¶犯人の逃走経路をたどる seguire le tracce di un delinquente in fuga ¶コレラの感染経路を解明する ricostruire il percorso [il propagarsi] del colera ¶盗難絵画の入手経路をたどる risalire all'iter di acquisto di un quadro rubato ¶台風の通過経路にあたる地方 zone dove passerà il tifone ¶バスの運航経路 percorso di un autobus

けいろう 敬老 rispetto男 per gli anziani
✤**敬老会** incontro男 per onorare e aiutare gli anziani
敬老の日 Giorno男 [Festa女]「degli anziani [della Terza Età]」(◆ il terzo lunedì di settembre)

けう 希有・稀有 ◇希有な raro ¶希有な出来事だ. È un avvenimento [evento] assai raro.

ケーオー KO 〔英 knockout [nokkáut]男[無変]¶4ラウンドでKOされる essere knockout [battuto per ko] al quarto round

ケーキ 〔英 cake〕 torta女,《小型のケーキ・パイ菓子など》pasticcino男; pasta女;《タルト》crostata女;《種の総称》dolce男 →料理【用語集】¶アイスクリーム[ウエディング / クリスマス / デコレーション]ケーキ torta gelato [nuziale / natalizia / decorata]
✤**ケーキ屋** 《店》pasticceria女;《人》pasticciere男[女 -a]

ゲージ 〔英 gauge〕 **1**《編み物の》numero男 (delle maglie) **2**《外径、内径》calibro男 **3**《鉄道》scartamento男, rotaie女[複] **4**《測定器具》calibro男

ケース 〔英 case〕 **1**《箱、容器》scatola女;《内側に布など貼ってあるもの》astuccio男[複 -ci];《特定の目的に作られたもの》cassetta女;《布・革製》borsa女 **2**《事例、場合》caso男
✤**ケーススタディー** casistica女
ケースバイケース a seconda dei casi, caso per caso

ケースワーカー 〔英 caseworker〕 assistente 男女 sociale

ゲート 〔英 gate〕 ingresso男, cancello男;《飛行場の》cancello男 d'imbarco

ゲートボール (sorta女 di) 〔英 croquet〕男[無変]

ゲートル 〔仏 guêtres〕 gambiera女;《革製の》gambale男;《靴の上からはく》ghetta女;《帯状》fascia女[複 -sce];《すね当て》schiniere男 ¶ゲー

トルを巻く mettersi le gambiere [le fasce]
ケープ 〔英 cape〕 mantello㊚, cappa㊛ ¶化粧ケープ mantellina / pettinatoio
ケーブル 〔英 cable〕 cavo㊚ ¶海底ケーブル cavo sottomarino
ケーブルカー funivia㊛, funicolare㊛;《懸垂式》teleferica㊛
ケーブルテレビ televisione㊛ via cavo
ゲーム 〔英 game〕 **1**《競技, 試合》incontro㊚; partita㊛; gioco㊚《複 -chi》 ¶「ゲーム」《試合終了》"La partita è finita [terminata]."
2《遊戯・賭けごとなど》gioco㊚, partita㊛ ¶室内ゲーム gioco㊚ di società ¶ゲームをする fare una partita
❖**ゲームセット** fine㊛ di una partita
ゲームの理論〔数〕teoria㊛ dei giochi
けおとす 蹴落とす《蹴って落とす》buttare giù qlcu. [ql.co.] a calci,《人を失脚させる》fare lo sgambetto a qlcu. ¶人を蹴落として成功する riuscire a spese degli altri / avere successo soppiantando gli altri
けおりもの 毛織物 tessuto㊚ di lana; lanerie㊛ [複]
❖**毛織物工場** lanificio㊚《複 -ci》
けが 怪我 ferita㊛ ¶軽い[ひどい]怪我 ferita leggera [grave / brutta] ¶怪我をする ferirsi / farsi [procurarsi / riportare] una ferita (に a) / farsi male ¶足に怪我をした. Mi sono ferito a un piede.
|慣用| **怪我の功名** ¶それは怪我の功名だ. Questo è stato un errore felice [fortunato]. / Questo è un successo dovuto al caso.
❖**怪我人** ferito㊚《㊛ -a》¶怪我人が出た. Ci sono stati dei feriti.
げか 外科 chirurgia㊛《複 -gie》◇外科的 chirurgico《㊛複 -ci》→病院 |会話| ¶心臓外科 cardiochirurgia ¶整形外科 ortopedia ¶脳外科 chirurgia cerebrale / neurochirurgia ¶美容整形外科 chirurgia estetica ¶形成外科 chirurgia plastica
❖**外科医** chirurgo㊚《㊛ -ga; ㊚複 -ghi》
外科手術 operazione㊛ chirurgica, intervento㊚ chirurgico
外科治療 trattamento㊚ chirurgico
げかい 下界 mondo㊚ terrestre;《この世》questo (basso) mondo㊚;《地上》terra㊛
けがす 汚す **1**《名誉などを傷つける》sporcare, macchiare ¶家名を汚す disonorare [sporcare] la famiglia ¶聖域を汚す profanare un luogo sacro ¶名声を汚す insudiciare [macchiare] la reputazione **2**《女性を辱める》violentare, stuprare **3**《地位などをへり下って》¶私は政治家の末席を汚す者です. Non sono altro che un semplice politico.
けがらわしい 汚らわしい sporco《㊚複 -chi》, immondo, disgustoso;《卑猥》osceno, sconcio《㊚複 -ci, ㊛複 -ce》¶汚らわしい男《品性下劣》individuo ignobile / uomo turpe [laido] /《破廉恥な》sporcaccione㊚ ¶汚らわしい中傷 infame [abominevole] calunnia ¶汚らわしいことを言う dire delle oscenità ¶聞くのも汚らわしい話だ. Questa storia mi disgusta.
けがれ 汚れ《不浄, 汚点》impurità㊛, macchia㊛, sporcizia㊛;《不名誉》disonore㊚, infamia㊛, onta㊛;《冒瀆》profanazione㊛ ◇汚れのない puro, immacolato; senza macchia ¶汚れを知らぬ乙女 ragazza pura [innocente] / vergine
けがれる 汚れる sporcarsi, macchiarsi, disonorarsi;《収賄などで》essere corrotto ¶汚れた金 denaro sporco [malguadagnato]
けがわ 毛皮 pelliccia㊛《複 -ce》¶ミンクの毛皮のコート cappotto (di pelliccia) di visone
❖**毛皮商** pellicciaio㊚《㊛ -ia, ㊚複 -i》
毛皮店 pellicceria㊛
げかん 下疳〔医〕ulcera㊛ venerea
げき 劇 dramma㊚《複 -i》, teatro㊚; lavoro teatrale;《喜劇》commedia㊛;《悲劇》tragedia㊛;《ショー》spettacolo㊚ ◇劇の drammatico, teatrale, spettacolare →演劇 |用語集| ¶劇の演出 messa in scena [regia] di uno spettacolo teatrale ¶劇を上演する rappresentare [mettere in scena] uno spettacolo teatrale
げき 檄 proclama㊚《複 -i》, appello㊚ ¶檄を飛ばす lanciare un appello / promulgare un proclama
げきえいが 劇映画 film㊚《無 変》drammatico [複 -ci]
げきえつ 激越 ◇激越な violento, aspro, acceso, feroce ¶激越な感情 foga / veemenza / irruenza ¶激越な調子で con tono veemente [impetuoso] / infiammato / focoso]
げきか 劇化 adattamento㊚ per il teatro ¶小説を劇化する fare la riduzione drammatica di un romanzo / adattare un romanzo per il teatro ¶劇化された小説 romanzo sceneggiato
げきか 激化 ◇激化する《激越さを増す》intensificarsi, inasprirsi,《悪化》aggravarsi ◇激化させる ravvivare, riaccendere; inasprire ¶論争を激化させる inasprire una lite
げきが 劇画 romanzo㊚ [racconto㊚] a fumetti
げきげん 激減 brusca diminuzione㊛; forte riduzione㊛ [calo㊚] ◇激減する cadere㊀ [es] bruscamente; diminuire㊀ [es] [calare㊀ [es]] fortemente ¶農村で人口が激減した. Nelle campagne la popolazione è notevolmente calata [diminuita].
げきこう 激昂・激高 ◇激昂する adirarsi [infuriarsi] / andare su tutte le furie per ql.co. con qlcu., andare [montare㊀ [es]] in collera per ql.co. con qlcu. ◇激昂して infuriato, andato su tutte le furie
げきさく 劇作 ◇劇作する scrivere un dramma [un testo teatrale]
❖**劇作家** drammaturgo《㊛ -ga; ㊚複 -ghi》; autore㊚《㊛ -trice》drammatico《㊚複 -ci》;《喜劇の》commediografo㊚《㊛ -a》;《悲劇の》tragediografo㊚《㊛ -a》
|用語集| drammaturgia㊛《複 -gie》
げきしょう 激賞 elogio㊚《複 -gi》fervido, alta lode㊛ ◇激賞する esaltare [elogiare] con entusiasmo qlcu. [ql.co.], portare alle stelle qlcu. [ql.co.]
げきじょう 劇場 teatro㊚ →演劇 |用語集| ¶円形劇場 anfiteatro ¶野外劇場 teatro all'aperto

¶テント劇場 teatro tenda [無変]
✤劇場中継 trasmissione[女] in diretta dal teatro
げきじょう 激情 passione[女]; violenta emozione[女]; 《衝動》impulso[男]; frenesia[女] ¶激情に駆られて trasportato dalla passione (►trasportatoは主語の性・数に合わせて語尾変化する) / in preda a una violenta emozione / con frenesia / 《怒り》in un impeto [accesso] di collera
げきしょく 激職 ¶激職に就く occuparsi di un incarico faticoso
げきしん 激震 《旧震度階級の1つ》grande terremoto[男] catastrofi*co* [複 -*ci*] ¶A社との合併のニュースに社内に激震が起こった. La notizia della fusione con la A ha scosso l'intera ditta.
げきする 激する **1** 《激しくなる》diventare[自] [*es*] violen*to*; 《感情が高ぶる》eccitarsi; 《熱狂する》esaltarsi; 《激発する》scatenarsi; 《激怒する》infuriarsi ¶激しやすい人 persona irascibile
2 《激しくぶつかる》 ¶岩に激する奔流 corrente violenta che sbatte sulle [investe le] scogliere
げきせん 激戦 《戦闘の》furiosa battaglia[女]; 《選挙などの》lotta[女] serrata ¶彼は激戦の末に当選した. È stato eletto dopo una lotta serrata.
✤激戦地 campo[男] di una battaglia furiosa, teatro[男] di una cruenta battaglia (►いずれも比喩的にも用いる)
げきぞう 激増 rapido e forte aumento[男]; bru*sco* [複 -*schi*] e notevole incremento[男] ◇激増する aumentare rapidamente e fortemente ¶青少年犯罪が激増している. La criminalità giovanile è in notevole aumento.
げきたい 撃退 ◇撃退する respingere, ricacciare, mettere in fuga, sbaragliare ¶敵の攻撃を撃退する respingere l'attacco del nemico
げきだん 劇団 compagnia[女] teatrale [drammatica]
✤劇団主宰者 diret*tore*[男] [[女] -*trice*] di una compagnia teatrale; 《座長》capocomi*co*[男] [複 -*ci*]
げきだん 劇壇 mondo[男] teatrale
げきちゅうげき 劇中劇 dramma[男] nel dramma, teatro[男] nel teatro
げきちん 撃沈 ¶船を撃沈する affondare [mandare a picco] una nave
げきつい 撃墜 ¶飛行機を撃墜する abbattere un aereo
げきつう 激痛 dolore[男] violento [acuto / lancinante]; 《急性の》fitta[女] ¶胃に激痛を感じる sentire un dolore acuto allo stomaco
げきてき 劇的 drammati*co* [[男] 複 -*ci*]; 《感動的》commovente ◇劇的に drammaticamente ¶彼は劇的な生涯を送った. Ha condotto [avuto] una vita drammatica.
げきど 激怒 esasperazione[女]; furia[女] ◇激怒する infuriarsi; andare su tutte le furie ◇激怒させる esasperare [far andare su tutte le furie] *qlcu.*
げきどう 激動 perturbazione[女]; grande turbamento[男], turbolenza[女] ◇激動の sconvolto, turbolento ¶激動の世界 mondo movimentato [agitato / sconvolto] ¶激動の時代を生きる vivere in un periodo di gravi sconvolgimenti
げきとつ 激突 《激しくぶつかること》colpo[男] violento; 《車同士・人・軍隊の》scontro[男] violento, collisione[女] violenta; cozzo[男]; urto[男] ¶優勝をかけて激突する competere con tutte le *proprie* forze per il titolo di campione. ¶車はガードレールに激突した. L'auto ha sbattuto (con violenza) [ha cozzato] contro il guardrail. ¶デモ隊は警官隊と激突した. I dimostranti si sono scontrati violentemente con la polizia.
げきは 撃破 ◇撃破する sbaragliare, sconfiggere, annientare, distruggere
げきひょう 劇評 recensione[女] [critica[女]] teatrale ◇劇評する fare la recensione [la critica] (di un'opera) teatrale
✤劇評家 criti*co*[男] [[女] -*ca*; [男]複 -*ci*] teatrale, recen*sore*[男] [[女] -*sitrice*] teatrale
げきぶん 激文 proclam*a*[男] [複 -*i*], appello[男]
げきへん 激変 cambiamento[男] bru*sco* [複 -*schi*] [improvviso] e violento; 《逆転》totale capovolgimento[男] ¶情勢は激変した. La situazione è cambiata all'improvviso.
げきむ 激務 lavoro[男] [incari*co*[男] [複 -*ci*]] faticoso [massacrante / estenuante]; compito[男] gravoso [pesante]
げきめつ 撃滅 distruzione[女], stermin*io*[男] [複 -*i*], annientamento[男] ◇撃滅する distruggere, annientare
げきやく 劇薬 farma*co*[男] [複 -*ci*] [《化学的な》composto[男] chimi*co* [複 -*ci*]] dagli effetti letali; 《毒薬》veleno[男]
けぎらい 毛嫌い ◇毛嫌いする essere prevenut*o* [avere pregiudizi] contro [verso (di) / nei confronti di] *ql.co.* [*qlcu.*]
げきりゅう 激流 corrente[女] impetuosa; torrente[男]; rapida[女] ¶彼の姿は激流にのまれた. È stato inghiottito dalla corrente impetuosa.
げきりん 逆鱗 ¶彼は社長の逆鱗に触れた. È incorso nell'ira del presidente.
げきれい 激励 incoraggiamento[男], esortazione[女], incitamento[男] ◇激励する incoraggiare [esortare / incitare] *qlcu.* 《…するように a+[不定詞]》
げきれつ 激烈 ◇激烈な violento, furioso, impetuoso ¶激烈な競争 gara molto dura
げきろう 激浪 **1** 《激しい荒波》onde[女] [複] alte [violente] **2** 《世の中の厳しい様子》 ¶人生の激浪にもまれる lottare contro le [essere travolt*o* dalle] tempeste della vita
げきろん 激論 vivace [animata] discussione[女], dibattito[男] tempestoso ¶〈人〉と激論する discutere animatamente con *qlcu.*
げけつ 下血 〔医〕melena[女] ◇下血する avere sangue nelle feci
けげん 怪訝 ¶怪訝な気持ちで con animo dubbioso [perplesso] / dubbiamente / dubbiosamente ¶私の話を聞いて彼は怪訝な様子だった. Dopo avermi ascoltato, si è mostrato incredulo.
げこ 下戸 《酒をまったく飲まない人》astem*io*[男] [[女] -*ia*; [男]複 -*i*]; 《酒の弱い人》persona[女] che non regge l'alcol
げこう 下校 ◇下校する tornare[自] [*es*] a casa da scuola ¶下校の途中であの少年にあった. Mentre tornavo da scuola ho visto quel ragazzo.
げこくじょう 下克上・下剋上 sovvertimento

[男] dell'ordine gerarchico

けさ 今朝 questa mattina[女]（►副詞的にも用いる）;《副詞》stamattina, stamani ¶今朝は早く家を出た. Stamattina sono uscito di casa presto. ¶今朝ほどお電話いたしました. Le ho telefonato questa mattina.

けさ 袈裟 stola[女] di un bonzo indossata trasversalmente da sinistra a destra

げざい 下剤 purga[女], purgante[男] ¶下剤を飲む purgarsi / prendere un purgante [una purga]

けさき 毛先 punta[女] dei capelli ¶毛先を切る spuntare i capelli

げさく 戯作 letteratura[女] popolare apparsa soprattutto nella seconda metà del periodo Edo

✤**戯作者** autore[男] di narrativa popolare

げざん 下山 ◇下山する《山を下る》scendere[自][*es*] da una montagna;《寺を去る》lasciare un tempio buddista al termine del noviziato

けし 芥子・罌粟〔植〕papavero[男]

✤**けし粒** seme[男] di papavero ¶けし粒のように小さい piccolo come una capocchia di spillo

げし 夏至 solstizio[男] d'estate（◆ intorno al 22 giugno）

✤**夏至線**《北回帰線》tropico[男] del Cancro

けしいん 消印 timbro[男] postale ¶消印を押す timbrare / annullare (i francobolli) ¶書類は1月30日までに郵送のこと（当日消印有効）. I documenti devono pervenire entro il 30 gennaio (farà fede il timbro postale). ¶この手紙の消印は東京1月28日となっている. Questa lettera è timbrata Tokyo, 28 gennaio.

けしかける 嗾ける **1**《犬などを》¶〈人〉に犬をけしかける lanciare [aizzare] un cane contro *qlcu*. **2**《そそのかす, 扇動する》incitare [spingere] *qlcu*. (a＋[不定詞]) ¶彼はけしかけられて盗みを働いた. Lui è stato istigato a commettere un furto.

けしからん《礼儀しらず》scortese, insolente, impertinente, maleducato;《許せない》imperdonabile, intollerabile;《弁解の余地がない》ingiustificabile, inammissibile;《生意気な》sfrontato, arrogante, presuntuoso ¶けしからん.《許し難い》È imperdonabile! /《恥を知れ》Che vergogna! ¶けしからん振る舞いだ. È un comportamento intollerabile [inammissibile]! ¶盗み聞きなんてけしからん. È imperdonabile ascoltare di nascosto.

けしき 景色 paesaggio[男][複 *-gi*];《眺望》veduta[女], vista[女];《景観》panorama[男][複 *-i*] ¶雪[春]景色 paesaggio「di neve [primaverile] ¶景色のいい所へ行く andare in un luogo pittoresco [panoramico] ¶景色に見とれる essere incantato dal paesaggio ¶あの山に登ると景色がいい. Salendo su quella montagna si vede un bel panorama [si gode una bella vista].

けしきばむ 気色ばむ irritarsi, scaldarsi, accendersi, prendersela

げじげじ〔動〕scutigera[女] ¶彼はげじげじのような男だ.《忌み嫌われる》È un uomo odioso.

✤**げじげじ眉** sopracciglia[女][複] cespugliose

けしゴム 消しゴム gomma[女] da cancellare ¶消しゴムで消す cancellare con la gomma

けしさる 消し去る cancellare; oscurare;《固定観念などを》rimuovere ¶コンプレックスを消し去る rimuovere un complesso ¶その恐ろしい光景を記憶から消し去ることは難しい. Non è facile cancellare dalla memoria quella terribile scena.

けしずみ 消し炭 brace[女] spenta, tizzone[男] spento

けしつぼ 消し壺 vaso[男] per spegnere la brace

けしとぶ 消し飛ぶ ¶息子の顔を見て心配は消し飛んだ. Appena ho visto la faccia di mio figlio, la mia ansia è svanita.

けしとめる 消し止める《火・火事などを》spegnere, soffocare; domare;《うわさなどの広まるのを》bloccare ¶彼らは必死になってスキャンダルを消し止めた. Hanno fatto uno sforzo disperato perché non si propagasse lo scandalo.

けじめ ¶公私のけじめをはっきりつける tenere ben separate [disgiunte / distinte] la vita pubblica e la vita privata ¶良いことと悪いことのけじめをつける distinguere il bene dal male

げしゃ 下車 ◇下車する scendere[自][*es*] dal treno [《バス》dall'autobus] ¶水戸で途中下車する fare una sosta a Mito durante il viaggio

げしゅく 下宿 pensione[女] (familiare), alloggio[男][複 *-gi*] presso una famiglia ◇下宿する essere [stare] a pensione, essere alloggiato presso una famiglia;《一人暮らし》vivere[自][*es, av*] solo ¶下宿の主人 padrone[男][女 *-a*] della pensione /《マンション・家具付き部屋の》affittacamere[男][女][無変]

✤**下宿代** ¶下宿代を払う pagare la retta (della pensione)

下宿人 pensionante[男][女]

下宿屋 pensione[女]

けじゅす 毛繻子〔織〕rasatello[男]

ゲシュタポ〔独〕Gestapo[女]

げしゅにん 下手人 assassino[男][女 *-a*], omicida[男][女][男複 *-i*]

げじゅん 下旬 ¶今月下旬に alla [verso la] fine di questo mese

げじょ 下女 donna[女] di servizio, domestica[女], serva[女]

けしょう 化粧 trucco[男][複 *-chi*], belletto[男], toletta[女];《メーキャップ》〔仏〕maquillage [makijáʒ][男][無変];〔英〕make-up [mekáp][男][無変]
◇化粧する《自分で》truccarsi, darsi il belletto;《化粧してもらう》farsi truccare;《化粧をしてやる》truccare *qlcu*. ¶化粧した女 donna truccata [imbellettata] ¶厚[薄]化粧をしている avere un trucco pesante [leggero] ¶化粧を直す ritoccare il trucco ¶化粧を落とす togliersi il trucco / struccarsi

✤**化粧落とし**〔仏〕démaquillage [demakijáʒ][男][無変], struccante[男]

化粧係〔劇・映・テ〕truccatore[男][女 *-trice*]

化粧室《トイレ》〔仏〕toilette [twalét][女][無変];《楽屋・更衣室》camerino[男]

化粧水 lozione[女] (di bellezza), tonico[男][複 *-ci*], idratante[男]

化粧石鹸 saponetta[女]

化粧台《鏡台》specchiera[女], toilette[女]

化粧タイル〘建〙maiolica[女][piastrella[女]] decorativa
化粧品 prodotto[男] di bellezza, coṣmetico[男][複 -ci]
化粧品店 profumeria[女], negozio[男][複 -i] di coṣmetici
化粧ポーチ 〔仏〕necessaire[nesesér][男][無変] da toletta, borsa[女] da toilette
化粧回し《相撲で》grembiule[男] ornamentale dei lottatori di *sumo*

[関連]
化粧品と化粧道具：アイシャドー ombretto[男] **アイライナー**〔英〕eyeliner[男][無変],《えんぴつ型の》matita[女] per gli occhi **安全剃刀**(かみそり) rasoio[男] di sicurezza **カーラー** bigodino[男] **剃刀**《刃》lametta[女] **毛抜き** pinzetta[女] depilatoria [coṣmetica] **櫛**(くし) pettine[男] **口紅** rossetto[男] **クリーム** crema[女] di bellezza **クレンジングクリーム[フォーム]** crema[女][schiuma[女]] detergente **化粧水** lozione[女] **香水** profumo[男] **コットン** cotone[男] idrofilo **スタイリングムース** schiuma[女][mousse[女]] per capelli **デオドラントスプレー** deodorante[男] spray **ドライヤー** asciugacapelli[男][無変], fon[男] **乳液** latte[男] coṣmetico [idratante] **パウダーファンデーション** cipria[女] **はさみ** forbicine[女][複] **パフ** piumino[男] **ビューラー** piegaciglia[男][無変] **ファンデーション**《パウダー》cipria[女];《リキッド》fondotinta[男][無変] **ブラシ** spazzola[女] **ヘアスプレー** lacca[女] spray **ヘアピン** forcina[女] **ほお紅，チーク** rossetto[男][belletto[男]] per guance **マスカラ** mascara[男][無変] **マニキュア** ṣmalto[男] **養毛剤** lozione[女] per la crescita dei capelli **リップグロス** lucidalabbra[男][無変]

けしん 化身 incarnazione[女], personificazione[女] ¶彼女は美徳の化身だ. Lei è la virtù personificata [in persona]. / Lei è l'incarnazione della virtù.

けす 消す **1【燃焼を止める】**《火を》spegnere;《火事を》estinguere ¶消火器で火を消す spegnere il fuoco con l'estintore ¶ろうそくの炎を吹き消す spegnere la fiamma della candela soffiando ¶火事を消す spegnere [domare / estinguere] un incendio
2【スイッチを切って】 spegnere ¶明かり[ガス]を消す spegnere la luce [il gas] ¶テレビを消し忘れる dimenticare di spegnere il televiṣore
3【消去する】 cancellare ¶黒板[壁の落書き]を消す cancellare la lavagna [gli scarabocchi sul muro] ¶データを消す cancellare i dati
4【取り除く】 togliere [eliminare] *ql.co.*《から da》¶彼の名前が選挙人名簿から消された. Hanno tolto [eliminato] il suo nome dal registro degli elettori. ¶芳香剤が悪臭を消す. L'aromatizzatore toglie [elimina] i cattivi odori. ¶車の騒音で話し声が消された. La voce veniva coperta dal frastuono delle macchine. ¶毒を消す neutralizzare gli effetti di un veleno ¶彼はいやな思いを記憶から消そうと努めた. Cercava di cancellare [eliminare] i brutti ricordi dalla memoria.
5【見えなくする】 sparire[自][*es*], scomparire[自][*es*] ¶その事件があってから，彼女は村から姿を消した. Dopo la vicenda è sparita [è scomparsa / se n'è andata] dal villaggio.
6【殺す】 uccidere, ammazzare;《親》fare fuori *qlcu*. ¶裏切り者は消される運命にある. Il traditore è destinato ad essere ucciṣo [ammazzato / liquidato].

げす 下種・下衆 **1**《身分の低い人》persona[女] di basso rango **2**《根性の卑しい人》persona[女] volgare;《根性の卑しいこと》volgarità[女];《下品・野卑なこと》grossolanità[女] ¶これはげすな当てこすりだ. Questa è una vile insinuazione.
[慣用] **げすの勘ぐり** sospetto[男] meschino

げすい 下水 acque[女][複] di fogna ; acque[女][複] di scarico;《下水設備》fognatura[女] ¶下水が詰まる. Si è ingorgato il tubo della fogna.
✤**下水管** condotto[男] di scarico; tubo[男] di fognatura
下水工事 lavori[男][複] di fognatura
下水道 fogna[女] ¶下水道を敷く fognare

ゲスト〔英 guest〕ospite[男][女]; invitato[男][女 -a]

けずね 毛脛 gamba[女] pelosa

けずりくず 削り屑 《石・金属などの》scaglie[女][複];《木・金属の》trucioli[男][複]

けずりぶし 削り節 scaglie[女][複] sottili di tonno diṣidratato

けずる 削る **1**《掻き削る》grattare;《やすりなどで》raspare, limare;《薄くする》assottigliare;《鉋(かんな)で》piallare ¶鉛筆を削る temperare la matita / fare la punta alla matita ¶チーズを削る grattugiare il formaggio
2《削除する》cancellare; tagliare;《減らす》ridurre ¶予算を削る decurtare [restringere] il bilancio ¶彼の名前を名簿から削った. Ho cancellato il suo nome dalla lista. / Ho radiato il suo nome dall'albo. ¶彼は原稿を３分の１削った. Ha tagliato [Ha ridotto] il manoscritto di un terzo.
3《すり減らす》¶骨身を削って働く lavorare senza risparmiarsi / sfiancarsi lavorando / ṣgobbare[自][*av*]

げせない 解せない 《理解できない》incomprensibile;《考えられない》inconcepibile;《信じられない》incredibile;《想像を越えた》misterioso;《奇妙な》strano ¶彼のやりたいことは私には解せない. Non capisco che cosa voglia fare lui. ¶解せないなあ. Mi suona strano.

げせわ 下世話 ¶下世話に言うと uṣando un linguaggio [un'espressione] comune [popolare]

げせん 下船 ṣbarco[男][複 -chi] ◇**下船する** ṣbarcare[自][*es*], scendere[自][*es*] a terra dalla nave

げせん 下賤 ◇**下賤の** di umile nascita [origine]

げそく 下足 calzature[女][複]
✤**下足番** persona[女] all'entrata incaricata delle calzature (◆ all'ingresso di teatro o di una casa tradizionale talvolta ci si toglie le scarpe)

けぞめ 毛染め tintura[女] dei capelli ◇**毛染めをする** tingere i capelli
✤**毛染め薬** tintura[女][colore[男]] per capelli

けた 桁 **1**《建築の》trave[女], travata[女]

[け]

2《数の》cifra⓰ ¶6桁の数 numero di 6 cifre ¶第1[2/3/4/5]桁目の数 cifre delle unità [delle decine / delle centinaia / delle unità di migliaia / delle decine di migliaia] ¶この計算はひと桁間違っている。In questa operazione c'è 「lo sbaglio di una cifra [《多い》uno zero in più / 《少ない》uno zero in meno].
[慣用] **桁が違う** ¶彼の資産額は桁が違う I suoi beni sono smisurati.
♣ **桁表記** notazione⓰ posizionale, sistemaⓨ [複 -*i*] di numerazione posizionale

げた 下駄 *geta*ⓨ [無変]
(♦ tradizionali zoccoli di legno con due regoletti) ¶下駄をはく mettersi [calzare] i *geta* [gli zoccoli]

下駄

[慣用] **下駄を預ける** ¶私はすべて彼に下駄を預けた。Gli ho dato carta bianca. / Ho dato [Ho affidato] a lui tutta la decisione. ¶私に下駄を預けられても困る。Non lasciare tutto sulle mie spalle!
下駄をはかせる ¶生徒の得点に下駄をはかせる arrotondare in positivo il voto agli studenti / essere largo di manica nelle votazioni degli studenti
♣ **下駄箱** scaffaleⓨ per le calzature, armadiettoⓨ delle scarpe

けだかい 気高い nobile d'animo, sublime; 《寛容》magnanimo, generoso ◇気高さ nobiltà⓰ d'animo, sublimità⓰; magnanimità⓰, generosità⓰

けだし 蓋し 《多分》forse, può darsi, probabilmente; 《考えてみると》riflettendoci [ripensandoci] bene; 《結局》infine, insomma, in fin dei conti ¶けだし最良の策というべきであろう。Tutto sommato dovremmo dire che è il migliore espediente.

けたたましい 《不快》stridente; 《大きい》assordante; 《刺すような》penetrante; 《高い》squillante ¶パトカーがけたたましいサイレンを鳴らして通り過ぎた。È passata una volante a sirene spiegate.

けたちがい 桁違い **1**《位取りが違うこと》¶桁違いがある。C'è un numero con le cifre sbagliate. **2**《ひどく違うこと》¶桁違いに大きい estremamente grande

げだつ 解脱 《仏教》liberazione⓰ dai legami terreni; Nirvanaⓨ ◇解脱する liberarsi dalle passioni terrene; raggiungere l'Illuminazione [il Nirvana]

けたはずれ 桁外れ ¶彼は桁外れな人間だ。È un uomo straordinario [senza confronti].

けだもの 獣 《動物》animaleⓨ; bestia⓰; belva⓰ 《feroce》¶あいつは獣だ。È un bruto [una bestia].

けだるい 気怠い 《もの憂げな》languido; 《無気力な,緩慢な》svogliato, fiaccoⓨ [複 -*chi*], apaticoⓨ [複 -*ci*]

げだん 下段 《刀などの構えの型》¶刀を下段に構える tenere la spada in guardia bassa

けち **1**《金品を惜しむこと》avarizia⓰; spilorceria⓰, tirchieria⓰, taccagneria⓰, meschineria⓰; 《けちな人》persona⓰ gretta
◇ **けちな** avaro; tirchioⓨ [複 -*chi*], taccagno, spilorcioⓨ [複 -*ci*, ⓰複 -*ce*] ¶けちなことを言うな。Non fare il pidocchioso [《相手が女性》la pidocchiosa]!
2《みすぼらしい》◇けちな miserabile, povero, umile ¶けちな家に住む vivere in una casa da miserabile
3《卑しい,くだらない》◇けちな meschino, miserabile, basso, volgare ¶けちな了見を起こすな。Non avere sentimenti meschini!
[慣用] **けちがつく** essere colpito dal malaugurio [della sfortuna] ¶台風で飛行機が欠航し、せっかくの旅行にけちがついた。Il nostro viaggio cominciò male a causa del tifone che bloccò a terra l'aereo.
けちをつける trovare da ridire su ql.co. ¶彼は私の仕事にけちをつけた。Ha denigrato [screditato] il mio lavoro.

けちくさい けち臭い **1**《けちな》→けち1
2《みじめな》semplice, povero, umile, squallido; 《粗末な》modesto; 《さもしい》meschino, gretto ¶けちくさい考え idea ristretta [gretta]

けちけち ◇けちけちする essere avaro [taccagno] / spilorcioⓨ [複 -*ce*]; 《さもしい》essere meschino [gretto] ¶けちけちと金をためる risparmiare denaro lesinando su tutto

ケチャップ [英 ketchup] [英] ketchup [kétʃap]ⓨ [無変]

けちょんけちょん ¶私は論争で彼をけちょんけちょんにやっつけた。Ho fatto valere le mie ragioni nella discussione con lui. ¶そうけちょんけちょんに言わないでくれよ。Non parlare così aspramente. ¶私はけちょんけちょんにけなされた。Sono stato criticato in maniera inesorabile [senza possibilità di appello].

けちらす 蹴散らす 《蹴って散らす》calciare; dare un calcio [una pedata] a ql.co.; 《追い散らす》disperdere [mettere in fuga] qlcu. [ql.co.] ¶警察は群衆を蹴散らした。La polizia ha disperso la folla.

けちる ¶彼はチップをけちった。È stato avaro con la mancia.

けちんぼう けちん坊 avaroⓨ [⓰ -*a*]; taccagnoⓨ [⓰ -*a*], avaraccioⓨ [⓰ -*cia*; ⓨ複 -*ci*; ⓰複 -*ce*]

けつ 尻 **1**《しり》sedereⓨ ¶けつの穴が小さい essere spilorcio [sparagnino] **2** →しり

けつ 決 decisione⓰; 《議決》deliberazione⓰; 《票決》votazione⓰ ¶決を採る《投票》mettere (un problema) ai voti / decidere (un problema) per votazione / procedere allo scrutinio dei voti ¶《挙手》votare per alzata di mano

-げつ -月 meseⓨ ¶1か月 un mese ¶うちの子は1才3か月です。Mio figlio ha 「un anno e tre mesi [quindici mesi].

けつあつ 血圧 pressione⓰ arteriosa [del sangue] ¶最高[低]血圧 pressione massima [minima] ¶血圧を測る misurare la pressione arteriosa ¶私は血圧が高い[低い]。Ho la pressione alta [bassa].
♣ **血圧計** sfigmomanometroⓨ
血圧降下剤 ipotensivoⓨ

けつい 決意 decisione㊛, risoluzione㊛ ¶…の決意のもとに per [secondo] la decisione di+不定詞 ¶彼の決心はかたい. È fermamente deciso. / È irremobibile nella sua decisione.

けついん 欠員 ¶欠員を補充する ricoprire i posti vacanti ¶うちの会社に欠員が3名できた. Nella nostra ditta si sono liberati tre posti.

けつえき 血液 sangue㊚, ◇血液の sanguigno, ematico㊚[㊛複 -ci]
✤血液学 ematologia㊛
血液型 gruppo㊚ sanguigno (▶A[B / O / AB] 型は sangue di gruppo A [B / O / AB]で、Oは zeroと読む. Rhマイナス[プラス]は Rh negativo [positivo] という) ¶私の血液型はAです. Il mio gruppo sanguigno è A.
血液型不適合 incompatibilità㊛ del gruppo sanguigno
血液銀行 banca㊛ del sangue
血液検査 analisi㊛[無変] [esame㊚] ematologico [複 -ci] [del sangue]
血液採取 prelievo㊚ di sangue
血液循環 circolazione㊛ del sangue
血液製剤 〖薬〗 farmaco㊚[複 -ci, -chi] derivato dal sangue
血液提供者 donatore㊚ [㊛ -trice] di sangue
血液病 emopatia㊛
血液病理学 ematopatologia㊛

けつえん 血縁 legame㊚ di sangue; consanguineità㊛ →家系図

けっか 結果 risultato㊚, esito㊚; conseguenza㊛, effetto㊚; 〈成果〉 frutto㊚ ¶原因と結果 causa ed effetto ¶試合の結果 risultato di una partita ¶戦闘の結果 esito della battaglia ¶長い苦労の結果 il frutto di lunghi sforzi ¶…の結果 in seguito a [in conseguenza di / per effetto di / a causa di] ql.co. ¶その結果 come risultato / di conseguenza / quindi ¶不注意の結果 per imprudenza / per disattenzione ¶結果は…であった. È risultato che+直説法 / Il risultato è stato che+直説法 ¶良い[悪い]結果を得る riuscire bene [male] ¶思いがけない結果に終わった. Si è avuto un risultato imprevisto [(期待外れの)deludente]. ¶この事件は重大な結果をもたらした. Questo caso ha avuto [ha provocato] gravi conseguenze. ¶思わしい結果が出なかった. Non ottenni l'esito desiderato.
✤結果論 senno㊚ di poi, congetture㊛[複] a posteriori ¶結果論を言うのはやさしい. "Del senno di poi son piene le fosse."

けっかい 決壊 breccia㊛[複 -ce], falla㊛; 〈完全に崩れる〉 crollo㊚, cedimento㊚ ◇決壊する crollare, cedere㊀[av] ¶堤防が決壊した. 《ダムなど》 La diga è crollata. / 《川などの》 Gli argini hanno ceduto.

けっかく 欠格 esclusione㊛; squalifica㊛
✤欠格者 persona㊛ squalificata
欠格事由 ragione㊛ della squalifica [dell'esclusione]

けっかく 結核 tubercolosi㊛[無変], tisi㊛[無変]; 〈略〉 TBC ◇結核(性)の tubercolare, tubercolotico [㊛複 -ci], tuberculoso ¶喉頭[粟粒(ぞくりゅう) / 肺]結核 tubercolosi laringea [miliare / polmonare] ¶結核にかかる ammalarsi di [essere affetto da] tubercolosi / contrarre la tubercolosi
✤結核患者 tuberculoso㊚ [㊛ -a], tisico㊚[㊛ -ca; ㊚複 -ci]
結核菌 bacillo㊚ tubercolare [di Koch]
結核専門医 tisiologo㊚ [㊛ -ga; ㊚複 -gi]
結核療養所 sanatorio㊚[複 -i]

げっがく 月額 quota㊛ mensile

けっかん 欠陥 difetto㊚, imperfezione㊛ ◇欠陥のある difettoso, imperfetto ¶彼の論法にはいくつかに重大な欠陥がある. Nella sua logica ci sono alcune gravi lacune. ¶ブレーキ部分に構造上の欠陥が見つかった. Hanno trovato un difetto strutturale nel sistema di frenaggio.
✤欠陥車[商品] automobile [merce]㊛ difettosa

けっかん 血管 vaso㊚ sanguigno; 〈動脈〉 arteria㊛; 〈静脈〉 vena㊛ ¶血管の vascolare ¶毛細血管 capillare (sanguigno) / vaso capillare
✤血管移植 trapianto㊚ vascolare
血管造影 angiografia㊛
血管破裂 rottura㊛ di un vaso

けつがん 頁岩 〖鉱〗 argillite㊛
✤頁岩油 olio㊚ di argillite

げっかん 月刊 ◇月刊の mensile
✤月刊誌 rivista㊛ mensile

げっかん 月間 ¶月間の mensile ¶月間の生産高 produzione mensile ¶労働安全月間 mese della sicurezza sul lavoro

けっき 血気 ¶血気盛んである essere pieno di ardore giovanile / avere il sangue caldo ¶血気にはやる essere trasportato dall'entusiasmo

けっき 決起 ◇決起する sollevarsi [insorgere㊀[es]]《に対して contro》 ¶住民は基地に反対するために決起した. La popolazione si è sollevata [è insorta] contro le basi militari.

けつぎ 決議 ¶決議の採択 adozione di una risoluzione [deliberazione / delibera]
✤決議案 proposta㊛ di risoluzione
決議機関 organo㊚ elettorale
決議権 diritto㊚ di voto
決議事項 risoluzione㊛
決議文 risoluzione㊛ scritta

けっきゅう 血球 〖医〗 globulo㊚ sanguigno ¶赤血球 globulo rosso / eritrocita㊚[複 -i] / emazia㊛ ¶白血球 globulo bianco / leucocita㊚[複 -i]
✤血球計算 〖医〗 citometria㊛

げっきゅう 月給 stipendio㊚[複 -i]; salario㊚[複 -i] [paga㊛] mensile ¶私は月給を20万円取っている. Ho uno stipendio di duecento mila yen.
✤月給取り stipendiato㊚ [㊛ -a], salariato㊚ [㊛ -a]; 〈事務員〉 impiegato㊚ [㊛ -a]
月給泥棒 ¶やつは月給泥棒だ. Quello lì ruba lo stipendio.
月給日 giorno㊚ di paga

けっきょ 穴居 abitazione㊛ trogloditica; 《穴ぐら》 caverna㊛
✤穴居人 uomo㊚[複 uomini] delle caverne; troglodita㊚[㊛複 -i]

けっきょく 結局 alla fine; finalmente; infine, in definitiva;

《つまり》insomma, in fin dei conti, in conclusione; 《長い時間たてば》alla fin fine, a lungo andare ¶私の意見も結局はそういうことだ. In fondo, questa è anche la mia opinione. ¶結局は私の考えていたとおりになった. Alla fine è stato fatto come pensavo io. ¶結局は同じことだ. In fondo [insomma / Dopo tutto / Tutto sommato] è la stessa cosa.

けっきん 欠勤 assenza㊛ ◇欠勤する essere assente, fare un'assenza ¶無断欠勤 assenza non giustificata ¶頻繁な無断欠勤 assenteismo㊚ ¶…による欠勤 assenza a causa di ql.co. [per motivi di ql.co.]
❖欠勤者 assente㊚㊛
欠勤届 giustificazione [《事前の》notificazione]㊛ d'assenza ¶《人に》欠勤届を出す comunicare l'assenza a qlcu. ¶《許可を求める》chiedere a qlcu. il permesso di assentarsi
欠勤日数 numero㊚ assenze

げっけい 月桂
❖月桂冠 corona㊛ d'alloro ¶月桂冠を得る raccogliere [riportare] gli allori / ricevere la corona d'alloro (►いずれも現在は「優勝する」「成功する」の意味で使われる) / laurearsi
月桂樹 《植》 albero㊚ di lauro, alloro㊚ ¶月桂樹の葉 foglia d'alloro

げっけい 月経 mestruazione㊛, mestruo㊚, regole㊛《複》 《mensili》
❖月経過多 mestruazione㊛ abbondante [eccessiva], ipermenorrea㊛
月経困難症《医》 dismenorrea㊛
月経周期 ciclo㊚ mestruale
月経障害 disordine㊚ mestruale
月経痛 dolore㊚ mestruale 《femminile》
月経不順 ¶私は月経が不順です. Ho le mestruazioni irregolari.
月経閉止 menopausa㊛
月経前症候群《医》sindrome㊛ pre-mestruale

けつご 結語 parole㊛《複》 conclusive

けっこう 欠航 sospensione㊛ 《船・飛行機の》 del servizio; 《飛行機の》volo㊚ cancellato ◇欠航する sospendere il servizio ¶ミラノ行きアリタリア航空1781便は欠航です. Il volo AZ1781 per Milano è stato cancellato.

けっこう 血行 circolazione㊛ sanguigna ¶血行が悪い avere disturbi di circolazione

けっこう 決行 ◇決行する mettere ql.co. in esecuzione risolutamente ¶「スト決行中」《掲示》"Siamo in sciopero" ¶晴雨にかかわらず試合は決行する. La partita verrà effettuata 《con qualunque tempo》 [anche in caso di pioggia].

けっこう 結構 **1**《すばらしい, 立派な》bello (►語尾変化については ⇒いい【語形】), magnifico㊚ 《複-ci》; 《良い》buono ¶語尾変化については ⇒いい【語形】 ¶結構なお品をありがとうございました. La ringrazio 《di cuore》 per il magnifico [bellissimo] regalo. ¶結構なお庭ですね. Che bel giardino! ¶彼もうまくやっているようで, 結構なことです. Sono contento che anche a lui vadano bene le cose. ¶あの人は結構なご身分だ. Quel signore ha una posizione invidiabile. ¶それは結構だ. Bene! / Magnifico! / Perfetto! ¶結構ですわ, 行きましょう. 《喜んで》Volentieri, andiamo!
2 ◇結構だ《十分である》bastare [es]; 《満足である》essere contento ¶「サラダをもう少しいかがですか」「十分いただきました」"Vuole ancora un po' d'insalata?" "Basta [No], grazie. Ne ho mangiata abbastanza [già troppa]." ¶《食べ物などをもらうときに》Ah, grazie, è sufficiente. / Grazie, basta così. ¶言い訳はもう結構だ. 帰れ. Basta con le scuse, vattene! ¶「このお部屋でよろしいでしょうか」「結構ですとも」"Va bene questa camera?" "Certamente!" ¶お金はいつでも結構です. Può pagare quando vuole. ¶私は水で結構です. Per me, dell'acqua va benissimo. ¶5万円で結構です. 《足りる》Mi bastano 50.000 yen. / 50.000 yen mi sono sufficienti. / 《満足する》Mi accontento di 50.000 yen.
3《なんとか, まあまあ, かなり》abbastanza ¶彼は結構のむ口だ. Beve molto [parecchio]. ¶彼は結構イタリア語を話す. Se la cava abbastanza bene con l'italiano. ¶そういう話も結構聞くね. Si sentono spesso storie del genere, eh?
4《構え, 構造》struttura, costruzione ¶章句の結構 costruzione di una frase ¶結構の整った作品 opera ben strutturata

けつごう 結合 unione㊛, associazione㊛, congiunzione㊛, combinazione㊛; 《2つのものの》accoppiamento㊚; 《化》legame㊚ ◇結合する unirsi [combinarsi / associarsi / accoppiarsi] 《a ql.co.》 ◇結合させる unire [combinare / associare / accoppiare / congiungere] ql.co. a ql.co.
❖結合エネルギー《化》energia㊛《複-gie》 di legame
結合組織《医》tessuto㊚ connettivo
結合体双生児 fratelli㊚《複》[gemelli㊚《複》]/《女だけ》gemelle㊛《複》[sorelle㊛《複》] siamesi

げっこう 月光 chiaro㊚ di luna ¶月光を浴びて al chiaro di luna ¶月光が木々に降り注いでいる. I raggi della luna si riflettono sugli alberi.

げっこう 激昂・激高 → げきこう

けっこん 血痕 macchia㊛ di sangue ¶血痕の付着したシャツ camicia macchiata di sangue

けっこん 結婚 matrimonio㊚《複-i》, nozze㊛《複》, sposalizio㊚《複-i》 ◇結婚する sposare qlcu., sposarsi con qlcu.; 《2人が》sposarsi ◇結婚させる [far sposare] 《ql.co. con ql.co.》 ◇結婚している《形容詞》sposato, coniugato ◇結婚の matrimoniale ¶結婚式 matrimonio㊚ ¶国際結婚 matrimonio misto ¶教会での結婚 matrimonio in chiesa ¶結婚を申し込む chiedere la mano a qlcu. ¶結婚を承知する acconsentire al matrimonio 《di qlcu.》. ¶私たちは結婚して10年になる. Siamo sposati da dieci anni. ¶彼女は2度目の結婚で生まれた. Lei è figlia di secondo letto. ¶一生結婚しないつもりです. Non mi sposerò mai. ¶結婚おめでとう. Vivissimi auguri per il vostro matrimonio.
❖結婚相手 futuro sposo㊚《複-a》
結婚衣装《花嫁の》abito㊚ da sposa
結婚祝い regalo㊚ di nozze
結婚記念日 anniversario㊚《複-i》 di matrimonio [delle nozze]

結婚行進曲 marcia㊛ [複 -ce] nuziale
結婚詐欺 ¶結婚詐欺を働く spillare denaro con la promessa del matrimonio
結婚式 cerimonia㊛ matrimoniale ¶結婚式を挙げる celebrare un matrimonio [le nozze] ¶結婚式に参列する assistere alle nozze ¶結婚式の招待状を送る inviare la partecipazione di nozze
結婚資金 fondi㊚[複] per il matrimonio
結婚証明書 certificato㊚ di matrimonio
結婚生活 vita㊛ coniugale
結婚相談所 agenzia㊛ matrimoniale
結婚適齢期 ¶結婚適齢期の娘がいる. Ho una figlia in età「di matrimonio [da marito].
結婚届 registrazione㊛ del matrimonio
結婚披露宴 ricevimento㊚ [pranzo㊚] nuziale [di nozze]
結婚指輪 anello㊚ matrimoniale, fede㊛

けっさい 決済 《商》saldo㊚, regolamento㊚, liquidazione㊛, pagamento㊚ ◇決済する liquidare, saldare ¶ユーロで決済する effettuare il pagamento in euro

けっさい 決裁 《決定》decisione㊛;《承認》approvazione㊛;《法の》sanzione㊛ ◇決裁する decidere; approvare; sanzionare ¶社長の決裁を仰ぐ sottoporre (ql.co.) all'approvazione del presidente

けっさく 傑作 **1**《優れた作品, 代表作》capolavoro㊚ [複 *capolavori*] **2**《珍妙な》¶それは傑作だ. È divertentissimo!

けっさん 決算 chiusura㊛ [verifica㊛] dei conti; bilancio㊚ [複 -ci] [conto㊚] consuntivo; saldo㊚, liquidazione㊛ ◇決算する chiudere i conti; fare il bilancio; saldare [liquidare] (un conto) ¶期末決算をする fare il bilancio [il rendiconto] di fine esercizio
❖**決算期** termine㊚ del bilancio
決算書 estratto㊚ (di) conto
決算日 giorno㊚ di chiusura dei conti

げっさん 月産 produzione㊛ mensile ¶この自動車工場は月産1万台である. Questa fabbrica d'automobili ha una produzione di 10.000 vetture al mese.

けっし 決死 ¶決死の覚悟で pronto a morire / a rischio della vita / sfidando la morte / con disperata decisione
❖**決死隊** 《少人数編成の奇襲隊》commando㊚ [無変];《生還を期さない部隊》squadra㊛ suicida

けつじ 欠字 lettera㊛ omessa, omissione㊛ ¶3字欠字 tre parole [lettere] omesse / tre caratteri omessi

けつじつ 結実 **1**《成果》frutto㊚, risultato㊚ ◇結実する produrre [portare] frutti, fruttificare㊚ [*av*] ; aver successo ¶彼の努力が結実した. I suoi sforzi sono stati coronati dal successo. **2**《植物が実を結ぶこと》◇結実する dare frutti, generare frutti, fruttificare㊚ [*av*] ◇結実しない sterile, infruttuoso
❖**結実期** periodo㊚ di fruttificazione

けっして 決して (non) mai [affatto], per nulla ¶ご親切は決して忘れません. Non dimenticherò mai la sua gentilezza. ¶彼は決して悪い人間じゃない. Non è affatto un essere malvagio. / È tutt'altro che cattivo. ¶そのような事実は決してなかった. Non è mai avvenuto niente del genere.

けっしゃ 結社 associazione㊛, società㊛, organizzazione㊛ ◇結社をつくる fondare [costituire / creare] una società ¶結社の自由 libertà di associazione ¶秘密結社 società segreta

げっしゃ 月謝 onorario㊚ [複 -i] mensile;《私立学校の》retta㊛ mensile;《公立大学などの》tassa㊛ scolastica mensile

けっしゅ 血腫 《医》ematoma㊚ [複 -i]

けっしゅう 結集《集合》riunione㊛, raggruppamento㊚;《集中》concentrazione㊛;《連合》coalizione㊛ ◇結集する《他のものを》riunire [concentrare] *ql.co.*;《自らが》riunirsi, concentrarsi, raggrupparsi ¶民主勢力を結集する coalizzare le forze democratiche

げっしゅう 月収 reddito㊚ mensile, entrate [複] mensili ¶彼は月収40万です. Il suo reddito mensile è di quattrocentomila yen.

けっしゅつ 傑出 ◇傑出する superare, distinguersi [spiccare㊚ [*av*]] 《の点で per》 ◇傑出した superiore, eminente, preminente;《最高の》eccellente;《他とは異なった》distinto

けつじょ 欠如 assenza㊛, mancanza㊛ ◇欠如する《人が主語》mancare㊚ [*es*] [*av*]《が di》, essere privo《が di》;《物が主語》mancare [difettare / scarseggiare㊚ [*av*]]《には a》, essere carente《には in, di》¶彼には責任感が欠如している. Lui manca di senso di responsabilità. / Gli manca il senso di responsabilità. ¶常識の欠如した人 uomo privo [scarso] di senso comune

けっしょう 血漿 《医》siero㊚, plasma㊚ [複 -i] sanguigno

けっしょう 決勝 finale㊛ ¶準決勝 semifinale㊛ ¶準準決勝 quarti㊚ [複] di finale ¶決勝に進出する qualificarsi per la finale
❖**決勝戦** finale㊛
決勝戦出場者 finalista㊚㊛ [㊚複 -i]
決勝点 ¶決勝点をあげる segnare il punto decisivo

けっしょう 結晶 **1** cristallo㊚ ◇結晶する cristallizzare㊚ [*es*], cristallizzarsi ◇結晶させる (far) cristallizzare ◇結晶した cristallino ¶雪の結晶 cristallo di neve **2**《努力などの所産》frutto㊚ ¶努力の結晶 frutto del *proprio* lavoro / premio delle fatiche ¶愛の結晶 frutto dell'amore
❖**結晶化**《化》cristallizzazione㊛
結晶学 cristallografia㊛ ◇結晶学的(な) cristallografico㊚ [㊚複 -ci]
結晶作用 cristallizzazione㊛
結晶体 cristallo㊚
結晶態 stato㊚ cristallino

けつじょう 欠場 ¶彼は競技会に欠場した. Non ha partecipato [Non ha preso parte] all'assemblea generale dell'associazione atletica.

けっしょうばん 血小板 《医》piastrina㊛
けっしょく 欠食
❖**欠食児童** bambino㊚ [㊚ -a] denutrito
けっしょく 血色 carnagione㊛, colorito㊚, cera㊛ ¶血色がよい avere una bella carnagione ¶血色が悪い avere un brutto colorito

げっしょく 月食 eclissi㊛ [無変] lunare ¶皆既[部分]月食 eclissi totale [parziale] di luna

げっしるい 齧歯類 《動》roditori㊚ [複]

けっしん 決心 decisione㊛; risoluzione㊛ ◇決心する decidere ql.co. [di+不定詞], decidersi a+不定詞, risolversi a+不定詞 ; prendere la decisione [la risoluzione] di+不定詞 ¶決心を固める prendere una ferma risoluzione / rafforzare la decisione ¶決心している essere deciso a+不定詞 ¶私はイタリアへ行くためにはなんでもしようと決心した. Sono deciso a tutto pur di andare in Italia. ¶彼の決心は崩れた[にぶった]. La sua decisione è crollata [si è indebolita]. ¶決心がぐらついている. La mia decisione vacilla. ¶なかなか決心がつかない. Non riesco a prendere una decisione. / Sono ancora indeciso.

けっしん 結審 chiusura㊛ di un processo ¶裁判は結審した. Il processo si è concluso.

けっする 決する decidere ; stabilire ; fissare ; determinare ¶意を決する prendere una decisione / prender partito / decidersi (a+不定詞) ¶運命を決する decidere il destino / determinare il futuro ¶勝敗を決する decidere le sorti del combattimento

けっせい 血清 siero㊚ ◇血清の sierico㊚ [㊛複-ci]
✢**血清学** sierologia㊛
血清肝炎 epatite㊛ sierosa [da siero]
血清グロブリン sieroglobulina㊛
血清診断 sierodiagnosi㊛
血清注射 iniezione㊛ di siero
血清反応 sieroreazione㊛, reazione㊛ sierica
血清療法 sieroterapia㊛

けっせい 結成 formazione㊛, costituzione㊛, organizzazione㊛, fondazione㊛ ◇結成する formare, organizzare, costituire, fondare ¶連合を結成する stringere un'alleanza ¶新党を結成する creare un nuovo partito politico

けつぜい 血税 ¶国民の血税 tasse estorte al popolo

げっせかい 月世界 luna㊛, mondo㊚ lunare ¶月世界旅行 viaggio sulla luna

けっせき 欠席 assenza㊛; 《法》 contumacia㊛ [㊛複-cie] ◇欠席する essere assente 《に a》, non presentarsi 《に a》, mancare㊥[es] 《に a》 ¶授業に2回欠席した. Sono mancato a due lezioni. ¶今日は5人欠席だ. Oggi ci sono cinque assenti.
✢**欠席裁判** 《法》 sentenza㊛ in contumacia
欠席者 assente㊚㊛; 《法》 contumace㊚㊛
欠席届 giustificazione [《事前の》 notificazione] ㊛ di assenza

けっせき 結石 《医》calcoli㊚[複]; 《尿道結石》 urolitiași㊚[無変]; 《腎臓結石》 calcoloși㊚[無変] renale; 《膀胱結石》 calcoloși㊚ vescicale; 《胆石》 calcoloși㊚ biliare ◇結石の calcolotico㊚ [㊛複-ci], litiașico㊚ [㊛複-ci]
✢**結石症** calcoloși㊚[無変], litiași㊚[無変]

けっせん 血栓 《医》trombo㊚
✢**血栓症** trombosi㊛[無変] ¶脳血栓(症) trombosi cerebrale

けっせん 血戦 battaglia㊛ sanguinosa [cruenta]

けっせん 決戦 battaglia㊛ decisiva

けつぜん 決然 ◇決然たる fermo, deciso, risoluto ◇決然と con fermezza, fermamente, risolutamente ¶決然と行動を開始する entrare in azione [intraprendere un'azione] con fermezza

けっせんとうひょう 決選投票 ballottaggio㊚[複-gi] ◇決選投票に入る entrare in ballottaggio ¶彼は決選投票で選ばれた. È stato eletto all'ultimo scrutinio [al ballottaggio].

けっそう 血相 ¶血相を変える cambiare colore 《蒼白になる》 impallidire㊥[es] / 《怒りで》 diventare pallido [rosso] per la collera

けっそく 結束 unione㊛; coalizione㊛; 《同盟》 alleanza㊛; 《統一》 unità㊛; 《連帯》 solidarietà㊛; 《凝集力》 coesione㊛, compattezza㊛ ◇結束する unirsi; coalizzarsi; allearsi ¶結束をかためる rafforzare [consolidare / cementare] l'unione ¶院外勢力が結束した. Le forze extraparlamentari si sono unite. ¶我々の結束はかたい. Siamo molto uniti.

けつぞく 血族 consanguinei㊚[複], congiunti㊚[複], parenti㊚[複] carnali
✢**血族結婚** matrimonio㊚[複-i] fra consanguinei

げっそり 《ひどくやせる様子》 ¶彼女は心痛のあまりげっそりやせた. È dimagrita visibilmente per le molte preoccupazioni. ¶げっそりしているじゃないか. Ti vedo sciupato.

けっそん 欠損 《会》 deficit㊚[無変], perdita㊛, passivo㊚, passività㊛[複], disavanzo㊚ ◇欠損の passivo, deficitario㊚ [㊛複-i] ¶欠損を埋める coprire il deficit

けったい 結滞 《医》aritmia㊛, intermittenza㊛ ¶脈が結滞する. Il polso è intermittente.
✢**結滞脈** polso㊚ intermittente

けったく 結託 complicità㊛, collusione㊛, connivenza㊛ ◇結託する cospirare㊥[av], complottare㊥[av] 《に対してcontro》, essere in collusione 《と con》 ¶…と結託して con la complicità di ql.co.

けったん 血痰 sputo㊚ sanguigno [複-gni]

けつだん 決断 decisione㊛, risoluzione㊛ ¶決断をする prendere una decisione / decidersi [risolversi](a+不定詞) / arrivare a una decisione
✢**決断力** ¶彼は決断力に乏しい. Lui manca di decisione [di risolutezza]. / È sempre indeciso.

けつだん 結団 ¶結団する formare un gruppo [una delegazione]

けっちゃく 決着 conclusione㊛, termine㊚, fine㊛ ¶決着をつける concludere [portare a buon fine] ql.co. ¶決着を…comporre [metter termine a] ql.co. ¶決着がつく concludersi / sistemarsi / arrivare alla fine / giungere alla conclusione ¶彼らのけんかはまだ決着がついてない. Il litigio fra loro non è ancora risolto [finito].

けっちょう 結腸 《解》colon㊚

けっちん 血沈 sedimentazione㊛ delle emazie
✢**血沈速度** velocità㊛ di eritrosedimentazione; 《略》VES [ves㊚]

けってい 決定 decisione㊛; 《決心, 解決》 risoluzione㊛; 《確定》de-

terminazione㊛ ◇決定する decidere [stabilire / fissare] ql.co. [di+不定詞 / che+接続法], determinare ql.co. ◇決定的(な) decisivo, determinante;《最終的な》conclusivo, finale, risolutivo;《重大な》fatale, cruciale, critico㊚複 -ci] ◇決定的に decisamente; definitivamente; in maniera determinante
¶態度を決定する decidere la posizione da prendere ¶方針を決定する stabilire la linea politica [l'orientamento] ¶受賞作品を決定する decidere quali opere premiare ¶決定的勝利を収める riportare una vittoria completa ¶決定的破局を迎える andare incontro alla disfatta totale [alla rovina completa] ¶総選挙は4月1日と決定した. Le elezioni generali sono state fissate per il 1° aprile. ¶この写真は決定的瞬間をとらえている. Questa fotografia ha fissato il momento cruciale [determinante / decisivo / fatale]. ¶もはや議会の解散は決定的だ. Lo scioglimento delle Camere è ormai sicuro [definitivo].
✣決定権 potere㊚ decisionale
決定版 edizione㊛ definitiva
決定論《哲》determinismo㊚
決定論者 determinista㊚㊛[複 -i]

けってん 欠点 **1**difetto㊚, pecca㊛; mancheyolezza㊛;《弱点》imperfezione㊛;《弱点》punto debole ◇欠点のある difettoso, imperfetto ◇欠点のない senza difetti, impeccabile, irreprensibile ¶欠点を改める correggere i propri difetti ¶それが彼の欠点だ. Questo è il suo difetto [il suo punto debole / il suo tallone di Achille]. ¶欠点の無い人はいない. Nessuno è perfetto.
2《落第点》insufficienza㊛

けっとう 血統《種》razza㊛; sangue㊚;《家系》famiglia㊛; linea㊛;《文》lignaggio㊚[複 -gi];《動物の》〔英〕pedigree [pedigrí]㊚[無変] ¶血統のいい《人について》di buon sangue / di buona famiglia《動物について》di razza (pura) ¶血統が途絶える. La famiglia si estingue.
✣血統書〔英〕pedigree㊚

けっとう 血糖 zuccheri㊚[複] nel sangue
✣血糖症《医》glicemia [gli-]㊛ ¶高血糖症 iperglicemia [-gli-]㊛
血糖値 livello㊚ di zuccheri nel sangue

けっとう 決闘 duello㊚ ◇決闘する duellare㊌ [av], battersi in duello, fare un duello ¶決闘で死ぬ morire in duello ¶決闘を申し込む sfidare ql.cu. a duello / gettare il guanto a ql.cu. ¶決闘の申し込みに応じる accettare il duello [la sfida] / raccogliere il guanto

けっとう 結党 ◇結党する formare [fondare] un partito

ゲットー 〔伊 ghetto〕ghetto㊚

けつにょう 血尿《医》ematuria㊛; urina㊛ con tracce di sangue

けっぱく 潔白 purezza㊛, innocenza㊛;《性格的》integrità㊛ ◇潔白な puro, innocente, immacolato, illibato; integro ¶身の潔白を明かす provare la propria innocenza

けっぱん 欠番 numero㊚ mancante ¶4番が欠番になっている. Manca il numero quattro.

けっぱん 血判 ◇血判する suggellare ql.co. con il sangue
✣血判状 patto㊚ suggellato con il sangue

けっぴょう 結氷 congelamento㊚; gelata㊛; gelo㊚ ◇結氷する gelare㊌ [es] (►非人称動詞 [es, av] としても用いる), congelarsi, ghiacciare㊌ [es]
結氷期 periodo㊚ delle gelate
結氷点 punto㊚ di congelamento

げっぷ eruttazione㊛, rutto㊚ ¶げっぷをする ruttare㊌ [av] / fare un rutto

げっぷ 月賦 rate㊛[複] mensili, rateazione㊛ mensile ¶月賦で a rate mensili ¶月賦で車を買う comprare una macchina a rate (mensile)
✣月賦払い pagamento㊚ rateale [a rate mensili]

けつぶつ 傑物 talento㊚ fuori del comune ¶彼は傑物だ. Lui è straordinario [formidabile].

けっぺい 血餅《医》coagulo㊚; grumo㊚ di sangue

けっぺき 潔癖《清潔を好むこと》amore㊚ esagerato per la pulizia;《清廉な》rigido virtuosismo㊚ ¶潔癖な人 persona scrupolosa [virtuosa]
✣潔癖症 maniaco㊚[㊛ -ca; 複 -ci] della pulizia, igienista㊚㊛[複 -i]

けつべつ 決別 ◇決別する《永久に》separarsi da ql.cu. per sempre;《決然と》congedarsi da ql.cu. definitivamente;《手を切る》lasciare ql.cu. ¶古い因習と決別する abbandonare 「per sempre [definitivamente] le antiche tradizioni

ケッヘルばんごう ケッヘル番号《音》ordine㊚ cronologico delle opere musicali di Mozart stabilito da Köchel;《略》K., K.V. ¶交響曲第40番, ケッヘル(番号)550 sinfonia n. 40, K. 550

けつべん 血便 escrementi㊚[複] con presenza [tracce] di sangue;《医》melena㊛

けつぼう 欠乏 mancanza㊛, penuria㊛, scarsità㊛, carenza㊛ ◇欠乏する《人が主語》mancare㊌ [es], difettare㊌ [av]《が di》, scarseggiare㊌ [av]《が di》, essere privo《が di》;《ある物が主語》mancare [difettare / scarseggiare]《には a》¶資金が欠乏して計画を断念する abbandonare un progetto a causa della scarsità di fondi ¶食糧が欠乏している. C'è penuria di viveri.
✣欠乏症 malattie㊛[複] da carenza ¶ビタミン欠乏症 avitaminosi㊛[無変]

げっぽう 月報 bollettino㊚[rapporto / relazione㊛] mensile

けっぽん 欠本 volume㊚ mancante

けつまく 結膜《医》congiuntiva㊛ ◇結膜の congiuntivale
✣結膜炎 congiuntivite㊛

けつまつ 結末 conclusione㊛, fine㊛, termine㊚;《解決, 大団円》scioglimento㊚ ¶結末がつく finire㊌ [es] / andare㊌ [es] a finire ¶ cludersi ¶妥当な結末だ. È una conclusione ragionevole. ¶あの事件も間もなく結末がつくだろう. Anche quel caso verrà risolto fra poco. ¶思いがけない結末となった. Si è pervenuti ad una conclusione imprevista.

げつまつ 月末 fine㊛ del mese ¶今月末《商》fine㊛ corrente mese ¶勘定は月末に払います.

Pagherò il conto alla fine del mese. ✤月末勘定 conto㊚ [pagamento㊚] di fine mese

けづめ 蹴爪 《鳥類の》sperone㊚

げつめん 月面 superficie㊛ [faccia㊛ [複 -ce]] 「della luna [lunare]
✤月面基地 base㊛ lunare
月面図 selenografia㊛
月面着陸 allunaggio㊚ [複 -gi]

けつゆうびょう 血友病 《医》emofilia㊛
✤血友病患者 emofiliaco㊚ [㊛ -ca]; 《男複 -ci》

げつよう(び) 月曜(日) lunedì㊚ [《略》lun.]
¶毎週月曜日に ogni lunedì / il lunedì ¶次の月曜日に il prossimo lunedì / lunedì prossimo ¶先週の月曜日に lo scorso lunedì / lunedì scorso ¶受難[復活]の月曜日[カト] Lunedì Santo [dell'Angelo] (◆復活祭の前[後]の月曜日) ¶五旬節の月曜日[カト] Lunedì Grasso (◆謝肉祭の最後の月曜日)

けつらく 欠落 ¶彼には常識が欠落している。Gli manca il buon senso.

げつり 月利 《金融》interesse㊚ mensile

げつるい 血涙 ¶悲しい運命に血涙をしぼった。Ha versato lacrime amare [Ha pianto con dolore] sulla sua tragica sorte.

げつれい 月例 ◇月例の mensile
✤月例会議 riunione㊛ mensile

げつれい 月齢 età㊛ [fase㊛] 「della luna [lunare]

けつれつ 決裂 rottura㊛; fallimento㊚ ◇決裂する rompersi; fallire㊂ [es] ¶会議[交渉]は決裂した。Alla riunione [Ai negoziati] si è creata una contrapposizione tra blocchi.

けつろ 血路 ¶血路を開く(敵中に) aprirsi un varco fra i nemici / (困難を切り抜ける) superare le difficoltà

けつろ 結露 《現象》formazione㊛ di condensa; 《水滴》condensa㊛ ¶窓[壁]の結露 condensa 「sul vetro della finestra [sul muro] ¶窓が結露した。Sul vetro si è formata della condensa.

けつろん 結論 conclusione㊛ ◇結論する concludere㊃ (▶単独でも可) ◇結論として in conclusione, per concludere, in definitiva ¶…から結論を引き出す trarre le conclusioni da ql.co. ¶…であると結論づける concludere che+直説法 ¶まだ結論が出ない。Non siamo ancora giunti ad una conclusione. ¶話し合いは結論に達した。Le trattative sono pervenute a una conclusione. ¶今度の旅行は中止するという結論になった。Siamo arrivati [giunti] alla conclusione di non fare questo viaggio. ¶そろそろ結論をだしましょうか。Vogliamo tirare le conclusioni?

げてもの 下手物 cosa㊛ bizzarra [strana]; 《食べ物》cibo㊚ bizzarro
✤げてもの食い(人) persona㊛ con gusti stravaganti

げどう 外道 《真理に反した道》principi㊚ [複] diabolici, dottrina㊛ depravata; 〔非道〕ingiustizia㊛; 《非道な人間》bruto㊚

げどく 解毒 《医》disintossicazione㊛ ◇解毒する disintossicare ql.co. da ql.co. ◇解毒の disintossicante; 〔抗毒〕antitossico [㊚複 -ci]
✤解毒剤 disintossicante㊚; antidoto㊚, contravveleno㊚

けとばす 蹴飛ばす 1 〔足で蹴る〕scalciare ql.co. ¶彼は馬に蹴飛ばされた。È stato preso a calci dal cavallo. 2 〔拒絶する〕rifiutare ql.co.

けどる 気取る avvertire, cogliere, intuire ¶心中を気取られた。Mi ha letto nel pensiero.

けなげ 健気 ◇けなげな lodevole; bravo, meritevole, valente ¶けなげな子 bambino coraggioso / bravo bambino ¶けなげな行為 atto ammirevole

けなす 貶す dir male [sparlare㊂ [av] / parlare㊂ [av] male] di ql.cu. [ql.co.], denigrare ql.cu. [ql.co.], insultare ql.cu.

ケナフ 〔植〕kenaf [無変]

けなみ 毛並み 1 《動物の》pelame㊚ 2 《血統》¶彼はこの上ない。È di buona famiglia [alto lignaggio / di nobile discendenza] ¶毛並みがいい馬 cavallo con pedigree 3 《種類》tipo㊚, genere㊚

けぬき 毛抜き pinzetta㊛ depilatoria

げねつ 解熱 azione㊛ antipiretica ¶解熱させる far scendere [abbassare] la febbre
✤解熱剤 antipiretico㊚ [複 -ci], febbrifugo㊚ [複 -ghi]

けねん 懸念 ansia㊛, apprensione㊛, preoccupazione㊛ ◇懸念する essere in ansia 《per》, essere preoccupato 《a per》 ¶安否を懸念する essere in ansia per la sicurezza di ql.co. ¶うまくいかないのではないかと懸念している。Ho il timore di non riuscire.

ゲノム 〔独 Genom〕《生》genoma㊚ [複 -i]
✤ゲノム学 studi㊚ [複] genomici

けば 毛羽 1 《毛織物などの》pelo㊚, peluria㊛, felpa㊛ ¶毛羽を立てる〔起毛加工〕garzare ql.co. / sollevare il pelo di ql.co. / (ビロード状に) vellutare ql.co. 2 〔地図の〕tratteggio㊚ [複 -gi]

げば 下馬 する scendere㊂ [es] [smontare㊂ [es] da cavallo

けはい 気配 《感じ》aria㊛; 《現れ》apparenza㊛; 〔印〕segno㊚; indizio㊚ [複 -i] ¶隣の部屋に人の気配がする。Mi sembra che ci sia qualcuno nella stanza accanto. ¶その問題について話し合われた気配はまったくない。Non sembra che abbiano discusso su quel problema. ¶なにか不思議な気配が漂っていた。C'era un'aria un po' misteriosa. ¶景気回復の気配はない。Non ci sono segni di una ripresa economica.

けばけばしい vistoso ¶彼女はけばけばしい身なりをしている。Quella ragazza 「è acconciata vistosamente [si veste in modo appariscente].

けばだつ 毛羽立つ ¶毛羽立った布地 tessuto lanoso / (古くなって) tessuto consunto e spelacchiato

げばひょう 下馬評 voci㊛ [複] non autorevoli, voci㊛ [複] di corridoio, opinione㊛ dell'uomo della strada ¶下馬評では次期会長には彼が有力だ。Si vocifera che sicuramente il prossimo presidente sarà lui.

けばり 毛鉤 mosca㊛

けびた 下卑た volgare, triviale

けびょう 仮病 simulazione㊛ di malattia ¶仮病を使って学校を休む non andare a scuola 「fingendosi malato [dandosi per ammalato]

げひん 下品 volgarità[女], trivialità[女] ◇下品な volgare, triviale;《粗野な》maleducato, grossolano, rozzo;《下賤な》ignobile;《卑猥な》osceno, spinto, indecente;《破廉恥な》diṣonesto ¶下品な言葉遣い espressione maleducata ¶下品な話 argomento osceno

けぶかい 毛深い peloso;《胸毛》villoso

げぼく 下僕 servitore[男]

けむ 煙 fumo[男] ¶煙に巻く diṣorientare [confondere le idee di] *qlcu.*

けむい 煙い ¶タバコが煙い. Il fumo delle sigarette mi dà fastidio. ¶煙くて目が開けられない. C'è così tanto fumo che non posso aprire gli occhi.

けむくじゃら 毛むくじゃら ◇毛むくじゃらな peloso

けむし 毛虫 bruc*o*[男][複 *-chi*]

けむたい 煙たい ¶この部屋は煙たい. Questa stanza è piena di fumo. ¶彼は私には煙たい存在だ. Mi sento bloccato in sua preṣenza.

けむたがる 煙たがる **1**《煙いと思う》essere 「sensibil*e* al fumo [disturbat*o* dal fumo], non sopportare il fumo **2**《気詰まりに思う》 ¶彼は部下から煙たがられている. I suoi dipendenti stanno a rispettosa distanza da lui.

けむり 煙

fumo[男] ¶一条の煙 una colonna di fumo ¶水煙 schizzi d'acqua / nugolo di spruzzi ¶タバコの煙を吹かす espirare il fumo di una sigaretta ¶煙にむせる soffocare per il fumo ¶煙が目にしみる Il fumo mi entra negli [mi irrita gli] occhi. ¶煙にまかれて死ぬ morire soffocat*o* dal fumo ¶汽車が煙を吐きながら走っている. Il treno corre emettendo nuvole di fumo. ¶火のないところに煙は立たぬ.《諺》"Non c'è fumo senza fuoco." ¶財産はすべて煙になって消えた. Tutte le ricchezze sono andate in fumo.

けむる 煙る **1**《煙が立つ》fumare[自][*av*], far [emettere] fumo, essere fumos*o* ¶この薪は煙る. Questa legna fa fumo. ¶煙った部屋 camera piena di fumo **2**《かすむ, ぼやける》oscurarsi, sfumare[自][*es*] ¶海上はもやに煙り, 視界が悪かった. Sul mare c'era foschia e la viṣibilità era scarsa.

けもの 獣 animale[男]; bestia[女];《猛獣》belva[女]

✤けもの道 pista[女] lasciata da animali

げや 下野 ◇下野する ritirarsi da una carica pubblica;《野党になる》passare[自][*es*] all'opposizione, uscire[自][*es*] dal governo

けやき 欅 《植》olmo[男] del Caucaṣo;《学名》*Zelkova serrata*

けやぶる 蹴破る ¶彼はドアを蹴破って中に入った. Ha sfondato la porta a calci [Ha spalancato la porta con un calcio] ed è entrato dentro.

ゲラ 〔英 galley〕《印》bozza[女]

✤ゲラ刷り bozza[女] di stampa [in colonna]

けらい 家来 accolit*o*[男][女 *-a*], seguace[男][女]; vassallo[男]; servente[男][女]

げらく 下落 caduta[女], calo[男];《交換比率の》ṣvalutazione[女]; deprezzamento[男];《物価・相場の》ribasso[男];《相場の暴落》crollo[男] ◇下落する ribassare[自][*es*], scadere[自][*es*] ;《価値が》ṣvalutarsi; deprezzarsi ¶評判の下落 perdita della fama ¶円相場の下落 ribasso dello yen ¶商品の下落 deprezzamento di una merce ¶価値の下落 perdita di valore

げらげら ¶げらげら笑う ridere rumorosamente [a crepapelle] / ṣbellicarsi dalle risa

けり ◇けりをつける terminare [metter fine a / liquidare] *ql.co.*; concludere [ṣbrigare] *ql.co.*; fare i conti con *qlcu.* ¶お金でけりをつける liquidare (una questione) pagando una somma di denaro ¶あの件はもうけりがついている. Quel problema ormai è risolto [è sistemato].

げり 下痢 diarrea[女] ◇下痢する avere la diarrea ¶下痢を止める《薬が主語》arrestare la diarrea

✤下痢止め 《薬》antidiarroic*o*[男][複 *-ci*]

ゲリラ 〔ス guerrilla〕 guerrigliero[男][女 *-a*]

✤ゲリラ戦 guerriglia[女]

ゲリラ部隊 gruppo[男] [commando[男]] di guerriglieri

ゲリラ兵 guerriglier*o*[男][女 *-a*]

ける 蹴る

1《足で蹴る》calciare *ql.co.* [*qlcu.*]; dare [sferrare] un calcio a *ql.co.* [*qlcu.*]; prendere a calci *qlcu.* [*ql.co.*] ¶ボールを蹴る dare un calcio al pallone ¶船は波を蹴って進む. La nave avanza fendendo le onde. ¶私は席を蹴って帰ってきた. Per la rabbia mi sono alzato e me ne sono venuto via.

2《拒絶する》respingere [rifiutare] *ql.co.* ¶組合は会社側の提案を蹴った. Il sindacato ha respinto la proposta della ditta.

ゲル 〔独 Gel〕《化》gel[男][無変] ¶ゲル状の allo stato di gel

✤ゲル化 gelificazione[女]

ケルト 〔英 Celt〕 ◇ケルトの celtic*o* [男複 *-ci*]

✤ケルト語族 《言》lingue[女][複] celtiche (►アイルランド語・ゲール語など)

ケルト人 celt*a*[男][複 *-i*]

ケルト族 Celti[男][複] ◇ケルト人[族 / 語]の celtic*o* [男複 *-ci*]

ケルビン 〔英 kelvin〕《物》〔英〕kelvin[男][無変];《記号》K

ゲルマニウム 〔独 Germanium〕 《化》germanio[男];《元素記号》Ge

ゲルマン 〔独 Germanisch〕 ◇ゲルマンの germanic*o* [男複 *-ci*], germano

✤ゲルマン語族 《言》lingue[女][複] germaniche (►英語・ドイツ語など)

ゲルマン人 german*o*[男][女 *-a*]

ゲルマン民族 Germani[男][複] ¶ゲルマン民族の大移動 invaṣioni[女][複] dei Germani

ケルン 〔英 cairn〕 tumulo[男] (di pietre)

げれつ 下劣 ◇下劣な basso, vile, abietto, spregevole ¶下劣な行為 atto spregevole

けれど(も)

1《しかし》ma, però ¶風は止んだけれど(も)雨はまだ降っている. Il vento è cessato, però [ma] continua a piovere.

2《にもかかわらず》benché [sebbene / nonostante / per quanto] + [接続法] ¶彼は体は小さいけれど(も)力は強い. Benché sia basso di statura, è forte. ¶車はぶつかったけれど(も)人間は大丈夫だっ

た. Le macchine si sono scontrate, tuttavia non ci sono stati danni alle persone.
3《願望を表す》¶体が丈夫だといいんですけれど. Se potessi stare bene di salute!

けれん 外連 **1**《芝居で》spettacolarità⊛;《軽業》acrobatismo⊛
2《はったりやごまかし》¶彼の返事にはなんのけれんもなかった. Lui rispose sinceramente.
❖**けれんみ**｜けれんみたっぷりな人だ. È un grande showman.

ゲレンデ〔独 Gelände〕《スポ》pista⊛ di sci
ケロイド〔独 Keloid〕《医》cheloide⊛
けろけろ《蛙の鳴く声》gracidic⊛[複 -ii] ¶蛙がけろけろ鳴いている. Le rane stanno gracidando.
けろりと **1**《完全に, すっかり》◇けろりと completamente, del tutto ¶頭痛がけろりととれた. Il mal di testa è sparito completamente.
2《落ち着きはらって》¶彼は何を言われてもけろりとしている. Qualunque cosa gli si dica, rimane imperturbabile. ¶彼はけろりとしてまた私の家にやって来た.《何事もなかったように》È tornato a casa mia come se niente fosse.

けわしい 険しい **1**《坂などが急な》ripido, scosceso, erto, arduo ◇険しさ ripidezza⊛ ¶険しい山 montagna scoscesa [erta]
2《厳しい》severo, duro, rigido ◇険しさ rigidezza⊛, durezza⊛;《困難さ》difficoltà⊛ ¶険しい目つきで con sguardo severo [truce] ¶険しい顔をする fare un viso severo [arcigno] ¶前途は険しい. Il futuro è pieno di difficoltà.

けん 券《乗車券・入場券など》biglietto⊛;《引換券・クーポン券》scontrino⊛, cedola⊛;〔仏〕coupon⊛[複 coupons]
けん 件《事柄》caso⊛, faccenda⊛, storia⊛, affare⊛;《問題》problema⊛[複 -i], questione⊛;《事故など》incidente⊛ ¶お願いいたしました件はどうなりましたでしょうか. Che ne è stato di quella mia richiesta?
けん 権 **1**《権利》diritto⊛ ¶所有権 diritto di proprietà ¶選挙権 diritto elettorale [di voto] ¶市民権 diritti civili **2**《支配する力》potere⊛; prestigio⊛ ¶生殺与奪の権を握る avere diritto di vita e di morte (の su)
けん 妍 bellezza⊛ ¶妍を競う rivaleggiare [per la [in] bellezza
けん 県 provincia⊛[複 -ce, -cie]; regione⊛ ◇県(下)の provinciale, regionale ¶埼玉県 Provincia di Saitama / Regione Saitama

> 参考
> イタリアの自治体は comune → provincia → regione の3段階で, 日本語では市→県→州と訳されるが, 日本の「県」は provincia, regione いずれで訳してもよい.

❖**県議会** riunione⊛ della giunta provinciale
県議会議員 consigliere⊛[⊛ -a] provinciale
県人会 ¶山梨県人会 associazione delle persone [dei nativi] della Provincia di Yamanashi
県政 amministrazione⊛ provinciale
県知事 governatore⊛[⊛ -trice] [presidente⊛] di provincia
県庁 provincia⊛[複 -ce, -cie]
県庁所在地 sede⊛ della provincia
県道 strada⊛ (extraurbana) provinciale
県民 abitante⊛ della provincia
県立の provinciale

けん 剣《刀剣》spada⊛;《サーベル》sciabola⊛;《両刃の》pugnale⊛;《両刃で細身の》stiletto⊛;《フェンシング用の》fioretto⊛;《儀式などの服装の飾りとしての》spadino⊛ ¶剣で刺す trafiggere qlcu. con la spada ¦ pugnalare qlcu. ¶剣を抜く[収める] sguainare [ringuainare] la spada ¶〈人〉と剣を交える incrociare la spada con qlcu.

けん 険 **1**《山の難所》passo⊛ pericoloso;《接近不能な場所》posto⊛ inaccessibile
2《顔・言葉などの険しさ》¶険のある顔つき viso austero [duro] ¶険のある言葉 parole pungenti / lingua tagliente [mordace]
けん 腱《解》tendine⊛ ¶アキレス腱 tendine⊛ [tallone⊛] d'Achille
けん 鍵《ピアノなどの》tasto⊛ →楽器 図版
けん 兼 e, ed anche ¶首相兼外相 Presidente⊛ del Consiglio che cumula anche le funzioni [che ricopre anche l'incarico] di Ministro degli Affari Esteri ¶書斎兼応接間 studio-salotto / studio che funge anche da salotto
-けん -軒 ¶角から3軒目の家 la terza casa (a partire) dall'angolo
-けん -圏 zona⊛, area⊛, sfera⊛ ¶勢力圏 sfera d'influenza ¶暴風雨圏 area [zona] ciclonica ¶ユーロ圏 zona dell'euro ¶共産圏 blocco comunista ¶英語圏の人々 popolazione di lingua inglese
-けん -間 ken⊛[無変]; unità⊛ di lunghezza pari a circa 1,82 m (読み方: un metro e ottantadue centimetri)

げん 現 presente, attuale ¶現社長 l'attuale presidente / il presidente in carica
げん 元 **1**《通貨単位》yuan⊛[無変] **2**《中国の王朝の名》la Dinastia⊛ Yuan; gli Yuan⊛[複] **3**《代数方程式の未知数》valore⊛ sconosciuto in un'equazione algebrica; x⊛⊛ ¶一元一次方程式 equazione⊛ semplice
げん 言 parola⊛, dire⊛ ¶彼の言によれば a suo dire / a sentir [secondo / a quanto dice] lui ¶彼は言を左右にしている. Lui parla ambiguamente [elusivamente]. ¶…であることは言を俟たない. Va da sé [È inutile dire / Non c'è bisogno di dire] che+直説法
げん 弦 **1**《弓のつる》corda⊛ **2**《弦楽器に張られた線》corda⊛ ¶バイオリンに弦を張る incordare il [mettere una corda al] violino ¶ギターの第1弦は E である. Nella chitarra la prima corda「dà la nota mi [è il mi]. ¶弦が切れた. Si è spezzata una corda. **3**《数》corda⊛ **4**《月の》quarto⊛ ¶上[下]弦 primo [ultimo] quarto
げん 舷《舷側》bordo⊛, banda⊛, fiancata⊛, fianco⊛ ¶fiancheggiare⊛ -chi]
げん 減 **1**《減少, 縮小》¶賃金は1割減となった. Il salario ha subito una diminuzione del dieci per cento. **2**《引き算》sottrazione⊛
3《音》¶減七の和音 accordo⊛ di settima diminuita

❖**減音程**《音》intervallo⊛ diminuito
けんあく 険悪 ◇険悪な minaccioso, allarman-

te, serio [男複 -i] ¶彼らの仲は険悪だ. I loro rapporti sono tesi [al culmine della tensione]. ¶険悪な顔つきをしている. Ha un'espressione minacciosa.

げんあつ 減圧 decompressione[女] ◇減圧する diminuire [ridurre] la pressione; decomprimere ¶減圧下(で) a pressione ridotta
✤**減圧弁** valvola[女] di riduzione

けんあん 検案 **1**《状況の調査》esame[男] [analisi[女][無変] / indagine[女]] di una situazione **2**《検死》autopsia[女]
✤**検案書** rapporto[男] [relazione[女]] dell'autopsia

けんあん 懸案 questione[女] in sospeso, pendenza[女] ◇懸案の sospeso, pendente ¶この問題は懸案になっている. Questa questione 「non è ancora risolta [è ancora in sospeso]. ¶長年の懸案 questione in sospeso da anni

げんあん 原案 progetto[男] originale [primitivo]; 《法案》progetto[男] di legge; 《映画などの》soggetto[男] ¶原案どおり可決する approvare un progetto di legge 「senza modifiche [nella sua forma primitiva] ¶原案を修正する apportare delle modifiche al progetto originale

けんい 権威 autorità[女]; 《権力》potere[男]; 《威信》prestigio[男]; 《第一人者》autorità[女]; esperto[男] [[女] -a] ◇権威ある autorevole, prestigioso ¶わが国の権威に関わる問題 problema che riguarda il prestigio del nostro paese ¶権威ある辞典 dizionario autorevole ¶権威を失う perdere prestigio ¶彼は数学の世界的権威だ. È un'autorità mondiale in campo matematico.
✤**権威主義** autoritarismo[男]
権威筋 ¶権威筋によれば secondo fonti autorizzate / secondo voci autorevoli

けんいん 牽引 traino[男], trazione[女] ¶故障車を牽引する trainare [rimorchiare] un'auto in panne
✤**牽引車** trattore[男]; 《故障車の》carro[男] attrezzi
牽引力 forza[女] di trazione

けんいん 検印 《スタンプ》timbro[男]; 《印紙》bollo[男]; 《寸法・品質などを保証する当局の》marchio[男] [複 -chi] (di controllo) ¶検印を押す timbrare

げんいん 原因

causa[女]; 《理由》ragione[女]; 《動機》motivo[男]; 《根源》origine[女] ¶…に原因をもつ avere origine in *ql.co.* / essere dovuto a *ql.co.* / essere causato da *ql.co.* ¶…の原因となる causare *ql.co.* / portare a *ql.co.* / determinare *ql.co.* ¶原因と結果 causa ed effetto ¶ストレスの原因を取り除く rimuovere le cause dello stress ¶事故の原因を究明する indagare sulle cause dell'incidente ¶長雨が原因で土砂崩れが起きた. La pioggia continua ha causato 「lo smottamento [la frana]. ¶なぜこんなことになったのか, その原因が知りたい. Voglio sapere per quale ragione è finita così. ¶人手不足が原因で事業をやめた. Ho dovuto chiudere l'attività per insufficienza di manodopera. ¶つまらないことが原因で友人とけんかした. Ho litigato con un amico per motivi futili. ¶原因不明の火災 incendio per cause ignote / incendio di origini incerte [sospette]

げんいん 減員 riduzione[女] del personale
◇減員する ridurre il personale

けんうん 巻雲・絹雲 〘気〙 cirro[男]; nube[女] cirrus ◇巻雲の cirroso

けんえい 県営 ◇県営の gestito [amministrato] dalla provincia; provinciale

げんえい 幻影 《幻覚》illusione[女], miraggio[男] [複 -gi], visione[女]; 《幽霊》fantasma[男] [複 -i] ¶成功の幻影 miraggio di successo ¶幻影を追う nutrirsi d'illusioni / inseguire dei miraggi

けんえき 検疫 controllo[男] sanitario [複 -i], ispezione[女] sanitaria ¶検疫を受ける sottoporsi ad un controllo sanitario ¶〈人〉を検疫のため隔離する mettere *qlcu.* in quarantena
✤**検疫官** ufficiale[男] sanitario, ispettore[男] [[女] -trice] di quarantena
検疫期間 quarantena[女]
検疫所 lazzaretto[男], stazione[女] di quarantena

けんえき 権益 ¶一国の権益を侵す ledere i diritti e gli interessi di una nazione

げんえき 原液 sostanza[女] liquida di base; 《薄める前の》soluzione[女] non diluita

げんえき 現役 **1**《軍務・その他の職務》¶現役である essere in 「servizio (attivo) [carica] ¶現役を退く ritirarsi dal servizio (attivo) **2**《在学中の》¶息子は現役で大学に入った. Mio figlio 「è entrato [ha superato gli esami di ammissione] all'università al primo tentativo.
✤**現役将校** ufficiale[男] in servizio (attivo)

げんえき 減益 riduzione[女] dei profitti

けんえつ 検閲 《出版物などの》censura[女]; 《貨物などの》ispezione[女] ◇検閲する censurare *ql.co.*, sottoporre *ql.co.* a censura; sottoporre *ql.co.* all'ispezione ¶検閲を受ける sottoporsi a censura ¶このシナリオは検閲にひっかかった. Questa sceneggiatura è stata censurata [è stata proibita dalla censura]. ¶自己検閲 autocensura
✤**検閲官** censore[男], addetto[男] [[女] -a] alla censura
検閲済 《表示》"Visto[男] di censura"

けんえん 嫌煙 avversione[女] al [per il] fumo
✤**嫌煙権** diritti[男][複] dei non fumatori

げんえん 減塩 ◇減塩の a basso contenuto di sodio, iposodico [複 -ci]
✤**減塩醤油** salsa[女] di soia a basso contenuto di sale
減塩食 dieta[女] iposodica
減塩食品 cibo[男] iposodico [複 -ci]

けんえんのなか 犬猿の仲 ¶二人は犬猿の仲だ. Loro due sono come cane e gatto. / Quei due non si possono vedere.

けんお 嫌悪 ripugnanza[女], disgusto[男], avversione[女] ◇嫌悪する provare [sentire] ripugnanza [disgusto / avversione] per *qlcu.* [*ql.co.*], odiare [detestare / avere in odio] *qlcu.* [*ql.co.*] ¶自己嫌悪する essere disgustato di *se stesso*
✤**嫌悪感** disgusto[男]

けんおん 検温 ◇検温する misurare [provare / prendere] la temperatura (corporea) [la febbre]
✤**検温器** termometro[男] clinico [複 -ci]

け

げんおん 原音 《もとの音》suono⊛ originale;《原語での発音》pronuncia⊛ [複 -ce] originale ¶外国語を原音に忠実に表記する traslitterare [trascrivere] fedelmente la pronuncia di una lingua straniera

けんか 喧嘩 《口論》lite⊛, litigio⊛ [複 -gi], disputa⊛, alterco⊛ [複 -chi], diverbio⊛ [複 -i], battibecco⊛ [複 -chi],《殴り合い》zuffa⊛, rissa⊛;《卑》scazzottata⊛ ◇けんかする litigare⊜ [av] / disputare⊜ [av] con qlcu.;《殴り合う》fare a pugni con qlcu.;《俗》scazzottare qlcu. ¶夫婦げんか lite fra marito e moglie ¶彼らはつかみ合いのけんかになった. Sono venuti alle mani. / Si sono azzuffati. ¶子供のけんかに親が出るようなものだ. Questo modo di fare è come quello dei genitori che intervengono nei piccoli bisticci dei figli. ¶売られたけんかは買わねばなるまい. Si deve accettare una sfida provocata. ¶彼はいつもけんか腰だ. È sempre pronto a litigare. / È un attaccabrighe.

[慣用] けんかの種 causa⊛ del litigio, pomo⊛ della discordia

けんか両成敗 In una lite entrambe le parti sono da biasimare.

けんかを売る cercare lite con qlcu., attaccare briga con qlcu., provocare una lite

❖けんか早い litigioso ¶けんか早い人 attaccabrighe⊛⊛ [無変]

けんか別れ ¶彼は恋人とけんか別れをした. Si è separato dalla sua ragazza in seguito ad una lite.

けんか 献花 offerta⊛ di fiori sull'altare o ai morti, omaggio⊛ [複 -gi] floreale

けんか 鹸化 《化》saponificazione⊛ ◇鹸化する《他のものを》saponificare qlco.;《自らが》saponificarsi

げんか 言下 ◇言下に《即座に》subito, immediatamente, prontamente; detto fatto (► 成句) ¶言下に断る rifiutare subito ¶彼の意見は言下に否定された. La sua opinione è stata scartata immediatamente.

げんか 原価 prezzo⊛ di costo ¶原価で a prezzo di costo ¶生産原価 costo di fabbricazione [di produzione] / prezzo di costo

❖原価管理 controllo⊛ dei costi

原価計算 analisi⊛ [無変][contabilità⊛] dei costi

げんか 現下 ¶現下の情勢 situazione attuale [di oggi / odierna] / stato attuale delle cose

げんか 減価 《経》《価格の低落》ammortamento⊛, deprezzamento⊛;《価格の割引》riduzione⊛ dei prezzi

❖減価償却 《経》ammortamento⊛

げんが 原画 pittura⊛ originale, originale⊛

けんかい 見解 opinione⊛, parere⊛, vedute⊛ [複], avviso⊛ ¶見解を述べる esporre il proprio parere [la propria opinione] ¶見解が一致する《人が主語》mettersi d'accordo / arrivare ad un'intesa ¶見解の一致を ottenere una convergenza di opinioni ¶その点では君と同じ見解だ. Su questo punto「condivido la tua opinione [sono dello stesso parere]. ¶我々の間には見解の相違がある. Fra di noi c'è divergenza di vedute.

けんがい 圏外 ¶わがチームは優勝圏外に脱落した. La nostra squadra è stata tagliata fuori dalla rosa dei finalisti. ¶彼は当選圏外にある. Lui non ha probabilità di essere eletto.

げんかい 限界 limite⊛; confine⊛ ¶限界のない senza limiti [confini] ¶彼は自分の限界を知っている. Conosce i suoi limiti [le sue capacità]. ¶ものごとにはすべて限界がある. C'è un limite a tutto.

❖限界荷重 《機》carico⊛ [複 -chi] critico [複 -ci]

限界効用逓減 《経》¶限界効用逓減(ㅈ)の法則 legge⊛ del decremento dell'utilità marginale

限界収入 ricavo⊛ marginale

限界状況 《哲》situazione⊛ limite

限界消費性向 《経》propensione⊛ marginale al consumo,《略》P.Mr.C.

げんかい 厳戒 vigilanza⊛ stretta ◇厳戒する sorvegliare con tutte le cautele [precauzioni], tenere sotto stretto controllo ql.co. ¶厳戒体制を敷く mettere in stato di vigilanza stretta

げんがい 言外 ◇言外の implicito, sottinteso ¶言外ににおわす alludere a ql.co. / suggerire ql.co. / sottintendere ql.co. ¶言外の意味を読み取る capire il significato sottinteso /《文章の》leggere fra le righe

げんがいけんびきょう 限外顕微鏡 ultramicroscopio⊛ [複 -i]

けんかく 剣客 spadaccino⊛ [⊛ -a]

けんがく 見学 visita⊛;《勉学のための》visita⊛ di studio ¶自動車工場を見学する visitare una fabbrica di automobili

❖見学者 visitatore⊛ [⊛ -trice]

げんかく 幻覚 allucinazione⊛, visione⊛ ¶幻覚に襲われている essere「vittima di allucinazioni [in preda ad allucinazioni]

❖幻覚剤 allucinogeno⊛

げんかく 厳格 ◇厳格な severo, rigido, duro, rigoroso ◇厳格に con severità, rigidamente, duramente, alla spartana ¶厳格な先生 professore severo [rigido] ¶厳格な規則 regolamento rigido ¶彼は息子を厳格に育てた. Ha allevato i figli「con severità [severamente].

けんがく 弦楽 musica⊛ per archi

❖弦楽合奏 concerto⊛ d'archi

弦楽合奏団 orchestra⊛ d'archi

弦楽四重奏 quartetto⊛ d'archi

けんがく 衒学 saccenteria⊛ ◇衒学的な saccente

❖衒学者 saccente⊛⊛

げんがく 減額 riduzione⊛ dell'ammontare della cifra, riduzione⊛ di una somma ◇減額する ridurre, diminuire

けんかしょくぶつ 顕花植物 《植》fanerogama⊛

けんがっき 弦楽器 strumento⊛ a corda;《弓奏弦楽器》strumento⊛ ad arco → 楽器 図版

けんがみね 剣が峰 orlo⊛, punto⊛ limite [cruciale] ¶今我々は剣が峰に立たされている. Siamo sull'orlo della rovina [del fallimento].

けんがん 検眼 《視力の》optometria⊛, esame⊛ della vista ◇検眼する fare un esame oculisti-

co, misurare la vista
✤検眼器 refrattometro男
検眼鏡 oftalmoscopio男[複 -i]

げんかん 玄関
ingresso男, entrata女 ¶玄関から入る entrare dall'ingresso principale ¶玄関まで見送る accompagnare (qlcu.) alla porta [al portone]
✤玄関払い 私は玄関払いを食った。Ha rifiutato di ricevermi [farmi entrare]. / Mi ha chiuso la porta in faccia.
玄関番 portinaio男[女 -ia; 男複 -i] (►「玄関番の部屋」「管理人室」は portineria)
玄関ホール vestibolo男, atrio男[複 -i], ingresso男

げんかん 減感 《写》riduzione女 della sensibilità

げんかん 厳寒 freddo男 intenso [severo / rigido / pungente], gelo男

けんぎ 建議 proposta女 ◊建議する proporre ql.co. a qlcu., proporre a qlcu. di+不定詞
✤建議案 proposta女, progetto男
建議者 proponente男
建議書 raccomandazione女

けんぎ 嫌疑 sospetto男 ¶不当な嫌疑 sospetto infondato [ingiusto] ¶彼は収賄の嫌疑で取り調べられた。È stato interrogato per sospetta corruzione. ¶彼に嫌疑がかかった。Hanno sospettato di lui. / Il sospetto è caduto su lui. ¶私は嫌疑をはらした。Ho dissipato i sospetti su di me. / Ho dimostrato la mia innocenza.

げんき 元気
《活　力》vigore男, energia女[複 -gie], vitalità女;《快活さ》vivacità女, gaiezza女;《健康なこと》buona salute女 ◊元気な《活力のある》energico [男複 -ci], vigoroso;《快活な》allegro, vivace, animato, gaio [男複 -i];《健康な》sano ◊元気に energicamente, vigorosamente; allegramente ◊元気のない《沈んだ》depresso, scoraggiato, avvilito;《力が抜けた》fiacco [男複 -chi]; snervato;《やる気をなくした》svogliato;《悲しい》triste
¶元気な子供 bambino vivace ¶元気な植物《よく繁る》pianta vigorosa ¶元気がなくなる perdersi di coraggio ¶元気になる《食事や休養で》ristorarsi /《健康を回復する》tornare in salute / ristabilirsi ¶元気よく歌いましょう。Cantiamo con ardore [foga]. ¶ 元気づける fare coraggio a qlcu., confortare [incoraggiare] qlcu. ¶元気を出す tirarsi su di morale ¶さあ元気を出せ。Su, coraggio [fatti animo / con la vita / non affliggerti]! ¶元気がないね？元気がないな。Che ti è successo? Mi sembri un po' giù. ¶彼はものを言う元気もなかった。Era troppo depresso [avvilito] per pronunciare una parola. ¶元気である《健康である》stare bene / essere in forma ¶祖父はまだまだ元気です。Mio nonno è ancora「in gamba [arzillo / vigoroso]. ¶彼はいつも元気がいい。È sempre in ottima forma. ¶お宅の皆さんはお元気ですか。I Suoi stanno bene? ¶「お元気ですか」「おかげさまで」"Come sta?" "Bene, grazie!" ¶じゃお元気で。Stai bene! ¶《親しい友人に》In gamba, eh!

げんき 街気 →街(ちまた)い

けんきせい 嫌気性 ◊嫌気性の anaerobio [複 -i], anaerobico男[男複 -ci]
✤ 嫌気性細菌 anaerobi男[複], batteri男[複] anaerobi

けんきゃく 健脚 ¶健脚である essere un buon camminatore [《女性》una buona camminatrice]

けんきゅう 研究
studio男[複 -i], ricerca女;《調査》indagine女 ◊研究する studiare ql.co., fare ricerche su ql.co., condurre delle ricerche [delle indagini] su ql.co. ¶研究と開発 ricerca e sviluppo ¶研究に着手する iniziare uno studio [una ricerca / un'indagine] ¶研究に没頭する dedicarsi alla ricerca / immergersi nelle ricerche [nello studio] ¶何を研究されているのですか。La sua ricerca su che cosa verte?
✤研究員 ricercatore男[女 -trice]
研究会 seminario男[複 -i]; gruppo男 di studio
研究活動 attività女 di ricerca
研究室 laboratorio男[複 -i],《教授個人の》stanza女
研究者 studioso男[女 -a], ricercatore男[女 -trice]
研究所 istituto男 di ricerca
研究心 は研究心が旺盛だ。È animato da un grande spirito di ricerca.
研究題目 tema男[複 -i] di ricerca
研究費 spese女[複] di ricerca
研究論文 studio男, relazione女, lavoro男, tesi女[無変]

げんきゅう 言及 ◊言及する menzionare [riferire] ql.co., far menzione di [riferimento a] ql.co. ¶彼は経済問題にも言及した。Ha toccato anche il problema economico.

げんきゅう 原級 **1**《文法》grado男 positivo **2**《元の学年》¶私は原級にとどめおかれた。Non sono stato promosso. / Mi hanno fatto ripetere la classe.

げんきゅう 減給 riduzione女 dello stipendio ¶先月から減給された。Mi hanno ridotto lo stipendio dal mese scorso.

けんぎゅうせい 牽牛星 《天》Altair女

けんきょ 検挙 arresto男, cattura女, fermo男 ◊検挙する arrestare, catturare, fermare ¶大量検挙 arresto in massa 一斉検挙 retata
✤検挙者 arrestato男[女 -a]

けんきょ 謙虚 modestia女; umiltà女 ◊謙虚な modesto; umile ◊謙虚に modestamente; umilmente; con deferenza ¶誰に対しても謙虚である essere umile con tutti

けんぎょう 兼業 ◊ 兼業する avere「una doppia attività [due impieghi / un'attività collaterale
✤兼業農家 famiglia女 contadina il cui reddito deriva anche da altri settori

げんきょう 元凶 《首領》caporione男[女 -a]; capoccia男[複 -cia, -ci];《諸悪の根源》fonte女 di tutti i mali ¶倒産の元凶は経営陣だ。Le origini della bancarotta stanno in una pessima gestione.

げんきょう 現況 attuali condizioni女[複], stato男 attuale ¶気象現況 le presenti condizioni del tempo

げんぎょう 現業 ¶2千名を現業から事務に振り向ける trasferire duemila dipendenti dai servizi operai ai servizi amministrativi
✤現業員 operaio[男] [[女] -ia; [男]複 -i], manovale[男][女]

げんきょく 原曲 brano[男] [melodia[女] / canzone[女]] originale

けんきん 献金 contributo[男] finanziario [複 -i], finanziamento[男], donazione[女];《奉納金など》offerta[女] di denaro;《慈善事業の》colletta[女] **◇献金する** contribuire[自] [av] in denaro, fare un'offerta [una donazione] in denaro per [a favore di] *qlcu.* [*ql.co.*] ¶政治献金《政党への》finanziamento di un partito ¶癌研究のために100万円を献金する contribuire con un milione di yen alle ricerche sul cancro

げんきん 現金 **1** denaro[男] contante, contanti[男] [複] ¶現金5万円 50.000 yen in contanti ¶現金で買う[売る] comprare [vendere] (*ql.co.*) in contanti ¶小切手を現金化する cambiare [riscuotere] un assegno ¶「お買い物は現金でお願いします」《掲示》"Si prega di pagare in contanti." / "Non si accettano assegni e carte di credito."
2《打算的であること》¶現金な人 persona interessata [calcolatrice]
✤現金書留 invio[男] di denaro contante per posta raccomandata (◆イタリアにはない)
現金勘定 conto[男] di cassa
現金自動預け払い機 《ATM》bancomat[男] [無変], bancomat[男] [無 変], sportello[男] bancario [複 -i] automatico [複 -ci]
現金収入 incasso[男] in contanti
現金出納(すいとう)**簿** libro[男] cassa [無変]
現金通貨〔経〕moneta[女] contante
現金取引 operazione[女] per contanti

げんきん 厳禁 **◇厳禁する** proibire a *qlcu.* *ql.co.* [di＋[不定詞]] severamente [rigorosamente]

げんけい 原形 **1**《もとの形》forma[女] originale [《最初の》primitiva] ¶その建物は原形をとどめぬほどに破壊されてしまった. Quell'edificio è andato distrutto al punto da non distinguerne più la forma originale. **2**〔文法〕¶動詞の原形 infinito di un verbo

げんけい 原型 modello[男] originale, originale[男];《プロトタイプ》prototipo[男];《鋳型》calco[男] [複 -chi]

げんけい 減刑 riduzione[女] [condono[男]] della pena;《刑罰の変換による》commutazione[女] della pena ¶懲役3年に減刑された. La condanna è stata ridotta a tre anni.

げんけいしつ 原形質 〔生〕protoplasma[男] [複 -i]

けんけつ 献血 donazione[女] di sangue **◇献血する** donare il sangue
✤献血車 autoemoteca[女]
献血者 donatore[男] [[女] -trice] di sangue

げんげつ 弦月 《上弦》primo [《下弦》ultimo] quarto[男] di luna ⇒月 [図版]

けんけん **◇けんけんする** saltare[自] [av] su una gamba, saltare a piè zoppo

けんげん 権限 poteri[男] [複];《法的に正当な》autorità[女];《行政庁・裁判所等の》attribuzioni[女] [複], competenza[女] ¶市長の権限 attribuzioni del sindaco ¶権限を与える conferire il potere a *qlcu.* / investire *qlcu.* del potere ¶法令を発する権限をもつ avere l'autorità di emanare decreti ¶この問題は私の権限を越えている. Questo va al di là dei miei poteri.

けんけんごうごう 喧喧囂囂 ¶議場はけんけんごうごうとなった. La seduta alla Camera è degenerata in tumulto.

けんご 堅固 **◇堅固な** forte, fermo, solido, robusto ¶堅固な城 castello fortificato / fortezza inespugnabile ¶志操堅固な人 persona dalla volontà ferrea ¶堅固な信念 fede robusta

げんこ 拳固 ⇒げんこつ

げんご 言語 《各言語》lingua[女];《意志伝達の記号体系》linguaggio[男] [複 -gi] ¶分析的[総合的 / 単音節]言語 lingua analitica [sintetica / monosillabica] ¶映画言語 linguaggio cinematografico ¶ヴェネツィアの美しさは言語に絶する. La bellezza di Venezia è indescrivibile [inesprimibile / indicibile] (a parole).
✤言語学 ⇒見出し語参照
言語失調 afasia[女]
言語社会学〔言〕sociolinguistica[女]
言語障害 disturbo[男] del linguaggio;《音声・発話》difetto[男] di pronuncia;《心理的な》lalopatia[女]
言語心理学〔言〕psicolinguistica[女]
言語生活 vita[女] linguistica
言語地図 atlante[男] linguistico [複 -ci]
言語聴覚士〔医〕foniatra[男][女] [[男]複 -i]
言語地理学 geografia[女] linguistica
言語哲学 filosofia[女] del linguaggio
言語島 isola[女] linguistica
言語能力 capacità[女] verbale [comunicativa]
言語療法 cura[女] dei disturbi del linguaggio
言語療法士 foniatra[男][女] [[男]複 -i]

げんご 原語 lingua[女] originale, originale[男] ¶モラヴィアを原語で読む leggere Moravia in lingua originale

けんこう 兼行 ¶昼夜兼行で働く lavorare notte e giorno

けんこう 健康 salute[女], sanità[女] **◇健康な** sano ¶健康な子供 bambino sano ¶健康状態がいい[悪い] essere in buona [cattiva] salute ¶健康を損なう rovinarsi la salute ¶健康上の理由で per motivi di salute ¶健康のために per la salute / per mantenere la [mantenersi in] forma ¶健康を回復する rimettersi in salute / riacquistare la salute / tornare in salute ¶散歩は健康にいい. Le passeggiate sono salutari. / Passeggiare fa bene alla salute. ¶タバコは健康に害がある. Il fumo nuoce alla salute. ¶私は健康に恵まれている. Godo di buona salute. ¶彼は健康そのものだ. È il ritratto [l'immagine] della salute. / Sprizza salute. ¶ご健康を祈ります. Le auguro di star bene. ¶健康を祝して.《乾杯の音頭》Alla salute! / Salute!
✤健康管理 cura[女] della salute
健康食品 cibo[男] privo di additivi chimici; cibo[男] macrobiotico [複 -ci]

健康診断 esame medico [複 -ci]
健康診断書 certificato medico
健康増進 miglioramento㊚ della salute
健康相談 consulto㊚ medico
健康法 igiene㊛
健康保険 assicurazione㊛ contro le malattie
健康保険組合 cassa㊛ mutua, cassa㊛ malattia [無変]

げんこう 言行 ¶彼は言行が一致しない. Le sue azioni non sono conformi alle [non rispecchiano le / non corrispondono alle] sue parole.
✤言行一致 coerenza㊛ (di parole e azioni)

げんこう 原稿 manoscritto㊚;《タイプ原稿》dattiloscritto㊚ [下書き] bozza㊛ ¶コンピュータで書いた原稿 testo battuto al computer ¶原稿執筆を依頼する commissionare un articolo ¶原稿に目を遣りながら演説する fare un discorso dando ogni tanto un'occhiata al testo
◆原稿用紙 foglio㊚ [複 -gli] per manoscritti con gli spazi prestampati per i caratteri;《タイプ用の》cartella㊛
原稿料 retribuzione㊛ (㊚ per)

げんこう 現行 ◇現行の attuale, presente, esistente, corrente;《法》vigente ¶現行の体制 regime㊚ esistente [corrente] ¶現行の制度のもとでは nel presente [nell'attuale] sistema
✤現行犯《法》flagrante delitto㊚ ¶彼はすりの現行犯でつかまった. È stato colto in flagrante delitto di borseggio.
現行犯逮捕 arresto㊚ in flagrante
現行法 legge㊛ [diritto㊚] vigente [in vigore] ¶現行法のもとでは secondo le norme vigenti

げんごう 元号 nome㊚ di un'era (giapponese)

けんこうこつ 肩胛骨 《解》scapola㊛, omoplata㊛

げんごがく 言語学 linguistica㊛;《文献学》filologia㊛ [複 -gie];《歴史的観点からの言語研究》glottologia㊛ [複 -gie] ◆言語学の linguistico [㊚複 -ci]; filologico [㊚複 -ci]; glottologico [㊚複 -ci] ¶ソシュール言語学 linguistica saussuriana ¶チョムスキー言語学 linguistica chomskiana ¶記述言語学 linguistica descrittiva ¶構造言語学 linguistica strutturale ¶比較言語学 linguistica comparativa ¶地理言語学 linguistica geografica ¶応用言語学 linguistica applicata ¶歴史言語学 linguistica storica ¶共時言語学 linguistica sincronica ¶通時言語学 linguistica diacronica ¶一般言語学 linguistica generale ¶社会言語学 sociolinguistica ¶心理言語学 psicolinguistica / psicologia del linguaggio
✤言語学者 linguista㊚ ㊛ [㊚複 -i]; filologo㊚ [㊚ -ga, ㊚複 -gi]; glottologo㊚ [㊚ -ga, ㊚複 -gi]

けんこく 建国 fondazione㊛ della nazione
✤建国記念日 anniversario㊚ [複 -i] [giorno㊚] della fondazione della nazione [dello Stato] (◆ 11 febbraio in Giappone)

げんこく 原告《法》querelante㊚ ㊛;《民事事件の》attore㊚ [㊛ -trice]

げんこつ 拳骨 pugno㊚ ¶げんこつで殴る colpire con un pugno (qlcu.) / prendere qlcu. a pugni / dare [《食わせる》affibbiare / assestare / sferrare] un pugno (a qlcu.) ¶げんこつの雨を降らせる colpire qlcu. con una gragnola di pugni ¶げんこつを握る stringere il pugno ¶げんこつを振り上げる minacciare (qlcu. con) un pugno

げんごろう 源五郎《昆》ditisco㊚ [複 -schi]

げんこん 現今 oggi; oggigiorno (►いずれも副詞としても用いる) ◇現今の attuale, odierno ¶現今の世界情勢では nell'attuale [nella presente] situazione del mondo

けんこんいってき 乾坤一擲 ¶彼は乾坤一擲の大事業を行った. Ha rischiato tutto in quest'affare.

けんさ 検査 esame㊚, controllo㊚, ispezione㊛;[英] test㊚ [無変];《分析》analisi㊛ [無変] ◇検査する esaminare, controllare; ispezionare ¶検査を受ける sottoporsi ad esame [a controllo] ¶身体検査 visita medica /《警察の》ispezione㊛ personale [corporale] ¶知能検査 test d'intelligenza / prova dell'intelligenza ¶適性検査 esame attitudinale ¶抜き取り検査 ispezione per campioni ¶「検査済」《表示》"Visto" / "Approvato" / "O.K."
✤検査官 controllore㊚, ispettore㊚ [㊛ -trice], esaminatore㊚ [㊛ -trice];《会計の》revisore㊚ (dei conti)

けんざい 建材 materiali㊚複 da costruzione

けんざい 顕在 ◇顕在的（な）evidente, lampante, manifesto ◇顕在する esistere㊀ [es] chiaramente, essere tangibile [chiaro] ¶顕在する事実 un fatto di palpabile evidenza

けんざい 健在 ¶お父上はご健在ですか. Suo padre sta bene?

げんさい 減債 estinzione㊛ parziale di un debito
✤減債基金 fondo㊚ d'ammortamento

げんざい 原罪《カト》peccato㊚ originale

げんざい 現在 **1**《今》ora, adesso ◇現在の presente, odierno, di oggi, attuale, contemporaneo ◇現在の (のところで) は attualmente, oggi, ora;《この状況で》nella presente situazione;《この段階で》per il momento, al punto in cui siamo ¶現在まで fino ad oggi; finora; fino all'epoca attuale ¶現在の状態では nella presente situazione ¶地図上で現在地を示す indicare sulla pianta dove ci si trova ¶新たな法律が施行された現在では… Ora che la nuova legge è entrata in vigore... ¶現在のところは順調だ. Finora non ci sono problemi. ¶登録者数は 4 月 30 日現在で 300 人だ. Alla data del 30 aprile il numero degli iscritti ammontava a 300. ¶現在でも無医村がある. Ancora oggi vi sono (dei) villaggi senza un medico. ¶「お掛けになった電話番号は現在使われておりません」"Il numero di telefono selezionato non è attivo"
2《文法》tempo㊚ presente ¶直説法[接続法]現在 indicativo [congiuntivo] presente / tempo presente del modo indicativo [congiuntivo]
現在形《文法》forma㊛ presente
現在高 quantità㊛ attuale [esistente]
現在取引《商》accordo㊚ di riacquisto
現在分詞《文法》participio㊚ [複 -i] presente

げんざいりょう 原材料《生産のもととなる材料》

materie㊛《複》prime
げんさきとりひき 現先取引 《商》accordo㊚ di riacquisto
けんさく 研削 《機》molatura㊛; rettifica㊛, rettificatura㊛; arrotatura㊛
けんさく 検索 consultazione㊛;《コンピュータ》ricerca㊛ ◇ 検索する consultare;《コンピュータ》ricercare ¶索引で検索する cercare (*ql.co.*) nell'indice / consultare l'indice
❖**検索エンジン**《コンピュータ》motore㊚ di ricerca
検索ソフト《コンピュータ》programm*a*㊚ [複 *-i*] di ricerca
げんさく 原作 opera㊛ da cui è tratto un film, fumetto ecc.; opera㊛ originale, originale㊚ ¶この映画の原作は『源氏物語』だ。Questo film è「tratto da [un adattamento de]"La storia di Genji".
❖**原作者** autore㊚ [㊛ *-trice*] dell'opera da cui è tratto il film, il fumetto ecc.
げんさくどうぶつ 原索動物 《生》protocordati㊚ [複]
けんさつ 検札 controllo㊚ dei biglietti ¶「検札です」"I biglietti (signori), per favore." / "Favoriscano i biglietti!"
けんさつ 賢察 ¶苦境をご賢察ください。La prego di considerare la mia difficile posizione.
けんさつかん 検察官 giudice㊚ istruttore, procura*tore*㊚ [㊛ *-trice*];(総称) pubblico ministero㊚
けんさつちょう 検察庁 Procura㊛
けんさん 研鑽 ¶研鑽を積む applicarsi con diligenza e costanza alla *propria* ricerca
けんさん 検算 calcolo㊚ di verifica ◇ 検算する verificare un conto
げんさん 減産 diminuzione㊛ [(計画的な) riduzione㊛] della produzione ¶自動車の生産を５％減産する ridurre la produzione di autovetture del cinque per cento
げんさんち 原産地 luogo㊚ [複 *-ghi*] [zona㊛] d'origine, luogo㊚ di provenienza; habitat [tat]㊚ [無変] ¶トマトの原産地は南米である。Il pomodoro è venuto dal Sudamerica [è di origine sudamericana].
❖**原産地証明**《商》certificato㊚ d'origine
原産地統制保証名称(ワインの) Denominazione㊛ d'Origine Controllata e Garantita;(略) D.O.C.G. [dokdʒí, diottʃiddʒí]㊛
原産地統制名称(ワインの) Denominazione㊛ di Origine Controllata;(略) D.O.C. [dok]㊛
けんし 犬歯 dente㊚ canino
けんし 剣士 spadaccino㊚
けんし 検死・検屍 autopsia㊛, esame㊚ necroscopico [複 *-ci*] ◇ 検死する eseguire l'autopsia
❖**検死官** medico㊚ [複 *-ci*] legale
けんし 絹糸 filo㊚ di seta
けんじ 堅持 ¶憲法の原則を堅持する attenersi ai [difendere i] principi della Costituzione ¶伝統を堅持する essere fedele alle tradizioni / perseverare nelle tradizioni
けんじ 検事 procura*tore*㊚ [㊛ *-trice*];(総称) pubblico ministero㊚;(略) P.M.㊚
❖**検事局** procura㊛

検事総長 procura*tore*㊚ [㊛ *-trice*] generale
けんじ 献辞 ¶本に献辞を書く scrivere la dedica su un libro
けんじ 顕示 (顕現) manifestazione㊛ ◇ 顕示する mostrare *ql.co.* ¶自己顕示欲が強い volere 「farsi notare [mettersi in vista]
げんし 原子 《物》atomo㊚ ◇ 原子の atomico [複 *-ci*]
❖**原子雨** pioggia㊛ [複 *-ge*] radioattiva
原子価 valenza㊛ atomica, valore㊚ atomico
原子核 nucleo㊚ atomico
原子核工学 nucleonica㊛
原子核反応 reazione㊛ nucleare [atomica]
原子記号 sigla㊛ atomica
原子雲 (きのこ雲) fungo㊚ [複 *-ghi*] atomico
原子時代 era㊛ atomica
原子熱 calore㊚ atomico
原子燃料 combustibile㊚ nucleare
原子爆弾 bomba㊛ atomica [A / nucleare]
原子爆発 esplosione㊛ atomica
原子番号 numero㊚ atomico
原子物理学 fisica㊛ atomica [nucleare]
原子物理学者 fisico㊚ [㊛ *-ca*; 複 *-ci*] nucleare
原子量 peso㊚ atomico
原子力 一つ見出し語参照
原子炉 reattore㊚ nucleare;《実験用》pila㊛ atomica
原子論 atomismo㊚
げんし 原始 ◇ 原始的 primitivo, primordiale ¶原始的な方法で con metodi primitivi
❖**原始芸術** arte㊛ primitiva
原始細胞 《生》cellula㊛ primordiale
原始時代 era㊛ [epoca㊛] primitiva, tempi㊚ [複] primitivi
原始状態 stato㊚ di natura, stato㊚ originale
原始人 uomo㊚ [複 *uomini*] primitivo
原始生活 vita㊛ primitiva
原始林 foresta㊛ vergine [inesplorata]
げんし 減資 riduzione㊛ del capitale
げんじ 言辞 espressione㊛ ¶無礼な言辞を弄する usare espressioni impertinenti [scortesi]
けんしき 見識 **1**(認識, 知識) conoscenza㊛;《判断》giudizio㊚ [複 *-i*], discernimento㊚;《見解》vedute㊛ [複], opinione㊛ ¶見識のある人 persona coscienziosa [accorta / ponderata / sagace] / uomo di larghe vedute ¶それも一つの見識だね。Anche questa è un'idea!
2《気位, 見栄》¶彼は見識張っている。Si dà delle arie. / Finge di essere un intenditore.
けんじつ 堅実 ◇ 堅実な (確実な) sicuro, solido;(安定した) stabile ¶堅実な投資 investimento sicuro [solido] ¶堅実な方法で con metodi sicuri ¶堅実な職業 mestiere stabile ¶堅実な意見をもっている avere delle idee solide

げんじつ 現実 realtà㊛;《事 実》fatto㊚ (reale) ◇ 現実の [的] pratico [複 *-ci*] ◇ 現実(的)に realmente, in realtà, effettivamente ¶現実的な措置をとる prendere un provvedimento aderente alla realtà ¶理想と現実を混同する confondere gli ideali con la realtà ¶恐れていたことが現実になった。Quello che temevo si è avverato. ¶私は現実の壁に突き当たった。Mi sono scontrato

col muro della realtà. ¶君の提案は現実問題として不可能だ. La tua proposta [è irrealizzabile [è utopistica]. ¶私は現実的な人間だ. Io sono un uomo pratico. ¶これは現実に起きた事件である. Questo è un fatto realmente accaduto.
❖**現実化** realizzazione㊛, attuazione㊛ ◇**現実化する**《他のものを》realizzare;《自らが》realizzarsi
現実主義 realismo㊚
現実主義者 realista㊚㊛ [㊛複 -i]
現実逃避 evasione㊛ dalla realtà

げんじてん 現時点 ¶現時点で a questo punto / in questo momento / adesso / ora ¶現時点の情勢 l'attuale situazione

けんじゃ 賢者 saggio㊚ [㊛ -gia] ㊛複 -gi], sapiente㊚㊛

げんしゅ 元首 《君主》sovrano㊚ [㊛ -a];《大統領など》Capo di Stato

げんしゅ 原酒 《ウイスキーの》whisky㊚ [無変] non mescolato;《日本酒の》sakè㊚ [無変] grezzo [non raffinato]

げんしゅ 原種 《改良種に対して》prototipo㊚

げんしゅ 厳守 rispetto㊚ rigoroso [stretto];《遵守》osservazione㊛ rigorosa ◇**厳守する** osservare [seguire / rispettare] ql.co. rigorosamente [scrupolosamente / esattamente / strettamente] ¶時間厳守 puntualità ¶期限厳守 termine tassativo ¶時間を厳守する essere puntuale ¶…の秘密を厳守する conservare il massimo segreto su ql.co. / tenere scrupolosamente segreto ql.co. (► segretoは目的語の性・数に合わせて語尾変化する) ¶約束を厳守する mantenere fedelmente una promessa

けんしゅう 研修 addestramento㊚;《実習, 見習い》pratica㊛, tirocinio㊚ [複 -i], apprendistato㊚ ¶この夏はイタリアに語学研修に行く. Questa estate andrò in Italia per seguire un corso d'italiano.
❖**研修会** corso di aggiornamento
研修所 《会社などの》centro㊚ di addestramento [di formazione] professionale
研修生 tirocinante㊚㊛, apprendista㊚㊛ [㊚複 -i];《見習い》praticante㊚㊛

けんじゅう 拳銃 pistola㊛;《連発銃》rivoltella㊛;《英》revolver [revólver] [無変];《自動拳銃》pistola㊛ automatica;《コルト》colt㊚ [無変] ¶六連発銃 rivoltella a 6 colpi ¶拳銃を向ける puntare la pistola 《に contro》¶拳銃を撃つ sparare un colpo di pistola

げんしゅう 減収 《収入の》diminuzione㊛ del reddito;《生産高の》diminuzione㊛ della produzione [del raccolto] ¶今年は平年より10%の減収となった. Quest'anno si è avuta una diminuzione [si è avuto un calo] del raccolto del 10 per cento rispetto alle annate ordinarie.

げんじゅう 厳重 severo, rigoroso, stretto, formale ◇**厳重に** severamente, rigorosamente, strettamente, formalmente ¶厳重に抗議する protestare energicamente [vivamente] 《に contro》 ¶厳重な警戒網を敷く stendere un fitto cordone ¶空港は厳重に警戒されていた. L'aeroporto era sotto stretto controllo.

げんじゅうしょ 現住所 domicilio㊚ [複 -i] [indirizzo㊚] attuale, residenza㊛

げんじゅうみん 原住民 indigeno㊚ [㊛ -a], aborigeno㊚ [㊛ -a]; popolazione㊛ indigena

けんじゅがくは 犬儒学派 cinici㊚[複]

けんしゅく 厳粛 ◇**厳粛な** solenne, dignitoso ◇**厳粛に** in forma solenne ¶厳粛な調子で in tono solenne ¶厳粛な態度 atteggiamento dignitoso [solenne]

けんじゅしゅぎ 犬儒主義 cinismo㊚

けんしゅつ 検出 rivelazione㊛ ◇**検出する** scoprire, riscontrare, rintracciare, rivelare, individuare, isolare ¶ウイスキーの中から毒物が検出された. Sono state scoperte delle tracce di veleno nel whisky.
❖**検出器** 《電子》rivelatore㊚, demodulatore㊚

けんじゅつ 剣術 arte㊛ del combattimento con la spada

げんしゅつ 現出 apparizione㊛ ◇**現出する**《現れる》apparire㊚ [es], comparire㊚ [es];《浮かび上がる》emergere㊚ [es];《発生する》sorgere㊚ [es];《姿を見せる》farsi vedere; manifestarsi;《他のものを現す》rivelare ql.co., far apparire ql.co. ¶黄金時代を現出する costruire un'epoca d'oro

げんしょ 原初 origine㊛, principio㊚ [複 -i], inizio㊚ [複 -i];《出発点》punto㊚ di partenza ◇**原初の** originale, primitivo, primo ¶歴史の原初 origine della storia ¶原初の地球には生命はなかった. All'origine, sulla terra non c'era alcuna forma di vita.
❖**原初期** fase㊛ primitiva
原初形態 forma㊛ primitiva

げんしょ 原書 originale㊚, testo㊚ originale ¶モンターレを原書で読む leggere Montale nell'originale

けんしょう 肩章 spalline㊛ [複]

けんしょう 健勝 ¶ご健勝を祈ります. Le auguro di stare bene. / Mi auguro che lei stia bene.

けんしょう 検証 《確認, 証明》constatazione㊛, accertamento㊚;《身元の確認など》identificazione㊛;《現場検証》sopralluogo㊚ [複 -ghi]; ispezione㊛;《哲》verifica㊛ ◇**検証する** constatare, accertare; identificare; verificare; ispezionare ¶現場検証が行われた. È stato eseguito un sopralluogo.

けんしょう 憲章 Statuto㊚, Carta㊛;《イギリスの大憲章マグナカルタ》la Magna Carta [Charta]㊛ ¶国際連合憲章 Carta delle Nazioni Unite ¶児童憲章 Statuto per la Protezione dell'Infanzia ¶大西洋憲章 Carta Atlantica ¶労働憲章 Statuto dei Lavoratori

けんしょう 顕彰 ¶善行を顕彰する elogiare [onorare] qlcu. pubblicamente per le sue buone azioni

けんしょう 懸賞 premio㊚ [複 -i] ¶懸賞つきの販売促進 vendita promozionale a premi ¶この犯人の首にかけられた懸賞は2000ドルである. Sul capo di questo bandito pende una taglia di duemila dollari.
❖**懸賞金** 《品》premio㊚; borsa㊛
懸賞小説 ¶彼は懸賞小説に当選した. Ha vinto il premio della [per la] narrativa.

懸賞当選者 vincitore㊚ [㊛ -trice] del concorso a premi

懸賞募集 ◇懸賞募集する indire un concorso a premi, mettere in palio premi in un concorso

けんじょう 献上 《〈人〉に〈物〉を献上する offrire ql.co. in onore di qlcu.

けんじょう 謙譲 modestia㊛, umiltà㊛, deferenza㊛ ¶謙譲の美徳を備えている agire con modestia / essere umile [modesto]
✤**謙譲語**《文法》forma㊛ umile

げんしょう 現象 fenomeno㊚ ¶一時的な現象 fenomeno passeggero [momentaneo] ¶経済[自然]現象 fenomeno economico [naturale]
✤**現象界** mondo㊚ fenomenico
現象学 fenomenologia㊛ [複 -gie]
現象論 fenomenismo㊚

げんしょう 減少 riduzione㊛, diminuzione㊛, decremento㊚;《低下》calo㊚, ribasso㊚;《速度の》rallentamento㊚ ◇減少する《他のものを》diminuire, ridurre, ribassare, abbassare;《自らが》diminuire㊐ [es], ribassare㊐ [es], ridursi; abbassarsi, decrescere㊐ [es] ¶出費の減少 diminuzione della spesa ¶30％ [30％に] 減少する diminuire del [al] trenta per cento ¶大幅に [わずかに] 減少する diminuire notevolmente [leggermente] ¶速度を減少する ridurre la velocità ¶人口は減少するどころか増えている. La popolazione aumenta invece di decrescere.

げんじょう 原状 stato㊚ originale [iniziale / origin*ario* [複 -*i*]] ¶破壊された町を原状に復する ripristinare la città distrutta

げんじょう 現状 stato㊚ attuale, situazione㊛ attuale;〔ラ〕statu(s) quo㊚ [無変] ¶現状を維持 [打破] する mantenere [sovvertire] lo statu(s) quo ¶現状では不可能だ. Nello stato attuale [In realtà / Così come stanno le cose] è impossibile. ¶国民は現状に満足している. Il popolo è soddisfatto della presente situazione.

けんしょうえん 腱鞘炎《医》tendovaginite㊛
けんじょうしゃ 健常者 persona㊛ sana

けんしょく 兼職 ¶医者と弁護士を兼職している. Oltre al medico, fa anche l'avvocato come doppio lavoro.

けんしょく 顕色《化》sviluppo㊚
✤**顕色剤** rivelatore㊚

げんしょく 原色 **1**《基本色》colore fondamentale;《派手な色》colore㊚ brillante ¶三原色 i tre colori fondamentali **2**《元の色》colore㊚ originale
✤**原色版** eliotipia㊛

げんしょく 現職 **1**《現在の職》occupazione㊛ attuale ¶彼は現職にとどまった. Ha conservato il posto attuale. **2** →現役 1

げんしょく 減食 riduzione㊛ del numero e/o del quantitativo dei pasti

げんしりょく 原子力 energia㊛ nucleare [atomica] ¶原子力の平和利用 utilizzazione pacifica dell'energia atomica
✤**原子力空母** portaerei㊛ [無変] atomica [a propulsione nucleare]
原子力研究所 centro㊚ di studi nucleari
原子力工学 ingegneria㊛ nucleare
原子力船 nave㊛ a propulsione nucleare
原子力潜水艦 sottomarino㊚ atomico [a propulsione nucleare]
原子力発電 produzione㊛ d'energia elettrica d'origine atomica (◆イタリアでは1987年に廃止)
原子力発電所 centrale㊛ nucleare [elettronucleare]
原子力ロケット razzo㊚ nucleare [atomico]

けんじる 献じる《著書などを》dedicare ql.co. a qlcu. ¶この著書を長年にわたり私を助けてくれた妻に献じる. Dedico questo libro a mia moglie per il suo costante aiuto.

げんじる 減じる **1**《減る》diminuire㊐ [es], decrescere㊐ [es] **2**《減らす》diminuire, ridurre, attenuare

けんしん 検針 lettura㊛ del contatore ¶電気の検針をする leggere il contatore della luce

けんしん 検診 esame㊚ [controllo] medico [複 -ci], visita㊛ medica ¶集団検診 esami medici di massa ¶彼は定期的に検診を受けている. Si sottopone a (dei) controlli periodici.

けんしん 献身 devozione㊛, dedizione㊛;《犠牲的》abnegazione㊛, sacrificio㊚ [複 -ci] ◇献身的(な)devoto, disinteressato ◇献身的に con dedizione; con abnegazione ◇献身する dedicarsi [votarsi / consacrarsi] 《(に) a》; sacrificarsi《(に) per》; servire fedelmente ¶彼は妻の献身的な看病のおかげで回復した. È guarito grazie all'assistenza devota della moglie.

けんじん 賢人 sagg*io*㊚ [㊛ -*gia*; ㊚複 -*gi*; ㊛複 -*ge*], sapiente㊚ ¶東方の三賢人《聖》i tre Re Magi

げんしん 原審《原裁判》causa㊛ originaria;《原判決》verdetto㊚ origin*ario* [複 -*i*];《原裁判所》corte㊛ che ha emesso il verdetto originario ¶原審を破棄する rovesciare il verdetto originario
✤**原審差戻し** ordine㊚ di rinvio alla corte che ha emesso il primo verdetto

げんじん 原人 uomo㊚ [複 *uomini*] primitivo ¶北京原人 sinantropo /〔ラ〕homo pekinensis

けんしんれい 堅信礼《カト》Confermazione㊛, Cresima㊛ ¶堅信礼を授ける fare la Cresima ¶堅信礼を受ける essere cresimato / ricevere la Cresima

げんず 原図 disegno㊚ originale

けんすい 懸垂《鉄棒の》懸垂をする sollevarsi sulle braccia alla sbarra

げんすい 元帥《陸軍》maresciallo㊚;《海軍》grand'ammiraglio㊚ [複 *grandi ammiragli*]

げんすい 減水 ¶半分に減水した. Il livello dell'acqua è sceso della metà. ¶この川は夏場に非常に減水する. Questo fiume d'estate「va in magra [si abbassa notevolmente].

げんすい 減衰 smorzamento㊚, attenuazione㊛
✤**減衰曲線** curva㊛ di smorzamento

げんすいばく 原水爆 bomba㊛ atomica e bomba㊛「all'idrogeno [H]
✤**原水爆禁止運動** movimento㊚ per l'abolizione delle armi atomiche e all'idrogeno
原水爆禁止世界大会 Conferenza㊛ Mondiale contro le Bombe Atomica e H

けんすう 件数 ¶交通事故の件数が減った. I

numeri degli incidenti stradali sono diminuiti.

げんすう 減数 《数》sottraendo㊚
❖**減数分裂** 《生》meiosi㊛[無変]

げんすん 原寸 ¶原寸大の肖像 ritratto a grandezza naturale
❖**原寸模型** 《機・工》simulacro;〔英〕mockup㊚[無変]

げんせ 現世 questo (basso) mondo㊚; questa vita㊛; vita㊛ su questa terra

けんせい 牽制 ◇**牽制する** frenare qlcu., impedire a qlcu. di +下定詞, trattenere qlcu.;《軍》operare una diversione
❖**牽制球** 〔英〕pickoff㊚[無変] ¶投手は一塁に牽制球を投げた。Il lanciatore ha effettuato un pickoff sulla prima base.
牽制攻撃 ¶敵を側面から牽制攻撃する effettuare un attacco diversivo sul fianco del nemico
牽制政策 ¶米国はその国に対して牽制政策をとった。Gli Stati Uniti hanno adoperato una politica di contenimento verso quel paese.

けんせい 権勢 potere㊚, potenza㊛, autorità㊛, influenza㊛ ¶権勢を振るう esercitare il *proprio* potere [la *propria* autorità](に su)/ spadroneggiare㊚(に su)
❖**権勢欲** ¶彼は権勢欲のとりこである。È dominato dalla sete di potere.

けんせい 憲政 governo㊚ costituzionale ¶憲政を敷く fondare un governo costituzionale
❖**憲政擁護運動** campagna㊛ per la difesa del governo costituzionale

げんせい 厳正 《公平》imparzialità㊛;《厳格》rigore㊚;《正義》giustizia㊛ ◇**厳正な** imparziale, giusto; rigoroso, severo, scrupoloso, stretto, rigido ¶厳正な判断を下す dare un giudizio equo [sereno / giusto] ¶厳正な批判を行う fare una critica imparziale e rigorosa
❖**厳正中立** stretta [assoluta] neutralità㊛

げんぜい 減税 riduzione㊛ delle imposte [delle tasse], sgravio㊚[複 -i] fiscale ◇**減税する** diminuire [alleggerire] le tasse ¶大幅減税が行われた。È stata attuata una forte riduzione delle tasse.

げんせいだい 原生代 algonchiano㊚
げんせいどうぶつ 原生動物 protozoo㊚
げんせいりん 原生林 foresta㊛ primaria [vergine]

けんせき 譴責 ammonizione㊛
❖**譴責処分** nota㊛ di biasimo ¶<人>を譴責処分にする inviare una nota di biasimo a qlcu.(のために per) ¶譴責処分を受ける ricevere un'ammonizione ufficiale

げんせき 原石 《鉱》minerale㊚

けんせきうん 巻積雲・絹積雲 《気》cirrocumulo㊚

けんせつ 建設 costruzione㊛;《建物の》edificazione㊛;《記念碑などの》erezione㊛;《建設技術も含め》edilizia㊛;《国家などの》fondazione㊛, creazione㊛ ◇**建設的(な)** costruttivo ◇**建設する** costruire; edificare; fondare; erigere ¶建設的な意見 opinioni costruttive [edificanti] ¶非建設的な non costruttiva / distruttiva ¶学校を建設する edificare una scuola ¶平和国家を建設する creare una nazione pacifica / stabilire la pace nella nazione ¶建設中である essere in costruzione
❖**建設会社** impresa㊛ di costruzioni, impresa㊛ edile
建設技術 edilizia㊛
建設業者 costrut*tore*㊚[㊛ -*trice*] edile
建設現場 cantiere㊚
建設費 spese㊛[複] di costruzione
建設用地 terreno㊚ [area㊛] edificabile
建設労働者 operaio㊚[㊛ -ia;㊚複 -i] edile

けんぜん 健全 ◇**健全な** sano;《堅実な、安定した》solido ¶健全な読み物 lettura sana ¶健全な娯楽 divertimento sano ¶健全な社会 società solida [sana] ¶財政の健全な会社 azienda finanziariamente solida [sicura / stabile] ¶健全な精神は健全な肉体に宿る。《諺》〔ラ〕"Mens sana in corpore sano."
❖**健全化** risanamento㊚ ¶財政の健全化 risanamento delle finanze

げんせん 源泉 **1** 《水源》acqua㊛ sorgiva, polla㊛, sorgente㊛, fonte㊛; zampillo㊚ **2** 《物事の発する源》origine㊛, causa㊛, principio㊚[複 -i], radice㊛;《根拠、動機》movente㊚ ¶知識の源泉 fonte di conoscenza ¶彼の音楽の源泉は尽きてしまった。Si è esaurita la sua vena musicale.
❖**源泉課税** tassazione㊛ all'origine [alla fonte], ritenuta㊛ alla fonte
源泉徴収票 cartella㊛ della ritenuta sulle tasse
源泉分離課税 《経》ritenuta㊛ separata alla fonte

げんせん 厳選 selezione㊛ accurata, vaglio㊚[複 -*gli*] rigoroso ◇**厳選する** selezionare accuratamente, vagliare rigorosamente ¶厳選の結果 dopo severa selezione ¶この店の品はすべて厳選されている。La merce di questo negozio 「è tutta di prima scelta [è selezionata con la massima cura].

げんぜん 現前 《哲》presenza㊛ ◇**現前する** apparire㉓[*es*] davanti ai nostri occhi

げんぜん 厳然 ◇**厳然たる** solenne, imponente, austero; grave;《厳しい》duro, severo ◇**厳然と solennemente**; con risolutezza; gravemente ¶厳然たる態度をとる prendere un atteggiamento deciso [risoluto / fermo e grave] ¶厳然たる事実 fatto innegabile [incontestabile / indiscutibile] / realtà dura [severa]

けんそ 険阻 ◇**険阻な** aspro, impervio [複 -i], scosceso, ripido, erto, dirupato

げんそ 元素 elemento㊚ (chimico [複 -ci])
❖**元素記号** simbolo㊚ chimico
元素分析 analisi㊛[無変] elementare

けんそう 喧噪 ¶都会の喧噪から逃れる fuggire dai rumori assordanti della città ¶町は喧噪を極めていた。Nella città il chiasso [la confusione] era al colmo.

けんぞう 建造 《船・建物などの》costruzione㊛;《橋などの》erezione㊛ ◇**建造する** costruire; erigere
❖**建造計画** progetto㊚ di costruzione
建造能力 capacità㊛ costruttiva
建造物 edificio㊚[複 -ci], costruzione㊛, fabbri-

cato男
げんそう 幻想 《空想》fantaşia女;《幻覚, 幻》illuşione女;《夢・想》sogno男, vişione女;《架空の夢》chimera女 ◇ 幻想的な fantaştico [男複 -ci]; illuşorio [男複 -i]; sognante; vişionario [男複 -i] ¶幻想を抱く farsi [avere] delle illusioni / accarezzare un sogno / illudersi ¶幻想にひたる perdersi in [vivere] un dolce sogno
❖幻想曲 《音》fantaşia女
幻想文学 letteratura女 fantastica; letteratura女 onirica
げんそう 舷窓 oblò男
げんぞう 現像《写》şviluppo男 ◇現像する şviluppare ql.co. ¶フィルムを現像に出す far şviluppare una pellicola in un negozio specializzato
❖現像液 rivelatore男, şviluppatore男
現像過度 sovraşviluppo男

現像皿 vasca女 di şviluppo
現像所 laboratorio男 [複 -i] fotografico [複 -ci];《暗室》camera女 oscura
げんそううん 巻層雲・絹層雲《気》cirrostrato男
げんそく 原則 principio男 [複 -i], regola女 fondamentale [generale] ¶私は原則として夜は外出しない。 Di regola non esco la [di] sera. ¶これは原則に関わる問題だ。 È questione di principio. ¶原則として申し込み金はお返ししません。 Di norma non restituiamo i soldi dell'iscrizione. ¶原則的には君は正しい。 In linea di principio [In linea di massima] hai ragione.
げんそく 舷側 《船》murata女, fianco男 [複 -chi], bordo男
げんそく 減速 rallentamento男, decelerazio-

《 用 語 集 》 建築 Architettura

種類 Tipologia
アパート appartamento男. 一戸建て casa unifamiliare [işolata]. 高層住宅, ビル palazzo男. 集合住宅 edificio男 residenziale [d'appartamenti]. 邸宅 villa女. マンション edificio男 d'appartamenti.

日本の伝統的家屋 Case tradizionali giapponesi
母屋 edificio男 principale, ala女 principale di un edificio o di un complesso residenziale. かまど fornello男. 格子 grata女, inferriata女. 書院 stanza女 di studio. 書院造 stile男 *shoin* (◆uno stile dell'architettura residenziale giapponese del periodo Muromachi e Momoyama ca. XV-XVI secolo). 灯籠 lanterna女 in pietra, legno, metallo da giardino. 見出し語 図版 長屋 fila女 di case unite da uno stesso tetto. 破風 frontone男. 離れ edificio男 secondario, [仏]dépendence女 [無変]; 離れ 座敷 stanza女 aggiunta, [英]annex男 [無変]; camera女 işolata. 火鉢 braciere男. 屛風 paravento男 a due o più pannelli. 武家屋敷 residenza女 di samurai. 町屋 case女 [複] a schiera in stile giapponese.

住居 Abitazione
雨戸 imposta女 scorrevole. 網戸 porta女 con rete. 板敷き, 板の間 pavimento男 in legno; [仏]parquet男 [無変]. 1階 pianoterra男 [無変], pianterreno男 (中2階 piano rialzato. 2階 primo piano). 居間 soggiorno男. エレベーター ascensore男. 縁側 veranda女. 応接間 salone男, stanza女 per ricevimenti. 押し入れ armadio男 a muro chiuso da porte scorrevoli (*fusuma*). 階段 scala女, scalinata女. 階段の踊り場 pianerottolo男. 貸家 casa女 in affitto; appartamento男 in affitto. 勝手口 entrata女 di servizio, porta女 secondaria. 壁 parete女, muro男; tramezzo男. 鴨居(かもい) architrave男. ガラス戸 porta女 a vetri. 瓦 tegola女. クロゼット guardaroba男 [無変]. 玄関 ingresso男. 格子の門 cancello男, cancellata女. 座敷 salotto男 di stile giapponese. サロン salone男. 敷居 soglia女. 敷地 terreno男 edificabile. 車庫 [仏] garage男 [無変]; autorimessa女. シャッター serranda女. 住宅 casa女, abitazione女; domicilio男. 食堂 sala女 da pranzo, mensa女. 書斎 studio男, biblioteca女 (di casa). 障子 porta女 scorrevole in graticolato di legno. 寝室 camera女 da letto. 洗面所 gabinetto男. 台所 cucina女. ダイニングキッチン cucina女 abitabile. 畳 *tatami*男 [無変], stuoia女 di paglia che costituisce il pavimento delle case giapponesi. 建坪 superficie女 edificata, area女 costruita. 垂木(たるき) travicello男 obliquo del tetto. 違い棚 scaffale男 asimmetrico posto ai lati del *tokonoma*. 茶の間 soggiorno男, sala女. 賃貸契約書 contratto男 di locazione. 賃借料 affitto男. 束(つか) monaco男. 手すり corrimano男. テラス terrazza女. 天井 soffitto男. 戸 porta女. とい grondaia女, gocciolatoio男. 扉 porta女 a due ante. 長押 (なげし) trave女 continua. 納戸 ripostiglio男, şgabuzzino男, stanzino男. 日本間 stanza女 arredata in stile giapponese. 庭 giardino男. 軒 gronda女. 軒じゃばら cornicione男. 柱 colonna女. パラペット parapetto男. バルコニー balcone男. ひさし tettoia女. 吹き抜け sala女 「a doppia altezza [a tutta altezza]. 襖 (ふすま) porta女 di carta scorrevole (tra stanza e stanza o di armadio a muro). 風呂場, 浴室 stanza女 da bagno giapponese. 部屋 camera女, stanza女. ベランダ veranda女. 便所 bagno男, gabinetto男. ボイラー scaldabagno男. ポーチ portico男. 塀 muro男, steccato男. 窓 finestra女. 窓台, 窓敷居 davanzale男. 間取り pianta女 di una casa, progetto男 (ワンルーム monolocale男. 2 K bilocale男, bivani男 [無変]. 3 K trilocale男, trivani男 [無変]. 4 K quadrilocale男, quadrivani男 [無変]. 5 K pentalocale男, pentavani男 [無変]. 6 K eşalocale

ne㊍ ◇減速する rallentare, diminuire la velocità, scalare la marcia
✤**減速材** 《原子炉の》moderatore㊚
減速装置 riduttore㊚ (di velocità)
減速比 rapporto㊚ [tasso㊚] di moderazione; 《伝導装置》 rapporto㊚ [tasso㊚] di riduzione
げんぞく 還俗 secolarizzazione㊛ ◇還俗する tornare㊀[es] alla vita secolare; spretarsi
けんそん 謙遜 modestia㊛; umiltà㊛; ritrosia㊛ ◇謙遜する essere modesto [schivo / ritroso / dimesso / riservato]; non mettersi in mostra; tenersi in disparte ◇謙遜して modestamente; con modestia; umilmente ¶ずいぶんご謙遜ですね. Lei è troppo modesto.
げんそん 現存 esistenza㊛ ◇現存の esistente, vivo ◇現存する esistere㊀[es] (attualmente), essere in vita, sussistere㊀[es, av], restare㊀ [es], rimanere㊀[es] ¶現存する建物は 9 世紀のものだ. L'edificio che esiste attualmente è del nono secolo. ¶これは現存する最古の文書だ. Questo è il più antico documento tuttora esistente.
げんそん 厳存 ◇厳存する esistere㊀[es] 「realmente [in realtà / veramente) ¶厳存する事実 dura realtà
けんたい 倦怠 《疲れること》 stanchezza㊛, fatica㊛; 《飽き》 noia㊛, tedio㊚ ¶倦怠を感じる sentirsi stanco [㊚ 複 -chi] [tediato / annoiato] / provare disgusto
✤**倦怠感** 《医》 倦怠感がある avere un senso di stanchezza [di pesantezza]
倦怠期 《結婚生活の》periodo㊚ di stanchezza [di insofferenza], fase㊛ di stanca
けんだい 見台 《書見台》 leggio㊚[複 -gii]

㊚, esavani㊚[無変]. キッチンとバス・トイレ servizi㊚ [複]. キッチン＋2 バスルーム doppiservizi㊚ [複] 棟木(ﾑﾈｷﾞ) trave㊚ di colmo. 物置 ripostiglio㊚, soffitta㊛, magazzino㊚, cantina㊛. 門 portone㊚ d'ingresso, cancello㊚, 《寺院などの》portale㊚. 屋根 tetto㊚, copertura㊛. 屋根裏 soffitta㊛, soppalco㊚, sottotetto㊚. 屋根裏部屋 mansarda㊛. 床 pavimento㊚. 欄間(ﾗﾝﾏ) sopraporta㊛, soproporta㊛. リビングルーム salotto㊚. 廊下 corridoio㊚.

構法 Costruzione, 技術 Tecnica, 設計 Progetto
アスファルト asfalto㊚. 入母屋(ｲﾘﾓﾔ) tetto㊚ a spioventi. 改築 ricostruzione㊛. 改造 ristrutturazione㊛. 飾り decorazione㊛, ornamento㊚, addobbo㊚. 《屋根の》合掌 puntone㊚. 壁造り muratura㊛. 茅葺き tetto㊚ composto da graminacee. 瓦屋根 tetto a tegole. 切妻 tetto a due spioventi. 草葺き tetto ricoperto di erba. 蹴込(ｹｺﾐ)み板 alzata㊛. 建設 [建築] 現場 cantiere㊚. 建築家 architetto㊚ [㊛ -a] (►女性を指すときも通常 architetto を使う). 構造 struttura㊛. 鋼鉄 acciaio㊚. 小屋組み capriata㊛. コンクリート calcestruzzo㊚. 左官 imbianchino㊚, intonacatore㊚, stuccatore㊚. 仕上げ rifinitura㊛. 漆喰(ｼｯｸｲ) intonaco㊚, stucco㊚. 縮尺 scala㊛ metrica. 正面 facciata㊛. 正面図 prospetto㊚. 設計 progettazione㊛, progetto㊚. 測量 rilievo㊚. 大工 carpentiere㊚. 耐震構造 struttura㊛ antisismica. タイル piastrella㊛, mattonella㊛. 建具師(ﾀﾃｸﾞｼ) falegname㊚. 段, 踏み段 gradino㊚. 継ぎ手, 継ぎ目 giunto㊚. 鉄筋コンクリート cemento㊚ armato. 土壁 parete㊛ di terra. ニッチ nicchia㊛. 梁(ﾊﾘ) trave㊚ (小梁 travetto㊚, travicello㊚). プレハブ edificio㊚ prefabbricato. プロジェクト progetto㊚. 平面図 pianta㊛, planimetria㊛. 木造 costruzione in legno. モルタル malta㊛. 寄せ棟 tetto㊚ a quattro spioventi. 立面図 alzato㊚, prospetto㊚. リブ nervatura㊛. れんが mattone㊚. 陸(ﾛｸ)屋根 tetto㊚ 「a terrazzo [piano].

都市計画 Urbanistica
アーケード portico㊚, galleria㊛ di negozi. 石畳 lastricato㊚. 違法建築 abusivismo㊚, edificio abusivo. 違法居住 《スコダー》abitazione㊛ abusiva. インフラストラクチャー infrastruttura㊛. 環状道路 circonvallazione㊛, raccordo㊚ anulare. 記念物 monumento㊚. 居住性 abitabilità㊛. 近郊地区 sobborgo㊚. 区域 quartiere㊚. 区画 lotto㊚. 区画整理 lottizzazione㊛. 郊外 periferia㊛. 高速道路 autostrada㊛. 住宅金融公庫 Ente㊚ Nazionale di Credito per le Abitazioni Private. 住宅団地 quartiere㊚ [zona㊛] residenziale. 住宅公団《イタリアで》Istituto㊚ Autonomo (per le) Case Popolari; 《略》IACP; 《日本住宅都市整備公団》 Cooperativa㊛ per le Case Popolari e lo Sviluppo Urbano; 《略》《英》HUDC. 住宅難 problema㊚ degli alloggi, crisi㊛[無変] della casa. 新開地 borgata㊛. ゾーニング piano㊚ di zona; 《英》zoning㊚[無変]. 大都市 metropoli㊛[無変]. 地域計画 piano㊚ territoriale di coordinamento. 地下鉄 metropolitana㊛. 地下道 sottopassaggio㊚. 地区 rione㊚. 地区詳細計画 piano㊚ particolareggiato. 駐車場 parcheggio㊚, posteggio㊚. 辻(ﾂｼﾞ) incrocio㊚ stradale. 通り via㊛, strada㊛. 都市 città㊛. 都市化 urbanizzazione㊛. 都市基本計画 piano㊚ regolatore generale; 《略》PRG. 都市組織 tessuto㊚ urbano. 都心部 centro㊚《歴史的都心部 centro㊚ storico). 土地・建物の強制収用 espropriazione㊛. 取り壊し demolizione㊛. バイパス tangenziale㊛. 陸橋 ponte㊚. 風景計画 piano㊚ paesaggistico [paesistico]. 不動産登記台帳 catasto㊚. ベッドタウン città㊛ dormitorio [無変]. 舗装工事 pavimentazione㊛, asfaltatura㊛. 町外れ sobborgo㊚. メガロポリス megalopoli㊛[無変]. 陸橋, 高架橋 viadotto㊚. 陸橋 cavalcavia㊚[無変]. 路地 vicolo㊚, chiasso㊚.

げんたい 減退 diminuzione[女], calo[男]; declino[男]; 《弱くなること》 indebolimento[男]; 《失うこと》 perdita[女] ◇減退する diminuire[自][*es*], calare[自][*es*], scemare[自][*es*]; indebolire[自][*es*], indebolirsi ¶食欲が減退する. L'appetito「viene meno [diminuisce]. / L'appetito passa. ¶視力が減退する. La vista si indebolisce.

げんだい 原題 titolo[男] originale

げんだい 現代 l'epoca[女] presente [contemporanea], il nostro tempo[男], tempi[男][複] attuali ◇現代的[の] moderno, presente, attuale, contemporaneo, odierno ◇現代では attualmente, al giorno d'oggi, oggigiorno, nella nostra epoca ¶現代風に in stile moderno / in maniera attuale ¶現代における宗教の役割 ruolo delle religioni nell'epoca moderna ¶現代に伝わる工芸技術 artigianato artistico trasmesso fino ai giorni nostri

✤**現代音楽** 《20 世紀以降の》 musica[女] moderna; 《第 2 次大戦後の》 musica contemporanea

現代化 rimodernamento[男] ◇現代化する modernizzare, attualizzare

現代科学 scienza[女] moderna

現代語 lingua[女] viva

現代史 storia[女] contemporanea

現代思想 pensiero[男] moderno

現代人 uomo[男][複 *uomini*] d'oggi; persona[女] moderna; 《総称》 i contemporanei[男][複]

現代美術 arte[女] contemporanea

現代文学 letteratura[女] contemporanea

げんたん 原炭 carbone[男] grezzo

げんたん 減反

✤**減反政策** politica[女] di riduzione delle superfici coltivate

けんたんか 健啖家 buona forchetta[女]

けんち 見地 punto[男] di vista ¶経済的見地から dal punto di vista economico / sotto l'aspetto economico / in un'ottica economica ¶さまざまな見地から da vari punti di vista ¶あらゆる見地から da tutti i punti di vista / da ogni lato ¶問題を別の見地からみる esaminare un problema 「da un angolo differente [sotto un'altra luce]

げんち 言質 ¶言質を与える dare la *propria* parola (a *qlcu.*) / fare un giuramento (a *qlcu.*) ¶〈人〉から言質をとる vincolare *qlcu.* con un giuramento

げんち 現地 ◇現地の del posto, locale, del luogo

✤**現地採用** ¶職員を現地採用する reclutare personale sul posto

現地採用者 《事務職の》 impiegat*o*[男][[女] *-a*] locale; 《工場などの》 opera*io*[男][[女] *-ia*; [男]複 *-i*] locale; 《集合的》 manodopera[女] locale

現地時間 ora[女] locale

現地人 indigen*o*[男][[女] *-a*]; aborigen*o*[男][[女] *-a*]; autocton*o*[男][[女] *-a*]

現地調査 indagine[女] sul posto [luogo]

現地報告 ¶戦場からの現地報告 reportage[男][無変] [《テレビニュースなどで》 servi*zio*[男][複 *-i*]] dal fronte

現地法人 〘経〙 società[女] affiliata all'estero

けんちき 検知器 rivelatore[男]

けんちく 建築 《家屋など》 costruzione[女], edilizia[女]; 《建物を企画・実現する技術》 architettura[女] ◇建築する costruire *ql.co.* ◇建築上(の) costruttivo; architetton*ico* [[男]複 *-ci*] ◇建築的に architettonicamente →前ページ [用語集], 家 [図版] ¶鉄筋コンクリート[和風]建築 costruzione in cemento armato [di stile giapponese] ¶高層建築物 grattacielo ¶木造建築物 edificio [costruzione] in legno ¶建築中である È in (corso di) costruzione.

✤**建築家** architett*o*[男][[女] *-a*] (►女性を指す時も通常 architettoを使う)

建築学 architettura[女]

建築基準 norme[女][複] edilizie

建築業者 costrut*tore*[男][[女] *-trice*] edile

建築許可 permesso[男][licenza[女]] di costruzione

建築現場 cantiere[男]

建築工学 ingegneria[女] edile

建築工事 lavori[男][複] di costruzione

建築材料 materiali[男][複]「da costruzione [edilizi]

建築士 ¶1級建築士 architetto di prima categoria (◆イタリアにはない)

建築設計事務所 stud*io*[男][複 *-i*] di architettura

建築費 spese[女][複] [costo[男]] di costruzione

建築様式 stile[男] architettonico ¶ゴシック様式の教会 chiesa gotica →教会 [図版]

げんちゅう 原注 note[女][複] originali

けんちょ 顕著 ◇顕著な《明白な》 evidente, ovv*io* [[男]複 *-i*], lampante, notor*io* [[男]複 *-i*]; 《著しい》 notevole, sensibile, saliente, rilevante ¶顕著な事実 fatto notorio [evidente] / verità ovvia ¶顕著な相違 rilevante [evidente] differenza ¶顕著な特徴 caratteristica saliente / tratti salienti ¶物価の値上がりは顕著だ. Il rialzo dei prezzi è notevole [rilevante].

げんちょ 原著 opera[女] scritta dalla quale sono stati ricavati adattamenti

げんちょう 幻聴 allucinazioni[女][複] uditive ¶幻聴が起こる avere allucinazioni uditive

げんちょしゃ 原著者 au*tore*[男][[女] *-trice*] dell'opera originale

げんつき 原付き 《「原動機付き自転車」の略》 ciclomotore[男], motorino[男] ◇原付きの a motore

けんてい 検定 《資格・能力の》 esame[男] di idoneità [di abilitazione]; 《国家試験》 esame[男] di Stato; 《当局の認定》 autorizzazione[女], approvazione[女] ufficiale ¶この教科書は文科省の検定を通らなかった. Questo libro di testo non è stato approvato dal Ministero della Scienza e della Pubblica Istruzione.

✤**検定試験** esame[男] di abilitazione [di idoneità]

検定制度 ¶資格検定制度 sistem*a*[男][複 *-i*] di abilitazione (professionale) ¶教科書検定制度 sistema di approvazione ufficiale dei libri di testo

けんてい 献呈 dedica[女]; 《無料進呈》 omag*gio*[男][複 *-gi*]; 《贈与》 dono[男], offerta[女] ◇献呈する fare omaggio; offrire, donare ¶〈人〉に自分の著書を献呈する dedicare [dare in omaggio] il *proprio* libro a *qlcu.*

げんてい 限定 《制限》 limite[男], limitazione[女], restrizione[女] ◇限定する limitare ¶参加者

けんでん 喧伝 ◇喧伝する diffondere a gran voce; vociferare ¶世に喧伝される. La voce si sparge tra la gente.

げんてん 原典 originale㊚, testo㊚ originale ¶聖書の原典 testo originale della Bibbia ¶原典に当たる consultare il testo originale

げんてん 原点 **1**《基本点》punto㊚ di partenza [riferimento];《物事の大もと》origine㊛, principio㊚[複 -i] ¶原点に返って考える risalire al punto di partenza / riprendere in considerazione ql.co.「dall'inizio [[ラ] ab ovo] **2**《数》¶座標の原点を通る直線 linea retta che attraversa l'origine delle coordinate

げんてん 減点 ¶私は5点減点された. Mi hanno tolto cinque punti [voti].

けんでんき 検電器 elettroscopio㊚[複 -i];《漏電の》rivelatore㊚ di dispersione

げんど 限度 limite㊚ ¶最大[最少]限度 massimo [minimo] ¶限度を超える superare i limiti [la misura] ¶寄付金の限度は年間最高10万円までとされている. Il limite massimo [Il tetto] del contributo è fissato entro i centomila yen all'anno. ¶何事にも限度がある. C'è un limite a tutto.

けんとう 見当 **1**《推量》¶見当をつける farsi un'idea di ql.co. / supporre / immaginare;《見積もる》stimare / valutare ¶彼の年齢は見当がつかない. Non posso indovinare [immaginare] la sua età. ¶誰がやったのかまったく見当がつかない. Non ho la minima idea di chi l'abbia fatto. ¶見当が外れる《失敗する》fallire lo scopo **2**《方向》¶霧が深くて見当がつかない. La nebbia si è addensata e impedisce di orientarsi. ¶火事は神田の見当だ. L'incendio è dalle parti [in direzione] di Kanda. **3**《だいたいの数量》¶5万円見当はするだろう. Costerà sui cinquantamila yen. ¶40歳見当の女性 donna sulla quarantina

✤見当違い ◇見当違いの inopportuno, non pertinente; fuori luogo ¶彼は見当違いのことを言った. Ha detto una cosa non pertinente.

けんとう 健闘 《よく戦うこと》combattimento㊚ degno di lode;《スポーツで》buona [bella] partita㊛ ◇健闘する combattere facendosi onore, fare una buona battaglia [partita];《一生懸命努力する》sforzarsi (di ql.co.) ¶強豪を相手に健闘する combattere con valore contro un avversario forte ¶健闘及ばず敗れる essere sconfitto nonostante l'impegno dimostrato [l'ottima gara] ¶ご健闘をお祈りします. Buona fortuna.

けんとう 検討 studio㊚[複 -i], esame㊚ ◇検討する studiare, esaminare ¶提案[可否]を詳細に検討する vagliare una proposta [i pro e i contro] ¶犯罪の動機を検討する investigare [esaminare] i motivi del delitto ¶この問題はいま検討中だ. Questo problema è ora allo studio.

けんどう 剣道 kendo㊚; scherma㊛ giapponese ¶剣道の師範[道場] maestro [palestra] di kendo ¶彼は剣道5段の腕前だ. È quinto dan di kendo.

げんとう 舷灯 《船》luce㊛ [fanale㊚] di via
げんとう 厳冬 inverno㊚ rigido
げんどう 言動 ¶言動を慎む misurare gli atti e le parole ¶君の言動はきわめて慎重を欠いている. Il tuo comportamento è molto imprudente.

げんどうき 原動機 《機》motore㊚
けんとうし 剣闘士《史》gladiatore㊚ ◇剣闘士の gladiatorio㊚[複 -i]
けんとうし 遣唐使《史》inviato㊚ [ambasciatore㊚ / delegazione㊛] giapponese in Cina durante la Dinastia Tang

げんどうりょく 原動力 **1**《機械の》forza㊛ motrice **2**《物事の推進力》motivo㊚, spinta㊛ ¶古代への強い好奇心が原動力となって彼はこの研究を行った. Una forte curiosità verso l'antichità lo ha stimolato a fare questa ricerca.

ケントし ケント紙 carta㊛ Kent (spessa e assorbente)

けんどちょうらい 捲土重来 ¶捲土重来を期す raccogliere le forze puntando alla rivincita

けんない 圏内 ¶優勝圏内にある avere buone probabilità di vincere il campionato ¶台風圏内に入る entrare nell'area del tifone ¶この国はイギリスの勢力圏内にある. Questa nazione è nella sfera d'influenza inglese. ¶彼は当選圏内にある. Lui è nella rosa dei probabili eletti.

げんなま 現生 quattrini㊚[複] →現金1
げんなり ◇げんなりする stufarsi, disgustarsi《に di》¶彼の愚痴にはげんなりする. Non ne posso più dei suoi brontolii.

げんに 現に《現実に》realmente, in realtà;《実際に》infatti, difatti, in effetti, effettivamente, veramente, invero, davvero ¶現にそういう習慣が存在している. Quest'usanza esiste realmente. ¶現に私がこの目で見たことだ. L'ho visto proprio con i miei occhi.

げんに 厳に severamente, rigidamente, rigorosamente ¶…を厳に禁ずる proibire ql.co. severamente ¶警戒を厳にする rafforzare la vigilanza / prendere severe misure di sicurezza

けんにょう 検尿 esame㊚ delle urine;《医》uroscopia㊛ ¶検尿する fare l'esame [l'analisi] delle urine, analizzare le urine

けんにん 兼任 ◇兼任する cumulare ¶彼は取締役と販売部長を兼任している. Lui occupa il posto di direttore e quello di capo del settore vendite.

けんにん 現任 ¶現任の研究所長 l'attuale [il presente] direttore dell'istituto

けんのう 献納 donazione㊛ ◇献納する donare, offrire

✤献納者 offerente㊚㊛; donatore㊚[㊛ -trice]
献納品 dono㊚, offerta㊛

けんのう 権能 potere㊚

げんのうやく 減農薬 ¶減農薬野菜 ortaggi coltivati con una quantità ridotta di pesticidi
げんのしょうこ 《植》geranio㊚[複 -i]
けんば 犬馬 ¶私は彼を助けるために犬馬の労を取

った. Ho fatto il possibile per aiutarlo.
けんぱ 検波 〖物〗demodulazione⊚, rivelazione⊚ d'onda
✤**検波管** tubo⊛ rivelatore
検波器 rivelatore⊛ (d'onda), demodulatore⊛
げんば 現場 **1**《犯罪・事故などの》¶私は事故の現場に居合わせた. Mi sono trovato sul luogo dell'incidente. ¶泥棒は現場を押さえられた. Hanno preso un ladro「sul fatto [in flagrante / con le mani nel sacco]. **2**《工事などの》¶工事現場 cantiere⊛ (dei lavori)
✤**現場監督** caposquadra⊛ ⊚〖複 capisquadra; ⊚複 caposquadra〗, capo⊛ cantiere
現場研修 corso⊛ di aggiornamento [《新人の》addestramento] in loco [sul luogo]
現場検証 sopralluogo⊛〖複 -ghi〗
現場中継 trasmissione⊚ in diretta dal luogo「dell'incidente [《犯罪の》del delitto]
現場渡し 〖商〗consegna⊚ sul luogo
げんぱい 減配 《配給量の》riduzione⊚ delle razioni; 《分配金の》diminuzione⊚ [riduzione⊚] dei dividendi ¶2割減配する ridurre le razioni [diminuire i dividendi] del venti per cento
けんばいき 券売機 biglietteria⊚ automatica
けんぱく 建白 ◇建白する fare un esposto [una proposta]
✤**建白書** esposto⊛, memoriale⊛, proposta⊚
げんばく 原爆 bomba⊚ atomica
✤**原爆記念日** Giorno⊛ Commemorativo della Bomba Atomica (◆ Hiroshima: 6 agosto, Nagasaki: 9 agosto)
原爆実験 esperimento⊛ [test⊛] nucleare [atomico〖複 -ci〗]
原爆症 malattia⊚ da radiazioni atomiche
原爆ドーム Cupola⊚ della Bomba Atomica (a Hiroshima)
原爆被爆者 vittima⊚ di un'esplosione atomica
げんばつ 厳罰 severa punizione⊚; duro [crudele] castigo⊛〖複 -ghi〗¶《人》を厳罰に処する punire qlcu. severamente / infliggere a qlcu. un duro castigo
げんぱつせい 原発性 ◇原発性の primario〖複 -i〗
✤**原発性疾病** 〖医〗disturbo⊛ primario
けんばん 鍵盤 〖音〗tastiera⊚ ¶白[黒]鍵盤 tasti bianchi [neri]
✤**鍵盤楽器** strumento⊛ a tastiera
げんぱん 原板 〖写〗negativo⊛, negativa⊚
げんぱん 原版 〖印〗《活字組み版の》forma⊚;《写真製版の》lastra⊚;《複製などの元版》edizione⊚ originale
げんぱんけつ 原判決 〖法〗verdetto⊛ (originario〖複 -i〗)
けんび 兼備 ¶才色兼備の女性 donna dotata sia di spirito che di bellezza / donna bella e intelligente [saggia]
けんびきょう 顕微鏡 microscopio⊛〖複 -i〗◇顕微鏡の microscopico〖複 -ci〗¶1500倍の顕微鏡 microscopio a 1.500 ingrandimenti ¶限外顕微鏡 ultramicroscopio ¶光学[電子 / 位相差]顕微鏡 microscopio ottico [elettronico / a contrasto di fase] ¶偏光顕微鏡 microscopio polarizzante [a luce polarizzata] ¶顕微鏡で細胞を観察する esaminare cellule al microscopio
✤**顕微鏡写真** microfotografia⊚
顕微鏡分析 analisi⊚〖無変〗microscopica
けんびじゅせい 顕微受精 〖医〗microfertilizzazione⊚
けんぴつ 健筆 ¶健筆をふるう scrivere opere di qualità una dietro l'altra ¶彼は健筆家だ. Ha la penna facile. / È un scrittore prolifico.
けんぴん 検品 controllo⊛, collaudo⊛ ◇検品する fare il controllo di ql.co., controllare ql.co., collaudare ql.co.
げんぴん 現品 《現物》merce⊚; articolo⊛ ¶「現品に限り定価の30%引き」《掲示》"Sconto del 30% solo per gli articoli esposti"
✤**現品先渡し** consegna⊚ immediata, pagamento⊛ dopo la consegna
現品引換払い pagamento⊛ alla consegna
けんぶ 剣舞 danza⊚ della spada
げんぶがん 玄武岩 〖鉱〗basalto⊛
げんぷく 元服 antico rito⊛ giapponese che celebrava l'ingresso in società di una persona
けんぶつ 見物 visita⊚ ◇見物する visitare ¶ローマを見物する visitare Roma ¶芝居を見物する andare a teatro ¶高見の見物をする assistere da spettatore / guardare come semplice spettatore
✤**見物席** posti⊛〖複〗(per il pubblico [per gli spettatori]);《競技場などのスタンド》gradinata⊚, gradino⊛, tribuna⊚
見物人 《観光客》turista⊚〖複 -i〗;《展覧会などの》visitatore⊛〖⊚ -trice〗;《劇場・競技場の》spettatore⊛〖⊚ -trice〗;《やじ馬》curioso⊛〖⊚ -a〗
げんぶつ 原物 《模造品に対し》originale⊛
げんぶつ 現物 **1**《実際の物》la cosa stessa, l'oggetto⊛ stesso ¶届いた現物は見本と色が違っていた. L'articolo consegnato aveva un colore diverso da quello del campione. **2**《金銭との対比》merce⊚; articolo⊛; bene⊛; genere⊛ ¶現物で支払う pagare in natura
✤**現物寄付** contributo⊛ in natura
現物給与 salario⊛〖複 -i〗in natura
現物出資 investimento⊛ in natura
現物払い pagamento⊛ in natura
現物渡し consegna⊚ immediata
けんぶん 見聞 《知識》conoscenze⊚〖複〗, cognizioni⊚〖複〗;《経験》esperienze⊚〖複〗¶見聞を広げる allargare [approfondire] le proprie cognizioni [esperienze] ¶彼は見聞が広い. Ha「delle vaste conoscenze [una grande esperienza della vita].
✤**見聞記** memorie⊚〖複〗, diario⊛〖複 -i〗, racconti⊛〖複〗(di viaggio)
けんぶん 検分 esame⊛, ispezione⊚, controllo⊛;《現場検証》sopralluogo⊛〖複 -ghi〗◇検分する esaminare, ispezionare, controllare, verificare ¶事故現場を検分する fare un sopralluogo nel posto dell'incidente ¶下検分する fare [condurre / effettuare] un esame preliminare
げんぶん 原文 testo⊛ (originale) ¶原文どおりの testuale ¶原文どおりに testualmente / let-

teralmente ¶ゴルドーニを原文で読む leggere Goldoni nell'originale ¶原文のまま《校訂用語で「ママ」》〔ラ〕sic（►校訂などで原本どおりであること．ふつう，かっこに入れて記す）

げんぶんいっち 言文一致 modo[男] di scrivere vicino alla lingua parlata

けんぺい 憲兵 gendarme[男], poliziotto[男] [[女] -a] militare;《イタリアの国防省警察官》carabiniere[男] ⇀警察

✤**憲兵隊** (corpo[男] di) polizia[女] militare

けんぺいずく 権柄ずく ¶権柄ずくの口をきく avere un modo imperioso di parlare

けんぺいりつ 建蔽率 tasso[男] della superficie edificata [《建築可能な》edificabile]; rapporto[男] suolo-edificio

けんべん 検便 esame[男] delle feci ◇検便する esaminare [analizzare] le feci

げんぼ 原簿 registro[男] principale;《会計の》libro[男] mastro

けんぼう 権謀 stratagemma[男] [複 -i], tattica[女], astuzia[女], espediente[男] ¶彼は権謀に富んでいる．Conosce tutti i trucchi.

✤**権謀家** intrigante[男][女]

権謀術数 machiavellismo[男] ¶彼は権謀術数にたけている．Ha un ingegno machiavellico. / È un artista dell'intrigo.

けんぽう 拳法 arte[女] marziale cinese caratterizzata da colpi sferrati con mani e piedi; *kempo*[男];《広い意味で》kung fu[男]

けんぽう 憲法 Costituzione[女] ⇀法律 [用語集] ¶憲法を発布[制定]する promulgare [emanare] la Costituzione ¶憲法を改正[遵守]する emendare [osservare] la Costituzione ¶日本国[イタリア]憲法 Costituzione giapponese [italiana] ¶言論の自由は憲法で保障されている．La libertà di espressione è garantita dalla Costituzione.

✤**憲法違反** anticostituzionalità[女], violazione[女] della Costituzione

憲法改正 emendamento[男] [revisione[女]] della Costituzione

憲法記念日 Anniversario[男] [複 -i] della Costituzione（◆ 3 maggio）

憲法裁判所 Corte[女] Costituzionale（◆イタリアでは15名の裁判官が，法律の合憲性の審査，諸権力間の権限争議，大統領と大臣の弾劾を審査する）

憲法擁護国民運動 movimento[男] nazionale per la salvaguardia della Costituzione

げんぽう 減法 〔数〕sottrazione[女]

げんぽう 減俸 riduzione[女] dello stipendio ◇減俸する ridurre il salario ¶減俸処分を受ける essere punito con una riduzione dello stipendio

けんぼうしょう 健忘症 perdita[女] della memoria, smemoratezza[女];〔医〕《記憶喪失》amnesia[女] ◇健忘症の smemorato, dimenticone [[女] -a] ¶健忘症の人 smemorato[男] [[女] -a]

げんぼく 原木 legname[男] grezzo;《パルプの》legname[男] per pasta da carta

けんぽん 献本 ◇献本する dare una copia del libro in omaggio a *qlcu.*

げんぽん 原本 originale[男], testo[男] (originale);《草稿》minuta[女]

けんま 研磨 〔機〕levigatura[女], molatura[女];《刃物などの》affilamento[男], arrotamento[男];《つや出し》lucidatura[女], pulitura[女], lisciatura[女];《塗装の》carteggiatura[女] ◇研磨する levigare, molare; affilare, arrotare, lucidare, pulire;《精密仕上げ》rettificare;《研鑽(けんさん)を積む》approfondire e migliorare *ql.co.*

✤**研磨機** levigatrice[女]; lucidatrice[女]; pulitrice[女]; smerigliatrice[女]

研磨材 (materiale[男]) abrasivo[男]

げんまい 玄米 riso[男] integrale [intero / non decorticato]

けんまく 剣幕・見幕 ¶すごい剣幕で come una furia / tutto infuriato

げんみつ 厳密 precisione[女], esattezza[女];《厳しさ》rigore[男], severità[女] ◇厳密な《厳格な》severo, stretto, rigoroso;《詳細な》minuzioso;《精密な》preciso, esatto ◇厳密に severamente, strettamente; con precisione, precisamente, esattamente ¶厳密に言えば in senso stretto / a rigor di termini ¶厳密な調査をする fare una investigazione precisa ¶AとBを厳密に区別する fare una netta distinzione fra A e B

けんめい 賢明 saggezza[女], buon senso[男], intelligenza[女], prudenza[女] ◇賢明な《利口な》saggio [[男]複 -gi; [女]複 -ge], intelligente;《分別のある》prudente, sensato, giudizioso;《得策な》opportuno, consigliabile ¶賢明な態度をとる prendere un atteggiamento saggio [cauto / prudente] ¶彼に話しておいたほうが賢明だったかもしれないね．Sarebbe stato meglio parlargliene. ¶すぐ謝るほうが賢明だと思う．Penso che sia opportuno chiedergli subito scusa.

けんめい 懸命 ◇懸命に《一生懸命》con zelo;《真剣に》con serietà;《必死に》accanitamente, disperatamente;《全力を傾けて》con tutte le *proprie* forze, con tutta la migliore volontà ¶懸命にやる fare「di tutto [del *proprio* meglio] (per＋[不定詞]) / sforzarsi (di＋[不定詞]) / mettercela tutta (per＋[不定詞]) ¶懸命の努力にもかかわらず ad onta di [malgrado] tutti i *propri* sforzi

げんめい 言明 dichiarazione[女], affermazione[女] ◇言明する dichiarare, affermare ¶言明を避ける evitare commenti su *ql.co.*

げんめい 厳命 comando[男] [ordine[男]] assoluto [categorico [複 -ci]] ◇厳命する dare [impartire] un severo ordine《に a》 ¶司令官の厳命によって sotto l'ordine severo del comandante

げんめつ 幻滅 delusione[女], disillusione[女] ◇幻滅する essere disilluso [deluso]《に di, da, per》 ¶幻滅の悲哀を感ずる provare l'amarezza della delusione

げんめん 原綿 cotone[男] grezzo

げんめん 減免 《税の軽減》riduzione[女] fiscale;《税・兵役・授業料など義務の免除》esenzione[女];《刑の赦免》remissione[女];《恩赦》amnistia[女]

げんもう 原毛 lana[女] grezza

けんもほろろ ¶けんもほろろの応対をされた．Sono stato trattato in modo freddo [glaciale / sgarbato / secco]. ¶彼女からけんもほろろに断られた．Ho ricevuto un netto rifiuto da lei.

けんもん 検問 controllo[男], ispezione[女]; revisione[女]; esame[男] ◇検問する controllare, sottoporre *qlcu.* [*ql.co.*] a ispezione ¶検問を通過す

る passare l'ispezione ¶警察の検問を逃れる sfuggire al controllo della polizia
✤検問所 posto di controllo

げんもん 舷門 《船》 passerella⒡

げんや 原野 campo⒨, prato⒨; pianura⒡; 《高原》pianoro⒨; 《未開墾地》terra⒡ incolta; 《草木のない》landa⒡, pianura⒡ deserta; 《灌木で覆われた荒地》brughiera⒡ ¶原野を耕す dissodare un terreno / coltivare i campi

けんやく 倹約 risparmio⒨ [複 -i] ; economia⒡ ◇倹約する risparmiare, economizzare ¶倹約して暮らす vivere「in economia [facendo economie]
✤倹約家 risparmiatore⒨ [複 -trice]

げんゆ 原油 petrolio⒨ greggio [greggio]

げんゆう 現有 ◇現有の attuale
現有議席 numero⒨ attuale di seggi
現有勢力 forze⒡ [複] effettive
現有兵力 potenza⒡ militare reale

けんらん 絢爛 《絢爛たる》splendido, sontuoso, sfarzoso, magnifico [複 -ci] ; pomposo

けんり 権利 diritto⒨; 《特権》privilegio⒨ [複 -gi] ¶権利の譲渡 cessione [trasmissione] dei diritti 《への a》¶権利の侵害 violazione [lesione / usurpazione] dei diritti ¶権利を行使する esercitare i propri diritti ¶権利を擁護する difendere i diritti ¶権利を取得する acquisire un diritto ¶…を当然の権利として主張する reclamare ql.co. come dovuto (▶dovuto は目的語の性・数に合わせて語尾変化する) ¶権利を主張する rivendicare [reclamare] un diritto ¶権利を侵害する ledere [usurpare] i diritti ¶権利を喪失する perdere il diritto ¶権利を剥奪(はくだつ)する privare qlcu. dei diritti [dei privilegi] ¶権利を放棄する rinunciare al diritto di ql.co. ¶君にはこの問題に口出しする権利はない. Tu non hai il diritto di intervenire in questa faccenda. ¶店の権利を売る《営業許可証を》vendere la licenza di un negozio
✤権利落ち 《金融》ex-diritti⒨ [複]
権利金《借地・借家の際の》cauzione⒡ a fondo perduto (◆イタリアにはない)
権利証 documento⒨ comprovante un diritto di proprietà
権利付き《証券の》con il diritto, incluso il diritto d'opzione

げんり 原理 《法則》principio⒨ [複 -i] ; 《本来の理論》teoria⒡ originale ¶数学の(基礎的)原理 elementi di matematica
✤原理主義 fondamentalismo⒨
原理主義者 fondamentalista⒨⒡ [複 -i]

げんりゅう 源流 1 《水源》fonte⒡, sorgente⒡, vena⒡, polla⒡ ¶この川の源流は琵琶湖である. Questo fiume nasce dal lago Biwa.
2 《物事の始まり》origine⒡, principio⒨ [複 -i] ; 《源泉》fonte⒡, sorgente⒡

げんりょう 原料 materia⒡ prima ¶ビールの原料は麦だ. La materia prima della birra è il frumento. / La birra si ottiene dal frumento.

げんりょう 減量 diminuzione⒡ di peso [di volume / di quantità]; 《やせること》dimagrimento⒨; 《ダイエット》dieta⒡ ◇減量する ridurre il proprio peso; dimagrire⒤ [es] ¶私は10キロ減量した. Ho perso 10 chili. / Sono dimagrito [calato] di 10 chili. ¶私は減量中です. Sono a dieta.
✤減量経営 gestione⒡ severa

けんりょく 権力 potere⒨, potestà⒡, potenza⒡; 《国家[絶対 / 中央]権力》potere⒨「dello Stato [assoluto / centrale] ¶権力の座にある essere al potere ¶権力の座につく arrivare [salire] al potere ¶権力を握る[失う] prendere [perdere] il potere ¶権力を乱用する abusare del potere ¶権力をふるう esercitare la propria autorità [influenza] su qlcu. [ql.co.]
✤権力争い lotta⒡ per il potere [《国家間の覇権の》l'egemonia]
権力外交 diplomazia⒡ [politica⒡] di potenza
権力国家 Stato⒨ autoritario [複 -i]
権力者 potenza⒡, uomo⒨ [複 uomini] di potere
権力政治 politica⒡ autoritaria
権力欲 ¶権力欲を抱く avere sete di potere

げんりょく 減力 《写》riduzione⒡
✤減力剤 riduttore⒨

けんるい 堅塁 fortezza⒡ inespugnabile ¶保守の堅塁を崩す rompere la fortezza dei partiti conservatori

けんろう 堅牢 ◇堅牢な solido, forte, resistente

げんろう 元老 《古老》anziano⒨, decano⒨; 《古・文》seniore⒨
元老院《史》《古代ローマの》Senato⒨
元老院議員《史》senatore⒨ [⒡ -trice]

げんろん 言論 ¶言論の自由 libertà di parola [di espressione / di stampa]
✤言論界 la stampa

げんろん 原論 principi⒨ [複] ¶経済学原論 principi d'economia politica

げんわく 眩惑 ◇眩惑する abbagliare [accecare / affascinare / illudere / ingannare] qlcu. ¶口先に眩惑されてだまされた. Sono stato ingannato [Mi sono lasciato illudere] dalle sue parole.

こ

こ 子・児 **1** 《息子》figlio男[複-gli]；《娘》figlia女；《幼児》bambino男[女-a], bimbo男[女-a]；《主に10代の》ragazzo男[女-a]；《胎児》《解》feto男 ¶5歳の子 bambino di cinque anni ¶上の子 il figlio più grande **2** 《動物の子供》cucciolo男（▶一般に四足獣の）；《ひな》pulcino男；《卵》uova女[複] ¶この魚は子を持っている。Questo pesce ha le uova. [慣用] 子はかすがい《諺》"I figli consolidano il matrimonio." 子は三界の首かせ I figli legano i loro genitori per la vita. 子を持って知る親の恩 Solo quando si hanno figli, si capiscono i sacrifici dei genitori.

こ 弧 《円弧》arco男[複-chi] (di cerchio)；《放物線》parabola女；《曲線》curva女 ¶弧を描いて飛ぶ volare ad arco

こ 粉 →粉(こ) ¶身を粉にして働く lavorare senza risparmiarsi [come un mulo] / farsi in quattro

こ- 小- ¶小一時間 un'oretta / quasi un'ora

こ- 故- ¶《名前の前に付けて》il defunto,《女性》la defunta; il povero,《女性》la povera; il compianto,《女性》la compianta; il fu,《女性》la fu ¶《故マッティア・パスカル》(ピランデッロ) "Il fu Mattia Pascal" (Pirandello)

-こ 一戸 ¶たった12戸しかない。Ci sono solamente dodici case [《家庭》famiglie].

-こ 一個 ¶卵3個 tre uova女[複] ¶石けん2個 due pezzi di sapone ¶これ1個いくらですか。Quanto costa un [al] pezzo?

-こ -湖 ¶琵琶湖 lago Biwa

ご 五 cinque ¶5倍(の) quintuplo ¶5倍に する quintuplicare ¶5倍になる quintuplicarsi ¶5重の quintuplice ¶5番目[第5]の quinto ¶5年間《副詞》per cinque anni /《名詞》quinquennio /《文》lustro（▶10年は due lustri, 15年はtre lustriと数えられる）¶5年ごと[間]の quinquennale ¶5か年計画 piano quinquennale ¶小学5年生である frequentare la quinta elementare ¶5分の1 un quinto ¶5分の3 tre quinti ¶5党連立内閣 pentapartito
✤**五人組** quintetto

ご 碁 (gioco del) go男[無変] (◆ gioco fatto con pedine nere e bianche posate su una scacchiera. Vince chi sistema le proprie pedine su un territorio più vasto di quello dell'avversario.) ¶碁を打つ giocare a go
✤**碁石** pedine女[複] del go
碁盤 →見出し語参照

ご 語 parola女；《用語》termine男；《単語、語彙》vocabolo男；《言語、術語》lingua女 ¶4万語を収録した辞書 dizionario che contiene 40.000 voci ¶イタリア語 la lingua italiana / l'italiano ¶この電報は23語あります。Questo telegramma ha 23 parole.

ご- 御- **1**《尊敬》¶ご両親によろしくお伝えください。Mi saluti i Suoi genitori. **2**《謙譲》¶ご案内いたしましょうか。Le posso fare da guida? **3**《丁寧》¶ご飯1膳 una ciotola di riso **4**《皮肉》¶これはごあいさつだね。Questo è troppo, però!

-ご -後 ¶1時間後《今から》fra un'ora /《ある時点から》un'ora dopo / dopo un'ora ¶彼の到着1時間後に un'ora dopo il suo arrivo ¶その後 dopo / dopo di che / poi ¶その後彼から音信がない。Da allora non ho più ricevuto sue notizie.

コア 〔英 core〕《物の中心部》nucleo男；《地球の核》nucleo男

こあきない 小商い piccolo commercio男[複-ci] al minuto [al dettaglio]

コアラ 〔英 koala〕《動》koala男[無変]

こい 故意 **1**《わざとすること》◊故意の intenzionale, volontario男[複-i] ◊故意に apposta, intenzionalmente, volontariamente, volutamente, deliberatamente, di proposito, in tenzione ¶すみません、故意にやったわけではないんです。Mi scusi, non l'ho fatto apposta [di proposito]. **2**《法》故意の dolo男 ◊故意による doloso ¶未必(ひつ)の故意 dolo eventuale

こい 恋 《恋愛》amore男；《恋すること》innamoramento男；《欲情》passione女 ¶かなわぬ恋 un amore「senza speranza [sfortunato / non corrisposto] ¶狂おしい恋 amore folle ¶恋をする［恋に落ちる］amare qlcu. / innamorarsi di qlcu. /《諺》《突然》prendersi una cotta per qlcu. ¶私は彼女に恋をしている。Mi sono innamorato [Sono innamorato] di lei. ¶恋に悩む soffrire [struggersi / consumarsi] d'amore ¶恋に破れる essere respinto [abbandonato]《への da》¶恋をする《人が主語》non provare più amore《への per》/ disamorarsi ¶恋は盲目。《諺》"L'amore è cieco." ¶恋は思案の外(ほか).《諺》"L'amore non segue la logica."
✤**恋物語** racconto男 d'amore, storia女 romantica
恋煩い pene女[複] [malattia女] d'amore

こい 請い richiesta女, preghiera女

こい 鯉 carpa女
[慣用] 鯉の滝登り ¶彼は鯉の滝登りのように出世した。Ha fatto una rapidissima carriera.

こい 濃い **1**《色が》scuro, cupo（▶色彩の暗さが強い）, carico男[複-chi], intenso（▶色彩が強烈な、鮮やかな）¶濃い赤《鮮紅色》rosso carico /《暗赤色》rosso scuro [cupo] **2**《濃度・密度が高い》denso, fitto, folto, spesso, carico[複-chi], consistente, ristretto；《濃縮された》concentrato ¶濃い霧 una nebbia densa [fitta] ¶濃いソース una salsa densa ¶濃いスープ una zuppa densa ¶濃いコーヒー caffè ri-

stretto ¶濃い髪 capelli folti ¶濃いお茶 tè forte ¶血は水よりも濃い。《諺》"Il sangue non è acqua."
3《味が》forte ¶スープの味を濃くつける rendere più saporita la minestra ¶寒い地方の料理は味が濃い。La cucina tipica delle regioni fredde è molto saporita.
4《度合いが強い》¶敗色が濃い。Sembra [Pare] che la sconfitta sia indubbia [sicura]. ¶…という疑いが濃い。Si sospetta fortemente che + 接続法 ¶彼女のお化粧は濃すぎる。Si trucca troppo.

ごい 語彙 《語，用語》vocabolo男, termine男; 《一分野，一著者，一作品，一時代の》vocabolario男[複 -i]; 《一言語，一方言などの》lessico男[複 -ci] ¶マンゾーニの語彙 il vocabolario del Manzoni ¶彼のイタリア語は語彙が貧弱だ。Il suo italiano è povero di vocaboli [ha un lessico limitato]. ¶基本語彙 termini essenziali
♣語彙集 glossario男[複 -i]; lessico男
語彙論 lessicologia女 ◇語彙論的[の] lessicologico[男複 -ci]
語彙論研究者 lessicologo男[女 -ga; 男複 -gi]
ごい 語意 significato男 di una parola
こいがたき 恋敵 rivale男女 in amore
こいき 小意気・小粋 ◇小意気な〔仏〕chic [無変] [fik]
こいくち 濃い口 ◇濃い口の《味が》dal sapore forte; 《色が》dal colore scuro
♣濃い口醬油 salsa女 di soia densa di colore scuro
こいこがれる 恋い焦がれる languire [bruciare / struggersi] d'amore per qlcu.; 《諺》prendersi [pigliarsi] una cotta per qlcu.
こいこく 鯉こく 《料》zuppa女 di miso con pezzi di carpa
こいごころ 恋心 sentimento男 amoroso; amore男 ¶…に恋心を抱いている essere innamorato di qlcu.
ごいさぎ 五位鷺 《鳥》nitticora女
こいし 小石 《石ころ》sassolino男; 《じゃり》ciottolo男, ghiaia女 ¶小石の多い土地 terreno ciottoloso [sassoso] ¶道に小石を敷く inghiaiare [ricoprire di ghiaia] una strada
こいじ 恋路 amore男 ¶人の恋路を邪魔する interferire nella vita sentimentale di qlcu.
こいしい 恋しい caro, amato, adorato ¶ふるさとが恋しい。Ho nostalgia del [Soffro di nostalgia per la lontananza dal] mio paese (nativo). ¶恋しい妻 la sposa diletta ¶死んだ母が恋しくて泣いた。Ho pianto sentendo la mancanza della mia povera madre defunta.
こいしがる 恋しがる **1**《慕う》pensare自[av] a qlcu. con affetto; 《愛情を感じる》provare [sentire] tenerezza per qlcu.; 《いなくてさみしがる》sentire la mancanza di qlcu.; 《別れた人・死んだ人を》rimpiangere [piangere] qlcu.
2《懐かしがる》ricordare qlcu. [ql.co.] con nostalgia [tenerezza], ripensare自[av] a qlcu. [ql.co.] con nostalgia
こいする 恋する innamorarsi di qlcu.
こいつ 《人》questo tipo男, questo individuo男; 《男》questo tizio男; 《女》questa tizia女; 《物と人》questo [女 -a] ¶こいつめ。《怒って》Che tipaccio! /《子供に親しみを込めて》Piccolo birbante! / Birbantello! / Birichino! ¶こいつはいける。Questo va proprio bene. ¶こいつは参った。《降参》Mi arrendo. /《困った》Accidenti!
こいなか 恋仲 ¶あの2人は恋仲だ。Quei due hanno una relazione amorosa. / Quei due sono innamorati.
こいぬ 小犬 cucciolo男[女 -a], cagnolino男[女 -a]
こいのぼり 鯉幟 koinobori男[無変], manicotti男[複] di stoffa a forma di carpa (◆ che vengono issati al vento in occasione della festa dei ragazzi) ¶鯉のぼりを揚げる appendere i koinobori
こいびと 恋人 定冠詞+proprio ragazzo男[女 -a]; fidanzato男[女 -a] (►「婚約者」も表す); la propria donna女, il proprio uomo男 (►この2語は、それぞれ「妻」「夫」も表す); 《北伊》moroso男[女 -a]; 《同棲者など》compagno男[女 -a], convivente男女; amante男女 (►「愛人」も表す); 《諺》spasimante男女 (►自分に恋いこがれている人); 《英》partner [pártner] 男女[無変] ¶彼の昔の恋人 la sua ex-ragazza [ex-fidanzata / ex-donna] ¶恋人ができる farsi il ragazzo [la ragazza]
こいぶみ 恋文 lettera女 d'amore
コイル 《英 coil》《電》bobina女, rocchetto男 ¶誘導コイル rocchetto d'induzione
♣コイルばね 《機》molla a spirale piana
こいわずらい 恋煩い malattia女 d'amore ¶恋わずらいをする languire d'amore
こいん 雇員 《臨時採用の》impiegato男[女 -a] precario[男複 -i] [incaricato]
コイン 《英 coin》《金属貨幣》moneta女 (metallica); gettone男
♣コイン式洗濯機 lavatrice女 a gettoni
コイン投入口 fessura女 per inserire monete
コインランドリー lavanderia女 (automatica) a gettoni
コインロッカー armadietto男 per deposito bagagli, deposito男 bagagli a cassette

こう **1**《これほど，このように》simile; così, in tal modo ¶こう暑くてはたまらない。Non sopporto un caldo simile! ¶こう言いながら dicendo ciò ¶こううまくいくとは思わなかった。Non avrei mai immaginato che sarebbe andata così bene. ¶こうしてください。Lo faccia così. ¶こうしてはいられない。Non c'è tempo da perdere. ¶こうなった上は arrivato a questo punto / stando così le cose ¶この子はこう言えばああ言うで始末に負えない。Questo ragazzo replica sempre ad ogni critica e non si sa come trattarlo.
2《次のように》¶私の考えはこうだ。Io la penso così. / Il mio parere è questo. ¶手紙にはこう書いてある。La lettera dice che + 直説法
こう 公 **1**《おおやけ》¶公と私を区別する distinguere le cose pubbliche da quelle private
2《敬称》¶頼朝公 illustrissimo Yoritomo ¶ミラノ公 duca di Milano
こう 功 《功績》impresa女, gesta女[複], prodezza女; 《成功》successo男 ¶年(とし)の功 saggez-

za acquisita con l'età e l'esperienza ¶功を急ぐ essere avido di successo / essere impaziente di farsi un nome ¶功を奏する essere efficace / avere successo ¶功成り名を遂げた人 uomo arrivato

こう 甲 **1** ⇀甲羅1 **2**《手足のおもて》dorso[男] ¶手[足]の甲 dorso della mano [del piede] **3**《評価の第1位》ottimo **4**《人や物をさして》 ¶甲と乙 A e B / l'uno e l'altro ¶甲氏, 乙氏, 丙氏《不特定の人をさして》Tizio, Caio e Sempronio (►やや無礼な印象を与える表現) ¶甲は乙に対して賠償を請求することができる. A può esigere il risarcimento da B. ¶甲の薬は乙の毒.《諺》"Ciò che giova all'uno nuoce all'altro."

こう 効 effetto[男] ¶どの医薬も効がなかった. Nessuna terapia「ha avuto effetto [è stata efficace].

こう 幸 ¶幸か不幸か fortunatamente o sfortunatamente / per fortuna o per sfortuna

こう 香 profumo[男]; essenza[女] aromatica;《宗教上の場などでの》incenso[男] ¶香をたく[聞く] bruciare [odorare] incenso

こう 項 **1**〔法〕《箇 条》comm*a*[男][複 -*i*], clausola[女];《項目》voce[女] ¶刑法第5条第3項 articolo quinto [Art. 5] comma terzo del Codice Penale **2**〔数〕termine[男] ¶同類項〔数〕termini simili

こう 綱〔生〕classe[女] ¶節足動物門昆虫綱蜻蛉(せいれい)目トンボ科 Tipo: Artropodi, Classe: Insetti, Ordine: Odonati, Specie: Libellula

こう 稿 ¶決定稿 versione definitiva ¶3度稿を改める riscrivere il manoscritto tre volte ¶稿を起こす cominciare a scrivere il testo

こう 請う・乞う chiedere [pregare] *qlcu.*「di＋[不定詞] [che＋[接続法]];《懇願する》implorare *qlcu.* [*ql.co.* (a *qlcu.*) / *qlcu.* di＋[不定詞]] ¶〈人〉に一夜の宿を乞う chiedere alloggio per una notte a *qlcu.* ¶〈人〉の助けを請う chiedere l'aiuto di *qlcu.* / chiedere aiuto a *qlcu.* ¶次回に乞うご期待. Non perdete la prossima puntata! / Appuntamente alla prossima volta! /《次週》Seguiteci anche la prossima settimana!

ごう 合 **1**《容積の単位》*go*[男]; unità[女] di volume pari a ca. 18 dl (読み方: circa diciotto decilitri) **2**《山頂までの道のりの10分の1》¶富士山の八合目 l'ottava stazione [tappa] del monte Fuji **3**〔哲〕sintesi[女][無変]

ごう 剛 forza[女], durezza[女] ¶柔よく剛を制す.《諺》"I deboli possono sconfiggere i forti."

ごう 郷 ¶郷に入(い)っては郷に従え.《諺》"Quando a Roma vai, fa' come vedrai." / "Paese che vai, usanza che trovi."

ごう 業〔仏教〕〔梵〕karma(n)[男][無変] ¶業をさらす essere disonorat*o* in questo mondo come conseguenza dei peccati della vita precedente ¶彼は業の深い人だ. È un peccatore irredimibile. / È un maledetto da Dio.

[慣用] **業を煮やす** irritarsi [innervosirsi / perdere la pazienza] per *ql.co.*

-ごう -号《番号, 順序》numero[男] ¶第3号 il numero tre /《略》n. 3 ¶1号車《電車の》la prima carrozza / la carrozza numero uno ¶古い号 numero arretrato ¶5月号 il numero di maggio ¶その雑誌の先[今 / 来]月号 il numero dello scorso [di questo / del prossimo] mese della rivista

こうあつ 高圧 **1**《高い圧力》alta pressione[女];《電圧》alta tensione[女]

2《態度の》◇高圧的(な) autoritar*io* [[男]複 -*i*], altezzoso ¶高圧的態度をとる assumere un atteggiamento autoritario [prepotente]

✤**高圧ガス** gas[男][無変] ad alta pressione

高圧線[電流]〔電〕conduttura[女] [corrente[女] elettrica] ad alta tensione

こうあん 公安 sicurezza[女] pubblica, ordine[男] pubblico, pace[女] pubblica

✤**公安委員会** ¶国家公安委員会 Commissione[女] Nazionale per la Sicurezza Pubblica

公安官 ¶鉄道公安官 agente[男] di polizia ferroviaria

公安条例 ordinanza[女] comunale per l'ordine pubblico

公安調査庁 Ente[男] Investigativo per la Sicurezza Pubblica

こうあん 考案《発明》invenzione[女], ideazione[女];《着想》idea[女] ◇考案する inventare, ideare, escogitare;《発見》trovare

✤**考案者** inven*tore*[男] [[女] -*trice*], idea*tore*[男] [[女] -*trice*], escogita*tore*[男] [[女] -*trice*] ¶意匠考案者 disegna*tore*[男] [[女] -*trice*]

こうい 好意《好感, 親愛》simpatia[女], benevolenza[女], bontà[女], favore[男];《親切》gentilezza[女] ◇好意的(な) simpati*co* [[男]複 -*ci*], gentile, favorevole ◇好意的に con benevolenza [bontà], favorevolmente; gentilmente, con simpatia ¶好意的な批評 critica positiva [favorevole] ¶好意的な態度をとる assumere un atteggiamento favorevole ¶〈人〉の好意によって per la gentilezza di *qlcu.* ¶〈人〉に好意を示す mostrare simpatia verso [per] *qlcu.* / mostrarsi benevol*o* verso *qlcu.* ¶ひとの好意を無にするな. Bisogna essere riconoscenti per i favori ricevuti. ¶彼女の新しい小説は好意的に受けとめられた. Il suo nuovo romanzo è stato accolto favorevolmente.

こうい 行為 atto[男];《行動, 活動》azione[女];《振る舞い, 行い, 挙動》comportamento[男], condotta[女] ¶親切な行為 atto gentile / gentilezza ¶無償の行為 azione disinteressata ¶勇敢な行為 atto di coraggio / azione coraggiosa

✤**行為者** esecu*tore*[男] [[女] -*trice*]

こうい 更衣 cambi*o*[男][複 -*i*] d'abito

✤**更衣室** spogliat*oio*[男][複 -*i*]

こうい 厚意《情け, 親切》gentilezza[女], cortesia[女] ¶ご厚意を感謝いたします. Desidero esprimere tutta la mia riconoscenza per la sua gentilezza.

こうい 皇位 trono[男] (imperiale), corona[女] (imperiale) ¶皇位に就く salire al trono ¶皇位を継承する succedere al [sul] trono

こうい 校医 medi*co*[男][複 -*ci*] della scuola

こうい 高位 ¶高位高官 personalità[女][複] di alto rango [grado] ¶高位にのぼる ascendere [essere elevat*o*] ad un alto rango

ごうい 合意 accordo[男], intesa[女], (mutuo) consenso[男] ◇合意する mettersi d'accordo ¶AとBの合意に基づいて basandosi su un accordo

こういう tra A e B ¶合意の上で di comune accordo / per mutuo consenso ¶…について合意に達する arrivare [giungere] ad un accordo su ql.co. ¶国民的合意 consenso nazionale
❖合意書 dichiarazione㊛ di accordo [di mutuo consenso]

こういう こういう ¶こういう間違い questo tipo di [un simile / un tale] errore ¶こういうふうに così / in questo modo

こういか 甲烏賊 《動》seppia㊛

こういき 広域 vasto territorio㊚ [複 -i]
❖広域捜査 indagine㊛ su [di] vasta scala
広域暴力団 banda㊛ di malviventi che opera su un vasto territorio

こういしょう 後遺症 postumi㊚ [複] ¶マラリア[経済危機]の後遺症 i postumi della malaria [della crisi economica] ¶台風[スキャンダル]の後遺症 conseguenze del tifone [dello scandalo]

ごういつ 合一 unione㊛ ◇合一する unirsi

こういつい 好一対 ¶好一対の夫婦 una bella coppia (di sposi)

こういってん 紅一点 ¶マリアはオフィスの紅一点だ。Maria è l'unica donna in ufficio.

こうど 高緯度 alta latitudine㊛

こういん 工員 lavoratore㊚ [㊛ -ia; 複㊛ -i] [-trice]; (肉体労働者) operaio㊚ [㊛ -ia; 複㊛ -i]

こういん 公印 timbro㊚ ufficiale dell'amministrazione pubblica

こういん 拘引 ◇拘引する condurre ql.cu. alla polizia, arrestare ql.cu.; fermare ql.cu.
❖拘引状 mandato㊚ di fermo

こういん 光陰 ¶光陰矢のごとし。《諺》"Il tempo vola."

こういん 鉱員 operaio㊚ [㊛ -ia; 複㊛ -i] minerario [複 -i], minatore㊚ [㊛ -trice]

こういん 行員 →銀行員

ごういん 強引 ◇強引な(性急な) impetuoso; (強制的な) forzato ◇強引に per forza, controvoglia; (力ずくで) di forza, con la forza ¶強引に…させる forzare [costringere] ql.cu. a + 不定詞 ¶君の結論は少し強引だよ。La tua conclusione è un po' forzata. ¶彼は相変わらず強引だね。Come al solito è troppo prepotente.

こうう 降雨 caduta㊛ di pioggia, pioggia㊛ [複 -ge]; precipitazione㊛ (liquida) ¶人工降雨 pioggia artificiale
❖降雨量 quantità㊛ di pioggia caduta, livello㊚ pluviometrico [複 -ci], piovosità㊛; precipitazione㊛ ¶降雨量を測定する misurare le precipitazioni
降雨林 foresta㊛ pluviale

ごうう 豪雨 forte pioggia㊛ [複 -ge], pioggia㊛ torrenziale; (突然、一時的に降るもの) rovescio㊚ [複 -sci] ¶東京地方は集中豪雨に見舞われた。La regione di Tokyo è stata colpita da rovesci torrenziali circoscritti.

こううつやく 抗鬱薬 《薬》 antidepressivo㊚; pillola㊛ antidepressiva

こうう 幸運・好運 (buona) fortuna㊛, buona sorte㊛ ◇幸運な fortunato ◇幸運にも per fortuna, fortunatamente ¶幸運にも…する avere la fortuna di + 不定詞 ¶幸運に恵まれた男 un uomo baciato [favorito] dalla fortuna ¶幸運をもたらす portare fortuna a ql.cu. ¶幸運をつかむ cogliere l'occasione favorevole ¶あの時君に会えたのはまったく幸運だった。È stato un colpo di fortuna averti incontrato quella volta. ¶幸運の星のもとに生まれる nascere sotto una buona stella ¶ご幸運を祈ります。Le auguro buona fortuna. / Buona fortuna!

こううんき 耕耘機 (手で操作する) coltivatore㊚; (エンジン付きの) motocoltivatore㊚, motozappa㊛

こうえい 公営 ◇公営の pubblico [複 -ci]; (市町村の) municipale, comunale
❖公営企業 (官営、国営) impresa㊛ [azienda㊛] pubblica, ente㊚ pubblico [複 -ci]; (市町村営) impresa㊛ municipale [comunale]
公営住宅 case㊛ [複] popolari, abitazione㊛ popolare
公営賭博(ゞ) gioco㊚ [複 -chi] d'azzardo gestito dal comune

こうえい 光栄 onore㊚, gloria㊛ ¶身にあまる光栄です。Sono lusingato per l'onore che mi accordate. ¶お招きにあずかり光栄です。È un grande onore per me essere invitato. ¶…の光栄に浴する avere l'onore di + 不定詞

こうえい 後裔 →子孫

こうえい 後衛 (軍事・サッカーで集合的に) retroguardia㊛; (球技で) difensore㊚ [㊛ -a]; (集合的) difesa㊛

こうえいへい 紅衛兵 《中国文化大革命時の》 Guardia㊛ Rossa

こうえき 公益 ¶公益をはかる lavorare per il bene pubblico / promuovere l'interesse pubblico
❖公益事業 impresa㊛ di servizi pubblici
公益質屋 banco㊚ [複 -chi] dei pegni pubblico [複 -ci]
公益法人 ente㊚ pubblico non a scopo di lucro

こうえき 交易 scambio㊚ [複 -bi] (traffico㊚ [複 -ci]) commerciale, commercio㊚ [複 -ci]
◇交易する commerciare㊛ [es] 《と con》
❖交易条件 ragione㊛ di scambio

こうえつ 校閲 revisione㊛ ◇校閲する revisionare ¶A教授校閲によるテキスト testo 「revisionato dal [a cura del] prof. A
❖校閲者 revisore㊚ (►女性に対してもふつう男性形を用いる)
校閲部 sezione㊛ correttori di bozze

こうえん 公園 giardino㊚ pubblico [複 -ci], parco㊚ [複 -chi]; (旧貴族別邸跡などの) villa㊛ ¶代々木公園 Parco di Yoyogi (►地名がつく場合には di を入れる) ¶ボルゲーゼ公園(ローマの) Villa Borghese ¶国立公園 parco nazionale ¶自然公園 parco naturale ¶公園に (近くの公園に)散歩しに行く。Vado a fare una passeggiata 「al parco [nel parco qui vicino].

こうえん 公演 spettacolo㊚; (演劇・舞踏など) rappresentazione㊛, recita㊛; (巡業) (仏) tournée [turné] ㊛ [無変]; (演奏会) concerto㊚ ¶演劇 用語 ¶スカラ座日本公演 tournée in Giappone del Teatro alla Scala ¶公演を行う dare una rappresentazione (di ql.co.) / rappresentare ql.co. ¶ガラ公演 spettacolo [《夜の》serata] di gala ¶チャリティー[さよなら]公演 spettacolo di beneficenza [di addio] ¶定期公演 rappresentazione periodica

こうえん 好演 interpretazione㊛ eccellente [brillante] ◇好演する《劇》interpretare bene, recitare bene (la parte);《音楽》eseguire ql.co. eccellentemente ¶ハムレット役を好演する interpretare il ruolo di Amleto in maniera magistrale ¶アイーダで彼女は好演を見せた. Ha mostrato grande talento nell'interpretazione della "Aida".

こうえん 後援 《支持》sostegno㊚, appoggio㊚ [複 -gi];《保護》protezione㊛, patrocinio㊚ [複 -i], patronato㊚ ◇後援する sostenere [appoggiare] qlcu.; proteggere qlcu. [ql.co.], patrocinare ql.co.;《スポンサーになる》sponsorizzare qlcu. [ql.co.] ¶…の後援で sotto il patrocinio [gli auspici] di… / con il patrocinio di… / patrocinato da…
❖**後援会**《歌手などの》club㊚ [無変] degli ammiratori [dei fan];《代議士などの》comitato㊚ dei sostenitori
後援者 sostenitore㊚ [㊛ -trice];《スポンサー》[英] sponsor [spónsor] ㊚ [無変]

こうえん 講演 conferenza㊛, discorso㊚ ◇講演する fare [tenere] una conferenza [un discorso] 《について su》 ¶連続講演 ciclo di conferenze
❖**講演会** conferenza㊛
講演者 conferenziere㊚ [㊛ -a]
講演料 onorario㊚ [複 -i] per un conferenziere
講演旅行《仏》tournée [turné] ㊛ [無変] di conferenze

こうえん 高遠 ◇高遠な nobile, elevato, sublime ¶高遠な理想 alti [nobili] ideali

こうおつ 甲乙 ¶その2人[2つ]は甲乙つけがたい. Non so dire quale dei due sia migliore.

こうおん 恒温 temperatura㊛ costante ◇恒温の《生》omeotermo
❖**恒温動物**《生》animali㊚ [複] omeotermi

こうおん 高音《音質が》tono㊚ alto ¶このアンプは高音がよく出ない. Questo amplificatore non rende bene i toni alti.
❖**高音部記号**《音》chiave㊛ di violino [di sol / di soprano]

こうおん 高温 alta temperatura㊛, temperatura㊛ elevata
❖**高温計** pirometro㊚
高温多湿 ¶日本の夏は高温多湿だ. L'estate giapponese è calda e umida.

ごうおん 轟音 fragore㊚, boato㊚, rumore㊚ assordante;《いろいろな音が混ざった》frastuono㊚ ¶爆弾の轟音 detonazione di una bomba

こうか 工科 facoltà㊛ d'ingegneria ¶ミラノ工科大学 Politecnico di Milano

こうか 効果 effetto㊚;《有効性》efficacia㊛ [複 -cie];《効率》efficienza㊛;《結果, 成果》risultato㊚, frutto㊚ ◇効果的(な) efficace, valido;《効率のよい》efficiente ◇効果的に efficacemente; efficientemente ¶効果がある essere efficace《に per》/ avere un buon effetto《に su》¶効果がない non avere nessun effetto / essere inefficace [inefficiente] ¶効果をねらう ricercare l'effetto ¶すばらしい効果があがった. Abbiamo ottenuto un risultato strepitoso. ¶色彩効果 effetto cromatico ¶注射は彼の風邪に効果があった. L'iniezione ha fatto effetto sul suo stato influenzale. ¶宣伝すればそれだけの効果はあるものだ. La pubblicità ripaga (la spesa). ¶彼が熱心に勉強した効果が現れてきた. Si sono visti i frutti del suo studio assiduo.
❖**効果音** effetto㊚ sonoro, rumori㊚ [複]
効果係《映・劇・ラジ》rumorista㊚㊛ [複 -i]

こうか 校歌 inno㊚ scolastico [複 -ci]

こうか 降下 discesa㊛; abbassamento㊚;《急な》caduta㊛ ◇降下する scendere㊀ [es], discendere㊀ [es]; abbassarsi ¶パラシュートで降下する scendere con il paracadute ¶気温の降下 abbassamento di temperatura ¶突然の電圧降下 improvvisa caduta di potenziale elettrico
❖**降下部隊** truppe㊛ [複] paracadutate, paracadutisti㊚ [複]

こうか 高価 ◇高価な《値段の高い》caro, costoso; di prezzo elevato;《価値の高い》prezioso;《犠牲の大きい》immane; grande ¶高価な品 articolo di gran prezzo / oggetto「di valore [molto pregiato] ¶高価な犠牲を払って a prezzo [costo] di grandi sacrifici

こうか 高架 ◇高架の soprelevato, aereo
❖**高架鉄道[道路]** ferrovia㊛ [strada㊛] soprelevata
高架(電)線 cavo㊚ (elettrico [複 -ci]) aereo

こうか 硬化 **1**《固くなること》indurimento㊚;《医》sclerosi㊛ [無変] ◇硬化する indurirsi ◇硬化させる indurire ¶動脈硬化(症) arteriosclerosi㊛ [無変] **2**《態度の》irrigidimento㊚ ◇硬化する irrigidirsi ◇硬化させる irrigidire

こうか 硬貨 moneta㊛ (metallica); valuta㊛ metallica;《経》valuta㊛ forte;《兌換の》通貨》valuta㊛ convertibile ¶10[500]円硬貨 moneta da dieci [cinquecento] yen ¶10ユーロ紙幣を硬貨にくずす cambiare in monete un biglietto da dieci euro

こうが 高雅 ¶高雅な趣味 gusto raffinato

ごうか 豪華 lusso㊚, splendore㊚, fasto㊚, sontuosità㊛ ◇豪華な lussuoso, di lusso; magnifico [複 -ci], fastoso, sontuoso ◇豪華に lussuosamente, fastosamente; magnificamente ¶豪華なシャンデリア lampadario magnifico ¶豪華な結婚披露宴 pranzo di nozze sontuoso / lauto pranzo di nozze ¶豪華なホテル albergo di lusso
❖**豪華客船** transatlantico㊚ [複 -ci] [nave㊛ di linea] di lusso
豪華版 (1)《本などの》edizione㊛ di lusso (2)《ぜいたくなこと》¶豪華版の夕食をとった. Abbiamo fatto una cena magnifica.

こうカード 好カード ¶今日の第3試合は好カードだ. La terza partita di oggi ci offre un sorteggio interessante.

こうかい 公海 mare㊚ aperto ¶公海上で fuori delle acque territoriali / in acque internazionali / in mare aperto

こうかい 公開 ◇公開する aprire al pubblico ◇公開の pubblico [複 -ci], aperto, accessibile al pubblico ¶その庭園は月曜を除き毎日一般に公

開されている. Il giardino è aperto al pubblico ogni giorno salvo il lunedì.
✤**公開講座** corso a ingresso libero, corso*男* aperto al pubblico
公開状 lettera*女* aperta
公開捜査 indagine*女* pubblica
公開討論 dibattito*男* pubblico [aperto]
公開入札 offerta*女* pubblica di appalto
公開番組 programma*男* [複 -i] della tv [della radio] aperto al pubblico
公開ヒアリング udienza*女* pubblica
公開録音 registrazione*女* dal vivo
こうかい 更改 rinnovo*男*, rinnovamento*女* ¶契約を更改する rinnovare il contratto
こうかい 後悔 pentimento*男*;《良心の苛責》rimorso*男*;《悔恨, 嘆き》rimpianto*男* ◇後悔する avere dei rimpianti, pentirsi di *ql.co.* [di + 不定詞], mordersi le mani [le dita], essere preso dai rimorsi ◇後悔させる far pentire *qlcu.* di *ql.co.* [di + 不定詞] ¶もっと勉強しておけばよかったと後悔している. Mi pento di [Mi mordo le labbra per] non aver studiato di più. ¶今さら後悔しても始まらない. Non serve a niente pentirsi adesso. ¶後悔先に立たず.《諺》"Ci si pente sempre troppo tardi."

使いわけ **rimorso** と **rimpianto**
rimpiantoは「あるポジティブな事柄を実現できなかったこと・その機会が失われてしまったこと」に対する嘆きを, rimorsoは「あるネガティブな事柄をしてしまったこと」に対する呵責・罪悪感を表す.
¶女優にならなかったことを後悔している. Ho il rimpianto [Rimpiango] di non essere diventata attrice.
¶あの手紙で彼女を傷つけてしまって後悔している. Ho il rimorso [Provo rimorso] per averla ferita con quella lettera.
rimorso, rimpiantoともに, 「何についての後悔なのか」を明示せずに単独で使うこともできる.
¶後悔はしていません. Non ho rimpianti.

こうかい 航海 navigazione*女* (marittima);《船旅》viaggio*男* [複 -gi] per mare ◇航海する navigare*自* [av]; viaggiare*自* [av] per mare ¶航海中に durante la navigazione / in mare ¶処女［訓練］航海 viaggio inaugurale [di addestramento]*男*,*自* [av] ¶遠洋航海 navigazione oceanica
✤**航海権** diritto*男* di navigazione
航海士 ¶１[２/３]等航海士 primo [secondo / terzo] ufficiale (di rotta)
航海術 navigazione*女*, nautica*女*
航海図 carta*女* nautica
航海日誌 giornale*男* di bordo
こうがい 口外 ¶秘密を口外する rivelare [divulgare] un segreto ¶このことは決して口外するな. Non parlare di questa cosa a nessuno.
こうがい 口蓋《解》palato*男* ◇口蓋の palatino ¶硬［軟］口蓋 palato duro [molle]
✤**口蓋音** suono*男* palatale, palatale*女* (▶舌と口蓋の間で調音される音. イタリア語ではc, g, gl, gn, scなどで現れる)
口蓋音化 palatalizzazione*女* (di un suono)
口蓋垂《解》ugola*女*

こうがい 公害（汚染）inquinamento*男*, contaminazione*女*;《環境破壊》danno*男* ambientale ¶騒音公害 inquinamento acustico ¶食品公害 inquinamento alimentare ¶工場［農薬］公害 inquinamento provocato「da un'industria [dall'uso di prodotti chimici in agricoltura] ¶公害を引き起こす［なくす］provocare [eliminare] una contaminazione
✤**公害企業** impresa*女* inquinante
公害対策 misure*女* [複] antinquinamento ¶公害対策基本法《日本の》Legge*女* per la Prevenzione dell'Inquinamento
公害病 malattia*女* causata dall'inquinamento
公害病認定患者 vittima*女* ufficialmente riconosciuta di una malattia causata dall'inquinamento
公害防止協定 accordo*男* contro l'inquinamento
こうがい 郊外 periferia*女*, dintorni*男* [複], sobborghi*男* [複] ¶東京郊外に alla periferia [nei sobborghi] di Tokyo ¶郊外に住む abitare in periferia
✤**郊外居住者** abitante*男* della periferia;《集合的》popolazione*女* suburbana [periferica]
郊外電車 treno*男* che collega la periferia al centro
こうがい 校外 ◇校外で fuori della scuola
こうがい 梗概 trama*女*, epitome*女*
こうがい 港外 ¶船は港外に停泊中です. La nave è ancorata fuori del porto.
こうがい 鉱害 danni*男* [複] ambientali causati dall'attività mineraria
ごうかい 豪快 ◇豪快な dinamico*男* [複 -ci], pieno di energia ¶豪快な男 uomo energico e risoluto ¶豪快なホームラン un potente [fantastico] *homerun* ¶豪快に笑う ridere fragorosamente
ごうがい 号外 edizione*女* straordinaria ¶号外を出す pubblicare un'edizione straordinaria ¶「号外！」"Edizione straordinaria!"
こうかいどう 公会堂 sala*女* per riunioni pubbliche, palazzo*男* dei congressi;《劇場》teatro*男* comunale
こうかがく 光化学 fotochimica*女*
✤**光化学スモッグ** smog*男* [無変] fotochimico
こうかく 口角 angoli*男* [複] della bocca
慣用 **口角泡を飛ばす** discutere*自*,*自* [av] animatamente, disputare*自*,*自* [av]
✤**口角炎**《医》《仏》perlèche;《俗》boccarola
こうかく 降格 retrocessione*女* di grado,〔軍〕degradazione*女* 一格下げ
こうがく 工学 ingegneria*女*;（テクノロジー）tecnolog*ia* [o -*gie*] ◇工学の tecnologico*男* [複 -ci] ¶電気［土木］工学 ingegneria elettrica [civile]
✤**工学士** laureat*o男* [女 -*a*] [dottore*男* [女 -*essa*] in ingegneria, ingegnere*男*;《略》ing.
工学博士 diplomat*o男* [女 -*a*] del dottorato in ingegneria, dottor*e男* [女 -*essa*] di ricerca in Ingegneria
工学部 facoltà*女* di ingegneria
こうがく 光学 ottica*女* ◇光学的 ottico*男* [複 -ci] ¶屈折光学 diottrica*女* ¶反射光学 catottri-

ca ¶光学測定 misurazione ottica
✤**光学ガラス** vetro男 per ottica
光学器械 strumento男 ottico
光学顕微鏡 microscopio男 [複 -i] ottico
こうがく 好学 ¶好学の士 amante女 dello studio
こうがく 後学 **1**《のちのちためになる知識》¶後学のために聞いておきたい. Vorrei chiederlo a titolo d'informazione. **2**《学問上の後輩》¶後学を養成する formare [educare] giovani studiosi
こうがく 高額 grande somma女 [somma女 elevata] (di denaro)
✤**高額紙幣** biglietto男 di grosso taglio;《親》bigliettone男
高額所得者 persona女 di alto reddito
高額納税者 contribuente男 ad alto reddito
ごうかく 合格 (進級) promozione女;(試験の) superamento男 di un esame ◇合格する essere promosso; superare [passare / passare自 [es] ad] un esame ¶選抜試験に合格する vincere un concorso ¶高校入試に合格する superare l'esame d'ammissione al liceo
✤**合格者** candidato男 [女 -a] promosso ad un esame
合格者名簿 elenco男 [複 -chi] dei promossi
合格通知[点] avviso男 [voto男] di promozione
こうがくしん 向学心 ¶向学心に富んでいる avere tanta voglia di studiare
こうがくねん 高学年 classi女 [複] superiori (di una scuola elementare)
こうかくるい 甲殻類《動》crostacei男 [複]
こうがくれき 高学歴 titolo男 di studio elevato ◇高学歴である avere un titolo di studio elevato
こうかくレンズ 広角レンズ obiettivo男 grandangolare, grandangolare男, grandangolo男 ¶超広角レンズ obiettivo supergrandangolare
こうかつ 狡猾 astuzia女, furbizia女, scaltrezza女 ◇狡猾な astuto, furbo, scaltro ◇狡猾に astutamente, furbescamente, scaltramente; con (malvagia) astuzia ¶狡猾な手段を用いる usare un'astuzia [un artificio]
こうかっしょく 黄褐色 ¶黄褐色の di color bruno giallastro
こうかん 公刊 pubblicazione女 ◇公刊する pubblicare
こうかん 公館 ¶在外公館 sede diplomatica all'estero

こうかん 交換 **1**《取り換えること、やりとりすること》scambio男 [複 -i], cambio男 [複 -i], permuta女 ◇交換する scambiare [cambiare] ql.co.《と con》¶手形の交換 compensazione女 ¶手形を交換する passare un assegno alla stanza di compensazione ¶金と換に in cambio di denaro ¶意見の交換 scambio di opinioni ¶我々は円を euro [円]に交換した. Ci siamo scambiati 'i biglietti da visita [il posto].
2《電話の》collegamento男 telefonico男 [複 -ci], commutazione女.
✤**交換価値**《経》valore男 di scambio
交換機《電話の》commutatore男

交換教授[学生] professore男 [女 -essa] [studente男 [女 -essa]] che usufruisce di un piano di scambi culturali
交換局《電話の》centrale女 telefonica
交換経済 economia女 di scambio
交換手《電話の》centralinista男女 [複 -i], telefonista男女 [複 -i]
交換所《電話の》stanza女 di compensazione
交換条件 condizioni女 [複] di scambio
交換台《電話の》centralino男
交換(比)率《通貨の》tasso男 di cambio
交換レンズ《写》obiettivo男 intercambiabile
こうかん 交歓 ◇交歓する scambiarsi gentilezze [cortesie] con ql.cu.
✤**交歓会** ricevimento男 [riunione女] (per uno scambio di cortesie)
交歓試合 partita女 amichevole
こうかん 好感 ¶好感を与える ispirare simpatia [〔好印象〕fare una buona impressione] a ql.cu. ¶好感をもつ avere [provare] simpatia per ql.cu.
こうかん 巷間 ¶巷間のうわさ voci di strada
こうかん 高官 ¶政府高官 alto funzionario governativo /(総称)alte personalità del governo / dignità dello stato
こうがん 紅顔 ¶紅顔の美少年 un bel ragazzino dal colorito roseo
こうがん 睾丸 testicolo男;《卑》palle女 [複], coglioni男 [複] ¶睾丸の testicolare
✤**睾丸炎**《医》orchite女
こうがん 厚顔 ◇厚顔(無恥)な sfacciato, spudorato, impudente, sfrontato ¶厚顔無恥にも…する avere la sfacciataggine [la faccia tosta] di + 不定詞
ごうかん 強姦 stupro男, violenza女 carnale ◇強姦する stuprare [violentare] ql.cu.
✤**強姦罪**(reato男 di) violenza女 carnale, stupro男
強姦犯(人) stupratore男
ごうがん 傲岸 ◇傲岸(不遜)な arrogante, insolente, altezzoso, borioso
こうがんざい 抗癌剤 farmaco男 [複 -ci] antitumorale
こうかんしんけい 交感神経 nervo男 simpatico [複 -ci];《医》plesso del gran simpatico
✤**交感神経系** sistema男 nervoso simpatico
こうき 工期 durata女 [periodo男] dei lavori [della costruzione]
こうき 公器 ¶新聞は社会の公器である. Il giornale è un organo pubblico.
こうき 広軌《鉄道》scartamento男 superiore al normale, scartamento男 largo [複 -ghi] [allargato](◆国際標準軌間 1435 ミリ以上のものをさすが、日本では 1067 ミリ以上のものもさすことがある)
✤**広軌鉄道** ferrovia女 a scartamento largo
こうき 光輝 ¶光輝ある歴史 storia gloriosa
こうき 好奇 ¶好奇の目で見る guardare con occhio indiscreto [curioso]
こうき 好期 momento男 adatto ¶物事にはそれぞれ好期というものがある. Ogni cosa a suo tempo [a tempo debito]. / C'è il momento giusto per tutto.
こうき 好機 occasione女 favorevole, buona

occasione㊛ ¶…する好機を捉(とら)える approfittare dell'occasione [cogliere l'occasione] per + 不定詞 ¶好機の到来を待つ attendere il corso degli eventi ¶千載一遇の好機だ. È un'occasione unica. ¶私は好機を逸した. Ho perso [Ho mancato] un'occasione favorevole.

こうき 後記 [ラ] post scriptum㊚, postfazione㊛ ¶編集後記 nota dell'editore [del redattore]

こうき 後期 《会計年度・学年などの後半》secondo semestre㊚;《ある歴史上の時代の》seconda metà㊛ ¶江戸時代後期《3期の中の》l'ultimo terzo del periodo Edo ¶後期授業料 tasse scolastiche del secondo semestre
❖後期印象派〚美〛postimpressionismo㊚

こうき 香気 profumo㊚, fragranza㊛, aroma㊚ ¶香気のある profumato, fragrante, aromatico [㊛複 -ci], odoroso ¶香気を放つ emanare un profumo

こうき 校旗 bandiera㊛ di scuola

こうき 高貴 ◇高貴な nobile, d'alto lignaggio ¶高貴の生まれだった. Era di nobili natali. / Era di sangue blu.

こうき 綱紀 disciplina㊛ ¶綱紀のゆるみ [粛正] rilassamento [ristabilimento] della disciplina

こうぎ 広義 senso㊚ [significato㊚] lato [ampio㊚複 -i] ◇広義には in senso lato ¶広義に解釈する interpretare ql.co. in senso lato / dare a ql.co. un ampio significato

こうぎ 交誼 《親しい付き合い》rapporti㊚複 amichevoli, intime relazioni㊛複 sociali;《友人関係》amicizia㊛

こうぎ 抗議 protesta㊛;《苦情、クレーム》reclamo㊚;《不服》rimostranza㊛;《異議申し立て》contestazione㊛, obiezione㊛ ◇抗議する protestare [reclamare] contro ql.co., contestare ql.co., fare una protesta [una contestazione / le proprie rimostranze] contro ql.co. ¶政府の不当を抗議する protestare contro un'ingiustizia del governo ¶文書で抗議する protestare per iscritto
❖抗議運動[スト／集会／デモ] campagna㊛ [sciopero㊚／assemblea㊛／corteo㊚] di protesta
抗議声明 dichiarazione㊛ di protesta ¶…に対して抗議声明を出す dichiararsi contro ql.co. / dichiararsi contrario a ql.co.
抗議文 protesta㊛ scritta, lettera㊛ di protesta

こうぎ 厚誼 ¶ご厚誼に感謝します. Mille grazie per la Sua cortesia.

こうぎ 講義 《講座》corso㊚;《授業》lezione㊛;《公開の》conferenza㊛ ◇講義する fare [tenere] un corso [una lezione / una conferenza] ¶環境問題の公開講義に出席する assistere a una conferenza pubblica sui problemi ambientali ¶イタリア語の講義を聞きに通う frequentare le lezioni d'italiano ¶講義のノートをとる prendere appunti di un corso

ごうき 剛毅 ¶彼は剛毅な性格だ. È forte e intrepido. / Ha un carattere fermo e prode.

ごうき 豪気・剛気 ¶豪気な男だ. È un uomo audace.

ごうぎ 合議 《会議》conferenza㊛, assemblea㊛, riunione㊛;《討議、議決》deliberazione㊛ ◇合議する conferire con qlcu. su ql.co., deliberare su ql.co.
❖合議制 ¶合議制をとる applicare la [il principio della] collegialità ¶合議制裁判所 tribunali㊚複 collegiali

こうきあつ 高気圧 alta pressione㊛ (atmosferica), anticiclone㊚ ¶大陸性高気圧 alta pressione continentale ¶中部イタリアは高気圧に覆われている. L'Italia centrale è caratterizzata da una zona di alta pressione atmosferica.
❖高気圧圏 zona㊛ anticiclonica

こうきぎょう 公企業 impresa㊛ pubblica

こうきしん 好奇心 curiosità㊛ ¶好奇心の強い curioso ¶〈人〉の好奇心をそそる [満足させる] suscitare [soddisfare] la curiosità di qlcu. ¶好奇心に駆られて per [spinto dalla] curiosità

こうきせい 好気性 ◇好気性の aerobio [㊚複 -i], aerobico [㊚複 -ci]
❖好気性細菌 aerobi㊚複, batteri㊚複 aerobi

こうきのうじへいしょう 高機能自閉症 〚医〛autismo㊚ con alto quoziente intellettivo

こうきゅう 恒久 ◇恒久の[的な]《長続きする》durevole, duraturo, perenne;《永久の》permanente, perpetuo ◇恒久的に durevolmente, permanentemente, perpetuamente, per sempre ¶恒久的平和 pace durevole
❖恒久性 permanenza㊛, perpetuità㊛

こうきゅう 高級 ◇高級な di lusso, di prima categoria [scelta], di qualità superiore, di (alta) classe;《程度の》di alto livello [grado]
❖高級官僚 alto funzionario㊚ [㊚ -ia; ㊚複 -i]
高級車 automobile㊛ di lusso
高級住宅地 zona㊛ residenziale di lusso [di alta classe]
高級品 articolo㊚ di prima scelta [di lusso / di qualità superiore]
高級ホテル albergo㊚ [複 -ghi] di lusso [di prima categoria]
高級レストラン ristorante㊚ di prima categoria ¶超高級レストラン ristorante extra [gran] lusso

こうきゅう 高給 alto [buono] stipendio㊚ [複 -i] ◇高給の[で] ad alto stipendio, ad alta retribuzione ¶高給で雇う assumere qlcu. con uno stipendio elevato [alto]
❖高給取り impiegato㊚ [㊛ -a] ben stipendiato;《公務員》funzionario㊚ [㊛ -ia; ㊚複 -i] ad alto stipendio

こうきゅう 硬球 palla㊛ dura [regolamentare]

ごうきゅう 号泣 pianto㊚ di sfogo ◇号泣する piangere liberamente [a dirotto]

こうきゅうび 公休日 giorno㊚ libero ammesso formalmente e pubblicamente (oltre le festività ufficiali);《商店街・公共機関などの》giorno㊚ di chiusura stabilito (dalla corporazione o da tutti i negozi del quartiere)

こうきょ 皇居 Palazzo㊚ [Residenza㊛] imperiale ¶皇居前広場 Piazza della Residenza imperiale

こうきょう 公共 ◇公共の pubblico [㊚複 -ci], comune ¶公共の福祉 benessere pubblico ¶公

共の利益を図る promuovere l'interesse pubblico ¶公共の場 luogo pubblico
❖公共企業体 ente男 di diritto pubblico, azienda女 pubblica
公共財産 beni男[複] pubblici
公共事業《公共団体の行う事業》impresa女[utilità女] pubblica;《土木工事》lavori男[複] pubblici;《ガス・水道などの》servizi男[複] pubblici
公共施設 servizi男[複] di pubblica utilità, infrastrutture女[複] pubbliche
公共住宅 case女[複] popolari
公共職業安定所《イタリアの》Centro男 per l'Impiego
公共心 senso男 civico
公共団体 ente男 pubblico
公共投資 investimenti男[複] in infrastrutture pubbliche
公共部門 settore男 pubblico
公共放送(局) emittente女 pubblica
公共料金 tariffa女 dei servizi pubblici
こうきょう 好況　prosperità女 economica,〖経〗boom男[無変] economico[複 -ci], buona congiuntura女;《活況》attività女 intensa, mercato男 attivo ◇ 好況の prospero, attivo, in grande attività, in espansione ¶好況に向かう entrare in una fase di prosperità economica
こうぎょう 工業　industria女 ◇工業の[的] industriale ◇工業的に industrialmente ¶軽[重]工業 industria leggera [pesante] ¶重化学工業 industria chimica e pesante ¶工業用の per uso industriale
❖**工業暗化**〖生〗melanismo男 industriale
工業化 industrializzazione女 ◇工業化する《他のものを》industrializzare;《自らが》industrializzarsi ¶脱工業化社会 società postindustriale
工業化学 chimica女 industriale
工業技術 tecnica女 industriale
工業銀行 banca女 industriale
工業高校 liceo男 tecnico[複 -ci] industriale
工業高等専門学校 istituto男 superiore tecnico industriale (◆ 5 anni, dopo la licenza media)
工業国 paese男 industriale [industrializzato]
工業試験所 laboratorio男[複 -i] industriale
工業大学 politecnico男[複 -i]
工業団地 terreno男 ufficialmente adibito a zona industriale
工業地帯 zona女[area女] industriale
工業デザイナー disegnatore男[女 -trice] industriale;〔英〕industrial designer男[無変]
工業デザイン disegno男 industriale;〔英〕industrial design男[無変]
工業都市 città女 industriale
工業廃水 acqua女 di scarico industriale
工業用水 acqua女 per uso industriale
工業用ロボット automa男[複 -i] [robot男[無変]] industriale
工業力 potere男 industriale
こうぎょう 鉱業　industria女 mineraria [estrattiva]
こうぎょう 興行　allestimento男 di una rappresentazione [di uno spettacolo] ◇興行する allestire [organizzare] uno spettacolo, rappresentare ql.co. ¶旅興行 rappresentazione [spettacolo] itinerante ／〔仏〕tournée女[無変]
❖**興行界** il mondo男 dello spettacolo
興行権 diritti男[複] di rappresentazione
興行主 impresario男[複 -ia; 女複 -i]
こうぎょう 興業　promozione女 dell'industria
こうきょういく 公教育　educazione女 pubblica
こうきょうがく 交響楽　sinfonia女
❖**交響楽団** orchestra女 sinfonica
こうきょうきょく 交響曲　¶ベートーベンの交響曲第5番 la quinta sinfonia di Beethoven
こうきょうし 交響詩　poema男[複 -i] sinfonico[複 -ci]
こうきょうようり 公教要理　《カト》catechismo男
こうきん 公金　fondi男[複] pubblici ¶公金を横領する appropriarsi indebitamente di fondi pubblici
❖**公金横領** peculato男, malversazione女
こうきん 抗菌　◇抗菌性の antibatterico[男複 -ci], antimicrobico[男複 -ci]
❖**抗菌剤** sostanza女 antibatterica, antibatterico男[複 -ci]
こうきん 拘禁　detenzione女, carcerazione女 ◇拘禁する carcerare [incarcerare] qlcu.
ごうきん 合金　〖冶〗lega女 ¶超合金 superlega ¶金と銀の合金を作る legare l'oro con l'argento
❖**合金鉄** ferrolega女
こうく 鉱区　concessione女 [zona女] mineraria
こうぐ 工具　utensile男, arnese男, strumento男, attrezzo男　→大工道具 図版 ¶工具セット cassetta degli attrezzi
❖**工具一式** un set男 di arnesi
工具店 negozio男[複 -i] di ferramenta
ごうく 業苦　《仏教》sofferenza女 karmica (◆ dolore causato dai peccati della vita precedente)
こうくう 航空　aviazione女, navigazione女 aerea ◇航空の aereo, aeronautico男[複 -ci] ¶国際[国内／民間]航空 aviazione internazionale [nazionale／civile]
❖**航空宇宙医学**[工学／産業]medicina女[ingegneria女／industria女] aerospaziale
航空会社 compagnia女 aerea
航空学 aeronautica女
航空学校 scuola女 aeronautica [《パイロット養成の》di pilotaggio]
航空貨物 merci女[複] aviotrasportate
航空管制官 controllore男 di volo;《俗》uomini男[複] radar
航空管制塔 torre女 di controllo
航空機 aeroplano男, aereo男, aeromobile男
航空機産業 industria女 aeronautica
航空協定 accordo男 per l'aviazione civile
航空券 biglietto男 aereo
航空交通管制センター centro男 di controllo della circolazione aerea
航空士 aviatore男[女 -trice], navigatore男[女 -trice]
航空自衛隊 Corpo男 di Autodifesa Aerea
航空写真 aerofotografia女

航空ショー spettacolo🅼 di acrobazie aeree
航空測量 aerofotogrammetria🅵
航空隊 aviazione🅵, flotta🅵 aerea, forze🅵[複] aeree
航空灯台 radiofaro🅼; faro🅼 indicatore di rotta
航空標識 aerofaro🅼
航空便 posta🅵 aerea, lettera🅵 per via aerea ¶航空便で手紙を送る spedire una lettera per via [posta] aerea
航空兵 aviere🅼, aviatore🅼[🅵 -trice]
航空母艦 portaerei🅵[無変]
航空輸送 trasporto🅼 aereo
航空路 aviolinea🅵, linea🅵[rotta🅵] aerea
こうくう 口腔 ⇒口腔(こうこう)
こうぐう 厚遇 accoglienza🅵 cordiale [calorosa] ◇厚遇する accogliere qlcu. cordialmente [calorosamente], fare buona accoglienza a qlcu.
こうぐん 行軍 lunga marcia🅵[複 -ce] di un esercito
こうけい 口径 《銃の》calibro🅼;《直径》diametro🅼 ¶32 口径のピストル pistola calibro 32
こうけい 光景 《情景》scena🅵;《景色》vista🅵, veduta🅵, panorama🅼[複 -i] ¶惨たんたる光景 uno spettacolo orribile ¶その光景は今でもはっきりと私の脳裡(のうり)に焼きついている。Quella scena è ancora chiaramente impressa nella mia mente.
こうけい 後継 successione🅵
✤後継者 successore🅼[🅵 succeditrice], continuatore🅼[🅵 -trice]
後継内閣 il Governo🅼 entrante [subentrante]
こうげい 工芸 artigianato🅼 artistico[複 -ci]
✤工芸家 artigiano🅼[🅵 -a];《職人の域を抜け出た》artista🅼[男複 -i]
工芸品 oggetto🅼 d'artigianato
ごうけい 合計 somma🅵, totale🅼 ◇合計する sommare, addizionare, fare la somma di ql.co. ¶合計を出す fare il totale / tirare [fare] la somma ¶合計で[すると] in totale / in tutto / nell'insieme / complessivamente ¶合計でいくらですか。Quanto viene in tutto?
こうけいき 好景気 situazione🅵 economica favorevole ¶好景気に沸く町 città investita da un'ondata di benessere economico
こうゲーム 好ゲーム buona partita🅵

こうげき 攻撃 1《攻めること》assalto🅼, attacco🅼[複 -chi], offensiva🅵;《歩兵・騎兵の突撃》carica🅵;《空からの》incursione🅵 aerea ◇攻撃する attaccare [dare l'assalto a] qlcu. [ql.co.], assalire qlcu. [ql.co.] ¶攻撃される subire un attacco ¶攻撃に耐える resistere a [far fronte a / sostenere] un attacco ¶攻撃を開始する sferrare [lanciare] un'offensiva [un attacco] ¶総攻撃をかける lanciare un attacco 'generale' [su tutta la linea] ¶攻撃を再開する riprendere l'offensiva / ritornare alla carica [all'assalto] ¶攻撃をしりぞける respingere un attacco ¶攻撃は最良の防御である。"La migliore difesa è l'attacco."
2《非難》accusa🅵, attacco🅼[複 -chi];《批判》critica🅵 ◇攻撃する accusare [attaccare] qlcu. [ql.co.]; criticare qlcu. [ql.co.] ¶攻撃的な態度 atteggiamento aggressivo [offensivo] ¶個人攻撃をする lanciare un attacco personale a qlcu. ¶彼は世論の攻撃の的になった。È diventato il bersaglio dell'opinione pubblica.
✤攻撃目標 obiettivo🅼 di un attacco
こうけつ 高潔 ◇高潔な nobile, di animo nobile;《清廉な》retto ◇高潔さ grandezza🅵[nobiltà🅵] d'animo; elevatezza🅵 di sentimenti
ごうけつ 豪傑 《偉人》eroe🅼;《勇敢な人》guerriero🅼 coraggioso;《強い男》uomo🅼 forte;《大胆に行動する人》uomo🅼 retto e risoluto
こうけつあつ 高血圧 ipertensione🅵, alta pressione🅵 arteriosa ◇高血圧の iperteso ¶私は高血圧だ。Ho la pressione alta.
✤高血圧症 ipertensione🅵
高血圧症患者 iperteso🅼[🅵 -a]
こうけっか 好結果 buon risultato, risultato🅼 soddisfacente
こうけん 公権 《法》diritti🅼[複] civili ¶公権を剥奪(はくだつ)する privare qlcu. dei diritti civili
✤公権停止 interdizione🅵 dall'esercizio dei diritti civili
公権剥奪 privazione🅵 dei diritti civili
こうけん 効験 effetto🅼; efficacia🅵[複 -cie] ¶効験あらたかな薬 medicina miracolosa
こうけん 後見 1《法》tutela🅵《財産管理》curatela🅵;《保護》tutela🅵, protezione🅵 ◇後見する fare da tutore [qlcu., fare da tutrice《女性が主語》] a qlcu., avere qlcu. sotto la propria tutela ¶後見を受ける essere sotto la tutela di qlcu.
2《能・歌舞伎の介添え人》aiutante🅼[assistente🅼] di scena;《介添えすること》assistenza🅵 sulla scena
✤後見人《法律上の》tutore🅼[🅵 -trice]; curatore🅼[🅵 -trice];《保護者》protettore🅼[🅵 -trice]
こうけん 貢献 contributo🅼, servigio🅼[複 -gi] ◇貢献する contribuire🅵[av] a ql.co., rendere servigi a ql.co. [qlcu.] ¶平和のために貢献する contribuire alla causa della pace ¶彼は日本文化の海外紹介に大きく貢献した。Ha contribuito enormemente alla diffusione della cultura giapponese all'estero.
こうげん 公言 ◇公言する dichiarare pubblicamente;《断定的に》affermare apertamente di + 不定詞 ¶…と公言してはばからない non esitare a dichiarare pubblicamente che + 直説法 [di + 不定詞]
こうげん 巧言 adulazione🅵, lusinga🅵, blandizie🅵[複] ¶巧言をあやつって人をだます ingannare qlcu. con lusinghe
✤巧言令色 lusinghe🅵[複] e moine🅵[複]
こうげん 広言 《大言》fanfaronata🅵, spacconata🅵 ¶広言を吐く dire fanfaronate
こうげん 光源 sorgente🅵 luminosa
こうげん 抗原・抗元 《生・医》antigene🅼
こうげん 高原 altopiano🅼[altipiani]
✤高原地帯 regione🅵 montagnosa [montuosa]
ごうけん 合憲 ◇合憲の costituzionale; conforme alla Costituzione
ごうけん 剛健 ◇剛健な virile, vigoroso ¶質実剛健の気風 spirito di sobrietà e austerità

こうげんがく 考現学 modernologia㊛
こうげんびょう 膠原病 collagenopatia㊛
こうけんりょく 公権力 potere㊚ pubblico [複 -ci]
こうこ 公庫 ¶金融公庫 istituto di credito pubblico / ente finanziario pubblico
こうこ 後顧 ¶後顧の憂いを絶つ sistemare le proprie cose prima di una partenza o prima della morte, per non lasciare preoccupazioni a chi resta
こうご 口語 《話し言葉》lingua㊛ parlata [colloquiale / corrente];《現代語》lingua㊛ moderna
♣**口語体** stile㊚ colloquiale
口語文 frase㊛ colloquiale
口語文法 grammatica㊛ della lingua moderna
こうご 交互 ◇交互な alternativo ◇交互に alternativamente, alternatamente;《交替で》a turno, a vicenda ¶2色を交互に用いる alternare due colori ¶3人は交互に休息をとった. I tre riposavano a turno. ¶幸福と不幸が交互にやって来た. La felicità e l'infelicità si sono alternate.
ごうご 豪語 ◇豪語する dichiararsi con orgoglio capace di + 不定詞, gloriarsi [vantarsi] che + 直説法 [di + 不定詞]
こうこう 口腔 《解》cavità㊛ orale
♣**口腔衛生** igiene㊛ orale
口腔外科《医》chirurgia㊛ stomatologica
こうこう 孝行 pietà㊛ filiale,［ラ］pietas㊛ [無変] ◇孝行な devoto ai genitori ◇孝行する essere devoto ai genitori, essere pieno di attenzioni (premure) verso i genitori ¶彼は孝行息子だ. Rispetta molto i genitori. ¶孝行をしたい時分に親はなし.《諺》Bisogna essere devoti ai propri genitori mentre sono ancora in vita.
こうこう 後攻 ¶後攻である《野球で》essere in battuta nella seconda metà dell'inning
こうこう 航行 《船・飛行機の》navigazione㊛ ◇航行する navigare㊛ [av] ¶海上を航行する navigare in [per] mare ¶沿岸［沖合い］を航行する navigare「vicino alla costa [al largo] ¶河川［運河／湖］を航行する navigare su un fiume [un canale / un lago] ¶航行の自由 libertà di navigazione ¶航行可能［不可能］な河川 fiume navigabile [innavigabile] ¶航行中の船舶 nave in navigazione [in viaggio] ¶船は航行不能に陥った. La nave è stata messa fuori servizio. ¶ただいま新潟上空を航行中です. Stiamo sorvolando il cielo di Niigata.
♣**航行権** diritto㊚ di libera navigazione
こうこう 高校 《「高等学校」の》liceo㊚;《正式名称》scuola㊛ secondaria di secondo grado;《中学校以上の各種学校の総称》scuola㊛ media superiore → 教育 用語集 ¶私は高校1年です. Sono al primo anno di liceo. / Frequento la prima liceo. ¶高校卒である avere [possedere] solo maturità (liceale) / avere [possedere] solo diploma di scuola superiore
♣**高校生** studente㊚ [㊛ -essa] di scuola superiore, liceale㊚
高校野球 campionato㊚ di baseball fra scuole superiori
こうこう 膏肓 ¶彼の競馬好きときたらまさに病膏肓に入るだよ. La sua passione per le corse ippiche è ormai incurabile [insanabile].
こうこう 皓皓 ¶皓々たる月の光 bianco chiarore lunare ¶月が皓々と照っている. La luna splende.
こうこう 煌煌 ◇煌々と brillantemente, luminosamente, lucentemente ¶大広間にはシャンデリアが煌々と輝いていた. Il salone era illuminato a giorno dai lampadari.
こうごう 皇后 imperatrice㊛ ¶皇后陛下 Sua Altezza Imperiale l'Imperatrice
ごうごう 囂囂 ◇囂々たる《やかましい》chiassoso, clamoroso, rumoroso, fragoroso;《無秩序な》tumultuoso ¶囂々たる非難を浴びる essere investito da fragorose grida di disapprovazione
ごうごう 轟轟 ◇轟々たる fragoroso, rumoroso, mugghiante ◇轟々と con grande fragore ¶海鳴りが轟々と聞こえる. Si sente il mugghiare del mare.
こうこうがい 硬口蓋 《解》palato㊚ duro
こうこうさ 光行差 《天》aberrazione㊛ ¶年周［日周］光行差 aberrazione annua [diurna]
こうこうしい 神神しい divino; sublime ¶神々しい顔 volto che ispira un profondo rispetto
こうごうせい 光合成 《生》fotosintesi㊛ [無変]
こうこうや 好好爺 vecchio㊚ [複 -chi] amabile [d'indole gentile]
こうこがく 考古学 archeologia㊛ ◇考古学的 archeologico [男複 -ci] ◇考古学的に archeologicamente
♣**考古学者** archeologo㊚ [㊛ -ga; 男複 -gi]
こうこく 公告 avviso㊚ al pubblico, annuncio㊚ [複 -ci] ◇公告する annunciare pubblicamente [comunicare / avvisare il pubblico di] ql.co. [che + 直説法]
こうこく 公国 principato㊚ ¶リヒテンシュタイン公国 il Principato di Liechtenstein
こうこく 広告 pubblicità㊛, annuncio㊚ [複 -ci] pubblicitario [複 -i],《仏》réclame [reklám] [無変],《告知》avviso㊚ ◇広告する fare pubblicità [réclame] a ql.co., fare propaganda per ql.co., pubblicizzare ql.co., reclamizzare ql.co. ¶折り込み広告 inserzione / inserto pubblicitario ¶死亡広告 annuncio [avviso] mortuario [funebre] / necrologio ¶新聞広告 annuncio「pubblicitario su un giornale [《3行広告》economico] ¶新聞の求人広告欄 rubrica delle offerte di lavoro di un giornale ¶電光広告 insegna pubblicitaria luminosa
♣**広告宣伝費** spese㊛ [複] per la pubblicità
広告代理店 agenzia㊛ pubblicitaria [di pubblicità]
広告代理業 pubblicità㊛, attività㊛ pubblicitaria
広告代理業者 agente㊚ pubblicitario, reclamista㊚㊛ [男複 -i]
広告塔 (1) pilastro㊚ [torre㊛] per la pubblicità (2)《広告媒体としての有名人》¶宗教団体の広告塔 personaggio di spicco all'interno di una setta religiosa
広告主 inserzionista㊚㊛ [男複 -i], propagandi-

sta男 ⦅女⦆[複 -i]；⦅スポンサー⦆〔英〕sponsor男〔無変〕
広告媒体 mezzo男 pubblicitario [複 -i]
広告費 spese⦅女⦆[複] di pubblicità
広告文 scritta⦅女⦆pubblicitaria
広告欄 colonne⦅女⦆[複] degli annunci pubblicitari
広告料 tariffa⦅女⦆pubblicitaria

こうこく 抗告 protesta⦅女⦆ufficiale all'amministrazione;《法》《上訴のうちの一つ》ricorso男, appello男；《控訴》ricorso男 in appello ◇抗告する fare ricorso contro ql.co., appellarsi [ricorrere] contro ql.co. ¶判決に対して即時抗告する appellarsi immediatamente contro la sentenza

✤**抗告状** atto男 d'accusa
抗告審 ricorso男 in appello
抗告人 querelante男

こうこつ 恍惚 **1**《うっとりすること》estasi⦅女⦆[無変], rapimento男 ¶恍惚と(して) in estasi; affascinato ◇恍惚となる andare in estasi per ql.co. [qlcu.];《状態》essere trasportato dall'estasi
¶**恍惚状態** stato estatico
2《ぼけること》¶恍惚の人 vecchio rimbambito

こうこつかん 硬骨漢 uomo男 [複 uomini] intransigibile [inflessibile]

こうこつぎょるい 硬骨魚類 teleostei男 [複]

こうこつもじ 甲骨文字 antichi ideogrammi男[複] cinesi ritrovati incisi su ossa di bovini o carapaci [gusci] di tartarughe

こうさ 公差 **1**《機》(margine男 di) tolleranza⦅女⦆**2**《数》ragione⦅女⦆

こうさ 交差 incrocio男 [複 -ci], intersezione⦅女⦆◇交差する《2つのもの・ことが》incrociarsi [intersecarsi] (con ql.co.);《あるものが他のものと》incrociare [intersecare] ql.co. ¶立体交差《道路の》cavalcavia男[無変] /《四つ葉型の》raccordo a quadrifoglio

✤**交差点《十字路》** incrocio, crocevia⦅女⦆, crocicchio男 [複 -chi]; quadrivio男 [複 -i]

こうさ 考査 esame男

こうさ 黄砂 sabbia⦅女⦆gialla proveniente dalla Cina

こうざ 口座 conto男 ←銀行 金融 ¶銀行に口座を開く《持っている》aprire [avere] un conto in banca ¶郵便振替口座 conto corrente [c/c] postale ¶普通[外貨立て外国]口座 conto ordinario [estero in valuta] ¶定期預金口座を持っている avere un deposito bancario vincolato

こうざ 講座《講義》corso男 ¶公開講座 corso aperto al pubblico ¶夏期講座 corso estivo ¶通信講座 corso per corrispondenza ¶テレビのイタリア語講座 corso televisivo di lingua italiana ¶彼はローマ大学で日本文学の講座を担当している. Lui occupa la cattedra di Letteratura giapponese all'Università di Roma. (►cattedraは「大学の講座主任のポストまたは研究室」を表す)

✤**講座主任** titolare男 di corso, cattedratico男 [⦅女⦆-ca; 男複 -ci]

こうさい 公債 prestito男 [debito男] pubblico [複 -ci] ¶《国債》obbligazioni⦅女⦆[複] pubbliche, fondi [複] pubblici

✤**公債証書** certificato男 di debito pubblico

こうさい 交際 relazioni⦅女⦆[複], rapporti男[複]；《友人関係》amicizia⦅女⦆;《人付き合い》compagnia⦅女⦆◇交際する avere relazioni [rapporti] con qlcu., frequentare qlcu. ¶交際を断つ rompere [troncare] le relazioni con qlcu. ¶交際を求める ricercare la compagnia di qlcu. ¶他人との交際を好む[避ける] amare [evitare] la compagnia ¶彼は交際が広い. Ha molte conoscenze [relazioni]. ¶どんな人と交際しているの. Chi [Quali persone] frequenti? ¶彼は交際嫌いだ. È poco sociabile [un misantropo / un orso]. ¶彼は交際家だ. È socievole. ¶私は政治家との交際はない. Non ho alcuna relazione con uomini politici.

✤**交際費** spese⦅女⦆[複]「per relazioni sociali [di rappresentanza]」

こうさい 光彩 ¶光彩を放つ《優れている》essere eminente / distinguersi [(di)staccarsi] dagli altri [dalle altre] / eccellere⦅自⦆[es, av] su tutti ¶文学界でひときわ光彩を放つ人々 i più eminenti personaggi del mondo letterario

こうさい 虹彩《医》iride⦅女⦆(dell'occhio)
✤**虹彩炎** irite⦅女⦆

こうさい 高裁《「高等裁判所」の略》Corte d'Appello ¶高裁に上告する fare ricorso alla Corte d'Appello

こうさい 鉱滓 scorie⦅女⦆[複]

こうざい 功罪 colpe⦅女⦆[複] e virtù⦅女⦆[複]; meriti男 [複] e demeriti男 [複] ¶彼の功罪は半ばしている. Nella sua vita, colpe e virtù hanno lo stesso peso.

こうざい 鋼材 materiali男 [複] di acciaio;《建設用》acciaio男 [複 -i] da costruzione

こうざいりょう 好材料 fattore男 favorevole ¶政府攻撃のまたとない好材料 ottimo pretesto per un attacco al Governo

こうさく 工作 **1**《手工, 学校の課目》lavori男[複] [attività⦅女⦆] manuali;《製作, 組み立て》costruzione⦅女⦆
2《計画的な働きかけ》manovra⦅女⦆;《陰謀》intrigo男 [複 -ghi] ◇工作する manovrare; costruire ¶政治工作 manovra politica ¶裏面工作 manovra「dietro le quinte [alle spalle]」¶アリバイ工作をする costruire un alibi ¶秘密工作員 spia / agente segreto

✤**工作機械** macchina⦅女⦆utensile
工作品 prodotto男 artigianale

こうさく 交錯《絡み合い》intreccio男 [複 -ci],《もつれ》intrigo男 [複 -ghi];《混交》misto男, mescolanza⦅女⦆, miscuglio男 [複 -gli] ◇交錯する intrecciarsi; intricarsi, imbrogliarsi;《入り交じる》confondersi, mescolarsi;《複雑化する》essere complesso ¶交錯する枝 groviglio di rami ¶その小説では夢と現実が奇妙に交錯している. Quel romanzo è una mescolanza strana di sogni e di realtà. / I sogni e la realtà si mescolano stranamente in quel romanzo.

こうさく 耕作 coltivazione⦅女⦆, coltura⦅女⦆;《すきによる》aratura⦅女⦆◇耕作する coltivare; arare;《農業をする》fare l'agricoltore ¶耕作に適した土地 terreno coltivabile [arabile]

✤**耕作権** diritto男 di coltivazione

こうさつ 考察 considerazione⦅女⦆;《観察》osservazione[女];　《熟慮》riflessione[女];　《研究》studio[男][複 -i]; ricerca[女] ◇考察する considerare [prendere in considerazione] *ql.co.*; riflettere su *ql.co.*; osservare *ql.co.*; eṣaminare [studiare / ricercare] *ql.co.* ¶青少年犯罪についての考察 studio [ricerca] sulla delinquenza giovanile

こうさつ 高察 ¶ご高察のとおりでございます. Lei ha [aveva] previsto bene.

こうさつ 絞殺 strangolamento[男] ◇絞殺する strangolare [strozzare] *qlcu.*

✤**絞殺死体** cadavere[男] di「uomo strangolato [《女》donna strangolata]

こうさん 公算 possibilità[女], probabilità[女] ¶彼が社長になる公算が大きい. Ha grandi possibilità di diventare presidente. / È molto probabile che diventi presidente.

こうさん 降参 **1**《戦いなどで負けること》resa[女]; capitolazione[女] ◇降参する arrendersi《に a》, darsi per vinto; capitolare[自][*av*]《に davanti a》;《服従する》sottomettersi《に a》

2《閉口する》essere sfinit*o*;《うんざりする》stufarsi;《あきらめる》rassegnarsi ¶わかった, わかった, もう降参だ. Va bene, va bene, hai vinto tu.

こうさん 鉱産 produzione[女] mineraria

✤**鉱産資源** risorse[女][複] minerarie

鉱産物 prodotto[男] minerar*io* [複 -*i*]

こうざん 高山 alta montagna[女] ◇高山の d'alta montagna, alpino

✤**高山植物** pianta[女] alpina

高山病 mal[男] di montagna

こうざん 鉱山 miniera[女] ◇鉱山の minerar*io* [[男]複 -*i*]

✤**鉱山技師** ingegnere[男][女] minerar*io*

鉱山労働者 minatore[男]

こうし 子牛 vitell*o*[男][[女] -*a*];《雌の》giovenca[女];《1歳から2歳の》vitellone[男] ¶子牛の肉(carne di) vitello [vitella / vitellone]

こうし 公私 ¶公私のけじめをつける distinguere le cose private da quelle pubbliche ¶彼は公私を混同している. Mescola sempre le questioni private con quelle derivanti dalla sua carica pubblica. ¶私は公私ともに多忙だ. Sono impegnato sia nella vita pubblica che in quella privata.

こうし 公使 ministro[男] ¶特命全権公使 ministro plenipotenziario

✤**公使館** legazione[女]

公使館員 funzionar*io*[男][[女] -*ia*; [男]複 -*i*] di una legazione

こうし 光子 〔物〕fotone[男]

こうし 行使 eṣercizio[男][複 -*i*] ◇行使する eṣercitare *ql.co.*, uṣare *ql.co.*, ricorrere[自][*es*] a *ql.co.* ¶権利を行使する eṣercitare un diritto ¶権力を行使する eṣercitare il potere [l'autorità] ¶武力を行使する ricorrere [fare ricorso] alle armi

こうし 厚志 ¶ご厚志ありがたくお受けいたします. Le sono molto obbligato per la Sua gentilezza.

こうし 格子 graticolato[男], tralic*cio*[男][複 -*ci*], grata[女];《鉄格子》inferriata[女];《結晶の》reticolo[男]

✤**格子縞**(じま) scacchi[男][複], quadretti[男][複]

格子戸 cancello[男], porta[女] con inferriata [grata]

格子窓 finestra[女] con grata

こうし 講師 《大学の》professor*e*[男][[女] -*essa*], insegnante[男][女] universitar*io* [[男]複 -*i*];《講演会の》conferenzier*e*[男][[女] -*a*] ¶高校の講師 insegnante di liceo [di scuola superiore] ¶外国人講師 insegnante [professore] straniero /《語学講師》let*tore*[男][[女] -*trice*] stranier*o* ¶非常勤講師 professor*e*[男][[女] -*essa*] [insegnante] a contratto ⇒教育 [用語集]

> **[参考]**
> イタリアの大学で講座を持っている教師はすべてprofessoreと呼ばれる. lettoreは外国語講座で, ネイティブスピーカーの外国人またはイタリア人が, professoreの助手的役割を果たしている場合に用いられる. 日本の大学講師をlettoreと訳すのは誤りである.

こうじ 工事

《作業》lavori[男][複],《建設・土木》costruzione[女] ¶工事中である essere in costruzione ¶道路工事 costruzione di una strada ¶道路補修工事 costruzioni e riparazioni stradali ¶「工事中」《掲示》"Lavori in corso"

✤**工事現場** cantiere[男] edile

工事費 costo[男] [《支出》spese[女][複]] di costruzione

こうじ 公示 annun*cio*[男][複 -*ci*] ufficiale; avviṣo[男] al pubblico ◇公示する annunciare ufficialmente *ql.co.* [che + [直説法]]

✤**公示価格**《土地の》valore[男]「annunciato ufficialmente [ufficiale] (di un terreno)

こうじ 好事 evento[男] lieto [felice] ¶好事魔多し.《諺》La felicità porta spesso una infelicità. / "Non c'è roṣa senza spine."

こうじ 好餌 **1**《誘い寄せる手段》 ¶好餌で誘う attirare *qlcu.* con una luṣinga irresistibile

2《えじき》 ¶強欲な商人の好餌となる cadere (facile) preda di un avido mercante

こうじ 後事 affari[男][複] futuri ¶<人>に後事を託す affidare a *qlcu.* il futuro di *ql.co.*

こうじ 高次 alto livello[男] [grado[男]] ¶高次の文明 civiltà di alto livello [grado]

✤**高次方程式**〔数〕equazione[女] di alto grado

こうじ 小路 vicolo[男], vicoletto[男], stradina[女]

こうじ 麴 *koji*[男][無変], cereale[男] cotto a vapore e microorganiṣmi[男][複] fermentativi che vengono fatti riprodurre sullo stesso cereale, utilizzati nella produzione di salsa di soia, *sakè*, *miso* ecc.

ごうし 合資

✤**合資会社** (società[女] in) accomandita[女]

こうしき 公式 **1**《数学などの》formula[女]

2《おおやけ》 ◇公式の ufficiale;《正式の》formale, ufficiale;《公然の》pubbli*co* [[男]複 -*ci*] ◇公式に ufficialmente; formalmente; pubblicamente ¶公式の場で in un'occaṣione ufficiale

✤**公式行事** cerimonia[女] ufficiale

公式見解 ¶政府の公式見解によれば secondo il punto di vista ufficiale del Governo

公式主義 formaliṣmo[男]

公式声明[発表] dichiarazione[女] [annun*cio*[男]

[複 -ci]] ufficiale, comunicato男
公式戦[スポ] gara女[partita女] regolare
公式訪問 visita女 di Stato
こうしき 硬式
❖**硬式テニス**[野球] tennis男[baseball男] (con palla regolare)
こうじく 光軸 《光》asse ottico [複 -ci]
こうじけつしょう 高脂血症 《医》iperlipemia女, iperlipidemia女
こうしせい 高姿勢 ¶高姿勢をとる assumere un atteggiamento prepotente [arrogante]
こうした →こんな
こうしつ 皇室 famiglia女[casa女] imperiale
こうしつ 高湿 ◇高湿の ad alta umidità ¶高湿の気候 clima umido
こうしつ 硬質 ◇硬質の duro, indurito
❖**硬質ガラス** vetro男 di borosilicato
硬質ゴム gomma女 indurita
硬質小麦 grano男 duro
こうじつ 口実 pretesto男; (言い訳) scusa女; 《言い逃れ》scappatoia女, sotterfugio男 [複 -gi] ¶もっともらしい口実 pretesto plausibile ¶仕事をさぼるための口実 pretesto per non lavorare
こうじつせい 向日性 《植》eliotropismo男 ◇向日性の eliotropico [男複 -ci]
こうして 《このように》così, in questo modo; 《上述のように》così; per questo motivo ¶こうして私たちは友だちになった。È così che siamo diventati amici.
こうしゃ 公社 ente男 pubblico [複 -ci], azienda女 [impresa女] pubblica
こうしゃ 後者 questo男, quest'ultimo男; il secondo男 (►女性名詞を受けるときはそれぞれ語尾を女性形にする) ¶前者と後者 quello e questo / il primo e il secondo [l'ultimo]
こうしゃ 校舎 edificio男 [複 -ci] scolastico [複 -ci]
ごうしゃ 豪奢 ◇豪奢な lussuoso, sontuoso, magnifico [男複 -ci], sfarzoso ¶豪奢な生活を送る vivere nel lusso [nell'opulenza]
こうしゃく 公爵 duca男 [複 -chi]; (王族の) principe男 ◇公爵の ducale →貴族 関連
❖**公爵夫人** duchessa女; principessa女
公爵領 ducato男
こうしゃく 侯爵 marchese男 →貴族 関連
❖**侯爵夫人** marchesa女
侯爵領 marchesato男
こうしゃく 講釈 spiegazione女 davanti a un pubblico di un testo; commento男 ◇講釈する spiegare; commentare
こうしゃぐち 降車口 《バスなどの》uscita女
こうしゃさい 公社債 《公債と社債》obbligazioni女[複] pubbliche e di società private; 《公社の債券》obbligazioni女[複] di un ente pubblico
こうしゃほう 高射砲 cannone男 contraereo [antiaereo]
こうしゅ 好手 ¶好手を打つ[放つ] 《将棋などで》fare una buona mossa
こうしゅ 攻守 attacco男 [複 -chi] e difesa女, offensiva女 e difensiva ¶攻守ところを変えた。La situazione è mutata. / I ruoli si sono invertiti.
❖**攻守同盟** alleanza女 offensiva e difensiva
こうじゅ 口授 istruzione女[insegnamento男] verbale [orale] ◇口授する tramandare oralmente
こうしゅう 口臭 alito男 cattivo ¶口臭を消す[がある] eliminare [avere] l'alito cattivo
こうしゅう 公衆 pubblico男 ◇公衆の pubblico [男複 -ci]; (共通の, 共同の) comune ¶公衆の面前に姿を現す esibirsi 「in pubblico [davanti a un pubblico]
❖**公衆衛生** igiene女 pubblica
公衆電話 telefono男 pubblico
公衆道徳 senso男 civico, morale女 pubblica
公衆便所 gabinetto男 pubblico
公衆浴場 bagno男 pubblico
こうしゅう 講習 classe女, corso男 ◇夏期講習を受ける seguire [frequentare / partecipare a] un corso estivo
❖**講習会** (breve) corso男
こうしゅうは 高周波 alta frequenza女 ¶超高周波 frequenza ultra-alta / banda女 9 / (略)[英] UHF女
こうしゅけい 絞首刑 esecuzione女 capitale per impiccagione ¶絞首刑に処する condannare qlcu. alla forca [al capestro] (►capestroは, 「絞首刑用の縄」)
こうしゅだい 絞首台 forca女, patibolo男
こうしゅつ 後出 ◇後出の seguente, prossimo
こうじゅつ 口述 esposizione女 verbale; (筆記させる場合の) dettatura女, dettato男 ◇口述する esporre; (書かせる) dettare ql.co. a qlcu.
❖**口述試験** esame男 orale
口述筆記 dettato男 ¶原稿を口述筆記する[させる] scrivere [fare scrivere a qlcu.] manoscritti sotto dettatura
こうじゅつ 公述 ◇公述する parlare [testimoniare] in un'udienza pubblica
❖**公述人** testimone男 [女 -a] in una pubblica udienza
こうじゅつ 後述 ¶後述のように come vedremo [si vedrà] più avanti / come si dirà in seguito
こうじゅん 降順 《コンピュータ》ordine男 decrescente
❖**降順並べ替え** disposizione女 in ordine decrescente
こうしょ 高所 **1**《高い所》luogo男 [複 -ghi] elevato [alto]; (山などの) altitudine女, altezza女 **2**《高い立場》¶大所高所から見る vedere le cose「dall'alto [nel loro insieme]
❖**高所恐怖症** acrofobia女
こうじょ 公序 ordine男 pubblico
❖**公序良俗** l'ordine男 pubblico e il buon costume男, norme女[複] del vivere civile
こうじょ 皇女 principessa女 imperiale
こうじょ 控除 《差し引くこと, 天引き》detrazione女, deduzione女, ritenuta女, defalco男 [複 -chi], trattenuta女; (軽 減) sgravio男 [複 -i]; 《免除》esenzione女 ◇控除する《差し引く, 天引きする》detrarre [dedurre]《AからBを》; sgravare [esentare]《AからBを A da B》; diminuire [ridurre] ql.co. ¶基礎控除 abbattimento alla base ¶給与所得[医療費]控除 esenzio-

ne「usufruibile dagli impiegati [per le spese mediche] ¶扶養控除 esenzione [detrazione] per i familiari a carico ¶税金の控除をうける godere dell'esenzione dalle imposte

✤**控除額** deduzione[女], defalco[男];《税金の》sgravio[男], detrazione[女], quota[女] esente

こうしょう 口承 trasmissione[女] orale

✤**口承文学** letteratura[女] orale

こうしょう 公称 ◇**公称の**《名目上の》nominale;《表向きの》ufficiale ¶その新聞の発行部数は公称900万部だ. La tiratura ufficiale di quel giornale è di nove milioni di copie.

こうしょう 公証《公式に発行する謄本・証明書》autentica[女] ◇**公証を発行する** autenticare *ql.co.*

こうしょう 公傷 ferite[女][複] riportate sul lavoro (nel caso di impiegati pubblici)

こうしょう 交渉 **1**《話し合い》negoziato[男], trattativa[女] ◇**交渉する** negoziare [trattare] *ql.co.* con *qlcu.* ¶団体交渉 contrattazione collettiva ¶直接[予備/和平/外交]交渉 negoziati diretti [preliminari / di pace / diplomatici] ¶交渉に入る cominciare a trattare ¶交渉中である essere in trattative ¶今交渉中です. Le trattative sono in corso. ¶交渉が妥結した[不調に終わった]. I negoziati「si sono conclusi [non sono arrivati a una conclusione / sono finite male].

2《関係》relazione[女], rapporto[男]; contatto

✤**交渉当事者** negozia*tore*[男][[女] *-trice*]

こうしょう 考証 ricostruzione[女] storica (basata su documenti), ricerca[女], documentazione[女] ◇**考証する** documentarsi [fare ricerche] su *ql.co.* ¶この映画は時代考証が行き届いている. Questo film si basa su una scrupolosa ricerca storica.

こうしょう 哄笑 ◇**哄笑する** ridere rumorosamente, fare una gran risata

こうしょう 校章 distintivo[男] scolasti*co* [複 *-ci*]

こうしょう 鉱床 giacimento[男] ¶金[金属]の鉱床 giacimento「d'oro [metallifero]

こうしょう 高尚 ◇**高尚な** raffinato, distinto, nobile, elevato ¶高尚な趣味をお持ちですね. Lei ha gusti raffinati!

こうじょう 口上 **1**《型通りのあいさつ》messag*gio*[男][複 *-gi*] rivolto al pubblico secondo una formula prescritta **2**《物売りの》richiami[男][複] per la clientela **3**《芝居の》saluto[男] introduttivo《に a》

✤**口上書**《外交上の》nota[女] verbale

こうじょう 工場 fabbrica[女], stabilimento[男], opifi*cio*[男][複 *-ci*];《大規模な》complesso[男];《小さな修理工場》officina[女] ¶自動車工場 fabbrica automobilistica ¶製糸工場 filanda ¶製紙工場 cartiera ¶製鉄工場 fonderia

✤**工場施設** impianto[男] ¶工場施設の再整備 ristrutturazione dell'attrezzatura di un impianto

工場主 proprieta*rio*[男][[女] *-ia*; [男]複 *-i*] di uno stabilimento

工場生産 produzione[女] industriale

工場制手工業〘経〙manifattura[女]

工場長 diret*tore*[男][[女] *-trice*] di fabbrica [di stabilimento]

工場廃液 scarichi[男][複] industriali

工場閉鎖 chiusura[女] di una fabbrica;《ロックアウト》serrata[女]

こうじょう 向上《進歩》progresso[男], avanzamento[男];《改善》miglioramento[男] ◇**向上する**《上昇する》elevarsi,《進歩する》progredire[自](人が主語のとき [*av*], 物が主語のとき [*es*], fare progressi;《良くなる》migliorare[自][*es*], diventare[自][*es*] migliore ◇**向上させる** far progredire *qlcu.* [*ql.co.*], far fare progressi a *qlcu.* in *ql.co.*; elevare [migliorare] *ql.co.* ¶体位の向上 miglioramento delle condizioni fisiche ¶この地方の文化的水準は向上した. Il livello culturale di questa regione「si è elevato [è migliorato].

✤**向上心** aspirazione[女];《野心》ambizione[女]

こうじょう 厚情 premura[女], bontà[女], gentilezza[女], cortesia[女] ¶ご厚情をいただき感謝にたえません. Le sono molto riconoscente per la Sua gentilezza.

こうじょう 恒常 ◇**恒常的な** costante ◇**恒常的に** costantemente

✤**恒常心** calma[女]

恒常性 costanza[女];〘生〙omeostasi[女][無変]

恒常的成長〘経〙crescita[女] a tasso costante

ごうじょう 強情 ostinazione[女], testardaggine[女], caparbietà[女] ◇**強情な** ostinato, testardo, caparb*io* [[男]複 *-i*] ¶議論で強情を張る insistere su un argomento

こうじょうけん 好条件 condizioni[女][複] favorevoli ¶好条件で契約を結ぶ concludere un contratto favorevole

こうじょうせん 甲状腺〘解〙tiroide[女], ghiandola[女] tiroidea ◇**甲状腺の** tiroideo

✤**甲状腺炎**〘医〙tiroidite[女]

甲状腺機能低下症 ipotiroidismo[男]

甲状腺腫 gozzo[男], strum*a*[男][複 *-i*]

甲状腺肥大 ipertrofia[女] tiroidea

甲状腺ホルモン ormone[男] della tiroide, tirossina[女]

こうしょうにん 公証人 nota*io*[男][[女] *-ia*; [男]複 *-i*](►女性に対してもふつう男性形を用いる) ¶公証人立ち会いのもと契約を結んだ. Abbiamo stipulato un contratto davanti a un notaio.

✤**公証人役場** stud*io*[男][複 *-i*] notarile

こうしょく 公職 carica[女] pubblica, incari*co*[男][複 *-chi*] pubbli*co* [複 *-ci*]; uffi*cio*[男][複 *-ci*] pubblico ¶公職にある[つく] ricoprire [assumere] una carica pubblica

✤**公職選挙法** Legge[女] elettorale per le cariche pubbliche

公職追放 estromissione[女] dagli organi della pubblica amministrazione

こうしょく 好色 lussuria[女], lascivia[女]; libidine[男]; erotismo[男] ◇**好色な** lascivo; libidinoso; eroti*co* [[男]複 *-ci*]

✤**好色漢** uomo[男][複 *uomini*] libidinoso [lussurioso]

好色文学 letteratura[女] erotica

こうじる 高じる ¶病いが高じる. La malattia si aggrava. ¶議論が高じてけんかになった. La discussione è degenerata in rissa. ¶彼の道楽は高

こ

じて職業になった. Ha trasformato il suo hobby in un lavoro a tempo pieno.

こうじる 講じる **1**《講義する》tenere un corso ¶日本文学を講じる tenere lezioni [un corso] sulla letteratura giapponese
2《手段をとる, 工夫する》 ¶対策を講じる《考える》ideare [individuare] contromisure ¶適切な対策を講じる《実施する》prendere opportune contromisure

こうしん 口唇 labbro[男] [複 le *labbra*]
✤口唇期〘心〙fase[女] [stadio[男]] orale
口唇裂〘医〙cheiloschisi[女] [無変]; labbro[男] leporino

こうしん 交信 (radio)comunicazione[女] ◇交信する《双方が》entrare[自] [*es*] [essere] in comunicazione (radio); 《一方が他方と》mettersi in comunicazione《と con》

こうしん 行進 mar*cia*[女] [複 *-ce*], sfilata[女]; parata[女]; 《行列》corteo[男] ◇行進する sfilare[自] [*av, es*] in corteo [in parata], marciare[自] [*av*] in fila ¶デモ行進 corteo di manifestanti
✤行進曲 marcia[女] ¶結婚[葬送]行進曲 marcia nuziale [funebre]

こうしん 更新 rinnovo[男]; 《賃貸借契約の》〘法〙riconduzione[女]; 《購読予約の》riabbonamento[男] ◇更新する rinnovare *ql.co.* ¶走り高跳びの世界記録を更新する battere il record mondiale di salto in alto ¶新聞の購読契約を更新する riabbonarsi [rinnovare l'abbonamento] a un giornale ¶パスポートを更新する rinnovare il passaporto
✤更新履歴〘コンピュータ〙cronolo*gia*[女] [複 *-gie*]

こうしん 後身 ¶この大学は昔の専門学校の後身だ. Questa università una volta era una scuola professionale.

こうしん 後進 **1**《後輩》colle*ga*[男][女] [[男]複 *-ghi*] più giovane, generazione[女] più giovane ¶後進に道を譲る lasciare spazio ai giovani
2 ⇒後退
✤後進性 arretratezza[女]

こうしん 高進《悪化すること》aggravamento[男], peggioramento[男]; esacerbazione[女] ◇高進する aggravarsi, peggiorare[自] [*es*], aumentare[自] [*es*] eccessivamente ¶インフレの高進 crescita dell'inflazione ¶心悸高進 tachicardia

こうじん 公人 persona[女] pubblica ¶公人としての生活[立場] vita [posizione] pubblica

こうじん 後陣《教会の》abside[女] ◇後陣の absidale

こうじん 後塵 ¶後塵を拝する《先を越される》essere superat*o* da *qlcu.* / mangiare la polvere di *qlcu.* /《優れた人のあとにつく》seguire [accodarsi a] una persona di valore

こうじん 幸甚 ¶娘の結婚式にご出席いただければ幸甚です. Sarei molto lieto [Le sarei molto grato] se (Lei) partecipasse al matrimonio di mia figlia.

こうしんじゅつ 降神術《交霊術》spiritismo[男]

こうしんじょ 興信所 agenzia[女] di investigazione privata

こうしんせい 更新世〘地質〙pleistocene[男] ◇更新世の pleistoceni*co* [[男]複 *-ci*]

こうじんぶつ 好人物 brava persona[女]; 《お人好し》bonaccion*e*[男] [[女] *-a*], semplicion*e*[男] [[女] *-a*]

こうしんりょう 香辛料 spezie[女] [複]; arom*a*[男] [複 *-i*]

こうしんりょく 向心力〘物〙forza[女] centripeta

こうず 構図 composizione[女] ¶この写真は構図がいい. Questa foto è ben composta.

こうすい 香水 profumo[男] ¶香水をつける《物に》profumare /《自分に》profumarsi / mettersi il profumo ¶ハンカチに香水をつける profumare un fazzoletto
✤香水商 profumier*e*[男] [[女] *-a*]
香水店 profumeria[女] (►化粧品一般を売る店)
香水瓶 bottiglia[女] [boccetta[女] / flacone[男]] di profumo
香水吹き vaporizzatore[男] per profumo

こうすい 硬水 acqua[女] dura
✤硬水軟化剤 correttivo[男] per l'addolcimento dell'acqua

こうすい 鉱水 **1**《ミネラルウォーター》acqua[女] minerale **2**《鉱毒を含む水》acqua[女] di scarico di una miniera

こうずい 洪水 alluvione[女], inondazione[女]; 《大洪水》diluv*io*[男] [複 *-i*] ¶フィレンツェは洪水に見舞われた. Firenze fu colpita da un'alluvione. ¶ノアの洪水〘聖〙Diluvio universale ¶町は車の洪水だ. La città è invasa dalle auto.

こうすいりょう 降水量 precipitazioni[女] [複] (atmosferiche), piovosità[女] ¶年間降水量を量る misurare le precipitazioni annuali

こうすう 工数 ¶工数2時間 due ore lavorative [di manodopera] ¶この作業には工数が3人月必要である. Questo lavoro richiede tre mesi di lavoro. (◆工数の計り方には「人時」ora-uomo, ora lavorativa,「人日」giorno-uomo, giorno lavorativo,「人月」mese-uomo, mese lavorativoなどがある)
✤工数管理 controllo[男] delle ore lavorative

こうずか 好事家《物好き》persona[女] dai gusti insoliti ed eccentrici; 《風流を好む人》persona[女] dai gusti raffinati

こうする 抗する ¶圧迫に抗する sfidare le pressioni

ごうする 号する **1**《雅号をつける》¶彼は大観と号した. Si era dato lo pseudonimo di Taikan. **2**《豪語する》¶彼は天下一と号してはばからない. Proclamandosi imbattibile, non indietreggia.

こうすれば ¶こうすればうまくいく. Così facendo, andrà「tutto [senz'altro] bene.

こうせい 公正《公平》equità[女], imparzialità[女]; 《正しさ》giustizia[女]; 《誠実》onestà[女] ◇公正な equo, imparziale; giusto, integro, integerrimo; 《私欲のない》disinteressato ◇公正に equamente, con imparzialità; secondo giustizia, disinteressatamente, senza partito preso ¶公正に評価する stimare *ql.co.* al suo giusto valore ¶彼の判断は公正を欠いている. Il suo giudizio manca di imparzialità.
✤公正証書〘法〙atto[男] notarile; vidimazione[女] ¶公正証書を作成する vidimare *ql.co.*
公正証書付き文書 documento[男] vidimato

公正取引委員会 Commissione㊛ di Controllo per la Regolarizzazione della Concorrenza

こうせい 攻勢 offensiva㊛, attacco㊚ [複 -chi] ◇攻勢の offensivo, agressivo ¶外交攻勢 offensiva diplomatica ¶攻勢に転ずる passare all'offensiva [all'attacco] ¶取材攻勢にあった. Ho dovuto subire l'assalto dei giornalisti.

こうせい 更正 《税・登記などの誤りを訂正すること》 nuova determinazione㊛, riaggiudicamento㊚

✤**更正決定** (1)《判決の》revisione㊛ di una sentenza (2)《課税の》¶課税の更正決定をする fissare di nuovo un'imposta

こうせい 更生 **1**《精神・生き方の》rigenerazione㊛; riabilitazione㊛ ◇更生する 《改心する》ravvedersi, pentirsi; convertirsi al bene ◇更生させる riabilitare [rieducare] qlcu., portare qlcu. sulla retta via
2 →再生 1

✤**更生会社** azienda㊛ in fase di riorganizzazione

更生施設 istituto㊚ di riabilitazione

こうせい 厚生 《福祉》benessere㊚; 〔英〕welfare [wélfər]㊚[無変];《社会福祉》assistenza㊛ sociale,《公衆衛生》salute㊛ pubblica

✤**厚生経済学** economia㊛ del benessere
厚生事業 servizi㊚[複] di assistenza sociale
厚生施設《会社などの》struttura㊛ ricreativa [di ricreazione]
厚生年金(保険)《制度》sistema㊚ pensionistico dei lavoratori di ditte private;《年金そのもの》pensione㊛ dei lavoratori di ditte private
厚生労働省[大臣] Ministero [Ministro㊚] della Sanità, Lavoro e Previdenza Sociale

こうせい 後世 posterità㊛;《人々》i posteri㊚[複], generazioni㊛[複] future ¶後世に名を残す tramandare il *proprio* nome ai posteri

こうせい 後生 ¶後生畏(おそ)るべし. I giovani non vanno affatto sottovalutati.

こうせい 恒星《天》stella㊛ (fissa)
✤**恒星時[日(び)/年]** tempo㊚ [giorno㊚ / anno㊚] sidereo

こうせい 校正 correzione㊛ delle bozze (di stampa) ◇校正する correggere le bozze (di stampa)

✤**校正係** corret*tore*㊚[㊛ -trice] [revisore㊚] di bozze

校正刷り bozza㊛, prova㊛

こうせい 構成《内訳》composizione㊛, costituzione㊛, formazione㊛;《有機体としての組織》organizzazione㊛;《仕組み, 構造》struttura㊛; piano㊚;《筋立て》intreccio㊚[複 -ci] ◇構成する comporre, costituire, formare; organizzare ¶文章の構成を変える cambiare la costituzione di un testo ¶この国ではたくさんの人種が１つの社会を構成している. In questo paese molte razze concorrono a formare una sola società. ¶『神曲』は３詩篇, 100 歌章で構成されている. La "Divina Commedia" si compone di tre cantiche e di cento canti.

✤**構成員** membro㊚, componente㊚
構成主義《美・建》costruttivismo㊚
構成要素 elemento㊚ costitutivo [componente / strutturale]

ごうせい 合成 composizione㊛;《化》sintesi㊛[無変] ◇合成の sintetico [複 -ci] ◇合成された composto ◇合成する comporre ql.co.;《化》fare la sintesi (㊛ di)

✤**合成語**《文法》parola㊛ composta
合成ゴム gomma㊛ sintetica
合成写真 fotomontaggio㊚[複 -gi]
合成樹脂 resina㊛ sintetica
合成繊維 fibra㊛ sintetica
合成洗剤[染料] detergente㊚ [colorante㊚] sintetico
合成燃料 combustibile㊚ sintetico
合成皮革 cuoio㊚[複 -i] sintetico
合成品 composto㊚ sintetico
合成保存料 conservante㊚ chimico [複 -ci]

ごうせい 豪勢 ◇豪勢な fastoso, lussuoso, sfarzoso, sontuoso ¶豪勢な生活を送る vivere nel lusso [nell'opulenza]

こうせいしんやく 向精神薬 farmaco㊚[複 -ci, -chi] psicotropo, psicofarmaco㊚ [複 -ci]

こうせいせき 好成績 ¶仕事で好成績を上げる ottenere ottimi risultati sul lavoro

こうせいのう 高性能 ◇高性能の《強力な》ad alto potenziale;《高精度の》di alta precisione;《高能率の》ad alto rendimento;《ハイファイ》ad alta sensibilità;《高忠実度の》ad alta fedeltà ¶高性能受信[受像]機 ricevitore ad alta sensibilità

こうせいぶっしつ 抗生物質 antibiotico㊚[複 -ci] ◇抗生物質の antibiotico [㊚複 -ci]

こうせき 功績《手柄》merito㊚, atto㊚ meritorio [複 -i];《寄与》contributo㊚;《成果》risultato㊚ lodevole ¶功績の大きい人 persona di gran merito ¶貴殿の多大なる功績を称え, 感謝の意を表する. Mi consenta di esprimerLe tutta la mia riconoscenza per il Suo prezioso contributo. ¶功績を立てる fare [compiere] un atto meritorio [un'azione meritoria] ¶功績を残す contribuire (に a) / portare un contributo

こうせき 航跡 scia㊛[複 scie] (di nave)

こうせき 鉱石 minerale㊚ ¶鉄鉱石 minerale di ferro

こうせきうん 高積雲《気》altocumulo㊚

こうせきせい 洪積世 pleistocene㊚, periodo㊚ pleistocenico [diluviale]

こうせきそう 洪積層〔ラ〕diluvium㊚[無変]

こうせきだいち 洪積台地 altopiano㊚ diluviale [pleistocenico [複 -ci]]

こうせつ 公設 ¶市場を公設する aprire un mercato a spese del Comune

✤**公設市場** mercato㊚ comunale;《中央市場》mercato㊚ generale

こうせつ 降雪 nevicata㊛, caduta㊛ di neve ¶昨夜 50 センチの降雪をみた. L'altra sera sono caduti 50 cm di neve.

✤**降雪量** nevosità㊛

こうぜつ 口舌 ¶彼は口舌の徒にすぎない. Non è che un chiacchierone.

ごうせつ 豪雪 violenta nevicata㊛

✤**豪雪地帯** area㊛ con forti precipitazioni nevose

こうせん 口銭 commissione㊛

こうせん 公選 elezione⊛ (pubblica) ¶市長を公選する eleggere un sindaco ¶知事は公選制である。La carica di presidente della provincia è elettiva.

こうせん 交戦 ◇交戦する dare battaglia (と a), ingaggiare battaglia (と con), fare la guerra (と contro) ¶交戦中である[に入る] essere [entrare] in guerra (と con)
❖**交戦区域** zona⊛ di operazioni [di guerra]
交戦権 diritto⊛ di guerra
交戦国 Stati⊛[複] belligeranti, i belligeranti⊛[複]
交戦状態 stato⊛ di guerra

こうせん 光線 luce⊛; raggio⊛[複 -gi]; 《突然さす光》sprazzo⊛ ¶太陽光線 raggio「di sole [solare] ¶屈折[反射]光線 raggio rifratto [riflesso] ¶殺人光線 raggio della morte ¶逆光線 controluce⊛[無変] ¶この布は光線の具合によって違った色に見える。Questo tessuto cambia colore a seconda della luce (che riflette).
❖**光線束**(?) pennello di raggi
光線療法 fototerapia⊛

こうせん 好戦的 bellicoso, guerriero; 《攻撃的な》aggressivo

こうせん 抗戦 resistenza⊛ ◇抗戦する opporre resistenza (に a), sostenere un attacco (に contro), difendersi strenuamente (に da) ¶徹底抗戦 resistenza ad oltranza
❖**抗戦力** capacità⊛ di resistenza

こうせん 鉱泉 sorgente⊛ termale a bassa temperatura (meno di 25℃)

こうぜん 公然 pubblico⊛[⊛複 -ci], dichiarato ◇公然と pubblicamente, in pubblico, apertamente ¶これは公然の秘密だ。Questo è un segreto di Pulcinella. (◆コンメディア・デッラルテ commedia dell'arte の忍け者でおしゃべりばかりしている道化役のプルチネッラ Pulcinella に由来)

こうぜん 昂然 と trionfalmente, con trionfo; 《誇り高く》fieramente, con orgoglio ¶昂然と行進する marciare a testa alta

ごうぜん 傲然 altezzoso, arrogante ◇傲然と con arroganza [alterigia]

ごうぜん 轟然 轟然たる assordante ◇轟然と con gran baccano, con un chiasso assordante

こうそ 公租
❖**公租公課** tasse⊛[複], imposte⊛[複] ed altre imposizioni⊛[複]

こうそ 公訴 《法》procedimento⊛ giudiziario [複 -i] ◇公訴する perseguire qlcu. (a termine di legge), intentare giudizio contro qlcu.
❖**公訴権** l'autorità⊛ della pubblica accusa
公訴事実 capo⊛ d'accusa, incriminazione⊛, imputazione⊛

こうそ 控訴 appello⊛ ◇控訴する appellarsi [fare appello] contro una sentenza, ricorrere [es] in appello ¶控訴を棄却する respingere una domanda d'appello
❖**控訴審**《審理》udienza⊛ in appello, giudizio⊛[複 -i] d'appello
控訴人 appellante⊛⊛

こうそ 酵素《生・化》enzima⊛[複 -i]; 《発酵体》fermento⊛ ¶酵素の enzimatico[⊛複 -ci] ¶加水分解酵素 idrolasi⊛[無変] ¶還元酵素 reduttasi⊛[無変] ¶酸化酵素 ossidasi⊛[無変] ¶消化酵素 enzimi digestivi ¶補酵素 coenzima⊛[複 -i]

こうぞ 楮 《植》kozo⊛[無変], gelso⊛ della carta; 《学名》*Broussonetia kazinoki* Sieb.

こうそう 広壮 ◇広壮な vasto e superbo; magnifico[⊛複 -ci] e imponente

こうそう 抗争 conflitto⊛, lotta⊛; 《主として議論による》contesa⊛, disputa⊛ ¶暴力団同士の抗争 guerra tra i clan della malavita ¶内部抗争が絶えない。Le lotte intestine non cessano.

こうそう 後送 **1**《軍》¶負傷者を後送する mandare i feriti nelle retrovie **2**《後で送る》¶荷物を後送する mandare il bagaglio più tardi [dopo]

こうそう 香草 erbe⊛[複] aromatiche, odori⊛[複]

こうそう 高僧《高位の》alto prelato⊛; 《高徳の》bonzo⊛ di elevate virtù

こうそう 高層 ◇高層の a molti piani
❖**高層雲**《気》altostrato⊛
高層建築 edificio⊛[複 -ci] alto
高層住宅 grattacielo⊛ di appartamenti; abitazione⊛ a molti piani
高層団地 complesso⊛ edilizio[複 -i] con edifici a molti piani
高層天気図 carta⊛ meteorologica ad alta quota
高層ビル grattacielo⊛

こうそう 構想 piano⊛; 《筋》intreccio⊛[複 -ci]; 《着想》idea⊛, concetto⊛ ¶構想を練る elaborare un piano / tracciare uno schema

こうぞう 構造 struttura⊛; 《機械などの》meccanismo⊛, congegno⊛; 《組織》organizzazione⊛; ◇構造的 strutturale; organico[⊛複 -ci] ¶社会[人体]の構造 struttura di una società [del corpo umano] ¶骨格の構造 conformazione⊛ dello scheletro ¶金融構造 struttura finanziaria ¶上部構造 sovrastruttura ¶下部構造《経》infrastruttura ¶深層[表層]構造 struttura profonda (superficiale) ¶二重構造《経》dualismo⊛ / struttura dualistica ¶構造上の欠陥 difetto strutturale
❖**構造改革** riforme⊛[複]「di struttura [strutturali]
構造言語学 linguistica⊛ strutturale
構造式《化》formula⊛ di struttura
構造主義 strutturalismo⊛
構造的失業[不況]《経》disoccupazione⊛[recessione⊛] strutturale
構造物 struttura⊛
構造分析 analisi⊛[無変] strutturale

ごうそう 豪壮 ¶豪壮な邸宅 palazzo grandioso [sontuoso ed imponente]

こうそく 光速 velocità⊛ della luce ¶光速の2倍で a velocità doppia di quella della luce

こうそく 拘束《拘留》detenzione⊛, arresto⊛; 《法》fermo⊛; 《行動・意志の制限》restrizione⊛, limitazione⊛ ◇拘束する detenere qlcu., fermare qlcu.; limitare la libertà di qlcu., vincolare qlcu. ¶拘束のない libero / non restrittivo / senza freno [restrizioni] ¶被疑者の身柄を拘束する fermare un individuo sospetto

✤**拘束時間** ore⊕ [複] di presenza obbligatoria
拘束力 vincolo⊛, potere⊛ vincolante;《効力》vigore⊛, validità⊕ ¶拘束力のある vincolante
こうそく 校則 regolamento⊛ scolastico [複 -ci], norme⊕ [複] scolastiche
こうそく 高速 alta [forte] velocità⊕ ◇高速で ad alta velocità, a forte velocità;《全速力で》a tutta velocità, a tutto gas
✤**高速機関**《車 / 船》motore⊛ [auto [無変] / nave⊕] veloce
高速増殖炉 reattore⊛ autofertilizzante a neutroni veloci
高速道路 autostrada⊕;《無料の》superstrada⊕
高速料金 tariffa⊕ autostradale
こうそく 梗塞《医》infarto⊛ ¶脳梗塞 infarto cerebrale ¶心筋梗塞 infarto cardiaco
こうぞく 後続 ◇後続の successivo, seguente
✤**後続部隊** retrovie⊕ [複], retroguardia⊕
こうぞく 皇族 famiglia⊕ imperiale;《個人》principe⊛ [⊕ -essa] imperiale
ごうぞく 豪族 famiglia⊕ [clan⊛ [無変]] potente
こうぞくきょり 航続距離 autonomia⊕, raggio⊛ [複 -gi] d'azione
こうそくど 高速度 alta velocità⊕
✤**高速度撮影** ripresa⊕ ad alta velocità
こうそつ 高卒 ¶高卒である avere [possedere] solo maturità liceale / avere [possedere] solo diploma di scuola superiore
✤**高卒者** diplomato⊛ [-a] di liceo
こうた 小唄 *kouta*⊛ [無変], canzone⊕ popolare accompagnata dallo *shamisen*
こうだ 好打 bel colpo⊛ ¶好打を放つ fare un bel colpo
こうたい 交代・交替 cambio⊛ [複 -i], sostituzione⊕;《ローテーション》rotazione⊕;《2者間の》alternanza⊕;《規則的な》avvicendamento⊛ ◇交代する dare il cambio a *qlcu.*, sostituire *qlcu.* [*ql.co.*] ◇交替で a turno; a vicenda; alternativamente ¶四季の交代 avvicendamento delle stagioni ¶世代の交代 cambio di generazione ¶衛兵交替 cambio della guardia ¶2部交替で働く lavorare col sistema dei due turni ¶シルヴィアの炊事当番を交代した. Ho sostituito Silvia in cucina.
✤**交替時間** cambio⊛ [複 -i]
交替制 rotazione⊕ ¶8時間ずつ3交替制で a tre turni di otto ore
交替要員 personale⊛ [《1人》persona⊕] di riserva
こうたい 抗体《生・医》anticorpo⊛
こうたい 後退 arretramento⊛, indietreggiamento⊛, retrocessione⊕;《退化, 退行》regresso⊛;《車/船舶の》marcia⊕ [複 -ce] indietro, retromarcia⊕ [複 -ce] ◇後退する arretrare⊕ [*es*], indietreggiare⊕ [*es*, *av*], andare⊕ [*es*] indietro, retrocedere⊕ [*es*, 《稀》*av*];《比喩的》regredire⊕ [*es*]; fare retromarcia ¶景気の後退を防ぐ prevenire la depressione economica ¶一歩前進二歩後退する fare un passo avanti e due indietro
こうだい 広大 ¶広大な平原 pianura molto estesa ¶広大な砂漠 deserto immenso ¶広大無

辺な illimitato / infinito
こうたいごう 皇太后 imperatrice⊕ madre
こうたいし 皇太子 principe⊛ ereditario [複 -i] (imperiale)
✤**皇太子殿下** Sua Altezza il Principe Ereditario
皇太子妃 principessa⊕ (imperiale)
こうだか 甲高 collo⊛ alto del piede
こうたく 光沢 lucentezza⊕, lustro⊛, splendore⊛;《なめらかに磨きをかけて出した》levigatezza⊕ ◇光沢のある lustro; levigato;《ニスや油などで光った》lucido, patinato;《布・紙が》satinato ¶真珠の光沢 lucentezza delle perle ¶大理石の光沢 levigatezza di un marmo ¶光沢がある avere lucentezza ¶光沢を失う perdere la lucentezza / diventare opaco [-*chi*] / sbiadire⊕ [*es*] ¶光沢をつける levigare *ql.co.* / dar lucentezza a *ql.co.* / lucidare *ql.co.* /《金属に磨きをかけて》brunire *ql.co.*
✤**光沢紙**《写》carta patinata [satinata]
ごうだつ 強奪 rapina, estorsione⊕ ◇強奪する rapinare [estorcere] *ql.co.* a *qlcu.*, impadronirsi di *ql.co.* con la forza;《ひったくる》scippare *ql.co.* a *qlcu.* ¶彼は700ユーロを強奪された. Gli hanno rapinato [rubato] settecento euro.
✤**強奪者** predone⊛;《略奪者》predatore⊛ [⊕ -*trice*];《強盗》rapinatore⊛ [⊕ -*trice*]
こうたん 降誕 ¶キリストの降誕 la Natività / la nascita di Cristo ¶(キリスト)降誕祭 Natale⊛
こうだん 公団 ente⊛ pubblico [複 -ci], impresa⊕ pubblica
こうだん 巷談 chiacchiere⊕ [複]; diceria⊕
こうだん 講談 *kodan*⊛ [無変], narrazione⊕ colorita e ritmata di avvenimenti (in origine storici)
✤**講談師** narratore⊛ [⊕ -*trice*] di avvenimenti storici
こうだん 講壇《教壇》cattedra⊕;《演壇》podio⊛ [複 -i] ¶講壇に上る salire sul podio [in cattedra]
ごうたん 豪胆・剛胆 ◇豪胆な coraggioso, intrepido, audace, impavido
こうだんし 好男子《顔立ちのよい》bel ragazzo⊛ [複 *bei ragazzi*];《気持ちのよい》uomo⊛ [複 *uomini*] simpatico [複 -*ci*]
こうち 巧緻 ◇巧緻な elaborato; delicato, fine ¶巧緻な製品 articolo finemente lavorato
こうち 拘置《刑罰の一種》detenzione⊕;《一時的》fermo⊛ (di polizia);《投獄》carcerazione⊕;《未決囚の》custodia⊕ preventiva ◇拘置する carcerare [incarcerare] *qlcu.*; detenere *qlcu.* in custodia preventiva
✤**拘置所** prigione⊕, carcere⊛ [複 *le carceri*]
こうち 狡知 狡知にたけた男 uomo⊛「molto astuto [astuto come una volpe]」
こうち 耕地 terre⊕ [複] coltivate
✤**耕地整理** ristrutturazione⊕ dei terreni arabili
耕地面積 superficie⊕ (tolale) coltivata
こうち 高地 altura⊕, poggio⊛ [複 -*gi*];《高原》altopiano⊛ [複 *altipiani*]

こうちく 構築 ◇構築する costruire *ql.co.*
❖**構築物** costruzione㊛, struttura㊛
こうちせい 向地性 《植》 geotropismo㊚ positivo
こうちゃ 紅茶 tè㊚ (nero) ¶ミルク入り紅茶 tè al [con il] latte ¶紅茶を入れましょうか. Preparo [Faccio] del tè? ¶紅茶の時間 l'ora del tè ¶紅茶のカフェイン成分 teina
❖**紅茶漉(ご)し** colino㊚ [passino㊚] per il tè
紅茶セット servizio㊚ da tè
こうちゃく 膠着 **1**《物事の動きのとれない状態》¶膠着状態になる giungere a un punto morto **2**《言》agglutinazione㊛ ◇膠着する agglutinarsi
❖**膠着語** 《言》lingua㊛ agglutinante (◆日本語・朝鮮語など)
こうちゅう 甲虫 《昆》 scarabeo㊚, coleottero㊚
❖**甲虫類** coleotteri㊚[複]
こうちゅう 校注・校註 note㊛[複] a un'edizione critica
こうちょう 好調 ¶好調である andare [procedere / funzionare] bene ¶体の具合は好調だ. Sono in ottima forma. ¶この本の売れ行きは好調だ. Questo libro sta vendendo bene.
こうちょう 紅潮 ¶喜びで頬を紅潮させる arrossire [diventare rosso] per la gioia
こうちょう 校長 《小学校》direttore㊚ [㊛ *-trice*] didattico ㊚[複 *-ci*]; 《中学, 高校》preside㊚ ¶副校長 docente㊚ vicario [㊛ *-ia*; ㊚[複 *-i*] / vicepreside㊚
❖**校長室** ufficio㊚[複 *-ci*] del direttore [del preside]; 《小学校の》direzione㊛;《中学・高校の》presidenza㊛
こうちょう 高潮 **1**《満潮》alta marea㊛;《特にVeneziaの場合》acqua㊛ alta **2**《調子や程度の絶頂》culmine㊚, punto culminante, apice㊚
❖**高潮点** massimi㊚[複] di maree, maree㊛[複] vive
こうちょうかい 公聴会 udienza㊛ pubblica; riunione㊛ per ascoltare le opinioni di esperti ed interessati negli affari pubblici
こうちょうどうぶつ 腔腸動物 《生》celenterati㊚[複]
こうちょく 硬直 《硬いこと》rigidezza㊛, rigidità㊛, durezza㊛; 《硬くなること》irrigidimento㊚, indurimento㊚ ◇硬直する irrigidirsi, diventare rigido [duro], indurirsi ¶硬直した irrigidito, indurito ¶硬直した態度 atteggiamento rigido
こうちん 工賃 (spese㊛[複] di) manodopera㊛

こうつう 交通 traffico㊚[複 *-ci*], circolazione㊛; 《連絡》comunicazione㊛ ¶道路交通 traffico [circolazione] stradale ¶海上 [空の / 車の] 交通 traffico marittimo [aereo / automobilistico] ¶2都市間の交通 comunicazioni tra due città ¶交通を整理する regolare il traffico ¶交通を遮断する interrompere la circolazione [le comunicazioni] ¶この辺は交通の便がいい [悪い]. Questa zona è ben [mal] collegata. ¶交通事情はさらに悪化した. La circolazione stradale è ulteriormente peggiorata.
❖**交通安全** ¶交通安全週間 settimana「dedicata alla [della] sicurezza stradale
交通安全運動 campagna㊛ di sicurezza stradale
交通遺児 orfano㊚[㊛ *-a*] di genitore deceduto in un incidente stradale
交通違反 violazione㊛ del [infrazione㊛ al] codice stradale, contravvenzione㊛ ¶交通違反をして切符をきられた. Mi hanno dato la multa per un'infrazione stradale.
交通機関 mezzo㊚ di trasporto; 《通信の》mezzi㊚[複] di comunicazione; 《電車・バスなどの市内交通》mezzi㊚[複] pubblici
交通規制 intervento㊚ di regolamentazione stradale
交通事故 incidente㊚ stradale ¶昨晩交通事故が2件起きた. Ieri sera si sono verificati due incidenti stradali.
交通地獄 situazione㊛ caotica del traffico, traffico㊚ caotico[複 *-ci*]
交通渋滞 intasamento㊚[ingorgo㊚[複 *-ghi*] / congestione㊛] del traffico ¶交通渋滞が2キロ続いている. Ci sono 2 km di coda.
交通巡査 addetto㊚[㊛ *-a*] al traffico (◆イタリアで街頭の交通整理に当たるのは、市職員である自治体警察 vigile urbano で、車やオートバイでスピード違反などを取り締まるのは、交通警察 polizia stradaleである)
交通信号 semaforo㊚ (stradale)
交通費 spese㊛[複] di viaggio [trasporto] ¶交通費は僕がもつよ. Pago io「le spese di trasporto [i trasporti]」.
交通標識 segnaletica㊛ stradale
交通法規 codice㊚ stradale [della strada]
交通麻痺 paralisi㊛[無変] della circolazione
交通網 《道路》rete㊛ stradale; 《鉄道網》rete㊛ ferroviaria; 《飛行機の》rete㊛ aerea
交通量 ¶交通量の多い道路 strada di grande comunicazione / strada a [di] grande percorrenza ¶この辺は交通量が多い. C'è traffico in questa zona.
こうつごう 好都合 ◇好都合な conveniente, opportuno, comodo; 《好運な》favorevole, propizio㊚[複 *-i*], fortunato; 《満足できる》soddisfacente ¶好都合なことに per fortuna / fortunatamente ¶それは好都合だ. Questo「mi va [mi sta] proprio bene.
こうてい 工程 processo㊚ di fabbricazione ¶車の生産工程 processo di fabbricazione di automobili / 《工程の一段階》fase del processo dell'automobile
❖**工程管理** controllo㊚ del processo lavorativo
工程表 schema㊚[複 *-i*] del processo di lavoro
こうてい 公定
❖**公定価格** prezzo㊚ ufficiale
公定相場 quotazione㊛[cambio㊚[複 *-i*]] ufficiale
公定歩合 ¶公定歩合を引き上げる[引き下げる] alzare [abbassare] il tasso ufficiale di sconto
こうてい 公邸 residenza㊛ ufficiale
こうてい 行程 **1**《旅程》percorso㊚, tragitto㊚, itinerario㊚[複 *-i*]; 《全体の一部分をさして》tappa㊛; 《距離》distanza㊛ ¶ローマから車で3時

間の行程だ. Ci vogliono tre ore per andarci in macchina da Roma. ¶1日200キロの行程で旅行した. Abbiamo viaggiato coprendo [facendo] 200 km al giorno. **2**《(ピストンの)》corsa⊛
✣**行程表** tabella⊛ di marcia

こうてい 肯定 affermazione⊛;《返答》risposta⊛ affermativa ◇肯定する affermare [dare una risposta positiva] a *ql.cu.*;《認める》riconoscere *ql.co.* ◇肯定的 affermativo, positivo ¶肯定的に affermativamente ¶彼は肯定も否定もしなかった. Non ha confermato né negato. / Non ha risposto né di sì né di no. ¶彼の提案には肯定的な意見が多かった. La sua proposta ha raccolto molte opinioni favorevoli.
✣**肯定文** frase⊛ positiva, proposizione⊛ affermativa

こうてい 皇帝 imperatore⊛ [⊛ *-trice*] ◇皇帝の imperiale ¶皇帝の威信 dignità imperatoria ¶皇帝陛下 Sua Altezza Imperiale
✣**皇帝ペンギン** 《鳥》pinguino⊛ imperatore

こうてい 校訂 edizione⊛ critica; revisione⊛;《原稿・原本の照合》collazione⊛, recensione⊛ ◇校訂する preparare una edizione critica; rivedere [correggere] un testo; collazionare [recensire] un testo
✣**校訂者** curatore⊛ [⊛ *-trice*] della edizione critica; recensore⊛ [⊛ *-a*]
校訂版 edizione⊛ riveduta e corretta; edizione⊛ critica

こうてい 校庭 cortile⊛「di scuola [scolastico《複 *-ci*》];《運動場》palestra⊛ aperta, campo⊛ da gioco

こうてい 航程《船・飛行機の》percorso⊛, tragitto⊛;《一航程》tappa⊛;《飛行機の》rotta⊛

こうてい 高低《高さ》altezza⊛,《高さの差》dislivello⊛, differenza⊛ di livello,《起伏》ondulazione⊛,《変化》oscillazione⊛, variazione⊛;《格差》dislivello⊛, divario⊛ [複 *-i*];《音の》altezza⊛ [acutezza⊛] (di un suono);《抑揚》modulazione⊛ ¶高低のある土地 terreno accidentato [ondulato / irregolare] ¶気温の高低が激しい. Le variazioni di temperatura sono sensibili [elevate].

こうてい 高弟 定冠詞 + discepolo⊛ [⊛ *-a*] [allievo⊛ [⊛ *-a*] migliore [più meritevole]

こうでい 拘泥 attaccamento⊛ eccessivo e irragionevole ¶彼は過去に拘泥している. È prigioniero del passato.

ごうてい 豪邸 residenza⊛ di lusso

こうていえき 口蹄疫《医》afta⊛ epizootica

こうてき 公的 pubblico⊛《複 *-ci*》, ufficiale ¶公的な立場 posizione⊛ ufficiale
✣**公的介護保険制度** assistenza⊛ pubblica agli anziani
公的資金投入 investimento⊛ pubblico
公的年金 pensione⊛ dello Stato
公的扶助 assistenza⊛ sociale pubblica

こうてき 好適 ◇好適な conveniente;《適合している》adatto《に a, per + 不定詞》, appropriato《に a》, adeguato《に a》;《理想的》ideale《に a, per + 不定詞》 ¶オレンジ栽培に好適である essere adatto per coltivare le [per la coltivazione delle] arance

こうてきしゅ 好敵手 degno concorrente⊛ [rivale⊛⊛], valido avversario⊛ [⊛ *-ia*;⊛⊛ *-i*]

こうてつ 更迭 sostituzione⊛ ◇更迭する sostituire *ql.co.* ¶閣僚の更迭を行う procedere a un rimpasto ministeriale / sostituire un ministro

こうてつ 鋼鉄 acciaio⊛ [複 *-i*] ◇鋼鉄(製)の di acciaio ¶鋼鉄の意志 volontà「di ferro [ferrea]
✣**鋼鉄板** lamiera⊛ d'acciaio

こうてん 公転《天》rivoluzione⊛ ◇公転する gravitare⊛ [*av*] [rotare⊛ [*av*]] intorno a *ql.co.*
✣**公転周期** periodo⊛ di rivoluzione

こうてん 交点 punto⊛ d'intersezione [d'incontro];《天》nodo⊛

こうてん 好天 bel tempo⊛, tempo⊛ sereno ¶試合は好天に恵まれた. La partita è stata favorita da un tempo magnifico.

こうてん 好転 miglioramento⊛;《経済・健康などの》ripresa⊛ ◇好転する migliorare⊛ [*es*], cambiare⊛ [*es*] in meglio ¶景気は好転した. Il mercato ha fatto registrare una ripresa.

こうてん 後天 ◇後天的 acquisito ¶後天的形質 carattere acquisito
✣**後天性免疫不全症候群** sindrome⊛ da immunodeficienza acquisita, AIDS⊛⊛ [無変]

こうてん 荒天 tempo⊛ tempestoso [burrascoso] ¶荒天をついて malgrado la tempesta

こうでん 公電 telegramma⊛ [複 *-i*] [messaggio⊛ [複 *-gi*]] ufficiale

こうでん 香典 denaro⊛ offerto al momento del funerale in segno di condoglianze ¶香典に5000円包む fare un'offerta di 5.000 yen alla famiglia del defunto
✣**香典返し** regalo⊛ fatto in contraccambio dell'offerta in denaro ricevuta in occasione di un funerale

こうでんかん 光電管 fotocellula⊛, cellula⊛ fotoelettrica

こうでんし 光電子《物》fotoelettrone⊛
こうでんち 光電池 cella⊛ fotoelettrica, fotofilo⊛, eliofilo⊛

こうど 光度 intensità⊛ luminosa, luminosità⊛;《星の》magnitudine⊛ [luminosità⊛] di una stella
✣**光度計** fotometro⊛

こうど 紅土《地質》laterite⊛

こうど 高度 **1**《海抜》altitudine⊛;《飛行機の》quota⊛ ¶高[低]高度で ad alta [a bassa] quota ¶高度を3000メートルに保つ mantenere la [una] quota di 3.000 metri ¶高度を3000メートルに上げる[下げる]《飛行機が主語》salire [scendere] a 3.000 metri di quota
2《程度が高いこと》 ◇高度な alto, elevato; ad alto livello [grado], di grado elevato;《発達・進歩が》molto sviluppato [progredito] ¶高度の文明 civiltà di alto livello ¶高度な技術 alta tecnologia ¶高度に発達した技術 tecnologia avanzata
✣**高度計** altimetro⊛
高度成長経済 economia⊛「a rapida crescita [ad alto sviluppo]
高度飛行 volo⊛ ad alta quota

こうど 黄土 《地質》suolo㊚ giallo
こうど 硬度 **1**《硬さ》(grado㊚ di) durezza㊛ **2**《水質の》durezza㊛
こうとう 口頭 ◇口頭の a (viva) voce, verbale, orale ◇口頭で a (viva) voce, verbalmente, oralmente
❖口頭契約 contratto㊚ [patto㊚] verbale
口頭試問 esame㊚ orale [verbale], orali㊚ [複] ¶学生に…について口頭試問をする interrogare uno studente su ql.co.
口頭弁論 arringa㊛
口頭命令 ordine㊚ orale [verbale]
こうとう 公党 partito㊚ politico [複 -ci] riconosciuto pubblicamente
こうとう 好投 bel [複 bei] lancio㊚ [複 -ci]
こうとう 高等 ◇高等な superiore, di livello superiore ¶高等な戦術 tattica [strategia] intelligente
❖高等学校 →高校
高等技術 tecnica㊛ superiore
高等教育 istruzione㊛ superiore
高等検察庁 Ufficio㊚ [複 -ci] del Pubblico Ministero
高等裁判所 Corte㊛ d'Appello
高等専門学校 istituto㊚ professionale (◆イタリアでは多種多様な職業養成学校をさす。3年制と5年制がある) →教育[用語集]
高等動物 animale㊚ superiore
こうとう 高踏 ◇高踏的《世俗を超越した》dignitoso e disinteressato;《難解な, 超越的》trascendente
❖高踏派《文学》scuola㊛ parnassiana
高踏派詩人 parnassiano㊚ [㊛ -a]
こうとう 高騰 rialzo㊚ improvviso ◇高騰する aumentare㊷ [es] [rincarare㊷ [es] improvvisamente ¶物価が高騰した。I prezzi sono aumentati sensibilmente.
こうとう 喉頭《解》laringe㊛ ◇喉頭の laringeo [laringeo];《音声》laringale
❖喉頭炎《医》laringite㊛
喉頭癌《医》tumore㊚ della laringe
喉頭切開術 laringotomia㊛
喉頭専門医 laringoiatra㊚㊛ [㊚複 -i]
こうどう 公道 **1**《公共の道路》strada㊛ pubblica **2**《正義》¶天下の公道を踏む agire con giustizia / camminare sulla retta via

こうどう 行動 azione㊛, atto㊚;《活動》attività㊛;《振る舞い》comportamento㊚, condotta㊛;《動静》movimento㊚ ◇行動する agire㊷ [av]; comportarsi ◇行動的 attivo, d'azione ¶行動を慎む agire con prudenza / comportarsi con giudizio ¶彼は勝手な行動をとる。Agisce come gli pare e piace. / Fa di testa propria. ¶言ったことをすぐ行動に移す人だ。È uno che mette subito in pratica quello che dice. ¶私は行動の自由を束縛されていた。Ero ostacolato nella (mia) libertà d'azione. / Avevo le mani legate. ¶行動を起こす mettersi "in azione [al lavoro a lavorare] ¶軽々しい行動をしてはいけない。Non ci si deve comportare alla leggera. ¶私たちはいつも行動を共にした。Abbiamo sempre fatto le cose insieme. ¶AはBと行動を共にした。《従った》A ha seguito B.

❖行動仮説 ipotesi㊛ [無変] di comportamento
行動主義《心》comportamentismo㊚, behaviorismo㊚;《政・哲》attivismo㊚
行動心理学 psicologia㊛「del comportamento [comportamentale]
行動半径 campo㊚ [raggio㊚] d'azione
こうどう 坑道《鉱山の横坑》cunicolo㊚ [galleria㊛] /《縦坑》pozzo㊚] di una miniera
こうどう 黄道《天》eclittica㊛ ◇黄道の eclittico [㊚複 -ci]
❖黄道十二宮 i dodici segni [複] dello zodiaco, le dodici costellazioni㊛ [複] →星座[関連]
黄道帯 zodiaco㊚
こうどう 講堂 sala㊛ per conferenze, auditorium㊚ [無変];《階段式の》anfiteatro㊚;《大学の》aula㊛ magna;《仏教講話のための》sala㊛ per riti buddisti
ごうとう 強盗《人》rapinatore㊚ [-trice];《押し込み強盗》scassinatore㊚ [-trice], svaligiatore㊚ [-trice];《行為》rapina㊛, furto㊚ con scasso, svaligiamento㊚ ¶強盗を働く svaligiare ql.co. di qlcu. / commettere una rapina ai danni di qlcu.
ごうどう 合同 **1**《ひとつになること》unione㊛, fusione㊛; combinazione㊛ ◇合同する unirsi, fondersi, combinarsi ◇合同の congiunto, unito, combinato ◇合同で insieme, congiuntamente;《協力して》in collaborazione, in cooperazione **2**《幾何》congruenza㊛ ◇合同の congruente ¶これらの三角形は合同である。Questi triangoli sono congruenti.
❖合同委員会 commissione㊛ mista [paritetica /《各省合同の》interministeriale]
合同演習 manovre㊛ [複] congiunte
合同葬 funerale㊚ colletivo
こうとうしき 恒等式《数》identità㊛
こうとうぶ 後頭部《解》occipite㊚, regione㊛ occipitale
こうとうむけい 荒唐無稽 ◇荒唐無稽な《ばかげた》assurdo;《根拠のない》infondato;《筋の通らない》illogico [㊚複 -ci] ¶荒唐無稽な話 storia assurda
こうどく 鉱毒 inquinamento㊚ in prossimità [in vicinanza] di una miniera
こうどく 講読 lettura㊛ commentata ◇講読する leggere
こうどく 購読 ¶あなたはどんな雑誌を定期購読していますか。A quali riviste è abbonato?
こうとくしん 公徳心 civismo㊚, senso㊚ civico
こうどくそ 抗毒素《医》antitossina㊛
こうない 坑内 interno㊚ della miniera
❖坑内軌道《仏》decauville㊚ [無変]
坑内事故 incidente㊚ minerario [複 -i]
こうない 校内 ¶校内で[の] a [nella / dentro la] scuola
❖校内放送 annuncio㊚ [複 -ci] con altoparlante (nella scuola)
校内暴力 violenza㊛ nelle scuole
こうない 港内 ¶港内に入る[停泊する] entrare [gettare l'ancora] nel porto
❖港内施設 attrezzature㊛ [複] portuali

こうない 構内 ¶構内で nel recinto ¶大学の構内で all'interno [nel campus] dell'università ¶駅の構内で nella stazione
✤構内タクシー taxi㊚[無変] in servizio presso la stazione

こうないえん 口内炎 《医》stomatite㊛; infiammazione㊛ delle mucose della bocca

こうなん 後難 ¶人々は後難を恐れて口を閉ざしている. La gente tiene la bocca chiusa per paura di incorrere nella vendetta.

こうにち 抗日 resistenza㊛ armata all'invasione giapponese
✤抗日民族統一戦線 il Movimento㊚ del Fronte Unito (in Cina)

こうにゅう 購入 acquisto㊚, compera㊛; ¶購入する acquistare [comprare / comperare] ql.co. ¶共同購入 acquisto di gruppo
✤購入価格 prezzo㊚ d'acquisto
購入者 acquirente㊚, compratore㊚ [㊛ -trice]

こうにん 公認 riconoscimento [approvazione㊛ / autorizzazione㊛] ufficiale ◇公認する riconoscere [approvare / autorizzare] ql.co. ufficialmente ◇公認の ufficiale, autorizzato, riconosciuto ufficialmente ¶この町では売春がなかば公認されている。(黙認) In questa città la prostituzione è tacitamente tollerata.
✤公認会計士 ragioniere㊚ [㊛ -a] collegiato [iscritto all'albo]
公認記録 record㊚ [無変] omologato [ufficiale]
公認候補 candidato㊚ [㊛ -a] ufficiale (di un partito)

こうにん 後任 《後継者》successore㊚ [㊛ succeditrice]; 《交替要員, 代理》sostituto㊚ [㊛ -a] ¶後任として come successore ¶エンリコの後任にファビオが来た. Fabio è venuto a sostituire [rimpiazzare] Enrico.

こうねつ 高熱 《高い熱》intenso calore㊚; 《体熱》febbre㊛ [temperatura㊛] alta ¶高熱に浮かされる essere tormentato da uno stato febbrile

こうねつひ 光熱費 spese㊛[複] per l'elettricità, il gas e il gasolio ¶水道および光熱費込みの家賃 affitto comprensivo delle spese per elettricità, acqua e gas

こうねん 光年 《天》anno㊚ luce [無変] ¶100光年離れて a distanza di 100 anni luce

こうねん 後年 《後になって》negli ultimi anni, in seguito, dopo;《将来》negli anni「a venire [futuri], in futuro

こうねんき 更年期 (età㊛ della) menopausa㊛, climaterio㊛ femminile ◇更年期の climaterico㊚[複 -ci]; dell'età critica ¶男性の更年期 andropausa / climaterio maschile
✤更年期障害 《医》disturbi㊚[複] del climaterio [della menopausa]

こうのう 効能 efficacia㊛ ¶リューマチに効能がある fare bene ai reumatismi
✤効能書き spiegazioni㊛[複] sul campo di applicazione

ごうのう 豪農 《人》contadino㊚ [㊛ -a] con vasti possedimenti;《農家》ricca famiglia㊛ agricola

こうのとり 鶴 《鳥》cicogna㊛

こうは 光波 《物》onda㊛ luminosa

こうは 硬派 1《たか派》falchi㊚[複];《非妥協派》gruppo㊚ di persone intransigenti 2《若者の》giovane㊚ rude e maschilista [複 -i] 3《放送・出版の》◇硬派な serio㊚ [複 -i] e coerente; integro

こうば 工場 officina㊛

こうはい 交配 《生》incrocio㊚ [複 -ci];《異種交配》ibridazione㊛ ◇交配させる incrociare ql.co.; ibridare [(fare) accoppiare] ql.co. con ql.co.
✤交配種 razza㊛ ibrida, incrocio㊚ ibrido

こうはい 光背 《仏像などの》aureola㊛ ¶光背のある aureolato

こうはい 後輩 《会社などの》collega㊛㊚ [㊚複 -ghi] più giovane;《学生》studente㊚ [㊛ -essa] più giovane ¶彼は大学で僕の3年後輩だった. All'università era tre anni dietro di me.

こうはい 荒廃 1《崩壊》rovina㊛;《損壊》devastazione㊛ ◇荒廃する rovinarsi, cadere㊙ [es] [andare] in rovina ◇荒廃させる rovinare; devastare ◇荒廃した rovinato, devastato, guastato ¶荒廃した村《人の住まなくなった》villaggio desolato 2《精神的》decadenza㊛, desolazione㊛;《破滅》rovina㊛ ◇荒廃する rovinarsi;《涸渇する》inaridirsi ¶道徳的荒廃 decadenza della morale

こうばい 勾配 pendenza㊛, pendio㊚ [複 -ii];《傾斜》inclinazione㊛,《数》gradiente㊚,《坂》china㊛, declivio㊚ [複 -i] ¶急な[ゆるい]勾配の屋根 tetto con una forte [leggera] inclinazione ¶勾配をつける inclinare [dare una pendenza a] ql.co. ¶この道路は10度の勾配になっている. Questa strada ha una pendenza di 10 gradi.

こうばい 購買 acquisto㊚, compera㊛
✤購買価格 prezzo㊚ d'acquisto
購買者 compratore㊚ [㊛ -trice], acquirente㊚
購買部《高校などの》reparto㊚ acquisti;《会社などの》spaccio㊚ [複 -ci] aziendale
購買欲 ¶購買欲をそそる indurre qlcu. ad acquistare ql.co.
購買力 potere㊚ d'acquisto

こうばいすう 公倍数 《数》multiplo㊚ comune ¶最小公倍数 minimo comune multiplo /《略》m.c.m.

こうはいち 後背地 retroterra㊛, entroterra㊚;《独》hinterland [ínterland] ㊚ [無変]

こうはく 紅白 ¶紅白の幕 drappo [drappeggio / sipario] rosso e bianco (♦ usato in occasione di qualche festeggiamento; nei funerali è bianco e nero)
✤紅白歌合戦 competizione㊛ annuale tra cantanti uomini e donne che si tiene la sera di San Silvestro
紅白試合 gara㊛ [contesa㊛] tra due gruppi

こうばく 広漠 ◇広漠たる vasto, esteso, immenso, sterminato ¶広漠とした平野 pianura estesa a perdita d'occhio

こうばしい 香ばしい fragrante, aromatico [㊚複 -ci] ¶コーヒー豆を煎るこうばしいにおい fragranza del caffè tostato

こうはつ 後発 ¶後発のグループが2週間後に到着した. Il gruppo che era partito dopo è arrivato due settimane dopo. ¶そのメーカーは後発だが

技術は進んでいる. Quella ditta produttrice è entrata in affari più tardi, ma è tecnicamente più avanzata.

✤後発隊 gruppo男 di rimpiazzo [di riserva]

ごうはら 業腹 ¶引き下がるのは業腹だ. Per me è estremamente seccante tirarmi indietro.

こうはん 公判 processo男, giudizio男 [複 -i], udienza女 giudiziaria (a porte aperte) ¶事件を公判に付する discutere una causa (in tribunale) ¶その事件はいま公判中である. La causa è in dibattimento.

✤公判廷 corte女, tribunale男
公判闘争 battaglia女 processuale
公判日 giorno男 d'udienza (a porte aperte)

こうはん 後半 seconda parte女[metà女]; (サッカー・映画などの) secondo tempo男 ¶20世紀後半に nella seconda metà del ventesimo secolo

こうはん 広範 ¶広範な活動分野 campo d'azione molto esteso ¶彼は広範な知識の持ち主だ. Ha una vasta conoscenza.

こうばん 交番 posto男 di polizia

こうばん 鋼板 lastra女 [piastra女] d'acciaio

ごうはん・ごうばん 合板 legno男 compensato, compensato男 ¶合板の外装 rivestimento di (legno) compensato

こうはんい 広範囲 ¶地震の被害は広範囲に及んだ. I danni causati dal terremoto hanno coperto un vasto territorio.

こうひ 工費 spese女[複] di costruzione
こうひ 公比 (数) rapporto男 comune
こうひ 公妃 (公爵夫人) duchessa女; (王族の) principessa女
こうひ 公費 spese女[複] pubbliche [(国の) dello Stato] ¶公費で a spese pubbliche
こうひ 皇妃 imperatrice女; (王妃) regina女
こうび 交尾 accoppiamento男, copulazione女 ◇交尾する accoppiarsi

✤交尾期 periodo男 di calore, stagione女 degli amori

こうび 後尾 retro男, coda女, parte女 posteriore; (船の) poppa女; (軍隊の) retroguardia女 ◇後尾の posteriore, di dietro ¶列の後尾につく mettersi「in fondo alla fila [in coda]

ごうひ 合否 successo男 o fallimento男, promozione女 o bocciatura女 ¶合否が決まるまでは不安な毎日だった. Sono stato sulle spine finché non ho saputo「se ero stato promosso o bocciato [se ero passato o no].

こうヒスタミンざい 抗ヒスタミン剤(薬) antistaminico男[複 -ci]

こうひつ 硬筆 (ペン) penna女; (鉛筆) matita女

こうひょう 公表 pubblicazione女; (行政機関からの) annuncio男[複 -ci] ufficiale ◇公表する rendere pubblico ql.co. (▶pubblicoは目的語の性・数に合わせて語尾変化する), annunciare pubblicamente ql.co., pubblicare ql.co., proclamare ql.co. ¶協会の設立を公表する rendere pubblica la fondazione di un'associazione ¶死因の公表は差し控えられた. La causa della sua morte è stata mantenuta segreta.

こうひょう 好評 buona reputazione女 [fama女]; (好意的批評) critica女 favorevole; (人気) popolarità女 ¶好評を博する godere di una grande popolarità / ottenere il favore della critica ¶その映画は若者に好評だった. Quel film ha avuto molto successo fra i giovani. / Quel film è piaciuto molto ai giovani. ¶好評につき上演が延長された. Visto il successo di pubblico hanno prolungato le date di rappresentazione.

こうひょう 降雹 grandinata女

こうひょう 高評 ¶ご高評をお願いします. Il Suo「giudizio [parere critico] mi renderebbe estremamente felice.

こうひょう 講評 recensione女, commento男 critico [複 -ci], osservazione女 critica ¶講評する valutare ql.co. criticamente, commentare ql.co., fare dei commenti critici su ql.co., recensire ql.co.

こうびん 後便 ¶詳細は後便にて(知らせます). I particolari nella mia prossima lettera.

こうふ 工夫 manovale男; (土木作業員) sterratore男, terrazziere男

こうふ 公布 promulgazione女, proclamazione女 ¶新憲法を公布する promulgare [proclamare] la nuova Costituzione

こうふ 交付 (書類の) rilascio男[複 -sci]; (助成金などの) concessione女 ◇交付する rilasciare [concedere] ql.co. ¶証明書[パスポート]を交付してもらう farsi rilasciare un certificato [un passaporto]

✤交付金 sovvenzione女, sussidio男[複 -i] pubblico[複 -ci]

こうぶ 後部 parte女 posteriore, coda女, (船の) poppa女 ◇後部の posteriore, di coda

✤後部座席 sedile男 posteriore

こうふう 校風 caratteristiche女[複] [atmosfera女] di una scuola

こうぶがったい 公武合体 (日本史の) Unione女 della Corte Imperiale e dello Shogunato

こうふく 幸福 felicità女; (好運) buona fortuna女; (健康や経済面で) benessere男 ◇幸福な felice; fortunato ◇幸福に felicemente ¶幸福な結婚 matrimonio felice ¶二人は幸福に暮らしている. Loro due vivono felici. ¶幸福を求める cercare la felicità ¶幸福を求めて in cerca [alla ricerca] della felicità ¶幸福に酔っている[の絶頂にある] essere「ebbro di [al colmo della] felicità ¶君の幸福を祈ります. Ti auguro tanta felicità ¶君は彼女を幸福にできるか. Puoi renderla felice?

こうふく 降伏・降服 resa女; (条件つきの) capitolazione女 ¶降伏する capitolare自[av], cedere自[av]; arrendersi; deporre le armi ◇降伏させる far capitolare qlcu. ¶降伏を勧告する intimare la resa a qlcu. ad arrendersi / intimare la resa a qlcu. ¶無条件降伏する arrendersi incondizionatamente [senza condizioni]

✤降伏条件 condizioni女[複] della resa
降伏文書 atto男 di resa

こうぶつ 好物 cibo男 preferito; (料理) piatto男 preferito ¶スパゲッティは私の好物です. Gli spaghetti sono il mio piatto preferito.

こうぶつ 鉱物 minerale男 ◇鉱物の minerario男[複 -i], minerale

✤鉱物学 mineralogia女 ◇鉱物学の mineralogi-

co [形複 *-ci*]
鉱物学者 mineralogista男 [形複 *-i*]
鉱物資源 risorse女[複] minerali
鉱物質 sostanza女 minerale
こうふん 口吻 ⇒口振り
こうふん 公憤 ¶公憤をおぼえる provare una giusta indignazione per [contro] *ql.co.*
こうふん 興奮 eccitazione女, esaltazione女;《激しい》sovreccitazione女;《動揺》agitazione女 ◇興奮する eccitarsi, agitarsi, esaltarsi,《かっとする》perdere la testa [il sangue freddo] ◇興奮させる eccitare [agitare / esaltare / sovraccitare] *qlcu.*, mettere *qlcu.* in agitazione ¶スタジアムは興奮のるつぼと化していた. Gli spettatori nello stadio erano in uno stato di grande eccitazione. ¶彼は興奮してしゃべった.《激して》Ha parlato concitatamente [《熱っぽく》con animazione]. ¶そのニュースに全国民が興奮した. A quella notizia c'è stato un gran fermento in tutto il paese. ¶彼は興奮しやすいたちだ.《熱中しやすい》È facile all'entusiasmo. /《すぐいらだつ》Si agita subito. /《かっとなる》Si surriscalda subito. ¶そう興奮してはいけない. Non perdere la testa! / Rilassati!
✤**興奮剤**《薬》stimolante男, eccitante男
こうぶん 構文《文法》costruzione女 (di una frase), costrutto男; sintassi男[無変]; struttura女 di una frase
✤**構文論** sintassi女
こうぶんし 高分子《化》alto polimero男, polimero男 superiore, macromolecola女 ◇高分子の macromolecolare
✤**高分子化学** chimica女 degli alti polimeri
高分子化合物 composto男 alto polimero
こうぶんしょ 公文書 《公式文書》atto男 pubblico [複 *-ci*], documento男 ufficiale;《公式通達》comunicato男 [lettera女] ufficiale
✤**公文書偽造** falsificazione女 di documenti ufficiali
こうぶんぼ 公分母 《数》denominatore男 comune
こうべ 頭 ¶こうべを垂れる abbassare la testa ¶こうべを回(めぐ)らす《昔を振り返る》ripensare自 [*av*] al passato
こうへい 公平《平等》equità女, imparzialità女;《公正》giustizia女 ◇公平な equo, imparziale, equanime; giusto ◇公平に equanimamente, equamente, con imparzialità; giustamente ¶公平に評価する giudicare equamente [con imparzialità / con giustizia] *qlcu.* [*ql.co.*]. ¶公平な判断を下す dare un giudizio imparziale [equo / equanime] su *ql.co.* [*qlcu.*]. ¶公平に言って imparzialmente parlando ¶公平を期する cercare di essere「giusto[al di sopra delle parti]¶公平無私に imparzialmente e disinteressatamente
こうへん 後編 ultima [seconda] parte女 [puntata女];《映画の》secondo tempo男
こうべん 抗弁《抗議》protesta女, rimostranza女;《反ばく》confutazione女;《法廷での》difesa女 ◇抗弁する protestare [fare le *proprie* rimostranze] contro *ql.co.* con *qlcu.*;《弁護》difendere *qlcu.*

ごうべんがいしゃ 合弁会社〔英〕joint venture女[無変]; società女 [associazione女 / impresa女] in compartecipazione ¶日伊合弁会社 impresa a capitale misto italo-giapponese
こうほ 候補《政治・役職などへの》candidato男 [女 *-a*];《求職・求愛の》aspirante男;《求職・王位継承の》pretendente男
¶選挙で候補に立つ candidarsi alle elezioni ¶〈人〉を大統領候補に立てる presentare [porre] la candidatura di *qlcu.* alla presidenza ¶候補に推薦する raccomandare *qlcu.* come candidato (►candidatoは目的語の性・数に合わせて語尾変化)
✤**候補者名簿** lista女 dei candidati
候補地 ¶…の候補地 luogo candidato per *ql.co.*
こうぼ 公募《社員の》concorso男 pubblico [複 *-ci*];《株式の》sottoscrizione女 pubblica ¶社員を公募する bandire un concorso per assumere impiegati ¶株式を公募する lanciare una sottoscrizione pubblica di azioni
✤**公募価格**《経》prezzo男 offerto
公募債 obbligazioni女[複] di pubblica emissione
こうぼ 酵母《生》fermento男, lievito男 ¶天然〔ビール〕酵母 lievito naturale [di birra]
✤**酵母菌** fungo男 [複 *-ghi*] della fermentazione, fermento男, saccaromicete女
こうほう 工法 metodo男 di costruzione ¶在来[シールド]工法で usando un metodo「di costruzione tradizionale [dello scudo]」
こうほう 公法 diritto男 pubblico
✤**公法学者** pubblicista男 [形複 *-i*]
こうほう 公報 bollettino男 [comunicato男] ufficiale;《公式通知》annuncio男 [複 *-ci*] ufficiale ¶選挙公報 bollettino elettorale
こうほう 広報 informazioni女[複] pubbliche
✤**広報課**《官庁の》servizio男 [複 *-i*] informazioni;《企業の》ufficio男 [複 *-ci*] [dipartimento男 / sezione女] pubbliche relazioni ¶私は保険会社の広報課で働いている. Lavoro nell'ufficio pubbliche relazioni di una compagnia assicurativa.
広報活動 pubbliche relazioni女[複], attività女 informativa
広報誌 rivista女 di pubbliche relazioni
広報車 vettura女 per la propaganda [per avvisi]
広報担当官 addetto男 [女 *-a*] stampa [無変]
こうほう 後方 ◇後方の posteriore; retrostante ¶…の後方に[で] dietro a / sul retro di / alle spalle di ¶後方から dà dietro ¶後方へ〈人〉を送る mandare *qlcu.* indietro ¶後方にとどまる restare indietro
✤**後方一致検索**《コンピュータ》ricerca女 basata sull'ultima parte di una parola
後方勤務 servizio男 [複 *-i*] nelle retrovie [alla base]
後方支援 sostegno男 dalla retroguardia; logistica女
後方部隊 retroguardia女
こうほう 航法 tecnica女 nautica
こうほう 高峰 alta vetta女 [cima女], alta montagna女
こうぼう 工房 bottega女, studio男 [複 *-i*];

〔仏〕atelier [ateljé] 男 [無変]

こうぼう 攻防　offensiva⼥ e difensiva⼥, attacco男 e difesa⼥
❖**攻防戦** ¶両軍の間で激しい攻防戦が繰り返された. Tra i due eserciti ci sono stati violenti scontri.

こうぼう 興亡　《盛衰》vicissitudini⼥[複] ¶ローマ帝国の興亡 l'ascesa e la caduta dell'Impero Romano ¶わが社の興亡は諸君の双肩にかかっている. Il destino della nostra compagnia poggia sulle spalle di voi tutti.

ごうほう 号砲　cannonata⼥ per segnalazione; 《スタートのピストルの音》sparo男 di partenza ¶号砲一発，選手はいっせいに走り出した. Allo sparo i corridori sono partiti tutti insieme.

ごうほう 合法　◇合法的(な) legale; 《法律上許された》lecito; 《法律上正当な》legittimo ◇合法的に legalmente; lecitamente; legittimamente ◇合法性 legalità⼥; liceità⼥; legittimità⼥, conformità⼥ alla legge ¶合法活動 attività legali ¶合法的手段で闘う lottare ricorrendo alle vie [a mezzi] legali
❖**合法化** ◇合法化する legalizzare ql.co., rendere legale ql.co. (▶legaleは目的語の性・数に合わせて語尾変化する)

ごうほう 豪放　◇豪放な audace [ardito] e di mente aperta

こうぼく 坑木　gamba⼥ di una miniera
こうぼく 香木　albero男 profumato
こうほん 校本　edizione⼥ di un testo classico che riporta le varianti critiche
こうほん 稿本　《草稿・下書き》bozze⼥[複] manoscritte; 《写本など手書きの本》libro男 manoscritto

こうま 小馬・子馬　《小さい，または若い》cavallino男 [⼥ -a]; 《若い馬》puledro男 [⼥ -a]; 《ポニー》〔英〕pony [póni] 男 [無変]

こうまい 高邁　◇高邁な nobile, elevato ¶彼は高邁な精神の持ち主だ. Ha uno spirito nobile.

こうまん 高慢　superbia⼥, altezzosità⼥, presunzione⼥, arroganza⼥ ◇高慢な superbo, altero; altezzoso, presuntuoso, borioso, arrogante ¶なんて高慢なやつなんだ. È proprio un individuo presuntuoso [superbo]!

ごうまん 傲慢　arroganza⼥, prepotenza⼥, alterigia⼥, presunzione⼥, spocchia⼥ ◇傲慢な arrogante, superbo, prepotente, altezzoso, presuntuoso, spocchioso ¶なんという傲慢さだ. Che arroganza!

こうみ 香味　aroma男 [複 -i]
❖**香味野菜** odori男[複], erbe⼥[複] aromatiche
香味料 spezie⼥[複]

こうみゃく 鉱脈　filone男, vena⼥ ¶金の鉱脈を掘り当てる scoprire un filone d'oro

こうみょう 功名　prodezza⼥, impresa⼥, gesta⼥[複], azione⼥ brillante [gloriosa] ¶功名をたてる distinguersi [segnalarsi] per le proprie gesta ¶けがの功名だ. È stato un insperato colpo di fortuna.
❖**功名心** ¶彼は功名心が強すぎる. La sua ambizione di riuscire è troppo forte.

こうみょう 光明　¶前途に一筋の光明を見いだした. Abbiamo intravisto un barlume [un bagliore / un filo] di speranza nel futuro.

こうみょう 巧妙　◇巧妙な《抜け目のない》furbo, scaltro; 《巧みな》abile, destro, ingegnoso; 《優れて巧みな》magistrale; 《老練の》consumato, esperto ◇巧妙に furbamente, scaltramente, abilmente, ingegnosamente, destramente; consumatamente ◇巧妙さ abilità⼥, ingegnosità⼥, maestria⼥ ◇巧妙な手口 trucco scaltro ¶巧妙に立ち回る agire con tattica [in maniera abile]

こうみん 公民　cittadino男 [⼥ -a]
❖**公民館** edificio男[複 -ci] comunale per le riunioni
公民権 diritti男[複] civici, cittadinanza⼥

こうむ 公務　pubblici affari男[複] ¶公務で出張する andare in missione ufficiale ¶公務を執行する[怠る] esercitare [trascurare] le pubbliche funzioni
❖**公務執行妨害** oltraggio男[複 -gi] a (un) pubblico ufficiale

こうむ 校務　¶校務を執る occuparsi [prendersi cura] degli affari scolastici

こうむいん 公務員　funzionario男 [⼥ -ia; 男複 -i] pubblico [男 複 -ci], pubblico ufficiale [dipendente男 男⼥] ¶国家公務員 funzionario [dipendente] dello Stato ¶地方公務員 funzionario dell'amministrazione locale
❖**公務員法** stato男 giuridico dei dipendenti dello Stato

こうむてん 工務店　impresa⼥「di costruzioni [edile]

こうむる 被る　《受ける》ricevere ql.co.; 《害を》subire ql.co. ¶恩恵をこうむる ricevere un favore ¶被害をこうむる subire i danni ¶私は社長の不興をこうむった. Sono incorso nello [Sono stato oggetto dello] sdegno del presidente.

こうめい 高名　**1**《有名なこと》◇高名な illustre, celebre, rinomato ¶高名な画家 pittore illustre [celebre]
2《相手の名前の敬称》¶ご高名はかねてから伺っております. Ho già sentito parlare di Lei.

こうめい 公明　◇公明さ equità⼥, imparzialità⼥; lealtà⼥
❖**公明正大** ◇公明正大な equo [imparziale] e giusto; leale ◇公明正大に equamente [con imparzialità] e con giustizia; lealmente
公明党 Partito⼥ Komei

ごうめいがいしゃ 合名会社　società⼥ in [a] nome collettivo

ごうもう 剛毛　《動》setola⼥ ◇剛毛のある setoloso

こうもく 項目　《条項，見出し》voce⼥; 《予決算・契約・条約・法律の条項》articolo男; 《書物の章・節，契約の条項》capitolo男; 《法律の条の下の区分》comma男; 《点，一節》punto男 ¶報告書は5項目に分かれている. La relazione si articola in cinque punti. ¶項目別に per argomenti

ごうもくてき 合目的　◇合目的的 pertinente ◇合目的的に pertinentemente, in maniera pertinente

こうもり 蝙蝠　**1**《動》pipistrello男 **2**《こうもり傘》ombrello男, parapioggia男 [無変]

こうもん 肛門　《解》ano男, orifizio男[複 -i] anale ◇肛門の anale

❖肛門科 reparto男 proctologico
肛門期〘心〙fase女 [stadio男] anale
こうもん 校門 cancello男 di scuola
こうもん 閘門 serranda女 di chiusa;《堰(せき)》sbarramento男
ごうもん 拷問 tortura女, sevizia;《精神的・肉体的苦痛》supplizio男 [複 -i]（►誇張した表現）¶拷問にかける torturare qlcu. / 日曜日に勉強しなくてはならないなんてまさに拷問だ. Dover studiare di domenica è un vero supplizio.
❖拷問台 cavalletto男 (per la tortura)
こうや 広野 vasta [ampia] pianura女
こうや 荒野 deserto男, landa女;《未開墾地》terreno男 incolto, sodaglia女
こうや 紺屋 tintore男 [女 -a]
〖慣用〗紺屋のあさって rimandare ql.co. alle calende greche / Sarà pronto il giorno del mai [di san mai].
紺屋の白袴(しろばかま)《諺》"Il calzolaio ha sempre le scarpe rotte." / "Sarto mal vestito e calzolaio mal calzato."
こうやく 公約 promessa女 [impegno男] elettorale;《政党の》programma男 [複 -i] ◇公約する promettere ql.co. pubblicamente ¶選挙の公約を果たす mantenere le promesse elettorali
こうやく 膏薬《貼り薬》impiastro男, cerotto男, cataplasma男 [複 -i];《軟膏》pomata女, unguento男, linimento男 ¶膏薬を塗る applicare [mettere] una pomata《に su, a》
こうやくすう 公約数 divisore男 comune ¶最大公約数 massimo comune divisore / 《略》M.C.D.
こうゆ 香油 olio男 [複 -i] profumato [aromatico [複 -ci]];《バルサモの》balsamo男
こうゆ 鉱油 olio男 [複 -i] minerale
こうゆう 公有 ◇公有の pubblico [男複 -ci]; di proprietà pubblica,《国有の》statale,《市町村有の》comunale
❖公有財産 proprietà女 pubblica, pubblico dominio男 [複 -i]
公有地 proprietà女 demaniale, terreno男 municipalizzato
こうゆう 交友 amicizia女;《友人》amico男 [女 -ca] [複 -ci]; conoscente男女 [複 -i] ¶彼の交友関係を調べ上げろ. Controllate le sue「relazioni sociali [amicizie / frequentazioni]」!
こうゆう 交遊《付き合い》rapporti男 [複] personali
こうゆう 校友 →学友
ごうゆう 豪勇・剛勇 gran(de) coraggio男, audacia女 [複 -cie] ¶豪勇無双の将軍 generale dal coraggio senza pari
ごうゆう 豪遊 ◇豪遊する far baldoria senza badare a spese; sprecare denaro nei divertimenti
こうよう 公用 affari男 [複] ufficiali, doveri男 [複] d'ufficio ◇公用の ufficiale; per affari ufficiali ◇公用で in missione ufficiale, con un incarico ufficiale, per servizio ufficiale
❖公用語 lingua女 ufficiale
公用車 auto女 [無変] blu [無変], autoblù男 [無変] di rappresentanza
公用文 documenti男 [複] ufficiali [burocratici]
こうよう 孝養 ¶父母に孝養を尽くす adempiere i [ai] propri doveri filiali
こうよう 効用 1《使い道》utilità女, uso男 2《効果》effetto男, efficacia女
こうよう 紅葉 ◇紅葉する diventare圓 [es] rosso in autunno ¶紅葉した葉 foglie rosse d'autunno [autunnali] ¶全山紅葉する Tutte le montagne si tingono dei colori dell'autunno.
こうよう 高揚《気分の》esaltazione女;《感化による》edificazione女 ◇高揚する《高める》elevare [innalzare] ql.co.;《高まる》elevarsi, innalzarsi,《元気づける》sollevare ql.co. [qlcu.] ¶国威を高揚する accrescere [elevare] il prestigio nazionale ¶士気を高揚させる sollevare [elevare] il morale
こうよう 黄葉 ◇黄葉する diventare圓 [es] giallo, ingiallire圓 [es]
こうよう 綱要 tratti essenziali [複];《書名で》sommario男 [複 -i] ¶経済学綱要 Elementi di economia
こうようじゅ 広葉樹 latifoglie女 [複]
ごうよく 強欲 avidità女, cupidigia女,《より強い》rapacità女,《カト》avarizia女 →大罪〖関連〗
◇強欲な avido, cupido; rapace ◇強欲に avidamente, cupidamente, con cupidigia
こうら 甲羅 1《蟹や海老の》guscio男 [複 -sci];《亀の》corazza女;《亀・蟹の》carapace男 2《人の背中》¶砂浜で甲羅を干す prendere il sole sulla schiena [esporre la schiena al sole] in spiaggia 3《年功》lunga esperienza女 ¶甲羅を経た《経験豊かな老人》vecchio saggio / 《世知れした人》furbone pieno di esperienza
こうらい 高麗〘史〙Koguryo男, Kokuryo男
こうらく 行楽 gita女;《ピクニック》〘英〙picnic男 [無変]; escursione女 ¶今日は行楽日和だ. Oggi è un giorno ideale per fare un picnic [una gita]. ¶行楽帰りの車で渋滞している. Il traffico di rientro dalle gite sta causando disagi.
❖行楽客 turista男女 [男複 -i]; escursionista男女 [男複 -i]
行楽シーズン stagione女 delle escursioni [delle gite / delle passeggiate];《旅行シーズン》alta stagione女
行楽地 località女 per un'escursione; meta女 turistica;《観光地》luogo男 [複 -ghi] turistico [複 -ci]
こうらん 高覧 ¶ご高覧いただければ幸いです. Lo sottopongo con piacere al Suo esame.
こうり 小売 vendita女 al minuto [al dettaglio] ◇小売りする vendere ql.co. al minuto [al dettaglio];〘商〙dettagliare ql.co. ◇小売りの al dettaglio, al minuto
❖小売価格 prezzi男 [複] al dettaglio
小売業〘商〙commercio男 [複 -ci] al minuto
小売業者 commerciante男女 [negoziante男女] al dettaglio;〘商〙dettagliante男女
小売店 negozio男 [複 -i] al minuto, rivendita女
小売物価指数 indice男 dei prezzi男 [複] al minuto
こうり 公理〘論・数〙assioma男 [複 -i]
こうり 功利 utilità女 ◇功利的(な) utilitario

こうり [男複 -i]；《実利的》pratico [男複 -ci]
功利主義 utilitarismo男
功利主義者 utilitarista男女 [男複 -i]
こうり 行李 baule男 [valigia女 [複 -gie, -ge]] di vimini
こうり 高利 alto tasso男 d'interesse, interesse男 elevato；《不当な》usura女, interessi男 [複] usurari [esorbitanti] ◇高利で ad [con] usura, ad alto interesse
✤**高利貸し** usuraio男 [男 -ia; 男複 -i], strozzino男 [女 -a]
ごうり 合理 ◇合理的(な) razionale；《理性的》ragionevole；《論理的》logico [男複 -ci] ¶合理的な方法で con un metodo razionale
✤**合理化** razionalizzazione女, organizzazione女 razionale ◇合理化する razionalizzare ql.co.
合理主義 razionalismo男
合理主義者 razionalista男女 [男複 -i]
合理性 razionalità女
ごうりき 強力・剛力 1《強い力》grande forza女 fisica 2《登山の荷物運び》guida女 alpina; portatore男 di montagna
✤**強力犯** 〚法〛crimine男 violento
こうりつ 公立 ◇公立の pubblico [男複 -ci]；《県立の》provinciale；《市・区・町・村立の》comunale, municipale
✤**公立学校** scuola女 pubblica [《県立の》provinciale /《市・区・町・村立の》comunale / municipale]
こうりつ 効率 effetto男 utile, rendimento男, resa女；《能率》efficacia女, efficienza女 ◇効率的な efficiente,《効果的な》efficace ◇効率的に efficientemente; efficacemente ¶効率の良い[悪い]機械 macchina ad alto [a basso] rendimento ¶労働効率を上げる migliorare l'efficienza della forza lavoro ¶このやり方では効率が悪い。Questa non è la maniera più efficace.
こうりつ 高率 alto tasso男 ¶高率配当の株式 azioni ad alto dividendo
こうりゃく 攻略《征圧, 占領》conquista女, occupazione女；《包囲・封鎖しての》assedio男 [複 -i]；《奪取》espugnazione女, presa女, cattura女 ◇攻略する espugnare [conquistare] ql.co.
✤**攻略本**《マニュアル》manuale男
こうりゅう 勾留《被告人・被疑者の》detenzione女 [custodia女] preventiva; fermo男 di polizia ◇勾留する arrestare [fermare] qlcu. ¶勾留中の被告人 imputato fermato
✤**勾留延長** prolungamento男 della detenzione
こうりゅう 交流 1《文化などの》scambio男 [複 -i] ¶日伊両国間の文化交流を発展させる sviluppare gli scambi culturali tra l'Italia e il Giappone ¶両部門間の人事の交流を図る progettare lo scambio di personale tra due reparti 2《電》corrente女 alternata
✤**交流発電機** alternatore男, dinamo男 [無変] a corrente alternata
こうりゅう 拘留《犯罪人の》detenzione女 di un criminale ◇拘留する operare un arresto, detenere qlcu. in prigione ¶拘留中 sotto arresto
こうりゅう 興隆《進歩》sviluppo, progresso男；《繁栄》prosperità女 ◇興隆する svilupparsi; prosperare男 [av], fiorire男 [es] ¶国家の興隆 la prosperità della nazione ¶学問と芸術の興隆 sviluppo della scienza e dell'arte
ごうりゅう 合流 1《川・道の》confluenza女；《連絡》congiunzione女 ◇合流する confluire [es, av]; congiungersi《と con》, unirsi《に a》¶この道は高速道路に合流する。Questa strada si congiunge con l'autostrada. ¶「合流交通あり」《掲示》"Confluenza"
2《別々のものが一つにまとまること》congiunzione女 ◇合流する congiungersi《と a》, unirsi《に a》;《集まる》radunarsi;《参加する》partecipare男 [av]《に a》¶後で合流するよ。Vi raggiungerò dopo.
✤**合流点**《川・道の》(punto男 di) confluenza女
こうりょ 考慮 considerazione女, attenzione女;《熟慮》riflessione女 ◇考慮する considerare ql.co.;《検討する》studiare ql.co., tenere presente che + 直説法, ripensare a ql.co. [qlcu.], riflettere su ql.co. [qlcu.], esaminare ql.co. ¶…を考慮して in considerazione di ql.co. ¶《尊重して》per riguardo a qlcu. ¶じっくり考慮したうえで答える rispondere dopo matura [dovuta] considerazione [riflessione] ¶考慮に入れる prendere ql.co. in considerazione / tener conto di ql.co. ¶この計画にはまだ考慮の余地がある。Questo progetto necessita ancora di qualche aggiustamento. ¶それは考慮の余地がない。L'argomento è esaurito. / L'argomento è stato approfondito a sufficienza.
こうりょう 考量 ◇考量する considerare; valutare, soppesare
こうりょう 香料 1〚料〛aromi男 [複];《香辛料》spezie女 [複], droghe女 [複];《化粧品などの》profumo男 ¶香料を加える condire ql.co. con aromi 2 →香典
こうりょう 校了〚印〛fine男 della correzione delle bozze;《指示》"Si stampi", [ラ] "Imprimatur" ¶校了にする dare il "si stampi" l'imprimatur]
✤**校了紙**〚印〛bozze女 [複] finali
こうりょう 綱領 1《物事の基本的なところ》principi男 [複];《要点》punti男 [複] principali [essenziali] 2《政党の》programma男 [複 -i], piattaforma女
こうりょう 稿料 retribuzione女
こうりょう 荒涼 ◇荒涼とした deserto, desolato ¶荒涼とした風景 paesaggio deserto
こうりょく 抗力〚物〛reazione女
こうりょく 効力 effetto男;《効能》virtù女, efficacia女 [複 -cie];《有効性》validità女;〚法〛vigore男 ◇効力のある valido / efficace / vigente ¶効力のない non valido / nullo / inefficace ¶効力がある essere efficace / avere efficacia / essere valido ¶効力を生じる fare effetto / entrare [essere] in vigore ¶あと1か月で契約の効力が切れる。Il contratto sarà invalidato tra un mese. / La validità del contratto terminerà [scadrà] tra un mese.
こうりん 光輪 alone男
こうりん 後輪 ruota女 posteriore
こうりん 降臨 avvento男 ¶天孫降臨 la Disce-

こうるさい 小煩い　petulante ¶あいつはこうるさい存在だ. Quel tizio è una presenza un po' seccante.

こうれい 好例　buon〔複 buoni〕esempio男〔複 -i〕, esempio男 adatto

こうれい 恒例　◇恒例の usuale, consueto, consuetudinario〔男 複 -i〕, tradizionale, abituale ¶恒例に「よって／ come d'uso / secondo la tradizione〔l'abitudine〕

こうれい 高齢　età女 avanzata, vecchiaia女, tarda età女, la terza età女 ◇高齢の vecchio〔男 複 -chi〕, anziano ¶高齢で alla bella età ¶高齢に達する raggiungere un'età avanzata

✤**高齢化社会** popolazione女〔società女〕che sta invecchiando

高齢者 anziano男〔女 -a〕, persona女 di età avanzata

高齢出産 gravidanza女 in età avanzata

ごうれい 号令　comando男, ordine男 ¶号令をかける dare un ordine

こうれいじゅつ 交霊術　spiritismo男

こうれつ 後列　fila女 posteriore ¶最後列に nell'ultima fila

こうろ 行路　¶人生行路のうちには nel corso della vita

こうろ 香炉　incensiere男, bruciaprofumi男〔無変〕;《カト》《つり香炉》turibolo男

こうろ 航路　linea女〔rotta女〕di navigazione;《飛行機の》linea女〔rotta女〕aerea, aerolinea女 ¶定期〔不定期〕航路 servizio regolare〔saltuario〕¶ナポリに向かって航路を取る far rotta verso Napoli ¶神戸・ジェノヴァ間に航路を開設する istituire un servizio di linea tra Kobe e Genova

✤**航路標識** segnale男 di rotta;《灯台》faro男

こうろ 高炉　altoforno男〔複 altiforni〕

こうろう 功労　azione女〔opera女〕meritoria, servizio男〔複 -i〕prestato con onore e merito ¶功労を称えて in riconoscimento dei propri meriti ¶彼は長年の功労により市長から表彰された. È stato premiato dal sindaco per i meriti accumulati in un lungo arco di tempo.

✤**功労者** persona女 di valore

功労章 medaglia女 al valore

こうろん 口論　litigio男〔複 -gi〕, discussione女, disputa女, alterco男〔複 -chi〕 ◇口論する avere una disputa〔un alterco〕(con qlcu.), litigare自〔av〕con qlcu. ¶口論の末に殴り合いになった. I litiganti, dalle parole sono passati「alle mani〔alle vie di fatto〕.

こうわ 講和　pace女, riconciliazione女 ¶全面〔単独〕講和 pace universale〔separata〕

✤**講和会議** conferenza女 per la pace

講和条約 trattato男 di pace ¶〔に調印する〕concludere〔firmare〕un trattato di pace

こうわ 講話　conferenza女 ¶講話をする fare〔tenere〕una conferenza su ql.co.

こうわん 港湾　porto男

✤**港湾施設** attrezzature女〔複〕〔installazioni女〔複〕〕portuali

港湾労働者 portuale男女

こえ 声　**1【人の声】** voce女 ¶明るい声で話す parlare con voce vivace〔allegra〕¶大きな声で〔声に出して〕読む leggere ad alta voce ¶かすれた声で歌う cantare con voce rauca ¶蚊の鳴くような声で a voce fievole〔debole / esile〕¶甲高い〔きんきん〕声で con voce stridula ¶響き渡る声で con voce squillante ¶澄んだ声で con voce chiara〔limpida / serena〕¶高い声で ad alta voce / con voce acuta ¶低い声で con voce bassa〔profonda / grave〕¶小さな声で a bassa voce / sommessamente / sottovoce ¶太い声で con voce profonda ¶声を落とす abbassare la voce ¶声を枯らしてしゃべる parlare fino a perdere la voce ¶声を大きくする alzare la voce ¶声を張り上げる forzare〔sforzare〕la voce ¶彼は声がいい〔悪い〕. Ha una bella〔brutta〕voce. ¶彼は声が大きい. Ha una voce potente. ¶彼の声はよく通る. Ha una voce sonora〔penetrante〕. ¶彼はびっくりして声も出なかった. Rimase senza parole per la sorpresa. ¶彼女は声をあげて泣いた. È esplosa in un pianto. / È scoppiata「a piangere〔in un pianto dirotto〕. ¶大きな声では言えないが… Detto qui tra di noi〔Che rimanga tra noi〕… ¶彼は声をはずませて語った. Ha parlato〔raccontato〕con voce gioiosa〔pimpante〕. ¶「泥棒」という声に私は外へ飛び出した. Quando ho sentito gridare "Al ladro!", mi sono precipitato fuori di casa. ¶声を荒らげなくっていいじゃないか. Non mi sembra il caso di alzare la voce.

2【鳥や虫の声】 canto男 ¶遠くにひばりの声が聞こえる. Lontano si sente il canto〔la voce / il verso〕dell'allodola. ¶家のカナリアはいい声で鳴く. Il nostro canarino canta bene.

3【叫び，鳴き声】 grido男〔複《人間の》le grida;《動物・人間の》i gridi〕, urlo男〔複《人間の》le urla;《動物・人間の》gli urli〕¶犬の鳴き声が一晩中聞こえた. Si è sentito il guaito del cane tutta la notte.

4【物音】 rumore男;《響き》suono男 ¶風の声 il rumore del vento ¶鐘の声 suono della campana

5【言葉・意見・評判】 parola女, voce女;《意見》opinione女, parere男 ¶神の声 la parola〔voce〕di Dio ¶良心の声 la voce della coscienza ¶声なき声 voce del popolo negletto ¶町の声を集めて記事を書く scrivere articoli raccogliendo la voce dei cittadini ¶社内では彼を非難する声が高い. In ufficio lo criticano in molti.

6【「…の声を聞く」の形で】 ¶秋の声を聞くと，朝晩は急に寒くなる. Quando viene l'autunno, di mattina e di sera si sente improvvisamente freddo. ¶50の声をきいたら，体のあちこちが痛みだした. Compiuti cinquant'anni ho cominciato ad avere dolori in tutto il corpo.

〔慣用〕**声がかかる**　(1)《推薦される》¶社長の声がかかり，彼は課長に昇進した. Con la raccomandazione del presidente è stato promosso capoufficio. (2)《招かれる, 誘われる》essere invitato da qlcu. (3)《声援が送られる》¶役者が舞台に登場した時，「待ってました」と声がかかった. Quando l'attore comparve sulla scena, dal pubblico

gridarono: "Eccolo!".
声を上げる ¶ついに人々は抗議の声を上げた。Alla fine il pubblico ha cominciato a protestare.
声を限りに ¶彼は声を限りに叫んだ。Ha gridato 「a tutta voce [a squarciagola].
声をかける (1)《呼びかける》chiamare qlcu., dare una voce a *qlcu*. (2)《何かを頼むために》rivolgersi a *qlcu*. (3)《あいさつする》salutare *qlcu*. (4)《誘う》invitare *qlcu*. ¶ゴルフに行くときは僕にも声をかけてよ。Quando andate a giocare a golf, 「fatelo sapere anche a me [avvisate anche me].
声をそろえる [合わせる] ¶子供たちは声をそろえて答えた。I bambini hanno risposto 「tutti insieme [in coro / a una voce / all'unisono].
声を大にして言う ¶私はこのシステムは間違っていると声を大にして言いたい。Vorrei mettere in chiaro che questo sistema è sbagliato.
声をのむ ¶一同声をのんで成り行きを見守った。Tutti hanno assistito alla vicenda 「senza fiatare [col fiato sospeso].
こえ 肥 《下肥(しもごえ)》letame㊚ (naturale); 《水肥》liquame㊚; 《堆肥(たいひ)》letame㊚ (artificiale)
✤肥溜め《人間の》pozzo㊚ nero; 《家畜の》concimaia㊛; fossa㊛ per letame
ごえい 護衛 scorta㊛, guardia㊛; 《監視、警護》sorveglianza㊛; 《人》scorta㊛, guardia㊛ del corpo ◇**護衛する** scortare *qlco*.[*qlcu*.], fare la guardia a *qlcu*. [*ql.co*.]; sorvegliare *ql.co*.[*qlcu*.] ¶大統領の護衛に当たる far servizio di guardia al Presidente
✤護衛艦 nave㊛ scorta [無変]
護衛隊 scorta㊛, corpo㊚ di guardia; 《ボディーガード》guardia㊛ del corpo, gorilla㊚ [無変]
護衛兵 guardia㊛, uomo㊚ [複 *uomini*] [soldato㊚ [㊛ -*essa*]] di scorta
こえがわり 声変わり cambiamento㊚ della voce (di un adolescente) ¶彼は声変わりしたね。Ha mutato la voce. / La sua voce è mutata [cambiata].
こえだ 小枝 ramoscello㊚, rametto㊚
ごえつどうしゅう 呉越同舟 ¶呉越同舟だ。Sono acerrimi nemici uniti dal fato contro gli stessi pericoli.
こえる 肥える **1**《太る》ingrassarsi **2**《土地が》¶この辺は土地が肥えている。Da queste parti la terra è ricca [fertile / ferace]. **3**《経験を重ねて》¶彼は耳が肥えている。Ha un'orecchio 「allenato alla [educato alla] musica. ¶彼は舌が肥えている。Ha il palato fine.

こえる 越える・超える **1**《向こう側へ行く》passare [attraversare] *qlco*.; superare [oltrepassare] *qlco*. ¶峠を越える attraversare [superare] un valico ¶国境を越える passare il confine [la frontiera] ¶ハードル[柵]を越える scavalcare gli ostacoli [il cancello] ¶この丘を越えると美しい谷がある。Al di là di questa collina, c'è una bellissima vallata.
2《超過する》《andare oltre》*qlco*. ¶私たちの想像をはるかに越えている。Supera di molto la nostra immaginazione. ¶人種の違いを超えて superando le differenze 「fra le razze razziali ¶彼はもう 70 の坂を越えている。Ha passato [superato] la settantina. ¶気温は 30 度を超えた。La temperatura ha superato [era oltre] i 30 gradi. ¶集まった人は 1 万名を超えた。I convenuti erano più di 10.000. ¶体重は約 90 キロを超えた。Peso più di 90 chili. ¶講演は予定を 1 時間越えた。La conferenza è durata un'ora più del previsto.
3《優越する》¶彼女のギリシア語は兄を超えている。Lei è più brava del fratello in greco.
ゴー [英 go] ¶例の計画にゴーのサインが出た。È stato dato il via (libera) a quel progetto.
ゴーイングマイウェイ [英 going my way] ¶彼はいつでもゴーイングマイウェイだ。Agisce sempre secondo le sue convinzioni. /《勝手》Fa sempre a modo suo.
こおう 呼応 **1**《気心を通じ合う》◇**呼応する** agire di comune accordo con *qlcu*., fare *ql.co*. di concerto con *qlcu*. ¶《人》と呼応して insieme con *qlcu*. / di comune accordo con *qlcu*. / in risposta a *qlcu*. **2**《文法》◇**呼応する** concordare [accordare] con *ql.co*.
ゴーカート [英 go cart] [英] go-kart [gokárt]㊚ [無変]
コークス [独 Koks] carbone㊚ coke [無変]; [英] coke [kok] ㊚ [無変], coc㊚ [無変], coche㊚ [無変]
ゴーグル [英 goggles] occhiali㊚ [複] di protezione; 《水泳用の》occhialini㊚ [複] (da nuoto); 《潜水用の》maschera㊛ subacquea; 《バイク用の》occhiali㊚ [複] da motociclista; 《スキー用の》occhiali㊚ [複] da sci
ゴーゴー [英 go-go] gogo㊚ [無変]
コーザノストラ [伊] Cosa㊛ Nostra (◆主にシチリアと米国で活動しているマフィア)
ゴージャス [英 gorgeous] ◇**ゴージャスな** lussuoso, fastoso, sfarzoso, sontuoso
コース [英 course] **1**《旅行などの》itinerario㊚ [-*i*], percorso㊚; 《航路》rotta㊛; 《方向》direzione㊛; 《ミサイルなどの軌道》traiettoria㊛ ¶コースを変更する《乗り物などの》cambiare direzione[percorso] /《旅程の》modificare un itinerario ¶コースをはずれる《船・飛行機が》deviare [andare fuori] dalla rotta
2《スポーツ・競技場の》pista㊛, percorso㊚; 《走路など区切られた一つ一つの》corsia㊛; 《プールの》corsia㊛ ¶コースをはずれる deviare dalla corsia
3《物事が進行する道筋》¶出世コースに乗っている essere sulla buona strada per riuscire (in un'impresa)
4《講座、課程》corso㊚ ¶初級[中級 / 上級]コース corso elementare [medio / avanzato]
5《料理などの》¶フルコースを食べる fare un pasto completo
コースター [英 coaster] **1** →ジェットコースター **2**《コップ敷き》sottobicchiere㊚ [複 -*i*, -*e*], sottocoppa㊛ [無変]
ゴースト [英 ghost] 《ゆうれい》spirito㊚, fantasma㊚ [複 -*i*], spettro㊚
✤ゴーストタウン città㊛ abbandonata
ゴーストライター [英] ghost-writer [gostráiter]㊚ [無変], scrittore㊚ [㊛ -*trice*] fantasma [無変]
コーダ [伊]《音》coda㊛
コーチ [英 coach]《スポ》《行為》allenamento

コーチゾン 〔英 cortisone〕《薬》cortisóne男

ごおっ ¶列車はごおっと音を立てて鉄橋を渡った. Il treno ha attraversato il ponte con [emettendo] un frastuono.

コーディネーター 〔英 coordinator〕《調整役, まとめ役》coordinatore男 [女 -trice]

コーディネート 〔英 coordinate〕abbinamento男, coordinazione女 ◇コーディネートする coordinare ql.co. ¶シャツとネクタイをコーディネートする abbinare [coordinare] camicia e cravatta

コーデュロイ 〔英 corduroy〕《服》velluto男 a coste

コート 〔英 coat〕《服》cappotto男, paltò男; 《軍人用》pastrano男; 《スプリングコート》soprabito男; 《上着》giacca女; 《スポーティな》giubbotto男; 《レインコート》impermeabile男
❖コート掛け appendiabiti男[無変], attaccapanni男[無変]

コート 〔英 court〕《テニスなどの》campo男 ¶屋内テニスコート campo di [da] tennis al coperto ¶ローン[クレー]コート campo erboso [in terra battuta]
❖コートチェンジ cambio男 [複 -i] di campo

コード 〔英 chord〕《音》accordo男 ¶コードを覚える imparare gli accordi

コード 〔英 code〕《符号, 暗号》códice男, cifra女 ¶コードに組む cifrare un messaggio ¶コードを解読する decifrare un códice
❖コード化《コンピュータ》codifica女, codificazione女 ◇コード化する codificare ql.co.
コード解読 deciframent男, decifrazione女
コード作成 cifratura女
コードネーム nome男 in códice
コード番号 número男 di códice
コードブック cifrario男 [複 -i]

コード 〔英 cord〕《電線》filo elettrico男 [複 -ci]

こおとこ 小男 píccolo uomo男 [複 uòmini], ometto男, omino男

こおどり 小躍り ¶彼女は小躍りして喜んだ. Ha ballato [saltato] di [per la] gioia.

コードレス 〔英 cordless〕◇コードレスの senza fili [filo], 〔英〕cordless [無変]
❖コードレス電話 teléfono男 cordless, teléfono男 senza fili [filo]

コーナー 〔英 corner〕**1**《スポ》angolo男 **2**《売り場》reparto男, angolo男 ¶紳士服コーナー (reparto) abbigliamento maschile
❖コーナーキック calcio男 [複 -ci] d'angolo

コーナリング 〔英 cornering〕《自動車レースやスケートでの》modo男 di prendere le curve

コーパス 〔英 corpus〕《言》corpus男[無変]

コーヒー 〔蘭 koffie〕caffè男; 《豆》chicco男 [複 -chi] di caffè; 《粉》caffè macinato男; 《木》pianta女 di caffè ¶コーヒーを入れる preparare [fare] il caffè ¶コーヒーを2杯飲む prendere due tazze di caffè
❖コーヒー色 ◇コーヒー色の (di) color caffè
コーヒー園[畑] piantagione女 di caffè
コーヒーカップ tazza女 [tazzina女] da caffè
コーヒー栽培 coltivazione女 del caffè
コーヒーセット servizio男 [複 -i] da caffè
コーヒーゼリー gelatina女 al caffè
コーヒー店《飲むところ》caffè男, bar男[無変]; 《豆を売るところ》bottega女 del caffè
コーヒーブレイク pausa女 caffè, intervallo男 per il caffè
コーヒーポット caffettiera女
コーヒーミル macinacaffè男 [無変]
コーヒーメーカー [沸かし] macchinetta女 da caffè, caffettiera女, moka女 [無変], moca女 [無変]

【関連】
アイスコーヒー caffè freddo インスタントコーヒー caffè男 solubile ウィンナコーヒー caffè男 con panna エスプレッソ caffè男 espresso, espresso男 (◆このうち, エスプレッソマシンで入れた, 薄めのものを caffè lungo, 濃いめのものを caffè ristretto という. またイタリアで caffè とだけいえば普通エスプレッソを指す. エスプレッソに少量のミルクを入れたものを caffè macchiato, ミルクに少量のエスプレッソコーヒーを入れたものを latte男 macchiato という) カフェイン抜きコーヒー caffè男 decaffeinato カプチーノ cappuccino男 カフェラッテ caffellatte男[無変], caffelatte男 トルココーヒー caffè男 turco [複 -chi] [alla turca] ブラック caffè男 nero [senza latte]; 《砂糖なしの》caffè amaro ブレンド miscela女 di caffè コレット caffè corretto (◆ふつうは「グラッパ」grappa を少量加えたもの, 他には con brandy などという)

コーラ 〔英 cola〕**1**《植》cola女 **2**《飲み物》coca-cola女 [無変], cola女 [無変], coca女 [無変]

コーラス 〔英 chorus〕《音》coro男; 《合唱団》coro男, gruppo男 corale; 《宗教合唱曲》corale男 →音楽用語集 ¶コーラスをする cantare in coro ¶少年少女コーラス coro di fanciulli [di voci bianche] ¶女性[男性]コーラス coro femminile [maschile] ¶2[3]部コーラス coro a due [tre] voci

こおらせる 凍らせる far gelare ql.co.; 《食品を》congelare ql.co.; 《食品を急速に》surgelare ql.co.

コーラン 《イスラム教の聖典》Corano男

こおり 氷 ghiaccio男 [複 -ci]; 《氷片》pezzo男 di ghiaccio, cubetto男 di ghiaccio; 《大きなかたまり》lastra女 di ghiaccio ¶池に氷が張った. Il laghetto si è ghiacciato. ¶氷が溶けた. Il ghiaccio si è sciolto. ¶頭を氷で冷やす rinfrescare la fronte con del ghiaccio ¶氷のような glaciale ¶氷のように冷たい手をしているね. Hai le mani gelate!
❖氷砂糖 zúcchero男 candito
氷詰め ¶氷詰めにする conservare ql.co. in ghiaccio
氷ばさみ mollette女[複] per il ghiaccio
氷枕 borsa女 da ghiaccio; 《化学物質の》ghiaccio男 sintético [複 -ci]

コール 〔英 call〕《声をかけること》chiamata女; 《電話で呼び出すこと》telefonata女, chiamata女 (telefónica) ¶観衆は選手たちに帰れ帰れとコールし

た. Gli spettatori hanno gridato in coro ai giocatori di tornarsene a casa.
✤コール市場〘金融〙mercato[男] dei prestiti a breve
コールマネー rimborso[男] a vista
コールレート tasso[男] su prestiti a breve scadenza
コールローン prestito[男] a breve [a vista]

こおる 凍る ghiacciare[自][*es*], gelare[自][*es*]; ghiacciarsi ◇凍った ghiacciato, gelato; congelato ¶池が凍った[凍っている]. Il laghetto「si è ghiacciato [è gelato]. ¶道が凍っている. La strada è ghiacciata. ¶体の芯まで凍るような寒さだ. Fa un freddo che gela le ossa. ¶その光景を見て私は血も凍る思いがした. Mi si gelò il sangue alla vista di quella scena.

ゴール 〔英 goal〕〘スポ〙《得点》〔英〕goal [gol][男][無変]; gol[男][無変], rete[女];《ゴールネット》porta[女];《競走の》traguardo[男], meta[女]
✤ゴールイン ⑴《競走で》◇ゴールインする raggiungere [superare] il traguardo;《1位で》tagliare il traguardo ⑵《結婚》◇ゴールインする sposarsi con *qlcu*.
ゴールキーパー portiere[男]
ゴールキック rimessa[女] del portiere
ゴールライン《競走の》traguardo[男];《サッカーの》linea[女] di fondo [della porta]

コールガール 〔英 call girl〕ragazza[女] squillo [無変]

コールサイン 〔英 call sign〕《無電・ラジオの》segnale[男] di chiamata

コールタール 〔英 coal tar〕catrame[男] di carbon fossile ¶コールタールを塗る catramare [incatramare] *ql.co.*

コールてん コール天〘服〙velluto[男] a coste

ゴールデンアワー 〘テ〙ore[女][複] di maggior ascolto,〔英〕prime time[男][無変], punta[女] di massimo ascolto

ゴールデンウィーク settimana[女] di vacanza tra la fine di aprile e l'inizio di maggio

コールド 〔英 cold〕《冷たい》freddo
✤コールドクリーム crema[女] emolliente
コールドチェーン catena[女] frigorifera [del freddo]
コールドパーマ permanente[女] a freddo

ゴールド 〔英 gold〕
✤ゴールドメダリスト medaglia[女] d'oro, vincito*re*[男] [[女] *-trice*] di medaglia d'oro
ゴールドメダル medaglia[女] d'oro
ゴールドラッシュ corsa[女] all'oro

コールバック 〔英 callback〕《折り返し電話》chiamare al telefono una persona per farsi richiamare

こおろぎ 蟋蟀・蛼〘昆〙grillo[男]

コーン 〔英 cone〕《アイスクリームの》cono[男]

コーン 〔英 corn〕《トウモロコシ》granotur*co*[男] [複 *-chi*], mais[男][無変]
✤コーンスープ zuppa[女] di granoturco
コーンスターチ amido[男] di granturco, maizena[女]
コーンフレーク fiocchi[男][複] di granoturco,〔英〕cornflakes[男][複]
コーン油 ol*io*[男] [複 *-i*] (di semi) di mais

ごおん 《擬》don ¶寺の鐘がごおんと鳴った. Si sentì il don della campana del tempio. ¶除夜の鐘があちらこちらでごおんごおんと鳴り出した. Le campane della notte di capodanno hanno cominciato a risuonare qua e là.

こか 糊化〘化〙gelatinizzazione[女]

こがい 子飼い ¶子飼いの社員 impiegato tirato su dal principale (dal momento dell'assunzione)

こがい 戸外 ¶戸外の[で] all'aria aperta / all'aperto /《夜に》sotto le stelle

ごかい 沙蚕〘動〙arenicola[女], nereide[女]

ごかい 誤解 malinteso[男], equivo*co*[男] [複 *-ci*], fraintendimento[男],〔英〕misunderstanding[男] [無変] ◇誤解する fraintendere [capire male] *qlcu*. [*ql.co.*]; interpretare male *ql.co.* (►「悪くとる」という意味もある), equivocare[自][*av*] su *ql.co.* ¶誤解から《誤って》per sbaglio / per errore /《思い違いのために》per un equivoco / per un malinteso ¶誤解を解く chiarire un malinteso [un equivoco] ¶誤解を招く causare un malinteso ¶我々は誤解のないようによく話し合った. Ne abbiamo discusso per evitare malintesi [equivoci]. ¶君は僕の言ったことを誤解している. Hai frainteso [equivocato su] quel che ho detto. ¶誤解だよ. Mi hai「capito male [frainteso]!

こがいしゃ 子会社 affiliata[女]

コカイン 〔英 cocaine〕〘薬〙cocaina[女];《俗》coca[女]
✤コカイン中毒 cocainismo[男]
コカイン中毒患者 cocainomane[男][女]

こかく 呼格〘文法〙vocativo[男], caso[男] vocativo

ごかく 互角 parità[女] ◇互角の uguale; di pari forza, di pari abilità; pari [無変] ¶両チームの実力は互角だ. La forza delle due squadre è allo stesso livello. ¶テニスでは彼と互角には戦えない. Non posso competere con lui nel tennis.

ごがく 語学《外国語学習》studio[男] delle lingue;《言語学》linguistica[女]; glottologia[女] ¶彼は語学に向いている. Ha talento [una predisposizione] per le lingue. / È portato allo studio delle lingue.
✤語学教育[教師] insegnamento[男] [insegnante[男][女]] di una lingua straniera

ごかくけい 五角形 ⇒五角形(ごかっ)

こかげ 木陰 ombra[女] di un albero ¶木陰で[の] all'ombra「delle piante [degli alberi] / sotto il fogliame delle piante

こがす 焦がす **1**《焼いて》bruciare *ql.co.*;〘料〙《焦げ目をつける》far dorare *ql.co.* ¶タバコの火でズボンを焦がした. Mi sono bruciato i pantaloni con la sigaretta. ¶炎は天を焦がした. Le fiamme illuminarono il cielo. **2**《心を苦しめ悩ます》¶その少女は彼を思って胸を焦がしている. Quella ragazza sta ardendo d'amore per lui.

こがた 小型・小形 ◇小型の piccolo, di piccole dimensioni; di formato piccolo, in miniatura
✤小型化 miniaturizzazione[女] ◇小型化する miniaturizzare *ql.co.*; ridurre le dimensioni di *ql.co.*
小型自動車 piccola macchina[女] [automobile

⒡], utilitaria⒡
小型トラック camioncino⒨
小型バス pullmino⒨
小型ラジオ radiolina⒡
こがたな 小刀 coltellino⒨;《折り畳みの》temperino⒨
こかつ 枯渇《水が枯れること》prosciugamento⒨; esaurimento⒨;《水源の》inaridimento⒨ ◇枯渇する disseccarsi, inaridirsi, seccarsi; esaurirsi（►以上の名詞，動詞は，prosciugamento を除き，いずれも比喩的な意味をもつ）¶水源の枯渇 inaridimento di una sorgente ¶資源の枯渇を招く causare un esaurimento delle risorse ¶想像力の枯渇 esaurimento dell'inventiva
ごがつ 五月 maggio⒨;《略》mag. ¶5月に a [in / nel mese di] maggio
✤五月人形 bambola⒡ di guerriero per la festa dei bambini maschi
ごかっけい 五角形 pentagono⒨ ◇五角形の pentagonale ¶正五角形 pentagono regolare
こがね 小金 ¶彼は小金を貯めている.《貯金がある》Ha un gruzzoletto da parte. /《少しずつ貯めている》Sta continuando a risparmiare una piccola somma di denaro. / Sta mettendo da parte piccole somme di denaro.
こがね 黄金 oro⒨
✤黄金色 colore⒨ oro ◇黄金色の di color oro; biondo, dorato
黄金虫 cetonia⒡
ごかねん 五箇年 ¶第一次五か年計画 il primo piano quinquennale
こがら 小柄 ◇小柄な piccolo, minuto ¶小柄な娘 ragazza piccola [di piccola statura]
こがらし 木枯らし freddo vento⒨ autunnale [invernale];《北風》tramontana⒡
こがれる 焦がれる 1《切望する》desiderare ql.co. ardentemente, bramare [agognare] ql.co. ¶待ち焦がれる non veder l'ora "di +不定詞[che +接続法] / aspettare con ansia ql.co.
2《恋い焦がれる》struggersi [languire⒨[av]] per qlcu., bruciare⒨[es] d'amore per qlcu.
こかん 股間 ¶ひったくりは私の股間を蹴り上げた. Lo scippatore mi ha dato un calcio ai genitali.
ごかん 五官 i cinque organi⒨[複] sensori
ごかん 五感 i cinque sensi⒨[複]（◆視覚 vista, 聴覚 udito, 嗅覚 olfatto, 臭覚 odorato, 味覚 gusto, 触覚 tatto）
ごかん 語幹《文法》《日本語や屈折語で変化しない部分》tema⒨[複 -i], radice⒡（►文法用語としてtemaを用いるが，一般にはradiceが使われる）
ごかん 語感 1《言葉から受ける感じ》sfumatura⒡ ¶この名前は語感がよくない. Questo nome non suona bene. **2**《言語感覚》¶彼は語感が鋭い. Ha un'acuta sensibilità linguistica [un acuto senso della lingua].
ごがんこうじ 護岸工事 arginamento⒨, arginatura⒡, lavori⒨[複] di arginamento
ごかんせい 互換性 compatibilità⒡, intercambiabilità⒡ ¶互換性のある essere compatibile [intercambiabile]《と con》
こかんせつ 股関節《解》articolazione⒡ dell'anca, articolazione⒡ coxofemorale

こき 古希・古稀 settant'anni⒨[複] d'età secondo il *kazoedoshi* →数え年
こき 呼気 espirazione⒡;《吐いた息》aria⒡ espirata
こき 子機 ¶子機付きの固定電話 telefono fisso 「più cordless intercomunicanti [con cordless annesso]
ごき 語気 tono della voce;《話し方》maniera⒡ di parlare ¶語気を和らげる addolcire la voce [il tono della voce] ¶語気鋭く言う dire qlco. con tono severo [aspro]
ごき 誤記 sbaglio⒨[複 -gli] [errore⒨]（nello scrivere）
ごぎ 語義 significato⒨ [accezione⒡] di una parola
コキール〔仏 coquille〕《料》conchiglia⒡, 〔仏〕coquille St. Jacques⒡[無変]
こきおろす 扱き下ろす denigrare qlcu. [ql.co.];《酷評する》criticare [stroncare] (malamente) qlcu. [ql.co.] ¶《人》の仕事をこき下ろす denigrare l'operato di qlcu.
ごきげん 御機嫌 ¶ご機嫌いかがですか. Come sta? ¶彼はだいぶご機嫌だった.《上機嫌》Era di buon umore.《酒に酔った》Era un po' alticcio. ¶社長はご機嫌斜めだ. Il capo 「è di cattivo umore [ha la luna (storta)]. ¶旧師のご機嫌伺いにお宅を訪ねた. Sono andato a trovare a casa il mio vecchio maestro per vedere come stava. ¶ご機嫌よう.（Mi）stia bene! / Arrivederla.
こきざみ 小刻み ◇小刻みに ripetutamente a piccoli intervalli; a poco a poco;《歩き方が小股に》a piccoli passi, a passi corti [brevi];《一度に少量・少額ずつ》a spizzichi; un po' alla volta ¶小刻みに歩く camminare a piccoli passi [a passi corti] ¶小刻みに払う pagare a spizzichi
こぎだす 漕ぎ出す allontanarsi remando;《漕ぎ始める》cominciare a remare, mettersi ai remi
こぎたない 小汚い（leggermente）sporco⒨[複 -chi], sudicio⒨[複 -ci; ⒡ 複 -cie, -ce], lordo, sozzo;《使い古した》consunto;《卑劣な》vile;《不正な》disonesto ¶あまり小汚いなりで人前に出るな. Non uscire così trasandato.
こきつかう 扱き使う far lavorare sodo qlcu.; fare sgobbare [sfacchinare / sudare] qlcu.;《過重な仕事》sovraccaricare di lavoro qlcu.
こぎつける 漕ぎ着ける 1《…まで漕ぐ》remare⒨[av] [vogare⒨[av]]（《fino a》);《船が主語で》arrivare⒨[es] a remi（《fino a》)
2《やっとのことで…する》pervenire⒨[es]（faticosamente）a ql.co. [a +不定詞], riuscire⒨[es] finalmente a +不定詞 ¶私たちは長い議論の末結論にこぎつけた. Dopo una lunga discussione siamo pervenuti a una conclusione.
こぎって 小切手《金融》《口座名義人の発行する》assegno⒨ bancario [複 -i];《銀行発行・銀行保証の》assegno⒨ circolare ¶50万円の小切手 assegno di cinquecentomila yen ¶《譲渡禁止》横線 [線引き]小切手 assegno sbarrato (con la dicitura non negoziabile) ¶《指図人払い》《記名式 / 持参人払い》小切手 assegno 「all'ordine [non trasferibile / al portatore] ¶裏書きのない[白地式 / 振込]小切手 assegno 「non girato [in bian-

こぎて co / per accreditamento ¶不渡り小切手 assegno a vuoto / assegno scoperto (►後者は「融通手形」の意味にも使われる) ¶旅行者小切手[英] travellers' chècque [tráveller tʃɛk]男[無変] ¶ユーロ[外貨]建て小切手 assegno in euro [in valuta estera] ¶小切手で払う pagare (ql.co.) con un assegno ¶小切手を切る staccare [firmare] un assegno ¶小切手を振り出す(銀行が) emettere un assegno ¶小切手を現金化する riscuotere un assegno / cambiare un assegno (in contanti)
❖**小切手受取人** beneficiario男 [複 -i] di assegno
小切手支払人 emittente男女 di assegno
小切手帳 libretto男 d'assegni

こぎて 漕ぎ手 rematore男 [女 -trice], vogatore男 [女 -trice]; (競技用ボートや小舟・はしけなどの) canottiere男 [女 -a]; (カヌー競技の) canoista男女 [男複 -i]

ごきぶり 《昆》scarafaggio男 [複 -gi]; blatta女

こきみ 小気味 ◇小気味よい (受け応えなどが痛快な) sveglio男 [複 -gli]; (感じのよい) piacevole ¶小気味よく思う trovare [giudicare] ql.co. soddisfacente ❖soddisfacenteは目的語の性・数に合わせて語尾変化する)

こきゃく 顧客 cliente男女 (abituale), avventore男 [女 -trice]; (集合的) clientela女 ¶当社の顧客 il portafoglio clienti della nostra azienda

こきゅう 呼吸 **1** (息をすること) respirazione女; (息) respiro男 ¶呼吸する respirare自 [av] ¶呼吸を整える controllare il proprio respiro ¶呼吸が速い [乱れている]. Il respiro è frequente [irregolare].
2 (調子) ¶皆で呼吸を合わせて働く lavorare「in sintonia [all'unisono] ¶あの2人は呼吸が合っている. Fra quei due c'è una perfetta intesa.
3 (こつ) trucco男 [複 -chi], espediente男 ¶…の呼吸をのみ込む conoscere il segreto [l'arte / i trucchi / gli espedienti] di ql.co. / aver tatto in ql.co. (nel + 不定詞)
❖**呼吸器** organo男 [(全体) apparato男] respiratorio [複 -i]
呼吸困難 ¶呼吸困難に陥る cominciare a respirare faticosamente / essere colpito da dispnea

こきゅう 胡弓 《音》violino男 orientale da 3 o 4 corde (◆ l'unico strumento ad arco della tradizione giapponese)

こきょう 故郷 paese男 natio [複 -ii] [nativo], paese男 [terra女] natale, patria女, casa女 ¶故郷を懐かしく思う avere nostalgia del paese natio ¶故郷に帰る ritornare「in patria [al paese natio / a casa] ¶ローマは私の第2の故郷です. Roma è「la mia seconda patria [la mia patria adottiva].
慣用 故郷に錦(にしき)を飾る ritornare自 [es] a casa coronato dal successo

こぎれい 小綺麗 ◇こぎれいな (きちんとした) ordinato, accurato; (しゃれた) elegante ¶こぎれいなアパート appartamento ben ordinato ¶彼女はこぎれいな身なりをしている. È vestita con cura.

こく こくのある (酒類が) corposo, generoso; (味が) saporito; (話・本の内容が) sostanzioso

こく 1 (屁を)《俗》fare una scoreggia, scoreggiare自 [av]
2 (言う) ¶うそをこくな. 《親》Non dire balle.

こく 石 koku男 [無変] (◆ unità di misura di capacità, in particolare per il riso che nel periodo Edo equivaleva a 180 litri di riso non mondo)

こく 刻 ora女 (◆ antica unità di suddivisione di una giornata in dodici frazioni a partire dalla mezzanotte, ora del topo) ¶子(ね)の刻だ. È mezzanotte.

こく 扱く (稲・麦などを) sgranare

こく 酷 ◇酷な duro, crudele, spietato; (厳しすぎる) troppo severo [rigoroso]; (非道な) disumano ¶それを彼に言うのは酷だよ. È crudele dirglielo.

こぐ 漕ぐ **1** (櫂で船を) remare自 [av], vogare自 [av] ¶ボートを漕ぐ spingere una barca con i remi / manovrare una barca a remi
2 (乗り物・遊具を) ¶自転車を漕ぐ pedalare自 [av] ¶ブランコをこぐ dondolare / 《話》spingere sull'altalena / andare in altalena ¶シーソーをこぐ giocare sull'altalena (a bilico)

ごく 語句 parole女[複], frase女; (表現) espressione女

ごく 極 molto, estremamente ¶ごく当たり前の (当然の) molto naturale / (普通の) molto comune ¶出席者はごくわずかだった. C'erano pochissimi presenti.

ごくあく 極悪 ◇極悪(非道)な atroce, nefando, scellerato; (忌まわしい) abominevole; diabolico男複 [-ci]
❖**極悪人** canaglia女 [mascalzone男 [複 -i]] della peggior specie, scellerato男 [女 -a]

こくい 国威 prestigio男 [onore / gloria] nazionale [dello stato] ¶国威を発揚する (傷つける) accrescere [ledere] il prestigio nazionale

こくい 黒衣 abito男 [vestito男] nero ¶黒衣の女 donna「in nero [vestita di nero]

ごくい 極意 segreti男[複]; (秘伝) misteri男[複]; (精髄) essenza女, quintessenza女 ¶茶道の極意を会得(えとく)する comprendere a fondo l'essenza [impadronirsi dei segreti] della cerimonia del tè ¶芸の極意を授ける iniziare qlcu. ai misteri di un'arte

こくいっこく 刻一刻 ◇刻一刻と di momento in momento, ogni (mezzo) minuto, secondo dopo secondo, di minuto in minuto ¶刻一刻と締切が近づいている. La scadenza si avvicina ogni secondo di più.

こくいん 刻印 **1** (印を刻みつけること) incisione女 di un sigillo; (印) sigillo男; marchio男 [複 -chi] ¶刻印を押す mettere [imprimere] un marchio ((に) su) **2** →極印2

ごくいん 極印 **1** (品質証明の印) punzonatura女 di controllo; (その人である証拠) marchio男 [複 -chi] d'autenticità **2** (烙印) ¶裏切り者の極印を押される essere bollato come「traditore [(女性が主語) traditrice]

こくう 虚空 vuoto男, aria女 ¶虚空を見つめる guardare [(状態) avere lo sguardo perso] nel vuoto ¶虚空に消える svanire自 [es] [sparire自 [es]] nell'aria
慣用 虚空をつかむ annaspare自 [av] nell'aria [nel vuoto]

こくうん 国運 ¶国運を賭する mettere in gioco le sorti della propria nazione ¶これは国運を左右する問題だ。 Questo problema decide le sorti del nostro paese. / Da questo problema dipende la sorte del nostro paese.

こくうん 黒雲 ◇黒雲が海を覆(おお)った。 Nuvole nere si addensavano sul mare.

こくえい 国営 ◇国営の gestito dallo Stato; nazionale, statale
✤国営化 nazionalizzazione㊛ ◇国営化する nazionalizzare [statalizzare] ql.co.
国営企業 azienda㊛ [impresa㊛] gestita dallo Stato
国営農場 fattoria㊛ statale; 《旧ソ連の》[ロ] sovchoz [sóvkos] ㊚[無変]

こくえき 国益 ¶国益を計る[増進する] fare [aumentare] gli interessi nazionali ¶国益を損なう nuocere allo [all'interesse dello] Stato

こくえん 黒煙 fumo㊚ nero ¶黒煙を吹き上げる emettere fumo nero

こくえん 黒鉛 grafite㊛, piombaggine㊛

こくおう 国王 re㊚[無変]; 《女王》regina㊛; 《君主》sovrano㊚ [-a], monarca㊚ [複 -chi] ◇国王の reale; sovrano ¶国王の宮殿 palazzo reale ¶国王の恩赦によって per grazia sovrana

こくがい 国外 ◇国外で[に] all'estero ¶彼の両親は一度も国外に出たことがない。 I suoi genitori non sono mai andati all'estero.
✤国外移転 ¶国外移転した工場 fabbrica trasferita all'estero
国外在住 ¶国外在住日本人 giapponesi residenti all'estero
国外退去命令 foglio㊚ [複 -gli] di via
国外追放 estradizione㊛, esilio㊚ ◇国外追放する esiliare [mandare in esilio / espatriare] qlcu., condannare qlcu. all'esilio; 《外国人を》bandire [espellere / estradare] qlcu.
国外逃亡 fuga㊛ all'estero

こくがく 国学 studi㊚[複] nazionali; studio㊚ filologico dei testi classici con lo scopo di individuare e valorizzare quella che viene ritenuta l'essenza originaria della cultura e percezione delle cose giapponesi, prima dell'introduzione del buddismo e del confucianesimo (◆ iniziato nel periodo Edo con il consolidarsi di una coscienza nazionalistica)

こくぎ 国技 ¶日本の国技は相撲である。 Lo sport nazionale del Giappone è il sumo.

こくぐん 国軍 forze㊛[複] armate nazionali

こくげん 刻限 《時刻》tempo㊚, ora㊛; 《定刻》ora㊛ convenuta [fissata / prestabilita] ¶刻限を過ぎて(も) oltre il termine previsto

こくご 国語 1 《日本語》lingua㊛ giapponese, il giapponese㊚ 2 《その国の共通語》lingua㊛ standard [無変]; 《公用語》lingua㊛ ufficiale; 《言語》lingua㊛ ¶イタリアでは自国語を学ぶ学校の教科で, 文法を学ぶものを lezione di italiano, 古典も含めた文学作品を学ぶものを lezione di letteraturaという)
✤国語教育 educazione㊛ della lingua giapponese
国語研究所 ¶国立国語研究所 Istituto Nazionale per gli Studi sulla Lingua Giapponese
国語国字問題 discussione㊛ su quale sistema di caratteri utilizzare per la scrittura giapponese
国語辞典 《日本語の》dizionario㊚ [複 -i] 「della lingua [di] giapponese
国語審議会 Consiglio㊚ Nazionale per la Lingua Giapponese

ごくごく 《擬》glu glu, gluglù ¶牛乳をごくごくと飲み干した。 Ha tracannato tutto il latte.

ごくごく 極極 →ごく

こくさい 国債 《総称》obbligazioni㊛[複] nazionali [di Stato], obbligazioni㊛[複] del tesoro, buoni㊚[複] del tesoro; Buoni㊚[複] Ordinari del Tesoro; 《略》BOT [bɔt]㊚, titoli㊚[複] di stato ¶国債を発行[償還]する emettere [rimborsare] obbligazioni di Stato

|関連|
イタリアの主な国債: 1年までのもの Buono㊚ del Tesoro a breve scadenza 数年もの Buono㊚ del Tesoro Poliennale; 《略》BTP㊚ 4年もの Buono㊚ del Tesoro Quadriennale; 《略》BTQ㊚ 9年もの Buono㊚ del Tesoro Novennale 財務省証券 Certificato㊚ di Credito; 《略》CCT

こくさい 国際 ◇国際的(な) internazionale ◇国際的に internazionalmente; a livello internazionale ◇国際性 internazionalità㊛, carattere㊚ internazionale ¶彼は国際的に有名なピアニストだ。 È un pianista famoso in campo pianistico [in tutto il mondo].
✤国際エネルギー機関 Agenzia㊛ Internazionale per l'Energia; 《略》〔英〕IEA㊛
国際オリンピック委員会 Comitato㊚ Internazionale Olimpico; 《略》CIO [tʃío]㊚
国際音標文字 alfabeto㊚ fonetico [複 -ci] internazionale
国際化 ¶日本の国際化を促進する promuovere l'internazionalizzazione del Giappone
国際会議 conferenza㊛ internazionale
国際開発協会 Associazione㊛ Internazionale per lo Sviluppo; 《略》AIS㊛
国際感覚 ¶国際感覚を身につける acquisire una visione cosmopolita / sviluppare un respiro internazionale
国際関係 relazioni㊛[複] [rapporti㊚[複]] internazionali
国際慣行 consuetudine㊛ [usanza㊛] internazionale
国際管理 controllo㊚ internazionale ◇国際管理化 internazionalizzazione㊛
国際機構 organizzazione㊛ internazionale
国際競争力 《経》competitività㊛ nel mercato mondiale
国際協定 accordo㊚ internazionale
国際協力 cooperazione㊛ internazionale
国際協力事業団 Agenzia㊛ Giapponese per la Cooperazione Internazionale
国際拠点空港 (grande) aeroporto㊚ [scalo㊚] internazionale
国際金融公社 Società㊛ Finanziaria Internazionale; 《略》〔英〕IFC㊛
国際軍事裁判所 Tribunale㊚ Militare Interna-

zionale

国際刑事警察機構 Polizia㊛ Internazionale;《略》Interpol [Interpol]㊛

国際刑事裁判所 Tribunale㊚ penale internazionale

国際結婚 matrimonio㊚ [複 -*i*] misto ¶彼は国際結婚をした. Ha sposato una straniera.

国際決済銀行 Banca㊛ dei Regolamenti Internazionali;《略》BRI㊛

国際原子力機関 Agenzia㊛ Internazionale per l'Energia Atomica;《略》AIEA㊛,〔英〕IAEA㊛

国際語 lingua㊛ internazionale

国際公[私]法 diritto㊚ pubblico [privato] internazionale

国際交流基金 〔英〕Japan Foundation㊛

国際司法裁判所 Corte㊛ Internazionale di Giustizia;《略》〔英〕ICJ

国際収支 bilancia㊛ dei pagamenti con l'estero

国際自由労働組合連合 Confederazione㊛ Internazionale dei Sindacati Liberi;《略》〔英〕ICFTU㊛

国際商業衛星通信機構 Consorzio㊚ Internazionale per le Telecomunicazioni via Satellite;《略》〔英〕Intelsat㊛

国際商業会議所 Camera㊛ di Commercio Internazionale;《略》CCI㊛;〔英〕ICC㊛

国際情勢 situazione㊛ internazionale

国際人 cosmopolita㊚㊛ [複 -*i*], cittadino㊚ [㊛ -*a*] del mondo ¶国際人である essere una persona (di respiro) internazionale

国際人権年 Anno㊚ dei Diritti dell'Uomo (◆1993)

国際人口開発会議 convegno㊚ internazionale per lo sviluppo delle popolazioni

国際親善 amicizia㊛ internazionale

国際新聞編集者協会 Istituto㊚ Internazionale della Stampa;《略》〔英〕IPI㊛

国際線《空》linea㊛ aerea [rotta㊛] internazionale

国際単位 unità㊛ internazionale

国際通貨基金 Fondo㊚ Monetario Internazionale;《略》FMI㊚;〔英〕IMF

国際電話 telefonata㊛ [chiamata㊛] internazionale

国際投資 investimento㊚ internazionale

国際都市 città㊛ cosmopolita

国際農業開発基金 Fondo㊚ Internazionale per lo Sviluppo Agricolo;《略》〔英〕IFAD [ífad]㊛ (◆本部 Roma)

国際復興開発銀行 Banca㊛ Internazionale per la Ricostruzione e lo Sviluppo;《略》〔英〕IBRD㊛

国際分業 divisione㊛ internazionale del lavoro;《特化》specializzazione㊛ internazionale

国際紛争 conflitto㊚ internazionale

国際ペンクラブ〔英〕PEN Club㊚; Associazione㊛ Internazionale di Poeti, Commediografi, Editori, Saggisti e Romanzieri

国際法 diritto㊚ internazionale

国際放送 trasmissione㊛ per l'estero

国際見本市 fiera㊛ (campionaria) internazionale

国際民間航空機関 Organizzazione㊛ Internazionale per l'Aviazione Civile;《略》〔英〕ICAO [ikáo]

国際流動性《経》liquidità㊛ internazionale

国際連合 Organizzazione㊛ delle Nazioni Unite;《略》ONU [ónu] ㊛ →国連

国際連盟 Società㊛ delle Nazioni

国際労働機構 Organizzazione㊛ Internazionale del Lavoro;《略》OIL [óil]㊛

ごくさいしき 極彩色 ◇極彩色の《派手でけばけばしい》dai colori sgargianti [carichi];《鮮やかで華やかな》dai colori vivaci [brillanti / accesi]

こくさく 国策 politica㊛ nazionale;《政府の》politica㊛ governativa, politica㊛ del governo ¶国策に沿って in conformità della [in base alla] politica del governo

こくさん 国産 ◇国産の di produzione nazionale [interna]
✦**国産車** macchina㊛ 「di produzione nazionale [《日本の》giapponese]
国産品 prodotto㊚ nazionale

こくし 国史 Storia㊛ nazionale;《日本史》Storia㊛ del Giappone

こくし 酷使 ◇酷使する《人や家畜を》sovraccaricare *qlcu.* di lavoro, far lavorare troppo *qlcu.* [*ql.co.*], fare sgobbare *qlcu.*《体や物を》usare troppo *ql.co.*;《疲れさせる》affaticare *ql.co.*;《消耗させる》logorare *ql.co.* ¶牛を酷使する fare lavorare sodo un bue ¶目[頭]を酷使する usare eccessivamente gli occhi [il cervello]

こくじ 告示 avviso㊚ [annuncio㊚ [複 -*ci*]] ufficiale ◇告示する avvisare [annunciare / notificare] *ql.co.* al pubblico ¶内閣告示 annuncio del governo
✦**告示板** albo㊚ [tabellone㊚ / riquadro㊚] per gli avvisi, bacheca㊛

こくじ 告辞《別れの言葉》discorso㊚ [parole㊛ [複]] d'addio (in una scuola)

こくじ 国字 **1**《ある言語を表記する文字》sistema㊚ [複 -*i*] ufficiale di scrittura di una lingua **2**《日本の文字》scrittura㊛ giapponese **3**《日本で作られた漢字》ideogramma㊚ [複 -*i*] creato in Giappone

こくじ 国事 affari㊚ [複] di Stato
✦**国事行為** funzioni㊛ [複] costituzionali dell'Imperatore
国事犯《行為》reato㊚ politico [複 -*ci*], delitto㊚ di lesa maestà;《人》reo㊚ [㊛ *rea*] di lesa maestà

こくじ 国璽 sigillo㊚ di Stato

こくじ 酷似する avere una grande [forte] (ras)somiglianza con *qlcu.* [*ql.co.*], (ras)somigliare㊚ [*es, av*] molto a *qlcu.* [*ql.co.*] ¶あの2つの絵は酷似する. Quei due quadri si somigliano come due gocce d'acqua.

ごくし 獄死 ◇獄死する morire㊚ [*es*] in prigione

こくしびょう 黒死病 →ペスト

こくしゃ 獄舎 →刑務所

こくしょ 国書 **1**《国の元首が出す外交文書》lettera㊛ ufficiale di Stato;《大使・公使についての信任状》credenziali㊛ [複] **2**《日本語で書かれた記録・書物》libri㊚ [複] in lingua giapponese

こくしょ 酷暑 caldo男 intenso[torrido / canicolare]

こくじょう 国情・国状 ¶彼はイタリアの国情に通じている. Conosce bene la [È perfettamente al corrente della] situazione dell'Italia.

ごくじょう 極上 ◇極上の ottimo; 《品質が》di prima qualità[scelta], di qualità superiore [sopraffina / eccellente]
✤**極上品** articolo男 di prima qualità [scelta]

こくしょく 黒色 ◇黒色の (di color) nero
黒色火薬 polvere女 nera
黒色人種 razza女 nera
黒色土 [地質] terra女 nera

こくじょく 国辱 disonore男 [disgrazia女] della nazione ¶国辱的な条約を改正する rettificare un trattato disonorevole

こくじん 黒人 persona女 di colore, 《蔑》nero男 [女 -a]; negro男 [女 -a]
✤**黒人音楽** musica女 nera
黒人霊歌 canti男 [複] spirituali neri

こくすいしゅぎ 国粋主義 nazionalismo男, ultranazionalismo男;《狂信的愛国主義》sciovinismo男 ◇国粋主義的 nazionalista [男複 -i] estremo
✤**国粋主義者** (ultra)nazionalista男; sciovinista男[複 -i]

こくぜ 国是 principi男[複] politici di una nazione ¶国是を定める stabilire una politica nazionale

こくせい 国政 affari男[複] di Stato, politica女 nazionale, governo男 [amministrazione女] di un paese ¶国政をつかさどる《国の統率・支配権を行使する》avere le redini [la direzione] dello Stato /《専従する》occuparsi dell'amministrazione nazionale
✤**国政調査権** diritto男 di inchiesta parlamentare

こくせい 国勢 stato男 di un paese
✤**国勢調査** censimento男 ¶国勢調査を行う fare il censimento;《人口動態の》censire la popolazione (di un paese)
国勢調査票 modulo男 per censimento

こくぜい 国税 imposta女 [tassa女] erariale
✤**国税庁** Agenzia女 per l'Amministrazione delle Imposte;《イタリアの》Direzione女 Generale delle Imposte

こくせき 国籍 《ある国の市民としての身分》cittadinanza女; nazionalità女;《船・航空機などの法的所属》nazionalità女 ¶国籍不明の飛行機 aereo di nazionalità sconosciuta ¶二重国籍をもつ avere doppia cittadinanza ¶無国籍者 apolide男女 ¶国籍を失う perdere la propria cittadinanza ¶イタリア国籍をもっている avere la [essere di] cittadinanza italiana
✤**国籍証明書** 《イタリアの》certificato男 di cittadinanza;《日本総領事館発行の》certificato男 di nazionalità;《船舶の》atto男 di nazionalità
国籍法 legge女 sulla cittadinanza

こくせん 国選 ◇国選の scelto [nominato] dal governo, nominato d'ufficio
✤**国選弁護人** difensore男 [女 -a] d'ufficio

こくそ 告訴 accusa女, querela女, denuncia女 [複 -ce, -cie] ◇告訴する accusare qlcu. di ql.co.; denunciare [querelare] qlcu. per ql.co., presentare [sporgere] denuncia contro qlcu., muovere [intentare] causa contro qlcu. ¶告訴を取り下げる ritirare una denuncia [una querela] ¶名誉毀損で告訴する denunciare qlcu. per diffamazione
✤**告訴状** atto男 d'accusa
告訴人 accusatore男 [女 -trice], querelante男女

こくそう 国葬 ¶〈人〉の国葬を行う fare i funerali di Stato di qlcu.

こくそうちたい 穀倉地帯 granaio男 [複 -i], regione女 ricca di grano

こくぞうむし 穀象虫 《昆》calandra女 del grano, punteruolo男 del grano

こくぞく 国賊 traditore男 [女 -trice] (della patria)

こくたい 国体 **1**《国家の政体》ordinamento男 [sistema男 複 -i] politico [複 -ci] nazionale, regime男 ¶国体の本義 principio su cui si fonda lo Stato **2**《国民体育大会》Riunione女 [Incontro男] Nazionale di Atletica

こくたん 黒檀 ebano男

こくち 告知 annuncio男 [複 -ci], avviso男;《法・官庁》notifica女 ◇告知する annunciare [avvisare / notificare] ql.co.《che +直説法》¶医者は母が癌であることを告知した. Il medico ha rivelato a mia madre che aveva un cancro.

こぐち 小口 ¶小口の当座預金 piccolo deposito in conto corrente

ごくちゅう 獄中 ¶獄中で[の] in prigione / in carcere / in galera ¶獄中で一生を送る passare la vita dietro le sbarre ¶『獄中からの手紙』と『獄中ノート』(アントニオ・グラムシ) "Lettere dal carcere" e "Quaderni del carcere" (Antonio Gramsci)

こくちょう 国鳥 ¶日本の国鳥は雉(きじ)です. L'uccello nazionale del Giappone è il fagiano.

こくちょう 黒鳥 《鳥》cigno男 nero

ごくつぶし 穀潰し buono男 [女 -a] a nulla

こくてい 国定 ◇国定の nazionale, approvato dallo Stato
✤**国定教科書** libro男 di testo obbligatorio [複 -i] redatto dal Ministero dell'Istruzione
国定公園 parco男 [複 -chi] nazionale (◆イタリアには「国立」と「国定」の区別はない)

こくてつ 国鉄 《旧「日本国有鉄道」の略》Ferrovie女[複] Nazionali Giapponesi (◆ sono state divise e privatizzate nel 1987) → JR;《イタリアの》Ferrovie女[複] dello Stato; 《略》FS女[複] (◆現在は民営化され, 輸送部門はTrenitaliaとなった)

こくてん 黒点 《太陽の》macchia女 solare ¶太陽黒点説 《経》teoria delle macchie solari
✤**黒点観測** 《天》osservazione女 delle macchie solari

こくど 国土 territorio男 [複 -i] nazionale ¶国土を保全する garantire l'integrità territoriale
✤**国土開発計画** piano男 di sfruttamento del suolo pubblico
国土交通省 Ministero男 del Territorio, Infrastrutture e Trasporti
国土地理院 Istituto男 della Geografia del Suolo Nazionale

国土防衛計画 piano⒨ di difesa nazionale

こくどう 国道 strada⒡ (extraurbana) statale [nazionale] ¶国道5号線 Strada Statale [《略》SS / ss] n. 5 (読み方: numero cinque) ¶国道7号線で事故が起きた. Sulla statale 7 si è verificato un incidente.

ごくどうもの 極道者 《悪人》canaglia⒡, farabutto⒨, furfante⒨⒡; libertino⒨, scapestrato⒨[⒡ -a]; 《やくざ者》mafioso⒨[⒡ -a]

こくない 国内 ◇国内の interno, interiore; nazionale; domestico⒨複 -ci) ¶国内で[に] nell'interno [all'interno] del paese [dello stato] ¶国内の治安 sicurezza interna ¶国内はその話題でもちきりだ. In tutto il paese si parla solo di quell'argomento.

✤**国内市場** mercato⒨ interno [nazionale]
国内事情 situazione⒡ nazionale
国内需要 domande⒡複 interne
国内純生産 prodotto⒨ interno netto; 《略》PIN⒨
国内消費 consumo⒨ interno
国内線 《鉄道・空路の》linea⒡ domestica; 《空路の》voli⒨複 nazionali
国内総生産 prodotto⒨ interno lordo; 《略》PIL⒨
国内通貨 moneta⒡ in circolazione in un paese
国内投資 investimenti⒨複 interni
国内ニュース notizie⒡複 dall'interno; 《国内政治関係》cronaca⒡ di politica interna
国内旅行 turismo⒨ interno

こくないしょう 国内障 《医》amaurosi⒡[無変]; gotta⒡ serena

こくなん 国難 crisi⒡[無変] [pericolo⒨] nazionale ¶国難に殉じる morire per salvare il proprio paese

こくねつ 酷熱 caldo⒨ intenso

こくはく 告白 《ざんげ》confessione⒡, ammissione⒡; 《愛の》dichiarazione⒡, confessione⒡; 《信仰の》professione⒡ ◇告白する confessare⒨ (▶単独でも可), professare ql.co.; 《はっきり言う》dichiarare ql.co. [di + 不定詞 / che + 直説法]; 《認める》ammettere「di + 不定詞 [che + 直説法] ¶信仰の告白 professione di fede ¶愛の告白をする dichiararsi a qlcu. / dichiararsi il proprio amore a qlcu. ¶罪を告白する confessare le proprie colpe [i propri peccati]

こくはつ 告発 1 《法》denuncia⒡[複 -ce, -cie], accusa⒡ ◇告発する denunciare qlcu. (alla polizia), accusare qlcu. di ql.co. ¶彼は殺人罪で告発された. È stato incriminato di omicidio.
2 《広く世に訴える》denunciare [svelare] ql.co. ¶内部告発をする denunciare ad altri segreti interni

✤**告発者** accusatore⒨ [⒡ -trice]
告発状 atto⒨ d'accusa, imputazione⒡

こくばん 黒板 lavagna⒡ ¶黒板に書く scrivere (ql.co.) sulla lavagna ¶黒板をふく cancellare la lavagna

✤**黒板ふき** cancellino⒨

こくひ 国費 ¶国費で a spese [a carico] dello Stato

✤**国費留学生** borsista⒨⒡ [⒨複 -i] del Governo

こくび 小首 ¶彼はその決定に小首をかしげた. A quella decisione scosse dubbiosamente la testa.

ごくひ 極秘 segreto⒨ di capitale importanza ◇極秘の strettamente confidenziale, segretissimo ◇極秘で in tutta segretezza, confidenzialmente, a titolo confidenziale ¶極秘にする tenere ql.co. in gran segreto

✤**極秘情報** informazione⒡ top secret [無変]

こくびゃく 黒白 《黒と白》nero e bianco⒨; 《是非》male⒨ e bene⒨; 《正邪》vero e falso⒨; 《道理》ragione⒡ ¶黒白を明らかにする mettere in chiaro ql.co. ¶黒白を弁(ﾜｷﾏ)える avere del buon senso

こくひょう 酷評 critica⒡ severa, stroncatura⒡, ipercritica⒡ ◇酷評する criticare qlcu. [ql.co.] severamente [spietatamente / aspramente], stroncare [demolire] qlcu. [ql.co.]

✤**酷評家** critico⒨ [⒡ -ca; ⒨複 -ci] severo

こくひん 国賓 ospite⒨⒡ di Stato

ごくひん 極貧 miseria⒡, estrema povertà⒡ ◇極貧の estremamente povero, indigente, misero ¶極貧に喘(ｱｴ)ぐ patire miseria [estrema povertà]

こくふ 国富 《経》ricchezza⒡ nazionale, risorse⒡複 nazionali ¶『国富論』(アダム・スミス) "La ricchezza delle Nazioni" (Adam Smith)

こくふく 克服 superamento⒨ ◇克服する《乗り越える》superare [sormontare] ql.co.; 《打ち勝つ》vincere ql.co. ◇克服できる superabile, vincibile ◇克服できない insuperabile, invincibile ¶病気を克服する vincere una malattia

こくぶんがく 国文学 《日本文学》letteratura⒡ giapponese

✤**国文学者** 《科》studioso⒨ [⒡ -a] [dipartimento⒨] di letteratura giapponese

こくぶんぽう 国文法 grammatica⒡ giapponese

こくべつ 告別 commiato⒨, congedo⒨ ¶告別の辞 discorso⒨ di commiato [d'addio]; 《弔辞》orazione⒡ funebre

✤**告別式** cerimonia⒡ funebre

こくほう 国宝 patrimonio⒨[複 -i] artistico [複 -ci] [monumento⒨ nazionale, beni⒨複 culturali e tesori⒨複 d'arte della nazione ¶人間国宝 "gloria nazionale" vivente (◆イタリアにはない) ¶この寺は国宝に指定されている. Questo tempio è classificato tra i tesori d'arte [tra i beni artistici] nazionali.

こくほう 国法 leggi⒡複 dello Stato; 《憲法》Costituzione⒡ ¶国法に従う[をまげる] osservare [svisare] le leggi (dello Stato)

こくぼう 国防 difesa⒡ (del territorio) nazionale ¶国防を強化する rafforzare [potenziare] le difese

✤**国防費** spesa⒡ [⒡複] per la difesa

ごくや 獄屋 cella⒡ (di prigione)

ごくぼそ 極細 ¶極細のペン penna a punta extrafine ¶極細の毛糸 filo di lana sottilissima

こぐまざ 小熊座 《天》Orsa⒡ Minore

こくみん 国民 《総称》nazione⒡ (▶共通の言語・文化・歴史的伝統・民族性で結ばれ、そのきずなを共有する意識をもった

人々); popolo[男] (►一国の人々) ◇国民の nazionale; popolare ¶日本国民 il popolo giapponese /《国籍所有者》cittadino[男] [[女] -a] giapponese ¶ヨーロッパ諸国民 i popoli europei ¶国民の祝日 festa nazionale ¶国民の義務 i doveri del popolo ¶国民の声 la voce della nazione [del popolo] ¶国民的英雄 eroe nazionale ¶国民に訴える fare appello alla nazione ¶主権は国民にある. La sovranità risiede nel popolo.
✤国民運動 movimento[男] popolare
国民外交 diplomazia[女] del popolo
国民皆兵 coscrizione[女] universale
国民感情 sentimento[男] nazionale
国民金融公庫 Società[女] Finanziaria Popolare
国民経済 sistema[男] economico nazionale
国民健康保険 Assicurazione[女] Nazionale contro le Malattie
国民資本 〖経〗capitale[男] nazionale
国民宿舎 pensione[女] popolare gestita dalla provincia
国民主権 sovranità[女] del popolo
国民純生産 prodotto[男] nazionale netto;《略》PNN[男]
国民所得 reddito[男] nazionale
国民審査 reviṣione[女] popolare dei giudici della Corte Suprema
国民性 carattere[男] [mentalità[女]] nazionale [del popolo] ¶国民性の違い differenza di mentalità tra i popoli
国民総[純]支出 spesa[女] nazionale lorda [netta]
国民総[純]所得 reddito[男] nazionale lordo [netto]
国民総生産 prodotto[男] nazionale lordo;《略》PNL[男]
国民投票 referendum[男] [無変] popolare;《憲法などの》plebiscito[男]
国民年金 pensione[女] sociale [dello stato]

こくむ 国務 ¶国務をつかさどる curare gli affari di Stato
✤国務省《アメリカの》Dipartimento[男] di Stato

こくめい 克明 ◇克明な dettagliato, particolareggiato, minuzioso ◇克明に dettagliatamente, in dettaglio, minuziosamente, minutamente

こくもつ 穀物 cereali[男] [複], granaglie[女] [複], grani[男] [複]
✤穀物自給率 percentuale[女] di produzione interna di cereali
穀物倉庫 granaio[男] [複 -i]

こくゆう 国有 ◇国有の demaniale, di proprietà dello Stato; statale; nazionale
✤国有化 nazionaliẓẓazione[女] ◇国有化する nazionaliẓẓare
国有財産 proprietà[女] [beni[男] [複]] dello Stato, demanio[男]
国有地 (terreni[男] [複] del) demanio[男]
国有林 foresta[女] demaniale

こくようせき 黒曜石 〖鉱〗ossidiana[女]

ごくらく 極楽 《極楽浄土》Paradiṣo[男] buddista;《天国》paradiṣo[男];《至福の地》felicità[女] eterna ¶極楽に行く andare in paradiṣo / salire al cielo
✤極楽往生 ¶極楽往生する《死んで極楽に生まれ変わる》lasciare questo mondo e rinascere nel paradiṣo buddista /《安らかに死ぬ》morire[自] [es] serenamente
極楽鳥 uccello[男] del paradiṣo, paradiṣea[女]

こくり ⇒こっくり

ごくり ¶ステーキを前に彼はごくりとつばを飲み込んだ. Alla vista della bistecca ha deglutito. ¶彼はごくりごくりとコップの水を一息に飲み干した. Ha vuotato un bicchiere d'acqua in un sorso [d'un fiato].

こくりつ 国立 ◇国立の nazionale, statale, pubblico [男複 -ci]
✤国立劇場 teatro[男] nazionale
国立公園 parco[男] [複 -chi] nazionale
国立大学 università[女] statale
国立図書館[博物館] biblioteca[女] [muṣeo[男]] nazionale
国立美術館 muṣeo[男] [galleria[女]] d'arte nazionale
国立病院 ospedale[男] statale

こくりょく 国力 ¶国力を増進する aumentare la potenza [le risorse /《経済力》il potenziale economico] del paeṣe

こくるい 穀類 ⇒穀物

こくれん 国連 《国際連合》Organiẓẓazione[女] delle Nazioni Unite; Nazioni[女] [複] Unite;《略》ONU [ónu][女]
✤国連アジア極東経済委員会 Commissione[女] Economica per l'Aṣia e l'Estremo Oriente;《略》〔英〕ECAFE [ekáfe][女]
国連安全保障理事会 Consiglio[男] di Sicurezza delle Nazioni Unite
国連外交 politica[女] estera tramite l'ONU
国連開発計画 Programma[男] [複 -i] delle Nazioni Unite per lo Ṣviluppo;《略》〔英〕UNDP[男]
国連加盟国 stato[男] membro dell'ONU
国連環境計画 Programma[男] delle Nazioni Unite per l'Ambiente;《略》〔英〕UNEP [únep][男]
国連教育科学文化機関 ⇒ユネスコ
国連軍 Forze[女] [複] [Eṣercito[男]] dell'ONU; caschi[男] [複] blu dell'ONU
国連軍縮委員会 Commissione[女] delle Nazioni Unite per il Diṣarmamento;《略》〔英〕UNDC[女]
国連経済社会理事会 Consiglio[男] Economico e Sociale delle Nazioni Unite;《略》〔英〕ECOSOC [ékosok][男]
国連憲章 Carta[女] dell'ONU
国連工業開発機関 Organiẓẓazione[女] delle Nazioni Unite per lo Ṣviluppo Industriale;《略》〔英〕UNIDO [unído][女]
国連児童基金 ⇒ユニセフ
国連事務局 Segreteria[女] Generale delle Nazioni Unite
国連事務総長 segretario[男] [複 -i] generale dell'ONU
国連食糧農業機関 Organiẓẓazione[女] delle Nazioni Unite per l'Alimentazione e l'Agricoltura;《略》〔英〕FAO [fáo][女] (◆本部はローマ)
国連人権委員会 Commissione[女] dei Diritti Umani
国連総会 Assemblea[女] Generale delle Nazioni Unite

国連大学 Università dell'ONU; 《略》〔英〕UNU [únu]

国連大使 ambasciat*ore* [*-trice*] alle [presso le] Nazioni Unite

国連地球シリーズ会議 Conferenza per i Problemi Generali

国連難民高等弁務官事務所 Alto Commissariato delle Nazioni Unite per i Rifugiati

国連人間環境会議 Conferenza per l'Ambiente Umano

国連の日 Giornata delle Nazione Unite (◆ 24 ottobre)

国連平和維持活動 missioni [複] di pace dell'ONU; 《略》〔英〕PKO

国連平和維持軍 Truppe [複] Internazionali di Pace dell'ONU; caschi blu

国連貿易開発会議 Conferenza delle Nazioni Unite per il Commercio e lo Sviluppo; 《略》〔英〕UNCTAD [únktad]

国連本部 Sede dell'ONU

ごくろうさま 御苦労様 1《仕事を終えて帰る部下に上司が》Bravo, ti sei impegnato [《相手が女性》impegnata]! / Un buon lavoro, bravo [《相手が女性》brava]!
2《ねぎらい・感謝》¶長い間御苦労様でした。Grazie per il lavoro di tutti questi anni. ¶長年のお勤め御苦労様でした。《定年退職する人に》Finalmente sei in pensione.

こくろん 国論 opinione pubblica ¶国論を二分する dividere in due [spaccare a metà] l'opinione pubblica

こくん →こっくり

ごくん ¶錠剤をごくんと飲み下した。Ha inghiottito una compressa di colpo. ¶赤ん坊はごくんごくんとお母さんのお乳を吸っていた。Il bambino succhiava senza interruzione il latte della mamma.

こぐんふんとう 孤軍奮闘 ◇孤軍奮闘するlottare [《仕事など》lavorare assiduamente /《努力》sforzarsi senza appoggi [da solo]

こけ 苔 mu*schio* [複 -*schi*];《地衣》lichene ¶岩には一面に苔が生えている。Le rocce sono tutte coperte di muschio.
❖苔植物 briofite [複]

こけ 虚仮 ¶人をこけにするな。《私を》Non prenderti gioco di me. / Non mi prendere in giro.

こげ 焦げ ¶ご飯のお焦げ la parte bruciacchiata del riso bollito / crosta di riso

ごけ 後家 vedova

こけい 固形 ◇固形の solido
❖固形食 alimento solido
固形スープ dado da brodo
固形燃料 combustibile solido
固形物 corpo solido

ごけい 互恵 reciprocità
❖互恵主義《条約》principio [trattato] di reciprocità

ごけい 語形 forma di una parola
❖語形変化《文法》flessione
語形論《文法》morfologia ◇語源論の morfolog*ico* [男複 -*ci*]

こけおどし 虚仮威し 《はったり》〔英〕bluff [blef]; spaccanata, smargiassata, fanfaronata

こげくさい 焦げ臭い ¶何か焦げくさいよ。Qualcosa sta bruciando! / C'è odore di bruciato!

こけこっこう 《擬》chicchirichì ¶おんどりはけっこっこうと鳴く。Il gallo fa chicchirichì.

こけし *kokeshi* [無変] ◇ bambola giapponese di legno decorata in modo semplice)

こげちゃ 焦げ茶 ◇焦げ茶色の marrone [複 -*e*, -*i*] scuro [無変]

こけつ 虎穴 ¶虎穴に入らずんば虎児を得ず。《諺》"Chi non risica non rosica." / "Non c'è guadagno senza rischio."

こげつき 焦げ付き 《回収不能の貸し金》credito irrevocabile [di dubbia esigibilità], insolvenza ¶あの会社は多額の焦げつきを出した。Quella ditta ha dato in prestito grosse somme che non sono mai state restituite.

こげつく 焦げ付く 1《料理が》bruciarsi (e attaccarsi alla pentola) ¶ご飯が焦げついた。Il riso si è attaccato al fondo della pentola.
2《貸し金が》¶貸し金が焦げついてしまった。Il credito è inesigibile [irrecuperabile].

コケティッシュ〔英 coquettish〕◇コケティッシュな civettuolo

ごけにん 御家人《史》vassallo diretto dello *shogun* (◆ che però non poteva incontrarlo direttamente)

こげめ 焦げ目 ¶肉に焦げ目をつける rosolare la carne

こけもも 苔桃《植》mirtillo

こぎょう 小木《鳥》picch*io* [複 -*chi*] pigmeo

こけらおとし 杮落とし rappresentazione inaugurale ¶こけら落としに『アイーダ』が上演された。Hanno inaugurato il teatro con l'"Aida".

こける →転ぶ

こける 痩ける ¶頬のこけた男 uomo con le guance incavate [infossate]

こげる 焦げる bruciar*e* [*es*], bruciarsi;《表面がさっと、ところどころ》bruciacchiarsi; essere bruciacchiato ¶肉が焦げてしまった。La carne si è bruciata. ¶魚が焦げないように気をつけてね。Fai attenzione「che non bruci il pesce [a non bruciare il pesce]. ¶アイロンが熱すぎてワイシャツが焦げてしまった。Ho bruciacchiato una camicia con il ferro da stiro troppo caldo.

こけん 沽券 dignità, prestigio, reputazione ¶そんなことは私の沽券にかかわる。Questa cosa può tornare a mio discredito. / Con una cosa di questo genere, ne va della mia reputazione.

ごげん 語源・語原 origine di una parola, etimo; etimolog*ia* [複 -*gie*] ◇語源の logico [男複 -*ci*] ¶語源不明の言葉 parola di etimo incerto [sconosciuto] ¶民間語源 etimologia popolare ¶ある語の語源を調べる ricercare l'etimologia di una parola ¶この語の語源はギリシア語だ。Questa parola deriva dal greco.
❖語源学 etimolog*ia* [複 -*gie*]

語源学者 etimologist*a*男女 [男複 -*i*]

ごけんうんどう 護憲運動 movimento男 per la difesa della Costituzione

ここ 戸戸 ♦戸々に《戸別に》di casa in casa; 《各戸に》ad [in] ogni casa

ここ 個個 ♦個々の ogni [無変]; ciascuno (▶名詞の前では不定冠詞に準じる語尾変化をする);《一人一人の》individuale;《一人一人, 一つ一つの》singolo; rispettivo (▶前述したもの・人について使う) ♦個々に uno per uno; individualmente; rispettivamente;《別々に》separatamente ¶彼らは個々に意見を述べた. Hanno espresso le loro opinioni uno per uno [uno alla volta]. / Ciascuno ha espresso la sua opinione. ¶それは個々の責任でなさってください. Fate come volete, a condizione che ognuno si assuma la propria responsabilità.

ここ 此処 **1**【この場所】qui, qua ¶ここを通って per di qui ¶「ここはどこですか」「ボローニャです」"Dove siamo?" "Siamo a Bologna." ¶明日ここに来てください. Venga qui domani. ¶ここまで fino qui / fino a qui ¶ここが大事なところです. Questo qui è un punto importante. ¶彼の会社はここから遠い[近い]. Il suo ufficio è lontano da qui [qui vicino]. ¶ここに書いてある字を見てください. Guarda quello che c'è scritto qui! ¶今日の講義はここまでにします. Chiudiamo qui la lezione di oggi. / Per oggi finiamo qui la lezione. ¶本はここにあるよ. Ecco qua il libro! ¶ここだけの話だよ. Detto qui「tra noi [tra te e me]. ¶私はここの生まれです. Sono di qui. ¶ここから入って下さい. Si entra di qua [da qua]. ¶ここで会ったが百年目. Adesso non mi scappi più!
2【この時点】¶ここ3年(は)《過去》in questi ultimi tre anni / da tre anni /《未来》nei prossimi tre anni ¶ここしばらくは per il momento / per un po' di tempo / intanto ¶ここのところ彼には会っていません. In questi giorni [ultimamente] non l'ho visto. ¶ここ1週間はずっと雨だった. In questa [Questa] settimana ha piovuto incessantemente. ¶ここが我慢のしどころだ. Ora è il momento di pazientare. ¶ここに来て物価が急に上がった. Recentemente [Ultimamente] i prezzi sono saliti di colpo.
3【この段階, この事】¶ここまで来て変更はできない. A questo punto ormai non si può più cambiare. ¶ここは私に任せてくれ. Ci penso io. / Per questa faccenda lascia che sistemi io le cose.
[慣用] ここ一番 ¶彼はここ一番という時に底力を見せた. Al momento giusto ha mostrato la sua vera forza.

ここぞ ¶彼はここぞとばかりに自分の考えを主張した. Ha preso la palla al balzo [Ha approfittato dell'occasione] per sostenere le sue idee.

ここ 古語 parola女 antica;《古めかしい》termine男 arca*i*co [複 -*ci*]

ごご 午後 pomerigg*io*男 [複 -*gi*] ♦午後の pomeridiano ¶今日の午後 oggi (nel) pomeriggio ¶明日の午後 domani (nel) pomeriggio ¶昨日の午後 ieri (nel) pomeriggio ¶月曜日の午後 lunedì pomeriggio ¶午後の放送 trasmissione pomeridiana ¶午後4時に alle 16 / alle 4 del pomeriggio ¶午後遅く nel tardo pomeriggio ¶午後また来るよ. Tornerò nel pomeriggio.

ココア 〔英 cocoa〕 cacao男 [無 変];《飲み物》cioccolata女 ¶ホット[アイス]ココア cioccolata calda [fredda]

ここう 虎口 ¶我々はかろうじて虎口を脱した. Ce la siamo cavata per un pelo.

ここう 孤高 ¶孤高を保つ[持する] starsene [tenersi] appart*a*to dagli altri

ここう 糊口 ¶糊口を凌(しの)ぐ sbarcare il lunario / avere a malapena di che vivere

ごこう 後光 aureola女 ¶聖人に後光がさしている. Il santo è circondato da un'aureola.

こごえ 小声 ♦小声で a bassa voce, a mezza voce, sottovoce ¶小声で話す parlare a bassa voce /《ささやく》bisbigliare男 [*av*] / mormorare男 [*av*] / sussurrare男 [*av*]

こごえじに 凍え死に →凍死

こごえる 凍える《冷たくなるものが主語で》gelare男 [*es*], intirizz*i*re男 [*es*];《体が凍える》intirizzirsi;《しびれる》intorpidirsi ¶寒さで手が凍えた. Ho le mani gelate [Le mie mani si sono intirizzite] dal freddo. ¶君を外で待っていて体の芯まで凍えた. Mi sono congelato ad aspettarti fuori. ¶ここは寒くて凍えそうだ. Qui si gela. / Qui fa un freddo cane.

ここかしこ 此処彼処 (di) qua e (di) là;《いたる所に》dappertutto, in ogni luogo, dovunque

ここく 故国 patria女, paese男 nativo [nat*io* [複 -*ii*]] ¶natale / d'origine ¶故国をしのぶ rimpiangere la terra nativa

ごこく 後刻 più tardi

こごし 小腰 ¶小腰をかがめて私にあいさつした. Mi ha salutato facendo un lieve inchino.

ここち 心地《心の状態, 気分》stato男 d'animo; sentimento男, umore男;《感覚》sensazione女 ¶住み心地のよい家 casa「comoda e accogliente [confortevole] ¶風呂のあとは生き返った心地だね. Dopo il bagno ci si sente rinati, non è vero? ¶生きた心地がしなかった. Mi sentivo「più morto che vivo [più di là che di qua].

ここちよい 心地好い《人の気持ちを楽しく快適にする》piacevole, gradevole;《物・事が感覚的に》confortevole, comodo;《家庭・宿などが》accogliente, confortevole;《一般的に, 良い》bello ¶心地よい音楽[香り] musica [odore] gradevole

こごと 小言 **1**《叱ること, 文句を言うこと》rimprovero男,《くどくどと長いお説教》ramanzina女;《厳しい叱責》sgridata女, rabbuffo男 ¶小言を食らう essere rimproverat*o* [sgridato] da qlcu. (per qlco.)
2《不平・苦情》lamentela女 ¶〈人〉に小言を言う lamentarsi con qlcu. ¶彼女はいつもぶつぶつ小言を言う. Non fa altro che brontolare.

ココナッツ 〔英 coconut〕 noce女 di cocco ¶ココナッツビスケット biscotto al cocco

ここのか 九日《日付》il (giorno) nove男;《期間》nove giorni男 [複]

ここのつ 九つ nove;《9歳》nove anni男 [複] →九

ココやし ココ椰子 (palma女 da) cocco男 [複

ここら 此処等 《この辺》da queste parti, qua [qui] attorno [intorno] ¶ここら一帯の家々 le case di tutta questa zona ¶ここらは夜は物騒だ. Da queste parti non si è sicuri la notte. ¶ここらで一服しよう. Fermiamoci qui, per una pausa.

こころ 心 **1**【精神】mente㊛, spirito㊚;《精神の働き》animo㊚;〔魂〕anima㊛ ¶心の叫び grido dell'anima ¶心の底から愛す amare qlcu. con tutta l'anima ¶彼は心の病に冒されている. È mentalmente malato. ¶私は心の奥では信じていない. Non ci credo dal profondo dell'anima. ¶心の平和を乱された. Hanno turbato la mia tranquillità di spirito [d'animo]. ¶私は心の中で"うそだ"とつぶやいた. Dentro di me mi sono detto: "Non è vero". ¶「心の貧しきものは幸いなるかな」〔聖〕"Beati i poveri di spirito." ¶その光景は私の心に刻み込まれている. Quella scena è impressa nella mia mente. **2**【考え】pensiero㊚, idea㊛ ¶〈人〉の心を見抜く leggere nel cuore [nel pensiero] di qlcu. ¶心がぐらつく essere incerto 《について su》 ¶心が変わる cambiare idea ¶よこしまな心を捨てなさい. Allontanare i cattivi pensieri. ¶すべて心にまかせぬことばかりだ. Niente è come vorrei. / Non me ne va bene una. **3**【心情】cuore㊚, animo㊚;《気持ち》sentimento㊚ ¶汚れた心 cuore [animo] impuro ¶心の優しい人 persona「dal cuore tenero [dai sentimenti delicati] ¶彼は心が暖かい人です. È una persona che trasmette una grande umanità. / Ha un animo gentile. ¶心が広い generoso /《理解力がある》comprensivo ¶心が狭い poco generoso /《卑しい》gretto / meschino ¶心のままに a piacimento / a volontà / a piacere / secondo il *proprio* volere ¶彼とは互いに心が通じ合っている. Tra me e lui c'è un'affinità di sentimenti. ¶心からの歓迎を受ける ricevere una cordiale [calorosa] accoglienza ¶心のこもった贈り物 un regalo fatto con tutto il cuore ¶心のこもった贈り物をありがとう. Grazie per il pensiero sentito. ¶心からお祝いを申し上げます. Mi congratulo di tutto cuore. / Le mie più sincere [vive] felicitazioni! ¶彼女は心を込めて子供たちの世話をした. Si è dedicata completamente alla cura dei bambini. **4**【芸道などの真髄】spirito㊚; quintessenza㊛ ¶茶の湯の心がわかる capire lo spirito della cerimonia del tè **5**【「その心は…」の形で,なぞときの答の根拠を示す】¶江戸っ子とかけて, 五月の空の鯉のぼりととく. その心は, 口先だけで腸(はらわた)がない. Sapete perché un edochiano è come un *koinobori* che svolazza nel cielo di maggio? Perché entrambi hanno una bocca molto grande ma dentro sono limpidi come l'aria.

〔慣用〕**心が動く** ¶あの展覧会を見てから陶芸に心が動き始めた. Dopo aver visto la mostra, la ceramica ha cominciato ad affascinarmi. **心が騒ぐ** sentirsi inquieto **心が弾む** essere eccitato ¶彼女に会えると考えただけで心が弾む. Non sto nella pelle al solo pensiero di incontrarlo. **心ここにあらず** avere la testa「fra le nuvole [assente / altrove] **心ならずも** →見出し語参照 **心に浮かぶ** ¶いい考えが心に浮かんだ. Mi è venuta「in mente [Ho avuto] una buona idea. **心に描く** immaginare qlco. 《di+不定詞》 **心にかかる** ¶父の病気が心にかかる. La malattia di mio padre mi preoccupa molto. **心にかける** prendere a cuore qlco. ¶伯母はいつも私のことを心にかけてくれる. Mia zia si preoccupa sempre di me. **心に染まぬ** ¶心にそまぬことをしてもうまくいかない. Non serve a nulla fare qualcosa che non piace. **心に留める** tenere a mente qlco. [qlcu.] **心にもない** ¶私は彼女に心にもないことを言ってしまった. Non intendevo dirle quello che ho detto. **心を合わせる** ¶みんなで心を合わせて事に当たった. Abbiamo collaborato tutti in perfetto accordo [in perfetta armonia]. **心を痛める** rattristarsi [affliggersi / addolorarsi] per qlco. [qlcu.]. **心を動かす** ¶心を動かされる essere commosso 《に da》 **心を打ち明ける** aprirsi col qlcu., aprire il cuore a qlcu., confidarsi con qlcu. **心を奪われる** essere tutto preso 《に da》, essere affascinato 《に da》 **心を落ち着ける** calmarsi, tranquillizzarsi **心を鬼にする** rendersi insensibile (alla pietà), non farsi [non lasciarsi] intenerire (il cuore) **心を砕く** ¶彼は交渉がうまくいくように心を砕いた. Si è adoperato con ogni mezzo affinché i negoziati si concludessero nel migliore dei modi. ¶両親は娘の幸福のために心を砕いた. I genitori si sono dedicati anima e corpo alla felicità della loro figlia. **心を配る** tenere d'occhio qlco. **心を悩ます** tormentarsi per qlco. [qlcu.] **心を引かれる** 《人が主語》interessarsi molto a qlco. [qlcu.], essere attratto da qlcu. [qlco.];《対象が主語》interessare molto a qlcu. **心を許す** (1)《信じる》¶あの男に心を許してはいけない. Non dovresti fidarti di quell'uomo. (2)《油断する》¶ちょっとうまくいったからといって心を許すな. Non prenderla alla leggera solo perché tè è andata bene in passato. **心を寄せる** (1)《愛情をもつ》¶彼は彼女に心を寄せている. Le vuole bene. / L'ama. (2)《同情する》¶彼らは不幸な人たちに心を寄せている. Sentono compassione per la gente sfortunata.

こころあたたまる 心暖まる caloroso, cordiale ¶心暖まるおもてなしに感謝します. Grazie per la calorosa accoglienza. ¶その話を聞いて心暖まる思いがした. Ho provato tenerezza a sentire quella storia.

こころあたり 心当たり ¶私にはまったく心当たりがありません. Non ne ho la minima idea. / Non ne so assolutamente niente. ¶彼がどこにいるか心当たりがありますか. Hai qualche idea di dove lui possa essere?

こころある 心ある 《分別のある》 giudizioso, assennato, di buon senso ¶心ある人 persona di buon senso

こころいき 心意気 ardore[男], spirito[男] ¶心意気を見せる manifestare la *propria* ferma intenzione [la *propria* determinazione]

こころえ 心得 **1** 《知識》 conoscenza[女]; 《理解力》 comprensione[女]; 《技術・運動の実践経験》 pratica[女], esperienza[女] ¶心得がある conoscere *ql.co.*, comprendere *ql.co.* / 《たしなみがある》 sapere *ql.co.* [come + [不定詞]] avere pratica di *ql.co.* ¶茶道の心得がある essere addentro alla cerimonia del tè

2 《規則》 regola[女], regolamento[男]; 《注意事項》 avvertenze[女][複], istruzioni[女][複] ¶執務心得 regolamento ufficiale

3 《職務を代行するとき》 ¶校長心得 preside[男] 「incaricato [facente funzione]

こころえがお 心得顔 ◇心得顔で《事情をよく知っている顔つき》 con un'occhiata d'intesa; 《得意顔で》 con l'aria di saperla lunga / con l'aria di uno [《女性》 una] che la sa lunga

こころえちがい 心得違い **1** svista[女], malinteso[男], errore[男]

2 《道理に外れた行い》 ¶心得違いをする comportarsi male / avere un comportamento scorretto

こころえる 心得る **1** 《理解する》 capire [intendere] *ql.co.*, intuire; 《見なす》 considerare *ql.co.*; 《知る, 知っている》 sapere [conoscere] *ql.co.* ¶心得ました. Certamente! / Ho capito. / D'accordo! ¶それを私の義務だと心得ております. Lo considero (come) uno dei miei doveri.

2 《わきまえる》 sapere *ql.co.* [come + [不定詞]; avere pratica di *ql.co.*

こころおきなく 心置きなく 《遠慮・気兼ねなく》 senza riserve, senza complimenti, senza esitazione; apertamente; 《気楽に》 a *proprio* agio; 《親しく》 confidenzialmente; 《安心して》 senza ansia, senza preoccupazione

こころおぼえ 心覚え ¶心覚えがある ricordare (vagamente) *ql.co.* [di + [不定詞]] ¶心覚えに…を書きとめる prendere nota di *ql.co.*

こころがけ 心掛け ¶心がけのいい《誠実な》 onesto / retto / 《注意深い》 prudente / attento / 《まじめな》 accurato / diligente / 《用心がいい》 previdente ¶心がけの悪い《不注意な》 imprudente / disattento / 《不まじめな》 trascurato / negligente [-gli-] / 《先の心配をしない》 imprevidente ¶日ごろの心がけが大切だ. È importante agire con coscienza ogni giorno.

こころがける 心掛ける 《いつも心に留めて忘れないようにする》 pensare[自] [*av*] a *ql.co.*, non dimenticare *ql.co.*; 《気をつける》 avere cura di + [不定詞]; 《努力する》 cercare [sforzarsi] di + [不定詞] ¶毎日3時間イタリア語を勉強するように心がけている. Cerco di studiare (l')italiano (per) tre ore ogni [al] giorno. ¶摂生を心がける cercare di avere sane abitudini ¶倹約を心がける stare attent*o* alle spese

こころがまえ 心構え 《心の用意》 preparazione[女]; 《覚悟》 decisione[女] ¶心構えができている essere pront*o* (psicologicamente) a *ql.co.* / essere preparat*o* mentalmente a *ql.co.* [a + [不定詞]]

こころがわり 心変わり ¶心変わりした彼が憎い. Lo odio perché 「mi ha lasciato [non mi ama più].

こころくばり 心配り 《配慮》 considerazione[女], premura[女]

こころぐるしい 心苦しい 《人が主語》 sentirsi in imbarazzo [a disagio], farsi [avere] scrupolo a + [不定詞]; 《物事が主語》 pesare[自] [*es, av*] a *qlcu.*, essere di peso a *qlcu.* ¶君にこんなことを頼むのは本当に心苦しい. Ho veramente scrupolo a chiedertelo. / Sono estremamente dispiaciuto di doverti chiedere una cosa del genere.

こころざし 志 **1** 《望み》 ambizione[女], aspirazione[女]; desider*io*[男] [複 *-i*]; 《意図》 intenzione[女], disegno[男]; 《意志》 volontà[女]; 《目的》 intento[男], scopo[男], fine[男], proposito[男] ¶志を立てる prefiggersi 「uno scopo nella vita [una meta ambiziosa] / prefiggersi di + [不定詞] ¶志を果たす raggiungere il *proprio* scopo / realizzare le *proprie* aspirazioni ¶2人は志を同じくしていた. I due avevano lo stesso fine [le stesse ambizioni].

2 《好意》 bontà[女], benevolenza[女], gentilezza[女]; 《贈り物》 regalo[男] ¶そのお志だけ頂きます. Mi basta solo il suo gentile pensiero. ¶人の志を無にしてはいけない. Bisogna sempre fare tesoro delle cortesie [gentilezze] degli altri. / Non bisogna (mai) vanificare le gentilezze altrui!

こころざす 志す prefiggersi di + [不定詞], aspirare a *ql.co.* [a + [不定詞]] ¶文学に志す dedicarsi alla carriera letteraria ¶彼は画家を志して上京した. Si è trasferito a Tokyo con l'aspirazione di deventare un pittore.

こごろし 子殺し 《行為》 infanticid*io*[男] [複 *-i*]; 《人》 infanticid*a*[男][女] [[男]複 *-i*]

こころして 心して 《注意して》 con cura, con attenzione, accuratamente; 《慎重に》 con cautela, con prudenza, in maniera accorta

こころじょうぶ 心丈夫 ¶契約のとき, あなたもいてくださると心丈夫なのですが. Mi sentirei più sicuro se ci fosse anche Lei al momento della firma del contratto. ⇒心強い

こころづかい 心遣い considerazione[女], riguardo[男], premura[女], sollecitudine[女]; 《注意》 attenzione[女] ¶〈人〉に心遣いを示す dimostrare [darsi] premura per *qlcu.*

こころづくし 心尽くし ¶彼の奥さんの心尽くしの料理をごちそうになった. Ho gustato la cucina che sua moglie ha preparato con tanta premura.

こころづけ 心付け man*cia*[女] [複 *-ce*] ¶心付けをはずむ esagerare con la mancia

こころづもり 心積もり aspettativa[女], attesa[女]; 《備え》 preparazione[女]

こころづよい 心強い 《安心な》 sicuro, rassicurato; 《頼りになる》 attendibile; incoraggiante, rincuorante ¶心強く思う《励まされる》 essere confortat*o* [incoraggiat*o*] / 《安心だ》 sentirsi sicur*o* [rassicurat*o*] ¶君が一緒に来てくれれば心強い. Mi sentirei più sicuro se venissi con me.

こころない 心無い **1** 《思慮のない, 良識のない》

こころなしか　心成しか　¶彼は心なしか悲しそうだった。Sarà un'impressione, ma mi sembrava triste.

こころならずも　心ならずも　《意志に反して》contro la *propria* volontà, *proprio* malgrado, malvolentieri, a malincuore;《予定していなかったのに》senza intenzione;《いやいやながら》con riluttanza

こころにくい　心憎い　《すばらしくて心をひかれる》attraente, affascinante;《賞賛・感嘆すべき》ammirevole [affascinante] ¶彼は心憎いまでにイタリア語がうまい。Parla l'italiano da fare invidia.

こころね　心根　fondo del cuore, 《真情》vero sentimento, sentimenti [複] intimi ¶心根のやさしい人 persona di buon cuore [dal cuore tenero]

こころのこり　心残り　《残念》rammarico [複 -chi], rincrescimento;《哀惜の気持ち》rimpianto;《心配》preoccupazione ¶私は何も心残りはない。Non ho alcun rimpianto. / Non ho niente di cui rammaricarmi. ¶まだ幼い子供たちを残して逝(*)かなければならないのは心残りでなりません。Quanto mi duole dover lasciare al mondo dei figli ancora così piccoli!

こころばかり　心許り　¶ほんの心ばかりの物ですがお収めください。È un [piccolo pensiero [pensierino], ma spero che lo voglia accettare ugualmente.

こころひそかに　心密かに　segretamente

こころぼそい　心細い　1《頼りなく不安》sentirsi insicuro [indifeso / solo] e inquieto, 《怖い》avere paura di ql.co. [+不定詞];《支援がなく不安》scoraggiarsi per la mancanza di aiuti ¶あの時ほど心細い思いをしたことはない。Non mi sono mai sentito così solo come quella volta.
2《がっかりさせるような》scoraggiante, deprimente ¶そう心細いことを言うな。Non dire cose così deprimenti.

こころまかせ　心任せ　¶心任せに歩く camminare「senza meta [seguendo il sentimento del momento]

こころまち　心待ち　¶君の訪問を心待ちにしていた。Aspettavo ansiosamente [Non vedevo l'ora] che venissi a trovarmi.

こころみ　試み　1《試し》prova, tentativo, esperimento ◇試みに in prova, per prova, per tentare ¶試みに〈人〉を雇う assumere qlcu. in prova
2《企画》tentativo, progetto ¶斬新な試み tentativo inedito

こころみる　試みる　provare ql.co. [a +不定詞], fare un tentativo per +不定詞, fare il tentativo di +不定詞, cercare di +不定詞, tentare ql.co. [di +不定詞] ¶生産の合理化を試みる tentare di razionalizzare la produzione ¶新しい治療法を試みる sperimentare una nuova terapia

こころもち　心持ち　1 sentimento; umore; stato d'animo　2《ほんの少し》¶心持ち頭を右に傾けてください。Inclini la testa leggermente [un po'] a destra, per favore.

こころもとない　心許無い　poco sicuro, poco rassicurante;《頼りにできない》indegno di fiducia, inattendibile ¶彼が議長では心もとない。Come presidente non dà affidamento. ¶君の運転では心もとない。Non mi sento sicuro quando guidi tu.

こころやすい　心安い　intimo ¶心安い友人 amico intimo ¶彼には何でも心安く頼める。A lui posso chiedere qualsiasi favore a cuor leggero.

こころゆくまで　心行くまで　a sazietà, a volontà;《自ら心ゆくまで飲む》fino a saziarsi ¶彼を心ゆくまで飲む bere a sazietà ¶私たちは心ゆくまでテニスを楽しんだ。Ci siamo divertiti a giocare a tennis finché ci andava [abbiamo voluto].

こころよい　快い　1《快適な》piacevole, gradevole, comodo　◇快く piacevolmente, gradevolmente ¶その音楽は耳に快い。Quella musica è piacevole da ascoltare.
2《感じよい》◇快く prontamente; volentieri, di buon grado ¶新人を快く迎える riservare un'accoglienza cortese [affabile] a un nuovo arrivato ¶快く許可を与える accordare [dare] un permesso di buon grado ¶彼は私のことを快く思っていない。Non mi vede di buon occhio. / Non mi ha preso in simpatia.

ここん　古今　◇古今の antico [複 -chi] e moderno, di tutte le epoche ¶古今を通じて in tutti i tempi / in tutte le epoche ¶古今東西、人情に変わりはない。La natura umana è sempre uguale dappertutto.

ごこん　語根　《文法》1《語の基本的意味を表す部分》radice (di una parola)　2 →語幹

こさ　濃さ　《ソースなどの》densità;《ワインなどの》corposità

ごさ　誤差　《数》errore (accidentale); aberrazione ¶許容[非許容]誤差 errore tollerabile [intollerabile]

ござ　茣蓙・蓙　stuoia ¶床にござを敷く stendere una stuoia sul pavimento

コサージ〔英 corsage〕mazzolino di fiori

こさい　小才　¶小才のきく人 persona astuta [scaltra / furba] /《ずる賢い》drittone [furbacchione / volpone] [複 -a]

ごさい　後妻　seconda moglie [複 -gli] ¶後妻を迎える prendere una seconda moglie

こざいく　小細工　trucco [複 -chi], artificio [複 -ci], stratagemma [複 -i] ¶小細工を弄(ろう)する ricorrere a trucchi meschini [a piccoli artifici]

コサイン〔英 cosine〕《数》coseno;《記号》cos

こざかしい　小賢しい　1《抜け目がない》furbo, astuto, scaltro;《親》dritto《知ったかぶりの》saccente,《こましゃくれた》saputello;《生意気な》impertinente, presuntuoso ¶こざかしい口を利くな。Non dire cose impertinenti.

こざかな　小魚　pesciolino, pesci [複] piccoli

こさく 小作 《金銭契約の》 affittanza㊛; 《折半小作》 mezzadria㊛ ¶小作をする prendere una proprietà in affitto

✤小作人 affittuar*io*㊚[㊛ *-ia*; ㊚複 *-i*], locatar*io*㊚[㊛ *-ia*; ㊚複 *-i*], fittaiolo㊚, fittavolo㊚

小作農 colon*o*㊚[㊛ *-a*] ¶折半小作農 mezzadr*o*㊚[㊛ *-a*]

小作料 canone㊚, affitto㊚ fondiar*io*[複 *-i*]

こさじ 小匙 cucchiaino㊚ ¶小さじ3杯のオリーブ油 tre cucchiaini di olio d'oliva

こざっぱり ◇こざっぱりした《清潔な》 pulito, lindo; 《整頓された》 ordinato; 《服装などがきちんとした》 accurato

こさめ 小雨 pioggerella㊛, acquerugiola㊛ ¶小雨が降る piovviginare[自][*es, av*]

こざら 小皿 piattino㊚, piccolo piatto㊚

こさん 古参 anzian*o*㊚[㊛ *-a*], veteran*o*㊚[㊛ *-a*] ¶古参の軍曹 sergente anziano

ごさん 午餐 pranzo㊚, (seconda) colazione㊛

ごさん 誤算 errore㊚ di calcolo; calcolo㊚ errato [ṣbagliato] **◇誤算する** calcolare male, ṣbagliare i calcoli ¶この計画は資金面に誤算があった. In questo progetto c'è stato un errore negli stanziamenti.

ごさんけ 御三家 **1**《徳川家の》 i tre rami della famiglia dei Tokugawa (◆ gli Owari尾張, i Kii紀伊, e i Mito水戸) **2**《有力な三者》 i tre grandi㊚[複] ¶生け花の御三家 le tre principali scuole di *ikebana*

こし 枯死 **◇枯死する** seccarsi ¶庭の松の木が枯死した. Il pino del giardino è morto.

こし 腰 **1**《腰関節部》 anche㊛[複]; 《両脇腹》 fianchi㊚[複]; 《背の部分》 schiena㊛; 《脊椎の末端部》 regione㊛ sacrale; 《腰部》 reni㊛[複]; 《胴回り, ウエスト》 vita㊛; 《臀部, 尻》 sedere㊚, natiche㊛[複], regione㊛ glutea ⇒体 [図版] ¶腰が痛い. Ho mal di schiena. / Ho la schiena indolenzita. ¶あの娘は腰が細い[太い]. Quella ragazza è stretta [larga] di fianchi. ¶腰が曲がる《人が主語》 incurvarsi con l'età ¶刀を腰に差している portare una spada al fianco ¶水筒を腰に下げる agganciare una borraccia alla cintura ¶彼は腰を浮かして私にあいさつした. Mi ha salutato alzandosi per metà. ¶腰をかがめる inchinarsi / curvarsi ¶椅子に腰を掛ける[下ろす] sedersi su una sedia ¶腰を伸ばす raddrizzarsi ¶腰を落としてレシーブしろ. Devi ricevere la palla abbassando il bacino [baricentro]. ¶腰を振って歩く ancheggiare[自][*av*] / camminare[自][*av*] ancheggiando

2《壁などの腰板》〔建〕 zoccolo㊚

[慣用] **腰がある** ¶このうどんは腰がある. Questo *udon* mantiene una piacevole consistenza.

腰が重い ¶父は腰が重い. Mio padre è sempre lento a muoversi.

腰が軽い《気軽に動く》 essere pront*o* ad agire

腰がきまる ¶彼は政治家としてまだ腰がきまっていない. Sta ancora muovendo i primi passi come uomo politico.

腰が砕ける (1)《よろめく》 vacillare[自][*av*], barcollare[自][*av*] (2)《勢いがなくなる》 ¶彼は腰が砕けた. Ha avuto un crollo di volontà.

腰が高い (1)《腰の位置, 構え》 ¶あの力士は腰が高い. Quel lottatore di *sumo* manca di stabilità. (2)《横柄》 essere arrogant*e* [prepotent*e*]

腰が強い (1)《弾力性に富む: 麺類》 essere consistent*e*; 《紙》 essere resistent*e* (2)《気が強い》 essere di carattere forte

腰が低い ¶あの人は腰が低い. È una persona modesta che non si da delle arie.

腰が弱い (1)《粘り気・弾力性に欠ける》 ¶この糊は腰が弱い. Questa colla non è spessa [è troppo liquida]. (2)《気が弱い》 essere ṣmidollat*o*

腰を上げる alzarsi (da poṣizione seduta), alzarsi in piedi

腰を入れる ¶もっと腰を入れて押しなさい. Spingi ben piantato sul corpo. ¶腰を入れて問題解決に当たる cercare di risolvere un problema una volta per tutte

腰を折る ¶話の腰を折る troncare la parola in bocca a *qlcu.*

腰を据える concentrarsi su *ql.co.* ¶腰を据えて研究に取り組みなさい. Impegnati una buona volta nella tua ricerca.

腰を抜かす ¶私は驚いて腰を抜かした. Sono rimasto paralizzato dallo spavento. / 《すごく驚いた》 Mi sono spaventato molto.

こし 輿 portantina㊛, palanchino㊚ ¶輿に乗って行く andare in portantina

こし 古紙・故紙 carta㊛ straccia, cartastraccia㊛

こじ 固持 ¶自説を固持する persistere[自][*av*] [insistere[自][*av*]] nella *propria* opinione

こじ 固辞 **◇固辞する** (ostinarsi nel) declinare [rifiutare] *ql.co.* [di + [不定詞]]

こじ 孤児 orfan*o*㊚[㊛ *-a*] (►「父[母]をなくした子」は, orfano di padre [madre]という) ¶孤児になる rimanere [diventare] orfan*o* / perdere i genitori

✤孤児院 orfanotrofi*o*㊚[複 *-i*]; 《捨て子の》 brefotrofi*o*㊚[複 *-i*], ospizi*o*㊚[複 *-i*] [centro㊚ / istituto㊚] per trovatelli

こじ 故事 fatti㊚[複] storici; 《由来》 origine㊛; 《伝承》 aneddoto㊚; 《伝説》 leggenda㊛; tradizioni㊛[複] popolari ¶故事を引く fare alluṣione a un fatto storico ¶故事に倣(なら)って seguendo l'eṣempio delle tradizioni popolari

✤故事来歴 ¶故事来歴に詳しい avere una buona conoscenza delle origini e della cronistoria

こじ 誇示 ostentazione㊛, sfoggio㊚ **◇誇示する** ostentare *ql.co.*, sfoggiare *ql.co.*, far sfoggio di *ql.co.* ¶自分を誇示する far mostra di *sé*

ごし 五指 ¶彼は彫刻家として世界の五指に入る. È uno dei cinque maggiori scultori del mondo.

-ごし -越し **1**《場所》 ¶垣根越しに attraverso lo [al di là dello] steccato del giardino ¶窓越しに景色を眺める guardare il panorama dalla finestra ¶〈人〉の肩越しに新聞を読む ṣbirciare il giornale da dietro le spalle di *qlcu.*

2《時間》 ¶彼女とは5年越しの交際をしている. La mia relazione con lei dura ormai da cinque anni.

ごじ 誤字 errore㊚ ortografic*o*[複 *-ci*] [d'ortografia]; 《ミスプリント》 errore㊚ di stampa, refu-

こしあげ 腰上げ ¶着物を腰上げする accorciare la lunghezza del *kimono*

こじあける 抉じ開ける aprire forzando [a forza] *ql.co.*, forzare *ql.co.* ¶ドアをこじ開ける forzare una porta

こしあん 漉し餡 passato男 dolce di fagioli *azuki*

こしいれ 輿入れ ¶輿入れする maritarsi / entrare nella casa dello sposo

こしお 小潮 marea女 delle quadrature

こじか 小鹿・仔鹿 cerbiatto男 [女 -a], piccolo daino男 [女 -a]

こしかけ 腰掛け **1** sedia女; 《ベンチ》panchina女; 《スツール》sgabello男 **2** 《一時的な仕事》¶この会社には腰掛けのつもりで勤めている. Questa ditta per me è solo una sistemazione provvisoria.

こしかける 腰掛ける sedersi 《に su》 ¶ベンチに並んで腰かける sedersi affiancati sulla panchina ¶椅子に浅く腰かける sedersi in pizzo sulla sedia / sedersi sulla punta della sedia ¶ソファーに深く腰かける sprofondarsi nella poltrona

こしかた 来し方 passato男 ¶来し方行く末を思うぞ pensare al passato e al futuro

こしき 古式 ¶古式に則(のっと)り secondo i riti tradizionali [la tradizione] ¶古式ゆかしい行事 cerimonia [festa] tradizionale

こじき 乞食 《人》mendicante男女, accattone男 [女 -a], pezzente男女, straccione男 [女 -a]; 《行為》accattonaggio男 ¶乞食をする mendicare男 [*av*], chiedere la carità [l'elemosina], elemosinare自 [*av*], accattare他 (►単independentでも可) ¶乞食に身を落とす essere ridotto a elemosinare ¶あてる乞食はもらいが少ない.《諺》"La gatta frettolosa fece i gattini ciechi."

ごしき 五色 《青, 赤, 黄, 白, 黒》i cinque colori男 [複] cardinali; cinque colori男 [複]; 《種々の色》vari colori男 [複]

こしぎんちゃく 腰巾着《蔑》lecchino男, leccapiedi男女 [無変]; 《へつらう者》adulatore男 [女 -trice] ¶彼は社長の腰ぎんちゃくだ. È il leccapiedi del presidente.

こしくだけ 腰砕け ¶彼の計画は腰砕けになった. Il suo progetto si è sgonfiato. ¶反乱は腰砕けに終わった. La rivolta si è spenta a metà strada.

こしけ 白帯下 《医》leucorrea女, perdite女 [複] bianche

ごしごし ¶ごしごし洗う lavare *ql.co.* con olio di gomito [con forza] ¶床をごしごしこする sfregare [strofinare] il pavimento con forza

こしたんたん 虎視眈々 ¶敵は虎視眈々と攻撃の機会を狙っている. Il nemico sta all'erta in attesa di attaccarci.

ごしちちょう 五七調 metro男 [l'alternarsi男] di versi 「di 5 e di 7 sillabe [pentasillabi e eptasillabi]」

こしつ 固執 ¶自説に固執する ostinarsi [persistere] nelle *proprie* idee [opinioni] / sostenere ostinatamente la *propria* opinione

こしつ 個室 《ひとり用の部屋》camera女 singola; 《私室》camera女 privata; 《会社の》ufficio男 [複 -*ci*] privato

こじつ 故実 antiche usanze女 [複] [consuetudini女 [複]]

ごじつ 後日 in un altro giorno, in seguito; 《将来に》in avvenire, in futuro; 《近いうちに》prossimamente, presto ¶会合を後日に延期する rimandare un incontro a un altro giorno ¶書類は後日郵送します. Le manderò la pratica per posta nei prossimi giorni. ¶詳細は後日お知らせします. Sui particolari riferirò un altro giorno.

❖**後日談** ¶あの事件には後日談がある. Quella faccenda non era finita lì.

こしつき 腰つき ¶彼女は不自然な腰つきで身をかがめた. Si è curvata in modo innaturale.

ゴシック 〔英 Gothic〕《建》gotico男
❖**ゴシック建築** architettura女 gotica
ゴシック書体《中部ヨーロッパで使われた書体》scrittura女 gotica
ゴシック体活字《肉太の活字》neretto男, grassetto男
ゴシック様式 stile男 gotico ◇ ゴシック様式の gotico / ―な教会 図版

こじつけ ¶こじつけの《作った》forzato; 《ゆがめられた》travisato, alterato ¶こじつけの解釈 interpretazione forzata ¶君の説明はまったくのこじつけだ. La tua spiegazione è tutta una forzatura. ¶そんなこじつけはここでは通らない. Non possiamo accettare una spiegazione così distorta.

こじつける forzare *ql.co.*; associare [dare] forzatamente un significato a *ql.co.* ¶彼は話を自分の都合のいいようにこじつけた. Ha forzato il discorso a suo vantaggio.

ゴシップ〔英 gossip〕pettegolezzo男, chiacchiera女, diceria女, 〔英〕gossip男 [無変] ¶ゴシップに花を咲かせる pettegolare自 [*av*] / spettegolare自 [*av*] / fare pettegolezzi
❖**ゴシップ記事** (articolo男 di) cronaca女 mondana (►社交界・芸能界のスキャンダルも含めた記事); (articolo男 di) cronaca女 rosa (►王族・貴族など上流社会の, 主におめでたい出来事の記事)
ゴシップ記者 giornalista男女 [男複 -*i*] di cronaca mondana
ゴシップ欄 rubrica女 degli avvenimenti mondani

ごじっぽひゃっぽ 五十歩百歩 ¶どちらをとっても五十歩百歩だ. Che tu scelga l'uno o l'altro, non fa differenza.

こしぬけ 腰抜け codardo男 [女 -a], vigliacco男 [女 -ca], vile男女 [無変] (►いずれも形容詞としても用いられる)

こしひも 腰紐 nastro男 sottile che si lega attorno alla vita per tenere a posto il *kimono*

こしぼね 腰骨 《腰の骨全体》bacino男, 《腸骨》osso男 pelvico [iliaco], ileo男

こじま 小島 isoletta女, isolotto男, piccola isola女

こしまき 腰巻き (sorta女 di) gonnellino男 che s'indossa sotto il *kimono*

こしまわり 腰回り →ヒップ

こしゃく 小癪 ◇ こしゃくな impertinente, impudente, insolente; sfacciato ¶何をこしゃくな. Che impudenza [sfacciataggine]!

こしゅ 戸主 《戸籍上の》capofamiglia[男] [女][[男]複 *capifamiglia*; [女]複 *capofamiglia*]
こしゅ 固守 ◇**固守する**《断固として防衛する》difendere *ql.co.* con accanimento [ostinazione] ¶自分の地位を固守する difendere la *propria* posizione con tenacia
こしゅ 鼓手 tamburino[男] ¶彼はこの楽団の鼓手だ. Lui suona il tamburo in questa banda.
こしゆ 腰湯 ¶腰湯を使う fare un semicupio
こしゅう 固執 ⇀固執(こしつ)
ごじゅう 五十 cinquanta[男] ¶ 50 番目の cinquantesimo ¶約 50 人 una cinquantina di persone ¶ 50 分の 1 un cinquantesimo ¶ 50 分の 11 undici cinquantesimi ¶ 50 歳の人 cinquantenne[男][女]
✤**五十年祭** cinquantenar*io*[男][複 *-i*], giubileo[男]
ごじゅう 五重
✤**五重唱** quintetto[男] vocale
五重奏 quintetto[男] strumentale
五重の塔 pagoda[女] a cinque piani (sovrapposti)
ごじゅうおん 五十音 alfabeto[男] sillabico giapponese

[日本事情] 五十音
Tabella sistematica dell'alfabeto sillabico giapponese realizzata combinando cinque suoni disposti verticalmente (vocali) e dieci suoni disposti orizzontalmente. In pratica comprende 47 suoni come nella poesia "Iroha" che veniva precedentemente utilizzata per ricordare l'alfabeto giapponese, in quanto le lettere "い", "う" e "え" sono doppie.
Per formare tutti i suoni della lingua giapponese, bisogna aggiungere però anche la consonante "ん", i suoni sonori (が, ざ, だ, ば …), i suoni semisonori (ぱ …) e i suoni semivocalici (きゃ, きゅ, きょ, しゃ…).
Le lettere di questa tabella vengono usate per la disposizione di lemmi dei dizionari o degli elenchi e per gli indici analitici.
⇀いろは歌, 仮名, 漢字 [日本事情]

ごじゅうかた 五十肩 disturbo[男] alle spalle e alle braccia che colpisce le persone intorno ai cinquanta anni
ごしゅうしょうさま 御愁傷様 **1**《お悔みのあいさつ》Sentite [Infinite] condoglianze. **2**《皮肉》Quanto mi dispiace!
こじゅうと 小舅 cognato[男], fratello[男] del marito o della moglie
こじゅうと(め) 小姑 cognata[女], sorella[女] del marito o della moglie
ごしゅきょうぎ 五種競技 pentat(h)lon[男][無変] ¶近代五種競技 pentat(h)lon moderno ¶五種競技の選手 pentatlet*a*[男][女][[男]複 *-i*]
こじゅけい 小綬鶏 〘鳥〙fagiano[男] cinese
ごじゅん 語順 ordine[男] delle parole;《構文》costruzione[女] della frase
こしょ 古書 《昔の書物》vec*chio* [複 *-chi*] libro[男];《古本》libro[男] usato;《珍書》libro[男] raro
ごしょ 御所 palazzo[男] imperiale
ごじょ 互助 aiuto[男] recipro*co* [複 *-ci*] [vicendevole]
✤**互助会** società[女] di mutuo soccorso
こしょう 小姓 pag*gio*[男][複-*gi*], paggetto[男]
こしょう 呼称 《呼び名》appellativo[男];《命名》denominazione[女]
こしょう 故障 《機械などの》guasto[男], avaria[女],〔仏〕panne[女][無変] ◇**故障する** avere un guasto, guastarsi; non funzionare più;《自動車が》rimanere in panne ¶故障車「テレビの故障」を直す riparare「un'auto in panne [un televisore] ¶彼は体に故障がある. Non sta bene di salute. ¶「故障」《掲示》"Guasto"
こしょう 胡椒 pepe[男];《木》albero[男] di pepe;《粉の》pepe[男] macinato ¶黒[白]胡椒 pepe nero [bianco] ¶粒胡椒 pepe in grani ¶胡椒の効いた料理 cucina ben pepata ¶塩胡椒する salare e pepare *ql.co.*
✤**胡椒入れ** pepaiola[女], vasetto[男] per il pepe
胡椒碾(ひ)き macinapepe[男][無変], tritapepe[男][無変]
こしょう 湖沼 laghi[男][複] e paludi[男][複]
◇**湖沼の** lacustre
✤**湖沼学** limnologia[女]
こじょう 古城 vec*chio* [複 *-chi*] castello[男], vecchia fortezza[女] ¶古城めぐりをする fare un giro per i castelli storici
ごしょう 後生 **1**〘仏教〙seconda vita[女], vita[女] futura;《死後の安楽》felicità[女] nella seconda vita ¶〈人〉の後生を弔(とむら)う pregare per la pace dell'anima di *qlcu.*
2《哀願するとき》¶後生だから言い合いはやめてくれ. Per l'amor「di Dio [del Cielo] smettete di bisticciare.
✤**後生大事** ¶後生大事にしまっておく serbare *ql.co.* gelosamente
ごじょう 互譲 concessione[女] reciproca, compromesso[男] recipro*co* [複 *-ci*]
ごしょく 誤植 refuso[男], errore[男]「tipografi*co* [複 *-ci*] [di stampa] ¶誤植を直す correggere un errore di stampa
こしょくそうぜん 古色蒼然 ¶古色蒼然たる ricoperto dalla patina del tempo / anti*co* [[男]複 *-chi*] / antiquato /《謔》antidiluviano
こしらえる 拵える ¶数年でひと財産こしらえる farsi una fortuna [fare fortuna] in pochi anni ¶旅費をこしらえる procurarsi le spese di viaggio ¶仕立屋で服をこしらえる farsi fare un abito dal sarto
こじらせる 拗らせる ¶問題をこじらせる complicare [aggravare] una faccenda ¶風邪をこじらせないように気をつけて. Riguardati, se non vuoi che la tua influenza peggiori ulteriormente.
こじれる 拗れる complicarsi, imbrogliarsi;《悪化する》aggravarsi; peggiorarsi ¶風邪がこじれて肺炎になった. Il suo raffreddore「si è degenerato in [è diventato] polmonite. ¶話がこじれた. Il discorso si è fatto complicato.
こじわ 小皺 ¶顔に小じわが寄っている avere sottili rughe sul viso ¶目じりに小じわが寄っている avere le zampe di gallina (intorno agli occhi) (直訳は「鶏の足(跡)」)
こじん 古人 ¶古人いわく secondo gli antichi

こじん 故人 deceduto㊚[㊛ -a], defunto㊚[㊛ -a] ¶心から故人のご冥福を祈ります。Prego con tutto il cuore per la sua anima.

こじん 個人 individuo㊚;（私人）persona㊛ privata ◇個人の，個人的（な）individuale; personale; privato ◇個人的に individualmente; personalmente, di persona; privatamente ¶個人の資格で行動する agire a titolo personale ¶個人的な相談にのる dare un consiglio su una questione personale ¶個人の自由を認める riconoscere la libertà individuale ¶個人の利益を擁護する difendere l'interesse privato ¶私個人としては賛成です。Io personalmente sono d'accordo.

❖**個人貸付[融資]**《金融》prestito㊚ personale
個人教授 ¶個人教授をする dare [fare] lezioni private a qlcu.
個人経営 ¶個人経営の会社 ditta「gestita da persona fisica [non azionaria]
個人献金 donazione㊛ personale
個人攻撃 attacco㊚[複 -chi] personale《への contro》
個人差 variazione㊛ individuale
個人主義 individualismo㊚;（エゴイズム）egoismo㊚
個人主義者 individualista㊚[㊚複 -i];（エゴイスト）egoista㊚[㊚複 -i]
個人種目 gara㊛ individuale
個人消費《経》consumo㊚ personale
個人情報保護法 legge㊛ per la tutela della privacy
個人所得《経》reddito㊚ personale [pro capite]
個人崇拝 culto㊚ della personalità
個人蔵 collezione㊛ privata ¶この絵は個人蔵です。Questo quadro appartiene a una collezione privata.
個人タクシー taxi㊚[無変] privato (guidato dal proprietario)
個人輸入 ◇個人輸入する importare privatamente

ごしん 誤診 ◇誤診する fare una diagnosi errata [sbagliata], sbagliare la diagnosi
ごしん 誤審 giudizio㊚[複 -i] errato, errore㊚ di giudizio ◇誤審する commettere un errore di giudizio
ごしん 護身 ¶護身術として空手を習う imparare il karatè come mezzo di autodifesa

こす 越す・超す **1**（越えて行く）passare [oltrepassare / attraversare] ql.co. ¶峠を越す valicare un passo alpino
2（時を過ごす）¶冬を越す passare [《送る》trascorrere] l'inverno ¶年を越す passare il capodanno
3（引っ越す）trasferirsi《へ a, in》
4（相手の動作に「お」を付けて，行く，来る）¶どちらへお越しですか。Dov'è diretto? ¶明後日の午後ぜひお越しください。La prego, venga dopodomani sera a casa mia.
5《それ以上になる》¶平均を超す superare la media ¶気温が 30 度を超す。La temperatura supera i trenta gradi.
6（追い越す）prevenire / precedere ¶君に電話をするところだったのに，先を越された。Stavo per telefonarti, ma mi hai preceduto.
7《まさる》¶…に越したことはない。Non c'è nulla di meglio [che+ 不定詞] / La cosa migliore è [sarebbe]+ 不定詞 [che+ 接続法] ¶こういう場合は慌てないに越したことはない。In questo caso la cosa migliore è restare tranquilli.

こす 漉す・濾す filtrare ql.co., passare ql.co.; colare ql.co. ¶水を漉す filtrare l'acqua ¶スープ［ワイン］を漉す colare il brodo [il vino]

こすい 湖水（湖）lago㊚[複 -ghi];（湖の水）acqua㊛ di un lago
❖**湖水地方** regione㊛ ricca di laghi

こすい 鼓吹 ◇鼓吹する（吹き込む）ispirare a qlcu. ql.co., infondere [inculcare] in qlcu. ql.co.;《元気づける》animare qlcu.

こすう 戸数 numero㊚ di case [famiglie] ¶戸数 100 戸の村 un villaggio di 100 case [famiglie]

こすう 個数 numero㊚ degli oggetti ¶りんごの個数を数える contare le mele

ごすう 語数 numero㊚ di parole [《辞書など》di voci]

こずえ 梢 cima㊛ di un albero

コスチューム 〔英 costume〕costume㊚

コスト〔英 cost〕（原価）prezzo㊚ di costo;（生産原価）costo㊚ di produzione;《費用，経費》prezzo㊚, costo㊚, spesa㊛ ¶原料のコスト高 l'alto costo della materia prima
❖**コストインフレ**《経》inflazione㊛ da costi
コストダウン〔英〕cost-down㊚[無変]; riduzione㊛ dei costi
コストパフォーマンス efficienza㊛ economica

ゴスペル 〔英 gospel〕〔英〕gospel㊚[無変]

コスモス〔英 cosmos〕**1**《植》cosmea㊛ **2**《宇宙》cosmo㊚

コスモポリタン〔英 cosmopolitan〕《国際人，世界主義者》cosmopolita㊚㊛[㊚複 -i]

こする 擦る ¶両手をこすり合わせる (s)fregarsi le mani ¶目をこする fregarsi gli occhi ¶壁の汚れをこすり落とす grattare via le macchie dal muro ¶猫が私に体をこすりつけてきた。Il gatto mi si è strofinato addosso.

ごする 伍する stare alla pari《と con》¶一流芸術家の列に伍する avere un posto tra i migliori artisti ¶列強に伍する essere annoverato tra le grandi potenze

こせい 個性（その個人に特有な）personalità㊛;《他の人と区別できる特徴的な》individualità㊛;《独自性，創造性》originalità㊛;《性格》carattere㊚ originale;《特徴的な》caratteristico㊚[㊚複 -ci]; unico㊚[㊚複 -ci] ¶個性のない senza originalità [personalità / carattere] /《ありふれた》banale ¶個性を伸ばす sviluppare l'originalità ¶個性を発揮する rivelare la propria personalità [originalità] ¶彼は個性が強い。Ha una forte personalità.

ごせい 互生《植》◇互生の alterno
ごせい 悟性《哲》intendimento㊚, intelletto㊚

こせいそう 古生層《地質》strato㊚ paleozoico[複 -ci]

こせいだい 古生代《地質》era㊛ paleozoica, paleozoico㊚, era㊛ primaria ◇古生代の paleozoico [㊚複 -ci]

こせいぶつ 古生物 flora㊛ e fauna㊛ di periodi geologici antichi ¶古生物の化石 fossili㊚[複] animali e vegetali

✤古生物学 paleontologia㊛ ◇古生物学の paleontologico [㊚複 -ci]

古生物学者 paleontologo㊚ [㊛ -ga; ㊚ 複 -gi, -ghi]

コセカント 〔英 cosecant〕《数》cosecante㊛; 《記号》cosec

こせき 戸籍 stato㊚ civile, stato㊚ di famiglia; 《戸籍簿》anagrafe㊛ ¶戸籍に入れる iscrivere *qlcu.* nel *proprio* registro di famiglia ¶戸籍を調べる controllare lo stato civile ¶戸籍から抜く togliere *qlcu.* dallo stato di famiglia

✤戸籍抄本 estratto㊚ dello stato di famiglia, certificato㊚ di stato civile

戸籍謄本 copia㊛ del registro di famiglia ¶戸籍謄本をとる farsi rilasciare una copia del registro di famiglia

戸籍簿 registro㊚ dello stato civile, anagrafe㊛

[日本事情] 戸籍

Il sistema anagrafico giapponese ha avuto origine all'inizio dell'era Meiji in seguito ad un controllo generale della polizia sulla popolazione. Nella legge di diritto civile del 1898, il nucleo più piccolo della società veniva riconosciuto in *"ie"* (tipica struttura familiare giapponese). Nel 1947 fu emessa una nuova legge in cui non si fa più menzione del termine *"ie"* ed il *koseki* viene costituito dal nucleo composto dai genitori e dai figli non sposati.
La differenza fondamentale con il sistema anagrafico italiano è che quest'ultimo è fondato sul singolo, mentre quello giapponese sul nucleo familiare. Inoltre, mentre in Giappone, tutte le persone che appartengono a una stessa famiglia "氏 *uji*" vengono registrate, con i vari dati relativi, su un unico *kosekigenpon* (stato di famiglia al completo) indipendentemente dal loro luogo di nascita, di matrimonio o di morte, in Italia tutti questi dati vengono registrati nel Comune dove realmente avvengono questi eventi.

こせき 古跡 luogo㊚[複 -ghi] di interesse storico; 《遺跡》vestigia㊛[複], resti㊚[複], rovine㊛[複], ruderi㊚[複]

こせこせ ◇こせこせした《細かなことにこだわる》pignolo, meticoloso, minuzioso; 《落ち着かない》irrequieto ◇こせこせする pignoleggiare[自][av], essere pignol*o*; 《蔑》essere pedant*e*; essere cavillos*o*

こぜに 小銭 spiccioli㊚[複], moneta㊛ spicciola, denaro㊚ spicciolo

✤小銭入れ portamonete㊚[無変], borsellino㊚

こぜりあい 小競り合い《小戦闘》scaramuccia㊛[複 -ce]; 《口論》schermaglia㊛ ¶小競り合いをする battersi in「una scaramuccia [una schermaglia]

こせん 古銭 moneta㊛ antica

✤古銭学 numismatica㊛

古銭研究家 numismatic*o*㊚ [㊛ -ca; ㊚複 -ci]

ごせん 五線《音》pentagramm*a*㊚[複 -i] ⇒楽譜 [図版]

✤五線紙 carta㊛ da musica, carta㊛ pentagrammata

ごせん 互選 ¶書記長は党執行委員の間で互選された. Il segretario generale è stato eletto dai membri del comitato esecutivo del suo partito.

ごぜん 午前 mattina㊛, mattino㊚, mattinata㊛ ◇午前の del mattino, mattutino ¶午前の会議 riunione del mattino [mattutina] ¶午前中ずっと per tutta la mattina ¶明日の午前中 domani mattina / domattina / domani in mattinata ¶月曜の午前中に lunedì mattina / nella mattinata di lunedì ¶午前8時に alle 8 del mattino ¶午前中にお越しください. Venga「in mattinata [la mattina]. ¶午前2時に alle 2 di notte

ごぜん 御前《高位・高官の人》Sua Eccellenza ◇御前に[で] in presenza dell'imperatore ¶御前に招かれる essere chiamat*o* alla presenza [al cospetto] dell'imperatore

✤御前会議 riunione㊛ in presenza dell'imperatore

こせんきょう 跨線橋 cavalcavia㊚[無変]

こせんじょう 古戦場 luog*o*㊚[複 -ghi] di antica battaglia

-こそ ¶これこそ私が欲しいと思っていたものだ. Ecco che cosa [Questa è proprio la cosa che] desideravo. ¶君が行ってこそ皆さんが喜ぶんだよ. Tutti aspettano solo te. ¶「先日はありがとうございました」「いいえ, こちらこそ」 "Grazie per l'altro giorno." "Grazie a lei, piuttosto." ¶火事でも起こったらそれこそ大変だ. Se scoppiasse un incendio, sarebbe davvero un disastro. ¶彼は年こそ若いが非常に有能だ. Benché giovane è assai competente. ¶タバコは体に害こそあれ益はない. Il fumo non può che far male al fisico.

こぞう 小僧《小坊主》novizi*o*㊚[複 -i], giovane bonzo㊚; 《商店の》fattorino㊚, giovane commesso㊚; 《徒弟》apprendist*a*㊚[複 -i]; 《少年》ragazzotto㊚

ごそう 護送 scorta㊛, trasporto㊚ sotto scorta ◇護送する scortare *qlcu.*, far la scorta a *qlcu.*, trasportare [far viaggiare] sotto scorta ¶金塊を護送する trasportare dei lingotti d'oro ¶容疑者を警察署に護送する condurre un sospetto alla stazione di polizia

✤護送艦 nave㊛ scorta [無変]

護送車《囚人の》furgone㊚ cellulare, cellulare㊚

護送船団方式 politiche㊛[複] governative di protezione delle banche dalla bancarotta

ごぞうろっぷ 五臓六腑 i cinque organi㊚[複] (◆cuore, fegato, polmone, milza, rene) e i cinque visceri㊚[複] membranosi (◆stomaco, intestino tenue, intestino crasso, vescica biliare, vescica urinaria) e il triplice riscaldatore ¶冬の夜の一杯は五臓六腑にしみわたる. In una fredda notte invernale, una bella tazza di *sakè* ti riscalda dentro.

こそく 姑息 ¶姑息な手段に訴える ricorrere a

ごぞく 語族 《言》famiglia⊕ di lingue ¶印欧語族 lingue indoeuropee

ごそくろう 御足労 ¶ご足労いただきありがとうございます. Grazie per essere stato così gentile da venire fin qui. ¶署までご足労願います. E pregato di recarsi alla polizia.

こそげる ¶鍋の焦げつきをこそげる raschiare (via) da una pentola i rimasugli di cibo bruciato

こそこそ ◇こそこそと furtivamente, di nascosto ¶こそこそと逃げ出す andarsene di soppiatto [furtivamente] / svignarsela ¶こそこそと話す bisbigliare⊕ [av] / parlare [dire ql.co.] a bassa voce

ごそごそ ¶箱の中で何かがごそごそ動くのが聞こえる. Sento qualcosa che si muove nelle scatola.

こそだて 子育て ¶子育てする crescere [allevare] i figli → 育児

こぞって 挙って 《一緒に》 tutti insieme; 《一致して》 unanimemente, all'unanimità, di comune accordo

ごそっと → ごっそり

こそどろ こそ泥 《行為》 piccolo furto⊕, piccola ruberia⊕; 《人》ladruncolo⊕ [⊕ -a] ¶こそ泥をする rubacchiare

こそり ¶こそりとも音を立てずに senza fare il minimo rumore

ごぞんじ 御存じ ¶ご存じのように come Lei sa /《複数の相手に》come voi sapete / come è noto ¶彼女をご存じですか. La conosce?

こたい 固体 corpo⊕ solido, solido⊕ ¶固体になる solidificarsi / passare allo stato solido
✤**固体燃料** combustibile⊕ solido

こたい 個体 individuo⊕
✤**個体発生** 《生》ontogenesi⊕ [⊕変]

こだい 古代 antichità⊕, tempi⊕[複] antichi
◇**古代の** antico [⊕複 -chi]
✤**古代史** storia⊕ antica
古代人 gli antichi⊕[複]
古代ローマ Antica Roma⊕

こだい 誇大 ¶大げさに言う esagerare ql.co. / spararle ¶sballarle⊕ grosse / vantarsi ¶誇大視する giudicare ql.co. [qlcu.] in modo esagerato
✤**誇大広告** pubblicità⊕ che esagera i meriti del prodotto
誇大妄想 megalomania⊕, mania⊕ di grandezza
誇大妄想患者 megalomane⊕ [⊕ -a]

こだいこ 小太鼓 piccolo tamburo⊕, tamburino⊕;《スネア》tamburo⊕ militare, rullante⊕

ごたいまんぞく 五体満足 ¶五体満足な senza difetti fisici / sano

こたえ 答え ¶《返答》risposta⊕, replica⊕;《解答》soluzione⊕ ¶いくら呼んでも答えがない. L'ho chiamato tanto ma non ha risposto. ¶彼はそう聞かれて答えに窮した. A quella domanda non ha saputo rispondere. ¶この問題は難しくてなかなか答えが出ない. Questo problema è complicato, non riesco a trovare la soluzione.

こたえられない 堪えられない ¶湯上がりのビールはこたえられないね. Una birra dopo il bagno è il massimo. / Mi piace da morire bere la birra dopo un bagno caldo. ¶こたえられないおいしさだ. È buonissimo [squisito].

こたえる 応える **1**《応じる》rispondere a qlcu. (ql.co.);《報いる》contraccambiare ql.co. ¶今度は君が彼の誠意にこたえる番だ. Ora tocca a te corrispondere alla sua sincerità. ¶歌手はファンの熱烈な声援にこたえた. Il cantante ha risposto alle grida calorose di incoraggiamento. ¶彼は我々の期待にこたえてよく奮闘した. Ha fatto di tutto per non deludere le nostre aspettative.
2《痛感する》pungere qlcu. sul vivo, toccare qlcu. nel vivo, avere un effetto (debilitante [deleterio]) su qlcu.;《苦痛などが》essere penoso [faticoso / duro] per qlcu.;《害を受ける人や物が主語》risentire⊕ [av]《が di》 ¶寒さが老いの身にこたえる. Con la vecchiaia il freddo si sente di più. ¶この仕事は体にこたえる. Questo lavoro è faticoso [duro]. ¶彼には失敗がひどくこたえた. L'insuccesso l'ha segnato profondamente.

こたえる 答える **1**《返事をする》rispondere [replicare] a qlcu., dare una risposta a qlcu. ¶はい[いいえ]と答える rispondere di sì [no] ¶名前を呼ばれたら大きな声で「はい」と答えなさい. Quando venite chiamati, rispondete ad alta voce "Presente!".
2《解答する》risolvere ql.co., trovare la soluzione di ql.co. ¶クイズの問題に答える rispondere alle domande del quiz ¶教授は私の質問に即座にこたえた. Il professore ha risposto [ha dato una risposta] immediatamente alla mia domanda. ¶私たちの質問に幹部は文書[口答]で答えた. Il dirigente ha replicato per iscritto [a voce] al nostro quesito.

こだかい 小高い non molto elevato ¶小高い丘 collinetta⊕, piccola collina / montagnola

こだから 子宝 ¶私は子宝に恵まれている. Fortunatamente ho tanti figli.

ごたく 御託 ¶御託を並べるのはやめろ. Smettila di dire cose noiose.

こだくさん 子沢山 ¶彼は子沢山だ. Ha molti figli. / Ha una famiglia [una prole] numerosa. ¶貧乏人の子沢山.《諺》"Famiglia povera, famiglia numerosa."

ごたごた **1**《乱雑な様子》¶机の上がごたごたしている. Il tavolo è sottosopra [in disordine].
2《混乱》confusione⊕, scompiglio⊕, disordine⊕;《紛争》conflitto⊕;《やっかいな問題》difficoltà⊕, complicazioni⊕[複], seccatura⊕ ¶ごたごたを起こす causare una difficoltà [una seccatura] a qlcu. ¶あの家族にはごたごたが絶えない. In quella famiglia ci sono sempre dei problemi.

こだし 小出し ◇小出しに《少しずつ》a poco a poco, gradualmente, un po' alla volta, a spizzichi;《ある一定量を》in [a] piccole dosi;《1つずつ》pezzo per pezzo;《その都度》via via, man mano

こだち 木立 boschetto⊕;《整然と並んだ木立》filare⊕ di alberi

こたつ 火燵・炬燵 tavolino⊕ basso con una

こだね 子種 ¶彼には子種がない.《子，子孫》Non ha figli [《集合的》prole]. /《不妊の原因》Lui è sterile.

ごたぶん 御多分 ¶ご多分に洩(も)れず come chiunque ¶うちの会社もご多分にもれず火の車だ. La nostra ditta, come del resto molte altre, è in difficoltà finanziarie. ¶彼女もご多分にもれず親ばかだ. Nello stravedere per i propri figli, anche lei non fa eccezione [è come tutti noi].

こだま 木霊・谺 eco⒡ または ¶複〔gli *echi*〕 ◇こだまする fare eco (▶fare l'ecoは軽蔑的に「人の口まねをする」の意味) ¶彼の声がこだました. Si sentiva l'eco della sua voce.

こだわり 拘り ¶こだわりなく《偏見なしに》senza pregiudizi /《自然に》con naturalezza [spontaneità] /《率直に》apertamente / francamente, schiettamente ¶今は彼に何のこだわりももっていない. 《悪感情がない》Ora non ce l'ho più con lui.

こだわる 拘る 《必要以上に気にする》essere difficile [esigente] *in ql.co.* [nel + 不定詞];《つまらないことに》essere pignolo *in qlco.*;《固execute執する》insistere [ostinarsi] *in* [nel]+ 不定詞, insistere 「*su qlcu.* [in *qlco.*];《忠実である》aderire [attaccarsi] *a qlco.* [*qlcu.*];《尊重する》essere fedele *a qlco.* ¶形式に[肩書に]こだわる tenere molto [dare molta importanza] 「alla forma [al titolo] ¶品質にこだわる dare l'importanza alla qualità ¶つまらないことにこだわるなよ. Non cercare il pelo nell'uovo. / Non dare importanza alle stupidaggini. ¶細かいことにこだわる essere pignolo ¶もうフランチェスカのことにこだわるのはやめろ. Non pensare più a [Dimentica] Francesca.

こたん 枯淡 ¶枯淡の域に達する raggiungere un livello di semplice [sobria / naturale] raffinatezza

コタンジェント〔英 cotangent〕《数》cotangente⒡;《記号》cot

こち 故知 la saggezza⒡ degli antichi ¶故知に倣(な)う seguire le vecchie sagge maniere

こちこち 1《堅い様子》◇こちこちの duro ¶このパンはこちこちだ. Questo pane è raffermo. ¶魚がこちこちに凍った. Il pesce si è completamente gelato. ¶彼は頭がこちこちだ. Ha la testa dura. / È di mentalità ristretta. ¶彼の頑固だ. È testardo come un mulo. ¶あの生徒は試験場でこちこちになった. Nell'aula d'esame quello studente si è bloccato [emozionato].

2《時計の刻む音》tic tac

ごちそう 御馳走 《おいしい食べ物》leccornia⒡, cibo⒨ gustoso [delizioso / squisito];《盛大な会食》banchetto⒨ ◇ごちそうする offrire *ql.co. a qlcu.*;《おいしい食事を》offrire un buon pranzo *a qlcu.* ¶ごちそうが山のようにある. C'è una montagna di ghiottonerie. ¶暑い時には冷たいビールが何よりのごちそうです. Quando fa caldo, la birra [gelata [fredda]] è una vera delizia. ¶昨夜は彼の家でごちそうになった. Ieri sera sono stato invitato a cena a casa sua.

ごちそうさま 御馳走様 1《ごちそうに対するお礼の言葉》Grazie per l'ottimo pranzo [《夕食》per l'ottima cena]. / (Complimenti,) era tutto squisito. (◆イタリアには食事の直後に「ごちそうさま」と言う習慣はない. 食事に招待された時や別れ際に言う) 2《おのろけに対して》Beati voi!

ゴチック →ゴシック

こちゃく 固着 ◇固着する attaccarsi *a ql.co.*;《糊で》aderire *a ql.co.*, incollarsi *a ql.co.*; ◇固着させる attaccare《AをBに A a B》

ごちゃごちゃ 1《雑然とした》◇ごちゃごちゃの disordinato, in disordine ◇ごちゃごちゃに in disordine, disordinatamente, alla rinfusa ¶彼の部屋はごちゃごちゃに散らかっていた. La sua camera era in disordine. 2《うるさく言う》¶まだごちゃごちゃ言っているのか. Ma stai ancora brontolando!

ごちゃまぜ ◇ごちゃまぜの confuso;《無秩序にまざり合っている》disordinato; caotico [複-*ci*] ◇ごちゃまぜにする mettere *ql.co.* in disordine, mischiare confusamente《AとBを A con B》, gettare *ql.co.* alla rinfusa

こちょう 誇張 esagerazione⒡;《修辞》enfaṣi⒡〔無変〕 ◇誇張する esagerare [ingrandire / amplificare] *ql.co.*, esagerare⒤[*av*] nell'enfasi ◇誇張した esagerato; enfatico [複-*ci*] ◇誇張して esageratamente; con enfaṣi ¶事実を誇張して esagerare la verità ¶それは誇張だよ. Questa è un'esagerazione!

こちょう 伍長《軍》caporale⒨

ごちょう 語調 tono⒨;《アクセント》accento⒨;《抑揚》intonazione⒡ ¶おだやかな[激しい / 辛辣な]語調で con tono dolce [aspro / mordace] ¶語調を強める[和らげる] alzare [addolcire] la voce

こちょこちょ ¶脇の下をこちょこちょとくすぐる fare il solletico *a qlcu.* sotto le ascelle

こちら 1《場所をさして》qui; qua (▶qua のほうが範囲が広い) ¶どうぞこちらへ. Prego, per di qua. ¶川のこちら側が東京で, あちら側は川崎市です. Questa riva del fiume appartiene alla città di Tokyo, l'altra a Kawasaki. ¶こちらをご覧ください. コロッセオです. Vogliate guardare da questa parte e ammirare il Colosseo. ¶こちらはめっきり寒くなりました. Da queste parti fa già freddo.

2《人をさして》¶こちらの方 questo signore / questa signora [signorina] ¶こちらは田中さ

んです. Le presento il signor Tanaka. ¶あちら立てればこちらが立たず. "Nessuno può servire due padroni."
3《当方》da parte mia; io男 ¶こちらから伺います. Verrò io a trovarla. ¶こちらはみんな元気です. A casa [Noi] stiamo tutti bene.
こちんこちん →かちかち, こちこち
こぢんまり 小ぢんまり ◇小ぢんまりした piccolo e accogliente, compatto ¶小ぢんまりした家 casetta accogliente e confortevole
こつ 骨 **1**《骨》osso男《複 le ossa》**2**《遺骨》ceneri女《複》 ¶お骨を墓に納める inumare le ossa [i resti cremati] nella tomba **3**《要領, 秘訣》trucchi男《複》[astuzie女《複》/ segreti男《複》] (del mestiere);《技巧》arte女, destrezza女;《手法, 技術》tecnica女 ¶こつを身につける imparare le tecniche di ql.co. [di + 不定詞] ¶彼は人を扱うこつを知っている. Sa [Conosce il modo di] trattare la gente. ¶これにはこつが要るんです. Qui ci vuole tecnica [destrezza].
✤**骨炎**《医》osteite女
骨壺 urna女 cineraria
ごつい《ごつごつした》aspro, rozzo;《固い》duro;《無骨な》rustico [男複 -ci];《あか抜けしない》grossolano, rozzo ¶ごつい手 mani ruvide e grosse
こっか 国花 fiore nazionale ¶日本の国花は桜である. Il fiore nazionale del Giappone è il ciliegio.
こっか 国家 Stato男, Nazione女, Paese男 ◇国家の statale, dello Stato, nazionale ¶国家の統制と干渉 controllo ed intervento statale [dello Stato] ¶国家的見地から dal punto di vista nazionale ¶国家的規模で su scala nazionale ¶国家を建設する fondare uno Stato
✤**国家警察** polizia女 di Stato
国家権力 potere男 dello Stato
国家公安委員会 Commissione女 Nazionale per la Sicurezza Pubblica
国家公務員 impiegato男 [女-a] [funzionario男 [女-ia; 男複-i]] statale
国家財政 finanza女 statale
国家試験 esame男 di Stato
国家社会主義 socialismo男 di Stato;《ナチズム》nazionalsocialismo男
国家主義 nazionalismo男 ¶超国家主義 ultranazionalismo
国家主義者 nazionalista男女 [男複 -i]
国家総動員 mobilitazione女 generale
国家賠償 risarcimento男 (da parte) dello Stato
国家予算 bilancio男 [複 -ci] dello Stato
こっか 国歌 inno男 nazionale ¶イタリアの国歌は Inno di Mameli「マメリの賛歌」
コッカースパニエル〔英 cocker spaniel〕《犬》〔英〕cocker [kókər] 男〔無変〕
こっかい 国会 Camera女;《イタリア・イギリス・カナダなどの》Parlamento男;《日本・北欧諸国などの》Dieta女;《アメリカの》Congresso男 ¶通常 [臨時] 国会 seduta ordinaria [straordinaria] (delle Camere) ¶特別国会 la prima sessione postelettorale (◆イタリアにはない) ¶国会を召集する [解散する] convocare [sciogliere] il Parlamento ¶国会が開会中 [休会中] です. Il Parlamento è in sessione [in vacanza].
✤**国会会期** seduta女 (del Parlamento)
国会解散 scioglimento男 delle Camere
国会議員 membro男 del Parlamento, parlamentare男女
国会議事堂《日本の》Palazzo男 della Dieta;《イタリア下院の通称》(Palazzo男 di) Montecitorio男;《イタリア上院の通称》Palazzo男 Madama
国会図書館《国立》Biblioteca女 della Dieta Nazionale
国会法 statuto男 parlamentare
こづかい 小遣い《親から子供への》paghetta女, mancia女 [複 -ce], mancetta女 ¶小遣いをやる dare a qlcu. del denaro per le piccole spese ¶父から毎月1万円の小遣いをもらっている. Tutti i mesi mio padre mi dà 10.000 yen di paghetta.
こっかく 骨格 ossatura女, scheletro男 ¶骨格たくましい男 uomo di vigorosa costituzione [di corporatura robusta]
✤**骨格筋**《解》muscolo男 scheletrico [複 -ci]
こっかっしょく 黒褐色 colore男 marrone scuro
こっかん 酷寒 freddo男 intenso [rigido] ¶酷寒の時期に nel cuore dell'inverno
ごっかん 極寒 ¶極寒の地 zona女 glaciale
こっき 克己《自己制御》autocontrollo男, padronanza女 di sé;《意志の力》forza女 morale;《禁欲》stoicismo男
✤**克己心** ¶彼は克己心が強い. Ha un forte spirito di abnegazione.
こっき 国旗 bandiera女 nazionale;《イタリアの三色旗》tricolore男 ¶国旗を掲揚する issare [alzare] la bandiera nazionale / fare l'alzabandiera
✤**国旗掲揚** alzabandiera男 [無変]
こづきまわす 小突き回す《いじめる》tormentare qlcu., maltrattare qlcu., affliggere qlcu. ¶何人もの男にひどく小突き回された. Sono stato bistrattato [malmenato] da molti uomini.
こっきょう 国教 religione女 di Stato ¶英国国教会 Chiesa Anglicana [-gli-]
こっきょう 国境 frontiera女《A国とB国のfra A e B》, confine男 di Stato ¶国境を犯す violare i confini di una nazione ¶国境を確定する delimitare [tracciare] i confini ¶国境を越えて passare [attraversare / varcare] la frontiera [il confine] ¶愛に国境はない. L'amore non conosce confini. ¶イタリアはスロヴェニアと国境を接している. L'Italia confina con la Slovenia.
✤**国境警備隊** polizia女 [guardia女] di frontiera
国境線 linea女 di confine
国境地帯 zona女 di confine (tra due Stati), territorio男 [複 -i] di confine
国境なき医師団 medici男《複》senza frontiere
国境標柱 palo男 [cippo男] di confine
国境紛争 conflitti男《複》sui confini
こっきん 国禁 divieto男 governativo ¶国禁の書 libro all'indice [al bando]
コック〔英 cock〕《管・容器の栓》rubinetto男;《調節弁》leva女 ¶非常用コック valvola di sicurezza ¶ガス [水道] のコックをひねる aprire il rubinetto del gas [dell'acqua]

コック 〔蘭 kok〕《料理人》cuoco🇲 [🇫 -ca; 複 -chi]
✤**コック長** capocuoco🇲 [複 capocuochi, capicuochi] ;《仏》chef [ʃɛf] 🇲 [無変]

こづく 小突く dare「un colpetto [dei colpetti] ¶ひじで小突く dare dei colpetti a qlcu. con il gomito

コックス 〔英 cox〕《スポ》timoniere🇲 [🇫 -a]

コックピット 〔英 cockpit〕《(飛行機の)》carlinga🇫, abitacolo🇲 del pilota, cabina di pilotaggio;《(レーシングカーの)》abitacolo🇲 delle macchine da corsa

こっくべんれい 刻苦勉励 ◊刻苦勉励する lavorare🇮 [av] duro [sodo] ¶彼は刻苦勉励の末、その仕事を完成させた. Dopo grandi sforzi è riuscito a finire il lavoro.

こっくり ¶こっくりうなずく fare un cenno d'approvazione ¶こっくりこっくりする《(居眠り)》assopirsi ciondolando la visita

こづくり 小作り ◊小づくりの piccolino ¶小づくりの顔 visino / visetto / piccolo volto ¶小づくりな女性 donna di bassa [piccola] statura / donna minuta

こっけい 滑稽 ◊滑稽な buffo, comico🇲 [複 -ci], divertente, ridicolo, spassoso ¶滑稽な話 storia buffa / racconto comico ¶あれで大学者のつもりなんだから滑稽だよ. Che ridicolaggine da parte sua ritenersi un grande studioso!
✤**滑稽画** caricatura🇫
滑稽本 genere🇲 comico di narrativa della seconda metà del periodo Edo
滑稽味(み) facezia🇫, comicità🇫

こっけん 国権 potere🇲 pubblico [複 -ci], autorità🇫 dello Stato ¶国権の最高機関は国会である. La massima autorità dello Stato è il parlamento.

こっけん 黒鍵 《(ピアノなどの)》tasto nero

こっこ 国庫 erario🇲 [複 -i] (pubblico [複 -ci], il Tesoro🇲
✤**国庫支出金** spesa🇫 nazionale del Tesoro
国庫収入 esattoria🇫 pubblica [dello Stato]
国庫補助金 sovvenzione🇫 dello Stato

-ごっこ ¶戦争ごっこ [お医者さんごっこ / 鬼ごっこ]をする giocare🇮 [av] alla guerra [al dottore / a chiapparello]

こっこう 国交 relazioni🇫 [複] diplomatiche ¶国交を断絶する [回復する / 結ぶ] troncare le [ristabilire le / entrare in] relazioni diplomatiche 《(との con)》
✤**国交断絶** interruzione🇫 delle relazioni diplomatiche 《(との con)》

ごつごうしゅぎ 御都合主義 opportunismo🇲 ◊御都合主義の opportunistico🇲 [🇫複 -ci]
✤**御都合主義者** opportunista🇲🇫 [🇫 -i]

こっこく 刻刻 ogni momento, momento per momento, di momento in momento ¶情勢は刻々と変わっている. La situazione cambia di momento in momento.

こつこつ ¶こつこっと鳴く chiocciare🇮 [av], crocchiare🇮 [av] /《(うるさく)》schiamazzare🇮 [av]

こつこつ 《(たゆまず努力する様子)》senza sosta [tregua / riposo];《(熱心に)》sodo, assiduamente;《(忍耐強く)》con perseveranza ¶こつこつと働く lavorare sodo [con diligenza] ¶…するためにこつこつと貯金する risparmiare con pazienza i soldi necessari per + 不定詞

こつこつ 《(堅いものを続けてたたく音)》¶こつこつと靴の音がする. Si sente un rumore di scarpe.

ごつごつ ¶ごつごつした道 strada accidentata ¶ごつごつした岩 roccia scoscesa [impervia] ¶ごつごつした体つきをしている avere un corpo spigoloso ¶ごつごつした文章 stile aspro

こっし 骨子 《(要点)》punto🇲 principale;《(要旨)》nocciolo🇲;《(骨組み)》struttura🇫 portante ¶彼の演説の骨子 nocciolo del suo discorso

こつずい 骨髄 〖解〗 midollo🇲 [複 le midolla] ◊骨髄を midollare ¶彼は私に対して恨み骨髄に徹(こ)している. Nutre un profondo rancore contro di me.
✤**骨髄移植** 〖医〗 trapianto🇲 del midollo osseo
骨髄炎 〖医〗 osteomielite🇫

こっせつ 骨折 〖医〗 frattura🇫 ◊骨折する fratturarsi, rompersi ¶単純 [複雑] 骨折 frattura semplice [composta] ¶彼は転んで両腕を骨折した. Cadendo si è fratturato [si è rotto] le braccia. / Cadendo gli si sono fratturate le braccia.

こつぜん 忽然 ◊忽然と repentinamente; improvvisamente, all'improvviso; inaspettatamente;《(またたく間に)》in un batter d'occhio

こっそう 骨相
✤**骨相学** frenologia🇫, cranioscopia🇫
骨相学者 frenologo🇲 [🇫 -ga; 🇲複 -ghi]

こつそしょうしょう 骨粗鬆症 〖医〗 osteoporosi🇫 [無変]

こっそり segretamente, furtivamente, di soppiatto, di nascosto, alla chetichella ¶こっそり見る gettare uno sguardo furtivo a qlcu. [ql.co.] ¶彼にそのことをこっそり伝えてくれ. Diglielo in segreto.

ごっそり 《(全部)》interamente, completamente;《(たくさん)》in grande quantità ¶彼の髪の毛はごっそり抜けてしまった. Gli sono caduti quasi tutti i capelli.

ごったがえす ごった返す 《(混乱する)》essere in disordine [in gran confusione];《(混雑する)》essere pieno [zeppo] di qlcu. [ql.co.] ¶駅はスキー客でごった返している. La stazione brulica di gente che va a sciare.

ごったに ごった煮 stufato🇲

こっち →こち ¶こうなったらこっちのものだ. A questo punto è tutto 「nelle mie mani [in mano mia].

こづち 小槌 piccola mazzuola🇫, piccolo maglio🇲 [複 -gli]

ごっちゃ ¶自由と自分勝手をごっちゃにしている人が多い. Molte persone confondono la libertà con l'egoismo.

こづつみ 小包 pacco🇲 [複 -chi], pacchetto🇲;《(郵便小包)》pacco🇲 [複 -chi] postale
✤**小包爆弾** pacco🇲 [複 -chi] bomba [無変]

こってり 1《(味・色などが濃くしつこい様子)》◊こってりした grasso, pesante;《(濃い)》denso, oleoso ¶何かこってりしたものが食べたい. Vorrei mangiare qualche cosa di sostanzioso.

2《程度がはなはだしい様子》 ¶パンにこってりとバターを塗る spalmare abbondantemente il burro sul pane ¶先生にこってりとしぼられた。Sono stato rimproverato severamente dal maestro.

こっとう(ひん) 骨董(品) oggetti男[複] rari [d'antiquariato], anticaglie女[複] ¶骨董を集める far collezione di oggetti d'antiquariato [di anticaglie] ¶君の車はほとんど骨董品だ。La tua macchina è un pezzo da museo. ¶彼の理論は今では骨董品だ。(時代遅れ) La sua teoria ha già fatto il suo tempo.

✣骨董屋[店] negozio男[複 -i] di anticaglie e chincaglie;《人》antiquario男[女 -ia; 男複 -i], rigattiere男[女 -a], chincagliere男[女 -a]

コットン [英 cotton] cotone男;(化粧用の) batuffolo男 di cotone [ovatta]

こつにく 骨肉 ¶骨肉の絆(きずな) vincoli [legami] di sangue ¶遺産相続をめぐって骨肉相食(あ)む争いをている。I parenti sono in lotta tra loro per una disputa di eredità.

✣骨肉腫[医] osteosarcoma男[複 -i]

こっぱ 木っ端 **1**《木の削りくず》scheggia女[複 -gie] di legno, frammento di legno **2**《取るに足りないもの》cosa女 senza valore

✣木っ端微塵(みじん) ¶木っ端微塵にする frantumare ql.co. / ridurre ql.co. in frantumi [in mille pezzi] ¶木っ端微塵になる frantumarsi / ridursi in frantumi

木っ端役人 funzionario男[女 -ia; 男複 -i] di basso livello

こつばん 骨盤[解] pelvi女[無変], bacino男
◇骨盤の pelvico[男複 -ci]

こっぴどい こっ酷い ¶こっぴどく叱る sgridare qlcu. aspramente [severamente] ¶こっぴどく殴る picchiare qlcu. di santa ragione ¶彼からこっぴどい目にあわされた。Mi ha trattato in malo modo. / Mi ha fatto passare un brutto quarto d'ora.

こつぶ 小粒《小さな粒》granulo男, granello男 ¶山椒(さんしょう)は小粒でもぴりりと辛い。"Corpo piccolo mente acuta." ¶彼は政治家としては小粒だ。Come uomo politico è di ben poco conto.

コップ [蘭 kop] bicchiere男;(脚のある) calice男;(主に入れる所が半球形の) coppa女 → 食器[図版] ¶水をコップで3杯飲む bere tre bicchieri d'acqua

[慣用] コップの中の嵐 una tempesta in un bicchiere d'acqua

こっぷん 骨粉 farina[polvere女] di ossa

コッヘル [独 Kocher] batteria女 da campo

こつまく 骨膜[医] periostio男[複 -i]

✣骨膜炎 periostite女

こづれ 子連れ ¶彼女は子連れで再婚した。Lei si è risposata portando con sé i (suoi) figli.

こつん ¶頭をこつんとたたく dare un colpetto sulla testa (a qlcu.) / colpire qlcu. leggermente sulla testa ¶こつんこつんと杖をつく picchiettare il bastone sul pavimento

ごつん《擬》pum, tonf ¶頭をドアにごつんとぶつけた。Ho battuto la testa contro la porta.

こて 鏝《裁縫用》ferro男 (da stiro);(髪用) arricciacapelli男[無変], piastra女;(左官用) cazzuola女 (per spianare gli intonaci);(はんだ付けの) saldatoio男[複 -i], saldatore男

こて 籠手《剣道の》guanti男[複] da scherma;(よろいの) manopola女, guanto男 d'armi ¶籠手をとる dare un colpo sull'avambraccio

ごて 後手 ¶やることなすことすべて後手に回った。Sono stato prevenuto in ogni mio tentativo. / Tutti i miei tentativi sono stati tardivi.

こてい 固定 fissazione女;(動くものを) immobilizzazione女 ◇固定する fissare ql.co.(に a); immobilizzare ql.co. ◇固定した fisso, permanente ¶この書棚は地震に備えて壁に固定してある。Questa libreria è fissata saldamente al muro affinché non cada in caso di terremoto.

✣固定為替相場[レート][経] tasso男 di cambio fisso

固定観念 ¶固定観念を持つ avere un'idea fissa [un chiodo fisso]

固定客《集合的》clientela女 fissa;(一人) cliente男 abituale

固定給 ¶固定給をもらう ricevere un (salario) fisso

固定資産 attività女[複] fisse, attivo男 immobilizzato;(不動産) proprietà女 immobiliare

固定資産税 imposta女 fondiaria

固定電本 capitale男 fisso [immobilizzato]

固定電話 telefono男 fisso

固定票 voti男[複] sicuri

こてい 湖底 fondo男 di un lago

コテージ [英 cottage] villetta女

こてきたい 鼓笛隊 banda女 musicale di tamburi e flauti

✣鼓笛隊長 tamburo男 maggiore

こてこて ¶彼女はこてこてに厚化粧している。Ha un trucco pesante. / È troppo truccata.

ごてごて ◇ごてごてした vistoso, caricato

こてさき 小手先 ◇小手先の superficiale, arrangiato, rimediaticcio[男複 -ci] ¶彼は小手先で片づけた。Ci ha dato solo una passata di vernice sopra.

こてしらべ 小手調べ prova女 (preliminare) ◇小手調べする provare ql.co.

こてん 古典 opera女 classica, classico男[-ci] ◇古典的 classico

✣古典音楽 musica女 classica

古典学 studi男[複] classici

古典学者 classicista男[女; 男複 -i], studioso男[女 -a] di lettere classiche

古典劇 teatro男 classico

古典語 lingua女 classica

古典主義 classicismo男

古典派経済学 economia女 classica

古典派音楽 musica女 「nel periodo di classicismo [classica]

古典文学 letteratura女 classica

こてん 個展 ¶個展を開く tenere una (mostra) personale

ごてん 御殿 palazzo男, castello男;(豪壮な邸宅) dimora女

こてんぱん ¶バレーボールで中国チームにこてんぱんに負けてしまった。Siamo stati sonoramente sconfitti dalla squadra cinese di pallavolo. ¶彼の学説をこてんぱんに論破してやった。Ho demolito la sua teoria.

こと 古都 《古い都市》antica città㊛, città㊛ antica;《旧都》antica capitale㊛

こと 事 **1**【事柄】 cosa㊛, fatto㊚, affare㊚;《出来事》avvenimento㊚;《状況》situazione㊛, circostanze㊛[複] ¶この[その]こと ciò ¶ことの真相を確かめる accertarsi dello stato delle cose ¶どんなことがあっても in ogni caso / qualunque cosa accada ¶こんなことも話し合った. Si discusse anche di questo argomento. ¶私が心配していることは…だ. Quel che mi preoccupa è che+直説法 ¶彼は山のことにくわしい. È esperto [pratico] di montagna. ¶ばかなことを言うな. Non dire stupidaggini! ¶息子のことでいろいろ申し上げたいことがあります. Ho molte cose da dirle a proposito di mio figlio. ¶君の知ったことじゃない. Non sono affari tuoi. / Sono cose che non ti riguardano. ¶ことは決まった. La cosa è decisa. ¶それは悪いことだ. Non è per niente una buona cosa. ¶このことがあってから dopo l'accaduto ¶やつに知られたら大変だ. Sarebbe un bel guaio se lo sapesse! ¶そんなことをしたのか. Come hai potuto fare una cosa simile?! ¶ことによりけりだよ. Dipende (dalla situazione). ¶あの人のことだから間違いあるまい. Penso che possiamo fidarci di lui. ¶それは私のこと. State parlando di me? ¶すぐにその映画のことが頭に浮かんだ. Mi è venuto subito in mente quel film. ¶さすがに社長だけのことはある. Merita di essere il presidente. ¶ローマに来ただけのことはあった. È valsa la pena di venire a Roma.

2【仕事, なすべきこと】 ¶学問を事とする dedicarsi allo [impegnarsi nello] studio ¶彼は注意深く事に当たった. Si è messo con impegno a svolgere il suo lavoro. ¶自分のことは自分でしなさい. Le tue cose falle da solo. ¶毎日のことです. Per me è una routine.

3【場合】 ¶…することが[も]ある.《ときどき生じる》Capita anche [Qualche volta accade] che+直説法 ¶私は夜遅く帰ることもある. Qualche volta mi capita anche di tornare tardi la sera.

4【経験】 ¶1回だけ彼女に会ったことがある. Mi è capitato di vederla una sola volta. ¶これは食べたことがない. Non l'ho mai mangiato in vita mia.

5【必要】 ¶…することは[も]ない. Non c'è bisogno「di+不定詞 [che+接続法] ¶こちらから行くこともない. Non siamo noi a dover andare.

6【習慣】 ¶…することにしている avere l'abitudine di+不定詞 ¶休日は本を読むことにしている. Nei giorni festivi ho l'abitudine di leggere (alcuni libri). ¶私は夜ふかしをしないことにしている. Di regola non faccio tardi la sera.

7【伝聞】 ¶…ということだ. Si dice [Dicono / Ho sentito dire] che+接続法 ¶彼は明日来るとのことだ. Ha detto che verrà domani. ¶雨は今晩止むとのことだ. Dicono che stasera smetterà di piovere.

8【予定, 取り決め】 ¶タバコをやめることにした. Ho deciso di smettere di fumare. ¶行くことは行くが… Sì, ci vado, ma… ¶この話は聞かなかったことにしよう. Facciamo「finta di non aver [come se non avessimo] sentito nulla. ¶聞かなかったことにして. Come non detto! ¶もし父に聞かれたら昨日君の家にいたことにして. Se mio padre te lo chiedesse, digli che ieri sono venuto [ero] a casa tua. ¶会費は毎年5月までに納めることとする. I soci sono tenuti a pagare la quota ogni anno entro maggio.

9【帰結, 成りゆき】 ¶彼の態度が客を遠ざけることになった. Come conseguenza del suo atteggiamento, i clienti si sono allontanati. ¶我々は宣戦を布告することになった. Abbiamo finito per [col] dichiarare la guerra. ¶会社をやめることになった. Mi è toccato [Ho dovuto] lasciare la ditta.

10【形容詞の副詞化】 ¶うまいことやれよ. Cerca di farlo bene! ¶彼らにずいぶん長いこと待たされた. Mi hanno fatto aspettare molto.

11【忠告・命令】 ¶気にしないことだ. Meglio se non ti preoccupi. ¶入る前に靴を脱ぐこと. Togliersi le scarpe prima di entrare. ¶「芝生に入らぬこと」《掲示》"Vietato calpestare le aiuole [l'erba]"

12【通称の後につけて】 ¶チェッコ・ベッペことフランチェスコ・ジュゼッペ Francesco Giuseppe detto Cecco Beppe

13【会話の文末で】 ¶きれいな花だこと. Che bel fiore!

[慣用] **事あるごと** ¶彼女は事あるごとに実家に戻る. Lei torna dai genitori appena ne ha occasione.

事ある時 ¶事ある時には連絡してくれ. Telefonami「se hai bisogno di qualcosa [《緊急時》in caso di emergenza / in caso di necessità].

事あれかし ¶彼は事あれかしと待っている. Aspetta nella speranza che accada qualcosa.

事ここに至る ¶事ここに至ってはなす術(すべ)がない. Ora che le cose sono arrivate a questo punto [Stando così le cose], non c'è più niente da fare.

事志(こころざし)**と違**(ちが)**う** ¶事志と違ってしまった. Non è andata come mi aspettavo.

事ともせず ¶彼は暑さを事ともせずに働いている. Lavora nonostante il caldo [malgrado il caldo / a dispetto del caldo].

事なきを得る ¶なんとか事なきを得た. In un modo o nell'altro l'abbiamo portato a termine senza intoppi.

事無く《事故などがなく》sano e salvo, indenne, incolume, illeso ~《いずれも形容詞》;《やっかいごとがなく》senza noie [guai / seccature]

事に触れて ¶彼はことに触れてその話をする. Parla di quella storia ogni volta che se ne presenta l'occasione.

事によると ¶事によると明日京都へ行かなければならないかもしれない. Può darsi che debba andare a Kyoto domani.

事のついでに ¶ローマまで来たのだから, 事のついでにナポリまで足をのばそう. Dato che siamo venuti a Roma, approfittiamone per fare una scappata [una capatina] a Napoli.

事もあろうに ¶事もあろうにそんな風にするなんて. Non capisco perché ti sia comportato in quel modo, quando potevi agire in tante altre maniere.

事もなげに《簡単に》 facilmente, con facilità; 《何事もなかったかのように》 come se nulla fosse (accaduto); 《無頓着に》 con aria indifferente

事を急ぐ《物事が主語》 essere urgente

事を起こす cauṣare problemi ¶彼は独裁政権に対して事を起こす準備をしている. Sta preparando una sommossa in grande stile contro il regime tirannico.

事を構える ¶彼は川崎と事を構えるつもりらしい. Sembra che abbia intenzione di attaccare briga con Kawasaki.

事を好む ¶彼には事を好むところがある. 《何か事件が起こることを望む》 Tende sempre a provocare [cauṣare / combinare] guai. / 《争いごとを好む》 Tende sempre a litigare.

事を分ける ¶事を分けて話す spiegare le ragioni una per una

こと 琴 *koto*[男][無変] (◆ cetra [zither / lira] orizzontale giapponese con 13 corde)

琴

こと 糊塗 ¶失敗を糊塗する mascherare [coprire] un errore [un insuccesso] ¶その場を糊塗する ricorrere a un palliativo [a un espediente]

-ごと ¶私は農園ごと彼の土地を買った. Ho comprato le sue terre, cascina [fattoria] compresa. ¶りんごを皮ごと食べる mangiare una mela con la buccia

-ごと -毎 ¶1分ごとに ogni minuto / tutti i minuti ¶3日ごとに ogni tre giorni ¶彼は会う人ごとにお世辞を言う. Fa complimenti a tutti quelli che incontra. ¶ひと雨ごとに暖かくなる. Ogni volta che piove diventa un pochino più caldo.

ごど 五度 〘音〙 quinta[女] ¶完全[減 / 増]五度 quinta giusta [diminuita / eccedente]

ことあたらしく 事新しく ¶今さら事新しく言うまでもない. È (un fatto) risaputo [ben noto] per essere ancora ripetuto.

ことう 孤島 《遠く離れた》 iṣola[女] remota; 《孤立した》 iṣola[女] solitaria; 《無人島》 iṣola[女] deṣerta

こどう 鼓動 battito[男], palpito[男] (cardiaco [複 -ci]); 《脈拍》 pulsazione[女] ¶鼓動が速い. Il cuore palpita [batte] velocemente. ¶鼓動が止まった. Il cuore ha cessato di battere. / I battiti sono cessati. ¶鼓動が弱まった. I battiti cardiaci si sono affievoliti.

ごとう 語頭 inizio[男] parola

こどうぐ 小道具 〘劇・テ〙 attrezzeria[女], piccoli attrezzi[男][複] per la scenografia

✤小道具係[方] attrezzista[男][女][男複 -i]

ことかく 事欠く **1**《不自由する》 essere privo di *ql.co.*; 《不足するものが主語》 mancare[自][*es*] a *qlcu.* ¶この島は水には事欠かない. In quest'iṣola non manca l'acqua. ¶彼は食べる物にも事欠くほど貧乏している. È così povero che non ha niente da mangiare.

2《よりによって》 ¶言うに事欠いて昔のスキャンダルをしゃべるとは. Non aveva niente di meglio da dire che parlare del vecchio scandalo!

ことがら 事柄 ¶政治に関する事柄 questioni politiche ¶事柄が微妙なだけに用心深くあたる必要がある. Siccome si tratta di una faccenda [cosa] delicata, biṣogna agire con molta prudenza.

ことぎれる 事切れる morire[自][*es*], eṣalare l'ultimo respiro

こどく 孤独 solitudine[女]; 《孤立状態》 iṣolamento[男] **◇孤独な** solitario [男複 -i]; iṣolato ¶孤独に耐える sopportare la solitudine ¶孤独な生活を送る condurre una vita solitaria / vivere in solitudine / vivere solo ¶孤独を感じる provare un senso di solitudine ¶彼は孤独な晩年を送った. Ha vissuto gli ultimi anni della sua vita in solitudine.

✤孤独感 senso[男] di solitudine

ごとく 五徳 《三脚の》 treppiede[男], treppiedi[男]; 《こんろの》 griglia[女] (per sostenere la pentola)

ごどく 誤読 lettura[女] errata; 《内容の》 interpretazione[女] errata

ことこと ¶肉をことこと1時間くらい煮る cuocere la carne lentamente per circa un'ora

ごとごと ¶電車がごとごと走っていた. Il treno procedeva sferragliando.

ことごとく 悉く・尽く interamente, completamente, senza eccezione ¶持って来た金はことごとく使い果たしてしまった. Ho speso tutto il denaro che avevo portato con me. ¶事業にことごとく失敗した. Tutti i miei affari sono andati male.

ことごとに 事毎に in tutto, in [su] ogni cosa, in tutto e per tutto ¶彼は事ごとに失敗した. È fallito in tutto [in ogni tentativo che ha fatto].

ことこまかに 事細かに in modo particolareggiato, minuziosamente, in dettaglio, in tutti i particolari ¶彼と事細かに取り決めをした. Ho stipulato un accordo dettagliato con lui.

ことさら(に) 殊更(に) **1**《故意に》 intenzionalmente, apposta, volutamente, di propoṣito **2**《特に》 specialmente, particolarmente ¶それはことさら問題にするほどのことではない. Non è cosa degna di speciale menzione.

ことし 今年 quest'anno[男], l'anno[男] corrente (►いずれも副詞的にも用いる); nel corrente anno ¶今年の春[4月]に questa primavera [quest'aprile] ¶今年中に entro quest'anno ¶今年は雨が降らない. Quest'anno non è piovuto molto. ¶今年は何年ですか. In che anno siamo?

ごとし 如し ¶読んで字のごとし. È da prendere in senso letterale. ¶彼のごとき男 un uomo come lui ¶私ごとき者にこの任務は重すぎます. Non sono degno di ricevere questo incarico. ¶風の如く去る correre come il vento

ことだま 言霊 spirito[男] insito nelle parole

ことたりる 事足りる bastare[自][*es*] (►非人称動詞 [*es*] としても用いられる), essere sufficiente ¶彼を呼びさえすれば事足りるさ. Basta chiamare lui.

ことづかる 言付かる essere incaricato di *ql.co.* [di +不定詞]

ことづけ 言付け 1《伝言》messaggio㊚《複 -gi》;《依託》commissione㊛, incarico㊚《複 -chi》;《手紙》lettera㊛ ¶ことづけを残す lasciare un messaggio (a *qlcu.*) ¶ことづけを頼む dare [affidare] a *qlcu.* un messaggio da recapitare ¶ロッシさんに何かおことづけはありませんか. C'è qualcosa da recapitare [dire] al sig. Rossi?

ことづける 言付ける chiedere a *qlcu.* [incaricare *qlcu.*] di consegnare [portare] *ql.co.* a *qlcu.*, affidare a *qlcu. ql.co.* ¶社長に伝えてくれと秘書にことづけた. Ho chiesto alla segretaria di riferirlo al suo direttore.

ことづて 言伝 1《伝言》messaggio㊚《複 -gi》 2《伝え聞くこと》¶それはことづてに聞いた. L'ho sentito dire.

ことなかれしゅぎ 事無かれ主義《現状維持》immobilismo㊚;《体制順応主義》conformismo㊚ ¶彼は万事に事なかれ主義だ. È contrario a tutte le complicazioni.

ことなる 異なる essere differente [diverso] (と da), differire㊅ [av] (と da, の点で in), variare㊅ (人が主語のとき [av], 物が主語のとき [es]) ¶(に)よる a seconda di ¶この製品の値段は店によって異なる. Il prezzo di questo prodotto varia「a seconda del negozio [da negozio a negozio]. ¶僕は君とは考えが異なる. Non sono d'accordo con te. / Io la penso diversamente da te.

ことに 殊に ➡特に

ことにする 異にする ¶〈人〉と意見を異にする non essere d'accordo con *qlcu.*

ことのほか 殊の外 1《非常に》estremamente, particolarmente, eccezionalmente; molto ¶彼の病気はことのほか重かった. La sua malattia era particolarmente grave.

2《予想外に》contro ogni aspettativa [previsione], inaspettatamente ¶問題はことのほか大変だった. Il problema era più difficile di quanto pensassi.

ことば 言葉 1《表現・伝達に用いる》《単語, 語彙(ご)》parola㊛, termine㊚, vocabolo㊚, voce㊛, lessico㊚《複 -ci》;《語句》frase㊛ ¶わかりやすい言葉で in parole semplici ¶言葉をかける rivolgere la parola a *qlcu.* ¶言葉を交わす scambiare qualche parola con *qlcu.* ¶言葉をはさむ intromettersi [intervenire㊅ [es]] (in una conversazione) ¶言葉に詰まる non trovare le parole ¶驚きに言葉も出ない restare [rimanere㊅] senza parole per lo stupore ¶言葉をかえて言えば in altre parole / in altri termini ¶言葉少なに in poche parole ¶私は言葉巧みに説き伏せられた. Sono stato convinto con parole dolci [seducenti / suadenti]. ¶その感じは言葉では言い表わせない. La sensazione è indescrivibile [indicibile / indefinibile / inesprimibile].

2【言語】lingua㊛;《方言》dialetto㊚ ¶話し[書き]言葉 lingua parlata [scritta] ¶赤ちゃん言葉 linguaggio infantile ¶男[女]言葉 linguaggio maschile [femminile] ¶京言葉 dialetto di Kyoto

3【言い方・言葉遣い】espressione㊛; linguaggio㊚《複 -gi》 ¶彼は乱暴な言葉を遣う. Usa un linguaggio volgare. ¶彼は言葉にとげがある. Parla sarcasticamente [con sarcasmo]. ¶下品な言葉 parolaccia / parola [espressione] volgare ¶上品な言葉 parola [espressione] raffinata ¶決まり(゛゛)な言葉 la solita frase ripetuta [trita e ritrita] ¶言葉が過ぎる esagerare nel parlare

4【言ったこと】parola㊛; discorso㊚;《会話》conversazione㊛ ¶〈人〉の言葉に耳を傾ける dare retta a *qlcu.* / sentire *qlcu.* ¶私の話を言葉どおりにとらないでネ. Non prendere alla lettera quello che ti dico.

[慣用] 言葉に甘える ¶では，お言葉に甘えてそうさせていただきます. Approfittando della sua gentilezza, farò mi ha detto lei.

言葉に尽くす ¶感謝の気持ちは言葉に尽くせないほどです. Non ho parole per [Non so come] esprimere la mia gratitudine.

言葉を返す ¶お言葉を返すようですが…. Non intendo contraddirla [replicare] ma… / Mi permetta di dirle che +直説法

言葉を飾る parlare in modo forbito [artificioso / affettato] ¶言葉を飾らずに話す dire pane al pane e vino al vino

言葉を添える ¶私の説明に彼が言葉を添えてくれた. Ha aggiunto alcune parole [È intervenuto] per aiutarmi nella spiegazione.

言葉を尽くす mettercela tutta per fare capire *ql.co.* (a *qlcu.*).

言葉を慎む misurare [pesare] le parole, saper tenere la lingua a posto

言葉を濁す dire *ql.co.* evasivamente, non dire in modo chiaro; non dire né di sì né di no

✤**言葉数** ¶言葉数の多い loquace / chiacchierone㊚《-a》 ¶言葉数の少ない taciturno / silenzioso / laconico㊚《複 -ci》 / di poche parole

言葉尻 ¶言葉尻を捕らえる cavillare su ogni parola ¶彼は私の言葉尻をとらえて激しく非難した. Mi ha rimproverato [redarguito] severamente cogliendo al volo un mio lapsus (linguae).

言葉遣い modo㊚ di parlare, linguaggio㊚《複 -gi》 ¶言葉遣いに気をつけなさい. Fa' attenzione a come parli.

ことぶき 寿《祝いごと》auguri㊚《複》, congratulazioni㊛《複》;《長命》lunga vita㊛, longevità㊛

こども 子供 1《息子》figlio㊚《複 -gli》;《娘》figlia㊛;《赤ん坊》bambino㊚《㊛ -a》;《胎児》feto㊚ ¶私は子供が3人います. Ho tre figli. ¶娘に子供ができた.《妊娠》Mia figlia 「è incinta [aspetta un bambino]. /《誕生》Ha avuto un bambino.

2《幼児》bambino㊚《㊛ -a》, bimbo㊚《㊛ -a》, fanciullo㊚《㊛ -a》;《未成年》ragazzo㊚《㊛ -a》 ¶子供の本 libro da [per] bambini ¶子供に返る《気持ちが》ritrovare il candore dell'infanzia /《老いて》rimbambire㊅ [es] ¶子供っぽいしぐさ gesto puerile [infantile] ¶子供のころは da bambino [piccolo] / da ragazzo / nell'infanzia ¶子供向けのテレビ番組 programma㊚《複 -i》televisivo per (i) bambini [ragazzi] ¶子

供みたいなことを言うな. Non dire puerilità [bambinate]. ¶入場料は大人500円子供200円だ. La tariffa d'ingresso è di 500 yen per gli adulti e di 200 yen per i ragazzi.

3《幼稚な人》 ¶彼はまだ子供だ. È infantile [ancora un bambino].

✤子供扱い ¶私は彼に子供扱いされた. Mi ha trattato come un bambino.

子供心 ¶私は子供心にも心配だった. Pur essendo un bambino, ero preoccupato.

子供だまし ¶これは子供だましだ. È roba per bambini! / Questo è un gioco da ragazzi!

子供の日 Festa㊛ dei bambini（◆5 maggio）

子供服 《総称》 abbigliamento㊚ per l'infanzia [per bambini / per ragazzi]; 《個別の》 vestito㊚ per bambino

子供部屋 camera㊛ [stanza㊛] dei bambini

こどもらしい 子供らしい infantile, fanciullesco [㊚複 *-schi*]; 《子供じみた》 bambine*sco* [㊚複 *-schi*], infantile ¶子供らしい純真な発想 idea infantile genuina

ことよせる 事寄せる ⇒かこつける ¶品薄にことよせて値上げする alzare i prezzi con la scusa [con il pretesto] della scarsa fornitura

ことり ¶天井でことりと音がした. Si è sentito un colpo secco sul soffitto. ¶教室は静かでことりとも音がしなかった. Nella classe c'era un silenzio di tomba.

ことり 小鳥 uccellino㊚ ¶小鳥を飼う tenere in casa un uccellino

ごとり ¶玄関でごとりと鈍い音がした. Si è udito un tonfo sordo presso la porta.

ことわざ 諺 prover*bio*㊚ [複 *-i*], detto㊚ popolare, ada*gio*㊚ [複 *-gi*]; 《格言》 massima㊛, motto㊚ ◇**諺の** proverbiale ¶諺の[に]言うように come dice un proverbio

ことわり 断り **1**《拒絶》 rifiuto㊚, dinie*go*㊚ [複 *-ghi*]; 《謝絶, 辞退》 rifiuto㊚ cortese ¶断りの手紙を書く scrivere una lettera di diniego ¶そんな危険な仕事はお断りです. Mi rifiuto di fare un lavoro così pericoloso. ¶そんなことはお断りだ. Mi rifiuto!

2《禁止》 divieto㊚, proibizione㊛ ¶「張り紙お断り」《掲示》 "Divieto d'affissione." ¶「18歳未満の入場お断り」《掲示》 "Vietato l'ingresso ai minori di 18 anni."

3《予告》 preavviso㊚, avvertimento㊚, avviso㊚ preliminare ◇**断りもなく** senza preavviso, senza permesso [autorizzazione] ¶彼は何の断りもなく仕事をやめてしまった. Ha lasciato il lavoro senza avvisare.

4《言いわけ》 scusa㊛, giustificazione㊛; 《詫び》 scusa㊛, perdono㊚

✤断り書き 《注, 補注》 nota㊛ di spiegazione; 《ただし書き》 clausola㊛

断り状 《拒絶の》 lettera㊛ di rifiuto; 《詫び状》 lettera㊛ di scuse

ことわる 断る **1**《拒絶する》 rifiutare *ql.co.* [di + [不定詞]]; 《強く拒絶する》 rifiutarsi di + [不定詞]; 《辞退する》 declinare *ql.co.*; 《却下する, 拒否する》 respingere *ql.co.*, negare *ql.co.*; 《受け入れない》 bocciare *ql.co.*; 《謝絶する》 scusarsi, giustificarsi ¶私は会議への出席を断った. Non ho aderito all'invito di partecipare all'assemblea. ¶彼女からきっぱりと断られた. Ho ricevuto un netto [secco] rifiuto da lei. ¶彼らの申し出を体よく断った. Ho declinato la loro proposta ringraziando.

2《仕事などで使わない》 ¶あの通訳は断った. 《首にした》 Quell'interprete「è stato licenziato [《採用しない》 non è stato assunto].

3《予告・警告する》 avvertire *qlcu.* di *ql.co.*, preavvisare *ql.co.* a *qlcu.*; 《許可・同意を求める》 chiedere il permesso [l'autorizzazione / il consenso] a *qlcu.* di + [不定詞] ¶断っておくがこの仕事は危険だ. Ti avverto che questa missione è pericolosa. ¶誰に断ってここまで入ってきたのか. Chi ti ha autorizzato a [dato il permesso di] entrare?

ことん ¶テーブルの上のコップがことんと倒れた. Il bicchiere è caduto sul tavolo con un tintinnio [con un rumore secco].

ごとん ¶車がごとんと揺れた. L'auto ha sobbalzato. ¶何かがごとんと落ちた. Qualcosa è caduto con un tonfo. ¶貨物列車がごとんごとんと走って行った. Il treno merci procedeva sferragliando.

こな 粉 polvere㊛; 《穀物の》 farina㊛ ¶粉にする ridurre *ql.co.* in polvere / polverizzare *ql.co.* / 《すりつぶして》 triturare *ql.co.* / 《ひいて》 macinare *ql.co.* ¶粉をまぶす infarinare *ql.co.* / cospargere *ql.co.* di farina

✤粉おしろい cipria㊛

粉薬 polvere㊛ medicamentosa; 《顆粒》 granulo㊚

粉砂糖 zucchero㊚ a velo

粉石けん sapone㊚ in polvere

粉チーズ formag*gio*㊚ [複 *-gi*] grattugiato

粉ミルク latte㊚ in polvere

こなごな 粉粉 ◇**粉々にする**《粉に》 polverizzare *ql.co.*; 《粉砕する》 frantumare *ql.co.*; 《挽く》 macinare *ql.co.*; 《壊して》 rompere *ql.co.* in mille pezzi [in rottami] ◇**粉々になる** ridursi in polvere [in frantumi]; frantumarsi; rompersi in mille pezzi ¶花瓶が床に落ちて粉々に砕けた. Il vaso è caduto per terra e si è rotto in mille pezzi. ¶その出来事で彼の希望は粉々に砕け散った. Questo fatto ha frantumato [spezzato] le sue speranze.

こなし 《身のこなし》 portamento㊚; 《物腰》 andatura㊛ ¶彼女は着こなしがうまい. Si veste sempre bene. ¶彼は身のこなしが軽快だ. È una persona agile nei movimenti.

こなす **1**《消化する》 digerire *ql.co.* ¶散歩でもして腹をこなそう. Facciamo una passeggiata per smaltire il cibo.

2《処理する》 ¶質より量をこなす preoccuparsi più della quantità che della qualità ¶この仕事は3日でこなせる. Questo lavoro si può portare a termine in tre giorni.

3《習得して自分のものにする》 assimilare [digerire] *ql.co.* ¶あの役者はみごとに役をこなしている. Quell'attore interpreta splendidamente la sua parte. ¶彼は3か国語をこなす. Conosce a fondo tre lingue.

こなみじん 粉微塵 ⇒粉粉

こなゆき 粉雪 neve㊛ farinosa ¶粉雪が舞って

いる．Sbuffi di neve danzano nell'aria.

こなれる　1《消化される》essere digerito ◇こなれ digestione[女] ¶こなれのいい facilmente digeribile ¶まだ腹がこなれていない．Non ho digerito quello che ho mangiato.

2《円熟・熟達する》maturare[自][es] ◇こなれた maturo ¶こなれた文章を書く usare uno stile maturo / saper scrivere bene ¶彼は人間がこなれている．È una persona matura.

こにくらしい　小憎らしい ¶小憎らしい口をきく子供 bambino impertinente ¶なんて小憎らしい奴だ．Quant'è odioso!

こにもつ　小荷物 pacco[男][複 -chi]

コニャック　〔仏 cognac〕〔仏〕cognac [kɔɲák][男][無変]

ごにん　誤認 《取り違い，勘違い》equivoco[男][複 -ci]；〔ラ〕qui pro quo [quiproquò][男][無変] ◇誤認する prendere *qlcu.* [*ql.co.*]《と per》, fraintendere *qlcu.* [*ql.co.*], ingannarsi, prendere un granchio

✤**誤認逮捕**〘法〙arresto[男] per errore

こにんずう　小人数 ¶小人数で in piccolo numero / in pochi [《女性のみ》poche] ¶小人数の家族 piccola famiglia / famigliola

こぬかあめ　小糠雨 pioggerella[女] ◇こぬか雨が降る piovigginare (►非人称動詞 [*es, av*])

コネ　aggancio[男][複 -ci], raccomandazione[女], spintarella[女] ¶コネで会社に入る entrare in [essere assunto da] una ditta grazie alle raccomandazioni ¶…とコネをつける stabilire relazioni con *qlcu.* [*ql.co.*] ¶彼にはコネがある．Ha appoggi [raccomandazioni]. / È ben appoggiato. ¶新聞社にコネがある．Ho delle conoscenze in un giornale.

こねかえす　捏ね返す　1《よく練る》¶漆喰(しっくい)をこね返す impastare bene l'intonaco

2《事態をいっそう悪くする》¶めいめいが勝手なことをして事態をこね返してしまった．Ognuno ha fatto quello che voleva finendo solo per complicare le cose.

コネクター　〔英 connector〕connettore[男]

こねこ　小猫・子猫 gattino[男][女 -a], micetto[男][女 -a], micino[男][女 -a]；《幼》micio[男][女 -cia; 男複 -ci; 女複 -cie]

ごねどく　ごね得 ¶借地人はごね得をねらってなかなか立ち退こうとしないんだ．È difficile mandar via gli inquilini perché pensano che c'è tutto da guadagnarci ad impuntarsi.

こねる　捏ねる　1《液体と混ぜる》impastare *ql.co.* ¶粘土をこねる lavorare l'argilla ¶小麦粉を卵を加えてこねる impastare la farina con le uova

2《無理や理屈をしつこく言う》¶へりくつをこねる cavillare[自][*av*]《について su》/ sofisticare[自][*av*]《について su》/ usare sofismi ¶だだをこねる smaniare[自][*av*] / essere scontroso

ごねる　《あれこれ文句を言う》contestare *ql.co.* a *qlcu.*, protestare[自][*av*] contro *ql.co.*

この　此の　1《話し手の身近にある対象をさして》questo ¶この本 questo libro ¶このほかに oltre a questo / inoltre

2《最近の，今までの》¶この１年間私は猛勉強した．Quest'anno [In quest'ultimo anno] ho studiato molto. ¶この年になるまで一度も外国へ行ったことがない．Sono arrivato a quest'età e non sono mai stato all'estero.

3《今話題になったこと，これから言うこと》¶このことは内緒だよ．Questo è un segreto.

[慣用] **この親にしてこの子あり**《諺》"Buon sangue non mente." / "Tale padre, tale figlio." (►後者は，ふつう悪い意味で用いられる)

このあいだ　此の間 《最近》recentemente, di recente, ultimamente;《少し前に》qualche tempo fa, un po' di tempo fa;《先日》l'altro giorno ◇この間の recente, ultimo ¶この間はいろいろとありがとうございました．La ringrazio per l'altro giorno. ¶この間からイタリア語会話を勉強しています．Da poco tempo studio conversazione italiana.

このうえ　此の上 ancora, ulteriormente, di più ¶この上無理して働くと体をこわすよ．Se esageri ancora di più nel lavoro, ti rovinerai la salute. ¶この上言うことは何もない．Non ho nient'altro da dire [niente da aggiungere].

[慣用] **この上は** per questo motivo, perciò, pertanto; a questo punto, stando così le cose

この上ない come non mai, senza pari ¶この上ない好天気だ．Il tempo non potrebbe essere più bello. ¶この上なくうれしい．Non sono mai stato più felice di così. / Sono al colmo della felicità.

このえへい　近衛兵 soldato[男][女 -esssa] delle guardie imperiali [《王室の》reali]

このかた　此の方　1 ¶この方がビアンキ夫人です．Questa è la signora Bianchi.

2《…以来》da ¶イタリアへ来てこの方一度も病気をしていない．Da quando sono venuto in Italia, non mi sono mai ammalato.

このかん　此の間 ¶この間おじの家に身を寄せていた．In questo periodo sono stato da mio zio.

このくらい　此の位 così, come questo, al pari di questo ¶このくらいの花びん《大きさ》un vaso da fiori grande così [come questo] /《形など》un vaso da fiori 「del genere [diciamo così] ¶今日はこのくらいにしておこう．Per oggi 「basta così [fermiamoci qui]. ¶このくらいの長さでいいですか．Questo è abbastanza lungo? / Va bene di questa lunghezza? / Basta così?

このご　此の期 ¶この期に及んでそんなことを言ってもだめだ．È troppo tardi per dirlo ora.

このごろ　此の頃 ◇このごろ(は)《当節》oggigiorno, in questo periodo, di questi tempi;《近ごろ》in questi ultimi giorni, recentemente, ultimamente ¶このごろの若者 i giovani di oggi ¶このごろ犯罪が増えた．Recentemente la criminalità è aumentata.

このさい　此の際 in questa occasione, in questa circostanza, nelle attuali circostanze, in questo frangente ¶この際だから何もかも打ち明けよう．Date le circostanze ti racconterò tutto. / A questo punto dico tutto.

このさき　此の先　1《前方》oltre, più avanti, più lontano ¶花屋ならこの先です．Il fioraio si trova più avanti. ¶この先の角(かど)を右に曲がってください．Prenda la prima [prossima] strada a destra. 2《今後》d'ora innanzi [in poi], da og-

こ

gi in poi ¶この先まだ5年は働くつもりだ. Penso di lavorare almeno per altri cinque anni. ¶この先どうするつもりなの. Che cosa pensi di fare d'ora in poi? ¶この先何があるかわからない. Non si sa cosa succederà d'ora in poi.

コのじ コの字 ¶テーブルをコの字形に並べる disporre i tavoli a (forma di) U

このしろ 鰶 《魚》aloşa㊛ maculata

このたび 此の度 ¶この度はご結婚おめでとうございます. In occasione di queste nozze, porgo i miei più sinceri auguri di lungo e felice matrimonio.

このつぎ 此の次 la prossima volta, un'altra volta ◇この次の prossimo ¶そのことはこの次お会いした時に話しましょう. Parliamone la prossima volta che c'incontreremo.

このとおり 此の通り 1 《このように》così; in questo modo ¶このとおりに書き写して下さい. Lo copi fedelmente. 2 《ごらんの通り》 Come vedi sono in piena salute. ¶私はぴんぴんしているよ. Come vedi sono in piena salute.

このとき 此の時 《過去の話の中で》allora, in quel momento ¶この時から彼の態度が冷たくなりました. Da allora in poi il suo atteggiamento si è raffreddato. ¶この時とばかり敵を攻めて来た. Approfittando dell'occasione il nemico attaccò.

このところ 此の所 ¶このところ私は目が回るほど忙しい. 《近ごろ》In questi giorni sono sommerso di lavoro [sono preso fino al collo].

このは 木の葉 foglia㊛, 《総 称》fogliame㊚, fronde㊛ [複] ¶木の葉が風に舞っている. Turbini di foglie volteggiano nel vento. ¶船は木の葉のように揺れた. La nave fu sballottata come una foglia al vento.

このはずく 木の葉木菟 《鳥》assiolo㊚

このひと 此の人 questa persona㊛; 《男》questo㊚, questo signore㊚; 《女》questa㊛ (signora㊛)[《若い女性》signorina㊛];《自分の夫》mio marito㊚;《自分の妻》mia moglie㊛

このぶん 此の分 ¶この分では [なら]《この調子では》di questo passo, 《今のありさまでは》《così》come stanno le cose, stando così cose;《現状からみて》secondo l'attuale situazione, date le attuali circostanze ¶この分なら計画はうまくいくかもしれない. Andando avanti così [Se si continua così], il piano dovrebbe andare bene.

このへん 此の辺 ◇この辺に [の] qui vicino, in questa zona, da queste parti ◇この辺で a questo punto, per il momento, per ora ¶この辺に郵便局はありますか. C'è un ufficio postale da queste parti [qui vicino]? ¶今日はこの辺で終わりにしましょう. Per oggi "finiamo qui [basta così]. ¶この辺で仲直りしたほうがよい. È ora che facciate la pace.

このほど 此の程 →このたび

このま 木の間 ¶木の間からもれる月の光 la luce della luna che filtra fra gli alberi

このまえ 此の前 《先日》l'altro giorno㊚, la volta㊛ scorsa;《前回》l'ultima volta㊛ (►いずれも副詞的にも用いる) ◇この前の scorso, precedente ¶この前の日曜日 domenica scorsa ¶この前の市長 l'ex-sindaco ¶この前のように come l'ultima volta ¶この前はいろいろとありがとうございました. La ringrazio molto per l'altro giorno.

このましい 好ましい《物・人が》gradevole, piacevole;《人が》simpatico㊚複 -ci];《他よりよい》preferibile;《物事が望ましい》desiderabile ¶好ましくない sgradevole / spiacevole / indesiderabile / antipatico㊚複 -ci] / non soddisfacente ¶好ましい人物 persona gradita ¶彼から好ましい印象を得た. Mi ha fatto una favorevole [buona] impressione. ¶好ましからぬ人物だ. È un soggetto indesiderabile. / È persona non gradita.

このまま 此の儘 ¶このままにしておきなさい. Lascia stare così. / Non toccare. ¶このままではきみを卒業させられないよ. Così come stanno le cose [Se continui così], non potrai diplomarti. ¶このままではすまさないぞ. Non lascerò correre, me la pagherai!

このみ 木の実《実》frutto㊚ (di un albero);《堅果(けんか)》noce㊛

このみ 好み 1《趣味》gusto㊚; gradimento㊚;《精神的傾向》inclinazione㊛ ¶〈人〉の好みによって secondo i gusti di qlcu. ¶これは私の好みに合う. Questo 「è di mio gusto [mi va a genio]. ¶人によって好みはさまざだ. Ogni persona ha i suoi gusti.
2《選り好み》preferenza㊛, predilezione㊛;《選択》scelta㊛ ◇好みの favorito; preferito, prediletto ¶《お》好みの料理 piatto preferito [favorito] ¶自分の好みに合わせて a propria scelta / secondo la propria preferenza ¶好みのものを選ぶ fare la propria scelta ¶お好みのものをどうぞ. Prendete quello che preferite.

このむ 好む《愛する》amare ql.co.;《望む》desiderare ql.co.;《気に入る: 対象が主語》piacere a qlcu. ¶AよりBを好む preferire B a A ¶私は洋服より着物のほうを好む. Preferisco il kimono ad un abito occidentale. ¶彼は若い層に好まれる作家だ. Lui è uno scrittore amato dai giovani.
[慣用] **好むと好まざるとにかかわらず** volente o nolente, per amore o per forza ¶好むと好まざるとにかかわらず, 私たちはそれをやらなければならない. Che ci piaccia o no, bisogna farlo.

このよ 此の世 questo mondo㊚, questa vita㊛;《文》questa valle㊛ di lacrime ¶この世で [に] in questo mondo, sulla terra ¶この世の天国 paradiso terrestre ¶この世に生をうける venire al mondo / nascere㊚[es] ¶この世を去る lasciare questo mondo / morire㊚[es] / andarsene ¶もうこの世に思い残すことはない. Su questa terra ho fatto tutto quello che volevo fare. / Nella mia vita non ho rimpianti. ¶彼はもうこの世の人ではない. È deceduto [morto]. ¶この世のものとは思われぬ美しさ una bellezza che non sembra di questo mondo

このよう 此の様 ◇このような così; del genere; simile a questo; come questo ◇このように così, in questo modo, in questa maniera ¶このような間違いをしてはいけません. Non si fanno errori come questo. ¶このような温かいおもてなしをありがとうございます. La ringrazio per questa accoglienza così calorosa. ¶このようにして彼は白雪姫

を妻に迎えました. E così prese in sposa Biancaneve.

このわた 海鼠腸 〔料〕interiora[女][複] salate dell'oloturia

このんで 好んで di preferenza, per [di] *propria* scelta;《進んで》volentieri, volontariamente;《意図して》apposta, di proposito ¶彼は好んで山を描く. Dipinge di preferenza le montagne. ¶すき好んでそんなことをしているのではない. Non faccio una cosa simile di mia scelta.

ごば 後場 〔金融〕operazioni[女][複] di mercato pomeridiane

こばい 故買 ricettazione[女] ¶故買をする ricettare *ql.co.*

✤故買人 ricetta*tore*[男][[女] *-trice*]

ごはい 誤配 distribuzione[女] sbagliata, errore di recapito, disguido[男]

こばか 小馬鹿 ¶〈人〉を小馬鹿にする trattare *qlcu.* con disprezzo ¶彼の人を小馬鹿にしたような態度が気に入らない. Non mi piace il suo atteggiamento sprezzante.

こはく 琥珀 ambra[女] (gialla), succino[男]

◇琥珀色の ambrato, di colore dell'ambra

ごばく 誤爆 errore[男] di bombardamento

こばこ 小箱 piccola scatola[女], cassetta[女], scatoletta[女], scatolina[女];《貴重品箱》scrigno[男], scrignetto[男]

ごはさん 御破算 **1**《珠算で》◇ご破算にする azzerare *ql.co.* ¶ご破算で願いましては. Rifaccia la somma [il conto], prego!

2《白紙の状態に戻す》◇ご破算にする annullare [cancellare / ritirare] *ql.co.* ¶すべてはご破算だ. Dobbiamo ripartire da zero [ricominciare daccapo].

こばしり 小走り ¶小走りに行く trottare[自][*av*] / camminare[自][*av*] a passi corti e veloci / correre[自][*av*] a piccoli passi

こはぜ 小鉤・鞐 gancio[男][複 *-ci*], fermaglio[男][複 *-gli*] ¶足袋(たび)のこはぜをかける agganciare il *tabi*

こはだ 小鰭 〔魚〕piccola alosa[女] maculata

ごはっと 御法度 cosa[女] proibita; tabù[男] ¶ご法度の品《密輸品》merce di contrabbando ¶ご法度である essere proibit*o* [interdett*o*]

こばな 小鼻 ala[女] (del naso)

[慣用] **小鼻をうごめかす** assumere un'aria trionfante [esultante]

小鼻をふくらます fare il muso

こばなし 小話《短い話》racconto[男], raccontino[男], storiella[女];《笑い話》barzelletta[女];《気の利いた話》aneddotto[男]

こばなれ 子離れ ¶子離れのできない母親 madre che non sa staccarsi dai figli ¶彼女はなかなか子離れができない. Lei non riesce a staccarsi dai propri figli.

こはば 小幅 ◇小幅な piccolo ¶株価は小幅な値動きを見せた. I prezzi delle azioni hanno oscillato entro un margine ristretto.

こばむ 拒む rifiutare *ql.co.* [di＋[不定詞]];《妨げる》impedire「a *qlcu.* di＋[不定詞] [che＋[接続法]], ostacolare *ql.co.* ¶〈人〉の依頼を拒む rifiutare una richiesta di *qlcu.* ¶立ち退きを拒む rifiutare lo sfratto ¶証言を拒む rifiutare di testimoniare

こはる 小春《陰暦10月》il decimo mese[男] secondo il calendario lunare

✤小春日和(びより) estate[女] indiana [di San Martino]

コバルト 〔英 cobalt〕〔化〕cobalto[男];《元素記号》Co

✤コバルト照射 〔医〕bombardamento[男] al cobalto

コバルト爆弾 bomba[女] al cobalto

コバルトブルー cobalto[男], blu[男][無変] [azzurro[男]] (di) cobalto[無変]

コバルト療法 〔医〕cura[女] al cobalto

こはん 湖畔 sponda[女] [riva[女]] del lago

こばん 小判 piccola moneta[女] d'oro giapponese antica

✤小判型(がた) ellisse[女] ◇小判型の ellittic*o*[[男]複 *-ci*], a forma di ellisse; ovale

ごはん 御飯 **1**《米飯》riso[女] (bollito) ¶ご飯1膳 una ciotola di riso ¶ご飯をたく cuocere [bollire] il riso ¶ご飯をよそう riempire la scodella di riso ¶ご飯を柔らかめに炊いた. Ho cotto il riso fin tanto che non è diventato tenero.

2《食事》pasto[男];《朝ご飯》(la prima) colazione[女];《昼ご飯》pranzo[男], la seconda colazione[女];《晩ご飯》cena[女] ¶ご飯ですよ. A tavola! ¶ご飯どきに all'ora「della prima colazione [di pranzo / di cena] ¶ご飯を食べる《朝食》fare colazione /《昼食》pranzare[自][*av*] /《夕食》cenare[自][*av*]

ごばん 碁盤 scacchiera[女] (per il gioco) del *go* ¶京都市内は道路が碁盤の目のように走っている. Le strade di Kyoto sono a scacchiera.

✤碁盤縞(じま) disegno[男] a scacchi [a quadretti]

こばんざめ 小判鮫 〔魚〕remora[女]

こび 媚 adulazione[女], lusinga[女];《女の》civetteria[女] ¶〈人〉に媚を売る adulare *qlcu.* / lusingare *qlcu.* per interesse /《女が》far la civetta [civettare[自][*av*]] con *qlcu.*

ごび 語尾 **1**《単語の》terminazione[女] (di una parola);《屈折語尾》desinenza[女];《最後の音節》l'ultima sillaba[女]

2《文の末尾》¶語尾を上げる[下げる] alzare [abbassare] l'intonazione della parte finale di una frase ¶語尾を濁す mangiarsi la fine delle frasi

✤語尾変化 《屈折》flessione[女];《名詞・代名詞・形容詞の》declinazione[女];《日本語動詞の》morfologia[女][複 *-gie*] ¶名詞を語尾変化させる declinare un nome

コピー 〔英 copy〕**1**《複写機などによる》copia[女], fotocopia[女], duplicato[男] ¶資料をコピーする fotocopiare il materiale ¶データをコピーする〔コンピュータ〕copiare [duplicare] dei dati ¶コピーをとる copiare *ql.co.* / fare una copia di *ql.co.* /《複写機で》fotocopiare *ql.co.* / fare una fotocopia di *ql.co.*

2《模倣》¶ブランド品のコピー prodotto di marca falso [contraffatto]

3《広告の》testo[男] pubblicitar*io*[複 *-i*];《キャッチコピー》slogan[男][無変]

✤コピーアンドペースト〔コンピュータ〕copia e in-

colla
コピー機 fotocopiatrice㊛
コピーコントロール non copiabile ¶コピーコントロールCD CD non copiabile
コピー商品 imitazioni㊛[複]
コピープロテクト protezione㊛ contro la pirateria
コピー屋 fotocopisteria㊛
コピーライター〔英〕copywriter [kopiráiter] ㊚㊛[無変]
コピーライト《著作権》diritti㊚[複] d'autore;〔英〕copyright㊚[無変]

こひつじ 小羊 agnello㊚;《ごく小さな》agnellino㊚ ¶小羊の肉 agnello /《乳で飼育された小羊の》abbacchio ¶迷える小羊〘聖〙pecorella ṣmarrita

こびと 小人 nano㊚[㊛ *-a*] ¶『白雪姫と七人の小人たち』"Biancaneve e i sette nani"

こびへつらう 媚び諂う accattivarsi il favore di *qlcu.*, cercare di ingraziarsi *qlcu.* luṣingare *qlcu.*

ごびゅう 誤謬 ¶誤謬を犯す cadere in fallo

こびりつく こびり付く aderire(自)[*av*] [attaccarsi] a *ql.co.* ¶ご飯がかまにこびりついてしまった. Il riso si è attaccato alla pentola. ¶そのことが頭にこびりついて離れない. Non riesco a togliermelo dalla testa. / Il pensiero di quel fatto mi ossessiona.

こびる 媚びる adulare [lisciare] *qlcu.*;《女が》fare la civetta con *qlcu.* ¶権力に媚びる adulare i potenti

こびん 小瓶 bottiglietta㊛,《薬などの》flacone㊚;《香水などの》boccetta㊛

こぶ 昆布 laminaria㊛, alga㊛ marina

こぶ 鼓舞 incoraggiamento㊚ ◇鼓舞する《励ます》incoraggiare [tirare su] *qlcu.*;《元気づける》rincorare [rinfrancare] *qlcu.*;《刺激する》stimolare *qlcu.*;《生気・勇気を吹き込む》inspirare la vita a *qlcu.* ¶士気を鼓舞する sollevare il morale

こぶ 瘤 **1**《体にできる》porro㊚, escrescenza㊛, protuberanza㊛;〘医〙cisti㊛[無変] sebacea;《皮脂嚢腫(のうしゅ)》natta㊛;《腫瘍, はれもの》gonfiore㊚;《打撲による》escrescenza㊛, bernoccolo㊚;《背中の》gibbosità㊛;《樹木の》nodo㊚, escrescenza㊛;《らくだの》gobba㊛ ¶頭にこぶができた. Mi è venuto un bernoccolo sulla testa.
2《子供》 ¶こぶつきの女[男]《夫・妻と死別した》vedova [vedovo] con figli
3《じゃま者》¶目の上のこぶ pugno in un occhio / importun*o*㊚[㊛ *-a*]

ごぶ 五分 **1**《5％》il 5% [per cento] ¶五分の利息 interesse del 5 per cento
2《半分》la metà㊛, il 50 per cento㊚
✤**五分刈り** ¶頭を五分刈りにする avere i capelli a spazzola

こふう 古風 ◇古風な antico [㊚複 *-chi*] (in stile), all'antica, di stile [stampo] antico; arcaic*o* [㊚複 *-ci*], arcaiẓẓante, arcaiciẓẓante;《時代遅れの》antiquato, fuori [passato di] moda;《時代に取り残された》superato, sorpassato ¶古風な言葉遣い espressioni arcaiche / modo di parlare arcaiẓẓante [arcaiciẓẓante]

ごふく 呉服 tessuti㊚[複] per il *kimono*
✤**呉服屋**《店》negozi*o*㊚[複 *-i*] di tessuti per *kimono*

ごぶごぶ 五分五分 ◇五分五分の《対等の》pari [無変], uguale ◇五分五分に alla pari;《戦争・試合で》ad armi pari;《半分に》in due, a metà ¶五分(五分)である essere alla pari ¶力が五分五分である essere pari di forze (con *qlcu.*) ¶これで五分五分だ. Ora siamo [Abbiamo fatto] pari. ¶両チームは力が五分五分だ. Le due squadre si affrontano ad armi pari [si equivalgono in potenza]. ¶成功の見通しは五分(五分)だ. Le probabilità di successo sono del 50 per cento.

ごぶさた 御無沙汰 ¶長らくごぶさたして申しわけありません. Le chiedo scuṣa「del mio lungo silenzio [《便りを出していない》per non averLe scritto da lungo tempo]. ¶ごぶさたしております. È molto tempo che non ci vediamo. ¶あの店にもずいぶんごぶさたしている. È da parecchio (tempo) che non vado in quel negozio.

こぶし 小節 〘音〙tremulo㊚, gorgheggi*o*㊚[複 *-gi*] ¶小節をきかせる eṣeguire un tremulo [un gorgheggio]

こぶし 辛夷 〘植〙magnolia㊛ acuminata

こぶし 拳 pugno㊚ ¶拳でテーブルをたたく battere il pugno sul tavolo ¶〈人〉を拳で殴る colpire *qlcu.* con un pugno / affibbiare un pugno a *qlcu.* ¶〈人〉の鼻を拳で殴る dare un pugno sul naso a *qlcu.* ¶拳をかためる serrare [stringere] i pugni ¶拳をふり上げる agitare il pugno contro *qlcu.*

こぶつ 古物 cose㊛[複] uṣate [di seconda mano];《骨董》antiquariato㊚;《がらくた》anticaglia㊛
✤**古物商**《人》antiquar*io*㊚[㊛ *-ia*; ㊚複 *-i*];《がらくたを扱う》rigattier*e*㊚[㊛ *-a*];《骨董商》mercante㊚㊛ di antiquariato
古物店《がらくたを扱う》rigatteria㊛;《骨董を扱う》negozi*o*㊚[複 *-i*] di antiquariato

こぶとり 小太り ◇小ぶとりの grassottello, paffuto, grassocci*o* [㊚複 *-ci*; ㊛複 *-ce*], rotondetto, pienotto

こぶね 小舟 barca㊛, piccola imbarcazione㊛, barchetta㊛

コブラ 〔英 cobra〕〘動〙cobra㊛[無変]

コプラ 〔英 copra〕copra㊛

ゴブラン 〔仏 Gobelins〕¶ゴブラン織りの壁掛け arazzo gobelin

こぶり 小降り ¶雨は小降りになった. La pioggia è diminuita. ¶小降りだ.《雨が》Pioviggina. /《雪が》Nevica un po'.

こふん 古墳 antica tomba㊛, tumulo㊚, necropoli㊛[無変]

こぶん 子分 accolit*o*㊚[㊛ *-a*], seguace㊚, protett*o*㊚[㊛ *-a*] ¶彼らは親分子分の間柄だ. Tra loro c'è un rapporto di capo e seguaci.

こぶん 古文 testi㊚[複] classici;《日本古典文学》letteratura㊛ giapponese classica

ごへい 語弊 ¶語弊があるかもしれませんが… Forse questa non è la parola giusta, ma... /《お気を悪くしないでください》Non si offenda, ma… ¶…と言うと語弊があるだろう. Sarebbe inappropriato dire che…

コペイカ 〔ロ kopeika〕《ロシアの通貨単位》co-

こべつ 戸別 ¶戸別に[の] di porta in porta / di casa in casa
✣戸別販売 vendita❺ porta a porta
戸別訪問 ◇戸別訪問する 《販売員が》fare un giro [una vendita]「di casa in casa [a domicilio]
こべつ 個別 ◇個別の individuale ◇個別に individualmente, separatamente ¶これらの問題は個別に検討しなければならない。Questi problemi vanno trattati separatamente. ¶個別に包装する confezionare singolarmente
✣個別指導 orientamento男 [insegnamento男] individuale
個別折衝 trattativa❺ separata
個別包装 confezione❺ singola
コペルニクス Copernico男 ¶コペルニクス的転回 rivoluzione copernicana /《比喩的》cambiamento radicale
ごほう 語法 《文法》grammatica❺;《シンタックス》sintassi❺ [無変];《表現法》fraseologia❺, modo di dire, espressione❺;《慣用法, 特殊語法》idiomatismo男 ◇語法上の grammaticale; sintattico [男複 -ci]; idiomatico [男複 -ci]
✣語法違反 solecismo男, sgrammaticatura❺, errore男 sintattico
ごほう 誤報 《情報》informazione❺ falsa, notizia❺ inesatta;《報告》rapporto男 erroneo [falso / inesatto] ¶誤報を流す mettere in circolazione informazioni false
ごほう 護法 1《法律を擁護すること》difesa❺ della Legge 2《仏法を守護すること》protezione❺ del buddismo
ごぼう 午蒡 《植》scorzonera❺, bardana❺, lappola❺
慣用 ごぼう抜き (1)《根こそぎ引き抜くこと》¶ごぼう抜きにする sradicare ql.co. (2)《1人ずつ引っぱり出すこと》¶デモ隊は警官にごぼう抜きされた。La polizia ha rimosso con la forza, l'uno dopo l'altro, i dimostranti. (3)《一気に追い抜くこと》¶彼はゴール近くで4人をごぼう抜きにして先頭に立った。In prossimità del traguardo è passato in testa superando quattro corridori.
こぼく 古木 albero男 secolare
ごぼごぼ ¶ごぼごぼいう音 gorgoglio男 [複 -gli] ¶下水孔から水がごぼごぼという。L'acqua usciva gorgogliando dal buco del tombino.
こぼす 零す 1《液体・粒状のものを》versare ql.co.; fare [lasciar] cadere ql.co. ¶涙をこぼす versare lacrime / piangere ¶地面[テーブル]に油をぼとぼとこぼす far gocciolare dell'olio per terra [sulla tavola].
2《不平を》lamentarsi di ql.co. [qlcu.] con qlcu., lagnarsi di ql.co. [qlcu.];《ぶつぶつ言う》brontolare❺ [av] ¶彼は何かにつけていつも愚痴をこぼしている。Si lamenta sempre di tutto.
こぼね 小骨 1《小さい骨》spina❺, lisca❺ ¶この魚は小骨が多い。Questo pesce è pieno di spine. 2《苦労》¶この仕事は小骨が折れる。Questo è un lavoraccio.
こぼればなし 零れ話 aneddoto男
こぼれる 毀れる 《刃が》intaccarsi, scalfirsi ¶そんな固い物を切るとナイフの刃がこぼれるよ。Non tagliare una cosa così dura altrimenti si intacca la lama del coltello.
こぼれる 零れる 1《液体がしたたり落ちる》colare❺ [es]; scolare❺ [es], gocciolare❺ [es];《あふれる》traboccare❺ [es];《流れ出る》sgorgare❺ [es];《散らばる》spargersi ¶水が床にこぼれた。L'acqua è colata [caduta] sul pavimento. ¶彼の目から涙がこぼれた。Dai suoi occhi sono sgorgate le lacrime. ¶塩が食卓にこぼれている。C'è del sale sparso sulla tavola.
2《もれる》¶春の陽(ひ)が木の間からこぼれている。Il sole primaverile filtra tra i rami degli alberi.
3《自然に外に出る》¶その女は愛敬がこぼれんばかりであった。Quella donna era molto attraente. ¶彼の顔から皮肉っぽい微笑がこぼれた。Sul suo viso apparve [lampeggiò] un sorriso cinico.
ごほん(ごほん) ¶夜になるとごほんごほんと咳が止まらず彼は苦しんだ。Di notte era tormentato da una tosse persistente.
こぼんのう 子煩悩 ¶彼はとても子ぼんのうだ。È molto affezionato ai figli. / È un papà che stravede per i figli.
こま 独楽 trottola❺ ¶こまを回す far girare una trottola
こま 駒 1→馬 2《チェスの》pezzo男;《将棋の》pedina❺ ¶駒を動かす muovere una pedina [un pezzo] / fare una mossa 3《弦楽器の》ponticello男 4《部下》subordinato [❺ -a], dipendente男
慣用 駒を進める ¶わがチームは順調に決勝戦に駒を進めた。La nostra squadra è arrivata alle finali senza difficoltà.
✣駒組み formazione❺ (delle pedine)
こま 齣 1《フィルムの一画面》fotogramma男 [複 -i];《映画・テレビのショット・カット》inquadratura❺;《漫画の》vignetta❺;《授業》lezione❺ ¶4こま漫画 fumetto di quattro vignette
2《場面》scena❺;《局面》fase❺
✣こま送り avanzamento男 per fotogrammi
こま落とし ripresa❺ con numero ridotto di fotogrammi
ごま 胡麻 sesamo男 ¶ごまをする macinare il sesamo /《へつらう》adulare qlcu. / leccare qlcu. / leccare i piedi [《卑》il culo] a qlcu. /《わいろを贈って》ungere (le ruote) a qlcu.
✣ごま油 olio男 di sesamo
ごま塩 miscela❺ di sale e sesamo nero
ごま塩頭 ¶ごま塩頭の男 uomo brizzolato [dai capelli sale e pepe]
ごま摺(す)り《行為》adulazione❺;《人》adulatore男 [❺ -trice], lustrascarpe男 [無変]
ごま 護摩 《仏教》fuoco男 [複 -chi] sacro per implorazioni nel buddismo esoterico
コマーシャリズム 〔英 commercialism〕commercialismo男
コマーシャル 〔英 commercial〕《宣伝》pubblicità❺;《放送による商業広告》comunicato男 [pubblicità❺] commerciale, annuncio男 [複 -ci] 《spot 無変》pubblicitario [複 -i] ¶テレビコマーシャル pubblicità televisiva
✣コマーシャルソング canzone❺ pubblicitaria
コマーシャルベース ¶この仕事はコマーシャルベース

にのらない. Questo lavoro non rende economicamente.

こまい 古米 riso[男] vecchio [複 *-chi*], riso[男] degli anni precedenti immagazzinato

こまいぬ 狛犬 statua[女] in pietra raffigurante un animale fantastico simile a un leone che viene posta ai lati dell'ingresso dei santuari shintoisti

こまかい 細かい **1**【非常に小さい】 minuto, fine; 《薄い》 sottile; 《小さい》 piccolo; 《ごく小さい》 minuscolo; 《極小の》 microscopico [男複 *-ci*] ◇細かく minutamente; sottilmente ¶細かく刻む tagliare in piccoli pezzi / tagliuzzare / tritare ¶目の細かい網 rete[女] a maglie fitte ¶細かい雨 pioggia sottile / pioggerella / pioggerellina ¶細かい細工が施されているたんす armadio decorato con minuziose lavorazioni

2【詳細な】 dettagliato, particolareggiato, minuzioso; 《厳密な》 preciso ◇細かく dettagliatamente, particolareggiatamente; 《正確に》 con precisione ¶もっと細かく説明してください. Ci dia una spiegazione più particolareggiata.

3【入念な】 minuzioso; 《微妙な》 delicato; 《人について》 meticoloso; pignolo, puntiglioso; attento, scrupoloso (►pignolo, puntioは悪い意味で, attento, scrupolosoはいい意味で用いられる) ¶細かい観察 osservazione attenta [acuta] ¶細かい心遣いをする essere pieno di premure [di attenzioni] ¶きめの細かい仕事をする lavorare scrupolosamente ¶細かい指示を出す dare istruzioni minuziose ¶彼は細かいことにこだわる. È troppo pignolo. / Si perde nelle minuzie. ¶あの俳優は芸が細かい. Quell'attore ha una tecnica molto elaborata.

4【勘定高い, けちな】 avaro, tirchio [男複 *-chi*], troppo parsimonioso [economo] ¶彼はお金に細かい. È tirato nello spendere.

5【金額が小さい】 ¶お金を細かくする《高額紙幣を小額紙幣に》 cambiare in biglietti di piccolo taglio / 《小銭に》 cambiare in spiccioli

ごまかし 《だますこと》 inganno[男], mistificazione[女], raggiro[男], imbroglio[男] [複 *-gli*]; 《詐取》 truffa[女], frode[女]; 《偽装, 見せかけ》 camuffamento[男], travestimento[男], finzione[女]; 《言い逃れ》 sotterfugio[男] [複 *-gi*] ¶彼にはごまかしが利かない. È inutile cercare di fargliela [di imbrogliarlo].

ごまかす **1** 《あざむく》 mentire[自] [*av*] a *qlcu.*, ingannare [imbrogliare] *qlcu.*; 《改ざんする》 alterare *ql.co.*; 《偽造・模倣する》 contraffare [falsificare] *ql.co.*; 《ふりをする》 fingere *ql.co.* [di＋[不定詞]] ¶帳簿をごまかす alterare [falsificare] i registri contabili ¶《商品の》目方をごまかす imbrogliare un cliente sul peso ¶身分をごまかす alterare il *proprio* stato civile ¶ごまかさないでありのままを全部話しなさい. Non 「inventare storie [mentire] e racconta le cose come stanno. ¶彼女は年を5つはごまかしている. Quella donna si toglie almeno cinque anni d'età. ¶彼は隣近所の人たちの目をごまかして盗みを繰り返していた. Ha commesso vari furti senza che i vicini se ne accorgessero.

2 《だまし取る》 frodare [truffare] *ql.co.* a *qlcu.*; 《奪う》 rubare *ql.co.* a *qlcu.*; 《賭け事で》 barare[自] [*av*] 《で a, in》; 《着服・横領する》 intascare *ql.co.* di nascosto, appropriarsi indebitamente di *ql.co.* ¶値段をごまかす rubare sul prezzo ¶会社の金をごまかす rubare il denaro della ditta

3 《言い抜ける》 usare sotterfugi; 《詭弁(きべん)で》 sofisticare[自] [*av*]; 《隠す》 nascondere [dissimulare] *ql.co.*, fare sparire *ql.co.* ¶返事をごまかす eludere [evadere] una domanda ¶自分の失敗をごまかす nascondere il *proprio* errore ¶私はうまくその場をごまかした. Sono riuscito ad aggirare lo scoglio.

こまぎれ 細切れ pezzetti[男] [複]; 《布切れ》 ritaglio[男] [複 *-gli*]; 《肉》 carne[女] sminuzzata ¶こま切れにする ritagliare *ql.co.* a pezzetti / 《肉などを》 sminuzzare [tagliuzzare] *ql.co.*

こまく 鼓膜 〔解〕 (membrana[女] del) timpano[男] ¶鼓膜が破れるほどの音 rumore[男] da rompere [che rompe] i timpani

こまごま 細細 **1** 《細かい様子》 ◇こまごまとした piccolo, minuto ¶こまごまとした費用《雑費》 spese minute

2 《詳しく丁寧な様子》 ◇こまごまと《詳細に》 minutamente, dettagliatamente, in dettaglio; 《細心に》 minuziosamente; 《丁寧に行き届いて》 accuratamente, premurosamente; scrupolosamente ¶こまごまと面倒をみる avere delicate attenzioni per *qlcu.*

こましゃくれる ◇こましゃくれた; 《ませた》 precoce, pretenzioso; 《小生意気な》 impertinente, impudente, insolente; 《こざかしい》 smaliziato, furbetto ¶こましゃくれたことを言う子供 bambino con la parlata da grande / bambino che parla come un grande [come un adulto]

こまた 小股 ¶小股に歩く camminare a piccoli passi [a passi corti e veloci]

[慣用] **小股の切れ上がった** ¶小股の切れ上がったいい女 donna snella ed attraente

小股をすくう fare lo sgambetto a *qlcu.*

こまづかい 小間使い domestica[女], cameriera[女]

こまどり 駒鳥 〔鳥〕 pettirosso[男]

こまねく 拱く ¶手[腕]をこまねく《何もせずにいる》 restare con le mani in mano / starsene a braccia conserte

こまねずみ 独楽鼠 〔動〕 topo[男] danzatore ¶その少女はこまねずみのように働いた. Quella ragazza ha lavorato diligentemente.

こまめ ◇こまめな attivo; diligente, laborioso ¶こまめに働く lavorare sodo ¶彼はこまめに手紙を書く. 《返事を》 Non manca mai di rispondere alle lettere che riceve.

ごまめ 鱓 acciughe[女] [複] essicate

こまもの 小間物 articoli[男] [複] di merceria, mercerie[女] [複]

✤**小間物屋** 《店》 merceria[女]; 《人》 merciaio[男] [[女] *-ia*; [男]複 *-i*], merciaiolo[男] [[女] *-a*]

こまやか 細やか ◇こまやかな《思いやりの深い》 tenero; 《心のこもった》 affettuoso, premuroso ¶こまやかな夫婦愛 tenero affetto coniugale ¶彼の奥さんは誰に対してもこまやかな心遣いをする. Sua moglie è sempre molto premurosa con chiunque. ¶彼はこまやかな神経を持っている. Ha una squisita sensibilità. ¶このホテルはこまやかなサービスで有名だ. Questo albergo è famoso per il suo servizio accurato.

こまりはてる 困り果てる trovarsi completamente nei guai [in difficoltà];《当惑する》essere molto perplesso;《どうしてよいやら》non saper「più che fare [che pesci prendere / a che santo votarsi」

こまりもの 困り者《無能者》buono《男》[女 -a] a nulla;《うんざりさせる人》seccatore《男》[女 -trice], scocciatore《男》[女 -trice];《俗》rompiscatole《男》[女][無変];《お荷物》pecora《女》nera
¶あの子はまったく困り者だ. Quel ragazzino è proprio una peste. ¶あまり働き過ぎるのも困り者だ.《問題である》Anche lavorare troppo può essere un problema.

こまる 困る **1**《苦しむ,困惑する》essere [trovarsi] in difficoltà;《どうしてよいかわからずに悩む》non sapere (più) che fare, non saper che pesci prendere [pigliare], non sapere a che santo votarsi;《当惑する》essere imbarazzato [perplesso / a disagio /《混乱》turbato] ◇ 困った《面倒な》imbarazzante, difficile;《不愉快な》sgradevole, seccante;《迷惑な》noioso, fastidioso, importuno ◇ 困らせる imbarazzare qlcu., mettere qlcu. a disagio, turbare [confondere] qlcu.;《迷惑をかける》seccare [infastidire / molestare] qlcu.;《窮地に追い込む》mettere qlcu. in difficoltà
¶彼は頭痛がひどくて困っている. Soffre di un brutto mal di testa. ¶車がなくても困りません. Non ho problemi [Me la cavo benissimo] anche senza (la) macchina. ¶困ったなあ,どうしたらいいんだろう. Accidenti! Come posso fare? ¶返事に困る non sapere che cosa rispondere ¶困った子だ.《扱いに困る》È un bambino difficile. /《いたずら者である》È una peste. ¶困ったことがあったらいつでも相談に来なさい. Se ti trovi nei guai [in difficoltà], vieni pure a consigliarti con me in qualsiasi momento. ¶困ったことに私は肝心の電話番号を忘れてしまった. Il guaio è che ho dimenticato il numero di telefono. ¶彼のいびきには困る. Russava in modo insopportabile. ¶約束を守ってくれなければ困ります. Mi raccomando, mantieni la promessa. ¶こんな政治のやり方では困る. Un simile modo di fare politica è inammissibile.
2《金銭に窮する》essere al verde [a corto di quattrini / senza un soldo];《生活全般に》vivere《自》[es, av] in ristrettezze《複》[povertà] ¶彼は金に困って強盗を働いた. Ha commesso una rapina perché era al verde.

こまわり 小回り ¶この車は小回りが利く. Quest'auto ha un buon sterzo. ¶組織が大きくなると小回りが利かない. Quando una struttura è troppo grande, c'è poca flessibilità.

コマンド 〔英 command〕《コンピュータ》comando《男》
✤**コマンドキー** tasto《男》di comando

コマンド 〔英 commando〕《特別攻撃隊》〔英〕commando《男》[無変]

ごまんと ¶大卒なんてごまんといる. Di laureati ce n'è「quanti ne vuoi [a iosa].

こみ 込み ◇込みで tutti insieme, nell'insieme;《量をまとめて》in blocco ¶…込みで compreso [incluso] ql.co. (➡compresoとinclusoはql.co.の性・数に合わせて語尾変化する) / comprensivo di ql.co. ¶税込み20万円の月給 stipendio di 200.000 yen「incluse le imposte [al lordo (delle imposte)] ¶送料込みで50ユーロです. Sono 50 euro「trasporto compreso [incluse le spese di trasporto].

ごみ 塵・芥 immondizia《女》, spazzatura《女》, rifiuti《男》[複];《ほこり,ちり》polvere《女》(➡複数で);《汚いもの》sporcizia《女》;《捨てられたもの》scarto《男》;《残り物,半端物》avanzo《男》¶粗大ごみ rifiuto ingombrante ¶ごみを捨てる buttare i rifiuti [le immondizie] ¶ごみを再利用する riciclare i rifiuti ¶ごみは可燃と不燃に分けて捨てましょう. Separare i rifiuti combustibili da quelli non combustibili prima di gettarli. ¶ごみの分別収集 raccolta《女》differenziata
✤**ごみ収集** raccolta《女》dei rifiuti

ごみ収集員 spazzino《男》[女 -a];《清掃局の》netturbino《男》

ごみ収集業 servizio《男》di raccolta della spazzatura

ごみ収集車 carro《男》per l'immondizia;《清掃局の》camion《男》[無変] della nettezza urbana, autoimmondizie《男》[無変]

ごみ集積所[置き場] deposito《男》delle immondizie

ごみ焼却炉 bruciatore《男》per l'immondizia, inceneritore《男》

ごみ捨て場 mondezzaio《男》[複 -i], immondezzaio《男》[複 -i]

ごみため cumulo《男》di immondizia

ごみ箱 (1) contenitore《男》dei rifiuti, pattumiera《女》;《主に台所の丸くて大きめのもの》bidone《男》dell'immondizia [della spazzatura], pattumiera《女》;《紙屑入れ》cestino《男》della carta;《戸外にあって清掃局が回収する大型の》cassonetto《男》dell'immondizia (2)《コンピュータ》cestino《男》

こみあう 込み合う essere affollato [stipato] 《で di》¶展覧会会場は込み合っていた. La sala della mostra era molto affollata.

こみあげる 込み上げる **1**《抑えきれずに外に出る》¶吐き気が込み上げる《人が主語》provare nausea ¶涙が込み上げた. Mi sono venute le lacrime agli occhi. / Mi sono sgorgate le lacrime dagli occhi.
2《感情などがあふれる:人が主語》essere [cadere《自》[es]] in preda a ql.co., avere un accesso di ql.co.;《物事が主語》sgorgare《自》[es] a qlcu. ¶怒りが込み上げる avere un accesso [un impeto] d'ira ¶なつかしさが込み上げる. Il mio cuore è pieno di nostalgia.

こみいる 込み入る complicarsi, imbrogliarsi, ingarbugliarsi ◇込み入った《複雑な》complicato, complesso;《もつれた》imbrogliato, ingarbugliato;《回路・機械などが精巧な》sofisticato ¶込み入った問題 problema complicato ¶君がそんなことを言うから話がますます込み入ってしまうんだ. La situazione è sempre più complessa [ingarbugliata] per colpa delle tue parole.

ごみごみ ◇ごみごみした disordinato (e sudicio [複 -ci; 女複 -ce, -cie]) ¶ここは小さな家がごみごみと建て込んでいる。Qui ci sono piccole case addossate disordinatamente le une alle altre.

こみだし 小見出し sottotitolo男

こみち 小道 《公園や庭の》vialetto男; 《野や田畑の》viottola女; 《森や山の》sentiero男; 《路地》vicolo男; 《南伊》vico男 [複 -chi]

コミック [英 comic] **1**《喜劇的な》comico男 [複 -ci] **2**《漫画》fumetto男; 《劇画》storia女 a fumetti
✤コミックオペラ operetta女; opera女 comica

コミッショナー [英 commissioner] commissario男 [複 -ia; 女複 -i]

コミッション [英 commission] ¶彼は売り上げの10％のコミッションをとる。Ha una provvigione [commissione] sulle vendite del 10 per cento.

コミット [英 commit] ¶自然環境保護運動にコミットする far parte del movimento ecologico

こみみ 小耳 ¶私はあるニュースを小耳にはさんだ。Mi è capitato di sentire [Ho sentito di sfuggita] una notizia.

コミューン [仏 commune] ¶パリコミューン la Comune di Parigi (◆1871)

コミュニケ [仏 communiqué] ¶2国の指導者による共同コミュニケを発表する rilasciare un comunicato congiunto di due Capi di Stato

コミュニケーション [英 communication] comunicazione女 ¶コミュニケーション可能[不可能]である essere comunicabile [incomunicabile] (と con)

コミュニスト [英 communist] comunista男女 [男複 -i]

コミュニズム [英 communism] comunismo男 ¶ユーロコミュニズム eurocomunismo

コミュニティー [英 community] comunità女
✤コミュニティーセンター centro pubblico [複 -ci] [comunitario [複 -i]], luogo男 [複 -ghi] di ritrovo e di ricreazione (di una comunità)

コミンテルン [独 Komintern] 《史》Comintern男

コミンフォルム [英 cominform] 《史》Cominform男 (◆1947-56)

こむ 込む・混む **1**《人で混雑する》essere affollato, essere molto pieno [stipato / gremito] di gente ¶バスは込んでいる。L'autobus è affollato [è pieno zeppo di gente]. ¶今がちょうど込む時間だ。《ラッシュアワー》Ora è proprio l'ora di punta. ¶道は車で込んでいる。C'è molto traffico.
2《複雑に入り組む》¶手の込んだ細工 lavorazione elaborata ¶手の込んだ料理 piatto ricercato

ゴム [蘭 gom] gomma女, caucciù男 ¶ゴムの木 albero「della gomma [del caucciù / gommifero] ¶ゴム裏の靴 scarpe con la suola di gomma [di para] ¶ゴムびきした布 tessuto gommato
✤ゴム編み maglia女「a coste [inglese]
ゴム印(ﾝ) timbro男 di gomma
ゴムタイヤ pneumatico男 [複 -ci], copertone男
ゴム長靴 stivali男 [複] di gomma

ゴムのり gomma女 arabica
ゴムひも elastico男 [複 -ci] (▶「輪ゴム」もさす)
ゴム風船 palloncino男 di gomma
ゴムボート gommone男
ゴム毬 palla女 di gomma

こむぎ 小麦 grano男, frumento男
✤小麦色 ¶小麦色に日焼けした abbronzato
小麦粉 farina女 (di grano) ¶…に小麦粉をまぶす infarinare ql.co.
小麦畑 campo男 di grano

こむずかしい 小難しい 《複雑な》complicato; 《まわりくどい》tortuoso, 《面倒な》fastidioso; 《機嫌の悪い》di cattivo umore ¶小難しい顔をする fare il broncio ¶小難しい説明 tortuose spiegazioni

こむすめ 小娘 giovane ragazza女, ragazzina女

こむそう 虚無僧 bonzo男 mendicante con flauto (◆anticamente della setta Fuke)

こむらがえり 腓返り ¶こむら返りを起こす essere colpito da un crampo alla gamba

ごむりごもっとも 御無理御尤も ¶彼は社長の言うことには何でもご無理ごもっともという態度だ。Accetta sempre indistintamente tutto quello che dice il presidente.

こめ 米 riso男 ¶米を炊く[作る] cuocere [coltivare] il riso ¶米をとぐ lavare il riso
米食い虫 (1) 《昆》calandra女 [punteruolo男] del riso (2) 《殻潰し》buono男 [女 -a] a nulla
米作況指数 indice男 di produzione del riso
米俵 sacco男 [複 -chi] di paglia per riso
米つき pilatura女 (del riso)
米粒 chicco男 [複 -chi] di riso
米どころ granaio男 [複 -i]
米糠(ﾀ) semola女 di riso
米櫃(ﾂ) recipiente男 [cassetta女] per (riporre) il riso
米屋 (店) negozio男 [複 -i] di riso; (人) negoziante男女 di riso

こめかみ 顳顬 tempia女, regione女 temporale

こめつきばった 米搗き飛蝗 **1**《昆》elateride男 [複 -i] **2**《卑屈な人》¶彼は米つきばったのようにいつも主人にぺこぺこしている。Lecca sempre i piedi al padrone.

コメディアン [英 comedian] commediante男女, (男) attore男 comico [複 -ci], comico男 [複 -ci], (女) attrice女 comica

コメディー [英 comedy] commedia女

こめる 込める **1**《力や気持ちを入れる》¶心をこめて col cuore / con affetto ¶平和への願いをこめて con la speranza per la pace ¶腕に力を込めて contrarre la propria forza nelle braccia ¶精魂こめて勉強する mettercela tutta nello studio ¶皮肉を込めて言う dire ql.co. con ironia ¶彼は丹精込めてバラを育てている。Coltiva le rose con la massima cura. **2**《弾丸を詰める》¶ピストルに弾を込める caricare una pistola

こめん 湖面 superficie女 del lago ¶湖面に映った山の姿 immagine女 delle montagne riflessa sulla superficie del lago

ごめん 御免 **1**《謝罪》¶ごめんなさい。Mi dispiace. / 《親しい1人の相手》

に》Scuṣami. /《敬称 leiを使う相手に》Mi scuṣi. /《複数の相手に》Scuṣatemi. ¶おじゃまして[遅れて]ごめんなさい. Scuṣi (per) il disturbo [il ritardo]. (►答えは「いや, いいんですよ」の意味で Di niente. / Ma si figuri.) ¶ごめんなさい, あなたを傷つけるつもりはなかったんです. Mi scuṣi (tanto), non credevo di offenderla. (►答えは「いえ, いいんですよ」という意味で Ma le pare. / Si immagini. / Ma si figuri.) ¶君の気に障ることを言ってごめんよ. Scuṣami se ho detto qualcosa che ti ha offeso.

2《「失礼」という意味で: 親しい1人の相手に》Scuṣa(mi). /《敬称 leiを使う相手に》(Mi) Scuṣi. /《複数の相手に》Scuṣate(mi). /《1人・複数》Chiedo scuṣa, ma... ¶ごめんなさい, 降りますので.《バスなどで》Permesso, vorrei scendere. ¶お先にごめんなさい.《順序》Mi scuṣi se passo [entro] prima di lei.

3《あいさつ》 ¶ごめんください.《家を訪れたとき: 昼間》Buongiorno. /《夕刻に近ければ》Buonasera. /《入ってよいかどうか問うとき》Permesso? / Permette, posso entrare? (►Avanti! / Prego.と応じる) /《中座するとき》Con permesso. /《辞去するとき》Arrivederla. / Arrivederci.

4《拒絶》 ¶戦争はごめんだ. Basta con le guerre! ¶そんな仕事はごめんこうむる. Mi rifiuto di fare un lavoro simile!

5《免職》 ¶彼はお役御免になった. È stato licenziato. / L'hanno licenziato.

[使いわけ] scuṣare と perdonare

いずれも「許す」を意味し, 命令形で用いると謝罪を乞う表現となる. perdonareは scuṣareよりも深刻な状況で用いられることが多い.

謝るべき内容は, di [per] + 名詞, di [per] + 不定詞, seに導かれる節で示される.

¶ Scuṣa.《親称 tuで話す相手に》ごめん.

¶ Scuṣami. ごめんなさい. (►Scuṣa.より丁寧に謝意を表す)

¶ Scuṣa il ritardo. / Scuṣami del [per il] ritardo. / Scuṣa del [per il] ritardo. 遅れてごめんなさい.

¶ Scuṣa [Scuṣami] se ti ho fatto aspettare. 待たせてごめんね.

¶ Perdonami per [di] averti ferito. 傷つけてしまってごめんなさい.

¶ Perdonami se ti ho ferito. 傷つけてしまったとしたらごめんなさい. (►seは事実と仮定の中間を表す)

ごめんたい 五面体 〔幾何〕pentaedro[男]

コメンテーター 〔英 commentator〕 commentat*ore*[男][[女] *-trice*]

コメント 〔英 comment〕 commento[男] ¶そのことについてはコメントは差し控えます.〔英〕No comment. /《正式な言い方》Su questo argomento non rilascio dichiarazioni.

ごもくずし 五目鮨 〔料〕scodella[女] di *sushi* con vari ingredienti

ごもくめし 五目飯 〔料〕riso[男] bollito con pesce o carne e verdura

こもごも 交交 successivamente, l'uno dopo l'altro;《交互に》a vicenda ¶悲喜こもごもだった. Alternarono tristezza e gioia.

こもじ 小文字 lettera[女] minuscola, minuscola[女], minuscolo[男] **◇小文字で[の]** in minuscolo, a lettere minuscole

こもち 子持ち **◇子持ちの**《子供のある》con figli;《妊娠している》incinta, gravida;《動物の場合》pregna, gravida ¶子持ちの鮭(さけ) salmone pieno di uova

こもの 小物 **1**《付属品類》accessori[男][複];《小さな器具》aggeggi[男][複] **2**《小人物》persona[女] di poco conto ¶彼は政治家仲間では小物とされている. Dagli altri uomini politici è considerato una nullità.

✤小物入れ custodia[女] per accessori;《蓋のあるもの》cassetto[男] portaoggetti[無変];《蓋のないもの》vano[男] portaoggetti[無変]

こもり 子守《アルバイトの》〔英〕baby-sitter[女][男][無変];《乳母》balia[女] (►昔は乳母の意味だったが, 現在は授乳しない場合も使う);《人》bambinaia, tata[女];《養育係》governante[女] ¶子守をする badare ai bambini /《仕事として》fare la baby-sitter ¶〈人〉に子守を頼む affidare a *qlcu.* la cura dei bambini

✤子守歌 ninnananna [ninna nanna][女][無変]

こもる 籠る・隠る **1**《人が閉じこもる》chiudersi《に in》;《人から離れて》appartarsi《に in》, iṣolarsi《に in》;《隠れる》nascondersi, celarsi, occultarsi ¶寺にこもる rinchiudersi in un tempio ¶山にこもる ritirarsi [iṣolarsi] in montagna ¶家にこもる rinchiudersi [tapparsi] in casa ¶殻にこもる ritirarsi nel *proprio* guscio

2《空気などが》 ¶この部屋はこもったにおいがする.《主に, 長いこと使っていなくて》Si sente [C'è] odore di chiuso in questa stanza. /《空気の循環が悪い》In questa camera, c'è aria viziata. ¶煙が部屋にこもっていた. La stanza era piena di fumo.

3《心情・力などが》 ¶真心のこもったもてなし affettuosa accoglienza ¶力のこもった演説をする fare un discorso pieno di energia ¶熱のこもった演技 recitazione piena di passione

4《音などがはっきり聞こえない》 ¶こもった音 rumore sordo ¶こもった声 voce sommessa e indistinta

こもん 顧問《行為》consulenza[女];《人》consigli*ere*[男][[女] *-a*], consulente[男][女] ¶技術[法律]顧問 consulente tecnico [legale]

✤顧問弁護士 avvocat*o*[男][[女] *-essa*] consulente

こもんじょ 古文書 scritture[女][複] antiche

✤古文書学 paleografia[女]

古文書学者 paleograf*o*[男][[女] *-a*]

古文書館 archivi*o*[男][複 *-i*]

コモンセンス 〔英 common sense〕《常識》senso[男] comune;《良識》buonsenso[男], buon senso[男]

こや 小屋 capanna[女]; baracca[女], capanno[男];《あばら家》tugur*io*[男][複 *-i*], catapecchia[女], stamberga[女] ¶見せ物小屋《テント風のもの》tendone[男] /《建物》baraccone[男] ¶山小屋 capanna ¶家畜小屋 stalla

✤小屋掛け ¶小屋掛けする costruire un palcoscenico temporaneo

こやぎ 子山羊 capretto[男]

こやく 子役 at*tore*[男][[女] *-trice*] bambin*o*;《役》

ごやく 誤訳 traduzione errata [sbagliata / scorretta], interpretazione erronea ◇誤訳する tradurre impropriamente [in modo errato], tradurre scorrettamente

こやくにん 小役人 funzionario [⚥ -ia; 複 -i] di basso rango

こやし 肥やし **1**《肥料》concime, fertilizzante ¶畑に肥やしをまく concimare un campo **2**《成長を助けるもの》¶人生の肥やし insegnamento che si trae da esperienze di vita

こやす 肥やす **1**《太らせる》ingrassare ql.co.;《土地を》concimare [fertilizzare] ql.co. **2**《ある能力を豊かにする》educare ql.co. ¶よい音楽を聞いて耳を肥やす educare l'orecchio alla buona musica **3**《不当な利益をあげる》¶私腹を肥やす arricchirsi [riempirsi le tasche di soldi] in modo disonesto

こやすがい 子安貝 《貝》ciprea

こやま 小山 collina, collinetta

こやみ 小止み ¶雨が小止みになったから、急いで帰ろう. Affrettiamoci a tornare a casa intanto che ha smesso di piovere.

こゆう 固有 ◇固有の《本来の、独自の》proprio [複 -i];《生まれながらにもっている》innato;《典型的な》tipico [複 -ci], caratteristico [複 -ci];《独特の》peculiare, particolare;《その土地特有の》indigeno, autoctono ¶この地方固有の習俗 usanze proprie [caratteristiche] di questa zona ¶日本固有の芸術 arti originarie [indigene] del Giappone

✥固有財産《法》beni [複] propri
固有名詞 nome proprio

こゆき 小雪 leggera nevicata, nevicatina
こゆび 小指 mignolo
こよい 今宵 questa sera; stasera

こよう 雇用 assunzione, impiego [複 -ghi], occupazione;《スポーツ選手などの期間契約で》ingaggio [複 -gi] ◇雇用する assumere qlcu.; ingaggiare qlcu. ¶完全雇用政策 politica di piena occupazione [pieno impiego] ¶低[不完全]雇用《経》sottoccupazione ¶雇用を促進する promuovere l'impiego ¶雇用の安定 stabilità del lavoro

✥雇用機会均等法 legge per la pari opportunità nell'occupazione ¶男女雇用機会均等法 legge per la parità uomo-donna nel lavoro
雇用契約 contratto di lavoro
雇用者[主] datore [⚥ -trice] di lavoro ¶被雇用者 prestatore [⚥ -trice] di lavoro
雇用条件 condizioni [複] d'assunzione [d'impiego]
雇用保険 mutuo assistenziale per la disoccupazione e per l'incentivazione dell'occupazione

ごよう 御用 **1**《用事、用向き》cosa da fare, affare ¶faccenda ¶ご用の節は呼び鈴を押してください. Quando ha bisogno, suoni il campanello. ¶何のご用でしょうか. In che cosa posso esserle utile? ¶お気い御用です. Niente di più facile. **2**《注文》ordine, ordinazione ¶ご用はございませんか, 奥さま. (Che cosa) Desidera, Signora? **3**《公の用》servizio [複 -i] pubblico [複 -ci]

✥御用聞き ¶御用聞きに回る fare il giro dei clienti
御用組合 sindacato filoaziendale
御用新聞 giornale filogovernativo
御用達《宮中の》fornitore [⚥ -trice] della casa imperiale;《官庁の》fornitore [⚥ -trice] degli uffici ministeriali
御用邸《天皇別邸》villa imperiale
御用始め[納め] il primo [l'ultimo] giorno di lavoro dell'anno in un ufficio governativo (◆ In Giappone, il 4 gennaio e il 28 dicembre, rispettivamente)

ごよう 誤用 uso errato [scorretto] ◇誤用する usare ql.co. impropriamente [male], sbagliare l'uso di ql.co.

ごようろん 語用論《論理》pragmatica

コヨーテ〔英 coyote〕《動》〔英〕coyote [無変]

こよなく ¶こよなく愛する妻 la *propria* amatissima moglie / la *propria* diletta sposa

こよみ 暦 calendario [複 -i] ¶暦を繰る consultare il calendario ¶暦のうえでは春だが、暖かいどころではない. Secondo il calendario è primavera, però la temperatura non è affatto mite.

こより 紙縒 cordicella di carta ¶こよりをつくる attorcigliare un pezzo di carta per farne una cordicella

こら ¶こら、何をしている. Ehi! Che fai?

コラーゲン〔独 Kollagen〕《医》collageno, collagene

コラージュ〔仏 collage〕《美》〔仏〕collage [kollá3] [無変]

コラール〔独 Choral〕《音》corale

こらい 古来 fin dall'antichità ¶これは日本古来の風習とされている. Questo è ritenuto [considerato] un costume antico [tradizionale] giapponese.

ごらいこう 御来光 ¶富士山頂から御来光を仰ぐ ammirare dalla cima del monte Fuji l'alba

こらえしょう 堪え性《忍耐力》sopportazione;《粘り強さ》perseveranza;《耐久力》resistenza, durata ¶こらえ性がない non essere perseverante [resistente]

こらえる 堪える《我慢する》sopportare ql.co., patire ql.co., tollerare ql.co.;《抑えて外に出さない》trattenere [soffocare / reprimere] ql.co. ¶痛みをこらえる sopportare un dolore ¶笑いをこらえる contenere il riso ¶吹き出したいのをやっとこらえた. Mi sono trattenuto a malapena dal ridere. / Ho soffocato a stento una risata. ¶腹の立つのをこらえた. Ho represso pazientemente la collera. ¶涙をこらえられなかった. Non ho potuto trattenere le lacrime. ¶もうこらえきれない. Non ne posso più. / Non ce la faccio più.

ごらく 娯楽 divertimento;《気晴らし》svago [複 -ghi], passatempo, distrazione;《レクリエーション》ricreazione ¶大衆娯楽 divertimento popolare ¶読書が私にとって最善の娯楽です. Leggere, per me, è il miglior passatempo.

✥娯楽映画 film [無変] di consumo
娯楽施設 attrezzature [複] ricreative

娯楽室 sala⊛ di ricreazione
娯楽室 luogo⊛ [複 -ghi] di divertimento
娯楽番組 programma⊛ [複 -i] leggero [di varietà]

こらしめる 懲らしめる punire [castigare] *qlcu.*;《体罰》infliggere a *qlcu.* una punizione corporale; 懲らしめ castigo⊛ [複 -ghi], punizione⊛; lezione⊛;《体罰》punizione corporale;《制裁》sanzione⊛ ¶彼にはいい懲らしめになるだろう. Questo gli servirà da lezione.

こらす 凝らす ¶ひとみを凝らす guardare fisso *qlcu.* [*ql.co.*] / fissare gli occhi [lo sguardo] su *qlcu.* [*ql.co.*]. ¶装いを凝らす vestirsi con ricercatezza ¶工夫を凝らす ingegnarsi per +不定詞 ¶趣向を凝らしたパーティー festa organizzata in modo ricercato ¶息を凝らして col fiato sospeso

コラボレーション〔英 collaboration〕collaborazione⊛

コラム〔英 column〕《囲み記事》rubrica⊛;《小さいもの》trafiletto⊛;《記事》articolo⊛
✤**コラムニスト** rubricista⊛⊛ [⊛複 -i]; articolista⊛⊛ [⊛複 -i]; opinionista⊛⊛ [⊛複 -i];〔英〕columnist [kɔ́lumnist] ⊛ [無変];《特別寄稿家》pubblicista⊛⊛ [⊛複 -i]

ごらん 御覧 **1**《見る》¶この絵をご覧ください. Guardi questo quadro. ¶そら, ごらんなさい. 言うことを聞かないからだ. Ecco, vedi [Hai visto]? Questo succede perché non mi dà retta.
2《…してみる》¶食べてごらんなさい. Assaggialo. / Prova ad assaggiarlo.
慣用 ご覧に入れる mostrare *ql.co.* a *qlcu.*, far vedere *ql.co.* a *qlcu.*

こり 梱 balla⊛ (di merce)
こり 凝り rigidità⊛ ¶肩の凝りをもみほぐす alleviare con massaggi il dolore provocato dall'irrigidimento dei muscoli delle spalle [l'indolenzimento delle spalle]

コリアンダー〔英 coriander〕《植》coriandolo⊛

コリー〔英 collie〕〔英 collie [無変]; cane ⊛ pastore scozzese

ごりおし ごり押し ◇ごり押しする《押し通す》far accettare [far accogliere] *ql.co.* con spinte;《どしつけて》costringere *qlcu.* con la forza (a + 不定詞);《法案などを》far passare *ql.co.* con la forza

こりかたまる 凝り固まる **1**《思想・信仰などに固執する》essere fanatico di *ql.co.* ¶信心に凝り固まる essere un credente fanatico ¶こりかたまった迷信は手に負えない. La nebbia della superstizione è indissolubile. **2**《筋肉などが凝って固くなる》凝り固まった状態

こりこう 小利口 ◇小利口な《抜け目のない》sagace, sveglio ⊛複 -gli];《ずる賢い》smaliziato, furbo, astuto

こりこり ¶このたくあんはこりこりしておいしい. Questi *daikon* sotto sale sono deliziosamente croccanti.

こりごり 懲り懲り ◇こりごりする averne abbastanza di *ql.co.* [*qlcu.*] ¶もうこりごりだ. Ne ho abbastanza! / Adesso basta! / Sono stufo!

こりしょう 凝り性 《完全主義者》perfezionista⊛⊛ [⊛複 -i];《細かいことにこだわる》pignolo ⊛ [⊛ -a]

こりつ 孤立 isolamento⊛ ◇孤立する isolarsi 《から da》◇孤立させる isolare ◇孤立した isolato, remoto; solo;《孤独な》solitario ⊛複 -i], segregato ¶孤立無援の軍隊 forze isolate (senza alcun aiuto esterno) ¶彼は社内で孤立している. In ufficio no hanno isolato. ¶国際社会で[大衆から]孤立する isolarsi dalla comunità internazionale [dalle masse]
✤**孤立語**《言》lingua⊛ isolante (◆中国語・タイ語など)
孤立主義 isolazionismo⊛
孤立主義者 isolazionista⊛⊛ [⊛複 -i]
孤立政策 孤立政策をとる adottare una politica isolazionistica

ごりむちゅう 五里霧中 ¶この計画の実現は五里霧中だ. La realizzazione di questo progetto è ancora in alto mare.

こりゃ ¶こりゃ大変だ. Santo cielo (è terribile). ¶こりゃ弱った. Che disgrazia! ¶こりゃいかん. Ma no! / Mannaggia!

ごりやく 御利益 grazia⊛ (divina), provvidenza⊛ ¶商売にご利益のある神様 divinità che fa prosperare il commercio

こりょ 顧慮 considerazione⊛ ◇顧慮する prendere *ql.co.* in considerazione

ごりょう 御陵 mausoleo⊛ imperiale

こりょうりや 小料理屋 trattoria⊛ giapponese dove si servono piatti semplici

ゴリラ〔英 gorilla〕《動》gorilla⊛ [無変]

こりる 懲りる averne abbastanza di *ql.co.* ¶これで懲りただろう, 以後気をつけなさい. Fai tesoro di questa lezione. ¶一度懲りればもういないだろう. Penso che, una volta imparata la lezione, non lo rifarà più. ¶株には懲りた. Ho imparato a mie spese che cosa significa speculare in Borsa.

ごりん 五輪 《オリンピックの》i cinque cerchi ⊛複];《オリンピックのマーク》simbolo⊛ olimpico [⊛複 -ci];《オリンピック》Olimpiadi⊛ [複]
✤**五輪塔**《仏教》torre⊛ tombale

コリント式 コリント式 stile⊛ [ordine⊛] corinzio ◇コリント式の corinzio [⊛複 -i] →石柱 図版

こる 凝る **1**《熱中する》dedicarsi [appassionarsi] completamente a *ql.co.*, essere appassionato di *ql.co.* [di + 不定詞] ¶カメラに凝る essere molto appassionato di fotografia
2《工夫をこらす》elaborare *ql.co.* con cura ¶服装に凝る curare molto il *proprio* abbigliamento ¶ずいぶん凝った室内装飾だ. L'arredamento interno è "assai raffinato [ricercato]".
3《筋肉が固くなる》¶肩が凝る avere le spalle irrigidite / avere i muscoli delle spalle irrigiditi ¶肩の凝らない本 libro non impegnativo

コルク〔蘭 kurk〕sughero⊛ ◇コルク性[質]の sugheroso ¶コルクの栓 tappo [turacciolo] di sughero
✤**コルク園** sughereto⊛, sughereta⊛
コルク樫(⊛) sughera⊛, quercia da sughero
コルク工場 sugherificio⊛ [複 -ci]
コルク栽培 sughericoltura⊛

コルセット 〔英 corset〕《服》corsetto男, busto男;《ガードル》guaina女;《整形用》corsetto男
コルネット 〔英 cornet〕《音》cornetta女
✤**コルネット奏者** cornettista男女[男複 -i]
ゴルフ 〔英 golf〕〔英〕golf男 ¶ゴルフをする giocare a golf
✤**ゴルフクラブ** (1)《用具》mazza女[bastone男] da golf (2)《サークル》club男[無変][circolo男] di golf
ゴルフ場 campo男 di [da] golf
ゴルフバッグ sacca女 (per mazze) da golf
ゴルフボール pallina女 da golf
ゴルフ練習場 centro男 per la pratica del golf
ゴルファー 〔英 golfer〕golfista男女[男複 -i], giocatore男[女 -trice] di golf
こるり 小瑠璃《鳥》codazzurro男 siberiano
これ ¶これ、何をしている。Ehi, che cosa stai facendo? ¶これこのとおり。Ecco, è così.
これ 此れ **1**《話者に近いものをさして》questo男[女 -a] ¶これがいいですか、あれがいいですか。Vuole questo o quello? ¶持っているのはこれです。Questo è tutto quello che ho. ¶もうこれでおしまいだ。《終了》E con questo, è finito. /《最後だ》Questo è l'ultimo. /《万事休す》E finita! ¶これで十分だ。Basta così. **2**《このこと》¶これはこれとして a parte ciò ¶これに反して al contrario ¶これを聞いて[見て] sentendo [vedendo] ciò ¶ a queste parole [questa vista] ¶これをもって con questo **3**《身内や目下の者をさして》¶これがなかなか親の言うことを聞かないんです。Questo mio figliolo non ci ascolta mai. ¶これは家内です。Questa è mia moglie. **4**《ここ》¶これより先100メートルの所に da qui cento metri più avanti
慣用 **これ幸い** approfittando ¶電車ストをこれ幸いと休む assentarsi approfittando dello sciopero dei treni
これと言う ¶これという理由もなく senza alcuna ragione precisa [particolare] ¶今朝は特にこれといった用事もない。Questa mattina non ho niente di particolare da fare.
これから 《いますぐ》adesso, ora;《今後》d'ora in poi, d'ora in avanti, da oggi in poi, in futuro ¶これから出掛けるところです。Adesso sto per uscire. ¶これから君にそのことを話そう。Adesso ti parlo di quella cosa. ¶これから君に聞かせたい話だ。E adesso vengo al punto di cui volevo parlarti. ¶これから先は私が説明します。Da questo punto in poi, spiegherò io. ¶これからの日本はどうなるのか誰にもわからない。Nessuno sa come sarà il Giappone in futuro.
これきり 《今度だけ》per l'ultima volta, una volta per tutte, per questa volta ¶これきり君とは会えないだろう。Forse non ci vedremo mai più. / Probabilmente questa è l'ultima volta che ci vediamo.
コレクション 〔英 collection〕collezione女 ¶切手のコレクションをする collezionare [fare la collezione dei] francobolli ¶ミラノ・コレクションに参加する partecipare alle sfilate di Milano
コレクター 〔英 collector〕《収集家》collezionista男女[男複 -i]

コレクトコール 〔英 collect call〕《受信人払いの通話》chiamata女 telefonica「con pagamento [a carico] del destinatario →電話 会話 ¶日本にコレクトコールしたいのですが。Vorrei chiamare il Giappone a carico del destinatario.
これくらい・これぐらい これ位 circa, pressappoco, più o meno così ¶もうこれくらいでよかろう。Questo basterà [sarà sufficiente]. ¶これくらいのことで泣くな。Non piangere「per una sciocchezza del genere [per così poco]! ¶これ位の高さの机がほしい。Voglio una scrivania「alta così [di questa altezza].
これこれ これ此れ ¶これこれの日時に、これこれの所に、これこれの人を訪ねなさいと言われた。Mi è stato detto di andare dalla tale persona, alla tale ora del tal giorno, al tale luogo.
これしき これ式 ¶なんのこれしき。《礼にはおよばない》Per così poco! ¶これしきの金ではたいした物は買えない。Penso che con una somma simile non si possa acquistare un gran che. ¶これしきのことではへこたれないぞ。Questo è niente per me.
コレステロール 〔英 cholesterol〕《医》colesterolo男
これだけ これ丈 ¶これだけだ。《これで全部だ》Questo è tutto. /《他にはない》Solo questo e niente altro. ¶私がお前に言いたかったことはこれだけだ。Questo è tutto quello che avevo da dirti. ¶これだけは信じてください。Creda almeno a questo. ¶彼はこれだけしか書き残さなかった。Non ha lasciato altro che questo scritto.
これっぽっち ¶なぜこれっぽっちの金しかくれないのか。Perché mi dai così pochi soldi?
これで **1**《このことで》¶これで私の人生もおしまいだ。Questo mi rovinerà. / Questo sarà la mia fine. **2**《ここまでで》¶これで今日の会議を終わります。Per oggi chiudiamo qui la conferenza. ¶これで失礼します。Con questo vi saluto. ¶彼が家を出てからこれで10日になる。Sono ormai trascorsi 10 giorni da quando è partito. **3**《こう見えても》→これでも 1
これでは ¶これでは仕事はとても午前中には終わらないよ。Non finirai mai il lavoro prima di mezzogiorno se continui così.
これでも **1**《こう見えても》¶これでもなかなかの倹約家なんですよ、家内は。Mia moglie, non si direbbe, ma è una grande risparmiatrice. **2**《この程度でも》¶これでもまだ懲りないらしい。Anche questo sembra non avergli insegnato nulla. ¶これでも不満ならもう勝手にしろ。Se ancora non sei soddisfatto, fai [fa'] come vuoi. ¶余りに腹が立ってこれでもかと殴ってやった。Ero talmente furioso che l'ho colpito ripetutamente.
これなり ¶これはこれなりにいいところがある。Anche questo a suo modo ha degli aspetti positivi.
これはこれは ¶これはこれは、どなたかと思ったらあなたでしたか。Ma guarda un po' chi si vede.
これほど ¶これほどおもしろい映画はめったにない。Non ho mai visto un film così [tanto] interessante. ¶これほど頼んでもだめかい。Non vedi che te lo sto chiedendo in gi-

これまで これ迄 **1**《ここまで》¶今日の勉強はこれまでにします. Chiudiamo qui la lezione per oggi. ¶私がこれまでになったのは彼のおかげです. Se sono arrivato fin qui, lo devo a lui. **2**《万事休す》¶もはやこれまでだ. È finita. / Ora tutto è finito. / Non c'è più (alcuna) speranza. **3**《今まで》¶これまでにない出来栄えだ. È un risultato mai ottenuto finora. ¶これまでのことは水に流そう. Mettiamoci una pietra sopra. ¶これまでどおりにやってください. Faccia come al solito.

これみよがし これ見よがし ◇これ見よがしに con ostentazione, ostentatamente, per attirare l'attenzione ¶これ見よがしの態度をとる assumere un atteggiamento borioso [vanaglorioso]

これより これより ¶「これより先, 行き止まり」《掲示》"Strada senza uscita" ¶これより会議を始めます. Dichiaro la seduta aperta.

コレラ 〔蘭 cholera〕《医》colera男 ◇コレラのcolerico[男複 -ci]

✤**コレラ患者** coleroso男[女 -a]
コレラ菌 vibrione男 del colera
コレラ予防ワクチン vaccino男 anticolerico[複 -ci]

ころ 《機》rullo男, cilindro男

ころ 頃 **1**《時期, 時代》tempo男, epoca女;《時刻》momento男 ¶子供のころには da bambino [piccolo] ¶彼女は若いころとてもきれいだった. Quando era giovane [Ai tempi della sua giovinezza] era molto bella. ¶もう帰って来るころです. È già ora che torni a casa. ¶ローマにいたころが懐かしい. Provo nostalgia per il mio soggiorno romano.

2《だいたいの時点》¶8時[1930 年／4月／昼]ごろ verso le otto [il 1930 / aprile / mezzogiorno] ¶いつごろ帰って来ますか. Più o meno quando pensi di tornare? ¶私は春ごろから病気がちだ. Dalla primavera「mi ammalo facilmente [sto quasi sempre male]. ¶今ごろは電車に乗っているだろう. Adesso [A quest'ora] dovrebbe essere in treno.

ごろ 語呂 ¶語呂のいい[悪い]表現 espressione eufonica [cacofonica]

✤**語呂合わせ** gioco男[複 -chi] di parole, bisticcio男[複 -ci]

ゴロ《ボールの》palla女 colpita dal battitore e non presa al volo

ころあい 頃合 ◇頃合の《ちょうどよい》appropriato, adatto, conveniente, opportuno, adeguato;《手ごろな》a portata di mano;《便利な》comodo ¶頃合を見計らって al momento opportuno ¶頃合の値段だ. È un prezzo ragionevole. ¶頃合の家が見つかった. Ho trovato una casa che fa per me.

コロイド 〔英 colloid〕《化》colloide男 ◇コロイド状の colloidale

✤**コロイド化学** chimica女 colloidale
コロイド溶液 soluzione女 colloidale

ころがす 転がす **1**《回転させて動かす》(far) rotolare ql.co. ¶ボールを転がす rotolare [far rotolare] una palla **2**《倒す》fare cadere qlcu. [ql.co.]; mandare qlcu. a gambe all'aria ¶空になったビール瓶を転がしておく lasciare sparse per terra le bottiglie di birra vuote

3《転売を重ねる》¶不動産屋は土地を転がして大もうけした. L'agente immobiliare ha rivenduto dei terreni facendo un grosso guadagno.

ころがりおちる 転がり落ちる rotolare自[es]giù;《倒れ落ちる》cadere自[es]giù ¶坂を転がり落ちる rotolare giù lungo un pendio ¶彼女は階段を転がり落ちた. È caduta [È rotolata] giù per le scale.

ころがりこむ 転がり込む **1**《転がって入って来る》¶庭にボールが転がり込んで来た. Una palla è rotolata dentro il giardino. **2**《偶然手に入る》¶とうとう幸運が転がり込んできた. Finalmente la fortuna è arrivata. ¶遺産が転がり込んだ. Mi è piovuta dal cielo un'eredità. **3**《他人の家に厄介になる》¶厄介者が転がり込んできた. Mi si è piazzato in casa uno scocciatore.

ころがる 転がる **1**《回転する》rotolare自[es] ¶ボールが転がって行った. La palla è rotolata via. ¶鉛筆が転がって落ちた. La matita è caduta rotolando.

2《倒れる》cadere自[es], ruzzolare自[es] ¶人に押されて転がった. Mi hanno spinto e ho fatto un capitombolo.

3《横たわる》stendersi, sdraiarsi, coricarsi; giacere自[es] ¶畳の上に転がって寝る dormire disteso sul *tatami*

4《ある》¶この陶器はどこにでも転がっているものである. È una porcellana preziosa che non si trova dappertutto. / Non è una porcellana qualunque.

[慣用] **転がる石には苔むさず**《諺》"Pietra mossa, non fa muschio."

ごろく 語録 raccolta女 di pensieri, citazioni女[複]

コロケーション 〔英 collocation〕《言》collocazione女

ころげまわる 転げ回る rotolarsi ¶子供たちは草の上を転げ回って喜んでいる. I bambini si divertono rotolandosi sul prato.

ころげる 転げる →転がる 1, 2, 3

ころころ ¶卵がころころと転がっていった. L'uovo è rotolato via. ¶この子はころころと太っている. Questo bambino è paffuto. ¶コオロギがころころ鳴いている. Il grillo stride [canta / fa cri cri].

ごろごろ **1**《異物などが入って》¶目がごろごろする avere gli occhi irritati

2《怠けている》¶ごろごろする oziare自[av], poltrire自[av], fare il fannullone [《女性》la fannullona];¶彼は一日中何もしないでごろごろしてばかりいる. Non fa altro che poltrire tutto il giorno.

3《至る所にある様子》¶この林には丸太がごろごろしている. In questo boschetto si trovano molti tronchi a terra. ¶彼くらいのピアニストならこの国にはごろごろしている. Pianisti come lui ce ne sono a bizzeffe in questo paese.

4《擬音》¶雷がごろごろ鳴る. Il tuono rimbomba. ¶猫がごろごろのどを鳴らす. Il gatto ronfa [fa le fusa].

ころし 殺し uccisione女;《人の》omicidio男[複 -i], assassinio男[複 -i]

✤**殺し屋** sicario男[複 -i], assassino男[女 -a] a

pagamento; 〔英〕killer男女〔無変〕

コロシアム 〔英 Colosseum〕 **1**《ローマ時代の野外円形劇場》anfiteatro男;《ローマの》Colosseo男 **2**《周囲に観客席のある競技場》stadio男〔複 -i〕sportivo

ころしもんく 殺し文句《男女間で相手を引きつける巧みな言葉》parole女〔複〕galanti;《相手をその気にさせる効果的な言葉》frase女 efficace

ころす 殺す **1**《生命を奪う》uccidere, ammazzare; togliere la vita a qlcu.;《死なせる》far morire qlcu., far la pelle a qlcu.〔ql.co.〕;《消す》《親》far fuori qlcu.;《殺害する》assassinare;《家畜を》macellare ¶撃ち殺す uccidere qlcu. con un colpo d'arma da fuoco ¶殴り殺す uccidere qlcu. di botte ¶「汝殺すなかれ。」〔聖〕"Non uccidere." ¶虫も殺さぬようなおとなしい男だ. È buono, non ammazzerebbe nemmeno una mosca.
2《抑制する》soffocare, reprimere, trattenere;《台なしにする》distruggere, rovinare un pisolino ¶感情を殺す soffocare [reprimere] i propri sentimenti ¶息を殺して見る guardare ql.co. trattenendo il respiro ¶声を殺して話す parlare sottovoce [con voce sommessa] ¶才能を殺す non sfruttare il talento ¶この料理は魚の味を殺している. Questo modo di cucinare rovina il sapore del pesce.

コロタイプ 〔英 collotype〕〔印〕collotipia女

ごろつき furfante男女, mascalzone男, canaglia女

コロッケ 〔料〕crocchetta女

ころっと fulmineamente ¶ころっと死ぬ morire男[es] da un momento all'altro / morire di colpo

コロナ 〔英 corona〕〔天〕corona女 (solare)

コロニー 〔英 colony〕《植民地, 動植物群体, 施設》colonia女

ごろね ごろ寝 ◇ごろ寝する《うたた寝する》fare un sonnellino, fare [schiacciare] un pisolino

ころぶ 転ぶ **1**《転倒する》cadere自[es],《転がる》rotolare自[es] ◇転ばす far cadere qlcu. ¶前に[後ろに]転ぶ cadere bocconi [all'indietro] ¶私は石につまずいて転んだ. Ho inciampato in un sasso e sono caduto.
2《物事の成り行きが変わる》¶どちらへ転んでも損はしない. Qualunque sia il risultato, non ho niente da perdere.
〔慣用〕転ばぬ先の杖《諺》"Meglio prevenire che curare."
転んでもただは起きない sapere approfittare di qualunque situazione ¶彼は転んでもただでは起きない. È un tipo che si arrangia sempre per guadagnare qualcosa in qualsiasi situazione.

ころも 衣 **1**《着衣》vestito男, abito男, indumento男 **2**《法衣》tonaca女, paramenti男〔複〕sacerdotali;〔カト〕abito男 talare
3《揚げ物の》pastella女 (per friggere);《糖衣》glassa女 ¶魚に衣をつける ricoprire un pesce di pastella / passare un pesce nella pastella
〔慣用〕衣ばかりで和尚(おしょう)はできぬ《諺》"L'abito non fa il monaco."

ころもがえ 衣替え **1**《季節によって衣服を替える》◇衣替えする cambiarsi gli abiti col mutare delle stagioni; fare [effettuare] il cambio di stagione (nel guardaroba)
2《装いを新たにする》¶駅は壁に白いペンキが塗られすっかり衣替えした. La stazione è stata rimessa a nuovo dipingendo di bianco i muri.

コロラトゥーラ 〔伊〕〔音〕coloratura女
✤**コロラトゥーラソプラノ** soprano男 di coloratura, soprano男 leggero

ころり **1**《転がる様子》¶赤ん坊がベッドでころりと寝返りを打った. Il bambino si è rigirato nel letto. **2**《突然に, 簡単に》ころりと死ぬ morire improvvisamente [di colpo] ¶ころりとだまされる farsi ingannare facilmente **3**《すっかり》¶私はそれをころりと忘れてしまった. L'ho completamente dimenticato.

ごろり ごろりと横になる stendersi, sdraiarsi

コロン 〔英 colon〕《文を区切る記号 :》due punti男〔複〕(►イタリア語の文章の中で, 会話を導いたり, 説明・例示に用いられる)

コロンブスのたまご コロンブスの卵 l'uovo男 di Colombo

こわい 怖い avere paura;《恐ろしい》terribile, pauroso, orribile, tremendo;《ぎょっとする》spaventoso, terrificante;《威嚇的な》minaccioso;《危険な》temibile;《厳格な》severo, rigido ◇怖さ paura女 ¶怖い夢 incubo / brutto sogno ¶怖い伝染病 spaventosa epidemia ¶怖い教授 professore severo [rigido] ¶…が怖い avere paura di ql.co. [qlcu. / 不定詞] ¶怖い顔をする assumere un'aria minacciosa ¶怖い目にあう vedersela brutta ¶ゆうべの火事には怖い思いをした. Ho avuto paura dell'incendio di stanotte. ¶夜一人で歩くのは怖い. Ho paura di camminare da sola di notte. ¶彼女は太るのが怖くて絶対お菓子に手を出さなかった. Non ha mai mangiato un dolce per paura di ingrassare. ¶後が怖いぞ. Te ne pentirai!
〔慣用〕怖いもの見たさ ¶怖いもの見たさに目を開けた. Nonostante la paura, per curiosità ho aperto gli occhi.
怖いもの知らず ¶彼は怖いもの知らずだ.《無鉄砲》È temerario [audace / intrepido]. / Non sa che cosa sia la paura. / È une persona senza paura.

こわい 強い 《固い》duro;《毛がごわごわした》ispido, irto ¶こわい頬ひげ barba dura [ispida] ¶こわいご飯 riso al dente [《生煮えで》non molto cotto]

こわいろ 声色 **1**《声の調子》tono男 (di voce) ¶あの2人は声色が似ている. Quei due hanno una voce simile. **2**《他人の声の調子のまね》imitazione女 della voce ¶電話で〈人〉の声色を使う imitare la voce di qlcu. al telefono

こわがり 怖がり《親》fifone男[女 -a] ¶彼は怖がりだ. È pauroso [timido / timoroso /《親》fifone].

こわがる 怖がる avere paura [impaurirsi] di ql.co. [di qlcu. / di + 不定詞 / che + 接続法];《震えて》tremare自[av] (di paura) per qlcu. [ql.co.], avere la tremarella per ql.co. ◇怖がらせる spaventare [impaurire / intimidire / intimorire] qlcu. ¶決して子供を怖がらせてはいけない. Non devi mai spaventare i bambini. ¶猫は水

を怖がる. Al gatto non piace bagnarsi.
こわき 小脇 ¶小脇に抱える portare *ql.co.* sotto braccio
こわけ 小分け suddivisione㊛ ◇小分けする suddividere *ql.co.*
こわごわ 怖怖 《おずおずと》timidamente;《恐る恐る》paurosamente, con paura, timorosamente;《用心して》cautamente
ごわごわ ◇ごわごわした rigido, teso, duro;《糊のきいた》inamidato, apprettato;《ざらざらした》ruvido
こわす 壊す **1**《破壊する》rompere, distruggere, rovinare;《台なしにする》guastare;《崩壊させる》abbattere, demolire;《砕く》frantumare, infrangere;《使えなくする》mettere fuori uso ¶花瓶を壊す infrangere [rompere] un vaso ¶古い建物を壊して新しく建てた. Demolito il vecchio palazzo, ne hanno costruito uno nuovo. ¶彼は鍵を壊して家に入った. È entrato in casa forzando la serratura.
2《健康を害する》¶体を壊す rovinarsi la salute ¶おなかをこわす guastarsi lo stomaco ¶私はおなかをこわした. Ho lo stomaco disturbato. ¶無理をして体を壊さないでね. Non rovinarti la salute lavorando troppo.
3《だめにする》rovinare *ql.co.*;《計画などを》mandare a monte *ql.co.* ¶計画をこわす mandare a monte un progetto ¶彼のそのひと言がパーティーの雰囲気を壊してしまった. Con quelle sue parole ha rovinato l'atmosfera della festa.
こわだか 声高 ◇声高に a voce alta, a gran voce ¶声高に〈人〉を非難する biasimare *qlcu.* a voce alta
こわだんぱん 強談判 ¶強談判に及ぶ fare domande pressanti [perentorie] a *qlcu.*
こわね 声音 tono㊚ (della voce)
こわばる 強張る irrigidirsi, diventare rigido [duro];《寒さなどで》intirizzirsi《で per》¶こわばった顔つきで con l'espressione tesa ¶私がそう言うと彼の顔がこわばった. Alle mie parole il suo volto si è irrigidito. ¶寒風で顔がこわばってしまった. Il vento gelido mi ha intirizzito la faccia.
こわもて 怖持 ¶彼は怖持てのする人だ. Lo trattano con deferenza perché incute timore.
こわもて 強面 **1**《怖い表情》¶こわもての男 uomo dall'aria truce **2**《強い態度》¶こわもてに出る《強要する》costringere *qlcu.* con la forza a+不定詞 /《高圧的な態度をとる》assumere un atteggiamento coercitivo
こわれもの 壊れ物《壊れやすいもの》oggetto㊚ fragile ¶「壊れもの注意」(表示) "Fragile"
こわれる 壊れる **1**《破損する》rompersi;《ばらばらに, 粉々に》rompersi in pezzi, spezzarsi;《完全に》distruggersi;《建物などが》crollare㊀[*es*], rovinare[*es*] ¶彼は家にいない ¶機械類が》guastarsi;《自動車など》rimanere in panne ◇壊れた rotto; spezzato; distrutto, in rovina; guasto; in panne ¶壊れた時計 orologio guasto ¶壊れたモーター motore in panne ¶壊れかかった橋 ponte che minaccia di crollare ¶壊れやすい fragile ¶コップが粉々に壊れた. Il bicchiere si è rotto in mille pezzi [in frantumi].
2《計画・交渉などがだめになる》¶計画が壊れた. Il progetto è andato a monte. ¶正夫と友子の縁談が壊れた. Le trattative di matrimonio fra Masao e Tomoko sono andate in fumo.
こん 根 **1**¶根をつめて仕事をする lavorare con perseveranza [《疲れを知らぬほどに》instancabilmente];《力を集中する》concentrare tutte le *proprie* forze nel lavoro ¶彼は精も根も尽き果ててしまった. Le sue energie e la sua pazienza sono giunte al limite. **2**《数》radice㊛ ¶ある数の平方根[立方根]を求める estrarre la radice quadrata [cubica] di un numero
こん 紺 ◇紺(色)の (di color) blu [無変] marino[無変], blu scuro [無変] [notte [無変]]
こん- 今-《今の》¶今会計年度に nel corrente [nell'attuale / in questo] anno finanziario
こんい 懇意 ¶彼と懇意になった. Sono diventato suo amico. ¶彼とは懇意な間柄だ. È un amico intimo. / Sono in stretta amicizia con lui.
こんいん 婚姻 matrimonio㊚ [複 -i], nozze㊛ [複]
✤婚姻届 ¶婚姻届を出す registrare un matrimonio all'ufficio dello stato civile
こんか 婚家 famiglia㊛ del marito [della moglie]《◆ famiglia del coniuge che mantiene il cognome dopo il matrimonio》
コンガ [ス conga] **1**《民族舞踊または音楽》conga㊛《音》**2**《楽器》congas㊛[複]; tumbe㊛[複]
こんかい 今回 questa volta ¶《副詞的にも用いる》¶この番組は今回で終わる. Questo programma finisce con quest'episodio [con questa puntata]. ¶今回に限り特例を認めよう. Solo per questa volta facciamo eccezione.
こんがいこうしょう 婚外交渉 rapporto㊚ extraconiugale
こんぎり 根限り ¶根限り働く lavorare con tutte le *proprie* forze ¶根限り努力する fare del *proprio* meglio
こんがらかる 1《糸などが》aggrovigliarsi, ingarbugliarsi ◇こんがらかった aggrovigliato, ingarbugliato
2《事件などが》complicarsi, imbrogliarsi ◇こんがらかった complicato, complesso, imbrogliato, intricato ¶頭がこんがらかる《人が主語》avere la testa confusa ¶考えがこんがらかる《人が主語》perdere il filo del discorso
こんがり ¶肉をこんがりと焼く rosolare la carne ¶ポテトをこんがりと揚げる dorare le patatine
こんかん 根幹《原理, 原則》principio㊚ [複 -i], linea㊛ fondamentale; elemento㊚ principale [fondamentale], base㊛ ¶重化学工業が当時は産業の根幹であった. L'industria chimica pesante era la base di tutta l'industria.
こんがん 懇願 supplica㊛, implorazione㊛, istanza㊛ ◇懇願する supplicare [implorare] *qlcu.* di+不定詞, pregare *qlcu.* con insistenza di+不定詞 ¶切なる懇願に負ける cedere alle istanze di *qlcu.* ¶協力してくれるように懇願する implorare *qlcu.* di (voler) collaborare con *qlcu.* [*ql.co.*]
こんき 今期 ¶今期国会中に durante la sessio-

ne in corso alla Camera

こんき 根気 perseveranza[女]; costanza[女], assiduità[女];《我慢強さ》pazienza[女] ¶根気のある perseverante / assiduo / (di indole) paziente ¶根気よく con perseveranza / con assiduità / pazientemente ¶根気よく探せば見つかるよ. Se cercherai con pazienza lo troverai. ¶彼は根気が続かない. Manca di pazienza [di perseveranza]. ¶これは根気の要る仕事だ. Questo è un lavoro che richiede pazienza e perseveranza.

こんき 婚期 età[女] da matrimonio ¶婚期の娘 figlia [ragazza] in età da marito

こんきゅう 困窮 **1**《困り果てること》¶解決策に困窮する essere in grave difficoltà [avere grosse difficoltà] a trovare una soluzione
2《経済的》povertà[女], indigenza[女], miseria[女] ◇困窮する vivere[自][*es, av*] di [tra gli] stenti, essere pover*o* [indigent*e* / priv*o* di risorse / bisognos*o*] ¶住民たちは困窮していた. Gli abitanti vivevano nelle privazioni [in povertà].
✤**困窮者** i poveri[男][複], gli indigenti[男][複], i bisognosi[男][複]

こんきょ 根拠《土台, 拠りどころ》base[女], fondamento[男];《典拠》autorità[女];《理由》ragione[女];《動機》motivo[男] ◇根拠のある fondato;《正当な》giustificato ◇根拠のない infondato, senza [privo di] fondamento;《動機のない》immotivato ¶根拠のあるうわさ diceria fondata ¶根拠のない疑い sospetto immotivato ¶…を根拠として in base a / sulla base di / basandosi su ¶君は何を根拠にそんなことを言うのか. Sulla base di cosa dici questo?
✤**根拠地** base[女] d'operazione

ごんぎょう 勤行 funzione[女] buddista, servi*zio*[男][複 *-i*] [rito[男]] buddist*a* [複 *-i*] ¶朝の勤行をする celebrare la funzione del mattino

こんく 困苦 ¶困苦に耐える sopportare gli stenti

ゴング〔英 gong〕〔英〕gong[男][無変]

コンクール〔仏 concours〕concorso[男], gara[女] ¶コンクールに参加する partecipare [prender parte] a un concorso / concorrere[自][*av*]《をねらって a》¶音楽コンクールで優勝する vincere un concorso musicale ¶彼女は作文コンクールで3位になった. Si è piazzata terza a un concorso di scrittura.

こんくらべ 根比べ ¶根比べをする fare una gara [prova] di resistenza

コンクリート〔英 concrete〕cemento[男], calcestruzzo[男], conglomerato[男] (cementizio [di cemento]) ¶鉄筋コンクリート cemento armato / conglomerato cementizio armato /《略》c.c.a.
✤**コンクリート打ち** gettata[女] di calcestruzzo
コンクリートブロック blocc*o*[男][複 *-chi*] di calcestruzzo
コンクリートミキサー betoniera[女], impastatrice[女] di cemento
コンクリートミキサー車 autobetoniera[女]

コングロマリット〔英 conglomerate〕〘経〙conglomerato[男], società[女] conglomerata

ごんげ 権化 **1**〘仏教〙《仏や菩薩の化身》incarnazione[女] **2**《ある精神が人の姿をとること》¶あの男は悪の権化だ. Quell'uomo è l'incarnazione [la personificazione] della malvagità. / Quell'uomo è la malvagità fatta persona.

こんけい 根茎〘植〙rizom*a*[男][複 *-i*]

こんけつ 混血 ◇混血の di razza mista,《特に白人とインディオの》meticci*o* [[男]複 *-ci*; [女]複 *-ce*];《黒人と白人の》mulatto;《ヨーロッパ人とアジア人の》eurasiatic*o* [[男]複 *-ci*];《蔑》di sangue misto
✤**混血児** ragazz*o*[男][[女] *-a*] misto, meticci*o*[男][[女] *-cia*; [男]複 *-ci*; [女]複 *-ce*]; mulatt*o*[男][[女] *-a*]; eurasiatic*o*[男][[女] *-ca*];《蔑》sanguemisto[男], mezzosangue[男] [女][無変], ragazz*o*[男][[女] *-a*] di sangue misto

こんげつ 今月 questo mese[男] (►副詞的にも用いる);《主に書類や正式な場合に》il mese[男] corrente ¶今月の5日 il 5 di questo mese ¶今月中に entro questo mese ¶今月末に alla fine di questo mese /〘商〙(a) fine (corrente) mese ¶この展覧会は今月いっぱいやっているよ. Questa mostra resterà aperta tutto questo mese.

こんげん 根源・根元 radice[女], princip*io*[男][複 *-i*], origine[女], fonte[女];《根本原因》causa[女] radicale ¶根源にさかのぼる risalire alle origini [alla fonte] ¶諸悪の根源 la radice di ogni male

こんご 今後 d'ora「innanzi [in avanti], da oggi in poi, da ora in poi;《将来》in futuro, in avvenire ◇今後の futuro, venturo, a venire; per il futuro ¶今後5年間に nei prossimi cinque anni / da qui a cinque anni ¶今後の計画 piano per il futuro ¶今後はもっと気をつけなさいよ. Sii più prudente d'ora in poi [in avvenire]. ¶今後こういうことのないようにしなさい. Che non accada più una cosa simile.

こんこう 混交 mescolanza[女], miscu*glio*[男][複 *-gli*];〘言〙mescolanza[女] ¶神仏混交 sincretismo di shintoismo e buddismo

こんごう 根号〘数〙radicale[男], simbolo[男] [segno[男]] di radice

こんごう 混合 mescolanza[女], miscu*glio*[男][複 *-gli*] ◇混合する《混ぜる》miscelare [mescolare] *ql.co.* con *ql.co.*;《混じる》mischiarsi, mescolarsi, confondersi ¶他のものと混合できる液体 liquido mescolabile con altri
✤**混合ガス** gas[男] composto;〘車〙miscela[女]
混合機 mescolatore[男], mescolatrice[女]
混合ダブルス《テニスの》dopp*io*[男][複 *-i*] misto
混合比《金属の》rapporto[男] di miscela;《燃料の》rapporto[男] combustibile-aria
混合物 mescolanza[女], miscuglio[男], mistura[女], miscela[女]
混合ワクチン vaccino[男] polivalente

こんごうしゃ 金剛砂 (polvere[女] di) smeri*glio*[男][複 *-gli*]

コンコース〔英 concourse〕《中央ホール, 中央広場》atr*io*[男][複 *-i*], spiazzo[男]

ごんごどうだん 言語道断 ¶彼の行為は言語道断だ. La sua condotta è scandalosa [indicibile / imperdonabile].

こんこん **1** ¶狐がこんこんと鳴いていた. Una volpe gagnolava [ganniva]. ¶こんこんと咳をする tossire[自][*av*] / fare un colpo di tosse ¶誰かが

戸をこんこんとたたいている. Qualcuno sta bussando alla porta. **2**《雪やあられの降る様子》¶雪がこんこん降っていた. La neve cadeva fitta.

こんこん 昏昏 ¶昏々と眠る dormire profondamente [della grossa / come un ghiro] ¶彼は昏々と眠り続けている.《意識不明》Non si è ancora svegliato dal coma.

こんこん 滾滾 ¶泉から水がこんこんと湧いている. L'acqua zampilla in abbondanza dalla fontana.

こんこん 懇懇 ¶伯父に懇々と諭された. Mio zio ha cercato di consigliarmi con fare bonario e paziente.

コンサート〔英 concert〕concerto男;《パンフレットなどで》appuntamento男 musicale;《夜開催の》serata女 musicale ¶コンサートを開く dare un concerto
✢コンサート活動 attività女 concertistica
コンサートマスター primo violino男; violino男 di spalla女
コンサートホール sala女 dei concerti, auditorium男[無変]

こんさい 根菜 radice女 commestibile
こんざい 混在 ¶彼の心には悲しみと怒りとが混在していた. Nel suo cuore si mescolavano dolore e rabbia.

こんさく 混作 coltura女 mista
こんざつ 混雑《人込み, 人だかり》folla女, affollamento男, ressa女, calca女;《大混雑》pigia pigia男[無変];《車の渋滞》traffico男[複 -ci], ingorgo男[複 -ghi], congestione女 del traffico;《混乱》disordine男, trambusto男, scompiglio男[複 -gli] ◇混雑する《場所などが主語で》essere affollato《で di》;《交通・道路などが》essere congestionato, essere ingorgato《で di》¶駅を旅客で大混雑だ. La stazione è tutta un brulichio di passeggeri. ¶バスはすし詰めの状態だった. L'autobus era stipato. ¶高速道路料金所付近は車が混雑している. Nei pressi del casello autostradale c'è un ingorgo [un imbottigliamento] di macchine.

コンサバティブ〔英 conservative〕◇コンサバティブな《保守的な》conservatore男[女 -trice]
コンサルタント〔英 consultant〕consulente男女 ¶技術コンサルタント ingegnere男 consulente, consulente tecnico
コンサルティング〔英 consulting〕consulenza女 ¶コンサルティング会社 società女 di consulenza

こんじ 根治 guarigione女 completa ◇根治する《病気・病人を》curare una malattia completamente;《病気・病人が》guarire[es] completamente
こんじき 金色 ◇金色の d'oro, di color oro ¶金色に輝く emettere un bagliore dorato
こんじゃく 今昔 ¶今昔の感に堪えない rimanere colpito dal cambiamento dei tempi

こんしゅう 今週《►副詞的にも用いる》¶今週の土曜日に questo sabato / sabato di questa settimana ¶今週中に entro questa settimana ¶試験は今週行われる. Gli esami si terranno questa settimana. ¶…するのに今週いっぱいはかかるだろう. Ci vorrà tutta questa settimana per +不定詞

こんしゅご 混種語《言》ibrido男《►異なった言語に属する要素の結合からなる単語.「紙コップ」(和語＋外来語),「シュークリーム」(フランス語＋英語)など》

こんじょう 今生 questa vita女[eṣistenza女], questo mondo男 ¶今生の別れを告げる dare l'ultimo addio a qlcu. ¶今生の思い出に come ultimo ricordo (di questo mondo)

こんじょう 根性 **1**《性質, 気質》natura女, temperamento男, carattere男;《メンタリティー》mentalità女 ¶根性の悪い人 persona cattiva [malvagia / maligna] ¶根性の腐った人 persona vile [vigliacca] ¶彼は根性が曲がっている. Ha un pessimo carattere. ¶根性をたたき直す correggere il carattere di qlcu. con severità ¶島国根性 mentalità ristretta [spirito tipico] dei popoli insulari
2《意地, 気骨》(fermezza女 di) carattere男, grinta女, (forza女 di) volontà女 ¶彼は根性がある. Ha carattere. / È tenace. / È instancabile. ¶彼は根性がない. Non ha carattere. / È senza [privo di] carattere.

こんじょう 紺青 ◇紺青の (di color) azzurro di Berlino [di Prussia], (di colore) blu[無変] di ferro ¶紺青の空 cielo (color) azzurro intenso

こんしょく 混色 colore男 composto;《二原色を等分にまぜた色》colore男 secondario[複 -i]
こんしん 混信《通信》interferenza女 (radio[無変])
こんしん 渾身 ¶渾身の力をふりしぼって闘う lottare contro qlcu. con tutte le forze
こんしん 懇親 ¶会員相互の懇親をはかる promuovere la reciproca amicizia tra i membri di una società
✢懇親会 riunione女 a scopo di socializzazione
こんすい 昏睡 coma男[無変], letargia女[複 -gie] ◇昏睡の comatoso, letargico男[複 -ci]
✢昏睡状態 ¶昏睡状態に陥る entrare [cadere] in coma ¶昏睡状態から脱する uscire dal coma [da uno stato comatoso]

コンスタント〔英 constant〕**1**《物・数》costante男;《記号》C **2**《一定であること》◇コンスタントな costante ¶コンスタントに勉強する studiare costantemente

こんせい 混成 ◇混成の misto
混成岩《鉱》migmatite女
✢混成語《言》contaminazione女
混成チーム squadra女 mista

こんせい 混声《音》voci女[複] miste
✢混声合唱 coro男 misto [a voci miste]
こんせい 懇請 supplica女, preghiera女, implorazione女
こんせいき 今世紀 questo secolo男, il secolo男 attuale ¶今世紀最大の出来事 il più grande avvenimento del secolo [di questo secolo]

こんせき 痕跡 traccia女[複 -ce], segno男, impronta女, orma女 ¶痕跡をとどめない non lasciare alcuna traccia《に su》¶昔の栄華の痕跡 traccie della gloria passata ¶壁にはまだ銃弾の

痕跡が残っている. Sul muro sono ancora visibili i segni [buchi] dei proiettili.
✤**痕跡器官** 〖生〗organo🄼 di vestigia

こんせつ 懇切 ◇懇切な《親切な》pieno di bontà, gentile; 《念入りな》minuzioso, accurato ◇懇切に cordialmente, gentilmente; accuratamente ¶懇切ていねいに説明する dare [fornire] gentilmente tutte le spiegazioni utili a qlcu.

こんぜつ 根絶 《根こそぎ》estirpazione🄕, sradicamento🄼;《絶滅》estinzione🄕, sterminio🄼 〖複 -i〗 ◇根絶する estirpare [sradicare / sterminare] qlcu. [ql.co.] ¶汚職［悪習］を根絶する sradicare la corruzione (politica) [i vizi (sociali)]

コンセプト 〖英 concept〗concetto🄼

こんせん 混戦 battaglia🄕 confusa, mischia🄕 generale;《白兵戦》combattimento🄼「corpo a corpo [all'arma bianca]

こんせん 混線 **1** 《電話などの》interferenza🄕, disturbo🄼 ¶電話が混線している. C'è un'interferenza. / La comunicazione telefonica è disturbata. **2** 《話の》¶どうも話が混線してしまったようだ. Scusi, ma c'è stato un malinteso.

こんぜん 婚前 ¶婚前交渉する avere rapporti sessuali prematrimoniali

こんぜん 渾然 ¶寺と背景の森が渾然一体となっていた. Il tempio e il bosco che si trovava alle sue spalle formavano [si fondevano in] un complesso armonico.

コンセンサス 〖英 consensus〗consenso🄼 ¶国民のコンセンサスを得る ottenere il consenso del popolo

コンセント presa🄕 (di corrente)

コンソメ 〖仏 consommé〗〖料〗〖仏〗consommé🄼 [無変]; brodo🄼 ristretto

こんだく 混濁 《濁ること》torbido, offuscato ¶混濁した空気 aria sporca e viziata **2** 《意識が乱れること》◇混濁した appannato, annebbiato, confuso, confusionario ¶彼の意識はまだ混濁している. È ancora in stato confusionario. **3** 《世の中が乱れること》¶混濁の世 mondo corrotto

コンタクト 〖英 contact〗¶コンタクトをとる《連絡をとる》prendere [mettersi in] contatto con qlcu.

コンタクトレンズ lente🄕「a contatto [corneale]」¶ハード［ソフト］コンタクトレンズ lente (a contatto) rigida [morbida] ¶酸素透過性ハードコンタクトレンズ lente (a contatto -i) semirigida ¶コンタクトレンズを着用している portare le lenti a contatto

こんだて 献立 《料理の》¶献立を決める stabilire [decidere] il menù
✤**献立表** programma🄼 [複 -i] del pasto, menù🄼; 〖仏〗menu [menù] 🄼 [無変]; lista🄕 delle vivande

こんたん 魂胆 intenzione🄕 nascosta, sottinteso🄼, secondo fine🄼, pensiero🄼 segreto ¶〈人〉の魂胆を見抜く indovinare i pensieri segreti di qlcu. ¶彼には何か魂胆があるようだ. Sembra che lui abbia intenzioni nascoste [secondi fini].

こんだん 懇談 ◇懇談する avere una conversazione informale [amichevole] con qlcu., far quattro chiacchiere con qlcu.
✤**懇談会** riunione🄕 (amichevole)

こんち 根治 ➡根治(こんじ)

コンチェルト 〖伊〗〖音〗concerto🄼 ¶バイオリン［ピアノ］コンチェルト concerto per violino [pianoforte] e orchestra

コンチネンタル 〖英 continental〗《大陸の》continentale
✤**コンチネンタルタンゴ** 〖音〗tango🄼 continentale

コンチネンタルブレックファスト prima colazione🄕 all'europea

こんちゅう 昆虫 insetto🄼 ➡次ページ 用語集
✤**昆虫学** entomologia🄕
昆虫学者 entomologo🄼 [-ga; 複 -gi]
昆虫採集 collezione🄕 di insetti ◇昆虫採集する collezionare insetti ¶昆虫採集用の網 retino per la cattura degli insetti
昆虫飼育室 insettario🄼 [複 -i]
昆虫標本 campione🄼 di insetti

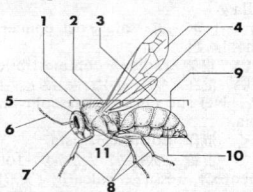

昆虫
1 頭部 capo🄼. **2** 胸部 torace🄼. **3** 腹部 addome🄼. **4** 翅 ala🄕. **5** 単眼 ocello🄼. **6** 触角 antenna🄕. **7** 複眼 occhio🄼 composto. **8** 脚 zampa🄕. **9** 腹節 segmento🄼 addominale. **10** 気門 spiracolo🄼. **11** 鼓膜 timpano🄼.

こんちゅう 魂柱 〖音〗《バイオリンなどの》anima🄕

コンツェルン 〖独 Konzern〗〖経〗gruppo🄼 industriale e finanziario

コンテ 〖仏 conté〗〖美〗pastello🄼

コンテ 《映画・放送の台本》sceneggiatura🄕, copione🄼 ¶絵コンテ sceneggiatura🄕 illustrata, 〖英〗story-board

こんてい 根底 fondamento🄼 [複 le fondamenta], base🄕 ◇根底から《徹底的に》radicalmente; 《根本的に》fondamentalmente, dalla base ¶彼の理論は根底から覆された. La sua teoria è stata demolita completamente [da cima a fondo].

コンディショナー 〖英 conditioner〗《リンス》balsamo🄼

コンディション 〖英 condition〗《状態，条件》condizione🄕, stato🄼; 《体調》forma🄕 ¶コンディションがよい《人が主語》essere in forma ¶コンディションを整える raggiungere un'ottima forma

コンテクスト 〖英 context〗《文脈》contesto🄼 ◇コンテクストの contestuale ¶この表現の意味はコンテクスト次第だ. Il significato di questa espressione dipende dal contesto.

コンテスト 〖英 contest〗concorso🄼, gara🄕, competizione🄕 ¶美人コンテスト concorso di bellezza ¶風景写真コンテストに応募する partecipare a un concorso di fotografia paesaggistica

コンテナ 〔英 container〕《運輸用の》〔英〕 container男〔無変〕; contenitore男, cassa女 mobile

コンデンサー 〔英 condenser〕《蓄電器》condensatore男 (elettrico [複 -ci]); 《凝縮器》condensatore男, raffreddatore男 del gas; 《集光レンズ》condensatore男

コンデンスミルク 〔英 condensed milk〕latte男 condensato

コンテンツ 〔英 contents〕contenuto男

コント 〔仏 conte〕《文学》racconto男, novella女; 《諷刺のきいたもの》storiella女 satirica, 《こっけい中心の寸劇》scenetta女 comica

こんど 今度 **1**《この度, 今回》questa volta女 (►副詞的にも用いる); stavolta; 《今》ora, adesso ◇今度の《この度の》questo ¶今度から d'ora innanzi [in avanti] / da questa volta in poi ¶今度は君の番だ. Ora tocca a te. ¶今度ばかりは許してくれ. Perdonami solo per questa volta. ¶今度ばかりは私の言うことを聞いてくれ. Dammi retta una buona volta! ¶今度という今度はこの問題に決着をつけよう. Risolviamo questo problema una volta per tutte. ¶今度の試験もうまくいった. Questa volta [Stavolta] l'esame è andato bene.
2《次回》la prossima volta女; 《いつか》un'altra volta女 (►副詞的にも用いる) ◇今度の prossimo ¶今度から dalla prossima volta ¶今度の日曜日 domenica prossima ¶今度のバスは何分後ですか. Fra quanti minuti c'è il prossimo autobus? ¶それは今度にしよう. Sarà per un'altra volta. ¶今度一緒に食事がしたいものだ. Una volta o l'altra vorrei mangiare con te.
3《近いうちに》prossimamente, presto, fra [tra] poco ¶今度フィレンツェに支店を出す. Prossimamente apriremo una succursale [filiale] a Firenze.
4《最近》ultimamente, recentemente ◇今度の ultimo, recente; 《新しい》nuovo ¶今度の旅行ではいろいろお世話になりました. La ringrazio per tutto quello che ha fatto per me「durante questo [nell'ultimo] viaggio. ¶今度の先生はなかなか厳しい. Il nuovo professore è piuttosto severo.

こんとう 昏倒 ◇昏倒する《目まいで》cadere自 [es] per un attacco di vertigini; 《失神する》cadere svenuto, cadere in deliquio

こんどう 混同 confusione女 ¶ AとBを混同する confondere A con B / prendere A per B ¶公私を混同する confondere gli affari pubblici con quelli privati

コンドーム 〔英 condom〕preservativo男, profilattico男 [複 -ci]; 《英》condom男〔無変〕

コンドミニアム 〔英 condominium〕condominio男 [複 -i]

ゴンドラ 〔伊〕**1**《ヴェネツィアの平底船》gondola女 ¶ゴンドラの船頭 gondoliere
2《気球やロープウエーの吊りかご》cabina女; 《ロープウエー》funivia女

コントラスト 〔英 contrast〕contrasto男 ¶光と影のコントラスト contrasto di luce e ombra ¶イタリア製の家具は色のコントラストが見事だ. Il contrasto di colori dei mobili italiani è splendido.

コントラバス 〔独 Kontrabass〕《音》contrabbasso男
✣**コントラバス奏者** contrabbassista男女 [男複 -i], contrabbasso男

《 用語集 》 昆虫 Insetti

膜翅(まくし)類 **Imenotteri** ミツバチ ape女. スズメバチ vespa女. アリ formica女.

甲虫[鞘翅](しょうし)類 **Coleotteri** カミキリ cerambicida女. ゲンゴロウ ditisco男. コガネムシ cetonia女. テントウムシ coccinella女. ハナムグリ cetonia女 dorata. ホタル lucciola女. クワガタムシ cervo男 (ミヤマクワガタ cervo volante [lucano]).

双翅(そうし)類 **Ditteri** カ zanzara女. ハエ mosca女 (ツェツェバエ mosca tse tse).

鱗翅(りんし)類 **Lepidotteri**
蝶類 **Farfalle** ウスバキチョウ apollo男. キアゲハ macaone男. キベリタテハ antiopa女. クジャクチョウ vanessa女, occhio男 di pavone. コムラサキ ilia女, irido女. ヒカゲチョウ satiro男. ヒョウモンチョウ dafne女. モンシロチョウ cavolaia女.
蛾類 **Falene, Farfalle notturne** カイコガ baco男 da seta. カレハガ bombice男. シタバガ catocala女. スズメガ sfinge女. ドクガ limantria女. ヒトリガ caja女, orso男 bruno.

脈翅類 **Neurotteri** カゲロウ efemera女. シロアリ termite女. トンボ libellula女 (アキアカネ simperto男 rosso sangue. ギンヤンマ libellula女 imperatore).

半翅類 **Emitteri** アメンボ idrometra女. ウンカ cicadella女. セミ cicala女.

直翅類 **Ortotteri** イナゴ cavalletta女. カマキリ mantide女. キリギリス cavalletta女. ケラ grillotalpa男または女. コオロギ grillo男. ゴキブリ scarafaggio男, blatta女. ナンキンムシ cimice女 dei letti. ハサミムシ forbicina女. ワタリ[トノサマ]バッタ locusta女 migratoria.

無翅類 **Insetti atteri** シミ pesciolino男 d'argento. シラミ pidocchio男. ノミ pulce女.

《 用語集 》 コンピュータ Computer

ハードウェア Hardware

インタフェース interfaccia㊛. オプション accessorio㊚. 記憶装置 memoria㊛ (主[補助／内部／外部]～ memoria principale [ausiliaria / interna / esterna]). クラッシュ 〔英〕crash㊚[無変] (～する andare in crash). 光学式文字読み取り装置《OCR》lettore㊚ di codice ottico. コネクタ connettore㊚. コントロールキー tasto㊚ control. コンピュータ 〔英〕computer㊚[無変]; elaboratore㊚ elettronico. サーバー 〔英〕server㊚[無変] (ファイル～ file server㊚[無変]. メール～ mail server㊚[無変]). CPU, 中央処理装置 CPU㊛[無変]; unità㊛ centrale di elaborazione; (略)UCE. 周辺機器 periferica㊛, unità㊛ periferica. 出力装置 presa㊛ di uscita. スキャナ 〔英〕scanner㊚[無変]. ターミナルアダプター adattatore㊚ terminale. タッチスクリーン schermo㊚ sensibile al tatto. タブレット tavoletta㊛. ディスプレー 〔英〕display㊚[無変], monitor㊚[無変], schermo㊚ (液晶～《LCD》display a cristalli liquidi, monitor [schermo] LCD. ブラウン管～《CRT 装置》schermo catodico. フラットパネル～ schermo piatto). デスクトップコンピュータ computer㊚[無変] fisso [da tavolo].

パソコン, パーソナルコンピュータ《PC》computer㊚[無変] personale. ハードディスク hard disk㊚[無変]; disco fisso [rigido]. バッファ memoria㊛ tampone. プリンタ stampante㊛ (インクジェット～ stampante㊛ inkjet; stampante a getto d'inchiostro. インパクト～ stampante ad impatto. カラー～ stampante a colori. レーザー～ stampante laser). フラッシュメモリ 〔英〕flash memory㊛[無変]. フロッピーディスク《FD》〔英〕floppy disk㊚[無変]; dischetto㊚, disco flessibile. メモリ memoria㊛ (拡張～ memoria㊛ espansa. 仮想～ memoria㊛ virtuale. USB～ penna㊛ USB). メモリカード memory card㊛[無変]. メモリ容量 capacità㊛ di memoria. モデム 〔英〕modem㊚[無変]. モバイルコンピューティング elaborazione㊛ al pc su rete mobile. ランダムアクセスメモリ《RAM》(略)RAM㊛;memoria㊛ ad accesso casuale. リードオンリメモリ《ROM》(略)ROM㊛; memoria㊛ a sola lettura. ワークステーション 〔英〕workstation㊛[無変]; stazione㊛ di lavoro.

ソフトウェア Software

アイコン icona㊛. アップグレード 〔英〕upgrade㊚[無変], aggiornamento㊚ (～する aggiornare). アプリケーション applicazione㊛. アンインストール disinstallazione㊛ (～する disinstallare). インストール installazione㊛ (～する installare). オペレーティングシステム《OS》sistema㊚ operativo. 拡張子 estensione㊛. 基本ソフト programmi㊚[複] base. 検索 ricerca㊛ (曖昧～ricerca approssimativa. 前方一致～ ricerca basata sulla prima parte della parola. 後方一致～ ricerca basata sull'ultima parte della parola. 情報～ ricerca㊛ dell'informazione. 全文～ ricerca㊛ in tutto il testo). 検索エンジン[ソフト] motore [programma] di ricerca. 更新履歴 cronologia㊛ aggiornamenti. コンパチビリティ compatibilità㊛. 辞書 dizionario㊚. 初期設定 〔英〕default㊚[無変], impostazioni㊛[複] originarie. スクリーンセーバー 〔英〕screen saver㊚[無変], salvaschermo㊚. 制御プログラム programma㊚ di controllo. セーブする salvare. セットアップ 〔英〕setup㊚[無変], installazione㊛. タブ tabulazione㊛. ツール 〔英〕tool㊚[無変], strumenti㊚[複] ディレクトリー 〔英〕directory㊛[無変]. データ dati㊚[複]. データ圧縮 compressione㊛ dei dati. データ機密保護 protezione㊛ dati segreti. データファイル file㊚[無変] di dati. テキストエディタ elaboratore㊚ di testi. テキストファイル 〔英〕text file㊚[無変], file㊚ di testo. デフォルト値 valore㊚ prestabilito. テンプレート template㊚[無変]. 統合ソフトウェア software㊚[無変] integrato.

バイト 〔英〕byte㊚[無変]. バイナリーファイル file㊚[無変] binario. ハイパーテキスト ipertesto㊚. バグ 〔英〕bug㊚[無変]; errore di programmazione, baco㊚. バックアップ backup㊚ [copia㊛] dei dati. ビット 〔英〕bit㊚[無変]. ファイル 〔英〕file㊚[無変]. ファイル管理 gestione㊛ di file. ファイル名 nome㊚ del file. フォーマット formattazione㊛ (～する formattare). フォルダ cartella㊛. プログラミング programmazione㊛. プログラム programma㊚. プログラム言語 linguaggio㊚ di programmazione. 文書ファイル file㊚[無変] di documento. 並行処理 procedura㊛ simultanea. 文字コード codice㊚ a caratteri. ユーティリティ programma㊚ di utilità. 読み出す prelevare. ルーチン 〔仏〕routine㊛[無変]. ロードする caricare. 論理積《AND》prodotto㊚ logico. 論理和《OR》somma㊛ logica. ワープロ, ワードプロセッサ 〔英〕word processor㊚[無変].

コンピュータ操作 Comandi del computer

アンダーライン sottolineatura㊛. イジェクトする rimuovere. インデント capoverso㊚ rientrato. 上書きする salvascrivere. 上書きを保存する salvare sovrascrivendo. エンターキー enter [d'invio]. カーソル cursore㊚. 改行《表示》a capo. 外字 carattere㊚ non codificato. 顔文字 emoticon㊚[無変]; faccina㊛. 書き換える riscrivere. 書き込む scrivere. カスタマイズする personalizzare. 環境設定 configurazione㊛ di sistema. キーボード tastiera㊛. 行 riga㊛. 行間

隔 interlinea㊛. クリック clic㊚ [無変] (〜する cliccare. シングル〜 un solo clic㊚. ダブル〜 doppio clic. 右〜 clic a destra). コピーアンドペースト《表示》copia e incolla. 再起動 riavvio㊚ (〜する riavviare). 最小化ボタン tasto㊚ di riduci a icona. 最大化ボタン tasto㊚ di ingrandisci. 削除《表示》cancella; cancellazione㊛. ジャスティフィケーション機能 giustificazione㊛. 初期化 formattazione㊛; inizializzazione㊛ (〜する formattare, inizializzare). シャットダウンする spegnere; chiudere. ショートカット〔英〕shortcut㊚ [無変]; collegamento㊚. 書式変更 cambio㊚ del formato. 書体 corpo㊚ del carattere. スクロールバー barra㊛ di scorrimento. スタートボタン pulsante㊚ di avvio. ステータスバー barra㊛ di stato. スペースキー tasto㊚ di spazio. セレクト selezione㊛. センタリング centratura㊛. ソート ordinamento㊚ (昇順 ordine㊚ crescente. 降順 ordine decrescente). 挿入 inserimento㊚.

ダイアログボックス〔英〕dialogue box㊚ [無変]. タイトルバー barra㊛ del titolo. ダウンロード〔英〕download㊚ [無変] (〜する scaricare). タスクバー barra㊛ delle applicazioni. 端末装置 terminale㊚. 手書き入力 inserimento㊚ manuale. デリート→削除. テンキー tastierino㊚ alfanumerico. ドラッグアンドドロップ〔英〕drag and drop㊚ [無変] (〜する trascinare). ハイフネーション divisione㊛ in sillabe. 左[右]寄せ allineamento㊚ a sinistra [destra]. フッター piè㊚ [無変] di pagina. ヘッダー testata㊛. 編集 editazione㊛. プリントアウト stampa㊛ (〜する stampare). マウス〔英〕mouse㊚ [無変]. 命令 istruzione㊛. メニュー menu㊚ [無変] (スタート〜 menu㊚ [無変] di avvio. ドロップダウン〜 menu㊚ [無変] a comparsa [tendina]. ポップアップ〜 〔英〕pop up menu㊚ [無変]). メニューバー barra㊛ del menu. モード modo㊚. 文字サイズ dimensione㊛ dei caratteri di stampa. 文字化け carattere㊚ illeggibile. 文字フォント font㊚ [無変] di caratteri. 文字変換 conversione㊛ di caratteri. ユーザーインターフェース interfaccia㊛ utente. リターンキー tasto㊚ di invio. レイアウト impaginazione㊛.

ネットワーク Network, インターネット Internet
IP アドレス indirizzo㊚ del protocollo internet. アカウント account㊚ [無変]. アクセスする collegarsi a; accedere a. アットマーク《@》chiocciola㊛. アップロード〔英〕upload㊚ [無変]. アドレス indirizzo㊚. インターネット internet㊚ [無変]. インターネット中毒 internetdipendenza㊛. インタラクティブ interattivo. イントラネット intranet㊚ [無変]. ウイルス対策ソフト programma㊚ antivirus. ウェブ〔英〕web㊚ [無変]. ウェブサイト sito㊚ web. ウェブページ pagina㊛ web. ウェブマガジン rivista㊛ web. 閲覧ソフト〔英〕browser㊚ [無変]. オンラインシステム sistema㊚ on line [in linea]. サイト sito㊚. サイバースペース ciberspazio㊚, cyberspazio㊚. サイバーテロ cyberterrorismo㊚. ジャンクメール〔英〕spam㊚ [無変], 〔英〕junk mail㊚ [無変]. スパムメール〔英〕spam㊚ [無変]. スマイリー《smiley》faccina㊛ sorridente. チャット〔英〕chat㊚ [無変] (〜する chattare). チャットルーム〔英〕chat room㊚ [無変]. データ通信 trasmissione㊛ dati. 電子メール〔英〕e-mail㊚ [無変]; posta㊛ elettronica. 転送 trasferimento㊚. 添付ファイル file㊚ [無変] allegato. ドットコム punto㊚ com. ドメイン名 nome㊚ del dominio.
ネットワークコンピュータ computer㊚ in rete. パスワード password㊚ [無変] utente. ファイヤーウォール〔英〕fire wall㊚ [無変]. 不正アクセス accesso㊚ illegale. ブラウザ〔英〕browser㊚ [無変]. ブロードバンド banda㊛ larga. ブログ〔英〕blog㊚ [無変]. プロバイダー〔英〕provider㊚ [無変]. ホームページ sito㊚,〔英〕homepage㊚ [無変]. メーラー programma㊚ di posta elettronica. メーリングリスト〔英〕mailing list㊛ [無変]. メールアドレス indirizzo㊚ e-mail. メールボックス casella㊛ di posta elettronica. メールマガジン〔英〕mail magazine㊚ [無変], rivista㊛ che si riceve tramite e-mail. URL URL㊚ [無変]. ユーザー登録 registrazione㊛ utente. よくある質問 domande㊛ [複] frequenti. LAN, ラン LAN㊚ [無変]; rete㊛ locale (無線〜 LAN㊚ senza fili; rete㊛ locale senza fili; LAN㊚ wireless). リンク〔英〕link㊚ [無変] (〜をはる creare un link). ログ (log) registrazione㊛. ログアウト〔英〕logout㊚ [無変] (〜する uscire dalla sessione; uscire (da un sistema)). ログイン〔英〕login㊚ [無変] (〜する iniziare la sessione; entrare (in un sistema)). ログオフ〔英〕logoff㊚ [無変] (〜する terminare [interrompere] la sessione; uscire (da un sistema)). ログオン〔英〕logon㊚ [無変] (〜する iniziare la sessione).

関連分野 Campo in relazione
アーカイブ archivio㊚. IC カード carta㊛ con circuito integrato. IT tecnologia㊛ informatica. IT 革命 rivoluzione㊛ informatica. ID カード carta㊛ d'identità. 暗号化 codificazione㊛ segreta (〜する codificare). 音声応答 risposta㊛ audio. 音声認識 riconoscimento㊚ della voce. 画像認識 riconoscimento dell'immagine. 機械翻訳 traduzione㊛ meccanica. コンピュータグラフィックス grafica㊛ computerizzata. サイバネティックス cibernetica㊛. システムアドミニストレーター amministratore㊚ di sistema. システム運用 amministrazione㊛ del sistema. 情報学 informatica㊛. 情報処理《IP》elaborazione㊛ dell'informazione. 人工知能《AI》intelligenza㊛ artificiale. データバンク banca㊛ dati. データベース database㊚.

コントラルト 〔伊〕《音》contralto男

コンドル 〔ス condor〕《鳥》condor男[無変]

コントロール 〔英 control〕controllo男 ◇コントロールする《他のものを》controllare;《自分を》controllarsi;《器具などを調節する》regolare *ql.co.*;《思い通りに操作する》comandare *ql.co.* [*qlcu.*]

♣ **コントロールキー**《コンピュータ》tasto男 di controllo

コントロールセンター[タワー] centro男 [torre女] di controllo

コントロールパネル《計器板, 制御盤》quadro男 di comando;《コンピュータ》pannello男 di controllo

こんとん 混沌 caos男[無変];《無秩序》disordine男;《混乱》confusione女 ◇混沌とした in disordine, caotico男[複 -*ci*], confuso

こんな simile, tale; così, come questo ¶こんなわけで per ciò / per questo motivo / quindi ¶こんなふうに così / in tal [questo] modo ¶こんな時刻におじゃましてすみません. Mi dispiace di disturbarla a quest'ora. ¶こんなことがあるものだろうか. È mai possibile una cosa simile [di questo genere]? ¶こんなにうれしいことはない. Non c'è niente di più felice. ¶こんなに忙しくては本も読めはしない. Sono talmente [così] occupato da non riuscire a leggere un libro. ¶こんなにたくさん食べられない. Non posso mangiare così tanto!

こんなん 困難 difficoltà女;《障害》ostacolo男, inciampo男, impedimento男; intralcio男[複 -*ci*];《逆境》avversità女, tormento男;《物がなくて》stenti男[複], privazioni女[複];《困窮》povertà女, ristrettezze女[複] ◇困難な difficile;《つらい》duro;《苦しい》penoso ¶…するのは困難だ. È difficile + 不定詞 ¶問題の解決を困難にする rendere più difficile la soluzione del problema ¶困難に耐えるsopportare le avversità [le difficoltà] ¶…に困難を感じる avere difficoltà a + 不定詞 / trovarsi in difficoltà nel + 不定詞 ¶困難を克服する sormontare [superare] una difficoltà ¶困難をものともせずに senza esitare [senza tirarsi indietro] davanti a qualche difficoltà ¶建設工事中に思わぬ困難にぶつかった. Abbiamo incontrato ostacoli imprevisti durante i lavori di costruzione. ¶彼らは生活が困難だ. Vivono negli stenti.

こんにち 今日 **1**《きょう》oggi男, oggigiorno男 (►いずれも副詞としても用いる) **2**《いま》oggi;《現今》oggigiorno, al giorno d'oggi ◇今日の oggi, di oggi; odierno, attuale ¶今日の日本 il Giappone odierno [di oggi] ¶今日の社会問題 problem*a*男[複 -*i*] sociale odierno ¶彼の今日があるのは母親のおかげだ. È diventato quello che è grazie a sua madre.

こんにちは 今日は《午前中》buongiorno男;《午後》buonasera女 (►通常, 昼食後から用いられるが, 人・地方によって buongiorno を午後遅くまで用いることもある);《親しい間で時間に関係なく》ciao; salve

こんにゃく 蒟蒻・菎蒻 konjak男[無変] (◆ gelatina solida ottenuta dal glutine dell'omonimo tubero giapponese)

こんにゅう 混入 ◇混入する《混ぜる》mischiare [mescolare]《AとBを A con B》;《加える》aggiungere《AをBに A a B》;《混ざる》mischiarsi, mescolarsi;《加わる》aggiungersi《に a》 ¶ワインに毒物が混入していた. Al vino era stato aggiunto del veleno.

こんねんど 今年度 quest'anno男, l'anno男 corrente;《学年度》l'anno scolastico in corso;《略》l'a.s.男 in corso;《大学の》l'anno accademico in corso;《略》l'a.a.男 in corso;《財政・会計年度》l'anno男 fiscale [finanziario] in corso

コンパ festa [serata女] (organizzata) tra (un gruppo di) amici

コンパートメント 〔英 compartment〕compartimento男, scompartimento男

コンパイラー 〔英 compiler〕《コンピュータ》compilatore男

コンバイン 〔英 combine〕《収穫機》mietitrebbia女, mietitrebbiatrice女

コンパクト 〔英 compact〕**1**《化粧道具の》portacipria男[無変] **2**《こぢんまりしていること》◇コンパクトな compatto;《小さい》piccolo;《場所をとらない》poco ingombrante, di poco ingombro

♣ **コンパクトカー**《車》macchina女 utilitaria [di piccola cilindrata]

コンパクトディスク 〔英〕compact disc [kɒmpækt] 男[無変], CD男[無変], compact [kɔ́mpækt] 男[無変]

コンパクトディスクプレーヤー lettore男 di compact disc男[無変];《略》CD player男[無変]

コンパス 〔蘭 kompas〕**1**《製図用の》compasso男 **2**《羅針(らしん)盤》bussola女, compasso男 **3**《歩幅または足の長さ》¶彼はコンパスが長い. Ha le gambe lunghe.

コンパニオン 〔英 companion〕hostess女[無変], accompagnatrice女

こんばん 今晩 questa sera;《深夜》questa notte女 (►いずれも副詞句としても用いる); stasera; stanotte ¶今晩8時に会いましょう. Incontriamoci [Ci vediamo] stasera alle otto. ¶今晩は家にいます. Sto a casa stasera.

こんばんは 今晩は buonasera (►通常この言葉は昼食後から用いる)

コンビ coppia女, paio男[複 le *paia*] ¶〈人〉とコンビを組んで仕事をする lavorare in coppia con *qlcu.* [in due] ¶あの2人はいいコンビだ. Quei due sono una bella coppia. /《男女の》Quei due fanno una bella coppia. /《皮肉》"Dio li fa e poi li accoppia."

コンビーフ 〔英 corned beef〕carne女 di manzo in scatola

コンビナート 〔ロ kombinat〕¶石油化学コンビナート complesso industriale petrolchimico

コンビニエンスストア 〔英 convenience store〕piccolo supermercato男「aperto fino a notte tarda (24 時間耐) aperto continuamente / aperto 24 ore su 24」

コンビネーション 〔英 combination〕**1**《組み合わせ》combinazione女 ¶コンビネーションプレー schem*a*男[複 -*i*] di gioco **2**《靴》scarpe㊦[複] fatte con diversi materiali

コンピュータ 〔英 computer〕〔英〕 computer [kompjúter]㊙[無変] →574ページ[用語集]
¶コンピュータを操作する fare operazioni con il computer ¶コンピュータにデータを入力する immettere dati nel computer

✤**コンピュータウイルス** virus㊙[無変] del computer

コンピュータオペレーター operatore㊙[㊛ -trice] meccanografico㊙[複 -ci]

コンピュータ化 computerizzazione㊛ ◇コンピュータ化する computerizzare

コンピュータグラフィックス computer grafica㊛

コンピュータゲーム 《ゲーム，機械》videogioco㊙[複 -chi]；〔英〕videogame [vidéogéim]㊙[無変]

コンピュータ言語 linguaggio㊙[複 -gi] del computer

コンピュータ制御 controllo㊙ tramite computer

コンピュータネットワーク rete㊛ di elaboratori

コンピュータ犯罪 pirateria㊛ informatica

こんぶ 昆布 laminaria㊛, alga㊛ marina

コンプライアンス 〔英 compliance〕《法令順守》conformità㊛ di legge

コンプレックス 〔英 complex〕《心》complesso㊙;《劣等感》complesso㊙ di inferiorità ¶コンプレックスをもっている avere dei complessi / essere complessato / avere un complesso d'inferiorità verso qlcu. / avere il complesso di+不定詞 ¶エディプスコンプレックス complesso di Edipo

コンプレッサー 〔英 compressor〕《機》compressore㊙

コンペ 1《競技設計》concorso㊙ 2《ゴルフの競技会》torneo [competizione㊛] di golf

コンペイトー 金米糖〔ポ confeito〕 confetto㊙

こんぺき 紺碧 ¶紺碧の空 cielo turchino

コンベヤー 〔英 conveyor〕 convogliatore㊙, trasportatore㊙ ¶ベルトコンベヤー trasportatore [convogliatore] a nastro

✤**コンベヤーシステム** sistema㊙[複 -i] su nastri trasportatori

コンボ〔英 combo〕《音》combo㊙[無変]; piccolo complesso jazzistico [複 -ci]

コンポ →コンポーネントステレオ

こんぼう 混紡 filatura㊛ mista; misto㊙ ◇混紡の misto ¶綿80％，毛20％の混紡服地 tessuto misto di 80 per cento cotone e 20 per cento lana

✤**混紡糸** filato misto

こんぼう 棍棒 bastone㊙, mazza㊛, randello㊙, manganello㊙;（原始人の）clava㊛;（体操用具の）clava㊛

こんぽう 梱包 imballaggio㊙[複 -gi], imballo㊙ ◇梱包する imballare ql.co.

✤**梱包係〔業者〕** imballatore㊙[㊛ -trice]

梱包機 imballatrice㊛

梱包費 imballaggio㊙

コンポート 〔英 compote〕 1《料》composta㊛ 2《果物や菓子を盛る足付きの器》compostiera㊛, coppa㊛ da dessert

コンポーネントステレオ stereo㊙[無変][hifi [aifái]㊙[無変] componibile

こんぽん 根本《発端，始源》principio㊙[複 -i], origine㊛;《根元》radice㊛, fondamento㊙, base㊛ ◇根本的（な）fondamentale;《本質的》essenziale;《抜本的》radicale ◇根本的に fondamentalmente; essenzialmente; radicalmente ¶環境汚染を根本的に解決する risolvere definitivamente il problema dell'inquinamento ambientale ¶世の中の常識を根本から覆す capovolgere il senso comune ¶君の理論は根本から間違っている. Il tuo ragionamento è errato dal principio [alla base].

✤**根本原理** principio㊙ fondamentale

コンマ〔英 comma〕 1《句読点の》virgola㊛（►文の一時的休止・並列・同格などさまざまに使う．また，"23,15"（23時15分）のように，時刻の表記にも用いるが，この場合は次の数字との間はあけない）¶2語の間にコンマを打つ mettere una virgola fra due parole

2《小数点》virgola㊛ ¶0コンマ7 0,7（読み方：zero virgola sette） ¶コンマ以下は切り捨てなさい. Arrotondate le cifre dopo la virgola.（►イタリア語では，日本語や英語とは逆に，小数点にコンマ，3桁ごとの位取りにピリオドを用いる）

こんまけ 根負け ¶彼には根負けしたよ. Ho finito col cedere [col soccombere] a lui.

こんめい 混迷・昏迷 1《混乱》disordine㊙, confusione㊛; caos㊙[無変] ¶世界情勢は混迷を続けている. La situazione mondiale continua ad essere confusa.

2《医》torpore㊙ ¶昏迷状態になる cadere in uno stato di torpore

こんもう 根毛 pelo㊙ radicale

こんもう 懇望 vivo desiderio㊙[複 -i], desiderio㊙ ardente, bramosia㊛;《懇請》preghiera㊛, sollecitazione㊛

こんもり ¶こんもり繁った森 bosco folto ¶土がこんもりと盛り上がっている. C'è una piccola altura.

こんや 今夜 →今晩 ¶今夜はこのホテルに泊まる. Stanotte alloggio in questo albergo. ¶今夜じゅうに原稿を書き上げなければいけない. Entro stasera [questa sera] devo terminare il testo.

こんや 紺屋 →紺屋（こうや）

こんやく 婚約 fidanzamento㊙ ◇婚約する fidanzarsi con qlcu. ¶〈人〉との婚約を発表する annunciare il fidanzamento con qlcu. ¶婚約を破棄する rompere il fidanzamento

✤**婚約時代** periodo㊙ di fidanzamento

婚約者 fidanzato㊙[㊛ -a]（►単にで「恋人」も意味する．また，正式に被露された婚約者は fidanzato ufficiale という）

婚約指輪 anello㊙ di fidanzamento

こんゆう 今夕 →今晩, 今夜

こんよう 混用《混ぜて使うこと》mescolamento㊙;《混同して使うこと》confusione㊛ ◇混用する mescolare; confondere

こんよく 混浴 ¶混浴の露天風呂 terme all'aperto dove uomini e donne fanno il bagno insieme

こんらん 混乱 disordine㊙, confusione㊛, scompiglio㊙[複 -gli]; caos㊙[無変] ◇混乱する essere in disordine [nello scompiglio / nel

caos] ◇混乱させる mettere *ql.co.* in disordine, gettare *ql.co.* [*qlcu.*] nel caos, sconvolgere *ql.co.* [*qlcu.*] ¶混乱を収拾する far cessare il disordine / porre termine alla confusione ¶混乱を回避する evitare il disordine ¶僕の記憶は混乱している。I ricordi si confondono nella mia mente. / Ho dei ricordi confusi. ¶私は頭が混乱している。Ho la testa in uno stato di confusione.

こんりゅう 建立 costruzione㊛ ◇建立する costruire [edificare / erigere] *ql.co.*

こんりゅう 根粒・根瘤〚植〛 tubercolo㊚ radicale
❖根粒菌［バクテリア］batteri㊚［複］del tubercolo radicale

こんりんざい 金輪際 ¶もうこんりんざいしません。Mai e poi mai lo farò! ¶彼とはこんりんざい縁を切る。Non avrò mai più nessun tipo di rapporto con lui.

こんれい 婚礼 cerimonia㊛ di matrimonio

こんろ 焜炉 fornello㊚ (di cucina) ¶電気［ガス／石油］こんろ fornello elettrico [a gas / a petrolio] ¶ガスこんろで湯を沸かす far bollire l'acqua sul gas

こんわ 混和 mescolanza㊛, miscuglio㊚［複 *-gli*］, miscela㊛

こんわく 困惑 imbarazzo㊚, perplessità㊛ ◇困惑する essere imbarazzato [perplesso], trovarsi in imbarazzo ¶困惑させる mettere *qlcu.* in imbarazzo

さ

さ 差 《(相違)》 differenza㊛; diversità㊛; 《(不均衡)》 disparità㊛; 《(不一致, 不揃い)》 disuguaglianza㊛; 《(変動)》 variazione㊛; 《(落差)》 dislivello㊚; 《(格差)》 divar*io*㊚ [複 -*i*]; 《(開き)》 scarto㊚; 《(競走などでの)》 dista*cco*㊚ [複 -*chi*]; 《(剰余)》 margine㊚ ¶年齢の[A と B の]差 differenza d'età [fra A e B] ¶判断の差 diversità di giudizi ¶給料の差 disparità di salario ¶2点[2点間]の差 differenza di [fra] due punti ¶差をつける mettere distanza 《に tra》 ¶差を縮める guadagnare terreno 《との su》 ¶寒暑の差が激しい. Lo sbalzo di temperatura è notevole. ¶売り上げは季節によって差がある. Le vendite variano a seconda della stagione. ¶貧富の差が激しい. Il divario [Il dislivello] fra ricchi e poveri è enorme. ¶次の2つの数の差を求めよ. Trovate la differenza fra questi due numeri.

-さ **1** 《(強調)》 proprio, davvero; 《(確かに)》 certamente, naturalmente ¶それは君の間違いさ. L'errore è proprio tuo e basta!
2 《(疑問)》 ¶どうしていけないのさ. 構わないだろう. E perché non si può? A te che importa?
3 《(注意を促す)》 ¶それがさ, とても難しかったんだ. Quello, vedi, è stato difficilissimo.

ざ 座 **1** 《(席)》 posto㊚ (a sedere)
2 《(地位)》 posizione㊛; 《(役)》 posto㊚ ¶権力の座に着く salire al potere / raggiungere il potere ¶議長の座に着く tenere la [sedere alla] presidenza
3 《(大勢集まった場所)》 incontro㊚, riunione㊛ ¶座を取り持つ essere l'animatore [《(女性)》 l'animatrice] di una riunione / animare la conversazione ¶座を白けさせる rovinare una riunione
4 《(劇場名を表す)》 teatro㊚ ¶スカラ座 il Teatro alla Scala (di Milano)
5 《(星座に付けて)》 ¶大熊座 (costellazione dell') Orsa Maggiore ¶牡羊座《星占いの》 (il segno dell') Ariete

さあ 1 《(促すとき)》 avanti, su, dai, forza; ecco ¶さあ, 話を聞かせてくれ. Avanti [Su], raccontami! ¶さあ, 跳べ. Dai, salta! ¶さあ, 僕は出かけるよ. Beh [Be'], ora esco! ¶さあ, ローマに着いた. Eccoci (arrivati) a Roma! / Ecco, siamo a Roma!
2 《(困惑して)》 ¶火事だって. さあどうしよう. C'è un incendio? Oddio, che facciamo?
3 《(即答できずに)》 ¶さあ, よくわかりません. Uhm [Bah / Boh], non saprei.

サーカス 〔英 circus〕 circo㊚ [複 -*chi*] (equestre) ¶子供たちをサーカスに連れて行く portare i bambini al circo ¶サーカスの芸人 artista㊚㊛ [㊚複 -*i*] del circo / 《(曲芸師)》 acrobata㊚㊛ [㊚複 -*i*] / 《(空中ブランコ乗り)》 trapezista㊚㊛ [㊚複 -*i*] / 《(道化師)》 pagliaccio㊚ [複 -*ci*] / clown㊚ [複 無変]
♣サーカス団 circo㊚

サーキット 〔英 circuit〕 **1** 《(自動車・自転車用の, 運動場の)》 circuito㊚; 《(自動車の)》 autodromo㊚; 《(オートバイの)》 motodromo㊚ ¶サーキットを走る correre su un circuito **2** 《(電気回路)》 circuito㊚

サークル 〔英 circle〕 gruppo㊚, circolo㊚ ¶読書サークル circolo 「di lettura [letterario]
♣サークル活動 attività㊛ [複] culturali e sportive di gruppo

ざあざあ ざあざあ降りの雨 pioggia battente [torrenziale / violenta] / acquazzone㊚ / diluvio㊚ ¶雨がざあざあ降っている. Piove a dirotto [a scroscio].

サージ 〔英 serge〕 《(織)》 〔仏〕 serge [sérʒ]㊚ [無変], sargia㊛ [複 -*ge*]

サーズ SARS 〔医〕 SARS㊛; grave sindrome㊛ respiratoria acuta

サーチエンジン 〔英 search engine〕 →検索エンジン

サーチライト 〔英 searchlight〕 proiettore㊚, riflettore㊚ ¶サーチライトで照らす puntare un riflettore 《を su》

さあっ 1 《(雨などの音)》 ¶春雨がさあっとかすかな音をたてて降っていた. La pioggia primaverile cadeva leggera e silenziosa.
2 《(すばやく動く様子)》 ¶ゲームが終わると群衆はさあっといなくなった. Finita la partita la folla si è dispersa in un baleno.

さあつ 差圧 〔工〕 pressione㊛ differenziale

ざあっ ¶ふろの栓を抜くとお湯がざあっと流れた. Ho tolto il tappo della vasca da bagno e l'acqua è defluita gorgogliando. ¶波がざあっと押し寄せて来た. Le onde si avvicinavano rumoreggiando.

サーディン 〔英 sardine〕 《(いわし)》 sardina㊛ ¶オイルサーディン sardine sott'olio

サード 〔英 third〕 **1** 《(野球で三塁・三塁手)》 la terza base㊛ **2** 《(ギアの)》 ¶ギアをサードに入れる mettere la (marcia in) terza

サードニックス 〔英 sardonyx〕 《(鉱)》 sardonica㊛

サーバー 〔英 server〕 **1** 《(スポ)》 battit*ore*㊚ (㊛ -*trice*); 《(テニス・卓球で)》 servente㊚㊛
2 《(料)》 ¶ケーキサーバー pala da dolce ¶サラダサーバー posate per insalata
3 《(コンピュータ)》 〔英〕 server [sérver]㊚ [無変]

サービス 〔英 service〕 **1** 《(客などへの奉仕・給仕)》 servizio㊚ [複 -*i*] ◇サービスする servire *qlcu*., essere al servizio di *qlcu*. ¶アフターサービス servizio / assistenza tecnica ¶ルームサービス servizio in camera ¶この店はサービスがいい[悪い]. In questo negozio il servizio è buono [scadente].
2 《(値引き)》 sconto㊚; servizio㊚ extra [無変] gratuito; 《(景品, おまけ)》 omaggio㊚ ◇サービスす

る fare uno sconto a *qlco.*;《景品を》dare *ql.co.* in omaggio ◇サービスで《無料で》gratis ¶ 4 冊買うともう 1 冊サービス. 5 libri al prezzo di 4. ¶モーニングサービス《朝の割引料金》tariffa ridotta [speciale] antimeridiana
3《人のために尽くすこと》¶彼はサービス精神が旺盛だ.《楽しませる》È di buona compagnia e tiene sempre allegri gli amici.

❖**サービスエース** 《スポ》serv*izi*o男《複 -*i*》vincente;〔英〕ace [éis] 男《無変》
サービスエリア (1)《高速道路の》area女 (di) serv*izi*o; autogrill男《無変》(►商標) (2)《放送局の》area女 servita [coperta]
サービス業《製造業に対する》(settore) dei serv*izi*男《複》;《第三次産業》terziario男
サービス残業 straordinar*i*o男《複 -*i*》non retribuito
サービスステーション《電気会社, ガス会社など》agenzia女;《自動車の》stazione女 di servizio [di assistenza], autostazione女
サービスセンター centro男 di servizio
サービスチェンジ《スポ》camb*io* 男《複 -*i*》di servizio
サービスライン《スポ》linea女 di battuta [di servizio]
サービス料 ¶「サービス料込み」《表示》"Serv*izi*o inclu*s*o [compreso]" ¶サービス料は含まれない. Il servizio non è compreso nel prezzo.
サーブ〔英 serve〕《スポ》serv*izi*o男《複 -*i*》, messa女 in gioco, battuta女 ◇サーブする battere una palla, servire他 [*av*], fare il serv*izi*o
❖**サーブ権** serv*izi*o男
サーファー〔英 surfer〕〔英〕surfer [sə́rfer]男《無変》; surfista男女《複 -*i*》
サーフィン〔英 surfing〕〔英〕surf [serf] 男《無変》, surfing [sə́rfin(g)]男《無変》¶サーフィンをする praticare il surf
サーフボード〔英 surfboard〕〔英〕surf [serf] 男《無変》; tavola女 da surf
サーベイランス〔英 surveillance〕sorveglianza女; vigilanza女
サーベル〔蘭 sabel〕sciabola女
サーボきこう サーボ機構《工》servomeccanismo男
サーボブレーキ servofreno男
サーボモーター〔英 servomotor〕servomotore男
サーモスタット〔英 thermostat〕termostato男, termoregolatore男
サーモン〔英 salmon〕salmone男 ¶スモークサーモン salmone affumicato
❖**サーモンピンク** ro*s*a女《無変》salmone男《無変》
サーロイン〔英 sirloin〕《料》lombo男 di manzo
❖**サーロインステーキ** lombata女, lombatina女
さい 才 ¶彼には数学の才がある. Ha il bernoccolo della matematica.
さい 差異 →差
さい 犀《動》rinoceronte男
さい 際 ¶火急の際には in ca*s*o d'urgenza
さい 賽・采 dado男 ¶さいを振る《投げる》gettare [tirare] i dadi / 《手の中で》agitare i dadi ¶さいは投げられた Il dado è tratto. / 《ラ》Alea iacta est. (►カエサルの言葉)
-さい -歳・-才 età女, anni男《複》¶ 25 歳で a [all'età di] venticinque anni ¶「何歳ですか」「20 歳です」"Quanti anni ha?" "Ne ho venti." ¶僕は来年 40 歳になる. L'anno prossimo avrò [compirò] quarant'anni. ¶彼には 23 歳になる息子がいる. Ha un figlio di ventitré anni.

語形 数詞 + anni
20, 30, 40, 50, 60, 70, 80, 90, 100 の後に anni が続くとき, 数字の語尾の母音が省略されることがある.
20歳 vent'anni,　30歳 trent'anni,
100歳 cent'anni
一の位が 1 の 20 以上の数字は, 語尾切断されることがある.
31歳 trentun anni

ざい 在 ¶彼は千葉の在に住んでいる. Abita nei dintorni [alla periferia] di Chiba.
ざい 材 **1**《材木》legno男, legname男 ¶輸入材 legname importato **2**《材料》materiale男 **3**《人材》¶彼は逸材だ. È un uomo eccellente [di talento].
ざい 財《富》ricchezza女;《財産》beni男《複》, fortuna女, proprietà女 ¶消費財 prodotto da consumare ¶彼は投機で莫大な財を成した. Ha accumulato un'immensa fortuna speculando.
ざい- 在- ¶彼の在伊中に durante il suo soggiorno in Italia ¶在伊邦人 residenti giapponesi in Italia ¶在ローマ日本大使館 l'Ambasciata del Giappone a Roma
さいあい 最愛 ◇最愛の adorato, carissimo, diletto
さいあく 最悪 ◇最悪の 定冠詞 + peggiore; pessimo ¶最悪の場合には nel peggiore dei ca*s*i / nella peggiore delle ipotesi ¶最悪の事態に備える prepararsi al peggio ¶最悪だ. Peggio di così! (►うしろに「non potrebbe andare」のような文句が省略されたい方で,「この状況より悪い状態は起こりえない」という意味)
ざいあく 罪悪《犯罪》delitto男, reato男, crimine男;《宗教上の》peccato男;《道徳上・宗教上の》colpa女
❖**罪悪感** senso男 di colpa ¶罪悪感に苛(さいな)まれる essere tormentat*o* [torturat*o*] da un senso di colpa
ざいい 在位 ◇在位する regnare自 [*av*], sedere自 [*es*] al trono;《状態》essere sul trono ¶ウンベルト 1 世の在位中に durante il regno di Umberto I [Primo]
さいいんざい 催淫剤 afrodi*s*iaco男《複 -*ci*》
さいうよく 最右翼 ¶彼は部長候補の最右翼だ. È il più probabile nuovo direttore.
さいえん 才媛 ¶彼女は才媛の誉れが高い. È nota [famosa] per la sua intelligenza.
さいえん 再演, ripresa女;《2 度目の上演》seconda rappre*s*entazione女 ◇再演する replicare [ripetere] *ql.co.*;《2 度目に》rappre*s*entare [dare] *ql.co.* per la seconda volta
さいえん 菜園 orto男 ¶家庭菜園 orto [orticello] familiare
サイエンス〔英 science〕scienza女
❖**サイエンスフィクション** →エスエフ

さいか 裁可 autorizzazione㊛ [approvazione㊛] (imperiale [reale]) ◇裁可する approvare [autorizzare] ql.co., ratificare ql.co.

さいか 載荷 ¶載荷重量トン数《船》portata effettiva

ざいか 財貨 ¶総財貨《経》beni aggregati

ざいか 罪科 1《罪悪》→罪(ぶ) 1, 2　2《刑罰》pena

さいかい 再会 ◇再会する ritrovarsi, rivedersi, rincontrarsi; rivedere, rincontrare ¶再会を約する promettere a qlcu. di rivedersi ¶30年ぶりに幼友だちと再会した. Dopo 30 anni ho rivisto un amico d'infanzia.

さいかい 再開 ripresa㊛; riapertura㊛ ¶中国と貿易を再開する riprendere [ristabilire] gli scambi commerciali con la Cina ¶交渉を再開する riprendere i negoziati

さいかい 最下位 ¶わがチームは最下位に落ちた. La nostra squadra è finita「all'ultimo posto [in fondo alla classifica].

さいがい 災害 disastro㊚, calamità㊛ ¶災害をこうむる essere vittima di [essere colpito da] un disastro [una calamità]

❖災害救助犬 cane㊚ da soccorso

災害救助本部 ufficio㊚ [複 -ci] centrale per i soccorsi alle vittime

災害対策 provvedimenti㊚[複] contro le calamità naturali

災害地 luogo㊚ [複 -ghi] del disastro

災害保険 assicurazione㊛ contro le calamità [gli infortuni]

災害保障 indennizzo㊚ [risarcimento㊚] dei danni ai sinistrati

ざいかい 財界《金融界》mondo㊚ finanziario [複 -i], ambienti㊚[複] finanziari;《経済界》mondo㊚ economico [複 -ci], ambienti㊚[複] economici ¶財界の大物 magnate㊚ della finanza

❖財界人 finanziere㊚

ざいがい 在外 ◇在外の all'estero

❖在外公館 sede㊛ diplomatica all'estero

在外資産 patrimonio㊚ [複 -i] [beni㊚[複] / proprietà㊛[複]] all'estero

在外邦人 giapponesi㊚[複] residenti all'estero

さいかいはつ 再開発 ristrutturazione㊛; riedificazione㊛ ◇再開発する ristrutturare; ricostruire ¶都市の再開発 ristrutturazione di una città

さいかいもくよく 斎戒沐浴 ◇斎戒沐浴する purificarsi [mondarsi] dai peccati con abluzioni di acqua

さいかく 才覚 capacità㊛, abilità㊛ ¶才覚のある男 uomo abile [capace] ¶この会社は彼の才覚でもっている. La ditta si regge grazie alle sue capacità.

ざいがく 在学 ◇在学する essere studente[㊛ -essa] [allievo]《に di》, essere iscritto《に a》

❖在学期間 durata㊛ degli studi

在学証明書 certificato㊚ di iscrizione a una scuola

在学生 studente㊚ [㊛ -essa] di una scuola

さいかくにん 再確認 riconferma㊛ ◇再確認する riconfermare

さいかん 再刊 ripresa㊛ delle pubblicazioni《の di》◇再刊する riprendere le pubblicazioni di ql.co., ripubblicare ql.co.

さいき 才気 ¶才気走っている mostrare un talento anche troppo esuberante ¶才気換発(かっ)な brillante

さいき 再起 ristabilimento㊚ ◇再起する《病気から》ristabilirsi, rimettersi;《災難・窮状から》risollevarsi, risorgere ¶彼は再起不能だ. Non è più in grado di riprendere la sua attività.

さいぎ 猜疑 sospetto㊚, diffidenza㊛ ¶猜疑の目で見る guardare qlcu. [ql.co.] con sospetto [diffidenza] ¶彼は猜疑心が強い. Diffida [È sospettoso] di tutti e di tutto.

さいきだいめいし 再帰代名詞《文法》pronome㊚ riflessivo

さいきどう 再起動《コンピュータ》riavvio㊚ [複 -ii] ◇再起動する riavviare ¶コンピュータを再起動する riavviare il computer

さいきどうし 再帰動詞《文法》verbo㊚ riflessivo

さいきょ 再挙 ¶再挙を図る fare un altro [un secondo] tentativo / tentare di risollevarsi

さいきょう 最強 ◇最強の 定冠詞+più forte ¶最強のチーム la squadra「più forte [imbattibile]

さいきょういく 再教育 rieducazione㊛;《研修》abilitazione㊛, aggiornamento㊚;《労働者・技能者の》riqualificazione㊛ professionale ◇再教育する rieducare qlcu.; aggiornare qlcu.; riqualificare qlcu. professionalmente

さいきん 細菌《総称》batteri㊚[複 -i];《桿状(かんじょう)細菌》bacillo㊚ (►一般に「ばい菌」という意味でも使われる);《病原を媒介する》germe㊚; microbo㊚, microbi㊚[複 -i];《球状細菌》micrococco㊚[複 -chi] ◇細菌(状)の batterico [㊚複 -ci], bacillare

❖細菌学 batteriologia㊛ ◇細菌学の batteriologico [複 -ci]

細菌学者 batteriologo㊚ [㊛ -ga; ㊚複 -gi]

細菌戦 guerra㊛ batteriologica

細菌培養 coltura㊛ batterica [di microbi], germicoltura㊛

細菌兵器 arma㊛ [複 -i] batteriologica

さいきん 最近 ultimamente, recentemente, di recente, in questi ultimi giorni [tempi] ◇最近の recente, ultimo ¶最近の情勢 stato attuale delle cose / situazione d'oggi ¶最近の調査によると secondo l'ultima inchiesta ¶最近彼に会ったのはいつですか. Quando l'ha incontrato l'ultima volta? ¶彼女は最近結婚したばかりだ. Si è sposata da poco. ¶彼は最近3冊も本を書いた. Negli ultimi tempi ha scritto ben tre libri. ¶彼が来たのはごく最近のことだ. Il suo arrivo è recentissimo. ¶最近まで彼はここに住んでいた. Abitava qui fino a poco tempo fa.

ざいきん 在勤 ¶彼は京都支店に在勤中です. Attualmente「lavora [sta nella] filiale di Kyoto.

さいぎんみ 再吟味 riesame㊚ ◇再吟味する riesaminare ql.co.

さいく 細工 1《製作》fattura㊛, lavorazione㊛; esecuzione㊛;《製品》lavoro㊚, opera㊛

◇細工する lavorare; foggiare ¶貝細工 decorazione[女] di conchiglie ¶ガラス細工 articolo di [lavoro in] vetro / vetrerie ¶金細工 oreficeria ¶銀細工 argenteria ¶宝石細工 lavorazione di gioielli / gioielleria ¶見事な細工だ. È di fattura veramente mirabile! / È finemente lavorato! ¶細工は流々(りゅうりゅう)仕上げを御覧(ごろう)じろ. Ognuno ha il suo modo di lavorare, aspetta e vedrai il risultato.

2 《策略》artificio[男][複 -ci], stratagemma[男][複 -i], espediente[男] ◇細工する manovrare, intrigare ¶報告書に細工する falsare [manipolare] un rapporto scritto

✤**細工人** artigiano[男][女 -a]

細工場(ば) officina[女], laboratorio[男][複 -i] artigiano

さいくつ 採掘 estrazione[女] ◇採掘する estrarre; sfruttare ¶石炭の採掘 estrazione di carbone fossile

✤**採掘権** concessione[女] mineraria

サイクリング 〔英 cycling〕 ciclismo[男] ¶サイクリングをする andare [viaggiare] in bicicletta / fare del ciclismo

✤**サイクリング車** bicicletta[女] da passeggio

サイクル 〔英 cycle〕 **1**《周期》〖電〗periodo[男]; 〖化・工・経〗ciclo[男] ¶景気のサイクル ciclo economico **2**《回転》¶2サイクルエンジン motore a 2 tempi **3**《周波数》ciclo[男]

✤**サイクルマシン**《商標》cyclette [siklét] [女][無変] (►商標)

サイクロイド 〔英 cycloid〕〖幾何〗cicloide[女]

サイクロン 〔英 cyclone〕〖気〗《インド洋で発生する熱帯性低気圧》ciclone[男]

さいぐんび 再軍備 riarmo[男], riarmamento[男] ◇再軍備する riarmare *ql.co.*; 《国が主語》riarmarsi

サイケ ◇サイケな psichedelico [男複 -ci]

さいけいこく 最恵国 la nazione[女] più favorita

✤**最恵国待遇** ¶日本に最恵国待遇を与える trattare il Giappone come la nazione più favorita

最恵国約款(やっかん) clausola[女] della nazione più favorita

さいけいれい 最敬礼 ◇最敬礼する fare un profondo inchino a *qlcu.*, salutare *qlcu.* molto rispettosamente

さいけつ 採血 prelievo[男] di sangue ◇採血する prelevare sangue (da *qlcu.*)

さいけつ 採決 votazione[女] ◇採決する votare [他],[自][*av*], fare una votazione (per decidere *ql.co.*) ¶法案を採決する votare una legge ¶起立[挙手]で採決する votare per alzata e seduta [per alzata di mano] ¶採決に入る andare ai voti / mettere ai voti *ql.co.* / passare alla votazione ¶採決に付する sottoporre *ql.co.* alla votazione ¶採決の結果を発表いたします. Si dà lettura dei risultati della votazione.

さいけつ 裁決 decisione[女]; 《判断》giudizio[男][複 -i]; 《有罪・無罪の》verdetto[男] ◇裁決する emettere [pronunciare] un verdetto ¶社長の裁決を仰ぐ ricorrere al giudizio [alla decisione] del presidente

さいげつ 歳月 tempo[男], anni[男][複] ¶ローマに来てから10年の歳月が流れた. Dal mio arrivo a Roma sono trascorsi dieci lunghi anni.

[慣用] **歳月流るる如し**《諺》"Il tempo vola."

歳月人を待たず《諺》"Il tempo non aspetta nessuno."

サイケデリック 〔英 psychedelic〕 ◇サイケデリックな psichedelico [男複 -ci]

さいけん 再建 **1**《建物の》ricostruzione[女], riedificazione[女]; 《修復, 復旧》restauro[男] ◇再建する ricostruire, riedificare; restaurare ¶戦争で破壊された町を再建する ricostruire una città distrutta dalla guerra

2《組織・団体などの》risanamento[男]; ricostruzione[女] ◇再建する risanare; ricostruire ¶彼は国の経済の再建に乗り出した. Si è dedicato alla ricostruzione dell'economia del paese.

さいけん 債券 titolo[男] obbligazionario [複 -i], (titolo d')obbligazione[女] ¶記名債券 obbligazione nominativa ¶債券を発行する emettere obbligazioni

✤**債券市場** mercato[男] di titoli, Borsa[女]

債券所有者 obbligazionista[男][女][男複 -i]

債券発行 emissione[女] di obbligazioni

さいけん 債権 〖商〗credito[男] ¶不良[こげつき]債権 credito inesigibile / credito di dubbia esigibilità

✤**債権国** nazione[女] creditrice

債権者 creditore[男][女 -trice]

債権者会議 〖法〗assemblea[女] dei creditori

債権譲渡 〖法〗cessione[女] di un credito

さいげん 再現 《現れること》riapparizione[女], ricomparsa[女]; 《現すこと》ricostruzione[女], riproduzione[女]; 《複製》copia[女] ◇再現する riprodurre [far rivivere] *ql.co.*, ricostruire *ql.co.* ¶エリザベス王朝時代の劇場を再現する effettuare una ricostruzione del teatro elisabettiano ¶警察は事故状況を再現した. La polizia ha ricostruito la dinamica dell'incidente.

さいげん 際限 limite[男], confine[男] ◇際限のない senza limite [limiti], senza confine [confini], illimitato; senza fine, infinito ◇際限なく interminabilmente, senza limiti ¶人間の欲は際限がない. La cupidigia umana non conosce limiti.

ざいげん 財源 《収入源》fonte[女] di guadagno, risorse[女][複] finanziarie; 《収入》entrate[女][複], reddito[男]; 《金融手段》finanze[女][複], mezzi[男][複], possibilità[女][複] economiche; 《資金》fondi[男][複] ¶財源を求める cercare nuove fonti di guadagno ¶財源が豊かである disporre di [avere] abbondanti mezzi [risorse] ¶この会社は財源に窮している. Questa ditta è a corto di mezzi [di risorse].

さいけんとう 再検討 riesame[男]; 《修正》revisione[女], correzione[女] ◇再検討する riesaminare, esaminare di nuovo; revisionare, rivedere ¶再検討した上でお答えいたします. Le risponderò dopo aver riesaminato la faccenda. ¶現行の制度は再検討の余地がある. L'attuale sistema deve essere riesaminato.

さいこ 最古 ◇最古の [定冠詞]+più antico [男複 -chi] [vecchio [男複 -chi]] ¶最古の木造建築 l'edificio di legno più antico

さいご 最後 **1**《終わり》fine◇, finale, ultimo;《結びの》conclusivo;《決定的な》definitivo, decisivo ◇最後に alla fine, per ultimo, in conclusione, per finire, per concludere; infine ¶最後の審判〚聖〛Giudizio Universale ¶最後の晩餐〚聖〛l'Ultima Cena/《レオナルド・ダ・ヴィンチの絵の題名》"il Cenacolo" ¶…に最後の仕上げをする dare l'ultimo tocco [il tocco finale] a ql.co. ¶最後までがんばる tenere duro fino in fondo ¶2人目の男 il penultimo uomo / il secondo uomo a partire dall'ultimo ¶今シーズンの最後を飾るにふさわしい試合だった. L'incontro è stato il degno coronamento della stagione. ¶彼と最後に会ったのはローマだった. È stato a Roma che l'ho incontrato per l'ultima volta. ¶それで最後はどうなったの. È allora come è finita [come è andata a finire]? ¶最後にみんなで歌を歌おうよ. Per finire cantiamo tutti insieme. ¶最後には彼も顔をほころばせた. Anche lui alla fine sorrise. ¶最後に一言申し上げます. Per concludere, vorrei aggiungere un'ultima cosa. ¶手紙の最後に書き添えておいた. Ho aggiunto un postscriptum in fondo alla lettera. ¶最後に来たのは佐藤だった. L'ultimo ad arrivare è stato Sato.
2《「…したら最後」の形で》¶こんなことが社長の耳に入ったら最後, 即座に首だよ. Se questo fatto giunge all'orecchio del presidente, ti licenzia su due piedi. ¶彼はしゃべり出したら最後, 止まらない. Una volta che inizia a chiacchierare, non la smette più.

さいご 最期 《死》fine◇, morte◇, ora◇ suprema, momento◑ supremo ¶父の最期を看取る chiudere gli occhi al padre / assistere alla morte del padre ¶あっけない最期だった. Non si muore mica così! ¶眠るように穏やかな最期だった. È stata una morte serena, sembrava che dormisse.

ざいこ 在庫 merce◇ disponibile [in magazzino];《経・商》scorte◇ [複]; giacenze◇ [複]「「売れ残りの品」というニュアンスを含む」 ¶緩衝在庫 stock-tampone◑ [無変] ¶在庫がなくなった. Abbiamo esaurito le scorte.
✦**在庫一掃** svendita◇ [liquidazione◇] (delle rimanenze di magazzino)
在庫過剰 [不足] eccesso◑ [scarsità◇] di scorte
在庫管理 [調整] controllo◑ [adeguamento◑] delle scorte
在庫調査 ¶在庫調査をする fare l'inventario (delle giacenze [delle scorte])
在庫率 rapporto◑ scorte-vendite

さいこう 再考 riconsiderazione◇, ripensamento◑ ◇再考する riconsiderare (considerare di nuovo), ripensare◎ [av] a ql.co.;《熟考する》riflettere◎ [av] su ql.co. ¶上司に計画の再考を促す fare in modo che il superiore riesamini il progetto

さいこう 再校 《印》《行為》seconda correzione◇;《再校原稿》seconde bozze◇ [複]

さいこう 再興 restaurazione◇, ristabilimento◑, ripristino◑, rinascita◇ ¶一家を再興する risollevare le sorti della propria famiglia ¶祖国の再興に努める fare ogni sforzo possibile per restaurare il proprio paese

さいこう 採光 esposizione◇ alla luce ¶この部屋は採光が悪い. Questa stanza「ha una cattiva illuminazione [è illuminata male].

さいこう 採鉱 estrazione◇ di minerali

さいこう 最高 ◇最高の 定冠詞+più alto [elevato]; supremo;《最大の》massimo;《最良の》ottimo, 定冠詞+migliore ¶最高の水準に達する raggiungere「il livello più alto [il massimo / il punto più elevato] ¶このレストランの料理は最高だ. La cucina di questo ristorante è il massimo. ¶これは彼の最高傑作だ. Questo è il suo massimo capolavoro. ¶今日は今年最高の暑さを記録した. Oggi si è registrata la temperatura più alta di quest'anno. ¶彼の演技も最高だった. La sua è stata un'interpretazione perfetta! ¶最高だ. Fantastico! / Meraviglioso! 《►いずれも対象となる語の性・数に合わせて語尾変化する》

✦**最高会議** consiglio◑ [複 -gli] superiore
最高学府 università◇
最高幹部 i massimi dirigenti◑ [複] [funzionari◑ [複]]
最高気温 temperatura◇ massima
最高記録 ¶自己最高記録を出す (fare) registrare il miglior record personale
最高権威 la più alta autorità◇
最高検察庁 Ufficio◑ del Supremo Pubblico Ministero;《イタリアの》Procura◇ Generale della Repubblica
最高限度 limite◑ massimo, tetto◑
最高最低温度計 termometro◑ a massima e minima
最高裁判所《日本の》Corte◇ Suprema di Giustizia;《イタリアの破棄院》Corte◇ di Cassazione
最高裁判所長官 Presidente◑ della Corte Suprema di Giustizia
最高責任者 massimo responsabile◑
最高速度《スピード制限》limite◑ massimo di velocità ¶この車の最高速度は220キロだ. La velocità massima di questa macchina è di 220 km l'ora.
最高タイム il tempo◑ migliore
最高点 ¶この試験で彼は最高点を取った. Agli esami ha ottenuto il punteggio massimo.

ざいこう 在校 ¶彼はある私立学校に在校している. È iscritto a [Frequenta] una scuola privata. ¶校長は5時まで在校しております. Il preside rimane a scuola fino alle cinque.
✦**在校生** ¶この学校の在校生は2000名だ. A questa scuola sono iscritti 2.000 studenti.

ざいごう 罪業 peccato◑, colpa◇ ¶罪業を重ねる vivere nel peccato / condurre una vita peccaminosa

さいこうちく 再構築 ristrutturazione◇
さいこうちょう 最高潮 acme◇, culmine◑, punto culminante, apice◑, vertice◑ ¶観客の興奮は最高潮に達した. L'entusiasmo degli spettatori ha raggiunto l'apice. ¶そのころが彼の人生の最高潮だった. In quel periodo la sua vita era all'apice.

さいこうび 最後尾 ¶行列の最後尾について歩く camminare in fondo al corteo ¶最後尾の車両

l'ultima carrozza del treno / vagone di coda

さいこうふ 再交付 rila*scio*男[複 -*sci*] di un nuovo documento;《許可などの更新》rinnovo男 ◇再交付する rilasciare *ql.co.*;《更新》rinnovare *ql.co.*; concedere di nuovo *ql.co.*

さいこうほう 最高峰 ¶モンブランはイタリアの最高峰だ。Il Monte Bianco è la vetta più alta d'Italia. ¶彼は文壇の最高峰だ。È un insigne [eminente] letterato.

さいこうれつ 最後列 ¶最後列に並ぶ stare nell'ultima fila

さいこく 催告 《法》intimazione女, ingiunzione女, sollecito男;《特に債務履行の》costituzione女 in mora, diffida ◇催告する intimare [ingiungere] a *qlcu. ql.co.* [di + 不定詞], mandare un sollecito a *qlcu.*

さいごつうちょう 最後通牒 ¶《人に》最後通牒を突きつける dare [mandare] un ultimatum a *qlcu.*

さいころ 賽子・骰子 dado男 ¶さいころの目 i punti (sulla faccia) del dado ¶さいころ遊びをする giocare ai dadi

さいこん 再婚 nuovo [secondo] matrim*onio*男[複 -*i*], seconde nozze女[複], secondo letto男 ◇再婚する risposarsi (con *qlcu.*), sposarsi per la seconda volta (con *qlcu.*)

さいさ 歳差 《天》precessione女 degli equinozi

❖**歳差運動** precessione女

さいさき 幸先 ¶これは幸先がいい[悪い]。Questo fatto「è di buon auspicio [non fa sperare nulla di buono].

さいさん 再三 ripetutamente, più volte, a più riprese ¶彼に再三にわたって注意した。Glielo avrò ripetuto mille volte.

さいさん 採算 《商》profitto男, guadagno男, utile男 ¶独立採算制 indipendenza economica ¶採算の取れない仕事 lavoro infruttuoso ¶採算を無視して senza badare al profitto ¶この仕事は採算が取れる。Questo lavoro è vantaggioso [è remunerativo / rende bene].

ざいさん 財産 beni男[複], fortuna女, patrim*onio*男[複], sostanze女[複];《富》ricchezze女[複];《不動産》proprietà女[複];《資本, 資力》capitale男, me*zzi*男[複];《宝》tes*oro*男 ¶私有財産 proprietà privata ¶公有財産 proprietà pubblica / pubblico dominio / beni della comunità ¶国有財産 proprietà [beni]「dello Stato [demaniali] ¶純財産 attività nette ¶財産の自由[liberta patrimoniale ¶財産を築く costruire [farsi] una fortuna ¶財産がある essere ric*co*[男複 -*chi*] / possedere una grossa fortuna [un cospicuo patrimonio] ¶彼は投機で全財産を失った。Ha perso tutti i suoi averi [tutto il suo capitale] in speculazioni sbagliate. ¶彼は財産目当てに結婚した。Si è sposato per denaro [per interesse]. ¶私は子供たちに財産を分け与えた。Ho ripartito il patrimonio tra i miei figli.

❖**財産家** possidente男
財産権 diritto男 di proprietà
財産所得 reddito男 da proprietà
財産税 imposta女 fondiaria [sul patrimonio / sul capitale]
財産相続 eredità女 di beni
財産分離 《法》separazione女 dei beni
財産目録 inventa*rio*男[複 -*i*] dei beni

さいし 才子 uomo男[複 u*omini*] di talento (eccezionale) [d'ingegno]

[慣用]**才子多病** "Mente d'ingegno, salute delicata."

才子才に倒れる "Il troppo ingegno stroppia."

さいし 妻子 moglie女 e figli男[複] ¶妻子を養う mantenere la *propria* famiglia

さいし 祭司 officiante男, celebrante男
さいし 祭祀 funzione女, uffici男[複] divini
さいじ 細字 ¶細字用ボールペン penna a sfera dal tratto [dalla punta] fine [sottile]

さいじ 催事 evento男; promozione女
❖**催事場** sala女 d'esposizione

さいしき 彩色 colorazione女 ¶彩色を施す colorare *ql.co.* ¶この彫刻にはもとは彩色が施されていた。Originariamente questa scultura era policroma.

さいじき 歳時記 **1**《一年中の祭事・行事を記した本》almanac*co*男[複 -*chi*] degli eventi annuali **2**《俳句の季語を解説した本》compend*io*男[複 -*i*] [glossario男[複 -*i*] di temi per poeti di *haiku* (♦ vi sono organizzati i diversi elementi simbolici utilizzati negli *haiku*, secondo le 5 categorie di primavera, estate, autunno, inverno, nuovo anno)

さいしけん 再試験 《学校の》esame男 suppletivo;《科学研究などの》riesame男

さいじつ 祭日 《祝日》(giorno男 di) festa女, giorno男 festivo

ざいしつ 材質 (qualità女 del) materiale男

さいして 際して ¶出発に際して alla partenza ¶この百科事典の刊行に際して in occasione della pubblicazione di questa enciclopedia ¶困難に際して di fronte alle difficoltà

さいしゅ 採取 estrazione女 ¶砂金を採取する estrarre le pagliuzze d'oro ¶指紋を採取する prendere le impronte digitali

❖**採取高**[量] produzione女 estrattiva

さいしゅう 採集 collezione女, raccolta女 ¶昆虫を採集する fare collezione d'insetti / collezionare insetti ¶方言を採集する raccogliere modi di dire dialettali

❖**採集家** collezionista男[男複 -*i*]
採集網 acchiappafarfalle男[無変]

さいしゅう 最終 ◇最終的 definitivo;《最後の》ultimo, finale ◇最終的に definitivamente ¶最終的な結論が出た。Si è giunti a una conclusione definitiva. ¶交渉は最終段階にある。I negoziati sono nella loro fase finale.

❖**最終回**《映画の》l'ultima proiezione女, l'ultimo spetta*colo*男;《試合の》l'ultimo tempo;《小説・ドラマの》l'ultima puntata女
最終決定 decisione女 definitiva [irrevocabile]
最終製品 《経》prodotti男[複] finali [finiti]
最終日 l'ultimo giorno男
最終便《バス, 電車》l'ultima corsa女;《飛行機》l'ultimo volo男;《郵便》l'ultima levata女 (della posta)
最終列車 l'ultimo treno男

ざいじゅう 在住 residenza㊛ ◇在住する risiedere㊌[av], abitare㊌[av]《に a》¶ミラノ在住のロッシ氏 il sig. Rossi, domiciliato [residente] a Milano

さいしゅうしょく 再就職 ◇再就職する trovare un altro lavoro

さいしゅつ 歳出 uscite㊛[複][spese㊛[複]/ esborsi㊚[複]] annuali

さいしゅっぱつ 再出発 nuova partenza㊛, nuovo inizio㊚[複 -i] ◇再出発する ricominciare ql.co.;《人生の》rifarsi una vita

さいしょ 最初 inizio㊚[複 -i], principio㊚[複 -i] ◇最初の primo, iniziale ◇最初に per primo, per prima cosa, in primo luogo;《まず》per cominciare;《第一に》anzitutto, innanzitutto ◇最初は all'inizio, inizialmente, in principio, dapprima;《もともと》originariamente
¶最初の 5 年間は nei [durante i] primi cinque anni ¶最初からやり直す ricominciare dall'inizio ¶何事も最初が肝心だ. In tutte le cose è importante l'inizio. ¶"Chi ben comincia è alla metà dell'opera." ¶最初に大阪へ行きます. Prima vado ad Osaka. ¶彼女と最初に口をきいたのはその時だった. È stato allora che ho parlato per la prima volta con lei. ¶最初に君が発言してくれ. Prendi tu la parola per primo [《女性に》per prima]. ¶彼の名前は名簿の最初にある. Il suo nome è il primo della lista. ¶最初この本を読んだ時には難しいと思った. Alla prima lettura questo libro mi è parso difficile. ¶そんなことは最初からわかっていた. Questo lo sapevo fin dall'inizio.

さいじょ 才女 donna㊛ brillante [intelligente]

さいしょう 最小 ◇最小の 定冠詞+più piccolo, 定冠詞+più basso, minimo
✤最小公倍数《数》minimo comune multiplo㊚;《略》m.c.m.
最小公分母《数》minimo comune denominatore㊚
最小値 il valore㊚ minimo, il minimo㊚

さいしょう 最少 minimo ◇最少の minimo ¶最少の人数 numero minimo di persone

さいじょう 斎場 luogo㊚[複 -ghi] del funerale

さいじょう 最上 ◇最上の di prima qualità, di prima scelta; eccellente; ottimo; 定冠詞+migliore ¶階段の最上段 il gradino più alto della scala ¶建物の最上階 l'ultimo piano del palazzo
✤最上級《文法》superlativo㊚ ¶絶対[相対]最上級 superlativo assoluto [relativo]

ざいじょう 罪状 《罪》(la natura㊛ di un) crimine㊚, delitto㊚;《犯罪の状況》circostanze㊛[複] di un delitto;《有罪であること》colpevolezza㊛ ¶罪状を否認する negare la *propria* colpevolezza

さいしょうかボタン 最小化ボタン《コンピュータ》tasto㊚ riduci a icona

さいしょうげん(ど) 最小限(度) ¶損害を最小限にくい止める limitare i danni al minimo

さいしょく 才色 ¶才色兼備の女性 donna 「bella e intelligente [di grande intelligenza e bellezza]

さいしょく 菜食 dieta㊛ vegetariana
✤菜食主義 vegetarianismo㊚, vegetarismo㊚
菜食主義者 vegetariano㊚[㊛ -a], vegan㊚[無変]

ざいしょく 在職 ◇在職する avere un posto《に in》;《公務員が》essere in carica ¶彼はこの会社に 20 年在職した. Ha prestato servizio in questa ditta per 20 anni.
✤在職期間 anni㊚[複] di servizio《での presso》
在職証明 certificato㊚ [stato㊚] di servizio

さいしん 再審《法》◇再審を請求する richiedere la revisione (di un processo)
✤再審請求 richiesta㊛ di revisione (di un processo)

さいしん 細心 prudenza㊛, precauzione㊛; attenzione㊛;《周到さ, 綿密さ》scrupolosità㊛ ¶細心の注意を払う concentrare la *propria* attenzione su ql.co. [qlcu.] / essere cauto in ql.co. ¶細心の注意を払って con grande attenzione / con circospezione / prudentemente

さいしん 最新 ◇最新の 定冠詞+più nuovo, nuovissimo;《最近の》ultimo; 定冠詞+più recente; 定冠詞+più moderno;《改訂・改良した》定冠詞+più aggiornato, 定冠詞+più attuale ¶最新の技術 le tecniche più avanzate ¶最新の情報によれば in base alle [secondo le] più recenti notizie / secondo le notizie dell'ultima ora ¶最新の治療法 terapia recentemente scoperta ¶最新流行の服 vestito "all'ultima moda [all'ultimo grido]" ¶最新型のモーターボート motoscafo di ultimo modello
✤最新作 l'ultima opera㊛

さいじん 才人 ⇒才子

サイズ〔英 size〕misura㊛;《服》taglia㊛;《靴・帽子・手袋などの》numero㊚;《家具などの, 縦・横・高さで表すことが多いもの》dimensioni㊛[複];《大きさ》grandezza㊛;《本・写真などの版》formato㊚ ¶SSサイズ misura extrasmall [extrapiccola] ¶Sサイズ misura small [piccola] ¶Mサイズ misura medium [media] ¶Lサイズ misura large [grande] ¶LLサイズ misura extralarge [forte] ¶8号サイズの手袋 guanti di misura [numero] 8 ¶サイズを測る prendere le misure di ql.co. a qlcu. ¶この服のサイズはいくつですか. Di che taglia è questo abito? ¶もう 1 つ上[下]のサイズを見せてください. Mi faccia vedere una taglia più grande [piccola], per favore. ¶"服のサイズはいくつですか" "40 です" "Che taglia porta?" "La 40." ¶この服はワンサイズです. Questo capo è taglia unica.

ざいす 座椅子 sedia㊛ senza gambe per sedere sul pavimento di *tatami*

さいせい 再生 **1**《廃品の》ricupero㊚, rigenerazione㊛;《リサイクル》riciclaggio㊚[複 -gi], riciclo㊚ ◇再生する riciclare, ricuperare, riutilizzare, rigenerare ¶核燃料の再生 rigenerazione di combustibili nucleari
2《生・医》rigenerazione㊛ ◇再生する《組織などを》rigenerare
3《録音の》riproduzione㊛ (di suoni) ¶録音したものを再生する riprodurre la registrazione

4《心》reminiscenza㊛
✤**再生回路** circuito㊚ rigenerativo [reattivo]
再生ゴム gomma㊛ rigenerata
再生紙 carta㊛ riciclata
再生繊維 fibra㊛ rigenerata
再生装置 dispositivo㊚ riproduttore
再生不良性貧血《医》anemia㊛ aplastica
再生ボタン《テープレコーダーなどの》tasto [pulsante㊚] di riproduzione ¶再生ボタンを押して下さい. Prema"play".

ざいせい 在世 ¶在世中に durante la *propria* [nel corso della *propria* / nella] vita

ざいせい 財政 finanza㊛ (pubblica), amministrazione㊛ finanziaria [delle finanze]; economia㊛ ◇財政の finanziario [㊚複 *-i*] ◇財政的に finanziariamente 《財政上》dal punto di vista finanziario ¶均衡財政 finanza equilibrata ¶地方財政 finanze locali [provinciali] ¶国家財政 finanze statali 《不健全 [赤字] 財政である》 avere una finanza sana [dissestata / deficitaria] ¶財政を立て直す risanare le finanze ¶財政困難である essere in 「difficili condizioni finanziarie [difficoltà finanziarie]

✤**財政赤字** ¶財政赤字を半減する ridurre della metà il deficit finanziario
財政援助 ¶財政援助をする dare [prestare] aiuti finanziari [assistenza finanziaria]《に a》/ aiutare qlcu. [ql.co.] finanziariamente
財政学 scienza㊛ delle finanze
財政金融政策 politica㊛ monetaria
財政計画 piano㊚ finanziario
財政資金 risorse㊛[複] finanziarie
財政支出 spesa㊛ pubblica
財政投融資 investimenti㊚[複] e finanziamenti㊚[複] pubblici
財政年度 esercizio㊚[複 *-i*] (anno) finanziario, anno㊚ fiscale
財政問題 problemi㊚[複] finanziari

さいせいき 最盛期 epoca㊛ d'oro ¶あのころが日本映画の最盛期だった. Allora era il periodo d'oro del cinema giapponese.

さいせいさん 再生産 ◇再生する riprodurre ¶拡大 [縮小 / 単純] 再生産《経》riproduzione㊛ su scala progressiva [regressiva / semplice]

ざいせき 在籍 ◇在籍する essere iscritto《に a, in》
✤**在籍者** iscritto㊚[㊛ *-a*]
在籍証明書 certificato㊚ d'iscrizione
在籍専従者《労働組合の》sindacalista㊚㊛[㊚複 *-i*] a tempo pieno

さいせん 再選 rielezione㊛ ◇再選する rieleggere ¶会長に再選する rieleggere qlcu. presidente ¶会長は再選を妨げず. Il direttore è rieleggibile.
✤**再選資格** rieleggibilità㊛

さいせん 賽銭 dare un piccolo obolo [fare una piccola offerta] al tempio
✤**賽銭箱** cassetta㊛ delle offerte [oblazioni]

さいぜん 最善の 定冠詞 + migliore, massimo ¶最善の策を講じる escogitare la migliore politica (da seguire) ¶最善を尽くす fare del [il] *proprio* meglio [massimo]

さいせんきょ 再選挙 nuova elezione㊛ ¶再選挙を行う procedere a una nuova elezione [a nuove elezioni]

さいぜんせん 最前線 fronte㊚, prima linea㊛ ¶最前線で戦う combattere in prima linea

さいせんたん 最先端 **1**《一番先端》punta㊛, estremità㊛ **2**《最も進歩したところ》avanguardia㊛《最も進んだ》定冠詞 + più avanzato;《先端技術の》ad alto contenuto tecnologico, a tecnologia di punta

さいぜんれつ 最前列 prima fila㊛ ¶彼は最前列にいる. È in prima fila.

さいそう 彩層《天》cromosfera㊛

さいそく 細則 clausola㊛ complementare [integrativa], norme㊛[複] suppletive;《細かい規則》regolamento㊚ dettagliato;《施行規則》disposizioni㊛[複] ¶法律施行上の細則 norme per l'applicazione di una legge

さいそく 催促 sollecitazione㊛, sollecito㊚ ¶度重なる催促にもかかわらず nonostante i numerosi solleciti ¶返事を催促する sollecitare da qlcu. una risposta ¶…するよううるさく催促する assillare qlcu. affinché + 接続法 / sollecitare insistentemente qlcu. 「a + 不定詞 [affinché + 接続法]
✤**催促状** ¶支払いを求める催促状を出す spedire a qlcu. un sollecito di pagamento

さいた 最多 ◇最多の massimale ¶最多得票を得る avere più voti degli altri

サイダー〔英 cider〕bevanda㊛ gassata zuccherata

さいたい 妻帯 ¶彼は若くして妻帯した. Si è sposato giovane.
✤**妻帯者** uomo㊚[複 *uomini*] sposato [coniugato, ammogliato], sposato㊚, coniugato㊚, ammogliato㊚

さいだい 細大 ¶現状を細大漏らさず報告する fare una relazione sulla situazione fin nei minimi particolari

さいだい 最大 massimo㊚ ◇最大の 定冠詞 + più grande, 定冠詞 + più grosso; massimo ¶世界最大のタンカー la più grande petroliera del mondo ¶最大多数の最大幸福（ベンサム）la più grande felicità per il più grande numero di persone (Bentham) ¶最大のチャンス，お見逃がしなく. L'occasione è ottima: non perdetela.
✤**最大公約数 (1)**《数》massimo comune divisore㊚;《略》M.C.D.㊚ **(2)**《共通点》¶両者の主張の最大公約数を取る fare leva sui punti d'intesa tra i due
最大出力 potenza㊛ massima
最大瞬間風速 ¶この台風の最大瞬間風速は35メートルである. I venti di questo tifone raggiungono un'intensità massima di 35 metri il secondo.
最大積載人数《量》capienza㊛ [portata㊛] massima
最大値 il valore massimo, il massimo㊚
最大風速 velocità㊛ massima del vento
最大風力 forza㊛ massima del vento

さいだいかボタン 最大化ボタン《コンピュータ》tasto㊚ ingrandisci

さいたいけつバンク 臍帯血バンク《医》banca㊛ del sangue del cordone ombelicale

さいだいげん (ど) 最大限 (度) ¶資金を最大

限に活用する fare il migliore uso dei fondi a disposizione ¶これが最大限譲れるところだ. Questo è il massimo che posso concedere.
さいたく 採択 adozione㊛ ◇採択する adottare
ざいたく 在宅 ¶マルティーニさんはご在宅ですか. È in [a] casa il sig. Martini?
❖**在宅医療** terapia㊛ domiciliare
在宅介護 assistenza㊛ a domicilio
在宅勤務 ◇在宅勤務する lavorare nella *propria* casa
さいたる 最たる ¶彼は偽善者の最たるものだ. Lui è il peggiore ipocrita.
さいたん 採炭 estrazione㊛ del carbone fossile ◇採炭する estrarre carbone
❖**採炭量** produzione㊛ del carbone
さいたん 最短 ◇最短の 定冠詞+più breve, 定冠詞+più corto ¶最短距離を行く prendere la via più breve / prendere una scorciatoia
さいだん 祭壇 altare㊚;《文》ara㊛ ¶祭壇を設ける erigere [costruire] un altare
さいだん 裁断 **1**《服》taglio㊚[複 -gli] ¶服地を裁断する tagliare la stoffa per un vestito **2**《決定》decisione㊛;《判断》giudizio㊚[複 -i] ¶〈人〉に裁断を仰ぐ sottoporre *ql.co.* al giudizio di *qlcu.* ¶裁断を下す pronunciare [emettere] un giudizio (について su)
❖**裁断機** cesoiatrice㊛
ざいだん 財団 fondazione㊛
❖**財団法人**《法》fondazione㊛; ente㊚ con personalità giuridica
さいち 才知 ingegno㊚, intelligenza㊛, talento㊚ ¶彼は才知に富んでいる. È un uomo pieno di talento.
さいちゅう 最中 ◇最中に nel corso di *ql.co.*;《ちょうどいい時に》sul più bello di *ql.co.*, nel (bel) mezzo di *ql.co.* ¶いま会社側と交渉の最中だ. I negoziati sono in pieno svolgimento con i rappresentanti della ditta. ¶食事の最中に彼が来た. È venuto mentre eravamo a tavola. ¶祭りの最中に雨が降り出した. È cominciato a piovere nel bel mezzo della festa.
ざいちゅう 在中 ¶「印刷物在中」《表示》"Stampe" ¶「写真在中」《表示》"Contiene fotografie" ¶「見本在中」《表示》"Campione"
❖**在中物** contenuto㊚
さいちょう 最長 ◇最長の 定冠詞+più lungo [複 -ghi] ¶日本最長の海底トンネル la più lunga galleria sottomarina del Giappone
さいてい 最低 ◇最低の《一番低い》定冠詞+più basso;《最小限の》minimo ¶最低の生活を送っている condurre una vita di estrema indigenza ¶1か月最低10万円は必要だ. Come minimo mi occorrono 100.000 yen al mese. ¶その事業を完成するには最低1年はかかる. Ci vuole almeno [per lo meno] un anno per compiere quell'impresa. ¶最低の成績で進級した. È stato promosso con il punteggio minimo richiesto. ¶あいつは最低の男だ. È un verme!
❖**最低気温** temperatura㊛ (bassa) minima
最低速度 limite㊚ minimo di velocità
最低値 il valore㊚ minimo, il minimo㊚

最低地上高《車》distanza㊛ dal suolo al mozzo delle ruote
最低賃金 minimo㊚ salariale (per legge)
さいてい 裁定《決定》decisione㊛ ¶仲裁裁定 lodo [giudizio / sentenza] arbitrale / arbitrato
❖**裁定書**《商》decisione㊛ [giudizio㊚[複 -i] / lodo㊚] arbitrale, sentenza㊛
裁定取引《商》arbitraggio㊚[複 -gi]
さいてき 最適 ◇最適な《一番適した》定冠詞+più adatto (congeniale),《一番良い》定冠詞+più favorevole, 定冠詞+migliore; ottimale;《理想的な》ideale ¶その仕事には彼が最適だ. È la persona ideale per (fare) quel lavoro. ¶滝を見るのに最適の場所だ. È il miglior posto per vedere la cascata.
❖**最適化** ottimizzazione㊛ ◇最適化する ottimizzare
さいてん 採点 scrutinio㊚[複 -i], valutazione㊛, votazione㊛, classificazione㊛;《点数》punteggio㊚[複 -gi] ◇採点する dare [assegnare] un voto [dei punti] a *ql.co.* [a *qlcu.*] / classificare *ql.co.* ¶あの先生は採点が甘い[辛い]. Quel professore è「di manica larga [stretto con i voti]. ¶この採点は甘すぎる[辛すぎる]. Questa votazione è troppo generosa [severa].
さいてん 祭典 festa㊛, festival [festival㊚[無変] ¶スポーツの祭典 festa dello sport
サイト《英 site》《コンピュータ》sito㊚
さいど 再度 di nuovo, ancora una volta;《2度目に》per la seconda volta ◇再度の secondo, altro, nuovo ¶警察は再度彼を呼び出した. La polizia lo ha riconvocato in questura.
さいど 彩度 purezza㊛ [intensità㊛] di colore
サイド《英 side》lato㊚, fianco㊚[複 -chi]; parte㊛ ¶消費者サイドに立つ stare [essere] dalla parte dei consumatori
❖**サイドアウト**《スポ》fallo㊚ laterale
サイドカー《車》《英》sidecar [sáidkar]㊚[無変]; motocarrozzetta㊛
サイドキック《スポ》calcio㊚[複 -ci] di piatto
サイドステップ《ボクシングなど》schivata㊛ laterale
サイドスリット[ベンツ]《服》spacchi㊚[複] laterali
サイドテーブル《オフィスの》tavolinetto㊚;《ベッドサイドの》comodino㊚
サイドプリーツ《服》pieghe㊛[複] laterali
サイドブレーキ《車》¶サイドブレーキを引く mettere [tirare] il freno a mano
サイドボード credenza㊛, buffè㊚
サイドミラー《車》specchietto㊚ retrovisore esterno
サイドライン《スポ》linea㊛ laterale
サイドリーダー sussidiario㊚[複 -i], libro㊚ di lettura aggiuntivo
サイドワーク lavoro㊚ secondario㊚[複 -i], secondo lavoro㊚
さいとうし 再投資 rinvestimento㊚ ◇再投資する rinvestire (に in)
さいどく 再読 rilettura㊛ ◇再読する rileggere
さいとつにゅう 再突入 rientro㊚ ¶スペースシャトルは大気圏に再突入した. La navetta spaziale

è rientrata nell'atmosfera.

さいなむ 苛む tormentare, affliggere, torturare ¶私は良心の呵責にさいなまれている。Mi rimorde la coscienza. ¶私は罪の意識にさいなまれている。Sono tormentato da sensi di colpa.

さいなん 災難 《不幸》sfortuna⓪, sventura⓪, disgrazia⓪, sciagura⓪;《災禍》calamità⓪, disastro⓪, catastrofe⓪;《事故》incidente⓪, infortunio⓪ [複 -i] ¶災難に遭う passare un guaio / essere colpito dalla sventura / essere vittima di un incidente ¶とんだ災難だ。Che sventura [disgrazia / sciagura]! ¶災難と思ってあきらめなさい。Rassegnati, è stata una sventura. ¶危ないところで災難を免がれた。Sono sfuggito al disastro per un pelo. ¶彼の家は災難続きだ。Ha avuto una serie di disgrazie in casa.

さいなんたん 最南端 ¶日本の最南端 l'estremità meridionale [sud] del Giappone / l'estremo sud del Giappone

ざいにち 在日 ¶在日イタリア大使館 l'Ambasciata d'Italia in Giappone ¶在日外国人 straniero residente in Giappone

さいにゅう 歳入 entrate⓪ [複] [introiti⓪ [複]] annuali ¶本年度の国の歳入は大幅に増加している。Le entrate pubbliche di quest'anno sono aumentate molto.
✤歳入減 diminuzione⓪ delle entrate
歳入予算額 entrate⓪ [複] preventivate

さいにゅうこく 再入国 ◇再入国する rientrare ⓔ[es] in un paese
✤再入国許可 permesso⓪ di [autorizzazione⓪ al] rientro
再入国ビザ visto⓪ di rimpatrio

さいにん 再任する rinominare qlco., riconferire l'incarico di ql.co. a qlcu.;《復職させる》reintegrare qlcu. ¶委員長に再任される essere riconfermato presidente della commissione

ざいにん 在任 incaricato⓪ ¶在任期間 periodo di incarico

ざいにん 罪人 delinquente⓪ ⓪, criminale⓪ ⓪, colpevole⓪ ⓪;《有罪判決を受けた》condannato⓪ [⓪ -a];《宗教的な》peccatore⓪ [-trice]

さいにんしき 再認識 ◇再認識する riconoscere [constatare /《価値を認める》apprezzare] ql.co. ancora [di nuovo] ¶その彫像の芸術的価値を再認識した。Ho apprezzato ancora (una volta) il valore artistico della statua.

さいねん 再燃 recrudescenza⓪, ripresa⓪ ◇再燃する riaccendersi, riprendere⓪ [av] ¶論争が再燃した。La controversia「si è riaccesa [è ripresa / è ricominciata].

さいねんしょう 最年少 ¶この中では私が最年少だ。Sono il più giovane qui.

さいねんちょう 最年長 ¶私たちの中では私が最年長だ。Sono il più anziano [vecchio] tra noi.

さいのう 才能 talento⓪, dono⓪ (di natura);《物事の理解・習得の》ingegno⓪;《天才的な》genio⓪;《能力》capacità⓪, abilità⓪ ◇才能(の)ある di [che ha] talento; dotato; capace, abile ¶子供の才能を伸ばしてやる sviluppare [coltivare] il talento naturale dei bambini ¶《人の》才能を殺す soffocare il talento di qlcu. ¶彼は生来, 音楽の才能がある。È dotato per la musica. / Ha il bernoccolo della musica. ¶彼は彫刻家として優れた才能のある人だ。Come scultore possiede un talento eccezionale. ¶彼は語学の研究に才能を発揮した。Nello studio della lingua ha dimostrato tutto il suo talento. ¶君は才能がある。Hai talento. / Sei un genio.

さいのかわら 賽の河原 **1**《仏教》limbo⓪ dei bambini (◆ i bambini defunti fanno delle pile con dei sassolini che però vengono sistematicamente distrutte dagli oni)
2《むだな努力》sforzo⓪ inutile

さいのめ 賽の目・采の目《さいころの数》punto⓪ (sulla faccia di un dado) **2**《小さい立方体》¶じゃがいもをさいの目に切る tagliare le patate a cubetti [a dadini]

サイバースペース [英 cyberspace]《コンピュータ》ciberspazio⓪ [複 -i]; cyberspazio⓪ [複 -i]

サイバーテロ《コンピュータ》cyberterrorismo⓪

さいはい 采配 ¶采配を振る avere il bastone del comando / dirigere [comandare / avere il comando] di ql.co.

さいばい 栽培 coltura⓪, coltivazione⓪ ◇栽培する coltivare ql.co. ¶ハウス [温室] 栽培 coltivazione in serra ¶温室栽培のいちご fragole di [coltivate in] serra

さいはいち 再配置 ridisposizione⓪ ◇再配置する ridisporre

さいはいぶん 再配分 ridistribuzione⓪ ◇再配分する ridistribuire

さいばし 菜箸 bacchette⓪ [複] [bastoncini⓪ [複]] da cucina

さいばしる 才走る essere scaltro [astuto / furbo] ¶才走った男 uomo ricco di furbizia

さいはつ 再発 recidiva⓪, ricomparsa⓪;《特に病気の》ricaduta⓪ ◇再発する《病気・問題が主語》ricomparire, riacutizzarsi, riapparire;《人が主語》avere una ricaduta, ricadere⓪ [es], avere un nuovo attacco ¶癌の再発 riacutizzazione⓪ del cancro ¶暴動の再発を防ぐ evitare il ripetersi di nuovi tumulti ¶病気が再発すれば命取りになるかもしれない。Una ricaduta potrebbe essere mortale. ¶アデノイドが再発した。Gli si sono rigenerate le adenoidi.

ざいばつ 財閥 zaibatsu⓪ [無変]; consorzio⓪ [複 -ci] monopolistico [複 -ci] ¶旧財閥系総合商社 aziende commerciali integrate di ex zaibatsu
✤財閥解体 smembramento⓪ degli zaibatsu

さいはっけん 再発見 riscoperta⓪ ◇再発見する riscoprire

さいはっこう 再発行《書類の》nuovo rilascio⓪ [複 -sci];《切手など有価証券の》nuova emissione⓪ ¶パスポートを再発行してもらう farsi rilasciare un nuovo passaporto

さいはて 最果て ¶さいはての地 i confini [le estremità] della terra

サイバネティックス [英 cybernetics] cibernetica⓪

さいはん 再犯《法》recidiva⓪
✤再犯者 recidivo⓪ [⓪ -a]

さいはん 再版《第2版》seconda edizione⓪;

さいはん《もう一度出版する》ristampa㊛;《新版》nuova edizione㊛ ◇再版する ristampare ¶その本は再版中だ. Il libro è in ristampa.

さいはん 再販《商》《再販売価格維持行為の略》mantenimento㊚ dei prezzi di rivendita

さいばん 裁判 processo㊚;《訴訟, 個々の事件》causa㊛;《司法》giustizia㊛;《告訴から判決まで》procedimento㊚ → 法律 用例集 ¶公正な裁判 processo imparziale ¶軍事裁判 giustizia militare ¶欠席裁判 mancata comparizione / giudizio in contumacia ¶正式裁判 processo [procedimento] formale ¶即決[略式]裁判 processo rapido [abbreviato] ¶裁判に勝つ[負ける] vincere [perdere] una causa ¶裁判を受ける essere processato《のことで per》¶〈人〉に対して裁判を起こす ricorrere alla giustizia contro qlcu. / intentare causa a [contro] qlcu. / trascinare qlcu. in tribunale / portare qlcu. in giudizio ¶4月10日に裁判が開かれる. Il processo sarà aperto il 10 aprile. ¶この事件は目下裁判中だ. Il processo relativo a questa vertenza è tutt'ora in corso.

✤**裁判官** giudice㊚, magistrato㊚;《総称》i giudici㊚[複], magistratura㊛, la corte㊛

裁判官忌避 eccezione㊛ di incompetenza del giudice

裁判官訴追委員会 comitato㊚ per l'incriminazione

裁判権 ¶裁判権を持つ avere la giurisdizione《に対して su》

裁判長 Presidente㊚ (di Tribunale);《呼びかけ》Signor Presidente㊚, Vostro Onore㊚

裁判手続 procedura㊛ legale [processuale]

裁判費用 spese㊛[複] processuali

さいばんしょ 裁判所 tribunale㊚ (giudiziario [複 -i], corte㊛ di giustizia;《建物》palazzo㊚ di giustizia ¶裁判所に出頭する comparire㊚[es] in giudizio

関連
簡易裁判所 pretura㊛　家庭裁判所 tribunale㊚ per le controversie della famiglia 地方裁判所 corte㊛ distrettuale 高等裁判所 alta corte㊛, corte㊛ d'appello 最高裁判所《日本の》corte㊛ suprema (di giustizia);《イタリアの破棄院》corte㊛ di cassazione 民事裁判所 tribunale㊚ civile 刑事裁判所 tribunale㊚ penale 憲法裁判所 Corte㊛ Costituzionale 弾劾裁判所 tribunale㊚ per l'incriminazione 軍事裁判所 tribunale㊚ militare, corte㊛ marziale 管轄裁判所 tribunale㊚ competente

さいひ 採否 ¶議案の採否を投票で決める decidere su una proposta mediante votazione / votare una proposta ¶申し込み者の採否は追ってお知らせいたします. I risultati della nostra inchiesta sui candidati verranno annunciati in seguito.

さいひ 歳費 **1**《年間支出》spesa㊛ annuale (dello Stato) **2**《国会議員の年俸》indennità㊛ parlamentare

さいひょうか 再評価 rivalutazione㊛, nuova valutazione㊛[stima㊛];《復権》riabilitazione㊛ ◇再評価する rivalutare ql.co., valutare [stimare] di nuovo ql.co.

さいひょうせん 砕氷船 rompighiaccio㊚[無変]

さいひんち 最頻値《統》moda㊛

さいふ 財布《札入れ》portafoglio㊚[無変], portafogli㊚[無変];《小銭入れ》portamonete㊚[無変], borsellino㊚ ¶財布が空になった. Il portafoglio si è alleggerito. ¶財布を盗まれた. Mi hanno rubato il portafoglio.

慣用 財布の底をはたく ¶財布の底をはたいて買った. L'ho comprato dando fondo a tutto quello che avevo con me.

財布の紐を締める[緩める] stringere [allentare] i cordoni della borsa

財布の紐を握る ¶彼の家では奥さんが財布のひもを握っている. In casa sua è la moglie che tiene in mano i cordoni della borsa.

さいぶ 細部 ¶計画を細部にわたって検討する esaminare il piano nei dettagli [nei particolari]

さいふく 祭服 paramento㊚

さいぶん 細分《細かく分ける》suddivisione㊛, frazionamento㊚, smembramento㊚ ◇細分(化)する suddividere, frazionare, smembrare ¶権力の細分(化) frazionamento [disgregazione] del potere

さいぶんぱい 再分配 ridistribuzione㊛

さいべつ 細別 classificazione㊛ minuziosa

さいへんせい 再編成 riorganizzazione㊛, riordinamento㊚ ◇再編成する riorganizzare, riordinare; ristrutturare l'organizzazione di ql.co.

さいほう 裁縫 (lavoro㊚ di) cucito㊚, arte㊛ del cucito, sartoria㊛;《繕い》rammendo㊚ ◇裁縫する fare del lavoro di cucito, lavorare d'ago; rammendare ¶裁縫を習う imparare "a cucire [il cucito] ¶彼女は裁縫がうまい. Sa cucire bene. / È una brava sarta.

✤**裁縫台** tavolo㊚ per sarti

裁縫道具 l'occorrente per cucire

裁縫箱 cestino㊚ [astuccio㊚[複 -ci]] da lavoro (di cucito);《仕立て屋の》scatola㊛ [astuccio㊚] per sarti

さいぼう 細胞《生》cellula㊛ ◇細胞の cellulare ¶動物[植物]細胞 cellula animale [vegetale] ¶上皮細胞 (cellula) epiteliale ¶神経細胞 cellula nervosa / neurone㊚

✤**細胞遺伝学** citogenetica㊛

細胞液 linfa㊛ cellulare

細胞学 citologia㊛

細胞学者 citologo㊚[㊛ -ga; ㊚複 -gi]

細胞質 citoplasma㊚[複 -i]

細胞組織 tessuto㊚ cellulare

細胞分裂 divisione㊛ cellulare, mitosi㊛[無変], cariocinesi㊛[無変]

細胞壁 parete㊛ cellulare

細胞膜 membrana㊛ cellulare

細胞融合 fusione㊛ cellulare

ざいほう 財宝 tesoro㊚, ricchezza㊛

さいほうそう 再放送 ritrasmissione㊛, replica㊛ ◇再放送する ritrasmettere, replicare

サイボーグ〔英 cyborg〕〔英〕cyborg [sáiborg]㊚[無変]

さいほくたん 最北端 ¶日本の最北端 l'estre-

mità settentrionale [nord] del Giappone / l'estremo nord del Giappone
サイホン 〔英 siphon〕 sifone㊚
さいまつ 歳末 fine d'anno
✤**歳末大売り出し** svendita di fine (d')anno
歳末助け合い運動 campagna㊛ caritativa di fine d'anno
さいみつが 細密画 《美》miniatura㊛
さいみん 催眠 ipnoṣi㊛ [無変], sonno㊚ ipnotico
✤**催眠剤** 《薬》ipnotico㊚ [複 -ci], sostanza㊛ ipnotica, narcotico㊚ [複 -ci]
催眠術 ipnotiṣmo㊚; 《動物磁気による》magnetiṣmo㊚ animale, meṣmeriṣmo㊚ ¶催眠術にかける ipnotizzare qlcu. / sottoporre qlcu. a ipnoṣi
催眠術師 ipnotizzatore㊚ [㊛ -trice]
催眠術療法 ipnoterapia㊛
催眠状態 ¶催眠状態からさめる[に陥る] risvegliarsi da [cadere in] uno stato d'ipnoṣi
さいむ 債務 debiti㊚[複], passivo㊚, passività㊛[複] ¶債務の不履行 insolvenza / decozione ¶債務を履行する pagare un debito / far fronte ai propri debiti
✤**債務国** nazione㊛ debitrice
債務者 debitore㊚ [㊛ -trice]
ざいむ 財務 finanza㊛, attività㊛ finanziaria, affari㊚[複] finanziari
✤**財務局** Ufficio㊚ [複 -ci] delle Finanze
財務警察 《イタリアの》Guardia㊛ di Finanza
財務省 Ministero㊚ delle Finanze; 《イタリアの》Ministero㊚ del Teṣoro
ざいめい 罪名 accuṣa㊛, incriminazione㊛, imputazione㊛ ¶彼は詐欺の罪名で起訴された. È stato accuṣato di frode.
さいもく 細目 ◇プロジェクト細目 progetto dettagliato ¶細目は後ほど通知します. La metterò al corrente dei particolari in seguito.
ざいもく 材木 legname㊚
✤**材木商** commerciante㊚ di legname
ざいや 在野 ◇在野の《公職にない》non in carica; 《民間の》civile; 《野党の》all'oppoṣizione
さいやく 災厄 sciagura㊛
さいゆ 採油 ◇採油する estrarre petrolio 《から da》, estrarre olio 《から da》
✤**採油権** concessione㊛ petrolifera
採油所 luogo㊚ [複 -ghi] di trivellazione petrolifera
さいゆうしゅう 最優秀 ◇最優秀の 定冠詞+migliore [primo]
✤**最優秀賞** il primo [miglior] premio㊚ [複 -i]
最優秀選手賞 《男性》premio assegnato al migliore atleta [giocatore]; 《女性》premio㊚ assegnato alla migliore atleta [giocatrice]
さいゆしゅつ 再輸出 riesportazione㊛ ◇再輸出する riesportare
さいゆにゅう 再輸入 reimportazione㊛ ◇再輸入する reimportare
さいよう 採用 1《提案などを》adozione㊛, accettazione㊛ ◇採用する adottare, accettare ¶この方法はイタリアでも採用されている。Questo sistema è in uso [è stato adottato] anche in Italia. ¶僕の提案は不採用になった. La mia proposta è stata respinta.
2《人の》ammissione㊛, assunzione㊛ ¶社員を10名採用する assumere dieci impiegati
✤**採用基準** requiṣiti㊚[複] necessari per l'assunzione
採用試験 concorṣo㊚ d'assunzione ¶A社の採用試験に合格した. Ho superato l'eṣame per essere assunto dalla ditta A.
採用通知 《人員の》lettera㊛ d'assunzione; 《商談での》lettera㊛ d'accettazione di un'offerta; 《教科書などの》avviṣo㊚ d'adozione (di ql.co.)
さいらい 再来 reincarnazione㊛, seconda venuta㊛ ¶キリストの再来 reincarnazione di Cristo
ざいらい 在来 ◇在来の《普通の》ordinario㊚ [複 -i], abituale; 《伝統的な》tradizionale, convenzionale; 《既存の》eṣistente
✤**在来種** specie㊛ originale
在来線 linea㊛ ferroviaria preeṣistente [ordinaria]
ざいりゅうがいこくじん 在留外国人 residenti㊚[複] stranieri
ざいりゅうほうじん 在留邦人 residenti㊚[複] giapponeṣi all'estero
さいりょう 最良 ◇最良の 定冠詞+migliore, ottimo, 定冠詞+più bello ¶最良の品 articolo di prima qualità [di prima scelta] ¶人生最良の日 il più bel giorno della propria vita
さいりょう 裁量 discrezione㊛ ¶彼の裁量で sotto la sua discrezione ¶《人》の裁量に任せる rimettersi al giudizio [alla discrezione] di qlcu.
さいりよう 再利用 riutilizzo㊚; 《資源の》riciclaggio㊚ [複 -gi]

ざいりょう
材料 1《生産・建築などの》materiale㊚; 《原料》materia㊛ prima, materiale㊚ grezzo; 《料理などの》ingredienti㊚[複] ¶建築材料 materiali da costruzione
2《資料》dati㊚[複]; 《題材》argomento㊚, tema㊚[複 -i], soggetto㊚ ¶小説の材料を集める raccogliere materiale per un romanzo
3《株式の》elemento㊚, fattore㊚ ¶好材料 buone notizie / ottimi dati ¶悲観材料 fattore [elemento] pessimistico
✤**材料費** costo㊚ per il materiale
ざいりょく 財力 potere㊚ finanziario [複 -i], capacità㊛ finanziaria; 《富》risorse㊛[複], mezzi㊚[複], ricchezza㊛ ¶財力にものを言わせる eṣercitare il proprio potere finanziario ¶彼には財力がある. È un uomo facoltoso [molto ricco].
ザイル 〔独 Seil〕 corda㊛ per scalatori
さいるいガス 催涙ガス gas㊚ [無変] lacrimogeno
さいるいだん 催涙弾 candelotto㊚ lacrimogeno
さいれい 祭礼 rito㊚; festa㊛
サイレン 〔英 siren〕 sirena㊛ ¶空襲警報発令の[解除の]サイレンが鳴った. È suonato l'allarme [il cessato allarme] aereo. ¶サイレンを鳴らして a [con le] sirene spiegate
サイレンサー 〔英 silencer〕 silenziatore㊚
サイレントえいが サイレント映画 《総称とし

て) cinema男[無変] muto;《(個別の)》film男[無変] muto

サイロ [英 silo]《農》silo男

さいろく 再録 1《再び活字にして載せること》ristampa女, ripubblicazione女 ◇**再録する** ristampare, ripubblicare 2《再び録音すること》nuova registrazione女 ◇**(再)録音する** (ri)registrare

さいろく 採録 ¶全文を採録する trascrivere [riportare] il testo integralmente

さいわい 幸い 《(幸運)》(buona) fortuna女;《(幸福)》felicità女 ¶あの事故で怪我をしなかったのは不幸中の幸いだった. Il non esser rimasto ferito in quell'incidente è stata una fortuna nella disgrazia. ¶お役に立てれば幸いです. Sarei lieto [felice] di poter essere utile. ¶天候が幸いして米がよくとれた. Il tempo è stato favorevole e c'è stato un buon raccolto di riso. ¶幸いタクシーがすぐ来た. Fortunatamente [Per fortuna] è arrivato subito un taxi.

さいわりびき 再割引《金融》risconto男 ◇**再割引する** riscontare

サイン [英 sign] 1《署名》firma女;《(有名人の)自署》autografo男 (▶「作者自筆の原稿」もさす) ◇**サインする** firmare ¶契約書にサインする firmare un contratto / apporre la propria firma su un contratto ¶サインした契約書 contratto firmato ¶サインしてください.《(芸能人・スポーツ選手などに)》Mi dà il suo autografo, per favore? 2《合図》segno男, segnale男, cenno男, gesto男 ¶サインを送る fare un segno [un segnale] a qlcu. / far (un) cenno a qlcu. ❖**サイン会** ¶デパートでは5人の作家のサイン会が開かれている. Cinque scrittori stanno autografando copie dei loro libri al grande magazzino. **サイン帳** album男[無変] d'autografi

サイン [英 sine]《数》seno男;《(記号)》sin ❖**サインカーブ** sinusoide女

ざいん 座員 componente男女 [membro男] di una compagnia teatrale

サウスポー [英 southpaw] ◇**サウスポーの** mancino

サウナ [フィンランド語 sauna] sauna女 ¶サウナに入る fare la sauna

サウンド [英 sound]《音》suono男 ❖**サウンドトラック**《映》colonna女 sonora **サウンドボックス**《音》cassa女 di risonanza

さえ 冴え perspicacia女 [複 -cie] ¶彼は頭の冴えを見せた. Ha dato prova della sua perspicacia.

-さえ 1《強調》perfino, persino, addirittura;《(否定文で)》neanche, nemmeno, neppure (▶neanche, nemmeno, neppureが動詞の後に置かれる場合はnonと共に用いられる)¶生きるのさえいやになった. Ho perso perfino la voglia di vivere. ¶子供でさえそんなことはしないだろう. Neppure un bambino lo farebbe. ¶電気さえないような所だ. È un posto dove non c'è nemmeno [neanche] la luce elettrica. 2《さらに,そのうえ》anche, inoltre, per di più, per giunta ¶風が強いうえか雨さえ降ってきた. Non solo tirava un forte vento, ma cominciò anche a piovere. 3《「…さえ…ば[たら]」の形で》¶機械を作動させるにはこのボタンを押しさえすればよい. Basta schiacciare questo bottone per far partire il macchinario. ¶ひとこと言ってくれさえしたらお金を貸してあげたのに. Se soltanto mi avessi detto una parola, ti avrei prestato il denaro. ¶あの人が生きてさえいてくれたら. Se solo fosse ancora vivo! ¶君が笑いさえしなければ. あんなうそついたのに. Se non avessi fatto quel sorrisetto, non avrebbe capito che non era vero. ¶会いさえすればすぐけんかになる. Litigano ogni volta che s'incontrano.

さえき 差益 margine di profitto ¶売買[為替／円高]差益 utile男 commerciale [sui cambi / derivante dalla rivalutazione dello yen]

さえぎる 遮る bloccare, ostruire, impedire a qlcu. di+不定詞;《(主に会話を)》interrompere qlcu. ¶建物に遮られて山が見えない. ¶山は北風を遮って町を守っている. Le montagne riparano la città dai venti del nord. ¶彼は私の言葉を遮り. Mi ha interrotto bruscamente. ¶瓦礫(がれき)の山が行く手を遮っていた. Un cumulo di macerie bloccava il passaggio.

さえずり 囀り canto男; cinguettio男 [複 -ii]; garrito男; pigolio男 [複 -ii]

さえずる 囀る trillare女 [av], cantare女 [av], fischiare女 [av];《ちっちっと》cinguettare女 [av];《つばめなど》garrire女 [av];《ひながぴよぴよと》pigolare女 [av];《カナリア・うぐいすが声を震わせて》gorgheggiare女 [av]

さえる 冴える 1《頭が鋭い, 気分がすっきりしている》¶彼は頭が冴えている. Ha la mente sveglia [lucida]. ¶目が冴えて一睡もできなかった. Non riuscivo a prendere sonno e ho trascorso tutta la notte in bianco. ¶気分が冴えない. Sono giù di morale. ¶彼は実に冴えない男だ. È definitivamente destinato a non brillare [a restare sempre quello che è]. / È un tipo un po' così, senza infamia e senza lode. 2《鮮やかである》¶彼は腕の冴えた職人だ. È un artigiano esperto [competente / dalle mani d'oro]. 3《光・色・音が澄む》¶冴えた音 suono chiaro [よく通る] nitido ¶冴えた色 colore vivace [vivo / chiaro] ¶冴えた星空 limpido cielo stellato ¶月が冴えている. La luna risplende. 4《非常に寒い》¶冴えた冬の夜 una notte freddissima d'inverno

さえわたる 冴え渡る ¶冴え渡る秋空 sereno cielo autunnale ¶冴え渡った月 luna limpida

さお 竿・棹 canna女, pertica女, asta女 ¶竹ざお canna di bambù ¶釣りざお canna da pesca ¶さおに洗濯物を干す stendere il bucato su una canna ❖**さお釣り** ◇**さお釣りする** pescare con la canna e la lenza **さおばかり** stadera女 **さお竹** canna女 per stendere i panni

さおさす 棹さす ¶流れに棹さす andare in barca seguendo la corrente e aiutandosi con una pertica ¶時流に棹さす sfruttare la corrente / seguire [andare con] la corrente ¶たくみに時勢に棹さして大臣になった. Ha seguito abilmente la corrente fino a diventare ministro.

さか 坂 **1**《道の上り下り》pendenza⦅f⦆, pendio⦅m⦆[複 -ii], declivio⦅m⦆[複 -i]；《下り坂》discesa⦅f⦆；《上り坂》salita⦅f⦆ ¶急な［ゆるやかな］坂 pendenza ripida [dolce] ¶坂を上る［下る］salire [discendere] un pendio ¶坂を上りつめた所に in cima alla salita ¶坂を降り切った所に in fondo alla discesa

2《年齢, 勢い》 ¶父は今年60の坂を越した. Quest'anno mio padre ha superato la sessantina. ¶彼の運は上り坂［下り坂］だ. La fortuna comincia a sorridergli [a declinare per lui].

✤**坂道** strada⦅f⦆ in pendenza [(上り) in salita / (下り) in discesa]

さか 茶菓 ¶茶菓を出す servire [offrire] tè e pasticcini (a qlcu.)

さが 性 《性質》natura⦅f⦆, indole⦅f⦆ ¶人間の愚かなさがである. È la sciocca natura dell'uomo.

さかあがり 逆上がり voltegg io⦅m⦆[複 -gi] alla sbarra

さかい 境 **1**《地所などの》linea⦅f⦆ di demarcazione；《国境・県境など》confine⦅m⦆；《国境》frontiera⦅f⦆ ¶境を接している《国など》confinante / 《地所・産など》contiguo /《国・地帯など》limitrofo ¶境を接する essere confinante《と con》/ essere contiguo《と a》/ essere limitrofo ¶境の塀 muro divisorio (tra due proprietà) ¶隣の家との境を決める delimitare il confine tra la casa del vicino e la propria

2《分かれ目》 ¶彼は1週間も生死の境をさまよった. È stato tra la vita e la morte per un'intera settimana.

さかいめ 境目 **1**《境界線》linea⦅f⦆ di demarcazione **2**《分かれ目》 ¶生きるか死ぬかの境目だ. Si è in bilico tra la vita o la morte.

さかうらみ 逆恨み ¶彼女は僕を逆恨みしている.《感謝すべきなのに》Il bene che le ho fatto mi ha valso solo il suo ingrato risentimento. /《彼女が恨まれるべきなのに》Mi odia, nonostante sia lei a meritarsi di essere odiata.

さかえる 栄える prosperare⦅av⦆, fiorire⦅is es⦆；《状態》essere fiorente [prospero] ¶善が滅び悪が栄える世の中だ. In questo mondo il bene è sconfitto e il male prospera.

さがく 差額 differenza⦅f⦆, margine⦅m⦆ ¶収支の差額 differenza tra le entrate e le uscite ¶差額を支払う pagare la differenza [(残りを) la rimanenza]

✤**差額ベッド** letto⦅m⦆ a pagamento (in ospedale)

さかぐら 酒蔵 cantina⦅f⦆ (▶主に地下にあるワイン用貯蔵庫)

さかげ 逆毛 ¶逆毛を立ててふくらませた髪型 pettinatura vaporosa ¶逆毛を立てる cotonarsi i capelli

さかご 逆子《逆産》presentazione⦅f⦆ podalica, parto⦅m⦆ podalico[複 -ci]；《産児》bambino⦅m⦆《が -a》nato per i piedi

さかさま 逆様 ◇逆様の《反対・逆の》inverso；contrario⦅形⦆[複 -i]；《上下逆の》capovolto；《裏表・前後逆の》rovescio⦅形複 -sci；⦅名複 -sce⦆ ¶逆様に al contrario, all'incontrario, all'inverso, in senso inverso [contrario]; a rovescio ¶切手を逆様に貼る incollare un francobollo capovolto ¶僕が君に謝るなんて話が逆様だ. Sei tu che devi chiedermi scusa. ¶この絵は上下逆様になっている. Il quadro è appeso capovolto.

✤**逆さ睫**《ぶつ》《医》trichiasi⦅f⦆[無変]

逆さ富士 l'immagine⦅f⦆ del monte Fuji riflessa nell'acqua

さがしあてる 捜し当てる・探し当てる scoprire [trovare] qlcu., localizzare qlco. [qlcu.] ¶やっと彼の家をさがし当てた. Alla fine sono riuscito a trovare la sua casa.

さかしま 逆しま **1**《道理に反するさま》 ¶さかしまな心を抱く essere in possesso di una mentalità distorta **2**→逆様

さがしまわる 捜し回る・探し回る andare a cercare qlcu. [qlco.], girare⦅av, es⦆ alla ricerca di qlcu. [qlco.]；《隅々まで》rovistare, frugare ¶東京中をさがし回ってやっと見つけた. Ho cercato dappertutto a Tokyo e finalmente l'ho trovato.

さがしもの 捜し物・探し物 ¶何かさがし物ですか. Sta cercando qualche cosa?

さがす 捜す・探す cercare qlco. [qlcu.], andare in cerca di qlcu. [qlco.]；《再び探す, 念入りに探す》ricercare qlco. [qlcu.] ¶くまなくさがす cercare con il lanternino ¶ありとあらゆる場所をさがす cercare qlco. [qlcu.] per terra e per mare ¶辞書で単語をさがす cercare una parola nel dizionario ¶部屋の隅々までさがす rovistare [frugare] (in) ogni angolo della stanza. ¶鍵がないかとポケットの中をさがす frugarsi nella tasca cercando le chiavi ¶父親は人込みの中で迷子になった子供をさがした. Il padre ha cercato il [è andato in cerca del] suo bambino smarrito nella folla. ¶指輪を見つけ出すのにすべての引き出しをさがした. Ho rovistato in tutti i cassetti per trovare l'anello. ¶警察は血眼でさがし回ったが犯人をあげることはできなかった. La polizia ha dato una caccia forsennata all'autore del delitto, senza però riuscire ad arrestarlo.

さかずき 杯・盃 bicchierino⦅m⦆[coppetta⦅f⦆/ tazzina⦅f⦆ di sakè ¶杯のやりとりをする scambiarsi la stessa coppetta di sakè ¶杯を干す vuotare un bicchierino (di sakè) /《一気に》bere un bicchierino「in un sorso [tutto d'un fiato]

〔慣用〕**杯を返す** ritirare pegno di lealtà [di fedeltà]

さかせる 咲かせる far fiorire [sbocciare] qlco. ¶思い出話に花を咲かせた. Abbiamo trascorso bei momenti rievocando vecchi ricordi.

さかぞり 逆剃り ◇逆剃りする radersi contropelo

さかだい 酒代 **1**《酒の代金》 ¶持っていた金はみな酒代になった. Ha speso tutti i suoi soldi in bevute [nel bere].

2《心付け》mancia⦅f⦆[複 -ce]

さかだち 逆立ち ◇逆立ちする fare la verticale sulle mani；《三点倒立》fare la verticale con appoggio sul capo ¶逆立ちして歩く camminare sulle mani ¶逆立ちしたってそんなことはできない. Non ci riuscirò mai nemmeno se faccio i salti mortali.

さかだてる 逆立てる ¶猫は毛を逆立ててうなった. Il gatto ha drizzato i peli e ha soffiato.

さかだる 酒樽 botte[女] [barile[男]] (di *sakè*)

さかて 逆手 ¶短刀を逆手に持つ tenere un coltello con la punta rivolta verso il basso

さかな 肴 stuzzichini[男][複] ¶酒の肴が何もない. Non abbiamo niente da accompagnare con il *sakè*. ¶友人のうわさを肴に何時間も飲んだ. Fra una chiacchiera e l'altra sui vari amici, abbiamo bevuto per ore.

さかな 魚

pesce[男] (►一般にいか, たこ, 貝類まで含める) ⇀動物, 料理 [用語集]
¶白身[赤身]の魚 pesce bianco [a carne rossa] ¶青魚 pesce azzurro ¶魚の切り身 trancia di pesce ¶脂身の多い[少ない]魚 pesce grasso [magro] ¶魚の皮 pelle del pesce ¶魚の骨 lisca / spina ¶魚の群れ branco di pesci ¶魚の鱗(うろこ) squama di pesce ¶魚の鱗を落とす squamare [togliere le squame a] un pesce ¶魚のはらわたを抜く pulire [sbuzzare] un pesce ¶川[海]で魚をとる pescare nel fiume [mare] ¶魚を焼く arrostire un pesce alla griglia ¶煮魚 pesce lesso [bollito] ¶焼き魚 pesce arrosto ¶魚が豊富な川 fiume「ricco di pesce [molto pescoso] ¶魚を三枚におろす diliscare un pesce per trarne due filetti

✤**魚釣り** pesca[女] (con la lenza)

魚屋 《人》pescivendolo[男][[女] -*a*]; 《特に行商人》pesciaiolo[男][[女] -*a*]; 《店》pescheria[女]

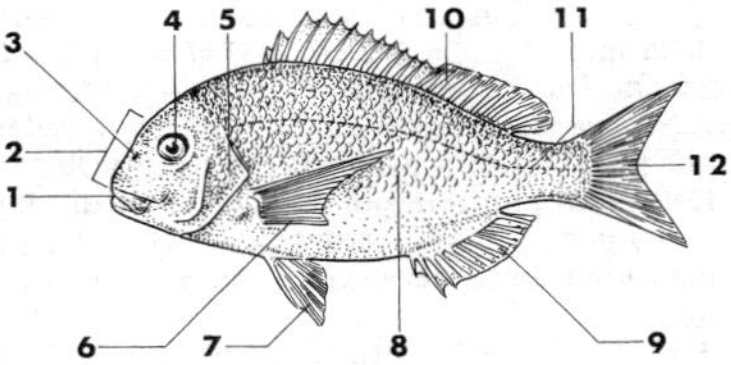

魚
1 口 bocca[女]. **2** 吻(ふん) muso[男]. **3** 鼻孔 narice[女]. **4** 眼 occhio[男]. **5** えらぶた opercolo[男]. **6** 胸びれ pinna[女] pettorale. **7** 腹びれ pinna[女] addominale. **8** うろこ squame[女][複]. **9** 尻びれ pinna[女] anale. **10** 背びれ pinna[女] dorsale. **11** 側線 linea[女] laterale. **12** 尾びれ pinna[女] caudale.

さかなで 逆撫で ◇逆なでする accarezzare contropelo ¶彼は人の気持ちを逆なでするようなことを言う. Parla in modo da offendere gli altri. / Dice cose irritanti [offensive].

ざがね 座金 〘機〙rondella[女], rosetta[女] ¶ばね座金 rondella di spinta

さかねじ 逆捩じ 《逆の方向にねじること》girata[女] nella direzione sbagliata [opposta]
[慣用] **逆ねじを食わせる** rispondere[自][*av*]「di rimbecco [per le rime] a *ql.co.* [*qlcu.*], rimbeccare *qlcu.*; ricambiare un insulto

さかのぼる 溯る・遡る **1** 《川を》risalire un fiume ¶鮭(さけ)はこの川をさかのぼる. I salmoni risalgono questo fiume.
2 《過去や根源に立ち返る》risalire[他],[自][*av*] ¶話は6年前にさかのぼる. La storia「risale a [è di] sei anni fa. ¶給料は4月にさかのぼって昇給した. Lo stipendio è aumentato con effetto retroattivo a partire dal mese di aprile.

さかば 酒場 bar[男][無変]; 《ワインを出す》enoteca[女]; 《ビールを出す》birreria[女]; 《食事もできる》taverna[女], osteria[女]; 《ナイトクラブの類》night [náit] [男][無変]; locale[男] (notturno)

さかまく 逆巻く ¶逆巻く波 onde minacciose [infuriate] ¶岩礁に波が逆巻いている. Le ondate si infrangono sulle scogliere.

さかもり 酒盛り ¶酒盛りをする far baldoria [bisboccia / una bicchierata]

さかや 酒屋 negozio[男][複 -*i*] di bevande alcoliche, enoteca[女], bottiglieria[女]; 《人》commerciante[男][女] di bevande alcoliche; 《ワイン商》vinaio[男][[女] -*ia*; [男]複 -*i*]

さかゆめ 逆夢 sogno[男] menzognero ¶逆夢ならいいんだけど. Spero che il brutto sogno che ho fatto「resti solo un sogno [non si avveri].

さからう 逆らう **1** 《逆行する》¶時代に逆らう andare contro la corrente dei tempi ¶風[流れ]に逆らって進む procedere controvento [controcorrente]
2 《反抗する》agire[自][*av*] contro *ql.co.*, contrariare *ql.co.* [*qlcu.*]; contraddire *qlcu.* [*ql.co.*]; 《不服従》disobbedire[自][*av*] a *qlcu.* [a *ql.co.*] ¶部長の命令に逆らって contrariamente agli ordini del direttore ¶親の言うことに逆らうんじゃない. Non disobbedire mai ai tuoi genitori!

さかり 盛り **1** 《勢いのよい時期》(piena) stagione[女] ¶暑い盛りに出かける uscire di casa durante le ore più calde del giorno ¶いちごも盛りを過ぎた. La stagione delle fragole è già passata [finita]. ¶暑さも今が盛りだ. Siamo già in piena canicola.
2 《人生の》rigoglio[男][複 -*gli*], fiore[男] (degli anni [della vita]) ¶育ち盛りの子 bambino nel periodo dello sviluppo ¶私は人生の盛りを過ぎた. Non sono più nel fiore degli anni. ¶今が桜の花盛りだ. Ora i ciliegi sono in piena fioritura. ¶彼女は女盛りだ. Lei è nell'età in cui una donna sboccia in tutta la sua bellezza. ¶40と言えば男盛りだ. Un uomo a quarant'anni è nel pieno rigoglio della vita.
3 《動物の発情》¶盛りがつく essere [andare] in fregola [calore]

さがり 下がり ¶右下がりの字 scrittura [calligrafia] inclinata a destra

さかりば 盛り場 quartiere[男] frequentato, (luogo[男][複 -*ghi*] di) ritrovo[男] affollato; 《華やかな》quartiere[男] mondano

さがりめ 下がり目 **1** 《垂れ目》¶彼は下がり目だ. Ha gli occhi allungati verso il basso.
2 《勢いが衰え始める》¶地価は下がり目だ. I prezzi dei terreni sono in declino.

さがる 下がる

1【低くなる】scendere[自][*es*]; 《低下する》abbassarsi; calare[自][*es*], diminuire[自][*es*] ¶温度が2度[零下に]下がる. La temperatura scende「di due gradi [sotto lo zero]. ¶この辺の地面は毎年1センチ下がっている. Da queste parti il terreno si

abbassa ogni anno di un centimetro. ¶彼の熱意には頭が下がる. C'è da inchinarsi davanti al suo entusiasmo. ¶この線は左が少し下がっている. Questa linea pende un po' a sinistra. ¶彼は右肩が少し下がっている. Ha la spalla destra un po' più bassa.
2【ぶら下がる】 appendersi, sospendersi; penzolare[自] [*av*]；《垂れ下がっている》 essere appeso [sospeso] ¶天井からシャンデリアが下がっている. Un lampadario pende dal [è appeso al] soffitto. ¶「本日休業」の札が下がっている. È appeso il cartello "Oggi chiuso". ¶電線が風で切れて下がっている. Il filo della luce si è spezzato col vento ed ora penzola nel vuoto.
3【ずり落ちる】 scivolare[自] [*es*] giù, scendere[自] [*es*], cascare[自] [*es*], cadere[自] [*es*], calare[自] [*es*] ¶靴下が下がってるよ. Ti sono calati i calzini. ¶スカートが下がってくる. Mi casca la gonna.
4【減少する】 diminuire[自] [*es*], calare[自] [*es*] ¶物価が下がる. I prezzi diminuiscono [si abbassano / si riducono / decrescono]. ¶熱が下がった. La febbre è calata [è andata giù / è scesa]. ¶売り上げは下がる一方だ. Gli incassi [Le vendite] vanno calando [si vanno riducendo] di giorno in giorno. ¶後場(ごば)は下がり気味だった. Il mercato azionario del pomeriggio tendeva più o meno al ribasso.
5【悪化する】 peggiorare[自] [*es, av*] ¶私は成績が下がった. I miei voti sono peggiorati [si sono abbassati]. ¶当節, 父親の権威も下がったものだ. Oggigiorno l'autorità paterna è in declino. ¶業界でのこの会社の地位は下がった. La posizione della ditta nel mondo degli affari è precipitata. ¶この店は評判が下がった. Questo negozio non ha più la reputazione di una volta.
6【退く】 spostarsi [andare / tirarsi] indietro, arretrare[自] [*es*], indietreggiare[自] [*es, av*]; retrocedere[自] [*es, av*]；《人を通すために》 farsi da parte, scansarsi;《退出する》 ritirarsi, andarsene, prendere congedo [commiato] da *qlcu.* ¶3歩下がる fare tre passi indietro / indietreggiare di tre passi ¶後ろへ下がってください. Vada indietro, per piacere. ¶白線の内側へお下がりください. Si prega di non oltrepassare la linea bianca. ¶もう下がってよろしい. Adesso puoi andare [ritirarti].

さかん 左官 mura*tore*[男] [[女] *-trice*] (►「れんが職人」もさす)；intonaca*tore*[男] [[女] *-trice*], stucca*tore*[男] [[女] *-trice*], imbianchin*o*[男] [[女] *-a*]

さかん 盛ん **1**《繁栄している様子》 ◇盛んな attivo, prospero, fiorente;《流行の》 popolare; alla moda, in voga ¶この辺は花の栽培が盛んだ. Da queste parti la floricoltura è molto sviluppata. ¶イタリアではサッカーが盛んだ. In Italia il calcio è molto popolare. ¶国際交流をもっと盛んにすることが必要である. È necessario ampliare [promuovere / incoraggiare] ulteriormente gli scambi internazionali.
2《元気のよい様子》 ◇盛んな vigoroso, pieno d'energia ¶あの老人は老いてますます盛んだ. Quel vecchio è ancora vigoroso [arzillo].
3《勢いのある様子》 ◇盛んな《盛大な》 splendido, magnific*o* [[男]複 *-ci*]；《猛烈な》 furioso, violento ◇盛んに《繰り返し》 ripetutamente, insistentemente;《声高に》 ad alta voce ¶盛んな歓迎をする fare una grandiosa [entusiastica] accoglienza (a *qlcu.*) ¶盛んな拍手を〈人〉に送る applaudire *qlcu.* calorosamente ¶盛んに宣伝する fare un'intensa campagna pubblicitaria ¶彼と盛んに議論した. Ho avuto un'accanita discussione con lui. ¶彼女は盛んに愛嬌を振りまいている. È tutta sorrisi. ¶火が盛んに燃えている. Il fuoco arde crepitando [scoppiettando].

さがん 左岸 riva[女] [sponda[女]] sinistra ¶テヴェレ川の左岸で sulla riva sinistra del Tevere

さがん 砂岩 pietra[女] arenaria, arenaria[女]

さき 先 **1**【先端】 punta[女]；《末端》 estremità[女] ¶靴の先 punta della scarpa ¶竿(さお)の先に all'estremità di un palo ¶半島の先にある町 città situata all'estremità di una penisola ¶先の太い[細い]ペン penna con la punta grossa [sottile] ¶鉛筆の先が丸くなった[尖っている]. La punta della matita「si è consumata [è appuntita].
2【先頭】 testa[女], capo[男], comando[男] ¶先に立って…する prendere l'iniziativa di＋[不定詞] ¶ロッシ氏は我々の先に立って案内してくれた. Il sig. Rossi si è messo alla testa di tutti noi e ci ha fatto strada.
3【前方】 ¶銀行のすぐ先 subito dopo la banca ¶3ブロック先のスーパー supermercato a tre isolati da qui ¶道はこの先でつかえている. Più avanti la strada è ostruita. ¶彼は僕の家から4軒先に住んでいる. Lui abita quattro case più avanti della mia. ¶ここから2つ先の停留所で降ります. Scendo fra due fermate. ¶一寸先も見えない闇だった. Era buio pesto e non riuscivo a vedere più in là del mio naso. ¶ここから先は歩こう. Da questo punto in poi andiamo a piedi. ¶彼の車は我々の20メートル先を走っていた. La sua macchina procedeva venti metri davanti a noi.
4【将来, 行く末】 futuro[男], avvenire[男] ¶それから先 dopo di allora ¶先はどうなるかわからない. Non si sa cosa accadrà un domani. ¶君はまだまだ先が長い. Hai tutta la vita davanti a te. ¶先の見通しが立たない. È difficile fare previsioni. ¶世界経済はお先まっ暗だ. Le prospettive per il futuro dell'economia mondiale sono fosche.
5【時間的に前, 優先】 ¶お先に失礼いたします. La saluto. (►直訳するとしたら「Io vado, anche se so di essere scortese.」だがイタリアではあいさつとしてこういう言い方はしない) ¶どうぞお先にお入りください. Dopo di lei. / Prego, entri per primo [《女性に》 per prima]. ¶彼は約束より1時間も先に来ていた. Era arrivato all'appuntamento con ben un'ora di anticipo. ¶私は彼より先にローマに着いた. Sono arrivato a Roma prima di lui. ¶勉強と遊びとどっちが先か. Che cosa viene prima, lo studio o il gioco? ¶まず先にこの問題を解決しなければならない. Innanzitutto [Prima di tutto / Per prima cosa] bisogna risolvere questo problema. ¶外交よりも国内問題を先にすべきだ. I problemi interni devono avere la priorità su quelli esteri. ¶そのことを彼に先に知らせておいたほうがいい. È meglio farglielo sapere prima.

6【以前】 ¶先に述べたとおり come ho detto prima ¶先の大臣《すぐ前》il ministro precedente; 《元》l'ex-ministro ¶彼に金を貸したのは後にも先にもあの時だけだ. Non gli ho mai prestato dei soldi all'infuori di quella volta.

7【先方, 相手方】 l'altra parte[女]; 〔法〕controparte[女] ¶先の考えがわからない. Non so bene cosa ne pensino loro. ¶手紙は先に届かなかった. La lettera non è giunta a destinazione.

8【行く先, 目的地】 destinazione[女], meta[女] ¶ローマに住みたいが落ち着く先がない. Vorrei abitare a Roma, ma non riesco a trovare un alloggio. ¶出張先 destinazione del viaggio di affari ¶娘の嫁入り先 la famiglia dello sposo di mia figlia ¶田中の連絡先 recapito di Tanaka

9【続き, 残り】 ¶この話の先が知りたいね.《結末》Vorrei sapere「come andrà a finire [la fine di] questa faccenda. ¶それから先のことは君が考えてくれ. Al resto pensaci tu! ¶この先は私が読みましょう. Da qui in poi leggo io. / Il seguito lo leggo io. ¶先を急いでいる avere fretta

[慣用] **先に立つ** ¶恥ずかしさより怒りが先に立った. Ho provato più rabbia che vergogna.

先を争う ¶先を争って中に飛び込んだ. Tutti si precipitarono dentro per arrivare primi.

先を越す anticipare *qlcu.* [*ql.co.*] ¶先を越される essere lasciat*o* indietro ¶薬の開発で他社に先を越された. La nostra ditta è in ritardo sulle altre nella sperimentazione farmaceutica.

さぎ 詐欺 frode[女], inganno[男]; 《財産横領など》truffa[女], imbro*glio*[男][複 -*gli*]; 《親》bidone[男]; 《文書偽造など》dolo[男] ¶詐欺行為 impresa truffaldina ¶〈人〉を詐欺にかける truffare [frodare / imbrogliare] *qlcu.* / fare un bidone a *qlcu.* ¶詐欺にあう essere [cadere] vittim*a* di un inganno [una truffa]

✤**詐欺師** truffa*tore*[男][女 -*trice*], imbroglion*e*[男][女 -*a*], truffaldin*o*[男][女 -*a*] (◆コンメディア・デッラルテ commedia dell'arteに登場する抜け目のない召し使い役の名前から); 《言葉巧みな》impostor*e*[男][女 -*a*]

さぎ 鷺 〔鳥〕《シラサギ》egretta[女]; 《アオサギ》airone[男] cenerino; 《コサギ》garzetta[女]

さきおととい 一昨昨日 tre giorni fa ¶さきおとといの新聞 giornale di tre giorni fa

さきおととし 一昨昨年 tre anni fa ¶さきおととしの夏 estate[女] di tre anni fa

さきがけ 先駆け・魁 《開始》ini*zio*[男][複 -*i*], princip*io*[男][複 -*i*]; 《先駆者》precursore[男], precorri*tore*[男][女 -*trice*], pionier*e*[男][女 -*a*] ¶〈人〉とさきがけの功名を争う gareggiare [rivaleggiare] con *qlcu.* per il primo posto [per essere prim*o*] ¶ミモザはローマの春のさきがけだ. A Roma le mimose sono messaggere di primavera.

さきがける 先駆ける ¶ファッションショーはパリに先駆けてミラノで行われた. In anticipo su quella di Parigi, si è tenuta a Milano la sfilata di moda.

さきごろ 先頃 ⇒先日

さきざき 先先 **1**《未来》futuro[男], avvenire[男] ¶先々困らないだけの金はある. Ho denaro sufficiente a non dovermi preoccupare del domani. **2**《行く所々》¶行く先々で大歓迎を受けた. Ho ricevuto dovunque grandiose accoglienze.

さきだつ 先立つ **1**《先に立って行く》essere antecedent*e*, precedere

2《あることの前に起こる》precedere ¶出発に先立って佐藤の所にあいさつに行った. Prima di partire sono andato da Sato per salutarlo. ¶Aが死んだのはBに先立つこと3年だった. La morte di A precedette quella di B di tre anni.

3《先に死ぬ》¶私は去年息子に先立たれた. L'anno scorso mio figlio mi ha preceduto nella morte.

4《真っ先に必要である》¶先立つものは金だ. Prima di tutto, i soldi. ¶イタリアへ行きたいが先立つものがない. Vorrei recarmi in Italia, ma non ne ho i mezzi.

さきだてる 先立てる ¶楽隊を先立てて行進する marciare in fila con la banda in testa

さきどり 先取り **1**《先に自分のものとすること》◇**先取りする** anticipare *ql.co.*; 《予見する》prevedere *ql.co.*; 《先取点を挙げる》segnare per prim*o* (un punto in gara) ¶彼の思想は時代を1世紀は先取りしていた. Il suo pensiero precorreva [anticipava] i tempi di almeno un secolo. ¶政府は野党の要求を先取りしてこの項目を法案に盛りこんだ. Il Governo ha prevenuto le richieste dei partiti all'opposizione, inserendo questo articolo nel disegno di legge.

2《期日より先に受け取ること》◇**先取りする** prendere [ricevere] in anticipo *ql.co.*, anticipare *ql.co.*

✤**先取特権** 〔法〕privile*gio*[男][複 -*gi*], diritto[男] di prelazione [di priorità]

さきばしる 先走る ¶先走った考え conclusione affrettata ¶先走ったことをするな. Non essere troppo precipitoso!

さきばらい 先払い **1**《前払い》anticipo[男], pagamento[男] anticipato ◇**先払いする** pagare in anticipo [anticipatamente] *ql.co.*; anticipare *ql.co.* ¶運賃先払い spese di trasporto già pagate **2**《着払い》pagamento[女] alla consegna ¶運賃先払い porto assegnato

さきぶれ 先触れ ⇒前触れ

さきぼそり 先細り ¶この商売は先細りだ. Questo settore non ha futuro.

さきほど 先程 poco fa, un momento fa, proprio adesso ¶先ほどお電話した斉藤です. Sono Saito, quello che le ha telefonato poco fa. ¶先ほどから雨が降っています. Ha iniziato a piovere da un po'.

さきまわり 先回り ◇**先回りする**《別の道を通って》precedere *qlcu.* prendendo un'altra strada [una scorciatoia] ¶〈人〉の話の先回りをする anticipare la conclusione del racconto di *qlcu.* ¶あの男に先回りされた. Quell'uomo mi ha preceduto.

さきみだれる 咲き乱れる fiorire[自][*es*] [sbocciare[自][*es*]] a profusione [profusamente] ¶庭には春の花が咲き乱れている. In giardino i fiori primaverili sono sbocciati a profusione.

さきもの 先物 〔英〕futures [fjúːtʃurs] [男][複]

✤**先物買い** acquisto[男] a termine ¶先物買いをして失敗した. Sono stato sfortunato nelle mie

さきゅう 砂丘 duna㊛

さきゆき 先行き 〈将来〉futuro㊚;〈見通し〉prospettiva㊛ ¶先行きが危ぶまれる. Le prospettive sono brutte.

さぎょう 作業 lavoro㊚, operazioni㊛[複] ¶流れ作業〈ベルトコンベアでの〉lavoro alla catena [alla linea] di montaggio ¶作業を始める mettersi al lavoro [all'opera] ¶作業中である essere al lavoro
✤作業台 banco㊚[複 -chi] (da lavoro)
作業能率 rendimento㊚ del lavoro ¶作業能率を上げる aumentare il rendimento di lavoro
作業場 officina㊛, laboratorio㊚[複 -i];〈建築現場など〉cantiere㊚
作業服 abito㊚[tenuta㊛] da lavoro, tuta㊛
作業療法 terapia㊛ occupazionale

ざきょう 座興 ¶座興に per divertire [intrattenere] la compagnia /〈戯れに〉per divertirsi / per svago / per passatempo

さきわたし 先渡し 1〈品物の一定期間後の〉《商》consegna㊛ a termine ¶先渡しで売る〈買う〉vendere [comprare] con operazioni a termine 2〈前渡し〉consegna㊛ in anticipo ¶現品先渡し merci a consegna immediata

さきん 砂金 pepita㊛ in sabbie alluvionali

さきんずる 先んずる andare avanti a qlcu., precedere qlcu., prevenire qlcu. ¶彼の思想は時代に先んじていた. Il suo pensiero precorreva i tempi.
慣用 先んずれば人を制す〈諺〉"Chi prima arriva, 「prima macina [meglio alloggia]."

さく 作 1〈作品〉opera㊛, lavoro㊚ ¶この彫刻はミケランジェロの作です. Questa scultura è (opera) di Michelangelo. 2〈作物のでき〉raccolto㊚ ¶平年作 media annuale del raccolto

さく 柵 recinto㊚;〈木の〉palizzata㊛, steccato㊚, staccionata㊛;〈鉄の〉inferriata㊛, barriera㊛ ¶庭に柵をめぐらす cingere un giardino con una staccionata ¶柵を乗り越える scavalcare uno steccato

さく 策 1〈措置, 手段〉provvedimento㊚, misura㊛;〈政策〉politica㊛;〈策略〉tattica㊛;〈計画〉piano㊚, progetto㊚ ¶策が尽きる non sapere più cosa fare / aver esaurito le risorse ¶策を誤る sbagliare strategia ¶策を講じる prendere dei provvedimenti ¶策をめぐらす preparare [ideare] un piano ¶策を弄(ろう)する servirsi di [ricorrere a] espedienti / usare l'astuzia

さく 咲く fiorire㊐[es];〈つぼみが開く〉sbocciare㊐[es] ¶桜が咲いた. Sono sbocciati i fiori di ciliegio. ¶ばらの花はもうすぐ咲くだろう. Presto fioriranno le rose. / Presto le rose saranno in fiore.

さく 割く〈振り当てる〉dedicare [concedere] ql.co. a qlcu. ¶ちょっとお時間を割いていただけますか. Può dedicarmi un po' di tempo? ¶その事件の報道に紙面を2ページ割いた. Abbiamo dedicato due pagine del giornale alla notizia di quell'incidente.

さく 裂く 1〈引き裂く〉lacerare, stracciare, strappare ¶手紙をずたずたに裂く stracciare una lettera in mille pezzi ¶釘の先でズボンを裂いてしまった. Mi sono strappato i pantaloni con la punta di un chiodo. ¶私は胸の裂かれる思いがした. Mi si è spezzato il cuore.
2《人の間柄を引き離す》¶2人の仲を裂く〈不仲にさせる〉mettere [spargere] zizzania [discordia] fra due persone /〈引き裂く〉separare [dividere] due persone ¶戦争が愛する2人を裂いた. La guerra separò [divise] i due innamorati.

さくい 作為 1〈作り物〉artificio㊚, espediente㊚ ◊作為的 artificioso ¶作為を施す servirsi di un artificio (per＋不定詞)
2《法》azione㊛
✤作為犯 reato㊚[delitto㊚] premeditato

さくい 作意 1〈故意〉intenzione㊛ ◊作意的 intenzionale, deliberato ◊作意的に intenzionalmente, deliberatamente ¶それは作意あってのことだ. L'ha fatto「di proposito [apposta].
2〈創作の意図〉idea㊛, concezione㊛

さくいん 索引 indice㊚ ¶事項[人名]索引 indice degli argomenti [delle persone]

さくがら 作柄 resa㊛ del raccolto ¶作柄がいい〈悪い〉. Il raccolto promette bene [male]. ¶作柄は平年並みだ. È un raccolto normale.
✤作柄報告 rapporto㊚ sul raccolto
作柄予想 previsioni㊛[複] sul raccolto

さくがんき 削岩機 perforatrice㊛;〈手に持つ〉martello㊚ pneumatico[複 -ci]

さくぐ 索具《船》sartiame㊚, cordame㊚

さくげん 削減 diminuzione㊛, riduzione㊛ ◊削減する diminuire, ridurre, tagliare ¶予算[人員]を大幅に削減する ridurre sensibilmente il bilancio [il personale] ¶経費を1割削減する ridurre le spese del 10 per cento

さくご 錯誤 sbaglio㊚[複 -gli], errore㊚ ¶時代錯誤 anacronismo㊚ ¶試行錯誤する procedere per tentativi [per prove ed errori]

さくさく 嘖嘖 ¶美術評論家筋に好評さくさくである essere molto apprezzato dai critici d'arte

さくさく ¶さくさくと雪を踏む音がした. La neve scricchiolava sotto i miei piedi.

ざくざく ¶野菜をざくざく切る tagliare la verdura a pezzetti ¶大判小判が穴の中からざくざく出てきた. Monete d'oro, grandi e piccole, saltarono tintinnando fuori dal buco. ¶極太の毛糸でざくざくと編む lavorare lana grossa a maglie larghe

さくさん 酢酸《化》acido㊚ acetico
✤酢酸塩[エステル] acetato㊚
酢酸エチル etilacetato㊚

さくし 作詞 ◊作詞する scrivere il testo [le parole] di una canzone ¶作詞作曲ジョン・レノン parole e musica di John Lennon
✤作詞家 paroliere㊚[㊛ -a]

さくし 作詩 versificazione㊛, verseggiatura㊛ ◊作詩する verseggiare㊐[av], versificare㊐[av], scrivere [comporre] versi
✤作詩法 prosodia㊛, arte㊛ versificatoria

さくし 策士 persona㊛ abile e scaltra, furbo㊚[㊛ -a], tatticone㊚[㊛ -a] ¶彼は相当な策士

さくじつ 昨日 ieri㊚ (▶副詞的にも用いる)
さくしゃ 作者 autore㊚ [㊛ -trice] ¶作者不詳の作品 opera anonima ¶この絵の作者は誰ですか。Chi è l'autore di questo quadro? ¶この仏像の作者はわからない。L'autore di questa statua di Budda è ignoto [anonimo].

さくしゅ 搾取 sfruttamento㊚ ◇搾取する sfruttare qlcu., spremere qlcu. ¶中間搾取 sfruttamento indiretto ¶資本家による労働者階級の搾取 sfruttamento della classe operaia da parte dei capitalisti
✤**搾取階級** classe㊛ degli sfruttatori ¶被搾取階級 classe sociale sfruttata

さくじょ 削除 eliminazione㊛, cancellazione㊛ ◇削除する eliminare, cancellare, depennare ¶彼は会員名簿から削除された。Il suo nome è stato depennato dalla lista dei soci.
✤**削除キー** [コンピュータ] tasto㊚ di cancel

さくず 作図 ◇作図する disegnare ql.co., tracciare ql.co.; [幾何] costruire ql.co.

さくする 策する progettare ql.co., far progetti [piani]; [陰謀を] ordire ql.co., tramare [macchinare] ql.co., intrigare㊚ [av]

さくせい 作成 [文書の] elaborazione㊛, redazione㊛, compilazione㊛, stesura㊛ ◇作成する elaborare, redigere, compilare, stilare ¶報告書を作成する redigere [stendere] un rapporto ¶法案を作成する elaborare un disegno di legge ¶参加者の名簿を作成する compilare una lista di partecipanti

さくせん 作戦 **1** [戦略全体] strategia㊛ [複 -gie]; [戦術の] arte㊛ strategica; [個々の] tattica㊛, espediente㊚ tattico [複 -ci], stratagemma㊚ [複 -i] ◇作戦上の strategico [複 -ci], tattico [複男 -ci] ¶作戦上 strategicamente, tatticamente ¶作戦を変える cambiare tattica ¶作戦を練る studiare una strategia / tracciare un piano di battaglia ¶彼女の存在は作戦上重要だ。Lei è una persona importante per la nostra strategia. ¶作戦を誤った。Abbiamo scelto una tattica sbagliata.
2 [軍事行動] operazione㊛ militare, manovre㊛ [複] ¶共同作戦 operazione congiunta [combinata] ¶陸海空共同作戦 operazione militare anfibia ¶大作戦を実施する eseguire le grandi manovre
✤**作戦会議** consiglio㊚ [複 -gli] di guerra
作戦計画 piano㊚ operativo [di battaglia]

さくそう 錯綜 ◇錯綜する complicarsi, intricarsi ◇錯綜した complicato, intricato ¶錯綜する情報 groviglio㊚ di notizie ¶問題は非常に錯綜している。Il problema è molto complesso. ¶この辺は細い道が錯綜している。Questa parte della città è un intrico [labirinto] di viuzze.

サクソホン [英 saxophone] [音] sassofono㊚ ¶サクソホン奏者 sassofonista

さくづけ 作付け coltura㊛, coltivazione㊛
✤**作付け面積** ¶米の作付け面積は280万ヘクタールである。La superficie coltivata a riso è di 2.800.000 ettari.

さくどう 策動 manovra㊛, maneggio㊚ [複 -gi], intrigo㊚ [複 -ghi], macchinazione㊛ ◇策動する manovrare, intrigare, armeggiare
✤**策動家** intrigante㊚, faccendiere㊚ [㊛ -a], macchinatore㊚ [㊛ -trice]

さくにゅう 搾乳 mungitura㊛ ◇搾乳する mungere ¶牛を搾乳する mungere le mucche
✤**搾乳場** cascina㊛, stalla㊛

さくねん 昨年 l'anno㊚ scorso [passato] (▶副詞的にも用いる)
✤**昨年度** [国政の] lo scorso anno㊚ finanziario; [会社の] lo scorso anno㊚ di esercizio; [学校の] lo scorso anno㊚ scolastico; [略] lo scorso a.s.; [大学の] lo scorso anno㊚ accademico; [略] lo scorso a.a.

さくばく 索漠 ◇索漠たる desolato, squallido ¶索漠たる風景 paesaggio desolato [squallido] ¶索漠とした人生を送る condurre una vita squallida [scialba / grigia]

さくばん 昨晩 ieri sera㊛ (▶副詞的にも用いる)

さくひん 作品 opera㊛, produzione㊛, lavoro㊚; [文学・音楽の] componimento㊚ ¶芸術作品 opera artistica ¶東宝作品 (映画) (film) prodotto dalla Toho ¶文芸作品 opera letteraria
✤**作品集** raccolta㊛ di opere

さくふう 作風 stile㊚ ¶この二人の画家の作風はとても似ている。Lo stile di questi due pittori è molto simile.

さくぶん 作文 composizione㊛, componimento㊚, tema㊚ [複 -i] ¶イタリア語の作文を書く scrivere una composizione in italiano ¶作文の題を与える assegnare l'argomento per un tema ¶イタリア語作文 [和文伊訳] compito [traduzione] in italiano ¶自由作文 composizione libera

さくぼう 策謀 ⇒策略

さくもつ 作物 prodotto㊚ agricolo [della terra], raccolto㊚ ¶この地方は作物がよくとれる。Questa regione dà buoni raccolti. ¶霜で作物に被害があった。Il raccolto è stato danneggiato dal gelo. ¶この地方の代表的作物は麦だ。Il prodotto tipico di questa regione è il frumento.

さくや 昨夜 ieri sera㊛ (▶副詞的にも用いる) ¶昨夜9時ころ [1時ころ] 地震があった。Ieri sera verso le nove [Questa notte verso l'una] c'è stato un terremoto.

さくら 桜 **1** [木] ciliegio㊚ [複 -gi]; [花] fiori㊚ [複] di ciliegio ⇒花見 日本事情 ¶桜が咲いた [咲いている / 満開だ]. I ciliegi sono fioriti [in fiore / in piena fioritura]. ¶桜が散ってしまった。I petali dei ciliegi sono tutti caduti. ¶桜は7分咲きだ。È fiorito il 70 per cento dei ciliegi.
2 [露店の] adescatore㊚ [㊛ -trice], uomo㊚ [複 uomini] esca [無変]; [劇場の] [仏] claque [klak] ㊛ [無変]; [1人] clacchista㊚ [複男 -i]; [競売の] persona㊛ che fa offerte fittizie (a un'asta) ¶さくらになる fare la claque
✤**桜色** rosso㊚ ciliegia [無変] [chiaro], rosa㊛ [無変] pallido

桜えび gamberetto㊚

桜貝 [学名] Nitidotellina nitidula

桜前線 [気] fronte㊚ dei ciliegi che via via fioriscano in primavera dal sud al nord del Giap-

pone
桜草〘植〙primula㊛
桜肉 carne㊛ equina [di cavallo]
桜吹雪 petali㊚[複] di ciliegio trasportati dal vento
桜湯 infuso㊚ di boccioli di ciliegio (◆ si beve in occasione di un festeggiamento)
さくらん 錯乱 （精神錯乱）delirio㊚[複 -i], squilibrio㊚[複 -i] mentale, sconvolgimento㊚ della mente; （一時的な）confusione㊛ mentale ¶彼は錯乱状態にある。È in (uno stato di) delirio.
さくらんぼ 桜ん坊 ciliegia㊛[複 -gie, -ge]
さぐり 探り ◇探りを入れる saggiare [sondare] le intenzioni di *qlcu*. / tastare il polso a *qlcu*. / indagare su *qlco*.
ざくり ¶ざくりとキャベツを半分に切る tagliare un cavolo a metà (di netto)
さぐりあてる 探り当てる （手探りで）cercare e trovare *ql.co*. a tastoni; （突きとめる）individuare *ql.co*. [la posizione di *ql.co*.], localizzare *ql.co*. [*qlcu*.]
さぐりだす 探り出す scoprire ¶警察は犯人の隠れ家を探り出した。La polizia ha scoperto il nascondiglio del criminale.
さくりゃく 策略 artificio㊚[複 -ci], stratagemma㊚[複 -i], astuzia㊛ ¶策略を用いる ricorrere a [usare] artifici
さぐる 探る 1（探す）investigare, sondare, scandagliare ¶事件の原因を探る investigare la causa dell'incidente ¶油層〔<人>の考え〕を探る sondare "il terreno alla ricerca di giacimenti di petrolio [l'opinione di *qlcu*.], 〔<人>の意向を探る scandagliare le intenzioni di *qlcu*.
2（手・足で触って探す）¶手探り（足探り）で進む andare (a) tentoni [tastoni] ¶杖で探りながら歩く camminare a tentoni con un bastone ¶ポケットを探る frugarsi nelle tasche
3（ひそかに様子を調べる）spiare *qlcu*. [*ql.co*.] ¶敵情を探る spiare il nemico ¶彼は私の腹を探りに来た。È venuto per tastarmi il polso. ¶痛くもない腹を探られた。Sono stato sospettato ingiustamente [senza motivo]. ¶夫の行状を探ってください。Pedini mio marito!
4（美しい風景などを訪ねる）¶日光の秋を探る andare alla scoperta delle bellezze autunnali di Nikko
さくれつ 炸裂 scoppio㊚[複 -i], esplosione㊛ ◇炸裂する scoppiare㊥[es], esplodere㊥[es] ¶炸裂音がした。C'è stata un'esplosione.
ざくろ 石榴・柘榴 （木）melograno㊚; （実）melagrana㊛
✤**ざくろ石**〘宝石〙granato㊚, granata㊛
さけ 酒 《アルコール飲料》bevande㊛[複] alcoliche, alcolico㊚[複 -ci], alcol㊚[無変]; （日本酒）sakè㊚[無変] (◆bevanda alcolica ottenuta dalla fermentazione del riso); （リキュール）liquore㊚; （ワイン）vino㊚ ¶辛口〔甘口〕の酒 sakè secco [amabile] ¶弱い／こくのある酒 sakè forte [leggero / corposo] ¶酒に酔う ubriacarsi ¶酒を断つ[控える] smettere di [astenersi dal] bere ¶この酒は回りやすい。Questo sakè dà alla testa. ¶彼は酒が強い。Regge bene l'alcol. ¶彼は酒が弱い。Si ubriaca subito. ¶私は酒が全然飲めない。Sono astemio [〔女性〕astemia]. ¶彼は酒好きだ。Gli piace il sakè [bere]. ¶酒が回ってきた。Il sakè ha cominciato a fare effetto. ¶酒のにおいをさせている。Puzza di sakè. /〔息が〕Il suo alito puzza d'alcol. ¶酒で憂さを晴らす annegare i dispiaceri nell'alcol ¶酒の勢いで spinto dall'alcol ¶酒の上のけんか rissa di ubriachi ¶酒の上のことだ。È colpa dell'alcol.
|慣用| **酒におぼれる** darsi al bere
酒に飲まれる essere in preda ai fumi dell'alcol, perdere la ragione [la testa] nel bere ¶酒を飲んでも飲まれるな。Puoi bere finché vuoi, ma l'importante è che tu sappia quando smettere.
酒は百薬の長〔諺〕"Il vino è la migliore medicina." / "Buon vino fa buon sangue."
さけ 鮭〘魚〙salmone㊚ ¶鮭の缶詰 scatoletta di salmone ¶塩鮭 salmone salato
さけい 左傾 tendenza㊛ verso sinistra ◇左傾する tendere [andare] a sinistra
✤**左傾思想** idee㊛[複] politiche di sinistra
さけぐせ 酒癖 ¶彼は酒癖が悪い。Quando beve diventa cattivo [litigioso / rissoso].
さげすみ㊚ 蔑み disprezzo㊚, disdegno㊚, spregio㊚[複 -gi], sdegno㊚ ¶さげすみの目で見る guardare *qlcu*. con (aria di) disprezzo
さげすむ 蔑む disprezzare *qlcu*., avere in [a] spregio *qlcu*., trattare *qlcu*. con disprezzo
さけのみ 酒飲み bevitore㊚[㊛ -trice]; （よく酔っ払う人）ubriacone㊚[㊛ -a] ¶あいつは大酒飲みだ。Quello lì beve come una spugna.
さけび 叫び 1 grido㊚[複（人間の）le grida; （動物・人間の）i gridi] 2（主張）clamore㊚, rimostranza㊛ ¶党改革の叫び clamore suscitato per ottenere la riforma del partito ¶反核の叫び protesta contro le armi nucleari
さけびごえ 叫び声 [複（人間の）le grida; （動物・人間の）i gridi]; urlo㊚[複（人間の）le urla; （動物・人間の）gli urli]; （わめき声）strillo㊚; （喧嘩、叫喚の声）clamore㊚ ¶叫び声をあげる mandare [cacciare] un urlo / lanciare [gettare / emettere] un grido ¶絹を裂くような叫び声を上げる lanciare [emettere] un urlo lacerante
さけびたり 酒浸り ¶酒浸りの生活 una vita di ubriachezza [di sbornie]

さけぶ 叫ぶ 1（大声をあげる）gridare㊥, [av]; urlare㊥, ㊥[av]; （悲鳴をあげる）strillare㊥, ㊥[av]; （騒ぐ）schiamazzare㊥[av]; （感嘆して）esclamare㊥[av] ¶助けを叫び求める gridare aiuto ¶声を限りに叫ぶ gridare "a pieni polmoni [a squarciagola] ¶<人>に逃げろという gridare a *qlcu*. di scappare ¶「火事だ」と叫ぶ gridare "Al fuoco!" ¶彼女は「痛いっ」と叫んだ。Ha strillato "Ahi!" ¶チームの勝利に万歳を叫んだ。Abbiamo gridato evviva per la vittoria della nostra squadra.
2（強く主張する）reclamare *ql.co*., chiedere [domandare] a gran voce *ql.co*., richiedere *ql.co*. ¶大学の改革を叫ぶ reclamare la riforma universitaria ¶我々は戦争反対を叫んだ。Abbiamo protestato a gran voce contro la guerra. ¶彼は無罪を叫び続けた。Ha proclamato continuamente

さけめ 裂け目　crepa⊛, fessura⊛, spaccatura⊛, fenditura⊛;《岩などの》crepaccio《複 -ci》¶壁の裂け目 crepa in un muro

さける 裂ける　《木・地面などが》fendersi;《2つに》spaccarsi;《粉々になる》spezzarsi;《布地などが》strapparsi;《ずたずたに》lacerarsi　¶船は真っ二つに裂けて沈んだ. L'imbarcazione si è spaccata [spezzata] in due ed è affondata. ¶釘に引っ掛けてズボンが裂けた. Mi si sono impigliati i pantaloni in un chiodo e si sono strappati.

さける 避ける　《回避する》evitare *ql.co.* [*qlcu.* / di +不定詞], schivare *ql.co.* [*qlcu.*];《ある人と距離を保つ》tenersi lontano da *qlcu.*, stare alla larga da *qlcu.* ¶避けられない災難 disastro inevitabile ¶危険を避ける evitare [sfuggire a] un pericolo ¶雨を避ける ripararsi dalla pioggia ¶人目を避けて暮らす vivere evitando gli occhi della gente ¶大臣は言明を避けた. Il ministro ha evitato di rilasciare dichiarazioni. ¶皆は彼を避けている. Tutti lo scansano [evitano]. ¶この問題は避けて通れない. Non possiamo esimerci dall'affrontare questo problema.

さげる 下げる・提げる　**1**《位置を低くする》abbassare ¶手をあげたり下げたりする alzare e abbassare le mani ¶額(%)の位置を5センチ下げる abbassare la cornice di 5 cm
2《垂らす, ぶら下げる》appendere;《持つ》tenere [portare] *ql.co.* in mano, portare *ql.co.* con sé ¶カーテンを窓に下げる appendere le tende alla finestra ¶警棒を腰にさげる portare lo sfollagente appeso alla cintura ¶カメラを肩に提げて町を散歩する passeggiare per la città con una macchina fotografica a tracolla
3《かたづける》portare via *ql.co.*; sparecchiare ¶カップをお下げしましょうか. Posso portare via queste tazze?
4《後方に移す》spostare [tirare] *ql.co.* [*qlcu.*] indietro ¶椅子を後ろに下げてください. Spingete le seggiole in fondo.
5《程度・数値などを低くする》abbassare, diminuire, ridurre, calare ¶値段を15％下げる abbassare i prezzi del 15 per cento ¶品物の品質を下げる peggiorare la qualità di una merce / deprezzare una merce ¶温度を5度に下げる abbassare la temperatura a 5 gradi ¶この薬は熱を下げる. Questa medicina fa calare la febbre. ¶彼はすっかり評判を下げた. Ha completamente perso la sua reputazione.

さげん 左舷《船》babordo⊛, sinistra⊛, fianco⊛ sinistro di una nave ¶左舷から接岸する attraccare a sinistra

ざこ 雑魚　pesciolini⊛《複》, pesci⊛《複》minuti, minutaglia⊛;《人》pesci⊛《複》piccoli, persone⊛ che non contano

ざこう 座高　《人の》altezza⊛ dalla testa al fondo schiena misurata da seduti;《椅子などの床から座面までの高さ》altezza⊛ del sedile [della sella] da terra

さこく 鎖国　isolamento⊛ del paese, esclusione⊛ degli stranieri dal paese　◇鎖国する《国が主語》isolarsi;《人が主語》chiudere il paese agli stranieri
✤鎖国時代　periodo⊛ di chiusura del paese attuata dallo shogunato Tokugawa (◆ 1633-1853)

鎖国政策　isolazionismo⊛ ¶鎖国政策をとる adottare una politica isolazionista [di isolazionismo]

さこつ 鎖骨　《解》clavicola⊛
ざこつ 座骨　《解》ischio⊛《複 -schi》
✤座骨神経　nervo⊛ sciatico《複 -ci》[ischiatico《複 -ci》]
座骨神経痛《医》sciatica⊛, ischialgia⊛

ざこね 雑魚寝　一つの部屋で雑魚寝をする dormire come sardine (tutti) ammucchiati in una stanza

ささ 笹　bambù⊛ nano

ささい 些細　◇些細な《取るに足りない》insignificante, da nulla;《軽度の》lieve;《少量の》irrilevante, esiguo ¶些細なことでけんかする fare delle storie per niente [per un nonnulla] ¶そんな些細なことでくよくよするな. Non preoccuparti per una cosa così piccola.

さざえ 栄螺　《貝》turbinide⊛, trottola⊛ di mare, conchiglia⊛ dei turbinidi

ささえる 支える　sostenere;《支柱で》puntellare;《下から》sorreggere, reggere;《支援する》appoggiare　◇支え sostegno⊛; puntello⊛; appoggio⊛《複 -gi》¶《人》の老後を支えている fare questo è il bastone della vecchiaia di *qlcu.* ¶あの子が一家を支えている. Quel ragazzo è il sostegno della famiglia. ¶心の支えを失う perdere un sostegno morale

ささがき 笹掻き　《料》¶…を笹掻きにする tagliare *ql.co.* a scaglie

ささくれ pipita⊛;《俗》pellicina⊛ ¶指にささくれができた. Ho una pellicina a un dito che mi fa male.

ささくれだつ ささくれ立つ　**1**《木や竹の先が》avere strette spaccature [fenditure];《人が主語: つめの根元が》avere le pellicine alle unghie ¶竹の棒の先がささくれ立っている. Il palo di bambù è spaccato ad una estremità. **2**《神経が》avere i nervi tesi, essere irascibile, essere nervoso ¶彼女は気持ちがささくれだっている. Tutto la irrita.

ささげつつ 捧げ銃　¶「捧げ銃」《号令》"Presentat'arm!" / "Presentatarm!" ¶捧げ銃をする presentare le armi (a *qlcu.*)

ささげる 捧げる　**1**《高く上げて持つ》portare [tenere] in alto
2《献上する》dedicare [《神・聖人に》consacrare] *ql.co.* a *qlcu.* ¶墓前に花をささげる mettere dei fiori davanti a una tomba ¶神に平和への祈りをささげる offrire preghiere a Dio per la pace ¶妻を《ささげる》a mia moglie ¶世界平和に一生をささげる dedicare l'intera vita alla causa della pace nel mondo

ささつ 査察　ispezione⊛, esame⊛, verifica⊛　◇査察する ispezionare, esaminare, verificare; condurre un'ispezione su *ql.co.* ¶空中査察 ispezione aerea
✤査察官　ispettore⊛《⊛ -trice》

ざざっ ¶ざざっと崖が崩れた. La rupe è franata con un boato.

さざなみ 細波・小波 increspatura㊛ ¶湖面にさざ波が立っている. La superficie del lago è increspata.

ささぶね 笹舟 barchetta㊛ giocattolo [無変] fatta con una foglia di bambù intrecciata

ささみ 笹身 carne㊛ bianca [petto㊚] di pollo

さざめき rumore㊚, chiasso㊚, baccano㊚;《(声の)》schiamazzo㊚

ささやか ◇ささやかな piccolo, insignificante, umile, modesto ¶ささやかな贈り物をする dare un piccolo ricordo [dono] a qlcu. ¶ささやかな資本で事業を始める avviare un'azienda con modesti capitali [con pochi mezzi]. ¶彼らはささやかに暮らしている. Vivono modestamente. ¶内輪でささやかにお祝いしましょう. Facciamo una piccola festa in famiglia.

ささやき 囁き bisbiglio㊚ [複 -gli], sussurro㊚, mormorio㊚ [複 -ii];《(大勢の人のひそひそ声)》bisbiglio㊚ [複 -glii], brusio㊚ [複 -ii] ¶愛のささやき sussurri d'amore ¶悪魔のささやき parole sussurrate dal diavolo / consiglio malvagio ¶風のささやき mormorio [brusio] del vento

ささやく 囁く bisbigliare [sussurrare / mormorare] ql.co. a qlcu., parlare sommessamente di ql.co. con [a] qlcu. ¶愛をささやく sussurrare parole d'amore [dolci] a qlcu. ¶彼は私の耳元でひとことふたことささやいた. Mi ha bisbigliato [sussurrato] un paio di parole all'orecchio.

ささる 刺さる conficcarsi ¶指にとげがささった. Una spina mi si è conficcata nel dito. ¶彼の言葉が私の胸にささった. Le sue parole mi si sono conficcate nel cuore.

さざんか 山茶花《植》camelia㊛ sasanqua

さし 差し ◇差しで a tu per tu, faccia a faccia ¶差しで会おうと話す parlare a tu per tu con qlcu. ¶差しでじっくり話そう. Parliamone bene [a fondo] tra noi due.

-さし -止し ¶読みさしの本 un libro letto a metà ¶吸いさしの葉巻 un sigaro fumato a metà

さじ 匙 cucchiaio㊚ [複 -i];《(小さじ)》cucchiaino㊚ →食器 図版 ¶砂糖を大さじ3杯入れる mettere (in ql.co.) tre cucchiai di zucchero ⟨慣用⟩ さじを投げる《(医者が)》dare qlcu. per spacciato (▶spacciatoは目的語の性・数に合わせて語尾変化する) ¶医者はさじを投げた. Il medico ha abbandonato ogni speranza di guarirlo. / Il medico l'ha dato per spacciato. ¶あの子にはもうさじを投げた. Quel ragazzo è ormai irrecuperabile.

さじ 瑣事・些事 dettaglio㊚ [複 -gli] poco importante, bazzecola㊛, nonnulla㊚, inezia㊛

ざし 座視 ¶彼の窮状を座視するに忍びない. Non posso assistere con indifferenza / Non posso rimanere indifferente] alle sue ristrettezze.

さしあげる 差し上げる 1《(高く上げる)》alzare ql.co., sollevare ql.co. 2《(与える)》offrire [dare / regalare] ql.co. a qlcu. ¶この本を差し上げましょう. Posso offrirle [farle dono di / darle in omaggio] questo libro? 3《(「…てさしあげる」》の形で)》¶薬は私が病院に取りに行ってさしあげます. Vado io a prenderle le medicine all'ospedale.

さしあたり 差し当たり ¶差し当たりそれだけあればいい. Per il momento [Per ora / Per adesso] mi basta. ¶差し当たり必要な物だけは買った. Ho comprato solo le cose di cui ho un immediato bisogno.

さしいれる 差し入れる 1《(差し込む)》inserire [mettere] ql.co. in ql.co. 2《(慰労のために)》mandare [《(あげる)》dare / far avere] ql.co. a qlcu. ¶遅くまで仕事をしている人たちに夜食を差し入れた. Ho ordinato [《(自分で運ぶ)》Ho portato] da mangiare per quelli che lavoravano fino a tarda sera.

さしえ 挿し絵 illustrazione㊛, vignetta㊛, figura㊛ ¶挿し絵入りの本 libro illustrato [con illustrazioni] ¶本の挿し絵を描く illustrare un libro / curare [disegnare] illustrazioni per un libro

✤挿し絵画家 illustratore㊚ [㊛ -trice]

さしおく 差し置く《(そのままにしておく)》lasciar perdere ql.co. [qlcu.], mettere in disparte ql.co.;《(無視する)》non tener conto di ql.co. [qlcu.], trascurare ql.co. [qlcu.] ¶何をさしおいても prima di tutto / prima di ogni altra cosa ¶彼らは本人をさしおいて話をまとめた. Hanno sistemato la faccenda scavalcando il diretto interessato.

さしおさえ 差し押さえ《法》sequestro㊚, pignoramento㊚ ¶財産の差し押さえを受ける subire il sequestro dei beni

✤差押さえ物件 beni㊚ [複] sequestrati

差押さえ免除物件 beni㊚ [複] esenti da sequestro

差押さえ令状 ordine㊚ di sequestro

さしおさえる 差し押さえる sequestrare [pignorare] ql.co., porre [mettere] sotto sequestro ql.co., disporre il sequestro [il pignoramento] di ql.co.

さしかえる 差し替える sostituire《(A を B と A con B)》◇差し替え sostituzione㊛, rimpiazzo㊚ ¶番組の一部を差し替える cambiare una parte del programma

さしかかる 差し掛かる 1《(ある場所に)》avvicinarsi [farsi vicino / accostarsi / approssimarsi]《(に a)》¶銀行の前にさしかかると中から友人が出て来た. Mi stavo avvicinando alla banca quando da lì è uscito un mio amico. ¶列車はフィレンツェにさしかかった. Il treno si approssimava a Firenze. 2《(ある時期・状況に)》¶梅雨にさしかかっている. La stagione delle piogge sta per cominciare.

さしかける 差し掛ける ¶彼は私に雨傘をさしかけてくれた. Mi ha riparato (dalla pioggia) sotto il suo ombrello.

さじかげん 匙加減 1《(分量の調整)》¶醤油のさじ加減をする determinare l'esatta dose di salsa di soia 2《(配慮の仕方)》discernimento㊚, giudizio㊚ [複 -i], discrezione㊛ ¶この問題は彼のさじ加減でどうにでもなる. La soluzione di questo problema è lasciata alla sua discrezione [al suo discernimento / al suo giudizio].

さしがね 差し金 istigazione㊛ ¶これはみんな部長の差し金だ. Era il direttore, da dietro, a

さしき 挿し木 riproduzione㊛ per talea [piantone] ¶挿し木をする riprodurre per mezzo di talee [di piantoni]

さじき 桟敷 《劇場で》palco㊚《複 -chi》;《競馬場・競技場で》tribuna㊛ →演劇 用語集 ¶正面桟敷《大向こう》galleria ¶天井桟敷 loggione㊚;《古い劇場の》galleria

ざしき 座敷 1《畳の部屋》stanza㊛ con *tatami*;《客間》soggiorno㊚ con *tatami* ¶座敷にお通しください。Lo faccia accomodare in soggiorno. 2《芸人が客に呼ばれること》¶あの芸者にはよくお座敷がかかる。Quella *geisha* viene chiamata spesso dai clienti.

◆**座敷牢** ¶〈人〉を座敷牢に入れる relegare *qlcu*. in una stanza [tra quattro mura]

さしきず 刺し傷 ferita㊛ d'arma da taglio

さしこ 刺し子 《服》trapunto㊚ ¶刺し子の布 tessuto trapuntato [trapunto]

さしこみ 差し込み 1《差し込むこと》¶差し込み式ソケット《電》portalampada㊚《無変》a baionetta

2《電》《コンセント》presa㊛ di corrente;《プラグ》spina㊛

3《胃の激痛》crampi㊚《複》allo stomaco ¶胃に差し込みがきた。Sono stato improvvisamente colto da forti [acuti] dolori di stomaco.

さしこむ 射し込む ¶太陽の光が木立を通してさし込む。I raggi del sole penetrano [filtrano] attraverso gli alberi.

さしこむ 差し込む ¶鍵穴に鍵を差し込む introdurre la chiave nella serratura ¶コンセントにプラグを差し込む inserire la spina nella presa di corrente

さしころす 刺し殺す ¶ナイフで刺し殺す uccidere *qlcu*. con un'arma da taglio / pugnalare *qlcu*. a morte

さしさわり 差し障り《障害》ostacolo㊚, impedimento㊚, intoppo㊚, impaccio㊚《複 -ci》;《不都合》inconveniente㊚ ¶差し障りがあって会議に出席できない。Un contrattempo mi impedisce di presenziare alla [la] riunione. ¶取引に差し障りがあるから今は言えない。Per ora non dirò niente poiché potrebbe creare degli ostacoli all'affare. ¶差し障りのない返事をしておいた。Me la sono cavata con risposte innocue.

さしさわる 差し障る《妨げる》impedire a *qlcu*.「di+不定詞 [che+接続法];《悪影響を与える》avere un effetto deleterio su *ql.co*., compromettere *ql.co*.

さししめす 指し示す indicare [mostrare / additare] a *qlcu*. *ql.co*., far notare [far rilevare] *ql.co*. a *qlcu*.

さしず 指図《命令》ordini㊚《複》, direttive㊛《複》;《使用上・施行上の》istruzioni㊛《複》, disposizioni㊛《複》, indicazioni㊛《複》 ◇指図を与える a *qlcu*. istruzioni [disposizioni / direttive / ordini] (di+不定詞) ¶監督の指図に従う seguire le istruzioni del direttore / attenersi alle direttive [agli ordini] del direttore ¶指図を受ける ricevere da *qlcu*. istruzioni /《指示を仰ぐ》chiedere a *qlcu*. disposizioni [direttive] ¶君の指図は受けないよ。Non mi va di ricevere ordini da te! / Non prendo ordini da te!

さしずめ 差し詰め《さしあたって》per il momento, per ora, momentaneamente; ora, adesso, in questo momento, al presente;《結局》tutto sommato, in ultima analisi, dopo tutto

さしせまる 差し迫る《切迫》essere imminente [incombente], incombere㊤ (►複合時制を欠く);《接近》avvicinarsi ◇差し迫った urgente; immediato ¶差し迫った危険 pericolo immediato [incombente] ¶期日が差し迫っている。Il giorno fissato è imminente [si avvicina]. ¶これは特に差し迫った問題じゃない。Questo non è un problema particolarmente urgente.

さしだしにん 差出人 mittente㊚ (►封筒に念のため、自分の名前の前に「Mitt.:」あるいは「Mittente:」と書くこともある) ¶差出人不明の手紙 lettera priva del mittente

さしだす 差し出す 1《前へ出す》¶名刺を差し出す offrire [porgere] un biglietto da visita ¶手を差し出す tendere [dare / porgere / allungare] la mano a *qlcu*. 2《提出する》presentare ¶窓口に申込書を差し出した。Ho presentato il modulo della domanda allo sportello.

さしたる 然したる《否定の語を伴って、格別…ない》particolare, speciale; considerevole, notevole ¶そんなことはさしたる問題ではない。Questo non ha molta importanza. ¶さしたる仕事もない。Non ho niente di particolare da fare.

さしちがえる 刺し違える ¶彼は敵の大将と刺し違えて死んだ。Egli e il condottiero nemico morirono trafiggendosi a vicenda con le spade.

さしつかえ 差し支え impedimento㊚, ostacolo㊚, impaccio㊚《複 -ci》 ¶差し支えなければ se (la cosa) non ti disturba [dispiace / importuna troppo] ¶入っても差し支えありません。Posso entrare? ¶あなたのいいようになさっても差し支えありません。È libero di fare come vuole. ¶一向に差し支えないと思います。Penso che non ci sia nessun problema nel farlo. ¶一向に差し支えありません。Ciò non mi reca alcun disturbo. ¶午後なら差し支えない。《時間がある》Nel pomeriggio sono libero.

さしつかえる 差し支える《人が主語》essere ostacolato [impedito / intralciato] in *ql.co*.; trovare difficoltà a+不定詞 ¶あまり夜更かしすると明日の仕事に差し支えるよ。Se fai le ore piccole, domani non riuscirai a lavorare.

さして ¶さして遠くない。Non è poi così lontano.

さしでがましい 差し出がましい《うるさい》importuno, noioso, fastidioso;《無礼な》impertinente, insolente ¶差し出がましいことをするな。Non impicciarti degli [ficcare il naso negli] affari altrui! ¶差し出がましい口を利くな。Non starmi a importunare con i tuoi consigli non richiesti! ¶差し出がましいようだが…. Non vorrei sembrare invadente, ma...

さしでぐち 差し出口 ¶差し出口をする consigliare a sproposito / interferire [impicciarsi] negli affari altrui

さしでる 差し出る ¶差し出たことを申し上げるようですが…. Mi scusi l'impudenza, ma...

さしとおす 刺し通す trafiggere, trapassare

さしとめる 差し止める 《禁止する》proibire *ql.co.* [a *qlcu.* di+不定詞], vietare a *qlcu.* 「*ql.co.* [di+不定詞];《停止する》sospendere *ql.co.* ¶記事を差し止める vietare la pubblicazione di un articolo ¶出入りを差し止める proibire l'accesso

さしね 指し値 《商》prezzo限 limite
✤指し値注文 ordine限 con indicazione del prezzo minimo o massimo

さしのべる 差し延べる ¶…をもらうために手を差し延べる stendere la mano per chiedere *ql.co.* ¶救いの手を差し延べる venire in aiuto di *qlcu.* / dare una mano a *qlcu.*

さしば 差し歯 1《下駄の》regoletti限[複] verticali sostituibili su cui poggiano i *geta* 2《義歯》dente限 artificiale [finto];《医》protesi女[無変] dentaria

さしはさむ 差し挟む 1《挿入する》inserire *ql.co.*《に in》, mettere *ql.co.*《に tra》¶異議をさしはさむ sollevare [muovere] un'obiezione / protestare contro *qlcu.* ¶口をさしはさんで済まないが…. Mi dispiace doverti interrompere, ma… 2《心中に疑問の気持ちをもつ》¶〈人〉に疑いをさしはさむ nutrire dei sospetti su *qlcu.*

さしひかえる 差し控える astenersi [desistere自[av]] da *qlcu.* ¶タバコは差し控えています. Mi sto astenendo dal fumo. ¶その人の名前は差し控えます. Mi astengo dal rivelare il suo nome.

さしひき 差し引き bilancio限[複 -ci], pareggio限[複 -gi], saldo限, conguaglio限[複 -gli];《残り》resto限 ¶差引勘定をする fare [stendere / stabilire] un bilancio / chiudere [saldare] i conti ¶差し引きあと2万円払ってください. Vogliate pagare un conguaglio a saldo di 20.000 yen. ¶差引勘定は当方の貸し[借り]になります. Un conto con saldo a nostro credito [debito].
✤差引残高 saldo限, bilancio限[複 -ci]

さしひく 差し引く detrarre [dedurre / sottrarre]《BからAを A da B》¶月給から税金を差し引く detrarre le imposte da uno stipendio

さしまねく 差し招く far cenno a *qlcu.* di avvicinarsi

さしまわし 差し回し ¶放送局差し回しの車で行く spostarsi con un'auto messa a disposizione dalla stazione radiotelevisiva

さしみ 刺身 fettine女[複] di pesce crudo ¶鮪(まぐろ)の刺身 fettine di tonno crudo ¶日本では刺身にしょうゆとわさびをつけて食べます. In Giappone il *sashimi* viene mangiato intinto in salsa di soia e *wasabi*.

さしみず 差し水 ¶彼女は花瓶に差し水をした. Ha aggiunto acqua al vaso dei fiori.

さしむかい 差し向かい ¶差し向かいで話す parlare「l'uno di fronte all'altro [a faccia a faccia / a tu per tu](con *qlcu.*)

さしむける 差し向ける 《遣(つか)わす》mandare, inviare ¶お宅までお迎えの車を差し向けます. Manderò un'auto a prenderla a casa.

さしもどす 差し戻す 1《受け付けずに返す》rimandare, restituire ¶書類に不備があったので差し戻された. Il documento è stato restituito perché redatto impropriamente. 2《裁判をやり直させる》¶第一審に差し戻す rinviare [rimettere] una causa al tribunale di prima istanza

さしものし 指物師 falegname限

さしゅ 詐取 truffa女, inganno限, imbroglio限[複 -gli] ◇詐取する truffare *ql.co.* a *qlcu.* [*qlcu.* di *ql.co.*], intascare [rubare] *ql.co.* ingannando *qlcu.*; spillare *ql.co.* a *qlcu.*

さしょう 査証 1《ビザ》visto限 ◇査証する mettere [apporre] il visto su un passaporto, vistare un passaporto 2《公正認証》vidimazione女 ◇査証する vidimare *ql.co.*

> **参考**
> vidimazioneは、署名や印鑑が本物であることの証明をすること。また、日本の文書をイタリア大使館か翻訳証明や印紙を付して通用する文書に改めることを legalizzazioneという。役所が正本と副本を照合して、副本に正本同様の法的効力を与えることは autentica, autenticazioneという。

さしょう 詐称 dichiarazione女 falsa ¶学歴[住所を]詐称する dichiarare il falso circa i propri titoli di studio [circa il *proprio* indirizzo] ¶彼は大学出と詐称した. Si è fatto passare per (un) laureato.

さじょう 砂上 ¶砂上の楼閣(ろうかく) castello di carte [di sabbia]

ざしょう 座礁 arenamento限 ◇座礁する arenarsi, incagliarsi, dare [andare] in secca;《鯨が》spiaggiare自[av]

ざしょう 挫傷 《医》contusione女 ◇挫傷する subire [avere] contusioni《を a》, ammaccarsi

さしわたし 差し渡し 《直径》diametro限

さじん 砂塵 ¶砂塵を巻き上げる sollevare un polverone [una nuvola di polvere]

さす 砂州 secca女, banco限[複 -chi] di sabbia, barra女 di sabbia

さす 刺す 1《刃物で突き刺す》infilzare;《両刃の短刀で》pugnalare;《突き通す》trafiggere;《比較的軽く》pungere;《針で自分の指を刺す pungersi il dito con l'ago ¶ジャガ芋にフォークを刺す infilzare una forchetta in una patata ¶腹を短刀で刺されて死ぬ morire pugnalato al ventre (►pugnalatoは主語の性・数に合わせて語尾変化する) ¶〈人〉の胸をナイフで刺す dare a *qlcu.* una coltellata al petto ¶針を針刺しに刺す conficcare degli spilli in un cuscinetto puntaspilli ¶肉を串に刺す infilzare [infilare] la carne nello spiedo ¶足に釘を刺した. Mi sono punto con un chiodo al piede. / Mi si è conficcato un chiodo nel piede. ¶刺すような痛み dolore lancinante [pungente] ¶刺すような目で見る gettare su *qlcu.* uno sguardo penetrante ¶刺すような寒さだ. Fa un freddo pungente [tagliente / pungente]. ¶ちくりと刺すような話をした. Ha fatto un discorso pungente [mordace]. 2《虫が》pungere, pizzicare ¶足を蚊に刺された. Sono stato punto alle gambe dalle zanzare.

さす 指す・差す・射す 1《指し示す》indicare [segnare] *ql.co.*;《指で》additare *ql.co.*;《言及する》riferirsi a *qlcu.* ¶〈人〉を指で指す indicare *qlcu.* con il dito ¶道を指す additare la strada ¶時計は3時を指している. L'orologio segna le tre. ¶誰のことを指して言っているのか. A chi ti riferisci? / Di chi

さす stai parlando? ¶今日授業中先生に指された. Oggi, durante la lezione, l'insegnante mi ha interrogato.

2《ある方向に向かう》dirigersi 《に verso, a》, recarsi 《に a》 ¶駅を指して進む dirigersi alla stazione ¶鳥が西の空を指して飛んで行った. Gli uccelli sono volati via verso occidente.

3《注ぐ》versare; 《加える》aggiungere; 《つける》mettere ¶杯(鎔)に酒をさす versare il *sakè* nella coppetta (di *ql.co.*) ¶目薬をさす mettersi delle gocce di collirio ¶鍋に少量の水を差す aggiungere un po' d'acqua in una pentola ¶機械に油をさす applicare il grasso a una macchina / lubrificare una macchina ¶口紅をさす mettersi il rossetto

4《光・影がさしこむ》penetrare⟨e⟩[*es*], entrare⟨e⟩[*es*];《すき間から》filtrare⟨e⟩[*es*] ¶窓から朝日が射している. I raggi del sole del mattino penetrano dalla finestra. ¶障子に誰かの影が差した. L'ombra di qualcuno si stagliò sullo *shoji*.

5《傘をさす》¶傘をさす stare sotto l'ombrello / tenere l'ombrello aperto ¶傘をささずに歩く camminare sotto la pioggia senza aprire l'ombrello

6《将棋をさす》¶駒(;)を指す muovere un pezzo sulla scacchiera ¶一局指しませんか. Vuole 「fare una partita [giocare] con me?

7《刀をさす》¶腰に刀を差している portare la spada (al fianco)

8《色がおもてに出る》¶彼女の顔にほんのりと赤みが差した. È arrossita [Si è colorita] leggermente in viso.

さす 挿す **1**《さしはさむ》inserire [mettere] *ql.co.* in *ql.co.* ¶花を髪に挿す mettersi un fiore nei capelli ¶髪にかんざしを挿す ornarsi i capelli con una forcella

2《生ける》 ¶花瓶にばらの花を挿す disporre [mettere] rose in un vaso

3《挿し木をする》piantare (una talea di *ql.co.*)

-さす《途中でやめる》lasciare *ql.co.* a metà, interrompere *ql.co.* ¶タバコを吸いさしたまま出て行った. È uscito lasciando la sigaretta a metà.

さすが 流石 **1**《感心・納得する様子》¶さすがは君だ, よくやった. Hai dato prova una volta di più [Ecco un'azione degna] delle tue capacità. ¶さすがは大政治家と言われるだけのことはある. Le sue qualità non fanno che confermare l'alta fama di statista che ha. ¶定職のない生活はさすがに苦しい. La vita senza un lavoro fisso è innegabilmente difficile.

2《さしもの…も》¶社長に頼まれた以上, さすがに彼は断り切れなかったらしい. Avendoglielo chiesto il presidente, come avrebbe potuto rifiutare di farlo. ¶明らかな不正に, さすがにおとなしい彼も怒った. Con tutto che è di carattere mite non poté fare a meno di arrabbiarsi per la palese ingiustizia.

さずかりもの 授かり物 dono⟨m⟩ del cielo, grazia⟨f⟩, benedizione⟨f⟩, manna⟨f⟩ ¶manna はエジプト脱出の際, ヘブライ人がシンの荒れ野で天から授かった食べ物) ¶これは天からの授かり物だ. È una manna!

さずかる 授かる ricevere, ottenere ¶秘伝を授かる essere iniziato ai misteri (di *ql.co.*) ¶彼はイタリア政府から勲章を授かった. Ha ricevuto un'onorificenza dal governo italiano.

さずける 授ける accordare *ql.co.*, conferire *ql.co.*; dare *ql.co.* a *qlcu.* ¶勲章を授ける conferire un'onorificenza a *qlcu.* ¶〈人〉に秘伝を授ける iniziare *qlcu.* ai misteri di *ql.co.*

サスペンション〔英 suspension〕《車》sospensione⟨f⟩; ammortizzatore⟨m⟩ ¶四輪独立懸架(ﾎﾞﾝ)サスペンション sospensioni a quattro ruote indipendenti

サスペンス〔英 suspense〕〔英 suspense⟨f⟩ [無変] ¶サスペンス映画 film di suspense / film giallo

サスペンダー〔英 suspenders〕《ズボンつり》bretelle⟨f⟩;《靴下止め》giarrettiere⟨f⟩

さすらい vagabondaggio⟨m⟩ [複 *-gi*], peregrinazione⟨f⟩ ◇さすらいの vagabondo, errante; girovago⟨m⟩ [複 *-ghi*] ¶さすらいの旅をする fare un viaggio senza meta

❖**さすらい人**(ﾋﾞﾄ) vagabondo⟨m⟩ [⟨f⟩ *-a*], giramondo⟨m⟩ [無変]

さすらう 流離う vagare⟨e⟩ [*av*], errare⟨e⟩ [*av*], girovagare⟨e⟩ [*av*], vagabondare⟨e⟩ [*av*] ¶町から町へさすらう vagabondare da una città all'altra

さする 摩る 《こする》fregare, strofinare;《撫(%)でる》carezzare, accarezzare;《マッサージする》massaggiare leggermente

ざせき 座席 posto⟨m⟩ a sedere;《乗物の》sedile⟨m⟩ ¶座席に着く prendere posto / sedersi ¶この劇場は1000人分の座席がある. In questo teatro ci sono 1.000 posti a sedere.

❖**座席指定券**〔鉄道〕prenotazione⟨f⟩ del posto a sedere

座席指定車 carrozza⟨f⟩ con posti prenotati

座席番号 numero⟨m⟩ di un posto a sedere

座席表 lista⟨f⟩ dei posti a sedere

させつ 左折 ◇左折する girare⟨e⟩ [*av, es*] [svoltare⟨e⟩ [*av*]] a sinistra ¶「左折禁止」〔掲示〕"Divieto di svolta a sinistra"

ざせつ 挫折 《失敗》insuccesso⟨m⟩, fallimento⟨m⟩, fiasco⟨m⟩ [複 *-schi*], smacco⟨m⟩ [複 *-chi*];《失望》frustrazione⟨f⟩ (di una speranza), amara delusione⟨f⟩;《がっくりすること》scoraggiamento⟨m⟩ ◇挫折する fallire⟨e⟩ [*es*], subire un fallimento [uno smacco], restare amaramente deluso ¶計画が挫折した. I miei piani sono falliti [sono naufragati].

❖**挫折感** ¶挫折感を味わう provare un'amara delusione

させる ¶〈人〉に自分の手伝いをさせる farsi aiutare da *qlcu.* ¶子供の頃ピアノの練習をさせられた. Da bambino mi hanno fatto studiare il pianoforte.

-させる **1**《使役》fare + 不定詞 + *qlcu.* (►不定詞が自動詞のとき, または目的語なしでも用いられる他動詞のとき), fare + 不定詞 + *ql.co.* a [da] *qlcu.* (►不定詞が他動詞のとき);《強制》costringere [forzare / obbligare] *qlcu.* a + 不定詞;《してもらう》farsi + 不定詞 da *qlcu.* (►不定詞が他動詞のとき) ¶子供に食べさせる [本を読ませる] far mangiare il [far leggere un li-

bro al] bambino ¶品物をデパートから家まで届けさせる farsi consegnare a casa la merce dal grande magazzino ¶自分は来ないで他の人に来させた. Non è venuto lui, ha fatto venire [ha mandato] un altro.
2《放任》lasciare che+接続法, lasciare+不定詞 a *qlco.* (►不定詞が他動詞のとき), lasciare [fare]+不定詞 (►不定詞が自動詞のとき);《許可》permettere a *qlcu.* di+不定詞 ¶子供同士で遊ばせておきなさい. Lasciate che i bambini giochino in pace tra loro. ¶成人映画を子供に鑑賞させていいんですか. Si può permettere ai bambini di vedere un film per adulti? ¶私に試験を受けさせてください. Mi faccia fare l'esame. ¶この仕事はやめさせていただきます. Vorrei lasciare questo lavoro. ¶そろそろ失礼させていただきます. Per me si è fatta ora di andare.

させん 左遷 degradazione㊛; siluramento㊚;《地方への》relegamento㊚ ¶彼は地方の支店長に左遷された. È stato silurato [degradato] e mandato a dirigere una piccola succursale in una località remota.

ざぜん 座禅 ¶座禅をする fare [praticare] la meditazione *zen* ¶座禅を組む assumere la posizione richiesta per la meditazione [contemplazione] *zen*

さぞ sicuramente, certamente, senza dubbio;《多分》probabilmente, forse ¶さぞお疲れでしょう. Sarà certamente [Deve essere] molto stanco. ¶さぞがっかりなさったでしょう. Sono sicuro [certo] che ne è rimasto assai deluso. / Posso facilmente immaginarmi la sua delusione. ¶あの人はさぞ立腹したでしょうね. Chissà quanto si sarà arrabbiato!

さそい 誘い **1**《招き》invito㊚ ¶誘いを受ける ricevere un invito da *qlcu.* / essere invitato da *qlcu.* **2**《誘惑》tentazione㊛, allettamento㊚ ¶誘いに乗る cedere alla tentazione ¶まんまと誘いに乗ってしまった. Ci sono cascato in pieno.

さそいあう 誘い合う ¶皆さんお誘い合わせのうえおいでください. Vi invito tutti quanti a casa mia.

さそいかける 誘い掛ける ¶彼らに参加を誘いかけた. Li abbiamo invitati a unirsi a noi.

さそいこむ 誘い込む ¶友人を悪の道に誘い込む condurre un amico sulla cattiva strada ¶私は彼らの計画に誘い込まれた. Mi hanno invitato a partecipare al progetto.

さそいだす 誘い出す ¶父を散歩に誘い出す spingere il padre a fare una passeggiata [a fare quattro passi]

さそいみず 誘い水 **1**《井戸・ポンプの呼び水》¶ポンプに誘い水を差す caricare [adescare] una pompa **2**《きっかけ》¶私のささやかな寄付が募金運動の誘い水になればいいのが. Spero che il mio piccolo contributo sia un incoraggiamento per la raccolta dei fondi.

さそう 誘う **1**《勧誘する》invitare *qlcu.* a *ql.co.* [a+不定詞], proporre a *qlcu.* di+不定詞 ¶《呼ぶ, 声をかける》chiamare *qlcu.* ¶パーティーに誘う invitare *qlcu.* a una festa ¶友だちを映画に誘った. Ho chiesto a un amico di venire al cinema con me.

2《促す》indurre [spingere] *qlcu.* a+不定詞 ¶涙を誘う strappare le lacrime / spingere *qlcu.* alle lacrime ¶眠りを誘う音楽だ. È una musica che concilia il sonno.

3《そそのかす》allettare *qlcu.*《で con》, lusingare *qlcu.* a+不定詞, tentare *qlcu.* a+不定詞 ¶悪の道に誘う incitare [istigare] *qlcu.* al male / portare *qlcu.* sulla cattiva strada

ざぞう 座像 figura㊛ seduta

さぞかし ¶彼はさぞかし喜んでいるだろう. Chissà quant'è contento.

さそり 蠍《動》scorpione㊚
✦**さそり座**《天》Scorpione㊚

さた 沙汰 **1**《指図》direttive㊛[複], disposizioni㊛[複];《通知》notizie㊛[複] ¶あの計画はいつのまにか沙汰止みになった. Il progetto è stato abbandonato [accantonato] a nostra insaputa. **2**《事柄, 事件》affare㊚, faccenda㊛, questione㊛ ¶これは狂気の沙汰だ. Roba da pazzi! / Pazzesco! ¶君は正気の沙汰じゃない. Ma sei pazzo! ¶そんなやり方は沙汰の限りだ. Un modo di fare del genere è inammissibile.

さだか 定か《ふつう否定をともなって》¶暗くて相手の顔が定かには見えない. Per il buio non distinguo chiaramente il volto dell'altra persona. ¶将来のことは定かでない. Il futuro è nelle mani di Dio.

さだまる 定まる stabilizzarsi ¶天候が定まらない. Il tempo è instabile [variabile]. ¶やっと将来の方針が定まった. Finalmente ho preso una decisione sul mio futuro.

さだめ 定め **1**《規定》regola㊛, norma㊛;《決定》decisione㊛ **2**《運命》destino㊚, fato㊚ ¶つらい定め destino crudele

さだめし 定めし →さぞ

さだめない 定めない《一定しない》incostante;《無常である》mutevole, variabile ¶定めないこの世 questo mondo effimero

さだめる 定める **1**《決める》decidere;《制定する》stabilire ¶法で休日を定める stabilire per legge una festività ¶目標を定める fissare un obiettivo **2**《落ち着かせる》stabilirsi, prendere casa ¶京都に居を定める stabilirsi a Kyoto ¶的に狙いを定める prendere la mira

サタン《英 Satan》Satana㊚

ざだん 座談 dibattito㊚ informale ◇座談する dibattere
✦**座談会** ¶座談会を催す organizzare una tavola rotonda

さち 幸 felicità㊛, buona fortuna㊛ ¶海の幸山の幸 prodotti [frutti] del mare e della terra ¶若い2人の上に幸多かれと祈ります. Auguro tutta la felicità ai due giovani.

ざちょう 座長《劇団の》capocomico㊚ [㊛ -ca; ㊚複 -ci];《劇団主宰者》; direttore㊚ [㊛ -trice] di una compagnia teatrale;《集会の》presidente㊚ di consiglio [d'assemblea];《座談会・討論会の》moderatore㊚ [㊛ -trice]

さつ 札《銀行券》banconota㊛, biglietto㊚ (di banca) ¶100ユーロ札 banconota da 100 euro ¶20ユーロ札5枚ください.《両替などで》Mi dia cinque biglietti da 20 euro per favore.
✦**札入れ** portafoglio㊚[複 -gli]

札束 rotolo di banconote

-さつ -冊 《部》copia⼥; 《巻》volume⼥, tomo ¶ 1冊の本 un libro ¶ 10冊本の選集 antologia in dieci volumi ¶ …を1冊の本にまとめる raccogliere qlco. in un volume ¶『イタリア語入門』を3冊送ってください. Mi mandi tre copie di "L'italiano per principianti".

ざつ 雑 ◇雑な《粗雑》poco curato, trascurato, grossolano; 《間に合わせの》affrettato, raffazzonato; 《粗暴な》rude, rozzo; 《ぞんざいな》sciatto ◇雑に senza cura, negligentemente [-gli-], grossolanamente; rozzamente ¶ 雑な男 uomo grossolano ¶ 雑な翻訳 traduzione affrettata

さつい 殺意 ¶ 殺意を抱く avere intenzioni omicide / provare un istinto omicida ¶〈人〉に対する殺意を否認する negare di aver voluto uccidere qlcu.

さつえい 撮影 《映画》ripresa⼥; sequenza⼥; 《写真》fotografia⼥, il fotografare ◇撮影する《映画》girare, filmare; 《写真》fotografare, fare una foto《を di》¶ 空中撮影 ripresa aerea ¶ 水中撮影 ripresa subacquea ¶『撮影禁止』《掲示》"Vietato fotografare"

❖**撮影監督**《映》dirett*ore*⼥ [⼥ -trice] della fotografia

撮影所 stud*io*⼥ [複 -i]

撮影スタジオ《映画・テレビの》teatr*o*⼥ [複 -i] di posa; 《写真の》stud*io*⼥ [複 -i] fotograf*ico* [複 -ci], sala⼥ di posa

ざつえき 雑役 incombenze⼥ [複] manuali di routine all'interno di una azienda

❖**雑役係** tuttofare⼥ [無変]

ざつおん 雑音 1《ノイズ, 騒音》rumore⼥; 《医》《心臓の》soff*io*⼥ [複 -i] 《ラジオの雑音 segnali radio disturbati / 《障害波による》interferenze radio / rumori di fondo / 《空電などによる》scariche 2《余計な意見》¶ 雑音に惑わされる essere confuso dalle parole altrui ¶ 余計な雑音を入れないでください. Per favore, non interferite nei nostri affari.

さっか 作家 《物書き一般》scritt*ore*⼥ [⼥ -trice]; 《小説家》romanzi*ere*⼥ [⼥ -a] ¶ 流行作家 aut*ore*⼥ [⼥ -trice] di moda ¶ 陶芸作家 cerami*sta*⼥ [⼥複 -i] / artista⼥ [⼥複 -i] della ceramica

ざっか 雑貨 articoli⼥ [複] di casalinghi ¶ 日用雑貨 casalinghi

❖**雑貨屋**《店》neg*ozio*⼥ [複 -i] di casalinghi; 《人》negoziante⼥⼥ di generi vari; droghi*ere*⼥ [⼥ -a]

サッカー《織》《英》seersucker⼥ [無変]; tessuto⼥ indiano di cotone a strisce crespe e lisce

サッカー《英 soccer》calcio⼥ ◇サッカーをする giocare a calcio ¶ サッカーの試合 partita⼥ di calcio

❖**サッカーくじ** totocalcio⼥ [無変]

サッカースタジアム campo⼥ [stad*io*⼥ [複 -i]] di calcio

さつがい 殺害 assassin*io*⼥ [複 -i], omicid*io*⼥ [複 -i], uccisi*one*⼥ ◇殺害する uccidere [ammazzare / assassinare] qlcu.

❖**殺害者** assassin*o*⼥ [⼥ -a]

さっかく 錯角《数》angoli⼥ [複] alterni

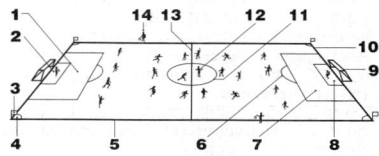

サッカー
1 ペナルティーキックマーク dischetto⼥ del rigore. 2 ゴールキーパー portiere⼥. 3 コーナーフラッグ bandierina⼥ d'angolo. 4 コーナーエリア [英] corner⼥ [無変]. 5 タッチライン linea⼥ laterale. 6 ペナルティーアーク arco⼥ di rigore. 7 ペナルティーエリア area⼥ di rigore. 8 ゴールエリア area⼥ di porta (piccola). 9 ゴールポスト porta⼥. 10 ゴールライン linea⼥ di fondo. 11 センターサークル cerchio⼥ centrale. 12 主審, レフェリー arbitro⼥. 13 ハーフウェイライン linea⼥ di [metà campo [centrocampo]. 14 ラインズマン guardalinee⼥ [無変], segnalinee⼥ [無変].

[関連]

監督 allenat*ore*⼥ [⼥ -trice], [英] mister⼥ [無変] **代表監督** commissa*rio*⼥ [複 -i] tecnico [複 -ci], CT⼥ [無変] **アシスタントコーチ** vice allenatore⼥ **サッカー選手** gioc*atore*⼥ [⼥ -trice] di calcio, calciat*ore*⼥ [⼥ -trice]

[ポジション]
ウイング ala⼥ [複 ali] **ゴールキーパー** portiere⼥ (▶女性の選手にも男性形を用いる) **サイドバック** terzino⼥ **ストッパー** [英] stopper⼥ [無変] **センターハーフ** centromediano⼥ **センターバック** difensore⼥ centrale **センターフォワード** centravanti⼥ [無変] **ディフェンダー** difensore⼥ **トップ下** trequartista⼥ **ハーフ** mediano⼥ **フォワード** attaccante⼥ **ボランチ** mediano⼥, incontrista⼥ [複 -i] **ミッドフィルダー** centrocampista⼥ [複 -i] **リベロ** libero⼥ **ゲームメーカー** regista⼥ [複 -i]

[ルールとテクニック]
アシスト [英] assist⼥ [無変] **イエローカード** cartellino⼥ giallo **オーバーヘッドキック** rovesciata⼥ **オフサイド** fuorigioco⼥ [無変] **カウンターアタック** contropiede⼥ **キックオフ** calcio⼥ [複 -ci] d'inizio **コーナーキック** calcio⼥ d'angolo **ゴール** gol⼥ [無変], [英] goal⼥ [無変], rete⼥ **ゴールキック** calcio⼥ di rinvio **シュート** tiro⼥ **スライディングタックル** entrata⼥ in scivolata **スローイン** rimessa⼥ laterale **セービング** parata⼥ **センタリング** [英] cross⼥ [無変] **ドリブル** [英] dribbling⼥ [無変] **ハーフタイム** intervallo⼥ **パス** pass*aggio*⼥ [-gi] **ハットトリック** tripletta⼥ **ハンド** fallo⼥ di mano **PK戦** rigori⼥ [複] **ファウル** fallo⼥ **フリーキック** calcio⼥ di punizione **ヘディング** colpo⼥ di testa **ペナルティーキック** calcio⼥ di rigore **レッドカード** cartellino⼥ rosso **ロスタイム** minuti⼥ [複] di recupero, recupero⼥

さっかく 錯覚 illus*io*ne㊛, allucinazione㊛ ¶錯覚をおこす[おこさせる] avere [causare] un'illusione ¶それは目の錯覚だ. Questa è un'illusione ottica. ¶イタリアにいるような錯覚に陥った. Avevo proprio l'illusione di essere in Italia.

ざつがく 雑学 conoscenza㊛ [cognizioni㊛ [複]] in vari campi

さっかしょう 擦過傷 graff*io*㊚ [複 -i], scorticatura㊛, sbucciatura㊛;《医》abrasione㊛, escoriazione㊛

サッカリン 〔英 saccharin〕《化》saccarina㊛

ざっかん 雑感 impressioni㊛ [複]〈varie〉, pensieri㊚ [複] confusi

さっき 殺気 estrema tensione㊛ omicida, sensazione㊛ di pericolo ¶殺気を感じる presentire una minaccia ¶殺気立った目で見る guardare con una chiara intenzione omicida ¶みんな殺気立っていた. Tutti erano tesi come corde di violino.

さっき 先 poco fa ¶さっきのお客の話では secondo quanto ha detto il cliente di poco fa ¶さっき食べたばかりだ. Ho appena mangiato. ¶さっきから da un po' ¶さっきまでいい天気だったのに急に曇った. È stato bello fino a poco fa, ma di colpo si è rannuvolato.

さつき 五月・皐月 **1**《旧暦5月》maggio㊚ (◆il quinto mese secondo il calendario lunare) **2**《植》azalea㊛
✤**五月晴れ 1**《梅雨の晴れ間》tempo㊚ bello [sereno] durante la stagione delle piogge **2**《5月の快晴日》un bel giorno di maggio

ざつき 雑記 ¶身辺雑記 agenda personale / diario intimo [personale]
✤**雑記帳** agenda㊛, taccuino㊚, rubrica㊛

ざつき 座付き ◇座付きの appartenente al teatro ¶座付きの作者 commediografo㊚ [㊛ -a] / drammatur*go*㊚ [㊛ -ga; ㊚複 -ghi] di una compagnia teatrale

さっきゅう 早急 ◇早急に《すぐに》in (tutta) fretta, immediatamente, tempestivamente;《遅れないで》senza ritardo, senza indugio

ざっきょ 雑居 coabitazione㊛, convivenza㊛ ◇雑居する coabitare㉠ [av], vivere㉠ [es, av] insieme, convivere㉠ [av]
✤**雑居ビル** palazzo㊚ con uffici, negozi e ristoranti

さっきょく 作曲 composizione㊛ musicale ◇作曲する comporre musica;《詞に曲をつける》mettere un testo in musica ¶彼はオペラを作曲した. Ha scritto un'opera. ¶作曲: ヴェルディ Musica: Verdi
✤**作曲家** composit*ore*㊚ [㊛ -trice]

さっきん 殺菌 sterilizzazione㊛;《牛乳などの低温殺菌》pastorizzazione㊛;《消毒》disinfezione㊛ ¶手術器具を殺菌する sterilizzare i ferri operatori ¶牛乳を殺菌する[《低温で》pastorizzare] il latte
✤**殺菌剤** microbicid*a*㊚ [複 -i], sterilizzante㊚;《消毒薬》disinfettante㊚
殺菌力 potere㊚ sterilizzante

ざっきん 雑菌 germi㊚ [複] vari;《純粋培養のときの》germi㊚ [複] estranei

サック 〔英 sack〕《指の》dito㊚ di gomma, copridito㊚ [無変];《di gomma》;《ケース》astucc*io*㊚ [複 -ci];《避妊用の》preservativo㊚ ¶サックをはめる mettersi [infilarsi] un copridito

サックス〔英 sax〕《音》sax㊚ [無変]; sassofono㊚, saxofono㊚ ¶アルト[テナー/バリトン/ソプラノ]サックス sax [sassofono] contralto [tenore/baritono/soprano]
✤**サックス奏者** sassofonist*a*㊚㊛ [㊚複 -i]

ざっくばらん ¶ざっくばらんな男 uomo franco [schietto / senza peli sulla lingua] ¶ざっくばらんに言うと parlando francamente [col cuore in mano] / a dirla schietta

さっくり ¶生地をさっくりと混ぜる sbattere la pastella leggermente

ざっくり 1《おおまかな粗い感じ》grossolanamente, alla buona ¶ざっくり編んだセーター un maglione lavorato a larghe maglie
2《大きく割れた様子》¶ざっくり開いた傷口 ampia ferita aperta

ざっけん 雑件 impegni㊚ [複] vari [secondari]; questioni㊛ [複] varie

ざっこく 雑穀 cereali㊚ [複], granaglie㊛ [複]

さっこん 昨今 recentemente, ultimamente, al giorno d'oggi ¶昨今の世相 il mondo d'oggi [d'oggigiorno]

さっさと《急いで》in fretta, presto;《すぐに》subito; senza perdere tempo;《速く》velocemente ¶仕事をさっさとかたづけなさい. Finisci in fretta il lavoro! / Sbrigati! / Non perder tempo! / Spicciati! ¶さっさと白状しろ. Che cosa aspetti? Confessa!

さっし 冊子 scritto㊚ rilegato; libro㊚

さっし 察し《理解》comprensione㊛;《推測》supposizione㊛, congettura㊛ ¶彼は察しがいい. È perspicace. / Capisce al volo. ¶なんて察しの悪い男だ. Che uomo duro di comprendonio! ¶お察しのとおりです. Ha indovinato [azzeccato]. ¶彼が何を言うのかおおよそ察しがつく. Già mi immagino quello che lui dirà.

サッシ 〔英 sash〕《窓枠》tela*io*㊚ [複 -i] di finestra ¶アルミサッシ telaio d'alluminio

ざっし 雑誌 rivista㊛; giornale㊚;《定期刊行物》periodico㊚ [複 -ci];《定期報告》bollettino㊚ ¶学術雑誌 rivista scientifica /《大学の年報》annuario ¶季刊雑誌 rivista trimestrale ¶隔月刊行雑誌 rivista bimestrale ¶月刊雑誌 rivista mensile / mensile ¶隔週刊行雑誌 rivista quindicinale [bimensile] ¶週刊雑誌 rivista settimanale / settimanale ¶スポーツ雑誌 rivista sportiva [di sport] ¶総合雑誌 rivista non specializzata ¶文芸雑誌 rivista letteraria ¶雑誌を刊行[編集]する pubblicare [redigere] una rivista ¶雑誌を定期購読する abbonarsi a una rivista
✤**雑誌社** casa㊛ editrice che si occupa principalmente della pubblicazione di riviste

ざつじ 雑事《日常の》lavoro㊚ quotidiano;《家庭の》lavori㊚ [複] domestici [casalinghi]

サッシュ 〔英 sash〕《服》《サッシュベルト》fusciacca㊛

ざっしゅ 雑種《生》ibrido㊚; bastard*o*㊚ [㊛ -a]; incroc*io*㊚ [複 -ci];《種族》razza㊛ incrociata [mista] ◇雑種の incrociato, ibrido, bastardo ¶雑種の犬 cane bastardo ¶ラバはロバと

ざっしゅうにゅう 雑収入　entrate㊛[複][rendite㊛[複]] varie [diverse]

さっしょう 殺傷　uccisioni㊛[複] e ferimenti㊚[複];《流血沙汰》spargimento㊚ di sangue ◇殺傷する《殺す》uccidere;《傷つける》ferire

ざっしょく 雑食 ◆雑食の onnivoro
❖雑食動物《生》animali㊚[複] onnivori

さっしん 刷新　riforma㊛, rinnovamento㊚, innovazione㊛ ◇刷新する riformare, rinnovare, innovare ¶人事を刷新する rinnovare interamente il personale ¶行政の刷新を図る progettare una riforma amministrativa

さつじん 殺人　omicidio㊚[複 -i], uccisione㊛, assassinio㊚[複 -i] ◆殺人的な micidiale ◇殺人的に da morire ¶計画的な殺人 assassinio [omicidio] premeditato ¶無差別殺人 massacro indiscriminato / strage indiscriminata ¶殺人(罪)を犯す commettere un omicidio [un assassinio] ¶バスは殺人的な混雑だ。L'autobus è pieno zeppo da scoppiare. ¶このところ私は殺人的に忙しい。In questi giorni sono impegnato da morire.
❖殺人鬼 massacratore㊚[㊛ -trice]
殺人罪 ¶殺人罪に問われる essere accusato di omicidio
殺人事件 ¶殺人事件が起こった。C'è stato un (caso di) omicidio.
殺人犯 omicida㊚㊛, assassino㊚[㊛ -a] ¶連続殺人犯[英] serial killer㊚[無変]
殺人未遂 tentato omicidio㊚
殺人容疑者 persona㊛ indiziata di omicidio, imputato㊚[㊛ -a] di omicidio

さっする 察する《推察する》presumere, supporre, immaginare;《根拠を元に、結論を出す》congetturare, desumere;《理解する》capire, comprendere;《当てる》indovinare ¶お察しします。La capisco. / Condivido i suoi sentimenti. ¶彼の気持ちも少しは察してやりなさい。Mettiti per un attimo nei suoi panni. ¶察するところ…だ。Mi sembra che + 接続法

ざつぜん 雑然 ◆雑然と confusamente, in disordine, senza ordine ¶机の上が雑然としている。La scrivania è tutta in disordine. ¶頭が雑然として考えがまとまらない。Ho la testa in uno stato di grande confusione e non riesco a riordinare le idee.

さっそう 颯爽 ¶さっそうと通りを歩く camminare con passo brioso per la strada ¶彼はさっそうたる姿で現れた。È apparso in un'elegantissima tenuta. ¶彼はさっそうと演壇に登った。È salito sul podio con aria fiera per fare il comizio. ¶彼はさっそうと滑っている。《スキーで》Sta sciando con grande eleganza e scioltezza.

ざっそう 雑草　erbaccia㊛[複 -ce], malerba㊛ ¶雑草を抜く strappare le erbacce ¶雑草が生える。Crescono le erbacce. ¶彼らは雑草のようにたくましく生きている。Sono vivi e vegeti come la gramigna.

さっそく 早速　subito, il più presto possibile, immediatamente ¶帰国したら早速伺います。Appena tornato [torno], verrò a trovarla. ¶早速だがお願いに上がらせてもらう。本題に入らせてもらう。Vengo subito al punto. ¶早速のお返事ありがとうございました。Grazie per la sua sollecita risposta.

ざった 雑多 ◆雑多な diverso, vario㊚[複 -i] ¶雑多な人々 persone di tutti i generi / ogni sorta di gente

さつたば 札束　pacchetto㊚[mazzetta / rotolo㊚] di banconote

ざつだん 雑談　chiacchiere㊛[複], chiacchierata㊛ ◇雑談する fare una chiacchierata [quattro chiacchiere] con qlcu.

さっち 察知 ◇察知する immaginare, supporre;《予感する》presentire;《本能的に》intuire ¶身の危険を察知する sentirsi in pericolo di vita ¶上司は彼のごまかしを察知した。Il superiore ha intuito il suo imbroglio.

さっちゅうざい 殺虫剤　insetticida㊚[複 -i] ¶殺虫剤をまく spruzzare insetticida

さっと ◇さっと improvvisamente, all'improvviso, tutto d'un tratto, ad un tratto ¶彼の顔がさっと青ざめた。È impallidito improvvisamente. ¶彼はさっと鳥に飛び乗って去った。È balzato velocemente in sella al cavallo ed è partito al galoppo. ¶新聞にさっと目を通した。Ho dato uno sguardo di sfuggita al giornale. ¶彼は近づいてきた車をさっとかわした。Ha scansato di colpo la macchina che arrivava.

ざっと《おおよそ》approssimativamente, all'incirca;《手短に》brevemente ¶ざっと説明する spiegare brevemente /《要点を》spiegare solo i punti essenziali ¶ざっと見積もる fare una valutazione approssimativa ¶手紙にざっと目を通す dare una rapida occhiata alla posta ¶ざっと掃いてくればいい。Basta dare una scopatina. ¶ざっと見たところでは 300 人はいる。Ad occhio e croce, ci saranno trecento persone.

さっとう 殺到 ◇殺到する precipitarsi (tutti assieme)《…へ a、の方へ verso》, arrivare in massa ¶彼のところに手紙が殺到している。È sommerso dalle lettere. ¶応募者が殺到した。I candidati si sono presentati in massa. ¶注文が殺到した。Abbiamo ricevuto una valanga [montagna] di ordinazioni.

ざっとう 雑踏　《混雑》confusione㊛, disordine㊚;《喧噪》chiasso㊚;《人込み》folla㊛, affollamento㊚ ¶雑踏に紛れる confondersi tra il pigia pigia generale ¶町は雑踏を極めている。Le strade sono brulicanti di gente.

ざつねん 雑念 ¶雑念を払う scacciare dalla mente i pensieri inutili ¶雑念が浮かんで仕事に集中できない。Mi distraggo facilmente e non riesco a concentrarmi nel lavoro.

ざっぱく 雑駁 ◆雑駁な confuso, vago㊚[複 -ghi];《首尾一貫しない》sconnesso, sconclusionato, incoerente ¶彼は雑駁な知識の持ち主だ。In ogni cosa ha una conoscenza approssimativa [sommaria / frammentaria]

さつばつ 殺伐 ◇殺伐とした brutale, crudele, cruento ¶殺伐とした世の中になった。Questo mondo è diventato disumano [violento / spietato].

さっぱり 1 《気分がさわやかな様子》◇さっぱりする sentirsi fresco 男複 -schi [riposato / 《すがすがしい》ripulito / 《落ち着いた》a posto / in ordine / 《気楽な》sollevato] ¶よく寝たのでさっぱりした気持ちだ. Dopo questa bella dormita, mi sento bello riposato. ¶髪を洗って頭がさっぱりした. Mi sento molto meglio, dopo essermi lavato la testa. ¶冷たい水を1杯飲めばさっぱりするよ. Ti farà bene bere un bicchiere d'acqua fresca. ¶言いたいことを言ってしまってさっぱりした. Ho detto tutto quello che volevo dire e mi sento sollevato.
2 《性格や味がしつこくない様子》◇さっぱりした《率直な》franco 男複 -chi, aperto;《味が》leggero; delicato ¶この料理はさっぱりしている. Questo cibo è leggero.
3 《まったく》completamente;《全然…ない》non ... affatto, non ... per niente [nulla] ¶さっぱりわからなかった. Non ho capito niente. ¶「イタリア語は上達しましたか」「いやさっぱりです」"Ha fatto progressi in italiano?" "No, per niente." ¶彼はさっぱり手紙をくれない. Non mi scrive neppure una lettera. ¶景気はさっぱりです. Gli affari non vanno affatto bene.

ざっぴ 雑費 spese 女複 varie [minute]
さつびら 札片 mazzo 男 di bigliettoni ¶札びらを切る《大金を惜しげもなく使う》spendere i soldi senza ritegno
さっぷうけい 殺風景 ¶殺風景な部屋 camera spoglia [disadorna] ¶殺風景な眺め veduta desolata [desolante]
ざつぶん 雑文 scritti 男複 vari
❖**雑文家** autore 男 [女 -trice] di miscellanee
雑文集 raccolta 女 di miscellanea, miscellanea 女, zibaldone 男
ざっぽう 雑報 notizie 女複 varie
さつまいも 薩摩芋 patata 女 dolce [americana], batata 女
ざつむ 雑務 lavori 男複 [doveri 男複] vari di tutti i giorni (di un ufficio) ¶雑務に追われる essere occupato in lavoretti vari
ざつよう 雑用 ¶雑用が多い avere tante piccole cose da fare ¶雑用に追われる essere impegnato in lavori vari
さつりく 殺戮 massacro 男, carneficina 女, strage 女;《ジェノサイド》genocidio 男 [複 -i] ◇殺戮する massacrare, fare una strage [una carneficina / un massacro]
ざつろく 雑録 miscellanea 女, scritti 男複 sparsi [vari]
さて allora, dunque ¶さて話は変わりますが. Allora, cambiamo discorso. ¶さて, 次に何をしようか. Bene [Allora], cosa facciamo adesso? ¶さて困った. Ora siamo fritti!
さてい 査定 valutazione 女, stima 女 ◇査定する valutare, stimare ¶税額を10万円と査定する fissare un'imposta di 100.000 yen ¶私の車は10万円と査定された. La mia macchina è stata valutata un milione di yen.
サディスティック 〔英 sadistic〕◇サディスティックな sadico 男複 -ci]
サディスト 〔英 sadist〕sadico 男 [女 -ca; 男複 -ci]

サディズム 〔英 sadism〕sadismo 男
さておき ¶何はさておき prima di tutto / innanzi tutto ¶冗談はさておき scherzi a parte ¶金はさておき時間がない. Anche lasciando da parte i soldi il problema è che non ho proprio il tempo.
さてさて ¶さてさて困ったことになった. Mannaggia, mi sono cacciato proprio nei pasticci.
さてつ 砂鉄 sabbie 女複 ferrifere
さてつ 蹉跌 ¶資金不足のため計画に蹉跌をきたした. Il progetto si è impantanato [ha fatto fiasco] a causa della scarsità di fondi.
さては 《それでは》e così, dunque, ma allora;《ついには》alla fine;《さらに困ったことに》per colmo di sventura ¶さては僕をだましたな. Mi hai ingannato, dunque.
さても ¶さても見事な出来映えよ. Veramente ben fatto!
サテライト 〔英 satellite〕satellite 男
❖**サテライトオフィス** ufficio 男 [複 -ci] satellite
サテライトスタジオ postazione 女 distaccata; studio 男 [複 -i] satellite
サテン 〔英 satin〕〔織〕(tessuto 男 di) raso;〔仏〕satin [satén] 男〔無変〕
さと 里 1 《村落》villaggio 男 [複 -gi];《田舎》campagna 女 2 《故郷》paese 男 nativo 3 《実家》casa 女 dei genitori (della moglie)
さとい 聡い ¶さとい子供 bambino intelligente [sveglio] ¶目[耳]がさとい aver l'occhio [l'orecchio] attento ¶利にさとい curare i propri interessi
さといも 里芋 〔植〕taro d'Egitto, colocasia 女
さとう 砂糖 zucchero 男 ¶赤砂糖 zucchero greggio [grezzo] ¶角砂糖 zolletta di zucchero ¶黒砂糖 zucchero nero di canna ¶水[粉]砂糖 zucchero candito a velo ¶白砂糖 zucchero raffinato [bianco] ¶お砂糖を何杯お入れしましょうか. Quanti cucchiaini di zucchero vuole?
❖**砂糖入れ**[つぼ] zuccheriera 女
砂糖きび[大根] canna 女 [barbabietola 女] da zucchero
砂糖漬け ¶砂糖漬けの果物 frutta candita (con zucchero)
砂糖水 acqua 女 zuccherata
さどう 作動 ◇作動する funzionare 自 [av], andare 自 [es] ¶作動中の in funzione ¶車のエンジンを作動させる accendere il motore dell'auto
❖**作動装置**[ボタン] meccanismo 男 [pulsante 男] d'accensione
さどう 茶道 cerimonia 女 del tè → 次ページ 日本事精
さどうそうち 差動装置 《機・車》meccanismo 男 differenziale, differenziale 男
さとおや 里親 persona 女 /《夫婦》coppia 女 che alleva un figlio in affidamento
さとがえり 里帰り ¶里帰りする ritornare 自 [es] dai propri genitori
さとご 里子 bambino 男 [女 -a] dato in affidamento ¶里子にやる dare qlcu. in affidamento
さとごころ 里心 ¶里心が付く avere [sentire] (la) nostalgia della propria casa
さとす 諭す 《説得する》convincere qlcu. (a+

[不定詞]), persuadere *qlcu.* (a+[不定詞]);《理解させる》far capire a *qlcu. ql.co.* [che+[直説法]]

さとり 悟り **1**《精神的な》illuminazione⊕ ¶悟りを開く raggiungere il nirvana / risvegliarsi spiritualmente **2**《理解》comprensione⊕, acquisizione⊕ (di un sapere)

さとる 悟る **1**《悟りを得る》risvegliarsi, raggiungere la verità ultima ¶彼は悟りをすましている。Fa il santarellino [il santo]. **2**《認識する、感づく》capire *ql.co.*, accorgersi di *ql.co.*, rendersi conto di *ql.co.* ¶自分の過ちを悟る rendersi conto dei *propri* errori ¶彼は身の危険を悟った。Si è sentito in pericolo.

サドル 〔英 saddle〕sellino⊕, sella⊕

さなえ 早苗 piantina⊕ di riso

さなか 最中 →最中(さいちゅう)

さながら 宛ら proprio come, né più né meno ¶さながら天国にいるような気分だ。Sono al settimo cielo. / Mi sento in paradiso. ¶本番ながらの稽古 prove di uno spettacolo come se si fosse davanti al pubblico

さなぎ 蛹 〔昆〕pupa⊕, crisalide⊕, ninfa⊕ ¶この虫は今さなぎの状態だ。Questo insetto è ora allo stato ninfale. ¶さなぎの殻 puparío

さなだむし 真田虫 〔動〕tenia⊕, verme⊕ solitario [複 -i]

サナトリウム 〔英 sanatorium〕sanatorio⊕ [複 -i] climatico [複 -ci]

さにあらず ¶私が金持ちだと思うだろうが、さにあらず。Tu forse pensi che io sia ricco, ma non è così.

さのう 砂嚢 **1**《砂の袋》sacchetto⊕ di sabbia **2**《鳥の》ventriglio⊕, [複 -gli]

さは 左派 sinistra⊕ ¶中道左派政府 governo di centrosinistra

さば 鯖 〔魚〕scombro⊕, sgombro⊕, maccarello⊕

[慣用] **さばを読む** contare in eccesso o in difetto a *proprio* vantaggio ¶彼女はさばを読んで 10歳も若く言った。Ha nascosto la sua vera età togliendosi addirittura dieci anni.

♣**さば雲** 〔気〕cirrocumulo⊕

さばき 裁き giudizio⊕ [複 -i], decisione⊕

---[日本事情] 茶道---

Sotto l'influenza del buddismo *zen*, il "*chanoyu*", nato tra la nuova classe di mercanti, la cui forma attuale fu ideata da Sen-no Rikyu (1522-1591), si diffuse, dal XIV al XVI secolo, anche nella classe guerriera dei *samurai*.
La cerimonia del tè, in se stessa piuttosto semplice, consiste nell'offrire, conversando con gli ospiti radunati nella casa da tè (generalmente una specie di piccola capanna di gusto rustico chiamata "*chashitsu*"), una tazza di tè verde in polvere secondo un preciso rituale. Si richiede anche l'impiego di oggetti scelti con la massima cura. Intorno a questo semplice atto si sono sviluppate molte arti, dall'architettura alla calligrafia, dalla pittura alla ceramica, creando una sintesi artistica unica.

---

sentenza⊕ ¶法の裁きを受ける presentarsi davanti alla giustizia / essere giudicato ¶歴史の裁きは il verdetto della storia

さばく 砂漠 deserto⊕ ¶ゴビ砂漠 il deserto del Gobi

さばく 捌く **1**《売る》vendere *ql.co.*;《一掃する》piazzare [collocare] *ql.co.* ¶この値段ではさばききれない。A questo prezzo è difficile vendere. **2**《処理する》sistemare ¶魚をさばいて切身にする pulire il pesce estraendone i filetti ¶交通巡査は自動車の波を上手にさばいている。L'agente addetto al traffico mette abilmente ordine nella fiumana di macchine.

さばく 裁く giudicare *qlcu.* [*ql.co.*];《判決を下す》pronunciare [pronunziare] una sentenza ¶事件を公平に裁く giudicare un caso giustamente ¶けんかを裁く mettere fine a una lite

さばける 捌ける **1**《品物が売れる》vendersi, essere venduto **2**《人柄》◇さばけた comprensivo ¶いろいろ経験して彼も大分さばけてきた。Ne ha viste così tante che non fa certo caso alle piccolezze.

さばさば ◇さばさばした schietto ¶これでやっとさばさばした。Così mi sento finalmente più leggero. ¶すべてを白状してさばさばした気持ちになる。Confessando tutto mi sono tolto un gran peso dalla coscienza.

サバティカル 〔英 sabbatical〕◇サバティカルの sabbatico [複 -ci] ¶サバティカル年 anno sabbatico

さはんじ 茶飯事 ¶こういうことはイタリアでは日常茶飯事だ。Una cosa del genere in Italia è normale [è di tutti i giorni].

サバンナ 〔英 savanna〕savana⊕

さび 寂 elegante semplicità⊕, sobria raffinatezza⊕, patina⊕ antica, fascino⊕ della calma [della solitudine] ¶さびのある声 voce profonda [dal timbro grave] ¶この庭園はさびを感じさせる。Questo giardino ti comunica una sobria tranquillità.

さび 錆・銹 ruggine⊕;《銅の緑青(ろくしょう)》verderame⊕ [無変] →当時が付く ¶錆を落とす togliere la ruggine《(の da)》 ¶錆を止める prevenire [evitare] la ruggine ¶ナイフに錆が出た。Il coltello si è arrugginito.

♣**錆色** color⊕ ruggine

錆止め ¶錆止めのペンキ vernice⊕ antiruggine

銹病 〔植〕ruggine⊕

さびしい 寂しい **1**《もの悲しい》triste;《孤独な》solo, solitario [複 -i];《憂愁の》malinconico [複 -ci];《心細い》insicuro, solo ¶彼は寂しがっている。Si sente solo. ¶君がいないと寂しくなる。Mi mancherai molto. ¶彼は寂しい晩年を送った。Ha trascorso gli ultimi anni di vita in solitudine. ¶彼は独り寂しく暮らしている。Conduce una vita solitaria [triste]. ¶仕事のせいで娘に寂しい思いをさせた。Per colpa del lavoro, non ho potuto dedicarmi abbastanza a mia figlia.

2《人気(ひとけ)のない》deserto;《人里離れた》isolato;《遠い》lontano, remoto ¶この辺は夜になると寂しくなる。Appena cala la notte questa zona diventa deserta.

3《もの足りない》 ¶口が寂しい. Mi manca qualcosa da mettere sotto i denti. ¶今日は懐が寂しい. Oggi il portafoglio piange.

さびしがりや 寂しがり屋 persona[女] che non riesce a stare da sola

さびしさ 寂しさ 《悲しさ》 tristezza[女]; 《孤独》 solitudine[女]; 《憂愁》 malinconia[女]; 《隔絶》 iṣolatezza[女]

さびつく 錆び付く **1**《金属がすっかり錆びる》 essere completamente arrugginito ¶錆ついた包丁 un coltello con la lama consumata [mangiata] dalla ruggine ¶ふたが錆ついて開かない. Il coperchio è bloccato dalla ruggine. **2**《技能などが鈍る》 arrugginire[自][es], arrugginirsi ¶怠けていると腕がさびつくよ. La vita inattiva arrugginisce le capacità. ¶私のイタリア語は錆びつきかけている. Il mio italiano comincia ad arrugginirsi.

ざひょう 座標 coordinate[女][複] ¶極座標 coordinate polari ¶縦座標 ordinata ¶横座標 ascissa
✤座標軸 assi[男][複] delle coordinate

さびる 錆びる 《金属が》 arrugginirsi, arrugginire[自][es], prendere la ruggine ◇錆びた arrugginito, coperto di ruggine ◇錆びない inossidabile, inattaccabile dalla ruggine ¶湿気は鉄を錆びさせる. L'umidità arrugginisce [fa arrugginire] il ferro. ¶鉄は錆びやすい. Il ferro (si) arrugginisce facilmente.

さびれる 寂れる declinare[自][av], languire[自][av], decadere[自][es] ◇寂れた deṣerto, morto, privo di vivacità

サブ 〔英 sub〕《補佐役の人》 assistente[男][女]
✤サブシステム sottosistema[男][複 -i]
サブタイトル sottotitolo[男]
サブルーチン〘コンピュータ〙〔英〕 subroutin[男][無変], sottoprogramma[男][複 -i]

サファイア 〔英 sapphire〕〘鉱〙 ẓaffiro[男]

サファリ 〔英 safari〕 safari[男]
✤サファリジャケット giubba[女] da safari
サファリパーク〔英〕 safari park[男][無変], ẓoosafari[男][無変]

ざぶざぶ ¶ざぶざぶ水をかける versare acqua in abbondanza su *ql.co.* [*qlcu.*]

ざぶとん 座布団 cuscino[男] di forma quadrata, per sedersi sul *tatami* o sul pavimento di legno ¶座布団を敷く mettere i cuscini sul pavimento

サプライヤー 〔英 supplier〕〘商〙 fornitore[男]

サフラン 〔蘭 saffraan〕〘植〙 ẓafferano[男]
¶サフラン入りの ẓafferanato

ざぶり ¶ざぶりと湯につかる lasciarsi cadere nella vasca da bagno

サブリミナルこうか サブリミナル効果 effetto[男] subliminale

サプリメント 〔英 supplement〕 integratore[男] alimentare

ざぶん ¶彼は川にざぶんと飛び込んだ. Si è tuffato nel fiume con un tonfo.

さべつ 差別 discriminazione[女]; 《区別》 distinzione[女] ◇差別する discriminare ◇差別的 discriminatorio [[男]複 -i] ¶人種差別 discriminazione [segregazione] razziale ¶差別せずに senza distinzione [discriminazione] / 《公教育での原則》 senza selezione (di *ql.co.*) ¶差別なく扱う trattare tutti su una baṣe di parità ¶女性を差別する discriminare le donne
✤差別価格〘経〙 prezzo[男] discriminato
差別関税〘経〙 tariffa[女] doganale differenziale, dazio[男][複 -i] differenziale
差別待遇 trattamento[男] discriminatorio

さへん 左辺 〘数〙 lato[男] sinistro di un equazione

さほう 左方 lato[男] sinistro, parte[女] sinistra

さほう 作法 buone maniere[女][複], etichetta[女], educazione[女]; galateo[男] ¶作法にのっとって educatamente / rispettando le regole del galateo ¶作法を習う imparare l'educazione [le buone maniere] ¶それは作法に反します. Questo è contrario alle norme della buona educazione. ¶最近の若者は作法を知らない. I giovani di oggi「non conoscono le buone maniere [sono maleducati].

さぼう 砂防 controllo[男] dell'azione eroṣiva su terreni sabbiosi
✤砂防工事〘林〙 opere[女][複] [rimboschimento[男]] per evitare l'eroṣione dei terreni sabbiosi

サポーター 〔英 supporter〕 **1**《股間用》 sospensorio[男][複 -i]; 《ひざ用》 ginocchiera[女]; 《ひじ用》 gomitiera[女]; 《足首用》 cavigliera[女]; 《ゴム糸製包帯》 benda[女] elastica **2**《支持者, 応援者》 sostenit*ore*[男][[女] *-trice*]; tifos*o*[男][[女] *-a*]

サポート 〔英 support〕 ◇サポートする sostenere [aiutare / assistere] *qlcu.*

サボタージュ 〔仏 sabotage〕 rallentamento[男] del lavoro ◇サボタージュする sabotare [rallentare] la produzione

サボテン 仙人掌・覇王樹 〘植〙 cactus[男][無変], cacto[男]; 《うちわサボテン》 ficodindia[男][複 *fichidindia*], fico[男][複 -chi] d'India, opunzia[女]

さほど ¶注射はさほど痛くなかった. L'iniezione non mi ha fatto poi così tanto [troppo] male.

サポニン 〔独 Saponin〕〘化〙 saponina[女]

サボる ¶学校をサボる marinare la scuola ¶仕事をサボる diṣertare il lavoro

ザボン 〔ポ zamboa〕〘植〙 pomelo[男]

-さま -様 ⇀-さん ¶田中ご夫妻様 i Tanaka / i coniugi Tanaka ¶山田太郎, 花子ご夫妻様 i signori [《略》 i sigg.] Hanako e Taro Yamada

ざま 様・態 ¶そのざまは何だ. 《恥を知れ》 Vergognati! ¶ざまを見ろ. Te l'avevo detto! / Ti sta bene! / Ben ti sta!

サマー 〔英 summer〕 《夏》 estate[男]; 《夏の》 estivo
✤サマーウール fresco lana[男]
サマースクール scuola[女] estiva; corso[男] estivo
サマータイム ora[女] legale, orario[男] estivo (►イタリアでは3月末頃から10月末頃まで)

さまさま 様様 ¶好きな場面が何回も見られるんだからビデオ様々だ. La videoregistrazione è una grande invenzione [una manna dal cielo] perché permette di vedere la stessa scena quante volte si vuole.

さまざま 様様 ⇀いろいろ ¶さまざまな人生経験をする fare varie esperienze nella vita ¶太陽の

さます 冷ます **1**《冷たくする》raffreddare;《ぬるくする》intiepidire (►「冷たいものを生ぬるくする」場合にも用いる) ¶ミルクを少し入れて紅茶を冷ました. Ho intiepidito il tè con un po' di latte. ¶お茶を吹いて冷ます raffreddare il tè soffiandovi sopra **2**《感情・興味などをなくす》 ¶興奮を冷ます ritornare calmo

さます 覚ます **1**《目を》svegliarsi;《起こされる》essere svegliato ¶6時に目を覚ました. Mi sono svegliato alle sei. ¶大きな音に目を覚ました. Sono stato svegliato da un forte rumore. **2**《酔い・幻想を》dissipare [far passare] *ql.co.* ¶酔いを醒ます smaltire la sbornia [l'ubriachezza] ¶いろいろ失敗してから彼はやっと目を醒ました. Dopo diversi sbagli, finalmente ha aperto gli occhi.

さまたげ 妨げ ostacolo男, impedimento男 ¶《人》の出世の妨げになる ostacolare la carriera di *qlcu.* ¶この車は交通の妨げになる. Questa macchina intralcia la circolazione.

さまたげる 妨げる 《障害となる》impedire a *qlcu.* di+不定詞 [*ql.co.* a *qlcu.*], ostacolare *qlcu.* [*ql.co.*];《邪魔をする》disturbare *qlcu.* [*ql.co.*], interferire in *ql.co.* ¶騒音が安眠を妨げる. Dei rumori mi disturbano il sonno. ¶この協会は会長の再選を妨げない. Il presidente di questa associazione è sempre rieleggibile. ¶我々の作戦を妨げるものはなかった. Non ci sono stati ostacoli alla nostra operazione.

さまよう 彷徨う errare男[*av*], vagare男[*av*];《自分の意志で》girovagare男[*av*] ¶国から国をさまよう essere (in bilico) tra la vita e la morte ¶山中をさまよう vagare per le montagne ¶『さまよえるオランダ人』(ワーグナー) "Il vascello fantasma" / "Olandese volante" (Wagner)

サマリウム 〔英 samarium〕《化》samario男 ¶《元素記号》Sm

さみだれ 五月雨 pioggia女[複] che cadono prima dell'estate

サミット 〔英 summit〕〔英〕summit [sámmit, súmmit] 男[無 変]; (incontro男 al) vertice男, (conferenza女 al) vertice男 ¶東京サミット il vertice di Tokyo

さむい 寒い **1**《気温が低い》freddo;《ひどく寒い》gelido;《人 が 主 語 で》avere [sentire] freddo;《天候を表す場合》fare (►非人称動詞 [*av*]) freddo, essere fredd*o* ⇒気象用語集 ¶寒しで震える tremare dal [per il] freddo ¶なんて寒いのかしら. Che freddo! ¶恐ろしく寒い. Fa un freddo cane. ¶朝晩寒くなった. Ha cominciato a fare molto freddo la mattina e la sera. ¶外はとても寒かったので彼はオーバーを着込んだ. Si è messo il cappotto perché faceva [era] molto freddo fuori. ¶今年の冬は寒い. L'inverno di quest'anno è rigido [severo]. ¶その光景を見て私は背筋が寒くなった.《ぞっとする》Mi sono sentito i brividi alla schiena vedendo quella scena. **2**《貧弱だ》¶このホテルの防火設備はお寒いかぎりだ. Le misure antincendio di questo albergo non si possono nemmeno definire tali. ¶これが福祉予算とはお寒いかぎりだ. Questo bilancio destinato all'assistenza sociale è ben misero. ¶懐が寒い. Sono a corto di denaro.

さむがり 寒がり ⇔寒がりやfreddoloso, sensibile al freddo

さむがる 寒がる mostrarsi infreddolit*o*

さむけ 寒気 brivido男 [colpo男] di freddo ¶寒気がする《恐怖で》essere scosso da un brivido di freddo /《風邪などで》avere i brividi / rabbrividire男 [*es*] ¶彼の声を聞いただけで寒気がする. Il solo sentire la sua voce mi fa raggelare [mi raggela] il sangue.

さむさ 寒さ freddo男 →気象用語集 ¶厳しい寒さ freddo gelido [rigido / acuto] ¶寒さに耐える sopportare il [resistere al] freddo ¶寒さに震える tremare dal [per il] freddo / rabbrividire per il freddo ¶1週間前から寒さが厳しくなった. Da una settimana il freddo si fa sentire. ¶ひどい寒さだ. Fa un freddo "cane [birbone]. ¶身を切るような寒さだ. Fa un freddo pungente [tagliente]. ¶私は寒さに強い [弱い]. Sopporto [Non sopporto] bene il freddo. ¶この50年来の寒さを記録した. È stato l'inverno più rigido registrato negli ultimi 50 anni. ¶毛布をかぶって寒さを防いだ. Mi sono protetto dal freddo coprendomi con una coperta. ¶パレルモは寒さ知らずの町だ. La città di Palermo non conosce il freddo in inverno.

さむざむ 寒寒 ¶さむざむとした風景 paesaggio spoglio [《寒そうな》dall'aspetto invernale]

さむぞら 寒空 cielo男 invernale, tempo男 freddo ¶この寒空に彼はどこを歩いているのやら. Dove sarà adesso con questo freddo?

さむらい 侍・武士 *samurai*男 [無変]; guerriero男 feudale (giapponese)

さめ 鮫 《魚》pescecane男 [複 *pescicani, pescecani*], squalo男

✤**鮫皮** zigrino男, sagrì男

鮫肌 ¶鮫肌である avere la pelle ruvida

さめざめ ¶さめざめと泣く piangere 「a calde lacrime [silenziosamente]

さめる 冷める **1**《熱かったものが》raffreddarsi;《ぬるくなる》intiepidirsi (►「冷たいものが生ぬるくなる」こともします) ¶冷めたお茶 un tè ormai non più caldo ¶コーヒーが冷めないうちにどうぞ. Prenda il caffè prima che si raffreddi. **2**《興味, 情熱が》perdere l'interesse [la passione], intiepidirsi ¶ゴルフ熱が冷めた. Mi è passata la passione per il golf. ¶太郎の花子への愛情は冷めた. L'amore di Taro verso Hanako si è spento.

さめる 覚める **1**《眠りから》svegliarsi ¶深い眠りから覚める svegliarsi da un sonno profondo ¶大きな物音で目が覚めた. Sono stato svegliato da un forte rumore. ¶目が覚めると空は晴れていた. Al mio risveglio il cielo era sereno. **2**《幻想・迷いから》disilludersi, disingannarsi ¶いろいろ失敗するまでは目が覚めないだろう. Finché non avrà subito insuccessi, non capirà. ¶彼は覚めた目で世界を見ている. Guarda il mondo senza farsi false illusioni.

3《酔い・麻酔から》 ¶酔いが醒めてしまった. La ṣbornia è passata. ¶麻酔から醒めた. Si è riṣvegliato dall'anesteṣia.

さめる 褪める ṣbiadire[自][es], scolorire[自][es] ¶褪めにくい色 colore[男] resistente ¶色の褪めた服 abito ṣbiadito [scolorito] ¶この黄色は褪めやすい. Questo giallo ṣbiadisce facilmente.

さも 1《ありそうなこと》 ¶さもあろう. Può darsi benissimo che sia così. / Sono cose che succedono [che capitano]. 2《いかにも》 veramente, evidentemente, molto ¶彼はさもうれしそうだった. Sembrava veramente contento.

さもしい 《卑しい》 meschino; 《卑劣な》 vile; 《軽蔑すべき》 spregevole, abietto ¶何てさもしい考えだ. Che pensieri meschini!

さもないと altrimenti, se no, sennò, in caṣo contrario ¶もっと勉強しろ, さもないと落第するぞ. Studia di più, altrimenti [se no] sarai bocciato.

さもん 査問 inchiesta[女], indagine[女] ◇査問する fare un'inchiesta, indagare[自][av] su *ql.co.* ¶査問を受ける subire un'inchiesta

✤**査問委員会** commissione[女] d'inchiesta

さや 莢 baccello[男] ¶豆のさやをむく ṣgranare [ṣgusciare] fagioli

さや 鞘 1《刀の》 fodero[男], guaina[女] ¶刀のさやを払う sfoderare [ṣguainare] una spada ¶刀をさやに納める rinfoderare [ringuainare] una spada 2《差額》 margine[男] (di utile) ¶1割のさやを稼ぐ rivendere *ql.co.* con un margine del dieci per cento

✤**さや取引[商売]**〘金融〙 arbitraggio[男][複 -*gi*]

[慣用] **元のさやに収まる** ¶彼女は夫と元のさやに収まった. Si è riconciliata con suo marito.

さやあて 鞘当て ¶恋のさや当て rivalità in amore

さやいんげん 莢隠元〘植〙 fagiolini[男][複]

さやえんどう 莢豌豆〘植〙 piṣello[男] mangiatutto[無変], taccola[女]

ざやく 座薬 supposta[女]

さやさや ¶さやさやとふれ合う笹の葉 lieve mormorio [fruscio] delle foglie di bambù nano

さゆ 白湯 acqua[女] calda (da bere)

さゆう 左右 1《右と左, 両側》 la destra[女] e la sinistra[女], i due lati[男][複] ¶左右を見る guardare a destra e a sinistra ¶嵐で船は大きく左右に揺れた. La nave rollava terribilmente nella tempesta da un fianco all'altro. ¶彼は言を左右にしている. Parla in modo evaṣivo.

2《思うままにすること》 ¶彼は他人の言うことに左右されやすい. Si lascia facilmente influenzare dagli altri. ¶これは君の将来を左右する問題だ. Questa è una questione che decide della tua vita. ¶農作物の出来は天候に左右される. I raccolti agricoli sono condizionati dal tempo.

✤**左右相称**〘幾何〙 simmetria[女]

ざゆう 座右 ¶座右の書 il *proprio* libro favorito / breviario ¶彼は聖書を常に座右に備えている. Ha sempre la Bibbia a portata di mano.

[慣用] **座右の銘** il *proprio* motto[男]

さよう 作用 azione[女], funzione[女] ◇作用する agire[自][av] (に su), funzionare[自][av] ¶化学作用 azione chimica ¶消化作用 funzione digestiva ¶心理作用 processo psicologico ¶相互作用 interazione ¶反作用 reazione ¶放射能の人体に及ぼす作用 l'azione della radioattività sul corpo umano ¶互いに作用し合う eṣercitare un'azione reciproca [un'interazione] / agire reciprocamente ¶この酵素が触媒の作用をする. Questo enẓima agisce come catalizẓatore. ¶麻酔の作用で sotto l'effetto dell'anesteṣia

✤**作用点**〘物〙 (momento[男] della) resistenza[女]

さよう 然様・左様 ¶さようでございます. È così. ¶さようなこととは露知らず. Non lo sapevo proprio.

さようなら

《また会いましょう》 arrivederci; 《敬称のleiに対して》 arrivederla; 《親しい者同士》 ciao; 《昼間》 buongiorno; 《夕方, 晩》 buonasera; 《就寝時》 buonanotte; 《長く, または二度と会わない場合》 addio (► ciao, buongiorno, buonaseraは出会いのときにも使われる) ¶さようなら, また来週の土曜に. Arrivederci a sabato prossimo. ¶さようなら, またね. Ciao, ci vediamo presto. / A presto. ¶彼はさようならも言わずに出て行ってしまった. Se n'è andato senza salutarci.

さよきょく 小夜曲〘音〙 serenata[女]

さよく 左翼 1《左の翼》 ala[女] sinistra

2《左の部分》 ala[女] sinistra

3《急進派, 社会主義, 共産主義者》 sinistra[女] ¶新左翼 la nuova sinistra ¶左翼かぶれの《謔》 sinistrorso / 《蔑・謔》 sinistroide

✤**左翼運動** movimento[男] di sinistra

左翼思想 idee[女][複] [pensiero[男]] di sinistra

左翼政党[勢力] partito[男] [forze[女][複]] di sinistra

左翼連合 coalizione[女] di sinistra

さら 皿

1《食事用の》 piatto[男]; 《大皿》 piatto[男] di portata; 《スープなどの深い》 piatto[男] fondo; 《肉用などの平らな》 piatto[男] piano; 《魚用の細長い》 piatto[男] da pesce; 《フルーツ・ケーキなどの小さな》 piattino[男] ⇒食器 [図版] ¶チーズを皿に盛る preparare su un piatto un assortimento di formaggi ¶皿をかたづける《食卓から下げる》 sparecchiare la tavola / 《洗う》 lavare i piatti / 《しまう》 mettere a posto i piatti / riordinare la cucina

2《料理》 piatto[男] ¶1[2]皿目の料理 primo [secondo] piatto (◆イタリア料理の primo piattoはパスタ・リゾット・スープなどを, secondo piattoはメインディッシュをさす) ¶ラビオリを2皿ください. Ci porti due piatti [《2人前》 porzioni] di ravioli.

3《皿の形をしたもの》 ¶秤(はかり)の皿 piatto della bilancia ¶膝(ひざ)の皿〘解〙 rotula

✤**皿洗い**《人》 lavapiatti[男][女], ṣguattero[男][女 -*a*]

皿洗い機 lavastoviglie[男][女][無変]

ざら ¶そんなことはざらにある. Caṣi del genere sono molto comuni [frequenti]. ¶これはそこらにざらにある品物じゃない. Queste non sono cose che puoi trovare dappertutto. ¶彼はそこらにざらにいる人とは違う. È una di quelle persone che non si incontrano tutti i giorni.

さらい－ 再来－ ¶再来月 fra due mesi ¶再来週の月曜日に会おう. Ci vediamo lunedì tra due settimane [quell'altro]. ¶再来年 fra due anni

さらう 浚う ¶井戸をさらう pulire un pozzo ¶川底をさらう dragare (il letto di) un fiume ¶どぶをさらう spurgare un fosso [una fogna]

さらう 復習う 《復習する》 rivedere [rieșaminare / ripassare] *ql.co.*; 《練習する》 eșercitarsi a *ql.co.*; 《ざっと目を通す》 scorrere *ql.co.*, dare un'occhiata [una scorsa] a *ql.co.*

さらう 攫う **1** 《奪い去る, 誘拐する》 rapire *qlcu.*; 《波などが》 travolgere [trascinare via] *ql.co.* ¶彼は息子をさらわれた. Suo figlio è stato rapito. ¶彼は波にさらわれて死んだ. È morto travolto dalle onde. ¶洪水で橋げたがさらわれた. L'inondazione ha spazzato via le travate del ponte. **2** 《自分のものにする》 ¶その歌手は会場の人気を一人でさらってしまった. Quel cantante da solo ha conquistato [ha mandato in vișibilio] tutta la platea. ¶彼は賞品を全部さらっていった. Si è portato a casa tutti i premi.

ざらがみ ざら紙 carta[女] ordinaria [di tipo ordinario / 《質の悪い》 di qualità inferiore]

サラきん サラ金 《高利貸し》 ușura*io*[男] [[女] *-ia*; [男]複 *-i*]; 《消費者金融会社》 società[女] di credito al consumo

✤サラ金規制法 Legge[女] per il controllo dei finanziamenti ai consumatori

さらけだす さらけ出す rivelare [șvelare / scoprire] *ql.co.*; 《白状する》 confessare *ql.co.* ¶心の中をさらけ出す《率直に話す》 parlare a cuore aperto ¶感情をさらけ出す șvelare [rivelare] i *propri* sentimenti ¶彼は無知をさらけ出した. Ha rivelato [Ha messo a nudo] tutta la sua ignoranza.

さらさ 更紗 〔英〕 chintz[男] [無変]; 《インド更紗》 indiana[女]

さらさら 更更 《少しも…ない》 niente affatto, per nulla, per niente ¶そんな気持ちはさらさらない. Non sono per niente di quest'intenzione di farlo. ¶私にはさらさら覚えのない話だ. Io non c'entro assolutamente in questa faccenda.

さらさら **1** 《音》 ¶さらさらという音《木の葉》 fruscio [sussurro] (di foglie) / 《川, 木々》 sussurro [mormorio] (di un ruscello [di alberi]) / 《絹ずれ》 fruscio (della seta) ¶風で木の葉がさらさらと音を立てる. Col vento le foglie degli alberi stormiscono. ¶川はさらさらと流れていた. Il fiume scorreva mormorando.

2 《よどみなく》 agevolmente, con facilità, speditamente ¶彼はさらさらと手紙を書いた. Ha buttato giù di getto una lettera.

3 《湿り気・粘り気のない様子》 ¶さらさらした砂 sabbia secca ¶さらさらした雪 neve farinosa [polverosa / secca]

ざらざら ¶ざらざらした皮膚 pelle ruvida ¶ほこりで顔がざらざらする. Ho il vișo incrostato di polvere.

さらし 晒し 《さらした布》 cotone[男] [tessuto[男]] candeggiato

✤さらし首 ¶さらし首にする esporre al popolo la testa decapitata di un condannato [《女性》 una condannata]

さらし粉 polvere[女] per candeggiare, candeggina[女]

さらし者 ¶さらし者にする gettare in pasto [alla curiosità] di *qlcu.* / mettere *qlcu.* alla gogna [alla berlina] / 《笑い者に》 esporre *qlcu.* alla derișione [allo scherno del pubblico]

さらす 晒す・曝す **1** 《危ない目などに》 ¶危険に身をさらす esporsi a un pericolo ¶風雨にさらす esporre *ql.co.* al vento e alla pioggia

2 《漂白する》 șbiancare, candeggiare

3 《料理で》 ¶刻んだキャベツを水にさらしてパリッとさせる mettere a bagno verza tagliata a pezzetti per renderla fresca e croccante

4 《人の目にふれさせる》 ¶(人に)恥をさらす essere lo zimbello della gente ¶生き恥をさらす vivere nel dișonore [nella vergogna]

サラダ 〔英 salad〕 insalata[女] ¶野菜サラダ《グリーンサラダ》 insalata verde / 《ミックスサラダ》 insalata mista / 《マヨネーズであえた》 insalata russa ¶トマトサラダ insalata di pomodori

✤サラダオイル olio[男] da insalata [da frittura]; olio[男] di semi

サラダ菜 〘植〙 lattuga[女] crespa, insalata[女] riccia

サラダボウル insalatiera[女]

さらち 更地 suolo[男] prontamente edificabile

ざらつく ¶ほこりで机の上がざらついている. Il piano della scrivania è ruvido per la gran quantità di polvere.

さらに 更に

1 《その上に》 ancora, inoltre; 《もう一度, 重ねて》 di nuovo, ancora una volta ¶試験の範囲をさらに4ページ増やす aggiungere altre quattro pagine al programma d'eșame ¶さらに付け加えて言えば oltre a ciò / in aggiunta a quanto detto

2 《なおいっそう》 ancora di più ¶さらに南へ行くと andando ancora più a sud ¶さらに悪いことには電車が遅れていた. A peggiorare la situazione il treno era in ritardo.

さらばかり 皿秤 《皿天秤》 bilan*cia*[女] [複 *-ce*] a piatto

サラバンド 〔仏 sarabande〕 〘音〙 sarabanda[女]

サラブレッド 〔英 thoroughbred〕 cavallo[男] purosangue [無変], purosangue[男] [無変]

サラミ 〔伊 salami〕 〘料〙 salame[男]

ざらめ 粗目 zucchero[男] grezzo granulato

✤ざらめ雪 neve[女] granulosa

さらり **1** 《手触り》 ¶この生地はさらりとした肌触りがする. Questo tessuto è liscio al tatto.

2 《すっかり》 interamente, completamente; del tutto ¶彼はさらりと酒をやめた. Ha șmesso completamente di bere.

3 《簡単に》 facilmente; senza difficoltà ¶我々の抗議は政府にさらりと受け流された. La nostra protesta è stata agevolmente elușa dal Governo. ¶彼は言いにくいことをさらりと言ってのけた. Ha affrontato con dișinvoltura discorsi spiacevoli.

サラリー 〔英 salary〕 ⇒給料

✤サラリーマン 《事務職員》 impiegat*o*[男] [[女] *-a*]; 《管理職》 funzionar*io*[男] [[女] *-ia*; [男]複 *-i*]; 《主に頭脳労働者》 stipendiat*o*[男] [[女] *-a*]; 《主に肉体労働者》 salariat*o*[男] [[女] *-a*]

サリー 〔ヒンディー語 sari〕 〘服〙 sari[男] [無変]

ざりがに 蝲蛄 〘動〙 gambero[男] di fiume

さりげない《自然な》naturale ◇さりげなく con disinvoltura, con finto distacco ¶暗殺者はさりげない様子で大統領に近づいた. L'assassino si è avvicinato al Presidente come se niente fosse [con naturalezza]. ¶彼はさりげなく住所まで聞きだした. Buttandola là, gli è arrivato a chiedere perfino l'indirizzo.

サリチルさん サリチル酸《化》acido salicilico

さりとて 然りとて tuttavia, nondimeno ¶さりとて問題をそのまま放っておくわけにはいかない. Con tutto ciò, non posso lo stesso lasciare il problema così.

サリドマイド〔英 thalidomide〕《薬》talidomide男

サリン〔英 sarin〕gas男 nervino

さる 申《十二支の》la Scimmia女 →干支(えと)
✤申年 l'anno della Scimmia

さる 猿 scimmia女;《主ににほん猿など》macaco男[複 -chi] ¶雄[雌]猿 scimmia maschio [femmina] ¶尾長猿 cercopiteco ¶くも猿 atele ¶手長猿 gibbone ¶天狗猿 nasica ¶猿がきゃっきゃっと鳴く. Una scimmia urla.
〖慣用〗猿も木から落ちる "Anche i migliori sbagliano." / "Nessuno è perfetto."
✤猿芝居《猿たちの芝居》spettacolo男 di scimmie;《下手な芝居》banale messinscena女, volgare finzione女
猿知恵 scaltrezza女 [furberia女 / astuzia女] che si rivela poi essere stupidità
猿まね banale imitazione女 ◇猿まねをする scimmiottare qlcu., imitare qlcu.
猿回し《猿に芸をさせる人》ammaestratore男 [女 -trice] di scimmie

さる 去る **1**《離れる》lasciare, abbandonare, andarsene《から da》¶彼女は僕から去っていった. Lei mi ha abbandonato [lasciato]. ¶政界を去る ritirarsi dalla vita politica ¶この世を去る abbandonare il mondo / andarsene / morire ¶去る者は追わず.《諺》Non trattenere quelli che vogliono andarsene. ¶去る者は日々に疎し.《諺》"Lontano dagli occhi lontano dal cuore."
2《過ぎ去る》passare自[es] ¶幸福な日々は過ぎ去った. I giorni felici sono ormai passati. ¶彼のことが念頭を去らない. Sono ossessionato dal pensiero di lui. / Non riesco a dimenticarlo. ¶痛みが去った. Il dolore è passato [è andato via]. ¶一難去ってまた一難. Risolto un guaio, ecco che ne arriva subito un altro.
3《過ぎ去った》¶今を去る8年前 otto anni fa ¶去る10日《今月の》il 10 c.m.(読み方: corrente mese) / il 10 di questo mese /《先月の》il 10 del mese scorso

さる 然る ¶京都のさるご婦人 una certa signora di Kyoto

ざる 笊 colino男;《パスタ用水切り》colapasta男[無変];《竹[藤]の》canestro男 in bambù [di vimini];《平たい竹の》graticcio男[複 -ci] di bambù;《やや浅い》canestra女
✤ざるそば soba男 servito con nori su un graticcio di bambù

-ざる ¶そんなことは我々の考え及ばざることであった. Noi non saremmo mai arrivati a pensare a una cosa「simile [come questa].

さるがく 猿楽 spettacolo dell'antico Giappone che presentava danze, acrobazie, mimi, ecc. nei recinti dei templi

さるぐつわ 猿轡 bavaglio男[複 -gli] ¶《人》に猿ぐつわをかませる imbavagliare qlcu. / mettere il bavaglio a qlcu.

サルサ〔ス salsa〕《音》salsa女[無変]

さるすべり 百日紅《植》lagerstroemia女

サルタン〔英 sultan〕sultano男

さるのこしかけ 猿の腰掛《植》poliporo男 comune

サルビア〔英 salvia〕《植》salvia女

サルベージ〔英 salvage〕ricupero男
✤サルベージ船 nave女 adibita al ricupero

さるまた 猿股 mutande女[複] da uomo

サルモネラきん サルモネラ菌《医》salmonella女

さるもの 然る者 ¶敵もさる者だ. Abbiamo a che fare con「un nemico non certo dappoco [duro avversario].

-ざるをえない -ざるを得ない ¶苦笑せざるを得なかった. Non potei fare a meno di sorridere amaramente. ¶大学進学をあきらめざるを得なかった. Sono stato costretto a [Ho dovuto] rinunciare all'idea di andare all'università. ¶あの場合あぁせざるを得なかった. In quella circostanza non mi era possibile fare diversamente.

されき 砂礫 sabbia女 e ghiaia女

されこうべ 髑髏 teschio男[複 -schi], (s)lavato dagli elementi)

サロン〔仏 salon〕《大邸宅の広間, 船のホール》salone男;《ホテルの入り口のホール》atrio男[複 -i];《ふつうの家の客間》salotto男, sala女
✤サロンミュージック musica女 da salotto

さわ 沢 letto di torrente;《沼沢地》pantano男, acquitrino男 ¶沢を登る scalare una montagna servendosi dei letti dei torrenti

サワー〔英 sour〕alcolico男[複 -ci] con l'aggiunta di succo di agrumi
✤サワークリーム panna女 da cucina acida
サワーミルク latte男 acido

さわかい 茶話会 incontro男 fra amici durante il quale si conversa bevendo tè, rinfresco男[複 -schi] ¶茶話会を開く dare un tè

さわがしい 騒がしい《うるさい》rumoroso男, chiassoso;《騒然とした, 不穏な》tumultuoso, turbolento ¶騒がしい通り strada rumorosa ¶騒がしい教室 classe tumultuosa ¶街が騒がしい. C'è subbuglio in città.

さわがせる 騒がせる mettere qlcu. in agitazione [in subbuglio]; causare l'emozione di qlcu., emozionare qlcu.; fare colpo [sensazione];《悪いことで》scandalizzare qlcu. ¶お騒がせして申しわけありません. Sono spiacente per il disturbo creato. ¶この作家の自殺は当時世間を騒がせた. A quel tempo il suicidio di questo scrittore ha fatto molto scalpore.

さわぎ 騒ぎ **1**《喧噪》rumore男, chiasso男;《ばか騒ぎ》baccano男;《大騒動》fracasso男, trambusto男,《俗》casino男,《パニック》panico男 ¶あの騒ぎは一体何だ. Che cos'è tutto quel

rumore? ¶大騒ぎをする fare un gran baccano
2《騒乱, 騒擾》tumulto[男], agitazione[女], confușione[女] ¶騒ぎを起こす provocare [cauşare] un tumulto ¶騒ぎは鎮まった. L'agitazione si è placata. ¶…どころの騒ぎではない. ⇒ -どころ

さわぎたてる 騒ぎ立てる fare un gran chiasso [baccano] ¶つまらないことで騒ぎたてる fare tanto rumore per nulla ¶火事[泥棒 / 地震]だと騒ぎたてる gridare al fuoco [al ladro / che c'è il terremoto] creando solo confușione

さわぐ 騒ぐ 《騒音を立てる》fare chiasso [rumore]; 《叫ぶ》gridare[自] [av]; 《どんちゃん騒ぎする》far baldoria [baccano]; 《ぎゃあぎゃあと》schiamazzare[自] [av] ¶うちの前で人の騒ぐ声がする. Si sente un gran vociare davanti alla casa. ¶息子の結婚のことで両親が騒いでいる. I genitori sono in grande agitazione per il matrimonio del figlio. ¶インフレで国民が騒いでいる. La gente è in allarme per l'inflazione. ¶騒がれる《注目の的になる》essere al centro dell'attenzione / 《もてはやされる》essere idolatrat*o* ¶この汚職事件は今新聞で騒がれている. La stampa sta dando grande risalto a questo caşo di corruzione. ¶祭りが近づくと血が騒ぐ. Mi sento tutto eccitato per l'avvicinarsi della festa.

さわさわ ¶そよ風が木々の間をさわさわと吹き抜けた. Una leggera brezza frusciava tra gli alberi.

ざわざわ ¶湖面が急にざわざわと波立った. La superficie del lago si è increspata bruscamente. ¶会場がざわざわしていた. Un forte bruşio percorreva tutta la sala.

ざわつく essere rumoros*o* [《落ち着かない》inquiet*o*]

ざわめき 《興奮》agitazione[女]; 《騒音》rumore[男]; 《がやがや声》bruşi*o*[男][複 -*ii*], bişbigli*o*[男][複 -*glii*]; 《木の葉などの》bruşio[男] ¶会場のあちこちからざわめきが起こった. Qua e là tra il pubblico in sala si sentì「qualche bişbiglio [un bruşio].

ざわめく fare rumore ¶彼の入場で会場が一斉にざわめいた. Alla sua comparsa tutto il pubblico in sala ha bişbigliato. ¶風で木の葉がざわめいている. Le foglie stormiscono [mormorano] al vento.

さわやか 爽やか ◇さわやかな fres*co* [[男] 複 -*schi*]; 《風などが心地よい》rinfrescante, refrigerante; 《弁舌が》eloquente, brillante ¶さわやかな風が吹いている. Soffia una brezza piacevole [rinfrescante]. ¶シャワーを浴びてさわやかな気分になった. Dopo una doccia mi sento「fresco e riposato [fresco come una roşa]. ¶彼は弁舌さわやかにまくし立てた. Ha parlato con grande capacità e appropriatezza.

さわら 椹 〔植〕(sorta[女] di) cipresso[男] giapponese; 《学名》*Chamaecyparis pisifera* Sieb. et Zucc.

さわら 鰆 〔魚〕scombro[男] [şgombro[男]] spagnolo

さわり 触り **1**《義太夫などの》brano[男] [passo[男]] commovente [emozionante]
2《話の中心》punto[男] essenziale; 《名場面》scena[女] famosa

さわり 障り 《妨げ》impedimento[男], ostacolo[男], disturbo[男]; 《不都合》inconveniente[男]

さわる 触る toccare *ql.co.* [*qlcu.*] ¶何か手に触った. Ho toccato qualcosa con la mano. ¶品物を手で触る toccare la merce ¶果物に触ってみる tastare la frutta ¶傷にちょっと触っただけでもひどく痛い. La ferita duole tremendamente anche solo a sfiorarla. ¶「展示品に触らないでください」《掲示》"Si prega di non toccare" ¶政治的な問題には触りたくない. Non voglio toccare i problemi di politica.
[慣用] **触らぬ神にたたりなし** 《諺》"Non şvegliar il can che dorme."

さわる 障る ¶〈人〉の気に障る dispiacere a *qlcu.* / offendere (i sentimenti di) *qlcu.* ¶神経に障る urtare i nervi di *qlcu.* ¶徹夜は体に障る. Fa male [Nuoce] alla salute stare alzati tutta la notte.

さん 三 tre[男] ¶3人の学生 tre studenti ¶第3番目の問題 il terzo problema ⇒三番 ¶終わりから3番目(の) terzultimo ¶3倍(の) triplo ¶3重の triplice ¶3分の1 un terzo ¶3年ごと[間]の triennale
✤三価 ◇三価の〔化〕trivalente

さん 桟 《戸・障子の骨》tela*io*[男][複 -*i*]; 《横木》traversa[女] ¶板に桟を打ち付ける inchiodare le traverse alla tavola

さん 産 **1**《出産》⇒お産 **2**《産出》◇産する produrre ¶イタリア産の米 riso di produzione italiana ¶アフリカ産の動物 animali originari dell'Africa **3**《財産》fortuna[女], ricchezza[女] ¶彼は一代で産を成した. Si è costruito una fortuna in una generazione.

さん 算 ¶敵は算を乱して逃げた. Il nemico è fuggito dişordinatamente.

さん 酸 〔化〕acido[男] ¶強[弱]酸 acido forte [debole]

-さん ⇒ -様(◆appellazione corteșe posposta ai nomi, meno impegnativa di *sama*) ¶山田さん il signor Yamada / 《略》il sig. Yamada / 《女性で既婚》la signora Yamada / 《略》la sig.ra Yamada / 《未婚》la signorina Yamada / 《略》la sig.na Yamada / 《口頭で呼ぶとき》Signor [Signora / Signorina] Yamada! (►無冠詞) ¶さん付けにする chiamare *qlcu.*「in maniera corteșe [con il *san*]

-さん -山 ¶富士山 il monte Fuji

さんい 賛意 ¶賛意を表する dare la *propria* approvazione [il *proprio* consenso] a *qlcu.* [*ql.co.*]

さんいつ 散逸 dispersione[女] ◇散逸する disperdersi

さんいん 産院 clinica[女] ostetrica

さんえんきしじやく 酸塩基指示薬 〔化〕indicatore[男] acido-base

さんえんきしょくばい 酸塩基触媒 〔化〕catalişi[女][無変] acido-başe

さんか 参加 partecipazione[女] ◇参加する partecipare [prendere parte] a *ql.co.* ¶共同研究に参加する partecipare a ricerche collettive ¶競技への参加を申し込む iscriversi a una gara
✤参加者 partecipante[男][女]《への a》; iscritt*o*[男] [[女] -*a*]《への a》

[さ]

さんか 惨禍 disastro[男], calamità[女] ¶原爆の惨禍 orrori della bomba atomica ¶惨禍をもたらす causare [provocare] un disastro

さんか 産科 《産科学》ostetricia[女];《病院の》reparto[男] ostetric*o* [複 -*ci*] [maternità]

✤**産科医** ostetric*o*[男] [[女] -*ca*; [男]複 -*ci*]

さんか 傘下 ¶傘下の企業 imprese collegate [associate] ¶大資本の傘下に入る affiliarsi a [entrare sotto l'ala di] una grande azienda

さんか 酸化 〔化〕ossidazione[女] ◇酸化する ossidarsi ◇酸化させる ossidare ¶酸化しやすい ossidabile

酸化亜鉛 ossido[男] di zinco

酸化還元酵素 ossidoriduttasi[女][無変]

酸化酵素 enzim*a*[男][複 -*i*] ossidante

酸化剤 ossidante[男]

酸化第一鉄 ossido[男] di ferro (II), ossido[男] ferroso

酸化第二鉄 ossido[男] di ferro (III), ossido[男] ferrico, triossido[男] di ferro

酸化鉄 ossido[男] di ferro

酸化物 ossido[男] ¶二酸化物 biossido ¶過酸化物 perossido

酸化マグネシウム ossido[男] di magnesio

さんか 賛歌 inno[男], canzone[女] di lode;《頌歌》cantic*o*[男][複 -*ci*], ode[女] ¶雪山賛歌 canto dei monti innevati ¶青春賛歌 ode alla gioventù

さんが 参賀 ¶参賀の人波が延々と続いている. Una lunghissima fila di gente è in attesa di porgere i propri auguri e omaggi al Palazzo Imperiale.

さんかい 山海 ¶山海の珍味 ogni sorta di ghiottonerie [di leccornie]

さんかい 山塊 massicc*io*[男][複 -*ci*] isolato di una catena di montagne

さんかい 参会 ◇参会する presentarsi, assistere [自][*av*]《に a》

✤**参会者**《全員》i presenti[男][複], il complesso[男] delle persone presenti

さんかい 散会 fine[女] di una seduta ◇散会する terminare [finire / chiudere] una seduta

さんかい 散開 〔軍〕spiegamento[男] (di forze) ◇散開する spiegarsi ◇散開させる spiegare ¶散開して in ordine sparso

さんがい 三界 《仏教》i tre regni[男][複] dell'esistenza;《全世界》il mondo[男] intero

さんがい 三階 secondo piano[男] ⇀階 [図版] ¶彼の家は3階建てだ. La sua casa ha [è a] tre piani.

ざんがい 残骸 resti[男][複] ¶墜落機の残骸 relitto di un aereo precipitato

さんかいき 三回忌 il secondo anniversario[男] della morte di *qlcu.*

さんかく 三角 《三角形》triangolo[男];〔幾何〕forma[女] triangolare ◇三角形の triangolare ⇀図形 [図版]

✤**三角関係**《恋愛の》triangolo[男] amoroso

三角関数 〔幾何〕funzione[女] trigonometrica

三角筋 〔解〕muscolo[男] deltoide, deltoide[男]

三角巾 benda[女] triangolare

三角形 ¶鋭角三角形 triangolo acutangolo ¶球面三角形 triangolo sferico ¶正三角形 triangolo equilatero ¶直角三角形 triangolo rettangolo ¶鈍角三角形 triangolo ottusangolo ¶二等辺三角形 triangolo isoscele ¶不等辺三角形 triangolo scaleno

三角定規 squadra[女] (a triangolo) da disegno

三角州 〔地質〕delta[女]

三角錐 〔幾何〕piramide[女] (a base) triangolare

三角数 〔数〕numeri[男][複] triangolari

三角測量 triangolazione[女] geodetica

三角柱 〔幾何〕prism*a*[男][複 -*i*] triangolare

三角点 punto[男] geodetic*o* [複 -*ci*]

三角波 〔物〕onda[女] corta, maretta[女]

三角比 〔数〕rapporto[男] trigonometrico

三角フラスコ beuta[女]

三角法 〔数〕trigonometria[女]

三角貿易 scambi[男][複] triangolari

三角帽子 tricorno[男], cappello[男] a tre punte

三角翼 〔空〕ala[女] a delta

さんかく 参画 ◇参画する partecipare[自][*av*] [prender parte] alla progettazione [alla programmazione]

さんがく 山岳 montagne[女][複], monti[男][複], alpi[女][複]

✤**山岳戦** guerra[女] alpina

山岳地方 regioni[女][複] alpine [montagnose]

山岳部 club[男][無変] alpino

山岳民族 popolazioni[女][複] alpine

さんがく 産額 produzione[女] ¶石油の産額 produzione petrolifera

ざんがく 残額 rimanenza[女];《差し引き残高》saldo[男]

さんがくきょうどう 産学協同 cooperazione[女] tra istituti universitari e imprese industriali

さんがつ 三月 marzo[男];《略》mar. ¶3月に a marzo / in marzo / nel mese di marzo

さんかん 山間 ¶山間の僻地(ち)に住む abitare in un remoto e isolato recesso tra i monti

さんかん 参観 visita[女], ispezione[女] ◇参観する visitare ¶父母の参観日 giorno stabilito in cui i genitori possono assistere alle lezioni

✤**参観者** visita*tore*[男][[女] -*trice*]

さんぎ 参議 partecipazione[女] al Governo;《人》consiglier*e*[男][[女] -*a*] di Stato ¶内閣参議 membro del Consiglio dei Ministri

ざんき 慚愧・慙愧 ¶慚愧の念に耐えない essere oppress*o* [sopraffatt*o*] dalla vergogna

さんぎいん 参議院 Camera[女] dei Consiglieri; Camera[女] Alta ¶参議院は良識の府といわれている. Si suppone che la Camera Alta sia la Camera della Saggezza.

✤**参議院議員** consiglier*e*[男][[女] -*a*]; membro[男] della Camera Alta (◆イタリアでこれにあたるものはsenatore)

さんきゃく 三脚 treppiede[男] [treppiedi[男][無変]] ¶三脚のテーブル[台] tripode[男]

ざんぎゃく 残虐 ◇残虐な crudele, brutale, atroce;《非人道的》disumano, inumano ◇残虐さ[性] crudeltà[女], brutalità[女], atrocità[女]

✤**残虐行為** ¶残虐行為を行う commettere crudeltà [brutalità / atrocità]

さんきゅう 産休 congedo[男] per maternità, astensione[女] obbligatoria dal lavoro ¶産休をとる[とっている] prendere un [essere in] conge-

do per maternità
サンキュー 〔英 Thank you.〕 Grazie!
さんぎょう 産業 industria㊛ ◇産業の industriale ¶映画産業 industria cinematografica ¶高度成長産業 industria a rapida crescita ¶斜陽産業 industria in declino
❖産業化 industrializzazione㊛ ◇産業化する《他のものを》industrializzare;《自らが》industrializzarsi
産業界 il mondo㊚ dell'industria
産業革命 rivoluzione㊛ industriale
産業公害 inquinamento㊚ industriale
産業構造 struttura㊛ industriale ¶産業構造政策 politica governativa intorno alla struttura industriale
産業国 paese㊚ industriale
産業災害 disastro㊚ industriale
産業資本 capitale㊚ industriale
産業重点主義《経》industrialismo㊚
産業心理学 psicologia㊛ industriale
産業スパイ spia㊛ industriale
産業組織 organizzazione㊛ industriale
産業地帯 zona㊛ industriale
産業道路 strada㊛ industriale
産業廃棄物 rifiuti㊚[複] [scorie㊛[複]] industriali ¶産業廃棄物汚染 inquinamento dovuto a scarichi industriali
産業復興《経》ricostruzione㊛ industriale
産業別労働組合 sindacato㊚ d'industria
産業予備軍《経》manodopera㊛ marginale
産業立地《経》localizzazione㊛ dell'industria
産業連関社会資本《経》capitali㊚[複] sociali concernenti l'industria
ざんきょう 残響 riverberazione㊛
❖残響時間 tempo㊚ di riverberazione [di coda sonora]
残響室 camera㊛ di riverbero
ざんぎょう 残業 lavoro㊚ straordinario, straordinario㊚[複 -i] ◇残業する fare dello straordinario [del lavoro straordinario] ¶昨日は3時間残業した。Ieri ho fatto tre ore di straordinario.
❖残業手当 straordinario㊚
さんぎょうこうこく 三行広告 (breve) inserzione㊛
ざんぎり 散切り capelli㊚[複] a spazzola
ざんきん 残金 rimanenza㊛;《未払いの》saldo㊚ ¶残金を払う pagare la rimanenza / saldare il conto
サングラス 〔英 sunglasses〕 occhiali㊚[複] da sole
さんぐんふくごうたい 産軍複合体 complesso㊚ militare-industriale
さんけ 産気 ¶産気づく avere le doglie (del parto)
ざんげ 懺悔《宗》confessione㊛ ◇懺悔する confessare (i propri peccati), confessarsi ¶〈人〉の懺悔を聴く confessare qlcu. / ascoltare la confessione di qlcu.
❖懺悔聴聞僧 confessore㊚
懺悔録 confessione㊛
さんけい 山系 sistema㊚[複 -i] montuoso, catena㊛ montuosa [montagnosa] ¶ヒマラヤ山系 l'Himalaya / la catena dell'Himalaya
さんけい 参詣 ◇参詣する recarsi in un tempio per pregare
さんげき 惨劇 tragedia㊛, evento㊚ tragico [複 -ci], circostanza㊛ tragica
さんけつ 酸欠 insufficienza㊛ d'ossigeno ¶酸欠を起こす avere una carenza d'ossigeno
❖酸欠空気 aria㊛ a basso contenuto di ossigeno;《高山などの》aria㊛ fina
酸欠現象 carenza㊛ ambientale d'ossigeno
ざんげつ 残月 la luna㊛ del mattino
ざんげん 讒言 falsa accusa㊛, calunnia㊛, diffamazione㊛ ¶讒言を信じる credere [prestar fede] a una calunnia
さんげんしょく 三原色 i tre colori㊚[複] fondamentali (◆光では「赤」rosso,「緑」verde,「青」blu. 絵の具・インキでは「シアン」ceruleo,「マゼンタ」magenta,「黄」giallo)
さんけんぶんりつ 三権分立 separazione㊛ [divisione㊛] dei tre poteri (◆「三権」は立法権 potere legislativo, 司法権 potere giudiziario, 行政権 potere esecutivo)
さんご 珊瑚 corallo㊚
❖珊瑚海《地名》Mar㊚ dei Coralli
珊瑚珠 perle㊛[複] di corallo
珊瑚樹《植》lentaggine㊛
珊瑚礁 barriera㊛ corallina
珊瑚虫 insetto㊚ dei coralli
珊瑚島 isola㊛ corallina ¶環状珊瑚島 atollo
さんご 産後 post-parto㊚ ¶産後の肥立ちがいい rimettersi da un parto
さんこう 参考 riferimento㊚, consultazione㊛ ¶論文を参考にする leggere un saggio per documentarsi ¶参考になる fornire a qlco. utili informazioni su ql.co. / essere utile a qlcu. [ql.co.] ¶参考までに私の意見を述べたい。A titolo di informazione vorrei esporti la mia opinione.
❖参考書《学習用》manuale㊚ scolastico [複 -ci];《参考文献》opera㊛ consultata;《文献目録》bibliografia㊛
参考資料 materiale㊚ di consultazione, documenti㊚[複]
参考人《事件の取り調べの》testimone㊚㊛, testimonio㊚[複 -i];《国会などが召喚する人》persona㊛ competente, esperto㊚[㊛ -a]
さんこう 散光《物》luce㊛ diffusa
ざんこう 残光 ¶夕日の残光 ultimo bagliore dopo il tramonto / riverbero del tramonto ¶明治時代の残光 ultimi bagliori dell'era Meiji
ざんごう 塹壕《軍》¶塹壕を掘る scavare una trincea
❖塹壕戦 guerra㊛ di trincea
さんこうしき 三項式《数》trinomio㊚[複 -i]
さんごく 三国 tre paesi㊚[複] [stati㊚[複]] ¶第三国 la terza potenza / i paesi terzi
❖三国一 ¶三国一の花嫁 la più bella sposa del mondo
三国会議 conferenza㊛ tripartita
三国間取引 traffici㊚[複] commerciali triangolari
三国協商《史》Triplice Intesa㊛

三国協定 accordo[男] tripartito
三国同盟〔史〕Triplice Alleanza[女]；《日独伊の》Asse[男] Tokyo-Berlino-Roma

ざんこく 残酷 ◇**残酷な** crudele, brutale, feroce ◇**残酷さ** crudeltà[女], brutalità[女], ferocia[女] ⇒残虐 ¶残酷な言葉 parole dure ¶動物に残酷なことをする maltrattare [essere crudele con / trattare crudelmente] gli animali ¶この映画は残酷さを売り物にしている. Questo film specula sulla violenza.

さんこつ 散骨 dispersione[女] delle ceneri funerarie

さんこのれい 三顧の礼 ¶社長は三顧の礼をもって彼を社に迎えた. Il presidente in persona l'ha invitato molto cortesemente a far parte della ditta.

さんさい 山菜 piante[女][複] selvatiche commestibili
✤**山菜料理** piatto[男] a base di piante selvatiche

さんざい 散在 ◇**散在する** essere spars*o* [dissemina*to*] ¶湾内に小島が散在している. Il golfo è punteggiato [disseminato] di isolette.

さんざい 散財 spesa[女]；《浪費》sperpero[男], spre*co*[男][複 *-chi*] ◇**散財する** sperperare (il denaro) ¶とんだ散財をおかけしました. Mi sento in colpa per tutto il denaro che le ho fatto spendere.

ざんざい 斬罪 decapitazione[女]; pena[女] di morte mediante decapitazione ¶斬罪に処する decapitare *qlcu.* / condannare *qlcu.* alla decapitazione [al taglio della testa]

さんさく 散策 passeggiata[女]

さんざし 山査子〔植〕biancospino[男]

さんさしんけい 三叉神経〔解〕trigemino[男]

ざんさつ 惨殺 ◇**惨殺する** uccidere *qlcu.* crudelmente, massacrare *qlcu.* ¶一家５人が惨殺された. I cinque componenti della famiglia sono stati massacrati.
✤**惨殺死体** cadavere[男] orribilmente sfigurato [mutilato]

さんざめく far festa, far baldoria

さんさろ 三叉路 triv*io*[男][複 *-i*]

さんさん 燦燦 ¶燦々たる陽光を浴びる crogiolarsi al solleone ¶太陽が燦々と照っている. Il sole brilla in cielo.

さんざん 散散《徹底的に》a fondo;《手ひどく》terribilmente;《すごく》molto, tremendamente ¶さんざんな目に遭った. Me ne sono capitate delle belle [di cotte e di crude]. ¶父さんからさんざん叱られた. Sono stato aspramente [severamente] rimproverato dal babbo. ¶君にはさんざん迷惑をかけた. Ti ho procurato 「non poche [un sacco di] noie. ¶病院でさんざん待たされた. All'ospedale mi hanno fatto aspettare un'eternità.

さんさんくど 三三九度 ¶三三九度の杯を交わす scambiarsi le coppe nuziali

さんさんごご 三三五五 ¶彼らは三三五五連れ立って帰っていった. Se ne sono andati a gruppetti di tre o quattro.

さんし 蚕糸 filo[男] di seta
✤**蚕糸業** industria[女] della seta, sericoltura[女]

さんじ 三次 ◇**三次の** terzo
✤**三次曲線**[**方程式**]〔数〕curva[女] [equazione[女]] di terzo grado

さんじ 三時《おやつ》merendina[女];《お茶の時間》ora[女] del tè ¶三時ですよ, いらっしゃい. Su venite, è ora del tè!

さんじ 参事 consiglier*e*[男][[女] *-a*], segretar*io*[男][[女] *-ia*; [男]複 *-i*]
✤**参事官**《大使館などの》consiglier*e*[男][[女] *-a*]

さんじ 惨事 disastro[男], sciagura[女], tragedia[女], catastrofe[女] ¶惨事を引き起こす provocare un disastro [un cataclisma]

さんじ 産児《生まれる子》nascitur*o*[男][[女] *-a*]；《生まれた子》neonat*o*[男][[女] *-a*], infante[男][女]
✤**産児制限** controllo[男] delle nascite

さんじ 賛辞 (parole[女][複] di) elo*gio*[男][複 *-gi*], lode[女] ¶〈人〉へ賛辞を呈する elogiare [lodare] *qlcu.* / rivolgere parole di elogio a *qlcu.*

ざんし 残滓 **1**《残りかす》residui[男][複], resti[男][複]；《液体の》sedimenti[男][複], fec*cia*[女][複 *-ce*], fondo[男] **2**《名残り》¶封建制の残滓 sopravvivenze [vestigia (►vestigioの複数形) / residui] del feudalesimo

ざんし 惨死 morte[女] cruenta [violenta] ◇**惨死する** rimanere[自][*es*] uccis*o* in un incidente raccapricciante

ざんじ 暫時 per qualche tempo

サンジカリスム〔仏 syndicalisme〕〔政〕sindacalismo[男]

さんしきすみれ 三色菫〔植〕viola[女] del pensiero

さんじげん 三次元 tre dimensioni[女][複] ◇**三次元の** tridimensionale, a tre dimensioni
✤**三次元空間** spa*zio*[男][複 *-i*] tridimensionale

さんしつ 蚕室《北伊》bigattiera[女]

さんしつ 産室 sala[女] parto [無変]; reparto[男] maternità

さんしゃ 三者 tre persone[女][複]；《第三者》(i) terzi[男][複], la terza persona[女], la terza parte[女] in causa
✤**三者会談** colloqu*io*[男][複 *-i*] [discussione[女]] a tre
三者三様 ¶三者三様の答えを出した. Ognuno dei tre ha dato la sua risposta.

さんしゅ 三種 ¶三種の神器《天皇家の》i tre tesori sacri shintoisti della corte imperiale (◆specchio *yata-no-kagami*, spada *kusanagi-no-tsurugi*, collare *yasakani-no-magatama*)；《三種の代表的な必需品》i tre oggetti desiderati [indispensabili]

ざんしゅ 斬首 decapitazione[女] ◇**斬首する** decapitare *qlcu.*

さんじゅう 三十

trenta[男] ¶30年 trent'anni ¶約30人の学生 una trentina di studenti ¶30歳の人 trentenne ¶2時30分に alle due e mezzo [trenta] ¶30番目の trentesimo ¶30倍 trenta volte ¶30分の1 un trentesimo ¶30分の4 quattro trentesimi

さんじゅう 三重 ◇**三重の** triplo, triplice
✤**三重苦** triplo handicap[男][無変], triplice minorazione[女]
三重唱〔音〕terzetto[男]
三重奏〔音〕trio[男] (strumentale)
三重母音〔音声〕tritton*go*[男][複 *-ghi*] (►mieiの

さんじゅうし 三銃士 《アレクサンドル・デュマの小説》I tre moschettieri男[複]

さんじゅうろっけい 三十六計 ¶三十六計逃げるにしかず.《諺》La strategia migliore adesso è fuggire.

さんしゅつ 産出 produzione女 ◇産出する produrre ¶総[純]産出額 produzione lorda [netta] ¶石油産出国 paese produttore di petrolio

さんしゅつ 算出 calcolo男, computo男 ◇算出する calcolare [computare] ql.co.

さんじゅつ 算術 aritmetica女;《計算》calcolo男 delle quattro operazioni elementari
◆算術級数《数》progressione女 aritmetica
算術平均 media女 aritmetica

さんじょ 賛助 appoggio男 [複 -gi], sostegno男
❖賛助会員 socio男 [複 -ci] sostenitore, socia女 [複 -cie] sostenitrice, membro男 sostenitore
賛助金 contributo男

ざんしょ 残暑 caldo男 di fine estate ¶残暑が厳しい. Malgrado si sia a fine estate fa ancora molto caldo.

さんしょう 山椒 pepe男 giapponese
慣用 山椒は小粒でもぴりりと辛い《諺》piccolo ma assennato; "Corpo piccolo ma mente acuta."

さんしょう 参照 consultazione女; 《言及》riferimento男 ◇参照する《参考に調べる》consultare;《比較対照》confrontare;《言及する》fare un riferimento a ql.co. ¶本書56ページを参照せよ. Cfr.（読み方: confronta）p. 56 / Vedi p. 56 del presente libro.

さんじょう 三乗《数》cubo男, terza potenza女 ◇3乗する elevare ql.co. al cubo [alla terza potenza] ¶3の3乗は27である. Il cubo di 3 è 27.
❖3乗根 radice女 cubica [(alla) terza]

さんじょう 山上 cima女 di una montagna ¶山上の垂訓《聖》Discorso [Sermone] della Montagna

さんじょう 参上 visita女 ◇参上する fare visita a [andare a trovare] qlcu.

さんじょう 惨状 ¶事故現場は惨状を呈している. La scena dell'incidente presenta uno spettacolo raccapricciante.

さんしょううお 山椒魚《動》salamandra女

さんじょうき 三畳紀 《地質》periodo男 triassico, triassico男, trias男

さんしょく 三色 三色の tricolore
❖三色旗《イタリア国旗》bandiera女 tricolore, il tricolore男;《フランス国旗》bandiera女 francese
三色刷り《印》tricromia女

さんしょく 三食 tre pasti ¶この旅館は3食付きで1日1万円だ. La pensione completa in questo albergo costa 10.000 yen al giorno.

さんしょく 蚕食 sconfinamento男, invasione女 ¶隣国を蚕食する sconfinare自 [av] gradualmente in un paese vicino

さんじょく 産褥 puerperio男
❖産褥期 periodo男 di ricovero per il parto, puerperio男
産褥熱《医》febbre女 puerperale

さんじる 散じる 1《散る》spargersi;《散らす》cospargere, disseminare 2《金などを使ってなくす》perdere [spendere] ql.co. ¶財産を散じる dilapidare un patrimonio 3《気持ちを晴らす》憂いを散じる liberarsi dagli affanni /《酒で》affogare i dolori nell'alcol

ざんしん 斬新 ◇斬新な《新しい》nuovo,《独創的な》originale, inedito

さんしんとう 三親等 parentela女 di terzo grado ¶私たちは三親等の間柄だ. Siamo parenti di terzo grado.

さんすい 山水 paesaggio男 [複 -gi]（di monti e fiumi）
❖山水画 paesaggio男
山水画家 paesaggista男女 [男複 -i]（◆indica solo un certo tipo di paesaggistica cino-giapponese）

さんすい 散水 annaffiamento男
❖散水器 annaffiatore男（automatico [複 -ci]）; irrigatore男
散水車 autobotte女 lavastrada, annaffiatrice女 stradale

さんすう 算数《小学校の教科》aritmetica女;《計算》calcolo男

さんすくみ 三竦み punto男 morto a tre ¶我々は三すくみになっている. Ci stiamo intralciando tutti e tre a vicenda.

サンスクリット［英 Sanskrit］sanscrito男 ¶サンスクリット研究 studi di sanscrito
❖サンスクリット学者 sanscritista男女 [男複 -i]

さんすけ 三助 inserviente男 di bagno pubblico

さんずのかわ 三途の川 《仏教》Fiume男 dei tre attraversamenti;《ギ神》《黄泉の国の川》fiume男 Acheronte, Acheronte;《ギ神》《忘却の川》Lete女, fiume男 dell'Oblio;《ホメロスやヴェルギリウスの》fiume男 Stige, Stige男（◆Dante の『神曲』地獄篇にも登場する）¶三途の川を渡る attraversare lo Stige / morire ¶三途の川の渡し守 barcaiolo dell'Acheronte / Caronte（◆アケローンの渡し守カロン）

さんせい 酸性《化》acidità女 ◇酸性の acido ¶酸性にする acidificare ¶酸性を呈する presentare acidità
❖酸性雨 pioggia女 [複 -ge] acida
酸性酸化物 ossido男 acido
酸性紙 carta女 acida
酸性度 acidità女
酸性土壌 terreno男 acido

さんせい 賛成 consenso男, accordo男;《承認》approvazione女 ◇賛成する approvare他（►単独でも可）, dare il proprio consenso [la propria adesione] a qlcu. su ql.co., acconsentire自 [av] a ql.co. [a+ 不定詞], consentire自 [av] a [con] ql.co. ◇賛成である essere d'accordo con qlcu.
¶賛成, 異議なし. Approvato! Nessuna ob(b)iezione! ¶僕は賛成だ. D'accordo! ¶君の意見に賛成だ. Sono d'accordo con te. / Condivido la tua opinione. ¶彼はこの計画にあまり賛成じゃない. Non è molto convinto di questo progetto.

¶君はこの案に賛成なのか不賛成なのか. Sei o non sei favorevole a questa proposta? ¶提案に賛成の意を表する esprimere parere favorevole [dichiararsi favorevole] alla proposta ¶両親はイタリア留学に賛成してくれた. I miei genitori sono d'accordo con la mia idea di studiare in Italia. /《許した》I miei genitori mi hanno permesso di andare a studiare in Italia. ¶あの企画に賛成するよう彼に頼んだ. Ho chiesto la sua approvazione a quel progetto. ¶投票結果は賛成100票, 反対80票だった. Il risultato della votazione è stato「di cento voti favorevoli e ottanta contrari [cento sì e ottanta no].

さんせいけん 参政権 《政治的権利》diritti[男][複] politici;《選挙権》diritto[男] di [al] voto, (diritto[男] di) suffragio[男] ¶参政権を獲得する ottenere [conquistarsi] il diritto al voto ¶婦人参政権 diritto delle donne al voto

さんせき 山積 ◇山積する accumularsi ¶仕事が山積している. Sono oberato di lavoro. ¶日本経済には問題が山積している. L'economia giapponese ha numerosi problemi da risolvere.

ざんせつ 残雪 l'ultima neve[女] rimasta

さんせん 三選 ¶彼は知事に三選された. È stato (ri)eletto sindaco per la terza volta (consecutiva).

さんせん 参戦 entrata[女] in guerra ◇参戦する entrare[自][*es*] in guerra

✤**参戦論** interventismo[男]

参戦論者 interventist*a*[男][女][男複 *-i*]

さんぜん 産前 ◇産前の prenatale

さんぜん 燦然 ◇燦然たる brillante, splendido, lucente, scintillante ◇燦然と luminosamente, con scintillio ¶燦然と輝く brillare[自][*av*] / scintillare[自][*av*] / rifulgere[自][*es, av*]

さんそ 酸素〘化〙ossigeno;《元素記号》O ¶酸素を含んだ ossigenato ¶…から[…中の]酸素を除去する deossigenare *ql.co.*

✤**酸素吸入** inalazione[女] d'ossigeno ¶酸素吸入をする fare (a *qlcu.*) inalazioni d'ossigeno

酸素吸入器 inalatore[男] d'ossigeno

酸素テント tenda[女] ad ossigeno

酸素ボンベ bombola[女] d'ossigeno

酸素マスク maschera[女] ad ossigeno

酸素溶接〘工〙saldatura[女] ossidrica

ざんそ 讒訴 calunnia[女], diffamazione[女], falsa accuṣa[女] ◇讒訴する calunniare *qlcu.*, diffamare *qlcu.*

さんそう 山荘〔仏〕chalet [ʃalé] [男][無変]; villetta[女] in montagna

ざんぞう 残像 **1**《光の刺激に対する》immagine[女] consecutiva [postuma / residua]
2〘心〙immagine[女] persistente

さんそうこうりゅう 三相交流〘電〙corrente[女] (elettrica) trifaṣe

さんぞく 山賊 bandito[男];《主に20世紀初頭までの》brigante[男]

✤**山賊行為** atto[男] di banditismo, brigantagg*io*[男][複 *-gi*]

さんそん 山村 villagg*io*[男][複 *-gi*] montano [di montagna]

ざんぞん 残存 ◇残存する essere ancora viv*o* [eṣistent*e*], restare[自][*es*], rimanere[自][*es*];《生き残る》sopravvivere[自][*es*] ¶残存兵力で con le forze superstiti

さんだい 参内 ◇参内する recarsi [preṣentarsi] al Palazzo Imperiale

ざんだか 残高 resto[男], rimanenza[女] ¶差引き残高 saldo ¶繰越し残高 saldo riportato ¶残高を繰り越す riportare una rimanenza ¶この口座の残高はいくらですか. A quanto ammonta il saldo di questo conto?

サンタクロース〔英 Santa Claus〕Babbo[男] Natale

さんだつ 簒奪 uṣurpazione[女] ¶〈人〉から王位を簒奪する uṣurpare il trono a *qlcu.*

✤**簒奪者** uṣurpa*tore*[男][[女] *-trice*] del trono

サンダル〔英 sandal〕sandali[男][複]

さんたん 惨憺・惨澹 ◇惨憺たる《悲惨な》deplorevole;《嘆かわしい》increscioso;《破滅的な》diṣastroso;《悲劇的な》tragic*o* [[男]複 *-ci*];《屈辱的な》umiliante ¶惨憺たる結果に終わる finire con un risultato deplorevole ¶惨憺たる敗北を喫する subire una sconfitta completa [totale]

さんたん 賛嘆 ammirazione[女], lode[女], elog*io*[男][複 *-gi*] ◇賛嘆する ammirare [lodare / elogiare] *qlcu.* [*ql.co.*]

さんだん 三段 tre gradini[男][複]

✤**三段式ロケット** razzo[男] [missile[男]] a tre stadi

三段跳び〘スポ〙salto[男] triplo

三段論法〘哲・論〙sillogismo[男] ¶三段論法で論じる sillogizzare[他], [自][*av*] / ragionare[自][*av*] per sillogismi

さんだん 散弾 pallini[男][複] di piombo, pallettoni[男][複];《榴散弾》〔英〕shrapnel[男][無変]

✤**散弾銃** fucile[男] da caccia

さんだん 算段 ◇算段する arrangiarsi a＋[不定詞], cavarsela ¶旅費の算段がつく riuscire a racimolare il denaro per le spese di viaggio ¶やり繰り算段してどうにか暮らしている vivere「di espedienti [arrangiandosi] ¶彼は10万円算段してくれた. È riuscito a procurarmi [a trovarmi] 100.000 yen.

さんち 山地 regione[女] [ẓona[女]] montana [montagnosa]

さんち 産地 **1**《産物の》paeṣe[男] [centro[男]] produttore, regione[女] [ẓona[女]] produttrice ¶この米の産地はどこですか. Dove viene coltivato questo riso? ¶この辺はオリーブの産地だ. Da queste parti si coltivano gli olivi. ¶カナダは有数のウラニウムの産地である. Il Canada è uno dei principali produttori di uranio.
2《動物・植物の》habitat [ábitat] [男][無変], ambiente[男] naturale

✤**産地証明**〘商〙certificato[男] d'origine

さんちゃんのうぎょう 三ちゃん農業 lavori[男][複] agricoli ṣvolti dalla moglie e dai genitori anziani quando il capofamiglia è occupato in un'attività industriale

さんちゅう 山中 ¶山中に[で] tra i monti / tra le montagne ¶山中の小道 sentiero di montagna ¶山中を歩き回る vagare tra i monti

さんちょう 山頂 cima[女] [vetta[女] / sommità[女]] di una montagna;《とがった》picc*o*[男][複 *-chi*] ¶山頂で sulla vetta della montagna / in cima alla montagna ¶山頂に到達する rag-

giungere la vetta
さんてい 算定 《計算》calcolo[男], computo[男]; 《見積もり》stima[女], valutazione[女] ◇**算定する** calcolare, computare; stimare, valutare ¶今回の地震の被害額は5000万円と算定された. I danni causati [provocati] dall'ultimo terremoto sono stati valutati a 50 milioni di euro.
ざんてい 暫定 ◇**暫定的**《一時的》provvisor*io* [男複 -*i*], temporaneo; 《役職が》interinale ◇**暫定的に** provvisoriamente, temporaneamente, per il momento
✤**暫定政権** governo provvisorio
暫定予算 bilan*cio*[男] [複 -*ci*] provvisorio
暫定措置 misura[女] provvisoria
サンデー 〔英 sundae〕 ¶ストロベリーサンデー「coppa di gelato [cassata] di fragole
さんど 三度 **1**《回数》¶3度ともうまくいった. È andata bene tutte e tre le volte. ¶僕は三度の飯より映画が好きだ. Rinuncio volentieri ai pasti per andare al cinema. ¶二度あることは三度ある.《諺》"Non c'è due senza tre." ¶仏の顔も三度まで.《諺》"Anche la pazienza ha un limite."
2〔音〕terza[女], intervallo[男] di terza ¶長[短／増／減]三度 terza maggiore [minore / eccedente / diminuita]
[慣用] **三度目の正直** La terza volta è quella buona.
さんど 酸度 《酸味, 酸性》acidità[女]; 《酸性度》coefficiente[男] di acidità
サンド 〔英 sand〕
✤**サンドスキー**〔スポ〕sci[男] sulla sabbia
サンドバッグ〔スポ〕sacchetto[男] di sabbia
サンドペーパー《紙やすり》carta[女] vetrata; 《金属用の》carta[女] abrasiva
サンドイッチ 〔英 sandwich〕 tramezzino[男], sandwich [séndwitʃ] [男][無変]; panino[男] imbottito ¶卵サンドイッチ tramezzino con uovo sodo
✤**サンドイッチマン** uomo[男] [複 *uomini*] sandwich
さんとう 三等 《船などの》terza classe[女]; 《順位》terzo posto[男] ¶彼は100メートル競走で3等になった. È arrivato terzo nei 100 metri piani. ¶彼は宝くじで3等が当たった. Ha vinto il terzo premio della lotteria.
✤**三等国** nazione[女] di secondaria [scarsa] importanza
三等親 ⇀三親等
三等星〔天〕stella[女] di terza grandezza
三等船室 cabina[女] di terza classe
さんどう 参道 viale[男] d'accesso (a un santuario)
さんどう 賛同 approvazione[女]; 《同意》consenso[男] ◇**賛同する** approvare *ql.co.* [*qlcu.*]
ざんとう 残党 restanti[男][複], sopravvissuti[男][複]
さんとうきん 三頭筋 〔解〕muscolo[男] tricipite, tricipite[男]
さんとうせいじ 三頭政治 〔史〕triumvirato[男] ◇**三頭政治の** triumvirale
さんとうぶん 三等分 trisezione[女], divisione[女] in tre parti uguali ◇**三等分する** dividere *ql.co.* in tre parti uguali

サントニン 〔独 Santonin〕〔薬〕santonina[女]
サントラ 〔音〕colonna[女] sonora
さんにゅう 参入 ◇**参入する** entrare 《に in》
✤**参入障害**〔商〕barriere[女][複] all'entrata
さんにゅう 算入 ◇**算入する** includere, comprendere
さんにん 三人 tre persone[女][複] ¶三人乗りの飛行機 velivolo triposto
[慣用] **三人寄れば文殊の知恵**《諺》"Quattro occhi valgon più di due." / "Due teste valgono più di una."
✤**三人組** terzetto[男]; tr*io*[男] [複 -*ii*]
ざんにん 残忍 ◇**残忍な** crudele, brutale, atroce ¶彼は残忍な人間だ. È un bruto. ¶残忍極まりないやり方だ. Il suo modo di fare è atroce [crudele].
さんにんしょう 三人称 〔文法〕terza persona[女] ¶三人称単数[複数] terza persona singolare [plurale]
さんねん 三年 tre anni[男][複] ¶3年ごとの triennale ¶3年ごとに ogni tre anni ¶3年計画 piano triennale ¶3年生 student*e*[男] [[女] -*essa*] del terzo anno ¶高校の3年生です. Sono al terzo anno di liceo.

ざんねん 残念

◇**残念な** 《遺憾な》spiacevole; increscioso; deplorevole ¶残念そうに con rammarico [aria dispiaciuta] ¶彼は…を残念がっている. Gli dispiace [rincresce]「di＋[不定詞] [che＋[接続法]] ¶あの人が亡くなって残念に思う. Sono desolato per la sua morte. ¶残念だ. Che peccato! ¶先日はお会いできず残念でした. È stato un peccato non averla potuta incontrare l'altro giorno. ¶サッカーの試合に負けて残念でならない. È stata una grande delusione aver perso la partita di calcio. ¶お役に立てなくて残念です. Sono dispiaciuto [dolente / desolato] di non poterle fare questo favore. ¶残念ながら明日は約束があります. Mi dispiace, domani ho un impegno. ¶来られなかったことを残念に思っています. Mi dispiace [Mi rincresce] di non essere potuto venire.
✤**残念賞** prem*io*[男] [複 -*i*] di consolazione
さんば 産婆 levatrice[女], ostetrica[女] ¶産婆をする fare la levatrice
✤**産婆術**〔哲〕《ソクラテスの》maieutica[女]
産婆役 ¶内閣発足の産婆役をする contribuire [concorrere] attivamente alla formazione di un gabinetto ministeriale
サンバ 〔ポ samba〕〔音〕〔ポ〕samba[女] [男][複 le *sambe*, i *samba*]
さんばい 三倍 triplo[男] ◇**三倍の** triplo ¶3倍にする triplicare ¶三倍になる triplicarsi ¶15は5の3倍である. 15 è il triplo di 5. ¶3倍お金が掛かる. È necessaria [Ci vuole] una somma di denaro tre volte maggiore.
さんぱい 参拝 ◇**参拝する** recarsi [visitare] un tempio per pregare
さんぱい 酸敗 irrancidimento[男] ◇**酸敗する** 《牛乳が》irrancidire[自] [*es*]; 《ワインが》inacidirsi, inacidire[自] [*es*]
ざんぱい 惨敗 ◇**惨敗する** subire una sconfitta schiacciante [totale / completa], essere sconfitto su tutta la linea

さ

さんぱいきゅうはい 三拝九拝 ◇三拝九拝する inchinarsi ripetutamente davanti a *qlcu.*

さんばがらす 三羽烏 triunvirato[男], terzetto[男] ¶彼は政界の三羽烏の一人に数えられている. È considerato una delle tre grandi eminenze del mondo politico.

さんばし 桟橋 molo[男], banchina[女], imbarcadero[男], pontile[男]

さんぱつ 散発 ◇散発的 sporadi*co* [[男][複] *-ci*] ◇散発的に sporadicamente ¶国境線で小競り合いが散発している. Ci sono sporadiche scaramucce lungo la linea di confine.

さんぱつ 散髪 ta*glio*[男] [[複] *-gli*] dei capelli ◇散髪する tagliare i capelli; 《してもらう》 farsi tagliare i capelli

さんばん 三番 ◇三番目の terzo ¶三番目の息子 terzogenito ¶彼は私の三番目の兄です. È il mio terzo fratello maggiore.

ざんぱん 残飯 ¶残飯整理をする mangiare (tutti) gli avanzi del cibo

さんはんきかん 三半規管 〔解〕 tre canali[男] [[複]] semicircolari (dell'orecchio), semicircolari[男] [[複]] (dell'orecchio)

さんび 賛美 lode[女], glorificazione[女] ◇賛美する lodare *qlcu.* per *ql.co.*, glorificare [esaltare] *ql.co.* [*qlcu.*]

さんぴ 賛否 i sì e i no, voti favorevoli e voti contrari ¶賛否を取る mettere ai voti *ql.co.* ¶この提案は賛否半ばしている. I voti favorevoli e quelli contrari a questa proposta si equivalgono. ¶国民投票で賛否を問いかける indire un referendum (su *ql.co.*) ¶その問題の賛否を論じた. Abbiamo discusso i sì e i no del problema.

さんびか 賛美歌 inno[男], salmo[男] cantato
✤賛美歌集 collezione[女] [libro[男]] di inni [di salmi]

さんびゃく 三百 trecento[男] [無変] ¶三百年祭 terzo centenario
✤三百代言(だいげん) avvocato[男] da strapazzo, azzeccagarbugli[男] [無変]

さんぴょう 散票 《票》 voti[男] [[複]] dispersi; 《分かれること》 dispersione[女] di voti

さんびょうし 三拍子 **1** 〔音〕 tempo[男] [ritmo[男]] ternario ¶三拍子の音楽 musica in tre tempi **2** 《3つの必要な条件》 ¶彼は健康, 人柄, 才能と三拍子揃っている. Ha quello che ogni uomo potrebbe desiderare: salute, personalità, talento.

さんぴん 産品 ¶第一次産品〔経〕 prodotto dell'industria primaria

ざんぴん 残品 rimanenza[女], merci[女] [[複]] invendute, invenduto[男]

さんぶ 三部 ¶三部から成る ternario
✤三部合唱 〔音〕 coro[男] a tre voci
三部形式 〔音〕 forma[女] ternaria
三部作 trilo*gia* [[複] *-gie*] [女], tritti*co*[男] [[複] *-ci*]

さんぷ 産婦 《産後の》 puerpera[女]; 《産前の》 partoriente[女]

さんぷ 散布 ◇散布する 《スプレーで》 spruzzare; 《撒く》 spargere
✤散布器 spruzzatore[男]

ざんぶ 残部 resto[男], rimanenza[女], avanzo[男] ¶残部僅少. Sono rimaste solo poche copie.

さんぷく 山腹 parte[女] centrale del fian*co* di una montagna

さんぷくつい 三幅対 tritti*co*[男] [[複] *-ci*], opera[女] pittorica composta di tre dipinti

さんふじんか 産婦人科 ginecologia[女] e ostetricia[女]
✤産婦人科医 ginecolo*go*[男] [[女] *-ga*; [男][複] *-gi*]
産婦人科学 ginecologia[女]

さんぶつ 産物 **1** 《生産物》 prodotto[男] ¶この地方の主要産物は麦である. Il principale prodotto di questa regione è il frumento.
2 《成果》 ¶この会社の今日あるのは前社長の努力の産物である. L'attuale livello raggiunto dall'azienda è il risultato [frutto] degli sforzi dell'ex presidente.

サンプリング 〔英 sampling〕 **1** 《統》 campionatura[女] ◇サンプリングする campionare **2** 《音源の》 ◇サンプリングする esportare campioni sonori da brani editi per formare brani inediti

サンプル 〔英 sample〕 《見本, 標本》 campione[男] ◇サンプルの campionar*io* [[男][複] *-i*]

さんぶん 三分 ◇三分する dividere *ql.co.* in tre (parti) ¶3分の1 un terzo ¶3分の2 due terzi

さんぶん 散文 prosa[女] ◇散文の[的] prosa*ico* [[男][複] *-ci*] ¶散文で書く scrivere in prosa ¶散文的な男 uomo prosaico
✤散文作家 prosa*tore*[男] [[女] *-trice*]
散文詩 poem*a* [[男][複] *-i*] in prosa

サンボ 〔ロ sambo〕 〔スポ〕 sambo[男]

さんぽ 散歩 passeggiata[女], camminata[女] ◇散歩する fare una passeggiata, passeggiare[自] [*av*], fare un giro; 《そぞろ歩きする》 andare a zonzo ¶町を散歩する fare un giro per la città ¶犬を散歩させる far fare la passeggiata [un po' di moto] al cane

さんぽう 三方 **1** 《お供え物の台》 tavolinetto[男] per offerte
2 《3面》 tre lati[男] [[複]] ¶敵を三方に受ける essere attacca*to* dal nemico su tre lati

さんぼう 参謀 **1** 〔軍〕 ufficiale[男] di stato maggiore **2** 《相談役》 consiglier*e*[男] [[女] *-a*], consulente[男][女] speciale
✤参謀長 〔軍〕 capo[男] di Stato Maggiore
参謀本部 〔軍〕 Stato[男] Maggiore

さんま 秋刀魚 〔魚〕 costardella[女]

-ざんまい -三昧 ¶贅沢三昧の暮らしをしている. Vive nell'abbondanza [nel lusso]. ¶読書三昧の毎日を送っている. Tutti i giorni sono immerso nella lettura.

さんまいめ 三枚目 **1** 〔劇〕《役》 persona*ggio*[男] [[複] *-gi*] comi*co* [[複] *-ci*]; 《男優》 attore[男] comico; 《女優》 attrice[女] comica
2 《日常で道化役にまわること》 ¶私はとんだ三枚目にされてしまった. Sono diventato lo zimbello del gruppo. ¶あいつはまったく三枚目だな. È proprio un pagliaccio [uno scemo].

さんまん 散漫 distrazione[女], mancanza[女] di concentrazione [di coerenza]; 《支離滅裂》 sconnessione[女] ◇散漫な 《不注意》 distratto, disattento; 《まとまりのない》 sciatto, sconclusionato; 《一貫性がない》 incoerente ¶彼は注意力が散漫だ. È sempre distratto.

さんみ 酸味 acidità㊛;《果実の》agrezza㊛;《未熟な果実の》acerbità㊛ ◇酸味のある acido, agro, aspro,《やや》acidulo,《渋味を帯びた強い酸味》acerbo ¶酸味を帯びる inacidirsi

さんみいったい 三位一体 《神》Santissima Trinità㊛ ◇三位一体の trinitario [㊚複 -i]
✤三位一体論 trinitarismo㊚
三位一体論者 trinitario㊚

さんみゃく 山脈 catena㊛ di montagne, sistema㊚ [複 -i] montuoso ¶アルプス山脈 la catena delle Alpi

ざんむ 残務 ¶会社解散後の残務を整理する liquidare [sistemare] gli affari in sospeso dopo lo scioglimento di una ditta

さんめん 三面 《新聞の社会面》pagina㊛ della cronaca
✤三面記事 articolo㊚ di cronaca
三面鏡 specchiera㊛ a trittico
三面等価 《経》equivalenza㊛ di tre aspetti

さんもうさく 三毛作 《農》¶三毛作をする fare tre raccolti annui

さんもん 三文 ¶こんな絵は三文の値打ちもない。Questo quadro non vale un centesimo [un soldo]. ¶『三文オペラ』(ブレヒト) "L'Opera da tre soldi" (Brecht)
✤三文小説 romanzo㊚ da quattro soldi
三文判 sigillo㊚ già pronto
三文文士 scrittore㊚ [㊛-trice] da strapazzo, scribacchino㊚ [㊛-a], imbrattacarte㊚ [㊛無変]

さんもん 山門 grande portale㊚ d'entrata del recinto di un tempio

さんや 山野 campi㊚[複] e montagne㊛[複], collina㊛ e brughiera㊛ ¶山野をさ迷う errare per monti e valli

さんやく 三役 《政党など》i tre più importanti posti㊚[複];《相撲》i tre gradi㊚[複] più alti del sumo escluso quello di yokozuna (◆ ozeki, sekiwake e komusubi)

さんやく 散薬 medicina㊛ in [farmaco㊚[複 -ci, -chi]] in polvere

さんゆこく 産油国 paese㊚ produttore di petrolio ¶非産油国 paese non produttore di petrolio

さんよ 参与 《参加》partecipazione㊛;《役職名》consigliere㊚ [㊛-a] ◇参与する partecipare㊀ [av] a ql.co., prender parte a ql.co.

ざんよ 残余 resto㊚

さんようすうじ 算用数字 numero㊚ arabo, cifre㊛[複] arabiche

さんようちゅう 三葉虫 《古生》trilobite㊚

さんらん 産卵 posa㊛ delle uova ◇産卵する deporre [fare] le uova
✤産卵期 periodo㊚ della deposizione delle uova

さんらん 散乱 sparpagliamento㊚;《分散, 離散》dispersione㊛;《物》《拡散》diffusione㊛ ¶散乱している essere sparpagliato [disperso] ¶部屋中に服が散乱していた。I vestiti erano sparpagliati per tutta la stanza.

さんりゅう 三流 ◇三流の di terza classe, mediocre; scadente (▶「di terza classe」「mediocre」よりも劣等な様態を表す);《二者のうちで劣った》inferiore ¶三流会社 ditta di poco conto [di secondaria importanza]

ざんりゅう 残留 ◇残留する rimanere㊀ [es], restare㊀ [es]
✤残留ガス gas㊚ [無変] residuo
残留孤児 figli㊚[複] giapponesi abbandonati in Cina dopo la seconda guerra mondiale per la morte o la separazione dai propri genitori
残留農薬 insetticida㊚ [複 -i] residuo
残留部隊 forze㊛[複] rimanenti
残留物 residuo㊚, rimanente㊚
残留放射能 radioattività㊛ residua

さんりん 山林 《山と林》montagne㊛[複] e foreste㊛[複];《山中の林》foresta㊛ montana; bosco㊚ [複 -schi] montano ¶山林を伐採する disboscare le montagne
✤山林監視人 guardia㊛ forestale
山林業 industria㊛ delle foreste
山林行政 amministrazione㊛ forestale (◆イタリアの具体的な機関としては森林監視隊「Corpo forestale dello Stato」がある)
山林法 leggi㊛[複] forestali
山林保護 protezione㊛ delle foreste

さんりんしゃ 三輪車 triciclo㊚

さんるい 三塁 《野球で三塁ベース, 三塁手》la terza base㊛
✤三塁打 triplo㊚

サンルーフ 〔英 sunroof〕《車》tetto㊚ apribile

サンルーム 〔英 sunroom〕stanza㊛ con vetrata esposta al sole; veranda㊛;《療養所などの》solario㊚ [複 -i]

さんれつ 参列 ◇参列する assistere㊀ [av] [presenziare㊀ [av] (に a), presentare, intervenire㊀ [es] (に a) ¶私たちは彼の葬儀に参列した。Abbiamo partecipato al suo funerale.
✤参列者 presente㊚;《集合的》presenti㊚[複]

さんれんおんぷ 三連音符 《音》terzina㊛

さんれんぱい 三連敗 tre sconfitte㊛[複] consecutive

さんろく 山麓 piedi㊚[複] di una montagna ¶山麓に alle falde del monte ¶山麓の牧場 pascolo ai piedi di una montagna / pascolo pedemontano

し

し 士 **1**《武士》*samurai*[男][無変]；guerriero[男] **2**《一般に，人》uomo[男][複 *uomini*]；《紳士》gentil*uomo*[男][複 *-uomini*] ¶好学の士 amante[男][女] del sapere / persona che ha sete di sapere

し 氏 **1**《話題の人を指して》 ¶氏は長年この会に尽くしてこられました．Lui ha contribuito molto alla nostra organizzazione. **2**《姓名に付けて敬意を表わす》 ¶山田，田中両氏がお見えになりました．Sono arrivati i sigg. Yamada e Tanaka.（►sigg.は signoriの略） ¶会長に鈴木氏が選ばれた．Come presidente è stato designato Suzuki. **3**《家系を表す名に付けて》 ¶彼は徳川氏の一族だ．Lui appartiene alla casata dei Tokugawa. / È un Tokugawa.

し 史 《歴史》storia[女]；《年代記》annali[男][複]，cronache[女][複]；《歴史学》storiografia[女] ¶古代［中世 / 近代 / 現代］史 storia antica［medievale / moderna / contemporanea］ ¶日本史 storia giapponese［del Giappone］

し 四 quattro[男][無変] ⇒四(よん)

し 市 città[女]；《小さな市》cittadina[女]；《イタリアの行政単位としての》comune[男] ⇒市町村 ◇市の cittadino, della città; comunale, municipale ¶市の中心 centro della città /《掲示》"Centro Città" ¶ローマ市 Comune［Città］di Roma ¶市町村 i comuni ¶市当局 autorità municipali ¶市役所 ⇒見出し語参照

し 死 morte[女]；《公文書で》decesso[男] ¶死のような静けさ silenzio di morte ¶死の床にある essere sul letto di morte ¶死を恐れぬ勇気 coraggio che sfida anche la morte ¶死を選ぶ darsi la morte ¶死を覚悟する essere preparat*o*［pront*o* /《決する》decis*o*］a morire［alla morte］ ¶死を宣告される《刑として》essere condannat*o* a morte ¶彼は医者に死を宣告された．Il medico l'ha dato per spacciato［l'ha dichiarato inguaribile］. ¶死に至らしめる causare la morte di *qlcu.* ¶死の恐怖に怯える avere terrore della morte ¶〈人〉の死を看取る assistere[自][*av*] *qlcu.* nel momento della morte / chiudere gli occhi a *qlcu.* ¶父の死に間に合う arrivare[自][*es*] in tempo per la morte del *proprio* padre ¶息子の死が彼の死を早めた．La scomparsa del figlio ha accelerato la morte di quell'uomo. ¶すでに死の兆候が現れている．Ci sono già presagi［segni forieri］di morte.

✤死の商人 mercante[男] di morte
死の灰 ⇒見出し語参照

し 糸 filo[男] ¶絹糸 filo di seta

し 師 《先生》maestr*o*[男][女 *-a*] ¶山下教授を師と仰ぐ rispettare il prof. Yamashita come maestro

し 詞 testo[男] musicale, parole[女][複] di una musica ¶曲に詞をつける scrivere i testi per una musica

し 詩 poesia[女]；《詩編，韻文》poem*a*[男][複 *-i*]；《詩句》versi[男][複]；《オード，頌歌，賦》ode[女]；《音楽の》testo[男] musicale ◇詩的 poet*ico*［[男]複 *-ci*］ ◇詩的に poeticamente ¶自由詩 poema in versi sciolti ¶叙情詩 poema lirico / lirica ¶叙事詩 poema epico / epica ¶詩の題材 soggetto［argomento］poetico ¶詩を作る scrivere［comporre］poesie ¶詩を味わう apprezzare una poesia［un poema］ ¶詩に曲を付ける mettere un poema in musica ¶この感動を詩にしてみたい．Vorrei tradurre in versi questa emozione.

[使いわけ] poesia と poema
個々の詩や，総称としては poesiaを用いる．poemaは，「canto詩章，歌章」や「libro巻」に分けられるような長い詩篇を指す．
¶レオパルディの詩 le poesie di Leopardi / la poesia di Leopardi
¶ホメロスの詩篇を読む leggere i poemi omerici
¶学校の授業で詩を書かされた．Durante la lezione ci hanno fatto scrivere una poesia.
¶詩と散文 la poesia e la prosa

し 資 **1**《資金》capitale[男]，fondi[男][複] ¶米資系の会社 azienda［società］fondata con capitale americano
2《生来の性質》 ¶彼には英俊の資がある．Ha un impareggiabile e innato talento.
3《資料》 ¶古文書を研究の資とする usare vecchi documenti come materiale per la *propria* ricerca

シ 〔伊〕〔音〕si[男][無変]

-し **1**《事柄の列挙》e ¶彼は酒も飲むしタバコも吸う．Lui beve e fuma. ¶暑くもないし，寒くもない．Non fa caldo ma neppure freddo.
2《理由の列挙》sia...sia..., un po' per..., un po' per... ¶雨も降るし，少し風邪も引いているし，今日一日家にいよう．Piove e「ho anche［per giunta ho］un po' di raffreddore; oggi starò tutto il giorno in casa.
3《理由の一つを示す》dato che＋[直説法] ¶もう若くもないし，あまり無理な仕事はしないほうがいい．Dato che［Visto che］non sei più giovane, ti consiglio di non fare lavori troppo faticosi. ¶子供じゃあるまいし静かにしなさい．Ormai non siete più bambini, non fate chiasso!

じ 地 **1**《地面》terra[女]，terreno[男]；《土壌》suolo[男]
2《布地》stoffa[女]，tessuto[男] ¶オーバー地 stoffa per soprabito
3《素地》fondo[男]，base[女] ¶青地に赤の花模様の布 stoffa con disegni di fiori rossi su fondo［sfondo］azzurro ¶彼の勉学は地ができていない．Il suo studio è privo di fondamenta.（►fonda-

mentaは fondamentoの複数形)
4《小説などで会話以外の叙述部分》¶小説の地の文 parte descrittiva di un romanzo
5《囲碁の》territorio㊚《複 -i》
6《実際の場合》¶彼はロミオを地でいったようなのだ。La sua vita assomiglia molto a quella di Romeo.
7《本性》¶地を出す rivelare la *propria* natura ¶あれが彼の地だ。Quella è la sua 「indole [vera natura].

じ 字 《文字》lettera㊛; carattere㊚;《表意文字, 漢字》ideogramm*a*㊚《複 -i》, carattere㊚ ideografico《複 -ci》;《筆跡》calligrafia㊛; scrittura㊛, grafia㊛;《語》parola㊛;《綴り》ortografia㊛ ¶大きな[小さな]字で書く scrivere a lettere grandi [piccole] ¶はっきりした字で書く scrivere con calligrafia chiara ¶彼は字がうまい[下手だ]。Ha una bella [brutta] scrittura. ¶彼は字が書けない[読めない]。Non sa scrivere [leggere]. ¶この字は読めない。Questa calligrafia è illeggibile.

じ 痔《医》emorroidi㊛《複》
❖痔核《内》[外]痔核 emorroidi interne [esterne]
痔瘻(ろう) fistola㊛ anale

じ 辞 discorso㊚; messaggio㊚《複 -gi》formale ¶告別の辞 discorso di saluto [addio] ¶開会[閉会]の辞を述べる pronunciare il discorso d'apertura [di chiusura] di una riunione
慣用 辞を低くする ¶辞を低くして頼む chiedere gentilmente [cortesemente]

じ 次 ¶次回 la prossima volta ¶次男 secondo figlio maschio
-じ 次 ¶第2次世界大戦 Seconda guerra mondiale ¶2次[n次]方程式 equazione di secondo grado [di grado n]

-じ -時 **1** ora㊛ ¶ラッシュ時 ore di punta ¶8時に alle otto ¶8時ごろに verso le otto ¶午前零時に a mezzanotte ¶8時5分発の列車 il treno delle [in partenza alle] otto e cinque ¶8時から5時まで dalle 4 alle 5 ¶「今何時ですか」「午後[午前]8時です」 "Che ore sono?" "Sono le 8 di sera [di mattina]." ¶何時に来てもかまいません。Può venire a qualsiasi ora. ¶5時までには家に帰ってくれ。Torna a casa entro le 5 [prima delle 5]!
2《1時間》¶毎時 ogni ora
3《とき》¶この薬は空腹時に飲んでください。Prenda questa medicina a digiuno.

-じ -路《道》strada㊛ ¶奈良路を旅する《地方》viaggiare qua e là per la zona di Nara

しあい 試合 《1対1またはチーム同士の》partita㊛, incontro㊚;《主に水泳・陸上などの記録を争う競技》gara㊛ ◇試合をする fare [disputare] una gara [un incontro / una partita]《と con》¶Aチームとの試合 incontro [partita / gara] contro la squadra A ¶水泳の試合 gara di nuoto ¶親善試合 incontro amichevole ¶試合に勝つ[負ける] vincere [perdere] una partita ¶試合を申し込む proporre《a qlcu.》[ql.co.]》di fare una partita ¶選手として試合に出場する partecipare come giocatore a una partita ¶今日サッカーの試合がある。Oggi c'è una partita di calcio. ¶試合は東京で行われた。L'incontro è stato disputato a Tokyo.

じあい 自愛 ¶どうぞご自愛ください。Si riguardi. / Abbia cura di sé.

じあい 慈愛 affetto㊚, tenerezza㊛, amore㊚ ¶慈愛に満ちたほほえみ sorriso affettuoso [tenero / pieno di affetto]

しあがり 仕上がり《完了》termine㊚, complemento㊚;《準備などの》esito㊚ finale ◇仕上がる essere terminato [completato] ¶仕上がりがうまくいった。(トレーニングなどが) Ha avuto un buon esito.
❖仕上がり寸法《本などの》formato㊚ rifinito

しあげ 仕上げ rifinitura㊛, finitura㊛;《加筆, 修正》ultima mano㊛《複 -i》, ultimo ritocco㊚《複 -chi》, compimento㊚ ◇仕上げる finire [terminare] *ql.co.*, portare [condurre] a termine *ql.co.*, ultimare [completare] *ql.co.*;《最後の仕上げ》dare i ritocchi finali a *ql.co.* ¶入念な仕上げ rifinitura accurata ¶仕上げが肝心だ。L'importante è finire bene. ¶彼は作品の仕上げをしている。Sta dando gli ultimi ritocchi all'opera.
❖仕上げエ operaio㊚《㊛ -ia;㊚複 -i》aggiustatore《㊛ -trice》;《組み立て》montatore《㊛ -trice》; rifinitore㊚《㊛ -trice》

しあさって 明明後日 ¶しあさっての朝出発しま。Partirò fra tre giorni, di mattina.

ジアスターゼ〔独 Diastase〕《生化》diastasi㊛《無変》

しあつ 指圧 digitopressione㊛; *shiatsu* [ʃatsu]㊚《無変》, massaggio㊚《複 -gi》eseguito con la pressione delle dita;《手をもむ》terapia㊛ zonale
❖指圧療法 terapia㊛ *shiatsu*

じあまり 字余り ¶字余りの俳句(verso) *haiku* con una o due sillabe in più

しあわせ 幸せ《幸福》felicità㊛;《幸運》(buona) fortuna㊛ ◇幸せな《幸福な》felice;《幸運な》fortunato ◇幸せに felicemente ¶幸せに暮らす vivere felicemente [《平穏に》serenamente] / vivere felice ¶お幸せに。Auguri! ¶お幸せをお祈りします。(Le auguro) Tanta felicità! / Sia felice. ¶僕はいい友人に恵まれて幸せだ。Sono [Posso dirmi] fortunato di avere buoni amici. ¶幸せなことに皆元気です。Fortunatamente [Per fortuna] stiamo tutti bene.

しあん 私案 idea㊛ [opinione㊛] personale ¶私案を一つご検討に供したい。Vorrei sottoporre all'esame di voi tutti un mio piano.

しあん 思案 pensiero㊚, riflessione㊛;《瞑想》meditazione㊛ ◇思案する riflettere [meditare] su *ql.co.* ¶あれこれ思案する rimuginare *ql.co.* nella mente / pensare e ripensare (a *ql.co.*) ¶思案投げ首だ。Non so che pesci prendere. / Sono perplesso.
慣用 思案に余る ¶これは私の思案に余る。Questo è al di sopra delle mie capacità.
思案に暮れる riflettere a lungo sul da farsi
❖思案顔 ¶彼は何か思案顔だ。Ha l'aria preoccupata per qualche cosa.

しあん 試案 bozza㊛ [traccia㊛《複 -ce》] di progetto男 ¶試案を作る abbozzare [tracciare] un progetto

シアン 〔蘭 cyaan〕 **1**《化》cianogeno男 **2**《色》ceruleo男
✤シアン化カリウム[ナトリウム] cianuro di potassio [di sodio]
シアン化酸塩 cianato男
シアン化物 cianuro男

しい 思惟 pensiero男, idea女

しい 恣意 ◇恣意的 arbitrario [男複 -i];《自分勝手な》capriccioso ¶恣意的に判断する giudicare arbitrariamente

しい 椎《植》《学名》*Castanopsis*

シー C ¶160°Cの油 olio alla temperatura di 160°C (読み方: centosessanta gradi centigradi)

じい 示威 manifestazione女
✤示威運動 manifestazione女, dimostrazione女
示威行進 sfilata女 [corteo男] di manifestanti
示威作戦《軍》dimostrazione女, azione女 dimostrativa

じい 自慰 masturbazione女, onanismo男 ◇自慰をする masturbarsi

じい 侍医 medico男 [複 -ci] di corte

じい 辞意 intenzione女 di dimettersi ¶辞意を固める risolversi [decidersi] a dare le dimissioni ¶辞意を表明する[もらす] esprimere la [alludere alla] propria intenzione di dimettersi ¶辞意を翻す ritornare sopra la propria decisione di dimettersi

じい 磁位《物》potenziale男 magnetico [複 -ci]

ジー g《物》gal男;《記号》g

シーアイエー CIA 《米国中央情報局》CIA [tʃía]

シーアイエフ CIF 《商》《運賃保険料込み値段》costo, assicurazione e nolo;《略》CIF [tʃif] ¶CIF価格で a prezzo CIF

シーアは シーア派《イスラム教の一派》dottrina女 religiosa degli sciiti;《信者》gli sciiti [複]

ジーエヌピー GNP《国民総生産》Prodotto男 Nazionale Lordo;《略》PNL男

シーエム CM pubblicità女 televisiva [《ラジオ》radiofonica], spot男 [無変] (pubblicitario [複 -i]) ¶シーエムを流す trasmettere un comunicato commerciale [un annuncio pubblicitario]
✤シーエムソング canzone女 della pubblicità,《英》jingle男 [無変]

しいか 詩歌 poemi男 [複];《総称》poesia女;《漢詩と和歌》poesia女 cinese e giapponese

しいく 飼育 allevamento男 ◇飼育する allevare
✤飼育係 allevatore男 [女 -trice]
飼育場 fattoria女 di allevamento del bestiame

シークレット 〔英 secret〕 segreto男 ¶トップシークレット top-secret / segretissimo
✤シークレットサービス servizi男 [複] segreti

シーケンス 〔英 sequence〕 sequenza女

シーサイド spiaggia女 [複 -ge], lido男, marina女

じいさん 爺さん vecchio男 [複 -chi], vecchietto男, anziano男;《文》vegliardo男

シーシー cc《体積の単位》cc, cm³ ¶3 ccの容量 volume di tre cc (読み方: centimetri cubi)

じい(じい) ¶せみがじいじいと鳴いている。La cicala sta friendo. ¶電気かみそりがじいと音を出している。Il rasoio elettrico emette un ronzio.

シーシーディー CCD 〔コンピュータ〕〔英〕C.C.D. [無変]; dispositivi男 [複] ad accoppiamento di carica

じいしき 自意識 coscienza女 di sé;《哲》autocoscienza女 ¶君は自意識過剰だ。Hai un'esagerata coscienza di te stesso.

シージャック 〔英 seajack〕 dirottamento男 (di una imbarcazione)

シースルー 〔英 see-through〕 ¶シースルーの服 indumento trasparente

シーズン 〔英 season〕 stagione女 ¶旅行シーズン stagione [dei viaggi [turistica] ¶オン[オフ]シーズンの値段《ホテルなどの》prezzo di alta [bassa] stagione ¶秋は最高の読書シーズンだ。L'autunno è la stagione migliore per la lettura. ¶オペラはもうシーズンオフです。Siamo già fuori stagione per l'opera.

シーソー 〔英 seesaw〕 altalena女 a bilico ¶シーソーをする fare l'altalena
✤シーソーゲーム gara女 [partita女] a fasi alterne

しいたけ 椎茸《植》fungo男 [複 -ghi] *shiitake* [無変];《学名》*Lentinus edodes*

しいたげる 虐げる opprimere;《ひどく扱う》maltrattare ¶国民を虐げる tiranneggiare il popolo

しいっ →しっ

シーツ 〔英 sheet〕 lenzuolo男 (▶同種のものの複数形は i lenzuoli, 上下1組になっているものの複数形は le lenzuola) ¶アンダー・シーツ lenzuolo di sotto ¶アッパー・シーツ lenzuolo di sopra ¶上下1組のシーツ un paio di lenzuola ¶シングル[ダブル / セミダブル]ベッド用のシーツ lenzuola da una piazza [da due piazze / una piazza e mezza] ¶シーツをマットレスに敷く stendere il lenzuolo sul materasso

しいて 強いて forzatamente, obbligatoriamente; se proprio;《むしろ》piuttosto ¶強いて来るには及ばない。Non è necessario che tu venga contro la tua volontà. ¶強いて言えば Se proprio lo vogliamo dire... ¶君が言うと言うなら真実を話そう。Se proprio insisti, dirò la verità.

シーティー(スキャン) CT (スキャン) TAC女 [無変] (▶tomografia assiale computerizzataの略で, その「方式」と「機器」の両方をさす) ¶CTスキャン検査をする fare una TAC

シーディー CD **1**《コンパクトディスク》〔英〕compact disc男 [無変], compact disk男 [無変], cd男 [無変] ¶CDシングル mini cd男 [無変] ¶ボックスケース入り5枚組CD cofanetto da 5 cd ¶CDをかける mettere un cd
2《現金自動支払機》bancomat [bancomat]男 [無変]
✤CDプレイヤー lettore男 cd [無変]
CDラジカセ stereo男 [無変] portatile
CD-ROM memoria女 di sola lettura su compact disk;〔英〕CD-ROM女 [無変]

ジーディーピー GDP 《国内総生産》Prodotto⊛ Interno Lordo; 《略》PIL⊛ [無変]

シート [英 seat]《座席》posto⊛ a sedere, sedile⊛
✤シートカバー fodera⊛ del sedile
シートベルト cintura⊛ di sicurezza(◆イタリアでは車の後部座席でも着用義務がある)

シート [英 sheet] **1**《切手などの》foglio⊛ [複 -gli] ¶切手のシート2枚 due fogli di francobolli **2**《防水布》tela⊛ cerata

シード [英 seed]《スポ》◇シードする selezionare, designare ¶トーナメントであるチームをシードする selezionare una squadra in un torneo
✤シード選手 concorrente⊛ selezionato, 《トーナメント中の》testa⊛ di serie (▶個人にもチームにも用いる)

ジーパン Gパン jeans [dʒins] ⊛ [複]

ジーピーエス GPS 《全地球測位システム》GPS⊛ [無変]

シーピーユー CPU 《コンピュータ》CPU⊛ [無変]

ジープ [英 jeep]《商標》《車》jeep [dʒip] ⊛ [無変]

シーフード [英 seafood] ¶シーフードスパゲッティ spaghetti「ai frutti di mare [alla marinara]

シーベルト [英 sievert]《物》《放射線線量当量》sievert [sívert] ⊛ [無変];《記号》Sv

シームレス [英 seamless]《服》◇シームレスの senza cucitura

ジーメン [英 G-men]《アメリカのFBI捜査官》G-man⊛[複 G-men], agente⊛「investigativo federale [dell'FBI]

シーラカンス [英 coelacanth] 《魚》celacantide⊛

シーリング [英 sealing]《工》sigillatura⊛

しいる 強いる forzare [costringere / obbligare] qlcu. a+不定詞 ¶彼は息子たちに自分の意志を強いた. Ha imposto la propria volontà ai figli.

シール [英 seal] **1**《封印》timbro⊛, sigillo⊛;《糊のついたラベル》etichetta⊛ **2**《アザラシ》foca⊛ ¶シールスキン pelle di foca

シールド [英 shield] **1**《遮蔽(しゃへい)》schermatura⊛ ◇シールドする schermare ¶シールドされた schermato **2**《土》schermo⊛, scudo⊛
✤シールド工法 metodo⊛ dello scudo

しいれ 仕入れ acquisto⊛ (di ql.co.) all'ingrosso;《在庫品の》acquisto⊛ di scorte ¶問屋に商品を仕入れに行く andare ad acquistare merci da un grossista
✤仕入先 fornitore⊛ [⊛ -trice]
仕入高 prezzo⊛ totale delle merci acquistate
仕入値段 prezzo⊛ di acquisto all'ingrosso
仕入品 merci⊛ [複] acquistate all'ingrosso

しいれる 仕入れる **1**《品物を》acquistare ql.co. all'ingrosso,《貯蔵》fare una scorta di ql.co.,《補充》rifornirsi di ql.co. **2**《取り入れる》¶新しい知識を仕入れる immagazzinare [acquistare] nuove cognizioni

じいろ 地色 colore⊛ di fondo, fondo⊛

しいん 子音《音声》consonante⊛ ¶子音字 (lettera) consonante ¶二重子音 consonante doppia (geminata) (▶同じ子音の重なりで, たとえば acquaの -cq-) ¶有声[無声]子音 consonante sonora [sorda]

しいん 死因 causa⊛ della morte ¶死因は脳溢血だった. La sua morte è attribuita [dovuta] a emorragia cerebrale.

しいん 試飲 degustazione⊛, assaggio⊛ [複 -gi] ◇試飲する degustare, assaggiare ¶イタリア産ワイン試飲会 incontro per la degustazione dei vini italiani

シーン [英 scene] scena⊛ ¶ラストシーン l'ultima scena ¶感動的なシーンを目撃する assistere a una scena commovente

じいん 寺院《仏教》tempio⊛[複 templi] buddista [複 -i] ;《キリスト教》chiesa⊛;《イスラム教》moschea⊛;《ユダヤ教》sinagoga⊛, tempio⊛ ebraico [複 -ci]
✤寺院建築 architettura⊛ religiosa [sacra]

ジーンズ [英 jeans]《生地》[英 jeans [dʒins] ⊛ [無変], denim⊛ [無変] ; 《ジーパン》jeans⊛ [複] ¶ジーンズのジャケット giacca (di) jeans

しいんと ¶しいんとした夜の闇を眺める scrutare nel buio di una notte silenziosa ¶深い森はしいんと静まり返っていた. La folta foresta era immersa nel [in un assoluto] silenzio.

じいんと ¶指がじいんとしびれた. Mi si sono intorpidite le dita. ¶彼の言葉は胸にじいんときた. Le sue parole mi sono andate diritte al cuore.

ジーンバンク [英 gene bank] banca⊛ del gene

じう 慈雨 pioggia⊛ [複 -ge] benefica ¶干天の慈雨 pioggia benefica [ristoratrice] dopo un periodo di siccità

じうた 地唄 musica⊛ per *shamisen* (inclusi canti accompagnati da *shamisen*) sviluppatasi nella zona di Kansai

じうたい 地謡 coro⊛ del teatro *nō* → 能
日本事情

しうち 仕打ち maltrattamento⊛ ¶残酷な仕打ち《行為》trattamento crudele /《態度》condotta crudele ¶ひどい仕打ちをする trattare male [maltrattare] qlcu. ¶彼の仕打ちには我慢がならない. Non tollero un simile trattamento da parte sua.

しうんてん 試運転《機械類の》prova⊛, collaudo⊛ ¶試運転をする collaudare ql.co. /《自動車・船などの》fare una corsa [un giro / un viaggio] di prova [di collaudo] (ql.co.)

シェア [英 share] quota⊛ di mercato ¶この分野でわが社が占める国内市場のシェアは 60 %だ. La nostra ditta copre il sessanta per cento del mercato interno in questo settore.

しえい 市営 ◇市営の municipale, comunale; gestito dal comune
✤市営アパート alloggi⊛ [複] comunali
市営事業 impresa⊛ municipale

しえい 私営 ◇私営の privato; gestito da un'azienda privata
✤私営鉄道 linea⊛ ferroviaria privata
私営バス autobus⊛ [無変] di una società privata

じえい 自営 ◇自営する autogestire, gestire「direttamente [per *proprio* conto], lavorare⊕ [*av*] in proprio

❖**自営業** impresa㊛ indipendente, gestione㊛ diretta, lavoro㊚ in proprio
自営業者〘法〙piccolo imprendit*ore*㊚ [㊛ -*trice*]
自営農民 coltiv*atore*㊚ [㊛ -*trice*] diretto [aut*onomo*]

じえい 自衛 difesa㊛, autodifesa㊛ ◇自衛する difendersi ¶自国の自衛 difesa㊛ del proprio paese ¶自衛策を講ずる《政策》adottare una politica difensiva /《措置》adottare provvedimenti [mezzi] difensivi
❖**自衛官** militare㊚ delle Forze di Autodifesa
自衛権(diritto㊚ di) legittima difesa㊛
自衛隊 Forze㊛[複] di Autodifesa ¶陸上[海上／航空]自衛隊 Forze Terrestri [Marittime / Aeree] di Autodifesa
自衛本能〘生〙istinto㊚ di autoconservazione
自衛力 capacità㊛ di autodifesa

シェイプアップ〔英 shape up〕◇シェイプアップする migliorare la figura, dimagrire㊊[*es*] ¶そろそろ夏が来るからシェイプアップしなくちゃ。Con l'arrivo dell'estate vorrei avere una figura più snella.

ジェーアール JR Ferrovie㊛[複] Giapponesi(♦ ente ferroviario privatizzato nel 1987)

シェーカー〔英 shaker〕〔英〕shaker㊚[無変]; sbattighiaccio㊚[無変], mescolatore㊚, miscelatore㊚ ¶シェーカーを振る agitare lo shaker

シェード〔英 shade〕(ランプのかさ) paralume㊚;(日除け) tenda㊛, tendina㊛

シェービングクリーム〔英 shaving cream〕crema㊛[無変] da barba

ジェーリーグ Jリーグ campionato㊚ di calcio giapponese

しえき 使役〘文法〙◇使役の caus*ativo*
❖**使役形** forma㊛ caus*ativa* ¶使役受身形 forma caus*ativa* passiva
使役動詞 verbo㊚ caus*ativo*

ジェスイット〔英 Jesuit〕⇒イエズス会

ジェスチャー〔英 gesture〕**1**(身振り手振り) gesto㊚;(パントマイム) mimica㊛ ¶ジェスチャーをする gesticolare [*av*] / fare gesti / mimare [*av*] ¶ジェスチャーたっぷりで話す parlare gesticolando (esageratamente)
2《見せかけ》¶それは単なるジェスチャーにすぎない。Si tratta solo di un gesto [di una posa].
❖**ジェスチャーゲーム** sciarada㊛ mimata

ジエチレン・グリコール〔英 diethylene glycol〕〘化〙dietilenglicol [-gli-]㊚, glicole [gli-]㊚ dietilenico

ジェット〔英 jet〕getto㊚
❖**ジェットエンジン** propulsore㊚ a reazione [a getto], reattore㊚
ジェット機 aereo㊚ [aeroplano㊚] a reazione [a getto], aviogetto㊚, reattore㊚
ジェット気流[ストリーム]〘気〙corrente㊛ a getto
ジェットコースター montagne㊛[複] russe, otto㊚ volante
ジェット推進〘工〙propulsione㊛ a getto [a reazione]
ジェット燃料 propellente㊚ per motori a reazione
ジェットポンプ pompa㊛ a getto
ジェット旅客機 aereo㊚ a reazione per voli di linea;〔英〕jet liner㊚[無変]

ジェトロ《日本貿易振興機構》JETRO [dʒétro]㊚; Organizzazione㊛ Giapponese per la Promozione del Commercio con l'Estero

ジェネリックいやくひん ジェネリック医薬品 farmaco㊚ [複 -*ci*] generico [複 -*ci*]

ジェネレーション〔英 generation〕generazione㊛ ⇒世代 ¶ジェネレーションによって考えは違う。Le idee cambiano di generazione in generazione.
❖**ジェネレーションギャップ** gap㊚[無変] generazionale, divario㊚[複 -*i*] tra generazioni

ジェネレーター〔英 generator〕〘機・電〙generatore㊚ elettrico [複 -*ci*], dinamo㊛[無変]

ジェノサイド〔英 genocide〕《大量殺戮(ふく)》genocidio㊚[複 -*i*]

シェパード〔英 shepherd〕(犬) cane㊚ (da) pastore [無変], pastore㊚ tedesco [複 -*schi*], pastore㊚ alsaziano, cane㊚ lupo [無変], lupo㊚ [㊛ -*a*] d'Alsazia

シェフ〔仏 chef〕〔仏〕chef [ʃef]㊚[無変](► 冠詞は uno, lo, gli を用いる); capocuoco㊚ [複 -*ca*];㊛複 -*chi* または capicuochi]

ジェラート〔伊〕gelato㊚

シェリー〔英 sherry〕〔英〕sherry㊚[無変]

ジェル〔英 gel〕gel㊚[無変]

シェルター〔英 shelter〕(避難所) rifugio㊚[複 -*gi*];(核戦争用の) rifugio㊚ antiatomico [複 -*ci*]

シェルパ〔英 Sherpa〕sherpa㊚[無変]

ジェルンディオ〔伊〕〘文法〙gerundio㊚[複 -*i*]

しえん 支援 appoggio㊚[複 -*gi*], aiuto㊚ ◇支援する appoggiare, aiutare, sostenere

しえん 私怨 rancore㊚, astio㊚[複 -*i*], astiosità㊛ ¶私怨を抱く serbare rancore verso *qlcu.* ¶私怨を晴らす sfogare il *proprio* rancore su *qlcu.*

しえん 紫煙 fumo㊚ di tabacco ¶紫煙をくゆらす tirare boccate di fumo / fumare㊊ (► 単独も可)

じえん 耳炎〘医〙otite㊛ ¶中[外／内／化膿／慢性]耳炎 otite media [esterna / interna / purulenta / cronica]

ジェンダー〔英 gender〕genere㊚

しお 塩 sale㊚;(食塩) sale㊚ fino;(料理用の岩塩) sale㊚ grosso ¶塩の salino ¶塩に漬ける mettere *ql.co.* sotto sale ¶塩を加える[かける] mettere il sale in *ql.co.* [su *ql.co.*] / salare ¶塩を振りかける cospargere *ql.co.* di sale ¶塩ひとつまみ un pizzico di sale ¶海水から塩を採る estrarre il sale dall'acqua marina ¶塩で味を付ける condire [insaporire] *ql.co.* con il sale ¶塩こしょうする condire [insaporire] *ql.co.* con sale e pepe ¶塩が効き過ぎている essere troppo salato [saporito] ¶塩が足りない。Manca il [di] sale.
❖**塩入れ** saliera㊛
塩加減 ¶塩加減はちょうどいい。Va proprio bene di sale. / È giusto di sale.
塩ぬき ◇塩ぬきする dissalare *ql.co.*

しお 潮 **1**(潮流) marea㊛, corrente㊛ marina [di mare];(海水) acqua㊛ marina [di mare〕 ¶潮の干満 flusso e riflusso / alta e bassa marea ¶潮が満ちてくる. La marea sta montando〔sta salendo / sta crescendo〕. ¶潮が引いてゆく. La marea sta decrescendo〔si sta abbassando / sta calando〕. ¶鯨が潮を吹く. La balena spruzza acqua dagli sfiatatoi.

2《機会, 潮時》opportunità[女], occasione[女] ¶それを潮にみんな家に帰って行った. Hanno approfittato dell'occasione per tornare a casa.

しおあじ 塩味 sapore[男] di sale ¶塩味の菓子 salatino ¶塩味をつける condire〔insaporire〕 *ql.co.* col sale

しおかぜ 潮風 ¶潮風に吹かれる essere accarezzato dalla brezza marina

しおから 塩辛 *shiokara*[男]〔無変〕; interiora[女]〔複〕e carne[女] di pesce salate e fatte fermentare

しおからい 塩辛い salato, salmastro

しおき 仕置き《処罰》punizione[女];《子供への》castig*o*[男]〔複 *-ghi*〕⇒御仕置き

しおくり 仕送り rimessa[女], inv*io*[男]〔複 *-ii*〕di denaro ¶親からの仕送りで暮らしています. Vivo con un assegno dei miei genitori.

しおけ 塩気《塩味》sapore[男] del sale;《海水などの》(grado[男] di) salsedine[女], salinità[女]
◇塩気のある salino, salato ¶塩気がちょっと足りない. Manca una punta〔un pizzico〕di sale.

しおさい 潮騒 fragore[男]〔rumore[男]〕del mare

しおざけ 塩鮭 salmone[男] salato〔sotto sale〕

しおさめ 仕納め ¶この仕事が今年の仕納めだ. È l'ultimo lavoro per quest'anno.

しおしお 悄悄《悄然(しょうぜん)と》tristemente, con aria depressa〔abbattuta〕, mogio mogio (►主語の性・数に合わせて語尾変化する), con la cresta abbassata, con la coda fra le gambe

しおだし 塩出し dissalazione[女] ¶干鱈を塩出しする dissalare il baccalà

しおづけ 塩漬け salatura[女] ◇塩漬けの sotto sale, in salamoia ◇塩漬けにする mettere *ql.co.* sotto sale〔in salamoia〕¶魚の塩漬け salatura del pesce
✤**塩漬け食品** salumi[男]〔複〕

しおどき 潮時 **1**《潮流の》ora[女] dell'alta e della bassa marea
2《好機》occasione[女], opportunità[女], momento[男] favorevole ¶今がこの会社を辞める潮時だと思う. Penso che questo sia il momento favorevole per lasciare la ditta. ¶何ごとにも潮時というものがある. "Ogni cosa a suo tempo."

シオニスト〔英 Zionist〕sionist*a*[男][女]〔男複 *-i*〕

シオニズム〔英 Zionism〕sionismo[男]
◇シオニズムの sionistic*o*〔男複 *-ci*〕
✤**シオニズム運動** movimento[男] sionistico

しおひがり 潮干狩り ¶潮干狩りに行く andare a raccogliere vongole sulla spiaggia (durante la bassa marea)

しおみず 塩水 acqua[女] salata〔salmastra〕;《漬物用の》salamoia[女];《海水》acqua[女] di mare, acqua[女] marina

しおもみ 塩揉み ¶きゅうりの塩もみ cetrioli affettati e strofinati con sale

しおやき 塩焼き ¶塩焼きの魚 pesce (cotto) alla griglia con sale ¶魚を塩焼きにする arrostire pesce con sale

しおらしい《おとなしい》modesto, mite, docile;《かわいらしい》dolce, tenero;《いじらしい》patetic*o*〔男複 *-ci*〕, commovente, toccante ◇しおらしく docilmente, gentilmente ¶しおらしいことを言うじゃないか. Ma guarda, è proprio toccante quello che hai detto!

ジオラマ〔英 diorama〕diorama[男]〔複 *-i*〕

しおり 栞 **1**《本に挟むもの》segnalibro[男] ¶本のページに栞を挟む mettere il segnalibro fra le pagine di un libro **2**《案内書》guida[女] ¶旅行案内の栞を印刷する stampare un opuscolo di informazioni turistiche

しおれる 萎れる《花などが》appassire[自]〔*es*〕, avvizzire[自]〔*es*〕;《人が》scoraggiarsi, perdersi d'animo, abbattersi

しおん 歯音〔音声〕dentale[女], consonante[女] dentale ◇歯音の dentale ¶有声〔無声〕歯音 dentale sonora〔sorda〕

しか 史家 storic*o*[男]〔女 *-ca*; 男複 *-ci*〕

しか 市価 prezzo[男]〔valore[男]〕corrente〔di mercato〕¶市価で a prezzo corrente〔di mercato〕¶市価の半値で alla metà del prezzo corrente

しか 鹿 cerv*o*[男]〔女 *-a*〕, dain*o*[男]〔女 *-a*〕;《雌の》《文》damma[女];《子鹿》cerbiatt*o*[男]〔女 *-a*〕;《シカ科》cervidi[男]〔複〕◇鹿の cervino ¶ノロジカ capriolo ¶鹿の角 corna[女]〔複〕cervine〔di cervidi〕¶鹿革の手袋1組 un paio di guanti di daino ¶鹿が鳴いている. Il cervo bramisce.
[慣用] **鹿を追う者山を見ず** Chi guarda solo i propri interessi, non vede altro.

しか 歯科 odontoiatria[女];《病院の》reparto[男] di odontoiatria ◇歯科(学)の odontoiatric*o*〔男複 *-ci*〕, odontologic*o*〔男複 *-ci*〕
✤**歯科医** dentist*a*[男][女]〔男複 *-i*〕, odontoiatr*a*[男][女]〔男複 *-i*〕
歯科医院 gabinetto[男] dentistic*o*〔複 *-ci*〕, clinica[女] dentaria
歯科衛生士 igienist*a*[男][女]〔男複 *-i*〕odontoiatric*o*
歯科学 odontoiatria[女], odontologia[女]
歯科技工技術 odontotecnica[女]
歯科技工士 odontotecnic*o*[男]〔女 *-ca*; 男複 *-ci*〕
歯科大学 università[女] odontoiatrica

-しか soltanto, nient'altro che, solamente, solo, non… che ¶この仕事をやれるのは彼しかいない. Soltanto lui può fare questo lavoro. ¶これはローマでしか売っていない. Non lo si vende che a Roma. / Lo si vende solo a Roma. ¶犯人は彼としか思えない. Il colpevole non può essere che lui. ¶彼は息子のことしか考えていない. Non pensa ad altro che〔Non fa che pensare〕a suo figlio. ¶そうとしか考えられない. Non posso pensare altrimenti. ¶これだけしかできませんでした. È tutto quello che sono riuscito a fare. / Sono riuscito a fare soltanto questo. ¶これしかない. Non c'è nulla tranne〔eccetto〕questo. ¶歩いて行くしかない. Non rimane che andare a piedi.

しが 歯牙 [慣用] **歯牙にもかけない** tenere *qlcu.*〔*ql.co.*〕in nessun conto, non dare importanza a *qlcu.*〔*ql.co.*〕

じか 時価 prezzo[男]〔valore[男] /《株式など》quo-

tazione㊛] corrente, prezzo㊚ di mercato ¶時価で a prezzo corrente [di mercato] ¶時価で見積もる valutare [stimare] ql.co. sulla base del prezzo corrente
✜時価発行〘金融〙emissione㊛ a prezzo di mercato

じか 磁化 〘物〙magnetizzazione㊛ ◇磁化する magnetizzare, calamitare

じが 自我 il sé㊚, se stesso㊚ [㊛ -a], il proprio io㊚, ego㊚〘無変〙¶自我が強い egocentrico 〘㊙複 -ci〙/〘利己的〙egoistico 〘㊙複 -ci〙¶自我の強い人〘エゴイスト〙egoista㊚㊛〘㊙複 -i〙¶自我の解放〘確立〙emancipazione [affermazione] di se stesso ¶自我に目覚める cominciare ad avere coscienza di se stesso ¶自我を確立する consolidare il proprio io

しかい 司会 ◇司会する〘会議などを〙presiedere (a) ql.co.;〘討論会などを〙condurre [guidare / dirigere] ql.co.;〘大規模・長時間のバラエティー番組などを〙condurre ql.co. ¶彼の司会で sotto la sua presidenza
✜司会者〘会議・パネル・ディスカッションなどの〙moderatore㊚〘㊛ -trice〙;〘テレビ番組などで出演者を紹介する人・披露宴などの進行係〙presentatore㊚〘㊛ -trice〙;〘バラエティー番組・参加者多数の討論番組などの〙conduttore㊚〘㊛ -trice〙¶討論会の司会をつとめる moderare un dibattito / fare da moderatore [〘女性の場合〙moderatrice] di un dibattito

しかい 四海 i mari㊚〘複〙confinanti;〘世界〙il mondo㊚

しかい 市会 consiglio㊚ [複 -gli] [assemblea㊛] municipale [comunale]
✜市会議員 consigliere㊚ [㊛ -a] municipale [comunale] ¶市会議員選挙 elezione (per il consiglio) municipale

しかい 視界 campo㊚ visivo [di visibilità], visuale㊛, vista㊛;〘見通し〙visibilità㊛ ¶視界に入る apparire㊂ [es] ¶視界の内にある trovarsi [essere] nel campo visivo di qlcu. ¶視界をさえぎる togliere la visuale a qlcu. ¶このカーブは視界がきかない。Su questa curva c'è una pessima visibilità. ¶霧のため視界は 30 メートルである。La nebbia riduce la visibilità a trenta metri. ¶山頂で急に視界が開けた。Sulla vetta della montagna all'improvviso si è aperto l'orizzonte.

しがい 市外 zona㊛ fuori città;〘郊外〙sobborgo㊚〘複 -ghi〙
✜市外局番 prefisso telefonico 〘複 -ci〙
市外通話 telefonata㊛ [chiamata㊛] interurbana, interurbana㊛ ¶市外通話をかける fare un'interurbana

しがい 市街 città㊛;〘町の通り〙strade㊛ [複] [vie㊛ [複]] di una città ¶市街を散歩する passeggiare per la città
✜市街化区域 area㊛ edificabile destinata all'urbanizzazione
市街化調整区域 area㊛ ad urbanizzazione controllata
市街戦 guerriglia㊛ urbana
市街地 distretto㊚ urbano
市電車 tram㊚〘無変〙

しがい 死骸 cadavere㊚, corpo㊚;〘動物の〙carogna㊛;〘遺体〙salma㊛

じかい 次回 prossima volta㊛ ¶次回の prossimo ¶決定を次回の会議に回す rimandare una decisione alla prossima seduta

じかい 自戒 autodisciplina㊛, autocontrollo㊚ ◇自戒する imporsi una disciplina, disciplinarsi

じかい 自壊 autodistruzione㊛, disfacimento㊚ per causa interna ◇自壊する autodistruggersi, andare in sfacelo [in rovina]
✜自壊作用 disgregazione㊛

じかい 磁界 〘物〙campo㊚ magnetico 〘複 -ci〙¶磁界の強さ intensità del campo magnetico / forza magnetica

じがい 自害 ◇自害する togliersi la vita, darsi la morte

しがいせん 紫外線 〘物〙raggi㊚ [複] ultravioletti
✜紫外線吸収ガラス vetro㊚ che assorbe i raggi ultravioletti
紫外線療法〘医〙cura㊛ ai raggi ultravioletti

しかえし 仕返し〘復讐〙vendetta㊛;〘スポーツなどの雪辱戦〙rivincita㊛ ◇仕返しとして〘誰か〙〘何か〙のために〙vendicare qlcu. [ql.co.];〘何かのために〙vendicarsi di ql.co.;〘返報〙prendersi la rivincita ¶彼は殺された父親のために仕返しをすることを誓った。Ha giurato di vendicare la [vendicarsi della] morte del padre. ¶必ず仕返しをしてやるからな。Te la farò [faccio] pagare cara! ¶あとの仕返しがこわい。Ho paura che dopo si vendichi su me.

しかく 四角 〘四角形〙quadrangolo㊚;〘四辺形〙quadrilatero㊚;〘正方形〙quadrato㊚;〘長方形〙rettangolo㊚ ◇四角い〘正方形〙quadrato, quadro;〘長方形〙rettangolare →図形 図版 ¶四角いテーブル tavolo㊚ quadrato [rettangolare] ¶板を四角に切る tagliare una tavoletta quadrata
〘慣用〙**四角四面な**〘決まりきった〙sostenuto, freddo, formale;〘真面目な〙serio 〘㊙複 -i〙;〘几帳面な〙cerimonioso ¶四角四面な人 persona troppo rigida ¶四角四面なことを言う parlare in modo formale [serio / cerimonioso]

しかく 死角〘見えない地点〙angolo㊚ [punto㊚] morto (della visuale) ¶子供は車の死角に入っていた。Il bambino si trovava nell'angolo morto della visuale della vettura.

しかく 刺客 assassino㊚ [㊛ -a], omicida㊚ [㊙複 -i], sicario㊚ [㊙複 -i];〔英〕killer㊚㊛〘無変〙¶刺客を送る mandare un sicario ad assassinare [uccidere] qlcu.

しかく 視角 **1**〘物〙angolo㊚ visivo [visuale] **2**〘見地〙punto㊚ di vista, ottica㊛

しかく 視覚 vista㊛, percezione㊛ visiva; facoltà㊛ visiva ◇視覚的 visuale, visivo ◇視覚的に visualmente;〔ラ〕de visu ¶視覚に訴える広告 annuncio pubblicitario che colpisce gli occhi [che salta agli occhi]
✜視覚器官〘解〙organo㊚ visivo
視覚教育 insegnamento㊚ dimostrativo [oggettivo]
視覚教材 (mezzi㊚ [複]) audiovisivi㊚ [複], mezzi㊚ [複] visivi

視覚芸術 arte㊛ viṣiva
視覚言語 《手話, 標識など》linguag*gio*㊚ [複 *-gi*] viṣivo
視覚公害 inquinamento㊚ viṣivo
視覚障害 《医》disturbi㊚ [複] alla vista

しかく 資格 **1**《地位, 立場》titolo㊚, carica㊛;《権利》diritto㊚;《権限》facoltà㊛, autorità㊛ ¶…する資格を与える dare a *qlcu*. il diritto di + 不定詞 / autorizzare *qlcu*. a + 不定詞 ¶彼は大使の[個人の]資格で来た. È venuto「in qualità di ambasciatore [a titolo personale]. ¶君はなんの資格があって我々の問題に口をはさむのかね. A che titolo [Con quale diritto] interferisci nelle nostre faccende? ¶君にそんな事を言う資格はない. Non hai alcun diritto di dire queste cose. ¶彼には相続の資格がない. Non ha diritto all'eredità.

2《必要な条件》requiṣito㊚, qualifica㊛;《能力, 適性》capacità㊛, idoneità㊛, competenza㊛, abilitazione㊛;《免許などの》titolo㊚, licenza㊛ ¶無資格の senza qualifica ¶小学[中学 / 高]校卒業資格 licenza elementare [media / liceale] ¶資格のない privo dei requiṣiti (necessari) / senza titoli / non competente ¶資格がある avere i requiṣiti (necessari) per *qlcu*. [per + 不定詞] / essere idoneo a *qlco*. [per + 不定詞] / essere competente in *ql.co*. ¶資格を失う perdere la qualifica (idoneità) di *ql.co*. [di + 不定詞] ¶資格を与える dare [conferire] a *qlcu*. la qualifica di *ql.co*. [di + 不定詞] ¶医者の資格を得る ottenere la qualifica di medico ¶決勝戦出場の資格を得る qualificarsi per le finali / acquistare il diritto di partecipare alle finali ¶彼は教員の資格を持っている. È abilitato all'insegnamento. ¶研究しない者は学者の資格がない. Chi non ṣvolge ricerche non ha diritto alla qualifica di studioṣo. ¶「資格制度なし」"Non si richiedono titoli." / "Non è richiesto alcun titolo [diploma]".

✣**資格試験** eṣame㊚ di idoneità;《イタリアの職業学校卒業者に職業資格を与えるための》eṣame㊚ di qualifica

資格剝奪 squalifica㊛

しがく 史学 storiografia㊛, storia㊛, scienze㊛ [複] storiche, studi㊚ [複] storici
✣**史学科** istituto㊚ di storia

しがく 私学 scuola㊛ privata
✣**私学教育** istruzione㊛ privata
私学助成金 sovvenzione㊛ statale agli istituti di istruzione privati

しがく 歯学 odontoiatria㊛
✣**歯学部** facoltà㊛ [dipartimento㊚] di odontoiatria

しがく 詩学 poetica㊛, arte㊛ del poetare;《韻律学》proṣodia㊛

じかく 字画 tratto㊚ di un ideogramma;《字画数》numero㊚ dei tratti di un ideogramma

じかく 耳殻 《解》orecchio㊚ [複 *-chi*] esterno, padiglione㊚ auricolare

じかく 自覚 coscienza㊛, consapevolezza㊛, autocoscienza㊛ ◊ **自覚する** avere coscienza (di *ql.co*.), essere cosciente [conṣapevole / conscio [㊚ *-sci* / ㊛複 *-sce*]] (di *ql.co*.), rendersi conto (di *ql.co*.[che+直接法]) ¶自覚を促す risvegliare la coscienza di *qlcu*. ¶彼は父親としての自覚に欠けている. Non è sufficientemente consapevole delle sue responsabilità di padre.

✣**自覚症状** 《医》 ¶自覚症状がある avvertire sintomi soggettivi

しかくい 四角い →四角

しがくかん 視学官 ispet*tore*㊚ [㊛ *-trice*] scolastico [㊚複 *-ci*]

しかくばる 四角張る ¶彼は四角張った顔をしている. Ha il viṣo quadrato. ¶そう四角張るなよ. Non far complimenti! /《くつろぎなさい》Mettiti a tuo agio!

しかけ 仕掛け meccaniṣmo㊚, dispoṣitivo㊚, congegno㊚, apparato㊚;《手品の》trucco㊚ [複 *-chi*];《ちょっとした道具》aggeg*gio*㊚ [複 *-gi*] ¶ばね仕掛け meccaniṣmo a molla ¶時計仕掛け装置 congegno ad orologeria ¶大仕掛けな工事 grandi lavori / lavori su vasta [larga] scala ¶「種も仕掛けもありません」"Non c'è trucco e non c'è inganno!"

✣**仕掛け人** istiga*tore*㊚ [㊛ *-trice*], fomenta*tore* [㊛ *-trice*]

仕掛け花火 spettacolo㊚ pirotecnico [複 *-ci*]

しかける 仕掛ける **1**《やりかける》¶あの子は宿題をしかけて眠ってしまった. Quel bambino si è addormentato, lasciando i compiti a metà.

2《他に何かを仕向ける》costringere *qlcu*. a + 不定詞 ¶けんかを仕掛ける attaccare briga [lite] con *qlcu*. ¶論争を仕掛ける intavolare una polemica con *qlcu*.

3《取り付ける》mettere [collocare] *ql.co*.;《準備する》preparare *ql.co*. ¶線路に爆弾を仕掛ける mettere una bomba sulle rotaie ¶人に罠(㊛)を仕掛ける preparare [tendere] una trappola a *qlcu*. ¶ご飯を仕掛ける preparare il riso per la bollitura

しかざん 死火山 vulcano㊚ spento

しかし ma; invece; però, tuttavia, eppure, ciò nonostante, nonostante ciò, nondimeno ¶しかし驚いた人たちがいた. Ma che razza di gente! ¶品質はいい, しかし高過ぎる. La qualità è buona, solo che costa troppo.

しかじか 然然 ¶しかじかの話をする dire「così e così [questo e quello] ¶しかじかの人が私にそれを話してくれた. Me l'ha detto il tal dei tali.

じがじさん 自画自賛 ◊ **自画自賛する** lodarsi [vantarsi / gloriarsi] (di *ql.co*.), tessere [cantare] le proprie lodi

しかしながら malgrado ciò, nonostante ciò; invece

しかしゅう 詞華集 antologia㊛ [複 *-gie*]; florile*gio*㊚ [複 *-gi*]

しかず non arrivare㉿ [*es*] [essere paragonabile]《に a》¶百聞は一見にしかず.《諺》"Un colpo d'occhio vale più di cento parole."

じかせい 自家製《家・店》fatto in casa ¶自家製のケーキ dolci fatti in casa /《店》dolci di propria produzione

じかせん 耳下腺 《解》parotide㊛, ghiandola㊛ parotide [parotidea]

✣**耳下腺炎**《医》parotite㊛;《流行性》parotite㊛ epidemica;《俗》orecchioni㊚ [複]

じがぞう 自画像 autoritratto[男]

しかた 仕方 《やり方》modo[男] (di＋[不定詞]) ¶君は勉強の仕方が間違っている. È sbagliato il tuo metodo di studio. ¶近ごろの若者はあいさつの仕方も知らない. I giovani di oggi non sanno nemmeno come si saluta. ¶何とかほかに仕方もあったろうに. Forse si poteva fare altrimenti [in un altro modo]. ⇒仕方(が)ない

じかた 地方 《音楽》accompagnamento[男] musicale [《演奏家》musicisti[男][複]] degli spettacoli di danza tradizionale giapponese

しかた(が)ない 仕方(が)ない **1**《やむを得ない》Non c'è niente da fare. / C'è poco da fare. / Per forza. / (Va bene, ci vuole) pazienza! ¶仕方がない，買ってやろう. E va bene, te lo comprerò. ¶仕方ないからあきらめよう. Rassegniamoci, non c'è nient'altro da fare. ¶ああいうやつにかかっては仕方ない. C'è poco da fare con quel tipo. ¶なくなったものは仕方ない. Quello che è perso è perso. ¶君がいなかったので仕方なく帰って来た. Dato che tu non c'eri, non mi è rimasto che andarmene. ¶嵐で彼は仕方なく家にとどまった. Il temporale l'ha costretto a restare a casa. ¶もうお手上げだ，仕方ない. Non ce la faccio più. ¶仕方がないじゃないか. Che ci vuoi fare! / Per forza! (►相手に，または自分自身に向かって，どうしようもないことを納得させる言葉)
2《たまらない》¶こう暑くてはどうにも仕方がない. Che caldo insopportabile! ¶今日は眠くて仕方ない. Oggi casco dal sonno. ¶あの映画を見たくて仕方ない. Muoio dalla voglia di vedere quel film. ¶私も参加したくて仕方なかった. Ci tenevo molto a partecipare anch'io. ¶日本に帰りたくて仕方なかった. Non vedevo l'ora di tornare in Giappone. ¶もう，この仕事はいやでいやで仕方がない. Non ne posso più di questo lavoro!
3《役に立たない》essere inutile ([不定詞]) ¶今さら後悔したって仕方ない. Ormai è troppo tardi per pentirsi. ¶泣いたって仕方ないだろう. "È inutile piangere sul latte versato." ¶仕方ない子だ. È un bambino incorreggibile!

じかたび 地下足袋 calzature[女][複] giapponesi a infradito con suole di gomma (◆usate specialmente dai carpentieri)

じがため 地固め **1**《地面を固めること》rassodamento[男][compressione[女]] di un terreno;《平らにすること》spianamento[男] di un terreno ◇地固めする rassodare un terreno, spianare [livellare] un terreno **2**《基礎を固めること》consolidamento[男][rafforzamento[男]] della base ◇地固めする consolidare [rafforzare /《準備》preparare] la base ¶票田の地固めをする consolidare il consenso elettorale

じかだんぱん 直談判 negoziati[男][複] diretti, trattative[女][複] dirette ◇直談判する negoziare [trattare] con *qlcu.* direttamente [personalmente / faccia a faccia]

じかちゅうどく 自家中毒《医》autointossicazione[女], autotossicosi[女][無変]

しかつ 死活 ¶死活問題 questione「di vita o di morte [di vitale importanza]

しがつ 四月 aprile[男] ¶4月に a [in / nel mese di] aprile
✤四月馬鹿 pesce[男] d'aprile

じかつ 自活 ◇自活する mantenersi, essere economicamente autonomo, vivere[自][es, av] del *proprio* lavoro [guadagno]

しかつめらしい 《まじめくさった》grave, serio [[男][複] -*i*];《もったいぶった》solenne, formale, pomposo, cerimonioso ◇しかつめらしく con gravità, seriamente; solennemente, formalmente ¶しかつめらしい顔をして con aria seria [solenne]

しかと 確と ¶暗くてしかとは見わけられなかった. Non si vedeva distintamente per via del buio. ¶そのことについてしかと考えてみます. Valuterò a fondo la questione. ¶母の手をしかと握った. Ho stretto forte la mano di mia madre.

じかどうちゃく 自家撞着 incoerenza[女], contraddizione[女] ¶自家撞着に陥る contraddirsi

しかとする ignorare *qlcu.*

しがない povero, umile, miserabile

じかに 直に **1**《直接に》direttamente ¶セーターを肌にじかに着る indossare il golf direttamente sulla pelle ¶素手でじかに〈物〉をつかむ prendere *ql.co.* a mani nude
2《本人自身で》in persona, personalmente, senza terzi [intermediari] ¶話は本人からじかに聞きました. L'ho sentito personalmente [direttamente] da lui. ¶彼とじかに話し合った. Gli ho parlato「faccia a faccia [a quattr'occhi].

じがね 地金 **1**《製品の素材となる金属》metallo[男] di base **2**《本性》il *proprio* carattere[男], la *propria* indole[女]

しかねる 仕兼ねる ⇒-兼ねる

じかはつでん 自家発電 produzione[女] di energia elettrica per uso proprio
✤自家発電装置 gruppo[男] elettrogeno

しかばね 屍 ¶生ける屍 cadavere vivente
[慣用] 屍に鞭(むち)打つ maledire un defunto

じかび 直火 ¶魚を直火で焼く arrostire del pesce a fuoco vivo

しがみつく avvinghiarsi a *qlcu.* [*ql.co.*];《手でぎゅっと》aggrapparsi a *qlcu.* [*ql.co.*] ¶一縷(いちる)の望みにしがみつく aggrapparsi a un filo di speranza ¶彼女は落ちないように彼にしがみついた. Si è tenuta stretta a lui per non cadere.

しかめっつら 顰めっ面 《渋面》smorfia[女];《心配顔》viso[男] accigliato

しかめる 顰める ¶顔をしかめる fare una smorfia

しかも 然も **1**《その上》in più, per di più, oltre a ciò, inoltre ¶彼女は美しくてしかも親切だ. Non solo è carina, ma è anche gentile. ¶彼は金持ちだ，しかもまだ若い. Lui è ricco e per di più [per giunta] è ancora giovane.
2《しかし，にもかかわらず》tuttavia, ciò nonostante ¶約束の日が過ぎて，しかも返事がない.「Sebbene il giorno stabilito sia passato, [Il giorno stabilito è passato, tuttavia] non ho ricevuto ancora risposta.

じかよう 自家用 ◇自家用の per uso privato;《自家消費用》per consumo privato [familiare] ¶自家用ワイン vino per consumo familiare
✤自家用車 auto[女][無変] privata [per uso privato]

自家用飛行機 aereo[男] (adibito ad uṣo) privato

しがらみ 柵《障害》ostacolo[男]; 《束縛》vincolo[男] ¶私は家のしがらみから抜け出せない. Non riesco a liberarmi dai [dei] vincoli familiari.

しかる 叱る rimproverare *ql.co.* a *qlcu.* [*qlcu.* per *ql.co.*], ṣgridare [ammonire] *ql.cu.* per *ql.co.*; 《叱責する》redarguire [riprendere] *qlcu.* per *ql.co.*; 《小言》dare [fare]「una ramanzina [《親》una lavata di capo] a *qlcu.* ¶親父にしかられた. Sono stato ṣgridato da mio padre. / Mio padre mi ha dato una lavata di capo. ¶学校に遅刻して先生にしかられた. Sono stato rimproverato dall'insegnante per essere arrivato tardi a scuola.

しかるべき 然るべき 《適切な, 妥当な》opportuno, appropriato, adatto, conveniente; 《当然の, 相応の》ragionevole, dovuto, debito; 《資格のある》qualificato, competente; 《悪くない》decente ¶しかるべき家柄 famiglia decente [《尊敬に値する》rispettabile] ¶難局を打開するためのしかるべき人物 persona「capace di [adatta per] risolvere la criṣi ¶しかるべき時期にしかるべき処置を講ずる prendere provvedimenti ragionevoli [i dovuti provvedimenti] al momento opportuno [giusto] ¶しかるべき理由をつけて adducendo un valido motivo ¶彼の行動は非難されてしかるべきだ. La sua condotta è da rimproverare. ¶君は彼に感謝されてしかるべきだ. Dovrebbe ringraziarti. ¶彼の作品はもっと評価されてしかるべきだ. Le sue opere meriterebbero di essere apprezzate di più.

しかるべく 然るべく in modo appropriato, nella maniera dovuta ¶あとはしかるべく頼むよ. Per il resto mi affido al tuo discernimento.

シガレット 〔英 cigarette〕 sigaretta[女]
✤**シガレットケース** portasigarette[男][無変]
シガレットホルダー bocchino[男]

しかん 士官 ufficiale[男] (►女性にも男性名詞を用いる) ¶陸軍[海軍 / 空軍]士官 ufficiale dell'eṣercito [della marina militare / dell'aviazione]
✤**士官学校** ¶陸軍[海軍 / 空軍]士官学校 accademia militare [navale / aeronautica]
士官候補生 cadetto[男]

しかん 子癇 〘医〙eclampsia[女] gravidica

しかん 史観 concezione[女] storica ¶唯物史観 materialiṣmo storico

しかん 弛緩 rilassamento[男], distensione[女]
◇**弛緩する** rilassarsi ¶筋肉の弛緩 rilassamento [distensione] muscolare ¶精神が弛緩する《人が主語》infiacchirsi nello spirito / rammollire lo spirito
✤**弛緩症** 〘医〙atonia[女]

しがん 志願 **1**《自発的に申し出ること》◇**志願する** offrirsi [preṣentarsi] spontaneamente; 《軍隊に》arruolarsi (volontar*io* [[男]複 *-i*]) nell'eṣercito ¶ある任務を志願する offrirsi volontar*io* per una missione
2《志望》◇**志願する** desiderare *ql.co.* [di＋[不定詞]], aspirare[自][*av*] a *ql.co.* [a＋[不定詞]] ¶教師を志願する aspirare a diventare maestro
✤**志願者** 《仕事・入学などの》richiedente[男][女], aspirante[男][女]; 《立候補・受験などの》candidat*o*[男] [[女] *-a*]
志願兵 soldat*o*[男][[女] *-essa*] volontar*io*, volontar*io*[男][[女] *-ia*]

じかん 字間 ¶字間を空ける[詰める] aumentare [diminuire] lo spazio tra le lettere

じかん 次官 sottosegretar*io*[男][[女] *-ia*; [男] 複 *-i*] di Stato ¶事務[政務]次官 sottosegretario amministrativo [politico]

じかん 時間 **1**【時の流れ】tempo[男] ¶時間と空間 tempo e spazio (►ただしイタリア語では spazio e tempoの順でいう方が自然) ¶時間(の経過)がわからなかった. Ho perso la nozione del tempo. ¶時間がたつ. Il tempo passa [《早く過ぎる》vola / fugge]. ¶時間がたつにつれて con il passar [l'andar] del tempo ¶時間がたつにつれ事態はなんとか収まった. Le cose si sono aggiustate「col tempo [a lungo andare]. ¶それは時間の問題だ. È questione di tempo. ⇀次ページ[会話]
2【一定の長さをもつ時】tempo[男] ¶時間をむだにする perdere [sprecare / buttar via] il tempo ¶時間を節約する[つぶす] risparmiare [ingannare / ammazzare / passare] il tempo ¶彼は時間の使い方を知らない. Non sa「distribuire il [sfruttare il / 《うまく》far buon uṣo del] suo tempo. ¶本を読む時間がない. Mi manca [Non ho] il tempo di [per] leggere (un libro). ¶もう時間がない. Non c'è più tempo. ¶この仕事を終えるのに時間が足りない. Non abbiamo abbastanza tempo per finire questo lavoro. ¶それを修理するのには時間がかかる. Ci vuole [Occorre] tempo per ripararlo. ¶どれくらいの時間がかかるのかね. Quanto tempo ci metterai? ¶スポーツの話をして時間を稼いだ. Ho guadagnato tempo parlando di sport. ¶時間に余裕はないぞ. Non c'è tempo da perdere. ¶せめて彼らにあいさつする時間をくれ. Dammi almeno il tempo di [per] salutarli. ¶物ごとには時間が必要だ. "Biṣogna dare tempo al tempo."
3【時刻】ora[女], tempo[男] ¶正確な時間 ora preciṣa ¶夏時間 ora legale [estiva] ¶現地[日本]時間の3時に alle tre ora locale [giapponese] ¶電車の時間を調べる consultare l'orario dei treni ¶時間どおりである essere puntual*e* [in orario] ¶飛行機は時間どおりに[より早く / に遅れて]到着した. L'aereo è arrivato in orario [in anticipo / in ritardo]. ¶食事をする時間です. È ora [tempo] di mangiare. ¶時間が切迫している. Il tempo stringe [incalza]. ¶彼は時間にルーズだ. Non è mai puntuale. ¶約束の時間をもう2時間も過ぎている. Sono già trascorse due ore dall' (ora fissata per l') appuntamento.
4【時の単位】ora[女] ¶1時間後に fra [tra] un'ora ¶何時間もの間 per diverse ore ¶1時間半の授業 lezione di un'ora e mezzo ¶私は2時間の授業を受けた. Ho fatto due ore di lezione. ¶歩いて[自動車で]1時間かかるだろう. Ci vorrà un'ora di cammino [di auto]. ¶正午まであと2時間だ. Mancano due ore a mezzogiorno.
5【何かをするための一区切り】¶歴史の時間 ora [lezione] di storia ¶1時間目の授業 la prima ora di lezione ¶休み時間 pauṣa / intervallo / 《学校の》ricreazione ¶労働時間 ore [orario] di lavoro ¶商店の営業時間 orario

し

[ore] d'apertura di un negozio
✤時間外労働 lavoro[男] straordinario [複 *-i*]
時間給 paga[女] a ore
時間切れ ¶時間切れです. È finito il tempo. ¶時間切れで作文が終わらなかった. Non sono riuscito a terminare il tema nel tempo stabilito.
時間講師 professore[男][[女] *-essa*] a contratto
時間帯《同一の標準時間を用いる地域》fuso[男] orario [複 *-i*] ;《一定の時間の幅》fascia [複 *-sce*][女] oraria ¶この番組は深夜の時間帯に組まれた. A questo programma è stata assegnata la fascia notturna.
時間つぶし far passare il tempo ¶発車までの時間つぶしに喫茶店でコーヒーを飲んだ. In attesa della partenza del treno ho preso un caffè al bar.
時間割 tabella[女] oraria ¶授業の時間割 orario delle lezioni

しき 士気 morale[男], spirito[男] combattivo ¶士気を鼓舞する tirar su il morale di *qlcu.* ¶士気を阻喪(そう)させる demoralizzare *qlcu.* ¶士気があがって[沈滞して]いる. Il morale è alto [basso].

しき 四季 le quattro stagioni[女][複] (dell'anno) ¶四季折々の花 fiori stagionali ¶四季を通じて per tutto l'anno / in tutte le stagioni ¶この辺は四季の変化に富んでいる. Da queste parti i cambiamenti di stagione sono intensi.

しき 式 1《儀式》cerimonia[女];《宗教の》funzione[女], rito[男] ¶結婚式に参列する assistere a una cerimonia [un rito] nuziale

《会 話》 時間 Tempo cronologico

■時刻 Ora
何時ですか.
(Sa) Che ora è? / (Sa) Che ore sono? / Ha l'ora?
9時です.
Sono le nove.
1時です.
È l'una.
正午[午前0時]です.
È mezzogiorno [mezzanotte].
9時15分です.
Sono le nove e quindici [un quarto].
9時半です.
Sono le nove e trenta [mezzo / mezza].
9時45分です.
Sono le nove e quarantacinque [tre quarti].
10時15分前です.
Sono le dieci meno un quarto. / Sono le dieci meno quindici. / Manca un quarto alle dieci. / Mancano quindici minuti alle dieci.
3時ごろ[を少し過ぎたところ]です.
Sono le tre circa [appena passate].
ちょうど8時です.
Sono le otto in punto [precise].
もう[もうすぐ]6時です.
Sono già [Tra poco saranno] le sei.
[語法] 時刻は, 数字の前に女性定冠詞 le (「1時」の場合は l') をつけて表す. 名詞 mezzanotte「夜中の12時」や mezzogiorno「正午」の前では定冠詞をつけない. また, 時刻を数字で表す場合は "10.15" "10,15" "10:15" (10時15分) のようにピリオド, コンマ, コロンを用いる.

■日付 Data
今日は何日ですか.
Oggi quanti ne abbiamo? / Che giorno è oggi?
3月16日[1日]です.
È il sedici [il primo] (di) marzo.
16日です.
Ne abbiamo sedici.
[語法]「1日 il primo」は序数で, その他の日にちは基数 (due, tre...) で, 男性定冠詞をつけて表す. 定冠詞は日程表や手紙・書類の日付などでは略され, また, 公式の書類では, たとえば, il ventitré (di) novembre 2008 の場合に, しばしば il 23-11-2008 と書かれる.

■曜日 Giorno
今日は何曜日ですか.
Che giorno (della settimana) è oggi?
月[日]曜日です.
È lunedì [domenica].
[語法] 曜日の前に定冠詞がついている場合とついていない場合とでは, 意味が異なる.
毎月曜日働いている.
Il lunedì [Di lunedì] lavoro. (=tutti i lunedì)
来週の月曜日は働く.
Lunedì lavoro. (=lunedì prossimo)
この前の月曜日は働いた.
Lunedì ho lavorato. (=lunedì scorso)

■時の長さなどを尋ねる
何時に[何時ごろ]会社に行くの?
A [Verso] che ora vai in ufficio?
9時前[1時 / 正午]に行く.
Ci vado「prima delle nove [all'una / a mezzogiorno].
何曜日から何曜日まで彼の所に行ってるの?
Da che giorno a che giorno vai da lui?
火曜日から金曜日まで.
Da martedì a venerdì.
ふだん何時間眠るのですか.
Di solito (per) quante ore dorme?
7時間です.
(Per) Sette ore.

応 用 例
朝の間に
in mattinata
あさっての朝に
la mattinata di dopodomani
午後はいつも
il [di] pomeriggio

2 《様式，方式》stile男, maniera女, tipo男, modello男, metodo男, sistema男[複 -i] ¶日本式の家具 mobili di stile giapponese ¶日本式に座る sedersi alla [secondo l'usanza] giapponese ¶電池式ラジオ radio a batteria [pile] ¶ゴシック式建築 architettura gotica ¶ヘボン式ローマ字 sistema di traslitterazione Hepburn
3 《数学などの》formula女, espressione女 ¶構造[分子]式《化》formula strutturale [molecolare] ¶式で表す esprimere *ql.co.* in formule
✤**式次第** programma男[複 -i] della cerimonia
式量《化》peso formula

しき 死期 ora女 [momento男] della morte ¶彼は死期の近いのを感じている。Sente che la sua ora [la sua fine] è prossima. ¶過労が彼の死期を早めた。L'eccessivo impegno nel lavoro ha affrettato la sua morte.

しき 指揮 **1** 《軍隊の司令など》comando男; 《指導，運営》direzione女 ◇**指揮する** comandare; dirigere ¶一将軍の指揮のもとに sotto il comando di un generale ¶作戦の指揮をとる「assumere il controllo di [dirigere] un'operazione
2 《音楽の》direzione女 ◇**指揮する** dirigere ¶リッカルド・ムーティ指揮のオーケストラ orchestra diretta da Riccardo Muti
✤**指揮官**《軍》comandante男女
指揮系統 linea女 di comando, gerarchia女
指揮権 指揮権を発動する esercitare il [potere di] comando
指揮者 direttore男[女 -trice]; capo男; 《音》di-

火曜(の朝)に
martedì (mattina)
来[先]週(に)
la settimana prossima [scorsa / passata]
8月に
in [ad / nel mese di] agosto
4月から6月の間のいつか
fra aprile e giugno
夏に
in estate
1992年に
nel [nell'anno] 1992
 (読み方：millenovecentonovantadue)
2008年の3月[春]に
nel marzo [nella primavera] del 2008
 (読み方：duemilaotto)
4年前の2月6日に
il sei febbraio di quattro anni fa
今週の前半[後半]
la prima metà [la seconda metà] di questa settimana
今週の半ばに
a metà settimana
月の始め[始めごろ / 始めごろ / 終わりごろ / 終わりごろ]に
all'inizio [ai primi / agli inizi / agli ultimi / alla fine] del mese
2か月前に
due mesi fa [prima] (▶**fa** は現在を基点に，**prima** は過去・未来のある時点を基点にする)
5時間後に
fra cinque ore; cinque ore dopo (▶**fra** は現在を基点に，**dopo** は過去・未来のある時点を基点にする)
3時間のうちに[3時までに]できるだろう．
In tre ore [Entro le tre] potrei farcela.
1492年のことだった．
Era [Correva] l'anno 1492. / Siamo nel 1492.

用 語 集

●**朝昼晩・日**
時間 ora女. 夜明け alba女. 朝，午前中 mattina女;《限定して》mattinata女 (▶**mattina** よりも「…中」というニュアンスが強くなる). 正午 mezzogiorno男. 昼，午後 pomeriggio男. 夕暮れ時 crepuscolo男. 日没 tramonto男. 夕方, 晩，夜 sera女 (▶だいたい日没から就寝のころまで);《限定して》serata女. 夜, 晩 notte女 (▶だいたい就寝のころから夜明けまで). 真夜中の0時 mezzanotte女. 日 giorno男;《限定して》giornata女. 一昨日 l'altroieri, ieri l'altro. 昨日 ieri男. 今日 oggi男. 明日 domani男. 明後日 dopodomani男. 今朝 questa mattina男; stamattina (▶副詞), stamani (▶副詞). 今日の午後 questo [oggi] pomeriggio男. 今夕, 今晩 questa sera; stasera (▶副詞). 今夜 questa sera男; questa notte; stanotte (▶副詞).

●**曜日**
曜日 giorno男 della settimana. 週 settimana女. 週末 fine settimana男[無変]. 月曜日 lunedì男;《略》lun. 火曜日 martedì男;《略》mar., mart., ma. 水曜日 mercoledì男;《略》mer., merc., me. 木曜日 giovedì男;《略》gio., giov. 金曜日 venerdì男;《略》ven. 土曜日 sabato男;《略》sab. 日曜日 domenica女;《略》dom.

●**月**
月 mese男. 月末の[に] a [di] fine mese. 1月 gennaio男;《略》gen., genn. 2月 febbraio男;《略》feb. 3月 marzo男;《略》mar. 4月 aprile男;《略》apr. 5月 maggio男;《略》mag. 6月 giugno男;《略》giu. 7月 luglio男;《略》lug., lu. 8月 agosto男;《略》ago., ag. 9月 settembre男;《略》set., sett. 10月 ottobre男;《略》ott. 11月 novembre男;《略》nov. 12月 dicembre男;《略》dic.

●**季節**
季節 stagione女. 四季 quattro stagioni女[複]. 春 primavera女. 夏 estate女. 秋 autunno男. 冬 inverno男.

しぎ 鴫 《鳥》《ヤマシギ》beccaccia⊛《複 -ce》;《タシギ》beccaccino⊛;《ダイシャクシギ》chiurlo⊛

rettore⊛ d'orchestra [《合唱の》di coro])
指揮台《音》podio⊛[複 -i](del direttore)
指揮棒 bastone⊛ di comando;《音》bacchetta⊛ (del direttore d'orchestra)

じき 次期 ¶次期国会 la prossima sessione parlamentare ¶次期予算案 progetto di bilancio per il prossimo esercizio

じき 時季 stagione⊛ ¶オレンジはもう時季はずれだ. Non è più la stagione delle arance.

じき 時期 《時》tempo⊛;《期 間》periodo⊛;《時代》epoca⊛ ¶同じ時期に nello stesso periodo ¶受付の時期 termine per la presentazione di una domanda ¶時期が悪い. È un momento poco opportuno.
❖**時期尚早** ¶革命には時期尚早だ. Per la rivoluzione i tempi sono ancora prematuri. / È ancora troppo presto per (fare) la rivoluzione.

じき 時機 ¶時機を逸する lasciarsi sfuggire un'occasione favorevole ¶時機をうかがう aspettare il momento propizio ¶時機をとらえる afferrare [cogliere] l'occasione (per+不定詞) / approfittare dell'occasione (favorevole) / prendere la palla al balzo

じき 磁気 《物》magnetismo⊛ ◇磁気を帯びた magnetico, magnetizzato, calamitato ¶地磁気 magnetismo terrestre ¶動物磁気 magnetismo animale ¶磁気を帯びさせる magnetizzare [calamitare] ql.co.
❖**磁気嵐** tempesta⊛ magnetica
磁気カード carta⊛ [scheda⊛] magnetica
磁気カード読取装置 lettore⊛ di carte magnetiche
磁気化学 magnetochimica⊛
磁気観測所 osservatorio⊛ [複 -i] magnetico [複 -ci]
磁気記憶 memoria⊛ magnetica
磁気クラッチ innesto⊛ magnetico
磁気抵抗 riluttanza⊛
磁気作用 azione⊛ magnetica
磁気ディスク[テープ/ドラム] disco⊛ [複 -schi] [nastro⊛/tamburo⊛] magnetico
磁気ヘッド testina⊛ magnetica
磁気モーメント momento⊛ magnetico
磁気録音 registrazione⊛ magnetica

じき 磁器 porcellana⊛

じき 直《即刻》subito, immediatamente;《間もなく》fra poco, entro breve, da un momento all'altro;《距離が近い》vicino, accanto ¶もうじきお昼だ. È quasi mezzogiorno. ¶父はもうじき70歳だ. Mio padre si avvicina alla settantina. ¶彼はじきに忘れてしまった. L'ha dimenticato abbastanza presto. ¶もうじきフィレンツェに到着する. Siamo quasi arrivati a Firenze. / Fra poco arriviamo [siamo] a Firenze. ¶駅まではじきだ. La stazione è poco distante.

じぎ 字義 significato⊛ di una parola, accezione⊛ ¶字義通りの解釈 interpretazione letterale ¶字義通りに取る interpretare alla lettera [letteralmente]

じぎ 児戯 ¶児戯に等しいことだ. Si tratta di una cosa infantile [puerile]. / È una bambinata. /《たやすい》È un gioco da bambini.

じぎ 時宜 ◇時宜を得た tempestivo, opportuno

しきい 敷居 soglia⊛ ¶敷居をまたぐ varcare la soglia (di casa) / metter piede in casa ¶この家の敷居は二度とまたがせないぞ. Non ti farò mai più rimettere piede in questa casa!
|慣用| **敷居が高い** ¶あの家は私には敷居が高い. Non ho il coraggio di presentarmi in quella casa.

しきいき 識閾 《心》limen⊛, soglia⊛ della coscienza ¶識閾上[下]の sopraliminale [subliminale]

しきいし 敷石 selce⊛, pietra⊛ per lastricare, selciato⊛;《じゃり》ghiaia⊛ ¶敷石を敷いた道 strada pavimentata [lastricata]

しきうつし 敷き写し →引き写し

じきおんどけい 自記温度計 termografo⊛

しぎかい 市議会 consiglio⊛ [複 -gli] [assemblea⊛] municipale [comunale]
❖**市議会議員** consigliere⊛[⊛ -a] municipale [comunale]

しきかく 色覚 visione⊛ dei colori ¶色覚に障害のある人 daltonico⊛[⊛ -ca;⊛複 -ci]
❖**色覚異常** daltonismo⊛

しきがわ 敷皮《靴の》soletta⊛;《床に敷く獣皮など》(tappeto⊛ di) pelle⊛

しきかん 色感 percezione⊛「del colore [cromatica]

じききあつけい 自記気圧計 barografo⊛

しきぎょう 私企業 impresa⊛ privata

しききん 敷金 cauzione⊛, deposito⊛ cauzionale ¶3か月の敷金を要求する[払う] richiedere [versare] un deposito di tre mesi ¶敷金を返してもらう far restituire un deposito

しきけん 識見 giudizio⊛[複 -i], discernimento⊛

しきさい 色彩 **1**《彩り》colore⊛, colorazione⊛;《色調, ニュアンス》tinta⊛;《基調, 特徴》coloritura⊛ ◇色彩に富んだ pieno di colore, variopinto;《鮮やかな》dai colori vivaci ◇色彩に乏しい incolore, monotono, scialbo ¶柔らかい色彩 colori dolci [delicati]
2《気味》colore⊛;《表現の調子》tinta⊛;《様子》aspetto⊛ ¶政治的色彩 colore politico ¶彼の一生は宗教的な色彩を帯びている. Tutta la sua vita è caratterizzata da un'impronta religiosa.
❖**色彩感覚** senso⊛ del colore ¶色彩感覚がいい avere un ottimo senso del colore
色彩計 colorimetro⊛
色彩調節 regolazione⊛ [controllo⊛] del colore

しきし 色紙 foglio⊛[複 -gli] quadrato resistente e di qualità superiore per scrivere poesie, autografi o disegnare

しきじ 式辞 ¶式辞を述べる pronunciare un discorso di saluto

しきじ 識字 alfabetizzazione⊛
❖**識字運動** movimento⊛ contro l'analfabetismo
識字率 tasso⊛ di alfabetizzazione ¶この国の識字率は低い. In questo paese il tasso di alfabetizzazione è basso.

じきじき 直直 ◇じきじきに direttamente, senza intermediari, a quattr'occhi; 《自分で》personalmente, di persona

しきしゃ 識者 persona⊛ dotta [colta / istruita / acculturata] ；《専門家》esperto⊛ [⊛ -a] ¶識者の意見を徴(☆)する ascoltare un consiglio da una persona competente

しきじゃく 色弱 leggero daltonismo⊛ ¶私は色弱だ. Sono leggermente daltonico.

しきじょう 式場 salone⊛ per cerimonie; 《結婚披露の》salone⊛ dei banchetti nuziali

しきじょう 色情 desiderio⊛ [複 -i] sessuale [carnale]; libidine⊛
❖色情狂 maniaco⊛ [⊛ -ca; 男 -ci] sessuale; erotomane⊛;《女性の》ninfomane⊛

しきそ 色素 sostanza⊛ colorante;《生》pigmento⊛ ¶皮膚[血液/毛髪]の色素 pigmento della pelle [del sangue / dei capelli]
❖色素欠乏症《医》albinismo⊛
色素細胞 cellula⊛ pigmentale, pigmentale⊛
色素体《植》plastidio⊛ [複 -i]
色素沈着 pigmentazione⊛

じきそ 直訴 petizione⊛ diretta ◇ 直訴する inoltrare una petizione diretta a qlcu., fare appello [appellarsi] direttamente a qlcu.

しきそう 色相 tinta⊛

しきそくぜくう 色即是空《仏教》Tutte le cose sono vane.

しきたり 仕来り《慣習》tradizione⊛, costume⊛, uso⊛, usanza⊛, convenzione⊛;《きまり》regola⊛ ¶しきたりに従って secondo l'uso [l'usanza]

ジギタリス《蘭 digitalis》《植》digitale⊛

しきち 敷地 terreno⊛ edificabile [fabbricabile]; appezzamento⊛ (di terreno), sito⊛;《官庁》ubicazione⊛ ¶原子力発電所の敷地を選定する scegliere「il terreno per la costruzione [il sito] di una centrale nucleare

しきちょう 色調 tono⊛ di colore, tonalità⊛, gradazione⊛ di colore ¶柔らかい色調のじゅうたん tappeto dai colori tenui

しきつめる 敷き詰める《肥料・じゃりなどを》spargere, spandere ¶じゅうたんを床に敷き詰める stendere un tappeto su tutto il pavimento / ricoprire il pavimento con una moquette

じきでし 直弟子 discepolo⊛ [⊛ -a] diretto, allievo⊛ [⊛ -a] diretto

しきてん 式典 →儀式

じきでん 直伝 ◇ 直伝の tramandato direttamente da qlcu. (a qlcu.) ¶直伝の秘術 tecnica [arte] segreta trasmessa personalmente

じきとりひき 直取引《商》operazione diretta [《現金の》per contanti]

じきひつ 直筆 autografo⊛, la *propria* calligrafia⊛ ◇直筆の autografo, di *proprio* pugno

しきふ 敷布 lenzuolo⊛ per il materasso

しきふく 式服 abito⊛ da cerimonia

しきぶとん 敷き布団《畳の上に敷き布団を敷く》stendere un materasso [un piumino] sul *tatami*

しきべつ 識別 discernimento⊛;《区別》distinzione⊛ ◇ 識別する discernere ql.co. da ql.co.; distinguere ql.co. [da] ql.co., fare una distinzione fra [tra] ql.co. e ql.co.

しきま 色魔 dongiovanni⊛ [無変], libertino⊛, rubacuori⊛ [無変]

しきもう 色盲 →色覚異常

しきもの 敷物 tappeto⊛;《部屋全体に敷き詰める》《仏》moquette⊛ [mokét] ⊛ [無変];《マット》tappetino⊛;《ベッドの横に敷く》scendiletto⊛ [無変];《しゅろ・わらなどの》stuoia⊛;《座布団》cuscino⊛ (per sedersi)

じぎゃく 自虐 autolesionismo⊛ ◇自虐的(な) autolesionistico⊛ [⊛ -ci]

しきゅう 子宮《解》utero⊛ ◇子宮の uterino
❖子宮萎縮 atrofia⊛ uterina
子宮外妊娠 gravidanza⊛ extrauterina
子宮癌《医》carcinoma⊛ [複 -i] [cancro⊛] dell'utero
子宮筋腫《医》fibroma⊛ [複 -i] dell'utero
子宮頸癌《医》carcinoma⊛ [複 -i] [cancro⊛] della cerviceuterina
子宮頸癌検診《英》pap-test [paptést] ⊛ [無変]
子宮後屈症《医》retroflessione⊛ dell'utero
子宮内膜症《医》endometriosi⊛ [無変]

しきゅう 支給《賃金などの》pagamento⊛;《仕事・土地・年金などの》assegnazione⊛;《保証金・手当などの》concessione⊛;《食糧などの配給》distribuzione⊛, fornitura⊛ ◇支給する pagare; assegnare; concedere; versare; distribuire ¶月給20万円を支給する pagare (a qlcu.) una mensilità di duecentomila yen
❖支給額 somma⊛ di denaro concessa
支給品 oggetto⊛ fornito

しきゅう 至急 subito, immediatamente, urgentemente, con urgenza ◇至急の urgente ¶至急の用件で per una faccenda urgente ¶彼に至急電話しなければならない. Ho premura [urgenza] di telefonargli. ¶至急返事をください. Vogliate rispondermi con sollecitudine. ¶大至急来てください. Venga con la massima urgenza.
❖至急電報 telegramma⊛ [複 -i] urgente
至急報 avviso⊛ urgente

じきゅう 自給 autosufficienza⊛
❖自給自足《経》autosufficienza⊛, autarchia⊛, indipendenza⊛ economica ◇ 自給自足の autosufficiente ◇自給自足する essere autosufficiente [indipendente], bastare⊡ [es] a *se stesso*
自給自足政策《経》politica⊛ d'autarchia
自給率 tasso⊛ di autosufficienza

じきゅう 持久《耐久》durata⊛, resistenza⊛;《がんばり》perseveranza⊛;《ねばり強さ》tenacia⊛
❖持久戦《戦争で》guerra⊛ di posizione [di logoramento] ¶彼はこの問題を持久戦に持ち込もうとしている. Vuole risolvere questo problema in un gioco di pazienza.
持久力 capacità⊛ di resistenza, tenacia⊛ ¶持久力がある avere resistenza / essere resistente ¶ジョギングをして持久力を高める migliorare la resistenza facendo jogging
持久走 gara⊛ di resistenza

じきゅう 時給 pagamento⊛ [paga⊛] a ore ¶時給1000円出します. Paghiamo mille yen all'ora.
❖時給制 sistema⊛ della paga oraria

しきょ 死去 morte[女], trapasso[男], scomparsa [女], decesso[男]; 《文》 dipartita[女] ◇死去する morire[自][*es*], spirare[自][*es*], scomparire[自][*es*]; andarsene

じきょ 辞去 ◇辞去する accomiatarsi [congedarsi] 《のもとを da》

しきょう 司教 〘カト〙 ¶大司教 arcivescovo ¶司教様《呼びかけ》 Eminenza!
✤**司教館** vescovado[男], curia[女] vescovile
司教管区 diocesi[女][無変]
司教書 lettera[女] pastorale

しきょう 市況 〘経〙(andamento[男] del) mercato[男] ¶活発な市況 mercato attivo ¶閑散な市況 mercato fiacco [fermo] ¶市況が回復する[崩れる]. Il mercato riprende [crolla]. ¶市況は堅調である. L'andamento del mercato è stabile. ¶市況は軟調である. Il mercato tende al ribasso.

しきょう 詩興 ¶詩興が湧く《人が主語》 essere preso da ispirazione poetica

しぎょう 始業 apertura[女], inizio[男] del lavoro ¶この会社は8時半始業だ. Il lavoro in questa ditta comincia alle otto e mezzo.
✤**始業式** cerimonia[女] inaugurale di un periodo scolastico
始業時刻 orar*io*[男][複 *-i*] d'apertura
始業ベル《授業の》 campana[女] d'inizio delle lezioni; 《工場などのサイレン》 sirena[女] di fabbrica per l'inizio del lavoro

じきょう 自供 confessione[女] ◇自供する confessare un delitto

じぎょう 事業 **1**《仕事》 lavoro[男], opera[女] ¶公共事業 servizio pubblico ¶慈善事業 opere filantropiche ¶大事業を成しとげる realizzare grandi cose [un grande lavoro]
2《企業》 impresa[女]; 《実業》 affari[男][複] ¶国営[民営]事業 imprese statali [private] ¶事業に失敗[成功]する fallire [avere successo] negli affari ¶事業を興(おこ)す avviare [iniziare] una (nuova) impresa [un (nuovo) commercio] ¶事業を拡大[縮小]する ampliare [ridurre] i *propri* affari ¶彼の事業はうまくいっている. I suoi affari [Le sue opere] vanno bene.
✤**事業家** imprendi*tore*[男][[女] *-trice*]; industriale [男][女] ¶彼はなかなかの事業家だ. È molto abile negli affari.
事業所得 reddito[男] 「d'impresa [industriale / commerciale]
事業税 imposte[女][複] sui profitti d'impresa

しきょうひん 試供品 campione[男] di prova, campioncino[男]

しきょく 支局 filiale[女], succursale[女], sede[女] locale ¶ローマに編集支局を開設する aprire un nuovo ufficio di redazione a Roma

しきよく 色欲 concupiscenza[女], desider*io*[男][複 *-i*] carnale [sessuale]; libidine[女], voluttà [女], lussuria[女] ¶色欲に溺(おぼ)れる abbandonarsi ai piaceri della carne

じきょく 時局 stato[男] delle cose, situazione [女] attuale ¶時局の推移 evoluzione degli avvenimenti ¶時局がら tenendo conto della situazione

じきょく 磁極 〘物〙 polo[男] magnet*ico* [複 *-ci*] ¶北[南]磁極 polo nord [sud] magnetico

しきり 仕切り **1**《区切ること》 divis*orio*[男][複 *-i*]; 《部屋の間仕切り》 tramezzo[男]; 〘建〙 tavolato[男]; 《壁》 parete[女], muro[男] (►城壁のように, 四方を囲む外壁の複数は le mura); 《隔壁》 paratia[女]; 《防塵(ぼうじん)の》 separatore[男] di polvere; 《交通規制などの柵》 transenna[女] ◇仕切りの divisorio ¶このかばんには仕切りが2つある. Questa borsa ha tre scomparti.
2《決算》 chiusura[女] del bilancio
3《相撲の》 posizione[女] ¶仕切りに入る[直す] mettersi [rimettersi] in posizione per l'attacco
✤**仕切り壁** parete[女] divisoria
仕切り書 fattura[女]
仕切り帳 libro[男] fatture

しきりに 頻りに **1**《何度も》 molto spesso, frequentemente, ripetutamente; 《絶えず》 continuamente, incessantemente, sempre ¶彼のことがしきりに思い出される. Il suo ricordo mi ritorna sempre alla mente. ¶しきりに雨が降っている. Sta piovendo incessantemente [senza posa / di continuo / in continuazione]. ¶しきりに電話がかかってくる. Ricevo continue telefonate.
2《熱心に, 切に》 fortemente; vivamente ¶娘の幸せを父はしきりに願っている. Il padre si augura vivamente che la figlia possa essere felice.

しきる 仕切る **1**《区切る》 dividere; 《壁などで》 tramezzare ¶応接間を仕切って2部屋にした. Abbiamo diviso il salotto per ricavarne due stanze. **2**《決算する》 chiudere il bilancio [i conti]
3《取り仕切る》 controllare, avere pieno potere 《を su》 ¶会議を仕切る avere un pieno potere sull'assemblea

しきん 資金 fondo[男], capitale[男] ¶運転資金 capitale liquido [circolante / d'esercizio] / fondo di cassa corrente ¶運動資金 fondo per una campagna ¶回転[準備]資金 fondo di rotazione [di riserva] ¶政治資金《政党の》 fondi dei partiti ¶資金がない《人が主語》 essere a corto di fondi [di capitali] / trovarsi in difficoltà finanziarie ¶資金を出す fornire i capitali [i fondi] 《に a》/ finanziare *ql.co.* ¶資金を調達する raccogliere i fondi [i capitali] 《のための per》 ¶資金をつぎ込む investire capitali in *ql.co.*
✤**資金援助** 〘金融〙 assistenza[女] finanziaria
資金カンパ colletta[女]
資金繰り ¶資金繰りに行き詰まる essere a un punto morto nelle operazioni finanziarie
資金コスト costo[男] dei fondi
資金洗浄 《マネーロンダリング》 riciclag*gio*[男][複 *-gi*] di denaro (sporco)
資金調達 raccolta[女] di fondi
資金不足 insufficienza[女] di fondi

しぎん 詩吟 「recitazione[女] cantata [declamazione[女]] di poemi cinesi classici

しきんきょり 至近距離 brevissima distanza [女] ¶至近距離から撃つ sparare a *qlcu.* [*ql.co.*] da breve distanza [a bruciapelo]

しきんせき 試金石 pietra[女] di paragone (►比喩的な意味もある); 《試練》 prova[女] decisiva, prova[女] del fuoco

しく 詩句 《詩の一句》 frase[女] di una poesia; 《詩の一行》 linea[女] poetica; 《詩節》 verso[男];

strofa㊛; stanza㊛

しく 敷く **1**《広げる》stendere *ql.co.*《に su》;《一面を覆うように》ricoprire *ql.co.*《を di, con》¶砂利を敷いた道 strada ricoperta di ghiaia ¶布団を敷く stendere il *futon* / preparare il letto ¶テーブルにクロスを敷く ricoprire il tavolo con una tovaglia ¶日本の家には畳が敷いてある. Nelle case giapponesi il pavimento è ricoperto di *tatami*.
2《下敷にする》¶紙の下に下敷きを敷く mettere il sottomano sotto la carta ¶布団を敷いて座る sedersi sul cuscino ¶あの奥さんは主人を尻に敷いている. Quella signora tiene in pugno il marito. / Quella signora si mette il marito sotto i piedi.
3《敷設する》installare *ql.co.* ¶ガス[電話]を敷く installare il gas [il telefono] / mettere il gas [il telefono] ¶線路を敷く posare le rotaie ¶鉄道を敷く costruire una linea ferroviaria
4《行き渡らせる》promulgare [proclamare] *ql.co.* ¶戒厳令を敷く proclamare lo stato d'assedio [la legge marziale] ¶占領地に軍政を敷く stabilire il regime militare nel territorio occupato

じく 字句 **1**《語》parole㊛[複];《句》frase㊛ ¶字句にこだわる prendere [intendere] troppo alla lettera
2《言葉遣い》forma㊛ della frase, formulazione㊛, enunciazione㊛ ¶字句を訂正する correggere e modificare la formulazione [l'enunciazione] ¶これは字句には表せない. Non ho parole per esprimere questo.

じく 軸 **1**《回転体の中心》asse㊚;《シャフト》《機・車》perno㊚, albero㊚ ¶地軸 asse terrestre ¶回転軸 asse di rotazione ¶車軸 asse della ruota ¶コンパスの中心軸 perno del compasso ¶主軸 albero motore (►複数形は alberi motore) ¶結晶軸 asse cristallografico
2《植》《花軸》stelo㊚ / gambo㊚ / fusto㊚ /《葉軸》picciolo㊚
3《ペンなどの》¶ペン軸 portapenne㊚[無変] ¶マッチの軸 bastoncino del fiammifero
4《巻物》¶掛け軸 rotolo di pittura e di scrittura
5《数》asse㊚ ¶座標軸 assi coordinati ¶縦[横]座標軸 asse delle ordinate [delle ascisse] ¶対称軸 assi di simmetria

しぐさ 仕草 **1**《身振り》gesto㊚, cenno㊚;《態度》comportamento㊚, atteggiamento㊚ ¶しぐさで伝える comunicare a gesti ¶彼は入れ[わかった]というしぐさをした. Ha fatto il gesto di entrare [di aver capito].
2《演技》recitazione㊛, interpretazione㊛;《パントマイム》mimica㊛

ジグザグ〔英 zigzag〕zigzag㊚[無変] ◇ジグザグに[の] a zigzag ¶ジグザグに進む procedere㊋[es] a zigzag / zigzagare㊋[av]

じくじ 忸怩 ¶…を思い出すとじくじたるものがある. Arrossisco di vergogna al ricordo di *ql.co.*

しくしく 1《泣く様子》《擬》sob sob ¶しくしく泣く singhiozzare㊋[av] sommessamente / piagnucolare㊋[av]
2《痛む様子》¶胃がしくしく痛む. Ho un doloretto fastidioso allo stomaco.

じくじく ◇じくじくした《水で》umido, paludoso, madido;《膿で》in suppurazione, purulento ¶じくじくした土地 terreno paludoso [acquitrinoso] ¶汗がじくじく出る. Sono madido [intriso / fradicio] di sudore. ¶傷口から膿がじくじく出る. Il pus essuda dalla piaga. / La piaga è piena di pus.

しくじり《不成功》insuccesso㊚;《失敗》fallimento㊚;《過失》errore㊚

しくじる《失敗する》fallire㊋[es] (►人が主語のとき [av]) in *ql.co.*, non riuscire in *ql.co.* [a+不定詞], andare a rotoli ¶彼の試みはしくじった. Ha fallito nel suo tentativo. / Il suo tentativo è fallito [non è riuscito / è andato male]. ¶入社試験はしくじった. Non sono riuscito a superare l'esame di assunzione.

じぐち 地口 gioco㊚[複 -*chi*] di parole, bisticcio㊚[複 -*ci*]

しくつ 試掘 ¶試掘する《鉱脈などを》cercare [andare alla ricerca di] un filone
❖**試掘権** diritto㊚ di ricerche minerarie
試掘坑 pozzo㊚ di assaggio

シグナル〔英 signal〕segnale㊚ →信号

しくはっく 四苦八苦 ◇四苦八苦する ingegnarsi《を+不定詞》, darsi in gran daffare (sudare sette camicie) per *ql.co.* [per+不定詞]

じくばり 字配り ¶ポスターの字配り disposizione delle lettere in un poster

しくみ 仕組み **1**《構造》struttura㊛;《仕掛け》meccanismo㊚, congegno㊚ ¶パイプオルガンの仕組み struttura di un organo a canne
2《構成》costituzione㊛, assetto㊚, organizzazione㊛, struttura㊛ ¶会社の仕組み organizzazione di una società
3《構想》piano㊚;《手はず》disposizione㊛, preparativo㊚;《工夫》congegno㊚ dispositivo ¶複雑な仕組みの劇 dramma «con una [dalla] trama complicata»

しくむ 仕組む《たくらむ》macchinare [ordire] *ql.co.* ¶仕組まれたこと colpo premeditato / macchinazione ¶彼にうまく仕組まれた. Mi ha fatto cadere in trappola.

シクラメン〔英 cyclamen〕《植》ciclamino㊚

しぐれ 時雨 breve pioggia㊛[複 -*ge*] nel tardo autunno

しけ 時化 **1**《海の荒れ》mare㊚ grosso, mare burrascoso [tempestoso], fortunale㊚ ¶しけ模様だ. Sembra che ci sarà burrasca in mare.
2《不漁》pesca㊛ scarsa
3《不景気》recessione㊛;《興行の不入り》bassa affluenza㊛ di spettatori ¶映画界はしけ続きだ. Il mercato cinematografico è in ribasso.

しけい 死刑 pena㊛ di morte, pena㊛ capitale (◆イタリアでは 1948 年廃止) ¶死刑を宣告する condannare «a morte [alla pena capitale]» *qlcu.* ¶死刑を求刑する richiedere la pena di morte ¶死刑を執行する giustiziare *qlcu.* (morte) / eseguire la condanna a morte ¶死刑を廃止する abolire la pena capitale
❖**死刑執行** esecuzione㊛ capitale
死刑執行人 boia㊚[無変], carnefice㊚
死刑囚 condannato㊚[複 -*a*] a morte

死刑場 luogo[男][複 -*ghi*] dell'esecuzione (di un condannato a morte)

死刑廃止 abolizione[女] della pena di morte

しけい 私刑 ⇀リンチ

しけい 紙型 〔印〕 flano[男], matrice [impronta][女] stereotipa

しけい 詩形・詩型 forma[女] poetica

じけい 自警 vigilanza[女] [sorveglianza[女]] in proprio ◇**自警する** vigilare[自][*av*] da sé

✤**自警団員** membro[男] di un comitato volontario di vigilanza

しけいおん 歯茎音 〔音声〕 consonanti[女][複] alveolari

しげき 史劇 dramm*a*[男][複 -*i*] storic*o* [複 -*ci*]

しげき 刺激

1《感情などへの》 stimolo[男]; 《興奮》 eccitazione[女], irritazione[女]; 《推進》 impulso[男] ◇**刺激する** stimolare, destare; eccitare, irritare, urtare; dare impulso《を a》 ◇**刺激的な** stimolante, eccitante ¶刺激されて spronato da *ql.co.* / sotto l'impulso [la spinta] di *ql.co.* ¶刺激のない生活 vita monotona ¶刺激を求める cercare emozioni ¶景気を刺激する dare impulso agli affari [alle attività commerciali] / promuovere gli affari ¶都会の生活は私には刺激が強すぎる. La vita in una grande città per me è troppo eccitante. ¶彼の言うことは人を刺激する. Ciò che dice indispone [innervosisce] la gente.

2《感覚器官への》 ¶食欲を刺激する stuzzicare [stimolare] l'appetito ¶神経を刺激する音だ. È un rumore che urta i nervi [che dà ai nervi].

✤**刺激物** stimolante[男], eccitante[男]

しげき 詩劇 dramm*a*[男][複 -*i*] poetic*o* [複 -*ci*] [in versi]

しけこむ しけ込む **1**《家に閉じこもる》 rinchiudersi in casa **2**《こっそり入り込む》 ¶彼女とホテルにしけこんだ Sono entrato di nascosto con lei nell'albergo.

しげしげ 繁繁 **1**《ひんぱんに》 spesso, frequentemente **2**《じっと》 ¶しげしげと眺める guardare fisso *qlcu.* [*ql.co.*] / fissare gli occhi su *qlcu.* [*ql.co.*] ¶顔をしげしげと見る fissare *qlcu.* in viso

しけつ 止血 〔医〕 emostasi [emostasi][女][無変] ◇**止血する** arrestare un'emorragia, stagnare il sangue

✤**止血剤** 〔医〕 emostatic*o*[男][複 -*ci*]; 《凝血剤》 coagulante[男]

じけつ 自決 **1**《自ら決めること》 autodeterminazione[女], autodecisione[女] ¶民族自決 autodeterminazione dei popoli **2** ⇀自殺

しげみ 茂み 《木の》 boschetto[男], boscaglia[女], folto[男] d'alberi, macchia[女]; 《葉の》 fogliame[男], fronde[女][複]; 《草の》 cespugli[男][複]

しける 時化る **1**《海が暴風雨で》 ingrossarsi ¶海がしけている. Il mare è mosso [si è ingrossato / è grosso]. **2**《不景気である, 気分がぱっとしない》 ¶当節はどこへ行ってもしけている. 《商売などが》 Ultimamente il mercato è stagnante dappertutto. ¶彼はしけてるなあ. 《元気がない》 Lui è depresso [triste / malinconico]. ¶近ごろまったくしけている. 《金回りが悪い》 Sono povero in canna, e gli ultimi giorni sono stati di una noia mortale.

しける 湿気る diventare umid*o*, inumidirsi ◇**湿気た** umido, inumidito ¶ビスケットがしけた. I biscotti si sono rammolliti con l'umidità.

しげる 茂る diventare folt*o* [fitt*o*], crescere [自][*es*] rigoglios*o* [lussureggiant*e*], lussureggiare[自][*av*] ¶木の茂った小道 sentiero coperto di alberi ¶葉の茂った樫(かし)の木 quercia frondosa ¶庭の木がよく茂っている. Gli alberi del giardino hanno fronde lussureggianti.

しけん 私見 opinione[女] [parere[男] / punto[男] di vista] personale ¶私見によれば secondo me / a mio avviso [parere]

しけん 私権 〔法〕 diritto[男] privato [dell'individuo]

しけん 試験

1《人の能力・学力・知識などの程度を試す》 esame[男], prova[女]; 〔英〕 test[男][無変]; 《選抜のための》 concorso[男] ¶入学[入社]試験 esame di ammissione ¶模擬試験 esame simulato / prova di un esame ¶進級[追 / 学年末]試験 esami di「abilitazione al livello successivo [riparazione / fine anno] ¶筆記[口頭]試験 esame scritto [orale] ¶学期末試験《2学期制の》 prove semestrali [《3学期制の》 quadrimestrali] ¶運転免許試験 esame (per la patente) di guida ¶公務員試験 concorso amministrativo ¶国家試験 esame di Stato / concorso statale / concorso pubblico ¶卒業試験 esami finali [《大学の》 di laurea / 《専門学校の》 di diploma] / 《高校の》 esame di maturità (◆国が全国一律に行う試験. 大学の入学試験のないイタリアでは, この試験に合格すれば希望大学に入学できる) ¶小[中]学校卒業試験 esame di licenza elementare [media] ¶職業資格試験 esame di abilitazione [di qualifica professionale] ¶歴史の試験を行う fare un esame di storia a *qlcu.* / esaminare *qlcu.* in storia ¶試験の準備をする「prepararsi per [preparare] gli esami ¶試験を受ける dare [sostenere] un esame ¶試験でよい[悪い]点を取る prendere buoni [brutti] voti agli esami ¶試験に合格する superare [passare] un esame / essere promoss*o* agli esami / vincere un concorso ¶試験に落第する essere bocciat*o* [respint*o*] a un esame [a un concorso] ¶明日はラテン語の試験がある. Domani abbiamo [c'è] l'esame di latino.

2《性能などのテスト》 prova[女]; 《実験》 esperimento[男], sperimentazione[女]; 〔英〕 test[男][無変]; 《機械などの》 collaudo[男] ◇**試験する** mettere [sottoporre] *qlcu.* [*ql.co.*] alla prova; fare un esperimento; collaudare *ql.co.*, sottoporre a collaudo *ql.co.* ◇**試験的に** come esperimento [tentativo / prova], a titolo di [in via di] prova [esperimento] ¶試験飛行 volo di prova [collaudo] ¶試験飛行士 collauda*tore*[男][女 -*trice*] di aerei / pilot*a*[男][女][男複 -*i*] collauda*tore* [女 -*trice*] ¶〈人〉を1週間のあいだ試験的に採用する assumere in prova *qlcu.* per una settimana ¶新薬はまだ試験段階だ. La nuova medicina è ancora allo stadio sperimentale.

✤**試験科目** materia[女] d'esame

試験官 esamina*tore*[男][女 -*trice*]; 《機械の性能の》 collauda*tore*[男][女 -*trice*]

試験管 provetta[女]

試験管ベビー bambino㊚ in provetta
試験紙 《化》 carta㊛ reattiva ¶リトマス試験紙 carta [cartina] al [di] tornasole
試験地獄 l'inferno㊚ degli esami (◆riferito soprattutto agli esami di ammissione all'università e al liceo)
試験場《試験を行う場所》sala㊛ degli esami; 《研究所》laboratorio㊚ [複 -i] per esperimenti ¶農業[水産]試験場 stazione agricola [ittiologica] (per esperimenti)
試験台 banco㊚ [複 -chi] di prova
試験問題 domanda㊛ d'esame

しげん 至言 ¶正に至言である. È proprio la parola giusta!

しげん 資源 risorse㊛ [複] ¶エネルギー[鉱物／人的／地下／天然]資源 risorse energetiche [minerali / umane / del sottosuolo / naturali] ¶資源を開発する attingere alle [sfruttare le] risorse ¶資源が涸渇(ﾆ)する. Le risorse si esauriscono.
❖資源エネルギー庁 Agenzia㊛ per le Risorse Naturali e l'Energia
資源開発 sfruttamento㊚ delle risorse
資源ごみ rifiuti㊚ [複] riciclabili
資源探査衛星 satellite㊚ per il rilevamento delle risorse
資源ナショナリズム protezionismo㊚ delle risorse (da parte del Terzo Mondo)
資源配分 allocazione㊛ delle risorse

じけん 事件 《出来事》avvenimento㊚, fatto㊚; 《問題となる出来事》faccenda㊛; 《刑事事件》caso㊚; 《訴訟事件》causa㊛, caso㊚ giuridico [複 -ci] ¶盗難事件 furto ¶殺人事件 omicidio ¶二・二六事件 l'Incidente del 26 febbraio (◆colpo di stato militarista del 26 febbraio 1936) ¶汚職事件 caso di corruzione ¶事件を解決する risolvere un caso ¶事件を引き受ける《弁護士が》accettare l'incarico di accusa in una causa ¶彼に大事件が起きた. Gli è capitata una cosa grave.
❖事件記者 giornalista㊚㊛ [㊚複 -i] di cronaca nera, cronista㊚㊛ [㊚複 -i]

じげん 次元 **1**《数》dimensione㊛ ¶第3次元 la terza dimensione ¶3次元[n次元]の空間 spazio a tre [a n] dimensioni ¶4次元の世界 mondo quadridimensionale
2《見解》¶同じ[異なる]次元の問題 problemi 「del medesimo ordine [di ordine diverso]」¶次元の高い[低い]会話 conversazione elevata [volgare] ¶異なった次元で問題を論じる discutere su livelli differenti

じげん 時限 **1**《時の限界》limite㊚ di tempo, (ora㊛ di) scadenza㊛ **2**《授業時間の単位》¶1日6時限の授業 sei lezioni al giorno ¶1[2]時限目に授業がある avere lezione alla prima [seconda] ora
❖時限スト sciopero㊚ di breve durata
時限装置 impianto㊚ a tempo
時限爆弾 bomba㊛ a orologeria
時限立法 legislazione㊛ provvisoria

しこ 四股 mossa㊛ eseguita dai lottatori [combattenti] di *sumo* prima dell'inizio di gara

しご 死後 ◇死後の dopo la morte; 《出版された著作など》postumo ¶死後に出版された著作 opera postuma ¶死後の名声 fama postuma ¶死後の世界 altro mondo / aldilà / vita ultraterrena ¶死後10時間経過していた. La morte risaliva a dieci ore prima.
❖死後硬直 rigidità㊛ cadaverica; [ラ] rigor㊚ mortis

しご 死語 《消滅した言語》lingua㊛ morta; 《廃語》vocabolo㊚ in disuso ¶それはもう死語だよ. Questa parola ormai non si usa più.

しご 私語 sussurro㊚, bisbiglio㊚ [複 -gli], mormorio㊚ [複 -ii]; 《大勢の人のひそひそ声》bisbiglio㊚ [複 -glii] ◇私語する bisbigliare㊚ [av] ¶私語は慎むこと. Astenetevi dal bisbigliare.

しご 詩語 parola㊛ poetica, termine㊚ poetico [複 -ci]; linguaggio㊚ [複 -gi] poetico

じこ 自己 sé㊚㊛, se stesso [㊚ -a] ◇自己の proprio [㊚複 -i], personale ¶自己を知る conoscere *se stesso* / conoscersi ¶自己を欺く prendersi gioco di *se stessi* / mentire a se stesso / ingannarsi (da solo)
❖自己愛 narcisismo㊚
自己暗示 autosuggestione㊛ ◇自己暗示にかかる autosuggestionarsi
自己感染 《医》 autoinfezione㊛
自己犠牲 abnegazione㊛
自己欺瞞(ﾏﾝ) menzogna㊛ a se stesso
自己血輸血 《医》 trasfusione㊛ autologa
自己嫌悪 ¶自己嫌悪に陥る essere disgustato di se stesso / disgustarsi
自己抗体 《医》 autoanticorpo㊚
自己実現 ◇自己実現を果たす realizzarsi ¶彼女は建築家として自己実現を果たした. Si è realizzata come architetto.
自己資本 《経》 capitale proprio; capitale netto
自己紹介 ◇自己紹介する presentarsi (a *qlcu.*)
自己責任 responsabilità㊛ personale
自己中心主義 egocentrismo㊚ ◇自己中心主義の egocentrico [複 -ci]
自己中心主義者 egocentrico [㊚ -ca]
自己陶酔 narcisismo㊚ ¶彼は自己陶酔している. È ubriaco di sé.
自己陶酔者 persona㊛ ebbra di sé
自己破産 《法》 dichiarazione㊛ di fallimento su richiesta del debitore ◇自己破産する dichiararsi fallito
自己否定 negazione㊛ di se stesso
自己批判 autocritica㊛ ◇自己批判する fare l'autocritica
自己負担 ¶交通費は自己負担です. Ognuno deve pagare da sé le proprie spese di viaggio.
自己保存 ¶自己保存の本能 《生》 istinto di conservazione
自己満足 autosoddisfazione㊛ ◇自己満足する 《状態》essere contento di [essere soddisfatto di] se stesso
自己流 ◇自己流に[で] a *proprio* piacimento ¶自己流でやってください. Faccia come più le piace.

じこ 事故 incidente㊚; 《災厄, 大惨事》sciagura㊛, disastro㊚, catastrofe㊛; 《支障》impedi-

じこ mento㊚, ostacolo㊚ ¶交通［飛行機／踏切／列車］事故 incidente stradale [aereo / al passaggio a livello / ferroviario] ¶自動車事故 incidente automobilistico [stradale] ¶事故の原因となる provocare [causare] un incidente ¶事故が起こった. È accaduto un incidente. ¶死亡事故が発生した. Si è verificato un incidente mortale. ¶彼は事故を起こした[に遭った]. Ha avuto un incidente. ¶大きな事故もなく任務を遂行した.《支障なく》Ho potuto compiere il mio incarico senza gravi ostacoli.
❖**事故現場** luogo㊚［複 -ghi］dell'incidente ¶事故現場を再現する ricreare la scena dell'incidente
事故死 morte㊛ in un incidente
事故防止策 misure㊛［複］preventive contro gli incidenti

じご 事後 ◇事後に a fatto compiuto, a cose fatte
❖**事後承諾** approvazione㊛［autorizzazione㊛］retroattiva, consenso㊚ a fatto compiuto ¶事後承諾を求める chiedere il consenso a fatto compiuto

しこう 伺候 ◇伺候する《貴人に仕える》servire *qlcu.*, prestare servizio presso *qlcu.*;《参上する》fare visita《に a》

しこう 至高 ◇至高の supremo, sovrano, sommo ¶至高の存在《神》l'Ente Supremo
❖**至高性** sovranità㊛

しこう 志向 《意図》intenzione㊛;《傾向, 動向》tendenza㊛, inclinazione㊛;《性向》propensione㊛, attitudine㊛ ◇志向する intendere＋不定詞［che＋直説法］, tendere a *ql.co.* [a＋不定詞], mirare⊜［av］［aspirare⊜［av］］a *ql.co.* ¶伝統志向型社会 società orientata alla tradizione

しこう 私行 atto privato, condotta㊛ privata

しこう 思考 pensiero㊚, considerazione㊛;《気質, 気性》mentalità㊛ ◇思考する pensare *ql.co.*, pensare a *ql.co.*, considerare *ql.co.*, fare delle considerazioni su *ql.co.*
❖**思考形態** forma㊛ di pensiero,《精神性》mentalità㊛
思考方法 modo㊚ di pensare, metodo㊚ di ragionamento;《精神性》mentalità㊛
思考力 ¶思考力を開発する sviluppare le facoltà mentali

しこう 指向 ◇指向する tendere⊜［av］a *ql.co.* [a＋不定詞], dirigersi [andare] verso *ql.co.*; avviarsi a *ql.co.*
❖**指向性** direttività㊛ ¶指向性アンテナ antenna direzionale ¶指向性［無指向性／単一指向性］マイクロフォン microfono direzionale [omnidirezionale / unidirezionale]

しこう 施工 esecuzione㊛ (dei lavori)

しこう 施行 applicazione㊛ (di *ql.co.*) ◇施行する applicare [mettere in vigore] *ql.co.* ¶4月1日から新しい法律が施行される. Una nuova legge entrerà in vigore a partire dal primo di aprile.
❖**施行期日** data㊛ in cui una legge entra in vigore

施行規則 norme㊛［複］relative all'applicazione di una legge

しこう 歯垢 placca㊛ dentaria

しこう 嗜好 gusto㊚, preferenza㊛ ¶嗜好に合う essere di [contentare il] gusto di *qlcu.*
❖**嗜好品** beni㊚［複］voluttuari

じこう 耳孔 《解》condotto㊚ uditivo

じこう 事項 《項目》articolo㊚, voce㊛;《問題》problema㊚［複 -i］, questione㊛;《主題》argomento㊚, tema㊚［複 -i］;《題材》materiale㊚, materia㊛

じこう 時効 《法》prescrizione㊛ ◇時効になる《法》cadere⊜［es］[andare] in prescrizione, prescriversi, estinguersi ¶取得［消滅］時効 prescrizione acquisitiva [estintiva] ¶時効の完成［中断／停止］ termine [interruzione / sospensione] della prescrizione

じこう 時候 ¶時候のあいさつ auguri scambiati durante le varie stagioni dell'anno

じこう 次号 il prossimo numero (di una rivista) ¶「以下次号」"Continua" / "Il seguito alla prossima puntata" ¶「次号完結」"La conclusione al prossimo numero" ¶「次号をお見逃しなく」"Non perdete il prossimo numero!"

しこうさくご 試行錯誤 metodo㊚ per tentativi ¶試行錯誤を重ねてやっと良い方法を見つけ出した. Ho finalmente trovato un buon sistema procedendo a tentoni.

じごうじとく 自業自得 ¶それは自業自得だよ. Te la sei voluta! / L'hai voluta tu! / Ti sei dato (da solo) la zappa sui piedi.

じごえ 地声 *propria* voce㊛ naturale ¶彼は地声が大きい Ha una voce forte per natura.

しごく 扱く **1**《手で》passare *ql.co.* tra le mani, stirare ¶彼は口髭㊛をしごくくせがある. Si liscia i baffi per abitudine. ¶縄をしごく compattare una corda stirandola
2《厳しく訓練する》addestrare severamente,《新入生いじめをする》tormentare gli studenti novellini ◇しごき allenamento㊚ severissimo; angherie㊛［複］［prepotenze㊛［複］］fatte alle matricole

しごく 至極 assai, molto, estremamente ¶至極迷惑だ. Mi dà assai fastidio. ¶至極もっともです. Lei ha perfettamente ragione.

じこく 自国 *proprio* paese㊚, *propria* patria㊛
❖**自国の** del *proprio* paese
❖**自国語**《母国語》madrelingua㊛
自国民《同国人》compatriota㊚㊛［㊚複 -i］, connazionale㊚㊛

じこく 時刻 tempo㊚, ora㊛, orario㊚［複 -i］ ¶列車の発車［到着］時刻 ora di partenza [di arrivo] di un treno
❖**時刻表**《列車の》orario㊚ ferroviario [複 -i] [地下鉄の] della metropolitana /《バスの》degli autobus

じごく 地獄 inferno㊚, inferi㊚［複］ ◇地獄の(ような) infernale ¶地獄の苦しみ「fiamme eterne [pene] dell'inferno ¶交通地獄 terribile intasamento [ingorgo] del traffico ¶通勤地獄 la ressa dell'ora di punta dei trasporti pubblici ¶地獄に堕(ﾀ)ちる andare all'inferno /《状態》essere dannato / essere condannato all'inferno

¶地獄に堕とす mandare [condannare] qlcu. all'inferno / dannare qlcu. ¶この世の地獄だ。Questo è l'inferno in terra.
[慣用] 地獄に仏 ¶君にここで会ったのは地獄に仏だ。Sei "capitato a proposito [calato dal cielo]. / La tua è una venuta provvidenziale.
地獄の沙汰も金次第〘諺〙"Con il denaro si fa tutto." / "Il denaro è la chiave che apre tutte le porte." / "Il denaro può tutto."
地獄耳 ¶彼は地獄耳だ。(他人の秘密に通じている) È informatissimo dei segreti altrui. / Riesce a sentire anche attraverso i muri.

しこしこ 1 《歯ごたえのある様子》 ◇しこしこした duro ai denti, al dente 2 《こつこつ続ける様子》 ¶しこしこ勉強する studiare con un buon ritmo

しごせん 子午線 〘天〙meridiano㊚

しこたま ¶しこたま儲ける far denaro a palate / fare un sacco di soldi

しこつ 指骨・趾骨 〘解〙falange㊛

しごと 仕事 1 《労働》lavoro㊚, opera㊛;《事業》impresa㊛;《任務, 役割》compito㊚, incarico㊚ [複 -chi], mansione㊛;《義務》dovere ◇ 仕事をする lavorare㊐ [av], fare un lavoro ¶出来高制の[日雇いの]仕事 lavoro a cottimo [a giornata] ¶仕事中の事故 incidente [infortunio] sul lavoro ¶仕事でイタリアに行く andare in Italia per lavoro [per affari] ¶仕事を始める[止める / 終える] cominciare a [smettere di / finire di] lavorare ¶仕事に取りかかる mettersi a lavorare ¶さあ, 仕事だ。Su, al lavoro! ¶仕事に出かける[から帰る] andare al [tornare dal] lavoro ¶家で仕事をする lavorare a domicilio ¶それはひと仕事[大仕事]だ。Ma è un lavoraccio [un'impresa]! ¶仕事に追われる essere "incalzato dal [sommerso di] lavoro ¶仕事がはかどっている。Il lavoro procede bene. ¶彼は仕事のよくできる男だ。È molto bravo nel suo lavoro. / È uno che lavora bene. ¶彼は仕事がはやい[遅い / 丁寧だ / 雑だ]。È svelto [lento / accurato / trascurato] nel lavoro. ¶仕事が手につかない。Non riesco a concentrarmi nel lavoro. ¶風邪を引いて仕事を休んだ。Mi sono assentato dal lavoro per l'influenza. ¶彼に重大な仕事を課した。Gli ho dato un incarico importante. ¶子供のしつけをするのは両親の仕事だ。È compito [dovere] dei genitori educare i propri figli.
2 《職》lavoro㊚, occupazione㊛;《ホワイトカラーの》impiego㊚ [複 -ghi];《知的な職業》professione㊛;《手作業を主とする職業》mestiere㊚;《天職》vocazione㊛ ¶弁護士の仕事 professione di avvocato ¶仕事を変える cambiare lavoro [professione / mestiere] ¶仕事を探す cercare lavoro [un posto (di lavoro)] ¶仕事に就く essere assunto / trovare un posto (di lavoro) ¶仕事を辞める dare le dimissioni [dimettersi] dal lavoro ¶彼は仕事にあぶれている。È disoccupato [senza lavoro]. ¶不景気で仕事がない。Ci sono pochi posti di lavoro a causa della recessione. ¶お仕事は何ですか。Qual è la sua professione [occupazione]? / Che lavoro fa? ¶通訳の仕事をしています。Lavoro come interprete. ¶出版 [モード]関係の仕事をしています。Lavoro "nel settore dell'editoria [nella moda].

✤**仕事着** abito㊚ da lavoro;《つなぎ》tuta㊛
仕事中毒 mania del lavoro,《誰》stacanovismo㊚
仕事場《工場, 修理所》officina㊛;《小工場》laboratorio㊚ [複 -i];《事務的》ufficio㊚ [複 -ci];《職人の工房》bottega㊛;《屋根のない》cantiere㊚
仕事日 giornata㊛ lavorativa
仕事部屋 stanza㊛ da lavoro, laboratorio㊚

しごとおさめ 仕事納め ultimo giorno di lavoro dell'anno (◆ 28 dicembre)

しごとはじめ 仕事始め primo giorno di lavoro dell'anno (◆ 4 gennaio)

しこな 醜名《相撲の》nome d'arte di un lottatore di *sumo*

しこみ 仕込み 1 《教育》educazione㊛, istruzione㊛;《訓練》ammaestramento㊚, addestramento㊚ ¶イタリア仕込みの料理人 cuoco che ha studiato in Italia 2 《商品などの》acquisto㊚ 3 《飲食店などの料理の》preparativi [複] (della cucina di un ristorante) 4 《酒などの》preparativi㊚ [複] per la fermentazione (di *ql.co.*)

✤**仕込み杖** bastone [mazza] da stocco

しこむ 仕込む 1 《教育する》istruire, insegnare;《訓練する》addestrare ¶子供に行儀を仕込む insegnare ai figli le buone maniere ¶弟子を厳しく仕込む istruire [addestrare] un apprendista [un allievo] con severità ¶犬に芸を仕込む addestrare [ammaestrare] un cane 2 《仕入れる》acquistare *ql.co.* ¶商品を仕込む acquistare delle merci all'ingrosso 3 《飲食店などで料理を》effettuare i preparativi (nella cucina di un ristorante) 4 《酒などを》¶酒を仕込んでいるところです。Stanno approntando gli ingredienti per la fermentazione del *sakè*.

しこり 凝り・痼り 1 《筋肉の》indurimento㊚;《腺腫》bubbone㊚;《線維腫》fibroma㊚ [複 -i] ¶乳房にしこりができた。Mi si è formato un fibroma nella mammella.
2 《心理的な》senso㊚ di disagio;《悪感情》rancore㊚, malanimo㊚, ruggine㊛;《嫌い思い出》brutto ricordo ¶彼との間にまだしこりが残っている。Le mie relazioni con lui risentono ancora di vecchi contrasti. ¶彼との間のしこりを取り除きたい。Voglio cancellare tutti i brutti ricordi che ho avuto con lui.

しこん 歯根 〘解〙radice㊛ di un dente

しさ 示唆 suggerimento㊚, allusione㊛ ◇ 示唆する suggerire a qlcu. 「*ql.co.*[di+不定詞], alludere [av] a *ql.co.* ¶示唆に富んだ evocativo / suggestivo / istruttivo

しさ 視差 〘天〙parallasse㊛ ◇ 視差の parallattico [男複 -ci]

じさ 自差 〘工〙《コンパスの》deviazione㊛

じさ 時差 〘天〙《真太陽時と平均太陽時との差》equazione㊛ del tempo;《各地の時刻の差》differenza㊛ di ora ¶同一時差帯 fuso orario ¶東京とローマの時差は8時間です。Ci sono otto ore di differenza fra Tokyo e Roma. (◆ 3月末から10月末頃までのサマータイム実施中は7時間)

✤**時差出勤** ¶時差出勤を行う scaglionare gli orari d'ufficio
時差ぼけ ¶時差ぼけする essere sotto l'effetto

しさい
della differenza di fuso orario

しさい 子細 **1**《事情》motivo㊚ (segreto), ragione㊛ (nascosta) ¶彼は何か子細あり気だった。Dal suo aspetto si capiva che nascondeva qualcosa.
2《詳細》particolari㊚[複], dettagli㊚[複] ◇子細に in modo particolareggiato, dettagliatamente, nei particolari, nei dettagli ¶事の子細がわかった。Ho conosciuto [saputo] i particolari della faccenda.

しさい 司祭 《カト》sacerdote㊚, prete㊚;《小教区の主任司祭》parroco㊚[複 -ci] →キリスト教用語集 ¶司祭様 il reverendo padre / il signor curato (►呼びかける時は無冠詞) ¶助任司祭 vicario
✜司祭館 casa㊛ parrocchiale
司祭職 sacerdozio㊚[複 -i]

しざい 死罪 →死刑
しざい 私財 《私有財産》beni㊚[複] privati [personali];《不動産》proprietà㊛ privata ¶私財を投じて a *proprie* spese [di tasca *propria*]
しざい 資材 materiale㊚ ¶建築資材 materiali da costruzione
✜資材置き場 deposito㊚ [magazzino㊚] per materiali

じざい 自在 ◇自在に《思いのままに》ad arbitrio di qlcu., a volontà, a piacere
✜自在画 disegno㊚ a mano libera
自在鉤(ぎ) gancio㊚[複 -ci] allungabile
自在継手(つぎて)《工》giunto㊚ universale [cardanico㊚ -i]

しさく 思索 pensiero㊚, meditazione㊛ ◇思索する pensare ql.co., pensare㊀[av] a ql.co., meditare ql.co., meditare㊀[av] su ql.co., contemplare ql.co. ¶思索にふける essere assorto「in pensieri [in meditazioni]

しさく 施策 《政策》politica㊛;《処置》misura㊛, provvedimento㊚ ¶汚染防止の施策を実行する adottare una politica antinquinamento

しさく 詩作 creazione㊛[composizione㊛] poetica, versificazione㊛ ◇詩作する scrivere [comporre] versi [poemi / poesie], verseggiare ㊛,㊀[av] rimare㊛,㊀[av] poetare㊛,㊀[av] ¶詩作にふける essere assorto nella composizione di poesie

しさく 試作 《実験的製作》fabbricazione㊛ sperimentale;《実験的栽培》coltivazione㊛ sperimentale ◇試作する fabbricare [produrre / coltivare] sperimentalmente
✜試作品 prodotto㊚ sperimentale;《サンプル》campione㊚;《模型など》modello㊚, prototipo㊚

じさく 自作 ¶自作の詩 poesia di *propria* composizione ¶このパソコンは僕の自作です。Questo computer l'ho assemblato io.
✜自作自演 ◇自作自演する《戯曲》interpretare un *proprio* dramma;《音楽》eseguire un pezzo musicale di *propria* composizione ¶自作自演の歌手 《シンガーソングライター》cantautore㊚[㊛ -trice]
自作農 coltivatore㊚[㊛ -trice] diretto

じざけ 地酒 sakè㊚ [《ワイン》vino㊚] di produzione locale

しさつ 視察 《観察》ispezione㊛;《見学, 参観》visita㊛ di studio ◇視察する ispezionare ql.co., fare l'ispezione di ql.co.; visitare ql.co., fare una visita in ql.co.
✜視察員 ispettore㊚[㊛ -trice]
視察団 missione㊛ ispettiva
視察旅行 viaggio㊚[複 -gi] di ispezione [di studio]

じさつ 自殺 suicidio㊚[複 -i] ◇自殺する suicidarsi, uccidersi, darsi la morte, togliersi la vita ¶自殺を図る tentare il suicidio ¶厭世自殺をする suicidarsi per disgusto della vita ¶首吊り自殺をする impiccarsi ¶狂言自殺を図る far finta di suicidarsi ¶睡眠薬で自殺する suicidarsi con i sonniferi ¶海に身を投げて自殺する suicidarsi gettandosi in mare ¶服毒自殺する avvelenarsi
✜自殺行為 ¶この時化(しけ)に船出することは自殺行為に等しい。Salpare con questo mare agitato è un suicidio.
自殺者 suicida㊛㊚[㊚複 -i]
自殺幇助(ほうじょ)罪《法》favoreggiamento㊚ al suicidio
自殺未遂 tentato suicidio㊚, suicidio㊚ mancato

しさん 四散 ◇四散する disperdersi [sparpagliarsi] (in tutte le direzioni)

しさん 試算 《検算》verifica㊛ di un calcolo;《概算》calcolo㊚ approssimativo, stima㊛, valutazione㊛

しさん 資産 beni㊚[複], patrimonio㊚[複 -i], capitale㊚, fortuna㊛, mezzi㊚[複];《不動産》proprietà㊛;《商》attività㊛ ¶資産と負債 attività e passività / attivi e passivi ¶固定資産 capitale fisso / 《不動産》beni㊚ immobili / immobili㊚ ¶純資産 capitale netto ¶資産を築く accumulare una fortuna ¶彼は息子に莫大な資産を残した。Lasciò a suo figlio un ingente patrimonio.
✜資産家 persona㊛ ricca [facoltosa]
資産公開 dichiarazione㊛ dei beni
資産所得《会》reddito㊚ da proprietà
資産総額 ammontare㊚ patrimoniale
資産調査《財》indagine㊛ sui beni [sui capitali]
資産凍結《法》blocco㊚[複 -chi] dei beni

しざん 死産 parto㊚ di un neonato morto [《女児》una neonata morta] ◇死産する dare alla luce [partorire] un feto morto
✜死産児 feto㊚ [bambino㊚[㊛ -a]] nato morto
死産率 tasso㊚ di natalità intrauterina

じさん 持参 ¶履歴書持参のこと。Si prega di portare con sé il curriculum.
✜持参金 dote㊛
持参人 portatore㊚[㊛ -trice], latore㊚[㊛ -trice] ¶持参人払い小切手《金融》assegno㊚ (pagabile) al portatore ¶本状の持参人《商》il latore della presente

しし 四肢 membra㊛[複], arti㊚[複], estremità㊛[複]

しし 志士 uomo㊚[複 uomini] di nobili ideali, patriota㊛㊚[㊚複 -i] ¶勤王(きんのう)の志士 patriota votato alla causa dell'imperatore

しし 嗣子 erede男女

しし 獅子 《ライオン》leone男 [女 -essa]
[慣用]**獅子身中の虫** spina女 nel fianco, serpe男 in seno, persona女 infida
獅子奮迅(ﾌﾝ) ¶獅子奮迅の勢いで戦う battersi [combattere] come una furia [come un leone]
❖**獅子座** 〚天〛il Leone男
獅子鼻 naso男 camuso [rincagnato]
獅子舞 danza女 del leone (◆ danza tradizionale eseguita a capodanno con una maschera da leone)

しじ 支持 sostegno男, appoggio男 [複 -gi]
◇**支持する** sostenere [appoggiare] ql.co. [qlcu.], prendere le parti di qlcu. ¶支持を求める[受ける] cercare [avere] l'appoggio di qlcu. ¶圧倒的な支持を得て con una schiacciante maggioranza ¶あなたは何党を支持しますか. Quale partito appoggia? / A quale partito dà il suo appoggio? ¶彼は我々の側を支持した. Lui si è schierato dalla nostra parte.
❖**支持者** sostenitore男 [女 -trice]

しじ 死児 figlio男 [女 -glia, 複 -gli] morto ¶死児の齢(ﾖﾜｲ)を数える lamentarsi delle cose perdute

しじ 私事 affari男[複] privati [personali] ¶私事にわたって恐縮ですが…. Mi sia concesso di citare un fatto [una faccenda] personale…

しじ 指示 indicazione女, istruzioni女[複];《指図》prescrizione女, direttive女[複];《命令》ordine男, disposizione女 ◇**指示する** indicare [mostrare] ql.co. a qlcu., prescrivere di + 不定詞 a qlcu. ¶指示を与える dare istruzioni [direttive / ordini] a qlcu. ¶指示どおりに come indicato [prescritto] / secondo le prescrizioni [le indicazioni] ¶指示を受ける ricevere istruzioni [ordini]
❖**指示形容詞**[代名詞]《文法》aggettivo男 [pronome男] dimostrativo (▶questo, codesto, quello)
指示詞 dimostrativo男
指示薬 《化》indicatore男

しじ 師事 ◇**師事する** studiare ql.co. sotto la guida di qlcu.

じじ 時事
❖**時事解説** ¶時事解説をする commentare le notizie [gli avvenimenti]
時事解説者 commentatore男 [女 -trice] delle notizie [dei fatti del giorno]
時事問題 problema男 [複 -i] d'attualità;《科目》questione女 corrente
時事用語 termini男[複] d'uso corrente e neologismi

じじい 爺 ¶黙れじじい. Fai silenzio, vecchio!
じじこっこく 時時刻刻 ogni momento, a ogni ora, da un momento all'altro;《休みなく》senza sosta, continuamente

ししそんそん 子子孫孫 ¶子々孫々まで伝える tramandare ql.co. ai posteri [ai figli e nipoti]
ししつ 私室 propria camera女; stanza女 privata
ししつ 紙質 qualità女 della carta
ししつ 脂質 《化》lipide男
ししつ 資質 qualità女[複] naturali, disposizione女 innata, stoffa女 ¶彼には政治家の資質がある. Ha la stoffa dell'uomo politico. / È portato [dotato] per la politica.

しじつ 史実 fatto男 storico [複 -ci] ¶この映画は史実に基づいている. Questo film è basato su un fatto storico.

じしつ 自室 ¶自室に閉じこもる chiudersi [tapparsi] nella propria camera [stanza]

じじつ 事実 **1**《実際に起こったこと》fatti男[複];《現実》realtà女;《真実》verità女, vero男 ¶事実に即して[反して] conforme [contrario] alla verità ¶事実に基づいて in base ai fatti ¶事実に基づいた理論 teoria basata sulla realtà [fondata sui fatti] ¶事実を直視する guardare in faccia la realtà ¶事実を曲げる svisare [travisare] i fatti / alterare la verità ¶…ということは事実だ. È vero che + 直説法 ¶動かしがたい事実 realtà indiscutibile [evidente] ¶彼が不正を働いたという事実が判明した. È stato chiarito che lui ha commesso delle illegalità. ¶彼の予言は事実となった. La sua predizione si è avverata. ¶事実を否定することはできない. I fatti non possono essere negati. ¶事実は小説よりも奇なり. 《諺》La verità supera la finzione. ¶事実をありのままに言いなさい. Dì le cose come stanno! ¶事実がありのままを物語っている.《容赦せずに》I fatti parlano da soli.
2《本当に》veramente;《実際に》infatti, di fatto;《現実に》in realtà ¶事実, そのとおりです. Infatti, è proprio così.
❖**事実上** in effetti, in realtà, in sostanza ◇**事実上の** di fatto, in pratica;《具体的な》effettivo;《現実の》reale ¶彼はこの運動の事実上の指導者だ. È il capo effettivo del movimento.
事実無根 ¶そのうわさは事実無根だ. La diceria è infondata. / Le voci non hanno fondamento.

しじま silenzio男 ¶夜のしじまに nel silenzio della notte
しじみ 蜆 《貝》corbicola女
ししゃ 支社 succursale女, filiale女
ししゃ 死者 persona女 morta, morto男 [女 -a];《物故者》defunto男 [女 -a];《総称》i morti男[複] ¶死者が5人出た. Ci furono cinque morti. ¶その事故の死者は計15名だった. Il bilancio dell'incidente è di 15 morti.
ししゃ 使者 messaggero男 [女 -a] ¶使者を立てる mandare un messaggero da qlcu. ¶平和の使者 ambasciatore di pace
ししゃ 試写 (proiezione女 in) anteprima女;《関係者の》proiezione女 privata ¶映画の試写をする proiettare [dare] un film in anteprima
❖**試写会** anteprima女 (cinematografica)
ししゃ 試射 tiro男 di prova ◇**試射する** provare a sparare ¶銃を試射する provare (a sparare con) un fucile ¶ミサイルを試射する lanciare un missile di prova
❖**試射場** poligono男 di tiro ¶ミサイル試射場 poligono lanciamissili
じしゃ 寺社 templi男[複] buddisti e santuari男[複] shintoisti
ししゃく 子爵 visconte男 →貴族 関連
❖**子爵夫人** viscontessa女
じしゃく 磁石 《マグネット》magnete男, cala-

mita⼥; 《コンパス》bussola⼥ magnetica ¶磁石の針 ago della bussola magnetica ¶一時[永久/馬蹄(ﾃｲ)]磁石 magnete temporaneo [permanente / a ferro di cavallo] ¶人工磁石 calamita artificiale ¶電磁石 elettromagnete / elettrocalamita ¶棒磁石 barra magnetica ¶磁石は鉄を吸いつける. La calamita attrae il ferro.

ししゃごにゅう 四捨五入 ◇四捨五入する arrotondare un numero [una somma / un conto] (per eccesso se l'ultima cifra è superiore a quattro, negli altri casi per difetto) (◆イタリアでは五捨六入する)

ししゅ 死守 ◇死守する difendere *ql.co.*「fino alla fine [ad ogni costo] ¶城を死守する difendere il castello fino all'ultimo uomo

ししゅ 詩趣 interesse⼥ [gusto⼥] poetico [複 -ci], poesia⼥ ¶詩趣に富んだ pieno di poesia / poetico ¶彼の作品は詩趣に乏しい. Le sue opere「sono prosaiche [mancano di poesia].

じしゅ 自主 ◇自主的(な) indipendente, autonomo, libero; 《自発的》volontario [男 複 -i] ◇自主的に indipendentemente, autonomamente; di *propria* iniziativa; senza essere costretto ¶自主的な精神 spirito d'indipendenza
❖自主外交 politica⼥ estera indipendente
自主管理 autogestione⼥
自主規制 《報道などの》autocensura⼥; 《貿易の》autocontrollo⼥ ¶…の輸出[生産]に自主規制を行なう imporsi un controllo volontario sulle esportazioni [produzioni] di *ql.co.*
自主性 autonomia⼥, indipendenza⼥; spirito⼥ indipendente
自主独立 indipendenza⼥ sovrana
自主トレーニング addestramento⼥ volontario
自主流通米 riso⼥ non soggetto al controllo dei prezzi da parte del governo

じしゅ 自首 ◇自首する costituirsi [consegnarsi] alla polizia

ししゅう 死臭 puzzo⼥ [fetore⼥] di cadavere (in decomposizione); 《動物の》puzzo⼥ di carogna

ししゅう 刺繡 ricamo⼥ ¶ハンカチに手で[ミシンで]刺しゅうする ricamare a mano [a macchina] un fazzoletto ¶シャツの胸に刺しゅうでイニシャルを入れる ricamare le iniziali sul petto della camicia
❖刺しゅう糸 filo⼥ da ricamo
刺しゅう職人 ricamatore⼥ [⼥ -trice]
刺しゅう針 ago⼥ [複 aghi] da ricamo
刺しゅう枠 tamburello⼥, (piccolo) telaio⼥ [複 -i] da ricamo

ししゅう 詩集 raccolta⼥ di opere poetiche

しじゅう 四十 = 四十(ﾖﾝｼﾞｭｳ).

しじゅう 始終 **1**《いつも》sempre; 《絶えず》continuamente, costantemente; 《たびたび》frequentemente, spesso ¶彼は始終君の話をする. Non fa che parlare di te. ¶彼は始終ぶらぶらしている. Sta sempre senza far niente.
2《始めから終わりまで》¶一部始終《名詞》tutto / 《副詞》dall'inizio (fino) alla fine ¶ことの一部始終を説明する spiegare (a *qlcu.*) tutto「senza trascurare alcun particolare [nei minimi particolari]

じしゅう 次週 《翌週》la settimana⼥ seguente [successiva]; 《来週》la settimana⼥ prossima ¶「次週上映」《掲示》"La prossima settimana su questo schermo"

じしゅう 自修 ◇自修する studiare da autodidatta

じしゅう 自習 ◇自習する studiare da solo, 《独学で》studiare *ql.co.* senza frequentare una scuola ¶きょうの数学の時間は自習だった. Oggi, in assenza del professore di matematica, abbiamo fatto esercizio da soli in classe.
❖自習時間 ora⼥ di studio senza l'insegnante
自習室 sala⼥ di lettura
自習書 testo⼥ per autodidatti

じじゅう 自重 《機》peso⼥ a vuoto; 《商品を積む車などの》peso⼥ originario (senza carico)

じじゅう 侍従 ciambellano⼥, cerimoniere⼥, camerlengo⼥ [複 -ghi]
❖侍従長 gran ciambellano⼥

しじゅうから 四十雀 《鳥》cinciallegra⼥, cincia⼥ [複 -ce] grossa

しじゅうくにち 四十九日 《仏教》quarantanovesimo giorno dalla morte (di *qlcu.*); 《法要》commemorazione⼥ funebre nel quarantanovesimo giorno dalla morte (di *qlcu.*)

しじゅうしょう 四重唱 《音》quartetto⼥ vocale

しじゅうそう 四重奏 《音》quartetto⼥ strumentale ¶弦楽四重奏 quartetto d'archi

しじゅうはって 四十八手 ¶金もうけの四十八手「tutti i trucchi possibili [ogni possibile trucco e stratagemma] per far denaro

ししゅうびょう 歯周病 《医》periodontite⼥

じしゅうんえい 自主運営 autogestione⼥

ししゅく 私淑 ¶私淑している学者 studioso assunto a *proprio* modello

しじゅく 私塾 scuola⼥ privata; 《授業, コース》corso⼥ privato

じしゅく 自粛 ◇自粛する esercitare l'autodisciplina; astenersi da *ql.co.*「dal +不定詞」 ¶政治家の自粛を望む. Vorremmo che gli uomini politici praticassero una più austera autodisciplina. ¶新聞各社は誘拐事件の報道を自粛した. Tutti i giornali si sono astenuti dal riportare la notizia del rapimento.

ししゅつ 支出 spese⼥ [複], uscite⼥ [複], esborsi⼥ [複], pagamenti⼥ [複] ◇支出する spendere, sborsare, pagare (▶いずれも目的語には「金銭」,「金額」をとる) ¶収入と支出 entrate e uscite / introiti e esborsi / riscossioni e pagamenti ¶公共[政府]支出 spesa pubblica [governativa] ¶国民純(総)支出 spesa nazionale netta [lorda] ¶資本支出 spesa di capitale ¶投資支出 spese di investimento / spese per investimenti ¶消費支出 spesa per il consumo ¶地方財政支出 spesa finanziaria dell'ente locale ¶支出を抑える limitare le spese
❖支出額 somma⼥ sborsata, ammontare⼥ pagato
支出構造 struttura⼥ delle uscite

ししゅんき 思春期 (età⼥ dell')adolescenza⼥, pubertà⼥ ¶思春期の in età puberale

しじゅんせつ 四旬節 《キリ》quaresima⼥,

quadragesima⊛

ししょ 支所 filiale⊛, succursale⊛, ufficio⊛ [複 -ci] di zona

ししょ 支署 ufficio⊛ [複 -ci] pubblico [複 -ci] di quartiere ¶警察の支署 commissariato di polizia di quartiere [di circoscrizione]

ししょ 司書 bibliotecario⊛ [⊛ -ia; 男複 -i]

ししょ 私書 《私文書》documento⊛ privato; 《私信》lettera⊛ privata

ししょ 子女 《息子や娘》figli⊛ [複] (e figlie⊛ [複]); 《娘, 女子》figlia⊛ ¶良家の子女 figlia di buona famiglia

じしょ 地所 terra⊛, terreno⊛;《法》proprietà⊛ fondiaria ¶地所を売る[買う/貸す/借りる] vendere [comprare / dare in affitto / prendere in affitto] un terreno ¶彼は郊外に小さな地所を持っている。Ha un piccolo appezzamento in periferia.

じしょ 自署 autografo⊛, firma⊛ ¶契約書に自署する apporre la firma su un contratto

じしょ 辞書 dizionario⊛ [複 -i], vocabolario⊛ [複 -i] →辞典 ¶辞書を使って con l'ausilio del dizionario ¶辞書を引く consultare un dizionario / cercare (una parola) in un dizionario ¶辞書を編集する compilare un dizionario
✣辞書学 lessicografia⊛
辞書編纂(さん)者 compilatore⊛ [⊛ -trice] di un dizionario, lessicografo⊛ [⊛ -a]
辞書編集者 redattore⊛ [⊛ -trice] di un dizionario

じじょ 次女 seconda figlia⊛ femmina
じじょ 侍女 cameriera⊛ personale [particolare]; dama⊛ di compagnia

ししょう 支障 ostacolo⊛, impedimento⊛, intralcio⊛ [複 -ci] ¶何の支障もなく senza intoppi ¶インフレで計画の実現に支障を来した。L'inflazione ha impedito la realizzazione del piano.

ししょう 死傷
✣**死傷者** morti⊛ [複] e feriti⊛ [複];《犠牲者》vittime⊛ [複] ¶昨夜の地震で100名の死傷者が出た。Il terremoto di ieri sera ha causato cento vittime (tra morti e feriti).

ししょう 私娼 prostituta⊛ non autorizzata
✣**私娼窟** casa⊛ di malaffare, casa⊛ chiusa, bordello⊛;《俗》casino⊛

ししょう 私傷《保険で》ferita⊛ riportata fuori del (luogo di) lavoro

ししょう 師匠 maestro⊛ [⊛ -a]
ししょう 視床 《解》talamo⊛
ししょう 史上 ¶史上に名を残す essere immortalato / passare⊛ [es] alla storia ¶史上空前の事件 evento「inaudito [senza precedenti / 歴史上重要の] di importanza storica]
✣**史上最高値**《株で》massimo⊛ storico [複 -ci]

しじょう 市場《経》mercato⊛;《販路》sbocco⊛ [複 -chi] ¶市場を開拓する creare [aprire] nuovi sbocchi [nuovi mercati] ¶市場を拡張する ampliare [allargare / espandere] il mercato ¶市場を牛耳(ぎゅうじ)る controllare il mercato ¶市場を独占する monopolizzare il mercato ¶市場に出す lanciare ql.co. sul mercato ¶その商品はすでに市場に出回っている。Queste merci sono già sul mercato.

[関連]
売り手[買い手]市場 mercato⊛ favorevole ai venditori [ai compratori], mercato⊛ al rialzo [al ribasso] **卸売り市場** mercato⊛ all'ingrosso **外国為替市場** mercato delle valute estere **外国[国際]市場** mercato estero [internazionale] **株式[金起債]市場** mercato azionario [複 -i] [dell'oro] **起債市場** mercato obbligazionario [複 -i] **金融市場** mercato monetario [複 -i] **現物市場** mercato a contanti [a pronti] **コール市場** mercato dei prestiti a breve **国内市場** mercato interno [nazionale] **債券市場** mercato dei titoli, Borsa⊛ **資本市場** mercato dei capitali **商品市場** Borsa merci **流通市場** mercato secondario [複 -i] **労働市場** mercato del lavoro

✣**市場介入** intervento⊛ sul mercato
市場開放政策 politica⊛ di apertura di mercato
市場価格 prezzo⊛ di mercato
市場価値 valore⊛ sul mercato
市場競争 concorrenza⊛ [competizione⊛] sul mercato
市場経済 economia⊛ di mercato
市場性 negoziabilità⊛, commerciabilità⊛ ¶市場性のある株 titoli negoziabili (in Borsa)
市場政策 politica⊛ [operazione⊛] di mercato aperto
市場占有率 quota⊛ [proporzione⊛] di mercato
市場操作 operazioni⊛ [複] di mercato
市場調査 ricerca⊛ [indagine⊛] di mercato
市場動向 tendenza⊛ di mercato
市場力 forza⊛ del mercato

しじょう 至上 ◇至上の supremo; altissimo, massimo, sommo ¶芸術至上主義 principio dell'arte per l'arte
✣**至上命令** ordine⊛ supremo;《哲》imperativo⊛ categorico [複 -ci]

しじょう 至情 ¶至情を吐露(とろ)する dichiarare i propri sentimenti più veri e profondi

しじょう 私情 ¶私情に動かされる essere spinto dai sentimenti personali /《個人的利害で動く》agire nell'interesse personale ¶政治に私情を差しはさむ far entrare sentimenti personali nella politica ¶私情を捨てる mettere da parte i sentimenti [gli interessi] personali

しじょう 紙上 ¶紙上の論争 disputa con qlcu. sulle pagine dei giornali ¶紙上をにぎわす riempire le colonne di tutti i giornali

しじょう 詩情 sentimento poetico [複 -ci], poesia⊛

しじょう 試乗 ◇試乗する provare [fare un giro di prova con] un nuovo modello (di veicolo)
✣**試乗車** vettura⊛ da dimostrazione

しじょう 誌上 ¶誌上で in [su] una rivista

じしょう 自称 (per) autodefinizione⊛ ◇自称する autodefinirsi, farsi chiamare, farsi passare 《と per》 ◇自称の sedicente ¶自称会社重役 un sedicente dirigente di una ditta ¶彼は大学教授だと自称している。Si fa passare per [Dice di essere] un professore universitario.

じしょう 事象 《現象》fenomeno[男]; 《事柄》fatto[男], avvenimento[男]

じじょう 自乗 ⇀二乗

じじょう 自浄 ◇自浄の autopulente
✤自浄作用 azione[女] autopulente
自浄能力 potere[男] autopulente

じじょう 事情 circostanza[女]; 《状況》situazione[女]; 《理由》causa[女], ragione[女]; 《動機》motivo[女] ¶住宅[交通]事情 situazione degli alloggi [del traffico] ¶…の事情に通じている《情報通》essere ben informato di [su] *ql.co.* / 《よく知っている》conoscere bene *ql.co.* ¶家庭の事情で per ragioni [per motivi] di famiglia ¶どんな事情があろうとも《何が起ころうと》qualunque cosa accada / 《どんな状況のもとでも》in qualsiasi circostanza ¶このような事情では in questo stato di cose / in tali circostanze / in queste condizioni ¶こういう事情なので stando così le cose ¶やむをえない事情で per forza maggiore / per forza (di cose) ¶事情が事情なので data la situazione ¶事情のいかんにかかわらず malgrado le circostanze ¶事情の許すかぎり per quanto la situazione lo permetta ¶詳しい事情を説明してください. Ci spieghi tutti i dettagli [particolari]. ¶あの2人は事情があって別れた. È successo qualcosa per cui i due si sono separati. ¶事情によっては許してやらぬでもない. Potrei perdonarti, a seconda delle circostanze.
✤事情聴取 audizione[女] [escussione[女]] dei testi [dei testimoni], interrogazione[女] ¶彼は警察の事情聴取を受けた. È stato interrogato dalla polizia.

じじょうじばく 自縄自縛 ¶自縄自縛に陥る cadere[自][*es*] nella *propria* trappola

ししょうせつ 私小説 〘文学〙romanzo[男] narrato spesso in prima persona sulla base di elementi autobiografici dell'autore ⇀文学 [用語集]

ししょく 試食 degustazione[女], assaggio[男] [複 -gi] (►いずれも「試飲」の意味でも用いられる) ◇試食する degustare [assaggiare] *ql.co.*
✤試食会 seduta[女] di degustazione

じしょく 辞職 ◇辞職する dare le dimissioni [dimettersi] da *ql.co.*; 《首相などが》abbandonare il potere ¶辞職願いを出す[受理する] presentare [accettare] le dimissioni ¶辞職を勧告する consigliare (a) *qlcu.* di dimettersi ¶総辞職 dimissioni in massa [in blocco]

じじょでん 自叙伝 autobiografia[女] ¶自叙伝的[半自叙伝的]小説 romanzo autobiografico [semiautobiografico]

ししょばこ 私書箱 casella[女] postale; 《略》C.P. ¶私書箱302番 C.P. 302

ししん 私心 interessi[男][複] personali; 《利己心》egoismo[男] ◇私心のない disinteressato, altruistico ([男]複 -ci)

ししん 私信 lettera[女] [corrispondenza[女]] privata [personale]

ししん 指針 **1** 《時計や秤(はかり)の針》lancetta[女], indice[男]; ago[男] [複 *aghi*] **2** 《方針》orientamento[男], direttive[女][複]

しじん 私人 (cittadin*o*[男] [[女] -*a*]) privat*o*[男] [[女] -*a*], 「individuo[男] ¶私人として「in qualità di [come un] semplice cittadino

しじん 詩人 poet*a*[男] [[女] -*essa*; [男]複 -*i*] ⇀文学 [用語集] ¶宮廷詩人 poeta di corte ¶吟遊詩人 trovatore / menestrello ¶叙情[叙事]詩人 poeta lirico [epico]

じしん 地震 terremoto[男], sism*a*[男] [複 -*i*], scossa[女] sismica [tellurica], sismo[男] ¶日本は地震が多い. In Giappone i terremoti [le scosse sismiche] sono frequenti. ¶昨日この地方で震度5の地震があった. In questa zona ieri c'è stata una scossa del quinto grado della scala sismica giapponese.

> [関連]
> **活火山** vulcano[男] attivo **断層** faglia[女] **活断層** faglia[女] attiva **地震波** onda[女] sismica **震源** ipocentro[男] (sismico) **震央** epicentro[男] **前震** scossa premonitrice **本震** scossa principale **余震** repliche[女][複], scossa[女] di assestamento **マグニチュード** magnitudo[男][無変] **震度** grado[男] di intensità **気象庁震度階級** scala[女] sismica stabilita dall'Ente meteorologico (10階級に分けて震度を示す. 日本で用いられる) **改正メルカリ震度階** scala Mercalli (12階級に分けて震度を示す. イタリアなどで用いられる) **津波** *tsunami*[男], maremoto[男] **津波警報** allarme[男] *tsunami* **液状化現象** fenomeno[男] della liquefazione **有感地震** macrosismo[男], macrosism*a*[男] [複 -*i*] **無感地震** scossa「non avvertita [strumentale] **火山性地震** terremoto[男] di origine vulcanica **構造地震** terremoto di natura tettonica **直下型地震** terremoto altamente distruttivo con ipocentro sulla verticale di una grande città **群発地震** sciame[男] sismico

✤地震学 sismologia[女]
地震学者 sismolog*o*[男] [[女] -*ga*; [男]複 -*gi*]
地震観測 osservazione[女] sismica
地震観測所 osservator*io*[男] [複 -*i*] sismic*o* [複 -*ci*]
地震計 sismografo[男]
地震工学 sismoingegneria[女]
地震国 paese[男] sismico
地震帯 zona[女] sismica
地震多発地帯 regione[女] soggetta a scosse telluriche
地震波 onda[女] sismica
地震被災者 terremotati[男][複]
地震被災地 zona[女] terremotata
地震予知連絡会 Commissione[女] per la previsione sismica

じしん 自身 sé ◇自身の di se (stess*o*), propr*io* ([男]複 -*i*) ◇自身で di persona; personalmente ¶彼自身は egli [lui] stesso ¶彼[彼女]ら自身 loro stessi [stesse] ¶私自身の手でやりたい. Voglio farlo con le mie (stesse [proprie]) mani. ¶これは彼自身の問題だ. Questo è un suo problema personale. ¶社長自身で[が] il direttore in [di] persona ¶事態はそれ自身としては重大ではない. La cosa di per sé non è grave.

じしん 自信 fiducia[女] in *se* stess*o*, sicurezza[女] di *sé* ¶自信がある[ない] avere [non avere] fiducia in *se* stesso / essere [non essere] sicur*o* di *se* stesso ¶自信を失う[取り戻す] perdere [riconquistare] la fiducia in sé ¶彼はゴルフには自

信がある. Nel golf ha una certa sicurezza. / Ha una buona padronanza del golf. ¶今度の成功で自信がついた. Il recente successo mi ha dato fiducia. ¶自信に満ちた態度で con grande sicurezza / con aria sicura ¶彼は自信過剰だ. È「pieno di sé [troppo sicuro di sé].
❖**自信家** persona㊛ sicura di sé
自信喪失 mancanza㊛ di fiducia in se stessi
◇自信喪失する perdere la fiducia in se stessi

じしん 磁心 《物》nucleo㊚ magnetico [複 -ci]
じしん 磁針 ago㊚ [複 *aghi*] magnetico [複 -ci]
ししんけい 視神経 《解》nervo㊚ ottico [複 -ci]
ジス JIS 〔工〕norme㊛ [複] che definiscono gli standard di riferimento della produzione industriale giapponese ¶JISマーク marchio JIS
シスアド 《コンピュータ》amministra*tore*㊚ [-*trice*] di sistema
しずい 歯髄 《解》polpa㊛ dentaria
❖**歯髄炎** pulpite㊛
じすい 自炊 ◇自炊する prepararsi「i pasti [da mangiare] da solo
しすう 指数 **1**《数》《べき指数》esponente㊚
2《率》indice㊚, numero㊚ indice ¶卸売物価[小売物価 / 消費者物価]指数 indice dei prezzi all'ingrosso [al dettaglio / al consumo] ¶株価指数 indici azionari / indici di Borsa ¶生産指数 indice di produzione industriale
❖**指数関数**[**曲線**]《数》funzione㊛ [curva㊛] esponenziale
しすう 紙数 **1**《ページ数》numero㊚ di pagine **2**《スペース》¶紙数の都合により a causa dello spazio limitato / per mancanza di spazio

しずか 静か ◇静かな《動きのない》quieto, tranquillo, calmo;《音のしない》silenzioso;《穏やかな》sereno, pacifico㊚ [複 -ci];《気質が》posato ◇静かに quietamente, tranquillamente, silenziosamente; serenamente ¶静かな海 mare calmo [placido] ¶静かな音楽《ゆったりした》musica riposante [rilassante] ¶静かな生活を送る condurre una vita tranquilla [serena] / vivere in pace ¶静かに話す《穏やかに》parlare piano [《低い声で》sottovoce] ¶静かに歩く camminare silenziosamente [《ゆっくりと》lentamente / pian piano] ¶彼は静かに立ち去った. Si allontanò in silenzio. ¶静かに. Silenzio! /《複数の相手に》Non fate chiasso [rumore]! /《掲示》"Silenzio" ¶先生が入って来ると教室は静かになった. Entrato il maestro, nell'aula è calato il silenzio.
しずかさ 静かさ →静けさ
しずく 滴 goccia㊛ [複 -ce] ¶彼の額から汗のしずくが落ちている. Il sudore gli gocciola dalla fronte. ¶蛇口からしずくが垂れる. L'acqua stilla [cola / gocciola] dal rubinetto.
しずけさ 静けさ calma㊛, silenzio㊚, tranquillità㊛, quiete㊛ ¶辺りの静けさを破る rompere il silenzio intorno a sé ¶嵐の前の静けさ la calma prima della tempesta
しずしず 静静 ¶しずしずと歩く《落ち着いて控え目に》procedere「con passo misurato [《ゆっくりと》lentamente] /《静かに》con passo silenzioso /《優雅に》dolcemente / con passo aggraziato]

シスター 〔英 sister〕《姉妹》sorella㊛;《尼僧》suora㊛, sorella㊛, madre㊛
システム 〔英 system〕sistem*a*㊚ [複 -*i*] ¶システムの整った sistematico ¶この会社はどういうシステムになっているのですか. Con quale sistema è gestita [condotta] questa azienda?
❖**システム運用**《コンピュータ》amministrazione㊛ del sistema
システムエラー《コンピュータ》errore㊚ di sistema
システムエンジニア sistem*ista*㊚ [複 -*i*], ingegnere㊚ informatico [複 -*ci*] (▶女性を指す時にも使う)
システムエンジニアリング ingegneria㊛ dei sistemi
システム化 sistematizzazione㊛ ◇システム化する sistematizzare
システムキッチン cucina㊛ componibile
システム設計《コンピュータ》progettazione㊛ di sistemi
システム分析《コンピュータ》analisi㊛ [無変] del sistema

ジステンパー 〔英 distemper〕cimurro㊚
ジストマ 〔ラ distoma〕《医》distom*a*㊚ [複 -*i*] ¶ジストマ症 distomatosi㊛ ¶肝臓[肺臓]ジストマ distomatosi epatica [polmonare]
ジストロフィー 〔英 dystrophy〕《医》distrofia㊛ ¶筋ジストロフィー distrofia muscolare
じすべり 地滑り **1**《土地の》smottamento㊚, slittamento㊚ del terreno;《山崩れ》frana㊛ **2**《政局の急な変動》¶この政党は地滑り的勝利を収めた. Questo partito ha「vinto con una maggioranza schiacciante [ottenuto una vittoria schiacciante].
しずまりかえる 静まり返る ¶森の中はしずまりかえっていた. Il silenzio regnava nella foresta. ¶教室の中はしずまりかえっていた. Nell'aula c'era un silenzio di tomba [non si sentiva volare una mosca].
しずまる 静まる・鎮まる《平静になる》calmarsi, placarsi, tranquillizzarsi;《静かになる》diventare㊐ [*es*] silenzioso ¶海[風]が静まる. Il mare [Il vento] si calma. ¶音が静まる. Il rumore si attutisce [si smorza]. ¶人心が静まった. Il sentimento popolare si placò. ¶労働争議が鎮まった. L'agitazione sindacale si è attenuata.

しずむ 沈む **1**《船が》affondare㊐ [*es*], andare㊐ [*es*] a fondo, colare㊐ [*es*] a picco;《水中に》sommergersi;《太陽・月・星が》tramontare㊐ [*es*], calare㊐ [*es*] ¶ダムの建設で村は水中に沈むことになる. Con la costruzione della diga il villaggio verrà sommerso dall'acqua. ¶船が真っ二つに折れて沈んだ. Spezzatasi in due, la nave è affondata [colata a picco / andata a fondo]. ¶太陽が水平線に沈もうとしている. Il sole sta per tramontare all'orizzonte.
2《好ましくない状態に落ち込む》¶沈んだ顔 viso malinconico [afflitto / triste] ¶沈んでいる essere depresso [malinconico] / essere giù di morale ¶物思いに沈む perdersi [immergersi / sprofondarsi] nei *propri* pensieri

しずめる 3 《光や色が》 ¶沈んだ赤 rosso scuro [cupo] ¶里の風景は夜の闇に沈んでいった. La campagna scivolò [sprofondò] nell'oscurità della notte.

しずめる 沈める 《水中に》 immergere *qlcu.* [*ql.co.*]; 《落とす, 投げる》 tuffare *ql.co.* nell'acqua; 《水中に引っ張って》 tirare *ql.co.* [*qlcu.*] sott'acqua ¶船を沈める《沈没させる》 colare a picco [affondare] una nave

しずめる 静める・鎮める 《静かにさせる》 tranquillizzare; 《感情・渇きなどを》 calmare, placare, sedare; 《鎮圧する》 domare, sedare, reprimere, sottomettere ¶痛み[渇き]を鎮める lenire un dolore [la sete] ¶反乱を鎮める reprimere una rivolta ¶子供たちを静める quietare i ragazzi ¶怒りを静める《抑制する》 contenere [frenare] lo sdegno ¶気を静める《自分の》 calmarsi / tranquillizzarsi

✤**自制心** ¶自制心を失う[失わない / 取り戻す] perdere [mantenere / riprendere] la padronanza di sé

しする 資する contribuire㊋ [*av*] ¶世界平和に資する contribuire al raggiungimento della pace nel mondo

じする 辞する 1 《いとまごい》 ritirarsi, prendere congedo da *qlcu.* ¶山田氏宅を辞する lasciare la casa del sig. Yamada 2 《職, 地位を》 dare [rassegnare] le dimissioni, dimettersi 3 《辞退する》 declinare, rifiutare 4 《「辞さない」の形で》 ¶私はいかなる行為もあえて辞さない. Sono pronto [disposto] a tutto. ¶彼は契約破棄も辞さなかった. Non ha esitato a rompere il contratto.

しせい 市井 ¶市井のうわさ voci raccolte per la strada ¶市井の人 uomo della strada / uomo qualunque [comune]

しせい 市制 organizzazione㊋ [sistema㊚] municipale [comunale] ¶市制10周年 decimo anniversario della fondazione di una città

しせい 市政 ¶市政の改革 riforma dell'amministrazione comunale

しせい 市勢 condizioni㊋[複] demografiche, sociali ed economiche di una città
✤**市勢調査** ¶市勢調査を行う effettuare il censimento di una città

しせい 私製 ¶私製の fatto [realizzato / prodotto] privatamente
✤**私製はがき** cartolina㊋ postale stampata privatamente

しせい 姿勢 1 《体の状態》 posizione㊋, posa㊋ ¶伏せの姿勢《軍》 posizione carponi ¶前屈みの姿勢で歩く camminare inclinato in avanti ¶楽な姿勢でソファーに座る sedersi comodamente sul divano ¶無理な姿勢をとる assumere [prendere] una posizione scomoda ¶姿勢を崩す assumere una posizione rilassata ¶彼は姿勢がいい.《歩くときの》 Ha un bel portamento. /《背筋が伸びている》 Sta sempre ben diritto con la schiena.
2 《態度》 atteggiamento㊚, posa㊋ ¶アジア統合への姿勢 atteggiamento a favore dell'[volta all']integrazione asiatica / atteggiamento a favore dell'[volto all']integrazione asiatica ¶前向きの姿勢で in maniera costruttiva ¶姿勢を示す con una presa di posizione ¶姿勢を変える cambiare atteggiamento [《方針を》orientamento / rotta] ¶彼は高[低]姿勢だ. Si comporta con arroganza [con modestia].

しせい 施政 amministrazione㊋, governo㊚ ¶首相の施政方針演説 discorso programmatico del Primo Ministro

しせい 市税 imposte㊋[複] comunali

しせい 自生 autogenesi㊋[無変], crescita㊋ [generazione㊋] spontanea ◇自生の autogeno㊚, 《野生の》 selvatico《㊚複 *-ci*》 ◇自生する crescere [*es*] spontaneamente ¶自生の植物 piante selvatiche

じせい 自制 padronanza㊋ [dominio㊚] di sé, autocontrollo㊚ ◇自制する dominarsi, controllarsi, contenersi, 《…するのを》 trattenersi dal + 不定詞 ¶彼は自制がきかない. Non sa controllarsi.
✤**自制心** ¶自制心を失う[失わない / 取り戻す] perdere [mantenere / riprendere] la padronanza di sé

じせい 自省 esame di coscienza, introspezione㊋ ◇自省する fare l'esame di coscienza

じせい 時世 ¶私の若いころは良いご時世だった. Quando ero giovane, erano tempi facili. ¶このご時世にまだそんなひどいことが起ころうとは. Guarda un po' se di questi tempi ci tocca ascoltare ancora idiozie del genere.

じせい 時制 《文法》 tempo㊚ ¶現在[過去 / 未来]時制 tempo presente [passato / futuro] ¶時制の一致 concordanza dei tempi

じせい 時勢 ¶時勢に遅れる non essere al passo coi tempi / non essere aggiornato ¶時勢に逆らう andare contro corrente

じせい 磁性 《物》 magnetismo㊚ ◇磁性の magnetico《㊚複 *-ci*》

しせいかつ 私生活 vita㊋ privata, intimità㊋ 《della *propria* casa》 ¶あの俳優の私生活は謎に包まれている. La vita privata di quell'attore è avvolta nel mistero.

しせいじ 私生児 figlio㊚《㊋ *-glia*; ㊚複 *-gli*》 illegittimo《㊋ *naturale*》

しせいだい 始生代 《地質》 archeano㊚, periodo㊚ archeano ◇始生代の archeano

じせいのく 辞世の句 parole㊋[複] dette [*waka*㊚[無変]] composto㊚ in punto di morte; poesia di congedo dalla vita

しせき 史跡 luogo㊚[複 *-ghi*] d'interesse storico; 《遺跡》 ruderi㊚[複], rovine㊋[複], resti㊚[複];《文》 vestigia㊋[複]

しせき 歯石 《医》 tartaro㊚ dentale ¶歯石を取ってもらう farsi 「asportare [togliere] il tartaro

じせき 次席 il secondo posto㊚;《局長などのすぐ下》 vicedirettore㊚ [㊋ *-trice*] ◇次席の《法》[ラ] a latere ¶次席で入賞する ricevere il secondo premio
✤**次席判事** giudice㊚ a latere

じせき 自責 autocondanna㊋, rimprovero㊚ [biasimo㊚] rivolto a *se stesso* ¶自責の念 rimorso / senso di colpa / voce della coscienza ¶自責の念に駆られる essere 「preda dei [in preda ai] rimorsi / provare rimorso / sentirsi un peso sulla coscienza

しせつ 私設 ◇私設の privato ¶私設託児所 asilo nido privato

しせつ 使節 《一行》 delegazione㊋, missione

しせつ ㊥; 《一人》 inviato㊚ [㊛ -a], ambasciatore㊚ [㊛ -trice], delegato㊚ [㊛ -a], rappresentante㊚ ㊥ ¶使節としてイタリアへ行く andare in Italia 「in missione [come inviato]
✤**使節団** missione㊛, delegazione㊛ ¶文化［親善］使節団 missione culturale [d'amicizia]

しせつ 施設 《建物》 edific*io*㊚ [複 -*ci*]；《学校・文化施設など》 istituzione㊛, istituto㊚；《孤児院》 orfanotrofio㊚ [複 -*i*] [brefotrofio㊚ [複 -*i*]]；《設備》 attrezzatura㊛, impianto㊚；《収容所などの》 campo㊚ (di *ql.co.*)
¶観光施設 attrezzature turistiche ¶教育施設 istituto scolastico / attrezzature scolastiche ¶軍事施設 attrezzature [impianti] militari ¶公共施設 infrastrutture pubbliche ¶厚生施設《会社の》 impianti sportivi e ricreativi ¶児童福祉施設 istituzione benefica per「la protezione [l'assistenza] dell'infanzia

じせつ 自説 la *propria* opinione, il *proprio* punto di vista ¶自説に固執する ostinarsi [persistere] nelle *proprie* opinioni

じせつ 持説 →持論

じせつ 時節 《季節》 stagione㊛；《時勢》 tempo㊚, circostanza㊛；《時期》 momento㊚, ora㊛, occasione㊛ ¶時節到来だ。 Il momento è arrivato! / L'occasione è arrivata! ¶時節を待て。 Aspetta l'occasione [il momento] favorevole!
✤**時節柄** dati i tempi; 《季節》 dato il clima ¶時節柄お体お大事に。《手紙などで》 Stia attento alla salute in questa stagione.

しせん 支線 《鉄道》 diramazione㊛ ferroviaria

しせん 死線 ¶死線をさまよう essere tra la vita e la morte ¶死線を越える sfiorare la morte /《難局を切り抜ける》 superare una grave crisi

しせん 視線 sguardo㊚ ¶視線をそらす distogliere lo sguardo [gli occhi] da *qlcu*. [*ql.co.*] ¶視線を投げかける gettare [lanciare] uno sguardo su *ql.co.* [*qlcu.*] ¶視線を向ける dirigere lo sguardo su [verso] *qlcu.* [*ql.co.*]

しぜん 自然 **1**《人の手が加わっていないもの、自然界》 natura㊛; verde㊚;《野性》 selvaggio㊚ ◇ 自然の naturale; selvatico㊚ [複 -*ci*] ¶自然と文明 natura e civiltà ¶自然を征服する conquistare la natura ¶自然の驚異［神秘］ meraviglie [misteri della natura] ¶自然の脅威にさらされる essere esposto ai rigori della natura ¶自然に触れる essere a contatto con la natura ¶自然に親しむ godersi la natura ¶自然に恵まれている《景観に》 essere ricco di bellezze naturali [《天然資源に》 di risorse naturali] ¶自然にかえる ritornare alla natura ¶乱開発で自然が次第に失われている。 Il verde va scomparendo per lo sviluppo incontrollato dell'edilizia.
2《作為の様子》 naturalezza㊛, spontaneità㊛;《本来の姿》 natura㊛ ◇ 自然な naturale, spontaneo;《先天的》 innato;《気取らない》 senza affettazione, non affettato;《技巧を施さない》 semplice, senza artificio ◇ 自然に naturalmente, con naturalezza ¶自然な表現 espressione spontanea [naturale] ¶自然な話し方をする parlare in modo naturale ¶自然に振る舞う comportarsi con naturalezza ¶自然に反する agire [andare] contro natura
3《当然》 ¶母がわが子を愛するのは自然なことだ。 È naturale che una madre ami il proprio figlio. ¶彼は無口なので自然、友だちが少ない。 È un tipo taciturno e per natura ha pochi amici.
4《ひとりでに》 ◇ 自然な《自発的》 spontaneo;《自動的》 automatico㊚ [複複 -*ci*] ◇ 自然に spontaneamente, automaticamente; da sé, da solo ¶自然の成り行きとして come risultato naturale / come conseguenza logica ¶自然の成り行きに任せる lasciar che la natura segua il suo corso ¶病気は自然に治った。 La mia malattia è guarita da sola (da sé). ¶自然にドアが閉まった。 La porta si è chiusa「da sé [automaticamente]. ¶その着想は自然に浮かんできた。 Quell'idea mi è venuta spontaneamente. ¶大勢の人の前に立つと自然に顔が赤くなる。 Quando mi trovo davanti a molta gente, arrossisco senza volerlo.
✤**自然** mondo㊚ della natura, natura㊛
自然科学 scienze㊛ [複] naturali
自然観 concezione㊛ della natura
自然乾燥 asciugamento㊚ naturale
自然現象 fenomeno㊚ naturale
自然死 morte㊛ naturale
自然主義 naturalismo㊚ ◇ 自然主義の naturalistico㊚ [複 -*ci*]
自然主義者 naturalist*a*㊚ [㊛ [複 -*i*]
自然状態 《政》 stato㊚ di natura
自然食品 alimento㊚ naturale
自然人 uomo㊚ [複 u*omini*] allo stato naturale; 《法》 persona㊛ fisica
自然数 《数》 numero㊚ naturale
自然崇拝 adorazione㊛ [culto㊚] della natura, naturismo㊚
自然選択 《生》 selezione㊛ naturale
自然葬 funerale㊚ ecologico [複 -*ci*]; dispersione㊛ delle ceneri (nella natura)
自然増収 《財》 incremento㊚ [aumento㊚] naturale delle tasse (sulle entrate)
自然地理学 geografia㊛ fisica
自然哲学 filosofia㊛「della natura [naturalistica]
自然淘汰 →自然選択
自然発火 combustione㊛ spontanea
自然発生 《生》 abiogenesi㊛ [無変], generazione㊛ spontanea
自然法 《法》 diritto㊚ [legge㊛] naturale
自然法則 legge㊛ della natura
自然保護 difesa㊛ [tutela㊛] dell'ambiente, tutela㊛ della natura
自然療法 terapia㊛ naturistica
自然力 forze㊛ [複] naturali; 《経》 fattori㊚ [複] naturali

じせん 自選 **1**《自分で選ぶこと》 ¶自選の歌集 volume [antologia] di poesie scelte dall'autore **2**《選挙で》 ◇ 自選する dare il voto a *se stesso*, autovotarsi

じせん 自薦 ◇ 自薦する offrirsi (per *ql.co.* / di +不定詞), presentarsi (per *ql.co.*), presentare la *propria* candidatura

じぜん 次善 ¶次善の策 la scelta migliore possibile anche se non l'ideale

じぜん 事前 ◇事前の preliminare ◇事前に preliminarmente, in anticipo, anticipatamente, in precedenza ¶事前に通告する preavvisare (*qlco.* di *ql.co.*[di+不定詞]) ¶クーデターを事前に防止する prevenire un colpo di stato
✤事前運動《選挙の》campagna® elettorale iniziata in anticipo sulla data stabilita
事前協議 ¶事前協議をする tenere consultazioni preliminari
事前工作 operazioni® [複] preliminari
事前通告 preavviso®

じぜん 慈善 carità®, beneficenza® ◇慈善の caritatevole, misericordioso ¶慈善を施す fare 「del bene [la carità]」(a *qlcu.*).
✤慈善市 vendita® di beneficenza
慈善家 benefattore® [® -trice]
慈善興行 rappresentazione® di [per] beneficenza
慈善事業 opere® [複] pie [filantropiche / di bene]
慈善団体 istituto® filantropico [複 -*ci*] [di carità]
慈善病院 ospedale® di un istituto di carità

しそ 始祖 capostipite®, fondatore® [® -trice], iniziatore® [® -trice]

しそ 紫蘇《植》*shiso*® [無変](◆pianta delle labiate);〔学名〕*Perilla frutescens*

しそう 死相 ¶患者の顔には死相が表われている. Il paziente ha la morte dipinta sul viso.

しそう 志操 ¶志操堅固な男 uomo fedele ai *propri* principi

しそう 思想 pensiero®, idea®;《哲学》filosofia®;《イデオロギー》ideologia® [複 -*gie*];《理論》teoria® ◇思想的(な) ideologico® [複 -*ci*] ¶危険[過激 / 穏健]思想 idee sovversive [radicali / moderate] ¶近代[東洋 / 仏教]思想 pensiero moderno [orientale / buddista] ¶思想の自由 libertà di pensiero ¶彼は思想が貧困だ. È poco profondo. / Non ha profondità di pensiero.
✤思想運動 movimento® di chiara posizione ideologica
思想家 pensatore® [® -trice]; ideologo® [® -ga; 男複 -gi]
思想戦 conflitto® ideologico
思想調査 indagine® ideologica
思想統制 controllo® dell'opinione pubblica
思想犯《政治的な》reato® ideologico [複 -*ci*], reato® politico [複 -*ci*];《危険思想の》reato® ispirato a un pericoloso impegno ideologico

しそう 歯槽《解》alveolo® dentale
✤歯槽膿漏《医》piorrea® alveolare;《一般に, 歯肉炎》gengivite®

しそう 死蔵 ◇死蔵する ammassare *ql.co.*, tenere *ql.co.* infruttifero [morto] (▶infruttifero, morto は目的語の性・数に合わせて語尾変化する) ¶死蔵されている古文書 documenti antichi ammucchiati e inutilizzati

しぞう 私蔵 ◇私蔵する possedere *ql.co.* privatamente

じぞう 地蔵 statuetta® di pietra della divinità tutelare dei bambini, viaggiatori e altri;〔梵〕Kṣitigarbha® [無変] ¶子安地蔵 divinità protettrice delle donne incinte ¶とげ抜き地蔵 divinità che allevia i dolori

シソーラス〔英 thesaurus〕dizionario® [複 -*i*] dei sinonimi e dei contrari

しそく 子息 figlio® [複 -*gli*]

しそく 四則《数》le quattro operazioni® [複] fondamentali dell'aritmetica: addizione®, sottrazione®, moltiplicazione® e divisione®

しぞく 士族《階級》classe® dei *samurai*, classe® samuraica;《人》*samurai*® [無変]

しぞく 氏族 clan® [無変], famiglia®, nucleo® [gruppo®] familiare
✤氏族社会《史》sistema® sociale a clan

じそく 自足 **1**《自給自足》autosufficienza®, autarchia® **2**《現状に満足すること》¶自足した生活 vita soddisfacente

じそく 時速 velocità® oraria ¶時速100キロで a 100 km「all'ora [l'ora]／ alla velocità di cento chilometri orari ¶高速道路では最高時速130キロ, 最低時速60キロである. In autostrada la velocità massima è di 130 km l'ora, quella minima di 60 km l'ora.(◆イタリアの場合)

じぞく 持続 durata®, continuazione® (di un movimento) ◇持続する continuare®, ® [*es, av*], durare® [*es, av*], perdurare® [*es, av*] ◇持続的 continuato, ininterrotto;《恒久的》permanente ¶関心が持続する. L'interesse persiste. ¶この薬の効果は6時間持続する. L'effetto di questa medicina dura [ha una durata di] sei ore.
✤持続期間 durata®
持続性 continuità®

しそこなう 仕損なう fallire®, ® [*av*] (in) *ql.co.*, sbagliare®, ® [*av*], fare un errore [uno sbaglio], fare fiasco ¶結婚をしそこなう perdere l'occasione di sposarsi

しそちょう 始祖鳥《古生》〔ラ〕archaeopteryx® [無変]

しそん 子孫 discendente®;《総称》posteri® [複] ¶名門の子孫である discendere [vantare una discendenza] da illustri antenati

しそんじる 仕損じる →仕損なう

じそんしん 自尊心 amor proprio, orgoglio ®, rispetto di sé ¶自尊心を失う perdere l'amor proprio [il rispetto di *sé*] ¶〈人〉の自尊心を傷つける ferire l'amor proprio di *qlcu.* / offendere *qlcu.* nell'orgoglio ¶そんなことは私の自尊心が許さない. Ho troppo amor proprio [Sono troppo orgoglioso] per fare una cosa simile.

した 下 **1**【基準点より低いところ】parte® inferiore [più bassa], fondo® ◇下の inferiore, (in) basso, di sotto ◇下に giù ¶下の部屋 stanza「del piano di sotto [sottostante]」¶山の上から下を見る guardare「in basso [giù]／ dall'alto della montagna ¶下から支える sorreggere *ql.co.* da sotto ¶下から3番目の引き出し il terzo cassetto dal basso ¶この表の下のほうに nella parte bassa della tabella ¶この下に quaggiù ¶あの下に laggiù ¶郵便局はこの坂の下にある. L'ufficio postale è in fondo alla discesa. ¶このエレベーターは下に参ります. L'ascensore scende. ¶このオベリスクは上から下まで浮き彫りがしてある. L'obelisco è ricoperto di rilievi da cima a fondo. ¶彼は2階下に住んでいる. Abita

した

due piani sotto di me. ¶はるか下の方に村が見える. In lontananza in basso si scorge un villaggio.
2【ものの下側】sotto男, disotto男, parte女 di sotto ¶戸棚の下で ねずみが出てきた. Da sotto l'armadio è sbucato fuori un topo. ¶あの木の下で休もう. Riposiamoci sotto quell'albero.
3【物の内側】¶ワイシャツの下にランニングシャツを着る mettersi [portare] una canottiera sotto la camicia
4【地位・等級が低い】inferiore a *qlcu.* [*ql.co.*] ¶下には下がある.(不運な) Non c'è mai fine alle disgrazie. ¶C'è sempre uno più sfortunato di te. ¶彼の成績はこのクラスの平均より下だ. I suoi risultati sono sotto la media di questa classe. ¶組合は下から突き上げられている. Il sindacato subisce pressioni dal basso. ¶彼はよく下の者の面倒をみる. Pensa molto ai suoi dipendenti.
5【数量・年齢が少ない】¶下の子 bambino 「più piccolo [più giovane / minore] ¶弟は僕より3つ下だ. Mio fratello 「ha tre anni meno [è di tre anni più giovane] di me. ¶A国の自動車の生産量はB国より下である. La produzione dell'industria automobilistica del paese A è inferiore a quella del paese B.
6【音の低い部分】basso男, ¶下のほうの音 suoni bassi
7【人の指導下】¶〈人〉の下で研究する fare delle ricerche sotto la direzione [sotto la guida] di *qlcu.* ¶彼の下で仕事をするのはいやだ. Non voglio lavorare sotto di lui [alle sue dipendenze].
8【すぐあと, 直後】¶禁煙したと言った下からタバコを買いに行った. Aveva appena detto di aver smesso di fumare che è andato a comprare le [delle] sigarette.
慣用 下にも置かぬ ¶下にも置かぬもてなしをする offrire [fare] a *qlcu.* un'accoglienza calorosissima

した 舌 【解】lingua女 ¶舌の根元 radice女 [base女] della lingua ¶舌の先で con la punta della lingua ¶舌が荒れている avere la lingua screpolata [(白く) patinosa / sporca] ¶舌がもつれる stentare a parlare / (酔って) avere la lingua impastata ¶彼は舌が肥えている. Ha il palato fine. / È un buongustaio. ¶暑くて犬が舌をだらりと垂らしている. Il cane sta con la lingua penzoloni per il caldo. ¶彼は悔しそうに「ちっ」と舌を鳴らした. Ha schioccato la lingua per la stizza.
慣用 舌がほぐれる ¶彼は酒のせいで舌がほぐれた. Il *sakè* gli ha sciolto la lingua.
舌がよく回る avere una bella parlantina, avere la lingua sciolta ¶舌がよく回る男だ. È un gran chiacchierone!
舌足らず →見出し語参照
舌の根の乾かぬうち ¶禁煙すると言った舌の根の乾かぬうちに彼は吸い出した. Non aveva nemmeno finito di dire che avrebbe smesso di fumare, che subito ricominciò.
舌を出す (1)〈陰でばかにする〉¶彼女はこっそり舌

653

しだい

を出した L'ha deriso「dentro di sé [senza farsi accorgere]. (2)〈失敗したときのしぐさ〉tirare fuori la lingua (◆ふつうイタリア人はこのジェスチャーはしない)
舌を巻く ¶彼の絵のうまさに舌を巻いた. La sua abilità nel dipingere mi ha lasciato a bocca aperta.

した 羊歯 【植】felce女
❖**羊歯植物** pteridofite女 [複], felci女 [複]

じた 自他 sé e gli altri ¶…は自他ともに認める [許す]. È generalmente riconosciuto che+直説法

したあご 下顎 【解】mandibola女, mascella女 inferiore

したい 死体 cadavere男, corpo男,《文》salma女;《死人》morto男 [女 -a] →遺体 ¶黒焦げ死体 cadavere carbonizzato ¶腐乱(ふらん)死体 cadavere in decomposizione / cadavere putrefatto /《特に動物の》carogna (◆「人でなし め」という罵り言葉にも使われる)¶死体の身許を確認する identificare un cadavere ¶死体の収容 evacuazione [ricupero] dei morti ¶死体を焼く cremare un cadavere ¶彼は死体で発見された. È stato trovato morto.
❖**死体安置場**《病院・墓地などの》camera女 mortuaria;《死体公示所》obitorio男 [複 -i];〔仏〕morgue [mɔrg] 女 [無変];istituto男 medico legale
死体遺棄【法】abbandono女 di cadavere
死体解剖 autopsia女, necroscopia女

したい 肢体 arti男 [複], membra女 [複] ¶均整のとれた肢体 figura ben proporzionata
❖**肢体不自由児** bambino男 [女 -a] handicappato [disabile / invalido]

したい 姿態 **1**《姿》figura女 ¶すらりとした姿態をしている avere una figura slanciata [snella] **2**《ポーズ》posa女

したい ー**たい** ¶したい放題のことをする fare「a modo proprio [di testa propria] ¶彼はしたい放題に暮らしている. Fa ciò che gli pare e piace.

しだい 次第 **1**《順序》ordine男 ¶式次第 programma男 della cerimonia
2《事情》situazione女, andamento男, corso男;《原因, 理由》causa女, ragione女 ¶まことに残念な次第です. È proprio「una pena [una situazione spiacevole]. ¶事の次第はこうです. I fatti sono questi. / La situazione è questa. ¶ことは次第によります. Ciò dipende「dall'andamento della situazione [dall'evolversi delle circostanze].
3《すぐに》(non) appena +直説法 ¶ローマに着き次第電話してくれ. Telefonami「appena arrivi [subito dopo il tuo arrivo] a Roma! ¶都合がつき次第ご連絡いたします. Le risponderò alla prima occasione. ¶出来次第お届けいたします. Glielo porterebbe appena pronto.
4《…によって》¶…次第である dipendere自 [es] da *ql.co.* [*qlcu.*] ¶君の言い分次第で secondo quanto mi dici ¶君の気持ち次第だ. Sta a te decidere. ¶買うも買わぬもあなた次第です. È libero di comprarlo o no. / Comprarlo o meno dipende solo da lei. ¶地獄の沙汰も金次第. →地獄
5《「次第に」の形で, だんだん》gradualmente,

progressivamente, mano (a) mano, via via ¶列車は次第に遠ざかって行く. Il treno si allontana sempre più. ¶病気は次第によくなった. La malattia è guarita poco per volta.

じたい 字体 forma㊛ di una lettera;《漢字の》forma di un ideogramma;《筆跡》scrittura㊛, grafia㊛; calligrafia㊛;《活字》caratteri㊚[複] (tipografici), tipi㊚[複] ¶丸い字体 grafia rotonda ¶ゴチック[イタリック]字体 lettere gotiche [corsive]

じたい 自体 stesso ¶…自体（としては）di per sé / in se stesso / in sé e per sé / di per se stesso ¶物自体 cosa in se stessa ¶そういう考え方自体がおかしい. Questo modo di pensare di per se stesso è assurdo.

じたい 事態 situazione㊛, stato㊚ di cose, circostanze㊛[複], caso㊚ ¶緊急事態 situazione tesa / stato di emergenza ¶こんな事態では in una simile situazione / nelle attuali circostanze ¶最悪の事態には nel peggiore dei casi ¶事態を収拾する[紛糾させる] risolvere [complicare] la situazione ¶事態は楽観を許さない. La situazione non giustifica alcun ottimismo.

じたい 辞退 ◇ 辞退する declinare [rifiutare] (cortesemente) ql.co. ¶私は立候補を辞退した. Ho rifiutato la candidatura. ¶彼は食事への招待を辞退した. Ha espresso il suo rammarico [Si è scusato] di non poter accettare l'invito per la cena.

じだい 地代 canone㊚ d'affitto di un terreno, affitto㊚, fitto㊚ ¶地代を払う pagare「il canone d'affitto [l'affitto] di un terreno [di un podere]

じだい 時代 **1**《歴史上の区切られた期間》epoca㊛, periodo㊚, era㊛;《世紀》secolo㊚;《世代》età㊛, generazione㊛ ¶明治時代 era Meiji ¶封建時代 periodo feudale ¶石器時代 età della pietra ¶神話時代 era mitologica ¶新時代 epoca nuova ¶古き良き時代 i bei vecchi tempi [tempi antichi] ¶これからの時代 i tempi 「di oggi [futuri / le generazioni future] ¶我々の時代 i tempi nostri ¶《現代》il periodo attuale ¶過ぎ去った時代 il tempo passato / i secoli passati ¶ピカソの青の時代 il periodo blu di Picasso ¶時代を超越した真理 verità immutabile nei tempi ¶時代を画する出来事 evento che fa epoca ¶あらゆる時代に in tutte le epoche / in tutti i tempi ¶自由に月に行ける時代が来るだろう. Verrà un giorno in cui si potrà andare liberamente sulla luna. ¶やがて君たちが次の時代を担うことになる. Fra poco sarete voi「la forza portante e trainante [i protagonisti] della prossima era.

2《話題に上っているその時期》¶時代に逆行した政策 politica retrograda [antiprogressista] ¶時代に先んじる essere in anticipo sul *proprio* tempo [sui tempi] ¶時代に遅れる non andare [non essere al passo] con i tempi ¶時代に逆らう andare contro il *proprio* tempo ¶時代に背を向け voltare le spalle ai tempi ¶時代の波に押し流される essere travolto dai tempi ¶時代の要求に応じた all'altezza dei tempi ¶時代の流れを変える cambiare il corso della storia ¶彼は時代の波に乗っている. Va [È al passo] con i tempi.

3《人生の一時期》tempo㊚ ¶学生時代 i tempi della scuola ¶青春時代 giovinezza㊛ ¶彼らの新婚時代には queste erano ancora due sposini ¶私にも人生に夢をもっていた時代があった. Anch'io una volta avevo dei sogni nella vita.

4《古めかしいこと》¶時代がかった antiquato ¶時代がかった家具 mobile d'altri tempi ¶時代ものの壺 vaso d'epoca

✤**時代劇** dramma㊚[複 -i] [《映画》film㊚[無変]] storico [複 -ci] [di ambientazione storica];《ちゃんばら》dramma [film㊚] di combattimenti e di avventura

時代錯誤 anacronismo㊚ ¶…と考えるのは時代錯誤だ. E anacronistico pensare che + 接続法

時代思潮 tendenze㊛[複] dei tempi
時代史 storico [複 -ci] romanzo㊚ d'epoca
時代色 ¶時代色豊かな祭り festival㊚ che abbonda di colori d'epoca
時代精神 spirito㊚ dei tempi
時代物 genere㊚ di opere del teatro *bunraku* e *kabuki* in cui vengono descritte storie di nobili e *samurai* ¶歌舞伎 日本事情

じだいおくれ 時代遅れ ◇ 時代遅れの arretrato, retrogrado, antiquato, sorpassato, superato, fuori [passato di] moda

じだいしゅぎ 事大主義《権力への追従》servilismo㊚ (ossequente)

✤**事大主義者**《蔑》leccapiedi㊚[無変] dei potenti

しだいに 次第に →次第 5

したう 慕う《愛着を抱く》attaccarsi [affezionarsi] a qlcu., provare affetto per qlcu.;《恋い焦がれる》sospirare㊀[av] per qlcu., languire㊀[av] d'amore per qlcu.;《敬う》adorare qlcu. [ql.co.] ¶彼は生徒から慕われている. E benvoluto da tutti i suoi allievi. ¶彼女のことを姉のように慕っていた. Le ero affezionato come a una sorella. ¶彼を慕って大勢の若者が集まってきた. Si sono radunati molti giovani che lo ammiravano.

したうけ 下請け subappalto㊚ ¶下請けに出す subappaltare [dare in subappalto] ql.co. a qlcu. ¶下請けをする subappaltare [accettare in subappalto] ql.co.

✤**下請企業** impresa㊛ subappaltata
下請業者 subappaltatore㊚
下請工場 fabbrica㊛ in subappalto

したうち 舌打ち schiocco㊚[複 -chi] della lingua ◇ 舌打ちする schioccare la lingua / fare uno schiocco con la lingua

したえ 下絵 abbozzo㊚, schizzo㊚;《刺しゅうなどの》disegno㊚ ¶下絵を描く fare [tracciare] un abbozzo [uno schizzo] di (un quadro) / abbozzare [schizzare] (un quadro)

したがう 従う **1**《付いて行く》seguire qlcu. [ql.co.];《同伴する》accompagnare qlcu. ¶すぐ後に従う stare alle costole [alle calcagna] (の di) ¶ガイドさんに従って門をくぐった. Siamo entrati dalla porta seguendo la guida.

2《服従する》ubbidire㊀[av]《に a》, seguire;《尊重する》rispettare;《適応する》adeguarsi [conformarsi]《に a》 ¶忠告に従う seguire il

consiglio di *qlcu*. ¶両親[法律]に従う rispettare i genitori [la legge] ¶自己の良心に従う ascoltare la voce della (*propria*) coscienza ¶習慣に従う adeguarsi alle abitudini ¶感情を理性に従わせる sottomettere i sensi alla ragione ¶規則に従う attenersi al regolamento ¶郷に入っては郷に従え.(諺)"Paese che vai, usanza che trovi." / "A Roma si fa alla romana."
3《沿う》 ¶川に従って歩く camminare lungo il fiume

したがえる 従える **1**《引き連れる》essere accompagnato [seguito]《を da》 ¶彼はいつも多くの取り巻き連中を従えている. È sempre scortato da vari leccapiedi. **2**《征服する》conquistare ¶敵を従える sconfiggere il nemico

したがき 下書き 《総称》bozza⼥, abbozzo男;《文章の》minuta⼥, brutta copia⼥ ◇下書きする fare la bozza [l'abbozzo / la minuta / la brutta copia] di *ql.co.*

したがって 従って **1**《結果・理由を表わして》di [in] conseguenza, quindi, perciò, pertanto ¶この品は上等です.したがってお値段も高くなります. Questo è di ottima qualità e di conseguenza anche il prezzo è più alto.
2《…のとおりに》 ¶現行法に従って in conformità alle leggi vigenti ¶取り決めに従って secondo quanto stabilito nell'accordo
3《…につれて》 ¶経済が成長するにしたがって a mano a mano [man mano] che l'economia si sviluppa ¶年を取るにしたがって con gli anni / invecchiando

したがる avere voglia di + 不定詞 ¶彼はたまらなく帰国したがっている. Ha una gran voglia [Non vede l'ora] di tornare in patria. ¶息子たちはあまり勉強をしたがらない. I miei figli non hanno tanta voglia di studiare.

したぎ 下着 《総称》indumenti男[複] intimi, biancheria⼥ intima ¶替えの下着 biancheria intima di ricambio

したく 支度・仕度 《準備》preparativi男[複], preparazione⼥;《手はずを整えること》organizzazione⼥;《装備》equipaggiamento男;《花嫁道具》corredo男 ◇支度する preparare *ql.co.*, fare preparativi per *ql.co.* ¶旅行の支度をする fare i

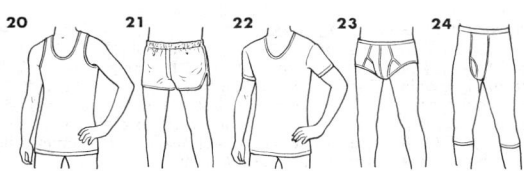

下着
●女性用
1 スリップ sottoveste⼥. **2** ブラジャー reggiseno男. **3** パンティー[英] slip男[無変]. **4** ロングタイプブラジャー bustino男. **5** ボディスーツ modellatore男. **6** ガードル guaina⼥. **7** ビスチェ bustino男. **8** キャミソール[英] top男[無変]. **9** フレアーパンティー[仏] culottes⼥[複]. **10** テディ[英] body男[無変]. **11** ペチコート sottogonna⼥. **12** シャツ maglia⼥. **13** ストッキング calze⼥[複]. **14** ガーター reggicalze男[無変]. **15** パンティーストッキング[仏] collant男[無変]. **16** タイツ calzamaglia⼥. **17** スパッツ[仏] fuseaux男[無変], pantacollant男[無変]. **18** ソックス calzini男[複]. **19** ハイソックス calzini男[複] lunghi, calzettoni男[複].

●男性用
20 ランニングシャツ canottiera⼥. **21** トランクス[英] boxer男[無変]. **22** 半袖シャツ maglia⼥ con maniche corte. **23** ブリーフ[英] slip男[無変]. **24** ズボン下 mutande⼥[複] a gamba lunga.

preparativi per un viaggio ¶食卓の支度をしてください. Apparecchi la tavola, per favore. (►テーブルクロスを敷いたり, 食器をそろえたりすること) ¶ご飯の支度ができましたよ. Il pranzo è pronto! / A tavola! ¶今支度しているからちょっと待って. Sto preparandomi, aspetta un momento per favore.
✤**支度金** fondi[男][複] per i preparativi

じたく 自宅 la *propria* casa[女][abitazione[女]], il *proprio* domicil*io*[男][複 -*i*]; 《親の家》 la casa[女] dei *propri* (genitori) ¶自宅に帰る tornare a casa ¶彼は自宅にいる. È in casa. ¶彼は自宅にひきこもっている. Sta rinchiuso [tappato] in casa. ¶自宅外通学の学生 studente fuori sede
✤**自宅療法** cura[女][terapia[女]] proseguita a casa propria

したくちびる 下唇 〖解〗 labbro[男] inferiore

したげいこ 下稽古 《劇の》 prova[女] ¶下げいこに入る cominciare a「provare [fare le prove di] *ql.co.*

したけんぶん 下検分 ◇下検分する fare un'ispezione [un esame] preliminare (di *ql.co.*), ispezionare [esaminare] in anticipo *ql.co.*

したごころ 下心 secondo fine[男] ¶下心があって per calcolo / per [con] un secondo fine ¶下心なしに senza secondi fini ¶彼には…しようという下心がある. Ha la segreta intenzione di＋[不定詞] ¶彼の行為にはいつも何かしら下心がある. Sotto le sue azioni si nasconde sempre qualche interesse personale. ¶私は彼の下心を見抜いている. Non mi faccio ingannare dai suoi secondi fini.

したごしらえ 下拵え 《料理の》 preparazione[女] (per la cottura) ¶日本料理の材料の下ごしらえをする preparare gli ingredienti per cucinare un piatto giapponese

したさき 舌先 《舌の先》 punta[女] della lingua
✤**舌先三寸** ¶彼の舌先三寸で丸めこまれた. Mi ha abbindolato con le sue chiacchiere [《うそ》 bugie / 《おべんちゃら》 moine].

したじ 下地 《基礎》 base[女], fondamento[男]; 《素質》 qualità[女], attitudine[女], disposizione[女] naturale, stoffa[女] ¶下地を作る farsi le basi ¶彼には数学者としての下地がある. 《素質》 Ha la stoffa del matematico.

しだし 仕出し 《パーティなどの》〔英〕 catering [kàterin(g)] [男][無変] ¶パーティーのために仕出しを頼む ordinare il catering per un ricevimento
✤**仕出し屋** azienda[女] di catering
仕出し料理 cibi[男][複] (pronti) per la consegna a domicilio

したしい 親しい **1** 《親密な》 caro, intimo; 《打ち解けた》 amichevole, familiare ◇親しさ intimità[女]; familiarità[女] ¶彼とは親しい間柄だ. Sono in rapporti molto amichevoli [Ho stretto rapporti di amicizia] con lui. ¶彼は子供のころからの親しい友だ. È un mio caro amico d'infanzia. ¶彼とは昔から親しくしている. Siamo amici intimi di vecchia data. ¶彼は大臣と親しげに話している. Rivolge familiarmente la parola al Ministro. ¶ごく親しい人 le persone più intime ¶親しき中にも礼儀あり. 《諺》 "L'amicizia non esclude le buone maniere."
2 《「親しく」の形で, 高貴な人が自ら》 ◇親しく personalmente; di persona

したじき 下敷き **1** 《文房具の》 sottomano[男]; 《罫線(けいせん)のあるもの》 falsariga[女]
2 《物の下に敷かれること》 ¶自動車の下敷きになる essere investit*o* da [andare sotto] un'automobile ¶倒れた家の下敷きになって死ぬ morire sotto una casa crollata
3 《手本》 ¶彼は戦時体験を下敷きにして小説を書いた. Scrisse un romanzo rifacendosi alle sue esperienze del periodo bellico.

したしみ 親しみ simpatia[女], amicizia[女], familiarità[女] ¶親しみのある amichevole / simpatico ¶親しみのある声 voce cordiale e amichevole ¶親しみのこもった眼差し sguardo amabile ¶私はイタリア語に親しみを覚える. Provo una grande affinità per l'italiano. ¶親しみのない人たちばかりだった. Erano tutte persone che non conoscevo bene.

したしむ 親しむ 《人に》 essere intim*o* [amic*o* [男複 -*ci*]] di *qlcu.*, stringere un'intima [una stretta] amicizia con *qlcu.*; 《物に》 amare *ql.co.*, essere amant*e* [appassionat*o*] di *ql.co.*; 《慣れる》 abituarsi a *ql.co.*; 《物が主語で》 piacere a *qlcu.* ¶イタリア語に親しむ familiarizzarsi [impratichirsi] con l'italiano ¶読書に親しむ 《習慣として》 prendere l'abitudine della lettura / 《好きである》 prender gusto alla lettura ¶彼は誰からも親しまれている. È in confidenza con tutti. ¶あの先生は親しみやすい. Il professore è alla mano. / 《気さく》 Con quel professore si può parlare tranquillamente. ¶彼はなんとなく親しみにくい人だ. Chissà perché, ma lui è chiuso [riservato di carattere].

したしらべ 下調べ 《授業の》 preparazione[女]; 《検分》 inchiesta[女][indagine[女]] preliminare ◇下調べする preparare le lezioni; fare un'inchiesta preliminare (di [su] *ql.co.*)

したたか 強か **1** 《強く》 fortemente; 《大いに》 molto, assai ¶転んでしたたか腰を打った. Cadendo, ho battuto duramente l'anca. ¶したたかに酔っぱらった. Sono ubriaco fradicio.
2 《手ごわい様子》 ◇したたかな duro, tenace; 《抜け目ない》 furbo
✤**したたか者** furb*o*[男][女 -*a*] matricolat*o*, briccon*e*[男][女 -*a*]; 《強い人》 persona[女] mentalmente forte

したためる 認める 《書く》 scrivere ¶遺書をしたためる fare [redigere / stilare] il testamento

したたらず 舌足らず **1** 《発音がはっきりしないこと》 blesità[女] ◇舌足らずの bleso ¶あの子は舌足らずだ. Il ragazzo ha un difetto di pronuncia.
2 《説明不足》 ¶彼の文章は舌足らずだ. Il suo scritto non è esauriente.

したたる 滴る **1** 《水などが》 gocciolare[自] (►液体が主語のとき [*es*], 容器が主語のとき [*av*]), stillare[自][*es*]; cadere[自][*es*] a gocce ◇滴り gocc*ia*[女][複 -*ce*]; 《連続的な》 gocciol*io*[男][複 -*ii*] ¶血の滴るビフテキ bistecca al sangue ¶額から汗が滴っている. Il sudore gli gocciola dalla fronte. ¶一晩中蛇口から水が滴った. Il rubinetto ha gocciolato tutta la notte.

2《あふれるばかりに満ちている》 ¶緑したたる青葉のころ stagione lussureggiante (di verde) ¶水もしたたるいい男だ. È veramente un bell'uomo.

したつづみ 舌鼓 ¶彼は舌鼓を打ってスパゲッティを食べた. Ha mangiato gli spaghetti con gusto.

したっぱ 下っ端 persona[女] di bassa posizione, l'ultima ruota[女] del carro, subalterno[男][[女] *-a*] ¶彼は下っ端からのし上がった. È venuto dalla gavetta.

したづみ 下積み ¶下積みの生活 vita subalterna [diseredata] ¶私は下積み時代にいろいろなことを勉強した. Quando ero sconosciuto [《貧しいころ》Quando ero povero], ho studiato acquisendo pratica in vari campi.

したて 下手 ¶下手に出る《へりくだった態度をとる》umiliarsi / comportarsi umilmente ¶こちらが下手に出れば向こうは付け上がる. Più mi umilio, più si inorgoglisce.

したて 仕立て **1**《衣服の》confezione[女] ¶仕立ての良い服 abito di buon taglio [di ottima confezione / ben confezionato]

2《準備すること》 ¶特別仕立ての列車で con un treno speciale

✤**仕立て代** ¶仕立て代を払う pagare il confezionamento di un vestito

仕立屋《人》sarto[男][[女] *-a*];《店》sartoria[女]

したてる 仕立てる **1**《服を》fare [confezionare] un vestito;《仕立て屋に頼む》far「fare [tagliare / cucire] un vestito su misura ¶仕立て直す rifare

2《準備する》 ¶馬車を仕立てる preparare una carrozza

3《育て上げる》educare [allevare / tirare su] *qlcu*. ¶彼は息子を立派な職人に仕立てた. Ha fatto di suo figlio un perfetto artigiano.

したどり 下取り ¶古い車を50万円で下取りに出して新車を買った. Ho dato indietro [in permuta] la mia vecchia macchina per 500.000 yen e ne ho presa una nuova.

✤**下取り価格** prezzo[男] di permuta

したなめずり 舌舐り **1**《唇をなめること》 ◇舌なめずりする leccarsi le labbra **2**《獲物などを待つ様子》 ¶舌なめずりして好機を待つ aspettare [cercare] l'occasione buona con impazienza

したぬり 下塗り prima mano[女];〔美〕《カンバスの》imprimatura[女];《フレスコ画の》arricciato[男], arriccio[男][複 *-ci*];《粗塗り》abbozzo[男];〔建〕《舗装の》sottofondo[男] ◇下塗りする〔美〕《カンバスの》imprimere;《フレスコ画の》arricciare;〔建〕《舗装の》allettare

したばき 下履き calzature[女][複] da usarsi fuori di casa

じたばた ¶私は縛られてじたばた騒いだ. Ero stato legato e mi sono divincolato per liberarmi. ¶じたばたしても, もうだめだ. Ormai agitarsi non serve più a nulla! ¶じたばたするのはみっともないよ. Non ti vergogni di fare tante scene?

したばたらき 下働き **1**《人の下で働くこと》 ¶私は彼のもとで下働きをしている. Lavoro sotto di lui. / Sono alle sue dipendenze.

2《炊事・雑用をすること》 ¶下働きの女 donna di servizio / domestica

したばなし 下話 discussione[女] preliminare

したばら 下腹 addome[男], ventre[男];《話》pancia[女] ¶下腹に力を入れる《息む》indurire gli addominali ¶下腹が痛い. Ho「mal di pancia [male al ventre].

したび 下火 **1**《火が弱まること》 ¶火事は下火になった. Il fuoco va smorzandosi. / L'incendio comincia ad essere domato.

2《勢いが衰えること》diminuire[自][*es*] ¶インフルエンザがようやく下火になった. Finalmente l'influenza si è calmata. ¶うわさも下火になった. Anche le chiacchiere [le voci] si sono attenuate.

したびらめ 舌平目・舌鮃〔魚〕sogliola[女]

したまち 下町 quartiere[男] popolare [basso] (►quartiere popolareは主に中産階級の住む地域で, quartiere bassoはそれよりも低い階層が住む地域をさす)

✤**下町言葉** dialetto[男] di quartiere, linguaggio[男][複 *-gi*] popolare

したまわる 下回る essere inferiore a *ql.co.*, essere meno numeroso di *ql.co.*, essere al di sotto di *ql.co.* ¶今年度の鉄鉱生産は昨年度を3%下回った. La produzione dell'acciaio di quest'anno è inferiore a quella dell'anno scorso del tre per cento.

したみ 下見 ¶学校の下見に行く andare a dare un'occhiata alla scuola

したむき 下向き **1**《下を向くこと》 ¶車のライトを下向きにする abbassare [inclinare verso il basso] le luci di un'automobile

2《相場・物価の》tendenza[女] al ribasso ¶下向きの市況 mercato tendente al ribasso ¶景気が下向きになった. Gli affari diminuiscono.

したため 下目 **1**《視線を下に向けること》 ¶講師は下目づかいに原稿を見た. L'oratore ha gettato un'occhiata al suo manoscritto.

2《相手をばかにするような目つき》 ¶相手を下目に見る guardare dall'alto in basso

したやく 下役 subalterno[男][[女] *-a*], subordinato[男][[女] *-a*] ◇下役の subalterno, subordinato

したよみ 下読み ◇下読みする scorrere [sfogliare / leggere] (un testo) in anticipo;《予習》preparare (le lezioni);《芝居の台本読み》provare un copione

じだらく 自堕落 ◇自堕落な dissoluto, sregolato, depravato;《だらしない》in disordine, trasandato ¶自堕落な生活 vita dissoluta

したりがお したり顔 ¶したり顔で話す parlare con aria di trionfo ¶したり顔をする avere l'aria euforica / avere lo sguardo esultante

しだれざくら 垂れ桜 〔植〕ciliegio[男][複 *-gi*] pendulo

しだれやなぎ 垂れ柳 〔植〕salice[男] piangente

しだれる 垂れる ¶枝がしだれている. I rami pendono [si piegano].

したわしい 慕わしい ¶慕わしい友 il *proprio* amico del cuore / l'amico più caro ¶慕わしく思う pensare con amore [affetto] a *qlcu*.

したん 紫檀〔植〕sandalo[男] rosso

しだん 師団〔軍〕divisione[女]

✤**師団長** generale[男] [comandante[男]] di divisio-

ne
しだん 詩壇 circoli[男][複] poetici, mondo[男] poetico; Parnaso[男]
じたん 時短《労働時間の短縮》riduzione[女] delle ore di lavoro
じだん 示談 conciliazione[女] fuori della Corte, compromesso[男] privato ¶示談にする conciliare *ql.co.* / scendere ad un compromesso ¶示談が成立する《人が主語》comporre[accomodare] *ql.co.* amichevolmente ¶私は示談には応じない. Non sono d'accordo sull'accomodamento della vertenza in via amichevole.
✤**示談金** somma[女] pagata in via di compromesso
示談屋 intermediar*io*[男][[女] *-ia*; [男]複 *-i*] (che concilia una causa o una disputa in via amichevole)
じだんだ 地団駄・地団太 ¶彼は地団駄を踏んで悔しがった. Ha battuto[pestato] i piedi in preda「alla frustrazione[per la rabbia].
しち 七 sette[男] ⇀七(なな)
しち 死地 ¶死地に赴(おもむ)く andare incontro a morte certa / rischiare la vita ¶死地を脱する sfuggire alla morte[a un pericolo mortale]
しち 質 (prestito[男] su) pegno[男] ¶…を質に入れる dare *ql.co.* in pegno ¶…を質に5000円借りる impegnare *ql.co.* per 5.000 yen ¶質から出す riscattare *ql.co.* dal Monte di pietà / spignorare *ql.co.*
✤**質入れ** ◇**質入れする** dare in pegno
質草 oggetto[男] dato in pegno
質流れ perdita[女] (del diritto di proprietà) del pegno
質札 polizza[女] di pegno
質屋 Monte[男] di Pietà, agenzia[女] di prestiti su pegno, ban*co*[男][複 *-chi*] di pegni
じち 自治 autonomia[女] (amministrativa), autogoverno[男] ◇自治の autonomo ¶地方自治 autonomia comunale[locale] ¶大学の自治を守る difendere l'autonomia dell'università
✤**自治会** 《学生の》consi*glio*[男][複 *-gli*] studente*sco*[複 *-schi*]; 《地域の》consiglio[男] autonomo di quartiere
自治権 diritto[男] all'autonomia [all'autogoverno] ¶自治権を与える dare[concedere] l'autonomia《に a》
自治体 comunità[女][collettività[女]] autonoma [indipendente]; 《地方自治体》ente[男] (autonomo) locale; 《市町村》ente[男] locale, comune[男]
自治領 territor*io*[男][複 *-i*] facente parte di una nazione, ma in gran parte autonomo dall'amministrazione centrale; 《イギリスの》〔英〕dominion[男][無変]
しちかいき 七回忌 sesto anniversario[男] della morte di *qlcu.*
しちかくけい 七角形 ettagono[男] ◇七角形の ettagonale
しちがつ 七月 luglio[男]; 《略》lug. ¶7月に a [in / nel mese di] luglio
しちごさん 七五三 ¶七五三の祝い festa dei bambini di tre e cinque anni e delle bambine di tre e sette anni (◆15 novembre)
しちごちょう 七五調 metro[男][l'alternarsi[男] di versi eptasillabi e pentasillabi ¶七五調の詩 poesia con versi alterni di sette e cinque sillabe
しちさん 七三 ¶利益を七三に分ける dividere gli utili sulla base di sette a tre ¶髪を七三に分ける portare la riga[scriminatura]「da una parte[《右で》a destra / 《左で》a sinistra]
しちじゅう 七十 settanta[男] ⇀七十(ななじゅう)
しちじゅう 七重
✤**七重奏**[唱]〔音〕settimino[男]
しちてんばっとう 七転八倒 ◇七転八倒する torcersi[contorcersi] (dal dolore) ¶七転八倒の苦しみ dolori atroci[lancinanti]
しちど 七度 〔音〕settima[女] ¶長[短 / 減]七度 settima maggiore[minore / diminuita]
しちなん 七難《種々の欠点》vari difetti[男][複]
✤**七難八苦** serie[女][sfilza[女]] di disgrazie
しちぶ 七分《10分の7》settanta per cento [男]; 《100分の7》sette per cento[男] ¶七分丈(たけ)のコート giaccone / trequarti[男][無変] ¶七分袖のシャツ camicia con maniche a tre quarti
しちふくじん 七福神 sette divinità[女][複] della fortuna (◆Daikokuten, Ebisu, Bishamonten, Benzaiten, Fukurokuju, Jurojin e Hotei)
しちみとうがらし 七味唐辛子 spezie[女][複] miste giapponesi in polvere a base di peperoncino
しちめんたい 七面体 ettaedro[男], eptaedro[男]
しちめんちょう 七面鳥 tacchin*o*[男][[女] *-a*]
しちゃく 試着 prova[女] di un vestito ◇試着する provare un vestito
✤**試着室** cabina[女] di prova
しちゅう 支柱 **1**《支え》sostegno[男]; 《ポールなど》asta[女]; 《つっかい棒》puntello[男]; 《樹木などの支え》palo[男] di sostegno, tutore[男]
2《物事の支え》¶精神的支柱 sostegno morale
しちゅう 市中 ¶市中は火が消えたように寂しい. La città sembra vuota e desolata.
✤**市中銀行**〔経〕《中央銀行に対する》banca[女]; 《都市銀行》〔英〕city bank[女][無変]
市中相場 quotazioni[女][複] di mercato aperto
しちゅう 死中 ¶死中に活を求める trovare una via d'uscita da una situazione impossibile
シチュー 〔英 stew〕〔料〕umido[男], stufato [男], brasato[男] ¶鶏のシチュー pollo in umido / stufato di pollo
✤**シチュー鍋** casseruola[女]
しちょう 市庁《市庁舎》municip*io*[男][複 *-i*]; uffic*io*[男][複 *-ci*] municipale[comunale]
しちょう 市長 sinda*co*[男][[女] *-ca*; [男]複 *-ci*] (►女性の市長でも名前と共にいうときは男性形を用いることが多い)
しちょう 思潮 corrente[女][orientamento [男] / tendenza[女]] di pensiero ¶時代思潮 spirito dei tempi ¶現代文芸思潮 tendenze della letteratura contemporanea
しちょう 視聴《注意, 注目》¶世の視聴を集める attirare l'attenzione della gente
✤**視聴覚教育** insegnamento[男] col metodo audiovisivo
視聴覚教材 mezzi[男][複] audiovisivi
視聴率 indice[男] di ascolto[di gradimento] (►

ラジオの「聴取率」も表わす) ¶平均視聴率 media d'ascolto ¶この番組の視聴率は 20 %だった. La percentuale di ascolto di questo programma è stata del 20%.
視聴者 (tele)spettat*ore*男 [⪚-trice], teleutente男⪚

しちょう 試聴 prova d'ascolto ◇試聴する fare una prova d'ascolto (di *ql.co.*) ¶CDを試聴する ascoltare un cd prima di comprarlo
✤**試聴室** sala⪚ [cabina⪚] d'ascolto, sala⪚ di audizione

じちょう 自重 **1**《慎重にすること》◇自重する essere caut*o* [circospett*o* / prudente], moderarsi, frenarsi ◇自重して con cautela [circospezione / prudenza / moderazione] ¶今後はもっと自重してもらいたい. Vorrei che d'ora in poi [avanti] tu fossi più prudente. **2** →自愛

じちょう 自嘲 ◇自嘲する deridere [schernire] *se* stesso ¶彼は自嘲的な笑いを浮かべた. Ha riso di se stesso.

しちょうそん 市町村 comuni男複 (◆イタリアでは, 規模の大小に関係なく comuneが行政機構の基礎単位) ¶区 参考 , 県 参考 ◇市町村の comunale, municipale
✤**市町村合併** fusione⪚ [accorpamento男] di comuni
市町村税 imposte⪚複 comunali

しちょく 司直 《総称》giudice男, magistratura⪚ ¶彼は司直の手にかかった. È stato assicurato alla giustizia.

じちん 自沈 autoaffondamento男 ◇自沈させる《艦長が》autoaffondare la nave

じちんさい 地鎮祭 cerimonia⪚ shintoista di purificazione di un terreno prima di cominciare i lavori di costruzione

しっ 1《静かにさせるときに》St!, Sst!, Sss!, Zitto! (▶zittoは相手の性・数に合わせて語尾変化する) ¶しっ, 静かに. Sst! Silenzio! ¶《動物・人を追い払うときに》¶しっ, しっ. Sciò! / Via (di qui)! / Fuori!

しつ 室 ¶室外で fuori della stanza ¶室内で in camera / all'interno della stanza

しつ 質 qualità⪚ ◇質的(な) qualitativo ◇質的に qualitativamente ¶質のいい di buona qualità / di qualità superiore ¶質を上げる [落とす] migliorare [peggiorare] la qualità di *ql.co.*
¶**質的変化** mutamento qualitativo

じつ 実 **1**《真実, 本当》verità⪚ ◇実の vero, reale, prop*rio* 男複 -*i* ¶実の子 il proprio vero figlio ¶実を言うと… A dir la verità...
2《実質》sostanza⪚; 《中身》contenuto男 ◇実のある sostanziale ◇実のない《名目のみの》nominale, formale; 《空虚な》vuoto, vacuo; illus*orio* 複 -*i* ¶実のない約束《当てにならない》promessa da marinaio / 《偽りの》promessa falsa ¶名を捨てて実を取る trascurare il nome per la qualità [per la sostanza]
3《誠意》◇実のある onesto, sincero, fedele, leale ◇実のない inaffidabile, sleale, falso ¶彼の言うことは口先だけで実がない. Le sue sono solo belle parole, ma prive di sincerità.
4《実績》risultato男 reale

しつい 失意 《失望, 幻滅》delusione⪚, disinganno男, disappunto男; 《意気消沈》scoraggiamento男, scoramento男, demoralizzazione⪚; 《不 遇》avversità⪚, malasorte⪚, sfortuna⪚ ¶彼は失意のうちに死んだ. È morto profondamente avvilito [amareggiato].

じいん 実印 sigillo男 registrato (e quindi riconosciuto legalmente)

しつう 歯痛 mal男 di denti;《医》odontalg*ia* ⪚複 -*gie* ¶歯痛がする avere [soffrire di] mal di denti
✤**歯痛止め** odontalg*ico* 男複 -*ci*

じつえき 実益 benefic*io* 男複 -*ci* pratico [*-ci*], profitto男;《商》utile男 ◇実益がある essere effettivamente rimunerativo [lucroso / vantaggioso] ¶実益を兼ねた趣味 passatempo rimunerativo

じつえん 実演《模範を示すこと》dimostrazione⪚;《ショー》esibizione⪚, spettacolo男 ◇実演する fare [dare] una dimostrazione (di *ql.co.*), dimostrare *ql.co.*; fare un'esibizione

しつおん 室温《化・工》¶室温で反応させる far reagire *ql.co.* a temperatura ambiente ¶バターを室温にもどす riportare [far ambidire] il burro a temperatura ambiente.

しっか 失火 incend*io* 男複 -*i* causato da imprudenza

じっか 実家 ¶実家に帰る fare ritorno alla casa paterna [al focolare domestico / dai *propri* genitori] ¶妻[夫]の実家に行く andare a casa dei suoceri ¶妻を実家に帰す rimandare la moglie a casa dei suoi

じっかい 十戒 Dieci Comandamenti男複, Decalogo男

しつがいこつ 膝蓋骨 《解》patella⪚, rotula⪚
✤**膝蓋骨反射** riflesso男 patellare [rotuleo]

しっかく 失格 squalifica⪚;《除外》esclusione⪚, eliminazione⪚ ◇失格する essere squalificato, essere escluso ¶彼女は母親失格だ.《向いていない》Non è fatta per [《非難して》Non è degna di] essere madre. ¶彼は予選で失格した. Non si è qualificato [Non ha passato le qualificazioni].

しっかり 1《固く》fermamente;《力強く》fortemente ¶しっかりした布地 stoffa resistente ¶しっかり抱きしめる stringere *qlcu.* [*ql.co.*] fortemente a sé [tra le braccia] ¶危ないから私にしっかりつかまっていなさい. È pericoloso, afferrati forte a me.
2《揺るがない様子》◇しっかりした stabile, fermo; solido, robusto;《強い》forte ¶しっかりした基盤 fondamenta solide ¶祖父はまだ足元がしっかりしている. Mio nonno è ancora fermo [saldo] sulle sue gambe.
3《堅実で信用できる様子》◇しっかりした《頼りになる》fidato;《確かな》sicuro ¶しっかりした会社 ditta solida [affidabile] ¶しっかりした店 negozio serio ¶しっかりした人 persona sicura
4《分別のある様子》◇しっかりした《決断力のある》risoluto;《有能な》competente ¶しっかりした判断 giudizio meditato [pesato] ¶彼はしっかりした意見をもっている. Ha delle idee serie [equilibrate]. ¶しっかりしろ.《がんばれ》Forza! / Co-

raggio! /《叱責》Datti una regolata! /《元気を出せ》Allegro! /《落ち着け》Calmati!
5《よく、抜かりなく》¶しっかり働く lavorare㊊[av] sodo [duro/seriamente] ¶材料をしっかり混ぜ合わせる amalgamare per bene gli ingredienti ¶しっかり覚えておきなさい。Memorizzalo bene! / Imparalo bene!
✤**しっかり者** ¶あの奥さんはしっかり者だ。Quella signora è una donna saggia.

しっかん 疾患 malattia㊛, malanno㊚, disturbo㊚ →医学 用語集 ¶局部疾患 disturbi localizzati ¶慢性疾患 affezione cronica

じっかん 実感 《現実感覚》senso㊚ del reale, realismo㊚;《実際に受けた印象》impressione㊛ reale [vissuta] ◇実感する farsi un'idea precisa di ql.co., prendere coscienza di ql.co. ¶実感を込めて con realismo ¶まだ大学生としての実感がわかない。Non mi sembra ancora di essere uno studente universitario [《女性が主語》una studentessa universitaria]. ¶自分の立場の重要さを実感した。Ho compreso a fondo l'importanza [Mi sono reso conto dell'importanza] della mia posizione.

しっき 湿気 →湿気(しっけ)

しっき 漆器 lacca㊛, oggetto㊚ laccato ◇漆器の laccato

しつぎ 質疑 domanda㊛, interrogazione㊛, interpellanza㊛, istanza㊛ ¶与党は質疑を打ち切った。I partiti di governo hanno posto fine alle interpellanze. ¶質疑打ち切り termine [chiusura] delle interpellanze
質疑応答 domanda㊛ e risposta㊛ ¶この法案について質疑応答が行われる。Si terrà un dibattito su questo disegno di legge.

じつぎ 実技 esercizio㊚[複 -i], pratica㊛ ¶実技の試験は来週行われる。《運転免許の》L'esame pratico di guida sarà la settimana prossima.

しっきゃく 失脚 caduta㊛;《地位や立場を失うこと》destituzione㊛ ◇失脚する cadere㊊[es], decadere㊊[es], essere destituito ¶失脚させる far scadere [decadere/destituire] qlcu.

しつぎょう 失業 disoccupazione㊛ ◇失業する perdere il lavoro;《解雇される》essere licenziato;《失業している》essere disoccupato [senza lavoro] ¶合理化による失業 disoccupazione in seguito alla razionalizzazione「del lavoro[tecnologica]

✤**失業者** disoccupato㊚[㊛ -a] ¶潜在失業者 disoccupati latenti [non censiti] ¶半失業者 sottoccupati
失業対策 misure㊛[複] contro la disoccupazione
失業対策事業 lavori㊚[複] pubblici intrapresi per lenire la disoccupazione
失業手当 sussidio㊚[複 -i] [indennità㊛] di disoccupazione
失業保険 assicurazione㊛ contro la disoccupazione (◆イタリアには失業保険に当たるものとして労働組合による Cassa Integrazione「給与補塡基金」がある。mettere 100 lavoratori in Cassa Integrazioneは「100人の労働者が失業する」という意味になる)
失業率 tasso㊚ di disoccupazione

じっきょう 実況 stato㊚ di cose reale [effettivo]
✤**実況放送** ¶テレビ[ラジオ]の実況放送 trasmissione televisiva [radiofonica] in diretta

じつぎょう 実業 lavori㊚[複] produttivi ed economici;《商業、取引》commercio㊚[複 -ci], affari㊚[複];《産業》industria㊛
✤**実業家** uomo㊚[複 uomini] d'affari, imprenditore㊚[㊛ -trice]
実業界 mondo㊚ degli affari ¶実業界に入るだる agli affari / entrare nel mondo d'affari
実業教育 insegnamento㊚ professionale [tecnico [複 -ci]]
実業高校 istituto㊚ professionale

しっきん 失禁《医》incontinenza㊛ ¶尿 [便] 失禁 incontinenza urinaria [fecale] / perdita delle urine [delle feci]

しっく 疾駆 ◇疾駆する andare [correre㊊[av, es] / filare㊊ [es]]「come un razzo/come il vento / a tutta birra];《馬が》galoppare㊊[av]

シック〔仏 chic〕 ◇シックな〔仏〕chic [ʃik][無変]; elegante, fine ¶シックに elegantemente, con eleganza

しっくい 漆喰 intonaco㊚[複 -chi, -ci];《化粧漆喰》stucco㊚[複 -chi] ¶漆喰を塗る intonacare [arricciare] ql.co. ¶裂け目を漆喰で埋める otturare le fessure con lo stucco

しつくす 仕尽くす ¶道楽の限りをし尽くす godersela sfrenatamente

しっくり しっくりする《調和》armonizzarsi [essere in armonia / stare bene] con ql.co. [qlcu.];《仲》andare d'accordo con qlcu. ¶このスカートにはそのブラウスがしっくりくる。Questa gonna sta bene con quella camicetta. ¶彼とはあまりしっくりいかない。Non vado molto d'accordo con lui.

じっくり《落ち着いて》con calma, con comodo;《あせらずに》senza fretta ¶じっくりとあらゆる可能性を考えてみましょう。Riflettiamo con calma su tutte le possibilità.

しっけ 湿気 umidità㊛ ¶湿気のある umido ¶湿気のない所に in luogo asciutto ¶湿気を嫌う temere l'umidità ¶日本の夏は湿気が多い。D'estate in Giappone c'è molta umidità.

しつけ 仕付け・躾 **1**《礼儀作法を教え込むこと》educazione㊛, formazione㊛ ¶彼の子供はしつけがいい[悪い]。I suoi figli sono stati tirati su bene[male].
2《服》imbastitura㊛ ◇仕付けをする imbastire ql.co.
✤**仕付け糸** filo㊚ per [da] imbastire

しっけい 失敬 **1**《失礼》◇失敬な rude, sgarbato, scortese; impertinente ¶失敬。Scusi! ¶失敬なことを言うな。Non dire impertinenze! ¶失敬なやつだ。Che razza di screanzato [di maleducato]!
2《人と別れること、別れるときのあいさつ》¶じゃあ失敬。Allora, ti saluto. ¶僕はひと足先に失敬する。Vado a casa prima di te. / Scusami, ti lascio solo.
3《盗む》¶他人の物を失敬する rubare ql.co. a qlcu.

じっけい 実兄 proprio fratello㊚ maggiore

じっけい 実刑　carcerazione㊛, reclusione㊛ ¶彼は10年の実刑を宣告された. È stato condannato a dieci anni di reclusione (senza il beneficio della condizionale).

しつける 躾る　《礼儀作法を教え込む》educare *qlcu.*; allevare [tirar su] *qlcu.*

しっけん 執権　《史》reggente㊚ dello *shogun* (◆carica istituita durante il Governo di Kamakura dalla famiglia degli Hojo e che con loro divenne ereditaria)

しつげん 失言　parola㊛ sfuggita per errore ◇失言する fare un'osservazione inopportuna ¶失言を取り消す ritirare una dichiarazione inopportuna ¶いや, 僕の失言だった. Scusami, è stato un lapsus.

しつげん 湿原　acquitrino㊚, terreno㊚ paludoso

じっけん 実権　potere㊚ effettivo [reale], autorità㊛ effettiva ¶実権を握る avere il potere effettivo ¶彼が政治の実権を握っている. È lui che ha in mano le redini della politica.

じっけん 実験　esperimento㊚, prova㊛; [英] test㊚ [無 変]; sperimentazione㊛ ◇実験的な sperimentale ◇実験的に sperimentalmente, in modo sperimentale, per via sperimentale [d'esperimento]; 《経験的に》empiricamente ◇実験する sperimentare *qlco.*, fare un esperimento di *qlco.*, sottoporre *qlco.* a un esperimento ¶生体実験 esperimento [test] su [con] esseri viventi ¶動物実験 esperimento su [con] animali vivi ¶試験管内の実験 esperimento [test] in provetta ¶そんなことはもう実験済みだ. È già stato sottoposto alla sperimentazione. ¶この計画はまだ実験段階だ. Il piano è ancora in fase「di sperimentazione [sperimentale].

❖**実験音声学** fonetica㊛ sperimentale [strumentale]
実験科学 scienza㊛ sperimentale
実験劇場 teatro㊚ sperimentale
実験式 《化》formula㊛ minima [empirica]
実験室 laboratorio㊚ [複 -i]; 《学校の》laboratorio㊚ scientifico [複 -ci]
実験心理学 psicologia㊛ sperimentale
実験台 《実験に使う台》banco㊚ [複 -chi] di prova; 《実験材料》cavia㊛ ¶実験台になる servire da cavia
実験物理学 fisica㊛ sperimentale

じつげん 実現　realizzazione㊛ ◇実現する《人が主語》realizzare, concretare; 《計画などが主語》realizzarsi, avverarsi ◇実現できる realizzabile, fattibile ◇実現できない irrealizzabile ¶夢が実現した. Si è realizzato un sogno. / Ho realizzato i miei desideri.

しつこい 1《執拗(ようがね)な》insistente, tenace, ostinato, persistente; 《うるさい》importuno, noioso; 《せんさく好きな》curioso, inquisitivo ¶セールスマンがとてもしつこかった. Il venditore ambulante era molto insistente. ¶しつこい子だねえ. Ma smettila, rompiscatole!
2《色・味などが濃厚な》pesante ¶しつこい色のネクタイ cravatta con colori esagerati ¶しつこい食べ物は好みません. Non mi piacciono i cibi pesanti [troppo conditi /《油っこい》grassi].

しっこう 失効　《法》perdita㊛ di validità㊛; 《期限切れ》scadenza㊛; 《法律の効力の》inefficacia㊛ /《権利などの》decadenza㊛ ◇失効する scadere㊌ [*es*]; perdere effetto; decadere㊌ [*es*] ¶君の免許証は明日失効する. Domani scadrà la tua patente. ¶これはもう失効した法律だ. Questa è una legge non più in vigore.

しっこう 執行　《実行》esecuzione㊛;《法律などの適用》applicazione㊛;《義務などの遂行》assolvimento ◇執行する eseguire; applicare ¶死刑の執行 esecuzione di una sentenza di morte ¶葬儀を執行する celebrare un funerale ¶公務を執行する eseguire le funzioni pubbliche

❖**執行委員会** comitato㊚ esecutivo
執行官 ufficiale㊚ giudiziario [複 -i]
執行機関 organo㊚ [potere㊚] esecutivo
執行人 esecutore㊚ [㊛ -trice] ¶死刑執行人 carnefice㊚ / boia㊚ [無変]
執行猶予 《法》(beneficio㊚ [複 -ci] della) condizionale㊛, sospensione㊛ condizionale della pena ◇執行猶予を認める concedere una sospensione dell'esecuzione della sentenza ¶執行猶予になる beneficiare㊌ [*av*] della condizionale dell'esecuzione della sentenza ¶懲役1年執行猶予2年 un anno di reclusione e due anni di sospensione condizionale della pena
執行令状 mandato㊚ esecutivo

じっこう 実行　《実際に行うこと》pratica㊛, messa in atto;《遂行》esecuzione㊛;《実現》realizzazione㊛;《実施》effettuazione㊛, attuazione㊛ ◇実行する mettere *ql.co.* in pratica [in atto];《遂行》dare esecuzione a *ql.co.*;《実現》realizzare *qlco.*;《実施》effettuare [attuare / compiere] *ql.co.*;《履行》mantenere *ql.co.*, attenersi a *ql.co.* ¶実行可能な fattibile / eseguibile / attuabile / realizzabile ¶実行不可能な non fattibile / inattuabile / irrealizzabile ¶実行容易[困難]な計画 piano di facile [difficile] attuazione ¶計画を実行に移す mettere in pratica il progetto / realizzare il piano ¶実行可能かどうかを調べる controllare la fattibilità

❖**実行委員会** comitato㊚ esecutivo [《行事などの》organizzativo]
実行力 ¶実行力のある人 uomo d'azione

じっこう 実効　《実効のある》efficace / operante ¶実効のない inefficace ¶この政策はまったく実効がなかった. Questa politica non ha dato alcun risultato tangibile.

❖**実効価格** 《経》prezzo㊚ effettivo
実効値 valore㊚ effettivo;《統》radice㊛ quadrata del valore quadratico medio

しっこく 桎梏　¶桎梏を脱する liberarsi dal giogo ¶社会的の慣習の桎梏 impedimenti [legami] delle convenzioni sociali

しっこく 漆黒　◇漆黒の nero come la pece [l'ebano / il carbone] ¶漆黒の髪 capelli corvini

しつごしょう 失語症　《医》afasia㊛ ◇失語症の afasico [複 -ci]

❖**失語症患者** afasico㊚ [㊛ -ca; ㊚複 -ci]

じっこん 昵懇　◇昵懇の intimo ¶彼らは昵懇の

間柄だ．Sono molto intimi tra loro.

じっさい 実際 **1**《実地の場合》pratica[女] **◇実際的な** pratico [男複 -ci]；《物事が》realistico [男複 -ci]；《人が》realista [男複 -i]；《可能性がある》attuabile, realizzabile, fattibile ¶実際に応用する mettere in pratica *ql.co.* / applicare *ql.co.* alla realtà ¶僕は実際的な男だ．Sono un uomo pratico.

2《事実》fatto[男]；《現実》realtà[女]；《真実》verità[女] **◇実際の**《真実の》autentico [男複 -ci], reale, vero;《実質的な》effettivo;《現状の》attuale **◇実際に(は)** in effetti, in realtà, effettivamente, realmente, praticamente ¶実際上あり得ないことだ．È una cosa che non può realmente [praticamente] succedere. ¶君の話は実際とは違う．Il tuo racconto non è aderente alla realtà. ¶自分で実際にやってみたい．Vorrei occuparmene io stesso. ¶実際のところ仕事はまだ出来上がっていません．A dire il vero [la verità], non ho ancora finito il lavoro. ¶彼は実際より若く見える．Sembra più giovane di quello che effettivamente è. ¶実際問題として可能だろうか．È possibile praticamente?

3《本当のところ, まったく》infatti, di fatti; veramente; effettivamente; realmente ¶私は実際この目で見たんです．L'ho visto realmente con i miei occhi. ¶彼には実際失望した．Effettivamente sono rimasto deluso di lui. ¶彼には実際腹が立つ．Sono veramente in collera con lui.

✤実際家 persona[女] pratica

じつざい 実在 esistenza[女]；〔哲〕realtà[女] **◇実在する** esistere[自] [*es*], essere, esserci ¶これは実在の人物だ[ではない]．Questo è un personaggio reale [irreale / immaginario].

✤実在性〔哲〕realtà[女]

実在論〔哲〕realismo[男]

実在論者〔哲〕realista[男][女] [男複 -i]

しっさく 失策 ¶失策をする fare un errore [uno sbaglio] / commettere un errore / sbagliare[自] [*av*]

しつじ 執事 maggiordomo[男], maestro[男] di casa;《プロテスタント教会の》diacono[男]

じっし 十指 ¶彼は世界的に有名な学者として十指に入る．È contato [È] tra i dieci più grandi esperti in materia internazionale. ¶彼は十指に余る著作を出版した．Ha pubblicato più di una decina di opere.

じっし 実子 *proprio* (vero) figlio[男] [[女] -glia; [男]複 -gli]

じっし 実姉 *propria* sorella[女] maggiore

じっし 実施 esecuzione[女], effettuazione[女]；《法律の適用》applicazione[女] **◇実施する** eseguire, effettuare; applicare ¶この計画は実施されている．Questo progetto è in corso di esecuzione. ¶その条例は来年の4月から実施される．Il decreto「sarà applicato [entrerà in vigore] dal prossimo aprile.

✤実施計画 piano[男] esecutivo

しつじつ 質実 ¶質実剛健な sobrio e spartano

じっしつ 実質 sostanza[女] essenziale;《本質》essenza[女]；《内容》contenuto[男] **◇実質的(な)** sostanziale;《現実的》reale, pratico [男複 -ci] **◇実質的に** sostanzialmente, in sostanza; realmente, praticamente ¶実質的な価値 valore reale [effettivo] ¶実質のない議論 dibattito inconsistente ¶両者の実質上の差異を検討してみなければならない．Dobbiamo esaminare le differenze di fatto fra i due.

✤実質国民所得〔経〕reddito[男] nazionale in termini reali

実質国民総生産〔経〕prodotto[男] nazionale lordo in termini reali

実質所得〔経〕reddito[男] reale [effettivo / netto]

じっしゃ 実写《写真》fotografia[女] di un avvenimento realmente accaduto, fotografia[女] scattata sul posto [in loco]

じっしゃかい 実社会 società[女] [mondo[男]] reale ¶実社会に出る entrare nella corsa della vita

じっしゅう 実収《純所得》reddito[男] netto;《給与》salario[男] [複 -i] [stipendio[男] [複 -i]] netto;《収穫量》raccolta[女] netta

じっしゅう 実習《一般に》pratica[女], esercizio[男] [複 -i] pratico [複 -ci]；《医師の》internato[男]；《工場などの現場見習い》apprendistato[男] **◇実習する** fare pratica; fare apprendistato ¶教育実習 tirocinio didattico ¶職業実習 tirocinio professionale (◆医学生の病院での実習や職業学校の生徒の学内施設での実習をさす)

✤実習生《医学生, 看護学校生, 教育実習》tirocinante[男][女]；《見習い》apprendista[男][女] [男複 -i]

じっしゅきょうぎ 十種競技〔スポ〕decathlon[男] [無変], decatlon[男] [無変]

しつじゅん 湿潤 **◇湿潤な** umido;《土地など》paludoso, acquitrinoso ¶湿潤な気候 clima umido ¶湿潤な地域 regione paludosa

しっしょう 失笑 **◇失笑する** ridere[自] [*av*] involontariamente ¶彼の学説は学会の失笑を買った．La sua teoria ha suscitato risa di scherno nel suo circolo accademico. (►risa[女] [複] は riso[男] の複数形)

じっしょう 実証 **1**《確かな証拠》prova[女] concreta [tangibile] ¶実証を挙げる fornire una prova ¶実証を得る ottenere la prova (che＋[直説法])

2《事実による証明》dimostrazione[女] con i fatti **◇実証する**《証拠を示す》provare; dare [fornire] la prova di *ql.co.* [di＋[不定詞]]；《実験によって証明する》provare [dimostrare] *ql.co.* sperimentalmente **◇実証的** positivo ¶このことは彼の誠実さを実証している．Questo fatto è una dimostrazione della sua onestà e sincerità.

✤実証哲学 filosofia[女] positiva

実証主義〔哲〕positivismo[男] ¶実証主義の positivistico [男複 -ci]

実証主義者 positivista[男][女] [男複 -i]

じつじょう 実情・実状 **1**《現状》situazione[女] [condizione[女]] attuale [reale], circostanze[女] [複] attuali;《真の事情》situazione[女] vera ¶実状に即した adatto alle circostanze [alla situazione] ¶我々には実情が知らされていない．Non siamo informati sulla vera situazione.

2《真実の気持ち》vero sentimento[男]

しっしん 失神 svenimento[男], mancamento[男]；〔医〕sincope[女] **◇失神する** svenire[自] [*es*], venire meno, perdere conoscenza [i sensi] ¶失神から覚める rinvenire⊕[es] / riprendere conoscenza / riacquistare i sensi

しっしん 湿疹 《医》eczem*a*⊕[複 *-i*] ◇湿疹性[の] eczematoso

じっしん 十進
❖**十進分類法**《図書の》classificazione⊕ decimale
十進法《数》sistema⊕ (di numerazione) decimale;《メートル法の》sistema⊕ metrico decimale

じっすう 実数 **1**《実際の数量》numero⊕ reale **2**《数》numero⊕ reale

しっする 失する ¶彼と語る機会を失した. Ho perso l'occasione di parlare con lui. ¶礼を失する《人や行為が主語》mancare⊕[es] [dimostrare mancanza] di cortesia verso *qlcu*. ¶私の決意は遅きに失した. La mia decisione è stata troppo tardiva.

じっすんぽう 実寸法 《工》grandezza⊕ naturale [vera]

しっせい 失政 malgoverno⊕, cattiva amministrazione⊕

しっせい 執政 amministrazione⊕ dello Stato
❖**執政官**《史》console⊕

じついかつ 実生活 《現実の》vita⊕ reale;《日常の》vita⊕ quotidiana

しっせき 叱責 rimprovero⊕; sgridata⊕, ramanzina⊕ ◇叱責する rimproverare [sgridare / riprendere] *qlcu*. per [di] *ql.co*.

じっせき 実績 risultati⊕[複] concreti [tangibili / reali];《功績》meriti⊕[複];《経験》esperienza⊕ ¶実績をあげる ottenere [conseguire] risultati effettivi ¶学問上の実績 conquiste accademiche / risultati accademici
❖**実績制** sistema⊕[複 *-i*] meritocratico[複 *-ci*], meritocrazia⊕

じっせん 実戦 《戦争で》combattimento⊕[battaglia⊕] (reale), azione⊕ bellica;《スポーツで》partita⊕ reale [vera];《仕事上の》esperienza⊕ pratica ¶彼には実戦の経験がある.《戦闘》Ha avuto esperienza di guerra. /《仕事の》Ha fatto molta pratica nel lavoro.

じっせん 実践 pratica⊕, esercizio⊕[複 *-i*];《哲》prassi⊕[無変] ◇実践する mettere *ql.co*. in pratica, praticare *ql.co*. ◇実践的(な) pratico⊕[複 *-ci*]
❖**実践家** uomo⊕[《女性の》donna⊕] d'azione, attivista⊕[複 *-i*]
実践学 prasseologia⊕
実践哲学 filosofia⊕ pratica

じっせん 実線 linea⊕ continua

しっそ 質素 semplicità⊕, modestia⊕;《食事のしまつ》frugalità⊕ ◇質素な semplice, modesto; frugale ◇質素に semplicemente, modestamente; frugalmente ¶質素な食事に甘んじて essere soddisfatto della frugalità ¶質素に暮らす vivere semplicemente / condurre una vita semplice [sobria] ¶彼は質素だ. Ha gusti semplici. / Si contenta di poco.

しっそう 失踪 scomparsa⊕ ◇失踪する scomparire⊕[es]
❖**失踪者** persona⊕ scomparsa [dispersa / irreperibile], disperso⊕[⊕ *-a*]
失踪届 ¶失踪届を出す denunciare la scomparsa (di *qlcu*.)

しっそう 疾走 ◇疾走する correre⊕[*av, es*] [andare] a tutta velocità [a tutta birra / come il vento];《車など》andare a tutto gas

じっそう 実相 realtà⊕, situazione⊕ reale

じっそう 実像 《光》immagine⊕ reale

しっそく 失速 perdita⊕ di velocità;《空》stallo⊕ ◇失速する perdere velocità; andare in stallo

じっそく 実測《長さ・面積・時間・重量などの》misura⊕, misurazione⊕;《重量の》pesatura⊕ ◇実測する misurare
❖**実測図** mappa⊕ catastale [topografica]

じつぞん 実存 《哲》esistenza⊕ ◇実存的 esistenziale
❖**実存主義** esistenzialismo⊕ ◇実存主義の esistenzialistico[複 *-ci*], esistenzialist*a*[複 *-i*]
実存主義者 esistenzialista⊕[複 *-i*]

しった 叱咤 ◇叱咤する rimproverare fortemente [sgridare aspramente / redarguire] *qlcu*. per [di] *ql.co*.
❖**叱咤激励** ◇叱咤激励する stimolare [incoraggiare] *qlcu*. con parole forti [severe]

しったい 失態 《失策》errore⊕, fallo⊕, sbaglio⊕[複 *-gli*];《恥さらし》disonore⊕, onta⊕ ◇失態を演じる prendere una cantonata [un granchio];《醜態を見せる》fare una「brutta figura [figuraccia]

じったい 実体 sostanza⊕;《本質》essenza⊕ ◇実体の sostanziale ¶実体のない senza [privo di] sostanza / inconsistente ¶実体のない会社 società fantasma
❖**実体化** sostanzializzazione⊕
実体性《哲》sostanzialità⊕
実体論《哲》sostanzialismo⊕

じったい 実態 condizioni⊕[複] reali [effettive]
❖**実態調査** ¶大学の実態調査 inchiesta sulla reale situazione dell'università

しったかぶり 知ったかぶり 《人》sapientone⊕[⊕ *-a*], saccente⊕, saccentone⊕[⊕ *-a*] ◇知ったかぶりをする simulare competenza, avere l'aria di chi sa tutto, far finta di sapere *ql.co*.

じつだん 実弾 **1**《本物の弾丸》cartuccia⊕[複 *-ce*] (a palla), proiettile⊕ ¶実弾をこめる caricare (un fucile) **2**《選挙などの買収に使う現金》¶実弾をばらまく dare la bustarella a molte persone
❖**実弾射撃** esercitazioni⊕[複] di tiro

しっち 失地 terreno⊕[territorio⊕[複 *-i*]] perduto ¶失地を回復する riconquistare il terreno perduto
❖**失地回復** riconquista⊕[riannessione⊕] di un territorio perduto
失地回復主義〔運動〕《史》irredentismo⊕

しっち 湿地 terreno⊕ bagnato e molle;《沼地》acquitrino⊕, palude⊕

じっち 実地 《現場の経験》pratica⊕, esperienza⊕ pratica ◇実地の pratico⊕[複 *-ci*] ¶実地に応用する mettere *ql.co*. in pratica / applicare

ql.co. ¶実地に試す mettere alla prova ¶彼は実地を踏んでいる. Ha esperienza pratica.
❖実地教育 insegnamento㊚ pratico [in loco]
実地訓練 addestramento㊚ [tirocinio㊚ [複 -i]] sul luogo
実地検証 《法》ispezione㊛ in loco, sopralluogo㊚ [複 -ghi]
実地見聞 ispezione㊛ di persona
実地試験 test㊚ [無変] [esame㊚] pratico [複 -ci]
実地踏査(とう) ispezione㊛ in loco, esplorazione㊛; (鉱山などの) prospezione㊛

じっちゅうはっく 十中八九 in nove casi su dieci, al novanta per cento, molto probabilmente, con tutta probabilità ¶十中八九成功するだろう. Con tutta probabilità riuscirà.

じっちょく 実直 rettitudine㊛, onestà㊛ ◇実直な retto, onesto ¶実直な人 persona semplice e onesta ¶彼は実直さを買われている. Apprezzano la sua sincerità (e onestà).

しっつい 失墜 perdita㊛ ¶威信の失墜 perdita di prestigio

じつづき 地続き ◇地続きの contiguo, adiacente, limitrofo ¶フランスとイタリアは地続きである. La Francia e l'Italia sono paesi limitrofi.

じってい 実弟 *proprio* fratello minore

しっと 嫉妬 gelosia㊛, invidia㊛ ◇嫉妬する essere geloso [invidioso] di *qlcu.* [*ql.co.*] ¶嫉妬深い geloso / invidioso ¶嫉妬に狂う essere roso [tormentato / consumato] dalla gelosia ¶嫉妬に駆られて spinto dalla gelosia

しつど 湿度 (grado㊚ di) umidità㊛ ¶もし湿度がもっと低ければ,日本の夏はもっと快適だろう. Se ci fosse meno umidità, l'estate giapponese sarebbe più piacevole. ¶湿度は55%だ. L'umidità è del 55 per cento.
❖湿度計 igrometro㊚

じっと 1 (動かないで) senza muoversi, fissamente, fermamente ¶じっとしている rimanere immobile [fermo] / non spostarsi [muoversi]
2 (注意深く) con attenzione, attentamente ¶じっと聞き耳をたてる stare con l'orecchio teso ¶彼は何かじっと考えこんでいる. È immerso [sprofondato] nei suoi pensieri.
3 (平静に) con calma, tranquillamente ¶こういう時はじっとしていたほうがいい. In una simile situazione è meglio「non prendere iniziative [non muoversi] / aspettare il momento opportuno」. ¶皆は心配しているのによくじっとしていられるね. Come puoi startene così calmo, quando tutti si preoccupano?
4 (辛抱強く) con pazienza, pazientemente ¶ひどいことを言われたがじっと我慢した. Mi ha insultato terribilmente, ma io ho sopportato pazientemente.

しっとう 執刀 ◇執刀する operare *qlcu.* ¶山田教授の執刀はみごとであった. L'esecuzione dell'intervento chirurgico del prof. Yamada è stata eccellente.
❖執刀医 chirurgo㊚ [㊛ -ga; ㊚複 -ghi] incaricato, responsabile㊚㊛ dell'intervento chirurgico

じつどう 実働 lavoro㊚ effettivo
❖実働時間 ore㊛ [複] lavorative effettive

実働人員 effettivi㊚ [複]

しっとり ◇しっとりした《湿った》umido; 《落ち着いた》calmo, tranquillo, placido; 《(色が) sobrio [㊛複 -i] ¶草の葉は露にしっとり濡れている. I fili di erba sono bagnati di rugiada.

じっとり ¶じっとりと汗ばむ essere madido di sudore

しつない 室内 interno㊚ di una stanza ◇室内の interno
❖室内楽 orchestra㊛ [musica㊛] da camera
室内装飾 decorazione㊛ d'interni; (家具関係) arredamento㊚ d'interni; (《インテリアデザイン》) architettura㊛ d'interni
室内プール piscina㊛ coperta

じつに 実に veramente, davvero, realmente; 《すごく》molto, assai, estremamente ¶この絵は実によく描けている. Questo quadro è certamente ben dipinto. ¶これは実に不運だ. Questa è sfortuna vera e propria. ¶彼は実に10か国語を話す. Parla addirittura dieci lingue.

しつねん 失念 dimenticanza㊛, oblio㊚ [複 -ii] ◇失念する dimenticare *ql.co.* ¶彼の名前を失念した. Il suo nome mi è sfuggito di mente.

じつは 実は per dire la verità, a dire il vero, in verità; la verità è che + 直説法; in sostanza, in fondo, in effetti ¶実はあなたにお願いがあります. In effetti, [Il fatto è che] ho qualcosa da chiederle.

ジッパー [英 zipper] → ファスナー

しっぱい 失敗 (不成功) fallimento㊚, insuccesso㊚, fiasco㊚ [複 -schi]; (誤り) errore㊚, sbaglio㊚ [複 -gli] ◇失敗する fallire㊀ (► 人が主語のとき [av], 物が主語のとき [es]); (諺) avere insuccesso, far fiasco; errare㊀ [av], sbagliare㊀ [av] ¶事業に失敗する fallire in un'impresa ¶大失敗に終わる finire col fallire in pieno ¶失敗を生かす trarre profitto da un insuccesso ¶企画は失敗した. Quel progetto è fallito [ha fatto fiasco]. ¶一生懸命やったが失敗した. Ho fatto tutto il possibile ma invano. ¶彼は入学試験に失敗した. Ha fallito gli esami di ammissione all'università. ¶この映画は完全な失敗作だ. Questo film è un fiasco completo. ¶彼は酒と女で失敗した. Si è rovinato per il *sakè* e le donne. ¶彼女に電話をかけなかったのは失敗だった. Ho sbagliato a non telefonarle. ¶失敗は成功の元. 《諺》"Sbagliando s'impara."

じっぱひとからげ 十把一絡げ ◇十把一からげにtutto insieme, indistintamente ¶十把一からげにする fare d'ogni erba un fascio ¶十把一からげで売る vendere *ql.co.* in blocco

じっぴ 実費 spese㊛ [複] (effettive) ¶実費を払う pagare le spese effettive

しっぴつ 執筆 ◇執筆する scrivere *ql.co.*; (…に寄稿する) collaborare㊀ [av] a *ql.co.* ¶執筆に取り掛かる mettersi a scrivere *ql.co.* / dar piglio alla penna ¶雑誌に執筆を依頼する chiedere a *qlcu.* di「scrivere per [collaborare a] una rivista」¶執筆中の本 libro in cantiere [in preparazione]

❖執筆者 (筆者) autore㊚ [㊛ -trice]; (寄稿者) collaboratore㊚ [㊛ -trice]

しっぷ 湿布 compressa㊛; impacco㊚[複 -chi], cataplasma㊚[複 -i] ◇湿布する applicare una compressa [un impacco]《に su》 ¶温湿布 compressa calda

じっぷ 実父 proprio (vero) padre㊚

しっぷう 疾風 vento㊚ violento [forte], uragano㊚ ¶疾風の如く come un uragano / come il vento
✤**疾風迅雷**《ﾘｼﾞﾝ》疾風迅雷の攻撃 attacco rapido come il lampo / attacco veloce come il fulmine
疾風怒濤 tempesta㊛ e impeto㊚

じつぶつ 実物 《その物自体》la cosa㊛ stessa, l'oggetto㊚ reale; 《原物》l'originale㊚ ¶実物そっくりの肖像画 ritratto fedele [di una somiglianza sorprendente] ¶実物を見てから判断しましょう。Dopo aver esaminato l'oggetto in questione, esprimerò il mio giudizio. ¶その彫刻の実物は見たことがない。Non ho ancora visto l'originale della scultura.
✤**実物大** grandezza㊛ naturale ◇実物大で in [a] grandezza naturale, al naturale
実物表示《経》termini㊚[複] reali

しっぺがえし 竹篦返し 《仕返し》ripicca㊛; colpo㊚ per colpo, occhio㊚ per occhio, dente㊚ per dente ◇しっぺ返しをする rendere la pariglia a qlcu., rendere pan per focaccia a qlcu. ¶彼からしっぺ返しを食った。Mi ha ripagato con la mia stessa moneta.

しっぽ 尻尾 **1**《動物の》coda㊛ ¶犬がしっぽを振って私について来る。Il cane mi segue scodinzolando [dimenando la coda]. ¶しっぽを振ったって無駄だよ。È inutile che tu mi lusinghi.
2《細長いものの端》¶にんじんのしっぽ la punta della carota
|慣用| しっぽを出す《正体を現す》¶彼はすっかりしっぽを出した。Ha mostrato il suo vero carattere. / Si è tradito. / Si è scoperto.
しっぽを掴(ﾂｶ)む venire a conoscere le malefatte di qlcu. ¶やっと彼のしっぽをつかまえた。Finalmente sono riuscito a smascherarlo. ¶彼にしっぽをつかまれている。Conosce le mie malefatte.
しっぽを巻く arrendersi, alzare le mani ¶彼はしっぽを巻いて逃げて行った。È scappato con la coda tra le gambe.

じつぼ 実母 propria (vera) madre㊛

しつぼう 失望 delusione㊛, disinganno㊚, disappunto㊚ ◇失望する essere deluso di qlcu. [ql.co.] ◇失望させる deludere qlcu. ¶彼の最新作には失望した。La sua ultima opera「mi ha deluso / è stata una delusione. ¶こんなことで失望してはいけない。Non farti scoraggiare da ciò.

しっぽうやき 七宝焼き ceramica㊛ cloisonné(e) [klwazoné]

しつぼく 質朴 ◇質朴な semplice; 《純真な》ingenuo;《自然な》naturale, spontaneo ◇質朴さ semplicità㊛; ingenuità㊛; naturalezza㊛, spontaneità㊛

じつまい 実妹 propria sorella㊛ minore

しつむ 執務 ¶執務中である essere in servizio [al lavoro]
✤**執務規定** regolamento㊚ di ufficio [di lavoro]
執務時間 orario㊚[複 -i] d'ufficio [di lavoro], ore㊛[複] lavorative

じつむ 実務 pratica㊛ lavorativa ¶彼は法律の実務に詳しい。È molto addentro nella pratica legale. ¶彼は実務のことは何も知らない。Non sa niente in fatto di pratiche.
✤**実務家** persona㊛ pratica

しつめい 失明 perdita㊛ della vista; cecità㊛ ◇失明する perdere la vista; diventare㊥[es] cieco [㊚複 -chi]

しつもん 質問 domanda㊛, interrogazione㊛;《議会の》interpellanza㊛ ◇質問する fare una domanda a qlcu., domandare ql.co. a qlcu., interrogare qlcu. su ql.co.; interpellare qlcu. su ql.co. ¶的を射た[的外れの]質問 domanda centrata [infelice] ¶質問に答える rispondere a una domanda ¶質問をそらす eludere una domanda ¶何か質問があれば聞いてください。Se avete qualche domanda, chiedete pure. ¶質問攻めに遭った。Sono stato sottoposto a un fuoco di fila di domande. ¶代表質問《政党の》interrogazione [interpellanza] presentata a nome di un partito
✤**質問者** interrogatore㊚[㊛ -trice], interpellante㊚㊛
質問書[表]《アンケートなどの》questionario㊚[複 -i];《申請書などの》formulario㊚[複 -i]

しつよう 執拗 ◇執拗さ ostinazione㊛, insistenza㊛, perseveranza㊛ ◇執拗な ostinato, persistente, insistente ◇執拗に ostinatamente, persistentemente, insistentemente ¶彼は自分の考えに執拗にこだわる。Si attacca tenacemente [insistentemente] alle proprie opinioni.

じつよう 実用 utilità㊛, uso㊚ pratico [複 -ci] ◇実用的な di utilità pratica, pratico, comodo, 《利用できる》utilizzabile, attuabile ¶実用イタリア語 italiano pratico
✤**実用化** ◇実用化する mettere ql.co. in pratica, realizzare ql.co.
実用主義《哲》pragmatismo㊚ ◇実用主義的 pragmatistico [㊚複 -ci]
実用新案 modello㊚ di utilità
実用性 utilità㊛ pratica
実用品 articolo㊚ d'uso [di consumo] corrente, articoli㊚[複] utili

じづら 字面 ¶字面を追う scorrere una pagina senza leggere attentamente ¶私の名前は漢字で書くと字面が悪い。Il mio nome scritto con i kanji non dà una buona impressione visiva.

しつらえる 設える 《設置する》installare, collocare; 《整える》ordinare, sistemare, mettere a posto

じつり 実利 《実際の利益》profitto㊚, guadagno㊚; 《利益》interesse㊚, utilità㊛; 《効力》efficacia㊛ ◇実利的 utilitario㊚[複 -i]; 《有効な》efficace ¶実利的目的 scopo [fine] di lucro ¶実利的行為 attività lucrativa
✤**実利主義** utilitarismo㊚

しつりょう 質料 《哲》materia㊛
✤**質料因** causa㊛ materiale

しつりょう 質量 **1**《物》massa㊛ ¶質量保存の法則 principio della conservazione della materia **2**《質と量》qualità㊛ e quantità㊛ ¶質量

共にすぐれている essere superiore sia per qualità che per quantità [sia qualitativamente che quantitativamente]

✤**質量数**《物》numero[男] di massa

じつりょく 実力 capacità[女], facoltà[女]; 《専門的な》competenza[女]; 《腕力など》forza[女] ¶実力を示す dimostrare [palesare] le *proprie* capacità ¶実力を出しきる impegnarsi a fondo ¶君が実力に応じて仕事をしてくれればいいと思っているんだ. Contiamo su (di) te affinché il lavoro venga fatto al massimo delle tue possibilità. ¶彼のイタリア語の実力はすごい. È molto abile [forte / bravo] in italiano. ¶彼は大学卒の実力がある. Ha la competenza di un laureato. ¶両チームは実力が伯仲(はくちゅう)している. Le due squadre si equivalgono in quanto a forza [ad abilità].

✤**実力行使** ◇**実力行使する**《警察が》fare ricorso alla forza; 《ストなど》ricorrere[自][*es*] [fare ricorso] all'azione diretta

実力試験 prova[女] di idoneità; 《学校などでの》eṣame[男] di controllo

実力者《町の》notabili[男][複]; 《政界などの》personag*gio*[男][複 *-gi*] influente

しつれい 失礼 **1**《無作法》scorteṣia[女], ṣgarberia[女], ṣgarbatezza[女]; 《生意気, 尊大, 無礼》insolenza[女], impertinenza[女]; 《無遠慮》indiscrezione[女] ◇**失礼な** scorteṣe, villano, ṣgarbato, incivile; 《図々しい》insolente, impertinente; indiscreto ¶彼は誰にでも失礼なことを言う. Dice cose ṣgarbate a chiunque. ¶授業中に居眠りをするのは先生に失礼だ. È una mancanza di riguardo verso l'insegnante dormire durante la lezione. ¶なんて失礼なやつだ. Che scorteṣe [insolente]! ¶そんなことを聞いては失礼になるよ. Sei indiscreto a fare questa domanda.

2《謝るときの言葉》 ¶先日は失礼しました. Mi scuṣi per l'altro giorno. ¶ちょっと前を失礼します. Scuṣi se le passo davanti. ¶こんな時間に電話して失礼しました. Mi perdoni se le ho telefonato a quest'ora. ¶失礼ですが山田さんですか. Scuṣi, lei è il signor Yamada? ¶ちょっと失礼します. 《部屋に入りながら》Posso disturbarla? / Permesso. / Mi permette? / 《中座するとき》Voglia scuṣarmi. / Vuole scuṣarmi? / Mi permette? / Mi scuṣi, torno subito.

3《別れるときの言葉》 ¶ではこれで失礼します. Allora, (adesso) la saluto. ¶じゃあ失礼. Arrivederci. / Ci vediamo! ¶今日はちょっとお先に失礼します. Mi scuṣi, oggi dovrei uscire un po' prima.

じつれい 実例 eṣemp*io*[男][複 *-i*] ¶実例を挙げる citare [fare] un eṣempio ¶実例を挙げて説明する spiegare con eṣempi

しつれん 失恋 deluṣione[女] d'amore [amorosa], cuore[男] infranto; 《片思い》amore[男] contrastato [non corrisposto] ◇**失恋する** avere [provare / subire] una deluṣione amorosa; 《片思い》non essere corrispost*o* ¶彼女は失恋した. 《恋人に振られた》È stata lasciata dal suo ragazzo. / 《告白して断わられた》Ha fatto l'errore di dichiararsi a lui, che le ha detto di no.

じつろく 実録 cronaca[女] (storica [vera / autentica])

じつわ 実話 storia[女] vera ¶実話小説 romanzo-verità[男]

して 仕手 〘金融〙《証券の》opera*tore*[男][[女] *-trice*] (di Borsa), agente[男][女] di cambio; 《投機家》specula*tore*[男][[女] *-trice*]

✤**仕手株** titoli[男][複] speculativi

シテ 《能の》protagonista[男][女] nel teatro *nō* ⇨能 [日本事情]

-して **1**《動作をする人数・範囲を示す》 ¶夫婦して働いている. Marito e moglie lavorano entrambi. ¶あの家では親子して大学教授だ. In quella famiglia sia il padre che il figlio sono professori universitari.

2《前の事柄を受けて次に続ける》 ¶あなたなくしては生きられない. Non posso vivere senza (di) te. ¶労多くして功少なし. Per quanto si sia lavorato, i risultati sono stati modesti.

3《「…をして…(せ)しめれば」の形で》 ¶彼をして言わしめれば citando le sue parole / secondo lui

4《時間の経過・・現在から》tra; 《ある時点から》dopo ¶会は1時間ほどしてから始まります. La seduta sarà aperta tra circa un'ora. ¶何日かして彼が来た. Lui è venuto qualche giorno più tardi [dopo].

してい 子弟 ¶良家の子弟 figli di buona famiglia

してい 私邸 residenza[女] privata

してい 指定 designazione[女], indicazione[女]; 《文化財などの》classificazione[女] ◇**指定する** designare, indicare, fissare, stabilire; classificare; 《認可》autorizzare ¶次に会う時間と場所を指定する indicare [fissare] l'ora e il luogo del prossimo incontro ¶相続人として指定される essere designat*o* [nominat*o*] come erede ¶この建物は国の歴史記念物として指定されている. Questo edificio è stato classificato come monumento storico nazionale. ¶学校指定の書店 libreria designata dalla scuola

✤**指定席**《予約》posto[男] prenotato [riservato]

指定席券 biglietto[男] di posto prenotato

指定相続人 〘法〙erede[男][女] designat*o*, successo*re*[男][[女] *succeditrice*] designato

してい 師弟 maestr*o*[男][[女] *-a*] e discepol*o*[男][[女] *-a*], insegnante[男][女] e student*e*[男][[女] *-essa*], docente[男][女] e discente[男][女]

しでかす 仕出かす ¶彼は面倒なことばかり仕出かす. Non combina altro che guai.

してき 指摘 indicazione[女]; 《注釈など》commento[男] ◇**指摘する** indicare [far notare] *ql.co.* a *qlcu.*; commentare *ql.co.* a [per] *qlcu.* ¶ご指摘のとおり come lei ha già fatto notare / come lei stesso ha già osservato ¶彼は私の論文について多くの問題点を指摘した. Ha fatto molte critiche sul mio saggio.

してき 史的 stori*co* [[男]複 *-ci*] ◇**史的に** storicamente

✤**史的現在** 〘文法〙preṣente[男] storico (►歴史的な事実を過去形でなく, 現在形で表現すること)

史的事実 fatto[男] storico

史的弁証法 〘哲〙dialettica[女] storica

史的唯物論 〘哲〙materialiṣmo[男] storico

してき 私的 privato, personale ◇**私的に** privatamente, a titolo privato [personale] ¶私的訪問 una visita a titolo privato

してき 詩的 poetico男[男複 -ci] ◇詩的に poeticamente ¶彼は詩的な文章を書く. Scrive con stile [tono] poetico.

してつ 私鉄 ferrovia女 [linea女 ferroviaria] privata [a gestione privata] ¶私鉄運賃 tariffe delle ferrovie private

じてつ 磁鉄 ferro magnetico [複 -ci]
✤**磁鉄鉱**〔鉱〕 magnetite女

しでのたび 死出の旅 ¶死出の旅につく dipartire自[es], lasciare questo mondo, morire自[es]

してやる 為て遣る ¶してやった. Ce l'ho fatta! ¶彼は我々の失敗をしてやったりと思っている. Sorride sotto i baffi per i nostri errori. ¶まんまと彼にしてやられた.《話》Me l'ha fatta. / Mi ha proprio gabbato [fregato].

してん 支店 succursale女, filiale女, sede女 secondaria, agenzia女 ¶ローマに支店を開設する aprire [impiantare / istituire] una filiale a Roma
✤**支店長** direttore男[女 -trice] di filiale

してん 支点 《物》fulcro男 (di una leva);《機》punto男 di appoggio;《天秤》bilico男[複 -chi]

してん 視点 punto男 di vista ¶経済の視点から dal punto di vista economico (▶形容詞は vistaではなく puntoにかかる) / sotto l'aspetto economico / nell'ottica economica

しでん 市電 tram男[無変] (cittadino)

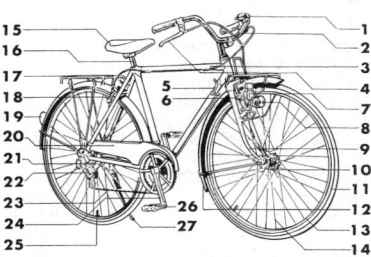

自転車
1 ベル campanello男. 2 ハンドル manubrio男. 3 フレーム telaio男. 4 ブレーキレバー leva女 del freno. 5 変速レバー leva女 del cambio. 6 前ブレーキ freno男 anteriore. 7 発電機 dinamo女. 8 ヘッドライト fanale男. 9 前フォーク forcella女 anteriore. 10 前ハブ mozzo男 anteriore. 11 タイヤ copertone男. 12 泥よけ parafango男. 13 リム cerchione男. 14 スポーク raggio男. 15 サドル sella女. 16 シートポスト cannotto男 reggisella. 17 荷台 portabagagli男[無変]. 18 後ろブレーキ freno男 posteriore. 19 反射板 catarifrangente男. 20 チェーンケース〔英〕carter男[無変]. 21 フリーホイール pignone男. 22 変速装置 cambio男 di velocità. 23 チェーン catena女. 24 クランク pedivella女. 25 タイヤバルブ valvola女. 26 ペダル pedale男. 27 スタンド cavalletto男 laterale di sostegno.

じてん 次点 ¶次点になる《最高点に次ぐ点数を取る》ottenere il secondo punteggio migliore /《選挙で》ottenere il maggior numero di voti tra i non eletti

じてん 自転 〔天〕rotazione女 ¶地球は自転している. La Terra ruota attorno al suo asse.

じてん 事典 enciclopedia女 ¶医学[法学]事典 enciclopedia medica [giuridica] ¶イタリア百科事典 l'enciclopedia italiana

じてん 時点 ¶…の時点で al momento di ¶今の時点では問題は未解決である. Per ora [Al momento attuale], il problema è ancora irrisolto.

じてん 辞典 dizionario男[複 -i], vocabolario男[複 -i];《古典語, 特定分野の》lessico男[複 -ci];《特殊語の》glossario男[複 -i];《専門用語集》nomenclatura女 ¶…辞書 ¶イタリア語辞典 dizionario della lingua italiana ¶2カ国語辞典 dizionario bilingue ¶伊和辞典 dizionario italiano-giapponese ¶ラテン語辞典 vocabolario latino ¶類語辞典 dizionario dei sinonimi e dei contrari ¶方言辞典 dizionario dialettale ¶逆引辞典 dizionario inverso ¶語源辞典 dizionario etimologico ¶古語辞典《日本の》dizionario di giapponese classico ¶《クルスカ学会イタリア語大辞典》"il Vocabolario degli Accademici della Crusca" (◆1612) ¶ポケット版辞典 dizionario tascabile ¶辞典を引く cercare sul dizionario / controllare sul vocabolario

じでん 自伝 autobiografia女 ¶半自伝的小説 romanzo semiautobiografico

じてんしゃ 自転車 bicicletta女;《話》bici女[無変] ¶2人乗り自転車 tandem ¶原付き自転車 ciclomotore / motorino ¶自転車で行く andare in bicicletta ¶自転車に乗る salire自[es] in bicicletta / salire in sella alla bici / inforcare la bicicletta ¶自転車をこぐ pedalare自[av] ¶「自転車通行止め」《掲示》"Divieto di transito alle biciclette"
✤**自転車競技** ciclismo男 ¶イタリア1周自転車競技 Giro d'Italia ¶自転車競技の選手 ciclista男女[男複 -i]
自転車競技場 velodromo男
自転車競走 corsa女 [gara女] ciclistica
自転車専用《掲示》"Pista ciclabile"
自転車操業 ¶あの会社は自転車操業です. Se rallentasse il passo, quella ditta finirebbe sommersa dai debiti.
自転車店 negozio男[複 -i] di biciclette
自転車旅行 viaggio男[複 -gi] in bicicletta

しと 使途 ¶税金の使途を明らかにする giustificare l'uso delle imposte
✤**使途不明金** spese女[複] non giustificate [non documentate]

しと 使徒 apostolo男 ¶世界平和の使徒 apostolo della pace nel mondo ¶十二使徒 i dodici apostoli →次ページ 関連
✤**使徒行伝** Atti男[複] degli Apostoli

しど 示度 〔気〕¶台風の中心示度 pressione barometrica dell'occhio del tifone

しとう 死闘 lotta女 disperata;《戦闘》combattimento男 [battaglia女] a oltranza

|関連|
十二使徒: ペテロ Pietro　アンドレア Andrea　大ヤコボ Giacomo (figlio di Zebedeo)　ヨハネ Giovanni (figlio di Zebedeo)　フィリッポ Filippo　バルトロメオ Bartolomeo　トマス Tommaso　マタイ Matteo　小ヤコボ Giacomo　タダイ Taddeo (figlio di Alfio)　シモン Simone (cananeo)　ユダ Giuda (Iscariota)　マッテヤ (後にユダに代わった使徒) Mattia

しとう 至当 ◇至当な ragionevole, giusto, legittimo ¶至当な意見 opinione logica

しどう 市道 strada⊛ comunale

しどう 私道 strada⊛ privata

しどう 始動 《工》(エンジンの) avviamento⊛, partenza⊛ ◇始動する avviarsi, partire [es], mettersi in moto ◇始動させる avviare ql.co., mettere ql.co. in moto

♣始動器 avviatore⊛

しどう 指導 《手引き》guida⊛; 《指揮》direzione⊛, comando⊛; 《教え込むこと》ammaestramento⊛; 《勧め》consiglio⊛ [複 -gli] ◇指導する indirizzare [guidare / dirigere] qlcu.(ql.co.), orientare qlcu. [ql.co.] verso qlcu.; 《学生を》seguire qlcu. ¶研究指導 guida [assistenza] nella ricerca ¶職業指導 orientamento professionale ¶指導力不足の教員 insegnante che manca della capacità di guidare i suoi studenti ¶この研究は教授の指導の下に行われた. Questo lavoro di ricerca è stato condotto sotto la direzione [sotto la guida] del professore. ¶彼は学生運動で指導的役割を果たしている. Ha un ruolo preminente [di primo piano] nel movimento studentesco. ¶今後ともよろしくご指導ください. Spero che anche in seguito vorrà continuare a「tenermi sotto la sua guida [indirizzarmi con i suoi preziosi consigli].¶この大学では熱心な研究指導が受けられる. In questa università gli studenti sono seguiti a fondo dai professori.

♣指導案 programma⊛ [複 -i] [piano⊛] di insegnamento

指導員 istruttore⊛ [⊛ -trice], maestro⊛ [⊛ -a]

指導階級 classi⊛ dirigenti

指導教官 《卒業論文の》relatore⊛ [⊛ -trice] ¶彼の指導教官は岩崎先生だ. Iwasaki è il professore incaricato di seguirlo.

指導原理 principio⊛ [複 -i] informatore

指導者 guida⊛;《英》leader [líder]⊛ [無変]; dirigente⊛

指導法 metodo⊛ [sistema⊛ [複 -i]] d'insegnamento, didattica⊛

指導力《英》leadership [líderʃip]⊛ [無変]; capacità⊛ di comando, forza⊛ ispiratrice

じどう 自動 ◇自動的(の) automatico⊛ [複 -ci] ◇自動的に automaticamente ¶現金自動引き出し機《金融》bancomat [bancomát]⊛ [無変]

♣自動化 automatizzazione⊛ ◇自動化する automatizzare;《機械化》meccanizzare

自動改札機〈ゲート式〉varco⊛ [複 -chi] automatico, passaggio⊛ [複 -gi] di ingresso,《稀》tornello⊛;《刻印機》macchina⊛ obliteratrice, obliteratrice⊛

自動拳銃 pistola⊛ automatica

自動焦点《光》messa⊛ a fuoco automatica

自動制御《工》comando⊛ [controllo⊛] automatico, regolazione⊛ automatica;《空》auto-pilota⊛

自動操縦装置 pilota⊛ [複 -i] automatico, autopilota⊛ [複 -i]

自動調節《工》autoregolazione⊛

自動データ処理《コンピュータ》《ADP》elaborazione⊛ automatica dei dati

自動点火 autoaccensione⊛

自動ドア porta⊛ automatica

自動販売機 distributore⊛ automatico;《切符の》biglietteria⊛ automatica, emettitrice⊛

自動ピアノ pianola⊛, autopiano⊛

自動引き落とし prelevamento⊛ automatico

自動振り込み versamento⊛ automatico tramite banca

自動変速機《車》cambio⊛ [複 -i] automatico

自動翻訳 traduzione⊛ automatica

自動巻き時計 orologio⊛ [複 -gi] a caricamento automatico

じどう 児童《総称》infanzia⊛;《6, 7歳くらいまで》bambino⊛ [⊛ -a];《7－14歳くらい》ragazzino⊛ [⊛ -a], fanciullo⊛ [⊛ -a];《学童》scolaro⊛ [⊛ -a] ◇児童の infantile

♣児童学 pedologia⊛

児童合唱 coro⊛「bianco [複 -chi] [di voci bianche]

児童虐待 maltrattamento⊛ dei bambini

児童教育 educazione⊛ dell'infanzia

児童憲章 Carta⊛ dei bambini

児童就労 lavoro⊛ minorile

児童心理学 psicologia⊛ infantile

児童福祉法 Legge⊛ per la protezione e l'assistenza dell'infanzia

児童文学 letteratura⊛ per l'infanzia

児童保護 protezione⊛ infantile

児童養護施設 orfanotrofio⊛ [複 -i];《捨て子の》brefotrofio⊛ [複 -i]

じどうし 自動詞《文法》verbo⊛ intransitivo

じどうしゃ 自動車 macchina⊛, auto⊛ [無変], automobile⊛;《主に乗用車》autovettura⊛;《主に四輪車》autoveicolo⊛;《総称》veicolo⊛ ◇自動車の automobilistico⊛ [複 -ci] →次ページ 図版, 670ページ [同類語] ¶貨物自動車 autocarro / camion⊛ [無変] ¶自動車を運転する guidare l'automobile ¶自動車に乗る《乗車する》salire [《乗って行く》andare] in automobile ¶自動車から降りる scendere dall'automobile ¶空港から都心まで自動車で30分かかる. Dall'aeroporto al centro ci vogliono 30 minuti d'auto.

♣自動車教習所 scuola⊛ guida [無変], autoscuola⊛

自動車競走 corsa⊛ automobilistica

自動車クラブ club⊛ [無変] automobilistico ¶イタリアの自動車クラブ Automobile Club⊛ d'Italia / ACI [átʃi]⊛ (◆日本のJAFに当たる)

自動車産業 industria⊛ automobilistica

自動車事故 incidente⊛ automobilistico [stradale]

自動車修理工《エンジン関係》meccanico⊛ [複

-*ci*];《車体関係》carrozziere㊚;《タイヤ関係》gommist*a*㊚[複 -*i*];《電気系統》elettrauto㊚
自動車修理工場《エンジン関係》officina㊛ (meccanica), autofficina㊛;《車体関係》carrozzeria㊛;《タイヤ関係の工場の表示》"Gomme"㊛[複];《電気関係》elettrauto㊚
自動車ショー《大規模な展示会》salone㊚ dell'automobile (dell'auto)
自動車税 imposta㊛ sugli autoveicoli;《イタリアの》tassa㊛ di circolazione
自動車専用《掲示》"Carreggiata riservata alle autovetture"
自動車損害賠償責任保険 assicurazione㊛ di responsabilità civile autoveicoli;《略》R.C.A.㊛
自動車電話 telefono㊚ (auto)veicolare, autotelefono㊚
自動車保険 assicurazione㊛ automobilistica
自動車免許証 patente㊛ di guida
しどけない involontariamente licenzioso, innocentemente impudico[㊚複 -*chi*]; scollacciato
しとげる 仕遂げる 《終える》compiere *ql.co.*, portare *ql.co.* a termine; riuscire㊀[*es*] a+不定詞;《達成する, 獲得する》conseguire *ql.co.*
しどころ 仕所 ¶ここが我慢のしどころだ. È il momento di tener duro.
しとしと ¶町にはしとしとと雨が降っている. Sta piovigginando sulla città.
じとじと ¶汗でじとじとしたシャツ camicia umidiccia di sudore ¶今日は暑くてじとじとしている. Oggi il tempo è caldo e umido.

しとめる 仕留める ¶一発で鹿をしとめた. Ho abbattuto il cervo con un solo colpo. ¶彼はついに彼女をしとめた. Alla fine è riuscito a conquistare quella ragazza.
しとやか 淑か ◊しとやかさ grazia㊛, distinzione㊛ ◊しとやかな grazioso, distinto ◊しとやかに con grazia ¶しとやかな物腰 comportamento signorile
しどろもどろ ◊しどろもどろの[な] ingarbugliato, incoerente, pieno di contraddizioni ¶しどろもどろな説明をする fornire una spiegazione contraddittoria [confusa] ¶彼はしどろもどろな言い訳をした. Ha balbettato delle parole sconnesse.
シトロン 〔英 citron〕《植》《木, 果実》cedro㊚;《ジュース》cedrata㊛
しな 品 **1**《物品》oggetto㊚;《商品》articolo㊚, merce㊛;《製品》prodotto ¶品不足 insufficienza di merci ¶あの店は品が豊富である.《品数が》Quel negozio è ben fornito. /《サイズや色が》In quel negozio c'è una vasta selezione di merci.
2《品質》qualità㊛ ¶品が良い[悪い]《商品などが主題で》essere di buona [cattiva] qualità ¶これはあれより品が落ちる. Questo è inferiore in qualità a quello.
しな 科 ¶しなを作る fare vezzi [moine / smancerie] / accattivarsi le simpatie di *qlcu.*
-しな ¶寝しなにウイスキーを1杯飲んだ. Prima di coricarmi ho bevuto un bicchiere di whisky.

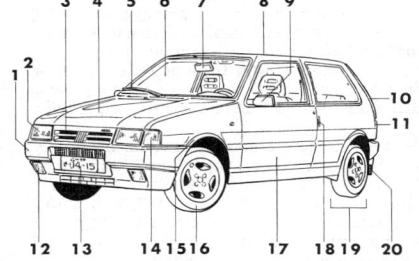

自動車
1 バンパー paraurti㊚[無変]. **2** ヘッドライト proiettore㊚. **3** ラジエーターグリル griglia㊛. **4** ボンネット cofano㊚ anteriore. **5** ワイパー tergicristallo㊚. **6** フロントガラス parabrezza㊚. **7** バックミラー specchietto㊚ retrovisore. **8** ルーフ padiglione㊚. **9** ドアミラー specchietto㊚ retrovisore laterale. **10** トランク bagagliaio㊚. **11** テールライト, ストップライト luci㊛[複] di posizione e di arresto. **12** フォグランプ faro㊚ antinebbia[無変]. **13** ナンバープレート targa㊛. **14** 方向指示器 indicatore㊚ di direzione. **15** フェンダー parafango㊚. **16** タイヤ pneumatico㊚. **17** ドア portiera㊛. **18** ドアハンドル maniglia㊛. **19** 車輪 ruota㊛. **20** 泥よけ parafango㊚ di gomma.

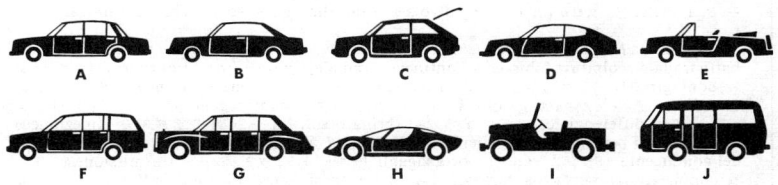

A セダン berlina㊛. **B** ハードトップ automobile㊛ a capote rigida. **C** ハッチバック auto㊛[無変] con portellone posteriore. **D** クーペ〔仏〕coupé㊚. **E** コンバーチブル convertibile㊛, automobile㊛ decappotabile. **F** ステーションワゴン〔英〕station wagon㊛[無変]. **G** リムジン〔仏〕limousine㊛[無変]. **H** スポーツカー automobile㊛ sportiva. **I** ジープ〔英〕jeep㊛[無変], ; fuoristrada㊚[無変]. **J** バン furgone㊚.

しない 市内 ¶市内に［で］nella città / in città ¶「市内配達無料」"Consegna a domicilio gratuita per la città"
❖市内観光［見物］ ◇市内観光をする fare un giro turistico di una città, visitare una città
市内局番 prefisso㊚ di area locale
市内通話 telefonata㊛［comunicazione㊛ telefonica］urbana

しない 竹刀 canna㊛ di bambù usata per il *kendo*, spada㊛ di bambù
しなう 撓う piegarsi, curvarsi ◇しなわせる piegare［curvare / flettere］*ql.co*. ¶よくしなう枝 ramo flessibile
しなうす 品薄 scarsità㊛［scarsezza㊛］di merce ¶この商品は品薄だ. Questo articolo scarseggia.

《 用語集 》 自動車 Automobile

自動車 automobile㊛, auto㊛［無変］; macchina㊛; autoveicolo㊚. ガソリン車 vettura㊛ benzina. ディーゼル車 vettura㊛ diesel［無変］. エコカー automobile㊛ ecologica. ハイブリッド車 auto㊛［無変］ibrida. 電気自動車 auto㊛［無変］elettrica, veicolo㊚ elettrico. 燃料電池車 automobile㊛ basata su celle㊛［pila］a combustibile. オートマチック［マニュアル］車 automobile㊛ con il cambio automatico［manuale］. スポーツカー macchina㊛ sportiva.

構造 Struttura, 機能 Funzioni

アームレスト bracciolo㊚. アクセルペダル (pedale㊚ dell') acceleratore㊚. 圧縮比 rapporto㊚ di compressione. アルミホイール ruota㊛ d'alluminio. イグニッション［点火装置］accensione㊛. インスツルメンタル・パネル ➡ダッシュボード. ウインカー, 方向指示器 freccia㊛, indicatore㊚ di direzione. ウインドウォッシャー装置 lavacristallo㊚. エアクリーナー filtro㊚ dell'aria. エアコン climatizzatore㊚. エアバック［英］airbag㊚［無変］. エギゾーストパイプ tubo㊚ di scarico［scappamento］. エムブレム stemma㊚. エンジン motore㊚ (ディーゼル［レシプロ / ロータリー / ターボ］~ motore diesel［a pistoni / rotativo / turbo］. V 8［6 気筒直列］~ motore 8 cilindri a "V"［6 cilindri in linea］. 水冷［空冷］~ motore raffreddato ad acqua［aria］). エンジン・オイル olio㊚ del motore. エンジン回転数 (r.p.m.)giri㊚［複］al minuto. エンジン・ブレーキ freno㊚ motore. オイル olio㊚. オーバーヘッド・カムシャフト (OHC)albero㊚ della distribuzione in testa. オーバーヘッド・バルブ (OHV) valvola㊛ in testa. オドメーター《走行距離計》contachilometri㊚［無変］.

カーアクセサリー accessori㊚［複］per auto. カーステレオ autoradio㊛［無変］stereo. 加速力 ripresa㊛. ガソリン benzina㊛, carburante㊚ (スーパー~ benzina super. レギュラー~ benzina normale. 無鉛~ benzina senza piombo). ガソリンタンク serbatoio㊚ della benzina. カムシャフト albero㊚ a camme. カロッツェリア［工房, 車体］carrozzeria㊛. ギア ingranaggio㊚; 《変速機》cambio㊚ (オートマチック［6 速 / マニュアル］ギアの col cambio automatico［a sei marce / manuale］. ギアシフトレバー leva㊛ del cambio. キャブレター carburatore㊚. キャリア portabagagli㊚［無変］. 空燃比 rapporto㊚ aria / combustibile. 駆動 trazione㊛ (前［後 / 四］輪駆動の a trazione anteriore［posteriore / integrale］). クラクション ➡ホーン. クラッチペダル pedale㊚ della frizione. グリル griglia㊛, calandra㊛. グローブボックス cassetto㊚ ripostiglio. 軽油 gasolio㊚.
最大トルク coppia㊛ motrice massima. サイドブレーキ freno㊚ a mano［di stazionamento］. サイドミラー specchietti㊚［複］retrovisori laterali. サスペンション sospensioni㊛［複］. 三角窓 deflettore㊚. サンバイザー visiera㊛ parasole［無変］. サンルーフ tetto㊚ apribile. シートベルト cintura㊛ di sicurezza. シールドビーム proiettore㊚ sigillato. ジェネレーター《発電機》dinamo㊛［無変］. シャシー autotelaio㊚. 車軸 semiasse㊚, semialbero㊚. ジャッキ cricco㊚. 車幅灯 ➡ライト. 出力 potenza㊛. 触媒コンバーター marmitta㊛ catalitica. 助手席 sedile㊚ del passeggero. ショックアブソーバー, ダンパー ammortizzatore㊚. シリンダー cilindro㊚. スターター motorino㊚ d'avviamento. スタビライザー stabilizzatore㊚. ストローク corsa㊛. スピードメータ ー tachimetro㊚. スロットル・バルブ valvola㊛ a farfalla. センターロック chiave㊛ unica.

タイヤ gomma㊛, pneumatico㊚ (スタッドレス［スパイク / スノー / ラジアル］~ pneumatico「con battistrada a scolpiture［chiodato / antineve / radiale］. スペア~ ruota di scorta). タコメータ ー contagiri㊚. ダッシュボード cruscotto㊚. チェーン catena㊛ antineve. ツール, 工具 utensile㊚. ディーゼルオイル gasolio㊚. ディストリビューター spinterogeno㊚. デフ, ディファレンシャル・ギヤ differenziale㊚. デフロスター sbrinatore㊚. 電子制御式燃料噴射 iniezione㊛ elettronica di benzina. ドア portiera㊛. 盗難予防装置 antifurto㊚. ドライバーズシート sedile㊚ del conducente. トランク vano㊚ portabagagli［無変］. トランスミッション trasmissione㊛. トルク coppia㊛. ナンバープレート targa㊛. ニュートラル (posizione㊛ di) folle. 熱線入りリアウインド ー lunotto㊚ termico. 燃料計 indicatore㊚ di livello del carburante.
排気量 cilindrata㊛. バックミラー specchietto㊚ retrovisore. バッテリー batteria㊛. 馬力 cavallo (vapore) ㊚;《略》C.V.; potenza㊛. バルブ valvola㊛. パワーウインドー alzacristalli㊚［無変］elettrico. パワーステアリング servosterzo㊚. ハンドル volante㊚. 《装置全体》sterzo㊚ (右

しなかず 品数 ¶品数のそろった ben assortito [fornito]. ¶品数のそろった店 negozio che offre larga scelta
しなぎれ 品切れ mancanza㊛[penuria㊛] di merce; [掲示] "Esaurito" ¶卵は品切れになります. Mancano le uova. / Le uova sono esaurite [finite]. / C'è penuria di uova.
しなさだめ 品定め ◇品定めする giudicare qlcu. [ql.co.] (facendo confronti)
しなす 死なす ¶彼を死なせてなるものか. Non permetterò che muoia! ¶10年前に息子を死なせてしまった. Ho perso mio figlio dieci anni fa.
しなだれる しな垂れる **1**《しなって垂(た)れ下がる》¶木の枝が雪の重みでしなだれている. I rami si piegano sotto il peso della neve.
2《甘えて》¶娘は彼にしなだれかかった. La ragaz-

[左]ハンドルの車 macchina con la guida a destra [sinistra]. バンパー paraurti㊚[無変]. ピストン pistone㊚. ヒューズ fusibile㊚. ピラー montante㊚. ファンベルト cinghia㊛ della ventola. フィルター filtro㊚. フェンダー parafango㊚. 不凍液 antigelo㊚[無変]. フライ・ホイール volano㊚. プラグ candela㊛. ブレーキ freno㊚(フロント[リア/パーキング]〜 freno anteriore [posteriore / di stazionamento]. ディスク[ドラム]〜 freno a disco [a tamburo]. アンチロック〜 ABS㊚, sistema㊚ frenatura antibloccaggio). ブレーキオイル olio㊚ dei freni. ブレーキペダル pedale㊚ del freno. プロペラ[ロボ]シャフト albero㊚ di trasmissione. フロントガラス parabrezza㊚[無変]. フロントシート sedile㊚ anteriore. ベアリング cuscinetto㊚. ヘッドレスト appoggiatesta㊚[無変]. ベンチレーション ventilazione㊛. ホイール《車輪》ruota㊛, cerchione㊚. ホイールキャップ coppa㊛. ホーン clacson㊚[無変]. ボンネット cofano㊚.
マフラー marmitta [silenziatore㊚] (di scarico). メーター《計器》contatore, strumento㊚ di misura. ユニバーサル・ジョイント giunto㊚ cardanico. ライト, ランプ faro㊚, luce㊛ (ヘッドライト fari㊚[複] anteriori. ハイビーム (fari) abbaglianti. ロービーム (fari) anabbaglianti. フォグランプ fari antinebbia. 車幅灯 luci㊛[複] di posizione anteriori. テールライト luci di posizione posteriori. ブレーキランプ luci dello stop [di arresto]. バックランプ《後退灯》luci di retromarcia. ハザードランプ luci di emergenza, quattro frecce. サイドマーカーランプ luci laterali. ナンバープレート灯 luce della targa. ハロゲンランプ luce alogena. ラジエーター radiatore㊚. リアウインドー lunotto㊚. リアシート sedile㊚ posteriore. ルーフ tetto㊚. ロードホールディング tenuta㊛ di strada. ロック serratura㊛. ワイパー tergicristallo㊚.

運転 Guida, 道路 Strada
迂回路 deviazione㊛. 運転免許証 patente㊛. F-1 レース Gara㊛ di Formula 1. カーナビ, カーナビゲーション navigatore㊚ satellitare, GPS㊚[無変]. ガソリンスタンド stazione㊛ di servizio, pompa㊛ di benzina. 仮免許証 foglio㊚ rosa [無変]. 急カーブ curva㊛ stretta. 経済速度 velocità㊛ di minimo consumo. 交通信号 semaforo㊚. サーキット circuito㊚, pista㊛. 死角 angolo㊚ morto. 自動車教習所 autoscuola㊛. 自動車税 imposta㊛ sugli autoveicoli;《イタリアの場合》tassa㊛ di circolazione. スピード velocità㊛. 洗車 autolavaggio㊚. 速度制限 limitazione㊛ della velocità. 近道 scorciatoia㊛. 駐車場 parcheggio㊚. ディーラー concessionario㊚. 道路標識 segnale㊚ stradale. 慣らし運転 rodaggio㊚. 2車線の道路 strada a due carreggiate. 燃費 consumo㊚ di carburante. パーキングハウス autosilo㊚. 排ガス規制 controllo㊚ dei gas di scarico. フルスピードで alla massima velocità. ヘアピンカーブ tornante㊚. モーター[自動車]ショー《展示博覧会》salone㊚ dell'automobile. Uターン inversione㊛ a U. レーシング・トラック pista㊛.

自動車専用道路 Autostrada
入り口 entrata㊛, ingresso㊚. インターチェンジ svincolo㊚ autostradale. 高速道路 autostrada㊛. サービスエリア area㊛ di servizio. 車線 corsia㊛ (追い越し〜 corsia di sorpasso. 走行〜 corsia di marcia. 退避〜, 路側帯 corsia di emergenza. 流入〜 corsia di uscita. 流出〜 corsia di accesso. ジャンクション raccordo㊚. 通行料金 pedaggio㊚. 出口 uscita㊛. パーキングエリア area㊛ di sosta. ハイウェイパトロール pattuglia㊛ autostradale. ランプ rampa㊛ di accesso autostradale. 料金所 casello㊚.

事故 Incidente stradale, 故障 Guasto, 修理 Riparazione, 違反 Infrazione
オーバーヒート surriscaldamento㊚. 交通違反 infrazione㊛ (al codice) stradale. 交通事故 incidente㊚ stradale. 交通渋滞 intasamento [congestione㊛] del traffico. 交通法規 codice㊚ stradale. 自動車修理工場 autofficina㊛, carrozzeria㊛. 自動車部品 pezzi㊚[複] di ricambio per auto. 自賠責保険 assicurazione㊛ di responsabilità civile;《略》R.C.A. 正面衝突 scontro㊚ frontale. スピード違反 eccesso㊚ di velocità. 整備 manutenzione㊛. タイヤの空気圧 pressione㊛ delle gomme. 玉突き衝突 serie㊛[無変] di incidenti a catena. 追突 tamponamento㊚. 道路交通法 Codice della Strada. 罰金 contravvenzione㊛, multa㊛. パンク scoppio㊚, bucatura㊛ [foratura㊛] (di un pneumatico). 横すべり sbandamento㊚, slittamento㊚. ロードサービス soccorso㊚ stradale.

za gli si è stretta addosso con fare civettuolo.

しなびる 萎びる avvizzire[自][es], appassire[自][es], sfiorire[自][es], raggrinzarsi, raggrinzirsi ¶しなびた花 fiore appassito ¶しなびたりんご mela raggrinzita ¶しなびた顔をした老人 vecchio con la faccia tutta rugosa [grinzosa]

シナプス 〔英 synapse〕《医》sinapsi[女][無変]

しなぶそく 品不足 scarsità[女] di merce

しなもの 品物 ⇒品 1

シナモン 〔英 cinnamon〕《植》cannella[女], cinnamomo[男]

しなやか ◇しなやかさ flessibilità[女], flessuosità[女], elasticità[女]; 《柔らかさ》tenerezza[女], morbidezza[女] ◇しなやかな flessibile, elastico [[男]複 -ci]; tenero, morbido ◇しなやかに flessibilmente, elasticamente; morbidamente ◇しなやかにする rendere *ql.co.* flessibile [elastico] (►flessibile, elasticoは目的語の性・数に合わせて語尾変化する), ammorbidire *ql.co.* ¶しなやかな体 corpo flessuoso ¶しなやかな物腰 comportamento grazioso [delicato] ¶柳が風にしなやかになびいている. I salici si piegano docilmente al vento.

じならし 地均し livellamento[男] [spianamento[男] / appianamento[男]] di un terreno ◇地ならしする livellare [spianare / appianare] un terreno

じなり 地鳴り boato[男], rimbombo[男] della terra ¶地鳴りがする La terra rimbomba. / Si sentono dei boati.

シナリオ 〔英 scenario〕〖映・テ〗《脚本・台本》sceneggiatura[女]

✤シナリオライター sceneggia*tore*[男] [[女] *-trice*]

しなん 至難 ◇至難の difficilissimo, estremamente difficile [arduo] ¶立ったまま眠るなんて至難の業(わざ)だ. Dormire in piedi è un'impresa impossibile.

しなん 指南 istruzione[女] ◇指南する dare [impartire] lezioni a *qlcu.*, insegnare *ql.co.* [a＋[不定詞]]《に a》

✤指南役 maestr*o*[男] [[女] *-a*]; istrut*tore*[男] [[女] *-trice*], insegnante[男][女]

じなん 次男 secondo figlio[男] [複 *-gli*] maschio

しにがお 死に顔 volto[男] [fisionomia[女]] di un defunto [《女性の場合》una defunta], maschera[女] mortuaria ¶母の死に顔は穏やかだった. Il volto da morta di mia madre era sereno.

しにがね 死に金 capitale[男] morto; 《むだ金》denaro[男] sprecato

しにがみ 死に神 la Morte[女]

シニカル 〔英 cynical〕 ◇シニカルな cinic*o* [[男]複 *-ci*] ◇シニカルに cinicamente

しにぎわ 死に際 ◇死に際に in punto di morte, sul letto di morte ¶彼女は死に際まで娘のことを心配していた. Persino in fin di vita si preoccupava della figlia.

しにざま 死にざま ¶死にざまはその人柄を表わす. Si può capire il carattere di una persona dal modo in cui muore.

シニシズム 〔英 cynicism〕cinismo[男]

しにせ 老舗 negozi*o*[男] [複 *-i*] [《会社》ditta[女]] di lunga tradizione

しにぞこない 死に損ない ¶この死にぞこないめ. Figlio [Razza] d'un cane! / 《老人をののしって》Buono a nulla d'un vecchio! ¶私はあの激戦の死にぞこないです. Sono sopravvissuto alla furiosa battaglia.

しにそこなう 死に損なう 《危機一髪で助かる》scampare[自][es] alla morte (per un pelo); 《生き残る》sopravvivere[自][es]; 《自殺未遂》mancare il suicidio ¶彼はあの飛行機事故であやうく死にそこなった. Lui è sopravvissuto per miracolo alla sciagura aerea.

しにたえる 死に絶える ¶彼の家は死に絶えた. La sua famiglia si è estinta.

しにはじ 死に恥 ¶死に恥をさらす fare una morte vergognosa [ignominiosa] ¶彼は死に恥をさらした. È morto con disonore.

しにばしょ 死に場所 ¶死に場所を探す cercare un luogo dove morire

しにばな 死に花 ¶死に花を咲かす morire in bellezza [con dignità]

しにみず 死に水 ¶死に水を取る dare dell'acqua [bagnare le labbra] a un morente / 《死に際の世話をする》assistere *qlcu.* in punto di morte [negli ultimi momenti] / chiudere gli occhi a *qlcu.*

しにめ 死に目 ¶父の死に目に会えなかった. Non ho potuto assistere mio padre in punto di morte.

しにものぐるい 死に物狂い ◇死に物狂いの disperato, accanito ¶彼は今死に物狂いの努力をしている. Si sta sforzando disperatamente.

しにょうしょり 屎尿処理 trattamento[男] di riciclaggio dei rifiuti organici

しにわかれる 死に別れる ¶私は3つの時に父と死に別れた. Ho perso mio padre quando avevo tre anni.

しにん 死人 mort*o*[男] [[女] *-a*]; 《故人》defunt*o*[男] [[女] *-a*] ¶彼は死人のように真っ青な顔をしていた. Era pallido come un morto. / Aveva il viso spettrale [cadaverico].

[慣用] **死人に口なし** I morti non parlano.

じにん 自任 **1**《自分の任務と認めること》◇自任する considerare *ql.co.* come *proprio* dovere [onere] **2**《自負》◇自任する considerarsi [credersi] *ql.co.* [*qlcu.*] ¶文学者であると自任している人 persona che pretende di essere letterata

じにん 自認 《過失などの》riconoscimento[男]; 《告白》confessione[女] ◇自認する riconoscere [ammettere] *ql.co.*; confessare *ql.co.* ¶彼は罪を自認している. Riconosce le proprie colpe.

じにん 辞任 ◇辞任する dare le dimissioni

しぬ 死ぬ **1**《死亡・死去する》morire[自][*es*], spirare[自][*es*], decedere[自][*es*], perire[自][*es*] (►主に事故で); spegnersi; 《命を落とす》perdere la vita; 《あの世へいく》andare all'altro mondo, andare al creatore; 《一生を終える》passare[自][*es*] a miglior vita, venire a mancare; 《息を引きとる》esalare l'ultimo respiro [l'anima], rendere l'anima a Dio ◇死んだ morto; defunto, scomparso, deceduto ¶交通事故で死ぬ morire [rimanere ucciso] in un incidente stradale ¶若くして死ぬ morire giovan*e* ¶ひとり寂しく死ぬ morire in solitudine ¶ぽっくり死ぬ morire improvvisamente / andare incontro a una morte improvvisa ¶癌(がん)で[老衰で / 25 歳

で]死ぬ morire di cancro [di vecchiaia / a 25 anni]. ¶幸せな[悲惨な]死に方をする morire felice [miseramente]. ¶地震で500人死んだ. Nel terremoto perirono [rimasero uccise] 500 persone. ¶彼は雪の中で凍え死にした. È morto assiderato nella neve. ¶娘は川に身を投げて死んだ. La ragazza si è uccisa [suicidata] gettandosi nel fiume. ¶今年父に死なれた. Quest'anno「mi è morto il [ho perso mio] padre. ¶これは生きるか死ぬかの問題だ. È questione di vita o di morte. ¶彼が死んでもう10年になる. È morto da dieci anni. ¶彼は今死にかけている. È in punto di morte. / Sta per morire. / È moribondo. ¶息子の顔を見るまでは死に切れない. Non posso morire finché non rivedrò mio figlio. ¶彼と和解するより死んだほうがましだ. Preferisco morire piuttosto [È meglio morire] che riconciliarmi con lui. ¶お腹がすいて死にそうだ. Mi sento morire dalla fame. / Ho una fame da morire. ¶おかしくて死にそうだ. Sto morendo dalle risate. ¶死んだつもりでやり直しなさい. Ora che non hai più niente da perdere, bisogna ripartire da zero. ¶町は死んだ静まり返っていた. La città sembrava morta [deserta / senza vita].
2《生気がなくなる》 ¶彼は死んだ目をしている. Ha gli occhi spenti. ¶この文章は死んでいる. Questa frase è「priva di mordente [moscia].
3《役に立たなくなる》 ¶調味料を入れすぎると素材の持ち味が死ぬ. Il troppo condimento uccide il sapore dei cibi.

じぬし 地主 proprietario⊛ [⊛ -ia; ⊛複 -i] terriero, possidente⊛ [⊛ -i] , (大農地所有者) latifondista⊛ [⊛複 -i] ¶大[小]地主 grande [piccolo] proprietario ¶寄生地主 proprietario [latifondista] parassitario ¶不在地主 proprietario terriero non residente in loco

じねつ 地熱 calore⊛ della terra, temperatura ⊛ interna della crosta terrestre
♣**地熱発電** generazione⊛ geotermica dell'energia elettrica
地熱発電所 centrale⊛ geotermica

シネマスコープ 〔英 CinemaScope〕《商標》《映》cinemascope⊛ [無変]

シネマテーク 〔仏 cinémathèque〕《映》cineteca⊛

シネラマ 〔英 Cinerama〕《商標》《映》cinerama⊛ [無変]

シネラリア 〔英 cineraria〕《植》cineraria⊛

しの 篠 bambù⊛ [無変] sottile
慣用 篠突く雨 pioggia⊛ [複 -ge] battente [torrenziale / a dirotto / a catinelle]

しのう 子嚢 《植》asco⊛ [複 aschi]

しのうこうしょう 士農工商 gerarchia⊛ dei quattro ceti sociali stabilita dallo shogunato Tokugawa: *samurai*, contadini, artigiani e commercianti; (あらゆる階層の人) gente⊛ di tutti i ceti sociali

しのぎ 鎬 ¶両候補は選挙で鎬を削った. I due candidati hanno lottato con accanimento per vincere le elezioni.
-しのぎ ¶暑さしのぎに per sfuggire al caldo ¶一時しのぎの治療 terapia palliativa [provvisoria] ¶退屈しのぎに per ammazzare il tempo / per passatempo

しのぐ 凌ぐ **1**《我慢する》sopportare [tollerare] *ql.co.* ¶しのぎやすい気候 un tempo mite
2《防ぐ》tener lontano *ql.co.* (▶lontanoは目的語の性・数に合わせて語尾変化する), riparare da *ql.co.* ¶ぼろ家だが雨露はしのげる. È una vecchia casa cadente, ma ripara dalla pioggia.
3《切り抜ける》superare *ql.co.* [*qlcu.*]. ¶重大な難局をしのぐ superare difficili prove ¶飢えをしのぐ placare la fame
4《人にまさる》superare *qlcu.*, spuntarla su *qlcu.* ¶彼は若者をしのぐほど元気だ. In quanto a vigore i giovani se li lascia indietro.

しのごの 四の五の ¶四の五の言わずに senza「far tante storie [lagnarsi]

シノニム 〔英 synonym〕《文法》sinonimo⊛

しのはい 死の灰 ¶死の灰を浴びる essere esposto alla caduta di pulviscolo radioattivo [di pioggia radioattiva] ¶死の灰が降った. È caduto [È piovuto] del pulviscolo radioattivo.

しのばせる 忍ばせる **1**《隠し持つ》¶彼はポケットにピストルを忍ばせている. Ha una pistola nascosta in tasca. **2**《気付かれぬようにする》¶足音を忍ばせて歩く camminare silenziosamente [furtivamente / con passi furtivi]

しのびあい 忍び逢い incontro⊛ [appuntamento⊛] amoroso furtivo

しのびあし 忍び足 ◇忍び足で con passo furtivo [felpato]

しのびこむ 忍び込む ¶泥棒は窓から忍び込んだ. Il ladro è entrato [si è introdotto] furtivamente dalla finestra.

しのびない 忍びない farsi scrupolo (di+不定詞), essere restio⊛ [⊛複 -ii] (a+不定詞) ¶彼の貧乏は見るに忍びない. La sua indigenza [povertà] fa pena a vedersi. ¶彼の頼みを断るのは忍びない. È penoso rifiutare la sua preghiera.

しのびなき 忍び泣き piangere⊛ [av] nascosto [segreto] ◇忍び泣きする reprimere [soffocare] il pianto [le lacrime], piangere⊛ [av] di nascosto

しのびよる 忍び寄る ¶いつしか秋が忍び寄った. L'autunno è arrivato inaspettatamente. ¶重大な危機が私たちに忍び寄っていた. Un grave pericolo incombeva su di noi a nostra insaputa.

しのびわらい 忍び笑い riso⊛ represso [soffocato] ◇忍び笑いする ridere⊛ [av]「sotto i baffi [a voce bassa] sommessamente

しのぶ 忍ぶ **1**《隠れる》nascondersi ¶世を忍ぶ vivere nascosto [ritirato / in ritiro] ¶彼は人目を忍んで生きてきた. È vissuto evitando di mettersi in mostra.
2《我慢する》sopportare [tollerare] *ql.co.* ¶恥を忍ぶ sopportare [mandar giù] un'umiliazione ¶忍び難い intollerabile

しのぶ 偲ぶ (思う) pensare⊛ [av] a *qlcu.* [*ql.co.*], (con tenerezza); (思い出す) ricordarsi [rammentarsi] di *qlcu.* [*ql.co.*] (con nostalgia) ¶戦死した兄をしのぶ rimpiangere il fratello morto in guerra ¶故郷をしのぶ風景 paesaggio che fa venire nostalgia del paese nativo

シノプシス 〔英 synopsis〕 sinossi⊛ [無変],

sommar*io*男 [複 -*i*]

しば 芝 erba女; 《芝生》prato男
✤ 芝刈り機 tos*a*erba男 [無 変], falciatrice女 per prati [da giardino]

しば 《小さな雑木》sottob*o*sco男 [複 -*schi*]; 《薪(炎)》legna女 (da ardere) ¶山に柴刈りに行く andare a far legna in montagna

じば 磁場 《物》campo男 magn*e*tico [複 -*ci*]

しはい 支配 **1**《管理, 監視》contr*o*llo男, sovrintend*e*nza女; 《指導, 管理, 運営》direzi*o*ne女, amministrazi*o*ne女, gesti*o*ne女; 《指揮》com*a*ndo男; 《統治》gov*e*rno男, dom*i*n*io*男 [複 -*i*], contr*o*llo男, dominazi*o*ne女 ◇支配する controllare; dominare, governare; avere la direzione di ql.co. ¶支配的な意見 [傾向] opini*o*ne [tend*e*nza] domin*a*nte [prevalente] ¶自然を支配する dominare (le forze del)la natura ¶彼は会社で支配的な立場にいる. Lui ha una posizione influ*e*nte [import*a*nte] nella ditta. ¶支配下に置く assoggett*a*re *ql.co.* [*qlcu.*] / m*e*ttere *qlcu.* [*ql.co.*] sotto il *pr*o*prio* dom*i*nio [contr*o*llo] ¶空を支配する者が世界を支配する. Chi controlla il cielo controlla tutto il mondo. ¶ある野心が彼の心を支配した. Un'ambizione dominava il suo cuore. ¶支配の集中《経》concentrazi*o*ne del contr*o*llo

2《影響, 左右》influ*e*nza女 ¶人間は環境に支配されやすい. L'uomo è influenz*a*bile dall'ambi*e*nte. ¶感情に支配されてはいけない. Non bisogna lasciarsi dominare dai sentimenti.

✤ 支配階級 cl*a*sse女 domin*a*nte [dirig*e*nte] ¶被支配階級 classe sottom*e*ssa [domin*a*ta]
支配権 diritto男 di controllo
支配者 domin*atore*男 [女 -*trice*] ¶被支配者 s*u*dditi / govern*a*ti
支配人《英》manager [mánadʒer]男 [無変]; 《ホテルの》ge*store*男 [女 -*trice*]
支配欲 avidit*à*女 (brama / sete女) di potere

しばい 芝居 **1**《演劇, 演劇作品》te*a*tro男, rappresentazi*o*ne女 [*o*pera女] teatr*a*le, spett*a*colo男 →演劇 用語集 ¶人形芝居 teatro dei burattini [delle marionette] ¶芝居を上演する rappresent*a*re [d*a*re] uno spettacolo teatrale ¶芝居を見に行く and*a*re a te*a*tro ¶小説を芝居にする adatt*a*re un rom*a*nzo per il te*a*tro ¶彼は芝居を志している. Vuole d*a*rsi al te*a*tro. ¶芝居がはねたらしい. S*e*mbra che lo spett*a*colo sia termin*a*to.

2《人をだますための作り事》messinsc*e*na女, p*o*sa女 ¶彼の芝居にだまされた. Dav*a*nti alla sua messinsc*e*na [finzi*o*ne] ci sono cascato. ¶やることがみな芝居じみている. Si comporta sempre in modo teatr*a*le [affett*a*to]. ¶本気にするな. みんな彼女の芝居だ. Non pr*e*nderla sul s*e*rio. È tutta scena la sua!

[慣用] 芝居がかる ¶芝居がかった話し方をする parl*a*re in mani*e*ra teatr*a*le

芝居を打つ ¶一芝居打ってみたらうまくいった. Mi sono messo a fare un po' di comm*e*dia, e ci è cascato.

✤ 芝居気 ¶芝居気たっぷりな人だ. È una persona (a) cui piace far scena.
芝居見物 ¶芝居見物に行く and*a*re a vedere uno spett*a*colo
芝居小屋 sp*a*zio男 [複 -*i*] teatr*a*le

じはく 自白 confessi*o*ne女 ◇自白する confess*a*re ¶自白させる far confess*a*re *qlcu.* / strapp*a*re una confessi*o*ne a *qlcu.* ¶自白を強要する costr*i*ngere *qlcu.* a confess*a*re ¶自白をひるがえす ritratt*a*re [neg*a*re] la *pr*o*pria* confessi*o*ne

じばく 自爆 kamikaze男 [無変] ◇自爆する《人など意志のあるものが主語》distr*u*ggersi da sé, autodistr*u*ggersi ¶彼は飛行機もろとも敵の艦隊に突っ込んで自爆した. Si è lanciato esplod*e*ndo con il suo vel*i*volo contro la flotta nemica.

✤ 自爆装置 meccan*i*smo男 [disposit*i*vo男] di autodistruzi*o*ne
自爆テロ att*a*cco男 [複 -*chi*] terrorìstico [複 -*ci*] suicida [複 -*i*]

じばさんぎょう 地場産業 ind*u*stria女 locale

しばしば spesso, frequentemente, molte [parecchie] volte ¶この交差点で交通事故がしばしば起こる. In questo incr*o*cio acc*a*dono frequenteménte incid*e*nti strad*a*li.

じはだ 地肌《皮膚》p*e*lle女; 《地表》su*o*lo男

しばたたく 瞬く b*a*ttere le p*a*lpebre [gli occhi], ammiccare女 [*av*]

しはつ 始発 ¶始発のバス il primo autobus della mattina ¶新宿始発の電車 treno che parte da Shinjuku
✤ 始発駅 stazi*o*ne女 di part*e*nza; 《バスや市電の》capol*i*nea男 [複 *capol*i*nea*, *capol*i*nee*]
始発便 la prima corsa

じはつ 自発 ◇自発的(な) spont*a*neo, volont*ario* [男複 -*i*] ◇自発的に spontaneamente, volontariamente, di *pr*o*pria* iniziat*i*va
✤ 自発性 spontaneit*à*女; 《創意》iniziat*i*va女 ¶自発性に富んで [欠けて] いる *e*ssere pien*o* [manc*a*re] d'iniziat*i*va

しばふ 芝生 pr*a*to男, tapp*e*to男 erb*o*so; 《移植用に土のついた》zolle女 [複] erb*o*se ¶庭に芝生を植える ricopr*i*re un giard*i*no di zolle erb*o*se ¶芝生を刈る tagli*a*re [tos*a*re] l'erba ¶芝生の上に寝ころぶ sdrai*a*rsi sull'erba ¶「芝生に立ち入るべからず」《揭示》"Vietato calpest*a*re l'erba"

じばら 自腹 ¶自腹を切る pag*a*re (le spese) di tasca *pr*o*pria* ¶自腹を切って a *pr*o*prie* spese

しはらい 支払い pagam*e*nto男; 《払い込み》versam*e*nto男; 《払い戻し》rimb*o*rso男; 《決済》regolam*e*nto男 [saldo男 / liquidazi*o*ne女] (di un conto) ¶支払いを請求する es*i*gere il pagam*e*nto (di *ql.co.* da *qlcu.*) ¶支払いを停止する sosp*e*ndere i pagam*e*nti ¶支払いを延ばす differ*i*re [dilazion*a*re] un pagamento
✤ 支払い期限 scad*e*nza女 di pagam*e*nto ¶支払い期限が明日切れる. Dom*a*ni scadrà il t*e*rmine del pagamento.
支払い先 benefici*a*r*io* 男 [複 -*i*] di un pagamento
支払い条件 condizi*o*ni女 [複] di pagam*e*nto
支払い済み pag*a*to ¶運賃支払い済み《商》franco di porto / porto pagato
支払い総額 imp*o*rto男
支払高 s*o*mma女 pag*a*ta
支払停止 sospensi*o*ne女 del pagamento
支払手形《商》cambi*a*le女 passiva
支払伝票 fatt*u*ra女

支払人 pagat*ore*男[女 -*trice*]
支払い能力 solvibilità女, solvenza女 ¶支払い能力のある solvibile / solvente
支払日(給料の) giorno男 di paga
支払不能 insolvenza女
支払不能者 insolvente男女
支払命令 mandato男 di pagamento
支払猶予(ﾕｳﾖ) dilazione女 di pagamento, moratoria女 ¶支払猶予を与える concedere una proroga di pagamento

しはらう 支払う pagare ¶現金で[小切手で]支払う pagare in contanti [con assegno] ¶勘定を支払う(一般に古風などで) pagare il conto ; (清算, 決済)《商》saldare [liquidare] un conto ¶借金を支払う pagare un debito

しばらく 暫く **1**(わずかな時間) per un po' di tempo, per qualche tempo, momentaneamente, un attimo, un momento ¶しばらくお待ちください。La prego di attendere un po'. ¶しばらくして医者が来た。Poco dopo è giunto il dottore. ¶選挙の結果はもうしばらくすればわかるだろう。I risultati delle elezioni si sapranno tra poco. ¶ここしばらく雨が降らない。Da un po' di tempo non piove.
2(長い時間) da molto tempo ¶しばらくでした。È molto tempo che non ci vediamo! ¶しばらくぶりのお天気だ。Finalmente una bella giornata, dopo tanto! ¶しばらくぶりに国に帰った。Dopo una lunga assenza, sono tornato al mio paese. ¶彼からしばらく手紙が来ない。È da 「molto [un bel po' di tempo] che non ricevo posta da lui.

しばる 縛る **1**(ゆわえる) legare *ql.co.* [*qlcu.*]《で con》;(結ぶ) annodare *ql.co.*;(巻いてくるむ) fasciare *ql.co.* ¶手足を縛る legare mani e piedi ¶犬を木に縛る legare [incatenare] un cane ad un albero ¶包帯で傷口を縛る fasciare [bendare] una ferita ¶新聞紙をひもできつく縛る legare saldamente dei giornali con lo spago
2(束縛する) legare [vincolare] *qlcu.* ¶規則で縛る assoggettare *qlcu.* ad una regola ¶仕事に縛られていて自由に旅行できない。Questo lavoro mi lega e non posso viaggiare come vorrei.

しはん 四半 un quarto男
❖**四半期** trimestre男 ¶四半期(ごと)の trimestrale ¶四半期ごとに trimestralmente / ogni trimestre ¶第３四半期 il terzo trimestre
四半世紀 un quarto男 di secolo, venticinque anni男[複]
四半分 un quarto男

しはん 市販 ◇市販する immettere [introdurre / lanciare] *ql.co.* sul mercato, mettere *ql.co.* in vendita [in commercio] ¶市販の温度計 termometro in vendita sul mercato ¶これは市販されていない。Questo articolo non è in commercio [in vendita].
❖**市販価格** prezzo男 al minuto
市販品 articolo男 in vendita [in commercio]

しはん 死斑 《医》lividezza女 cadaverica
しはん 師範 (師となる人) maestro男[女 -*a*] ; (実技指導者) istrut*tore*男[女 -*trice*]
❖**師範学校** istituto男 magistrale 《◆イタリアの, 小学校教員養成の４年制の高等学校。現在は liceo delle scienze umane と改称されているが, istituto magistrale という表現も用いられる》

しはん 紫斑 《医》porpora女

じばん 地盤 **1**(地殻) terreno男, terra女; (土台) base女, fondamento男[複 *le fondamenta*] ¶しっかりした地盤 fondamenta solide
2(勢力範囲) sfera女 d'influenza; (地歩) appiglio男[複 -*gli*], punto d'appoggio, presa女, posizione女 ¶地盤を固める[広げる] consolidare [allargare] la *propria* sfera d'influenza ¶地盤を崩す togliere a *qlcu.* il terreno da sotto i piedi ¶彼は父親の地盤を受け継いで立候補した。Si è presentato come candidato succedendo al padre nel collegio elettorale. ¶この会社は業界で確固たる地盤を築いた。L'azienda ha raggiunto una posizione solida in questo campo.
❖**地盤沈下** sprofondamento男 del terreno ¶この辺は年々地盤沈下している。Il terreno qui si abbassa [si avvalla] ogni anno.

しひ 私費 ◇私費で a *proprie* spese, a *proprio* carico, di tasca *propria* ¶私費で留学する fare gli studi all'estero a *proprie* spese ¶…に私費を投じる investire i *propri* averi in *ql.co.*
❖**私費留学生** studente男[女 -*essa*] straniero non borsista

じひ 自費 →私費
❖**自費出版** pubblicazione女 a cura e a spese dell'autore

じひ 慈悲 (神の) misericordia女 (divina [di Dio]);(慈愛, 寛大さ) grazia女;(憐れみ) pietà女, compassione女, commiserazione女 ¶慈悲を乞う chiedere misericordia [pietà] a *qlcu.* ¶慈悲をかける avere pietà [misericordia] di *qlcu.* ¶慈悲深い人だ。È una persona misericordiosa. ¶お慈悲ですから。Per amor di Dio! / Per carità!

じビール 地ビール birra女 locale
じびいんこうか 耳鼻咽喉科 otorinolaringoiatria女
❖**耳鼻咽喉科医** otorinolaringoia*tra*男[男複 -*i*]
じびきあみ 地引き網 rete女 a strascico, paranza女, sciabica女

じひつ 自筆 autografo男;《法》olografo ◇自筆の autografo ¶自筆の原稿 manoscritto autografo ¶自筆の遺言書 testamento olografo

じひびき 地響き ¶地響きを立てて進む procedere con grande fragore [fracasso] ¶大砲の音が遠くで地響きを立てていた。Il cannone rimbombava in lontananza.

しひょう 指標 **1**《統》indice男 **2**《数》caratteristica女 (di un logaritmo)

しびょう 死病 ¶彼は死病にとりつかれた。È in preda a una malattia mortale [letale / incurabile].

じひょう 時評 commento男 agli avvenimenti attuali ¶スポーツ時評 cronaca sportiva ¶政治[文芸]時評 commento di attualità politiche [letterarie] ¶時評を行う commentare le notizie

じひょう 辞表 ¶辞表を書く[出す] scrivere [presentare] una lettera di dimissioni ¶辞表を受理[却下]する accettare [respingere] le dimissioni di *qlcu.*

じびょう 持病 malattia女 cronica, vecchio

[複 -chi] malanno男 ¶私にはリューマチの持病がある. Soffro di reumatismi da vecchia data.

シビリアンコントロール 〔英 civilian control〕 potere男 civile, controllo男 da parte dei civili ¶シビリアンコントロールを確立する stabilire il potere civile

しびれ 痺れ 《麻痺》 paralisi女 [無変]; 《四肢の無感覚》 intorpidimento男, intirizzimento男; 《びりびりする》 formicolio男 [複 -ii] ¶ひどい寒さによる指先の化膿にしびれがでた dolore alla punta delle dita causato dal freddo rigido ¶右の腕にしびれがきた. Mi si è addormentato il braccio destro.

[慣用] **しびれを切らす** perdere la pazienza con qlcu. ¶反応のなさにしびれを切らして彼女に返事を催促した. Davanti a quel mutismo ho perso la pazienza e l'ho esortata a rispondere.

しびれえい 痺れ鱝 《魚》 torpedine女

しびれる 痺れる **1**《麻痺する》 essere paralizzato a qlcu., avere la paralisi a ql.co. (►いずれも人を主語にして, しびれる部位が ql.co.で表す);《四肢が無感覚になる》intorpidirsi, essere intorpidito (►いずれも部位が主語);《びりびり, ちくちくと》formicolare男 [es, av], informicolirsi (►いずれも部位が主語);《寒さで》intirizzirsi (►部位が主語); prendere la scossa (►人が主語) ¶足がしびれて立てない. Mi si sono intorpidite [informicolite / intormentite] le gambe e non riesco ad alzarmi. ¶腕がしびれた. Ho un braccio addormentato. ¶肘を打ってしびれた. Ho sbattuto il gomito prendendo la scossa. ¶寒さで彼の両手はしびれてしまった. Il freddo gli aveva indolenzito le mani.

2《陶酔する》 ¶強烈なサンバのリズムにしびれた. Sono stato trascinato dal ritmo sfrenato del samba.

しびん 溲瓶・尿瓶 vaso男 da notte, orinale 男;《病院用の》 pappagallo男

しぶ 支部 sezione女 (locale)

しぶ 市部 zone女 [複] urbane, distretti男 [複] urbani

しぶ 渋 sostanza女 astringente;《タンニン》 tannino男

じふ 自負 《誇り》 dignità女, orgoglio男;《傲慢》 arroganza女, superbia女;《虚栄心》 vanità 女 ◇自負する gloriarsi [lodarsi / vantarsi] di ql.co., stimarsi ¶彼は秀才だと自負している. Si crede un uomo d'ingegno.

❖**自負心** amor proprio, orgoglio男, alto concetto男 di sé;《うぬぼれ》 presunzione女 ¶私は彼の自負心を傷つけた. Ho ferito [offeso] il suo orgoglio. ¶彼は自負心が強い.《うぬぼれている》È altero [borioso]. / Ha un concetto troppo alto di sé.

じぶ 慈父 padre男 affettuoso

しぶい 渋い **1**《味が》 aspro, allappante ¶渋い茶 tè aspro [濃い] forte] ¶渋いワイン vino ruvido

2《地味で落ち着いた》 sobrio [複 -i], equilibrato, calmo, smorzato, delicato, pacato ¶渋い色 colore sobrio ¶渋い衣 arte di stile spoglio [disadorno] ¶渋い声 voce contenuta ¶渋い好みの服 abito elegante [di gusto raffinato] ma non vivace

3《表情が》 accigliato, imbronciato ¶渋い顔をしている avere l'aria accigliata

4《けち》 avaro, tirchio [複 -chi] ¶彼は金に渋い. È proprio tirato [spilorcio] con i soldi.

しぶおんぷ 四分音符 《音》 semiminima女

しぶがき 渋柿 cachi男 [無変] allappante

しぶがっしょう 四部合唱 quartetto vocale, coro男 a quattro voci

しぶかわ 渋皮 《果実などの外皮》 mallo男

[慣用] **渋皮がむける(がぬける)(あか抜ける)** raffinarsi

しぶき 飛沫 spruzzo男 ¶《泥などのはね》 schizzo男 ¶しぶきをあげてモーターボートが走っている. Il motoscafo sfreccia in una nube di spruzzi.

しぶきゅうふ 四分休符 《音》 pausa女 di semiminima

しふく 至福 beatitudine女

しふく 私服 abiti男 [複] borghesi [civili]

❖**私服刑事** agente男 di polizia in borghese

しふく 私腹 le《proprie》tasche女 [複]

[慣用] **私腹を肥やす** arricchirsi approfittando della propria posizione sociale

しふく 雌伏 《雌伏して機の熟するのを待つ》 aspettare [attendere] un'occasione migliore ¶彼は雌伏10年にしてこの作品を発表した. Dopo 10 anni nell'oscurità ha pubblicato questa opera.

ジプシー 〔英 Gypsy〕 zingaro男 [-a]; rom 男 [無変] ◇ジプシーの zingaresco [男複 -schi]; rom [無変]

❖**ジプシー音楽** musica女 gitana

しぶしぶ 渋渋 a malincuore, malvolentieri, con riluttanza, controvoglia, di malanimo ¶しぶしぶ承知する acconsentire di malavoglia

しぶつ 死物 ¶死物と化す diventare vano [inefficace / inutile]

しぶつ 私物 oggetti男 [複][effetti男 [複]] personali;《不動産など》 proprietà女 privata

❖**私物化** ¶私物化する considerare ql.co. come propria, appropriarsi di ql.co.

じぶつ 事物 cose女 [複], situazione女 ¶彼は中国の事物に詳しい. Conosce bene la Cina.

ジフテリア 〔英 diphtheria〕《医》 difterite女 ◇ジフテリアの difterico [男複 -ci]

❖**ジフテリア血清** siero男 antidifterico [複 -ci]

ジフテリア予防注射 vaccinazione女 antidifterica

シフト 〔英 shift〕 **1**《移行》 ¶成果主義の賃金体系にシフトする passare ad un sistema di retribuzione basata sul merito **2**《交替制の勤務時間》 ¶翌月のシフトを組む decidere i turni del mese successivo **3**《自動車のギアの入れ替え》 ¶シフトダウン[アップ]する innestare la marcia più bassa [più alta]

❖**シフトキー**《コンピュータ, タイプライターの》 tasto男 delle maiuscole

シフトレバー《車》 leva女 del cambio

しぶとい《頑固》 ostinato, testardo, cocciuto;《粘り強い》 tenace, perseverante ◇しぶとさ ostinazione女, testardaggine女, cocciutaggine女; tenacia女, perseveranza女 ¶しぶとく生きる. È duro a morire. (►「なかなか死なない」の意)

しぶみ 渋味 **1**《渋い味》 sapore男 allappante **2**《趣 (おもむき)》 ¶渋味のある陶器 ceramica austera e ricca di gusto ¶渋味のある演技 interpretazione matura

しぶる 渋る **1**《嫌がる》essere rest*io* [男複 *-ii*] [riluttante] a + 不定詞, non vol*er* + 不定詞;《ためらう》esit*are*圓[*av*] a + 不定詞 ¶彼は返事を渋った. Ha esitato a rispondere. **2**《渋り腹になる》¶腹が渋る soffrire圓[*av*] di tenesmo

しぶろく（ぶ） 四分六（分）¶利益を四分六に分ける dividere l'utile [il guadagno] nella proporzione di sei a quattro

しぶん 死文 letter*a*囡 morta ¶憲法のこの条文は死文と化している. Questo articolo della Costituzione「è caduto in disuso [non è più in vigore].

じぶん 自分 **1**《その人自身, 自己》sé, *se* stesso ◇自分の propr*io* [男複 *-i*] ; di *se* stesso;《個人の》personale ◇自分で,《自分一人で》da solo [《女性》sola],《自発的に》spontaneamente, di *propria* iniziativa;《本人自身がする》personalmente, di persona
¶自分なりに alla *propria* maniera / a modo *proprio* ¶自分に課する imporsi *ql.co.* ¶自分に対して厳しい [甘い] essere sever*o* [indulgente] verso [con] *se* stesso ¶自分を失わない rimanere *se* stesso ¶自分のものにする appropriarsi [impadronirsi / impossessarsi] di *ql.co.* [*qlcu.*] ¶《知識などを》imparare a fondo *ql.co.* / assimilare bene *ql.co.* ¶自分の手でする fare *ql.co.* con le *proprie* mani ¶自分の目で見る vedere *ql.co.* con i *propri* occhi ¶自分の中に閉じ込もる rinchiudersi in *se* stesso ¶自分の責任で…する assumersi la responsabilità di + 不定詞 ¶自分の時間がもてない non avere tempo da dedicare a *se* stesso ¶自分の思うようにやりなさい. Fallo「a modo tuo [come vuoi tu]. ¶自分のことは自分でしろ. Alle cose tue pensaci tu! ¶彼は自分のことしか考えない. Non pensa che a se stesso. ¶彼は自分用事で大阪へ行った. Si è recato a Osaka per affari personali. ¶彼はイタリア語を完全に自分のものにしている. Ha una padronanza perfetta della lingua italiana.
2《話し手自身》◇自分の mio ¶自分が悪いのです. È colpa mia.

❖**自分勝手** →見出し語参照
自分本位 ◇自分本位の egocentr*ico* [男複 *-ci*] ;《エゴイスト》egois*ta* [男複 *-i*]

じぶん 時分 ¶去年の今時分は l'anno scorso「di questi tempi [in questo periodo] ¶あの今時分に a quei tempi / a quel tempo / allora ¶今時分何をしているんだろう. Che cosa starà facendo a quest'ora?

じぶんかって 自分勝手 egoism*o*男;《自己中心主義》egocentrism*o*男 ◇自分勝手な egois*tico* [男複 *-ci*] ; egois*ta* [男複 *-i*] ; egocentr*ico* [男複 *-ci*] ;《有無を言わせない》prepotente;《欲得ずくの》interessato ◇自分勝手に egoisticamente, a *proprio* arbitrio [beneplacito / piacimento] ¶何て自分勝手なやつだ. Che prepotenza! ¶《皮肉で》Viva la prepotenza! ¶自分勝手なことを言う Non fare l'egoista! ¶この会社ではめいめいが自分勝手なことをしている. In questa ditta ognuno fa「a modo *proprio* [come gli pare].

しぶんごれつ 四分五裂 disordin*e*男, confusion*e*囡, smembrament*o*男 ◇四分五裂する frazionarsi, smembrarsi ◇四分五裂の frazionato, smembrato, ridotto in pezzi ¶大会は四分五裂した. Il Congresso è finito in una totale confusione.

しぶんしょ 私文書（私信）letter*a*囡 privata;《親展》letter*a*囡 personale;《公務員以外の者が作った文書》《法》scrittur*a*囡 privata ¶私文書の公文書化 legalizzazione dei documenti

❖**私文書偽造** falsificazion*e*囡 di scrittura privata

しへい 紙幣 carta moneta, cartamonet*a*囡, monet*a*囡 cartacea;《銀行券》banconot*a*囡 ¶高額紙幣 banconota di grosso taglio /《親》bigliettone ¶1万円紙幣 banconota da diecimila yen

じへいしょう 自閉症《心》autism*o*男 ◇自閉症の autist*ico* [男複 *-ci*]

❖**自閉症患者** paziente男 囡 affett*o* da autismo, autist*a*男[囡 *-a*]

じべた 地べた ¶地べたに[で] per terra / sulla nuda terra / sul duro ¶彼女は地べたに座り込んだ. Si è seduta per terra.

しべつ 死別 ¶彼女は息子と死別した. Ha perso suo figlio. / È sopravvissuta a suo figlio.

シベリア Siberi*a*囡 ◇シベリアの siberiano ¶シベリア鉄道 la (ferrovia) Transiberiana

❖**シベリア人** siberian*o*男[囡 *-a*]

しへん 紙片 pezzett*o*男 [frament*o*男] di carta

しへん 詩編 poesi*a*囡, poem*a*男[複 *-i*] ;《旧約聖書の》Salmi男[複], Libro dei Salmi ¶詩編を歌う《聖書の》salmodiare圓[*av*]

❖**詩編唱**《音・カト》salmodi*a*囡

じへん 事変 incidente男, scontro (militare) ¶満州事変 Incidente della Manciuria ¶日華事変 Scontro cino-giapponese

じべん 自弁 ◇自弁で a *proprie* spese, a *proprio* carico ¶交通費は自弁です. Le spese di viaggio sono a proprio carico.

しへんけい 四辺形《幾何》quadrilater*o*男 ◇四辺形の quadrilatero ¶平行四辺形 parallelogramm*a*男[複 *-i*]

しぼ 思慕 aspirazion*e*囡, bram*a*囡, desideri*o*男[複 *-i*] [voglie];《voglia》ardente ¶思慕する aspir*are*圓[*av*] a *qlcu.* [a *ql.co.*], essere attaccato [affezionato] a *qlcu.*

じぼ 字母《アルファベット》alfabet*o*男;《活字の母型》matric*e*囡

じぼ 慈母 madr*e*囡 affettuosa

しほう 司法 (amministrazion*e*囡 della) giustizi*a*囡 →政治 用語集, 法律 用語集

❖**司法解剖** autopsi*a*囡 ordinata dall'autorità giudiziaria

司法官 magistrat*o*男;《総称》magistratur*a*囡
司法行政 amministrazion*e*囡 della giustizia
司法権 poter*e*男 giudiziario
司法試験 concorso per entrare in magistratura
司法修習生 praticante男 囡
司法書士 copist*a*男 囡[男複 *-i*] di atti pubblici
司法年度 ann*o*男 giudiziari*o* [複 *-i*]（◆イタリアでは1月-12月）

しほう 四方 ¶10キロ四方の土地 terreno quadrato di 10 km per lato ¶ここから20キロ四方には人家がない. Non ci sono case nel raggio [giro] di venti chilometri. ¶私の家は四方を山に囲まれている. La mia casa è circondata da tutti i lati dalle montagne. ¶ここからは四方が見渡せる. Da qui possiamo vedere in tutte le direzioni.

四方八方 ◇四方八方に in tutte le direzioni, da tutte le parti ¶四方八方を探し回る cercare *ql.co.* dappertutto

しほう 至宝 tesoro[男] supremo;《美術館などの》pezzo[男] migliore ¶彼は物理学界の至宝だ. Eccelle nel campo della fisica.

しほう 私法 〘法〙 diritto[男] privato

しほう 詩法 arte[女] poetica [di comporre versi];《韻律法》metrica[女]

しぼう 子房 〘植〙 ovar*io*[男] [複 *-i*]

しぼう 死亡 morte[女], decesso[男] ◇死亡する morire[自] [*es*], spirare[自] [*es*], decedere[自] [*es*] ¶死亡を確認する constatare la morte [il decesso] di *qlcu.*

✤**死亡記事** necrolo*gio*[男] [複 *-gi*], annun*cio*[男] [複 *-ci*] necrolo*gico* [複 *-ci*]

死亡広告 necrolo*gio*[男] [複 *-gi*], necrologia[女], annuncio[男] mortua*rio* [複 *-i*] [di morte / necrologico] ¶新聞に死亡広告を出す mettere un necrologio sul giornale

死亡時間 ora[女] del decesso

死亡者 mort*o*[男] [[女] *-a*], decedut*o*[男] [[女] *-a*], defunt*o*[男] [[女] *-a*] ;《事故などの》vittima[女]

死亡者数 numero[男] di morti, numero[男] delle vittime

死亡者名簿 《事故などの》elen*co*[男] [複 *-chi*] delle vittime

死亡証明[診断書] certificato[男] di morte

死亡通知 annuncio[男] di decesso

死亡届 dichiarazione[女] di morte ¶死亡届の確認 constatazione di morte

死亡率 (tasso [quoziente / indice][男] di) mortalità[女] ¶肺癌による死亡率 mortalità per cancro polmonare

しぼう 志望 deside*rio*[男] [複 *-i*], aspirazione[女];《選択》scelta[女] ◇志望する desiderare (di)＋[不定詞], proporsi [prefiggersi] di＋[不定詞], aspirare[自] [*av*] a *ql.co.* [a＋[不定詞]]; scegliere *ql.co.* ¶理科系を志望する optare[自] [*av*] per le facoltà scientifiche ¶第一志望の大学 prima preferenza nella scelta universitaria ¶私は女優志望です. Sono aspirante attrice.

✤**志望校** ¶私の志望校 scuola [《大学》 università]「che desidero frequentare [a cui intendo iscrivermi]

志望者 candidat*o*[男] [[女] *-a*], aspirante[男][女], postulante[男][女]

しぼう 脂肪 grasso[男];《脂皮》sebo[男];《獣脂》se*go*[男] [複 *-ghi*] ¶脂肪の多い[ない]肉 carne grassa [magra]

✤**脂肪過多性** 〘医〙 adiposità[女]

脂肪肝 〘医〙 fegato[男] grasso

脂肪酸 〘化〙 acido[男] grasso

脂肪除去 liposuzione[女]

脂肪腫 〘医〙 lipom*a*[男] [複 *-i*]

脂肪腺 〘解〙 ghiandole [glandole][女] [複] sebacee

脂肪組織 〘解〙 tessuto[男] adiposo

脂肪分 componente[男] grasso ¶脂肪分10 %の con contenuto grasso del dieci per cento

じほう 時報 **1**《時刻を知らせること》segnale[男] orar*io* [複 *-i*] ¶時報を出す annunciare l'ora esatta ¶正午の時報を聞いた. Ho sentito il segnale orario di mezzogiorno. **2**《その時々の報告》bollettino[男], cronaca[女] ¶株式時報 bollettino di Borsa

✤**時報サービス**《電話の》ora[女] esatta

じぼうじき 自暴自棄 forza[女] della disperazione ◇自暴自棄の disperato ◇自暴自棄になる abbandonarsi [lasciarsi andare] alla disperazione ¶そう自暴自棄になるな. Non farti prendere dalla disperazione!

しほうじん 私法人 〘法〙 ente[男] giuridi*co* [複 *-ci*] privato

しぼむ 萎む・凋む **1**《花が》appassire[自] [*es*], avvizzire[自] [*es*] ;《風船などが》sgonfiarsi
2《気持ちなどが》¶それを見て急に気持ちがしぼんでしまった. A quella vista mi è crollato improvvisamente il morale. ¶希望がしぼむ. La speranza svanisce.

しぼり 絞り **1**《染め物の》screziatura[女], variegatura[女], chiazzatura[女] ◇絞りの screziato, variegato, chiazzato ¶絞りの布地 tessuto screziato **2**〘写〙 diaframm*a*[男] [複 *-i*] ;《開口度》apertura[女] ¶絞りを調節する diaframmare[自] [*av*] ¶絞りを大きく[小さく / 調節]する aumentare [diminuire / regolare] l'apertura del diaframma

✤**絞り器**《ジューサー》spremit*oio*[男] [複 *-i*], spremifrutta[男] [無変], spremiagrumi[男] [無変]

絞り染め tintura[女] a disegno screziato

しぼりあげる 絞り上げる ¶客から金を絞り上げる svuotare il portafoglio del cliente / spremere il cliente

しぼりだし 絞り出し 《生クリームなどの》siringa[女] ¶絞り出しの歯磨き dentifricio in tubetto

しぼりだす 絞り出す ¶マヨネーズを絞り出す spremere la maionese fuori dal tubetto ¶声を絞り出す spremere fuori la voce ¶知恵を絞り出す spremersi le meningi

しぼりとる 絞り取る・搾り取る ¶国民から税金をしぼり取る estorcere tasse alla gente / dissanguare la popolazione con le tasse ¶骨の髄(ずい)までしぼり取る spillare denaro fino all'ultimo centesimo (a *qlcu.*)

しぼる 絞る・搾る

1《洗濯物などをねじって》torcere;《押して》strizzare;《果物を》spremere ¶牛の乳を搾る mungere una vacca [il latte (di mucca)] ¶レモンを搾る spremere un limone
2《量・範囲を少なくする》¶テレビの音量を絞る abbassare il volume del televisore ¶レンズを絞る〘写〙 diminuire l'apertura del diaframma ¶問題をしぼる definire il problema ¶テーマをしぼる delimitare [circoscrivere] l'argomento ¶経済問題にしぼって日本についてお話しいたします. Parlerò del Giappone limitatamente [limitandomi] ai problemi economici. ¶議論は3点にしぼられた. La discussione è stata imperniata su tre punti.
3《苦しめる》mettere *qlcu.*「a dura prova [sotto torchio] ¶社長に(油を)絞られた. Sono stato

ripreso [Sono stato rimproverato] dal presidente. ¶今日は数学で絞られた. Oggi sono stato torchiato in matematica.

4《無理に出す・出させる》 ¶問題を解決するためにない知恵をしぼった. Ci siamo spremuti [lambiccati] il cervello [le meningi] per risolvere il problema. ¶膏血(こうけつ)を絞る estorcere pesanti tasse

しほん 資本 〔経〕《元手》capitale[男] ¶資本の回転[自由化] rotazione [liberalizzazione] dei capitali ¶資本を投下する investire capitali (in *ql.co.*) ¶資本を寝かせる[蓄積する] lasciare inattivi [accumulare] dei capitali ¶収益を資本に繰り入れる capitalizzare gli utili [gli interessi] ¶父が私の企画に資本を出してくれた. Mio padre ha finanziato [ha fornito i soldi per] il mio progetto. ¶私にとってはこの頭脳だけが資本です. Nel mio caso, il cervello è l'unica risorsa che possieda. ¶『資本論』(カール・マルクス) "Il Capitale" (Karl Marx)

[関連]
株式資本 capitale[男] azionar*io* [複 *-i*] [in azioni] **金融資本** capitale finanziar*io* [複 *-i*] **社会資本** capitale sociale **商業資本** capitale commerciale **人的資本** capitale umano **短期資本** capitale a breve termine **流動資本** capitale circolante

✤**資本移動** movimento[男] di capitale
資本化[**還元**] capitalizzazione[女]
資本家 capitalist*a*[男][女] [[男]複 *-i*]; 《総称》capitale[男] ¶資本家階級 classe capitalista [capitalistica / dei capitalisti] ¶労働者と資本家 proletari e capitalisti
資本勘定 conto[男] capitale
資本金 capitale[男] (sociale) ¶資本金3億円の会社 società con un capitale sociale di trecento milioni di yen
資本財 beni[男][複] capitali
資本支出 〔経〕spesa[女] in conto capitale
資本市場 mercato[男] dei capitali
資本集約型産業 industria[女] ad alta intensità di capitale
資本主義 ⇀見出し語参照
資本準備金 riserva[女] di capitali
資本蓄積 accumulazione[女] di capitali
資本投下 investimento[男]
資本取引 operazioni[女][複] sul capitale

しほんしゅぎ 資本主義 capitalismo[男] ◇資本主義的 capitalist*a* [[男]複 *-i*], capitalistic*o* [[男]複 *-ci*] ¶国家資本主義 capitalismo di stato ¶(国家)独占資本主義 capitalismo monopolistico (di stato) ¶新資本主義 neocapitalismo
✤**資本主義経済** economia[女] capitalista [capitalistica]
資本主義社会 società[女] capitalista [capitalistica]
資本主義体制 sistem*a*[男] [複 *-i*] capitalistico
資本主義的生産 produzione[女] capitalista

しま 島 **1**《水で囲まれた陸地》isola[女] ◇島の insulare ¶島の住民 isolan*o*[男] [[女] *-a*] **2**《限られた地域,縄張り》 ¶方言の島〔言〕isola dialettale ¶自分の島を守る difendere il *proprio* territorio [spazio] **3**《頼れるもの,手がかり》 ¶彼にああ言われては取りつく島もなかった. Il suo atteggiamento precludeva ogni possibilità di dialogo.

しま 縞 riga[女], stri*scia*[女] [複 *-sce*], rigatura[女] ◇縞の a strisce, a righe ¶太い[細い]縞の布地 tessuto a strisce grandi [piccole] ¶格子縞の上着 giacca a quadri [a quadretti] ¶縦[横]縞 strisce [righe] verticali [orizzontali] ¶縞柄のシャツ camicia a righe [righine]

しまい 仕舞 rappresentazione[女] di una parte di un teatro *nō* eseguita senza costumi di scena e senza musica ⇀能 [日本事情]

しまい 仕舞い 《終わり》fine[女], termine[男]; 《結論》conclusione[女] ¶しまいには alla fine ¶もう店はしまいだろう. A quest'ora i negozi saranno chiusi. ¶彼ももうおしまいだね. Quell'uomo ormai è finito. ¶しまいにはうんざりしてしまう. A lungo andare si finisce con l'averne fin sopra i capelli.

しまい 姉妹 sorelle[女][複] ⇀家系図
✤**姉妹会社** società[女][複] affiliate
姉妹校 scuola[女] gemellata
姉妹都市 città[女] gemellata ¶姉妹都市の提携をする fare un gemellaggio《と con》
姉妹編 ¶これはあの本の姉妹編だ. Questo libro accompagna quel volume.

-じまい -仕舞い ¶店じまい chiusura di un negozio ¶今年もとうとう海に行かずじまいだった. In conclusione anche quest'anno abbiamo finito col non andare al mare.

しまう 仕舞う **1**【かたづける】mettere [riporre] *ql.co.*《に in》; 《保管する》custodire [conservare] *ql.co.*《に in》 ¶元の所にしまう rimettere *ql.co.* al suo posto ¶箱の中にしまいこむ chiudere *ql.co.* in un cassetto ¶お金を金庫にしまっておく custodire i soldi nella cassaforte ¶秘密を胸にしまう custodire un segreto ¶散らかした物はしまいなさい. Rimetti in ordine quello che hai sparso in giro. ¶大切な思い出としてしまっておいた. L'ho serbato come un caro ricordo.

2【終える】condurre a termine *ql.co.*, concludere *ql.co.*; 《やめる》smettere *ql.co.* [di＋[不定詞]] ¶店は7時半にしまいます. I negozi chiudono alle 7.30. ¶店をしまって田舎に帰る. 《廃業》Lascio [Mollo] il negozio e torno al paese.

3【「…してしまう」の形で】《完了する》finire di＋[不定詞]; 《すっかり》fare *ql.co.* completamente; 《とうとう》finire col＋[不定詞] ¶誰かがお菓子を食べてしまった. Qualcuno ha mangiato tutti i dolci. ¶イタリア語は忘れてしまった. Ho dimenticato l'italiano. ¶手紙を書いてしまった. Ho finito di scrivere la lettera. ¶あんなことは言いたくなかったのに言ってしまった. Ho finito col dire una cosa simile senza volerlo. ¶彼は故国に帰ってしまった. È finito col tornare [Alla fine è tornato] al paese.

しまうま 縞馬 〔動〕zebra[女]

じまえ 自前 ◇自前で a *proprie* spese, di tasca *propria*, con i *propri* soldi ¶彼は自前でイタリアに行った. È andato in Italia a sue spese.

じまく 字幕 《せりふの》sottotitoli[男][複], dida-

scalia㊛ ¶映画に字幕を入れる sovrimporre i sottotitoli ad un film ¶日本語字幕入りのイタリア映画 film (parlato in) italiano con sottotitoli [didascalie] in giapponese

しまぐに 島国 paese㊚ insulare
❖**島国根性** mentalità㊛ insulare [ristretta]

しまつ 始末 **1**《処理・解決・扱いなど》sistemazione㊛, soluzione㊛ ◇始末する sistemare, trattare; 《かたづける》mettere in ordine ql.co. ¶ごみを始末する eliminare i rifiuti ¶この問題の始末をどうつけるつもりだ. Come pensi di sistemare questa faccenda? ¶彼に始末に困るほど金がある. Ha tanti soldi che non sa come spenderli. ¶この子は強情で始末に負えない. Questo bambino è un testone incorreggibile.
2《事の次第》andamento㊚ delle cose ¶事の始末を話してごらん. Raccontami come sono andate le cose.
3《悪い状態・結果》situazione㊛ [conseguenza㊛] brutta ¶まったく情けない始末になってしまった. È stato un disastro su tutta la linea. ¶始末が悪いことに鍵をなくしてしまった. Mi è successo un guaio, ho perso le chiavi. ¶手が痛くて箸も持てない始末だ. La mano mi fa così male che non riesco nemmeno a usare i bastoncini.
❖**始末書** spiegazione㊛ [scusa㊛] scritta
始末屋《倹約家》始末屋だ. È una persona「economa [parsimoniosa / frugale].

しまった ¶しまった！ Mio dio! / Maledizione! / Porca miseria! / Porco cane! / Povero me! (▶povero は主語の性・数に合わせて語尾変化する) / Accidenti! ¶しまった, 泥棒に入られた. Oh mamma mia! Sono venuti i ladri! ¶しまった, ガスを消さずに出て来てしまった. L'ho combinata bella! Sono uscito senza spegnere il gas.

しまながし 島流し esilio㊚ [bando㊚] su un'isola; 《流刑》confino㊚ ◇島流しにする esiliare qlcu. su un'isola; confinare qlcu.《へ in》◇島流しになる essere esiliato su un'isola, essere confinato

しまへび 縞蛇《動》cervone㊚
しまめのう 縞瑪瑙《鉱》onice㊚
しまり 締まり **1**《しっかり締まること》¶この戸は締まりが悪い. Questa porta non si chiude bene.
2《引き締まっていること》¶締まりのない皮膚 pelle flaccida
3《緊張》¶締まりのある[ない]文体 stile serrato [sciatto] ¶締まりのある顔つき viso serio e deciso ¶締まりのない口元 labbra flosce [cascanti] ¶何事にも締まりのない人物 persona negligente [-gli-] in tutto
4《節約》¶彼女はお金に締まりがない. Lei spende e spande. / Ha le mani bucate.
❖**締まり屋** ¶彼は締まり屋だ. È molto economo [frugale]. /《けち》È tirchio nello spendere.

しまる 閉まる chiudersi;《状態》essere chiuso;《営業が終わる》chiudere [av] ¶門が閉まっている. Il cancello è chiuso. ¶ドアがひとりでに閉まった. La porta si è chiusa da sola. ¶銀行は3時に閉まる. Le banche chiudono alle tre. ¶この窓はなかなか閉まらない. Questa finestra non si chiude bene.

しまる 締まる **1**《固く締められる》¶こんなに帯をきつくすると胸が締まって息ができない. Con l'obi così stretto il torace è serrato [compresso] e non posso respirare.
2《ゆるみがない》¶しまった体をしている. Ha un fisico sodo.
3《緊張》¶寒さで身がしまる essere rinvigorito [rianimato] dal freddo ¶荘厳なミサで身がしまる思いがした. Mi sono sentito compenetrato dalla solennità della messa. ¶しまっていこうぜ.《スポーツなどで》Datevi da fare!
4《倹約する》¶彼女も結婚したらしまってきた. Una volta sposata, ha cominciato ad economizzare.

じまん 自慢 vanto㊚, orgoglio㊚;《傲慢》fierezza㊛, arroganza㊛;《虚栄》ostentazione㊛, vanità㊛ ◇自慢する vantarsi di ql.co., gloriarsi di ql.co., essere orgoglioso [fiero] di ql.co.; pavoneggiarsi di ql.co., ostentare ql.co. ◇自慢げに vanitosamente, vanagloriosamente, orgogliosamente, fieramente
¶のど自慢 concorso di canto ¶お国自慢《故国の》orgoglio patriottico /《故郷の》campanilismo ¶自分の成功を自慢らしく話す vantarsi [millantarsi] dei propri successi ¶彼はイタリア語は自慢するほどのことはない. Non può certo vantarsi del suo italiano. ¶これが彼の自慢の絵です. Questo è un quadro di cui va orgoglioso. ¶あの娘は両親の自慢の種だ. Quella ragazza è il vanto dei suoi genitori. ¶彼は料理がじまんだ. Lui sa molto bene di essere bravo a cucinare. ¶彼の言うことは自慢らしい. Quello che dice sa di boria. ¶そんなことは君の自慢にならないよ. Una cosa simile non va a tuo vanto.
❖**自慢話** vanteria㊛, vanto㊚;《ほら話》fanfaronata㊛, millanteria㊛

しみ 衣魚・紙魚《昆》lepisma㊛;《総称》tarma㊛;《俗》acciughina, pesciolino d'argento

しみ 染み macchia㊛;《大きな, 特に丸い》chiazza㊛ ¶インクの染み macchia di inchiostro ¶染みだらけの壁 parete tutta macchiata ¶服の染みを抜く smacchiare un vestito / togliere la macchia da un vestito ¶服に染みをつける macchiare il vestito ¶彼は顔に染みがある. Ha una chiazza [una macchia] sul viso.
❖**染み抜き**《染みを抜くこと》smacchiatura㊛;《薬品》smacchiatore㊚

じみ 地味 **1**《色や模様が》◇地味な modesto;《シンプルな》semplice;《洋服の色・形など》serio [㊚複 -i];《渋い》sobrio [㊚複 -i] ¶地味な色 colori sobri [scuri] ¶この服は君にはちょっと地味だ. Questo vestito è un po' troppo serio per te. ¶祖母は地味な服しか着ない. Mia nonna veste sempre in maniera molto sobria.
2《質素なこと》¶会社をやめたら田舎で地味に暮らすつもりだ. Quando andrò in pensione, voglio vivere semplicemente in campagna.
3《性質や態度が》◇地味な《もの静かな》tranquillo;《内向的な》riservato, chiuso;《人付き合いのない》appartato, solitario [㊚複 -i];《穏健な》

moderato ¶彼の研究は地味だから世間に知られていない. I suoi lavori di ricerca sono poco noti al pubblico perché sono poco vistosi.

じみ 滋味 ¶滋味豊かな《味わい》 dal sapore delicato / squisito / 《滋養のある》 nutriente

しみこむ 染み込む **1**《液体などが》 penetrare㉓ [es] in ql.co.;《にじみ出る》 filtrare㉓ [es] ¶香水の染み込んだハンカチ fazzoletto intriso [impregnato] di profumo ¶雨の染み込んだ上着《ずぶぬれの》giacca impregnata di pioggia ¶手にクリームが染み込むようによく塗る spalmare bene la crema sulle mani per farla assorbire **2**《深く感ずる》 ¶深く心に染み込む話だ. È una storia che si imprime a fondo nella mente.

しみじみ ◇しみじみとした commovente, nostalgico [㊚複 -ci];《叙情的な》 lirico [㊚複 -ci] ¶しみじみありがたく思う essere profondamente riconoscente ¶しみじみと話をする parlare con grande partecipazione [con sincera emozione] con qlcu. ¶死んだ母のことをしみじみと思い出します. Rievoco con commozione [con nostalgia] il ricordo di mia madre morta.

しみず 清水 acqua㊛ di sorgente, acqua㊛ sorgiva

じみち 地道 ◇地道な《駆け引きのない》onesto;《堅実な》 sicuro;《一貫した》 costante, regolare ◇地道に onestamente; sicuramente, certamente; costantemente, regolarmente ¶地道な商売 commercio onesto e sicuro ¶地道な付き合い amicizia sincera e costante

しみつく 染み付く ¶この臭いは染み付いて取れない. Questo odore si è talmente impregnato che non va più via. ¶一度染み付いた習慣はなかなか抜けない. Staccarsi da un'abitudine, una volta acquisita, è molto difficile.

しみったれ 《行為, 性格》 spilorceria㊛, tirchieria㊛, taccagneria㊛;《人》 spilorcio㊚ [㊛ -cia; ㊚複 -ce], tirchio㊚ [㊛ -chia; ㊚複 -chi], taccagno㊚ [㊛ -a]

しみでる 染み出る《にじみ出る》 filtrare㉓ [es], trasudare㉓ [es, av];《したたる》 colare㉓ [es], stillare㉓ [es]

しみとおる 染み透る **1**《深く染みる》 ¶汗が上着までしみとおっている. Il sudore è filtrato attraverso la giacca. **2**《深くゆき渡る》 ¶彼の言葉は心に染み通った. Sono stato profondamente impressionato dalle sue parole.

シミュレーション 〔英 simulation〕simulazione㊛

シミュレータ 〔英 simulator〕simulatore㊚

しみる 染みる **1**《浸透する》 penetrare㉓ [es], impregnarsi, infiltrarsi ¶油の染みた紙 carta impregnata [intrisa] di grasso ¶服に汗が染みている. Il vestito è fradicio [bagnato] di sudore.
2《神経を刺激する》 irritare ql.co. ¶煙が目に染みて涙が出る. Il fumo irrita gli occhi e li fa lacrimare. ¶この薬は傷に染みる. Questa medicina brucia sulla ferita. ¶寒さが身に染みる《人が主語》 essere (tutto) infreddolito
3《しみじみと感じる》 ¶彼の親切が身に染みてうれしい. La sua gentilezza mi commuove profondamente. ¶親のありがたさが身に染みて感じられる.

Sento una viva riconoscenza verso i miei genitori.

-じみる -染みる ¶彼は年寄りじみている. Si comporta come un vecchio. ¶そんなことをするのは子供じみている. È puerile [È una ragazzata] fare una cosa simile.

しみん 市民《市の住民》 abitante㊚㊛ [《全体》 gente㊛] di città;《市民権を持った》 cittadino㊚ [㊛ -a];《軍人, 警官などに対する平服の人》 borghese㊚ [㊛];《都市部人口》 popolazione㊛ urbana ¶京都市民 abitanti di Kyoto ¶小市民《階級》 piccola borghesia /《人》 piccolo borghese ¶名誉市民 cittadino onorario
✿**市民運動** movimento㊚ cittadino
市民階級 classe㊛ borghese, borghesia㊛
市民革命 rivoluzione㊛ borghese
市民権 (diritto㊚ di) cittadinanza㊛ ¶市民権を得る ottenere la cittadinanza
市民社会《ブルジョア社会》 società㊛ borghese; 《「政治社会」に対して》 società㊛ civile
市民税 imposta㊛ comunale
市民法 ius㊚ civile

しみん 嗜眠《医》 letargia㊛ ◇嗜眠性の letargico [㊚複 -ci]

じみんとう 自民党 Partito㊚ Liberaldemocratico

じむ 事務 lavoro㊚ 「d'ufficio [amministrativo]《事務の関する》 amministrativo, d'ufficio;《実務の》 pratico [㊚複 -ci] ◇事務的に amministrativamente ¶事務を執(と)る fare lavori d'ufficio ¶彼は事務に明るい. È molto addentro nelle questioni di ordinaria amministrazione. ¶だいぶ事務がはかどった. Sono riuscito a sbrigare [Ho sbrigato] molte pratiche. ¶事務手続きが厄介だ. Le procedure [Le formalità] burocratiche sono complicate. ¶こういうことは事務的にしたほうがいい. È meglio trattare questa faccenda in modo pratico.
✿**事務員** impiegato㊚ [㊛ -a];《集合的に》 personale㊚ amministrativo;《管理職にある人》 funzionario㊚ [㊛ -ia; ㊚複 -i]
事務官 funzionario㊚ amministrativo statale
事務局 presidenza㊛, segreteria㊛;《学校の》 amministrazione㊛
事務局員 segretario㊚ [㊛ -ia; ㊚複 -i]
事務局長 segretario㊚ generale, direttore㊚ [㊛ -trice] amministrativo
事務次官 sottosegretario㊚ [㊛ -a; ㊚複 -i] amministrativo
事務室 stanza㊛ di lavoro, ufficio㊚ [複 -ci];《学校の》 segreteria㊛
事務所 ufficio㊚
事務職 lavoro㊚ d'ufficio
事務折衝 negoziati㊚ [複] pratici
事務長《船の》 commissario㊚ [複 -i] di bordo
事務机 scrivania㊛
事務用機器 macchina㊛ per ufficio
事務用品 articoli㊚ [複] di cancelleria

ジム 〔英 gym〕《スポ》 palestra㊛

しむけ 仕向け《発送》 invio㊚ [複 -ii], spedizione㊛, consegna㊛;《待遇》 trattamento㊚
✿**仕向港** porto㊚ di destinazione

仕向け先[地] destinazione㊛;《人》destinatario㊚ [㊛ -ia; ㊛複 -i]

しむける 仕向ける **1**《…するように》indurre [incitare] qlcu. a+不定詞;《無理やりに》costringere qlcu. a+不定詞 ¶私は彼がイタリアへ行くように仕向けた. L'ho indotto a recarsi in Italia. ¶私は辞職を仕向けられた. Sono stato costretto a dimettermi.
2《先方に送る》spedire, inviare, consegnare

しめ 締め 《数を合計すること》totale㊚, somma㊛;《勘定の》《商》chiusura㊛ ¶この会社の給料の締めは 15 日だ. In questa ditta, il giorno di chiusura mensile per gli stipendi è il 15.

しめい 氏名 nome㊚;《名と姓》nome㊚ e cognome㊚ ¶氏名不詳の男 uomo non identificato / sconosciuto

しめい 死命 morte㊛ e [o] vita㊛;《運命》fato㊚; destino㊚ ¶これは敵の死命を制する戦いだ. Questa è la battaglia che deciderà il destino del nemico.

しめい 使命 missione㊛ ¶使命を帯びる incaricarsi di [assumere] una missione ¶使命を帯びて in missione ¶使命を果たす adempiere [compiere] la propria missione ¶彼は重要な使命を帯びている. Lui è incaricato di una missione importante.

✣**使命感** dedizione㊛ ¶彼は世界平和の維持に使命感をもっている. Si impegna con dedizione per il mantenimento della pace nel mondo.

しめい 指名 designazione㊛;《任命》nomina㊛; preferenza㊛ ¶指名する designare; nominare ¶指名順に in ordine di chiamata ¶美容師を指名する scegliere il proprio parrucchiere tra il personale di un negozio ¶彼は下院議長に指名された. Lui è stato nominato presidente della Camera.

✣**指名解雇** licenziamento㊚ di operai previa designazione

指名通話 chiamata㊛ a persona specifica

指名手配 ¶警察は彼を指名手配した. La polizia ha predisposto i piani per la sua ricerca.

指名手配者 ricercato㊚ [㊛ -a]

じめい 自明 ◇自明の ovvio [㊚複 -i], evidente ¶…は自明のことである. È ovvio [evidente / chiaro] che+直説法 / Va da sé che+直説法 ¶自明の理 assioma㊚ [複 -i]

しめがね 締め金 fibbia㊛, fermaglio㊚ [複 -gli]

しめきり 締め切り chiusura㊛, scadenza㊛;《期日》giorno㊚ di scadenza [di chiusura] ¶仕事を締め切りに間に合わせる eseguire un lavoro nel [entro il] termine prescritto ¶締め切りに間に合うように in tempo per la scadenza ¶締め切りを延期する rimandare [posticipare] la scadenza [il termine ultimo] ¶申し込みの締め切りはいつですか. Qual è il termine ultimo per la presentazione della domanda?

しめきる 閉め切る ¶閉め切った部屋 stanza (completamente) chiusa

しめきる 締め切る 《申し込みなどを》¶応募は 10 月 15 日に締め切られます. Il tempo utile per l'iscrizione è entro il quindici ottobre.

しめくくる 締め括る **1**《しっかりと縛る》legare ql.co. strettamente
2《結末をつける》concludere, finire, terminare ◇締めくくり conclusione㊛ ¶締めくくりとして per concludere / in conclusione ¶話を締めくくる concludere un discorso ¶スローガンを叫んで集会を締めくくった. Hanno concluso [terminato] il comizio gridando degli slogan.

しめころす 絞め殺す strangolare [strozzare / soffocare] a morte qlcu.

しめさば 締め鯖 《料》sgombro㊚ marinato

しめし 示し 《模範》esempio㊚ [複 -i] [modello㊚] (da seguire);《天啓》segno㊚ 「del cielo [divino] ¶示しが付かない《人・行為などが主語》dare il cattivo esempio ¶こんなことでは新入生に示しがつかないよ. Una cosa del genere non è di buon esempio ai nuovi studenti.

しめじ 《植》tricoloma㊚ [複 -i], prugnolo㊚

しめしあわせる 示し合わせる predisporre [preordinare / prestabilire] ql.co. con qlcu.;《法》《通謀, 結託》colludere㊂ [av] con qlcu. ¶示し合わせて in collusione [in accordo / d'intesa / in complicità] con qlcu. ¶あの 2 人は示し合わせている. Quei due sono complici [sono in combutta].

しめした →しめた

じめじめ **1**《湿気を帯びてうっとうしい様子》◇じめじめした umido;《多雨の》piovoso ¶汗でじめじめした madido di sudore ¶じめじめした季節 stagione piovosa **2**《陰気な様子》◇じめじめした tetro, cupo, triste ¶じめじめした性格の人 persona malinconica [depressa / sconsolata] ¶そんなじめじめした話は, やめてくれ. Smettila di raccontare storie così tetre.

しめす 示す **1**《実際に見せる》mostrare, presentare, far vedere;《提示する》esibire;《引用する》citare ¶回答[要求]を示す presentare la risposta [la richiesta] ¶数字[図]で示して説明する spiegare ql.co. citando delle cifre [utilizzando delle illustrazioni] ¶良い[悪い]手本を示す dare buon [cattivo] esempio
2《感情などを表に出す》dimostrare;《意見などを公にする》manifestare, esprimere;《発揮する》dar prova di ql.co. ¶好意[同情]を示す dimostrare simpatia [compassione] verso qlcu. ¶勇気を示す dare prova di coraggio ¶難色を示す manifestare dissenso [disaccordo] con il proprio atteggiamento ¶ここで誠意を示してほしい. Dimostrati la tua onestà. ¶彼は金もうけにしか関心を示さない. Pensa solo ai soldi.
3《指示する》indicare, additare, segnare ¶地図で現在位置を示す indicare la posizione attuale su una carta geografica ¶時計は 10 時を示している. L'orologio segna le dieci. ¶「H」の記号は病院を示す. Il segnale "H" sta ad indicare un ospedale.
4《呈する》presentare, denotare;《明らかにする》palesare, rivelare;《証明する》attestare, testimoniare ¶目の輝きは彼の知性を示している. La vivacità degli occhi denota la sua intelligenza. ¶輸出が 5 ％の減少を示した. Le esportazioni hanno fatto registrare una flessione del 5 per cento.

しめす 湿す inumidire ¶喉を湿す《乾きをいや

す》dissetarsi / togliersi la sete ¶彼は乾いた唇を湿した. Si è inumidito le labbra riarse.

しめた 《思い通りになって喜ぶときの言葉》Evviva! ¶しめた，雨が上がったぞ. Meno male che [Che fortuna,] ha ṣmesso di piovere! ¶しめた，うまい方法が見つかったぞ. Eureka! Ho trovato un buon sistema! ¶ここまで来ればしめたものだ.《仕事が》Ormai l'affare è fatto [è concluṣo]! ¶ここまでできればしめたものだ. Ormai siamo a cavallo.

しめだす 締め出す・閉め出す chiudere la porta a *qlcu.* [*ql.co.*], escludere *qlcu.* [*ql.co.*] ◇締め出し esclușione[女] ¶妨害者を会場から締め出す《入れないようにする》proibire [rifiutare] l'accesso in sala ai disturbatori / escludere i disturbatori dalla sala /《つまみ出す》buttar fuori dalla sala i disturbatori ¶外国商品を締め出す《不買運動をする》boicottare le merci straniere /《輸入しない》chiudere la porta alle merci straniere

しめつ 死滅 estinzione[女] ◇死滅する estinguersi; scomparire[自] [*es*] ¶死滅しつつある in via di estinzione ¶死滅した種族 razza estinta

じめつ 自滅 **1**《自然に滅びること》fine[女] [estinzione[女] / scomparsa[女]] naturale **2**《自分の行為が原因で》autodistruzione[女] ◇自滅する provocare la *propria* rovina [disfatta / distruzione]

しめつけ 締め付け controllo[男] approfondito [rigido / severo] ¶会社の締めつけがますます厳しくなった. In ditta noi siamo sottoposti a un controllo sempre più rigido.

しめつける 締め付ける **1**《強く締める》stringere ¶ねじを締めつける stringere [fissare stretta] una vite ¶この話を聞くと胸が締めつけられる. Mi si stringe il cuore ad ascoltare questa storia. **2**《厳しく管理・圧迫する》controllare severamente, opprimere ¶規則で生徒を締めつける ușare regole severe con gli studenti

しめっぽい 湿っぽい **1**《湿度が高い》umido ¶この部屋は湿っぽい. Questa stanza è umida. **2**《陰気な》lugubre, lacrimoso ¶皆の間にはどこか湿っぽい気分が漂っていた. Fra tutti noi c'era un'aria un po' tetra.

しめて 締めて《合計して》in complesso, in totale, nell'insieme, tutto sommato ¶締めて5万円になる. In tutto fanno [sono] cinquantamila yen.

しめなわ 注連縄 festone[男] sacro di corde di paglia che si cinge attorno alle divinità scintoiste

しめやか ◇しめやかな《もの静かな様子》silenzioso, quieto;《厳粛な様子》solenne ◇しめやかに silenziosamente, quietamente; solennemente ¶しめやかに雨が降る. La pioggia cade silenziosamente. ¶葬儀はしめやかに行われた. Le eṣequie sono state celebrate in un profondo raccoglimento.

しめらす 湿らす ⇒湿す

しめり 湿り 《湿気》umidità[女];《雨》pioggia[女] [複 -ge] ¶湿り気のあるうちに洗濯物にアイロンをかけたほうがいい. È meglio stirare il bucato finché è umido.

✤湿り声 voce[女] lacrimosa

しめる 占める 《占有する》occupare;《ある地位を自分のものとする》ottenere, conseguire;《実現する，金にする》realizzare ¶輸出の5%を占める rappreṣentare il cinque per cento delle esportazioni ¶座を占める prendere posto ¶勝ちを占める vincere *qlcu.* ¶野党は議席の半数を占めた. L'oppoșizione ha ottenuto la metà dei seggi. ¶一度味を占めるとやめられない. Provato una volta, non se ne può più fare a meno.

しめる 閉める chiudere;《鍵をかける》serrare ¶戸をバタンと閉める chiudere la porta ṣbattendola ¶ガスの栓[蛇口 / 引き出し]を閉める chiudere il gas [il rubinetto / il cassetto] ¶箱のふたを閉める chiudere [coprire] una scatola con un coperchio /《回して》avvitare il coperchio ¶店を閉める chiudere un negozio /《廃業する》serrare bottega

しめる 湿る **1**《湿気をおびる》inumidirsi; prendere umidità;《ぬれる》bagnarsi ◇湿った umido; bagnato ¶湿った地面 terreno umido ¶湿りやすい素材 materiale che assorbe l'umidità **2**《気が沈む》◇湿った melanconico [[男]複 -*ci*], pensieroso ¶彼は悲しみで声も湿りがちだった. Aveva la voce commossa per il dolore.

しめる 締める・絞める **1**《身に付ける》mettere ¶ネクタイを締める annodarsi la cravatta ¶ベルトを締める allacciarsi la cintura ¶安全ベルトを締める allacciare la cintura di sicurezza ¶今日は良いネクタイを締めているね. Oggi porti una bella cravatta.

2《緩んでいるものをきつくする》stringere ¶ねじ[ベルト]を締める stringere una vite [una cintura] ¶ギターの弦を締める tendere le corde di una chitarra

3《首を》¶〈人〉の首を絞める stringere il collo di [a] *qlcu.* /《絞め殺す》strangolare [strozzare] *qlcu.* ¶鶏を絞める tirare il collo a un pollo

4《節約する》fare economia, risparmiare, economizzare;《制限する》limitare;《減らす》ridurre ¶家計を締める risparmiare [ridurre] la spesa del bilancio familiare ¶財布の紐を締める tirare [stringere / chiudere] (i cordoni del)la borsa ¶もう少し締めないと赤字になるよ. Se non fai un po' più (di) economia, finirai in deficit.

5《集中させる》fare concentrare;《引き締める》stringere il freno, dare un giro di vite ¶ここらへんで少し締めないとな. È ora di fargli fare le cose un po' più seriamente.

6《合計する》fare i conti ¶勘定を締める chiudere un conto ¶締めていくらになりますか. In totale quanto fa?

7《魚などを酢漬けにする》¶魚を酢で締める marinare un pesce nell'aceto

-しめる 《使役》¶私をして言わしめれば secondo me / a mio avviṣo ¶事業を成功せしめたのは彼の努力であった. L'impresa è riuscita grazie al suo lavoro.

しめん 四面 ¶日本は四面を海に囲まれている. Il Giappone è circondato dal mare su tutti i lati.

✤四面楚歌 ¶四面楚歌である essere circondat*o* dai nemici

四面体〔幾何〕tetraedro[男] ◇四面体の tetraedri*co* [[男]複 -*ci*], a forma di tetraedro

しめん 紙面 **1**《新聞の》spazio[男] [複 -*i*] ¶公

害問題に大きく紙面を割く dedicare ampio spazio al problema dell'inquinamento ¶紙面を賑わす riempire le pagine dei giornali 2《手紙》lettera㊛

しめん 誌面 pagina㊛ (di una rivista)

じめん 地面 terreno㊚, suolo㊚ ¶地面に per [in / a] terra ¶1キロ四方の地面 terreno di un chilometro quadrato ¶地面に横たわる《座る / 倒れる》coricarsi [sedersi / cadere] per terra ¶飛行機は地面すれすれに飛んだ. L'aereo「è passato radente al suolo [è volato raso terra].

しも 下 1《川下》parte㊛ inferiore [tratto a valle] (di un fiume) ¶10キロ下に発電所がある. A dieci chilometri a valle c'è una centrale elettrica. 2《短歌の》¶下の句 ultimi due versi di un *tanka* 3《排泄物》¶病人の下の世話をする assistere un malato nei suoi bisogni fisiologici

しも 霜 1《霜》brina㊛, gelo㊚;《降霜》gelata㊛, galaverna㊛;《冷蔵庫の》gelo㊚ ¶霜が降りる brinare (►非人称動詞 [*es, av*]) ◇霜が解ける disgelare (►非人称動詞 [*es, av*]) ¶冷蔵庫の霜を取る sbrinare il frigorifero ¶霜が一面に降りている. È scesa la brina [È brinato] dappertutto. 2《白髪》¶彼は頭に霜を頂いている. Ha i capelli brinati [la testa sale e pepe].

❖霜囲い riparo㊚ contro la brina per le piante
霜取り《冷蔵庫の》sbrinatore㊚ ¶冷蔵庫の霜取りをする sbrinare il frigorifero

-しも ¶望みなきにしもあらず. C'è ancora un filo di speranza. ¶折しも雨が降り出した. Proprio in quel momento è cominciato a piovere. ¶誰しも一度はしなければならないことだ. Tutti dovrebbero provarlo una volta.

しもがれ 霜枯れ ¶霜枯れの風景 paesaggio㊚ brullo invernale ¶庭は霜枯れだ. Il giardino è bruciato [è stato danneggiato] dal gelo.

❖霜枯れ時《商売/観光》の霜枯れ時 stagione㊛ morta [bassa stagione]

じもく 耳目 《耳と目》occhi㊚[複] e orecchie㊛[複]→イタリア語は「目と耳」の順で言う);《見聞》conoscenze㊛[複];《注目》attenzione㊛ ¶耳目を集める attirare [richiamare] la pubblica attenzione / stupire la gente / far sensazione [scalpore]

しもざ 下座 ¶下座に座る sedersi「in fondo alla tavola [lontan*o* dal posto d'onore]

しもじも 下下 《大 衆》popolo㊚, masse㊛[複], gente㊛ comune;《下層階級》ceti㊚[複] bassi;《蔑》popolino㊚ ¶下々の事情に疎い non essere al corrente della vita del popolo [dei ceti bassi]

しもて 下手 parte㊛ inferiore;《観客席から見て左側》parte㊛ sinistra del palcoscenico (vista dal pubblico in sala)

じもと 地元 ¶地元の人 gente㊛ del luogo ¶地元のチーム squadra㊛ di casa ¶この計画は地元の反対を受けている. Il progetto è stato accolto con sfavore dalla gente del posto.

しもどけ 霜解け disgelo㊚, sgelo㊚ ¶霜解け道 strada in disgelo

しもばしら 霜柱 arabeschi㊚[複] [aghi㊚[複] / cannelli㊚[複]] di ghiaccio ¶今朝霜柱が立った. Questa mattina il terreno è ricoperto di ghiaccio.

しもはんき 下半期 secondo semestre㊚ [seconda metà㊛] dell'anno

しもぶくれ 下膨れ ¶下膨れの顔 viso paffuto

しもふり 霜降り 《服》grisaglia㊛ ¶霜降りの牛肉 carne di manzo venata di grasso

しもべ 下部・僕 servitor*e*㊚ [*-tora, -trice*], serv*o*㊚ [*-a*] ¶神のしもべ servo di Dio

しもやけ 霜焼け gelone㊚ ¶手に霜焼けができてしまった. Mi sono venuti i geloni alle mani.

しもん 指紋 impronta㊛ digitale ¶指紋を検出する《採る / 残す》rilevare [prendere / lasciare] le impronte digitali. ¶指紋から身元が割れた. È stato identificato mediante le impronte digitali.

➡指紋検出 dattiloscopia㊛

しもん 諮問 consultazione㊛ ◇諮問する consultare *qlcu.* su *ql.co.*, consultarsi su *ql.co.* con *qlcu.*
❖諮問案 argomento㊚ sottoposto a delibera [a deliberazione]
諮問委員会《機関》comitato㊚ [organismo㊚] consultivo

じもん 自問 ◇自問する domandarsi [chiedersi / interrogarsi su *ql.co.*;《…か どうか と》chiedersi se+直説法 ¶果たして自分にできるかどうかと自問した. Mi sono chiesto [Mi sono domandato] se veramente sarei riuscito a farlo.

❖自問自答 soliloqu*io*㊚ [複 *-i*] ◇自問自答する parlare tra sé e sé, fare un soliloquio

しゃ 紗《織》garza㊛

しゃ 視野 1《見える範囲》campo㊚ visivo [visuale / di visibilità], visuale㊛ ¶視野に入る[を去る] entrare nel [uscire dal] campo visivo di *qlcu.* ¶丘に登るとぐっと視野が広がった. Salito [《女性が主語》Salita] sulla collina potevo godere di una vista molto più ampia.

2《物事を観察し考察できる範囲》¶視野の狭い男 uomo dalle vedute limitate ¶視野が狭い avere i paraocchi ¶視野はもっと広げなければいけない. Deve ampliare la sua visione della vita.

じゃ 邪《不正》torto㊚, ingiustizia㊛;《邪悪》male㊚, malvagità㊛

じゃ 蛇《動》serpente㊚ ¶鬼が出るか蛇が出るか. Chi sa che cosa salta fuori.

慣用 蛇の道は蛇㊅《諺》"Un diavolo conosce l'altro."

-じゃ 1《「…じゃない」の形で, 打ち消し》¶そうじゃないよ. Ma no! / Non è affatto così. /《話》Ma sei matto!

2《「…じゃないか」の形で, 強意》¶すてきじゃないか. Ma quanto è bello!

3《「…じゃないかと」の形で, 疑問》¶…じゃないかと思う supporre che+接続法[直説法] ¶…じゃないかと心配する temere che+接続法

じゃあ ebbene; allora ¶じゃあね[な]. Ciao!

ジャー〔英 jar〕thermos㊚[無 変], termos㊚ [無変]

じゃあく 邪悪 malvagità㊛ ◇邪悪な malvag*io*㊚ [*-gia*; 男複 *-gi*; 女複 *-gie*], cattivo ¶邪悪な精神 anima perversa [prava]

シャーシー〔英 chassis〕《車》autotela*io*㊚

[複 -i]
ジャージー 〔英 jersey〕〚織〕〔英〕jersey [dʒérsi] 男〚無変〛

しゃあしゃあ ◇しゃあしゃあと sfacciatamente, sfrontatamente, spudoratamente ¶彼はしゃあしゃあと嘘をついた. Ha mentito spudoratamente. ¶よくもしゃあしゃあとあんなことが言えるね. Ha una bella faccia「tosta [di bronzo] a parlare così.

じゃあじゃあ ¶蛇口から水をじゃあじゃあ流す fare scorrere forte l'acqua dal rubinetto

じゃあっ ¶バケツの水を頭からじゃあっとかぶった. Mi sono versato un secchio d'acqua sulla testa.

ジャーナリスト 〔英 journalist〕 giornalista 男女〚男複 -i〛

ジャーナリズム 〔英 journalism〕 giornalismo 男 ◇ジャーナリズムの giornalistico〚男複 -ci〛

ジャーナル 〔英 journal〕 giornale 男

シャープ 〔英 sharp〕 1《音》diesis 男〚無変〛;《記号》# ¶ダブルシャープ doppio diesis /《記号》𝄪 ¶音符にシャープをつける diesare una nota / apporre un diesis a una nota 2《鋭い》 ◇シャープな acuto

シャープペンシル portamina 男〚無変〛, portamine 男〚無変〛

シャーベット 〔英 sherbet〕 sorbetto 男

シャーマニズム 〔英 shamanism〕 sciamanismo 男 ◇シャーマニズムの sciamanistico〚男複 -ci〛

シャーマン 〔英 shaman〕 sciamano 男

シャーレ 〔独 Schale〕 capsula 女 (scatola 女) di Petri

しゃい 謝意 1《感謝の意》gratitudine 女, ringraziamento 男, riconoscenza 女 ¶謝意を表する esprimere la propria gratitudine [riconoscenza] (a qlcu.) ¶ご親切に衷心(ちゅうしん)より謝意を表します. La ringrazio di cuore per la sua gentilezza. 2《詫び》scusa 女 →詫び

ジャイロコンパス 〔英 gyrocompass〕 bussola 女 girostatica (giroscopica), girobussola 女

ジャイロスコープ 〔英 gyrocope〕 giroscopio 男〚複 -i〛

しゃいん 社員 dipendente 男女 (di una ditta);《事務職》impiegato 男〚女 -a〛;《肉体労働者》operaio 男〚女 -ia; 男複 -i〛;《管理職》funzionario 男〚女 -ia; 男複 -i〛;《総称》personale 男 (aziendale) ¶平社員 impiegato semplice
❖**社員食堂** mensa 女
社員寮 dormitorio 男〚複 -i〛 per dipendenti

しゃえい 射影《幾何》proiezione 女 (ortogonale)
❖**射影幾何学** geometria 女 proiettiva

しゃおん 遮音 isolamento 男 sonoro

しゃおん 謝恩 ringraziamento 男
❖**謝恩大売り出し** svendite 女〚複〛di ringraziamento
謝恩会 ¶卒業生による謝恩会 ricevimento offerto dai neo-laureati in onore del loro professore

しゃか 釈迦 〔梵 Sākya〕 Shakyamuni 男, Gautama 男, Budda 男
〚慣用〛**釈迦に説法** mettersi a dare consigli a chi ha molta più esperienza di noi

ジャガー 〔英 jaguar〕〚動〕giaguaro 男

ジャカード 〔英 jacquard〕〚織〕〔仏〕jacquard [ʒakár] 男〚無変〛

しゃかい 社会 1《共同生活を営む場》società 女;《大衆》pubblico 男;《世間》mondo 男 ◇社会的[の] sociale;《公共の》pubblico〚男複 -ci〛 ¶原始[近代]社会 società primitiva [moderna] ¶開放[閉鎖]社会 società aperta [chiusa] ¶社会的[反社会的]行為 atto sociale [antisociale] ¶社会的便益《経》benefici sociali ¶社会の敵 nemico pubblico ¶社会的見地からすると dal punto di vista sociale ¶社会的に葬り去る mettere qlcu. al bando della società / additare qlcu. al disprezzo pubblico ¶社会の荒波にもまれる subire le traversie della vita ¶社会のために働く lavorare per il bene pubblico ¶学校を卒業して社会に出る entrare nel mondo del lavoro dopo aver terminato gli studi 2《同類の集団》¶上流社会 alta società ¶下層社会 basso ceto ¶中流社会 ceto medio ¶学生の社会では nel mondo studentesco
❖**社会悪** male 男 sociale
社会意識 coscienza 女 sociale
社会運動 movimento 男 sociale
社会科 scienze 女〚複〛sociali
社会改革論 riformismo 男 sociale
社会階級 classe 女 (ceto 男 / strato 男) sociale
社会科学 scienze 女〚複〛sociali
社会学 sociologia 女 ◇社会学的 sociologico [男〚男複 -ci〛]
社会学者 sociologo 男〚女 -ga; 男複 -gi〛
社会教育 educazione 女 sociale
社会経済 economia 女 sociale ◇社会経済的[の] socioeconomico〚男複 -ci〛
社会契約 contratto 男 sociale
社会原価《経》costo 男 sociale
社会現象 fenomeno 男 sociale
社会工学 ingegneria 女 sociale
社会構造 struttura 女 sociale
社会事業 attività 女〚複〛sociali [《博愛主義による》filantropiche]
社会思想 dottrine 女〚複〛sociali
社会資本《経》capitale 男 sociale
社会情勢 situazione 女 sociale
社会小説 romanzo 男 sociale
社会人 ¶一人前の社会人になる entrare a pieno titolo nel mondo del lavoro
社会性 senso 男 di responsabilità civile ¶社会性を養う nutrire l'idea di società ¶社会性の欠如した若者 giovani che mancano di un senso di responsabilità civile ¶社会性のあるドラマ sceneggiato televisivo che presenta aspetti della società
社会生活 vita 女 sociale
社会正義 giustizia 女 sociale
社会政策 politica 女 sociale
社会秩序 ordine 男 sociale; sicurezza 女 sociale
社会通念 opinione 女 comune
社会道徳 morale 女 sociale
社会部《新聞社の》sezione 女 cronaca ¶社会部記者 cronista 男女〚男複 -i〛

社会不安 tensioni㊛[複] [inquietudini㊛[複]] sociali

社会福祉 benessere㊚ sociale

社会福祉士 assistente㊚㊛ sociale

社会福祉事業 servizio㊚[複 -i] sociale

社会復帰 reintegrazione㊛ sociale

社会奉仕 servizi㊚[複] sociali

社会保険 assicurazioni㊛[複] sociali

社会保障 assistenza㊛ [previdenza㊛] sociale

社会保障制度 sistema㊚[複 -i] nazionale di assistenza

社会面 pagina㊛ di cronaca dei giornali

社会問題 problema㊚[複 -i] sociale

しゃかいしゅぎ 社会主義 socialismo㊚ ◇社会主義的な socialistico㊚[㊛複 -ci], socialista [複 -i] ¶一国社会主義 socialismo in un solo paese
❖**社会主義学説** dottrina㊛ socialista
❖**社会主義者** socialista㊚㊛[㊛複 -i]

しゃかいみんしゅ 社会民主
❖**社会民主主義** socialdemocrazia㊛
❖**社会民主主義者** socialdemocratico㊚[㊛ -ca; 複 -i]
❖**社会民主党**《日本の》Partito㊚ Socialdemocratico;《イタリアの》Partito㊚ Socialista Democratico Italiano;《略》PSDI㊚

じゃがいも じゃが芋 patata㊛ ¶じゃが芋を茹(ゅ)でる lessare [bollire] le patate ¶じゃが芋の皮をむく sbucciare [pelare] le patate ¶じゃが芋の裏ごし purè di patate

しゃかく 射角 angolo㊚ di tiro

じゃかご 蛇籠《土》gabbione㊚

しゃかっこう 斜滑降《スキーの》passaggio㊚[複 -gi] di traverso ¶斜滑降で滑り下りる scendere giù diagonalmente con gli sci

しゃがむ 蹲む accovacciarsi, rannicchiarsi;《何かに身を隠すように》acquattarsi ¶気分が悪くてその場にしゃがみこんだ. Mi sono sentito male e mi sono accovacciato per terra.

しゃがれごえ 嗄れ声 voce㊛ rauca

しゃがれる 嗄れる diventare㊊[es] rauco㊚[複 -chi]

しゃかん 舎監 istitutore㊚[㊛ -trice] [direttore㊚[㊛ -trice]] di convitto

しゃかんきょり 車間距離 distanza㊛ tra due auto ¶前の車との間に安全な車間距離をとる mantenere la distanza di sicurezza con l'auto davanti

じゃき 邪気 malizia㊛, malvagità㊛, cattiveria㊛ ◇邪気のある cattivo, malvagio, perfido ◇邪気のない innocente, senza perfidia

しゃきしゃき ¶彼はしゃきしゃきとことを運んだ. Se l'è sbrigata con abilità.

しゃきっと ¶もっとしゃきっとしなさい.《背筋を伸ばす》Sta「su ritto [eretto!] /《てきぱきやる》Presto! / Sbrigati! ¶しゃきっとした老人 persona anziana ancora agile

しゃきょう 写経 ricopiatura㊛ di un sutra ◇写経する ricopiare un sutra

じゃきょう 邪教 setta㊛ eretica
❖**邪教徒** eretico㊚[㊛ -ca; ㊚複 -ci]

しゃく 尺 shaku㊚[無変]; unità㊛ di lunghezza pari a ca. 30,3 cm（読み方: circa trenta virgola tre centimetri）

しゃく 笏 scettro㊚

しゃく 酌 ¶酌をする servire [versare] del sakè[del vino] a qlcu. ¶招待客に酌をする mescere ai convitati

しゃく 癪《病気》colica㊛, spasmo㊚
[慣用] 癪に障る ¶彼の横柄さがしゃくにさわる. La sua arroganza mi secca. ¶実に癪だ. Che rabbia! / Mi dà ai nervi. / È troppo dura da mandar giù! ¶しゃくにさわるやつだ.《憎たらしい》È un tipo odioso [《無礼な》offensivo]!
癪の種(たね) ¶彼のあの冷静さがしゃくの種だ. Quella sua calma 「mi fa proprio rabbia [è veramente esasperante].

しゃく 試薬《化》reagente㊚, reattivo㊚
❖**試薬品** campione㊚ di farmaco

-じゃく -弱 ¶5グラム弱 cinque grammi scarsi ¶1万人弱の人が集まった. Si sono riunite poco meno di diecimila persone.

じゃく 持薬 rimedio㊚[複 -i] [medicina㊛] abituale

しゃくい 爵位 titolo㊚ nobiliare ¶爵位のある人 persona titolata / titolato㊚[㊛ -a] ¶爵位を授ける[受ける] conferire a qlcu. [ricevere] un titolo nobiliare →貴族 関連

じゃくえんき 弱塩基《化》base㊛ debole ◇弱塩基性(の) debolmente basico[㊚複 -ci]

じゃくおんき 弱音器《音》sordina㊛ ¶弱音器を付ける applicare [mettere] la sordina (a ql.co.)

しゃくざい 借財 debito㊚

じゃくさん 弱酸《化》acido㊚ debole ◇弱酸性(の) debolmente acido

しゃくし 杓子 mestolo㊚, cucchiaione㊚, ramaiolo㊚
❖**杓子定規** ◇杓子定規な rigido, formalistico[㊚複 -ci] ¶杓子定規に解釈する interpretare ql.co. alla lettera ¶あれは杓子定規な男だ. È un burocrate [un pignolo / un pedante].

じゃくし 弱視 indebolimento㊚ della vista;《医》ambliopia㊛ ◇弱視の ambliopico㊚[㊛複 -ci]

じゃくしゃ 弱者 deboli㊚[複] ¶弱者をいたわる[守る] prendersi cura dei [difendere i] deboli

しゃくしょ 市役所 municipio㊚[複 -i], comune㊚, sede㊛ dell'amministrazione cittadina;《建物》palazzo㊚ comunale

じゃくしょう 弱小 ◇弱小の《小さくて弱い》piccolo e debole;《年が若い》giovane
❖**弱小国** potenza㊛ minore

じゃくしん 弱震《旧震度階級の一つ》lieve [leggera] scossa㊛ tellurica [sismica]

しゃくぜん 釈然 ¶その説明では釈然としない. Queste spiegazioni non mi convincono [soddisfano].

じゃくたい 弱体 ◇弱体の debole, poco solido
❖**弱体化** indebolimento㊚ ◇弱体化する《自らが》indebolirsi,《他のものを》indebolire

しゃくち 借地 terreno㊚ in locazione ¶借地する prendere un terreno in locazione [in affitto]
❖**借地契約** contratto㊚ di affitto
借地権 diritto㊚ di locazione
借地人 locatario㊚[㊛ -ia; ㊚複 -i], affittuario㊚

[女 -*ia*; 男複 -*i*]
借地料 canone[男] d'affitto di un terreno

じゃぐち 蛇口 rubinetto[男] ¶蛇口を開ける[締める／ひねる] aprire [chiudere / girare] il rubinetto (◆イタリアでは蛇口にお湯用にはacqua caldaを略して"C"，水用にはacqua freddaを略して"F"と表記する)

じゃくてん 弱点 debolezza[女], punto[男] [lato[男]] debole, lacuna[女]; 《アキレス腱》tallone[男] d'Achille; 《欠点》difetto[男] ¶弱点を探す cercare il punto debole [il tallone d'Achille] di *qlcu.* ¶弱点をさらけ出す rivelare [tradire] il *proprio* punto debole ¶弱点を突く attaccare *qlcu.* nel suo punto [lato] debole ¶〈人〉の弱点につけ込む approfittare[自] [*av*] del punto debole di *qlcu.*

しゃくど 尺度 《寸法，度量》misura[女]; 《判断，根拠》metro[男] con cui giudicare *ql.co.*, criter*io*[男] [複 -*i*] ¶文明の尺度 indice [barometro] della civilizzazione ¶…についての判断の尺度を得る farsi un criterio di giudizio su *ql.co.* ¶物事を自分の尺度だけで判断してはいけない. Non bisogna giudicare le cose solo col proprio metro.

しゃくどういろ 赤銅色 ◇赤銅色の di colore (del) rame ¶赤銅色の肌 pelle abbronzata

しゃくとりむし 尺取虫 〘昆〙bruc*o*[男] [複 -*chi*] dei geometridi, misurino[男]

しゃくなげ 石楠花 〘植〙rododendro[男]

じゃくにくきょうしょく 弱肉強食 "Il pesce grosso mangia il piccolo." ¶弱肉強食のおきて legge della giungla / diritto del più forte ¶そのころは弱肉強食の時代だった. In quei tempi la forza dettava legge.

しゃくにゅうきん 借入金 〘会〙debito[男], prestito[男], denaro[男] ottenuto in prestito

しゃくねつ 灼熱 calore[男] bianco, incandescenza[女] ◇灼熱の incandescente ¶灼熱の太陽の下で sotto il sole torrido [rovente / infuocato] ¶灼熱の恋 amore ardente [bruciante]

じゃくねん 若年・弱年 giovinezza[女] ◇若年の giovane, giovanile
✤**若年層** giovane generazione[女]
若年労働力 manodopera[女] giovanile

じゃくはい 若輩・弱輩 novellin*o*[男] [女 -*a*], giovane inespert*o*[男] [女 -*a*]; 《青二才》sbarbatello[男]; 《親》pivell*o*[男] [女 -*a*] ¶彼は若輩ながらあの仕事を成し遂げた. Malgrado la sua mancanza d'esperienza è riuscito a terminare quel lavoro.

しゃくはち 尺八 〘音〙*shakuhachi* [男] [無変] (◆ flauto diritto di bambù con cinque fori nella parte frontale e uno in quella posteriore)

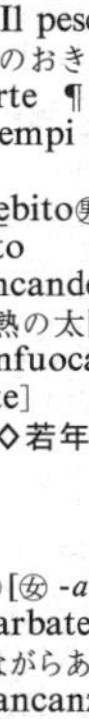
尺八

しゃくほう 釈放 liberazione[女], rila*scio*[男] [複 -*sci*], scarcerazione[女] ◇釈放する mettere *qlcu.* in libertà, scarcerare ¶人質を釈放する rilasciare un ostaggio ¶仮釈放 libertà provvisoria

しゃくめい 釈明 giustificazione[女], spiegazione[女], chiarimento[男] ◇釈明する dare spiegazioni di [su] *ql.co.* (a *qlcu.*); 《自分のことを》spiegarsi [giustificarsi] (di *ql.co.*); 《身の潔白を》discolparsi (da un'accusa) ¶釈明を求める chiedere spiegazioni di *ql.co.* a *qlcu.* ¶君には釈明の余地がない. Non hai alcuna scusa per giustificarti.

しゃくや 借家 casa[女] in affitto ¶借家住まいをする affittare una casa / prendere una casa in affitto
✤**借家人** inquilin*o*[男] [女 -*a*]; 《契約書などで》locat*ario*[男] [女 -*ia*; 男複 -*i*], condut*tore*[男] [女 -*trice*]
借家料 affitto[男] (di casa)

しゃくやく 芍薬 〘植〙peonia[女]

しゃくよう 借用 prestito[男] ◇借用する prendere in prestito *ql.co.* (da *qlcu.*) ¶「一，金10万円也．右正に借用いたしました．山田太郎殿」《借用書の書式》"Ricevo in prestito dal sig. Taro Yamada la somma di centomila yen."
✤**借用語** 〘言〙prestito[男] ¶英語からの借用語 prestito dall'inglese
借用者 persona[女] che prende in prestito; 《借金の》debi*tore*[男] [女 -*trice*]
借用証書[手形] pagherò[男] [無変], cambiale[女]

しゃくりあげる 噦り上げる piangere[自] [*av*] a singhiozzi, singhiozzare[自] [*av*]

しゃくりょう 酌量 ◇酌量する tener conto di *ql.co.*, prendere *ql.co.* in considerazione ¶被告には情状酌量の余地がある. Ci sono delle circostanze attenuanti in [a] favore dell'accusato.

しゃくる ¶顎(あご)をしゃくって…を示す indicare *ql.co.* con il mento

しゃげき 射撃 tiro[男] ◇射撃する tirare, sparare, fare fuoco ¶射撃の名手 tira*tore*[男] [女 -*trice*] formidabile / ottimo [buon] tiratore ¶射撃を開始する[やめる] aprire [cessare] il fuoco ¶援護射撃 tiro di accompagnamento / fuoco di copertura [di sbarramento]
✤**射撃音** sparo[男]
射撃場 poligono[男] di tiro

しゃけつ 瀉血 〘医〙salasso[男], flebotomia[女] ◇瀉血をする salassare *qlcu.*, fare un salasso a *qlcu.*

ジャケット 〔英 jacket〕 **1** 《上着》giacca[女]; 《スポーティーな》giubbotto[男] **2** 《CD・レコードの》copertina[女]

しゃけん 車検 revisione[女] periodica obbligatoria delle automobili
✤**車検証** 《登録時からの》libretto[男] di circolazione; 《継続検査の》certificato[男] di (avvenuta) revisione (◆イタリアでは，新車の初回の車検は登録の4年後にあり，その後2年おきに更新する．特殊用途の場合は1年おき)

じゃけん 邪険 ◇邪険な duro, cattivo, crudele; 《非情な》disumano, spietato ◇邪険に duramente, brutalmente, rudemente ¶〈人〉を邪険に扱う essere cattiv*o* [dur*o*] con *qlcu.*

しゃこ 車庫 《自動車の》〔仏〕garage [garáʒ] [男] [無変]; 〔英〕box [bɔks] [男] [無変]; autorimessa[女]; 《バス・電車・機関車などの》deposito[男] ¶車を車庫に入れる mettere la macchina in garage

しゃこ 硨磲 〘貝〙tridacna[女]

しゃこ 蝦蛄 〘動〙《甲殻類の》canocchia[女], squilla[女], cicala[女] di mare, pannocchia[女]

しゃこ 鷓鴣 〘鳥〙pernice[女]

しゃこう 社交 relazioni[女] [複] sociali ◇社交

的(な) sociẹvole ¶非社交的な poco sociẹvole / asociale / scontroso / schivo /《無愛想な》orso /《人間嫌いの》misạntropo ¶彼は社交上の礼儀を知らない。Non conosce le buone maniere [le regole della buona creanza].

❖**社交家** persona㊛ sociẹvole
社交界(bel) mondo㊚, alta società㊛ ◇社交界の mondano ¶社交界にデビューする debuttare in società
社交術 tatto㊚, accortezza㊛, abilità㊛;〔仏〕savoir-faire [savwarfɛ́r]㊚[無変]
社交性 socievolezza㊛, sociabilità㊛
社交ダンス ballo㊚ di società

しゃこう 射幸 speculazione㊛ ◇射幸的 aleatọrio [㊚複 -i], azzardato
❖**射幸心** suscitare in qlcu. la passione per il gioco d'azzardo

しゃこう 遮光 intercettazione㊛ della luce ◇遮光する intercettare [offuscare] la luce ¶遮光カーテン tenda che non fa passare la luce
❖**遮光板** paralụce㊚ [無変]
遮光幕 tendina㊛ nera

じゃこう 麝香 〖生・薬〗mụschio㊚ [複 -schi] ¶麝香の香りを染み込ませた muschiato
麝香じか 〖動〗mosco㊚ [複 -schi]
麝香ねこ 〖動〗zibetto㊚, viverra㊛
麝香ねずみ 〖動〗topo muschiato

シャコンヌ 〔仏 chaconne〕〖音〗ciaccona㊛
しゃさい 社債 obbligazione㊛ (di una ditta) ¶短期[長期]社債 obbligazioni a breve [lunga] scadenza ¶(時価)転換社債 obbligazioni convertibili (a prezzo di mercato) ¶社債を発行する emẹttere obbligazioni

しゃざい 謝罪 fare [presentare] le proprie scuse㊛[複] ◇謝罪する fare [presentare] le prọprie scuse a qlcu.;《公に》fare pubblica ammenda (di un affronto) ¶謝罪を要求する esịgere le scuse per ql.co. a qlcu.
❖**謝罪広告** 謝罪広告を出す far pubblicare le prọprie scuse
謝罪文 lẹttera㊛ di scusa

しゃさつ 射殺 ◇射殺する uccịdere qlcu. con un colpo d'arma da fuoco;《処刑》fucilare qlcu.

しゃし 斜視〖医〗strabịsmo㊚ ◇斜視の strạbico [㊚複 -ci] ¶内[外]斜視 strabismo convergente [divergente] (▶イタリアでは軽度の斜視を "strabịsmo di Vẹnere" と言って、女性の魅力として捉えることもある)

しゃし 奢侈 lusso㊚, sfarzo㊚, sontuosità㊛ ◇奢侈な lussuoso ¶奢侈にふける indulgere [av] nel lusso ¶奢侈な生活を送る vịvere nel lusso [lussuosamente]
❖**奢侈取締令** legge㊛ suntuạria
奢侈品 artịcolo㊚ di lusso

しゃじ 写字 trascrizione㊛, copiatura㊛
❖**写字室**《中世の》scrittọrio㊚ [複 -i]
写字生 copista㊚㊛[複 -i], scrivano㊚;《中世の》(mọnaco㊚ [複 -ci]) amanuense㊚

しゃじ 謝辞 ringraziamento㊚, (詫び) scuse㊛[複] ¶謝辞を述べる esprịmere i prọpri ringraziamenti a qlcu. / (詫び) scusarsi con qlcu.

しゃじく 車軸〖機〗assale㊚, asse㊚ di una ruota;〖車〗semiasse㊚, semialbero㊚;《デフも含め》ponte㊚;〖鉄道〗assale㊚ ferroviạrio [複 -i] ¶車軸を流すような雨が降っている。Piove a dirotto [a catinelle].

しゃじつ 写実 descrizione㊛ fedele alla realtà ◇写実的 realịstico [㊚複 -ci]
❖**写実主義** realịsmo㊚ ◇写実主義の realistico

じゃじゃうま じゃじゃ馬 1《あばれ馬》cavallo bịzzoso [recalcitrante] 2《おてんば》bisbẹtica㊛, capricciosa㊛; maschiạccio㊚ [複 -ci] ¶『じゃじゃ馬(馴)らし』(シェークスピア) "La Bisbẹtica Domata" (Shakespeare)

しゃしゃりでる しゃしゃり出る →出しゃばる

しゃしゅ 社主 titolare㊚㊛[㊚ -ia; ㊛複 -i] di un'azienda

しゃしゅ 射手《弓の》arciere㊚[㊚ -a];《銃の》tiratore㊚[㊛ -trice] ¶『魔弾の射手』(ウェーバー) "Il Franco Cacciatore" (Weber)

しゃしゅつ 射出 lạncio㊚ [複 -ci], tiro㊚, gettata㊛;〖工〗iniezione㊛ ◇射出する lanciare, tirare;《カタパルトで》catapultare
❖**射出機**〖空〗catapulta㊛
射出座席〖空〗sedile㊚ eiettạbile

しゃしょう 車掌《列車の責任者》capotreno㊚ [複 capitreno㊚, capotreni];《検札係》controllore㊚;《バスなどの》bigliettạio㊚[㊛ -ia; ㊛複 -i]

しゃしょう 捨象 astrazione㊛ ◇捨象する astrarre ql.co. da ql.co.

しゃしょく 写植〖印〗fotocomposizione㊛

しゃしん 写真 fotografia㊛, foto㊛[無変] ◇写真の fotogrạfico㊚ 複 -ci ◇写真を撮る fare una fotografia, fotografare;《シャッターを切る》scattare una foto;《撮ってもらう》farsi fotografare da qlcu. ¶青写真 fotocalco ¶白黒[カラー]写真 fotografia "in bianco e nero [a colori]" ¶顔写真 ritratto fotogrạfico ¶全身[半身]写真 fotografia "a figura intera [a mezzo busto]" ¶スナップ写真 (fotografia) istantạnea ¶集合写真 foto di gruppo ¶航空写真 aerofotografia / fotografia aerea ¶スライド写真 diapositiva ¶記念写真 foto ricordo ¶割り出し写真 foto segnalẹtica ¶撮り損ない[ピンぼけ]の写真 fotografia "venuta male [sfocata]" ¶携帯電話で写真を撮る fare una foto col telefonino ¶写真を引き伸ばす[焼き付ける / 修整する] ingrandire [stampare / ritoccare] una fotografia ¶写真を現像する sviluppare una pellịcola ¶その写真はよく撮れている。Quella fotografia è venuta bene.
❖**写真うつり** ¶彼女は写真うつりがいい。È fotogẹnica. ¶私は写真うつりが悪い。Non vengo bene in fotografia.

写真家《芸術的》fotọgrafo㊚[㊛ -a] d'arte;《新聞などの》fotoreporter㊚㊛[無変]
写真館 stụdio㊚ [複 -i] fotogrạfico
写真機 mạcchina㊛ fotogrạfica, apparẹcchio㊚ [複 -chi] fotogrạfico
写真記録 registrazione㊛ fotogrạfica
写真植字〖印〗fotocomposizione㊛
写真植字機〖印〗fotocompositore㊚
写真食刻〖印〗fotolitografia㊛
写真製版〖印〗processo㊚ di fotoincisione

写真測量 fotogeometria女
写真版〔グラビア〕fotoincisione女
写真判定〔スポ〕〔英〕photofinish男[無変]
写真平版〔印〕fotolitografia女
写真モデル fotomodello男[女 -a]
写真屋〔写真材料店〕negozio男[複 -i] di fotografia;〔プロ写真家〕fotografo男 (professionista[男複 -i]);〔スタジオ〕studio男[gabinetto / laboratorio男[複 -i]] fotografico（◆イタリアでは写真材料を専門店以外で "Ottica" という看板を掲げためがね店などでも扱っている。また現像・焼き付けは "Sviluppo e stampa" という表示のある店で扱う）

[語法] …の写真を撮る
撮る対象には前置詞 **a** か **di** を用いる.
¶太郎の写真を撮る fare una foto a [di] Taro
¶風景を写真に撮る fare una foto al [del] paesaggio
対象が人の場合に人称代名詞で表すときは間接補語形や「a＋人称代名詞強勢形」を用いる.
¶君の写真を撮ってあげるよ. Ti faccio una foto. (►「Faccio una foto di te.」とは言わない)
¶彼らの写真を撮った. Gli ho fatto una foto. / Ho fatto una foto a loro.
¶あなたの写真を撮ってもよろしいですか. Posso farle una foto?
¶みんなで写真を撮ろう. Facciamoci una foto!

じゃしん 邪心 animo男 maligno, malizia女 ¶邪心のない innocente / ingenuo
じゃしん 邪神 dio男[女 dea; 男複 dei] del male, divinità女 malefica, spirito男 maligno
しゃず 写図 calco男[複 -chi]
ジャス JAS norme女[複] che definiscono gli standard di riferimento dell'agricoltura giapponese ¶JASマーク marchio JAS
ジャズ〔英 jazz〕〔英〕〔音〕jazz [dʒets]男[無変], musica女 jazz ◇ジャズの jazz [無変] ¶ジャズフェスティバル festival jazz
❖ **ジャズバンド**〔英〕jazz band[無変]; complesso男 jazz;〔ビッグバンド〕orchestra女 jazz
ジャズファン fanatico男[-ca; 男複 -ci] del jazz
ジャズマン jazzista男女[男複 -i]
じゃすい 邪推 sospetto男 inconsistente [infondato], diffidenza女 ◇邪推する sospettare qlcu. a torto [ingiustamente] ◇邪推深い sospettoso, diffidente
ジャスミン〔英 jasmine〕〔植〕gelsomino男
❖ **ジャスミン油**〔化〕essenza女 di gelsomino
しゃする 謝する **1**《辞去する》accomiatarsi **2**《謝る》chiedere perdono a qlcu. **3**《感謝する》ringraziare **4**《謝絶する》declinare
しゃしつ 社室 massima女 della ditta
しゃせい 写生 disegno男 dal vero ◇写生する disegnare dal vero ¶風景を写生する disegnare [dipingere] un paesaggio (dal vero)
❖ **写生帳** blocco男[複 -chi][album男[無変] da disegno, quaderno男 per schizzi
しゃせい 射精 eiaculazione女 ◇射精する eiacularе自[av]
しゃせつ 社説 articolo男 editoriale, editoriale男, articolo男 di fondo
しゃぜつ 謝絶 ◇謝絶する declinare [rifiutare] ql.co.¶「面会謝絶」《掲示》"Non sono ammesse visite"
じゃせつ 邪説 eresia女, dottrina女 eretica, eterodossia女
しゃせん 車線 corsia女 (di marcia), carreggiata女 ¶片側3車線の高速道路 autostrada a tre corsie per carreggiata ¶追い越し車線 corsia di sorpasso
しゃせん 斜線 linea女 obliqua, diagonale女 ¶斜線を引く tracciare una diagonale ¶斜線を引いて線影をつける ombreggiare a tratteggio / tratteggiare ql.co. ¶図の斜線部分 parte tratteggiata [ombreggiata / a tratteggio]
しゃそう 社葬 cerimonia女 funebre organizzata dalla compagnia in cui il defunto era impiegato
しゃそう 車窓 finestrino男 ¶車窓の景色 panorama [paesaggio] visto dal finestrino
しゃそく 社則 regolamento男 di una ditta;《定款》statuto男 della società
しゃたい 車体《車》carrozzeria女
しゃたく 社宅 alloggi男[複] per i dipendenti di un'azienda
しゃだつ 洒脱 ◇洒脱な disinvolto e raffinato ¶洒脱な男 uomo franco e spiritoso ¶彼の文体は洒脱だ. Il suo stile è arguto.
しゃだん 遮断 interruzione女;《光線などの》intercettazione女;《封鎖》blocco男[複 -chi]; sospensione女 ◇遮断する interrompere; intercettare; bloccare ¶交通遮断 sospensione del traffico ¶落盤で道路が遮断された. Una frana ha interrotto la strada. ¶交通が1時間遮断された. Il traffico è rimasto bloccato per un'ora.
❖ **遮断機**《踏切の》barriera女 ferroviaria (di un passaggio a livello)
遮断器〔電〕interruttore男
しゃだんほうじん 社団法人 persona女 giuridica corporativa
しゃち 鯱《動》orca女
しゃちほこ 鯱 mitico[複 -ci] pesce男 (con la testa di tigre e corpo di pesce)
しゃちほこばる 鯱張る avere un'aria imbarazzata [impacciata];《緊張する》essere teso ¶そんなにしゃちほこばるなよ. Mettiti a tuo agio.
しゃちゅう 車中 ¶車中で《列車》in treno /《バス》in autobus /《自動車》in auto [macchina]
❖ **車中談** intervista女 (alla mano) in treno [in autobus / in auto]
しゃちょう 社長 presidente男女 [direttore男[女 -trice] di una società [compagnia] ¶副社長 vicepresidente男女 / vicedirettore男[女 -trice]
❖ **社長室** ufficio男[複 -ci] del presidente
社長秘書 segretario男[女 -ia; 男複 -i] del [《女性社長の》della] presidente

シャツ〔英 shirt〕 camicia女[複 -cie];《半袖, 色物》camicetta女;《ブラウス》camicetta女, blusa女;《ランニング》canottiera女;《肌着》biancheria女 intima, maglietta女 intima ¶ウールのシャツ maglia / maglietta ¶シャツ1枚の姿で in camicia / in maniche di camicia ¶赤シャツ隊員《史》《ガリバルディの》camicia rossa ¶黒シャツ隊

員《史》《ファシスト》camicia nera
✤シャツフロント sparato男(della camicia)
ジャッカル [英 jackal]〔動〕sciacallo男
しゃっかん 借款 prestito男(internazionale) ¶政府借款 prestito pubblico [dello stato] ¶円借款を申し込む chiedere un prestito in yen ¶借款協定を結ぶ raggiungere l'accordo per un prestito
じゃっかん 若干 un po' ¶生徒若干名「un certo numero di [alcuni] studenti ¶若干お尋ねしたいのですが. Le vorrei chiedere qualcosa.
じゃっかん 弱冠 (若いこと) ¶彼は弱冠18歳で入賞した. Ha vinto il concorso ad appena diciotto anni.
じゃっき 惹起 ◇惹起する causare, provocare
ジャッキ [英 jack]〔機〕cric男 [無 変], cricco男(複 -chi), martinetto男, martinello男
しゃっきん 借金 debito男 ◇借金する prendere in prestito soldi da qlcu., contrarre un debito [un mutuo] ¶借金を返す saldare [estinguere / liquidare] un debito ¶借金を踏み倒す evadere un debito / sottrarsi ai propri creditori ¶借金で首が回らない affogare [annegare] nei debiti / essere nei debiti fino al collo / essere indebitato fin sopra ai [i] capelli ¶私は彼に1万円の借金がある. Ho un debito di diecimila yen con lui. / Sono in debito con lui di diecimila yen. ¶借金の返済を催促された. Mi è stato sollecitato il pagamento del debito. ¶私は家を形(た)に借金をした. Ho ipotecato la casa. ¶借金を取り立てる recuperare i crediti da qlcu.
✤借金取り persona女 addetta per il recupero dei debiti;《強硬な債権者》credit*ore*男[女 -trice] insistente
ジャック [英 jack] **1**《トランプの》fante男;[英] jack男 [dʒek][無変] →トランプ 関連 **2**《プラグの差し込み口》[英] jack男[無変], presa女 del jack; connettore男 a spina
ジャックナイフ [英 jack-knife] coltello男 a serramanico [a scatto]
しゃっくり singhiozzo男, singulto男 ¶しゃっくりをする avere il singhiozzo, singhiozzare自 [av] ¶しゃっくりが止まらない. Non riesco a frenare il singhiozzo.
しゃっけい 借景 panora*ma*男[複 -i] sullo sfondo, panorama男 circostante ¶比叡山を借景とした庭園 giardino che guadagna in bellezza grazie al monte Hiei che fa da sfondo ¶この庭の借景はすばらしい. Questo giardino è immerso in uno scenario meraviglioso.
ジャッジ [英 judge]《スポ》(審判員) arbitro男[女 -a];(競走などの) giudice男/女 (d'arrivo)
シャッター [英 shutter] **1**《ガレージなどの》serranda女, saracinesca女;《ポル》ribaltabile;《窓の》persiana女 **2**《カメラの》otturatore男;《シャッターボタン》pulsante男 di scatto [dell'otturatore] ¶シャッターを切る far scattare / premere il pulsante di scatto ¶自動シャッター autoscatto
✤シャッター速度《写》velocità女 dell'otturatore
シャッターチャンス《写》momento男 migliore [giusto] per lo scatto

シャットアウト [英 shutout] **1**《人を中に入れない》◇シャットアウトする chiudere fuori qlcu.《から di》, escludere qlcu., vietare l'accesso a qlcu. **2** →完封
シャットダウン [英 shutdown]《コンピュータ》◇シャットダウンする spegnere, chiudere
シャッフル [英 shuffle] **1**《トランプ》◇シャッフルする mischiare le carte [il mazzo] **2**《順不同に再生すること》selezione女 a caso
シャッポ [仏 chapeau]《帽子》cappello男
[慣用] シャッポを脱ぐ far tanto di cappello [togliersi il cappello davanti] a qlcu. [ql.co.] ¶彼の頑固さにはシャッポを脱ぐ. C'è da togliersi il cappello di fronte alla sua tenacia.
しゃてい 射程 portata女 [gittata女] (di un'arma da fuoco) ¶[内] [内] にある essere fuori [a] portata ¶バズーカ砲の射程に入る entrare nella portata di un bazooka ¶有効射程 portata utile [effettiva]
しゃてき 射的 (esercitazione女 di) tiro男 al bersaglio, tiro男 a segno ¶射的をやる tirare al bersaglio
✤射的場《演習場》poligono男 di tiro;《遊園地の》tiro男 a segno
しゃでん 社殿 sala女 principale di un santuario shintoista
しゃとう 斜塔 ¶ピサの斜塔 Torre (Pendente) di Pisa
しゃどう 車道 carreggiata女, sede女 [piano男] stradale
じゃどう 邪道《悪の道》male男;《邪悪な行動》cattiva azione女;《邪説》eresia女 ¶そのやり方は邪道だ. È una deviazione. / È un modo poco ortodosso. ¶そんな考えは邪道だ. È un'eresia.
シャドー [英 shadow]《影》ombra女
✤シャドーキャビネット《政》governo男 ombra [無変]
シャドーボクシング boxe女[無変] con l'ombra
シャトル [英 shuttle] **1**《スペースシャトル》navicella女 spaziale;[英] shuttle [ʃátel]女[無変] **2**《スポ》《シャトルコック》volano男
✤シャトルバス navetta女
しゃない 社内 ¶社内に[で] nella ditta / in ditta
✤社内結婚 matrim*onio*男[複 -i] tra dipendenti della stessa azienda
社内電話 telefono男 interno
社内報 period*ico*男[複 -ci] informativo interno a un'azienda
社内恋愛 relazione女 amorosa tra colleghi d'ufficio
しゃない 車内 ¶「車内禁煙」《掲示》"Vietato fumare"
✤車内販売 vendita女 di cibi e bevande sul treno;《移動販売》carrello男 minibar [無変]
車内放送 annunc*io*男[複 -ci] all'interno del treno [《バスの》dell'autobus]
しゃなりしゃなり ◇しゃなりしゃなりと pavoneggiandosi, con atteggiamento affettato
しゃにくさい 謝肉祭 carnevale男;《謝肉祭最終日の火曜》martedì男 grasso
しゃにむに 遮二無二《めちゃくちゃに》furiosamente, freneticamente;《無理やりに》caparbia-

mente, ostinatamente ¶しゃにむに敵陣に突っ込む gettarsi con impeto ¶彼はしゃにむに自分の意見を通した。Ha insistito nella sua convinzione testardamente.

じゃねん 邪念 《不純な気持ち》cattivi pensieri 男[複], intenzioni女[複] maligne; 《雑念》disturbo男 ¶邪念を抱く nutrire [covare] cattivi pensieri [cattive intenzioni] ¶邪念を払って勉強に打ち込む mettersi a studiare senza distrarsi

しゃば 娑婆 《この世》questo mondo男 **2** 《刑務所・軍隊などの外の世界》¶娑婆に出る uscire di prigione / essere messo in libertà
✤しゃば気 ¶しゃば気を捨てる rinunciare a tutte le ambizioni mondane

じゃばら 蛇腹 《カメラの》soffietto男; 《アコーディオンの》mantice男; 《建》cornicione男

しゃひ 社費 ¶社費で旅行する viaggiare a spese della ditta [dell'azienda]

しゃふ 写譜 《音》◇写譜する copiare uno spartito [una partitura]

ジャブ [英 jab] 《スポ》[英] jab [dʒeb]男[無変]; colpo男 di disturbo

しゃふう 社風 《社の特徴》caratteristiche女[複] [《習わし》usanze女[複]] di una ditta ¶堅実な社風 sano spirito aziendale

じゃぶじゃぶ ¶じゃぶじゃぶ洗う lavare ql.co. sollevando spruzzi con una grande quantità d'acqua ¶じゃぶじゃぶと川を歩いて渡った。Attraversai un fiume sguazzando nell'acqua.

しゃふつ 煮沸 《化・薬》ebollizione女 ◇煮沸する (far) bollire ql.co., scaldare ql.co. fino a ebollizione
✤煮沸消毒 sterilizzazione女 con bollitura

シャフト [英 shaft] 《機》albero男, asse男

しゃぶる 1 《なめる》leccare; 《吸い込むように》succhiare ¶アイスキャンデーをしゃぶる succhiare un ghiacciolo **2** 《徹底的に利用する》¶要するに君たちは骨の髄まで会社にしゃぶられているんだ。Insomma la ditta vi sfrutta fino all'osso.

しゃへい 遮蔽 《工・電子》schermatura女, protezione女; 《トンネルなどの》scudo男; 《電子・放射線などの》schermo男 ◇遮蔽する schermare, coprire, riparare; 《軍》defilare

しゃべる 喋る 《話す》parlare男 [av], 他; chiacchierare他 [av]; 《多弁に》parlare troppo ¶ぺらぺらよくしゃべる essere un chiacchierone / avere la lingua sciolta

シャベル [英 shovel] pala女, badile男; 《鋤(すき)》vanga女 ¶シャベルで溝を掘る[土をすくう] scavare una fossa [raccogliere la terra] con la pala ¶シャベルで土を耕す vangare il terreno

しゃへん 斜辺 lato男 obliquo; 《幾何》《直角三角形の》ipotenusa女

しゃほん 写本 《手書きの本》manoscritto男 ¶《書き写した本》copia女 a mano

シャボン [ポ sabão] sapone男; 《小型の》saponetta女
✤シャボン玉 bolla女 di sapone

じゃま 邪魔 **1** 《支障, 障害》ostacolo男, impedimento男; 《迷惑》disturbo男, fastidio男[複 -i]; 《場所などをふさぐもの》ingombro男 ◇邪魔する ostacolare qlcu. [ql.co.], impedire a qlcu. ql.co. [di + 不定詞]; disturbare qlcu. [ql.co.] ◇邪魔な d'ostacolo, d'impaccio; ingombrante ¶視界を邪魔する impedire [ostruire] la vista ¶計画に邪魔が入った。È sorto un ostacolo al nostro progetto. ¶「君たちと一緒に行ったら邪魔かい」「いいえ」"Disturbo se vengo con voi?" "Per niente." ¶邪魔するな。Non impicciarti! ¶椅子が邪魔で通れない。Le sedie intralciano il passaggio.
2 《訪問》¶ちょっとお邪魔します。Posso entrare? / Posso rubarle un po' di tempo? / 《部屋に入る時》Disturbo? ¶「どうぞお入りください」「ではお邪魔します」"Prego, entri." "Grazie." ¶長いことお邪魔しました。《辞去するとき》Mi scusi per il tempo che le ho rubato. ¶いつかお邪魔してもよろしいでしょうか。Potrei venire a trovarla [a disturbarla] una volta?
✤邪魔だて ¶邪魔だてしないでくれ。Non interferire! / 《おせっかい》Non metterci il naso!

邪魔っ気 ¶かばんを持って行くのは邪魔っけだ。È un fastidio portarsi le borse.

邪魔者 seccatore男 [女 -trice], importuno男 [女 -a], scocciatore男 [女 -trice]; 《俗》rompiscatole男[無変] ¶私はクラスの邪魔者だ。In classe sono trattato come un peso.

邪魔物 《障害物》ostacolo男; 《進行を妨害するもの》impedimento男

しゃみせん 三味線 shamisen男[無変], samisen男[無変] (◆ banjo giapponese a tre corde con la cassa quadrata ricoperta di pelle di gatto o di cane e suonato con un plettro d'avorio o di legno)

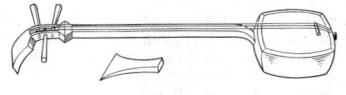

三味線

シャム 《タイの旧称》Siam男
✤シャム人 siamese男女
シャム双生児 gemelli男[複] [《女2人の場合》gemelle女[複]] siamesi
シャム猫 gatto男 siamese

ジャム [英 jam] marmellata女; 《果肉の入っているもの》confettura女 ¶パンにジャムを塗る spalmare la marmellata sul pane

しゃむしょ 社務所 ufficio男[複 -ci] di un santuario shintoista

ジャムセッション [英 jam session] 《音》[英] jam session [dʒæmséʃən]男[無変]

しゃめい 社名 《商》ragione女 sociale; nome男 della società

しゃめい 社命 ¶彼は社命を帯びてミラノに行った。Si è recato a Milano inviato dalla società per cui lavora.

しゃめん 赦免 perdono男, grazia女, remissione女; 《宗教的な》indulgenza女 plenaria ◇赦免する perdonare qlcu., assolvere qlcu. (dai peccati)
✤赦免状 notifica女 di indulto

しゃめん 斜面 pendio男[複 -ii], versante男 ¶斜面になった土地 terreno in pendio ¶山の斜面 fianco di una montagna ¶急な斜面 pendio ri-

pido ¶なだらかな斜面 pendio dolce [leggero]
✿斜面培養 〚生〛 coltura⒡ batterica su piano inclinato

しゃも 軍鶏 〚鳥〛 gallo⒨ da combattimento

しゃもじ 杓文字 paletta⒡ di legno [di plastica] (per servire il riso bollito)

じゃもんがん 蛇紋岩 《鉱》 serpentino⒨

しゃよう 社用 社用で per affari
✿社用族 ¶高級クラブは社用族ばかりだ。I night club di prima categoria sono sempre pieni di funzionari che si divertono a spese della ditta.

しゃよう 斜陽 sole⒨ al tramonto, sole calante, occaso⒨
✿斜陽産業 industria⒡ in declino
斜陽族 aristocrazia⒡ in declino

しゃらくさい 酒落臭い 《生意気な》impertinente, insolente, sfrontato, sfacciato;《皮肉で、しゃれたまねをする》sbruffone [⒨ -a] ¶しゃらくさいことを言うな。Smettila con le tue impertinenze [insolenze]!

じゃらじゃら《金属がぶつかり合う音》tintinnio⒨ [複 -ii] ¶彼のポケットの中で小銭がじゃらじゃら鳴っている。Nelle tasche gli tintinnano delle monete.

じゃらす ¶猫をじゃらす giocare [trastullarsi] con un gatto

しゃり 舎利 1《仏陀・聖者の遺骨》frammenti⒨ [複] di ossa del Budda [di un santo buddista] 2《火葬したお骨》ceneri⒡ [複] di qlcu. 3《白米》riso bianco
✿舎利殿 sala⒡ dei reliquiari
舎利塔 stupa⒨

じゃり 砂利 ghiaia⒡;《粒の細かいもの》ghiaia⒡ minuta;《小石》piccole pietre⒡ [複];《砕石》brecciolino⒨, pietrisco⒨ [複 -schi] ¶道に砂利を敷く inghiaiare una strada
✿砂利取り場 cava⒡ di ghiaia [di pietrisco]
砂利道 strada⒡ inghiaiata

じゃりじゃり ¶水着が砂でじゃりじゃりする。Il mio costume da bagno è pieno di sabbia.

しゃりっと ¶しゃりっと冷たい歯ざわりのシャーベット sorbetto freddo e rinfrescante

しゃりょう 車両 《総称》veicoli⒨ [複];《鉄道》materiale⒨ rotabile;《貨車、客車》vagone⒨;《客車》carrozza⒡ ¶「車両出入り口につき駐車禁止」[掲示]"Passo carrabile [carraio]"
✿車両故障 guasto⒨ alla macchina

しゃりん 車輪 ruota⒡ (di un veicolo) ¶前 [後] 車輪 ruota anteriore [posteriore] ¶車輪の下敷きになって死ぬ morire [essere ucciso] schiacciato [investito] da una macchina
✿車止め 《車》ganascia⒡ [複 -sce]

しゃれ 酒落 《言葉の遊戯》gioco⒨ [複 -chi] di parole;《機知に富んだ》battuta⒡, facezia⒡, motto⒨;《笑い話》barzelletta⒡ ¶しゃれがうまい essere bravo a dire [a raccontare] arguzie [facezie] ¶しゃれを言う far giochi di parole / scherzare⒤ [av] / motteggiare⒤ [av] ¶しゃれを飛ばす lanciare motti di spirito ¶彼にはしゃれが通じない。Non è capace di capire la sottigliezza di una battuta.

しゃれい 謝礼 remunerazione⒡, compenso⒨;《医者・弁護士・家庭教師への》onorario⒨ [複 -i], parcella⒡ ◇謝礼をする ricompensare qlcu. (per il lavoro svolto);pagare l'onorario [la parcella] a qlcu.

しゃれこうべ 髑髏 teschio⒨ [複 -chi]

しゃれこむ 酒落込む 1《めかしこむ》mettersi in ghingheri, agghindarsi 2《気のきいたことをする》¶彼は奥さんと世界一周旅行としゃれ込んだ。Lui e sua moglie si sono concessi il lusso di un viaggio intorno al mondo.

しゃれた 酒落た 〔仏〕 chic [ʃik] [無変]; elegante, raffinato; carino;《趣味の良い》di (buon) gusto;《ユーモアに富んだ》spiritoso ¶しゃれたアパート appartamento elegante ¶しゃれた言い回し espressione felice ¶彼はなかなかしゃれたことを言う。Dice cose assai brillanti [spiritose].

しゃれっけ 酒落っ気 1《おしゃれすること》¶彼はまったくしゃれっ気がない。Non dà importanza al vestire [all'abbigliamento]. / Non tiene affatto al suo aspetto. 2《ユーモアがあること》¶彼はしゃれっ気がある。E piuttosto spiritoso.

じゃれる ¶猫が毛糸玉にじゃれる。Il gatto gioca con un gomitolo di lana.

ジャワ 〔蘭 Java〕 Giava⒡ ◇ジャワの giavanese
✿ジャワ原人 giavantropo⒨

シャワー 〔英 shower〕 doccia⒡ [複 -ce];《機》rovescio⒨ [複 -sci] ¶シャワーを浴びる fare [farsi] la [una] doccia
✿シャワールーム doccia⒡

じゃん ¶じゃんとシンバルを打ち鳴らした。Ha suonato i cembali.

ジャンキー 〔英 junkie〕 drogato⒨ [⒡ -a]

ジャンクフード 〔英 junk food〕〔英〕 junk food⒨ [無変], cibo⒨ spazzatura [無変]

ジャンクメール 〔英 junk mail〕〔コンピュータ〕〔英〕 spam⒨ [無変],〔英〕 junk mail⒨ [無変] ¶ジャンクメールが大量に届いて困る。È una seccatura vedersi arrivare tutti quegli spam.

ジャングル 〔英 jungle〕 giungla⒡ ¶ジャングルに棲息する生き物 animali che vivono nella giungla
✿ジャングルジム quadro⒨ svedese

じゃんけん morra⒡ cinese (giapponese) ◇じゃんけんする tirare a sorte con la morra (♦ morra cinese という掛け声と共に手を出す)

しゃんしゃん 1《達者でよく立ち働く様子》¶しゃんしゃんしている《老人が》essere vispo ¶彼は80歳だがまだしゃんしゃんしている。Ha 80 anni, ma è ancora vivo e vegeto. 2《鈴の鳴る様子》¶鈴をしゃんしゃん鳴らす suonare i sonagli ritmicamente 3《手を打つ様子》¶手拍子をしゃんしゃんとる battere il tempo con le mani

じゃんじゃん 1《鐘の鳴る音》scampanio⒨ [複 -ii] ¶鐘をじゃんじゃん鳴らす suonare le campane a festa [a distesa / a stormo] 2《速やかに》molto rapidamente,《いともたやすく》molto facilmente;《たくさん》in gran quantità ¶金をじゃんじゃん使う non badare a spese ¶暖炉に薪をじゃんじゃんくべる mettere molta legna nel camino ¶電話がじゃんじゃんかかってくる。Il telefono squilla in continuazione. ¶品物がじゃんじゃん売れる。Gli articoli vanno a ruba.

シャンソン 〔仏 chanson〕〔仏〕chanson [ʃansón][女][無変]; canzone[女] francese
✤シャンソン歌手 〔仏〕chansonnier [ʃansonnjé][男][無変] (►多く自作自演，また，カフェやバーで歌う人)
シャンツェ 〔独 Schanze〕《スキーのジャンプ台》trampolino[男] per il salto con gli sci
シャンデリア 〔英 chandelier〕 lampadar*io*[男][複 -*i*] (a corona)
しゃんと **1**《姿勢がいい様子》 ¶上体をしゃんと起こす avere il portamento eretto / raddrizzare la schiena **2**《気分がしっかりしている様子》 ¶どうも今日はしゃんとしない. Non so perché ma non mi sento in forma oggi. ¶しゃんとしろ. 《励まし》Riprenditi! / Fatti coraggio! / Tirati su! **3**《老人の元気な様子》 ¶父は年の割にはまだしゃんとしている. Mio padre è ancora「pieno di vita [in gamba] per la sua età.
ジャンパー 〔英 jumper〕 **1**〘服〙giubbotto[男]; 《厚手の》giaccone[男] **2**〘スポ〙salta*tore*[男][女 -*trice*]
✤ジャンパースカート scamiciato[男]
シャンパン ⇒シャンペン
シャンピニオン 〔仏 champignon〕 fun*go*[男][複 -*ghi*] prataiolo, fun*go*[男][複 -*ghi*] champignon[無変]
ジャンプ 〔英 jump〕〘スポ〙salto[男] ◇ジャンプする saltare[自] (►動作を表すとき [*av*]，移動を表すとき [*es*])
✤ジャンプ台 ⇒シャンツェ
シャンプー 〔英 shampoo〕〔英〕shampoo [ʃámpo][男][無変]; sciampo[男][無変] ¶シャンプーをする fare lo shampoo (►「ひどくしかる」という意味もある) / lavare i capelli
シャンペン 〔仏 champagne〕〔仏〕champagne [ʃampáɲ][男][無変]
✤シャンペングラス coppa[女] da champagne, 〔仏〕flûte [flut][女][無変]
ジャンボ 〔英 jumbo〕 **1**《巨大な様子》 ◇ジャンボな gigante, gigante*sco* [[男]複 -*schi*]
2《ジャンボジェット機》〔英〕jumbo [dʒúmbo][男][無変], jumbo-jet[男][無変]
ジャンル 〔仏 genre〕 genere[男]
しゅ 主 **1**《主要》 ◇主たる principale, essenziale ◇主として soprattutto, in primo luogo ¶この雑誌は知識人を主たる対象としている. Questa rivista è rivolta principalmente agli intellettuali. ¶米食を主とする fare del riso il *proprio* alimento principale
2《首領》capo[男]; 《主人》padrone[男]; 《王》re[男]; 《女王》regina[女]
3《神》Signore[男] ¶わが主 Mio Signore ¶主に仕える votarsi a Dio ¶主よ，あわれみたまえ. Signore, abbi pietà di noi!
しゅ 朱 cinabro[男], vermiglione[男], (color[男] rosso) vermiglio[男] ◇朱(色)の vermi*glio* [[男]複 -*gli*]
[慣用] **朱に交われば赤くなる**《諺》"Chi va con lo zoppo impara a zoppicare." / "Chi va al mulino s'infarina."
朱を入れる correggere le bozze
朱を注ぐ ¶満面朱を注ぐ diventare rosso per la rabbia
しゅ 種 **1**《種類》genere[男], tipo[男], sorta[女]; classe[女]; categoria[女] ¶ある種の勇気 un certo coraggio ¶ある種の作家たち certi autori ¶この種の本は子供に良くない. Questo tipo di libri non va bene per i bambini. ¶この種の品はよく売れる. Gli oggetti di questo genere si vendono molto. **2**〘生〙specie[女][無変] ¶『種の起源』(ダーウィン) "L'origine delle specie" (Darwin)
しゅい 首位 primo posto[男] (in classifica), posizione[女] preminente ¶首位を占める occupare il primo posto ¶首位に躍り出る passare in testa
しゅいしょ 趣意書 prospetto[男]
しゅいろん 主意論 〘哲〙volontarismo[男]
しゅいん 手淫 masturbazione[女]; onanismo[男]; autoerotismo[男] ◇手淫をする masturbarsi
しゅいん 主因 causa[女][fattore[男]] principale
しゅう 州 《イタリアの行政単位》regione[女]; 《アメリカ・オーストラリアの》stato[男]; 《スイスの》cantone[男]; 《大陸》continente[男] ¶五大州 i cinque continenti (◆Europa, Asia, Africa, America e Australia)
✤州都 ⇒見出し語参照
しゅう 周 《回転，一巡》giro[男]; 《周囲，一周》circuito[男]; 《円周》circonferenza[女]; 〘幾何〙《図形の》perimetro[男] ¶周400メートルのトラック pista di 400 metri ¶トラックを5周する fare 5 giri di pista
しゅう 宗 setta[女] ¶真言宗 setta (buddista) Shingon ¶禅宗 setta Zen
しゅう 週 settimana[女] ¶週1回の settimanale ¶週に1回 una volta la [alla] settimana / 《毎週》ogni settimana / ogni sette giorni / settimanalmente ¶週決めで a settimana ¶今週 questa settimana ¶先週 la settimana scorsa [passata] / la scorsa settimana ¶来週 la prossima settimana / la settimana prossima
しゅう 衆 folla[女], moltitudine[女], massa[女] ¶彼は衆に先駆けて仕事をする. Lui fa il lavoro prima degli altri. ¶彼らは衆を頼んで攻めて来た. Ci attaccarono facendo affidamento sulla loro superiorità numerica.
しゆう 市有 ◇市有の municipale, comunale
✤市有化 ◇市有化する municipalizzare
市有財産 beni[男][複] di proprietà del comune
しゆう 私有 proprietà[女] privata
✤私有財産 (beni[男][複] di) proprietà[女] privata
私有財産制度 sistem*a*[男][複 -*i*] della proprietà privata
私有地 terreno[男] privato ¶「私有地につき立ち入り禁止」《掲示》"Proprietà privata. Ingresso vietato"
しゆう 雌雄 **1**《雌と雄》ma*schio*[男][複 -*schi*] e femmina[女], i due sessi[男][複] ¶雛(ひな)の雌雄鑑別 determinazione del sesso dei pulcini
2《勝負》vittoria[女] o sconfitta[女], supremazia[女], sopravvento[男] ¶雌雄を決する risolvere [decidere] gareggiando
✤雌雄異株(いしゅ)〘植〙dioicismo[男] ◇雌雄異株の dioi*co* [[男]複 -*ci*]
雌雄同株(どうしゅ)〘植〙monoicismo[男] ◇雌雄同株の monoi*co* [[男]複 -*ci*]
雌雄同体 〘生〙ermafroditismo[男], ermafrodi-

し

ṣmo[男] ◇雌雄同体の ermafrodito, androgino

じゅう 十・拾 dieci[男] ¶ 10番目の decimo ¶ 10倍の decuplo ¶ 10分の1 un decimo ¶ 10分の3 tre decimi ¶《約》10人の人 una decina di persone ¶ 10年間 decennio / dieci anni ¶ 10年ごと[10年間]の decennale ¶ 10周年記念祭 decennale ¶ 10歳である avere dieci anni / essere decenn*e* ¶ 10倍する decuplicare ¶その会社はうちより10倍も売り上げがある. Quella ditta ha un volume d'affari dieci volte superiore al nostro.

じゅう 柔 ¶柔よく剛を制す.《諺》"Una quercia può spezzarsi, ma una canna resiste alla tempesta."

じゅう 従 ◇従の subordinato, secondar*io* [[男]複 *-i*] ¶名を重んじ金もうけを従とした. Ho subordinato il far soldi alla reputazione.

じゅう 銃 fucile[男] ¶銃を構える spianare[puntare] il fucile《に contro》/ imbracciare il fucile ¶銃を担う portare il fucile in spalla

-じゅう -中 **1**《その場所全部》 ¶日本中 in tutto il Giappone ¶部屋中を探す cercare per tutta la stanza ¶そこいら中を探す cercare dappertutto [ovunque] ¶世界中を旅行する girare il mondo in lungo e in largo [per lungo e per largo] ¶町中がお祭り気分だ. In tutta la città regna [aleggia] un'atmosfera festosa. ¶家中がインフルエンザにかかっている. Tutti a casa abbiamo preso l'influenza.
2《その期間ずっと》 ¶一日中 per [durante] tutta la giornata ¶その間中 durante tutto questo tempo **3**《ある期日・時刻までに》entro ¶今日中に in giornata ¶今年中に entro quest'anno

-じゅう -重 ¶二重の doppio ¶三重の triplo / triplice ¶四重の quadruplo ¶五重の quintuplo

じゆう 自由 libertà[女] ◇自由な libero;《自立した》indipendente;《勝手》arbitrar*io* [[男]複 *-i*];《任意》facoltativo ◇自由に liberamente, in libertà; indipendentemente;《好きなように》arbitrariamente, a *proprio* piacere; facoltativamente;《遠慮なく》a *proprio* agio, senza complimenti
¶言論[思想 / 出版 / 信仰]の自由 libertà di parola [pensiero / stampa / culto] ¶〈人〉に自由を与える liberare *qlcu.* / mettere *qlcu.* in libertà / rendere libero *qlcu.* (►liberoは目的語の性・数に合わせて語尾変化する) / affrancare *qlcu.* ¶自由に使える avere *ql.co.* a *propria* disposizione ¶自由に操る《人を》manovrare *qlcu.* / far agire *qlcu.* secondo i *propri* intendimenti / menare *qlcu.* per il naso /《道具などを》maneggiare [uṣare] *ql.co.* con abilità ¶〈人〉の自由を奪う privare *qlcu.* della libertà ¶自由を謳歌する godersi la libertà ¶自由を尊重する rispettare la libertà ¶独立して自由を勝ちとる ottenere l'indipendenza ¶体の自由が利かない essere impedit*o* nei movimenti ¶行くのも行かないのも君の自由だ. Dipende da te [Sei libero di] andare o no. ¶自由にお話しください. Parlate pure francamente [liberamente / senza complimenti]. ¶どうぞご自由に.《好きなように》Faccia come preferisce. / A suo piacere. ¶ご自由にお取りください.《食卓の物を》Servitevi pure! / Si serva pure! ¶「ご自由にお入りください」《掲示》"Ingresso libero" ¶私の自由にはなりません.《金銭的に》È al di fuori delle mie possibilità.

✤**自由意志**〘哲〙libero arbitr*io*[男] [複 *-i*] ¶自由意志で軍隊に入った. Sono entrato di mia spontanea volontà nell'eṣercito.
自由演技〘スポ〙〔英〕performance [perfɔ́rmans] [女][無変] libera
自由化 liberalizzazione[女] ¶貿易を自由化する liberalizzare gli scambi (commerciali)
自由形《水泳の》stile[男] libero
自由業 libera professione[女]
自由競争〘経〙libera concorrenza[女]
自由経済 economia[女] liberista [liberale], liberiṣmo[男]
自由港〘経〙porto[男] franc*o* [複 *-chi*]
自由航行権 libertà[女] dei mari
自由行動 ¶午後は自由行動とします. Nel pomeriggio è prevista un'escursione libera.
自由裁量権〘法〙potere[男] discrezionale
自由詩 versi[男][複] liberi
自由市場〘経〙libero mercato[男], mercato[男] contestabile
自由主義 liberaliṣmo[男];《自由経済論》liberiṣmo[男]
自由主義者 liberalist*a*[男][女] [[男]複 *-i*], liberale[男][女]
自由主義諸国 paeṣi[男][複] liberi [liberali]
自由世界 mondo[男] libero [liberale]
自由の女神 Statua[女] della Libertà
自由貿易 libero scamb*io*[男] [複 *-i*]
自由貿易港〘経〙porto[男] di libero scambio
自由貿易主義 liberoscambiṣmo[男]
自由放任主義 principio[男] del laissez-faire [lesefér]
自由民主党 Partito[男] Liberaldemocratico

じゆう 事由 ragione[女], cauṣa[女] ¶…の事由により a cauṣa [a motivo] di…

しゅうあく 醜悪 ◇醜悪な《行為・心情などが》infame, turpe;《容貌が》brutto, laido;《不快感を与える》diṣgustoso, ripugnante ◇醜悪さ bruttezza[女], laidezza[女];《卑猥》oscenità[女]

じゅうあつ 重圧 pressione[女], peso[男] ¶精神的な重圧を加える eṣercitare una pressione morale su *qlcu.*

しゅうい 周囲 **1**《周り》giro[男], contorno[男];〘幾何〙《図形などの》perimetro[男];《円周》circonferenza[女];《周辺部》periferia[女] ¶池の周囲をぶらつく girare intorno [attorno] a un laghetto ¶周囲を計る miṣurare la circonferenza di *ql.co.* ¶この島の周囲は30キロだ. Quest'iṣola ha 30 km（読み方: trenta chilometri）di circonferenza. ¶家の周囲に垣根が巡らされている. Una siepe circonda la casa.
2《周辺》dintorni[男][複], vicinanze[女][複], paraggi[男][複];《環境》ambiente[男], circostanza[女], atmosfera[女] ◇周囲の circostante; limitrofo; ambientale ◇周囲に intorno [attorno]《の a》¶周囲に目を配る gettare uno ṣguardo intorno [tutto intorno / tutt'intorno] ¶周囲から反対される incontrare l'oppoṣizione degli altri ¶周囲の目がうるさい. La gente può criticare.

じゅうい 獣医 veterinar*io*[男] [[女] *-ia*; [男]複 *-i*],

medico㊚ [複-*ci*] veterinario㊚;《稀》zooiatra㊚ [㊛複-*i*]
❖**獣医学** veterinaria㊛;《稀》zooiatria㊛ ◇獣医学の veterinario㊚[複-*i*];《稀》zooiatrico [複-*ci*]
獣医学部 facoltà㊛ di veterinaria

じゅういち 十一 undici㊚ ¶11年間 undici anni ¶11番目の undicesimo /《文》decimoprimo ¶11分の1 un undicesimo ¶11分の3 tre undicesimi ¶11歳である avere undici anni / essere undicenne

じゅういちがつ 十一月 novembre㊚;《略》nov. ¶11月に in [a / nel mese di] novembre

しゅういつ 秀逸 eccellenza㊛ ¶秀逸な eccellente, superbo

しゅうう 驟雨 rovescio㊚ [複-*sci*] (di pioggia)

しゅうえき 収益 《所得, 収入》reddito㊚;《収入》entrata㊛, introito㊚;《不労所得》rendita㊛;《入金》incasso㊚;《利益》profitto㊚, utile㊚, guadagno㊚ ¶収益の上がる商売 affari lucrosi [rimunerativi / fruttuosi] ¶彼はその取引で大きな収益を上げた. Ha ricavato un grosso utile [guadagno] da quell'affare.
❖**収益金** profitto㊚, incassi㊚[複], ricavo㊚
収益率 tasso㊚ di reddito
収益力 potenziale㊚ di guadagno

しゅうえき 就役 ◇就役する《業務につく》entrare㊚[*es*] in servizio;《船などが》essere messo in servizio

じゅうえき 重液 《化》liquido㊚ pesante

しゅうえん 終焉 **1**《臨終》morte㊛, fine㊛ (della vita) **2**《物事の終わり》¶独裁政治の終焉 fine della dittatura

しゅうえん 終演 fine㊛ di uno spettacolo ¶終演時間が予定より30分遅くなった. Lo spettacolo è terminato con 30 minuti di ritardo rispetto al previsto.

じゅうおう 縦横 ◇縦横に《たてよこに》verticalmente e orizzontalmente;《四方八方に》in tutte le direzioni, in lungo e in largo, in tutti i sensi, dappertutto;《自由自在に》liberamente, facilmente ¶運河が縦横に通じている町 città solcata [intersecata] da (una rete di) canali
◇**縦横無尽** ¶彼は会社で縦横無尽の活躍をしている. Svolge un'attività assai intensa nell'azienda.

じゅうおく 十億 un miliardo㊚ ¶10億円 un miliardo di yen ¶10億番目の miliardesimo ¶10億分の1 un miliardesimo

しゅうか 衆寡 ¶衆寡敵せず我々は敗れた. Siamo stati schiacciati da forze preponderanti.

しゅうか 集荷 raggruppamento㊚ (di merci per la spedizione); raccolta㊛ di un carico ◇集荷する raggruppare *ql.co.*; fare la raccolta di *ql.co.*

じゅうか 銃火 fuoco㊚ [複-*chi*] di fucileria ¶敵の銃火を浴びる essere sotto il [esporsi al] fuoco del nemico ¶敵と銃火を交える scambiare colpi d'arma da fuoco col nemico

じゅうか 銃架 rastrelliera㊛ per fucili

しゅうかい 周回 ¶池を周回する fare il giro di un laghetto ¶周回遅れのランナー corridore 「in ritardo di un giro [doppiato]

❖**周回コース** circuito㊚

しゅうかい 集会 raduno㊚ ¶集会の自由 libertà di associazione e di riunione ¶政治集会 raduno politico ¶抗議集会 riunione di protesta ¶不法集会 adunata sediziosa ¶集会に参加する partecipare a un raduno
❖**集会室** sala㊛ (per) riunioni

しゅうかいがん 集塊岩《地質》agglomerato㊚
しゅうかいどう 秋海棠《植》begonia㊛
しゅうかエチル 臭化エチル《化》etilbromuro㊚

じゅうかがくこうぎょう 重化学工業 industria㊛ chimica pesante
❖**重化学工業化** industrializzazione㊛ basata sullo sviluppo del settore della chimica pesante

しゅうかぎん 臭化銀 《化》bromuro㊚ d'argento

しゅうかく 収穫 **1**《農作物の》raccolta㊛;《穀類の》mietitura㊛, raccolto㊚;《ぶどうの》vendemmia㊛;《葉タバコの》raccolto㊚, messe㊛ ◇収穫する raccogliere;《刈り入れる》mietere ¶ぶどうを収穫する vendemmiare l'uva / vendemmiare㊚ [*av*] ¶この畑は収穫が多い [少ない]. Questo campo dà un raccolto abbondante [scarso]. ¶わが国では年に1000万トン以上の米の収穫がある. Il nostro paese produce più di dieci milioni di tonnellate di riso l'anno.
2《努力の成果》frutto㊚ ¶今度のイタリア旅行は私にとって大きな収穫となった. Il mio recente viaggio in Italia è stato molto proficuo [fruttuoso].
❖**収穫期** stagione㊛ del raccolto [della mietitura];《ぶどうの》tempo㊚ della vendemmia
収穫高 《生産額》produzione㊛;《土地の生産性》rendimento㊚ (di un terreno) ¶1ヘクタール当たりの収穫高 rendimento d'un terreno per ettaro

しゅうがく 修学 studio㊚, studi㊚[複]
❖**修学年限** durata㊛ degli studi ¶修学年限を2年オーバーして卒業する laurearsi「con due anni di ritardo [due anni fuori corso]
修学旅行 gita㊛ scolastica

しゅうがく 就学 ◇就学する frequentare una scuola
❖**就学義務年限** obbligo㊚ scolastico
就学児童 scolaro㊚ [㊛-*a*] ¶未就学児童 bambini di età prescolare
就学年齢 età㊛ scolare
就学率 tasso㊚ di frequenza scolastica

じゅうかぜい 従価税 imposta㊛ ad valorem
じゅうがつ 十月 ottobre㊚;《略》ott. ¶10月に in [a / nel mese di] ottobre

しゅうかぶつ 臭化物 《化》bromuro㊚
しゅうかん 収監 imprigionamento㊚, incarcerazione㊛ ◇収監する imprigionare *qlcu.*, incarcerare *qlcu.*
❖**収監状** ordine㊚ di carcerazione, mandato㊚ d'arresto [di cattura]

しゅうかん 習慣 《習癖》abitudine㊛;《しきたり》consuetudine㊛, usanza㊛, costume㊚, uso㊚;《慣習, 因習》convenzione㊛;《惰性的な》《仏》routine [rutín]㊛[無変]; tran tran㊚[無変] ◇習慣的

しゅうかん 週間　abituale; consueto, usuale, consuetudinar*io*働 複 -*i*〕; convenzionale ◇習慣的に《いつも》abitualmente;《習慣による》per abitudine, di consueto; convenzionalmente ¶古い習慣 vecchia abitudine / lunga consuetudine ¶習慣に反した contrario alle consuetudini ¶習慣に従う seguire le [attenersi alle / conformarsi alle] usanze ¶世間の習慣に外れる staccarsi dalle [abbandonare le] usanze comuni ¶悪い習慣がつく《人が主語》prendere una cattiva [brutta] abitudine ¶…する習慣がある avere l'abitudine di + 不定詞 ¶悪い習慣を断つ abbandonare [liberarsi di / 《改める》correggere] una brutta abitudine ¶子供に読書の習慣をつけさせる abituare un bambino alla lettura ¶早起きの習慣がついた。Ho preso l'abitudine di alzarmi presto la mattina. ¶私はイタリアの習慣に慣れた。Mi sono abituato alle usanze italiane.

❖**習慣性** ¶この薬は習慣性がある。Questa medicina provoca assuefazione.

しゅうかん 週刊 ◇週刊の settimanale

❖**週刊誌** rivista働 [pubblicazione働] settimanale, settimanale

しゅうかん 週間　settimana働　◇週間の settimanale ¶1週間 una settimana ¶交通安全週間 settimana della sicurezza stradale ¶週間ニュース notizie settimanali ¶2週間後に《今から》fra due settimane / fra qu*i*ndici giorni /《ある時点から》due settimane dopo / dopo due settimane

じゅうかん 縦貫 ◇縦貫する attraversare *ql.co.* da un capo all'altro ¶大陸縦貫鉄道 ferrovia transcontinentale

じゅうがん 銃眼 ferit*oi*a働

しゅうき 周期 《サイクル》cicl*o*働;《1サイクルの時間》per*io*do働;《天》《公転の》rivoluzione働 ◇周期的 period*i*co〔働 複 -*ci*〕, c*i*clico〔働 複 -*ci*〕◇周期的に periodicamente, ciclicamente ¶この現象は3年周期に起こる。Questo fenomeno ricorre ogni 3 anni.

❖**周期運動** moto働 peri*o*dico

周期関数《数》funzione働 peri*o*dica

周期数《性》periodicità働

周期表《化》tavola働 peri*o*dica

周期律 legge働 peri*o*dica, legge働 di Mendeleev

しゅうき 臭気 cattivo odore働, fetore働, puzzo働, tanfo働 ¶臭気を放つ puzzare〔働 *av*〕/ emanare puzzo [cattivo odore] ¶臭気を抜く togliere a *ql.co.* il cattivo odore ¶臭気紛々たる puzzolente / maleodorante

しゅうぎ 祝儀　**1**《結婚式》matrim*o*ni*o*〔働 複 -*i*〕;《祝いの儀式》cerim*o*nia働, celebrazione働　**2**《チップ》manc*i*a〔働 複 -*ce*〕;《祝いのお金》offerta働 di denaro ¶祝儀をやる dare la [una] mancia a *qlcu.*

❖**祝儀袋** busta働 speciale per l'offerta di denaro

しゅうぎ 衆議 consultazione働 generale ¶衆議一決…ということになった。È stato deciso all'unanimità che…

じゅうき 什器 《家具類》m*o*bili働 [複];《道具類》utens*i*li働 [複]

じゅうき 銃器 《小銃・ピストルの類》armi働 [複] leggere

❖**銃器携帯許可**(**証**) porto働 d'armi

しゅうぎいん 衆議院 C*a*mera働 dei Rappresentanti; C*a*mera働 Bassa

❖**衆議院議員** deputat*o*働 [働 -*a, -essa*]

しゅうきゅう 週休 vacanza働 [giorno働 di riposo] settimanale

❖**週休2日制** sist*e*ma働 della settimana corta [di 5 giorni lavorativi] (◆イタリアでは, settimana corta は, 金曜も休みか半日就業) ¶この会社は週休2日制だ。Questa ditta adotta il sistema della settimana corta.

しゅうきゅう 週給 sal*a*r*io*〔働 複 -*i*〕 [paga働] settimanale

❖**週給制** sist*e*ma働 di paga settimanale

じゅうきゅう 十九 ◇第19 19番目の diciannov*e*simo ¶19分の1 un diciannov*e*simo ¶19分の3 tre diciannov*e*simi ¶19歳である avere diciannove anni / essere diciannovenne

じゅうきょ 住居《住まい》domic*i*l*io*〔働 複 -*i*〕, dim*o*ra働, residenza働, abitazione働, all*o*ggi*o*〔働 複 -*gi*〕¶住居を定める stabilire [fissare] la *propria* dimora《に a, in》¶住居を変更する cambiare dimora

❖**住居手当** indennità働 di alloggio

住居費 spese働 [複] di alloggio

しゅうきょう 宗教　religione働, culto働 ◇宗教(上)の religioso ¶新興宗教 nuova「setta religiosa [religione] ¶自然[原始]宗教 religione naturale [primitiva] ¶宗教の自由 libertà di culto ¶宗教を禁止する bandire [mettere al bando / proscrivere] una religione ¶宗教を信じる abbracciare [credere in] una religione ¶宗教を捨てる abiurare [rinnegare] una religione ¶あなたの宗教は何ですか。Qual è la sua religione? ¶あなたは宗教を信じていますか。Lei è credente? / Lei professa una religione? ¶私は無宗教です。Non professo alcuna religione. /《無神論者》Sono ateo.

❖**宗教音楽** m*u*sica働 sacra [religiosa]

宗教家 religios*o*働 [働 -*a*]

宗教画 pittura働 sacra, dipinto a sfondo religioso

宗教界 mondo働 [ambiente働] religioso

宗教改革《史》Riforma働 (protestante) ¶反[対抗]宗教改革《史》Controriforma

宗教会議《カト》Conc*i*l*io*〔働 複 -*i*〕

宗教学 st*u*d*io*〔働 複 -*i*〕 della religione;《神学》teologia働

宗教劇 dramm*a*〔働 複 -*i*〕religioso [sacro]

宗教裁判《カト》Inquisizione働

宗教史 storia働 delle religioni

宗教心 ¶宗教心のある[ない]人 persona religiosa [irreligiosa]

宗教性 religiosità働

宗教戦争《史》《フランスの》Guerre働 [複] di Religione;《一般に》guerra働 di religione

宗教団体 gruppo働 religioso

宗教哲学 filosofia働 della religione

宗教文学 letteratura働 religiosa

宗教法人 istituto働 religioso con personalità

giuridica
宗教問題 problem*a*[男][複 -*i*] religioso

しゅうぎょう 修業 ◇修業する studiare[自][*av*], proseguire i *propri* studi; terminare gli studi
✤修業証書 diplom*a*[男][複 -*i*]; 《ある特定課目の》 certificato[男] di studio
修業年限 durata[女] degli studi

しゅうぎょう 終業 《仕事の》 fine[女] del lavoro; 《学校の》 fine[女] di un anno scolastico; 《閉店》 chiusura[女]
✤終業時間 orar*io*[男][複 -*i*] di chiusura
終業式 cerimonia[女] della fine del quadrimestre

しゅうぎょう 就業 ◇就業する mettersi al [iniziare il] lavoro, accingersi a lavorare ¶就業中である essere al lavoro
✤就業規則 regolamento[男] di un ufficio [《工場》 di fabbrica]
就業時間 orar*io*[男][複 -*i*] di lavoro
就業人口 forza[女] lavoro
就業日 giorno[男] lavorativo [feriale]

じゅうぎょういん 従業員 《労働者》 lavorat*ore*[男][女 -*trice*]; 《肉体労働者》 opera*io*[男][女 -*ia*; 男複 -*i*]; 《事務員》 impiegat*o*[男][女 -*a*]; 《集合的に》 dipendenti[男][複], personale[男] ¶従業員専用エレベーター ascensore di servizio ¶「従業員専用出入り口」《掲示》 "Entrata riservata al personale"
✤従業員組合 sindacato[男] del personale

しゅうきょく 終曲 〔音〕 finale[男]

しゅうきょく 終局 ultimo stad*io*[男][複 -*i*], fine[女], conclusione[女] ¶終局を迎える avvicinarsi alla conclusione

しゅうきょく 褶曲 〔地質〕 corrugamento[男], piega[女]
✤褶曲運動 corrugamento[男], piegamento[男]
褶曲山脈 catena[女] montuosa originata da corrugamento

しゅうぎょとう 集魚灯 lampara[女]

しゅうきん 集金 incasso[男], riscossione[女] ◇集金する incassare [riscuotere] *ql.co.* da *qlcu.* ¶集金に回る《代金・貸し金の》 andare in giro a riscuotere crediti
✤集金人 esatt*ore*[男][女 -*trice*]

じゅうきんぞく 重金属 〔化〕 metallo[男] pesante

しゅうぐ 衆愚 volg*o*[男][複 -*ghi*], masse[女][複]
✤衆愚政治 demagog*ia*[女][複 -*gie*]

じゅうく 十九 diciannove[男]

ジュークボックス 〔英 jukebox〕〔英〕 jukebox[男][無変]

シュークリーム 〔料〕 bignè[男][無変] alla crema

じゅうクロムさんカリウム 重クロム酸カリウム 〔化〕 bicromato[男] di potassio

じゅうぐん 従軍 ◇従軍する arruolarsi [prestare servizio militare] nell'esercito; 《出征》 essere richiamat*o* sotto le armi
✤従軍慰安婦 prostituta[女] per la truppa
従軍看護婦 infermiera[女] militare
従軍記者 corrispondente[男][女] di guerra
従軍司祭 cappellano[男] militare

しゅうけい 集計 totale[男]; 〔統〕 aggregazione[女] ¶票の集計 computo [conteggio] dei voti ¶投票の中間集計 totale provvisorio dei voti ¶投票を集計する sommare i [fare il totale dei / aggregare i] voti

じゅうけい 重刑 ¶重刑に処する condannare *qlcu.* ad una pena [una punizione] severa

じゅうけいしょう 重軽傷 ferite[女][複] gravi e leggere ¶事故で約30名の重軽傷者が出た. L'incidente ha causato una trentina di feriti fra gravi e leggeri.

しゅうげき 襲撃 attac*co*[男][複 -*chi*], assalto[男], carica[女] ◇襲撃する attaccare, assaltare, assalire ¶敵に襲撃をかける lanciarsi all'assalto del nemico
✤襲撃隊 commando[男][無変]

じゅうげき 銃撃 colpo[男] di fucile, sparo[男], fucilata[女]; 《一斉射撃》 scarica[女] ¶銃撃を加える sparare《に su》/《機銃掃射》 mitragliare

しゅうけつ 終結 fine[女], conclusione[女], termine[男] ◇終結する giungere al termine [alla fine], essere finit*o* [terminat*o* / conclus*o*] ◇終結させる portare a termine [terminare] *ql.co.*

しゅうけつ 集結 concentramento[男], ammassamento[男], adunata[男] ◇集結する radunarsi, ammassarsi, riunirsi, raccogliersi ◇集結させる concentrare
✤集結地点 punto[男] di raccolta [di adunata]

じゅうけつ 充血 〔医〕 congestione[女], ingor*go*[男][複 -*ghi*], iperemia[女] ◇充血する congestionarsi, ingorgarsi; 《目が》 iniettarsi (di sangue) ◇充血させる congestionare, ingorgare ◇充血した congestionato, iniettato (di sangue) ¶充血を取る decongestionare *ql.co.* ¶目が充血しているよ. Hai gli occhi rossi.

じゅうけつきゅうちゅう 住血吸虫 〔動〕 bilarzia[女], schistosom*a*[男][複 -*i*]

しゅうけん 集権 ¶中央集権 accentramento dei poteri

しゅうげん 祝言 matrimon*io*[男][複 -*i*] ¶祝言を挙げる sposarsi (con *qlcu.*)

じゅうけん 銃剣 baionetta[女] ¶銃剣を着ける innestare la baionetta
✤銃剣術 tecnica[女] di combattimento alla baionetta

じゅうご 十五 quindici[男] ¶15年間 quindicennio / quindici anni ¶15日間[ごと]の quindicinale ¶15番目の quindicesimo ¶(約) 15本のばら una quindicina di rose ¶15分の1 un quindicesimo ¶15分の4 quattro quindicesimi ¶15分 un quarto d'ora / quindici minuti ¶15歳である avere quindici anni / essere quindicenn*e*

じゅうご 銃後 《直接戦闘に加わらない人々》 civili[男][複] rimasti in patria (a proteggere il paese); 《戦場の後方》 retroguardia[女]

しゅうこう 周航 《島・大陸の》 circumnavigazione[女], periplo[男]; 《周遊, 巡航》 crociera[女] ◇周航する circumnavigare; fare il periplo《を di》 ¶世界周航 crociera intorno al mondo
✤周航者 circumnavigat*ore*[男][女 -trice]

しゅうこう 就航 ¶東京・鹿児島間にA社の新型機が就航した. Hanno messo in servizio fra Tokyo e Kagoshima l'ultimo modello di aereo della ditta A.

しゅうこう 集光 ◇集光する concentrare raggi di luce su *ql.co.*
✤集光器［レンズ］ condensatore[男]
しゅうごう 集合 **1**《集まること》riunione[女], raduno[男], assembramento[男];〔軍〕adunata[女] ◇集合する riunirsi, assembrarsi; adunarsi ¶集合.《号令》Radunatevi qui! **2**〔数〕insieme[男] ¶有限［無限］集合 insieme finito［infinito］
✤集合時間 ora[女] dell'appuntamento［dell'incontro］
集合住宅 palazzo[男] di appartamenti, palazzina[女]
集合場所 luog*o*[男]［複 -*ghi*］d'incontro［di raduno / di assembramento］
集合名詞〔文法〕nome[男] collettivo（►「gente 人々」など）
集合らっぱ segnale[男] di adunata ¶集合らっぱを吹く suonare l'adunata
集合論〔数〕teoria[女] degli insiemi
じゅうこう 重厚 ◇重厚な grave, austero, dignitoso, ser*io*［[男]複 -*i*］, solenne;《落ち着いた》posato ◇重厚さ gravità[女], austerità[女], dignità[女], solennità[女] ¶重厚な文体 stile grave
じゅうこう 銃口 bocca[女]（d'arma da fuoco）¶銃口を向ける puntare il fucile contro *qlcu.* ¶銃口を突きつける tenere *qlcu.* a bada col fucile
じゅうごう 重合〔化〕polimerizzazione[女] ◇重合させる polimerizzare
✤重合体 polimero[男]
じゅうこうぎょう 重工業 industria[女] pesante
しゅうこうじょうやく 修好条約・修交条約 trattato[男] d'amicizia ¶修好条約を締結する stipulare un trattato d'amicizia
じゅうごや 十五夜 notte[女] di luna piena［di plenilunio］;《中秋の》festa[女] della luna piena（◆15 agosto secondo il calendario lunare）
じゅうこん 重婚〔法〕bigamia[女]
✤重婚罪 bigamia[女]
重婚者 bigam*o*[男]［[女] -*a*］
しゅうさ 収差〔光〕aberrazione[女]（ottica）¶色収差 aberrazione cromatica
ジューサー〔英 juicer〕spremifrutta[男]［無変］, spremiagrumi[男]［無変］
しゅうさい 秀才 persona[女] d'ingegno［di talento］, talento[男], persona[女] brillante
じゅうざい 重罪 ¶重罪を犯す commettere un crimine［un grave reato / una grave infrazione］
✤重罪犯人 criminale[男][女]
しゅうさく 習作 stud*io*[男]［複 -*i*］
しゅうさつ 集札 ritiro[男] dei biglietti ◇集札する ritirare i biglietti
✤集札係 bigliett*aio*[男]［[女] -*ia*; [男]複 -*i*］
じゅうさつ 銃殺 fucilazione[女] ◇銃殺する fucilare *qlcu.*, passare per le armi *qlcu.* ¶銃殺刑に処す condannare *qlcu.* alla fucilazione
しゅうさん 集散 raccolta[女] e distribuzione[女] ◇集散する raccogliere e distribuire *ql.co.*
✤集散地 centro[男] di raccolta e di distribuzione
しゅうさん 蓚酸〔化〕acido[男] ossal*ico*［複 -*ci*］
✤蓚酸塩［エステル］ ossalato[男]
じゅうさん 十三 tredici[男] ¶13年間 tredici anni ¶13番目の tredicesimo ¶13人の人 una tredicina di persone ¶13分の1 un tredicesimo ¶13分の2 due tredicesimi ¶13歳である avere tredici anni / essere tredicenn*e*
しゅうさんしゅぎ 集産主義 collettivismo[男] ◇集産主義的 collettivo
✤集産主義者 collettivist*a*[男][女]［[男]複 -*i*］
じゅうさんや 十三夜 ¶十三夜の月 la luna della tredicesima notte del nono mese del calendario lunare
しゅうし 収支 entrate[女]［複］e uscite[女]［複］, introiti[男]［複］e spese[女]［複］¶国際収支 bilancia dei pagamenti con l'estero ¶収支決算をする saldare［chiudere］i conti ¶収支相償わせる《家計の》riuscire a malapena a far quadrare il bilancio familiare ¶収支が合わない. I conti non quadrano［non si pareggiano］.
✤収支一覧表 bilan*cio*[男]［複 -*ci*］
収支決算表 bilancio[男] di esercizio
収支報告 rendiconto[男] delle entrate e delle uscite
しゅうし 宗旨 **1**《宗教の中心となる教え》dottrina[女] religiosa, credo[男] **2**《宗教》religione[女], culto[男];《宗派》setta[女] ¶宗旨変えをする cambiare religione / convertirsi /《比喩的》cambiare il *proprio* credo［《好み》gusto］¶禅宗に宗旨変えをする convertirsi alla setta *zen*
しゅうし 修士《人》〔英〕master［máster］[男]［無変］;《修士課程》corso[男] di master［di ricerca postlaurea biennale］⇀教育 [用語集] ¶文学［理学］修士 master di Lettere［di Scienze］
✤修士号［論文］ titolo[男]［tesi[女]［無変］］di master
しゅうし 終止 fine[女], termine[男], cessazione[女];〔音〕cadenza[女] ◇終止する《終わる》finire[自]［*es*］, avere fine, terminare[自]［*es*］
✤終止形〔文法〕《日本語の》forma[女] del dizionario
終止線〔音〕doppia stanghetta[女] ⇀楽譜 [図版]
終止符《ピリオド》punto[男]（fermo）¶終止符を打つ《文章に》mettere il punto /《結着をつける》mettere il punto a［porre fine a］*ql.co.*
しゅうし 終始《始めから終わりまで》dall'inizio alla fine;《絶え間なく》senza sosta, senza posa, continuamente, sempre ¶会議はインフレ問題に終始した. La conferenza non si è discostata mai dall'argomento dell'inflazione.
しゅうじ 修辞 retorica[女];《個別の修辞技法》figura[女] retorica ◇修辞の retor*ico*［[男]複 -*ci*］
✤修辞学 retorica[女]
修辞学者 studios*o*[男]［[女] -*a*］di retorica
しゅうじ 習字《字体》calligrafia[女];《練習》esercizi[男]［複］calligrafici ¶習字をする［習う］fare esercizi［prendere lezioni］di calligrafia
✤習字帳 quaderno[男] per esercizi di calligrafia
じゅうし 十四 quattordici[男]
じゅうし 重視 ◇重視する dare importanza a *ql.co.*［*qlcu.*］¶人柄を最も重視する tenere in forte considerazione［in gran conto］il carattere ¶彼の発言は重視された. Le sue parole sono state prese in alta considerazione.
じゅうし 獣脂 grasso[男], sebo[男]
じゅうじ 十字 croce[女] ◇十字に in croce, a

forma di croce ¶十字を切る farsi il segno della croce
✤十字架 croce㊛; 《横縦の長さの等しいもの》croce㊛ greca; 《縦が長いもの》croce㊛ latina ¶十字架に掛ける crocifiggere qlcu. / mettere qlcu. in croce ¶十字架に掛けられたキリスト (Cristo) Crocefisso ¶十字架を背負って生きる《苦難を負って》vivere con la propria croce
十字花科植物〘植〙crocifere㊛〘複〙
十字架像〘図〙crocifisso㊚
十字形 croce㊛, forma㊛ di croce ◇十字形の crociato, cruciforme, crociforme, a forma di croce
十字軍〘史〙crociata㊛, armata㊛ dei crociati
十字砲火 tiro㊚ incrociato
十字路 crocevia㊚〘無変〙; 《交差地点》incrocio㊚〘複 -ci〙 stradale
じゅうじ 従事 ¶研究に従事する occuparsi di [applicarsi a / dedicarsi a] una ricerca
しゅうしいっかん 終始一貫 costantemente, coerentemente, con costanza ¶彼は終始一貫主張を変えなかった。Ha mantenuto il punto dall'inizio alla fine.
じゅうしち 十七 diciassette㊚
しゅうじつ 終日 tutto il giorno, tutta la giornata, dalla mattina alla sera
しゅうじつ 週日 giorno㊚ feriale [lavorativo]
じゅうじつ 充実 ◇充実させる《豊富にする》arricchire; 《完全にする》completare; 《気力などを》rinforzare, rafforzare ◇充実した pieno, ricco〘㊛複 -chi〙, sostanzioso ¶設備が充実している学校 scuola molto ben attrezzata ¶充実したメニュー menù ricco di scelta ¶充実した人生〘1日〙vita [giornata] piena (di soddisfazioni) ¶イタリアで充実した1年間を送った。Ho trascorso in Italia un anno fruttuoso [proficuo]. ¶この図書館は蔵書が充実している。Questa biblioteca è ben fornita.
じゅうしまつ 十姉妹 〘鳥〙 passero㊚ del Giappone, urolonca㊛ domestica
じゅうしゃ 従者 lacché㊚, valletto㊚
しゅうしゅう ◇しゅうしゅういう《ガスなど》 fischiare〘av〙, sibilare㊛〘av〙 ¶しゅうしゅういう音 fischio㊚ / sibilo㊚ ¶やかんのお湯がしゅうしゅうと沸騰していた。 Il bollitore per l'acqua sibilava sul fuoco.
しゅうしゅう 収拾 ◇収拾する aggiustare, regolare, sistemare, mettere ordine in qlco.; 《解決》risolvere; 《調整する, 除去する》appianare ¶紛争を収拾する comporre una vertenza ¶事態は収拾できない。 La situazione è inestricabile [incontrollabile / intricata].
しゅうしゅう 収集・蒐集 1《寄せ集めること》◇収集する raccogliere ¶ごみの収集は週3日行われる。Il servizio di raccolta dei rifiuti viene effettuato 3 giorni alla settimana.
2《趣味や研究で集めること》collezione㊛ ◇収集する fare la collezione di [collezionare] qlco.
✤収集家 collezionista㊚㊛〘㊛複 -i〙
じゅうじゅう ¶フライパンでステーキがじゅうじゅう焼けている。 La bistecca sfrigola in padella.
じゅうじゅう 重重 ¶重々お詫びいたします。Le chiedo mille scuse. / Le faccio tutte le mie scuse. ¶それは重々わかっていますが…. Ne sono pienamente consapevole, ma…
しゅうしゅく 収縮《筋肉や子宮の》contrazione㊛; 《血管や瞳孔の》restringimento㊚ ◇収縮する contrarsi, restringersi ¶通貨収縮〘経〙contrazione della circolazione monetaria
✤収縮筋 muscolo㊚ costrittore, costrittore㊚
収縮性 contrattilità㊛ ◇収縮性の contrattile
しゅうじゅく 習熟 ◇習熟する perfezionarsi in qlco., possedere [conoscere a fondo] qlco. essere padrone [《女性》padrona] di qlco., avere la padronanza di qlco.
✤習熟曲線〘工〙curva㊛ di apprendimento
じゅうじゅん 従順 docilità㊛, dolcezza㊛ ◇従順な docile, ubbidiente, sottomesso; 《優しい》dolce ◇従順に docilmente

じゅうしょ 住所 《あて名》indirizzo㊚; 《居住地》domicilio㊚ [複 -i], recapito㊚ ¶現住所 indirizzo attuale ¶ご住所はどちらですか。Qual è il suo indirizzo? / Dove abita?
✤住所不定 ◇住所不定の senza fissa dimora
住所変更 cambiamento㊚ d'indirizzo [di recapito] ¶住所変更をする cambiare indirizzo
住所録 indirizzario㊚
しゅうしょう 愁傷 ¶ご愁傷さまです。Infinite [Sentite] condoglianze. / La prego di accettare le mie più sincere condoglianze.
じゅうしょう 重症 1《病気が》malattia㊛ [caso㊚] grave ¶重症である essere affetto da una grave malattia / essere gravemente ammalato 2《程度が》 ¶事態は重症だ。La situazione è 「molto grave [critica].
✤重症患者 malato㊚〘㊛ -a〙 grave
じゅうしょう 重唱 ¶二重唱 duetto (vocale) ¶三〘四/五/六/七/八〙重唱 terzetto [quartetto / quintetto / sestetto / settimino / ottetto] vocale
じゅうしょう 重傷 ¶右足に重傷を負う essere gravemente ferito [riportare una grave ferita] alla gamba destra ¶重傷を負わす ferire qlcu. gravemente
✤重傷者 ferito㊚〘㊛ -a〙 grave
じゅうしょう 銃床 calcio㊚〘複 -ci〙 del fucile
じゅうしょうしゅぎ 重商主義〘経〙mercantilismo㊚
✤重商主義者 mercantilista㊚㊛〘㊛複 -i〙
しゅうしょうろうばい 周章狼狽 ◇周章狼狽する essere molto turbato, essere preso dal panico, perdere la testa
しゅうしょく 修飾 1《飾ること》ornamento㊚, decorazione㊛; abbellimento㊚ ¶文章を美辞麗句で修飾する ornare [impreziosire] il linguaggio con parole eleganti ¶彼の話は修飾が多い。Abbellisce spesso i suoi racconti. / 《大げさだ》Nei racconti tende spesso a esagerare.
2〘文法〙modificazione㊛ ◇修飾する modificare, qualificare ¶形容詞は名詞を修飾する。 L'aggettivo qualifica il nome.
✤修飾語 parola㊛ modificatrice [qualificativa]

しゅうしょく 就職 ◇就職する ottenere un impiego [un posto」 ¶就職を世話する procurare un impiego a qlcu. / trovare un impiego [un posto] a qlcu. ¶私は銀行に就職した. Sono stato assunto in banca.

❖**就職活動** ricerca㊛ di un posto di lavoro
就職希望者 aspirante㊚ a un posto
就職口 posto㊚ di lavoro ¶就職口を探す cercare un impiego
就職試験 esame㊚ di ammissione ad una azienda
就職情報誌 rivista㊛ per annunci di lavoro
就職難 ¶今は就職難だ. Attualmente è difficile trovare lavoro.
就職率 tasso㊚ di occupazione

じゅうしょく 住職 superiore㊚[priore㊚] di un tempio buddista
じゅうしょく 重職 posto㊚[mansione㊛ / carica㊛] importante
しゅうしん 修身 morale㊛;《倫理学》etica㊛, buona condotta㊛
しゅうしん 執心 (執着) attaccamento㊚;(熱中) infatuazione㊛ ¶彼は金もうけに執心している. Non desidera che far soldi. ¶彼はその女に執心している. È infatuato di [Va pazzo per] quella donna.
しゅうしん 終身 per tutta la vita, per il resto della (propria) vita

❖**終身会員** membro㊚[socio㊚[㊛ -cia; ㊚複 -ci; ㊛複 -cie]]「a vita [vitalizio [㊚複 -i]]
終身刑 ¶終身刑に処する condannare qlcu. all'ergastolo ¶終身刑の受刑者 ergastolano㊚[㊛ -a]
終身雇用制 sistema㊚ di impiego a vita nella stessa ditta
終身追放 esilio㊚ perpetuo
終身年金 vitalizio㊚, rendita㊛ vitalizia

しゅうしん 終審 giudizio㊚[複 -i] di terzo grado
しゅうしん 就寝 ◇就寝する andare a letto, coricarsi

❖**就寝時刻** ora㊛ di andare a letto [di coricarsi]

しゅうじん 囚人 detenuto㊚[㊛ -a], recluso㊚[㊛ -a], carcerato㊚[㊛ -a], prigioniero㊚[㊛ -a];《終身刑の》ergastolano㊚[㊛ -a]

❖**囚人護送車** (furgone㊚) cellulare㊚
囚人服 tenuta㊛ carceraria

しゅうじん 衆人 ¶衆人環視の中で davanti al pubblico / in pubblico / alla presenza di tutti
しゅうじん 集塵 captazione㊛ delle polveri

❖**集塵装置**《機》collettore㊚ della polvere

じゅうしん 重心 baricentro㊚, centro㊚ di gravità ¶重心を保つ[失う] mantenere [perdere] l'equilibrio ¶重心を取る tenersi [stare] in equilibrio
じゅうしん 重臣 (江戸時代まで) vassallo㊚ maggiore;(明治以後) consigliere㊚[㊛ -a] politico㊚[㊚複 -ci] del trono
じゅうしん 銃身 canna㊛ del fucile
ジュース 〔英 deuce〕《スポ》parità㊛
ジュース 〔英 juice〕(果汁) succo㊚[複 -chi] di frutta;(しぼったもの) spremuta㊛ ¶オレンジジュース succo [spremuta] d'arancia
じゅうすい 重水 《化》acqua㊛ pesante

じゅうすいそ 重水素 《化》deuterio㊚[複 -i], idrogeno㊚ pesante ¶三重水素 trizio
しゅうせい 修正 revisione㊛, modifica㊛, emendamento㊚, rimaneggiamento㊚;(訂正) correzione㊛, rettifica㊛ ◇修正する modificare, rivedere, emendare; rimaneggiare; correggere, rettificare ¶イタリア共和国憲法修正第5条 il Quinto Emendamento alla Costituzione Italiana ¶予算の修正 revisione del bilancio preventivo ¶法案の修正 modifica di un disegno di legge ¶衛星の軌道を修正する correggere l'orbita di un satellite artificiale

❖**修正案** (原案) proposta㊛ di emendamento;(修正された案) emendamento㊚
修正液 bianchetto㊚, correttore㊚ liquido
修正資本主義 capitalismo㊚ modificato
修正主義 revisionismo㊚
修正予算 bilancio㊚[複 -ci] riveduto

しゅうせい 修整 ritocco㊚[複 -chi] ¶写真を修整する ritoccare una fotografia
しゅうせい 終生 (per) tutta la vita ¶私の終生の友 il mio amico per la vita ¶終生の仕事 lavoro di (tutta) una vita ¶ご恩は終生忘れません. Finché vivrò non dimenticherò la sua gentilezza.
しゅうせい 習性 abitudine㊛;《心》comportamento㊚ abituale
しゅうせい 集成 compilazione㊛ ¶カタログを集成する compilare un catalogo
しゅうぜい 収税 esazione㊛[riscossione㊛] delle imposte ◇収税する riscuotere [incassare] le imposte

❖**収税課** sezione㊛ tributaria
収税吏(り) esattore㊚[㊛ -trice] delle imposte

じゅうせい 銃声 sparo㊚, colpo㊚ d'arma da fuoco
じゅうせい 獣性 brutalità㊛, bestialità㊛
じゅうぜい 重税 imposta㊛ onerosa [pesante] ¶重税を課す assoggettare qlcu. ad un'imposta onerosa ¶ぜいたく品に重税を課す colpire con una sovrattassa i generi voluttuari ¶重税に苦しむ lamentarsi sotto il peso di pesanti imposte
しゅうせき 集積 accumulazione㊛, ammucchiamento㊚, ammasso㊚ ◇集積する accumulare, ammucchiare, concentrare, ammassare

❖**集積回路** 《電子》circuito㊚ integrato;(略)〔英〕IC[無変]
集積所 magazzino㊚, deposito㊚

じゅうせき 重責 ¶重責を担う assumersi una pesante responsabilità ¶重責を果たす assolvere un compito che comporta una grande [pesante] responsabilità
じゅうせき 自由席 posto㊚ (a sedere) 「non prenotato [non riservato / libero]
しゅうせん 周旋 (仲介) mediazione㊛;《斡旋(あっせん)》buoni uffici㊚[複], interessamento㊚;(推薦) raccomandazione㊛ ◇周旋する mediare ㊚[av] per qlcu., interessarsi per qlcu.; raccomandare qlcu.

❖**周旋業** mediazione㊛;(土地・家屋の) agenzia㊛ (immobiliare)
周旋人 agente㊛, intermediario㊚[㊚複 -ia; ㊛

複 -*i*], sensale㊚
周旋料 provvigione㊛, commissione㊛
しゅうせん 終戦 fine㊛ della guerra [delle ostilità]
❖**終戦記念日** anniversario㊚ [複 -*i*] [giorno㊚ commemorativo] della fine della guerra ¶ 8月15日は終戦記念日だ. Il 15 agosto è l'anniversario della fine della seconda guerra mondiale.
❖**終戦後** dopo la fine della guerra ◇終戦後の postbellico㊚複 -*ci*]
しゅうぜん 修繕 riparazione㊛
❖**修繕費** spese㊛[複] di riparazione
じゅうせん 縦線《音》stanghetta㊛, sbarra㊛ ¶複縦線 doppia sbarra →楽譜 図版
じゅうぜん 従前→従来
しゅうそ 宗祖 fondatore㊚ [㊛ -*trice*] di una setta religiosa
しゅうそ 臭素《化》bromo㊚;《元素記号》Br
❖**臭素化** bromurazione㊛
しゅうそ 愁訴《医》lamento㊚ ◇愁訴する lamentarsi ¶不定愁訴《医》malessere [indisposizione] generale
じゅうそう 重奏→音楽 用語集 ¶二重奏 duo㊚ [無変] / duetto ¶三[四/五/六/七/八]重奏 trio [quartetto / quintetto / sestetto / settimino / ottetto] (strumentale) (▶それぞれ,「曲」のこともさす) ¶弦楽四重奏 quartetto d'archi
じゅうそう 重曹《化》《炭酸水素ナトリウム》bicarbonato㊚ di sodio
じゅうそう 銃創 ferita㊛ da arma da fuoco
じゅうそう 縦走 seguire la dorsale [il crinale] di una catena di monti
❖**縦走路** cresta㊛, dorsale㊛
しゅうそく 収束 **1**《収まりがつくこと》conclusione㊛ ¶労働争議が収束に向かう. L'agitazione sindacale si avvia a una conclusione. **2**《物・数》convergenza㊛ **3**《電子・光》messa㊛ a fuoco
しゅうそく 終息 termine㊚, fine㊛ ◇終息する finire㊐ [*es*], terminare㊐ [*es*] ¶天然痘は終息をみた. Il vaiolo è stato debellato.
しゅうぞく 習俗 consuetudini㊛[複], usanze㊛[複], costume㊚ ¶古代の習俗を研究する studiare il modo di vivere dei popoli dell'antichità ¶その土地の習俗を見習う seguire le usanze locali
じゅうそく 充足 ¶充足した生活 una vita piena e soddisfacente ¶充足感 senso di pienezza
じゅうぞく 従属 dipendenza㊛, subordinazione㊛, sottomissione㊛ ◇従属する dipendere㊐ [*es*] da *ql.co.* [*qlcu.*], essere alle dipendenze di *ql.co.* [*qlcu.*], sottomettersi [sottostare] a *ql.co.* [*qlcu.*] ◇従属的(な) dipendente
❖**従属国** stato㊚ satellite
従属節《文法》proposizione㊛ subordinata [dipendente]
従属変数《数》variabile㊛ dipendente
じゅうそつ 従卒 attendente㊚ (di un ufficiale)
しゅうたい 醜態 ¶醜態を演ずる fare una figuraccia [una brutta figura] / comportarsi in modo scandaloso [disonorevole / vergognoso]

じゅうたい 重体・重態 ¶重体である essere 「in un grave stato di salute [《病気で》gravemente malato」 ¶彼は今朝重体に陥った. Le sue condizioni si sono aggravate questa mattina.
じゅうたい 渋滞 **1**《交通の》coda㊛; ingorgo㊚ [複 -*ghi*] [imbottigliamento㊚] del traffico [della circolazione], traffico㊚ [複 -*ci*] ¶渋滞を解消するために per decongestionare il traffico ¶この通りは年中渋滞している. C'è sempre molto traffico su questa strada. / Questa strada è sempre congestionata. ¶国道2号線で4km渋滞している. Sulla statale 2 c'è una coda di quattro km. ¶渋滞に巻き込まれて約束に遅刻した. A causa del traffico, sono arrivato tardi all'appuntamento.
2《滞ること》ritardo㊚ ¶仕事が渋滞している. Il lavoro non va avanti.
じゅうたい 縦隊 colonna㊛, fila㊛ ¶8列縦隊に整列する mettersi in colonna per 8 / mettersi su 8 colonne
じゅうだい 十代 ¶十代の若者たち adolescenti /《英》teenager ¶彼はまだ十代だ. Non ha ancora vent'anni.
じゅうだい 重大 ◇重大な《重要》importante;《深刻》grave, serio [複 -*i*];《大きな》grande ¶重大な秘密 segreto importante ¶重大な任務 missione importante ¶極めて重大な出来事 avvenimento della massima importanza ¶重大になる aggravarsi ¶重大な結果をもたらす comportare gravi conseguenze ¶それは重大問題だ. È un problema serio. ¶不況が重大な問題となりつつある. La recessione「si aggrava [peggiora] di giorno in giorno.
❖**重大視** ◇重大視する attribuire [dare] grande importanza a *ql.co.*
重大性《重要》importanza㊛;《深刻》gravità㊛
しゅうたいせい 集大成《編纂》compilazione㊛;《収集》raccolta㊛;《ラ》corpus㊚ [複] ¶民話の集大成 raccolta di leggende folcloristiche ¶ラテン語とギリシア語の碑文の集大成 corpus di iscrizioni latine e greche ¶この本は彼の30年にわたる研究の集大成である. Questo libro raccoglie i risultati di trent'anni di ricerche.
じゅうたく 住宅 abitazione㊛, alloggio㊚ [複 -*gi*], casa㊛, residenza㊛ →建築 用語集 ¶公団住宅《計画的に作られた集合住宅》complesso residenziale /《イタリアの》appartamenti IACP /《団地の》case popolari
❖**住宅街**[地] quartiere㊚ [zona㊛] residenziale
住宅資金[投資] fondi㊚[複] per la casa
住宅手当 indennità㊛ di alloggio
住宅投資 investimenti㊚[複] per la casa
住宅難 scarsità㊛ [penuria㊛] di alloggi
住宅問題 problema㊚ [複 -*i*] della casa [degli alloggi]
住宅ローン mutuo㊚ per la casa
しゅうだつ 収奪 appropriazione㊛ ¶農民から土地を収奪する impadronirsi della terra dei contadini
しゅうだん 集団 gruppo㊚; collettività㊛ ¶小集団 gruppetto ¶集団で[となって] in gruppo / in massa / collettivamente ¶集団を作る formare un gruppo / raggrupparsi

✤**集団安全保障** sicurezza[女] collettiva
集団意識 coscienza[女] collettiva
集団競技 sport[男][無変]［gioc*o*[男][複 -*chi*]］di squadra
集団結婚 matrimon*io*[男][複 -*i*] collettivo
集団強盗《行為》brigantagg*io*[男][複 -*gi*]
集団指導 direzione[女] collegiale
集団就職 affluenza[女] in gruppi di forza lavoro giovanile, con diploma di medie o superiori, dalla campagna alle città（◆ fenomeno non più attuale）
集団心理 psicologia[女] di massa
集団生活 vita[女] collettiva
集団疎開 evacuazione[女] in massa
集団中毒 intossicazione[女] collettiva
集団的自衛権 diritto[男] alla difesa collettiva
集団農場 azienda[女] agricola collettiva;《旧ソ連の》〔ロ〕kolchoz［kólkos］[男][無変]; colcos[男][無変]

じゅうたん 絨毯・絨緞 tappeto[男];《小型の》tappetino[男];《床に敷き詰めた》〔仏〕moquette［mokét］[女][無変] ¶床にじゅうたんを敷く stendere un tappeto sul pavimento ¶空飛ぶじゅうたん tappeto volante
✤**じゅうたん爆撃** bombardamento[男] a tappeto

じゅうだん 銃弾 pallottola[女], proiettile[男]

じゅうだん 縦断 ◇縦断する《縦の切断》tagliare verticalmente;《横断の対》attraversare *ql.co.* per［in］tutta la sua lunghezza ¶日本を縦断する火山脈 catena vulcanica che attraversa le isole del Giappone
✤**縦断面**《製図で》profilo[男]［sezione[女]］longitudinale

しゅうたんそくど 終端速度 〔物〕velocità[女] terminale

しゅうたんば 愁嘆場 scena[女] tragica

しゅうち 周知 ◇周知の ben noto, notor*io*［[男]複 -*i*］ ◇周知させる rendere *ql.co.* noto（►notoは目的語の性・数に合わせて語尾変化する） ¶周知のように come tutti sanno / come è risaputo［universalmente noto］¶周知徹底させる fare rispettare a *qlcu.* le indicazioni date ¶…は周知の事実である. È notorio［È un fatto ben noto］che＋[直説法]

しゅうち 羞恥 vergogna[女];《性的な，また一般に》pudore[男]
✤**羞恥心** pudore[男];《はにかみ》timidezza[女] ¶羞恥心から per pudore ¶彼には羞恥心がない. È senza pudore［vergogna］.

しゅうち 衆知 ¶衆知を集める raccogliere le opinioni di varie persone ¶衆知を集めて…する mettere a profitto l'ingegno di tutti per＋[不定詞] / riunire varie persone per＋[不定詞]

しゅうちゃく 執着 attaccamento[男] ◇執着する essere attaccat*o*［attaccarsi］a *qlcu.*［*ql.co.*］¶執着を絶つ rompere ogni attaccamento a *ql.co.*［a *qlcu.*］¶生命に執着する essere attaccat*o* alla vita / tenere alla *propria* vita ¶私は何の執着もない. Non ho attaccamenti particolari.

しゅうちゃくえき 終着駅 stazione[女] terminale;《始発も含めて》stazione[女] di testa, capolinea[男][無変または複 *capilinea*]

しゅうちゅう 集中 concentrazione[女], concentramento[男];《権力などの》centralizzazione[女], accentramento[男] ◇集中する concentrare, dirigere; centralizzare, accentrare;《精神的に》concentrarsi su *ql.co.* ¶大都会への人口の集中 concentrazione della popolazione nelle grandi città ¶仕事に集中する concentrare la *propria* attenzione sul *proprio* lavoro ¶〈人〉に質問を集中する bombardare［tempestare］*qlcu.* di domande ¶討議はエネルギー問題に集中した. La discussione era imperniata sul problema dell'energia.
✤**集中豪雨** forti piogge[女][複] circoscritte, acquazzone[男] a carattere locale
集中講義 corso[男] intensivo
集中制御 controllo[男] centralizzato
集中治療室 camera[女] di cura intensiva
集中度〔経〕grado[男] di concentrazione
集中排除 decentralizzazione[女]; deconcentrazione[女]
集中砲火 fuoc*o*[男][複 -*chi*] d'artiglieria convergente ¶標的に集中砲火を浴びせる concentrare il fuoco su un obiettivo

しゅうちょう 酋長 capotribù[男][女][[男]複 *capitribù*; [女]無変]

じゅうちん 重鎮《大物》pezzo[男] grosso ¶彼は経済界の重鎮だ. È una figura di primo piano nell'ambiente economico.

しゅうてん 終点 fine[女], termine[男];《鉄道の》ultima stazione[女];《バス・トラム・地下鉄の》capolinea[男][無変または複 *capilinea*]

じゅうてん 充塡 otturazione[女] ◇充塡する otturare
✤**充塡剤** riempitivo[男], carica[女];〔英〕filler[男][無変]

じゅうてん 重点 punto[男] essenziale［fondamentale］¶話の重点 nocciolo di un argomento ¶現代文学を重点的に研究する concentrare i *propri* studi sulla letteratura moderna ¶教育に予算を重点的に配分する dare la priorità all'istruzione nell'assegnare i fondi di bilancio ¶輸出の拡大に重点を置く insistere per un incremento delle esportazioni
✤**重点主義** sistema[男] prioritario

じゅうでん 充電 **1**《電気の》carica[女]（elettrica）di una batteria［di un accumulatore］◇充電する (ri)caricare la batteria ¶充電式電池 batteria ricaricabile **2**《精力の》◇充電する rigenerarsi
✤**充電器** caricabatteria[男][無変]

じゅうでんき 重電機 macchinari[男][複] elettrici pesanti

じゅうでんきかい 重電機械 macchina[女] elettrica pesante

しゅうでんしゃ 終電車 l'ultimo treno[男]［l'ultima corsa[女] /《路面電車》l'ultimo tram[男][無変]］(della notte)

しゅうでんそうち 集電装置 〔電〕apparec*chio*[男][複 -*chi*] collettore di corrente

しゅうと 州都《イタリアの》capoluogo[男][複 *capoluoghi, capiluoghi*] di regione;《アメリカなどの》capitale[女] di uno stato ¶ローマはラツィオ州の州都である. Roma è il capoluogo del Lazio.

しゅうと 宗徒 fedele[男][女], credente[男][女];

しゅうと 舅 suocero㊚

シュート [英 shoot] **1** 《サッカーなどの》tiro㊚ (in porta) ◇シュートする《サッカーなど》tirare [calciare] la palla in porta;《バスケットボール》lanciare la palla nel cesto **2** 《野球で》[英] screw ball《無変》; lancio㊚, [複 -ci] avvitato

ジュート [英 jute]《黄麻》iuta㊛

じゅうど 重度 ◇重度の grave
❖**重度身体障害者** portatore㊚ [㊛ -trice] di grave handicap fisico, grave handicappato [minorato]㊚ [㊛ -a] fisico [㊚複 -ci]

しゅうとう 周到 ◇周到な circospetto, cauto, prudente, scrupoloso, attento ¶周到な計画 piano accuratamente preparato [elaborato]

しゅうどう 修道 ¶修道生活を送る vivere in convento
❖**修道院** convento㊚, monastero㊚;《大修道院》abbazia㊛, badia㊛ ◇修道院の conventuale, monastico [㊚複 -ci]
修道院長《男性》priore㊚; abate㊚;《女性》priora㊛; badessa㊛
修道会 ordine㊚, congregazione㊛
修道士 monaco㊚ [複 -ci,《古》-chi], frate㊚ ¶修道士になる farsi frate / entrare in convento
修道女 monaca㊛, suora㊛ ¶修道女になる prendere il velo / farsi monaca

じゅうとう 充当 stanziamento㊚, assegnazione㊛, attribuzione㊛ ¶ある額を支出に充当する destinare una somma per una spesa ¶…の購入に 5000 ユーロを充当する stanziare 5.000 euro per l'acquisto di ql.co.

じゅうどう 柔道 judo㊚《無変》(◆lotta giapponese, tecnica di lotta per la difesa personale) ¶柔道の道場 palestra㊛ di judo
❖**柔道家** judoka㊚《無変》, judoista㊚ [㊚複 -i]

しゅうとく 拾得 ◇拾得する procurarsi ql.co., trovare ql.co.
❖**拾得物** oggetto㊚ trovato [rinvenuto]

しゅうとく 習得 acquisizione㊛ di conoscenze ¶外国語を習得する apprendere [imparare] una lingua straniera ¶運転を習得する imparare a guidare

しゅうとめ 姑 suocera㊛

じゅうなな 十七 diciassette ¶17番目の diciassettesimo ¶17分の1 un diciassettesimo ¶17分の3 tre diciassettesimi ¶17歳である avere diciassette anni / essere diciassettenne

じゅうなん 柔軟 ◇柔軟な flessibile, elastico [㊚複 -ci], pieghevole ◇柔軟さ [性] flessibilità㊛, elasticità㊛ ¶柔軟に対処する comportarsi con flessibilità con qlcu. / essere flessibile verso qlcu. [ql.co.] ¶柔軟な策を取る adottare una politica di flessibilità ¶彼の頭は柔軟だ. Ha una mente elastica.
❖**柔軟剤** ammorbidente㊚
柔軟体操 flessioni㊛[複] per sciogliere i muscoli

じゅうに 十二 dodici ¶12年間 dodicennio / dodici anni ¶12番目の dodicesimo ¶12分の1 un dodicesimo ¶12分の7 sette dodicesimi ¶12個の卵 una dozzina [dodicina] di uova ¶12歳である avere dodici anni / essere dodicenne ¶黄道十二宮 dodici segni dello zodiaco
❖**12時**《昼》mezzogiorno㊚;《夜》mezzanotte㊛ ¶12時に a mezzogiorno / a mezzanotte
十二音音楽 musica㊛ dodecafonica
十二音技法《音》dodecafonia㊛
十二使徒 i dodici apostoli㊚[複] →使徒 関連
十二面体 dodecaedro㊚

じゅうにがつ 十二月 dicembre㊚;《略》dic. ¶12月に a [in / nel mese di] dicembre

じゅうにし 十二支 dodici segni㊚[複] dell'oroscopo cinese e giapponese →干支(えと) 日本事情

じゅうにしちょう 十二指腸《解》duodeno㊚
❖**十二指腸炎**《医》duodenite㊛
十二指腸潰瘍《医》ulcera㊛ duodenale
十二指腸虫 anchilostoma㊚ [複 -i]

じゅうにひとえ 十二単衣 antico [複 -chi] abito㊚ per dama di corte giapponese

じゅうにぶん 十二分 ¶食糧は十二分にあった. Avevamo cibo più che in abbondanza. ¶十二分にご満足いただけると思います. Sono certo che lei sarà più che soddisfatto.

しゅうにゅう 収入 entrate㊛[複]; introiti㊚[複];《所得》reddito㊚;《入金》introito㊚;《利益》profitto㊚, guadagno㊚ ¶収入の部《会》capitolo delle entrate ¶収入の申告 denuncia㊛ [dichiarazione㊛] dei redditi ¶国庫収入 entrate del Tesoro ¶雑[副]収入 entrate diverse [straordinarie] ¶実[総]収入 entrata netta [lorda] ¶印紙収入《財》entrate da bolli ¶収入になる produrre un reddito / incassare ¶この仕事はたいして収入にならない. Questo lavoro non「è molto redditizio [rende molto]. ¶私は収入が少ない. Le mie entrate sono scarse. ¶わずかな収入で暮らしている. Vivo con un reddito modesto. ¶収入は1か月20万円です. Le mie entrate sono [Ho un reddito] di 200.000 yen al mese.
❖**収入印紙** marca㊛ da bollo (◆収入印紙を貼った官庁への申請書類を, carta㊛ bollata [da bollo / legale]と言う)

しゅうにん 就任 entrata㊛ in carica, insediamento㊚ ◇就任する essere nominato, insediarsi;《社長・所長などに》assumere la direzione di un'impresa;《大臣に》ottenere il portafoglio;《教授に》ottenere una cattedra

じゅうにん 住人 abitante㊚ ¶上の階の住人《アパートなどで》inquilino㊚ [㊛ -a] del piano di sopra

じゅうにん 重任《重大な任務》missione㊛ [incarico㊚[複 -chi] / compito㊚] importante;《再任》rielezione㊛ ◇重任する essere rieletto (▶後に役職名が無冠詞で続く) ¶重任を果たす adempiere una missione importante

じゅうにんといろ 十人十色 "Ognuno ha i suoi gusti [le sue idee]."

じゅうにんなみ 十人並み ¶彼の頭は十人並みだ. Ha un'intelligenza che rientra nella media. ¶彼女の器量は十人並みだ. Non è particolarmente bella, però nemmeno brutta.

しゅうねん 周年 ¶結婚10周年を祝う celebrare il「decimo anniversario [decennale]」di matrimonio ¶今年はモーツァルト生誕250周年だ.

Quest'anno ricorre il duecentocinquantesimo anniversario della nascita di Mozart.
しゅうねん 執念　ossessione㊛, idea fissa《への a +不定詞》◇執念深い tenace, ostinato;《怨み深い》tenace nel rancore, astioso, vendicativo;《すさまじい》accanito ◇執念深く tenacemente, con accanimento ¶執念にとりつかれる essere ossessionato da un'idea fissa ¶執念深く夢を追いつづける seguire instancabilmente il proprio sogno
じゅうねん 十年　dieci anni㊛[複], decennio㊚[複-i]
✤十年一日(ごと)¶彼は十年一日のごとくおもしろくない講義を続けている。Ripete sempre la stessa monotona lezione anno dopo anno.
十年一昔 "Dieci anni sono un secolo."
しゅうのう 収納　1《しまうこと》¶箱に収納する mettere via [sistemare] ql.co. in una scatola ¶この家は収納スペースが少ない。Questa casa non ci sono abbastanza spazi per sistemare le cose. 2《金銭などの》¶支払い金を収納する ricevere un pagamento
✤収納係 ricevente㊚
収納家具（棚）scaffale㊚;《戸棚》armadietto㊚
収納庫 capanno㊚（degli attrezzi）;《屋根だけで囲いのない》tettoia㊛
じゅうのうしゅぎ 重農主義　fisiocrazia㊛
◇重農主義の fisiocratico㊚[㊛複-ci]
✤重農主義者 fisiocrate㊚, fisiocratico㊚[㊛-ca]
しゅうは 周波　ciclo㊚ ¶高[低]周波電流 corrente㊛ ad alta [a bassa] frequenza
✤周波計 ondametro㊚
周波数 frequenza㊛ ¶周波数600キロヘルツで放送する trasmettere sulla frequenza di 600 kHz [kiloérts]
周波数計 frequenzimetro㊚
周波数分配［割り当て］assegnazione㊛ di frequenza
周波数変調（FM）modulazione㊛ di frequenza;（略）［英］FM㊛
しゅうは 宗派　setta㊛ religiosa;《伎芸などの》scuola㊛
✤宗派主義 settarismo㊚
しゅうは 秋波　¶秋波を送る fare gli occhi dolci a qlcu.
しゅうはい 集配　¶郵便物を集配する raccogliere e distribuire la posta [la corrispondenza]
✤集配人 distributore㊚[㊛-trice];（郵便）portalettere㊚[無変];（俗）postino㊚[㊛-a]
じゅうばこ 重箱　gruppo㊚ di scatole laccate poste l'una sopra (o dentro) l'altra
慣用 重箱の隅をほじくる spaccare un capello in quattro, cercare il pelo nell'uovo
しゅうバス 終バス　l'ultimo autobus㊚[無変]（della notte）
じゅうはち 十八　diciotto㊚ ¶18番目の diciottesimo ¶18分の1 un diciottesimo ¶18分の3 tre diciottesimi ¶18歳である avere diciotto anni / essere diciottenne ¶鬼も十八、番茶も出花。(諺) Tutte le donne sono belle quando sono giovani. / "Tutto a tempo debito."
✤18金 oro㊚ a 18 carati

十八番（芸などの）cavallo㊚ di battaglia ¶この歌は彼女の十八番だ。Questa canzone è il suo cavallo di battaglia.
しゅうばん 終盤　¶選挙戦は終盤に入った。La campagna elettorale è entrata nella sua fase finale.
しゅうばん 週番　servizio㊚[複-i] settimanale ¶今週は私が週番だ。Questa settimana sono di servizio.
じゅうはん 重犯　1《重い犯罪》delitto㊚ grave, crimine㊚;（人）criminale㊚ 2《重ねて罪を犯すこと》recidività㊛ in un reato;《常習的に罪を犯すこと》recidiva㊛, recidività㊛;《常習的になされる犯罪》reato㊚ ripetuto;（人）recidivo㊚[㊛-a]
じゅうはん 重版　ristampa㊛;《版を改めての》riedizione㊛ ◇重版する ristampare ql.co.
じゅうはん 従犯　《法》complice㊚
しゅうび 愁眉　¶愁眉を開く essere [sentirsi] sollevato / tirare un respiro di sollievo
じゅうびょう 重病　grave malattia㊛ ¶彼は重病だ。È gravemente malato.
✤重病人 malato㊚[㊛-a] [paziente㊚㊛] grave
しゅうふく 修復　restauro㊚ ◇修復する restaurare ¶建物の［彫刻の］修復 restauro architettonico [scultoreo] ¶修復中である essere in restauro
✤修復家 restauratore㊚[㊛-trice]
修復作業 lavoro㊚ di restauro
じゅうふく 重複 →重複(ちょう)
しゅうぶん 秋分　equinozio㊚[複-i] d'autunno
✤秋分点 punto㊚ equinoziale d'autunno
秋分の日 giorno㊚ dell'equinozio d'autunno
（◆ intorno al 23 settembre）
しゅうぶん 醜聞　scandalo㊚, vergogna㊛ ¶醜聞を引き起こす[暴く] causare [svelare] uno scandalo

じゅうぶん 十分　◇十分な《たくさんの》molto, abbondante;《「十分な…」の形で》abbondanza [un sacco / un mucchio] di;《足りている》sufficiente;《満足すべき》soddisfacente ◇十分に abbastanza, sufficientemente;《たっぷり》ampiamente, abbondantemente, copiosamente;《完全に》pienamente ¶十分考えた上で dopo matura riflessione ¶力を十分に発揮する dare libero sfogo alla propria forza ¶…する時間が十分ある avere tempo a sufficienza per +不定詞 ¶…には十分である essere sufficiente per ql.co. [per +不定詞] / bastare「per ql.co. [a qlcu. / per +不定詞] ¶…しさえすれば十分だ。Basta +不定詞 [che +接続法] /（人が主語で）non avere che da +不定詞 ¶直接来ていただかなくても、お電話いただくだけで十分でしたのに。Bastava che lei telefonasse senza venire di persona. ¶それで十分だ。Basta così. / È sufficiente. ¶もう十分いただきました。《食卓で》Grazie, ho mangiato abbastanza [a sufficienza]. ¶ミラノまで500キロは十分ある。Milano è a 500 km buoni da qui. ¶そのことは十分予想していた。Lo sospettavo [Me l'aspettavo] proprio. ¶彼は十分承知の上で言っているのだ。Sa perfettamente [benissimo] quello che dice. ¶

その点は十分承知しています. Ne sono più che consapevole. ¶歩いて行っても十分間に合う. Anche se ci vai a piedi, farai certamente in tempo.
❖十分条件《数》condizione㊛ sufficiente
じゅうぶん 重文 **1**《文法》proposizione㊛ composta **2** →重要文化財
しゅうへき 習癖 abitudine㊛; vezzo㊚, vizio㊚
しゅうへん 周辺《境目, 囲んでいるもの》cinta㊛;《都市の近郊》periferia㊛;《郊外, 近く》dintorni[無変]; vicinanze㊛[複] ¶ローマの周辺に nei dintorni [nella cinta / nella periferia] di Roma ¶周辺地区 quartieri periferici ¶周辺的な問題 problema marginale
❖周辺機器《コンピュータ》periferica㊛
周辺事態 stato㊚ d'allerta causato da eventi accaduti in territori vicini al Giappone
周辺装置《コンピュータ》unità㊛ periferica
周辺防衛 difesa㊛ dei territori periferici del Giappone
じゅうぼいん 重母音《二重母音》dittongo㊚[複 -ghi];《三重母音》trittongo㊚[複 -ghi]
しゅうほう 週報 bollettino㊚ settimanale
しゅうぼう 衆望 popolarità㊛ ¶衆望に応える rispondere all'aspettativa del pubblico ¶衆望を失う perdere la *propria* popolarità
じゅうほう 銃砲 armi㊛[複] da fuoco
❖銃砲店 negozio㊚[複 -i] di armi, armaiolo㊚
じゅうぼく 従僕 servitore㊚, domestico㊚[複 -ci], valletto㊚, cameriere㊚
シューマイ 焼売 shaomai㊚[無変](◆sorta di ravioli cinesi)
しゅうまく 終幕 **1**《芝居の終わり》calo㊚ del sipario;《最後の幕》ultimo atto㊚;《悲劇の大詰め》catastrofe㊛
2《終局》finale, epilogo㊚[複 -ghi] ¶終幕を迎える avvicinarsi alla fine
しゅうまつ 終末 termine㊚; epilogo㊚[複 -ghi]; fine㊛; conclusione㊛ ¶物語が終末を迎える. La storia si avvia alla conclusione.
❖終末医療 trattamento㊚ dei malati terminali
終末論《神》escatologia㊛ ◇終末論の escatologico㊚[複 -ci]
しゅうまつ 週末《英》weekend [wikénd]㊚[無変], fine settimana㊛[無変] ¶週末を過ごす trascorrere il fine settimana
じゅうまん 十万 centomila㊚ ¶ 10万年 centomila anni ¶ 10万番目の centomillesimo ¶ 10万分の1の centomillesimo ¶ 20万分の1の地図 carta in scala 1:200.000(読み方: uno a duecentomila)
じゅうまん 充満 saturazione㊛, pienezza㊛ ◇充満する《容器が主語で》traboccare㊀[av]《で di》;《気体が》pervadere ql.co.(►ql.co.は容器・場所など) ¶充満した saturo, pieno ¶部屋中にガスが充満している. La stanza è satura di gas.
じゅうみん 住民 abitante㊚㊛;《国籍を持った市民》cittadino㊚[複 -a];《市町村に登録された》residente㊚㊛;《集合的》popolazione㊛
❖住民運動 movimento㊚[campagna] locale
住民税 imposta㊛「di residenza [comunale]」
住民投票 plebiscito㊚;《国民投票》referendum㊚[無変]
住民登録 registrazione㊛ di residenza ¶住民登録をする registrare la residenza
住民票 certificato㊚ anagrafico [複 -ci]
しゅうめい 襲名《歌舞伎俳優などの》successione㊛ nel nome d'arte ¶襲名する ereditare il nome d'arte di *qlcu.* ¶襲名披露 spettacolo organizzato per presentare al pubblico il nome nuovo di un attore(◆ in particolare nel *kabuki*)
じゅうめん 渋面 smorfia㊛ ¶渋面を作る fare una smorfia
じゅうもう 絨毛《解》villo㊚
しゅうもく 衆目 ¶彼の当選は衆目の一致するところだ. Tutti prevedono [pronosticano] che (lui) sarà eletto.
しゅうもん 宗門 religione㊛, culto㊚;《宗派》setta㊛
❖宗門改め inquisizione㊛(e persecuzione㊛)(◆attuata nel periodo Edo per estirpare il cristianesimo)
じゅうもんじ 十文字 croce㊛ →十字 ¶ひもを箱に十文字に掛ける legare un pacco con uno spago incrociato ¶ 2つの道がここで十文字に交差している. In questo punto due strade s'incrociano ad angolo retto.
しゅうや 終夜 tutta la notte
❖終夜運転 ¶終夜運転のバス autobus con servizio notturno
終夜営業《掲示》"Aperto tutta la notte"
終夜灯 lampada㊛ accesa tutta la notte,〔仏〕veilleuse㊛[無変]
しゅうやく 集約 ¶技術[資本]集約型産業 industria ad alta intensità di tecnologia [di capitale]
❖集約農業 agricoltura㊛ intensiva
じゅうやく 重役《取締役》amministratore㊚[㊛ -trice];《一般に》dirigente㊚㊛;《有限・各会社の》gestore㊚[㊛ -trice], gerente㊚㊛;《監査役》revisore㊚ dei conti
❖重役会議 consiglio㊚[複 -gli] d'amministrazione
重役室 ufficio㊚[複 -ci] degli amministratori
じゅうやく 重訳 ritraduzione㊛ ¶この小説は英語から重訳された. Questo romanzo è stato ritradotto da una versione inglese.
しゅうゆ 終油 ¶終油の秘跡を行う《カト》amministrare [dare] a *qlcu.* l'Estrema Unzione(◆ 1965年からは Estrema Unzione のことを Sacramento dell'Unzione degli Infermi という)
じゅうゆ 重油 olio㊚[複 -i] pesante, petrolio㊚[複 -i] greggio[複 -gi] [grezzo];《暖房用》nafta㊛;《内燃機関用》olio㊚ combustibile
しゅうゆう 周遊 giro㊚, viaggio㊚[複 -gi], gita㊛, escursione㊛ ¶ヨーロッパを周遊する fare un viaggio di piacere per l'Europa
❖周遊券 biglietto㊚ per escursionisti
しゅうよう 収用《法》espropriazione㊛ ◇収用する espropriare *qlcu.* di *ql.co.* ¶強制収用 espropriazione forzata
しゅうよう 収容 ◇収容する《入れる》mettere;《宿泊させる》alloggiare; ospitare;《拘禁する》internare, rinchiudere ¶難民を収容する ospitare

dei profughi ¶このスタジアムは6万人収容できる。Questo stadio「può accogliere [ha una capacità di] sessantamila persone.
✤ 収容所《避難所》asilo男, rifugio男《複-gi》;《難民の》campo profughi [無変] ¶強制収容所 campo di concentramento ¶捕虜収容所《第2次世界大戦中のナチス・ドイツの》stalag [stálag]男 [無変]
収容能力 capacità女, ricettività女

しゅうよう 修養《教養》cultura女;《人格の形成》formazione女 del carattere ¶精神修養 esercizi di etica [di morale] ¶修養に努める sforzarsi di coltivare l'ingegno [di perfezionarsi] ¶修養を積んだ人《教養》persona colta [istruita] /《精神的》persona di forte spiritualità

しゅうよう 充用 ◇充用する destinare [assegnare] qlcu. [ql.co.] per uno scopo diverso da quello iniziale

じゅうよう 重用 ¶〈人〉を重用する dare a qlcu. un importante posto di fiducia

じゅうよう 重要 ◇重要な importante, di grande importanza;《本質的な》fondamentale, essenziale ¶重要な問題 grande problema / problema di fondamentale importanza ¶重要な役割 ruolo [parte / funzione] importante ¶極めて重要な estremamente importante / importantissimo / di importanza capitale ¶重要でない poco importante / di poca [scarsa] importanza ¶重要な点だけを考慮に入れる prendere in considerazione solo i punti salienti ¶…することが important は目的語の性・数に合わせて語尾変化する．È importante + 不定詞 [che + 接続法]. ¶この点はまったく重要ではない。Questo punto「non ha alcuna importanza [è irrilevante / non conta niente]. ¶彼は重要な存在だ。Lui è una presenza fondamentale.

✤ 重要産業 industria女 di base, industria女 chiave [無変]
重要参考人 testimone男女 importante
重要視 ◇重要視する considerare ql.co. [qlcu.] importante (▶importante は目的語の性・数に合わせて語尾変化する)
重要書類 documenti男[複] [carte女[複]] importanti
重要人物 personaggio男[複 -gi] importante [influente]
重要性 importanza女
重要度 grado男 di importanza;《優先度》priorità女
重要文化財《美術品》bene男 [《建造物》monumento男] di grande importanza storica

じゅうようし 重陽子《物》deutone男
じゅうよく 獣欲 libidine女 animalesca, lussuria女 brutale
じゅうよん 十四 quattordici男 ¶14番目の quattordicesimo ¶14分の1 un quattordicesimo ¶14分の3 tre quattordicesimi ¶14歳である avere quattordici anni / essere quattordicenne
しゅうらい 襲来 invasione女, attacco男[複 -chi];《急襲》assalto男 ◇襲来する invadere [assalire / attaccare] ql.co. ¶関東地方は台風の襲来を受けた。La zona del Kanto è stata colpita da un tifone.
じゅうらい 従来 fin qui, fino a questo punto, fino a questo momento;《伝統的に》tradizionalmente ¶従来どおり come prima / come in passato ¶従来どおりの abituale
しゅうらく 集落 **1**《人家が集まっているところ》borgo男[複 -ghi];《村落, 部落》villaggio男[複 -gi] **2**《生》colonia女
しゅうらん 収攬 ¶人心を収攬する conquistare il cuore [l'affetto] della gente
じゅうらん 縦覧《目を通すこと》esame男 ◇縦覧する esaminare ¶縦覧に供してある essere sottoposto alla visione del pubblico

しゅうり 修理《機械類の》riparazione女;《道路などの》rifacimento男;《保守》manutenzione女 ◇修理する riparare [accomodare / aggiustare] ql.co.;《修理してもらう》farsi riparare [accomodare / aggiustare] ql.co. da qlcu. ¶修理できない irreparabile / inaggiustabile ¶修理に出す portare [mandare] ql.co. a far riparare ¶修理を要する avere bisogno di essere riparato ¶この時計はもう修理ができない。Quest'orologio non si può più riparare. ¶エレベーターは修理中だ。L'ascensore è in (corso di) manutenzione.

✤ 修理工 riparatore男 [女 -trice], operaio男 [-ia, 男複 -i] addetto alla riparazione
修理工場 officina女 di riparazioni
修理費 costo男 [《出費》spese女[複]] di riparazione

しゅうりつ 収率《化》resa女, rendimento男
しゅうりつ 州立 ◇州立の regionale;《アメリカの》statale ¶州立大学 università regionale
しゅうりょう 修了 fine女 degli studi ◇修了する terminare gli studi;《修了証書を得る》diplomarsi

✤ 修了証書《大学の》diploma男[複 -i] di laurea;《ある課程の》attestato男 di frequenza

しゅうりょう 終了 fine女, termine男; conclusione女
じゅうりょう 重量 peso男 ¶重量を量る pesare [calcolare il peso di / determinare il peso di] ql.co. ¶重量は20キロだ。Pesa [Ha un peso di] 20 kg. ¶正味[制限 / 総]重量 peso netto [massimo consentito / lordo]

✤ 重量挙げ《スポ》pesistica女, sollevamento男 pesi
重量挙げ選手 pesista男女[男複 -i], sollevatore男 [女 -trice] di pesi
重量感 ◇重量感のある pesante, massiccio男 [複 -ci]
重量制《スポ》divisione女 in categorie di peso
重量制限 limite男 di peso
重量超過 superamento男 del peso;《手荷物の》bagaglio男[複 -gli] eccedente
重量分析《化》analisi女[無変] chimica quantitativa ponderale, analisi女[無変] gravimetrica
重量モル濃度《化》molalità女

じゅうりょうぜい 従量税 imposta女 specifica
じゅうりょく 重力《物》gravità女;《引力》gravitazione女 ¶重力の中心 centro di gravità / baricentro ¶無重力状態 stato di assenza

di gravità ¶重力の法則 leggi di [della] gravità ¶重力に逆らう sfidare la forza di gravità
❖重力計 gravimetro*男*
重力ダム diga*女* a gravità
重力単位 unità*女* gravimetrica
重力波 《物》 onde*女* [複] gravitazionali

じゅうりん 蹂躙 《国土の》 devastazione*女*; 《法律・権利の》 violazione*女*, oltraggio*男* [複 -gi], offesa*女* ◇蹂躙する《踏みにじる》 calpestare; 《荒らす》 devastare, sconvolgere, distruggere; 《侵入する》 invadere; 《侵害する》 calpestare [violare / ledere] *qlcu.*, recare offesa a *qlcu.* ¶人権蹂躙 violazione dei diritti dell'uomo

シュール ◇シュールな surreale, surrealistico [複 -ci]

ジュール 〔英 joule〕 《物》〔英〕joule [dʒaul]*男* [無変]; 《記号》J ¶ジュールの法則 legge di Joule
❖ジュール効果 effetto*男* Joule [無変]
ジュール熱 calore*男* Joule [無変]

シュールレアリスム 〔仏 surréalisme〕 surrealismo*男* ◇シュールレアリスムの芸術家 surrealista*男**女* [複 -i]

しゅうれい 秀麗 ¶眉目秀麗である avere un bell'aspetto / essere di bell'aspetto

じゅうれつ 縦列 fila*女*
❖縦列駐車 parcheggio*男* in fila

しゅうれっしゃ 終列車 l'ultimo treno*男* (della notte)

しゅうれん 収斂 **1**《物・数》 convergenza*女* **2**《医》 ◇収斂性 astringenza*女* ◇収斂性の astringente
❖収斂剤 《医》 astringente*男*
収斂用化粧水 lozione*女* facciale rassodante
収斂レンズ 《光》 lente*女* convergente

しゅうれん 修練 addestramento*男*, allenamento*男*, esercizio*男* [複 -i] ¶修練をして addestrarsi a + 不定詞 / esercitarsi in [nell'arte di] + 不定詞

しゅうろう 就労 ◇就労する《仕事に掛かる》 cominciare il lavoro, cominciare a lavorare; 《仕事をする》 lavorare [av]; 《雇用される》 essere impiegato
❖就労日数 numero*男* dei giorni lavorativi
就労ビザ visto di lavoro

じゅうろうどう 重労働 lavoro*男* pesante [faticoso]; 《刑罰として》 lavori*男* [複] forzati (▶「大変な仕事」の意味もある)

しゅうろく 収録 registrazione*女* ◇収録する《記載する》 annotare; 《録音・録画する》 registrare ¶選集に物語をいくつか収録する raccogliere dei racconti in un'antologia ¶辞書にはこの新語は収録されていない. Il dizionario non riporta [contiene / comprende] questo neologismo. ¶番組の収録は9時から始めます. La registrazione del programma inizierà alle 9.

しゅうろく 集録 compilazione*女* ◇集録する compilare; raccogliere, riunire ¶この本は彼が残した随筆の集録だ. Questo libro è una raccolta postuma dei suoi saggi.

じゅうろく 十六 sedici ¶16歳である avere sedici anni / essere sedicenne ¶16番目の sedicesimo ¶16分の1 un sedicesimo ¶16分の7 sette sedicesimi
❖十六進法 《数》 sistema*男* di numerazione esadecimale
十六分音符 《音》 semicroma, sedicesimo*男*
十六分休符 pausa*女* di semicroma [di sedicesima]
16ミリ映画 film*男* [無変] a 16 mm (読み方: sedici millimetri)

しゅうわい 収賄 corruzione*女*; 《公職を利用した恐喝》 concussione*女*; 《法》 prevaricazione*女*, millantato credito*男* ◇収賄する accettare una bustarella, farsi corrompere, farsi comprare ¶収賄容疑で検挙される essere arrestato sotto l'accusa di concussione ¶収賄した者 concussionario*男* [*女* -ia; *男複* -i]
❖収賄罪 corruzione*女*
収賄事件 caso*男* di corruzione [di concussione]

しゅえい 守衛 custode*男*, guardiano*男* [*女* -a]; 《議会などの》 commesso*男*; 《門衛》 portiere*男* [*女* -a]

じゅえき 受益 beneficio*男* [複 -ci]
❖受益者 beneficiario*男* [*女* -ia; *男複* -i]

じゅえき 樹液 《植》 linfa*女*, succhio*男* [複 -chi]

しゅえん 主演 ◇主演する avere la parte「di protagonista」/「di 定冠詞 + 男性名詞」[di primo attore /《女性》di prima attrice], avere una parte di primo piano, essere + 定冠詞 + protagonista / 男性名詞, interpretare la parte [il ruolo] principale ¶ヴィットリオ・ガスマン主演の映画 un film con Vittorio Gassman (come protagonista)
❖主演者 protagonista*男**女* [男複 -i], primo attore*男* [*女* -trice]

しゅえん 酒宴 ¶酒宴を催す dare un banchetto [festino]

しゅおん 主音 《音》 (nota*女*) tonica*女*, nota*女* di chiave ¶上主音 sopratonica

シュガー 〔英 sugar〕 zucchero*男*
❖シュガーポット zuccheriera*女*
シュガーレス non zuccherato, senza zucchero

じゅかい 受戒 《仏教》 ◇受戒する ricevere l'ordinazione buddista, diventare bonzo

じゅかい 授戒 《仏教》 ◇授戒する conferire l'ordinazione buddista a *qlcu.*

じゅかい 樹海 ampia distesa*女* di terreno boscoso

しゅかく 主客 ¶主客転倒する confondere [invertire] 「l'ordine naturale delle cose [le priorità]」

しゅかく 主格 《文法》 nominativo*男*, caso*男* nominativo

じゅがく 儒学 confucianesimo*男* ◇儒学の confuciano
❖儒学者 confuciano*男* [*女* -a]

しゅかん 主幹 ¶編集主幹 redattore*男* [*女* -trice] capo [無変] / caporedattore*男* [*女* caporedattrice; 男複 capiredattori]

しゅかん 主管 competenza*女*
❖主管官庁 autorità*女* [無変]
主管大臣 ministro*男* competente

しゅかん 主観 《哲》 (主観性, 主体性) soggettività*女*; 《主体》 soggetto*男* ◇主観的《意見・判断などが》 soggettivo ◇主観的に soggettivamente

¶それは君の主観だよ. Questo è il tuo parere personale.

❖**主観論**[**主義**] soggettivismo㊚

主観論者[**主義者**] soggettivista㊚㊛[㊥-i]

しゅがん 主眼 scopo㊚[oggetto㊚ / obiettivo㊚] principale

しゅき 手記 memorie㊛[複]; (覚え書き) appunti㊚[複]; quaderno㊚; (日記) diario㊚[複-i]; giornale㊚; (回想録) ricordi㊚[複]

しゅき 酒気 ¶酒気を帯びている. È brillo [alticcio]. / Puzza di alcol. / (酔っ払い) È ubriaco.

❖**酒気帯び運転** guida㊛ in stato di ebbrezza

酒気検知器 apparecchio㊚[複-chi] per il rilevamento del tasso alcolico

しゅぎ 主義 principio㊚[複-i]; (教義) dottrina㊛ ¶主義として per principio ¶主義に忠実である[を守る] restare fedele [tenere fede] ai *propri* principi ¶主義に従って[反して]行動する agire secondo [contro] i *propri* principi ¶主義にもとる contraddire i *propri* principi ¶主義を曲げる derogare ai [venire a compromessi con i] *propri* principi ¶…するのは私の主義ではない. 不定詞+va contro i miei principi. / 不定詞+non è il mio stile.

じゅきゅう 受給 ¶年金を受給する ricevere [avere] una pensione

❖**受給資格** requisiti㊚[複] per poter ricevere *ql.co.*

受給者 ricevente㊚㊛ ¶年金受給者 pensionato㊚[㊛-a]

じゅきゅう 需給 domanda㊛ e offerta㊛ ¶農産物需給の緩和 rallentamento del flusso dei prodotti agricoli ¶需給のバランスが取れている. La domanda e l'offerta si equilibrano.

❖**需給関係** relazione㊛ fra domanda e offerta

しゅきょう 主教 《ギリシア正教の》vescovo㊚

しゅきょう 酒興 ¶酒興に手品をする intrattenere gli intervenuti ad una festa con giochi di prestigio

しゅぎょう 修行 **1** (宗教上の) pratiche㊛[複] ascetiche, ascetismo㊚, austerità㊛[複] religiose ◇**修行する** dedicarsi a pratiche ascetiche **2** (自己を鍛えること) addestramento㊚, allenamento㊚, esercizio㊚[複-i] ◇**修行する** addestrarsi [esercitarsi] a *ql.co.* [a+不定詞], farsi la mano a *ql.co.* ¶修行を積んだ provetto / esperto ¶修行の足りない poco pratico / senza esperienza / inesperto ¶君は修行が足りない. Ti manca l'esperienza [la pratica]. **3** (見習い) tirocinio㊚[複-i], noviziato㊚ ◇**修行する** fare il tirocinio

じゅきょう 儒教 confucianesimo㊚ ◇**儒教の** confuciano ¶儒教の教え dottrina del confucianesimo

じゅぎょう 授業 lezione㊛; (講義) corso㊚ ◇**授業をする** fare lezione [tenere un corso / impartire lezioni] di *ql.co.* a *qlcu.* ¶授業を受ける (小・中・高) seguire le lezioni / (大学) seguire un corso [una lezione] ¶授業をさぼる marinare [bigiare] le lezioni [la scuola] ¶授業中に durante la lezione ¶授業に出る[を休む] andare [non andare] a lezione ¶あまり授業に出ない frequentare irregolarmente ¶授業の準備をする preparare le lezioni ¶今日は授業がない. Oggi non c'è lezione. ¶先生は今授業中である. Il professore sta facendo lezione. ¶授業は8時からだ. Le lezioni cominciano alle otto. ¶授業参観日 giorno di apertura della scuola ai genitori per assistere alle lezioni dei propri figli

❖**授業時間** ore㊛[複] di lezione; durata㊛ delle lezioni

授業放棄 sciopero㊚ degli studenti

授業料 tasse㊛[複] scolastiche [(大学の) universitarie]; (個人授業などの) compenso㊚ per una lezione

しゅぎょく 珠玉 《宝石》gioiello㊚, gemma㊛ ¶珠玉の名編 gemme della letteratura

じゅく 塾 doposcuola㊚[無変] privato; scuola㊛ privata di *soroban*

┌─────日本事情─────塾─┐
│ Doposcuola privati in cui si insegnano │
│ varie materie, in orario extrascolastico. │
│ Attualmente vi si preparano gli studenti │
│ a superare gli esami di ammissione. Pri- │
│ ma degli anni Ottanta vi si insegnavano │
│ soprattutto tecniche particolari o hobby │
│ come l'uso del *soroban* (abaco), *shodo* (cal- │
│ ligrafia), pittura ed altre arti tradizionali │
│ giapponesi. │
│ Questi doposcuola privati creano molti │
│ problemi in quanto il loro costo incide no- │
│ tevolmente sul bilancio familiare, spingo- │
│ no all'accanita concorrenza per gli esami │
│ di ammissione ed in fondo sono un punto │
│ interrogativo sul sistema scolastico giap- │
│ ponese. │
└──────────────────────────────┘

しゅくい 祝意 congratulazioni㊛[複] ¶祝意を表する fare gli auguri di [per] *ql.co.* / felicitarsi con *qlcu.* per *ql.co.*

しゅくえん 祝宴 banchetto㊚, festino㊚, festa㊛, convito㊚ ◇**祝宴を張る** dare un banchetto [una festa / un festino] (per festeggiare *ql.co.* [in onore di *qlcu.*])

しゅくえん 宿怨 ¶宿怨を晴らす vendicarsi di vecchi rancori

しゅくが 祝賀 felicitazioni㊛[複], congratulazioni㊛[複]; (祝典) celebrazione㊛ ◇**祝賀する** festeggiare, celebrare

❖**祝賀会** festa㊛ per celebrare *ql.co.*

祝賀パレード parata㊛ di celebrazione

しゅくがん 宿願 →宿望

じゅくご 熟語 **1** (複合語) parola㊛ composta di più ideogrammi **2** (慣用句) frase㊛ idiomatica, locuzione㊛

しゅくさいじつ 祝祭日 (国の祝日) festa㊛ nazionale; (祭りの日) festa㊛ →祝日

しゅくさつ 縮刷

❖**縮刷版** edizione㊛ in formato ridotto; (ポケット判) edizione㊛ tascabile

しゅくし 祝詞 →祝辞 ¶新年の祝詞を述べる fare gli auguri di Capodanno a *qlcu.*

しゅくじ 祝辞 ¶祝辞を述べる fare [pronunciare] un discorso di congratulazioni [felicitazioni / auguri]

じゅくし 熟視 sguardo[男] fisso [intento] ¶彼はその男を熟視した. Lui ha fissato quell'uomo.

しゅくじつ 祝日 festa[女] nazionale, giorno[男] di festa; giorno[男] festivo (►日曜も含めた言い方) ¶国民の祝日 festa nazionale ¶宗教的祝日 festa religiosa

[関連]
日本の国民の祝日：元日 capodanno[男] (1 gennaio) **成人の日** festa[女] per il compimento della maggiore età (il secondo lunedì di gennaio) **建国記念日** anniversario[男] della fondazione del Giappone (11 febbraio) **春分の日** equinozio[男] di primavera (intorno al 21 marzo) **昭和の日** genetliaco[男] dell'Imperatore Showa (29 aprile) **憲法記念日** anniversario[男] della Costituzione (3 maggio) **みどりの日** festa[女] del verde (4 maggio) **子供の日** festa[女] dei bambini (5 maggio) **海の日** festa[女] del mare (il terzo lunedì di luglio) **敬老の日** festa[女] degli anziani (il terzo lunedì di settembre) **秋分の日** equinozio[男] d'autunno (intorno al 23 settembre) **体育の日** festa[女] dello sport (il secondo lunedì di ottobre) **文化の日** festa[女] della cultura (3 novembre) **勤労感謝の日** festa[女] di ringraziamento per il lavoro (23 novembre) **天皇誕生日** genetliaco[男] dell'Imperatore (23 dicembre)
イタリアの国民の休日(多くは宗教起源のもので,名称も典礼暦上のものをそのまま使っていることが多い)：**元日** capodanno[男] (1月1日) **御公現の祝日** Epifania (1月6日) **復活祭** Pasqua[女] (春分後の最初の満月後の日曜日) **復活の月曜日** Lunedì[男] di Pasqua [dell'Angelo] (復活祭の翌日) **イタリア解放記念日** anniversario[男] della Liberazione (d'Italia) (4月25日) **メーデー** festa[女] del lavoro (5月1日) **イタリア共和国創設記念日** anniversario[男] della fondazione della Repubblica italiana (6月2日) **聖母被昇天の日** Assunzione[女], ferragosto[男] (8月15日) **諸聖人の日** Ognissanti[男] (11月1日) **聖母の無原罪の宿りの日** Immacolata Concezione[女] (12月8日) **クリスマス** Natale[男] (12月25日) **聖ステファノの日** Santo Stefano (12月26日)

しゅくしゃ 宿舎 alloggio[男][複 -gi]; 《兵舎》 caserma[女]

しゅくしゃ 縮写 riduzione[女]; 《縮写されたもの》 copia[女] ridotta ◇縮写する ridurre *ql.co.*, fare una copia ridotta di *ql.co.*

しゅくしゃく 縮尺 scala[女] (di riduzione) ¶縮尺5万分の1の地図 carta in scala 1:50.000 (読み方：uno a cinquantamila) ¶地図を10分の1に縮尺する ridurre una pianta alla scala di 1/10 [1:10 (読み方: uno a dieci)]
✤**縮尺図** carta[女] in scala ridotta
縮尺模型 modello[男] ridotto, plastic*o*[男][複 -*ci*]

しゅくしゅ 宿主 〘生〙 ospite[男]

しゅくじゅう 縮絨 〘織〙 follatura[女]

しゅくしゅく 粛粛 ◇粛々と in rispettoso silenzio

じゅくじゅく ¶傷口からうみがじゅくじゅく出ている. Dalla ferita sta uscendo del pus.

しゅくじょ 淑女 dama[女], gentildonna[女] ¶淑女らしく振る舞う comportarsi da signora [raffinatamente] ¶淑女ぶる darsi arie di gran dama

しゅくしょう 縮小 riduzione[女], diminuzione[女]; 《制限》 limitazione[女] ◇縮小する ridurre, diminuire; limitare ¶軍備縮小 riduzione degli armamenti / disarmo ¶出費を縮小する diminuire [ridurre] le spese ¶人員を縮小する ridurre il personale ¶70％に縮小コピーする ridurre una copia al 70%
✤**縮小再生産** 〘経〙 riproduzione[女] su scala ridotta
縮小辞 〘文法〙 diminutivo[男]; 《縮小形》 forma[女] diminutiva; 《縮小接尾辞》 suffisso[男] diminutivo

しゅくす 祝す ⇒祝う ¶成功を祝します. Congratulazioni per il suo successo!

しゅくず 縮図 riduzione[女] (di un disegno); 《図そのもの》 copia[女] ridotta ¶世界の縮図 mondo in miniatura ¶学校は社会の縮図だ. La scuola è come una società in miniatura.

じゅくす 熟す 《果実・情勢・思想・計画が》 maturare[自][*es*], diventare[自][*es*] matur*o* ◇熟した maturo ¶機の熟すのを待つ attendere il momento propizio [favorevole] ¶機は熟している. Il momento è propizio [fausto].

じゅくすい 熟睡 ◇熟睡する dormire[自][*av*] profondamente; dormire d'un sonno profondo, dormire come un ghiro [come una talpa / della grossa], fare tutto un sonno ¶ゆうべは熟睡した. Stanotte ho fatto proprio una bella dormita.

しゅくせい 粛正 ¶綱紀の粛正を図る imporre una rigida disciplina

しゅくせい 粛清 epurazione[女], purga[女] ◇粛清する epurare, eliminare, liquidare, effettuare un'epurazione, purgare ¶血の粛清 epurazione cruenta

じゅくせい 熟成 maturazione[女], invecchiamento[男]; 《酒類・チーズ・木材などの》 stagionamento[男], stagionatura[女] ◇熟成する stagionarsi ◇熟成した stagionato ¶ワインを熟成させる invecchiare il vino

しゅくだい 宿題 **1** 《家庭でする学習》 compito[男] (a casa [da fare a casa / per casa]) ¶宿題をする fare i compiti ¶休み中の宿題を与える dare [assegnare] i compiti per le vacanze
2 《検討中の問題》 questione[女] [problem*a*[男][複 -*i*]] in sospeso, problema[男] irrisolto [da risolvere] ¶問題は次の会議まで宿題とされた. Abbiamo lasciato la questione in sospeso fino alla prossima riunione.

じゅくたつ 熟達 ⇒熟練

じゅくち 熟知 ¶熟知している conoscere *ql.co.* bene [a fondo / a menadito] / sapere *ql.co.* alla perfezione / essere perfettamente al corrente di *ql.co.*

しゅくちょく 宿直 guardia[女] [sorveglianza[女]] notturna ◇宿直する essere di guardia la notte

❖宿直医 medico㊚ -ci in servizio notturno
宿直員 guardiano㊚ [㊛ -a] [custode㊚㊛] notturno
宿直室 guardiola㊛ notturna
しゅくてき 宿敵 nemico㊚ [㊛ -ca; 複 -ci] mortale, nemico㊚ giurato, nemico [rivale㊚] di lunga data [di sempre]
しゅくてん 祝典 festa㊛ celebrativa, celebrazione㊛;《儀式》cerimonia㊛ ¶…の祝典を挙げる festeggiare ql.co. / commemorare ql.co. / celebrare ql.co.
しゅくでん 祝電 ¶祝電を打つ inviare un telegramma di felicitazioni a qlcu.
しゅくとう 祝禱《キリ》benedizione㊛
じゅくどく 熟読 lettura㊛ approfondita ◇熟読する leggere ql.co. attentamente ¶熟読玩味(がんみ)する leggere ql.co. con gusto
じゅくねん 熟年 ¶熟年の avanti con gli anni (tra i 50 ei 70 anni)
しゅくば 宿場 tappa㊛, luogo㊚ [複 -ghi] di sosta in un viaggio
❖宿場町 città㊛ di sosta
しゅくはい 祝杯 brindisi㊚ ¶祝杯をあげる fare un brindisi / brindare㊀ [av] / alzare il bicchiere ¶計画の成功を[〈人〉のために]祝杯をあげる bere「alla riuscita di un progetto [in onore di qlcu.]
しゅくはく 宿泊 soggiorno㊚, pernottamento㊚ ◇宿泊する soggiornare㊀ [av], alloggiare㊀ [av] ¶宿泊の世話をする assicurare [procurare] un alloggio a qlcu.
❖宿泊者 (ホテルなどの) pensionante㊚㊛; cliente㊚㊛, ospite㊚㊛
宿泊者名簿 registro㊚ d'albergo
宿泊所 casa㊛, alloggio㊚ [複 -gi];〔仏〕pied-à-terre [pjedatér]㊚ [無変] ¶簡易宿泊所 casa con camere in affitto
宿泊料 spese㊛ [複] d'albergo
しゅくふく 祝福《宗》benedizione㊛;(一般に) felicitazioni㊛ [複], vivi auguri㊚ [複] di felicità ◇祝福する《宗教で、また一般に》benedire, dare [impartire] la benedizione a qlcu.;《祝う》rallegrarsi con qlcu. di ql.co. ¶祝福された benedetto ¶神の祝福あらんことを。Dio vi benedica!
しゅくべん 宿便 feci㊛ [複] dure
しゅくほう 祝砲 (fuoco㊚ [複 -chi] a) salva㊛ ¶祝砲を打つ sparare una salva / sparare a salve
しゅくぼう 宿望 desiderio㊚ [複 -i] accarezzato da lungo tempo ¶宿望を達する realizzare un vecchio desiderio
しゅくめい 宿命 fatalità㊛, destino㊚; predestinazione㊛ ¶宿命的 fatale, predestinato ◇宿命的に fatalmente, in modo fatale
じゅくりょ 熟慮 matura riflessione㊛, considerazione㊛ ◇熟慮する ponderare ql.co., riflettere㊀ [av] su ql.co. ¶熟慮の上で dopo matura riflessione
じゅくれん 熟練 abilità㊛ [bravura㊛] acquisita dopo lunga esperienza pratica ◇熟練する acquisire una grande abilità con l'esperienza [la pratica], perfezionarsi [specializzarsi]《に in》¶熟練した esperto [esercitato / provetto / pieno di esperienza]《に in》¶熟練した外科医 chirurgo consumato ¶…に熟練している essere esperto [versato]「in ql.co. [nel + 不定詞] / avere una「lunga pratica [esperienza] di ql.co. ¶この仕事は熟練を要する。Questo lavoro richiede esperienza pratica.
❖熟練工 operaio㊚ [㊛ -ia; ㊚ 複 -i] qualificato [specializzato / esperto]
熟練者 esperto㊚ [㊛ -a], veterano㊚ [㊛ -a]
しゅくん 主君 signore㊚ [㊛ -a], padrone㊚ [㊛ -a];《君主》sovrano㊚ [㊛ -a];《封建君主》signore㊚, feudatario㊚ [複 -i]
しゅくん 殊勲 merito㊚, prodezza㊛, atto㊚ illustre ¶殊勲を立てる《軍人が》rendere un meritorio servigio / compiere gesta illustri
しゅけい 主計 contabile㊚, ragioniere㊚ [㊛ -a], economo㊚ [㊛ -a]
❖主計官 ragioniere㊚ dello stato;〔軍〕ufficiale㊚ dell'amministrazione militare
主計局 ragioneria㊛ generale dello stato
しゅげい 手芸 artigianato㊚ (di cucito, tintura, fiori finti ecc.)
❖手芸品 articolo㊚ fatto a mano
じゅけいしゃ 受刑者 condannato㊚ [㊛ -a]
しゅけん 主権 potestà㊛ suprema, sovranità㊛; potere㊚ sovrano; autorità㊛ sovrana ¶主権の行使 esercizio della sovranità ¶主権を握る avere il potere sovrano ¶国民主権 sovranità del popolo ¶国家主権の侵害 attentato alla sovranità dello Stato ¶国の主権は国民に存する。La sovranità nazionale appartiene al popolo.
❖主権国 nazione㊛ sovrana, paese㊚ sovrano
主権在民 sovranità㊛ popolare
主権者 sovrano㊚ [㊛ -a], governante㊚
じゅけん 受験 ◇受験する sostenere un esame, presentarsi a un esame;《入試》presentarsi all'esame d'ammissione《への a》¶大学を受験する dare l'esame d'ammissione all'università ¶受験中である essere sotto esame ¶受験に成功[失敗]する superare l' [essere bocciato all']esame d'ammissione ¶受験勉強をする prepararsi per l'esame d'ammissione (a una scuola)
❖受験科目 materie㊛ [複] d'esame
受験資格 ¶受験資格がある avere i requisiti necessari per sostenere gli esami
受験地獄 paura㊛ [inferno㊚] degli esami di ammissione
受験者〔生〕candidato㊚ [㊛ -a] (all'esame), esaminando㊚ [㊛ -a]
受験戦争 competizione㊛ accanita per entrare all'università
受験番号[票 / 料] numero㊚ [tesserino / tassa㊛] di iscrizione all'esame di ammissione
じゅけんしほん 授権資本《経》capitale㊚ nominale
しゅご 主語《文法》soggetto㊚ ¶意味上の[形式上の / 文法上の / 真] 主語 soggetto logico [formale / grammaticale / reale] ¶この文の主語は何ですか。Qual è il soggetto di questa frase?
しゅご 守護 **1**《守ること》protezione㊛, tutela㊛;《後ろだて》patrocinio㊚ [複 -i] ◇守護する proteggere; patrocinare, tutelare
2《史》intendenti㊚ [複] delle province inviati

dal governo centrale nel periodo Kamakura (che poi divennero *shugo daimyo* nel periodo Muromachi)
✤**守護者** protet*tore*[男] [[女] *-trice*] ; 《パトロン》 patrono[男]
守護神 divinità[女] tutelare
守護聖人 (santo) patrono[男], santo protettore[男]
守護天使 angelo[男] custode

しゅこう 酒肴 cibo[男] e bevande[女] [複]
✤**酒肴料**《金一封》 denaro[男] in dono

しゅこう 趣向 《アイディア》 idea[女] (ingegnosa [originale]) ; 《工夫》 invenzione[女], astuzia[女]; 《計画》 piano[男], progetto[男], disegno[男] ¶趣向を凝らす meditare un progetto / elaborare un progetto ingegnoso ¶新しい趣向をとり入れる adottare un nuovo piano [progetto] ¶いつもとは趣向を変えて contrariamente al solito

しゅごう 酒豪 forte [accanito] bevi*tore*[男] [[女] *-trice*]

じゅこう 受講 ◇受講する frequentare le lezioni di un corso
✤**受講生[者]** frequenta*tore*[男] [[女] *-trice*] ; studente*e*[男] [[女] *-essa*]
受講料 prezzo[男] delle lezioni ¶受講料を払う pagare le lezioni / versare i soldi delle lezioni

しゅこうぎょう 手工業 industria[女] artigianale; 《工場制手工業》 industria[女] manifatturiera
✤**手工業者** artigiani[男] [複]

しゅこうげい 手工芸 artigianato[男]
✤**手工芸品** oggetti[男] [複] d'artigianato

ジュゴン 〔英 dugong〕〘動〙 dugon*go*[男] [複 *-ghi*], vacca[女] marina [di mare]

しゅさ 主査 presidente[男][女] d'una commissione d'esami

しゅさい 主宰 presidenza[女], direzione[女] ◇主宰する presiedere[他], [自] [*av*], dirigere ¶〈人〉の主宰で sotto la presidenza [direzione] di *qlcu.* ¶劇団を主宰する dirigere un gruppo teatrale
✤**主宰者** presidente[男][女], diret*tore*[男] [[女] *-trice*]

しゅさい 主催 ◇主催する organizzare; 《助成する》 promuovere ¶…の主催によるコンクール concorso organizzato da *qlcu.* ¶…の主催で《中心となって》 su iniziativa di *qlcu.*
✤**主催国** paese[男] organizzatore
主催者 organizza*tore*[男] [[女] *-trice*] ; promo*tore*[男] [[女] *-trice*]

しゅざい 取材 ◇取材する raccogliere informazioni [materiale] ¶史実に取材した小説 romanzo basato su fatti storici
✤**取材源** fonte[女] d'informazione
取材源秘匿(ひとく) segreto[男] sulle fonti d'informazione
取材旅行 viag*gio*[男] [複 *-gi*] per raccogliere informazioni [materiale sul posto]

しゅざん 珠算 ◇珠算をする fare calcoli [calcolare] con l'abaco [con il pallottoliere]

しゅさんち 主産地 centro[男] principale di produzione

しゅし 主旨 tema[男] ¶主旨を外さない non divagare dal tema ¶そういう主旨の手紙をもらいました. Ho ricevuto una lettera con questo contenuto.

しゅし 種子 seme[男]
✤**種子植物** 〘植〙 (pianta[女]) spermatofita[女]

しゅし 趣旨 《話者・筆者の意図》 intenzione[女], intento[男], intendimento[男], proposito[男]; 《考え》 idea[女]; 《目的》 scopo[男], oggetto[男]; 《意味》 senso[男], significato[男]; 《文書の中心となる内容》 sostanza[女] ¶問題の趣旨 punto principale di un problema ¶演説の趣旨 argomento di un discorso ¶計画の趣旨 intenzione [direzione] del progetto ¶ご趣旨はよくわかりました. Ho afferrato molto bene il suo punto.

しゅじ 主事 segreta*rio*[男] [[女] *-ia*; [男]複 *-i*] generale; 《学校・公共団体の》 segretario[男] amministrativo

じゅし 樹脂 resina[女] ¶合成樹脂 resina sintetica ¶樹脂に富んだ木 albero resinoso
✤**樹脂化** resinificazione[女]
樹脂加工 resinatura[女]

しゅじい 主治医 《担当医》 medi*co*[男] [複 *-ci*] curante; 《掛かり付けの医者》 medico[男] di famiglia

しゅじく 主軸 asse[男]; 〘機〙 albero[男] principale

しゅしゃ 手写 copiatura[女] a mano ◇手写する copiare a mano
✤**手写本** manoscritto[男]

しゅしゃ 取捨 selezione[女], scelta[女] ¶取捨選択する selezionare / scegliere / fare una selezione

しゅじゅ 種種 ◇種々の diverso, differente, va*rio* [[男] 複 *-i*], molteplice; ogni sorta di; di ogni sorta, di tutte le specie ¶種々の理由で per vari motivi

じゅじゅ 授受 trasferimento[男]; 《権力の》 passag*gio*[男] [複 *-gi*] ¶金銭の授受 il dare e/o ricevere denaro ¶財産の授受 trasferimento di proprietà

しゅじゅう 主従 signore[男] e servitore[男], padrone[男] e domesti*co*[男] [複 *-ci*], principale[男][女] e dipendente[男][女]

しゅじゅつ 手術 〘医〙 operazione[女] chirurgica, intervento[男] chirurgi*co* [複 *-ci*], atto[男] operato*rio* [複 *-i*] ◇手術する operare *qlcu.*, fare un'operazione, sottoporre *qlcu.* a operazione [a un'operazione] ¶簡単な[大]手術 operazione semplice [difficile] ¶移植手術 trapianto ¶心臓移植手術 trapianto del cuore ¶緊急手術 operazione urgente ¶切除手術 ablazione / asportazione ¶切断手術 amputazione ¶手術可能な《人・病気が》 operabile ¶盲腸[肝臓]の手術を行う operare *qlcu.* di appendicite [al fegato] ¶手術を受ける avere [subire / sottoporsi a] un'operazione [un intervento chirurgico] / fare [farsi fare] un'operazione ¶手術によるショック shock (post) operatorio ¶手術がうまくいった. L'intervento è riuscito bene. ¶手術のうまい医者だ. È un abile [valente / esperto] chirurgo.
✤**手術医** chirur*go*[男] [[女] *-ga*; [男]複 *-ghi, gi*]
手術衣 camice[男] chirurgico
手術室 sala[女] [camera[女]] operatoria, sala[女] chirurgica
手術台 tavolo[男] operatorio
手術部位 campo[男] operatorio
手術料 spese[女] [複] chirurgiche

し

じゅじゅつ 呪術《魔術, まじない》stregoneria [女], magia[女][複 -*gie*], incantesimo[男];《まじない》sortilegio[男][複 -*gi*]

しゅしょう 主将 **1**《競技団の》capitano[男] ¶チームの主将 capitano di una squadra
2《軍隊の》comandante[男]

しゅしょう 主唱 ◇主唱する prendere [pigliare] l'iniziativa di *ql.co.* [di＋[不定詞]] ¶〈人〉の主唱で d'iniziativa [per iniziativa] di *qlcu.*

しゅしょう 首相《日本・イギリスなどの》primo ministro[男], capo[男] del governo;〔英〕premier [prémjer][男][無変];《イタリアの》Presidente[男] del Consiglio;《ドイツの》Cancelliere[男]

しゅしょう 殊勝 ◇殊勝な encomiabile, ammirevole, degno d'elogio [di lode], lodevole, meritorio [[男]複 -*i*], meritevole ¶殊勝なことだ. È meritorio da parte sua.

しゅじょう 衆生〖仏教〗esseri[男][複] viventi [senzienti];《人間》gente[女], genere[男] umano, umanità[女] ¶衆生済度 salvezza del mondo

じゅしょう 受賞 ◇受賞する ottenere [vincere] un premio ¶1980年ヴェネツィア映画祭受賞作品 opera premiata al Festival Cinematografico di Venezia nel 1980
✤**受賞者** vinci*tore*[男][[女] -*trice*] di un premio, premiat*o*[男][[女] -*a*]

じゅしょう 授賞 ◇授賞する assegnare [conferire] un premio a *qlcu.* [*ql.co.*], premiare *ql.co.*
✤**授賞式** cerimonia[女] per il conferimento di un premio, premiazione[女]

しゅしょく 主食 alimento[男] principale ¶日本人は米を主食としている I giapponesi si nutrono principalmente di riso. (◆イタリアには主食・副食の概念はない)

しゅしょく 酒色 ¶酒色にふける darsi al vino e alle donne / darsi alla vita dissoluta

しゅしん 主審〖スポ〗arbitr*o*[男][[女] -*a*]

しゅじん 主人 signor*e*[男][[女] -*a*], padron*e*[男][[女] -*a*];《雇用者》da*tore*[男][[女] -*trice*] di lavoro;《所有者》proprietar*io*[男][[女] -*ia*; [男]複 -*i*];《宿の》alberga*tore*[男][[女] -*trice*];《居酒屋の》padrone[男], gestore[男], oste[男];《客に対して》ospite[男] [女];《夫》marito[男]
✤**主人公** protagonista[男] [女][[男]複 -*i*];《男の》eroe[男];《女の》eroina[女]

じゅしん 受信 ricezione[女] ◇受信する ricevere, captare ¶受信状態がいい[悪い]. La ricezione è buona [cattiva].
✤**受信アンテナ** antenna[女] ricevente
受信機 ricevitore[男] ¶ラジオ受信機 apparec*chio*[男][複 -*chi*] radio [無変]
受信局[所] stazione[女] ricevente
受信送信機 apparato[男] ricetrasmittente, baracchino[男]
受信人 destinatar*io*[男][[女] -*ia*; [男]複 -*i*]
受信料 canone[男] di abbonamento

じゅしん 受診 ◇受診する farsi visitare da [consultare] un medico, andare dal medico
✤**受診料** onorar*io*[男][複 -*i*] del medico

しゅす 繻子〖織〗raso[男];〔仏〕satin [satén][男][無変]
✤**繻子織** armatura[女] raso

じゅず 数珠 rosar*io*[男][複 -*i*] (buddist*a* [複 -*i*]) ¶数珠をつまぐる sgranare il rosario
✤**数珠玉** grano[男] (del rosario)
数珠つなぎ ¶敵を数珠つなぎにする《縛る》incatenare i nemici l'uno all'altro ¶渋滞で車が数珠つなぎになった. A causa del traffico si era formata una lunga coda di automobili.

しゅすい 取水
✤**取水口** chiusa[女] per l'immissione di acqua da un fiume [《湖からの》da un lago]
取水制限 controllo[男] della quantità d'acqua immessa da un fiume

しゅせい 守勢 difensiva[女], difesa[女] ¶守勢に立つ essere [stare] sulla difensiva ¶守勢から攻勢に転じる passare dalla difesa all'attacco

しゅせい 酒精 ⇒アルコール

しゅぜい 酒税 tassa[女] sugli alcolici

じゅせい 受精〖生・植〗fecondazione[女] ◇受精する essere fecondat*o*
✤**受精卵** uovo[男][複 le *uova*] fecondato

じゅせい 授精 fecondazione[女] ◇授精する fecondare ¶人工授精 fecondazione artificiale /《不妊が原因で行う》fecondazione assistita

しゅぜいきょく 主税局 Direzione[女] Generale delle Imposte

しゅせいぶん 主成分 componente[男] principale

しゅせき 主席 capo[男]; presidente[男] ¶国家[政府]主席 capo di Stato [del Governo]

しゅせき 首席 ¶オーケストラの首席オーボエ奏者 primo oboe dell'orchestra ¶クラスの首席である essere il primo [《女性》la prima] della classe ¶首席で卒業する《大学》laurearsi con il voto più alto /《高校》risultare prim*o* agli esami di maturità
✤**首席代表** rappresentante[男][女] capo [無変]

しゅせき 酒石〖化〗tartaro[男]
✤**酒石酸** acido[男] tartar*ico* [複 -*ci*]

しゅせき 酒席 ⇒酒宴

しゅせつ 主節〖文法〗proposizione[女] principale [reggente]

しゅせんど 守銭奴 avar*o*[男][[女] -*a*], spilor*cio* [[女] -*cia*; [男]複 -*ci*; [女]複 -*ce*], tir*chio*[男][[女] -*chia*; [男]複 -*chi*], taccagn*o*[男][[女] -*a*]

しゅせんろん 主戦論 militarismo[男], bellicismo[男] ¶主戦論を唱える predicare la guerra
✤**主戦論者** militarist*a*[男][女][複 -*i*], bellicist*a*[男][女][[男]複 -*i*];《たか派》falchi[男][複]

じゅそ 呪詛 ⇒呪い

しゅぞう 酒造 produzione[女] di bevande alcoliche;《酒の》fabbricazione[女] del *sakè* [《ビールの》della birra /《ワインの》del vino];《蒸留酒の》distillazione[女]
✤**酒造家** fabbricante[男][女] di bevande alcoliche; fabbricante[男][女] di *sakè* [di birra]; distilla*tore*[男][[女] -*trice*]
酒造場 fabbrica[女] di bevande alcoliche; fabbrica[女] di *sakè* [di birra];《ワインの》stabilimento[男] per la lavorazione del vino; distilleria[女]

じゅぞう 受像《像》immagine[女] televisiva;《受けること》ricezione[女] televisiva ◇受像する ricevere immagini televisive
✤**受像機** tv[女][無変], televisore[男]

しゅぞく 種族《人種》razza[女], etnia[女];《部

族) tribù⊕

しゅたい 主体 **1**《主要な部分》soggetto;《中核》nucleo⊕ ¶…を主体としている consistere principalmente in *ql.co.* ¶学生を主体とするグループ gruppo composto principalmente da studenti **2**《自主》¶主体的に問題に取り組む affrontare un problema di *propria* iniziativa
❖**主体性**《哲》soggettività⊕;《自主性》autonomia⊕, indipendenza⊕, iniziativa⊕ ◇ 主体性のない passivo

しゅだい 主題 soggetto⊕, argomento⊕, tema⊕ [複 -i];《音》《モチーフ》motivo⊕ ¶主題と変奏 tema e variazioni
❖**主題曲**《音》motivo conduttore;(テーマソング) sigla⊕

じゅたい 受胎 concepimento⊕ ◇ 受胎する concepire un figlio, rimanere incinta
❖**受胎告知**《カト》Annunciazione⊕
受胎調節 controllo⊕ [limitazione⊕] delle nascite

じゅたく 受託 ◇受託する ricevere *ql.co.* in deposito
❖**受託金** denaro⊕ depositato, deposito⊕
受託者 consegnatario⊕ [⊕ -ia⊕;⊕複 -i], depositario⊕ [⊕ -ia;⊕複 -i]
受託収賄 corruzione⊕ di ufficiali pubblici
受託販売 vendita⊕ in conto deposito

じゅだく 受諾 ◇受諾する accettare *ql.co.* [di + 不定詞], accogliere *ql.co.*, acconsentire⊕ [*av*] a *ql.co.* [a + 不定詞] ¶提案を受諾する dare il *proprio* consenso [la *propria* approvazione] a una proposta / accettare una proposta

しゅだん 手段 mezzo⊕;(措置) misura⊕, provvedimenti⊕ [複];《方法》sistema⊕ [-i];《道具》strumento⊕;《便法, 工夫》espediente⊕ ¶外交手段で per via diplomatica ¶交通手段 mezzi di trasporto ¶最後の手段として come ultima risorsa ¶不法な手段を用いる usare mezzi illegali ¶手段を誤る prendere provvedimenti sbagliati ¶手段を選ばず目的を達成する raggiungere il *proprio* scopo con tutti i mezzi ¶あらゆる手段を試みる tentare tutti i mezzi ¶非常手段に訴える ricorrere a mezzi estremi ¶目的のためには手段を選ばず. "Il fine giustifica i mezzi."

しゅち 主知 ◇ 主知的 intellettualistico⊕ [複 -ci]
❖**主知主義**《哲》intellettualismo⊕
主知主義者 intellettualista⊕ [⊕複 -i]

しゅちにくりん 酒池肉林 banchetto⊕ sontuoso [luculliano] (◆ luculliano は食通で有名な古代ローマのルクルス将軍 Lucio Licinio Lucullo に由来)

しゅちゅう 手中 ¶手中に収める prendere possesso di [impadronirsi di] *ql.co.* ¶敵の手中に落ちる cadere⊕ [*es*] nelle mani del nemico

じゅちゅう 受注 ◇受注する ricevere un ordine [un'ordinazione] di *ql.co.*
❖**受注生産** produzione⊕ su ordinazione

しゅちょう 主張 《意見》opinione⊕, parere⊕;《学説》dottrina⊕, tesi⊕ [無変];《要求》pretesa⊕, insistenza⊕ ◇ 主張する sostenere [affermare] *ql.co.*;《強く》insistere⊕ [*av*] su *ql.co.* ¶主張を押し通す perseverare⊕ [*av*] [persistere⊕ [*av*]] nella *propria* opinione ¶主張を掲げる professare un'opinione ¶主張を引っ込める rinunciare⊕ [*av*] alle [ritirare le] *proprie* proposte ¶主張を曲げる fare una concessione / moderare le *proprie* pretese ¶…の権利を主張する reclamare dei diritti su *ql.co.* ¶無実を主張する insistere sulla *propria* innocenza

しゅちょう 主潮 ¶時代の主潮 correnti principali [tendenze dominanti] di un'epoca

しゅちょう 主調 **1**《音》tono⊕ principale **2**《中心となる傾向》¶この絵は青を主調としている. In questo dipinto è predominante l'azzurro.

しゅちょう 首長《頭, リーダー》capo⊕;《市町村長》sindaco⊕ [複 -ci];《都道府県知事》governatore⊕ [⊕ -trice], presidente⊕ [⊕ -essa];《一部族の》capotribù⊕ [複 *capitribù*]

しゅっ ¶ハンカチにしゅっと香水をかける spruzzare un po' di profumo sul fazzoletto

じゅっ ¶肉がじゅっという音をたてて焼けていた. La carne sfrigolava nella padella.

じゅつ 術 **1**《わざ, 技能》arte⊕, tecnica⊕ ¶世渡りの術 l'arte di farsi avanti nella vita [nel mondo] **2**《手段》mezzo⊕ **3**《策略》stratagemma⊕ [複 -i] **4**《魔術》stregoneria⊕, magia⊕ ¶術にかかる essere incantato [ammaliato]

しゅつえん 出演 ◇出演する《演じる》esibirsi⊕ (に in, su);《役を演じる》interpretare un ruolo [una parte], recitare una parte;《舞台・作品に現れる・出る》apparire⊕ [*es*];《歌う》cantare ⊕, [⊕ [*av*]];《参加する》prendere parte (に a), partecipare⊕ [*av*] (に a) ¶初出演 esordio / debutto ¶スター総出演 cast di celebrità ¶テレビ[舞台]に出演する apparire「alla televisione [sul palcoscenico] ¶フェリーニの映画に主役で出演する interpretare [recitare] la parte del protagonista in un film di Fellini
❖**出演契約** contratto⊕ per una prestazione artistica, scrittura⊕ ¶彼は来年いっぱいの出演契約をした. Ha impegni artistici fino alla fine del prossimo anno.
出演者《演技者, 演奏者》interprete⊕ ⊕;《俳優》attore⊕ [⊕ -trice];《参加者》partecipante⊕
出演料 compenso⊕;《仏》cachet [kaʃé]⊕ [無変]

しゅっか 出火 (scoppio⊕ [複 -i] di un) incendio⊕ ¶出火原因を調査する indagare sull'origine di un incendio ¶彼の家から出火した. Nella sua casa è scoppiato un incendio.
❖**出火点** focolaio⊕ d'incendio

しゅっか 出荷 spedizione⊕ [invio⊕ [複 -ii]] di merci ◇出荷する spedire [inviare] merci
❖**出荷案内**《通知》bolla⊕ di accompagnamento
出荷先 destinatario⊕ [複 -i]
出荷人 mittente⊕ ⊕
出荷量 quantità⊕ di merce spedita

じゅっかい 述懐 rievocazione⊕ del passato ¶しみじみと述懐する raccontare [rievocare] *ql.co.* con nostalgia

しゅっかん 出棺 trasporto⊕ della salma al forno crematorio ¶午後2時に出棺いたします. La salma partirà dall'abitazione alle 14.00.

しゅつがん 出願 (presentazione⊕ di una) do-

しゅっきん 出金 《出資》contributo⒨;《出費》spese㊛《複》;《投資》investimento⒨
❖**出資者** investit*ore*⒨ [㊛ -*trice*]
出金伝票 distinta㊛ di pagamento

しゅっきん 出勤 ◇出勤する andare [recarsi] in ufficio ¶日曜出勤する lavorare㊀ [*av*] anche di domenica ¶彼は出勤している。È in ufficio.
❖**出勤時間** or*a*rio⒨《複 -*i*》 d'inizio del lavoro
出勤日 giorni⒨《複》 lavorativi
出勤簿 registro⒨ delle presenze

しゅっけ 出家 monaco⒨ [㊛ -*ca*;⒨複 -*ci*], budd*i*st*a* [⒨複 -*i*], bonzo⒨, religioso⒨ [㊛ -*a*] ◇出家する abbandonare il mondo per entrare nella vita religiosa; farsi monaco [bonzo]

しゅつげき 出撃 《軍》sortita㊛, attacco⒨ [複 -*chi*] ¶200機が出撃した。200 aerei sono partiti per sferrare un attacco.

しゅっけつ 出欠 appello⒨ ¶出欠を取る fare l'appello

しゅっけつ 出血 《医》emorrag*ia*㊛《複 -*gie*》 ◇出血する《人・傷・部位が主語で》sanguinare㊀ [*av*];《人が主語で》avere un'emorragia ¶内[脳／皮下]出血 emorragia interna [cerebrale／sottocutanea] ¶出血を止める fermare [bloccare] un'emorragia ¶傷から出血している。La ferita s*a*nguina. ¶出血が止まらない。L'emorragia「non si arresta [non si ferma].
❖**出血サービス** ¶本日は出血サービスです。Oggi gli artic*o*li sono venduti sotto costo.
出血受注 《経》accettazione㊛ di ordinazioni sottoprezzo
出血性 ◇出血性の emorr*a*gico⒨《複 -*ci*》
出血多量 ¶出血多量で死ぬ morire「a c*a*usa di [per] una forte emorragia

しゅつげん 出現 apparizione㊛, comparsa㊛; avvento⒨ ◇出現する sorgere㊀ [*es*], appar*i*re㊀ [*es*], compar*i*re㊀ [*es*], emergere㊀ [*es*]; venire㊀ [*es*] alla luce ¶1人の天才が出現した。Apparve [Emerse] un genio.

しゅっこ 出庫 **1**《倉庫から出すこと》◇出庫する prelevare dal magazzino **2**《車庫から出すこと》¶車を出庫する portare una vettura fuori dal garage

じゅつご 述語 《文法》predicato⒨ ◇述語の predicativo
❖**述語動詞** verbo⒨ predicativo
述語補語 complemento⒨ predicativo

じゅつご 術語 termine⒨ tecnico [複 -*ci*];《集合的に》terminolog*i*a㊛《複 -*gie*》

しゅっこう 出向 ◇出向する essere incaricato di lavorare in un'altra ditta ◇出向させる distaccare *qlcu*. a un altro incarico [a un'altra ditta] ¶彼は財務省からローマの日本大使館に出向した。È stato trasferito dal Ministero delle Finanze all'Ambasciata del Giappone a Roma.

しゅっこう 出航 **1**《船の》partenza㊛ **2**《航空機の》partenza㊛, decollo⒨ ◇出航する partire㊀ [*es*]; decollare㊀ [*es*, *av*]

しゅっこう 出港 partenza㊛ (di una nave), uscita㊛ (dal porto) ◇出港する《船・人が主語》lasciare il porto, levare l'*a*ncora, prendere il mare, partire㊀ [*es*] (da un porto) 《船が主語》salpare㊀ [*es*] ¶横浜港を6時に出港する salpare da [lasciare] Yokohama alle 6 ¶出港間際の船舶に出港を許可する autorizzare una nave a lasciare il porto
❖**出港許可書** autorizzazione㊛ alla navigazione
出港船 nave㊛ in partenza
出港通知 patente㊛ doganale d'uscita
出港停止 ¶出港停止を解く levare [t*o*gliere] l'embargo
出港手続き pratiche㊛ [*es*] per lasciare il porto

じゅっこう 熟考 ◇熟考する riflettere [considerare／ponderare] *ql.co.* lungamente [profondamente] ¶熟考の末 dopo matura riflessione [lunga meditazione／profonda considerazione] ¶この問題は熟考を要する。Questo problema richiede una lunga riflessione [un attento st*u*dio].

しゅっこく 出国 partenza㊛ da un paese ◇出国する partire㊀ [*es*] da [lasciare] un paese ¶出国手続きを済ませる sbrigare tutte le pratiche necessarie per uscire da [lasciare] un paese

しゅつごく 出獄 rilasc*io*⒨《複 -*sci*》 di prigione, scarcerazione㊛ ◇出獄する usc*i*re㊀ [*es*] di prigione, essere rilasciato [scarcerato／messo in libertà]
❖**出獄者** ex carcerato⒨ [㊛ -*a*]

じゅっさく 術策 artific*io*⒨《複 -*ci*》, stratagemm*a*⒨《複 -*i*》 ¶術策に富む astuto／scaltro／furbo ¶術策を巡らす tramare un complotto／macchinare [ordire] un intrigo

しゅっさつ 出札 emissione㊛ di biglietti ¶自動出札機 bigliettera㊛ automatica
❖**出札係** bigliettaio⒨ [㊛ -*ia*; ⒨複 -*i*]
出札口 biglietter*i*a㊛
出札所 uffic*io*⒨《複 -*ci*》 vendita dei biglietti

しゅっさん 出産 parto⒨ ◇出産する partor*i*re *qlcu.*, mettere [dare] *qlcu.* al mondo, dare alla luce *qlcu*. ¶彼女は女の子を出産した。Ha dato alla luce una bambina. / Le è nata una bambina.
❖**出産祝** 《贈り物》regalo⒨ [《祝金》somma㊛ di denaro] per festeggiare una n*a*scita
出産休暇 congedo⒨ per maternità
出産手当 indennità㊛ di maternità
出産届 registrazione㊛ di una nascita
出産予定日 termine⒨ della gravidanza, data㊛ prevista [pres*u*nta] del parto
出産率 tasso⒨ [quoziente⒨] di fertilità

しゅっし 出資 《投資》investimento⒨;《融資》finanziamento⒨;《寄付金, 拠出金》contributo⒨ ◇出資する investire *ql.co.* 《に in》 (▶目的語

は「お金」など）; finanziare *ql.co*. (▶目的語は「事業」など) ¶共同出資 compartecipazione a un investimento ¶事業に100万円出資する investire un milione di yen in un affare
❖**出資額** ammontare*男* dell'investimento, somma*女* investita
出資金 fondi*生* [複], capitale*男* investito
出資者 invest*itore男* [*女 -trice*], finanzia*tore男* [*女 -trice*]

しゅっしゃ 出社 ◇出社する andare in ufficio ¶部長は10時に出社します。Il direttore arriverà in ufficio alle 10.

しゅっしゅつ ¶やかんがしゅっしゅっと湯気を立て始めた。Il bollitore ha cominciato a fischiare [sbuffare].

しゅっしょ 出所 **1**《出身》origine*女*；《出たところ》provenienza*女*；《出典》fonte*女* ¶出所の確かな情報 notizia di fonte attendibile [sicura] ¶出所不明の di fonte oscura
2《出獄》rila*scio男* [複 -*sci*] di prigione ¶仮出所 rilascio sulla parola [provvisorio]

しゅっしょう 出生 nascita*女*
❖**出生証明書** certificato*男* di nascita, estratto*男* dell'atto di nascita
出生地 luogo*男* [複 -*ghi*] di nascita
出生届 registrazione*女* di nascita
出生年月日 data*女* di nascita
出生率 tasso*男* di natalità ¶出生率の高い国 paese*男* ad alto tasso di natalità

しゅつじょう 出場 《参加》partecipazione*女* ◇出場する partecipare [prender parte] 《に a》
❖**出場者** partecipante*男女*；《決勝戦出場者》fina*lista男女* [男複 -*i*]
出場チーム squadra*女* partecipante

しゅっしょく 出色 ◇出色の eminente, notevole, fuori del comune, eccellente, eccezionale, superbo ¶出色の出来ばえ esecuzione [realizzazione] superba [eccezionale]

しゅっしょしんたい 出処進退 ¶出処進退を決める decidere l'atteggiamento [la linea di condotta] da adottare ¶出処進退を明らかにする assumere [adottare] un atteggiamento chiaro

しゅっしん 出身 ¶東京の出身である essere (originario) di Tokyo ¶中産階級の出身である essere d'origine [d'estrazione] borghese ¶ローマ大学の出身である essersi laureato all'Università di Roma ¶ご出身はどちらですか。《出身地》Di dove è lei? / Qual è il suo paese d'origine? /《出身校》Dove ha fatto「i suoi [gli] studi?
❖**出身校** scuola*女* di provenienza
出身地 paese*男* d'origine [natale / natio / nativo]

しゅつじん 出陣 ◇出陣する andare al fronte, scendere*自* [*es*] in campo

しゅっすい 出水 inondazione*女*, straripamento*男* ◇出水する《河川が》straripare*自* [*es, av*]

しゅっせ 出世 successo*男* nella vita, riuscita*女*；《昇進》promozione*女*, avanzamento*男* ◇出世する riuscire*自* [*es*], aver successo, far (una bella) carriera, raggiungere una buona posizione ¶出世が早い fare una rapida carriera ¶出世の妨げになる compromettere [ostacolare] la carriera [la promozione]

❖**出世魚** pesce*男* con nomi diversi a seconda degli stadi di crescita
出世作 opera*女* che ha determinato [ha consacrato] la fama di *qlcu*.
出世主義 arrivismo*男*
出世主義者 arri*vista男女* [男複 -*i*]

しゅっせい 出生 ⇒出生(しゅっしょう)

しゅっせい 出征 partenza*女* per il fronte ◇出征する partire per il [andare al] fronte
❖**出征兵士** soldato*男* in partenza per il fronte

しゅっせき 出席 presenza*女* ◇出席する assistere*自* [*av*] [presenziare*自* [*av*]] a *ql.co*., seguire *ql.co*. ¶出席を取る fare l'appello ¶会議に出席を求める chiedere a *qlcu*. di partecipare a una riunione ¶出席状態があまりありませんね。La sua frequenza al corso è assai irregolare.
❖**出席者** persona*女* presente, presente*男女*；《集合的に》i presenti*男* [複], presenza*女* ¶出席者は30人だった。C'erano 30 (persone) presenti.
出席日数 numero*男* di frequenze ¶出席日数が足りなくて単位を落とした。Ho fatto troppe assenze e non mi hanno dato i crediti.
出席簿 registro*男* delle presenze [delle assenze]
出席率 percentuale*女* di presenze

しゅっそう 出走 《競走に参加する》partecipazione*女* a una corsa；《競馬などで走り出す》partenza*女* di una corsa ¶出走を取り消す dichiarare forfait / ritirarsi (da una competizione)
❖**出走者** i partenti*男* [複]
出走馬 i partenti*男* [複]

しゅつだい 出題 ◇出題する《試験で》elaborare [preparare] le domande di un esame；《詩歌の題を》assegnare un tema
❖**出題者** persona*女* che prepara le domande di esame

しゅったんりょう 出炭量 produzione*女* carbonifera

じゅっちゅうはっく 十中八九 ⇒十中八九(じっちゅうはっく)

しゅっちょう 出張 《公用での》missione*女* (ufficiale)；《商用での》viaggio*男* [複 -*gi*] d'affari, trasferta*女* ◇出張する partire*自* [*es*] in missione; fare un viaggio di lavoro ¶出張を命じられる essere inviato in missione ¶彼は出張中だ。È fuori città per lavoro. / È in trasferta.
❖**出張員** 《役人》funzion*ario男* [*女 -ia*; 男複 -*i*] in missione；《販売の》commess*o男* [*女 -a*] viaggia*tore男* [*女 -trice*]
出張教授 ¶ピアノの出張教授をする dar lezioni di pianoforte a domicilio
出張所 succursale*女*；《銀行》agenzia*女*
出張旅費 indennità*女* di viaggio

しゅっちょう 出超 《経》《輸出超過》eccedenza*女* delle esportazioni rispetto alle importazioni

しゅってい 出廷 《法》comparizione*女* ◇出廷する comparire*自* [*es*] in udienza ¶証人として出廷する comparire come testimone [teste] ¶出廷せざるときは in caso di mancata comparizione

しゅってん 出典 testo*男* originale, fonte*女* ¶出典を明らかにする citare la fonte

しゅつど 出土 ¶古墳からいろいろな道具が出土した. Dal tumulo sono venuti alla luce vari manufatti.
✤**出土品** manufatti[男][複] recuperati (anche nel corso di uno scavo)
しゅっとう 出頭 ◇**出頭する** presentarsi《に a》, comparire[自][*es*]《に in》 ¶出頭を命じる convocare *qlcu.* / ingiungere a *qlcu.* di presentarsi / citare *qlcu.*
✤**出頭命令** mandato[男][ordine[男]] di comparizione
しゅつどう 出動 ◇**出動する**《軍隊・機動隊などが》intervenire[自][*es*] ¶軍隊を出動させる inviare truppe ¶軍隊の出動を要請する richiedere l'intervento dell'esercito
✤**出動命令** ordine[男] di intervento
しゅつにゅう 出入 ¶「部外者の出入を禁ず」《掲示》"Vietato l'ingresso agli estranei"
✤**出入国** emigrazione[女] e immigrazione[女]
出入国管理局 uffi*cio*[男][複 *-ci*] immigrazione [無変]
出入国管理法 Legge[女] sull'emigrazione e sull'immigrazione
しゅつば 出馬 ◇**出馬する**《立候補する》candidarsi, presentarsi come candidato, presentare la *propria* candidatura ¶出馬表明する annunciare la *propria* intenzione di candidarsi alle elezioni
しゅっぱつ 出発 partenza[女] ◇**出発する** partire[自][*es*] ¶出発間際に al momento della partenza [di partire] ¶ミラノに[東京からローマに]出発する partire per Milano [da Tokyo per Roma] ¶出発の準備をする fare i preparativi per la partenza ¶出発の日取りを決める[延ばす / 早める] fissare [rimandare / anticipare] la data della partenza ¶この考えから出発して partendo da questa idea ¶「出発」《号令》"Partenza!" / "Si parte!" ¶列車が出発するところだ. Il treno「sta per partire [è in partenza].

[語法] **partire**
前置詞 **per**を用いて行き先を表す場合, 大陸名, 国名, 州・地方名, 大きな島の名には定冠詞をつけ, 都市名には冠詞をつけない.
¶日本[アジア]へ出発する partire per il Giappone [per l'Asia]
¶シチリア島[カラブリア州]へ出発する partire per la Sicilia [la Calabria]
¶大阪へ出発する partire per Osaka

✤**出発時間** ora[女] della partenza
出発点 (punto[男] di) partenza[女] ¶…を出発点とする prendere *ql.co.* come punto di partenza
出発日 giorno[男] della partenza
出発列車 《駅の掲示》"Treni in partenza"
しゅっぱん 出帆 ◇**出帆する** alzare le vele
しゅっぱん 出版 pubblicazione[女] ◇**出版する** pubblicare ¶出版の自由 libertà di stampa ¶海賊[秘密]出版 edizione pirata [clandestina] ¶限定出版 edizione numerata [(a tiratura) limitata] ¶予約出版 edizione riservata a chi ha prenotato il libro ¶自費出版 edizione a spese dell'autore ¶自費出版をする pubblicare (un libro) a *proprie* spese
✤**出版界** mondo[男] dell'editoria
出版記念会 ricevimento[男] (dato) per la presentazione di un libro
出版契約 contratto[男] editoriale
出版権 diritto[男] di pubblicazione
出版社 casa[女] editrice
出版部数 tiratura[女]
出版物 pubblicazione[女];《集合的》stampati[男][複], stampe[女][複]
出版目録 catalo*go*[男][複 *-ghi*] delle pubblicazioni [uscite]
しゅっぴ 出費 spesa[女] ¶不時の出費 spesa imprevista ¶出費を切り詰める diminuire le spese ¶多額の出費をする sostenere una grossa spesa (per＋[不定詞]) ¶物価上昇で出費がかさむ. Le spese aumentano con il rincaro dei prezzi.
しゅっぴん 出品 《展示》esposizione[女], mostra[女] ◇**出品する** esporre *ql.co.*
✤**出品者** esposi*tore*[男][女 *-trice*]
出品目録 catalo*go*[男][複 *-ghi*] degli oggetti esposti
じゅつぶ 述部 〔文法〕predicato[男]
しゅっぺい 出兵 inv*io*[男][複 *-ii*] di truppe, spedizione[女] ◇**出兵する** inviare truppe
しゅっぽしゅっぽ ¶しゅっぽしゅっぽと蒸気機関車は坂を登っていった. La locomotiva saliva sbuffando su per il pendio.
しゅつぼつ 出没 ◇**出没する** fare frequenti apparizioni ¶この辺の海には海賊が出没した. Queste acque erano infestate dai pirati.
しゅっぽん 出奔 fuga[女] (furtiva) ◇**出奔する** fuggire[自][*es*]《から da》(furtivamente)
しゅつらん 出藍 ¶彼こそ出藍の誉れというべきであろう. Ha veramente superato il suo maestro.
しゅつりょう 出漁 ◇**出漁する** salpare[自][*es*] per la pesca ¶出漁中に durante la pesca
✤**出漁禁止区域** zona[女] di pesca vietata
しゅつりょく 出力 〔機・電〕uscita[女];〔英〕output[男][無変]; potenza[女] (di uscita) ¶出力1キロワットの送信機 trasmettitore della potenza di 1 kilowatt ¶出力1万メガワットの水力発電 10.000 megawatt di potenza idroelettrica ¶最大[有効]出力 potenza massima [effettiva] ¶公称出力 potenza nominale
✤**出力装置**〔コンピュータ〕unità[女] di uscita
出力抵抗〔電子〕resistenza[女] di uscita
シュテムクリスチャニア 〔独 Stemmkristiania〕《スキーで》stemm(-)cristiania[男][無変], discesa[女] a cristiania
シュテムボーゲン 〔独 Stemmbogen〕《スキーで》virata[女][curba[女]] a spazzaneve, spazzaneve[男][無変]
しゅてん 主点 〔光〕punto[男] principale
しゅと 首都 città[女] capitale, capitale[女], metropoli[女][無変] ¶首都を移転する spostare [trasferire] la capitale
✤**首都圏** zona[女] comprendente la metropoli di Tokyo e sette province nel raggio di 100 km dal suo centro
しゅとう 種痘 〔医〕vaccinazione[女] (contro il vaiolo) ◇**種痘をする** vaccinare (*qlcu.* con-

しゅどう 手動 operazione㊛ manuale
◇手動の manuale, (azionato) a mano
✤**手動式** sistema㊚ [複 -i] manuale

しゅどう 主導 ¶主導の産業 industria preminente ¶輸出主導型経済成長 crescita economica spinta dalle esportazioni
✤**主導権** ¶主導権を取る[握る] prendere l'iniziativa (di ql.co. [di+不定詞]) ¶主導権争いがあった. Ci fu una disputa per il comando.

じゅどう 受動 ◇受動的な passivo
✤**受動衛星**〘通信〙satellite㊚ passivo per telecomunicazioni
受動喫煙 fumo㊚ passivo
受動形〘文法〙forma㊛ passiva
受動態〘文法〙voce㊛ passiva, passivo㊚

しゅとく 取得 ottenimento㊚, acquisizione㊛ ◇取得する ottenere ql.co., prendere possesso di ql.co. ¶運転免許証[日本国籍]を取得する ottenere la patente di guida [la cittadinanza giapponese].
✤**取得時効**〘法〙prescrizione㊛ acquisitiva
取得者 acquisitore㊚ [㊛ -trice]
取得税 imposta㊛ sulle acquisizioni

じゅなん 受難 sofferenza㊛ ¶キリストの受難 Passione
✤**受難曲**〘音〙Passione㊛
受難劇 rappresentazione㊛ della Passione di Cristo

ジュニア〔英 junior〕 **1**《若い人》i (più) giovani㊚ [複];《ティーンエージャー》〔英〕teenager㊚ [無変] ¶ジュニアクラス《スポ》categoria junior /《人》〔英〕junior㊚ [無変または複 juniores] **2**《息子, 娘》¶木村ジュニアが来たぞ.《冗談めかして》È arrivato il Kimura Junior. **3**《ボクシングで》¶ジュニアライト級《級,選手》peso leggero junior

しゅにく 朱肉 tampone㊚ per timbri rosso carminio [rosso vermiglio]

じゅにゅう 授乳 allattamento㊚ (materno) ◇授乳する allattare ql.cu. (al seno) ¶日に6回授乳する far fare 6 poppate ogni giorno
✤**授乳期** periodo㊚ di allattamento ¶授乳期の子 lattante / poppante
授乳時間 ora㊛ della poppata

しゅにん 主任 capo㊚, direttore㊚ [㊛ -trice] ¶売り場主任 capo reparto
✤**主任教授**〘講座の〙professore㊚ [㊛ -essa] titolare di una cattedra, cattedratico㊚ [複 -i];〘学科の〙direttore㊚ (di dipartimento)

しゅぬり 朱塗り ¶朱塗りの盆 vassoio laccato con cinabro

しゅのう 首脳 capo㊚;〔英〕leader [líder]㊚ [無変]
✤**首脳会談** conferenza㊛ al vertice,〔英〕summit㊚ [無変]
首脳部[陣] direzione㊛, stato maggiore [無変], i dirigenti㊚ [複]

じゅのう 受納 ◇受納する accettare, ricevere

シュノーケル〔独 Schnorchel〕《潜水艦の》〔独〕schnorchel [ʃnórkel]㊚ [無変];《ダイバー用》boccaglio㊚ [複 -gli] del respiratore

じゅばく 呪縛 incantesimo㊚, sortilegio㊚ [複 -gi];《話》fattura㊛ ¶呪縛される essere prigioniero [sotto l'influsso] di un incantesimo ¶呪縛を解く rompere [spezzare] un incantesimo

しゅはん 主犯 colpevole㊚ principale

しゅはん 首班 ¶内閣の首班となる essere nominato Capo di Gabinetto [primo ministro] ¶ジョリッティ首班内閣 il governo Giolitti
✤**首班指名** designazione㊛ del primo ministro

じゅばん 襦袢 juban㊚ [無変] (◆ indumento indossato sotto il kimono)

しゅひ 守秘 mantenimento㊚ del segreto
✤**守秘義務** impegno㊚ a mantenere un riserbo assoluto

しゅび 守備 difesa㊛ ◇守備する difendere ql.co.; assicurare la difesa di ql.co. ¶守備をかためる consolidare le misure difensive ¶水も漏らさぬ守備 difesa insormontabile
✤**守備隊** guarnigione㊛, guardia㊛
守備力 forza㊛ difensiva

しゅび 首尾 **1**《初めと終わり》inizio㊚ [複 -i] e fine㊛ ◇首尾一貫した coerente, logico ¶首尾一貫した行動を取る comportarsi coerentemente [in modo coerente] **2**《事の成り行き》andamento㊚;《結果》risultato㊚ ◇首尾よく con successo, con ottimi risultati ¶上首尾 →見出し語参照 ¶不首尾 →見出し語参照 ¶首尾よく逃げおおせる scamparla bella ¶首尾よくやり遂げる portare ql.co. a buon fine ¶首尾を案じる preoccuparsi del risultato

じゅひ 樹皮 corteccia㊛ [複 -ce] [scorza㊛] (di un albero) ¶樹皮を剝ぐ scortecciare un albero

しゅひつ 主筆 caporedattore㊚ [㊛ -trice], redattore㊚ [㊛ -trice] capo [無変]

じゅひょう 樹氷 brina㊛ soffice, galaverna㊛

しゅひん 主賓 ospite㊚ ㊛ (invitato) d'onore ¶〈人〉を主賓として晩餐会を催す dare un pranzo in onore di qlcu.

しゅふ 主婦 casalinga㊛

しゅふ 首府 capoluogo㊚ [複 capoluoghi, capiluoghi] (di provincia)

しゅぶ 主部 《主要部》parte㊛ principale;〘文法〙soggetto㊚

シュプール〔独 Spur〕《スキーの》tracce㊛ [複] degli sci sulla neve

しゅぶつ 呪物 feticcio㊚ [複 -ci]
✤**呪物崇拝** feticismo㊚

シュプレヒコール〔独 Sprechchor〕◇シュプレヒコールをする scandire uno slogan; gridare [reclamare] scandendo ripetutamente una parola [una frase]

しゅぶん 主文 **1**《文章中の》testo㊚ [文法] proposizione㊛ principale **2**《判決文の》〘法〙dispositivo㊚, la parte㊛ della sentenza che contiene la decisione del caso

じゅふん 受粉〘植〙impollinazione㊛ ¶風媒[虫媒]受粉 impollinazione anemofila [entomofila] ¶人工[自家]受粉 impollinazione artificiale [diretta]

しゅべつ 種別 classificazione㊛ ◇種別する classificare ¶種別によって per categorie / per generi

しゅほう 手法 procedimento㊚, metodo㊚;《技術》tecnica㊛;《スタイル》stile㊚

しゅほう 主砲 〔軍〕cannone㊚ principale (di una nave da guerra)

しゅぼうしゃ 首謀者 capo㊚ di una congiura [di un complotto], cervello㊚ di una cospirazione

しゅみ 趣味 **1**《感覚, センス》gusto㊚ ¶趣味が洗練されている avere gusti raffinati ¶彼は服装の趣味がいい[悪い]. Ha buon [cattivo] gusto nel vestirsi. ¶これは私の趣味に合わない. Non è di mio gusto.
2《楽しみ, 好み》〔英〕hobby [5bbi]㊚〔無変〕; divertimento㊚ [passatempo㊚] (preferito) ¶趣味として per hobby [passatempo] ¶…が趣味である avere gusto [simpatia / inclinazione / disposizione] per *ql.co.* / interessarsi di *ql.co.* ¶音楽鑑賞が私の趣味です. Il mio passatempo è ascoltare la musica. ¶彼は趣味が広い. Ha molti hobby.
❖趣味人 gente㊛ raffinata

シュミーズ 〔仏 chemise〕sottoveste㊛, sottabito㊚

シュミットカメラ 〔英 Schmidt camera〕《光》《天体カメラ》macchina㊛ fotografica con obiettivo [ottica] Schmidt

じゅみょう 寿命《人間の》durata㊛ della vita;《製品の》durata㊛, vita㊛ ¶機械の寿命は longevità di un apparecchio ¶平均寿命 durata media della vita ¶寿命の切れた《電池の》scarico /《機械の》fuori uso ¶寿命の長い歌手 cantante dalla lunga carriera ¶寿命をまっとうする morire di morte naturale ¶寿命が尽きる arrivare alla fine della vita ¶この電池は寿命が長い. Questa pila「dura a lungo [ha una lunga durata]. ¶恐怖で寿命の縮まる思いがした. Credevo di morire di paura.
❖寿命試験〔工〕prova㊛ di durata

しゅむ 主務 competenza㊛
❖主務官庁 autorità㊛ [《省》ministero㊚] competente
主務大臣 ministro㊚ competente [responsabile]

しゅもく 種目 categoria㊛, genere㊚;《スポーツなどの》disciplina㊛ ¶オリンピック種目 discipline olimpiche

じゅもく 樹木 alberi㊚ [複] ¶樹木の茂った coperto d'alberi / boscoso

じゅもん 呪文 parole㊛ [複] [formule㊛ [複]] magiche;《悪霊などを払う》formule㊛ [複] d'esorcismo ¶呪文を唱える pronunciare delle formule magiche

しゅやく 主役〔劇〕ruolo㊚ [parte㊛] principale;《事件などの》attore㊚ [㊛ *-trice*] principale, protagonista㊚㊛ [複 *-i*] ¶主役を演じる interpretare la parte del protagonista

じゅよ 授与 assegnazione㊛, conferimento㊚ ◇授与する conferire [dare] *ql.co.* a *qlcu.* ¶人に賞[賞品][卒業証書]を授与する conferire a *qlcu.* un premio [un diploma]

しゅよう 主要 ◇主要な principale, essenziale, di primaria importanza ¶主要な財源 risorsa economica principale ¶主要な議題 argomento principale ¶日本の主要都市 città principali del Giappone ¶スイスの主要な産業は精密機械だ. La meccanica di precisione è l'industria chiave della Svizzera.
❖主要産物 prodotti㊚ [複] principali
主要人物 le personalità㊛ [複] più importanti;《物語などの》i protagonisti㊚ [複]

しゅよう 腫瘍〔医〕tumore㊚ ¶悪性[良性]腫瘍 tumore maligno [benigno] ¶脳に悪性腫瘍ができた. Si è formato「un tumore maligno [un cancro] nel cervello.
❖腫瘍マーカー〔医〕marcatore㊚ di tumori

じゅよう 受容 accettazione㊛, ricezione㊛ ◇受容する accettare, recepire

じゅよう 需用 consumo㊚
❖需用家 ¶電力需用家 consumatore di energia elettrica
需用電力 energia㊛ elettrica consumata

じゅよう 需要〔経〕domanda㊛, fabbisogno㊚ ¶需要と供給 domanda e offerta ¶間接[派生]需要 domanda derivata ¶合成[複合]需要 domanda composta ¶総需要 domanda globale [aggregata] ¶需要供給の法則 legge della domanda e dell'offerta ¶需要が多い品 articolo「molto richiesto [in forte domanda] ¶需要を満たす soddisfare la domanda [il fabbisogno] ¶供給が需要に追いつかない. L'offerta non soddisfa la domanda. ¶需要が供給を上回っている. La domanda supera l'offerta.
❖需要インフレ inflazione㊛ da domanda
需要価格《過剰》《曲線》prezzo㊚ [eccesso㊚ / curva㊛] di domanda
需要率《電力などの》coefficiente㊚ di consumo

しゅようこくしゅのうかいぎ 主要国首脳会議〔政〕incontro㊚ al vertice tra i principali capi di stato

しゅよく 主翼《飛行機の》ali㊛ [複] (▶単数形はala) di un aeroplano

しゅら 修羅 →阿修羅 ¶修羅の巷(ちまた) luogo㊚ di una carneficina [di un eccidio / di una strage]
❖修羅場(ば) scena㊛ cruenta

シュラーフザック 〔独 Schlafsack〕sacco㊚ [複 *-chi*] a pelo

ジュラき ジュラ紀〔地質〕(periodo㊚) giurassico㊚ ¶ジュラ紀の giurassico [㊛複 *-ci*]

ジュラルミン 〔英 duralumin〕〔冶〕duralluminio㊚ [複 *-i*]

しゅらん 酒乱 ¶彼は酒乱だ. Quando beve diventa cattivo.

じゅり 受理 accettazione㊛ ◇受理する accettare

しゅりけん 手裏剣 coltello㊚ da lancio

じゅりつ 樹立 istituzione㊛, fondazione㊛ ◇樹立する istituire, inaugurare, fondare ¶世界記録を樹立する stabilire un record mondiale

しゅりゅう 主流 corrente㊛ [tendenza㊛] dominante [principale]
❖主流派 maggioranza㊛, tendenza㊛ maggioritaria ¶反主流派 minoranza / tendenza minoritaria

しゅりゅうだん 手榴弾 bomba㊛ a mano

しゅりょう 狩猟 caccia⼥[複 -ce] ¶狩猟に行く andare a caccia ¶「狩猟禁止」《掲示》"Divieto di caccia"
❖狩猟家 cacciatore男[⼥ -trice]
狩猟期 caccia⼥, stagione⼥ venatoria
狩猟許可証 licenza⼥ di caccia
狩猟生活 vita⼥ basata sulla caccia
狩猟法違反 infrazione⼥ alle leggi venatorie;《密猟》caccia⼥ di frodo

しゅりょう 首領 capo男;《英》leader [líder]男[無変]

しゅりょう 酒量 quantità⼥ di bevande alcoliche bevuta ¶彼は酒量が多い。È un forte bevitore. ¶酒量を減らしたほうがいい。Ti consiglio di bere di meno.

じゅりょう 受領 ◊受領する ricevere, riscuotere ¶小包を受領する ricevere un pacco
❖受領証 ricevuta⼥, quietanza⼥

しゅりょく 主力 《軍》il grosso ¶主力を注ぐ concentrare le forze verso ql.co. / dirigere le *proprie* energie a ql.co.
❖主力艦隊 flotta⼥ ammiraglia
主力産業 industrie⼥[複] principali [chiave / portanti]
主力商品 prodotti [articoli]男[複] principali
主力選手 giocatore男[⼥ -trice] principale

しゅるい 種類 genere男, specie⼥[無変], sorta⼥;《性質》qualità⼥, natura⼥;《型》tipo男, modello男;《等級》classe⼥, categoria⼥;《種族》razza⼥ ¶あらゆる種類の動物 tutte le specie animali ¶あらゆる種類の服 indumenti di ogni tipo ¶同じ種類の札(トランプなどで) carte dello stesso seme ¶あの店ではあらゆる種類の商品を売っている。In quel negozio si vende ogni sorta di merce. ¶いろいろな種類の果物 frutta di vario genere [varia qualità] ¶同じ[違う]種類の本 libro dello stesso genere [di genere diverso] ¶こういう種類の犯罪は以前にはなかった。Una volta non si verificavano delitti di questo genere. ¶どんな種類の音楽がお好きですか。Che tipo di musica le piace?

じゅれい 樹齢 ¶樹齢100年の木 albero secolare ¶この木は樹齢400年を超える。L'età di questo albero ha superato i 400 anni. / Questo albero ha più di 400 anni.

シュレッダー 〔英 shredder〕distruggidocumenti男[無変], tritacarta男[無変], tritadocumenti男[無変]

しゅれん 手練 maestria⼥, perizia⼥ ¶手練の技 gioco di mano [di destrezza]

しゅろ 棕櫚《植》trachicarpo男, palma⼥

しゅわ 手話 linguaggio男 mimico gestuale, lingua⼥ dei segni;《イタリアの》Lingua⼥ Italiana dei Segni, 《略》L.I.S.;《単語単位でなくアルファベットで伝えるもの》alfabeto男 manuale, dattilologia⼥
❖手話通訳者 interprete男⼥ della lingua dei segni;《イタリアの》interprete男⼥ L.I.S.

しゅわおん 主和音 〘音〙accordo男 tonico [複 -ci]

じゅわき 受話器 ricevitore男 (telefonico [複 -ci]); cornetta⼥ ¶受話器を取り上げる[置く] staccare [riattaccare] il ricevitore ¶受話器を耳に当てる portare il ricevitore all'orecchio

しゅわん 手腕 abilità⼥;《能力》capacità⼥;《才能》talento男;《熟達》bravura⼥, competenza⼥ ¶手腕がある essere abile [capace / competente / bravo] / avere talento ¶手腕を振るう gestire abilmente ql.co. ¶外交的手腕を発揮する dar prova di abilità [competenza] diplomatica

しゅん 旬 ¶旬の果物 frutta⼥ di stagione ¶柿の旬 stagione⼥ dei cachi ¶いちごは今が旬だ。Questa è la stagione delle fragole.

じゅん 純 ¶純な puro, casto;《無邪気な, 無垢な》innocente;《素直な, 素朴な》semplice; ingenuo ¶純な心 cuore candido [puro]

じゅん 順《順序》ordine男;《順番》volta⼥, turno男 ¶アルファベット[大きさ／先着／年代／年齢／番号]順に in [secondo l']ordine alfabetico [di grandezza / di priorità / cronologico / d'età / numerico] ¶順に(進む) (procedere) in ordine [in fila / l'uno dopo l'altro] ¶順を追って parlare in ordine ¶順にお詰めください。Vogliate serrare le file, per favore.

じゅん- 純-（混じり気がないこと）puro ¶純農業国 paese eminentemente agricolo ¶純日本風の建築 architettura tipicamente giapponese ¶純ルネサンス様式 puro stile rinascimentale

じゅん- 準-《準会員》membro aggiunto / socio corrispondente ¶準国立の parastatale

-じゅん -旬 decade⼥ ¶初[中／下]旬 la prima [seconda / terza] decade

じゅんあい 純愛 amore男 puro

じゅんい 准尉《軍》maresciallo男

じゅんい 順位《地位, ランク》posizione⼥, grado男, rango男[複 -ghi];《順番》ordine男;《優先順位》precedenza⼥, ordine男 delle priorità;《成績, 順位表》classifica⼥;《順位表》graduatoria⼥ ¶順位を争う contendersi [disputarsi] il primo posto / lottare男[av] per il primo posto ¶順位を決める stabilire una graduatoria /《入賞者の》redigere la lista (degli ammessi)

じゅんえき 純益 utile男[profitto男] netto

じゅんえん 順延 ◊順延する rimandare ql.co. al giorno seguente [successivo] ¶試合は雨天順延です。In caso di pioggia la partita verrà rinviata al giorno dopo.

しゅんが 春画 disegno pornografico [複 -ci][osceno], illustrazione⼥ erotica

じゅんか 純化 purificazione⼥ ¶日本語を純化する purificare la lingua giapponese

じゅんかい 巡回 giro男 (di servizio);《見回り》ronda⼥, giro男 d'ispezione [di guardia] ◊巡回する fare il [un] giro di guardia [d'ispezione], fare la ronda ¶巡回中の in servizio di perlustrazione [di ronda]
❖巡回区域 zona⼥ di sorveglianza
巡回診療所 ambulatorio男[複 -i] mobile (viaggiante), infermeria⼥ mobile
巡回図書館 bibliobus男[無変], biblioteca⼥ ambulante

しゅんかしゅうとう 春夏秋冬 le quattro stagioni⼥[複]

じゅんかつ 潤滑〘工〙lubrificazione⼥

❖潤滑剤 lubrificante㊚

潤滑油 olio㊚ [複 -i] lubrificante ¶彼が潤滑油となって事がうまく運んだ. Grazie a lui tutto è andato liscio.

しゅんかん 瞬間 momento㊚, istante㊚, attimo㊚ ◇瞬間的 istantaneo, momentaneo ¶瞬間的に判断する giudicare le cose al volo ¶その瞬間に sul momento / all'istante ¶決定的瞬間 momento decisivo ¶まさに…しようとする瞬間に proprio nel momento in cui + 直説法 ¶次の瞬間, 彼は逃げ出した. Subito dopo, è fuggito. ¶うっかりした瞬間に財布を盗られた. In un momento di disattenzione mi hanno rubato il portafoglio. ¶それを見た瞬間彼は青くなった. Appena l'ha visto, è impallidito.

❖瞬間湯沸器 scaldacqua㊚ [無変] istantaneo, scaldabagno㊚ a gas

瞬間冷凍 surgelamento㊚ istantaneo

じゅんかん 旬刊 ◇旬刊の pubblicato 「tre volte al mese [ogni 10 giorni]

じゅんかん 旬間 periodo㊚ di 10 giorni ¶交通安全旬間 campagna di 10 giorni per la sicurezza del traffico

じゅんかん 循環 circolazione㊛ ◇循環する circolare㊀ [av, es] ¶景気の循環 ciclo economico ¶悪循環 circolo vizioso ¶血液の循環が悪い. La circolazione sanguigna [del sangue] non è normale. ¶運動すると血液の循環が良くなる. Gli esercizi fisici favoriscono la circolazione del sangue.

❖循環回路 〖電子〗 circolatore㊚

循環器 〖解〗 apparato㊚ cardiocircolatorio [複 -i]

循環級数 〖数〗 serie㊛ ricorrente

循環形式 〖音〗 forma㊛ ciclica

循環小数 〖数〗 frazione㊛ (decimale) periodica

循環バス autobus㊚ [無変] (di una linea) circolare

循環論法 〖論理〗 circolo㊚ vizioso, diallelo㊚

しゅんき 春季 primavera㊛, stagione㊛ primaverile

しゅんぎく 春菊 〖植〗 crisantemo㊚ coronato

じゅんきゅう 準急 (treno㊚) espresso㊚

じゅんきょ 準拠 ◇準拠する conformarsi a ql.co., fondarsi [başarsi] su ql.co., riferirsi a ql.co. ¶…に準拠して in base a ql.co.

じゅんきょう 殉教 martirio㊚ [複 -i] ◇殉教する affrontare [patire / subire] il martirio

❖殉教者 martire㊚㊛

じゅんぎょう 巡業 〖仏〗 tournée [turné]㊛ [無変] ¶巡業する [中である] andare [essere] in tournée

じゅんきょうじゅ 准教授 professore㊚ associato (▶肩書きとしては女性にも男性形を用いる)

じゅんきん 純金 oro㊚ fino [a 24 carati / puro / zecchino]

じゅんぎん 純銀 argento㊚ fino

じゅんきんちさん 準禁治産 〖法〗 seminterdizione㊛

❖準禁治産者 seminterdetto㊚ [㊛ -a]

じゅんぐり 順繰り ◇順ぐりに in ordine

じゅんけつ 純血 sangue㊚ puro ¶純血種の馬 cavallo prosangue [無変] / purosangue [無変]

じゅんけつ 純潔 purezza㊛, castità㊛, verginità㊛ ◇純潔な puro, casto, vergine ¶純潔を奪う deflorare ql.cu. ¶純潔を捧げる dedicare la propria verginità a ql.cu. ¶純潔を守る conservare la purezza [la castità / la verginità]

❖純潔教育 retta educazione㊛ sessuale

じゅんけっしょう 準決勝 semifinale㊛ ¶準決勝に進む raggiungere [qualificarsi per] le semifinali ¶準決勝で負ける perdere alle semifinali

❖準決勝出場者 semifinalista㊚㊛ [㊚複 -i]

しゅんげん 峻厳 ◇峻厳な severo, rigido

じゅんけん 純絹 ◇純絹の di seta pura

しゅんこう 竣工 termine㊚ della costruzione ¶竣工する《工事・建物などが主語》essere terminato [finito / compiuto]

❖竣工式 cerimonia㊛ per l'inaugurazione di un edificio

じゅんこう 巡行 giro㊚, viaggio㊚ [複 -gi] circolare

じゅんこう 巡航 crociera㊛ ◇巡航する fare una crociera, andare in crociera

❖巡航高度 [出力 / 速度] altezza㊛ [potenza㊛ / velocità㊛] di crociera

巡航船 nave㊛ da crociera

巡航ミサイル missile㊚ cruise [krúiz] [無変] [da crociera]

じゅんこう 順行 **1**《順を追っていくこと》 ◇順行する procedere ordinatamente in avanti **2**《惑星の》〖天〗 moto㊚ diretto

じゅんさ 巡査 agente㊚ (di polizia [di pubblica sicurezza]), poliziotto㊚ [㊛ -a], vigile㊚ ¶交通巡査 vigile urbano

❖巡査部長 sottufficiale㊚ di polizia

じゅんさつ 巡察 ◇巡察する essere di ronda [di pattuglia], fare il [un] giro d'ispezione

しゅんじ 瞬時 ¶瞬時にして in un attimo [istante / momento] / in un batter d'occhio / in un battibaleno ¶瞬時も彼女のことが忘れられない. Non riesco a dimenticarla nemmeno per un momento [per un istante].

じゅんし 巡視 giro㊚ d'ispezione [di sorveglianza / di vigilanza]

じゅんし 殉死 ◇殉死する togliersi la vita [immolarsi] sulla tomba del proprio signore

じゅんじ 順次 ¶みんな順次退出した. Sono usciti tutti l'uno dopo l'altro. ¶順次校長室に呼ばれた. Ad uno ad uno siamo stati chiamati in presidenza.

じゅんじつ 旬日 periodo㊚ di 10 giorni, decade㊛ ¶旬日を待たずに in meno di 10 giorni

じゅんしゅ 遵守 ¶規則の遵守 osservanza [rispetto] delle regole

しゅんじゅう 春秋 **1**《春と秋》 primavera㊛ e autunno㊚ **2**《1年》 un anno㊚ **3**《歳月, 年齢》 anni㊚ [複], età㊛ ¶彼らは春秋に富む青年たちだ. Sono giovani uomini con un brillante futuro davanti a loro.

しゅんじゅん 逡巡 esitazione㊛, titubanza㊛ ◇逡巡する esitare㊀ [av], titubare㊀ [av]

じゅんじゅん 順順 ◇順々に uno dopo l'altro ¶仕事を順々に片づける sbrigare i propri compiti uno per volta

じゅんじゅん 諄諄 ¶諄々と説く parlare [spiegare] con tono dolce e persuaṣivo

じゅんじゅんけっしょう 準準決勝 quarto[男] di finale

じゅんじょ 順序 ordine[男]; 《順番》 turno[男]; 《手順》 procedimento[男], prassi[女][無変] ◇順序立った ordinato; 《体系的》 sistemat*ico* [[男]複 *-ci*]; 《規範的》 metod*ico* [[男]複 *-ci*] ◇順序よく ordinatamente, in ordine; sistematicamente; metodicamente ¶順序立った説明 spiegazione ordinata [sistematica] ¶順序よく…を運ぶ procedere per [con] ordine in *ql.co.* / disporre *ql.co.* metodicamente [sistematicamente] ¶順序を逆にする invertire [rovesciare] l'ordine ¶…の順序を狂わせる mettere in diṣordine *ql.co.* / diṣordinare [scompigliare] *ql.co.* ¶本の順序を乱さないでください. Non mettete fuori posto i libri! ¶発言する順序を決めよう. Decidiamo l'ordine degli interventi. ¶何事も順序を踏むことが大切だ. In qualunque cosa c'è un ordine da seguire. ¶まず部長の意見を聴くのが順序だ. La prassi vuole che innanzitutto si consulti il direttore.

じゅんしょう 准将 《陸軍》 generale[男] di brigata; 《海軍》 contrammira*glio*[男] [複 *-gli*]; 《空軍》 generale[男] di brigata aerea

じゅんじょう 純情 ingenuità[女], innocenza[女], candore[男] ◇純情な ingenuo, innocente, candido

じゅんしょく 殉職 ◇殉職する morire[自] [*es*] [essere ucciṣo] in servizio [nell'adempimento del *proprio* dovere], essere vittima del dovere
✤**殉職者** vittima[女] del dovere

じゅんしょく 潤色 infiorettature[女] [複]; 《美辞麗句での》 abbellimento[男], adornamento[男] ◇潤色する infiorettare; abbellire, ornare

じゅんじる 殉じる **1** 《命をささげる》 morire[自] [*es*] per *qlcu.* [*ql.co.*]; essere vittima del dovere ¶多くの若者が祖国に殉じた. Molti giovani si sono sacrificati per la [si sono immolati alla] patria.
2 《後を追って同じ行動をとる》 ¶校長に殉じて数名の教師が辞任した. Alcuni insegnanti si sono dimessi a seguito delle dimissioni del preside.

じゅんじる 準じる 《準拠する》 conformarsi a *ql.co.*, seguire l'eṣempio di *ql.co.*, modellarsi su *ql.co.*, seguire *ql.co.*; 《釣り合う》 essere proporzionato a *ql.co.* ◇…に準じて proporzionatamente a *ql.co.*, in proporzione a *ql.co.*, secondo *ql.co.* ¶正会員に準じる扱いを受ける ricevere lo stesso trattamento di un membro regolare ¶勤続年数に準じて退職金を支払う pagare la liquidazione in proporzione agli anni di servizio ¶以下これに準じる. Questo si può applicare anche ai caṣi seguenti.

じゅんしん 純真 ingenuità[女]; innocenza[女], candore[男] ◇純真な innocente, candido; ingenuo ¶純真無垢(く)な魂 anima pura e innocente

じゅんすい 純粋 purezza[女], candore[男] ◇純粋な puro; 《純粋, またはほぼ純粋な》 fino ◇純粋に puramente ¶純粋な血統のシェパード cane lupo di razza pura ¶純粋に経済的な観点から見れば dal punto di vista puramente economico ¶彼は純粋な気持ちで私を助けてくれた. Mi ha aiutato diṣinteressatamente.
✤**純粋培養** 〘生〙 coltura[女] pura

じゅんせい 純正 ◇純正な puro, genuino ¶純正ごま油 olio genuino di seṣamo
✤**純正中立** perfetta neutralità[女]
純正品 prodotto[男] originale (di una marca)

しゅんせつ 浚渫 draga*ggio*[男] [複 *-gi*] ◇浚渫する dragare
✤**浚渫機** draga[女]
浚渫船 draga[女]

じゅんぜん 純然 ◇純然たる《純粋の》 puro; 《明らかな》 evidente, manifesto ¶純然たる収賄行為 caṣo di corruzione puro e semplice

しゅんそく 駿足 **1** 《駿馬》 cavallo[男] veloce
2 《足の速い人》 ¶彼は駿足だ. Ha le ali ai piedi.

じゅんたく 潤沢 abbondanza[女] ¶資金が潤沢である avere abbondanza di capitali

じゅんち 馴致 〘化・生〙 acclimatazione[女]

じゅんちょう 順調 ◇順調な《通常の》 normale; 《規則的な》 regolare; 《満足できる》 soddisfacente; 《確実な》 sicuro ◇順調に normalmente; regolarmente; 《スムーズに》 senza intoppi [difficoltà / ostacoli / scosse]; 《満足のいくように》 in modo soddisfacente ¶順調な滑り出し buon inizio ¶順調な航海 navigazione senza problemi ¶順調にいけば se tutto va「bene [liscio / come previsto] ¶術後の経過は順調だ. Il decorso postoperatorio è regolare. ¶万事順調に運んでいる. Tutto va [procede] bene. ¶彼は順調な仕上がりを見せている. 《スポーツ》 Grazie agli allenamenti ha raggiunto un'ottima forma.

しゅんと ¶彼の話を聞いて皆しゅんとした. A sentire la sua storia erano tutti abbacchiati.

じゅんど 純度 purezza[女], titolo[男]; 〘化〙 purità[女] ¶純度の高い[低い]金 oro di buona [bassa] lega ¶純度 99.99 %のアルミニウム alluminio al 99,99 (読み方: novantanove virgola novantanove) per cento

しゅんとう 春闘 offensiva[女] sindacale di primavera

じゅんとう 順当 ◇順当な《普通の》 normale; 《自然な》 naturale; 《納得できる, 妥当な》 ragionevole, conveniente ◇順当に《当然のように》 normalmente; naturalmente; 《予想通り》 come previsto, secondo le [conformemente alle] previṣioni ¶順当にいけば se tutto procede come previsto ¶順当にいけば彼は当選するはずだ. Logicamente dovrebbe essere eletto lui.

じゅんのう 順応 adattamento[男]; 〘生〙 《順化》 acclimatazione[女]; 《慣れ》 assuefazione[女] ◇順応する adattarsi [conformarsi] a *ql.co.*; 《風土に》 acclimatarsi a *ql.co.*; assuefarsi [abituarsi] a *ql.co.* ¶新しい社会への順応 adeguamento alla nuova società ¶時流に順応する conformarsi [adattarsi] ai tempi [alle circostanze] / andare con [seguire] la corrente / adeguarsi ai tempi
✤**順応性** 《人の》 adattabilità[女], flessibilità[女] ¶順応性に富む flessibile / elastico

じゅんぱく 純白 ◇純白の di un bianco purissimo, bianchissimo, candido, immacolato

しゅんぱつりょく 瞬発力 capacità[女] di scat-

じゅんばん 順番 turno㊚, ordine㊚, successione㊛ ◇順番に seguendo [secondo] l'ordine ¶順番を決める decidere l'ordine [il turno] ¶順番を待つ attendere il *proprio* turno / 《並んで》 fare la fila ¶自転車に乗る順番を決めよう. Decidiamo a chi tocca salire per primo sulla bicicletta. ¶まだ順番が回ってこない. Ancora non tocca a me. / Non è ancora il mio turno.

じゅんび 準備 preparazione㊛; 《支度》preparativi㊚《複》 ◇準備する preparare *ql.co.*, prepararsi a+不定詞 [a *ql.co.* / per *ql.co.*], fare i preparativi per *ql.co.* [+不定詞];《整える》sistemare [rassettare] *ql.co.* ¶準備を終える terminare i preparativi ¶心の準備をする prepararsi a+不定詞 / apprestarsi a+不定詞 [a *ql.co.*] ¶…の準備に忙しい essere occupato [tutto preso] a preparare *ql.co.* ¶食事の準備ができました. Il pranzo è pronto. ¶準備万端整いました. Ho dato tutte le disposizioni necessarie. ¶研究費をどのくらい準備しようか. Quanto dobbiamo destinare alle spese di ricerca?

❖準備運動 esercizio㊚ [複 -i] fisico [複 -ci] di riscaldamento
準備金 fondo㊚ di riserva
準備中《掲示: 店などの》 "Chiuso"
準備通貨《経》moneta㊛ liquida di riserva
準備預金制度《財》sistema㊚ dei depositi di riserva

しゅんびん 俊敏 acutezza㊛, lestezza㊛, prontezza㊛ di riflessi ◇俊敏な perspicace, acuto, sagace

しゅんぷう 春風 brezza㊛ primaverile
❖春風駘蕩(たいとう) ¶彼はつねに春風駘蕩としている. È sempre calmo e mite.

じゅんぷう 順風 vento㊚ favorevole ¶順風を受ける avere il vento in poppa / avere il vento favorevole
❖順風満帆 順風満帆である procedere a gonfie vele e con vento propizio

しゅんぶん 春分 equinozio㊚ [複 -i] di primavera
❖春分点《天》punto㊚ vernale
春分の日 giorno㊚ dell'equinozio di primavera (◆intorno al 21 marzo)

じゅんぶんがく 純文学 letteratura㊛ pura (non di genere) [colta / raffinata]

じゅんぽう 遵奉 osservanza㊛ ◆遵奉する rispettare [attenersi scrupolosamente a] *ql.co.*

じゅんぽう 遵法・順法 rispetto㊚ [osservanza㊛] della legge
❖遵法精神 spirito㊚ del rispetto della legge
遵法闘争 sciopero㊚ bianco [複 -chi]

じゅんぼく 純朴 semplicità㊛, ingenuità㊛, candore㊚ ◇純朴な semplice,《素朴, 単純》ingenuo, candido,《無邪気》innocente,《自然》naturale, spontaneo

しゅんぽん 春本 libro㊚ erotico [複 -ci]

しゅんみん 春眠 ¶春眠暁(あかつき)を覚えず. "Aprile, dolce dormire."

じゅんめん 純綿 cotone㊚ puro ¶純綿のシャツ camicia in puro cotone

じゅんもう 純毛 ◇純毛の di pura lana

じゅんゆうしょう 準優勝 ◇準優勝する vincere il secondo premio, arrivare㊐[es] [classificarsi] secondo ¶準優勝者 secondo arrivato ¶準優勝チーム squadra seconda arrivata

じゅんよう 準用 ◇準用する applicare *ql.co.* "mutatis mutandis [con le modificazioni dovute ad ogni singolo caso]

じゅんようかん 巡洋艦《軍》incrociatore㊚ ¶ミサイル搭載巡洋艦 incrociatore lanciamissili

じゅんりょう 純良 ◇純良な di prima qualità, extrafino

じゅんれい 巡礼・順礼 pellegrinaggio㊚ [複 -gi];《人》pellegrino㊚ [㊛ -a] ¶巡礼に出る fare un pellegrinaggio / andare in pellegrinaggio ¶メッカへ巡礼に行く fare il pellegrinaggio alla Mecca

しゅんれつ 峻烈 severità㊛ ◇峻烈な《厳しい》severo,《鋭い》mordace, incisivo,《決然とした》deciso,《非情な》inesorabile

じゅんれつ 順列《数》permutazione㊛ ¶順列組み合わせ permutazione e combinazione

じゅんろ 順路 itinerario㊚ [複 -i], percorso㊚, tragitto㊚ ¶順路を決める stabilire un percorso [un itinerario] ¶フィレンツェ, ローマという順路で行く andare a Roma via [passando per] Firenze

しょ 書《書いた物》scritto㊚;《書物》libro㊚;《書簡》lettera㊛, biglietto㊚;《書道》calligrafia㊛;《筆跡》scrittura㊛

しょ 署 →警察署, 消防署, 税務署 ¶署までご同行願います. Mi segua al commissariato.

しょ 緒 ¶その企画は緒に就いたところだ. Il progetto ha appena preso il via.

しょ- 諸- diverso, vario [複 -i], differente ¶諸外国 i paesi stranieri ¶諸問題 alcuni [vari / diversi] problemi ¶諸形態 forme diverse

じょ 序 **1**《序文》premessa㊛
2《初め》inizio㊚ [複 -i] ¶寒さはまだ序の口だ. Il freddo è appena cominciato.
3《順序》ordine㊚ ¶長幼序あり. Bisogna rispettare l'anzianità. / I giovani devono dare la precedenza agli anziani.

しょあく 諸悪 ¶金は諸悪の根源だ. Il denaro è la radice di tutti i mali.

じょい 女医 dottoressa㊛, medico㊚ [複 -ci] (▶女性の医師にも medico を用いる)

しょい 背負い子 telaio㊚ [複 -i] per portare carichi sul dorso; reggizaino㊚

しょいこむ 背負い込む ¶負債をしょい込む addossarsi un debito ¶仕事の責任をしょい込む assumersi la responsabilità di un affare ¶売れ残り品をしょい込む avere sulla groppa [sul groppone] merci invendute

しょいなげ 背負い投げ →背負い投げ(せおいなげ)

しょいん 所員 membro㊚ del personale, personale㊚ (di un ufficio)

しょいん 書院《書斎》studio㊚ [複 -i];《客間》salotto㊚ in stile *shoin*
❖書院造り《建》stile㊚ *shoin* (◆stile tradizionale dell'architettura residenziale giapponese)

しょいん 署員 ¶警察署員 membro delle forze di polizia ¶税務署員 agente del fisco

ジョイントベンチャー 〔英 joint venture〕〔英〕 joint venture[男][無変]; società[女] a capitale misto, associazione[女] in partecipazione

しょう 小 piccolo ¶小アジア Asia Minore ¶小委員会 sottocomitato / sottocommissione ¶小劇場 piccolo teatro ¶小人物 uomo meschino ¶大は小を兼ねる.《諺》Il grande potrà sempre contenere il piccolo, mai il contrario.
[慣用] **小の虫を殺して大の虫を助ける** sacrificare le piccole cose per salvare le grandi, trascurare un pesciolino per prendere il pesce grosso

しょう 升 *sho*[男]; unità[女] di volume pari a ca. 1,8 l (読み方: circa uno virgola otto litri)

しょう 抄 brani[男][複] [passi[男][複]] scelti

しょう 性 《本性》natura[女], carattere[男]; 《気質》disposizione[女], indole[女], temperamento[男]; 《品質》qualità[女] ¶彼とは性が合う. Ci intendiamo bene. ¶この仕事は私の性に合わない. Questo lavoro non è fatto per me [non mi è congeniale].

しょう 省 **1**《官庁》ministero[男] ¶外務省 Ministero degli Affari Esteri ¶各省連絡委員会 comitato interministeriale **2**《中国の行政区画》provin*cia*[女][複 *-ce, -cie*]

しょう 将 generale[男], comandante[男] ¶将を射んとせば先ず馬を射よ.《諺》"Chi vuol conquistare una ragazza deve prima conquistare sua madre." ¶一将功成って万骨枯る. "La gloria d'un generale è intrisa del sangue dei suoi soldati."

しょう 商 **1**〔数〕quoziente[男], quoto[男]
2《商売, 商人》 ¶宝石商 gioielliere[男][女 *-a*] ¶書籍商を営んでいる. Commercia in libri.
3 〔史〕《中国の》gli Shang[男][複], Dinastia[女] degli Shang

しょう 章 **1**《文章などの段落》capitolo[男] ¶第１章 Capitolo I [primo]
2《記章》distintivo[男]

しょう 笙 〔音〕*sho*[男][無変] (◆strumento musicale a fiato di forma cilindrica costituito da 17 cannucce di bambù di varie lunghezze e da un'imboccatura)

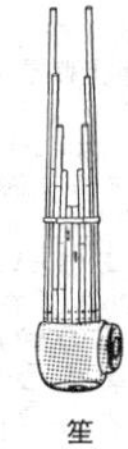
笙

しょう 証 **1**《証拠》prova[女] ¶この手紙は彼の裏切りの証とするに足るものだ. Questa lettera è una prova sufficiente del suo tradimento. **2**《証書》 ¶学生証 tessera studentesca ¶会員証 tessera d'iscrizione ¶免許証 licenza / permesso / autorizzazione / patente

しょう 衝 **1**《要所》punto[男] importante
2《重要な役目》incari*co*[男][複 *-chi*] importante ¶衝に当たる avere la responsabilità di *ql.co.*
3〔天〕opposizione[女]

しょう 賞 prem*io*[男][複 *-i*]; 《報酬》ricompensa[女] ¶1[2]等賞 primo [secondo] premio ¶ノーベル平和賞 Premio Nobel per la pace ¶優等[特別]賞 premio speciale ¶奨励賞 premio d'incoraggiamento ¶賞を得る ottenere [vincere] un premio ¶賞を授ける conferire [concedere] un premio a *qlcu.* / premiare *ql.co.* [*qlcu.*] ¶賞を設ける istituire un premio ¶賞を出す offrire [dare] un premio a *qlcu.*

しょう 背負う **1** ⇒背負う(せおう)1 **2**《引き受ける》addossarsi [assumersi / prendersi] (la responsabilità di *ql.co.*) ¶君たちがこれからの世界をしょって立つのだ. Il futuro del mondo graverà sulle vostre spalle. **3**《うぬぼれる》 ¶しょってるね. Come sei pieno di te!

しょう- 正- ¶正6時に alle 6 precise [in punto]

-しょう -性 ¶荒れ性の肌 pelle che si screpola facilmente ¶心配性の人 persona incline a preoccupazioni

-しょう -勝 vittoria[女] ¶3戦2勝する riportare [conseguire] 2 vittorie su 3

しよう 仕様 **1**《方法》modo[男] ¶住所も電話番号もわからないので連絡の仕様がない. Non ho né il suo indirizzo né il suo numero di telefono, perciò「non c'è modo di [non posso] contattarlo.
2《建築・工業製品の》specificazione[女], descrizione[女] particolareggiata
✤**仕様書** scheda[女] tecnica, capitolato[男]

しよう 子葉 〔植〕cotiledone[男] ¶単[双]子葉植物 pianta monocotiledone [dicotiledone]

しよう 止揚 〔哲〕superamento[男]; sintesi[女] (hegeliana)

しよう 私用 uso[男] privato [personale]; 《用事》affare[男] privato ¶私用で大阪に行く andare [recarsi] a Osaka per affari privati

しよう 使用
uso[男], impie*go*[男][複 *-ghi*], utilizzazione[女]; 《薬など: 与える側からの》somministrazione[女], applicazione[女] ◇**使用する** usare [utilizzare] *ql.co.*, servirsi di *ql.co.*; somministrare [applicare] *ql.co.* ¶〈人〉の使用に供する mettere *ql.co.* a disposizione di *qlcu.* ¶使用済みの切手 francobollo (già) timbrato ¶日常使用されている言葉 parola di uso comune ¶あまり使用されない表現 espressione non comune (inusitata) ¶「使用中」《掲示》"Occupato" ¶使用上の注意《薬などの》avvertenze per l'uso ¶この建物はもう使用に耐えない. Questo edificio non è più agibile. ¶この店は店員を3人使用している. In questo negozio lavorano tre commessi.
✤**使用権** diritto[男] d'uso
使用者 utente[男][女]
使用人 impiegat*o*[男][女 *-a*]; dipendente[男][女]
使用法 istruzioni[女][複] per l'uso, modalità[女] d'uso
使用料 noleg*gio*[男][複 *-gi*]

しよう 枝葉 《枝と葉》rami[男][複] e foglie[女][複]
✤**枝葉末節** questione[女] marginale [secondaria] ¶枝葉末節の marginale / secondario ¶枝葉末節にとらわれる[こだわる] perdersi nei [impuntarsi sui] dettagli

しよう 試用 prova[女], tentativo[男], uso[男] sperimentale ◇**試用する** provare *ql.co.*, tentare *ql.co.*, fare un tentativo
✤**試用期間** periodo[男] [termine[男]] di prova
試用品 campione[男]

じょう 上 **1**《すぐれていること》superiorità[女], eccellenza[女] ◇**上の** superiore, eccellente, di prima qualità ¶彼の成績は上の部だ. Si è classi-

ficato tra i primi. **2**《上巻》il primo volume⒨ [tomo⒨]
✤**上肉** carne⒡ scelta [di prima qualità]
じょう 《感情, 気持ち》sentimento⒨;《感性》sensibilità⒡;《情趣, 感動》emozione⒡;《情緒性》emotività⒡;《愛情, 情愛》affetto⒨, tenerezza⒡;《情熱, 欲情》passione⒡ ¶夫婦の情 amore coniugale ¶情にもろい troppo emotivo ¶情の厚い affettuoso / dal cuore tenero / amorevole ¶情のこもった pieno d'affetto / cordiale ¶情のない insensibile / senza cuore / spietato / duro ¶情の激しい impulsivo ¶情に訴える fare appello ai sentimenti di qlcu. ¶情にほだされる impietosirsi / commuoversi ¶彼を解雇するのは情において忍びない。Ci stringe il cuore doverlo licenziare.
[慣用] **情が移る** finire con l'affezionarsi a poco a poco a qlcu.
情を通じる（1）《男女間で》avere una relazione amorosa con qlcu.（2）《味方を裏切って敵などに》avere rapporti segreti con il nemico
じょう 錠 **1**《錠前》serratura⒡;《南京錠》lucchetto⒨ ¶錠を下ろす chiudere a chiave una porta / chiudere con il lucchetto ¶錠を開ける aprire una porta chiusa a chiave / aprire un lucchetto ¶錠をこじ開ける forzare una serratura **2**《錠剤》compressa⒡ ¶口中錠 pastiglia / pasticca ¶糖衣錠 confetto
-じょう 1《…に関する, …の点で》dal punto di vista + 形容詞, sotto l'aspetto + 形容詞, nell'ottica + 形容詞, sul piano + 形容詞《に関して》per quel che concerne ql.co.《のため》per ql.co. ¶法律上の問題 problema dal punto di vista legale ¶健康上の理由で per motivi di salute ¶一身上の問題 questione di carattere privato
2《…の上》¶甲板上で sul ponte
-じょう -条 ¶《箇条》articolo⒨ ¶憲法第3条 Articolo terzo della Costituzione ¶法案を条を追って討議する discutere un disegno di legge articolo per articolo **2**《すじ》¶一条の煙 un filo di fumo ¶一条の光 un raggio di luce
-じょう -状 **1**《物の形》¶球状の sferico / di forma sferica / a forma di sfera ¶液状に allo stato liquido
2《手紙》¶招待状 biglietto d'invito
-じょう -帖 ¶半紙1帖 una mazzetta di 20 fogli di carta di tipo *hanshi* ¶海苔1帖 una mazzetta di 10 fogli di alga *nori*
-じょう -乗《数》¶2 [3 / 4 / 5 / n] 乗 seconda [terza / quarta / quinta / ennesima] potenza ¶2 [3 / 4 / 5 / n] 乗する elevare al quadrato / al cubo / alla quarta potenza / alla quinta potenza / all'ennesima potenza
-じょう -城 ¶江戸城 castello di Edo ¶聖天使城《ローマの》Castel Sant'Angelo
-じょう -畳 ¶*tatami*⒨ [無変]（◆ circa 90 cm × 180 cm）¶4畳半の部屋 stanza di quattro *tatami* e mezzo
-じょう -嬢 ¶山田嬢 la Signorina [Sig.na] Yamada（▶ signorina は名字・名前いずれにもつけることができ, 呼びかけるときは無冠詞）
じょう 滋養 ¶滋養に富む nutritivo / nutriente / sostanzioso

じょうあい 情愛 ¶情愛の込もった手紙 lettera molto affettuosa
しょうあく 掌握 ¶権力を掌握する prendere il [impadronirsi del] potere ¶指導権を掌握する assumere il comando [l'egemonia] ¶制空権を掌握する avere il dominio dei cieli [il predominio aereo] ¶部下を掌握する tenere (bene) in pugno i *propri* uomini
じょうあつ 常圧 pressione⒡ atmosferica
しょうい 小異 ¶小異を捨てて大同に就く superare le piccole controversie per raggiungere uno scopo comune
しょうい 少尉《軍》《陸・空軍の》sottotenente⒨;《海軍の》guardiamarina⒨ [無変]
じょうい 上位 ¶alto rango⒨ [複 -*ghi*], primi posti⒨ [複] ¶上位を独占する《選挙やスポーツなどで》monopolizzare i primi posti ¶上位入賞を果たす piazzarsi ai primi posti
✤**上位概念**《言》concetto⒨ superiore
じょうい 上意 ¶上意を下達する far conoscere al popolo la volontà [l'ordine] del suo signore /《官庁・企業などの》trasmettere le decisioni della Direzione ai quadri inferiori
じょうい 攘夷 espulsione⒡ degli stranieri, sciovinismo⒨, campagna⒡ contro gli stranieri (alla fine del regime dei Tokugawa)
じょうい 譲位 abdicazione⒡ ◇**譲位する** abdicare⒤ [*av*] al trono in favore di qlcu.
しょういぐんじん 傷痍軍人 mutilato⒨ [⒡ -*a*] [invalido⒨ [⒡ -*a*]] di guerra
しょういだん 焼夷弾 bomba⒡ incendiaria
しょういん 勝因 causa⒡ di una vittoria ¶味方チームの勝因をつくる essere l'artefice della vittoria della *propria* squadra
じょういん 上院 Camera⒡ alta; Senato⒨;《イタリア下院の通称》Palazzo⒨ Madama（◆建物の名に因む）;《イギリスの》Camera⒡ dei Lords
✤**上院議員** senatore⒨ [⒡ -*trice*];（略）sen.;《イギリスの》pari⒨ [無変], membro⒨ della Camera dei Lords ¶終身上院議員 senatore a vita（◆大統領によって毎年5名指名される. 元大統領は自動的にその資格を得る）
じょういん 冗員・剰員 ¶冗員を整理する licenziare il personale superfluo [in eccedenza]
じょういん 乗員 →乗務員
しょううちゅう 小宇宙 microcosmo⒨
しょううん 勝運 ¶私は勝運に恵まれた [見放された]. La fortuna mi è stata amica [nemica].
じょうえい 上映 rappresentazione⒡ (di un film);《映写》proiezione⒡ ◇**上映する** dare [rappresentare] un film; proiettare un film [una pellicola] ¶ダリオ・アルジェントの新作は今ミラノ座で上映中だ. Adesso danno [proiettano] il nuovo film di Dario Argento al Teatro Milano. ¶「上映開始後のご入場はお断りします」《掲示》 "Non è consentito l'ingresso in sala a spettacolo iniziato." ¶「近日上映」《スクリーンに》"Prossimamente su questo schermo" /《広告に》"Imminente"
✤**上映期間** periodo⒨ di proiezione
上映禁止 ¶彼のデビュー作は上映禁止になった. Del suo primo film è stata vietata la proiezione.

上映時間 《開始時間》 orario[男] [複 -i] degli spettacoli; 《作品の長さ》 durata[女] del film

しょうえき 漿液 〔医〕 siero[男], liquido[男] sieroso

しょうエネ(ルギー) 省エネ(ルギー) risparmio[男] [複 -i] energetico [複 -ci]

しょうえん 荘園 feudo[男], terreni[男] [複] con castello; tenuta[女] dei signori [《寺の》 dei templi] del Giappone nel Medioevo

しょうえん 硝煙 ¶硝煙弾雨を浴びて tra il fumo della polvere da sparo e una gragnola di proiettili

✤**硝煙反応** ¶警察は彼の衣服から硝煙反応を検出した. La polizia ha trovato [individuato] tracce di polvere da sparo sui suoi abiti.

じょうえん 上演 rappresentazione[女] ◇上演する rappresentare [mettere in scena / dare] *ql.co.* ¶スカラ座では今何を上演していますか. Che cosa stanno dando [stanno rappresentando] al Teatro alla Scala? ¶「無断上演を禁ず」 "Tutti i diritti (di rappresentazione) riservati."

✤**上演時間** orario[男] [複 -i] [《長さ》 durata[女]] dello spettacolo

しょうえんざい 消炎剤 〔薬〕 medicamento[男] [farmaco[男] [複 -ci, -chi]] anti(i)nfiammatorio [複 -i]

しょうおう 照応 corrispondenza[女] ◇照応する corrispondere[自] [*av*] a *ql.co.*

じょうおん 常温 《常に一定の》 temperatura[女] costante; 《平均的な》 temperatura[女] normale, temperatura[女] media; 《室温》 temperatura[女] ambiente ¶常温で保存すること. Conservare a temperatura ambiente.

しょうおんき 消音器 silenziatore[男]; 《特にエンジンの》 marmitta[女] di scarico

しょうか 昇華 **1** 〔化〕 sublimazione[女] ◇昇華する sublimare[自] [*es*] **2** 《精神分析で》 sublimazione[女] ◇昇華する sublimarsi

✤**昇華物** 〔化〕 sublimato[男]

しょうか 消化 **1** 《食べ物の》 digestione[女], assimilazione[女] ◇消化する digerire ¶消化のいい[悪い]食べ物 cibo leggero [pesante] ¶消化良好である avere una buona digestione ¶消化を助ける favorire [facilitare / agevolare] la digestione ¶消化を妨げる turbare la digestione ¶少し前から消化がよくありません. Da un po' di tempo non digerisco bene.

2 《理解して自分のものにする》 assimilazione[女] ◇消化する assimilare, digerire ¶日本はヨーロッパ文化を巧みに消化した. Il Giappone ha assimilato abilmente la cultura europea.

3 《物事をなすこと》 ¶在庫品は年内に消化しきれる. È possibile esaurire tutta la scorta di merci entro l'anno. ¶今日中にこの作業の半分は消化できるだろう. Probabilmente posso eseguire la metà di questo lavoro entro oggi.

✤**消化液** 〔医〕 succhi[男] [複] gastrici [digerenti]

消化管 〔解〕 tubo[男] digerente

消化器 〔解〕 apparato[男] digerente

消化酵素 enzimi[男] [複] digestivi

消化剤 digestivo[男]

消化不良 disturbo[男] digestivo; 〔医〕 dispepsia[女] ¶消化不良を起こす avere un'indigestione / 《比喩的》 fare un'indigestione di *ql.co.*

消化率 〔医〕 digeribilità[女]

消化良好 buona digestione[女]; 〔医〕 eupepsia[女]

消化力 《胃腸の》 potenza[女] digestiva; 《商品などの》 capacità[女] consumabile

しょうか 消火 estinzione[女] di un incendio ◇消火する estinguere [spegnere / domare] un incendio ◇消火の anti(i)ncendio ¶消火に努める lottare[自] [*av*] contro il fuoco

✤**消火器** estintore[男]

消火剤 sostanza[女] antincendio [無変]

消火作業 lotta[女] antincendio, opera[女] di spegnimento

消火栓 idrante[男] antincendio, bocca[女] da incendio, presa[女] d'acqua

消火隊 squadra[女] antincendio

消火ホース manichetta[女], naspo[男]

消火ポンプ pompa[女] antincendio

しょうか 商科 facoltà[女] di economia e commercio

✤**商科大学** università[女] commerciale

しょうか 商家 ¶彼は商家の出だ. Proviene da una famiglia di negozianti [commercianti].

しょうか 唱歌 canto[男], canzone[女], inno[男] ¶小学唱歌 canzone per alunni di scuola elementare

しょうか 硝化 〔化〕 nitrificazione[女]

✤**硝化綿** nitrocellulosa[女], cotone[男] fulminante

しょうか 頌歌 〔詩学〕 ode[女]

しょうが 生姜 zenzero[男]; 《根しょうが》 radice[女] di zenzero fresca ¶風邪気味のときはしょうが湯を飲むとよい. Se ti senti raffreddato, prova a bere un decotto di zenzero.

じょうか 浄化 **1** 《水・空気などの》 depurazione[女] ◇浄化する depurare ¶水[血液]の浄化 depurazione delle acque [del sangue] ¶水を浄化して有害物質を取り除く depurare l'acqua dalle sostanze nocive **2** 《魂を清めること》 purificazione[女] ◇浄化する purificare **3** 《粛清》 epurazione[女], purga[女] ◇浄化する epurare, purgare

✤**浄化槽** fossa[女] biologica

浄化装置 depuratore[男], impianto[男] di depurazione

しょうかい 哨戒 〔軍〕 pattugliamento[男], servizio[男] [複 -i] di pattuglia ◇哨戒する pattugliare[他], [自] [*av*]

✤**哨戒機** aereo[男] da ricognizione, ricognitore[男]

哨戒艇 bastimento[男] da pattuglia, (nave[女]) vedetta[女], nave[女] da ricognizione

しょうかい 商会 ditta[女], società[女], azienda[女], compagnia[女]

しょうかい 紹介

presentazione[女]; 《推薦》 raccomandazione[女]; 《導入》 introduzione[女] ◇紹介する presentare *qlcu.* 《に a》, fare la presentazione di *qlcu.*; 《推薦する》 raccomandare *qlcu.* 《に a》; 《新しい物などを》 introdurre *ql.co.* 《に a, in》 ¶皆さん, 岡田さんをご紹介いたします. Signore e signori, vi presento il signor Okada. ¶ただ今ご紹介にあずかりました岡田でございます. Sono Okada, la persona che vi è stata presentata or ora. (►イタリ

しょうかい　アではこのように言わない) / Sono Okada. ¶自己紹介いたします. Mi permetto di presentarmi. ¶教授に紹介してもらうように彼に頼んだ. Gli ho chiesto di presentarmi al professore. ¶イタリアのファッションを日本に紹介する introdurre la moda italiana in Giappone ¶イタリア文学はあまり日本に紹介されていない. La letteratura italiana non viene molto proposta in Giappone.

✥**紹介者** ¶彼には有力な紹介者がある. È raccomandato da una persona importante.

紹介状 lettera⊛ di presentazione

しょうかい 照会 richiesta⊛ di informazioni; 《調査》inchiesta⊛, indagine⊛, ricerca⊛ ◇照会する informarsi da *ql.co.* su *ql.co.* ¶その件は照会中です. Stiamo aspettando una risposta alla nostra richiesta di informazioni.

✥**照会先** referenza⊛ ¶君の照会先はどこですか. Quali sono le tue referenze?

照会状 lettera⊛ di richiesta di informazioni

しょうかい 詳解 ◇詳解する spiegare *ql.co.* dettagliatamente [particolareggiatamente], dare una spiegazione dettagliata di *ql.co.*

しょうがい 生涯 (durata⊛ [corso男] della) vita⊛ ¶生涯の友 amico per la vita ¶生涯の仕事 lavoro di (tutta) una vita ¶生涯を通じて per tutta la *propria* vita / vita natural durante ¶平穏な生涯を送る condurre una vita tranquilla ¶学者としての生涯を送る fare la vita dello studioso ¶…に生涯を捧げる dedicare la *propria* vita a *ql.co.*

✥**生涯教育** istruzione⊛ permanente

しょうがい 渉外 relazioni⊛[複] con l'esterno

✥**渉外課** ufficio男[複 -ci] relazioni esterne

渉外係 addetto男[⊛ -a] alle relazioni esterne

しょうがい 傷害 ferita⊛, lesione⊛; 《事故》incidente男 ¶傷害を加える ferire *qlcu.*

✥**傷害罪** 《法》percosse⊛[複] e lesioni⊛[複], lesioni[複] personali

傷害致死罪 《法》omicidio男[複 -i] preterintenzionale

傷害保険 assicurazione⊛ contro gli incidenti [gli infortuni]

しょうがい 障害 **1**《妨げ》ostacolo男, impedimento男, intralcio男[複 -ci]; 《困難》difficoltà⊛ ¶関税障害《商》barriere doganali ¶障害を除く rimuovere un ostacolo ¶障害を克服する sormontare [vincere] un ostacolo ¶障害を超える superare una difficoltà ¶障害になる essere d'ostacolo [d'impedimento] a *qlcu.* [*ql.co.*]. **2**《人について》invalidità⊛; 《奇形》deformazione⊛, malformazione⊛; 《不調, 疾患》disturbo男 ¶胃腸障害《医》disturbo gastroenterico ¶言語障害《医》disturbo del linguaggio / 《心理的な》lalopatia ¶視覚障害《医》difetto [disturbo] alla vista

✥**障害者** disabile男⊛, persona⊛ diversamente abile, portatore男[⊛ *-trice*] di handicap, infermo男[⊛ *-a*], invalido男[⊛ *-a*], minorato男[⊛ *-a*]; 《体の一部を損傷した》mutilato男[⊛ *-a*] ¶心身障害者 disabile psichico [mentale] e/o fisico ¶身体障害者 disabile [minorato] fisico

障害物 ostacolo男

障害物競走 《スポ》corsa⊛ a [con] ostacoli

じょうがい 場外 ¶中に入れない人々が場外にあふれている. La folla che non riesce ad entrare in sala si accalca [si riversa] fuori dallo stadio.

✥**場外ホームラン** 《スポ》fuori campo男[無変]

しょうかく 昇格 promozione⊛, avanzamento男 ◇昇格する essere promosso, avanzare自 [*es, av*], ottenere un avanzamento ¶公使館から大使館に昇格させる elevare una legazione al rango di ambasciata ¶彼は課長に昇格した. È stato promosso caposezione.

しょうがく 少額, 小額 piccola somma⊛ (di denaro) ¶少額の寄付 piccolo contributo in denaro

小額紙幣 banconota⊛ [biglietto男] di piccolo taglio

しょうがく 商学 scienze⊛[複] economiche commerciali

✥**商学部** facoltà⊛ di economia e commercio

じょうかく 城郭《城, 城塞》castello男; 《要塞》fortezza⊛; 《町を守る》cittadella⊛

✥**城郭都市**《要塞都市》piazzaforte⊛[複 *piazzeforti*]

しょうがくきん 奨学金 borsa⊛ di studio

しょうがくせい 小学生 scolaro男[⊛ *-a*], alunno男[⊛ *-a*] di scuola elementare

しょうがくせい 奨学生 borsista男⊛[男複 *-i*]

しょうかせん 松果腺《解》ghiandola⊛ [corpo男] pineale

しょうがつ 正月 《元日》Capodanno男 (►「大晦日」の意味もある); 《新年》anno男 nuovo ¶旧正月 anno nuovo [Capodanno] secondo il calendario lunare; 《1月》gennaio男

✥**正月気分** ¶まだ正月気分でいるのか. Con la testa, sei ancora alle vacanze di Capodanno?

正月休み vacanze⊛[複] di Capodanno

日本事情 正月

Il termine indica il mese di gennaio e, in particolare, i primi tre giorni in cui si celebra la festività più importante del Giappone: l'inizio del nuovo anno. Poiché i pini (*matsu*) e i bambù (*take*) decorano le porte delle case e dei negozi nei primi sette giorni del mese, questi sono detti "*matsu no uchi*".
In queste festività affiorano le più vive usanze tradizionali: la visita ai templi, lo scambio di biglietti augurali, l'uso del *kimono*, i giochi in famiglia, i cibi caratteristici (*osechi-ryori, zoni* e *mochi*).
→一年賀状, 餅 日本事情

しょうがっこう 小学校 scuola⊛ primaria [elementare]; le elementari⊛[複] (◆イタリアでは5年制) ¶私は小学校3年生です. Frequento la terza elementare.

✥**小学校教員** maestro男[⊛ *-a*] (elementare), insegnante⊛ elementare

小学校校長 direttore男[⊛ *-trice*] (didattico男

複 -ci]）

しようがない 仕様がない **1**《仕方がない》Non c'è niente da fare. ¶そんなこと言ったって仕様がないじゃないか. Cosa credi di risolvere dicendo così?
2《始末におえない》incorreggibile ¶全く仕様がない奴だ. Sei un disastro. /《いたずらっ子に》Sei un birichino. / Con lui non c'è proprio niente da fare.
3《「…て仕様がない」の形で》 ¶タバコが吸いたくて仕様がない. La voglia di fumare mi sta divorando. ¶うれしくて仕様がなかった. Non riuscivo a contenere la felicità.

じょうかまち 城下町 città ṣviluppatași intorno ad un castello, città-castello㊛[無変]

しょうかん 召喚 《法》convocazione㊛, mandato㊚ di comparizione, citazione㊛ ◇召喚する convocare [citare] qlcu., chiamare qlcu. ¶召喚に応じる《裁判所に》comparire㊐[es] in giudizio ¶証人として召喚される essere citato come testimone
❖召喚状 mandato di comparizione, citazione㊛ di un teste ¶召喚状を発する citare qlcu. in giudizio

しょうかん 召還 《呼び戻す》richiamo㊚ ◇召還する richiamare [far rientrare] qlcu. ¶本国に召還される essere richiamato in patria
❖召還状 lettera㊛ di richiamo

しょうかん 将官 《軍》generale㊚; 《海軍》ammiraglio㊚ [複 -gli]

しょうかん 商館 ufficio㊚ [複 -ci] di un mercante straniero (nel periodo Edo)

しょうかん 償還 rimborso㊚, rifusione㊛;《すべて返す》estinzione㊛ (di un debito) ◇償還する rimborsare; estinguere ¶5年後に償還の債権 obbligazioni rimborsabili [redimibili] in 5 anni
❖償還基金 fondo㊚ d'ammortamento
償還期限 scadenza㊛ per l'estinzione (di un debito)

じょうかん 上官 superiore㊚[㊛ -a] ¶直属の上官 superiore diretto di qlcu. ¶上官の命に従う obbedire ai [agli ordini dei] superiori

じょうかん 乗艦《軍》◇乗艦する salire㊐[es] a bordo (di una nave da guerra), imbarcarsi (su una nave da guerra)

じょうかん 情感 emozione㊛ ¶情感にあふれた文章だ. È un passo molto lirico.

じょうかんぱん 上甲板《船》ponte㊚ di coperta, ponte㊚ superiore, coperta㊛

しょうき 正気《意識》coscienza㊛;《分別・理性》senno㊚;《明晰, 明敏》lucidità㊛;《まじめ》serietà㊛ ¶正気ではない essere matto ¶正気にかえる《意識を回復する》riprendere conoscenza / ritornare in sé / rinvenire㊐[es] ¶正気にかえらせる《意識を回復させる》far rinvenire qlcu. / far ritornare qlcu. in sé /《良識を回復させる》richiamare qlcu. al buon senso ¶正気を失う impazzire㊐[es] / uscire㊐[es] di senno /《気絶する》ṣvenire㊐[es] / perdere coscienza ¶とても正気の沙汰じゃない. È una [pazzia]! / È roba da pazzi! / È pazzesco!

しょうぎ 将棋 shogi㊚ [無変], gioco㊚ degli shogi, scacchi㊚[複] giapponesi (►scacchiはチェス) ¶将棋の駒 pedina (del gioco dello shogi) ¶将棋を指す giocare a shogi
❖将棋倒し effetto㊚ domino [無変]
将棋盤 scacchiera㊛

じょうき 上気 ¶上気した顔 viṣo arrossato

じょうき 上記 ◇上記の suddetto, sopra(c)citato, succitato, di cui sopra, summenzionato, sovramenzionato, sunnominato ¶上記の者 la suddetta persona / la persona di cui sopra

じょうき 常軌 ¶常軌を逸する ṣragionare [av] /《限度を越す》superare [oltrepassare] i limiti / colmare [passare / oltrepassare] la miṣura ¶常軌を逸した irragionevole / stravagante / insensato / eccentrico

じょうき 蒸気 vapore㊚ ¶飽和蒸気 vapore saturo ¶蒸気を出す emettere vapore
❖蒸気圧 pressione㊛ del vapore
蒸気機関 motrice㊛ [macchina㊛] a vapore
蒸気機関車《鉄道》locomotiva㊛ a vapore
蒸気船 piroscafo㊚, nave㊛ a vapore;《小型の》vaporetto㊚
蒸気タービン turbina㊛ a vapore
蒸気ボイラー caldaia㊛ a vapore

じょうぎ 定規・定木 riga㊛, righello㊚ ¶雲形定規 curvilineo ¶三角定規 squadra a triangolo ¶T定規 riga a T ¶定規で線を引く tirare [tracciare] una linea con la riga

じょうぎ 情誼 ¶情誼に厚い fedele / devoto ¶情誼を尽くす essere leale nei rapporti con le persone

じょうきげん 上機嫌 ottimo umore㊚ ◇上機嫌な《うれしそうな》lieto;《快活・陽気な》allegro, giulivo, gaio㊚[複 -i] ◇上機嫌に[で] allegramente, gioiosamente, gaiamente, giulivamente ¶上機嫌である essere di ottimo umore

しょうきぼ 小規模 ¶小規模の工場 piccola fabbrica / fabbrichetta / piccola impresa ¶小規模に商売をする commerciare su piccola scala

しょうきゃく 消却 **1**《消す》◇消却する cancellare **2**《消費する》◇消却する spendere, consumare

しょうきゃく 焼却 incenerimento㊚, incinerazione㊛, /cremazione㊛, /distruzione㊛ col fuoco ¶焼却する bruciare, distruggere col fuoco
❖焼却炉 (forno) inceneritore㊚

しょうきゃく 償却 《経》ammortamento㊚ ◇償却する ammort(izz)are ¶20年で償却する装置 impianto ammortizzabile in 20 anni ¶減価償却 ammortamento
❖償却積立金 accantonamento㊚
償却費 spese㊛ d'ammortamento

じょうきゃく 乗客 viaggiatore㊚ [㊛ -trice], passeggero㊚ [㊛ -a]
❖乗客名簿 lista㊛ [elenco㊚ [複 -chi]] dei passeggeri

じょうきゃく 常客 ⇒常連

しょうきゅう 昇級 promozione㊛, avanzamento㊚ ¶昇級する essere promosso

しょうきゅう 昇給 aumento㊚ di stipendio ◇昇給する《人が主語》ottenere un aumento (di stipendio) ¶昇給させる aumentare lo stipendio di *qlcu*.

じょうきゅう 上級　classe㊛ superiore; 《科目》corso㊚ di livello superiore [avanzato] ¶イタリア語上級講座 corso avanzato di lingua italiana ¶彼は大学で私の2年上級だった。All'università era avanti a me di due anni.
❖**上級裁判所** tribunale㊚ di seconda istanza
上級生 student*e*㊚[㊛-*essa*] di una classe superiore

しょうきゅうし 小休止　breve interruzione㊛, breve paus*a*㊛[sost*a*㊛], attimo㊚ di respiro

しょうきょ 消去 ◇消去する《除去する》eliminare;《消し去る》cancellare
❖**消去ヘッド**《レコーダーの》testina㊛ di cancellazione
消去法《数》eliminazione㊛ ¶代入消去法 eliminazione per sostituzione

しょうきょう 商況　andamento㊚ [situazione㊛] del mercato, mercato㊚ ¶商況は活発[不振]である。Il mercato è attivo [stagnante]. ¶商況が回復[悪化]してきた。Gli affari hanno cominciato a migliorare [peggiorare].
❖**商況報告** rassegna㊛ del mercato

しょうぎょう 商業　commer*cio*㊚[複 -*ci*)], affari㊚[複] ◇商業の commerciale ¶商業的に commercialmente / dal punto di vista commerciale ¶商業を営む occuparsi di commercio ¶大阪は商業が盛んだ。Il commercio è fiorente a Osaka.
❖**商業英語** inglese㊚ commerciale
商業化 commercializzazione㊛ ◇商業化する《自らが》commercializzarsi;《他のものを》commercializzare
商業界 gli ambienti㊚[複] commerciali
商業銀行 banca㊛ commerciale
商業金融 credito㊚ [finanziamento㊚] commerciale
商業高等学校 scuola㊛ superiore tecnico commerciale,《イタリアの》istituto㊚ tecnico [複 -*ci*] commerciale
商業資本 capitali㊚[複] commerciali
商業主義 affarismo㊚
商業地区 centro㊚ commerciale
商業手形 titolo㊚ di credito, effetto㊚ [cambiale㊛] commerciale
商業デザイン disegno㊚ commerciale [pubblicitario [複 -*i*]]
商業道徳 onestà㊛ dei commercianti
商業都市 città㊛ commerciale
商業美術 manifestazioni㊛[複] artistiche legate all'attività commerciale (◆ come nel caso di pubblicità, design di interni, illuminazione, packaging ecc.)
商業文[通信] corrispondenza㊛ commerciale
商業放送 trasmissione㊛ commerciale

じょうきょう 上京 ◇上京する《来る》venire [trasferirsi] a Tokyo;《行く》andare a Tokyo;《出発する》partire per Tokyo ¶彼は今、上京中だ。Ora è a Tokyo.

じょうきょう 状況・情況　situazione㊛, circostanze㊛[複] attuali;《政治・経済の》congiuntura㊛ (▶どちらかというと悪い場合に用いる) ¶良い[悪い]状況 congiuntura favorevole [sfavorevole] ¶険悪な状況 situazione seria [pericolosa] ¶こういう状況では nella situazione attuale / in una simile situazione ¶状況を分析する analizzare la situazione ¶状況が悪化した。La situazione si è aggravata. ¶それは状況による。Dipende dalle circostanze.
❖**状況証拠**《法》prova㊛ indiziaria [indiretta], indi*zio*㊚[複 -*i*]
状況補語《文法》complemento㊚ indiretto

しょうきょく 小曲《音》breve brano㊚ musicale

しょうきょく 消極 ◇消極的《受動的》passivo;《否定的》negativo ◇消極的に passivamente; negativamente ¶消極的な態度をとる assumere un atteggiamento passivo / agire passivamente
❖**消極策** ¶消極策をとる adottare provvedimenti passivi
消極主義 negativismo㊚;《消極的な態度》passivismo㊚
消極性 passività㊛
消極政策 politica㊛ passiva
消極論 approc*cio*㊚[複 -*ci*] circospetto

しょうきん 賞金　prem*io*㊚[複 -*i*] in denaro, ricompensa㊛ ¶賞金を出す offrire un premio a *qlcu*. ¶優勝賞金は100万円です。Il primo premio è di un milione di yen.

じょうきん 常勤 ◇常勤の《フルタイム》a tempo pieno;《正規職員》di ruolo
❖**常勤講師** professor*e*㊚[㊛-*essa*] incaricato [stabilizzato]

じょうくう 上空 ¶東京上空に sopra [su] Tokyo / sul cielo di Tokyo ¶町の上空を飛ぶ volare㊅[*av*, *es*] sulla [sorvolare la] città ¶はるか上空に浮かぶ librarsi alto nel cielo ¶上空から襲う piombare su *qlcu*. dall'alto

しょうぐん 将軍《軍隊の》generale㊚;《幕府の》*shogun*㊚[無変] ¶乃木将軍 il generale [(略) gen.] Nogi

じょうげ 上下　**1**《上と下》 ◇上下に in alto e in basso, dall'alto in basso, verticalmente ¶上下左右に verticalmente e orizzontalmente / in tutti i sensi / in tutte le direzioni

2《上りと下り》 ◇上下する salire㊅[*es*] e scendere㊅[*es*], andare su e giù ¶船が運河を上下する。Le barche vanno su e giù per il canale. ¶上下線とも不通だ。《道路》Le strade sono impraticabili nei due sensi. /《鉄道》Il servizio ferroviario è sospeso nei due sensi.

3《上下そろいの服》《abito㊚》completo㊚;《ジャケットとスカートまたはワンピースのセット》[仏] tailleur [tajér] ㊚[無変] ¶背広の上下 giacca e pantaloni (di un completo)

4《上下の変動》oscillazione㊛, variazione㊛, fluttuazione㊛ ¶物価の上下 fluttuazione dei prezzi

5《身分・地位などの上と下》 ¶身分の上下を問わず senza tener conto della posizione sociale

6《上巻と下巻》 ¶上下2巻本 opera in due tomi
❖**上下水道** rete㊛ fognaria e acquedotti㊚[複]
上下動 movimento㊚ verticale;《地震の縦揺れ》scossa㊛ sismica sussultoria

しょうけい 小計 totale[男] parziale, subtotale [男]

じょうけい 上掲 ◇上掲の soprariportato, suesposto, soprac(c)itato, di cui sopra ¶上掲の図表 grafico soprariportato ¶上掲の数字 cifre sopraindicate [suindicate]

しょうけいもじ 象形文字 geroglifico [-gli-][男][複 -ci]

しょうげき 笑劇 farsa[女]

しょうげき 衝撃 **1** 《突然の激しい打撃》〔英〕shock[男][無変], colpo[男]; 〘電子〙 impulso[男]; 〘機〙 impatto[男], urto[男] ¶…に衝撃を伝える traṣmettere un impulso a *ql.co.* [*qlcu.*] ¶衝撃を和らげる 〘機〙 ammortiẓẓare un urto

2 《精神的打撃》〔仏〕choc[男][無変]; 〔英〕shock[男][無変]; (brutto) colpo[男], trauma[男][複 -i] ◇衝撃的 sconvolgente, scioccante, traumatiẓẓante ¶衝撃を与える provocare una violenta emozione a *qlcu.* / scioccare *qlcu.* ¶その知らせに私は衝撃を受けた. Quella notizia è stata un brutto colpo per me. / Sono rimasto scioccato da quella notizia.

✤**衝撃荷重** 〘物〙 carico[男][複 -chi] d'urto
衝撃試験 〘機〙 prova[女] all'urto [d'urto]
衝撃波 《ジェット機の》 onda[女] d'urto (di un aereo a reazione)
衝撃力 〘機〙 forza[女] di impatto

しょうけつ 猖獗 ◇猖獗を極める infierire[自][av]

しょうけつ 焼結 〘冶〙 sinteriẓẓazione[女]

しょうけん 商権 diritti[男][複] commerciali

しょうけん 証券 《有価証券》 titoli[男][複], valori[男][複]; 《債券》 certificato[男] obbligazionario [複 -i], obbligazione[女]; 《公債》 obbligazioni[女][複] pubbliche; 《株》 azione[女]; 《証書》 polizza[女] ¶保険[船荷]証券 polizza di assicurazione [di carico] ¶無記名証券 titolo al portatore ¶有価証券 titoli valori

✤**証券会社** società[女] di intermediazione mobiliare; 《略》 S.I.M.[女]
証券市場 borsa[女] (valori), borsa[女] finanziaria
証券投資 investimento[男] in titoli
証券取引所 Borsa[女] ¶ミラノ証券取引所 Borsa di Milano / Piazza Affari
証券仲買業者 agente[男] di cambio [di sconto], intermediario[男][[女] -a; [男]複 -i] in titoli, commissionario[男][[女] -a; [男]複 -i]

しょうげん 証言 testimonianza[女], prova[女], depoṣizione[女] ◇証言する testimoniare[自][av] (su *ql.co.*), deporre[自][av] (su *ql.co.*) ¶〈人〉の証言によって in baṣe alla testimonianza di *qlcu.* ¶証言を求める invocare una testimonianza ¶〈人〉に有利な[不利な]証言をする testimoniare「a favore di [contro] *qlcu.* ¶偽りの証言をする deporre il falso

✤**証言者** teste[男][女], testimone[男][女]
証言台 banco[男][複 -chi] dei testimoni

しょうげん 象限 〘数〙 quadrante[男]

じょうけん 条件 condizione[女]; 《必要条件》 requiṣito[男] indispensabile; 《数学などの》 dato[男]; 《状況》 condizioni[女][複], circostanze[女][複] ¶必要十分条件 〘数〙 condizione necessaria e sufficiente ¶条件を付ける[出す] imporre [porre] delle condizioni ¶条件を受諾[拒否]する accettare [rifiutare] le condizioni di *qlcu.* ¶…という条件で a condizione di + [不定詞] / a [alla] condizione che + [接続法] / a patto di + [不定詞] [che + [接続法]] ¶必要な条件を満たす soddisfare le condizioni richieste ¶条件次第だ. Dipende dalle condizioni.

✤**条件付き** ◇条件付きの condizionato; 〔ラ〕 sub condicione ◇条件付きで sotto condizione, con riserva ¶条件付きで…する fare *ql.co.* nel rispetto di certe condizioni
条件反射 〘生〙 riflesso[男] condizionato, reazione[女] condizionata
条件法 〔文法〕 (modo[男]) condizionale[男]

じょうげん 上弦 ¶上弦の月 luna al primo quarto ⇒月 [図版]

じょうげん 上限 limite[男] massimo

しょうこ 証拠 prova[女], testimonianza[女], evidenza[女] ¶動かぬ証拠 prova irrefutabile [inconfutabile] ¶有利[不利]な証拠 prova a discarico [a carico] ¶直接[状況]証拠 prova diretta [indiziaria] ¶その証拠に come prova ¶証拠立てる provare / attestare / stabilire *ql.co.* con prove ¶証拠になる servire[自][*av, es*] come prova ¶証拠を集める[隠滅(いんめつ)する] raccogliere [distruggere le] prove ¶証拠を調べる eṣaminare le prove ¶証拠を提出する fornire una prova / addurre delle prove ¶証拠をあげて責める accuṣare *qlcu.* baṣandosi su prove concrete ¶証拠不十分で釈放する assolvere *qlcu.* per insufficienza di prove ¶これは彼の無実の証拠だ. Questa è una prova della sua innocenza. ¶彼が金を盗んだという証拠は何もない. Non eṣiste alcuna prova che lui abbia rubato il denaro. ¶論より証拠. 《諺》 "Alla prova si scortica l'asino." / "Mille parole non valgono una prova."

✤**証拠隠滅** distruzione[女] delle prove
証拠写真 prova[女] fotografica
証拠書類 pezze[女][複] giustificative, prova[女] documentata
証拠物件 corpo[男] del reato

鉦鼓

しょうこ 鉦鼓 gong[男][無変] uṣato nel *gagaku*

しょうご 正午 meẓẓogiorno[男] ¶正午に a meẓẓogiorno ¶正午だ. È meẓẓogiorno. ¶昨日の正午に会った. Ci siamo visti ieri a meẓẓogiorno.

じょうご 上戸 amante[男][女] dell'alcol ¶彼は怒り[笑い]上戸だ. Quando beve diventa violento [allegro].

じょうご 冗語・剰語 《重複》 ridondanza[女], sovrabbondanza[女], pleonaṣmo[男] ◇冗語の pleonaṣtico [[男]複 -ci] ¶冗語の多い ridondante / sovrabbondante

じょうご 畳語 parola[女] raddoppiata, uṣo[男] ripetuto della stessa parola [《同一語根の》 radice]

じょうご 漏斗 imbuto[男] ¶漏斗形の a forma d'imbuto / imbutiforme [無変]

しょうこう 小康 ¶病人は小康を得ている. Il

しょうこう 昇汞 《化》cloruro男 [複 -ci] di mercurio, sublimato corrosivo
❖昇汞水 soluzione女 di cloruro mercurico

しょうこう 昇降
❖昇降機 《エレベーター》ascensore男;《荷物用》montacarichi男 [無変]
昇降橋 ponte女 levatoio [複 -i]
昇降口《入り口》entrata女;《船の》boccaporto男
昇降舵《空》alettone男, timone男 di profondità

しょうこう 将校 《軍》ufficiale男 ¶将校に任官する essere nominato ufficiale ¶高級将校 ufficiale superiore ¶陸軍 / 海軍 / 空軍 / 歩兵》将校 ufficiale dell'esercito [di marina / dell'aviazione / di fanteria]

しょうこう 症候 《医》sintomo男
❖症候学《医》semeiotica女
症候群 sindrome女 ¶ダウン症候群 sindrome di Down

しょうこう 商工 commercio男 e industria女
❖商工会議所 Camera女 di commercio (e dell'industria)

しょうこう 商港 porto男 mercantile

しょうこう 焼香 offerta女 d'incenso ◇焼香する bruciare l'incenso

しょうごう 称号 titolo男; nome男, appellativo男 ¶称号を与える conferire un titolo a qlcu. ¶称号を得る ottenere un titolo

しょうごう 商号 nome男 commerciale, marca女, marchio男 [複 -chi], nome男 depositato [registrato];《社名》ragione女 sociale

しょうごう 照合 paragone男, confronto男; collazione女 ◇照合する confrontare, paragonare, collazionare ¶AをBと照合する confrontare A con B ¶写本を原本と照合する collazionare un manoscritto con l'originale

じょうこう 上皇 imperatore男 in ritiro, imperatore男 abdicatario [複 -i] [abdicante]

じょうこう 条項 ¶契約の条項 articoli [clausole] di un contratto

じょうこう 条鋼 《冶》acciaio男 [複 -i] in barre

じょうこう 乗降 lo scendere e il salire
❖乗降客 passeggeri男 [複], viaggiatori男 [複]

じょうこう 情交 ¶情交を結ぶ avere rapporti intimi [sessuali] con qlcu.

しょうこうい 商行為 affare男, operazione女 commerciale

しょうこうねつ 猩紅熱《医》scarlattina女

しょうこく 小国 piccolo paese男, piccola nazione女, piccolo stato男, staterello男

じょうこく 上告 《最高裁への》ricorso [appello]男 in Cassazione,《控訴審への》ricorso男 alla Corte d'appello ◇上告する appellarsi [far ricorso] in Cassazione, presentare un ricorso in Cassazione, ricorrere男 [es] in appello ¶判決に対して上告する ricorrere in appello contro una sentenza ¶上告を棄却された。 Il ricorso è stato respinto.
❖上告審 udienza女 di appello [di ultimo appello]

しょうこり 性懲り ¶性懲りもない incorreggibile; irriducibile; irremovibile; ostinato ◇性懲りもなく incorreggibilmente, irriducibilmente, irremovibilmente, ostinatamente ¶性懲りもなく…する ostinarsi a +不定詞 / avere la faccia tosta di +不定詞 ¶彼は性懲りもなくまた女に手を出している。 Nonostante le sue amare esperienze con le donne, continua a fare il galletto. ¶彼は性懲りもなくばくちに手を出している。 Continua imperterrito a giocare d'azzardo.

しょうこん 商魂 spirito男 mercantilistico, mercantilismo男 ¶商魂たくましいやつだ。 Lui ha l'anima del commercio.

しょうさ 小差 piccola differenza女; piccolo vantaggio男 [複 -gi] ¶小差で勝つ vincere con un margine minimo [di stretta misura]

しょうさ 少佐 《軍》《陸・空軍》maggiore男;《海軍》capitano男 di corvetta

しょうさい 才才 talento男 [abilità女] commerciale ¶商才にたけている avere il bernoccolo degli affari / avere talento per il commercio

しょうさい 詳細 dettaglio男 [複 -gli], particolare男 ◇詳細な dettagliato, particolareggiato, circostanziato, minuzioso ◇詳細に in dettaglio, dettagliatamente, minuziosamente, particolareggiatamente ¶詳細な報告 rapporto dettagliato ¶詳細な説明 spiegazione minuziosa ¶詳細な地図 mappa particolareggiata ¶詳細に話す raccontare minutamente [in tutti i particolari / per punto a punto / per filo e per segno] ¶彼の調査は詳細を極めている。 La sua indagine è scesa fin nei minimi particolari. ¶詳細は次の通りである。 Seguono i particolari [i dettagli].
❖詳細図《工》disegno男 dettagliato
詳細設定《コンピュータ》impostazioni女 [複] avanzate

しょうざい 小罪《宗》peccato男 veniale

じょうさい 城塞 castello男;《砦》forte男, fortezza女, fortificazione女

じょうざい 浄財 offerta女 di denaro, oblazione女 ¶浄財を募る raccogliere offerte ¶浄財を喜捨する dare un'offerta in denaro

じょうざい 錠剤《薬》compressa女;《薬用ドロップ》pastiglia女, pasticca女

じょうさし 状差し raccoglitore男 per la corrispondenza

しょうさっし 小冊子 piccolo volume男, libretto男, opuscolo男

しょうさん 称賛・賞賛 lode女, elogio男 [複 -gi], encomio男 [複 -i]; ammirazione女 ◇称賛する lodare qlcu. per ql.co., elogiare ql.co. (di qlcu.), tessere l'elogio di ql.co. [qlcu.] ¶称賛の的 oggetto di ammirazione ¶〈人〉の称賛を博する ricevere gli elogi di qlcu. ¶極めて称賛して portare qlcu. alle stelle ¶称賛に値する essere meritevole [degno] d'elogio

しょうさん 勝算 ¶勝算がある avere (buone) probabilità [possibilità] di vittoria [《成功》di successo] ¶勝算なき戦い guerra persa in partenza

しょうさん 硝酸《化》acido男 nitrico [複 -ci]

しょうし

❖硝酸アンモニウム[カリウム／銀／ナトリウム] nitrato㊚ di ammonio [potassio / argento / sodio]

硝酸塩[エステル] nitrato㊚

しょうし 小史 breve storia㊛, breve resoconto㊚ storico [複 -ci], cronaca㊛

しょうし 笑止 ¶笑止千万(欸)だ. È il colmo「del ridicolo [dell'assurdo].

しょうし 晶子 《物》cristallite㊛

しょうし 焼死 morte㊛ in un incendio ◇ 焼死する perire㊀ [es] [morire㊀ [es]] in un incendio, morire bruciato [carbonizzato]

❖焼死者 persona㊛ morta bruciata

焼死体 cadavere㊚ carbonizzato

しょうし 証紙 marca㊛ da bollo

しょうし 小事 ¶小事にかまけて大事を忘れる essere distratto da「cose da nulla [bazzecole / inezie] e trascurare le cose importanti

しょうじ 商事 affari㊚[複], operazioni㊛[複] commerciali

❖商事会社 ditta㊛ [azienda㊛] commerciale

しょうじ 障子 shoji㊚ [無 変]; porta㊛ scorrevole costituita da un'intelaiatura di legno rivestita di carta bianca traslucida

じょうし 上司 superiore㊚ [㊛ -a]; capo㊚ [㊛ -a, -essa]; [英] boss [bɔs]㊚[無変]

じょうし 上肢 《解》arti㊚[複] superiori; 《動物の》zampe㊛[複] anteriori

じょうし 上梓 pubblicazione㊛ ◇ 上梓する pubblicare

じょうし 城址 rovine㊛[複] di un castello

じょうし 情死 suicidio㊚[複 -i] di due innamorati

じょうじ 常時 《いつも》sempre; 《普段》di solito

じょうじ 情事 affare㊚ di cuore, avventura㊛ amorosa [galante / sentimentale]

しょうしか 少子化 diminuzione㊛ [calo㊚] delle nascite

しょうじき 正直

《誠実》onestà㊛; 《率直》franchezza㊛; 《清廉》rettitudine㊛, probità㊛; 《律儀, 公正》lealtà㊛ ◇ 正直な onesto; franco㊛[複 -chi]; sincero; retto, leale ◇ 正直に onestamente; francamente; rettamente, lealmente ¶正直な気持 pensiero㊚ onesto, opinione㊛ franca ¶正直な感想 opinione㊛ franca ¶正直そうな顔 viso㊚ aperto [leale] ¶正直に言えば onestamente parlando / francamente / se devo dire come la penso ¶正直に間違いを認める riconoscere francamente un errore ¶正直に働いて得たお金だ. È denaro guadagnato onestamente.

❖正直者 persona㊛ onesta [integra] ¶正直者はばかを見る. L'onestà spesso non rende [non paga].

じょうしき 常識

senso㊚ comune; 《良識》buon senso㊚; 《現実感覚》senso㊚ pratico; 《初歩的知識》conoscenza㊛ elementare ◇ 常識のある di buon senso, sensato; 《判断力のある》giudizioso; 《理性のある》ragionevole ◇ 常識はずれの irragionevole, insensato; sconsiderato ¶彼は常識を欠いている. Manca di [Gli manca il] buon senso. ¶…は今日では常識になっている. Oggigiorno è un fatto ben noto che [è risaputo che] +直説法 ¶そんなことは常識だ. 誰でも知っているよ. Questo è notorio, lo sanno tutti. ¶常識を働かせろ. Usa il buon senso. ¶こんな大きな音で音楽をかけるなんて常識がない. È da pazzi mettere della musica a un volume così alto.

しょうしげん 省資源 risparmio㊚[複 -i] delle risorse

じょうじせい 常磁性 《物》paramagnetismo㊚

しょうしつ 消失 sparizione㊛, svanimento㊚; 《法》estinzione㊛; 《医》scomparsa㊛ ◇ 消失する scomparire㊀ [es], sparire㊀ [es]; estinguersi ¶権利が消失する. Il diritto si estingue.

❖消失点 《美》punto di fuga

しょうしつ 晶質 《化》cristalloide㊚

しょうしつ 焼失 ◇ 焼失する essere distrutto dal fuoco, essere ridotto in cenere ¶焼失を免れる essere salvato dalle fiamme

❖焼失家屋 casa㊛ distrutta dal fuoco

じょうしつ 上質 ◇上質の di prima qualità, di qualità superiore, di prima scelta

じょうじつ 情実 considerazioni㊛[複] personali, favoritismo㊚ ¶情実に左右される lasciarsi influenzare da considerazioni personali ¶情実を排する prescindere㊀ [av] da ogni considerazione personale ¶情実で入学する essere ammesso ad una scuola grazie a favoritismi

しょうしみん 小市民 piccolo borghese㊚

❖小市民階級 piccola borghesia㊛

しょうしゃ 商社 società㊛ commerciale; casa㊛ commerciale; 《貿易会社》ditta㊛ di import-export ¶外国商社 ditta commerciale straniera ¶総合商社 azienda commerciale integrata

❖商社マン impiegato㊚ di una compagnia commerciale

しょうしゃ 勝者 vincitore㊚ [㊛ -trice] ¶彼は権力争いの勝者となった. È risultato vincitore nella lotta per il potere.

しょうしゃ 照射 《放射線の》irradiazione㊛ ◇ 照射する irradiare, sottoporre qlcu. a radiazioni ¶患部にコバルトを照射する esporre la parte malata alla bomba al cobalto

❖照射線量 dose㊛ [dosaggio㊚[複 -gi]] di esposizione

しょうしゃ 瀟洒 ◇ 瀟洒な elegante e signorile ¶瀟洒な別荘 villa elegante e signorile

しょうじゃ 生者 ¶生者必滅. Tutti gli esseri viventi sono mortali.

じょうしゃ 乗車 ◇ 乗車する salire㊀ [es]「a bordo di [su] un veicolo [《列車に》di un treno /《車に》di un'automobile /《タクシーに》di un taxi]

❖乗車拒否 ¶タクシーの運転手は乗車拒否をした. Il tassista si è rifiutato di farmi salire.

乗車口 salita㊛

乗車券 biglietto㊚ ¶乗車券売り場 biglietteria㊛

乗車賃 prezzo㊚ del biglietto (della corsa)

しょうしゃく 焼灼 《医》cauterizzazione㊛ ◇ 焼灼する cauterizzare

しょうしゃく 照尺 《銃の》alzo㊚

じょうしゅ 城主 castellano㊚, signore㊚

じょうしゅ

じょうしゅ 情趣 atmosfera⊛; fascino⊛

じょうじゅ 成就 realizzazione⊛, conseguimento⊛, raggiungimento⊛ ◇成就する《人が主語》realizzare ql.co., portare a termine ql.co.;《物が主語》realizzarsi ¶大願が成就した. I miei desideri più fervidi si sono realizzati.

しょうしゅう 召集《議会・集会の》convocazione⊛;《徴兵》chiamata (alle armi);《総動員》mobilitazione⊛ ◇召集する convocare; richiamare ql.cu., chiamare ql.cu. alle armi; mobilitare, reclutare ql.cu. ¶全軍を召集する mobilitare tutte le forze armate ¶臨時国会を召集する convocare la sessione straordinaria del Parlamento ¶非常召集 convocazione straordinaria

✤**召集兵** richiamato⊛

召集令状 cartolina⊛ precetto [無変]《俗》roṣa [無変]

しょうしゅう 招集 ◇招集する convocare ql.cu. [ql.co.] ¶委員会を招集する convocare una commissione

しょうしゅう 消臭 ◇消臭する eliminare i cattivi odori

✤**消臭剤** deodorante⊛ per ambienti [per interni]

しょうじゅう 小銃 fucile⊛;《カービン銃》carabina⊛ ¶自動小銃 fucile automatico

じょうしゅう 常習 abitudine⊛

✤**常習者** ¶麻薬の常習者 tossicomane / tossicodipendente

常習犯 delinquente⊛ ⊛ abituale; recidivo⊛ [⊛ -a] ¶彼は遅刻の常習犯だ. Ha l'abitudine di arrivare sempre in ritardo.

しょうしゅつ 晶出《化》cristallizzazione⊛

しょうじゅつ 詳述 descrizione⊛ [spiegazione⊛] dettagliata [particolareggiata] ◇詳述する fare una descrizione dettagliata, esporre minuziosamente

じょうじゅつ 上述 ◇上述の succitato, summenzionato, di cui sopra ¶上述した通り come già detto [riferito] / come sopra

しょうしゅび 上首尾 grande [grandioso / strepitoso] successo⊛, risultato⊛ [esito⊛] più che soddisfacente ¶交渉は上首尾にいった. Le trattative si sono concluse felicemente.

しょうじゅん 照準 puntamento⊛, mira⊛ ¶照準を合わせる puntare contro ql.co. [ql.cu.] / mirare⊛ [av] (に a) / prendere (bene) la mira

✤**照準儀**《平板測量の》alidada⊛

しょうじゅん 昇順 ordine⊛ crescente

✤**昇順並べ替え** disposizione⊛ in ordine crescente

じょうじゅん 上旬 ¶上旬に nei primi dieci giorni [nella prima decade] del mese ¶6月上旬に agli inizi di giugno

しょうしょ 証書 atto⊛;《有価証券》titolo⊛ (al portatore [nominativo]);《証明書》certificato⊛, attestato⊛, documento⊛;《免許, 資格証明》diploma⊛ [複 -i], brevetto⊛, patente⊛, licenza⊛ ¶証書を作成 [偽造] する redigere [falsificare] un atto ¶卒業証書を授与する assegnare un diploma (a ql.cu.)

関連

印鑑証明 autentica⊛ del *proprio* sigillo 売渡証書 atto⊛ di vendita 公正証書 atto⊛ notarile 婚姻証明書 certificato⊛ di matrimonio 資格証明書 brevetto⊛; diploma⊛ 出生証明書 certificato⊛ di nascita 借用証書 riconoscimento⊛ di un debito 銃砲携帯証明(書) porto⊛ d'armi 譲渡証書 atto⊛ di cessione 贈与証書 atto⊛ di donazione 卒業証書《一般に》diploma⊛; certificato⊛ di diploma [《小・中学校》licenza⊛ /《高校》diploma /《大学》laurea] 卒業証書 certificato⊛ di diploma [diploma / laurea], diploma⊛ di laurea 品行証明書 certificato⊛ di buona condotta 身分証明書 carta⊛ d'identità, documento⊛ di riconoscimento 無犯罪証明書 certificato⊛ del casellario giudiziale

---

しょうしょ 詔書 editto⊛ imperiale

しょうじょ 少女《10歳くらいまで》bambina⊛; ragazzina⊛;《主に10代》ragazza⊛ (►30歳くらいまでの女性も指す);《文》fanciulla⊛ ;《思春期の》adolescente⊛

✤**少女時代** ◇少女時代に da bambina; da ragazza; nell'adolescenza

少女趣味 maniere⊛ [複] [modi⊛ [複]] da ragazza

じょうしょ 浄書 →清書

じょうじょ 乗除《数》moltiplicazione⊛ e divisione⊛ ◇乗除する moltiplicare e dividere

しょうしょう 少々 un po' ¶少々のことでは驚かない. Non mi stupisco davanti a piccole cose. ¶少々お待ちください. Attenda un attimo. / Un momento, per favore.

しょうしょう 少将《軍》《陸・空》generale⊛ [《海》ammiraglio⊛ [複 -gli]] di divisione⊛

しょうしょう 蕭蕭 ¶風が蕭々と吹いている. Il vento soffia lamentosamente. ¶秋雨が蕭々と降っていた. Stava cadendo una triste pioggia autunnale.

しょうじょう 症状《医》sintomo⊛;《病状》condizioni⊛ [複] di un paziente ¶自覚 [他覚] 症状 sintomo soggettivo [oggettivo] ¶胸膜炎の症状がある. Ha [Presenta] i sintomi della pleurite. ¶症状が悪化した. I sintomi si sono acutizzati.

しょうじょう 賞状 ¶賞状を授与する conferire a ql.cu. un attestato di riconoscimento per meriti

じょうしょう 上昇《気温・物価の》aumento⊛, rialzo⊛;《水かさ・気温などの増加》crescita⊛, innalzamento⊛;《上空に昇る》ascensione⊛ ◇上昇する alzarsi, innalzarsi, elevarsi; salire⊛ [es], aumentare⊛ [es], salire⊛ [es] ¶温度の上昇 aumento della temperatura ¶水位の上昇 innalzamento del livello delle acque ¶飛行機が上昇する. L'aereo prende quota.

✤**上昇気流** corrente⊛ (d'aria) ascensionale

上昇限度《航空機の》altitudine⊛ massima

上昇速度《空》velocità⊛ ascensionale

じょうしょう 常勝 ◇常勝の invincibile

❖**常勝軍** esercito*男* invincibile
じょうじょう 上上 ◇上々の eccellente, magnifico [*男複* -*ci*], *定冠詞* + migliore ¶上々の首尾を収める riportare「un brillante successo [ottimi risultati]」¶遠足には上々の天気だ。È un tempo magnifico per una scampagnata.
じょうじょう 上場 〖経〗 ◇上場される essere quotato in Borsa
❖**上場会社** società*女* quotata in Borsa
上場株 titolo*男* quotato in Borsa, azione*女* iscritta al listino
上場銘柄 emissione*女* iscritta al listino
じょうじょう 情状 ¶情状を酌量する tener conto delle circostanze attenuanti ¶被告には情状酌量の余地がある。Alcune circostanze sono a favore dell'accusato.
しょうじょうばえ 猩猩蝿 〖昆〗 drosofila*女*
しょうじょうぶっきょう 小乗仏教 buddismo*男* hinayana, Hinayana*男*, il piccolo veicolo*男*
しょうしょく 小食・少食 ¶彼は小食だ。Mangia poco. / È morigerato [parco] nel mangiare.
じょうしょく 常食 alimento*男* base [無変]
¶米を常食とする nutrirsi basilarmente di riso
しょうじる 生じる (発生する) aver luogo; accadere*自* [*es*], succedere*自* [*es*], avvenire*自* [*es*] ◇生じさせる (引き起こす) dar luogo [origine] a *ql.co.*, causar *ql.co.*, provocare *ql.co.*, produrre *ql.co.* ¶地震によって生じた損害 danni provocati [causati] dal terremoto ¶2人の間に生じた友情 amicizia nata tra i due ¶このためわが国の経済に混乱が生じた。Ciò ha generato [ha causato] confusione nell'economia del nostro paese.
じょうじる 乗じる **1** (つけ込む) approfittarsi di *ql.co.* [*qlcu.*] ¶〈人〉の無知に乗じる approfittare [abusare] dell'ignoranza di *qlcu.* ¶夜陰に乗じて逃げる fuggire col favore delle tenebre ¶敵の虚に乗じる sorprendere il nemico
2 (数) moltiplicare
しょうちゅうるい 鞘翅類 〖昆〗 coleotteri*男* [複]
しょうしん 小心 ◇小心な (臆病な、内気な) timido; (おどおどした) timoroso; (怖がりの) pauroso; (意気地のない) pusillanime
❖**小心者** (内気) persona*女* timida; (意気地なし) persona*女* pusillanime, codardo*男* [*女* -*a*]
小心翼々 ◇小心翼々としている (臆病) essere molto timido / (慎重、神経質) essere scrupoloso
しょうしん 昇進 promozione*女*, avanzamento*男* di grado ◇昇進する essere promosso, ottenere una promozione ◇昇進させる promuovere *qlcu.* ¶昇進が早い [遅い] avanzare di grado rapidamente [lentamente] ¶昇進の道を阻まれる essere ostacolato [lentamente] nella propria carriera ¶彼は副社長に昇進した。È stato promosso (a) vicepresidente.
しょうしん 焼身 ◇焼身自殺をする suicidarsi bruciandosi vivo / bruciarsi vivo
しょうしん 傷心 strazio*男* [複 -*i*], grande dispiacere*男*, disperazione*女*, prostrazione*女*
◇傷心の straziato, affranto ¶傷心の余り死ぬ morire di crepacuore ¶傷心の日々を過ごす trascorrere un periodo di tristezza e sconforto

しょうじん 小人 persona*女* meschina [gretta]
¶小人閑居して不善をなす。(諺) "Un uomo ozioso è il capezzale del diavolo."
しょうじん 精進 **1** (精神を打ち込む) assiduità*女*, applicazione*女*; (修行に励む) devozione*女* ◇精進する applicarsi a *ql.co.*, dedicarsi a *ql.co.* ¶相撲に精進します。Mi voglio dedicare seriamente al *sumo*. **2** (潔斎 (ルビ)) purificazione*女* (religiosa), catarsi*女* ◇精進する purificarsi
3 (菜食) ◇精進する mangiare solo verdure
❖**精進揚げ** frittura*女* [fritto*男*] di verdure e legumi
精進日 giorni*男* [複] di astinenza
精進料理 cucina*女* vegetariana [magra]
じょうしん 上申 ◇上申する riferire *ql.co.* a un superiore
❖**上申書** ¶上申書を提出する presentare una relazione a un superiore
じょうじん 常人 (常識的な人) persona*女* normale; (ありふれた) persona*女* comune
しょうしんしょうめい 正真正銘 ◇正真正銘の vero, genuino, autentico [*男* 複 -*ci*]; (確かな) certo, sicuro

じょうず 上手 **1** (巧みなこと) abilità*女*, bravura*女*; (手際のよさ) destrezza*女* ◇上手な bravo, capace; (手先が器用) abile, destro, ingegnoso ◇上手に abilmente, con destrezza [abilità / bravura / capacità / ingegnosità]
¶…が上手だ essere abile「in *ql.co.* [nel + *不定詞*]」/ essere forte in *ql.co.*, eccellere in *ql.co.* ¶生け花の上手な奥さん signora esperta di *ikebana* ¶彼は料理が上手だ。Sa cucinare bene. ¶彼はイタリア語を上手に話す。Parla bene l'italiano. ¶彼は字が上手だ。Ha una bella scrittura. ¶ピアノがだいぶ上手になった。Ha fatto grandi progressi nel pianoforte.
2 (お世辞) ¶そんなお上手を言ってもだまされないよ。Non mi inganni con tutti i tuoi complimenti!
慣用 上手の手から水が漏れる (諺) "Talvolta anche i migliori sbagliano."
❖**上手者** adulatore*男* [*女* -*trice*], lusingatore*男* [*女* -*trice*]
しょうすい 小水 urina*女*
しょうすい 憔悴 ◇憔悴する consumarsi, logorarsi, struggersi ◇憔悴した (がっくりした) abbattuto, depresso; (疲れ果てた) esaurito, spossato, sfinito, sfibrato; (やせ衰えた) emaciato, macilento ¶憔悴し切った顔をしている avere il volto emaciato per la fatica
じょうすい 上水 (水の供給) approvvigionamento*男* [rifornimento*男* [複 -*ci*]; (飲料用に供給される水) acqua*女* di rubinetto
❖**上水道** (設備) impianto*男* idrico [複 -*ci*], acquedotto*男*
じょうすい 浄水 acqua*女* pura; (飲料水) acqua*女* potabile; (処理) depurazione*女* dell'acqua
❖**浄水器** purificatore*男* [depuratore*男*] / (フィルター) filtro*男* del rubinetto] dell'acqua
浄水場 impianto*男* di depurazione dell'acqua
浄水池 serbatoio*男* [複 -*i*] d'acqua depurata

しょうすいかん 昇水管 〖工〗colonna㊛ montante

しょうすう 小数 〖数〗decimale㊚, frazione㊛ decimale ¶循環小数 frazione periodica ¶有限[無限]小数 decimale finito [infinito]
✿小数点 virgola㊛ (dei decimali) (▶イタリア語ではピリオドではなくコンマを使い、1,33 は uno virgola [e] trentatré と読む) ¶小数点第1位 la prima cifra dopo la virgola ¶小数点以下3位まで計算する calcolare fino alla terza cifra decimale [al terzo decimale]

しょうすう 少数 piccolo numero㊚, minoranza㊛ ◇少数の alcuno (▶複数形で使う), poco㊛複 -chi, un piccolo numero di ¶少数の人々 alcune persone / poche persone / un pugno di uomini ¶ごく少数の人々 pochissime persone ¶反対少数で法案は可決された。Il disegno di legge è stato approvato con pochi voti contrari.
✿少数意見 opinione㊛ minoritaria [della minoranza]
少数精鋭主義 elitarismo㊚
少数党 partito㊚ di minoranza
少数派 minoranza㊛ ¶少数派である essere in minoranza
少数民族 minoranza㊛ etnica, minoranza㊛ nazionale

じょうすう 乗数 〖数〗moltiplicatore㊚
じょうすう 常数 〖数・物〗costante㊛

しょうする 称する 1 《呼ぶ》◇称する《A を B と》chiamare A B;《命名する》denominare A B;《…と自称する》chiamarsi…;《…と主張する》sostenere [affermare] di essere… ¶この化学物質をウランと称する denominare questa sostanza chimica "uranio" ¶A と称する会社 una ditta denominata A ¶…と称せられる essere conosciuto col nome di… / passare per… ¶彼は自ら天才と称している。Si fa passare per un genio. ¶彼女は23歳と称している。Si fa passare per una ventitreenne.
2 《偽って言う》pretendere di+不定詞, farsi passare per ql.co. [per qlcu.], fingere di+不定詞 ¶病弱[病気]と称して con il pretesto della salute cagionevole [di una malattia]

しょうする 証する 《事実であることを証明する》provare, dimostrare;《保証する》garantire

しょうする 誦する leggere a voce alta ql.co., recitare ql.co.

しょうする 賞する ¶彼の健闘を賞して記念品が贈られた。Gli hanno donato un regalo in riconoscimento del suo impegno.

しょうずる 生ずる →生じる
しょうせい 小生 il sottoscritto㊚, io㊚
しょうせい 招請 invito㊚ formale
✿招請国 paese㊚ ospitante ¶被招請国 paese㊚ invitato

しょうせい 焼成 〖工〗cottura㊛;〖冶〗bruciatura㊛;《化》calcinazione㊛

しょうせい 照星 《銃の》mirino㊚ (di fucile), mirino㊚ anteriore

じょうせい 上製 ◇上製の di buona lavorazione [manifattura], di lavorazione superiore
✿上製本 volume㊚ con rilegatura di lusso

じょうせい 情勢 situazione㊛, circostanza㊛ ¶政治[経済/国際]情勢 situazione politica [economica / internazionale] ¶現在の情勢では nella situazione attuale / nell'attuale [presente] situazione ¶情勢の変化に応じて secondo la [in base alla] situazione / secondo le [in base alle] circostanze ¶情勢判断を誤る errare il giudizio della situazione

じょうせい 醸成 1 →醸造 2 《かもし出すこと》◇醸成する fomentare, creare, suscitare ¶不信感を醸成する creare un'atmosfera di diffidenza

しょうせき 硝石 salnitro㊚, nitro㊚ ¶チリ硝石 nitro [nitrato] del Cile [di sodio]

じょうせき 上席 《上位》rango㊚ 複 -ghi superiore ¶彼はテーブルの上席に着いた。Si è seduto al posto d'onore [a capotavola].

じょうせき 定石 《碁・将棋・チェスの》mossa㊛ [tattica㊛] classica [fondamentale];《原則》principio㊚ 複 -i fondamentale;《規範》norma㊛ ¶定石どおりに打つ《碁で》giocare una pedina come vuole la regola ¶定石どおりに事を運ぶ procedere secondo le regole classiche

しょうせつ 小節 1 〖音〗misura㊛, battuta㊛ ¶8小節ごとに ogni otto battute 2 《文章の》frase㊛
✿小節線 〖音〗barra㊛, stanghetta㊛

しょうせつ 小説 romanzo㊚;《中編》romanzo㊚ breve《短編》racconto㊚;《『評論』》saggistica に対して、ジャンルとして》narrativa ◇小説的 romanzesco [複 -schi] ¶小説の素材 materia [soggetto / argomento] di un romanzo ¶小説の主人公 eroe [女性 eroina] (da romanzo) / protagonista ¶小説を書く scrivere un romanzo ¶事実は小説より奇なり。《諺》"La verità supera la finzione."
✿小説家 romanziere㊚ [㊛ -a]; narratore㊚ [㊛ -trice], novelliere㊚ [㊛ -a]

じょうせつ 常設 ◇常設の permanente
✿常設委員会 comitato㊚ permanente
常設展 mostra㊛ permanente

じょうぜつ 饒舌 loquacità㊛ ◇饒舌な loquace, chiacchierone, ciarliero, linguacciuto
✿饒舌家 chiacchierone㊚ [㊛ -a]

しょうせっかい 消石灰 〖化〗idrato di calcio, calce㊛ spenta [bianca], grassello㊚

しょうせん 商船 nave㊛ mercantile, mercantile㊚;《貨物船》cargo㊚ [複 -ghi]
✿商船学校 scuola㊛ di marina mercantile

しょうぜん 悄然 ◇悄然と con aria abbattuta [scoraggiata / sconsolata]

じょうせん 乗船 imbarco㊚ [複 -chi] ◇乗船する imbarcarsi su [salire㊷ [av] a bordo di] una nave
✿乗船券 biglietto㊚ marittimo

しょうせんきょく 小選挙区 collegio㊚ [複 -i] elettorale
✿小選挙区比例代表並立制《政》sistema㊚ proporzionale misto

しょうそ 勝訴 causa㊛ vinta ◇勝訴する vincere una causa ¶事件は被告の勝訴に終わった。Il caso si è deciso in favore del convenuto.

じょうそ 上訴 appello㊚, ricorso㊚, impugnazione㊛

しょうそう 少壮 ◇少壮の giovane ed energico [複 -ci] ¶少壮有為の実業家 giovane e promettente uomo d'affari

しょうそう 尚早 ¶時期尚早である. È ancora prematuro [troppo presto].

しょうそう 焦燥 (あせり) impazienza⼥; (いらだち) irritazione⼥, nervosismo男 ¶焦燥を感じる sentirsi impaziente [agitato / nervoso] / spazientirsi / agitarsi / innervosirsi

しょうぞう 肖像 ritratto男; (貨幣の) effigie⼥[無変], effige⼥[複 -gi] ¶ルクレツィアの肖像 ritratto di Lucrezia ¶《〈人〉に》肖像を描かせる 《自分の》farsi fare il ritratto (da qlcu.) ¶〈人〉の肖像を描く fare il [dipingere un] ritratto di qlcu.
✤肖像画 ritratto男 ¶正面向き [横向き] の肖像画 ritratto di fronte [di profilo] ¶等身大の肖像画 ritratto al naturale
肖像画家 ritrattista男⼥[男複 -i]
肖像権 diritti男[複] sulle immagini

じょうそう 上層 **1**《地質・気》strati男[複] superiori ¶地殻の [大気の] 上層 strati superiori della crosta terrestre [dell'atmosfera]
2《上の階級》¶政 [財] 界の上層部 alte sfere della politica [della finanza]
✤上層雲 nubi⼥[複] alte
上層階級 fior fiore男 della società, gran mondo男
上層気流 correnti⼥[複] d'aria d'alta quota

じょうそう 情操 sentimenti男[複] nobili ¶情操教育 educazione [formazione] a un nobile sentire

じょうぞう 醸造 fermentazione⼥; (ワインの) vinificazione⼥, fermentazione⼥ in tino; (ビールの) mescolamento男 (della birra) ◇醸造する far fermentare ql.co.
✤醸造酵母 lievito男 per la fermentazione alcolica
醸造酒 bevanda⼥ fermentata
醸造所 fabbrica⼥; (ワインの) cantina⼥
醸造法 sistema男[複 -i] di fermentazione

しょうそく 消息 **1**《連絡, 安否》notizie⼥[複]; (文通) corrispondenza⼥ ¶消息がある avere [ricevere] notizie da qlcu. ¶消息を尋ねる [もたらす] domandare [portare] notizie di qlcu. ¶彼はイタリアへ発ってから消息がない. Non ho sue notizie da quando è partito per l'Italia.
2《情報》informazioni⼥[複] ¶《〈人〉に通じている》essere informato di ql.co. / essere al corrente di ql.co. ¶消息筋の語るところによれば secondo fonti ben informate

しょうぞく 装束 costume男; (衣服) vestito男, abito男, indumento男 ¶装束を着ける mettersi un costume / indossare un abito

しょうたい 小隊《軍》plotone男 ¶歩兵小隊 plotone di fanteria
✤小隊長 tenente男, comandante男 di plotone

しょうたい 正体 **1**《本当の姿》vero carattere男, vera natura⼥, identità⼥ ¶正体を現す mostrare [rivelare] la propria vera natura ¶正体を暴く smascherare qlcu. / strappare la maschera [il velo] a qlcu. ¶正体のつかめない enigmatico / sfuggente

2《正気》¶正体なく眠る dormire「della grossa [profondamente / come un sasso]「酔って正体を失う essere「ubriaco fradicio [sbronzo]

しょうたい 招待 invito男 ◇招待する invitare ¶友人の結婚式に招待される essere invitato al matrimonio di un amico ¶招待を受ける [断る] ricevere [declinare] un invito
✤招待客 invitato男⼥ [⼥ -a]
招待券 biglietto男 d'invito
招待状 (lettera⼥ d')invito男
招待日《展覧会の開会日》《仏》vernissage [vernisságʒ]男[無変], inaugurazione⼥; (試写会など) anteprima⼥

じょうたい 上体 parte⼥ superiore del corpo, busto男, torso男 ¶上体を起こす rizzare il corpo / rizzarsi ¶上体を前に倒す chinarsi / chinare il corpo

じょうたい 状態 condizioni⼥[複], stato男, situazione⼥ ¶戦争 [内乱] 状態 stato di guerra [di insurrezione] ¶このような状態では in queste condizioni / in questo stato di cose / in una simile situazione ¶…できる状態にある essere in condizione [in grado] di + 不定詞 (►いずれも能力についても用いる) ¶健康状態がよい essere in buone condizioni di salute ¶病人は危険な状態だ. Il malato è in gravi condizioni.
✤状態図《物・化・冶》diagramma男[複 -i] di stato
状態変化《化・物》cambiamento男 di stato

じょうたい 常態 normalità⼥, normale stato男 di cose ¶常態に復する ritornare alla normalità / normalizzarsi

じょうだい 上代 ◇上代の dei tempi antichi

しょうたく 妾宅 casa⼥ della propria amante

しょうたく 沼沢 palude⼥, acquitrino男, pantano男
✤沼沢地 terreno男 paludoso [palustre / acquitrinoso / pantanoso]

しょうだく 承諾 consenso男, assenso男, beneplacito男, approvazione⼥ ◇承諾する acconsentire⾃[av] a + 不定詞 [a ql.co.], accogliere ql.co., accettare ql.co. [di + 不定詞 / che + 接続法] ¶承諾の返事 risposta favorevole ¶暗黙の承諾 tacito consenso ¶承諾する dare il proprio consenso a ql.co. ¶承諾を求める chiedere il consenso di qlcu. ¶承諾を得る ottenere il consenso di qlcu. per ql.co. [per + 不定詞]

じょうたつ 上達 progresso男, miglioramento男, perfezionamento男 ◇上達する progredire⾃[►人が主語のとき] [av], 物が主語のとき [es]], migliorare⾃[es], fare progressi, perfezionarsi ¶上達が早い [遅い] fare rapidi [lenti] progressi / progredire rapidamente [lentamente] ¶ピアノが上達する fare progressi al pianoforte

しょうだん 商談 conversazione⼥ d'affari; (折衝) trattativa⼥ commerciale ◇商談する parlare⾃[av] d'affari ¶商談を行う trattare un affare《と con》¶商談を始める avviare [aprire / intavolare] trattative d'affari《と con》¶商談をまとめる concludere [portare a termine / condurre in porto] un affare《と con》

¶商談を破棄する rompere le trattative / annullare un affare ¶商談がまとまった. L'affare è stato concluso.

じょうだん 上段 **1**《上の段・棚などの》ripiano[男] superiore;《階段などの》gradinate[女][複] superiori **2**《剣道で》¶上段に構える avere [tenere] la guardia alta

じょうだん 冗談 scherzo[男], celia[女], burla[女], facezia[女]
◇冗談で[に] per gioco, per scherzo ¶冗談を言う scherzare / celiare / dire facezie ¶冗談ばかり言う scherzare sempre ¶…を冗談めかして言う dire *ql.co.* per scherzo [a mo' di scherzo] ¶冗談を真に受ける prendere uno scherzo sul serio ¶冗談ごとにする volgere *ql.co.* in ridere ¶冗談じゃないよ.《強い否定》Non scherziamo! / Ma vuoi scherzare! / Ma sei matto! ¶ご冗談でしょう. Ma vuole scherzare? / Non dirà mica sul serio! ¶彼は冗談が通じる[通じない]人だ. Capisce [Non capisce] gli scherzi. ¶冗談はさておき, 事態は深刻だ. Scherzi a parte, la situazione è grave. ¶ちょっと冗談が過ぎるよ. Scherzare va bene, ma senza esagerare! ¶冗談にもほどがある. C'è un limite agli scherzi! / Ora basta con gli scherzi!

しょうち 承知 **1**《知ること》◇承知する sapere *ql.co.*, conoscere *ql.co.* ¶私の承知している限りでは per quanto (ne) sappia ¶皆さんご承知のとおり come ben sapete ¶そんなことは百も承知だ. Ne sono pienamente conscio. ¶困難は十分承知しています. Mi rendo perfettamente conto [《聞いている》Sono perfettamente al corrente] delle difficoltà. ¶承知の上でやったことだ.《わざと》L'ho fatto apposta [di proposito]. / È stato fatto intenzionalmente.
2《同意・承諾すること》◇承知する acconsentire [自][*av*] a *ql.co.* [a＋[不定詞] / che＋[接続法]], accettare *ql.co.* [di＋[不定詞] / che＋[接続法]], accogliere *ql.co.*;《許可》permettere a *qlcu.* *ql.co.* [di＋[不定詞]] ◇承知させる persuadere [convincere] *qlcu.* di *ql.co.* [a＋[不定詞]], indurre *qlcu.* a *ql.co.* [a＋[不定詞]] ¶互いに承知の上で di comune accordo ¶承知した. D'accordo. / Siamo intesi! ¶私の頼みをどうしても承知してくれない. Non vuole assolutamente acconsentire alle mie richieste. ¶本人に会わなくては承知できない. Devo assolutamente parlargli di persona. ¶うそをついたら承知しないぞ. Non ammetto che tu dica bugie! ¶そんな事をしたら承知しないぞ. Se fai una cosa「del genere [simile], non te la perdono!

しょうち 招致 ◇招致する invitare ¶オリンピックの招致運動 movimento a favore della candidatura per i giochi olimpici

じょうち 常置 ◇常置の permanente
✤**常置委員会** comitato[男] permanente

しょうちゅう 掌中 ¶掌中に収めるavere [tenere] *ql.co.* bene in mano [in pugno] ¶敵の掌中に陥る cadere nelle mani del nemico
[慣用] **掌中の珠**(たま) ¶娘は彼の掌中の珠である. La figlia è la pupilla dei suoi occhi.

しょうちゅう 焼酎 *shochu*[男]; distillato[男] [liquore[男]] di riso, patata dolce, ecc.

じょうちゅう 常駐 ◇常駐する essere di stanza permanente

じょうちょ 情緒 **1**《感情》emozione[女], sentimento[男] ◇情緒的 emotivo ¶あの娘は情緒不安定だ. Quella ragazza è emotivamente instabile. **2**《情趣》atmosfera[女], fascino[男] ¶情緒豊かな町 città dal fascino particolare ¶江戸情緒 fascino di Edo / atmosfera edochiana
✤**情緒障害** turbe[女][複] psichiche e emotive
情緒障害児 bambin*o*[男][[女] -*a*] affetto da turbe psichiche e emotive

しょうちょう 小腸〔解〕intestino[男] tenue

しょうちょう 省庁《中央官庁》ministeri[男][複] e uffici[男][複] del governo;《当局》le autorità[女][複]

しょうちょう 消長 prosperità[女] e declino[男], alti[男][複] e bassi[男][複], vicissitudini[女][複], alterne vicende[女][複]

しょうちょう 象徴 simbolo[男]; emblem*a*[男][複 -*i*] ◇象徴する simbolizzare ◇象徴的(な) simbolic*o* [[男]複 -*ci*] ¶鳩は平和の象徴である. La colomba「simbolizza la [è il simbolo della] pace.
✤**象徴詩** poesia[女] simbolica
象徴主義 simbolismo[男]
象徴主義者 simbolist*a*[男][女][[男]複 -*i*]
象徴派 scuola[女] simbolista

じょうちょう 冗長 prolissità[女], verbosità[女]
◇冗長な prolisso ◇冗長に prolissamente

しょうちょく 詔勅 editto[男] [rescritto[男]] imperiale ¶終戦の詔勅 proclama imperiale di cessazione delle ostilità

しょうつき 祥月 il mese[男] della morte (di *qlcu.*)
✤**祥月命日** anniversar*io*[男][複 -*i*] della scomparsa [morte] (di *qlcu.*)

じょうてい 上程 ◇上程する mettere *ql.co.* all'ordine del giorno; proporre *ql.co.* ad una riunione ¶上程中の議案 proposta di legge all'ordine del giorno [all'o.d.g.]

じょうでき 上出来 buona riuscita[女], successo[男] ¶上出来だ. Ottimo lavoro! / Perfetto! ¶彼にしては上出来だ. Per averlo fatto lui, non c'è male.

しょうてん 昇天 ◇昇天する andare in cielo [in paradiso]
✤**昇天祭**〘カト〙l'Ascensione[女], festa[女] dell'Ascensione

しょうてん 商店 negoz*io*[男][複 -*i*]
✤**商店街** via[女] dei negozi
商店主 negoziante[男][女], esercente[男][女]

しょうてん 焦点 **1**〘光・電子〙fuoc*o*[男][複 -*chi*], punto[男] focale ¶焦点を合わせる〘写〙mettere a fuoco (*ql.co.*)
2《興味や話題の》¶問題の焦点「punto essenziale [nocciolo] di una questione ¶問題のいくつかの側面に焦点をあてる mettere a fuoco alcuni aspetti di un problema ¶論争の焦点を明確にする puntualizzare una polemica
✤**焦点距離**〘光〙distanza[女] focale
焦点調整〘光・電子〙messa[女] a fuoco
焦点ぼけ ¶焦点ぼけしている essere sfocato

じょうてんき 上天気 ¶今日は上天気だ. Oggi

il tempo è magnifico [splendido].

しょうど 焦土 bruciata ¶焦土と化す mettere a ferro e a fuoco ¶爆撃で東京は焦土と化した. Il bombardamento ha ridotto Tokyo in cenere.
❖焦土戦術 tattica㊛ della terra bruciata

しょうど 照度 〖光〗illuminamento㊚, intensità㊛ di illuminazione

じょうと 譲渡 cessione㊛, trasferimento㊚, alienazione㊛ ◇譲渡する cedere, alienare, concedere ◇譲渡できる cedibile, trasferibile, alienabile, negoziabile ◇譲渡できない inalienabile, non trasferibile, non negoziabile
❖譲渡資産 patrimon*io*㊚[複 *-i*] alienabile
譲渡性預金 certificato㊚ di deposito negoziabile
譲渡担保 ipoteca㊛;《譲渡された財産》proprietà㊛ ipotecata
譲渡人 cedente㊚㊛, trasferente㊚㊛ ¶被譲渡人 cessionar*io*㊚ *-ia*; ㊛複 *-i*]

じょうど 浄土 〖仏教〗Terra㊛ Pura
❖浄土[土真]宗 Setta㊛ Jodo [Jodo shinshu]

しょうとう 小刀 spada㊛ corta

しょうとう 消灯 ◇消灯する spegnere le luci ¶「消灯」《号令》"Spegnete le luci!"
❖消灯時間 ora㊛ di spegnimento luci

しょうどう 唱道 ◇唱道する promuovere, favorire, avanzare ¶環境保護運動を唱道する promuovere una campagna per la tutela dell'ambiente

しょうどう 衝動 impulso㊚, stimolo㊚, spinta㊛, incentivo㊚, incitamento㊚, sprone㊚ ◇衝動的 impulsivo, istintivo;《自然発生的》spontaneo ¶衝動に駆られて sotto lo stimolo di *ql.co.* / in un accesso di *ql.co.* / spinto [dettato] da un impulso (irresistibile) ¶衝動に従う[を抑える] seguire [frenare] i *propri* impulsi
❖衝動買い acquisto㊚「d'impulso [non programmato / improvviso]

じょうとう 上等 ◇上等の《上質の》di buona [ottima] qualità, di qualità superiore;《第一級の》di prima scelta, di lusso, eccellente, ottimo ¶上等なコート cappotto di ottima qualità ¶上等な食器 servizio da tavola costoso ¶このバッグは上等に見える. Questa borsa sembra di buona qualità.

じょうとう 常套 ◇常套の abituale, convenzionale; consueto; comune;《使い古した》logoro-to;《ありふれた》banale
❖常套句 luogo㊚[複 *-ghi*] comune, espressione㊛ stereotipata [trita / banale],〔仏〕cliché [kliʃé]㊚[無変]
常套手段 ¶これは彼の常套手段だ. Questo è il suo「modo di fare [sistema] abituale.

じょうどう 常道 1《普通のやり方》prassi㊛[無変][maniera㊛] normale 2《行うべき人の道》comportamento normale, retta via㊛; norma㊛ ¶常道を外れる allontanarsi [scostarsi] dalla retta via ¶憲政の常道を守る rispettare le norme costituzionali

じょうとうしき 上棟式 cerimonia㊛ per la posa della trave del tetto di una casa in costruzione

しょうとうしょう 小頭症〖医〗microcefalia㊛

しょうどく 消毒 disinfezione㊛;《殺菌》sterilizzazione㊛;《消毒法》antisepsi㊛[無変], asepsi㊛[無変] ◇消毒する disinfettare; sterilizzare, rendere asettico[㊚複 *-ci*] *ql.co.* (▶asetticoに目的語の性・数に合わせて語尾変化する) ¶燻蒸（くんじょう）消毒 fumigazione ¶煮沸消毒 sterilizzazione per bollitura ¶日光消毒 disinfezione per esposizione solare
❖消毒液 (liquido㊚) disinfettante㊚, soluzione㊛ antisettica
消毒器 sterilizzatore㊚
消毒綿 cotone㊚ idrofilo sterilizzato
消毒薬[剤] disinfettante㊚

しょうとつ 衝突 1《ぶつかること》scontro㊚, urto㊚, collisione㊛, cozzo㊚;《追突》tamponamento㊚ ◇衝突する entrare㊚[*es*] in collisione con *ql.co.* [*qlcu.*], scontrarsi con *ql.co.* [*qlcu.*], urtare㊚[*av*] contro [urtare / cozzare ㊚[*av*] contro] *ql.co.* [*qlcu.*],《互いに》entrare in collisione; urtarsi ¶正面衝突 scontro [collisione / urto] frontale ¶玉突き衝突 tamponamento a catena ¶タクシーが路面電車と衝突した. Il taxi è andato a urtare contro un tram.
2《相反すること》disaccordo, discordia㊛;《激しい》conflitto㊚;《対立》opposizione㊛; collisione㊛, scontro㊚, urto㊚, cozzo㊚ ◇衝突する entrare in conflitto con *qlcu.*; essere [trovarsi] in disaccordo [in urto] con *qlcu.*; scontrarsi [urtarsi] con *qlcu.*, cozzare㊚[*av*] con [contro] *qlcu.* [*ql.co.*];《互いに》urtarsi ¶利害の衝突 conflitto di interessi ¶交渉はついに真っ向から衝突した. Le trattative sono finite in completo disaccordo.
❖衝突事故 collisione㊛, scontro㊚
衝突防止方式〖空〗sistem*a*㊚[複 *-i*] anticollisione[無変]

しょうとりひき 商取引 affare㊚, operazione㊛ commerciale

じょうない 場内《部屋, ホール》in sala;《スタジアム》nello stadio;《競技場》sul[in] campo ¶彼らは場内を整理した. Hanno riportato l'ordine in sala. ¶場内は興奮の渦に巻きこまれた. In sala la febbre del pubblico era alle stelle.
❖場内アナウンス annunc*io*㊚[複 *-ci*] dall'altoparlante (in sala / nello stadio)

しょうに 小児 bambino㊚[㊛ *-a*], bimbo㊚[㊛ *-a*], fanciullo㊚[㊛ *-a*] ◇小児の infantile, puerile, bambinesco[㊚複 *-schi*]
❖小児科医 pediatra㊚㊛[㊚複 *-i*]
小児科(学)〖医〗pediatria㊛
小児性愛 pedofilia㊛
小児病 malattia㊛ infantile [dell'infanzia]
小児麻痺 paralisi㊛[無変] infantile,《ポリオ》poliomielite㊛, polio㊛[無変]
小児麻痺患者 poliomielitic*o*㊚[㊛ *ca*; ㊛複 *-ci*]

しょうにゅうせき 鍾乳石 stalattite㊛

しょうにゅうどう 鍾乳洞 grotta㊛ di stalattitica

しょうにん 承認 riconoscimento㊚;《裁可》approvazione㊛;《合意》consenso㊚;《官庁の認可・許可》nullaosta㊚[無変] ◇承認する riconoscere *ql.co.*; approvare *ql.co.*; acconsentire㊚

しょうにん [av] a ql.co., accettare ql.co. ¶承認を与える dare il *proprio* consenso a qlcu. ¶承認を求める[得る] chiedere [ottenere] il consenso di qlcu. ¶〈人〉の承認を得て con il consenso [con l'approvazione] di qlcu.

しょうにん 商人 mercante㊚, negoziante㊚㊛, commerciante㊚㊛; 《卸売商》grossista㊚㊛[㊛複 -i]; 《小売商》dettagliante㊚㊛; 《御用商人》《官公庁の》fornit*ore*㊚[㊛ -trice] del governo ¶大商人 grosso commerciante
❖商人階級 categoria㊛ [classe㊛] dei commercianti

しょうにん 証人 testimone㊚㊛; 《法》teste㊚㊛ ¶生き証人 teste vivente ¶〈人〉を証人として召喚する chiamare in giudizio qlcu. come testimone ¶証人の尋問 esame [escussione] dei testimoni [dei testi] ¶証人の陳述 deposizione di un testimone ¶〈人〉のため[〈人〉に抗する]証人に立つ testimoniare㊚[av] *a favore di qlcu.* [contro qlcu.] ¶〈人〉を証人にする prendere qlcu. a [come] testimone ¶原告[被告]側の証人になる essere un testimone a carico [a discarico / a difesa]
❖証人喚問 convocazione㊛ di un teste
証人調べ esame dei testi
証人席 banco㊚[-chi] dei testimoni

しょうにん 使用人 impiegato㊚[㊛ -a], dipendente㊚㊛

じょうにん 常任 ◇常任の permanente
❖常任委員会 commissione㊛ permanente
常任理事国《国連安全保障理事会の》membro㊚ permanente del Consiglio di Sicurezza dell'ONU

しょうにんずう 小人数 numero㊚ limitato di persone ¶小人数のクラス classe con numero limitato di studenti

しょうね 性根 carattere㊚, natura㊛, temperamento㊚, indole㊛ ◇性根を入れかえる correggersi, ravvedersi ¶〈人〉の性根をたたき直す correggere il (brutto) carattere di qlcu. ¶性根が曲がっている essere cattivo [perverso] ¶性根の腐った男 uomo corrotto [immorale / depravato] ¶性根のすわった男 uomo di carattere ¶この仕事はよほど性根を据えてかからなければならない. Questo lavoro richiede grande determinazione da parte nostra.

じょうねつ 情熱 passione㊛, ardore㊚, fervore㊚ ◇情熱的な(な) appassionato, ardente ¶情熱的な人 persona passionale ¶情熱的なリズム ritmo caliente ¶情熱をこめて appassionatamente / con ardore [passione] / ardentemente ¶情熱を傾ける applicarsi [dedicarsi] a ql.co. con entusiasmo
❖情熱家 persona㊛ appassionata [ardente], entusiast*a*㊚㊛[㊚複 -i]

しょうねつじごく 焦熱地獄 inferno㊚ di fuoco; geenna㊛ (▶モロク神 Molochに人間の生贄(いけにえ)をささげていたエルサレムの炎の谷から)

しょうねん 少年 《10歳くらいまで》bambino㊚; 《文》fanciullo㊚, ragazzino㊚; 《主に10代》ragazzo㊚ (▶ 30歳くらいまでの男性も指す); 《青年》adolescente㊚ ¶少年老い易く学成り難し. 《諺》〔ラ〕"Ars longa, vita brevis."
❖少年院 casa㊛ di correzione [rieducazione]
少年鑑別所 riformat*orio*㊚[複 -i] (giudizi*ario* [複 -i])
少年刑務所 carcere㊚[複 le c*a*rceri] minorile
少年時代 anni㊚[複] della fanciullezza; adolescenza
少年犯罪 delinquenza㊛ minorile
少年犯罪者 delinquente㊚㊛ minorenne
少年法 diritti㊚[複] dei minori

じょうねん 情念 emozioni㊛[複] [passioni㊛[複]] umane

しょうねんば 正念場 《重大な時》momento㊚ cruciale ¶いよいよ正念場を迎える. Ecco il momento della verità. ¶来年が正念場だ. L'anno prossimo sarà cruciale per noi.

しょうのう 小脳 《解》cervelletto㊚ ◇小脳の cerebellare

しょうのう 小農 piccolo agricolt*ore*㊚[㊛ -trice] [coltivat*ore*㊚[㊛ -trice] / contadino㊚[㊛ -a]]

しょうのう 樟脳 canfora㊛ ¶樟脳入りの canforato
❖樟脳油 ol*io*㊚[複 -i] di canfora

じょうのうきん 上納金 denaro㊚ dato in pagamento alle autorità [allo Stato]

じょうば 乗馬 《馬術》equitazione㊛; 《馬の調教》maneggio㊚ ◇乗馬する montare㊚[es] [salire㊚[es]] a cavallo [in sella]
❖乗馬靴 stivali㊚[複] da equitazione
乗馬ズボン pantaloni㊚[複] da cavallerizzo

しょうはい 勝敗 ¶勝敗を争う disputare un incontro ¶勝敗を決する一戦 battaglia decisiva ¶勝敗は時の運. Vincere o perdere è una questione di fortuna.

しょうはい 賞杯 coppa㊛, trofeo㊚ ¶賞杯を勝ち取る vincere la coppa / conquistare un trofeo

しょうはい 賞牌 medaglia㊛, scudetto㊚ ¶賞牌を授与する decorare qlcu. di una medaglia ¶賞牌を受ける ricevere una medaglia

しょうばい 商売 **1**《商業, 取引》com*ercio*㊚[複 -ci], affare㊚ ◇商売する esercitare il commercio (di ql.co.), commerciare㊚[av] in ql.co.; fare il [《女性》la] commerciante, occuparsi di commercio ¶手堅く商売をする condurre gli affari con oculatezza ¶手広く商売をする esercitare il commercio su vasta scala ¶商売の手を広げる estendere [allargare] i *propri* affari ¶商売を始める entrare [mettersi] in affari ¶商売をやめる ritirarsi dagli [lasciare gli] affari ¶商売がうまい condurre [amministrare] bene i *propri* affari / avere il senso degli affari ¶彼は商売が下手だ. Non ha la stoffa del commerciante. 商売が繁盛している. Gli affari prosperano [fioriscono]. ¶商売上がったりだ. Gli affari sono in ristagno [non vanno bene]. ¶商売が行き詰まった. Gli affari sono giunti ad un punto morto. ¶これでも結構商売になります. Anche una cosa così può rivelarsi un ottimo affare. ¶1日5万円の売り上げじゃ商売にならない. Non c'è profitto con un incasso giornaliero di 50.000 yen. ¶彼は商売熱心だ. È un uomo d'affari intraprendente. / È intraprendente negli affari. ¶ご商売はうまくいっていますか. Come vanno gli affari?

2 《職業》 mestiere[男]; occupazione[女]; lavoro[男]; 《専門職》 professione[女]; attività[女] ¶「ご商売は何ですか」「花屋です」"Che lavoro fa?" "Faccio il fioraio." ¶父の商売を継ぎました. Continuo il mestiere di mio padre. ¶商売のこつを覚える imparare i trucchi del mestiere

✤商売女 prostituta[女]; meretrice[女]

商売敵(がたき) concorrente[男][女] in affari

商売柄 ¶商売柄そういうことは十分わきまえている. Per il tipo di mestiere che faccio, sono perfettamente conscio di queste cose.

商売道具 strumenti[男][複] del mestiere

商売人 《商人》 commerciante[男][女]; 《プロ》 professionist*a*[男][女][男 複 *-i*]; 《専門家》 espert*o*[男][女 *-a*], perit*o*[男][女 *-a*]

じょうはく 上膊 〘解〙 parte[女] superiore del braccio ◇**上膊の** brachiale, omerale, umerale

✤上膊筋 muscolo[男] brachiale

上膊骨 omero[男]

しょうばつ 賞罰 ¶賞罰を明らかにする punire e ricompensare [lodare e rimproverare] con imparzialità ¶「賞罰なし」《履歴書などで》 senza riconoscimenti né pene (◆イタリアではふつう, このような文を履歴書中には書かないが, 無犯罪証明書 certificato del casellario giudizialeの添付を要求されることがある)

じょうはつ 蒸発 《気化》 vaporizzazione[女]; 《ゆるやかな気化》 evaporazione[女]; 《揮発》 volatilizzazione[女] ◇**蒸発する** vaporizzarsi, evaporare[自][*es*]; volatilizzarsi; 《人・物がなくなること》 volatilizzarsi, dileguarsi; sparire[自][*es*], scomparire[自][*es*] ◇**蒸発させる** evaporare

✤蒸発器 〘化〙 evaporatore[男], concentratore[男]

蒸発皿 〘化〙 capsula[女] per evaporazione

しょうばん 相伴 ◇**相伴する** partecipare[自][*av*] al pranzo in onore di *qlcu*. ¶ごちそうのお相伴にあずかる essere ospite ad un pranzo in onore di *qlcu*.

じょうはんしん 上半身 parte[女] superiore del corpo, torso[男], busto[男] ¶上半身はだかだ. È「a torso nudo [seminudo].

しょうひ

消費 《消耗》 consumo[男]; 《支出》 spese[女][複] ◇**消費する** consumare; 《費やす》 spendere

✤消費過少 sottoconsumo[男]

消費関数 funzione[女] di consumo

消費財 ¶耐久消費財 beni durevoli di consumo

消費支出 spesa[女] per il consumo

消費者 ⇀見出し語参照

消費社会 società[女] consumistica [del consumo]

消費水準 livello[男] di consumo

消費税 imposta[女] sui consumi

消費性向 propensione[女] al consumo

消費物資 generi[男][複] [articoli[男][複]] di consumo

しょうび 焦眉 ¶焦眉の問題 problema urgente [incalzante] ¶焦眉の急 necessità impellente [pressante]

じょうひ 上皮 〘解〙 epitel*io*[男][複 *-i*] ◇**上皮(組織)の** epiteliale

じょうひ 冗費 ¶冗費を節減する eliminare le spese superflue [inutili]

じょうび 常備 ◇**常備する** tenere [avere] *ql.co.* sempre pronto (a portata di mano) (►pronto は目的語の性・数に合わせて語尾変化する)

✤常備軍 esercito[男] permanente [regolare]

常備薬 medicine[女][複] che normalmente si tengono in casa

しょうひしゃ 消費者 consuma*tore*[男][女 *-trice*]

✤消費者金融 credito[男] al consumo

消費者物価 prezzi[男][複] al consumo ¶消費者物価指数 indice dei prezzi al consumo

しょうひょう 商標 mar*chio*[男][複 *-chi*] di fabbrica ¶商標を登録する registrare [depositare] un marchio ¶登録商標 marchio registrato [depositato]

✤商標権侵害 〘法〙 contraffazione[女] di un marchio

しょうびょうへい 傷病兵 soldat*o*[男][女 *-essa*] ferito o malato

しょうひん 小品 《文学の》 breve scritto[男], breve brano[男] [componimento[男]] narrativo, opuscolo[男]; 《絵画の》 quadretto[男]; 《音楽の》 breve brano[男] [componimento[男]] musicale; 《演奏会のための》 pezzo[男] da concerto

しょうひん

商品 merce[女], articolo[男]; 《農産物》 derrate[女][複]; 〘経〙 merce[女] ¶商品を仕入れる acquistare articoli da un grossista ¶〈物〉を商品化する commercializzare *ql.co.* ¶目玉商品 articolo per attirare i clienti

✤商品経済 economia[女] mercantile

商品券 buono[男] d'acquisto ¶商品券でお支払い頂けます. Si accettano buoni d'acquisto.

商品市場 〘経〙 mercato[男] delle merci

商品生産 produzione[女] mercantile

商品相場 quotazione[女] di mercato, prezzo[男] di mercato

商品取引所 Borsa[女] merci

商品見本 campione[男]

商品見本市 fiera[女] campionaria

商品名 marca[女], mar*chio*[男][複 *-chi*] registrato [depositato]

商品目録 catalo*go*[男][複 *-ghi*] (degli articoli in vendita)

しょうひん 賞品 prem*io*[男][複 *-i*] ¶賞品を授与する conferire [assegnare / dare / concedere] un premio

じょうひん 上品 ◇**上品さ** raffinatezza[女], eleganza[女], grazia[女] ◇**上品な** distinto, elegante, raffinato, nobile ◇**上品に** in modo elegante, con eleganza, elegantemente, con buon gusto ¶あいつは上品ぶっている. Ha pretese di raffinatezza. / Fa il gran signore. / È uno snob. ¶物腰に上品なところがある. Ha modi distinti.

しょうふ 娼婦 prostituta[女]; meretrice[女]; 《街娼》 donna[女] di strada [da marciapiede]; 《卑》 puttana[女], troia[女], zoccola[女]

しょうぶ 勝負 《競争》 gara[女], competizione[女]; 《スポーツなどの試合》 partita[女], incontro[男], contesa[女]; 《賭け事など》 scommessa[女], gio*co*[男]

[複 -chi] d'azzardo ◇勝負する fare una partita con qlcu., lottare㊙[av] contro qlcu., incontrarsi con qlcu., gareggiare㊙[av] con qlcu.; giocare㊙[av], fare una scommessa ¶いい勝負 bella partita / partita giocata bene / 《接戦》partita equilibrata ¶正々堂々とした勝負 partita leale ¶三本勝負 partita di tre manche [man♫] [di tre giochi] ¶真剣勝負《まじめに》competizione[partita] seria ¶勝負に勝つ[負ける] vincere[perdere] una partita ¶勝負を捨る abbandonare la partita / gettare la spugna ¶〈人〉と勝負をつける impegnare qlcu. in un incontro decisivo ¶勝負がつかない. L'esito dell'incontro è incerto. ¶勝負あり. La partita è finita! ¶この試合は勝負なしだ. La partita è pari [termina in parità / termina in un pareggio]. ¶彼はいざ勝負となると強い. È nei momenti importanti che lui rivela la sua forza. ¶君は弱すぎて[強すぎて]僕とは勝負にならない. Sei troppo debole [forte] come avversario. / Sei nettamente inferiore [superiore] a me. ¶さあ勝負しよう. Vedremo chi la vince. ¶大勝負をする《大きく賭ける》puntare alto / fare un gioco [scommettere] forte
✤勝負運 ¶勝負運が強い avere fortuna al gioco
勝負事 gioco㊙ d'azzardo
勝負師 giocatore㊙[㊛ -trice] d'azzardo
しょうぶ 菖蒲 1《ショウブ属》acoro㊙ 2《ハナショウブ》iris㊙[無変] del Giappone; 《アイリス》giaggiolo㊙, iris㊙[無変]
じょうふ 情夫 amante㊙
じょうふ 情婦 amante㊙; mantenuta㊛
じょうぶ 上部 parte㊛ superiore [alta] di ql.co.
✤上部構造《建・経》sovrastruttura㊛
じょうぶ 丈夫 ◇丈夫な《頑丈な》robusto, forte, solido; 《強壮な》vigoroso, gagliardo; 《長持ちする》resistente ◇丈夫にする《体を》fortificare [irrobustire] (il corpo); 《強固にする》rinforzare [consolidare] ql.co. ◇丈夫になる fortificarsi, diventare㊙[es] forte; 《健康を回復する》ristabilirsi [rimettersi] (in salute) ¶お丈夫で結構ですね. Mi fa molto piacere vederla in buona salute. ¶彼は足が丈夫だ. Ha le gambe robuste. ¶この布は丈夫ですか. È resistente questa stoffa? ¶丈夫な馬だ. È un cavallo robusto.
しょうふく 妾腹 ◇妾腹の illegittimo, nato dall'amante; 《蔑》bastardo
しょうふく 承服・承伏 ◇承服する accettare ql.co.; 《命令・決定に従う》obbedire㊙[av] [ubbidire㊙[av]] a qlcu., sottomettersi a ql.co. ◇承服させる《説得して》persuadere [convincere] qlcu. 「di ql.co. 《＋直説法》¶その条件は承服しかねる. Quella condizione è inaccettabile. ¶彼には人を承服させる力がある. È capace di farsi obbedire.
しょうふだ 正札 prezzo㊙ di listino, prezzo㊙ non maggiorato; 《値札》cartellino㊙ del prezzo; 《定価》prezzo㊙ fisso ¶当店では正札で販売しています. Noi vendiamo a prezzo fisso. / Non si fanno sconti.
✤正札付き ¶正札付きの品物 articolo con cartellino del prezzo / 《掛け値なしの》articolo venduto a prezzo non maggiorato

じょうぶつ 成仏 ◇成仏する《仏教》raggiungere il nirvana [la buddità]; 《死ぬ》morire㊙[es]
しょうぶん 性分 natura㊛, temperamento㊙, indole㊛, disposizione㊛ naturale ¶そういうやり方は私の性分に合わない. Farlo in quel modo non è nella mia natura. ¶性分だから仕方がない. Sono fatto così! / È il mio carattere.
じょうぶん 条文 articolo㊙, clausola㊛ ¶契約の条文に明記する inserire ql.co. chiaramente in un contratto
しょうへい 招聘 invito㊙, offerta㊛ di invito ◇招聘する invitare qlcu. ¶教授として招聘する proporre [offrire] a qlcu. una cattedra
✤招聘教授 professore㊙[㊛ -essa] invitato
しょうへき 障壁 muro㊙, divisorio㊙[複 -i], barriera㊛; 《障害》ostacolo㊙ ¶2国間の障壁を取り除く togliere le barriere tra due paesi ¶関税障壁《商》barriere doganali
じょうへき 城壁 mura㊛[複], muraglia㊛; 《囲い》bastionata㊛, muro㊙ di cinta; 《堡塁》baluardo㊙; 《稜堡（りょうほ）》bastione㊙ ¶町を城壁で囲む cingere una città di mura [di bastioni]
しょうべん 小便 urina㊛, orina㊛; 《幼》pipì㊛; 《卑》piscia㊛ ◇小便する urinare㊙[av], orinare㊙[av]; fare la pipì; 《卑》pisciare㊙[av] ¶小便が近い urinare frequentemente ¶小便を我慢する trattenere la pipì ¶小便をもらす farsela addosso
じょうほ 譲歩 concessione㊛; 《妥協》compromesso㊙ ◇譲歩する fare (una) concessione a qlcu., scendere㊙[es] a un compromesso con qlcu.; 《負ける》cedere㊙[av] 《に a》 ¶互いに譲歩する farsi concessioni reciproche ¶彼には一歩も譲歩しないぞ. Non gli cederò nemmeno di un passo!
✤譲歩節《文法》proposizione㊛ concessiva
しょうほう 商法 1《法》diritto㊙ commerciale (◆イタリアでは民法に組み入れられている) 2《商売の方法》modo㊙ di condurre gli affari ¶武家の商法 modo dilettantistico di condurre gli affari
しょうほう 詳報《詳細な報告》rapporto㊙ dettagliato [circostanziato / particolareggiato] e completo; 《詳細な報道》notizie㊛[複] dettagliate, informazione㊛ dettagliata ◇詳報する riferire [informare] dettagliatamente su ql.co.
しょうぼう 消防 servizio㊙[複 -i] antincendio [無変]
✤消防官[士] vigile del fuoco; 《俗》pompiere㊙
消防車 autopompa㊛ (antincendio [無変]) ¶化学消防車 schiumogeno
消防署 caserma㊛ dei vigili del fuoco [dei pompieri]
消防隊 (corpo㊙ dei) vigili[複] del fuoco
消防艇 battello㊙[motobarca㊛] pompa [無変]
消防ポンプ pompa㊛ antincendio [無変]
消防用はしご scala㊛ dei pompieri; 《繰り出しばしご》scala㊛ allungabile

じょうほう 上方 ◇上方に in alto, sopra ◇上方から dall'alto, da sopra ◇上方へ verso l'alto

じょうほう 乗法 《数》moltiplicazione㊛, prodotto㊚ (di diversi fattori)

じょうほう 情報 informazioni㊛[複], notizie㊛[複];《データ》dati㊚[複] ¶補足情報 supplemento informativo ¶最新情報 ultime notizie ¶未確認情報 notizia non confermata ¶情報を交換する scambiare informazioni su *ql.co.* ¶情報を提供する fornire [dare] informazioni a *qlcu.* / informare *qlcu.* di [su] *ql.co.* ¶…についての情報を入手する ottenere [prendere / assumere] informazioni su *ql.co.* [*qlcu.*] / informarsi su *ql.co.* [*qlcu.*] ¶あの情報はどこから漏れたのだろうか. Da dove sarà filtrata l'informazione?
✤**情報開示** divulgazione㊛ di notizie
情報科学 scienza㊛ dell'informazione, informatica㊛
情報革命 rivoluzione㊛ informatica
情報化社会 società㊛ dell'informazione
情報過多 eccesso㊚ d'informazione
情報機関 serv*izi*o㊚[複 *-i*] (segreto) d'informazione
情報源 fonte㊛ d'informazione ¶情報源を秘匿(ひとく)する「non rivelare [mantenere segreta] la fonte d'informazione」
情報検索 ricerca㊛ di informazioni
情報公開 accesso㊚ pubbl*ic*o㊚[複 *-ci*] alle informazioni
情報公開法 《法》legge㊛ sulla libertà d'informazione
情報産業 industria㊛ dell'informazione
情報誌 rivista㊛ di inserzioni e annunci
情報システム sistem*a*㊚[複 *-i*] informativo
情報収集 ◇情報収集する raccogliere informazioni
情報処理 elaborazione㊛ d'informazione
情報スーパーハイウェー superstrada㊛ informatica
情報セキュリティー sicurezza㊛ informatica
情報通信サービス serv*izi*o㊚[複 *-i*] di rete
情報提供者 informat*ore*㊚[㊛ *-trice*];《スパイ》spia㊛
情報伝達 (m*ezzi*)㊚[複] (di) comunicazione㊛ delle informazioni
情報部 uffic*i*o㊚[複 *-ci*] informazioni ¶秘密情報部 settore servizi segreti
情報網 rete㊛ d'informazione
情報漏れ fuga㊛ d'informazioni
情報ルート canale㊚ d'informazione

しょうほん 正本 testo㊚ originale
しょうほん 抄本 estratto㊚ ¶戸籍抄本 estratto dell'atto di stato civile

じょうまえ 錠前 serratura㊛;《南京錠》lucchetto㊚
✤**錠前屋** ferramenta㊚[無変] (▶「金物屋」のこと)

じょうまん 冗漫 ◇冗漫な prolisso, ridondante, verboso ◇冗漫に prolissamente, verbosamente, con ridondanza

しょうみ 正味 ◇正味の netto ¶正味300g peso netto: 300g ¶正味3か月ローマに滞在した. Ho soggiornato a Roma per tre mesi interi.

しょうみ 賞味 ◇賞味する gustare, assaporare;《試食・試飲する》assaggiare, degustare
✤**賞味期限** data㊛ di scadenza, scadenza㊛;《表示》da consumarsi preferibilmente entro… ¶このお菓子はそろそろ賞味期限が切れそうだ. Questi dolci stanno per scadere. ¶賞味期限は5月22日. Da consumarsi preferibilmente entro il 22/5.

じょうみゃく 静脈 《解》vena㊛ ◇静脈の venoso ¶肺静脈 vena polmonare
✤**静脈炎** 《医》flebite㊛
静脈血 sangue㊚ venoso
静脈注射 (iniezione㊛) endovenosa㊛
静脈瘤(りゅう) 《医》varice㊛[複]

しょうむ 商務 affari㊚[複] commerciali
✤**商務省** 《アメリカなどの》Ministero㊚ del Commercio
商務官 addett*o*㊚[㊛ *-a*] commerciale

じょうむいん 乗務員 personale㊚ viaggiante (delle linee di trasporti pubblici);《船・飛行機の》equipaggio㊚[複 *-gi*] (▶いずれも総称的);《個別に》membro㊚ dell'equipaggio

じょうむとりしまりやく 常務取締役 amministrat*ore*㊚[㊛ *-trice*] delegato

しょうめい 証明 《証拠》prova㊛;《論証》dimostrazione㊛;《文書による》attestazione㊛, certificazione㊛;《真正の》autenticazione㊛;《弁明, 正当化》giustificazione㊛ ◇証明する provare *ql.co.* [di+不定詞]; dimostrare *ql.co.* [che+直説法]; attestare *ql.co.* [di+不定詞 / che+直説法], certificare *ql.co.* [che+直説法]; autenticare *ql.co.* ¶〈人〉の無実を証明する provare l'innocenza di *qlcu.* ¶歳月が私の正しさを証明してくれるだろう. Il tempo dimostrerà che avevo ragione. ¶…であることを証明します. Si certifica che +直説法
✤**証明書** certificato㊚, attestato㊚, document*o*㊚ →証書 関連

しょうめい 照明 illuminazione㊛;《舞台や映画の》luci㊛[複] ¶間接[直接]照明 illuminazione indiretta [diretta] ¶人工照明 illuminazione artificiale ¶舞台照明 luci (illuminazione) di scena ¶照明を当てる illuminare *ql.co.* ¶この部屋は照明が不十分だ. L'illuminazione di questa stanza non è buona. / Questa stanza è poco illuminata.
✤**照明係** addett*o*㊚[㊛ *-a*] alle luci;《技師》tecnic*o*㊚[㊚ *-ca*, ㊛ *-ci*] delle luci
照明器具《設備》apparecch*i*o㊚[複 *-chi*] [impianto㊚] d'illuminazione
照明効果 effetti㊚[複] di luce
照明装置 luci㊛[複];《スポット》proiettore㊚
照明弾 razzo㊚ luminoso;《花火信号》bengala㊚[無変]

しょうめつ 消滅 estinzione㊛ ◇消滅する estinguersi;《権利などが》decadere㊀ [*es*], cessare㊀ [*es*];《消失する》sparire㊀ [*es*], scomparire㊀ [*es*] ¶権利の消滅 《法》decadenza㊛ di un diritto ¶自然消滅する estinguersi naturalmente

しょうめん 正面 **1** 《前面》parte㊛ anteriore, fronte㊚;《建物の》facciata㊛ ◇正面の frontale ◇正面に[で] di fronte, frontalmente, davanti (a *ql.co. qlcu.*) ¶ホテルの正面玄関 entrata principale di un albergo

2(面と向かって相対すること) ¶正面切って先生に反対した.《決然と》Mi sono opposto fermamente al maestro.

❖**正面攻撃** attacco男[複 -chi] frontale ¶敵に正面攻撃をかける attaccare il nemico di fronte

正面衝突 scontro [urto] frontale ◇正面衝突する scontrarsi frontalmente (con ql.co. [con qlcu.]) (~比喩的にも用いる)

正面図 vista女 frontale [di fronte], prospetto男

正面像《美》ritratto男 frontale

正面整備 armamenti男[複] offensivi delle forze militari

しょうもう 消耗 (消費) consumo男; (損耗, 摩耗) usura女, logoramento男, logorio男, deterioramento男 ◇消耗する consumare ql.co.; logorare [sciupare] ql.co.; (機械・健康などが) consumarsi, logorarsi, sciuparsi ¶体力を消耗する logorarsi / consumarsi / sfibrarsi / esaurire [perdere] le proprie energie

❖**消耗戦** guerra女 di logoramento

消耗品 bene [oggetto男] di consumo non durevole

しょうもん 証文《法》atto男;《商》documento男;《経》(債券など) titolo男;《契約書》contratto男 scritto; (為替) cambiale女 propria, vaglia男[無変] cambiario [複 -i] ¶証文を書く stipulare [redigere] un atto / impegnarsi per iscritto ¶証文の書き換え rinnovo di un atto ¶証文がものを言う. Le prove scritte sono quelle che contano. /〔ラ〕Scripta manent, verba volant.

慣用 証文の出し遅れ ¶今さらそんなことを言い出したところで, 証文の出し遅れだ. È troppo tardi per scusarsi. / Le tue scuse arrivano in ritardo.

しょうもん 照門《銃の》tacca女 di mira, alzo男

じょうもん 城門 portone男[portale男] di un castello [《要塞の》di una fortezza / di una cittadella]

じょうもんしきどき 縄文式土器 terracotta女[複 terrecotte] del periodo Jomon (◆ a motivo cordato)

じょうもんじだい 縄文時代 periodo男 Jomon (◆periodo neolitico giapponese ca. 7000–1000 a.C.)

しょうやく 生薬 medicinali男[複] naturali

しょうやく 抄訳 traduzione女 parziale [di passi scelti] ◇抄訳する tradurre ql.co. parzialmente, tradurre passi scelti di ql.co.

じょうやく 条約 trattato男; (協定) patto男, accordo男 ¶講和条約 trattato di pace ¶暫定条約 accordo provvisorio [transitorio] ¶親善条約 patto d'amicizia ¶条約の調印 firma di un trattato ¶条約を締結する concludere [stipulare / firmare] un trattato ¶条約を批准 [廃棄 / 改正] する ratificare [infrangere / modificare] un trattato

❖**条約国** nazioni女[複] beneficiarie [firmatarie] di un trattato

じょうやど 定宿・常宿 ¶ローマではこのホテルを定宿にしている. Quando sono a Roma, abitualmente alloggio in quest'albergo.

じょうやとう 常夜灯 lampione男[lampada女] per l'illuminazione notturna,〔仏〕veilleuse女[無変]

しょうゆ 醬油 salsa女 di soia

しょうよ 賞与 premio男[複 -i], gratifica女, ricompensa女

じょうよ 剰余 resto男, avanzo男, residuo男, eccedenza女, sovrappiù男[無変];《数》resto男

❖**剰余価値**《経》plusvalore男

剰余価値説《経》teoria女 del plusvalore

剰余金《経》〔英〕surplus男[無変]

剰余法《数》metodo男 dei residui

じょうよ 譲与 cessione女

しょうよう 小用 **1**(ちょっとした用事) piccola commissione女 ¶小用をたす fare una piccola commissione **2**(小便) bisogno男, bisognino男 ¶小用をたす fare un bisognino ¶小用に立つ andare in bagno

しょうよう 従容 ◇従容たる impassibile; calmo; sereno

しょうよう 商用 affare男 ◇商用で per affari ¶商用で東京に行く andare a Tokyo per motivi di lavoro

❖**商用文** lettera女 d'affari, lettera女 [corrispondenza女] commerciale

しょうよう 逍遙 ◇逍遙する andare a zonzo [a spasso]; girellare自[av], gironzolare自[av]

❖**逍遙学派**《哲》peripatetici男[複] ◇逍遙学派の peripatetico男[複 -ci]

逍遙哲学 peripatetismo男

じょうよう 常用 (常習的に用いること) uso男 abituale; (日常一般に用いること) uso男 quotidiano [giornaliero] ◇常用する usare abitualmente ql.co. ¶麻薬常用者 tossicomane / tossicodipendente

❖**常用漢字** ideogramma男[複 -i] giapponese d'uso comune [corrente]

常用語 parola女 d'uso corrente [comune]

常用対数《数》logaritmi男[複] decimali

じょうようしゃ 乗用車 automobile女, vettura女, macchina女, autovettura女

じょうよく 情欲 lussuria女, desiderio男[複 -i] carnale [sessuale] ¶情欲を抑える reprimere [soffocare] i desideri carnali ¶情欲をそそる [満たす] eccitare [soddisfare] i desideri carnali ¶情欲におぼれる indulgere ai piaceri della carne

しょうらい 招来 ◇招来する《引き起こす》causare [provocare / cagionare] ql.co.

しょうらい 将来 futuro男, avvenire男 ◇将来の futuro ◇将来に in futuro / in avvenire / (いつか) un giorno ¶将来の大統領 il futuro presidente ¶将来が楽しみな若者 giovane promettente [di belle speranze] ¶近い [遠い] 将来に in un prossimo [lontano] futuro ¶将来を考える pensare all'avvenire ¶将来を予測する prevedere [pronosticare] il futuro ¶将来に期待をかける sperare nel futuro [in giorni migliori] ¶将来何になるつもりかい. Che intenzioni hai per il futuro? / 将来のことはわからない. L'avvenire è incerto. / Non si sa quello che il futuro ha in serbo.

❖**将来性** ¶将来性がある essere promettente / avere un brillante avvenire davanti a sé

¶小さいが将来性のある会社です. È una ditta piccola ma con buone prospettive per il futuro.

じょうらん 擾乱 《社会的な》disordini男[複], agitazione女, tumulto男;《暴動》rivolta女, insurrezione女, ribellione女

❖擾乱罪 attentato男 alla pace e alla tranquillità pubblica

しょうり 勝利 vittoria女, trionfo男;《勝負事・けんかの》vincita女 ¶勝利を収める riportare [ottenere / conseguire] la vittoria / trionfare[av] (su qlcu.) ¶勝利に酔う gioire del *proprio* trionfo ¶戦いは我々の勝利に帰した. La battaglia è terminata con la nostra vittoria. ¶勝利の女神は彼にほほえんだ. La vittoria gli ha arriso.

❖勝利者 vincitore男 [女 -trice], trionfatore男 [女 -trice]

じょうり 条理 《正しさ》ragione女;《筋道》logica女 ¶条理に適った ragionevole / logico [av] ¶それは条理に反している. È assurdo [irragionevole].

じょうり 情理 ragione女 e sentimento男 ¶情理を尽くして説く tentare di persuadere qlcu. col sentimento e con la ragione

じょうりく 上陸 sbarco男 [複 -chi] ◇上陸する sbarcare[es]《に a》, discendere[es] [mettere piede] a terra ¶敵前上陸《軍》operazioni di sbarco ¶台風は九州に上陸した. Un tifone si è abbattuto sull'isola del Kyushu.

❖上陸許可 franchigia女 [複 -gie], libera uscita女 a terra

上陸拠点《軍》testa女 di ponte

しょうりつ 勝率 《スポ》percentuale女 delle vittorie (rispetto alle partite giocate) ¶このチームの勝率は5割だ. Questa squadra ha il 50% di vittorie.

しょうりゃく 省略 omissione女;《短縮》abbreviazione女;《文法》ellissi女[無変] ◇省略する omettere, tralasciare; abbreviare ◇省略した omesso; abbreviato;《文法》ellittico [複 -ci] ◇省略して《文法》ellitticamente ¶細かい部分を省略して話す parlare[av]「per sommi capi [riassumendo / in compendio] ¶そのエピソードを省略した. Ho tralasciato quell'episodio.

❖省略形 forma女 contratta

省略符号《アポストロフィー》apostrofo男;《記号》「'」;《ピリオド》punto男;《記号》「.」

じょうりゅう 上流 《川の》corso男 superiore (di un fiume) ¶上流に a monte di un fiume ¶テーヴェレ川上流地域 l'alto Tevere

❖上流階級 gli alti strati男[複] della società, le classi alte女[複];《人》persone女[複] altolocate

上流社会 l'alta società女

じょうりゅう 蒸留 distillazione女 ◇蒸留する distillare

❖蒸留器《化》distillatoio男 [複 -i];《ガラスの》alambicco男 [複 -chi], lambicco男 [複 -chi]

蒸留酒 acquavite女, distillato男

蒸留所 distilleria女

蒸留水 acqua女 distillata

蒸留装置 distillatore男, apparecchio男 [複 -chi] per distillare

しょうりょう 少量 piccola quantità女 (di ql.co.) ◇少量の un po' di ql.co.;《薬》una piccola dose di ql.co. ¶ほんの少量のワイン un goccetto di vino

しょうりょう 渉猟 ¶書物を渉猟する andare a caccia di libri

しょうりょく 省力 ¶省力化を図る ridurre [economizzare / risparmiare] il lavoro

じょうりょく 常緑 ◇常緑の sempreverde

❖常緑樹 pianta女 sempreverde, sempreverde男

じょうるり 浄瑠璃 joruri男[無変]; recitazione女 drammatica con accompagnamento musicale;《人形浄瑠璃》teatro男 giapponese tradizionale dei burattini

しょうれい 省令 《法》decreto男 ministeriale;《略》D.M.男

しょうれい 症例《医》caso男 (di ql.co.)

❖症例研究 casistica女 clinica

しょうれい 奨励 incoraggiamento男, esortazione女 ◇奨励する incoraggiare, esortare, favorire;《促進する》stimolare

❖奨励金 premio男 [複 -i] per favorire un'attività, sovvenzione女 ¶輸出奨励金 sovvenzione all'esportazione

じょうれい 条例 《都道府県の》ordinanza女 prefettizia [di prefettura / provinciale], decreto男 prefettizio [複 -i] [di prefettura / provinciale];《市町村の》ordinanza女 municipale [comunale]

じょうれん 常連 cliente男女 abituale, 〔仏〕habitué [abitué]男女[無変] ¶彼らはこのレストランの常連だ. Sono frequentatori assidui [fissi] di questo ristorante.

しょうろ 松露《植》《トリュフ》tartufo男

じょうろ 如雨露 annaffiatoio男 [複 -i], innaffiatoio男 [複 -i]

しょうろう 檣楼《船》coffa女

しょうろう 鐘楼 campanile男

❖鐘楼守 campanaro男 [女 -a]

しょうろく 抄録 estratto男, citazione女 parziale ◇抄録する fare un estratto di ql.co., citare [copiare] parzialmente ql.co.

しょうろん 詳論 trattazione女 [esposizione女] dettagliata ◇詳論する trattare [esporre / discutere] un argomento nei dettagli

しょうろんぶん 小論文 articolo男;《学校の》tema男 [複 -i] ¶試験では800字程度の小論文も課される. Una delle prove d'esame consiste nella composizione di un tema di circa 800 caratteri.

しょうわ 小話 storiella女, breve racconto男;《逸話》aneddoto男

しょうわ 唱和 ¶彼の祈りの声に皆が唱和した. Tutti si sono uniti a lui nell'intonare la preghiera.

しょうわくせい 小惑星《天》asteroide男

しょうわてんのう 昭和の天皇 genetliaco男 dell'Imperatore Showa (♦ 29 aprile)

しょうわる 性悪 ◇性悪な cattivo, malvagio [男 複 -gi; 女 -gie], di natura perversa [malvagia], maligno

しょえん 初演 《演劇》prima rappresentazione⊕, la prima⊕, prima messa⊕ in scena; 《初演奏》prima audizione⊕ [esecuzione⊕]
◇初演する rappresentare [eseguire] *ql.co.* per la prima volta ¶本邦初演 prima rappresentazione in Giappone ¶この戯曲の初演は1960年だ．Quest'opera teatrale è stata portata in scena per la prima volta nel 1960.

じょえん 助演 ◇助演する interpretare un ruolo [una parte] di secondo piano
✤助演者 attore⊕ [⊕ -trice] di ruolo secondario, spalla⊕
助演賞 premio⊕ [複 -i] per il miglior attore [《女性》per la miglior attrice] non protagonista

ショー 〔英 show〕〔英〕show⊕ [無変]; spettacolo⊕;《レビュー》rivista⊕;《アトラクション》attrazione⊕;《展示会》mostra⊕, esposizione⊕ ¶ファッションショー sfilata di moda ¶ショーを企画する organizzare uno show ¶ショーの宣伝をする pubblicizzare uno show
✤ショールーム sala⊕ d'esposizione⊕, 〔英〕showroom⊕ [無変]

じょおう 女王 regina⊕, sovrana⊕;《女王になぞらえた存在》reginetta⊕ ¶美の女王 reginetta di bellezza
✤女王蟻(ｱﾘ)《昆》formica⊕ regina
女王蜂(ﾊﾞﾁ)《昆》ape⊕ regina

ショーウィンドー 〔英 show window〕vetrina⊕ (di negozio) ¶ショーウィンドーに服を飾る esporre [mettere] in vetrina un vestito

ジョーカー 〔英 joker〕〔英〕jolly⊕ [無変]; matta⊕ →トランプ 関連 ¶ジョーカーを引いてしまった．Purtroppo ho pescato il jolly.

ジョーク 〔英 joke〕scherzo⊕, battuta⊕ (spiritosa) ¶今のはジョークだよ．Stavo solo scherzando. / Era solo una battuta.

ショーケース 〔英 showcase〕vetrina⊕;《宝石・貨幣・古書などの》bacheca⊕

ショーツ 〔英 shorts〕**1** 《ショートパンツ》calzoncini⊕ [複] [pantaloni⊕ [複] corti **2** 《下着》mutandine⊕ [複] ¶ショーツをはく mettersi [infilarsi] le mutandine

ショート 〔英 short〕《電》cortocircuito⊕, corto circuito⊕ ◇ショートする andare in cortocircuito
2 《野球の》interbase⊕;《人》interbase⊕
✤ショートカット (1) 《髪形》taglio⊕ corto [《ボーイッシュな》alla maschietta] ¶彼女はショートカットがよく似合う．I capelli corti le "stanno benone [donano molto]. (2)《コンピュータ》collegamento⊕; 〔英〕shortcut⊕ [無変]
ショートケーキ torta⊕ di panna e fragole
ショートトラック《スケート競技》〔英〕short track [ʃortrék]⊕ [無変]
ショートパンツ calzoncini⊕ [複] corti, pantaloncini⊕ [複], bermuda⊕ [複]

ショートニング 〔英 shortening〕《料》grasso⊕ alimentare

ショービジネス 〔英 show business〕show business⊕ [無変], industria⊕ dello spettacolo

ショービニズム 〔英 chauvinism〕sciovinismo⊕

ショーマン 〔英 showman〕〔英〕showman⊕ [無変]; uomo⊕ [複 *uomini*] di spettacolo
✤ショーマンシップ arte⊕ dell'intrattenimento, arte⊕ dello showman

ショール 〔英 shawl〕scialle⊕

しょか 初夏 inizio⊕ [複 -i] [primi giorni⊕ [複]] dell'estate

しょか 書架 scaffale⊕ per libri, libreria⊕

しょか 書家 calligrafo⊕ [⊕ -*a*]

しょが 書画 opere⊕ [複] calligrafiche e dipinti⊕ [複]
✤書画骨董 oggetti⊕ [複] d'arte e oggetti⊕ [複] rari

しょかい 初回 prima volta⊕;《連載や番組の》prima puntata⊕;《野球の》primo inning⊕ [無変]

じょかい 叙階《カト》《秘跡の一つ》ordine⊕;《叙品式》ordinazione⊕ (religiosa)

じょがい 除外 esclusione⊕ ◇除外する escludere *qlcu*. [*ql.co.*]《から da》;《排除する》eliminare *qlcu*. [*ql.co.*];《度外視する》prescindere⊕ [*av*] [astrarre⊕ [*av*] da *ql.co*. ¶こうした特殊な問題は除外しよう．Prescindiamo da questi particolari.

しょがくしゃ 初学者 principiante⊕⊕, esordiente⊕⊕, debuttante⊕⊕

じょがくせい 女学生 studentessa⊕, allieva⊕

しょかつ 所轄《法》competenza⊕, giurisdizione⊕ ◇所轄の di competenza di *ql.co.*, competente, giurisdizionale ¶所轄官庁 autorità competente ¶所轄裁判所[警察署] tribunale [commissariato di polizia] competente

じょがっこう 女学校 scuola⊕ femminile

しょかん 所感《印象》impressione⊕;《考え》pensiero⊕, idea⊕;《感じ》sentimento⊕ ¶所感を述べる esprimere le *proprie* impressioni [il *proprio* pensiero] su *ql.co.*

しょかん 所管 →所轄

しょかん 書簡 lettera⊕, missiva⊕, epistola⊕;《通信物一般》corrispondenza⊕ ¶書簡体の小説 romanzo epistolare
✤書簡集 carteggio⊕ [複 -*gi*], raccolta⊕ di lettere, epistolario⊕ [複 -*i*]

じょかん 女官 dama⊕ di corte [di compagnia]

じょかんとく 助監督《映》aiuto [無変] regista⊕⊕ [⊕複 -*i*]

しょき 初期 principio⊕ [複 -*i*], inizio⊕ [複 -*i*];《時代》periodo⊕ [epoca⊕] iniziale;《段階》fase⊕ [stadio⊕ [複 -*i*]] iniziale ◇初期の iniziale, primo;《予備・基礎の》preliminare ¶初期の作品 prime opere⊕ [opere giovanili⊕] ¶今世紀の初期に nei primi anni di questo secolo ¶人類文明の初期に agli inizi [agli albori / ai primi stadi] della civiltà umana ¶妊娠初期 gravidanza incipiente
✤初期化《コンピュータ》formattazione⊕ ◇初期化する formattare
初期設定《コンピュータ》〔英〕default⊕ [無変]
初期微動 scossa⊕ preliminare

しょき 所期 ¶所期にたがわず senza deludere le aspettative ¶所期の目的を達する raggiungere

しょき 書記 segretario男[女 -ia; 男複 -i]; 《裁判所の》cancelliere男; 《主に官庁や裁判所の》scrivano男[女 -a]

❖書記官 segretario男[女 -ia; 男複 -i] ¶大使館第一書記官 primo segretario d'ambasciata
書記局 segreteria女
書記長 segretario男[女 -ia] generale

しょき 暑気 ¶暑気あたりした. Mi sono ammalato per il caldo. ¶暑気払いにビールを飲もう. Beviamo la birra per rinfrescarci.

しょきゅう 初級 grado男 elementare, livello男 per principianti; 《講座の》primo corso男, corso男 base ◇初級の elementare; 《入門》preliminare ¶イタリア語初級講座 corso elementare di lingua italiana

❖初級者 principiante男女
初級読本 lettura女 elementare
初級文法 grammatica女 elementare

じょきょ 除去 eliminazione女 ◇除去する eliminare, togliere, portar via, rimuovere ¶不純物を除去する eliminare le impurità (di)

じょきょう 助教 ricercatore男[女 -trice]

じょきょうじゅ 助教授 professore男 associato (▶肩書きとしては男性形のみ)

しょぎょうむじょう 諸行無常 caducità女 del mondo

じょきょく 序曲 **1** 《音》〔仏〕ouverture女 [無変]; 《前奏曲》preludio男[複 -i]
2 《物事の始まり》preludio男

ジョギング 〔英 jogging〕〔英〕jogging [dʒɔ́gɡin(g)]男[無 変]; 〔英〕footing [fútin(g)]男[無 変] (▶英語 footing が「ジョギング」の意味でフランス語に入り、そこからイタリア語に入った) ¶ジョギングをする fare il jogging

しょく 食 **1** 《食べ物》 ¶健康食 alimentazione sana ¶固形食 dieta solida ¶流動食 dieta liquida [idrica] ¶自然食 alimento naturale ¶保存食 civi conservati **2** 《食事》pasto男, dieta女 ¶3食付き月10万円の部屋 camera con tre pasti compresi [con pensione completa] a centomila yen al mese ¶昨日から食を断っている. Sono (a) digiuno da ieri. ¶日本食 cucina giapponese

|慣用| 食が進む[進まない] 《人が主語》essere di buon [poco] appetito
食が細い 《人が主語》mangiare poco, mangiare come un uccellino

しょく 食, 蝕 《天》eclissi男[無 変]; 《俗》eclisse女 ¶月[日]食 eclissi lunare [solare]

しょく 職 《勤め口》posto男 di lavoro, lavoro男, occupazione女; 《ホワイトカラーの》impiego男[複 -ghi]; 《熟練を要する仕事》mestiere男; 《職務》obblighi男[複] di lavoro; 《地位》posto男, posizione女 ¶管理職 categoria di dirigente ¶名誉職 carica onoraria [onorifica] ¶職を探す[辞する] cercare un [dimettersi da un] impiego ¶職を免ぜられる essere licenziato ¶職に就く trovare un posto / cominciare un mestiere [una professione] ¶職を失う[投げうつ] perdere [abbandonare] l'impiego ¶社長の職にある occupare il posto [la posizione] di presidente ¶彼は職がない. È「senza lavoro [disoccupato]. ¶手に職があればすぐにいい仕事にありつける. Se si impara un mestiere, è facile sistemarsi bene.

しょく 私欲 interesse男 personale, egoismo男 ¶私欲で動く agire |av] per interesse (personale) ¶私欲に走る perseguire i propri interessi [il proprio tornaconto] ¶私欲を捨てて mettendo da parte il proprio interesse ¶私利私欲を超越する essere al di sopra dell'egoismo

しょくあたり 食中り intossicazione女 alimentare

しょくいん 職員 dipendente男女; 《集合的に》personale男; 《職人・働き手など》maestranze女 [複] ¶国連機関の職員 funzionario di un organo dell'ONU

❖職員会議 《学校の》collegio男[複 -gi] dei docenti
職員室 sala女 dei professori; 《小学校の》sala女 degli insegnanti
職員録 elenco男[複 -chi] del personale

しょくぐう 処遇 trattamento男 ¶丁重な処遇を受ける ricevere un trattamento gentile

しょくえん 食塩 sale男 (fino); 《大粒の》sale男 grosso; 《食卓塩》sale男 da tavola

❖食塩入れ saliera女
食塩水 acqua女 salata; 《漬物用・冷凍用の》salamoia女 ¶生理的食塩水 soluzione fisiologica

しょくぎょう 職業 occupazione女; lavoro男; 《専門職》professione女; 《生計を立てるための》mestiere男; 《ホワイトカラーの》impiego男[複 -ghi]; 《就職口》posto男 di lavoro ◇職業的[上の] professionale ¶職業上の秘密 segreto professionale ¶職業に従事する esercitare una professione ¶職業に就く abbracciare [darsi a] una professione / impiegarsi / iniziare una professione ¶職業を変える cambiare occupazione [lavoro] ¶職業の選択を誤る sbagliarsi nella scelta della professione ¶…を職業とする fare la professione di ql.co.

|語法| 職業を尋ねられたとき
¶ご職業は何ですか. Di che cosa si occupa? / Che lavoro fa? / 《やや改まった場で》Qual è la sua occupazione?
¶社会人ですか, 学生ですか. Lavori o studi?
「essere + 職業名」や「fare + 定冠詞 + 職業名」で答える.
¶会社員です. Sono impiegato [impiegata].
¶弁護士です. Sono avvocato. (▶女性についても、女性形 avvocatessa より、男性形を用いることが多い)
¶学生です. Sono studente [studentessa].
¶店員をしています. Faccio il commesso [la commessa].

❖職業安定所 ufficio男[複 -ci] di collocamento
職業意識 coscienza女 [etica女] professionale
職業学校 《イタリアの》istituto professionale (◆3年制. 商業職業学校 istituto professionale per il commercio, ホテル業学校 istituto professionale alberghiero などに細分化される)
職業教育 formazione女 [istruzione女] professionale
職業軍人 militare男 di carriera

職業訓練 addestramento㊚ professionale
職業指導 orientamento㊚ professionale
職業紹介欄 rubrica㊛ delle offerte e delle domande d'impiego
職業選手 giocatore㊚ [㊛ -trice] professionista [㊚複 -i]
職業適性 attitudine㊛ professionale
職業病 malattia㊛ professionale [del lavoro]; 《職業上で身についた癖》deformazione㊛ professionale
職業別電話帳 elenco㊚ [複 -chi] telefonico [複 -ci] per mestieri e professioni; pagine㊛ [複] gialle (▶黄色の紙に印刷されているところから)

しょくげん 食言 ◇食言する rimangiarsi [non mantenere] la parola

しょくご 食後 ¶食後に dopo il [un] pasto / dopopranzo / dopo aver mangiato ¶「食後30分以内に服用のこと」(薬の指示) "Da prendere [Da assumere] entro mezz'ora dopo i pasti" ¶この薬は食後に服用すること。Questa medicina è da prendere「a stomaco pieno [dopo i pasti].
✣**食後酒** digestivo㊚;《苦(%)み酒》amaro㊚;《リキュール》liquore㊚

しょくざい 食材 ingredienti㊚ [複]

しょくざい 贖罪《キリ》espiazione㊛;《キリストの犠牲による》redenzione㊛ ◇贖罪する espiare ¶贖罪の espiatorio, espiatorio [㊚複 -i] ¶贖罪の日 giorno di espiazione ¶贖罪の山羊 capro espiatorio

しょくさいぼう 食細胞 《生》fagocita㊚ [複 -i], fagocito㊚

しょくさん 殖産 **1**《産業を盛んにすること》promozione㊛ dell'industria;《産業開発》sfruttamento㊚ industriale, industrializzazione㊛ **2**《殖財》accumulazione㊛ di ricchezze

しょくし 食指 ¶あの店のケーキには食指が動く。I dolci di quella pasticceria mi fanno venire l'acquolina in bocca. ¶その話には食指が動く。È un discorso allettante.

しょくじ 食事 pasto㊚;《食糧》vitto㊚ ◇食事する fare [consumare] un pasto;《朝食》fare (la prima) colazione;《昼食》pranzare㊛ [av];《夕食》cenare㊛ [av] ¶粗末な[栄養豊かな/豪華な]食事 pasto frugale [sostanzioso / ricco] ¶食事を抜く saltare un [il] pasto ¶食事に招待する invitare qlcu. a pranzo [cena] ¶食事の用意をする preparare un pasto / cucinare ¶食事の後かたづけをする《食卓の》sparecchiare la tavola /《皿を洗う》lavare i piatti [le stoviglie] ¶〈人〉と食事を共にする mangiare「insieme a [con] qlcu. ¶簡単に食事する fare un pasto leggero [uno spuntino];《少量を急いで》mangiare un boccone ¶外[家]で食事する mangiare fuori [a casa] ¶彼は1日に2度しか食事をしない。Mangia solo due pasti al giorno. ¶皆さん、食事の用意ができました。Tutti a tavola! /《昼食》Il pranzo è servito. /《夕食》La cena è servita. ¶食事付きで宿泊はいくらですか。Quanto si paga per vitto e alloggio?
✣**食事時間** ora㊛ dei pasti [《朝食》di colazione /《昼食》di pranzo /《夕食》di cena]

しょくじ 植字《印》composizione㊛ tipografica, tipocomposizione㊛; linotipia㊛ ◇植字する comporre
✣**植字機** macchina㊛ compositrice tipografica;《ライノタイプ》〔英〕linotype〔無変〕; compositrice㊛ meccanica
植字工 compositore㊚ [㊛ -trice]; linotipista㊚ [㊚複 -i]

しょくしゅ 触手《動》tentacolo㊚
[慣用]触手を伸ばす allungare i tentacoli ¶彼はその会社に触手を伸ばした。Ha allungato「i suoi tentacoli [le mani] su quella ditta.

しょくしゅ 職種《職業の種類》attività㊛, professione㊛;《職務の区別》campo㊚ (di lavoro) ¶職種別に分ける classificare [raggruppare] secondo i mestieri e le professioni

しょくじゅ 植樹 ¶記念植樹 piantatura commemorativa ¶記念植樹をする piantare un albero in memoria di qlcu. [di ql.co.]

しょくじょ 織女 tessitrice㊛
✣**織女星**《天》Vega㊛

しょくしょう 食傷 **1**《食中毒》intossicazione㊛ alimentare **2**《うんざりすること》sazietà㊛ ¶じゃが芋には食傷した。Sono stufo di patate. ¶彼の愚痴にはいささか食傷気味だ。Comincio ad averne le tasche piene delle sue lamentele!

しょくしょう 職掌 funzione㊛, carica㊛, mansione㊛, compito㊚
✣**職掌柄** a causa delle *proprie* mansioni

しょくじりょうほう 食餌療法 regime㊚ (alimentare), dieta㊛, dietoterapia㊛ ¶食餌療法をする mettersi a dieta [a regime] / osservare una dieta

しょくしん 触診《医》palpazione㊛ ◇触診する palpare qlcu.

しょくじんしゅ 食人種 antropofagi㊚ [複], cannibali㊚ [複]

しょくせい 職制《職場の制度》organico㊚ [複 -ci] [organizzazione㊛ d'ufficio [d'azienda];《管理職》quadri㊚ [複] [dirigenti㊚ [複] aziendali

しょくせいかつ 食生活 ¶食生活の改善 miglioramento delle abitudini alimentari

しょくせき 職責 ¶職責を果たす compiere [esercitare] le *proprie* funzioni (mansioni)

しょくぜん 食前 ◇食前に prima del pasto, prima di mangiare
✣**食前酒** aperitivo㊚

しょくだい 燭台 candeliere㊚, candelabro㊚;《皿型柄付きの》bugia㊛ [複 -gie]

しょくたく 食卓 tavola㊛ ¶食卓に着く mettersi a tavola ¶食卓を離れる alzarsi da tavola ¶食卓の準備をする apparecchiare [preparare] la tavola ¶食卓をかたづける sparecchiare la tavola
✣**食卓塩** sale㊚ da tavola

しょくたく 嘱託 **1**《仕事を任せること》¶わが社では彼に資料整理を嘱託している。La nostra ditta gli ha affidato la classificazione dei dati. **2**《正式職員ではない人》personale㊚ non di ruolo; collaboratore㊚ [㊛ -trice]
✣**嘱託医** medico㊚ [複 -ci] addetto
嘱託殺人 assassinio㊚ [㊚複 -i] su commissione

しょくちゅうしょくぶつ 食虫植物 pianta㊛

しょくちゅうどうぶつ　carnivora [insettivora]

しょくちゅうどうぶつ　食虫動物　insettivoro㊚

しょくちゅうどく　食中毒　intossicazione㊛ alimentare, avvelenamento㊚ da cibo　¶食中毒の原因をつきとめる individuare la causa dell'intossicazione alimentare

しょくちょう　職長　capotecnico㊚ [㊚ -a; ㊚複 -ci, capitecnici], capo(o)fficina㊚㊛ [㊚複 capiofficina; ㊛複 capofficina]; (係長など) caporeparto㊚ [㊚複 capireparto; ㊛ caporeparto]; (現場監督など) capomastro㊚ [複 capomastri, capimastri]

しょくつう　食通　buongustaio㊚ [㊛ -ia; ㊚複 -i]　¶彼は食通だ. Ha il palato fine.

しょくどう　食堂　(家庭の) sala㊛ da pranzo; (修道院・寄宿舎などの) refettorio㊚ [複 -i]; (学校・会社の) (sala㊛) mensa㊛; (大衆食堂で) taverna㊛, trattoria㊛; (セルフサービスふうの) tavola㊛ calda; (レストラン) ristorante㊚　¶学生[社員]食堂 mensa universitaria [aziendale]

✤食堂車 vagone㊚ [carrozza㊛] ristorante

しょくどう　食道　esofago㊚ [複 -gi]

◆**食道炎**　《医》infiammazione㊛ all'esofago, esofagite㊛

食道癌(がん)　《医》tumore㊚ [cancro㊚] dell'esofago

食道鏡　《医》esofagoscopio㊚ [複 -i]

食道狭窄(きょうさく)　stenosi㊛ [無変] dell'esofago

しょくどうらく　食道楽 → 食い道楽

しょくにく　食肉　carne㊛ (commestibile)

✤食肉業 macelleria㊛

食肉業者 macellaio㊚ [㊚ -ia; ㊚複 -i]

食肉植物 pianta㊛ carnivora

食肉処理場 impianto㊚ di macellazione

しょくにん　職人　artigiano㊚ [㊛ -a]; (労働者) operaio㊚ [㊛ -ia; ㊚複 -i]; (特に建設関係の) manovale㊚　¶漆器の職人 artigiano della lacca

✤職人階級 artigianato㊚

職人気質(かたぎ)　spirito㊚ artigianale

職人芸　tecnica㊛ [(作品) opera㊛] artigianale

しょくのう　職能　(職務上の能力) capacità㊛ (professionale); (職務に固有の機能) funzione㊛　¶議会の職能 funzione [mansione] del Parlamento

✤職能給 retribuzione㊛ in base「alla valutazione del lavoro [secondo criteri meritocratici]

職能代表制　rappresentanza㊛ professionale

職能別組合　sindacato㊚ di categoria

しょくば　職場　posto㊚ [luogo㊚ [複 -ghi]] di lavoro; officina㊛; (会社, オフィス) ufficio㊚ [複 -ci]

✤職場結婚 matrimonio㊚ [複 -i] tra colleghi di lavoro

職場研修　addestramento㊚ sul lavoro

職場交渉　[大会/闘争] contrattazione㊛ [assemblea㊛ indetta / lotta㊛] sul posto di lavoro

職場占拠[放棄]　occupazione㊛ [abbandono㊚] del posto di lavoro

しょくばい　触媒　《化》catalizzatore㊚; (作用) catalisi㊛ [無変]

✤触媒活性[反応] attività㊛ [reazione㊛] catalitica

触媒作用　catalisi㊛, azione㊛ catalitica

しょくパン　食パン　pane㊚ a [in] cassetta, pancarrè㊚, pane㊚ da tost　¶薄切り[厚切り]の食パン pane in cassetta tagliato a fette sottili [spesse]

しょくひ　食費　¶食費を節約する economizzare sulle [ridurre le] spese per il vitto　¶うちの食費は月約6万円です. Per i pasti, in casa, spendiamo circa sessantamila yen al mese.

しょくひ　植皮　《医》innesto㊚ [trapianto㊚] cutaneo; eteroinnesto㊚　¶植皮手術をする eseguire un trapianto cutaneo

しょくひん　食品　alimento㊚, cibo㊚; 《集合的に》generi㊚[複] alimentari, derrate㊛[複] alimentari; (製品) prodotto㊚ alimentare; (食糧) viveri㊚[複]　¶栄養食品 alimento nutritivo [nutriente]　¶輸入食品 alimento importato　¶加工食品 alimento trattato　¶インスタント食品 alimento confezionato precotto　¶自然食品 alimento naturale / prodotti alimentari bio　¶植物性[動物性]食品 alimento di origine vegetale [animale]　¶生鮮食品 alimento fresco [crudo]

✤食品売り場 reparto㊚ alimentari

食品衛生 igiene㊛ alimentare

食品加工業 industria㊛ di lavorazione alimentare

食品公害 inquinamento㊚ degli alimenti

食品添加物 additivo㊚ alimentare

しょくぶつ　植物　pianta㊛, vegetale㊚; (植物群) vegetazione㊛　→次ページ【用語集】　◇植物の vegetale　¶植物が生い茂った庭 giardino rigoglioso di piante　¶植物を育てる crescere una pianta

✤植物園 orto㊚ [giardino㊚] botanico [複 -ci]

植物界 regno㊚ vegetale

植物学 botanica㊛　◇植物学の botanico

植物学者 botanico㊚ [㊚ -ca]

植物採集 erborazione㊛, l'erborare㊚

植物状態 stato㊚ comatoso vegetativo

植物状態患者 《医》paziente㊚㊛ in stato comatoso vegetativo

植物(性)油 olio㊚ [複 -i] vegetale

植物性染料[繊維]　colorante㊚ [fibra㊛] vegetale

植物相 flora㊛

植物人間 vegetale㊚

植物標本 esemplare㊚ botanico

植物分布 distribuzione㊛ geografica della flora

植物ホルモン ormone㊚ vegetale, fitormone㊚

しょくぶん　職分　mansione㊛, incarico㊚ [複 -chi]　¶職分をわきまえる essere consapevole del proprio incarico

しょくべに　食紅　colorante㊚ rosso per cibi [per alimenti]

しょくぼう　嘱望　¶彼は将来を嘱望されている. È pieno di promesse.

しょくみん　植民　colonizzazione㊛; (定住) insediamento㊚; (植民者) colonizzatore㊚ [㊛ -trice]　◇植民する colonizzare

✤植民地 colonia㊛, paese㊚ colonizzato　¶旧植民地 ex colonia　¶半植民地状態 condizione semicoloniale

植民地政策 politica㊛ coloniale

植民地制度 regime㊚ coloniale

植民地主義 colonialismo男 ¶新植民地主義 neo-colonialismo
植民地主義者 colonialista男女[男複 -i]
しょくむ 職務 carica女, funzione女, mansione女;《仕事上の任務》doveri男複 professionali ¶職務上の d'ufficio ¶職務上 per dovere ¶職務に就く entrare in carica ¶職務を全うする〔怠る〕assolvere [venire meno] ai *propri* doveri ¶職務を執行する esercitare [espletare] le *proprie* funzioni
♣**職務規程** regolamento男 del personale
職務権限 competenza女 ufficiale, attribuzioni女複 professionali
職務質問《警官の》accertamento男 delle generalità, controllo男 dei documenti (da parte della polizia)
しょくもく 嘱目 ◇嘱目する fare [prestare] attenzione a *qlcu.*
しょくもつ 食物 alimento男, cibo男;《食料品》generi男複 alimentari,《食糧》viveri男複 ¶食物をとる consumare cibo / mangiare 他 (▶単独でも可) ¶食物を断つ digiunare ¶食物を与える dare da mangiare《に a》(《養育する, 飼育する》nutrire [allevare] *qlcu.* [*ql.co.*]

《 用語集 》 植物 Piante

植物学 Botanica

雨緑樹林 foresta女 pluviale. 腋芽 gemma女 ascellare. 越年性(の) biennale. 雄しべ stame男. 開花期 fioritura女. 海岸植生 vegetazione女 costiera. 塊茎 tubero男. 海水植生 vegetazione marina. 外皮 esoderma男. 外部寄生 ectoparassitismo男. 外膜 esina女. 外来種 specie女[無変] introdotta. 返り咲き rifioritura女. 花芽 gemma女 a fiore. 花冠 corolla女. 萼(がく) calice男. 花系 filamento男. 花床 ricettacolo男. 花柱 stilo男. 花被 perianzio男. 黴(かび) muffa女. 花粉 polline男. 花粉管 tubo男 [tubetto男] pollinico. 花柄 peduncolo男. 花弁 petalo男. 帰化植物 pianta女 naturalizzata. 寄生 parassitismo男. 菌根植物 micorriza女. 茎 fusto男, stelo男. 茎巻きひげ viticcio男, cirro男. 区系 flora女. 屈光性 fototropismo男. 屈地性 geotropismo男. 屈日性 eliotropismo男. 群集 associazione女. 原生林 foresta女 vergine. 高山植物 pianta女 alpina. 光周性 fotoperiodismo男. 合弁花 fiore男 gamopetalo. 酵母 lievito男. 高木林 bosco男, foresta女. 広葉 foglia女 larga, foglia a lamina espansa. 広葉樹 latifoglie女[複]. コルク皮層 felloderma男. 根粒 tubercolo男 radicale.

挿し木 talea女. 自家受粉 autoimpollinazione女. 湿生植物 igrofita女. 師部 floema男, libro男. 子葉 cotiledone男. 常緑樹 albero男 sempreverde. 植生 vegetazione女. 食虫植物 pianta女 carnivora. 樹皮 corteccia女. 受粉 impollinazione女. 樹木 albero男. 針葉樹 conifere女[複]. 森林 foresta女, bosco男. 台木 fusto男. 短日植物 pianta brevidiurna. 暖帯林 foresta女 della zona temperata. 単葉 foglia女 semplice. 地衣 lichene男. 地下茎 fusto sotterraneo. 地上植物 pianta fanerofita. 地中植物 pianta criptofita. 窒素固定細菌 batterio男 fissatore di azoto. 窒素同化 assimilazione女 dell'azoto. 着生植物 pianta epifita女. 虫媒植物 pianta entomofila. 柱頭 stigma男. 長日植物 pianta longidiurna. 鳥媒植物 pianta ornitofila. 沈下植物 pianta sommersa. 接ぎ木 innesto男. 接ぎ穂 marza女. 蔓 fusto男 volubile. 蔓植物 liana女. 低木 arbusto男. 低木林 arbusto男, frutice男. 低木帯 zona女 arbustiva. 土中植物 pianta geofita. 内皮 endoderma女, endodermide女. 乳液 lattice男. 根 radice女. 熱帯多雨林 foresta女 tropicale. 年輪 anello男 annuale.

葉 foglia女. 胚 embrione男. 胚珠 ovulo男. 発芽 germinazione女. 花 fiore男. 風媒植物 pianta anemofila. 副葉 foglia composta. 節(木材・茎の) nodo男. 浮水植物 pianta galleggiante. 浮葉 foglia galleggiante. フロラ flora女. 分枝 ramificazione女. 胞子 spora女. 胞子生植 riproduzione女 per spore. 水栽培 coltura女 idroponica, idrocoltura女. 芽 gemma女. 雌しべ pistillo男. 芽生え germogliazione女. 雌花 fiore男 femminile. 葯 antera女. 葉芽 gemma fogliare. 葉状植物類 tallofite女[複]. 葉柄 picciolo男. 葉緑素 clorofilla女. 落葉樹 albero男 deciduo. 輪生 verticillo男.

植物分類学 Tassonomia vegetale（日本の草木・樹木）
顕花植物門 Anthophyta, 種子植物門 Spermatofite
裸子植物亜門 Gimnosperme イチョウ科 Ginkgoacee女[複]（イチョウ ginkgo男[無変], *Ginkgo biloba*）. スギ科 Taxodiacee女[複]（スギ *Cryptomeria japonica*. セコイア sequoia女）. ソテツ科 Cicadacee女[複]（ソテツ cycas女[無変]）. ヒノキ科 Cupressacee女[複]（ヒノキ *Chamaecyparis obtusa*）. マツ科 Pinacee女[複]（アカマツ pino男 rosso giapponese. イトスギ cipresso男. カラマツ larice男 giapponese. マツ pino男. モミ abete男）.

被子植物亜門 Angiosperme
●**単子葉植物綱 Monocotiledoni** アヤツリグサ科 Ciperacee女[複]（スゲ carice女. パピルス papiro男）. アヤメ科 Iridacee女[複]（アヤメ iris男[無変]. グラジオラス gladiolo男. サフラン zafferano男）. イグサ科 Giuncacee女[複]（イグサ giunco男）. イネ科 Graminacee女[複]（イネ riso男. コムギ grano男. トウモロコシ mais男[無変]. ガマ Tifacee女[複]（ガマ gatto男 a nove code）. サトイモ科 Aracee女[複]（サトイモ colocasia女）. ショウガ科 Zingiberacee女[複]

❖食物アレルギー allergia㊛ alimentare
食物繊維 fibre㊛ alimentari
しょくやすみ 食休み breve riposo㊚ del dopopasto [dopo il pasto]
しょくよう 食用 ◇食用の commestibile ¶「この茸(㊚)は食用になりますか」「いいえ食用にはなりません」"Questi funghi sono commestibili?" "No, non si possono mangiare."
❖食用油 olio㊚ [複 -i] da cucina
食用がえる 〘動〙 rana㊛ commestibile [〘(ウシガエル)〙 toro [無変]]
食用きのこ fungo㊚ [複 -ghi] mangereccio [複 -ci]

しょくよく 食欲 appetito㊚ ¶今日は食欲がある[ない]. Oggi ho [non ho] appetito. ¶食欲が出てきた. Mi è venuto appetito. ¶彼は食欲旺盛だ. È di buon appetito. / È una buona forchetta. ¶食欲が衰える. L'appetito diminuisce [se ne va]. ¶食欲をそそる香りだ. È un profumino che stuzzica l'appetito.
❖食欲減退 perdita㊛ dell'appetito
食欲増進 aumento㊚ dell'appetito
食欲不振 mancanza㊛ di appetito, inappetenza㊛

(ショウガ zenzero㊚. ミョウガ zenzero myoga). パイナップル科 Bromeliacee [複] (パイナップル ananas㊚ [無変]). バショウ科 Musacee㊛ [複] (バナナノキ banano㊚). ヒガンバナ科 Amarillidacee㊛ [複] (スイセン narciso㊚. ヒガンバナ Lycoris radiata. ユキノハナ bucaneve㊚ [無変]). ヤマノイモ科 Dioscoreacee㊛ [複] (ヤマノイモ igname㊚). ユリ科 Liliacee㊛ [複] (アスパラガス asparago㊚. スズラン mughetto㊚. タマネギ cipolla㊛. チューリップ tulipano㊚. ニンニク aglio㊚. ヒヤシンス giacinto㊚. ユリ giglio㊚). ラン科 Orchidacee㊛ [複] (バニラ vaniglia㊛. ラン orchidea㊛).

●双子葉植物網 Dicotiledoni アオイ科 Malvacee㊛ [複] (アオイ malva㊛. タチアオイ altea㊛. ワタノキ cotone㊚). アカザ科 Chenopodiacee㊛ [複] (ホウレンソウ spinacio㊚). アカネ科 Rubiacee㊛ [複] (クチナシ gardenia㊛. コーヒー caffè㊚. アブラナ科 Crocifere㊛ [複] (カブ rapa㊛. キャベツ cavolo㊚. ワサビ Wasabia japonica). アマ科 Linacee㊛ [複] (アマ lino㊚). ウリ科 Cucurbitacee㊛ [複] (カボチャ zucca㊛. キュウリ cetriolo㊚. メロン melone㊚). カエデ科 Aceracee㊛ [複] (カエデ acero㊚). カキ科 Ebenacee㊛ [複] (カキ cachi㊚ [無変]). キキョウ科 Campanulacee㊛ [複] (アサガオ campanella㊛). キク科 Composite㊛ [複] (キク crisantemo㊚. タンポポ dente㊚ di leone. フキ farfaraccio㊚, petasites㊚). キョウチクトウ科 Apocinacee㊛ [複] (キョウチクトウ oleandro㊚). キンポウゲ科 Ranuncolacee㊛ [複] (アネモネ anemone㊚. キンポウゲ ranuncolo㊚. ボタン peonia㊛). クスノキ科 Lauracee㊛ [複] (クスノキ canforo㊚. ゲッケイジュ alloro㊚. ニッケイ cannella㊛). クルミ科 Iuglandacee㊛ [複] (クルミ noce㊛). クワ科 Moracee㊛ [複] (イチジクノキ fico㊚. クワ gelso㊚). ケシ科 Papaveracee㊛ [複] (ケシ papavero㊚. ヒナゲシ rosolaccio㊚). ゴマ科 Pedaliacee㊛ [複] (ゴマ sesamo㊚).

シソ科 Labiate㊛ [複] (オレガノ origano㊚. サルビア salvia㊛. シソ shiso㊚ [無変]. ジャコウソウ timo㊚. バジリコ basilico㊚). ジンチョウゲ科 Timeleacee㊛ [複] (ジンチョウゲ dafne㊛). ミツマタ Edgeworthia papyrifera). スイレン科 Ninfeacee㊛ [複] (スイレン ninfea㊛. ハス loto㊚). スズカケノキ科 Platanacee㊛ [複] (スズカケノキ platano㊚). スミレ科 Violacee㊛ [複] (三色スミレ viola㊛ del pensiero). セリ科 Ombrellifere㊛ [複] (フェンネル finocchio㊚. ニンジン carota㊛). タデ科 Poligonacee㊛ [複] (ショクヨウダイオウ rabarbaro㊚. ソバ grano㊚ saraceno). ツツジ科 Ericacee㊛ [複] (シャクナゲ rododendro㊚. ツツジ azalea㊛). ツバキ科 Teacee㊛ [複] (チャ tè㊚. ツバキ camelia㊛). トチノキ科 Ippocastanacee㊛ [複] (マロニエ ippocastano㊚). ナス科 Solanacee㊛ [複] (ジャガイモ patata㊛. タバコ tabacco㊚. トマト pomodoro㊚. ナス melanzana㊛. ピーマン peperone㊚).

ナデシコ科 Cariofillacee㊛ [複] (ナデシコ garofano㊚ selvatico. カーネーション garofano㊚). バラ科 Rosacee㊛ [複] (アーモンド mandorlo㊚. アンズ albicocco㊚. イチゴ fragola㊛. ウメ Prunus mume. サクラ ciliegio㊚. ナシ pero㊚. バラ rosa㊛. ビワ nespolo㊚ del Giappone. モモ pesco㊚. リンゴ melo㊚) ヒルガオ科 Convolvulacee㊛ [複] (サツマイモ batata㊛. セイヨウヒルガオ convolvolo㊚). ブドウ科 Vitacee㊛ [複] (ブドウノキ vite㊛). ブナ科 Fagacee㊛ [複] (オーク rovere㊚. クリ castagno㊚. ブナ faggio㊚). マメ科 Leguminose㊛ [複] (アカシア acacia㊛. アズキ fagiolo㊚ azuki [無変]. インゲンマメ fagiolo㊚. エンドウマメ pisello㊚. ソラマメ fava㊛. ダイズ soia㊛. ハギ lespedeza㊛. フジ glicine㊚. ミモザ mimosa㊛). マンサク科 Amamelidacee㊛ [複] (マンサク amamelide㊛). ミカン科 Rutacee㊛ [複] (オレンジノキ arancio㊚. ミカン mandarino㊚). モクセイ科 Oleacee㊛ [複] (オリーブ olivo㊚. キンモクセイ Osmanthus aurantiacus. ギンモクセイ Osmanthus Asiaticus). モクレン科 Magnoliacee㊛ [複] (モクレン magnolia㊛). モチノキ科 Aquifoliacee㊛ [複] (モチノキ agrifoglio㊚). ヤナギ科 Salicacee㊛ [複] (ポプラ pioppo㊚. ヤナギ salice㊚). ユキノシタ科 Sassifragacee㊛ [複] (アジサイ ortensia㊛. ユキノシタ sassifraga㊛). リンドウ科 Genzianacee㊛ [複] (ニガアザミ centaurea㊛. リンドウ genziana㊛).

しょくりょう 食料 generi[男][複] alimentari; cibo[男]
しょくりょう 食糧 viveri[男][複] (di prima necessità); 《特に軍隊で》 vettovaglie[女][複] ¶非常用食糧 viveri di riserva ¶食糧の欠乏 carenza [penuria / mancanza] di viveri [di derrate alimentari] ¶食糧の調達[補給] requisizione [approvvigionamento] di viveri ¶1日分の食糧 razione giornaliera
✤食糧自給率 tasso[男] di autosufficienza alimentare
食糧問題 problem*a*[男][複 *-i*] dell'alimentazione
しょくりょうひん 食料品 ⇀食品
✤食料品店 neg*ozio*[男][複 *-i*] di (generi) alimentari
しょくりん 植林 rimboschimento[男] **◇植林する** rimboschire ¶山に植林する piantare alberi su una collina / alberare una collina
✤植林計画 piano[男] di rimboschimento
植林地 terreno[男] sottoposto a rimboschimento
しょくれき 職歴 carriera[女] professionale ¶職歴はいっさい問わない. Non è richiesta nessuna esperienza [qualifica] professionale.
しょくん 諸君 《演説の冒頭》 "Signore e Signori!" ¶同志諸君《呼びかけ》 "Compagni!" / 《ファシストの》 "Camerati!"
じょくん 叙勲 **◇叙勲する** conferire una decorazione [un'onorificenza] a *qlcu.*, decorare *qlcu.*, insignire *qlcu.* di un'onorificenza
しょけい 処刑 《死刑》 esecuzione [condanna] [女] capitale **◇処刑する** giustiziare *qlcu.*, eseguire una condanna a morte
✤処刑台 patibolo[男]; 《さらし絞首台》 forca[女]
しょけい 書痙 〘医〙 crampo[男] [spasmo[男]] dello scrivano, grafospasmo[男]
じょけい 女系 linea[女] (di successione) femminile
じょけい 叙景 descrizione[女] di un paesaggio
◇叙景的 descrittivo
✤叙景文 brano[男] [passo[男]] letter*ario*[複 *-i*] che descrive un paesaggio
しょけいひ 諸経費 〘会〙 spese[女][複] varie [generali]
じょけつ 女傑 《有能な》 donna[女] in gamba; 《指導力のある》 donna[女] di polso abile e intelligente; 《英雄的な》 eroina[女]
しょげる 悄げる scoraggiarsi, perdersi d'animo, abbattersi, abbacchiarsi ¶彼は今日はとりわけしょげていた. Oggi era particolarmente giù di morale [abbacchiato].
しょけん 初見 ¶初見で弾く suonare all'impronta [a prima vista]
しょけん 所見 **1** 《見解》 osservazione[女]; 《診察》 esame[男] ¶医師の診察所見によると secondo la diagnosi del medico **2** 《意見》 parere[男], opinione[女]; 《論評など》 osservazione[女] ¶所見を述べる esprimere la *propria* opinione 《について su》 / fare delle osservazioni 《について su》
じょけん 女権 《女性の権利》 diritti[男][複] della donna ¶女権拡張 allargamento dei diritti della donna ¶女権拡張運動 femminismo / movimento femminista
じょげん 助言 consi*glio*[男][複 *-gli*], suggerimento[男] ¶助言に従う seguire il consiglio (di *qlcu.*) ¶助言を与える dare un consiglio (a *qlcu.*) ¶助言を惜しまない essere prodi*go* di consigli
✤助言者 consiglier*e*[男][女 *-a*]
じょげん 序言 preambolo[男]
しょけんだい 書見台 leg*gio*[男][複 *-gii*]
しょこ 書庫 biblioteca[女]; 《図書館の》 archi*vio*[男][複 *-i*] con libri
✤書庫ファイル ⇀アーカイブ
しょこう 初校 〘印〙《最初の校正》 prima correzione[女] delle bozze; 《初校紙》 prima bozza[女]
しょこう 曙光 **1** 《暁の光》 (le prime luci[女][複] dell')alba[女], aurora[女], albore[男] **2** 《きざし》 ¶平和の曙光が見えてきた. Si comincia ad intravedere uno spiraglio di pace.
じょこう 女工 operaia[女]
じょこう 徐行 **◇徐行する** 《ゆっくり進む》 andare [muoversi / procedere[自][*es*]] lentamente; 《速度を落とす》 rallentare ¶「徐行」《掲示》 "Rallentare"
✤徐行運転 guida[女] lenta
徐行速度 bassa velocità[女]
しょこく 諸国 vari paesi[男][複]; 《諸地方》 varie province[女][複] ¶アジア諸国 i paesi asiatici
しょこん 初婚 primo matrimonio[男], prime nozze[女][複]
しょさ 所作 gesto[男]; portamento[男]; 《芝居の》 recitazione[女]; 《パントマイムなどの》 mimo[男]
✤所作事 danza[女] di *kabuki* (accompagnata da *nagauta*)
しょさい 所載 **◇所載の** pubblicato (in [su] *ql.co.*)
しょさい 書斎 stu*dio*[男][複 *-i*] ¶書斎にこもる chiudersi nel *proprio* studio
しょざい 所在 ¶書類が所在不明です. Si ignora [Non si sa] dove si trovino i documenti. / 《紛失して》 I documenti sono stati 「smarriti [persi]. ¶責任の所在が明らかにされた. È stato chiarito di chi fosse la responsabilità.
✤所在地 《役所・会社などの》 sede[女] ¶県庁所在地 capoluogo[男][複 *capoluoghi*, *capiluoghi*]
じょさい 如才 **◇如才ない** 《機転の利く》 pieno di tatto; 《抜け目ない》 accorto, avveduto, furbo; 《有能な》 abile, svelto; 《愛想のいい》 socievole, affabile, piacente ¶彼は如才のない人だ. È un uomo che ha tatto. ¶彼は如才なく立ち回っている. Si comporta con tatto e cautela. ¶彼女は誰にでも如才なく応対する. Lei è una persona affabile. / 《仕事などの面で》 Lei è una persona diplomatica.
しょざいない 所在ない non aver niente da fare, essere sfaccendat*o*; 《退屈だ》 annoiarsi ¶あのパーティーでは僕らはどうにも所在(が)なかった. Ci siamo annoiati a morte a quella festa.
しょさん 所産 prodotto[男], risultato[男], frutto[男] ¶20年の研究の所産 frutto di venti anni di ricerche [di studio]
じょさんし 助産師 ⇀助産婦
じょさんぷ 助産婦 ostetrica[女], levatrice[女]
しょし 初志 intento[男] [intenzione[女]] originale [iniziale] ¶初志を貫徹する realizzare [rag-

giungere] un desiderio「vagheggiato da lungo tempo [da tempo sognato]
しょし 書誌 bibliografia⼥
✤**書誌学** bibliografia⼥ ◇書誌学の bibliografico[男複] -ci]
書誌学者 bibliografo男[⼥ -a]
しょし 庶子 figlio男[⼥ -glia; 男複 -gli] illegittimo; figlio[⼥ -glia; 男複 -gli] adulterino
しょじ 所持 《所有》possesso男;《保持》detenzione⼥;《携帯》porto男 ◇所持する possedere; detenere; portare, avere con sé ¶武器の不法所持 detenzione abusiva di armi
✤**所持金** denaro男 che si ha con sé
所持人《経》portatore男[⼥ -trice];《法》titolare男⼥
所持品《身の回りの品》effetti男[複] personali
しょじ 諸事 ¶諸事万端滞りなく済んだ. Tutto è andato liscio.
じょし 女子《女》donna⼥;《若い娘》ragazza⼥, fanciulla⼥;《幼女》bambina⼥
✤**女子学生** studentessa⼥
女子高校 liceo⼥ femminile
女子大学 università⼥ femminile
女子寮 dormitorio男[複 -i] femminile
じょし 女史 dottoressa⼥
じょし 助詞《文法》《日本語などの》particella⼥ pospositiva
じょじ 女児 ragazzina⼥, bambina⼥
じょじ 叙事 narrazione⼥ ◇叙事的 narrativo
✤**叙事詩** epica⼥, poesia⼥ epica, poema男[複 -i] epico[複 -ci] ◇叙事詩の epico
叙事詩人 poeta男[⼥ -essa; 男複 -i] epico
叙事文 narrazione⼥, descrizione⼥
しょしき 書式 forma⼥, formula⼥;《用紙》modulo男 ¶書式通りに書く scrivere nella forma dovuta [prescritta] ¶書式不備のため per vizi di forma
じょしつき 除湿器 deumidificatore男
じょしゅ 助手 **1**《アシスタント》assistente男⼥, aiutante男⼥, aiuto男 ¶監督助手 assistente alla regia / aiuto regista
2《大学の教職の》assistente男⼥
✤**助手席**《車》sedile男 anteriore accanto al guidatore
しょしゅう 初秋 inizio男[複 -i] [primi giorni 男[複]] d'autunno
じょしゅう 女囚 prigioniera⼥, detenuta⼥
じょじゅつ 叙述 descrizione⼥, narrazione⼥ ◇叙述する descrivere ql.co., narrare [raccontare] ql.co. ◇叙述的 descrittivo, narrativo
しょしゅん 初春 inizio男[複 -i] [primi giorni 男[複]] di primavera;《新年》nuovo anno男
しょじゅん 初旬 →上旬
しょじょ 処女 vergine⼥, ragazza [fanciulla]⼥ vergine;《処女性》verginità⼥ ¶処女を失う perdere la verginità
✤**処女懐胎**《キリ》immacolata concezione⼥
処女航海 viaggio男[複 -gi] inaugurale (di una nave)
処女作 opera⼥ prima
処女地 terra⼥ [suolo男] vergine
処女膜《解》imene男
処女林 foresta⼥ vergine

しょじょう 書状 lettera⼥
じょしょう 序章 introduzione⼥, capitolo男 introduttivo
じょしょう 叙唱《音》recitativo男
じょじょう 叙情 lirismo男, liricità⼥ ◇叙情的 lirico[男複 -ci] ¶叙情味あふれる pieno di lirismo [lirismo]
✤**叙情詩** lirica⼥, poesia⼥ lirica, poema男[複 -i] lirico ◇叙情詩の lirico
叙情詩人 poeta男[⼥ -essa; 男複 -i] lirico, lirico
じょしょく 女色 ¶女色に溺れる essere schiavo della sensualità femminile ¶女色に耽(ふけ)る immergersi「in una relazione amorosa [nella voluttà]
じょじょに 徐々に《ゆっくりと》lentamente, pian(o) piano;《少しずつ》a poco a poco, passo (a) passo;《次第に》gradualmente, progressivamente, gradatamente, per gradi, via via, man mano ¶徐々に改革する procedere lentamente con le innovazioni
しょしん 初心 **1**《最初の決心》risoluzione⼥ originale [iniziale] ¶初心忘るべからず. Non bisogna mai perdere lo spirito iniziale.
2《未熟》immaturità⼥, inesperienza⼥
✤**初心者** principiante男⼥, esordiente男⼥, debuttante男⼥;《仕事で》novizio男[⼥ -ia; 男複 -i] ¶初心者ドライバー neopatentato男[⼥ -a] / conducente男⼥ novizio
初心者マーク《若葉マーク》adesivo男 che indica un principiante alla guida
しょしん 初診《医》prima visita⼥ (medica)
✤**初診料** onorario男[複 -i] della prima visita
しょしん 初審《法》prima istanza⼥ ¶初審の判決 giudizio in [di] prima istanza
しょしん 所信《信念》convinzione⼥, credenza⼥;《意見》opinione⼥ ¶問題に関して所信を述べる esprimere la *propria* opinione su un problema ¶首相は所信表明演説をした. Il primo ministro ha fatto un discorso spiegando la sua politica (generale).
じょすう 序数《数》(numero男) ordinale男

【語形】 序数の作り方
第1から第10までは不規則につくられている.
　第1の primo, 第2の secondo, 第3の terzo, 第4の quarto, 第5の quinto, 第6の sesto, 第7の settimo, 第8の ottavo, 第9の nono, 第10の decimo
第11以上は, 基数の語尾の母音を落としたものに「-esimo」を付けてつくる. ただし第20以上の数のうち, 一の位が3と6の場合は基数の語尾の母音は落とさないでつくる.
　第16の sedicesimo, 第100の centesimo, 第58の cinquantottesimo, 第43の quarantatreesimo, 第86の ottantaseiesimo

✤**序数形容詞**《文法》aggettivo男 numerale ordinale
序数詞《文法》numerale男 ordinale
じょすう 除数《数》divisore男
しょする 処する **1**《対処する》affrontare, provvedere男[av] ¶勇気をもって難局に処する af-

frontare coraggiosamente una difficile situazione
2《処理する》risolvere, trattare, sistemare ¶身を処する comportarsi / agire
3《刑罰を与える》condannare ¶死刑に処する condannare *qlcu.* a morte
じょする 叙する descrivere
じょする 除する《割る》dividere
しょせい 書生《学生》studente[男];《住み込みの》studente[男] a servizio, ragazzo[男] alla pari（◆ chi si mantiene agli studi prestando servizio presso una famiglia）
じょせい 女声 voce[女] femminile
✤女声合唱 coro[男] femminile
女声合唱団 gruppo[男] corale femminile
じょせい 女性 **1**《女》donna[女];《雌》femmina[女];《総称》il sesso[男] femminile, il sesso[男] debole, il gentil sesso[男] ◇女性的《女らしい》femminile;《男性が女っぽい》effeminato ¶女性用（の）da donna / per le donne ¶女性用トイレ bagno per donne /《掲示》"Signore"
2〘文法〙(genere[男]) femminile[男]
✤女性解放運動 movimento[男] di liberazione della donna, movimento[男] per l'emancipazione della donna
女性解放論 femminismo[男]
女性解放論者 femminist*a*[男][女][[男]複 -*i*]
女性観 ¶彼の女性観を聞いてみたい. Mi piacerebbe sapere qual è il suo punto di vista sulle donne.
女性形〘文法〙femminile[男], forma[女] femminile
女性作家 autrice[女], scrittrice[女]
女性誌 rivista[女] femminile
女性の日 festa[女] della donna（◆ 3月8日）
女性ホルモン〘医〙ormoni[男][複] femminili
女性名詞〘文法〙sostantivo[男] [nome[男]] femminile
じょせい 女婿 genero[男], marito[男] della figlia
じょせい 助成 incoraggiamento[男] ◇助成する incoraggiare *ql.co.*, favorire *ql.co.*
✤助成金 ¶私学助成金 sovvenzioni alle scuole private ¶助成金を与える sovvenzionare *ql.co.*
しょせいくん 処世訓 precetto[男] [regola[女]] di vita, motto[男] [massima[女]] di vita
しょせいじゅつ 処世術 ¶彼は処世術を心得ている. Sa come farsi strada nel mondo.
しょせき 書籍《本》libri[男][複];《出版物》pubblicazioni[女][複]
✤書籍小包《表示》"STAMPE"
書籍商 libreria[女];《人》libra*io*[男][[女] -*ia*; [男]複 -*i*]
書籍目録 catalo*go*[男][複 -*ghi*] di libri [di pubblicazioni]
じょせき 除籍 radiazione[女], espulsione[女];《抹消》cancellazione[女] ◇除籍する radiare [espellere] *qlcu.* da *ql.co.*; cancellare [depennare] *qlcu.* da *ql.co.*
しょせつ 諸説《いろいろな意見》varie opinioni[女][複];《いろいろな学説》varie teorie[女][複] ¶それについては諸説紛々(ふんぷん)だ. Su questo punto le opinioni「divergono [sono divergenti].
じょせつ 序説 ¶日本史序説 introduzione alla storia giapponese
じょせつ 除雪 sgombro[男] della neve ◇除雪する sgombrare la neve ¶道をシャベルで除雪する spalare la neve dalle strade
✤除雪車 spazzaneve[男][無変]
しょせん 所詮《結局》dopo tutto, in ogni modo ¶しょせん回復する見込みはないのだ. In fin dei conti non c'è speranza che guarisca.
しょぞう 所蔵《コレクション》collezione[女];《所有》proprietà[女] ¶バチカン図書館所蔵の写本 manoscritto conservato presso la Biblioteca Vaticana ¶ロッシ氏所蔵のマンズーの作品 opera di Manzù proveniente dalla collezione del sig. Rossi
じょそう 女装 travestimento[男] femminile ◇女装する travestirsi [vestirsi] da donna ◇女装の (tra)vestito da donna
じょそう 助走〘スポ〙rincorsa[女] ◇助走する prendere la rincorsa
じょそう 助奏〘音〙《オブリガート》accompagnamento[男] obbligato
じょそう 序奏〘音〙introduzione[女], prelud*io*[男][複 -*i*]
じょそう 除草 diserbo[男];《鍬(くわ)で》sarchiatura[女];《田の》monda[女] ◇除草する diserbare; sarchiare ¶庭を除草する ripulire un giardino dalle erbacce
✤除草機 sarchiatrice[女], estirpatore[男]
除草剤 diserbante[男], erbicid*a*[男][複 -*i*]
しょそく 初速〘物・工〙velocità[女] iniziale
しょぞく 所属 ◇所属する appartenere[自][*es*, *av*] a [dipendere[自][*es*] da / far parte di] *ql.co.* ¶彼はある政党に所属している. Fa parte di [È iscritto a] un partito politico.
✤所属部隊 unità[女] di appartenenza
しょぞん 所存 intenzione[女], proposito[男] ¶これからサービスの改善に努める所存です. D'ora in poi siamo decisi a impegnarci nel migliorare il servizio alla clientela.
しょたい 所帯 famiglia[女], casa[女], focolare[男] (domesti*co*[複 -*ci*]) ¶所帯を持つ accasarsi / farsi una famiglia / mettere su casa ¶男[女]所帯 famiglia senza donne [uomini] ¶このアパートには10所帯が住んでいます. In questa palazzina vivono dieci「famiglie [nuclei familiari].
✤所帯道具 mobili[男][複] e utensili[男][複] casalinghi
所帯主 ⇀世帯主
所帯持ち (1)《所帯を構えている人》persona[女] sposata [con famiglia] (2)《家計のやりくり》¶所帯持ちのいい女性 una buona massaia
所帯やつれ ¶彼女は所帯やつれしている. È stanca e sciupata per le fatiche domestiche.
しょたい 書体 stile[男] calligrafi*co*[複 -*ci*], calligrafia[女], scrittura[女]
しょだい 初代 capostipite[男][女][[男][女]複 -*i*], fonda*tore*[男][[女] -*trice*] ¶初代社長 il primo presidente ¶初代団十郎 Danjuro I（読み方: primo）
じょたい 除隊〘軍〙congedo[男] (dal servizio militare), smobilitazione[女] ¶除隊になる essere

congedato / andare in congedo
- **除隊兵** soldato [㊛ -essa] congedato
除隊命令 ordine㊚ di congedo

しょたいめん 初対面 primo incontro ¶私達は初対面で親しくなった. Siamo diventati amici fin dalla prima volta che ci siamo incontrati. ¶私たちは初対面のあいさつを交わした. Ci siamo presentati.

しょだな 書棚 scaffale㊚ (per libri)

しょだん 初段 primo grado㊚ [livello㊚] nelle arti marziali e nel gioco del *judo*, *go*, *shogi* ecc.

しょち 処置 **1**《方策》misura㊛, provvedimento㊚;《処理》sistemazione㊛ ◇処置する sistemare ¶彼は手際よく必要な処置をとった. Ha preso con abilità le misure necessarie. ¶処置なしだ. Non c'è verso! / Impossibile! / (Non c'è) Niente da fare!
2《治療, 手当て》cura㊛, terapia㊛; trattamento㊚ ◇処置する curare ¶応急処置 primo soccorso ¶負傷者に応急処置をほどこす prestare cure immediate ai feriti / trattare d'urgenza i feriti

しょちゅう 暑中 ¶暑中お見舞い申し上げます. Spero che siate sempre in ottima salute nonostante il gran caldo.（◆イタリアでは避暑先から絵はがきで, "Buone vacanze!" など簡単なあいさつを送る）
- **暑中休暇** vacanze㊛ [複] [ferie㊛ [複] estive
暑中見舞状 cartolina㊛ postale di auguri estivi

じょちゅう 女中 →じょちゅう
じょちゅうぎく 除虫菊㊙ piretro㊚
しょちょう 初潮 prima mestruazione㊛;《医》menarca㊚ [複 -*chi*]
しょちょう 所長 direttore㊚ [㊛ -*trice*]
しょちょう 署長 ¶警察署長 commissario di polizia / questore ¶税務署長 direttore㊚ [㊛ -*trice*] dell'ufficio delle imposte
じょちょう 助長 ◇助長する favorire, contribuire, aiutare, incoraggiare ¶悪弊を助長する peggiorare le cattive abitudini

しょっかいせい 職階制 gerarchia㊛ (sul lavoro)
しょっかく 触角《動》antenna㊛
しょっかく 触覚 tatto㊚, senso del tatto
しょっかん 食間 ¶この薬は食間に服用のこと.《薬の指示》Farmaco da assumere lontano dai pasti.
しょっかん 触感 ¶触感の柔らかい布 stoffa morbida al tatto
しょっき 食器 servizio㊚ [複 -*i*] da tavola, articoli㊚ [複] per la tavola; vasellame㊚;《総称的に》stoviglie㊛ [複] e posate㊛ [複] →次ページ図版 ¶食器を洗う lavare i piatti ¶食器を並べる [かたづける] apparecchiare [sparecchiare] la tavola ¶もう1人分の食器をセットしてください. Metta un coperto in più.
- **食器洗い機** lavastoviglie㊛ [無変], lavapiatti㊚ [無変]
食器棚 credenza㊛
しょっき 織機 telaio㊚ [複 -*i*] ¶手織り用 [自動] 織機 telaio「a mano [meccanico]

ジョッキ〔英 jug〕boccale㊚ [bicchiere㊚] da birra ¶彼はジョッキ1杯のビールを飲み干した. Si è scolato un boccale di birra.

ジョッキー〔英 jockey〕《競馬の騎手》〔英〕jockey㊚ [無変]; fantino㊚ [㊛ -*a*]

ショッキング〔英 shocking〕◇ショッキングな scioccante, traumatizzante

ショック〔英 shock〕《物理的, 精神的》〔英〕shock [ʃɔk] ㊚ [無変];《精神的》colpo㊚, violenta emozione㊛;《電気の》scossa (elettrica);《医》collasso㊚ ¶電流のショックを受ける prendere la scossa ¶ショックで死ぬ morire [*es*] per uno shock /《薬の》morire di shock anafilattico ¶その知らせに彼はショックを受けた. È rimasto scioccato [sbigottito] dalla notizia. ¶この事件は世界中にショックを与えた. Il fatto ha scosso [colpito] tutto il mondo. ¶私は衝突のショックを感じた. Ho risentito dello shock dello scontro.
- **ショックアブソーバー**《車》ammortizzatore㊚
ショック死 morte㊛ per collasso; ㊛ morte㊛「per shock anafilattico [anafilattica]
ショック療法《医》terapia㊛ d'urto

しょっけん 食券 buono㊚ [scontrino㊚] (per un) pasto;《配給券》tagliandi㊚ [複] di una tessera annonaria ¶先に食券をお求めください.《レジで》Prima s'accomodi alla cassa (per lo scontrino). /《販売機で》Prima acquisti il buono pasto alla macchinetta.

しょっけん 職権 autorità㊛, competenza㊛, potere㊚ ¶職権を行使 [濫用] する esercitare la [abusare della] propria autorità ¶〈人〉に…の職権を与える autorizzare *qlcu*. a +不定詞 ¶議長は職権をもって閉会を宣言した. Il presidente ha dichiarato chiusa la riunione in virtù della sua autorità.
- **職権濫用** abuso㊚ di potere

しょっこう 職工 operaio㊚ [㊛ -*ia*; ㊚複 -*i*]（manifatturiero）;《職人》artigiano㊚ [㊛ -*a*]

しょっちゅう sempre, in continuazione ¶あの二人はしょっちゅうけんかしている. Quei due litigano in continuazione.

しょってる ¶君はしょってるね. Sei proprio「pieno di te [presuntuoso]!

ショット〔英 shot〕**1**《スポ》colpo㊚, tiro㊚ ¶ナイスショット. Bel colpo!
2《映》《撮影》ripresa㊛;《映・写》《フレーミング》inquadratura㊛ ¶ロング [ミディアム] ショット《映》campo lungo [medio]

ショットガン〔英 shotgun〕《猟銃》fucile㊚ da caccia, schioppo㊚;《二銃身の》doppietta㊛

しょっぱい salato ¶このスープはなんてしょっぱいんだろう. Come è salata questa zuppa!

しょっぱな 初っ端 inizio㊚ [複 -*i*] ¶しょっぱなからけんかになる. Appena incontrati, già litigano.

ショッピング〔英 shopping〕spese㊛ [複] ◇ショッピングする fare (delle) spese（▶fare la spesaは日用品・食料品の買い物をすること）
- **ショッピングカート** carrello㊚ (per la spesa)
ショッピングセンター《屋根付きの》centro㊚ commerciale;《商店が集中した区域》quartiere㊚ di negozi

ショッピングモール grande centro㊚ commerciale

しょてい 所定 ◇所定の apposito, fisso, determinato;《あらかじめ決められた》prestabilito, predisposto;《指示された》indicato, mostrato ¶所定の用紙 appositi moduli ¶所定の手続き formalità richieste ¶所定の時間と場所で all'ora e nel luogo stabiliti

じょてい 女帝 imperatrice㊛

しょてん 書店 libreria㊛ ¶近所の書店［インターネット書店］で本を注文した. Ho ordinato un libro in una libreria「vicino a casa mia [online].

じょてんいん 女店員 commessa㊛ (di negozio)

しょとう 初冬 inizio㊚ [複-i] [i primi giorni㊚[複] d'inverno

しょとう 初等 ◇初等の elementare

✤初等教育 istruzione㊛ primaria [elementare]

初等数学 matematica㊛ elementare

しょとう 初頭 inizio㊚ [複-i] ¶今世紀初頭に all'inizio [agli inizi] di questo secolo

しょとう 蔗糖 zucchero㊚ di canna

しょとう 諸島 arcipelago㊚ [複-ghi], isole㊛ [複] ¶南太平洋諸島 le isole del Pacifico Meridionale

しょどう 書道 arte㊛ giapponese della calligrafia, calligrafia㊛

じょどうし 助動詞 〚文法〛verbo㊚ ausiliare, ausiliare㊚

しょとく 所得 〚経・財〛reddito㊚ (►「収入」と同じ意味でも用いる);《利益》profitto㊚, utile㊚, guadagno㊚ ¶勤労[不労]所得 reddito「da lavoro [non proveniente da lavoro] ¶国民[企

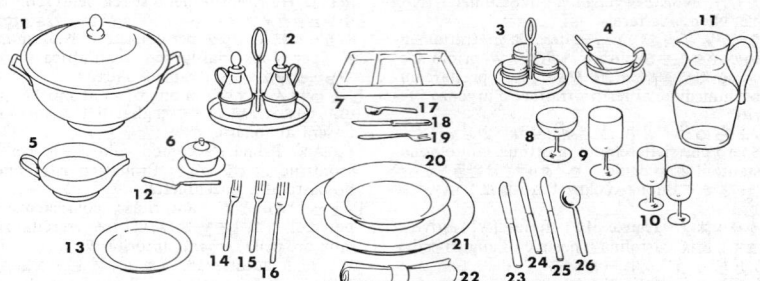

食器
1 スープ用の鉢 zuppiera㊛. 2 オイルビネガーセット oliera㊛. 3 塩こしょう立て saliera㊛. 4 チーズ入れ formaggiera㊛. 5 ソース入れ salsiera㊛. 6 バター入れ burriera㊛. 7 オードブル用の皿 antipastiera㊛. 8 シャンパングラス coppa㊛ da champagne. 9 ゴブレット(水用グラス) calice㊚. 10 ワイングラス bicchiere㊚ da vino. 11 水差し caraffa㊛. 12 バターナイフ coltello㊚ per il burro. 13 パン皿 piattino㊚ per il pane. 14 オードブルフォーク forchetta㊛ da antipasto. 15 魚用フォーク forchetta㊛ per il pesce. 16 肉用フォーク forchetta㊛ per la carne. 17 デザート用スプーン cucchiaio㊚ da dessert. 18 果物ナイフ coltello㊚ da frutta. 19 フルーツフォーク forchettina㊛ da frutta. 20 スープ皿 piatto㊚ fondo, scodella㊛. 21 ディナープレート piatto㊚ piano. 22 ナプキン tovagliolo㊚. 23 肉用ナイフ coltello㊚ per la carne. 24 魚用ナイフ coltello㊚ per il pesce. 25 オードブルナイフ coltello㊚ da antipasto. 26 スープスプーン cucchiaio㊚.

27 ブランデーグラス bicchiere㊚ da cognac. 28 リキュールグラス calice㊚ da liquore. 29 ティーポット teiera㊛. 30 ケーキサーバー pala㊛ da dolce. 31 ティーカップ tazza㊛ da tè. 32 砂糖壺 zuccheriera㊛. 33 ミルクピッチャー lattiera㊛. 34 コーヒーカップ(エスプレッソ用) tazzina㊛ da caffè. 35 コーヒーポット caffettiera㊛. 36 デザート用フォーク forchetta㊛ da dessert. 37 デザート皿 piatto㊚ da dessert. 38 ティースプーン cucchiaino㊚ da tè. 39 カクテルグラス calice㊚ da cocktail. 40 ビールジョッキ boccale㊚ da birra. 41 ウイスキーグラス bicchierino㊚ da whisky. 42 タンブラー［英］tumbler㊚[無変].

業]所得 reddito nazionale [dell'impresa] ¶純[実]所得 reddito netto [in termini reali] ¶総所得 reddito lordo [aggregato] ¶低[中/高]所得層 ceto a basso [a medio / ad alto] reddito ¶1人当たり所得 reddito pro capite
✤所得額 ammontare[男] del reddito
所得格差 gap[男][無変] [divario[男][複 -i]] di reddito
所得税 imposta[女] sul reddito
所得政策 politica[女] dei redditi
所得分配 distribuzione[女] del reddito

しょなのか 初七日 il settimo giorno[男] dalla morte di *qlcu.*;《法要》ufficio[男][複 -ci] religioso che si celebra per un defunto nel settimo giorno dalla sua morte

じょなん 女難 ¶君には女難の相がある. Tu sei un tipo d'uomo portato ad avere guai con le donne.

しょにち 初日 primo giorno[男];《芝居の》prima rappresentazione[女], la prima[女]

じょにん 叙任 ⇒任命

しょにんきゅう 初任給 stipendio[男][複 -i] [salario[男][複 -i]] iniziale

しょねん 初年 《初期》i primi anni[男][複] (di un'era [di un periodo]);《1年目》il primo anno[男] ¶平成初年に nei primi anni [agli inizi] dell'era Heisei ¶初年(度)の授業料 tasse di immatricolazione
✤初年兵〘軍〙recluta[女]

じょのくち 序の口 ¶暑さはまだ序の口だ. Il caldo è soltanto agli inizi.

しょは 諸派 **1**《党派》i (diversi) partiti[男][複], i (diversi) gruppi[男][複];《流派, 学派》le (diverse) scuole[女][複];《宗派》le (diverse) sette[女][複] **2**《小政党をまとめて》i partiti[男][複] minori

しょばつ 処罰 castigo[男][複 -ghi], punizione[女], sanzione[女], pena[女], multa[女] **◇処罰する** far giustizia, punire, infliggere una pena ¶不当な処罰 sanzione ingiusta

しょはん 初犯 primo reato[男];《人》reo[男][[女] rea] non recidivo, incensurato[男][[女] -a]

しょはん 初版 prima edizione[女]

しょはん 諸般 **◇諸般の** vario [[男]複 -i] ¶諸般の事情を考えると prendendo in considerazione le diverse circostanze

じょばん 序盤 ¶選挙戦の序盤 la prima fase della campagna elettorale ¶トーナメントの序盤で負ける perdere durante la prima fase del torneo

しょひょう 書評 recensione[女] di libri;《文芸批評》critica[女] letteraria **◇書評をする** fare la recensione di *ql.co.*, recensire *ql.co.*
✤書評欄 pagina[女] delle recensioni

しょぶん 処分 **1**《始末すること》sistemazione[女] **◇処分する** sistemare;《捨てる》gettare [buttare] via;《売る》vendere ¶財産の処分 disposizione dei *propri* beni ¶借金を処分する estinguere un debito ¶在庫を処分する svendere le [disfarsi delle] rimanenze ¶処分に困る non saper decidere il da farsi ¶この手紙は読後処分願います. Dopo aver letto questa lettera, la prego di distruggerla.
2《処罰》punizione[女], pena[女], sanzione[女] **◇処分する** punire *qlcu.* ¶罪人は厳重に処分された. Il criminale è stato severamente punito.
3《措置をとること》misura[女], provvedimento[男] **◇処分する** adottare una misura ¶行政処分を講ずる prendere misure amministrative ¶強制処分に訴える《法的に》ricorrere alla riscossione forzata ¶彼は退学処分を受けた. È stato espulso dalla scuola.

じょぶん 序文 《前書き》premessa[女], avvertenza[女], avviso[男] al lettore;《主に作者以外による》prefazione[女];《序説》introduzione[女];《著者や作品の紹介》presentazione[女]

しょほ 初歩 primi passi[男][複], principi[男][複] elementari, rudimenti[男][複]; abbiccì[男][無変] **◇初歩の** elementare, rudimentale ¶外国語の初歩を学ぶ apprendere i rudimenti di una lingua straniera ¶イタリア語を初歩から勉強する studiare l'italiano da zero

しょほう 処方 《医師の》prescrizione[女] **◇処方する** prescrivere
✤処方箋(せん) ricetta[女] ¶処方箋を書く scrivere la ricetta ¶処方箋どおりに調剤する preparare [spedire] la ricetta
処方薬 medicina[女] prescritta

じょほう 除法 〘数〙divisione[女]

しょぼしょぼ ¶雨がしょぼしょぼ降っている. Sta piovigginando. ¶目をしょぼしょぼさせる《まぶしいときなどに》strizzare gli occhi /《まつげをぱちぱちさせる》sbattere le palpebre ¶目がしょぼしょぼする《煙いとき》avere gli occhi irritati dal fumo /《はれて》avere gli occhi gonfi ¶彼は部屋をしょぼしょぼと出ていった.《しょげ返って》È uscito dalla stanza con l'aria abbattuta.

しょぼんと ⇒しょんぼり

じょまく 序幕 **1**《劇の第1幕》primo atto[男] **2**《事の始まり》¶それが革命の序幕であった. È stato il preludio [prologo] della rivoluzione.

じょまく 除幕 scoprimento[男]
✤除幕式 cerimonia[女] inaugurale [d'inaugurazione], scoprimento[男] ¶記念碑の除幕式を行う inaugurare una lapide commemorativa

しょみん 庶民 《集合的に》popolo[男], gente[女] comune;《大衆》le masse[女][複] **◇庶民的な** popolare
✤庶民階級 ceto[男] popolare

しょむ 庶務 affari[男][複] generali
✤庶務課 sezione[女] affari generali

しょめい 書名 titolo[男] ¶『日本史』という書名の本 un libro intitolato "Storia giapponese" ¶何という書名ですか. Qual è il titolo del libro? / Come s'intitola il libro?

しょめい 署名 firma[女];《自署》autografo[男] (►著名人などのサインもさす) **◇署名する** firmare *ql.co.*, apporre la (*propria*) firma su *ql.co.* **◇署名のない** non firmato, anonimo ¶署名入り記事 articolo firmato ¶署名捺印する apporre la *propria* firma e il *proprio* sigillo su *ql.co.* ¶この手紙には学長の署名がある. Questa lettera「porta la firma del [è firmata dal] Rettore.
✤署名運動 campagna[女] per una raccolta di firme (per una petizione)
署名国 nazione[女] firmataria
署名者[人] firmatario[男][[女] -ia; [男]複 -i]

署名本 copia㊛ autografata

じょめい 助命 grazia㊛ della vita ◇助命する fare grazia della vita a *qlcu.*, graziare *qlcu.* ¶助命を請う chiedere [implorare] la grazia

じょめい 除名 《名前を抹消すること》cancellazione㊛;《除籍すること》espulsione㊛ ◇除名する cancellare; espellere *qlcu.* da *ql.co.*; depennare

しょめん 書面 testo㊚ scritto ¶書面をもって per lettera / per iscritto

✤**書面審理**〖法〗istruzione㊛ per iscritto (di un processo)

しょもう 所望 ◇所望する desiderare ¶ご所望の本はここです。Ecco i libri che ha chiesto.

しょもつ 書物 libro㊚

しょや 初夜 prima notte㊛ di nozze

じょや 除夜 ultima notte dell'anno, notte㊛ di San Silvestro ¶除夜の鐘 campane che annunciano il nuovo anno

しょやく 初訳 prima traduzione㊛ ¶この小説は本邦初訳だ。Questo romanzo è stato tradotto in giapponese per la prima volta.

じょやく 助役《市町村の》vice sindac*o*㊚[㊛複 -*ci*];《駅の》capostazione㊚; [㊛複 *capistazione*; ㊛複 *capostazione*] aggiunto

しょゆう 所有 proprio possesso㊚, proprietà㊛ ◇所有する possedere *ql.co.*, essere in possesso di *ql.co.*;《権利・権威など》godere㊂ [*av*] di *ql.co.* ¶「この土地は誰の所有なのですか」「祖父のです」"A chi appartiene questo terreno?" "È di proprietà di mio nonno." ¶彼は聖職者としての特権を所有している。Gode dei privilegi del clero. ¶所有と経営の分離《経》separazione della proprietà dal controllo

✤**所有格**〖文法〗genitivo㊚, cas*o*㊚ genitivo

✤**所有形容詞**〖文法〗aggettivo㊚ possessivo

所有権 diritto㊚ di proprietà ¶所有権を奪う privare *qlcu.* del possesso di *ql.co.*

所有権剥奪〖法〗espropriazione㊛

所有者 possessore㊚ [㊛ *posseditrice*], propriet*ario*㊚ [㊛ *-ia*; ㊚複 *-i*], detent*ore*㊚ [㊛ *-trice*]

所有代名詞〖文法〗pronome㊚ possessivo

所有地 proprietà㊛ fondiaria

所有物 proprietà㊛

所有欲 brama㊛ di possesso

じょゆう 女優 attrice㊛ ¶映画[舞台/テレビ]女優 attrice cinematografica [teatrale / televisiva] ¶人気女優 attrice famosa / stella㊛/ diva㊛ /《英》star㊛ [無変]

しょよう 所用 ¶所用をかたづける sistemare [sbrigare] le faccende ¶所用で a causa di impegni

しょよう 所要 ◇所要の necessario [㊚複 -*i*] ¶所要の条件 condizione necessaria [indispensabile] /〔ラ〕conditio sine qua non

✤**所要時間** tempo necess*ario*㊚ [複 -*i*] ¶ナポリまでの所要時間はだいたいどのくらいですか。Quanto tempo è necessario più o meno per andare a Napoli?

しょり 処理《始末》sistemazione㊛, disposizione㊛;《扱い》trattamento㊚;《解決》accomodamento㊚, soluzione㊛;《対処》condotta㊛,《化・工》trattamento㊚ ◇処理する sistemare; trattare; accomodare, aggiustare, risolvere; condurre, dirigere;《化・工》trattare ¶廃棄物の処理 trattamento [smaltimento] dei rifiuti ¶事は容易に処理できない。Non è un problema che si possa risolvere facilmente.

✤**処理速度**《コンピュータ》velocità㊛ operativa

じょりじょり《ひげをそる音》raschi*o*㊚[複 -*schii*] del ras*oio* sulla pelle

じょりゅう 女流 女流の femminile

✤**女流画家** pittrice㊛

女流文学 letteratura㊛ femminile

じょりょく 助力 aiuto㊚, assistenza㊛, aus*ilio*㊚[複 -*i*] ◇助力する aiutare *qlcu.* a+不定詞, assistere *qlcu.*, dare [prestare] aiuto a *qlcu.* ¶助力を求める chiedere l'aiuto di *qlcu.* ¶助力なしで senza aiuto / da solo ¶助力を惜しまない non lesinare il proprio aiuto (a *qlcu.*).

しょるい 書類《一般に》carte㊛ [複];《公の》documento㊚;《一件書類》incartamento㊚;《ある事柄に関する》〘仏〙dossier [dossjé㊚複];《報告書類》rapporto㊚, relazione㊛ ¶秘密書類 documento confidenziale [segreto] ¶重要書類 documento importante ¶証拠書類 prova documentaria

✤**書類入れ** busta㊛ portadocumenti [無変];《ファイル》cartella㊛, cartellina㊛, raccoglitore㊚, classificatore㊚

書類かばん portadocumenti㊚

書類選考 ◇書類選考する scegliere (i candidati) esaminando il (loro) curriculum

書類送検〖法〗◇書類送検する trasmettere gli atti di un processo al Pubblico Ministero

ショルダーバッグ〘英 shoulder bag〙borsa㊛ [borsetta㊛] a tracolla, tracolla㊛ →かばん[図版]

じょれつ 序列《順位》ordine㊚;《等級》rang*o*㊚[複 -*ghi*], graduatoria㊛, grado㊚;《格付け》graduazione㊛;《位階制度の》gerarchia㊛ ¶彼は私より序列が上[下]だ。È di grado superiore [inferiore] al mio.

しょろう 初老 ¶初老の婦人 signora sulla soglia della vecchiaia

じょろん 序論 introduzione㊛

しょんぼり ◇しょんぼりと con aria abbattuta [desolata / scoraggiata] ¶彼はしょんぼりと寂しそうだった。Aveva l'aria triste e abbattuta.

しら 白 ¶白を切る fingere di non capire / fare lo gnorri ¶君はあくまで白を切るつもりか。Continui a fare il finto tonto?

じらい 地雷 mina㊛ (terrestre);《対人・対戦車用》mina㊛ antiuomo [無変]《anticarro [無変]》¶道に地雷を敷設する posare una mina in una strada / minare una strada ¶道から地雷を除去する sminare [liberare dalle mine] una strada

✤**地雷原** campo㊚ minato

地雷探知機 cercamine㊚ [無変], rivelatore㊚ di mine

しらうお 白魚 ¶白魚のような指 dita bianche e sottili

しらが 白髪 capelli㊚ [複] bianchi [grigi / canuti] ◇白髪の canuto, dai capelli bianchi ¶白髪交じりの brizzolato / dai capelli brizzolati ¶年を取れば白髪になる。Con l'età i capelli «diventano bianchi [incanutiscono]». ¶若白髪 ca-

しらかば 白樺 〘植〙 betulla⼥

✤**白髪染め** tintura⼥ [tinta⼥] per i capelli

しらかば 白樺 〘植〙 betulla⼥

しらかべ 白壁 muro男 bianco [複 -chi];《屋内の》parete⼥ bianca

しらかわよふね 白川夜船 ¶私はそのとき白川夜船だった. In quel momento ero nel mondo dei sogni.

しらき 白木 legno男 nudo [non verniciato] ¶白木造りの家 casa costruita con legname non verniciato [non lucidato]

しらくも 白癬 〘医〙 favo男

しらける 白ける **1**《色があせる》perdere il colore ¶色の白けた服 vestito scolorito **2**《興がさめる》¶白けた顔をする fare una faccia indifferente [apatica] ¶白けた冗談 scherzo inopportuno [fuori luogo] ¶彼のひとことで座が白けた. Con una sua parola ha raggelato tutti. ¶最近の若者は白けている. I giovani d'oggi sono apatici.

しらこ 白子 **1**《魚の》latte男 di pesce, liquido男 seminale dei pesci **2**〘医〙 albinismo男

しらさぎ 白鷺 egretta⼥;《ダイサギ》airone男 bianco [複 -chi];《コサギ》garzetta⼥

しらじらしい 白白しい 《見え透いた》trasparente;《厚かましい》sfacciato, impudente, senza vergogna ¶しらじらしい当てこすり allusione trasparente ¶しらじらしい言い訳をする addurre una magra scusa

しらじらと 白白と ¶夜が白々と明け始めた. È "spuntata l'alba [cominciato ad albeggiare]".

しらす 白子 〘魚〙 bianchetti男[複]

✤**白子干し** bianchetti男[複] seccati

しらす 知らす →知らせる

-しらず -知らず ¶彼は怖いもの知らずだ. Non conosce la parola paura. ¶ここは暑さ知らずだ. Qui non sappiamo cosa sia il caldo.

じらす 焦らす far perdere la pazienza a qlcu., tenere qlcu. sulla corda, fare impazientire qlcu., spazientire qlcu. ¶そうじらさないで歌えよ. Canta senza farti pregare.

しらずしらず 知らず知らず《知らないうちに》senza accorgersene, senza rendersene conto;《気づかぬほどに》insensibilmente;《無意識に》incoscientemente;《不本意に》involontariamente ¶知らず知らずのうちに彼は敵陣に入ってしまった.《知らずに》È entrato nel campo nemico senza rendersene conto. ¶知らず知らずのうちに秋の気配が averted. È arrivata autunnale senza che ce ne accorgessimo. ¶知らず知らず涙がこぼれた. Mi sono venute le lacrime agli occhi senza volerlo.

しらせ 知らせ 《情報》notizia⼥, informazione⼥;《公報》avviso男 (al pubblico) ¶良い [悪い]知らせが届いた. È arrivata una bella [brutta] notizia. ¶なるべく早くお知らせします. Le faremo sapere quanto prima. ¶彼が無事着いたとの知らせがあった. Ho saputo che è arrivato senza incidenti. ¶事故についてはなんの知らせもない. Non si hanno notizie sull'incidente. ¶虫のしらせで per un presentimento [una sensazione]

しらせる 知らせる 「far sapere [annunciare] a qlcu. ql.co. [che+直説法], informare qlcu. di ql.co. [che+直説法], mettere qlcu. al corrente di ql.co., rendere noto ql.co. [che+直説法] (►notoは目的語の性・数に合わせて語尾変化する);《通告する》avvisare qlcu. di ql.co. [che+直説法 / 命令] di+不定詞], avvertire qlcu. di ql.co. [che+直説法 / 命令] di+不定詞];《予告する》preannunciare a qlcu. ql.co. [che+直説法 / 命令] ¶参加者に予定を知らせる informare i partecipanti sul programma ¶真相を知らせる svelare [rivelare] la verità a qlcu. ¶それとなく知らせる suggerire [insinuare] ql.co. a qlcu. ¶警察に知らせる avvertire [informare / avvisare] la polizia di ql.co. / denunciare ql.co. alla polizia ¶誰にも知らせずに senza far sapere niente a nessuno ¶私は父の死を彼に知らせずにおいた. L'ho tenuto all'oscuro della [Gli ho nascosto la] morte di mio padre. ¶電車の到着を知らせるアナウンスがあった. È stato annunciato l'arrivo del treno. ¶彼の死が知らされた. È stata resa nota la sua morte.

しらたき 白滝 《糸こんにゃく》vermicelli男[複] di farina di konjak

しらたま 白玉 《だんご》gnocco男[複 -chi] di farina di riso

✤**白玉粉** farina⼥ di riso

しらなみ 白波 cresta⼥ d'onda spumeggiante, flutti男[複] spumeggianti ¶海に白波が立っている. Il mare spumeggia (tra gli scogli).

しらぬい 不知火 《燐火(りんか)》fosforescenza⼥ [《夜光虫の》bioluminescenza⼥] del mare

しらぬがほとけ 知らぬが仏 〘諺〙 Beata ignoranza!

しらばくれる fare il finto tonto [《女性の場合》la finta tonta], far finta [fingere] di non capire, fingersi ignorante, fare lo gnorri, fare l'innocente ¶しらばくれてもだめだ. È inutile fare lo gnorri. ¶彼はしらばくれて本当のことを言わない. Fa il finto tonto e non dice le cose come stanno.

シラバス〔英 syllabus〕programma男[複 -i] dei corsi universitari

しらはのや 白羽の矢 ¶白羽の矢が立つ essere scelto per ql.co. ¶白羽の矢を立てる far cadere la propria scelta su ql.co. per ql.co.

しらふ 素面 ◇素面の sobrio [男複 -i] ¶彼はしらふのときは気が弱い. Se non beve non ha coraggio. ¶しらふじゃ歌えない. Non riesco a cantare senza l'aiuto dell'alcol.

シラブル〔英 syllable〕sillaba⼥ ◇シラブルの sillabico [男複 -ci] ¶語をシラブルに分ける dividere una parola in sillabe / sillabare una parola

しらべ 調べ **1**《調査, 研究》inchiesta⼥, investigazione⼥, indagine⼥, ricerca⼥;《検査》esame男, controllo男, ispezione⼥;《尋問》interrogatorio男[複 -i] ¶明日の授業の調べをする prepararsi per le lezioni di domani ¶詳しい調べもなしに結論を急いではいけない. Non dobbiamo farci prendere dalla fretta di concludere senza avere indagato minuziosamente.

2《楽の音(ね)》melodia⼥ ¶妙(たえ)なる調べが聞こ

しらべなおす 調べ直す riesaminare *ql.co.* ¶一から調べ直す ricontrollare da capo ¶もう一度枚数を調べ直したほうがいい. È meglio ricontrollare il numero dei fogli.

しらべもの 調べ物 ¶図書館に調べ物をしに行く andare a controllare (*ql.co.*) in biblioteca

しらべる 調べる **1**【わからないこと, 不確かなことを確認する】《考慮・検討する》esaminare, studiare; 《分析する》analizzare; 《研究する》ricercare, fare ricerca《について su》; 《参照する》consultare; 《情報を得る》informarsi《について di, su》; 《数値を》misurare ¶薬の化学的組成を調べる analizzare la composizione chimica di una medicina ¶失敗の原因をよく調べなければならない. Dobbiamo studiare accuratamente le cause del fallimento. ¶専門家に絵を調べてもらった. Abbiamo sottoposto il dipinto all'esame di un esperto. ¶規則[地図]を調べる consultare il regolamento [una carta geografica] ¶海の深さを調べる misurare [scandagliare] la profondità del mare ¶辞書で単語の意味を調べた. Ho consultato il dizionario per controllare il significato di una parola. ¶出かける前に開演時間を調べておきなさい. Prima di uscire, informati sull'orario degli spettacoli. **2**【調査する】investigare⓪ [*av*] [indagare⓪ [*av*]]《su》*ql.co.*, 《検査する》ispezionare *ql.co.*; 《捜査する》perquisire *ql.co.*; 《点検・確認する》controllare *ql.co.* ¶殺人事件を調べる investigare [indagare / fare un'inchiesta] su un caso di assassinio ¶犯罪の動機を調べる ricercare il movente di un delitto ¶電話帳で友人の番号を調べる cercare il numero di un amico sull'elenco telefonico ¶会社の帳簿を調べる ispezionare i registri di una ditta ¶机の引き出しを調べる(ひっかき回して) frugare in un cassetto ¶自分のポケットを調べる frugarsi in tasca ¶税関で荷物を調べられた. Alla dogana mi hanno perquisito il bagaglio. **3**【尋問する】interrogare *qlcu.*, fare domande a *qlcu.* ¶容疑者を厳しく調べる sottoporre un indiziato a un severo interrogatorio

しらみ 虱 pidocchio⓪ [複 -*chi*] ¶しらみのたかった男の子 bambino pidocchioso [pieno di pidocchi]

✢しらみつぶし ¶1軒1軒しらみつぶしに調べる spulciare (tutto il quartiere) casa per casa

しらむ 白む ¶空が白み始めるころに allo spuntar del giorno [del sole / all'alba] ¶私たちが出かけるころには空が白み始めていた. Albeggiava, quando siamo usciti.

しらやき 白焼き ¶うなぎの白焼き anguilla alla griglia senza condimento

しらん 紫蘭 《植》《学名》Bletillia striata

しらんかお 知らん顔 ◇知らん顔をする《知らないふり》far finta [fingere] di non vedere *qlcu.* [*ql.co.*], ignorare *qlcu.* [*ql.co.*]; 《無関心である》mostrarsi indifferente a *qlcu.* [a *ql.co.*] ¶彼は道で会っても知らん顔をする. Quando m'incontra per la strada, fa lo gnorri. ¶彼は知らん顔をして助けてくれなかった. Con totale indifferenza non ha neppure tentato di aiutarmi.

しり 尻 **1**《体の部分》sedere⓪, deretano⓪; 《俗》didietro⓪ [無変], culo⓪; deretano⓪; 《諧》posteriore⓪; 《左右の筋肉をさして》natica⓪, gluteo⓪; 《俗》chiappa⓪ → 一体図版; 《動物の》groppa⓪ ¶尻が大きい avere un grosso sedere ¶尻をたたく《懲らしめとして》sculacciare *qlcu.* / dare una sculacciata a *qlcu.* ¶尻を蹴飛ばす dare un calcio nel sedere a *qlcu.* ¶尻の穴《解》ano / 《俗》buco del culo ¶ズボンの尻 retro dei pantaloni ¶尻のポケット tasca posteriore **2**《底》¶茶わんの尻 fondo della tazza **3**《最後, あと》¶行列の尻 coda di un corteo [《店先などの行列の》una fila] ¶彼はクラスの尻にいる. Lui è l'ultimo della classe. ¶マラソンで尻から2番目だった. Nella maratona sono arrivato penultimo. ¶彼はいつも人の尻についている. Segue sempre gli altri. ¶彼の順番は尻から数えたほうが早い. Per calcolare la sua posizione, è meglio partire dal fondo [basso].

[慣用] 尻が青い 《親》essere un pivello [《女性》una pivella]

尻が暖まる ¶尻が暖まる暇もないほど忙しい. Ho un daffare pazzesco.

尻が重い essere pigro [indolente], avere difficoltà nell'iniziare le cose

尻が軽い (1)《気軽である》agire⓪ [*av*] liberamente (2)《軽はずみ》¶彼は尻が軽くて困ったものだ. Lui ci fa preoccupare perché agisce con leggerezza [senza pensare]. (3)《女性が浮気である》¶尻が軽い女 donna di facili costumi / donna leggera

尻が来る《とばっちりをうける》¶まさか僕のところに尻が来るとは思わなかった. Non pensavo proprio di essere coinvolto anch'io in questa faccenda.

尻が長い stare troppo a lungo da *qlcu.*, fare una lunga visita a *qlcu.*

尻が割れる essere scoperto [smascherato]

尻に敷く ¶亭主を尻に敷いている. In casa comanda lei. / La moglie porta i pantaloni [i calzoni]. / Lei domina il marito.

尻に火が付く ¶私は尻に火が付いている. Sono pressato [incalzato] da affari urgenti.

尻を追い回す ¶女の尻を追い回す correre dietro alle gonnelle [alle sottane]

尻を据える (1)《立ち去らない》piantare le radici in *ql.co.* (2)《本気で取り組む》fare *ql.co.* seriamente

尻をたたく《せき立てる》spingere [sollecitare / incalzare] *qlcu.* a + 不定詞

尻を拭う risolvere le beghe di un altro

尻をまくる assumere un atteggiamento「di sfida [aggressivo]」

尻を持ち込む addossare la responsabilità di *ql.co.* su *qlcu.* ¶責任は君にあるのだから, 私のところに尻を持ち込むな. La responsabilità è tua, perciò non scaricare su di me le conseguenze.

しり 私利 《私利(私欲)の動かされる人》persona「mossa da interessi personali [che agisce per il *proprio* tornaconto]」¶私利私欲のない disinteressato

しりあい 知り合い 《知り合っていること, 人》conoscenza; 《人》conoscente㊚㊛, persona㊛ conosciuta ◇知り合う conoscere qlcu. ¶知り合いになる fare conoscenza con qlcu. / fare la conoscenza di qlcu. ¶知り合いが多い avere molte conoscenze [molti conoscenti] ¶私たちは子供のころ[昔]からの知り合いです. Ci conosciamo「fin dall'infanzia [da molto]. ¶あなたたちはどこで知り合ったの. Dove vi siete conosciuti?

しりあがり 尻上り **1**《声の抑揚が》¶尻あがりの調子で話す parlare con intonazione ascendente **2**《状態が上向くこと》¶売り上げは尻あがりに良くなった. Le vendite sono in salita costante.

シリアル 〔英 cereal〕 cereali㊚[複]

シリアルナンバー 〔英 serial number〕 numero㊚ di serie ¶1から500までのシリアルナンバー入り限定本 libro a tiratura limitata numerata da 1 a 500

シリーズ 〔英 series〕 serie㊛[無変] ¶イタリア映画シリーズ rassegna cinematografica italiana ¶日本シリーズ《野球の》 campionato giapponese di baseball

❖シリーズ物 serie㊛[無変]; 《その1つ1つ》puntata㊛; 《刊行物》collana㊛

しりうま 尻馬 ¶尻馬に乗る seguire qlcu. incondizionatamente [alla cieca]

しりおし 尻押し ◇しり押しする aiutare [appoggiare / sostenere / raccomandare] qlcu.

シリカゲル 〔英 silica gel〕 〔英〕 silica gel㊚[無変], gel㊚[無変] di silice

じりき 地力 forza㊛ [abilità㊛] reale [effettiva] ¶地力を発揮する dimostrare le *proprie* capacità effettive

じりき 自力 ◇自力で da solo, da sé, senza aiuto ¶自力で成功する riuscire [sfondare] coi *propri* mezzi

❖自力更生 rinascita㊛ dovuta alle *proprie* forze

しりきれとんぼ 尻切蜻蛉 ¶物事を尻きれとんぼに終わらせる lasciare le cose「a metà [incompiute] ¶この報告は尻きれとんぼだ. Questo rapporto è inconcludente.

しりごみ 尻込み esitazione㊛ ◇尻込みする esitare㊐[av], tentennare㊐[av], indietreggiare㊐[es, av] ¶ほら, 尻込みしないでやってごらん. Buttati senza aver paura! / Su! Coraggio!

シリコン 〔英 silicone〕 《化》 silicone㊚, sili*cio*㊚[複 -ci]

シリコンチップ 〔英 siliconchip〕 《コンピュータ》chip㊚[複 *chip, chips*] al silicio

しりさがり 尻下り **1**《声の抑揚が》¶尻さがりの調子で con intonazione discendente
2《状態が下向くこと》¶売り上げは尻さがりに悪くなっている. Le vendite sono in calo costante.

じりじり 1《確実に少しずつ進む様子》¶じりじりと押し寄せる avanzare㊐[es, av] poco a poco
2《太陽が照りつける様子》¶じりじりと焼け付くような日だった. Era una giornata infuocata [torrida]. ¶太陽がじりじりと照りつける. Il sole picchia forte.
3《ベルなどの鳴る音, 肉などの焼ける音》¶目覚し時計がじりじりと鳴った. La sveglia ha squillato. ¶肉がじりじりと焼けている. La carne cuoce sfrigolando.
4《いらいらする様子》¶じりじりしながら con impazienza ¶彼は息子に会いたくてじりじりしている. Freme per vedere suo figlio.

しりすぼみ 尻窄み ¶その運動は尻すぼみに終わった. Il movimento si è spento nel nulla.

しりぞく 退く **1**《後退する》indietreggiare㊐[es, av], retrocedere㊐[es, av]; 《軍》《退却する》ripiegare㊐[av], ritirarsi, battere㊐[av] in ritirata ¶彼は一歩退いた. È arretrato di un passo. ¶人は一歩退いた. Ha fatto un passo indietro.
2《引退する》ritirarsi da ql.co., lasciare [abbandonare] ql.co. ¶政界を退く ritirarsi dalla politica
3《譲歩する》¶一歩も退かない non recedere [indietreggiare / cedere] d'un passo

しりぞける 退ける **1**《その場から遠ざける》¶彼は親友をも退けた. Non ha voluto incontrare [Ha evitato] perfino il suo miglior amico.
2《却下する》respingere; 《断る》rifiutare ¶彼の意見は退けられた. La sua proposta è stata respinta [rifiutata].
3《追い払う》¶敵を退ける ricacciare [respingere] il nemico ¶誘惑を退ける vincere le [resistere alle] tentazioni
4《地位を落とす》¶〈人〉を…の座から退ける scalzare qlcu. dalla posizione di ql.co. ¶彼は公職から退けられた. È stato epurato dal pubblico ufficio.

じりだか じり高 ¶株価はじり高だ. Le quotazioni azionarie sono in lento rialzo.

しりつ 市立 ◇市立の comunale, municipale, civico㊚[㊛複 -ci]
❖市立学校 scuola㊛ comunale
市立高校 liceo㊚ comunale
市立大学 università㊛ civica (◆イタリアにはない)
市立図書館 biblioteca㊛ comunale [civica]
市立病院 ospedale㊚ civico

しりつ 私立 ◇私立の privato
❖私立学校 scuola㊛ privata [legalmente riconosciuta]
私立大学 università㊛ privata, libera università㊛
私立探偵 investigat*ore*㊚[㊛ -trice] privato, detective㊚ privato, poliziotto㊚[㊛ -a] privato
私立病院 casa㊛ di cura; clinica㊛

じりつ 自立 indipendenza㊛, esistenza indipendente ◇自立する rendersi indipendente [au*tonomo*]
❖自立組合《イタリアの》sindacato㊚ autonomo (◆3大組合連合 CGIL, CISL, UILに参加していない組合)

じりつ 自律 autonomia㊛ ◇自律的 auton*omo*
❖自律神経《解》nervo㊚ autonomo
自律神経系 sistem*a*㊚[複 -i] nervoso autonomo
自律神経失調症《医》neurodistonia㊛

しりとり 尻取 treno㊚ [trenino㊚] di parole (◆ gioco di parole che consiste nel formare a turno una parola con gli inizi con la sillaba finale della parola precedente)

しりにく 尻肉 《料》culatta㊛

しりぬく 知り抜く conoscere ql.co. 「a fondo [profondamente]

しりぬぐい 尻拭い ¶また君の尻ぬぐいか. Sono sempre io che ti devo risolvere i guai?

じりひん じり貧 ¶私の会社はじり貧状態だ. La mia azienda va piano piano in rovina.

しりめ 尻目 ¶人の忠告を尻目に掛けて senza prestare ascolto agli [senza tenere conto degli / ignorando gli] avvertimenti degli altri ¶彼は友だちを尻目に出世した. Ha fatto carriera senza guardare in faccia neppure gli amici.

しりめつれつ 支離滅裂 incoerenza㊛ ◇支離滅裂な incoerente, sconclusionato, sconnesso ¶彼の論法は支離滅裂だ. I suoi argomenti non hanno né capo né coda.

しりもち 尻餅 ¶尻餅をつく cadere㉔ [es] battendo il sedere

じりやす じり安 ¶相場はじり安だ. Il mercato sta lentamente declinando.

しりゅう 支流 affluente㊚, tributari*o*㊚ [複 -i] ¶利根川の支流で sull'affluente del fiume Tonegawa

じりゅう 時流 tendenza㊛ dei tempi; 《流行》moda㊛, voga㊛ ¶時流に乗る seguire le tendenze (del tempo) ¶時流に逆らう andare controcorrente ¶時流に染まらない independente dalle mode

しりょ 思慮 《沈思, 熟考》riflessione㊛, meditazione㊛, ponderazione㊛; 《慎重, 分別》prudenza㊛, discernimento㊚; 《知恵, 判断力》senno㊚, considerazione㊛ ¶思慮深い riflessivo; prudente; giudizioso; assennato, di buon senso ◇思慮を欠いた irriflessivo; imprudente; sconsiderato

しりょう 史料 documenti㊚[複] storici, fonti㊛[複] storiche, materiale㊚ (di interesse) stori*co* [複 -ci]

✤史料編纂(さん)官 storiograf*o*㊚ [㊛ -a]
史料編纂所 archivi*o*㊚ [複 -i] stori*co* [複 -ci]

しりょう 死霊 anima㊛ di un defunto; 《怨霊》fantasm*a*㊚ [複 -i], spettro㊚

しりょう 試料 campione㊚, sagg*io*㊚ [複 -gi]; 《鉱石の》campione㊚ [無変]
✤試料採取 prelievo㊚ [prelevamento㊚] di campioni, campionamento㊚
試料試験 prova㊛ eseguita su un campione di minerale

しりょう 資料 documento㊚; 《証拠書類》documentazione㊛; 《データ》dati㊚[複]; 《情報》informazioni㊛[複] ¶…のための資料を集める raccogliere dati [materiale] per ql.co.
✤資料映像 immagine㊛ di repertorio

しりょう 飼料 foragg*io*㊚ [複 -gi], mangime㊚ ¶配合飼料 foraggio misto

しりょく 死力 ¶死力を尽くして戦う combattere a oltranza / lottare disperatamente

しりょく 視力 vista㊛, acutezza[acuità]㊛ visiva 《◆イタリアでは視力は 1/10, 2/10 … と 10 段階で表され, 10/10 の dieci decimi が最良》¶視力を失う perdere la vista ¶視力を矯正する correggere i difetti della vista ¶裸眼視力を測る fare l'esame della vista senza uso di lenti ¶視力が衰える. La vista s'indebolisce [si abbassa]. ¶私の視力は2.0だ. La mia vista è perfetta [di dieci decimi]. ¶私は視力がいい. Ci vedo bene. / Ho una vista buona. / Ho un'ottima vista. ¶私は視力がよくない. Non ci vedo molto bene. / Ho una vista cattiva [difettosa].
✤視力矯正 correzione㊛ della vista
視力検査 esame㊚ della vista
視力検査表 tavola㊛ ottotipica, ottotipo㊚

しりょく 資力 mezzi㊚[複], risorse㊛[複]; 《資金》fondi㊚[複] ¶十分な資力がある avere mezzi a sufficienza ¶資力のある会社 ditta 「con molti mezzi a disposizione [con grosse disponibilità finanziarie] ¶資力が足りない. I mezzi sono insufficienti. / Mancano i mezzi. ¶もはや私の資力は尽きた. Le mie risorse si sono già esaurite.

じりょく 磁力 《物》forza㊛ magnetica, magnetismo㊚; 《磁石の引力》attrazione㊛ magnetica
✤磁力計 magnetometro㊚
磁力線 linea㊛ di flusso magnetico
磁力選鉱 《鉱》separazione㊛ magnetica

シリング [英 shilling] 《通貨単位》scellino㊚

シリンダー [英 cylinder] 《機》《気筒》cilindro㊚; 《織》gran tamburo㊚; 《印》cilindro impressore

しる 汁 **1**《果汁》suc*co*㊚ [複 -chi]; 《樹液》linf*a*㊛ ¶汁を絞る estrarre il succo (da ql.co.), spremere (ql.co.).
2《スープなど》zuppa㊛, minestra㊛;《すまし汁》brodo㊚ ristretto, [仏] consommé㊚ [無変];《肉汁》intingolo㊚;《かける汁》sug*o*㊚ [複 -ghi]; salsa㊛
3《もうけ》¶彼は人を働かせて自分だけうまい汁を吸っている. Vampirizza gli altri facendoli lavorare e prendendosi i guadagni.
✤汁気(しっ)succosità㊛ ¶汁気の多い果物 frutto succoso [sugoso]

しる 知る **1**【知識がある】sapere [conoscere] ql.co.;《くわしい知識がある》intendersi di ql.co.;《習得する》apprendere ql.co.;《情報をもつ》aver conoscenza [nozione] di ql.co.; essere al corrente di ql.co., essere informato di [su] ql.co. ¶知る人ぞ知る. Chi lo sa, lo sa. ¶イタリア語を少し知っている conoscere [sapere] un po' di italiano ¶…のすみずみまで知っている conoscere ql.co. come le proprie tasche ¶カルロの住所は知らない. Non so [Non conosco] l'indirizzo di Carlo. ¶私はそのニュースは知らなかった. Non ero al corrente di quella notizia. ¶彼は東洋史についてよく知っている. Si intende di storia orientale. ¶なぜだか知っているかい. Lo sai perché? ¶彼女がどこにいるか知っている. So dove si trova. ¶知りません. Non (lo) so.
2【状況を把握する】conoscere;《気がつく》accorgersi [rendersi conto]「di ql.co. [di+不定詞]/che+接続法];《知るに至る》venire a sapere ql.co., essere messo al corrente di ql.co.;《把握する》afferrare ql.co. ¶私の知る限りでは a quanto mi risulta / per quanto io (ne) sappia ¶そうとは知らずに senza saperne niente ¶知りたがる essere curioso [aver desiderio] di conoscere [di conoscere] ql.co. ¶昨夜の火事は知らなかった. Non mi sono accorto dell'incendio di stanotte. ¶君がそれを知らなかったはずはないだろう. Non

è possibile che tu fossi ignaro di questo. ¶私は本能的に危険を知った. Istintivamente ho avvertito il pericolo. ¶敵を知り己を知らば百戦危うからず. Conoscendo sia la forza del nemico sia la propria si possono vincere tutte le battaglie. ¶雨が降っているのは知らなかった. Non sapevo che stesse piovendo. ¶我が家が抵当に入っていることを知った. Ho scoperto che la nostra casa era ipotecata.
3〖経験する〗conoscere [distinguere] ¶戦争を知らない世代 generazione che non ha conosciuto [visto] la guerra ¶貧困[苦労／酒の味]を知る conoscere la miseria [la fatica / la dolcezza del vino] ¶人生の喜びを知る gustare la gioia di vivere ¶男[女]を知る avere la prima esperienza [relazione] con un uomo [una donna] ¶彼は世間を知っている. Conosce il mondo. / Sa "che cosa sia [come va] il mondo.
4〖識別する〗discernere [distinguere] (AとBをA da B), riconoscere *ql.co.*;〖理解する，わかる〗capire [comprendere] *ql.co.* [*qlcu.*], intendere *ql.co.* ¶善悪を知る discernere [distinguere] il bene dal male ¶友情の価値を知る conoscere [comprendere] il valore dell'amicizia ¶自分の欠点を知る conoscere i *propri* difetti ¶恥を知れ. Vergognati!
5〖面識がある〗conoscere *qlcu.* ¶私は田中さんを知っています. Io conosco il sig. Tanaka. ¶彼の顔[名前]は知っている. Lo conosco di vista [di nome]. ¶知らない人ばかりだった. Non conoscevo nessuno. / Mi erano tutti sconosciuti.
6〖関知する〗riguardare [concernere] *qlcu.* (►いずれも対象が主語) ¶僕の知ったことじゃない. Questo non mi riguarda. / Io non c'entro. / Non m'importa! ¶〖俗〗Me ne frego! ¶彼が出世しようがしまいが僕の知ったことじゃない. Mi è completamente indifferente che lui faccia o no carriera.

使いわけ conoscere, sapere, ignorare
「体験の結果知っている」ときは **conoscere** を用いる.
¶その町を知っている. Conosco quella città. (►行ったことがあって，どんな町か知っている)
¶この歌を知っています. Conosci questa canzone? (►Sai questa canzone?は「この歌を歌えますか」の意)
¶イタリア文学のことはあまり知らない. Non conosco bene la letteratura italiana.
¶東京でどこかいいイタリア料理の店を知りませんか. Conosce un buon ristorante italiano a Tokyo?
疑問詞 che, seなどに導かれる節を目的語に取るときは **sapere** を用いる.
¶彼女が結婚したと知っていますか. Sai che si è sposata?
¶彼が来るかどうか知らない. Non so se viene o meno.
¶彼がいつ出発するか知らない. Non so quando parte.
ignorareは「まったく知らない」を意味する.
¶地理学に関してはまったく知らない. Ignoro la geografia.
¶「アンナがここに住んでたって知ってたかい」「いや，全然知らなかった」"Sapevi che Anna abitava qui?" "No, l'ignoravo."

シルエット〔仏 silhouette〕〖仏〗silhouette [siluét]㊛〖無 変〗; profilo㊚, sagoma㊛;〖輪 郭〗contorno㊚
シルク〔英 silk〕seta㊛
❖**シルクスクリーン**《印》serigrafia㊛
シルクハット tuba㊛, (cappello㊚ a) cilindro㊚
シルクロード via㊛ della seta
しるこ 汁粉 zuppa㊛ dolce di *azuki* con gnocchetti di *mochi*
ジルコニウム〔英 zirconium〕〖化〗zirconio㊚;〖元素記号〗Zr
ジルコン〔独 Zirkon〕〖鉱〗zircone㊚

しるし 印 **1**〖目印〗segno㊚ ¶…に印を付ける mettere [fare] un segno su *ql.co.* /〖目印を〗contrassegnare *ql.co.* ¶赤鉛筆で印を付ける segnare in rosso *ql.co.* ¶正しい答えに◯印を付ける segnare con un cerchio le risposte esatte (♦イタリアでは選択したものに◯でなく"crocetta" × や "visto" の略の∨を付ける)
2〖象徴，サイン〗simbolo㊚ ¶鳩は平和のしるしだ. La colomba è il simbolo della pace. ¶赤は「止まれ」というしるしだ. Il rosso indica "Alt".
3〖合図〗segnale㊚ ¶わかったしるしに手を上げなさい. Alzate la mano per segnalare di aver capito.
4〖証拠〗¶友情のしるしとして in segno [come prova] di amicizia ¶ローマに来たしるしに come ricordo di Roma
5〖気持ちを表わすこと〗¶しるしばかりの物ですが，どうぞお受け取りください. È solo un pensiero, la prego di accettarlo.
しるし 徴 **1**〖予兆，予感〗presagio㊚〖複 -gi〗, indizio㊚〖複 -i〗, presentimento㊚;〖徴 候〗sintomo㊚ ¶これは台風が来るしるしだ. Questa è la prima avvisaglia di un tifone.
2〖効能〗efficacia㊛, effetto㊚
しるす 記す〖書き留める〗scrivere *ql.co.*, appuntare *ql.co.*, annotare *ql.co.*;〖記録する〗registrare *ql.co.* ¶×印を記す segnare *ql.co.* con una crocetta ¶心に記す fissare in mente *ql.co.* ¶記録する *ql.co.* ¶新たな第一歩を記す segnare un nuovo passo avanti ¶一部始終を記す riportare per iscritto tutta la faccenda
ジルバ jitterbug㊚〖無変〗
シルバー〔英 silver〕argento㊚
❖**シルバーシート** posti㊚〖複〗a sedere per anziani e disabili
シルバーフォックス〖動〗volpe㊛ argentata
シルバーマーク《高齢者が安心して使える商品》marchio㊚〖複 -i〗che indica un prodotto concepito a misura degli anziani;《高齢運転者標識》adesivo㊚ da applicare a macchine guidate da persone anziane
シルミン〔英 silumin〕〖冶〗silumin㊚
シルルき シルル紀〖地質〗siluriano㊚, periodo㊚ silurico
しれい 司令〖軍〗comando㊚, ordine㊚
❖**司令官** comandante㊚
司令長官 comandante㊚ in capo
司令塔 torre㊛ di comando

司令部 quartiere男 generale ¶総司令部 gran quartiere generale

しれい 指令 《命令》ordine男, istruzioni女[複]; 《軍》consegna女; 《指図》direttive女[複]; 《規定》disposizione女 ◇指令する dare [impartire] ordini [consegne / direttive] a qlcu., ordinare a qlcu. di +不定詞 ¶指令を守る essere fedele a un ordine / osservare un ordine

じれい 事例 caso男, esempio男[複 -i]; 《先例》precedente男
❖事例研究 studio男[複 -i] casistico[複 -ci]

じれい 辞令 **1**《任命書》atto男 di nomina ¶転勤の[部長就任の]辞令が出た. Mi è「arrivato l'ordine di trasferimento in un'altra sede [arrivata la nomina a caposezione].
2《応対の言葉》《外交辞令 linguaggio diplomatico / 《お世辞》parole di adulazione

しれた 知れた 《自明の》evidente, ovvio男[複 -i] ¶知れたことだ. È ovvio / Va da sé.
2《無視し得る》insignificante, trascurabile ¶彼のイタリア語の実力なんて知れたもんだ. Il suo italiano non è gran che.

しれつ 歯列 dentatura女
❖歯列矯正 correzione女 delle malformazioni dentarie, ortodonzia女 ¶歯列矯正をする correggere la dentatura

しれつ 熾烈 ◇熾烈な accanito, furioso, feroce, spietato ¶熾烈な戦闘 combattimento accanito

じれったい irritante, fastidioso, seccante, snervante, spossante ¶ああじれったい. Che scocciante [seccante]! ¶彼の煮え切らなさにはじれったくなる. La sua indecisione mi esaspera [è esasperante].

しれない 知れない ¶あの人の気が知れない. Non riesco a capirlo. ¶彼は重体で明日をも知れぬ命だ. È gravemente malato e non so se arriverà a domani. ¶どんなにお前のことを心配したか知れない. Non puoi immaginare quanto mi sia preoccupato per te.

-しれない →かもしれない

しれる 知れる giungere a conoscenza di qlcu., essere noto [risaputo] (a qlcu.) ¶先生に知れるとまずい. Non è il caso che il professore「lo venga a sapere [ne sia messo al corrente]. ¶この秘密が知れないように行動しろ. Fai [Agisci] in modo (tale) da mantenere il segreto.

じれる 焦れる 《いらいらする》perdere la pazienza, impazientirsi, spazientirsi; fremere[av] d'impazienza

しれわたる 知れ渡る ¶その事件は国中に知れ渡った. Il caso è diventato di pubblico dominio.

しれん 試練 prova女; 《特に厳しい, 逆境》traversia女 ¶試練に打ち勝つ[耐える] superare [sostenere] una prova ¶たいへん厳しい試練だった. È stata una prova molto dura.

ジレンマ 《英 dilemma》 dilemma男[複 -i]; scelta女 difficile ¶ジレンマに陥っている essere [trovarsi] in un dilemma [ad un bivio]

しろ 白 **1**《色》bianco男[複 -chi], colore男 bianco, candore男 ¶白ワイン vino bianco
2《潔白》innocenza女 ¶容疑者は白だった Il sospetto si è rivelato innocente. ¶彼はまったくの白だ. È al di sopra di ogni sospetto.

しろ 城 **1**《建物》castello男, 《城塞》rocca女, roccaforte女[複 roccheforti], fortezza女 ¶城を築く costruire [erigere] un castello ¶城を敵に明け渡す consegnare un castello al nemico ¶城を包囲する[攻め落とす] assediare [espugnare] un castello
2《他人を寄せつけない自分だけの領域》¶自分の城に閉じこもる chiudersi nel proprio castello ¶この書斎が私の城だ. Questo studio è la mia roccaforte.
❖城跡《場所》ubicazione女 di un castello distrutto; 《廃墟》rovine女[複] [ruderi男[複]] / resti男[複]] di un castello

-しろ →にしろ

しろあり 白蟻 《昆》termite女, formica女 bianca ¶白蟻を退治する disinfestare qlco. dalle termiti (►qlco.は建物など) ¶白蟻に家の柱を食べられた. Le termiti ci hanno consumato i pilastri della casa.

しろい 白い bianco男[複 -chi]; 《純白の》candido ◇白さ bianchezza女, biancore男; candore男 ◇白くする imbiancare qlco., rendere bianco qlco. (►biancoは目的語の性・数に合わせて語尾変化する) ◇白くなる imbiancarsi, diventare bianco男[es] ¶雪のように白い bianco [candido] come la neve ¶白く濁った bianchiccio / latteo ¶彼は色が白い. Ha la pelle bianca. / È di carnagione bianca. ¶真っ白い歯をしている avere i denti「bianchissimi [d'un bianco splendente] ¶彼の髪は白くなった. Gli si sono imbiancati i capelli. ¶髪に白いものが混ざっている. Gli si sono brizzolati i capelli.
慣用 白い歯を見せる sorridere男[av]
白い目で見る ¶よそ者だからといって白い目で見られた. Sono mal visto perché sono straniero.

じろう 耳漏 《医》otorrea女

じろう 痔瘻 fistola女 anale

しろうと 素人 《門外漢, 未経験者》profano男[女 -a], incompetente男女; 《アマチュア》dilettante男女; 《愛好者》amatore男[女 -trice] ¶素人のど自慢 concorso per cantanti dilettanti ¶私は法律に関しては素人です. Sono incompetente in materia di legge. ¶なんて素人臭い絵だ. Che pittura dilettantesca! ¶これは素人離れのした作品だ. Questa non si può certo definire l'opera di un dilettante.
❖素人芸 spettacolo男 di dilettanti; 《蔑》dilettantismo男

素人目 occhi男[複] profani [inesperti] ¶この壺は素人目には良く見えるのですが. A un occhio inesperto come il mio questo vaso sembra di valore.

素人役者 filodrammatico男[複 -ca; 男複 -ci]

しろくじちゅう 四六時中 《一日中》per tutto il giorno, giorno e notte; 《いつも》sempre, a tutte le ore, ininterrottamente ¶四六時中君のことを考えている. Penso ininterrottamente a te giorno e notte.

しろくま 白熊 《動》orso男 bianco[複 -chi]

しろくろ 白黒 **1**《色》¶白黒映画[写真／テレビ] film [foto / televisore] in bianco e nero ¶テレビが白黒からカラーに移行した時期 periodo di transizione dal televisore in bianco e nero a quello a colori
2《戸惑う様子》¶彼は驚いて目を白黒させた. Sbalordito, è rimasto completamente interdetto.
3《是非》¶白黒をはっきりさせる fare chiarezza / 《責任を》ricercare le responsabilità

しろざけ 白酒 *sakè*男 dolce bianchiccio [複 -ci] (◆bevanda densa e leggermente alcolica spesso bevuta in occasione della festa delle bambine)

しろざとう 白砂糖 zucchero男 raffinato [bianco (複 -chi)]

しろじ 白地 **[**fondo男 bianco [複 -chi];《絵画などの背景》campo男 bianco ¶白地に花柄のブラウス camicia con disegno di fiori su fondo bianco

じろじろ ¶じろじろと見る《じっと》guardare *ql.co.* [*qlcu.*] fisso [con insistenza] / tenere lo sguardo fisso su *ql.co.* [*qlcu.*] /《無遠慮に》guardare *qlcu.* sfrontatamente / fissare *qlcu.* con insolenza ¶彼は私を探るようにじろじろ眺めた. Mi ha squadrato con occhio sospettoso.

しろたく 白タク taxi男[無変] [tassì男[無変] senza licenza

じろう →じろり

シロップ[英 syrup] sciroppo男 ¶シロップ漬けの果物 frutta sciroppata

しろっぽい 白っぽい biancastro, bianchiccio [複 -ci; 女複 -ce]

しろつめくさ 白詰草《植》trifoglio男 [複 -gli] bianco [複 -chi]

しろながすくじら 白長須鯨《動》balenottera女 azzurra

しろぬき 白抜き《印》¶文字を白抜きにする porre lettere bianche su uno sfondo colorato

しろぬり 白塗り ¶白塗りの壁 pareti imbiancate [tinteggiate di bianco]

しろバイ 白バイ《警察のオートバイ》motocicletta女 della polizia (◆イタリアでは白ではない. 警察の種類によって異なる);《オートバイを使う警察》polizia女 stradale ¶白バイ警官 agente motociclista

しろはた 白旗 ¶白旗を掲げる《降服する》alzare bandiera bianca in segno di resa / arrendersi

しろぼし 白星 **1**《勝ち》¶白星をあげる conseguire [cogliere / ottenere] una vittoria
2《手柄》¶政府は外交問題で白星をあげた. Il Governo ha dimostrato un'abilità straordinaria nel trattare i problemi diplomatici.

シロホン[独 Xylophon]《音》xilofono男, silofono男

しろみ 白身《卵の》bianco男 [複 -chi] dell'uovo, albume男;《俗》chiara女 ¶白身の魚 pesce bianco ¶卵の白身3個分 tre chiare d'uovo

しろみ 白味《白さ》bianchezza女, biancore男, candore男 ¶白みがかった biancastro

しろむく 白無垢 *kimono*男 [無変] tutto bianco [複 -chi]

しろめ 白目 **1**《眼球の白い部分》bianco男 [複 -chi] dell'occhio;《解》sclera女, sclerotica女 ¶彼は白目をむいた. Gli si sono ribaltati gli occhi. / Gli si è visto il bianco dell'occhio.
2《冷たい目つき》¶白目で見る gettare [lanciare] uno sguardo bieco

しろもの 代物 ¶とんだ代物をつかまされた. Ho preso una grossa fregatura. ¶彼女はたいした代物だ.《否定的に》Che donnaccia!

じろり ¶じろりと見る《見下ろして》gettare uno sguardo sprezzante [sdegnoso] a *qlcu.* /《厳しく》guardare *qlcu.* severamente [aspramente] /《冷たく》guardare *qlcu.* freddamente

しろん 詩論 poetica女;《評論》saggio男 [複 -gi] sulla poesia

しろん 試論 saggio男 [複 -gi]

じろん 持論 propria posizione女, proprio punto di vista ¶持論を曲げて提案を受け入れる accettare una proposta contraria alle *proprie* convinzioni ¶彼は持論に固執している. Si ostina sulle sue idee [opinioni].

しわ 皺《顔の》ruga女, grinza女;《目尻の》zampa女 di gallina (▶直訳すると「めんどりの足跡」);《布・紙などの》piega女, crespa女, grinza女 ¶しわが寄る《人が主語》diventare rugoso [grinzoso] /《生地や服などが主語》raggrinzarsi / raggrinzirsi / sgualcirsi / spiegazzarsi ¶長く座っていてスカートがしわになった. A star seduta a lungo, la gonna si è spiegazzata. ¶アイロンでズボンのしわを伸ばす togliere le pieghe ai pantaloni con il ferro da stiro ¶しわだらけの老人 anziano pieno di rughe ¶額にしわができた. Delle nuove rughe sulla fronte. ¶母は眉間(みけん)にしわを寄せた. Mia madre ha aggrottato le sopracciglia [ha corrugato la fronte]. ¶しわ取り手術《英》lifting

しわがれる 嗄れる ¶しわがれた声 voce rauca [roca] ¶声がしわがれる《人が主語で》arrochirsi / diventare rauco ¶しゃべりすぎて声がしわがれた. Sono rauco [Ho perso la voce] perché ho parlato troppo.

しわくちゃ 皺くちゃ ◇しわくちゃの《顔など》rugoso, grinzoso, solcato da rughe;《布・紙など》sgualcito, spiegazzato ◇しわくちゃにする sgualcire, spiegazzare ◇しわくちゃになる《物が主語》sgualcirsi, spiegazzarsi ¶しわくちゃの顔 viso rugoso [grinzoso / solcato da rughe] ¶しわくちゃの紙 foglio sgualcito [spiegazzato]

しわけ 仕分け divisione女;《組織的な》classificazione女;《選別》assortimento男 ◇仕分ける dividere; suddividere; classificare; assortire ¶卵を大きさによって仕分けする assortire [classificare] le uova secondo la loro grandezza ¶郵便物を配達地域ごとに仕分けする dividere la posta per zona di consegna
✤仕分け書 specifica女, lista女 dettagliata

しわけ 仕訳《簿記で》registrazione女 (in un libro giornale)
✤仕訳帳 giornale男, libro男 giornale, partitario男 [複 -i]

しわざ 仕業 atto男, azione女, opera女 ¶神のしわざ opera divina ¶いったい誰の仕業だ. Chi l'ha combinato? / Chi c'è dietro a tutto questo?

じわじわ ◇じわじわしみ込む infiltrarsi [penetrare⓸ [es] a poco a poco] (in ql.co.)

しわす 師走 l'ultimo mese⓶ dell'anno; dicembre⓶ (◆ il dodicesimo mese secondo il calendario lunare)

しわよせ 皺寄せ ripercussione⓵ negativa ¶国家財政のしわ寄せが税金に跳ね返る. Le difficoltà finanziarie statali si ripercuotono sulle nostre tasse. ¶彼の欠勤のために私の仕事にしわ寄せが. A causa della sua assenza, si è riversato su di me lavoro extra.

じわり ¶包帯を通してじわりと血がにじみ出てきた. Il sangue filtrava attraverso la fasciatura.

じわれ 地割れ spaccatura⓵ del terreno; (細かい) fessura⓵ [crepa⓵] del terreno ¶早魃(ばつ)のために地割れができている. La terra si spacca [si screpola] per la siccità.

しん 心・芯 **1**《本心》vera intenzione⓵; animo⓶ ¶僕は彼女が心から好きだ. L'amo dal profondo del cuore. ¶彼女はそう言っているが、心はわからない. Lei dice così, ma non si sa cosa pensi veramente in cuor suo. ¶彼は心は良い人なんだが…. In fondo è buono però... ¶彼は心が強い. Ha una gran forza di volontà. **2**《体の一番深いところ》¶心までずぶぬれだ. Mi sono bagnato fino al midollo. ¶頭の心が痛い. Mi fa male proprio dentro la testa. ¶体の芯まで疲れた. Sono spossato.

しん 芯 **1**《物の中心にあるもの》¶鉛筆の芯を削る temperare [fare la punta a] una matita ¶ろうそくの芯 stoppino / lucignolo ¶石油ランプの芯に火をつける dare fuoco allo stoppino di un lume a petrolio ¶鉛筆の芯が折れた. Si è rotta la mina della matita. **2**《果物などの中心にある固いもの》cuore⓶; (桃・さくらんぼの) nocciolo⓶; (キャベツなどの) torsolo⓶; (衣服などに入れる) teletta⓵ ¶りんごの芯 torsolo [cuore] della mela ¶材木の芯 cuore del legname ¶芯のあるご飯 riso non cotto a sufficienza

しん 信 **1**《誠実》sincerità⓵ **2**《信用》fiducia⓵ [複 -cie] ¶彼は信を置くに足る人だ. È una persona fidata [degna di fiducia / affidabile]. ¶彼は信を問われている. È in discussione la sua affidabilità. **3**《信仰》fede⓵ religiosa

しん 真 verità⓵ ◇真の vero; (純粋な) genuino; (本物の) autentico⓶複 -ci]; (現実の) reale, veritiero ◇真に veramente, in verità; genuinamente; autenticamente; (本当に) realmente ¶真の友情 vera [genuina] amicizia ¶彼は真の芸術家だ. È un artista autentico [vero / (根っからの) nato / per natura]. ¶その描写は真に迫っていた. La descrizione era veramente realistica.

しん 秦 《中国の》i Qin⓶ [複], i Ch'in⓶ [複], la dinastia⓵ (dei) Qin [Ch'in] ¶秦の始皇帝 il Primo Imperatore / (Qin) Shi Huangdi / (Ch'in) Shih Huang-ti

しん 清 《中国の》i Qing⓶ [複], i Ch'ing⓶ [複], la dinastia⓵ (dei) Qing [Ch'ing]

しん- 新- nuovo; neo- ¶新発明 nuova invenzione ¶新カント派《哲》neokantismo / scuola neokantiana

しん- 親- pro-, filo-, -filo ¶親日家 filogiapponese ¶親米政策 politica pro-americana [filoamericana]

じん 陣 **1**《陣営》accampamento⓶, campo⓶; 《陣地》posizione⓵ ¶敵前に陣を敷く accamparsi [prendere posizione] davanti alle linee nemiche **2**《集団》¶報道陣 stampa / giornalisti ¶教授陣 corpo docente ¶研究陣 gruppo [《仏》équipe [無変]] di ricercatori ¶第一陣 il primo gruppo

-じん -人 ¶外国人 straniero / forestiero ¶関西人 persona del Kansai

ジン 〔英 gin〕《英》gin⓶ [無変]
❖**ジントニック**〔英〕gin tonic⓶ [無変]
ジンフィズ〔英〕gin fizz [dʒinfits]⓶ [無変]

しんあい 親愛 ◇親愛なる caro ◇親愛の情 affetto per qlcu. ◇親愛の情を持つ avere simpatia per qlcu.

じんあい 仁愛 benevolenza⓵

じんあい 塵埃 (ほこり) polvere⓵; (ごみくず, 台所のごみ) spazzatura⓵, rifiuti⓶ [複], immondizia⓵

しんあん 新案 nuova concezione⓵ ¶新案の製品 prodotto di nuova concezione ¶実用新案 modello di utilità ¶(実用) 新案特許 brevetto d'invenzione

しんい 神意 volontà⓵ divina [di Dio]

しんい 真意 《本心》vera intenzione⓵; 《本当の意味》vero significato⓶; 《本当の動機》motivo⓶ reale, vero motivo⓶ ¶彼があんなことを言った真意がわからない. Non capisco per quale motivo abbia detto questo.

じんい 人為 ◇人為的(な) artificiale ◇人為的に artificialmente, in modo artificiale ¶人為的災害 disastro causato dall'uomo
❖**人為淘汰**(とうた)《生》selezione⓵ artificiale

しんいり 新入り nuovo venuto⓶ [⓵ -a], nuova recluta⓵, ultimo arrivato⓶ [⓵ -a] ¶彼は新入りだ. È un nuovo arrivato.

しんいん 心因 ◇心因(性)の psicogeno
❖**心因性反応** reazione⓵ psicogena

じんいん 人員 《人数》numero⓶ di persone; (職員など) numero⓶ d'impiegati [dei dipendenti]; (総称) organico⓶ [複 -ci], personale⓶ ¶人員の配置 organizzazione del personale ¶参加人員 numero dei partecipanti ¶動員人員 personale disponibile ¶人員を増やす [減らす] aumentare [ridurre] il numero del personale ¶人員過剰 [不足] である avere troppo [essere a corto di] personale
❖**人員構成** struttura⓵ del personale
人員整理 riduzione⓵ del personale

じんうえん 腎盂炎《医》pielite⓵

しんうち 真打《落語家・講談師の最高の資格》artista⓶ [⓶複 -i] di rakugo [di kodan] di primo piano

しんえい 新鋭 ¶新鋭の言語学者 promettente linguista

じんえい 陣営 campo⓶, accampamento⓶ ¶社会 [資本] 主義陣営 mondo socialista [capitalista] ¶東西両陣営の対立 contrasto tra l'Est e l'Ovest

しんえいたい 親衛隊 guardia㊛ personale; 《熱狂的なファン》ammiratore㊚ [㊛ -trice], appassionato㊚ [㊛ -a] ¶王の親衛隊(近衛兵) guardia reale
❖**親衛隊員** organico㊚ [複 -ci] [membro㊚] del corpo di guardia;《ボディーガード》guardia㊛ del corpo

しんえん 深淵 abisso㊚, voragine㊛, precipizio㊚ [複 -i], baratro㊚ ¶悲しみの深淵に沈む andare a fondo nell'abisso del dolore

しんえん 深遠 ◇深遠な profondo;《難解な》astruso, ermetico [㊛ 複 -ci];《秘められた》recondito, occulto;《謎めいた》enigmatico [㊛ 複 -ci] ¶深遠な思想 pensiero profondo

じんえん 腎炎 《医》nefrite㊛

しんおう 心奥 profondo㊚ del cuore

しんおう 震央 epicentro㊚ (sismico [複 -ci])

しんおん 心音 battito㊚ del cuore

しんおん 唇音 《音声》consonante㊛ labiale, labiale㊛ (►両唇音 p, b, m, wと, 唇歯音 f, vがある) ◇唇音の labiale

しんか 真価 vero valore㊚, valore㊚ reale ¶彼の真価は彼の人間性にある. Il suo valore intrinseco è nella sua umanità.

しんか 進化 evoluzione㊛ ◇進化する evolversi ¶人間は猿から進化したと言われている. Si dice che l'uomo discenda dalla scimmia.
❖**進化論** evoluzionismo㊚, teoria㊛ dell'evoluzione, darwinismo㊚
進化論者 evoluzionista㊚ [㊛ 複 -i], darwinista㊚ [㊛ 複 -i]

じんか 人家 abitazione㊛, casa㊛ ¶この辺は人家が密集している. In questa zona c'è un'altissima concentrazione di abitazioni.

シンガー 〔英 singer〕cantante㊚㊛
❖**シンガーソングライター** cantautore㊚ [㊛ -trice]

しんかい 深海 grandi profondità㊛ [複] marine, abissi㊚ [複] (marini)
❖**深海魚** 《魚》pesce㊚ degli abissi
深海潜水艇 batiscafo㊚

しんがい 心外 心外な《予期しない》inaspettato, inatteso;《遺憾な》spiacevole, increscioso ¶君からこんな侮辱を受けるとは心外だ. Da te quest'offesa non me la sarei mai aspettata.

しんがい 侵害 《領土などの》invasione㊛, sconfinamento㊚;《権利・法律などの》violazione㊛ ◇侵害する invadere ql.co., sconfinare in ql.co.; violare [ledere] ql.co. ¶著作権侵害 violazione dei diritti d'autore
❖**侵害者** invasore㊚ [㊛ invaditrice]

しんがい 震駭 ◇震駭させる atterrire [spaventare a morte / incutere terrore a] qlcu., terrorizzare qlcu. ¶日本中を震駭させた事件 avvenimento che ha terrorizzato tutto il Giappone

じんかい 塵芥 rifiuti㊚ [複], spazzatura㊛, immondizia㊛

じんかいせんじゅつ 人海戦術 tattica㊛ dell'attacco in massa

しんかいち 新開地 《都市周辺の》nuovo quartiere㊚;《開拓地》nuovi terreni㊚ [複] (bonificati)

しんがお 新顔 viso㊚ nuovo, faccia㊛ [複 -ce] nuova; nuovo venuto㊚ [㊛ -a], nuovo arrivato㊚ [㊛ -a]

しんがく 神学 teologia㊛ ◇神学的 [上の] teologico [㊛ 複 -ci] ¶『神学大全』(トマス・アクィナス)〔ラ〕"Summa theologica" / "Somma teologica" (Tommaso d'Aquino)
❖**神学者** teologo㊚ [㊛ -ga, 複 -gi]
神学生 seminarista㊚ [複 -i]
神学校 seminario㊚ [複 -i], scuola㊛ di teologia

しんがく 進学 promozione㊛ a una scuola di grado più alto ¶大学に進学する accedere all'università
❖**進学志望者** aspirante㊚㊛ all'esame di ammissione
進学塾 corso㊚ di preparazione agli esami di ammissione
進学率 ¶日本では大学進学率が高い. In Giappone la percentuale di studenti che vanno all'università è alta.

じんかく 人格 personalità㊛, carattere㊚, individualità㊛ ¶二重人格者 persona dalla doppia personalità ¶法人格 personalità giuridica ¶人格を尊重 [無視] する rispettare [trascurare] l'individualità
❖**人格化** personificazione㊛ ◇人格化する personificare, impersonare
人格教育 formazione㊛ del carattere
人格者 persona㊛ di alte qualità morali
人格主義 《哲》personalismo㊚
人格障害 disturbo㊚ di personalità

しんかくか 神格化 deificazione㊛, divinizzazione㊛, apoteosi㊛ [無変] ◇神格化する deificare [divinizzare / fare l'apoteosi di] qlcu.

じんがさ 陣笠 1《足軽・雑兵などのかぶった笠》elmo㊚ per *samurai* subalterno
2《下っ端議員》¶彼はある政党の陣笠連の1人だ. È uno dei membri di secondo piano di un partito.

しんがた 新型 nuovo modello㊚ [stile㊚] ¶フィアットの新型車 nuovo modello (di automobile) Fiat

しんがっき 新学期 《2学期制の》nuovo semestre㊚ [《3学期制の》nuovo trimestre㊚] (scolastico)

しんかぶ 新株 《経》azioni㊛ [複] di nuova emissione

しんがら 新柄 nuovo disegno㊚ ¶新柄の布地 tessuto fantasia「ultima moda [nuovissimo]」

しんがり 殿 《最後衛部隊》retroguardia㊛;《行列の最後》coda㊛;《順番で, 一番びりの》ultimo㊚ [㊛ -a] ¶僕がしんがりを務めよう. Chiuderò il corteo. / Resterò in coda.

しんかん 信管 spoletta㊛

しんかん 神官 sacerdote㊚ [㊛ -essa];《神道の》sacerdote㊚ shintoista㊚ [複 -i]

しんかん 新刊 ◇新刊の pubblicato [uscito] da poco, appena [recentemente] pubblicato
❖**新刊書** nuova pubblicazione㊛, libro㊚ di recente pubblicazione;《広告文などで》novità㊛ editoriale [libraria] ¶新刊書紹介 presentazione di nuovi libri

しんかん 新館 《新築の》nuova costruzione㊛, nuovo edificio㊚ [複 -ci], nuovo fabbricato㊚;《本館と区別して》edificio㊚ annesso [latera-

しんかん 震撼 scossa㊛ ¶世を震撼させた事件 avvenimento che ha scosso il mondo

しんかん 森閑・深閑 ◇森閑とした quieto e silenzioso, tranquillo ¶あたりは森閑としていた. Intorno regnava un profondo silenzio.

しんがん 心眼 ¶心眼で見る guardare ql.co. con gli occhi della mente ¶心眼を開く avere un'intuizione su ql.co.

しんがん 真贋 ¶この壺は真贋の区別がつかない. Non è possibile stabilire se questo vaso è un originale o un'imitazione.

しんかんせん 新幹線 linea㊛ ferroviaria ad alta velocità; 《列車》Shinkansen㊚[無変]; treno㊚ giapponese ad alta velocità

しんき 新奇 ◇新奇な nuovo; 《めったにない》insolito ¶新奇を追う correre dietro alle novità [innovazioni]

しんき 新規 ◇新規の nuovo, rinnovato ¶新規に商売を始める intraprendere nuovi affari ¶新規まき直しをする ripartire da zero / ricominciare ql.co. daccapo
✤新規加入 nuova iscrizione㊛

しんぎ 信義 lealtà㊛, fedeltà㊛ ¶信義を重んじる dare valore [importanza] alla lealtà ¶信義を重んじる[に反する]人 persona leale [sleale] ¶信義にのっとって行動する comportarsi lealmente

しんぎ 真偽 verità㊛ e [o] falsità㊛ ¶うわさの真偽を確かめる verificare [appurare] la veridicità delle chiacchiere ¶その真偽は明らかでない. Non si sa se sia vero o no.

しんぎ 審議 considerazione㊛, discussione㊛, esame㊚ ◇審議する considerare [esaminare / discutere] ql.co. ¶予算審議 discussione sul bilancio ¶審議未了とする non portare a termine una discussione ¶問題を委員会の審議に付す sottoporre un problema all'esame della commissione ¶この問題は審議中です. Questo problema è in esame [in discussione].
✤審議会 commissione㊛, assemblea㊛ deliberante

じんぎ 仁義 **1**《人の道》umanità㊛;《道徳》morale㊛, moralità㊛;《義理》dovere [debito]㊚ morale ¶仁義にそむいた contrario alla morale / immorale **2**《博徒などの挨拶》formula㊛ di saluto nel mondo della *yakuza* quando si incontra ql.cu. per la prima volta

しんきいってん 心機一転 ◇心機一転する《考えを変える》cambiare idea;《方法を変える》mutare completamente il sistema;《生まれ変わったように》diventare㊐[es] una persona nuova ¶心機一転して con uno spirito rinnovato

しんきげん 新紀元 nuova epoca㊛[era㊛] ¶新紀元を画する発見 scoperta che segna l'inizio di una nuova epoca [che fa epoca]

しんきこうしん 心悸高進 《医》tachicardia㊛;《動悸》palpitazione㊛, cardiopalmo㊚

しんきじく 新機軸 innovazione㊛ ¶編集に新機軸を取り入れる《新方式》applicare un nuovo metodo [un sistema originale] nella redazione ¶彼らは慣例を脱して新機軸を打ち出した.《事態の展開》Hanno aperto una nuova fase dopo essersi liberati dalle vecchie abitudini.

しんきゅう 進級 promozione㊛, avanzamento㊚ ◇進級する essere promosso, ottenere una promozione ◇進級させる promuovere ql.cu. (a un grado più elevato) ¶5年生に進級する passare al quinto anno
✤進級試験《学年末の》esami㊚[複] di fine anno;《スポーツなどで》esami㊚[複] di passaggio di grado

しんきゅう 新旧 ◇新旧の nuovo e vecchio㊚[複 *-chi*] ¶今こそ新旧交替の時期だ. È ormai tempo che il vecchio ceda il passo al nuovo. ¶新旧会長 presidente uscente e entrante

しんきゅう 鍼灸 agopuntura㊛ e moxibustione㊛
✤鍼灸師 agopunturist*a*㊚㊛[㊚複 *-i*] e moxaterapeut*a*㊚㊛[㊚複 *-i*]

しんきょ 新居 nuova casa㊛[dimora / abitazione㊛] ¶新居を構える andare ad abitare in una nuova casa /《結婚》sposarsi / formare una nuova famiglia

しんきょう 心境 stato㊚ d'animo ¶心境の変化を来した. È cambiato il mio modo di pensare. ¶僕は君にだけ心境を打ち明けたのだ. Mi sono confidato solo con te. ¶とても不安な心境です. Sto con l'animo sospeso.

しんきょう 信教 fede㊛ religiosa ¶信教の自由 libertà di culto [religiosa]

しんきょう 信経 《キリ》credo㊚ ¶使徒信経 credo apostolico

しんきょう 新教 →プロテスタント

しんきょく 神曲 《ダンテの》"Divina Commedia"

しんきろう 蜃気楼 miraggio㊚[複 *-gi*]

しんきろく 新記録 nuovo record㊚[無変], primato㊚ ¶彼は走り高跳びで世界新記録を達成した. Ha conquistato [stabilito] il nuovo primato mondiale di salto in alto.

しんきん 心筋 《解》miocardio㊚[複 *-i*] ◇心筋の miocardico㊚[複 *-ci*]
✤心筋梗塞《医》infarto㊚ miocardico
✤心筋症《医》cardiomiopatia㊛

しんきん 伸筋 《解》(muscolo) estensore㊚

しんきん 真菌
✤真菌(感染)症 micosi㊛[無変]
✤真菌類 eumiceti㊚[複]

しんぎん 呻吟 gemito㊚, lamento㊚ ◇呻吟する gemere㊐[av] ¶獄中で呻吟する languire㊐[av] in prigione

しんきんかん 親近感 ¶親近感を抱く avere [sentire / provare] vicinanza [simpatia] (per ql.cu.)

しんく 辛苦 patimenti㊚[複], pene㊛[複], sofferenze㊛[複];《困難, 窮乏》stenti㊚[複] ¶辛苦を嘗める patire [sopportare] stenti

しんく 真紅・深紅 cremisi㊚, scarlatto㊚ ◇真紅の cremisi㊚[無変], cremisino, scarlatto

しんぐ 寝具 《一式》articoli㊚[複] [oggetti㊚[複]] per la notte

しんくう 真空 vuoto㊚ ¶容器内を真空にする fare il vuoto in un recipiente
✤真空管 valvola㊛
✤真空包装[パック] confezione㊛ sotto vuoto

じんぐう 神宮 《神社》santua*rio*男 [複 -*i*] shintois*ta* [複 -*i*]

ジンクス [英 jinx] cosa女 che porta fortuna o sfortuna; 《不運》iettatura女; 《迷信》superstizione女 ¶決勝戦では負けるというジンクスを破る superare [vincere] il complesso della finale

シンクタンク [英 think tank] centro男 di ricerca, gruppo [commissione女] di esperti, [英] think tank [tinkténk]男 [無変]

シングル [英 single] **1** 《ホテルの部屋》camera女 singola **2** 《服》 ¶シングルの上着 giacca a un petto **3** 《独身》 [英] single [síngol]男女 [無変]; 《男性の》celibe男; 《女性の》nubile女
❖シングルクリック 《コンピュータ》un solo clic男
シングル幅 《生地の》pezza女 di stoffa di altezza semplice
シングル盤 《レコード》singolo男, (disco男 [複 -*schi*] a) quarantacinque giri男 [無変]
シングルベッド letto男 "a una piazza [singolo]
シングルマザー madre女 nubile [single]; 《30歳くらいまでの》ragazza女 madre [無変]

シングルス [英 singles] 《スポ》singolo男 ¶男子[女子]シングルス singolo maschile [femminile]

シンクロトロン [英 synchrotron] 《物》sincrotrone男

シンクロナイズ [英 synchronize] 《映》sincroni*zz*azione女 (della colonna sonora di un film)

シンクロナイズドスイミング [英 synchronized swimming] nuoto男 sincroni*zz*ato

しんぐん 進軍 avanzata女; mar*cia*女 [複 -*ce*]
◇進軍する avanzare@ [*es, av*]; marciare [*av*]
❖進軍らっぱ segnale男 di marcia

しんけい 神経 **1** 《器官》nervo男 ◇神経の nervoso ¶歯の神経を抜く [殺す] togliere il nervo di [devitalizzare] un dente ¶神経を麻痺させる aneste*zz*are [addormentare] un nervo ¶視神経が弱っている. Il nervo ottico si è indebolito. ¶神経をやられた. Ha subito una lesione ai nervi.
2 《心の働き》 ¶神経をしずめる calmare i nervi di *ql.co.* / 《自分の》calmarsi ¶神経を使う essere teso per *ql.co.* [per + 不定詞] ¶神経が細かい avere i nervi sensibili [irritabili] ¶彼は神経が太い. Ha i nervi (ben) saldi. ¶彼女は神経が高ぶっている. Ha i nervi a pezzi. / Ha i nervi tesi [i nervi a fior di pelle]. ¶ラジオの音が神経に触る. Il rumore della radio mi fa venire i nervi [mi urta i nervi / mi dà ai nervi].
❖神経炎 《医》neurite女
神経科 neurologia女
神経科医 neuro*logo*男 [複 -*ga*; 男複 -*gi*]
神経ガス gas男 [無変] nervino
神経過敏 nervosi*smo*男; 《医》ipersensibilità女 ¶神経過敏である essere irritato [ipersensibile]; 《医》essere neuropati*co* [複 -*ci*]
神経管 《解》canale男 neurale
神経系統 sistem*a*男 [複 -*i*] nervoso
神経外科 neurochirur*gia*女 [複 -*gie*]
神経細胞 cellula女 nervosa
神経質 nervosità女 ◇神経質な nervoso, maniacale
神経症 《医》nevro*si*女, neuro*si*女
神経症患者 nevroti*co*男 [男 -*ca*; 男複 -*ci*]
神経衰弱 nevrastenia女, esaurimento男 nervoso
神経衰弱患者 nevrasteni*co*男 [男 -*ca*; 男複 -*ci*]
神経性 ¶神経性の下痢 diarrea emotiva
神経戦 guerra女 dei nervi
神経繊維 fibra女 nervosa
神経中枢 centro男 nervoso
神経痛 nevral*gia*女 [複 -*gie*] ◇神経痛の nevral*gico* [男複 -*ci*] ¶顔面[肋間]神経痛 nevralgia facciale [intercostale]
神経病 neuropatia女
神経病患者 neuropati*co*男 [男 -*ca*; 男複 -*ci*]

じんけい 陣形 《軍》schiera女, schieramento男 di battaglia ¶陣形を整えて進撃する avanzare@ [*es, av*] "a schiera [in formazione di battaglia]

しんげき 進撃 《進軍》avanzata女; 《攻撃》attacco男 [複 -*chi*], assalto男 ◇進撃する avanzare@ [*es, av*]; attaccare *ql.co.* [*qlcu.*] ¶進撃を開始する sferrare un attacco [lanciare un assalto] contro *ql.co.*

しんげき 新劇 teatro男 moderno giapponese (¶ cominciò a svilupparsi nel ventesimo secolo assorbendo elementi del teatro occidentale e differenziandosi dal teatro tradizionale)

しんけつ 心血 ¶心血を注ぐ *ql.co.* col massimo impegno / dedicarsi a *ql.co.* anima e corpo / mettercela tutta in *ql.co.*

しんげつ 新月 luna女 nuova; novilun*io*男 [複 -*i*]

しんけん 真剣 **1** 《本物の剣》spada女 vera **2** 《本気でやる様子》◇真剣な ser*io* [男複 -*i*] ◇真剣に seriamente, sul serio; 《熱心に》con zelo ◇真剣さ serietà女; zelo男 ¶真剣な態度を見せる mostrare un atteggiamento serio ¶真剣な表情で訴える rivolgersi a *qlcu.* con un'espressione seria ¶研究に真剣に取り組む proseguire seriamente la ricerca ¶彼はいつも真剣さが足りない. Gli manca sempre la serietà. / Manca sempre di serietà [di passione].
❖真剣勝負 《真剣を用いての》combattimento男 con una spada vera; 《本気の争い》competizione女 [lotta女] seria

しんけん 親権 《法》patria potestà女, autorità女 parentale
❖親権者 persona女 rivestita di patria potestà

しんげん 進言 consi*glio*男 [複 -*gli*] ◇進言する 《忠告》dare un consiglio a *qlcu.*; 《提案》avanzare una proposta a *qlcu.*

しんげん 箴言 **1** 《戒(いまし)めの言葉》 massima女, aforism*a*男 [複 -*i*], aforismo男; 《ことわざ》proverb*io*男 [複 -*i*] **2** 《聖書》libro男 dei Proverbi (nel Testamento)

しんげん 震源 《地質》ipocentro男

じんけん 人絹 《「人造絹糸」の略》seta女 artificiale; 《レーヨン》raion男 [無変], rayon男 [無変]

じんけん 人権 diritti男 [複] umani, diritti男 [複] dell'uomo ¶人権を擁護[蹂躙(じゅうりん)]する salvaguardare [violare] i diritti dell'uomo ¶基本的人権 diritti fondamentali dell'uomo

✤**人権週間** settimana㊛ dei diritti umani（◆「人権デー」giorno dei diritti dell'uomo 12月10日に先立つ1週間）
人権侵害 violazione㊛ dei diritti umani
人権宣言《フランス革命の》Dichiarazione㊛ dei Diritti dell'Uomo e del Cittadino ¶世界人権宣言《国連の》Dichiarazione universale dei diritti dell'uomo
人権擁護委員会 commissione㊛ (arbitrale) dei diritti dell'uomo [delle libertà civili]

しんげんち 震源地 **1**《地震の》ipocentro㊚, epicentro㊚, focolare㊚ sismi*co* [複 *-ci*]
2《事件のもと》 ¶問題の震源地は彼だった. È stato lui a causare tutto il pasticcio.

じんけんひ 人件費 spese㊛[複] per il personale

しんこ 新香 ⇒漬け物

しんご 新語 parola㊛ nuova;《新造語》neologismo㊚ ¶テレビが生み出した新語 neologismo coniato dalla televisione
✤**新語法** neologismo㊚

じんご 人後 ¶彼は真面目さにかけては人後に落ちない. Per serietà non è inferiore a nessuno.

しんこう 信仰 fede㊛; credenza㊛ ◇**信仰する** avere fede in *ql.co.*; credere in *ql.co.* ¶信仰の自由 libertà di culto ¶信仰の厚い人 uomo devoto [pio / religioso] ¶民間信仰 credenza popolare ¶信仰を捨てる abbandonare [perdere] la fede ¶キリスト教を信仰しています. Professo la fede cristiana. ¶私は信仰をもっています. Sono credente. /《稀》Ho la fede. ¶私は信仰をもっていません. Non ho nessuna religione.
✤**信仰箇条**〘カト〙credo㊚
信仰告白〘カト〙confessione㊛ di fede;〘キリ〙credo㊚
信仰生活 vita㊛ religiosa ¶信仰生活に入る abbracciare una vita religiosa
信仰宣言〘カト〙proclamazione㊛ di fede;《信経》credo㊚

しんこう 侵攻 scorreria㊛, assalto㊚, incursione㊛ ◇**侵攻する** fare scorrerie contro *ql.co.*, prendere d'assalto *ql.co.*, fare un'incursione contro *ql.co.*

しんこう 振興《盛んになること》sviluppo㊚;《盛んにすること》incoraggiamento㊚, promozione㊛ ◇**振興する** sviluppare [incoraggiare / promuovere] *ql.co.* ¶産業振興政策 misure per la promozione dello sviluppo industriale

しんこう 深更 ¶会見は深更に及んだ. L'incontro si è protratto fino a notte fonda.

しんこう 進行 **1**《前進して行くこと》avanzamento㊚;《行進, 前進》mar*cia*㊛[複 *-ce*] ◇**進行する** avanzare㊂[*es*], andare㊂[*es*] avanti, procedere㊂[*es*]; marciare㊂[*av*] ¶国の経済の進行を止めるわけにはいかない. Non si può arrestare lo sviluppo economico della nazione.
2《物事の運び》andamento㊚, progresso㊚ ◇**進行する** andare㊂[*es*] avanti, avanzare㊂[*es*] ¶議事の進行 svolgimento del dibattito ¶論文の進行はどうですか. Come procede la tua tesi? ¶交渉は進行中です. I negoziati sono in corso. ¶彼の病気は相当進行している. La sua malattia è progredita molto.
✤**進行係**《企画・運営係》organizza*tore*㊚[㊛ *-trice*];《テレビなどでの司会者》presenta*tore*㊚[㊛ *-trice*];《討論会の》modera*tore*㊚[㊛ *-trice*]
進行主任〘映〙ispet*tore*㊚[㊛ *-trice*] [segreta*rio*㊚[複 *-i*]] di produzione
進行状態 stato㊚ di avanzamento
進行性 ¶進行性麻痺 paralisi progressiva
進行方向 senso㊚ di marcia ¶進行方向に高い山が見えた. Si è trovato di fronte un alto monte.

しんこう 新興 ◇**新興の** nuovo, emergente;《発展中の》in ascesa
✤**新興階級** nuove classi㊛[複] sociali
新興宗教 nuovo culto㊚（◆ spesso a carattere populista）
新興住宅地 nuova zona㊛ residenziale
新興諸国 giovani nazioni㊛[複], nazioni㊛[複] emergenti
新興都市 città㊛ fungo [無変]

しんこう 親交 ¶親交を結ぶ stringere amicizia con *qlcu.* ¶親交を深める rinsaldare i vincoli d'amicizia con *qlcu.* ¶我々は30年来の親交がある. Siamo amici da trent'anni.

しんごう 信号 **1**《合図, 等号》segnale㊚ ¶信号を送る fare [dare] un segnale a *qlcu.* ¶遭難信号 segnale di pericolo ¶遭難信号を送る lanciare l'SOS ¶停止信号で止まる fermarsi al segnale d'arresto ¶発煙信号 segnale fumogeno ¶話し中の信号音《電話》segnale [suono] d'occupato
2《交通信号》 ¶赤[青 / 黄]信号 il rosso [il verde / il giallo] (del semaforo) ¶信号は青だ. Il semaforo segna [è] verde. ¶信号が青になった. Il semaforo è diventato verde.
✤**信号機**《交通の》semaforo㊚
信号所〘鉄道〙stazione㊛ semaforica
信号無視《交通の》mancato rispetto㊚ del semaforo ¶信号無視をする passare con il rosso

じんこう 人口 popolazione㊛, numero㊚ degli abitanti ¶農業人口 popolazione agricola [agraria / rurale] ¶労働力人口 forza (di) lavoro ¶人口の増加 incremento demografico / aumento [incremento] della popolazione ¶人口の減少 diminuzione della popolazione ¶人口の増減 andamento demografico ¶人口100万の都市 città con una popolazione di un milione di abitanti ¶人口の多い densamente popolato ¶人口が増加[減少]する. La popolazione aumenta [diminuisce]. ¶この町の人口は20万である. Questa città ha una popolazione di duecentomila abitanti. ¶人口に膾炙(かいしゃ)した ben noto a tutti / sulla bocca di tutti / frequentemente citato [menzionato]
✤**人口学**〘統計学〙demografia㊛
人口過剰 sovrappopolazione㊛, sovrappopolamento㊚ ◇**人口過剰の** sovrappopolato
人口集中 polarizzazione㊛ della popolazione《への intorno a》
人口センサス censimento㊚ della popolazione
人口増加率 tasso㊚ di crescita demografica
人口統計 statistica㊛ demografica [della popolazione]
人口統計学者 demogra*fo*㊚[㊛ *-a*]

人口動態[静態]統計 statistica㊛ dinamica [statica] della popolazione

人口分布図 carta㊛ demografica

人口法則 〘経〙(マルサスの) teoria㊛ sull'incremento demografico

人口密度 ¶人口密度の高い[低い]地域 regione ad alta [a bassa] densità demografica

人口問題 problema㊚[複-i] demografico [複-ci]

人口流出 emigrazione㊛ [fuga / esodo㊚] della popolazione

じんこう 人工 ◇人工の[的] artificiale ◇人工的に artificialmente ¶人工大理石 marmo finto [d'imitazione]

❖**人工雨[雲]** pioggia㊛[複-ge] [nuvola㊛] artificiale

人工衛星 satellite㊚ artificiale

人工栄養 (乳児の) allattamento㊚ artificiale; (患者などの) cibi㊚[複] artificiali

人工甘味料 dolcificante㊚ artificiale [chimico [複-ci]]

人工降雨 stimolazione㊛ artificiale della pioggia

人工呼吸 respirazione㊛ artificiale

人工芝 prato㊚ artificiale

人工授精 inseminazione㊛ [fecondazione㊛] artificiale

人工心肺 macchina㊛ cuore-polmoni [無変]

人工知能 〘コンピュータ〙 intelligenza㊛ artificiale

人工着色料 colorante㊚ artificiale [chimico [複-ci]]

人工孵化(ふか) incubazione㊛ artificiale

人工雪 neve㊛ artificiale

人工流産 〘医〙 aborto㊚ indotto [terapeutico [複-ci]]

しんこきゅう 深呼吸 respirazione㊛ profonda ◇深呼吸する respirare㊌[av] profondamente [a pieni polmoni]

しんこく 申告 dichiarazione㊛, denuncia㊛[複-ce, -cie] ◇申告する dichiarare ql.co. ¶所得を申告する fare la dichiarazione dei redditi ¶税関の申告 dichiarazione doganale

❖**申告者** dichiarante㊚

申告書 modulo㊚ di dichiarazione ¶申告書に書き込む riempire [compilare] un modulo di dichiarazione

申告納税 autotassazione㊛

申告納税者 contribuente㊚㊛ soggetto ad autodichiarazione

しんこく 親告 〘法〙querela㊛, accusa㊛

❖**親告罪** reato㊚ perseguibile a termini di legge solo su querela

しんこく 深刻 ◇深刻な grave, serio㊚[複-i] ¶深刻な影響 influenza allarmante ¶深刻な話題 argomento impegnativo ¶深刻な表情で con un'aria grave [(不安気な) preoccupata] ¶深刻にとらえる affrontare seriamente ql.co. ¶深刻な徴候を呈する presentare sintomi allarmanti ¶事態は一段と深刻になった。La situazione è diventata ancora più critica.

シンコペーション 〘英 syncopation〙〘音〙(切分音) sincope㊛; (リズム) ritmo㊚ sincopato

しんこん 新婚 ¶新婚の夫婦 sposi㊚[複] novelli / sposini

❖**新婚時代** luna㊛ di miele

❖**新婚旅行** viaggio㊚ di nozze, luna㊛ di miele

しんごんしゅう 真言宗 setta㊛ buddista Shingon (◆ setta del buddismo esoterico fondata da Kukai all'inizio del IX secolo)

しんさ 審査 esame㊚; (調査) ispezione㊛; (品物の) verifica㊛; (論文・資格などの) valutazione㊛; (オーディション) selezione㊛ ◇審査する esaminare; ispezionare; sottoporre ql.co. a esame; (鑑定する) giudicare; (選別する) fare la cernita (di ql.co.) ¶資格[書類]審査 esame dei titoli [dei documenti] dei candidati ¶審査に合格する superare una verifica [valutazione / selezione]

❖**審査委員会** giuria㊛, commissione㊛ selezionatrice

審査員 esaminatore㊚[㊛-trice], membro㊚ di giuria

しんさい 震災 disastro㊚ sismico [複-ci], calamità㊛ sismica ¶関東大震災 grande terremoto del Kanto

❖**震災地** zona㊛ terremotata [devastata da un terremoto]

じんさい 人災 calamità㊛ [無変] causata dall'uomo

じんざい 人材 (才能のある人) (uomo㊚[複 uomini] [(女性) donna㊛]) di talento㊚; (有能な人) uomo㊚[(女性) donna㊛] capace [abile / valente / competente] ¶人材に富む[乏しい] essere ricco [povero] di talenti ¶人材を抜擢する [集める] scegliere [assumere] elementi validi ¶彼ほどの人材はまずない。Molto probabilmente non c'è nessuno più in gamba di lui.

❖**人材派遣会社** agenzia㊛ di collocamento temporaneo

しんさく 新作 ¶新作の舞踊 nuova danza / danza originale ¶新作を発表する《小説など》 pubblicare una nuova opera /《音楽》 dare la prima rappresentazione di un'opera musicale

しんさつ 診察 visita㊛ medica; (聴診) auscultazione㊛; (診断) diagnosi㊛[無変] ◇診察する visitare ql.co. ¶診察を受ける consultare un medico / andare dal dottore ¶専門医に診察してもらった。Mi sono fatto visitare [esaminare] da uno specialista.

❖**診察券** tessera㊛ medica

診察時間 orario㊚[複-i] delle visite

診察室 ambulatorio㊚[複-i] (medico[複-ci]), sala㊛ visite

診察料 parcella㊛ medica

しんざつおん 心雑音 〘医〙soffio㊚[複-i] al cuore

しんさよく 新左翼 nuova sinistra㊛

しんさん 辛酸 ¶辛酸を嘗(な)める sopportare privazioni [difficoltà / stenti], patire stenti

しんざん 深山 profondo㊚ delle montagne ¶深山に分け入る andare tra i monti ¶深山幽谷(ゆうこく) valle silenziosa nel cuore delle montagne

しんざん 新参 ¶新参者 nuova recluta

しんし 紳士 gentiluomo㊚[複-uomini], galantuomo㊚[複-uomini]; persona㊛ corretta ed educata

❖**紳士協定** accordo㊚ basato sulla reciproca fiducia, accordo㊚ leale

紳士服 vestito㊚ per [da] uomo
紳士録 elenco㊚ [複 -chi] [annuario㊚ [複 -i]] delle persone importanti; "Chi è"; albo㊚ d'oro

しんし 真摯 ◇真摯な scrupoloso, coscienzioso ¶福祉問題に真摯に取り組む dedicarsi scrupolosamente al problema dell'assistenza sociale

しんじ 芯地 《服》teletta㊛

じんじ 人事 **1**《会社などの》amministrazione㊛ del personale
2《人のなしうること》¶人事を尽くして天命を待つ.（諺）"Aiutati, che il ciel t'aiuta."
✤人事異動 ¶人事異動を行う procedere a cambiamenti del personale
人事院 Amministrazione㊛ Nazionale del Personale
人事課[部] ufficio㊚ [複 -ci] [direzione㊛] del personale

しんしき 神式 ¶神式による葬儀 funerale celebrato secondo il rito shintoista

しんしき 新式 nuovo stile㊚ [modello㊚]
◇新式の moderno, di nuovo stile [tipo] ¶新式にする modernizzare ql.co. ¶新式の教授法 nuovo metodo di insegnamento

シンジケート〔英 syndicate〕《経》sindacato㊚ (economico [複 -ci]), consorzio㊚ [複 -i] ¶生産シンジケート consorzio di produzione ¶犯罪シンジケート organizzazione a delinquere ¶麻薬シンジケート racket㊚ [無変] della droga
✤シンジケートローン《金融》prestito㊚ sindacato

しんしつ 心室 《解》ventricolo㊚ ◇心室の ventricolare ¶左[右]心室 ventricolo sinistro [destro]

しんしつ 寝室 camera㊛ da letto

しんじつ 真実 verità㊛;《誠実》sincerità㊛ ◇真実の vero, autentico㊚ [複 -ci] ¶真実を語る[糊塗(ﾉ)する] dire [nascondere] la verità ¶これは真実に即した話だ. Questa è una storia vera.
✤真実性 veridicità㊛
真実味 ¶この小説には真実味がある. C'è aria di realismo in questo romanzo.

じんじふせい 人事不省《医》《昏睡(ｺﾝ)状態》coma㊚ [複 -a, -i];《気絶》sincope㊛, deliquio㊚ [複 -i], perdita㊛ della coscienza;《虚脱状態》collasso㊚ ◇人事不省の in coma ◇人事不省に陥る entrare in coma;《気絶する》perdere coscienza, svenire㊋ [es], cadere㊋ [es] in deliquio

しんしゃ 深謝 **1**《深く感謝すること》◇深謝する esprimere cordiali ringraziamenti (per ql.co. a qlcu.) **2**《謝ること》◇深謝する scusarsi sentitamente

しんしゃ 新車《新品の車》nuova autovettura [macchina㊛];《新発売の車》nuovo [l'ultimo] modello㊚ di autovettura

しんじゃ 信者 credente㊚㊛, fedele㊚㊛ ¶仏教の信者である[になる] essere [diventare] buddista

じんじゃ 神社 santuario㊚ [複 -i] shintoista [複 -i]

ジンジャーエール〔英 ginger ale〕〔英〕ginger ale㊚ [無変]

しんしゃく 斟酌 **1**《考慮すること》◇斟酌する prendere in considerazione ql.co., tenere conto di ql.co. **2**《大目にみること》¶斟酌するには及ばない. Non è qualcosa su cui si possa essere indulgenti.

しんしゅ 進取 ¶彼は進取の気性に富んでいる. È pieno di spirito d'iniziativa.

しんしゅ 新種 nuova specie㊛ [無変];《動植物の変種》nuova varietà㊛;《動物》nuova razza㊛ ¶美しい新種のバラ nuova bella varietà di rosa ¶新種の牛 nuova razza bovina

しんじゅ 真珠 perla㊛ ¶真珠の首飾り collana di perle ¶養殖真珠 perla coltivata [di coltura] ¶天然[模造]真珠 perla naturale [falsa / artificiale] ¶真珠色の di color perla [color perlato / perlaceo]
✤真珠貝 ostrica㊛ perlifera
真珠商 perlaio㊚ [複 -ia; ㊛複 -i]
真珠層[母] madreperla㊛
真珠養殖場 banco㊚ [複 -chi] perlifero

じんしゅ 人種 razza㊛ umana, specie㊛ [無変] umana, genere㊚ umano ◇人種の razziale;《民族的》etnico㊚ [複 -ci] ¶白[黄 / 有]色人種 razza bianca [gialla / di colore] ¶彼と私たちは人種が違う.《共通点がない》Noi e lui non siamo della stessa razza [risma].
✤人種学 etnologia㊛ ◇人種学の etnologico㊚ [複 -ci]
人種隔離政策 politica㊛ di segregazione razziale, segregazionismo㊚;《アパルトヘイト》〔蘭〕apartheid [apartáid]㊚ [無変]
人種差別主義《ナチスの》razzismo㊚;《反ユダヤの》antisemitismo㊚
人種差別主義者 razzista㊚㊛ [㊚複 -i];《反ユダヤの》antisemita㊚ [㊚複 -i]; segregazionista㊚ [複 -i]
人種的偏見 pregiudizio㊚ [複 -i] razziale
人種問題 problema㊚ [複 -i] razziale

しんじゅう 心中《いっしょに死ぬこと》◇心中する suicidarsi [darsi la morte / togliersi la vita] insieme a qlcu. ¶一家心中 suicidio di una intera famiglia ¶恋人同士の心中 doppio suicidio d'innamorati [d'amore] ¶無理心中する costringere qlcu. a un suicidio insieme **2**《運命を共にすること》¶彼は会社と心中する覚悟でいる. È deciso ad affondare assieme alla ditta.
✤心中物 genere㊚ di opere del teatro bunraku o kabuki in cui viene descritto il suicidio di due amanti →歌舞伎 日本事情

しんしゅく 伸縮 ◇伸縮する espandersi [allungarsi] e restringersi [accorciarsi]
✤伸縮自在 ◇伸縮自在の elastico㊚ [複 -ci]
伸縮性 elasticità㊛, flessibilità㊛ ¶伸縮性のある布 tessuto elastico

しんしゅつ 進出 avanzamento㊚ ¶日本製品の海外進出 avanzata all'estero dei prodotti giapponesi ¶海外市場に進出する《企業などが勢力を拡大する》estendere [allargare] le proprie attività sui mercati esteri /《割り込んで行く》inserirsi nei mercati esteri ¶政界に進出する entrare㊋ [es] nel mondo politico ¶女性下院議員の大量進出 conquista di numerosi seggi alla Camera da parte delle deputate

しんしゅつ 滲出《医》trasudazione㊛;《生・

じんじゅつ 医）essudazione㊛;《化》lisciviazione㊛, infiltrazione㊛ ◇滲出する trasudare [es, av]; essudare㊐ [av], uscire㊐ [es] per essudazione; lisciviare [filtrare] qlco.
❖滲出液《医》essudato㊚
滲出性体質《医》diatesi㊛ essudativa

じんじゅつ 仁術 opera㊛ umanitaria ¶医は仁術なり。La professione del medico deve ispirarsi alla carità.

しんしゅつきぼつ 神出鬼没 ¶神出鬼没の怪盗 ladro che appare ovunque in qualsiasi momento

しんしゅん 新春 nuovo anno㊚

しんじゅん 浸潤 1《医》infiltrazione㊛ ◇浸潤する infiltrarsi ¶肺浸潤 infiltrazione polmonare 2《思想などが》¶人々のあいだに悪弊が浸潤していった。Le cattive abitudini si infiltravano fra la gente.

しんしょ 信書, lettera㊛, missiva㊛ ¶信書の秘密を侵してはならない。Il segreto epistolare è inviolabile.

しんしょ 親書 lettera㊛ autografa ¶大統領の親書 lettera [messaggio] personale del Presidente

しんしょう 心証 ¶心証をよくする[害する] dare una buona [cattiva] impressione a qlcu.

しんしょう 心象《心象風景》immagine㊛, rappresentazione㊛ mentale

しんしょう 身上 fortuna㊛, patrimonio㊚ [複 -i], beni㊚ [複] ¶身上を築く fare fortuna / accumulare [edificare] una fortuna ¶身上を ろう rovinarsi / perdere [sperperare] tutto il proprio patrimonio
❖身上持ち (1)《金持ちの人》ricco㊚《-ca》《複 -chi》(2)《家計のやりくり》¶身上持ちのいい女 ottima amministratrice dell'economia familiare

しんしょう 辛勝 ◇辛勝する vincere㊐ [av] di stretta misura su qlcu. ¶接戦の末、辛勝した。Dopo una lotta serrata abbiamo vinto「per un pelo [con molte difficoltà].

しんじょう 心情 cuore㊚, sentimenti㊚ [複], stato㊚ d'animo ¶彼の心情を察して言葉もなかった。Ho provato una tale compassione che non sapevo cosa dire. ¶彼は心情左派だ。Simpatizza per la sinistra.

しんじょう 身上 1《境遇》situazione㊛ [condizione㊛] personale 2《取り柄》¶誠実さが彼の身上だ。Il suo merito è la sincerità.
❖身上書 modulo㊚ per informazioni su qlcu.
身上調査 indagine㊛ sui precedenti e sulla situazione familiare di qlcu. ¶身上調査を行う informarsi su qlcu. / prendere informazioni su qlcu.

しんじょう 信条 credo㊚, fede㊛ (►いずれも, 宗教的な意味でも用いる); principio㊚ [複 -i],《信念》convinzione㊛;《カト》credo㊚ ¶政治的信条 fede politica ¶これが私の信条です。Questi sono i principi a cui m'ispiro. ¶それは私の信条に反する。Ciò è contro i miei principi.

しんじょう 真情 sentimenti㊚ [複] sinceri ¶真情のこもった手紙 lettera piena di sincerità ¶真情をこめて語る parlare col cuore (in mano)

¶真情を吐露する aprire il (proprio) cuore (a qlcu.)

じんじょう 尋常 1《普通》 ◇尋常な normale, ordinario㊚ [複 -i], usuale ¶尋常な手段では成功でき ないだろう。Con i mezzi usuali [senza un provvedimento eccezionale] non riusciremo a farcela. ¶彼にはどこか尋常でないところがある。C'è qualcosa di anormale [di strano] in lui. /《並み外れた》C'è qualcosa di straordinario in lui. 2《正々堂々とした様子》¶尋常に勝負する lottare lealmente 3《取り乱さない様子》¶尋常に白状しろ。Rassegnati a confessare.

しんしょうしゃ 身障者 →身体障害者

しんしょうひつばつ 信賞必罰 ¶王は信賞必罰を行った。Il re non ha mai mancato di premiare la buona condotta e di punire i malfattori.

しんしょうぼうだい 針小棒大 ¶針小棒大に言う fare una montagna di un nonnulla / esagerare le cose

しんしょく 侵食 sconfinamento㊚, penetrazione㊛, infiltrazione㊛

しんしょく 浸食 corrosione㊛;《地殻の》erosione㊛ ◇浸食する corrodere; erodere ¶浸食(性)の corrosivo; erosivo
❖浸食効果 effetto㊚ corrosivo
浸食作用 azione㊛ erosiva

しんしょく 寝食 il sonno㊚ e i pasti㊚ [複] ¶彼は寝食を忘れて研究に没頭した。È sprofondato nella sua ricerca, tralasciando persino di dormire e di mangiare. ¶彼とは2年間寝食を共にした。Ho vissuto insieme con lui per due anni. / Io e lui abbiamo vissuto per due anni sotto lo stesso tetto.

しんじょたい 新所帯 nuovo nucleo㊚ familiare

しんじる 信じる
1《信仰する》credere㊐ [av] ¶神を信じる credere in Dio ¶彼は仏教を篤く信じている。Crede profondamente nel buddismo.
2《確信する》essere convinto [sicuro]「di ql.co. [di +不定詞] / che +接続法」,「di ql.co. [di +不定詞] / che +接続法」¶信じ難い incredibile, difficile a credersi ¶彼の無実を信じている。Sono convinto della sua innocenza [che è innocente]. ¶成功を信じている。Sono sicuro di riuscire [di aver successo]. ¶母親は息子の無事を信じている。La madre è convinta che il figlio sia salvo. ¶彼は自分が正しいと信じたことはどこまでもやり抜く。Niente lo ferma quando decide di portare a termine ciò che ritiene giusto.
3《信用する》credere in ql.co. [qlcu.], prestare fede a ql.co. [qlcu.];《信頼する》avere fiducia in qlcu. [ql.co.], fidarsi di qlcu. [ql.co.] ¶信じやすい人 credulone㊚ 《-a》¶信じるに値する essere degno di fede / essere affidabile ¶彼の言うところを信じて私は彼を信じている。Ho fiducia in lui. ¶君は人の言うことを信じない男だね。Sei un gran diffidente.

しんしん 心身・身心 ◇心身を鍛錬する temprarsi il corpo e la mente ¶私は心身ともに疲れ果てた。Sono esaurito sia fisicamente che psicologicamente.
❖心身症 malattia㊛ psicosomatica

しんしん 新進 ¶新進の作家 scrittore esordiente「che fa ben sperare [molto promettente]」
❖**新進気鋭** ¶新進気鋭の批評家 nuovo critico molto acuto

しんしん 深深 ¶夜はしんしんと更けてきた. La notte è scesa silenziosa. ¶しんしんと冷え込んでいる. Fa un freddo penetrante [pungente]. ¶しんしんと雪が降る. La neve scende silenziosa ininterrottamente.

しんじん 信心 fede㊛, devozione㊛ ◇信心する essere devoto a ql.co. ¶私は仏教を信心しています. Ho fede [Credo] nel buddismo. ¶君は信心が足りない. Hai poca fede. ¶信心深い人 persona pia [devota]
❖**信心家** devoto㊚ [㊛ -a]

しんじん 新人 esordiente㊚㊛, debuttante㊚㊛;（新顔）nuovo arrivato㊚ [㊛ -a], nuova faccia㊛ [複 -ce]
❖**新人歌手** nuovo cantante㊚㊛
新人選手 giocatore [㊛ -trice] esordiente

しんじん 深甚 ¶深甚なる感謝をささげたい. Vorrei esprimerle la mia profonda gratitudine.

じんしん 人心 sentimento della gente ¶人心の動揺を静める tranquillizzare l'opinione pubblica ¶人心を動揺させる mettere la gente in agitazione ¶人心を一新する ricostruirsi una buona fama ¶人心は政党から離れてしまった. La gente si sente distante dai partiti politici.

じんしん 人身 corpo㊚ (umano)
❖**人身攻撃** ¶人身攻撃をする lanciare attacchi personali contro qlcu.
人身事故 incidente㊚ con danni alle persone
人身売買 mercato㊚ illegale di persone, tratta㊛
人身保護法 Legge㊛ sulla protezione della libertà personale

しんしんこうじゃく 心神耗弱 deficienza㊛ mentale

しんしんそうしつ 心神喪失 demenza㊛, follia㊛, pazzia㊛, infermità mentale ¶彼は心神喪失状態にあった. Non era nelle sue piene facoltà mentali.

しんすい 心酔 ◇心酔する adorare, amare [rispettare] qlcu. [ql.co.] appassionatamente, entusiasmarsi per [appassionarsi a / infatuarsi di] qlcu. [ql.co.] ¶彼はカルドゥッチに心酔している. È un fervente ammiratore del Carducci. / Adora Carducci.

しんすい 浸水 penetrazione㊛ dell'acqua;（冠水）sommersione㊛;（洪水, 氾濫〈はんらん〉）allagamento㊚, inondazione㊛, alluvione㊛ ¶家屋は床下[床上]浸水の被害にあった. L'acqua è penetrata sotto [sopra] il pavimento delle case. ¶船が浸水し始めた. La nave ha cominciato ad imbarcare acqua.
❖**浸水家屋** casa㊛ allagata

しんすい 進水 varo㊚ (di una nave) ◇進水する essere varato ¶進水させる varare (una nave) / effettuare il varo (di una nave)
❖**進水式** battesimo㊚ (di una nave), cerimonia㊛ del varo di una nave

しんずい 真髄・神髄 《本質》essenza㊛;《精髄》quintessenza㊛;《核心》nocciolo㊚, nucleo㊚ ¶平和主義の真髄 essenza [quintessenza] del pacifismo ¶ルネサンスの真髄 anima del Rinascimento

しんせい 申請 domanda㊛, richiesta㊛ ◇申請する richiedere, inoltrare [presentare] una domanda ¶パスポートを申請する richiedere il passaporto ¶建築許可を申請する richiedere l'autorizzazione a costruire un immobile ¶特許の申請をする chiedere un brevetto ¶申請を受理する accettare una domanda
❖**申請者** richiedente㊚㊛
申請書 domanda㊛, richiesta㊛

しんせい 神聖 ◇神聖な sacro, santo ◇神聖さ sacralità㊛, santità㊛ ¶…を神聖なものとする consacrare ql.co. ¶神聖にして犯すべからざる権利 diritto sacro e inviolabile ¶神聖な場所を汚す profanare un luogo sacro
❖**神聖同盟**〚史〛Santa Alleanza㊛
神聖ローマ帝国 Sacro Romano Impero㊚

しんせい 真性 《天性》carattere㊚ naturale
❖**真性コレラ**〚医〛vero colera㊚

しんせい 新生 《新しく生まれること》rinascita㊛;（ダンテの著作）"Vita nuova" (Dante)

しんせい 新星 **1**〚天〛〔ラ〕nova㊛ [複 novae]; nuova stella㊛ **2**《芸能界などの》nuova stella㊛, stella㊛ nascente

じんせい 人生 vita㊛ (umana) ¶みじめな人生 vita da cani / vitaccia / vita grama ¶太く短い人生 vita breve ma piena ¶細く長い人生 vita lunga e tranquilla ¶幸せな人生を送る vivere una vita felice e fortunata ¶これが人生さ. È la vita.
❖**人生観** concezione㊛ della vita ¶彼は仏教的人生観をもっている. Ha una concezione buddista della vita.
人生経験 esperienza㊛ di vita

じんせい 仁政 governo㊚ [regime㊚] benevolo

しんせいかつ 新生活 ¶新生活を始める cominciare una nuova vita

しんせいがん 深成岩〚地質〛roccia㊛ [複 -ce] plutonica

しんせいじ 新生児 neonato㊚ [㊛ -a]

しんせいだい 新生代〚地質〛era㊛ neozoica, neozoico㊚

しんせいめん 新生面 nuovi orizzonti㊚ [複], nuove possibilità㊛ [複] ¶…に新生面を開く aprire nuovi orizzonti in ql.co.

しんせかい 新世界 Nuovo Mondo㊚ ¶『新世界より』(ドヴォルジャーク) "Dal nuovo mondo" (Dvořák)

しんせき 親戚 parente㊚㊛ ¶この土曜に親戚の集まりがある. Questo sabato abbiamo una riunione tra parenti.

じんせき 人跡 ¶人跡まれな森 bosco poco frequentato [poco battuto] ¶人跡未踏の inesplorato ¶人跡未踏の地 terra vergine

シンセサイザー〔英 synthesizer〕〚音〛sintetizzatore㊚

しんせつ 新設 ◇新設する creare [fondare / istituire] ql.co. ◇新設の nuovo ¶部局を新設する istituire un nuovo dipartimento ¶新設

の高校 liceo[男] di nuova istituzione ¶新設学科 corso[男] di studi di recente istituzione

しんせつ 新雪 neve[女] fresca, neve[女] appena caduta

しんせつ 新説 nuova teoria[女] ¶新説を立てる stabilire [fondare] una nuova teoria

しんせつ 親切・深切 gentilezza[女], cortesia[女]; 《優しさ》 bontà[女], benevolenza[女]; 《心遣い》 riguardi[男][複] per *qlcu*. **◇親切な** gentile, cortese; buono, benevolo; 《よく気のつく》 servizievole, premuroso **◇親切に** gentilmente, con gentilezza; premurosamente ¶みんなに親切にする essere gentil*e* [premuros*o*] con tutti ¶親切を受ける[無にする] accettare [vanificare] la gentilezza di *qlcu*. ¶不親切な人 persona sgarbata [maleducata] ¶お嬢さまはご親切にも私を駅まで送ってくださいました. Sua figlia è stata così gentile ad accompagnarmi alla stazione. ¶こんなに親切にされたことはない. Non ho mai ricevuto così tante premure. ¶ご親切ありがとうございました. La ringrazio per la sua gentilezza. / Grazie della sua gentilezza.

✤親切ごかし ¶彼は親切ごかしにそんなことを言って私をだました. Mi diceva tutto questo fingendosi gentile e mi ha imbrogliato.

親切心 ¶人の親切心に付け込む abusare [approfittare] della gentilezza degli altri

しんせっきじだい 新石器時代 periodo[男] neolitico

しんせん 新鮮 **◇新鮮な** fre*sco* [[男][複] -*schi*]; 《非常に新しい》 nuovo; 《独創的な》 originale **◇新鮮さ** freschezza[女] ¶新鮮な果物[空気] frutta [aria] fresca ¶新鮮な驚き bella sorpresa ¶魚を新鮮に保つ conservare la freschezza dei pesci ¶彼は新鮮な感覚の持ち主だ. Ha una sensibilità originale [del tutto nuova].

しんぜん 神前 ¶神前で誓う giurare *ql.co.* davanti agli dei

✤神前結婚 matrimonio[男] [複 -*i*] secondo il rito shintoista

しんぜん 親善 amicizia[女], buoni rapporti[男] [複], buone relazioni[女] [複] ¶国際親善に貢献する contribuire a rinsaldare l'amicizia nei rapporti internazionali ¶彼らはイタリアを親善訪問した. Hanno fatto una visita d'amicizia in Italia.

✤親善試合 incontro[男] [partita[女]] amichevole, amichevole[女] ¶サッカーの親善試合 amichevole di calcio

親善使節 delegazione[女] d'amicizia

じんせん 人選 selezione[女] [scelta[女]] di una persona adatta (per *ql.co.*) **◇人選する** scegliere una persona adatta (per *ql.co.*) ¶人選を誤った. Ho scelto una persona sbagliata. ¶彼は人選に洩れた. La scelta non è caduta su di lui.

しんそう 真相 verità[女] ¶事の真相を明らかにする rivelare la verità su di un fatto / mettere in chiaro la situazione / 《公表する》 rendere pubblica la verità su di un fatto ¶真相を究明する[漏らす] 「tentare di scoprire [lasciarsi sfuggire] la verità

しんそう 深窓 ¶深窓の令嬢 figlia allevata con tenere cure in un ambiente familiare protetto

しんそう 深層

✤深層構造 〔言〕 struttura[女] profonda

深層心理学 psicologia[女] del profondo

しんそう 新装 《新しい飾り付け》 nuovo allestimento[男], riabbellimento[男]; 《改装》 rinnovazione[女], ristrutturazione[女] ¶ショーウインドーに新装を施す rinnovare le vetrine / creare un nuovo allestimento nelle vetrine ¶「12月10日新装開店」《宣伝文句》 "Si riapre il 10 dicembre dopo rinnovo locali"

しんぞう 心臓 **1** 〔解〕 cuore[男] **◇心臓の** cardi*aco* [[男][複] -*ci*] ⇒医学[用語集] ¶心臓が丈夫である[悪い] avere il cuore forte [debole] ¶心臓がどきどきする. Il cuore mi batte forte. / Mi palpita il cuore. ¶心臓の鼓動が速い. Il battito cardiaco è accelerato.

2 《中心部》 centro[男], cuore[男], cardine[男] ¶機械の心臓(部) cuore di un apparecchio

3 《ずうずうしいこと》 ¶彼も相当な心臓だ. 《厚かましい》 Certo che ha una faccia tosta. / 《大変な自信家》 È spavaldo.

[慣用] **心臓が強い** 《厚かましい》 avere la faccia tosta, essere sfacciat*o*

心臓が弱い 《気が弱い》 essere timoros*o* [pauros*o*], intimorirsi per nulla

心臓に毛が生えている essere di un'insolenza sfacciata

✤心臓移植 〔医〕 ¶心臓移植手術をする 《医者が》 eseguire [《患者が》 sottoporsi ad] un trapianto cardiaco

心臓炎 〔医〕 cardite[女]

心臓外科 chirurgia[女] del cuore, cardiochirurgia[女]

心臓手術 operazione[女] (chirurgica) al cuore

心臓肥大 〔医〕 ipertrofia[女] cardiaca

心臓病 cardiopatia[女]

心臓病学 cardiolog*ia*[女] [複 -*gie*]

心臓病患者 cardiopat*ico*[男] [[女] -*ca*; [男]複 -*ci*]

心臓病専門医 cardiolog*o*[男] [[女] -*ga*; [男]複 -*gi*]

心臓弁膜 〔解〕 valvola[女] cardiaca

心臓弁膜症 〔医〕 insufficienza[女] valvolare

心臓発作 attac*co*[男] [複 -*chi*] cardiaco [al cuore]

心臓麻痺(ひ) paralisi[女] [無変] cardiaca

じんぞう 人造 **◇人造の** artificiale

✤人造湖 la*go*[男] [複 -*ghi*] artificiale

人造繊維 fibra[女] artificiale [sintetica]

人造人間 robot[男] [無変], autom*a*[男] [複 -*i*]

人造皮革 finta pelle[女], similpelle[男] [無変]

じんぞう 腎臓 〔解〕 rene[男]; 〔料〕 rognone[男] **◇腎臓の** renale

✤腎臓炎 〔医〕 nefrite[女]

腎臓結石 〔医〕 calcolo[男] renale, nefrolito[男]

腎臓病 nefropatia[女]

腎臓病患者 nefrit*ico*[男] [[女] -*ca*; [男]複 -*ci*]

しんぞうご 新造語 neologismo[男]

しんぞうせん 新造船 nave[女] di recente costruzione

しんぞく 親族 ⇒家系図 ¶直系[傍系]親族 parenti in linea diretta [in linea collaterale]

✤親族会議 riunione[女] di famiglia

親族関係 (rapporto[男] di) parentela[女]

じんそく 迅速　prontezza[女], ṣveltezza[女]; 《速度など》 rapidità[女] ◇迅速な pronto, ṣvelto; rapido, veloce ◇迅速に prontamente, ṣveltamente; rapidamente, velocemente ¶迅速な処理 soluzione rapida ¶迅速に行動する agire con prontezza

しんそこ 心底・真底　profondo[男] del cuore ¶彼のずうずうしさには心底あきれた. Sono rimasto veramente a bocca aperta per la sua impudenza. ¶心底からお礼を申しあげます. La ringrazio「di cuore [con tutto il cuore / dal profondo del cuore].

[し]

しんそつ 新卒　¶本年度の大学新卒者 laureati dell'anno accademico in corso / neolaureati

しんたい 身体　corpo[男]; 《体格》 fiṣico[男]; 《体質》 costituzione[女] fiṣica ◇身体の corporale, corporeo; fiṣico [[男]複 -ci]
✤**身体検査** viṣita[女] medica di controllo; 〔英〕check(-)up[男] [無変]; 《所持品の》 perquiṣizione[女] (di individui)
身体障害 infermità[女]; 《生来の》 malformazione[女] congenita
身体障害者 infermo[男] [[女] -a], handicappato[男] [[女] -a] fiṣico

しんたい 神体　idolo[男], simbolo[男] [immagine[女]] di una divinità

しんたい 進退　¶進退きわまる essere in condizioni disperate ¶進退を決しかねる eṣitare[自] [av] ¶進退を賭ける mettere in gioco il *proprio* posto ¶進退きわまって辞職した. Le circostanze l'hanno costretto a rassegnare le dimissioni.
✤**進退伺い** ¶進退伺いを出す preṣentare le *proprie* dimissioni non ufficiali

しんだい 身代　fortuna[女], patrimonio[男] [複 -i] ¶身代を築く costruire [farsi] una fortuna
✤**身代限り** fallimento[男] ¶身代限りになる fallire[自] [es] far fallimento / andare in fallimento / rovinarsi

しんだい 寝台　letto[男]; 《夜行列車・船などの簡易ベッド》 cuccetta[女] ¶上［中/下］段寝台《列車などの》 cuccetta [letto] superiore [centrale / inferiore] ¶1［2］等寝台《列車などの》 cuccetta [letto] di prima [seconda] classe
✤**寝台車** vagone[男] [carrozza[女]] letto [無変]
寝台料金 supplemento[男] per il vagone letto [per la cuccetta]

じんたい 人体　corpo[男] umano ¶人体に有害［無害］な化学物質 sostanza chimica nociva [innocua] (alla salute) ¶喫煙は人体に害を及ぼす. Il fumo danneggia la salute.
✤**人体解剖** dissezione[女] (del corpo umano)
人体解剖学 anatomia[女] umana
人体解剖図 illustrazione[女] anatomica
人体実験 esperimento[男] sul corpo umano
人体模型 manichino[男]

じんたい 靭帯　〔解〕 legamenti[男] [複] ¶右脚の靭帯を切った. Mi si sono spezzati i legamenti della gamba destra.

じんだい 甚大　◇甚大な considerevole, notevole ¶霜による甚大な被害 considerevoli danni a cauṣa della brina

じんだいこ 陣太鼓　tamburo[男] di guerra

しんたいし 新体詩　nuovo stile[男] poetico dell'era Meiji

しんたいりく 新大陸　il Nuovo Continente[男], il Nuovo Mondo[男]

しんたかね 新高値　¶新高値を記録した. La Borsa ha registrato un nuovo massimo.

しんたく 信託
✤**信託銀行** cassa[女] depositi e prestiti
信託統治 amministrazione[女] fiduciaria
信託統治領 territorio[男] [複 -i] soggetto ad amministrazione fiduciaria
信託預金 depoṣito[男] fiduciario [複 -i]

しんたく 神託　oracolo[男], responso[男] di una divinità

シンタックス 〔英 syntax〕《統語論》 sintassi[女] [無変] ◇シンタックスの sintattico [[男]複 -ci] ◇シンタックス的に sintatticamente

じんだて 陣立て　formazione[女]

しんたん 心胆　¶その光景は心胆を寒からしめるものであった. La scena ci ha terrorizzati [ci ha fatto ghiacciare il sangue].

しんだん 診断　〔医〕 diagnoṣi[女] [無変] ¶診断を下す formulare una diagnoṣi ¶医師の診断を受ける consultare un medico / andare dal dottore ¶医者は肺炎と診断した. Il dottore ha diagnosticato una polmonite. ¶会社の経営を診断する valutare l'amministrazione di un'aẓienda
✤**診断書** certificato[男] medico [複 -ci]

じんち 人知　sapienza[女] [conoscenza[女]] umana, scibile[男] umano ¶それは人知の及ばない現象だ. È un fenomeno inspiegabile.

じんち 陣地　postazione[女], campo[男] fortificato ¶味方［敵］の陣地 postazione amica [nemica] ¶陣地を占領する prendere [impadronirsi di] una postazione

しんちく 新築　◇新築する (farsi) costruire (una nuova casa) ◇新築の nuovo, costruito di recente ¶新築の家 casa「tutta nuova [nuova di zecca] ¶新築祝いをする inaugurare con una festa la nuova casa

じんちく 人畜　¶「人畜無害」《殺虫剤などの表示》 "Innocuo [Non nocivo] a persone e animali" ¶あいつは人畜無害な人間だ. È un essere innocuo.

しんちゃく 新着　¶新着の品 merci「appena arrivate [arrivate di recente] ¶新着のイタリアファッション abbigliamento italiano di recente importazione

しんちゅう 心中　¶心中を明かす aprire il *proprio* cuore ¶彼女は心中秘(ひそ)かに彼らを憎んでいた. Li odiava dal profondo del cuore. ¶心中をお察しします. Partecipo profondamente al suo dolore.

しんちゅう 真鍮　ottone[男]
✤**真鍮細工** lavori[男] [複] [oggetti[男] [複]] in ottone, ottoname[男]

しんちゅう 進駐　occupazione[女] (militare) ◇進駐する occupare (militarmente)
✤**進駐軍** eṣercito[男] d'occupazione; 《連合国の》 eṣerciti[男] [複] alleati d'occupazione

しんちょう 伸長　estensione[女], espansione[女], dilatazione[女] ◇伸長する estendere *ql.co.*; 《自分が》 estendersi ¶学力の伸長 miglioramento [progresso] negli studi

しんちょう 身長 altezza㊛, statura㊛ ¶身長が高い[低い／中くらいである] essere di alta [bassa／media] statura ¶身長を測る misurare la statura ¶日本人の平均身長 statura media dei giapponesi ¶彼は身長1メートル90センチある. È alto un metro e novanta (centimetri). ¶君は身長が伸びたね. Sei cresciuto in altezza.

しんちょう 慎重 prudenza㊛, circospezione㊛;〈用心〉precauzione㊛, cautela㊛ ◇慎重な prudente, circospetto, attento; cauto, guardingo [㊔複 -ghi] ◇慎重に con prudenza, prudentemente; con cautela, cautamente;〈注意して〉accuratamente ¶慎重な協議の結果 dopo attenta discussione ¶慎重の上にも慎重を期する proporsi la massima cautela ¶慎重さを欠いた imprudente／incauto
✤慎重論 opinione㊛ che incita alla moderazione

しんちょう 新調 ◇新調の nuovo ¶新調の靴 scarpe nuove ¶彼は背広を新調した. Si è fatto un completo nuovo.

じんちょうげ 沈丁花〖植〗dafne㊛

しんちょく 進捗 avanzamento㊚, progresso㊚ ◇進捗する avanzare㊐[es], progredire㊐[es], procedere[es] ¶工事は進捗した. I lavori sono progrediti [sono andati avanti]. ¶仕事の進捗状況を報告してくれ. Tienimi informato su come procede il lavoro.

しんちんたいしゃ 新陳代謝 **1**〈生・医〉metabolismo㊚ ¶新陳代謝が盛んである avere un metabolismo rapido **2**〈新旧の交替〉¶この会社は社員の新陳代謝が必要だ. In questa azienda c'è bisogno di un ricambio completo di personale.

しんつう 心痛 affanno㊚, afflizione㊛, preoccupazione㊛, dispiacere㊚, dolore㊚ ¶心痛のあまり病に倒れる ammalarsi a causa dei dispiaceri

じんつう 陣痛 doglie㊛[複], dolori㊚[複] del parto ¶陣痛が起っている avere le doglie ¶陣痛が始まった. Sono cominciate le doglie.

じんつうりき 神通力 **1**〈超自然的な力〉poteri㊚[複] occulti [magici／soprannaturali] **2**〈自由自在になる力〉神通力も効力を失った. La sua grande influenza è già tramontata.

しんてい 進呈 ◇進呈する offrire ql.co. a qlcu. ¶「見本無料進呈」〈広告文〉"Campioni gratuiti (sono) disponibili su richiesta"
✤進呈本 libro㊚ in omaggio

しんていばん 新訂版 nuova edizione㊛ riveduta (e corretta)

しんてき 心的〈精神的〉mentale;〈心理的〉psichico [㊚複 -ci], psicologico [㊚複 -ci]
✤心的傾向 disposizione㊛ mentale
心的現象 fenomeno㊚ psichico
心的状態 stato㊚ d'animo

じんてき 人的 umano ¶人的な被害 danni alle persone
✤人的資源 risorse㊛[複] umane, forza㊛ lavoro;〈労働力〉manodopera㊛
人的資本 capitale㊚ umano

シンデレラ〔Cinderella〕Cenerentola㊛

しんてん 進展 progresso㊚, sviluppo㊚, evoluzione㊛;〈拡張〉espansione㊛ ◇進展する progredire㊐[es], svilupparsi, evolversi; espandersi ¶事業を進展させる espandere gli affari ¶万事うまく進展している. Ogni cosa si sta mettendo bene. ¶交渉は急速に進展した. Le trattative sono andate rapidamente avanti. ¶商売は進展した. L'affare ha preso un andamento favorevole.

しんてん 親展〈手紙の上書きで〉"Riservato"／"Personale"／"Sue Proprie Mani";〈略〉S.P.M.

しんでん 神殿 tempio㊚[複 *templi*], santuario㊚[複 -i] ¶ギリシア[ローマ]神殿 tempio greco [romano]

しんでんず 心電図 elettrocardiogramma㊚[複 -i] ¶心電図をとる fare l'elettrocardiogramma

しんと ◇しんとした silenzioso ¶しんとして in silenzio ¶しんとなった. Si fece un profondo silenzio. ¶広場はしんと静まりかえった. Un profondo silenzio tornò a regnare sulla piazza.

しんと 信徒 credente㊚㊛, fedele㊚㊛, devoto㊚[-a]

しんど 深度 profondità㊛ ¶深度を測る misurare la profondità (di *ql.co.*)／scandagliare *ql.co.* ¶深度30メートル trenta metri di profondità
✤深度計 batimetro㊚, scandaglio㊚[複 -gli]

しんど 進度 progresso㊚ ¶工事の進度が早い[遅い]. I lavori progrediscono rapidamente [lentamente]. ¶このクラスでは数学の進度が遅れている. Questa classe è indietro col programma di matematica.

しんど 震度 intensità㊛ sismica, grado㊚ sismico 一地震 関連 ¶東京で震度4の地震があった. A Tokyo c'è stato un forte terremoto del quarto grado d'intensità.
✤震度計 sismografo㊚

じんと **1**〈しびれや痛み〉¶手足がじんとしびれてきた. Ho cominciato a perdere la sensibilità alle [delle] mani e ai [dei] piedi. ¶寒さがじんと骨身にしみた. Il freddo mi è penetrato fino al midollo [alle midolla]. ¶目の奥がじんと痛い. Sento un gran dolore nel fondo degli occhi.
2〈感動した様子〉¶彼の言葉は胸にじんときた. Le sue parole mi hanno toccato nel vivo. ¶目頭がじんと熱くなった. Sono stato mosso al pianto [alle lacrime].

しんどい duro, faticoso

しんとう 心頭 ¶彼は怒り心頭に発した. Era fuori di sé dalla rabbia. ¶心頭滅却すれば火もまた涼し. Libera la mente da tutti i pensieri terreni e scoprirai che anche il fuoco è fresco.

しんとう 神道 scintoismo㊚, shintoismo㊚ ◇神道の shintoistico㊚[複 -ci], shintoista㊚[複 -i] ¶神道の信者 shintoista

しんとう 浸透 **1**〈液体などの〉penetrazione㊛, infiltrazione㊛;〖物・化〗osmosi㊛[無変] ◇浸透する penetrare㊐[es] [infiltrarsi] in *ql.co.*
2〈思想などの〉¶マルクス主義が労働者に浸透した. L'ideologia marxista si è diffusa tra le masse lavoratrici.

✤浸透圧〖物〗pressione㊛ osmotica

浸透剤〘化〙penetrante(男)
浸透性 permeabilità(女)

しんとう 震盪・振盪 **1**〘医〙commozione(女) ¶脳しんとう commozione cerebrale **2**〘化〙agitazione(女), scossa(女)

しんとう 親等 grado di parentela →家系図 ¶1[2]親等である essere parente di primo [secondo] grado

しんどう 神童 bambino(男)[(女) -a] prodigio [無変]

しんどう 振動（振り子などの）oscillazione(女);《音響などの》vibrazione(女) ◇振動する oscillare(自)[av]; vibrare(自)[av] ¶振動を伝える trasmettere le vibrazioni ¶単振動〘物〙moto armonico semplice

❖**振動計** vibrometro(男)
振動数〘物〙frequenza(女)
振動板〘音響〙diaframma(男)[(複) -i]

しんどう 震動（地面の）scossa(女), tremito(男);《乗り物の揺れ》sobbalzo(男), scossone(男), sballottamento(男) ◇震動する tremare(自)[av]; sobbalzare(自)[av] ◇震動させる scuotere [sballottare / scrollare] ql.co. ¶地震の震動 scossa di terremoto ¶激しい震動 forte scossa

じんとう 陣頭 ¶陣頭に立つ《戦闘の》mettersi alla testa di un esercito / dirigere un attacco /《比喩的》dirigere ql.co.[qlcu.]

じんどう 人道 ◇人道的 umanitario(男複 -i];《人として当然の》umano ¶囚人を人道的に扱う trattare un prigioniero「con umanità [umanamente] ¶非人道的な行為 azione inumana [disumana / 残酷な) spietata] ¶これは人道の問題だ. È una questione d'umanità.

❖**人道支援** aiuto(男) umanitario
人道主義 umanismo(男) ◇人道主義的 umanitaristico [男複 -ci]
人道主義者 umanitario(男)[(女) -ia]
人道的介入 intervento(男) umanitario

じんとうぜい 人頭税 tassa(女) pro capite;《古代・中世の》capitazione(女), testatico(男)[(複) -ci]

じんとく 人徳 virtù(女) innata;《威信》prestigio(男) naturale ¶それは彼の人徳のしからしめるところだ. Ciò lo si deve al suo innato prestigio.

じんどる 陣取る（陣を構える）accamparsi, porre il campo, prendere posizione;《場所を取る》prendere posto ¶見物席の最前列に陣取った. Ci siamo guadagnati i posti in prima fila.

シンナー〔英 thinner〕〘化〙diluente(男), solvente(男);《テレビ用油》acquaragia(女)[(複) -gie]

❖**シンナー遊び** ◇シンナー遊びをする inalare esalazioni di solvente
シンナー中毒 intossicazione(女) causata dall'inalazione di esalazioni di solvente

しんなり ¶野菜を熱湯に通してしんなりさせる sbollentare le verdure

じんにく 人肉 carne(女) umana [d'uomo]

しんにち 親日 ◇親日的 filogiapponese, filonipponico(男複)[(複) -ci], pro giapponese

❖**親日家** giapponofilo(男), yamatofilo, nippofilo(男)
親日感情 simpatia(女) per il Giappone
親日政策 politica(女) filogiapponese [pro giapponese]

しんにゅう 侵入 invasione(女);《泥棒などの》intrusione(女) ◇侵入する invadere ql.co.; introdursi in ql.co. ¶不法侵入する invadere ql.co. illegalmente ¶住居不法侵入〘法〙violazione di domicilio

しんにゅう 浸入 penetrazione(女) di un liquido ◇浸入する penetrare(自)[es] [filtrare(自)[es]] in ql.co. ¶海水が船中にどっと浸入した. Le acque irruppero allagando la nave.

しんにゅう 進入 ◇進入する entrare(自)[es]《に dentro, in》¶列車が2番線に進入しようとしていた. Il treno stava per immettersi sul secondo binario.

❖**進入管制**[航路 / 順序 / 灯]〘空〙controllo(男) [navigazione(女)/ sequenza(女)/ luci(女)[(複)]] d'avvicinamento
進入路（飛行場の）pista(女) d'accesso;《高速道路の》rampa(女) di ingresso autostradale

しんにゅう 新入 ◇新入の nuovo

❖**新入社員** nuovo impiegato(男)[(女) -a]
新入生 nuovo studente(男)[(女) -essa];《大学の》matricola(女)

しんにん 信任 fiducia(女)[(複) -cie] ◇信任する dar fiducia a qlcu., fidarsi di qlcu. ¶信任を得る ottenere [conquistare / guadagnare] la fiducia ¶内閣を信任する dare un voto di fiducia al governo ¶彼は社長の信任が厚い. Ha la [Gode della] massima fiducia del presidente.

❖**信任状** credenziali(女)[(複)]
信任投票 voto(男) di fiducia

しんにん 新任 ◇新任の appena nominato, eletto recentemente ¶新任の教授 nuovo professore ¶新任のあいさつをする fare un discorso di inaugurazione

しんねん 信念 convinzione(女); credenza(女), fede(女) ¶信念を持って con convinzione ¶信念を捨てる rinnegare le proprie convinzioni ¶彼は揺るがぬ信念を持っている. È fermo nelle sue convinzioni. / Ha una fiducia incrollabile [salda].

しんねん 新年 anno(男) nuovo;《元旦》il primo giorno dell'anno →正月 日本事情 ¶新年おめでとうございます. Le auguro Buon Anno. / Buon Anno!

❖**新年会** pranzo(男) [party(男)[無変]] per festeggiare l'anno nuovo

しんのう 心嚢〘解〙pericardio(男)[(複) -i] ◇心嚢の pericardico(男複)[(複) -ci]
❖**心嚢炎**〘医〙pericardite(女)

しんのう 親王 principe(男) di sangue

しんぱ 新派（新しい流派）nuova scuola(女);《演劇の》nuovo teatro melodrammatico giapponese (◆ creato nell'era Meiji)

シンパ《共鳴者》simpatizzante(男)

しんぱい 心肺 **1**（心臓と肺）cuore(男) e polmoni(男)[(複)] **2**（「人工心肺」の略）macchina(女) cuore-polmoni[無変]

❖**心肺機能** funzioni(女)[(複)] cardiopolmonari

しんぱい 心配 **1**《苦悩》ansia(女), ansietà(女);《恐れ》paura(女);《気がかり》preoccupazione(女), pensiero(男);《不安》inquietudine(女), timore(男) ◇心配する preoccupar-

じんぱい si di [per] *ql.co.* [*qlcu.*], essere [stare] in ansia per *qlcu.*; avere paura di *ql.co.* [che+接続法], temere *ql.co.* [che+接続法]; 《命などの》trepidare⾃ [*av*] per la sorte di *qlcu.*; 《苦悩する》tormentarsi

¶心配そうな顔で con aria preoccupata ¶心配しながら con ansia / ansiosamente ¶心配で per paura 《が di》 ¶心配をかける *qlcu.* / causare [dare] delle preoccupazioni a *qlcu.* ¶君の将来が心配だ。Mi preoccupo del [per il] tuo avvenire. ¶彼が遠くにいて心配だ。Il fatto che sia lontano mi preoccupa [mi inquieta]. ¶試験が彼の心配の種だ。Gli esami sono la sua inquietudine [preoccupazione]. ¶なにやら心配になってきた。Comincio a preoccuparmi. ¶さぞさぞ心配でしょう。Comprendo bene le sue preoccupazioni. ¶行方不明の兄のことが心配で夜も眠れない。Sono talmente「in ansia [preoccupato] per la scomparsa di mio fratello che non posso dormire. ¶彼女は太るのを心配して食べない。Non mangia per paura di ingrassare. ¶彼が来てくれるかどうか心配だ。Temo [Ho paura] che (lui) non venga. ¶心配していたとおりになった。È successo proprio quello che temevo. ¶どうぞご心配なく。Non si preoccupi. / Può stare tranquillo. ¶心配しなくてもいいよ。Non c'è「niente di cui [bisogno di] preoccuparsi. / Non stare a preoccuparti. ¶要らぬ心配をするな。《不必要な》Non preoccuparti inutilmente! /《他人の問題に》Non t'impicciare di cose che non ti riguardano! ¶彼に限って心配はない。Con lui si può stare tranquilli. / Su di lui si può contare.

2 《配慮, 世話, 援助》¶定年後の心配をしておく prepararsi alla vita dopo il pensionamento ¶両親は子供の教育の心配をしている。I genitori sono in pensiero per l'educazione dei figli. ¶彼は就職の心配をしてくれた。《助力》Mi ha aiutato a trovare un impiego. ¶まず住むところの心配をしなければならない。Innanzi tutto bisogna pensare all'abitazione.

✤**心配事** preoccupazione⼥, affanno男 ¶心配事がなくなる liberarsi dalle preoccupazioni

心配性 ¶彼は心配性だ。Ha un carattere ansioso.

じんぱい 塵肺 〘医〙antracosi⼥ [無変]

しんぱく 心拍 battito男 cardiaco [複 -ci], pulsazione⼥ ¶心拍が不規則だ。I battiti cardiaci [Le pulsazioni] sono irregolari.

しんばつ 神罰 ¶お前など神罰を受けるがよい。Che tu possa incorrere nella punizione divina! ¶彼に神罰が下った。Dio l'ha punito.

しんばりぼう 心張り棒 sbarra⼥, spranga⼥ ¶戸に心張り棒をかう [sprangare] una porta / chiudere una porta con una sbarra

シンバル 〔英 cymbals〕《音》piatti男 [複], cembali男 [複], cimbali男 [複] ¶シンバルを鳴らす suonare i piatti

しんぱん 侵犯 violazione⼥, invasione⼥ ◇侵犯する violare, invadere ¶領海 [領空] 侵犯 violazione delle acque territoriali [dello spazio aereo]

しんぱん 新版 nuova edizione⼥

しんぱん 審判 **1** 《審理, 審査》giudizio男 [複 -i]; 《人》giudice男 ◇審判する giudicare ¶裁判所は彼に有利な審判を下した。Il tribunale l'ha giudicato favorevolmente.

2 《スポ》arbitraggio男 [複 -gi], giudizio男 [複 -i] arbitrale; 《人》arbitro男 [複 -a] ¶サッカーの審判をする arbitrare una partita di calcio

3 《キリ》¶最後の審判 Giudizio Universale

しんび 審美 審美的 estetico [複 -ci] ◇審美的に esteticamente

✤**審美家** esteta男 [複 -i]

審美学 《美学》estetica⼥

審美眼 senso「estetico [del bello]

しんぴ 神秘 mistero男 ◇神秘的 misterioso, arcano; 《秘教的》esoterico [複 -ci] ¶神秘のベールに閉ざされている circondarsi di mistero

✤**神秘主義** misticismo男 ◇神秘主義の mistico [複 -ci]

神秘主義者 mistico男 [複 -ca; ⼥複 -ci]

しんぴ 真否 ¶事の真否を問う ricercare [verificare] l'autenticità di un fatto

しんぴょうせい 信憑性 autenticità⼥, attendibilità⼥, credibilità⼥;《真実性》veridicità⼥ ◇信憑性のある autentico [複 -ci], attendibile, credibile; veridico [複 -ci] ◇信憑性のない inattendibile, dubbio [複 -i], dubbioso, sospetto ¶あの話は信憑性に欠ける。Quella storia non merita「troppa fiducia [di essere creduta]. / Quella storia non è molto attendibile.

しんぴん 新品 articolo男 nuovo, novità⼥ ¶この店は新品も中古も扱っている。In questo negozio si vendono articoli nuovi e d'occasione. ¶このピアノは新品同様だ。Questo pianoforte è come nuovo.

じんぴん 人品 《人柄》personalità⼥; 《風采》aspetto男 ¶人品卑しからぬ男 uomo dall'aspetto distinto e rispettabile

しんぶ 深部 profondità⼥, parte⼥ profonda ◇深部の profondo

しんぷ 神父 《カト》prete男; 《呼びかけ, または敬称》padre男, reverendo男 ¶ロッシ神父様《呼びかけ》padre Rossi / don Rossi / reverendo Rossi

しんぷ 新婦 (novella) sposa⼥, sposina⼥

しんぷう 新風 ¶画壇に新風を吹き込む infondere una ventata d'aria nuova [fresca] nel mondo della pittura

シンフォニー 〔英 symphony〕sinfonia⼥ ◇シンフォニーの sinfonico [複 -ci]

✤**シンフォニーオーケストラ** orchestra⼥ sinfonica

しんぷく 心服 ◇心服する seguire *qlcu.* con cieca fiducia, adorare *qlcu.* ¶若者は彼に心服している。I giovani hanno una fiducia cieca in lui.

しんぷく 振幅 《振り子などの》ampiezza⼥ delle oscillazioni;《音響の》ampiezza⼥ delle vibrazioni;《電子》ampiezza⼥

✤**振幅変調** modulazione⼥ di ampiezza; 《略》〔英〕AM

しんふぜん 心不全 〘医〙insufficienza⼥ cardiaca

じんふぜん 腎不全 〘医〙insufficienza⼥ renale

じんぶつ 人物 **1** 《人》personaggio男 [複 -gi],

uomo男[複 u*o*mini], persona女 ¶偉大な人物 grande figura ¶うさんくさい人物 individuo che ispira poca fiducia ¶彼は自分をひとかどの人物だと思っている. Crede di essere「un personaggio importante [qualcuno].
2《人格, 個性》carattere男, personalità女 ¶人物を試す mettere alla prova (le qualità di) qlcu. ¶彼の人物は保証しかねる. Non posso rispondere di [garantire per] lui.
3《登場人物》personaggio男[複 -gi] ¶シェークスピアの人物 personaggi di Shakespeare
✤**人物画** figura女 umana, ritratto男
人物画法《肖像画技法》ritrattistica女
人物像 ritratto男
人物評 ritratto男, commenti男[複] su personalità

しんぶつこんこう 神仏混交 mescolanza女 di buddismo e shintoismo, sincretismo男 shinto-buddista

シンプル[英 simple] ◇シンプルな semplice

しんぶん 新聞 giornale男 (►「週刊誌」も含む);《日刊紙》quotidiano男;《総称》carta女 stampata; stampa女;《報道陣》もさす) ¶英字[スポーツ]新聞 giornale in lingua inglese [sportivo] ¶地方新聞 giornale locale ¶大新聞 grande giornale; giornale ad alta tiratura ¶新聞の第1面 prima pagina di un giornale ¶新聞を広げる aprire un giornale ¶新聞を取る[やめる] abbonarsi [disdire l'abbonamento] a un giornale ¶新聞を配達する distribuire i giornali a domicilio (◆イタリアには定期購読者に対する郵送のサービスはあるが, 宅配はしていない. ふつう新聞販売スタンド edicola に買いに行く) ¶新聞に書く scrivere per [collaborare a] un giornale ¶新聞によれば…ということだ. I giornali dicono che+直説法 / Secondo i giornali ... / Stando ai [a quanto riportato dai] giornali ¶それは新聞に出ている. I giornali ne parlano. / È riportato dalla stampa. ¶この事件は主な新聞で報道されている. L'incidente viene riportato dalle principali testate. ¶この新聞の発行部数は100万部だ. Questo giornale ha una tiratura di un milione di copie.
✤**新聞売り** giornalaio男[複 -ia; 女 -i]; edicolante男
新聞記事 articolo男 di giornale
新聞記者《ジャーナリスト》giornalista男女[複 -i];《報道記者》cronista男女[複 -i]
新聞記者席 tribuna女 (per la) stampa
新聞広告 inserzione女 su un giornale;《商品の》pubblicità女 su un giornale;《求人など》annuncio男[複 -ci] economico[複 -ci] ¶新聞広告を出す mettere un'inserzione [un annuncio] su un giornale
新聞購読者 abbonato男[女 -a] a un giornale
新聞購読料[代] tariffa女 d'abbonamento a un giornale
新聞社 giornale男;《建物》sede女 di un giornale
新聞小説 romanzo男 d'appendice [a puntate]
新聞種[話] materiale男 giornalistico[複 -ci] ¶新聞種になる《記事として使われる》essere usato come materiale giornalistico /《記事として価値がある》essere un buon argomento per i giornali

新聞取次店 agenzia女 distributrice di giornali
新聞配達《人》addetto男[女 -a] alla distribuzione [alla consegna] a domicilio dei giornali
新聞発表 annuncio男 [comunicazione女 / pubblicazione女] di una notizia sui giornali
新聞販売スタンド edicola女
新聞倫理綱領 codice男 di etica professionale della stampa
新聞論調 commenti男[複] della stampa

[関連]
イタリアの主な新聞 : Corriere della Sera (Milano), Il Mattino (Napoli), Il Messaggero (Roma), Il Tempo (Roma), La Nazione (Firenze), La Repubblica (Roma), Il Resto del Carlino (Bologna), La Stampa (Torino), L'Osservatore Romano (Vaticano), Il Sole 24 ore (Milano)
新聞の紙面構成 : 字体, 紙名 testata女 (►新聞そのものもさす) 題字下[横][仏] manchette女[無変] 見出し欄 titolatura女 見出し titolo男 脇見出し occhiello男 小見出し sottotitolo男 リード sommario男[複 -i] キャプション didascalia女 社説 editoriale男, articolo男 di fondo (◆イタリアではふつう, 第1面左) トップ記事, 一面トップ articolo男 di testa di prima pagina;《左上の記事》articolo男 di apertura;《右上の記事》articolo男 di spalla 渡り, ページジャンプ rinvio男[複 -ii] ¶《指示》「6面へつづく」"Segue a pagina 6" ¶《指示》「1面から」"Dalla prima pagina"

じんぶん 人文 ◇人文系の di indirizzo umanistico
✤**人文科学** scienze女[複] umane, scienze女[複] umanistiche
人文学部 facoltà女 di scienze umane;《イタリアの》facoltà女 di lettere e filosofia
人文主義 umanesimo男 ◇人文主義の umanistico[複 -ci]
人文主義者 umanista男女[複 -i]
人文地理学 geografia女 umana [antropica / sociale]

しんぺい 新兵 recluta女, coscritto男
しんぺん 身辺 ¶身辺に危険を感ずる sentirsi in pericolo [minacciato] ¶首相の身辺警護にあたる scortare il [vigilare sulla sicurezza del] primo ministro ¶海外に出発する前に身辺の整理をした. Ho messo ordine nelle mie cose [nei miei affari] prima di partire per l'estero.

しんぽ 進歩 progresso男;《発展》sviluppo男 ◇進歩する progredire自 (►人が主語のとき [av], 物が主語のとき [es]), migliorare自 (►人が主語のとき [es, av], 物が主語のとき [es]); fare progressi; avanzare自; svilupparsi ◇進歩的な progressista男女[複 -i], avanzato ◇進歩した progredito, avanzato ¶科学の進歩 progresso [sviluppo] delle scienze ¶著しい[急速な]進歩を遂げる fare notevoli [rapidi] progressi / fare progresso notevolmente [rapidamente] ¶良い先生に教わるほうが進歩が早い. Con un maestro bravo si impara più velocemente. ¶君, ギターの腕が進歩したね. Hai migliorato [progredito] nel suonare la chitarra.

しんぽう ¶これは大きな進歩だ. Questo è un grande passo avanti.
✤**進歩主義** progressismo⟨男⟩, politica⟨女⟩ progressista
進歩派 progressista⟨男⟩⟨女⟩ [⟨男⟩複 -i]

しんぼう 心房 〘解〙auricola⟨女⟩, atrio⟨男⟩[複 -i], orecchietta⟨女⟩ del cuore ◇心房の auricolare ¶右[左]心房 auricola destra [sinistra]

しんぼう 心棒 **1**(回転体の) asse⟨男⟩;〘機・車〙albero⟨男⟩;〘車軸〙asse⟨男⟩[assale⟨男⟩] (della ruota) **2**〈中心となる人・物〉centro⟨男⟩

しんぼう 辛抱 pazienza⟨女⟩, tolleranza⟨女⟩, perseveranza⟨女⟩ ¶辛抱強い paziente, tollerante ◇辛抱強い impaziente ¶辛抱して働く tenere ⟨自⟩[av] duro sul lavoro ¶もう辛抱しきれない. La mia pazienza è agli sgoccioli! / Ora basta! / Non ce la faccio più! ¶あと3日だけ辛抱してください. Pazienti ancora tre giorni. ¶辛抱に辛抱を重ねて子供たちを育てた. Ho allevato i miei figli con mille sacrifici.

しんぼう 信望 prestigio⟨男⟩[複 -gi];〈信頼〉fiducia⟨女⟩[複 -cie];〈人気〉popolarità⟨女⟩ ¶クラス中の信望を得る[を失う] conquistare [perdere] la fiducia della classe ¶信望の厚い人 persona di fiducia

しんぽう 信奉 ◇信奉する professare ql.co., aderire⟨自⟩[av] a ql.co.
✤**信奉者** sostenitore⟨男⟩[⟨女⟩ -trice], seguace⟨男⟩

じんぼう 人望 〈信頼〉fiducia⟨女⟩[複 -cie], credito⟨男⟩;〈尊敬〉rispetto⟨男⟩, stima⟨女⟩;〈信望〉prestigio⟨男⟩[複 -gi];〈人気〉popolarità⟨女⟩ ¶学生に人望のある教授 professore stimato dai suoi studenti ¶彼は非常に人望がある. Gode di molta considerazione. ¶(大衆の人望を集める[得る／失う] attirarsi [ottenere / perdere] la stima del pubblico

しんぼうえんりょ 深謀遠慮 ponderatezza⟨女⟩ e lungimiranza⟨女⟩ ¶深謀遠慮の人 persona cauta e lungimirante

しんぼく 親睦 amicizia⟨女⟩, solidarietà⟨女⟩ ¶社員の親睦を図る cercare di creare un clima di solidarietà tra i dipendenti
✤**親睦会** riunione⟨女⟩ fra amici

シンポジウム 〔英 symposium〕simposio⟨男⟩[複 -i]

シンボリズム 〔英 symbolism〕simbolismo⟨男⟩

シンボル 〔英 symbol〕simbolo⟨男⟩ ◇シンボルの simbolico ⟨男⟩複 -ci]
✤**シンボルマーク** emblema⟨男⟩[複 -i]

しんぽん 新本 nuovo libro⟨男⟩;〈新刊本〉nuova pubblicazione⟨女⟩

しんまい 新米 **1**(米)riso⟨男⟩ novello **2**(未熟な人)novizio⟨男⟩[⟨女⟩ -ia;⟨男⟩複 -i], principiante ⟨男⟩⟨女⟩, novellino⟨男⟩[⟨女⟩ -a];〘蔑〙pivello⟨男⟩[⟨女⟩ -a] ¶新米の新聞記者 giornalista alle prime armi

じんましん 蕁麻疹 〘医〙orticaria⟨女⟩ ¶じんましんが全身に出た. Mi è venuta l'orticaria su tutto il corpo.

しんみ 新味 ¶作品に新味を出す mostrare freschezza [originalità] nella propria opera

しんみ 親身 **1**〘血縁〙consanguineo⟨男⟩[⟨女⟩ -a] **2**〈親切であること〉¶親身になって世話をする prendersi cura di qlcu. come di uno della famiglia / essere premuroso con qlcu

しんみつ 親密 ◇親密な intimo, familiare ◇親密さ intimità⟨女⟩ ¶親密になる diventare intimo amico di qlcu. ¶親密である essere strettamente legato a qlcu. / essere intimo amico di qlcu.

じんみゃく 人脈 persone⟨女⟩複 del campo politico, culturale e altro, legate dall'appartenenza ad un gruppo o ad un personaggio di comune riferimento ¶政界に強力な人脈をもつ avere molte conoscenze importanti nel mondo politico

しんみょう 神妙 ◇神妙な compunto; ubbidiente, docile ◇神妙さ ubbidienza⟨女⟩, docilità⟨女⟩ ¶彼は神妙について来た. Mi ha seguito docilmente. ¶生徒たちは神妙な顔で先生の話を聞いていた. Gli studenti ascoltavano compuntamente quello che diceva il maestro.

しんみり ◇しんみりする《同情する》impietosirsi, muoversi a compassione ◇しんみりした《感動的な》commovente,《寂しい》malinconico⟨男⟩複 -ci] ¶しんみりと con malinconia ¶しんみりした話 storia toccante

しんみん 臣民 suddito⟨男⟩[⟨女⟩ -a]

じんみん 人民 popolo⟨男⟩, cittadini⟨男⟩複 ◇人民の popolare, del popolo
✤**人民解放軍** (中国の)esercito⟨男⟩ popolare di liberazione

人民解放戦線 fronte⟨男⟩ di liberazione popolare
人民共和国 repubblica⟨女⟩ popolare
人民裁判(中国の)giudizio⟨男⟩[複 -i] popolare
人民政府 governo⟨男⟩ popolare
人民戦線 fronte⟨男⟩ popolare
人民投票 voto⟨男⟩ popolare, plebiscito⟨男⟩;(レファレンダム)referendum⟨男⟩[無変]
人民民主主義 democrazia⟨女⟩ popolare

しんめ 新芽 gemma⟨女⟩, germoglio⟨男⟩[複 -gli] ¶木々が新芽を吹く. Gli alberi germogliano.

しんめい 身命 vita⟨女⟩ ¶身命をなげうつ sacrificare la propria vita ¶身命を賭して a prezzo della (propria) vita

じんめい 人名 nome⟨男⟩ di persona
✤**人名辞典** dizionario⟨男⟩[複 -i] biografico [複 -ci]

じんめい 人命 vita⟨女⟩ umana ¶人命にかかわる事故 incidente mortale ¶この戦争で多くの人命が失われた. Questa guerra ha causato numerose vittime [numerosi morti].
✤**人命救助** ¶人命救助を行う compiere un salvataggio di vite umane / salvare una vita

シンメトリー 〔英 symmetry〕simmetria⟨女⟩

しんめんもく 真面目 ¶真面目を発揮する〈能力を〉dare libero sfogo alla propria abilità /〈真価を〉dimostrare il proprio vero valore

しんもつ 進物 regalo⟨男⟩, dono⟨男⟩ ¶〈人〉に…を進物する offrire [donare] ql.co. a qlcu.

しんもん 審問 〘法〙udienza⟨女⟩ ¶異端審問 Inquisizione ¶異端審問官 inquisitore⟨男⟩

じんもん 尋問 interrogatorio⟨男⟩[複 -i] ◇尋問する interrogare qlcu., sottoporre qlcu. a un interrogatorio ¶反対尋問 controinterrogatorio ¶証人尋問 escussione dei testimoni / audizione dei testi ¶尋問を行う procedere a un interrogatorio ¶尋問を受ける subire un interro-

しんや 深夜 notte⒤ fonda [inoltrata], cuore⒨ della notte ¶交渉は深夜まで続いた. Le trattative si sono protratte fino a notte inoltrata [avanzata]. ¶深夜に電話のベルが鳴った. Il telefono è squillato in piena notte.
♣深夜営業 ¶深夜営業の喫茶店 caffè aperto tutta la notte
深夜番組 [放送] trasmissione⒤ in onda dopo la mezzanotte
しんやく 新訳 nuova traduzione
しんやく 新薬 ¶癌の新薬 nuovo farmaco [nuova medicina] contro il cancro
しんやくせいしょ 新約聖書 Nuovo Testamento⒨
しんやすね 新安値 ¶新安値を記録した. La Borsa ha registrato il nuovo minimo.
しんゆう 親友 amico⒨ [⒠ -ca; ⒨複 -ci] intimo [del cuore], grande amico⒨ ¶大親友 amico per la pelle

しんよう 信用 **1**《信じること》credito⒨;《信頼》fiducia⒤ [複 -cie], fede⒤;《信任》affidamento⒨, confidenza⒤ ◇信用する credere⒤ [av] a qlcu. [ql.co.]; avere fiducia [fede] in qlcu. [ql.co.], fidarsi di qlcu. [ql.co.]; affidarsi a qlcu. [ql.co.] ¶信用できる情報 notizia attendibile [credibile / sicura] ¶信用のおける店 negozio di fiducia ¶信用できる若者 ragazzo fidato ¶新聞記事を信用する prestar fede agli articoli dei giornali ¶〈人〉の信用を得る ottenere [guadagnare] la fiducia di qlcu. ¶顧客の信用を失う perdere la fiducia dei clienti ¶ここは信用してもらうしかありません. Deve fidarsi. ¶君のことを信用しよう. Ti credo sulla parola. / Mi fido della tua parola. ¶彼は主人に信用がある. Il suo padrone si fida di lui. / Gode della fiducia del suo padrone. ¶あいつは信用できない. Quel ragazzo non dà affidamento. / Non posso fare affidamento su di lui. ¶わが社では信用第一でやっております. Nella nostra ditta la fiducia dei clienti è la prima cosa.
2《評判》credito⒨, reputazione⒤, fama⒤ ¶信用が厚い godere di una solida reputazione ¶信用を落とす perdere credito / screditarsi / rovinarsi la reputazione ¶この醜聞はわが社の信用にかかわる. Questo scandalo compromette la [danneggia la / nuoce alla] reputazione della nostra compagnia.
♣**信用買い**【商】acquisto⒨ a credito ¶信用買いをする comprare ql.co. a credito
信用貸し【借り】prestito⒨ fiduciario [複 -i]
信用金庫【金融】cassa⒤ di credito
信用組合 cassa⒤ cooperativa di risparmio
信用状【商】lettera⒤ di credito;《略》L/C⒨
信用調査 ¶会社の信用調査をする informarsi sul credito [sulla solidità] di una ditta
信用取引 compravendita⒤ [operazione⒤] a credito
信用販売【商】vendita⒤ a credito
じんよう 陣容 **1**〖陣立て〗ordine⒨ [formazione⒤] (di battaglia), schieramento⒨, disposizione⒤ (di un esercito) **2**〖顔ぶれ〗membri⒨ [複];《会社などの》personale⒨ ¶あの会社の陣容は立派だ. Quella ditta ha un personale di prim'ordine.
しんようじゅ 針葉樹【植】conifera⒤
しんらい 信頼 fiducia⒤ [複 -cie], fede⒤;《信頼しうること》affidamento⒨ ◇信頼する avere fiducia in qlcu. [ql.co.], riporre la propria fiducia in qlcu. [ql.co.], fidarsi di qlcu. [ql.co.] ¶信頼できる人 persona「di fiducia [degna di fede / sicura] ¶信頼できる筋によると secondo fonti sicure [attendibili / autorizzate] ¶〈人〉の信頼に応える[を裏切る]《期待》soddisfare [deludere] le aspettative di qlcu.
♣**信頼性**【工】affidabilità⒤
しんらつ 辛辣 ◇辛辣な mordace, caustico [⒨複 -ci] ¶辛辣な言葉 parole aspre ¶辛辣な男だ. È un uomo dalla lingua pungente.
しんらばんしょう 森羅万象 tutto l'universo⒨, tutto il creato⒨, tutto⒨ ciò che esiste nell'universo

しんり 心理《精神状態》stato psicologico [複 -ci], psicologia⒤ [複 -gie];《考え方》mentalità⒤ ◇心理的(な) psicologico; mentale ◇心理的に psicologicamente; mentalmente ¶大衆心理 mentalità delle masse ¶彼には繊細な心理がわからない. Non capisce le finezze psicologiche. ¶異常心理状態にある essere in uno stato d'animo alterato
♣**心理学** psicologia⒤ ◇心理学的 psicologico ◇心理学的に psicologicamente ¶教育心理学 psicopedagogia ¶児童[深層 / 社会 / 犯罪]心理学 psicologia infantile [del profondo / sociale / criminale]
心理学者 psicologo⒨ [⒠ -ga; ⒨複 -gi]
心理言語学 psicolinguistica⒤
心理作戦 strategia⒤ [複 -gie] psicologica
心理主義【哲】psicologismo⒨
心理小説 romanzo⒨ psicologico
心理描写 descrizione⒤ psicologica
心理分析 analisi⒤ [無変] psicologica
心理療法 terapia⒤ psicologica
しんり 真理 verità⒤ [無変] ¶彼の言い分にも一面の真理がある. C'è del vero in quello che dice.
♣**真理表**【数】tavola⒤ [tabella⒤] di verità
しんり 審理《裁判》processo⒨;《審査》esame⒨;《捜査》indagine⒤;《尋問》interrogatorio⒨ [複 -i] ◇審理する giudicare qlcu. [ql.co.]; esaminare qlcu. [ql.co.]; indagare su ql.co.; interrogare qlcu. ¶書面審理 esame delle prove documentarie ¶その件は審理中である. Il caso è in attesa di giudizio.
じんりきしゃ 人力車 risciò⒨ [無変]
しんりゃく 侵略 invasione⒤;《国際法で》aggressione⒤ ◇侵略する invadere; aggredire
♣**侵略行為** atto⒨ d'aggressione
侵略国 paese⒨ aggressore ¶被侵略国 paese aggredito
侵略者 invasore⒨ [⒠ invaditrice], aggressore⒨ [⒠ aggreditrice]
侵略政策 politica⒤ di aggressione
侵略戦争 guerra⒤ d'invasione
しんりょ 神慮 provvidenza⒤ ¶神慮は無窮である. Le vie della provvidenza sono infinite.

しんりょ 深慮 riflessione㊛ profonda, avvedutezza㊛
✤深慮遠謀 ponderatezza㊛ e lungimiranza㊛
しんりょう 診療 diagnosi㊛[無変] e terapia㊛;《診察をすること・受けること》visita㊛ medica
✤診療所 《私立病院》ambulatorio㊚[複 -i], clinica㊛;《医院》studio㊚[複 -i] medico[複 -ci];《学校・工場の》infermeria㊛
しんりょく 新緑 vegetazione㊛ fresca, nuovo fogliame㊚ ¶新緑の季節 stagione in cui gli alberi rinverdiscono ¶新緑の野山を散策する fare una passeggiata per la campagna rinverdita
じんりょく 人力 forza㊛ umana ¶人力の及ばぬものもある. Vi sono cose che vanno oltre le capacità umane.
じんりょく 尽力 sforzo㊚;《助力》aiuto㊚;《貢献》contributo㊚ ◇尽力する《力を尽くす》fare ogni sforzo [fare tutto il possibile] per + 不定詞;《他人のために》rendere un grande servizio a qlcu.; contribuire㊀[av] a qlcu.[ql.co.] ¶あなたのご尽力のおかげで grazie ai suoi buoni uffici [al suo benevolo intervento]
しんりん 森林 《林》foresta㊛,《森》bosco㊚[複 -chi]; selva㊛ ◇森林の forestale; boschivo
✤森林開発 selvicoltura㊛
森林学 scienze㊛[複] forestali, selvicoltura㊛;《樹木学》dendrologia㊛
森林管理 governo㊚ dei boschi e delle foreste
森林行政 amministrazione㊛ forestale
森林資源 risorse㊛[複] forestali [boschive]
森林地帯 regione㊛ boschiva
森林保護 protezione㊛ delle foreste
森林浴 camminata㊛ tra i boschi per ritemprarsi e ossigenarsi
森林乱伐 disboscamento㊚ incontrollato [sconsiderato]
じんりん 人倫《人道》umanità㊛;《道徳》morale㊛ ¶人倫にもとる行為 azione inumana ¶君の行為は人倫に背くものである. Il tuo comportamento va contro la morale.
しんるい 親類《親族》;《集合的に》parentela㊛, parentado㊚;《姻戚関係》parentela㊛ acquisita;《法》affinità㊛ ¶親類が多い[少ない] avere una numerosa [ristretta] parentela ¶母方[父方]の親類 parente da parte di madre [di padre] ¶彼は遠い[近い]親類にあたる. È un mio lontano [stretto] parente. ¶狼と犬は親類だ. Lupo e cane appartengono alla stessa specie. ¶親類付き合いはめんどうくさい. Gli obblighi parentali sono una scocciatura.
✤親類縁者 parenti㊚[複] e affini㊚[複]; tutta la parentela㊛
じんるい 人類 umanità㊛, genere㊚ umano, specie㊛[無変] umana, esseri㊚[複] umani
✤人類愛 amore㊚ per l'umanità, filantropia㊛
人類学 antropologia㊛[複 -gie] ◇人類学の antropologico[㊚複 -ci] ¶文化人類学 antropologia culturale
人類学者 antropologo㊚[㊛ -ga; ㊚複 -gi]
しんれい 心霊 spirito㊚, anima㊛
✤心霊現象 fenomeno㊚ metapsichico[複 -ci][spiritico[複 -ci] / spiritistico[複 -ci]]
心霊術 metapsichica㊛, spiritismo㊚
しんれき 新暦《太陽暦》calendario㊚[複 -i] solare;《西洋暦》calendario occidentale
しんろ 針路 direzione㊛, corso㊚, rotta㊛ ¶針路を転じる cambiare rotta [direzione] / invertire la rotta / virare[av] di bordo ¶船は南に針路を変えた. La nave ha virato di bordo dirigendosi verso sud. ¶船は針路をナポリに取った. La nave ha fatto rotta [ha puntato] su Napoli. / La nave si è diretta verso [alla volta di] Napoli.
しんろ 進路 strada㊛, percorso㊚, via㊛;《空・船》rotta㊛ ¶進路を妨げる ostacolare [impedire] il passaggio a qlcu. ¶彼は人生の進路を誤った. Ha scelto una strada sbagliata nella vita. ¶大学卒業後の進路を決めかねている. Non riesco a decidere cosa fare dopo aver preso la laurea.
しんろう 心労 preoccupazioni㊛[複], affanni㊚[複], pensieri㊚[複];《精神的不安》ansia㊛, inquietudine㊛;《苦悩》afflizioni㊛[複] ¶心労のため彼は病気になった. Si è ammalato per le preoccupazioni [《ストレスで》per lo stress].
しんろう 新郎 sposo㊚, novello sposo㊚, sposino㊚
✤新郎新婦 la sposa㊛ e lo sposo㊚, gli sposi㊚[複] novelli, i novelli sposi㊚[複]
しんわ 神話 mito㊚;《総称》mitologia㊛[複 -gie] ◇神話の mitico[㊚複 -ci], mitologico[㊚複 -ci], leggendario[㊚複 -i] ¶ギリシア[ローマ]神話 mitologia greca [romana]
✤神話化 mitizzazione㊛ ◇神話化する mitizzare ¶非神話化 smitizzazione㊛
神話学 mitologia㊛ ¶比較神話学 mitologia comparata
神話学者 mitologo㊚[㊛ -ga; ㊚複 -gi], mitologista㊚[㊚複 -i]
神話時代 periodo㊚ mitico [leggendario]
じんわり ¶彼の目にじんわり涙が浮かんだ. Gli occhi gli si sono riempiti di lacrime.
しんわりょく 親和力 **1**《化》affinità㊛ **2**《ゲーテの著作》"Le affinità elettive" (Goethe)

す

す 州 banco⑨[複 -chi] (di sabbia), secca⑤, bassofondo⑨ ¶州に乗り上げる arenarsi / incagliarsi in una secca

す 巣 1 《鳥類の》nido⑨;《野生動物の》covo⑨, tana⑤ ¶鷲の巣 nido d'aquila ¶蟻の巣 formicaio ¶白蟻の巣 termitaio ¶蜂の巣 nido d'api / vespaio / alveare⑨ (►人工の「巣箱」もさす) ¶蜜蜂の巣《蜜房》favo di miele ¶蜘蛛の巣 tela di ragno / ragnatela ¶巣を作る fare [costruire] il nido / nidificare⾃[av]
2《巣窟》《盗賊の巣》covo [rifugio] di ladri ¶悪人の巣《たまり場》ritrovo di viziosi
3《人が住む所》¶愛の巣 nido d'amore

す 酢 aceto⑨ ¶酢でサラダを味付けする condire l'insalata con l'aceto ¶酢漬けにする mettere ql.co. sottaceto
❖酢入れ ampolla⑤ per l'aceto
酢牡蠣(が) ostrica⑤ all'aceto
酢醤油 salsa⑤ di soia con aggiunta di aceto

ず 図 《絵》disegno⑨, figura⑤;《表》schema⑨[複 -i];《挿絵》illustrazione⑤;《図表》diagramma⑨[複 -i], grafico⑨[複 -ci] ¶《平面図》piano⑨, pianta⑤ ¶海図 carta marina ¶天気図 carta meteorologica ¶図を引く disegnare una pianta / tracciare un disegno [una carta / uno schema]
|慣用| 図に当たる ¶図に当たった。Ho ottenuto lo scopo. / Il piano ha funzionato.
図に乗る montarsi la testa ¶図に乗るな。Non montarti la testa! ¶彼はちょっとほめると, すぐ図に乗る。Appena lo si loda un po', si monta subito la testa.

ず 頭 頭が高い essere insolente [irrispettoso]

-ず ¶朝ごはんを食べずに家を出た。Sono uscito di casa senza fare colazione. ¶タバコを喫わずにはいられない。Non posso stare senza fumare [senza sigarette].

すあえ 酢和え─酢の物
すあし 素足 piede⑨ nudo ◇素足の scalzo
ずあん 図案 disegno⑨;《装飾的な》disegno ornamentale;《下絵》abbozzo⑨, schizzo⑨ ¶ワンピースの図案を描く fare il disegno di un abito / disegnare un abito
❖図案化 ¶花を図案化する disegnare [《単純化しながら》stilizzare] un fiore

すい 粋 1《優れたもの》il meglio⑨, il fior fiore⑨, la quintessenza⑤, la crema⑤ ¶現代技術の粋を集める utilizzare il meglio della tecnologia moderna ¶この美術館には日本近代絵画の粋が集められている。In questo museo è raccolto il fior fiore della pittura giapponese moderna.
2《いきなこと》eleganza⑤ ¶粋を利かす mostrare sensibilità in affari di cuore / mostrare (della) delicatezza

すい 酸い ¶酸いも甘いも噛み分けた人 persona che ha provato tutte le gioie e i dolori della vita

ずい 隋 《中国の》la Dinastia⑤ Sui; i Sui⑨[複]

ずい 蕊 《植》《雄しべ》stame⑨;《雌しべ》pistillo⑨

ずい 髄 《解・植》midollo⑨[複 le midolla]

すいあげる 吸い上げる 1《吸って上げる》aspirare, pompare;《主に口で》succhiare ¶水を吸い上げる aspirare l'acqua 2《搾取する》sfruttare ¶他国の富を吸い上げる sfruttare le risorse di un altro paese 3《上の者が下の者の意見を取り上げる》¶社員の声を吸い上げる accogliere le opinioni dei dipendenti

すいあつ 水圧 pressione⑤ idrica [dell'acqua] ¶ダムへの水圧 spinta delle acque contro la diga ¶水圧が高い。La pressione dell'acqua è alta.
❖水圧機[プレス] pressa⑤ idraulica

すいい 水位 livello⑨ dell'acqua ¶警戒水位 livello di guardia ¶水位が上がる[下がる]。Il livello dell'acqua sale [scende].
❖水位計 idrometro⑨[複 -i]; indicatore⑨ di livello dell'acqua

すいい 推移 《移行》transizione⑤, passaggio⑨[複 -gi];《変化》cambiamento⑨, mutamento⑨,《進歩, 発展》evoluzione⑤, sviluppo⑨,《経過, 変遷》corso⑨, vicende⑤[複] ◇推移する passare⾃[es]; evolversi, progredire⾃ (►人が主語のとき [av], 物が主語のとき [es]), avanzare⾃[es, av] ¶時代の推移 lo scorrere del tempo [dei giorni] ¶封建体制から資本主義体制への推移 passaggio dal feudalesimo al capitalismo ¶戦後の日本経済の推移 le vicende dell'economia giapponese postbellica ¶事態の推移を見守る seguire lo sviluppo della situazione

ずいい 随意 ◇随意の《自由な》libero;《自発的な》volontario⑨[複 -i];《任意の》facoltativo, arbitrario⑨[複 -i] ¶随意に liberamente; volontariamente; facoltativamente, arbitrariamente, a scelta ¶ご随意に。Come lei desidera. / Come preferisce. / A sua scelta. ¶「入学随意」"Iscrizione libera" ¶「入場随意」《掲示》"Ingresso libero"
❖随意筋《解》muscolo⑨ volontario
随意契約 contratto⑨ privato
随意選択 libera scelta⑤, scelta arbitraria

すいいき 水域 acque⑤[複], zona⑤ d'acqua ¶危険水域 acque pericolose ¶漁業専管水域 zona esclusiva di pesca ¶経済水域 zona economica esclusiva

ずいいち 随一 ◇随一の《第一の》定冠詞+primo;《良の》定冠詞+migliore;《最も偉大な》定冠詞+più grande, 定冠詞+maggiore ¶ミケランジェロはイタリア随一の彫刻家だ Michelangelo

スイートピー 〔英 sweet pea〕《植》pisello男 odoroso

スイートホーム 〔英 sweet home〕《自分の家庭》la *propria* casa女;《幸せな家庭》famiglia女 felice, casa女 dolce casa;《新婚家庭》nuova famiglia女

スイートルーム 〔仏〕suite [swit] 女[無変] (alberghiera); appartamento男 in un albergo

ずいいん 随員 membro男 del seguito, accompagnatore男 [女 -trice];《護衛》scorta女;《集合的に》seguito男, corteo男

すいうん 水運 trasporto男 per nave;《河川による》trasporto男 (traffico男) [複 -ci] fluviale ¶水運の便がよい disporre di una buona rete「di canali navigabili [di vie di navigazione]

すいうん 衰運 fortuna女 declinante [in declino], decadenza女, decadimento男

すいえい 水泳 nuoto男 ◇水泳をする nuotare 自[av] →スポーツ用語集 ¶水泳を習う imparare a nuotare ¶彼は水泳がうまい. È un bravo nuotatore. ¶イタリア水泳連盟 Federazione Italiana Nuoto /（略）FIN [fin]

❖水泳競技 gara女 di nuoto
水泳教室 scuola女 di nuoto
水泳選手 nuotatore男 [女 -trice]
水泳パンツ costume男 da bagno
水泳帽 cuffia女 da bagno

すいえき 膵液 succo男 pancreatico
すいおん 水温 temperatura女 dell'acqua
すいか 水化《化》idratazione女 ◇水化する《他のものを》idratare;《自らが》idratarsi
❖水化物 idrato男

すいか 水火 ¶水火の苦しみ sofferenze indicibili ¶国のためなら水火も辞さない. Mi getterei nel fuoco per il mio paese. ¶二人は水火の仲だ.《非常に悪い》Quei due non si sopportano.

すいか 水禍《水害》danni男[複] provocati dalle inondazioni;《水死》morte女 per annegamento

すいか 西瓜 cocomero男;《北伊》anguria女;《南伊》melone男 d'acqua

すいか 誰何 ◇誰何する intimare [dare] il "chi va là"

すいがい 水害《洪水による被害》danni男[複] provocati dall'inondazione ¶水害を被る《物》essere danneggiato [colpito] da un'inondazione /《人》essere vittima di un'inondazione
❖水害対策《防止》difesa女 fluviale;《救助対策》piano男 di soccorso per le inondazioni
水害地 zona女 alluvionata [allagata]

すいかけ 吸いかけ ¶吸いかけのタバコ《吸い始めたばかりの》sigaretta appena iniziata /《半分吸った》sigaretta fumata a metà

すいかずら 忍冬《植》caprifoglio男 [複 -gli]
すいがら 吸い殻 mozzicone男, cicca女 ¶タバコ[葉巻]の吸い殻 un mozzicone di sigaretta [di sigaro]
❖吸い殻入れ portacenere男[無変]

すいかん 水管 tubo男 [tubatura女] dell'acqua
すいかん 吹管《化》cannello男 ferruminatorio男 [複 -i], gonfiatoio男 [複 -i]

すいがん 酔眼 ¶酔眼朦朧（もうろう）として con gli occhi annebbiati dall'alcol

すいき 水気 **1**《しめり気》umidità女 **2** →水腫
ずいき 随喜 ¶随喜の涙を流す piangere di gioia / versare lacrime di gioia

すいきゅう 水球《スポ》pallanuoto女 ¶水球の選手［競技者］pallanuotista男 [女複 -i]

すいぎゅう 水牛《動》bufalo男 [女 -a]
すいきょ 推挙 →推薦

すいきょう 酔狂《風変わり》bizzarria女, eccentricità女;《気まぐれ》capriccio男 [複 -ci] ◇酔狂な bizzarro, eccentrico [複 -ci], stravagante; capriccioso ¶それは酔狂ではとてもできないことだ. Non è una cosa che si può fare solo per il gusto di farla. ¶真冬に海で泳ぐなんて, 君も酔狂な人だね. Solo a te potrebbe venire in mente di nuotare in mare in pieno inverno.

すいぎょのまじわり 水魚の交わり amicizia女 intima come i pesci con l'acqua

すいぎん 水銀《化》mercurio男;《俗》argento男 vivo;《元素記号》Hg
❖水銀温度[気圧]計 termometro男 [barometro男] a mercurio
水銀柱 colonna女 di mercurio
水銀中毒《医》idrargirismo男, mercurialismo男
水銀灯 lampada女 a vapore di mercurio

すいくち 吸い口《紙巻きタバコ・葉巻・パイプの》bocchino男;《紙巻きタバコの》filtro男 (di sigaretta)

すいくん 垂訓 insegnamento男 ¶山上の垂訓《聖》il Sermone della montagna

すいけい 水系 ¶アマゾンの水系 il sistema idrografico [fluviale] del Rio delle Amazzoni

すいけい 推計 stima女 (valutazione女 / previsione女) (basata su una raccolta di dati)
◇推計する calcolare, valutare, stimare
❖推計学 stocastica女

すいげん 水源 sorgente女, fonte女 ¶川の水源を探る《さかのぼる》risalire un fiume fino alla sorgente /《調べる》ricercare le sorgenti di un fiume ¶この川の水源はコモ湖である. Questo fiume「nasce dal [è un emissario del] lago di Como.

すいこう 水耕 coltivazione女 [coltura女] idroponica
❖水耕場 coltivazione女 idroponica
水耕法 idrocoltura女, idroponica女

すいこう 推敲 perfezionamento男, rifinitura女, limatura女 ◇推敲する perfezionare, rifinire, limare;《見直す》rivedere; elaborare ¶原稿を推敲する perfezionare [rifinire] un manoscritto ¶推敲を重ねた詩文 versi limati e rilimati

すいこう 遂行《実行》esecuzione女;《成し遂げる》adempimento男, compimento男 ◇遂行する eseguire; adempiere, compiere ¶計画[命令]を遂行する eseguire un progetto [ordine]

すいごう 水郷 zona女 sulla riva di un fiume [un lago]

ずいこう 随行 accompagnamento男;《護衛》scorta女 ◇随行する accompagnare qlcu.; scortare qlcu.; essere al seguito di qlcu.
❖随行員 accompagnatore男 [女 -trice]

すいこみ 吸い込み aspirazione⒡;《排水孔》scarico⒨[複 -chi] dell'acqua, scolo⒨

すいこむ 吸い込む 《気体》aspirare, inspirare;《液体を口で》succhiare;《浸透させながら吸収する》assorbire ◇推察する succhiare は胸一杯山の空気を吸い込んだ. Ho inspirato a pieni polmoni l'aria di montagna. ¶乾いた地面はたちまち雨を吸い込んだ. La terra secca ha assorbito subito la pioggia.

すいさいえのぐ 水彩絵の具 colori⒨[複] ad acquerello

すいさいが 水彩画 acquerello⒨
❖水彩画家 acquerellista⒨⒡[複⒨ -i]

すいさつ 推察 congettura⒡, supposizione⒡ ◇推察する fare congetture, supporre di + 不定詞[che + 接続法], congetturare (che + 接続法) ¶彼の意図は容易に推察できる. Le sue intenzioni sono facili da intuire. ¶ご推察にまかせる. Glielo lascio immaginare. ¶お悲しみはいかほどかとご推察いたします. Sono sinceramente partecipe del suo dolore.

すいさん 水産 prodotto⒨ ittico [複 -ci]
❖水産加工品 prodotto⒨ marino lavorato e conservato
水産業 industria⒡ ittica [della pesca]
水産組合 sindacato⒨ dei pescatori
水産国 paese⒨ ricco [複 -chi] di prodotti marini
水産試験場 laboratorio⒨[複 -i] [stazione⒡ sperimentale] di piscicoltura
水産物 prodotto⒨ ittico

すいさんかぶつ 水酸化物 《化》idrossido⒨

すいし 水死 ◇水死する affogare ¶水死体で発見された. La ragazza è stata trovata affogata.

すいじ 炊事 cucina⒡ ◇炊事する cucinare⒨(▶単独でも可);《食事の用意をする》preparare i pasti
❖炊事係《当番》turno⒨ di cucina;《軍隊・修道院・寄宿学校などでの》cuciniere⒨[複 -a]
炊事場 cucina⒡

ずいじ 随時《いつでも》in qualunque momento;《必要な際》in caso di necessità;《ときどき》ogni tanto

すいしつ 水質 qualità⒡ dell'acqua ¶水質のよい[悪い]水 acqua buona [cattiva]
❖水質汚染 inquinamento⒨ delle acque
水質検査 analisi⒡[無変] dell'acqua

すいしゃ 水車 ruota⒡ idraulica;《水車小屋の》ruota⒡ del mulino;《水力タービン》turbina⒡ idraulica
❖水車小屋 mulino⒨

すいじゃく 衰弱 deperimento⒨; esaurimento⒨;《弱ること》indebolimento⒨ ◇衰弱する deperire [es]; esaurirsi; indebolirsi ¶神経衰弱 nevrastenia /《衰弱した状態》debolezza di nervi / esaurimento nervoso /《トランプの》memory (con le carte da gioco) ¶彼女は長い病気のため衰弱していた. Era consumata dalla lunga malattia.

すいしゅ 水腫《医》idropisia⒡, idrope⒡, edema [edema]⒨[複 -i] ¶脳水腫 idrocefalia⒡ / idrocefalo⒨

すいじゅん 水準《程度》livello⒨, grado⒨;《標準》livello medio⒨[複 -i];〔英〕standard [stándard]⒨[無変] ¶教育水準 standard educativi ¶文化水準 livello culturale ¶生活水準 tenore di vita / livello di vita ¶水準の高い[低い]仕事 lavoro di alta qualità [di qualità scadente] ¶水準に達する raggiungere il livello medio [lo standard] ¶水準を超える uscire dall'ordinario / elevarsi al di sopra della media ¶水準を超えている essere superiore alla media ¶同一の水準にある essere allo stesso livello (di ql.co. [qlcu.]) ¶製品の水準を高める innalzare il livello dei prodotti
❖水準器 livella⒡
水準測量 livellamento⒨, standardizzazione⒡
水準点 caposaldo⒨[複 capisaldi] (altimetrico [複 -ci]), punto⒨ di riferimento altimetrico

ずいしょ 随所 ◇随所に[至る所で] dappertutto, ovunque;《あちこちに》qua e là

すいしょう 水晶 cristallo⒨, cristallo⒨ di roccia ¶水晶の cristallino ¶紫水晶《アメジスト》ametista ¶煙水晶 quarzo affumicato
❖水晶球占い cristalloscopia⒡
水晶細工 cristalleria⒡
水晶体《解》cristallino⒨
水晶時計 orologio⒨[複 -gi] al quarzo

すいしょう 推奨 raccomandazione⒡ ◇推奨する raccomandare qlcu. [ql.co.]
❖推奨品 modello⒨ consigliato [raccomandato]

すいじょう 水上《水面》superficie⒡[複 -ce, -cie] dell'acqua;《水の上で》sull'acqua
❖水上運送 trasporto⒨ via acqua
水上競技 gara⒡ acquatica
水上警察 polizia⒡ fluviale [portuale / marittima]
水上スキー《スポ》sci[無変] nautico [acquatico]
水上生活 vita⒡ in mare [《川》sul fiume]
水上バス vaporetto⒨;《フェリー》traghetto⒨
水上飛行機 idrovolante⒨

すいじょうき 水蒸気 vapore⒨;《化》vapore⒨ acqueo

すいしん 水深 fondale⒨, profondità⒡ dell'acqua ¶水深を測る scandagliare il fondale / misurare la profondità dell'acqua ¶水深100メートルの所に a 100 metri di profondità ¶その湖は水深30メートルだ. Il lago ha una profondità massima di 30 metri.
❖水深計《ダイバーの》profondimetro⒨
水深測量 sondaggio⒨[複 -gi], scandaglio⒨[複 -gli], batimetria⒡
水深測量計 scandaglio⒨[複 -gli], batimetro⒨

すいしん 垂心《幾何》ortocentro⒨

すいしん 推進《物事の》propulsione⒡, spinta⒡;《計画などの》promozione⒡ ◇推進する spingere in avanti, promuovere ¶計画を推進する spingere un progetto ¶我々はこの仕事を積極的に推進すべきだ. Dobbiamo promuovere [incoraggiare] attivamente questo lavoro.
❖推進機 propulsione⒡;《プロペラ・スクリューの》propulsione⒡ a elica;《ジェットの》propulsione⒡ a getto
推進剤 propellente⒨

推進力 propulsione㊛, forza㊛ propulsiva ¶彼はその運動の推進力であった. È stato il principale ispiratore del movimento.

すいじん 粋人 《風流な》persona㊛ di buon gusto;《物わかりがよい》persona㊛ comprensiva

スイス《国名》Svizzera㊛;《公式国名: スイス連邦》Confederazione Elvetica ◇スイスの svizzero; elvetico [㊚複 -ci]
❖**スイス人** svizzero㊚ [㊛ -a]; elvetico㊚ [㊛ -ca; ㊚複 -ci]

すいすい ¶とんぼがすいすい飛んでいる. Le libellule svolazzano [volteggiano / aleggiano] intorno.

すいせい 水生 ◇水生の acquatico [㊚複 -ci]; d'acqua ¶半水生の semiacquatico
❖**水生植物** pianta㊛ acquatica
水生動物 animale㊚ acquatico

すいせい 水性 ◇水性の《水溶性の》solubile nell'acqua
❖**水性ガス** gas㊚ d'acqua
水性ペイント colore㊚ ad acqua, idropittura㊛

すいせい 水星《天》Mercurio㊚ ◇水星の mercuriale

すいせい 衰勢 ¶衰勢に向かう essere in declino / stare declinando ¶その政党は衰勢に向かっている. Quel partito politico sta perdendo terreno.

すいせい 彗星 cometa㊛ ¶ハレー彗星 la cometa di Halley ¶彗星の尾 coda della cometa ¶彗星のように現れる diventare famoso dall'oggi al domani / fare un debutto clamoroso

すいせいがん 水成岩《地質》roccia㊛ [㊛複 -ce] sedimentaria

すいせいむし 酔生夢死 una vita㊛ vuota e senza obiettivi

すいせん 水仙 narciso㊚;《ラッパ水仙》trombone㊚;《黄水仙》giunchiglia㊛

すいせんべんじょ 水洗便所 gabinetto㊚ [latrina㊛] (con sciacquone), toilette㊛ (con cacciata d'acqua), water [váter]㊚ [㊚無変];《略》w.c.㊚ [vuttʃí]

すいせん 垂線《幾何》retta㊛ perpendicolare, perpendicolare㊛ ¶垂線を立てる［下ろす］innalzare [abbassare] una perpendicolare

すいせん 推薦 raccomandazione㊛ ◇推薦する raccomandare (ql.co. [qlcu.]) (に a), proporre (ql.co. [qlcu.]) (に a) ¶<人>の推薦で su raccomandazione di qlcu. ¶<人>を新しい部長に推薦する proporre [raccomandare] qlcu. come nuovo direttore ¶教授の推薦で彼女を秘書に採用した. L'ho assunta come segretaria su raccomandazione del professore.
❖**推薦者** raccomandante㊚;《身元保証人》referenza㊛ ¶被推薦者 raccomandato㊚ [㊛ -a]
推薦状 lettera㊛ di presentazione [raccomandazione]
推薦図書 libri㊚ [㊚複] consigliati [raccomandati]
推薦入学 ammissione㊛ dietro raccomandazione

すいそ 水素 idrogeno㊚;《元素記号》H ¶重水素 deuterio / idrogeno pesante ¶水素と化合させる idrogenare ql.co.

❖**水素イオン** ione㊚ idrogeno, idrogenione㊚
水素イオン濃度 concentrazione㊛ idrogenionica
水素化(合)物 idruro㊚
水素ガス idrogeno㊚ gassoso
水素結合 legame㊚ idrogeno
水素爆弾 bomba㊛ all'idrogeno, bomba H

すいそう 水葬 sepoltura㊛ in mare ◇水葬する seppellire qlcu. in mare / consegnare la salma (di qlcu.) alle onde

すいそう 水槽 serbatoio㊚ [㊚複 -i] d'acqua, cisterna㊛;《魚類飼育用の》acquario㊚ [㊚複 -i], pescaia㊛, vivaio㊚ [㊚複 -i]

すいそうがく 吹奏楽 musica㊛ per fiati [per strumenti a fiato] →音楽 用語集
❖**吹奏楽団** fanfara㊛, banda㊛ (di ottoni)
吹奏楽器 strumento㊚ a fiato →楽器 図版

すいぞう 膵臓 pancreas㊚ [㊚無変] ◇膵臓の pancreatico [㊚複 -ci]
❖**膵臓炎** pancreatite㊛

ずいそう 随想 pensieri㊚ [㊚複] occasionali [casuali]
❖**随想録** saggi㊚ [㊚複], raccolta㊛ di pensieri, zibaldone㊚;《モンテーニュの著作》"Saggi" (Montaigne)

すいそく 推測 congettura㊛, supposizione㊛, presunzione㊛ ◇推測する congetturare ql.co., supporre di + 不定詞 [+ 接続法], presumere che + 接続法 ¶単なる推測にすぎない. Non è che una semplice supposizione [ipotesi]. ¶景気回復は10月頃と推測される. La ripresa economica è prevista all'incirca per ottobre. ¶君の推測は当たった. Hai indovinato. / Ci hai azzeccato. ¶結果は私の推測どおりだった. Il risultato è stato come (quello che) prevedevo. ¶彼の言葉から推測すると関西出身のようだ. Dal suo modo di parlare, desumo [immagino] che sia del Kansai.
❖**推測航法**《船・空》navigazione㊛ stimata
推測統計 inferenza㊛ statistica

【使いわけ】「推測する」の意味を表すのに, 口語では **congetturare** よりも **supporre** や **presumere** が多く使われる. 確かな判断材料をもとに推測するときは **desumere** を使う.
¶推測するに, きっとうまく行ったんだろう. Suppongo [Presumo] che sia andato bene.
¶試験の後, 息子は24時間寝通しだった. 難しい試験だったのだろう. Dopo l'esame mio figlio ha dormito per ventiquattro ore di fila. (Ne) desumo che sia stato un esame difficile.

すいぞくかん 水族館 acquario㊚ [㊚複 -i]

すいたい 衰退 declino㊚, decadenza㊛ ◇衰退する declinare㊀ [av], decadere㊀ [es] ¶手工業は衰退の一途をたどっている. L'industria dell'artigianato è in declino. ¶国力が衰退しつつある. La nazione si sta indebolendo.

すいたい 酔態 ¶酔態をさらす bere troppo e lasciarsi andare eccessivamente

すいだしこうやく 吸い出し膏薬 vescicante㊚, cerotto㊚ per foruncolo

すいだす 吸い出す succhiare [aspirare] ql.co.,

estrarre *ql.co.* aspirando ¶おできの膿(う)を吸い出す estrarre il pus dal foruncolo

すいちゅう 水中 ◇水中の subacqueo, acquatico 男複 -*ci* ◇水中に sott'acqua, nell'acqua ¶ムー大陸は水中に沈んだと言われている。Dicono che il Continente di Mu scomparve sott'acqua.
❖水中ケーブル cavo 男 sottomarino
水中考古学 archeologia 女 subacquea
水中写真 fotografia 女 subacquea
水中銃 fucile 男 subacqueo
水中植物 pianta 女 acquatica
水中テレビカメラ telecamera 女 subacquea
水中めがね occhialini 男複 (da nuoto);《ダイビング用の》maschera 女 subacquea
水中翼船 aliscafo 男

すいちょく 垂直 verticalità 女; perpendicolarità 女 ◇垂直な《水平に対して》verticale;《面・線に対して》perpendicolare, normale ◇垂直に perpendicolarmente; verticalmente, a piombo, a picco ¶面に対して垂直な線 retta perpendicolare [normale] ad un piano ¶垂直に上昇する salire verticalmente ¶垂直に落下する cadere a picco ¶2つの線は垂直に交わる。Le due rette si incrociano perpendicolarmente.
❖垂直安定板〖空〗deriva 女, timone 男 verticale
垂直解像度《テレビ・ビデオなどの》definizione 女 verticale
垂直二等分線 bisettrice 女 perpendicolare
垂直尾翼〖空〗impennaggio 男 verticale
垂直分布〖生〗distribuzione 女 verticale

すいちりょうほう 水治療法 idroterapia 女

すいつく 吸い付く attaccarsi a *ql.co.* [*qlcu.*];《はりつく》incollarsi a *ql.co.* [*qlcu.*], aderire 自 [*av*] a *ql.co.* ¶足に蛭(ひる)が吸い付いた。Le sanguisughe mi si sono attaccate [appiccicate] alle gambe.

すいつける 吸い付ける **1**《吸い寄せる》attirare, attrarre **2**《吸い慣れている》¶私はタバコを吸い付けている。Mi sono abituato a fumare.

スイッチ 〔英 switch〕interruttore 男;《押しボタン式の》pulsante 男, bottone 男, interruttore 男 a pulsante ¶《切り換えスイッチ,変換器》commutatore 男 ¶タイムスイッチ interruttore a tempo ¶テレビ[電灯]のスイッチを入れる accendere il televisore [la luce] ¶ラジオのスイッチを切る spegnere la radio ¶スイッチを押す premere il pulsante [l'interruttore]

スイッチバック 〔英 switchback〕〖鉄道〗successione 女 di rampe, tracciato 男 a rampe

すいてい 水底 fondo 男 dell'acqua [《川》del fiume /《海》del mare]

すいてい 推定 stima 女, valutazione 女 ◇推定する stimare *ql.co.*, valutare *ql.co.* ◇推定の《接続法》¶推定の《過去の出来事の》presunto;《将来の出来事の》presuntivo ¶損害はおよそ500万円と推定される。I danni sono valutati grosso modo in cinque milioni di yen. ¶警察は内部の者の犯行と推定した。La polizia presume che il delitto sia stato perpetrato da qualcuno che ha libero accesso al luogo.
❖推定時刻 ora 女 presunta
推定相続人 erede 男 presunto
推定年齢 età 女 presunta

すいてき 水滴 goccia 女 [複 -*ce*] d'acqua

すいでん 水田 risaia 女 (allagata)

すいとう 水痘〖医〗varicella 女

すいとう 水筒 borraccia 女 [複 -*ce*], fiasca 女 d'acqua;《魔法瓶》termos 男〖無変〗

すいとう 水稲 riso 男 coltivato in acqua

すいとう 出納 entrate 女[複] e uscite 女[複];《図書館などの》distribuzione 女 (di libri)
❖出納課 reparto 男 contabilità, contabilità 女
出納係 contabile 男女, cassiere 男 [女 -*a*]
出納簿 libro 男 di cassa; scritture 女[複] contabili

すいどう 水道 **1**《上水道設備》acquedotto 男, tubature 女[複] dell'acqua ¶水道の水 acqua corrente ¶水道の水を出す[止める] aprire [chiudere] il rubinetto dell'acqua ¶水道を引く allacciare l'impianto idrico ¶水道の出がよくない。L'acqua esce debolmente. / L'acqua esce a bassa pressione.
2《水路, 海峡》canale 男, stretto 男 ¶豊後水道 il canale Bungo
❖水道管 tubo 男 dell'acqua;《集合的に》tubatura 女 [tubazione 女] dell'acqua
水道局 ¶市の水道局 ufficio comunale dell'acquedotto
水道工事《修理の》lavori 男[複] (di riparazione) agli impianti idrici;《新規の》lavori 男[複] di allacciamento dell'impianto idrico
水道工事人 idraulico 男 [女 -*ca*; 男複 -*ci*]
水道栓 rubinetto 男
水道メーター contatore 男 dell'acqua
水道料金 bolletta 女 dell'acqua ¶水道料金を払う pagare la bolletta dell'acqua

すいとりがみ 吸い取り紙 carta 女 assorbente

すいとる 吸い取る **1**《吸う》aspirare;《口で吸う》succhiare;《吸収する》assorbire ¶この掃除機はよくほこりを吸い取る。Questo aspirapolvere aspira bene lo sporco. ¶傷口から蛇の毒を吸い取った。Ho succhiato dalla ferita il veleno del serpente.
2《搾取する》sfruttare ¶貧乏人から金を吸い取る spremere soldi ai [dai] poveri

すいなん 水難《溺死》annegamento 男;《水害》inondazione 女;《難破》naufragio 男 [複 -*gi*] ¶水難に遭う annegare 自 [*es*] / subire un'inondazione / naufragare 自 [*es*] (▶人が主語のとき [*av*])
水難救助 salvataggio 男 [複 -*gi*] marittimo

すいのみ 吸い飲み bicchiere 男 con beccuccio (per malati)

すいば 酸葉・酸模〖植〗acetosa 女

すいばく 水爆 bomba 女 all'idrogeno, bomba 女 H
❖水爆実験 esperimento 男 della bomba H

すいばん 水盤《生け花用の》vaso 男 basso e largo per ikebana;《一般的に》bacile 男

ずいはん 随伴 **1**《随行》◇随伴する accompagnare *qlcu.*, andare con *qlcu.*
2《ある事柄に伴って起こること》¶新しい税制の施行には様々な問題が随伴する。L'attuazione del nuovo sistema di tassazione crea [comporta] diversi problemi.
❖随伴者 accompagnatore 男 [女 -*trice*]

すいはんき 炊飯器 pentola⊕ per cuocere il riso ¶電気[ガス]炊飯器 bollitore elettrico [a gas] per il riso

すいはんきゅう 水半球 emisfero⊕ marittimo

すいび 衰微 declino⊕, decadenza⊕, tramonto⊕ ◇衰微する declinare⊕ [av], decadere⊕ [es], tramontare⊕ [es] ¶衰微しつつある社会 società in declino

ずいひつ 随筆 saggio⊕ [複 -gi], scritti⊕ [複] vari nati da spunti osservati o ascoltati
❖**随筆家** saggista⊕⊕ [複 -i], autore⊕ [⊕ -trice] di miscellanea
随筆集 raccolta⊕ di scritti vari [di saggi], miscellanea⊕

すいふ 水夫 marinaio⊕ [複 -i]
❖**水夫長** nostromo⊕

すいぶん 水分 contenuto⊕ [percentuale⊕] d'acqua; liquidi⊕ [複]; 《水》acqua⊕ ¶水分を多く取る assumere molti liquidi ¶水分が多い acquoso / ricco d'acqua ¶この果物は水分が多い. Questa frutta è succosa [sugosa / succulenta]. ¶水分を除去する deidratare / disidratare

ずいぶん 随分 **1**《大変》molto; estremamente ¶今日はずいぶん暑い. Oggi fa proprio [piuttosto] caldo. ¶彼は結果にずいぶん満足している. È estremamente contento del risultato.
2《ひどい様子》¶ずいぶんな言い方だね. Questa è una cattiveria! / Questo è troppo! ¶ずいぶんな話だ. È una storia terribile.

すいへい 水平 orizzontalità⊕ ◇水平の orizzontale, piano ◇水平に orizzontalmente, a livello, in piano ¶水平に置く mettere in piano ql.co.
❖**水平解像度**《テレビ・ビデオなどの》definizione⊕ orizzontale
水平器 livella⊕
水平思考 pensiero⊕ laterale
水平線 orizzonte⊕, linea⊕ dell'orizzonte; 《幾何》(linea⊕) orizzontale⊕ ¶水平線に現れる[没する] apparire [sparire] all'orizzonte
水平舵《航》timone⊕ di profondità [di quota]
水平飛行《空》volo⊕ orizzontale
水平尾翼 impennaggio⊕ [複 -gi] orizzontale
水平分布《生》distribuzione⊕ orizzontale
水平面 piano⊕ orizzontale, superficie⊕ [複 -ci, -cie] orizzontale

すいへい 水兵 marinaio⊕ [複 -i]
❖**水兵服[帽]** divisa⊕ [berretto⊕] da marinaio

すいほう 水泡 bolla⊕ (d'acqua)
慣用 水泡に帰する andare in fumo
❖**水泡音**《医》rantolo⊕

すいほう 水疱《医》《水膨れ》vescicola⊕, vescichetta⊕; 《小疱》vescica⊕

すいぼう 水防 prevenzione⊕ di mareggiate e inondazioni
❖**水防訓練** esercitazione⊕ per la protezione civile in caso di inondazioni e mareggiate
水防工事 lavori⊕ [複] [opere⊕ [複]] per la prevenzione di mareggiate e inondazioni
水防対策 misure⊕ [複] contro inondazioni e mareggiate

すいぼう 衰亡 《滅亡》caduta⊕, rovina⊕; 《衰微》declino⊕, deperimento⊕ ¶『ローマ帝国衰亡史』(ギボン) "Storia della decadenza e caduta dell'Impero Romano" (Gibbon)

すいほうしん 水疱疹《医》eczema⊕ [複 -i]; 《ヘルペス》herpes⊕, erpete⊕

すいぼくが 水墨画 dipinto⊕ [pittura⊕] a inchiostro di china

すいぼつ 水没 ¶洪水で村が水没した. Il villaggio fu sommerso [inghiottito] dall'inondazione.

すいま 睡魔 sonnolenza⊕, assopimento⊕, colpo⊕ di sonno ¶睡魔に打ち勝つ vincere il sonno ¶睡魔に襲われた. Sono stato preso dalla sonnolenza.

ずいまくえん 髄膜炎《医》meningite⊕
すいみつとう 水蜜桃 pesca⊕ bianca
すいみゃく 水脈 ¶水脈を掘り当てる trovare una vena d'acqua

すいみん 睡眠 sonno⊕; 《熟眠》dormita⊕ ¶十分に睡眠を取る dormire a sufficienza / 《話》farsi un bel sonno [una bella dormita]
❖**睡眠時間** ore⊕ [複] di sonno [riposo]
睡眠時無呼吸症候群《医》sindrome⊕ dell'apnea nel sonno
睡眠障害 disturbi⊕ [複] del sonno
睡眠病 malattia⊕ del sonno; 《トリパノソーマ病》tripanosomiasi⊕ [無変]; 《嗜眠性脳炎》encefalite⊕ letargica
睡眠不足 insufficienza⊕ [mancanza⊕] di sonno ¶近ごろ睡眠不足だ. In questi giorni dormo troppo poco.
睡眠薬 sonnifero⊕, barbiturico⊕ [複 -ci] ¶この本はいい睡眠薬になる. Questo libro è un buon sonnifero.
睡眠療法 cura⊕ del sonno, narcoterapia⊕

すいめん 水面 superficie⊕ [複 -ci, -cie] dell'acqua ¶水面に sull'acqua, a fior d'acqua ¶水面に浮かび上がる riemergere alla superficie / riaffiorare⊕ [es] ¶岩が水面に顔を出している. La roccia affiora a pelo dell'acqua.
❖**水面下** ◇水面下に[で] sotto il livello dell'acqua; 《比喩的》sottobanco ¶水面下の取引 un accordo sottobanco

すいもの 吸い物 brodo⊕ (insaporito con sale o salsa di soia)

すいもん 水門 chiusa⊕; 《巻き上げ式・シャッター式》cateratta⊕, paratoia⊕ (piana), saracinesca⊕ ¶パナマ運河の水門 le chiuse del canale di Panama ¶水門を開く[閉じる] aprire [chiudere] la cateratta ¶水門を上げる[下げる] alzare [abbassare] la paratoia

すいよう 水溶
❖**水溶液** soluzione⊕ acquosa
水溶性 ◇水溶性の solubile in acqua

すいよう(び) 水曜(日) mercoledì⊕; 《略》mer.

すいよく 水浴 bagno⊕ ¶ガンジス川で水浴する bagnarsi [fare il bagno] nel Gange

すいり 水利 **1**《水上輸送の便》navigabilità⊕, trasporti⊕ [複] per via d'acqua
2《水の利用》utilizzazione⊕ dell'acqua ¶水利のよい[悪い]場所 un luogo ben [mal] fornito

d'acqua
3《灌漑(かんがい)》irrigazione[女] ¶この土地は水利がよい[悪い]. Questa terra è ben [mal] irrigata.
✤**水利権** diritto[男]「di servirsi dell'acqua [di attingere acqua]
すいり 推理 deduzione[女] ◇推理する desumere [dedurre / arguire] *ql.co.* [che + [直説法]] ¶推理を働かせる ragionare[自] [*av*] su *ql.co.* / inferire *ql.co.* ¶帰納的に[演繹的に]推理する ragionare per induzione [deduzione] ¶彼の推理は鋭い. Ha sempre deduzioni brillanti. ¶推理によって結論に達した. Sono arrivato alla conclusione per deduzione.
✤**推理作家** au*tore*[男] [[女] *-trice*] di gialli, giallist*a* [男][女] [[男]複 *-i*]
推理小説 romanzo[男] giallo [polizie*sco* [複 *-schi*] / investigativo], giallo[男], polizie*sco*[男] [複 *-schi*]
推理力 facoltà[女] [capacità[女]] deduttiva
すいりきがく 水力学 idraulica[女]
すいりく 水陸 terra[女] e acqua[女]
✤**水陸両生** ◇水陸両生の〔動・植〕anfibi*o* [[男]複 *-i*]
水陸両用機〔空〕aereo[男] anfibio
水陸両用戦車 carro[男] armato anfibio
すいりゅう 水流 corrente[女] d'acqua ¶水流をせき止める bloccare una corrente d'acqua
✤**水流ポンプ**〔機〕pompa[男] a getto d'acqua
すいりょう 水量 volume[男] [quantità[女]] d'acqua ¶水量が1メートル増した[減った]. L'acqua è aumentata [è diminuita] di un metro.
✤**水量計** contatore[男] dell'acqua
すいりょう 推量 congettura[女], supposizione[女]
すいりょく 水力 forza[女] idrica [dell'acqua]; 《動力源》energia[女] idraulica ¶水力で発電する produrre [generare] energia idroelettrica
✤**水力機械** macchina[女] idraulica
水力機関 motore[男] idrauli*co* [複 *-ci*]
水力タービン turbina[女] idraulica
水力発電 generazione[女] [produzione[女]] di energia idroelettrica
水力発電所 centrale[女] idroelettrica, impianto[男] idroelettri*co* [複 *-ci*]
すいりょく 推力 spinta[女] ¶推力5トンのロケット razzo con spinta di cinque ton / razzo sviluppante una spinta di cinque ton
すいれい 水冷 raffreddamento[男] ad acqua ¶水冷式エンジン motore raffreddato ad acqua
すいれん 睡蓮〔植〕ninfea[女], gigli*o*[男] [複 *-gli*] d'acqua
すいろ 水路《水の流れる通路》corso[男] dell'acqua; 《人工の》canale[男]; 《船が通る》canale[男] navigabile, via[女] di navigazione, idrovia[女]; 《河川の》via[女] fluviale ◇水路で《海路》per via mare; 《河川で》per via fluviale; 《船で》per nave ¶灌漑(かんがい)用の水路 canale di irrigazione
✤**水路図** carta[女] idrografica
水路測量 rilevamento[男] idrografi*co* [複 *-ci*]
すいろん 推論 ragionamento[男]; 《論証》argomentazione[女]; 《推理》inferenza[女]; 《演繹的推論》deduzione[女]; 《帰納的推論》induzione[女] ◇推論する ragionare[自] [*av*] (su *ql.co.*), desumere [dedurre] *ql.co.* [che + [直説法]]; indurre *ql.co.* ¶正しい[間違った]推論をする ragionare bene [male] ¶彼の言葉からそれを推論した. L'ho dedotto dalle sue parole.
すいわ 水和〔化〕idratazione[女]
✤**水和物** idrato[男]
スイング〔英 swing〕**1**《スポーツで振ること》〔英〕swing [swing] [男] [無変]; battuta[女] **2**〔音〕〔英〕swing[男] [無変] **3**《ボクシングで》〔英〕swing[男] [無変]; sventola[女]
✤**スイングドア** porta[女] oscillante
すう 数 **1**《ものの数》numero[男] ◇数的 numerale; numeri*co* [[男]複 *-ci*] ◇数的に numericamente ¶数的形容詞 aggettivo numerale ¶参加者数 numero di partecipanti
2〔数〕¶自然[実 / 虚 / 有理 / 無理]数 numero naturale [reale / immaginario / razionale / irrazionale] ¶正[負]の数 numero positivo [negativo]
3《数学》matematica[女]
4《接頭語的に用いて,「いくつかの」の意を表す》alcun*i* [[女]複 *-e*] + 名詞の複数形, un paio di + 名詞の複数形 (►「2つの」「1組の」だけではなく,「いくつかの」alcuniの意味としても用いる); qualche + 名詞の単数形; 《いろいろな》var*i* [[女]複 *-ie*] + 名詞の複数形 ¶数頭の馬 alcuni cavalli / qualche cavallo ¶食パン数切れ alcune fette di pane / un paio di fette di pane ¶二十数年間 per più di vent'anni

すう 吸う **1**《吸い込む》aspirare[他], [自] [*av*]; 《息・空気を》inspirare[他] (►単独でも可); 《呼吸する》respirare[自] [*es*], [他] ¶きれいな空気を吸う aspirare [respirare] l'aria pura ¶コーヒーの香りを吸う aspirare l'aroma del caffè ¶毒ガスを吸う inspirare un gas tossico ¶深く息を吸ってください. Respiri profondamente.
2《タバコなどを》fumare[他], [自] [*av*] ¶葉巻きを吸う fumare un sigaro ¶室内でタバコを吸ってはいけない. È vietato fumare nella stanza.
3《液体を吸収する》assorbire ¶湿気を吸う assorbire l'umidità ¶このスポンジはよく水を吸う. Questa spugna assorbe bene l'acqua.
4《飲む》sorbire, succhiare, bere ¶母親の乳を吸う succhiare il latte materno
すうかい 数回 qualche volta, alcune volte, più volte, più di una volta ¶六十数回 una sessantina di volte
すうがく 数学 matematica[女] ◇数学の matemati*co* [[男]複 *-ci*] ◇数学的に matematicamente ¶応用[純粋 / 初等]数学 matematica applicata [pura / elementare] ¶高等数学 alta matematica
✤**数学者** matemati*co*[男] [[女] *-ca*; [男]複 *-ci*]
すうかげつ 数か月 qualche mese[男], alcuni mesi[男] [複]
すうき 数奇 ¶数奇な生涯をたどる condurre [trascorrere] una vita movimentata
すうきけい 枢機卿〔カト〕cardinale[男]
✤**枢機卿会議**〔カト〕concistoro[男]
すうこう 崇高 sublimità[女] ◇崇高な sublime, nobile ¶彼は崇高な精神の持ち主だ. Ha uno spirito sublime [nobile].
すうし 数詞 numerale[男]

すうじ 数字 cifra⊕ ¶数字で in cifre / in numeri ¶アラビア［算用］数字 cifre arabiche / numeri arabi ¶ローマ数字 numeri romani ¶漢数字 numeri cinesi ¶数字を挙げる fornire [citare] le cifre ¶天文学的数に上る salire a cifre astronomiche ¶…を数字で示す esprimere in cifre *ql.co.*

手書きの数字

$0\ 1\ 2\ 3\ 4\ 5\ 6\ 7\ 8\ 9$

✤**数字化**《コンピュータ》digitalizzazione⊕
すうじ 数次 ¶数次にわたり a più riprese / in più volte / alcune [molte] volte /《続き物について》in varie puntate /《連続的に》in serie ¶数次の生産段階を経て dopo vari processi di produzione

語法 数字を使った表現

「約…」「…ほど［くらい］の数」「何…」「数…」など.
¶約50冊の本 una cinquantina di libri
¶彼は40歳くらいだろう. Avrà una quarantina d'anni.
¶10年ほど前に una decina d'anni fa
¶約100人の学生 un centinaio di studenti
¶何千もの人々 centinaia di persone
¶数千人 alcune centinaia di persone / qualche centinaio di persone
¶約1万人 una decina di migliaia di persone
増減や金額を表すときは通例前置詞 **di** を用いる.
¶10キロやせた［太った］. Sono dimagrito [Sono ingrassato] di 10 kg (読み方: dieci chili).
¶取引高は2007年3月期に比べて3％増加した. Il giro di affari è aumentato del 3% rispetto al marzo del 2007.
¶年間労働時間数は8時間減った. Il numero di ore lavorative all'anno è diminuito di 8 ore.
¶年会費は100ユーロです. La quota annuale è di 100 euro.

✤**数次旅券**［入国査証］passaporto⊕［visto⊕ d'entrata］valido per un numero indeterminato di viaggi
すうしき 数式 espressione⊕［formula⊕］aritmetica
すうじくこく 枢軸国 《史》《日独伊の》le potenze⊕［複］dell'Asse ¶反枢軸国（連合国） potenze alleate / gli Alleati
すうじつ 数日 qualche giorno⊕, alcuni giorni⊕［複］ ¶数日間 per qualche giorno ¶数日中に《今日から》fra「un paio di giorni [qualche giorno] ¶数日来雨が降っている. Piove da qualche giorno. ¶数日前雪が降った. È nevicato alcuni giorni fa.
すうじゅう 数十 (varie) decine⊕［複］ ¶数十年間 per (vari) decenni / per decenni e decenni ¶数十億円 alcuni miliardi di yen ¶数十台の車 alcune decine di automobili ¶数十万人の人 alcune centinaia di migliaia di persone
すうすう ¶すうすうと寝息をたてる dormire con un respiro profondo e regolare ¶すうすうと風

が入る. Entra un vento freddo. / C'è una corrente d'aria. ¶背中がすうすうする. Ho freddo alla schiena. /《熱などがあって寒けがする》Ho i brividi alla schiena.
ずうずうしい 図々しい impudente, sfacciato, sfrontato, spudorato ◇ずうずうしさ impudenza⊕, sfacciataggine⊕, spudoratezza⊕ ¶ずうずうしい人 sfacciato［⊕ -a］ ¶まあずうずうしい. Che sfacciataggine! / Che faccia tosta! / Che coraggio! ¶ずうずうしくも列に割り込むあえて図々しい impudenza [la spudoratezza] di intromettersi nella fila ¶ずうずうしい嘘をつく mentire⊕［*av*］spudoratamente [senza vergognarsi / con gran faccia tosta]
すうせい 趨勢 ¶世の趨勢に従う seguire la corrente [le tendenze] / adeguarsi ai tempi ¶世の趨勢に逆らって生きる vivere [andare] controcorrente ¶時代の趨勢を読む capire l'andamento dei tempi /《先取りする》prevenire i tempi
すうせん 数千 (varie) migliaia⊕［複］（▶migliaiaは migliaio⊕ の複数形） ¶数千人の群衆 una folla「di (varie) migliaia di persone [di migliaia e migliaia di persone]
ずうたい 図体 ¶図体の大きい dalla taglia enorme / di corporatura gigantesca ¶図体ばかり大きくてもまだ子供です. È grande e grosso ma è ancora un bambino.
すうち 数値 **1**《数学で》valore⊕ numerico［⊕ -ci］ **2**《計算・計測で得たもの》 ¶大気汚染の数値 le cifre dell'inquinamento atmosferico
✤**数値制御**《コンピュータ》controllo⊕ numerico
数値目標 obiettivo⊕ numerico
スーツ［英 suit］completo⊕;《ジャケットとスカート, またはワンピースの》［仏］tailleur [tajér]⊕［無変］→洋服 図版
スーツケース［英 suitcase］valigia⊕［複 -gie, -ge］
すうだん 数段 《ずっと》di molto;《はるかに》di gran lunga ¶彼女は私より数段頭がいい. È molto più intelligente di me.
すうっと ¶戸が音もなくすうっと開いた. La porta si è aperta senza rumore. ¶透き間風がすうっと入って来た. È entrata infiltrandosi della corrente d'aria.
すうど 数度 diverse [alcune] volte, qualche volta, un paio di volte ¶数度の微震を感じた. Abbiamo sentito ripetute scosse lievi.
すうにん 数人 alcune persone⊕［複］
すうねん 数年 alcuni anni⊕［複］, qualche anno⊕; degli anni⊕［複］ ¶数年間暖冬が続いている. Per alcuni anni abbiamo avuto inverni insolitamente miti.
スーパー［英 super］ **1**《「スーパーマーケット」の略》supermercato⊕;［英］supermarket [supermárket]⊕［無変］ **2**《「スーパーインポーズ」の略》日本語字幕スーパーの映画 film con sottotitoli [didascalie] in giapponese **3**《大型の, 超》super-, sovra-
✤**スーパーインポーズ**《二重写しすること》sovrapposizione⊕;《字幕》sottotitolo⊕, didascalia⊕
スーパーカー supermacchina⊕;［英］supercar⊕［無変］
スーパーコンピュータ［英］supercomputer⊕［無

変]
スーパーG ⇒スーパー大回転
スーパースター〔英〕superstar [superstár] 男 [無変]; divo 男 [⊗ -a]
スーパー大回転《アルペン競技の》supergigante 男, super G [superdʒí] 男 [無変]
スーパーチャージャー《機》sovralimentatore 男
スーパーヒーロー supereroe 男
スーパーマン superuomo 男 [複 superuomini]; 《映画・漫画の》Superman [súpermen] 男 [無変]
スーパー林道 autostrada ⊗ che attraversa una foresta

すうはい 崇拝《信仰, 礼拝》culto 男; 《賛美, 賛嘆》adorazione ⊗, 《尊敬, 崇敬》venerazione ⊗ ◇崇拝する《宗教的に》venerare qlcu.; adorare qlcu., avere un culto per qlcu.; aver grande ammirazione per qlcu. ¶英雄[個人／祖先]崇拝 culto「degli eroi [della personalità / degli antenati] ¶偶像崇拝 idolatria ¶動物崇拝 zoolatria ¶物神崇拝 feticismo
✤崇拝者 adoratore 男 [⊗ -trice];《賛美者, 取り巻き》adoratore 男, ammiratore 男 [⊗ -trice], corteggiatore 男 [⊗ -trice]

すうばい 数倍 molte [parecchie / alcune] volte ⊗ [複] ¶彼女は姉より数倍美しい. È cento volte più bella di sua sorella. ¶その方法だと数倍費用がかかる. Quel metodo verrà a costare molto di più.

すうひゃく 数百 molte [parecchie / alcune] centinaia ⊗ [複] (►centinaia は centinaio の複数形) ¶数百人の死者がでた. C'erano alcune centinaia di morti.

すうひょう 数表 tavola ⊗ numerica

スープ〔英 soup〕zuppa ⊗;《すまし汁》brodo 男;《具の入った》minestra ⊗,《コンソメ》《仏》consommé [konsomé] 男 [無変],《ポタージュ》〔仏〕potage [potáʒ] 男 [無変]; minestra ⊗ passata ◆料理用語 ¶魚のスープ zuppa di pesce ¶野菜スープ zuppa di verdure / brodo vegetale ¶パスタ入りスープ minestra [minestrina / pasta] in brodo ¶スープを飲む bere il brodo / mangiare la zuppa
✤スープ皿 scodella ⊗, tazza ⊗, ciotola ⊗
スープストック brodo 男;《固型の》dado 男 ¶スープストックを作る preparare il brodo
スープ鉢 zuppiera ⊗

すうまん 数万(varie) decine di migliaia ⊗ [複] ¶数万の住民 decine di migliaia di abitanti

すうみついん 枢密院《日本の旧憲法下の》Consiglio 男 della Corona

ズーム〔英 zoom〕〔英〕zoom [dʒum] 男 [無変]
✤ズームアウト zumata ⊗ in allontanamento [a uscire]
ズームイン[アップ] zumata ⊗ in avvicinamento [a entrata] ◇ズームイン[アップ]する zumare 他, 自 [av]
ズーム撮影 zumata ⊗
ズームレンズ obbiettivo 男 zoom, obbiettivo 男 a focale variabile

すうり 数理 ◇数理的 matematico 男 [複 -ci] ◇数理的に matematicamente ¶数理に明るい avere il bernoccolo della matematica

✤数理統計学 statistica ⊗ matematica

すうりょう 数量 quantità ⊗ ¶数量が増える[減る] aumentare [diminuire] in quantità

すうれつ 数列 1《数》progressione ⊗ ¶等差[等比]数列 progressione aritmetica [geometrica]
2《いくつかの列》¶選手団は数列で行進している. Gli atleti marciano allineati su più file.

すえ 末 1《終わり》fine ⊗, termine 男;《先端》estremità ⊗ ¶3月の末頃 verso la fine di marzo ¶末は女の子です. L'ultima è una bambina. ¶世も末だ. Che brutti tempi! / Il mondo sta andando verso la fine
2《将来》futuro 男, avvenire 男; vita futura ¶末の見込みのない仕事 lavoro「non promettente [privo di prospettive] ¶この子は末が楽しみだ. Questo bambino avrà uno splendido avvenire. ¶彼は末が思いやられる. Il suo avvenire mi preoccupa.
3《…の後, …したあげく》dopo ql.co., dopo + 不定詞, dopo che + 直説法 ¶いろいろ考えた末 dopo averci pensato parecchio / dopo aver pensato e ripensato ¶苦労の末に dopo molta fatica ¶口論の末, 殴り合いになった. Dalla disputa sono passati ai pugni.

スエード〔仏 suède〕pelle ⊗ scamosciata ¶スエードの半コート cappotto corto scamosciato

すえおき 据え置き《延期》differimento 男, rinvio 男 [複 -ii];《繰り延べ》posticipazione ⊗ ◇据え置きの differito;《貯金や貸し付けの》non rimborsabile prima di un termine fissato ¶5年据え置きの預金 deposito [conto] vincolato per cinque anni ¶3年据え置きの貸し付け prestito redimibile in tre anni
✤据え置き期間 periodo 男 di differimento
据え置き貯金《保険》deposito 男 [a scadenza fissa]

すえおく 据え置く 1《機械など重いものを》⇒据え付ける 2《価格・料金などを》¶米価を据え置く lasciare il prezzo del riso invariato ¶金利は当分現行のまま据え置かれるでしょう. L'attuale interesse sarà mantenuto per un bel po' di tempo.
3《一定期間支払われない》¶年金が一年据え置かれた. Non è stato retribuito un anno di pensione.

すえおそろしい 末恐ろしい ¶末恐ろしい子 un bambino che potrebbe fare qualcosa di「terribile [(良い意味で) grande] in futuro ¶末恐ろしい事態だ. È una situazione che promette male.

すえぜん 据膳 ¶据え膳食わぬは男の恥. Non c'è onta peggiore per un uomo che rifiutare le avances di una donna.

すえたのもしい 末頼もしい ¶末頼もしい青年 giovane promettente [di grandi promesse / che promette bene] ¶君の将来を末頼もしく思っている. Sono molto fiducioso nei tuoi futuri successi.

すえつけ 据え付け installazione ⊗, posa ⊗;《固定》fissaggio 男 [複 -gi] ◇据え付けの fisso, inamovibile ¶据え付けの本棚 scaffale per libri incassato nel muro [nella parete] ¶機械装置の据え付け l'impianto di un macchinario

❖**据え付け工事費** costo男 [spese囡[複]] di installazione

すえつける 据え付ける installare [collocare] *ql.co.*;《固定する》fissare *ql.co.*;《組み立てる》montare *ql.co.* ¶屋根にソーラー温水器を据え付ける installare sul tetto un pannello solare

すえっこ 末っ子《男》l'ultimo figlio男, il minore囡, il cadetto囡;《女》l'ultima figlia囡, la minore囡, la cadetta囡

すえながく 末永く per sempre, per tutta la vita ¶末永くお幸せに.《結婚の祝電やあいさつで》Vi auguro una felicità duratura. ¶彼の功績は末永く語り継がれるだろう. Le sue grandi conquiste saranno ricordate per gli anni a venire.

すえひろがり 末広がり **1**《次第に下が広がること》¶河口が末広がりになっている. Il fiume si allarga alla foce. **2**《次第に栄えること》¶商売は末広がりに発展した. Gli affari hanno avuto un successo sempre maggiore.

すえる 据える **1**《動かないように置く》mettere [installare] *ql.co.* ¶ストーブを部屋の真ん中に据えた. Abbiamo installato una stufa nel mezzo della camera.
2《落ち着かせてかまえる》¶目を据える fissare lo sguardo《に su》/ guardare *ql.co.* [*qlcu.*] fissamente ¶腰を据える 一腰 ¶あらためて腹[度胸]を据える decidersi di nuovo / prendere una nuova risoluzione ¶腹[性根]を据えてこの仕事に取りかかれ. Dedicati a questo lavoro con determinazione!
3《人をある場所・地位につける》¶国民は彼を初代大統領に据えた. Il popolo l'ha eletto primo presidente.
4《灸(きゅう)を》¶背中に灸を据える applicare la moxa sulla schiena

すえる 饐える inacidire🅰[*es*], inacidirsi;《腐る》marcire🅰[*es*], imputridire🅰[*es*]

すおう 蘇芳・蘇方《植》(specie囡 di) cesalpinia囡;《学名》*Caesa Ipinia sappan*

ずが 図画 disegno男, pittura囡, dipinto男
❖**図画工作** arti囡 e mestieri男[複]
図画用紙 carta囡 da disegno

スカート〔英 skirt〕gonna囡 ¶スカートをはく indossare [infilare | mettersi] una gonna ¶スカートを脱ぐ togliersi la gonna

┌─ 関連 ─────────────────┐
アコーディオンスカート gonna囡 plissettata ギャザースカート gonna囡 arricciata キュロット(スカート) gonna囡 pantalone [無変] [pantaloni] ジャンパースカート scamiciato男 タイトスカート gonna囡 stretta プリーツスカート gonna囡「a pieghe [pieghettata] フレアスカート gonna囡 svasata [a campana] 巻きスカート gonna囡 a portafoglio ミディ midi [無変] ミニスカート minigonna囡, gonna囡 corta ロングスカート gonna囡 lunga
└───────────────────┘

❖**スカート丈** lunghezza囡 della gonna

スカーフ〔英 scarf〕〔仏〕foulard[fulár]男[無変]; sciarpa囡 di tessuto leggero ¶スカーフを首に巻く mettersi [portare] al collo un foulard

スカイ〔英 sky〕cielo男
❖**スカイダイビング** paracadutismo男 (acrobatico [複 *-ci*])
スカイパーキング parcheggio男 [複 *-gi*] multipiano [a più livelli]
スカイラウンジ ristorante男 belvedere [無変];《展望台》belvedere [*-i,-e*]

ずかい 図解 illustrazione囡;《表》disegno男 schematico [複 *-ci*], tavola囡 esplicativa ◊図解する illustrare con disegni
❖**図解辞典** dizionario男[複 *-i*] illustrato [figurato]

ずがい 頭蓋《解》cranio男[複 *-i*], scatola囡 cranica
❖**頭蓋骨** ossa囡[複] craniche, teschio男[複 *-schi*]
頭蓋骨骨折《医》frattura囡 cranica

スカイライン〔英 skyline〕**1**《空を背景とした輪郭線》¶街のスカイライン profilo [sagoma] di una città che si staglia contro il cielo
2《自動車道》autostrada囡 panoramica di montagna

スカウト〔英 scout〕《新人発掘》ricerca囡 di giovani promesse;《スポーツ界などの引き抜き》ingaggio男[複 *-gi*];《人》〔英〕talent-scout [tálenskáut]男[複][無変], scopritore男[囡 *-trice*] di talenti, ingaggiatore男[囡 *-trice*] ◊スカウトする reclutare [scoprire] giovani talenti; ingaggiare *qlcu.*

すがお 素顔 volto男 al naturale, volto男 senza trucco, viso男 acqua e sapone;《ありのままの姿》il vero volto ¶ローマの素顔 il vero volto di Roma ¶彼女は素顔がきれいだ. È bella quando non è truccata.

すかさず 透かさず《すぐさま》immediatamente;《ためらわずに》senza esitare; senza indugi;《すばやく》al volo ¶すかさず…する essere pronto [rapido] a + 不定詞 / non esitare a + 不定詞 ¶《時を逃さず》non perder l'occasione di + 不定詞 ¶すかさず機会を捕える afferrare l'occasione al volo / prender la palla al balzo

すかし 透かし《紙幣などの》filigrana囡 ¶透かしのある刺繍 ricamo a traforo ¶透かし入りのテーブルクロス《カットワーク》tovaglia traforata ¶紙に透かしを入れる imprimere una filigrana sulla carta

❖**透かし絵** trasparente男
透かし織り tessuto男 trasparente
透かし彫り traforo男, lavoro男 a traforo [a intaglio]

すかす 空かす ¶腹をすかす avere fame ¶運動をして腹をすかす fare del moto per farsi venire appetito

すかす 透かす **1**《物の間を通して見る, 光にかざす》¶闇を透かして見る gettare nello sguardo nelle tenebre ¶カーテンを透かして庭を見る guardare il giardino attraverso le tende ¶彼はその写真のネガを明かりに透かして見た. Ha guardato quei negativi controluce.
2《間があくようにする》lasciare uno spazio, distanziare *ql.co.* (da *ql.co*);《まばらにする》diradare *ql.co.* (da *ql.co.*)

すかす 賺す **1**《だまして誘う》convincere [indurre] *qlcu.* a + 不定詞 con le buone ¶母親は子供をすかして薬を飲ませた. La madre è riuscita

ad invogliare il figlio a prendere la medicina. **2**《ご機嫌を取る》lusingare *qlcu*. ¶脅したりすかしたりして彼を行かせた. L'abbiamo indotto con lusinghe e minacce ad andarci.

すかすか ¶このすいかはすかすかでまずい. Questo cocomero è insipido. ¶これは箱ばかり大きくて中身はすかすかだ.《すき間が多い》La scatola è grande ma il contenuto è poco.

ずかずか ¶ずかずか部屋に入る entrare nella stanza bruscamente [senza permesso]

すがすがしい 清々しい fresco**男** 複 -*schi*, rinfrescante ◇すがすがしさ freschezza**女**, purezza**女** ¶すがすがしい空気 aria pura [fina] ¶すがすがしい朝 una fresca mattina / una mattina limpida ¶すがすがしい気持ちになる sentirsi rinfrescato [sollevato / rivivificato]

すがた 姿 **1**《体の格好》figura**女** (►人柄まで含む);《形態》forma**女**;《輪郭》sagoma**女**, profilo**男**, contorno**男**;《体つき》corpo**男**, corporatura**女**;《体の線》linea**女** ¶ほっそりした[ずんぐりした]姿 figura snella [tozza] ¶姿の美しい山 una montagna dallo splendido profilo ¶鏡に姿を映してみる guardarsi allo specchio / specchiarsi ¶声はすれども姿は見えぬ. Sento la sua voce, ma non lo vedo. ¶彼はすらりとした姿を保っている. Mantiene la linea. ¶会社で田中の姿を見なかった. Non ho visto Tanaka in ufficio. ¶私はマリアの姿を絵に描いた. Ho fatto il ritratto di Maria. / Ho ritratto Maria. **2**《外見, 身なり》aspetto**男**, apparenza**女**, sembianze**女**[複];《風采, 容姿》presenza**女**, vista**女**;《服装》abbigliamento**男** ¶人の姿をした悪魔 diavolo sotto sembianze umane ¶彼はみすぼらしい姿で私の家に来た. È venuto da me「vestito miseramente [con un aspetto misero]. **3**《人の目に映る体・その人》¶姿を現す《顔を出す》farsi vedere ¶姿を隠す《消す》nascondersi / scomparire / dileguarsi ¶マリオは姿を隠した. Mario è scomparso. / Mario ha tagliato la corda. ¶アンナは決して人前に姿を現さなかった. Anna non è apparsa mai in pubblico. ¶マリオは警察に姿を現した. Mario si è presentato alla polizia. /《自首》Mario si è costituito alla polizia. ¶母の姿が瞼(まぶた)に浮かぶ. L'immagine della mamma appare davanti ai miei occhi. ¶ジュピターが牛に姿を変えた. Giove prese le sembianze di un toro. / Giove si tramutò in toro. ¶泥棒は警官の姿を見て逃げた. Il ladro scappò alla vista dei poliziotti. **4**《事柄の様相》aspetto**男** ¶若者が去って, この村の昔の姿はもはやない. Il villaggio ha cambiato aspetto dopo l'abbandono dei giovani.

すがたみ 姿見 specchio**男**[複 -*chi*] a figura intera

スカッシュ 〔英 squash〕**1**《飲み物》¶オレンジスカッシュ spremuta d'arancia (con soda) /《果汁の入っていない》aranciata ¶レモンスカッシュ limonata **2**《スポ》〔英 squash [skwɔʃ]〕

すかっと ¶この飲み物は飲むとすかっとする. Questa bevanda è fresca e dissetante. ¶体操をすると気分がすかっとする. L'esercizio fisico mi rinvigorisce. ¶思っていることをはっきり言ったらすかっとした. Mi sono sentito incredibilmente meglio dopo aver detto quello che pensavo.

ずがら 図柄 disegno**男**, motivo**男**

スカラざ スカラ座《ミラノの》Teatro**男** alla Scala

すがりつく 縋り付く **1**《しがみつく》afferrarsi [attaccarsi] a *qlcu*. [a *ql.co*.] ¶子供は母親にすがりついて泣いていた. Il bambino piangeva stringendosi alla madre. **2**《必死の思いで頼りにする》¶最後の可能性にすがりつく aggrapparsi all'ultima possibilità

すがる 縋る **1**《しがみつく》afferrarsi [attaccarsi] a *qlcu*. ¶《人》の腕にすがる attaccarsi [appoggiarsi] al braccio di *qlcu*. ¶《人》の首にすがる appendersi al collo di *qlcu*. ¶杖にすがる appoggiarsi al bastone **2**《頼りにする》appoggiarsi a *ql.co*. [*qlcu*.] ¶神にすがる affidarsi agli dei / raccomandarsi agli dei ¶《人》の慈悲にすがる chiedere [implorare] pietà a *qlcu*.

ずかん 図鑑 enciclopedia**女** illustrata ¶動物[植物]図鑑 la fauna [la flora] / libro illustrato della fauna [flora]

スカンク 〔英 skunk〕《動》moffetta**女**

スカンジウム 〔英 scandium〕《化》scandio**男**;《元素記号》Sc

ずかんそくねつ 頭寒足熱 il mantenere la testa fresca e i piedi caldi

すかんぴん 素寒貧《ひどく貧しいこと》miseria**女**;《人》spiantato**男**[**女** -*a*], povero diavolo**男**[**女** -*a*] ¶すかんぴんである essere in miseria / essere al verde / essere povero in canna

すかんぼ 酸模《植》acetosa**女**

すき 好き ◇好きだ piacere**自**[*es*] a *qlcu*. (►好きな対象が piacere の主語となり, 好きに感じる人は a *qlcu*.,あるいは間接補語 mi, ti, gli, le, ci, vi, gli で表わされる); amare; preferire 《A より B が》B a A》◇好きな favorito, preferito, prediletto; che piace; amato

¶《人》を好きになる innamorarsi di *qlcu*. ¶好きなようにする fare a modo proprio ¶私の好きな人 la persona che amo [che mi piace] ¶絵の好きな人 persona amante della pittura ¶私はスパゲッティが好きだ. Mi piacciono gli spaghetti. ¶私はイタリア料理が好きになった. Ho preso gusto alla cucina italiana. ¶私は花子が好きだ. Mi piace Hanako. /《恋している》Amo Hanako. / Sono innamorato di Hanako. ¶お母さんとお父さんとどっちが好き. Vuoi più bene a mamma o a papà? ¶どんなタイプの女の子が好き. Che tipo di ragazza ti piace? ¶君が好きでたまらない. Mi piaci da impazzire [da morire]. ¶肉より魚のほうが好きだ. Preferisco il pesce alla carne. / Mi piace più il pesce della carne. ¶彼は音楽を聴きながら勉強するのが好きだ. Gli piace studiare ascoltando la musica. ¶夜は家で外で食事するほうが好きだ. La sera preferisco [mi piace (di) più] mangiare fuori che (mangiare) a casa. ¶好きな雑誌をお取りください. Prenda la rivista che preferisce. ¶一文にもならないのに君も好きだねぇ. Per farlo senza guadagnarci nulla deve proprio piacerti! ¶彼を好きなようにさせてやれ. Lascialo fare come vuole. ¶放っといてくれ, 好きでやって

いるんだから。Lasciatemi in pace! Lo faccio perché mi piace. ¶どうとも好きなようにしろ。Fa' come ti pare e piace! ¶いつでも好きな時に来てください。Venga a trovarmi quando vuole [in qualunque momento / quando preferisce].

[慣用] 好きこそ物の上手なれ(諺) "Si è bravi in ciò che piace."

語法 **piacere**
動詞 piacere は「好きな対象」を主語として、「好き」と感じる人は「a + qlcu.」あるいは間接補語人称代名詞非強勢形 (mi, ti, gli, le, ci, vi, gli)で表される。人称代名詞で表すとき、「好き」と思う主体を強調したいときは「a + 補語人称代名詞強勢形(me, te, lui, lei, noi, voi, loro)を用いる。「好きな対象」が聞き手にとって新しい情報であるとき、主語は通常、動詞の後に置かれる。

¶「この中でどれが好きですか」「これが好きです」"Tra questi quale preferisci?" "Mi piace questo qui."

¶うちの子はヨーグルトが好きです。A nostro figlio piace lo yogurt.

¶彼女は犬はあまり好きではない。I cani non le piacciono molto.

¶彼女は犬があまり好きではない。Non le piacciono molto i cani.

¶「僕は君が好きだ」「えっ、そうなの」"Tu mi piaci." "Ti piaccio? Ma dai!"

¶「君は誰が好きなの」「あなたです」"Chi è che ti piace?" "Mi piaci tu."

¶私は泳ぐのが好きではない。君は好きですか。Non mi piace nuotare. A te (piace)?

すき 隙 **1**《わずかな空間》fessura⊛
2《ひま、合間》tempo⊛ ¶仕事のすきをみてコーヒーを飲みに行く ritagliarsi un momento di pausa dal lavoro per prendere un caffè
3《油断、怠り、弱点》◇すきのない prudente, attento; 《欠点のない》inattaccabile, impeccabile; irreprensibile ¶すきがある《剣道などで》essere fuori guardia / 《油断がある》essere disattento [impreparato] ¶人のすきに乗じて…する approfittare⊛[av] di un momento di distrazione di qlcu. per + 不定詞 / prendere qlcu. alla sprovvista per + 不定詞 ¶…するすきを窺(ぷが)う aspettare [spiare] "la buona occasione [il momento opportuno] per + 不定詞 ¶一分のすきもない身なりをしている essere abbigliato impeccabilmente ¶逃げ出すすきがなかった。Non c'era la possibilità di scappare.

すき 鋤 vanga⊛, zappa⊛, ¶鋤で耕す vangare
すき 犂 aratro⊛ ¶犂で耕す arare
すぎ 杉 crittomeria⊛; 《学名》Cryptomeria japonica

-すぎ -過ぎ **1**《時刻・日時・年齢が》¶昼過ぎまで「fino a dopo [fin] mezzogiorno ¶2時過ぎだ。Sono le due passate. ¶彼は40過ぎだ。Ha quarant'anni suonati. / Ha passato i quaranta. / È sulla quarantina. ¶昼過ぎにおいでください。Venga nel primo pomeriggio.
2《程度・度合いが》¶それは行き過ぎだ。Questo è troppo! / Questo passa i limiti! ¶…はちょっと言い過ぎだ。È un po' esagerato dire che + 直説法

-ずき -好き amante⊛⊛ di qlco., appassionato⊛[⊛ -a] di qlco. ¶映画好き cinefilo⊛ [⊛ -a] ¶音楽好き amante della musica / melomane⊛⊛ / musicofilo⊛[⊛ -a]

スキー [英 ski] sci⊛[無変] (►スポーツも、スキー板のこともいう)→スポーツ 用語集 ¶アルペン[ノルディック]スキー sci alpino [nordico] ¶山[谷]スキー sci a monte [a valle] ¶スキーのジャンプ競技 salto con gli sci ¶スキーをする sciare⊛[av] / fare lo sci ¶スキーをはく[つける] mettersi gli sci ¶水上スキー sci nautico
✦**スキーウェア** abbigliamento⊛ da sci
スキー競技 gara⊛ di sci
スキー靴 scarponi⊛[複] da sci, scarpe⊛[複] da sci
スキー場 campo⊛ da sci; 《ゲレンデ》pista da sci
スキースクール scuola⊛ di sci
スキーヤー sciatore⊛[fiatore]⊛[⊛ -trice]
スキーリフト《立ったまま乗る》ski-lift⊛[無変], sciovia⊛; 《椅子式の》seggiovia⊛

すきかって 好き勝手 ◇好き勝手に a proprio piacimento [piacere], a volontà, a modo proprio ¶自分の好き勝手にする fare il proprio comodo ¶君は娘の好き勝手をそのまま許してきた。Hai lasciato fare a tua figlia quello che voleva. ¶彼は好き勝手を言っている。Dice tutto quello che gli passa per la testa. / Parla come gli gira.

すききらい 好き嫌い gusti⊛[複], preferenze⊛[複]; simpatie⊛[複] e antipatie⊛[複] ¶食べ物に好き嫌いがある avere delle preferenze in fatto di cibo / avere pregiudizi sui cibi / 《食べ物にうるさい》essere pignolo per il cibo / essere...

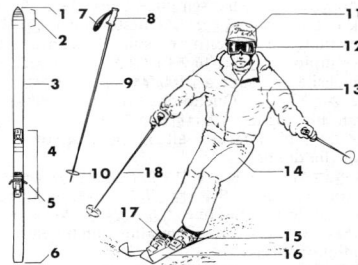

スキー
1 トップ punta⊛. **2** ショベル spatola⊛. **3** エッジ lamina⊛. **4** ビンディング attacchi⊛[複] di sicurezza. **5** 流れ止め [英] ski stopper⊛[無変]. **6** テール coda⊛. **7** ストラップ cappio⊛. **8** グリップ impugnatura⊛. **9** シャフト asta⊛. **10** ストッキング rotella⊛. **11** スキーキャップ berretto⊛. **12** ゴーグル occhiali⊛[複] da sci. **13** スキージャケット giaccone⊛ da sci. **14** スキーパンツ pantaloni⊛[複] da sci. **15** スキー靴 scarpone⊛ da sci. **16** スキー板 sci⊛[無変]. **17** バックル fermaglio⊛. **18** ストック racchetta⊛, bastoncino⊛.

re difficile per il mangiare / 《子供が》essere capriccioso nel mangiare ¶彼は人の好き嫌いが激しい. Mostra delle forti simpatie e antipatie a seconda delle persone.

すぎごけ 杉苔 politrico[男][複 -chi]; 《学名》*Pogonatum Juniperinum* Hedw.

すぎこしのまつり 過越の祭《ユダヤ教の》Pasqua[女] ebraica

すきこのむ 好き好む ¶好き好んで病気をする人はいない. Non c'è nessuno che si ammala per piacere. ¶好き好んでこんな会社で働いているわけじゃない. Non lavoro in questa ditta「per mia scelta [perché mi diverta].

すぎさる 過ぎ去る andarsene ¶パレードは過ぎ去り，あたりは静かになった. Finita la parata, tutto intorno s'è fatto tranquillo.

すきずき 好き好き ¶人には好き好きがある. Ognuno ha i suoi gusti. / Chi la vuole cotta, chi la vuole cruda ¶それは好き好きだ. È questione di gusti. / Questo è un fatto di preferenze personali.

ずきずき ¶ずきずきした痛み dolore martellante ¶指がずきずき痛む. Ho un dolore lancinante al dito. / Ho delle fitte al dito.

すきっぱら 空っ腹 ⇒空腹(すきはら)

スキップ〔英 skip〕 saltello[男], salterello[男] ◇スキップする avanzare[自][av] a balzi, camminare[自][av] saltellando

すきとおる 透き通る ◇透き通った《薄くて透明な》trasparente; 《文》diafano; 《澄み切った》limpido ¶透き通るような空 cielo trasparente [limpido] ¶透き通るような肌 pelle diafana ¶彼女の声は透き通るようだ. Ha una voce limpida.

すぎな 杉菜 〔植〕brusca[女]

すぎない 過ぎない 《「…に過ぎない」の形で》non… (altro) che; semplice, solo, mero ¶これはほんの一例に過ぎない. Questo non è che un esempio. / Questo è solo [soltanto] un esempio. ¶月収は10万円に過ぎない. Il reddito mensile non supera i 100.000 yen. ¶今の話は私の夢に過ぎない. Quello che ho detto è soltanto un mio sogno. ¶私は彼女の手助けをしているに過ぎない. Non faccio (altro) che l'assistente di quella donna.

すきはら 空き腹 ¶空き腹に酒を飲む bere a stomaco vuoto ¶空き腹を抱える aver lo stomaco vuoto / avere fame ¶空き腹にまずいものなし. 《諺》"L'appetito è「il miglior condimento [la miglior salsa]."

すきほうだい 好き放題 ⇒好き勝手

すきま 透き間 **1**《空間的な割れ目・裂け目》fessura[女], apertura[女], spacco[男][複 -chi]; 《ひび》crepa[女]; 《光や空気の入り込む》spiraglio[男][複 -gli] ◇透き間のない《密な》compatto, serrato, fitto ¶戸の透き間からのぞく spiare da uno spiraglio della porta ¶透き間をふさぐ tappare un buco / chiudere una fessura ¶透き間を作る fare un buco / aprire uno spiraglio [una fessura]
2《時間的な合間》interruzione[女], intervallo[男]
✤透き間風 spiffero[男], corrente[女] d'aria ¶それ以来夫婦の間には透き間風が吹き始めた. Da quel momento tra i due sposi si è aperta una frattura.

スキムミルク〔英 skim milk〕《脱脂粉乳》latte[男] scremato in polvere

すきや 数寄屋・数奇屋 《茶室》padiglione[男] per la cerimonia del tè
✤数寄屋造り ◇数寄屋造りの〔建〕costruito in stile di gazebo giapponese

すきやき 鋤焼き *sukiyaki*[男][無変] (◆ piatto tipico giapponese a base di carne, porri e verdure varie, cotte in salsa di soia per breve tempo direttamente sulla tavola)

スキャット〔英 scat〕〔英〕scat [sket][男][無変]

スキャナー〔英 scanner〕〖コンピュータ〗〔英〕scanner [skánner][男][無変]

スキャンダル〔英 scandal〕scandalo[男] ¶スキャンダルを起こす fare [causare] uno scandalo

スキャンティー〔英 scanties〕mutandine[女][複]; minislip[男][無変]; 《極めて小さな》〔仏〕cache-sexe[男]

スキューバ〔英 scuba〕autorespiratore[男], respiratore[男] subacqueo
✤スキューバダイビング immersioni[女][複] subacquee ⇒潜水 [図版]

すぎゆく 過ぎ行く ¶矢のように過ぎ行く歳月 anni fuggevoli come il vento ¶時は過ぎ行く. Il tempo passa. ¶過ぎ行く青春の日々が惜しまれる. Penso con rimpianto a come la giovinezza mi stia sfuggendo.

すぎる 過ぎる **1**【通り過ぎる】passare[自][es], [他] ¶車はトンネルを過ぎて平野に出た. Passato il tunnel, la macchina uscì nella pianura. ¶列車はアレッツォを過ぎた. Il treno ha passato [superato] Arezzo.
2【時間がたつ】passare[自][es], trascorrere[自][es] ¶あっという間に3年が過ぎた. Sono passati tre anni in un attimo. ¶10時を少し過ぎた. Sono passati alcuni minuti dalle dieci. ¶月日は夢のように過ぎていく. I giorni passano come in un sogno.
3【終わる】finire[自][es] ¶冬が過ぎると暖かい春がやってくる. Finito l'inverno, arriva la dolce primavera. ¶支払い期日は過ぎた. Il termine per il pagamento è scaduto. ¶過ぎたことは仕方がない. Quel che è stato è stato. / Quel che è fatto è fatto. ¶過ぎたことは言うまい. Non parliamo del passato. ¶彼は男盛りを過ぎた. Non è più nel fiore degli anni. ¶私の青春は過ぎてしまった. La mia giovinezza è volata via.
4【度を越す】eccedere[他] (►単独でも可) ¶彼はぜいたくが過ぎる. Esagera nel lusso. ¶言葉が過ぎたのなら謝る. Ho esagerato, scusami.
5【「過ぎた」の形で，水準を超えた】¶お前には過ぎた女房だ. È una moglie troppo buona per te.
6【「…すぎる」の形で】¶彼は食べ[働き]すぎる. Mangia [Lavora] troppo. ¶30分早く来すぎた. Arrivai trenta minuti prima.
[慣用] 過ぎたるは及ばざるがごとし《諺》"Il troppo stroppia." / "Tanto è il troppo quanto il troppo poco."

スキン〔英 skin〕**1**《皮膚》pelle[女] **2**《コンドーム》preservativo[男]
✤スキンクリーム crema[女] per la pelle
スキンケア cura[女] della pelle ¶スキンケア商品 prodotti per la pelle

スキンシップ contatto㊚ personale, contatto fisico [複 -ci] ¶母と子のスキンシップ contatto fisico tra madre e figlio

スキンダイバー apneista㊚㊛ [㊚複 -i];《スキューバを使ってのも含んで》subacqueo㊚ [㊛ -a]

スキンダイビング immersione㊛ in apnea ◇スキンダイビングをする immergersi in apnea, fare l'apneista →潜水 図版

スキンヘッド testa㊛ rasata a zero

スキンローション lozione㊛ cutanea

ずきん 頭巾 cappuccio㊚ [複 -ci], cuffia㊛ ¶赤頭巾ちゃん Cappuccetto rosso

ずきん(ずきん) ¶朝からこめかみがずきんずきんと痛んでいる. È da questa mattina che mi battono le tempie. ¶後悔の思いで胸がずきんと痛む sentire i tormenti del rimorso

すく 好く ¶彼は昔から好かれている. È simpatico a tutti. / Piace a tutti. / È amato da tutti. ¶虫の好かないやつだ. È un individuo antipatico. ¶あの 2 人は好いた[好き合った]仲だ. Quei due si vogliono bene.

すく 透く・空く 1《からになる》vuotarsi;《場所などで１になる》liberarsi ¶すいている道路 strada「con poco traffico [poco frequentata] ¶前の方がすいている.《劇場などで》Davanti c'è posto. ¶電車がだんだんすいた. Il treno a poco a poco si è vuotato. ¶おなかがすいた. Ho fame. / Mi è venuta fame. ¶手のすいている人は手伝ってください. Chi è libero dia una mano. ¶胸のすくようなプレーだった. È stata una giocata entusiasmante.
2《透き間ができる》¶歯の間が透いている. Ha una fessura fra i denti. ¶継ぎ目が透いている. Le giunture non aderiscono [non combaciano]. ¶薄くて透いて見える. È così sottile che è trasparente [che traspare]. ¶カーテンを通して外が透いて見える. Attraverso la tenda si intravede l'esterno.

すく 梳く pettinare qlco.;《羊毛などを》cardare qlco. ¶髪を梳く《自分の》pettinarsi

すく 漉く ¶和紙を漉く stendere uniformemente le fibre di carta giapponese raccolte su un setaccio/《紙を作る》fabbricare carta giapponese

すく 鋤く ¶畑をすく vangare il terreno [l'orto] / rivoltare la terra (con la vanga)

すぐ 直ぐ 1《即刻》subito, immediatamente, senza perdere tempo;《あっという間に》in un batter d'occhio, in un baleno, in un attimo, all'istante, sul momento;《突然, たちどころに》di colpo, su due piedi, lì per lì;《たちまちのうちに》rapidamente;《間もなく》fra poco, fra un momento ¶すぐに返事をすると rispondere subito ¶すぐに腹を決める decidere su due piedi / prendere una pronta decisione ¶起きたらすぐに出発だ. Devo partire (non) appena mi alzo. ¶すぐ参ります. Arrivo [Vengo] subito. ¶目を離すとすぐいたずらする. Appena distolgo lo sguardo, combina subito qualche danno. ¶もうすぐ正午だ. È quasi mezzogiorno. / Manca poco a mezzogiorno. ¶もうすぐだから待ってくれ. Faccio in un momento, aspettami. ¶今すぐというわけにはいかない. Non si può fare così all'istante [in quattro e quatt'otto].
2《容易に》facilmente, agevolmente, senza sforzo ¶すぐに承諾する acconsentire senza difficoltà / accettare senza farsi pregare ¶あの子はすぐ泣く. Quel bambino piange facilmente [per un nonnulla]. ¶彼は人の言うことをすぐ信じる. È pronto a credere a tutto ciò che gli si dice.
3《距離がきわめて近い》proprio, molto, assai ¶すぐ近くの molto vicino / vicinissimo ¶このすぐ近くに qui accanto ¶〈人〉のすぐ後を付いて行く seguire qlcu. dappresso / stare alle calcagna (di qlcu.) ¶すぐそこの店で売っている. Lo vendono nel negozio proprio qui accanto. ¶学校はここから歩いてすぐだ. La scuola è a due passi da qui.

-ずく -尽く ¶腕ずくで per forza / con la forza ¶相談ずくで di comune accordo / amichevolmente ¶欲得ずくで per interesse

すくい 救い 1《援助, 救援》aiuto㊚;《救助, 救出》soccorso㊚, sussidio㊚ [複 -i];《(宗教上の) salvazione㊛;《精神的な》salvezza㊛ spirituale ¶救いを求める chiedere [chiamare] aiuto a qlcu.) / implorare l'aiuto di qlcu. /《(心の)》cercare la salvezza dell'anima ¶救いに行く andare in aiuto / andare a soccorrere qlcu. ¶〈人〉に救いの手を差し伸べる prestare soccorso a qlcu. / aprire le braccia a qlcu.
2《人をほっとさせるもの》consolazione㊛;《希望》speranza㊛ ¶彼の哲学には救いがない. La sua non è una filosofia soteriologica [di salvezza].

✢**救い主** (1)《キリ》il Salvatore㊚ (2)《救いの神》salvatore㊚ [㊛ -trice], (ancora㊛ di) salvezza㊛;《救助者》salvatore㊚ [㊛ -trice], soccorritore㊚ [㊛ -trice]; liberatore㊚ [㊛ -trice]

すくいあげる 掬い上げる ¶金魚をすくい上げる tirar su i pesciolini rossi

すくいあげる 救い上げる ¶彼はおぼれかけていた少年を川から救い上げた. Ha ripescato dal fiume un ragazzo che stava per annegare.

すくいがたい 救い難い 《不治の, 元通りにならない》irrecuperabile, irrimediabile;《直しようのない》incorreggibile;《絶望的な》disperato

すくいだす 救い出す ¶炎に包まれた家から老人を救い出す salvare [portare in salvo] un vecchio da una casa in fiamme

すくう 掬う 1《くみ取る》¶池の金魚を網ですくう tirar su pesciolini rossi dal laghetto con un retino ¶網じゃくしでスープをすくい取る prendere [togliere] la schiuma dal brodo con la schiumarola / schiumare il brodo ¶泉の水を両手ですくう attingere l'acqua dalla sorgente con le mani
2《横にはらう》¶〈人〉の足をすくう fare lo sgambetto a qlcu. (▶比喩的にも使う) ¶あいつには仕事の上で足をすくわれた. Quel tizio mi ha fatto lo sgambetto sul lavoro.

すくう 救う 1《救助する, 救助する》salvare, mettere in salvo qlcu., soccorrere;《解放する》liberare;《助力を与える》aiutare;《苦しみを減じる》alleviare le sofferenze di qlcu. ¶海難者を救う salvare i naufraghi ¶

負傷者を救う soccorrere i feriti ¶困窮から〈人〉を救う salvare *qlcu.* dall'indigenza / soccorrere *qlcu.* nel bisogno ¶マリオは彼女の命を救った. Mario「le ha salvato la vita [ha salvato la sua vita]. ¶私はおぼれた子供を救った. Ho salvato un bambino finito in acqua. ¶神よ我々を救いたまえ. Salvaci, o Signore! ¶神を信じる者は救われる. Credete in Dio e vi salverete!

2《正しい道に戻す》salvare ¶あの男は救いようがない. Non c'è modo di salvarlo. / Quell'uomo è incorreggibile.

3《「救われる」の形で, 埋め合わせとなる》¶仕事はきついが, 休みがたくさんとれるので救われる. Il lavoro è piuttosto pesante, ma la salvezza è che posso prendere tante ferie.

す

すくう 巣くう **1**《巣を作ってすむ》¶蟻は芝生の下に巣くっている. Le formiche fanno il nido sotto l'erba.

2《根をはる》¶町のあちこちに暴力団が巣くっている. Bande di malviventi infestano la città. ¶悪魔のような考えが彼の心の中に巣くっていた. Un'idea diabolica si era annidata nella sua mente.

スクーター〔英 scooter〕〔英〕scooter[男][無変]（►一般に商品名vespa[女], lambretta[女] がスクーターの意味で通用している）;《50cc以下の》motorino[男], motoretta[女]

スクーナー〔英 schooner〕〔船〕goletta[女]

スクープ〔英 scoop〕◇スクープする fare uno scoop, dare una notizia in esclusiva

✤**スクープ記事**〔英〕scoop [skup][男][無変]; colpo[男] giornalistic*o* [複 -*ci*], notizia[女] in esclusiva

スクーリング〔英 schooling〕lezioni[女][複] dal vivo ¶通信教育のスクーリングを受ける partecipare alla classe di un corso per corrispondenza

スクール〔英 school〕scuola[女] ¶クッキングスクール scuola「per cuochi [di cucina / di culinaria]

✤**スクールカラー**《校風》carattere[男] tradizionale di una scuola;《象徴する色》i colori[男] di una scuola

スクールゾーン zona[女] scolastica

スクールバス scuolabus [scuolabus][男][無変], pulmino[男] scolastic*o* [複 -*ci*]

スクエアダンス〔英 square dance〕quadriglia[女]

すぐさま 直ぐ様 immediatamente, prontamente, senza indugio, subito

すくすく ¶すくすくと成長する《勢いよく》crescere vigorosamente /《目に見えて》crescere a vista d'occhio /《どんどん》crescere「in fretta [molto presto / rapidamente /《健康に》bene e sano] /《植物が》crescere alt*o* e dritt*o*

すくと ⇒すっくと

すくない 少ない《数・量が》poc*o* [男 複 -*chi*];《数が》poco numeroso;《量が》poco abbondante;《わずかな》scarso, povero;《限られた》limitato;《まれな, めったにない》raro ◇少なくする ridurre「di numero [il numero di] *ql.co.*, diminuire *ql.co.*

◇少なくなる《数が》diminuire di numero;《量が》diminuire di quantità, diventare poc*o* [rar*o*], diradarsi

¶口数の少ない人 persona「di poche parole [taciturna] ¶経験の少ない人 persona di [con] poca esperienza / persona poco esperta ¶今年は雨が少なかった. Quest'anno si sono avute scarse piogge. / Quest'anno ci sono state poche piogge. ¶この道は人通りが少ない. Questa strada è poco frequentata. ¶少ないけれどお礼のしるしです. È poco, ma lo accetti [È solo un pensiero, ma lo accetti / È una cosa da niente, ma la accetti] in segno di tutta la mia riconoscenza. ¶夫の少ない収入ではとても暮らしていけない. Con「lo scarso [il basso] reddito di mio marito, non si può andare avanti. ¶戦後は皆食料が少なくて困っていた. Tutti soffrivamo per la scarsità di cibo nel dopoguerra. ¶彼は家にいることが少ない. Raramente è in casa. ¶今月は出費を少なくしなければならない. Dobbiamo ridurre [limitare] le spese questo mese. ¶訪問者は少なくなかった. C'erano non pochi visitatori. / Ci sono stati parecchi visitatori. ¶彼に負うところが少なくない. Gli devo molto.

すくなからず 少なからず ¶その知らせには少なからず驚いた.《はなはだ》Mi sono stupito non poco a quell'annuncio. ¶少なからず寄付金が集まった.《かなりの額の》Abbiamo raccolto molte offerte.

すくなくとも 少なくとも almeno, come minimo, perlomeno ¶少なくとも100万円はかかる. Occorre almeno [come minimo] un milione di yen. ¶少なくともこれだけは覚えておいてください. Ricordate almeno questo.

すくなめ 少な目 ◇少なめの piuttosto poco, ridotto ¶彼は収入を少なめに申告した. Ha dichiarato un reddito inferiore alla somma reale. ¶食事は少なめにしたほうがいい. Dovresti mangiare un po' di meno. / Sarebbe meglio limitare i pasti.

すくむ 竦む《恐怖や緊張で体がこわばる》rimanere[自][*es*] paralizzat*o*《で da》, restare[自][*es*] impietrit*o*《で da》;《ちぢむ》farsi piccol*o* ¶恐怖で足がすくんだ. Il terrore gli ha paralizzato le gambe.

-ずくめ -尽くめ ¶結構ずくめの家 una casa che non lascia niente a desiderare ¶黒ずくめの衣装をまとっている. È vestito completamente [tutto] di nero.

すくめる 竦める ¶首をすくめる ritirare la testa tra le spalle ¶肩をすくめる stringersi nelle spalle / fare spallucce ¶身をすくめる farsi piccol*o* / rannicchiarsi / raggomitolarsi

スクラップ〔英 scrap〕**1**《新聞などの切り抜き》ritagli[男][複] ◇スクラップする ritagliare [tagliuzzare] *ql.co.* **2**《鉄屑など》rottame[男];《不合格品》sfrido[男];《行為》rottamazione[女] ¶スクラップにする rottamare *ql.co.* / ridurre「a pezzetti [in rottami] *ql.co.* / fare a pezzi *ql.co.* ¶車をスクラップにする rottamare un'automobile

✤**スクラップブック** album[男][無変] di ritagli

スクラム〔英 scrum〕《ラグビーの》mischia[女];《デモ隊の》catena[女] ¶スクラムを組む formare una mischia [catena]

スクランブル〔英 scramble〕〔軍〕decollo[男] rapido su allarme ¶我々はスクランブルをかけた.

I nostri aerei sono decollati immediatamente.
✤**スクランブルエッグ** uova[女][複] strapazzate
スクランブル交差点 incrocio[男][複 -ci] di passaggi [attraversamenti] pedonali diagonali
スクランブルレース gara[女][corsa[女]] di motocross

すぐり 酸塊 〘植〙 uva[女] spina, ribes[男][無変] selvatico [複 -ci]

スクリーン 〔英 screen〕〘映〙 schermo[男]; 〘印〙 lastra[女]; 《ついたて》 paravento[男] ¶スライドをスクリーンに映す proiettare una diapositiva sullo schermo
✤**スクリーンセーバー** 〘コンピュータ〙 salvaschermo[男], 〔英〕 screen saver[男][無変]

スクリプター 〔英 scripter〕〘映〙 segretaria[女] di edizione; 〔英〕 script-girl[女][無変], continuity-girl[女][無変]

スクリプト 〔英 script〕《本自体》 copione[男]; 《脚本》 sceneggiatura[女]
✤**スクリプトライター**《脚本家》 sceneggiatore[男] [[女] -trice]

スクリュー 〔英 screw〕《飛行機・船の》 elica[女]; 《ねじくぎ》 chiodo[男] a vite
✤**スクリュードライバー**《ねじ回し, カクテル》 cacciavite[男][無変]
スクリューボール 〘スポ〙 lancio[男][複 -ci] a vite

すぐれる 優れる **1**《優秀である》 essere eccellente in *ql.co.*, eccellere[自][*av, es*] in *ql.co.*, essere ottimo; 《…よりまさる》 essere superiore a *qlcu.*, superare *qlcu.*, distinguersi da *qlcu.*, eccellere su *qlcu.* in *ql.co.* ◇**優れた** ottimo, eccellente, superiore, grande, straordinario [[男]複 -i] ◇**優れて**《きわだって, この上なく》 eminentemente, per eccellenza ¶人並み優れている essere senza eguali [pari] ¶優れた小説だ. È un romanzo eccellente. ¶この会社は優れた人材に乏しい. Questa ditta è povera di persone valenti [in gamba]. ¶彼は優れた音楽の才能を持っている. Ha un talento musicale eccezionale. ¶彼は人並み優れて頭がいい. Ha un'intelligenza「superiore alla media [fuori del comune / eccezionale].
2《「すぐれない」の形で, 健康・気分などがよくない》 ¶一日中気分が優れなかった. Mi sono sentito giù tutto il giorno. ¶顔色が優れないね. Hai un brutto colorito. ¶最近健康が優れない. In questi tempi sto poco bene.

スクロール 〔英 scroll〕〘コンピュータ〙 ◇スクロールする far scorrere la schermata
✤**スクロールバー**〘コンピュータ〙 barra[女] di scorrimento
スクロールボタン〘コンピュータ〙 pulsante[男] di scorrimento

スクワット 〔英 squat〕〘スポ〙〔英〕 squat[男][無変]

すげ 菅 〘植〙 falasco[男][複 -schi]
✤**菅笠**(すげがさ) cappello[男] di falasco

ずけい 図形 figura[女] (geometrica) ¶平面図形 figura piana ¶立体図形 figura solida

スケーター 〔英 skater〕 pattinatore[男][[女] -trice]

スケート 〔英 skate〕〘スポ〙 pattinaggio[男][複 -gi] ¶スケートをする pattinare[自][*av*] ¶アイス[スピード / ペア / ローラー / フィギュア]スケート pattinaggio「su ghiaccio [di velocità / a coppie / a rotelle / artistico]
✤**スケート靴**《アイススケートの》 pattini[男][複] (a lamina [a lama]), scarpe[女][複] da pattinaggio; 《ローラースケートの》 pattini[男][複] a rotelle
スケートボード〔英〕 skateboard[男][無変]
スケートリンク pista[女] di pattinaggio

スケープゴート 〔英 scapegoat〕《罪や責任をかぶる身代わり》 capro[男] espiatorio [複 -i]

スケール 〔英 scale〕《規模, 尺度》 scala[女]; 《水準》 levatura[女], livello[男]; 《メートル尺》 metro[男]; 《巻き尺》 metro[男] a nastro; 《はかり》 bilancia[女][複 -ce] ¶スケールの大きい[小さい]人 persona magnanima [piccina] ¶彼の考えはスケールが大きい[小さい]. È una persona di larghe [strette] vedute. ¶彼はマリオとはスケールが違う. Non ha la stessa levatura [Non è dello stesso calibro] di Mario.
✤**スケールメリット** economia[女] di scala

すげかえる 挿げ替える ¶〈人〉の首をすげ替える sostituire *qlcu.*

スケジュール 〔英 schedule〕 programma[男][複 -i]; 《時間の》 orario[男][複 -i]; 《日の》 calendario[男][複 -i]; 《仕事の》 piano[男] di lavoro ¶スケジュールどおりに secondo「il programma [il piano di lavoro] / come previsto ¶スケジュールが詰まっている《人が主語》 avere un fitto programma ¶旅行のスケジュールを練る elaborare il

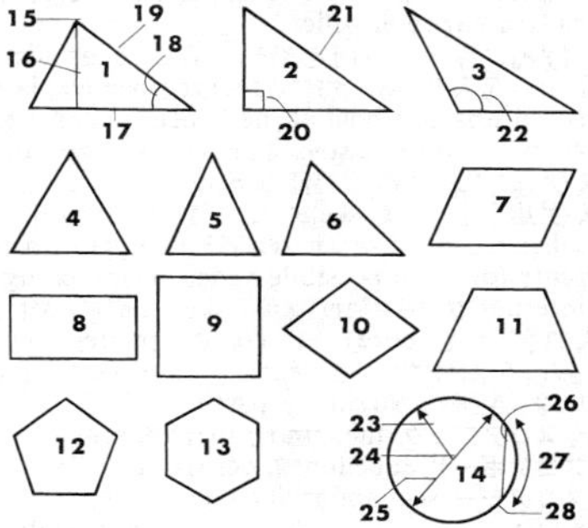

図形
1 鋭角三角形 triangolo[男] acutangolo. **2** 直角三角形 triangolo[男] rettangolo. **3** 鈍角三角形 triangolo[男] ottusangolo. **4** 正三角形 triangolo[男] equilatero. **5** 二等辺三角形 triangolo[男] isoscele. **6** 不等辺三角形 triangolo[男] scaleno. **7** 平行四辺形 parallelogramma[男], parallelogrammo[男]. **8** 長方形 rettangolo[男]. **9** 正方形 quadrato[男]. **10** ひし形 rombo[男]. **11** 等脚台形 trapezio[男] isoscele. **12** 五角形 pentagono[男]. **13** 六角形 esagono[男]. **14** 円 cerchio[男]. **15** 頂点 vertice[男]. **16** 高さ altezza[女]. **17** 底辺 base[女]. **18** 鋭角 angolo[男] acuto. **19** 辺 lato[男]. **20** 直角 angolo[男] retto. **21** 斜辺 ipotenusa[女]. **22** 鈍角 angolo[男] ottuso. **23** 半径 raggio[男]. **24** 中心 centro[男]. **25** 直径 diametro[男]. **26** 弦 corda[女]. **27** 弧 arco[男]. **28** 円周 circonferenza[女].

す

programma di un viaggio ¶スケジュールをこなす portare a termine un programma

ずけずけ ¶彼は思ったことをずけずけ言う. Lui dice quello che pensa「francamente [senza mezzi termini / brutalmente /《比喩的》senza indorare la pillola].

スケッチ 〔英 sketch〕 schizzo[男], disegno[男], abbozzo[男] ◇スケッチする fare uno schizzo di *ql.co.*, schizzare [disegnare / abbozzare] *ql.co.*
✤**スケッチブック** album[男] [無変] da disegno [di schizzi / di bozzetti]

すげない 《そっけない》 secco [[男]複 *-chi*]; 《冷たい》 freddo; 《無愛想な》 poco affabile [gentile] ¶彼女は私にすげない素振りを見せた. La ragazza mi ha trattato con freddezza.

すけべえ 助平・助兵衛 《色好みなこと》 lussuria [女]; 《人》 sporcaccion*e*[男] [[女] *-a*] ◇助平な lascivo, licenzioso, ero*tico* [[男]複 *-ci*], scon*cio* [[男]複 *-ci*]
✤**助平根性** (1)《色好みな性向》 tendenza[女] alla lussuria (2)《利を得ようとする態度》 ¶助平根性を出す cercare di approfittare della situazione

すける 透ける **1**《透明である》 essere trasparent*e* ¶この紙は透ける. Questa carta è trasparente. **2**《…を通して見える》 trasparire[自] [*es*] ¶生け垣の間から美しい庭が透けて見える. Attraverso la siepe si vede un bel giardino. ¶このブラウスは薄いから肌が透けて見える. Questa camicetta è leggera e lascia「vedere la pelle in trasparenza [trasparire la pelle].

すげる 挿げる 《固定させる》 fissare [attaccare] *ql.co.* ¶人形の首をすげる fissare [inserire] la testa di una bambola al [nel] corpo ¶げたの鼻緒をすげる fissare le strisce ai *geta* [agli zoccoli]

スケルツォ 〔伊〕〔音〕 scherzo[男]

スケルトン 〔英 skeleton〕 **1**《骸骨・骨組》 scheletro[男] ¶スケルトンの時計 orologio trasparente (di cui è possibile vedere il meccanismo interno) **2**《そり競技》〔英〕 skeleton[男] [無変]

スコア 〔英 score〕 **1**《得点》 punteg*gio*[男] [複 *-gi*] ¶スコアをつける segnare [assegnare] i punti **2**《楽譜》 spartito[男], partitura[女]
✤**スコアブック** taccuino[男] segnapunti
スコアボード tabellone[男] dei risultati
スコアラー segnapunti[男][女] [無変]

すごい 凄い **1**《すばらしい》 meraviglioso, magni*fico* [[男]複 *-ci*], bellissimo; 《非常な》 straordinar*io* [[男]複 *-i*], grandioso, fantas*tico* [[男]複 *-ci*], eccezionale ¶すごい美人 donna bellissima [affascinante] / donna di una bellezza eccezionale ¶そいつはすごい. È formidabile [fantastico]! ¶すごいやつだ. È un tipo straordinario [eccezionale]. ¶宝くじに当たったんだってね. すごい. Mi hanno detto che hai vinto alla lotteria. Mamma mia che fortuna! ¶「何読んでるの」「オデュッセイアの原書だよ」「へぇ, すごいね」 "Che cosa leggi?" "L'Odissea in lingua originale." "Ah, però!" (►peròは感嘆・驚きを表す)
2《激しい》 furioso, violento, impetuoso, veemente ¶すごい風 vento furioso [impetuoso] ¶すごい闘い battaglia furiosa / lotta violenta ¶すごい痛み dolore violento [terribile / 《鋭い》 lancinante / acuto] ¶すごい寒さだ. Fa un freddo cane. ¶店内はすごい人だ. Il negozio è gremito di gente.
3《恐ろしい》 terribile, orribile, feroce, pauroso; 《何ともすさまじい》 spaventoso; 《陰気》 sinistro ¶すごい目つきでにらむ fissare *qlcu.* con sguardo minaccioso / guardare *qlcu.* con occhi feroci ¶すごい顔をしている avere un aspetto impressionante

ずこう 図工 《学科》 ¶図工の時間 l'ora di educazione artistica

すごうで 凄腕 ◇すご腕の di prim'ordine, fuoriclasse, in gamba ¶すご腕の人 persona capacissima [di talento]

スコール 〔英 squall〕〔気〕 burrasca[女], fortunale[男] ¶スコールに遭(あ)う incontrare una burrasca ¶スコールがきた. È scoppiata [Si è scatenata] una burrasca.

すごく 凄く meravigliosamente; straordinariamente, eccezionalmente, fantasticamente ¶この本はすごくおもしろい. Questo libro è estremamente interessante. ¶雨がすごく降っている. Sta piovendo a catinelle [a dirotto]. ¶彼はテニスがすごくうまい. A tennis è un fenomeno. ¶私はそのブラウスがすごく気に入っている. Quella camicia mi piace un sacco.

すこし 少し **1**《空間・時間・数量が少しある》 un poco, un po'; 《少ししかない》 poco; 《軽く》 leggermente
◇少しの una certa quantità di, un po' di ¶砂糖が少し [ほんの少し] un po' [pizzico] di zucchero ¶少し先に un po' più avanti / un po' più in là ¶少しずつ a poco a poco / 《一歩また一歩と》 passo (a) passo / 《だんだんに》 man mano / gradualmente ¶少し離れて歩く camminare「a qualche distanza [un po' discosto] (da *qlcu.* [*ql.co.*]) (►discostoは主語の性・数に合わせて語尾変化する) ¶時間が少ししかない. C'è poco tempo. ¶もう少しだ. がんばれ. Manca poco. Tieni duro! ¶少し歩きませんか. Vogliamo fare due passi? ¶少し行くと交番がある. A pochi passi da qui c'è il posto di polizia. ¶少しお待ちください. Aspetti un momento. ¶少し手伝って. Aiutami un po'. ¶少したてばお昼になる. Tra poco è mezzogiorno. ¶彼は30歳を少し越えている. Ha poco più di trent'anni. / Ha appena superato la trentina. ¶ほんの少しついでください. 《ワインなどを》 Me ne versi solo un goccio. ¶少し話がある. Ho「due parole [qualche cosa] da dirti. ¶少しでも早く行ったほうがいい. È meglio andare al più presto. ¶少しは他人のことも考えたらどうだ. Pensa un po' anche agli altri. ¶少しずつイタリア語の会話が上達した. Un po' per volta ho fatto progressi nell'italiano parlato.
2《およそ・ほぼ》 quasi, press'a poco, pressappoco ¶もう少しで…するところだった. Per poco (non) + [直説法] (►半過去) ¶もう少しで私も彼に騙されるところだった. Per poco (non) ingannava anche me.

[使いわけ] **poco と un po'**
un po'は「少し」の意味を, pocoは「ほとんど…ない」という否定的な意味を表す.

¶ Ho visto un po' di gente. 人を少し見かけた.
¶ Ho visto poca gente. ほとんど人を見かけなかった.
「un po' di +名詞の複数形」の動詞は複数形に合わせて活用させる.
¶ Ci sono un po' di biscotti. クッキーが少しある.
(▶ C'è un po' di biscotti.とは言わない)
po'の前に形容詞 belを置くと「かなり」「たくさん」という意味になる.
¶ C'erano un bel po' di persone. かなりの人がいた.

すこしも 少しも 《否定語を伴って》niente affatto, non... affatto, per niente [nulla], non... minimamente, neanche un po', proprio nulla ¶少しも気にせずに senza preoccuparsene minimamente ¶彼は少しも親切じゃない. Non è affatto [per nulla] gentile. ¶イタリア語は少しも知りません. Non so una parola di italiano. ¶私は少しもかまいません. Non mi importa nulla. ¶試験に落ちるなんて少しも考えなかった. Non avrei mai pensato di non passare l'esame.

すごす 過ごす 1《時を費やす》passare [trascorrere] ql.co.; 《生活していく》vivere ¶楽しい時を過ごす passare piacevolmente il tempo / stare bene (in un posto) ¶海辺で夏休みを過ごす trascorrere le vacanze estive al mare ¶無為に時を過ごす sciupare [sprecare] il tempo ¶1日中本を読んで過ごした. Ho trascorso la giornata leggendo un libro. ¶冬は寒いからストーブなしでは過ごせない. D'inverno fa freddo, non si può vivere senza stufa. ¶いかがお過ごしですか. Come va [sta]?
2《限度を越す》¶度を過ごす passare i limiti / eccedere団 (▶ 単独でも可) in ql.co. [nel + 不定詞] ¶酒を過ごす eccedere nel bere

すごすご con aria abbattuta, con la coda fra le gambe, a testa bassa ¶すごすごと立ち去る andarsene「mogio[男複 -gi; 女複 -ge] mogio [tutto mogio].

スコッチ 〔英 Scotch〕1《ウイスキー》scotch男 [無変] 2《織》《スコッチツイード》〔英〕tweed男 [無変]

スコップ 〔蘭 schop〕pala女

すこぶる 頗る molto, estremamente, assai ¶すこぶるおもしろい芝居だった. È stata una rappresentazione oltremodo interessante.

すごみ 凄味 ◇すごみのある minaccioso ¶すごみを利かせる minacciare qlcu. / intimidire qlcu. / fare la faccia feroce / mostrare i denti a qlcu.

すごむ 凄む ¶彼は私に「撃つぞ」とすごんだ. Ha minacciato「di spararmi「che mi avrebbe sparato」.

すごもり 巣籠り 《鳥などの》permanenza女 nel nido; 《冬に虫などの》ibernazione女

すごもる 巣籠る 1《鳥などが》vivere自 [es, av] (esclusivamente) nel nido 2《虫などが冬眠する》ibernare自 [av], svernare自 [av]

すこやか 健やか ◇健やかな in buona salute, sano ¶健やかに育つ crescere bene [sano] ¶健やかな寝息を立てて con un respiro lento e regolare

スコラてつがく スコラ哲学 scolastica女
♣スコラ哲学者 scolastico男 [複 -ci]; 《スコラ派》gli scolastici男 [複]

すごろく 双六 (specie女 di) gioco dell'oca ¶双六をする giocare al gioco dell'oca

すさまじい 凄じい 1《大変恐ろしい》spaventoso, orribile, terribile ¶すさまじい形相で con un'espressione furiosa ¶すさまじい光景 scena terribile
2《ものすごく激しい》furioso, violento; 《とてつもない》straordinario[男複 -i] ¶すさまじい勢いで〈人〉を攻撃する attaccare qlcu. furiosamente [impetuosamente] ¶すさまじい人出だった. C'era una folla enorme. ¶すさまじい地震だった. C'è stato un terremoto violento.

すさむ 荒む ◇すさんだ prostrato; disperato; avvilito, abbattuto; perduto ¶すさんだ心 animo prostrato ¶すさんだ家族関係 famiglia allo sbando ¶すさんだ生活 vita sregolata

ずさん 杜撰 ◇ずさんな 《いい加減な》scorretto; non accurato, impreciso; difettoso, malfatto; 《誤りの多い》pieno di errori [scorrettezze] ¶ずさんな仕事 lavoro malfatto [sciatto / abborracciato] ¶ずさんな工事 lavori frettolosi e approssimativi ¶彼はやることがずさんだ. È negligente [-gli-] in tutto. / Non fa nulla di preciso.

すし 鮨・鮓・寿司 《料》sushi男[無変]; 《握りずし》bocconcini男[複] di riso ricoperti di pesce crudo
♣すし屋 ristorante男 di sushi

日本事情 鮨
Piatto tipico giapponese composto di pesce crudo e riso condito con aceto, sale e zucchero. Ce ne sono di molti tipi ma il più comune viene chiamato "nigirizushi". Questo consiste in piccoli bocconcini di riso insaporiti con un po' di wasabi e ricoperti con un sottile filetto di pesce, che si possono mangiare in un boccone dopo averli intinti nella salsa di soia. Più che essere preparato a casa, il sushi viene solitamente mangiato negli appositi ristoranti (sushiya) o consegnato a domicilio.

すじ 筋 1《解》《筋肉》muscolo男; 《腱》tendine男; 《靭帯》legamento男 ¶筋を違える storcersi ql.co. / prendere una storta a ql.co. ¶首の筋を違える avere [prendersi] un torcicollo ¶足の筋がつる avere uno strappo muscolare alla gamba
2《繊維》fibra女; 《肉の》nervi男[複]; 《さやえんどうなどの》filo男 ¶さやいんげんの筋を取る togliere il filo ai fagiolini ¶この肉は筋ばかりだ. Questa carne è tutta nervi.
3《線》linea女, tratto男, riga女; 《縞》striscia女[複 -scie]; 《生・鉱》stria女 ¶黒い筋の入った蛇 serpente striato di nero
4《血管》vena女; 《毛細血管》vaso男 sanguigno; 《石や葉の》venatura女; 《葉脈, 翅脈》nervatura女
5《道筋》¶甲州街道筋の宿屋 alberghi「lungo la [sulla] strada Koshu Kaido」

6《条理》ragione㊛, logica㊛;《順序》ordine㊚ ¶それでは筋が通るまい.《不条理》Quello che dici è irragionevole. /《常識はずれ》Il tuo modo di fare va contro logica.

7《あらすじ》trama㊛, intreccio㊚ [複 -ci];《運び，展開》azione㊛, svolgimento㊚ ¶筋の込み入った芝居 dramma㊚ 「dall'intreccio complicato [farraginoso] ¶筋を運ぶ[追う] svolgere [seguire] la trama

8《素質》attitudine㊛, predisposizione㊛, stoffa㊛ ¶生け花の筋がいい. Ha「buona attitudine [stoffa] per l'*ikebana*.

9（血 筋）lignaggio㊚ [複 -gi], discendenza㊛, stirpe㊛ ¶あの家は貴族の筋を引いている. Quella famiglia è di nobile lignaggio.

10《関係方面，情報源》fonte㊛;《関係する公的機関》autorità㊛ competente ¶確かな筋からの情報によれば secondo informazioni「sicure [di fonte sicura] ¶消息筋によれば da fonti ben informate / secondo voci autorevoli ¶その筋に願い出る rivolgersi alle autorità competenti

11《接尾辞として細く続いているものを数える》¶一筋の涙が彼女の頬を伝って落ちた. Una lacrima le rigò il viso e cadde in terra. ¶二筋の煙 due colonne di fumo

|慣用| 筋が違う È irragionevole.

筋を通す agire ragionevolmente seguendo una giusta logica

ずし 図示 《グラフで》rappresentazione㊛ grafica;《絵などによる》illustrazione㊛ ◇図示する illustrare *ql.co.* ¶ホテルの場所を簡略に図示する disegnare una semplice piantina per indicare dov'è l'albergo

ずし 厨子 custodia㊛ per statuette e sutra㊚ [無変] buddisti

すじあい 筋合い ¶彼のことを批判できる筋合いじゃあないだろう. [Non sei] Non nella posizione] di criticarlo. ¶私から頼む筋合いでない. Non è una cosa che devo chiedergli io!

すじかい 筋交い 《斜めに入れる木材》controvento㊚, putrella㊛ ◇筋交いの diagonale ¶筋交いに obliquamente, trasversalmente, diagonalmente

すじがき 筋書き （あらすじ）riassunto㊚, sinossi㊛ [無変], trama㊛;《計画》piano㊚, progetto㊚, programma㊚ [複 -i] ¶筋書き通りに come convenuto secondo il piano /《示し合わせたとおりに》secondo l'accordo

すじがね 筋金 ¶筋金入りの兵士 soldato agguerrito [provetto] ¶筋金入りの共産党員 comunista㊚ [複 -i] convinto [fino al midollo]

ずしき 図式 schema㊚ [複 -i];《グラフによる表示》rappresentazione㊛ grafica;《グラフ》diagramma㊚ [複 -i], grafico㊚ [複 -ci];《計画》piano㊚, programma㊚ [複 -i] ¶図式的に言ってschematizzando ¶事は図式通りには運ばないようだ. Le cose non vanno secondo i piani.

❖図式化 schematizzazione㊛

すじこ 筋子 uova㊛ di pesce salate

ずしずし ¶巨大なゴリラがずしずしやって来た. Un gigantesco gorilla si avvicinò con passo pesante.

すじちがい 筋違い **1**《道理に外れること》◇筋違いの《不条理な》assurdo, irragionevole, immotivato, illogico [男複 -ci] ¶それは筋違いの要求だ. È una richiesta irragionevole. / È una pretesa assurda. **2**《筋肉の》¶首に筋違いを起こした. Mi è venuto il torcicollo.

すしづめ 鮨詰め ◇すし詰めの pieno zeppo 《でdi》 ¶すし詰めの列車 treno gremito [affollatissimo] ¶すし詰めにされる essere pigiati [ammassato / ammuchiato] come una sardina

すじばる 筋張る ¶筋張った腕 braccia㊛ [複] muscolose [nerborute] /《やせこけて》braccia scarne e nervose ¶筋張った議論 argomento troppo serio

すじみち 筋道 《道理》ragione㊛, logica㊛;《話の脈絡》filo del discorso;《順序，手続き》ordine㊚, metodo㊚, formalità㊛ ¶筋道の通ったragionevole, logico ¶筋道の通った《首尾一貫している》coerente, conseguente ◇筋道の通らない illogico, irragionevole;《矛盾した》contraddittorio, incoerente;《ばかげた》insensato ¶筋道の通った[通らない]話 discorso conseguente [inconseguente] ¶筋道を立てて準備する prepararsi「con metodo [sistematicamente] ¶筋道を立てて話す parlare coerentemente / parlare seguendo un filo logico

すじむかい 筋向かい ¶筋向かいの家 casa diagonalmente opposta

すじめ 筋目 **1**《筋，折り目》piega㊛ ¶きちんと筋目の入ったズボン pantaloni con pieghe marcate **2**《血統，由緒》lignaggio㊚ [複 -gi]

すじょう 素性 《生まれ》nascita㊛, origine㊛, estrazione㊛;《身元》identità㊛;《前歴，経歴》passato㊚, antecedenti㊚ [複], precedenti㊚ [複] ¶素性のいい人 persona di buona famiglia ¶素性のあやしい人《生まれ・身元の》persona dalle origini sospette /《経歴の》persona con un passato sospetto ¶素性の知れない人 persona dalle origini ignote /《経歴の》persona dal passato oscuro [ignoto] ¶素性のわかる[知れない]品物 oggetto di provenienza sicura [oscura] ¶素性を明かす[隠す] svelare [nascondere] la *propria* identità ¶《人》の素性を調べる controllare il passato [la provenienza] di *qlcu*.

ずじょう 頭上 ¶頭上に落ちてくる cadere sulla testa ¶「頭上注意」《掲示》"Attenzione alla testa" ¶頭上を見上げる guardare in alto

ずじょうえんしゅう 図上演習 《軍》simulazione㊛ sulla cartina

ずしり ¶ずしりと重い essere molto pesante / essere un mattone / pesare㊐ [*es, av*] molto

ずしん ¶コンクリートの杭(くい)がずしんずしんと打ち込まれている. I pali di cemento vengono conficcati pesantemente nel terreno.

すす 煤 fuliggine㊛, nerofumo㊚;《ほこり》polvere ¶天井のすすを払う togliere la polvere dal soffitto

❖すす払い grandi pulizie㊛ di casa di fine anno

すず 鈴 sonaglio㊚ [複 -gli];《つりがね形の》campanella㊛, campanellino㊚《◆イタリアには日本のような閉じた形の物はない》¶鈴を鳴らす fare tintinnare un sonaglio / suonare la campanella ¶鈴を振る agitare la campanella ¶鈴を

転がすような声 voce cristallina ¶誰も猫の首に鈴を付けようとしない. Nessuno vuol correre da solo un grosso rischio, neanche se è per il bene di tutti.

すず 錫 《化》stagno男;《元素記号》Sn
❖錫箔 foglio男《複 -gli》di stagnola
錫めっき stagnatura女 ◇錫めっきの stagnato ¶錫めっきをする stagnare ql.co.

すずかけ 鈴懸 《植》《スズカケノキ》platano男
すすき 薄・芒 《植》susuki男, piuma女 delle pampas
すずき 鱸 《魚》spigola女;《北伊》branzino男, branzino男
すすぎあらい 濯ぎ洗い lavaggio男《複 -gi》con acqua
すすぐ 濯ぐ・漱ぐ sciacquare [risciacquare] ql.co. ¶洗濯物をすすぐ sciacquare il bucato ¶口をすすぐ sciacquarsi la bocca ¶恥をすすぐ lavare [cancellare] la vergogna
すすける 煤ける 1《煤で》essere sporco di fuliggine, essere affumicato [annerito] dal fumo 2《ほこりなどで色が変わる》¶本の表紙がすっかりすすけてしまった. La copertina del libro si è annerita per la polvere.

すずしい 涼しい 1《冷ややかで気持よい, さわやかな》fresco男《複 -schi》, rinfrescante ◇涼しさ freschezza女, fresco男, frescura女 ¶朝の涼しいうちに al fresco del mattino ¶野菜を涼しい場所に置く conservare le verdure in un luogo fresco ¶涼しい風が吹く. Soffia「un venticello fresco [una brezza]. ¶朝晩涼しくなった. Le mattine e le sere si sono rinfrescate. ¶このシャツの模様は涼しげだ. Il disegno di questa camicia dà una sensazione di fresco. 2《澄んで清らかだ》¶目元の涼しい娘 ragazza con gli occhi limpidi
[慣用] 涼しい顔 ◇涼しい顔で con aria indifferente [disinvolta]; con la massima calma ¶彼は非難されても涼しい顔だ. Anche quando viene criticato non fa una piega.

すずしろ 蘿蔔・清白 ⇒大根
すずな 菘 《植》rapa女
すずなり 鈴なり ¶鈴なりになっている《果樹が主語》essere stracarico [straboccante] /《果実が主語》pendere a grappoli ¶スタンドは見物人で鈴なりだった. La tribuna era gremita di spettatori.
すすみ 進み avanzamento男; progresso男 ¶この子は勉強の進み《具合》が早い [遅い]. Questo ragazzo progredisce velocemente [lentamente] nello studio.
すずみ 涼み ¶涼みに行く andare [uscire] a prendere il fresco
❖涼み台 panchina女
すすみでる 進み出る andare avanti, avanzare自 [es] ¶名前を呼ばれて彼は1歩前に進み出た. Quando è stato chiamato, ha fatto un passo avanti.

すすむ 進む 1【前進する】avanzare自 [es, av], procedere自 [es], andare avanti, farsi avanti;《特定の場所へ向かう》dirigersi《へ verso》;《押し進む》farsi strada ¶北へ進む dirigersi a nord ¶一歩前に進みなさい. Avanzate di un passo! / Fate un passo avanti! ¶彼は群衆をかき分けながら前へ進んだ. Andava avanti, facendosi largo tra la folla. ¶これこそ我々の進むべき道だ. È proprio questa la strada che dobbiamo seguire. ¶「前へ進め」《号令》"Avanti march [marf] !" / "In marcia !" ¶光は秒速30万キロで進む. La luce si propaga alla velocità di 300.000 km al secondo. ¶この時計は5分進んでいる. Questo orologio è avanti di cinque minuti. ¶この時計は1日に10分進む. Questo orologio va avanti (di) dieci minuti al giorno. 2【はかどる】《仕事などが》procedere自 (▶人が主語のとき [av], 物が主語のとき [es]); avanzare自 [es]; svolgersi ¶今日は仕事がかなり進んだ. Oggi abbiamo proceduto molto nel lavoro. / Oggi siamo andati parecchio avanti. ¶「前回, 授業は何ページまで進みましたか」「28ページまでです」"Nell'ultima lezione fino a che pagina siamo arrivati?" "Fino a pagina ventotto." 3【進歩する】progredire自 (▶人が主語のとき [av], 物が主語のとき [es]), fare progressi, avanzare自 [es];《発達・発展する》svilupparsi, evolversi ◇進んだ sviluppato, evoluto ¶文化の進んだ国 paese culturalmente evoluto [avanzato] ¶進んだ考え idee avanzate ¶この国の産業技術はこの数年でずいぶん進んだ. Negli ultimi anni in questo paese la tecnologia industriale è progredita molto. ¶彼の思想は時代よりはるかに進んでいる. Le sue idee sono di gran lunga in anticipo sui tempi. / Le sue idee precorrono di gran lunga i tempi. ¶いるかはかなり進んだ知能をもっている. Il delfino ha un'intelligenza molto sviluppata. 4【特定の分野, 進路, 段階に入る】entrare自 [es], proseguire自, 他 [av, es] ¶法律の道に進む entrare in magistratura ¶この学校の生徒は大半が大学に進む. La maggior parte degli studenti di questa scuola prosegue gli studi all'università. ¶私の故郷のチームが決勝戦に進む. La squadra del mio paese è giunta in finale. 5【病状が悪化する】aggravarsi ¶彼の病状はだいぶ進んでいる. La sua malattia si è molto aggravata. ¶近視が最近かなり進んだ. Di recente la mia miopia è peggiorata. 6【率先する】¶進んで…する fare ql.co. spontaneamente [di propria iniziativa] ¶…するのは気が進まない essere riluttante a+不定詞 / essere poco propenso a+不定詞 ¶彼に頼むのは気が進まない. Mi sento riluttante a chiederglielo. / Non me la sento di chiederglielo. ¶適度な運動のあとは食が進む. Si mangia con più appetito dopo un appropriato esercizio fisico.

すずむ 涼む prendere il fresco, godersi il fresco
すずむし 鈴虫 specie女 di grillo (◆ il cui canto che risuona in autunno assomiglia al rumore di un campanellino);《学名》Homogeoryllus japonicus
すすめ 勧め 《勧告, 助言, 忠告》consiglio男《複 -gli》, suggerimento男;《勧告, 奨励, 訓戒》esortazione女;《奨励》incoraggiamento男 ¶

〈人〉の勧めで su consiglio [suggerimento] di *qlcu.* ¶〈人〉の勧めに従う seguire i consigli di *qlcu.*

すすめ 薦め raccomandazione[女] ¶彼のすすめでこの会社に入った. Sono entrato in questa ditta grazie alla sua raccomandazione.

すずめ 雀 passero[男] ¶雀が鳴く. Un passero cinguetta. ¶雀百まで踊り忘れず.《諺》"Ciò che si impara da piccoli non si dimentica più."
[慣用] **雀の涙** ¶雀の涙ほどの給料 paga da fame / paga irrisoria / stipendio da quattro soldi
✤**雀色** marrone[男] chiaro

すずめばち 雀蜂 〖昆〗 vespa[女]

すすめる 進める **1**【前進させる】far avanzare *ql.co.* [*qlcu.*], mandare avanti *ql.co.* [*qlcu.*];《前へ移す》spostare in avanti *ql.co.* ¶軍を進める far avanzare le truppe ¶車をもう少し前へ進めてくれませんか. Potrebbe spostare un po' in avanti la sua macchina? ¶イタリアチームは決勝戦へと駒を進めた. La squadra italiana ha fatto un ulteriore passo verso la finale.
2【進捗させる】mandare [portare] avanti *ql.co.*, far proseguire *ql.co.*, sviluppare *ql.co.*;《実行する, 前へ導く》condurre *ql.co.*;《早める》affrettare *ql.co.*, accelerare *ql.co.*;《増進させる》incrementare *ql.co.* ¶外国との交渉を進める mandare [portare] avanti i negoziati con i paesi esteri ¶環境保護運動を進める incrementare le attività di salvaguardia ambientale ¶次の論題に話を進めましょう. Passiamo a discutere il punto seguente. ¶この研究を進めるには莫大な金がかかる. Occorrono spese ingenti per mandare avanti [far progredire] queste ricerche. ¶この問題をもう一歩進めて考えよう. Riflettiamo più approfonditamente su questo problema.
3【早める】 ¶時計を5分進めてある. Ho messo avanti l'orologio di cinque minuti.

すすめる 勧める・奨める

1《勧告する》consigliare [suggerire] a *qlcu.* *ql.co.* [di + [不定詞]], incitare [esortare] *qlcu.* a *ql.co.* [a + [不定詞]], invitare *qlcu.* a + [不定詞] ¶一読をすすめる suggerire di leggere un libro ¶そんなことはすすめられない. Questo non è consigliabile [raccomandabile]. ¶医者にすすめられてゴルフを始めた. Ho cominciato a giocare a golf su consiglio del medico. ¶彼女にぜひにとすすめられてその映画を見に行った. Sono andato a vedere quel film perché lei「ha insistito [ci teneva] tanto.
2《差し出す》offrire *ql.co.* a *qlcu.* ¶〈人〉に食事をすすめる invitare *qlcu.* a mangiare / offrire a *qlcu.* da mangiare ¶〈人〉に椅子をすすめる offrire una sedia a *qlcu.* / invitare *qlcu.* a sedere ¶〈人〉に酒を無理にすすめる forzare *qlcu.* a bere / offrire con insistenza il *sakè* a *qlcu.*
3《奨励する》incoraggiare *qlcu.*「*ql.co.* [a + [不定詞]] ¶政府は産業の発展をすすめた. Il governo ha incoraggiato lo sviluppo dell'industria.

すすめる 薦める raccomandare *qlcu.* [*ql.co.*] a *ql.co.* [a *qlcu.*] ¶兄が私にこの辞書を薦めてくれた. Questo dizionario me l'ha suggerito mio fratello. ¶おじに薦められてこの人を雇いました. Ho assunto questa persona che mi era stata presentata da mio zio.

すずらん 鈴蘭 〔植〕 mughetto[男]

すずり 硯 vaschetta[女] per stemperare l'inchiostro di china
✤**すずり箱** astuc*cio*[男] [複 *-ci*] da scrittura, scatola[女] da scrittura

すすりなき 啜り泣き singhiozzo[男]

すすりなく 啜り泣く singhiozzare[自] [*av*] ¶すすり泣きながら tra i singhiozzi ¶彼女は激しくすすり泣いた. Singhiozzava [Piangeva singhiozzando] disperatamente.

すする 啜る 《吸う》succhiare *ql.co.*;《ちびちび飲む》sorbire [sorseggiare] *ql.co.* ¶コーヒーをすする sorseggiare il caffè ¶鼻をすする tirar su col naso ¶そばを音を立ててすする mangiare il *soba* risucchiandolo rumorosamente

すすんで 進んで 《喜んで》volentieri;《自発的に》spontaneamente, di *propria* volontà;《率先して》di *propria* iniziativa ¶この子は進んで店の仕事を手伝ってくれる. Questo ragazzo mi aiuta volentieri nel negozio.

ずせつ 図説 →図解

すそ 裾 **1**《服などの》orlo[男], margine[女] inferiore[男], lembo[男];《ドレスなどの長く引きずるもの》coda[女], strasci*co*[男] [複 *-chi*] ¶裾上げする cucire [fare] l'orlo ¶ズボンの裾を膝までまくり上げる arrotolarsi i pantaloni fino alle ginocchia ¶裾を引きずる. L'orlo arriva a terra. / L'orlo del vestito striscia per terra. **2**《山の》piedi[男] [複] [base[女]] di una montagna

すその 裾野 ¶富士の裾野で ai piedi del monte Fuji

すそもよう 裾模様 ¶この着物は裾模様が非常に美しい. Il disegno della parte inferiore di questo *kimono* è bellissimo.

スター 〔英 star〕 divo[男] [[女] *-a*]; stella[女];〔英〕star[女] [無変] ¶スターの卵 stellina ¶彼女はいつの間にかスターの座についていた. Ha raggiunto la celebrità praticamente senza che nessuno se ne accorgesse.
✤**スタープレーヤー** gioca*tore*[男] [[女] *-trice*] di grande popolarità ¶野球のスタープレーヤー divo[男] del baseball

スターター 〔英 starter〕 **1**〖スポ〗《競走開始の合図をする人》〔英〕starter[男] [無変]; mossiere[男] **2**《起動装置》dispositivo[男] d'avviamento;《車の》motorino[男] d'avviamento

スタート 〔英 start〕《開始, 発足》partenza[女], 〔英〕start[男] [無変];〖機〗《エンジンの始動》avviamento ◇**スタートする** cominciare a + [不定詞] ¶機械[車]をスタートさせる mettere in moto la macchina / avviare il motore della macchina ¶スタートの合図をする《スポーツで》dare il via a *qlcu.* / dare il segnale di partenza a *qlcu.* ¶スタートがいい[悪い]《スポーツで》partire bene [male] / fare una buona [cattiva] partenza
[慣用] **スタートを切る** cominciare [iniziare] *ql.co.* [a + [不定詞]]
✤**スタート台** blocco[男] [複 *-chi*] di partenza
スタートダッシュ partenza[女] lanciata ¶スタートダッシュをかける partire in quarta (►比喩的にも用いる)
スタートボタン 〖コンピュータ〗 pulsante[男] di av-

vio
スタートメニュー《コンピュータ》menu男[無変] di avvio
スタートライン ¶スタートラインに並ぶ allinearsi sulla linea di partenza (►比喩的にも用いる) /《競馬で》allinearsi al palo
スタート START （戦略兵器削減条約）START男; Trattato per la riduzione delle armi strategiche
スタイリスト〔英 stylist〕〔英〕stylist 女[無変], consulente女 di moda (►イタリア語のstilistaは「デザイナー」の意味)
スタイル〔英 style〕**1**（様式）stile男 **2**（体の線）linea女 (del corpo);（服装の型）stile男 ¶スタイルがいい（人が）avere una bella linea [figura] ¶スタイルが悪い（人が）essere mal proporzionato ¶スタイルがくずれる［を保つ］（人が主語）perdere [mantenere] la linea
スタグフレーション〔英 stagflation〕《経》stagflazione女;〔英〕stagflation女[無変]
すたこら precipitosamente, a tutta velocità, in fretta e furia ¶すたこら（さっさと）逃げ出す scappare [fuggire via] a gambe levate / darsela a gambe
スタジアム〔英 stadium〕stadio男[複 -i] ¶オリンピックスタジアム stadio olimpico
スタジオ〔英 studio〕studio男[複 -i];《映》teatro男 di posa; studio男 cinematografico [複 -ci] (►「建物」「撮影所」もさす);（写真を撮るための）sala女 di posa, studio男 fotografico [男 複 -ci];（公開の）auditorio男 [複 -i] ¶スタジオで撮影する（写真）fotografare in studio /（映像）girare in studio
すたすた（速く）velocemente;（急ぎ足で）in fretta; a passi rapidi
ずたずた ¶生地をずたずたに引き裂く lacerare la stoffa / ridurre a brandelli la stoffa ¶台風で国道はずたずたになった。Il tifone ha gravemente danneggiato la strada statale.
すだつ 巣立つ **1**（鳥が）lasciare il nido **2**（世の中に出て行く）debuttare男[av] nella vita sociale;（自立する）reggersi da solo, divenire男 [es] indipendente ¶学生たちが学窓を巣立つ時が近づいた。Si sta avvicinando per i miei studenti il momento di lasciare il nido.
スタッカート〔伊〕《音》staccato男
スタッドレスタイヤ pneumatico男[複 -ci] da neve non chiodato
スタッフ〔英 staff〕**1**（ある仕事を担当するグループ）〔英〕staff男[無変]; personale男;（共同研究・作業などの）squadra女;〔仏〕équipe[ekíp]女[無変] ¶教育スタッフ（教師陣）corpo insegnante [accademico] ¶研究［編集］スタッフの一員である fare parte del personale「per la ricerca [della redazione]
2《映・劇・音》〔英〕staff男[無変]
スタミナ〔英 stamina〕vigore男, energia女[複 -gie] vitale;（耐久力）resistenza女 fisica;（忍耐力）forza女 di sopportazione, perseveranza女 ¶スタミナがある avere vigore / essere resistente alle fatiche ¶スタミナをつける rinforzarsi ¶肉を食べるとスタミナがつく。La carne dà energia.

✤**スタミナ料理** piatto男 energetico [複 -ci] [nutriente]
すたる 廃る ¶そんなことをしたら男がすたるぞ。Se fai una cosa simile,「perdi la faccia [ti discrediti].
すだれ 簾 avvolgibile男 di canne sottili o di listelli di bambù ¶すだれを上げる［下ろす］sollevare [abbassare] l'avvolgibile
すたれる 廃れる **1**（使われなくなる）cadere男 [es] in disuso;（流行遅れになって）passare男 [es] di moda;（時代遅れになる）diventare男 [es] antiquato [superato];（消えてなくなる）scomparire男 [es] ¶すたれた（時代遅れの）superato, sorpassato;（使われていない）in disuso;（流行遅れの）fuori moda ¶すたれてしまった社会的習慣 costumi sociali scomparsi ¶そんな言葉はすたれてしまっている。Quelle parole sono in disuso.
2《衰える》declinare男[av], decadere男[es] ¶今の世は道徳心がすたれている。La moralità al giorno d'oggi è in declino.
スタンガン〔英 stun gun〕fucile男 per stordire animali
スタンダード〔英 standard〕→標準
✤**スタンダードナンバー**《音》pezzo男 classico〔英 -ci〕del jazz;〔英〕standard男[無変]
スタンディングオベーション〔英 standing ovation〕〔英〕standing ovation女[無変]; applauso男 a scena aperta
スタント〔英 stunt〕（離れ業）acrobazia女
✤**スタントマン**《映》cascatore男, controfigura女;〔英〕stuntman男[無変]
スタンド〔英 stand〕**1**（階段式の観客席）gradinata女;（指定席）tribuna女 (►いずれもそこにいる「観衆」もさす) ¶メインスタンド tribuna centrale ¶スタンドを湧かせる entusiasmare il pubblico
2（机上の電気スタンド）lampada男 da tavolo;（アームが折れ曲がる）lampada女 a snodo; ¶フロアスタンド lampada「da pavimento [a stelo / a piede]
3（立ったまま飲食する店）〔英〕stand男[無変]; banco男[複 -chi] di vendita;（キオスク）chiosco男[複 -schi];（新聞・雑誌などの）edicola女
✤**スタンドアロン**《コンピュータ・経》a funzionamento autonomo, a sé stante, indipendente
スタンドイン《映》（代役）controfigura女
スタンドカラー《服》colletto男 rigido [alla coreana]
スタンドバー bar男[無変] con il solo bancone
スタンドプレー esibizionismo男 (per attirare gli applausi) ◇スタンドプレーをする fare l'istrione, esibirsi per il pubblico, mettersi in mostra
スタンバイ〔英 standby〕¶スタンバイ中の選手 giocatore di riserva ¶本番いきます。スタンバイしてください。Ora facciamo la ripresa. Preparatevi.
スタンプ〔英 stamp〕（印）timbro男;（郵便物の消印）timbro男; annullo postale ¶記念スタンプ timbro commemorativo ¶旅券にスタンプを押す apporre un timbro su un passaporto
✤**スタンプインク** inchiostro男 per timbri
スタンプ台 tampone男 [cuscinetto男] per timbri

スチーム 〔英 steam〕《蒸気》vapore;《スチーム暖房》riscaldamento*m* a vapore ¶この家はスチーム暖房が通っている. Questa casa è riscaldata con i caloriferi.
❖スチームアイロン ferro*m* da stiro a vapore
スチームタービン turbina*f* a vapore

スチール 〔英 steel〕 (はがね) acciaio*m* [複 -*i*] ¶スチール製の d'acciaio
❖スチール家具 mobile*m* in acciaio
スチールギター 〔英〕 steel guitar*m* [無変]

スチール 〔英 still〕《映》fotografia*f* di scena, foto*f* pubblicitaria

スチュワーデス 〔英 stewardess〕〔英〕hostess*f* [無変]; assistente*f* di volo [di bordo]

スチュワード 〔英 steward〕 assistente*m* di volo [di bordo]; 〔英〕steward*m* [無変]

スチレン 〔英 styrene〕《化》stirolo*m*

-ずつ ¶1つ[1人]ずつ a uno a uno / uno per uno ¶1週間に[1か月]に3回ずつ tre volte「alla settimana [al mese] ¶階段を2段ずつ上がる salire i gradini della scala a due a due ¶3人に1冊ずつ辞書を貸す prestare un dizionario per ogni tre persone ¶1人に2つずつあげた. Ne ho dati due per ciascuno. ¶1人[2人]ずつ部屋に入りなさい. Entrate uno [due] alla volta.

ずつう 頭痛 **1**《頭の痛み》mal*m* di testa;《医》cefalalgia*f* [複 -*gie*], cefalea*f*;《偏頭痛》emicrania*f* ¶頭痛がする. Ho mal di testa. / Mi fa male la testa. ¶頭痛持ちである essere soggetto a emicranie ¶割れるような頭痛がする. Ho un terribile mal di testa.
2《悩み》¶息子は頭痛の種だ. Mio figlio per me è come una croce.
❖頭痛鉢巻き ¶頭痛鉢巻きである《非常に心配・苦労する》rompersi la testa / lambiccarsi il cervello / tormentarsi / torturarsi

スツール 〔英 stool〕sgabello*m*, seggiolino*m*

すっからかん ¶財布がすっからかんになった. Sono rimasto「senza una lira [al verde].

すっかり **1**《完全に, 全面的に》completamente, interamente, perfettamente, totalmente, tutto, del tutto ¶店をすっかり改造する rinnovare interamente [tutto] il negozio / rinnovare il negozio da cima a fondo ¶すっかり白状する confessare tutto dalla A alla Z ¶病気はすっかりよくなった. Sono guarito perfettamente [completamente]. ¶彼はすっかり変わった. È completamente cambiato. / È un'altra persona. ¶用意はすっかりできている. È tutto pronto. ¶雲がすっかりなくなった. Non c'è nemmeno una nuvola in cielo. ¶すっかり夜が明けた. Ormai si è fatto giorno. ¶京都はもうすっかり夏になった. A Kyoto ora si è in piena estate.
2《大変に》¶すっかりお世話になりました. La ringrazio per tutto quello che ha fatto per me. /《泊めてくれた人に》La ringrazio per la sua ospitalità. / Le sono molto riconoscente.

ずつき 頭突き ¶《人に》頭突きを食わせる dare una testata a *qlcu*. / colpire *qlcu*. con una testata ¶頭突きを食らう ricevere una testata (da *qlcu*.)

ズッキーニ 〔伊 zucchini〕《植》zucchina*f*, zucchino*m*

すっきり ◇すっきりした《明快な》chiaro;《さわやかな》fresco [複 -*schi*];《軽快な》leggero;《清潔な》nitido, lindo ¶すっきりした文体 frase concisa e lineare ¶気持ちがすっきりする《気持ちが軽くなる》sentirsi leggero [sollevato] /《自信を取り戻す》sentirsi rinfrancato /《気持ちの整理がつく, 覚悟ができる》sentirsi ben disposto ¶コーヒーを飲んでごらん, すっきりするよ. Prova a bere un caffè, ti si schiarirà la mente. ¶彼の説明はどうもすっきりしない.《納得できない, あいまいだ》La sua spiegazione non mi soddisfa [non mi convince].

すっくと ¶すっくと立ち上がる alzarsi deciso ¶彼女の前に大男がすっくと立ちはだかっていた. Un omone si era piazzato dritto davanti a lei.

ズック 〔蘭 doek〕tela*f* grossa e robusta ¶ズックの靴 scarpe de tela

すづけ 酢漬け sottaceti*m* [複] ¶野菜を酢漬けにする conservare [mettere] le verdure sottaceto ¶酢漬けの sottaceto / marinato ¶酢漬けのきゅうり cetrioli sottaceti

ずっしり ¶金貨の袋はずっしり重かった. La borsa piena di monete d'oro era assai pesante. ¶私に責任がずっしりとのしかかる. La responsabilità grava pesantemente sulle mie spalle.

すったもんだ ¶すったもんだの騒ぎをする fare「un gran baccano [una scenata terribile / un mucchio di storie] ¶すったもんだの末[あげく] dopo molte discussioni / dopo molta agitazione

すってん(ころり) ¶すってんころりと転ぶ cadere「a corpo morto [lungo disteso] / crollare「a terra [di peso]

すってんてん ◇すってんてんである trovarsi「a secco [in bolletta], rimanere*g* [*es*] al verde

すっと **1**《軽やかに》¶すっと立ち上がる alzarsi in silenzio ¶すっと消える dileguarsi **2**《気分がさっぱりと》¶言いたかったことを全部言って胸がすっとした. Dopo aver detto quello che avevo da dire, mi sono sentito sollevato. ¶冷たい水を飲んで気分がすっとした. Con un bicchiere di acqua fresca mi sono sentito meglio.

ずっと **1**《比較》molto (di più) ¶こっちのほうがずっといい. Questi sono molto meglio. ¶この本はそれよりずっと難しい. Questo libro è di gran lunga più difficile di quello.
2《程度》molto ¶ずっと向こうに laggiù in fondo / molto avanti ¶ずっとあとで molto (tempo) dopo ¶ずっと南の方に molto più a sud ¶それはずっと先の話だ. È una cosa di là da venire.
3《いつも, 続けて》sempre, continuamente, ininterrottamente ¶午前中ずっと (per) tutta la mattinata ¶1年間ずっと (per) tutto l'anno ¶生涯ずっと tutta la vita ¶途中ずっと per tutta la strada / per tutto il percorso ¶そのあとずっとローマに住んでいる. In seguito ho sempre vissuto a Roma.
4《まっすぐ》¶この道をずっと行けば駅に出ます. Andando sempre dritto per questa strada, si arriva alla stazione.

すっぱい 酸っぱい acido; (柑橘(かんきつ)類が) agro, aspro; (熟していなくて) acerbo; (刺すような) acre ◇酸っぱさ asprezza㊛, acidità㊛, sapore㊚ aspro ◇酸っぱくなる inacidirsi, diventare acido, inacidire㊤[es] ¶酸っぱいにおいがする avere un odore acre / odorare㊤[av] di aspro ¶このみかんは酸っぱくて口が曲がりそうだ. Questo mandarino è aspro, allappa la bocca.
[慣用] 口が酸っぱくなるほど ¶口が酸っぱくなるほど言っても君はちっともいうことをきかない. Uno può anche sgolarsi, ma tu tanto non ascolti mai.

すっぱだか 素っ裸 ◇素っ裸の completamente nudo, nudo ¶素っ裸になる denudarsi ¶素っ裸で歩く camminare tutto nudo ¶素っ裸の男たち uomini nudi come Dio li ha fatti

すっぱぬく 素っ破抜く 《暴露する》 rivelare [svelare] ql.co. a qlcu.; 《情報などを流す》 divulgare ql.co.; 《仮面をはぐ》 smascherare ql.co. [qlcu.]; 《スクープを出す》 fare uno scoop ¶会社の内情をすっぱ抜く rivelare「i segreti della ditta [la reale situazione della società]

すっぱり **1** 《切れ味よく切り離す様子》 ¶鎌で竹をすっぱりと切る tagliare di netto il bambù con la roncola **2** 《思いきりのよい様子》 con [di] buona grazia; 《全面的に》 interamente; 《完全に》 completamente; 《最終的に》 definitivamente ¶…をすっぱりあきらめる rinunciare definitivamente a ql.co. [a + 不定詞] ¶彼はタバコをすっぱりやめた. Ha smesso di fumare「senza alcuna esitazione [una volta per tutte].

すっぴん 素っぴん ◇すっぴんの senza trucco, struccato

すっぽかす 《なおざりにする》 trascurare ql.co. [qlcu.] / di + 不定詞 ¶仕事を途中ですっぽかす lasciare a metà il lavoro ¶約束をすっぽかす dare buca a [cancellare all'ultimo momento] un appuntamento

すっぽり **1** 《全体をおおう様子》 completamente, interamente, nettamente ¶雪が畑をすっぽり覆った. La neve ha completamente coperto il campo. **2** 《物がまったり抜けたりする様子》 ¶人形の手がすっぽり抜けた. Una mano della bambola si è staccata di netto.

すっぽん 鼈 《動》 trionice㊛ (◆ tartaruga d'acqua)
[慣用] 月とすっぽん ¶月とすっぽんほど違う. Sono differenti come la notte e il giorno.

すで 素手 **1** 《丸腰》 ◇素手で a mani nude ¶素手で戦う combattere senz'armi [disarmato] **2** 《手ぶらで》 ¶男は素手で帰って来た. Quell'uomo è tornato「a mani vuote [《比喩的》 con le pive nel sacco / con un pugno di mosche in mano].

ステアリン 〔英 stearin〕《化》 stearina㊛
❖ステアリン酸 acido㊚ stearico

すていし 捨て石 **1** 《チェスの》 pedina㊛ da sacrificare; 《土木工事の》 pietrame㊚ (per fondazioni subacquee)
2 《将来を見込んでの投資的行為、犠牲的役割》 ¶捨て石になる offrirsi per un compito ingrato / sacrificarsi

スティック 〔英 stick〕《ドラムの》 bacchetta㊛ da tamburo

ステーキ 〔英 steak〕 bistecca㊛ ¶レア[ミディアム / ウェルダン]のステーキ bistecca「al sangue [media / ben cotta]」¶網焼きステーキ bistecca「ai ferri [alla griglia]」¶サーロインステーキ lombata ¶タルタルステーキ carne alla tartara

ステージ 〔英 stage〕 scena㊛, palcoscenico㊚ [複 -ci] ¶ステージに立つ stare sul palcoscenico
❖ステージダンス danza㊛ [ballo㊚] come (forma di) spettacolo

ステーション 〔英 station〕《駅、特定の仕事・任務を行う所》 stazione㊛ ¶宇宙[サービス]ステーション stazione spaziale [di servizio]
❖ステーションコール《通信》 chiamata㊛ a persona non specifica
ステーションビル centro㊚ commerciale con stazione annessa
ステーションワゴン《車》〔英〕 station wagon㊛ [無変], familiare㊚

ステータス 〔英 status〕 status㊚ [無変], posizione㊛ sociale
❖ステータスシンボル〔英〕 status symbol [státus símbol] ㊚[無変], simbolo㊚ di prestigio
ステータスバー〔英 status bar〕《コンピュータ》 barra㊛ di stato

ステートメント 〔英 statement〕 →声明

すておく 捨て置く 《現状のままにしておく》 lasciare ql.co. [qlcu.] così come si trova; 《見て見ぬふりをする》 chiudere un occhio su qlcu. [ql.co.]

すてき 素敵 ◇すてきな meraviglioso, splendido, magnifico㊚[複 -ci]; 《魅力的な》 affascinante; 《感じのよい》 simpatico㊚[複 -ci] ◇すてきに splendidamente, magnificamente ¶すてきな人 persona affascinante ¶まあすてき. Oh, che bellezza [che meraviglia]!

すてご 捨て子 bambino㊚ [㊛ -a] abbandonato㊚, trovatello㊚ [㊛ -a]

すてぜりふ 捨て台詞 minaccia㊛ [複 -ce] lanciata prima di andarsene ¶捨てぜりふを残して立ち去る andarsene lanciando un'ultima minaccia [un ultimo avvertimento] andarsene imprecando (contro qlcu.)

ステッカー 〔英 sticker〕 adesivo㊚, etichetta㊛ adesiva ¶車にステッカーをはる applicare un'etichetta adesiva sulla macchina

ステッキ 〔英 stick〕 bastone㊚, canna㊛ da passeggio ¶ステッキを持って歩く camminare col bastone

ステッチ 〔英 stitch〕《服》 punto㊚ (di cucito), cucitura㊛ ¶クロスステッチ punto a [in] croce ¶ボタンホールステッチ punto asola [a occhiello]

ステップ 〔英 step〕 **1** 《ダンスの》 passo㊚ ¶音楽に合わせてステップを踏む eseguire i passi a tempo di musica **2** 《乗り物の乗降用》 predellino㊚ ¶降りるときに列車のステップを踏み外してしまった. Scendendo dal predellino del treno ho fatto un passo falso. **3** 《段階》 ¶何ごとにもステップを踏んで進めていくがよい. In ogni cosa è meglio fare un passo alla volta.
❖ステップアップ《進歩》 miglioramento㊚; 《拡大》 incremento㊚ ¶彼女は英会話でステップアップ

した. Ha fatto passi avanti nella conversazione inglese.

ステップ 〔英 steppe〕《草原》steppa[女]

すててこ mutande[女][複] (lunghe fino al di sotto delle ginocchia usate dagli uomini di solito in estate)

すでに 既に già; precedentemente; oramai, ormai (►oramai, ormaiは「取り返しがつかない」という含みで使われることがある) ¶既に述べたように come ho detto prima ¶時すでに遅し. È tardi ormai. / È già tardi. ¶医者が着いた時にはすでに手遅れだった. Quando il medico è arrivato, era oramai troppo tardi. ¶それだけでもすでに大したことだ. Vuol dire già molto.

すてね 捨て値 ¶捨て値で a poco prezzo / per due soldi / a un prezzo stracciato / 《原価を割って》sotto costo

すてば 捨て場 scar*ico*[男][複 *-chi*] delle immondizie ¶捨て場に困る non sapere dove buttare via *ql.co.*

すてばち 捨鉢 ◇すてばちの[な] disperato ¶すてばちになる abbandonarsi alla disperazione / disperarsi ¶すてばちになって per disperazione / spinto dalla disperazione ¶すてばちな態度をとる assumere un atteggiamento disperato

すてみ 捨て身 ¶捨て身になる rischiare la *propria* vita / 《賭け事で》giocare il tutto per tutto / mettercela tutta ¶捨て身になって alla disperata / a corpo morto / a rischio della (*propria*) vita ¶捨て身の攻撃 attacco alla disperata ¶君が捨て身でやれば彼に勝てるかもしれない. Se ti butti potresti anche vincere.

すてる 捨てる

1《放り出す》gettare [buttare] via *ql.co.* ¶ごみを捨てる gettare [buttare] via i rifiuti ¶バケツの水を捨てる vuotare un secchio d'acqua ¶「窓から物を投げ捨てないでください」《掲示》"Non gettare alcun oggetto dal finestrino" ¶お金なら掃いて捨てるほどある. Di soldi, ne ho da buttare [sprecare]. ¶捨てる神あれば拾う神あり. 《諺》"Le vie della provvidenza sono infinite."

2《断念する, 放棄する》abbandonare *ql.co.* [*qlcu.*], rinunciare[自][*av*] a *ql.co.*, lasciare *ql.co.* [*qlcu.*] ¶彼はまだ大学に入る望みを捨てていない. Non ha ancora abbandonato l'idea [la speranza] di andare all'università. ¶彼は祖国を捨てて亡命した. Ha rinnegato la propria patria ed è andato in esilio. ¶その男は夢を実現するために地位を捨てた. Quell'uomo ha rinunciato alla propria posizione per realizzare il suo sogno. ¶私は彼に棄てられた. Lui mi ha abbandonato [lasciato / 《親》piantato].

3《自分の身体や命を投げ出す》¶母親はわが子のために自分を捨てることもいとわない. Una madre si sacrifica per i propri figli volentieri.

4《放っておく》lasciare; 《無視する》ignorare ¶うわさ話など捨てておけ. Piantala con [Lascia perdere] i pettegolezzi. ¶彼もそう捨てたものではない. È assai meglio di quanto sembri.

ステレオ 〔英 stereo〕《方式》stereofonia[女]; 《装置》impianto[男] stereo [無変] [stereofoni*co* [複 *-ci*]], stereo[男][無変] ◇ステレオ(方式)の《音について》stereofonico; 《写真について》stereoscopi*co* [[男]複 *-ci*] ¶ステレオで『アイーダ』を聞く ascoltare l'"Aida" con lo stereo

✤**ステレオタイプ** (1)《印》《鉛版, ステロ版》stereotipia[女] (2)《紋切り型の》◇ステレオタイプの stereotipato, stereotipo ¶相も変わらぬステレオタイプの返答 sempre la stessa risposta stereotipata

✤**ステレオ放送** trasmissione[女] [radiodiffusione[女]] stereofonica

ステロイド 〔英 steroid〕《生化》steroide[女]

✤**ステロイドホルモン** ormone[男] steroideo

ステンドグラス 〔英 stained glass〕vetrata[女], vetro[男] colorato; 《ステンドグラスの入った窓》vetrata[女] colorata [istoriata]; 《丸窓の》rosone[男]

ステンレス(スチール) 〔英 stainless steel〕acci*aio*[男][複 *-i*] (inossidabile) ¶ステンレスの鍋 pentola inox [di acciaio inossidabile]

スト sciopero[男] ¶ストをする[行う] scioperare[自][*av*] / 《入る》mettersi [scendere / entrare] in sciopero / inscenare uno sciopero ¶スト中の労働者《スト参加者》scioperante[男][女] / lavora*tore*[男][[女] *-trice*] scioperante ¶ストに訴える ricorrere allo sciopero ¶ストを中止する sospendere [revocare] lo sciopero ¶新法案に反対する抗議スト sciopero di protesta contro un nuovo disegno di legge ¶労働者はストに入った. Gli operai hanno incrociato le braccia. ¶ストが行われている. C'è uno sciopero in corso. ¶「スト決行中」《掲示》"In sciopero" / "Sciopero" ¶ストは午前5時に解除された. Lo sciopero è stato revocato [sospeso] alle 5 del mattino.

[関連]
違法スト sciopero[男] illegale **五月雨(さみだれ)スト** sciopero a singhiozzo **時間差スト** sciopero a scacchiera [a settori] **時限スト** sciopero a tempo limitato **スト権スト** sciopero per il diritto allo sciopero **ゼネスト** sciopero generale **同情[連体]スト** sciopero di solidarietà **24時間スト** sciopero di 24 ore **波状スト** sciopero a catena **ハンスト** sciopero della fame **無期限スト** sciopero a oltranza [a tempo indeterminato] **山猫スト** sciopero selvag*gio* [複 *-gi*] **サボタージュ** rallentamento[男] del lavoro **順法闘争** sciopero bian*co* [複 *-chi*]

✤**スト規制法** leggi[女][複] per la regolazione dello sciopero

スト権 ¶スト権を承認[確立]する sancire [conquistare] il diritto allo sciopero

スト指令 ordine[男] di sciopero ¶スト指令を出す proclamare [indire] lo sciopero

スト破り azione[女] antisciopero; crumirag*gio*[男][複 *-gi*]; 《人》《蔑》crumir*o*[男][[女] *-a*]

ストア 〔英 store〕negoz*io*[男][複 *-i*] ¶チェーンストア negozi a catena / catena di negozi ¶ドラッグストア《薬局》farmacia

ストアがくは ストア学派 scuola[女] stoica ¶ストア学派の哲学者 stoi*co*[男][[女] *-ca*; [男]複 *-ci*]

ストアてつがく ストア哲学 stoicismo[男]

ストイック 〔英 stoic〕◇ストイックな stoi*co* [[男]複 *-ci*] ◇ストイックに stoicamente

ストーカー〔英 stalker〕persona[女] che molesta qualcuno seguendolo o telefonandogli ossessivamente contro la sua volontà, molesta*tore*[男][[女] *-trice*],〔英〕stalker[男][女][無変]

✤ストーカー行為 molestia[女],〔英〕stalking[男][無変]

ストーカー防止法《日本の》legge[女] preventiva antimolestie

すどおし 素通し ¶素通しのガラス《透明な》vetro trasparente ¶素通しのめがね《度のない》occhiali con lenti non graduate

ストーブ〔英 stove〕stufa[女] ¶ストーブに当たる mettersi davanti alla stufa / riscaldarsi vicino alla stufa ¶ストーブをつける[たく] accendere la stufa ¶ガス[電気]ストーブ stufa a gas [elettrica] ¶石炭[石油]ストーブ stufa a carbone [a petrolio] ¶だるまストーブ stufa panciuta (di ghișa)

✤ストーブリーグ《サッカーの》calcio[男] mercato

すどおり 素通り ◇素通りする passare[自][*es*] per *ql.co.* senza fermarsi, passare davanti a *ql.co.* senza entrare

ストーリー〔英 story〕storia[女], racconto[男], narrazione[女];《筋書き》trama[女]

ストール〔英 stole〕〘服〙stola[女] ¶ストールをまとう portare una stola

ストーン〔英 stone〕**1**《石》pietra[女] **2**《イギリスの重量単位》〔英〕stone[男][無変]

ストッキング〔英 stockings〕〔仏〕collant [kollán][男][無変], calze[女][複];《サッカーなどの》calzettone[男] ¶ストッキングをはく mettersi [infilarsi] i collant

ストック〔英 stock〕《在庫》〔英〕stock[男][無変]; giacenze[女][複];《貯蔵》provvista[女], scorta[女], riserva[女] (di merci), accantonamento[男];《大量の》incetta[女] ◇ストックする far provvista di [rifornirsi di / fare incetta di] *ql.co.* ¶冷凍食品のストックを切らさないようにする fare attenzione a non eșaurire le scorte di alimenti congelati

✤ストックインフレ〘経〙inflazione[女] da scorte in magazzino

ストック〔独 Stock〕《スキーの》racchetta[女], bastoncino[男]

ストックオプション〔英 stock option〕〘経〙diritto[男] di opzione

✤ストックオプション制〘経〙sistema[男] del diritto di opzione

ストックホルムしょうこうぐん ストックホルム症候群 sindrome[女] di Stoccolma

ストップ〔英 stop〕fermata[女];《電報・交通信号などで》〔英〕stop[男][無変];《交通信号の「止まれ」》alt[男][無変] ◇ストップする fermarsi, arrestarsi ◇ストップさせる fermare [arrestare] *ql.co.* ¶「ストップ」"Alt!"

✤ストップウォッチ cronometro[男]

ストップモーション〘映・テ〙fermo-immagine[女]

ストップランプ〘車〙luce[女] di arresto

すどまり 素泊まり ¶素泊まりで1泊いくらですか. Quanto costa la camera per il solo pernottamento?

ストライキ〔英 strike〕⇒スト

ストライク〔英 strike〕《ボーリング・野球などで》〔英〕strike[男][無変]

ストライプ〔英 stripe〕stri*scia*[女][複 *-sce*], riga[女] ¶ストライプのセーター una maglia a strisce [a righe]

ストラップ〔英 strap〕cinturino[男]; cinghia[女] ¶携帯電話のストラップ laccetto del cellulare

ストリート〔英 street〕《街路》via[女]; strada[女] ¶メーンストリート corso / strada principale

✤ストリートチルドレン bambini[男][複] costretti a vivere per strada

ストリキニーネ〔蘭 strychnine〕〘薬〙stricnina[女]

ストリッパー〔英 stripper〕spogliarellista[女]

ストリップ〔英 strip〕《ショー》spogliarello[男];〔英〕strip-tease[男][無変]

ストレート〔英 straight〕**1**《まっすぐなこと》◇ストレートな diritto ◇ストレートに《直接》direttamente ¶彼はストレートに私に疑問をぶつけてきた. Mi ha rinfacciato i suoi dubbi in maniera diretta [senza remore].

2《続けざま》¶ストレートで勝つ《セットを失わないで完勝する》vincere senza mai perdere un set ¶ストレート負けする subire una secca sconfitta

3《そのまま入学, 進級すること》¶彼女は高校も大学もストレートで合格した. È entrata al liceo e all'università a primo colpo [senza mai ripetere l'eșame d'ammissione]. ¶彼は大学をストレートで卒業した. Si è laureato senza ritardi.

4《酒などを何も加えず飲むこと》¶ウィスキーをストレートで飲む bere un whisky liscio

5《ポーカーの役》scala[女]

6《野球・ボクシングで》diretto[男]

ストレス〔英 stress〕**1**〘医〙〔英〕stress[男][無変]; tensione[女] ¶ストレスを引き起こす要因 caușa scatenante dello stress ¶ストレスのたまった stressato ¶ストレスを解消する scaricare lo stress ¶この仕事はストレスがたまる. Questo lavoro mi stressa.

2〘言〙《強勢》¶語[センテンス]ストレス accento tonico [sintattico]

✤ストレス学説 teoria[女] dello stress

ストレス病 malattia[女] da stress

ストレプトマイシン〔英 streptomycin〕〘薬〙streptomicina[女]

ストロー〔英 straw〕**1**《飲み物のための》cannuc*cia*[女][複 *-ce*] **2**《麦わら》paglia[女]

ストローク〔英 stroke〕**1**《水泳で》bracciata[女];《ボート》colpo[男] di remo ¶ワンストロークの差で勝つ vincere per una bracciata **2**《ピストンの》corsa[女] (del pistone)

ストロベリー〔英 strawberry〕fragola[女]

ストロボ〔英 strobo〕〔英〕flash[男][無変], lampeggiatore[男] ¶ストロボをたく《光らせる》far lampeggiare il flash /《使う》ușare il flash

ストロンチウム〔英 strontium〕〘化〙stronzio[男];《元素記号》Sr

✤ストロンチウム90 stronzio[男] 90

すとん ¶すとんと落ちる cadere[自][*es*] con un rumore secco [sordo]

ずどん《擬》bang, bum ¶ずどんずどんと花火が揚がった. Bum! Bum! I fuochi artificiali esplodevano nel cielo. ¶ずどんと一発, おおかみは見事にしとめられた. Pam!, e il lupo è stato abbattuto in un colpo solo.

すな 砂 sabbia㊛ ¶砂で磨く lucidare ql.co. con la sabbiolina ¶宝物を砂に埋める seppellire un tesoro nella sabbia ¶砂をかける gettare sabbia su ql.co. ¶砂を撒(ま)く spargere sabbia su ql.co. / cospargere ql.co. di sabbia ¶砂の城を築く costruire un castello di sabbia

[慣用] 砂を嚙むよう ¶彼の文章は砂を嚙むようだ. Il suo stile è arido [scialbo].

❖砂遊び ¶砂遊びをする giocare con la sabbia
砂嵐 tempesta㊛ di sabbia
砂煙 ¶砂煙をあげる sollevare una nuvola di polvere
砂採取場 cava㊛ di sabbia
砂地 terreno sabbioso ◇砂地の sabbioso, arenoso
砂時計 clessidra㊛ (a sabbia)
砂場 recinto㊚ con la sabbia
砂浜 spiaggia㊛ [複 -ge] sabbiosa
砂原 pianura㊛ sabbiosa
砂袋 sacchetto㊚ di sabbia
砂風呂 bagno㊚ di sabbia, sabbiatura㊛
砂山 duna㊛

すなお 素直 **1** ◇素直な(従順な) docile, remissivo㊚;(温和な) mite;(正直な) onesto;(率直な) franco㊚ [複 -chi];(自然な) naturale;(飾らない) semplice;(気取らない) non affettato ◇素直に docilmente;dolcemente, gentilmente; onestamente; con naturalezza; con semplicità ¶性質が素直だ avere un carattere docile ¶君は素直さが足りない. Sei poco remissivo. ¶話し方が素直だ. Parla con spontaneità [con semplicità].
2(くせのない様子) ¶素直な髪の毛 capelli lisci /(形がつけやすい) capelli docili ¶素直な字(筆跡) calligrafia facile da leggere

すなぎも 砂肝 (鳥の) ventriglio㊚ [複 -gli];《トスカーナ》cipolla㊛ (di pollo)

スナック 〔英 snack〕(軽食) spuntino㊚
❖スナック食品[菓子](塩味の) salatini㊚ [複];merenda㊛
スナックバー snack bar㊚ [無変]

スナッチ 〔英 snatch〕《スポ》strappo㊚

スナップ 〔英 snap〕**1**《留め金》fermaglio㊚ [複 -gli] a pressione, bottone㊚ a pressione, bottone㊚ (a pressione) automatico㊚ [複 -ci] ¶スナップを留める[外す] chiudere [aprire] un automatico **2**《スナップ写真》istantanea㊛ ¶スナップを撮る scattare un'istantanea

すなわち 即ち・則ち **1**《換言すれば》in altre parole, in altri termini;(簡単に言えば) cioè,(かいつまんで言えば) per farla breve ¶二院すなわち, 衆議院と参議院 le due camere, cioè [ossia] la Camera dei Rappresentanti e la Camera dei Consiglieri
2(まさに) proprio, né più né meno ¶これがすなわち私の望むところです. Questo è proprio quello che desidero.

スニーカー 〔英 sneakers〕scarpe㊛ [複] 「di gomma [da ginnastica / da tennis]

すね 脛 stinco㊚ [複 -chi];(脛骨(だつ)) tibia㊛;(ひざから下) gamba㊛

[慣用] すねに傷を持つ non sentirsi la coscienza tranquilla, avere la coscienza sporca
すねをかじる ¶親のすねをかじる vivere 「a carico dei genitori [sulle spalle dei genitori]
❖すね当て(スポーツ用) parastinchi㊚ [無変], gambale㊚ di protezione;(武具の) schinieri㊚ [複]
すねかじり persona㊛ che vive sulle spalle di qlcu.

すねる 拗ねる《ふくれっ面をする》tenere [portare / fare] il broncio, tenere il muso㊚ [con qlcu. ¶すねた imbronciato, scontento, di malumore ¶世をすねる fare 「il misantropo [(女性) la misantropa] / sfuggire la gente

ずのう 頭脳(脳) cervello㊚;(頭の働き) spirito㊚, mente㊛;(知性) intelligenza㊛;(首脳, または有能な人材) cervello㊚ ◇頭脳の cerebrale, intellettuale ¶冷静な頭脳 una mente fredda [lucida] ¶頭脳明晰である avere una mente calma [lucida]
❖頭脳流出 [流入] fuga㊛ [afflusso㊚] di cervelli
頭脳労働 lavoro㊚ intellettuale [di concetto]
頭脳労働者 lavoratore㊚ [㊛ -trice] intellettuale, impiegato㊚ [㊛ -a] di concetto

スノー 〔英 snow〕(雪) neve㊛
❖スノータイヤ pneumatico㊚ [複 -ci] [gomma㊛] antineve [無変] [da neve]
スノーチェーン catene㊛ [複] da neve
スノードロップ〔植〕bucaneve㊚
スノーボート(エンジン付きのそり) slitta㊛ meccanica
スノーボード〔英〕snowboard [znóbord] ㊚ [無変]
スノーモービル(雪上車) gatto㊚ delle nevi

すのこ 簀子 assito㊚

スノップ 〔英 snob〕(人)〔英〕snob [znɔb] ㊚ [無変];(行為) snobismo㊚ ◇スノップな snobistico [複 -ci]

すのもの 酢の物 piatto㊚ a base di verdure e pesce intinti nell'aceto

スパーク 〔英 spark〕scintilla㊛ ◇スパークする emettere scintille

スパークリングワイン 〔英 sparkling wine〕vino㊚ frizzante, spumante㊚

スパート 〔英 spurt〕◇スパートする scattare㊀ [es] in volata, fare lo scatto finale

スパーリング 〔英 sparring〕(ボクシングの) pugilato㊚ fatto per allenamento
❖スパーリングパートナー〔英〕sparring partner㊚ [無変], compagno㊚ di allenamento sul ring

スパイ 〔英 spy〕(人) spia㊛, agente㊚ segreto;(行為) spionaggio㊚ [複 -gi] ◇スパイを する spiare qlcu. [ql.co.] ¶逆スパイ controspionaggio ¶産業スパイを働く fare dello spionaggio industriale ¶二重スパイ agente che fa il doppio gioco ¶彼にスパイを付けた. Gli abbiamo messo alle costole una spia.
❖スパイ衛星 satellite㊚ spia [無変]
スパイ活動 azione㊛ di spionaggio, attività㊛ spionistica
スパイ小説 romanzo㊚ di spionaggio
スパイ飛行機 aereo㊚ spia

スパイク 〔英 spike〕**1**(靴底の釘) punta㊛, chiodo㊚;(底に釘を打った靴) scarpe㊛ [複] chiodate **2**(バレーボールの) schiacciata㊛

✤**スパイクタイヤ** pneumatico男[複 -ci] chiodato

スパイス 〔英 spice〕〘料〙spezie女[複] ◇スパイスの効いた speziato;《ぴりっと辛い》piccante;《香りのよい》aromatizzato;《おいしい》insaporito con spezie

スパゲッティ 〔伊〕 spaghetti男[複] ⇒料理 用語集 ¶スパゲッティをゆでる[水切する] cuocere [scolare] gli spaghetti ¶あさり入りスパゲッティ spaghetti alle vongole ¶スパゲッティミートソース spaghetti al ragù [alla bolognese]

すばこ 巣箱 cesta女[cassetta女] per la cova;《みつばちの》arnia女, alveare男;《鳥の》nido男 artificiale (per uccelli);《鳩の》colombaia女

すばし(っ)こい svelto, agile, lesto ◇すばしこく agilmente ◇すばしこさ agilità女 ¶ねずみはすばしっこくて捕まえられなかった. Il topo era veloce e furbissimo e non siamo riusciti a catturarlo.

すぱすぱ **1**《タバコを吸う様子》 ¶タバコをすぱすぱ吸う fumare a grandi boccate / tirare grandi boccate di fumo **2**《よく切れる様子》 ¶このナイフは何でもすぱすぱ切れる. Questo coltello「taglia bene qualsiasi cosa [ha una buona lama].

ずばずば ¶ずばずばものを言う parlare chiaramente [francamente / apertamente]/ dire le cose come stanno / non usare mezzi termini

すはだ 素肌 《肌》pelle女 nuda;《裸体》corpo男 nudo, nudo男 ¶セーターを素肌に着る indossare il maglione direttamente sulla pelle

スパッツ 〔英 spats〕 **1**《登山用の》gambale男 **2**《タイツ型ズボン》〔仏〕fuseaux [fuzó] 男[複]

スパナ 〔英 spanner〕〘機〙《工具》chiave女 ¶モンキースパナ chiave regolabile [inglese]

ずばぬける ずば抜ける ◇ずば抜けてstraordinariamente; eccezionalmente; di gran lunga, senza pari, senza confronti, fuori del comune ¶ずば抜けている emergere自[es] sulla massa / distinguersi da tutti gli altri ¶彼はずば抜けて絵がうまい. È il migliore in disegno. / Disegna in modo eccezionale.

スパムメール 〘コンピュータ〙〔英〕spam男[無変]

すばやい 素早い rapido, pronto;《機敏な》svelto;《身軽な》agile ◇すばやく rapidamente, prontamente, velocemente; sveltamente ◇すばやさ rapidità女; sveltezza女, prontezza女

すばらしい

素晴しい 《見事な》meraviglioso, magnifico [男複 -ci], bellissimo, splendido, prodigioso;《最高の》superlativo, eccelso, sublime;《すぐれた》eccellente;《驚くべき》stupefacente, strepitoso, strabiliante, mirabile;《すごい》straordinario [男複 -i], formidabile ¶すばらしい考え idea splendida [magnifica] ¶すばらしい才能 talento portentoso ¶すばらしいごちそう pasto squisito / piatto delizioso ¶今日はすばらしい天気だ. Oggi il tempo è meraviglioso. ¶この曲のすばらしさは口では言えない. La bellezza di questa musica è indescrivibile. ¶彼はイタリア語がすばらしく上手だ. È bravissimo in italiano.

ずばり ◇ずばりと《率直に》sinceramente, francamente; onestamente;《はっきりと》chiaramente; decisamente ¶ずばりと言う dire chiaro e tondo che + 直説法 ¶正解をずばりと当てる azzeccare la risposta

すばる 昴 〘天〙〘星座〙le Pleiadi女[複]

スパルタ 〘史〙Sparta女 ¶スパルタ式の alla spartana ¶スパルタ式に spartanamente

✤**スパルタ教育** educazione女 spartana

ずはん 図版 illustrazione女;《表》tavola女 (fuori testo)

スパンコール 〘服〙lustrino男;〔仏〕paillette [pajét]女[無変]

スピーカー 〔英 speaker〕altoparlante男, cassa女

✤**スピーカーホン** telefono男 con altoparlante

スピーチ 〔英 speech〕discorso男 ¶テーブルスピーチ discorso a tavola

スピーディー 〔英 speedy〕◇スピーディーな veloce, rapido;《機転のきく》svelto ◇スピーディーに rapidamente; prontamente

スピード 〔英 speed〕velocità女 ¶スピードを上げる aumentare la velocità ¶スピードを落とす ridurre [diminuire] la velocità ¶スピード出世する fare una rapida carriera

✤**スピードアップ** accelerazione女

スピード違反 eccesso男 di velocità, violazione女 del limite di velocità ¶彼はスピード違反を犯した. Ha violato il limite di velocità.

スピード狂[マニア] maniaco [女 -ca; 男複 -ci] della velocità

スピード写真 fotografia女 istantanea

スピード制限 limite男 di velocità

スピードメーター tachimetro男; contachilometri男[無変] (►本来は「走行距離計」)

スピッツ 〔独 Spitz〕《犬》volpino男 (bianco [複 -chi]), pomere男

ずひょう 図表 《図と表》grafici男[複] e tabelle[複] (►graficoはグラフ・図解, tabellaは数字や文字からなる表);《グラフ, 図解》diagramma男 [複 -i], grafico男[複 -ci], figura女

スピロヘータ 〔ラ spirochaeta〕〘医〙spirocheta女

スピン 〔英 spin〕rotazione女;〘物〙〔英〕spin男[無変]; rotazione女 intorno al *proprio* asse, movimento男 angolare intrinseco [複 -ci];〘スポ〙《スケート》piroetta女 ¶ボールにスピンを与える imprimere una rotazione alla palla ¶車がスリップしてスピンした. L'auto, dopo aver slittato, si è girata su se stessa.

ずぶ ¶ずぶの素人 profano男 assoluto /《アマチュア》dilettante男女

スフィンクス 〔ギ Sphinx〕 sfinge女

スプーン 〔英 spoon〕 cucchiaio男[複 -i];《コーヒー・ケーキ用などの小さなもの》cucchiaino男 ¶スプーン1杯の砂糖 un cucchiaio di zucchero / una cucchiaiata di zucchero

ずぶずぶ ¶彼はずぶずぶとぬかるみにはまり込んだ. Si è impantanato nel fango.

すぶた 酢豚 〘料〙piatto男 cinese di maiale e verdure all'agrodolce

ずぶとい 図太い 《大胆な》ardito, audace, temerario [男複 -i];《あつかましい》sfacciato, sfrontato; impudente

ずぶぬれ ずぶ濡れ ◇ずぶぬれの zuppo, inzuppato, bagnato fradicio [男複 -ci; 女複 -cie] ¶雨でずぶぬれになる inzupparsi di piog-

スフマート〔伊〕〔美〕sfumato男

すぶり 素振り ¶素振りをする esercitarsi alla battuta (senza la palla) ¶バットの素振りをする esercitarsi con una mazza

ずぶり ¶〈人〉の背中に短刀をずぶりと刺す conficcare un pugnale nella schiena di qlcu. / pugnalare qlcu. nella schiena

スプリットタイム〔英 split time〕《スポ》tempo男 parziale [di passaggio]

スプリング〔英 spring〕1 (春) primavera女 2 (ばね) molla女 ¶スプリング付きベッド letto con materasso a molle

♣スプリングコート〔服〕soprabito男 leggero
スプリングボード《スポ》trampolino男
スプリングマットレス materasso a molle

スプリンクラー〔英 sprinkler〕(庭の水まき用) (impianto男 di) annaffiamento automatico男 [複 -ci], spruzzatore男; (散水用) [無変]; (消火用) sistema男 [複 -i] di tubazioni antincendio, impianto男 antincendio [無変] a sprinkler

スプリンター〔英 sprinter〕《スポ》scattista男 [複 -i]; 〔英 sprinter [無変]

スプリント〔英 sprint〕《スパート》scatto男; 〔英〕sprint [無変]

スプレー〔英 spray〕〔英〕spray [sprái]男 [無変]; (ヘアスプレー) lacca女 ¶髪にスプレーをかける spruzzarsi la lacca sui capelli ¶スプレーで着色する colorare con lo spray

すべ 術 mezzo男, modo男, maniera女; (処置) rimedio男 [複 -i] ¶一人で生きる術を心得ている sapere bene come cavarsela da solo ¶施す術がない. Non c'è niente da fare. / Non c'è rimedio [scampo]. ¶彼らはなす術を知らない. Non sanno che fare. / Non sanno dove sbattere la testa.

スペア〔英 spare〕(pezzo男 di) ricambio男 [複 -i] ◇スペアの di scorta, di riserva

♣スペアインク ricambio男 [ricarica女] di inchiostro
スペアキー chiave女 di riserva
スペアタイヤ gomma女 [ruota女] di scorta [di ricambio]
スペアリブ〔英 spareribs〕《料》(豚の骨付きばら肉) costoletta女 di maiale

スペイン〔国名〕Spagna女 ◇スペインの spagnolo, ispano

♣スペイン語 lo spagnolo男; (カスティリア語) il castigliano男
スペイン人 spagnolo男 [女 -a]
スペイン内戦 la Guerra civile spagnola (◆1936–39)

スペース〔英 space〕(空間, 余白, 紙面) spazio男 [複 -i], intervallo男, spaziatura女 ¶スペースをあける lasciare uno spazio / (印) (語間・字間をあける) spaziare (►単独でも可) ¶5ページのスペースを割(さ)く dedicare cinque pagine (に a)

♣スペースキー《コンピュータ》tasto男 di spazio
スペースシャトル〔英 space shuttle〕navetta女 spaziale

スペード〔英 spade〕picche女 [複] →トランプ

関連 ¶スペードの3 il tre di picche

すべからく 須く ¶我々はすべからく人命を尊重すべきだ. È essenziale avere rispetto per la vita umana. / Si deve ad ogni costo rispettare la vita umana.

スペクタクル〔英 spectacle〕spettacolo男
♣スペクタクル映画 film男 [無変] spettacolare; kolossal男 [無変]

スペクトル〔仏 spectre〕《物》spettro男
♣スペクトル写真 spettrografia女
スペクトル分析 analisi女 [無変] spettrale

スペシャリスト〔英 specialist〕specialista男女 [複 -i]

すべすべ ◇すべすべした (なめらかな) liscio [複 -sci]; (磨かれた) levigato; (滑りやすい) scivoloso; (サテンのようにつやのある) satinato

スペック〔英 spec〕(仕様) specifiche女 [複]

すべて 全て tutto男, intero男 ◇すべての tutto, ogni, intero ¶すべての点において sotto tutti i punti di vista / sotto ogni aspetto [rispetto] ¶すべてを賭けて事に当たる giocare il tutto per tutto ¶すべて世の中はお金次第だ. A questo mondo tutto dipende dai soldi. ¶その少女は彼にとってすべてだった. Quella ragazza era tutto per lui. ¶彼の本はすべて読んだ. Ho letto "tutti i suoi libri [ogni suo libro]". ¶彼は財産をすべて使ってしまった. Ha speso "l'intero patrimonio [tutto il patrimonio]". ¶すべて私が悪いんです. È tutta [completamente] colpa mia. ¶終わりよければすべてよし. (諺) "Tutto è bene quel che finisce bene." ¶すべての道はローマに通ず. (諺) "Tutte le strade conducono [portano] a Roma."

使いわけ **tutto, ogni, intero**
tuttoは全体を総括的に見た「すべての」の意味を表し, 原則として tutto + 冠詞 + 名詞の形で用いられる. ogniは全体を個別的に見て「いずれも皆」の意味を表し, 単数形の名詞を伴う. interoは, それを構成する部分あるいは要素が欠けることなく「まるごとすべて」を意味する.

すべらす 滑らす fare [lasciare] scivolare ql.co. ¶口を滑らせて秘密を漏らす lasciarsi sfuggire un segreto ¶彼は足を滑らした. È scivolato. / Gli è mancato il piede. / Ha fatto uno scivolone.

すべり 滑り scivolamento男, slittamento男, scivolata女, scorrimento男 ¶滑りがいい[悪い]引き出し cassetto che scorre bene [male]

すべりおちる 滑り落ちる scivolare自 [es] giù ¶木から滑り落ちる cadere自 [es] scivolando da un albero ¶階段を滑り落ちる scivolare giù per le scale

すべりこみ 滑り込み ¶滑り込みで列車に間に合った. Sono arrivato al treno all'ultimo momento. ¶彼は滑り込みセーフだった. 《野球で》È arrivato alla base in scivolata.

すべりこむ 滑り込む 1 (やっと間に合う) arrivare自 [es] appena 「in tempo [all'ultimo momento] 2 (滑って入る) ¶手紙を戸の下から滑り込ませる far(e) scivolare una lettera sotto la porta ¶手をポケットに滑り込ませる infilare la mano in tasca

すべりだい 滑り台 scivolo㊚

すべりだし 滑り出し 《スタート》inizio㊚[複 -i];《デビュー》debutto㊚ ¶滑り出しがよかった[悪かった]. Siamo partiti bene[male]. / Abbiamo avuto un buon[cattivo] inizio. ¶滑り出しは好調だったが…. È cominciato bene, ma poi…

すべりだす 滑り出す **1**《滑り始める》cominciare a scivolare **2**《物事が進行しはじめる》cominciare a muoversi ¶事業がうまく滑り出してやれやれだ. Ora che gli affari si sono avviati bene, posso tirare un respiro di sollievo.

すべりどめ 滑り止め ¶滑り止めに別の大学も受験した. Ho dato gli esami di ammissione anche a un'altra università per sicurezza.
❖滑り止めタイヤ pneumatico㊚[複 -ci] antisdrucciolo [antisdrucciolevole]

スペリング →スペル

すべる 滑る **1**《滑らかに進む》scivolare㊀[es];《そりで》slittare㊀[es, av];《スケートで》pattinare㊀[av];《スキーで》sciare㊀[av];《車などが》slittare; sbandare㊀[av];《戸などが》scorrere㊀[es];《表面がつるつるしている》essere「scivoloso [sdrucciolevole] ¶滑って遊ぶ giocare a fare delle scivolate ¶滑って転ぶ fare uno scivolone / cadere㊀[es] scivolando ¶滑り降りる《斜面を》discendere「lasciandosi scivolare [《スキーで》sciando] ¶木[綱]を伝って滑り降りる scivolare giù「da un albero [lungo una corda] ¶花瓶が彼の手から滑って落ちた. Il vaso gli è scivolato [sfuggito] di mano. ¶この戸はよく滑る[滑りが悪い]. Questa porta scorre bene[male].
2《試験に落ちる》essere bocciato ¶彼は大学をすべった. È stato respinto all'università. ¶私は今年も試験にすべった. Mi hanno bocciato anche quest'anno.
|慣用| 口がすべる lasciarsi sfuggire di bocca ql.co.

スペル 〔英 spell〕ortografia㊛ ◇スペルのortografico㊛[複 -ci] ¶私はスペルの間違いをいくつかしてしまった. Ho commesso alcuni errori ortografici. ¶その単語はどういうスペルですか. Come si scrive questa parola?
❖スペルチェック controllo㊚ ortografico

スポイト 〔蘭 spuit〕《薬液などの》contagocce㊚[無変]

ずほう 図法《製図技術》disegno㊚;《投影による》proiezione㊛;《地図を作るための》cartografia㊛ ¶平面[メルカトル]図法 proiezione piana [di Mercatore]

スポーク 〔英 spoke〕《車》raggio㊚[複 -gi]

スポークスマン 〔英 spokesman〕portavoce㊚[無変]

スポーツ 〔英 sport〕〔英〕sport㊚[無変]
◇スポーツの sportivo (▶形容詞 sportivoは, 服装についていうときには「カジュアルな, スポーティーな」という意味になる)
→次ページ|用語集| ¶スポーツをする fare dello sport / praticare uno sport
❖スポーツウエア abbigliamento㊚ sportivo [per lo sport]
スポーツカー automobile㊛ [macchina㊛] sportiva
スポーツ記者 articolista㊚㊛[複 -i] [giornalista㊚㊛[複 -i]] sportivo
スポーツシューズ scarpe㊛[複] da ginnastica [per lo sport]
スポーツ新聞 giornale㊚ sportivo
スポーツセンター centro㊚ sportivo
スポーツニュース notizie㊛[複] sportive
スポーツ放送 trasmissione㊛ sportiva
スポーツマン[ウーマン] sportivo[sportiva㊛]; amante㊚㊛ dello sport; atleta㊚㊛[複 -i]
スポーツマンシップ ¶スポーツマンシップを発揮する dar prova di spirito sportivo
スポーツ用品 articolo㊚ sportivo
スポーツ欄 pagina㊛[parte㊛] sportiva (di un giornale)

スポーティー 〔英 sporty〕◇スポーティーな sportivo, di taglio sportivo

ずぼし 図星 ¶彼に図星を指された. Ha indovinato le mie intenzioni. / Mi ha letto nel pensiero. ¶図星だよ. Hai indovinato! / Esatto!

すぽっ ¶栓がすぽっと抜けた. Il tappo è venuto via in un attimo. ¶ゴルフボールは転がってすぽっとホールに入った. La pallina da golf è rotolata e si è infilata diritta nella buca.

スポット 〔英 spot〕**1**《点》punto㊚;《場所》luogo㊚[複 -ghi];《地点》posto㊚ **2**《駐機場》area㊛ di stazionamento **3**《経》《現物》merce㊛ venduta in contanti **4** →スポットライト
❖スポットアナウンス intermezzo㊚ pubblicitario[複 -i]
スポット買い operazione㊛ in contanti
スポット価格 prezzo㊚ per contanti; prezzo "sopra luogo"
スポット広告 spazio㊚[複 -i] [breve stacco㊚[複 -chi]] pubblicitario[複 -i];〔英〕spot㊚[無変]
スポット市場 mercato㊚ a contanti
スポットニュース comunicato㊚ lampo[無変];《最新の》notizie㊛[複] recentissime, ultimissime㊛[複];〔英〕flash㊚[無変]
スポットライト 〔英〕spot㊚[無変], proiettore㊚ lenticolare [a occhio di bue] ¶スポットライトを浴びる《突然有名になる》trovarsi alla ribalta [al centro dei riflettori] /《注目を浴びる》essere al centro dell'attenzione ¶石油問題にスポットライトを当てる rivolgere l'attenzione al problema del petrolio

すぼむ 窄む《小さくなる》sgonfiarsi;《狭くなる, きつくなる》stringersi, stringersi ¶その計画はすぼんで立ち消えになった. Quel progetto si è sgonfiato nel nulla.

すぼめる 窄める restringere [serrare] ql.co. ¶傘をすぼめる chiudere l'ombrello ¶肩をすぼめる stringere le spalle ¶口をすぼめる fare boccuccia

ずぼら ◇ずぼらな《怠慢でいい加減な》negligente [-gli-], incurante, trascurato ¶彼はずぼらな身なりをしている. È negligente [trascurato] nel vestire.

すぽん →すぽっ

ズボン 〔仏 jupon〕pantaloni㊚[複], calzoni㊚[複] (▶un paio di pantaloni, due paia di pantaloni…と数える）⇒洋服 [図版] ¶半ズボン calzoni corti / shorts ¶作業ズボン pantaloni da lavoro ¶乗馬ズボン calzoni da cavallerizzo ¶スキー［ゴルフ］ズボン pantaloni da sci［da golf］¶夏ズボン pantaloni estivi ¶（裾が）ダブルのズボン pantaloni con risvolto ¶ズボンに折り目をつける fare［stirare］la piega ai pantaloni ¶ズボンをはく indossare［mettersi / 《状態》portare］i pantaloni ¶ズボンを脱ぐ togliersi i pantaloni ¶ズボンの裾をまくる ripiegare l'orlo dei pantaloni

✤**ズボン下** mutande[女][複] a gamba lunga

ズボン吊り bretelle[女][複]

ズボンプレッサー stiracalzoni[男][無変], stirapantaloni[男][無変]

スポンサー〔英 sponsor〕〔英〕sponsor[男][無変]；《番組の》finanzia*tore*[男][[女] *-trice*] di un programma (a scopo pubblicitario) ¶バラエティー番組のスポンサーになる sponsorizzare un varietà

スポンジ〔英 sponge〕spugna[女] ¶スポンジで車を洗う insaponare la macchina con la spugna

✤**スポンジケーキ** pan[男][無変] di Spagna, tor-

す

《 用 語 集 》 スポーツ Sport

スポーツ一般 Sport

アマチュア dilettante[男][女]. オリンピック olimpiadi[女][複]. オリンピック競技 giochi[男][複] olimpici. 勝ち点 punteggio[男]. 監督 allena*tore*[男][[女] *-trice*]. 競技場 stadio[男]. 記録〔英〕record[男][無変], primato[男]. グラウンド campo[男]. 決勝戦 finale[女]. 攻撃 attacco[男]. コーチ〔英〕coach[男][無変], allena*tore*[男][[女] *-trice*], diret*tore*[男][[女] *-trice*] tecni*co* [[女] *-ca*]. 個人(の) individuale. 試合 gara[女], partita[女], incontro[男]. 主将, キャプテン capitan*o*[男][[女] *-a*]. 種目 disciplina[女]. 準決勝 semifinale[女]. 勝利 vittoria[女]. 審判 arbitr*o*[男][[女] *-a*], giudice[男][女]. スターター mossiere[男],〔英〕starter[男][無変],《道具》blocco[男] di partenza. 世界選手権 campionato[男] mondiale. 全国大会 campionato nazionale. 選手 atleta[男][女], gioca*tore*[男][[女] *-trice*],《格闘技の》lotta*tore*[男][[女] *-trice*]. 選手権大会 campionato. 線審 guardalinee[男][女][無変]. 体育館 palestra[女]. チーム squadra[女]. チャンピオン campion*e*[男][[女] *-essa*]. 得点 punteggio[男], punto[男],〔英〕goal[男][無変], rete[女]. トレーナー prepara*tore*[男][[女] *-trice*]. 敗戦 sconfitta[女]. パラリンピック paralimpiadi[女][複]. 反則 fallo[男]. 引き分け pareggio[男]. ファン tifos*o*[男][[女] *-a*]. プール piscina[女]. プロ選手 professionista[男][女]. ペナルティ penalità[女]. 防御 difesa[女]. 予選 batteria[女], eliminatoria[女]. マネージャー〔英〕manager[男][女][無変], diret*tore*[男][[女] *-trice*] sportivo. リーグ serie[女][無変]. 練習 allenamento[男]. ワールドカップ Coppa[女] Mondiale［del Mondo］.

陸上競技 Atletica leggera

駅伝(競走) maratona[女] a staffetta. 競歩 marcia[女]. クロスカントリー corsa[女] campestre. 5種競技 pentathlon[男][無変]. 10種競技 decathlon[男][無変]. 障害物競走 corsa a ostacoli. 跳躍競技 salto[男]（三段跳び salto triplo. 走り高跳び salto in alto. 走り幅跳び salto in lungo. 棒高跳び salto con l'asta). トラック競技 corsa su pista（短距離 gara[女] di velocità. 中距離 gara di mezzofondo. 長距離 gara di fondo. リレー競走 staffetta[女]). 投てき競技 lancio[男]（円盤投げ lancio del disco. ハンマー投げ lancio del martello. 砲丸投げ lancio del peso. やり投げ lancio del giavellotto). マラソン maratona[女]. ロードレース corsa su strada.

水泳 Nuoto

クロール〔英〕crawl[男][無変], stile[男] libero. 個人メドレー individuale[男] misto. 自由型, フリースタイル stile[男] libero,〔英〕freestyle[男][無変]. シンクロナイズドスイミング nuoto[男] sincronizzato. 水球 pallanuoto[女]. 飛び込み競技 tuffo[男]. 背泳 dorso[男]. バタフライ farfalla[女]. 平泳ぎ rana[女]. メドレーリレー staffetta[女] mista.

球技 Giochi di palla

アイスホッケー hockey[男][無変] su ghiaccio. アウェーゲーム in trasferta, fuori casa (►副詞). アメリカンフットボール football[男] americano. イレギュラーバウンド salto[男] irregolare. ゴルフ〔英〕golf[男]. サッカー calcio[男]. サポーター tifos*o*[男][[女] *-a*], sosteni*tore*[男][[女] *-trice*]. 男子［女子］シングルス singolo maschile［femminile］. スカッシュ〔英〕squash[男]. ソフトボール〔英〕softball[男]. 卓球 tennis[男] (da) tavolo. ダブルス doppio[男]（男子［女子 / 混合］ダブルス doppio maschile［femminile / misto］). ダンクシュート schiacciata[女]. テニス〔英〕tennis[男]. バスケットボール pallacanestro[女], basket[男][無変]. バドミントン〔英〕badminton[男]. バレーボール pallavolo[女]. ハンドボール pallamano[女]. ビーチバレー〔英〕beach volley[男][無変]. フットサル calcio a 5［cinque］,calcetto[男], futsal[男][無変]. ホームゲーム in casa. ホッケー hockey[男][無変] su prato. 野球〔英〕baseball[男]. ラグビー〔英〕rugby[男]. ラクロス lacrosse[男][無変]. ラケットボール〔英〕rackets[男]. ローラーホッケー hockey[男][無変] su pista［a rotelle］.

体操 Ginnastica

規定演技 performance[女][無変] obbligatoria. 自由演技 performance[女][無変] libera. 体操競技 ginnastica[女] artistica. 鞍馬 cavallo[男] con maniglie. 段違い平行棒 parallele[女][複]

ta[女] margherita
スポンジゴム〘化〙gomma[女] schiuma
スポンジボール〘スポ〙palla[女] morbida

スマート〔英 smart〕 **1**《服装や着こなしがしゃれているさま》 ◇スマートな《上品な》elegante ;《あか抜けしている》raffinato, fine ;《気の利いた》brillante, abile, intelligente
2《体つきがすらりとしていること》 ◇スマートな ṣnello, ṣlanciato ¶彼は水泳でずいぶんスマートになった. Si è ṣnellito facendo il nuoto.

スマートカード〔英 smart card〕〔英〕smart card [zmartkárd] [女][無変]

すまい 住まい《住居》abitazione[女], residenza[女]; casa[女], dimora[女];《住所》indirizzo[男] ¶住まいを替える cambiare casa ¶いいお住まいですね. Ha una bella casa! ¶お住まいはどちらですか. Dove abita lei? ¶ビアンキさんのお住まいをご存じですか. Sa dove abitano i Bianchi?

スマイリー〔英 smiley〕〘コンピュータ〙faccina[女] [emoticon[男] または [女][無変]] sorridente

すましじる 澄まし汁《おすまし》brodo[男] magro [ristretto];《コンソメ》〔仏〕consommé[男];《肉をだしにした》brodo[男] di carne

すましや 澄まし屋《気取り屋》posa*tore*[男][女

asimmetriche. ダンベル manubrio[男]. ダンベル体操 ginnastica[女] con manubrio. 跳馬 volteggio[男] al cavallo. つり輪 anelli[男][複]. 鉄棒 ṣbarra[女]. トランポリン trampolino[男]. 平均台 asse[女] di equilibrio. 平行棒 parallele[女][複]. 床運動 corpo[男] libero. 新体操 ginnastica ritmica sportiva.

格技および武道 Arti marziali
アーチェリー tiro[男] con l'arco. 合気道 *aikido*[男]. 空手 *karate*[男] (組手競技 combattimento[男], *kumite*[男]. 型競技 gara[女] di *kata*). キックボクシング〔英〕kick boxing[男][無変]. 弓道 *kyudo*[男]. 剣道 *kendo*[男]. 射撃 tiro[男] (クレー射撃 tiro al piattello. ピストル競技 tiro a segno (con la pistola). ライフル射撃 tiro a segno (con la carabina)). 柔道 *judo*[男]. 重量挙げ sollevamento[男] pesi (スナッチ a strappo[男]. ジャーク a ṣlancio[男]). 相撲 *sumo*[男]. 太極拳 t'ai chi[男][無変] (ch'uan), taijiquan[男][無変]. テコンドー taekwondo[男][無変]. フェンシング scherma[女] (エペ spada[女]. サーブル sciabola[女]. フルーレ fioretto[男]). ボクシング pugilato[男], boxe[女][無変] (ライト級 peso[男] leggero. バンタム級 peso[男] gallo. フェザー級 peso[男] piuma. ライトヘビー級 peso[男] mediomassimo, mediomassimo[男]. ウエルター級 peso[男] welter[無変],〔英〕welter[男][無変]. ミドル級 peso[男] medio[男]. ヘビー級 peso[男] massimo). レスリング lotta[女] (グランドポジション poṣizione[女] a terra. グレコローマンスタイル lotta greco-romana. タックル ancata[女]. フリースタイル lotta[女] libera).

スケート Pattinaggio
アイススケート pattinaggio[男] su ghiaccio. アイスダンス pattinaggio[男] (su ghiaccio) ritmico. ショートトラック〔英〕short track[男][無変]. スピードスケート pattinaggio[男] di velocità su ghiaccio. スラップスケート〔英〕slap-skate[男][無変]. フィギュアスケート pattinaggio artistico (su ghiaccio). ローラースケート pattinaggio a rotelle.

スキー Sci
アルペンスキー sci[男][無変] alpino (回転競技, スラローム ṣlalom[男][無変]. 大回転 ṣlalom gigante. スーパー大回転 (ṣlalom) supergigante, superG[男][無変]. パラレルスラローム ṣlalom parallelo. 滑降競技 discesa[女]. 直滑降 discesa libera). ノルディックスキー sci nordico (ジャンプ競技 salto[男]. 長距離競技 fondo[男]. 複合競技 combinata[女]. リレー競技 staffetta[女]. バイアスロン biathlon[男][無変]). フリースタイルスキー〔英〕freestyle[男][無変] (モーグル gobbe[女][複]. エアリアル salti[男][複]). クロスカントリースキー sci di fondo.

馬術 Ippica, Equitazione
騎手 fantino[男]. 競馬場 ippodromo[男]. 障害レース corsa[女] con ostacoli. ダービー〔英〕derby[男][無変], corsa classica. グランプリ gran premio[男].

野外スポーツ, その他 Sport all'aria aperta e altri
ウォーキング〔英〕walking[男][無変]. エアロビクス・ダンス danza[女] aerobica. F 1 (レース) (Gara[女] di) Formula[女] 1 [Uno]. オートバイレース motocicliṣmo[男]. オリエンテーリング orientamento[男]. カーリング〔英〕curling[男][無変]. カーレース automobiliṣmo[男], corse[女][複] automobilistiche. カヌー canoa[女]. カヤック kayak[男][無変]. 近代五種競技 pentathlon[男] moderno. グライダー aliante[男]. サーフィン〔英〕surfing[男]. 自転車競技 ciclismo[男]. 水上スキー sci[男][無変] nautico. 漕艇 ⇒ボート. ジョギング〔英〕jogging[男]. スキン・ダイビング nuoto[男] subacqueo. スキューバー・ダイビング immersione[女] subacquea. スクワット〔英〕squat[男][無変]. 登山 alpiniṣmo[男]. トライアスロン triathlon[男][無変]. フーリガン〔英〕hooligan[男][無変], teppista[男][女]. ボート canottaggio[男]. ボーリング〔英〕bowling[男][無変]. ボッチャ bocce[女][複]. ボブスレー bob[男][無変]. モーターボート motonautica[女]. ヨット vela[女]. リュージュ ṣlittino[男].

すます 済ます 1《終わらせる》finire [completare / terminare] *ql.co.* (di + 不定詞), portare [condurre] *ql.co.* a termine ¶宿題を済ます finire i compiti (a casa) ¶仕事を急いで済ます finire in fretta il lavoro / sbrigare il lavoro ¶事件をうやむやに済ます far finire una faccenda nel nulla /《もみ消す》soffocare uno scandalo ¶軽い朝食を済ませて dopo una colazione leggera
2《払いを》pagare *ql.co.* ¶勘定を済ませる pagare [regolare] il conto /《商》saldare un conto
3《間に合わせる》¶…を示談で済ます giungere a un accomodamento / regolare *ql.co.* in via amichevole / accordarsi amichevolmente ¶1日2食で済ます arrangiarsi con solo《accontentarsi di》due pasti al giorno ¶…しないで済ます far a meno di *ql.co.* / far *ql.co.* senza + 不定詞 [*ql.co.*] ¶今年の冬はコートなしで済ませた. Questo inverno ho fatto a meno del cappotto. ¶そんなことでは済まされないぞ. Non posso passarci sopra.

すます 澄ます 1《濁りを取る》chiarificare [purificare] *ql.co.*, rendere *ql.co.* chiaro [limpido] (▶chiaro, limpidoは目的語の性・数に合わせて語尾変化する)
2《注意を集中する》¶耳を澄ます ascoltare attentamente / tendere l'orecchio / stare in ascolto
3《邪念をはらう》¶心を澄ましていれば神の声が聞こえてくる. Purificando il cuore si può sentire la voce di Dio.
4《気取る》posare [*av*], comportarsi affettatamente; darsi [prendere] delle arie; avere un'aria altezzosa ;《無関心・平静を装う》fingere (dell')indifferenza, prendere [darsi] un contegno ;《まじめな顔をする》fare un viso serio
◇澄ました《気取った、わざとらしい》affettato ;《平静な》calmo, tranquillo ;《無関心な》indifferente ;《無表情な》impassibile, imperturbabile ¶彼は澄ました顔できつい冗談を言う. Dice battute dure con la faccia tranquilla. ¶彼女は人前では澄ましている. Davanti alla gente lei assume un atteggiamento di grande alterigia.

スマッシュ 〔英 smash〕《スポ》〔英〕smash [zmeʃ]《男》[無変]; schiacciata《女》◇スマッシュする schiacciare *ql.co.*, fare una schiacciata

すまない 済まない《申し訳ない》すまない. Mi spiace proprio. ¶あの時で君にすまないと思っている. Mi dispiace molto per quella volta. ¶すまないことをした. Ho agito male! / Sono mortificato! ¶返事が遅れてすまない. Mi scuso se rispondo in ritardo. ¶すまないがその灰皿を取ってくれ. Scusa, prendimi quel portacenere.

すみ 炭《石炭》carbone《男》;《木炭》carbonella《女》¶炭を焼く fare il carbone ¶竹を炭にする ottenere carbone di bambù / carbonizzare il bambù ¶炭になる carbonizzarsi
✤炭火 fuoco《男》[複 -chi] di carbone ¶炭火をおこす accendere il carbone ¶炭火焼き cottura (alla griglia) su carbone [sulla brace] ¶炭火で肉を焼く cuocere la carne sulla carbonella [alla brace]
炭焼き《作ること》fabbricazione《女》del carbone di legna ;《人》carbon*aio*《男》[*女 -ia* ;《複 -i*]
炭焼きがま carbon*aia*《女》, forno《男》per fare il carbone

すみ 隅 angolo《男》¶部屋の隅に in un angolo della stanza
慣用 隅から隅まで ¶鍵を部屋の隅から隅まで探す cercare la chiave in ogni angolo [in tutti gli angoli] della stanza ¶隅から隅まで知っている conoscere dalla A alla Z [da cima a fondo / da un capo all'altro] / sapere *ql.co.* per filo e per segno
隅に置けない ¶まったく隅に置けないね. あんな美人の奥さんを見つけたなんて. Non te la cavi mica male se hai trovato una moglie così bella.

すみ 墨 1《墨汁》inchiostro di china ;《固型》bastoncino《男》d'inchiostro di china ¶墨をする strofinare il bastoncino d'inchiostro di china / stemperare l'inchiostro ¶墨を付ける《汚す》inchiostrarsi / fare una macchia d'inchiostro《に su》/《筆に》intingere il pennello nell'inchiostro ¶墨で書く scrivere con l'inchiostro ¶墨を流したような空 cielo nero come l'inchiostro
2《イカやタコの》inchiostro《男》, nero《男》di seppia ¶墨を吐く spruzzare l'inchiostro
✤墨糸〔縄〕cordicella《女》da falegname inchiostrata ¶「墨縄を打った」. Il falegname ha tracciato una linea con la cordicella inchiostrata.
墨絵 ⇒見出し語参照
墨壺《ご》《大工道具の》attrezzo《男》a vaschetta e rocchetto per inchiostrare cordicelle da falegname ;《墨汁の》calam*aio*《男》[複 -*i*]

-ずみ -済み ¶清算済みの勘定 conto pagato [saldato] ¶それはもう解決済みだ. Questo è già stato sistemato. ¶「売約済み」"Venduto" ¶「検査済み」"Controllato"

すみえ 墨絵 dipinto《男》monocromat*ico*《複 -*ci*》a inchiostro di china

すみか 住み処 abitazione《女》, dimora《女》¶悪魔のすみか dimora del diavolo ¶警察はテロリストたちのすみかを突きとめた. La polizia ha scoperto il nascondiglio [covo] dei terroristi.

すみごこち 住み心地 ¶住み心地のいい家 casa comoda [confortevole / piacevole] ¶住み心地のいい所 luogo dove si vive bene

すみこみ 住み込み ¶住み込みのお手伝いさん domestica fissa [a tutto servizio] ¶住み込みで働く vivere sotto lo stesso tetto dove si lavora

すみこむ 住み込む essere alloggiato presso *qlcu.*, vivere《da》[*es*, *av*] da [in casa di] *qlcu.*, avere vitto e alloggio

すみずみ 隅隅 ogni angolo, tutti gli angoli ¶警察は建物の隅々まで捜した. La polizia ha perquisito ogni angolo del palazzo.

すみそ 酢味噌《料》*miso*《男》[無変] condito con aceto e zucchero

すみつく 住み着く installarsi《人の家に in casa di *qlcu.*》, prendere dimora《に a, in》, stabilirsi《に a, in》

すみなれる 住み慣れる ambientarsi《に in,

a）¶この町には住み慣れている．Mi sono ambientato [abituato a vivere] in questa città. ¶住み慣れた家を去るのはつらい．È duro lasciare「la vecchia casa [la casa dove si è vissuti a lungo].

すみにくい 住み難い scomodo da abitare, inospitale ¶住みにくい国 paese inospitale ¶とかくこの世は住みにくい．È duro vivere [Non è facile vivere] in questo mondo.

すみません 済みません **1**《謝罪するとき》→ごめん ¶どうもすみません．Mi scusi tanto. ¶《迷惑をかけて誠にすみません．《頼みごとをする前に》Mi scusi se la importuno. / 《すでに行われた行為をわびる》Sono veramente spiacente di averle arrecato disturbo. ¶すみませんが駅に行く道を教えてください．Mi scusi, mi potrebbe indicare la strada per la stazione?
2《感謝するとき》 ¶こんな高価なものをいただいてすみません．Non doveva disturbarsi portandomi un regalo così di valore.

使いわけ "Scusi"

「scusi」は，語尾を下げていうと，人を呼び止めたり話し始めたりするときに言う「すみません」の意味に，上げていうと，「よく聞き取れなかったのでもう一度言ってください」という意味になる．

¶Scusi, posso avere un'informazione? (▶語尾を下げて)すみません，一つお聞きしていいですか．
¶"Il prossimo treno parte alle sette e quarantanove." "Scusi?" (▶語尾を上げて)「次の列車は7時49分発です」「えっ，なんとおっしゃいましたか」

chiedere scusa と **chiedere perdono**
いずれも「許しを請う」を意味する．chiedere perdono は，chiedere scusa に比べて，状況がより深刻なとき，謝罪の意を強めるときに使われることが多い．人を呼び止めて「すみません」と軽くいうときには，chiedere scusa を用いる．

¶Chiedo scusa. すみません．
¶Chiedo perdono. 謝罪いたします．
¶Chiedo scusa, sa dov'è l'ufficio turistico? すみません，観光案内所はどこですか．
謝罪する相手を間接目的語で表すと，より丁寧な言い方になる．謝る内容は，前置詞 di, per を用いて表す．
¶Ti chiedo scusa [perdono] per [di] averti ferito. 傷つけてしまってすみません．
¶Ti chiedo scusa per il [del] ritardo. 遅れてすみません．
¶Chiedo perdono per il [del] disturbo. お邪魔してすみません．

すみやか 速やか ◇速やかな rapido, svelto, celere;《即座の》immediato ◇速やかに rapidamente, prontamente;《直ちに》immediatamente;《期日内に》tempestivamente ¶速やかな対策を講じる prendere misure immediate《に対して contro》¶速やかに返答する rispondere sollecitamente ¶速やかに問題を解決する risolvere una questione senza indugio [su due piedi]

すみれ 菫《植》viola㊛, violetta㊛ ¶三色スミレ viola del pensiero ¶野生スミレ viola mammola

❖**すみれ色** viola㊚ ◇すみれ色の viola [無変], violetto

すむ 住む・棲む abitare㊇, ㊀[av];《居を構える》risiedere㊇[av], dimorare㊇[av];《住みつく》fissarsi [stabilirsi]《に in》;《生活する》vivere㊇[es, av] ¶大きな家に[3階に / 都心に]住む abitare「in una grande casa [al secondo piano / in centro] ¶外国に住む vivere all'estero ¶親元に住む vivere con i genitori ¶ミラノに住んで何年にもなる．Vivo [Sto / Risiedo] a Milano da diversi anni. ¶人の住んでいないアパート appartamento disabitato [vuoto] ¶この池には魚が棲んでいる．In questo laghetto ci sono dei pesci. ¶難民たちは住む家もない状態だ．I profughi sono rimasti senza un tetto. ¶《諺》住めば都．Qualunque posto in cui si viva finisce per piacere.

すむ 済む **1**《終わる》finire㊇[es], terminare㊇[es], concludersi, arrivare㊇[es] alla fine [al termine] ¶宿題[仕事]が済んだ．Abbiamo finito i compiti [il lavoro]. ¶映画は済んだ．Il film è finito. ¶…が済んだらすぐに subito dopo *ql.co.* / appena finito *ql.co.* [di + 不定詞] (▶finito は目的語の性・数に合わせて語尾変化する) ¶試験が済んだら海に出かけよう．Finiti [Dopo aver finito] gli esami, partiamo per il mare! ¶済んだことは仕方がない．"Quel che è fatto è fatto." ¶勘定は済んでいる．Il conto è già pagato.
2《切り抜ける》trovare una soluzione, cavarsela ¶…で済む poter fare "a meno di [senza] *ql.co.* ¶無事にすんでよかったね．Meno male, te la sei cavata senza danni!
3《解決する》risolversi ¶それで済むと思っているのか．Cosa credi, che la cosa sia finita qui?! ¶金で済むことじゃない．Non è una cosa che si sistema [si risolve] con il denaro.

すむ 澄む《液体・気体が》chiarificarsi, divenire [diventare] limpido;《空が》rasserenarsi ◇澄んだ chiaro, limpido;《晴れわたった》sereno;《透明な》trasparente;《水晶のような》cristallino ¶澄み切った空に nel cielo chiaro [limpido] ¶澄んだ水[空気] acqua [aria] limpida ¶澄んだ目をした少年 ragazzo dagli occhi limpidi [dallo sguardo limpido] ¶澄み切った水 acqua cristallina ¶彼女は澄んだ声をしている．Lei ha la voce chiara [cristallina].

スムーズ〔英 smooth〕◇スムーズに facilmente, scorrevolmente ¶すべてのことがスムーズに運んだ．È filato tutto「liscio [nel migliore dei modi].

ずめん 図面 disegno㊚, progetto㊚, tracciato㊚ ¶図面を引く fare [disegnare / eseguire] un progetto

すもう 相撲 *sumo*㊚ (◆lotta e sport nazionale giapponese) 次ページ 日本事情 ¶相撲を取る fare un incontro di *sumo* ¶人のふんどしで相撲を取る usare le persone per i *propri* fini
慣用 **相撲にならない** ¶僕は君とではとても相撲にならない．Tra noi non c'è gara.
❖**相撲取り** lottatore㊚ di *sumo*

スモーキング〔英 smoking〕**1**《喫煙》fumo㊚ ¶「ノースモーキング」"Vietato fumare"
2《タキシード》〔英〕smoking㊚[無変]

スモーク〔英 smoke〕**1**《煙》fumo㊚

日本事情 相撲
Sport nazionale giapponese molto antico. La forma attuale però risale al periodo Edo.
Due lottatori con la tradizionale acconciatura detta "mage" e vestiti solo di una lunga fascia portata come un perizoma, si affrontano su un ring di 4,55 m di diametro. Il primo che cade o mette un piede fuori dal cerchio, perde.
In un anno ci sono 6 tornei che durano 15 giorni ciascuno. I lottatori per mantenere la loro posizione nella graduatoria, devono ottenere almeno 8 vittorie. Al termine di ogni torneo i lottatori salgono o scendono di grado a seconda delle vittorie ottenute. Il grado più alto viene chiamato *yokozuna*.

2《舞台などの》fumo男 scenico [per palcoscenico] ¶スモークをたく produrre fumo
✢スモークサーモン salmone男 affumicato
スモークチーズ formaggio男[複-gi] affumicato

スモック 〔英 smock〕**1**《服》grembiule男
2《手芸の》ricamo男 pieghettato, nido d'ape

スモッグ 〔英 smog〕smog [zmɔɡ] 男《無変》 ¶光化学スモッグ smog fotochimico

すもも 李《植》《木》prugno男[susino男] (giapponese);《実》prugna女 [susina女] (giapponese)

スモンびょう スモン病《医》oftalmoneuromielite女 subacuta

すやき 素焼き terracotta女
◇素焼きの di terracotta

すやすや ¶赤ん坊がすやすや眠っている. Il bambino sta dormendo beatamente [tranquillamente].

-すら ¶ガスどころか水道すらない. Non solo non c'è il gas, ma nemmeno l'acqua. ¶電車が混んでいてまっすぐ立っていることすらできなかった. Il treno era così affollato che non era possibile neppure stare diritti in piedi. ¶彼は試験の時ですら遅刻した. È arrivato tardi perfino agli esami.

スラー 〔英 slur〕《音》《記号》legatura女 (▶「レガート(legato)」奏法はこの記号によって示される)

スライサー 〔英 slicer〕affettatrice女

スライス 〔英 slice〕《薄切り》fetta女;《薄く切ること》affettatura女 ◇スライスする affettare [tagliare a fette] *ql.co.*
✢スライスハム[サラミ] prosciutto男[salame男] affettato, affettato

スライディング 〔英 sliding〕《スポ》¶ヘッドスライディング scivolata「a testa in avanti [a tuffo]

スライド 〔英 slide〕《写真の》diapositiva女;《顕微鏡の》portaoggetti男《無変》, vetrino男 ¶カラースライド diapositiva a colori
✢スライド映写機 proiettore男 di diapositive
スライド制《経》scala mobile

ずらかる ¶ずらかろう.《仲間に》Filiamocela! / Via! / Battiamocela! / Togliamoci di torno (di mezzo)! / Gambe! ¶今日あいつは学校をずらかった. Oggi è scappato da scuola.

ずらす 1《物を動かす》spostare [muovere] *ql.co.*;《体を》spostarsi;《わきへ寄る》scansarsi, scostarsi ¶机を左に20センチずらす spostare il tavolo a sinistra di venti centimetri ¶紅白の紙を少しずらして重ねる sovrapporre senza farli combaciare un foglio bianco e un foglio rosso **2**《予定を変える》cambiare, mutare;《延期する》rimandare, differire, posticipare;《早める》anticipare ¶出発を次の月にずらす rimandare la partenza al prossimo mese ¶休暇をずらす differire le vacanze

すらすら《言葉を滑らかに》correntemente, scorrevolmente;《容易に》agevolmente, facilmente, senza difficoltà ¶事はすらすら運んだ. È andato「liscio [tranquillamente]. / Non vi sono state difficoltà. ¶彼は日本語をすらすら話す[読む]. Parla [Legge] correntemente il giapponese.

スラックス 〔英 slacks〕calzoni男[複], pantaloni男[複]

スラッシュ 〔英 slash〕barra女, sbarretta女 (▶補足あるいは対立関係にある語の間, 接続詞 e 「そして」, o 「あるいは」の代用として, または詩句の区切りなどに用いる. たとえば il rapporto amore/odio「愛と憎しみの関係」)

スラップスケート 〔英 slap skate〕《スポ》〔英〕slap-skate男《無変》

スラブ スラブの slavo
✢スラブ学者 slavista男女[男複-i]
スラブ語派 lingue女[複] slave (▶ロシア語, ポーランド語など)
スラブ人 slavo男の[女-a]
スラブ民族 slavi男[複]

スラム 〔英 slum〕 slum [zlam]男《無変》¶この辺はスラム化した. Questo quartiere「è scaduto [si è degradato].
✢スラム街《貧民街》quartiere男 povero, bassifondi男[複]

すらり ¶すらりとした男の子 ragazzo snello ¶刀をすらりと抜く sguainare la spada d'un colpo ¶すらりと身をかわす spostarsi agilmente

ずらりと ¶ずらりと並ぶ《横に》mettersi in riga / schierarsi;《縦に》essere [mettersi] in fila / allinearsi ¶人形をずらりと並べる allineare [mettere in fila] le bambole ¶両側に高級店がずらりと並んでいる. La strada è fiancheggiata da negozi eleganti.

スラローム 〔ノルウェー語 slalom〕《スキーの》slalom男《無変》

スラング 〔英 slang〕《隠語》gergo男[複-ghi];〔英〕slang [zlen(g)]男《無変》;《俗語》linguaggio男[複-gi] popolare;《卑語》linguaggio男 volgare

スランプ 〔英 slump〕marasma男[複-i] ¶スランプに陥る cadere nel caos / subire un crollo / entrare [essere] in crisi /《無気力に時を過ごす》languire自[av] /《無為に時を過ごす》vegetare自[av] ¶スランプを脱する risollevarsi dalla crisi / riprendersi

すり 刷り stampa女 ¶刷りのいい[悪い] stampato bene [male] ¶2色刷りの本 libro stampato a due colori

すり 掏摸 《行為》borseggio㊚ [複 -gi]; 《人》borseggiatore㊚ [-trice], borsaiolo㊚ [㊛ -a], tagliaborse㊛ [無変]

すりあがる 刷り上がる ¶このカタログはいつ刷り上がりますか。Quando「sarà stampato [uscirà] questo catalogo? ¶今刷り上がったばかりだ。È stato appena stampato.

すりあげる 刷り上げる finire di stampare ql.co.

すりあし 摺足 ¶すり足で進む procedere strisciando i piedi

スリーピース [英 three-piece]《服》completo㊚ (composto di) tre pezzi

スリーピングバッグ [英 sleeping bag] sacco㊚ [複 -chi] a pelo

スリーブ [英 sleeve]《服》manica㊛ ¶ノースリーブの服 abito senza maniche

すりえ 摺り餌 mangime㊚ macinato (per uccelli)

ずりおちる 摺り落ちる cadere㊛ [es] scivolando, scivolare㊛ [es] giù ¶ショールが彼女の肩からずり落ちた。Lo scialle le è scivolato dalle spalle.

すりおろす 擦り下ろす ¶チーズを擦り下ろす grattugiare il formaggio

すりかえる 掏り替える 《人目をごまかして取り替える》sostituire fraudolentemente 《AとBを A a B, B con A》, cambiare ql.co. segretamente ¶手紙の中味をすり替える sostituire il contenuto di una lettera ¶大臣は答弁で巧みに問題をすり替えた。Il Ministro ha eluso abilmente la domanda.

すりガラス 磨り硝子 vetro㊚ smerigliato

すりきず 擦り傷 graffio㊚ [複 -i]; 《医》escoriazione㊛ ¶すり傷を負う graffiarsi / farsi un graffio [un'escoriazione]

すりきり 擦り切り ¶砂糖を大さじすりきり1杯入れる aggiungere un cucchiaio raso di zucchero

すりきれる 擦り切れる 《布地などが》logorarsi, consumarsi ¶擦り切れた consumato, consunto, logoro, liso ¶膝の擦り切れたジーパン jeans consumati alle ginocchia

すりこぎ 擂り粉木 pestello㊚ di legno

すりこみ 刷り込み 《心》[英] imprinting㊚ [無変]

すりこむ 擦り込む frizionare ql.co., far penetrare ql.co. frizionando ¶皮膚に軟膏を擦り込む frizionare una pomata sulla pelle

すりつける 擦り付ける ¶猫が体を私の足にすりつけてきた。Il gatto è venuto a strofinarsi [a strisciare] contro le mie gambe.

スリット [英 slit]《服》spacco㊚ [複 -chi] ✤スリットスカート gonna㊛ con lo spacco

スリッパ [英 slipper] ciabatte㊛ [複], pianelle㊛ [複] (▶かかとを覆わないもの); pantofole㊛ [複] (▶主にかかとに覆いのあるルームシューズを指し, 冬に使われることが多い) ¶スリッパを履く mettersi le pantofole / infilare i piedi nelle pantofole

スリップ [英 slip] **1**《服》sottoveste㊛ ¶スリップが出ているよ。Ti si vede la sottoveste.
2《車が滑ること》sbandata㊛, slittamento㊚ ◇スリップする《車などが》sbandare㊛ [av], slittare㊛ [av, es] ¶「スリップ注意」"Strada sdrucciolevole"

すりつぶす 擂り潰す triturare; (ついて) pestare; schiacciare ¶じゃがいもをよくすり潰す schiacciare bene le patate

すりぬける 擦り抜ける **1**《通り抜ける》¶すりは人の間をすり抜けて逃げた。Il borseggiatore è scivolato via tra la folla ed è fuggito.
2《ごまかしてまぬがれる》¶彼はその問題をすり抜けようとした。Ha tentato di aggirare quella questione.

すりばち 擂り鉢 mortaio㊚ [複 -i] (di ceramica) ◇すり鉢形の a cono, conico, a pan di zucchero ¶すり鉢でごまをする triturare il sesamo nel mortaio (col pestello)

すりへらす 磨り減らす **1**《こすって小さくする》consumare, logorare ¶靴の踵(かかと)をすり減らす consumare i tacchi delle scarpe / logorare le scarpe **2**《使って弱めてしまう》esaurire ql.co. ¶体をすり減らす sfinirsi / ammazzarsi di fatica / esaurirsi ¶この仕事は私の神経をすり減らす。Questo lavoro mi logora [esaurisce] i nervi.

すりへる 磨り減る consumarsi, logorarsi, sciuparsi ◇すり減った logoro, logorato, consumato, consunto ¶この自転車のタイヤはすり減っている。Le gomme di questa bicicletta sono completamente consumate.

すりみ 擂り身 ¶魚のすり身 pesce ridotto a poltiglia

スリム [英 slim] ◇スリムな snello ¶スリムな服 abito attillato ◇スリムになる snellirsi

すりむく 擦り剝く scorticarsi ql.co., escoriarsi ql.co.; 《親》sbucciarsi ql.co. ¶彼女は膝を擦りむいた。Si è scorticata il ginocchio.

すりもの 刷り物 stampato㊚

スリラー [英 thriller][英] thriller [tríller]㊚ [無変]; (映画) film㊚ di suspense (dell'orrore), film㊚ [無変] thrilling [無変] [thriller / giallo]; 《小説》romanzo㊚ di suspense [del brivido / elettrizzante / giallo]

スリル [英 thrill] brivido㊚ ¶スリルを味わう rabbrividire㊛ [es, av] ¶スリルに富んだ冒険 avventura㊛ piena di suspense [mozzafiato [無変]]

する 刷る **1** stampare, tirare ¶名刺を刷らせる far stampare i biglietti da visita ¶この本は1000部刷られた。Di questo libro hanno stampato [hanno tirato] mille copie. **2**《版木から写し取る》¶版画をする stampare xilografie

する 為る **1**【ある動作を行う】fare ql.co., effettuare ql.co., eseguire ql.co. ¶することがたくさんある。Ho molto da fare. ¶何をしていいのかわからない。Non so cosa fare. ¶一体君は何をしているんだ。Cosa diavolo stai facendo?! ¶このうえ僕に何をしろというんだい。Cosa vuoi ancora da me?! ¶彼のすることなすことが気に入らない。Non mi piace niente di tutto quello che fa. ¶サッカーをしよう。Giochiamo a calcio! ¶彼はあくびばかりしている。Non fa che sbadigliare. ¶くしゃみをする starnutire㊛ [av] ¶下痢をする avere la diarrea ¶出かけようとしていると電話がかかってきた。Proprio quando stavo per uscire, è arrivata una telefonata. ¶彼は睡

眼薬を飲んで死のうとした. Ha tentato di uccidersi ingerendo dei sonniferi. ¶病人は何か言いたそうにしている. Sembra che il malato stia cercando di dire qualcosa.

2【ある状態にする】 ¶ドルをユーロにする cambiare [convertire] dollari in euro ¶この子を医者にしようと思っています. Sto pensando di fare di questo ragazzo un medico. ¶君を必ず幸せにしてみせる. Ti farò felice, è una promessa. ¶ソファをベッドにして眠った. Ho dormito usando il divano come letto.

3【みなす, 示す】 ¶〈人〉を敵とする considerare *qlcu*. come un「nemico [rivale]」¶細長い形をしている avere una forma allungata ¶あなたの車はどんな色をしていますか. Di che colore è la sua macchina?

4【職業・役割を務める】 ¶医者をしている fare il medico / praticare la medicina ¶商売をする fare il 〔《女性》la〕commerciante / occuparsi di [esercitare il] commercio ¶ハムレット役をする recitare la [nella] parte di Amleto ¶彼は本屋をしている. Fa il libraio. / Ha una libreria. ¶大きくなったら何をしたいの. Che lavoro vorresti fare da grande?

5【身に付ける】mettersi [《付けている》portare] *qlco*. ¶いつもいい身なりをしている. Si veste sempre bene. ¶彼はマスク[手袋]をしていた. Portava una mascherina [i guanti].

6【自然現象やある状態が生じる】 ¶稲光がする. Fulmina. ¶雷鳴がする. Tuona. ¶寒気がする avere [sentire] dei brividi di freddo ¶頭痛がする avere mal di testa ¶いいにおいがする. Si sente un buon odore. / C'è un buon profumo.

7【時間の経過を示す】 ¶あと20分もすれば来るだろう. Penso che dovrebbe arrivare tra una ventina di minuti. ¶私は2週間もするとすっかり立ち直った. Mi sono completamente ripreso in due settimane. ¶買って1週間もしないのにもう壊れた. L'ho comprato da nemmeno una settimana e si è già rotto.

8【金額を示す】costare⓸[*es*]; 《価値がある》valere⓸[*es, av*] ¶その靴はいくらしたの. Quanto sono costate quelle scarpe? ¶日本で買えば100万円はします. Comprandolo in Giappone, costerebbe [si spenderebbe] almeno un milione di yen. ¶この絵は1億円以上した. Questo quadro è valso più di 100 milioni.

9【「名詞+にする」,「動詞+ことにする」の形で, 意志を表す】decidere *qlco*.[di+不定詞], proporsi di+不定詞 ¶出発はあさってにします. Fissiamo [Stabiliamo] la partenza per [a] dopodomani. ¶「君は何にする」「僕はコーヒーにする」"Cosa prendi?" "Io prendo un caffè." ¶彼女と結婚することにした. Ho deciso di sposarla. ¶僕は知らないことにする. Farò finta di non saperlo. ¶何も聞かなかったことにしてくれ. Fai come non avessi sentito!

10【「…はする」「…もする」の形で, 動作を強調する】 ¶ヨーロッパへ行きはするがイタリアには行けない. In Europa ci vado, ma non potrò andare in Italia. ¶彼は本を開きはしなかった. Non ha nemmeno aperto il libro.

する 掏る derubare [borseggiare] *qlcu*. di *ql.co*. ¶列車の中ですりに財布をすられた. Sul treno「sono stato derubato [mi hanno borseggiato]」del portafoglio.

する 擦る **1**《こする》 ¶マッチを擦る accendere un fiammifero **2**《使い果たす》perdere ¶競馬で有り金をすってしまった. Ho perso tutto il denaro alle corse dei cavalli.

ずる 狡 《行為》furbizia⓸, astuzia⓸; 《人》volpone⓶[⓸ -a], furbacchione⓶[⓸ -a], imbroglione⓶[⓸ -a]; furbo⓶[⓸ -a] ¶ずるをする《ごまかす》imbrogliare; 《賭け事や遊びで》barare al gioco /《狡猾に立ち回る》fare il furbo ¶《女性》la furba

ずるい 狡い 《ずるい》sleale; 《不公正な》sleale; 《不正直な》disonesto (►furboは必ずしも否定的な意味だけではなく,「目先が利く」の意味で, 肯定的な使い方もされる) ◇ずるく furbamente, furbescamente; disonestamente ◇ずるさ astuzia⓸, sleale, furbata⓸, disonestà⓸ ¶ずるく立ち回る agire「con calcolata furbizia [disonestamente]」¶ずるいことをして試合に勝つ vincere una partita「con l'inganno [giocando slealmente]」¶あいつのずるさにはあきれた. Sono rimasto stupito della sua furbata.

ずるがしこい ずる賢い furbacchione

するする 《身軽に》agilmente, 《たやすく》facilmente, 《滑るように》scorrevolmente; 《滞ることなく》senza intoppi; 《容易に》agevolmente ¶するすると木に登る arrampicarsi su un albero agile come un gatto ¶するすると国旗が揚がった. La bandiera nazionale venne agilmente issata. ¶豆のつるが支柱にするすると伸びる. La piantina di fagioli cresce arrampicandosi su per la pergola.

ずるずる ¶彼らは何か重い物をずるずる引きずって行った. Andavano trascinando qualcosa di pesante. ¶彼は山の斜面をずるずると5, 6メートル滑り落ちた. È scivolato per cinque o sei metri giù per il pendio della montagna. ¶彼はうどんをずるずると食べる. Mangia *udon* risucchiando. ¶ずるずる長引く《未解決のまま放置される》rimanere in sospeso / restare indeciso /《長引く》tirare⓸[*av*] per le lunghe / trascinarsi ¶ストがずるずると長引いている. Lo sciopero continua senza che si arrivi a una soluzione.

すると **1**《そのあとすぐに》allora, quindi, poi ¶上の子が泣いた. すると下の子も泣き出した. Il bambino più grande piangeva, e allora si è messo a piangere anche il piccolo.

2《そうだとすると》ma, allora, in tal caso, se è così ¶「今日は土曜日だよ」「すると銀行は閉まっているね」"Oggi è sabato." "Allora le banche sono chiuse." ¶すると君は僕が間違っていると言うのか. Quindi tu dici che io sto sbagliando?

するどい 鋭い **1**《よく研いだ》affilato; 《よく切れる》tagliente; 《先のとがった》appuntito, aguzzo ◇鋭くする aguzzare; 《研ぐ》affilare; 《先をとがらす》appuntire ¶鋭いかみそりの刃で con la lama del rasoio affilata ¶鋭い爪 unghie affilate

2《頭脳・観察力などが》penetrante, acuto; 《鋭敏な》sensibile, fine ¶聴覚[耳]の鋭さ finezza d'udito [d'orecchio] ¶嗅覚が鋭い avere l'olfat-

するめ　to acuto ¶彼はかみそりのように鋭い頭脳を持っている. Ha una mente acutissima. ¶彼はものの見方が鋭い. È un acuto osservatore. ¶君は鋭いね. Che intuito!/ Non ti sfugge niente, eh!
3《辛辣な》aspro, caustico [屬複 -ci], pungente, mordace;《強い》intenso ◇鋭く aspramente; con acutezza ◇鋭さ acutezza㊛, asprezza㊛; intensità㊛ ¶鋭い痛み dolore acuto [vivo] ¶鋭い対立 netta opposizione / forte antagonismo ¶鋭い！《その通り》Esatto! / È proprio così! / Sei un mago! ¶彼は鋭い目つきで私をにらんだ. Mi ha lanciato un'occhiata minacciosa. ¶彼は鋭い言葉で私を責めた. Mi ha accusato con parole aspre [taglienti].

するめ　鯣　seppia㊛ seccata

ずるやすみ　ずる休み　assenza㊛ ingiustificata ¶学校をずる休みする marinare [《ロンバルディーア》bigiare] la scuola

するり　¶するりと手の間をすり抜ける sgusciare㊀ [es] fra le dita come un'anguilla ¶指輪がするりと抜けた. L'anello mi è scivolato via dal dito. ¶テーブル掛けがするりと落ちた. La tovaglia è scivolata via dalla tavola. ¶上着をするりと脱いだ. Si è sfilato la giacca.

ずるり　¶ぬかるみでずるりと足を取られた. I piedi sono scivolati nel fango. ¶ずるりと腕の皮膚がむけて垂れ下がった. La pelle staccattasi dalle braccia penzolava.

ずれ　differenza㊛; distanza㊛, scarto㊚, divergenza㊛;《不一致》discrepanza㊛, disaccordo㊚ ¶2人の証人が言う事件発生時刻には時間のずれがある. Le due testimonianze non sono concordi sull'ora dell'accaduto. ¶両国の主張には大きなずれがある. Fra i due paesi ci sono grandi divergenze di opinioni [di vedute]. ¶この部分の印刷のずれを直してください. 《印刷上の指示》Corregga in questo punto la posizione della stampa!

すれあう　擦れ合う　¶風で木と木が擦れ合った. Gli alberi strusciavano l'uno contro l'altro per il vento.

スレート　〔英 slate〕ardesia㊛;《建築材》argilloscisto㊚ ¶スレートぶきの屋根 tetto d'ardesia

ずれこむ　ずれ込む　¶工事の完成は10月にずれ込むだろう. Il termine dei lavori slitterà fino ad ottobre. ¶会議は2時間後にずれ込んだ. La riunione è stata posposta di due ore.

すれすれ　擦れ擦れ　**1**《ほとんど触れそうになる様子》¶地面とすれすれに飛ぶ volare㊀ [av, es] raso terra (▶raso は前置詞的・副詞的にも無変化) ¶水面とすれすれに飛ぶ volare a filo d'acqua / sfiorare「il pelo dell'acqua [l'acqua] ¶車は塀すれすれに通っていった. L'auto è passata sfiorando il muro.
2《きわどい様子》per un pelo, per un soffio;《かろうじて》appena ¶駅に時間すれすれに着く arrivare appena in tempo alla stazione ¶すれすれで及第する essere promosso「per il rotto della cuffia [con il minimo dei voti] ¶彼の商売のやり方は法律違反すれすれだ. Il suo modo di commerciare è al limite della legalità.

すれちがい　擦れ違い　**1**《反対に通り過ぎること》¶彼はすれ違いに私に会釈した. Quando ci siamo incrociati per strada, mi ha accennato un inchino.
2《行き違い》¶あの夫婦は共働きですれ違いが多い. Sia il marito sia la moglie lavorano e perciò sono raramente a casa insieme.
3《食い違い》¶私たちの話し合いはすれ違いに終わった. I nostri discorsi non si sono incontrati.

すれちがう　擦れ違う　**1**《反対方向に通り過ぎる》passarsi accanto, incrociarsi ¶この道でトラックとバスがすれ違うのは無理だ. In questa strada è impossibile che un camion e un autobus passino contemporaneamente nei due sensi. ¶彼はすれ違ってもあいさつしない. Non mi saluta neppure se lo incontro [incrocio].
2《入れ違いになる》incrociarsi senza accorgersene ¶彼とはすれ違ってばかりでなかなか会えない. Quando ci sono io non c'è lui e viceversa, per cui non riusciamo mai a incontrarci.
3《食い違う》¶意見がすれ違って話がまとまらなかった. Non siamo giunti ad una conclusione perché le nostre idee non combaciavano.

すれっからし　擦れっ枯らし　《人》furbo㊚ [㊛ -a] sfacciato ◇擦れっからしの sfacciato [impudente] e furbo ¶擦れっからしの娘 ragazza spudorata

すれる　擦れる　**1**《こすれる》sfregarsi [strisciarsi] contro ql.co.;《すり切れる》logorarsi, consumarsi ¶かかとに靴が擦れて痛い. La scarpa mi struscia il calcagno e mi fa male.
2《人ずれして悪賢くなる》diventare furbo e spudorato, degradarsi;《無邪気さや素直さを失う》perdere la modestia [la semplicità]

ずれる　**1**《あるべき位置からそれる》essere fuori posto, spostarsi;《針路・方向が》essere deviato, scostarsi, essere fuori strada ¶ベッドの位置がずれているようだ. Sembra che il letto sia un po' fuori posto. ¶船の進路が少し西へずれている. La rotta della nave è deviata leggermente a ovest. ¶このコピーはひどく右にずれている. Questa fotocopia è spostata troppo a destra.
2《予定・基準からずれる》¶父の考えは私たちとはまるでずれている. Il modo di pensare di nostro padre è ben lontano dal combaciare con il nostro. ¶この写真はピントがずれている. Questa fotografia è sfocata. ¶あいつの言うことはだいぶずれている. Quello che dice va in tutt'altra direzione.

スロー　〔英 slow〕◇スローな lento ¶彼は仕事がスローだ. È lento sul lavoro.
✤**スローステップ**　《ダンスの》ballo㊚ [passo㊚] lento
スローダウン　¶もう少しスローダウンしてくれ. Rallenta un po', per favore!
スローフード　slow food [zlowfúd]㊚ [無変]
スローモーション《撮影》ripresa㊛ al rallentatore

スロー　〔英 throw〕《スポ》lancio㊚ [複 -ci] ¶サイド[アンダー]スロー lancio laterale [dal basso in alto]
✤**スローイン**　rimessa㊛

スローガン　〔英 slogan〕slogan㊚ [無変], motto㊚ ¶スローガンをかかげる lanciare uno slogan

スロープ　〔英 slope〕declivio㊚ [複 -i], pend*io*[男][複 -*ii*], pendenza[女], china[女] ¶スロープを下る discendere la china / scendere per il pendio

スロットマシン 〔英 slot machine〕〔英〕slot machine[女][無変]

すわ ¶すわ, 一大事だ. Santo cielo, è una cosa seria!

スワッピング 〔英 swapping〕 **1**《コンピュータ》trasferimento[男] temporaneo dei dati **2**《夫婦交換》scamb*io*[男][複 -*i*] delle coppie

スワップとりひき スワップ取引 〔商〕operazione[女] di swap

スワヒリご スワヒリ語 swahili[男]

すわり 座り・据わり **1**《座ること》¶座り心地のいいソファー divano comodo [confortevole]
2《安定性》stabilità[女] ¶すわりがいい essere ben stabil*e* / stare ben ferm*o* ¶すわりが悪い essere instabil*e* [traballant*e*] ¶この花瓶は据わりがあまりよくない. Questo vaso è malfermo.
✤**座り込み**〔英〕sit-in[男][無変] ¶座り込み戦術 tattica del sit-in

すわりこむ 座り込む sedersi, piazzarsi, mettere radici ;《座り込みをする》partecipare[自][*av*] a un sit-in ¶母は驚いて座り込んでしまった. Mia madre è caduta a sedere per la sorpresa.

すわる 座る・据わる

1《腰を下ろす, 座につく》sedere[自][*es*], sedersi, mettersi a sedere, mettersi sedut*o* ¶座っている essere [stare / restare] sedut*o* ¶畳の上に[椅子に / 地面に / ピアノに向かって]座る sedersi sui *tatami* [sulla sedia / per terra / al piano] ¶〈人〉に座るように言う invitare *qlcu.* a sedere ¶子供はきちんと座った. Il bambino si è seduto composto. ¶どうぞ椅子にお座りください. Prego, si metta pure a sedere. / Si accomodi, per favore. / Si sieda pure. ¶皆さん, お座りください.《食卓についてください》Signori, accomodatevi al tavolo! ¶座ったままでどうぞ. Prego, stia seduto!
2《度胸などが》¶性根がすわっている essere di carattere「ben strutturato [solido] ¶彼は度胸がすわっている. Ha「molto coraggio [i nervi d'acciaio].
3《酔いや怒りで目が》¶彼は酔いで目が据っている. Ha lo sguardo fisso per l'ubriachezza.
4《しっかり安定する》¶この赤ん坊はまだ首が据っていない. Questo bambino non ha ancora il collo stabile.
5《地位などに就く》avere l'incarico di *ql.co.*, avere un posto ¶彼は今度社長の椅子に座った. Ha ottenuto recentemente il posto di presidente.

すん 寸 **1**《長さの単位》*sun*[男][無変] ; unità[女] di lunghezza pari a ca. 3, 03 cm (読み方: circa tre virgola zero tre centimetri) **2**《長さ》¶この服は少し寸詰まりだ. Questo vestito è un po' corto.

すんか 寸暇 un momento[男] libero ¶寸暇を惜しんで働く lavorare utilizzando「i momenti liberi [tutti i ritagli di tempo]

ずんぐり ◇ずんぐりした tozzo ;《生き物についてのみ》bassotto, tracagnotto ¶ずんぐりした人 uomo tozzo [tracagnotto] ¶ずんぐりした酒瓶 bottiglia panciuta per *sakè*

すんげき 寸劇 〔英〕sketch[男][無変]

すんこく 寸刻 attimo[男] ¶寸刻を惜しんで働く lavorare senza un attimo di sosta

すんじ 寸時 ¶寸時も違わず con la massima puntualità ¶寸時もゆるがせにせず senza perdere un secondo / senza riposarsi un momento

ずんずん rapidamente ¶ずんずん歩く camminare rapidamente con passo deciso

すんぜん 寸前 subito prima, davanti;《瀬戸際》sull'orlo di *ql.co.* ¶会社は倒産寸前だ. La ditta è sull'orlo del fallimento. ¶ゴール寸前で抜かれた. Sono stato superato proprio davanti al traguardo. ¶発車寸前にとび乗った. Sono saltato sul treno mentre stava per partire.

すんだん 寸断 ◇寸断する ridurre *ql.co.* in pezzi, strappare [spezzettare] *ql.co.* ¶水害で鉄道は寸断された. La linea ferroviaria è interrotta in più punti a causa dell'inondazione.

すんづまり 寸詰まり ¶彼は寸づまりのズボンをはいていた. Indossava dei pantaloni troppo corti per lui.

すんでに ¶すんでに車にひかれるところだった. Ci è mancato poco che la macchina mi venisse addosso.

ずんと ¶彼は夏の間にずんと背が伸びた. Durante l'estate è cresciuto molto in altezza.

ずんどう 寸胴 ¶ずんどうの容器 contenitore cilindrico ¶彼女はずんどうだ. Ha la vita larga. / È senza vita.

すんなり **1**《すらりと》◇すんなりした《体つきのほっそりした》snello ;《手・足が》sottile ;《手足やズボンが》affusolato
2《簡単に》◇すんなりと facilmente ¶交渉はすんなり妥結した. Le trattative si sono concluse senza difficoltà.

スンニは スンニ派《イスラム教の一派》sunnismo[男];《信者》sunnit*a*[男][女][男複 -*i*]

すんぴょう 寸評 breve critica[女], commento[男] ◇寸評する fare un breve commento《を su》

すんぶん 寸分 ¶寸分違わない essere assolutamente ugual*e*《と, に a》/ essere completamente identic*o*《と, に a》¶彼の服装には寸分のすきもない. È vestito a puntino.

すんぽう 寸法 **1**《長さ》misura[女];《縦・横・高さ》dimensioni[女][複] ;《靴・手袋などの》numero[男];《衣類の》taglia[女] ¶寸法に合わせて su misura ¶寸法をとる prendere le misure di *ql.co.* [*qlcu.*] / misurare *ql.co.* [*qlcu.*] ¶…の寸法を伸ばす[つめる] allungare [accorciare] *ql.co.*
2《計画》piano[男] ¶事は寸法通りに運んだ. Tutto si è svolto come previsto.

せ

せ 背 **1**《背中》schiena㊛;〚解〛dorso㊚;《両肩の部分》spalle㊛[複] ⇒本 図版;《動物の》dorso㊚ ¶背を伸ばす raddrizzare la schiena ¶リュックを背に負う portare sulle spalle uno zaino
2《物の後ろ側、裏》¶椅子の背 schienale [spalliera] della sedia ¶町は山を背にしている. La città ha la montagna alle spalle.
3《背丈》statura㊛, altezza㊛ ¶背の高い男 uomo「alto [alto di statura / di alta statura] ¶背の中くらいの［低い］男 uomo「di media statura [basso di statura] ¶背の順に並ぶ allinearsi in ordine di altezza ¶ずいぶん背が伸びたねえ. Ti sei fatto alto! ¶彼は1年で10センチ背が伸びた. In un anno「è cresciuto [si è alzato] di 10 centimetri. ¶この川は背が立つ［立たない］. In questo fiume「si tocca [non si tocca] (il fondo).
4《尾根》dorsale㊛ ¶太陽が山の背に没する. Il sole tramonta al di là dei monti.
5《本の》dorso㊚ [costa㊛] di un libro
【慣用】**背に腹はかえられない** Necessità fa legge. / È giocoforza.
背を向ける ¶世の中に背を向ける voltare le spalle al mondo / abbandonare il mondo
✥**背文字** iscrizione㊛ [intitolazione㊛] sul dorso [sulla costa] di un libro

せ 瀬 《浅瀬》secca㊛;《早瀬》rapida㊛ ¶瀬を渡る guadare un fiume

ぜ 是 ¶是とする approvare [trovare giusto] ql.co. (▶giustoは目的語の性・数に合わせて語尾変化する) ¶是を是とし非を非とする dir pane al pane e vino al vino ¶是が非でも ⇒見出し語参照

せい 生 vita㊛, esistenza㊛ ¶生あるもの essere㊚ vivente ¶生の喜び gioia di vivere ¶生を営む vivere㊀ [es, av] ¶貴族の家柄に生を受ける nascere㊀ [es] in una famiglia nobile

せい 姓 cognome㊚, nome㊚ di famiglia ¶旧姓 nome da ragazza [signorina / nubile] ¶私の姓は山田です. Il mio cognome è Yamada.

せい 性 **1**《性質》natura㊛ ¶人の性は善である. L'uomo è buono di natura. / L'uomo nasce buono. ¶習い性となる.《諺》"L'abitudine è una seconda natura."
2《男女の》sesso㊚;《性的特質、性的能力》sessualità㊛ ◆性の sessuale ⇒性的 ¶性の目覚め risveglio della sessualità ¶性の問題 problemi sessuali ¶性による差別 discriminazione sessuale
3〚文法〛genere㊚ ¶男［女／中］性 genere maschile [femminile / neutro] ¶uomoは男性名詞である. "Uomo" è un sostantivo di genere maschile.
✥**性科学** sessuologia㊛
性教育 educazione㊛ sessuale [alla sessualità]
性決定遺伝子 gene㊚ del sesso
性行為 atto㊚ sessuale
性周期 ciclo㊚ sessuale
性衝動 impulso㊚ [stimolo㊚] sessuale
性生活 vita㊛ sessuale
性染色体《生》cromosoma㊚ [複 -i] sessuale
性同一性障害 disturbi㊚[複] di identità sessuale
性道徳 morale㊛ sessuale
性犯罪 delitto㊚ a sfondo sessuale
性病 ⇒見出し語参照
性風俗 usi㊚[複] [usanze㊛[複]] sessuali
性ホルモン ormoni㊚[複] sessuali
性本能 impulso㊚ [istinto㊚] sessuale

せい 所為 ¶暑さのせいで a causa del caldo ¶…のせいにする dare [attribuire] a qlcu. la colpa di ql.co. / incolpare qlcu. di ql.co. [di +不定詞] ¶誰のせいでもない. Non è colpa di nessuno. ¶誰のせいだ. Di chi è la colpa? ¶全部君のせいだ. È tutta colpa tua! ¶君のせいで電車に乗り遅れた. Per causa [Per colpa] tua ho perso il treno. / Mi hai fatto perdere il treno! ¶ワインを飲んだせいで眠くなってきた. Mi è venuto sonno per aver bevuto del vino. ¶それは年のせいだ. Questo è dovuto all'età. / Sono gli effetti dell'età. ¶気のせいだよ. È solo una tua impressione!

せい 聖 **1**《聖なる》santo, sacro ¶聖家族 la sacra famiglia ¶聖なる地 terra sacra
2《聖者の名に冠して》santo ¶聖ピエトロ San Pietro ¶聖マリア Santa Maria ¶聖金曜日 venerdì santo (◆復活祭 Pasquaの前の金曜日で、キリストが処刑された日に当たる)

【語形】santo
「s＋子音」で始まる男性名の前で
¶santo Stefano 聖ステファノ
「s＋子音」以外の子音および半母音で始まる男性名の前では sanとなる.
¶san Francesco [Zeno / Jacopo] 聖フランチェスコ［ゼーノ／ヤコポ］
子音で始まる女性名の前では santa となる.
¶santa Maria 聖マリア
母音で始まる男性名・女性名の前では sant'となる.
¶sant'Antonio 聖アントニオ
¶sant'Agata 聖アガタ
絶対最上級にも使われる.
¶santissima Annunziata 聖アンヌンツィアータ
教会名などで、複数の聖人名を列記するときは複数形になる.
¶Chiesa dei santi [santissimi] Pietro e Paolo 聖ピエトロ聖パオロ教会
いずれの場合も単数は "s.", 複数は "ss."と、絶対最上級は単数, 複数とも "ss."と略記されることがある.

せい 精 **1**《精霊》spirito㊚;《ニンフ》ninfa㊛ ¶水の精 spirito dell'acqua /《ギリシア神話》

naiade⊕/《北欧神話》ondina
2 《精力》forza⊕, energ*ia*⊕［複 -*gie*］, vitalità⊕, vigore⊕;《熱心》zelo⊕ ¶精のつく食べ物 cibo energetico [tonificante] ¶精をつける rinvigorirsi / tonificarsi ¶彼は精も根も尽き果てた。Si è esaurito completamente sia nel fisico che nel morale.

[慣用] **精が出る** ¶ご精が出ますね。Sempre al lavoro, eh!

精を出す ¶仕事に精を出す lavorare sodo [duro / duramente / assiduamente]

せい 静 《静止》immobilità⊕; inattività⊕;《静寂》quiete⊕, pace⊕ ¶静と動の状態 condizione⊕ di staticità e dinamicità ¶静中動あり。Nella staticità c'è il movimento.

せい- 正 **1**《真の》¶正多角形 poligono regolare ⊕ **2**《正式な、主たる》¶正副 2 通 l'originale e una copia **3**《正規の》¶正会員 membro titolare / socio ordinario ¶正社員 impiegato fisso [di ruolo] **4**《数》《数がゼロより大きい》¶正の数 numero positivo **5**《電》《陽電気の》positivo

-せい -世 ¶ヨハネ・パウロ 2 世 Giovanni Paolo II (読み方: secondo) ¶エカテリーナ 2 世 Caterina II (読み方: seconda) ¶ルイ 16 世 Luigi XVI (読み方: sedicesimo) ¶日系アメリカ人 3 世 americano /《女性》americana/ di origine giapponese di terza generazione /《総称》la terza generazione di americani di origine giapponese

-せい -制《制度、組織》sist*ema*⊕［複 -*i*］, reg*ime*⊕, princip*io*⊕［複 -*i*］¶週 5 日制 settimana di 5 giorni / settimana corta ¶3 交代制 sistema di lavoro a tre turni ¶2 院制 bicameralismo / regime bicamerale ¶新[旧]制高校 scuola media superiore secondo il nuovo [vecchio] ordinamento scolastico

-せい -製 **1**《国名・会社名などに付けて》
◇ -製の di fabbricazione..., di produzione... ¶このバッグはイタリア製だ。Questa borsa è (di produzione) italiana [è made in Italy]. ¶この靴はどこ製ですか。Dove sono state fatte [prodotte] queste scarpe? ¶S 社製の時計 orologio di marca S
2《材料を表して》¶革製のかばん borsa di [in] pelle

ぜい 税 tassa⊕, imposta⊕; tributo⊕;《関税》daz*io*⊕［複 -*i*］

ぜい 贅 ◇贅を尽くした lussuoso, fastoso, sfarzoso, sontuoso;《食べ物》luculliano ¶贅を尽くして建てた邸 villa costruita senza badare a spese ¶贅を尽くした生活を送る fare una vita lussuosa [dispendiosa / da gran signore / da nababbo]

せいあい 性愛 amore⊕ e sesso⊕; sentimento⊕ d'amore e sessualità⊕, [ギ] eros⊕

せいあくせつ 性悪説 la dottrina⊕ etica secondo cui la natura umana è fondamentalmente malvagia

せいあつ 制圧 repressione⊕ ◇制圧する reprimere ¶警官隊はデモ隊を制圧した。La polizia ha represso [ha soffocato] la dimostrazione. ¶Y 社は東南アジア市場を制圧している。La ditta Y controlla [domina] tutto il mercato del Sud-est Asiatico.

せいあつ 静圧《化》pressione⊕ statica

せいい 誠意《正直》onestà⊕;《誠実》lealtà⊕, sincerità⊕ ◇誠意のある leale; in buona fede; onesto; sincero;《約束を守る》di parola;《良心的な》coscienzioso ◇誠意のない sleale; in malafede; falso; disonesto; insincero; poco coscienzioso ¶誠意を示す mostrare la propria buona fede [buona volontà] / mostrarsi sincero [onesto] ¶誠意をもって事に当たる applicarsi coscienziosamente a *ql.co.*

せいいき 西域《古代中国の》regioni⊕［複］di confine occidentali dell'antica Cina;《中央アジア》Asia⊕ Centrale

せいいき 声域《声質》estensione⊕ vocale [di voce] /《音域》estensione⊕ vocale [di voce] ¶バス[ソプラノ]の声域 registro di basso [di soprano] ¶彼は声域が広い[狭い]。Ha un'ampia [una limitata] estensione vocale.

せいいき 聖域 lu*ogo*⊕［複 -*ghi*］sacro, terra⊕ sacra; sant*uario*⊕［複 -*i*］¶聖域を侵す profanare un luogo sacro

せいいく 成育・生育 crescita⊕ ◇成育する crescere⊕ [*es*], ⊕

せいいっぱい 精一杯 ¶精一杯努力する mettercela tutta per *ql.co.* / sforzarsi al massimo [con tutte le *proprie* energie] / fare tutto il possibile ¶僕にできることはこれが精一杯だ。Questo è il massimo che posso fare. ¶この給料では食べていくのが精一杯だ。Con questo stipendio è già molto se si riesce a mangiare. ¶精一杯値引きいたします。Le farò il massimo sconto.

せいいん 成因《根源》origine⊕;《原因》causa⊕
◆成因分析 analisi⊕［無変］dei componenti

[関連]

税の種類:

印紙税 imposta⊕ di bollo　飲食税 imposta sulla consumazione　印税 diritti⊕［複］d'autore　間接税 imposta indiretta　企業税 imposta sulle società　逆進税 imposta regressiva　源泉徴収税 detrazione⊕ delle tasse alla fonte　興行税 imposta sugli spettacoli　国税 imposta (erariale [statale])　固定資産税 imposte⊕［複］sugli immobili　財産税 imposta patrimoniale　資本移動税 imposta sui trasferimenti di capitale　従価[従量]税 imposta「ad valorem [specifica]」　酒税 tassa⊕ sugli alcolici　消費税 imposta sui consumi　所得税 imposta sul reddito　相続税 tassa di successione　贈与税 imposta sulle donazioni　地方交付税 imposta statale per gli enti locali　地方税 tassa locale　直接税 imposta diretta　土地税《地租》imposta fondiaria　取引税 imposta sugli affari　入港税 diritti portuali　比例税 imposta proporzionale　付加価値税 imposta sul valore aggiunto;《略》IVA [íva]⊕　物品税 imposta sulle merci　法人税 imposta sulle società　輸出[輸入]税 dazio⊕ d'uscita [d'entrata]　累進税 imposta progressiva

成因論 genesi [無変] ¶月成因論 la genesi della luna

せいいん 成員 membro男, componente男女

せいう 晴雨 《晴雨兼用の傘》 ombrello「da sole e da pioggia [per ogni evenienza] ¶遠足は晴雨にかかわらず決行します. Faremo il picnic con qualunque tempo.
❖**晴雨計** barometro男

セイウチ 《動》 tricheco男 [複 -chi]

せいうん 星雲 《天》 nebulosa女 ¶銀河 galassia女 ◇星雲状の nebulare ¶アンドロメダ星雲 la nebulosa di Andromeda ¶渦状[環状 / 不定形 / 惑星状]星雲 nebulosa「a spirale [ad anello / diffusa / planetaria] ¶銀河系[銀河系外]星雲 nebulosa galattica [extragalattica]
❖**星雲説** teoria女 delle nebulose

せいえい 精鋭 il (fior) fiore男; 〔仏〕élite [無変]; 《兵士》soldato男[女 -essa] scelto, uomini男[複] scelti; 《軍隊》truppe女[複] scelte

せいえき 精液 sperma男[複 -i], liquido seminale ◇精液の spermatico [男複 -ci]

せいえん 声援 grido男[複 le grida] d'incoraggiamento; 《励まし》incoraggiamento男; 《スポーツで, 熱狂的な》tifo男 ◇声援する incitare [incoraggiare] qlcu. [ql.co.] con grida, tifare自[av] (fare il tifo] per qlcu. [ql.co.] ¶声援を送る lanciare incoraggiamenti a qlcu. [ql.co.] ¶声援を惜しまない prodigare [non lesinare] gli incoraggiamenti

せいえん 製塩 produzione女 del sale
❖**製塩業** industria女 salina
製塩所 raffineria女 di sale, salina女

せいおう 西欧 《東洋に対して》 Occidente男; 《ヨーロッパ》 Europa女; 《東欧に対して》 Europa Occidentale
❖**西欧化** occidentalizzazione女 ◇西欧化する《自らが》occidentalizzarsi; 《他を》occidentalizzare
西欧諸国 i paesi男[複] europei [occidentali]
西欧人 europeo男[女 -a], occidentale男女
西欧文化 cultura女 occidentale
西欧文明 civiltà女 occidentale

せいおん 清音 《音声》suono男 sordo (▶カ・サ・タ・ハ各行音)

せいおん 静穏 ◇静穏な tranquillo, sereno ¶静穏な海 mare tranquillo ¶静穏な生活 vita serena

せいか 正価 prezzo男 fisso ¶正価で売る[買う] vendere [comprare] ql.co. a prezzi fissi

せいか 正貨 《経》 moneta女 metallica; 《金本位制で》 moneta女 aurea
❖**正貨準備高** ammontare男 delle riserve ufficiali, riserva女 valutaria; riserva女 aurea

せいか 正課 《正規の学課》corso男 regolare, programma男[複 -i] ufficiale; 《必修課目》materia女 obbligatoria ¶正課外の課目[選択課目] materia facoltativa

せいか 生花 **1** 《自然の生きた花》fiore男 fresco [複 -schi] **2** →生け花

せいか 生家 **1** 《生まれた家》casa女 natale **2** 《実家》casa女「dei genitori [paterna / materna]

せいか 成果 risultato男, frutto男 ¶大いに成果を収める ottenere grandi risultati / avere un gran successo ¶予想以上の成果をあげる dare risultati migliori del previsto

せいか 声価 fama女, reputazione女, rinomanza女 ¶声価を高める accrescere la fama

せいか 青果 frutta女 e verdura女
❖**青果市場** mercato男 generale di frutta e verdura, mercato男 ortofrutticolo, ortomercato男

せいか 盛夏 piena estate女 ¶盛夏に in piena estate / nel pieno dell'estate

せいか 聖火 《神殿などの》fuoco男 [複 -chi] sacro; 《オリンピックの》fiaccola女 olimpica
❖**聖火台** tripode男 per la fiaccola olimpica
聖火リレー staffetta女 olimpica con la fiaccola

せいか 聖歌 《キリ》canto男 liturgico [複 -ci]; 《賛美歌》inno男 ¶グレゴリオ聖歌 canti gregoriani
❖**聖歌集** raccolta女 di canti religiosi
聖歌隊 coro男, corale女, cantoria女

せいか 精華 ¶古代彫刻の精華 l'apice dell'arte scultorea classica

せいか 製菓 produzione女「di dolci [dolciaria], confezione女 di dolci
❖**製菓会社** ditta女 dolciaria
製菓業 《大規模な》industria女 dolciaria

せいか 製靴 produzione女 di calzature
❖**製靴業[工場]** calzaturificio男[複 -ci]

せいかい 正解 《正しい答》risposta女 esatta; 《解決法》soluzione女; 《解釈》interpretazione女 corretta ¶君があの件で彼に相談したのは正解だった. Hai fatto bene a consigliarti con lui per quella questione.

せいかい 政界 mondo男 politico, politica女, circoli男[複] politici ¶政界入りする entrare in politica ¶政界を退く ritirarsi dalla (vita) politica ¶政界の動き tendenze della politica / movimenti del mondo politico
❖**政界再編** riorganizzazione女 del mondo politico

せいかい 盛会 ¶なかなかの盛会だった. La riunione ha avuto successo.

せいかいいん 正会員 membro男 attivo, socio男 [女 -cia; 男複 -ci; 女複 -cie] ordinario [男複 -i]

せいかいけん 制海権 《軍》 ¶制海権を握る avere il dominio dei mari

せいかがく 生化学 biochimica女, chimica女 biologica ◇生化学の biochimico [男複 -ci]
❖**生化学者** biochimico [男 -ca; 男複 -ci]

せいかく 正確 correttezza女; 《的確さ》precisione女; 《厳密》esattezza女 ◇正確な corretto, esatto; 《正当な》giusto; 《的確な》preciso; 《几帳面な》puntuale; 《忠実な》fedele ◇正確に correttamente; esattamente; giustamente; precisamente; puntualmente ¶正確な文体 stile corretto ¶正確な計算 calcolo esatto [giusto] ¶正確な時刻 ora esatta [precisa] ¶正確な翻訳 traduzione fedele ¶言葉遣いの正確さ precisione di linguaggio ¶正確さに欠ける mancare di esattezza ¶正確に答える rispondere esattamente [con esattezza] ¶事実を正確に報告する narrare fedelmente i fatti ¶私の記憶が正確であれば彼は50歳である. Se ben ricordo, lui dovrebbe avere 50 anni.

せいかく 性格 carattere男; (気質) temperamento男, indole女; (人柄) personalità女; (本質, 本性) natura女, sostanza女, essenza女
¶内気な性格 indole timida / carattere riservato ¶性格が良い avere un「buon carattere [carattere piacevole] / essere「d'indole buona [di buon carattere] ¶性格が悪い avere un brutto carattere ¶高慢な性格である essere presuntuoso di natura / essere altezzoso ¶彼とは性格が合わない。Tra lui e me c'è incompatibilità di carattere. ¶これは彼の性格をよく表している。Questo rivela perfettamente il suo carattere. ¶ひどい性格だ。Che caratteraccio! ¶私は父に性格がよく似ています。Ho un carattere molto simile a quello di mio padre. ¶この事件の性格はまだよくわからない。Non ho ancora ben capito la natura di questa faccenda.
✤**性格異常** 〔医〕turbe女[複] caratteriali
性格学 caratterologia女
性格劇 commedia女 di carattere
性格俳優 caratterista男[男複 -i]
性格描写 ritratto男 [descrizione女] di caratteri, caratterizzazione女

せいかく 製革 concia女[複 -ce], conciatura女
✤**製革業者** conciatore男[女 -trice]
製革所〔業〕conceria女

せいがく 声楽 canto男, musica女 vocale →音楽 用語集 ¶音楽院で声楽を学ぶ studiare canto all'accademia
✤**声楽家** cantante男女
声楽科 corso男 di canto [di tecnica vocale / di musica vocale]

ぜいがく 税額 ammontare男 delle tasse, quota女 d'imposta, tassazione女

せいかじゅう 静荷重 〔工〕carico男[複 -chi] fisso

せいかぞく 聖家族 la Sacra Famiglia女

せいかつ 正割 〔数〕secante女; (記号) sec.
✤**正割曲線** curva女 secante

せいかつ 生活 vita女; esistenza女; (暮らしの糧) vivere男, sussistenza女 ◇生活する vivere自[es, av]
¶質素な生活 vita modesta ¶古代人の生活 modo di vivere degli antichi ¶都会生活 vita di città ¶裕福な[貧しい]生活 alto [basso] tenore di vita ¶社会生活 vita lavorativa ¶サラリーマン生活 vita da impiegato ¶家庭[結婚]生活 vita domestica [coniugale] ¶みじめな生活 vita da cani ¶〈人〉と生活する coabitare[av] con qlcu. ¶楽しく生活する vivere bene / passarsela bene ¶1か月10万円で生活する vivere con centomila yen al mese ¶自分で稼いだ金で[やりくりして]生活する vivere「del proprio lavoro [di espedienti] ¶自分の収入にあった生活をする vivere secondo le proprie entrate ¶隠者のような生活をする vivere da eremita ¶生活のために働く lavorare per vivere ¶生活が苦しい(人が主語) essere nel bisogno / farcela a stento / passarsela male ¶その日その日の生活に追われる essere ridotto a vivere alla giornata ¶彼はひどい生活をしている。Fa una vita miserabile. / (貧乏な) Vive in miseria.

✤**生活環**〔生〕ciclo男 biologico [複 -ci]
生活環境 ambiente男 sociale; 〔ラ〕habitat [ábitat] 男 [無変]
生活環境破壊 distruzione女 delle condizioni ambientali
生活関連社会資本〔経〕capitali男[複] sociali concernenti le infrastrutture dell'ambiente di vita
生活協同組合 →生協
生活空間 spazio男[複 -i] vitale
生活習慣病 malattia女 causata da cattive abitudini
生活手段 mezzi男[複] di sussistenza
生活水準 tenore男 di vita
生活難 difficoltà女[複] finanziarie [economiche] ¶私は生活難に陥っている。Mi trovo in difficoltà finanziarie.
生活排水 scarico男[複 -chi] dell'acqua domestica
生活反応 reazione女 vitale
生活費 sussistenza女, costi男[複] della quotidianità ¶最低生活費 minimo per la sussistenza ¶生活費はどんどん高くなる。La vita diventa sempre più cara.
生活必需品 prodotti男[複] indispensabili alla vita quotidiana
生活保護 ¶生活保護を受けて生活する vivere di pubblica assistenza
生活保護法 legge女 sulla pubblica assistenza alle famiglie bisognose
生活様式 modo男 di vita, maniera女 di vivere
生活力 (経済的な) capacità女 di guadagno ¶彼は生活力がある。Guadagna più che a sufficienza per vivere.

せいかん 生還 **1**《生きて帰ること》◇生還する tornare自[es] vivo; scampare自[es] alla morte; sopravvivere自[es] ¶生還者はわずか3名だった。Ci sono stati solo tre superstiti. **2** (野球で、本塁に戻るこ) ◇生還する tornare nella casa base

せいかん 静観 ¶事態を静観する osservare con calma lo sviluppo della situazione

せいかん 精悍 ◇精悍な energico男[男複 -ci], virile ¶精悍な顔をした。Ha un'espressione energica [fiera / intrepida].

せいがんざい 制癌剤 〔薬〕antimitotico男[複 -ci], farmaco男[複 -ci, -chi] antitumorale, medicina女 anticancerosa

せいがん 誓願 《神・聖母・諸聖人への誓い》voto男; (願を立てて物を断つ禁欲行為) fioretto男 参考 ¶誓願を立てる fare [pronunciare] un voto ¶誓願が叶ってお礼参りをする andare al tempio a ringraziare per una grazia ricevuta

せいがん 請願 (特に議会に対して) petizione女; 〔法〕(訴願) istanza女, richiesta女 ◇請願する fare una petizione (al parlamento), presentare un'istanza [un ricorso]《に a》
✤**請願者** postulante男女, richiedente男女
請願書 petizione女 ¶請願書を提出する presentare una petizione《に a》

ぜいかん 税関 dogana女 ◇税関の doganale →空港 会話 ¶税関で差し止められた商品 merci bloccate in dogana ¶税関の申告 dichiarazione

[女] doganale ¶税関を通る passare la dogana ¶税関を通す fare passare *ql.co.* alla dogana / ṣdoganare *ql.co.* ¶税関をごまかす frodare［ingannare］la dogana

✤税関申告書 modulo[男] di dichiarazione doganale

税関審査 controllo[男] doganale

税関手続き ¶税関手続きをする espletare le formalità doganali

税関吏 doganier*e*[男]［[女] *-a*］,《イタリアの》guardia [女] di finanza（◆イタリアでは財務警察が管轄する）

せいき 世紀 secolo[男] ¶16世紀 il 16°［XVI / sedicesimo］secolo / il Cinquecento（►“il Cinquecento”は「1500年代」をいう，イタリア語独特の表現で，特に芸術の分野で広く用いられる）¶紀元前5世紀の神殿 tempio del 5°［V / quinto］secolo avanti Cristo［a.C.］¶半世紀 mezzo secolo ¶20世紀後半に nella seconda metà del ventesimo secolo ¶四半世紀後に dopo un quarto di secolo ¶世紀の大傑作 il più grande capolavoro del secolo

✤世紀末 fine[女] del secolo, fine secolo[女] または[男] **◇世紀末的**《19世紀のヨーロッパ，特にフランスの》〔仏〕fin de siècle［fendesjékl］［無変］

せいき 正規 **◇正規の**《通常の》regolare;《規定通りの》regolamentare;《法に定められた》legale;《正常の》normale ¶正規の手続きを踏む seguire tutta la procedura regolare / adempiere tutte le formalità di legge / fare tutta la trafila burocratica ¶正規のルートを経て per via legale ¶正規のルートを経ずに illegalmente

✤正規軍 esercito[男] regolare, truppe[女]［複］regolari

せいき 生気 vita[女], vitalità[女], vigore[男] ¶生気のない顔 viso「senza vita［ṣmorto / apatico］¶生気にあふれた少年 ragazzo pieno di vita ¶生気を取り戻す riprendere vita / rianimarsi ¶この作品には生気が満ちている. Questa opera è piena di vita.

✤生気論〔哲〕vitalismo[男]

せいき 性器 organi[男]［複］sessuali, il sesso[男], i genitali[男]［複］

せいぎ 正義 giustizia[女] ¶正義のために戦う lottare per la giustizia

✤正義感 ¶正義感の強い人 persona con un forte senso di giustizia

せいきゅう 性急 **◇性急な**《急いだ》affrettato, precipitoso;《機が熟す前》prematuro;《気短な》impaziente ¶性急に決める decidere *ql.co.* troppo affrettatamente

せいきゅう 請求 richiesta[女], domanda[女] **◇請求する** fare richiesta di *ql.co.* a *qlcu.*, domandare［《強く》richiedere /《当然の権利として》reclamare］*ql.co.* a *qlcu.*;《取り立てる》eṣigere *ql.co.* da *qlcu.* ¶損害賠償を請求する chiedere il risarcimento dei danni ¶請求に応じる accondiscendere alla richiesta di *qlcu.* ¶請求があり次第カタログを送付します. Appena riceveremo richiesta invieremo il catalogo.

✤請求額 importo[男] richiesto

請求権 diritto[男] di richiesta di pagamento

請求者 richiedente[男][女]

請求書 fattura[女] ¶請求書を出す emettere una fattura

請求払い ¶請求払いの小切手 assegno pagabile a vista

せいきょ 逝去 ¶お父上のご逝去を心よりお悔やみ申し上げます. Accetti le mie più sentite condoglianze per la morte di suo padre.

せいぎょ 成魚 pesce[男] adulto［cresciuto］

せいぎょ 制御《管理》controllo[男],《支配》domin*io*[男]［複 *-i*］**◇制御する** controllare, dominare;《感情の抑制》frenare, reprimere ¶制御可能な controllabile ¶制御不可能な incontrollabile ¶自己を制御する controllarsi / dominarsi ¶欲望を制御する dominare［reprimere］i desideri

✤制御装置 dispoṣitivo[男] di regolazione, unità [女] di controllo

制御棒 barra[女] di controllo

せいきょう 正教 **1**《正しい教え》ortodossia[女] **2**《ギリシア正教》dottrina[女]（della Chieṣa）ortodossa

✤正教会 Chieṣa[女] ortodossa

正教徒 ortodoss*o*[男]［[女] *-a*］

せいきょう 生協《「生活協同組合」の略》cooperativa[女] dei consumatori;《略》COOP［kóop, kɔp］[女]［無変］

せいきょう 政教 politica[女] e religione[女]; Chieṣa[女] e Stato[男]

✤政教一致 unione[女] del potere politico e di quello religioso;《神政政治》teocrazia[女]

政教分離 separazione[女] fra politica e religione［tra Chieṣa e Stato］

せいきょう 盛況 prosperità[女]; successo[男] ¶今日の集会は盛況だった. L'assemblea di oggi ha avuto successo. ¶店は満員の盛況だ. Il negozio è affollato di clienti.

せいぎょう 正業 lavoro[男]［mestiere[男]］onesto, professione[女] decorosa ¶正業に就いている guadagnarsi da vivere onestamente

せいぎょう 生業 mestiere[男], lavoro[男], professione[女] ¶生業にいそしむ ṣvolgere bene il *proprio* lavoro / dedicarsi al *proprio* lavoro

せいきょうしゅぎ 清教主義〔史〕puritaneṣimo[男]

せいきょうと 清教徒 purita*no*[男]［[女] *-a*］

✤清教徒革命〔史〕la Rivoluzione[女] Puritana（◆ 1642-60）

せいきょく 政局 situazione[女] politica ¶政局の危機［安定］criṣi［stabilità］politica ¶政局の慌ただしい動き agitazione［irrequietezza］politica ¶政局を収拾する metter fine a una criṣi politica / salvare la situazione politica

せいきん 精勤 diligenza[女], assiduità[女] **◇精勤する** essere assidu*o* in［a］*ql.co.*; dedicarsi assiduamente al lavoro［allo studio］

✤精勤賞 prem*io*[男]［複 *-i*］di assiduità［di diligenza］

ぜいきん 税金 tassa[女], imposta[女] ⇀税 [関連] ¶税金を納める pagare le tasse ¶年に30万円の税金を納める pagare 300.000 yen di tasse all'anno ¶税金を課する tassare *ql.co.*［*qlcu.*］/ imporre una tassa su *ql.co.* ¶税金を徴収する riscuotere le imposte［eṣigere una tassa］da *qlcu.* ¶税金を免除する eṣentare *qlcu.* dalle tasse ¶税金を10％上げる［下げる］aumentare［diminuire］le tasse del 10 % ¶税金の申告をする fare la dichiarazione dei redditi ¶税金をごまかす evadere le tasse / frodare il fisco ¶税金を滞納する essere in arretrato nel pagamento delle tasse ¶税金を還付する rimborsare le tasse a ql.co. ¶国民は重い税金に苦しんでいる. I cittadini soffrono sotto il peso delle imposte.

せいく 成句 《慣用句》frase⒡ idiomatica, locuzione⒡, modo⒨ di dire;《ことわざ》proverbio⒨ [複 -i], detto⒨

せいくうけん 制空権 ¶制空権を握る avere il dominio dell'aria [dei cieli]

せいくらべ 背比べ ¶2人並んで背比べをした. Ci siamo messi fianco a fianco per vedere chi è più alto.

せいけい 生計 sussistenza⒡, vita⒡ ¶生計を立てる guadagnarsi「da vivere [la vita / il pane」 ¶彼は教師をして生計を立てている. Si guadagna la vita con l'insegnamento. ¶彼1人の月給で一家5人の生計を支えている. Mantiene una famiglia di cinque persone con il suo solo stipendio.

せいけい 成形 modellatura⒡ ◇成形する modellare ql.co.
✤**成形型** forma⒡

せいけい 成型 gettata⒡ ◇成型する gettare ql.co.

せいけい 西経 longitudine⒡ ovest;《略》long. ovest ¶ニューヨークは西経73度52分にある. New York si trova a 73° 52′ (読み方: settantatré gradi e cinquantadue minuti [primi]) di longitudine ovest.

せいけい 政経 economia⒡ e politica⒡
✤**政経学部** facoltà⒡ di scienze politiche ed economiche
政経分離 separazione⒡ fra questioni economiche e politiche

せいけい 整形 ◇整形する sottoporsi a un'operazione di chirurgia estetica ¶顔を整形する farsi la plastica facciale
✤**整形外科** ortopedia⒡; chirurgia⒡ plastica ◇**整形外科の** ortopedico [男複 -ci]
整形外科医 ortopedico⒨ [⒡ -ca; 男複 -ci]
整形外科病院 ospedale⒨ [clinica⒡ di] chirurgia ortopedica [[形成外科の] plastica] ; [美容整形の] clinica⒡ di chirurgia estetica
整形手術 《総称》 operazione⒡ di chirurgia 「plastica [[(骨の) ortopedica / 《美容》 estetica]」 ¶鼻の整形手術をする eseguire 「un'operazione di plastica nasale [una rinoplastica] a ql.cu. /《手術してもらう》farsi la plastica nasale

せいけつ 清潔 《汚れのないこと》pulizia⒡ ◇清潔な pulito ¶清潔なシーツ lenzuola pulite ¶台所を清潔にしておく tenere pulita la cucina ¶清潔な政治家 uomo politico dalle [con le] mani pulite

せいけん 政見 opinione⒡ politica ¶政見を発表する esporre il *proprio* programma politico
✤**政見放送** tribuna⒡ politica

せいけん 政権 **1**《政治を行う権力》potere⒨ politico ¶政権を握る prendere il potere / salire al potere /《状態》essere al potere ¶政権を譲る trasmettere il potere nelle mani di ql.cu. / cedere il governo a ql.cu. ¶政権を失う[維持する] perdere [conservare] il potere
2《政府》governo⒨;《政治体制》regime⒨ ¶革命[共産党]政権 regime rivoluzionario [comunista] ¶軍事政権 governo [regime] militare ¶国民統一政権 governo di unità nazionale ¶単独[二党連立 / 三党連立]政権 governo monocolore [bicolore / tricolore] / governo monopartitico [bipartitico / tripartitico] ¶中道左派政権 governo di centro-sinistra ¶反動[臨時]政権 governo reazionario [provvisorio]
✤**政権争い** lotta⒡ per il potere politico

せいげん 正弦 《数》seno⒨;《記号》sen
✤**正弦曲線** sinusoide⒡, curva⒡ sinusoide
正弦波 onda⒡ sinusoidale

せいげん 制限 《限界》limite⒨;《削減》limitazione⒡, restrizione⒡ ◇制限する limitare ql.co., porre dei limiti a ql.co., imporre delle restrizioni a ql.co. ¶年齢制限 limiti d'età ¶産児制限 controllo [limitazione] delle nascite ¶給水制限 restrizioni sulla fornitura dell'acqua ¶速度制限 limite di [limitazione della] velocità ¶無制限の illimitato / senza limiti / senza riserve ¶…の輸入を年間 1000 万ユーロに制限する limitare le importazioni di ql.co. a 10 milioni di euro l'anno [all'anno] ¶彼は高血圧のために食事を制限されている. È costretto a una dieta severa a causa della pressione alta. ¶私はタバコを1日5本に制限している. Mi limito a fumare cinque sigarette al giorno.
✤**制限時間** limite⒨ di tempo ¶制限時間いっぱいになりました. Il tempo (concesso) è finito. / Il tempo è scaduto.
制限速度 ¶制限速度を守る[越える] rispettare [superare] la velocità limite

ぜいげん 税源 redditi⒨ [複] e beni⒨ [複] tassabili

せいご 正誤 **1**《正しいことと誤っていること》 ¶正誤を確認する 《事実を》accertare la veridicità /《文章などの》accertare la correttezza
2《誤りを正すこと》correzione⒡
✤**正誤表** [ラ] errata corrige⒨ [無変]

せいご 生後 ¶生後3か月で a tre mesi「dalla nascita [dopo la nascita] / nel terzo mese di vita ¶生後1か月の赤ん坊 bambino di un mese

せいご 鯖 《魚》giovane sciarrano⒨ [serrano⒨]

せいこう 生硬 ◇生硬な impacciato, rigido;《無器用な》goffo;《未熟な》immaturo;《粗野な》grezzo

せいこう 成功 successo⒨, riuscita⒡, buon esito⒨ ◇成功する aver successo in ql.co., riuscire⒤ [es] in ql.co. [a + 不定詞];《財産を築く》fare fortuna ¶核実験に成功する ottenere successo in un esperimento nucleare ¶登頂に成功する riuscire a raggiungere la vetta ¶事業を成功に導く condurre a buon fine un affare / condurre felicemente in porto un affare ¶社会的に成功する farsi una posizione sociale ¶ショーは大成功だった. Lo spettacolo è stato un gran successo. ¶手術は完全に成功した. L'operazione (chirurgica) è

せいこう riuscita perfettamente. ¶彼は役者として成功した. Ha avuto [riscosso] un gran successo come attore. ¶彼はアメリカへ行って成功した.《富を得た》Ha fatto fortuna andando in America. ¶計画は成功しなかった. Il progetto si è concluso in un insuccesso. ¶成功の見込みがない. Non c'è alcuna speranza di riuscita. ¶ご成功をお祈りします. Buona fortuna! / In bocca al lupo! (►試験を受ける人や舞台に立つ人などに) ¶失敗は成功のもと.（諺）"Sbagliando s'impara."
❖**成功者** persona⓺ di successo; uomo⓶ [複 *uomini*] arrivato
成功報酬 guadagno⓶ proporzionale ai risultati ottenuti
せいこう 性交 rapporto⓶ sessuale; sesso; coito⓶ ◇性交する avere un rapporto sessuale con *qlcu.*, fare l'amore con *qlcu*
❖**性交不能** impotenza⓺
せいこう 性向 tendenza⓺, inclinazione⓺, propensione⓺
せいこう 精巧 ◇精巧な《洗練された，凝った》sofisticato;《完璧な》perfetto;《正確な》preciso ¶精巧な機械 macchina sofisticata ¶精巧な時計 orologio di precisione ¶精巧な細工 fine lavorazione / manifattura accurata
せいこう 製鋼 fabbricazione⓺ dell'acciaio
❖**製鋼業** industria⓺ siderurgica
製鋼所 acciaieria⓺
せいごう 正号《数》il più⓶
せいごう 整合 **1**《一致》congruenza⓺ **2**《理論に矛盾のないこと》coerenza⓺ **3**《地質》conformità⓺
❖**整合性** conformità⓺, coerenza⓺ ¶辞典には整合性が求められる. Un dizionario deve essere coerente.
せいこううどく 晴耕雨読 ¶彼は田舎で晴耕雨読の生活を送っていた. Viveva in campagna, lavorando nei campi durante le belle giornate e leggendo libri quando pioveva.
せいこうかい 聖公会 ¶日本聖公会《イギリス系》Chiesa Anglicana [-gli-] Giapponese /《アメリカ系》Chiesa Episcopale Giapponese
せいごうせい 生合成《生化》biosintesi⓺ [無変] ◇生合成の biosintetico《略 -*ci*》
せいこうとうてい 西高東低 ¶西高東低の気圧配置《気》disposizione⓺ della pressione atmosferica in cui l'alta pressione si trova a occidente mentre la bassa a oriente
せいこうほう 正攻法 attacco⓶ [複 -*chi*] leale ¶正攻法で行く affrontare [attaccare] *qlcu.* [*ql.co.*] lealmente [senza sotterfugi]
ぜいこみ 税込み ¶この商品は税込みで 20 ユーロだ. Questo articolo costa 20 euro incluse [comprese] le tasse. /《イタリアの付加価値税IVA込みで》Questo articolo costa 20 euro IVA inclusa. ¶給料は税込みで 30 万円である. Lo stipendio lordo è di 300.000 yen.
せいこん 精根 ¶僕は精根尽き果てた. Sono allo stremo delle forze. / Sono esausto.
せいこん 精魂 energia⓺ [複 -*gie*], anima⓺ e corpo⓶ ¶精魂を傾ける dedicarsi anima e corpo a *ql.co.* ¶精魂込めた仕事 lavoro fatto con grande passione

せいさ 精査 ◇精査する《詳しく調査する》eseguire una minuziosa indagine (su *ql.co.*);《入念に検査する》esaminare accuratamente *ql.co.*;《綿密に吟味する》scrutare *ql.co.*, osservare attentamente *ql.co.*
せいざ 正座 ◇正座する sedersi inginocchiato sui talloni col busto eretto
せいざ 星座 costellazione⓺;《占いの》segno⓶ zodiacale ¶「あなたの星座は何ですか」「牡羊座です」"Di che segno sei?" "Sono (dell')Ariete."
❖**星座早見図** planisfero⓶ celeste; carta⓺ del cielo
星座占い oroscopo, previsioni⓺ [複] astrologiche ¶星座占いで今年運勢がいいのは魚座の人だそうです. Le previsioni astrologiche dicono che quest'anno saranno favoriti i Pesci.

[関連]

アンドロメダ座 Andromeda⓺ いるか座 Delfino⓶ 牛飼い座 Boote⓶ 海蛇座 Idra⓺ 大犬座 Cane⓶ Maggiore 大熊座 Orsa⓺ Maggiore オリオン座 Orione⓶ カシオペア座 Cassiopea⓺ 冠座 Corona⓺ Boreale ケフェウス座 Cefeo⓶ [Cefeo⓶] ケンタウルス座 Centauro⓶ 小犬座 Cane⓶ Minore 小熊座 Orsa⓺ Minore 琴座 Lira⓺ 白鳥座 Cigno⓶ ペガサス座 Pegaso⓶ 蛇つかい座 Ofiuco⓶ ヘラクレス座 Ercole⓶ ペルセウス座 Perseo⓶ 南十字座 Croce⓺ del Sud 竜座 Dragone⓶ 猟犬座 Cani⓶ [複] da caccia 鷲(ﾜｼ)座 Aquila⓺
黄道十二宮 segni zodiacali:
牡羊座 Ariete⓶ 牡牛座 Toro⓶ 双子座 Gemelli⓶ [複] 蟹座 Cancro⓶ 獅子座 Leone⓶ 乙女座 Vergine⓺ 天秤座 Bilancia⓺ さそり座 Scorpione⓶ 射手座 Sagittario⓶ 山羊座 Capricorno⓶ 水瓶(みずがめ)座 Acquario⓶ 魚座 Pesci⓶ [複]

せいざ 静座 ◇静座する《静かに》stare seduto in maniera composta e quieta;《瞑想する》stare seduto in raccoglimento [in meditazione]
せいさい 正妻 sposa⓺ legittima ¶正妻にする fare di *qlcu.* la *propria* sposa legittima
せいさい 精彩・生彩 **1**《美しい彩り》vivacità⓺ (di un colore) **2**《生き生きしたようす》vivacità⓺, vivezza⓺, brio⓶ ¶精彩を欠く mancare di vivacità [di brio] ¶精彩を放つ brillare⓶ [*av*] / spiccare⓶ [*av*] ¶精彩のない街 città senza vita ¶精彩のないやつだ. È un uomo spento [《つまらない》monotono].
せいさい 制裁《法》sanzione⓺;《罰》punizione⓺;《懲らしめ，罰》castigo⓶ [複 -*ghi*] ¶社会的[経済]制裁 sanzione sociale [economica] ¶〈人〉に制裁を加える punire *qlcu.* / applicare una sanzione a *qlcu.* / infliggere un castigo a *qlcu.* ¶制裁を受ける essere punito da *qlcu.* / ricevere una sanzione ¶彼は法的制裁を受けた. Ha subito una sanzione legale.
❖**制裁金** pena⓺ pecuniaria
せいざい 製材 ◇製材する tagliare [segare] tronchi per farne legname
❖**製材機** segatrice⓺

製材業 industria⊛ del legno
製材所 segheria⊛
せいさく 制作・製作 《ものを作ること一般》produzione⊛;《工業的に》fabbricazione⊛;《手工業的に》manifattura ◇制作[製作]する produrre; fabbricare ¶カルロ・ポンティ製作の映画 film prodotto da Carlo Ponti ¶日伊合同製作(映画) coproduzione italo-giapponese ¶テレビ番組の制作 produzione televisiva
✤**製作会社** 《映》casa⊛ di produzione
制作者《芸術作品の》autore⊛ [⊛ -trice], creatore⊛ [⊛ -trice], artefice⊛
製作者《製造業者》fabbricante⊛;《プロデューサー》produttore⊛ [⊛ -trice]
製作主任《映》direttore⊛ [⊛ -trice] di produzione
製作所（一般的）fabbrica⊛;（鉄など）stabilimento⊛;（機械など）officina⊛;（小規模の）laboratorio⊛ [複 -i];（スタジオ）studio⊛ [複 -i]
製作総指揮《映》produttore⊛ esecutivo
制作費 spese⊛ [複] di produzione
せいさく 政策 linea⊛ politica ¶経済[産業／外交／金融／福祉]政策 politica economica [industriale / diplomatica / finanziaria / assistenziale] ¶対外[対内／対アジア]政策 politica estera [interna / verso l'Asia] ¶農業政策を立てる impostare una politica agricola ¶強力な政策を推し進める perseguire [attuare] una politica ferma [energica] ¶党の政策に従う conformarsi alla linea di partito
✤**政策協定** accordo⊛ politico [複 -ci]
せいさつよだつ 生殺与奪 ¶生殺与奪の権を握っている avere potere di vita e di morte su qlcu.
せいさん 生産 produzione⊛ ◇生産する produrre ql.co. ◇生産的 produttivo ¶生産し得る[し得ない] producibile [improducibile] ¶工業[農業]生産 produzione industriale [agricola] ¶大量生産 produzione di massa [su larga scala] ¶生産の増加[減少] incremento [calo] della produzione ¶生産を高める aumentare la produzione ¶生産が需要に応じきれない。 La produzione non soddisfa la domanda.
✤**生産意欲** volontà⊛ di produrre
生産価格 costo⊛ di produzione;《工場値段》prezzo⊛ di fabbrica
生産過剰 sovrapproduzione⊛
生産活動 attività⊛ [複] produttive
生産過程[工程] processo⊛ produttivo
生産関係《マルクスの》rapporti⊛ di produzione
生産管理 controllo⊛ di produzione
生産技術 tecnica⊛ produttiva, tecnologia⊛ [複 -gie]
生産規模 scala⊛ di produzione
生産計画 programma⊛ [複 -i] di produzione
生産効率 efficienza⊛ produttiva
生産国（産出国）paese⊛ produttivo;（原産国）paese⊛ produttore
生産コスト costo⊛ dei prodotti
生産財 beni⊛ [複] di produzione
生産者 produttore⊛ [⊛ -trice], fabbricante⊛
生産者価格 prezzo⊛ al produttore
生産者米価 prezzo⊛ del riso al produttore

生産手段 mezzi⊛ [複] di produzione
生産水準 livello⊛ produttivo
生産性 produttività⊛ ¶生産性の向上をはかる puntare a un aumento della produttività ¶1人当たりの1日の生産性 produttività pro capite giornaliera
生産設備 impianti⊛ [複] [attrezzature⊛ [複]] di produzione
生産高 produzione⊛（totale [complessiva]）¶今年のオリーブの生産高は100トンだった。 La produzione di olive di quest'anno è stata di cento tonnellate.
生産地 luogo⊛ [複 -ghi] [centro⊛] di produzione, luogo⊛ di provenienza
生産調整 regolamentazione⊛ della produzione
生産年齢 età⊛ produttiva [lavorativa]
生産能力 capacità⊛ produttiva [di produzione]
生産費 costo⊛ [spese⊛ [複]] di produzione
生産物 prodotto⊛
生産量 volume⊛ di produzione
生産力 forze⊛ [複] produttive;《生産性》produttività⊛
せいさん 成算 probabilità⊛ [possibilità⊛/ speranza⊛] di successo ¶成算がある《人または計画などが主語で》avere probabilità di riuscita /《人が主語で，自信がある》essere sicuro di riuscire ¶成算なしに con poche speranze di successo
せいさん 青酸 《化》acido⊛ cianidrico [複 -ci] [prussico [複 -ci]]
✤**青酸カリ** cianuro⊛ di potassio ¶青酸カリで自殺する suicidarsi col cianuro (di potassio)
青酸中毒 avvelenamento⊛ da cianuro
せいさん 凄惨 ¶凄惨な（おそろしい）terrificante;（身の毛のよだつ）raccapricciante, agghiacciante;（目をそむけたくなるような）macabro ¶凄惨な光景 scena raccapricciante
せいさん 清算 **1**《支払うこと》pagamento⊛, regolamento⊛;（特に借金の）liquidazione⊛; (未払い金の) saldo⊛ ◇清算する pagare [regolare] il conto; saldare ql.co.; liquidare ql.co. ¶借金を清算する liquidare [saldare] i debiti ¶勘定を清算する saldare una partita
2《会社などの財産処分》liquidazione⊛ ¶会社を清算する liquidare una società
3《決着をつけること》liquidare [seppellire] il passato ¶愛人との関係を清算する rompere la [porre fine alla] relazione con l'amante
✤**清算額**（これから払う）importo⊛ da liquidare [（既に払った）liquidato]
清算会社 società⊛ liquidatrice
清算勘定 conto⊛ aperto
清算書 quietanza⊛ del conto
清算取引 vendita⊛ allo scoperto, mercato⊛ a termine
清算人 liquidatore⊛ [⊛ -trice]
せいさん 聖餐《カト》la Santa Comunione⊛
せいさん 精算 ◇精算する saldare;《差額調整》conguagliare ql.co. ¶切符の精算をする pagare la differenza del biglietto ¶私がまとめて払っておくから，あとで精算しよう。 Pago io per tutti, poi

faremo i conti.
✤精算額 l'ammontare[男] dovuto
精算書 rendiconto[男]
精算所 《駅の》sportello[男] dove si paga la differenza di tariffa quando si è compiuto un percorso più lungo di quanto coperto dal biglietto (nelle stazioni ferroviarie o della metropolitana)

せいさんかくけい 正三角形 〔幾何〕triangolo[男] equilatero

せいし 正史 storia[女] ufficiale

せいし 正視 ◇正視する guardare in faccia *qlcu*. [*ql.co.*] ¶現実を正視する guardare in faccia la realtà ¶正視に耐えない《人が主語》non poter guardare direttamente

せいし 生死 vita[女] e morte[女] ¶生死を確かめる accertare la morte / fare l'accertamento di morte ¶生死の境をさまよう essere in bilico tra la vita e la morte ¶彼の生死のほどは誰も知らない. Nessuno sa se sia vivo o no. ¶彼の生死にかかわる問題だ. Ne va di mezzo la sua vita. ¶100名が生死不明である. Cento persone risultano disperse.

せいし 制止 ◇制止する 《やめさせる》impedire 「a *qlcu*. di＋[不定詞] [che＋[接続法]], trattenere *qlcu*. dal＋[不定詞]; 《思いとどまらせる》distogliere *qlcu*.「da *ql.co*. [dal＋[不定詞]] ¶彼は我々の制止を振り切って出発した. È partito contro ogni nostro parere.

せいし 精子 〔生〕spermatozoo[男] [複 -*i*]

せいし 製糸 《紡績》filatura[女]; 《生糸(きいと)をとること》trattura[女]
✤製糸業 industria[女] della filatura; 《絹の》industria[女] della seta, setificio[男]
製糸業者 filandiere[男]; 《絹の》industriale[男] [女] della seta, produt*tore*[男] [[女] -*trice*] di seta
製糸工 fila*tore*[男] [[女] -*trice*]; 《絹の》setaiol*o*[男] [[女] -*a*]
製糸工場 filanda[女]; 《絹の》setific*io*[男] [複 -*ci*]

せいし 製紙 ¶製紙用パルプ pasta carta
✤製紙会社 cartiera[女]
製紙業 industria[女] della carta
製紙業者 fabbricante[男][女] di carta
製紙工 cart*aio*[男] [[女] -*ia*; [男]複 -*i*]
製紙工場 cartiera[女], cartific*io*[男] [複 -*ci*], stabilimento[男] cartar*io* [複 -*i*]

せいし 静止 arresto[男], immobilità[女] ◇静止する arrestarsi, immobilizzarsi, fermarsi ¶静止している restare [rimanere] immobil*e* / essere ferm*o* ¶静止させる arrestare [immobilizzare / fermare] *ql.co*. [*qlcu*.] ¶静止状態 (condizione di) staticità / fase di stasi
✤静止衛星 satellite[男] stazionar*io* [複 -*i*]
静止画 fermo[男] immagine [無変]

《用語集》 政治 Politica

主権 sovranità[女]. 三権分立 divisione[女] dei tre poteri. 立法権 potere[男] legislativo. 行政権 potere esecutivo. 司法権 potere giudiziario. 最高裁判所 Corte[女] suprema di giustizia. 高等裁判所 Tribunale[男] superiore. 家庭裁判所 Tribunale per le controversie della famiglia. 簡易裁判所 Pretura[女]. 地方裁判所 Tribunale Distrettuale. 政党 partito[男]. 与党 partito[男] di governo. 野党 partito[男] di opposizione. 連立政権 coalizione[女] al governo; governo[男] di coalizione. 国会 Dieta[女]. 首相, 内閣総理大臣 Primo Ministro[男]. 国会議員 parlamentare[男][女]. 参議院 Camera[女] Alta [dei Consiglieri]. 衆議院 Camera Bassa [dei Rappresentanti]. 立法府 Organo[男] legislativo. 会期 sessione[女] parlamentare. 会議 seduta[女]. 議席 seggio[男]. 行政機構 struttura[女] amministrativa. 選挙 elezioni[女][複]; 《国会選挙》elezioni politiche; 《地方選挙》elezioni amministrative. 普通選挙 suffragio[男] universale. 制限選挙 suffragio ristretto. 補欠選挙 elezione[女] supplementare. 選挙区 collegio[男] elettorale. 選挙人 elet*tore*[男] [[女] -*trice*]. 多数 maggioranza[女]. 少数 minoranza[女]. 投票所 seggio[男] elettorale. 比例代表制 sistema[男] di rappresentanza proporzionale. 小選挙区比例代表並立制 sistema[男] proporzionale misto.

内閣府 Ufficio[男] di gabinetto. 会計検査院 Corte[女] dei conti. 人事院 Amministrazione[女] nazionale del personale. 宮内庁 Agenzia[女] della casa imperiale. 国家公安委員会 Comitato[男] nazionale di pubblica sicurezza. 総務省 Ministero[男] della Pubblica Amministrazione, Affari Interni, Poste e Telecomunicazioni. 外務省 Ministero[男] degli Affari Esteri. 法務省 Ministero della Giustizia. 財務省 Ministero delle Finanze. 国税庁 Agenzia[女] delle entrate. 金融庁 Agenzia per i Servizi Finanziari. 文部科学省 Ministero[男] dell'Istruzione, Cultura, Sport, Scienza e Tecnologia. 文化庁 Agenzia[女] per gli Affari Culturali. 厚生労働省 Ministero[男] della Sanità. 農林水産省 Ministero dell'Agricoltura, Foreste e Pesca. 経済産業省 Ministero dell'Economia, Commercio e Industria. 資源エネルギー庁 Agenzia[女] per le Risorse Naturali e l'Energia. 国土交通省 Ministero[男] del Territorio, Infrastrutture e Trasporti. 環境省 Ministero dell'Ambiente. 防衛省 Ministero della Difesa. 自衛隊 Forze[女][複] di Autodifesa (陸上自衛隊 Forze Terrestri di Autodifesa. 海上自衛隊 Forze Marittime di Autodifesa. 航空自衛隊 Forze Aeree di Autodifesa).

県⇀都道府県. 県議会 consiglio[男] provinciale. 県議会議員 consiglier*e*[男] [[女] -*a*] provinciale. 県知事 president*e*[男] [[女] -*essa*] della provincia. 県庁 sede[女] della Provincia. 市 città [女]. 市議会 consiglio comunale. 市長 sindaco[男]. 市町村議会議員 consiglier*e*[男] [[女] -*a*] comunale. 都道府県 (都 area[女] metropolitana di Tokyo. 道 provincia[女] di Hokkaido. 府 provincia di Osaka [Kyoto]. 県 provincia).

静止画放送 teletrasmissione[女] di immagine fissa

静止軌道 orbita[女] (geo)stazionaria

せいじ 正字 《漢字の》ideogramma[男] [複 -*i*] originale

✤**正字法** ⇒正書法

せいじ 青磁 〔仏〕celadon[男] [無変] ¶青磁色の di color verde celadon

せいじ 政治 politica[女] ⇒前ページ [用語集] ◇**政治的[の]** politico [[男]複 -*ci*] ◇**政治的に** politicamente ¶政治の世界 mondo[男] politico ¶政治に携わる occuparsi di politica / fare (della) politica ¶正しい政治を行う praticare una politica onesta ¶政治を談ずる discutere [parlare] di politica ¶政治問題が絡んでいる. C'è di mezzo la politica.

✤**政治運動** movimento[男] politico

政治家 (1)《政治に携わる人》(personaggio[男] [複 -*gi*]) politico[男];《国政をつかさどる》statista[男][女] [[男]複 -*i*] (2)《策略家》intrallazzatore[男] [[女] -*trice*], manovratore[男] [[女] -*trice*] ¶彼はあれでなかなか政治家だ. Sotto sotto, è un grande intrigante.

政治化 politicizzazione[女] ◇**政治化する** 《他のものを》politicizzare;《自らが》politicizzarsi ¶脱政治化 depoliticizzazione[女]

政治学 scienze[女] [複] politiche, politologia[女]

政治活動 attività[女] politica

政治記者 giornalista[男][女] [[男]複 -*i*] politico, corrispondente[男][女] politico;《テレビ解説者》commentatore[男] [[女] -*trice*] politico

政治献金 finanziamento[男] dei partiti politici

政治工作 manovre[女] [複] politiche

政治資金規制法 legge[女] sulla raccolta di fondi per le campagne elettorali [per le attività politiche]

政治的 《実際に即した》diplomatico [[男]複 -*ci*] ¶政治的解決を図る risolvere *ql.co.* politicamente (usando diplomazia)

政治哲学 filosofia[女] politica

政治闘争 lotte[女] [複] politiche

政治犯 criminale[男][女] politico

政治犯罪 delitto[男] politico

政治欄 colonna[女] [pagina[女]] politica

政治倫理 etica[女] politica

せいしき 正式 ◇**正式の** formale;《正規の》regolare, in regola;《公式の》ufficiale;《法定の》legale ◇**正式に** formalmente, nelle dovute forme; ufficialmente, in forma ufficiale; legalmente ¶正式の手続きを踏む espletare le dovute formalità ¶正式契約 contratto legale [regolare] ¶正式の結婚 matrimonio legale ¶正式の訪問 visita ufficiale ¶あの二人はまだ正式に結婚していない. Quei due non si sono ancora sposati legalmente.

せいしき 整式 〔数〕espressione[女] integrale

せいしつ 正室 moglie[女] [複 -*gli*] legittima

せいしつ 性質 **1** 《人の本質》natura[女], carattere[男];《気質》temperamento[男], indole[女];《特性》proprietà[女] ¶生まれつきの性質 qualità naturale ¶動物[植物]の性質 la natura degli animali [delle piante] ¶彼はがまん強い性質だ. Gli riesce naturale sopportare. ¶彼は怒りっぽい[内気な / 朗らかな]性質である. Ha un temperamento collerico [riservato / allegro].

2 《物の特性》proprietà[女], caratteristica[女];《質》qualità[女] ¶仕事の性質上 per la natura del lavoro ¶鉄と銅は性質が異なる. Il ferro e il rame hanno proprietà diverse. ¶熱に強い性質がある. Ha la caratteristica di essere resistente al calore. ¶その質問は一般的な性質のものであった. Le domande erano di carattere generale.

せいじつ 誠実 sincerità[女], onestà[女];《仕事・理念などに対する》devozione[女] ◇**誠実な** devoto; sincero, onesto;《忠実な》fedele, leale ◇**誠実に** sinceramente, onestamente; fedelmente, lealmente ¶誠実な友だち amico sincero / vero amico ¶誠実に働く lavorare seriamente [coscienziosamente] ¶彼は誠実さに欠ける. Non è molto onesto.

せいじゃ 聖者 santo[男] ¶聖者と仰がれる essere venerato come un santo

せいしゃいん 正社員 impiegato[男] [[女] -*a*] fisso [di ruolo]

せいしゃえい 正射影 〔幾何〕proiezione[女] ortogonale

せいじゃく 静寂 calma[女], silenzio[男], tranquillità[女] ¶静寂を破る rompere il silenzio / turbare la calma

ぜいじゃく 脆弱 ◇**脆弱な** fragile; delicato;《弱い》debole;《地質が》cedevole

✤**脆弱性** vulnerabilità[女]

せいしゅ 清酒 *sakè*[男] [無変]

ぜいしゅう 税収 entrate[女] [複] tributarie, gettito[男] fiscale

せいしゅうかん 聖週間 〔キリ〕settimana[女] santa (◆復活祭 Pasquaに先立つ１週間)

せいしゅく 静粛 calma[女], silenzio[男] ◇**静粛な** calmo, silenzioso ◇**静粛に** silenziosamente, in silenzio ¶静粛に願います. Fate silenzio! / Si prega di fare silenzio.

せいじゅく 成熟 maturità[女];《過程, 結果》maturazione[女] ◇**成熟する** maturare[自] [*es*] ◇**成熟した** maturo ¶成熟した果物[女性] frutta [donna] matura

✤**成熟期** 《人の》età[女] matura

せいしゅん 青春 giovinezza[女] ¶彼はスポーツに青春を捧げた. Ha consacrato tutta la sua giovinezza allo sport.

✤**青春時代** giovinezza[女], gioventù[女], anni[男] [複] giovanili ¶青春時代に nella giovinezza / in gioventù

せいじゅん 清純 purezza[女], castità[女], candore[男] ◇**清純な** puro, casto, candido, immacolato ¶清純な心 cuore puro [candido]

せいしょ 清書 (trascrizione[女] in) bella copia[女] ◇**清書する** mettere [trascrivere] *ql.co.* in bella copia, ricopiare *ql.co.* in bella

せいしょ 聖書 〔キリ〕Bibbia[女], le Sacre Scritture[女] [複] ⇒次ページ [用語集] ◇**聖書の** biblico [[男]複 -*ci*] ¶旧約[新約]聖書 il Vecchio [il Nuovo] Testamento ¶欽定訳聖書《イギリスの》Versione Autorizzata (◆1611)

✤**聖書学者** biblista[男][女] [[男]複 -*i*]

聖書研究 studi[男] [複] biblici

せいじょ 聖女 santa⊕
せいじょ 整除 《数》divisibilità⊕
せいしょう 斉唱 ◇斉唱する cantare in coro [all'unisono]
せいじょう 正常 ◇正常な normale; 《規則的な》regolare ¶正常な脈拍 polso normale [regolare] ¶正常な神経 mentalità normale ¶正常に戻る tornare alla normalità
✤**正常化** normalizzazione⊕ ¶外交関係を正常化する normalizzare i rapporti diplomatici《との con》
せいじょう 性状 《人の》temperamento⊕ e condotta⊕; 《物の》caratteristiche⊕ [複] e stato⊕
せいじょう 政情 ¶政情に通じている conoscere a fondo la situazione politica ¶政情が不安定だ. La situazione politica è instabile [fluida].
せいじょう 清浄 purezza⊕ ◇清浄な puro ¶空気清浄器 filtro dell'aria
せいじょうき 星条旗 bandiera⊕ a stelle e strisce (degli USA [úza])
せいしょうねん 青少年 i giovani⊕ [複], la gioventù⊕, le giovani generazioni⊕ [複]
せいしょく 生殖 《生》riproduzione⊕, procreazione⊕, generazione⊕, moltiplicazione⊕ ◇生殖する riprodursi, moltiplicarsi ¶有性[無性]生殖 riproduzione sessuale [asessuata] ¶処女生殖 partenogenesi
✤**生殖器官** organi⊕ [複] sessuali, apparato⊕ genitale [riproduttivo]
生殖機能 funzione⊕ riproduttiva
生殖細胞 cellula⊕ germinale, gamete⊕
生殖作用 riproduzione⊕, funzione⊕ riproduttiva
生殖腺 ghiandola⊕ sessuale, gonade⊕
生殖不能 sterilità⊕, incapacità⊕ riproduttiva
生殖力 fecondità⊕, capacità⊕ riproduttiva, fertilità⊕

せいしょく 聖職 sacerdozio⊕ (►カトリックでは司祭職をさす) ◇聖職の sacerdotale; 《「世俗」に対し》clericale ¶聖職に就く prendere gli ordini (sacri) / 《司祭となる》farsi prete / entrare nel sacerdozio ¶教師という職業は彼にとって聖職であった. La professione di insegnante era una missione per lui.
✤**聖職者** 《一般に》religioso⊕ [⊕ -a]; 《カト》《司祭》sacerdote⊕, prete⊕, ecclesiastico⊕ [複 -ci]; 《総称的に》clero⊕; 《プロテスタントの》pastore⊕; 《仏教の》monaco⊕ [複 -ci] buddista [複 -i], bonzo⊕; 《神道の》sacerdote⊕ shintoista [複 -i]
せいしょほう 正書法 ortografia⊕ (►欧米では主につづり字法をさす) ◇正書法上の ortografico [⊕複 -ci] ◇正書法上は ortograficamente

せいしん 精神 spirito⊕; 《精神活動、心》animo⊕; 《心》psiche⊕ ◇精神の[的] spirituale; mentale, morale; psichico⊕ [⊕複 -ci] ◇精神的に spiritualmente; mentalmente, moralmente; psichicamente ¶独立[犠牲]の精神 spirito d'indipendenza [di sacrificio] ¶憲法[オリンピック]の精神 spirito della Costituzione [delle Olimpiadi] ¶寛大な精神

《 用語集 》 聖書 **Bibbia**

●**旧約聖書 Antico Testamento**
創世記 Genesi⊕. 出エジプト記 Libro⊕ dell'Esodo. レビ記 Libro del Levitico. 民数記 Libro dei Numeri. 申命記 Deuteronomio⊕. ヨシュア記 Libro di Giosuè. 士師記 Libro dei Giudici. ルツ記 Libro di Rut. サムエル記〈上〉 Primo Libro di Samuele. サムエル記〈下〉 Secondo Libro di Samuele. 列王記〈上〉 Primo Libro dei Re. 列王記〈下〉 Secondo Libro dei Re. 歴代誌〈上〉 Primo Libro delle Cronache. 歴代誌〈下〉 Secondo Libro delle Cronache. エズラ記 Libro di Esdra. ネヘミア記 Libro di Neemia. エステル記 Libro di Ester. ヨブ記 Libro di Giobbe. 詩篇 Salmi⊕ [複]. 箴言 Libro dei Proverbi. 伝道の書 Libro di Qoelet. 雅歌 Cantico⊕ dei Cantici. イザヤ書 Libro di Isaia. エレミヤ書 Libro di Geremia. 哀歌 Libro delle Lamentazioni. エゼキエル書 Libro di Ezechiele. ダニエル書 Libro di Daniele. ホセア書 Libro di Osea. ヨエル書 Libro di Gioele. アモス書 Libro di Amos. オバデヤ書 Libro di Abdia. ヨナ書 Libro di Giona. ミカ書 Libro di Michea. ナホム書 Libro di Naum. ハバクク書 Libro di Abacuc. ゼファニヤ書 Libro di Sofonia. ハガイ書 Libro di Aggeo. ゼカリヤ書 Libro di Zaccaria. マラキ書 Libro di Malachia.

●**新約聖書 Nuovo Testamento**
マタイによる福音書 Vangelo⊕ secondo Matteo. マルコによる福音書 Vangelo secondo Marco. ルカによる福音書 Vangelo secondo Luca. ヨハネによる福音書 Vangelo secondo Giovanni. 使徒言行録 Atti⊕ [複] degli Apostoli. ローマの信徒への手紙 Lettera⊕ ai Romani. コリントの使徒への手紙〈一〉 Prima lettera ai Corinzi. コリントの使徒への手紙〈二〉 Seconda lettera ai Corinzi. ガラテアの信徒への手紙 Lettera ai Galati. エフェソの信徒への手紙 Lettera ai Efesini. フィリピの信徒への手紙 Lettera ai Filippesi. コロサイの信徒への手紙 Lettera ai Colossesi. テサロニケの信徒への手紙〈一〉 Prima lettera ai Tessalonicesi. テサロニケの信徒への手紙〈二〉 Seconda lettera ai Tessalonicesi. テモテへの手紙〈一〉 Prima lettera a Timoteo. テモテへの手紙〈二〉 Seconda lettera a Timoteo. テトスへの手紙 Lettera a Tito. フィレモンへの手紙 Lettera a Filemone. ヘブライ人への手紙 Lettera agli Ebrei. ヤコブへの手紙 Lettera di Giacomo. ペトロの手紙〈一〉 Prima lettera di Pietro. ペトロの手紙〈二〉 Seconda lettera di Pietro. ヨハネの手紙〈一〉 Prima lettera di Giovanni. ヨハネの手紙〈二〉 Seconda lettera di Giovanni. ヨハネの手紙〈三〉 Terza lettera di Giovanni. ユダの手紙 Lettera di Giuda. ヨハネの黙示録 Apocalisse⊕ di Giovanni.

の持ち主である avere [essere] uno spirito generoso ¶精神を集中する concentrarsi (su *ql.co.*) ¶精神を入れかえる 《更生》rinsavire / correggersi /《生き方を変える》cambiar vita ¶精神的なショックを受ける avere uno shock / subire un trauma (psichico) ¶精神に異常を来す perdere la ragione / diventar pazzo / impazzire / uscir di senno ¶精神一到何事か成らざらん.《諺》"Volere è potere."

❖精神安定剤 tranquillante*m*
精神医学 psichiatria*f* ◇精神医学の psichiatrico [*m*複 -ci] →医学 用語集
精神衛生 igiene*f* mentale
精神活動 attività*f* mentale [psichica]
精神鑑定 《法》perizia*f* psichiatrica;《診察》esame psichiatrico
精神錯乱 delirio*m* [複 -i], confusione*f* mentale
精神主義 spiritualismo*m*
精神障害 disordine*m* [squilibrio*m* 複 -i] mentale
精神障害者 disabile*m.f* mentale
精神状態 stato*m* mentale [psichico];《気持ち》stato*m* d'animo
精神神経症 《医》psiconevrosi*f* [無変]
精神神経免疫学 《医》psiconeuroimmunologia*f*
精神身体医学 medicina*f* psicosomatica
精神生活 vita*f* spirituale [interiore]
精神遅滞 ritardo*m* mentale
精神統一 concentrazione*f* (mentale)
精神年齢 età*f* mentale
精神病理学 psicopatologia*f* [複 -gie]
精神分析 psicoanalisi*f* [無変], psicanalisi*f* [無変]
精神分析学 psicoanalisi*f*, psicanalisi*f*, scienza*f* [psicoanalitica]
精神分析学者 psicoanalista*m.f* [*m*複 -i], psicanalista*m.f* [*m*複 -i]
精神分裂病 →統合失調症
精神療法 psicoterapia*f*

精神力 forza*f* d'animo
せいしん 清新 ◇清新な nuovo ¶清新の気 freschezza / aria nuova / spirito rinnovato
せいしんたい 清新体 《文学》dolce stil*m* novo
せいじん 成人 adulto*m* [*f* -a];《法的な》maggiorenne*m.f* ◇成人する《身体的に》diventare*i* [*es*] adulto; raggiungere la maggior età, diventare maggiorenne ¶日本では20歳で成人と認められる. In Giappone si viene riconosciuti maggiorenni a 20 anni.（◆イタリアでは18歳）

❖成人映画 film*m* [無変] vietato ai minori [per soli adulti]
成人学級 scuola*f* [corsi*m*複] per adulti
成人教育 educazione*f* degli adulti
成人式 cerimonia*f* per la maggior età
成人の日 Festa*f* per il compimento della maggior età（◆ la seconda domenica di gennaio）
成人病 malattie*f*[複] degli adulti;《老人病》geriatria*f*
せいじん 聖人 1《キリ》santo*m* [*f* -a] ¶諸聖人祭（万聖節）(Festa*f* di) Ognissanti*m*（◆ 11月1日）諸聖人の通功 la Comunione dei Santi 2《哲人, 賢人》saggio*m* [*f* -gia; *m*複 -gi; *f*複 -ge] ¶聖人ぶる darsi arie da santo

❖聖人伝 vite*f*[複] dei santi, agiografia*f*
せいしんか 精神科 reparto*m* psichiatrico
❖精神科医 psichiatra*m.f* [*m*複 -i], psicanalista*m.f*, analista*m.f* [*m*複 -i]
精神科病院 ospedale*m* psichiatrico [複 -ci], manicomio*m* [複 -i]
せいしんせいい 誠心誠意 ¶誠心誠意事に当たれ. Affronta le cose con il massimo impegno e la massima dedizione.
せいしんびょう 精神病《医》malattia*f* mentale, alienazione*f* mentale, psicosi*f* [無変], psicopatia*f* →医学 用語集 ¶彼は精神病にかかっている. È affetto da una malattia mentale.

❖精神病医 psichiatra*m.f* [*m*複 -i]

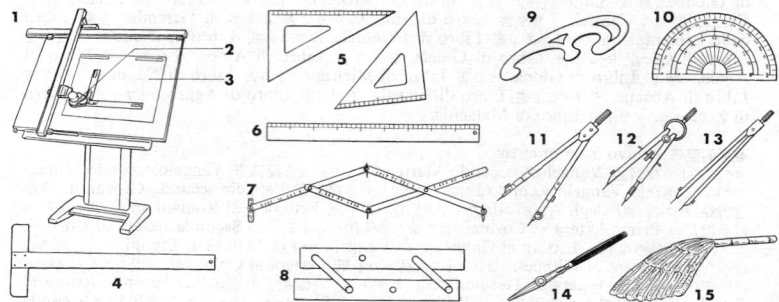

製図用具

1 製図機 tavolo*m* da disegno. 2 ドラフター tecnigrafo*m*. 3 トレーシングペーパー carta*f* da lucido. 4 T定規 riga*f* a T. 5 三角定規 squadra*f* a triangolo. 6 直定規 righello*m*. 7 写図器, パントグラフ pantografo*m*. 8 平行定規 parallele*f* [複]. 9 雲形定規 curvilineo*m*. 10 分度器 goniometro*m*. 11 コンパス compasso*m*. 12 スプリングコンパス balaustrino*m*. 13 デバイダー compasso*m* a punte fisse. 14 烏口(からすぐち) tiralinee*m* [無変]. 15 羽根ぼうき piumino*m*.

精神病学 psichiatria[女]
精神病患者 malato[男][[女] -a] mentale, alienat*o*[男][[女] -a]; pazz*o*[男][[女] -a]
精神病質 psicopatia[女]
精神病治療 cura[女] antipsicotica
精神病理学 psicopatolog*ia*[女][複 -*gie*]

せいず 製図 disegno[男] ◇製図する disegnare, tracciare
✤**製図機械** tecnigrafo[男]
製図室 stanza[女] disegnatori
製図板 tavola[女] da disegno
製図法 grafica[女]
製図用具 strumento[男] da disegno ⇒前ページ[図版]

せいず 星図 mappa[女] astrale

せいすい 盛衰 alti[男][複] e bassi[男][複] ¶栄枯盛衰 alti e bassi della fortuna [della vita] ¶ローマ帝国の盛衰 grandezza e decadenza dell'Impero Romano

せいすい 聖水 〘キリ〙 acqua[女] santa [benedetta] ¶祭壇に聖水をふりかける aspergere (d'acqua benedetta) un altare
✤**聖水盤** acquasantiera[女]

せいずい 精髄 essenza[女], quintessenza[女], spirito[男], il (fior) fiore[男] ¶ルネサンス文化の精髄 il fiore della cultura rinascimentale ¶科学の精髄 il succo [l'essenza] della scienza

せいすう 正数 〘数〙 numero[男] positivo
✤**正数値** valore[男] positivo

せいすう 整数 〘数〙 numero[男] intero

せいする 制する **1**《制定する》 istituire **2**《制止する》 impedire ¶発言を制する impedire la parola **3**《制圧する》 reprimere ¶世界を制する dominare il mondo ¶先んずれば人を制す.《諺》"Chi primo arriva meglio alloggia."

せいせい 生成 formazione[女], generazione[女], produzione[女] ◇生成する formarsi; crearsi
✤**生成熱** 〘化〙 calore[男] di formazione
生成物 〘化〙 prodotto[男]
生成文法 〘言〙 grammatica[女] generativa

せいせい 精製 《手を加えること》 raffinamento[男];《不純物を除くこと》 purificazione[女] ◇精製する raffinare ¶砂糖を精製する raffinare lo zucchero ¶ワインを精製する filtrare il vino
✤**精製塩[糖]** sale[男][zucchero[男]] raffinato
精製所[工場] raffineria[女]
精製水 acqua[女] distillata
精製法 procedimento[男] di raffinazione

せいせい 清清 ◇せいせいする《さっぱりする》 sentirsi rinfrescat*o*;《ほっとする》 sentirsi sollevat*o*, tirare un sospiro di sollievo ¶これでせいせいした. Me ne sono sbarazzato! / E con questo, ho finito! ¶彼と別れてせいせいしたわ. Da quando ci siamo lasciati, respiro!

せいぜい 精精 **1**《できるだけ》 il più [meglio] possibile ¶10月からは忙しくなるし, 今のうちにせいぜい遊んでおこう. Ora cerco di divertirmi il più possibile, dato che da ottobre non avrò più tempo.
2《多く見積もっても》 al massimo, al più, non (di) più ¶ここからせいぜい5キロでしょう. Ci saranno non più di 5 km (読み方: cinque chilometri) da qui. ¶僕にできるのはせいぜいこのくらいだ. Questo è il massimo che posso fare.

ぜいせい 税制 sistem*a*[男][複 -*i*] di tassazione, sistema[男] [regime[男]] fiscale
✤**税制改革** riforma[女] tributaria
税制調査会 Commissione[女] di studio sul sistema fiscale

ぜいぜい ¶気管支炎を起こしてぜいぜい息をしている. Ha una bronchite e respira ansimando.

せいせいどうどう 正正堂堂 ¶正々堂々と行動する agire[自][*av*] lealmente [a carte scoperte / senza sotterfugi] ¶正々堂々と戦う combattere lealmente《と con》/《試合で》 giocare stando rigorosamente alle regole

せいせいるてん 生生流転 Tutto cambia in un ciclo continuo e eterno.

せいせき 成績 **1**《学校の》 voto[男] (►1科目ごとの);《成績全体》 votazione[女];《席次》 graduatoria[女];《点数》 punteg*gio*[男][複 -*gi*] ⇒教育[用語集] ¶成績が上がる[下がる]. I voti migliorano [peggiorano]. ¶成績が良い[悪い]《人が主語》 avere dei bei [brutti] voti ¶数学の成績が良い[悪い]《人が主語》 essere brav*o* [scars*o*] in matematica / avere buoni [brutti] voti in matematica ¶中以上の成績 punteggio superiore alla media ¶試験の成績を発表する pubblicare i risultati di un esame / esporre i quadri di uno scrutinio ¶彼は学校の成績が良い. È bravo a scuola.

> [参考]
> **イタリアの学校における成績のシステム**
> (1)小・中学校は5段階評価で表される. 上から順に, ottimo, distinto, buono, sufficiente (以上が及第), 不可は non sufficienteまたは insufficiente.
> 中学校の卒業証明書には, ottimo, distinto, buono, sufficiente (以上が及第), non licenziato (落第) の5段階で記載される.
> (2)高校は1から10までの10段階評価で表される.
> (3)大学の通常試験は30点満点で, 18点が最低及第点である. 全学科満点の場合は pieni votiといわれる. 卒論は110点満点. いずれの場合にも成績優秀者には満点にプラスアルファ "lode"がつけられ, 110 e lodeなどの評価が与えられる.

2《結果》 risultato[男], esito[男] ¶売り上げ成績《金額》 incasso totale delle vendite /《取り引き量》 volume degli affari ¶営業成績がかんばしくない. Le vendite non vanno bene. ¶仕事の成績が上がっている. I profitti degli affari stanno aumentando [migliorando]. ¶あのチームは今年成績が良かった. Quella squadra ha ottenuto quest'anno dei buoni risultati.
✤**成績証明書** certificato[男] con le votazioni, certificato[男] dei voti riportati (nel corso degli studi)
成績表 《通知表》 pagella[女];《大学の》 libretto[男] universitar*io*[複 -*i*];《ゲームなどの》 lista[女] dei risultati

せいせつ 正接 〘数〙 tangente[女]

せいせっかい 生石灰 〘化〙 calce[女] viva, ossido[男] di calcio

せいせん 生鮮 ◇生鮮な fre*sco* ([男]複 -*schi*)
✤**生鮮食料品** alimenti[男][複] freschi [deperibili]

せ

せいせん 聖戦　guerra㊛ santa;《十字軍の》crociata㊛

せいせん 精選　selezione㊛ accurata ◇精選する selezionare accuratamente ◇精選された selezionato, scelto; di prima qualità

せいぜん 生前　生前に in vita, prima della morte

せいぜん 整然 ◇整然とした《きちんとした》ben ordinato;《体系的な》sistematico [㊍複 -ci];《論理的な》logico [㊍複 -ci], coerente ◇整然と in ordine, ordinatamente ¶整然とした理論を展開する sviluppare una teoria coerente ¶整然と行進する marciare in file serrate

せいぜんせつ 性善説　la dottrina㊛ etica secondo cui la natura umana è fondamentalmente buona

せいそ 清楚 ◇清楚な sobrio [㊍複 -i], acqua e sapone ¶清楚な女学生 studentessa acqua e sapone ¶彼女は清楚な着物姿で現れた. È venuta in kimono mostrando una figura semplice ed elegante.

せいそう 正装　abito㊍ da cerimonia, tenuta㊛ da cerimonia;《盛装》abito㊍ di gala;《夜会などの》abito㊍ da sera;《軍人などの》alta uniforme㊛ ◇正装する indossare un [mettersi in] abito da cerimonia ¶「正装でお越しください」(招待状で) "È di rigore l'abito da cerimonia."

せいそう 成層　stratificazione㊛

✤成層火山《地質》vulcano㊍ a strati

成層圏 stratosfera㊛;《亜成層圏》substratosfera㊛

成層圏飛行 volo㊍ stratosferico [複 -ci]

せいそう 政争　lotta㊛ politica;《政党内の》lotta㊛ di partito;《政党間の》lotte㊛ [複] [conflitti [複] tra partiti ¶政争の具に供する strumentalizzare qlcu. [ql.co.] per la lotta politica

せいそう 清掃　pulizia㊛ ◇清掃する pulire;《ほうきなどで》spazzare

✤清掃員 addetto㊍ [㊛ -a] alle pulizie

清掃作業員 operatore㊍ [㊛ -trice] ecologico [㊍複 -ci]; netturbino㊍, spazzino㊍

清掃車 autoimmondizie㊍ [無変], spazzatrice㊛

せいそう 盛装　abito㊍「di gala [lussoso]」¶盛装して in abito di gala

せいぞう 聖像　immagine㊛ sacra;《イコン》icona㊛

✤聖像学 iconologia㊛

聖像破壊 iconoclastia㊛ ◇聖像破壊の iconoclastico [㊍複 -ci]

聖像破壊論者 iconoclasta㊍㊛ [㊍複 -i]

せいぞう 製造　fabbricazione㊛;《生産》produzione㊛;《組み立て》costruzione㊛, montaggio㊍ [複 -gi] ◇製造する fabbricare [costruire / produrre] ql.co. ¶彼はバッグの製造販売をしている. Fabbrica e vende borse.

✤製造業 industria㊛ manifatturiera

製造工場 fabbrica㊛, stabilimento㊍;《機械類の》officina㊛;《手工業で》manifattura㊛

製造者 produttore㊍ [㊛ -trice], fabbricante㊍

製造年月日 il giorno㊍ di produzione

製造能力 capacità㊛ di produzione

製造費 costo㊍ [spesa㊛] di produzione

製造品 prodotto㊍;《手工業の》manufatto㊍

製造物責任《法》responsabilità㊛ prodotto [del produttore]

製造法 processo㊍ di fabbricazione

せいそく 生息　生息する vivere㊎ [es, av], abitare㊊, ㊊ [av] ¶水中[陸上]に生息する vivere nell'acqua [sulla terra]

✤生息地〔ラ〕habitat [ábitat]㊍ [無変]

せいぞろい 勢揃い ◇勢揃いする radunarsi, ammassarsi

せいぞん 生存　esistenza㊛, vita㊛ ◇生存する esistere㊎ [es], vivere㊎ [es, av]

✤生存競争 lotta㊛ per la vita [per la sopravvivenza]

生存権 diritto㊍ alla vita

生存者 sopravvissuto㊍ [㊛ -a], superstite㊍㊛ ¶その事故での生存者はわずか4名だった. Solo quattro sono stati i superstiti dell'incidente.

生存率 tasso㊍ di sopravvivenza

せいたい 生体　生体《生・医》organismo㊍ vivente

✤生体解剖 vivisezione㊛ ¶生体解剖をする sottoporre a vivisezione, vivisezionare

生体学 somatologia㊛

生体工学 bionica㊛; bioingegneria㊛

生体実験《動物の》esperimento㊍ su animali;《人間の》sul corpo umano

生体反応 reazione㊛ vitale

せいたい 生態　《生物の》modo㊍ di vita;〔ラ〕habitus [ábitus]㊍ [無変];《習性》abitudine㊛ ¶蟻の生態 abitudini [modo di vita] delle formiche ¶現代の若者の生態 modo di vivere dei giovani d'oggi

✤生態学 ecologia㊛ ◇生態学の ecologico [㊍複 -ci]

生態学者 ecologista㊍㊛ [㊍複 -i]

生態系 ecosistema㊍ [複 -i], biosistema㊍ [複 -i] ¶工場建設による生態系への影響が懸念される. Con la costruzione della fabbrica, si temono contraccolpi sull'ecosistema.

生態型《生》ecotipo㊍

せいたい 成体　organismo㊍ adulto;《成虫》immagine㊛

せいたい 声帯《解》corde㊛ [複] vocali ¶声帯模写をする《人間の》fare l'imitazione della voce di qlcu. / imitare la voce di qlcu.《動物の》imitare il verso di ql.co.

せいたい 政体　regime㊍, governo㊍, forma㊛ di governo ¶共和[君主 / 立憲]政体 regime repubblicano [monarchico / costituzionale]

せいたい 聖体《カト》eucaristia㊛

✤聖体大会 congresso㊍ eucaristico

聖体拝領 Comunione㊛ ¶聖体(を)拝領する fare [ricevere] la Comunione ¶初めての聖体拝領《初聖体》la prima Comunione

せいたい 静態　condizione㊛ statica ◇静態的な statico [㊍複 -ci] ◇静態的に staticamente

せいだい 盛大 ◇盛大な《規模の大きい》grandioso, maestoso, imponente;《豪奢な》sontuoso, sfarzoso, pomposo ◇盛大に in pompa magna, in grande stile, splendidamente; su larga scala ◇盛大さ grandiosità㊛, imponenza㊛, maestosità㊛; sontuosità㊛, sfarzosità㊛ ¶盛大に結婚式を行う fare delle nozze grandiose [sontuose / in grande stile] ¶大臣は盛大な歓迎を受けた. Il ministro è stato accolto con gran pompa.

せいたか 背高 ◇背高な alto (di statura) ¶背高のっぽ persona alta e magra

せいだく 清濁 ¶清濁あわせ呑む essere così tollerante「da accettare i buoni e i cattivi [da accogliere tutte le opinioni]

ぜいたく 贅沢 《豪華》lusso[男], sontuosità[女]; 《浪費》prodigalità[女], spesa[女] voluttuaria ◇ぜいたくな lussuoso, sontuoso, dispendioso; 《鷹揚な》prodigo [男複 -ghi] ◇ぜいたくに lussuosamente; prodigamente; 《ふんだんに》abbondantemente
¶ぜいたくな食事 pasto luculliano ¶ぜいたくな人 persona che ama il lusso / persona che vive nel lusso ¶ぜいたくに暮らす[育つ] vivere [essere allevato] nel lusso ¶バターをぜいたくに使った菓子 dolce ricco di burro ¶ぜいたくを言う pretendere troppo ¶食べ物にぜいたくである 《うるさい》essere eṣigente nel mangiare ¶着るものにぜいたくをする spendere molto「nei vestiti [per l'abbigliamento] ¶これ以上望むのはぜいたくだ. Chiedere di più sarebbe troppo. ¶このアパートは私にはぜいたくすぎる. Questo appartamento è troppo lussuoso per me.
✤**贅沢三昧** ¶贅沢三昧に暮らす vivere nel lusso
贅沢品 articolo[男] di lusso

せいだす 精出す rimboccarsi le maniche, darsi da fare

せいたん 生誕 nascita[女] ¶マンゾーニ生誕の町を訪れる viṣitare la città che diede i natali a Manẓoni ¶〈人〉の生誕百年祭 centenario della nascita di *qlcu.*
✤**生誕記念日** genetliaco[男] [複 -ci], anniversario[男] [複 -i] della nascita
生誕地 luogo[男] [複 -ghi] di nascita, paeṣe[男] natale

せいだん 政談 **1** 《政治談論》¶政談をする fare un discorso politico **2** 《講談》racconto[男] a sfondo politico o processuale

せいだん 星団 ammasso[男] stellare, costellazione[女] ¶球状[散開]星団 ammasso globulare [rado di stelle] ¶プレイアデス星団 Pleiadi[女][複] / costellazione[女] delle Pleiadi

せいたんさい 聖誕祭 《クリスマス》Natale[男]

せいち 生地 luogo[男] [複 -ghi] di nascita

せいち 聖地 luogo[男] [複 -ghi] santo; 《エルサレム》la Città Santa[女]; 《パレスチナ》la Terra Santa[女]; 《メッカ》Mecca[女]
✤**聖地巡礼** pellegrinaggio[男] [複 -gi]
聖地巡礼者 pellegrino [女 -a]

せいち 精緻 ◇精緻な《微細な》minuto; fine; 《繊細な》delicato; 《緻密な》preciṣo, di preciṣione

せいち 整地 livellamento[男] del terreno ◇整地する《ならす》livellare un terreno; 《整える》preparare [spianare] un terreno

せいちゃ 製茶 《茶の葉の加工・精製》lavorazione[女] del tè
✤**製茶業** industria[女] della lavorazione del tè
製茶工場 impianto[男] per la lavorazione del tè

せいちゅう 成虫 〔昆〕immagine[女], forma[女] adulta di un insetto

せいちゅう 精虫 〔生〕spermatoẓoo[男] [複 -i]

せいちょう 成長・生長 crescita[女]; 《発展, 発達》ṣviluppo[男], evoluzione[女]; 《進歩》progresso[男] ◇成長する crescere[自] [*es*], diventare[自] [*es*] grande; ṣvilupparsi; progredire[自] (►人が主語のとき [*av*], 物が主語のとき [*es*]) in *ql.co.*; 《大人になる》diventare adulto; 《成熟する》maturare[自] [*es*], maturarsi ◇成長した cresciuto, ṣviluppato ¶成長しつつある in crescita ¶すくすくと成長する crescere rapidamente ¶子供の成長を見守る seguire la crescita dei figli ¶彼は一人前の大人に成長した. Si è fatto uomo. / È diventato adulto. ¶彼は人間的に成長した. È maturato. ¶経済成長 crescita economica / incremento [ṣviluppo] economico
✤**成長株** (1) 《株の》azioni[女][複] promettenti (2) 《人》persona[女] promettente
成長期 periodo[男] di crescita; 《人間の》età[女]「dello ṣviluppo [evolutiva]; 《経済の》faṣe[女] di crescita economica
成長産業 industria[女] in espansione [in faṣe di crescita]
成長線 〔生〕linea[女] di crescita
成長点 〔植〕apice[男] vegetativo
成長ホルモン 〔生〕ormone[男] della crescita
成長率 tasso[男] di crescita [di ṣviluppo] ¶名目[実質]成長率 tasso di ṣviluppo nominale [reale]

せいちょう 声調 **1** 《調子》tono[男] di voce; 《高低の変化》variazione[女] nel tono di voce
2 《中国語などの》tono[男] ¶中国語の4つの声調 i quattro toni della lingua cinese

せいちょう 性徴 〔生〕caratteri[男][複] sessuali ¶第一次性徴 caratteri sessuali primari

せいちょう 政庁 ufficio[男] [複 -ci] statale [governativo / pubblico [複 -ci]]

せいちょう 清聴 ¶ご清聴ありがとうございました. Vi ringrazio per la vostra attenzione.

せいちょう 静聴 ¶ご静聴願います. Attenzione, per favore, fate silenzio ed ascoltate.

せいちょう 清澄 ◇清澄な chiaro, limpido, terso ¶清澄な空 cielo terso ¶清澄な空気 aria pura

せいちょうざい 整腸剤 farmaco[男] [複 -ci] per disturbi intestinali; 《下痢用》antisettico[男] [複 -ci] intestinale; 《便秘用》lassativo[男]

せいつう 精通 **1** 《熟知》◇精通する conoscere bene [a fondo] *ql.co.*; 《情報に》essere ben informato di *ql.co.*; 《経験などによって》essere esperto「di *ql.co.* [in *ql.co.* / nel + [不定詞]]; 《専門的に》intendersi di *ql.co.*, essere competente in *ql.co.* [a + [不定詞]] ¶経済問題に精通している essere esperto in problemi economici ¶政界の事情に精通している essere molto addentro alle questioni del mondo politico
2 〔医〕la prima eiaculazione[女] di un ragazzo

せいてい 制定 istituzione[女] ◇制定する istituire, stabilire, fondare; 《法律を》legiferare ¶新憲法を制定する istituire [stabilire] la nuova Costituzione

せいてき 政敵 avversario[男] [女 -ia; 男複 -i] [rivale[男][女]] politico [男複 -ci]

せいてき 性的 sessuale ¶性的欲求 desiderio

sessuale ¶性的関係を結ぶ avere rapporti sessuali (con *qlcu.*)

❖**性的いやがらせ** molestia㊛ sessuale

性的虐待 abuso㊚ sessuale

性的衝動 impulso㊚ sessuale

性的倒錯 perversione㊛ sessuale

性的倒錯者 pervertito㊚ [㊛ -a]

性的不能 ¶性的不能である essere impotente

性的魅力 attrazione㊛ sessuale, attrattiva㊛ fisica; 〔英〕sex-appeal㊚〔無変〕 ¶性的魅力のある女 donna seducente [attraente / conturbante / sexy]

せいてき 静的 statico〔㊚複 -ci〕 ◇静的に staticamente

❖**静的試験** 〔工〕prova㊛ statica

せいてつ 精鉄 〔冶〕ferro㊚ raffinato

せいてつ 製鉄 siderurgia㊛

❖**製鉄会社** società㊛ [azienda㊛] siderurgica

製鉄業者 industriale㊚ siderurgico〔複 -ci〕; padrone㊚〔㊛ -a〕di ferriera

製鉄工場 fonderia㊛

製鉄産業 industria㊛ siderurgica

製鉄所 stabilimento㊚ siderurgico; ferriera㊛

せいてん 青天 cielo㊚ sereno [azzurro]

〔慣用〕**青天の霹靂**(へきれき) fulmine㊚ a ciel sereno 青天白日 ¶彼は青天白日の身となった。È stato prosciolto da ogni accusa. / È stato dichiarato innocente.

せいてん 晴天 bel tempo㊚, cielo㊚ sereno

せいてん 聖典 libro㊚ sacro; testo㊚ sacro;《聖書》la (Sacra) Bibbia㊛, la Sacra Scrittura㊛;《イスラム教の》Corano㊚

せいでんか 正電荷 〔電〕carica㊛ positiva

せいてんかん 性転換 cambiamento㊚ di sesso ◇性転換する cambiare sesso

❖**転換者** transessuale㊚

性転換手術 operazione㊛ chirurgica per il cambiamento di sesso

せいでんき 正電気 elettricità㊛ positiva ◇正電気の elettropositivo

せいでんき 静電気 elettricità㊛ statica ¶このセーターはよく静電気が起きる。Con questo maglione si forma spesso elettricità statica.

せいと 生徒 《小・中学校の》scolaro㊚〔㊛ -a〕, alunno㊚〔㊛ -a〕;《高校の》studente㊚〔㊛ -essa〕, liceale㊛;《教え子》allievo㊚〔㊛ -a〕;《弟子》discepolo㊚（▶教師が生徒たちに呼びかけるとき, 小学校ではbambini, ragazzi, 中学・高校ではragazziという）

❖**生徒会** associazione㊛ studentesca

生徒

大	学生		
高	生徒	studente, allievo	liceale
中			alunno
小	児童		scolaro

せいど 制度 sistema㊚ 〔複 -i〕, ordinamento㊚, istituzione㊛;《政治の》regime㊚ ◇制度化する《体制に取り込む》ridurre *ql.co.* a sistema;《確立する》istituzionalizzare *ql.co.*;《規則を制定する》istituire dei regolamenti ◇制度上の istituzionale ¶貨幣[教育]制度 sistema monetario [scolastico] ¶封建制度 regime feudale ¶制度を確立[改正 / 廃止]する stabilire [riformare / abolire] un sistema

せいど 精度 ¶精度の高い機械 strumento [apparecchiatura / dispositivo] di alta precisione

せいとう 正当 ◇正当な giusto;《公平な》equo;《合法的な》legale;《権利のある》legittimo;《道理にかなった》fondato, ragionevole ¶要求を正当と認める riconoscere la legittimità di una richiesta ¶正当な要求 richiesta giusta / legittima rivendicazione ¶正当な理由 ragione valida [plausibile] / motivo fondato ¶正当な処罰 castigo meritato / giusta punizione ¶正当な手続きを取る adempiere le formalità legali ¶正当に評価する apprezzare *ql.co.* [*qlcu.*] al giusto valore ¶正当な権利をもって con pieno diritto

❖**正当化** giustificazione㊛ ◇正当化する《他のものを》giustificare *ql.co.* [*qlcu.*];《自らを》giustificarsi

正当性 legittimità㊛ ¶正当性を主張する sostenere la legittimità

正当防衛 〔法〕legittima difesa㊛

せいとう 正答 ¶問題の正答を出す dare la risposta esatta a una domanda

❖**正答率** percentuale㊛ di risposte esatte

せいとう 正統 《正しい系統》ortodossia㊛;《正しい血統》legittimità㊛ ◇正統の ortodosso; legittimo ¶正統の君主 sovrano legittimo ¶正統の理論 teoria ortodossa

❖**正統性** ortodossia㊛; legittimità㊛

正統派 scuola㊛ ortodossa

せいとう 政党 partito㊚ (politico〔複 -ci〕) ◇政党の partitico〔㊚複 -ci〕 ¶政党の綱領[規約] programma [statuto] di un partito ¶二大政党制 sistema bipartitico / bipartitismo ¶政党に加盟する[を脱退する / を結成する] iscriversi a [staccarsi da / fondare] un partito

❖**政党員** membro㊚ di un partito, iscritto㊚〔㊛ -a〕;《aderente㊚㊛》a un partito

政党助成（金） aiuti㊚〔複〕finanziari dallo stato ai partiti politici

政党政治 sistema㊚〔複 -i〕 partitocratico〔複 -ci〕

政党万能主義 partitocrazia㊛

政党法 〔政〕《イタリアの》legge㊛ per la regolamentazione dei partiti

┌─関連─┐
日本の主な政党
自由民主党 Partito㊚ Liberaldemocratico **民主党** Partito㊚ Democratico **公明党** Partito㊚ Komei **日本共産党** Partito㊚ Comunista Giapponese **社会民主党** Partito㊚ Socialdemocratico

せいとう 精糖 《精製した砂糖》zucchero㊚ raffinato;《粗糖を精製して良質の砂糖を作ること》raffinazione㊛ dello zucchero

❖**精糖所** raffineria㊛ di zucchero

せいとう 製陶 fabbricazione㊛ di ceramiche [di porcellane / di terrecotte]

❖**製陶業** industria㊛ di ceramiche [di porcellane / di terrecotte]

製陶業者 ceramista男&[男複 -*i*]

せいとう 製糖 produzione& dello zucchero
✤**製糖会社**[業] società&[industria&] zuccheriera
製糖所 zuccherif*i*cio男[複 -*ci*]

せいどう 正道 retta via ¶正道から外れる[を歩む/に戻す] deviare dalla[seguire la/riportare *ql.cu.* sulla] retta via

せいどう 制動 《止めること》frenata&;《機械の》smorzamento男
✤**制動機**《車》《ブレーキ》freno男
制動距離 spazio男[複 -*i*] di frenata

せいどう 青銅 bronzo男
✤**青銅器時代**《考》età& del bronzo

せいどう 聖堂 **1**《孔子の》tempio男[複 *templi*] dedicato a Confucio **2**《キリ》chiesa&;《司教座聖堂》cattedrale&;《大聖堂》duomo男

せいどく 精読 ◇精読する leggere *ql.co.* attentamente

せいとん 整頓 ordine男 ◇整頓する ordinare [sistemare/riordinare] *ql.co.*, mettere *ql.co.* in ordine ¶彼の部屋はきちんと整頓されている。La sua stanza è pulita e ordinata.

せいなん 西南 sud-ovest男 ◇西南の sud-occidentale ¶西南の方向に verso sud-ovest
✤**西南戦争** rivolta& di Satsuma (◆ 1877)
西南西 ovest-sud-ovest男

ぜいにく 贅肉 grasso男 superfluo ¶贅肉がつく《人が主語》ingrassare男[*es*]/ingrassarsi/mettere su grasso [chili] ¶贅肉を取る perdere「il grasso superfluo [i chili in più] ¶贅肉が落ちる《人が主語》dimagrire男[*es*] ¶腹に贅肉がついた。Ho messo su pancia.

せいにくてん 精肉店 macelleria&

せいねん 生年 anno男 di nascita
✤**生年月日** data& di nascita

せいねん 成年《年齢》maggior età&;《成人》maggiorenne男

せいねん 青年 giovane男&;《集合的》i giovani男[複], la gioventù& ¶青年時代に in gioventù ¶20歳の青年 un giovane di vent'anni ¶勤労青年 giovani lavoratori
✤**青年会**[団] associazione& giovanile
青年将校 giovane ufficiale男

せいのう 性能《動き具合》prestazione&;《能力》capacità&;《能率》rendimento男, efficienza&;《質》qualità& ◇性能の良い di buone prestazioni; di alta capacità; ad alto rendimento, efficiente, di grande efficienza;《強力な》potente ◇性能の悪い di prestazione scadente; di bassa capacità; a basso rendimento, inefficiente ¶性能を高める aumentare [《改良》migliorare] il rendimento di *ql.co.* ¶エンジンの性能は最高だ。Le prestazioni del motore sono ad [di] altissimo livello.
✤**性能曲線** curva& caratteristica
性能試験 test男[無変][prova&] delle prestazioni

せいは 制覇《征服》conquista&;《支配》dominazione&;《覇権》supremazia&, egemonia& ◇制覇する conquistare; dominare ¶海上を制覇する esercitare la supremazia sui mari ¶世界制覇の野望を抱く avere ambizioni [mire] egem*o*niche ¶あのサッカーチームは全国制覇した。Quella squadra di calcio ha vinto il campionato nazionale.

せいはい 聖杯 Sacro Graal男 (◆聖杯伝説で、最後の晩餐でキリストが用い、また磔刑のキリストの血を受けたとされる杯)

せいばい 成敗 giud*i*zio男[複 -*i*], punizione&

せいはく 精白 ◇精白する《米を》brillare il riso;《砂糖などを》raffinare *ql.co.*

せいばく 精麦 ◇精麦する pulire orzo [grano]
✤**精麦機** sveccia*to*io男[複 -*i*]

せいはつ 整髪 acconciatura& dei capelli ◇整髪する《くしで整える》pettinarsi;《髪型を整える》acconciarsi i capelli;《髪をカットする》tagliarsi i capelli
✤**整髪料** pomata&[《ローション》lozione&]/《クリーム》crema&] per capelli

せいばつ 征伐 ◇征伐する《支配下におく》sottomettere, soggiogare;《打ち負かす》sconfiggere

せいはん 製版《印》《写真製版》fotomeccanica&

せいはんごう 正反合《哲》tesi-antitesi-sintesi&[無変]

せいはんたい 正反対 l'esatto opposto男, l'esatto contrario男[複 -*i*] ◇正反対の《exactly》(esattamente) contrario男&[複 -*i*], inverso, opposto;《理論などが対立する》antitetico男&[複 -*ci*] ◇正反対の立場をとる assumere una posizione contraria/《政治的な》schierarsi "all'opposizione [contro *ql.cu.*] ¶僕は君の意見と正反対だ。La mia opinione 'è diametralmente opposta alla tua [è in netta antitesi con la tua]. ¶事実は正反対だ。La realtà è tutt'altra. / I fatti sono completamente diversi.

せいひ 成否 successo男 o fallimento男;《結果》risultato男, *e*sito男 ¶成否を度外視して senza preoccuparsi dei risultati ¶成否のほどはわからない。Non si sa se riuscirà o no.

せいび 整備 **1**《用意して整えること》allestimento男;《必要な物をそろえること》equipaggiamento男, attrezzatura& ◇整備する allestire; equipaggiare, attrezzare ¶会場[船]を整備する allestire una sala [una nave] ¶グランドを整備する sistemare [curare] il terreno (di un campo di gioco)
2《調子を整えること》manutenzione&;《修繕》riparazione&;《調整》messa& a punto ◇整備する fare la manutenzione di *ql.co.*; riparare *ql.co.*; mettere a punto *ql.co.* ¶飛行機を整備する controllare [mettere a punto] un aereo ¶整備不良の車 macchina sottoposta a cattiva manutenzione
3《改善》miglioramento男;《建築》costruzione& ¶環境整備 miglioramento dell'ambiente ¶都市整備計画 progetto urbanistico [di urbanizzazione]
✤**整備士**《飛行機の》meccanico男[複 -*ci*] di servizio a terra;《自動車の》meccanico男
整備工場 officina& di riparazione

ぜいびき 税引き ¶私の給料は税引きで40万円だ。Il mio stipendio è di 400.000 yen「al netto delle imposte [tolte le tasse/escluse le tasse].

せいひょう 青票《国会での反対票》voto男

contrar*io* [複 -*i*]
せいひょう 製氷 produzione㊛ di ghiaccio
❖**製氷機**[室] congelatore㊚;《冷蔵庫の》[英] freezer㊚ [無変]
製氷皿 vaschetta㊛ per il ghiaccio
せいびょう 性病 《医》malattia㊛ venerea
❖**性病患者** persona㊛ affetta da una malattia venerea
せいひれい 正比例 《数》proporzione㊛ diretta ¶AはBに正比例する. A è direttamente proporzionale a B.
せいひん 清貧 ¶清貧に甘んじる scegliere una povertà onorevole [dignitosa] / accontentarsi di una decorosa povertà
せいひん 製品 prodotto㊚;《完成品》《経》prodotto㊚ finito;《手工業製品》manufatto㊚;《商品》articolo㊚, merce㊛ ¶外国[国内]製品 prodotto di fabbricazione straniera [nazionale] ¶化学[工業]製品 prodotto chimico [industriale] ¶半製品 prodotto semilavorato
❖**製品検査** esame㊚ dei prodotti
製品差別化 differenziazione㊛ dei prodotti
せいふ 政府 governo㊚;《国家》stato㊚ ◇政府の governativo; statale ¶政府の介入 intervento statale [dello stato] ¶政府を支持[打倒]する sostenere [far cadere] il governo ¶革命[臨時]政府 governo rivoluzionario [provvisorio]
❖**政府案** proposta㊛ del governo
政府開発援助 aiuto㊚ pubblico [複 -*ci*] allo sviluppo;《略》[英] ODA [5da]㊚
政府監督官 prefetto㊚ ¶イタリアでは, 政府から県に派遣され, 行政一般について監督する)
政府支出 spesa㊛ governativa
政府筋の情報 informazione㊛ di fonte governativa
政府当局 autorità㊛ [複] (governative)
政府補助金 sovvenzione㊛ statale
政府預金 《財》depositi㊚ [複] governativi
せいぶ 西部 parte㊛ occidentale; occidente㊚
❖**西部劇** 《英》western [wéstern]㊚ [無変]
せいぶ 声部 《音》《合唱の》parte㊛ vocale
せいふく 正副 ¶正副議長 presidente e vicepresidente ¶正副2通《書類の》l'originale e una copia
せいふく 制服 《主に軍の》uniforme㊛;《主に学校, 職場の》divisa㊛ ¶制服の警官 poliziotto in uniforme ¶制服を着用する indossare una divisa
せいふく 征服 conquista㊛ ◇征服する conquistare;《克服する》vincere;《支配する》dominare;《支配権を持つ》dominare㉔ [*av*] su [in] *ql.co.* ¶自然を征服する dominare [soggiogare / sottomettere] le forze della natura ¶エベレストを征服する conquistare l'Everest
❖**征服者** conquista*tore*㊚ [㊛ -*trice*];《勝者》vin*citore*㊚ [㊛ -*trice*]
征服欲 sete㊛ di conquista [di dominio]
せいぶつ 生物 essere㊚ vivente, organismo㊚ vivente;《総称》vita㊛ ¶単細胞生物 organismo unicellulare
❖**生物学** biologia㊛ ◇生物学的 biolog*ico*㊚ [複 -*ci*]

生物学者 biolo*go*㊚ [㊛ -*ga*; 複㊚ -*gi*]
生物岩 《地質》roccia㊛ [複 -*ce*] biogenetica
生物検定 prova㊛ biologica; test㊚ [無変] biologico
生物発光 bioluminescenza㊛
生物物理学 biofisica㊛
せいぶつ 静物 natura㊛ morta
せいふん 製粉 molitura㊛, macinazione㊛
◇**製粉する** macinare
❖**製粉機** mulino㊚, macina㊛ per cereali
製粉業 industria㊛ molitoria
製粉業者 produt*tore*㊚ [㊛ -*trice*] di farina, moli*tore*㊚ [㊛ -*trice*]
製粉工場 mulino㊚
せいぶん 正文 testo㊚ ufficiale [di riferimento]
せいぶん 成分 《一つ一つの要素》componente㊛, costituente㊚, ingrediente㊚, elemento㊚;《要素全体》composizione㊛ ¶水の成分 elementi costitutivi dell'acqua ¶主(要)成分 componenti principali [essenziali] ¶薬の有効成分 i principi attivi in un preparato medicinale ¶この薬は5種の成分から成っている. Questo medicinale è composto da cinque sostanze.
❖**成分試験** analisi㊛ [無変] (chimica) elementare
成分表示 indicazione㊛ degli ingredienti
せいぶんか 成文化 codificazione㊛ ◇成分化する codificare
せいぶんほう 成文法 legge㊛ scritta, statuto㊚
せいへい 精兵 solda*to*㊚ [㊛ -*essa*] scelto
せいへき 性癖 tendenza㊛, inclinazione㊛, abitudine㊛;《悪いくせ》vizio㊚ [複 -*i*]
せいべつ 性別 distinzione㊛ di sesso; sesso㊚ ¶性別に関係なく senza distinzione di sesso / indipendentemente dal sesso /《男女ともに》d'ambo i sessi /《性差なく》senza discriminazione di sesso ¶性別を記入する indicare il sesso
せいへん 政変 《政府危機》crisi㊛ [無変] di governo;《クーデター》colpo㊚ di stato;《特に南米諸国の》[ス] golpe㊚ [無変]
せいぼ 生母 madre㊛ naturale
せいぼ 歳暮 regalo㊚ di fine anno [d'anno]

日本事情 歳暮
Regalo di fine anno alle persone verso cui ci si sente debitori: i propri superiori, gli intermediari di matrimonio, i vecchi professori.
Il regalo può consistere in confezioni da regalo di generi alimentari, di saponette, asciugamani, ecc. Viene di solito fatto spedire dal negozio dove lo si acquista o tramite posta, anche se è considerato più cortese consegnarlo a mano.
Come per il regalo d'estate (*chugen*), questa usanza rappresenta un vero affare per i negozi e i grandi magazzini anche perché, proprio in quel periodo, i lavoratori ricevono la gratifica e quindi possono spendere di più. Di solito il regalo non si contraccambia.

せいぼ 聖母 《カト》《天主の聖母》Santa Madre ㊛(di Dio), la Madonna㊛ ¶聖母マリア la Madonna / la Vergine Maria ¶聖母像 Madonna / statua della Madonna ¶聖母子 Madonna col Bambino ¶戴冠の聖母 l'Incoronata ¶被昇天の聖母 Santa Maria Assunta
❖聖母崇拝 culto㊚ mariano

せいほう 西方 l'occidente㊚

せいほう 製法 metodo㊚ [processo㊚] di fabbricazione;《料理・薬などの》ricetta㊛;《化学的なもの》formula㊛

せいぼう 制帽 berretto㊚ della divisa

ぜいほう 税法 legge㊛ fiscale, diritto㊚ tributario [複 -i];《課税》tassazione㊛;《システム》sistema㊚ [複 -i] fiscale

せいほうけい 正方形 《幾何》quadrato㊚ ◇正方形の quadrato

せいほく 西北 nord-ovest㊚
❖西北西 ovest-nord-ovest㊚

せいぼつ 生没 ¶生没年不詳. Non si conoscono le date di nascita e di morte.

せいほん 正本 《公文書の謄本》copia㊛ vidimata;《法》copia㊛ autenticata [conforme all'originale];《原本》copia㊛ originale

せいほん 製本 rilegatura㊛ (di libro) ◇製本する rilegare
❖製本屋 《店》rilegatoria㊛;《人》rilegatore㊚ [㊛ -trice]

せいまい 精米 imbiancatura㊛ [brillatura㊛] del riso, pulitura㊛ del riso;《白米》riso㊚ bianco
❖精米機 brillatoio㊚ [複 -i]

せいみつ 精密 precisione㊛, esattezza㊛;《厳密》rigore㊚;《丹念》accuratezza㊛ ◇精密な preciso, minuzioso, esatto; rigoroso; accurato ◇精密に con precisione, minuziosamente, esattamente; rigorosamente
精密科学 le scienze㊛ [複] esatte
精密機械 strumento㊚ [apparecchiatura㊛ / dispositivo㊚] di precisione
精密機械工業 fabbrica㊛ di strumenti di precisione
精密検査 esame㊚ [controllo㊚] minuzioso ¶製品の精密検査をする effettuare un'ispezione rigorosa sui prodotti ¶精密検査を受ける《病院で》sottoporsi a un accurato controllo medico

せいむ 政務 affari㊚ [複] di stato ¶政務を執る amministrare gli affari dello stato
❖政務次官 sottosegretario㊚ [複 -i] politico [複 -ci]
政務調査委員会 Commissione㊛ d'inchiesta politica

ぜいむ 税務 fisco㊚ [複 -schi]
❖税務署 esattoria㊛, ufficio㊚ [複 -ci] delle imposte

せいめい 生命 1《命》vita㊛ ¶ある種の生命 una forma di vita ¶生命を失う perdere la vita ¶生命を救う salvare la vita a qlcu. ¶生命を危険に曝(ｻﾗ)す mettere a repentaglio la propria vita ¶生命をなげうつ sacrificare la vita / sacrificarsi ¶生命財産を保護する proteggere la vita e i beni di qlcu. ¶パイロットは乗客の生命を預っている. La vita dei passeggeri è nelle mani del pilota.
2《活動の原動力》¶彼は歌手としての生命が長い. Ha una lunga carriera di cantante. ¶彼の政治生命はおしまいだ. È la sua fine, come politico.
3《大切なもの》¶時計の生命は正確さにある. L'essenziale [La cosa fondamentale] per un orologio è la precisione.
❖生命維持システム 《宇宙飛行士の》sistema㊚ [複 -i] di supporto vitale
生命維持装置 apparato㊚ [apparecchiatura㊛ / sistema㊚] per mantenere in vita qlcu.
生命科学 scienze㊛ [複] naturali
生命工学 biotecnologia㊛
生命線 (1)《生死の分かれ目を決する線》linea㊛ vitale (2)《手相の》linea㊛ della vita
生命保険 assicurazione㊛ sulla vita
生命力 vitalità㊛, energia㊛ [複 -gie] vitale, vigore㊚
生命倫理法 legge㊛ bioetica

せいめい 声明 dichiarazione㊛;《コミュニケ》comunicato㊚ ¶声明を出す fare [rilasciare] una dichiarazione ¶…という声明を出す dichiarare che＋直説法 ¶反対声明を出す dichiararsi contrario a ql.co. ¶共同声明 dichiarazione congiunta / comunicato congiunto ¶日米共同声明 comunicato congiunto nippo-americano [fra il Giappone e gli Stati Uniti] ¶公式声明 dichiarazione ufficiale
❖声明書〔文〕dichiarazione㊛

せいめい 姓名 nome㊚;《姓と名》nome㊚ e cognome㊚ ¶姓名を偽る dare [prendere] un falso nome ¶姓名を名乗る dire il proprio nome ¶姓名不詳 nome sconosciuto
❖姓名判断 divinazione㊛ in base al nome, onomanzia㊛

せいめいしゅくじつ 聖名祝日 《カト》onomastico㊚ [複 -ci] (◆イタリアの暦では1日ごとに守護聖人が決まっていて, 聖人と同じ名の人のために祝うという習慣がある)

せいもん 正門 cancello㊚ [porta㊛ / ingresso㊚] principale

せいもん 声門 《解》glottide㊛

せいもん 声紋 spettrografo㊚ acustico [複 -ci] a impronte vocali

せいもん 誓文 giuramento㊚ scritto

せいや 聖夜 notte㊛ santa;《クリスマスの前夜》la vigilia㊛ di Natale

せいやく 成約 ¶自動車輸出契約が成約した. È stato firmato l'accordo per l'esportazione di automobili.

せいやく 制約 《制限》limitazione㊛, restrizione㊛;《義務》obbligo㊚ [複 -ghi];《制限する条件》condizione㊛ ◇制約する limitare, restringere ¶制約を設ける porre delle restrizioni [delle condizioni] a qlcu. [ql.co.] ¶制約を取り除く rimuovere le restrizioni 《から da》¶時間の制約がある. Ci sono limiti di tempo.

せいやく 製薬 preparazione㊛ di prodotti medicinali
❖製薬会社 società㊛ [casa㊛] farmaceutica
製薬業 industria㊛ farmaceutica
製薬工場 stabilimento㊚ farmaceutico [複 -ci]

せいやく 誓約 giuramento㊚;《神・聖母・諸聖

人への》voto男 ◇誓約する giurare ql.co. [di+不定詞] / che+直説法] (a qlcu.), promettere ql.co. (a qlcu.) ¶誓約を守る mantenere un voto [《約束》una promessa] ¶誓約を破る rompere un voto [un giuramento] / violare un giuramento [un voto]

❖誓約書 giuramento男 scritto

せいゆ 聖油 《カト》olio男 santo;《聖香油》crisma男 [複 -i] ¶聖油を塗る segnare qlcu. con l'olio santo / impartire il crisma a qlcu.

せいゆ 精油 《植物性の》olio男 [複 -i] essenziale;《揮発性の》volatile.

せいゆ 製油 1《動植物体から》produzione女 dell'olio 2《原油から》raffinazione女 del petrolio

❖製油所《石油の》raffineria女 di petrolio;《食用油の》oleificio男 [複 -i], frantoio男 [複 -i]

せいゆう 声優《吹き替え》doppiatore男 [女 -trice];《映画・テレビなどの》prestavoce男 [無変]

せいよう 西洋 Occidente男 ◇西洋の occidentale ¶西洋かぶれの infatuato [amante] delle cose occidentali

❖西洋化 occidentalizzazione女 ◇西洋化する《他のものを》occidentalizzare ◇《自らが》occidentalizzarsi

西洋諸国 i paesi男 [複] occidentali [dell'Occidente]

西洋人 occidentale男女

西洋風[式] ¶西洋風の建築 architettura「all'occidentale [di stile occidentale]

西洋文明 civiltà女 occidentale

西洋料理 cucina女 occidentale

せいよう 静養 riposo男 ◇静養する riposarsi ¶静養中である essere a riposo /《病後の》essere in convalescenza ¶山に静養に行く andare a riposarsi in montagna

せいよく 性欲 desiderio男 [複 -i] sessuale;《心》libido女;《肉》appetito男 carnale, lussuria女 ¶性欲を抑える controllare i desideri carnali ¶性欲を満たす soddisfare i sensi [gli appetiti sessuali] ¶性欲を刺激する stimolare la libido / eccitare il desiderio sessuale

❖性欲減退 diminuzione女 [regressione女] della libido

せいらい 生来 dalla nascita ◇生来の naturale, innato, congenito, di natura ¶生来の怠け者 pigro di natura ¶彼は生来の画家だ。Lui è un pittore nato.

せいり 生理 1《生物の原理》fisiologia女 [複 -gie] ◇生理(学)的な fisiologico男 [女 -ca, 男複 -ci] ◇生理(学)的に fisiologicamente ¶生理的現象 fenomeno fisiologico ¶生理的欠陥 difetto fisiologico ¶動物は火を生理的に嫌う。Gli animali hanno un'avversione fisiologica per il fuoco. 2《月経》mestruazione女, mestruo男, 《俗》mensili, ciclo男 mensile ¶私は今生理中です。Ho le mestruazioni. / Ho le mie cose. / Ho il ciclo. ¶彼女は生理が不順である。Ha le mestruazioni irregolari.

❖生理学 fisiologia女

生理学者 fisiologo男 [女 -ga; 男複 -gi]

生理作用 funzione女 fisiologica

生理痛 dolori男 [複] mestruali

生理食塩水 soluzione女 salina fisiologica

生理日 periodo男 mestruale;《婉曲》giorni男 [複] critici

生理用ショーツ mutandine女 [複] da periodo mestruale

生理用ナプキン assorbente男 (igienico [複 -ci])

生理用品 prodotti男 [複] sanitari

せいり 整理 1《整えること》ordinamento男, riordinamento男, riorganizzazione女, sistemazione女 ◇整理する sistemare [mettere in ordine / riordinare] ql.co., mettere a posto ql.co. ¶部屋を整理する mettere in ordine una stanza ¶身の回りを整理する mettere in ordine「le proprie cose [《仕事》i propri affari] ¶考えを整理する mettere ordine nelle proprie idee ¶気持ちを整理する far ordine nei propri sentimenti ¶交通を整理する regolare il traffico ¶書類を整理する《かたづける》archiviare [《分類する》classificare] i documenti 2《処分すること》◇整理する《安売りする》liquidare;《削減する》ridurre ¶在庫品を整理する liquidare le merci giacenti ¶人員を整理する《人員削減》ridurre il personale

❖整理株 titoli男 [複] del debito consolidato

整理券 numero男 d'ordine

整理棚 scaffale男, casellario男 [複 -i], classificatore男

せいりきがく 静力学 statica女 ◇静力学の statico [男複 -ci]

ぜいりし 税理士 consulente男 fiscale [tributario男 [複 -i]];《会計士》commercialista男女 [男複 -i]

せいりつ 成立《締約》conclusione女;《可決》approvazione女;《結成》formazione女;《完成》completamento男;《実現》realizzazione女 ◇成立する concludersi; essere approvato; formarsi; completarsi; realizzarsi ¶契約が成立した。Il contratto è stato stipulato. ¶取引が成立した。È stato concluso il contratto. ¶協定が成立した。Si è arrivati a un accordo. ¶和平が成立した。È stato concluso [firmato]. ¶内閣が成立した。È stato formato il governo. ¶この理論は成立しない。Questa teoria non è valida.

ぜいりつ 税率 tasso男 [aliquota女] d'imposta ¶税率を上げる[下げる] aumentare [diminuire] il tasso d'imposta《の di, su》(▶上のあとには税の種類, suのあとには税の対象となるものが続く) ¶この商品の税率は20％である。Il tasso d'imposta su questo articolo è del 20 per cento.

せいりゃく 政略 tattica女 [strategia女 [複 -gie]] (politica) ¶彼は政略家だ。È uno stratega.

❖政略結婚 matrimonio男 [複 -i] di convenienza [d'interesse]

せいりゅう 清流 limpido corso d'acqua

せいりゅう 整流《電》raddrizzamento男 ¶交流の《直流への》整流 rettificazione della corrente alternata

❖整流器 raddrizzatore男

整流管 valvola女 raddrizzatrice

せいりょう 声量 volume男 della voce ¶声量が豊かである avere「una voce forte [un vocio-

ne] ¶声量が乏しい avere una voce debole [flebile]
せいりょういんりょうすい 清涼飲料水 bevanda㊛ [bibita㊛] analcolica dissetante
せいりょうざい 清涼剤 ¶その話は一服の清涼剤になった。Questo episodio ci ha tirato su di morale.
せいりょく 勢力 《権力》potere㊚;《物理的な力》forza㊛;《影響力》influenza㊛;《権威》autorità㊛;《重要性》peso㊚, importanza㊛ ¶勢力のある potente; forte; influente; autorevole ¶勢力のない impotente; debole; senza influenza; senza autorità ¶勢力がある avere influenza (に対し su); avere un ascendente (に対し su); aver peso (で in) ¶…に対して絶対的な勢力をもつ esercitare un potere assoluto su... ¶勢力を広げる allargare la (*propria*) sfera d'influenza ¶勢力を失う perdere il potere / perdere autorità [credito] ¶勢力を得る acquistare potere / divenire potente [influente] /《優勢になる》prendere il sopravvento ¶台風の勢力は衰えつつある。Il tifone va perdendo d'intensità.
✤**勢力争い** lotta㊛ per il potere, conflitto㊚ di potere
勢力家 persona㊛ influente [potente];《大物》pezzo㊚ grosso
勢力均衡 equilibrio㊚ [複 -i] delle forze (politiche)
勢力範囲 sfera㊛ d'influenza
せいりょく 精力 energia㊛ [複 -gie], forza㊛, vigore㊚ ¶精力的な energico [勇複 -ci], vigoroso ¶精力的な活動をする svolgere un'attività instancabile ¶精力が尽きる esaurire le (*proprie*) forze ¶精力が減退する avere un calo di energia / essere indebolito fisicamente ¶…に全精力を傾ける concentrare tutte le (*proprie*) energie in *ql.co*. ¶精力的に作家活動を続けた。Ha continuato l'attività di scrittore con un ritmo incessante.
せいるい 声涙 ¶彼は声涙ともに下る演説をした。Ha fatto un discorso con una voce rotta dalla commozione.
せいれい 政令 ordinanza㊛ governativa;《省令》decreto㊚ ministeriale;《略》D.M.㊚
✤**政令指定都市** città㊛ a maggiore autonomia amministrativa per decreto governativo
せいれい 聖霊 《キリ》Spirito㊚ Santo ¶父と子と聖霊の御名において in nome del Padre, del Figlio e dello Spirito Santo
✤**聖霊降臨祭** la Discesa㊛ dello Spirito Santo, la Pentecoste㊛ (◆復活祭 Pasqua の 50 日後で, 6 月頃)
せいれい 精霊 spirito㊚; anima㊛
せいれき 西暦 calendario㊚ occidentale, era㊛ cristiana; Anno㊚ Domini;《略》A.D. (►「(西暦)紀元前」は, avanti Cristo;《略》a.C.) ¶西暦 1492 年 1492 A.D. [d.C. (►dopo Cristo の略)] ¶今年は西暦 2008 年です。Quest'anno è il 2008. / Siamo nel 2008. (読み方: duemilaotto, duemila e otto)
せいれつ 整列 allineamento㊚ ◇整列する allinearsi, mettersi in fila [in riga] ¶整列させる allineare, mettere in fila] *qlcu*. ¶ 4 列横隊[縦隊]に整列する mettersi in fila per quattro orizzontalmente [verticalmente] ¶「整列」《号令》"In fila!" / "Formate le file!"
せいれん 精練 **1**《織》《原毛を》lavaggio㊚ [複 -gi] della lana grezza;《絹を》sgommatura㊛ ◇精練する lavare; sgommare **2**《練り鍛えること》¶精練されたチーム squadra ben allenata
せいれん 精錬 affinazione㊛, affinamento㊚ ◇精錬する affinare [raffinare] *ql.co*.
✤**精錬所** raffineria㊛
せいれん 製錬 《冶》lavorazione㊛ metallurgica
せいれんけっぱく 清廉潔白 ¶清廉潔白な人 persona onesta e disinteressata
せいろ(う) 蒸籠 《料》cestello㊚ di legno e bambù (per cuocere a vapore)
せいろう 晴朗 ◆晴朗な sereno ¶天気晴朗なり。Il tempo è sereno.
せいろん 正論 ragionamento㊚ giusto, argomento㊚ logico [複 -ci], tesi㊛ [無変] valida ¶正論を吐く esporre una tesi valida
せいろん 政論 ¶政論を戦わす discutere di politica / avere una discussione politica
セージ [英 sage]《植》salvia㊛
セーター [英 sweater]《厚手の》maglione㊚;《かぶって着る》[英] pullover [pullóver]㊚ [無変], [英] golf㊚ [無変] ¶とっくりのセーター maglione a collo alto [a dolce vita] ¶ウールのセーター golf di lana
セーフ [英 safe] ¶セーフ.《野球で》[英] Safe! / Salvo! ¶遅刻かと思ったがぎりぎりセーフだった。Pensavo di arrivare in ritardo, ma ce l'ho fatta "per un pelo [appena appena].
セーブ [英 save] ◇セーブする《節約する》risparmiare;《抑制する》limitare ¶喫煙量をセーブする diminuire [limitare] il numero delle sigarette
セーフガード [英 safeguard] salvaguardia㊛
セーフティーゾーン [英 safety zone]《安全地帯》zona㊛ di sicurezza
セーフティネット [英 safety net] **1**《安全ネット》rete㊛ di sicurezza [protezione] **2**《安全策》misura㊛ di salvaguardia, protezione㊛
セームがわ セーム革 pelle㊛ di camoscio
セーラー [英 sailor] **1**《船員》marinaio㊚ [複 -i] **2** →セーラー服
✤**セーラーカラー**《服》colletto㊚ alla marinara;《水兵服の》solino㊚
セーラーハット《服》cappello㊚ alla marinara;《水兵の》berretto㊚ da marinaio
セーラー服《女子用の》divisa㊛ alla marinaretta;《学校の男子・女子用制服》uniforme㊛ alla marinara;《水兵の》uniforme㊛ da marinaio
セール [英 sale]《特売》saldi㊚ [複], svendita㊛; liquidazione㊛;《販売促進のための》vendita㊛ promozionale ¶季末バーゲンセール saldi di fine stagione
✤**セール品** articolo㊚ [merce㊛] in svendita [di liquidazione / in saldo], occasioni㊛ [複]
セールス [英 sales]《販売》vendita㊛
✤**セールスプロモーション** promozione㊛ delle vendite

セールスポイント carta[女] [qualità[女]] vincente ¶この車のセールスポイントは燃費のよさです. Il grande pregio [La carta vincente] di quest'auto sono i bassi consumi.

セールスマン〔英 salesman〕《会社の外交員》rappresentante[男] [女] di commercio, piazzist*a*[男][女] [[男]複 *-i*]；《訪問販売をする人》commess*o*[男] [[女] *-a*] viaggia*tore* [[女] *-trice*]

せおいなげ 背負い投げ **1**《柔道で》*seoinage* [男], atterramento[男] dell'avversario facendolo passare sopra le spalle **2**《突然の裏切り》¶どたん場で背負い投げを食らわされた. Mi ha abbandonato [tradito / piantato in asso] all'ultimo momento.

せおう 背負う **1**《背に乗せて負う》portare *qlcu.* [*ql.co.*] sulle spalle [sulla schiena] ¶リュックを背負って山に行く andare in montagna con lo zaino in spalla **2**《引き受ける》addossarsi [assumersi] *ql.co.* ¶多額の借金を背負う assumersi grossi debiti ¶国を背負って立つ addossarsi il peso della nazione

せおよぎ 背泳ぎ nuoto[男] sul dorso, dorso[男] ¶背泳ぎをする nuotare[自] [*av*] sul dorso

セオリー〔英 theory〕teoria[女]

せかい 世界 **1**《国々》mondo[男]; universo[男]；《地球》Terra[女] ◇世界的[の] mondiale; universale;《国際的》internazionale ◇世界的に mondialmente; su scala mondiale; internazionalmente ¶全世界 tutto il mondo ¶第三世界 il terzo mondo ¶世界的水準に達した di livello mondiale [internazionale] ¶世界的不況 recessione mondiale ¶世界的に有名な研究者 studioso di fama mondiale ¶世界をまたにかける girare il mondo in lungo e in largo ¶世界中で[に / の] in tutto il mondo / a livello mondiale ¶世界で一番高い山 il monte più alto della Terra ¶そのニュースはあっという間に世界中に広がった. La notizia in poco tempo ha fatto il giro del mondo. ¶彼のような人は世界中どこを探してもいない. In tutto il mondo non ce n'è uno come lui.
2《分野》regno[男], mondo[男] ¶子供の世界 mondo infantile ¶演劇の世界 mondo del teatro ¶動物[植物]の世界 il regno animale [vegetale] ¶文学の世界 il mondo [l'universo] delle lettere ¶幻想の世界 il regno della fantasia ¶空想の世界 il mondo immaginario ¶ここは別世界だ. Qui è un altro mondo!
✤**世界遺産** patrimon*io*[男] [複 *-i*] mondiale
世界一周 ◇世界一周する fare il giro del mondo
世界一周旅行 viagg*io*[男] [複 *-gi*] intorno al mondo
世界各国 tutti i paesi[男] [複] del mondo, i paesi[男] [複] di tutto il mondo
世界観 concezione[女] del mondo
世界環境デー Giornata[女] Mondiale dell'Ambiente (◆ 5 giugno)
世界恐慌 crisi[女] mondiale
世界記録 ¶世界記録を樹立する stabilire il record mondiale
世界記録保持者 deten*tore*[男] [[女] *-trice*] del record mondiale
世界銀行 Banca[女] Mondiale
世界経済 economia[女] mondiale
世界史[地理] storia[女] [geografia[女]] universale
世界主義 cosmopolitismo[男]
世界主義者 cosmopolit*a*[男][女] [[男]複 *-i*]
世界食糧計画 Programma[男] di Alimentazione Mondiale
世界女性会議 Conferenza[女] mondiale sulle donne
世界人権宣言 Dichiarazione[女] Universale dei Diritti Umani
世界選手権 campionato[男] mondiale
世界大戦 guerra[女] mondiale ¶第一[二]次世界大戦 la prima [la seconda] guerra mondiale
世界都市 cosmopoli[女] [無変]
世界平和 pace[女] universale
世界貿易機関 Organizzazione[女] Mondiale del Commercio;《略》〔英〕WTO[男]
世界保健機関 Organizzazione[女] Mondiale della Sanità;《略》OMS[女]
世界野生生物基金 Fondo[男] Mondiale per la Natura;《略》〔英〕WWF [vuvvuéffe][男]

せかす 急かす sollecitare [pressare] *ql.co.* [*qlcu.*] a＋[不定詞], fare fretta a *qlcu.* ¶…するようにせかす sollecitare *qlcu.* perché＋[接続法] ¶私は返事をせかされている. Insistono perché gli dia una risposta (al più presto). ¶そうせかすな. Non mettermi fretta.

せかせか ¶せかせかしている aver l'aria irrequieta / essere sempre in movimento ¶せかせか歩く camminare a passi affrettati

せかっこう 背格好《体格》corporatura[女];《姿》figura[女]

ぜがひでも 是が非でも ad ogni costo, a tutti i costi ¶是が非でも100万円作らなければならない. Devo procurarmi a tutti i costi un milione di yen.

せがむ ¶子供たちは遊園地に連れて行ってとせがんだ. I bambini mi hanno「supplicato [pregato] di portarli al luna park. ¶委員長を引き受けてくれとせがまれた. Mi hanno pregato di accettare la presidenza.

せがれ 倅 *proprio* figl*io*[男] [複 *-gli*]

せがわ 背革 ¶背革装の本 libro (rilegato) con dorso in pelle

セカント〔英 secant〕《幾何》secante[女];《記号》sec.

セカンド〔英 second〕**1**《野球の二塁》seconda base[女];《二塁手》difensore[男] [[女] *difenditrice*] della seconda base **2**《自動車の》la seconda[女], la seconda marcia[女] ¶ギアをセカンドに入れる mettere [inserire / innestare] la seconda
✤**セカンドオピニオン**《医》consulto[男] di altri medici
セカンドハウス seconda casa[女]
セカンドバッグ《紳士用の》borsello[男];《婦人用の》borsetta[女]

せき 咳 tosse[女] ◇咳をする tossire[自] [*av*] ¶咳が出る avere la tosse ¶咳が止まらない avere una tosse persistente ¶咳払い ⇀見出し語参照
✤**咳止め** calmante[男] della tosse;《ドロップ》pastiglia[女] per [contro] la tosse

せき 席 **1**《座席》posto[男] (a sedere) ¶席に着く prendere posto /《座る》sedersi / mettersi a sedere ¶席を立つ《立ち上がる》alzarsi /《立ち去る》lasciare [abbandonare] il posto / ritirarsi ¶こっそり席を離れる filarsela di nascosto / andarsene alla chetichella ¶席を争う fare a gomitate per occupare un posto ¶席を譲る cedere il posto a *qlcu*. ¶席に戻る ritornare[自][*es*] al [riprendere il] *proprio* posto ¶席を取っておく tenere un posto《に a, per》¶席を予約する prenotare un posto [i posti] ¶この席は空いて[ふさがって]いますか. È libero [occupato] questo posto? ¶もっと席をつめてください. Potete stringervi un po' di più? ¶部長はいま席を離れています. Il direttore in questo momento non è al suo posto. ¶「予約席」《表示》"Riservato" / "Posto riservato [prenotato]" ¶ちょっと席を外していただけませんか. Le dispiacerebbe lasciarci soli?

2《会・式などの場所》¶一席設ける organizzare una festa [《昼食》un pranzo /《夕食》una cena] per *qlcu*. ¶公の席で in pubblico / in luogo pubblico ¶この席ではちょっと言いにくいことだ. Non è il posto adatto per parlare di queste cose.

[慣用] **席の暖まる暇がない** ¶彼は忙しくて席の暖まる暇がない. È così occupato che non ha il tempo di fermarsi un minuto.

せき 堰 sbarramento[男], chiusa[女];《ダム》diga[女]

[慣用] **堰を切る** ¶群衆はせきを切ったようになだれ込んだ. La folla irruppe come un fiume in piena.

せき 関 ⇒関所

せき 積〘数〙prodotto[男] ¶8と12の積は96である. Il prodotto di 8 per 12 è 96. ¶36と77の積を求めよ. Moltiplicate 36 per 77.

せき 籍 **1**《戸籍》registro[男] di famiglia ⇒戸籍 ¶籍を入れる registrare il *proprio* matrimonio ¶…の籍を抜く cancellare il nome di *qlcu*. dal registro di famiglia.

2《学校・団体などの》¶私は東京大学に籍を置いている. Sono iscritto all'Università di Tokyo.

-せき -隻 ¶2隻の船 due barche [imbarcazioni]

せきあげる 咳上げる《咳込む》avere un attacco di tosse;《こみ上げるように泣く》singhiozzare [自][*av*] ¶彼は悲しみに咳上げた. È scoppiato in singhiozzi convulsi per il dolore.

せきい 赤緯〘天〙declinazione[女]

せきうん 積雲〘気〙cumulo[男]

せきえい 石英〘鉱〙quarzo[男]

✤石英ガラス vetro[男] di silice

せきがいせん 赤外線 radiazione[女] infrarossa, raggi[男][複] infrarossi ◇赤外線の infrarosso

✤赤外線暗視装置 dispositivo[男] [congegno[男]] per la visione notturna

赤外線カメラ fotocamera[女] all'infrarosso [a raggi infrarossi]

赤外線写真 fotografia[女] all'infrarosso

赤外線療法 terapia[女] [trattamento[男]] a raggi infrarossi

せきがく 碩学 dott*o*[男][[女] *-a*], erudit*o*[男][[女] *-a*], persona[女] colta [di grande cultura]

せきかっしょく 赤褐色 color[男] marrone rossastro;《赤錆色》color[男] ruggine ¶赤褐色の髪 capelli (di color) biondo rame

せきかん 石棺 sarcofag*o*[男][複 *-ghi*, *-gi*], urna[女] di pietra

せきぐん 赤軍《旧ソ連の》Armata[女] Rossa

せきけんうん 積巻雲〘気〙cirrocumulo[男]

せきこむ 咳き込む avere un attacco [un accesso] di tosse

せきこむ 急き込む affrettarsi ◇せき込んで in gran fretta, precipitosamente;《息をはずませて》affannosamente;《いらだって》con impazienza ¶せき込んでしゃべる parlare con voce trafelata

せきさい 積載 ◇**積載する**《AをBに》caricare A su B [B di A] ¶セメントの袋を積載したトラック camion carico di sacchi di cemento

✤積載貨物 caric*o*[男][複 *-chi*] a bordo

積載トン数 tonnellag*gio*[男][複 *-gi*], stazza[女]

積載能力 capacità[女] di carico, portata[女]

積載量 portata[女], capacità[女] di carico ¶最大積載量 portata massima

せきざい 石材 pietra[女] ¶建築用[床用]石材 pietra da costruzione [da pavimentazione]

せきさく 脊索〘生〙notocorda[女]

✤脊索動物 cordati[男][複]

せきさんけい 積算計 totalizzatore[男], apparec*chio*[男][複 *-chi*] di misura totalizzatore

せきさんでんりょくけい 積算電力計〘電〙contatore[男] elettric*o*[複 *-ci*], wattmetro [vátmetro][男], wattometro [vattómetro][男]

せきじ 席次《席順》ordine[男] dei posti;《成績の順位》graduatoria[女] ¶席次を決める decidere la distribuzione dei posti ¶席次が3つ上がる[下がる] salire [scendere] di 3 posti in graduatoria

せきじつ 昔日 passato[男], tempi[男][複] andati ¶この街には昔日の面影はない. Questa città non conserva più l'aspetto di un tempo.

せきじゅうじ 赤十字 croce[女] rossa;《赤十字社》la Croce[女] Rossa ¶イタリア赤十字社 Croce Rossa Italiana /《略》CRI [kri] ¶赤十字社の看護師《女性》crocerossina

✤赤十字国際委員会 Commissione[女] internazionale della Croce Rossa

赤十字病院 ospedale[男] della Croce Rossa

せきしゅつ 析出〘化〙precipitazione[女]

せきじゅん 石筍 stalagmite[女]

せきじゅん 席順 ordine[男] dei posti

せきしょ 関所 posto[男] di controllo, barriera[女] doganale

せきじょう 席上 ¶会議の席上で nel corso della riunione / nella seduta《の di》/ in seduta

せきしょく 赤色

✤赤色革命 rivoluzione[女] comunista

赤色テロ terrorismo[男] rosso

せきしんげっしゃ 赤新月社 la Mezzaluna[女] Rossa

せきずい 脊髄〘解〙midollo[男] spinale

✤脊髄炎〘医〙mielite[女]

脊髄神経〘解〙nervi[男][複] spinali

脊髄注射 iniezione[女] intrarachidea [endorachidea]

脊髄麻酔〘医〙anestesia[女] spinale

せきせいいんこ 背黄青鸚哥 〘鳥〙 pappagallino[男], parrocchetto[男], cocorita[女]
せきせつ 積雪 ¶積雪のため列車は立ち往生している. I treni sono bloccati a causa della neve. ¶積雪は2メートルに及んだ. La neve ha raggiunto i due metri.
✤**積雪量** altezza[女] della neve
せきぞう 石造 ◇石造の in [di] pietra; litico [男] 複 *-ci*]
✤**石造家屋** casa[女] in pietra
せきぞう 石像 statua[女] di pietra
せきそうかんでんち 積層乾電池 pila[女] a secco a strati
せきそうざい 積層材 legno[男] laminato
せきたてる 急き立てる ¶いつも時間にせきたてられている. Ho sempre 「i minuti contati [il tempo contato].
せきたん 石炭 carbone[男] (fossile) ¶石炭を掘る estrarre il carbone ¶石炭を燃やす bruciare del carbone ¶石炭をくべる mettere il carbone《に in》 ¶石炭を含む土 terreno carbonifero
✤**石炭運搬船** nave[女] carbonaia
石炭液化 liquefazione[女] di carbone
石炭ガス gas[男][無変] di carbone
石炭殻 scorie[女][複] di carbone, cenere[女] di carbone
石炭紀 〘地質〙 periodo[男] carbonifero, carbonifero[男]
石炭酸 〘化〙 fenolo[男], acido[男] carbonico [複 *-ci*]
石炭産業 industria[女] del carbone
石炭ストーブ stufa[女] a carbone
石炭層 giacimento[男] di carbone, bacino[男] carbonifero
せきちく 石竹 〘植〙 garofano[男] cinese [giapponese]
せきちゅう 石柱 〘建〙 colonna[女] di pietra
せきちゅう 脊柱 〘解〙 colonna[女] vertebrale, spina[女] dorsale, rachide[女] ◇脊柱の spinale, rachidiano; del rachide
✤**脊柱湾曲**(わんきょく) 〘医〙 deviazione[女] della colonna vertebrale, gibbo[男]

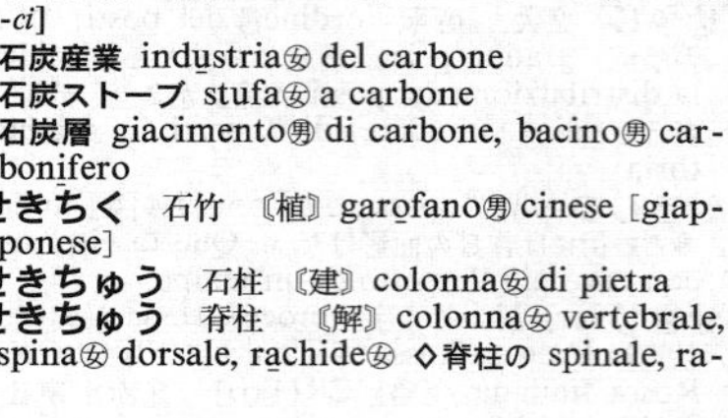

石柱
1 ドーリア式 ordine[男] dorico. **2** イオニア式 ordine[男] ionico. **3** コリント式 ordine[男] corinzio. **4** コンポジット式 ordine[男] composito. **5** トスカーナ式 ordine[男] toscano. **6** 柱頭 capitello[男]. **7** 柱身 fusto[男]. **8** 頂板 abaco[男]. **9** エキヌス echino[男]. **10** 柱環 collarino[男]. **11** 縦溝 scanalatura[女]. **12** 渦形装飾 voluta[女]. **13** 礎盤 base[女]. **14** 方形台座 plinto[男]. **15** 玉縁 astragalo[男].

せきつい 脊椎 〘解〙 vertebra[女]
✤**脊椎カリエス** 〘医〙 carie[女][無変] vertebrale
脊椎動物 〘生〙 vertebrati[男][複]
せきてっこう 赤鉄鉱 〘鉱〙 ematite[女]
せきどう 赤道 equatore[男], linea[女] dell'equatore ◇赤道の equatoriale ¶北[南]赤道海流 correnti nord [sud]-equatoriali ¶赤道直下で all'equatore / sulla linea equatoriale ¶赤道直下の地方 zona [regione] equatoriale
✤**赤道儀** equatoriale[男], telescopio[男][複 *-i*] con montatura equatoriale
赤道気団 massa[女] d'aria equatoriale
赤道祭 battesimo[男] dell'equatore
赤道無風帯 zona[女] delle calme equatoriali
赤道面 piano[男] equatoriale (della sfera celeste)
せきどうこう 赤銅鉱 〘鉱〙 cuprite[女]
せきとめる 塞き止める ¶川をせき止める sbarrare un fiume ¶敵の進入をせき止める contenere gli attacchi dell'avversario

せきにん 責任 responsabilità[女]; 《義務》 dovere[男]; 《保証》 garanzia[女] ◇責任がある essere responsabile di *ql.co.* [*qlcu.*], avere la responsabilità di *ql.co.* [*qlcu.*]; 《義務》 essere obbligato [tenuto] a + [不定詞] ¶責任ある態度 atteggiamento responsabile ¶〈人〉の責任を追及する ritenere responsabile *qlcu.* [*ql.co.*] (►responsabileは目的語の性・数に合わせて語尾変化する) / accusare [perseguire] *qlcu.* ¶〈人〉に責任を転嫁する scaricare la responsabilità [la colpa] su *qlcu.* / addossare la responsabilità [la colpa] a *qlcu.* ¶責任を問う chiedere conto a *qlcu.* di *ql.co.* ¶責任を逃れる sottrarsi alle *proprie* responsabilità ¶責任を果たす fare [compiere] il *proprio* dovere ¶責任をもつ rispondere di *ql.co.* [*qlcu.*] / rendersi garante per *qlcu.* / garantire a *qlcu.* *ql.co.* ¶私の責任で sotto la mia responsabilità / a mio rischio e pericolo ¶責任のなすり合いをする fare a scaricabarile ¶責任は私にある. La responsabilità è mia. ¶各人は自分の義務を果たす責任がある. Ognuno è obbligato a compiere il proprio dovere. ¶私が全責任を負う. Me ne assumo tutta la responsabilità.
✤**責任感** senso[男] di responsabilità [del dovere]
責任校了 〘印〙《表示》"Bozze corrette"
責任者 responsabile[男][女]
せきねん 積年 ◇積年の di molti anni, di lunga data ¶積年の弊(へい) vizio inveterato ¶積年の恨みを晴らす regolare vecchi conti
せきのやま 関の山 ¶イタリア滞在が3日ではローマを見るのが関の山だ. Siccome rimango in Italia solo tre giorni, il massimo che posso fare è visitare Roma.
せきはい 惜敗 ¶私は惜敗した. Ho perso con uno stretto margine. / La vittoria mi è sfuggita per un soffio.
せきばらい 咳払い colpetto[男] di tosse per schiarirsi la voce ◇咳払いする schiarirsi la voce
せきはん 赤飯 riso[男] bollito con fagioli rossi

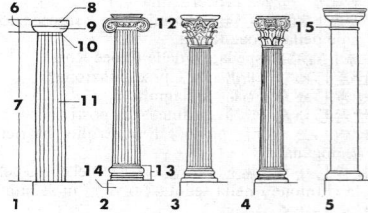

せきばん 石版 →リトグラフ
せきばん 石盤 《スレート》lastra㊛ d'ardesia;《学用品の》lavagna㊛ d'ardesia
せきひ 石碑 stele㊛[複 -e, 《稀》-i], monumento㊚「di pietra [《大理石の》marmoreo] con iscrizioni;《記念碑》monumento commemorativo;《墓石》pietra㊛ tombale, lapide㊛ ¶石碑を立てる erigere una stele / 《墓石》deporre una pietra tombale
せきひん 赤貧 estrema miseria㊛, indigenza㊛, estrema povertà㊛, miseria㊛ nera
[慣用] 赤貧洗うが如し essere nella miseria più nera
せきぶつ 石仏 statua㊛ di pietra del Budda
せきぶん 積分 《数》calcolo㊚ integrale, integrale㊚, integrazione㊛ ◇積分の integrale ¶積分する integrare ¶定[不定]積分 integrale definito [indefinito]
❖積分定数 costante㊛ d'integrazione
積分方程式 equazione㊛ integrale
せきべつ 惜別 ¶惜別の情を述べる esprimere il proprio dispiacere nel separarsi da qlcu.
せきぼく 石墨 《鉱》grafite㊛, piombaggine㊛
せきむ 責務 ¶自分の責務を果たす fare il proprio dovere / svolgere [adempiere / assolvere] il proprio compito
せきめん 石綿 amianto㊚
❖石綿糸 filo㊚ d'amianto
石綿セメント fibrocemento㊚
せきめん 赤面 rossore㊚ ◇赤面する《赤くなる》arrossire㊐[es] di vergogna, diventare㊐[es] rosso per la vergogna;《恥じいる》vergognarsi ¶彼の言葉に私は赤面してしまった。 Sono arrossito per le sue parole. ¶赤面の至りです。 Me ne vergogno veramente [molto].
❖赤面恐怖症 eritrofobia㊛
せきゆ 石油 petrolio㊚[複 -i];《灯油》cherosene㊚, kerosene㊚ ¶石油を掘り当てる scoprire il petrolio / arrivare a un giacimento di petrolio
❖石油化学 petrolchimica㊛
石油化学工業 industria㊛ petrolchimica
石油危機[ショック] crisi㊛[無変] petrolifera
石油供給制限 limitazioni㊛[複] delle forniture petrolifere [dell'embargo petrolifero]
石油工業 industria㊛ petrolifera
石油コークス coke㊚[無変] di petrolio
石油コンビナート complesso㊚ petrolchimico [複 -ci]
石油産出国 paese㊚ produttore di petrolio
石油資源 risorse㊛[複] petrolifere
石油ストーブ stufa㊛ a「petrolio [cherosene]
石油製品 prodotto㊚ petrolchimico [複 -ci]
石油タンカー petroliera㊛
石油タンク serbatoio㊚[複 -i] del petrolio [della nafta]
石油ベンジン benzina㊛ di petrolio
石油埋蔵量 riserve㊛[複] petrolifere
石油輸出国機構 Organizzazione㊛ dei Paesi Esportatori di Petrolio;《略》《英》OPEC
石油輸送管 oleodotto㊚
石油ランプ lampada㊛ a cherosene
セキュリティー〔英 security〕sicurezza㊛

❖セキュリティーシステム sistema㊚[複 -i] di sicurezza
せきらら 赤裸裸 ◇赤裸々に《包み隠さず》senza riserve;《生々しく》crudamente ¶赤裸々な真実 la nuda e cruda verità ¶赤裸々な告白 confessione a cuore nudo
せきらんうん 積乱雲 《気》cumulo-nembo㊚, cumulonembo㊚
せきり 赤痢 《医》dissenteria㊛ ◇赤痢の dissenterico[複 -ci] ¶細菌性[アメーバ]赤痢 dissenteria bacillare [amebica]
❖赤痢患者 dissenterico㊚[㊛ -ca;㊚複 -ci]
赤痢菌 bacillo㊚ della dissenteria
せきりょう 席料 prezzo㊚ di un posto;《レストランの》coperto㊚;《会場の》tariffa㊛[affitto㊚] di una sala
せきりょう 責了 →責任校了
せきりん 赤燐 《化》fosforo㊚ rosso
せきれい 鶺鴒 《鳥》cutrettola㊛, ballerina㊛
せきわけ 関脇 sekiwake㊚[無変]; lottatore㊚ di sumo di terzo livello
せく 急く 《急ぐ》aver fretta, affrettarsi;《あせる》essere impaziente ¶そうせくな。 Non affrettarti così! / Prenditela calma! ¶せいては事を仕損じる。《諺》"La fretta fa rompere la pentola."

セクシー〔英 sexy〕◇セクシーな《英》sexy [無変]; erotico㊚[複 -ci];《肉感的な》sensuale;《扇情的な》provocante;《魅惑的な》seducente;《興奮させる》eccitante
セクシャルハラスメント〔英 sexual harassment〕molestia㊛ sessuale →セクハラ
セクショナリズム〔英 sectionalism〕settarismo㊚, spirito㊚ di parte ◇セクショナリズムの settaristico㊚[複 -ci]
セクション〔英 section〕sezione㊛
セクター〔英 sector〕settore㊚
セクト〔英 sect〕《派閥》fazione㊛;《宗派, 教派》setta㊛ ◇セクト的 settario㊚[複 -i], fazioso
❖セクト主義 settarismo㊚, spirito㊚ settario
セクハラ molestia㊛ sessuale ¶フェミニズム団体はセクハラ問題と闘っている。 I gruppi femministi combattono contro il problema delle molestie sessuali.
セグメント〔英 segment〕segmento㊚

せけん 世間 《世の中》mondo㊚;《社会》società㊛;《世の人々》gente㊛, pubblico㊚ ¶世間に出る《社会人になる》entrare in società / iniziare la vita sociale / cominciare a guadagnarsi da vivere ¶世間をあっと言わせる fare [provocare] sensazione 《で con》/ destare molto scalpore ¶世間をあっと言わせる事件 avvenimento sensazionale [clamoroso / sorprendente] ¶この事が世間に知れたら大変だ。 È un guaio se questo si viene a sapere fuori di qui. ¶世間の笑いものになる diventare lo zimbello di tutti ¶世間の口がうるさい。 La gente è sempre pronta a criticare. ¶世間はどう言うだろうか。 Cosa dirà la gente? ¶世間に知れ渡っている。 È di dominio pubblico. / Tutti lo sanno. ¶彼は世間に顔がきく。《影響力がある》È una persona influente. /《助力者が多い》Ha molti appoggi. ¶もう二度と世間に顔向けができない。 Non potrò più

〖慣用〗**世間が狭い** ¶彼は世間が狭い.《世の中のことをよく知らない》Ha scarsa conoscenza del mondo. /《知己が少ない》Frequenta poca gente. / Ha poche conoscenze.

世間が広い ¶彼は世間が広い.《世の中のことをよく知っている》Conosce il mondo [la vita]. /《知己が多い》Conosce molta gente.

世間を狭くする non essere più benvisto da molti ¶不義理を重ねて自分で世間を狭くする. Dopo tutte le sue scorrettezze, si è visto chiudere molte porte in faccia.

✤**世間知らず** ¶彼は世間知らずだ. Ignora la realtà della vita.

世間擦れ ¶世間擦れした娘だね. È una che il mondo, lo conosce sin troppo bene.

世間体 ¶世間体をつくろう salvare le apparenze ¶世間体を気にしない non curarsi della gente / infischiarsi di quello che dice la gente

世間並み ◇世間並みの《普通の》ordinar*io*〘男複 -*i*〙, normale, comune;《月並な》convenzionale, banale ¶世間並みに暮らす fare una vita come quella degli altri

世間話 ¶世間話をする parlare del più e del meno / fare quattro chiacchiere

世間離れ ¶彼は世間離れしている.《風変わり》Vive in un mondo tutto suo. /《超俗的》Vive distaccato dalle cose.

せこ 世故 ¶彼は世故に長(*た*)けている. È una persona che conosce la vita. / È un uomo esperto [navigato / di mondo].

せこ 勢子 battit*ore*〘男〙[☆ -*trice*]

せこい 《さもしい》meschino,《金銭的に》avaro, tirch*io*〘男複 -*chi*〙¶考え方がせこい. Il suo modo di pensare è meschino [gretto]. ¶なんでそんなにせこいの.《相手が女性》morta di fame? / Perché sei così pezzente?

セコイア〔英 sequoia〕《植》sequ*oia*〘女〙

せこう 施工 costruzi*one*〘女〙◇施工する costruire *ql.co.* ¶富士建築会社施工のビル edificio costruito dalla ditta Costruzioni Fuji

セコハン ◇セコハンの usato, di seconda mano

セコンド〔英 second〕《ボクシングの》secondo

-せざるをえない -せざるを得ない ¶私は…せざるを得ない.《避けられない》Non posso fare a meno di +〖不定詞〗/ Non posso far altro che +〖不定詞〗/《強制的に》Sono costretto a +〖不定詞〗

せじ 世事 le *cose*〘女複〙del mondo [della vita] ¶世事に疎(*う*)い [長(*た*)けている] essere ignorante [essere esperto] delle cose della vita

せじ 世辞 →御世辞

セシウム〔英 cesium〕《化》ce*sio*〘男〙;《元素記号》Cs

せしめる《甘言・暴力などでだましとる》estorcere *ql.co.*《から a》;《不当に手に入れる》scroccare *ql.co.*《から a》;《金を》spillare denaro《から a》¶彼はまんまと昇進をせしめた. È riuscito a scroccare la promozione.

せしゅ 施主 **1**《葬式・法事の》curat*ore*〘男〙[☆ -*trice*] del funerale e le successive cerimonie commemorative **2**《寺などに施す人》donat*ore*〘男〙[☆ -*trice*], benefatt*ore*〘男〙[☆ -*trice*] **3**《建築工事の》propriet*ario*〘男〙[☆ -*ia*;〘男複 -*i*〙] (di un fabbricato in costruzione)

せしゅう 世襲 eredità〘女〙◇世襲(制)の eredit*ario*〘男〙[複 -*i*]

✤**世襲財産** beni〘男〙〘複〙ereditari, patrim*onio*〘男〙[複 -*i*] ereditario

せじょう 世情 ¶世情に通じている conoscere a fondo la vita

せじょう 施錠 chiusura〘女〙a chiave ◇施錠する chiudere [serrare] a chiave

せじん 世人 gente〘女〙

せすじ 背筋 schiena〘女〙¶背筋が寒い《寒気で》avere freddo alla schiena /《ぞっとして》sentire un brivido alla schiena [lungo il dorso] ¶背筋の寒くなる話だ. È una storia che fa rabbrividire. ¶背筋を伸ばす (rad)drizzare la schiena

セスナ(き) セスナ(機)〔英〕Cessna;《軽飛行機》a*ereo*〘男〙da turismo

ぜせい 是正 correzi*one*〘女〙, rettifica〘女〙;《改正》modifica〘女〙(►主に官庁・経済・法律の分野で) ◇是正する correggere, rettificare; modificare ¶不公平税制を是正する rettificare le ineguaglianze del sistema tributario

せせこましい 1《場所が》stretto, angusto, ristretto **2**《性格が》angusto, gretto;《細かいことにうるさい》pignolo;《考え方が》angusto, gretto, ristretto

ぜぜひひしゅぎ 是是非非主義 ¶是々非々主義でいく《公平に》comportarsi con imparzialità / assumere un atteggiamento imparziale /《先入観なく》comportarsi [agire] senza pregiudizi

せせらぎ《流れ》ruscello〘男〙;《音》mormor*io*〘男〙[複 -*ii*], gorgogl*io*〘男〙[複 -*glii*] ¶せせらぎが聞こえる. Si sente il mormorio del ruscello.

せせらわらう せせら笑う《皮肉を込めて》ridere〘自〙[*av*] ironicamente di *qlcu.* [*ql.co.*], ghignare〘自〙[*av*] /《ばかにして》schernire *qlcu.*, sorridere〘自〙[*av*] con scherno (di *qlcu.* [*ql.co.*]), burlarsi di *qlcu.*;《愚弄してあざ笑う》deridere *qlcu.*
 ◇せせら笑い《皮肉な》sorr*iso*〘男〙iron*ico*〘男複 -*ci*〙[ばかにした] beffardo〖見下した〗sprezzante

せそう 世相《社会情勢》condizioni〘女〙〘複〙sociali;《生活の様相》costumi〘男〙〘複〙sociali ¶世相を反映する rispecchiare la società [i tempi] / riflettere le condizioni sociali ¶世相を嘆く deplorare lo stato della società

せぞく 世俗《世の中の風習》usanze〘女〙〘複〙comuni;《俗世間》vita〘女〙terrena, mondo〘男〙secolare;《俗人》laico〘男〙[複 -*ca*;〘男複 -*ci*〙;《世俗の《聖職者》laico〘男複 -*ci*〙;《神聖でない》profano;《この世の》mondano, secolare;《ありふれた》comune;《大衆の》popolare;《俗悪な》volgare ¶世俗の楽しみ i piaceri della vita

✤**世俗化**《大衆化》popolarizzazi*one*〘女〙;《宗教性を失うこと》secolarizzazi*one*〘女〙◇世俗化する rendere *ql.co.* comune tra la gente (►comune は目的語の性・数に合わせて語尾変化する); secolarizzare

世俗主義 laicismo〘男〙

せたい 世帯 →所帯

✤**世帯数** numero〘男〙dei nuclei familiari

世帯主　capofamiglia[男] [女] [[男]複 *capifamiglia*；[女]複 *capofamiglia*]

せだい　世代　generazione[女]　¶若い世代 la giovane generazione ¶戦後の世代 la generazione del dopoguerra ¶彼は私と同世代だ. Lui è della mia stessa generazione.

✤世代交代　cambi*o*[男] [複 *-i*] di generazione; 〘生〙alternanza[女] di generazioni

せたけ　背丈　statura[女], altezza ¶背丈が伸びる《人が主語》crescere / allungarsi

セダン　〔英 sedan〕〘車〙berlina[女]

せちがらい　世知辛い　¶せちがらい世の中だ.《こせこせした》Viviamo in un mondo gretto. /《計算高い》Viviamo in una società che pensa solo al proprio tornaconto.

せつ　節　**1**《機会》 ¶その節はありがとうございました. La ringrazio per quanto ha fatto「l'altro giorno [in quella occasione]. ¶京都においでの節は是非お立ち寄りください. Se le capita di venire a Kyoto, non manchi di passare a trovarmi.

2《信条》princip*io*[男] [複 *-i*]　¶節を立てる[曲げる] rimanere fedel*e* [venir meno] ai *propri* principi

3《文章の》paragrafo[男], passo[男], passag*gio*[男] [複 *-gi*]; 《詩の》strofa[女], verso[男], stanza[女]; 《聖書の》versetto[男] ¶ダンテの詩の1節 un verso di Dante ¶第1章第1節を訳す tradurre il primo paragrafo del capitolo I

4〘文法〙proposizione[女] ¶主[従属]節 proposizione reggente [dipendente]

せつ　説　《見解》opinione[女], parere[男];《学説, 理論》teoria[女], dottrina[女];《風評》voce[女], diceria[女];《仮説》ipotesi[女] [無変]　¶彼の説によれば secondo la sua teoria ¶新しい説を立てる avanzare una nuova teoria ¶その点ではいろいろな説がある. Su questo punto vi sono vari pareri. ¶お説のとおりです. Ha ragione. ¶単独犯行という説が有力である. L'ipotesi più convincente è che sia un reato commesso da una sola persona.

せつ　癤　〘医〙foruncolo[男]

せつえい　設営　costruzione[女], organizzazione[女] **◇設営する** installare;《準備する》preparare ¶テントを設営する piantare [rizzare] una tenda

せつえん　節煙　**◇節煙する** ridurre [limitare] il fumo, limitarsi nel fumo

ぜつえん　絶縁　**1**《縁を切ること》rottura[女], separazione[女] **◇絶縁する** rompere (i rapporti)《と con》; separarsi《と da》;《煩わしい人・物事と》sganciarsi《と da》; farla finita《と con》 ¶彼は家族と絶縁した. Ha rotto con la famiglia. **2**〘電〙isolamento[男] **◇絶縁する** isolare

✤絶縁状　lettera[女] d'addio

絶縁線　conduttore[男] isolato

絶縁体　isolante[男], materiale[男] isolante, isolatore[男]

絶縁抵抗　resistenza[女] di isolamento

絶縁テープ　nastro[男] isolante

せっか　赤化　conversione[女] al comunismo **◇赤化する**《自分が》diventare[自] [*es*] comunist*a*, diventare ross*o*;《他のものを》convertire *qlcu.* al comunismo

ぜっか　舌禍　affermazione[女] incauta ¶舌禍を被る essere in difficoltà a causa di un'affermazione di troppo

✤舌禍事件　scandalo[男] [incidente[男]] provocato da una dichiarazione indiscreta ¶法相が舌禍事件を起こした. Il Ministro della Giustizia ha fatto delle dichiarazioni incaute.

せっかい　切開　〘医〙incisione[女], ta*glio*[男] [複 *-gli*] **◇切開する** incidere, praticare un'incisione [《手術する》un'operazione chirurgica]《を a》 ¶十字切開 incisione a croce ¶膿瘍を切開する incidere un ascesso

せっかい　石灰　〘化〙calce[女] ¶生[消]石灰 calce viva [spenta]

✤石灰化　**◇石灰化する** calcinare

石灰岩　calcare[男], pietra[女] da calce

石灰質　**◇石灰質の** calcareo

石灰水　acqua[女] di calce

石灰石　calcare[男]

石灰層　strato[男] calcareo

石灰窒素　calce[女] azotata

石灰洞　grotta[女] calcarea [stalattitica]

石灰乳　latte[男] di calce

石灰肥料　fertilizzante[男] calcareo

せつがい　雪害　danni[男] [複] causati dalla neve ¶農作物は大きな雪害を受けた. I raccolti sono stati molto danneggiati dalla nevicata.

ぜっかい　絶海　¶絶海の孤島 isola sperduta in alto mare

せっかく　折角

1《わざわざ》 ¶せっかく来ていただいたのに留守をしていて申しわけありませんでした. Sono desolato che non mi abbia trovato quando è venuto a trovarmi. ¶せっかくママが作った料理が冷めてしまうよ. Non facciamo raffreddare la cena che la mamma ci ha preparato. ¶せっかくですからいただきます. Visto che è così gentile, non me la sento di rifiutare. ¶せっかくですがちょっと都合が悪いんです. È molto gentile da parte sua, ma purtroppo non posso.

2《めったにない》 ¶せっかくの機会だからみんなで写真を撮ろう. Facciamo una foto tutti insieme, non sprechiamo quest'occasione.

せっかせっこう　雪花石膏　alabastro[男]

ぜっかせん　舌下腺〘解〙ghiandola[女] sottolinguale

せっかち　**◇せっかちな**《性急な》affrettato, precipitoso;《短気な》impaziente, nervoso **◇せっかちに** affrettatamente, in fretta e furia, d'urgenza ¶君もずいぶんせっかちな男だね. Come sei precipitoso!

せっかん　折檻　punizione[女] corporale **◇折檻する** infliggere una punizione corporale a *qlcu.*; mettere in castigo *qlcu.*

せつがん　接岸　**◇接岸する**《船が主語》accostare[自] [*av*], accostarsi al molo [alla banchina];《人が主語》accostare la nave al molo

ぜつがん　舌癌　〘医〙cancro[男] della lingua

せつがんレンズ　接眼レンズ　〘光〙oculare[男]

せっき　石器　utensile[男] di pietra

✤石器時代　età[女] della pietra ¶旧石器時代(の)

paleolitico ¶中石器時代(の) mesolitico ¶新石器時代(の) neolitico

せっきゃく 接客 ◆接客する servire [intrattenere] i clienti (a tavola, in negozio ecc.)
❖接客業 servizio㊚[複 -i] ai clienti in hotel, ristorante ecc.

せっきょう 説教 (教会での) sermone㊚, predica㊛, omelia㊛;(悪いところをとがめる) ammonizione㊛, rimprovero㊚;(堅苦しい話, 小言) predica㊛, sermone㊚ ◆説教する predicare㊥ (►単独で可), tenere una predica [un sermone]; ammonire qlcu. per ql.co. ¶説教を聞く ascoltare un sermone [una predica] ¶先生に説教された。 Sono stato ammonito dal maestro. ¶説教はもうやめてくれ。 Basta, smettila di fare la predica!
❖説教師 predicatore㊚[㊛-trice]
説教集 raccolta㊛ di sermoni
説教壇 pulpito㊚

ぜっきょう 絶叫 grido㊚[複 le grida], esclamazione㊛ ◆絶叫する gridare㊥[av], esclamare㊥[av]

せっきょく 積極 ◆積極的(な) positivo; attivo; propositivo;(前向きの) costruttivo;(大胆な) intraprendente ◆積極的に positivamente, attivamente ¶積極的な意見[政策] opinione [politica] costruttiva ¶積極的な性格 carattere attivo [intraprendente] ¶仕事に積極的な人 persona attiva nel lavoro ¶積極的な態度をとる prendere un atteggiamento positivo [costruttivo] ¶積極的に発言する intervenire vivamente / prendere spesso la parola ¶近ごろの女性は男性に対して積極的である。 Le donne d'oggi sono intraprendenti con gli uomini.
❖積極策 ¶積極策をとる adottare misure attive
積極性 ¶彼は積極性に欠けている。 Manca di spirito d'iniziativa.

せっきん 接近 avvicinamento㊚, approccio㊚[複 -ci];(近隣していること) vicinanza㊛, prossimità㊛ ◆接近する avvicinarsi [accostarsi / approssimarsi]㊥(に a) ¶接近しやすい[しにくい]人 persona accessibile [inaccessibile] ¶米中の接近 ravvicinamento [approccio] cino-americano ¶2人は急速に接近した。 I due sono diventati intimi (amici) in breve tempo. ¶台風が本州に接近しつつある。 Il tifone sta avvicinandosi all'isola principale del Giappone. ¶彼らの実力は接近している。 Sono vicini quanto a capacità.
❖接近戦 (ボクシング) combattimento㊚ ravvicinato [corpo a corpo]

せっく 節句 festa㊛ (◆ le cinque feste tradizionali del Giappone: 7 gennaio, 3 marzo, 5 maggio, 7 luglio, 9 settembre, originariamente secondo il calendario lunare) ¶桃[端午]の節句 festa delle bambine [dei ragazzi]

せっく sollecitare (con insistenza) ql.co. [qlcu. a+不定詞], pressare qlcu., insistere㊥[av] in [su / con] ql.co. (con qlcu.), insistere「nel+不定詞」[a+不定詞 / per+不定詞] (con qlcu.), fare pressione a qlcu., incitare qlcu. a ql.co. ¶やることが多くてせつかれているような気持ちだ。 Mi sento pressato dagli impegni.

ぜっく 絶句 **1** 《漢詩》 quartina㊛ (cinese) ¶五言[七言]絶句 poesia di quattro versi di cinque [sette] ideogrammi **2** (言葉に詰まること) ◇絶句する rimanere㊥[es] senza parole

セックス 〔英 sex〕 ◇セックスする fare l'amore (と con), avere rapporti sessuali (と con), andare a letto (と con)
❖セックスアピール 〔英〕 sex-appeal㊚[無変]
セックスシンボル sex symbol㊚[無変]
セックスチェック 《スポ》 test㊚[無変] cromosomico [複 -ci]
セックスレス mancanza㊛ di attività sessuale ◇セックスレスの privo di attività sessuale, non attivo sessualmente

せっくつ 石窟 caverna㊛ rocciosa, grotta㊛

せっけい 赤経 《天》 ascensione㊛ retta

せっけい 設計 《行為》 progettazione㊛;(計画) piano㊚, progetto㊚ ◆設計する fare un progetto per ql.co., tracciare un piano;(図面を引く) disegnare la pianta di ql.co. ¶建物[工場 / 庭]を設計する progettare un edificio [una fabbrica / un giardino] ¶生活の設計をする pianificare la propria vita / fare un piano per il proprio avvenire ¶設計のいい[よくない]建物 palazzo ben [mal] progettato
❖設計技士 disegnatore㊚[㊛-trice] tecnico [㊚複 -ci]
設計基準 criteri㊚[複] di progettazione
設計支援システム 《コンピュータ》 progettazione㊛ al computer;(略) CAD [kad]㊚[無変]
設計者 disegnatore㊚[㊛-trice]; 〔英〕 designer [dezáiner]㊚; progettista㊚[㊚複 -i]
設計書 specificazione㊛
設計図 piano㊚, progetto㊚, disegno㊚, pianta㊛ ¶設計図を書く disegnare la pianta di ql.co.

せっけい 雪渓 valle㊛ nevosa;(万年雪) neve㊛ permanente

ぜっけい 絶景 paesaggio㊚[複 -gi] stupendo, bel panorama㊚[複 bei panorami], panorama㊚ mozzafiato [無変], vista㊛ panoramica

せっけいもじ 楔形文字 scrittura㊛ cuneiforme, caratteri㊚[複] cuneiformi

せっけっきゅう 赤血球 globulo㊚ rosso; 《解》 eritrocita㊚[複 -i], emazia㊛
❖赤血球沈降速度 →血沈速度

せっけん 石鹼 sapone㊚;(化粧石けん) saponetta㊛;(洗剤) detersivo ¶化粧[浴用 / 洗濯 / 粉 / 紙 / 薬用 / ひげそり用]石けん sapone da toeletta [da bagno / da bucato / in polvere / a scaglie / medicinale / per la barba] ¶石けんの泡 saponata㊛ ¶石けんを泡立てる fare schiuma con una saponetta ¶石けんで手を洗う lavarsi le mani col sapone ¶石けんをつける insaponare ql.co. /《自分の体に》 insaponarsi ql.co.
❖石けん入れ portasapone㊚[無変], saponiera㊛
石けん水 (acqua㊛) saponata㊛

せっけん 席巻 ¶敵地を席巻する conquistare con rapidità il territorio nemico

せっけん 接見 udienza㊛, intervista㊛ ◇接見する dare udienza a qlcu., ricevere qlcu. in udienza, concedere un'udienza a qlcu.

せつげん 雪原 campo㊚ di neve

せつげん 節減 riduzione[女], diminuzione[女]; 《節約》risparm*io*[男][複 -*i*] ¶経費を節減する ridurre [diminuire] le spese

ゼッケン 《番号》numero[男] (di gara di un atleta) ; 《布》pettorale[男] ¶ゼッケン10番の走者 il corridore col numero 10 [con il pettorale numero 10]

せっこう 斥候 ricognizione[女]; 《人》ricognitore[男]

せっこう 石膏 gesso[男], pietra[女] da gesso ¶焼石膏 solfato di calcio

✤**石膏型** modello[男][calc*o*[男][複 -*chi*]] in [di] gesso

石膏像 statua[女] di gesso ¶ダビデの石膏像 il gesso del Davide

せつごう 接合 **1** 《くっつくこと》giunto[男], giunzione[女] ◇**接合する** unire, congiungere; 《金属の溶接》saldare ¶2枚の鉄板を接合する saldare due piastre di ferro

2 〖生〗zigoṣi[女][無変]; coniugazione[女]

✤**接合剤** colla[女], adeṣivo[男]; 《セメント》cemento[男]

接合子[**体**]〖生〗zigote[男]

接合部 giuntura[女]

ぜっこう 絶交 rottura[女] ◇**絶交する** rompere [他], [自][*av*] (rapporti) con *qlcu.* ¶君とは絶交だ. Con te ho chiuso!

ぜっこう 絶好 ◇**絶好の** 《最適の》[定冠詞]+migliore; 《格別の》eccezionale; 《申し分のない》perfetto; 《またとない》unic*o* [[男]複 -*ci*] ; 《理想的な》ideale ¶旅行には絶好の天気 un tempo magnifico [il tempo ideale] per una gita ¶絶好の機会を逃す lasciarsi sfuggire una magnifica occaṣione [un'occaṣione unica]

✤**絶好調** ¶体の調子は絶好調だ. Sono in perfetta salute [in piena forma].

せっこつ 接骨 〖医〗aggiustamento[男], assestamento[男] di fratture e lussazioni ◇**接骨する** mettere a posto un osso fratturato [《脱臼を》le articolazioni ṣlogate] ¶折れた足を接骨する aggiustare una gamba fratturata

✤**接骨医** ortopedico-traumatolog*o*[男][複 -*gi*]

せっさく 切削 〖機〗tagl*io*[男][複 -*gli*]

せっさたくま 切磋琢磨 ¶我々は互いに切磋琢磨しながら勉学に励んでいた. 《励まし合って》Abbiamo studiato insieme spronandoci a vicenda per migliorare. / 《競い合って》Abbiamo emulato i più bravi per fare progressi nello studio.

ぜっさん 絶賛 elog*io*[男][複 -*gi*] entuṣiast*a* [複 -*i*], grande ammirazione[女] ◇**絶賛する** elogiare [acclamare / eṣaltare] *qlcu.* [*ql.co.*] ; 《最高級の》portare *qlcu.* alle stelle, tributare le massime lodi a *qlcu.* [*ql.co.*] ¶絶賛を浴びる ricevere le più alte lodi / essere applaudit*o* entuṣiasticamente ¶「絶賛発売中」"Ora in vendita!" ¶「絶賛上映中」"Ora sugli schermi con grande successo!"

せっし 摂氏 ◇**摂氏の** centigrado ¶摂氏5度の水 acqua a 5 gradi「centigradi [Celsius / 《記号》°C] ¶摂氏10.2度 10,2°C (読み方: dieci virgola due gradi centigradi) ¶温度は摂氏5度だ. La temperatura è di 5°C. (◆イタリアでも摂氏を用いる)

せつじつ 切実 ◇**切実な** 《痛切な》vitale; 《切迫した》urgente, impellente, imperioso, pressante; 《頭の痛い》assillante ◇**切実に** urgentemente, pressantemente, ardentemente ¶インフレに立ち向かうことが今切実な問題である. Combattere l'inflazione è ora il problema più urgente. ¶彼は…することを切実に求めている. Arde dalla voglia di+[不定詞] / Sente un biṣogno impellente di+[不定詞]

せっしゃ 接写 〖写〗◇**接写する** fotografare *ql.co.* [*qlcu.*] a distanza ravvicinata / 《クローズアップ》fotografare *ql.co.* [*qlcu.*] in primo piano

✤**接写レンズ** lente[女] macro [無変]

せっしやくわん 切歯扼腕 ◇**切歯扼腕する** 《後悔して》mordersi [mangiarsi] le mani; 《怒りに身をこがす》rodersi di rabbia

せっしゅ 接種 〖医〗inoculazione[女]; 《ワクチン接種》〖医〗vaccinazione[女]; 《2回目の》richiamo[男] ◇**接種する** inoculare *ql.co.* a *qlcu.*; 《Aを予防するワクチンを》vaccinare *qlcu.* contro A

せっしゅ 摂取 consumo[男]; 《消化吸収》assunzione[女] ◇**摂取する** prendere; assimilare; assorbire ¶西欧文化を摂取する assimilare [assorbire] la cultura europea ¶ビタミン豊富な食べ物を摂取しなさい. Prendi [Mangia] dei cibi ricchi di vitamine.

せっしゅ 節酒 ◇**節酒する** moderarsi nel bere, ridurre [limitare] il bere

せっしゅう 接収 confisca[女], requiṣizione[女], sequestro[男] ◇**接収する** requiṣire, confiscare

せつじょ 切除 〖医〗asportazione[女]; 《内臓の》resezione[女], tagl*io*[男][複 -*gli*] ◇**切除する** asportare; resecare ¶肺切除手術 intervento di resezione polmonare

せっしょう 折衝 negoziati[男][複], trattative[女][複], colloqui[男][複] ◇**折衝する** negoziare [trattare] con *qlcu.* su *ql.co.* ¶折衝を重ねる negoziare a più riprese / continuare le trattative ¶折衝は暗礁に乗り上げた. I negoziati sono giunti a un punto morto. ¶折衝は失敗に終わった. Le trattative sono fallite.

せっしょう 殺生 **1** 《殺すこと》uccisione[女] ◇**殺生する** uccidere, ammazzare, togliere la vita《の a》**2** 《残酷》◇**殺生な** crudele, spietato ¶そんな殺生なことをするな. Non essere così crudele!

✤**殺生戒**〖仏教〗comandamento[男] di non uccidere, interdizione[女] di uccidere

せっしょう 摂政 《地位》reggenza[女]; 《人》reggente[男] ◇**摂政の** reggente

ぜっしょう 絶唱 **1** 《優れた詩や歌》splendida [sublime] poeṣia[女] [canzone[女]] **2** 《歌唱》◇**絶唱する** cantare con passione

せつじょうしゃ 雪上車 veicolo[男] cingolato da neve, motoṣlitta[女]; 《スノーモービル》gatto[男] delle nevi

せっしょく 接触 **1** 《触れること》contatto[男]; 《衝突》colliṣione[女] lieve, urto[男] leggero; 〖電〗contatto[男] ◇**接触する** entrare[自][*es*] in contatto《と con》; 《衝突する》urtare leggermente *ql.co.* [*qlcu.*] ◇**接触させる** 《AをBに》mettere A in contatto con B; 《AとBを》mettere in contatto A e B ¶接触している essere a contat-

to con *ql.co.* ¶プラグの接触が悪い. La spina non fa contatto con *qlcu.* ¶2台のバイクが接触した. Le due motociclette si sono toccate.
2 《関係を持つこと》contatto㊚ ◇**接触する** 《知り合う》entrare in [venire a] contatto con *qlcu.*;《連絡を取る》mettersi [《連絡を保つ》tenersi] in contatto con *qlcu.*;《近づく》avvicinarsi a *qlcu.* [*ql.co.*] ¶接触を保つ restare in contatto [mantenere i contatti] 《と con》 ¶接触を断つ interrompere il contatto [rompere i rapporti] 《と con》 ¶…との接触を避ける evitare di incontrare *qlcu.* / tenersi alla larga da *qlcu.*
✣**接触感染** infezione㊛ per contatto ¶接触感染によって広まる trasmettersi per contagio diretto ¶接触感染によって移す contagiare [infettare] *qlcu.* per contatto
接触事故 scontro㊚ leggero 《AとBの fra A e B》 ¶接触事故を起こす causare uno scontro leggero 《と con》

せっしょく 節食 moderazione㊛ nel mangiare ◇**節食する** 《ちょうどよく食べる》mangiare moderatamente;《食べすぎないように》limitarsi nel mangiare;《回数を減らす》limitare i pasti;《ダイエット》fare una dieta, stare a dieta, mettersi a dieta

せっしょく 雪辱 rivincita㊛ ¶見事に雪辱を遂げる prendersi una clamorosa rivincita
✣**雪辱戦** partita㊛ di ritorno, rivincita㊛

ぜっしょく 絶食 digiuno㊚ (stretto) ◇**絶食する** digiunare㊀[*av*], fare digiuno ¶絶食中である stare a digiuno ¶昨日1日絶食した. Tutto ieri non ho toccato cibo.
✣**絶食療法** terapia㊛ del digiuno

せっしょくしょうがい 摂食障害 disturbi㊚[複] dell'alimentazione;《医》parroressia㊛;《拒食症》anoressia㊛ (mentale);《過食症》bulimia㊛

セッション [英 session] 《会合等の》sessione㊛;《音楽などの》[英 session㊛[無変] ¶午後のセッションでは彼が司会をつとめた. La sessione pomeridiana è stata presieduta da lui.

せっすい 節水 economia㊛ [risparmio㊚] d'acqua ◇**節水する** risparmiare l'acqua, ridurre il consumo idrico

せっする 接する **1** 《隣り合う》toccare *ql.co.*;《接近している》avvicinare *qlcu.* [*ql.co.*];《隣接している》essere vicino [contiguo] a *ql.co.* ¶南は太平洋に接している. A sud confina con l'Oceano pacifico. ¶国境に接する町 città di frontiera
2 《応対する》 ¶打ち解けた態度で接する trattare *qlcu.* familiarmente ¶客に丁寧に接する comportarsi [trattare] a dovere la clientela ¶彼女は子供への接し方が上手だ. Lei sa proprio come comportarsi con [come trattare] i bambini.
3 《触れる》 ¶朗報に接する imbattersi in una bella notizia ¶イタリア現代美術に接するよい機会だ. È un'ottima occasione per entrare in contatto con l'arte moderna italiana.
4 《数》toccare; incontrare ¶円に接する直線 tangente㊛ di un cerchio ¶2つの円が接する点 il punto d'incontro di due circonferenze

ぜっする 絶する 《越える》eccedere㊀[*av*]; andare oltre (un limite) ¶彼は言語に絶する辛酸をなめた. Ha patito indescrivibili [indicibili] sofferenze. ¶その光景は想像を絶するものがあった. La scena superava ogni immaginazione.

せっせい 摂生 ◇**摂生する** aver cura della salute

せっせい 節制 moderazione㊛, temperanza㊛ ◇**節制する** moderarsi [limitarsi] in *ql.co.* [nel + 不定詞], evitare gli eccessi

ぜっせい 絶世 ¶絶世の美人 donna di una bellezza 「incomparabile [unica al mondo]

せつせつ 切切 切々たる 《感情に訴える》commovente;《熱い》ardente ¶切々たる思い ardente pensiero ¶切々たる歌は時々と我々の胸に迫る. La sua canzone ci commuove [ci tocca profondamente il cuore].

せっせと せっせと働く lavorare diligentemente [con zelo / alacremente / 《休まずに》senza sosta] ¶せっせと金を貯める accumulare dei risparmi con pazienza e costanza

せっせん 接戦 lotta㊛ serrata;《1対1の》scontro㊚ serrato ¶接戦の末に勝つ vincere「dopo una lotta serrata [《小差で》di stretta misura] ¶ゲームは最後まで接戦だった. È stata una partita dall'esito incerto sino alla fine.

せっせん 接線 《幾何》tangente㊛

せっせん 雪線 limite㊚ delle nevi perenni, linea㊛ delle nevi perenni

ぜっせん 舌戦 ¶激しい舌戦を交えている. Sono impegnati in un'accesa schermaglia verbale [in una discussione animata].

せっそう 節操 《忠節, 夫婦間の貞節》fedeltà㊛;《思想などの一貫性》coerenza㊛;《律義》lealtà㊛;《誠実》integrità㊛ ¶節操のない《主義のない》senza principi (morali) /《不実な》infedele /《移り気な》incostante ¶節操を守る《主義を曲げない》restare fedele ai *propri* principi / non transigere con la *propria* coscienza /《一貫性のある》essere coerente

せっそく 拙速 ¶拙速にことを処する trattare una questione più con fretta che con cautela
✣**拙速主義** politica㊛ che punta alla velocità più che alla qualità

せつぞく 接続 **1** 《機械・電気などの》collegamento㊚, allacciamento㊚ ¶並列[直列]に接続する collegare *ql.co.* in parallelo [in serie]
2 《乗り換え》coincidenza㊛,《道路の》raccordo㊚ ¶接続のため10分間停車する sostare 10 minuti per la coincidenza ¶この列車は接続が悪い. Questo treno non ha coincidenze comode.
✣**接続駅** nodo㊚ ferroviar*io* [複 -*i*]
接続詞《文法》congiunzione㊛
接続点《電》nodo㊚
接続法《文法》modo㊚ congiuntivo ◇**接続法の** congiuntivo ¶接続法現在[過去/半過去/大過去] congiuntivo (al tempo) presente [passato / imperfetto / trapassato]
接続列車 treno㊚ di collegamento

せっそくどうぶつ 節足動物《動》artropodi㊚[複]

せった 雪駄 sandali㊚[複] di lamina di bambù con suola di cuoio

セッター [英 setter] **1** 《犬》[英] setter㊚[無

変] **2**《バレーボールで》alza*tore*男[囡 -*trice*]
せったい 接待 accoglienza囡, ricezione囡
◇接待する accogliere [ricevere] *qlcu.* ¶お茶の接待をする servire il tè a *qlcu.* ¶取引先の接待で夜はたいてい忙しい. Di solito la sera sono occupato a cenare con i nostri clienti.
❖接待費 spese囡[複] di rappresentanza
せったい 舌苔 《医》patina囡 linguale [della lingua]

ぜったい 絶対 assolutezza囡, assoluto男 ◇絶対の[的] assoluto; categor*ico* [男複 -*ci*], tassativo;《全面的な》totale;《完全・完璧な》completo, perfetto ◇絶対に assolutamente, categoricamente, tassativamente;《最終的に》definitivamente;《全面的に》totalmente;《決定的に, きっぱりと》decisamente;《確実に》sicuramente;《どんなことがあっても…しない》a nessun costo ¶絶対命令 ordine tassativo [categorico] ¶絶対的な信頼 fiducia assoluta ¶絶対的な真理 verità assoluta ¶彼が犯人であることは絶対に間違いない. Sono assolutamente sicuro che [Ti giuro], è lui il colpevole. ¶読んでごらん, 絶対におもしろいよ. Prova a leggerlo! Ti garantisco che ti piacerà. ¶宿題は絶対にやりなさいよ. Guai a te se non fai i compiti! ¶絶対確信があるのか. Sei assolutamente sicuro?
❖絶対圧(力)〔物〕pressione囡 assoluta
絶対安静 ¶病人は絶対安静が必要です. È necessario lasciare il malato in perfetto [in assoluto] riposo.
絶対音感〔音〕orecchio男 assoluto
絶対温度〔物〕temperatura囡 assoluta
絶対君主制 monarchia囡 assoluta
絶対権〔法〕diritto男 assoluto
絶対力 autorità囡 assoluta, onnipotenza囡
絶対誤差 errore男 assoluto
絶対者〔神〕l'Assoluto男
絶対主義 assolutismo男
絶対主義者 assolut*ista*男囡[男複 -*i*]
絶対速度〔単位〕〔物〕velocità囡 [unità囡] assoluta
絶対多数 maggioranza囡 assoluta
絶対値 valore男 assoluto
絶対年代 età囡 assoluta
絶対評価 valutazione囡 assoluta
絶対量 quantità囡 assoluta
絶対零度 zero男 assoluto (◆摂氏 −273.15 度)

ぜつだい 絶大 ◇絶大な grandissimo, enorme, immenso;《最高・至高の》supremo ¶絶大な支持を得る ottenere degli appoggi potenti ¶絶大な信用を得る avere una fiducia completa [assoluta]

ぜったいぜつめい 絶体絶命 ¶絶体絶命の危機に陥る cadere [trovarsi] in una crisi disperata ¶絶体絶命の窮地に追い込む mettere *qlcu.* in una situazione senza ["via d'uscita [scampo] ¶絶体絶命だ. Ormai non c'è (più) niente da fare! / Siamo rovinati [fritti / spacciati]!

せつだん 切断 taglio男[複 -*gli*], troncamento男;〔医〕《外科的に》amputazione囡;《手足の》mutilazione囡 ◇切断する tagliare [troncare / amputare /《事故などで》mutilare] *ql.co.* (a *qlcu.*) ¶右足を切断する amputare [mutilare] la gamba destra ¶切断手術を受ける subire un'amputazione / essere sottoposto a resezione ¶彼は車輪に片足を切断された. La ruota gli ha mutilato una gamba.
❖切断面〔図〕sezione囡

ぜつたん 舌端《舌の先》la punta囡 della lingua ¶舌端鋭く彼らを非難した. Li ha criticati "senza pietà [spietatamente]. ¶野党は舌端火を吐く論調で内閣を非難した. L'opposizione ha sputato veleno sul governo. / L'opposizione ha criticato velenosamente il governo.

せっち 接地 **1**《地面に接すること》contatto男 con il terreno **2**〔電〕terra囡, massa囡
❖接地回路 circuito男 di terra

せっち 設置 **1**《器具などの》installazione囡 ◇設置する installare ¶火災報知器を設置する installare l'allarme antincendio
2《学校などの》fondazione囡;《機関などの》istituzione囡 ◇設置する fondare; istituire ¶イタリア語講座を設置する istituire un corso di lingua italiana

せっちゃく 接着 incollatura囡, adesione囡 ◇接着する incollare *ql.co.*, attaccare *ql.co.* con la colla
❖接着剤 collante男, colla囡, agente男 adesivo ¶瞬間接着剤 colla [collante] a presa istantanea [rapida]
接着性 proprietà囡 adesiva
接着テープ nastro男 adesivo
接着力 potere男 adesivo ¶このりのりは接着力が強い[弱い]. Questa colla attacca bene [male].

せっちゅう 折衷・折中 ¶異なる2つの主張を折衷する conciliare due tesi opposte ¶和洋折衷の家 casa in stile misto giapponese-occidentale
❖折衷案 proposta囡 accomodante
折衷主義 eclettismo男 ◇折衷主義的 eclett*ico* [男複 -*ci*]

ぜっちょう 絶頂 **1**《山頂》cima囡, vetta囡 **2**《物事の最高の時》apice男, culmine男, apogeo男, colmo男 ¶彼は今幸福の絶頂にある. Ora è all'apice [al colmo] della felicità. **3**《性的な》orgasmo男 ¶絶頂に達する raggiungere l'orgasmo

せっつく ⇒せつく

せってい 設定《もとになるものを決めること》impostazione囡 ◇設定する impostare ¶目標を設定する fissare l'obiettivo [il fine] (di *ql.co.*) ¶主人公の性格を設定する delineare il carattere di un protagonista

セッティング〔英 setting〕preparazione囡 ◇食卓のセッティングをする apparecchiare [preparare] la tavola

せってん 接点 **1**《物事が接する点》punto男 d'incontro ¶労使の主張の接点 punto d'incontro [di accordo] tra lavoratori e direzione
2〔電〕punto男 di contatto
3〔幾何〕punto男 di tangenza

せつでん 節電 risparmi*o*男[複 -*i*] di elettricità囡 ◇節電する ridurre [limitare] il consumo di elettricità

セット〔英 set〕**1**《ひとそろいの》〔英〕set男[無変], serie囡[無変];《組みになった一式》completo男; servi*zio*男[複 -*i*];《道具一式》〔英〕kit男[無

変] ¶工具セット kit di utensili ¶応接セット mobilia da salotto ¶6人分のコーヒー[紅茶]セット servizio da caffè [tè] da sei ¶6点セットになっている。 È composto da 6 pezzi. ¶セット売りのみとなっております。 Non si possono vendere separatamente.
2《映・劇》［英］set男［無変］; apparato男 scenico［複 -ci］;《舞台美術》scenografia女, scenario男［複 -i］ ¶セットを組む montare il set
3《スポ》［英］set男［無変］ ¶5セットマッチの試合 partita di 5 set ¶ファイナルセット set decisivo
4《髪を整えること》 ¶髪をセットしてください。 Mi faccia la messa in piega.
5《機器などを使えるように準備すること》 ¶目覚ましを7時にセットしておく puntare [mettere] la sveglia alle 7 ¶オーブンを200度にセットする regolare [riscaldare] il forno a 200°C
6《受信機》 ¶ラジオセット apparecchio radio
❖**セットアップ**《コンピュータ》［英］setup男［無変］
セットオール《スポ》 ¶セットオールだ。 Il numero dei set vinti è pari.
セットカウント ¶セットカウント2対0。 Il punteggio dei set è di 2 a 0.
セットポイント《スポ》［英］set point男［無変］

せつど 節度 ◇節度のある misurato, moderato ◇節度のない senza misura, smodato ◇節度をもって con misura [moderazione], misuratamente ¶節度を守る usare una certa misura (in ql.co.) [nel+不定詞] / essere moderato (in ql.co.) [nel+不定詞] / non superare i limiti (di ql.co.)

せっとう 窃盗 furto男, ladrocinio男［複 -i］ ¶窃盗を働く commettere un furto
❖**窃盗罪** furto男
窃盗犯 ladro男［女 -a］

せっとうじ 接頭辞 《文法》prefisso男

せっとく 説得 persuasione女 ◇説得する persuadere (convincere) ql.co. a+不定詞, indurre ql.co. a ql.co. [a+不定詞] ¶説得される essere persuaso [farsi convincere] a+不定詞 [di ql.co.] / essere indotto a ql.co. [a+不定詞] ¶説得してあきらめさせる dissuadere ql.co. da ql.co. [dal+不定詞]
❖**説得力** forza女 persuasiva, capacità女 di persuasione ¶彼の話は説得力があった。 Il suo discorso era convincente.

せつな 刹那 ¶刹那的な喜び piacere momentaneo [passeggero / effimero] ¶彼は刹那主義だ。 Per lui conta solo l'istante presente.

せつない 切ない 《悲しくて》penoso, triste, doloroso; 《恋しくて》languido ¶切ない期待 attesa penosa ¶愛する者との切ない別れ distacco doloroso dalla persona amata ¶切ない思いをする essere [sentirsi] afflitto [addolorato / sconsolato] ¶切ないまなざし sguardo languido ¶切ない胸のうちを語る confidare a ql.co. le pene del proprio cuore

せつなる 切なる 《熱烈な》ardente, ansioso;《心からの》serio男［複 -i］, sincero ¶これは私たちの切なる願いです。 Questo è il nostro desiderio 「più sincero [ardente].

せつに 切に 《熱烈に》ardentemente, fervidamente;《心から》vivamente, profondamente,

di cuore ¶切にお願いいたします。 La supplico.
せっぱく 切迫 **1**《さし迫ること》imminenza女, urgenza女 ◇切迫した 《時間的に》imminente, urgente;《事態発生が》incombente ¶切迫した問題 problema男 di estrema urgenza ¶期限が切迫しているので a causa dell'imminente scadenza dei termini **2**《緊迫》 ◇切迫した teso ¶切迫した情勢 situazione tesa

せっぱつまる 切羽詰まる non avere 「via d'uscita [alternativa], trovarsi alle strette ¶切羽詰まって…する essere ridotto [trovarsi costretto] a+不定詞 dalla necessità ¶私は切羽詰まって本当のことを白状した。 Mi sono trovato 「con le spalle al muro [con l'acqua alla gola] e ho dovuto dire la verità.

せっぱん 折半 ¶費用は君と私で折半しよう。 Dividiamo le spese a metà! / Facciamo a metà!

ぜっぱん 絶版 ¶絶版の fuori stampa ¶絶版にする non ristampare ql.co. / mettere ql.co. fuori stampa

せつび 設備 《個々の》attrezzo男;《集合的に》attrezzatura女, impianto男 ¶暖房設備 impianto di riscaldamento ¶工場に新しい設備を備える installare una nuova apparecchiatura in una fabbrica ¶設備の拡充《経》ampliamento degli impianti ¶設備の整ったアパート appartamento attrezzato [fornito] di tutti i comfort ¶近代的設備の工場 fabbrica con 「attrezzature moderne [impianti moderni]
❖**設備投資** investimenti男［複］in attrezzature industriali
設備費 spese女［複］di attrezzatura

せつびじ 接尾辞 《文法》suffisso男

ぜっぴつ 絶筆 ¶この随筆が彼の絶筆となった。 Questo saggio è stato l'ultima cosa che ha scritto prima della morte.

ぜっぴん 絶品 《傑作》capolavoro男［複 -i］ ¶この料理は絶品だ。 Questo piatto è eccellente [ottimo / superlativo / un capolavoro / davvero prelibato].

せっぷく 切腹 harakiri男［無変］ ◇切腹する suicidarsi 「facendo harakiri [squarciandosi il ventre]

せつぶん 節分 il giorno男 che precede il risshun

日本事情 節分

Si celebra il 3 o 4 febbraio e cioè alla vigilia del capodanno secondo il calendario lunare. Durante la cerimonia si lanciano fagioli di soia verso l'interno e l'esterno della casa per celebrare l'arrivo della primavera, pronunciando la formula: "Dentro la 「porte aperte alla] fortuna e fuori i demoni (di casa)!"

せっぷん 接吻 →キス
ぜっぺき 絶壁 《断崖》precipizio男［複 -i］, dirupo男, scarpata女;《海・湖に面した断崖》faraglione男, scogliera女, falesia女

せっぺん 切片 fetta女;《生体組織の》sezione女, parte女;《数》intersezione女

せつぼう 切望 vivo desiderio男［複 -i］, ardente speranza女 ◇切望する desiderare ardentemente [sperare vivamente] *ql.co.* [di＋[不定詞] / che＋[接続法]]

せっぽう 説法 sermone[男], predica[女]

ぜつぼう 絶望 disperazione[女] ◇絶望する disperarsi, perdere la speranza, disperare[自][*av*] di *ql.co.* [di＋[不定詞] / che＋[接続法]] ◇絶望させる gettare *qlcu.* nella disperazione, portare *qlcu.* alla disperazione, togliere ogni speranza a *qlcu.* ◇絶望的 senza speranza, disperato ◇絶望的に disperatamente ¶人生に絶望する perdere ogni speranza nella vita ¶絶望に陥る cadere nella disperazione ¶絶望の末に自殺する suicidarsi per disperazione ¶彼との再会は絶望的だ. Dispero di poterlo rivedere ancora.

ぜつみょう 絶妙 ◇絶妙な《称賛すべき》ammirevole;《完璧な》perfetto;《たぐいまれな》straordinar*io* [男複 -*i*] ¶絶妙なタイミング tempismo perfetto

せつめい 説明

spiegazione[女];《解明》chiarimento[男], delucidazione[女];《解説, 図解》illustrazione[女];《描写》descrizione[女];《解説》commento[男] esplicativo ◇説明する spiegare [chiarire / delucidare / illustrare / descrivere] *ql.co.* a *qlcu.*, dare una spiegazione a *qlcu.* su [di] *ql.co.*, commentare *ql.co.* ¶説明を求める chiedere a *qlcu.* una spiegazione su *ql.co.* ¶説明のつかない inspiegabile ¶説明するまでもないことだ. Questa cosa non ha bisogno di spiegazioni [di commenti]. ¶説明が不十分だ. La spiegazione non è esauriente. ¶説明的な文句が多い. Ci sono molte frasi descrittive. ¶説明してくれ. Dammi delle spiegazioni.

✤**説明会** riunione[女] informativa

説明書 guida[女] per l'uso; libretto[男] [《1枚の》〔仏〕dépliant[男][無変]] delle istruzioni

説明図 diagramm*a*[男][複 -*i*] esplicativo

説明責任 responsabilità[女] di chiarire una questione

説明文 nota[女] esplicativa

ぜつめい 絶命 ◇絶命する morire[自][*es*], spirare[自][*es*], esalare l'ultimo respiro

ぜつめつ 絶滅 《絶滅すること》estinzione[女];《絶滅させること》stermin*io*[男][複 -*i*], annientamento[男] ◇絶滅する estinguersi, scomparire[自][*es*] ◇絶滅させる sterminare, annientare ¶絶滅に瀕している essere in via d'estinzione / stare per estinguersi

✤**絶滅危惧種** specie[女] in via d'estinzione

絶滅種 specie[女][無変] estinta

せつもん 設問 domanda[女]

せつやく 節約 economia[女], risparm*io*[男][複 -*i*];《つましくすること, その気持ち》parsimonia[女] ◇節約する economizzare[他],[自][*av*], risparmiare *ql.co.*, fare economia [risparmio] di *ql.co.* ¶時間を節約する risparmiare tempo ¶経費の節約につとめる spendere denaro con parsimonia

✤**節約家** ¶彼女は節約家だ. Quella donna è economa [parsimoniosa].

せつゆ 説諭 ammonizione[女] ◇説諭する ammonire *qlcu.*;《…しないように》ammonire *qlcu.* 「a non＋[不定詞] [affinché non＋[接続法]]

せつり 摂理 《自然の》legge[女];《神意》provvidenza[女] ¶神の摂理 la Divina Provvidenza ¶それが自然の摂理というものだ. Questa è la legge della natura.

せつりつ 設立 《学校・会社・団体の》fondazione[女];《機関・施設の創設, 賞・祝典などの制定》istituzione[女];《会社・劇団などの》costituzione[女] ◇設立する fondare; istituire; costituire ¶1582年設立のクルスカ学会 Accademia della Crusca, fondata nel 1582

✤**設立者** fonda*tore*[男][[女] -*trice*]

設立総会 assemblea[女] costituente

ぜつりん 絶倫 ¶精力絶倫の男 un uomo di straordinaria energia [《性的》di una grande vitalità sessuale]

セツルメント 〔英 settlement〕《社会事業》opere[女][複] di assistenza sociale; opere[女][複] assistenziali;《施設》centro[男] di assistenza sociale nei quartieri poveri

せつれつ 拙劣 ◇拙劣な《下手な》malfatto, scadente, goffo;《二流の》mediocre;《腕の悪い》inetto, incapace;《不器用な》maldestro ¶拙劣な文章 frase malfatta [goffa]

せつわ 説話 《物語》racconto[男], narrazione[女];《神話・昔話などの総称》storie[女][複] e leggende[女][複] ¶民間説話 folclore[男] / folklore[男]

✤**説話体** ¶説話体の詩 poem*a*[男][複 -*i*] in forma narrativa

説話文学 letteratura[女] aneddotica

せと 瀬戸 **1**《海峡》stretto[男], canale[男] **2** ⇒瀬戸物

せどうか 施頭歌 *sedoka*[男][無変] (◆ poesia giapponese di 38 sillabe suddivisa in 6 versi di 5–7–7–5–7–7)

せとぎわ 瀬戸際 momento[男] crit*ico* [複 -*ci*], momento[男] cruciale ¶生きるか死ぬかの瀬戸際だ.《生死の境にある》È in bilico fra la vita e la morte. /《大問題である》È una questione di vita o di morte.

✤**瀬戸際政策** politica[女] 「del brinkmanship [del rischio calcolato]

せとないかい 瀬戸内海 Mare[男] Interno del Giappone

せともの 瀬戸物 《陶器》ceramica[女];《磁器》porcellana[女] ¶瀬戸物の花瓶 vaso di ceramica

せなか 背中

dorso[男], schiena[女] ⇒体 [図版] ¶背中に担ぐ portare *ql.co.* [*qlcu.*] addosso [sul dorso / sulla schiena] /《両肩に》portare *ql.co.* [*qlcu.*] sulle spalle ¶背中を丸める incurvare la schiena ¶背中を向ける voltare le spalle a *qlcu.* / dare la schiena a *qlcu.* (►比喩的に「見捨てる」の意味もある)

✤**背中合わせ** ¶背中合わせで mettendosi di schiena con *qlcu.* ¶危険と背中合わせの仕事 lavoro a contatto col pericolo ¶劣等感と優越感は背中合わせである. Il complesso di inferiorità e quello di superiorità sono i lati opposti della stessa medaglia.

ぜに 銭 soldi[男][複], denaro[男]

ぜにあおい 銭葵 〔植〕malva[女]

ぜにごけ 銭苔 〔植〕《ゼニゴケ科》epatiche[女][複]

ぜにん 是認 approvazione[女], consenso[男] ◇是認する《よいと認める》approvare *ql.co.* [che＋[接続法]], acconsentire[自][*av*] a＋*ql.co.* [a＋

せ

[不定詞]] ◇是認できる approvabile; ammissibile ◇是認しがたい inammissibile

せぬい 背縫い 〘服〙《縫い目》 cucitura㊛ del dorso di un abito

せぬき 背抜き 〘服〙 ¶背抜きの上着 giacca semisfoderata / 《裏地のない》 giacca sfoderata

ゼネコン grossa impresa㊛ edile [di costruzioni]

ゼネスト sciopero㊚ generale ¶ゼネストを宣言する proclamare lo sciopero generale ¶ゼネストに突入する entrare in sciopero generale

せのび 背伸び 《背筋を伸ばすこと》 ◇背伸びする 《つま先立ちになる》 alzarsi sulla punta dei piedi; 《体を伸ばす》 stirarsi, farsi il più alto [《女性》 la più alta] possibile; 《無理をする》 cercare[自] [*av*] di essere più di quel che si è; 《大人のふりをする》 atteggiarsi da adult*o* ¶彼は背伸びして人と付き合う. Nei rapporti con gli altri si atteggia a migliore di quello che è.

せばまる 狭まる 《狭くなる》 restringersi; 《制限をつける》 limitarsi ¶この道は100メートル先で狭まっている. Questa strada dopo 100 metri si restringe. ¶男女の労働条件の差は狭まりつつある. Le differenze delle condizioni di lavoro tra uomo e donna si riducono sempre più.

せばめる 狭める restringere; 《縮小する》 ridurre; 《条件をつける》 limitare ¶間隔を狭める accorciare le distanze 《…との da》 ¶A社の進出がB社の販路を狭めた. L'ingresso sul mercato della ditta A ha ridotto [ha limitato / ha ristretto] gli ṣbocchi [le vendite] della ditta B.

セパレーツ 〔英 separates〕《水着》 duepezzi㊚ [無変], due pezzi㊚ [無変], bikini㊚ [無変] (►商標)

セパレートコース 〔英 separate course〕〘スポ〙 corsia㊛

せばんごう 背番号 ¶彼の背番号は6番だ. Il suo numero è il 6. / Ha il numero 6.

せひ 施肥 〘農〙 concimazione㊛, fertilizzazione㊛ ◇施肥する concimare [fertilizzare] il terreno [un campo]

ぜひ 是非

1 《善し悪し》 il bene㊚ e il male㊚; 《正当不当》 il giusto㊚ e lo ṣbagliato㊚; 《賛成反対》 i [il] pro㊚ e i [il] contro㊚ ¶…の是非について話し合う discutere insieme il pro e il contro di *ql.co.* ¶彼には是非の判断がつかない. Lui non sa distinguere quello che è giusto da quello che non lo è. ¶是非はともかくおもしろい提案だ. Che la si accetti o no, è sempre una proposta interessante.

2 《必ず》 assolutamente; 《なんとしても》 ad ogni costo, a tutti i costi, a qualunque prezzo, per forza, costi quel che costi ¶一度でいいからぜひヨーロッパへ行きたい. Voglio assolutamente andare in Europa almeno una volta. ¶ぜひ遊びに来てください. Venga a trovarmi, la prego. ¶ぜひお宅に伺いたいと思います. Verrò da lei senz'altro. / Non mancherò di passare da lei.

[慣用] **是非もない** Non c'è niente da fare. / Siamo costretti a farlo [a accettarlo].

セピア 〔英 sepia〕《セピア絵の具, セピア色》 seppia㊛ ◇セピア色の (di color) seppia [無変]

せひょう 世評 opinione㊛ pubblica; 《評判》 reputazione㊛, fama㊛; 《うわさ》 voci㊛ [複] ¶世評にのぼる finire sulla bocca di tutti ¶世評を恐れる temere il giudizio della gente / preoccuparsi della *propria* reputazione ¶世評を意に介さない non curarsi dell'opinione pubblica

せびる ¶父親に小遣いをせびる assillare il padre 「per ottenere del [con richieste di] denaro / spillare denaro al padre

せびれ 背鰭 〘魚〙 pinna㊛ dorsale

せびろ 背広 〘服〙《スーツ》 abito㊚ da uomo; 《三つ揃い》 vestito㊚ completo di gilet; 《上着のみ》 giacca㊛ ⇒洋服 [図版] ¶シングル[ダブル]の背広 completo a un petto [a doppio petto] ¶背広を着る mettersi [indossare] una giacca

せぶみ 瀬踏み ¶瀬踏みをする《川の深さを測る》 miṣurare la profondità di *ql.co.* / 《意図をさぐる》 sondare il terreno

せぼね 背骨 〘解〙 colonna㊛ vertebrale, spina㊛ dorsale

せまい 狭い

1 《面積・幅が小さい》 stretto, piccolo; 《きつい》 stretto, ristretto; 《小さくて息苦しい》 angusto ¶狭い家 una casa angusta [piccola] ¶狭い通路 passaggio angusto [stretto] ¶狭い家に住む vivere in una casa piccola

2 《考え・範囲が》 ristretto, limitato, stretto ¶狭い知識 conoscenza limitata ¶狭い了見 mente ristretta ¶視野の狭い人 persona di mentalità chiusa [di mentalità ristretta] ¶心が狭い essere poco indulgent*e* ¶狭い意味に解釈する prendere [interpretare] *ql.co.* in senso stretto ¶彼は交際範囲が狭い. Non conosce molta gente. / Ha scarse conoscenze.

せまきもん 狭き門 ¶狭き門より入れ. 〘聖〙 "Entrate per la porta stretta." ¶この大学の入試は狭き門である. È estremamente difficile essere ammesso in questa università.

せまくるしい 狭苦しい piccolo e scomodo ¶狭苦しい部屋 camera piccola e diṣagevole

せまる 迫る

1 《接近する》 avvicinarsi, approssimarsi; 《重大事・危険などが》 incombere[自] (►複合時制は稀) ¶敵陣に迫る avvicinarsi al nemico / serrare il nemico da presso / piombare[自] [*es*] sulle linee nemiche ¶死が目前に迫る《人が主語》 essere sull'orlo della tomba / vedere in faccia la morte ¶真相に迫る avvicinarsi alla verità ¶真に迫る演技 interpretazione quanto mai verosimile ¶両岸が迫っている. Le sponde del fiume si restringono. ¶時間が刻々と迫っていた. Il tempo stringeva [incalzava]. ¶試験が迫っている. Gli eṣami si avvicinano [sono imminenti / incalzano]. ¶最後の時が迫った. L'ultima ora è venuta. / È scoccata l'ultima ora. ¶日没が迫っていた. Il sole stava per tramontare.

2 《相手に強く求める》 sollecitare 「*ql.co.* a *qlcu.* [perché＋[接続法]], chiedere *ql.co.* insistentemente a *qlcu.*; 《無理やり…させる》 costringere [forzare] *qlcu.* a＋[不定詞] [perché＋[接続法]], eṣigere *ql.co.* [che＋[接続法]] ¶必要に迫られて spinto dalla necessità ¶支払いを迫る eṣigere [sollecitare] il pagamento ¶借金取りに返済を迫られる essere incalzat*o* [pressat*o*] dai creditori ¶内閣

の総辞職を迫る fare pressione per [sollecitare] le dimissioni del governo ¶責任者に返答を迫った. Abbiamo insistito per avere una risposta dal responsabile.

3《息苦しくなる》 ¶思いが胸に迫る sentirsi stringere il cuore

セミ 〔英 semi〕 ¶セミロングの髪 capelli di media lunghezza ¶セミダブルベッド letto a una piazza e mezza ¶セミヌードの女優の写真 fotografia di un'attrice seminuda

✤セミドキュメンタリー〘映〙film[男] [無変] semidocumentar*io* [複 -*i*]

セミファイナル〘スポ〙semifinale[女]

セミプロ semiprofessionist*a*[男][女] [[男]複 -*i*]

せみ 蟬 〘昆〙cicala[女] ¶せみの抜け殻 spoglia di una cicala ¶せみが鳴いている. Le cicale cantano [friniscono].

✤せみ時雨(しぐれ) l'echeggiare[男] in più punti del coro delle cicale

ゼミ semina*rio*[男] [複 -*i*] ¶A教授のゼミに出席する partecipare al seminario del professor A

せみくじら 背美鯨 〘動〙balena[女] australe [nera]

セミコロン 〔英 semicolon〕 punto e virgola [男] [複 *punti e virgole*] (►句読点「;」. イタリア語文ではコンマ「,」とピリオド「.」の中間のはたらきをもつ) ¶セミコロンを置く mettere un punto e virgola

セミナー 〔英 seminar〕 corso[男] introduttivo; 《大学の》 semina*rio*[男] [複 -*i*] ¶資産運用セミナー breve corso di gestione dei fondi

ゼミナール 〔独 Seminar〕 **1**《大学の》 semina*rio*[男] [複 -*i*] ¶ゼミナールに出る assistere [partecipare] al seminario **2**《講習会》 corso[男]

セムごぞく セム語族 〘言〙lingue[女] [複] semitiche (►アッカド語, ヘブライ語, エチオピア語, アラビア語など)

せめ 攻め ¶すきを見て攻めに転じる cogliere l'occasione per contrattaccare ¶彼は攻めの一手で押してきた. È stato costantemente all'offensiva.

せめ 責め **1**《責任》 responsabilità[女]; 《とがめ》 colpa[女] ¶責めを負う prendersi [assumersi] la responsabilità ¶その責めは僕にある. La colpa è mia. / Il responsabile sono io.

2《拷問》 tortura[女]

せめいる 攻め入る invadere; irrompere[自] (►複合時制を欠く) [fare irruzione] 《に in》 ¶町に攻め入る invadere la città

せめおとす 攻め落とす 《攻撃して降参させる》 prendere d'assalto [espugnare] *ql.co.*

せめく 責め苦 tortura[女] ¶地獄の責め苦を受ける soffrire atroci torture

せめこむ 攻め込む 《侵略する》 invadere ¶わが軍は敵の本営に攻め込んだ. Le nostre truppe hanno fatto incursione nel quartiere generale nemico.

せめさいなむ 責め苛む trattare crudelmente *qlcu.*, tormentare [torturare] *qlcu.* ¶良心に責めさいなまれる avere rimorsi di coscienza

せめたてる 攻めたてる attaccare *qlcu.* senza tregua

せめたてる 責めたてる perseguitare ¶借金とりに責めたてられる essere perseguitat*o* dai creditori

せめつける 責めつける rimproverare con severità

せめて 《少なくとも》 almeno, per lo meno ¶せめて日曜くらいはゆっくり休みたい. Vorrei riposare tranquillamente almeno la domenica. ¶せめて彼の住所さえわかっていたら会いに行くのに. Se almeno [Se solo] sapessi il suo indirizzo andrei da lui. ¶それがせめてもの慰めだ. Questa è la mia sola [unica] consolazione. ¶せめて1万円以下なら買うのになあ. Lo comprerei se costasse al massimo 10.000 yen.

せめどうぐ 責め道具 《拷問の》 strumenti[男] [複] di tortura; 《兵器》 armi[女] [複] da guerra

せめのぼる 攻め上る marciare[自] [*av*] sulla capitale

せめほろぼす 攻め滅ぼす conquistare [sottomettere] *ql.co.*

せめよせる 攻め寄せる ¶わが軍は敵陣を包囲し, 一気に攻め寄せた. Il nostro esercito è avanzato da ogni lato circondando il nemico.

せめる 攻める

attaccare, assalire (►いずれも「非難する」という意味もある); stare addosso; assaltare; 《包囲》 assediare ¶敵を攻める attaccare il nemico ¶泣き落としの手で攻める implorare *qlcu.* insistentemente

せめる 責める

1《非難する》 biasimare [rimproverare] *qlcu.* per *ql.co.* [per＋[不定詞]]; 《批判する》 criticare *qlcu.* [*ql.co.*]; 《…のせいにする》 accusare *qlcu.* di *ql.co.* [di＋[不定詞]] ¶自分を責める tormentarsi / incolparsi / accollarsi la colpa ¶〈人〉の失敗を責める rimproverare un errore a *qlcu.* ¶僕[彼]を責めるなんて, お門違いもいいところだ. Hai sbagliato completamente la persona da rimproverare.

2《厳しく要求する》 chiedere insistentemente a *qlcu. ql.co.* [di＋[不定詞] / che＋[接続法]], insistere 「a＋[不定詞] [per＋[不定詞] / perché＋[接続法]]

3《苦しみを与える》 perseguitare, tormentare; 《拷問》 torturare (►いずれも「精神的な責め苦」にも用いる) ¶良心の呵責(かしゃく)に責められる essere perseguitat*o* [tormentat*o*] dal rimorso ¶警察は被疑者を責めて自白させた. La polizia ha tormentato l'indiziato fino a farlo confessare.

セメント 〔英 cement〕 cemento[男] ¶セメントで固める cementare [fissare con cemento] *ql.co.* ¶虫歯にセメントを詰める otturare con cemento un dente cariato

✤セメント工場 cementifi*cio*[男] [複 -*ci*]

セメントミキサー betoniera[女]

セメントミキサー車 autobetoniera[女]

せもたれ 背凭れ ¶椅子(いす)の背もたれ schienale [spalliera] di una sedia

-せよ ⇒-にせよ

ゼラチン 〔英 gelatin〕 gelatina[女] animale ¶ゼラチン状[質]の gelatinoso ¶板ゼラチン〘料〙colla di pesce in fogli ¶粉ゼラチン〘料〙gelatina in polvere

✤ゼラチンペーパー 《舞台照明用》 filtro[男] colorato

ゼラニウム 〔英 geranium〕 〘植〙gera*nio*[男] [複 -*i*]

❖**ゼラニウム油** essenza㊛ di geranio
セラピー 〔英 therapy〕 terapia㊛
セラピスト 〔英 therapist〕 terapist*a*㊚ ㊛ ㊚複 -*i*〕
セラミックコンデンサー 〚電〛 condensatore㊚ in ceramica
セラミックス 〔英 ceramics〕 〘陶磁器〙 ceramiche㊛複 e porcellane㊛複
せり 芹 〘植〙 prezzemolo㊚ giapponese; 《学名》Oenanthe javanica
せり asta㊛ →競売
せりあい 競り合い competizione㊛, gara㊛ ¶競り合いの末に試合は引き分けに終わった. Dopo una lotta「serrata [testa a testa], la partita si è chiusa in parità.
せりあう 競り合う competere㊂ (▶複合時制を欠く)
せりあげる 競り上げる alzare l'offerta, fare un'offerta superiore ¶値を競り上げる rialzare [fare salire] il prezzo (in un'asta)
ゼリー 〔英 jelly〕 gelatina㊛ ¶ゼリー状の gelatinoso ¶オレンジ[フルーツ]ゼリー gelatina d'arance [di frutta] ¶ゼリー状に固める gelificare *ql.co.*
せりいち 競り市 luog*o*㊚複 -*ghi*〕 adibito alle vendite all'asta
セリウム 〔英 cerium〕 〘化〙 cerio㊚; 《元素記号》Ce
せりうり 競り売り →競売
せりおとす 競り落とす aggiudicarsi [acquistare] *ql.co.* all'asta ¶その彫刻は 20 万円で彼に競り落とされた. Si è aggiudicato la scultura per 200.000 yen.
せりだし 迫り出し 〘劇〙 trabocchetto㊚
せりだす 迫り出す 《押し出す》 spingere㊂ *ql.co.* fuori; 《突き出る》 sporgere㊂ [*es*] in fuori, protendersi; 《舞台で》 uscire㊂ [*es*] 〔venir fuori〕 da un trabocchetto
せりふ 台詞・科白 **1** 〘劇〙 dialog*o*㊚複 -*ghi*〕; 《それぞれの役の》 parte㊛; 《1 つ 1 つの》 battuta㊛; 《長ぜりふ》 tirata㊛; 《劇全体の台本の内容》 test*o*㊚ ¶せりふを言う dire la battuta ¶せりふを覚える imparare la parte
2 《言いぐさ, 決まり文句》 ¶そんなせりふはもう聞き飽きた. Non me ne posso più di sentirti dire la stessa cosa. ¶ほら, あいつのおきまりのせりふが出た. Ecco, se n'è uscito con la solita frase!
❖**せりふ回し** dizione㊛; 《感情のこめ方や演技》 recitazione㊛, declamazione㊛ ¶せりふ回しがうまい avere una dizione [recitazione] perfetta
せりょう 施療 assistenza㊛ medica gratuita
❖**施療院** ospizi*o*㊚複 -*i*〕, ospedale㊚ di carità
せる 競る **1** 《競り合う》 competere㊂ (▶複合時制を欠く) **2** 《株式市場や競売で》 alzare l'offerta
セル 〔蘭 serge〕〘織〙 saia㊛; 〔仏〕 serge㊚〔無変〕; sargia㊛複 -*gie*〕
-せる →–させる
セルフ- 〔英 self-〕 self-, auto-
❖**セルフコントロール** autocontrollo㊚, padronanza㊛ di sé
セルフサービス 〔英 self-service〕 self-service㊚〔無変〕 ¶セルフサービスの食堂 (ristorante) self-service ¶ここはセルフサービスだ. Qui è self-service [ci si serve da sé].
セルフタイマー autoscatto㊚
セルモーター 〚車〛 motorino㊚ di avviamento, avviatore㊚
セルロイド 〔英 celluloid〕 celluloide㊛
セルロース 〔英 cellulose〕〘化〙 cellulosa㊛
❖**セルロース樹脂** resina㊛ cellulosica
セレナーデ 〔独 Serenade〕〘音〙 serenata㊛
セレモニー 〔英 ceremony〕 cerimonia㊛
セレン 〔独 Selen〕〘化〙 selenio㊚; 《元素記号》Se

ゼロ 〔英 zero〕 **1** 《数字の》 zero㊚ ¶5 対 0 で我々はイタリアチームに勝った. Abbiamo vinto (con) l'Italia per 5 a 0.
2 《最初》 ¶ゼロからやり直す rifare *ql.co.* da capo / 《再出発》 ripartire da zero [da capo]
3 《何にも無いこと》 ¶あの男は責任感ゼロだ. Quell'uomo「non ha alcun [ha zero] senso di responsabilità. ¶あいつは仕事に関してはまったくゼロだ. Nel lavoro「non vale niente [vale zero]. ¶彼は美的センスゼロだ. Non ha alcun senso estetico.
❖**ゼロエミッション** emissione㊛ zero〔無変〕 ¶ゼロエミッションカー macchina a emissione zero
ゼロ回答 ¶会社は組合に対してゼロ回答を出した. La direzione dell'azienda ha seccamente respinto la rivendicazione del sindacato.
ゼロ歳児 bambin*o*㊚ ㊛ -*a*〕 che non ha ancora compiuto un anno di età; 《生まれたばかりの子》neonat*o*㊚ ㊛ -*a*〕
ゼロ成長 〘経〙 crescita㊛ zero
ゼロ敗 sconfitta㊛ per cappotto ◊ ゼロ敗を喫する perdere per cappotto ◊ ゼロ敗させる dare cappotto a *qlcu.*
ゼロベース予算 bilancio㊚ a base zero
ゼロベクトル 〘数〙 vettore㊚ zero
ゼロメートル地帯 zona㊛ a livello del mare
セロハン 〔英 cellophane〕 cellofan [cellofan]㊚〔無変〕, 〔仏〕 cellophane㊚〔無変〕
❖**セロハン紙** carta㊛ di cellophane
セロハンテープ scotch [scɔtʃ]㊚〔無変〕 (▶商標), nastro㊚ adesivo
セロリ 〔英 celery〕〘植〙 sedano㊚
せろん 世論 opinione㊛ pubblica ¶世論を動かす influenzare l'opinione pubblica ¶世論に耳を傾ける fare attenzione [prestare orecchio] alle tendenze del pubblico ¶ある問題への世論を喚起する sensibilizzare l'opinione pubblica a un problema
❖**世論調査** sondaggi*o*㊚複 -*gi*〕 d'opinione

せわ 世話 **1** 《面倒をみること》 cura㊛; 《看護, 援助》 assistenza㊛, aiuto㊚ ◊ 世話をする occuparsi di *qlcu.*, prendersi cura di *qlcu.*, badare [*av*] a *qlcu.*; assistere [aiutare] *qlcu.* ¶年寄りの世話をする assistere gli [prendersi cura degli] anziani ¶赤ん坊の世話で忙しい. Sono molto occupata col bambino. ¶昔あの人の世話になった. In passato ha fatto molto per me. ¶この子はおじの世話になっている. Questo bambino è affidato allo [è a carico dello, è allevato dallo] zio. ¶いろいろお世話になりました. La ringrazio di tutto. ¶大きなお世話だ. Non sono affari tuoi! / Impicciati degli affari tuoi!

2《やっかい, 迷惑》disturbo⑲ ¶お世話ばかりおかけして申しわけありません. Mi dispiace molto che vi dobbiate disturbare sempre per me. ¶他人に世話をかけないようにしろ. Cerca di non pesare sugli altri.
3《紹介, 斡旋》presentazione㊛, raccomandazione㊛ ¶就職の世話をする aiutare qlcu. a trovare un lavoro / raccomandare qlcu. per un lavoro ¶いい眼医者さんを世話してください. Può presentarmi un buon oculista?

[慣用] **世話がない**《手数がかからない》 ¶うちの子は何でも自分でやるから世話がない. Mio figlio è autonomo, fa tutto da solo. (2)《あきれる》¶買ったと思ったらすぐ無くすのだから君は世話がない. Sei impossibile! Non fai in tempo a comprare una cosa che subito la perdi.
世話が焼ける ¶まったく世話の焼ける子だ. È un bambino che dà molto da fare!
世話を焼く ¶なにくれとなく世話を焼く circondare qlcu. di attenzioni / colmare qlcu. di premure
❖**世話狂言** →世話物
世話好き 《人》impiccione⑲[㊛ -a], ficcanaso⑲[⑲複 ficcanasi; ㊛複 ficcanaso] ◇ 世話好きな servizievole, premuroso
世話女房 brava donna㊛ di casa, moglie㊛[複 -gli] devota
世話人 organizzatore⑲[㊛ -trice]
世話物 genere⑲ di opere del teatro bunraku o kabuki in cui vengono descritti avvenimenti o personaggi del popolo del periodo Edo →歌舞伎 [日本事情]
世話役 organizzatore⑲[㊛ -trice]

せわしい 忙しい《いそがしい》indaffarato, affrettato; 《落ち着かない》irrequieto, agitato
◇せわしげに precipitosamente, con aria indaffarata ¶せわしい足取りで歩く camminare a passi affrettati ¶何せわしい男だろう. Che uomo irrequieto! / Non si dà mai pace!

せわしない 忙しない →忙(ぜ゙)しい

せん 千 mille⑲ ¶1000分の1 un millesimo ¶1000番目の millesimo ¶1000倍 mille volte ¶1000倍を multiplicare per mille / 《稀》millecuplicare ¶数千の兵 alcune [varie] migliaia di soldati ¶1000年祭 millenario ¶2000年祭 2° [secondo] millenario ¶1993年に nel 1993《読み方》millenovecentonovantatré》¶数千年来の伝統 tradizione plurimillenaria ¶1000年《間》millennio

せん 先 《相手よりさきにすること》 ¶彼を食事に招くつもりだったが, 先(ゼン)を越されてしまった. Intendevo invitarlo a pranzo, ma mi ha preceduto.

せん 栓 tappo⑲ ¶《瓶の王冠》tappo a corona; 《コルクの》tappo di sughero; 《中栓》tappo⑲ di tenuta; 《酒だるなどの栓》cannella㊛; 《樽の栓》zaffo⑲ ¶《水道・ガスの元栓》rubinetto⑲; 《特にガスの》chiavetta㊛; 《流し, 浴槽の》tappo⑲ ¶《はめ込み式の》¶《ねじ込み式の/ねじ切り型の》栓 tappo a vite [a strappo / a vite con frattura] ¶瓶に栓をする tappare una bottiglia / mettere il tappo alla bottiglia ¶風呂の栓をする[抜く] mettere [togliere] il tappo alla vasca da bagno ¶栓を開ける[閉める/ひねる]《水道・ガスの》aprire [chiudere / girare] il rubinetto ¶指で耳に栓をする tapparsi le orecchie con le dita

せん 腺《解》ghiandola㊛ ¶涙腺 ghiandola lacrimale

せん 銭 sen⑲《無変》(◆un centesimo di yen) ¶小遣い銭 denaro per le piccole spese ¶お前には1銭も貸さないぞ. Non ti presto neppure un centesimo. ¶A社株1円23銭高. La quotazione delle azioni della ditta A è aumentata di 1,23 《読み方》uno virgola ventitré》yen.

せん 線 **1**《筋》linea㊛, tratto⑲; 《罫》riga㊛; 《輪郭など》contorno⑲ ¶曲線 linea curva ¶直線 linea retta ¶点線 linea punteggiata ¶破線 linea tratteggiata ¶太い線 linea spessa [grossa] ¶細い線 linea sottile ¶縦[横]線 riga verticale [orizzontale] ¶生命[感情]線《手相の》linea della vita [del cuore] ¶国境線 linea di confine (di stato) ¶線を引く tirare [tracciare] una linea [una riga] ¶線を引いて名前を消す cancellare il nome con un tratto di penna ¶彼女は体の線がきれいだ. Ha una bella figura.
2《鉄道, 空路》linea㊛ ¶国際[国内]線 linea internazionale [nazionale] ¶単[複]線《鉄道》binario unico [doppio] ¶ローカル線 linea locale ¶7番線《鉄道》binario sette
3《電線, 電話線》¶電線 filo elettrico /《伝導路》linea elettrica ¶電話線 linea telefonica ¶ただいまその線はふさがっております.《電話》La linea è occupata.
4《方針》linea㊛ ¶この線で仕事を進めようじゃないか. Che ne direste di proseguire il lavoro seguendo questa linea?

[慣用] **いい線をいく** andare bene ¶彼の仕事はいい線をいっている. Il suo lavoro sta andando bene.
線の太い ¶線の太い人 persona energica [di polso]
線の細い ¶線の細い人 persona debole [fiacca]
線を引く (1)《制限を設ける》porre un limite《に a》(2)《計画を立てる》fare un programma
❖**線運動**《物》moto⑲ lineare
線スペクトル《光》spettro⑲ a righe
線速度《物》velocità㊛ lineare

せん 選 ¶君の作品は選にもれた. La tua opera non è stata scelta [selezionata] per la mostra.

-せん -戦 ¶市街戦 combattimento [battaglia / conflitto] in città ¶リーグ戦 partite di campionato ¶大学対抗戦 campionato interuniversitario ¶選挙戦 battaglia elettorale

ぜん 善 bene⑲; 《徳》virtù㊛, bontà㊛;《正義》giustizia㊛ ¶善を行う compiere del bene ¶善をもって悪に報いる rendere bene per male ¶人間の本性は善である. La natura umana è fondamentalmente buona. ¶善は急げ.《諺》"Affrettati a fare del bene."

ぜん 禅 zen⑲
❖**禅画** dipinto⑲ [quadro⑲] zen
禅宗 buddismo⑲ [scuola㊛] zen
禅僧 monaco⑲[複 -ci] buddista[複 -i] zen
禅寺 tempio⑲[複 templi] buddista zen

ぜん 膳《食べ物を載せる台》tavolino⑲ da pranzo; grande vassoio⑲[複 -i] con gambe; 《台に

ぜん- 載せた料理》pasto 男 su un vassoio ¶膳を運ぶ portare il pranzo su un vassoio ¶お膳をかたづけよう。Sparecchiamo la tavola.

ぜん- 全- tutto, totale ¶全国民 l'intera popolazione ¶全世界 tutto il mondo ¶全収入 reddito totale [complessivo] ¶この辞典は全3巻だ。Questo dizionario è in tre volumi.

ぜん- 前- ex-, precedente, ultimo ¶前大統領 l'ultimo Presidente / l'ex Presidente ¶前世紀 il secolo scorso ¶前内閣 gabinetto precedente

-ぜん -然 ¶彼女はいかにも淑女然と振る舞っている。Si comporta come se fosse una vera signora. ¶彼は芸術家然としている。Ha l'aspetto di [Sembra] un vero artista.

-ぜん -膳 ¶ご飯1膳 una ciotola di riso ¶箸1膳 un paio di bacchette [di bastoncini] (per mangiare)

ぜんあく 善悪 il bene 男 e il male 男 ¶善悪をわきまえている distinguere il bene dal male ¶善悪の彼岸 al di là del bene e del male

せんい 船医 medico 男 [複 -ci] di [a] bordo

せんい 戦意 《士気》morale 男 (delle truppe); 《戦う意志》spirito combattivo, umore 男 battagliero, combattività 女 ¶戦意を高揚する [喪失させる] sollevare [fiaccare] il morale di qlcu. ¶やる気をなくす perdersi d'animo ¶戦意を失う perdere lo spirito combattivo / 《やる気をなくす》perdersi d'animo ¶戦意のない privo di combattività / 《文》imbelle

❖**戦意高揚** [喪失] esaltazione 女 [perdita 女] della combattività

せんい 遷移 transizione 女 ¶歳月の遷移 transizione dei tempi

せんい 繊維 fibra 女; 《生》filamento 男 ¶繊維の多い食べ物 alimento ricco di fibre ¶食物繊維 fibre alimentari ¶神経繊維 filamenti nervosi ¶合成繊維 fibra artificiale [sintetica] ¶天然 [人工 / 化学] 繊維 fibra tessile naturale [artificiale / chimica]

❖**繊維工** [産] 業 industria 女 tessile
繊維細胞 〘解〙fibrocellula 女
繊維腫 〘医〙fibroma 男 [複 -i]
繊維製品 prodotto 男 tessile
繊維素 《動物の》fibrina 女; 《植物の》cellulosa 女
繊維組織 〘解〙tessuto 男 fibroso

ぜんい 善意 buona fede 女, buona volontà 女, buona intenzione 女 ◇善意の《悪意のない》ben intenzionato ¶善意で…する fare ql.co. in buona fede [a fin di bene] ¶彼の言葉を善意に解釈する interpretare le sue parole favorevolmente [positivamente]

ぜんいき 全域 tutta l'area 女 ¶市内全域にわたって in tutta la città ¶その地方全域に in tutto il territorio della regione

せんいきミサイルぼうえいシステム 戦域ミサイル防衛システム sistema 男 [複 -i] di difesa missilistica in zone di guerra

せんいん 船員 marinaio 男 [複 -i]; 《総称的》equipaggio 男 [複 -gi] ¶高級船員 ufficiale 男 di marina mercantile

❖**船員保険** assicurazione 女「dei marinai [dell'equipaggio]

ぜんいん 全員 tutti 男 [複] [女 -e] ¶友人全員 tutti gli amici ¶家族全員 tutta la famiglia ¶我々全員 noi tutti ¶全員そろっていますか。Ci siete tutti quanti? / Ci sono tutti? ¶今日はクラスの全員が出席した。Oggi in classe erano tutti presenti. ¶集まった人は全員彼の意見に賛成した。I convenuti hanno approvato all'unanimità la sua proposta. ¶「全員集合」《号令》"Tutti a raccolta!"

せんえい 先鋭 《鋭くとがっている様子》◇先鋭な acuto, 《先がとがっている》appuntito

❖**先鋭化** radicalizzazione 女
先鋭分子 elemento 男 estremista [複 -i] [radicale]

ぜんえい 前衛 **1** 〘軍〙avanguardia 女 **2** 〘スポ〙avanti 男 [無変]; 《センターフォワード》centro-avanti 男 [無変]; 《攻撃する人》attaccante 男 **3** 《芸術で》avanguardia 女

❖**前衛芸術** arte 女 d'avanguardia
前衛主義 《芸術の》avanguardismo 男
前衛政党 partito 男 d'avanguardia
前衛派 《芸術の》avanguardia 女 (artistica); 《人》avanguardista 男 [複 -i]
前衛部隊 〘軍〙truppe 女 [複] d'avanguardia

せんえいど 鮮鋭度 〘写〙nitidezza 女, definizione 女, risoluzione 女

せんえき 戦役 guerra 女 →戦争

せんえつ 僭越 ◇僭越さ《大胆さ》audacia 女, ardire 男, 《図々しさ》impertinenza 女 ◇僭越な audace, ardito; impertinente ¶僭越にも…する osare+不定詞 / aver l'audacia [avere la sfacciataggine] di+不定詞 ¶僭越ながら私見を述べさせていただきます。Permettetemi di esprimere il mio parere.

せんおう 専横 dispotismo 男, tirannia 女 ◇専横な dispotico [複 -ci], tirannico [男複 -ci] ¶専横を極める esercitare un'autorità dispotica / tiranneggiare 他, 自 [av]

ぜんおん 顫音 〘音〙trillo 男
ぜんおん 全音 〘音〙tono 男 intero

❖**全音階** scala 女 a toni interi
全音階 scala 女 diatonica
全音程 tono 男 intero
全音符 〘音〙semibreve 女, intero 男 ¶倍全音符 breve 女

せんか 専科 corso 男 di specializzazione ¶デザイン専科 corso di specializzazione in design

せんか 戦火 ¶戦火に見舞われる subire i disastri della guerra ¶戦火が拡大する [収まった]. Il conflitto si allarga [si è concluso].

せんか 戦果 risultato 男 della battaglia ¶着々と戦果を挙げる collezionare vittorie su vittorie

せんか 戦禍 devastazioni 女 [複] [orrori 男 [複]] della guerra ¶戦禍を被る《市街や国が》essere devastato [dilaniato] dalla guerra

せんか 選果 〘農〙◇選果する fare la cernita della frutta

せんか 選科 materie 女 [複] (di studio) facoltative [opzionali]

❖**選科生** studente 男 [女 -essa] che segue un corso di studio facoltativo

せんか 選歌 《歌を選び出すこと》selezione 女 di poesie; 《選ばれた歌》poesia 女 scelta [selezionata] in un concorso

せんが 線画 《絵》disegno[男] lineare [a tratteggio / a tratto]; 《その手法》tratteggio[男] [複 -gi]

ぜんか 前科 precedente[男] penale, condanna[女] precedente ¶前科がある avere dei precedenti (penali) ¶「前科なし」《証明書・履歴書などで》"Fedina penale pulita" / "Buona condotta" ¶前科6犯の男 uomo che ha già subito sei condanne ¶彼には浮気の前科がある. Lui in passato ha tradito la moglie.

✤**前科者**(もの) pregiudicato[男] [[女] -a]; 《出所者》ex-detenuto[男] [[女] -a]

せんかい 施回 《輪を描いて回ること》giro[男] in tondo; 《輪を描いて飛ぶこと》volteggio[男] [複 -gi]; 《方向転換》virata[女] ◇**施回する** girare[自] [av] in tondo; volteggiare[自] [av]; virare[自] [av] ¶急施回 virata brusca ¶機首を東に施回させる 《飛行機が主語》virare[自] [av] ad est ¶飛行機が上空を施回している. L'aeroplano volteggia su di noi.

✤**施回軸** 〔機〕perno[男], cardine[男], asse[男] di rotazione

施回飛行 volo[男] circolare, virata[女]

せんがい 選外 ¶選外になる essere 「respinto a [eliminato da] un concorso

✤**選外佳作賞** 《等外賞》menzione[女] onorevole [d'onore]; 《コンクール対象外》opera[女] fuori concorso

ぜんかい 全会 ¶全会一致で con voto unanime / all'unanimità

ぜんかい 全快 completa guarigione[女] ◇**全快する** guarire[自] [es] [《人が主語》rimettersi] completamente ¶風邪はもう全快しましたか. È guarito completamente il raffreddore? ¶1日も早い全快をお祈りいたします. Le auguro una pronta e completa guarigione.

✤**全快祝い** 《パーティー》festa[女] per la guarigione; 《贈り物》regalo[男] per la guarigione

ぜんかい 全開 ¶全開にする aprire *ql.co.* completamente [al massimo] ¶「エンジン全開」《号令》"(Mettere i) motori al massimo!" / "A tutta forza!"

ぜんかい 全壊 ¶5戸が台風で全壊した. Cinque case sono state completamente distrutte dal tifone.

✤**全壊家屋** casa[女] completamente distrutta, casa[女] rasa al suolo

ぜんかい 前回 la volta[女] scorsa [precedente], l'ultima volta[女] ◇**前回の** precedente, ultimo, scorso ¶前回までのあらすじ riassunto delle puntate precedenti ¶前々回の選挙 le penultime elezioni

せんがいかつどう 船外活動 attività[女] extraveicolare (nello spazio)

せんがいき 船外機 fuoribordo[男] [無変], motore[男] fuoribordo [無変]

せんがく 浅学 ¶浅学の輩(やから) persone con una cultura superficiale

✤**浅学非才** ¶浅学非才の身ではありますが全力を尽くします. Malgrado la mia scarsa conoscenza e abilità, cercherò di fare del mio meglio. (►イタリアではこういう言い方はしない)

ぜんかく 全角 carattere[男] a due byte

ぜんがく 全学 ¶全学を挙げて創立100周年を祝った. In tutta l'università si è celebrato il centesimo anniversario della fondazione.

✤**全学集会** assemblea[女] generale universitaria

ぜんがく 全額 totale[男], somma[女] totale ¶借金を全額返す pagare tutti i debiti / rimborsare integralmente il debito ¶申し込み金全額をお返しいたします. Si rimborsa tutto l'anticipo.

✤**全額支払い** pagamento[男] integrale

せんかくしゃ 先覚者 precursore[男] [[女] *precorritrice*], antesignano[男] [[女] -a]; 《開拓者》pioniere[男] [[女] -a]

ぜんがくれん 全学連 《「全日本学生自治会総連合会」の略》Zengakuren[女]; Federazione[女] Nazionale Giapponese delle Associazioni Autonome Studentesche

せんかん 戦艦 〔軍〕corazzata[女]

せんかん 潜函 〔土〕cassone[男] pneumatico [複 -ci]

✤**潜函工法** costruzione[女] [fondazione[女]] su cassoni

潜函病 embolia[女] gassosa

せんがん 洗顔 ◇**洗顔する** lavarsi la faccia [il viso]

✤**洗顔料** detergente[男] per il viso

ぜんかん 全巻 《本》¶シリーズ全巻を読む leggere tutti i volumi di una collana

ぜんがん 前癌 〔医〕¶彼の胃は前癌状態にある. Il suo stomaco evidenzia uno stato precanceroso.

✤**前癌症状** precancerosi[女] [無変]

せんがんしゅぎ 先願主義 principio[男] della precedenza nell'assegnazione del brevetto al primo richiedente (◆特許付与は日本では先願主義を, イタリアでは先発明主義 principio della precedenza nell'assegnazione del brevetto al primo inventoreをとっている)

せんかんすいいき 専管水域 acque[女] [複] territoriali [giurisdizionali] ¶漁業専管水域 zona di pesca riservata

せんカンブリアじだい 先カンブリア時代 〔地質〕precambriano[男], era[女] archeozoica, archeozoico[男]

せんき 戦記 cronache[女] [複] militari, annali[男] [複] di guerra

✤**戦記物** storia[女] di una guerra, romanzo[男] di guerra

せんき 戦機 ¶戦機は熟した. È giunto il momento di combattere.

せんぎ 詮議 **1** 《討議》discussione[女] ◇**詮議する** discutere[他], [自] [av] ¶その件は詮議中だ. Si sta discutendo la questione. **2** 《罪を取り調べること》interrogatorio[男] [複 -i] ◇**詮議する** interrogare

ぜんき 前記 ◇**前記の** suddetto, sopraindicato, già citato, di cui sopra ¶前記の理由により stando alle ragioni suddette ¶前記のごとく決定しました. Come abbiamo 「menzionato sopra [già detto], è stato deciso così.

ぜんき 前期 primo periodo[男]; 《前半》prima metà[女]; 《学校で2学期制の》primo semestre[男] [《3学期制の》quadrimestre[男]] (di un anno

scolastico)
✤**前期繰越金** riporto[男] dal conto precedente, saldo[男] riportato
前期決算 chiusura[女] semestrale dei conti
前期試験 eṣami[男][複] del primo semestre
せんぎけん 先議権 ¶予算の先議権は衆議院にある. La Camera dei Rappreṣentanti ha la priorità nella discussione del bilancio.
せんきゃく 先客 viṣitatore[男][女 -trice] [《個人宅の》ospite[男][女]/《店の》cliente[男][女]] precedente ¶先客があって待たされた. Mi hanno fatto aspettare perché c'era un altro prima di me.
せんきゃく 船客 passeggero[男][女 -a] di una nave ¶1等[2等]船客 passeggero di prima [seconda] classe
✤**船客名簿** lista[女] dei passeggeri
せんきゃくばんらい 千客万来 ¶この店は千客万来である. In questo negozio c'è un afflusso ininterrotto [c'è una ressa continua] di clienti.
ぜんきゅうふ 全休符 〘音〙pauṣa[女] di semibreve ¶倍全休符 pauṣa di breve
せんきょ 占拠 occupazione[女];《特に兵力よって》conquista[女] ◇**占拠する** occupare; conquistare, espugnare ¶不法占拠〘法〙occupazione illegale

せんきょ 選挙

elezione[女];《投 票》votazione[女], suffragio[男][複 -gi] ◇**選挙する**《選出》eleggere;《投票する》votare[自][av] ◇**選挙の** elettorale ⇀政治 [用語集]
¶地方選挙 elezioni amministrative ¶大統領選挙 elezioni presidenziali (◆イタリアの大統領は最終的には議会で選出される) ¶普通[制限]選挙 suffragio universale [ristretto] ¶直接[間接]選挙 elezioni a suffragio diretto [indiretto] ¶補欠選挙 elezione suppletiva ¶比例代表制選挙 elezioni con sistema proporzionale ¶国会[参議院/衆議院]選挙 elezioni politiche [della Camera dei Consiglieri / della Camera dei Rappreṣentanti] ¶総選挙を行う[公示する] fare [indire] le elezioni generali ¶選挙に打って出る preṣentarsi「alle elezioni [come candidato] ¶選挙は4月1日に行われる. Le elezioni si terranno il 1° (読み方: primo) aprile.
✤**選挙違反** violazione[女] delle leggi elettorali, brogli[男][複] elettorali
選挙運動[演説/管理委員会] campagna[女] [discorso[男] / comitato[男]] elettorale
選挙区 distretto[男] [circoscrizione[女] / collegio[男][複 -gi]] elettorale ¶大[中/小]選挙区制 sistema di circoscrizioni elettorali di grandi [medie / piccole] dimensioni ¶単純小選挙区制《単純多数1回投票方式》sistema maggioritario secco ¶小選挙区比例代表制 sistema maggioritario uninominale con una quota proporzionale
選挙権 diritto[男] di voto [di elettorato attivo] ¶被選挙権 diritto di elettorato passivo (◆イタリアでは, 下院の選挙権は18歳, 被選挙権は25歳, 上院はそれぞれ25歳, 40歳で与えられる)
選挙公報 bollettino[男] ufficiale delle elezioni
選挙綱領 piattaforma[女] elettorale
選挙事務所 ufficio[男][複 -ci] elettorale
選挙制度 sistema[男][複 -i] elettorale
選挙人 elettore[男][女 -trice] ¶選挙人名簿 lista elettorale [degli elettori] ¶被選挙人 persona eleggibile
選挙ポスター manifesto[男] elettorale
せんぎょ 鮮魚 pesce[男] fresco [複 -schi]
せんきょう 宣教 missione[女], opera[女] missionaria
✤**宣教師** missionario[男][女 -ia; 男複 -i]
せんきょう 船橋 ponte[男] di comando, plancia[女][複 -ce]
せんきょう 戦況 situazione[女] militare, andamento[男] di una guerra
✤**戦況報告** bollettino[男] di guerra
せんぎょう 専業 ¶かばん製造を専業にしている essere specializzato nel fabbricare borse
✤**専業主婦** casalinga[女], donna[女] di casa, massaia[女]
専業農家 famiglia[女] di agricoltori a tempo pieno
せんきょく 戦局 faṣi[女][複] di una battaglia [di una guerra];《試合の行方》andamento[男] di una partita ¶戦局が一転した. Le sorti della guerra si capovolsero.
せんきょく 選曲 selezione[女] muṣicale
せんきょく 選局 sintonia[女] ¶ラジオの選局をする sintonizzare la radio su una stazione (emittente) ¶NHKを選局する sintonizzarsi sulla NHK
✤**選局ダイヤル** 《ラジオの》selettore[男] di stazioni radio a manopola
選局ボタン selettore[男] a pulsante
ぜんきょく 全曲 ¶ビートルズの全曲 opera completa dei Beatles ¶ベートーベンの第九を全曲演奏する eṣeguire integralmente la nona sinfonia di Beethoven
ぜんきょく 全局 《全体の局面》situazione[女] generale, aspetto[男] globale ¶全局を見る prestare attenzione a tutta la situazione generale
せんぎり 千切り・繊切り ¶大根を千切りにする tagliare il *daikon* [il rafano bianco]「a listerelle sottili [alla julienne [ʒyljén]]
ぜんきんせん 漸近線 〘数〙asintoto[男]
ぜんきんだいてき 前近代的《近代以前の》premoderno;《古風な》all'antica, di vecchio stile, antiquato;《封建的な》feudale
せんく 先駆 **1**《先導の人》battistrada[男][無変] **2**《物事を先立ってすること》¶先駆をなす aprire la strada a *ql.co.*
✤**先駆者** 《開拓者》pioniere[男][女 -a];《先がけて物事を成しとげた人》precursore[男][女 *precorritrice*]
せんく 線区 〘鉄 道〙tronco[男][複 -chi] ferroviario [複 -i]
せんぐ 船具 attrezzatura[女] di una nave
せんぐう 遷宮 《仮遷宮》trasferimento[男] temporaneo del simbolo sacro di una divinità durante la ricostruzione del santuario;《正遷宮》ricollocamento[男] del simbolo sacro di una divinità nel nuovo santuario
✤**遷宮祭** cerimonia[女] del trasferimento del sacro simbolo di una divinità shintoista
ぜんくしょうじょう 前駆症状 〘医〙prodromi[男][複], sintomatologia[女][複 -gie] prodromica

ぜんくつ 前屈 **1**《前に曲げること》 ¶前屈運動 piegamenti in avanti
2〚医〛 ¶子宮前屈 antiversione dell'utero

ぜんぐん 全軍 ¶全軍の指揮をとる《軍隊で》essere a capo di tutto l'esercito /《スポーツで》avere la responsabilità [il controllo] di tutta la squadra

せんけい 線形 ◇線形の lineare
❖線形関数[方程式]〚数〛funzione㊛ [equazione㊛] lineare
線形計画〚経〛programmazione㊛ lineare

ぜんけい 全景 tutto il panorama㊚ [il paesaggio㊚] ¶ローマの全景を見る abbracciare con lo sguardo il panorama di tutta Roma ¶ナポリの全景を撮る riprendere una veduta panoramica di Napoli

ぜんけい 前掲 ¶前掲の表 la tabella di cui sopra
❖前掲書《注記内の略語》op. cit. (▶ opera citata の略)

ぜんけい 前景〚劇・美・写〛primo piano㊚

ぜんけい 前傾 ¶体を前傾させて歩く camminare col corpo piegato in avanti

せんけいどうぶつ 線形動物〚生〛nematodi㊚[複]

ぜんけいどうぶつ 蠕形動物〚生〛vermi㊚[複]

せんけつ 先決 ¶失業問題の解決が先決だ. Prima di tutto, bisogna risolvere il problema della disoccupazione.
❖先決問題 questione㊛ prioritaria;〚法〛questione㊛ pregiudiziale, pregiudiziale㊛

せんけつ 潜血 sangue㊚ occulto
❖潜血反応検査〚医〛analisi㊛ [無変] del sangue occulto

せんけつ 鮮血 sangue㊚ fresco

せんげつ 先月 il mese㊚ scorso (▶副詞的にも用いる) ¶先月の2日に il 2 del mese scorso
❖先月号 il numero㊚ del mese scorso

ぜんげつ 前月 **1**《前の月》 ¶彼は子供が生まれる前月に帰国した. È tornato a casa il mese「precedente la [prima della] nascita del bambino. **2** → 先月

せんけん 先見 lungimiranza㊛ ¶先見の明がある. È previdente [lungimirante]. ¶先見の明がない. È improvidente. / Non vede al di là del proprio naso.

せんげん 宣言 dichiarazione㊛;《公式な》proclamazione㊛;《上からの》proclama㊚[複 -i]
◇宣言する dichiarare; proclamare ¶人権宣言〚史〛Dichiarazione dei Diritti dell'Uomo ¶ポツダム宣言 Dichiarazione di Potsdam (◆ 1945) ¶勝利宣言 proclama del vincitore ¶爆弾宣言 dichiarazione esplosiva ¶独立を宣言する proclamare [dichiarare] l'indipendenza ¶開会を宣言する dichiarare [proclamare] aperta una seduta
❖宣言文 ¶宣言文を起草する redigere una dichiarazione [un manifesto / un proclama]

せんけん 全権 pieni poteri㊚[複] ¶全権を委任する conferire pieni poteri a qlcu. / dare carta bianca a qlcu. 全権を握る accentrare tutto il potere nelle proprie mani / avere autorità assoluta
❖全権委任 procura㊛ generale
全権大使 ambasciatore㊚ plenipotenziario[複 -i]

ぜんげん 前言 ¶前言を翻す rimangiarsi la parola ¶前言を撤回します. Ritratto [Ritiro] ciò che ho detto.

ぜんげん 漸減 graduale diminuzione㊛, progressiva riduzione㊛ ◇漸減する diminuire㊀ [es] [ridursi] progressivamente

せんけんしゅぎ 先験主義〚哲〛trascendentalismo㊚

せんけんたい 先遣隊 reparto [distaccamento㊚] avanzato, avamposto㊚, avanguardia㊛ ¶先遣隊を派遣する mandare un reparto in perlustrazione [in esplorazione]

せんけんてき 先験的〚哲〛trascendentale;《先天的に》〔ラ〕a priori [無変]
❖先験的観念論 idealismo㊚ trascendentale

せんご 戦後 dopoguerra㊚ [無変], periodo㊚ postbellico[複 -ci] ◇戦後の del dopoguerra, postbellico ¶戦後に nel dopoguerra ¶戦後の日本 il Giappone postbellico [del dopoguerra]
❖戦後経済復興 ricostruzione㊛ economica postbellica
戦後派 generazione㊛ del dopoguerra
戦後補償 risarcimento㊚ di guerra

ぜんこ 全戸《一家全体》tutta la famiglia㊛, tutta la casa㊛;《全部の所帯》tutte le famiglie㊛[複] [case㊛[複]]

ぜんご 前後 **1**《場所や方向の前と後ろ》◇前後に davanti e dietro a ql.co.
¶前後左右に in ogni direzione / da ogni lato ¶前後左右を見回す guardarsi intorno ¶列の前後に in testa e in coda alla fila ¶前後を敵にはさまれた. Siamo stati presi tra due fronti. / Siamo rimasti bloccati dal nemico.
2《時間のあとさき》¶食事の前後に prima e dopo i pasti ¶戦争の前後を比べると人々の考え方も変わっている. Dopo la guerra il modo di pensare della gente è cambiato rispetto a prima.
3《間をあまり置かずに続くこと》¶二人は前後してやって来た. Sono venuti entrambi「a breve distanza l'uno dall'altro [quasi contemporaneamente].
4《順序が逆になること》¶カードの順序が前後している. L'ordine delle schede è invertito [è stato capovolto]. ¶話が前後しました. Ho invertito l'ordine del discorso.
5《物事の順序・道理》¶前後をわきまえずに senza riflettere / sconsideratamente ¶怒りで前後を忘れる essere fuori di sé dalla rabbia
6《およそ，…くらい》¶40歳前後の紳士 signore「sulla quarantina [più o meno sui quarant'anni / intorno ai quarant'anni] ¶10人前後のグループ gruppo di circa dieci persone ¶7時前後に来てください. Venga verso le sette.
❖前後関係 contesto㊚ ¶この文は前後関係を見ないと理解できない. Non posso capire questa frase senza leggere il contesto.
前後不覚 ¶前後不覚に陥る《気絶する》perdere conoscenza [i sensi] /《何をしているかわからなく

る》perdere il controllo di sé /《主語が一人称単数》perdere il controllo (di me stesso)

せんこう 先行 ◇先行する precedere *ql.co.* [*qlcu.*], precorrere *ql.co.*, anticipare *ql.co.* [*qlcu.*] ¶時代に先行する precorrere i tempi / essere avanti coi tempi

✤**先行権**〘法〙diritto[男] di precedenza

先行詞〘文法〙antecedente[男]

先行投資 investimento[男] con diritto prioritario

せんこう 先攻 ◇先攻する attaccare per primo;《野球で》andare alla battuta per primo

せんこう 専攻 specializzazione[女], ramo[男] [materia[女]/ soggetto[男]] di studi;《大学生が学部内で選ぶコース》corso[男] di laurea;《大学院などで研究する課目》materia[女] di specializzazione, disciplina[女] ◇専攻する specializzarsi in *ql.co.* ¶言語学専攻の学生 studente di indirizzo linguistico ¶あなたの専攻は何ですか. Che cosa studi (in particolare)?

せんこう 穿孔 perforazione[女] ◇穿孔する perforare ◇穿孔性の〘医〙perforato, perforante

✤**穿孔機** perforatrice[女];〘冶〙perforatrice[女] termica [a getto di fiamma]

せんこう 閃光 lampo[男];〔英〕flash[男][無変];《ひんぱんな》lampeggio[男][複 *-gi*] ¶閃光を放つ lampeggiare[自][*es, av*](►非人称動詞 [*es*] としても用いる);《突然に》balenare[自][*es, av*](►非人称動詞 [*es*] としても用いる)

せんこう 戦功 meriti[男][複] di guerra, comportamento[男] eroico [複 *-ci*] (in battaglia) ¶戦功を立てる distinguersi [farsi onore] sul campo di battaglia

せんこう 潜行 ◇潜行する《人目を避ける》nascondersi;《非合法な活動をする》agire[自][*av*] clandestinamente ¶地下に潜行する operare clandestinamente

✤**潜行運動** movimento[男] clandestino

潜行スパイ spia[女], talpa[女], infiltrato[男][[女] *-a*]

せんこう 潜航《秘密に航海すること》navigazione[女] segreta;《潜水艦が》immersione[女], navigazione[女] in immersione ◇潜航する navigare [自][*av*] in incognito; immergersi, navigare in immersione

せんこう 線香 bastoncino[男] d'incenso ¶線香を立てる[あげる] bruciare bastoncini d'incenso (per *qlcu.*)

✤**線香花火** ¶あの歌手は線香花火のように消えていった. Quel cantante è passato [si è spento] come una meteora [come un lampo].

せんこう 選考 selezione[女], scelta[女] ◇選考する fare una selezione, scegliere, selezionare ¶第一次選考《選ぶこと》la prima selezione /《選ぶための試験》la prima prova

✤**選考委員会** commissione[女] selezionatrice [esaminatrice /《資格などの》di nomina];《コンクールの》giuria[女]

せんこう 選鉱〘鉱〙cernita[女] di cantiere

◇選鉱する cernere [separare] i minerali

✤**選鉱場** sala[女]「di cernita [di separazione]

選鉱夫 operaio[男][[女] *-ia*; [男]複 *-i*] separatore [[女] *-trice*], cernitore[男][[女] *-trice*] di minerali

ぜんこう 全校 **1**《学校全体》¶私は全校生徒を代表して歓迎の辞を述べた. Ho tenuto il discorso di benvenuto, in rappresentanza di tutti gli studenti. **2**《すべての学校》¶市の全校がその儀式に参加した. Tutte le scuole della città hanno partecipato alla cerimonia.

ぜんこう 前項《前に挙げた条項》〘法〙la clausola[女][il comma[男]] precedente;《前の節》il paragrafo[男] precedente;〘数〙antecedente[男] ¶詳細は前項参照のこと. Per i particolari rifarsi alla clausola [al paragrafo] precedente.

ぜんこう 善行 buona azione[女], opera[女] di bene ¶善行を積む fare buone azioni / operare il bene

ぜんごう 前号 numero[男] precedente ¶「前号より続く」"Continuazione dal numero precedente" ¶「前号までのあらすじ」"Riassunto delle puntate precedenti"

せんこく 先刻《少し前》poco prima;《すでに》già ¶先刻ご承知のとおり come voi già sapete ¶それは先刻承知しています. Ne sono già al corrente.

せんこく 宣告 dichiarazione[女];〘法〙《判決の》sentenza[女], verdetto[男], giudizio[男][複 *-i*];《有罪の》condanna[女] ◇宣告する dichiarare *ql.co.* a *qlcu.*; pronunciare una sentenza [una condanna] contro *qlcu.*; pronunciare un verdetto; emettere un giudizio

¶死刑の宣告 condanna a morte / sentenza di morte ¶破産宣告 dichiarazione di fallimento ¶有罪[無罪]を宣告する dichiarare *qlcu.* colpevole [innocente](►colpevole, innocenteは目的語の性・数に合わせて語尾変化する) ¶終身刑[懲役7年]を宣告する condannare *qlcu.* all'ergastolo [a 7 anni di carcere] ¶私は癌であと3年の命と宣告された. Mi hanno dato solo tre anni di vita per il cancro. ¶彼は右手に麻痺が残りピアニストとして死刑を宣告されたも同然だった. Per un pianista come lui, restare con la mano destra paralizzata, è equivalso a una condanna a morte.

ぜんこく 全国 tutto il paese[男], tutta la [l'intera] nazione[女] ◇全国の nazionale ¶全国的に in [per] tutto il paese ¶全国的規模で su scala nazionale ¶日本全国で in tutto il Giappone ¶全国に広がる estendersi [diffondersi] in tutto il paese

✤**全国区**《選挙の》circoscrizione[女] nazionale

全国紙 giornale[男] nazionale

全国大会《会議》Congresso[男] Nazionale;《選手権》campionato[男] nazionale;《競技会》concorso[男] nazionale

全国中継《放送の》collegamento[男] nazionale

全国平均 media[女] nazionale

全国放送 trasmissione[女] nazionale

せんごくじだい 戦国時代《日本史》periodo[男] Sengoku (◆ periodo dei regni combattenti caratterizzato dalla mancanza di un forte governo centrale, 1467 – 1568)

ぜんごさく 善後策 ¶善後策を講じる prendere delle contromisure / correre ai ripari / cercare [trovare] un ripiego

せんこつ 仙骨〘解〙osso[男][複 gli *ossi*] sacro, sacro[男] ◇仙骨の sacrale

ぜんざ 前座 ¶前座を務める 《演劇・コンサートで》esibirsi prima dell'evento principale /《スポーツの》svolgersi degli incontri minori

センサー 〔英 sensor〕 sensore㊚

せんさい 先妻 ex-moglie㊛ [複 -gli] ;《最初の妻》la prima moglie㊛, la moglie㊛ di primo letto

せんさい 戦災 devastazioni㊛ [複] [danni㊚ [複] di guerra ¶戦災にあう subire i disastri della guerra

✤**戦災孤児** orfano㊚ [㊛ -a] di guerra

戦災者 sinistrato㊚ [㊛ -a] [sfollato㊚ [㊛ -a] di guerra, vittima㊛ della guerra

戦災地 zona㊛ devastata dalla guerra

戦災都市 città㊛ bombardata [distrutta dai bombardamenti]

せんさい 繊細 ◇繊細な delicato, fine;《優雅な》elegante;《ほっそりした》sottile ◇繊細さ delicatezza㊛, finezza㊛; eleganza㊛ ¶繊細な感受性 sensibilità fine [delicata] ¶繊細な色 colore delicato [tenue]

せんざい 千載 ¶千載一遇の機会 occasione㊛ d'oro [unica nella vita] / fortuna inaudita

せんざい 洗剤 detersivo㊚, detergente㊚ ¶中性 [合成／液体／粉末] 洗剤 detersivo neutro [sintetico／liquido／in polvere]

せんざい 潜在 ◇潜在する 《隠れた》essere latente;《可能性のある》esistere㊛ [es] in potenza ◇潜在的 latente, allo stato di latenza; nascosto, sommerso

✤**潜在意識** subcosciente㊚, subconscio㊚ [複 -sci], coscienza㊛ subliminale ◇潜在意識の subconscio [㊚複 -sci ;㊛複 -sce, -scie]

潜在価格《経》prezzo㊚ marginale

潜在失業《経》disoccupazione㊛ latente [nascosta／corrente]

潜在失業者 disoccupati㊚ [複] latenti

潜在主権《政》sovranità㊛ residua [teorica]

潜在性 latenza㊛

潜在能力 capacità㊛ latente

せんさい 前菜 antipasto㊚ →料理【用語集】

せんさく 詮索《調べること》inchiesta㊛, ricerca㊛, indagine㊛ ◇詮索する《細かく調べる》esaminare ql.co. minuziosamente [a fondo], scrutare ql.co. ¶事の真相を詮索する ricercare la verità su un fatto

せんさく 穿鑿 ◇穿鑿する curiosare㊛ [av] in ql.co. ¶穿鑿好きな《ぼしゃけた》indiscreto /《好奇心の強い》curioso ¶他人の穿鑿はやめろ. Non ficcare il naso negli affari degli altri!

センサス 〔英 census〕《人口調査》censimento㊚ della popolazione

せんさばんべつ 千差万別 ◇千差万別の di una varietà infinita, di vario genere ¶人は千差万別だ. "C'è persona e persona." / Ognuno è un essere umano a sé.

せんざんこう 穿山甲《動》pangolino㊚

せんし 先史 preistoria㊛

✤**先史学** (studio㊚ della) preistoria㊛;《古生物学》paleontologia㊛;《先史民族学》paletnologia㊛

先史時代 epoca㊛ preistorica

せんし 戦士 **1**《戦場で戦う兵士》guerriero㊚ [㊛ -a]; combattente㊚, soldato㊚ [㊛ -essa]
2《第一線で活躍する人》¶企業戦士 persona che si dedica anima e corpo al lavoro

せんし 戦史 storia㊛ della guerra ¶戦史に残る essere ricordato nella storia della guerra

せんし 戦死 morte㊛ in battaglia [in guerra] ◇戦死する morire㊛ [es] in guerra, cadere㊛ [es] in battaglia [sul campo di battaglia]

✤**戦死者** caduto㊚ [㊛ -a] in battaglia;《集合的》i Caduti [複]

せんじ 戦時 tempo㊚ di guerra, periodo㊚ bellico [複 -ci] ¶戦時中に durante la guerra

✤**戦時景気** prosperità㊛ degli affari durante una guerra, boom㊚ [無変] economico [複 -ci] del tempo di guerra

戦時経済 economia㊛ del periodo bellico

戦時国際法 convenzione㊛ internazionale di guerra

戦時産業 industria㊛ bellica

戦時色 clima㊚ bellico ¶すべて戦時色に塗りつぶされていた. Tutte le attività erano rivolte verso la guerra.

戦時体制 regime㊚ di guerra

戦時統制 regolamenti㊚ [複] [controlli㊚ [複]] del periodo bellico

戦時保険 assicurazione㊛ contro i rischi della guerra

戦時補償 indennità㊛ di guerra

ぜんし 全史 ¶日本全史 storia completa del Giappone

ぜんし 全紙 **1**《紙のサイズ》foglio㊚ intero
2《紙面全体》tutto lo spazio㊚ in un giornale ¶この新聞は全紙ほとんど広告から成っている. Questo giornale contiene quasi esclusivamente pubblicità. **3**《すべての新聞》tutti i giornali㊚ [複], tutta la stampa㊛

ぜんし 前史 **1**《それ以前の歴史》¶リソルジメント前史 le circostanze [gli eventi] che condussero al Risorgimento **2**《先史》preistoria㊛ ¶中国の前史時代の遺物 le vestigia della Cina preistorica

ぜんじ 漸次 gradualmente, via via, man mano ¶計画は漸次進展しつつある. Il progetto sta gradualmente prendendo forma.

せんじぐすり 煎じ薬 tisana㊛, decotto㊚, infuso㊚

ぜんじだい 前時代 periodo㊚ [era㊛] precedente ◇前時代的 all'antica, di vecchio stile, fuori moda [無変] ¶あの人は前時代の生き残りだ. È un sopravvissuto dei tempi andati.

せんしつ 船室 cabina㊛ ¶《特等 [1等／2等]》船室 cabina di lusso [di prima classe／di seconda classe]

せんじつ 先日 l'altro giorno㊚ (▶副詞的にも用いる), recentemente, di recente ¶先日彼に会ったとき quando l'ho incontrato l'altro giorno ¶先日来 da qualche giorno ¶先日の手紙に書いたとおり come ho scritto nell'ultima lettera ¶先日は失礼しました. Mi scusi per l'altro giorno.

ぜんしつ 全室 ¶「全室バス・トイレ付き」《ホテルの広告》"Tutte le camere 「hanno il bagno [sono con bagno／sono dotate di bagno priva-

ぜんじつ 全日 **1**《一日中》tutto il giorno ¶せっかくのスキーは全日雨だった. Sono andato a sciare ma è piovuto tutto il giorno. **2**《全部の日》tutti i giorni ¶当ホテルは8月8日から末日まで全日予約済みでございます. Il nostro albergo è pieno [tutto esaurito / completo] dall'otto agosto fino alla fine del mese.

ぜんじつ 前日 ¶その前日 il giorno precedente ¶試験の前日 il giorno「prima degli esami [precedente gli esami]

せんじつめる 煎じ詰める **1**《煮詰める》condensare *ql.co.*, addensare *ql.co.* per ebollizione **2**《最後まで論じる》◇煎じ詰めれば《要するに》in una parola, in breve, riassumendo, condensando;《結局》alla fine, insomma ¶煎じ詰めれば失敗の原因は彼の無能にある. Stringi, stringi [In ultima analisi], la causa del fallimento è la sua incapacità.

ぜんじどう 全自動 ◇全自動の automatico [複 -*ci*] ¶全自動洗濯機 lavatrice (totalmente) automatica

せんしゃ 洗車 autolavaggio 男 [複 -*gi*] ◇洗車する lavare [far lavare] un'auto
♣洗車場 (impianto 男 di) autolavaggio 男

せんしゃ 戦車 carro armato, autoblindata 女, autoblindo 男 [無変];《独》panzer 男 [無変] ¶水陸両用戦車 carro armato anfibio ¶重[軽]戦車 carro armato pesante [leggero] ¶対戦車砲 cannone anticarro
♣戦車隊 corpo 男 dei carristi, reparto 男 autoblindato [corazzato]
戦車兵 carrista 男 [複 -*i*]

せんじゃ 撰者《編者》compilatore 男 [女 -*trice*], curatore 男 [女 -*trice*];《作者》autore 男 [女 -*trice*]

せんじゃ 選者《選ぶ人》selezionatore 男 [女 -*trice*], esaminatore 男 [女 -*trice*]

ぜんしゃ 前者 quello 男, il primo 男 (▶女性名詞を受けるときはそれぞれ語尾を女性形にする)

せんしゅ 先取《法》prelazione 女 ¶1点を先取する fare un punto per primo ¶3セット先取した者が勝ちだ. Vince chi si aggiudica per primo tre set.
♣先取点 ¶先取点をあげる andare in vantaggio per primo
先取特権《法》diritto 男 di priorità [di prelazione], privilegio 男 [複 -*gi*]

せんしゅ 船主 padrone 男 [女 -*a*] di una barca, armatore 男 [女 -*trice*] (di una nave)

せんしゅ 船首 prua 女, prora 女 ¶船首をナポリに向ける volgere [dirigere] la prora verso Napoli / far rotta per Napoli
♣船首飾り polena 女, figura 女 di prua

せんしゅ 腺腫《医》adenoma 男 [複 -*i*]

せんしゅ 選手《サッカー・テニスなどの》giocatore 男 [女 -*trice*],《陸上競技・体操などの》atleta 男 女;《競技の参加者》partecipante 男 女, competitore 男 [女 -*trice*], concorrente 男 女 ¶サッカー選手 giocatore 男 [女 -*trice*] di calcio / calciatore 男 [女 -*trice*] ¶体操選手 ginnasta 男 女 [複 -*i*] ¶自転車競技の選手 ciclista 男 女 [複 -*i*] ¶ナショナルチームの選手になる essere selezionato come membro della「squadra [《水泳などの選手団の一員として》rappresentativa] nazionale
♣選手権《試合》campionato 男, incontro 男 valevole per il titolo;《タイトル》titolo 男 ¶世界選手権 campionato mondiale [del mondo] ¶選手権を獲得する vincere il titolo
選手権保持者 detentore 男 [女 -*trice*] del titolo
選手団 squadra 女 ¶バレーボールの日本選手団 la nazionale giapponese di pallavolo
選手村 alloggi 男 [複] per atleti;《オリンピックの》villaggio 男 [複 -*gi*] olimpico [複 -*ci*]

せんしゅう 先週 la settimana 女 scorsa, la scorsa settimana 女 (▶いずれも副詞的にも用いる) ¶先週の今日《esattamente》una settimana fa ¶先週の水曜日《今日が月・火曜日なら》mercoledì scorso /《木曜日以後なら》il mercoledì della settimana scorsa ¶先週この本を買った. Ho comprato questo libro la settimana scorsa.

せんしゅう 専修 specialità 女, specializzazione 女
♣専修科 corso 男 di specializzazione
専修学校 scuola 女 professionale →教育〖用語集〗

せんしゅう 選集 opere 女 [複] scelte, antologia 女 [複 -*gie*] ¶現代ヨーロッパ小説選集 raccolta [antologia] della narrativa europea contemporanea

せんじゅう 先住 ◇先住の aborigeno
♣先住民《集合的》aborigeni 男 [複], indigeni 男 [複], popolazioni 女 [複] autoctone

ぜんしゅう 全集〔ラ〕opera omnia 女, opera 女 completa, collezione 女 ¶イタリア美術全集 raccolta completa dell'arte italiana ¶マキャヴェッリ全集 l'opera completa [tutte le opere] di Machiavelli

ぜんしゅう 前週《ある週の1つ前の週》la settimana 女 precedente

ぜんしゅう 禅宗 buddismo 男 [scuola 女] zen

せんしゅうしゃ 専従者 dipendente 男 女 a tempo pieno;《組合の》sindacalista 男 女 [複 -*i*] permanente [di professione]

せんしゅうらく 千秋楽 ¶今日は芝居の千秋楽です. Oggi è l'ultimo giorno di rappresentazione di scioperi

せんしゅつ 選出 elezione 女 ◇選出する eleggere *qlcu.* ¶東京第1区選出の代議士 deputato eletto nella prima circoscrizione di Tokyo ¶…を会長[議長]に選出する eleggere *qlcu.* presidente (▶無冠詞で)

せんじゅつ 戦術 arte 女 militare, tattica 女;《戦略》strategia 女 [複 -*ci*] ◇戦術的の tattico 男 [複 -*ci*];strategico [男複 -*ci*] ◇戦術的に[上] tatticamente;strategicamente ¶戦術を練る elaborare una tattica [la strategia] / studiare un piano tattico [strategico] ¶戦術を変える cambiare tattica ¶ストライキ戦術をとる attuare un piano di scioperi
♣戦術家 stratega 男 [複 -*ghi*]

ぜんしゅつ 前出 ¶前出の引用文 la summenzionata [suddetta / sopraindicata] citazione ¶前出のグラフによれば secondo il [in base al] precedente grafico [diagramma]

ぜんじゅつ 前述 ◇前述の suddetto, sopracita-

to, di cui sopra
せんしょ 選書 ¶現代イタリア文学選書 opere scelte di letteratura italiana moderna ¶園芸選書 collana di opere selezionate di orticoltura
ぜんしょ 全書 ¶百科全書 enciclopedia
ぜんしょ 善処 ◇善処する prendere le misure opportune, provvedere㊀[av] debitamente a+不定詞 [a *ql.co.*]
せんしょう 戦勝 vittoria㊛ in guerra
❖戦勝記念日 anniversario㊚[複 -i] della vittoria
戦勝国 paese㊚ vittorioso [vincitore]
せんしょう 戦傷
❖戦傷者 ferito㊚[㊛ -a] di guerra
せんしょう 僭称 usurpazione㊛ ¶王を僭称する usurpare il trono
せんじょう 洗浄 lavaggio㊚[複 -gi]; pulizia㊛, detersione㊛; 《医》lavanda㊛ ◇洗浄する lavare [pulire] *ql.co.*, fare il lavaggio [la pulizia] di *ql.co.* ¶胃洗浄 lavanda gastrica
❖洗浄器 enteroclisma㊚[複 -i], irrigatore㊚
せんじょう 扇状 ◇扇状の a ventaglio; 《円錐形の》conoidale;《デルタ状の》a delta
❖扇状地《地質》conoide㊚[cono㊚] di deiezione
せんじょう 扇情 ◇扇情的《センセーショナル》sensazionale;《挑発的》provocante;《刺激的》eccitante;《官能的》sensuale, erotico㊚[複 -ci]
せんじょう 戦場 campo㊚ di battaglia, teatro㊚ della guerra;《前線》fronte㊚ ¶戦場と消える cadere sul campo di battaglia / morire al fronte ¶戦場に向かう partire per il fronte
せんじょう 線上 ¶線上の2点 due punti su una linea ¶彼は当落線上にいる. La sua vittoria alle elezioni corre su thin filo del rasoio. ¶彼らは飢餓線上にあった. Erano sul punto di morire d'inedia.
ぜんしょう 全勝 ◇全勝する vincere tutte le partite
ぜんしょう 全焼 ◇全焼する bruciare㊀[es] completamente, esser raso al suolo dalle fiamme, esser distrutto da un incendio
ぜんしょう 前哨《軍》avamposto㊚
❖前哨基地 base㊛ [postazione㊛] avanzata
前哨戦《軍》schermaglia㊛ preliminare, scaramuccia㊛[複 -ce] ¶選挙の前哨戦 votazione㊛ elettorale preliminare
前哨隊 truppe㊛[複] avanzate, avanguardia㊛
ぜんじょう 前条 l'articolo㊚ [la clausola㊛] precedente
ぜんしょうとう 前照灯《車》faro㊚, proiettore㊚
せんしょく 染色《染めること, または染め色》tintura㊛;《染め色》tinta㊛ ◇染色する tingere *ql.co.* ¶染色しやすい colorabile /《生》cromofilo
❖染色家《伝統工芸の》tintore㊚[㊛ -a]
染色工場 tintoria㊛
せんしょくたい 染色体《生》cromosoma㊚[複 -i] ¶X [Y] 性染色体 cromosoma X [Y] ¶性染色体 cromosoma sessuale
❖染色体異常 aberrazione㊛[alterazione㊛] cromosomica

染色体地図 mappa㊛ dei cromosomi
せんじる 煎じる ¶薬草を煎じる fare bollire delle [preparare un infuso di] erbe medicinali
せんしん 先進 ◇先進的(な) progredito, avanzato
❖先進工業国 paese㊚「industrialmente sviluppato [industrializzato]
先進国 paese㊚ sviluppato
せんしん 専心 ◇専心する applicarsi [dedicarsi] a *ql.co.*, essere assorto in *ql.co.*, concentrare le energie in *ql.co.*
せんしん 線審《スポ》guardalinee㊚㊛[無変][guardalinee㊚㊛[無変]], segnalinee㊚[無変]
せんじん 千尋 ¶千尋の谷 profonda vallata ¶千尋の山 altissima montagna
せんじん 先人 predecessore㊚[㊛ -a]
せんじん 先陣 avanguardia㊛; truppe㊛[複] d'assalto ¶彼らは先陣争いをした. Hanno fatto a gara a chi arrivava per primo.
ぜんしん 全身 tutto il corpo㊚ ¶全身の力をこめて con tutta la forza in corpo ¶全身が震える tremare㊀[av] in tutto il corpo [dalla testa ai piedi] ¶全身ずぶぬれになる essere「tutto bagnato [bagnato fradicio / come un pulcino] ¶全身全霊をささげる dedicarsi [darsi] anima e corpo a *ql.co.*
❖全身運動《動き》movimento㊚[《スポーツ》sport㊚[無変]] che interessa tutto il corpo
全身像 ritratto㊚ a figura intera
全身不随 paralisi㊛[無変] generale [totale]
全身麻酔 ¶全身麻酔をかける fare l'anestesia generale a *qlcu.*
ぜんしん 前身 ¶容疑者の前身を洗う indagare i precedenti di un indiziato ¶この会社の前身は電器店だ. Questa ditta era in origine un negozio di articoli elettrici.
ぜんしん 前進《軍隊などの》avanzata㊛;《軍隊の行進, または発展・進歩》avanzamento㊚;《進歩, 発展》progresso㊚;《自動車などの》marcia㊛ in avanti ◇前進する avanzare㊀[es, av]; progredire㊀[es, av]《人が主語のとき [av], 物が主語のとき [es]》, procedere㊀[es] ¶「前進」《号令》"Avanti, marsc'[marʃ]!" ¶隊に前進命令を下す dare alle truppe l'ordine di avanzare ¶「一歩前進, 二歩後退」(レーニン) "Un passo avanti e due indietro." (Lenin)
❖前進基地《軍》base㊛ [postazione㊛] avanzata
ぜんしん 漸進 progressione㊛ graduale ◇漸進する avanzare㊀[es, av] gradualmente ◇漸進的 progressivo, graduale ¶漸進的改革 riforma㊛ graduale
❖漸進主義 gradualismo㊚
ぜんじん 全人 persona㊛ completa
❖全人教育 educazione㊛ completa
ぜんじん 前人 predecessore㊚[㊛ -a]
❖前人未到 ¶前人未到の記録をうち立てる stabilire un record「senza precedenti [assoluto]
前人未踏 ¶前人未踏の地 terra vergine su cui nessuno ha mai messo piede / terra inesplorata / zona inviolata
せんす 扇子 ventaglio㊚[複 -gli] ¶扇子であおぐ《自分を》farsi vento [fresco] col ventaglio
センス〔英 sense〕《感じとる能力》senso㊚,

(buon) gusto[男] ¶センスのある服装をする vestirsi con gusto / indossare abiti di buon gusto ¶彼にはユーモアのセンスがない. Non ha senso dell'umorismo. / Manca di humor. ¶彼は文学的センスがない. Non è portato per la letteratura.

ぜんず 全図 ¶ローマ全図 mappa (completa) di Roma

せんすい 泉水 《庭園中の池》vasca[女] [laghetto[男]] (di un giardino); 《噴水》fontana[女]; 《自然の泉》sorgente[女]

せんすい 潜水 immersione[女] ◇潜水する immergersi ¶潜水して泳ぐ nuotare sott'acqua ¶潜水して航行する navigare in immersione
✤潜水艦 sottomarino[男], sommergibile[男] ¶ミサイル発射潜水艦 sottomarino lanciamissili [無変]
潜水具 attrezzature[女] [複] per sommozzatori
潜水士 sommozza*tore*[男] [[女] *-trice*], sub[男] [女] [無変], subacque*o*[男] [[女] *-a*]; 《ヘルメット潜水服をつけた》palombaro[男]
潜水病 embolia[女] gassosa
潜水服 《ダイビング用の》tuta[女] da sub; 《ヘルメット潜水服》scafandro[男]
潜水母艦 nave[女] appoggio [無変] per sottomarini

ぜんすうちょうさ 全数調査 〔統〕indagine[女] esauriente

ぜんせ 前世 la *propria* esistenza[女] [vita[女]] precedente ¶前世の因果とあきらめなさい. Rassegnati al tuo karma [destino]!

せんせい 先生

1 《教師》insegnante[男] [女], docente[男] [女]; 《小学校の》maestr*o*[男] [[女] *-a*]; 《中学校以上》professor*e*[男] [[女] *-essa*]; 《家庭教師》precet*tore*[男] [[女] *-trice*], insegnante[男] [女] privat*o*; 《芸事の》maestr*o*[男] [[女] *-a*]; 《講習所・講習会などの》istrut*tore*[男] [[女] *-trice*] ⇀教育 [用語集] ¶高校[大学]の先生をしている essere professor*e* 「di liceo [universitar*io*] ¶生け花[踊り]の先生 maestro di *ikebana* [di danza]
2 《敬称: 医者》dottor*e*[男] [[女] *-essa*] (►dottoreは大学卒業者一般にも使われる); 《弁護士》avvocat*o*[男] [[女] *-essa*]; 《下院議員》onorevole[男] [女]; 《上院議員》sena*tore*[男] [[女] *-trice*] ¶山田先生《教師》il professor [《略》Prof.] Yamada / 《医者》il dottor [《略》Dott.] Yamada (►いずれも呼びかけるときは無冠詞)

せんせい 先制 ¶先制攻撃をかける compiere un attacco preventivo

せんせい 宣誓 giuramento[男], promessa[女] solenne ◇宣誓する giurare[他],[自] [*av*] *ql.co.* [di + [不定詞] / che + [直説法]]; 《<人>の前で》prestare giuramento dinanzi a *qlcu.*; 《聖書に手を置いて》giurare sulla Bibbia ¶選手宣誓 giuramento degli atleti ¶宣誓して証言する《法廷で》testimoniare sotto giuramento ¶宣誓に背く venir meno ad un giuramento / rompere un giuramento
✤宣誓供述書 〔法〕deposizione[女] giurata
宣誓式 cerimonia[女] del giuramento
宣誓書 dichiarazione[女] giurata, giuramento[男] scritto

せんせい 専制 dispotismo[男], autocrazia[女]

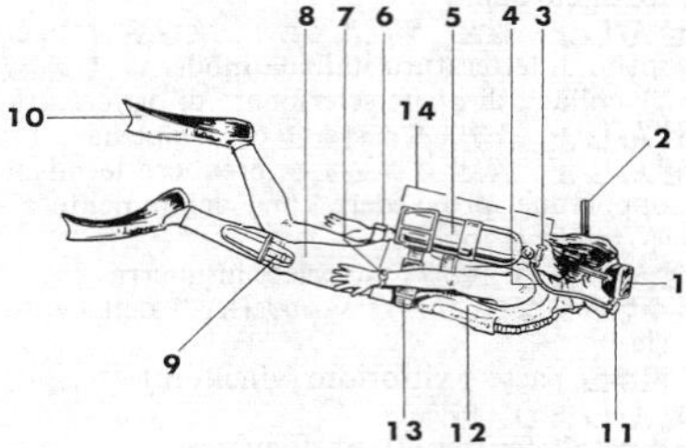

潜水具
1 フェイスマスク maschera[女] subacquea. **2** シュノーケル boccaglio[男]. **3** レギュレーター erogatore[男]. **4** ハーネス imbracatura[女]. **5** エアタンク bombola[女]. **6** 水深計 profondimetro[男]. **7** 腕時計 orologio[男] subacqueo. **8** ウエットスーツ muta[女]. **9** ダイビングナイフ coltello[男] da sub. **10** 足ひれ, フィン pinna[女]. **11** マウスピース bocchino[男]. **12** 救命胴衣, ライフジャケット giubbotto[男] di salvataggio. **13** 重りベルト cintura[女] di zavorra. **14** スキューバ autorespiratore[男], respiratore[男] subacqueo.

◇専制的 dispot*ico* [[男]複 *-ci*], autocrat*ico* [[男]複 *-ci*], assoluto, tirann*ico* [[男]複 *-ci*]
✤専制君主 《王制の》monar*ca*[男] [複 *-chi*] assoluto; 《独裁者》ditta*tore*[男] [[女] *-trice*], despot*a*[男] [女] [[男]複 *-i*], tiranno[男] [[女] *-a*]
専制君主制 monarchia[女] assoluta
専制主義 dispotismo[男], autocrazia[女]; 《絶対主義》assolutismo[男]; 《全体主義》totalitarismo[男]
専制政治 governo[男] [regime[男]] totalitar*io* [複 *-i*]

ぜんせい 全盛 ◇全盛の prospero, fiorente, glorioso ¶ルネサンス美術は全盛を極めていた. L'arte rinascimentale aveva raggiunto il suo massimo splendore. / L'arte rinascimentale era in piena fioritura.
✤全盛期 ¶全盛期にある essere all'apice della prosperità / essere al sommo della gloria / 《人気などの》essere all'apice del successo [della popolarità] ¶全盛期のローマ帝国 Impero Romano 「ai tempi del suo massimo splendore [nell'epoca d'oro]

ぜんせい 善政 buon governo[男], buona amministrazione[女] ¶善政を敷く governare saggiamente

ぜんせいき 前世紀 《ある世紀の前の》il secolo[男] precedente; 《今世紀の前の》lo scorso secolo[男], il secolo[男] scorso ¶前世紀的な考え方 modo di pensare 「all'antica [superato / sorpassato] ¶彼は前世紀の遺物のような男だ. Quell'uomo è un pezzo da museo.

せんせいじゅつ 占星術 astrologia[女]
✤占星術師 astrolog*o*[男] [[女] *-ga*; [男]複 *-gi*]

センセーショナリズム 〔英 sensationalism〕sensazionalismo[男]

センセーショナル 〔英 sensational〕◇センセーショナルな sensazionale

センセーション 〔英 sensation〕 ¶センセーションを巻き起こす suscitare scalpore / far sensazione

ぜんせかい 全世界 tutto il mondo㊚ ¶彼の名は全世界に知れ渡っている。Il suo nome è famoso in tutto il mondo.

せんせき 船籍 nazionalità㊛ di una nave ¶パナマ船籍の船 nave 「con la [battente] bandiera panamense ¶船籍不明の船 nave di nazionalità sconosciuta
❖**船籍港** porto㊚ di registro
船籍証明書 certificato㊚ [atto㊚] di nazionalità

せんせき 戦績 ¶輝かしい戦績を残す(軍人が) avere un brillante [uno splendido / un glorioso] stato di servizio / (スポーツで) riportare un gran numero di vittorie

せんせん 宣戦
❖**宣戦布告** dichiarazione㊛ di guerra ◇宣戦布告する dichiarare guerra 《a / contro》

せんせん 戦線 **1** 《戦闘の第一線》linea㊛ del fronte, fronte㊚
2 《闘争の連帯》¶人民戦線 fronte popolare ¶共同戦線を張る far fronte [causa] comune

ぜんせん 戦前 anteguerra㊚ [無変], periodo㊚ prebellico [複 -ci] [prima della guerra] ¶戦前の日本 il Giappone (d')anteguerra [prebellico]
❖**戦前派** generazione㊛ (d')anteguerra

ぜんせん 全線 ¶全線不通だ。Il servizio ferroviario è interrotto su tutta la linea.

ぜんせん 前線 **1** 《戦争の》prima linea㊛, linea㊛ del fronte ¶前線に兵を送る inviare truppe in prima linea ¶敵の前線を攻撃する attaccare il fronte nemico **2** 《気》fronte㊚ → 天気図版 ¶温暖[寒冷]前線 fronte caldo [freddo]
❖**前線基地** base㊛ avanzata
前線低気圧 《気》bassa pressione㊛ frontale
前線部隊 unità㊛ avanzata [al fronte], truppe [複] di prima linea

ぜんせん 善戦 buon [bel] combattimento㊚
❖**善戦する** combattere㊊, ㊡ [av] bene ¶善戦むなしく敗れた。《試合・軍事・選挙など》Hanno lottato strenuamente ma è stato inutile.

ぜんぜん 全然 ◇全然…ない non... affatto [per niente / assolutamente / completamente / niente] ¶彼は全然耳が聞こえない。È completamente sordo. ¶今まで全然病気をしたことがない。Finora non mi sono mai ammalato. ¶この論文は全然だめだ。Questa tesi è tutta da rifare. ¶もうお金が全然ない。Non ho più neanche un soldo. ¶「お腹すいてる？」「全然」"Hai fame?" "Per niente." ¶税金のことは全然わからない。《親》Non capisco un'acca di tasse.

せんせんきょうきょう 戦戦恐恐 ¶戦々恐々としている essere in costante trepidazione

せんせんげつ 先先月 due mesi fa

ぜんぜんじつ 前前日 《その日の》due giorni prima; 《きょうの》due giorni fa, l'altro ieri

せんせんしゅう 先先週 due settimane fa

せんぞ 先祖 antenato㊚ [㊛ -a], avo㊚ [㊛ -a]; 《集合的》antenati㊚ [複], avi㊚ [複], ascendenti㊚ [複]; ascendenza㊛; 《家系の始祖》capostipite㊚, progenitore㊚ [㊛ -trice] ¶先祖代々の墓 tomba di famiglia ¶先祖伝来の土地 terre avite ¶彼の家は先祖代々医者だ。La sua è una famiglia di dottori da molte generazioni. ¶おおかみは犬の種族の先祖である。Il lupo è il progenitore delle razze canine.

せんそう 船倉 stiva㊛ ¶船倉に…を積み込む stivare ql.co.

せんそう 船窓 《艙窓》oblò㊚, portello

せんそう 戦争 《一般に》guerra㊛; 《闘争》conflitto㊚, lotta㊛; 《戦闘行為》ostilità㊛ [複]; 《個々の》battaglia㊛; 《さらに局部的な》combattimento㊚ ¶戦争する fare una guerra 《と con, contro》, guerreggiare㊊ [av] 《と con, contro》; 《武力に訴える》andare in guerra ¶戦争の guerra, bellico [㊚複 -ci], guerresco [㊚複 -schi] ¶世界[植民地 / 全面 / 局地]戦争 guerra mondiale [coloniale / totale / localizzata] ¶冷たい《宗教》戦争 guerra fredda [di religione] ¶核[化学 / 細菌]戦争 guerra nucleare [chimica / batteriologica] ¶ハイテク戦争 guerra ad alta tecnologia ¶戦争中《に》durante la guerra ¶戦争中である essere in guerra 《と contro》 ¶戦争に行く andare in [alla] guerra / partire per la guerra ¶戦争に勝つ[負ける] vincere [perdere] la guerra ¶戦争で息子を亡くす perdere un figlio in guerra ¶戦争で死ぬ morire in guerra ¶戦争が始まった。È scoppiata la guerra. ¶戦争になりそうだ。C'è minaccia di guerra.
❖**戦争映画** film㊚ [無変] di guerra
戦争ごっこ ¶戦争ごっこをする giocare alla guerra [ai soldati]
戦争状態 stato㊚ di guerra [di belligeranza] ¶戦争状態に入る entrare in guerra
戦争成金 arricchito㊚/㊛ [㊛ -a] di guerra; 《俗》pescecane㊚ [複 pescicani, pescecani]
戦争犯罪 crimine㊚ di guerra
戦争犯罪人 criminale㊚ di guerra
戦争文学 letteratura㊛ di guerra
戦争放棄 rinuncia㊛ alla guerra
戦争未亡人 vedova㊛ di guerra

せんぞう 潜像 《写》immagine㊛ latente

ぜんそう 前奏 preludio㊚ [複 -i] ¶それは次につづく悲劇の前奏にすぎなかった。Quel fatto è stato solo il preludio [l'inizio] della tragedia.
❖**前奏曲** preludio㊚; 《仏》ouverture㊛ [無変]

ぜんそう 禅僧 monaco㊚ [複 -ci] zen [無変]

ぜんぞう 漸増 aumento㊚ progressivo [graduale] ◇漸増する aumentare㊊ [es] [crescere㊊ [es]] progressivamente

せんぞがえり 先祖返り 《生》atavismo㊚, reversione㊛

せんぞく 専属 ¶彼女はA社の専属モデルだ。È un'indossatrice [una modella] legata da un contratto in esclusiva con la società A.
❖**専属契約** contratto㊚ di ingaggio esclusivo ¶専属契約を結ぶ concludere un contratto in esclusiva con qlcu.

ぜんそく 喘息 《医》asma㊛ ◇喘息(性)の asmatico㊚ [㊚複 -ci] ¶彼は喘息もちだ。Soffre d'asma. / Ha l'asma.
❖**喘息患者** asmatico㊚ [㊛ -ca; ㊚複 -ci]

ぜんそくりょく 全速力 ◇全速力で a tutta velocità ¶全速力で走る《人が》correre[自][*av, es*] a gambe levate [a più non posso / a rotta di collo] /《車が》correre a tutta velocità [a tutto gas] /《船が》filare[自][*es, av*] a tutto vapore /《馬が》galoppare[自][*av*] come il vento

ぜんそん 全損 《海上保険で》perdita[女] totale

センター 〔英 center〕 **1**《施設》centro[男] ¶娯楽センター centro d'attrazioni [di divertimenti] ¶ビジネスセンター centro d'affari **2**《野球のポジション・人》esterno centro[男];《バスケットボールの》centro[男],〔仏〕pivot [pivó][男][無変]

✤**センター試験** primo turno[男] degli eṣami di ammissione alle università pubbliche e alcune private

センターバック《サッカーの》difensore[男] centrale

センターフォワード〔スポ〕attaccante[男][女] centrale;《サッカーの》centravanti[男][無変]

センターベンツ〔服〕spacco[男] posteriore

センターライン〔スポ〕linea[女] mediana;《道路の》linea[女] di mezzeria ¶センターラインをオーバーする superare la linea di mezzeria

センダー 〔英 sender〕《送信機》traṣmettitore[男], apparec*chio*[男][複 *-chi*] traṣmittente

せんたい 船体 scafo[男];《船底の竜骨》carena[女]

せんたい 船隊 flotta[女], flottiglia[女]

せんたい 蘚苔 《こけ》mu*schio*[男][複 *-schi*]

✤**蘚苔学**〔植〕briologia[女]

蘚苔類〔植〕briofite[女][複]

せんだい 先代 predecessor*e*[男][女 *-a*] ¶先代の主人《家の》capofamiglia precedente /《店の》titolare precedente ¶先代の社長 il presidente precedente ¶先代団十郎 il precedente Danjuro

せんだい 船台 〔船〕scalo[男] di costruzione

ぜんたい 全体

1《物事の全部》tutto[男], intero[男];《総体》complesso[男], insieme[男], totalità[女] ◇全体の tutto, intero, totale ◇全体的な complessivo, globale;《一般的に》generale ◇全体で in tutto, in totale ◇全体的に dall'[nell']insieme, nella totalità, in complesso, complessivamente, globalmente; generalmente, in generale ¶国全体にわたって per tutto il paeṣe ¶クラス全体で先生に花を贈った. Tutta la classe ha regalato dei fiori all'insegnante.

2《いったい, そもそも》¶全体こんな物を何に使うんだろう. A che cosa servirà mai? / (Ma) Che diavolo ce ne facciamo?

✤**全体会議** assemblea[女] generale, assemblea[女] [seduta[女]] plenaria

全体集合〔数〕soprainsieme[男]

全体主義〔政〕totalitariṣmo[男]

全体主義国家〔政〕stato[男] totalitar*io* [複 *-i*]

全体主義者 totalitarist*a*[男][女][男複 *-i*]

ぜんだい 前代 《前の世代》la generazione[女] precedente;《前の時代》l'ultimo periodo[男]

✤**前代未聞** ◇前代未聞の senza precedenti, inaudito; che non ha precedenti ¶前代未聞の大事故 incidente[男] di dimensioni senza precedenti ¶金メダルを6個とるという前代未聞の偉業をやってのけた. Realizzò l'ineguagliata impresa di vincere sei medaglie d'oro.

せんたいしょう 線対称 〔数〕simmetria[女] assiale

せんたく 洗濯

bucato[男], lavag*gio*[男][複 *-gi*] ◇洗濯する fare il bucato (di *ql.co.*), lavare *ql.co.* ¶洗濯のきく[きかない]布 tessuto lavabile [non lavabile] ¶シャツを洗濯する fare un bucato di camicie ¶スカートを洗濯に出す portare [mandare] una gonna in lavanderia ¶この布地は洗濯しても縮まない. Questo tessuto non si restringe neanche dopo il lavaggio. /《綿の防縮加工》Questo tessuto è stato sanforizzato. ¶命の洗濯になった. Mi sono sentito rinato [ricreato / fresco e riposato]. / Mi sono distratto. ¶鬼のいぬ間に洗濯. 《諺》"Quando il gatto non c'è, i topi ballano." (►直訳すると「猫のいぬ間にねずみは踊る」)

✤**洗濯板** asse[男] per lavare

洗濯機 lavatrice[女];《乾燥機付きの》lavasciuga[女]

洗濯ばさみ molletta[女] per il bucato

洗濯物 bucato[男];《これから洗うもの》roba[女] da lavare ¶洗濯物をすすぐ[乾かす / 干す / 取り込む] sciacquare [far asciugare / stendere / ritirare] il bucato

洗濯屋 《店》lavanderia[女]; tintoria[女] (►もとは「染物屋」の意);《人》lavand*aio*[男][女 *-ia*; 男複 *-i*]

せんたく 選択 scelta[女], opzione[女];《選抜, 淘汰》selezione[女] ◇選択する scegliere *ql.co.*; optare[自][*av*] per *ql.co.*; selezionare *ql.co.* ¶選択を誤る fare una scelta ṣbagliata / scegliere male *ql.co.* / ṣbagliare a scegliere *ql.co.* ¶選択に迷う non saper scegliere ¶私には選択の余地はない. Non ho (altra) scelta.

✤**選択科目** materia[女] facoltativa [《選択必修》opzionale]

選択権〔法〕diritto[男] di opzione

選択肢 ¶次の3つの選択肢の中から正しいものを選びなさい. Scegliere la risposta eṣatta fra le seguenti tre.

選択式 ¶選択式問題《試験》eṣame[男] a quiz [a scelta multipla] /《クイズ》gioco a quiz

選択性[度]〔通信〕selettività[女]

せんだつ 先達 《指導者》〔英〕leader[男][女][無変]; capo[男];《熟達した人》maestr*o*[男][女 *-a*] (di *ql.co.*);《先に立って案内する人》guida[女];《先人》predecessor*e* [女 *-a*] ¶〈人〉の先達を務める fare da guida a *qlcu.*

せんだって 先達て ◇先だっての recente, dei giorni scorsi ¶先だっての件 la faccenda di cui le ho parlato l'altro giorno ¶つい先だって solo l'altro giorno / qualche giorno fa /《最近》ultimamente / recentemente

ぜんだて 膳立 →御膳立

ぜんだま 善玉 personag*gio*[男][複 *-gi*] buono, brava persona[女] ¶善玉悪玉 buoni e cattivi

センタリング 〔英 centering〕〔スポ〕〔英〕cross[男][無変]; passag*gio*[男][複 *-gi*] al centro;《ワープロなどで》centratura[女] ◇センタリングする centrare *ql.co.*;〔スポ〕crossare[自][*av*] al centro

せんたん 先端 **1**《先の部分》punta[女], estremità[女] **2**《先駆け》avanguardia[女] ¶医学の先端 medicina all'avanguardia ¶流行の先端を行く服装をする vestirsi all'ultima moda

✤**先端技術** alta tecnolog*ia*[女][複 *-gie*], tecnolo-

せんたん 先端 ¶戦端を開く aprire le ostilità / scatenare una guerra

せんだん 栴檀 《植》melia⊛ ¶栴檀は二葉より香(かん)う。《諺》"Il genio si riconosce sin da bambino."

せんだん 剪断 《断ち切ること》tranciatura⊛, ta*glio*⊛[複 -*gli*]

せんだん 船団 flotta⊛ ¶船団を組む formare una flotta ¶捕鯨船団 flottiglia di baleniere ¶輸送船団 convoglio di navi da trasporto

せんち 戦地 fronte⊛ ¶戦地に赴く andare al fronte
❖戦地勤務 servizio⊛[複 -*i*]「al fronte [in zona d'operazioni militari]

センチ〔仏 centi〕centi-
❖**センチグラム** centigrammo⊛;《記号》cg
❖**センチグレード** grado⊛ centigrado [Celsius];《記号》°C
❖**センチメートル** centimetro⊛;《記号》cm ¶15センチメートル 15 centimetri / 15 cm / cm 15
❖**センチリットル** centilitro⊛;《記号》cl

ぜんち 全知 onniscienza⊛ ¶全知全能の神 Dio onnisciente e onnipotente

ぜんち 全治 guarigione⊛ completa ◊全治する〔病人・病気・傷などが主語〕guarire⊜[*es*] completamente ¶全治2週間の傷を負う riportare una ferita guaribile in due settimane ¶傷が全治した。La ferita è completamente guarita [rimarginata].

ぜんちし 前置詞《文法》preposizione⊛

センチメンタリズム〔英 sentimentalism〕「安っぽいセンチメンタリズム sentimentalismo⊛「a buon mercato [di bassa lega]

センチメンタル〔英 sentimental〕◊センチメンタルな sentimentale

せんちゃ 煎茶 tè⊛ verde

せんちゃく 先着 ¶先着順に per [in] ordine di arrivo ¶「先着100名様にポスターをプレゼント」《表示》"In regalo un poster ai primi 100." ¶先着はイタリアチームだった。La squadra italiana è arrivata prima.

せんちゅう 船中 ¶船中で a bordo / sulla nave ¶船中くまなく探す cercare *qlcu.* [*ql.co.*] per tutta la nave [da poppa a prua]

せんちゅう 戦中 ◊戦中に[の]in guerra; durante la guerra
❖戦中派 generazione⊛ della guerra

せんちゅう 線虫 《生》anguillula⊛, ascaride⊛
❖線虫類 nematodi⊛[複]

せんちょう 船長 comandante⊛, capitano⊛ di una nave
❖船長室 cabina⊛ del comandante

ぜんちょう 全長 lunghezza⊛ totale [complessiva] ¶全長500メートルのトンネル galleria di [lunga] 500 metri

ぜんちょう 前兆 presagio⊛[複 -*gi*], segno⊛ premonitore [precursore];《吉凶の》augurio⊛[複 -*ri*];《病気の兆候》sintomo⊛ ¶…の前兆である essere un segno [presagio / sintomo] di *ql.co.* [che+直説法] / preannunciare *ql.co.* [che+直説法] ¶よい[悪い]前兆だ。È un buon [cattivo] segno. / È di buon [cattivo] auspicio. ¶È di buon [cattivo] augurio. ¶何かよくないことの前兆だ。Ciò è segno che c'è qualche cosa che non va. / Non lascia presagire nulla di buono.

せんつう 疝痛 mal⊛ di pancia; dolore⊛ addominale dovuto ad una colica; colica⊛

せんて 先手 **1**《碁・将棋などの》prima mossa⊛ ¶先手になる avere la prima mossa / essere di mano **2**《先に行うこと》¶先手を打つ fare la prima mossa / prendere l'iniziativa / precedere *qlcu.* in *ql.co.* [in+不定詞] /（予防のために）prevenire *ql.co.* ¶しまった，彼に先手を打たれた。Accidenti, mi ha anticipato [preceduto]!

せんてい 剪定 potatura⊛ ◊剪定する potare
❖剪定ばさみ potatoio⊛[複 -*i*], cesoie⊛[複] [forbici⊛[複]] da giardiniere

せんてい 選定 selezione⊛, scelta⊛ ¶教科書選定 scelta dei testi scolastici (da parte del consiglio scolastico provinciale)

ぜんてい 前庭 **1**《家の前の庭》giardino⊛ davanti alla casa **2**《解》vestibolo⊛ auricolare ◊前庭の vestibolare
❖前庭器官 apparato⊛[organo⊛] vestibolare

ぜんてい 前提 **1**《事が成立するための条件》premessa⊛, presupposto⊛ ¶前提とする porre *ql.co.* come premessa / presupporre *ql.co.* [che+直説法] ¶結婚を前提とした交際をする frequentarsi in prospettiva del matrimonio ¶話し合いを前提とした外交を行う fare una politica estera basata sui negoziati **2**《論理》premessa⊛ ¶大[小]前提 premessa maggiore [minore]
❖前提条件 requisito⊛[condizione⊛] indispensabile

ぜんてき 全摘《医》asportazione⊛[escissione⊛](chirurgica) totale ¶胃の全摘手術 gastrectomia totale

せんてつ 銑鉄《冶》ghisa⊛ di prima fusione, ghisa⊛ in pani

せんてん 先天 ◊先天的《生まれつきの》innato, naturale;《遺伝性の》ereditario⊛[複 -*i*];《医》congenito ◊先天的に fin dalla nascita, per [di] natura; ereditariamente ¶先天的な性質 qualità innata [naturale] ¶先天的な病気 malattia congenita
❖先天性免疫 immunità⊛ congenita

先天説《哲》innatismo⊛, nativismo⊛;《先験主義》apriorismo⊛

せんでん 宣伝 **1**《広告》pubblicità⊛, annuncio⊛[複 -*ci*][avviso⊛]/《新製品の》lancio⊛[複 -*ci*] pubblicitario [複 -*i*], propaganda⊛;《仏》réclame⊛[無変];《広報活動》pubbliche relazioni⊛[複];《政治的・思想的な》propaganda⊛, diffusione⊛, divulgazione⊛;《プロモーション》promozione⊛ ◊宣伝する fare pubblicità a [di] *ql.co.* [*qlcu.*], propagandare [reclamizzare / pubblicizzare] *ql.co.* [*qlcu.*] ◊宣伝の pubblicitario, propagandistico⊛[複 -*ci*], promozionale ¶はでな[過剰]宣伝 propaganda massiccia [eccessiva] ¶逆宣伝《政治的・思想的な対抗意見》contropropagan-

da ¶新製品をテレビで宣伝する fare la pubblicità di [pubblicizzare] un uovo prodotto alla televisione ¶自分の党の宣伝をする fare propaganda per il *proprio* partito ¶宣伝に乗せられる lasciarsi influenzare dalla propaganda
2《大げさに言いふらすこと》 ¶彼女は自分の彼がハンサムだと前から宣伝していた. È già da un po' che va dicendo in giro di stare insieme a un bel ragazzo.

❖宣伝映画 film@[無変] pubblicitario
宣伝カー vettura@[無変] pubblicitaria
宣伝効果 impatto®[efficacia]® della pubblicità ¶宣伝効果を期待する《ねらう》 aspettarsi buoni risultati dalla propaganda
宣伝戦 campagna@ pubblicitaria [propagandistica]
宣伝費 fondo®[spese@[複]] per la pubblicità
宣伝びら opuscolo® pubblicitario, volantino® propagandistico; 《仏》dépliant®
宣伝ポスター cartellone®[manifesto® / poster®[無変]] pubblicitario
宣伝文句 slogan®[無変] pubblicitario [《政治的・思想的な》 propagandistico]

ぜんてんこう 全天候 ¶全天候用の per qualsiasi tempo ¶全天候飛行 volo con qualsiasi tempo ¶全天候テニスコート campo da tennis sintetico

センテンス [英 sentence] frase®; proposizione®; periodo®

せんと 遷都 ¶京都から東京へ遷都する trasferire la capitale da Kyoto a Tokyo

セント [英 cent] 《ユーロの通貨単位》centesimo®; 《ドルの》cent®[無変]

せんど 鮮度 freschezza® ¶鮮度の高い freschissimo ¶鮮度が落ちる《物が主語で》perdere la freschezza ¶鮮度を保つ conservare la freschezza

ぜんと 前途 **1**《将来》avvenire®, futuro®; 《見通し》prospettiva® ¶前途有望な少年 ragazzo promettente [che ha un bel futuro davanti a sé] ¶前途を祝す augurare il successo ¶前途を悲観する perdere ogni speranza per il futuro ¶いまなお前途多難だ. Ci sono ancora molte difficoltà [da superare [davanti a noi]]. ¶彼の作家としての前途は暗い[明るい]. Non ha futuro davanti a sé [Ha un brillante avvenire] come scrittore.
2《これから先の旅程》¶"途中下車前途無効"《乗車券の表示》Il biglietto non si può più riutilizzare una volta scesi dal mezzo.
❖前途遼遠《りょうえん》¶前途遼遠である. La meta è ancora lontana. / C'è ancora molta strada da fare.

ぜんど 全土 ¶日本全土に in tutto il Giappone / su tutto il territorio giapponese ¶イタリア全土を旅行する viaggiare per tutta l'Italia

せんとう 先頭 testa®, il primo m, la prima ® (▶女性名詞を受けるとき) ¶先頭の車両 vagone® di testa ¶先頭グループ gruppo di testa ¶先頭に立つ《順位・順番などの》passare®[es] in testa / 《指導的立場で》prendere la guida ¶…の先頭にいる essere in testa in *ql.co*. / essere alla testa di *ql.co*. ¶先頭を切って走る correre in testa ¶列の先頭は誰ですか. Chi è il primo della fila?

せんとう 尖塔 《建》guglia®; 《建》《ピナクル》pinnacolo®; 《回教寺院のミナレット》minareto®

せんとう 戦闘 combattimento®, battaglia® ◇戦闘的な 《攻撃的、好戦的》 aggressivo; 《闘争的》 combattivo; 《活動的》 militante ¶戦闘を開始する dare inizio a una battaglia / ingaggiare battaglia ¶戦闘を中止する sospendere un combattimento [le ostilità] ¶戦闘態勢をとる disporsi in ordine di battaglia
❖戦闘員 combattente® ¶非戦闘員 non combattente
戦闘機 caccia®[無変]
戦闘爆撃機 cacciabombardiere®

せんとう 銭湯 bagni®[複] pubblici 銭湯

> Bagni pubblici a pagamento, distinti in zone per uomini e donne. Ciascuna di esse è suddivisa in: spogliatoio, spazio in cui ci si lava e zona delle vasche.
> Durante il periodo Edo fungevano anche e particolarmente da luoghi di incontro. Dopo la seconda guerra mondiale, con l'adozione dei bagni all'interno delle singole case, hanno perso di importanza.
> Alcuni proprietari, per attirare i clienti, hanno puntato sull'ammodernamento dell'attrezzatura propagandando, per esempio, i bagni terapeutici.
> →温泉 [日本事情], 風呂 [日本事情]

せんどう 先導 ◇先導する guidare, fare strada a *qlcu*. [*ql.co*.], precedere (per far strada) ¶…の先導で sotto la guida di *qlcu*. / preceduto da *qlcu*. [*ql.co*.]
❖先導車 macchina® che precede (*qlcu*.)
先導者 [英] leader®[無変]; guida®

せんどう 扇動 《教唆(きょうさ)》istigazione®, incitamento®; 《挑発》provocazione®; 《デマ》demagogia®[複 -gie]; 《アジテーション》agitazione® ◇扇動する istigare [incitare / provocare] *qlcu*. "a *ql.co*. [a＋不定詞 / perché＋接続法]; agitare ◇扇動的な demagogico [複-ci], sedizioso, incendiario [複-i] ¶〈人〉の扇動で per [su] istigazione di *qlcu*. / istigato da *qlcu*.
❖扇動者 istigatore®[®-trice]; provocatore® [®-trice]; agitatore®[®-trice]
扇動政治家 demagogo®[®-ga, ®複-ghi]

せんどう 船頭 barcaiolo®, battelliere® ¶船頭多くして船山に登る. Troppe mani fanno solo danno. / "Con troppi galli a cantare non si fa mai giorno."

ぜんどう 蠕動 《医》peristalsi®[無変]
❖蠕動運動 movimenti®[複] peristaltici

ぜんとうこつ 前頭骨 osso®[複 le *ossa*] frontale

ぜんとうよう 前頭葉 lobo® frontale (del cervello)

セントバーナード [英 Saint Bernard] 《犬》sanbernardo®[複 -o, -i], sambernardo®[複 -o, -i] →犬 図版

セントポーリア [ラ Saintpaulia] 《植》saintpaulia®[無変]; violetta® africana

セントラルヒーティング 〔英 central heating〕 riscaldamento男 centrale

せんない 船内 →船中

ぜんなんぜんにょ 善男善女 gente女 pia, i devoti男[複], i fedeli男[複]

ぜんにちせい 全日制 ¶全日制高校 scuola superiore diurna / liceo diurno

ぜんにほん 全日本 tutto il Giappone男
♦**全日本選手権** campionato男 giapponese

せんにゅう 潜入 ◇潜入する introdursi [insinuarsi / infiltrarsi / intrufolarsi] in ql.co.

せんにゅうかん 先入観 pregiudizio男[複 -i], preconcetto男, opinione女 preconcetta, prevenzione女 ¶先入観で per partito preso / per pregiudizio ¶先入観なしに senza pregiudizi ¶先入観のない人 uomo libero da pregiudizi ¶先入観を持つ essere prevenuto contro ql.co. [qlcu.] ¶先入観に支配されている essere guidato da idee preconcette / essere soggetto a pregiudizi ¶あらゆる先入観を排する liberarsi da ogni pregiudizio / spogliarsi di ogni preconcetto

せんにゅうせんしゅつほう 先入先出法 《会》 primo ad entrare, primo ad uscire

せんにょ 仙女 fata女

せんにん 仙人 eremita男[複 -i] (con poteri miracolosi)

せんにん 先任 ¶先任順の昇進 promozione女 per anzianità
♦**先任者** predecessore男[女 -a], anziano男[女 -a]

せんにん 専任 ◇専任の《フルタイムの》a tempo pieno;《決まった》fisso
♦**専任講師** insegnante男[professore男[女 -essa]] di ruolo

せんにん 選任 《選出》elezione女;《上級機関による任命》nomina女 ¶マネージャーに選任する eleggere [nominare] qlcu. manager

ぜんにん 前任 ◇前任の precedente ¶前任の支店長 il precedente direttore della filiale
♦**前任者** predecessore男[女 -a] (di qlcu.)
前任地 sede女 precedente (lavorativa)

ぜんにん 善人 buona persona女, brava persona女;《男性》uomo男[複 uomini] buono ¶善人と悪人 i buoni e i malvagi [i cattivi]

せんぬき 栓抜き apribottiglie男[無変];《コルク》cavatappi男[無変], cavaturaccioli男[無変]

せんねつ 潜熱 《物・化》calore男 latente

せんねん 先年 qualche anno fa ¶先年来 da qualche anno / in questi ultimi anni

せんねん 専念 ◇専念する dedicarsi [applicarsi] interamente a ql.co., mettersi d'impegno a ql.co. [per+不定詞] ¶療養に専念する preoccuparsi unicamente di recuperare la salute ¶家事に専念する dedicarsi solo alla famiglia

ぜんねん 前年 《ある年の前の年》l'anno precedente男;《去年》l'anno scorso男 ¶前年比 10 % 増 aumento del 10 per cento rispetto all'anno precedente
♦**前年度** 《会計年度》l'anno男 finanziario [《学校の》scolastico /《大学の》accademico] precedente

せんのう 洗脳 lavaggio男[複 -gi] del cervello ◇洗脳する fare il lavaggio del cervello (a qlcu.) ¶洗脳される subire il lavaggio del cervello

ぜんのう 全納 pagamento男 totale;《不足分を支払うこと》pagamento男 a saldo, saldo男 ¶学年初めに年間授業料を全納すること.《大学で》Le tasse universitarie annuali devono essere interamente versate [pagate] all'inizio dell'anno accademico.

ぜんのう 全能 onnipotenza女 ◇全能の onnipotente ¶全能の神 Dio onnipotente (►無冠詞)

ぜんのう 前納 pagamento男 anticipato ◇前納する pagare ql.co. in anticipo ¶返信料前納 con risposta pagata

ぜんのう 前脳 《解》cervello男 anteriore, prosencefalo男

ぜんば 前場 《金融》operazioni女[複] di mercato del mattino

せんばい 専売 monopolio男[複 -i] ◇専売する monopolizzare ql.co. ¶専売権を持つ avere il monopolio di ql.co. ¶この化学肥料は当社の専売です. Questi concimi chimici sono venduti esclusivamente dalla nostra ditta.
♦**専売特許** 《「特許」の旧称》brevetto男
専売品 genere男[articolo男] di monopolio

せんぱい 先輩 《年齢が上》più anziano男[女 -a];《学校での》studente男[女 -essa] di un corso superiore;《会社での》persona女 che ha più anzianità di servizio ¶彼は僕の2年先輩だ.《大学の》È due anni avanti a me all'università. /《会社》È entrato in ditta due anni prima di me. ¶彼はうちの大学の大先輩だ. Si è laureato molti anni fa nella mia stessa università. ¶すぐ先輩風を吹かす. Si atteggia da superiore. / Fa pesare la sua anzianità. ¶ゴルフでは僕のほうが先輩だ.《経験が上》Nel golf ho più esperienza di lui.

──日本事情──**先輩**──
Nelle scuole o nelle aziende giapponesi viene data molta importanza a qualche anno di anzianità in più. "Senpai", infatti, funge da titolo onorifico, con il quale ci si rivolge ad una persona che si è iscritta o è stata assunta prima di noi.
In alcuni casi, soprattutto nell'ambito dei club scolastici, anche un solo anno di differenza nell'iscrizione fa sì che i più giovani debbano mostrare rispetto e ubbidienza verso i più anziani.

ぜんぱい 全敗 ◇全敗する perdere「tutte le partite[tutti gli incontri]

ぜんぱい 全廃 abolizione女 completa, soppressione女 totale [completa] ◇全廃する abolire [sopprimere] ql.co. completamente ¶核兵器の全廃 abolizione completa delle armi nucleari

せんぱく 船舶 《大型》nave女;《中型・小型》battello男, imbarcazione女
♦**船舶会社** compagnia女 di navigazione
船舶海上保険 assicurazione女 sullo scafo [sulla nave];《稀》sicurtà女 corpi男[無変]
船舶業 industria女 navale

船舶原簿 registroⓂ marittimo
船舶国籍証書 certificatoⓂ di nazionalità (di una nave)
船舶登録 immatricolazione🅕 di una nave [un battello]

せんぱく 浅薄 ◇浅薄な superficiale ¶浅薄な男 uomo superficiale [frivolo]

ぜんぱく 前膊 〔解〕avambraccioⓂ [複 -ci]

せんばつ 選抜 〈選択〉scelta🅕;〈淘汰〉selezione🅕;〈選抜する selezionare [selezionare] qlcu. [ql.co.] ¶10名の候補者の中から3名選抜する scegliere tre su dieci candidati
✤**選抜委員会** commissione🅕 selezionatrice
選抜試合 incontroⓂ eliminatorio [複 -i]
選抜試験 concorsoⓂ eliminatorio, esameⓂ di selezione
選抜チーム squadra🅕 selezionata;〈各チームから選ばれた選手により構成された〉squadra🅕 formata dai migliori elementi;〈ナショナルチーム〉squadra🅕 nazionale

せんぱつ 先発 ◇先発する partireⓃ [es] prima, partire in anticipo;〈偵察目的で〉andare in avanscoperta
✤**先発隊** pattuglia🅕 avanzata, repartoⓂ in avanscoperta

せんぱつ 洗髪 ◇洗髪する lavarsi i capelli, farsi lo shampoo;〈他人の髪を洗う〉lavare i capelli [fare lo shampoo] (a qlcu.)

せんぱつ 染髪 tinta🅕 per i capelli ◇染髪する tingere i capelli

せんばづる 千羽鶴〈折り鶴〉grappoloⓂ di mille gru di origami

せんばん 旋盤 〔機〕tornioⓂ [複 -i] ◇旋盤にかけて作る lavorare ql.co. al tornio
✤**旋盤工** tornitoreⓂ [ⓕ -trice]

-せんばん -千万 ¶迷惑千万だ。Che grossa seccatura! ¶卑怯千万だ。 È un codardo senza pari. / È un gran codardo [vigliacco]. /〈相手に向かって〉Vigliacco! ¶無礼千万だ。È di una maleducazione impressionante. ¶笑止千万だ。È il colmo del ridicolo.

せんぱん 戦犯〈「戦争犯罪人」の略〉criminaleⓂ di guerra ¶A級戦犯 criminale di guerra di primo grado

ぜんはん 前半 prima metà🅕;〈サッカー・映画などの〉primo tempoⓂ ¶20世紀前半に nella prima metà del 20⁰ (読み方: ventesimo) secolo ¶30代前半の女性 donna sulla trentina (▶「30歳前後」の意。30代前半という言い方は特にない)
✤**前半期** 〈ある期間の〉la prima metà di un periodo;〈6か月単位での〉la prima metà di un semestre ¶2008年前半期 il primo semestre del 2008

ぜんぱん 全般 ◇全般的な[の] 〈一般的〉generale;〈全体の〉totale ◇全般的に generalmente, da un punto di vista generale, nel complesso, in generale, nell'insieme, complessivamente ¶全般的にみて considerando nell'insieme [nel complesso] ¶公営全般の研究 ricerche globali sull'inquinamento ¶イタリア文化全般にわたる知識を持つ avere una conoscenza generale della cultura italiana / conoscere tutti gli aspetti della cultura italiana ¶それは日本の教育全般について言えることだ。Questo vale per il sistema educativo giapponese nel suo insieme.

せんび 船尾 poppa🅕 ¶船尾に a poppa ¶船尾から沈む affondareⓃ [es] di poppa
✤**船尾灯** luci🅕 [複] [fanaliⓂ [複]] di poppa

せんび 戦備 preparazione🅕 bellica, preparativiⓂ [複] di guerra ¶戦備を整える prepararsi per la guerra

せんぴ 戦費 spese🅕 [複] belliche, costoⓂ della guerra

ぜんぴ 前非 ¶前非を悔いる pentirsi dei propri errori [dei propri peccati]

せんびょう 線描 tratteggioⓂ [複 -gi]

せんびょうし 戦病死 ◇戦病死する morireⓃ [es] per una malattia contratta "in guerra [al fronte]

せんびょうしつ 腺病質 〔医〕costituzione🅕 [complessione🅕] gracile

ぜんびん 前便 lettera🅕 precedente ¶前便で申し上げたように come indicato nell'ultima lettera

せんぶ 宣撫 ¶住民を宣撫する tranquillizzare gli abitanti
✤**宣撫工作** opera🅕 di pacificazione

せんぷ 先夫 maritoⓂ precedente, ex-maritoⓂ ¶先夫の子 figlio del marito precedente

ぜんぶ 全部 〈全体〉tuttoⓂ, complessoⓂ, insiemeⓂ, totalità🅕;〈合計〉totaleⓂ;〈副詞的に〉tutto, interamente, per intero, totalmente ◇全部の tutto ◇全部で in tutto ¶全部開く ascoltare tutto [〈終わりまで〉fino alla fine / fino in fondo] ¶借金を全部返済する pagare tutti i debiti / saldare il debito integralmente ¶全部でいくらですか。Quanto vi devo [debbo] in tutto? / Quanto fa in totale? ¶この本は全部読んだ。Questo libro l'ho letto tutto. ¶全部で全部ですか。È tutto? / Non c'è altro? ¶りんごをまるごと全部食べる mangiare una mela intera ¶全部が全部うそじゃない。C'è qualcosa di vero.

ぜんぶ 前部 parte anteriore, il davantiⓂ;〈建物などの〉facciata🅕 ¶最前部〈舞台の〉ribalta

せんぷう 旋風 **1**〈つむじ風〉turbineⓂ (di vento), mulinelloⓂ
2〈大きな影響〉 ¶旋風を巻き起こす far sensazione;〈物議をかもす〉sollevare scalpore

せんぷうき 扇風機 ventilatoreⓂ ¶扇風機をつける[止める] accendere [spegnere] un ventilatore

せんぷく 船幅 larghezza🅕 massima (di una nave) ¶船幅30メートルの船 nave larga 30 metri

せんぷく 船腹〈船の胴体〉scafoⓂ;〈船倉〉stiva🅕;〈積載能力〉stazza🅕

せんぷく 潜伏 **1**〈隠れていること〉latitanza🅕 ◇潜伏する nascondersi;〈法〉〈逃亡中〉rimanereⓃ [es] [essere] latitante ¶潜伏中のマフィアの幹部 capo mafioso latitante **2**〈病気などが〉la-

tenza㊛ ◇潜伏している essere latente
✤**潜伏感染** 〖医〗infezione㊛ latente
潜伏期間 〖医〗tempo di latenza
潜伏者 latitante㊚

ぜんぷく 全幅 **1**《幅いっぱい》larghezza㊛ complessiva ¶この飛行機は全幅が26メートルある. Questo aereo ha un'apertura alare di 26 metri. **2**《あらん限り》¶彼女には全幅の信頼をおいている. Ho piena fiducia in lei.

せんぶり 千振〖植〗genziana㊛ verde giapponese

せんぶん 線分〖幾何〗segmento㊚ di retta

ぜんぶん 全文 testo㊚ integrale ¶全文を引用する citare tutto il testo
✤**全文検索**《コンピュータ》ricerca㊛ in tutto il testo

ぜんぶん 前文 preambolo㊚, premessa㊛;《主に作者以外による》prefazione㊛;《序論》introduzione㊛;《著者や作品を解説した序文》presentazione㊛ ¶前文参照.《前述》Vedere i paragrafi precedenti. / Vedere quanto sopra. ¶憲法の前文 preambolo alla Costituzione

せんぶんひ 千分比 ◇千分比の[で] per mille ¶その実験が失敗する率は千分比で言えば3である. La probabilità che l'esperimento fallisca è del 3 per mille.

せんべい 煎餅 cracker㊚[無変][(甘いもの) biscotto㊚] giapponese di riso

せんべつ 選別 cernita㊛, smistamento㊚
◇選別する far la cernita, smistare *ql.co.*
✤**選別機**《卵などの等級分けの》piani㊚[複] di cernita

せんべつ 餞別 ¶私は餞別に時計[5万円]をもらった. Ho ricevuto un orologio [cinquantamila yen] in occasione della partenza.

せんべん 先鞭 ¶先鞭をつける prendere l'iniziativa di *ql.co.* [di + 不定詞] / dare l'esempio di *ql.co.* [nel + 不定詞] / fare *ql.co.* per primo

ぜんぺん 全編《本》tutto il libro㊚,《映》l'intera pellicola㊛ ¶全編を上映する proiettare un film integralmente

ぜんぺん 前編 prima parte㊛[puntata㊛],《映画の》primo tempo㊚

せんぼう 羨望 invidia㊛, gelosia㊛ ◇羨望する invidiare *qlcu.* [*ql.co.* a *qlcu.*], essere invidioso [geloso] di *qlcu.* [*ql.co.*] ¶羨望の的となる divenire [diventare] oggetto d'invidia ¶羨望の目で眺める guardare *qlcu.* [*ql.co.*] con occhio invidioso

せんぽう 先方《交渉などの相手》l'altra parte㊛; gli altri㊚[複];《反対の立場の相手》la parte㊛ avversa;《受取人》destinatario㊚ [㊛ *-ia*; ㊚ *-i*];《目的物》destinazione㊛ ¶先方の意向を確かめる assicurarsi delle intenzioni dell'altra parte [dell'altro] ¶先方を訪ねる《人》andare da *qlcu.*,《場所》andare in [a] *ql.co.* ¶先方とよく話し合う discutere a fondo con l'altro
✤**先方払い** ¶運送料先方払いで発送する spedire *ql.co.* con le spese di trasporto a carico del destinatario

せんぽう 先鋒 avanguardia㊛ ¶労働運動の先鋒に立って戦う lottare alla testa del movimento operaio

せんぽう 旋法〖音〗modalità㊛ musicale, modo㊚ ¶教会旋法 modi ecclesiastici

せんぽう 戦法《個々の戦術》tattica㊛;《戦略全体》strategia㊛[複 *-gie*];《戦いの計画》piano㊚ di battaglia ¶積極戦法に出る passare all'offensiva

ぜんぼう 全貌 visione㊛ completa, il quadro㊚ completo,《事の》tutta la storia㊛, tutti gli elementi㊚[複] ¶富士山が全貌を現した. Il monte Fuji si è mostrato nella sua interezza. ¶事件の全貌が明らかになった. Sono stati chiariti tutti i particolari della vicenda. / Tutta la storia è venuta alla luce.

ぜんぽう 前方 ◇前方の antistante ¶前方の丘 collina che sta davanti [di fronte] ¶500メートル前方に彼がいる. C'è il nemico a cinquecento metri davanti a noi. ¶私は前方を注視した. Ho scrutato attentamente davanti a me.

ぜんぽういがいこう 全方位外交 politica㊛ estera omnidirezionale

ぜんぽういっちけんさく 前方一致検索《コンピュータ》ricerca㊛ basata sulla prima parte della parola

せんぼうきょう 潜望鏡 periscopio㊚[複 *-i*] ¶潜望鏡の periscopico㊚[複 *-ci*] ¶潜望鏡を上げる[下げる] alzare [abbassare] un periscopio

ぜんぽうこうえんふん 前方後円墳〖考〗antica tomba㊛ giapponese di forma circolare con facciata rettangolare

せんぼつしゃ 戦没者 caduti㊚[複] in guerra
✤**戦没者慰霊碑** monumento㊚ per i caduti (della patria)

ぜんまい 発条 molla㊛ (a spirale) ¶ぜんまいを巻く caricare una molla [(時計の) un orologio] ¶ぜんまいが切れた. La molla si è scaricata.
✤**ぜんまいじかけ** ◇ぜんまいじかけの a molla, a orologeria

ぜんまい秤(ばかり) bilancia㊛[複 *-ce*] a molla

ぜんまい 薇〖植〗felce㊛, osmunda㊛

せんまいどおし 千枚通し punteruolo㊚

せんまいばり 千枚張り ◇千枚張りの a molti strati

せんまん 千万 ¶1千万年 dieci milioni di anni ¶1千万番目 decimilionesimo ¶1千万分の1 un decimilionesimo

せんみん 賤民《蔑》plebaglia㊛, plebe㊛;《最下層の人々》la feccia㊛ della società

せんみん 選民 popolo㊚ eletto, gli eletti㊚[複] ¶選民思想を抱く《ヘブライ思想》considerarsi popolo eletto [il popolo di Dio]

せんむとりしまりやく 専務取締役 amministratore㊚[㊛ *-trice*] delegato, consigliere㊚[㊛ *-a*] delegato

せんめい 鮮明 ◇鮮明な nettezza㊛, precisione㊛;《鮮明な》netto, chiaro, preciso, distinto, nitido;《鮮やかな》vivido ◇鮮明に nettamente, nitidamente ¶鮮明な印象を受ける ricevere una chiara [netta / vivida] impressione (から da) ¶不鮮明な声 voce "poco chiara [confusa / distinta] ¶鮮明に記憶している ricordarsi chiaramente [vividamente / distintamente] di *ql.co.* [*qlcu.*] ¶印刷が鮮明だ. La stampa è chiara

[nitida / netta]. ¶旗幟(き)を鮮明にする precisare la *propria* posizione / pronunciarsi
❖鮮明度 《工》visibilità㊛

せんめつ 殲滅 annientamento㊚; 《根絶, 皆殺し》sterminio㊚ [複 -i] ◇殲滅する annientare; sterminare, distruggere

ぜんめつ 全滅 ◇全滅する 《破壊される》essere completamente distrutto; 《敵軍などに殺されて》essere sterminato [annientato]; 《動植物の種が》estinguersi completamente ◇全滅させる annientare, distruggere ¶我々のクラスは数学の試験で全滅した. L'esame di matematica è stato un'ecatombe per tutta la classe.

せんめん 洗面 ◇洗面する lavarsi il viso [la faccia] →バスルーム 《図版》
❖洗面器 bacinella㊛, catino㊚
洗面所 bagno㊚, gabinetto㊚, toletta㊛
洗面台 lavabo㊚, lavandino㊚, lavello㊚
洗面道具 accessori㊚ [複] da toletta

ぜんめん 全面 ◇全面的 generale, totale, completo ◇全面的に totalmente, completamente, interamente ¶全面的に支持する appoggiare *qlcu*. [*ql.co.*] pienamente ¶賃金の全面アップ[カット] aumento [riduzione] generale dei salari
❖全面広告 ¶全面広告を出す fare pubblicità a piena pagina
全面講和 (accordo di) pace㊛ generale
全面戦争 guerra㊛ totale
全面高 《金融》aumento㊚ indiscriminato dei prezzi
全面安 《金融》ribasso㊚ generale dei prezzi

ぜんめん 前面 fronte㊚; 《建物などの》facciata㊛ ¶…の前面に di fronte [davanti] a *ql.co.* ¶前面に押し出す mettere *ql.co.* in primo piano / far emergere *ql.co.*

せんもう 繊毛 《生》cigli㊚ [複]
❖繊毛運動 movimento㊚ ciliare
繊毛虫類 ciliati㊚ [複]

ぜんもう 全盲 《医》cecità㊛ completa ◇全盲の completamente cieco㊚ [複 -chi]

せんもん 専門 specializzazione㊛; 《学問の》oggetto㊚ di studio; 《専門分野》il *proprio* campo㊚ ◇専門の 《専門技術をもつ》specializzato; 《専門家の》specialistico㊚ [複 -ci]; 《技芸・学術・職業などの分野に特有な》tecnico㊚ [複 -ci] ¶社会学が私の専門である. Sono specializzato in sociologia. / Il mio campo è la sociologia. ¶この会社はラジオを専門に作っている. Questa ditta è specializzata in apparecchi radio [nella fabbricazione di apparecchi radio]. ¶この店は着物を専門に扱っている. In questo negozio si vendono esclusivamente *kimono*. / Questo negozio è specializzato in *kimono*. ¶それは彼の専門だ. È la sua specialità [il suo campo]. ¶わからないねえ, 僕は専門外だから. Non lo so, 「non è il / (è)sula dal] mio campo.
❖専門医 medico㊚ [複 -ci] specialista [複 -i]
専門委員 consigliere㊚ [㊛ -a] tecnico
専門委員会 commissione㊛ 「di esperti [tecnica]
専門化 specializzazione㊛
専門家 specialista㊚ ㊛ [㊚複 -i], esperto㊚ [㊛ -a], tecnico㊚ [㊛ -ca; ㊚複 -ci]; 《プロ》professionista㊚ ㊛ [㊚複 -i] ¶専門家集団 gruppo di esperti ¶環境問題の専門家 specialista in problemi ambientali
専門学校 scuola㊛ professionale (◆イタリアではさまざまなレベルの職業養成学校のこと)
専門科目 corso㊚ di laurea
専門教育 istruzione㊛ tecnica [tecnico-professionale]
専門雑誌 ¶医学[経済]専門雑誌 rivista medica [economica]
専門書 libro㊚ specializzato
専門店 negozio㊚ [複 -i] specializzato
専門部会 《大会などの》commissione㊛
専門分野 branca㊛, disciplina㊛
専門用語 termine㊚ tecnico [specialistico]; 《総称》terminologia㊛ tecnica [specialistica]

ぜんもん 前門 ¶前門の虎, 後門の狼. Siamo finiti dalla padella alla brace.

ぜんや 前夜 《前の夜》notte㊛ precedente㊛; 《催し・宗教的祭日の》la sera㊛ della vigilia, la vigilia㊛ ¶クリスマス前夜 la notte [la vigilia] di Natale ¶フランス革命前夜 la vigilia della Rivoluzione francese
❖前夜祭 ¶今夜は前夜祭だ. Stasera è la vigilia della festa.

せんやいちやものがたり 千夜一夜物語 《アラビアンナイト》"Le mille e una notte"

せんやく 先約 impegno㊚ precedente ¶僕は先約があるので行けない. Io non posso venire [andare] perché sono già impegnato.

ぜんやく 全訳 traduzione㊛ integrale ◇全訳する tradurre *ql.co.* interamente [integralmente]

せんゆう 占有 possesso㊚, presa㊛ di possesso; 《法》《特に土地・家屋など》occupazione㊛ ◇占有する prendere possesso di *ql.co.*; 《状態》possedere *ql.co.*
❖占有権 diritto㊚ di possesso [di occupazione]
占有財産 proprietà㊛ (posseduta)
占有者 possessore㊚ [㊛ *posseditrice*]; occupatore㊚ [㊛ *-trice*]
占有物 possedimento㊚, bene㊚
占有率 ¶市場占有率 quota di mercato / share di mercato

せんゆう 専有 possesso㊚ esclusivo ◇専有する 《独占権を持つ》monopolizzare; 《自分だけのものにする》possedere *ql.co.* in esclusiva
❖専有権 monopolio㊚ [複 -i]; diritto㊚ esclusivo
専有者 unico㊚ [㊚複 -ci] possessore㊚ [㊛ *posseditrice*], possessore㊚ esclusivo
専有面積 superficie㊛ di proprietà privata

せんゆう 戦友 compagno㊚ [㊛ -a] d'armi, commilitone㊚

せんよう 専用 ◇専用の riservato; 《プライベートprivato; 《そのもののための》apposito ¶自動車専用道路 strada riservata ai veicoli ¶職員専用通用口 ingresso 「riservato agli addetti [(事務所など)vietato agli estranei / (公道)vietato al pubblico」 ¶大統領専用機 aereo presidenziale / aereo ad uso privato [personale] del presidente ¶歩行者専用地下道 sottopassaggio pedonale ¶ごみを専用の容器に入れる

mettere la spazzatura negli appositi contenitori ¶この駐車場はわが社専用だ. Questo è il parcheggio riservato della nostra ditta.
❖**専用回線**〘通信〙 linea⼥ privata
専用ケース（カメラなどの）custodia⼥;《コンピュータなどの》borsetta⼥, valigetta
専用通信 telecomunicazione⼥ privata
専用路線〘道路〙corsia⼥ riservata [preferenziale]

ぜんよう 全容 ¶その事件の全容が次第に明らかになった. A poco a poco tutto il quadro di quella faccenda è venuto chiarendosi.

ぜんら 全裸 ◇全裸の tutto [completamente] nudo, totalmente spogliato [svestito]; nudo come mamma l'ha fatto;《女性》nuda come mamma l'ha fatta ¶全裸になる spogliarsi「del tutto [completamente]

せんらん 戦乱 guerra⼥ ¶戦乱の巷(ちまた) teatro della guerra ¶戦乱の世 epoca turbolenta

せんり 千里 mille ri男〘複〙(◆ ca. 4.000 km) ¶千里の道も一歩から.（諺）"Anche un viaggio di mille miglia comincia con un passo." / "Passo dopo passo si va lontano." ¶悪事千里を走る.《諺》"La cattiva fama ha le ali." (►直訳すると「悪評は翼をもてるが如し」)
❖**千里眼** persona⼥ capace di vedere a distanze lontanissime, chiaroveggente⼥

せんりつ 旋律 melodia⼥ ◇旋律の[的] melodico 〘男複 -ci〙 ¶旋律の美しい melodioso ¶悲しい旋律を奏でる suonare una melodia malinconica
❖**旋律的短音階**〘音〙scala⼥ minore melodica

せんりつ 戦慄 brivido男, fremito男 ◇戦慄する rabbrividire自[es], fremere自[av] ¶戦慄させる dare [far venir] i brividi a qlcu. / far inorridire qlcu. / far accapponare la pelle a qlcu. ¶戦慄すべき犯罪 crimine orrendo [orripilante / raccapricciante] ¶背筋に戦慄が走る《人が主語》sentire un brivido lungo la spina dorsale

ぜんりつせん 前立腺〘解〙prostata⼥
❖**前立腺癌**〘医〙cancro男 della prostata
前立腺切除〘医〙prostatectomia⼥
前立腺肥大 ipertrofia⼥ della prostata

せんりひん 戦利品 bottino男 [preda⼥] di guerra

せんりゃく 戦略 strategia⼥〘複 -gie〙, piano男 strategico〘複 -ci〙 ◇戦略的 strategico ¶戦略的に strategicamente ¶戦略を立てる tracciare un piano strategico
❖**戦略家** stratega男〘複 -ghi〙
戦略核兵器 armi⼥〘複〙nucleari strategiche
戦略的外交〘政〙diplomazia⼥ strategica
戦略的地点 punto男 strategico, zona⼥ strategica
戦略爆撃 bombardamento男 strategico
戦略物資 materiale男 strategico
戦略兵器 armi⼥〘複〙strategiche
戦略兵器制限交渉 Trattative⼥〘複〙per la Limitazione delle Armi Strategiche;《略》〘英〙SALT [salt]男
戦略防衛構想 Iniziativa⼥ di difesa strategica;《略》〘英〙SDI男

戦略目標 obiettivo男 strategico

ぜんりゃく 前略 (►イタリアでは手紙はすぐに本題に入るのがふつうで,「前略」に当たる表現はない)

せんりゅう 川柳 senryu男〘無変〙(◆ poesia realistico-ironica di 17 sillabe suddivisa in 3 versi di 5-7-5)

せんりょ 浅慮 sconsideratezza⼥

せんりょ 千慮 ¶千慮の一失 "Anche i più bravi possono sbagliare. / Errare è umano."

せんりょう 千両
❖**千両箱** scatola⼥ contenente mille monete d'oro
千両役者 attore男[⼥ -trice] di prim'ordine, grande attore男

せんりょう 占領 occupazione⼥ ◇占領する occupare ¶占領下の国 paese「sotto occupazione [occupato] ¶2人分の座席を占領する occupare da solo il posto di due persone
❖**占領軍** forze⼥〘複〙d'occupazione
占領国 nazione⼥ occupante ¶被占領国 nazione occupata
占領地区 zona⼥ occupata

せんりょう 染料 tinta⼥, sostanza⼥ colorante, colorante男

せんりょう 線量 《放射線の量》intensità⼥ di una radiazione
❖**線量計** dosimetro男

ぜんりょう 全寮《寮全体》l'intero alloggio男 per gli studenti;《すべての寮》tutti gli alloggi男〘複〙per gli studenti
❖**全寮制**〘全寮制の学校〙convitto / collegio

ぜんりょう 善良 ◇善良さ bontà⼥, onestà⼥, probità⼥ ¶善良な人々 brave persone / brava gente / uomini di buona volontà ¶善良な市民 cittadino onesto

せんりょく 戦力 **1**《戦闘の力》forze⼥[複] armate, potenza⼥ militare ¶戦力を増強する rafforzare il potenziale bellico [le forze armate] **2**《競争する力》¶2人の選手が加わってわがチームの戦力は大いに強化された. Con l'aggiunta dei due atleti la forza della nostra squadra è aumentata. **3**《有能な働き手》¶彼は戦力にならない. Non possiamo aspettarci molto da lui.

ぜんりょく 全力 ◇全力で a tutta forza, con tutto se stesso ¶全力を尽くす fare tutto il possibile / fare l'impossibile ¶…に全力を注ぐ impegnare tutte le (proprie) energie / fare「ogni sforzo (del proprio meglio) per +不定詞
❖**全力疾走** ◇全力疾走する correre自[es, av] a più non posso, correre fino allo stremo delle forze

せんりょくがん 閃緑岩〘鉱〙diorite⼥

ぜんりん 前輪 ruote⼥〘複〙anteriori
❖**前輪駆動**〘車〙trazione⼥ anteriore ¶前輪駆動の車 auto⼥〘無変〙a trazione anteriore

ぜんりん 善隣 ¶善隣関係を築く stabilire relazioni di buon vicinato
❖**善隣友好条約** trattato男 di amicizia e buon vicinato

せんれい 先例 precedente男 ¶先例のない senza precedenti ¶そんな先例はない. Non esistono precedenti. ¶それは先例を作ることになる. Questo creerà [stabilirà] un precedente.

せんれい 洗礼 1 《キリ》 battesimo男 ¶洗礼を受ける ricevere il battesimo / essere battezzato ¶洗礼を施(ほどこ)す battezzare *qlcu.* / amministrare il battesimo a *qlcu.*
2 《厳しい経験を初めてすること》 ¶プロとしての洗礼を受ける ricevere il battesimo [essere iniziato] come professionista
✤洗礼志願者 catecumeno男 [女 -*a*]
洗礼式 battesimo男
洗礼堂 battistero男
洗礼盤 fonte男 battesimale
洗礼名 nome男 di battesimo (◆イタリア人ではいわゆる「名前」が、これにあたる)

せんれい 前例 ¶前例を破る rompere la tradizione / infrangere le consuetudini ¶前例に従う[ならう] seguire i precedenti ¶前例を根拠にする basarsi su un precedente

せんれき 戦歴 carriera女 di combattente, gesta女 [複] militari ¶彼は輝かしい戦歴の持ち主だ. È un glorioso veterano. / Ha svolto un brillante servizio militare.

ぜんれき 前歴 antecedenti男 [複], passato男 ¶彼の前歴は不明だ. Non si conoscono i suoi precedenti. / Non si conosce il suo passato.

せんれつ 戦列 fronte男 (di guerra); 《戦うための一団》 unità女 combattente ¶戦列に加わる raggiungere le unità combattenti / partecipare alla battaglia ¶戦列を離れる[に復帰する] lasciare il [ritornare al] fronte

せんれつ 鮮烈 ¶鮮烈な印象 vivida [viva / forte] impressione

ぜんれつ 前列 《前の列》 fila女 [riga女] davanti; 《一番前の列》 la prima fila [riga女]

せんれん 洗練 ◇洗練する raffinare [affinare] *ql.co.* ◇洗練された raffinato, elegante, sofisticato, fine ¶彼は洗練された身のこなしをしている. Ha un modo di fare raffinato.

せんろ 線路 《鉄道》《列車が走る道》 ferrovia女, strada女 ferrata; 《レール》 binario男 [複 -*i*], rotaie女 [複] ¶線路沿いに lungo i binari [le rotaie / la ferrovia] ¶線路を敷く posare le rotaie [una linea ferroviaria] ¶「線路を渡るな」《掲示》 "È vietato attraversare i binari"
✤線路工事 《敷設》 costruzione女 di una linea ferroviaria; 《補強・修理など》 lavori男 [複] di manutenzione dei binari

せんろ 船路 rotta女「di una nave [marittima]

ぜんわん 前腕 《解》 avambraccio男 [複 -*ci*]
✤前腕骨 osso男 [複 *le ossa*] dell'avambraccio

そ

そ 祖 《祖先》antenato男 [女 -a], avo男 [女 -a] (▶いずれも主に複数で用いられる), progenitore男 [女 -trice];《創始者》fondatore男 [女 -trice] ¶日本における蘭学の祖 il pioniere [il padre] degli studi *rangaku* in Giappone

ソ 〔伊〕《音》sol男 [無変]

-ぞ ¶あれ, おかしいぞ. Che strano! ¶僕は行かないぞ. Io non ci vado assolutamente!

そあく 粗悪 ◇粗悪な di cattiva qualità;《質の悪い》scadente, andante;《粗末な》grossolano ♣粗悪品 merce女 scadente, articolo男 di cattiva qualità

そい 粗衣 vestito男 modesto ¶粗衣粗食に甘んじる accontentarsi di una vita frugale / rassegnarsi a una vita modesta [semplice]

-ぞい -沿い ¶海岸沿いに lungo la costa ¶川沿いの道 strada che costeggia il fiume / lungofiume男 ¶海岸沿い 月の相 fase lunare

そいつ quello男 [女 -a] (là); quel tizio男 [女 *quella tizia*] (▶tizio, tizia は人をさすときにのみ使われる)

そいとげる 添い遂げる **1**《生涯連れ添う》vivere d'amore e d'accordo (con *qlcu.*) fino alla morte **2**《困難をおして夫婦になる》¶彼らは添い遂げられなかった. Non sono riusciti a superare gli ostacoli al matrimonio.

そいね 添い寝 ◇添い寝する coricarsi accanto a *qlcu.*

そいん 素因 causa女 fondamentale;《医》predisposizione女 (a una malattia) ¶この事件の素因はここにある. Questa è la causa fondamentale dell'incidente.

そいんすう 素因数 《数》fattore男 primo

そう 1《返事》¶そう, そのとおりだ. Sì, è esatto [hai ragione]. / E proprio così. / È giusto. ¶それはそうだね. Sì, d'accordo. / Sì, hai ragione. ¶おや, そうかい. Oh, davvero? / Dici? / Veramente? / Ma cosa mi dici! ¶ああ, そうですか. Ho capito. / Ah, sì? ¶そうですねえ… Beh [Dunque / Sì / Vediamo un po']… ¶そうですとも. Ma sì! / Certo! / Sì, naturalmente! ¶あっ, そうだ, 手紙を出すのを忘れていた. Ah già, dimenticavo di spedire la lettera! **2**《そのように, そのとおり》così, in tal modo ¶僕もそう思う. Anch'io la penso così. / Sono della stessa idea. ¶彼にそう言ってやれよ. Diglielo! ¶そうだと思う. Credo di sì. / Credo che sia così. ¶そうだろうと思っていた. Ne ero sicuro. / L'avevo immaginato. / L'avevo pensato. ¶私だってそうよ. Anche per me è lo stesso. ¶そうは思えない. Non (ci) credo. ¶そうは思わない. Io la penso diversamente. ¶そうだとすれば se è così / (ひょっとすると) se fosse così ¶そうとばかりも言えない. Non è così semplice. / Non è sempre così. ¶そうしないと altrimenti / se no ¶そうとは知らずに non sapendo bene (come stavano) le cose ¶もう金は貸さないからそう思え. Non ti presterò più soldi, intesi? **3**《否定の語を伴って》¶そう速くは歩けない. Non posso camminare così velocemente. ¶あの映画はそうおもしろくなかった. Quel film non era poi 「tanto [molto] interessante. ¶「君はイタリア語がうまいね」「そうでもないよ」"Parli benissimo l'italiano." "Magari [Mica tanto]!"

|慣 用| そうは問屋がおろさない Le cose non vanno sempre come si vorrebbe.

そう 宋 《中国の》i Song男[複], i Sung男[複], la Dinastia女 (dei) Song [Sung]

そう 相 **1**《外貌, 様相》aspetto男, apparenza女 **2**《吉凶の印》¶女難の相がある. Ha l'aria di uno che ha delle seccature con le donne. **3**《化・電・天》fase女 ¶多相交流 corrente alternata polifase ¶月の相 fase lunare

そう 僧 《仏教の》monaco男 [複 -ci] buddista [複 -i], bonzo男;《修道僧》prete男 ¶高僧 (仏教の) monaco importante

そう 想 《考え, 思い》pensiero男, idea女 ¶想を練る svilupparire [elaborare] un'idea ¶想を新たにする cambiare l'idea di base

そう 層 **1**《重なり》strato男 一層状 層を成す stratificarsi / disporsi a strati ¶粘土層《地質》strato argilloso / banco [letto] d'argilla ¶層 (階層) ceto男, classe女 ¶知識層 la classe intellettuale / gli intellettuali / l'intellighenzia ¶中間層 il ceto medio

そう 沿う **1**《離れずにある》costeggiare, fiancheggiare ¶…に沿って行く costeggiare [fiancheggiare] *ql.co.* ¶川に沿って歩く camminare lungo il fiume **2**《目的などに》¶目的に沿った措置 misure adeguate allo scopo ¶政治路線に沿って seguendo una linea politica

そう 添う **1**《人に付き添う》accompagnare *qlcu.*, stare insieme con *qlcu.* ¶あの 2 人は影の形に添うようにいつも一緒だ. Quei due sono sempre insieme, come il corpo e la sua ombra. **2**《結婚する》sposare *qlcu.*, sposarsi con *qlcu.* **3**《合う, 適(な)う》¶ご希望に添うようにしよう. Cercherò di soddisfare i suoi desideri. ¶ご期待に添えるように頑張ります. Farò del mio meglio per rispondere alle sue aspettative.

そう- 総- generale, totale ¶総支出 spesa complessiva / totale delle uscite ¶総収入 reddito complessivo / totale delle entrate ¶総人口 popolazione totale / l'intera popolazione ¶総目録 lista completa

ぞう 象 elefante男 [女 -essa];《子象》elefantino男 [女 -a] ¶象の鼻 proboscide ♣象使い 《インドなどの》conduttore男 di elefanti;《サーカスの》domatore男 [女 -trice] di elefanti

ぞう 像 《画像，映像》immagine㊛, figura㊛; 《彫像》statua㊛;《肖像》ritratto㊚;《胸像》busto㊚ ¶像を彫る［建てる］scolpire［erigere］una statua ¶実［虚］像 immagine reale［virtuale］

ぞう 増 **1**《増加》¶歳入は前年比5％増となった. Le entrate pubbliche sono aumentate del cinque per cento in confronto all'anno scorso. **2**《音》¶増五の和音 accordo di quinta eccedente ¶増音程 intervallo eccedente［aumentato］

そうあん 草案 abbozzo㊚, schema㊚《複 -i》, prima stesura㊛ ¶報告書の草案を書いた. Ho steso l'abbozzo di una relazione.

そうあん 創案 idea㊛ originale, invenzione㊛, creazione㊛
❖ 創案者 iniziatore㊚《㊛ -trice》, inventore㊚《㊛ -trice》

そうい 相違 differenza㊛;《意見などの不一致》discordanza㊛;《多様であること》divergenza㊛, diversità㊛ ◇相違する differire《av》 da ql.co., essere diverso da ql.co.; essere in disaccordo con qlcu.; divergere㊀《►複合時制を欠く》◇相違した differente, diverso ¶原文とは相違した写し copia dissimile dall'originale ¶案に相違して contrariamente alle nostre aspettative ¶これらの記録にはかなりの相違がある. Tra questi documenti ci sono considerevoli differenze. ¶これは真実に相違ない. Questo corrisponde［dovrebbe corrispondere］alla verità. ¶前述のとおり相違ありません. Quanto sopra è conforme alla verità.

そうい 創意 《独創性》originalità㊛, inventiva㊛ ¶創意に欠けた作家 narratore di scarsa inventiva ¶彼は創意に富んでいる. È pieno d'idee. / È ricco d'inventiva.
❖ 創意工夫 ingegnosità㊛ ◇創意工夫に富んだ ingegnoso

そうい 僧衣 tonaca㊛

そうい 総意 ¶国民の総意により con la volontà generale della［《同意》con il consenso di tutta la］nazione

そういう tale, così ¶そういう本 un libro simile［del genere］¶そういう訳で遅刻しました. Ecco perché［Per questa ragione］sono in ritardo. ¶そういうことですので、どうかお許しください. In ragione di ciò, mi perdoni per favore. ¶そういうことなら in tal caso ¶そういうふうに言うものではない. Non dire così. ¶そういう居心地の悪い宿だとは知らなかった. Non avrei mai creduto che fosse un albergo talmente scomodo.

そういえば そう言えば ¶そういえば、彼はゆうべひどく咳(㊟)をしていた. A proposito［In effetti］, l'altra notte ha tossito molto.

そういん 僧院 monastero㊚, convento㊚ ¶『パルムの僧院』(スタンダール) "La certosa di Parma"(Stendhal)

そういん 総員 tutti i membri㊚《複》;《職員, 社員》tutto il personale㊚ ¶総員250名 250 persone in tutto ¶総員50名の小さな会社 una piccola ditta con cinquanta dipendenti

ぞういん 増員 aumento㊚ del personale ◇増員する aumentare il personale ¶スタッフを50人増員する ampliare l'organico di 50 persone

そううつ 躁鬱
❖ 躁鬱質《医》ciclotimia㊛ ◇躁鬱質の ciclotimico㊚《複 -ci》
躁鬱病《医》psicosi㊛《無変》maniaco-depressiva
躁鬱病患者 ciclotimico㊚《-ca；複 -ci》

そううん 層雲 《気》strato㊚

ぞうえい 造営 costruzione㊛ ◇造営する costruire［edificare］ql.co. ¶本殿を造営する costruire［edificare］il tempio principale
❖ 造営地 terreno㊚ edificabile《da costruzione》
造営費 spese㊛《複》di costruzione

ぞうえいざい 造影剤 mezzo㊚ di contrasto

ぞうえき 増益 aumento㊚ degli utili;《増えた利益》utili㊚《複》aumentati

そうえん 蒼鉛 →ビスマス

ぞうえん 造園 architettura㊛ dei giardini
❖ 造園家 disegnatore㊚《㊛ -trice》［progettista㊚《複 -i》］di giardini

ぞうえん 増援 rinforzo㊚
❖ 増援隊 rinforzi㊚《複》, truppe㊛《複》di rincalzo

ぞうお 憎悪 odio㊚;《敵意》ostilità㊛, avversione㊛ ◇憎悪する odiare［detestare］qlcu.［ql.co.］¶憎悪の念を抱く nutrire odio contro qlcu.［ql.co.］¶憎悪を込めて con grande odio ¶憎悪すべき行為 atto odioso［detestabile］

そうおう 相応 ¶相応の adeguato, adatto ¶身分相応な生活を送る condurre una vita consona alla propria posizione / vivere secondo i propri mezzi［le proprie possibilità］¶これは彼の性格に相応な仕事だ. Questo è un lavoro adatto［appropriato］al suo carattere.

そうおん 騒音 rumore㊚
❖ 騒音計 misuratore㊚ di livello sonoro, fonometro㊚
騒音公害 inquinamento㊚ acustico
騒音防止条例 ordinanza㊛ antirumore《無変》
騒音防止装置 dispositivo㊚ antirumore《無変》
騒音レベル livello㊚ di rumori

ぞうか 造化 la creazione㊛, il creato㊚ ¶造化の妙 meraviglie del creato［della natura］¶造化の神 il Creatore

ぞうか 造花 fiore㊚ artificiale

ぞうか 増加 aumento㊚, accrescimento㊚ ◇増加する aumentare㊀《es》, crescere㊀《es》 ◇増加させる aumentare, incrementare, accrescere ¶人口増加 incremento demografico ¶自然増加 aumento［accrescimento］naturale ¶群衆の数が増加しつつある. La folla si va ingrossando. ¶資本が2倍に増加した. Il capitale è raddoppiato.
❖ 増加額（l'ammontare㊚ dell'）incremento㊚
増加率 tasso㊚ d'aumento

ぞうか 雑歌 poesie㊛《複》varie（◆parte della poesia giapponese che include le poesie non classificabili in una categoria precisa）

そうかい 掃海 dragaggio㊚《複 -gi》di mine ◇掃海する dragare le mine
❖ 掃海艇 dragamine㊚《無変》

そうかい 総会 assemblea㊛［riunione㊛］generale, sessione㊛ plenaria ¶中央委員会総会《政党の》sessione del comitato centrale（del parti-

そうかい ¶国連総会 Assemblea generale dell'ONU [ɔ́nu] ¶株主総会 assemblea generale degli azionisti ¶臨時[通常]総会 assemblea generale straordinaria [ordinaria]

✤総会屋 disturba*tore*囲[囲 -*trice*] dell'assemblea generale degli azionisti

そうかい 壮快 ◇壮快な eccitante ¶ヨットで帆走するのはとても壮快だった. È stato veramente eccitante [entusiasmante] andare in panfilo.

そうかい 爽快 ◇爽快な fresco [囲複 -schi], rinfrescante ◇爽快さ freschezza囲, refrigerio囲 ¶実に爽快だ. Mi sento veramente rinfrescato.

そうがい 霜害 danni囲[複] provocati dal gelo ¶野菜が霜害をこうむった. La verdura è stata rovinata [danneggiata] dal gelo.

そうがかり 総掛かり ¶総掛かりで仕事をした. Abbiamo lavorato tutti insieme.

そうがく 奏楽 esecuzione囲 musicale

そうがく 総額 somma囲 totale, totale囲, importo囲 complessivo ¶総額いくらになりますか. Quanto fa in totale? ¶費用総額 l'ammontare delle spese ¶借金は総額100万円に達してしまった. La somma del debito ha raggiunto un milione di yen.

ぞうがく 増額 aumento囲 [maggiorazione囲] dell'importo ◇増額する aumentare [maggiorare] l'importo ¶資本の増額 incremento del capitale ¶賃金の増額を要求する chiedere un aumento salariale

そうかつ 総括 (要約) riassunto囲; sintesi囲 [無変]; (締めくくり) conclusione囲 ◇総括する riassumere, ricapitolare; sintetizzare; concludere ◇総括的 sommario [囲複 -*ri*] ◇総括すると riassumendo, in sintesi, ¶(全体としては) nel complesso, ¶(まとめると) ricapitolando, riepilogando, complessivamente [generalmente] parlando

✤総括議案 punti囲[複] generali di discussione
総括質問 interpellanza囲 generale ¶総括質問に入ります. Ed ora passiamo alle domande a [di] carattere generale.

そうかつ 総轄 ◇総轄する soprintendere囲[*av*]

そうかへいきん 相加平均 (数) media囲 aritmetica

ぞうがめ 象亀 (動) testuggine囲 delle Seychelles [delle Galapagos]

そうかわ 総革 ¶総革装の本 libro rilegato in pelle ¶総革のソファー divano tutto in pelle

そうかん 壮観 vista囲 magnifica, spettacolo囲 grandioso ¶壮観を呈する offrire uno spettacolo [un panorama] meraviglioso

そうかん 相関 correlazione囲, relazione囲 reciproca, interrelazione囲; (相互依存) interdipendenza囲 ¶相関的 correlativo

✤相関関係 correlazione囲 ¶国民性と気候の相関関係 correlazione fra le peculiarità di una nazione e il suo clima
相関作用 interazione囲, correlazione囲

そうかん 送還 rinvio囲[複 -*ii*]; (本国への) rimpatrio囲[複 -*i*] ◇送還する rinviare; rimpatriare

そうかん 創刊 (新聞, 雑誌の) fondazione囲 ◇創刊する fondare ¶本誌は1950年の創刊である. La nostra rivista fu fondata nel 1950.

✤創刊号 primo numero囲, numero囲 inaugurale

そうかん 総監 ispettore囲 generale ¶警視総監 Questore囲 di Tokyo

ぞうかん 増刊 pubblicazione囲 di un numero straordinario ◇増刊する pubblicare un numero straordinario

✤増刊号 numero囲 speciale, numero囲 straordinario [複 -*i*], numero囲 fuori serie

ぞうかん 増感 (写) sensibilizzazione囲
✤増感剤 (写) sensibilizzatore囲

ぞうがん 象眼 (木工) intarsio囲[複 -*i*]; (金工) incrostazione囲, damaschinatura囲 ◇象眼する intarsiare; damaschinare ¶象眼を施したテーブル tavola intarsiata [lavorata a intarsio]

そうがんきょう 双眼鏡 binocolo囲

そうき 早期 primo stadio囲[複 -*i*], fase囲 iniziale ¶事件を早期に解決する risolvere tempestivamente un caso

✤早期診断 (医) diagnosi囲[無変] precoce
早期破水 (医) rottura囲 prematura delle acque [del sacco]
早期発見 ¶癌の早期発見 diagnosi囲 precoce del cancro / diagnosi del cancro nei [ai] primi stadi

そうき 想起 ◇想起する ricordare *ql.co.* [di+不定詞 / che+直説法], ricordarsi di *ql.co.* [di+不定詞 / che+直説法] ◇想起させる ricordare a *qlcu. ql.co.* [di+不定詞 / che+直説法], richiamare *ql.co.* alla mente di *qlcu*

そうき 総記 1 (全体の大要) linee囲[複] [lineamenti囲[複]] generali, profilo囲 generale 2 (図書の分類で) opere囲[複] generali

そうぎ 争議 (衝突) conflitto囲; (ストライキ) sciopero囲 ニスト 関連 ¶争議を引き起こす provocare un conflitto ¶労働争議 agitazione [vertenza] sindacale ¶権限争議 (法) conflitto di competenza

✤争議権 diritto囲 di sciopero
争議行為 azione囲 diretta; sciopero囲 ¶争議行為差し止め命令 (法) ingiunzione囲 sindacale
争議団 gli scioperanti囲[複]

そうぎ 葬儀 funerale囲, esequie囲[複], cerimonia囲 funebre ◇葬儀の funebre; (葬儀に関する) funerario囲[複 -*i*] ¶葬儀を行う celebrare un funerale ¶葬儀に参列する assistere al funerale ¶葬儀の費用 spese funerarie

✤葬儀委員長 organizza*tore*囲[囲 -*trice*] del funerale
葬儀屋 impresa囲 di pompe funebri; (人) impresario囲[囲 -*ia*, 囲複 -*i*] di pompe funebri

ぞうき 臓器 (解) organo囲 interno, visceri囲[複]

✤臓器移植 (医) trapianto囲 d'organo
臓器移植ネットワーク rete囲 di trapianti
臓器障害 (医) disturbi囲[複] organici
臓器提供意志カード tessera囲 dei donatori di organi
臓器売買 traffico囲[複 -*ci*] di organi

ぞうきばやし 雑木林 macchia囲
そうきへい 槍騎兵 lanciere囲
そうきゅう 送球 ¶フォワードへ見事な送球をする

fare un bel passaggio all'attaccante

そうきゅう　早急　⇒早急(さっきゅう)

ぞうきゅう　増給　aumento[男] di stipendio ¶ 4月から増給した. Da aprile il mio stipendio è aumentato.

そうきゅうきん　双球菌　〘生〙diplococco[男] [複 -*chi*]

そうきょ　壮挙　impresa[女] gloriosa, gesta[女] [複] (eroiche);《特にスポーツで》〔仏〕exploit [eksplwá] [男][無変]

そうぎょ　草魚　〘魚〙《コイ科》ciprinidi[男][複];《学名》*Ctenopharyngodon idellus*

そうぎょう　早暁　alba[女]

そうぎょう　創業　¶創業10周年を祝う celebrare il decimo anniversario della fondazione

そうぎょう　操業　lavoro[男], attività[女] ◇操業する svolgere un'attività ¶完全操業に入る entrare in piena attività

✤**操業休止** sospensione[女] del lavoro, cessazione[女] dell'attività

操業時間 ore[女][複] lavorative

操業短縮 limitazione[女] della produzione ◇操業短縮する limitare la produzione

操業停止処分 ordine[男] di sospendere momentaneamente la produzione

操業日数 giornate[女][複] lavorative

操業率 tasso[男] di utilizzazione produttiva

ぞうきょう　増強　◇増強する rinforzare [aumentare] *ql.co.* ¶鉄道輸送力を増強する aumentare la capacità di trasporto delle ferrovie ¶海軍力を増強する potenziare la flotta

そうきょく　箏曲　musica[女] di *koto*

そうきょくし　双極子　〘電〙dipolo[男]

そうきょくせん　双曲線　〘幾何〙iperbole[女]

✤**双曲線航法** radionavigazione[女] iperbolica

そうきょくめん　双曲面　〘幾何〙iperboloide[男]

そうきん　送金　《振り込み》versamento[男]; rimessa[女] ◇送金する inviare denaro ¶振替送金 rimessa in conto corrente ¶郵便[電報]為替で送金する fare un versamento postale [telegrafico]

✤**送金受取人** destinatar*io*[男] [[女] *-ia*; [男]複 *-i*] di un versamento

送金額 (ammontare[男] di una) rimessa[女]

送金者 mittente[男][女] di versamento

送金手数料 commissione[女] (per invio di denaro)

ぞうきん　雑巾　strac*cio*[男] [複 *-ci*], strofinac*cio*[男] [複 *-ci*]

✤**雑巾がけ** ¶床を雑巾がけする passare lo strofinaccio sul pavimento / lavare [strofinare] il pavimento con un panno

そうきんるい　走禽類〘鳥〙uccelli[男][複] corridori, corrieri[男][複]

そうきんるい　藻菌類　〘生〙ficomiceti[男][複]

そうく　走狗　**1**《猟犬》cane[男] da caccia **2**《人の手先》pedina[女], mezzo[男], strumento[男] (del volere altrui);《追随者》seguace[男][女]

そうぐ　装具　equipaggiamento[男];《馬の》finimenti[男][複] ¶登攀用の装具を身に着ける equipaggiarsi [essere equipaggiat*o*] per una scalata

そうぐう　遭遇　incontro[男];《軍隊などの》scontro[男] ◇遭遇する incontrare *ql.co.* [*qlcu.*];《いやなことなどに》incappare[自] [*es*] in *ql.co.* [*qlcu.*] ¶困難に遭遇する imbattersi in una difficoltà ¶敵に遭遇する scontrarsi con il nemico ¶船は嵐に遭遇した. La nave è stata sorpresa dalla tempesta.

✤**遭遇戦** scontro[男]

そうくずれ　総崩れ　disfatta[女] generale, sconfitta[女] completa;《軍隊の壊滅》rotta[女] ¶総崩れとなる subire [patire] una secca sconfitta

そうくつ　巣窟　¶悪党の巣窟 tana [covo / rifugio] dei malviventi ¶悪徳の巣窟 cloaca di vizi

そうぐるみ　総ぐるみ　¶家族総ぐるみの歓迎 il benvenuto di tutta la famiglia

そうけ　宗家《本家》ramo[男] principale di una famiglia;《家元》famiglia[女] che continua la tradizione di una scuola artistica;《人》capo[男] attuale di una scuola artistica

ぞうげ　象牙　zanna[女] d'elefante; avor*io*[男] [複 *-i*] ◇象牙(色)の d'avorio

[慣用] **象牙の塔** ¶象牙の塔にこもる rinchiudersi in una torre d'avorio

✤**象牙細工** avori[男][複], oggetti[男][複] d'avorio

象牙質〘解〙《歯の》avorio[男], dentina[女]

そうけい　早計　◇早計な precipitoso, affrettato, avventato ¶そう決めてしまうのは早計に過ぎる. È una decisione troppo affrettata.

そうけい　総計　◇総計する fare il totale [la somma] (di *ql.co.*) ¶金額は総計100万円になる. Il totale [La somma] ammonta a un milione di yen.

そうげい　送迎　¶空港は送迎客でにぎわっていた. L'aeroporto era pieno di gente venuta ad accompagnare o a prendere qualcuno.

✤**送迎デッキ** terrazzo[男] (di aeroporto)

送迎バス bus[男][無変] navetta [無変], navetta[女] ¶駅から(無料)送迎バスがあります. C'è un servizio di navetta gratuita dalla stazione.

ぞうけい　造詣　¶彼はイタリア文学に造詣が深い. Ha una profonda「conoscenza della [competenza nella] letteratura italiana.

そうげいこ　総稽古　《ゲネプロ》prova[女] generale

ぞうけいびじゅつ　造形美術　arti[女][複] plastiche

そうけだつ　総毛立つ　avere la pelle d'oca, rabbrividire[自] [*es*] ¶総毛立つような話 un racconto che fa「rabbrividire [rizzare i capelli]

ぞうけつ　造血　〘医〙ematogenesi[女][無変], emopoiesi[女][無変] ◇造血する produrre globuli rossi ◇造血性の ematogeno

✤**造血器官** organo[男] emopoiet*ico* [複 *-ci*]

造血機能 funzioni[女][複] ematogene

造血機能障害 discrasia[女] del sangue

造血剤 sostanza[女] emopoietica

造血組織 tessuto[男] ematogeno

ぞうけつ　増結　◇増結する aggiungere delle vetture a un treno

✤**増結車両** vagone[男] supplementare

そうけっさん　総決算　**1**《会計の》saldo[男] finale [completo] di tutti i conti **2**《最後のしめくくり》¶10年間の研究の総決算をする fare il resoconto di dieci anni di ricerche

そうけん　双肩　¶双肩に担(にな)う portare [avere] *ql.co.* sulle spalle ¶この事業が成功するかしな

いかは彼の双肩にかかっている. Dipende esclusivamente da lui se questo affare riuscirà o meno.

そうけん 壮健 ◇壮健な in buona salute;《元気で丈夫な》arzillo ¶父はいまだ壮健です. Mio padre si porta [si mantiene] ancora bene. / Mio padre è ancora ben portante.

そうけん 送検 ◇送検する《法》deferire *qlcu.* alla procura, rinviare *qlcu.* a giudizio ¶書類送検する rimettere l'incartamento al pubblico ministero [alla procura]

そうげん 草原 prateria㊛;《牧草地》prato㊚;《パンパス》[ス] pampa㊛[複 *pampas*];《サバンナ》savana㊛;《ステップ》steppa㊛

ぞうげん 増減 variazione㊛, movimento㊚, fluttuazione㊛ ◇増減する aumentare㊀[*es*] o diminuire㊀[*es*]; fluttuare㊀ (=人が主語のとき [*av*], 物が主語のとき [*es*]), variare㊀ (=人が主語のとき [*av*], 物が主語のとき [*es*]) ¶人口の増減 movimento della popolazione ¶観光客の数は季節によって増減がある. Il numero dei turisti varia secondo le stagioni.

そうこ 倉庫 magazzino㊚, deposito㊚ ¶倉庫に貯蔵する immagazzinare [mettere in deposito] *ql.co.* ¶貨物を倉庫に入れる mettere le merci in magazzino

♣**倉庫会社** ditta㊛ di magazzinaggio
倉庫係 magazziniere㊚[㊛ -*a*]
倉庫業 impresa㊛ di deposito e custodia merci
倉庫料《spese㊛[複] di》magazzinaggio㊚
倉庫渡し《商》franco magazzino; consegna㊛ al deposito

そうご 相互 ◇相互の mutuo, reciproco㊚[複 -*ci*] ◇相互に mutuamente, reciprocamente ¶相互に助け合う aiutarsi a vicenda

♣**相互依存** interdipendenza㊛
相互援助 assistenza㊛ reciproca
相互関係 reciprocità㊛, relazione㊛ reciproca
相互銀行 cassa㊛ di risparmio
相互作用 azione㊛ reciproca
相互条約 trattato㊚ di reciprocità
相互性 reciprocità㊛
相互扶助 mutuo soccorso㊚
相互貿易 commercio㊚ bilaterale
相互保険 mutua assicurazione㊛
相互理解 intesa㊛ reciproca

ぞうご 造語 《新語を作ること》creazione㊛ di neologismo;《新しく作られた言葉》neologismo㊚, parola㊛ coniata ◇造語する creare [coniare] un neologismo, inventare una (nuova) parola

♣**造語成分** costituente [elemento]㊚ di una parola composta
造語法 formazione㊛ delle parole

そうこう 走行 corsa㊛ ◇走行する percorrere
♣**走行距離** distanza㊛ percorsa ¶君の車の走行距離はどのくらいだい. Quanti chilometri ha percorso [ha fatto] la tua macchina?
走行距離計 contachilometri㊚[無変] (►この語は「速度計」の意味で広く誤用されている);《(トリップメーター)》contachilometri㊚ parziale [da azzerare]
走行時間 tempo㊚ impiegato per coprire una distanza
走行試験《車》(prova㊛ di) collaudo㊚
走行車線《車》corsia㊛ di marcia
走行性 tenuta㊛ di strada ¶走行性抜群の車 un'automobile che corre bene「con buone prestazioni《安定性》con ottima stabilità」
走行料金《タクシーの》tariffa㊛ per chilometro

そうこう 草稿 brutta copia㊛, minuta㊛;《メモ》appunti㊚[複] ¶草稿を作る fare la brutta copia / redigere la minuta [la bozza]

そうこう 装甲 ◇装甲する《他のものを》corazzare, blindare;《自らが》corazzarsi, armarsi di corazza

♣**装甲艦** nave㊛ corazzata
装甲師団 divisione㊛ corazzata
装甲(自動)車 autoblindo㊚[無変], autoblinda㊛, autoblindata㊛

そうこう 操行 condotta㊛
そうこう 艙口 boccaporto㊚
そうこう 糟糠 ¶糟糠の妻 moglie che ha condiviso le passate ristrettezze

そうこう ¶そうこうするうちに彼がやって来た. Nel frattempo [《その時》In quel momento] è arrivato lui. ¶そうこうするうちに今年も終わりだ. Ridendo e scherzando siamo arrivati alla fine dell'anno.

そうこう 相好 |慣用|相好を崩す ¶彼は相好を崩して喜んだ. Era raggiante di gioia. / Aveva il volto tutto sorridente.

そうごう 総合 sintesi㊛[無変] ◇総合する sintetizzare [fare la sintesi di] *ql.co.* ◇総合的 sintetico㊚[複 -*ci*];《一般的》generale;《全体的》complessivo ¶総合してみると tutto considerato / nel complesso ¶いろいろな意見を総合する sintetizzare le varie opinioni

♣**総合開発** sviluppo㊚ globale
総合競技 esercizi㊚[複] combinati
総合計画 piano㊚ [programma㊚[複 -*i*]] generale
総合芸術 arte㊛ sintetica
総合雑誌 rivista㊛「d'interesse generale [non specializzata]」
総合収支《財》saldo㊚ della bilancia dei pagamenti
総合主義《美》sintetismo㊚
総合商社 azienda㊛ commerciale integrata (maxi-azienda che si occupa della vendita di prodotti molto diversi tra loro)
総合職 lavoro㊚ d'ufficio che comporta una certa responsabilità (♦ contrapposto a *ippanshoku*, nel quale non sono previsti trasferimenti di personale)
総合大学 università㊛
総合点 punti㊚[複] complessivi, punteggio㊚[複 -*gi*] complessivo
総合ビタミン剤《薬》complesso㊚ vitaminico [複 -*ci*], preparato㊚ polivitaminico [複 -*ci*]
総合病院 policlinico㊚[複 -*ci*]

そうこうかい 壮行会 festa㊛[《英》party㊚[無変]] d'addio

そうこうげき 総攻撃《軍》attacco㊚[複 -*chi*] generale, offensiva㊛ su larga scala ¶総攻撃を行う sferrare un attacco generale

そうこうせい 走光性《生》fototattismo㊚

そうこく 相克 conflitto男, rivalità女, frizione女 ◇相克する essere in conflitto [in contrasto] (con ql.co. [qlcu.]) ¶精神と肉体の相克 conflitto tra lo spirito e la carne

そうこん 早婚 matrimonio男 (複 -i) precoce ¶昔の女性は早婚だった。 Una volta le donne si sposavano molto giovani.

そうごん 荘厳 荘厳な maestoso, solenne ◇荘厳に solennemente, con solennità
✤荘厳ミサ messa女 solenne

ぞうごん 雑言 insulti男 (複) vari

そうさ 走査 《電子》《監視装置などの》analisi女 [無変], esplorazione女;《テレビ・レーダーなどの》scansione女
✤走査機〔英〕scanner男 [無変]
走査線 linea女 di scansione; riga女 di analisi
走査点 punto男 di scansione

そうさ 捜査 indagine女, investigazione女; perquisizione女 (►「家宅捜索」,「ボディチェック」など)◇捜査する indagare男 [av] [investigare男 [av] su ql.co. [qlcu.]; perquisire ql.co. [qlcu.] ¶公開捜査 inchiesta pubblica
✤捜査官 investigatore男 [女 -trice], inquirente男
捜査本部 comando男 [centro男] investigativo
捜査網 ¶警察の捜査網にかかる cadere nella rete della polizia

そうさ 操作 manovra女, operazione女 ◇操作する manovrare [maneggiare] ql.co. ¶株式操作 operazione di Borsa ¶世論を操作する manovrare l'opinione pubblica ¶この機械の操作はとても複雑だ。 L'uso di questa macchina è molto complesso.

ぞうさ 造作・雑作 ◇造作ない facile, agevole ¶そんなことは造作なくできる。 Posso farlo facilmente [con facilità]. ¶造作ないことです。《どういたしまして》È una cosa da niente. / Di niente!

そうさい 相殺 compensazione女 ◇相殺する compensare, bilanciare ¶原価高は定価引き上げで相殺された。 L'aumento dei costi è stato bilanciato dall'aumento dei prezzi.
✤相殺額 contropartita女
相殺勘定 conto男 di contropartita

そうさい 総裁 presidente男女 (di una società);《中央銀行の》governatore男 [-trice] ¶日銀総裁 il governatore della Banca del Giappone ¶副総裁 vicepresidente ¶名誉総裁 presidente onorario

そうざい 総菜 piatto男, portata女
✤総菜屋 rosticceria女, gastronomia女

そうざいか 総財貨 〔経〕beni男 (複) aggregati

そうさく 捜索 perquisizione女, 《探索》ricerca女;《徹底的な》rastrellamento男 ◇捜索する ricercare; rastrellare; perquisire, fare una perquisizione ¶家宅捜索 perquisizione domiciliare ¶警察の捜索中の犯人 criminale ricercato dalla polizia ¶捜索中である。 Le ricerche sono in corso. ¶手がかりを求めて辺りを捜索する battere la zona alla ricerca di indizi
✤捜索隊 squadra女 di ricerca
捜索願い ¶捜索願いを出す inoltrare una domanda di ricerca

捜索令状 mandato男 di perquisizione

そうさく 創作《作品》opera女 originale, creazione女;《作りごと》invenzione女 ◇創作する creare; inventare ¶それは彼の完全な創作だよ。 Questa storia è tutta una sua invenzione. / Il suo racconto è inventato di sana pianta.
✤創作活動 attività女 creativa
創作過程 genesi女 [無変], processo男 creativo
創作舞踊 danza女 creativa [moderna]
創作料理〔仏〕nouvelle cuisine女 [無変]
創作力 ¶創作力に富んだ pieno d'inventiva / ricco d'immaginazione

ぞうさく 造作 1《家屋の》costruzione女 [fabbricazione女] (delle case);《家具や飾り付け》mobili男 (複) e infissi男 (複);《仕上げ》finitura女 2《顔の作り》 ¶彼女の顔は造作が美事だ。 Ha dei lineamenti bellissimi.

そうさくいん 総索引 indice男 generale

ぞうさつ 増刷 ristampa女 ¶1万部増刷した。 Abbiamo ristampato diecimila copie.

そうざらい 総浚い《復習》ripasso男 generale;《演・音》《ゲネプロ》prova女 generale ◇総ざらいする《習いごとを》fare un ripasso generale;《本番前に》fare la prova generale

そうざん 早産 〔医〕parto男 prematuro ◇早産する partorire qlcu. prima del termine [prematuramente]

ぞうさん 増産 aumento男 [incremento男] della produzione ◇増産する aumentare [incrementare] la produzione

ぞうざんうんどう 造山運動 〔地質〕orogenesi女 [無変]

ぞうざんたい 造山帯 〔地質〕zona女 orogenetica

そうし 創始 creazione女, fondazione女;《発明,考案》invenzione女 ◇創始する creare [fondare] ql.co.; inventare ql.co.
✤創始者 creatore男 [女 -trice], fondatore男 [女 -trice], inventore男 [女 -trice]

そうじ 相似 〔幾何〕similitudine女;《生》analogia女 (複 -gie) ◇相似の simile; analogo [男複 -ghi]
✤相似形 figura女 simile
相似三角形 triangolo男 simile

そうじ 送辞 discorso男 di commiato

そうじ 掃除 pulizia女 ◇掃除する fare le pulizie di ql.co., pulire ql.co.;《ほうきで》spazzare [scopare] ql.co.;《雑巾で》passare lo straccio su ql.co.;《はたきなどで》spolverare ql.co. ¶街路掃除 pulizia delle strade ¶棚のほこりを掃除する spolverare gli scaffali ¶庭をざっと掃除した。 Ho dato una rapida spazzata nel giardino.
✤掃除機 aspirapolvere男 [無変] ¶居間に[カーペットに]掃除機をかける passare l'aspirapolvere in soggiorno [sul tappeto]

ぞうし 増資 aumento男 del capitale ◇増資する aumentare il capitale
✤増資株 azioni女 (複) di nuova emissione

そうしき 葬式 funerale男 →葬儀

そうしき 総指揮 direzione女 generale;《軍》comando男 supremo ¶全軍の総指揮をとる prendere il comando supremo di tutto l'eserci-

そうじしょく 総辞職 dimissioni㊛[複] in blocco ◇総辞職する dimettersi in blocco ¶内閣は総辞職した. Il Governo si è dimesso.

そうしそうあい 相思相愛 ¶2人は相思相愛だ. I due si amano profondamente.

そうした →そんな1

そうしつ 喪失 perdita㊛ ◇喪失する perdere ¶彼は記憶を喪失した. Ha perso la memoria.

そうして 1《このようにして》così ¶そうしてごらんなさい. Prova così. ¶そうして彼は金持ちになった. È così che è diventato ricco. ¶そうしているうちに夜が明けた. Nel frattempo [Intanto] si fece giorno. 2《そして》e, (e) poi

そうじて 総じて generalmente, in generale ¶日本人は総じてせっかちだ. In genere [Generalmente parlando] i giapponesi sono impazienti.

そうしはいにん 総支配人 direttore㊚[㊛ -trice] [amministratore㊚[㊛ -trice]] generale

そうしゃ 壮者 persona㊛ nel pieno vigore

そうしゃ 走者 〖スポ〗corridore㊚《稀》corritrice㊛;《リレーの》staffettista㊚㊛[複 -i]

そうしゃ 奏者 esecutore㊚[㊛ -trice] (di una composizione musicale), suonatore㊚[㊛ -trice] ¶50人の奏者から成るオーケストラ orchestra composta da cinquanta elementi

そうしゃ 掃射 raffica㊛ di mitra;《機銃掃射》mitragliamento㊚ ◇掃射する sparare㊌[av] a raffica su ql.co. [qlcu.]; mitragliare ql.co. [qlcu.]

そうしゃ 操車 〖鉄道〗smistamento㊚ ◇操車する smistare (i treni)

✤操車係 smistatore㊚[㊛ -trice]

操車場 stazione㊛ di smistamento

そうしゅ 宗主 sovrano㊚

✤宗主権 (diritto㊚ di) sovranità㊛

宗主国 Stato㊚ avente diritto di sovranità su un altro

そうじゅう 操縦 《車などの》guida㊛;《飛行機などの》pilotaggio㊚[複 -gi];《制御》controllo㊚ ◇操縦する guidare; pilotare; controllare ¶飛行機を操縦する pilotare un aereo ¶船を操縦する guidare una nave ¶彼が陰で操縦しているようだ. Sembra che lui stia tramando [manovrando] in segreto.

✤操縦桿(次) 〖空〗barra㊛ di comando; 〔仏〕cloche㊛[無変]

操縦士 〖空〗pilota㊚㊛[複 -i] ¶副操縦士 secondo pilota

操縦術 pilotaggio㊚, manovra㊛

操縦性 《乗り物・機械の》manovrabilità㊛

操縦席 〖空〗abitacolo㊚, posto㊚ di pilotaggio

ぞうしゅう 増収 《収入の》aumento㊚ del reddito [delle entrate];《収穫など》aumento㊚ del raccolto [della produzione] ¶税収は昨年に比べて5％の増収である. Il reddito fiscale è aumentato del cinque per cento rispetto all'anno scorso.

ぞうしゅうへん 総集編 ¶連続テレビドラマの総集編 riassunto di tutte le puntate di un teleromanzo

ぞうしゅうわい 贈収賄 corruzione㊛ ¶贈収賄事件 caso di corruzione

そうじゅく 早熟 precocità㊛ ◇早熟な《子供・植物など》precoce, prematuro;《植物》primaticcio㊚[複 -ci; ㊛複 -ce]

そうしゅつ 創出 ◇創出する creare ql.co.;《案出する》ideare [inventare] ql.co.

そうじゅつ 槍術 tecnica㊛ dell'uso della lancia

そうじゅよう 総需要 〖経〗domanda㊛ globale [aggregata]

そうしゅん 早春 inizio㊚ della primavera, i primi giorni㊚[複] di primavera

そうしょ 草書 corsivo㊚ ¶草書の corsivo ¶草書で書く scrivere in corsivo

そうしょ 叢書・双書 collana㊛ ¶社会科学叢書 collana di scienze sociali

ぞうしょ 蔵書 biblioteca㊛, collezione㊛ di libri

✤蔵書印 timbro㊚ della biblioteca

蔵書家 bibliofilo㊚[-a], collezionista㊚㊛[複 -i] di libri

蔵書票 〔ラ〕ex libris㊚[無変]

蔵書目録 catalogo㊚[複 -ghi] di una biblioteca

そうしょう 宗匠 ¶生け花の宗匠 maestro di ikebana

そうしょう 相称 〖幾何・生〗simmetria㊛ ◇相称の simmetrico㊚[複 -ci]

そうしょう 総称 nome [termine㊚] generico㊚[複 -ci] ◇総称する chiamare con un nome generico (a ql.co.) ¶これらの種の鳥は走禽類(キンキネン)と総称される. Questi uccelli vengono chiamati genericamente corrieri.

そうじょう 奏上 ¶天皇に奏上する mettere al corrente l'Imperatore di ql.co.

そうじょう 僧正 〖仏教〗¶正僧正 abate㊚ ¶大僧正 abate maggiore

そうじょう 層状 ¶層状の stratificato;〖鉱〗lamellare

✤層状雲 〖気〗nubi㊛[複] stratiformi

そうじょう 騒擾 sedizione㊛, sommossa㊛, agitazione㊛, tumulto㊚

✤騒擾罪 reato㊚ di sedizione

そうじょうかじょ 総状花序 〖植〗racemo㊚

そうじょうこうか 相乗効果 effetto㊚ sinergico[複 -ci]

そうじょうさよう 相乗作用 sinergismo㊚

そうしようしょくぶつ 双子葉植物 〖植〗dicotiledoni㊚[複]

そうしょく 草食 ¶草食の erbivoro

✤草食動物 erbivoro㊚

そうしょく 装飾 decorazione㊛, ornamento㊚;〖映〗attrezzeria㊛ ◇装飾する decorare, ornare ◇装飾的 ornamentale, decorativo ¶室内装飾 decorazione d'interni ¶室内装飾家 decoratore㊚[㊛ -trice] d'interni

✤装飾音 〖音〗abbellimento㊚, ornamento㊚

装飾美術 arti㊛[複] decorative

装飾品 ornamento㊚, decorazione㊛

そうしょく 僧職 ¶僧職にある essere prete [sacerdote] /《仏教の》essere bonzo ¶僧職に就く

farsi prete [bonẓo]

ぞうしょく 増殖 《繁殖》riproduzione[女];《増加》moltiplicazione[女];〔生〕《細胞の》proliferazione[女];《原子物理で》fertilizzazione[女] ◇**増殖する** riprodursi; moltiplicarsi; proliferare ¶細胞の異常増殖〔医・植〕iperplaṣia[女] (cellulare) ¶癌細胞が増殖する. Le cellule cancerose si moltiplicano.

✤**増殖炉**《原子炉の》reattore[男] autofertilizzante [rigeneratore] ¶高速増殖炉 reattore autofertilizzante a neutroni veloci

そうしょとく 総所得 〔経〕reddito[男] lordo [aggregato]

そうしるい 双翅類 〔昆〕ditteri[男][複] ⇀昆虫 [用語集]

そうしれいかん 総司令官 〔軍〕comandante[男] supremo, generalissimo[男]

そうしれいぶ 総司令部 quartiere[男] generale

そうしん 送信 emissione[女], traṣmissione[女] ◇**送信する** traṣmettere

✤**送信アンテナ** antenna[女] traṣmittente

送信機 traṣmettitore[男]

送信所 stazione[女] emittente

そうしん 喪心・喪神 《落胆》scoraggiamento[男], disperazione[女];《失神》ṣvenimento[男] ¶喪心したように con aria attonita [inebetita]

✤**喪心状態** stato[男] di intontimento [di stupore]

そうしん 痩身 corpo[男] eṣile [ṣnello]

✤**痩身法** cura[女] [《ダイエットによる》dieta[女]] dimagrante

ぞうしん 増進 《増大》accrescimento[男];《進歩》progresso[男];《改善》miglioramento[男] ◇**増進する**《増す》crescere[自][es], aumentare[自][es];《進む》avanzare[自][es]; migliorare[自][es] ¶学力増進 miglioramento delle capacità d'apprendimento ¶健康を増進する飲み物 bevanda energetica ¶体力の増進を図る fortificare il fiṣico

そうしんぐ 装身具 bigiotteria[女]

✤**装身具店** negozio[男][複 -i] di bigiotteria

そうず 僧都 〔仏教〕 ¶大[小]僧都 abate[男] maggiore [minore]

そうすい 送水 fornitura[女] idrica ◇**送水する** fornire l'acqua

✤**送水管** acquedotto[男], conduttura[女] dell'acqua

そうすい 総帥 comandante[男] (supremo [in capo])

ぞうすい 増水《川や水路の》piena[女], ingrossamento[男] ◇**増水する** essere in piena ¶増水した川 fiume[男] 「in piena [ingrossato] ¶テーヴェレ川は2メートル増水した. Il livello del Tevere è salito di due metri.

✤**増水期** stagione[女] delle piene

ぞうすい 雑炊 zuppa[女] [minestrone[男]] di riso con varie verdure

そうすう 総数 totale[男], numero[男] totale

そうすかん 総すかん ¶総すかんを食った. Mi hanno 「piantato in asso [voltato le spalle].

そうする 奏する ¶作戦が功を奏した. La strategia ha dato i suoi frutti.

ぞうする 蔵する **1**《所蔵する》¶この図書館は約100万冊を蔵している. Questa biblioteca ha circa un milione di volumi.

2《心にいだく》¶ひそかに憎しみを蔵する nutrire [covare] un odio latente

そうすると in tal caṣo ¶そうすると, このお金は私にくれるのね. Allora [In tal caṣo] posso tenere questo denaro, giusto?

そうすれば ¶今からすぐ出かけなさい. そうすれば, 5時には着くでしょう. Parti subito, e [così] dovresti arrivare per le cinque. ¶そうすれば彼は成功するに決まっている. In tal caṣo avrà certamente successo.

そうせい 早世 morte[女] prematura ◇**早世する** morire[自][es] giovane

そうぜい 総勢 tutti (i membri[男][複]), tutte le persone[女][複] ¶総勢で働いている. Lavoriamo tutti. ¶総勢何人ですか. Quanti siete in tutto? ¶総勢8名から成るグループ un gruppo (composto) di 8 persone (in tutto)

ぞうせい 造成 ¶宅地を造成する rendere un'area edificabile

✤**造成地** terreno[男] destinato allo [preparato per lo] ṣviluppo

造成地域 area[女] di ṣviluppo

ぞうぜい 増税 aumento[男] delle imposte, aggravio[男][複 -i] fiscale ◇**増税する** aumentare le imposte [le tasse] ¶物品税が増税された. L'imposta sulle merci si è aggravata.

✤**増税案** proposta[女] di aggravio fiscale

そうせいき 創世記 〔聖〕la Geneṣi[女]

そうせいじ 双生児 gemelli[男][複];《女だけの》gemelle[女][複];《双生児の片方》gemello[男][女 -a] ¶双生児を産む avere un parto gemellare ¶一[二]卵性双生児 gemelli monoẓigoti [eteroẓigoti]

そうせいじ 早生児 neonato[男][女 -a] prematuro

そうせき 僧籍 ¶僧籍に入る farsi prete /《仏教》farsi bonẓo ¶僧籍を離れる spretarsi

そうせきうん 層積雲〔気〕stratocumulo[男]

そうせつ 創設 ◇**創設する** fondare ¶環境保護団体を創設する fondare un'associazione per la protezione ambientale

そうせつ 総説 ⇀総論

そうぜつ 壮絶 ◇**壮絶な** grandioso[男];《崇高な》sublime;《勇壮な》eroico [男複 -ci] ¶壮絶な死を遂(と)げる morire eroicamente [da eroe]

ぞうせつ 増設 ¶大学を1校増設する fondare una nuova università ¶医学部を増設する istituire [aggiungere] la facoltà di medicina

そうぜん 騒然 ◇**騒然とした** tumultuoso ◇**騒然と** tumultuosamente ¶会場は騒然となった. Nella sala è scoppiato un tumulto. ¶世間は物情騒然たるありさまである. C'è un gran fermento [una notevole irrequietezza] nella popolazione.

ぞうせん 造船 costruzione[女] navale

✤**造船会社** impresa[女] di costruzioni navali, impresa[女] armatoriale

造船技師 ingegnere[男] navale (►女性にも用いる)

造船業 induṣtria[女] navale

造船工学 ingegneria[女] navale

造船所 cantiere[男] navale, bacino[男]

そうせんきょ 総選挙 elezioni[女][複] generali;

そうそう 《イタリアの上下院総選挙》elezioni㊛[複] politiche (▶地方選挙は elezioni amministrative)

そうそう 《合づち》sì, è vero; 《話題を変えて》a proposito ¶ええと, そうそう新聞を買ってきてくれ. E poi… ah, ecco, vai a comprarmi il giornale. ¶ああそうそう, すっかり忘れていた. A proposito, mi ero dimenticato di una cosa. /《指摘されて》Già, è vero. Me n'ero proprio dimenticato!

そうそう ¶こんな機会はそうそうないよ. Un'occasione così buona è rara. ¶そうそう簡単ではないだろう. Non sarà così semplice. ¶彼はそうそう甘くはないぞ.《かなり手ごわい》Con lui non si può scherzare mica.

そうそう 早早 ¶入社早々病気になった. Non appena ho [Subito dopo aver] cominciato a lavorare, mi sono ammalato. ¶来月早々 all'inizio del mese prossimo ¶仕事が終わると彼は早々に退社した. Dopo il lavoro è uscito in fretta.

そうそう 錚錚 ◇そうそうたる importante, influente, eminente ¶そうそうたる教授陣 corpo docente「di prim'ordine [selezionato]

そうそう 草草 Affettuosi saluti. / Con affetto. / Tanti cari saluti.

そうぞう 創造 creazione㊛ ◇創造する creare ¶天地創造 la Creazione (del mondo)

✤**創造者**[主]《キリスト教の》il Creatore㊚;《プラトン哲学の》demiurgo

創造力 creatività㊛;《独創性》originalità㊛ ¶生徒の創造力を育む coltivare la creatività degli studenti

そうぞう 想像 immaginazione㊛;《空想》fantasia㊛,《仮定》supposizione㊛, ipotesi㊛[無変];《推量》congettura㊛ ◇想像する immaginare [immaginarsi] ql.co. 「di+不定詞 / che+接続法] di ql.co.; supporre「di+不定詞 [che+接続法] ◇想像(上)の immaginario㊚[複 -i], fantastico [㊚複 -ci] ¶想像できない incredibile, inconcepibile, inimmaginabile

¶想像をたくましくする lasciare libero corso all'immaginazione / farsi trasportare dalla fantasia / sbrigliare la fantasia ¶想像以上に[を越えた] al di là di ogni immaginazione ¶想像を絶する superare ogni immaginazione ¶それはまったく君の想像にすぎない. Sono solo [Non sono che] tue fantasie. / È tutto frutto della tua immaginazione. ¶君の想像に任せるよ. Te lo lascio immaginare. ¶…と想像する. Si può facilmente immaginare che+接続法 ¶想像するだけでも楽しい. Sono felice al solo pensarlo. ¶君には想像もつかないだろう. Tu non lo [Non te lo] immagini nemmeno. ¶想像が当たった. Avevo indovinato. ¶想像が外れた. Avevo sbagliato le previsioni. ¶このように美しい場所だとは想像もしていなかった. Non avevo idea che fosse un luogo così bello.

✤**想像画** quadro㊚ dipinto con la fantasia, raffigurazione㊛ immaginaria

想像線《製図の》linea㊛ immaginaria

想像妊娠 gravidanza㊛ isterica

想像力 immaginazione㊛, fantasia㊛ ¶〈人の〉想像力をかきたてる stimolare [eccitare] l'immaginazione di qlcu. ¶想像力に富んだ ricco di fantasia [immaginazione] / dalla fervida [fertile] fantasia ¶彼は想像力が乏しい. È un uomo 「dalla fantasia limitata [povero di fantasia]. / Manca di immaginazione.

そうそうこうしんきょく 葬送行進曲 marcia㊛[複 -ce] funebre

そうぞうしい 騒騒しい 《やかましい》rumoroso, chiassoso ◇騒々しさ rumore㊚, chiasso㊚, schiamazzo㊚ ◇騒々しく rumorosamente, chiassosamente ¶騒々しい音を立てる fare un gran fracasso / far chiasso ¶都会の騒々しさを離れて生活する vivere lontano dal frastuono della grande città ¶表が騒々しい. C'è molto chiasso fuori ¶世の中が騒々しい. Di questi tempi, c'è grande agitazione.

そうそく 総則 regole㊛[複] [norme㊛[複]] generali

そうぞく 宗族 《一族》clan㊚[無変], famiglia㊛

そうぞく 相続 successione㊛, eredità㊛ ◇相続する ereditare ql.co. ¶遺産相続 successione ereditaria ¶相続の承認 accettazione dell'eredità ¶相続の放棄 rinuncia all'eredità ¶父の遺産を相続する ricevere l'eredità paterna

✤**相続争い** lite㊛ per l'eredità

相続権 diritto㊚ di successione

相続財産 eredità㊛, beni㊚[複] ereditari

相続税 tassa㊛ [imposta㊛] di successione

相続人 erede㊚㊛ ¶推定[法定 / 包括 / 遺言]相続人《法》erede presunto [legittimo / universale / testamentario]

相続分 quota㊛ ereditaria

そうぞく 僧俗 il clero㊚ e il laicato㊚, gli ecclesiastici㊚[複] e i laici㊚[複]

そうそふ 曽祖父 bisnonno㊚, bisavolo㊚

そうそぼ 曽祖母 bisnonna㊛, bisavola㊛

そうそん 曽孫 pronipote㊚㊛

そうだ 操舵 manovra㊛ del timone ◇操舵する manovrare il timone

✤**操舵室** timoniera㊛

操舵手 timoniere㊚

-そうだ[1] 【伝聞】Si dice [Dicono / Mi hanno detto] che+接続法 [直説法] ¶九州はもう暖かいそうだ. Dicono che nel Kyushu faccia già caldo. ¶彼はイタリア語がうまいそうだ. Ho sentito dire che [Ho saputo che] è bravo in italiano. ¶彼は今晩来られないそうだ. Mi hanno detto che stasera non potrà venire. ¶天気予報では雨が降るそうだ. Secondo le previsioni del tempo, pioverà. ¶うわさによれば腕のたつ医者だそうだ. A quanto si dice, è un medico molto esperto.

2【様態】sembrare㊅[es] [parere㊅[es]] che+接続法 [直説法] ¶悲しそうに con aria triste ¶午後から雨になりそうだ. Credo che pioverà nel pomeriggio. ¶お金が足りなさそうだ. Ho paura [Temo] che il denaro non basti. ¶彼女は今にも泣きそうだった. Era lì lì per piangere. ¶お腹がすいて死にそうだ. Ho una fame da morire. ¶彼は幸福そうだ. Ha l'aria felice. ¶もう少しで車にひかれそうだった. È mancato poco che fossi investito [Per poco non sono stato investito] da una macchina. ¶それなら私にもできそうだ. Questo lo potrei fare anch'io. ¶電車はもう来そうなものだ. Il tram dovrebbe venire a momenti. ¶はがきくらいよこしてもよさそうなものだ. Non sarebbe male se mi scrivesse almeno una cartolina. ¶彼のやりそうなことだ. È una cosa che ci si poteva aspettare da lui. / C'era da aspettarselo da lui. ¶当分始まりそうにない. Credo che non comincerà per il momento. ¶彼は来そうもない. È poco probabile che venga.

そうたい 早退 ¶学校[会社]を早退する lasciare la scuola [l'ufficio] in anticipo

そうたい 相対 ◇相対的 relativo ◇相対的に relativamente

✣**相対音感** 《音》orecchio男 relativo
相対主義 relativismo男
相対主義者 relativista a男女[男複 -i]
相対性原理[理論] 《物》principio男[teoria女] della relatività
相対速度 《物》velocità女 relativa
相対評価 《学力の》valutazione女 relativa

そうたい 総体 totalità女, il tutto, l'insieme男, l'intero, il complesso男 ◇総体的[な] generale, totale, globale, complessivo ◇総体的に in generale, nell'insieme, globalmente, totalmente, in complesso ¶総体としてみると se lo si considera nel suo insieme / preso globalmente

そうだい 総代 rappresentante男, delegato男[女 -a] ¶彼は卒業生総代として答辞を読んだ. Ha fatto il discorso di saluto「in rappresentanza [a nome] dei diplomati.

そうだい 壮大 ◇壮大な grandioso, maestoso; 《すばらしい》magnifico男[女 -ci] ◇壮大さ grandiosità女, magnificenza女

ぞうだい 増大 aumento男, crescita女 ◇増大する aumentare自[es], crescere自[es], moltiplicarsi ◇増大させる aumentare [accrescere] ql.co. ¶両国間の緊張は増大した. La tensione fra i due paesi si è accentuata.

そうたいきゃく 総退却 《軍》◇総退却する compiere una ritirata generale, ritirarsi su tutti i fronti, battere in ritirata

そうだち 総立ち ¶場内は総立ちになった. Tutti i presenti sono scattati in piedi.

そうたつ 送達 ◇送達する notificare

そうだつ 争奪 lotta女, competizione女 ◇争奪する lottare自[av] per ql.co., competere自 (►複合時制を欠く); 《互いに》disputarsi ql.co. ¶大臣の椅子を争奪する lottare per il posto di ministro ¶選手権の争奪戦が激しく繰り広げられた. Le gare per il titolo di campione erano accese.

そうたん 草炭 《鉱》torbiera女
そうたん 操短 《操業短縮》limitazione女 della produzione

そうだん 相談 consultazione女; 《助言》consiglio男[複 -gli] ◇相談する consultare, consultarsi con / consigliarsi con] qlcu. su ql.co.; chiedere consiglio a qlcu. su ql.co.

¶相談を受ける essere consultato da qlcu. ¶仕事のことで相談する chiedere un parere su cose di lavoro ¶父に相談の上でお返事します. Le risponderò dopo essermi consultato con mio padre. ¶話によっては相談に乗ってもいい. A seconda delle condizioni, potrei accettare di occuparmene. ¶それは無理な相談というものだ. È una proposta impossibile [inaccettabile].

✣**相談相手** Vorrei avere qualcuno (a) cui chiedere consiglio.
相談所 ¶法律相談所 studio di consulenza legale
相談役 consigliere男[女 -a], consulente男

そうち 装置 apparecchio男[複 -chi]; 《仕掛け》dispositivo男, meccanismo男; 《集合的に, 装備》attrezzatura女, apparecchiatura女; 《映画・舞台の》scenografia女 ◇装置する dotare [munire / fornire]《A に B を A di B》¶防火装置 dispositivo antincendio ¶安全装置 dispositivo di sicurezza / sicura

ぞうちく 増築 ¶家を増築する ampliare [ingrandire] una casa ¶2部屋増築する costruire altre due stanze / aggiungere due stanze a una casa ¶家屋に1階分増築する soprelevare di un piano una casa

✣**増築工事** lavori男[複] di ampliamento
そうちょう 早朝 に di buon mattino, di buon'ora, la mattina presto, nelle prime ore del mattino ◇早朝から dal primo mattino, dalle prime ore del mattino

✣**早朝割引** sconto男 mattutino
早朝トレーニング esercizi男[複] ginnici mattutini

そうちょう 曹長 《軍》sergente男 maggiore
そうちょう 総長 presidente男 (di un'università); 《学長》rettore男[女 -trice] ¶事務総長 segretario generale (►女性に対しても男性形を用いる)

そうちょう 荘重 ◇荘重な solenne, grave ◇荘重に solennemente, gravemente

ぞうちょう 増長 ◇増長する inorgoglirsi, gonfiarsi d'orgoglio ¶子供を増長させる viziare i bambini ¶《人》のわがままを増長させる cedere自[av] ai capricci di qlcu.

そうで 総出 ¶一家総出で農業を営んでいる. Tutti i membri della famiglia sono agricoltori.

そうてい 装丁・装訂 《製本》rilegatura女, legatura女; 《ブックデザイン》progetto男 grafico [複 -ci] 《design 男[無変] di un libro, copertina女 ¶この本の装丁は山田太郎による. Taro Yamada ha curato la copertina di questo libro.

そうてい 想定 supposizione女, ipotesi女[無変] ◇想定する supporre ql.co. [di + 不定詞 / che + 接続法] ¶今地震が起こったと想定しよう. Poniamo per ipotesi che si sia verificato un terremoto.

ぞうてい 贈呈 《進呈, 献呈》omaggio男[複 -gi], 《寄贈》donazione女 ◇贈呈する dare ql.co. in omaggio (a qlcu.); donare [fare donazione di] ql.co. (a qlcu.) ¶花束を贈呈する fare omaggio di un mazzo di fiori

✣ **贈呈式** (cerimonia女 di) consegna女 (di ql.co.)

贈呈品 《無料進呈品》omaggio男[複 -gi]; 《寄贈品》donazione女; 《贈り物》dono男, regalo男
贈呈本 esemplare男 in omaggio, copia女 omaggio [無変]

そうてん 争点 punto男「controverso [della disputa / della polemica]」
そうてん 装塡 caricamento男 ◇装塡する caricare ¶カメラにフィルムを装塡する caricare la macchina fotografica
そうでん 相伝 《代々受け継ぐこと》 ¶相伝の領地 dominio tramandato「di padre in figlio [di generazione in generazione]」
そうでん 送電 《電》 trasporto男 dell'elettricità, alimentazione女 [trasmissione女] di energia elettrica ◇送電する trasportare [trasmettere / fornire] energia elettrica 《へ in》 ¶送電が1時間止められた. C'è stata un'interruzione di corrente di un'ora.
❖送電設備 impianto男 di trasmissione di energia elettrica, gruppo男 elettrogeno
送電線 linea女 elettrica (ad alta tensione), cavi男[複] elettrici
そうとう 双頭 ◇双頭の bicipite, bicefalo, bifronte ¶双頭の怪物 mostro a due teste ¶双頭の鷲(ﾜｼ) aquila bicipite (◆神聖ローマ帝国・オーストリア-ハンガリー帝国・ロシア帝国などの皇帝権力の象徴)

そうとう 相当 **1** 《当てはまること》 ◇相当する equivalere男 [es, av] a ql.co., essere equivalente a ql.co., corrispondere男 [av] a ql.co., valere男 [es, av] ql.co. ¶1万円は何ユーロに相当しますか. A quanti euro corrispondono diecimila yen? ¶1000円相当の品物を探している. Sto cercando qualcosa「che costi [del valore di] mille yen.
2 《ふさわしいこと、釣り合うこと》 ◇相当する essere adatto [appropriato] a ql.co., adattarsi a ql.co. [a qlcu.] ◇相当の proporzionato, adeguato ¶能力相当の仕事 lavoro adatto alle proprie capacità ¶地位相当の待遇を受ける ricevere il trattamento dovuto alla propria posizione
3 《はなはだしい様子》 ◇相当な parecchio男[複 -chi], molto;《十分な》 sufficiente;《満足すべき》 soddisfacente;《納得しうる》 accettabile, ragionevole;《著しい》 considerevole, notevole, rispettabile ◇相当に parecchio, molto, assai; considerevolmente, notevolmente ¶今日は相当な寒さだ. Oggi fa parecchio [molto] freddo. ¶彼は相当な暮らしをしている. Vive abbastanza agiatamente. ¶相当な額だ. È una somma considerevole. / È una bella somma. ¶彼は相当なピアニストだ. È un pianista di notevole bravura. ¶彼は相当借金がある. Ha parecchi debiti.

そうとう 掃討 ¶敵を掃討する eliminare [spazzar via / cacciare] i nemici / far piazza pulita dei nemici
そうとう 総統 《ナチスの》 führer男;《スペイン・南米の》[ス] caudillo男[複 caudillos] (►イタリア・ファシスト党の首領は duce男)
そうどう 双胴 ¶双胴の飛行機 aereo a doppia fusoliera
❖双胴船 catamarano男
そうどう 騒動 **1** 《騒ぎたてること》 disordini男[複]; 《騒乱》 agitazione女, tumulto男, sommossa女 ¶騒動を起こす scatenare [sollevare] una sommossa / causare disordini / provocare agitazione ¶騒動を鎮める sedare un tumulto / soffocare un'agitazione
2 《争い》 lite女; lotta女 ¶遺産をめぐって騒動が起きた. È scoppiata una lite per l'eredità.
そうとう 贈答 scambio男[複 -i] di regali
❖贈答品 regalo男, dono男
贈答用品 articolo男 da regalo
そうどういん 総動員 mobilitazione女 generale ¶国家総動員 mobilitazione nazionale
❖総動員令 ¶総動員令を発する decretare la mobilitazione generale
そうとうしゅう 曹洞宗 setta女 Soto (◆una delle principali scuole di buddismo zen)
そうとく 総督 governatore男, vicerè男 (►植民地を統轄する長官);《史》《ヴェネツィアの》 doge男 ¶香港総督《イギリス領時代の》 il vicerè di Hong Kong
❖総督政府 governatorato男
そうなめ 総舐め ¶火は村を総なめにした. L'incendio divampò in tutto il villaggio distruggendolo. ¶我々は出場チームを総なめにした. Abbiamo battuto tutte le altre squadre.
そうなん 遭難 incidente男, disastro男, sinistro男;《海上の》 naufragio男[複 -gi] ◇遭難する essere vittima di un incidente, avere un incidente; naufragare男 [es], 《船が主語のとき [es], 人が主語のとき [av]》, fare naufragio ¶山で遭難する rimanere vittima di un incidente in montagna ¶吹雪で多数の人が遭難した. La tempesta di neve ha fatto molte vittime.
❖遭難現場 scena女 del disastro [del sinistro]
遭難者 vittima女 (di un disastro), sinistrato男 [女 -a];《海難事故での生存者》 naufrago男 [女 -ga; 男複 -ghi]
遭難信号 segnale男 di soccorso [di pericolo] ¶遭難信号を発する[受ける] lanciare [ricevere] l'SOS
遭難船 nave女 in pericolo
ぞうに 雑煮 zuppetta女 con mochi (servita soprattutto durante le feste di Capodanno)
そうにゅう 挿入 inserimento男, interposizione女, introduzione女 ◇挿入する inserire [interpolare / introdurre] ql.co. (in ql.co.)
❖挿入句 parentesi女[無変], inciso男, interpolazione女
挿入節 proposizione女 incidentale
挿入部 《音》 episodio男[複 -i]
挿入モード 《コンピュータ》 modalità女[無変] di inserzione
そうねん 壮年 età女 adulta, maturità女 ¶壮年の男 uomo all'apice della sua carriera
そうねん 想念 idea女, pensiero男
そうは 走破 ¶10キロのコースを走破する completare il percorso di dieci chilometri ¶彼はマラソンを2時間15分で走破した. Ha corso la maratona in due ore e quindici minuti.
そうは 搔爬 《医》 raschiamento男 ◇搔爬する raschiare ql.co.
❖搔爬器 《医》 cucchiaio男[複 -i], raschiatoio男
そうば 相場 **1** 《時価, 市場価格》 prezzo男「corrente [di mercato], corso;《株式など》 quotazione女;《為替の》 cambio男[複 -i] ¶公定相場 quotazione ufficiale ¶卸売り[小売り]相

場 prezzo all'ingrosso [al dettaglio] ¶円とユーロの為替相場 (tasso di) cambio dello yen e dell'euro ¶その日の相場で al prezzo corrente / al corso del giorno ¶相場が上がる[下がる]. I prezzi [Le quotazioni] salgono [scendono]. ¶だいたいそのくらいが相場だろう. Sarebbe un prezzo ragionevole. ¶株式相場が激しく揺れている. La borsa valori oscilla [Le quotazioni oscillano] notevolmente.

2《投機》 ¶相場を張る fare una speculazione; 《株の》 giocare [speculare] in Borsa

3《世間一般の評価》 ¶彼が勝つと相場が決まっている. La sua vittoria è data per「certa [scontata].

✤**相場師** specula*tore*[男] [[女] *-trice*]

相場表 listino[男] di Borsa

ぞうはい 増配 aumento[男] dei dividendi ¶会社は来期に増配を行う. La società pagherà dividendi più alti alla prossima scadenza.

そうはく 蒼白 pallore[男] ◇蒼白な pallido, bian*co* [[男]複 *-chi*] ¶蒼白になる impallidire[自] [*es*] / diventare pallid*o* [livid*o*]

ぞうはつ 増発 ¶列車を増発する aumentare le corse dei treni ¶紙幣を増発する emettere altra carta moneta / aumentare la circolazione monetaria

そうはつき 双発機 〘空〙 aereo[男] bimotore, bimotore[男]

そうばな 総花 ¶総花的予算 bilancio「equamente ripartito [che non scontenta nessuno]

そうばん 早晩 《遅かれ早かれ》 prima o poi, un giorno o l'altro

ぞうはん 造反 contestazione[女]; 《蜂起》 rivolta[女], ribellione[女]

✤**造反分子** contesta*tore*[男] [[女] *-trice*], ribelle[男][女]

そうはんていり 相反定理 〘化・機〙 teorema[男] [principio[男]] di reciprocità

そうび 装備 equipaggiamento[男]; 《軍隊・乗物・工場の》 armamento[男] ◇装備する armare [equipaggiare] *ql.co.*; 《自分が》 armarsi [equipaggiarsi] di *ql.co.* ¶防寒用の装備をする premunirsi contro il freddo ¶軽装備の軍隊 truppe con armamento leggero ¶軍隊に装備を施す dotare le truppe dell'equipaggiamento ¶町に大砲を装備する munire una città di cannoni

そうひぎょう 総罷業 sciopero[男] generale

ぞうひびょう 象皮病 〘医〙 elefantiasi[女] [無変]

そうびょう 躁病 〘医〙 mania[女]

✤**躁病患者** mania*co*[男] [[女] *-ca*; [男]複 *-ci*]

ぞうひょう 雑兵 《身分の低い兵卒》 soldati[男] [複] semplici; 《会社などで地位の低い者, 下っ端》 persone[女] [複] di nessun [poco] conto

ぞうびん 増便 ¶旅行シーズンには旅客機の増便がある. Durante la stagione turistica c'è un aumento dei voli passeggeri.

そうふ 送付 invi*o*[男] [複 *-ii*], spedizione[女] ◇送付する inviare [spedire / mandare] *ql.co.* (a *qlcu.*)

✤**送付先** 《あて先》 destinazione[女]; 《受け取り人》 destinatar*io*[男] [[女] *-ia*; [男]複 *-i*]

そうふ 総譜 〘音〙 partitura[女], spartito[男]

ぞうふ 臓腑 interiora[女] [複] ¶怒りで臓腑が煮えくり返った. Mi sono sentito il sangue ribollire di rabbia.

そうふう 送風 〘工〙 《通 風》 ventilazione[女], areazione[女] ◇送風する ventilare, arieggiare ¶地下室に送風する mandare l'aria fresca nel sotterraneo

✤**送風管** condotto[男] di ventilazione

送風機 ventilatore[男], areatore[男]; 《換気》 soffiatore[男]

そうふく 僧服 《キリスト教の》 abito[男] [veste[女]] talare; 《仏教の》 abito[男] di un bonzo

ぞうふく 増幅 〘電子〙 amplificazione[女] ◇増幅する amplificare

✤**増幅器** amplificatore[男]

ぞうぶつしゅ 造物主 il Creatore[男]

そうへい 僧兵 bonzo[男] armato

ぞうへい 造兵 fabbricazione[女] di armi

ぞうへい 造幣 〘財〙 con*io*[男] [複 *-i*], monetazione[女]

✤**造幣局** (Palazzo[男] della) Zecca[女]

そうへき 双璧 ¶漱石と鷗外は明治文壇の双璧だ. Natsume Soseki e Mori Ogai sono i due pilastri della letteratura Meiji.

そうべつ 送別 ¶彼が送別の辞を述べた. Ha pronunciato un discorso d'addio.

✤**送別会** festa[女] [party[男] [無変]] d'addio ¶彼の送別会をした. Abbiamo fatto [organizzato] un party d'addio in suo onore.

ぞうほ 増補 ampliamento[男] ◇増補する ampliare [ingrandire] (un libro)

✤**増補改訂版** edizione[女] riveduta ed ampliata

そうほう 双方 le due parti[女] [複], tutti [《女性名詞に》 tutte] e due ◇双方で[に] da entrambe le parti, da tutte e due le parti ¶双方の責任 responsabilità reciproca ¶双方の合意で di comune intesa / con mutuo consenso ¶双方が妥協した. Entrambe le parti hanno raggiunto un compromesso. ¶双方の国の同意が望まれる. Ci si aspetta un accordo bilaterale fra i due paesi.

そうほう 走法 modo[男] di correre

そうほう 奏法 〘音〙 modo[男] di suonare

✤**奏法記号[標語]** segno[男] [indicazione[女]] di esecuzione musicale ⇀音楽 [用語集]

そうほうこう 双方向 ◇双方向の interattivo

✤**双方向通信** 〘通信〙 comunicazione[女] bidirezionale

双方向テレビ televisore[男] interattivo

そうぼうべん 僧帽弁 〘解〙 valvola[女] mitrale, mitrale[女]

そうほん 草本 **1** 《草》 erba[女], pianta[女] erbacea **2** 《下書き》 abbozzo[男]

ぞうほん 造本 ¶丈夫な造本だ. È un libro con una rilegatura robusta.

そうほんけ 総本家 la famiglia[女] principale; 《宗派・流派などの》 il ramo[男] principale (di una famiglia)

そうほんざん 総本山 〘仏教〙 tempio[男] [複 *tem-pli*] principale (di una setta)

そうほんてん 総本店 sede[女] centrale

そうまとう 走馬灯 lanterna[女] magica ¶古い思い出が走馬灯のようによみがえる. I vecchi ricordi mi ritornano in mente come un caleidoscopio.

そうみ 総身 ¶総身に傷があった. Aveva ferite

そうむ 双務 〖法〗 sinallagma(男) 〖複 -i〗 ◇双務的 bilaterale, sinallagmatico 〖男複 -ci〗
❖**双務契約** 〖商〗 contratto(男) bilaterale

そうむ 総務 amministrazione(女)
❖**総務省** Ministero(男) della Pubblica Amministrazione, Affari Interni, Poste e Telecomunicazioni
総務費 〖会〗 spese(女)〖複〗 varie
総務部 divisione(女) amministrativa, ufficio(男) 〖複 -ci〗 amministrativo

ぞうむし 象虫 〖昆〗 calandra(女) del grano

そうめい 聡明 intelligenza(女), perspicacia(女) ◇聡明な intelligente, perspicace, sagace;《賢明な》giudizioso

そうめん 素麺 somen(男)〖無変〗; vermicelli(男)〖複〗giapponesi di farina bianca

そうめんせき 総面積 area(女) totale, superficie(女)〖複 -ci,-cie〗totale ¶日本の総面積 la superficie totale del Giappone

そうもくろく 総目録 catalogo(男)〖複 -ghi〗generale, lista(女) completa

ぞうもつ 臓物 《腸》intestini(男)〖複〗, budella(女)〖複〗;《はらわた》interiora(女)〖複〗, visceri(男)〖複〗, viscere(女)〖複〗;《食肉用に処理された》frattaglie(女)〖複〗;《鶏など鳥類の》rigaglie(女)〖複〗 ¶臓物料理《牛の胃袋の》trippa

そうもん 僧門 ¶僧門に入る farsi bonzo

そうもんか 相聞歌 poesia(女) d'amore

そうゆ 送油 ◇送油する convogliare petrolio
❖**送油管** oleodotto(男)

ぞうよ 贈与 donazione(女) ◇贈与する donare ql.co. (a qlcu.) fare una donazione (a qlcu.) ¶私は母から土地を贈与された. Ho avuto in dono i terreni da mia madre.
❖**贈与者** donatore(男) 〖女 -trice〗 ¶被贈与者 donatario(男)〖男 -ia; 男複 -i〗
贈与税 tassa(女) di donazione

そうらん 総覧 1《残らず見ること》sguardo(男)〖revisione(女)〗generale;《概覧》panorama(男)〖複 -i〗 2《関係事項を1つにまとめた本》rassegna(女)

そうらん 総攬 controllo(男) ◇総攬する soprintendere

そうらん 騒乱 sommossa(女), sedizione(女), insurrezione(女), disordini(男)〖複〗, tumulto(男), agitazione(女);《衝突》conflitto(男), rissa(女)
❖**騒乱罪** reato(男) di sedizione

そうり 総理 《総理大臣》primo ministro(男), capo(男) del governo,〖英〗premier(男)〖無変〗

ぞうり 草履 zori(男)〖無変〗, sandali(男)〖複〗infradito〖無変〗tradizionali giapponesi (di paglia, lacca, bambù o altri materiali) ¶ゴム草履 sandali di gomma

草履

ぞうりく 造陸 〖地質〗epirogenesi(女)〖無変〗
❖**造陸運動** movimento(男) epirogenetico 〖複 -ci〗

そうりつ 創立 fondazione(女), istituzione(女) ◇創立する fondare [istituire / creare] ql.co. ¶創立50周年を迎える festeggiare il cinquantesimo anniversario della fondazione
❖**創立記念日** anniversario(男)〖複 -i〗della fondazione
創立者 fondatore(男)〖女 -trice〗

ぞうりむし 草履虫 〖動〗paramecio(男)〖複 -ci〗

そうりょ 僧侶 →僧

そうりょう 送料 spese(女)〖複〗di spedizione;《郵送料》spese(女)〖複〗postali, affrancatura(女) ¶送料込みで incluse le spese di spedizione ¶送料が2000円かかる. La spedizione costa duemila yen.
❖**送料受取人払い**〖着払い〗porto(男) a carico del destinatario, porto(男) assegnato ◇送料着払いで contrassegno ¶送料受取人払いで送る spedire ql.co. con porto a carico del committente [con pagamento alla consegna]
送料前払い pagamento(男) anticipato della spedizione ¶送料前払いで franco di porto / a carico del mittente

そうりょう 総量 《重さ》peso(男) lordo [totale];《量》volume(男) totale ¶総量2トンである. Il peso lordo è di due tonnellate.

そうりょう 総領 successore(男) (► 〖女 succeditrice〗は稀),《長男,長女》primogenito(男)〖女 -a〗 ¶総領の甚六. "Il primo figlio è il più bonaccione."

ぞうりょう 増量 aumento(男) della quantità ¶体重を2キロ増量する aumentare il peso di due chilogrammi

そうりょうじ 総領事 console(男) generale
❖**総領事館** ¶在ミラノ日本総領事館 Consolato generale del Giappone a Milano

そうりょく 総力 tutte le forze(女)〖複〗, tutti gli uomini(男)〖複〗 ¶総力をあげて con tutte le forze
❖**総力戦** guerra(女) totale

ぞうりん 造林 rimboschimento(男) ◇造林する imboschire, rimboschire, rimboscare

そうるい 藻類 〖植〗alghe(女)〖複〗
❖**藻類学** algologia(女)

ソウルミュージック 〔英 soul music〕musica(女) soul

そうれい 壮麗 magnificenza(女), splendore(男), sfarzo(男) ◇壮麗な magnifico 〖男複 -ci〗, splendido, pomposo, sfarzoso

そうれつ 壮烈 ◇壮烈な eroico 〖男複 -ci〗 ¶壮烈な最期を遂げる fare una morte eroica / morire da eroe

そうれつ 葬列 corteo(男) funebre

そうろ 走路 〖スポ〗corsia(女)

そうろう 早老 〖医〗senilità(女) precoce

そうろう 早漏 〖医〗eiaculazione(女) precoce

そうろうぶん 候文 stile(男) epistolare giapponese classico

そうろん 総論 osservazioni(女) generali;《序論》introduzione(女) generale

そうわ 挿話 episodio(男)〖複 -i〗

そうわ 総和 totale(男), somma(女) totale

ぞうわい 贈賄 corruzione(女), bustarella(女), tangente(女) ◇贈賄する dare [passare] una bustarella, ungere le ruote a qlcu. ¶贈賄を受ける lasciarsi corrompere da qlcu. / accettare [ricevere] una bustarella da qlcu.

✤**贈賄事件** caṣo[男] di corruzione
贈賄者 corrut*tore*[男] [[女] *-trice*]

そうわき 送話器 〘通信〙 traṣmettitore[男]

ぞうわく 増枠 ¶文教予算を増枠する aumentare il bilancio per la pubblica istruzione

そえがき 添え書き **1** 《添書(てんしょ)》 nota[女], postilla[女]; 《書画などの》 legenda[女] [無変] (di un'opera pittorica o calligrafica)
2 《追伸》 poscritto[男]; 〔ラ〕 post scriptum[男]; 《略》 P.S. ¶手紙に添え書きする aggiungere un poscritto a una lettera

そえぎ 添え木 stecca[女] ¶折れた腕に添え木を当てる fissare con stecche [applicare una stecca a] un braccio fratturato

そえじょう 添え状 ¶贈り物に添え状をつける accludere una lettera a un regalo

そえぢ 添え乳 ¶赤ん坊に添え乳する allattare un bambino coricandocisi insieme

そえもの 添え物 《追加物》 aggiunta[女]; 《景品》 prem*io*[男] [複 *-i*], omagg*io*[男] [複 *-gi*]; 《付録》 supplemento[男]; 《料理のつま》 contorno[男] ¶彼は添え物にすぎない. 《形だけの人》 Non è altro che un uomo di paglia.

そえる 添える **1** 《そばに付ける》 corredare; 《同封する》 allegare, accludere ¶申請書に書類を添える corredare la domanda con la documentazione ¶焼き肉にポテトを添える guarnire l'arrosto con [di] patate ¶手紙に写真を添えて出した. Ho accluṣo una fotografia alla lettera.
2 《付け加える》 aggiungere ¶力を添える prestare [offrire] il *proprio* aiuto a *qlcu.* / dare man forte a *qlcu.* ¶彼は私のために口を添えてくれた. Ha detto una parola a mio favore. ¶彼の余興が会に彩りを添えた. Il suo numero ha contribuito ad animare la festa.

そえん 疎遠 allontanamento[男], raffreddamento[男] dei rapporti ¶疎遠になる allontanarsi [estraniarsi] 《と da》 ¶彼らの間は疎遠になっている. Hanno rotto i rapporti. / Non si frequentano più.

ソークワクチン 〔英 Salk vaccine〕 〘医〙 vaccino[男] di Salk

ソース 〔英 sauce〕 salsa[女]; 《ウースターソース》 salsa[女] Worcester ⇒料理 [用語集] ¶トマトソース salsa [sugo] di pomodoro ¶ホワイト[タルタル / オレンジ]ソース salsa bianca [tartara / all'arancia]

ソース 〔英 source〕 **1** 《出所》 ¶ニュースソース fonte[女] dell'informazione **2** 〘電〙 generatore[男]; 〘電子・物・コンピュータ〙 sorgente[女]

ソーセージ 〔英 sausage〕 salsic*cia*[女] [複 *-ce*], salsicciotto[男]; 《ウィンナソーセージ》 〔独〕 würstel [vúrstel] [男] [無変]; 《サラミ》 salame[男]

ソーダ 〔蘭 soda〕 〘化〙 soda[女]; 《炭酸ナトリウム》 carbonato[男] di sodio ¶苛性ソーダ soda caustica / idrossido di sodio ¶洗濯ソーダ soda per lavare
✤**ソーダガラス** vetro[男] sodi*co* [複 *-ci*] [alcalino]
ソーダ水 acqua[女] di soda [di seltz], seltz[男] [無変], soda[女]
ソーダ石灰 calce[女] sodata
ソーダパルプ cellulosa[女] alla soda

ソーティング 〔英 sorting〕 〘コンピュータ〙 〔英〕 sorting[男] [無変]; classificazione[女]; selezione[女]

ソート 〔英 sort〕 〘コンピュータ〙 ordinamento[男] ◇**ソートする** 〘コンピュータ〙 ordinare per generi; 《コピー機で》 fascicolare elettronicamente

ソープオペラ 〔英 soap opera〕 《連続メロドラマ》 telefilm[男] [無変] sentimentale a puntate

ソーホー 〔英 SOHO〕 lavoro[男] eṣeguito a casa *propria* senza recarsi in ufficio o al posto di lavoro

ソーラー 〔英 solar〕
✤**ソーラーカー** veicolo[男] a energia solare
ソーラーハウス casa[女] con impianto a energia solare
ソーラーパネル pannello[男] solare
ソーラーヒーターシステム sistem*a*[男] [複 *-i*] di riscaldamento solare

ゾーン 〔英 zone〕 ẓona[女], settore[男], area[女]
✤**ゾーンディフェンス** 〘スポ〙 difesa[女] di ẓona

そか 素価 〘会〙 costi[男] [複] primi

そかい 租界 concessione[女] ¶英国[フランス]租界 concessione inglese [francese]

そかい 疎開 sfollamento[男], eṣodo[男] ◇**疎開する** sfollare[自] [*es, av*] 《から da》, rifugiarsi ¶田舎に疎開する sfollare in provincia ¶強制疎開 evacuazione forzata [obbligatoria] ¶集団疎開 sfollamento di massa
✤**疎開者** rifugiat*o*[男] [[女] *-a*], profu*go*[男] [[女] *-ga*; [男]複 *-ghi*], sfollat*o*[男] [[女] *-a*]

そがい 阻害 impedimento[男], ostacolo[男]

そがい 疎外 escluṣione[女], emarginazione[女]; 〘哲〙 alienazione[女] ◇**疎外する** escludere [emarginare / allontanare / alienare] *qlcu.* (da *ql.co.*) ¶人々から疎外される essere tenut*o* a distanza dalla gente
✤**疎外感** ¶疎外感を抱(いだ)く sentirsi lasciat*o* in disparte / sentirsi escluṣ*o*

そかく 組閣 formazione[女] del gabinetto [del governo] ◇**組閣する** formare il gabinetto

そがん 訴願 《請願》 petizione[女], appello[男]; ricorso[男] (►ある国家機関・地方機関の決定に不服の際, 共和国大統領をも含む上級機関に問題の再審査を要求する行為を ricorsoという) ◇**訴願する** preṣentare una petizione [fare appello / rivolgere un appello] 《に a》; fare ricorso 《に a》

そぎぎり 削ぎ切り ¶鶏肉をそぎ切りにする tagliare diagonalmente la carne di pollo

そぎとる 削ぎ取る ¶古い漆喰(しっくい)をそぎ取る scrostare [raschiare] il vecchio intonaco

そきゅう 遡及 retroattività[女] ◇**遡及する** essere retroattiv*o*, avere effetto retroattivo ◇**遡及的** retroattivo ¶6か月前に遡及して con effetto retroattivo di sei mesi ¶この法律は4月に遡及して適用される. Questa legge ha effetto retroattivo da aprile.
✤**遡及法** legge[女] retroattiva
遡及力 effetto[男] [valore[男]] retroattivo

そく 即 **1** 《すなわち》 ¶成功者, 即金持ちとはかぎらない. Un uomo di successo non è necessariamente ricco. **2** 《即座に》 subito, immediatamente, senza indugio ¶計画を即実行する dare immediatamente il via ad un piano

-そく -足 ¶靴1足[2足 / 数足] un paio [due paia / alcune paia] di scarpe

そぐ 削ぐ・殺ぐ **1**《先をとがらせる》appuntire, appuntare ¶竹をそぐ fare la punta a una canna di bambù
2《削り取る》 ¶耳をそぐ tagliare via un orecchio ¶髪をそぐ spuntare i capelli
3《関心などをなくさせる》 ¶気勢をそぐ smorzare l'entusiasmo di *qlcu.* ¶興味をそぐ far perdere l'interesse [il gusto] a *qlcu.* / rovinare il piacere di *qlcu.* ¶実験の失敗で我々は気をそがれてしまった. Noi ci siamo scoraggiati per l'insuccesso degli esperimenti.

ぞく 俗 **1**《世間一般》 ◇俗な popolare, comune, ordinar*io* [[男]複 *-i*]; 《現世の, 世俗の》 mondano, terreno; 《聖職にない》 la*ico* [[男] 複 *-ci*], profano, temporale, secolare ◇俗に popolarmente, comunemente ¶流行性耳下腺炎, 俗にいうおたふく風邪 parotite epidemica, comunemente detta orecchioni ¶俗離れした男 uomo distaccato dal mondo [dalle cose mondane]
2《低俗》 ◇俗な volgare, rozzo; 〔独〕kitsch [無変]; di cattivo gusto; 《卑俗な》 triviale ¶俗な趣味を持っている. Ha gusti brutti [volgari].
✤**俗権** ¶教皇の俗権 il potere temporale [secolare] dei papi

ぞく 族 《血族》 famiglia[女], stirpe[女]; 《家系, 一族》 casata[女]; 《種族》 razza[女]; 《部族》 tribù[女]; 《氏族》 clan[男][無変]; 〘生〙 famiglia[女]; 〘化〙 gruppo[男]

ぞく 属 〘生〙 genere[男]

ぞく 賊 **1**《盗賊》 ladr*o*[男][[女] *-a*]; 《強盗》 rapina*tore*[男][[女] *-trice*]; 《山賊》 bandito[男]; 《海賊》 pirat*a*[男][複 *-i*] **2**《官への反徒》 ribelle[男][女], insort*o*[男][[女] *-a*] ¶賊を平らげる dominare gli insorti / sottomettere i ribelli

ぞく- 続- ¶続大和(やまと)物語 il seguito dei racconti di Yamato

ぞくあく 俗悪 volgarità[女]; 《低俗, 卑俗》 trivialità[女]; 《下品, 無作法》 grossolanità[女]
◇俗悪な volgare; triviale; grossolano

そくあつ 側圧 〘物〙 pressione[女] laterale

そくい 即位 intronizzazione[女], ascesa[女] al trono, insediamento[男] sul trono; 《戴冠》 incoronazione[女] ◇即位する salire[自][*es*] al trono ¶新たな王が即位した È stato incoronato il nuovo re. ◇即位させる mettere *qlcu.* sul trono, intronizzare *qlcu.*; 《戴冠させる》 incoronare *qlcu.*, investire *qlcu.* dell'autorità sovrana
✤**即位式** (cerimonia[女] dell')incoronazione[女] [intronizzazione[女]]

ぞくうけ 俗受け ◇俗受けする incontrare il gusto del pubblico, piacere alla massa ¶この芝居は俗受けをねらっている. Questo teatro mira a soddisfare i gusti del grande pubblico.

ぞくえい 続映 ◇続映する continuare a proiettare *ql.co.* ¶その映画は3か月以上続映されている. Quel film è sugli schermi da più di tre mesi. ¶この映画は来月まで続映される. Questo film sarà proiettato fino al mese prossimo.

そくえん 測鉛 《測量の》 piombino[男], sonda[女]
✤**測鉛線** filo[男] a piombo, sagola[女] per scandaglio

ぞくえん 続演 ◇続演する continuare le rappresentazioni

そくおう 即応 ◇即応する conformarsi [rispondere[自][*av*]] a *ql.co.*; soddisfare *ql.co.*, adattarsi a *ql.co.* ¶どういう事態にも即応できる態勢をとらねばならない. Bisogna essere pronti a rispondere [reagire] a qualsiasi situazione.

そくおん 促音 〘文法〙 suono[男] assimilato, la prima parte[女] di una doppia consonante (►例「バット」の「ッ」)
✤**促音便** assimilazione[女]

そくおん 側音 〘音声〙 suono[男] laterale

ぞくおん 属音 〘音〙 nota[女] dominante, dominante[女] ¶上属音 sopradominante[女] ¶下属音 sottodominante[女]

ぞくおん 続音 〘音声〙 consonante[女] continua

そくおんき 足温器 scaldapiedi[男][無変]

ぞくぎいん 族議員 〘政〙 potente deputato[男] che rappresenta gli interessi di un determinato gruppo

ぞくぐん 賊軍 truppe[女][複] dei ribelli; i ribelli[男][複], i rivoltosi[男][複]

ぞくけ 俗気 ¶俗気のある mondano / attaccato alle cose terrene

ぞくご 俗語 **1**《口語》 linguaggio[男] colloquiale; 《くだけた日常語》 linguaggio[男] familiare; parola[女] popolare; 《隠語, 仲間言葉》 ger*go*[男][複 *-ghi*]; 《卑語》 linguaggio[男] volgare ¶俗語でしゃべる parlare un linguaggio popolare [familiare] **2**《ラテン語に対しての》 volgare[男], lingua[女] volgare

そくざ 即座 ◇即座に immediatamente, all'istante, lì per lì, su due piedi, di colpo, seduta stante (►やや改まった表現) ¶質問に即座に答える rispondere immediatamente alla domanda ¶申し出を即座に断る rifiutare seduta stante la proposta ¶これは即座に解決しなければならない問題だ. Questo è un problema da risolvere senza indugio. ¶即座には答えられなかった. Lì per lì [Su due piedi] non sono riuscito a rispondere. ¶その情報を聞くと彼は即座に家を飛び出した. Appena ha saputo la notizia, è uscito di casa「come un lampo [in un batter d'occhio].

そくさい 息災 buona salute[女] ¶ご一家の無事息災をお祈りいたします. Auguro a tutta la Sua famiglia di essere sempre in salute.

そくし 即死 morte[女] istantanea [sul colpo] ◇即死する morire[自][*es*] sul colpo, cadere[自][*es*] stecchit*o*

そくじ 即時 immediatamente, all'istante ¶発言の即時撤回を求める chiedere l'immediata ritrattazione di un'affermazione ◇即時の immediato
✤**即時停戦** cessate il fuoco[男] immediato
即時撤退 ritiro[男] immediato
即時払い pagamento[男] immediato
即時放免 rilascio[男] immediato
即時渡し 〘商〙 consegna[女]「sul posto [immediata]

ぞくじ 俗字 forma[女] popolare [semplificata] di un ideogramma

ぞくじ 俗事 faccende[女][複] quotidiane ¶俗事に取り紛れて assorbito dalle occupazioni quotidiane ¶俗事にかかわらない non preoccuparsi delle banalità della vita / essere al di sopra delle cose del mondo ¶俗事に通じている essere al corrente di tutto ¶俗事の煩わしさから逃れる evadere🔁[es] dalle seccature quotidiane

ぞくじ 属辞 《文法》attributo🔁

そくしつ 側室 concubina🔁 (di un nobile)

そくじつ 即日 giorno🔁 stesso; (副詞) in giornata ¶投票は即日開票される. Lo spoglio dei voti verrà eseguito il giorno stesso. ¶免許を即日交付する rilasciare la licenza「il giorno stesso [nello stesso giorno] della richiesta ¶商品即日配達いたします. Consegnamo le merci in giornata.

✤即日入金 ricevimento🔁 di denaro in giornata

そくしゃほう 速射砲 《軍》cannone🔁「a ripetizione [a tiro rapido]

そくしゅう 速修 ¶イタリア語を速修する imparare l'italiano rapidamente (e intensivamente)

ぞくしゅう 俗臭 ¶俗臭ふんぷんたる人 persona attaccata alle vanità del mondo

ぞくしゅう 俗習 usanza🔁 [costume🔁] popolare ¶彼は俗習を超越している. Si tiene [Sta / Vive] appartato dal mondo.

ぞくしゅつ 続出 ◇続出する accadere🔁[es] in successione ¶病人が続出した. Molte persone sono cadute ammalate l'una dopo l'altra.

そくじょ 息女 Sua figlia🔁

ぞくしょう 俗称 soprannome🔁, nomignolo🔁 ¶イタリアでは警察を俗称で,「pula」や「madama」と言う. In gergo, la polizia è detta "pula" o "madama" in Italia.

そくしん 促進 (奨励, 助長) incoraggiamento🔁; (早めること) spinta🔁 ◇促進する incoraggiare, promuovere, portare avanti ql.co.; (刺激する) dare impulso a ql.co., stimolare, incentivare, favorire; (早める) accelerare ¶販売[貿易]を促進する promuovere le vendite [il commercio] ¶農業の機械化を促進する incoraggiare la meccanizzazione agricola

✤促進剤 《化》agente🔁 accelerante

そくしん 測深 scandaglio🔁[複 -gli] ◇測深する scandagliare, sondare (il fondo di ql.co.)

✤測深機 scandaglio🔁 (meccanico[複 -ci]) ¶音響測深機 scandaglio acustico / ecoscandaglio

ぞくしん 俗信 ¶俗信に惑わされる essere sviato da una credenza popolare [dalla superstizione]

ぞくじん 俗人 **1**《俗っぽい人》persona🔁 grossolana
2《世俗の人, 僧籍にない人》laico🔁 [🔁 -ca; 複 -ci], profano🔁 [🔁 -a]

ぞくじん 俗塵 ¶俗塵にまみれる affannarsi per le preoccupazioni di questo mondo ¶俗塵を避ける tenersi [vivere] appartato dal mondo

ぞくじんしゅぎ 属人主義 《法》principio🔁 di statuto personale

そくする 即する adeguarsi [adattarsi / conformarsi] a ql.co. ¶現実に即した政策 una politica in linea con la situazione attuale ¶事態に即して措置をとる adottare dei provvedimenti secondo i casi [a seconda dei casi]

そくする 則する ¶現行法に則して in conformità alle [con le] leggi vigenti ¶地位に則した給与 stipendio adeguato [rapportato] alla posizione

ぞくする 属する 《所属・帰属する》appartenere a [far parte di] ql.co.; (加入する) entrare🔁[es] in [affiliarsi a / iscriversi a] ql.co.; (従属する) dipendere🔁[es] da ql.co.; (分類される) essere classificato [annoverato] fra ql.co.
¶この役所は運輸省に属している. Questo ufficio dipende dal Ministero dei Trasporti. ¶この島はかつてわが国に属していた. Quest'isola era una volta sotto il dominio del nostro paese. ¶彼はどの政党にも属していない. Non è membro di nessun partito.

そくせ 俗世 il mondo ¶俗世を離れた心境だった. Mi sentivo come estraneo alle preoccupazioni di tutti i giorni.

そくせい 促成 crescita🔁 forzata

✤促成栽培 《農》coltura🔁 intensiva [forzata]

そくせい 速成 formazione🔁 rapida [accelerata]

✤速成講座 corso🔁 accelerato [《集中講座など》intensivo]

ぞくせい 属性 attributo🔁, proprietà🔁

そくせき 即席 ◇即席の istantaneo, estemporaneo ◇即席で istantaneamente; improvvisando, estemporaneamente ¶即席でスピーチする improvvisare un discorso

✤即席料理 piatto🔁 improvvisato, cucina🔁 sbrigativa

そくせき 足跡 impronta🔁, orma🔁, traccia🔁 [複 -ce] ¶彼の仕事は日本の近代化に大きな足跡を残した. La sua opera ha segnato una tappa importante nella modernizzazione del Giappone.

ぞくせけん 俗世間 il [questo] mondo🔁; (非宗教的な) mondo🔁 laico

ぞくせつ 俗説 opinione🔁 comune, voce🔁 popolare, voci🔁 [複] che corrono; 《民間の伝説》tradizione🔁 popolare

そくせん 側線 **1**《鉄道》binario🔁 [複 -i] di deposito [di servizio / di raccordo / morto]
2《生》《魚の》linea🔁 laterale

そくせんりょく 即戦力 forza🔁 immediatamente disponibile, forza🔁 di pronto utilizzo; 《スポ》giocatore🔁 [🔁 -trice] pronto all'uso ¶即戦力になる人材 persona che può essere impiegata immediatamente ed efficacemente

ぞくぞく ◇ぞくぞくする rabbrividire🔁[es], avere i brividi ¶感動して[恐くて / 怒りで]ぞくぞくする tremare [fremere] per l'emozione [di paura / di rabbia]

ぞくぞく 続々 (l')uno dietro [dopo] l'altro, in fila indiana, senza interruzione ¶車が続々入って来る. Le vetture affluiscono senza interruzione. / C'è un afflusso ininterrotto di vetture. ¶注文が続々来た. C'è stata una valanga di ordini.

そくたつ 速達 espresso🔁 ⇒郵便局《会話》¶速達で手紙を出す spedire una lettera per espresso ¶この手紙を速達でお願いします.《窓口で》Questa lettera, vorrei spedirla come (lettera) espresso.

【参考】
現在,イタリアにはいわゆる「速達」"espresso"は存在せず,これに当たるものとしては,翌日正午までに配達される"posta celere"と,翌日中に配達される"posta prioritaria"(海外へは航空便)とがある.

✣**速達料** soprattassa⼥ per espresso
そくだん 即断 decisione⼥ rapida [pronta / immediata] ◇即断する concludersi immediatamente [rapidamente]
そくだん 速断 **1**《速やかに決めること》conclusione⼥ immediata **2**《早まって決めること》conclusione⼥ frettolosa;《軽率に決めること》conclusione⼥ avventata [sconsiderata] ◇速断する giungere自[es] ad una conclusione affrettata
そくち 測地 studio男[複 -i] geodetico [複 -ci] ◇測地する fare un'indagine geodetica
✣**測地衛星** satellite男 geodetico
測地学 geodesia⼥ ◇測地学の geodetico
測地学者 geodeta男 [⼥複 -i]
測地線 linea⼥ geodetica
ぞくち 属地 possedimento男, territorio男[複 -i]
✣**属地法主義** (principio男 della) territorialità⼥ della legge
ぞくちょう 族長 《一族の長》capo男 tribù;《古代家父長制度などの》patriarca男[複 -chi];《女性の》matriarca⼥ ◇族長の patriarcale; matriarcale
ぞくぞく →そくそく
ぞくっぽい 俗っぽい《通俗的な》popolare, ordinario[男複 -i];《安っぽい,品のない》grossolano, zotico[男複 -ci], volgare;〔独〕kitsch[無変]
そくてい 測定 misurazione⼥ ◇測定する misurare ql.co. ¶液体の濃度を測定する misurare la densità di un liquido ¶体重測定をする《自分の》pesarsi /《他人の》pesare qlcu. ¶体力測定をする misurare la forza fisica di qlcu.
✣**測定値** valore男 misurato
測定学 metrologia⼥
測定範囲 campo男 di misurazione
そくていき 測程器 〘空〙solcometro男
そくてんきょし 則天去私 ◇則天去私の境地に達する uscire dai limiti angusti del proprio io e armonizzarsi con il mondo
そくど 速度 velocità⼥ ¶最高速度 velocità massima ¶平均[上昇/角/反応]速度 velocità media (ascensionale / angolare / di reazione) ¶対気速度《流体力》velocità relativa / velocità rispetto all'aria ¶対地速度 velocità effettiva [reale] / velocità sul suolo ¶速度制御 comando di velocità ¶高速度で ad alta [a gran] velocità ¶低速度で a bassa velocità ¶速度を上げる aumentare la velocità / accelerare自[av] ¶速度を落とす diminuire la velocità / rallentare (la velocità) ¶1時間60キロの速度で走る correre alla velocità di 60 km all'ora ¶この車はどのくらいの速度が出ますか. Questa automobile a quale velocità può arrivare? ¶高速道路では最高制限速度は時速100キロだ. Il limite di velocità sulle autostrade è di 100 km all'ora [orari]. (◆イタリアでは時速130キロ)
✣**速度計** indicatore男 di velocità, tachimetro男;《誤用で》contachilometri男[無変](►本来は「走行距離計」)
速度制限 limite男 di velocità
速度標語 〘音〙indicazione⼥ agogica →音楽用語集
そくとう 即答 risposta⼥ immediata ◇即答する rispondere immediatamente《に a》¶即答を求められる essere sollecitato a rispondere immediatamente ¶即答を避ける evitare una risposta immediata ¶要求に即答する rispondere subito a una richiesta
そくとうよう 側頭葉〘解〙lobo男 temporale
そくどく 速読 lettura⼥ rapida ◇速読する leggere rapidamente qlcu.,《ざっと目を通す》scorrere ql.co., dare un'occhiata a ql.co.
ぞくねん 俗念 desideri男[複] terreni ¶俗念を捨てて無念無想になる liberarsi dai desideri (terreni) e raggiungere il nirvana
そくばい 即売 vendita⼥ sul luogo [sul posto] ◇即売する vendere ql.co. sul posto ¶展示即売会 vendita degli oggetti esposti
そくばく 束縛 restrizione⼥, limitazione⼥ ◇束縛する《自由を奪う》legare qlcu., vincolare qlcu., limitare (la libertà di qlcu.); tenere qlcu. sotto il giogo;《支配する》tenere qlcu. sotto controllo, controllare qlcu. ¶束縛を脱する sottrarsi al giogo / liberarsi dalle catene ¶何ものにも束縛されずに生きる vivere senza alcuna restrizione ¶夫に束縛を受けるのはいやだ. Non mi piace esser controllata da mio marito. ¶時間に束縛される essere [limitato] dal tempo a disposizione
ぞくはつ 続発 ◇続発する succedere自[es] l'uno dopo l'altro ¶続発する盗難事件 furti che si sono susseguiti ¶交通事故が続発した. Si sono verificati incidenti stradali a catena.
ぞくぶつ 俗物 persona⼥ di gusti volgari [《教養のない》incolta];《あか抜けしない》filisteo[男 -a], persona⼥ gretta [terra terra]
✣**俗物根性** spirito男 filisteo; mentalità⼥ meschina [gretta]
ぞくぶつてき 即物的 ¶即物的なものの考え方 opinioni basate sulla realtà dei fatti / visione concreta delle cose /《徹底した現実主義の》realismo estremo
ぞくへん 続編 seguito男, continuazione⼥;《次の巻》il volume男 seguente;《連載物の》la prossima⼥ puntata, puntata⼥ successiva
そくほ 速歩 ◇速歩する《馬が》trottare自[av];《速足で歩く》camminare自[av] rapidamente [con rapidi passi / a rapidi passi]
そくほう 速報 informazione⼥ immediata [tempestiva];《最新情報》ultime notizie⼥[複] ◇速報する informare [annunciare] ql.co. immediatamente ¶ニュース速報 flash男[無変] - notizia flash [lampo] ¶選挙速報 comunicato flash sui risultati delle elezioni
ぞくほう 続報 notizia⼥[informazione⼥] aggiornata
ぞくみょう 俗名 《戒名に対して》nome男 di una persona quando è in vita (◆ contrappo-

sto al nome buddista assegnato dopo la morte)；《僧の世俗の名前》nome[男] da laico［《女性》laica］

ぞくめい　属名　〔生〕nome[男] del genere

ぞくめん　側面　**1**《物体の面》lato[男]；《脇》fianco[男]［複 -chi］　◇側面の laterale; di fianco ¶家の側面 lato di una casa ¶側面から di lato / di fianco / di profilo ¶君を側面から援助しよう．Ti dò un aiuto indiretto.

2《一面》aspetto[男] ¶多くの側面をもつ問題 un problema con molte sfaccettature ¶彼にそんな側面があるとは驚きだ．Che sorpresa scoprire quell'aspetto del suo carattere! ¶側面的な見解《一方的な》opinione unilaterale［《公平を欠く》parziale /《勝手な》arbitraria］

✤**側面攻撃**〔軍〕attacco[男]［複 -chi］laterale［di fianco］

側面図 profilo[男]，vista[女] laterale

ぞくりゅう　俗流　superficialità[女] delle masse ¶俗流に堕す decadere[自]［*es*］fino alla volgarità del mondo comune

✤**俗流唯物論** materialismo[男] volgare

そくりょう　測量　misurazione[女]; rilevamento[男]; sondaggio[男]［複 -gi］；《水深の》scandaglio[男]［複 -gli］　◇**測量する** misurare［rilevare］*ql.co.*; sondare［scandagliare］*ql.co.* ¶山の高さを測量する misurare l'altezza di una montagna ¶平面測量(法) misurazione planimetrica

✤**測量学** geodesia[女]

測量器 misuratore[男]

測量技師 geometra[男][女]［[男]複 -i］；《略》geom.[男][女]; agrimensore[男]; rilevatore[男]［[女] -trice］; topografo, idrografo

測量図 mappa[女]［carta[女]］topografica

測量船 nave[女] idrografica

ぞくりょう　属領　possedimento[男]，territorio[男]［複 -i］；《保護領》protettorato[男]；《植民地》colonia[女]

そくりょく　速力　velocità[女]

ぞくろん　俗論　opinione[女]［punto[男] di vista］comune

そぐわない　《不適当》inappropriato［non conveniente / non adatto］《にa》¶あの２人はそぐわない．Quei due non vanno d'accordo.

そけい　鼠蹊　〔解〕inguine[男]

✤**鼠蹊部** regione[女] inguinale

そげき　狙撃　sparo[男]，sparatoria[女]　◇**狙撃する** sparare[自]［*av*］a［contro］*qlcu.*, colpire *qlcu.* con una fucilata ¶物陰から狙撃する sparare da dietro un riparo ¶不意に狙撃する sparare a tradimento

✤**狙撃兵** franco［[男]複 -chi］tiratore[男]［[女] -trice］，tiratore[男] scelto; cecchino[男]

ソケット　〔英 socket〕〔電〕presa[女] di corrente, zoccolo[男]，portalampada[男]［無変］，dispositivo[男] portalampada ¶電球をソケットにはめる avvitare la lampadina (al portalampada)

そげる　削げる　incavarsi ¶彼は病み上がりで頬(ほお)がそげている．È convalescente e ha le guance incavate.

そこ　底　**1**《一番下の部分》fondo[男]；《靴の》suola[女]；《川の》fondo[男]［letto[男]］del fiume ¶海の底へもぐる immergersi nel fondo del mare ¶靴の底を張り替える risuolare le scarpe / rifare le suole alle scarpe ¶地の底で石炭を掘る estrarre il carbone dal sottosuolo ¶二重底の a doppio fondo ¶カップの底に砂糖が残っている．Sul fondo della tazzina è rimasto dello zucchero. ¶箱の底が抜けた．La scatola si è sfondata.

2《物事の奥深いところ，限界》fondo[男] ¶…の底の底まで知り尽くしている conoscere a fondo *qlcu.*（*ql.co.*）¶心の底から感謝します．La ringrazio「di cuore［dal profondo del cuore］．¶私は心の底ではその計画に反対だった．In fondo in fondo［In cuor mio］ero contrario a quel progetto.

3《相場，物価の最低状態》¶ドルの暴落は底を突いた．La caduta del dollaro ha toccato il fondo［il minimo］．¶底知らずの相場だ．Le quotazioni continuano a calare vertiginosamente. ¶底堅い stabile / solido

[慣用] **底が浅い** superficiale, frivolo, leggero, poco approfondito; poco profondo ¶底が浅い人 persona frivola ¶底の浅い知識 conoscenza superficiale

底が知れている ¶あいつの考えていることなど底が知れている．Si può facilmente immaginare che cosa pensi.

底を突く ¶食糧が底を突いてきた．I viveri sono agli sgoccioli.

底をはたく ¶財布の底をはたく vuotare il borsellino / spendere fino all'ultimo centesimo

底を割る ¶底を割って話し合う parlare「a cuore aperto［francamente］

✤**底知れない** ⇒見出し語参照

そこ　**1**《場所》lì, là；《下の方》laggiù；《上の方》lassù（►いずれも副詞）¶そこから da lì ¶そこまで fino a lì / fin là ¶お皿はそこの戸棚に入っています．I piatti sono in quella credenza. ¶そこは毎週通ります．Ci passo ogni settimana. ¶そこまでお送りしましょう．L'accompagno per un tratto.

2《状態，場面》¶歩き疲れてきたところ，ちょうどそこにタクシーが来た．Ero stanco di camminare, quando è arrivato un taxi. ¶そこが問題だ．Questo è［Ecco / Qui sta］il problema! ¶そこまでは大変結構．Fin qui è perfetto. ¶彼がそこまで考えていたとは知らなかった．Non sapevo che fosse arrivato a pensare fino a tanto. ¶そこで幕が下りた．A quel punto è sceso il sipario. ¶そこを何とかお考えいただけませんか．Non può proprio far niente al riguardo? ¶そこが子供だね．In questo è un bambino［è infantile］．¶彼は金遣いが荒いが，そこにいくと君はけちだね．Lui è uno spendaccione, ma tu (sei) un tirchio. ¶雨が降り，そこへもってきて風まで吹いた．Pioveva e per di più tirava vento.

そご　祖語　〔言〕lingua[女] madre ¶ゲルマン祖語 protogermanico

そご　齟齬　incoerenza[女]，contraddizione[女]，disaccordo[男]；《計画などの》intoppo[男] ¶計画に齟齬をきたした．Il nostro progetto ha incontrato molti problemi.

そこあげ　底上げ　¶人々の生活水準を底上げする elevare il livello di vita della gente

そこい　底意　vera intenzione[女]；《下心》secon-

そこいじ　底意地　¶底意地の悪い　perfido / subdolo / maligno / malizioso

そこいら　→そこら

そこう　素行　condotta㊛, comportamento㊚　¶彼は素行がまったく改まらなかった. Non si è mai corretto. / Non ha per niente migliorato il suo comportamento.

そこう　粗鋼　〖冶〗acciaio㊚[複 -i] grezzo

そこうお　底魚　pesce㊚「abissale [di profondità]」

そこく　祖国　patria㊛, paese㊚ natale [nativo / natio [複 -i]] ◇祖国の patrio [㊛複 -i] ¶祖国を離れる lasciare la patria ¶10年ぶりに祖国の土を踏む rientrare in patria dopo 10 anni
❖祖国愛　amor㊚「di patria [patrio]」, patriottismo㊚

そこここ　qui e qua

そこしれない　底知れない　infinito, senza limite　¶底知れない深み un abisso senza fondo ¶底知れない人 persona impenetrabile [(不思議) misteriosa / enigmatica]　¶底知れない知恵をもった男 uomo d'infinita saggezza

そこそこ　¶話もそこそこに彼は飛び出した. Se n'è andato senza aver ben concluso la discussione. / È partito concludendo in fretta il discorso.

-そこそこ　《およそ》all'incirca, più o meno;《せいぜい》tutt'al più, al massimo, non più di ql.co.　¶長くても2時間そこそこ circa due ore al massimo　¶彼は30歳そこそこだろう. Avrà「trent'anni o giù di lì「su per giù trent'anni」.

そこぢから　底力　energia㊛[複 -gie] latente; (潜在力) potenziale㊚　¶底力がある avere una grande「capacità latente [riserva d'energia]」

そこつ　粗忽　◇粗忽な inconsulto, avventato
❖粗忽者　confusionario㊚[-ia㊛, -i㊚], pasticcione㊚[㊛-a], sbadato㊚[㊛-a];（無分別な）sventato㊚[㊛-a]

そこで　そ perciò, e così, allora, ebbene, quindi, al che　¶そこで我々は真実を話したというわけだ. Ecco perché [Stando così le cose] abbiamo detto la verità. ¶そこで何と言ったの. E a quel punto, che cosa hai detto? ¶ソースの作り方を教わった. そこで早速作ってみた. Mi hanno insegnato una ricetta per la salsa, e così ho provato subito a cucinarla.

そこなう　損なう　《害を与える, 壊す》danneggiare ql.co.　¶健康を損なう rovinarsi la salute (▶人が主語) /《害を与える》nuocere alla salute (▶物や事が主語)　¶高速道路は都市の美観を損なう. Le autostrade deturpano la bellezza della città.　¶〈人の〉機嫌を損なう offendere [fare arrabbiare] qlcu. / mettere qlcu. di cattivo umore

-そこなう　-損なう　《機会を逃す》lasciarsi sfuggire l'occasione　¶あの映画を見損なってしまった. Quel film, me lo sono perso. ¶列車に乗り損なった. Ho perso il [Non ho fatto in tempo a salire sul] treno.

そこなし　底無し　¶底無しの沼 palude profonda　¶底無しの沼に落ち込んでしまった. 《比喩的》Sono caduto in un pozzo senza fondo. ¶彼は食べさせたら底無しだ. Non conosce limiti nel mangiare.

そこぬけ　底抜け　◇底抜けの[に] senza limite [limiti]　¶底抜けに飲む bere come una spugna [senza misura / smisuratamente]　¶彼は底抜けに陽気だ. È estremamente allegro. ¶彼は底抜けのお人好しだ. È di una bontà senza limiti. ¶お前は底抜けのばかだよ. Sei un perfetto imbecille.

そこね　底値　il prezzo㊚ più basso; la quotazione㊛ più bassa [minima]　¶底値で売る vendere ql.co. al prezzo più basso

そこねる　損ねる　→損なう

そこのけ　¶彼のゴルフはプロそこのけだ. Nel golf dà dei punti a un professionista.

そこはかとない　vago[㊛複 -ghi], indefinibile　¶そこはかとなく悲しい気分になった. Mi sono sentito vagamente malinconico.

そこひ　内障　〖医〗(白内障) cataratta㊛;（黒内障）amaurosi㊛[無変];（緑内障）glaucoma㊚

そこびえ　底冷え　¶底冷えがする. Fa un freddo penetrante [pungente]. /（骨の髄まで寒さがしみる）Sono「tutto gelato [gelato fin nelle ossa]」

そこびかり　底光り　¶底光りのする家具 mobile㊚ con una lucentezza patinata　¶底光りのする芸 interpretazione㊛ che rivela una tecnica sublime

そこびきあみ　底引き網　rete㊛ a strascico, sciabica㊛
❖底引き網漁〖漁船〗　pesca㊛ [peschereccio㊚[複 -i]] a strascico

そこら　1《漠然と場所を指して》¶そこらを散歩する passeggiare nei dintorni　¶どこかそこらに da qualche parte / per di qui / qui in giro
2《その程度》¶ローマ―ミラノ間は600キロかそこらだろう. La distanza Roma-Milano è「di 600 chilometri o giù di lì [più o meno di 600 chilometri]」.
3《そのこと》¶そこらの事情はよく知らない. Non conosco bene [in dettaglio] le circostanze.

そこらじゅう　dappertutto　¶そこらじゅう探す cercare dappertutto [in tutti i luoghi / in ogni parte]　¶体がそこらじゅう痛い. Mi sento tutto indolenzito.

そこらへん　→そのへん

そざい　素材　《材料, 原料》materiale㊚, materia㊛;《題材》materia㊛, soggetto㊚, tema㊚[複 -i]

ざつ　粗雑　◇粗雑な《荒っぽい》grossolano;《不注意を》poco accurato, negligente [-gli-];《間に合わせの》alla carlona

さん　粗餐　pranzo㊚　¶イタリア大使館において粗餐を差し上げたく存じますのでお出かけください. La S.V. è invitata a partecipare al pranzo che avrà luogo presso l'Ambasciata d'Italia. (▶S.V.は「signoria vostra」の略で,「貴殿」の意味)

そし　阻止　◇阻止する（邪魔する）ostacolare ql.co. [qlcu.];（止める）arrestare [bloccare] ql.co. [qlcu.], impedire a qlcu. di +不定詞;（制限する, 遅らせる）mettere un freno (a qlcu.)

そし　素子　〖工〗elemento㊚, componente㊚;〖電子〗dispositivo㊚ microelettronico㊚[複 -ci]

そじ　素地　《基礎》base㊛　¶彼は音楽家としての素

地はしっかりとできている. Ha già una solida base「come musicista [musicale].

そしき 組織 《構成》 organizzazione㊛, formazione㊛, costituzione㊛, composizione㊛;《機構》organizzazione㊛, organismo㊚;《構造》struttura㊛;《体系》sistema㊚[複 -i];《生体の》tessuto㊚ ◇組織する《他のものを》formare, costituire; organizzare;《自らを》organizzarsi (in ql.co.); sistemarsi ◇組織的な organico[複 -ci], sistematico[複 -ci], metodico[複 -ci] ◇組織的に organicamente; sistematicamente

¶地下組織 associazione segreta / organizzazione clandestina ¶筋[結合]組織《解》tessuto muscolare[connettivo] ¶会社の組織を見直す ripensare l'organizzazione dell'azienda ¶党組織が破壊された. Il partito si è disgregato. ¶20人の会員で組織されている運営委員会 consiglio di amministrazione costituito [composto] da venti soci ¶彼らの行動は組織的であった.《あらかじめ企てられた》La loro azione era predisposta [preordinata].

✤組織委員会 comitato㊚ organizzatore
組織化 organizzazione㊛;《体系化》sistematizzazione㊛ ◇組織化する organizzare; sistematizzare
組織学《生》istologia㊛
組織培養《生》coltura㊛ dei tessuti
組織バンク《医》banca㊛ dei tessuti
組織犯罪 criminalità㊛ organizzata
組織票 voto㊚ organizzato
組織力 capacità㊛ organizzativa
組織労働者 lavoratori㊚[複] (sindacalmente) organizzati

そしつ 素質 talento㊚, qualità㊛ naturale, dote㊛ naturale, disposizione㊛;《方向性》attitudine㊛ ¶素質を伸ばす coltivare il talento [la disposizione / l'inclinazione] ¶数学の素質がある avere predisposizione [essere portato] per la matematica ¶私には音楽家としての素質がない. Non sono dotato [portato / tagliato] per la musica.

そして e, (e) poi, così ¶学校へ行き, そして映画館へ行った. Sono andato a scuola e poi al cinema. ¶そして私たちは目的を果たしたというわけだ. E così abbiamo realizzato il nostro obiettivo.

そしな 粗品 regalino㊚;《おまけ》omaggio㊚[複 -gi] ¶お礼までに粗品をお送りいたします. Le invio un piccolo「pensiero [segno] della mia riconoscenza.

そしゃく 咀嚼 1《かんで細かくすること》masticazione㊛ ◇咀嚼する masticare 2《理解すること》comprensione㊛ ◇咀嚼する comprendere, capire; digerire, assorbire
✤咀嚼筋《解》muscoli㊚[複] della masticazione

そしゃく 租借 ◇租借する affittare [prendere in affitto] un territorio (appartenente ad un altro paese)
✤租借権 locazione㊛, contratto㊚ d'affitto
租借地 terreno㊚ [territorio㊚[複 -i]] affittato

そしょう 訴訟《法》causa㊛, azione㊛ giudiziaria, istanza㊛;《裁判》processo㊚ ⇒法律用語集 ¶民事[刑事]訴訟 causa civile [penale] ¶民事[刑事]訴訟法 codice (di procedura) civile [penale] ¶損害賠償の訴訟を起こす fare [intentare] causa per danni a qlcu. ¶訴訟の取り下げ remissione di querela ¶訴訟に勝つ[負ける] vincere [perdere] una causa ¶離婚の訴訟中である. Sono「in istanza di [in causa per] divorzio.

訴訟記録 atti㊚[複] processuali
訴訟行為 azione㊛ legale, istanza㊛
訴訟事件 caso㊚, controversia㊛
訴訟代理人 avvocato㊚[㊛ -essa] patrocinante [difensore㊚ [㊛ -ditrice]]
訴訟手続き procedimento㊚, procedura㊛
訴訟当事者 (le parti㊛[複]) contendenti㊚[複], il querelante㊚
訴訟費用 spese㊛[複] processuali

そじょう 俎上 ◇俎上に ~ sul tagliere
[慣用]俎上に載せる mettere una questione sul tappeto
俎上の魚(うお) ¶私は俎上の魚だった. Non c'era (una via di) scampo per me.

そじょう 訴状《法》petizione㊛
そしょく 粗食 pasto㊚ frugale

そしらぬ 素知らぬ ¶彼はうそをついても素知らぬふりをしている. Fa l'ingenuo [lo gnorri] nonostante che abbia detto molte bugie. ¶そのことは素知らぬふりをした. Ho fatto finta di non saperlo.

そしり 誇り・譏り biasimo㊚, critica㊛ ¶彼の行為は世のそしりを免れまい. La sua condotta non mancherà di attirargli il biasimo [la critica] generale.

そしる 誇る・譏る《非難する》biasimare [criticare / parlare male di] qlcu. [ql.co.];《中傷する, 名誉を傷つける》calunniare [diffamare / infamare] qlcu.

そすい 疏水 canale㊚
そすう 素数《数》numero㊚ primo
ソステヌート《伊》《音》sostenuto

そせい 粗製 ◇粗製乱造する produrre in massa articoli scadenti
✤粗製品 merce㊛ scadente [di cattiva qualità / difettosa]

そせい 組成《化》composizione㊛
◆組成式《化》formula㊛ bruta
組成分 componente㊚, costituente㊚

そせい 塑性《物・化》plasticità㊛
✤塑性物質 materia㊛ plastica

そせい 蘇生 resurrezione㊛, rinascita㊛, ritorno㊚ alla vita (►いずれも, 比喩的な意味ももつ) ◇蘇生する resuscitare㊀ [es], tornare㊀ [es] in vita, rivivere㊀ [es] ◇蘇生させる resuscitare [richiamare in vita / far rivivere] qlcu.

そぜい 租税 imposta㊛, tassa㊛
✤租税負担 aggravio㊚[複 -i] tributario[複 -i]

そせき 礎石 1《建》pietra㊛ angolare ¶礎石を据える porre [posare] la prima pietra 2《物事の基礎》¶世界平和の礎石となる gettare le fondamenta [le basi] della pace mondiale

そせん 祖先 antenato㊚[㊛ -a];《総称して》gli avi㊚[複], gli ascendenti㊚[複] ⇒先祖 ¶祖先か

ら伝わる刀 spada trasmessa di padre in figlio
✤祖先崇拝 culto㊚ degli antenati

そそ 楚楚 ¶楚々とした感じの女性 una graziosa giovane donna

そそう 阻喪 ¶意気阻喪する scoraggiarsi / abbattersi / demoralizzarsi

そそう 粗相 ¶《不注意》svista㊛, sbadataggine㊛;《過失》mancanza㊛;《失態》《仏》gaffe㊛[無変] ◇粗相する《間違う》fare uno sbaglio [una gaffe] /《失礼なことをする》essere scortese [indelicato] , mancare di tatto ¶お客様に粗相のないように。 Comportati come si deve con gli ospiti.
2《小便などをもらすこと》¶粗相をする farsela addosso /《寝小便》fare la pipì a letto

そぞう 塑像 《石膏の》statua㊛ di gesso;《粘土の》statua㊛ di argilla [di creta];《原型》calco㊚《複 -chi》di una statua

そそぐ 注ぐ **1**《流れ込む》sboccare㊅[es] in ql.co. ¶川が海に注ぐ Il fiume sbocca nel mare.
2《流し込む》versare;《飲み物を》mescere;《かけて》versare su ql.co. ¶グラスにワインを注ぐ versare il vino nel bicchiere ¶花に水を注ぐ annaffiare i fiori ¶田に水を注ぐ inondare la risaia ¶日の光が部屋の中に降り注ぐ。 La luce del sole inonda [riempie] la stanza.
3《集中する》¶仕事に全力を注ぐ concentrare tutte le proprie energie nel lavoro ¶研究に心血を注ぐ dedicarsi anima e corpo alla ricerca ¶…にじっと視線を注ぐ fissare lo sguardo su ql.co. [qlcu.] ¶…に意[心]を注ぐ applicare la mente [l'animo] a ql.co.

そそぐ 濯ぐ ¶恥をそそぐ lavare un'onta / vendicare l'onore / cancellare un'offesa

そそくさ ¶そそくさと食事をすます mangiare affrettatamente ¶彼はそそくさと部屋を出て行った。 È uscito dalla stanza frettolosamente [in fretta].

そそっかしい sventato, sbadato ¶そそっかしい人 sventato㊚ [㊛ -a] / avventato㊚ [㊛ -a] / pasticcione㊚ [㊛ -a]

そそのかす 唆す incitare [sobillare] qlcu. a ql.co. [a + 不定詞] ¶あの男に唆されて per istigazione di quell'uomo

そそりたつ そそり立つ ergersi ¶空高くそそり立つ山 un monte che si erge [si staglia] alto nel cielo

そそる suscitare [eccitare / stuzzicare] ql.co.;《誘惑する》allettare, lusingare ¶食欲をそそる stimolare l'appetito ¶涙をそそる光景 spettacolo che strappa le lacrime

そぞろ 漫ろ **1**《落ち着かない様子》¶彼は気もそぞろだった。 Era distratto [agitato]. / Aveva la testa fra le nuvole. **2**《漠然と》¶そぞろ(に)涙した。 Non so perché piangevo. ¶そぞろ故郷がしのばれる。 Provo un vago senso di nostalgia.

そぞろあるき 漫ろ歩き passeggiata㊛ senza meta ¶そぞろ歩きをする andare a zonzo; girellare㊅[av], bighellonare㊅[av] ¶公園をそぞろ歩きする fare una passeggiata nel parco

そだい 粗大 ¶粗大な rozzo, grezzo
✤粗大ごみ rifiuti㊚[複] ingombranti

そだち 育ち 《成長》crescita㊛, sviluppo㊚;《しつけ》educazione㊛;《素性》origine㊛ ¶育ち盛りの子供 bambino nell'età della crescita ¶育ちの良い[悪い]少年 ragazzo beneducato [maleducato] / ragazzo di buona [umile] famiglia ¶都会[田舎]育ちの若者 giovane cresciuto in città [in campagna] ¶そんなことを言うと育ちが知れるよ。 Il tuo linguaggio rivela le tue origini. ¶この植物は育ちが早い。 Questa pianta cresce in fretta.

そだつ 育つ crescere㊅[es] ¶母乳で育つ essere cresciuto col latte materno ¶この植物は日本では育たない。 Questa pianta non cresce in Giappone. ¶彼は父親の手で育った。 È stato allevato da suo padre. ¶寝る子は育つ。《諺》"Chi dorme bene cresce bene." / Il sonno è tutto per i bambini.

そだて 育て ¶君の子供の育て方は間違っている。 Il tuo modo di educare il bambino è sbagliato.
✤育ての親 genitori adottivi

そだてあげる 育て上げる allevare qlcu., tirare su qlcu. ¶一人前の職人に育て上げる addestrare un apprendista fino a farlo diventare un abile artigiano ¶彼女は5人の子供を1人で育て上げた。 Lei ha tirato su [allevato / cresciuto] da sola cinque figli.

そだてる 育てる **1**《生まれたものを》allevare, crescere;《植物を》coltivare, far crescere;《人間を》tirare su ql.co.;《幼いものを大事に守り育て》nutrire;《主に親鳥がひなを》covare ¶息子を育てる crescere un figlio ¶母乳で育てる allattare un bambino al seno ¶トマトを育てる coltivare i pomodori
2《小さなものを大きくする》rendere più grande ql.co. (▶grande は目的語の性・数に合わせて語尾変化する), accrescere ql.co. sviluppare ql.co. ¶彼があの組織を育てたのだ。 È stato lui a sviluppare l'organizzazione. ¶子供たちの個性を育てる formare la personalità dei bambini
3《仕込んで一人前にする》addestrare, allenare;《教育する》educare, istruire;《能力などを磨く》coltivare, sviluppare ¶あの音楽家は優秀な弟子を育てた。 Quel musicista ha formato [ha tirato su] bravi allievi.

そち 措置 provvedimento㊚ ¶万全の措置を講ずる prendere tutte le precauzioni possibili [tutti i provvedimenti necessari]

そちゃ 粗茶 ¶粗茶をどうぞ。 Prego, prenda una tazza di tè.

そちら **1**《相手のいる場所》là, lì (▶いずれも副詞); da te, da voi, da lei ¶こちらはまだ寒いけれどそちらはいかがですか？ Qui fa ancora freddo, e da voi? ¶今そちらに行きます。 Vengo subito da lei.
2《相手、相手の手のもの》¶そちらのご意見を聞かせてください。 Ci dica la sua opinione. ¶そちらさまにはお変わりございませんか。 Spero che stiate tutti bene. ¶そちらの棚を見てくれ。 Guarda su quell'altra mensola.

そつ ¶そつのない perfetto / senza errori /《申し分のない》inappuntabile / irreprensibile / ineccepibile ¶そつのない断り方 una maniera elegante di「dire di no [rifiutare]」¶彼は何でもそつなくこなす。 È in grado di fare tutto senza errori. ¶彼は客にそつなく応対する。 Sa trattare bene gli ospiti. ¶彼の言行にはそつがない. È prudente nelle parole e nel comportamento.

そつい 訴追 **1**《法》(起訴) accusa㊛ ◇訴追する accusare, perseguire qlcu. legalmente [a termini di legge], intentare giudizio contro qlcu. ¶過失致死罪で訴追する processare qlcu. per omicidio colposo
2《裁判官などの弾劾(覺)》 ¶裁判官は収賄のかどで訴追された. Il giudice è stato accusato di corruzione.

そつう 疎通 ¶意思の疎通をはかる cercare di comprendersi a vicenda / ricercare un'intesa ¶彼らは意思が疎通している. Loro vanno d'accordo. ¶私たち2人は意思の疎通を欠いている. C'è mancanza di comprensione fra noi due.

そつえん 卒園 ¶幼稚園[保育園]を卒園する finire la scuola materna [il nido d'infanzia]

ぞっか 俗化 ◇俗化する involgarirsi, diventare comune, declinare㊥ [av] ¶この辺はすっかり俗化した. Questa zona è scaduta.

ぞっかい 俗界 il mondo㊚ terreno

ぞっかく 属格《文法》genitivo㊚, caso㊚ genitivo

そっかん 速乾
❖**速乾インク** inchiostro㊚ che si asciuga rapidamente
速乾性 essiccamento㊚ rapido

ぞっかん 続刊 ◇続刊する continuare「la pubblicazione di [a pubblicare] qlco.

そっき 速記 stenografia㊛ ◇速記する stenografare qlco.
❖**速記タイピスト** stenotipista㊚㊛ [㊛複 -i], stenodattilografo㊚ [㊛ -a]
速記録 note㊛[複] stenografiche

ぞっきぼん ぞっき本 libro㊚ svenduto ¶ぞっき本に出す liquidare (le rimanenze di) un'edizione

そっきょう 即興 improvvisazione㊛; 《演技》recitazione㊛ a soggetto ◇即興の improvvisato, estemporaneo ¶即興で…する improvvisare qlco. ¶即興で演じる improvvisare
❖**即興演奏** improvvisazione㊛ musicale, esecuzione㊛ improvvisata
即興仮面(喜)劇 《コンメディア・デッラルテ》commedia㊛ dell'arte
即興詩 poesia㊛ estemporanea [a braccio]
即興詩人[演奏家] improvvisatore㊚[-trice]

そつぎょう 卒業 **1**《所定の教育課程を》 ◇卒業する《小[中]学校》finire la scuola elementare [media]; 《高校・専門学校》diplomarsi; 《大学》laurearsi → 教育[用語集] ¶高校を卒業する diplomarsi al liceo ¶法学部を卒業する laurearsi in giurisprudenza ¶彼は大変優秀な成績で卒業した. Si è laureato brillantemente. ¶彼は卒業するとすぐに働き始めた. Subito dopo la laurea, ha iniziato a lavorare. ¶大学卒業者 dottore㊚ [㊛ -essa] / (略: 男性) dott. [dr.] / (女性) dott.ssa (►敬称としても用いる)
2《ある段階を終了すること》 ¶お人形遊びはもう卒業です. Sono diventata troppo grande per giocare con le bambole.
❖**卒業資格** 《小学校》licenza㊛ elementare; 《中学校》licenza㊛ media; 《高校》diploma㊚, maturità㊛ liceale; 《専門高校, 専門学校》diploma㊚; 《短 大》laurea㊛ breve, diploma㊚ universitario, minilaurea㊛; 《大学》(diploma㊚ di) laurea㊛
卒業式 cerimonia㊛ del conferimento della licenza [del diploma / della laurea]
卒業試験 《高校・専門学校の》esame㊚ di diploma, esame㊚ di maturità; 《大学の》esame㊚ [seduta㊛] di laurea
卒業証書 certificato㊚ di licenza [diploma / laurea], diploma [㊛ -i], diploma㊚ di maturità [laurea]; 《短大の》diploma㊚ universitario [複 -i]
卒業証明書 copia㊛ del certificato di licenza [diploma / laurea]
卒業生 licenziato㊚ [㊛ -a], diplomato㊚ [㊛ -a]; laureato㊚ [㊛ -a]
卒業予定者 diplomando㊚ [㊛ -a]; laureando㊚ [㊛ -a]
卒業論文 tesi㊛ [無変] di laurea

そっきん 即金《商》
❖**即金払い[値段]**《現物引き換え》pagamento㊚ [prezzo㊚] a pronta cassa

そっきん 側近 persone㊛[複] vicine; 《仏》entourage㊚ [無変] ¶首相の側近 persone vicine al primo ministro / seguito del primo ministro

ソックス [英 socks] calze㊛ [複] → 靴下

そっくり **1**《全部》tutto (►形容詞を副詞的に用いる) ¶彼の持ち物はそっくりそのままにしておいた. Ho lasciato tutta la sua roba così come era.
2《よく似ている》 ¶彼女は姉にそっくりだ. È tale e quale [Somiglia moltissimo a] sua sorella. ¶あの2人はまったくそっくりだ. Quei due si assomigliano come due gocce d'acqua. ¶君はお父さんに顔がそっくりだ. Hai tutto il viso di tuo padre.

そっくりかえる 反っくり返る → 反(*)り返る

そっけつ 即決 ◇即決する decidere qlco. immediatamente
❖**即決裁判** processo㊚ con procedimento sommario [複 -i], giudizio㊚ sommaria

そっけない 素っ気無い secco [㊚複 -chi]; 《ぶっきらぼうな》brusco [㊚複 -schi]; 《冷淡な》freddo ¶素っ気ない返事 risposta fredda e distaccata ¶彼は私にいつも素っ気ない応対をする. Mi tratta sempre con distacco [con freddezza / freddamente].

そっこう 即効 effetto㊚ immediato ¶即効性がある. Agisce immediatamente. / Ha un effetto immediato.
❖**即効薬** medicina㊛ ad azione rapida [istantanea]

そっこう 側溝 fossato㊚ laterale

そっこう 測光《物》fotometria㊛
❖**測光器** fotometro㊚

ぞっこう 続行 ◇続行する continuare qlco. [a + 不定詞], proseguire qlco. [a + 不定詞], 《再開する》riprendere qlco. ¶この問題の審議は来週続行される. La discussione di questo problema verrà ripresa la prossima settimana.

そっこうじょ 測候所《気》stazione㊛ meteo-

そっこく 即刻 immediatamente ¶即刻退去しなさい. Ritiratevi immediatamente.

ぞっこく 属国 Stato vassallo, paese tributario [複 -i]; 〈植民地〉colonia㊛ ¶属国であ る essere tributario〈の di〉

ぞっこん ¶ぞっこん気に入る innamorarsi perdutamente [dal profondo del cuore] di ql.co. [qlcu.] ¶ぞっこんほれこんでいる essere innamorato cotto [pazzo] di qlcu.

そっせん 率先 ◇率先して di propria iniziativa ◇率先する prendere l'iniziativa per + 不定詞

そっち →そちら

そっちのけ ¶彼は勉強そっちのけでギターばかり弾いている. Trascura [Lascia da parte] lo studio per suonare la chitarra.

そっちゅう 卒中 〈医〉〈脳出血〉apoplessia㊛;〈発 作〉ictus㊚ [無変], colpo㊚ apoplettico [複 -ci] ¶卒中の発作を起こす essere colpito da apoplessia / avere un colpo apoplettico

そっちょく 率直 franchezza㊛; sincerità㊛ ◇率直な franco [㊚複 -chi], schietto; sincero ◇率直に francamente, schiettamente, a cuore aperto; sinceramente ¶率直な物言い modo di fare schietto [sincero] ¶自分の非を率直に認める riconoscere onestamente i propri errori ¶率直に言えば per essere sincero / francamente / a dirla schietta

そって 沿って ¶川に沿って歩く camminare lungo il fiume / seguire il fiume

そっと 1《静かに》senza far rumore, silenziosamente;《軽く》leggermente, delicatamente;《優しく》dolcemente ¶そっと触る tastare leggermente ql.co. ¶そっと歩く camminare silenziosamente
2《秘かに》di nascosto, furtivamente, di soppiatto ¶そっと部屋に入る entrare di soppiatto in una camera ¶私は彼の方をそっと見た. Gli ho 「gettato un'occhiata furtiva [dato una sbirciata]. / L'ho guardato di nascosto.
3《かまわないでおく》¶彼女をそっとしておいてやりなさい. Lasciala 「in pace [tranquilla]. / Lasciala stare. ¶病人をそっとしておきましょう. Non disturbiamo l'ammalato.

ぞっと ◇ぞっとする rabbrividire㊷ [es] di [a] ql.co., tremare㊷ [av] di ql.co. ◇ぞっとさせる far rabbrividire [fremere] qlcu., far rizzare i capelli (in testa a qlcu.), atterrire qlcu.《で con》◇ぞっとするような《怖くなる》orripilante / orrendo / raccapricciante /《いやな》ripugnante / schifoso ¶あの光景を思い出すだけでもぞっとする. Rabbrividisco al solo ricordo di quello spettacolo. ¶その話は聞いただけでぞっとする. Solo a sentire quella storia mi vengono i brividi. ¶ぞっとするほどいやだ. Mi fa orrore [schifo]. / Mi disgusta.
慣用 ぞっとしない《感心しない》¶あまりぞっとしないね. Non mi attira molto. / Non ci tengo tanto.

そっとう 卒倒 svenimento㊚;〈医〉sincope㊛ ◇卒倒する svenire㊷ [es], avere una sincope

そっぱ 反歯 dente㊚ sporgente

そっぽ ¶彼は皆にそっぽを向かれている. È abbandonato [schivato] da tutti. / Tutti gli voltano le spalle. ¶彼は急いでそっぽを向いた. Si è girato frettolosamente dall'altra parte.

そで 袖 1《衣服の》manica㊛ ¶半袖 mezza manica ¶長[短い/七分/ちょうちん]袖 maniche lunghe [corte / a tre quarti / a sbuffo] ¶袖をたくし上げる rimboccarsi [tirarsi su] le maniche ¶この服はまだ一度も袖を通していない. Non ho ancora indossato questo vestito nemmeno una volta. ¶ない袖は振れぬ. "Non si può cavare sangue da una rapa."
2《舞台の》quinta㊛ ¶舞台のそでで dietro le quinte
3《机の》㊚両そで[片そで]机 scrivania con cassetti 「ai due lati [in un solo lato]
慣用 袖にすがる implorare [supplicare] l'aiuto di qlcu.
袖にする《冷遇する》mostrarsi freddo con qlcu., voltare le spalle a qlcu.;《親しかった人を捨てる》abbandonare qlcu., piantare in asso qlcu.
袖の下 袖の下を使う dare una mancia sottomano [una bustarella] a qlcu. →賄賂
袖振り合うも多生(たしょう)の縁(諺) "Anche gli incontri casuali sono opera del destino."
袖を絞る piangere㊷ [av] a calde lacrime
袖を連ねる muoversi insieme [in massa]
袖を引く (1)《誘う》istigare qlcu. (2)《身振りでそっと注意する》fare un delicato cenno di avvertimento
➕袖裏 fodera㊛ della manica
袖垣 stretto steccato㊚ sui due lati di un'entrata
袖口 polso㊚
袖ぐり giro㊚ manica, giromanica㊚ [複 -che]
袖丈 lunghezza㊛ della manica
袖幕 quinta㊛

そてい 指定 〈哲〉〈定立〉tesi㊛ [無変], posizione㊛, assunto㊚ non dimostrato

ソテー [仏 sauté]〈仏〉sauté [soté] ㊚ ¶ポークソテー maiale saltato [sauté]

そてつ 蘇鉄 〈植〉〈学名〉Cycas revoluta;《ソテツ科》cicadacee㊛

そでなし 袖無し ◇袖なしの senza maniche, sbracciato ¶袖なしのブラウス camicia senza maniche [sbracciata]

そと 外 1《建物の中でないところ》esterno㊚ ◇外の di fuori, esterno, esteriore ¶外に[で/へ] fuori (di ql.co.), al di fuori (di ql.co.),《野外》all'aperto ¶外から da [di] fuori, dall'esterno ¶家の外に[で] fuori casa ¶外 で食事をする《戸外で食べる》mangiare all'aperto [all'aria aperta] ¶外に出る uscire fuori ¶彼は少しも外に出ない. È un sedentario. / Fa una vita ritirata. ¶外は寒い. Fuori fa freddo.
2《家庭以外のところ》¶外で食事をする《外食》mangiare fuori ¶彼は外に出ています. È fuori. / È uscito. ¶彼は外に泊まった. Si fermò a dormire fuori.
3《外面》esterno㊚ ¶外から見たところでは da quel che si vede / da quanto appare / all'apparenza ¶彼は決して感情を外に表さない. Non manifesta mai i suoi sentimenti.

そとう 4《範囲外、領域外》¶色が模様の外にはみ出した。Il colore si è sparso al di fuori del [ha sbavato dal] contorno del disegno. ¶社内の秘密が外に漏れた。I segreti della ditta「sono trapelati [si sono venuti a sapere].
[慣用] 外を家にする、外が内(うち) ¶息子は外を家にしている。Mio figlio è sempre fuori di casa.

そとう 粗糖 zucchero*m* non raffinato
そとうみ 外海 mare*m* aperto
そとがまえ 外構え apparenza*f*, aspetto*m* esteriore, esterno*m* ¶外構えは堂々とした屋敷だ。L'aspetto esteriore del palazzo è di grande effetto.
そとがわ 外側 lato*m* esterno, esterno*m*; 《外観》facciata*f*
そとづら 外面 ¶外面のよい男だ。È affabile con gli estranei.
そとのり 外法 misura*f* esterna; 《外周》perimetro*m*
そとば 卒塔婆 stup*a*m [複 -a, -i], stele*f* funeraria di legno
そとびらき 外開き ¶このドアは外開きだ。Questa porta si apre「verso l'esterno [in fuori].
そとべい 外塀 muro*m* esterno
そとぼり 外堀 fossato*m* esterno ¶外堀を埋める《比喩的》rimuovere gli ostacoli per raggiungere un obiettivo
そとまご 外孫 nipote*m* con cognome diverso
そとまた 外股 ¶外股で歩く camminare con i piedi「rivolti all'infuori [volti in fuori]
そとまわり 外回り 1《周囲》circonferenza*f* 2《外勤》lavoro*m* fuori sede ¶外回りをやっています。Faccio il giro dei clienti.
そとみ 外見 ¶外見は in apparenza / secondo ogni apparenza ¶彼は外見と内とでは大違いだ。È totalmente diverso da quello che realmente è.
ソナー [英 sonar] [英] sonar*m* [無変]; ecogoniometro*m*
✤ソナー航法 [船] navigazione*f*「per mezzo del sonar [acustica]
そなえ 備え 《準備》preparazione*f*, preparativi*m* [複]; 《防備》difesa*f* ¶備えのない senza preparazione / senza difesa ¶備えを固める rafforzare le difese ¶冬への備えは十分である。Ci siamo preparati (bene) per l'inverno. ¶備えあれば憂いなし。《諺》 "Se vuoi la pace, preparati alla guerra."
そなえつけ 備え付け ¶各室に備え付けの冷蔵庫がある。In ogni camera c'è un frigorifero a disposizione.
そなえつける 備え付ける attrezzare, fornire, provvedere, arredare; 《設置作業をする》installare
そなえもの 供え物 offerta*f* ¶供え物をする fare un'offerta ¶祭壇に供え物をする porre le offerte ai piedi dell'altare
そなえる 供える offrire *ql.co.* (に a), fare un'offerta di *ql.co.* (に a) ¶墓に花を供える portare dei fiori sulla tomba di *qlcu.*
そなえる 備える 1《準備・用意する》prepararsi [provvedere] a *ql.co.* [per *ql.co.* / per + 不定詞]; 《防備する》premunirsi [cautelarsi] contro *ql.co.* ¶…に備えて《考慮して》in vista [in previsione] di *ql.co.* ¶不時の用意に金を備える tenere del denaro da parte per gli imprevisti ¶老後に備える provvedere per la vecchiaia / prepararsi in vista della vecchiaia ¶台風に備えて食糧やろうそくなどを用意した。Ci siamo preparati all'arrivo del tifone rifornendoci di viveri, candele, eccetera. ¶試験に備えて勉強している。Sto studiando per prepararmi agli esami.
2《設備・備品などを揃えておく》avere *ql.co.* in dotazione, essere fornito [equipaggiato] di *ql.co.* ¶必要な本を備える rifornirsi dei libri necessari ¶この飛行機は4基のジェットエンジンを備えている。Questo aereo è provvisto di 4 motori a reazione. ¶この船にはレーダーが備えてある。Questa nave è dotata di radar. ¶この教室にはパソコンが10台備えてある。In questa aula sono a disposizione dieci computer. ¶電話を備える installare il telefono
3《才能や性質などを》¶威厳を備える avere [possedere] della dignità

ソナタ [伊] [音] sonata*f* ¶ベートーベンのピアノソナタ sonate per pianoforte di Beethoven ¶ソナタ形式の in forma di sonata
ソナチネ [伊] [音] sonatina*f*
そなわる 備わる 1《装備されている》essere fornito 《provvisto / dotato / equipaggiato》 2《身に付く》¶徳の備わった人 uomo di virtù ¶日本人に備わっている勤勉さ la diligenza innata dei giapponesi ¶リーダーとしての資格が備わる avere le capacità per essere un leader
ソネット [伊] [詩学] sonetto*m*
そねむ 妬む invidiare
その 1《相手に近いものをさして》quello ¶その本を取ってくれ。Passami quel libro. ¶そのかばんは君のものかい。Quella borsa è tua? ¶その人どんな仕事をしているの。Questo signore che lavoro fa?
2《話題にとりあげたことを指して》in questione ¶これがその人物だ。Questo è l'uomo in questione [di cui abbiamo parlato]. ¶その件は引き受けましょう。Mi incarico io di queste faccende. / Me ne incarico io. ¶母は僕が生まれたその日に死んだ。Mia madre è morta「nello stesso [proprio nel] giorno in cui io sono nato.
3《時間的なことをさして》¶その間に[うちに] nel frattempo / in quel mentre

その 園 giardino*m* ¶桜の園 ciliegeto /《チェーホフの戯曲》"Il giardino dei ciliegi" (Cechov) ¶女の園 ambiente di sole ragazze ¶学びの園 scuola
そのあいだ 其の間 →其の間(かん)
そのあし(で) その足(で) ¶会社を出たその足で飲みに行った。Dopo (aver lasciato) l'ufficio, sono direttamente andato a bere.
そのうえ 其の上 inoltre, per di più, anche, per giunta, in più ¶寒くて、その上雨まで降ってきた。Faceva freddo e addirittura si è messo a piovere. ¶その上賃金さえもらった。In più ha ottenuto un premio. ¶まず先生に相談して、その上で話を進めましょう。Prima chieda il parere del suo professore e poi ne riparliamo.

そのうち 其の内 **1**《近日》uno di questi giorni, fra pochi giorni;《他日》un (altro) giorno;《その間に》nel frattempo ¶そのうち連絡します。Un giorno o l'altro [Prima o poi] ti chiamo. ¶じゃあ、またそのうち。A presto! ¶そのうちに時間がたってしまうよ。Intanto il tempo passa! ¶そのうち彼がやって来た。Nel frattempo è arrivato lui.
2《その中で》¶職員は200名いるが、そのうち150名が大学卒だ。Il personale è di duecento impiegati, centocinquanta dei quali sono laureati.

そのおり 其の折 in quell'occasione

そのかわり 其の代わり **1**《代償》in compenso;《…の代わりに》al posto di ql.co. [di qlcu.], in cambio di ql.co. [di qlcu.], per conto di qlcu., invece di ql.co. [di qlcu., di + 不定詞] ¶空は晴れたがその代わりに風が強い。Si è rischiarato, ma (in compenso) c'è un forte vento.

そのかん 其の間 intanto ¶その間なにもしていなかったのか。Intendi dire che durante tutto quel tempo non hai fatto niente? ¶私は眠っていたのに、その間彼は勉強していた。Io dormivo e intanto lui studiava. / Mentre (io) dormivo, lui studiava.

そのき 其の気 ¶彼はほめられるとすっかりその気になった。L'elogio gli ha montato la testa. ¶彼はその気になればうまくやれるのだが。Se si mettesse d'impegno, anche lui ci saprebbe fare.

そのぎ 其の儀 ¶お父上にその儀お伝えします。Non mancherò di riferirlo a suo padre. ¶その儀にはおよばない。Non c'è bisogno che ti disturbi a farlo.

そのくせ 其の癖 ¶彼は金持ちなのに、そのくせけちだ。È ricco, tuttavia [nonostante ciò] è un avaraccio.

そのくらい 其の位 ¶そのくらいで足りるでしょう。Dovrebbe essere sufficiente così. / Dovrebbe bastare così. ¶この話はそのくらいにしておこう。Non tocchiamo più questo argomento.

そのご 其の後《その時以来》da allora;《のちほど》in seguito;《しかる後に》dopo di che [ciò], poi, dopo, più tardi ◇その後の seguente, successivo, ulteriore ¶その後1週間ของ là a una settimana ¶その後お変わりありませんか。Spero che vada tutto bene. ¶その後どうですか。Spero che tutto proceda bene dall'ultima volta che ci siamo visti. ¶その後彼から連絡がありましたか。Poi hai più avuto sue notizie? ¶その後何が起ったか聞かせよう。Ti racconto quello che è successo dopo. ¶その後の情報は入っていない。Non ho ricevuto ulteriori informazioni.

そのこと 其の事 quella cosa, ciò

そのころ 其の頃 allora, a quei tempi, a quell'epoca ◇そのころの dell'epoca, di quei tempi;《…と同世代の》contemporaneo

そのさき 其の先 **1**《前方》¶その先は山道です。Oltre quel punto c'è un sentiero di montagna.
2《それから後》¶その先の見当はついていない。Non ho progetti definiti per il dopo.

そのじつ 其の実 in effetti

そのしゅ 其の種 ¶その種の雑誌は読まない。Non leggo riviste di quel genere.

そのすじ 其の筋 **1**《その分野》¶彼はその筋の達人だ。È un esperto in quel campo.
2《警察、役所など》¶その筋に訴える denunciare ql.co. [qlcu.] alla polizia ¶その筋の発表によれば… secondo le autorità (competenti)… / le autorità (competenti) hanno annunciato che…

そのせつ 其の節 ¶その節はいろいろありがとうございました。La ringrazio per tutto ciò che ha fatto per me allora [in quell'occasione]. ¶来上京しますのでその節にお会いしたいものです。Verrò a Tokyo il mese prossimo e spero di vederla in quell'occasione.

そのた 其の他 eccetera, e così via ◇その他の altro ¶その他大勢 molte altre persone ¶ノート、消しゴム、鉛筆その他必要なものを買った。Ho comprato quaderni, gomme, matite e altre cose necessarie. ¶A、B、C、その他 A, B, C, eccetera [e così via, e così dicendo]

そのたび 其の度 →其の都度

そのため 其の為 **1**《理由》¶そのために per quel motivo [quella ragione] ¶彼が遅刻したのはそのためだ。Questo è il motivo del suo ritardo. / Ecco perché ha fatto tardi.
2《目的》¶そのために per quello scopo ¶そのためにこそお前を大学に入れたのだ。Questo è lo scopo per cui ti abbiamo mandato all'università.

そのつど 其の都度 ogni volta ¶会えばその都度金をせびる。Ogni volta che mi vede, mi importuna per chiedermi denaro.

そのて 其の手 ¶まんまとその手に乗ってしまった。Sono completamente caduto nella trappola. ¶その手は食わないぞ。Non ci casco. / Non me la farai. ¶その手のものならたくさんあります。Ne abbiamo molti di quel tipo.

そのてん 其の点 ¶その点に関しては riguardo a ciò ¶その点については私の考え方は異なる。Da quel punto di vista, il mio parere è diverso.

そのとおり 其の通り ¶そのとおりです。È (proprio) così. / È vero. / Giusto! / Esatto! ¶君の言うことはそのとおりだ。Hai ragione. ¶そのとおりになった。È successo proprio「così [《予想どおり》come previsto].

そのとき 其の時 allora, in quel momento ¶その時本を読んでいた。In quel momento stavo leggendo un libro. ¶その時以来彼に会っていない。Non l'ho più visto da allora. ¶外出しようとちょうどその時電話が鳴った。Il telefono ha squillato proprio mentre stavo per uscire. ¶その時までに entro quel periodo ¶その時はその時だ。Quando sarà il momento, affronteremo il problema [《どうにかなる》ci penseremo]. /《いい意味で》Ogni cosa a suo tempo.

そのば 其の場 **1**《その場所》¶その場で nel luogo stesso /《現場で》sul posto ¶その場その場で secondo le circostanze / a seconda dei casi ¶私はその場に居合わせなかった。Non ero presente al fatto. / Non ero sul posto. ¶やっとその場を取り繕った。Me la sono cavata alla meglio. / Ne sono uscito fuori bene o male.
2《即座に》◇その場で subito, all'istante, lì per lì, su due piedi, seduta stante, immediatamente ¶その場のはずみで sull'impulso del momento ¶なぜその場で不服を申し立てなかったのか。Perché

non hai protestato subito [seduta stante]?

[慣用] **その場限り** ◇その場限りの《一時的, 仮の》 momentaneo, temporaneo, provvisor*io* [[男]複 *-i*] ; 《思いつきの》 improvvisato ¶その場限りの答弁をする dare delle risposte provvisorie [non impegnative] ¶彼の決心はいつもその場限りだ. I suoi propositi durano poco.

その場しのぎ ¶その場しのぎの解決法 una soluzione di ripiego ¶その場しのぎで思いつきを言う dire qualcosa a caso [a braccio] per l'occasione

その場逃れ ¶その場逃れの口実 pretesto per tirarsi [trarsi] fuori d'impaccio / scappatoia

そのはず 其の筈 ¶そのはずです. Dovrebbe essere così. ¶それもそのはずです. È normale (che le cose si siano messe così). ¶そのはずさ, 彼は大金持ちだもの. C'era da aspettarselo, perché è molto ricco.

そのひ 其の日 quel giorno[男], lo stesso giorno[男] ◇その日その日の quotidiano, giornaliero ¶彼はその日京都に向かった. Quel giorno è partito per Kyoto. ¶その日の内に準備を済ませた. Ho finito i preparativi in giornata.

[慣用] **その日暮らし** ¶その日暮らしをする vivere alla giornata [con i soldi contati]

そのへん 其の辺 **1** 《場所》 ¶その辺に[で] là / per di là / 《近辺》 nei pressi / nei paraggi / in quella zona ¶その辺までご一緒しましょう. L'accompagno per un tratto (di strada). ¶誰かその辺の人に聞いてください. Chieda a qualcuno di quei signori lì. / Chieda a qualcuna di quelle persone. ¶その辺を散歩する passeggiare nei dintorni

2 《程度》 ¶温度は30度かその辺です. La temperatura è di trenta gradi o giù di lì. ¶その辺まで打ち切りましょう. Per ora finiamo [terminiamo] qui. ¶私にできるのはせいぜいその辺のところです. Questo più o meno è il massimo che posso fare.

3 《そういったこと》 ¶彼がなぜうそをついたか, その辺のところがわからない. Non riesco a capire i motivi per cui ha mentito.

そのほう 其の方 **1** 《そちらの方》 ¶その方が大きい. Quello è più grande. ¶タクシーが拾えればそのほうがいい. È meglio se prendi un taxi.

2 《お前》 tu[男][女]

そのほか 其の他 eccetera ¶そのほかにどんなものが好きですか. Oltre a quello, cosa le piace? ¶そのほかのことは何も知らない. All'infuori di questo, non so altro.

そのまま 其の儘 **1** 《もとのまま》 ¶財産をそっくりそのまま譲る trasferire l'intero patrimonio ¶僕の部屋はそっくりそのままになっていた. La mia camera è stata lasciata esattamente così come era. ¶そのままでお待ちください. 《電話で》 Attenda senza riagganciare. / Rimanga in linea. ¶どうぞそのままで. Prego, non si disturbi. ¶本はそのままにしておいてください. Lasci i libri dove sono.

2 《それっきりで》 ¶彼は出かけて, そのまま帰ってこなかった. Se n'è andato e non si è visto più. / È partito per sempre.

3 《似ている》 ¶彼女は母親そのままの美人だ. È bella come la madre.

そのみち 其の道 **1** 《専門》 (il *proprio*) campo[男]; 《技芸》 l'arte[女] ¶彼はその道の権威だ. È un'autorità in quel campo. **2** 《色事》 ¶その道にかけてはなかなかの男だ. È un dongiovanni.

そのむかし 其の昔 un tempo ¶昔々その昔, おじいさんとおばあさんが住んでいました. Molto, molto tempo fa, c'erano [C'erano una volta] un vecchio e una vecchia.

そのむき 其の向き **1** 《その分野》 ¶その向きの人《関係者》 la persona[女] interessata / 《専門家》 esperto in quel campo **2** 《その筋》 le autorità[女][複] competenti

そのもの 其の物 **1** 《ちょうどそれに当たるもの》 ¶ずばりそのものだ. È proprio così! / 《当たった》 Hai proprio indovinato! **2** 《意味を強めて》 ¶彼は誠実そのものだ. È la sincerità in persona [personificata]. ¶論文のテーマそのものが悪いわけではない. Il soggetto della tesi di per sé non sarebbe male.

そのような 其の様な così ¶そのような事情なので stando così le cose ¶そのようにして彼女は歌手になった. In tal modo [E così,] è diventata una cantante.

そば 側・傍 **1** 《近く》 vicinanza[女]; 《かたわら》 lato[男], fian*co*[男][複 *-chi*]
◇そばに a fianco di, vicino a, accanto a (►accantoは左右両隣と近接している状態をさし, vicinoは元来, 四方と隣接している状態をさす), nei pressi di ¶そばに寄る avvicinarsi [accostarsi] a *ql.co.* [*qlcu.*] ¶そばを離れる scostarsi da *ql.co.* [*qlcu.*] / 《遠くへ行く》 allontanarsi da *qlcu.* [*ql.co.*] ¶子供のそばから離れないようにする tenere un bambino accanto a sé / sorvegliare da presso un bambino ¶銀行は駅のそばにある. La banca si trova vicino alla stazione. ¶辞書はいつもそばに置いておきなさい. Tenete il vocabolario sempre a portata di mano. ¶そばで見るとたいしたものじゃない. Visto da vicino, non è un granché. ¶このそばに薬局がある. C'è una farmacia qui vicino. ¶すぐそばに座る sedersi accanto

2 《「…するそばから」の形で, 直後》 ¶計画を立てるそばから彼が文句を言う. Appena progettiamo qualcosa, lui inizia subito a brontolare [criticare].

そば 蕎麦 *soba*[男][無変] ; 〔植〕 grano[男] saraceno ¶そばを食べる mangiare pasta lunga di grano saraceno

✤**そば殻**(がら) pula[女] di grano saraceno
そば粉 farina[女] di grano saraceno
そば屋 ristorante[男] di *soba*

[日本事情] そば

Vermicelli giapponesi, fatti con farina di grano saraceno, uova e igname.
Si possono mangiare in brodo caldo o intinti in una salsa fredda a cui, a seconda dei gusti, si possono aggiungere vari ingredienti come *negi*, *wasabi* e uova. È usanza mangiare il *soba* l'ultimo giorno dell'anno o regalarne un po' ai nuovi vicini dopo un trasloco.

ソバージュ 〔仏 sauvage〕 pettinatura[女] fem-

そばかす 雀斑 lentiggine⊛; 《医》efelide⊛ ¶そばかすだらけの顔 viso lentigginoso

そばだてる 欹てる ¶耳をそばだてる tendere l'orecchio / drizzare le orecchie / essere tutto orecchi

そばづえ 傍杖・側杖 ¶そばづえを食う essere coinvolto (in ql.co.)

そばやく 側役 seguace⊛⊛

そびえる 聳える 《屹立(ﾘﾂ)する》ergersi; 《塔のように立つ》torreggiare⊛ [av] ¶空に向かってそびえる教会の塔 torre della chiesa che si erge alta verso il cielo

そびやかす 聳やかす ¶肩をそびやかす raddrizzare le spalle / impettirsi ¶肩をそびやかして歩く camminare impettito [tutto tronfio]

そびょう 素描 《スケッチ, デッサン》schizzo⊛, bozza⊛, disegno⊛ sommario⊛ [複 -i]; 《文字による》descrizione⊛ ◇素描する abbozzare fare una bozza [uno schizzo] di ql.cu. [ql.co.]

-そびれる perdere l'occasione di + 不定詞 ¶彼についお礼を言いそびれてしまった。Non sono riuscito a trovare l'occasione giusta per ringraziarlo.

そふ 祖父 nonno⊛ ¶祖父母 i nonni

ソファー〔英 sofa〕sofà⊛, divano⊛
✤ソファーベッド divano⊛ letto [無変]

ソフィスティケート〔英 sophisticate〕¶ソフィスティケートされた sofisticato / ricercato

ソフィスト〔英 sophist〕sofista⊛⊛ [⊛複 -i]

ソフト〔英 soft〕¶ソフトな《柔らかな》molle, morbido; 《穏やかな》mite, tranquillo
✤ソフトウェア《コンピュータ》〔英〕software⊛ [無変]

ソフトクリーム gelato⊛ soffice [americano]

ソフトドリンク bevanda⊛ analcolica, bibita⊛

ソフト帽 (cappello⊛ di) feltro⊛, cappello⊛ floscio [複 -sci] (di feltro)

ソフトボール softball⊛ [無変]

ソフトローン 《金融》prestito⊛ agevolato

ソプラノ〔伊〕《音》《音域》soprano⊛; 《歌手》soprano⊛ [⊛複 le soprano] ¶ソプラノで歌う cantare da soprano ¶ボーイソプラノ voce bianca ¶メゾソプラノ mezzosoprano

そぶり 素振り 《態度》contegno⊛, atteggiamento⊛; 《振る舞い》comportamento⊛; 《外面, 表情》aspetto⊛, aria⊛ ¶あの男の素振りは怪しい。Quell'uomo ha un comportamento sospetto. ¶不満そうな素振りで con l'aria insoddisfatta ¶なれなれしい素振りで con atteggiamento troppo familiare ¶意味ありげな素振りをする avere [assumere] un comportamento ambiguo ¶彼は悲しみを素振りにも見せなかった。Non ha mostrato il minimo segno di dolore.

そぼ 祖母 nonna⊛

そほう 粗放・疎放 ◇粗放な trascurato, poco accurato
✤粗放農業 agricoltura⊛ estensiva

そぼう 粗暴 ◇粗暴な brutale, violento, villano ¶なんて粗暴な男だ。Che uomo villano!

そぼく 素朴 ◇素朴さ semplicità⊛, naturalezza⊛; 《純真》ingenuità⊛ ◇素朴な semplice, naturale; 《純真な》ingenuo ¶田舎の素朴な人情 i sani e onesti sentimenti delle persone di campagna ¶素朴な家具 mobile rustico ¶素朴な疑問 dubbio ingenuo

そぼふる そぼ降る piovigginare (►非人称動詞 [es, av]) ¶そぼ降る雨 piovigginare⊛ / pioggerella⊛ / acquerugiola

そぼろ pesce⊛ o gamberi⊛ [複] o carne⊛ di pollo tritati e cotti in modo che rimangano in granuli

そまつ 粗末 1 《上等でない》◇粗末な《質素な》semplice; sobrio [⊛複 -i]; 《みすぼらしい》povero, misero; 《粗悪な》di cattiva qualità, scadente; 《作りが悪い》fatto male ¶粗末な衣服 vestiti dimessi [poveri] ¶粗末な家 casa semplice ¶粗末な夕食 cena frugale [semplice] ¶粗末な服を着ている vestire dimessamente [miseramente] ¶粗末なものですが, どうぞお召し上がりください。È roba da poco, comunque, la prego, si serva pure. ¶お粗末さまでした。《「ごちそうさま」に対して》Prego, non c'è di che. / Ma le pare! / Ma si figuri!
2 《大事にしない》¶両親を粗末にする trascurare i genitori / non prendersi cura dei genitori ¶近ごろの若者は物を粗末にする。I giovani d'oggi sprecano le cose. ¶命を粗末にするな。Non scherzare con la tua vita!

そまる 染まる 1 《色がつく》tingersi [colorarsi] (di ql.co.); 《染み込む》impregnarsi (di ql.co.); 《汚れる》macchiarsi (di ql.co.) ¶緑色に染まる tingersi di verde ¶この布地はよく染まる。Questo tessuto prende bene la tinta. ¶ハンカチがインクで染まってしまった。Il fazzoletto si è macchiato d'inchiostro. ¶夕焼けで空が真っ赤に染まる。Al tramonto il cielo si colora di rosso.
2 《感化される》¶悪風に染まる subire una cattiva influenza / essere contaminato dal malcostume

そむ 染む 1 ⇒染まる 2 《気にいる》¶これは彼の気に染まないだろう。Questo non gli andrà a genio. / Non gli farà piacere.

そむく 背く 1 《逆らう》agire⊛ [av]「contrariamente a [contro] ql.co.], non seguire i consigli〔《命令》gli ordini〕di ql.cu., disubbidire⊛ [av] a ql.cu. [ql.co.]; 《反対する》opporsi a ql.cu. [ql.co.] 2 《違反する》trasgredire⊛, ⊛ [av] (a) ql.co. ¶上官の命令に背く contravvenire agli ordini dei superiori ¶約束に背く「non tenere fede [mancare] a una promessa」 3 《裏切る》tradire ¶〈人〉の期待に背く deludere le aspettative di ql.cu. ¶彼の行為は私たちの信頼に背くものだ。Il suo comportamento ha tradito la nostra fiducia.

そむける 背ける distogliere ql.co. 《から da》 ¶顔を背ける distogliere il viso ¶むごい光景から目を背ける distogliere gli occhi [lo sguardo] da una scena terrificante

ソムリエ〔仏 sommelier〕〔仏〕sommelier [sommelé] ⊛ [無変]

そめ 染め tinta⊛, tintura⊛

-ぞめ -初め ¶市長が新しい橋の渡り初めをした。Il sindaco ha inaugurato il nuovo ponte e l'ha attraversato per primo.

そめあがる 染め上がる ¶この布はうまく染め上がった[上がらなかった]. Ho tinto bene [male] questo tessuto.

そめいと 染め糸 filo男 [filato男] tinto

そめいよしの 染井吉野《植》ciliegio男《複 -gi》di Someiyoshino;《学名》*Prunus × yedoensis* Matsum.

そめかえ 染め替え ¶この布地は染め替えがききますか. Si può tingere questa stoffa con un altro colore?

そめかえす 染め返す ritingere *ql.co.*

そめがた 染め型 stampino男 per tintura

そめこ 染め粉 polvere女 colorante, tintura女, tinta女

そめつけ 染め付け 《染め付けること》tintura女;《捺染(なっせん)》stampa女 tessile;《磁器》porcellana女 con decorazione in blu [in indaco]
◇染め付ける tingere, stampare

そめもの 染め物《行 為》tintura女, tinta女;《布》stoffa女 tinta [《複数の色で》stampata]
♣染め物屋 tintore男 [女 -a];《店》tintoria女

そめる 染める 1《色をつける》tingere [colorare] *ql.co.* ¶髪を染める《自分の》tingersi i capelli ¶爪(つめ)を赤く染める mettere [mettersi] lo smalto rosso sulle [alle] unghie ¶彼は髪を黒く染めている. Ha i capelli tinti di nero. ¶彼は顔を怒りで真っ赤に染めた. È arrossito di collera.
2《着手する》¶文筆に手を染める cominciare a dedicarsi alla scrittura

そめわける 染め分ける tingere *ql.co.* in diversi colori ¶この布は赤と白に染め分けてある. La stoffa è tinta parte in rosso parte in bianco.

そもそも 抑《結局》dopo tutto;《初めから》sin [fin] dall'inizio ¶その答えがそもそも間違っていたのだ. In primo luogo [Tanto per cominciare], la risposta era completamente errata.

そや 粗野 ◇粗野な grossolano, rude, rustico [男複 *-ci*], selvatico [男複 *-ci*];《失礼》maleducato, villano, zotico [男複 *-ci*]

そよ ¶風はそよとも吹かない. Non c'è neanche un alito di vento.

そよう 素養《知識》conoscenza女, cognizioni女[複];《教育》formazione女, istruzione女;《教養》cultura女 ¶彼は音楽の素養がある. Ha una buona conoscenza della musica. / È ben preparato in musica.

そよかぜ そよ風 venticello男, leggera brezza女

そよぐ 戦ぐ《葉が》stormire自 [*av*] ¶風にそよぐ葦 canne che tremano al vento

そよそよ ¶風がそよそよ吹いている. Soffia un vento dolce.

そよふく そよ吹く ¶そよ吹く風 venticello / brezza

そら ecco ¶そら, ここに置くよ. Guarda, lo metto qui. ¶そら, 彼が来た. Eccolo qua! / Eccolo che arriva! ¶そら火事だ. Cielo, un incendio! ¶そら, がんばって. Su, coraggio!!

そら 空 1《天》cielo男;《蒼穹(そうきゅう)》volta女 celeste;《大空, 青空, 星空》firmamento男;《空中》aria女 ¶青空 cielo azzurro ¶星空 cielo stellato ¶曇り空 cielo coperto ¶晴れた空 cielo sereno [limpido] ¶鉛色の空 cielo plumbeo ¶空の旅 viaggio in aereo ¶空飛ぶ円盤 disco volante ¶空に発砲する sparare un colpo in aria ¶西の空が赤い. Il cielo a ponente rosseggia. ¶鳥が空を飛んでいる. Gli uccelli volano nel cielo.
2《空模様》tempo男, aspetto男 del cielo ¶空が怪しくなってきた. Il tempo sembra incerto. ¶今にも降りそうな空だ. Minaccia di piovere da un momento all'altro. / Il cielo è minaccioso.
3《遠く離れた場所》¶旅の空で in viaggio / durante il viaggio ¶遠く故郷の空をしのぶ ricordare il cielo del lontano luogo natio ¶異郷の空で暮らす vivere sotto un cielo straniero
4《気分, 心持ち》¶生きた空もない sentirsi più morto che vivo ¶うわの空 →見出し語参照
5《暗記》¶空で言う[唱える] dire [recitare] a memoria
6《偽り, うそ》¶彼は空を使った. Ha fatto finta di non sapere.

そらいろ 空色 celeste男;《青》azzurro男 ◇空色の celeste; azzurro

そらおそろしい 空恐ろしい ¶考えると空恐ろしくなる. A pensarci mi viene paura. ¶この子の将来を考えると空恐ろしい気がする. Provo una vaga apprensione per il futuro di questo bambino.

そらおぼえ 空覚え 1《暗記》¶彼はラテン語の詩を空覚えで唱えた. Ha recitato a memoria una poesia in latino. 2 →うろ覚え

そらす 反らす ¶体を反らす inarcare la schiena indietro ¶彼は得意気に胸を反らせた. È impettito d'orgoglio.

そらす 逸す 1《わきへ向ける》distogliere *ql.co.*《から da》;《方向転換》deviare *ql.co.*;《はぐらかす》eludere [schivare] *ql.co.* ¶視線をそらす distogliere lo sguardo ¶仕事から気をそらす distrarre la mente dal lavoro ¶彼は突然話をそらせた. Ha cambiato improvvisamente il discorso. ¶彼はうまく質問をそらした. Ha eluso abilmente la domanda.
2《機嫌をそこなう》¶彼は人をそらさない.《やさしい》È un uomo affabile. /《気配りがある》È un uomo pieno di tatto.

そらぞらしい 空空しい falso, finto ¶そらぞらしい言葉 finte parole ¶そらぞらしいお世辞 complimenti falsi ¶そらぞらしい嘘をつく dire [raccontare] delle bugie palesi ¶よくもそれほどそらぞらしいことが言えたものだ. Come hai potuto dire simili falsità!

そらだのみ 空頼み speranza女 vana, attesa女 erronea ¶彼の援助も空頼みに終わった. Abbiamo aspettato invano il suo aiuto.

そらとぶえんばん 空飛ぶ円盤 →ユーフォー

そらとぼける 空惚ける far finta di non saperne niente

そらなみだ 空涙 ¶そら涙を流す versare lacrime ipocrite [lacrime di coccodrillo]

そらに 空似 ¶他人のそら似ということがある. È un caso di somiglianza fortuita [casuale].

そらまめ 空豆《植》fava女

そらみみ 空耳 1《聞き違い》illusione女 uditiva ¶声がしたようだったが多分僕のそら耳だったんだろう. Ho avuto l'impressione di sentire una voce, ma forse mi sono ṣbagliato [ho sentito male]. **2**《聞こえない振り》 ¶そら耳を使う fare il sordo [《女性》la sorda] / fingere di non aver sentito

そらもよう 空模様 **1**《天気の様子》tempo[男], aspetto[男] del cielo ¶この空模様だと今晩遅くには雪が降るかもしれない. Guardando il cielo, sembra che stasera tardi debba nevicare. **2**《ことの成り行き》 ¶両国の関係は空模様があやしくなってきた. Il rapporto tra i due paeṣi si è rannuvolato.

ソラリゼーション 〔英 solarization〕〘写〙solarizzazione[女]

そらんじる 諳じる imparare a memoria

そり 反り curvatura[女], incurvatura[女];《板の》imbarcatura[女]

[慣用] **反りが合わない** ¶あの2人は反りが合わない. Quei due non vanno d'accordo [non si trovano].

そり 橇 ¶そりで行く andare in ṣlitta

そりかえる 反り返る ¶熱で板が反り返ってしまった. L'asse si è incurvata [si è imbarcata / si è distorta] per il calore. ¶彼は椅子に反り返っていた. Si è seduto arrogantemente [boriosamente] sulla sua sedia.

ソリスト 〔仏 soliste〕〘音〙solist*a*[男][女][[男]複 *-i*]

そりみ 反り身 poṣizione[女] ad arco

そりゃく 粗略・疎略 ◇**粗略な** trascurato, grossolano ¶品物を粗略に扱う maneggiare la merce con poca cura

そりゅうし 素粒子 〘物〙particella[女] elementare

✤**素粒子物理学**[論] fiṣica[女] [teoria[女]] delle particelle elementari

そる 反る 《曲がる》curvarsi, incurvarsi, piegarsi;《変形する》deformarsi

そる 剃る radere, rasare ¶ひげをそる《自分で》ṣbarbarsi / radersi / farsi la barba ¶ひげをそってもらう farsi fare la barba (da *qlcu.*) ¶ひげをそったばかりの顔 viṣo rasato di fresco ¶うぶ毛をそる depilarsi ¶頭をそる radersi i capelli a ẓero

ゾル 〔独 Sol〕 〘化〙sol[男][無変], soluzione[女] colloidale

ソルト 〔英 SALT〕 《戦略兵器制限交渉》Trattative[女][複] per la Limitazione delle Armi Strategiche

ソルフェージュ 〔仏 solfège〕〘音〙solfe*ggio* [男][複 *-gi*]

それ **1**《相手に近いものをさす》quello[男], esso [男] ¶これよりそれのほうが似合う. Quello sta meglio di questo. ¶それを私にください. Me lo dia, per piacere.

2《そのこと》ciò[男] ¶それとも知らず senza saperlo / senza sospettarlo ¶それは本当ですか. (Ciò) è vero? ¶それがどうした.《何が言いたいのか》E con ciò? / E allora? /《たいしたことじゃない》Chi se ne infischia? /《俗》Chi se ne frega? /《おまえには関係ない》E che t'importa? ¶それはそうだけれど… Questo è vero, ma... / D'accordo, ma... ¶それはそうだね. Sì, pare anche a me. / Ci credo. ¶それは別として[ともかく] a parte questo / sia come sia ¶それ自体(で) di per sé / in sé / a sé stante

3《その時》 ¶それまでは fino a quel momento / fino ad allora

[慣用] **それはさておき** ¶それはさておき, まずこの問題について話そう. Mettiamo da parte ciò per il momento e discutiamo prima questo problema.

それはそうと a propoṣito ¶それはそうとあの問題はどうなったかなあ. A propoṣito, com'è andata a finire quella faccenda?

それ ecco ¶それ見ろ. Guarda! ¶それ着いたぞ. Eccoci arrivati. ¶それみたことか. Te l'avevo detto! / Ti sta bene! / Te lo sei meritato.

それいらい それ以来 da allora, da quel momento ¶それ以来彼に会っていない. Da allora (in poi) non l'ho più visto.

それから **1**《その後》dopo di ciò, e poi, quindi;《その時から》da allora ¶それから1時間[2か月]たって un'ora [due mesi] dopo / dopo un'ora [due mesi] ¶彼はすぐ手紙を書くと言ったが, それからもう10日もたつ. Aveva detto che avrebbe scritto subito una lettera, ma da allora sono già passati dieci giorni. ¶それから今日まで彼にずっと会っていない. Da quel momento non l'ho più incontrato. ¶それからどこへ行ったの. E poi, dove sei andato?

2《その上》e, ed anche, inoltre, poi ¶家には犬, 猫, それから小鳥もいる. A casa mia ci sono cani, gatti ed anche uccellini.

3《話を促して》 ¶それから? E allora? / Ebbene? / E poi? / Quindi?

[慣用] **それからそれへと** uno dopo l'altro, dall'uno all'altro

それきり **1**《それだけ》 ¶砂糖はそれきりしか残っていない. Non c'è che questo zucchero. / È rimasta solo questa quantità di zucchero. ¶彼の言ったことはそれきりです. Questo è tutto quello che ha detto.

2《それ以来》 ¶彼はそれきり顔を見せない. Da allora non si è più visto.

3《終わってしまう様子》 ¶それきりさ. È tutto qua. ¶話はそれきりになった. La cosa non ha avuto seguito. / Dell'affare non se n'è parlato più.

それくらい それ位 ¶それくらいのことならお安いご用だ. Una cosa così la faccio senza problema [posso ṣbrigare in un attimo]. ¶それくらいのことで泣くと笑われるよ. La gente riderà di te se ti metti a piangere per una stupidaggine del genere. ¶1時間かそれくらいで帰って来ます. Tornerò a casa più o meno fra un'ora.

それこそ ¶外国で病気になったら, それこそ心細いものだ. Ammalarsi all'estero è davvero una cosa deprimente. ¶それこそこちらの望むところだ. È proprio quello che noi volevamo.

それしき ¶それしきのことで泣くな. Non piangere per così poco.

それそうおう それ相応 ¶彼はそれ相応の報酬を受け取った. Ha ricevuto un compenso adeguato. ¶彼はそれ相応の称賛を受けた. Ha ricevuto l'elogio che meritava. ¶返事を遅らせたのは, それ相応の理由があってのことだ. Avevo le mie buone ragioni per rimandare la risposta.

それぞれ ogni, ognuno, ciascuno;《各々に》rispettivamente ◇**それぞれの** ogni, ognuno, ciascuno; rispettivo ¶私たちはそれぞれ別のことを考えていた. Ognuno di noi la pensava diversamente.

それだから 《理由》per questo, per questa ragione, per cui, ecco perché; 《結果》perciò, e così, dunque, di conseguenza

それだけ 1《その程度》solo questo [quello] ¶たったそれだけか. Non c'è altro? / C'è solo questo? / Tutto qui? ¶それだけでも大きな成果であった. È già molto. / 《ないよりはまし》È già qualcosa. / È meglio di niente. / 《満足だ》Possiamo accontentarci.
2《その分だけ》¶たくさん働けばそれだけ金が入る. Quanto più si lavora, tanto più si guadagna.
3《その事だけ》¶それだけが彼女に満足を与えた. Si è accontentata solo di questo. ¶それだけはまっぴらだ. Farò tutto tranne questo!

それだけに ¶娘は不平を言わない. それだけに余計不憫(ぴん)だ. Mi sento ancor più dispiaciuto per mia figlia perché non protesta. ¶この靴は高いがそれだけにはきやすい. Queste scarpe sono care, ma in compenso sono comode.

それっぽっち ¶それっぽっちのことで不平を言うな. Non lamentarti per così poco!

それで 1《そのために》perciò, quindi; 《その結果》per conseguenza ¶それで今日はご相談にあがりました. E così oggi sono venuto da lei per uno scambio di idee [per chiederle consiglio].
2《それから》¶それでどうしましたか. E allora, com'è andata? ¶それ cos'è successo? ¶それで? Ebbene? / E poi?
3《そのこと》¶それでわかったか. Hai capito ora? ¶それでおあいこだ. Così, siamo pari.

それでいて ¶彼は貧しいがそれでいて幸福そうだ. Anche se è povero, sembra felice. ¶彼は用心深いが, それでいて時に大胆だ. È prudente di natura, ma nello stesso tempo alle volte è audace.

それでこそ ¶それでこそ男だ. Ecco un vero uomo! ¶それでこそ紳士だ. È degno di un gentiluomo!

それでなくとも ¶余計なことを吹き込まないでくれ. それでなくとも彼は不満なのだ. Non mettergli più idee in testa. È già scontento così com'è!

それでは allora ¶それでは会議を始めます. Bene, la seduta è aperta. ¶それではまた会いましょう. Allora, ci vediamo. / Allora, alla prossima. ¶それでは私はだまされたのだ. Se è così [Allora], sono stato ingannato. →**それなら**

それでも tuttavia, eppure, nonostante tutto, malgrado ciò; benché+接続法 ¶とても寒かったがそれでも彼は泳ぎに行った. Faceva un freddo tremendo, ma [Nonostante il freddo che faceva,] lui è andato a nuotare lo stesso.

それどころ ¶彼は謝らない. それどころか私を非難している. Lui non si scusa, anzi dà la colpa a me! / Invece di chiedere scusa, mi critica. ¶頭が痛くてそれどころの騒ぎじゃない. Con il mal di testa che ho, non è proprio il caso.

それとなく indirettamente, implicitamente, con disinvoltura㊗, come se niente fosse ¶それとなく注意する lanciare un avvertimento senza farlo sembrare tale

それとも oppure, o ¶映画, それとも芝居に行こうか. Andiamo al cinema o [oppure] a teatro?

それなのに tuttavia, nonostante ciò, malgrado ciò, eppure

それなら in questo caso, stando così le cose, se è così, quando è così ¶それなら私もその人に投票する. In tal caso [Se le cose stanno così], voto anch'io per lui. ¶それならこちらはいかがですか. 《店で》Allora questo come le sembra?

それなり 1《それきり》◇**それなりに** così com'è
2《それ相応》¶それなりの努力はしたつもりだ. Credo di aver fatto tutti gli sforzi possibili [necessari]. ¶それなりに意味がある. Questo ha un suo significato (particolare). / C'è un significato in questo.

それなればこそ ¶それなればこそ彼はイタリアへ行ったのです. Proprio per questa ragione è andato in Italia.

それに 《そのうえ》e, e poi, inoltre, in più, oltre a ciò ¶咳が出るし, それに少し熱もある. Ho la tosse ed anche un po' di febbre.

それにしては ¶彼はまだ15歳だが, それにしては落ち着いているのに感心した. Considerando che ha soltanto 15 anni, sono colpito dalla sua padronanza di sé.

それにしても con tutto ciò, tuttavia, ciò nonostante ¶それにしても電話くらいかけてきてもよさそうなものだ. Tuttavia avrebbe potuto fare almeno una telefonata. ¶品(しな)はいいんだろうがそれにしても高すぎる. (Questo oggetto) sarà bello, ma è pur sempre troppo caro.

それにつけても ¶それにつけても彼の行動は不思議だ. Eppure il suo comportamento è strano.

それには ¶それには及びません. Non c'è bisogno. / Non è necessario.

それのみか ¶それのみか私から金まで借りていった. E questo non è tutto. Ha anche preso in prestito del denaro da me.

それは 《強調・感嘆》¶それは美しい人でした. Era veramente una bella donna. ¶それはそれは, お気の毒なことでした. Santo cielo, che peccato! / Sono veramente dispiaciuto.

そればかり ¶私に行けというのですか. そればかりはご勘弁ください. Intende dire che devo andarci? Farò tutto, ma la prego di esimermi da questo.

それほど それ程 tanto, così ¶「忙しいですか」「いやそれほどでもありません」 "Ha da fare?" "No, non molto." ¶それほどの秀才ならあの大学に合格するだろう. Se è così dotato [così bravo] come dici tu, sarà senz'altro ammesso a quell'università. ¶彼はそれほどの病気でもなかった. Non era così gravemente malato come pensavo.

それまで 1《その時まで》¶それまで彼を待っています. Lo aspetterò fino a quel momento [ad allora]. ¶それまでに帰って来なさいよ. Torna per quell'ora.
2《そこまで》¶それまでしなくてもよかったのに. Non c'era bisogno di spingerti [fino a quel punto [a tanto / tanto oltre]. ¶はい, それまで. Bene, basta così.
3《それで終わり》¶彼に会えなかったらそれまでだ. Se non possiamo incontrarlo, 「è finita lì [《し

それも 1 《そのことも》 ¶それも私のせいなのですか. Anche questo è colpa mia? ¶それもそうだね え. Eh sì, hai ragione. ¶それもこれも彼女のおかげだ. Le dobbiamo tutto. 2 《しかも》per di più, in più, inoltre ¶辞書，それも少し大きいのが買いたい. Vorrei comprare un vocabolario e lo vorrei anche piuttosto grande.

それゆえ それ故 perciò, dunque, per questa ragione, pertanto

それる 逸れる deviare⓪ [av] 《から da》, andare fuori; 《離れる》scostarsi [allontanarsi] 《から da》 ¶わき道にそれる《本道》deviare dalla strada principale [su una strada secondaria] ¶そこから道は東にそれる. A quel punto la strada si sposta a est. ¶彼の話はどんどん本筋からそれる. Quando parla, va sempre fuori tema [spesso fa digressioni / salta di palo in frasca]. ¶弾丸は心臓をそれていた. La pallottola ha mancato il cuore.

ソロ [伊]《音》solo⓶, assolo⓶ [無変]; 《ソリスト》solista⓶⓺ [⓶複 -i] ¶バイオリンソロ solo di violino ¶ソロで歌う cantare da solista

ゾロアスターきょう ゾロアスター教 zoroastrismo⓶

❖**ゾロアスター教徒** zoroastriano⓶ [⓺ -a]

そろい 揃い 1 《同じ》◇揃いの uguale ¶妹とそろいの洋服を着て外出した. Io e mia sorella minore siamo uscite indossando vestiti uguali. 2 《ひとまとまり》¶6個で(ひと)そろいの食器 servizio da tavola da sei ¶皆様おそろいでお出かけください. Spero che veniate tutti insieme a trovarci.

-ぞろい -揃い ¶三つぞろい un abito in tre pezzi / un trepezzi ¶客室乗務員は美人ぞろいだった. Tutte le hostess erano belle.

そろう 疎漏 《不注意》disattenzione⓺, negligenza [-gli-]⓺; 《見落とし》svista⓺

そろう 揃う 1 《複数の人・物が集まる》raccogliersi, radunarsi ¶全部そろっています. C'è tutto! ¶全員そろった. Tutti sono presenti. / Ci siamo tutti. / Siamo al completo. ¶家族が皆そろった. La famiglia 「si è radunata al completo [si è tutta riunita]. ¶まだ人数がそろいません. Non ci sono ancora tutti. / Manca ancora qualcuno. / Siamo ancora al di sotto del numero legale. ¶一同そろってやって来た. Sono venuti 「in massa [tutti insieme]. 2 《同じ状態になる》essere uguale ¶声がよくそろっている. Le voci sono armoniose. ¶この靴は左右がそろっていない. Queste scarpe sono scompagnate [spaiate]. ¶この箸(はし)は長さがそろっていない. Questi bastoncini non sono della [non hanno la] stessa lunghezza. ¶美しくそろった糸杉の並木 cipressi ben allineati ¶そろいもそろってばか者ばかりだ. Sono tutti stupidi, 「nessuno escluso [senza eccezioni]. 3 《完備している》¶この工場は設備がそろっている. Questa fabbrica è perfettamente attrezzata [ha una buona attrezzatura]. ¶必要な辞書がそろっていない. Non ci sono tutti i dizionari fondamentali. / I dizionari di base non sono tutti disponibili. ¶この店は品物がそろっている. In questo negozio hanno un vasto assortimento. / Questo negozio è ben fornito [offre un'ampia scelta].

そろえる 揃える 1 《集める》radunare, raccogliere ¶全部そろえる radunare al completo [mettere insieme] ql.co. [qlcu.] ¶必要な書類を全部そろえる raccogliere tutti i documenti necessari ¶夏目漱石の全作品をそろえる. Ho comprato [Ho raccolto] tutte le opere di Natsume Soseki. 2 《同じ状態にする》uguagliare, pareggiare; uniformare ¶声をそろえて答える rispondere⓪ [av] in coro [all'unisono] ¶足並みをそろえる marciare al [mantenendo il] passo ¶木の高さをそろえる pareggiare l'altezza degli alberi 3 《きちんと並べる》¶両足をそろえて跳ぶ saltare a piè pari [a piedi uniti] ¶お客さまの靴をそろえなさい. Metti in ordine le scarpe degli ospiti.

そろそろ 1 《ゆっくりと》lentamente, piano (piano) ¶そろそろ歩く camminare piano 2 《まもなく》¶声をそろえて失礼しましょうか. Per me è ora di andare. ¶そろそろ晩ご飯の時間だ. Fra poco è [È quasi] ora di cena. ¶そろそろ8時だ. Sono quasi le otto. / Manca poco alle otto.

ぞろぞろ in fila; (l')uno dietro l'altro ¶子供がぞろぞろついて来る. I bambini mi seguono 「(l')uno dietro l'altro [(in gruppo)] in gruppo].

そろばん 算盤 pallottoliere⓶, abaco⓶ [複 -chi] giapponese (►玉は pallina⓺) ¶そろばんをはじく calcolare con il pallottoliere / 《損得を考える》pensare ai propri interessi ¶そろばんが合わない. 《計算が》Il calcolo è sbagliato. / 《採算が》Ma così, non c'è guadagno. / 《計算・採算が》I conti non tornano.

❖**そろばんずく** ◇そろばんずくの《けちな》avaro ¶あの男は万事そろばんずくだ. Quell'uomo pensa sempre 「in termini di [al proprio] guadagno.

そわそわ ◇そわそわする agitarsi, innervosirsi ◇そわそわして《落ち着かないで》a disagio; 《心配気に》ansiosamente ¶彼女はそわそわしている. Non so perché, ma è irrequieto.

そん 損 《損失》perdita⓺; 《不利益》svantaggio⓶ [複 -gi], scapito⓶, discapito⓶; 《損害》danno⓶; 《むだ》inutilità⓺ ◇損する perdere, subire una perdita di ql.co.; 《親》rimetterci ◇損な svantaggioso, senza profitto, sfavorevole; 《もうけの少ない》poco lucrativo [lucroso / remunerativo]; 《迷惑な，報われない》ingrato ¶ひどい損をする subire una grossa perdita ¶損な取引をする fare un cattivo affare ¶損を承知で家を売った. Sono stato costretto a svendere la casa. ¶それは彼の損だ. Questo va a suo svantaggio. / Questo va a suo discapito. / È contro i suoi interessi. ¶損な仕事だ. 《稼ぎの少ない》Questo 「non è un lavoro remunerativo [è un lavoro che non rende] / 《割りの合わない》è un lavoro ingrato]. ¶それではまる損だ. È una perdita secca. ¶私は1万円損をした. Io ci ho rimesso diecimila yen. ¶骨折っただけ損をした. È stata fatica sprecata. / È stato tutto tempo perso.

そんえき 損益 《会》profitti⓶ [複] e perdite⓺

[複]
✤**損益勘定**[**計算**] conto[男] profitti e perdite
損益計算書 bilan*cio*[男][複 *-ci*]
損益分岐点〘経〙 punto[男] di breakeven [di equilibrio]

そんかい 村会 consi*glio*[男][複 *-gli*] comunale [di un villaggio]
✤**村会議員** consigliere[男][女] comunale
村会議長 presidente[男][女] del consiglio comunale

そんかい 損壊 danneggiamento[男] ◇**損壊する** essere danneggiat*o* ¶データの損壊 danneggiamento di dati informatici ¶損壊家屋 casa danneggiata

そんがい 損害 danno[男], guasto[男];《喪失, 死傷など》perdita[女];〘商〙rimessa[女];《船・船荷の》avaria[女] ¶損害を与える danneggiare *qlcu.* [*ql.co.*] / arrecare [cauṣare / portare] danno [una perdita] a *qlcu.* [*ql.co.*] / rovinare *qlcu.* [*ql.co.*] / guastare *ql.co.* ¶損害をこうむる subire dei danni [delle perdite] ¶台風で大きな損害を受ける subire gravi danni a cauṣa del tifone ¶10万円の損害を埋め合わせる coprire la perdita di centomila yen
✤**損害証明** certificato[男] dei danni;《船・船荷の》certificato[男] d'avaria
損害高 ammontare[男] dei danni [delle perdite]
損害賠償 risarcimento[男] danni; indennizzo[男], indennità[女] ◇**損害賠償をする** indennizzare *qlcu.* di [per] un danno, risarcire i danni a *qlcu.* ¶損害賠償を請求する chiedere il risarcimento dei danni a *qlcu.* ¶損害賠償として a titolo di risarcimento [di indennità]
損害保険 assicurazione[女] contro i danni

ぞんがい 存外 ⇀案外 ¶彼は試験で存外の成績を取った. Il punteggio dei suoi eṣami ha superato le nostre aspettative.

そんきん 損金 〘会〙 ammontare[男] di una perdita

そんけい 尊敬

stima[女], rispetto[男], riverenza[女], riguardo[男], considerazione[女] ◇**尊敬する** stimare, rispettare, portare rispetto a *qlcu.*, avere stima di *qlcu.*, onorare, tenere in alta considerazione *qlcu.*
◇**尊敬すべき** stimabile, degno di stima, da rispettare ¶山田先生には誰でも尊敬の念を抱いている. Tutti provano [nutrono] rispetto per il maestro Yamada. / Il maestro Yamada è rispettato da tutti. ¶尊敬に値する人だ. È una persona degna di stima. ¶あの政治家は皆に尊敬されている. Quel politico gode della [riscuote la] stima di tutti.
✤**尊敬語**〘文法〙linguag*gio*[男][複 *-gi*] onorifi*co* [複 *-ci*], forma[女] onorifica

そんげん 尊厳 dignità[女] ¶人間の尊厳 dignità umana ¶法の尊厳を保つ[犯す] difendere [violare] la maestà della legge
✤**尊厳死** eutanaṣia[女]

そんざい 存在

eṣistenza[女], essere[男], preṣenza[女];〘哲〙essere[男]
◇**存在する** eṣistere[自][*es*], essere, esserci, essere preṣent*e* ¶彼は財界では異色な存在だ. È un personaggio non comune [È una figura a sé] nel mondo delle finanze. ¶彼もついに学界で存在を認められるようになった. Finalmente lo hanno preso in considerazione nel mondo accademico. ¶その作品は存在を忘れられた. Quell'opera è caduta nell'oblio. ¶私の存在は無視されている. Non mi tengono in considerazione. ¶お化けが本当に存在すると思ってるの. Credi sul serio nell'eṣistenza dei fantaṣmi? ¶彼女は存在感がある. Lei è una persona che resta impressa. ¶非存在〘哲〙ineṣistenza ¶『存在と時間』(ハイデッガー) "Essere e tempo" (Heidegger)
✤**存在理由** ragion[女] d'essere;〘哲〙ontologia[女]

ぞんざい ◇ぞんざいな《失礼な》scorteṣe, maleducato, volgare, indecente;《だらしのない》trascurato, mal tenuto, diṣordinato;《不注意な》negligente [-gli-], senza cura;《粗暴な》brutale, grossolano ◇ぞんざいに scorteṣemente; trascuratamente; negligentemente [-gli-], senza cura; rudemente ¶ぞんざいな口のきき方 linguaggio scorteṣe [grossolano] ¶仕事をぞんざいにする fare un lavoro senza cura [alla bell'e meglio / alla carlona] ¶〈人〉をぞんざいに扱う trattare *qlcu.* ṣgarbatamente [villanamente]

そんしつ 損失 perdita[女] ¶彼の死は民主主義にとって取り返しのつかない損失だ. La sua scomparsa è un'irreparabile perdita per la democrazia.
✤**損失係数** fattore[男] di perdita

そんしょう 損傷 danno[男], guasto[男], deterioramento[男];《海損》avaria[女] ¶商品に損傷を与える cauṣare un danno alle [danneggiare le / deteriorare le] merci ¶損傷を受ける subire un danno / essere danneggiat*o* /《積み荷や食料品が》essere avariat*o*

そんしょく 遜色 ¶これは他と比べても遜色のない品だ. Questa merce non è certo inferiore alle altre.

そんじょそこら ¶彼はそんじょそこらの学生とは違う. Lui non è come tutti gli altri studenti della massa.

そんじる 損じる ¶上役が機嫌を損じた. Il capo si è arrabbiato. ¶また書き損じた. Ho fatto un altro errore nello scrivere.

ぞんじる 存じる ⇀思う, 知る《「思う」「知る」の謙譲語》 ¶以上のように存じます. Io la penso così. ¶そのことをご存じですか. Lei conosce quel caṣo? ¶ご存じのとおり… come lei sa... ¶お名前を存じ上げないのですが. Non conosco ancora il suo nome.

そんする 存する 《存在する》stare[自][*es*], eṣistere[自][*es*];《生きている》vivere[自][*es*];《現存する》sussistere[自][*es*];《…の中にある》risiedere[自][*av*] [consistere[自][*es*]] in *ql.co.*;《依存する》dipendere[自][*es*] da *ql.co.* [*qlcu.*] ¶主権は人民に存する. La sovranità risiede nel popolo.

そんぞく 存続 《持続, 継続》durata[女], continuazione[女], persistenza[女];《残存, 生き残ること》sopravvivenza[女] ◇**存続する** continuare[自] (►人が主語のとき [*av*], 物が主語のとき [*av, es*]) a eṣistere, sussistere[自][*es, av*];《ある, いる》rimanere[自][*es*];《続く》continuare, durare[自][*es, av*]; permanere[自][*es*];《残る》sopravvivere[自][*es*] ◇**存続させる** mantenere *ql.co.*;《守る》conservare *ql.co.*;《続けさせる》perpetuare

ql.co.; far sopravvivere *ql.co*. ¶体制を存続させる conservare un regime ¶伝統を存続させる perpetuare una tradizione
✤**存続期間** durata㊛
そんぞく 尊属 〘法〙 ascendente㊚ diretto
✤**尊属殺人** parricid*io*㊚[複 *-i*]
尊属殺人犯 parricid*a*㊚㊛[㊚複 *-i*]
そんだい 尊大 ◇尊大な arrogante, superbo, insolente ¶尊大な態度で con arroganza / altezzosamente / con atteggiamento arrogante [superbo / insolente] ¶彼はだれに対しても尊大に構えている. Si dà delle arie [È altezzoso / Fa l'arrogante] con qualsiasi persona.
そんたく 忖度 ◇忖度する cercare d'indovinare le intenzioni [di leggere nel cuore] di *qlcu*. ¶心中を忖度する mettersi nei panni di *qlcu*.
そんちょう 村長 sind*a*co㊚[複 *-ci*](◆イタリアでは地方自治の基礎単位は大小にかかわらず comune で, その長が sindaco である); capovillaggio㊚[複 *capivillaggio*]
そんちょう 尊重 rispetto㊚; (尊敬) stima㊛ ◇尊重する rispettare [stimare] *qlcu*. [*ql.co*.]
ゾンデ 〘独 Sonde〙〘医〙 sonda㊛
そんどう 村道 strada㊛「del villaggio [comunale]
そんとく 損得 interesse㊚ ¶損得ずくで per interesse / per calcolo ¶彼は損得抜きでそれをしたのだ. L'ha fatto disinteressatamente. ¶損得を気にする avere sempre in mente「i pro e i contro [il *proprio* guadagno]

そんな 1 《そのような》 tale (▶名詞の前に); simile (▶名詞の前または後に); così, del genere, siffatto (▶いずれも名詞の後に)
¶そんなことを言っても仕方がない. Non serve dire una cosa simile. ¶そんなことなら行く必要はない. Se è così, non c'è bisogno di andarci. ¶そんなことだろうと思っていた. Me lo immaginavo. / L'avevo immaginato. ¶まあそんなところだ. È press'a poco [pressappoco] così. ¶そんなことはない. Non è vero. / Non è così. / No, niente del genere. ¶そんなはずはない. Non dovrebbe essere così. / Ciò è poco probabile. ¶そんなはずではなかった. Non me l'aspettavo. / Non avrebbe dovuto essere così. ¶そんなつもりじゃなかった. Non intendevo questo. ¶そんな人は知らない. Non conosco quel tale. ¶彼はそんなやつではない. Non è da lui fare una cosa del genere. ¶そんな大金は持っていないよ. Ma io non dispongo di una tale somma! ¶そんな場合[とき]には in tal caso / in un simile momento / in momenti come questi ¶そんなわけで彼はイタリアに発った. È per questo che [Di conseguenza] è partito per l'Italia.
2 《それほど》 tanto, così ¶そんなに無理なこととは思えない. Non mi sembra così difficile. / Non è una cosa tanto irragionevole. ¶そんなにまでしてくれなくてもいいんだ. Non disturbarti così tanto per me. ¶そんなにいらない. È troppo. / Sono troppi. / Non ne servono tanti. ¶なぜそんなに怒るのか. Perché ti arrabbi tanto? ¶そんなに寒いんですか. (気温が) Fa così freddo? / (寒く感じる) Ha [Sente] tanto freddo?
3 《相手の言葉を受けて》 ¶「ご迷惑をかけて, 申しわけありません」「いいえ, そんな」 "Mi scusi per il disturbo." "Ma si figuri! / Non si preoccupi!" ¶「君が盗んだんだ」「そんな」 "Sei stato tu a rubarlo." "Ma, che dici?! / Vuoi scherzare?"
そんのうじょうい 尊王攘夷 dottrina㊛ sorta nel periodo finale dello shogunato Tokugawa secondo cui si rendevano necessarie la restaurazione del potere imperiale e l'espulsione degli stranieri dal Giappone
そんぱい 存廃 ¶その制度の存廃を再考する時になった. È ora di riprendere in considerazione se continuare o no con questo sistema.
そんぴ 存否 ¶生存者の存否は明らかでない. Non si sa se vi siano superstiti o no [o meno].
ぞんぶん 存分 ◇存分に abbondantemente, a sazietà, pienamente ¶存分に飲む[食べる] bere [mangiare] a sazietà ¶存分に眠る dormire abbondantemente ¶存分に泣く piangere di cuore / piangere tutte le *proprie* lacrime
そんぼう 存亡 vita㊛ o morte㊛; (運命) destino㊚, fato㊚ ¶国の存亡にかかわる問題だ. È una questione che decide le sorti del paese. ¶危急存亡の秋(とき) crisi vitale
そんみん 村民 abitanti㊚[複] del villaggio, popolazione㊛ rurale
ぞんめい 存命 ◇存命する essere vivo, essere in vita ¶この家は祖父の存命中に建てられました. Questa casa è stata costruita mentre mio nonno era ancora「in vita [vivo].
そんゆう 村有 ◇村有の comunale
✤**村有地** terreno㊚[proprietà㊛] comunale
そんらく 村落 vill*a*ggio㊚[複 *-gi*], borgo㊚[複 *-ghi*]; (小さな) casale㊚
そんりつ 存立 esistenza㊛, sopravvivenza㊛ ◇存立する esistere㊀[*es*], sopravvivere㊀[*es*]
そんりつ 村立 ◇村立の comunale, municipale, civico[㊚複 *-ci*]
そんりょう 損料 nolo㊚, affitto㊚
✤**損料貸し** ◇損料貸しの in affitto, in locazione, a noleggio, a nolo ¶損料貸しの船 nave a nolo

た

た 他 →他（ほか）1, 2 ◇他の （ほかの）altro;《残りの》resto ¶他の人々 le altre persone / gli altri ¶他に例を見ない大惨事 sciagura senza precedenti ¶彼の技は他の追随を許さない。Non c'è nessun altro che possa eguagliare la sua bravura. ¶他は推して知るべし。Il resto può essere facilmente dedotto.

た 田 risaia㊛, campo㊚ di riso ¶田を耕す lavorare un campo di riso / coltivare una risaia ¶田に水を引く irrigare una risaia

た 多 ¶貴下のご配慮を多といたします。Apprezzo molto il suo gentile pensiero.

ダークホース 〔英 dark horse〕〔英〕outsider [autsáider]㊚［無変］¶この選挙では彼がダークホースだった。In queste elezioni è partito da outsider per finire vincente.

ターゲット 〔英 target〕〔英〕target㊚［無変］¶この商品のターゲットは若者にしぼってある。Questi articoli sono rivolti al mercato dei giovani.

ダース 〔英 dozen〕dozzina㊛ ¶1［半］ダースの卵 una [mezza] dozzina di uova ¶ダースで買う comprare ql.co. alla dozzina

タータン 〔英 tartan〕〔服〕〔英〕tartan㊚［無変］; tessuto㊚ di lana scozzese
✤**タータンチェック** quadri［複］scozzesi ◇タータンチェックの a quadri scozzesi

ダーツ 〔英 darts〕1〔服〕〔仏〕pince [pens]㊛［無変］¶ダーツをとる fare una pince 2《ゲーム》gioco㊚ delle freccette ¶ダーツをする giocare alle freccette

ダーティーボム 〔英 dirty bomb〕bomba㊛ sporca

ダートコース 〔英 dirt course〕《競馬で》pista㊛ di terra battuta;〔車〕autopista㊛

タートルネック 〔英 turtleneck〕collo alto, dolcevita㊚ または㊛, dolce vita㊛ または［無変］¶タートルネックのセーター maglione a collo alto [(a) dolcevita]

ターバン 〔英 turban〕turbante㊚ ¶ターバンを巻いている［巻く］portare [coprirsi il capo con] un turbante

ダービー 〔英 Derby〕〔英〕derby [dérbi]㊚［無変］

タービン 〔英 turbine〕turbina㊛ ¶水力［蒸気 / ガス］タービン turbina idraulica [a vapore / a gas]

ターボ 〔英 turbo〕turbo㊚［無変］
✤**ターボエンジン** motore㊚ turbo［無変］
✤**ターボジェット**〔空〕turboreattore㊚, turbogetto㊚

ターミナル 〔英 terminal〕1《鉄道・バスの》〔英〕terminal [términal]㊚［無変］;《終点》punto㊚ terminale 2《空港の》〔英〕air-terminal [erti̇́rminal]㊚［無変］3《コンピュータ》terminale㊚
✤**ターミナルアダプター**《コンピュータ》adattatore㊚ terminale

ターミナル駅 stazione㊛ di testa, capolinea㊚［複 capolinea, capilinea]

タール 〔英 tar〕catrame㊚ ¶タールを塗る incatramare ql.co.

ターン 〔英 turn〕《水泳で》virata㊛ ◇ターンする virare㊙ [av] ¶Uターンする fare un'inversione [una conversione] a U ¶クイックターン《水泳で》virata con capriola
✤**ターンテーブル** 《レコードプレーヤーの》piatto㊚ giradischi [複 giradischi]

たい 他意 ¶別に他意はありません。Non ho「nessun secondo fine [nessuna particolare intenzione nascosta].

たい 体 1《身体》corpo㊚ ¶体をかわす scansarsi ¶野党の非難に対し首相はうまく体をかわした。Il Primo Ministro si è sottratto abilmente alle critiche del partito di opposizione. 2《形》figura㊛, forma㊛ ¶論文がやっと体をなしてきた。Il mio saggio sta finalmente prendendo forma. 3《本体》sostanza㊛ ¶名は体を表す。Il nome di una cosa ne rivela l'identità.

たい 対 1《数の対比》¶2対0で勝つ vincere per due a zero ¶男性と女性の割合は6対4だ。La proporzione tra maschi e femmine è di sei a quattro. ¶決議案は30対25で可決された。La risoluzione è stata adottata con 30 voti favorevoli e 25 contrari. ¶試合は1対1で引き分けた。Hanno pareggiato uno a uno. / La partita è terminata con un pareggio di uno a uno.
2《対等》¶対で勝負する fare una partita in condizioni di perfetta parità [senza offrire o ricevere vantaggi iniziali]
3《組み合わせ》¶ミラン対インテル戦 partita (di calcio) fra Milan e Inter

たい 隊 《グループ》gruppo㊚;《軍》《分隊》drappello㊚;《部隊》corpo㊚ ¶救助［探険］隊 squadra di soccorso [di esploratori] ¶警ण［憲兵］隊 corpo di guardia [dei carabinieri] ¶消防隊 squadra dei vigili del fuoco ¶隊を組む formare una squadra [un gruppo] ¶隊を組んで in gruppo

たい 態 《文法》voce㊛, forma㊛ verbale ¶受動［能動］態 voce passiva [attiva]

たい 鯛 《マダイ》pagro㊚;《クロダイ》orata㊛; dentice㊚;《ニシキダイ》pagello㊚ ¶腐っても鯛《諺》Un'orata è sempre un'orata, anche se è andata a male. / La qualità non si mette in discussione.
✤**鯛焼き** sorta㊛ di focaccia calda a forma di pesce ripiena di pesto di azuki

タイ 〔英 tie〕1《ネクタイ》cravatta㊛ ¶アスコットタイ〔仏〕lavallière 2《同点》¶タイである essere (alla) pari ¶タイに持ち込む raggiungere il pareggio 3《音》legatura㊛ →楽譜 図版

✤タイ記録 ¶タイ記録を出す eguagliare un record

たい- 対- ¶日本の対米政策 politica del Giappone「verso gli [nei confronti degli] Stati Uniti ¶対伊貿易 commercio con l'Italia ¶対ミサイルミサイル missile antimissile

たい- 耐- ¶耐衝撃性 resistenza alle sollecitazioni meccaniche ¶耐薬品性 resistenza chimica

たい- 滞- ¶彼の滞伊中に durante il suo soggiorno in Italia

-たい 《希望や意志を表す》 ¶《…したい》 volere + 不定詞 / aver voglia di + 不定詞 / desiderare + 不定詞 (►婉曲に希望や意志を表したいときは条件法 + 不定詞を用いる) ¶…したくてたまらない avere una voglia pazzesca di + 不定詞 ¶むしろ…したい preferire (►直説法または条件法) + 不定詞 ¶水を少し飲みたい。 Voglio bere un po' d'acqua. ¶家にいたくない。 Non ho voglia di stare in casa. ¶君に会いたかった。 Desideravo vederti. / Mi mancavi. ¶話したいことがあるのだが。 C'è una cosa di cui vorrei parlare con te. / Avrei una cosa di dirti. ¶家にいたくないのに無理やり映画に連れ出された。 Sarei voluto rimanere a casa, ma mi hanno trascinato al cinema. ¶食べければ食べてね。 Mangialo se vuoi [se ti va]. ¶したいようにしろ。 Fa' come「ti pare [vuoi]! ¶私にかまわないでもらいたい。 Lasciatemi in pace. ¶すぐ来てもらいたい。 Desidero [Voglio] che tu venga subito.

使いわけ volere と avere voglia di
volere が絶対的な評価に基づく願望・欲求であるのに対し、avere voglia di はある時点での気分を表す。
¶Non voglio lavorare oggi. 今日は働きたくない。
¶Oggi non ho voglia di lavorare. 《ふだんはどうであれ》今日は働く気にならない。

だい 大 **1** 《大きいサイズ》 grande㊚, taglia㊛ grande ¶卵は大小合わせて 30 個ある。 Ci sono trenta uova, fra grandi e piccole. ¶この型の手袋の大は売り切れました。 La taglia grande di questo modello di guanti è finita.
2 《程度の甚だしいこと》 大の野球ファン grande appassionato di baseball ¶彼とは大の仲良しだ。 È un mio grande amico. ¶大の男が泣くなんてみっともない。 Non ti vergogni a piangere, grande e grosso come sei? ¶そうなる公算は大だ。 È molto probabile che vada così.
3 《名詞に付いて》 大会社 grande ditta ¶彼の発言は大問題となった。 Il suo intervento ha sollevato grossi problemi. ¶大損害 grande perdita / danno considerevole ¶私はその計画に大賛成だ。 Sono pienamente d'accordo su quel progetto.
4 《語の後うに付いて、大きさがそれぐらいであることを示す》 ¶等身大の像 statua al naturale [a grandezza naturale] ¶こぶし大の石 pietra「grossa come [delle dimensioni di] un pugno
慣用 **大なり小なり** grande o piccolo, più o meno ¶人には大なり小なり欠点がある。 Tutti abbiamo (dei) difetti, grandi o piccoli che siano.
¶彼の失敗のために皆が大なり小なり被害を受けた。 A causa del suo fallimento, tutti, chi più chi meno, abbiamo subito qualche danno.
大の字になる［寝る］ stendersi a braccia e gambe spalancate
大は小を兼ねる Il grande potrà sempre contenere il piccolo, mai il contrario.

だい 代 **1** 《時代》 epoca㊛, 《世代》 generazione㊛ ¶祖父の代に all'epoca di mio nonno ¶あの店は代が変わった。 La gestione di quel negozio è passata al figlio del proprietario. ¶彼は 5 代にわたるローマっ子だ。 È un romano di cinque generazioni.
2 《年齢・年代を表す語に付いて》 ¶90 年代に negli anni '90 [noventa] ¶古生代 era paleozoica ¶10 代の少年 giovanotto sotto i 20 anni / [英] teenager [tiné(i)dʒer] ㊚ [複無変] ¶30 代の男 uomo dai trenta ai quarant'anni
3 《地位などを継いだ順を示す》 ¶徳川 3 代将軍 il terzo *shogun* (della famiglia) dei Tokugawa ¶今の大統領は何代目ですか。 Che presidente è in ordine cronologico, l'attuale?
4 《代金》 costo㊚, spesa㊛ ¶お代はいくらですか。 Quanto Le devo? ¶車代 spese di trasporto in automobile [in taxi] ¶本代 spesa per i libri

だい 台 **1** 《主に食用》 tavola㊛;《机など》 tavolo㊚, banco㊚ [複 -*chi*];《踏み台》 sgabello㊚;《祭壇の台座》 predella㊛;《演台》 podio㊚ [複 -*i*];《建》《礎石》 basamento㊚, piedistallo㊚;《円柱の台座》 zoccolo㊚;《支え》 sostegno㊚, appoggio㊚ [複 -*gi*], supporto㊚;《物をのせる台》 ripiano㊚;《機械を据える台》 supporto㊚ ¶テレビ台 portatelevisore ¶洗面台 lavabo / lavandino ¶卓球台 tavolo da ping-pong ¶表彰台 podio ¶何か台を持ってきてくれ。 Portami qualche cosa su cui poggiarlo.
2 《数に付いて台数を表す》 ¶車が 4 台とまっている。 Ci sono quattro automobili in sosta.
3 《数量に付いておよその範囲を示す》 ¶100 円台になる［を割る］ superare [scendere sotto] il limite di 100 yen ¶8 時台は電車が込む。 Tra le otto e le nove i treni sono affollati.

だい 題 **1** 《標題》 titolo㊚;《テーマ》 soggetto㊚, tema㊚ [複 -*i*] ¶「日本の文化」と題する講演 una conferenza sul tema: "La cultura giapponese" ¶A に B という題を付ける intitolare [dare un titolo a] A B ¶その映画の題はなんというの。 Qual è il titolo di questo film?
2 《問題》 ¶5 題中、1 題しか答えられなかった。 Dei cinque problemi ne ho risolto uno solo.

だい- 第- ¶第 5 条第 2 項 il secondo comma dell'art. 5 (►*articolo*の略) ¶第一級のレストラン ristorante㊚ di prima categoria ¶ブラームスの交響曲第 1 番 la sinfonia n. 1 di Brahms (►n. は *numero*の略)

たいあたり 体当たり **1** 《ぶつかること》 ◇**体当たりする** lanciarsi [gettarsi] contro [su] *qlcu*. [*ql.co.*] ¶体当たりしてドアを破る sfondare una porta con un colpo di spalla ¶警官は体当たりで強盗を取り押さえた。 Il poliziotto si è lanciato sul rapinatore a corpo morto e l'ha catturato.
2 《力一杯すること》 ◇**体当たりする** darsi corpo e anima a *ql.co.* ¶体当たりでやってみろ。 Buttatici!

タイアップ〔英 tie up〕associazione㊛, unione㊛ ◇タイアップする associarsi con [a] qlcu. in ql.co.

ダイアログボックス〔英 dialog box〕《コンピュータ》〔英〕dialog box㊚ [無変]

たいあん 対案 controproposta㊛ ¶対案を出す elaborare una controproposta㊛

だいあん 代案 soluzione㊛ di ricambio [di riserva]; alternativa㊛

たいあんきちじつ 大安吉日 ¶大安吉日を選んで挙式する celebrare un matrimonio in un giorno fortunato [propizio] (secondo l'antico calendario giapponese consistente in un ciclo di sei giorni positivi e negativi)

たいい 大尉 《軍》《陸軍, 空軍》capitano㊚; 《海軍》tenente㊚ di vascello

たいい 大意 《要旨》idea㊛ principale, nocciolo㊚; 《概略》grandi linee㊛ [複]; 《要約》sommario㊚ [複 -i], sinossi㊛ [無変] ¶…の大意を述べる raccontare ql.co. per grandi linee ¶…の大意をつかむ afferrare il nocciolo di ql.co.

たいい 体位 1 《体格》stato㊚ fisico [複 -ci], condizione㊛ fisica ¶国民の体位向上を図る migliorare le condizioni fisiche dei cittadini
2《姿勢》positura㊛, posizione㊛

たいい 退位 abdicazione㊛ ◇退位する abdicare㊀ [av] al trono

だいい 代位 《法》surrogazione㊛ ◇代位させる surrogare qlcu.
✤**代位弁済** surrogazione㊛

だいい 題意 《表題の》significato㊚ di un titolo; 《問題の》significato㊚ di una domanda

たいいく 体育 educazione㊛ fisica
✤**体育館** palestra㊛ (ginnica)
体育大会〔英〕happening [έppenin(g)]㊚ [無変] di atletica
体育の日 festa㊛ dello sport (◆il secondo lunedì di ottobre)

だいいち 第一 1《第1番目の》◇第一の primo; 《最初の》primario㊚ [複 -i], iniziale ¶第1課 la prima lezione [unità] ¶第1幕 il primo atto ¶映画の第1部 il primo tempo di un film ¶1月の第1日曜日 la prima domenica di gennaio
2《最も重要な》primario㊚ [複 -i], principale ¶地方で第一の都市 città principale della regione ¶「安全第一!」"Prudenza innanzi tutto!"
3《何よりもまず》第一に in primo luogo; per cominciare, 《何よりも》innanzi tutto, prima di tutto ¶この企画は無理だ. 第一, 金がかかりすぎる. Questo progetto è troppo difficile da eseguire. Innanzi tutto, ci vogliono un sacco di soldi.
✤**第一印象** ¶彼女の第一印象はよくなかった. La prima impressione di lei non fu favorevole.
第一義 punto㊚ essenziale; significato㊚ originario㊚ [複 -i]
第一次産業《経》industria㊛ primaria
第一次世界大戦 la Prima guerra mondiale
第一人者 figura㊛ di primo piano, autorità㊛, figura㊛ più importante ¶彼は国際法の第一人者だ. È un'autorità in materia di diritto internazionale.

だいいっき 第一期 il primo periodo㊚; 《医》il primo stadio㊚ [複 -i] (di una malattia)
✤**第一期生** i primi diplomati㊚ [複]; 《大学》i primi laureati㊚ [複]

だいいっし 第一子 primogenito㊚ [㊛ -a]

だいいっしん 第一審 giudizio㊚ [複 -i] di prima istanza

だいいっせい 第一声 la prima parola㊛; 《演説》il primo discorso㊚

だいいっせん 第一線 ¶第一線で働く lavorare in prima linea ¶一流紙の新聞記者 giornalista di primo piano ¶第一線に立つ[で戦う]《戦闘で》essere [combattere] al fronte /《地位など》essere una grande figura [personalità]

だいいっとう 第一党 il partito㊚ più forte [più influente]

だいいっぽ 第一歩 ¶人生の第一歩を踏み出す fare il primo passo nella vita ¶第一歩を誤った. Ho cominciato 「male [con il piede sbagliato].

たいいほう 対位法 contrappunto㊚

たいいん 退院 ◇退院する uscire dall'ospedale / lasciare l'ospedale / essere dimesso dall'ospedale

たいいん 隊員 membro㊚ (di un gruppo)

だいいん 代印 ¶代印も可. È ammessa l'apposizione del sigillo per procura.

たいいんたいようれき 太陰太陽暦 calendario㊚ [複 -i] lunisolare

たいいんれき 太陰暦 calendario㊚ [複 -i] lunare [basato sul moto della luna]

だいうちゅう 大宇宙 《哲》macrocosmo㊚

たいえき 体液 《解》umore㊚; liquidi㊚ [複] corporei ◇体液の umorale

たいえき 退役 andata㊛ a riposo [in pensione] ◇退役する andare in pensione, ritirarsi
✤**退役軍人** veterano㊚
退役将校 funzionario㊚ [複 -i] [ufficiale㊚] a riposo [in pensione]

ダイエット〔英 diet〕dieta㊛ ¶ダイエットをしている stare [essere] a dieta ¶ダイエットをする mettersi a dieta / fare una dieta ¶無理なダイエットをする seguire una dieta esagerata
✤**ダイエット食品** alimenti㊚ [複] dietetici
ダイエット療法 dietetica㊛

たいおう 対応 1 《相応》corrispondenza㊛; 《等価》equivalenza㊛ ◇対応する《動詞として》corrispondere㊀ [av] / rispondere㊀ [av] a ql.co.; equivalere a ql.co. [a+不定詞過去 [es, av]; 《形容詞として》equivalente a ql.co. ¶この日本語に対応する語はイタリア語にない. In italiano non esiste un equivalente a questa parola giapponese.
2《対処》◇対応する rispondere㊀ [av] a ql.co. [qlcu.]; 《立ち向かう》affrontare [far fronte a] ql.co. [qlcu.]; 《扱う, 対処する》trattare qlcu. [ql.co.]; 《形容詞として》rispondente a ql.co. ¶担当の課は問い合わせに対応する. Il reparto responsabile risponde alle richieste d'informazione. ¶困難な時勢に対応しなければならない. Dobbiamo affrontare tempi difficili. ¶警察の対応が遅れた. La polizia si è 「messa in moto [mossa] in ritardo.
✤**対応策** ¶難局への対応策をとる prendere misure adeguate alle difficoltà

たいおう 滞欧 ¶滞欧中に durante il *proprio* soggiorno in Europa

だいおう 大王 grande re㊚[無変] ¶「アレキサンダー大王」Alessandro「Magno [il Grande]」

だいおう 大黄 《植》rabarbaro㊚

だいおうじょう 大往生 ¶大往生を遂げる morire serenamente / passare serenamente a miglior vita

ダイオード [英 diode]《物・電》diodo㊚ ¶発光ダイオード diodo led [LED][led] ¶青色ダイオード diodo blu

ダイオキシン [英 dioxin]《化》diossina㊛

たいおん 体温 temperatura㊛ ¶低体温(症) ipotermia㊛ ¶体温を計る misurare [prendere] la temperatura [la febbre] a qlcu. /《自分の》misurarsi la temperatura [la febbre] ¶体温が高い [低い] avere la temperatura alta [bassa] ¶今, 私の体温は 37 度あります. La mia temperatura attuale è di 37°C [37 gradi]. / Ho trentasette di febbre.

❖**体温計** termometro㊚ clinico [複 -ci] ¶電子体温計 termometro digitale

だいおん 大恩 ¶彼には大恩がある. Gli sono molto obbligato. / Ho un debito di gratitudine [di riconoscenza] verso di lui.

だいおんじょう 大音声 voce㊛ tonante [stentorea] ¶大音声を張り上げる tonare㊀[av] ¶大音声を張り上げて con voce tonante

たいか 大火 grande incendio㊚[複 -i], conflagrazione㊛ ¶市は大火に見舞われた. Un immane incendio è divampato [scoppiato] in città.

たいか 大家 《巨匠》grande maestro㊚[複 -a-]; (grande) specialista㊚[㊛複 -i]; 《音楽の》virtuoso㊚[㊛ -a-]; 《権威者》autorità㊛ ¶油絵の大家 grande maestro della pittura a olio ¶彼はその道の大家だ. Nel suo campo è una grande autorità.

たいか 大過 ¶大過なく仕事を遂行する eseguire un lavoro senza commettere gravi errori

たいか 対価 《法》corrispettivo㊚, prezzo㊚ ¶対価を支払う pagare la somma corrispettiva

たいか 耐火 ¶耐火性の resistente al fuoco [alla combustione], ignifugo [㊚ 複 -ghi], refrattario [㊚複 -i], a prova di fuoco

❖**耐火建築** costruzione㊛ antincendio㊚[無変]

耐火性 refrattarietà㊛

耐火粘土 argilla㊛ [creta㊛ / terra㊛] refrattaria

耐火れんが mattone㊚ refrattario

たいか 退化 **1**《生》degenerazione㊛;《医》《萎縮》atrofia㊛ ◇退化する degenerare㊀[es, av];《医》《萎縮する》atrofizzarsi ¶器官の退化 degenerazione di un organo ¶尾骶骨は尾の退化したものだ. Il coccige è la forma atrofizzata della coda.
2《退行》regresso㊚, regressione㊛;《精神的・道徳的な》degenerazione㊛ ◇退化する regredire㊀[es, av] ◇退化の regressivo ¶文明の退化 regressione della civiltà

たいか 滞貨 《貨物の》accumulazione㊛ di merci non spedite;《商品の》giacenze㊛[複], merci㊛[複]「difficilmente vendibili [poco richieste], rimanenze㊛[複] di magazzino ¶滞貨の山 grande accumulo di merci

たいが 大河 grande fiume㊚

❖**大河小説** romanzo㊚ fiume [無変];《英雄物語》saga㊛

だいか 代価 costo㊚, prezzo㊚ ¶いかなる代価を払っても ad ogni costo / a qualsiasi prezzo / a tutti i costi

たいかい 大会 grande riunione㊛; congresso㊚, convegno㊚, conferenza㊛;《総会》assemblea㊛ generale ¶スポーツ大会 manifestazione sportiva ¶組合大会 assemblea generale del sindacato ¶党大会 congresso di un partito ¶昨日マラソン大会があった. Ieri si è tenuta una gara di maratona.

たいかい 大海 oceano㊚, mare㊚

[慣用] **大海の一滴 [一粟](ぞく)** una goccia nel mare, un granello di sabbia nel deserto

たいかい 退会 ◇退会する ritirarsi《を, から da》

❖**退会者** ex membro㊚

退会届 annuncio㊚[複 -ci] di ritiro ¶退会届を出す annunciare il *proprio* ritiro 《からの da》

たいがい 大概 **1**《大体》all'incirca, quasi ◇たいがいの《大部分の》la maggior parte di ¶たいがいの場合 nella maggior parte dei casi / il più delle volte / per lo più ¶仕事もたいがいかたづいた. Il lavoro è quasi finito.
2《一般に, ふつう》generalmente; quasi sempre ¶朝はたいがい 7 時に起きる. Generalmente mi alzo alle sette di mattina.
3《ほどほど》¶冗談もたいがいにしろ. Basta scherzare!

たいがい 体外 ¶老廃物は体外に排出される. I rifiuti vengono espulsi dal corpo.

❖**体外寄生虫** epizoo㊚

体外受精 fecondazione㊛ esterna;《人間の》fecondazione㊛ in provetta

たいがい 対外 ◇対外的 esterno; estero ◇対外的に esternamente

❖**対外依存率**《経》tasso di dipendenza dall'estero

対外援助 aiuti㊚[複] ai paesi esteri

対外関係 rapporti㊚[複] con l'estero, relazioni㊛[複] internazionali

対外資産 beni㊚[複] all'estero

対外支払い pagamenti㊚[複] all'estero

対外政策 politica㊛ estera

対外投資 investimenti㊚[複] esteri [all'estero]

対外貿易 commercio㊚[複 -ci] (con l')estero

だいかいてん 大回転 《アルペン競技の》slalom㊚[無変] gigante

だいかえ 代替え ⇨代替(だい)

たいかく 体格 costituzione㊛ fisica, corporatura㊛, fisico㊚[複 -ci] ¶体格がいい [悪い] essere di robusta [debole] costituzione fisica ¶堂々たる体格の人 uomo con un magnifico fisico

たいかく 対角 《幾何》angolo㊚ opposto

❖**対角線**《幾何》linea㊛ diagonale, diagonale㊛

たいかく 対格 《文法》accusativo㊚, caso㊚ accusativo

たいがく 退学 ¶退学する lasciare la scuola ¶退学(処分)にする espellere qlcu. dalla scuola ¶彼は退学になった. È stato espulso dalla scuo-

la. ¶中途退学者 studente che ha interrotto gli studi
✤退学届 dichiarazione⊛ di rinuncia agli studi

だいがく 大学 《総合大学》 università⊛; 《単科大学》 istituto⊛ universitario ◇大学の universitario [⊛複 -i] ⇒教育[用語集] ¶大学に入る entrare [iscriversi] all'università ¶大学を卒業する laurearsi ¶大学を出ている essere laureato ¶京都大学文学部を卒業する laurearsi in Lettere presso l'Università di Kyoto ¶岡山大学の2年生である fare [frequentare] il secondo anno all'Università [presso l'Università] di Okayama ¶工科大学 università tecnica /《イタリアの》 Politecnico ¶美術大学 accademia delle belle arti ¶国立大学 università statale ¶私立大学 università privata ¶ナポリ東洋大学 Università degli Studi di Napoli "l'Orientale" ¶慶應大学 Università Keio ¶早稲田大学 Università di Waseda (▶地名の場合には di を置く) ¶「彼女はどの大学を出たのですか。」「東京大学です。」"In quale università si è laureata?" "All'Università di Tokyo."
✤大学院 corso⊛ [scuola⊛] di specializzazione; 《修士課程》 scuola⊛ biennale di specializzazione postlaurea; 《博士課程》 corso⊛ di dottorato di ricerca
大学教授 professore⊛ [-essa] [docente⊛] universitario
大学生 studente [⊛-essa] universitario
大学総長 presidente⊛ [-essa] di un'università; 《学長》 rettore⊛ [-trice]
大学卒《人》 laureato⊛ [⊛-a]
大学紛争 lotta [agitazione⊛] studentesca

だいがくしゃ 大学者 《すぐれた学者》 grande studioso⊛ [⊛-a]; 《博学の人》 persona⊛ erudita, erudito⊛ [⊛-a]

だいかこ 大過去 《文法》《イタリア語の》 trapassato⊛ prossimo; 《ギリシア語・ラテン語の》 piuccheperfetto⊛

だいかぞく 大家族 《多人数》 famiglia⊛ numerosa; 《複合家族》 famiglia⊛ composita

だいがわり 代替わり ¶父親の死により長男が戸主に代替わりした。 Alla morte del padre, il figlio maggiore è divenuto il capofamiglia.

たいかん 大観 ◇大観する dare uno sguardo generale a ql.co. ¶戦後日本の経済成長を大観すると gettando un ampio sguardo alla crescita economica del Giappone nel dopoguerra

たいかん 体感 sensazione⊛ corporea [del corpo]
✤体感温度 temperatura⊛ sensibile ¶温度計は3度をさしているが、体感温度はもっと低い。 Il termometro segna 3 gradi, ma si sente più freddo.

たいかん 耐寒 resistenza⊛ al freddo ◇耐寒(性)の resistente al freddo, a prova di freddo
✤耐寒訓練 allenamento⊛ [addestramento⊛] alle basse temperature
耐寒植物 pianta⊛ resistente al freddo [al gelo]
耐寒設備 preparazione⊛ [equipaggiamento⊛] contro il freddo (per l'inverno)

たいかん 退官 ritiro⊛ da un incarico pubblico

たいかん 戴冠 incoronazione⊛ ◇戴冠する incoronare qlcu.
✤戴冠式 (cerimonia⊛ d')incoronazione⊛

たいかん 大願 vivo desiderio⊛ [⊛複 -i], ambizione⊛, aspirazione⊛ ¶大願を抱く nutrire una grande ambizione ¶彼は大願成就を祈願した。Si è rivolto a Dio perché realizzasse le sue preghiere.

たいがん 対岸 riva⊛ opposta, l'altra sponda⊛ 〖慣用〗 対岸の火事 ¶彼は対岸の火事とばかりに見ていた。 Lo guardava come se non lo riguardasse.

だいかん 大寒 il periodo di due settimane tradizionalmente considerato il più freddo dell'anno (◆intorno al 20 gennaio)

だいかん 代官 《江戸時代の》 amministratore⊛ locale (del periodo Edo)

たいき 大気 atmosfera⊛;《空気》 aria⊛ ◇大気の atmosferico [⊛複 -ci] ¶大気中の[に] nell'atmosfera / nell'aria ¶大気の状態 condizioni atmosferiche ¶不安定な大気 turbolenza atmosferica
✤大気圧 pressione⊛ atmosferica
大気汚染 inquinamento⊛ atmosferico
大気圏 atmosfera⊛ terrestre

たいき 大器 《すぐれた才能をもった人》 persona⊛ di grande talento⊛, genio⊛ [⊛複 -i]
✤大器晩成 I grandi talenti maturano tardi.

たいき 待機 ◇待機する attendere il momento d'agire, tenersi pronto (per ql.co.) ¶待機中である essere [stare] in attesa (di ql.co.) ¶兵士に待機を命じる tenere i soldati in attesa fino a nuovo ordine ¶自宅待機 reperibilità domiciliare

たいぎ 大義 《重要な意義》 grande causa⊛; 《正義》 giustizia⊛;《公正》 rettitudine⊛;《忠誠》 lealtà⊛ (e patriottismo⊛) ¶大義のために戦う lottare per una grande causa
✤大義名分 ¶大義名分が立つ avere una buona ragione per + 不定詞

たいぎ 大儀 ◇大儀な 《面倒な》 seccante, fastidioso, importuno, molesto; 《骨の折れる》 faticoso, pesante, estenuante; 《疲れた》 stanco [⊛複 -chi], affaticato, esausto ¶大儀そうに con aria affaticata [stanca] / faticosamente

だいぎ 代議 rappresentanza⊛
✤代議員 rappresentante⊛, delegato⊛ [⊛-a], deputato⊛ [⊛-a]
代議士《衆議院議員》 deputato⊛ [⊛-a] ¶代議士候補 candidato alla Camera dei Deputati
代議政治 governo⊛ rappresentativo
代議制 sistema⊛ [⊛複 -i] rappresentativo

だいきぎょう 大企業 grande impresa⊛

たいぎご 対義語 antonimo⊛

だいきち 大吉 ¶おみくじを引いたら、大吉と出た。 Sul pronostico che ho pescato c'era scritto "grande fortuna".

だいきぼ 大規模 ◇大規模な[に] su larga [vasta] scala, di grande dimensione ¶大規模な工事 lavori edilizi su vasta scala ¶大規模な捜査 maxioperazione della polizia

たいきゃく 退却 ritirata⊛; 《後退》 indietreggiamento⊛, retrocessione⊛ ◇退却する ritirar-

たいぎゃく 大逆 leṣa maestà㊛, alto tradimento㊚
❖**大逆罪** delitto㊚ [reato㊚] di leṣa maestà
大逆事件 incidente del 1910 di leṣa maestà

たいきゅう 耐久 durata㊛
❖**耐久試験** 〘工〙prova㊛ di durata
耐久消費財 〘経〙beni㊚〘複〙durevoli
耐久性[度] 〘時間的〙durata㊛; 〘強度〙resistenza㊛ ◇耐久性のある durevole; resistente
耐久力 resistenza㊛ (に対する a); 〘材料などの〙resistenza㊛ al logoramento [all'uṣura]; 〘時間的〙durata㊛ ¶耐久力を養う ṣviluppare la resistenza
耐久レース 〘車の〙corsa㊛ automobilistica di resistenza; 〘バイクの〙corsa㊛ motociclistica di resistenza; 〘スキーの〙fondo㊚ gigante

だいきゅう 代休 ¶日曜出勤の代休を取る[与える] prendere [dare] un giorno di riposo compensativo per aver lavorato una domenica

だいきゅう 第九 ❖**第九の** nono

だいきゅうし 大臼歯 〘解〙dente㊚ molare, molare㊚

たいきょ 退去 evacuazione㊛ ❖**退去する**〘立ち退く〙abbandonare ql.co.; 〘避難する〙evacuare ㊋,㊀ [av] ❖他動詞の場合、目的語は退去する場所など❖国外退去を命じる ordinare a qlcu. di abbandonare il paeṣe / emettere un foglio di via (obbligatorio) per qlcu. ¶危険地区から退去する evacuare una [da una] zona pericoloṣa ¶危険地区から住民を退去させる fare evacuare gli abitanti dalla zona di pericolo

たいきょ 大挙 ❖**大挙して押しかける** accalcarsi (に in, a) / spingersi in massa (に a) ¶学生は大挙して学長室に押しかけた. Gli studenti hanno raggiunto in massa il rettorato.

たいきょう 胎教 educazione㊛ prenatale ¶胎教にいい音楽 muṣica adatta alla gravidanza

たいきょう 怠業 〘サボタージュ〙sciopero㊚ bianco [複 -chi] con rallentamento del lavoro

だいきょう 大凶 ¶大凶のおみくじ pronǫstico di grande diṣgrazia

たいきょく 大局 situazione㊛ generale ¶大局的に見て da un punto di vista generale ¶彼は大局を見誤った. Si è fatto un'idea ṣbagliata di tutta la situazione. ¶大局的に見て経済は好転している. Nel suo insieme [Dal punto di vista generale] l'economia sta migliorando.

たいきょく 対局 ◇**対局する** giocare㊚ [av] a go [a ṣhogi / a scacchi] ¶明日囲碁の名人と対局する. Domani giocherò a go col campione.

たいきょく 対極 ◇**対極にある** contrastante, agli antipodi ¶彼らの考え方は対極にある. Le loro vedute sono agli opposti [agli antipodi].

たいきょくけん 太極拳 t'ai chi㊚ (ch'uan㊚), taijiquan㊚

だいきらい 大嫌い ❖**大嫌いな** odiato, detestato ¶私は…が大嫌いだ. Detesto [Aborrisco / Provo grande antipatia per / Provo ripugnanza per] ql.co. [qlcu.].

たいきん 大金 forte [grande] somma㊛ (di denaro), somma㊛ considerevole, grosso importo㊚ ¶大金を投じて手に入れる ottenere ql.co. per una forte somma

だいきん 代金 prezzo㊚ ¶車の代金を支払う pagare il prezzo della macchina / pagare la macchina ¶…の代金を〈人〉に請求する chiedere il pagamento per ql.co. a qlcu. ¶代金を取り立てる riṣcuǫtere il credito
❖**代金取立手形** 〘商〙effetto㊚ all'incasso
代金引き替え ¶代金引き替えで in contrassegno / con pagamento alla consegna ¶代金引き替え払い郵便物 posta con pagamento contrassegno

たいく 体躯 costituzione㊛ fiṣica, corporatura㊛ ¶堂々たる体躯 un fiṣico imponente

だいく 大工 〘人〙carpentiere㊚; 〘職〙carpenteria㊛; 〘木工、家具職人〙falegname㊚; 〘職〙falegnameria㊛ (▶carpentiere は木材・金属材で建造物の骨組みを作る職人を、falegname は legno（木材）を扱ってそれを加工する職人をさす) ¶大工の棟梁 mastro falegname ¶船大工 carpentiere navale ¶日曜大工 falegname dilettante [della domenica] ¶大工仕事をする fare lavori di falegnameria
❖**大工道具** attrezzi㊚〘複〙[arneṣi㊚〘複〙] da falegname →次ページ 図版

たいくう 対空 ◇**対空の** antiaereo
❖**対空管制** controllo㊚ aereo
対空砲火 〘射撃〙fuoco㊚ 〘複 -chi〙[tiro㊚] antiaereo
対空ミサイル missile㊚ antiaereo

たいくう 滞空 ¶20時間滞空する restare in aria [in volo] per 20 ore
❖**滞空時間** 〘記録〙durata㊛ [record㊚ 〘無変〙] di volo

たいぐう 対偶 **1** 〘数・論〙contrappoṣizione㊛ **2** 〘修辞〙coppia㊛ di versi
❖**対偶法** 〘修辞〙antiteṣi㊛ 〘無変〙
対偶法則 legge㊛ della contrappoṣizione

たいぐう 待遇 **1** 〘もてなし〙accoglienza㊛; 〘人の扱い〙trattamento㊚; 〘ホテルなどの〙servizio㊚〘複 -i〙◇**待遇する**〘扱う〙trattare; 〘歓待する〙accǫgliere; 〘奉仕する〙servire ¶国賓として待遇される essere accolto come oṣpite dello stato ¶彼らをVIPとして待遇した. Gli abbiamo riṣervato un trattamento da VIP.
2〘職場での労働条件〙trattamento㊚; condizioni㊛〘複〙; 〘給料〙stipendio㊚〘複 -i〙, salario㊚〘複 -i〙¶社員の待遇を改善する migliorare le condizioni dei dipendenti / aumentare lo stipendio ai dipendenti ¶この会社は待遇がいい[悪い]. Il trattamento in questa ditta è eccellente [mediocre].

たいくつ 退屈 noia㊛, tedio㊚〘複 -i〙; 〘単調〙monotonia㊛ ◇**退屈な** noioso, tedioso; monǫtono ◇**退屈する** annoiarsi, tediato ◇**退屈する** annoiarsi (に di) ◇**退屈させる** annoiare [tediare] qlcu., dare noia [uggia] a qlcu.; 〘話〙essere una barba ¶退屈な話 storia noiosa ¶退屈を紛らす ammazzare la noia ¶退屈でたまらない morire di noia / annoiarsi a morte ¶退屈しのぎに散歩してくる. Faccio due passi per diṣtrarmi. ¶実に退屈な映画だ. Che film noioso [barboso) ! / È un film che strappa gli sbadigli. ¶彼といると退屈だ. Con lui mi annoio. / Lui mi annoia. ¶私は田舎で退屈している. In campagna mi annoio. ¶彼は退屈そうな顔をしている. Ha la faccia annoiata.

たいぐん 大軍 grande esercito男, esercito男 numeroso [potente] ¶敵の大軍 forte esercito nemico

たいぐん 大群 《人の》grande folla女; 《野獣などの》branco男[複 -chi]; 《家畜の》mandria女; 《昆虫の》sciame男; 《魚群》branco男; 《いろいろな魚の》banco男 ¶はちの大群 sciame di api ¶いわしの大群 banco di sardine ¶おおかみの大群 branco di lupi

たいけ 大家 《金持ちの家》famiglia女 ricca; 《名家》famiglia女 illustre

たいけい 大系 ¶日本文学大系全40巻 antologia della letteratura giapponese in quaranta volumi

たいけい 大計 ¶国家百年の大計を立てる adottare una politica nazionale di vasto respiro

たいけい 体刑 →体罰

たいけい 体形・体型 corporatura女 ¶標準体型の dalle proporzioni fisiche standard ¶体形に合わせて服を作る farsi gli abiti su misura ¶彼女は体型を気にしている. Si preoccupa della sua linea.

たいけい 体系 sistema男 [複 -i] ◆体系的 sistematico男複 -ci] ◇体系的に sistematicamente ¶体系的な調査 ricerca sistematica

✿体系化 sistematizzazione女 ◇自分の思想を体系化する sistematizzare la propria filosofia

たいけい 隊形 〖軍〗formazione女, schieramento男, ordine男 ¶戦闘隊形にある essere in formazione [in ordine] di battaglia

だいけい 台形 〖幾何〗trapezio男[複 -i] ◇台形の trapezoidale, trapezoide ¶この台形の底辺の長さは4 cmである. Il trapezio ha una base di 4 cm.

たいけつ 対決 《試合》partita女, incontro男; 《被告と証人などの》〖法〗confronto男 《対立》scontro男 ◇対決する confrontarsi [avere un confronto] con qlcu.; 《競う》misurarsi con qlcu.; 《立ち向かう》affrontare qlcu. [ql.co.] ¶悪と対決する opporsi al male ¶与野党が対決する. La maggioranza e l'opposizione si scontrano. / C'è uno scontro tra maggioranza e opposizione. ¶私は法廷で彼と対決する覚悟です. Sono deciso a confrontarmi con lui in tribunale.

たいけん 大圏 cerchio男 [複 -chi] massimo
✿大圏海図 carta女 ortodromica
大圏航路[コース] 《空・船》ortodromia女, rotta女 ortodromica

たいけん 大権 sovranità女 (prerogativa) imperiale; potere男 sovrano (dell'imperatore)

たいけん 体験 esperienza女 personale [vissuta] ◇体験する fare un'esperienza, fare (l')esperienza di ql.co. [di + 不定詞]; provare ql.co. ¶幾多の困難を体験する sopportare molti stenti ¶体験を生かす mettere a profitto le proprie esperienze ¶貴重な体験をした. Ho fatto un'esperienza preziosa. ¶彼の話は若いころの体験に基づい

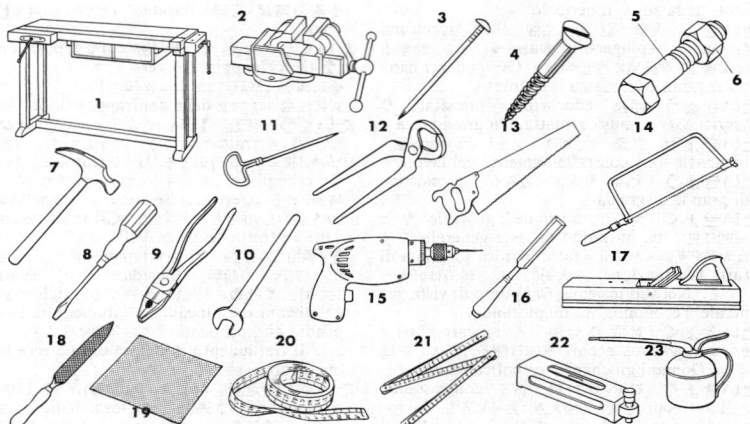

大工道具
1 作業台 banco男. 2 万力, クランプ morsa女. 3 釘 chiodo男. 4 ねじ vite女. 5 ボルト bullone男. 6 ナット dado男. 7 ハンマー martello男. 8 ドライバー cacciavite男[無変]. 9 ペンチ pinze女[複]. 10 スパナ chiave女. 11 手きり succhiello男. 12 釘抜き tenaglie女[複]. 13 手引きのこぎり saracco男. 14 糸のこ sega女 da traforo. 15 ドリル trapano男 elettrico. 16 のみ scalpello男. 17 かんな pialla女. 18 やすり raspa女. 19 紙やすり carta女 vetrata [abrasiva]. 20 巻き尺 metro男 a nastro. 21 折り尺 metro男 pieghevole. 22 水準器 livella女. 23 油さし oliatore男.

ている. Il (suo) racconto è basato sulle sue esperienze giovanili. ¶彼は戦争を体験した. Ha vissuto la guerra. /(戦った) Ha avuto l'esperienza della guerra.
✤**体験学習** apprendimento男 tramite esperienza diretta
体験談 ¶体験談を語る raccontare esperienze vissute「in prima persona [sulla *propria* pelle]
たいけん 帯剣 《腰に下げる剣》sciabola女
◇帯剣する portare una sciabola
たいげん 体言 《日本語文法で》parole女[複] indeclinabili
たいげん 体現 《身をもっての実現》incarnazione女, personificazione女;《具体化》materializzazione女, concretizzazione女, realizzazione女 ◇体現する materializzare [concretizzare] *ql.co.*; incarnare *ql.co.* ¶理想を体現する concretizzare un'idea
だいけんしょう 大憲章 Magna Carta女
だいげんすい 大元帥 comandante男「in capo [supremo], generalissimo男
たいげんそうご 大言壮語 millanteria女, spacconata女, smargiassata女, fanfaronata女 ◇大言壮語する dire spacconate [fanfaronate], fare lo spaccone [il fanfarone], spararle grosse ¶大言壮語する人 millant*atore*男 [女 -*trice*] / fanfarone男 [女 -*a*] / smargiasso男 [女 -*a*] / spaccon*e*男 [女 -*a*]
たいこ 太古 tempi男[複] antichi, antichità女, età女 antica;《先史時代》preistoria女 ◇太古の molto antico男 [-*chi*];《先史時代の》preistorico男 [複 -*ci*] ¶太古以来 fin dall'antichità / da tempo immemorabile ¶太古の人間はどんな生活をしていたのだろう. Chissà come vivevano gli uomini dell'antichità [nell'antichità]?
たいこ 太鼓 tamburo男 大太鼓《オーケストラの》 grancassa ¶小太鼓 piccolo tamburo / tamburino /《スネアドラム》tamburo militare / rullante ¶和太鼓 tamburo a cornice giapponese ¶太鼓の音 suono di tamburo /《連打音》rullo [rullio] di tamburo ¶太鼓をたたく battere [suonare] il tamburo

太鼓

✤**太鼓橋** ponte a schiena d'asino
太鼓腹 ◇太鼓腹の panciuto ¶太鼓腹の男 uomo panciuto / pancione
太鼓持ち 《ご機嫌とり》adul*atore*男 [女 -*trice*], lusing*atore*男 [女 -*trice*]
たいご 隊伍 ranghi男[複], file女[複], righe女[複] ¶隊伍を組む mettersi in riga / formare i ranghi
だいご 第五 ◇第五の quinto
たいこう 大公 granduc*a*男 [複 -*chi*] ¶大公妃 granduchessa ¶ルクセンブルク大公 granduca di Lussemburgo
✤**大公国** ¶トスカーナ大公国 Granducato di Toscana
たいこう 大綱 principi男[複] essenziali;《概略》linee女[複] principali ¶大綱を決める[定める] decidere le linee principali ¶大綱を示す[述 べる] esporre le linee principali
たいこう 体腔《解》cavità女 addominale, celoma男 [複 -*i*]
✤**体腔動物** celomati男[複]
たいこう 対向 ◇対向の opposto
✤**対向車** ¶対向車に気をつけろ. Attento alle macchine che viaggiano「in direzione opposta [in senso contrario]. (▶attentoは相手の性・数に合わせて語尾変化する)
対向車線 corsia女 [carreggiata女] opposta
たいこう 対抗《対立》opposizione女, antagonismo男, ostilità女;《対決》confronto男;《競争》rivalità女, competizione女 ◇対抗する essere in opposizione [opporsi] a *ql.co.*;《張り合う》rivaleggiare回 [*av*] con *ql.co.* in *ql.co.*, emulare *ql.co.* ¶…に対抗して contro *qlcu.* [*ql.co.*] / in opposizione a *qlcu.* [*ql.co.*] / in competizione con *qlcu.* [*ql.co.*] ¶日伊対抗のサッカーの試合 partita di calcio fra il Giappone e l'Italia / incontro di calcio Giappone-Italia ¶対立候補に対抗して選挙運動を行う condurre una campagna elettorale in opposizione al candidato rivale ¶ゴルフでは彼に対抗できる者はいない. Nel golf nessuno riesce a rivaleggiare con lui.
✤**対抗意識** rivalità女 ¶あの2人は対抗意識を燃やしている. Quei due sono accaniti rivali.
対抗策 contromanovra女, contromisura女
対抗戦 ¶大学対抗戦 torneo interuniversitario
対抗馬《競馬の》cavallo男 rivale in una corsa;《選挙の》candid*ato*男 [女 -*a*] rivale
たいこう 退行《生・心》regressione女 ◇退行する regredire回 [*av, es*]
たいこう 退校 ◇退校する《退学する》lasciare la scuola;《下校する》uscire回 [*es*] da scuola
だいこう 代行 ◇代行する fare *ql.co.* al posto [in luogo] di *qlcu.*;《法》《委任状によって》agire回 [*av*] in virtù di una procura [per procura] ¶職務を代行する sostituire *qlcu.* in un incarico ¶彼は学長を1年間代行した. È stato rettore ad interim dell'università per un anno.
✤**代行機関** agenzia女
代行者 agente男; sostitut*o*男 [女 -*a*];《法》procur*atore*男 [女 -*trice*]
だいこう 代講 ◇代講する fare una lezione al posto di *qlcu.*, sostituire *qlcu.* in una lezione, supplire *qlcu.*
たいこうしあい 対校試合 competizione女 sportiva tra due scuole
たいこく 大国 grande nazione女;《強国》grande potenza女 ¶超大国 superpotenza
✤**大国主義** arroganza女 da grande potenza
だいこくばしら 大黒柱 **1**《柱》pilastro男 [colonna女] centrale (di una casa giapponese) **2**《中心人物》pilastro男 [colonna女] portante;《家庭・団体・国などを支える人》sostegno男 ¶彼はこの会の大黒柱だ. È il pilastro principale di quest'associazione.
たいこばん 太鼓判 ¶太鼓判を押す garantire al cento per cento per *qlcu.* [(per) *ql.co.* / che+直説法] ¶あの男なら僕が太鼓判を押すよ. Garantisco io al cento per cento per quell'uomo.

だいごみ 醍醐味 **1**《美味》sapore[男] squiṣito [prelibato / delizioso] **2**《真髄》vero piacere[男] ¶…の醍醐味を味わう assaporare pienamente e fino in fondo *ql.co.*

だいごれつ 第五列《スパイ》quinta colonna[女]

だいこん 大根 *daikon*[男][無変], rafano[男] bianco [複 *-chi*] giapponese

✤大根足 ¶彼女は大根足だ. Quella donna ha due gamboni.

大根おろし rafano[男] bianco grattugiato;《道具》grattu*gia*[女][複 *-gie*] per rafano bianco

大根役者 at*tore*[男][女 *-trice*] da strapazzo, attorucol*o*[男][女 *-a*]

たいさ 大佐《陸軍・空軍》colonnello[男], comandante[男] di reggimento;《海軍》capitano[男] di vascello

たいさ 大差 grande scarto[男], grande differenza[女] ¶…に大差で勝つ[負ける] vincere [perdere] *qlcu.* [*ql.co.*] con un grande scarto ¶両者の意見に大差はない. Non c'è una grande differenza tra le due opinioni.

たいざ 対座 ◇対座する sedere faccia a faccia con *qlcu.*

だいざ 台座《彫像・円柱の》baṣamento[男], piedistallo[男], zoccolo[男];《機械の》supporto[男]

たいざい 大罪 gravissimo crimine[男], grave misfatto[男];〔宗〕peccato[男] mortale ¶七つの大罪〔聖〕i sette peccati capitali ¶彼は親殺しの大罪を犯してしまった. Ha commesso l'atroce misfatto di uccidere i genitori.

> [関連]
> **七つの大罪**: **傲慢** superbia[女] **貪欲** avarizia[女] **邪淫** lussuria[女] **嫉妬** invidia[女] **貪食** gola[女] **憤怒** ira[女] **怠惰** accidia[女]

✤大罪人 grande criminale[男][女];〔宗〕grande pecca*tore*[男][女 *-trice*]

たいざい 滞在 soggiorno[男], permanenza[女] ◇滞在する soggiornare[自][*av*]《に a, in》; trattenersi [fermarsi]《に a, in》¶私のイタリア滞在中に durante il mio soggiorno italiano [in Italia] ¶ホテルに滞在する trattenersi in albergo ¶ローマに長期滞在した. Ho soggiornato a Roma per lungo tempo.

✤滞在期間 durata[女] del soggiorno

滞在客 ospite[男][女], viṣita*tore*[男][女 *-trice*]

滞在許可証 permesso[男] di soggiorno ¶ローマ警察に労働目的の滞在許可証を申請する chiedere il permesso di soggiorno per motivi di lavoro alla Questura di Roma

滞在地 luo*go*[男][複 *-ghi*] di soggiorno

滞在費 spese[女][複] di soggiorno

だいざい 題材《材料》argomento[男], materia[女];《主題》tem*a*[男][複 *-i*], soggetto[男] ¶小説の題材 elementi principali del romanzo

たいさく 大作《傑作》capolavoro[男], opera[女] [lavoro[男]] monumentale;《大規模な文学作品》opera[女] voluminosa [ponderosa];《大規模な美術作品》opera[女] d'arte di grandi dimensioni;《絵画の》grande dipinto[男] ¶トルストイの大作『戦争と平和』il capolavoro di Tolstoj, "Guerra e pace" ¶1000ページあまりの大作 un'opera voluminosa di oltre mille pagine

たいさく 対策《方策》miṣura[女];《措置》provvedimento[男];《犯罪などに対する》rime*dio*[男][複 *-i*];《主に政治・経済面での》contromiṣura[女]（► miṣura, provvedimento, contromiṣuraは複数で使われることが多い）¶適切な対策 miṣure opportune ¶物価安定対策を急ぐ accelerare le miṣure per stabilizzare i prezzi ¶インフレ対策を講じる prendere provvedimenti contro l'inflazione / prendere miṣure anti-inflazionistiche ¶政府は不法移民対策を講じた. Il governo ha adottato delle contromiṣure per l'immigrazione clandestina.

だいさく 代作 ◇代作する scrivere per conto d'altri;《芸術作品, 特に曲を》comporre (*ql.co.*) al posto di *qlcu.*

✤代作者 scrit*tore*[男][女 *-trice*] fantaṣm*a*[無変]

たいさん 退散 ◇退散する fuggire[自][*es*], scappare[自][*es*], darsela a gambe, darsi alla [prendere la] fuga;《引き揚げる》ritirarsi ¶悪魔を退散させる mettere in fuga il demonio ¶警官隊は催涙弾で群衆を退散させた. La polizia ha disperso la folla con gas lacrimogeni.

たいざん 大山 ¶大山鳴動して鼠一匹.《諺》"La montagna ha partorito il topolino." / Tanto rumore per nulla.

だいさん 代参 ¶老母の代参で出雲大社を訪ねた. Ho viṣitato il Santuario di Izumo in luogo della mia vecchia madre.

だいさん 第三 ◇第三の terzo ◇第三に terzo, in terzo luogo

✤第三インターナショナル la Terza Internazionale[女], il Comintern[男]（◆ 1919–43）

第三階級〔史〕il Terzo Stato[男]

第三紀〔地質〕era[女] cenoẓoica, cenoẓoico[男], terziario[男] ¶古[新]第三紀 (periodo) paleocene [neogene]

第三国《非当事国》paeṣe[男] terzo

第三次産業〔経〕industria[女] terziaria

第三者 un terzo[男],《女性》una terza[女], terza persona[女]; terzi[男][複] ¶第三者に調停を依頼する chiedere la mediazione di una terza persona

第三種郵便 stampa[女] periodica, categoria[女] postale dei periodici;《イタリアの》spedizione[女] in abbonamento postale

第三勢力 terza forza[女] [potenza[女]]

第三世界 il terzo mondo[男]

第三セクター ¶その事業は第三セクターに移管された. Questa impresa è stata affidata a una terza ditta a partecipazione statale.

第三帝国《ナチス統治下のドイツ》il Terzo Reich[男]

第三身分 ⇒第三階級

たいさんせい 耐酸性 resistenza[女] agli acidi ◇耐酸性の antiacido, resistente agli acidi

たいさんぼく 泰山木〔植〕magnolia[女] sempreverde

たいし 大志 ambizione[女], aspirazione[女] ¶大志を抱く nutrire una grande ambizione

たいし 大使 ambascia*tore*[男][女 *-trice*] ¶駐日イタリア大使 ambasciatore d'Italia in Giappone ¶特命全権大使 ambasciatore straordinario e plenipotenziario ¶親善大使 ambasciatore d'amicizia ¶〈人〉を大使として派遣する inviare *qlcu.* come ambasciatore

❖**大使館** ambasciata㊛ ¶駐伊日本大使館 Ambasciata del Giappone in Italia
大使館員 addett*o*㊚ [㊛ *-a*] d'ambasciata;《総称的》personale㊚ d'ambasciata
大使館書記官 segretar*io*㊚ [㊛ *-ia*; ㊚複 *-i*] d'ambasciata
大使館付陸軍武官[商務官] addetto㊚ militare [commerciale]
大使夫人 m*oglie*㊛ [複 *-gli*] dell'ambasciatore, ambasciatrice㊛

たいじ 対峙 ◇対峙する affrontare qlcu., fronteggiare qlcu.;《両者を主語にして》stare l'uno di fronte all'altro

たいじ 胎児 《受精2か月目から出産まで》feto㊚;《受精3か月目まで》embrione㊚ ◇胎児の fetale; embrionale

たいじ 退治 《撲滅・駆除》stermin*io*㊚ [複 *-i*], distruzione㊛, annientamento㊚, disinfestazione㊛ ◇退治する soggiogare qlcu. [ql.co.], sterminare [distruggere / annientare] qlcu. [ql.co.] ¶家のねずみ退治をする disinfestare la casa dai topi

だいし 大師 《仏・菩薩の尊称》il Grande Maestro㊚;《高徳の僧の敬称》un grande maestro

だいし 台紙 《写真の》cartone㊚, cartoncino㊚ ¶台紙に貼る incollare ql.co. su un cartone

だいじ 大事 **1**【重大な事】affare㊚ [faccenda㊛] importante, cosa㊛ seria;《危機》cr*i*si㊛ [無変], momento㊚ cr*i*tico [複 *-ci*], emergenza㊛;《惨事》disastro㊚;《大きな企て》grande impresa㊛ ¶国家の大事 crisi nazionale ¶大事を成す realizzare una grande impresa ¶大事を引き起こす provocare un disastro [una cosa seria] ¶大事にならないうちに prima che accada il peggio ¶火事は大事に至らずに消えた。L'incendio è stato spento prima che assumesse grandi proporzioni.
2【大切な，重要な】◇大事な《大切な》caro, importante;《貴重な》prezioso, di valore;《重要な》importante, essenziale;《重大な》grave, ser*io*㊚ [複 *-i*]; ◇大事に con grande cura [prudenza], molto accuratamente ◇大事にする《重視する》dare molta importanza a ql.co.;《体に》curarsi, riguardarsi, aver cura di qlcu.;《厚遇する》trattare qlcu. con cura [con premura],《愛蔵する》tenere caro ql.co. (▶caroは目的語の性・数に合わせて語尾変化する) ¶大事な用事 impegno importante ¶大事な思い出 ricordo molto「caro [importante] ¶老人を大事にする trattare con premura gli anziani ¶今が大事な時だ。Questo è un momento cruciale [cr*i*tico]. ¶そこが大事な点だ。Questo è il punto. ¶大事なのは社長自らが会議に出席することだ。L'essenziale è che il presidente in persona partecipi alla riunione. ¶お大事に。Si riguardi. /《病人に》Auguri di pronta guarigione. ¶体を大事にね。Abbi cura di te.
[慣用]**大事の前の小事** (1)《細かい配慮が必要》Le grandi imprese richiedono accuratezza nei dettagli. (2)《些細なことにこだわるな》Di fronte alle cose importanti non c'è tempo per le minuzie.
大事を取る ¶大事を取ってもう少し休む。Per precauzione sto a riposo ancora un po'. ¶大事を取るに越したことはない。La prudenza innanzi tutto.

だいじ 題字 《題》t*i*tolo㊚
だいじ 題辞 《本・章の》ep*i*grafe㊛
ダイジェスト〔英 digest〕 summar*io*㊚ [複 *-i*]
❖**ダイジェスト版** edizione㊛ ridotta

だいしきょう 大司教 《カト》arcivescovo㊚ (▶呼びかけるときは monsignore㊚) ◇大司教の arcivescovile
❖**大司教職[館]** arcivescovado㊚

だいしぜん 大自然 (madre) natura㊛

たいした 大した **1**《かなりの》considerevole;《偉大な》grande, straordinar*io* [複 *-i*];《莫大な》enorme ¶たいした度胸だ。Che coraggio! / Che audacia! ¶たいした人物だ。È una persona straordinaria. ¶1等賞を取ったとはたいしたもんだ。Sei stato bravissimo a vincere il primo premio.
2《否定の語を伴って》¶たいしたことはないね。Vuol dire poco. / Non è un gran che. /《心を打つものがない》Non dice niente. ¶たいした会社じゃないよ。Non è una ditta importante. ¶彼は怪我をしたいたしたことはない。Si è ferito, ma non è stata una cosa grave. ¶これはたいした問題ではない。È un problema trascurabile. / Non è un problema di grande importanza. ¶その映画はたいしたことはない。Quel film non è un gran che.

たいしつ 体質 **1**《体の》costituzione㊛ f*i*sica ◇体質的な costituzionale ¶虚弱[強健な]体質 costituzione debole [robusta] ¶特異体質《医》idiosincras*i*a ¶体質を改善する migliorare la costituzione f*i*sica ¶彼は病気にかかりやすい体質だ。È costituzionalmente predisposto alle malattie. ¶私はアルコールを受けつけない体質だ。Il mio f*i*sico「non si adatta [si adatta male] all'alcol. ¶私はアレルギー体質だ。Soffro di allergia.
2《組織の性質》¶企業の体質を改善する rinnovare la mentalità di un'impresa

たいしつ 耐湿 ◇耐湿(性)の resistente all'umidità, a prova di umidità

だいしっこう 代執行 《法》esecuzione㊛ per procura

たいして 大して ¶たいして難しくない。Non è tanto [particolarmente] diff*i*cile. ¶たいして興味はない。Non è che mi interessi un gran che.

たいして 対して →対する

たいしぼう 体脂肪 grasso㊚ del corpo, ad*i*pe㊚
❖**体脂肪計** bilanc*ia*㊛ [複 *-ce*] che misura il tasso adiposo nel corpo
体脂肪率 tasso㊚ dei grassi del corpo

たいしゃ 大赦 《法》amnist*i*a㊛, indulto㊚ ¶大赦で出獄する essere scarcerato in seguito ad amnistia ¶大赦を行う concedere un'amnistia
❖**大赦令** decreto㊚ d'amnistia

たいしゃ 代謝 《生》metabolismo㊚ ¶代謝機能のある metabolico ¶基礎代謝 metabolismo basale
❖**代謝異常** 《医》metabolismo anormale
代謝機能 metabolismo㊚

たいしゃ 退社 ◇退社する《退出する》far ritorno a casa dall'ufficio, lasciare l'ufficio;《退職

だいしゃ 台車 《鉄道車両の》carrello男；《荷車》carretto男

だいじゃ 大蛇 grosso serpente男

たいしゃく 貸借 prestito男；《賃貸借》locazione女；《会》《貸し方と借り方》attivo男 e passivo男, debito男 e credito男 ¶貸借を決算する chiudere [saldare / liquidare] un conto
❖**貸借関係** relazioni女[複] fra debitore e creditore
貸借期限 scadenza女 di un prestito [credito]
貸借対照表 bilancio男[複 -ci], stato patrimoniale

だいしゃくしぎ 大杓鷸 《鳥》ciurlo maggiore, ciarlotto男

だいしゃりん 大車輪 **1** 《スポ》volteggio男[複 -gi] alla sbarra 男 ¶大車輪で仕事をする lavorare con tutte le proprie forze

たいじゅ 大樹 albero男 gigante, grosso albero男 ¶大樹の陰. Se devi affidarti a qualcuno, sceglilo potente.

たいしゅう 大衆 grande pubblico男[複 -ci], masse女[複], popolo男 ◇大衆的 popolare, aperto a tutti ¶大衆の利害 gli interessi del popolo
❖**大衆運動** movimento男 popolare [delle masse]
大衆化 popolarizzazione女 ◇大衆化する《自らが》diffondersi [divulgarsi] tra il grande pubblico [le masse]；《他のものを》diffondere [divulgare] tra il grande pubblico
大衆作家 scrittore男[女 -trice] [autore男[女 -trice]] di massa
大衆誌 rivista女 popolare
大衆小説 romanzo男 popolare
大衆食堂 ristorante男 popolare, trattoria女 economica
大衆心理 psicologia女 di massa
大衆性 popolarità女
大衆操作 manipolazione女 dell'opinione pubblica
大衆文学 letteratura女 popolare [di massa]

たいしゅう 体臭 **1**《体のにおい》¶体臭が強い avere un forte odore corporeo **2**《個性》caratteristica女 ¶この文体から作者の体臭が感じ取れる. Dallo stile di questa frase si possono annusare le caratteristiche dello scrittore.

たいじゅう 体重 peso男 corporeo ¶体重を量る pesare qlcu. /《自分の》pesarsi ¶体重を左足にかける appoggiare il peso sulla gamba sinistra ¶体重はいくらあるの. Quanto pesi? / Qual è il tuo peso? ¶体重が増えた. Sono aumentato di peso. / Il mio peso è aumentato. ¶体重が3キロ増えた. Ho guadagnato [Ho messo su] 3 kg (読み方：chili). / Sono ingrassato di 3 kg. ¶私は体重が60キロある. Peso sessanta kg. / Il mio peso è di sessanta kg. ¶体重を10キロ減らす必要がある. Devo perdere [dimagrire di] dieci kg.
❖**体重計** bilancia女[複 -ce] ¶体重計に乗る salire sulla bilancia per pesarsi

だいじゅう 第十 ◇第十の decimo

たいしゅか 大酒家 forte bevitore男[女 -trice], 《俗》-tora], beone男[女 -a]

たいしゅつ 退出 ◇退出する andarsene, ritirarsi [congedarsi] da qlcu. [ql.co.]; lasciare ql.co., uscire da ql.co.

たいしゅつ 帯出 ◇帯出する portare ql.co. fuori
❖**帯出禁止** ¶この本は帯出禁止だ. Questo libro è riservato alla sola consultazione interna.

たいしょ 大暑 《暑いこと》caldo男 intenso；《二十四節気の一つ》il periodo più caldo dell'anno secondo il calendario lunare (◆intorno al 23 o 24 luglio)

たいしょ 対処 ◇対処する affrontare ql.co.; adottare [prendere] dei provvedimenti [delle misure] contro ql.co.; ovviare自[av]《に a》¶問題に対処する applicarsi a risolvere un problema ¶新たな情勢に対処する prendere delle misure contro la nuova situazione ¶問題の対処の仕方を誤る affrontare in modo sbagliato un problema ¶問題に対処するため, あらゆる方法が試された. Per ovviare al problema, le hanno provate tutte.

だいしょ 代書 ◇代書する scrivere per conto di altri
❖**代書人** scrivano男[女 -a] pubblico[複 -ci]
代書屋《店》ufficio男[複 -ci] di scrivano pubblico；《公証人の》ufficio男 notarile

たいしょう 大将 **1**《陸軍, 空軍》generale男；《海軍》ammiraglio男[複 -gli] **2**《首領》capo男 **3**《親しみやわらかいを込めて》¶やあ, 大将. Ehilà, vecchio mio!
慣用 お山の大将 ¶あの人はお山の大将だ. Si dà arie di capetto.

たいしょう 大勝 grande [strepitosa / completa / decisiva] vittoria女 ◇大勝する ottenere [conseguire] una grande vittoria ¶7対0で大勝した. Li abbiamo schiacciati per 7 a 0.

たいしょう 対称《幾何》simmetria女 ◇対称の simmetrico男[複 -ci] ¶面[線 / 点]対称 simmetria di un piano [di una linea / di un punto] ¶左右対称の図柄 disegno simmetrico ¶上下が対称となった simmetrico in senso verticale ¶2点は点対称をなす. I due punti sono simmetrici rispetto a un terzo punto.
❖**対称式**《数》espressione女 simmetrica
対称軸《幾何》asse男 di simmetria

たいしょう 対象 oggetto男；《目標》obiettivo男；《哲》oggetto男 ¶子供を対象とした本 libro per (i) bambini ¶課税対象となる収入 reddito imponibile [soggetto a tassazione] ¶厳しい批判の対象となる essere oggetto di severe critiche ¶学生を対象に調査を行う condurre un'inchiesta sugli studenti ¶本研究は明治維新を対象にする. Questo studio ha per oggetto la Riforma Meiji. ¶実験対象: 20-40歳の男性 soggetti sottoposti all'esperimento: maschi di età fra i 20 e i 40 anni (►この場合, 実験の目的ではなく, 実験される人をさしているため複数形 soggettiになる)
❖**対象化**《哲》oggettivazione女
対象言語《論理》linguaggio男[複 -gi] oggetto

たいしょう 対照 **1**《比較》paragone男, confronto男, raffronto男；《照合》collazione女, ri-

scontro㊼ ◇対照する paragonare, confrontare ¶写しを原文と対照する paragonare una copia con l'originale ¶2枚の絵を比較対照してごらんなさい. Fate un raffronto tra i due quadri.
2《コントラスト》contrasto㊼ ◇対照的な contrastante ¶対照をなす contrastare㊊[av]《と con》¶光と影の対照 contrasto di ombra e di luce ¶あの2人は対照的だ. Quei due sono agli opposti. ¶君の意見は私のとは対照的だ. La tua opinione contrasta con la mia.
❖対照言語学 linguistica㊛ comparativa [comparata]
対照実験 (esperimento㊼ di) verifica㊛
対照文法《言》grammatica㊛ contrastiva
対照法《修辞》antitesi㊛

たいしょう 隊商 carovana㊛ ¶隊商を組んで行く procedere㊊[av] in carovana

たいじょう 退場 《劇》uscita㊛ di scena;《スポ》espulsione㊛ ◇退場する uscire㊊[es]《から da》, andarsene《を, から da》¶会議場から退場する andarsene dalla sala riunioni ¶退場を命じる ordinare a qlcu. di lasciare [abbandonare] ql.co. ¶退場を命じられる《スポ》essere espulso ¶その選手はレッドカードで退場した. Il giocatore è stato espulso con il cartellino rosso. ¶ハムレット退場.《芝居のト書き》Esce di scena Amleto.

だいしょう 大小 ¶大小さまざまの di varie dimensioni ¶大小さまざまの車 automobili piccole e grandi ¶大小合わせて fra piccoli e grandi ¶事の大小を問わず報告せよ. Riferisci ogni cosa, importante o meno che sia.

だいしょう 代将 (陸軍) generale㊚ di brigata;《海軍》commodoro㊚;《空軍》generale㊚ di brigata aerea

だいしょう 代償 **1**《損害の償い》compensazione㊛, risarcimento㊚;《金額》indennizzo㊚ ¶…の代償としてある金額を要求する chiedere una somma di denaro come indennizzo di ql.co.
2《代価, 犠牲》prezzo㊚, costo㊚ ¶どんな代償を払ってもこれをやるつもりです. Ho deciso di farlo「a qualsiasi prezzo [ad ogni costo]. ¶不注意の代償は高くついた. Ho pagato la mia distrazione a caro prezzo.

だいじょう 大乗 ¶大乗的見地に立って da un punto di vista più ampio
❖大乗仏教 buddismo㊚ Mahayana [del grande veicolo]

だいじょうだん 大上段 ¶刀を大上段に構える tenere la spada alzata sulla propria testa ¶彼は「君に批評が書けるのか」と大上段に構えて言った. "Sai scrivere una recensione?", mi ha chiesto con arroganza.

だいじょうぶ 大丈夫 《安全》essere al sicuro;《信頼できる》essere degno di fiducia, poter contare su;《危険はない》essere fuori pericolo ¶この水は飲んでも大丈夫ですか. È potabile quest'acqua? ¶ここは地震がきても大丈夫です. Qui siamo al sicuro anche in caso di terremoto. ¶この海岸は泳いでも大丈夫です. Non è pericoloso nuotare nei pressi di questa costa. ¶あの人なら大丈夫だ. Puoi contare su lui. ¶そんな無理をして大丈夫か. Siamo sicuri che ce la fai? ¶大丈夫だよ.《心配するな》Non preoccuparti! /《恐れるな》Non temere! /《安心しろ》Sta' tranquillo. /《一人でやれるよ》Me la cavo da solo! /《保証する》Te lo garantisco! /《問題ない》Non c'è (alcun) problema. /《オーケー》Va bene. ¶大丈夫か.《確実か》Sei proprio certo [sicuro]? /《病人に》Ti senti bene? /《けが人に》Ti sei fatto male? ¶もう大丈夫だ.《危険はない》Ora siamo fuori pericolo. /《気分がよくなった》Ora mi sento meglio. ¶大丈夫, 明日は天気だ. Non preoccuparti, domani farà senz'altro bel tempo. ¶大丈夫, この橋は渡れる. Non c'è pericolo, questo ponte è transitabile.

だいじょうみゃく 大静脈 《解》vena㊛ cava

たいしょうりょうほう 対症療法 terapia㊛ sintomatica;《比喩的》cure palliative

たいしょく 大食 golosità㊛, voracità㊛, ingordigia㊛ ◇大食する mangiare ingordamente [voracemente / golosamente]
❖大食漢 mangiatore㊚ [㊛ -trice] ingordo [voraci], ghiottone㊚ [㊛ -a] ¶彼は大食漢だ. Ha un appetito pantagruelico.

たいしょく 退色 scolorimento㊚ ◇退色する scolorirsi

たいしょく 退職 《辞職》dimissioni㊛[複];《引退》ritiro㊚;《年金生活入り》pensionamento㊚ ◇退職する lasciare il lavoro, licenziarsi; dare le dimissioni, dimettersi; ritirarsi; andare「in pensione [a riposo] ¶退職を命じる《解雇する》far dimettere qlcu. / licenziare qlcu. / ordinare a qlcu. di lasciare il lavoro ¶彼は定年で退職した. È andato in pensione per raggiunti limiti di età. ¶一身上の都合で退職した. Si è licenziato per ragioni personali.
❖退職金《定年の》liquidazione㊛;《契約期限前の》buonuscita㊛
退職者《元社員》ex dipendente㊚;《年金受給者》pensionato㊚ [㊛ -a];《被解雇者》licenziato㊚ [㊛ -a]
退職願 richiesta㊛ di dimissioni
退職年金 pensione㊛

たいしょくせい 耐食性 resistenza㊛ alla corrosione ◇耐食性の resistente alla corrosione

たいしょこうしょ 大所高所 ¶大所高所から判断する giudicare ql.co.「da un più ampio punto di vista [in un'ampia ottica]

たいしょてき 対蹠的 diametralmente opposto

たいしん 対審 《法》confronto㊚

たいしん 耐震 ◇耐震の antisismico [㊛複 -ci], resistente al terremoto
❖耐震家屋 edificio㊚ [複 -ci] antisismico [a prova di terremoto]
対震構造 costruzione㊛ antisismica

たいじん 大人 ¶彼には大人の風格がある. Ha tutto l'aspetto di un uomo virtuoso.

たいじん 対人
❖対人関係 relazioni㊛[複][rapporti㊚[複]] personali [interpersonali] ¶対人関係で悩む soffrire per i rapporti con gli altri
対人恐怖症《医》antropofobia㊛
対人地雷 mina㊛ antiuomo [無変]

対人地雷全面禁止条約 trattato[男] sul divieto totale delle mine antiuomo
対人信用〔金融〕credito[男] personale
対人担保〔金融〕garanzia[女] personale, fideiussione[女]
対人賠償保険 《自動車の》assicurazione[女] contro i rischi di danni alle persone

たいじん 退陣 ritirata[女] ◇**退陣する** togliere le tende, ritirarsi;《辞職する》dimettersi

だいしん 代診 《人》medic*o*[男][複 *-ci*] sostituto ◇代診する visitare i pazienti in sostituzione di un altro medico

だいじん 大尽《金持ち》riccon*e*[男][女 *-a*], miliard*ario*[男][女 *-ia*; [男]複 *-i*] ¶大尽風を吹かす fare il miliardario

だいじん 大臣 ministro[男] ⇒政治 [用語集] ¶大臣の椅子をねらう mirare al dicastero ¶大臣になる diventare ministro ¶大臣に任命される essere nominat*o* ministro ¶大臣を辞める dimettersi dalla carica di ministro ¶国務[無任所]大臣 Ministro di Stato [senza portafoglio] ¶総理大臣 Primo Ministro /〔英〕Premier[男] ¶外務大臣 Ministro degli (Affari) Esteri
✤**大臣官房** gabinetto[男][segreteria[女]] del ministro
大臣職 portaf*oglio*[男][複 *-glio, -gli*]
大臣席 ban*co*[男][複 *-chi*] dei ministri [di gabinetto];《全体をさして》tribuna[女] dei ministri

だいしんいん 大審院 Corte[女] Suprema (nel Giappone prebellico)

だいしんさい 大震災 ¶関東大震災 Grande Terremoto del Kanto (◆1 settembre 1923)

だいじんぶつ 大人物 grande personag*gio*[男][複 *-gi*];《男性》grand'uomo[男][複 *grandi uomini*]

だいず 大豆 soia[女]
✤**大豆油** ol*io*[男][複 *-i*] di soia
大豆かす fec*cia*[女][複 *-ce*] di soia

たいすい 耐水 ◇**耐水(性)の**《防水の》impermeabile, stagno, a tenuta d'acqua;《変質しない》inalterabile in acqua

たいすう 対数〔数〕logaritmo[男] ¶常用対数 logaritmo decimale [di Briggs] ¶自然対数 logaritmo naturale [neperiano]
✤**対数関数** funzione[女] logaritmica
対数表 tavole[女][複] dei logaritmi, tavola[女] logaritmica

だいすう 大数 grandi numeri[男][複]
✤**大数の法則**〔経〕legge[女] dei grandi numeri

だいすう(がく) 代数(学)〔数〕algebra[女]
◇**代数(学)的** algebr*ico*[[男]複 *-ci*]
✤**代数学者** algebrist*a*[男][女][[男]複 *-i*]
代数関数 funzione[女] algebrica
代数記号 simbolo[男] algebrico
代数式 espressione[女] algebrica
代数方程式 equazione[女] algebrica

だいすき 大好き ◇**大好きな** preferito ¶大好きな本 uno dei miei libri preferiti ¶私は…が大好きだ. Vado matto per *ql.co.* [*qlcu.*] / Adoro [Amo molto] *ql.co.* [*qlcu.*] /《対象が主語で》Mi piace [《主語が複数の場合》Mi piacciono] molto *ql.co.* [*qlcu.*]

たいする 対する **1**《動詞として》affrontare, trattare;《…に対しての》verso, nei confronti di, nei riguardi di ¶火事に対する備え prevenzione antincendio ¶勇気をもって困難に対する affrontare le difficoltà con coraggio ¶愛情をもって子供に対する rapportarsi ai bambini con amore ¶ファシズムに対する闘争 lotta contro il fascismo / lotta antifascista ¶祖国に対する愛 amore per la patria ¶子供に対する責任 responsabilità verso i bambini ¶彼に対する疑い dubbi nei suoi confronti ¶彼女はお年寄りに対して思いやりがある. È premurosa con gli anziani. ¶親に対してそんなことを言ってはいけない. Non si deve parlare così ai propri genitori.
2《対照, 対比》¶いちご1キロに対し砂糖を500グラム入れます. Ci vogliono 500 grammi di zucchero per ogni chilo di fragole. ¶姉が理性的なのに対して妹は情緒的だ. A differenza della sorella maggiore, che è razionale, la minore è molto emotiva. ¶賛成350に対して反対210だった. Ci sono stati 350 pareri favorevoli e 210 contrari.

だいする 題する ¶『経済成長』と題する本 libro intitolato "La crescita economica"

たいせい 大成 **1**《完成》completamento[男], compimento[男];《集大成》compilazione[女] ◇**大成する**《完成する》completare *ql.co.*, portare a termine *ql.co.*, compiere *ql.co.* ¶彼らは20巻の百科事典を大成した. Hanno completato un'enciclopedia in venti volumi. **2**《成功すること》¶彼は事業家として大成した. È diventato un uomo d'affari di grande successo.

たいせい 大政 ¶大政を奉還する restaurare il potere imperiale
✤**大政奉還** Restaurazione[女] del potere imperiale (◆1867)

たいせい 大勢 corrente[女], situazione[女] [tendenza[女]] generale ¶大勢に従う seguire la corrente ¶改革派が大勢を占めた. I riformisti hanno preso la leadership. ¶戦いの大勢は決した. Le sorti della guerra sono decise. ¶大勢は我々に有利だ. La situazione (generale) ci è favorevole.

たいせい 体制 sistem*a*[男][複 *-i*], regime[男] ¶資本主義体制 regime [sistema] capitalistico ¶反体制運動 movimento contro il sistema ¶新体制を確立する istituire un nuovo regime ¶現体制を打破[維持]する demolire [mantenere] il sistema esistente
✤**体制側** ¶体制側につく essere per il sistema vigente

たいせい 体勢 postura[女], posizione[女], atteggiamento[男] ¶体勢が崩れる assumere una posizione scomposta ¶体勢を立て直す riacquistare la giusta posizione

たいせい 耐性〔生〕resistenza[女], tolleranza[女]
✤**耐性菌** ¶ペニシリンの耐性菌 batteri resistenti alla penicillina

たいせい 胎生〔生〕viviparità[女] ◇**胎生の** viviparo
✤**胎生学** embriologia[女]
胎生動物 vivipari[男][複], animali[男][複] vivipa-

た

ri

たいせい 退勢 declino[男] ¶退勢を挽回(ばんかい)する riprendersi dopo un periodo di declino

たいせい 態勢 ¶…する態勢を整える mettersi in stato [in condizione] di＋[不定詞] ¶万全の態勢が整っている. Tutti i preparativi necessari sono stati fatti.

だいせいどう 大聖堂 〘キリ〙 duomo[男], cattedrale[女]

たいせいよう 大西洋 Oceano[男] Atlantico
◇大西洋の atlantico [[男]複 -ci] ¶北[南]大西洋 Oceano Atlantico Settentrionale [Meridionale] ¶大西洋横断飛行 volo transatlantico ¶北大西洋条約機構《NATO》Organizzazione del trattato nord atlantico
✤**大西洋憲章** 〘史〙 Carta[女] Atlantica

たいせき 体積 volume[男];《容積》capacità[女] ¶体積を量る misurare il volume [la capacità] di *ql.co.* ¶この箱の体積は100立方センチメートルだ. (Il volume di) questa scatola è di 100 cm^3 (読み方: cento centimetri cubi).
✤**体積膨張** dilatazione[女] cubica

たいせき 退席 ◇退席する lasciare [abbandonare] il *proprio* posto, andarsene ¶そっと退席する andarsene di nascosto / filarsela all'inglese

たいせき 堆石 《積み重ねた石》mucchio[男][複 -*chi*] di sassi; 〘地質〙《氷河による》morena[女]

たいせき 堆積 《積もること》accumulamento[男], accatastamento[男];《積もったもの》mucchio[男][複 -*chi*], cumulo[男], ammasso[男]; 〘地質〙 processo[男] sedimentario ◇堆積する accumularsi, ammassarsi, accatastarsi
✤**堆積岩** roccia[女][複 -*ce*] sedimentaria
堆積作用 sedimentazione[女]
堆積物 sedimento[男]
堆積平野 pianura[女] di accumulo

たいせつ 耐雪 ◇耐雪の resistente alla [a prova di] neve

たいせつ 大切

◇大切な《重要な》importante;《貴重な》prezioso, di grande valore;《親愛な》caro, prediletto ◇大切に《注意して》con cura, con attenzione, accuratamente ◇大切にする《いつくしむ》avere cura di *ql.co.*, tenere caro *ql.co.* [*qlcu.*] (►caroは目的語の性・数に合わせて語尾変化する);《重んずる》apprezzare, trattare bene ¶大切にとっておく conservare *ql.co.*「con la massima cura [gelosamente] ¶大切に扱う trattare *ql.co.* con cura ¶大切に使う usare *ql.co.* con attenzione ¶水[お金]を大切にする non sprecare l'acqua [i soldi] ¶お体を大切に. Stia bene. / Abbia cura della sua salute. ¶彼女はそのネックレスを大切にしている. Per lei quella collana è molto importante. ¶彼は両親を大切にしている. È molto premuroso verso i genitori. ¶彼は息子を命よりも大切にしている. Ama suo figlio più della sua stessa vita. ¶頂いた贈り物, 大切にします. Terrò sempre caro il suo regalo. ¶日ごろの努力が大切だ. Quello che conta è l'impegno quotidiano. ¶君は僕にとって大切な人だ. Per me sei una persona molto importante.

たいせん 大戦 grande guerra[女] ¶第一次[第二次]世界大戦 la prima [seconda] guerra mondiale

たいせん 対戦 ¶卓球の試合で中国チームと対戦する disputare una partita di ping-pong contro la squadra cinese ¶敵と対戦する combattere [lottare] contro il nemico
✤**対戦成績** 〘スポ〙 risultato[男] ottenuto (disputando una partita contro un'altra squadra)

たいぜん 大全 ¶ 料理法大全《書名》tutte le ricette di cucina / il ricettario completo della cucina

たいぜん 泰然 ◇泰然たる[とした] calmo, imperturbabile, impassibile ◇泰然と con calma imperturbabile, senza batter ciglio
✤**泰然自若** ¶泰然自若としている mantenere la calma [il sangue freddo] / rimanere imperturbat*o*

たいせんしゃ 対戦車 ◇対戦車の anticarro
✤**対戦車壕** trincea[女] anticarro
対戦車砲 cannone[男] anticarro

たいせんしょうかいき 対潜哨戒機 aereo[男] antisommergibile

だいぜんてい 大前提 **1**《根本的な》presupposto[男] fondamentale **2**〘論理〙《三段論法の》premessa[女] maggiore

たいそう 体操 ginnastica[女] ◇体操(を)する fare ginnastica [esercizi ginnici] ⇒スポーツ [用語集] ¶美容体操 ginnastica estetica ¶準備体操 riscaldamento muscolare ¶器械体操 (ginnastica) attrezzistica ¶柔軟体操 esercizi di flessione ¶頭の体操 buona ginnastica per il cervello
✤**体操器具** attrezzi[男][複] ginnici
体操競技 gara[女] di ginnastica [ginnica], ginnastica[女] atletica
体操選手 ginnast*a*[男][女][[男]複 -*i*]

たいそう 大層 **1**《非常に》estremamente, assai **2**《立派な様子》¶たいそうな構えの家 villa [palazzo] imponente **3**《大げさな》esagerato ¶あの人はいつもたいそうな言い方をする. Quell'uomo parla sempre in modo esagerato.

たいぞう 退蔵 tesaurizzazione[女], tesoreggiamento[男] ◇退蔵する tesaurizzare[他], [自][*av*], tesoreggiare[他], [自][*av*]
✤**退蔵物資** beni[男][複] accumulati

だいぞうきょう 大蔵経 il Tripitaka[男] (◆i canoni delle sacre scritture buddiste)

だいそつ 大卒 《卒業すること》il laurearsi;《人》laureat*o*[男][[女] -*a*];《肩書き》dottor*e*[男][[女] -*essa*];《略》dott.[男]; dott.ssa[女] ◇大卒の laureato

だいそれた 大それた 《向こうみずな》temerar*io* [[男]複 -*i*], audace《非常識な》pazze*sco* [[男]複 -*schi*], insensato ¶大それた考えを抱く nutrire un'idea pazzesca [insensata] ¶大それたまねをする compiere un'azione temeraria [audace]

たいだ 怠惰 pigrizia[女], indolenza[女], lentezza[女], *ozio* [複 -*i*][男], poltroneria[女] ◇怠惰な pigro, lento, indolente, poltrone ¶怠惰な生活を送る vivere pigramente ¶怠惰は悪徳のもと. "L'ozio è il padre dei vizi."

だいたい 大体

1 ◇大体の generale;《大雑把な》grossolano; sommar*io* [[男]複 -*i*] ¶大体の住所 indirizzo a grandi linee ¶大体の話は彼から聞いた. Ho sentito da

lui un racconto sommario.
2《おおまかに》grosso modo, quasi, più o meno;《一般に》in genere, in generale;《全体として》nel complesso, nell'insieme ¶だいたいできている. Nel complesso è ben fatto. ¶仕事はだいたい終わった. Il lavoro è quasi terminato. ¶だいたいこういった次第です. Ecco, grosso modo, come si presenta la situazione.
3《そもそも》 ¶だいたいおまえが悪いのだ. Del resto, è colpa tua!

だいたい 大隊 〖軍〗battaglione㊚
❖**大隊長** comandante㊚ di battaglione, maggiore㊚

だいたい 大腿 〖解〗coscia㊛ [複 -sce]
❖**大腿骨** femore㊚
大腿部 fascia㊛ [複 -sce] femorale ◇ 大腿部の cosciale, femorale

だいたい 代替 sostituzione㊛ ◇ 代替する《AをBに》sostituire A a B;《AをBと》sostituire B con A ◇ 代替の alternativo ¶ガスを太陽熱エネルギーに代替する sostituire l'energia solare al gas / sostituire il gas con l'energia solare
❖**代替医療** medicina㊛ alternativa
代替エネルギー energia㊛ alternativa
代替地 ¶原子力発電所建設のための代替地 luogo alternativo per la costruzione di una centrale nucleare
代替物〖品〗sostituto㊚

だいだい 代々 di generazione in generazione ¶代々受け継がれてきた財産 patrimonio ereditato da più generazioni ¶代々語り継がれてきた言い伝え leggenda tramandata di generazione in generazione ¶先祖代々の墓 tomba di famiglia ¶この家は代々医者だ. In questa casa sono medici da generazioni.

だいだい 橙 〖木〗arancio㊚ [複 -ci] amaro, cedrangolo㊚;〖実〗arancia㊛ [複 -ce] amara, cedro㊚
❖**だいだい色** ◇ だいだい色の arancio [無変], di color arancio, arancione [無変]

だいだいてき 大的 ◇ 大々的な vasto, immenso ◇ 大々的に su vasta [larga] scala, in grande, di grandi dimensioni ¶そのニュースはテレビで大々的に報道された. È stato dato vasto spazio alla notizia sui canali televisivi. ¶大々的なキャンペーン campagna su vasta scala / maxi campagna ¶大々的に宣伝する annunciare ql.co. in grande /《商品などを》lanciare ql.co. con grande pubblicità

だいたすう 大多数 gran parte㊛, la maggioranza㊛ assoluta, la maggior parte㊛ ¶日本人の大多数は…と考えている. La stragrande maggioranza dei giapponesi pensa che +接続法

たいだん 対談 conversazione㊛, dialogo㊚ [複 -ghi], colloquio㊚ [複 -i];《インタビュー》intervista㊛ ◇ 対談する intrattenersi (a colloquio) / conversare / avere un colloquio con ql.cu.; intervistare ql.cu.

たいだん 退団 ¶彼はチームを退団させられた. È stato buttato fuori dalla squadra. ¶彼は病気のため劇団を退団した. Ha lasciato la compagnia teatrale per motivi di salute.

だいたん 大胆 ◇ 大胆さ《豪胆》ardimento㊚, arditezza㊛, intrepidezza㊛, intrepidità㊛;《無謀・不敵》temerarietà㊛, audacia㊛;《豪胆な》ardito, intrepido;《無謀な・不敵な》audace, temerario [男複 -i] ◇ 大胆なうそ bugia sfacciata ◇ 大胆な服装 modo di vestire audace ¶大胆な企て impresa audace ¶大胆にも…する avere l'audacia di +不定詞
❖**大胆不敵** impavido ¶大胆不敵な男 uomo impavido

だいだんえん 大団円 fine㊛, epilogo㊚ [複 -ghi];《めでたしめでたし》lieto fine, gran finale㊚ ¶大団円となる giungere ad una conclusione [ad un epilogo] ¶めでたく大団円を迎える concludersi felicemente

だいち 大地 terra㊛, suolo㊚ ¶母なる大地 la terra nutrice / la madre terra ¶大地に根を張って生きる《植物》avere le radici ben affondate nella terra /《人間》vivere in modo realistico

だいち 台地 pianoro㊚, altopiano [altipiano]㊚ [複 altipiani, altipiani], tavolato㊚

たいちこうげき 対地攻撃 attacco㊚ [複 -chi] aereo, incursione㊛ aerea

たいちょう 体長 lunghezza㊛ corporea (◆ di animali, pesci) ¶この魚は体長1メートルもあった. Quel pesce era lungo ben un metro.

たいちょう 体調 forma㊛ fisica, condizione㊛ fisica ¶体調がいい[悪い] essere [non essere] in forma / stare bene [male] / sentirsi bene [male] ¶体調は十分だ. Sono in piena forma. ¶試合に備えて体調を整える cercare la forma migliore in vista di un incontro ¶今日は体調がよくない. Oggi non mi sento bene.

たいちょう 退庁 ◇ 退庁する rincasare㊊ [es] dall'ufficio pubblico

たいちょう 退潮 **1** → 引き潮
2《勢いの衰え》¶景気は退潮期にある. Il mercato è in declino.

たいちょう 隊長 《グループやチームの》caposquadra㊚ ㊛ [複 capisquadra; ㊛ 複 caposquadra];〖軍〗《分隊長》caposquadra㊚ ㊛; comandante㊚

だいちょう 大腸 〖解〗intestino crasso;《結腸》colon㊚
❖**大腸炎**[カタル]〖医〗colite㊛
大腸癌〖医〗cancro㊚ del colon-retto
大腸菌〖医〗colibacillo㊚
大腸ポリープ〖医〗polipo㊚ del colon

だいちょう 台帳 registro㊚, libro㊚ ¶仕入れ台帳 libro magazzino ¶土地台帳 catasto / libro fondiario ¶台帳に付ける registrare ql.co.

たいちょうかく 対頂角 〖幾何〗angolo㊚ opposto al vertice

タイツ〔英 tights〕calzamaglia㊛ [複 calzamaglie, calzamaglie] ¶厚めのタイツ calzamaglia pesante ¶タイツをはく indossare una calzamaglia

たいてい 大帝 grande imperatore㊚ ¶コンスタンティヌス大帝 Costantino il Grande ¶カール大帝 Carlo Magno

たいてい 退廷 ◇ 退廷する lasciare l'aula del tribunale ¶退廷させる espellere ql.cu. dall'aula del tribunale

たいてい 大抵 《一般に》in genere, in generale, generalmente;《大

体》quasi, quasi tutto, pressappoco;《通常》di solito ◇たいていの la maggior parte di... ¶たいていの場合 nella maggior parte dei casi ¶三島の本ならたいていは読んだ. I libri di Mishima li ho letti quasi tutti. ¶君の知っていることなら僕もたいてい知っている. Quello che sai tu, in linea di massima lo so anch'io. ¶たいていの人は何か趣味をもっている. Chiunque, in genere, possiede un hobby. ¶土曜日はたいてい家にいます. Il sabato di solito rimango a casa.

たいてき 大敵 《手ごわい敵》forte [formidabile] nemico男[複 -ci] ¶湿気は楽器の大敵だ. L'umidità è il peggior nemico degli strumenti musicali.

たいてん 大典 1 《重大な儀式》grande cerimonia女 2 《重大な法典》¶ローマの大典 legge fondamentale dell'Impero Romano

たいでん 帯電 ◇帯電する caricarsi di elettricità, elettrizzarsi ◇帯電させる elettrizzare ql.co.
✤帯電防止剤 agente男 antistatico [複 -ci]

タイト 〔英 tight〕 ¶タイトなスケジュール agenda fitta
✤タイトスカート gonna女 attillata, gonna女 [sottana女] stretta [aderente]

タイトスクラム 《スポ》mischia女 chiusa

たいど 態度 《立場, 姿勢》atteggiamento男;《振る舞い》comportamento男, contegno男;《様子》aria女 ¶きっぱりした [あいまいな] 態度を取る assumere un atteggiamento 「ben definito [ambiguo] / comportarsi risolutamente [in modo ambiguo] ¶態度を一変する cambiare completamente il proprio atteggiamento ¶真剣な態度で聴く ascoltare ql.co. [qlcu.] con aria seria ¶あの生徒は授業中の態度が悪い. Quell'alunno si comporta male in classe. ¶彼は態度が大きい. Fa il prepotente.

たいとう 台頭 ◇台頭する guadagnare terreno;《勢力を伸ばす》accrescere la propria autorità [il proprio prestigio] ¶自由主義の台頭 la nascita e lo sviluppo del liberalismo ¶軍国主義の台頭 il sorgere e l'affermarsi del militarismo

たいとう 対等 uguaglianza女, parità女 ◇対等の uguale, medesimo, stesso ◇対等に da pari a pari ¶〈人〉と対等の権利を持つ avere i medesimi diritti di qlcu. / avere parità di diritti con qlcu. ¶ここでは皆対等だ. Qui siamo tutti uguali. ¶あの先生は対等に話してくれる. È un professore che ti parla sullo stesso piano.

たいどう 胎動 《医》movimento男 fetale ¶胎動を感じる percepire i movimenti del feto ¶準備known向かう新時代の胎動が感じられる. Si sente nell'aria l'avvento di una nuova epoca di disarmo.

だいどう 大道 《道徳原理》grandi principi男 [複] morali ¶天下の大道を歩く condurre una vita retta
✤大道芸人 artista男女 [男複 -i] di strada [di piazza]
大道商人 venditore男 [女 -trice] di piazza, ambulante男

だいどうしょうい 大同小異 ◇大同小異の pressoché simili, quasi uguali ¶いずれも大同小異だ. Le due cose sono più o meno uguali. / Non c'è molta differenza tra di loro.

だいどうだんけつ 大同団結 coalizione女
◇大同団結する unirsi per uno scopo comune

だいどうみゃく 大動脈 1 《解》aorta女 ◇大動脈の aortico男 [男複 -ci] 2 《重要な幹線》arteria女 principale (di comunicazione)
✤大動脈炎《医》aortite女, infiammazione女 dell'aorta
大動脈系 sistema男 aortico
大動脈瘤 (りゅう) aneurisma男 [複 -i] aortico

だいとうりょう 大統領 Presidente男 ◇大統領の presidenziale ¶イタリア (共和国) 大統領 Presidente della Repubblica / Capo dello Stato (◆任期は7年で再任可) ¶副大統領 vicepresidente ¶故エイナウディ大統領 il fu [defunto] Presidente Einaudi ¶大統領に指名される [選ばれる] essere nominato [eletto] Presidente ¶大統領の職 [任期] presidenza / mandato presidenziale
✤大統領官邸 residenza女 presidenziale; (イタリア の) il Quirinale男
大統領教書 messaggio男 [複 -gi] presidenziale al Parlamento;《米国の一般年頭教書》messaggio男 del Presidente degli Stati Uniti al popolo statunitense
大統領候補 candidato男女 [女 -a] presidenziale
大統領制 sistema男 di governo presidenziale
大統領選挙 elezioni女 [複] presidenziali
大統領命令 decreto男 presidenziale;《略》DP

たいとく 体得 ◇体得する acquisire una profonda conoscenza di ql.co. con l'esperienza ¶彼はこの技術を体得している. Ha fatto sua questa tecnica.

たいどく 胎毒 《医》eczema男 [複 -i] sulla testa o sulla faccia di un bambino (attribuibile a sifilide congenita)

だいどく 代読 ¶首相のメッセージを代読する leggere il messaggio del Primo Ministro in sua vece

だいどころ 台所 1 《調理場》cucina女 →次ページ 図版 ¶台所で in cucina 2 《やりくり》¶台所が苦しい 《家計の》arrivare a stento alla fine del mese / avere difficoltà nel mandare avanti la casa
✤台所用品 utensili男 [複] da cucina

だいとし 大都市 metropoli女 [無変]

タイトル 〔英 title〕 1 《題名》titolo男 2 《字幕》sottotitoli男 [複], didascalie女 [複] ¶エンドタイトル《映》titoli di coda 3 《選手権》titolo男 di campione ¶タイトルを奪 private qlcu. del titolo di campione ¶タイトルを失う《防衛する》perdere [difendere] il titolo
✤タイトルバー《コンピュータ》barra女 del titolo
タイトルバック《映》immagini女 [複] che appaiono sullo sfondo dei titoli di un film
タイトル保持者《スポ》detentore男 [女 -trice] di un titolo
タイトルマッチ incontro男 per il titolo, campionato男

たいない 体内 ◇体内の [で] nel corpo;《医》interno ¶体内にエネルギーを蓄える risparmiare [accumulare] energia nel corpo
✤体内受精 fecondazione女 interna

体内時計 orol_o_gi_o_ 男 [複 -gi] biol_o_gic_o_ [複 -ci]
たいない 対内 ◇対内的 interno; 《国内的》nazionale ◇対内的に internamente; a livello nazionale ¶対内的な問題 problemi interni
❖**対内政策** politic_a_ 女 interna
たいない 胎内 grembo (materno) ¶胎内で nel grembo [ventre] materno
❖**胎内感染** [医] infezi_o_ne 女 prenatale
だいなし 台無し ◇台なしにする sciupare _ql.co._, rovinare [guastare] _ql.co._ ¶インクの染みをつけて新調の服を台なしにしてしまった. Ho sciupato un vestito nuovo con una macchia d'inchiostro. ¶遠足は雨で台なしになった. La pioggia ci ha rovinato la gita.
だいなな 第七 ◇第七の s_e_ttimo
ダイナマイト [英 dynamite] dinamite 女 ¶ダイナマイトで爆破する far saltare (in _a_ria) _ql.co._ con la dinamite ¶橋脚にダイナマイトを仕掛ける piazzare una c_a_rica di dinamite nel pilone di un ponte
ダイナミック [英 dynamic] ◇ダイナミックな dinamic_o_ [男複 -ci] ◇ダイナミックに dinamicamente
❖**ダイナミックマイクロホン** micr_o_fono 男 a bobina m_o_bile [a conduttore m_o_bile]
ダイナミックレンジ gamma 女 din_a_mica
ダイナモ [英 dynamo] d_i_namo 女 [無変]
だいに 第二 ◇第二の(二番目の) secondo; (二次的な) secondar_io_ [男複 -i] ; (もう一つ[一人]の) un altro; un'altra; (新しい) nuovo ◇第二に in secondo luogo; secondariamente ¶第二の故郷 seconda patria ¶(帰化した国) patria d'adozione ¶彼は第二のピランデッロになれるだろうか. È possibile che ci troviamo di fronte a un nuovo Pirandello? ¶第二の人生を踏み出す rifarsi una nuova vita
❖**第二義** ¶第二義的な問題 probl_e_m_a_ 男 [複 -i] secondario
❖**第二次産業** [経] indu_s_tria 女 secondaria
第二次性徴 [医] car_a_tteri 男 [複] sessuali secondari
第二次世界大戦 la seconda guerra 女 mondiale ¶第二次世界大戦後に dopo la seconda guerra mondiale / nel secondo dopoguerra
第二種運転免許 patente 女 di seconda categoria; 《イタリアのタクシードライバー用》patente 女 di categoria CAP-B [kápbi] (►CAPは certificato di abilitazione professionale 「職業資格認可証」の略)
第二審 [法] giud_i_zi_o_ 男 [複 -i] di seconda istanza
たいにち 対日 ¶この国は対日感情がいい[悪い]. Il p_o_polo di questo paese 「ha sentimenti ben_e_voli verso il Giappone [non vede di buon occhio i giapponesi].
❖**対日関係** [貿易] relazi_o_ni 女 [複] [commercio 男 [複 -ci]] col Giappone
対日請求権 diritto 男 di rivendicazione nei confronti del Giappone
たいにち 滞日 ¶滞日中に durante il (_proprio_) soggiorno「in Giappone [giapponese]
だいにゅう 代入 [数] sostituzi_o_ne 女 《AにBを di A con B》 ◇代入する sostituire 《AにBを A con B》
たいにん 大任 (重要な使命) missi_o_ne 女 importante; (責任の重い仕事) inc_a_ric_o_ 男 [複 -chi] di grave responsabilità ¶大任を果たす compiere un'importante missione

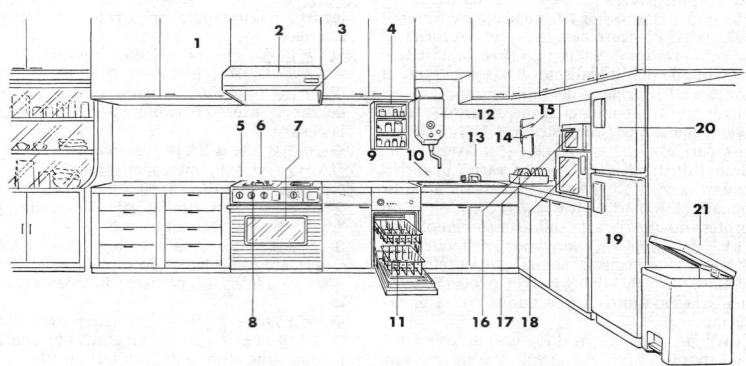

台所
1 吊り戸棚 p_e_nsile 男. **2** 換気扇フード c_a_ppa 女. **3** 換気扇 ventilatore 男. **4** 香辛料棚 mobiletto 男 portaspezie [無変]. **5** ガスレンジ fornello 男 [cucina 女] a gas. **6** ガスバーナー bruciatore 男 a gas. **7** オーブン forno 男. **8** 火力調節器 man_o_pola 女 del gas. **9** 調理台 piano 男 della cucina. **10** 流し acqu_a_io 男, lavandino 男. **11** 食器洗い機 lavastoviglie 女 [無変]. **12** 瞬間湯沸器 scaldaacqua 男 [無変] istant_a_neo. **13** 蛇口 rubinetto 男. **14** ふきん strofin_a_ccio 男. **15** ふきん掛け stenditoio 男. **16** 水切り容器 scolapiatti 男 [無変]. **17** 電気グリル gr_i_glia 女 el_e_ttrica. **18** 電子レンジ forno 男 a micro_o_nde. **19** 冷蔵庫 frigor_i_fero 男. **20** 冷凍庫 congelatore 男. **21** ごみ入れ pattumiera 女.

たいにん 退任 ◇退任する《定年で》ritirarsi 《から da》;《任期途中で》dimettersi 《から da》¶退任の挨拶をする dare il saluto di addio prima delle dimissioni

だいにん 代人 sostituto㊚[㊛ -a]

ダイニングキッチン cucina㊛ abitabile, cucina-tinello㊚[無変]

ダイニングルーム 〔英 dining room〕 sala㊛ da pranzo

たいねつ 耐熱 ◇耐熱の termoresistente, resistente al calore, antitermico㊚[複 -ci]
♣**耐熱ガラス** vetro㊚ termoresistente [resistente al calore]
耐熱試験 prova㊛ termica
耐熱性 resistenza㊛ termica
耐熱服 tuta㊛ ignifuga

たいのう 滞納 ◇滞納する essere arretrato [in ritardo] con un pagamento, ritardare㊀[av] nel pagamento ¶家賃を5か月滞納している。Ho cinque mensilità arretrate d'affitto da pagare.
♣**滞納金** arretrati㊚[複]
滞納者 《税金の》contribuente㊚ moroso

だいのう 大脳 cervello㊚ ◇大脳の cerebrale
♣**大脳作用** cerebrazione㊛
大脳皮質 corteccia㊛ cerebrale

だいのう 大農 《人》agrario㊚[複 -i], latifondista㊚[㊛ -i];《経営方法》agricoltura㊛ estensiva [su larga scala]

たいは 大破 ◇大破する《壊れる》essere seriamente [gravemente] danneggiato;《壊す》arrecare gravi danni a qlco., distruggere qlco. ¶家は台風で大破した。La casa ha subito gravissimi danni dal tifone.

ダイバー 〔英 diver〕《潜水する人》sommozzatore㊚[㊛ -trice];《飛び込み競技の》tuffatore㊚[㊛ -trice] →潜水 図版

たいはい 大敗 ◇大敗を喫する subire una completa sconfitta [una disfatta] / essere sbaragliato da qlco. [ql.co.]

たいはい 退廃 《風俗などの》degenerazione㊛, corruzione㊛;《文明などの》decadenza㊛, declino㊚ ◇退廃する degenerare㊀[es, av], decadere㊀[es]; corrompersi ◇退廃的 degenerato; decadente ¶政界の退廃ぶりは目を覆うほどだ。La corruzione del mondo politico ha raggiunto livelli impressionanti.

だいばかり 台秤 pesa㊛ [ponte㊚] a bilico, stadera㊛ a ponte, bascula㊛

だいはち 第八 ◇第八の ottavo

だいはちぐるま 大八車・代八車 carro㊚ (pesante), barroccio㊚[複 -ci]

たいばつ 体罰 punizione㊛ corporale ¶《人》にひどい体罰を加える infliggere una severa punizione corporale a qlcu.

たいはん 大半 la maggior parte ¶大半の人 la maggior parte della gente / gran parte della gente ¶工事は大半終わっている。La costruzione è quasi finita.

たいばん 胎盤 placenta㊛ ◇胎盤の placentale
♣**胎盤形成** 《医》placentazione㊛
胎盤剥離(はくり) 《医》distacco㊚[複 -chi] della placenta

たいひ 対比《比較》paragone㊚, comparazione㊛, confronto㊚;《対照》raffronto㊚ ◇対比する paragonare [confrontare]《AとBを A con B》¶写しと原文を対比する paragonare una copia con l'originale ¶…と対比して in contrasto con [a paragone di / in paragone a] qlcu. [ql.co.]

たいひ 待避 ◇待避する mettersi al riparo (da un pericolo)
♣**待避壕** rifugio㊚[複 -gi], ricovero㊚, riparo㊚, asilo㊚
待避車線 corsia㊛ di emergenza
待避所 rifugio㊚, asilo㊚
待避線 《鉄道》binario㊚[複 -i] di precedenza

たいひ 退避 ◇退避する trovare rifugio da ql.co. ¶建物に[木の下に]退避する rifugiarsi in un palazzo [sotto un albero] ¶人々はその危険地区から退避した。La gente venne fatta evacuare dalla zona di pericolo.

たいひ 堆肥 letame㊚, stallatico㊚[複 -ci], concime㊚ composto, composta㊛ ¶畑に堆肥を施す spargere il letame sui campi

タイピスト 〔英 typist〕dattilografo㊚[㊛ -a] ¶秘書兼タイピスト segretaria dattilografa ¶英文タイピスト dattilografa in (lingua) inglese

だいひつ 代筆 ◇手紙を代筆する scrivere una lettera (a qlcu.) per conto di altri

たいひょう 体表 superficie㊛ del corpo
♣**体表面積** area㊛ della superficie del corpo

たいびょう 大病 malattia㊛ grave [seria] ¶大病にかかる soffrire di [essere colpito da / essere affetto da] una grave malattia
♣**大病人** persona㊛ gravemente ammalata

だいひょう 代表 《行為としての》rappresentanza㊛;《代表者》rappresentante㊚, delegato㊚[㊛ -a];《政党などの》esponente㊚;《代表団》delegazione㊛ ◇代表する rappresentare qlcu. [ql.co.] ◇代表的 rappresentativo;《典型的》tipico [複 -ci];《象徴的》simbolico [複 -ci] ¶代表チーム squadra rappresentante ¶外交代表部 missione diplomatica ¶組合代表 delegato sindacale ¶友人一同を代表して「come rappresentante [a nome] di tutti gli amici」¶会議に代表を派遣する delegare [inviare] un rappresentante a un congresso ¶彼女の発言に代表される考え方 modo di pensare che si riflette nei suoi interventi ¶ダンテはイタリアを代表する詩人だ。Dante è il poeta italiano per eccellenza. ¶その寺は鎌倉時代の代表的な寺院だ。Quel tempio è rappresentativo del periodo Kamakura.
♣**代表権** 《法》dritto㊚ di rappresentanza
代表作 opera㊛ rappresentativa
代表質問 ¶総理大臣に野党各党の代表質問が行われた。Il Primo Ministro è stato interpellato dai rappresentanti dei partiti dell'opposizione.
代表値 《統》media㊛
代表番号 《電話の》¶代表番号にかける chiamare il centralino

ダイビング 〔英 diving〕《飛び込み》tuffo㊚;《潜水》immersione㊛ ◇ダイビングする fare immersioni →潜水 図版 ¶スカイダイビング paracadutismo / lancio con paracadute ¶スキューバダイビング immersione con la bombola ¶スキンダ

イビング immersione in apnea

たいぶ 大部 ¶大部の書物(紙数の多い) libro grosso [voluminoso] /《巻数の多い》opera in molti volumi

たいぶ 退部 ¶テニス部を退部する lasciare il [dimettersi dal] circolo del tennis

タイプ 〔英 type〕**1**《型, 様式》tipo男;《種類》genere男, specie女《無変》;《気質》stampo男 ¶同じタイプの人たち gente dello stesso stampo ¶どんなタイプのカメラをお求めですか. Che tipo di macchina fotografica desidera? ¶私は古いタイプの人間です. Sono una persona di vecchio stampo. ¶ああいう男性が大変タイプなんですか. Ti piacciono uomini come quello?
2《タイプライター》macchina女 da scrivere ◇タイプする battere他 (▶単独でも可) [scrivere他 (▶単独でも可)] ql.co. a macchina, dattilografare ¶手紙をタイプで打つ battere una lettera a macchina, dattilografare una lettera ¶タイプの打ち違い errore di battitura [di battuta] / errore dattilografico

だいふ 代父 《キリ》padrino男

だいぶ 大分 《著しく》notevolmente, sensibilmente;《かなり》abbastanza, assai piuttosto;《大いに》molto ¶だいぶ前に parecchio tempo fa ¶だいぶ後に assai dopo ¶だいぶ時間がある. Abbiamo tempo a sufficienza. ¶だいぶ遅くなった. Si è fatto piuttosto tardi. ¶だいぶ気分がよくなった. Mi sento molto meglio.

たいふう 台風 tifone男;《サイクロン》ciclone男;《ハリケーン》uragano男;《トルネード》tornado男《無変》→気象 用語集 ¶台風の目 occhio di un tifone [ciclone] ¶台風9号 il nono tifone dell'anno ¶台風圏内に入る entrare nel raggio d'azione di un tifone ¶台風は日本に接近しつつある. Il tifone si sta "avvicinando al [dirigendo verso il] Giappone. ¶超大型台風が東京を襲った. Un violentissimo tifone si è abbattuto su Tokyo. ¶台風一過の青空 cielo limpido dopo il tifone
♣台風警報 allarme男 per l'arrivo di un tifone
台風圏内 zona女 di influenza del tifone

だいふきん 台布巾 strofinaccio男 [複 -ci] /canovaccio男 [複 -ci] per tavoli

だいふく 大福 *daifuku*男《無変》(◆ dolce di riso farcito con pesto di *azuki*)

だいぶつ 大仏 grande statua女 del Budda ¶奈良の大仏 il grande Budda di Nara
♣大仏殿 sala女 del tempio con una grande statua del Budda

たいぶつかしつけ 対物貸付 《金融》prestito男 garantito da immobili

たいぶつけいやく 対物契約 《法》contratto男 reale

たいぶつばいしょうせきにんほけん 対物賠償責任保険 assicurazione女 di responsabilità civile (per danni causati ai beni altrui)

たいぶつレンズ 対物レンズ obiettivo男

だいぶぶん 大部分 la maggior parte女, gran parte女 ¶仕事は大部分できあがった. La maggior parte del lavoro è conclusa. ¶大部分の学生が旅行に参加した. La maggior parte degli studenti ha partecipato al viaggio. (▶動詞を意味上の主語 studenti に合わせて, La maggior parte degli studenti hanno partecipato...と3人称複数で活用することもできる)

タイプライター 〔英 typewriter〕macchina女 da [per] scrivere, macchina女 dattilografica

たいぶんすう 帯分数 《数》numero misto

たいへい 太平・泰平 ¶天下太平だ. Il mondo è in pace. ¶太平の夢を破って銃声が鳴り響いた. Uno sparo ha sconvolto la tranquillità generale.

たいべい 滞米 ¶滞米中に durante il (*proprio*) soggiorno negli Stati Uniti [in America]

たいべいかんけい 対米関係 relazioni女[複] con gli Stati Uniti

たいべいゆしゅつ 対米輸出 esportazioni女[複] verso gli Stati Uniti

たいへいよう 太平洋 Oceano男 Pacifico ¶北[南]太平洋 Oceano Pacifico Settentrionale [Meridionale]
♣太平洋沿岸 coste女[複] del Pacifico
太平洋横断飛行 traversata女 aerea del Pacifico
太平洋艦隊 flotta女 del Pacifico
太平洋戦争 guerra女 del Pacifico (◆ 1941-45)

たいへいらく 太平楽 ¶太平楽を並べる dire futilità e fantasticherie chiudendo gli occhi di fronte alla realtà

たいへん 大変 **1**《はなはだしい》◇大変な grande, grosso, notevole, straordinario男 複 -i, terribile;《たくさんの》tanto, molto ¶大変な暑さだ. Fa un caldo terribile. ¶彼女は大変なおしゃべりだ. È una grande chiacchierona. ¶大変な目に遭った. Mi sono trovato in un grosso guaio. ¶町は大変な人出だ. Un'enorme folla gremisce le strade. ¶大変なお金がかかった. Mi è costato molto denaro.
2《ただならぬ》grave, serio男 複 -i;《面倒な》difficile ¶大変な事件 gravissimo incidente ¶大変な間違いをしでかす fare un grave [grosso / grande] sbaglio ¶これは大変だ. Accidenti! / Che guaio! / Santo cielo! ¶大変なことをしてしまった. Ho combinato un bel guaio. ¶大変な仕事を引き受けたものだ. Purtroppo ho accettato un lavoraccio!
3《非常に》assai, molto, tanto; estremamente ¶この本は大変おもしろい. Questo libro è molto interessante. ¶大変お待たせいたしました. Mi scusi se l'ho fatta attendere così a lungo. (▶「ho」の前に attendere lei を受けた「la」があるため, 過去分詞は女性単数形の語尾変化となる) ¶大変申し訳なく存じます. Siamo desolati.

たいへん 対辺 《幾何》lato男 opposto

だいへん 代返 ¶代返を友人に頼む chiedere a un amico di rispondere all'appello al *proprio* posto

だいべん 大便 feci[複], escrementi男[複];《俗》cacca女;《幼》popò女 ◇大便をする evacuare自[av], defecare自[av]; fare la cacca; fare la popò; andare di corpo;《婉曲的》fare un bisogno

だいべん 代弁 《本人に代わって弁償すること》¶損害は私が代弁するよ. Risarcirò io i danni al posto tuo.

だいべん 代弁 《本人に代わって意見を述べること》

◇代弁する essere il portavoce di *qlcu.*, parlare per conto [al posto] di *qlcu.*
♣代弁者 portavoce男女[無変]
たいほ 退歩 indietreggiamento男, arretramento男, regressione女 ◇退歩する indietreggiare自[*es, av*], arretrare自[*av*], regredire自[*es, av*] ¶文明の退歩 regresso [declino / decadenza] della civiltà
たいほ 逮捕 arresto男 ◇逮捕する arrestare *qlcu.*, dichiarare *qlcu.* in arresto, mettere *qlcu.* in stato d'arresto ¶あなたを逮捕します。Lei è in arresto. / La dichiaro in arresto. ¶彼は盗みをして[殺人罪で]逮捕された。L'hanno arrestato 「per furto [sotto l'accusa di omicidio]. ¶彼はすりの現行犯で逮捕された。È stato arrestato in flagranza di reato mentre rubava.
♣逮捕状 mandato男 di cattura ¶逮捕状を発する emettere un mandato di cattura contro *qlcu.*
だいぼ 代母 《キリ》madrina女
たいほう 大砲 cannone男;《重砲》cannone男 di grosso calibro;《総称》artiglieria女 ¶大砲の音 rombo del cannone ¶大砲を撃つ《連発》sparare cannonate;《一発》sparare un colpo di cannone ¶大砲で撃つ sparare col cannone / cannoneggiare (▶目的語に《敵の砲座 le postazioni nemiche》などの攻撃対象をとる)
たいぼう 耐乏 austerità女, privazioni女[複]
♣耐乏生活 vita女 di privazioni
たいぼう 待望 ◇待望の sperato, atteso da lungo tempo ◇待望する sperare *ql.co.* con ardore, aspettare *ql.co.* con ansia ¶待望の夏休みがやってきた。Le vacanze estive da tanto attese sono finalmente arrivate.
だいほうえ 大法会 ¶大法会を営む celebrare un grande rito commemorativo buddista
たいぼく 大木 grosso albero男;《巨木》albero男 gigante
だいほん 台本 copione男, libro di drammi;《内容も含め》sceneggiatura女; scenario男[複 -i];《オペラの》libretto男 ¶ことは台本どおりに進んだ。Le cose sono andate 「secondo il copione [come avevamo pensato].
だいほんえい 大本営 quartier男 generale imperiale (◆1893-1945)
だいほんざん 大本山 sede女 di una setta buddista
たいま 大麻《植》canapa女;《麻薬の》canapa女 indiana;《マリファナ》marijuana [marìwána]女[無変];《隠》erba女;《ハシッシュ》(h)ascisc [hascish]男[無変];《タバコ状の》spinello男 ¶大麻を吸う fumare marijuana
♣大麻中毒 dipendenza女 da marijuana
タイマー〔英 timer〕**1**《ストップウオッチ》cronometro男 **2**《計時係》cronometrista男女[複 -i] **3**《タイムスイッチ》〔英〕timer男[無変]; temporizzatore男 ¶タイマーじかけの爆発物 bomba a orologeria ¶タイマーを午前6時にセットして regolare un timer alle sei ¶タイマーのアラームが鳴っている。Sta suonando il timer. **4**《写》autoscatto男 ¶タイマーを使って写真を撮る fare una foto con l'autoscatto
たいまい 大枚 ¶30万円という大枚をはたいてパソコンを買った。Ho speso la bella somma di 300.000 yen per un computer.
たいまい 瑇瑁・玳瑁《動》tartaruga女 embricata
たいまつ 松明 torcia女[複 -ce], fiaccola女 ¶たいまつを灯(とも)す accendere una torcia [una fiaccola]
♣たいまつ行列 fiaccolata女
たいまん 怠慢 negligenza [-gli-]女, pigrizia女 ◇怠慢な negligente [-gli-], pigro ¶彼は職務怠慢だ。E negligente nei suoi doveri.
だいみょう 大名 *daimyo*男[無変], signore feudale
♣大名行列 corteo男 di scorta a un *daimyo*
大名暮らし ¶彼は大名暮らしをしている。Vive (nel lusso) come un nababbo [come un pascià].
大名旅行 ◇大名旅行をする fare un viaggio lussuoso
タイミング〔英 timing〕¶タイミングがいい essere tempestivo [opportuno] / essere fatto al momento giusto [buono / opportuno] ¶タイミングが悪い essere intempestivo [inopportuno] ¶タイミングよく a proposito / al momento giusto [opportuno] / con tempismo ¶タイミングを失う lasciarsi sfuggire il momento opportuno ¶タイミングを間違える scegliere il momento sbagliato
タイム〔英 thyme〕《ハーブ》timo男
タイム〔英 time〕tempo男 **1**《時間》¶走者のタイムを計る prendere [misurare] il tempo di un corridore / cronometrare un corridore ¶私の100mのタイムは12.5秒だった。Il mio tempo sui 100 m è stato di 12 secondi e 5 decimi. ¶練習すればまだタイムは伸びるよ。Con l'esercizio puoi ancora migliorare i tempi.
2《休憩時間》intervallo男;《プレーの中断》pausa女, interruzione女, sospensione女 ¶タイムをかける《選手・監督が》chiedere una sospensione [una pausa] /《審判が》interrompere [fermare] il gioco
♣タイムアウト《スポ》〔英〕time out男[無変]; sospensione女
タイムアップ ¶タイムアップだ。《試合終了》Tempo scaduto.
タイムカード cartellino男 di presenza
タイムカプセル contenitore男 pieno di oggetti che si sotterra come testimonianza del presente in previsione di un dissotterramento futuro
タイムキーパー cronometrista男女[複 -i]
タイムシェアリングシステム《コンピュータ》sistema男 di time-sharing [con divisione del tempo]
タイムスイッチ interruttore男 a tempo
タイムスリップ salto男 nel tempo ◇タイムスリップする fare un salto nel tempo ¶中世にタイムスリップしたみたいだった。Fu come se con un salto nel tempo fossimo tornati nel Medioevo.
タイムテーブル orario男[複 -i]
タイムトラベル viaggio男[複 -gi] nel tempo
タイムトンネル[マシン] tunnel男[無変] [macchina女] del tempo
タイムリミット limite男 di tempo
タイムレコーダー orologio男[複 -gi] marcatem-

po [無変] [di controllo] ¶タイムレコーダーを押す timbrare il cartellino

タイムリー 〔英 timely〕 ◇タイムリーな tempestivo; (che giunge) opportuno, fatto al momento giusto [buono / opportuno] ¶タイムリーな企画 progetto che arriva al momento giusto

-だいめ -代目 ¶九代目団十郎 Danjuro IX [nono]

だいめい 題名 titolo[男]

だいめいし 代名詞 〘文法〙 pronome[男] ◇代名詞の pronominale ¶人称[所有 / 指示 / 関係 / 疑問 / 不定]代名詞 pronome personale [possessivo / dimostrativo / relativo / interrogativo / indefinito]

だいめいどうし 代名動詞 〘文法〙 verbo[男] pronominale

たいめん 体面 《名誉》 onore[男], credito[男]; 《評判》 reputazione[女]; dignità[女] ¶体面を重んじる tenere alla *propria* reputazione ¶体面を保つ conservare il *proprio* onore / salvare la *propria* dignità ¶体面をけがす nuocere alla [ledere la] reputazione di *qlcu.* ¶このことで彼の体面が傷ついた. A causa di questo ha perso la sua reputazione [la faccia].

たいめん 対面 incontro[男] ◇対面する incontrarsi [vedersi] con *qlcu.* ¶彼とは10年ぶりの対面だった. L'ho rivisto [incontrato] dopo 10 anni. ¶彼とは初対面です. È la prima volta che lo incontro.

✤対面交通 ¶「この先対面交通」《掲示》 "Inizio doppio senso di circolazione"

たいもう 大望 ambizione[女], aspirazione[女] ¶大望を抱く aspirare[自] [*av*] a *ql.co.* [a+[不定詞]] / ambire[自] [*av*] a *ql.co.* [a+[不定詞]] ¶大望を遂げる realizzare le *proprie* aspirazioni ¶彼は大政治家になるという大望を抱いている. Aspira [Ambisce] a diventare un grande statista.

だいもく 題目 **1** 《本の標題》 titolo[男]; 《論文・講演・研究などの主題》 materia[女], argomento[男], tem*a*[男] [複 -*i*] **2** 《口先だけで実行しないこと》 ¶お題目だけ唱えていたって何の役にも立たない. È completamente inutile dire solo belle parole.

タイヤ 〔英 tire〕 gomma[女], pneumati*co*[男] [複 -*ci*] (►pneumaticoの冠詞は, 原則上は uno, loであるが, un, ilが使われることが多い); 《チューブタイヤの外側》 copertone[男]; 《車輪》 ruota[女] ⇒自動車 [用語集] ¶前[後]のタイヤ pneumatici anteriori [posteriori] ¶スタッドレス[スパイク / スノー]タイヤ pneumatico「con battistrada scolpito [chiodato / antineve [無変]] ¶スペアタイヤ ruota di scorta ¶ラジアルタイヤ (pneumatico) radiale / cinturato ¶タイヤの空気圧 pressione del pneumatico ¶タイヤに空気を入れる gonfiare una gomma ¶タイヤにチェーンを掛ける mettere le catene alle gomme ¶タイヤがぺしゃんこだ. La gomma è sgonfia [è a terra]. ¶タイヤがパンクした. La gomma è scoppiata.

ダイヤ orar*io*[男] [複 -*i*]「ferroviar*io* [複 -*i*] [dei treni] ¶ストでダイヤが乱れている. L'orario è saltato a causa di uno sciopero. ¶列車はダイヤ通りに運行している. I treni viaggiano in orario.

ダイヤ **1** 《トランプの》 quadri[男] [複] ⇒トランプ [関連] ¶ダイヤの7 il 7 di quadri **2** ⇒ダイヤモンド

たいやく 大役 《任務》 incari*co*[男] [複 -*chi*] [mansione[女]] importante; 《役割・劇の役》 ruolo[男] importante; 《使命》 missione[女] importante ¶〈人〉に大役を任せる affidare a *qlcu.* un importante incarico ¶大役を引き受ける assumere una mansione importante ¶彼は大役を果たした. Ha portato a termine un'importante missione.

たいやく 対訳 traduzione[女] a fronte ◇対訳の bilingue, con traduzione a fronte ¶対訳版 edizione bilingue ¶『対訳オデュッセイア』《書名》 "Odissea. Testo originale a fronte"

だいやく 代役 《芝居で》 dopp*io*[男] [複 -*i*], supplente[男][女], sostitut*o*[男] [[女] -*a*]; 《代役を務めること》 sostituzione[女]; 《スタンドイン》 controfigura[女] ◇代役を務める sostituire *qlcu.* in un ruolo [una parte]; fare la controfigura di *qlcu.*

ダイヤグラム 〔英 diagram〕 diagramm*a*[男] [複 -*i*]

ダイヤモンド 〔英 diamond〕 **1** 《宝石》 diamante[男]; 《カットしたもの》 brillante[男] ◇ダイヤモンドの adamantino ¶ダイヤモンドの指輪 anello con diamante ¶ダイヤモンドをちりばめた王冠 diadema di diamanti **2** 《野球で》 diamante[男], campo[男] interno

✤ダイヤモンド婚式 nozze[女] [複] di diamante

ダイヤル 〔英 dial〕 《電話の》 di*sco*[男] [複 -*schi*] combinatore; 《ラジオの》 scala[女] di sintonia; 《金庫などの》 manopola[女]; 《計器類の》 quadrante[男] ¶ダイヤルを回す《電話の》 comporre [fare / formare] un numero / 《金庫などの》 girare la manopola ¶ラジオのダイヤルをある局に合わせる sintonizzare una stazione

✤ダイヤルアップ 〘コンピュータ〙 connessione[女] telefonica [dial up [無変]]

ダイヤルアップ接続 〘コンピュータ〙 ◇ダイヤルアップ接続する collegarsi a internet tramite linea telefonica

ダイヤル直通 ¶日本と世界の主要都市間はダイヤル直通で話ができる. È possibile parlare in teleselezione fra il Giappone e le principali città del mondo.

ダイヤル通話 chiamata[女] in teleselezione

たいよ 貸与 prestito[男] ◇貸与する prestare *ql.co.* a *qlcu.*; dare *ql.co.* in prestito

✤貸与金 prestito[男], somma[女] prestata

たいよう 大洋 oceano[男] ◇大洋の oceani*co* [[男]複 -*ci*]

✤大洋航路 rotta[女] oceanica

大洋航路船 transatlanti*co*[男] [複 -*ci*]

たいよう 大要 《あらまし》 lineamenti[男] [複], sommar*io*[男] [複 -*i*]; 《要点》 punti[男] [複] sostanziali ¶その本の大要を述べる compendiare [ricapitolare] il libro ¶講演の大要をつかむ afferrare [cogliere] i punti essenziali del discorso

たいよう

太陽 sole[男]; 《天文学的に》 il Sole[男] ◇太陽の solare ¶太陽光 luce solare [del sole] ¶年間太陽照量 insolazione annua ¶太陽が昇った. Si è alzato il sole. ¶太陽が山の背に沈んだ. Il sole è tramontato dietro le montagne.

✤太陽エネルギー energ*ia*[女] [複 -*gie*] solare ¶太陽エネルギーの利用 sfruttamento dell'energia so-

lare
太陽系 sistema男 solare
太陽光線 raggio男[複 -gi] solare
太陽黒点 macchia女 solare
太陽神 dio男 del sole; Elio男
太陽崇拝 elioteismo男, adorazione女 del sole
太陽中心説 eliocentrismo男
太陽電池[灯] batteria女[lampada女] solare
太陽熱 calore男 solare
太陽熱発電所 centrale女 eliotermoelettrica
太陽年 anno男 solare
太陽暦 calendario男[複 -i] solare
たいよう 耐用 《耐久性》 durata女
❖**耐用性** durabilità女
耐用年数 ¶この機械の耐用年数は5年くらいです。 La durata di questa macchina è di cinque anni.
だいよう 代用 sostituzione女 ¶AをBで代用する sostituire A con B / usare [utilizzare] B in luogo di A ¶バターをオリーブオイルで代用する usare l'olio d'oliva invece[al posto] del burro
❖**代用教員** insegnante男女 supplente, supplente
代用食 alimento男 surrogato[succedaneo]
代用品 surrogato男, succedaneo男
たいようしゅう 大洋州 Oceania女
だいよん 第四 ◇第四の quarto
❖**第四階級** il quarto stato男
第四紀《地質》era女 quaternaria, quaternario男
たいら 平ら ◇平らな piatto, piano;《平らにされた》spianato;《ほぼ平らな》pianeggiante;《水平な》orizzontale ◇平らにする appianare, livellare, spianare;《金属を》laminare ¶広い平らな土地 un vasto terreno pianeggiante ¶表面を平らにする livellare la superficie
たいらぎ 玉珧 《貝》《タイラガイ》pinna女
たいらげる 平らげる **1**《征服する》sottomettere[assoggettare / domare] qlcu.[ql.co.];《鎮圧する》reprimere ql.co. **2**《料理を》mangiare e bere[ripulire] tutto quello che c'è ¶ごちそうをすっかり平らげる far piazza pulita di un pasto copioso
たいらん 大乱 grande sommossa[ribellione]女
だいり 内裏 palazzo男 imperiale
❖**内裏びな** bambole女[複] che raffigurano l'imperatore e l'imperatrice
だいり 代理 sostituzione女;《社員や教師の代わり》supplenza女;《法的な》procura女, delega女; rappresentanza女 ◇代理の delegato, deputato; sostituto ◇代理で in luogo[al posto] di qlcu., in sostituzione[vece] di qlcu.; per procura, per delega ◇代理(を)する sostituire qlcu.;《職務の》assumere「l'interim di ql.co.[ql.co. ad interim] ¶所長代理 sostituto del direttore ¶学長代理 rettore ad interim ¶〈人〉を代理に立てる nominare qlcu. procuratore[sostituto] ¶病気の先生の代理をする supplire un professore ammalato
❖**代理権** procura女 ¶代理権を与える dare una procura a qlcu. ¶A社の代理権を持つ rappresentare la ditta A
代理出産 maternità女 surrogata

代理署名 firma女 delegata
代理戦争 guerra女 per procura
代理大使[公使] incaricato男 d'affari
代理店 agenzia女 ¶保険[旅行 / 広告]代理店 agenzia di assicurazione[di viaggi / di pubblicità] ¶総代理店 agente esclusivo ¶代理店契約を結ぶ stipulare un contratto d'agenzia[di concessionario]
代理投票 ¶代理投票させる[してもらう] delegare qlcu. a votare
代理人 sostituto男[複 -a]; procuratore男[複 -trice]; delegato男[複 -a], rappresentante男女, deputato男[複 -a]
代理母 madre女 biologica[surrogata];《新聞報道などで》utero男 in affitto
だいりき 大力 grande forza女 fisica, forza女 erculea ¶彼は大力だ. Ha una forza erculea.
たいりく 大陸 continente男 ◇大陸(性)の, 大陸的 continentale ◇アジア大陸 il continente asiatico / l'Asia ¶旧大陸 il Vecchio continente ¶新大陸 il Nuovo continente ¶大陸文化が日本に伝わって来た. La cultura continentale fu introdotta in Giappone.
❖**大陸移動説** teoria女 sulla deriva dei continenti
大陸横断鉄道 ferrovia女 transcontinentale
大陸間弾道弾 missile男 balistico[複 -ci] intercontinentale;《略》[英] ICBM男
大陸性気候《気》clima男 continentale
大陸棚 piattaforma女 continentale
だいりせき 大理石 marmo男
❖**大理石像** statua女「di marmo[marmoreo], marmo男
大理石模様 marmorizzazione女, marezzo男, marezzatura女, venatura女 ◇大理石模様の marmorizzato, venato, marezzato
たいりつ 対立 opposizione女, contrasto男, antagonismo男 ◇対立する opporsi a[essere in opposizione a / essere contrario a / essere in contrasto con] qlcu.[ql.co.] ¶意見の対立 opposizione di idee ¶両国間に利害の対立が生じた. Tra i due paesi è sorto un conflitto d'interessi. ¶両派閥は対立し合っている. C'è una contrapposizione tra le due fazioni.
❖**対立形質** ◇対立形質の《生》allelomorfo
対立候補 candidato男[複 -a] opposto
たいりゃく 大略 grosso modo男 ¶事件の大略がわかった. Grosso modo mi sono reso conto di ciò che era accaduto.
たいりゅう 対流《物》convezione女 ◇対流の convettivo ¶水の対流 correnti convettive dell'acqua
❖**対流圏**《気》troposfera女
対流式暖房機 convettore男
たいりゅう 滞留 **1**《滞ること》ristagno男;《貨物の》giacenza女 ◇滞留する《水などが》ristagnare〈av〉, giacere〈es〉 ¶貨物が成田の通関施設に滞留していた. Mucchi di merci giacevano nei capannoni doganali a Narita. **2**《滞在》soggiorno男, permanenza女
たいりょう 大猟 carniere男 pieno, buona caccia女
たいりょう 大量 ◇大量の una grande quanti-

tà di *ql.co.* ◇大量に in grande quantità, in abbondanza, a bizzeffe, a iosa ¶大量の麻薬が発見された. È stata ritrovata una grande quantità di droga.

✤大量解雇 licenziamento[男] in massa
大量虐殺 eccid*io*[男][複 *-i*], strage[女], sterminio[男][複 *-i*], genocid*io*[男][複 *-i*]
大量生産 produzione[女] in serie ◇大量生産の di serie, prodotto in serie ◇大量生産する produrre *ql.co.* in serie
大量破壊兵器 arma[女] di distruzione di massa

たいりょう 大漁 buona retata[女], buona pesca[女] ¶大漁を祈願する pregare per una buona pesca ¶今日は鯖(さば)が大漁だった. Oggi abbiamo fatto una buona pesca di sgombri.

たいりょく 体力 forza[女] fisica, vigore[男] fisi*co*[複 *-ci*], energ*ia*[女][複 *-gie*] ¶体力がある avere forza ¶体力が充実している sentirsi in gran forma / essere nel pieno delle (*proprie*) forze ¶体力を養う[維持する] sviluppare [mantenere] le forze ¶体力を付ける rinforzarsi ¶体力を失う perdere le forze ¶プールに通って体力をつける allenare la resistenza frequentando la piscina ¶病人は体力を回復してきている. L'ammalato sta ricuperando [riacquistando] le forze. ¶私は体力の衰えを感じる. Sento che le forze mi vengono meno.

✤体力測定テスト misurazione[女] della forza fisica

たいりん 大輪 ¶大輪の菊を咲かせる coltivare dei crisantemi dalla corolla grande

タイル 〔英 tile〕 piastrella[女]; mattonella[女] ◇タイル張りの piastrellato, rivestito di piastrelle ¶浴室をタイル張りにする rivestire il bagno con piastrelle

ダイレクトメール〔英 direct mail〕 pubblicità[女] diretta [inviata per posta]

たいれつ 隊列 schieramento[男];《縦 列》fila[女];《横列》fila[女], riga[女] ¶軍隊の[チームの]隊列 schieramento dell'esercito [della squadra] ¶隊列を組む[崩す] formare [rompere] lo schieramento

たいろ 退路 ritirata[女] ¶敵の退路を断つ tagliare [impedire] la ritirata al nemico

だいろく 第六 ◇第六の sesto

だいろっかん 第六感 sesto senso[男];《直 感》intuito[男] ¶彼はうそをついていると第六感でわかった. Il mio sesto senso mi diceva che mentiva.

たいわ 対話 dialo*go*[男][複 *-ghi*], colloqu*io*[男][複 *-i*], conversazione[女] ◇対話 (体) の dialogi*co* [男複 *-ci*] ◇対話する avere un dialogo [dialogare[自][*av*] / conversare[自][*av*]] con *qlcu.*

✤対話形式 dialogismo[男]
対話劇 dialo*go*[男][複 *-ghi*] teatrale
対話式〘コンピュータ〙◇対話式の interattivo
対話体 ◇対話体の dialogisti*co* [男複 *-ci*]
対話法 dialogismo[男]

ダイン 〔英 dyne〕〘物〙dina[女], dine[女]

ダウ 《「ダウ式平均株価」の略》indice[男] Dow Jones

たうえ 田植え trapianto[男] del riso ◇田植えをする trapiantare il riso

✤田植え歌 canto[男] dei piantatori di riso
田植え機 macchina[女] per piantare riso

タウン 〔英 town〕 città[女]

✤タウンウェア abiti[男][複] da città
タウン誌 rivista[女]「per le notizie di città [cittadina]

ダウン 〔英 down〕《羽毛》piumino[男]; piuma[女];《鳥を包む全体》piumag*gio*[男][複 *-gi*]

✤ダウンジャケット piumino[男]

ダウン 〔英 down〕 **1**《下がること》calo[男] ¶成績がダウンした. Ho avuto un calo nei voti. / I voti sono peggiorati.

2《倒れること, まいること》¶先週は風邪でダウンしてしまった. La settimana scorsa sono stato a letto a causa di un'influenza.

3《ボクシングで》¶第3ラウンドでダウンした. Al terzo round è andato al tappeto.

✤ダウンタウン《商業地区》centro[男] commerciale della città;《親》centro[男]
ダウンヒル《スキーで》discesa[女] libera

ダウンサイジング 〔英 downsizing〕 ◇ダウンサイジングする《小さくする》rimpicciolire; ridimensionare;《人員を減らす》sfoltire

ダウンしょうこうぐん ダウン症候群 〘医〙 sindrome[女] di Down

ダウンロード 〔英 download〕〘コンピュータ〙〔英〕download[男][無変] ◇ダウンロードする scaricare ¶ファイルをダウンロードする scaricare un file

たえいる 絶え入る ¶絶え入りそうな声で con voce affranta [straziata] /《か細い声で》con un filo di voce

たえがたい 堪え難い ¶彼の悪口雑言は私には堪えがたいものだった. I suoi insulti erano per me intollerabili. ¶堪えがたい暑さだ. Fa un caldo insopportabile.

たえかねる 耐え兼ねる ¶痛さに耐え兼ねて大声で叫んだ. Non potendo più sopportare il dolore ho urlato ad alta voce.

だえき 唾液 saliva[女] ¶口の中にひとりでに唾液が出てきた. Mi è venuta l'acquolina in bocca.

✤唾液腺〘解〙ghiandole[女][複] salivali
唾液分泌〘医〙salivazione[女]

たえしのぶ 耐え忍ぶ sopportare, tollerare ¶恥を耐え忍ぶ sopportare la vergogna

たえず 絶えず《とだえることなく》continuamente, senza sosta [posa / interruzione], ininterrottamente, incessantemente;《一定不変に》costantemente ¶この火山は絶えず噴煙を上げている. Questo vulcano fuma incessantemente [senza sosta].

たえだえ 絶え絶え ¶息も絶え絶えである essere in fin di vita /《あえぐ》boccheggiare[自][*av*] / respirare[自][*av*] con affanno ¶息も絶え絶えに話す parlare con affanno [affannosamente] ¶遠くから笛の音(ね)が絶え絶えに聞こえてきた. Da lontano, a tratti, si sentiva il suono di un flauto.

たえて 絶えて ¶こんな事故は絶えてなかった.《全然なかった》È in assoluto il primo incidente di questo tipo. ¶絶えて久しく蒸気機関車を見たことがない. È da tempo immemorabile che non vedevo una locomotiva a vapore.

たえなる 妙なる 《甘美な》dolce, soave;《優雅な》squisito;《崇高な》superbo;《うっとり》incantevole, affascinante ¶ハープの妙なる調べに酔う essere inebriato dalla soave melodia dell'arpa

たえぬく 耐え抜く ¶彼はあらゆる困難に耐え抜いた. Ha tenuto duro attraverso ogni sorta di privazioni e stenti.

たえま 絶え間 ◇**絶え間ない** continuo, incessante, uno dopo l'altro ◇**絶え間なく** di continuo, continuamente ¶絶え間ない飛行機の騒音 incessante [continuo] frastuono degli aerei ¶来客の絶え間がなかった. Abbiamo avuto un ospite dopo l'altro. ¶絶え間なく…する continuare a＋[不定詞]「incessantemente [senza sosta] ¶雨が絶え間なく降り続いていた. Continuava a piovere incessantemente.

たえる 耐える・堪える **1**《我慢する》sopportare [tollerare] *ql.co.* ◇**耐えられる** sopportabile, tollerabile ◇**耐えられない** insopportabile, intollerabile ¶苦しみ[拷問]にじっと耐える sopportare le sofferenze [resistere alla tortura] senza battere ciglio ¶風雪に耐えて生き抜く sopravvivere sopportando le [resistendo alle] difficoltà ¶彼女は痛みに耐えかねて叫び声を上げた. Non è più riuscita a sopportare il dolore e ha gridato. ¶弾圧に耐えて彼らは闘いを続けた. Hanno continuato la loro battaglia malgrado la repressione.

2《もちこたえる》resistere[自][*av*] a *ql.co.*, tener testa a *ql.co.* ¶高温に耐える resistere alle temperature elevate ¶機械はまだ使用に耐える[もう使用に耐えない]. La macchina「è ancora [non è più] in condizioni di poter funzionare.

3《…に値する》essere degn*o* di＋[不定詞] [di *ql.co.*];《甲斐がある》valere[自][*es*] la pena di＋[不定詞] [*ql.co.*]; ¶任に堪える essere all'altezza del *proprio* compito ¶この絵は鑑賞に堪える. È un quadro apprezzabile. ¶この小説は読むに堪えない. Non è un romanzo che vale [valga] la pena di leggere.

4《「…に堪えない」の形で, 大いに…だ》¶彼の行為は憤慨に堪えない. Il suo comportamento va oltre ogni sopportazione. ¶感謝に堪えません. Le sono veramente obbligato. / Non so come ringraziarla.

たえる 絶える《絶滅する》estinguersi;《とぎれる》cessare[自][*es*], fermarsi ¶息が絶える spirare[自][*es*] / morire[自][*es*] ¶その家系は絶えた. Quella famiglia si è estinta. ¶笑い声の絶えない家 una casa in cui risuonano sempre delle risate ¶私の家は病人が絶えなかった. A casa mia c'era sempre qualcuno che stava male. ¶母は心配が絶えない. Mia madre vive in continue ansie e preoccupazioni.

だえん 楕円《卵形》ovale[男];〔幾何〕ellisse[女] ◇**楕円(形)の** ovale; ellittic*o* [[男]複 *-ci*] ¶楕円の焦点 fuochi di un'ellisse

✤**楕円運動** moto[男] ellittico

楕円軌道 orbita[女] ellittica

楕円面 ellissoide[男] ◇**楕円面の** ellissoidale

たおす 倒す **1**《転倒させる》far cadere *ql.co.* [*qlcu.*], abbattere *ql.co.*;《ひっくり返す》rovesciare *ql.co.*;《壊す》demolire *ql.co.*;《傾ける》inclinare [piegare] *ql.co.* ¶椅子を倒す rovesciare una sedia ¶木を倒す abbattere un albero ¶体を前に倒す piegare il corpo in avanti ¶柱を倒す demolire una colonna ¶花びんを倒してしまった. Ho fatto cadere il vaso. ¶座席の背もたれを倒す reclinare lo schienale della poltroncina

2《打ち負かす》vincere [sconfiggere] *qlcu.*;《徹底的に》abbattere *qlcu.*;《殺す》uccidere *qlcu.* ¶敵を倒す vincere [《壊滅的に》piegare] il nemico ¶政府を倒す rovesciare [far cadere] il governo

たおやか 嫋やか ◇**たおやかな** aggraziato, elegante, garbato ¶少女のたおやかな体 aggraziata figura di una ragazza

タオル 〔英 towel〕asciugamano[男] ¶バスタオル asciugamano da bagno / telo da bagno ¶フェイスタオル asciugamanino ¶浴用タオル panno per lavarsi ¶タオルで顔[体]をふく asciugarsi il viso [il corpo] con un asciugamano

[慣用] **タオルを投げる**《ボクシングで》gettare la spugna, darsi per vinto

✤**タオル掛け** portasciugamani[男][無変]

タオルケット coperta[女] di tessuto a spugna

タオル地 (tessuto[男] a) spugna[女]

たおれる 倒れる **1**《転ぶ》cadere[自][*es*];《倒壊する》cadere[自][*es*], crollare[自][*es*] ◇**倒れた** abbattuto ◇**倒れかかった** pericolante, cadente ¶あおむけに倒れる cadere「di schiena [a pancia in su / supin*o*] ¶うつぶせに倒れる cadere bocconi [a pancia in giù] ¶嵐で倒れた木 albero abbattuto dalla tempesta ¶倒れかかった家 casa pericolante [diroccata] ¶台風で家が倒れた. La casa è crollata per il tifone.

2《負ける》perdere, essere sconfitt*o* ¶チャンピオンが倒れた. Il campione è stato sconfitto.

3《滅びる》cadere ¶独裁政権は革命によって倒れた. Il governo dittatoriale è caduto con la rivoluzione.

4《病気などで活動できなくなる》cadere ammalat*o*, ammalarsi ¶重い病に倒れる cadere gravemente ammalat*o* ¶彼は過労で倒れた. Si è ammalato per il troppo lavoro.

5《死ぬ》morire;《殺される》essere [cadere] assassinat*o* [uccis*o*] ¶凶弾に倒れる essere assassinat*o* a colpi d'arma da fuoco ¶彼は癌に倒れた. È morto di cancro.

たおんせつ 多音節 ◇**多音節の** polisillabic*o* [[男]複 *-ci*];《4音節以上》polisillabo

✤**多音節語** lingua[女] [parola[女]] polisillabica

たか 多寡 ¶金額の多寡は問わない prescindere dall'importo [dalla somma / dall'ammontare]

たか 高《総量》quantità[女] totale;《総額》importo[男] globale ¶資本の高 capitale totale

[慣用] **高が知れる** ¶高の知れた senza importanza / senza valore / insignificante ¶あの実力では高が知れている. A giudicare dalle sue capacità, non ci si può aspettare molto.

高をくくる far poco caso a *ql.co.* [*qlcu.*], non dare troppa importanza a *ql.co.* [*qlcu.*] ¶高をくくっていると試合に負けるぞ. Se la prendi alla leggera, perderai la partita.

たか 鷹〔鳥〕falc*o*[男] [複 *-chi*]

✤鷹狩り caccia㊛ con il falco
鷹匠 falconiere㊚
たか派 〖政〗〘主戦論者〙i falchi㊚〘複〙, corrente ㊛ dura; 〘個人〙falco㊚
たが 箍 cerchio㊚〘複 -chi〗 ¶樽にたがをはめる cerchiare una botte / mettere un cerchio intorno a una botte
[慣用] たがが緩む ¶彼もたがが緩んできた. Non ha più grinta. / È diventato pigro.
-だか －高 ¶売り上げ高 vendita ㊛ ¶総売り上げ高 giro [volume / importo / ammontare] d'affari ¶漁獲高が年々減っている. La quantità di pescato diminuisce di anno in anno. ¶ABC, 50円高. 《株式市況で》La ABC guadagna 50 yen. ¶M社の株は50セント高だ. La quotazione delle azioni della ditta M è aumentata di 50 centesimi.
だが ma, però; tuttavia; eppure ¶彼には何度も言った. だが全然聞いてくれない. Gliel'ho ripetuto mille volte, ma non mi vuole proprio ascoltare.
ダカーポ 〔伊〕〘音〙da capo, daccapo
たかい 他界 scomparsa㊛, trapasso㊚

たかい 高い **1**【上方にある】 alto, elevato; 〘鼻・頬 な ど は〙 prominente ◇高く (in) alto ◇高くする alzare [innalzare / 《さらに高く》rialzare / 《持ち上げる》sollevare / sopraelevare] ql.co. ◇高くなる alzarsi, sollevarsi, innalzarsi, rialzarsi
¶高い頬骨 zigomi prominenti ¶鼻が高い avere il naso prominente ¶世界で一番高い山 il monte più alto del mondo ¶手を高く上げる alzare alta la mano ¶空高く飛ぶ volare alto nel cielo ¶塀を50センチ高くする rialzare un muro di 50 cm ¶彼は僕より5センチ高い. È più alto di me di 5 cm. ¶日はまだ高い. Il sole è ancora alto.
2【地位・身分が】 elevato, alto, superiore ¶身分の高い人 persona di elevata posizione sociale ¶高い位に昇る salire a un rango [posto] superiore
3【水準・望み・名声などが】 superiore, alto, elevato, eminente ¶生活水準が高い avere un alto tenore di vita ¶あの学校はレベルが高い. Quella è una scuola di [ad] alto livello. ¶高い理想 alti [nobili] ideali ¶彼は目が高い. È un esperto [intenditore]. ¶彼の教養を高くする elevarsi culturalmente ¶私は彼の実力を高く買っている. Apprezzo molto la sua abilità. ¶評判が高い godere di ottima reputazione ¶彼の最新作は高い評価された. La sua ultima opera ha avuto un'ottima accoglienza. ¶彼女はお高くとまっている. Si dà delle arie. / Fa l'altezzosa.
4【金額が】 caro, costoso ¶高い値段で売る vendere ql.co. ad (un) alto prezzo ¶あの店は高い. Quel negozio è caro [ha prezzi elevati]. ¶肉が高くなった. La carne è aumentata di prezzo [è diventata cara]. ¶物がどんどん高くなる. I prezzi salgono rapidamente. ¶高すぎる. Mi è costato troppo. ¶高くても5万円くらいだ Costerà「al massimo [tutt'al più] 50.000 yen.
5【声・音が】 alto ¶高い音 tono alto ¶高い声で話す parlare a voce alta [ad alta voce]
6【目盛り・数値が】 ¶血圧が高い avere la pressione (del sangue) alta ¶円の交換率が高い. Il cambio dello yen è alto.
[慣用] 高い ¶大胆なのもよいが後で高くつくぞ. La tua audacia ti costerà cara. / Pagherai cara la tua audacia.

たがい 互い ◇互いの mutuo, reciproco㊚〘複 -ci〗, vicendevole, fra di loro, l'un l'altro (▶女性の場合は l'un l'altra, 複数同士の場合はそれぞれに gli uni e gli altri, le une e le altreとなる) ◇互いに mutuamente, a vicenda, vicendevolmente, reciprocamente ¶互いの義務 doveri reciproci ¶我々は互いに助け合った. Ci siamo aiutati「a vicenda [reciprocamente]. ¶互いに意見を述べ合う scambiarsi le opinioni ¶お互いに気をつけよう. Bisogna che ognuno vigili! / Cerchiamo di stare attenti! ¶私たちは互いに向かい合って座った. Ci siamo seduti l'uno di fronte all'altro.
だかい 打開 ◇打開する sormontare [superare] ql.co.; trovare una via d'uscita a ql.co. ¶困難な局面を打開する superare una difficoltà / trovare una via d'uscita a una difficile situazione
✤打開策 ¶打開策を講じる darsi da fare per trovare una soluzione [una via d'uscita] a ql.co.
たがいちがい 互い違い ◇互い違いに alternativamente ¶色違いの2本のひもを互い違いに編む intrecciare alternativamente due fili di colore diverso
たかいびき 高鼾 ¶高いびきをかいている. Sta「russando rumorosamente [《親》ronfando].
たがう 違う ¶予想に違わず《予想どおりに》come previsto / secondo le aspettive di qlcu. ¶彼の計画は寸分も違わない. I suoi piani non sgarrano di un millimetro.
たがえる 違える ¶約束を違える mancare 「alla [di] parola / non mantenere la parola / venire meno alla promessa ¶列車は一分も違えずに到着した. Il treno è arrivato puntualissimo.
たかが 高が 《せいぜい, たかだか》 solamente, soltanto, semplicemente; al massimo, tutt'al più ¶たかが風邪くらいのことでは仕事を休めない. Non si può restare a casa dal lavoro per un semplice raffreddore. ¶たかが子供の言ったことじゃないか. In fin dei conti sono solo le parole di un bambino! ¶たかが一勝, されど一勝. Piccola, se vuoi, ma pur sempre una vittoria.
たかく 多角 ◇多角的(な) multilaterale, poliedrico㊚〘複 -ci〗 ◇多角的に da varie angolazioni, da diversi [più] punti di vista, sotto diversi aspetti ¶問題を多角的に検討する esaminare un problema da varie angolazioni [sotto diversi aspetti]
✤多角化 diversificazione㊛ ◇多角化する《他のものを》diversificare, 《自らが》diversificarsi
多角形 〖幾何〗poligono㊚ ◇多角形の poligonale ➡立体 図版
多角経営 ◇多角経営をする svolgere un'attività poliedrica [diversificata]
多角栽培 policoltura㊛
たがく 多額 forte somma㊛ ¶多額の金 forte [grossa] somma di denaro ¶多額の出費 spese

esorbitanti ¶多額の寄付をする dare un notevole contributo a *ql.co.* ¶1000万円という多額の金をもうける guadagnare la bellezza di 10 milioni di yen

たかくしょうじょう 他覚症状 〘医〙 sintomi 男[複] oggettivi

たかげた 高下駄 *geta*男[無変] [zoccoli男[複] di legno] con regoletti alti

たかさ 高さ **1**《背の高さ》 altezza女;《海抜, 高度》 altitudine女;《飛行機などの》 quota女 ¶高さ10メートルの木 albero alto 10 m / albero di 10 m d'altezza ¶「あの建物は高さはどのくらいありますか」「200メートルあります」"Quanto è alto [Quanto misura l'altezza di] quel palazzo?" "È alto 200 m [Misura 200 m d'altezza]." ¶「君, 背の高さはどれぐらい」「170 cmだよ」"Quanto sei alto?" "Un metro e settanta." ¶飛行機は高さ1万メートルのところを飛んだ. L'aeroplano volava a 10.000 m d'altezza [di quota].

2《声・音の音程》(altezza女 di) tono男;《音量》 volume男 ¶声の高さを変える cambiare il tono di voce

3《値段の》 ¶ここの物価の高さには驚きだ. Sono sorpreso di quanto costano le cose qui.

だがし 駄菓子 dolcetti男[複] [《塩味のもの》 salatini男[複]] a buon mercato

たかしお 高潮 alta marea女 eccezionale;《特にヴェネツィアの》 acqua女 alta

✤**高潮警報** allarme男 di acqua alta

たかだい 高台 《丘》 collina女;《小高い所》 altura女, elevazione女 del terreno ¶彼の家は高台にある. La sua casa si trova su un'altura.

たかだか 高高 **1**《高いようす》 ¶高々と持ち上げる sollevare [alzare] *ql.co.* verso l'alto [in alto] ¶声高々と ad alta voce / alzando la voce ¶鼻高々と fieramente / orgogliosamente / trionfalmente **2**《せいぜい》 ¶たかだか社員20人の小さな会社 piccola azienda con non più di 20 dipendenti ¶たかだか子供の言うことだ. Non sono altro che le chiacchiere di un bambino.

だがっき 打楽器 〘音〙 strumento男 a percussione;《ドラムセット》 batteria女 ⇒楽器 図版

✤**打楽器奏者** percussionist*a*男女[男複 -*i*]

たかとび 高飛び・高跳び **1**《犯人などの》 ◇**高飛びする** scappare [fuggire] lontano, prendere il largo, svignarsela, diventare irreperibil*e*, diventare uccel di bosco ¶犯人は外国へ高飛びしたにちがいない. Non c'è dubbio che il colpevole è scappato all'estero. **2**〘スポ〙 salto男 in alto ¶走り高跳び salto in alto ¶棒高跳び salto con l'asta

たかとびこみ 高飛び込み 〘スポ〙 tuffo男 dalla piattaforma

たかなみ 高波 ondata女, alte onde女[複] ¶高波が立っている. Ci sono onde alte. ¶高波に飲まれる essere inghiottit*o* dalle alte onde

たかなる 高鳴る ¶胸が高鳴る. Il mio cuore batte all'impazzata. ¶血潮が高鳴る. Il sangue mi ribolle nelle vene. ¶彼女の胸は期待で高鳴っていた. Il suo cuore palpitava nell'attesa.

たかね 高値 《高価》 prezzo男 alto;《株式で》 quotazioni女[複] massime ¶高値で取引きする effettuare una compravendita ad alto prezzo ¶高値を呼ぶ essere in rialzo [in aumento] ¶金(きん)は高値で安定している. L'oro si è stabilizzato su un'alta quotazione. ¶新高値 quotazioni record in assoluto

✤**高値引け** chiusura女 alta

たかね 高嶺・高根 ¶富士の高嶺 l'alta cima [vetta] del monte Fuji

慣用 **高嶺の花** ¶私には高嶺の花だ. Per me è una cosa irraggiungibile [inaccessibile]. / È una cosa al di là delle mie possibilità. /《俗》 Non è pane per i miei denti.

たがね 鏨・鑽 《石工用・彫刻用の》 scalpello男, bulino男;《鉄裁断用の》 tagliolo男 a freddo;《硬石用の大槌のみ》 subbia女

たかびしゃ 高飛車 ◇**高飛車な**《横柄な》 imperioso, arrogante;《高圧的な》 autoritar*io* [男複 -*i*], prepotente ◇**高飛車に** con prepotenza ¶高飛車な態度 atteggiamento prepotente ¶高飛車に出る fare l'arrogante con *qlcu.* / reagire con arroganza verso *qlcu.* / adottare un atteggiamento autoritario nei confronti di *qlcu.*

たかぶる 高ぶる **1**《いばる》 mostrarsi [essere] borios*o* [superb*o*] ¶あの人はちっとも高ぶったところのない人です. Non si dà mai delle arie.

2《興奮する》 ¶〈人〉の神経を高ぶらせる dare ai nervi a *qlcu.* / far venire i nervi a *qlcu.* ¶神経が高ぶる innervosirsi ¶彼は神経が高ぶっている. Ha i nervi tesi [scoperti].

たかまくら 高枕 ¶高枕で眠る《安心して眠る》 dormire tra due guanciali

たかまる 高まる 《程度が増す》 diventare più alt*o* [fort*e*]; accrescersi, elevarsi;《増大する》 aumentare自[*es*], crescere自[*es*] ◇**高まり** aumento男, crescita女 ◇**高まりつつある** crescente ¶この作品で彼の名声は高まった. Quest'opera ha accresciuto la sua fama. ¶新政府を求める声は日増しに高まった. Gli appelli per un nuovo governo si intensificavano di giorno in giorno. ¶石油株に対する投資家の関心が高まっている. Gli investitori sono sempre più interessati alle azioni petrolifere. ¶民主化の気運が高まっている. C'è una crescente tendenza alla democratizzazione.

たかみ 高み luog*o*男[複 -*ghi*] alto [elevato], altura女, pogg*io*男[複 -*gi*], rialzo男

慣用 **高みの見物** ¶高みの見物をする osservare *ql.co.* come semplice spettatore / stare (lì) a guardare (*ql.co.* solo per divertirsi)

たかめ 高目 ¶その机は彼の背丈には少し高目だった. Quella scrivania era un po' (troppo) alta per la sua altezza.

たかめる 高める elevare [alzare / innalzare] *ql.co.*;《改良する》 migliorare *ql.co.*;《増大させる》 aumentare [accrescere] *ql.co.* ¶生産性を高める aumentare [accrescere] la produttività di *ql.co.* ¶…を芸術の域にまで高める elevare *ql.co.* all'altezza dell'arte ¶教養を高める ampliare la *propria* cultura ¶品性を高める elevare il *proprio* carattere ¶女性の社会的地位を高める migliorare lo status sociale della donna ¶文学に対する若者の関心を高める accrescere l'interesse dei giovani per la letteratura

たがやす 耕す coltivare, arare ¶畑を耕す lavorare [coltivare] un campo ¶荒地を耕す arare una terra abbandonata / dissodare un terreno incolto

たから 宝 teṣoro[男]; 《価値の高いもの》 oggetti[男][複]「di valore [preziosi], preziosi[男][複]; 《富》 ricchezze[女][複] ¶この子だけが私の宝です. Questo bambino è il mio unico teṣoro.

[慣用] **宝の持ち腐れ** ¶パソコンをもっていても使いこなせないのでは宝の持ち腐れだ. È uno spreco possedere un computer se non sei capace di uṣarlo.

✤**宝探し** c*accia*[女][複-*ce*] al teṣoro

宝島 iṣola[女] del teṣoro

だから perciò, per cui, ecco perché ¶だからおまえは落第したんだ. Ecco perché sei stato bocciato. ¶だからどうなんだ. E con questo? / Ebbene? ¶だから言ったじゃない. E poi dimmi che non te l'avevo detto! ¶だからと言ってなにも泣くことはないだろう. Non è che per questo ti debba mettere a piangere. ¶雨だから出かけられない. Piove, perciò non posso uscire.

たからがい 宝貝 〘貝〙 ciprea[女]

たからかに 高らかに ad alta voce, a voce alta; 《よく通る声で》 a voce spiegata; 《鳴り響くように》 sonoramente ¶高らかにアリアを歌う cantare un'aria a voce spiegata

たからくじ 宝籤 lotteria[女]; 《イタリア国営の》 lotteria[女] nazionale ¶宝くじを買う comprare un biglietto della lotteria

たからもの 宝物 teṣoro[男]

たかり 集り 《行為》 estorsione[女], ricatto[男]; 《人》 ricatta*tore*[男][女 -*trice*]

たかる 集る **1** 《群がる》 affollare, gremire, radunarsi [riunirsi] 《に in》, brulicare[自][*av*] 《に su, in》 ¶砂糖にアリがたかる. Le formiche brulicano sullo zucchero. ¶店にたくさんの人がたかっている. Quel negozio brulica di gente.

2 《金品をおどし取る》 estorcere *ql.co.* a *qlcu.*, spillare *ql.co.* a *qlcu.* ¶不良に2万円たかられた. Dei teppisti mi hanno costretto a dargli ventimila yen.

3 《おごらせる》 scroccare *ql.co.* a *qlcu.* ¶部長に晩飯をたかった. Abbiamo scroccato [Ci siamo fatti pagare] una cena al [dal] direttore.

-たがる aver (tanta) voglia di＋[不定詞], voler [desiderare]＋[不定詞] ¶母は子供のころのことを話したがらない. A mia madre non piace parlare di quando era bambina.

たかわらい 高笑い sonora [rumorosa] risata[女] ◇高笑いをする ridere[自][*av*] sonoramente

たかん 多感 ◇多感な sensibile, sensitivo, impressionabile; 《感傷的》 sentimentale ¶多感な青年 giovane molto sensibile

だかん 兌換 〘経〙 convertibilità[女]

✤**兌換紙幣** banconota[女] convertibile

たかんしょう 多汗症 〘医〙 iperidroṣi[女][無変]

たき 多岐 ◇多岐の var*io*[男複 -*i*], diverso ¶問題は多岐にわたって出題された. Sono state poste domande su vari problemi.

たき 滝 cascata[女], salto[男] (d'acqua) ¶滝を上る《魚が》 risalire le rapide ¶滝のような雨だ. Piove a catinelle [a dirotto]. ¶彼の顔に滝のような汗が流れている. Il viṣo gli gronda di sudore.

✤**滝口** cresta[女] di una cascata

滝壺 bacino[男] di una cascata

たぎ 多義 ◇多義の polisemanti*co*[男複 -*ci*], polisemi*co*[男複 -*ci*], polisenso; 《あいまいな》 ambiguo, equivo*co*[男複 -*ci*]

✤**多義語** parola[女] polisemica [polisensa]

多義性 polisemia[女]; 《あいまいさ》 ambiguità[女], equivocità[女]

だき 唾棄 ¶彼は唾棄すべき男だ. È una persona detestabile [odiosa / spregevole].

だきあう 抱き合う abbracciarsi; 《抱きしめ合う》 tenersi stretti, stringersi ¶2人は抱き合って泣いた. I due si sono abbracciati piangendo.

たきあがる 炊き上がる ¶ご飯が炊き上がった. Il riso è cotto.

だきあげる 抱き上げる prendere *qlcu.* [*ql.co.*] in braccio, sollevare *qlcu.* ¶赤ん坊を膝に[高く]抱き上げる prendere un bambino in grembo [sollevare un bambino]

だきあわせ 抱き合わせ vendita[女] abbinata [di prodotti abbinati] ¶抱き合わせ販売する vendere un prodotto molto richiesto abbinandolo con un altro poco richiesto

✤**抱き合わせ増資** 〘金融〙 emissione[女] riservata sotto costo

だきおこす 抱き起こす sollevare *qlcu.* con le braccia; 《起こしてやる》 fare alzare *qlcu.*, aiutare *qlcu.* ad alzarsi [sedersi] ¶病人をベッドの上に抱き起こす sollevare un malato sul suo letto

だきかかえる 抱きかかえる ¶老婆を抱きかかえてベッドに寝かせた. Ho portato un'anziana a braccia e l'ho adagiata sul letto.

たきぎ 薪 legna[女] da ardere; 《しばの束》 fascina[女], fastello[男], fa*scio*[男][複-*sci*] di legna ¶薪をくべる mettere un ceppo [la legna] nel fuoco

✤**薪能** rappreṣentazione[女] del teatro *nō* all'aperto illuminata dalle fiaccole

だきぐせ 抱き癖 ¶赤ん坊に抱き癖がついた. Il bambino ha l'abitudine di stare sempre in braccio a qualcuno.

たきぐち 焚口 bocca[女] [porta[女]] (del forno [della fornace])

たきこみごはん 炊き込み御飯 riso[男] bollito con vari ingredienti

だきこむ 抱き込む **1** 《かかえこむ》 tenere saldamente *ql.co.* fra le braccia

2 《味方に付ける》 convincere *qlcu.* ad aderire alla *propria* cauṣa [al *proprio* partito], attirare *qlcu.* dalla *propria* parte; 《巻き添えにする》 implicare [coinvolgere] *qlcu.* 《に in》 ¶警察を抱き込む ingraziarsi la polizia ¶彼らは私たちをその陰謀に抱き込もうとした. Hanno tentato di coinvolgerci nei loro intrighi.

タキシード 〔英tuxedo〕 〘服〙 〔英〕 smoking [zmókin(g)][男][無変]; abito[男] da sera

だきしめる 抱き締める stringere *qlcu.* [*ql.co.*] fra le braccia; stringere *qlcu.* [*ql.co.*] al petto [al seno]; dare un forte abbraccio a *qlcu.* [*ql.co.*] ¶母親は息子を強く抱き締めた. La madre ha stretto forte al petto suo figlio.

たきだし 炊き出し distribuzione[女] di pasti caldi ai sinistrati ¶被災者に炊き出しをする distribuire dei pasti caldi ai sinistrati

たきたて 炊き立て ¶炊き立てのご飯 riso appena 「bollito [preparato]

だきつく 抱き付く abbracciare qlcu., gettarsi nelle [tra le] braccia di qlcu.;《首にじかみつく》buttarsi [gettare le braccia / avvinghiarsi] al collo di qlcu. ¶少年は父親の首に抱きついた。Il bambino si è gettato al collo di suo padre.

たきつける 焚付ける **1**《火をつける》accendere il fuoco ¶木切れをたきつけに使う usare legna minuta per accendere il fuoco
2《扇動する》incitare [istigare / indurre / spingere] qlcu. a+不定詞 ¶彼は学生たちをたきつけて授業を放棄させた。Lui ha incitato gli studenti a non andare alle lezioni.

だきとめる 抱き留める ¶彼は転びそうになった子供を抱き留めた。Ha afferrato tra le braccia il bambino che stava per cadere.

たきび 焚火 falò㊚ ¶たき火をする fare un falò ¶たき火にあたる scaldarsi accanto a un falò

だきょう 妥協 compromesso㊚, accomodamento㊚ ¶妥協する accordarsi con qlcu., mettersi d'accordo con qlcu., venire a un compromesso ¶歴史的妥協 compromesso storico (◆1973年のイタリア共産党のキリスト教民主党との妥協路線) ¶妥協の態度を取る assumere un atteggiamento conciliante [accomodante] verso [con] qlcu. ¶妥協の余地はまったくない。Di compromessi non se ne parla nemmeno.
❖**妥協案** ¶妥協案を出す proporre un piano di compromesso
妥協点 ¶妥協点に達する giungere a un compromesso ¶妥協点を見いだす trovare una soluzione di compromesso

たきょく 多極 ◇多極の multipolare
❖**多極化** diversificazione㊛;《政》multipolarità㊛ ¶党内の勢力は多極化している。Le forze del partito si stanno diversificando.
多極管《電子》tubo㊚ a più elettrodi

だきよせる 抱き寄せる attirare [stringere] qlcu. a sé [al petto] ¶母は娘を抱き寄せた。La madre ha stretto a sé la bambina.

たぎる 滾る **1**《煮え立つ》bollire㊥ [av];《音を立てる》borbottare㊥ [av] ¶なべの湯がたぎっている。L'acqua sta bollendo nella pentola. / La pentola sta borbottando.
2《感情が沸き立つ》bollire, ribollire ¶復讐の思いがたぎった。Fremevo [Ribollivo] dal desiderio di vendetta. ¶怒りで血がたぎるのを感じた。Mi sentivo ribollire il sangue per la rabbia.

たく 宅 **1**《家》casa㊛;《家族》famiglia㊛ ¶宅は a casa mia ¶鈴木さんのお宅ですか。《電話で》Casa Suzuki? ¶お宅はどちらですか。《住所を尋ねて》Dove abita lei? / Dove sta di casa? ¶お宅は皆さんお元気ですか。Stanno tutti bene a casa sua? **2**《「お宅」の形で相手》¶お宅のご主人 suo marito ¶《私の夫》¶宅は6時頃帰ってまいります。Mio marito torna verso le sei.

たく 卓 →机
たく 炊く ¶飯を炊く bollire il riso
たく 焚く **1**《燃料などを燃やす》bruciare ql.co.;《火をつける》accendere ql.co. ¶ストーブ［火］を焚く accendere la stufa [un fuoco] ¶香をたく bruciare incenso ¶祭壇に香をたく bruciare dell'incenso sull'altare **2**《風呂を》¶風呂を焚く riscaldare l'acqua (della vasca) per il bagno **3**《写真撮影で》¶フラッシュをたく usare il flash /《撮影する》fotografare qlcu. [ql.co.] con il flash

タグ →タッグ

だく 抱く **1**《腕にかかえる》abbracciare qlcu.; tenere qlcu. 「fra le braccia [in braccio];《胸擁する》abbracciare qlcu.;《胸にしっかりと》stringere qlcu. al petto / al seno / a sé ¶ひざに抱いた母親 madre col bimbo in grembo ¶赤ん坊は母親に抱かれて眠っている。Il bambino dorme fra le braccia della mamma. ¶彼は彼女の肩をやさしく抱いた。Lui le abbracciava teneramente le spalle. ¶2人はしっかりと抱き合った。I due si sono abbracciati stretti.
2《鳥が卵を》covare (le uova) ¶めんどりに卵を抱かせる mettere una gallina a covare
3《セックスする》fare l'amore con qlcu.

だくあし 跑足 trotto㊚ →馬関連
たくあん 沢庵 daikon㊚《無変》in salamoia
たぐい 類 **1**《種類》specie㊛《無変》, tipo㊚, genere㊚ ¶それは密輸組織の類に違いない。Si tratta certo di una qualche organizzazione di contrabbando. **2**《同等のもの》◇類ない senza pari, impareggiabile, incomparabile, unico㊚複 -ci (nel suo genere) ◇類まれな raro;《例外的な, 異例の》eccezionale, straordinario㊚複 -i

たくえつ 卓越 ◇卓越する eccellere㊥ (▶複合制はまれ)《で in, per》, essere superiore agli altri in ql.co. ¶卓越した eccellente, superiore, eminente; straordinario 複 -i ¶卓越した才能 talento straordinario [unico] ¶彼は卓越した能力を持っている。Supera [È superiore a] tutti gli altri per competenza.

だくおん 濁音 consonante㊛ sonora

たくさん 沢山 **1**《数量の多い》molto, tantoin abbondanza, abbondantemente ◇たくさんの《量》una grande quantità di, molto, tanto;《数》un gran numero di, molto, tanto;《豊富な》abbondante, copioso;《十分な》a sufficienza ¶たくさんの人々 molte persone / molta gente / una (grande) quantità [un gran numero] di gente ¶この川にはたくさんの魚がいる。C'è abbondanza di pesci [Ci sono tanti pesci] in questo fiume. ¶たくさん食べたい。Hai mangiato abbastanza? ¶今日はすることがたくさんある。Oggi ho「un mucchio di cose [molto / molte cose] da fare. ¶たくさん宿題が出た。L'insegnante ci ha dato una montagna [valanga] di compiti per casa.
2《十分でそれ以上は不要》¶「もうひとついかが」「もうたくさんです」"Prendine un altro." "No, grazie, basta così." ¶戦争はもうたくさんだ。Ora basta con le guerre! ¶その問題はもうたくさんだ。《うんざりして》Ne ho abbastanza [Non ne posso più] di questa faccenda.

たくしあげる たくし上げる ¶シャツの袖をたくし上げる rimboccarsi le maniche della camicia (▶rimboccarsi le maniche は「仕事などを始める」「がんばって何かをやる」の意味もある) ¶ズボンの裾をたくし上げる tirar su l'orlo dei pantaloni

タクシー [英 taxi]
taxi㊚ [無変], tassì [無変] ¶空車の[流しの / 客待ちの]タクシー taxi libero [in cerca di clienti / in stazionamento] ¶タクシーに乗る [拾う] prendere un taxi ¶タクシーで行く andare in taxi ¶電話でタクシーを呼ぶ chiamare un taxi per telefono ¶手で合図してタクシーを止める fermare un taxi con un cenno della mano

❖**タクシー運転手** tassist*a*㊚ [複-*i*]
タクシー代 (料金) prezzo㊚ della corsa; 《出費》 spese㊛ [複] di taxi
タクシー乗り場 stazione㊛ [poste*gg*io㊚ [複-*gi*]] di taxi
タクシー料金 ¶タクシー料金が上がった. Le tariffe dei taxi sono aumentate.

たくじしょ 託児所 →保育園
たくじょう 卓上 ¶卓上に [の / で] sul tavolo
❖**卓上カレンダー** calendar*i*o㊚ [複-*i*] da tavolo
たくしょく 拓殖 sviluppo㊚ di una regione arretrata
たくしん 宅診 ¶午後は3時から6時まで宅診です. Nel pomeriggio il dottore visita i pazienti in ambulatorio (integrato alla sua abitazione) dalle 15 alle 18.
たくする 託する 1《預ける》affidare *ql.co.* a *qlcu.*, incaricare *qlcu.* di *ql.co.* [di+不定詞] ¶子供の世話を託する affidare un bambino alle cure di *qlcu.* / affidare un bambino alla cura di un bambino ¶友人に託して手紙を送る inviare una lettera tramite un amico ¶希望を子供に託する affidare ai figli le *proprie* speranze
2《伝えたいことを別の形で表現する》¶彼は愛児を失った悲しみを詩に託した. Ha affidato alla poesia la sua tristezza per la morte del figlio.
たくせつ 卓説 eccellente opinione㊛
たくぜつ 卓絶 →卓越
たくせん 託宣 1《神のお告げ》oracolo㊚
2《意見》¶彼のご託宣に従う者などいるだろうか. Chi vuoi che dia retta alle sue parole?
だくだく ¶汗がだくだく流れた. Ho sudato abbondantemente.
たくち 宅地 (住宅建築用地) area㊛ edificabile, terreno㊚ fabbricabile, terreno㊚ in lotti fabbricabili; 《家が建っている土地》area㊛ edificata ¶農地の宅地化が進んでいる. L'urbanizzazione della campagna procede velocemente.
❖**宅地造成** sfruttamento㊚ di un'area edificabile
宅地分譲 vendita㊛ di lotti edificabili
だくてん 濁点 ¶濁点を付ける mettere il segno di sonorizzazione a un carattere *kana*
タクト [独 Takt] bacchetta㊛ (del direttore d'orchestra) ¶タクトを振る dirigere un'orchestra
ダクト [英 duct] 《工》 condotto㊚, conduttura㊛
たくはい 宅配 consegna㊛ a domicilio
❖**宅配業者** [人] addett*o*㊚ [㊛-*a*] alle consegne

《 会話 》 タクシー Taxi

A: すみません, この近くにタクシー乗り場はありますか.
 Scusi, c'è un posteggio [una stazione] di taxi qui vicino?
B: はい, 少し先の左側にあります.
 Sì, più avanti a sinistra.
A: タクシー! 空いていますか.
 Taxi! È libero?
B: はい, どうぞお乗りください.
 Sì, prego. Si accomodi!
A: 急いで駅[空港 / マッツィーニ通り8番地]までお願いします.
 Mi porti velocemente alla stazione [all'aeroporto / in via Mazzini, numero 8], per favore.
 どのくらいかかりますか.
 Quanto (tempo) ci vuole?
B: 残念ながら道が混んでいるので, 時間がかかるでしょう.
 Purtroppo c'è molto traffico, ci vorrà un po' di tempo.
B: 着きました.
 Eccoci arrivati!
A: 領収証をいただけますか.
 Potrei avere la ricevuta, per favore?

応 用 例

タクシーを1台呼んでいただけますか.
Mi può chiamare un taxi, per favore?
あの交差点を右に曲がってください[通り越してまっすぐ進んでください].
A quell'incrocio 「giri a desta [vada sempre dritto], per favore.
ここで[もう少し先で]止めてください.
Fermi qui [un po' più avanti], per favore.
ちょっと待っていてくださいますか.
Mi può aspettare un momento?
タクシーを1台, コルソ・マッテオッティ84番地へお願いします. 《電話で》
Per favore, vorrei una vettura in Corso Matteotti, numero 84.
お釣りは取っておいてください.
Tenga pure il resto.

参考 イタリアのタクシーは通常禁煙で, 夜間, 大きな荷物・犬やスキーなどを乗せる場合は, 割増し料金を払う.

用 語 集

タクシー taxi㊚ [無変], tassì. 無線タクシー radiotaxi㊚ [無変], radiotassì. タクシーの運転手 tassista㊚㊛. タクシーメーター tassametro㊚. 交通 traffico㊚. ラッシュ・アワー ora㊛ di punta. 基本 [走行 / 時間 / 夜間 / 待ち / 荷物] 料金 tariffa㊛ base [chilometrica / oraria / notturna / di attesa / dei bagagli]. 割増し料金 supplemento㊚. 領収証 ricevuta㊛.

a domicilio
宅配便 servizio男[複 -i] di consegna a domicilio
たくはつ 托鉢 ◇托鉢する chiedere l'elemosina, fare la questua di porta in porta
✤托鉢修道会 ordini男[複] mendicanti
托鉢僧 bonzo男 questuante
たくばつ 卓抜 ◇卓抜な eccellente, preminente, superiore
だくひ 諾否 accettazione女 o rifiuto男, sì男 o no男 ¶諾否を決める decidere「per il sì o il no [di accettare o di rifiutare] ¶諾否をお知らせください. Mi faccia avere la sua risposta, positiva o negativa che sia.
タグボート 〔英 tugboat〕 rimorchiatore男
たくほん 拓本 〔仏〕frottage男[無変] ¶碑文の拓本を取る riprodurre (su carta) mediante sfregamento l'iscrizione di un monumento
たくまざる 巧まざる naturale, spontaneo, senza artifici ¶彼は巧まざるユーモアを備えている. È dotato di un naturale senso dell'umorismo.
たくましい 逞しい **1**《体格が》robusto, gagliardo;《体力が》vigoroso, forte ◇たくましく vigorosamente ◇たくましさ vigore男, forza女 ¶筋骨たくましい男 uomo muscoloso ¶たくましい体をしている avere una costituzione robusta / essere di robusta costituzione ¶すっかりたくましくなった. Si è notevolmente irrobustito.
2《精神力などが》energico[男複 -ci], tenace, inflessibile;《態度・様子が》risoluto, coraggioso ¶たくましく生きる vivere tenacemente ¶たくましく再建に取り掛かる intraprendere vigorosamente [energicamente / coraggiosamente] l'opera di ricostruzione ¶彼は商魂たくましい. Negli affari non lo ferma nessuno.
たくましくする 逞しくする ¶彼は想像をたくましくした. Ha lasciato [Ha dato] libero sfogo alla sua immaginazione.
たくみ 巧み《技巧》artificio男[複 -ci], destrezza女;《抜け目のなさ》astuzia女, scaltrezza女
◇巧みな abile;《技術的に》destro, bravo;《抜け目のない》ingegnoso, astuto, scaltro ◇巧みに abilmente; ingegnosamente ¶巧みなシュート tiro provetto ¶巧みな口実 sotterfugio ¶巧みに計画を進める eseguire un progetto con abilità [con destrezza] ¶彼は演技が巧みだ. È bravo a recitare. ¶言葉巧みに con parole ricercate / con un conversare molto efficace
たくらみ 企み《策略》intrigo男[複 -ghi], complotto男;《陰 謀》cospirazione女, congiura女 ¶ひそかなたくらみ complotto segreto ¶大統領暗殺のたくらみ congiura per assassinare il Presidente ¶敵のたくらみの裏をかく sventare l'insidia dei nemici
たくらむ 企む 《悪事を》complottare [tramare / cospirare / congiurare] *ql.co.*;《犯罪などを》premeditare *ql.co.* ¶謀反をたくらむ tramare una rivolta
だくりゅう 濁流 corso男 d'acqua limaccioso ¶濁流に飲み込まれる essere inghiottito dalle acque limacciose [dai flutti limacciosi]
たぐる 手繰る tirare *ql.co.* con una mano dopo l'altra ¶リールで釣り糸を手繰る avvolgere la lenza con il mulinello ¶記憶の糸を手繰り寄せる riandare con la memoria al passato / srotolare il filo della memoria
たくわえ 蓄え・貯え 《貯蔵》riserva女;《備蓄》provvista女, scorta女;《貯 金》deposito男, risparmi男[複];《商品ストック》〔英〕stock男[無変]; scorta女 ¶蓄えを使い果たす esaurire i *propri* risparmi / dar fondo alle provviste
たくわえる 蓄える **1**《ためる》serbare [conservare] *ql.co.*, tenere in serbo *ql.co.*;《浪費せずに》risparmiare *ql.co.*, mettere *ql.co.* da parte;《集積する》accumulare ¶冬に備えて食糧を蓄える fare provviste di generi alimentari per l'inverno ¶万一の場合に備えて金を蓄える risparmiare [mettere da parte] denaro per qualunque evenienza ¶英気を蓄える risparmiare [conservare] le forze ¶知識を蓄える accumulare conoscenze / arricchire le *proprie* conoscenze
2《ひげなどを生やしておく》 ¶口ひげを蓄える portare [avere] i baffi
たけ 丈 **1**《身長》altezza女, statura女;《長さ》lunghezza女 ¶身の丈2メートルの大男 gigante di 2 metri di statura [d'altezza] ¶スカートの丈を短くする[長くする] accorciare [allungare] una gonna
2《全部》 ¶彼は私に思いのたけを語った. Mi ha raccontato tutto ciò che aveva in mente.
たけ 竹 bambù男[無変] ¶竹の皮 foglie di germoglio di bambù ¶竹の節(ふし) nodo del bambù ¶竹の節と節の間 internodo
慣用 **竹を割ったような** ¶彼は竹を割ったような性格だ. È semplice e schietto.
✤竹垣 recinto男 di bambù
竹細工 opera女[lavoro男] di bambù
竹ざお canna女 di bambù
竹やぶ bosco男[複 -schi] [boschetto男] di bambù
竹槍(やり) lancia女[複 -ce] [asta女] di bambù
-たげ ¶もの問いたげな顔をしていた. Sembrava come se avesse da fare una domanda.
-だけ **1**《限度, 最低限度》solo, soltanto, solamente ¶一度だけ una sola volta / una volta soltanto [solamente] ¶今度だけ per questa sola volta / per questa volta soltanto ¶ちょっと見ただけで a prima vista / al primo colpo d'occhio ¶それだけ知っていれば十分だ. Se sai questo è già abbastanza. / È tutto quello che devi sapere. ¶この仕事は我々だけでやります. Faremo questo lavoro da soli. ¶手をすりむいただけだ. Mi sono soltanto scorticato una mano. ¶見に行くだけ行ってみよう. Andiamo almeno [per lo meno] a dare un'occhiata. ¶考えただけでもぞっとする. Rabbrividisco al solo pensiero. ¶私は日本の経済面をお話しするだけにします. Mi limiterò a trattare gli aspetti economici del Giappone. ¶彼は同じ答えを繰り返すだけだった. Non ha fatto altro che ripetere la stessa risposta. ¶このボタンを押すだけでいい. Basta premere questo bottone.
2《程度, 比例》 ¶できるだけ先へ仕事を進める portare avanti il lavoro「quanto più possibile [fin dove è possibile] ¶私にはその家を買うだけの資力はない. Non ho soldi sufficienti per com-

たげい 多芸 ¶多芸な人 persona versatile ¶多芸は無芸. (諺) "Chi sa far tutto non fa bene niente." / "Buono a tutto, buono a niente."

たけうま 竹馬 trampoli働[複] ¶竹馬に乗る camminare sui trampoli

だげき 打撃 **1**《強く打つこと》 colpo働 ¶打撃を与える colpire / dare un colpo ¶頭に打撃を受けた. Sono stato colpito alla testa. **2**《精神的な》 [英] shock [ʃɔk] [無変]; colpo働 ¶人に打撃を与える dare un colpo [uno shock] a qlcu. ¶精神的に大きな打撃を受ける subire un grave trauma psichico ¶その知らせを聞いて彼は打撃を受けた. Ha avuto un colpo a quella notizia. **3**《損害》 danno働, colpo働, percossa働 ¶敵は大きな打撃をこうむった. Il nemico ha ricevuto un duro colpo. ¶私たちはその経済危機で打撃をこうむった. Siamo stati colpiti dalla crisi economica. **4**《野球の》 battuta働 ¶彼は打撃がいい [悪い]. È un bravo [un cattivo] battitore.

たけだけしい 猛々しい **1**《荒々しく激しい》 feroce **2**《図々しい》 sfrontato, impudente, sfacciato, svergognato ¶盗人たけだけしいとはあいつのことだ. Il nemico è vera e propria faccia tosta.

だけつ 妥結 accordo働, intesa働, accomodamento働 ¶妥結する [を見る] giungere働 [es] [arrivare働 [es]] ad un accordo (と con), venire a un accomodamento (と con) ¶交渉は円満に妥結した. I negoziati sono giunti ad un risultato soddisfacente [si sono conclusi con un accordo soddisfacente].

たけつかん 多血漢 persona働 collerica [irascibile]

たけつしつ 多血質 ◇多血質の suscettibile, dal temperamento focoso, sanguigno

だけど ma, però

たけなわ 酣・闌 ¶春たけなわである. La primavera è al culmine. ¶宴たけなわである. La festa è al culmine [in pieno svolgimento / in pieno fervore].

たけのこ 筍・竹の子 germoglio働 [複 -gli] di bambù ¶雨後のたけのこのように生える germogliare come funghi
✤**たけのこ生活** ¶たけのこ生活をする vendere uno dopo l'altro i *propri* averi per poter sopravvivere

たけりくるう 猛り狂う imperversare働 [av], infuriare働 (►「嵐」「疫病」などが主語のときは [av], 「激怒する」の意味では [es]); scatenarsi; 《獣などが》 ruggire働 [av] ¶たけり狂う嵐 tempesta furiosa ¶たけり狂う波 onda furiosa [violenta] ¶彼はたけり狂って杖を振り回した. Brandiva furiosamente il bastone.

たける 長ける・闌ける **1**《盛りを過ぎる》 ¶秋もたけた. L'autunno è già inoltrato. **2**《たけなわになる》 essere al culmine, essere in pieno svolgimento **3**《長じる》 eccellere働 [av, ►複合時制はまれ] [essere abile] in ql.co. ¶世故にたけた人 persona piena di garbo ¶奸知(ぢ)にたけた政治家 politico molto scaltro

たける 猛る ¶たけりたつ心を抑える dominare [frenare] la *propria* smaniosa impazienza

たげん 多元 ◇多元的な pluralistico 働[複 -ci]
◇多元性 pluralità働, molteplicità働
✤**多元放送** trasmissione働 in collegamento con più stazioni
多元方程式 equazione働 a più incognite
多元論〖哲〗 pluralismo働 ◇多元論の pluralistico
多元論者 pluralista働[男] [男複 -i]

たげん 多言 ¶それについては多言を要しない. Non c'è alcun bisogno di soffermarsi ulteriormente su ciò. / Su questo è inutile dilungarsi.

だけん 駄犬 cagnaccio働 [複 -cia; 働複 -ci]; 《雑》 cane働, cagna働

たげんご 多言語 ◇多言語の multilingue [無変], poliglotta [働複 -i], plurilingue [無変]
✤**多言語国家** nazione働 multilingue [plurilingue]
多言語辞典 dizionario働 [複 -i] multilingue
多言語使用 plurilinguismo働, multilinguismo働, poliglottismo働
多言語使用者 poliglotta働 [働複 -i]

たこ 凧 aquilone働 ¶凧を揚げる innalzare un aquilone

たこ 胼胝 〖医〗 callo働, durone働 ¶かかとにたこができた. Mi sono venuti [spuntati] i calli [i duroni] ai calcagni. ¶ペンだこが痛(ぢ)く. Il callo al dito mi fa male.
[慣用] **耳にたこができる** stufarsi di sentire ripetere sempre le stesse cose

たこ 蛸・章魚 piovra働, polpo働
✤**たこつぼ** trappola働 per polpi

たこ入道 uomo働 [複 *uomini*] con la testa rasata

たこ配当 〖証券〗 dividendi働 [複] fasulli

たこう 多幸 ¶ご多幸を祈ります. Le auguro tanta felicità. / Ti auguro tante belle cose.

だこう 蛇行 (川 の) meandro働, serpeggiamento働 ◇蛇行する serpeggiare働 [av] ¶小道は林の中を蛇行していた. Il sentiero serpeggiava tra il bosco. ¶酔っぱらいが蛇行運転をしていた. L'ubriaco procedeva guidando per la strada a zigzag.

たこうしき 多項式 〖数〗 polinomio働 [複 -i], espressione働 polinomiale
多項選択 〖法〗 metodo働 delle scelte multiple

たこうしつ 多孔質 porosità働 ¶多孔質ガラス [金属] vetro [metallo] poroso

たこく 他国 **1**《外国》 paese働 straniero **2**《故

たこくかんきょうてい 多国間協定 accordo ⓜ multinazionale

たこくご 多国語 ◇多国語の multilingue [無変] ✦多国語放送 trasmissione ⓕ multilingue [無変]

たこくせき 多国籍 multinazionalità ⓕ ✦多国籍企業 impresa ⓕ multinazionale 多国籍軍 forza ⓕ multinazionale

タコグラフ 〔英 tachograph〕《車》tachigrafo ⓜ

たこのき 蛸の木 《植》pandano ⓜ

タコメーター 〔英 tachometer〕《車》contagiri ⓜ [無変]

たごん 他言 ◆他言する divulgare ql.co. ¶他言を慎む conservare [serbare] un segreto ¶他言は無用に願いたい. Non lo dire a nessuno. / Che rimanga fra me e te. / Acqua in bocca. ¶決して他言いたしません. Non lo dirò mai a nessuno.

たさい 多才 versatilità ⓕ ◇多才な versatile, poliedrico [ⓜ複 -ci] ¶多才な人 persona di ingegno versatile

たさい 多彩 ◇多彩な《色彩のさまざまな》multicolore, policromatico [ⓜ複 -ci], variegato;《さまざまな》diverso, vario [ⓜ複 -i] ¶多彩な顔ぶれ vari tipi di persone

ださい《やぼな》campagnolo;《流行遅れの》fuori moda ¶ださい人 cafone /《女性》cafona

たさく 多作 ◇多作の prolifico [ⓜ複 -ci] ¶彼は多作な作家だった. È stato uno scrittore prolifico. / Ha scritto molti libri.

ださく 駄作 opera ⓕ mediocre [senza valore / modesta]

たさつ 他殺 omicidio ⓜ [複 -i], assassinio ⓜ [複 -i], uccisione ⓕ ¶他殺の疑いがある. Si sospetta che si tratti di un omicidio.
✦他殺死体 cadavere ⓜ di un assassinato [《女性》un'assassinata]

たさん 多産 fecondità ⓕ, prolificità ⓕ ◇多産の fecondo, fertile, prolifico [ⓜ複 -ci]

ださん 打算 calcolo ⓜ, interesse ⓜ ◇打算的 interessato, mosso dal proprio interesse [tornaconto];《人が》calcolatore [ⓕ -trice] ¶打算的に per calcolo, nel proprio interesse, per proprio tornaconto ¶打算的な結婚 matrimonio di interesse ¶彼は打算でしか動かない. Non agisce che per calcolo. / Agisce solo nel proprio interesse. ¶打算的な人だ. È una persona calcolatrice. ¶両者には打算がある. Quei due si frequentano per interesse.

たざんのいし 他山の石 ¶他山の石とする《人が主語》trarre [ricavare] insegnamento [profitto] da ql.co. ¶《事柄が主語》servire da lezione [da ammaestramento] a qlcu.

たし 足し ¶…の足しになる servire ⓘ [es] a qlcu. a+不定詞 ¶翻訳をして収入の足しにした. Ha arrotondato lo stipendio facendo traduzioni. ¶こんな本を読んでも何の足しにもならない. Non mi servirà a niente leggere questo libro. ¶それでは腹の足しにならない. Questo non mi basta per calmare la fame.

たじ 多事 ¶昨年は多事多端な年だった. L'anno scorso sono accadute molte cose. ¶彼は多事多端な生活を送った. Condusse una vita movimentata. ¶多事多難な年であった. Quell'anno c'è stata una difficoltà dopo l'altra.

だし 山車 carro ⓜ da corteo shintoista

だし 出し 1《出し汁》brodo ⓜ;《固型の》dado ⓜ ¶昆布で出しをとる fare [preparare] il brodo con le alghe ¶出しがきいている. Il brodo dà un ottimo sapore.
2《名目, 口実》scusa ⓕ, pretesto ⓜ ¶友達をだしにして飲みに行く andare a bere prendendo a pretesto l'invito degli amici

だしあう 出し合う ¶1人に付き1万円を出し合う quotarsi per 10.000 yen a testa ¶費用を出し合って買う comprare ql.co. dividendo le spese / fare una colletta per comprare ql.co. ¶意見［アイディア］を出し合う proporre a vicenda opinioni [idee]

だしいれ 出し入れ 1《物の》¶このガレージは車の出し入れが難しい. È difficile far entrare ed uscire l'auto da questo garage.
2《出納(すいとう)》entrate ⓕ [複] e uscite ⓕ [複];《預金の》prelievi [複] e depositi ⓜ [複]

だしおしむ 出し惜しむ lesinare ⓘ [av], essere avaro, non essere disposto a dare ql.co. ¶金を出し惜しむ lesinare denaro / essere restio a mettere mano alla borsa ¶力を出し惜しむ lesinare le forze ¶5000円くらいなら出し惜しみはしない. Se si tratta solo di cinquemila yen, te li do volentieri.

たしか 確か 1《確実な》◇確かな certo, sicuro;《本物の》autentico [ⓜ複 -ci];《本当の》vero;《正確な》preciso, esatto;《明白な》evidente ◇確かに certamente, sicuramente; indubbiamente, senza dubbio;《必ず》senz'altro, immancabilmente
¶確かな証拠 prova certa [incontestabile] ¶確かな返事 risposta sicura ¶確かな計画 progetto infallibile ¶確かな筋からの情報によれば secondo fonti「ben informate [sicure / autorevoli] ¶彼女が結婚するのは確かだ. Lei si sposerà sicuramente. ¶私は確かに彼を見た. Sono sicuro di averlo visto. / Ti assicuro che l'ho visto. ¶月末には確かに返します. Te lo renderò senz'altro alla fine del mese. ¶それが確かなら大変なことだ. Se quello che dici è vero, si tratta di una cosa grave. ¶確かにそうか. Sei sicuro? ¶そう言われれば確かにおかしい. Adesso che me lo dici, penso che sia veramente strano. ¶確かに愛想は良くないが, 優秀な技術者だ. È vero che è un po' sgradevole, ma è un bravo ingegnere.
2《信用できる》◇確かな degno di fiducia;《安全な, 間違いのない》garantito; sicuro;《しっかりした》solido ◇確かに sicuramente; solidamente ¶身元の確かな保証人 garante sicuro [ben referenziato] ¶確かな場所に隠す mettere [nascondere] ql.co. in un luogo sicuro ¶あれは確かな会社だ. È una ditta solida. ¶山田さんは確かな人です. Il signor Yamada è una persona seria [degna di fiducia]. ¶あの職人の腕は確かだ. È un artigiano abile [capace / esperto]. ¶気は確かか. Ma sei matto?! ¶気を確かにもて. Fatti coraggio [animo].
3《おそらく, たぶん》forse, probabilmente ¶あ

たしかめる れは確か1月10日だった. Mi sembra che fosse il 10 gennaio quando successe quel caso. ¶このハンドバッグは確か2万円でした. Questa borsa, se ricordo bene [se non (mi) sbaglio], è costata 20.000 yen.

たしかめる 確かめる assicurarsi [accertarsi] di *ql.co.* [che+接続法]; (検査して) verificare *ql.co.* [che+接続法]; (確認して) confermare *ql.co.*; (点検して) controllare; (情報を得て) informarsi ¶事実を確かめる mettersi al corrente [informarsi] di una faccenda ¶住所[時間]を確かめる controllare l'indirizzo [l'ora] ¶真相を確かめる assicurarsi [accertarsi] di come stiano veramente le cose ¶計算を確かめる verificare i calcoli ¶まず機械が動くかどうか確かめよう. Verifichiamo prima se funziona la macchina.

だしきる 出し切る ¶彼は力を出し切った. Ha esaurito le sue energie. ¶君は才能を出し切っていない. Non stai usando tutto il tuo talento.

たしざん 足し算 addizione®, somma® ◇足し算する addizionare [sommare] *ql.co.*, fare un'addizione

たしせんたくテスト 多肢選択テスト test® [無変] a scelta multipla

たじたじ ¶たじたじとなる(ひるむ) farsi indietro / esitare® [av] davanti a *ql.co.*; (動揺する) barcollare® [av] / traballare® [av] (►いずれも「足もとがふらつく」の意味もある) ¶彼の鋭い質問に先生もたじたじだった. L'insegnante si è trovato sconcertato davanti all'acutezza delle sue domande.

たしつ 多湿 alta umidità® ◇多湿な umido

たじつ 他日 un altro giorno, in futuro ¶他日を期する(いつか行おうと思う) ripromettersi di+不定詞 un giorno; (別の機会を待つ) contare su un'altra occasione

だしっぱなし 出しっ放し ¶水を出しっぱなしにする lasciare [far] scorrere l'acqua ¶おもちゃを床に出しっぱなしにする lasciare i giocattoli sparsi per terra

たしなむ 嗜む 1 (好む, 心得がある) amare *ql.co.* ¶私は酒をたしなみます. Mi piace il *sake* e lo bevo con gusto. ¶彼は絵をたしなむ. Si diverte a dipingere. ¶謡曲をたしなみます. Mi diletto a recitare i canti del teatro *nō.* ¶彼女はお花のたしなみがある. Ha studiato l'*ikebana*.
2 (慎む) comportarsi con ritegno ◇たしなみ (平生の心がけ) prudenza®, senno®; (礼儀作法) buone maniere® [複]; (慎み) decenza®, modestia®, pudore® ¶最近の若い者にはたしなみがない. Manca il pudore [il senso del decoro] ai giovani di oggi. ¶女のたしなみ pudore [modestia] femminile ¶少したしなみなさい. Abbiate ritegno!

たしなめる 窘める fare un'osservazione a *qlcu.*, riprendere *qlcu.* (per *ql.co.*); (しかる) rimproverare *qlcu.* (per *ql.co.*) ¶私は彼のわがままをたしなめた. L'ho ammonito di non essere capriccioso.

だしぬく 出し抜く (先にする) precedere [anticipare / superare] *qlcu.*; (だまして) fare lo sgambetto a *qlcu.* ¶他社を出し抜いて特ダネを報道する precedere i concorrenti in uno scoop

だしぬけ 出し抜け ◇出し抜けの improvviso ◇出し抜けに(突然に) improvvisamente, bruscamente; (不意に) di sorpresa; (いきなり) a bruciapelo; (予告なしに) senza preavviso ¶だしぬけに訪問する fare una visita improvvisa a *qlcu.* ¶だしぬけに解雇する licenziare *qlcu.* senza preavviso ¶だしぬけに質問する fare una domanda a bruciapelo ¶だしぬけに何を言い出すのだ. Che c'entra con quello che stiamo dicendo?

だしもの 出し物 programma® [複 -i]; (演劇・ショーなど) spettacolo® ¶今晩の出し物は何ですか. Che programma c'è stasera? / Cosa c'è in programma stasera?

たしゃ 他者 un'altra persona®; gli altri® [複] ◇他者の altrui

だしゃ 打者 batti*tore*® [®*-trice*]

だじゃれ 駄洒落 freddura® ¶駄じゃれを言う dire freddure

だしゅ 舵手 timoniere®

たじゅうせい 多重星 stella® multipla [(二重星) doppia / (三重星) tripla]

たじゅうでんそう 多重伝送 (通信) trasmissione® multiplex

たしゅたよう 多種多様 ¶多種多様の una grande varietà di / diverse [varie] specie di ¶多種多様な作品 opere molteplici

たしゅみ 多趣味 ¶彼は多趣味だ. Ha gusti eclettici. ¶彼の多趣味なのには驚く. Sono sorpreso dalla grande varietà dei suoi interessi.

たしょう 多少 1 (数, 量) numero®, quantità®; (額) importo®, somma® ¶数[量]の多少にかかわらず a prescindere dal numero [dalla quantità] ¶この際金額の多少は問題ではない. In queste circostanze non importa la somma.
2 (少し, いくらか) un po' (di), qualche+名詞の単数形, una certa somma (di) ¶昨日より多少暑い. Oggi fa un po' più caldo di ieri. ¶多少の欠点には目をつむる chiudere un occhio su qualche difetto ¶そのことは多少知っている. Di questo fatto sono più o meno al corrente.

たしょう 多生 (仏教) (何度も生まれ変わること) trasmigrazione® dell'anima, metempsicosi® [無変], reincarnazione® ¶多生の縁 relazione con le azioni delle vite precedenti / (宿命) fato® ¶袖振り合うも多生の縁. (諺) Anche gli incontri casuali sono frutto del nostro karma.

たじょう 多情 ◇多情な(感じやすい) sensibile; (移り気な) mutevole, volubile; (官能的・好色な) sensuale; (放縦な, 淫蕩な) licenzioso
❖多情多恨 ¶多情多恨の生涯だった. Condusse una vita piena di lacrime e dispiaceri.

たしょく 多色 ◇多色の policromo, multicolore
❖多色彩色 policromia

たじろぐ (ひるむ) esitare® [av] ¶危険を前に彼はたじろいだ. Ha esitato davanti al pericolo.

だしん 打診 (医) percussione® ◇打診する esplorare per mezzo di percussione
2 (探りを入れる) ¶意向を打診する sondare le intenzioni di *qlcu.* / sondare *qlcu.* su *ql.co.*, tastare il polso di *qlcu.* su *ql.co.* ¶この問題について世論の動向を打診する sondare gli umori dell'opinione pubblica su questo problema

たしんきょう 多神教 politeismo㊚ ◇多神教的 politeista [㊚複 -*i*], politeistico [㊚複 -*ci*] ¶多神教的に politeisticamente
✣**多神教徒** politeista㊚㊛ [㊚複 -*i*]

たす 足す **1**《加える》aggiungere《AをBに A a B》;《AとBを》sommare A a B, addizionare A e [a] B;《数》addizionare ¶スープにもう少し塩を足してください。Aggiunga ancora un po' di sale alla zuppa. ¶4足す3は7。4 più 3 fa 7. ¶お金が足りなかったら君のを足してください。Se il denaro non bastasse, mettici tu la differenza. ¶あと1000円足すともっといいのが買えるよ。Con mille yen in più ne puoi comprare uno più bello.
2《済ます》¶二三、用を足してから帰る。Tornerò dopo aver sistemato un paio di cose.

だす 出す **1**【取り出す】tirare fuori, mettere fuori, fare uscire ¶机を部屋の外に出す portare la scrivania fuori dalla stanza ¶ポケットから小銭を出す tirare fuori degli spiccioli dalla tasca ¶かばんからペンを出す prendere la penna dalla borsa ¶銀行から金を出す prelevare [ritirare] denaro dalla banca ¶そろそろ夏服を出すころだ。È quasi ora di tirare fuori i vestiti estivi.
2【突き出す】far uscire, tirare fuori ¶手を出して金をせびる fare l'elemosina allungando la mano ¶舌を出す tirare fuori la lingua ¶芽を出す mettere i germogli / germogliare㊌ [*es*, *av*] ¶「車窓から顔を出すのは危険です」(掲示)"È pericoloso sporgersi dal finestrino"
3【発送・投函する】spedire, mandare ¶本を郵便小包で出す spedire un libro attraverso pacco postale ¶この手紙を出してくれ。Spediscimi [(投函) Imbucami] questa lettera.
4【提出する】presentare ¶辞表を出す dare [presentare] le dimissioni ¶入学願いを出す fare una domanda d'iscrizione alla scuola ¶上司に報告書を出す consegnare un rapporto al *proprio* superiore
5【流す】¶水を出す(水道)aprire il rubinetto (dell'acqua) ¶彼は鼻血を出した。Gli è uscito il sangue dal naso.
6【提供する】《食事などを》servire;《ごちそうする》offrire;《資金などを》finanziare, contribuire㊌ [*av*] ¶お客さんにお茶を出す servire il tè agli ospiti ¶食事を出す(昼食)servire il pranzo /《夕食を》servire la cena ¶100万円の寄付金を出す dare un contributo di [contribuire con] un milione di yen ¶叔父が大学の学費を出してくれた。Mio zio mi ha pagato le tasse universitarie. ¶食事代は僕が出すよ。Offro io il pranzo.
7【出発させる】¶臨時列車を出す mettere in servizio un treno straordinario ¶彼は荒天にも船を出した。Ha messo in mare la barca nonostante la burrasca.
8【派遣する】inviare, mandare ¶使いを出す inviare un messaggero ¶(に a)《働きに》mandare *qlcu.* a lavorare ¶軍隊を出す《出動させる》far entrare in azione l'esercito / ricorrere all'esercito ¶彼は3人の子を大学まで出した。Ha fatto studiare i tre figli fino all'università.
9【課す】¶生徒に宿題を出す dare un compito agli studenti ¶難しい問題を出す presentare un problema difficile (da risolvere)
10【発行する】¶滞在許可証を出す rilasciare il permesso di soggiorno
11【修理・洗濯などにまわす】¶洗濯に出す mandare [(持って行く) portare] *ql.co.* in lavanderia ¶車を修理に出す portare la macchina dal meccanico
12【露出する】scoprire, esporre ¶腕を出す scoprire le braccia ¶窓辺に顔を出す affacciarsi alla finestra ¶日なたに出す esporre *ql.co.* al sole ¶ぼろを出さないように注意した。Ho fatto attenzione a non rivelare nessuna delle debolezze [delle mancanze]. ¶彼は怒りをすぐ顔に出す。Il viso tradisce subito la sua rabbia.
13【言う】dire, esprimere ¶意見を出す esprimere la *propria* opinione ¶彼は思ったことをすぐに口に出す。Dice subito quello che pensa.
14【公にする】《出版》pubblicare;《発表・出品》presentare, esporre, esibire;《掲示》affiggere《に su》¶作品を展覧会に出す esporre le *proprie* opere in una mostra ¶新聞に広告を出す mettere un annuncio pubblicitario su un giornale ¶売りに出す mettere [offrire] in vendita ¶お名前は出しません。Non rivelerò il suo nome. ¶あの劇場は新作を出している。Quel teatro dà un'opera nuova.
15【産出する, 発生させる】¶この学校は多くの偉大な学者を出した。Da questa scuola sono usciti molti grandi studiosi. ¶彼は大火事を出してしまった。Ha provocato [causato] un grave incendio.
16【結果を】¶正しい答えを出す dare [fornire] una risposta [una soluzione] corretta ¶急いで結論を出す。Non giungere troppo in fretta alle conclusioni. ¶大きな損を出す subire una grave perdita ¶新記録を出す stabilire un record ¶今月は1万円の赤字を出した。Questo mese sono in passivo di 10.000 yen.
17【見せる, 呈示する】mostrare ¶切符を出してください。Mi faccia vedere [favorisca] il biglietto. ¶証拠を出せ。Mostrami le prove. ¶会にはしばしば顔を出している。Mi faccio vedere spesso alle riunioni. ¶たまには顔を出せよ。Fatti vivo ogni tanto.
18【スピードを】accelerare㊌ [*av*] ¶あまりスピードを出すと危ない。È pericoloso「accelerare troppo [andare a velocità troppo elevata]. ¶時速100キロを出した。Abbiamo raggiunto i 100 km all'ora.
19【光・音などを発する】¶音[電波]を出す emettere un suono [onde elettriche] ¶大声を出す lanciare [emettere] un grido / gridare ¶この楽器は変な音を出す。Questo strumento emette suoni strani. ¶風邪で熱を出している。Gli è venuta la febbre per il raffreddore.
20【発揮する】¶元気を出す farsi animo / rincuorarsi ¶勇気を出す armarsi di [farsi] coraggio per + 不定詞 ¶力を出し切らないうちに負けた。Sono stato sconfitto prima di poter dimostrare tutta la mia forza.
21【開設する】¶銀座に店を出す aprire un negozio a Ginza ¶この会社はニューヨークに支店を出

している. Questa ditta ha una filiale a New York.
22【さしはさむ】¶横から口を出すな. Non intervenire. / Non mettere becco. / Non impicciarti. ¶おれの女に手を出すな. Lascia stare la [Giù le mani dalla] mia donna.
23【「…出す」の形で, …し始める】 iniziare [cominciare / mettersi] a＋[不定詞] ¶突然泣き[笑い]出す scoppiare a piangere [ridere] ¶雨が降り出した. Ha [È] cominciato a piovere.

たすう 多数《過半数》maggioranza㊛ ◇多数の《たくさんの》numeroso, molto, un gran numero di;《大部分の》la maggior parte di ¶絶対[相対]多数に達する arrivare alla maggioranza assoluta [relativa] ¶多数の意見に与(くみ)する condividere l'opinione della maggioranza ¶国会で多数を占める avere la maggioranza in Parlamento ¶多数の人々が…と考える. I più pensano che＋[接続法] ¶志願者が多数集まった. I candidati si sono presentati in gran numero [in massa]. ¶その法案は賛成多数で可決された. Il disegno di legge ha ottenuto l'approvazione della maggioranza.
✤**多数決** decisione㊛ a maggioranza ¶多数決で決める decidere (*ql.co.*) [prendere una decisione] a maggioranza
多数党 partito㊚ di maggioranza;《議会の》maggioranza㊛ parlamentare
多数派 maggioranza㊛
多数派工作 operazione㊛ per formare la maggioranza

たすかる 助かる **1**《危いところを逃れる》salvarsi《から da》; scampare㊂[*es*]《から a》; cavarsela;《生き延びる》sopravvivere㊂[*es*]《から a》¶危うく助かった. L'ho scampata bella. ¶奇跡的に助かった. Me la sono cavata per miracolo. ¶おぼれるところを危うく助かった. È mancato poco che affogassi. ¶病人は助かる見込みがない. Il malato è senza speranza. ¶一人も助からなかった. Non ci sono sopravvissuti [superstiti]. / Non si è salvato nessuno. ¶もう助からないと思った. Mi sono visto perduto. ¶助かった, まだバスがある. Grazie al cielo, gli autobus passano ancora.
2《費用・労力の面で》 ¶太郎が手伝ってくれて助かる. Per fortuna che c'è Taro a darmi una mano. ¶お米の値段が下がって助かる. È un bel sollievo che il prezzo del riso sia diminuito. ¶今夜は涼しいので助かります. Questa sera fa più fresco, si respira un po'. / Meno male che fa più fresco stasera.

たすき 襷 fa*scia*㊛[複 -*sce*] ¶たすきをかけている portare a tracolla una fascia ¶バッグをたすきにかける mettere a tracolla una borsa

タスクバー〔英 taskbar〕〘コンピュータ〙barra㊛ delle applicazioni

たすけ 助け《援助》aiuto㊚, assistenza㊛;《救助》soccorso㊚;《支援》appog*gio*㊚[複 -*gi*] ¶助けを借りる ricevere (l')aiuto da *qlcu.* ¶助けを求める chiedere aiuto a *qlcu.* ¶助けを呼ぶ chiamare aiuto /《叫ぶ》gridare aiuto ¶神の助けで grazie a Dio / con l'aiuto di Dio ¶この辞書は私の仕事の助けになる. Questo dizionario sarà molto utile per il mio lavoro.
✤**助け船**《救助船》scialuppa㊛ di salvataggio ¶助け船を出す《比喩的》gettare un salvagente a *qlcu.*

たすけあい 助け合い aiuto㊚ recipro*co*[複 -*ci*];《協力》cooperazione㊛, collaborazione㊛ ◇助け合う aiutarsi a vicenda [reciprocamente], darsi reciproco aiuto
✤**助け合い運動** campagna㊛ di beneficenza

たすけおこす 助け起こす aiutare *qlcu.* a mettersi [ad alzarsi] in piedi

たすけだす 助け出す salvare *qlcu.*《から da》; estrarre *qlcu.*《から da》

たすける 助ける

1《救助する》salvare *qlcu.*, mettere in salvo *qlcu.*, soccorrere *qlcu.* ¶人命を助ける salvare la vita di [a] *qlcu.* ¶助けに行く andare in soccorso di *qlcu.* ¶おぼれている子供を助ける salvare un bambino che sta per annegare ¶おかげで危ないところを助けられた. Grazie al cielo sono stato salvato al momento giusto. ¶命だけはお助けください. Risparmiatemi la vita. ¶助けて. Aiuto!
2《助力する》aiutare *qlcu.* in *ql.co.* [a＋[不定詞]], assistere *qlcu.* [*ql.co.*], dare una mano a *qlcu.*;《後援する》appoggiare *qlcu.*;《寄与する》contribuire㊂[*av*] a *ql.co.* ¶お年寄りがバスに乗るのを助ける aiutare una persona anziana a salire sull'autobus ¶妻は私の研究を助けてくれた. Mia moglie mi ha aiutato negli studi. ¶豊かな電力が経済の発展を助けている. L'abbondanza di energia elettrica contribuisce allo sviluppo dell'economia.
3《促す》stimolare, aiutare ¶この薬は消化を助ける. Questa medicina stimola [aiuta] la digestione.

たずさえる 携える《手に持つ》portare *ql.co.* nella mano;《携帯する》portare *ql.co.* con *sé* ¶彼は重要な書類を携えていた. Portava importanti documenti (con sé).

たずさわる 携わる《従事する》occuparsi di *ql.co.*;《関与する》prendere parte [partecipare㊂[*av*]] a *ql.co.* ¶政治に携わる occuparsi di politica ¶ある事業に携わる partecipare [prendere parte] ad un'impresa ¶あなたはどんなお仕事に携わっておいでですか. Di che cosa si occupa?

ダスター〔英 duster〕《ぞうきん》strac*cio*㊚[複 -*ci*] (per la polvere);《はたき》spolverino㊚
✤**ダスターコート** spolverino㊚, spolverina㊛

ダストシュート〔英 dust chute〕scari*co*㊚[複 -*chi*] immondizie [無変], collettore㊚ di rifiuti

たずねびと 尋ね人 disper*so*㊚[㊛ -*a*], mancante㊚㊛ ¶「尋ね人」《表示》"Scomparso" / "Chi l'ha visto?" / "Cercasi"

たずねる 訪ねる

《訪問する》andare [venire] a trovare, visitare ¶こちらへお出かけの折はぜひお訪ねください. Venga a trovarmi quando si trova da queste parti. ¶奈良の神社仏閣を訪ねた. Ho visitato i templi buddisti e shintoisti di Nara.

たずねる 尋ねる

1《捜し求める》cercare, ricercare ¶父の行方を尋

ねて歩く andare in giro alla ricerca [in cerca] del padre ¶ある風習の由来を尋ねる indagare sull'origine di una usanza
2《問う》domandare [chiedere] ql.co. a qlcu., informarsi di ql.co. da qlcu., interrogare qlcu. su ql.co. ¶通行人に道を尋ねた. Ho chiesto la strada ad un passante. ¶ちょっとお尋ねしますが東京駅はどこですか. Mi scusi, dove si trova la stazione di Tokyo? ¶詳しいことは司書にお尋ねください. Per ulteriori informazioni, domandi al [si informi dal] bibliotecario, per favore.

だする 堕する cadere ⓔ [es], degenerare ⓔ [av, es] ¶安易なご都合主義に堕する cadere ⓔ [es] nel facile opportunismo

たぜい 多勢 ¶多勢に無勢だった. Il nemico ci superava in numero.

だせい 惰性 **1**《物》inerzia ⓕ ¶惰性で進む avanzare [procedere] per forza d'inerzia
2《やめられない習慣》inerzia ⓕ, forza ⓕ dell'abitudine ◇惰性的 inerziale ¶惰性で動く andare avanti per la [liberarsi dalla] forza dell'abitudine

だせき 打席 《野球で》¶3回目の打席で alla terza battuta ¶彼は5打席3安打だった. Su cinque battute ha fatto centro tre volte.

たせん 他薦 ¶自薦他薦の候補者が出た. Si sono presentati molti candidati, fra raccomandati e non (raccomandati).

ださん 打算 現在うちのチームは打線が好調だ. In questo momento la nostra squadra è forte nella battuta.

たそがれ 黄昏 crepuscolo ⓜ ◇たそがれの crepuscolare ¶たそがれどきに al crepuscolo ¶人生のたそがれ crepuscolo della vita ¶『神々のたそがれ』(ワーグナー) "Il crepuscolo degli dei"(Wagner)

だそく 蛇足 superfluità ⓕ, ridondanza ⓕ ◇蛇足の superfluo, ridondante ¶蛇足を加える aggiungere ridondanza [del superfluo] ¶蛇足ながら申し上げますが… Sarà anche superfluo dirlo, ma

たそくるい 多足類 《動》miriapodi ⓜ [複]

たた 多多 ¶そのような事例は多々ある. Ci sono molti esempi del genere. ¶多々ますます弁ず. Più è, meglio è.

ただ 只 **1**【単に】soltanto, solo, nient'altro che, appena ◇ただの semplice, mero ¶ただ泣いてばかりいる. Non fa altro che piangere. ¶ただ一度会っただけだ. L'ho incontrato una sola volta. ¶君はただ僕の言うとおりにすればよい. Devi limitarti a fare solo quello che dico io. ¶こうなったらただ運を天に任せるほかにない. Stando così le cose non rimane che mettersi nelle mani di Dio. ¶ただの冗談だよ. Stavo solo scherzando. ¶それはただの憶測にすぎない. È una mera [semplice] supposizione.
2【普通の,ありふれた】◇ただの normale, comune, ordinario [複 -i], banale ¶ただの風邪だ. È solo un semplice raffreddore. ¶ただでさえ忙しいのに余分な仕事がきた. Con tutto il lavoro che ho da fare me ne hanno dato uno in più. ¶2人はただの仲ではないらしい. Mi sembra che ci sia più di un'amicizia tra loro due. ¶12時

になっても帰って来ないとはただごとじゃない. È mezzanotte e non torna ancora! Deve essere successo qualcosa. ¶そんなことが社長の耳に入ったらただじゃ済まないよ. Se lo sente il presidente, non la passi liscia.
3【無料】◇ただの gratuito ◇ただで gratuitamente, gratis ¶ただで働く lavorare gratis [a titolo gratuito / per niente] ¶この展覧会はただで入れる. L'ingresso a questa mostra è libero. ¶これはただです. Questo è gratis [《贈呈》un omaggio]. ¶これが1000円とはただみたいなものだ. Costa solo mille yen? Ma è un regalo [È regalato]! ¶ただ同然の値段で買った. Non è costato quasi niente.
4【ただし】ma, però ¶遊びに行くのはよいが, ただお昼には帰って来なさい. Puoi andare fuori a giocare ma devi tornare per l'ora di pranzo.
慣用 **ただでは起きない** ¶彼は転んでもただでは起きない. Riesce a ottenere vantaggi persino dai fallimenti.
ただより高いものはない Non si fa niente per niente.

だだ 駄駄 ¶だだをこねる《子供が》fare il bambino viziato [《女》la bambina viziata] / fare i capricci / fare le bizze / battere i piedi ¶その子は母親におもちゃをねだってだだをこねた. Quel bambino ha fatto i capricci affinché la madre gli comprasse un giocattolo.

ダダ 〔仏 dada〕《芸術運動》《仏》dada ⓜ [無変]
✤**ダダイスト** dadaista ⓤ [複 -i]
ダダイズム dadaismo ⓜ

タタール Tartaro ⓜ ◇タタールの tartaro
✤**タタール人** tartaro ⓜ [ⓕ -a] tataro ⓜ [ⓕ -a]
✤**タタール族** tartaro ⓜ ◇タタール族[人]の tartaresco [複 -schi], tataro
タタール地方 Tartaria ⓕ

ただい 多大 ◇多大な[の] enorme, grosso ¶嵐で作物は多大の損害を被った. I raccolti hanno subito gravi danni a causa della tempesta. ¶私は彼から多大の恩恵を受けている. Gli devo molto. / Mi sento obbligato verso di lui.

だたい 堕胎 aborto procurato ◇堕胎する abortire ⓔ [av]; 《医者が》procurare un aborto a qlcu.

ただいま 只今 **1**《今》adesso, ora ¶ただいまちょうど12時です. Ora sono le 12 in punto. ¶先生はただいまお部屋にいらっしゃいます. Il professore è nella stanza adesso? **2**《たった今》appena ¶奥様はただいまお出かけになりました. La signora è appena uscita. **3**《すぐに》subito ¶「お茶をください」「はい, ただいま」"Mi porti del tè." "Sì, subito. **4**《帰宅のあいさつ》¶ただいま. Sono tornato [《女性》tornata].

たたえる 称える esaltare, lodare [elogiare] qlcu. per ql.co. ¶私は彼の努力をたたえる. Esalto i suoi sforzi.

たたえる 湛える ¶水をたたえた溜池 bacino pieno d'acqua ¶目に涙をたたえて語る raccontare una storia con le lacrime agli occhi [con gli occhi pieni di lacrime] ¶彼は満面にえみをたたえて歓迎してくれた. Mi ha accolto col viso illuminato da un largo sorriso. ¶彼女は目に涙をたたえていた. Le si sono riempiti gli occhi di lacri-

たたかい 戦い・闘い **1**《戦争》guerra⨍; 《戦闘》combattimento⨎, battaglia⨍ ¶戦いに勝つ[敗れる] vincere [perdere] una battaglia ¶戦いが始まった. Il combattimento ha avuto inizio. ¶モンテペルティの戦い battaglia di Montaperti **2**《試合》gara⨍, partita⨍, incontro⨎ ¶戦いに勝つ[負ける] vincere [perdere] una partita **3**《闘い》lotta⨍;《衝突》conflitto⨎ ¶労使間の激しい闘い acceso conflitto fra i lavoratori e gli imprenditori ¶彼は癌と闘い打ち勝った. Ha vinto la lotta contro il cancro. ¶闘いに臨む《デモ・ストなどで》scendere in piazza /《スポーツで, 比喩的に》scendere in campo

たたかいぬく 戦い抜く combattere [lottare] sino alla fine [in fondo / a oltranza] ¶最後の一兵まで戦い抜く覚悟である. Siamo pronti a combattere fino all'ultimo uomo.

たたかう 戦う・闘う **1**《戦争する》combattere qlcu. [ql.co.], combattere⨎ [av] contro qlcu. [ql.co.]; lottare⨎ [av] contro [con] qlcu. [ql.co.]; guerreggiare⨎ [av] con [contro] qlcu. [ql.co.] ¶敵と戦う combattere [lottare contro] il nemico ¶祖国のために戦う combattere per la patria ¶日本はアメリカとの戦いに敗れた. Nella guerra contro l'America il Giappone è stato sconfitto. **2**《競技・試合をする》competere⨎ (►複合時制を欠く)《と con》, fare una partita《と con》, sostenere un incontro《と con》¶賞をめざして闘う competere a un premio ¶準決勝でイタリアと戦う affrontare la squadra italiana in semifinale ¶彼と闘おうとするものは誰もいない. Non c'è nessuno che vuole combattere [misurarsi] con lui. **3**《克服しようと立ち向かう》lottare contro ql.co., combattere (contro) ql.co., battersi contro qlcu. ¶理想のために闘う combattere per un ideale ¶困難と闘う lottare [combattere] contro le difficoltà ¶寒さと闘いながら私たちは頂上をめざして進んだ. Lottando contro il freddo siamo avanzati verso la cima.

たたかわす 戦わす ¶議論を戦わす discutere animatamente con qlcu. / avere una discussione serrata con qlcu.

たたき 三和土 《建》pavimento⨎ (impianto) di cemento

たたき 叩き **1**《打つこと》battuta⨍;《攻撃, 非難》attacco⨎《複 -chi》¶日本たたき attacchi (nei media) contro il Giappone **2**《料》¶あじのたたき piatto di pesce sauro tagliato in piccoli pezzi / battuto e condito con erbe aromatiche

たたきあげる 叩き上げる ¶社長は店員からたたき上げた人だ. Il presidente della società è un uomo che si è fatto da sé cominciando come commesso di negozio.

たたきうり 叩き売り **1**《大道商人の》vendita⨍ di merci con strilli e richiami all'interno di un mercatino ambulante **2**《大安売り》svendita⨍, liquidazione⨍ ◊たたき売りをする vendere ql.co. a basso prezzo [con ribasso], liquidare [svendere] ql.co.

たたきおこす 叩き起こす buttar giù qlcu. dal letto ¶電報配達にたたき起こされた. Sono stato svegliato dal fattorino del telegrafo.

たたきおとす 叩き落とす **1**《たたいて落とす》¶相手の拳銃をたたき落とす far cadere la rivoltella dalla mano dell'avversario **2**《失脚させる》¶彼は部長の地位からたたき落とされた. È stato spodestato dalla sua carica di caposezione.

たたききる 叩き切る mozzare, spaccare ¶首をたたき切る mozzare il capo

たたきこむ 叩き込む **1**《投げ入れる》buttare [gettare] ql.co. [qlcu.]《に dentro, in》¶古い椅子を物置きにたたき込む ammucchiare le sedie vecchie nel ripostiglio **2**《教え込む》far imparare ql.co. a qlcu., inculcare ql.co. nella mente di qlcu. ¶彼は親方にたたき込まれていい職人になった. Addestrato dal maestro è divenuto un buon artigiano. ¶このことは頭にたたき込んでおいてもらいたい. Voglio che te lo metta [ficchi] bene in mente. ¶愛国心をたたき込む inculcare il patriottismo a qlcu.

たたきこわす 叩き壊す fracassare ql.co.;《粉々に》mandare in frantumi ql.co.;《破壊する》distruggere [demolire] ql.co. ¶古い塀をたたき壊す abbattere un vecchio muro ¶車をたたき壊す scassare [distruggere] un'auto

たたきだい 叩き台 ¶たたき台として二, 三の考えを述べます. Per cominciare, vi do un paio di idee su cui pensare.

たたきだす 叩き出す 《追い出す》cacciar [buttar / mandare] via qlcu. [ql.co.]

たたきつける 叩き付ける **1**《激しく打ちつける》¶彼は怒ってコップを床にたたきつけた. È montato su tutte le furie e ha scagliato un bicchiere contro il pavimento. ¶雨が激しく地面にたたきつけていた. La pioggia si riversava a torrenti sul terreno. **2**《荒々しく差し出す》¶彼は社長に辞表をたたきつけた. Ha lanciato [Ha tirato] con rabbia la sua lettera di dimissioni al presidente.

たたきなおす 叩き直す ¶曲がった根性をたたき直す raddrizzare le ossa a qlcu.

たたきのめす 叩きのめす percuotere [malmenare] qlcu. ¶相手チームをたたきのめした. Abbiamo inflitto una sonora sconfitta alla squadra avversaria.

たたきふせる 叩き伏せる ¶強盗をたたき伏せる atterrare [gettare a terra] il ladro

たたく 叩く **1**《打つ》battere ql.co. [qlcu.];《殴打する》picchiare qlcu.; schiaffeggiare qlcu., prendere qlcu. a schiaffi ¶手をたたく《手を打つ, 拍手をする》battere le mani /《称賛する》applaudire (a) qlcu. [ql.co.] ¶太鼓をたたく battere [suonare] il tamburo ¶指先でテーブルをコツコツたたく tamburellare sul tavolo con le dita ¶〈人の〉顔をぴしゃりとたたく dare uno schiaffo a qlcu. ¶子供のおしりをたたく sculacciare un bambino ¶彼は私の肩をぽんとたたいた. Mi ha dato un colpetto sulla spalla. ¶誰かがドアをたたいている. Qualcuno bussa alla porta. ¶彼は怒ってテーブルをたたいた. Si è arrabbiato e ha dato un pugno sul tavolo. ¶雨が窓ガラスをたたいている. La pioggia picchia sui vetri della finestra. ¶けんかをしてたたかれた. Le ho prese [buscate] litigando. ¶肩が凝ったからちょっとたたいてくれ. Mi dolgono le spalle, dammi qualche colpetto per massaggiarle. ¶「たたけよ, さらば開かれん」〘聖〙 "Bussate, e vi sarà aperto."

2《批判・非難する》 criticare ¶意見は皆にたたかれた. L'opinione è stata criticata da tutti.

3《値段を負けさせる》 fare scendere il prezzo ¶1000円の品物をたたいて500円で買った. Sono riuscito contattando a comprare per 500 yen un articolo da 1.000.

4《むやみにしゃべる》 ¶むだ口をたたくな. Smettete di fare discorsi oziosi!

[慣用] **たたけばほこりが出る** ¶彼はたたけば必ずほこりが出る. Se scavate nella sua vita, scoprirete parecchi altarini. /《政治家など》 Quel politico ha degli scheletri nell'armadio.

門をたたく ¶彼は老師の門をたたいた. Ha chiesto all'anziano maestro di poter diventare suo discepolo.

ただごと ただ事 ¶それはただ事ではない. È molto strano. ¶事態がただ事ではないことがわかった. Mi sono reso conto che la situazione era grave [seria].

ただし 但し 《ただ, しかし》 ma, però; 《…という条件で》 a meno che + [接続法], salvo (il caso) che + [接続法] ¶あした伺います. ただし雨が降らなければのことですが. Domani, a meno che [salvo che] non piova, verrò a casa sua. ¶一緒に食事しよう. ただし割り勘でね. Pranziamo insieme. È inteso però che ognuno paga per sé. ¶外出は自由だ. ただし10時までには帰らなければならない. Potete uscire quando volete, ma dovete tornare entro le dieci.

ただしい 正しい **1**《本当の, 正確な》 corretto, esatto, preciso ¶正しい判断 giudizio corretto ¶正しい情報 informazione esatta ¶正しい発音 pronuncia corretta ¶君の言うことは正しい. Hai ragione. ¶「文科省」は正しくは「文部科学省」という. Il nome completo [per intero] di "Monkasho" è "Monbukagakusho".

2《公正な》 giusto, onesto, retto; 《合法的な》 legale, lecito; 《正当な》 legittimo ¶心の正しい人 persona onesta ¶正しい道を歩む andare per la giusta [retta] via / non allontanarsi dalla retta via ¶正しい選挙が行われることを望む. Ci auguriamo che le elezioni si svolgano nella legalità.

3《きちんとしている》 ¶正しい姿勢 postura corretta ¶正しく並べる mettere *ql.co.* in ordine

ただしがき 但し書き 〘法〙 clausola[女] (condizionale) ¶…という但し書き付きで a condizione che + [接続法]

ただす 正す・糺す・質す **1**《正しくする》 correggere [rettificare] *ql.co.*; 《調整する》 sistemare [aggiustare] *ql.co.* ¶誤りを正す correggere gli errori ¶素行[行い]を正す correggere la *propria* condotta / correggersi ¶姿勢を正す《背筋を伸ばす》 raddrizzare la schiena / 《きちんとする》 assumere una posizione composta / 《比喩的》 assumere un atteggiamento composto ¶服装を正す aggiustarsi [mettersi in ordine] il vestito

2《善し悪しを》 esaminare *ql.co.*, investigare [indagare] su *ql.co.*; 《質問して》 domandare *ql.co.* a *qlcu.*, interrogare *qlcu.* su *ql.co.*, accertarsi ¶身元を質す controllare l'identità di *qlcu.* ¶事の真偽を質す accertarsi della verità di un fatto ¶元を糺せば originariamente / risalendo alle origini ¶不審な個所を質す farsi spiegare un punto dubbio / 《疑問点を》 fare domande per chiarire i punti oscuri

たたずまい 佇い 《ありさま》 aspetto[男], forma[女]; 《雰囲気》 aria[女], atmosfera[女] ¶この町のたたずまい l'atmosfera di questa città ¶この庭園は落ち着いたたたずまいを見せている. Questo giardino ha un'aria tranquilla.

たたずむ 佇む star ritt*o*, star ferm*o*; 《立ちどまる》 arrestarsi, fermarsi ¶波打ち際にたたずむ sostare sulla battigia

ただただ 唯唯 ¶ただただ母に感謝するばかりだった. Non ho potuto far altro che ringraziare mia madre. ¶ただただ驚くばかりだった. Siamo rimasti tutti semplicemente a bocca aperta.

だだだっ ¶だだだっと機関銃の音が響いた. Abbiamo sentito il crepitare [crepitio] di una mitragliatrice. ¶だだだっと階段を駆け上がった. Ho fatto un gran fracasso salendo su per le scale.

ただちに 直ちに **1**《すぐに》 subito, immediatamente; 《ぐずぐずせずに》 senza indugio ¶直ちに機動隊が出動した. La squadra mobile è intervenuta immediatamente. ¶直ちにけが人を病院に運べ. Portate subito i feriti in ospedale. **2**《直接に, そのまま》 direttamente; 《必ず》 senz'altro ¶努力が直ちに成功につながるとは限らない. Non è detto che agli sforzi segua immediatamente il successo.

だだっこ 駄駄っ子 bambin*o*[男] [[女] *-a*] viziato [capriccioso]

だだっぴろい だだっ広い ¶だだっ広い部屋 una stanza smodatamente enorme ¶だだっ広い野原 un campo immenso

ただでさえ ¶急いだので, ただでさえ下手な字がますます読みにくくなった. La fretta ha reso ancor più illeggibile la mia già brutta grafia. ¶彼はただでさえ短気なのに, こう暑いとますます怒りっぽくなる. È sempre collerico, ma ora lo è ancor di più a causa del caldo. ¶ただでさえ困っているのに立ち退きを命じられた. A peggiorare le cose, sopraggiunse l'ordine di sgombero.

ただならぬ non normale, straordinar*io* [[男][複] *-i*]; 《異様な》 singolare ¶ただならぬ物音 rumore insolito [allarmante] ¶ただならぬ顔で con un'espressione allarmata ¶部屋にはただならぬ雰囲気が漂っていた. Si respirava qualcosa nell'aria di quella sala. ¶あの2人はただならぬ仲だ. Fra quei due c'è più che una semplice amicizia.

ただのり 只乗り viag*gio*[男] [[複] *-gi*] senza biglietto ◇ただ乗りする viaggiare senza (pagare il) biglietto

ただばたらき 只働き lavoro[男] non retribuito

たたみ 畳 *tatami*[男] [無変] ¶畳の部屋 stanza con *tatami* ¶畳を敷く stendere i *tatami* sul pa-

た

vimento
[慣用] **畳の上で死ぬ** morire㊐[*es*] nel proprio letto, morire di morte naturale
畳の上の水練 ¶それは畳の上の水練でしかない. Questo è un esercizio assolutamente privo di utilità pratica.
✤**畳表**(おもて) superfic*ie*㊛ [複 *-ci*, *-cie*] [lisc*ia*㊛ [複 *-sce*]] di una stuoia
畳替え rifacimento㊚ dei *tatami* ¶畳替えをする rifare la copertura dei *tatami*
畳屋 fabbricante㊚㊛ [mercante㊚㊛] di *tatami*

[日本事情] 畳
Stuoia di paglia di riso ricoperta di paglia di giunco, di solito bordata con una striscia di tessuto. La misura standard di circa m. 1,80 (1 *ken*) di lunghezza per m. 0,90 (mezzo *ken*) di larghezza è la misura base per calcolare la grandezza dei locali (1 *tatami* = 1 *jo*).

たたみかける 畳み掛ける dare addosso a *qlcu*. ¶質問を畳みかける tempestare [subissare] *qlcu*. di domande
たたむ 畳む **1**《折りたたむ》piegare [ripiegare] *ql.co.* ¶ハンカチを畳む piegare il fazzoletto ¶テーブルの脚を畳む piegare le gambe del tavolo ¶紙を四つにたたむ piegare un foglio in quattro ¶傘を畳む richiudere l'ombrello ¶テントを畳む levare una tenda **2**《商売などをやめる》¶店をたたむ chiudere negozio
ただもの 只者 ¶あれはただ者ではない. Non è un uomo comune [qualsiasi].
ただよう 漂う **1**《水面を》galleggiare㊐[*av*];《揺れ動いている》fluttuare㊐[*av*], stare a galla;《空中を》librarsi「in aria [in volo]」¶水面を漂う木の葉 foglie galleggianti sull'acqua ¶波のまにまに漂う essere in balia delle onde ¶香水の香りが漂っている. Il profumo si è diffuso nell'aria. ¶花の香りがどこからともなく漂ってきた. Un profumo di fiori giunge da chissà dove.
2《雰囲気や表情などが》¶彼女のいるところにはいつも明るい雰囲気が漂っている. Dove c'è lei, c'è sempre un'atmosfera di allegria. ¶アジアに戦雲が漂い始めた. In Asia si addensarono nuvole di guerra. ¶彼女の顔には哀愁が漂っていた. La malinconia traspariva dal suo viso.
ただよわせる 漂わせる ¶口元に微笑を漂わせて話す parlare col sorriso sulle labbra ¶顔に恐怖の色を漂わせてじっと立っていた. Stava immobile con la paura dipinta sul volto.
たたり 祟り《神仏・亡霊などによる》maledizione㊛;《正体不明の》iettatura㊛; influsso㊚ malefico ¶悪霊のたたりをおそれる temere l'ira di uno spirito maligno ¶たたりを受ける incorrere in una maledizione ¶この家にはたたりがある. Su questa casa pesa una maledizione [una iettatura]. ¶弱り目にたたり目《諺》"Le disgrazie non vengono mai da sole." ¶触らぬ神にたたりなし《諺》"Non stuzzicare il can che dorme."
たたる 祟る **1**《神仏・亡霊などが災いを与える》maledire *qlcu*., invocare la maledizione su *qlcu*.; gettare la iella [sfortuna] su *qlcu*. ¶悪霊にたたられる essere tormentat*o* [perseguitat*o*] da uno spirito maligno ¶悪運にたたられる essere vittim*a* di una sorte maligna [avversa] ¶今回の旅行は雨にたたられた. Sono stato perseguitato da una pioggia maledetta durante il viaggio.
2《悪い結果・罰を生む》¶無理がたたって病気になる ammalarsi a causa di uno strapazzo [di lavoro eccessivo]
ただれ 爛れ erosione㊛;《炎症》infiammazione㊛
✤**ただれ目** palpebre㊛[複] infiammate
ただれる 爛れる **1**《皮膚などが炎症を起こす》¶傷口がただれる. La ferita è infiammata.
2《精神がすさむ》¶ただれた生活を送る condurre una vita dissoluta
たち 太刀 spada㊛ ¶相手の肩に一太刀浴びせた. Ha colpito l'avversario alla spalla con un micidiale fendente di spada.
✤**太刀先** (1)《刀の先端》punta㊛ di una spada (2)《切りかかる勢い》attac*co*㊚[複 *-chi*] con la spada, stoccata㊛, affondo㊚
太刀さばき arte㊛ della spada ¶太刀さばきが上手だ. È abile nel maneggiare la spada.
太刀持ち scudiero㊚, pagg*io*㊚[複 *-gi*]
たち 質 **1**《性質》natura㊛, temperamento㊚,《性格》carattere㊚ ¶陰気[陽気]なたちである essere di natura malinconica [allegra] ¶彼は興奮しやすいたちだ. Si eccita facilmente. ¶私は飽きっぽいたちだ. Mi stanco [stufo] subito di tutto. ¶あいつはたちが悪い. È un tipaccio quello là!
2《体質》costituzione㊛ fisica ¶風邪を引きやすいたちである avere una predisposizione a prendere il raffreddore ¶虚弱なたちである essere di costituzione debole [gracile] ¶僕は疲れやすいたちだ. Mi stanco facilmente.
3《物事の性質》¶たちの悪い冗談 scherzo di cattivo gusto ¶たちの悪い風邪を引く prendere una brutta influenza ¶彼の酒はたちが悪い. Quando beve, diventa violento.
-たち -達 ¶子供たち bambini / bambine
たちあい 立ち会い・立ち合い **1**《列席》presenza㊛; assistenza㊛ ¶証人立ち会いの上で in presenza di un testimone ¶立ち会いを求める chiedere la presenza di *qlcu*. **2**《証券取引所の》operazioni㊛[複] di Borsa ¶午前[午後]の立ち合い operazioni di Borsa del mattino [del pomeriggio]
✤**立会演説会** 《選挙の》comiz*io*㊚[複 *-i*] (elettorale) con vari oratori
立会い所 sala㊛ di contrattazione
立合い場〘金融〙sala㊛ delle negoziazioni
立会人 《証人》testimone㊚ ㊛; osserva*tore*㊚[㊛ *-trice*];《選挙投票の》scruta*tore*㊚[㊛ *-trice*]
たちあう 立ち会う 《その場にいる》essere present*e* a *ql.co.*, presenziare (a) *ql.co.*; assistere a *ql.co.* [*qlcu.*];《証人となる》essere testimon*e* di *ql.co.* ¶友人の結婚に立ち会う《証人となる》fare da testimone [《参加する》assistere] alle nozze di un amico
たちあがり 立ち上がり partenza㊛, avvio㊚ ¶この機械は立ち上がりが悪い. Questo macchinario ci mette molto ad accendersi. ¶立ち上がりからうまくいかなかった. Sin dall'inizio le cose

non andavano bene.

たちあがる 立ち上がる **1**《起立する》alzarsi [mettersi] in piedi ¶立ち上がらせる fare alzare *qlcu.* ¶椅子から立ち上がる alzarsi dalla sedia
2《元気を回復する》riprendersi, riprendere vigore ¶彼が励ましてくれたおかげで私は悲しみから立ち上がることができた. Mi sono ripreso dal dolore grazie al suo incoraggiamento.
3《行動を開始する》cominciare ad agire, entrare in azione, muoversi;《反乱などを起こす》sollevarsi [ribellarsi]《に対して contro》¶独裁者に反抗し, 結束して立ち上がる sollevarsi [ribellarsi] in massa contro un dittatore ¶世界の飢えた人々を救うために立ち上がった. Hanno dato vita ad un movimento contro la fame nel mondo.

たちあげる 立ち上げる avviare ¶パソコンを立ち上げる avviare [accendere] il computer ¶新会社を立ち上げる mettere in piedi una nuova ditta

たちいふるまい 立ち居振る舞い portamento [男] ¶彼女は立ち居振る舞いが優雅だ. È aggraziata nei suoi movimenti.

たちいり 立ち入り ¶「立ち入り禁止」《掲示》"Divieto d'ingresso" / "Vietato entrare" ¶「関係者以外の立ち入りを禁ずる」《掲示》"Vietato l'ingresso agli estranei" / "Accesso consentito solo alle persone autorizzate"
✤**立ち入り検査** sopralluogo[男][複 -ghi], ispezione[女] in loco

たちいる 立ち入る **1**《入り込む》entrare[自][es]《に in》;《侵入する》penetrare[自][es]《に in》¶工場の構内に立ち入る entrare all'interno della fabbrica
2《干渉する, 深入りする》intervenire[自][es] [intromettersi] in *ql.co.* ¶他人のことに立ち入る ficcare il naso [intromettersi] nelle faccende altrui ¶立ち入った話で恐縮ですが… Mi scuṣi se mi intrometto, ma... / Forse sono troppo indiscreto, ma... ¶詳細に立ち入って論じる discutere di *ql.co.* fin nei (minimi) particolari

たちうお 太刀魚 〘魚〙pesce[男] sciabola [無変] [bandiera [無変] / lama [無変]]

たちうち 太刀打ち ◇太刀打ちする《対抗する》miṣurarsi [cimentarsi / gareggiare] con *qlcu.* per *ql.co.*, competere con *qlcu.* in *ql.co.* ¶彼とは太刀打ちできない. Non sono in grado di tenergli testa.

たちおうじょう 立ち往生 ◇立ち往生する trovarsi [essere] bloccat*o*, non riuscire[自][es] ad andare né avanti né indietro ¶雪のため列車は立ち往生した. Il treno è rimasto bloccato dalla neve.

たちおくれる 立ち後れる essere in ritardo [indietro] ◇立ち後れ ritardo[男] ¶10年の立ち後れ ritardo di dieci anni ¶立ち後れを取り戻す recuperare [riguadagnare] il ritardo [il terreno perduto] ¶日本は社会福祉制度でヨーロッパ先進国に立ち後れている. Il Giappone, rispetto ai paeṣi più progrediti dell'Europa, è indietro nel sistema di assistenza sociale.

たちおよぎ 立ち泳ぎ ◇立ち泳ぎをする fare la bicicletta in acqua

たちかえる 立ち返る tornare[自][es], ritornare[自][es] ¶正気に立ち返る tornare in senno / ritornare alla ragione ¶正気に立ち返らす riportare [ricondurre] *qlcu.* alla ragione ¶原点に立ち返る ritornare all'origine [al punto di partenza]

たちがれ 立ち枯れ ¶立ち枯れの木 albero disseccato [secco]

たちき 立ち木 albero[男] (non abbattuto)

たちぎえ 立ち消え ¶計画が立ち消えになった. Il piano è fallito [è andato a monte / è andato in fumo]. ¶そのうわさは2, 3日で立ち消えになった. Quella diceria è stata dimenticata in due, tre giorni.

たちぎき 立ち聞き ◇立ち聞きする origliare[自][av], stare con l'orecchio teso, ascoltare[自][av] di nascosto;《偶然に聞こえてしまう》udire *ql.co.* per caṣo

たちきる 断ち切る tagliare, mozzare, recidere;《関係などを》rompere ¶彼はロープを断ち切った. Ha tagliato [reciṣo] la corda. ¶敵の退路を断ち切る tagliare completamente la ritirata del nemico ¶悪循環を断ち切る spezzare un circolo vizioso ¶私は暴力団との関係を断ち切った. Ho rotto i miei rapporti con quella banda di malviventi. ¶彼は彼女への未練を断ち切った. Non prova più nessun rimpianto per lei.

たちぐい 立ち食い ◇立ち食いする mangiare in piedi

たちくらみ 立ち眩み ¶急に立ちくらみがした. Quando mi sono alzato, ho avuto un capogiro [mi sono venute le vertigini].

たちげいこ 立ち稽古 prove[女][複] iniziali di teatro ¶立ち稽古をする provare un pezzo teatrale (ancora con il copione in mano)

たちこめる 立ち籠める ¶川面に霧が立ちこめている. La nebbia si estende sul fiume. ¶谷間に霧が立ちこめている. La nebbia ricopre [avvolge] la valle. ¶煙が部屋中に立ちこめていた. La stanza era piena di fumo.

たちさる 立ち去る andar via [andarsene]; lasciare [abbandonare] *ql.co.*

たちさわぐ 立ち騒ぐ ¶広場は立ち騒ぐ群衆でいっぱいだった. La piazza era (piena) zeppa di una folla agitata [inquieta / turbolenta].

たちしょうべん 立ち小便 ¶往来で立ち小便をする orinare[自][av] in piedi per la strada

たちすくむ 立ち竦む rimanere[自][es] impietrit*o* [ṣbalordit*o* / stupefatt*o* / stupit*o* / attonit*o*] ¶私を見て彼は立ちすくんだ. È rimasto ṣbalordito quando mi ha visto.

たちせき 立ち席 posto[男] in piedi ¶「立ち席のみ」《掲示》"Soltanto posti in piedi"

たちつくす 立ち尽くす rimanere[自][es] [restare[自][es] / stare[自][es]] immobile「a lungo [fino alla fine] ¶遺族は雨の中でじっと立ちつくしていた. I familiari del defunto rimaṣero immobili (in piedi) sotto la pioggia per lungo tempo.

たちどおし 立ち通し ¶目的地まで立ち通しだった. Sono restato in piedi per l'intero tragitto.

たちどころに 立ち所に ◇たちどころに subito, immediatamente, sull'istante, all'istante, in quattro e quattr'otto ¶質問にたちどころに答える rispondere a una domanda senza indugio ¶

事件をたちどころに解決する risolvere un caṣo「in men che non si dica [in un baleno / sui due piedi / di primo acchito] ¶この薬はたちどころに効く。Questa medicina ha un effetto immediato.

たちどまる 立ち止まる fermarsi, arrestarsi ¶急に立ち止まる fermarsi bruscamente [di botto] ¶立ち止まらないでください。Circolare, per favore! / Non fermarsi, prego! ¶彼はちょっと立ち止まって汗をふいた。Si è fermato un attimo ad asciugarsi il sudore.

たちなおり 立ち直り ripresa㊛, recupero㊚ ¶外国為替市場の立ち直りは遅れるだろう。La ripresa del mercato valutario estero si avrà con un certo ritardo. ¶彼は立ち直りが早い。È uno che si riprende in fretta.

たちなおる 立ち直る riprendersi, risollevarsi; (病気から) rimettersi [ristabilirsi] (da una malattia) ¶ひどいショックから立ち直る risollevarsi da uno shock tremendo ¶彼の会社は立ち直った。La sua azienda si è risollevata.

たちならぶ 立ち並ぶ ¶港には古い倉庫が立ち並んでいる。Vecchi magazzini sono allineati lungo il porto. ¶女王は通りに立ち並ぶ群衆に手を振った。La regina ha salutato con la mano la folla lungo la strada.

たちのき 立ち退き 《住民の一斉避難》evacuazione㊛, sgombero㊚, sgombro㊚;《借家・アパートなどから》sfratto㊚ ¶立ち退きを迫る dare lo sfratto a qlcu. ¶立ち退かせる cacciar via [mandar via] qlcu. ¶立ち退きを命じられる《災害に備えて》ricevere「l'ordine di ṣgombero [evacuazione] ¶道路拡張のため立ち退きさせられた。Il terreno mi è stato espropriato per allargare una strada.
✤立ち退き命令 ordine㊚ di sfratto ¶立ち退き命令を受けた人 sfrattato㊚ [㊛ -a]
立ち退き料 indennità㊛ di espropriazione

たちのく 立ち退く lasciare [liberare] ql.co.;《明け渡す》evacuare [sgomberare] ql.co.;《移転する》traslocare ql.co. ¶間借り人たちはアパートを立ち退かざるを得なかった。Gli inquilini hanno dovuto lasciare [ṣgombrare] l'appartamento.

たちのぼる 立ち上る innalzarsi, salire㊐[es] ¶ひと筋の煙が空に立ち上った。Un filo di fumo si alzava nel cielo. ¶噴火口から水蒸気が立ち上る。Dal cratere salgono nuvole di vapore.

たちば 立場 1《地位、境遇》poṣizione㊛, situazione㊛, condizione㊛; posto㊚ ¶…できる立場にある essere in grado di + 不定詞 ¶《人》より有利な立場にある《競争などで》essere favorito rispetto a qlcu. / essere in una poṣizione vantaggiosa rispetto a qlcu. ¶社会的[法的]立場 la propria poṣizione sociale [giuridica] ¶他人の立場になって考える mettersi al posto [nei panni / nella poṣizione] di un altro
2《見地》punto㊚ di vista ¶自分の立場を明らかにする chiarire la propria poṣizione ¶異なった立場から検討する eṣaminare ql.co. da un altro punto di vista ¶経済の立場から eṣaminare ql.co. dal punto di vista economico [nell'ottica economica / sotto l'aspetto economico] ¶両者は立場を異にしている。I due hanno punti di vista diversi.
3《面目、立つ瀬》¶それでは私の立場がなくなる。In tal caṣo perderei la faccia.

たちはだかる 立ちはだかる ¶彼は暴れ馬の前に立ちはだかった。Si piantò davanti al cavallo imbizzarrito. ¶険しい山が私たちの行く手に立ちはだかっていた。Un'erta montagna si poneva sul nostro cammino.

たちはたらく 立ち働く ¶少女はこまめに立ち働いた。La ragazza ha lavorato alacremente.

たちばな 橘《植》mandarino㊚ selvatico [複-ci]

たちばなし 立ち話 ¶《人》と立ち話をする parlare [chiacchierare] con qlcu. in piedi / stare in piedi a parlare con qlcu.

たちはばとび 立ち幅跳び《ス ポ》salto㊚ in lungo da fermo

たちふさがる 立ち塞がる ostruire il passaggio a qlcu., ṣbarrare il passo [la strada] a qlcu.; piantarsi davanti a qlcu. ¶入り口に立ちふさがる bloccare [ostruire] il passaggio piazzandosi in mezzo all'entrata

たちまち 忽ち ṣubito, rapidamente; 《あっと言う間に》in un istante, in un batter d'occhio ¶切符はたちまち売り切れた。I biglietti finirono in un istante. ¶お金はたちまちのうちになくなった。Il denaro è finito in un batter d'occhio. ¶晴れていた空がたちまち曇ってしまった。Il cielo, prima sereno, si è rannuvolato in un momento.

たちまわり 立ち回り 1《映画・演劇で》scena㊛ di combattimento ¶立ち回りを演じる recitare una scena di azione
2《つかみ合いのけんか》rissa㊛, zuffa㊛, scenata㊛;《一般に、けんか》conflitto㊚ ¶《人》と立ち回りを演じる《格闘》lottare con qlcu. corpo a corpo / fare una scenata a qlcu.
3《振る舞い》¶会社での彼の立ち回りは油断ならない。Dobbiamo tenere d'occhio i suoi movimenti nella ditta.

たちまわる 立ち回る ¶如才なく立ち回る《いい意味で》agire㊐[av] con molto tatto /《悪い意味で》agire con furbizia

たちみ 立ち見 ¶立ち見をする guardare ql.co. stando in piedi ¶芝居は立ち見が出た。Per lo spettacolo ormai ci sono solo posti in piedi.
✤立ち見席 posto㊚ in piedi

たちむかう 立ち向かう affrontare qlcu. [ql.co.], sfidare qlcu. [ql.co.] ¶困難[難局]に立ち向かう affrontare una difficoltà [un punto cruciale] ¶真っ向から敵に立ち向かう sfidare il nemico frontalmente

たちもどる 立ち戻る ritornare㊐[es] ¶本題に立ち戻る ritornare sull'argomento

たちゆく 立ち行く《成り立ってゆく》andare avanti, andare bene

だちょう 駝鳥《鳥》struzzo㊚

たちよみ 立ち読み ¶立ち読みをする leggere ql.co. in piedi in una libreria senza comprare nulla

たちよる 立ち寄る fermarsi [fare una sosta] 《に a, in》;《人の家に》passare㊐[es] da qlcu.;《寄港・着陸する》fare scalo《に a, in》¶旅の途中でミラノに立ち寄る fermarsi a Milano durante il viaggio ¶学校の帰りに彼の家に立ち寄った. Sono passato da lui al ritorno da scuola.

だちん 駄賃　compenso[男], mancia[女] [複 -*ce*] ¶駄賃をやる dare la mancia a *qlcu*.

たつ 辰《十二支の》il Drago[男] ⇒千支(えと)
✤辰年 l'anno[男] del Drago

たつ 竜　drag*o*[男] [複 -*ghi*], dragone[男]

たつ 立つ　**1**【直立する】《足で》stare in piedi; 《立ち上がる》alzarsi in piedi; stare dritt*o* ¶木が３本立っている. Ci sono tre alberi. ¶塔が立っている. C'è [È stata innalzata] una torre. ¶私は立ち上がった. Mi sono alzato in piedi. ¶電車が込んでいてずっと立っていた. Sono stato sempre in piedi perché il treno era affollato. ¶立っているついでに水を１杯持ってきてくれ. Già che sei in piedi, portami un bicchiere d'acqua. ¶足がしびれて立てない. Ho le gambe addormentate [intorpidite], non riesco ad alzarmi in piedi.
2【発生する】 sollevarsi, alzarsi ¶ほこり[湯気 / 煙]が立つ. Si solleva (la) polvere [vapore / fumo]. ¶波が立っている. Il mare è ondoso. ¶風が立った. Si è alzato il vento. ¶庭一面に霜柱が立った. Il giardino era coperto (di aghi) di brina. ¶この石けんはよく泡が立つ. Questo sapone fa tanta schiuma. ¶火のない所に煙は立たない. 《諺》"Dove c'è fumo c'è anche l'arrosto." ¶うわさが立つ. Le chiacchiere si diffondono. ¶彼が女優と結婚するといううわさが立っている. C'è in giro la voce che si sposerà con un'attrice. ¶あの家について変なうわさが立っている. Corrono strane voci su quella famiglia. ¶彼のよくない評判が立っている. Ha una brutta reputazione.
3【位置する】 ¶優位に立つ essere in vantaggio ¶苦境に立つ essere [trovarsi] in difficoltà ¶批判の矢面(やおもて)に立つ trovarsi sotto un fuoco di fila di critiche ¶人の上に立つ guidare gli altri ¶相手の立場に立ってものを考える immedesimarsi nell' [nel modo di pensare dell'] altra persona ¶２人の間に立って仲介する fare da tramite fra due persone ¶そういわれると私の立つ瀬がない. Se mi dici così mi metti in una situazione difficile. ¶彼らは人目に立たないような所で会っている. Si incontrano in luoghi lontani dagli occhi della gente.
4【開かれる】 ¶毎水曜日に市が立つ. Il mercato si tiene ogni mercoledì.
5【人前に出る】 ¶証人に立つ testimoniare[自] [*av*] ¶衆議院議員候補に立つ candidarsi alla Camera dei Deputati ¶文学で世に立つ avere successo in campo letterario ¶彼女は皆の先頭に立って抗議を申し込んだ. Lei era in prima fila a protestare.
6【成り立つ】 ¶新しい予算が立ったら仕事を始めよう. Quando sarà approvato [deliberato] il nuovo preventivo, cominceremo i lavori. ¶将来の見通しが立たない. Non è possibile [Non riusciamo a] fare una previsione per il futuro. ¶なんとか暮らしが立つようになった. Ho appena cominciato a guadagnarmi la vita. ¶義理が立った. Ho fatto il mio dovere. ¶君のおかげで僕の面目が立った. Grazie a te 「il mio onore è salvo [ho salvato la faccia]. ¶そういう理屈は立たない. Le tue scuse non sono plausibili. ¶君の過ちは言い訳が立たない. Il tuo errore è ingiustificabile. ¶筋道の立った話をしてくれ. Parla seguendo un filo logico! ¶あちらを立てればこちらが立たず. Mi trovo di fronte a un dilemma. ¶20を３で割れば６が立って２が余る. 20 diviso 3 è uguale a 6 con il resto di 2.
7【役立つ, 発揮する】 ¶役に立つ essere util*e*《の a》 ¶弁が立つ essere eloquent*e* ¶彼は筆が立つ. Sa scrivere bene. / È un'ottima penna. ¶腕の立つ職人だ. È un bravo [valente] artigiano. / È un artigiano in gamba.
8【感情が高まる】 ¶気が立っている essere nervos*o* ¶腹が立った. Mi sono arrabbiato. ¶はっきりと言えば角が立つ. Parlare esplicitamente può essere offensivo. ¶負けまいという気持ちが先に立つと逆に負けるものだ. L'ansia di vincere potrebbe condurre alla sconfitta.
9【蜂起する】 ribellarsi, sollevarsi; 《勢いよく行動を起こす》 mettersi in azione ¶今こそ立つ時が来た. È arrivata l'ora di agire. ¶団結して立とうではないか. Ribelliamoci insieme!
10【立ち去る, 出発する】 partire[自] [*es*]; 《離れる》 lasciare ¶東京を立つ lasciare Tokyo ¶アメリカへ立つ partire per gli Stati Uniti ¶ちょっと席を立ってもよろしいでしょうか. Posso assentarmi un momento? ¶怒って席を立っていった. Ha lasciato il suo posto arrabbiato.
11【「…立つ」の形で】 ¶人気が沸き立つ. L'entusiasmo popolare esplode. ¶彼は突然いきり立った. All'improvviso si è accaldato.
[慣用] **立つ鳥跡を濁さず** Quando te ne vai lascia tutto bene in ordine.

たつ 建つ　essere costruit*o* [erett*o* / innalzat*o*], sorgere[自] [*es*] ¶駅前に記念碑が建った. Davanti alla stazione è stato eretto un monumento. ¶かつては田んぼだった所に巨大な工場が建った. Un grande stabilimento è stato costruito dove prima c'erano delle risaie.

たつ 経つ　passare[自] [*es*], trascorrere[自] [*es*] ¶私がイタリアに来てから２年経った. Sono passati due anni da quando sono arrivato in Italia. ¶私たちが着いて少したってから雪が降りだした. Dopo un po' che eravamo arrivati, ha iniziato a nevicare. ¶月日がたつのは早いものだ. Gli anni passano in fretta. ¶あと１時間くらいたたないと夫は戻りません. Mio marito non tornerà prima di un'oretta. ¶20年たてばこの町もかなり変わってしまうだろう. Fra venti anni anche questa città sarà molto cambiata.

たつ 断つ・絶つ　**1**《切り離す》tagliare
2《連絡やつながりを切る》tagliare, intercettare [interrompere] *ql.co.*; 《関係をやめる》 rompere, interrompere ¶ある国との外交関係を絶つ rompere le relazioni diplomatiche con un paese ¶飛行機は連絡を絶った. L'aereo interruppe le comunicazioni. ¶夫は出稼ぎ中に消息を絶った. Il marito è scomparso dopo essere emigrato per lavoro. ¶敵の退路を断つ tagliare la ritirata al nemico
3《それまでの習慣をやめる》smettere[自] [*av*] di + [不定詞] ¶私は酒もタバコも断った. Ho smesso di

**bere e di fumare.
4** 《終わらせる、絶滅させる》 porre fine a *ql.co.*, estinguere *ql.co.* ¶若い命を自ら絶った. Pose fine alla propria giovane esistenza. ¶望みを絶つ infrangere [stroncare] le speranze ¶絶たれる 《種族・家系などが》 essere estinto/《全滅する》 essere distrutto [annientato / sterminato] ¶こ の種の犯罪はあとを絶たない. Questo genere di crimini non si estinguerà mai.

たつ 裁つ tagliare *ql.co.* (per confezione) ¶ 着物の裁ち方は難しくない. Il taglio di un *kimono* non è difficile.

だつ- 脱- de-
❖**脱イオン水** 《化》 acqua㊛ deionizzata
脱工業化社会 società㊛ postindustriale
脱構築 decostruzione㊛

だつい 脱衣
❖**脱衣室 [所]** spogliat*oio*㊚ [複 -*i*]; 《海水浴場の》 cabina㊛ balneare

だつえん 脱塩 《化》 demineralizzazione㊛; dissalazione㊛
❖**脱塩水** acqua㊛ desalinata

だっかい 脱会 ◇脱会する ritirarsi [staccarsi / dimettersi] 《から da》 ¶協会から脱会する lasciare [staccarsi da] un'associazione
❖**脱会者** persona㊛ che esce da un'associazione
脱会届 lettera㊛ con cui si dichiara di abbandonare un'associazione

だっかい 奪回 riconquista㊛, recupero㊚ ◇奪回する riconquistare ¶政権を奪回する riappropriarsi [rientrare in possesso] del potere politico ¶選挙権を奪回する riconquistare il titolo di campione

だっかく 奪格 《文法》 ablativo㊚, caso㊚ ablativo

たっかん 達観 ¶物事を達観する《諦観する》 prendere [considerare] le cose con filosofia / 《見通す》 vedere le cose con lungimiranza

だっかん 奪還 riconquista㊛ ◇奪還する riconquistare [riprendere] *ql.co.*

だっきゃく 脱却 ◇脱却する liberarsi, fuggire ㊥ [*es*], sottrarsi ¶迷いを脱却する sciogliersi dall'intertezza

たっきゅう 卓球 《英》 ping-pong [pimpóng]㊚ [無変]; tennis㊚ [無変] da tavolo ¶卓球をする giocare a ping-pong
❖**卓球選手** gioca*tore*㊚ [㊛ -*trice*] di ping-pong
卓球台 tavolo㊚ da ping-pong

だっきゅう 脱臼 《医》 slogatura㊛, lussazione㊛ ◇脱臼する slogarsi *ql.co.*, lussarsi *ql.co.* ¶肩を脱臼する slogarsi una spalla

ダッキング [英 ducking] 《ス ポ》 schivata㊛ (abbassandosi)

タック [英 tuck] 《服》 basta㊛, piega㊛ ¶袖にタックを取る fare una basta in una manica

タッグ [英 tag] 《札》 cartellino㊚; etichetta㊛ ¶ネームタッグ cartellino con il nome

ダックスフント [独 Dachshund] bassotto㊚; dachshund㊚ [無変]

タックル [英 tackle] 《ス ポ》 placca*ggio*㊚ [複 -*gi*], blocca*ggio*㊚ [複 -*gi*] ◇タックルする placcare [bloccare] *qlcu.*

-だっけ →-け

たっけい 磔刑 crocifissione㊛ →磔(はりつけ)

たっけん 卓見 perspicacia㊛, lungimiranza ㊛; idea㊛ [opinione㊛] eccellente; parere㊚ perspicace ¶卓見を述べる esprimere un'idea eccellente ¶卓見の人 persona perspicace [lungimirante]

だっこ 抱っこ ◇だっこする prendere [《抱いてい る》 tenere] *qlcu.* [*ql.co.*] in braccio

だっこう 脱肛 《医》 prolasso㊚ anale

だっこう 脱稿 ◇脱稿する ultimare lo scritto

だっこく 脱穀 battitura㊛, trebbiatura㊛ ◇脱穀する battere [trebbiare] *ql.co.*
❖**脱穀機** trebbiatrice㊛
脱穀場 aia㊛

だつごく 脱獄 evasione㊛ dal carcere ◇脱獄 する evadere dalla prigione, compiere un'evasione dal carcere
❖**脱獄囚** evas*o*㊚ [㊛ -*a*]

だつサラ 脱サラ ◇脱サラする dimettersi da un'azienda e mettersi in proprio o aprire un *proprio* negozio

たっし 達し annun*cio*㊚ [複 -*ci*]

だっし 脱脂 sgrassatura㊛
❖**脱脂乳** latte㊚ scremato [magro]
脱脂粉乳 latte㊚ in polvere senza grassi
脱脂綿 cotone㊚ idrofilo; 《カット綿》 batuffolo㊚ di cotone

だつじ 脱字 lettera㊛ mancante

たっしゃ 達者 **1** 《健やか》 ◇達者な in buona salute, arzillo, in gamba ¶達者な老人 vecchio arzillo ¶父は達者です. Mio padre è in buona salute. ¶年のわりには達者だ. È ancora vigoroso per la sua età.
2 《上手》 ◇達者な destro, abile, esperto; bravo ¶彼は筆が達者だ. È bravo in calligrafia. ¶ 彼は口が達者だ. Ha una gran parlantina. / Ha la lingua sciolta. ¶彼は達者なイタリア語を話す. Parla l'italiano correntemente.

だっしゅ 奪取 ◇奪取する prendere [impadronirsi di] *ql.co.* con la forza; 《王位などを》 usurpare *ql.co.*; 《要塞・城などを》 espugnare *ql.co.* ¶ 敵陣を奪取する conquistare [prendere] d'assalto una postazione nemica ¶彼は私の財産を奪取し た. Si è appropriato dei miei averi.

ダッシュ [英 dash] **1** 《記号「—」》 lineetta㊛ (▶挿入句の明示、会話の導入、かっこの代用として 用いる) **2** 《文字の肩に付ける記号「′」》 ¶Aダッ シュ A′ (▶A primo と読む. A″ は A secondo, A‴ は A terzo と読む) **3** 《疾走》 [英] sprint㊚ [無 変]; s*lancio*㊚ [複 -*ci*] ◇ダッシュする fare lo sprint ¶スタートダッシュ scatto iniziale

だっしゅう 脱臭 deodorizzazione㊛, deodorazione㊛ ◇脱臭する deodorare *ql.co.*, eliminare un (cattivo) odore (da *ql.co.*), privare *ql.co.* del *proprio* odore
❖**脱臭剤** deodorante㊚

だっしゅつ 脱出 evasione㊛, fuga㊛; 《大 勢 の》 esodo㊚ ◇脱出する evadere [fuggire] 《から da》; 《船舶・航空機から》 abbandonare *ql.co.* ¶ 国外へ脱出する fuggire all'estero
❖**脱出速度** 《物》 velocità㊛ di evasione [di fuga]

ダッシュボード 〔英 dashboard〕《車》cruscotto(男)

だっしょく 脱色 decolorazione(女), scolorimento(男) ◇脱色する decolorare *ql.co.*;《自らが》decolorarsi, scolorirsi ¶髪を脱色する decolorare i capelli
✤脱色剤 decolorante(男)

たつじん 達人 esperto(男) [⦅女⦆-a], maestro(男) [⦅女⦆-a] ¶彼は柔道の達人だ. È un esperto di judo.

だっすい 脱水 disidratazione(女);《洗濯機の》centrifugazione(女) ◇脱水する disidratare *ql.co.*; centrifugare *ql.co.*
✤脱水機《化》disidratatore(男);《洗濯機の》centrifuga(女)
脱水症状《医》¶脱水症状を起こす mostrare sintomi di disidratazione [disidratarsi]

たっする 達する **1**《到達する》arrivare [giungere] a *ql.co.*, raggiungere *ql.co.*;《数量的に》ammontare [ascendere] a *ql.co.* ¶頂上に達する arrivare in vetta / raggiungere la cima ¶名人の域に達する raggiungere la bravura di un maestro ¶赤字は1億に達した. Il passivo ha raggiunto i cento milioni. ¶傷は骨まで達した. La ferita arriva a toccare l'osso.
2《達成する》raggiungere [realizzare / conseguire] *ql.co.* ¶望みを達する realizzare il *proprio* desiderio ¶彼は目的を遂げずに死んだ. È morto senza aver conseguito il suo scopo.
3《通告する》notificare a *qlcu. ql.co.*, dare a *qlcu.* notifica di *ql.co.*

だっする 脱する **1**《危機などから逃れる》sfuggire(自) [*es*], (a) *ql.co.*, liberarsi [districarsi] da *ql.co.* ◇危険を脱する sfuggire (a) un pericolo ¶苦境を脱する districarsi da una difficoltà ¶束縛から脱する liberarsi dalle restrizioni ¶やっと危機を脱した. Sono riuscito a malapena a superare la crisi.
2《ある状態を抜け出る》¶旧態を脱する staccarsi dalla consuetudine ¶彼の歌は素人の域を脱している. La sua abilità canora va oltre quella di un dilettante.

たつせ 立つ瀬 ¶それでは私の立つ瀬がない.《面目ない》A fare così perderei la faccia.

たっせい 達成 compimento(男), effettuazione(女), realizzazione(女) ◇達成する realizzare, raggiungere, conseguire ¶目的を達成する conseguire uno scopo

だつぜい 脱税 evasione(女) [frode(女)] fiscale, evasione(女) delle imposte ◇脱税する evadere [frodare] il fisco, sottrarsi agli obblighi fiscali ¶脱税を取り締まる effettuare controlli sulle evasioni fiscali
✤脱税者 evasore(男) [⦅女性にも evasoreを用いる. 稀⦆evaditrice(女)] fiscale

タッセル 〔英 tassel〕《飾り房》nappa(女);《カーテンをとめる紐》bracciale(男)

だっせん 脱線 **1**《列車などの》deragliamento(男) ◇脱線する deragliare(自) [*av, es*] ¶列車は名古屋付近で脱線した. Il treno ha deragliato presso Nagoya. **2**《本筋から外れること》digressione(女) ◇脱線する divagare(自) [*av*], andare fuori tema ¶彼はよく話が脱線する. Va spesso fuori tema.

だっそ 脱疽《医》cancrena(女);《脱疽形成》incancrenimento(男)

だっそう 脱走 evasione(女), fuga(女);《軍人の》diserzione(女) ◇脱走する evadere(自) [*es*] / fuggire(自) [*es*]《から da》; disertare (自) [*av*]《から da》
✤脱走兵《逃亡者, 脱走兵》fuggiasco(男) [⦅女⦆-sca; ⦅男複⦆-schi];《脱獄者》evaso(男) [⦅女⦆-a]
脱走兵 disertore(男)

たった solamente; soltanto; solo; appena ¶たった1回 solamente [soltanto] una volta ¶たった今 adesso / poco fa / un minuto fa ¶たった1人で solo solo /《女性》sola sola / da solo /《女性》sola / da sola ¶たった1つの方法 l'unico modo / il solo metodo ¶たった今起きたばかりだ. Mi sono appena alzato. ¶列車はたった1分前に出たばかりだ. Il treno era partito da appena un minuto. ¶たった5人しかいなかった. C'erano solo [solamente] cinque persone. ¶たったそれだけの理由で仕事をやめたのか. Hai lasciato il lavoro solo per questo motivo? ¶たったこれだけか. È solo questo? / È tutto qui?

だったい 脱退 abbandono(男)《から di》, dimissioni(女)《複》《から da》, ritiro(男)《から da》 ◇脱退する abbandonare *ql.co.*, ritirarsi da *ql.co.*

タッチ 〔英 touch〕**1**《触れること》tocco(男) [⦅複⦆-chi];《ラグビーの》《仏》touche [tuʃ]《女⦆《無変》;《野球の》toccata(女) ◇タッチする toccare
2《筆・指などの使い方》¶柔らかい [見事な] タッチで con tocco delicato [ammirabile] ¶このキーボードはタッチが軽い [重い]. Questa tastiera ha i tasti leggeri [duri]. ¶あの画家には独特なタッチがある. Quel pittore ha un tocco inconfondibile.
3《関係》◇タッチする《関与する》occuparsi di *ql.co.*, avere a che fare con *ql.co.* [*qlcu.*] ¶私はその件には一切タッチしていない. Non ho niente a che fare con quella questione.
慣用 タッチの差 ¶タッチの差で相手を負かす sconfiggere l'avversario per poco [per un pelo]
✤タッチスイッチ interruttore(男) a sfioramento
タッチセンサー sensore(男) a sfioramento
タッチダウン《スポ》 ◇タッチダウンする segnare [fare] una meta
タッチネット《スポ》 ◇タッチネットする toccare la rete
タッチパネル 〔英 touch screen〕(男)《無変》, schermo(男) a sfioramento
タッチライン《スポ》 linea(女) laterale

だっちょう 脱腸《医》《ヘルニア》ernia(女)
✤脱腸帯 cinto(男) erniario [⦅複⦆-*i*]

たって ¶たっての願いに応えて in risposta ad un desiderio ardente ¶たってというのなら, あげるよ. Se proprio ci tieni così tanto, te lo do.

-たって 1《…といっても》¶高いといって5万円はしないよ. Per quanto possa essere caro non può costare più di 50.000 yen. **2**《…したとしても》anche se + 接続法 ¶雨が降ったって出かけるよ. Ci andremo anche se dovesse piovere.

だって 1《でも, も》ma, però ¶「まだ寝ないの.」「だってまだ9時だよ.」"Ancora non dormi?"

"Ma se sono solo le nove!"
2《も また》anche, pure;《否定文で》neanche ¶きのうだって電話をかけたんだよ。Ho telefonato anche ieri! ¶田中だって山田だってもみんな来ている。Tanaka è venuto, Yamada pure, ora ci siamo tutti. ¶誰だって死にたくないさ。Chi mai desidera morire? ¶彼は一度だって反対したことはない。Non si è opposto neanche una volta.
3《理由》perché ¶あの人は大きらい。だってうそつきなんだもの。Quell'uomo mi è molto antipatico perché è un gran bugiardo. ¶謝る必要はないよ。だって君は悪くないのだから。Non devi chiedere scusa, non hai fatto niente di male, in fondo.

だっと 脱兎 ¶脱兎のごとく逃げ出す fuggire via come una lepre impaurita [come un lampo] ¶脱兎の勢いで con la velocità del lampo

だっとう 脱党 defezione㊛ [ritiro㊚] dal partito, abbandono㊚ del partito ◇脱党する abbandonare il *proprio* partito, dimettersi [uscire] dal partito
❖**脱党者** transfug*a*㊚㊛ [㊧ -*ghi*] (politic*o*㊚㊛ [㊧ -*ci*])

たづな 手綱 redini㊛[㊧], briglie㊛[㊧]（► 馬具のほかに「引き締めるもの」「制御」などの比喩的な意味がある。以下特にしるしたもののほかは両方の意味をもつ）¶手綱を付ける mettere le redini [la briglia] a un cavallo ¶手綱を取る [操る] tenere le redini [tenere *ql.co.* per le briglie ¶手綱を放して a briglia sciolta ¶手綱を緩める allentare le redini ¶手綱を締める tirare le redini (di *ql.co.* [*qlcu.*])／《比喩的》avere le redini di *ql.co.* ¶手綱を握る prendere le redini (di *ql.co.*)

たつのおとしご 竜の落とし子《魚》ippocampo㊚, cavalluccio㊚ [㊧ -*ci*] marino

タッパーウェア〔Tupperware〕《商標》contenitore㊚ sigillato della Tupperware;《食品保存容器》piccolo contenitore㊚ in plastica per alimenti

だっぴ 脱皮 **1**《生》muta㊛ (della pelle)◇脱皮する mutare la pelle, fare la muta
2《旧習・古い考えを捨てること》¶旧習から脱皮する liberarsi delle convenzioni

たっぴつ 達筆 bella scrittura㊛ ¶達筆である essere bravo in calligrafia

タップダンス〔英 tap dance〕tip tap㊚[㊶変]¶タップダンスをする ballare il tip tap

たっぷり abbondantemente;《十分に》più che a sufficienza ¶たっぷり1時間 per un'ora buona ¶皮肉［いやみ］たっぷりな話 parole piene d'ironia [d'insinuazioni] ¶私は皿にたっぷり盛った。Ho riempito un piatto fino all'orlo. ¶彼は金はたっぷりある。Ha denaro in abbondanza.

ダッフルコート〔英 duffel coat〕〔英〕montgomery [mongómeri]㊚[㊶変]

だつぼう 脱帽 **1**《帽子をとること》◇脱帽する levarsi [togliersi] il cappello, scoprirsi la testa ¶「脱帽」《号令》"Giù il cappello!"
2《感心・降参する》¶脱帽だ。Tanto di cappello! / Chapeau ! ¶君の勇気には脱帽するよ。Faccio tanto di cappello al tuo coraggio! / Ammiro veramente il tuo coraggio!

たつまき 竜巻《気》tromba㊛ d'aria, tornado㊚[㊶変], vortice㊚ di vento;《海上の》tromba㊛ marina [d'acqua];《陸上の》tromba㊛ di sabbia

だつもう 脱毛 **1**《毛が抜けること》caduta㊛ dei capelli ◇脱毛する perdere i capelli
2《除毛》depilazione㊛ ¶足の脱毛をする[してもらう] depilarsi [farsi depilare] le gambe
❖**脱毛クリーム** crema㊛ depilatoria
脱毛症《医》alopecia [alopecía]㊛[㊧ -*cie*] ¶円形脱毛症 alopecia areata

だつらく 脱落 **1**《漏れること, 欠落》omissione㊛, lacuna㊛, mancanza㊛ ◇脱落する mancare㊙[*es*], essere omesso ¶数人の名前が名簿から脱落している。Alcuni nomi sono stati omessi dalla lista. ¶このページは5行脱落している。A questa pagina mancano cinque righe.
2《落伍》◇脱落する ritirarsi da *ql.co.*; abbandonare *ql.co.* ¶レースから脱落する者が相次いだ。Molti concorrenti si sono ritirati dalla gara.

だつりゅう 脱硫《化》desolforazione㊛

だつりょく 脱力 stanchezza㊛, spossatezza㊛, sfinimento㊚, perdita㊛ delle forze
❖**脱力感** senso㊚ di spossatezza

だつりん 脱輪 ¶彼の車が脱輪した。Gli si è staccata una ruota dell'auto. /《溝にはまる》Una ruota della macchina è entrata nel fossato.

たて 盾 scudo㊚
《慣用》盾に取る farsi scudo di *ql.co.* [di *qlcu.*] ¶法律を盾に取る《拠り所とする》valersi della legge／《隠れみのにする》farsi scudo della legge ¶《人々の権勢を盾に取る trincerarsi dietro l'autorità di *qlcu.* ¶彼は規則を盾に取って私たちの要求を退けた。Ha rifiutato le nostre richieste valendosi [in forza] del regolamento.
盾の半面 ¶盾の半面しか見ない guardare solo 「un lato [《否定面》il rovescio」della medaglia
盾の両面を見よ "Ogni medaglia ha il suo rovescio."
❖**楯状火山**《地質》vulcano㊚ a scudo

たて 殺陣 scena㊛ di lotta (all'arma bianca)
❖**殺陣師** coreografo㊚[㊧ -*a*] di scene di combattimento nei drammi storici

たて 縦 lunghezza㊛;《高さ》altezza㊛ ◇縦の longitudinale;《垂直の》verticale ◇縦に longitudinalmente; verticalmente ¶《物》を縦に半分に切る tagliare *ql.co.* a metà 「per il lungo [verticalmente] ¶縦に書く scrivere verticalmente [dall'alto in basso] ¶縦に列をつくる mettersi in fila l'uno dietro l'altro ¶縦横10センチの布 pezzo di tela di dieci per cinque centimetri ¶縦10センチ, 横5センチ, 高さ3センチの箱 scatola di cm 10×5×3（読み方》dieci per cinque per tre) / scatola di 10 cm di lunghezza, 5 cm di larghezza e 3 cm di altezza / scatola lunga 10 cm, larga 5 e alta 3 ¶首を縦に振る《了解する》dare il *proprio* consenso [assenso] a *qlcu.*
❖**縦罫**㊞ riga㊛ verticale
縦断面《図》sezione㊛ longitudinale

-たて ¶焼きたてのパン pane「ancora caldo [appena sfornato] ¶産みたての卵 uovo㊚[㊧ le *uova*] 「fresco di giornata [appena fatto] ¶大

学を卒業したての青年 giovane neolaureato ¶「ペンキ塗りたて」〔掲示〕"Vernice fresca"

たで 蓼 《植》〔タデ科〕poligono男 ¶たで食う虫も好き好き《諺》"Tutti i gusti son gusti." / 〔ラ〕"De gustibus non est disputandum."

だて 伊達 ◇伊達に per posa, per bellezza; per far mostra [sfoggio], per l'effetto [ostentazione] ¶伊達めがねをかけている Porta gli occhiali solo per ostentazione. ¶伊達や酔狂でやっているのではない. Non è per divertimento che lo faccio. ¶伊達に30年も探偵をやっているんじゃないよ. Non faccio l'investigatore da 30 anni per bellezza.
❖伊達男 〔英〕dandy男〔無変〕; bellimbusto男, damerino男, zerbino男, elegantone男

-だて -立て ¶2頭[4頭]立ての馬車 tiro a due [quattro] ¶2本立ての映画 programma che prevede la proiezione di due film

-だて -建て 1 ¶8階建ての建物 edificio di 8 piani 2 《金融》¶円建てで支払う pagare in yen

たてあな 縦穴・竪穴 《鉱》pozzo男 minerario [複 -i]; 《四角の》fossa女

たていた 立て板 ¶彼は立て板に水のようにしゃべる. Ha una grande facilità di parola. / Parla con molta scorrevolezza.

たていと 縦糸 《織》filo男 di) ordito男

たてうり 建て売り ¶建て売りの家 casa in vendita già costruita

たてかえ 立て替え anticipo男 ◇立て替える anticipare [pagare] ql.co. per qlcu.
❖立替金 somma女 anticipata [pagata] (per qlcu.)
立替払い pagamento男 anticipato (per qlcu.)

たてかえる 建て替える ricostruire, riedificare ¶家を建て替えた. Ho ricostruito la casa.

たてがき 縦書き scrittura女 in (senso) verticale

たてかける 立て掛ける ¶はしごを塀に立て掛ける appoggiare una scala al muro

たてがみ 鬣 criniera女

たてかんばん 立て看板 cartello男, manifesto男, insegna女

たてぐ 建具 tramezzo男 [parete女 divisoria] mobile (in una casa giapponese)
❖建具屋 fabbricante男・女 di divisori mobili

たてこう 縦坑 pozzo男 (minerario) [複 -i]

たてごと 竪琴 arpa女

たてこむ 立て込む・建て込む ¶場内が立て込んでいます. C'è molta gente [ressa / calca] nella sala. ¶私は今立て込んでいます.《仕事が》Ho molto da fare. / Ora sono molto occupato [impegnato]. ¶この辺は家が建て込んでいる. In questo quartiere le case sono addossate le une alle altre.

たてこもる 立て籠もる ¶要塞に立てこもる trincerarsi su una posizione fortificata ¶部屋に立てこもる rinchiudersi [tapparsi] in camera

たてじく 縦軸 asse男 verticale; 《機》alberino男; 《図表の》asse delle ordinate

たてじま 縦縞 strisce女[複] verticali ¶縦じまの a strisce [a linee] verticali

たてしゃかい 縦社会 società女 organizzata in verticale (con un forte senso della gerarchia)

たてつく 盾突く sfidare [mettersi contro / ribellarsi a] qlcu.

たてつけ 立て付け・建て付け ¶この戸は立てつけが悪い. Questa porta si chiude male.

たてつづけ 立て続き ◇立て続けに senza interruzione, in successione ¶3日たて続けに per tre giorni di fila [di seguito] ¶たて続けに3点ごールする realizzare tre goal in successione

たてつぼ 立坪 superficie女[複 -cie, -ci] [area女] edificata ¶この家は建坪が100平方メートルある. Questa casa occupa una superficie di 100 mq (読み方: cento metri quadrati).

たてなおす 立て直す 1《再建・整備する》riorganizzare [ristrutturare / ristabilire / risollevare] ql.co. ◇立て直し riassetto男; 《改革》risanamento男 ¶倒産寸前の会社を立て直す rimettere in piedi un'azienda sull'orlo della bancarotta ¶経済を立て直す risollevare l'economia ¶財政の立て直しを図る progettare il risanamento [il riassetto] delle finanze ¶態勢を立て直す ristabilire [riprendere in mano] la situazione
2《最初からやり直す》rifare ql.co. ¶計画を立て直す rifare [rivedere] un piano

たてなおす 建て直す ricostruire, riedificare ¶家を建て直す ricostruire una casa

たてなが 縦長 ◇縦長の in verticale ¶縦長の紙 foglio oblungo in verticale

たてなみ 縦波 onda女 longitudinale

たてね 建値〔取引相場で〕quotazioni女[複] ufficiali (di mercato); 〔為替相場で〕tasso男 di cambio; 〔市価〕prezzi男[複] di mercato

たてひざ 立て膝 ¶立てひざをする sedersi con un ginocchio tirato su

たてぶえ 縦笛 flauto男 diritto [dolce]

たてふだ 立て札 《掲示板》cartello男; indicatore男, segnalatore男; 《道路標識》segnaletica女 stradale ¶公園内立入禁止の立て札が立っている. Un avviso vieta l'entrata nel parco.

たてまえ 建て前 1 棟上げ式
2《表向きの方針・主義》¶彼の建て前は本音とあまりにも違う. Quello che dice è talmente diverso da quello che pensa! ¶彼は酒を飲まないことを建て前としている. Per principio non beve mai alcol.

たてまし 建て増し ◇建て増しする ampliare ql.co., costruire un edificio annesso ¶1階建て増しする sopraelevare [rialzare] una casa di un piano ¶2階を建て増しする aggiungere il primo piano ¶1部屋建て増しする ampliare di una camera

たてまつる 奉る 1 offrire ql.co. in onore di qlcu.
2《祭り上げる》¶彼を会長にたてまつっておいたほうが良い. Nominiamolo presidente e così ce lo togliamo dai piedi.

たてもの 建物 edificio男 [複 -ci]; 《建造物》costruzione女; 《大きい, 立派な》palazzo男; 《庶民的な》casamento男; 《家》casa女; 《一戸建の住宅》villetta女

たてやく(しゃ) 立て役(者) 《一座の中心となる役者》divo男 [女 -a]; 《指導者》〔英〕leader [líder][男][無変]; figura[女] di rilievo [di spicco]

たてゆれ 縦揺れ movimento[男] sussultor*io* [複 -*i*];《船や飛行機などの》becche*ggio*[男][複 -*gi*];《地震の》scossa[女] sismica sussultoria ◇縦揺れする beccheggiare[自][*av*]; sussultare[自][*av*]

たてよこ 縦横 lunghezza[女] e larghezza[女];《織物の》ordito[男] e trama[女] ◇縦横に in lunghezza e in larghezza, per il lungo e per il largo

たてる 立てる・点てる **1**【直立させる】rizzare *ql.co.*, mettere in piedi *ql.co.* ¶旗を立てる issare la bandiera ¶電柱を立てる piantare [rizzare] un palo elettrico ¶倒れた木を立てる rimettere in piedi un albero abbattuto ¶耳を立てる《動物が》rizzare le orecchie (►rizzare gli orecchiは「人が耳をそば立てる」) ¶襟を立てる alzare [rizzare] il bavero ¶猫が私の手に爪を立てた. Il gatto mi ha ficcato [affondato] gli artigli nella mano. ¶鋸(のこぎり)の目を立てる affilare (i denti di) una sega

2【発生させる】sollevare, emettere ¶煙を立てる emettere fumo ¶ほこりを立てる sollevare [alzare] polvere ¶湯気を立てる esalare vapore ¶波を立てる sollevare un'ondata ¶大声を立てる mandare [emettere] un grido ¶音を立てる fare rumore ¶うわさを立てる mettere in giro delle chiacchiere [voci] ¶波風を立てる《もめごとを起こす》suscitare discordie《の間に fra》

3【成り立たせる】¶計画を立てる fare un piano ¶方針を立てる stabilire una linea di condotta ¶新学説を立てる formulare una nuova teoria ¶筋道を立てて話す parlare secondo logica ¶生計を立てる guadagnarsi la vita

4【ある立場に置く】proporre, mandare ¶候補者を立てる proporre un candidato ¶代理を立てる mandare un sostituto ¶使いを立てる mandare [inviare] un messaggero ¶証人に立てる portare *qlcu.* come testimone ¶間に人を立てて合意する mettersi d'accordo con l'aiuto di un intermediario

5【尊重する】rispettare ¶先輩として〈人〉を立てる rispettare *qlcu.* come qualcuno con più anzianità ¶彼の顔を立てる fargli fare una bella figura ¶義理を立てる adempiere agli obblighi sociali

6【茶を点てる】¶茶を点(た)てる preparare il tè ¶彼女はお茶を点ててくれた. Mi ha offerto [preparato e servito] il tè verde.

7【「…立てる」の形で, しきりに…する】¶靴を磨き立てる lucidare per bene le scarpe

たてる 建てる costruire [edificare / erigere] *ql.co.* ¶家を建てる costruire una casa ¶教会を建てる edificare una chiesa ¶銅像を建てる erigere una statua di bronzo ¶彼は郊外に家を建てた. Si è fatto costruire una casa nei sobborghi.

だでん 打電 ◇打電する telegrafare *ql.co.* a *qlcu.*, inviare un telegramma a *qlcu.*;《無線で》inviare un messaggio radio a *qlcu.*

たとう 多党 ¶議会は多党化してきた. Il parlamento si è frammentato in una pluralità di partiti.

✤多党制度〘政〙sistem*a*[男][複 -*i*] multipartit*ico* [複 -*ci*]

だとう 打倒 ◇打倒する abbattere *qlcu.* [*ql.co.*], buttare [gettare] *qlcu.* a terra;《覆す》sovvertire *ql.co.* ¶「ファシズム打倒.」"Abbasso [M] il fascismo!" (►Mは, evviva「万歳」を表すWを逆さにしたもの) ¶内閣を打倒する rovesciare il governo ¶現体制を打倒する sovvertire l'ordine stabilito

だとう 妥当 ◇妥当な《適切な》conveniente, appropriato, adeguato;《正当な》giusto, ragionevole ¶妥当な意見 opinione giusta [valida] ¶妥当な方針 linea di condotta adeguata ¶妥当な表現 espressione appropriata ¶妥当な値段 prezzo ragionevole ¶…するのが妥当である. È opportuno che＋[接続法] / Conviene＋[不定詞][che＋[接続法]]

✤妥当性《適切》convenienza[女], opportunità[女]; pertinenza[女];《正当》giustezza[女];《合理性》ragionevolezza[女]

たどうし 他動詞〘文法〙verbo[男] transitivo

たとえ se; anche se, benché, ammesso che, quantunque ¶たとえ雨でも行くよ. Anche se pioverà io andrò ugualmente. ¶たとえ世間から非難されようが[たとえ父が怒っても], ありのままを言う. Anche a costo di essere criticato dalla gente [Si arrabbi pure mio padre], dirò sempre le cose come stanno. ¶たとえどんなことがあっても私の考えは変わらない. Qualunque cosa accada non cambierò idea.

たとえ 例え・譬え **1**《比喩》paragone[男], confronto[男];《直喩》similitudine[女];《暗喩》metafora[女];《ことわざ》prover*bio*[男][複 -*i*] ¶彼はたとえをいろいろ使ってその理論を説明した. Ha spiegato quella teoria usando varie metafore.

2《具体的な例》esem*pio*[男][複 -*i*] ¶世のたとえにもれず come spesso accade in questo mondo

✤たとえ話《聖書の中のイエスの訓話》parabola[女];《寓話》favola[女]

たとえば 例えば per [ad] esempio;《略》p.e. ¶たとえば『神曲』や『デカメロン』のような古典 le opere classiche, come [per esempio] la "Divina Commedia" e il "Decamerone" ¶たとえば, 自由に使えるお金が100万円あるとしよう. Mettiamo che tu abbia un milione di yen a tua disposizione. ¶「僕は喜劇映画が好きだ」「たとえば？」「たとえば, そうだな, マルクス兄弟とか」"A me piacciono i film comici." "Tipo?" "Tipo, che so, i fratelli Marx."

たとえる 例える・譬える paragonare *ql.co.* [*qlcu.*]《に a》¶我々はよく人生を旅にたとえる. Spesso paragoniamo la vita a un viaggio. ¶たとえて言えば metaforicamente parlando /《例をあげれば》per fare un esempio ¶この町は東洋のシエナにたとえることができよう. Questa città potrebbe essere chiamata la Siena dell'Oriente.

たどく 多読 ◇多読する leggere molto, leggere molti libri

✤多読家 let*tore*[男][女 -*trice*] accanito, persona[女] che legge molto

たどたどしい ¶たどたどしい文章 stile goffo / espressione maldestra ¶たどたどしいイタリア語を話す parlare un italiano stentato ¶たどたど

しく歩く camminare con passo malfermo
たどりつく 辿り着く approdare⊕[*es, av*] finalmente《に in, a》, arrivare finalmente《に in, a》 ¶山頂にたどり着く riuscire ad arrivare in cima a una montagna / raggiungere la cima di una montagna
たどる 辿る 1《足跡などを追っていく》seguire *ql.co.* [*qlcu.*]; seguire le tracce di *ql.co.* [*qlcu.*] ¶家路をたどる dirigersi verso casa ¶山道をたどる seguire un sentiero ¶縁故をたどって仕事を探す trovare lavoro tramite conoscenze
2《筋道を追って考える》¶記憶をたどる cercare nella memoria / frugare tra i ricordi ¶その慣習の起源をたどる risalire all'origine di quell'usanza
3《ある方向に向かう》¶衰退の一途をたどる andare verso la rovina [il declino] ¶2人は同じような経過をたどって衆議院議員になった。 Tutti e due sono diventati deputati percorrendo la stessa carriera.
たな 棚 scaffale⊕; mensola⊕;《棚板》palchetto⊕;《食器用の》armad*io*⊕[複 -*i*];《網棚》portabagagli⊕[無変];《蔓(ﾂﾙ)棚》pergola⊕ ¶棚をつる fissare una mensola ¶ぶどう棚 pergola di vite ¶棚に載せる mettere *ql.co.* sullo scaffale
慣用 棚からぼたもち → 棚ぼた
棚に上げる ¶自分のことは棚に上げて他人の悪口ばかり言うな。Non metterti in bella luce parlando male degli altri.
❖**棚板** ripiano⊕
たなあげ 棚上げ ◇棚上げする《保留する》accantonare *ql.co.*, lasciare *ql.co.* in sospeso;《比喩的》mettere nel cassetto;《後回しにする》rinviare *ql.co.* a più tardi ¶計画を棚上げする lasciare un progetto in sospeso
たなおろし 棚卸し・店卸し 1《在庫調べ》inventario⊕[複 -*i*] ¶する fare l'inventario ¶「棚卸しのため本日休業」《掲示》"Chiuso per inventario"
2《あら捜し》《人》の棚卸しをする elencare uno per uno i difetti di *qlcu.*
❖**棚卸し品** giacenze⊕[複] di magazzino
たなこ 店子 affittuar*io*⊕[⊕ -*ia*; ⊕複 -*i*], locatar*io*⊕[⊕ -*ia*; ⊕複 -*i*]
たなご 鱮 《魚》ciprino⊕ giapponese
たなごころ 掌 palma⊕ ¶彼は彼女の心の内をたなごころをさすように読み取った。Ha letto chiaramente nel cuore di quella ragazza.
たなざらえ 棚浚え ¶棚ざらえの売り出しをした。Hanno fatto una svendita [una liquidazione] (delle rimanenze).
たなざらし 棚晒し・店晒し ¶棚ざらしの品 articolo sciupato [logoro / stinto] a forza di stare in vetrina ¶棚ざらしになる restare esposto a lungo in un negozio perché invenduto
たなばた 七夕 festa⊕ di Tanabata
たなびく 棚引く ¶野山に霞(ｶｽﾐ)が棚引いている。La nebbia ricopre la [si estende sulla] valle. ¶船の煙突から煙が棚引いていた。Dal fumaiolo della nave si allungava una striscia di fumo.
たなぼた 棚ぼた dono⊕ del cielo, fortuna⊕ impensata, manna⊕ ¶彼の昇進はまさに棚ぼただった。La sua promozione è stata una vera manna dal cielo.
たなん 多難 ¶彼の前途は多難だ。Ha molti ostacoli [molte difficoltà] da superare.
たに 谷 1《地形の》valle⊕;《広々とした》vallata⊕;《峡谷》gola⊕ ¶山を越え谷を越えて valicando monti e valli 2《落ち込んだ所》¶波の谷 avvallamento di un'onda ¶気圧の谷 intervallo [aria / zona] di basse pressioni
❖**谷風** brezza⊕ di valle
谷底 fondovalle⊕[複 *fondivalle*]
だに 蜱・壁蝨 1《害虫》acaro⊕, zecca⊕ ¶畳にだにがわいた。I *tatami* sono pieni di acari.
2《嫌われ者》¶町のだに teppista⊕[複 -*i*] di strada ¶社会のだに sanguisughe⊕[複] della società
たにがわ 谷川 ruscello⊕(di montagna); torrente⊕
たにくしょくぶつ 多肉植物 pianta⊕ succulenta [grassa]
たにし 田螺 《動》lumaca⊕ di fiume
たにま 谷間 valle⊕ ¶谷間に釣り橋が架かっている。C'è un ponte sospeso. ¶ビルの谷間に人々がうごめいている。Tra i palazzoni c'è un formicolio di gente. ¶社会の谷間に生きる人々 abitanti dei bassifondi
たにょうしょう 多尿症 《医》poliuria⊕
たにん 他人《他の人》gli altri⊕[複];《第三者》terz*io*⊕[複複 -*i*];《知らない人》estrane*o*⊕[⊕ -*a*], sconosciut*o*⊕[⊕ -*a*];《家族・親戚以外の人》estrane*o*⊕[⊕ -*a*] ¶彼は赤の他人だ。Per me è un perfetto estraneo. ¶他人はいざ知らず私はそう思っている。Qualunque sia il parere degli altri, io la penso così. ¶他人はさておき gli altri a parte ¶遠い親戚より近くの他

日本事情 七夕
Vecchia leggenda cinese in cui si racconta la storia di due stelle: il pastorello Hikoboshi (Altair) e la tessitrice Orihime (Vega) si amano ma sono separati dalla Via Lattea e possono incontrarsi solo una volta all'anno (il 7 luglio secondo il calendario lunare) quando il cielo è sereno. Per propiziare il bel tempo, la gente appende ai rami di bambù biglietti con il nome delle due stelle e i bambini a volte vi esprimono i loro piccoli desideri.
La festa, che ha avuto origine presso la Corte nel periodo Nara, si diffuse tra il popolo nel periodo Edo. Attualmente, con il calendario solare, questa festa cade sempre durante la stagione delle piogge.

人. 《諺》Spesso vale di più un estraneo vicino che un parente lontano.

[慣用] **他人の空似**(そらに) ¶他人のそら似だ. È una rassomiglianza del tutto casuale.

他人の飯を食う fare esperienza alle dipendenze di *qlcu*.

❖**他人行儀** ¶他人行儀はやめてくれ. Smettila di fare tante cerimonie! ¶他人行儀なあいさつは抜きにしよう. Lasciamo da parte le formalità.

たにんずう 多人数 ¶多人数の家族 famiglia numerosa

たぬき 狸 《動》cane⊕ procione [無変] ¶とらぬたぬきの皮算用. 《諺》"Non vendere la pelle dell'orso prima di averlo ucciso [preso]." / "Non dir quattro se non l'hai nel sacco." ¶彼はたぬきだ. È un impostore matricolato.

❖**たぬきおやじ** vecchia volpe⊕, volpone⊕

たぬき寝入り ¶たぬき寝入りをする far finta di dormire

たね 種 **1** 《種子》seme⊕;《種まき用の》semente⊕[複];《果物などの核》nocciolo⊕;《多肉多汁植物の種子》mandorla⊕ ¶小麦の種 chicco di grano ¶種をしぶどう uva senza semi ¶畑に麦の種をまく seminare il grano nel campo / seminare un campo a grano ¶種をとる raccogliere i semi ¶まかぬ種は生えぬ. 《諺》"Chi non semina non raccoglie."
2《血筋·血統を伝えるもの》¶〈人〉の種を宿す《女性が》essere incinta di *qlcu*. ¶ひと粒種の男の子 figlio unico ¶種のいい馬 cavallo di buona razza
3《原因》¶うわさの種になる dare luogo a pettegolezzi ¶不和の種をまく seminare [spargere] zizzania ¶けんか [心配] の種になる costituire un motivo di lite [di preoccupazione] ¶もの笑いの種になる essere lo zimbello di tutti ¶けんかの種をまいたのはおまえだ. Sei tu il seme [la causa] della discordia!
4《話の材料》¶新聞種になる offrire materia d'interesse per i giornali / divenire il tema di un articolo ¶話の種はたくさんある. Ho molte cose da raccontare.
5《しかけの秘密》¶この手品には種もしかけもありません. In questa magia non c'è trucco né inganno. ¶発明の種をあかす svelare a *qlcu*. il segreto della *propria* invenzione

❖**種油** olio⊕ [複 -*i*] di semi;《菜種の》olio⊕ di colza

種牛 toro⊕ (da monta)
種馬 stallone⊕
種火《おき火》brace⊕, cenere⊕ ardente;《点火用》fiamma⊕ pilota [無変], fiammella⊕

たねあかし 種明かし ¶彼は決して手品の種明かしをしない. Non rivela mai i segreti e i trucchi dei suoi giochi di prestigio.

たねぎれ 種切れ ¶種切れになる《人が主語》essere a corto di *ql.co.* /《物が主語》essere finito ¶私たちは話が種切れになった. Avevamo esaurito tutti gli argomenti di conversazione.

たねつけ 種付け accoppiamento⊕ ¶牝牛に雄牛を種付けする accoppiare una vacca e [con] un toro per la riproduzione

たねほん 種本 fonte⊕, originale⊕ ¶あの先生の種本はこれだ. Ecco il libro da cui il professore trae il materiale (per le sue lezioni).

たねまき 種蒔き semina⊕ ¶種まきの季節 stagione della semina

❖**種まき機** seminatrice⊕

たねん 多年 ¶多年の苦労が報いられた. Tanti anni di fatica sono stati ricompensati.

❖**多年生植物** pianta⊕ perenne

-だの e, e così via, eccetera, e via dicendo ¶部屋代が高いだの食事がまずいのと文句ばかり言う L'affitto è caro, o il mangiare è cattivo... non fa che lagnarsi. ¶彼女はピアノのフルートだのを習っている. Lei sta imparando a suonare il pianoforte, il flauto "e così via [e via dicendo].

たのしい 楽しい piacevole, divertente, gioioso, allegro ◇ 楽しく, 楽しそうに piacevolmente, felicemente, con gioia
¶楽しいときも悲しいときも nella gioia e nella tristezza ¶楽しい歌 canzone allegra [gioiosa] ¶…するのは楽しい. È piacevole +[不定詞] ¶楽しい旅行だった. È stato un viaggio piacevole [un bel viaggio]. ¶こんな楽しかったことはない. Non mi sono mai divertito così tanto. ¶付き合って楽しい人だ. Si sta bene in sua compagnia. ¶本当に楽しい夕べを過ごさせていただきました. Ho trascorso una serata veramente bella [piacevole]. / Mi sono divertito molto questa sera. ¶彼女は楽しげな口調で話した. C'era molta gioia nella sua voce. ¶少年たちは楽しげに歌っていた. I ragazzi cantavano allegramente. ¶狭いながらも楽しいわが家. "Casa mia, per piccina che tu sia, tu mi sembri una badia."

たのしさ 楽しさ ¶読書の楽しさ piacere della lettura ¶人生の楽しさを知る conoscere il fascino della vita

たのしませる 楽しませる divertire, rallegrare, allietare ¶耳を楽しませる essere piacevole [gradito] agli orecchi ¶目を楽しませる allietare [rallegrare] la vista (di *qlcu*.)

たのしみ 楽しみ **1** 《快楽》piacere⊕;《喜び》gioia⊕;《娯楽》divertimento⊕, passatempo⊕;《趣味》[英] hobby [5bbi]⊕ ¶楽しみのない生活 vita senza nemmeno uno svago ¶クリスマスまで楽しみがない. Fino a Natale nemmeno una piccola occasione di svago. ¶いい音楽を聴くのが私の唯一の楽しみだ. Ascoltare della buona musica è il mio unico piacere. ¶私は釣りをするのが楽しみだ. La pesca per me è un piacevole passatempo.
2《期待》¶この子の将来が楽しみだ. Questo bambino 「è pieno di promesse [dà grandi speranze]. ¶またお会いできる日を楽しみに待っています. Attendiamo con gioia il giorno in cui potremo incontrarla di nuovo. / Speriamo di avere ancora il piacere di rivederla. ¶息子の成長を楽しみに生きてきた. Sono vissuto per il piacere di vedere crescere i miei figli.

たのしむ 楽しむ divertirsi a +[不定詞], godere⊕ [*av*] di *ql.co.*, dilettarsi di *ql.co.*, godersi *ql.co.* ¶人生を楽しむ godere la [della] vita ¶スキーを楽しむ divertirsi

だのに eppure, nonostante ciò, tuttavia

たのみ 頼み 1《頼むこと》domanda⊛, richiesta⊛, preghiera⊛ ¶頼みごとをする chiedere un favore [una cortesia] a *qlcu*. ¶頼みを聞く accettare la richiesta [la domanda] di *qlcu*. ¶頼みを断る rifiutare la richiesta [la domanda] di *qlcu*. ¶君にちょっと頼みがある. Ho un piccolo favore da chiederti.

2《頼るもの》affidamento⊛, assegnamento⊛, fiducia⊛ ¶君だけが僕の頼みだ. Tu sei l'unico su cui posso fare affidamento [assegnamento]. ¶頼みの綱が切れた. La mia ultima speranza è andata delusa. ¶苦しい時の神頼み.《諺》"Rimettiti a Dio come tua ultima speranza."

たのみこむ 頼み込む chiedere *ql.co.* scongiurando ¶友人に頼み込んで貴重な本を借りた. Ho scongiurato il mio amico e mi ha prestato il suo prezioso libro.

たのむ 頼む 1《依頼する》chiedere [richiedere / domandare] *ql.co.* a *qlcu.*;《丁重に》pregare *qlcu.* di+不定詞 ¶手をついて頼む domandare in ginocchio [con insistenza] a *qlcu.* di+不定詞 ¶scongiurare *qlcu.* di *ql.co.* ¶教授に就職の世話を頼んだ. Ho chiesto al mio professore aiuto nella ricerca di un lavoro. ¶部長に頼まれて手紙を書いた. Ho scritto una lettera su richiesta del direttore. ¶会長になってくれと頼まれた. Mi è stato chiesto di diventare presidente. ¶頼むからやってくれ. Fallo (per me) [Fammelo], ti prego. ¶頼まれもしないのに…する fare *ql.co.* senza che nessuno lo richieda

2《当てにする》affidare ¶彼は自分の力を頼みすぎている. Fa eccessivo affidamento sulle proprie forze. ¶数を頼んで強引に法案を可決した. Hanno fatto approvare il disegno di legge, approfittando della superiorità numerica.

3《委任する》affidare *ql.co.* a *qlcu.*, incaricare *qlcu.* di *ql.co.* ¶ある用事を頼む incaricare *qlcu.* di fare una commissione ¶伝言を頼む affidare un messaggio a *qlcu.* ¶子供を頼むね. Ti affido i bambini. ¶留守中よろしくお頼みします. La prego di voler badare a tutto in mia assenza. ¶席を頼んでおく (far) riservare [tenere] un posto (a sedere)

4《呼ぶ, 雇う》¶タクシーを頼む chiamare un taxi ¶家政婦を頼む assumere una collaboratrice domestica ¶お医者さんを頼んでください. Chiami il dottore.

たのもしい 頼もしい 1《頼りになる》che dà fiducia, fidato, sicuro ¶頼もしく思う ritenere *qlcu.* degno di fiducia (►*degno*は目的語の性・数に合わせて語尾変化する) ¶私には頼もしい友人が何人もいます. Ho diversi amici fidati. 2《有望な》promettente

たば 束《髪の毛や植物の》ciuffo⊛;《麦の穂・わらなどの》covone⊛;《花・野菜などの》mazzo⊛, fascio⊛ [複 -sci];《紙などの》blocchetto⊛ ¶手紙の束 fascio [mazzo] di lettere ¶書類の束 fascio di documenti ¶花[鍵]束 mazzo di fiori [chiavi] ¶薪の束 fascina / fastello ¶薪の束 fascio di legna ¶札束 mazzetta di banconote ¶束にする legare *ql.co.* in fascio [in mazzo / in covoni] / affastellare *ql.co.* ¶束にして in fasci / in mazzi ¶束になって掛かってこい. Fatevi sotto tutti insieme, io non ho certo paura.

だは 打破 ◇打破する abbattere *ql.co.*;《壊滅させる》distruggere *ql.co.* ¶古い習慣を打破する distruggere [abbattere] le vecchie usanze ¶敵の抵抗を打破する annientare [abbattere] la resistenza nemica ¶行き詰まった現状を打破する risolvere una situazione senza uscita

だば 駄馬《荷を運ぶ馬》cavallo⊛ da soma;《下等な馬》brocco⊛ [複 -*chi*], ronzino⊛

タバコ 煙草 [ポtabaco] tabacco⊛ [複 -*chi*];《植物》tabacco⊛;《紙巻》sigaretta⊛;《葉巻》sigaro⊛;《刻み》trinciato⊛, tabacco⊛ da pipa ¶嗅ぎ[噛み]タバコ tabacco da fiuto [da masticare] ¶タバコ1箱 un pacchetto di sigarette ¶タバコを吸う fumare una sigaretta ¶寝タバコ, くわえタバコ →見出し語参照 ¶タバコに火をつける accendere una sigaretta ¶タバコをやめる smettere di fumare ¶「タバコをいかがですか」「いいえ, 結構です. 私は吸いません」"Vuole una sigaretta?" "No, grazie, non fumo." ¶タバコの火を貸してください. Mi fa accendere, per favore?

❖**タバコ入れ** portasigarette⊛ [無変]

タバコ代 ¶タバコ代もばかにならない. La spesa per le sigarette non è trascurabile.

タバコ盆 portasigarette⊛ [無変] da tavolo

タバコ屋《人》tabaccaio⊛ [⊛ -*ia*; ⊛ 複 -*i*];《店》tabaccheria⊛, rivendita⊛ di tabacchi

タバスコ [英 Tabasco]《商標》tabasco⊛

たはた 田畑 fattoria⊛, campo⊛

たはつ 多発 ¶交通事故多発地点 tratto stradale ad alto numero di incidenti ¶各地でコレラが多発した. Si sono verificati moltissimi casi di colera.

たばねる 束ねる 1《1つにまとめてしばる》legare *ql.co.* in un fagotto [in un fascio], legare [raccogliere] insieme *ql.co.* ¶わらを束ねる affastellare la paglia ¶稲を束ねる legare le spighe di riso in covoni ¶薪を束ねる legare la legna in fascine ¶髪を後ろで束ねている. Ha i capelli legati [raccolti] sulla nuca.

2《中心となってまとめる》¶この会を束ねられるのは彼だけだ. Solo lui è capace di tenere [di reggere] le fila di questa organizzazione. (►*le fila* は *il filo* の複数形)

たび 旅 viaggio⊛ [複 -*gi*];《遠足》gita⊛;《小旅行, 遠足》escursione⊛;《周遊》giro⊛ ◇旅をする [に出る] viaggiare [*av*], fare un viaggio ¶空[列車 / バス]の旅 viaggio in aereo [treno / pullman] ¶船の旅 viaggio per mare in nave /《クルーズ》crociera ¶あちこち旅をして歩く viaggiare in lungo e in largo ¶旅に出ている essere in viaggio ¶旅から帰る ritornare da un viaggio ¶旅の空で病に倒れる am-

malarsi durante un viaggio ¶旅慣れている人は荷物が少ない. Chi viaggia spesso porta con sé pochi bagagli. ¶帰らぬ旅に出る fare l'ultimo viaggio / partire per un viaggio senza ritorno 慣用 旅は道連れ世は情け (諺) In viaggio si desidera compagnia, nella vita la pietà.
旅の恥はかき捨て In viaggio tutto è permesso.

たび 足袋 (un paio di) tabi男〔複〕; calze女〔複〕per calzature tradizionali infradito ¶足袋をはく[ぬぐ] infilarsi [sfilarsi] i tabi

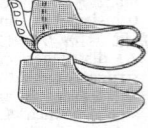
足袋

たび 1 (その時ごと) ¶…するたびに ogni volta (tutte le volte) che +直説法 ¶その times会うたびに大きくなっていく. Ogni volta che vedo quel bambino, lo trovo cresciuto. ¶スキーに行くたびに上手になっていった. Più sciavo, più diventavo bravo. **2** (とき, おり) volta ¶この度 questa volta ¶この度はお世話になりました. Le sono molto obbligato. **3** (度数) volta ¶三たび続けて勝つ vincere tre volte consecutive [di seguito] ¶彼はいく度も失敗した. È fallito varie volte.

だび 茶毘 《火葬》cremazione女 ¶茶毘に付す cremare la salma di qlcu.

タピオカ 〔英 tapioca〕《料》tapioca女

たびかさなる 度重なる ripetuto; (続けての) continuo ¶君の度重なる不始末にはあきれる. Il tuo continuo comportamento riprovevole mi lascia senza parole. ¶度重なる地震に人々は不安な気持ちになっている. La gente è preoccupata per il susseguirsi dei terremoti.

たびこうぎょう 旅興行 ¶旅興行の一座 una compagnia teatrale itinerante ¶サーカスは地方を旅興行している. Il circo fa un giro in provincia.

たびごころ 旅心 ¶その写真は彼の旅心をそそった. Quella fotografia gli fece venire voglia di fare un viaggio.

たびごと 旅毎 ¶食事のたびごとにお祈りをする pregare a ogni pasto

たびさき 旅先 (滞在地) luogo男〔複 -ghi〕di soggiorno; (目的地) destinazione女; meta女 ¶旅先から便りをする scrivere una lettera dal viaggio [luogo di soggiorno]

たびじ 旅路 ¶3か月の旅路についた. Ha intrapreso un viaggio di tre mesi. ¶死出の旅路につく partire per l'ultimo viaggio [per l'altro mondo / per un viaggio senza ritorno]

たびじたく 旅支度・旅仕度 ¶旅支度を整える fare i preparativi di viaggio ¶旅支度を解く disfare le valige

たびだつ 旅立つ ¶彼はイタリアへ向けて旅立った. Si è messo in viaggio per l'Italia. ¶父は2年前にあの世に旅立った. Mio padre è passato a miglior vita due anni fa.

たびたび 度度 molte volte, frequentemente, spesso, più volte ¶彼はたびたび会社を休む. Fa molte assenze in ufficio. ¶私は彼をたびたび訪問する. Vado a trovarlo spesso.

たひばり 田鵐《鳥》spioncello男, cerla女 scura, pispola女

たびびと 旅人 viaggiatore男[女 -trice]; viandante男女; (観光客) turista男女〔複 -i〕

たびまわり 旅回り ◇旅回りの ambulante, girovago男〔複 -ghi〕 ¶旅回りをする fare un giro [una tournée] in provincia ¶旅回りの一座 compagnia teatrale itinerante

たびょう 多病 ¶多病の人 persona dalla salute malferma [cagionevole] / persona malaticcia [delicata]

ダビング 〔英 dubbing〕《映》(吹き替え, アフレコ) doppiaggio男〔複 -gi〕; 《映》(ミックス) 〔英 mixage [miksáƷ]男〔無変〕; missaggio男〔複 -gi〕; (カセットテープの) doppiaggio男〔複 -gi〕di una cassetta ◇ダビングする doppiare ql.co.; fare il missaggio di ql.co.

タフ 〔英 tough〕◇タフな instancabile ¶タフガイ uomo robusto e「resistente [infaticabile] ¶タフな神経の持ち主 persona con i nervi forti [saldi]

タブ 〔英 tab〕tab男〔無変〕; tabulatore男

タブー 〔英 taboo〕tabù男 ◇タブーの tabù, sacro, inviolabile, proibito ¶タブーにする rendere tabù ql.co.; / interdire a ql.co. di +不定詞 / proibire [vietare] a qlcu. di +不定詞 ¶タブーに挑戦する sfidare un tabù ¶タブーを犯す[破る] violare [infrangere] un tabù ¶タブーの前ではその話題はタブーだ. Con lui questo argomento è tabù.

タフタ 〔仏 taffetas〕《織》taffettà男

だぶだぶ 1 (大きすぎる様子) ◇だぶだぶの troppo largo男〔複 -ghi〕[ampio男〔複 -i〕] ¶だぶだぶのズボン pantaloni troppo larghi ¶だぶだぶの服を着ている. Sguazza nei suoi vestiti. 2 (たるんでいる様子) ¶父は太って腹の回りがだぶだぶしている. Mio padre è ingrassato molto e gli balla la pancia. 3 (液体がたっぷりの様子) ¶ビールを飲みすぎておなかがだぶだぶだ. Ho bevuto troppa birra, mi sento la pancia gonfia.

だぶつく 1 essere troppo largo男〔複 -ghi〕¶このズボンはだぶつく. Questi pantaloni mi stanno troppo larghi. 2 (余る) sovrabbondare自 [es, av] ◇だぶつき sovrabbondanza女 ¶だぶついている資金 liquidità in eccesso ¶労働力がだぶついている. La manodopera è sovrabbondante.

だぶや だぶ屋 bagarino男〔女 -a〕

たぶらかす 誑かす imbrogliare qlcu., raggirare qlcu.; (だまして物をとる) truffare qlcu. di ql.co.;(〈人〉をたぶらかして金をとる) estorcere denaro a qlcu. con l'inganno ¶彼はブローカーにたぶらかされて財産を失った. È stato truffato dal sensale ed ha perduto i suoi beni.

ダブる 1 (重なる, 重複する) ◇ダブらせる sovrapporre ¶祭日と日曜日がダブる. Il giorno di festa cade di domenica. ¶物がダブって見える. Ci vedo doppio. ¶ダブって写す sovrapporre due foto 2 (落第して繰り返す) ¶私は大学の1年をダブった. Ho ripetuto il primo anno di università.

ダブル 〔英 double〕◇ダブルの doppio男〔複 -i〕¶ダブルの背広 abito a due petti [a doppio petto] / doppiopetto男[無変] ¶ダブル幅の布 stoffa a doppia altezza

♣**ダブルクリック** 《コンピュータ》doppio clic男 [無変]

ダブルシャープ 《音》doppio diesis男[無変]；《記号》𝄪

ダブル選挙 doppia votazione女, doppie elezioni女[複]

ダブルパンチ ¶彼は対戦相手のあごにダブルパンチをくらわせた. Ha inferto un doppio colpo [un uno-due] al mento del suo avversario.

ダブルフォールト 《テニス》doppio fallo男 ¶ダブルフォールトをおかす commettere un doppio fallo

ダブルブッキング doppia prenotazione女

ダブルフラット 《音》doppio bemolle男[無変]；《記号》♭♭

ダブルプレー 《野球で》doppio gioco男[複 -chi]

ダブルベッド letto男 matrimoniale [a due piazze]

ダブルス 〔英 doubles〕《テニスなど》doppio男[複 -i] ¶男子[女子／混合]ダブルス doppio maschile [femminile / misto]

ダブルベース 〔英 double bass〕→コントラバス

タブレット 〔英 tablet〕tavoletta女；《薬》compressa女

タブロイド 〔英 tabloid〕¶タブロイド版の新聞 giornale in formato ridotto

タブロー 〔仏 tableau〕《仏》tableau [tabló]男 [無変]

たぶん 他聞 ¶他聞をはばかることですが… Sia detto fra di noi...

たぶん 多分 **1**《おそらく》forse, probabilmente, presumibilmente, può darsi che + 接続法 ¶彼はたぶん明日は来ないと思う. Credo che domani non verrà. ¶明日はたぶんお天気だろう. Domani probabilmente il tempo sarà bello. ¶たぶん彼を無くしたんだろう. L'avrò perso. ¶今行っても彼女はたぶん留守だろう. Se vai adesso (a casa sua), può darsi [è possibile] che non la trovi. ¶たぶん彼が持っていったんだろう. Potrebbe averlo preso lui!
2《たくさん》◇ 多分の considerevole, molto ◇ 多分に abbastanza, molto, considerevolmente ¶多分の寄付 contributo considerevole ¶…する可能性が多分にある. Ci sono grandi possibilità che + 接続法 ¶彼の成功は多分に奥さんのおかげだ. Deve gran parte del suo successo alla moglie.

たべあきる 食べ飽きる essere stufo di mangiare ¶魚は食べ飽きた. Ne ho abbastanza di (mangiare sempre) pesce.

たべあるき 食べ歩き ¶食べ歩きをする provare il cibo in vari ristoranti

たべあわせ 食べ合わせ →食い合わせ

たべかけ 食べ掛け ¶食べかけのりんご mela già addentata ¶食べかけで食卓を離れてはいけません. Non alzarti da tavola se non hai finito di mangiare.

たべかす 食べ滓 **1**《食べ残し》¶食べかすを犬にやる dare gli avanzi del cane al cane **2**《残りかす》¶歯に食べかすが付いている. Mi sono rimasti rimasugli di cibo tra i denti.

たべごろ 食べ頃 ¶今, いちごが食べごろだ. 《シーズンだ》Ora è la stagione delle fragole. ¶このすいかは食べごろだ. 《熟して》Questo cocomero è maturo per essere mangiato.

たべざかり 食べ盛り ¶食べ盛りの子供 bambino nel periodo di massimo appetito

たべすぎ 食べ過ぎ ¶食べすぎでおなかをこわした. Sto male di stomaco per aver mangiato troppo.

たべずぎらい 食べず嫌い →食わず嫌い

タペストリー 〔英 tapestry〕tappezzeria女, arazzo男

たべそこなう 食べ損なう ¶今日は忙しくて昼食を食べそこなった. Oggi sono stato molto occupato e non ho avuto il tempo di pranzare.

たべのこす 食べ残す ¶食べ残してはいけません. Non lasciare niente nel piatto.

たべもの 食べ物 cibo男, alimento男, roba女 da mangiare ¶おいしい食べ物 cibo gustoso [appetitoso] ¶まずい食べ物 cibo disgustoso [insipido] ¶消化の良い[悪い]食べ物 alimento facile [difficile] da digerire ¶食べ物を与える dare da mangiare ¶何か食べ物はないかね. (Non) c'è qualcosa da mangiare? ¶君の好きな食べ物は何ですか. Quali sono i cibi che preferisci? ¶食べ物に好き嫌いはない. Non sono di gusti difficili nel mangiare. / Mi piace di tutto. ¶食べ物に気をつけろ. Fa' attenzione a quello che mangi.

たべる 食べる **1**《食う》mangiare ql.co., alimentarsi di [con] ql.co.; 《朝食をとる》fare colazione; 《昼食・正餐をとる》pranzare男[av]; 《夕食をとる》cenare男[av]; 《味見する》assaggiare ql.co.; 《賞味する》gustare ql.co.; 《がつがつ食べる》divorare ql.co.; 《飲み込む》inghiottire ql.co. ¶食べられる[食べられない]きのこ fungo commestibile [non commestibile] ¶何も食べずに senza mangiare nulla ¶赤ん坊に食べさせる《口に入れてやる》imboccare un bambino ¶3時のおやつを食べる《間食》fare uno spuntino ¶朝はパンを食べることにしている. La colazione la faccio spesso col pane. ¶今晩は家で[外で]食べる. Stasera ceno "a casa [fuori]. ¶何を食べるかい. 《店で》Che cosa prendi?
2《暮らす》¶月給が安くてとても食べていけない. Lo stipendio è basso, non basta neanche per sfamarsi.

だべる 駄弁る ¶私たちはまる1時間だべった. Abbiamo chiacchierato per un'ora intera.

たべん 多弁 ◇ 多弁な人 chiacchierone男 [女 -a] ¶彼は酒を飲んだらますます多弁になった. Più beveva sakè più diventava chiacchierone.

だべん 駄弁 chiacchiere女[複], ciarle女[複], ciance女[複] ¶駄弁を弄する chiacchierare男[av] / ciarlare男[av] / blaterare男[av] ¶《口から出まかせを言う》parlare男[av] a vanvera

たへんけい 多辺形 《幾何》poligono男

だほ 拿捕 cattura女 (di una nave) ◇ 拿捕する catturare (una nave)

たほう 他方 l'altro男, gli altri男[複] ¶他方では d'altra parte / d'altronde /《これに反して》mentre / invece / mentre invece ¶非常に残念ではあるが, 他方ではどうしようもなかったとも思う. Me ne dispiace molto, d'altra parte penso che non ci fosse niente da fare.

たぼう 多忙 ◇多忙な estremamente impegnato ¶多忙を極めている essere estremamente impegnato ¶公私ともに多忙だ. Sono molto impegnato sia per lavoro sia per cose personali.

たほうめん 多方面 ¶多方面にわたる学識 vasta erudizione ¶多方面にわたる才能の持ち主 persona poliedrica [dai molti talenti] ¶彼は多方面で活躍している. Ha un ruolo attivo in vari campi.

だぼく 打撲 ¶全身打撲で死ぬ morire a causa delle lesioni riportate in tutto il corpo
❖打撲傷 contusione㊛, ammaccatura㊛, livido㊚ ¶打撲傷を負う prodursi una contusione (に a) ¶足に打撲傷を負う contundersi una gamba

だばはぜ だぼ鯊 〖魚〗ghiozzo㊚

たま ～たまに, たまの, たまの

たま 玉・球・弾 **1**《球体》globo㊚, sfera㊛, sferetta㊛;《ボール》palla㊛;《ビリヤードの》palla㊛ da biliardo, biglia㊛;《糸の》gomitolo㊚; boccia㊛ [複 -ce];《そろばんなどの》pallina㊛;《電球》lampadina㊛;《かたまり》mucchietto㊚ ¶目の玉 globo oculare ¶球を転がす fare rotolare una palla [un pallone] per terra ¶ボウリングの球 boccia da bowling ¶うどんひと玉 una porzione di udon ¶毛糸を玉にする fare un gomitolo con il filo di lana
2《水などのしずく》goccia㊛ [複 -ce] ¶露の玉 goccia di rugiada ¶玉の汗を流す sudare a goccioloni
3《宝石》gioiello㊚;《真珠》perla㊛ ¶わが子を掌中の玉といつくしんでいる. Suo figlio è la pupilla dei suoi occhi. ¶玉磨かざれば光なし. Il talento è inutile se non è coltivato. ¶艱難(カンナン)汝(ナンジ)を玉にす. Le difficoltà maturano l'uomo.
4《円形のもの》¶500円玉 moneta da [di] cinquecento yen
5《弾丸》proiettile㊚;《小銃・ピストルの》pallottola㊛;《散弾》pallino㊚ ¶ピストルに弾を込める caricare la pistola ¶彼は弾に当たって死んだ. E morto colpito da un proiettile.
|慣用| 玉に瑕(キズ) ¶怒りっぽいのが玉に瑕だ. Peccato che sia irascibile, altrimenti sarebbe perfetto.
玉のような ¶玉のような男の子が生まれた. È nato un bambino che è un amore.
玉を転がすような声 ¶玉を転がすような声をしている avere una voce argentina [cristallina]

たまぐし 玉串 ¶神前に玉串をささげる offrire ad una divinità un rametto di albero sacro

たまげる 魂消る →驚く

たまご 卵 **1**《動物の》uovo㊚ [複 le uova] ¶卵を産む fare l'uovo ¶産みたての卵 uovo (fresco) di giornata ¶卵を抱いて温める covare le uova ¶卵の黄身 tuorlo / rosso d'uovo ¶卵の白身 albume㊚ / bianco dell'uovo ¶卵の殻 guscio dell'uovo ¶卵を割る〖ゆでる〗rompere [bollire] un uovo ¶落とし卵 uova affogate [in camicia] ¶いり卵 uova strapazzate ¶半熟卵 uovo alla coque [kɔk] ¶ゆで卵 uovo sodo ¶卵の目玉焼き uovo al tegame / uovo all'occhio di bue ¶卵がかえった. Le uova si sono schiuse. ¶コロンブスの卵 l'uovo di Colombo
2《修業時代の人》¶外交官の卵 diplomatico in erba [alle prime armi] / aspirante diplomatico ¶私の息子は医者の卵です. Mio figlio è un medico in erba.
❖卵形 卵形の ovale, a forma d'uovo
卵酒 sakè㊚ all'uovo;《イタリアの》marsala㊛ all'uovo;《卵入りリキュール》vov㊚ 〖無変〗
卵とじ zuppa㊛ all'uovo;《イタリアの》stracciatella㊛
卵焼き uovo㊚ fritto, frittata㊛

だましあい 騙し合い ◇だまし合いをする ingannarsi, imbrogliarsi;《互いの裏をかいて》gareggiare in astuzia

たましい 魂 anima㊛;《精神》spirito㊚;《生気, 活気》vita㊛;《亡霊》anima㊛ di un defunto ¶作者の魂がこもった作品 opera che contiene tutto l'animo dell'autore ¶魂の救済をする salvarsi l'anima ¶魂の抜けたような顔《生気のない》volto senz'anima ¶死者の魂を慰める placare l'anima di un defunto ¶仕事に魂を打ち込む mettere l'anima in un lavoro ¶悪魔に魂を売り渡す vendere l'anima al diavolo ¶一寸の虫にも五分の魂. 〖諺〗"Anche l'essere più insignificante ha una sua anima." ¶三つ子の魂百まで. 〖諺〗"Nel bambino c'è già l'uomo."

だましうち 騙し討ち ¶だまし討ちにする attaccare qlcu. di sorpresa / colpire qlcu. alle spalle /《殺す》uccidere qlcu. a tradimento

たまじゃくし 玉杓子 mestolo㊚, ramaiolo㊚

たまじゃり 玉砂利 ghiaia㊛ ¶玉砂利を敷いた道 viottolo ghiaioso

だます 騙す **1** ingannare qlcu.; deludere qlcu.; illudere qlcu. ◇だまされる cascarci, farsi ingannare ¶だまされやすい男 uomo facile da ingannare [che si lascia ingannare facilmente] ¶だまされないぞ. Non ci casco! / Questa non la bevo! ¶僕はまんまとだまされた. Ci sono cascato in pieno! ¶100万円だまし取られた. Mi sono fatto truffare un milione di yen.
2《加減して扱う》¶機械をだましだまし使う usare con molta prudenza un macchinario che sta per rompersi ¶体をだましだまし使う convincersi di avere un corpo in salute nonostante non sia vero

たまたま per caso, accidentalmente; casualmente ¶たまたまそこに居合わせた. Mi sono trovato lì per caso. ¶たまたま彼に会った. L'ho incontrato casualmente. / Mi è capitato di incontrarlo.

たまつき 玉突き biliardo㊚ →ビリヤード
❖玉突き衝突 tamponamenti㊚ [複] a catena

たまに occasionalmente, una volta ogni tanto, a volte, di quando in quando, di tanto in tanto ¶たまに両親に手紙を書きます. Scrivo ai miei genitori una volta ogni tanto [occasionalmente]. ¶彼はたまにいいことを言う. A volte dice cose appropriate. ¶たまに会うとすぐ口論になる. Nelle rare occasioni in cui si incontrano, cominciano subito a litigare. ¶彼がおごるなんてたまにしかない. Capita raramente che paghi lui. ¶たまにはコンサートに行きたい. Qualche volta mi

たまねぎ 玉葱 《植》cipolla㊛;《小形》cipollina㊛

たまの raro ¶たまの休みくらいは家にいたい. Una volta tanto che sono in vacanza vorrei rimanere a casa.

たまのこし 玉の輿 ¶彼女は玉の輿に乗った.《社会的身分の高い》Ha sposato un uomo di posizione sociale superiore rispetto a lei. /《裕福な》Ha sposato un uomo ricchissimo.

たまのり 玉乗り 《曲芸》acrobazia㊛ su pallone;《人》acrobata㊍㊛[㊛複 -i] su pallone ¶玉乗りをする tenersi in equilibrio su un pallone

たまむし 玉虫 《昆》《タマムシ科》buprestidi㊚[複]; 《学名》Chrysochroa fulgidissima
❖玉虫色 colore㊚ cangiante ◇玉虫色の cangiante

たまもの 賜・賜物 《授かり物》dono㊚, manna㊛ ¶天のたまもの dono [benedizione] del cielo ¶日ごろの勉強のたまもの frutto dei lunghi giorni di studio

たまよけ 弾除け riparo㊚ dai proiettili

たまらない 堪らない **1**《我慢できない》non resistere a qlco.;《せざるを得ない》non poter fare a meno di+不定詞 ¶…したくてたまらない avere una voglia pazzesca di+不定詞 ¶傷が痛くてたまらない. Il dolore della ferita è insopportabile. ¶食べたくてたまらない. Ne mangerei a quintali. ¶おかしくてたまらなかった. Non ce la facevo più dal ridere. ¶彼に会いたくてたまらない. Non sto nella pelle da quanto vorrei vederlo. ¶私はこの仕事がいやでたまらない. Non ce la faccio più con questo lavoro. ¶母の病気が心配でたまらない. Sono terribilmente preoccupato per la malattia di mia madre.
2《程度が甚だしい》¶恐ろしくて[恥ずかしくて]たまらない morire di paura [di vergogna] ¶この味が何ともたまらない. Questo sapore è divino [eccezionale / squisito]. ¶孫が何ともたまらなくかわいい. Questa nipotina è incredibilmente carina. ¶好きでたまらない. Mi piace da morire. ¶うれしくてたまらない. Scoppio dalla gioia.
3《困る》¶毎朝5時に起こされたのではたまらない. Sono stufo di essere svegliato alle 5 di mattina.

たまりかねて 堪り兼ねて ¶彼はたまりかねつついにどなりだした. Alla fine, persa la pazienza, si è messo a strillare. ¶父親の横暴にたまりかねて家を出た. Sono venuto via di casa non potendo sopportare la prepotenza di mio padre.

だまりこくる 黙りこくる ¶彼は急に黙りこくった. Tacque improvvisamente. ¶長い間黙りこくっていた. Si è rinchiuso in un lungo silenzio. / Non ha fiatato per lungo tempo.

だまりこむ 黙り込む ¶黙り込んでいないで何とか言ったらどうだい. Perché non dici qualcosa invece di startene lì muto come un pesce?

たまりば 溜り場 ¶この店は不良グループのたまり場だ. Questo negozio è il covo di una banda di teppisti. ¶そのバーは文士のたまり場となった. Il bar è diventato un (luogo di) ritrovo di scrittori.

たまる 堪る ¶あいつに負けてたまるか. Non gli permetterò di battermi! ¶そんなことがあってたまる(もの)か. Non lo permetto assolutamente!

たまる 溜まる・貯まる **1**《蓄積する》accumularsi, ammassarsi; 《水などが》stagnare㊚[av] ¶ごみが溜まっている. Si sono accumulati molti rifiuti. ¶机の上にほこりが溜まっている. Sul tavolo c'è molta polvere. ¶ストレスが溜まると病気になる. Ci si ammala quando si accumula lo stress.
2《仕事・支払いなどが遅れている》¶仕事がたくさん溜まっている. Mi si è accumulato molto lavoro. / Ho molto lavoro in arretrato. ¶借金がたまっているらしい. Sembra che lui abbia una serie di debiti insoluti. ¶家賃が3か月もたまってしまった. Sono in ritardo di ben tre mesi nel pagamento della pigione.
3《貯金が》¶5万円貯まった. Ho risparmiato 50.000 yen. ¶君もだいぶお金が貯まっただろうね. Ne avrai parecchio di denaro da parte, no?

だまる 黙る tacere㊚[av], fare silenzio; 《話を途中でやめる》smettere di parlare ◇黙って silenziosamente, in silenzio ◇黙らせる imporre il silenzio a qlcu., azzittire qlcu., fare tacere qlcu.; 《買収して》comprare il silenzio di qlcu. ◇黙っている rimanere silenzioso, stare zitto, mantenere il silenzio; 《人に言わない》tacere qlco. a qlcu. ¶黙って学校を休む assentarsi da scuola senza avvertire ¶本を図書館から黙って持ち出す portare fuori un libro da una biblioteca senza permesso ¶黙って引き下がる《おめおめと》andarsene senza dir nulla [senza protestare] ¶黙って. Zitto! / Sta' zitto! (▶zittoは相手の性・数に合わせて語尾変化する) / Chiudi la bocca! ¶黙っている. 《秘密です》Acqua in bocca, mi raccomando! ¶彼は何を言われても黙っている. Qualunque cosa gli si dica, resta muto come un pesce.

たまわる 賜る ¶これは陛下から賜った勲章だ. Questa medaglia è un dono di Sua Maestà. ¶受賞者は法王の拝謁を賜った. I vincitori dei premi sono stati ricevuti dal Papa.

たみ 民 popolo㊚ ¶民の声は神の声 [ラ] "Vox populi, vox Dei."

ダミー [英 dummy] manichino㊚
❖ダミー会社 società㊛ fantoccio [無変] [di comodo / fittizia]

だみごえ 濁声 voce㊛ roca [rauca / velata] ◇だみ声で con voce rauca

だみん 惰眠 惰眠をむさぼる《眠ってばかりいる》non far niente altro che dormire /《怠けてばかりいる》vivere nell'indolenza / stare in ozio

ダム [英 dam] diga㊛;《発電の》bacino㊚ idroelettrico [複 -ci] ¶川にダムを建設する costruire una diga su un fiume / sbarrare un fiume con una diga

たむける 手向ける ¶亡き父に花を手向ける offrire dei fiori sulla tomba del padre ¶新しい門出に励ましの言葉を手向ける rivolgere parole di incoraggiamento a qlcu. che inizia una nuova strada

たむし 田虫 《医》tigna㊛, tricofizia㊛

タムタム [英 tam-tam] 《音》《ゴング》tamtam

[男][無変], gong[男][無変]

たむろする 屯する radunarsi ¶この喫茶店には不良がたむろしている. Questo bar è un raduno di ragazzacci. ¶学生が三々五々校庭にたむろしていた. Gli studenti hanno formato piccoli gruppetti nel cortile della scuola.

ため 為 **1**《利益, 便宜》bene[男]; interesse[男], profitto[男], vantaggio[男][複 -*gi*] ◇…のための[に] per, in favore di, a vantaggio di, nell'interesse di ¶初心者のためのイタリア語テキスト corso di italiano per (i) principianti ¶人のために尽くす dedicarsi del tutto al bene degli altri ¶地域社会のために働く lavorare per il benessere comune [per gli interessi della *propria* comunità] ¶ためになる本 libro istruttivo ¶そうするほうが君のためだ. Hai tutto l'interesse a fare così. ¶君のためを思えばこそ言っているんだ. Queste cose, le dico「per il tuo bene [nel tuo interesse]. ¶彼は自分のためになることしかしない. Fa solo quello che gli può tornare utile.

2《目的》 ◇…のために per *ql.co.* [+[不定詞]], affinché [perché]+[接続法] ¶自由のために闘う lottare per la libertà ¶歴史を勉強するために per studiare storia ¶いざというときに困らないために貯金しておきなさい. Metti da parte dei soldi per non trovarti in difficoltà in caso di necessità.

3《原因, 理由》 ◇…のために per *ql.co.* [*qlcu.* / +[不定詞]], a causa di, a [per] motivo di ◇…のためである essere「dovuto a [causato da] *ql.co.* [*qlcu.*] ¶事故のために a causa di un incidente ¶病気のため学校を休む essere assente da scuola per motivi di salute ¶飢えのために死ぬ morire di [per] fame ¶道が込んでいたため遅れてしまった. Ho fatto tardi「perché c'era molto [a causa del] traffico. / Sono arrivato in ritardo per il traffico.

[慣用] **ためにする** ¶彼の議論はためにするものだ. Il suo discorso è tendenzioso.

だめ 駄目 **1**《役目を果たさない》 ¶この靴は山登りには駄目だ. Queste scarpe non sono adatte per la montagna. ¶こんな計画では駄目だ. Un piano come questo non può andare bene [non va bene]. ¶悪天候で収穫が駄目になった. Il raccolto è andato perso per il maltempo.

2《むだ》inutile, vano ¶彼と話しても駄目だ. È inutile [Non vale la pena di] parlare con lui.

3《望みがない》 ¶もう駄目だ.《打つ手がない》Tutto è finito. /《我慢がならない》Non ne posso più. / Non ce la faccio più. ¶彼はもう駄目だ. È spacciato, ormai.

4《不可能》impossibile ¶彼を助けようとしたが駄目だった. Ho cercato di salvarlo, ma non è stato possibile.

5《いけない》 ¶ひとりで出かけては駄目だよ. Non devi uscire da solo! ¶もっと勉強しなければ駄目だ. Devi studiare di più.

ためいき 溜め息 sospiro[男] ◇ため息をつく sospirare[自][*av*], fare [mandare] un sospiro ¶深いため息をつく tirare un sospiro profondo ¶遠くの息子を思ってため息をつく sospirare per la lontananza del figlio ¶彼女はほっと安堵のため息を漏らした. Ha sospirato [Ha dato un sospiro] di sollievo. ¶ため息の出るような話だ.《うらやましい》Quanto ti invidio!

ためいけ 溜め池 《貯水池》bacino[男] idrico [複 -*ci*], lago[男][複 -*ghi*] artificiale;《灌漑用》laghetto[男] d'irrigazione

ダメージ 〔英 damage〕 danno[男] ¶精神的[肉体的]ダメージを与える causare un danno psicologico [fisico] a *qlcu.* ¶決定的なダメージを受ける patire [subire] un grave danno

だめおし 駄目押し ¶夕食までには帰って来るように彼に駄目押しをした. Mi sono assicurata che sarebbe tornato per cena. ¶手紙で駄目押しをしておいた. Per maggiore sicurezza gli ho scritto. ¶インテルは駄目押しの1点を入れた. L'Inter ha segnato il gol della certezza.

ためし 例 ¶彼は競走に勝ったためしがない. Non ha mai vinto una corsa, nemmeno in un caso.

ためし 試し prova[女], tentativo[男]; 〔英〕test[男][無変];《実験》esperimento[男] ¶力試しに per provare [per mettere alla prova] la *propria* forza ¶運試しに per tentare la sorte [la fortuna] ¶試しにその背広を着てごらん. Prova (a indossare) quella giacca. ¶ものは試しだ, やってみよう. Facciamolo, almeno per provare. / "Tentar non nuoce."

ためす 試す 《試みる》provare *ql.co.* [*qlcu.* / se+[直説法]];《実験する》sperimentare *ql.co.*;《テストする》mettere *ql.co.* [*qlcu.*] alla prova;《吟味する》saggiare *ql.co.*;《性能試験》collaudare *ql.co.* ¶新車を試す provare una nuova autovettura ¶自分の力を試す saggiare le *proprie* possibilità ¶まじめな男かどうか試してみよう. Metterò alla prova la sua onestà. ¶このナイフが本当に切れるかどうか試してごらん. Prova un po' se questo coltello taglia veramente.

だめもと ¶だめもとで聞くだけ聞いてみよう. Chiediamo, tanto non ci perdiamo niente.

ためらう 躊躇う esitare[自][*av*] a+[不定詞] [in *ql.co.*], titubare[自][*av*], tentennare[自][*av*] ◇ためらい esitazione[女], titubanza[女], tentennamento[男] ¶ためらわずに senza pensarci due volte ¶打ち明けるのをためらった. Esitavo a confessare. ¶それは違うとためらいなく言った. Non ebbi nessuna esitazione ad ammettere che quello non era vero. ¶彼はためらいがちに答えた. Ha risposto con (molta) esitazione. ¶彼は2つの解決案のいずれをとるかためらった. Era incerto fra le due soluzioni.

ためる 貯める risparmiare ¶彼は金をしこたまためたらしい. Sembra che abbia accumulato molto denaro.

ためる 溜める **1**《蓄積》ammassare [accumulare] *ql.co.*;《いっぱいにする》riempire《AにBを A di B》 ¶バケツに水をためる riempire un secchio d'acqua ¶切手をためる collezionare [fare raccolta di] francobolli ¶カードにポイントをためる accumulare (i) punti sulla tessera ¶目に涙をいっぱいためる avere gli occhi colmi di lacrime ¶ごみをあまりためるな. Non far accumulare i rifiuti.

2《滞らせる, 処理せずに残す》 ¶家賃を3か月ためた. Da tre mesi non pago l'affitto. ¶仕事をた

めてしまった. Ho del lavoro accumulato.

ためる 矯める 1《形を整える》¶枝を矯める dare una forma più aggraziata ad un ramo 2《矯正する》¶悪い癖を矯める far perdere [far abbandonare] a qlcu. una cattiva abitudine ¶＜人＞の曲がった根性を矯める correggere [far ravvedere / migliorare] qlcu.

ためん 他面 ◇他面では dall'altro (lato [punto di vista]), d'altra parte, d'altro canto

ためん 多面 ◇多面的な multilaterale, poliedrico《複-ci》¶多面的に検討する esaminare ql.co. sotto vari aspetti [da diverse angolazioni] ¶多面的に活動する svolgere molteplici attività

✜ **多面体**《幾何》poliedro男

たもうさく 多毛作《農》raccolti男《複》multipli

たもうしょう 多毛症《医》ipertricosi女《無変》

たもくてき 多目的 ◇多目的の multiuso《無変》¶多目的ホール sala multiuso ¶多目的に利用する usare ql.co. per vari scopi

✜ **多目的ダム** diga女「destinata a più usi [polivalente]

たもつ 保つ conservare, mantenere ¶平和を保つ mantenere la pace ¶温度を一定に保つ mantenere costante la temperatura ¶一定の距離を保つ mantenere una certa distanza ¶効力を保つ restare valido [efficace] ¶健康を保つ conservare la salute / rimanere in buona salute ¶若さを保つ mantenersi giovane ¶両国間の均衡が保たれる. Viene mantenuto l'equilibrio tra i due paesi. ¶その法律は今でも効力を保っている. Quella legge è ancora in vigore.

たもと 袂 1《着物の》manica女 2《そば》¶橋のたもとで＜人＞を待つ aspettare qlcu. all'estremità del ponte

慣用 たもとを分かつ《別れる》separarsi da qlcu.;《絶縁する》rompere他《av》con qlcu.

たやす 絶やす 1《滅す》sterminare, distruggere, estirpare ¶害虫を絶やす sterminare gli insetti nocivi ¶雑草を絶やす estirpare le erbacce 2《切らす》esaurire ql.co., trovarsi a corto di ql.co. ¶彼女はいつも笑顔を絶やさない. Ha sempre una faccia sorridente. ¶火を絶やすな. Non far morire il fuoco.

たやすい 容易い《容易な》facile;《単純で簡単な》semplice ◇たやすく《容易に》facilmente;《軽率に》imprudentemente ¶言うのはたやすいが実行するのは至難の業だ. È facile dirlo, ma estremamente difficile metterlo in pratica. / "Tra il dire e il fare c'è di mezzo il mare." ¶解決策を見いだすのはたやすいことではない. Non è una cosa semplice trovare una soluzione. ¶委員長をたやすく引き受けて後悔している. Mi pento di aver accettato così imprudentemente la carica di presidente.

たゆまず 弛まず costantemente, assiduamente, senza tregua [sosta / posa];《あきらめずに》con perseveranza, con costanza ¶立派な政治家になろうとたゆまず努力した. Si prodigò costantemente [assiduamente] per diventare un eminente statista.

たゆむ 弛む ¶たゆみない努力を重ねて a costo di continui sforzi ¶彼はたゆむことなく実験を繰り返した. Ha ripetuto l'esperimento instancabilmente.

たよう 多用 1《多忙》¶ご多用中恐縮ですが…. Mi dispiace infastidirla, ma... / Mi scusi per il disturbo, ma... 2《多く用いること》¶美辞麗句を多用する usare molte parole magniloquenti

たよう 多様 ◇多様な diverso, vario《複-i》

✜ **多様化** diversificazione女 ◇多様化する《他のものを》diversificare ql.co.;《自らが》diversificarsi

多様性 diversità女, varietà女

たより 便り《消息》notizia女;《情報》informazione女;《手紙》lettera女, corrispondenza女 ¶便りをする scrivere a qlcu., dare [mandare] notizie (di sé) a qlcu. ¶風の便りによると secondo alcune voci ¶お便りありがとう. Ti ringrazio della [per la] lettera. ¶母から便りがない. Non ho notizie da mia madre. ¶いい便りを待っている. Attendo buone notizie. ¶君がイタリアにいると風の便りに聞いた. Ho sentito in giro che ti trovi in Italia. ¶便りがないのはよい便り.《諺》"Nessuna nuova, buona nuova."

たより 頼り ¶頼りになる persona degna di fiducia ¶頼りにする avere [riporre la propria] fiducia in qlcu. ¶彼は頼りにならない. Non ci si può fidare di lui.

たよりない 頼りない《当てにならない》inattendibile, inaffidabile, infido;《心細い》insicuro;《優柔不断な》indeciso ¶頼りない男だ. È un uomo indeciso [irresoluto]. ¶彼は頼りない返事をした. Mi ha dato una risposta vaga [evasiva]. ¶この仕事は彼では頼りない. Non possiamo affidargli questo lavoro.

たよる 頼る confidare他《av》in qlcu., contare他《av》su qlcu. [ql.co.], fare affidamento su qlcu. [ql.co.];《寄りかかる》appoggiarsi a ql.co. [qlcu.];《…に訴える》ricorrere他《es》a ql.co. ¶頼り切る appoggiarsi completamente a qlcu. [ql.co.] / fare completo affidamento su qlcu. [ql.co.] ¶伯父を頼って上京する trasferirsi a Tokyo appoggiandosi a uno zio ¶地図だけに頼って con l'aiuto soltanto di una mappa ¶勘に頼る fare affidamento sul sesto senso / confidare nell'istinto ¶私は杖に頼って歩いた. Ho camminato appoggiandomi al bastone. ¶頼る人がいない. Non abbiamo nessuno su cui contare. ¶武器に頼る affidarsi [ricorrere] alle armi

たら 鱈《魚》merluzzo男 ¶干鱈《乾》stoccafisso男 /《ヴェネト》baccalà ¶塩漬け鱈 baccalà

-たら 1《仮定, 条件, 前提》se, quando ¶シルヴィアに聞いたらわかるかもしれないよ. Chiedi a Silvia, forse lo sa. ¶食べ終わったらすぐ出かけよう. Appena finito di mangiare, usciremo. ¶京都に着いたら雪だった.(Quando sono) arrivato a Kyoto, stava nevicando. ¶雨が降ったらどうしよう. Se piove, come facciamo? ¶君が来るとわかっていたら家にいたのに. Se avessi saputo che (tu) saresti venuto, sarei rimasto a casa. ¶彼が来てくれたらいいんだが. Vorrei che venisse lui. ¶もっと早く話してくれたらよかったのに. Ma per-

ché non me l'hai detto prima?! ¶電話しておいたらよかったんだが. Sarebbe stato meglio telefonare prima. ¶新聞だったら、テーブルの上にあるよ. Se cerchi il giornale, è sul tavolo. ¶彼に会うのがいやなら電話したらいい. Potresti fargli una telefonata, se non ti va di vederlo. ¶さっさと白状したらどうだ. È meglio se confessi subito!
2《普通でない状態を表す》¶その怖いことといったらなかった. Non ti dico lo spavento! ¶お母さんのうるさいのなんのっていったら. Ma quanto scoccia mia madre! ¶いやだといったら絶対にやだ. Se dico di no, è no!
3《軽い非難をこめた話題の提示》¶あの子ったら、いたずらばかりするんだから. Ma guarda un po' quel ragazzo, è proprio un birichino!

たらい 盥 tinozza⊗, mastello⊗
✣たらい回し ¶政権をたらい回しする cedere le redini del governo ad un collega di partito previo accordo ¶病人はいくつもの病院をたらい回しにされた. Quel malato è stato sballottato da un ospedale all'altro.

だらく 堕落 corruzione⊗; depravazione⊗ ◇堕落する degenerare㊥ [av, es], decadere㊥ [es], depravarsi, corrompersi; essere traviato ◇堕落させる degradare, depravare ¶堕落した学生 studente depravato ¶若者を堕落させる corrompere i giovani ¶昨今の政治は堕落している. Oggigiorno la politica è corrotta.

-だらけ pieno di *ql.co.*, ricoperto di *ql.co.* ¶ほこりだらけ ricoperto di polvere / tutto impolverato ¶泥だらけの ricoperto di fango / infangato ¶借金だらけの carico [pieno] di debiti ¶血だらけの男 uomo tutto insanguinato ¶間違いだらけの文 frase piena di errori

だらける ◇だらけた apatico [㊚複 -*ci*], indolente, svogliato, pigro; lento ¶だらけた生活をする condurre una vita indolente [sregolata] ¶だらけた試合をする fare una partita lenta ¶暑いのでだらけている. Mi sento fiacco e svogliato per il caldo.

たらこ 鱈子 uova⊗ [複] di merluzzo

たらしこむ 誑し込む blandire [allettare] *qlcu.* ¶未亡人をたらしこんで金を巻き上げた. Si è lavorato bene la vedova per ottenere denaro. ¶金持ちの娘をたらしこんで結婚した. Ha convinto con raggiri la figlia di un ricco a sposarlo.

だらしない《なげやり》trasandato; 《怠惰な》negligente [-gli-], svogliato; 《雑な》poco accurato, trascurato; disordinato; 《放らつな》sregolato, dissoluto; 《特に道徳的に》indecente; 《根性がない》smidollato ◇だらしなく con negligenza [-gli-], con incuria, con trascuratezza ¶だらしない服装をしている. È trasandato [disordinato] nel vestire. ¶彼は女にだらしない. Rimane sempre impicciato [incatenato] con qualche donna. ¶彼は金にだらしない. È trascurato nelle questioni di denaro. ¶彼は酒にだらしない. Non sa controllarsi quando beve. ¶彼は娘にだらしない.《甘い》Non ha polso con la figlia. ¶野党の態度がだらしなかった. Il partito di opposizione ha mancato di fermezza.

たらす 垂らす **1**《下げる》sospendere [tener sospeso] *ql.co.* (►sospeso は目的語の性・数に合わせて語尾変化する); fare scendere [penzolare] *ql.co.* ¶だらりと腕を垂らす far penzolare le braccia ¶広告の垂れ幕を垂らす appendere uno striscione pubblicitario ¶彼は前髪を目まで垂らしている. I capelli gli scendono fino a coprirgli gli occhi.
2《滴らす》versare a gocce *ql.co.*, (far) colare *ql.co.* (a) goccia a goccia ¶サラダに酢を数滴垂らす mettere [versare] qualche goccia d'aceto sull'insalata ¶あの子はいつも鼻水を垂らす. A quel bambino cola sempre il naso. /《親》Quel bambino ha la goccia [la candela] al naso. ¶彼の顔から汗を垂らしている. La fronte gli gronda di sudore.

-たらず -足らず meno di, appena ¶10 キロ足らずの荷物 valigia di meno di 10 chili ¶会議に来たのは 20 人足らずだった. Alla riunione c'era appena una ventina di persone. ¶駅から 100 メートル足らずだ. Si trova a meno di cento metri dalla stazione. ¶ゆっくり歩いても 15 分足らずだ. Anche prendendosela comoda, ci vogliono al massimo 15 minuti.

たらたら **1**《滴り落ちる様子》¶顔には汗がたらたらと流れていた. Il suo volto grondava [era grondante] di sudore. ¶彼の手のひらからは血がたらたら流れていた. La palma della sua mano grondava sangue. / Il sangue colava dal palmo della sua mano.
2《長々と言う様子》¶彼はいつも不平たらたらだ. È sempre pieno di lamentele. ¶彼のお世辞たらたらは我慢ならない. Non sopporto quei suoi continui complimenti.

だらだら **1**《のろのろ》lentamente;《無気力に》fiaccamente, svogliatamente;《無為に》oziosamente;《長びく様子》per le lunghe ¶だらだらした演説 discorso tirato per le lunghe ¶だらだらと仕事を làvorare svogliatamente ¶会議がだらだら続いた. La riunione si è trascinata [è andata] per le lunghe. ¶だらだらしてないで勉強しなさい. Smettila di perdere tempo e comincia a studiare!
2《なだらかな様子》¶だらだら坂 lieve pendio

タラップ《蘭 trap》scaletta⊗ d'imbarco ¶タラップを上る [降りる] salire [scendere] la scaletta

たらふく《たらふく食う》mangiare a sazietà [a crepapelle]

だらり ¶腕をだらりと垂らす far ciondolare le braccia ¶暑さで犬がだらりと舌を出していた. Al cane pendeva la lingua per il caldo.

タランテッラ《伊》《踊り,その曲》tarantella

-たり ¶晴れたり曇ったりの天気 tempo variabile ¶うちの前を変な男が行ったり来たりする. Uno strano tizio sta camminando su e giù davanti a casa mia. ¶人間は喜んだり悲しんだりして一生を暮らす. L'uomo passa la vita fra gioie e dolori. ¶寒かったり暑かったりして天候が定まらない. Il tempo è incerto: ora fa freddo, ora fa caldo. ¶学生は外国人で、フランス人だったり、ドイツ人だったりする. Gli studenti sono stranieri; ci sono francesi, tedeschi ecc. ¶ばかだな、泣いたりして. Sciocco, ti metti anche a piangere?

-だり → -たり

ダリア 〔ラ dahlia〕《植》dalia㊛, giorgina㊛

タリウム 〔ラ thallium〕《化》tallio㊚;《元素記号》Tl

たりきほんがん 他力本願 《依頼心》affidamento㊚ sugli altri ¶彼はいつも他力本願だ. Fa sempre affidamento sull'aiuto degli altri.

たりつ 他律《心》eteronomia㊛ ◇他律的 eteronomo

たりとも ¶水は一滴たりともむだにしてはいけない. Non devi sprecare neppure una goccia d'acqua.

たりゅうじあい 他流試合 ¶他流試合に備えて稽古する prepararsi per una competizione con altre scuole

たりょう 多量 ◇多量の molto; una grande quantità di; in abbondanza, abbondante ¶この国では多量の石油が産出される. Questo paese produce una grande quantità di petrolio.

だりょく 打力 《打つ力》forza㊛ nel colpire;《野球で》potenza㊛ della battuta

だりょく 惰力 《物》《惰性, 慣性》inerzia㊛, forza㊛ d'inerzia ◇惰力の inerziale

たりる 足りる **1**《十分である》essere sufficiente, bastare㊀[es] ¶りんごを1キロ買うには5ユーロあれば足りる. Cinque euro sono sufficienti per comprare un chilo di mele. ¶お金はいくらあっても足りない. Il denaro non basta mai. ¶数学の力が足りない. Sono debole in matematica. ¶君には経験が足りない. Hai una scarsa esperienza. ¶この店は人手が足りない. In questo negozio manca la manodopera. ¶この点はいくら強調しても足りない. Non si insisterà mai abbastanza su questo punto. ¶どんなにお礼を言っても言い足りません. Non ho parole per ringraziarla. / Non ho parole per ringraziarla. ¶衣食足りて礼節を知る.《諺》Senza cibi né vestiti l'uomo non ha tempo per le cortesie.
2《間に合う》¶彼では用が足りない. Non è in grado [all'altezza] di farcela. ¶これで用が足りる. Questo「è adatto al mio scopo [va bene]. / Questo fa al caso mio.
3《「足りない」の形で, 愚かな》¶あいつは頭が足りないんじゃないか. Non è un po' sciocco [deficiente] quello lì?
4《「…するに足りる」の形で, 価値がある》valere la pena di+不定詞, essere degno di ql.co.[+不定詞]¶取るに足りない stupidaggine ¶一読するに足りる本だ. È un libro che vale la pena di leggere. ¶彼の行為は称賛するに足りる. Il suo gesto è degno di ammirazione.

だりん 舵輪 ruota㊛ del timone ¶舵輪の柄(え) barra del timone

たる 樽 barile㊚, botte㊛ ¶ビヤだる barile di birra ¶たる詰めにする mettere ql.co. in un barile / imbarilare ql.co.

たる 足る ➡足りる

-たる ¶社長たる道 i doveri del presidente dell'azienda ¶教師たる者忍耐がなくてはならない. Tutti gli insegnanti dovrebbero avere pazienza.

だるい ¶足がだるい. Mi sento le gambe pesanti [fiacche]. ¶体がだるい. Mi sento debole [fiacco / languido]. ¶彼はだるそうに歩いている. Trascina i passi. / Cammina dinoccolato.

タルカムパウダー 〔英 talcum powder〕borotalco㊚ (▶商標)

たるき 垂る木《建》travicello㊚ obliquo del tetto, trave㊛ di colmo, puntone㊚;《アーチ型の》capriata㊛

タルタルステーキ 〔英 tartar steak〕carne㊛ alla tartara

タルタルソース 〔英 tartar sauce〕salsa㊛ tartara

タルト 〔仏 tarte〕torta㊛, crostata㊛

だるま 達磨 **1**《仏教》Dharma㊚;《起き上がりこぼし》misirizzi㊚[無変]**2**《だるまに形が似たもの》¶火だるまになる diventare una torcia umana ¶血だるまになって戦う combattere tutto insanguinato

◆**だるまストーブ** stufa㊛ panciuta

だるま船 chiatta㊛, barcone㊚, pontone㊚

たるみ 弛み **1**《物の》allentamento㊚ ¶幕の[綱の]たるみ allentamento del sipario [di una corda] ¶目の下にたるみができている. Ha le borse sotto gli occhi. **2**《心の》rilassamento㊚ ¶心のたるみが事故を起こした. La negligenza [-gli-] è stata la causa dell'incidente. ¶規律のたるみ rilassamento della disciplina **3**《相場の》periodo㊚ di ristagno [di inattività]

たるむ 弛む《綱などが》essere allentato;《心が》allentare l'attenzione ¶綱をたるませる allentare una corda ¶肌がたるむ avere la pelle cascante ¶気持ちがたるむ perdere l'ardore [l'entusiasmo / l'interesse] ¶たるんでるぞ. Sei troppo moscio!

ダルメシアン 〔英 Dalmatian〕《犬》cane㊚ dalmata㊚[複 -i]

たれ 垂れ **1**《衣服の》falda㊛
2《かけ汁》salsa㊛;《肉汁》intingolo㊚

だれ 誰《不特定の人》qualcuno;《どんな人も》chiunque;《打ち消しを伴って》nessuno;《疑問文で》chi ¶誰か来るだろう. Forse verrà qualcuno. ¶誰か他の人に聞いてください. Domandalo a qualcun altro [qualche altra persona]. ¶誰もいませんか. C'è nessuno? ¶誰でもいいから早く来てくれ. Non importa chi, ma che venga presto. ¶誰しも欠点はあるものだ. Ognuno ha i suoi difetti. / Nessuno è perfetto. ¶これは誰にも言うなよ. Questo non dirlo a nessuno. ¶そんなことは誰だって知っているよ. Questo lo sa chiunque. / Questo lo sanno tutti. ¶誰であろうとそんなことをしたやつは許せない. Chiunque sia stato a farlo, non posso perdonarlo. ¶誰ですか. Chi è? ¶このペンは誰のですか. Di chi è questa penna? ¶誰がやったんだ. Chi è stato? / Chi l'ha fatto? ¶誰をお訪ねですか. Chi desidera incontrare? ¶誰に問いたらいいでしょう. A chi posso rivolgermi [chiedere]? ¶友だちの誰に話したんだい. A quale amico hai parlato? ¶誰から聞いたの. Chi te l'ha detto?

だれかれ 誰彼 ¶あの男はだれかれなしに自分を売り込もうとする. Non importa con chi, cerca comunque di vendersi bene.

たれこみ たれ込み soffiata㊛, spiata㊛ ◇たれこむ fare una soffiata ¶警察にたれこむ fare la spia alla polizia ¶あのたれこみはやつの仕業に違いない. È stata sicuramente quella carogna a fare la soffiata.

たれこめる 垂れ込める ¶町に深い霧が垂れこめている. Un nebbione incombe sulla città. ¶雲が低く垂れ込めている. Nuvole basse coprono tutto il cielo.

たれさがる 垂れ下がる pendere⦿[av], ciondolare⦿[av] ¶柳の枝が地面すれすれに垂れ下がっていた. I rami del salice piangente sfioravano il terreno.

だれそれ 誰某 il sig. [《女性》la sig.ra / la sig.na] tal dei tali ¶誰それの話によると secondo una certa persona

たれながし 垂れ流し 1《失禁》〔医〕incontinenza⦿ ◇垂れ流しする farsi la pipì addosso, farsela addosso 2《排出》scarico⦿[複 -chi] ¶屎尿を川に垂れ流しする far defluire i liquami nel fiume ¶有毒物質の垂れ流しをする scaricare materiale tossico

たれまく 垂れ幕 《劇場の》sipario⦿[複 -i], tenda⦿; 《道路・建物の》striscione⦿ ¶大売り出しの垂れ幕 striscioni di una grossa vendita

ためめ 垂れ目 occhi⦿[複] pendenti ai lati

たれる 垂れる 1《垂れ下がる》ciondolare[av], pendere⦿[av], scendere⦿[es] ¶風がなくて旗が垂れている. Senza vento le bandiere sono flosce. ¶天井から裸電球が垂れている. Dal soffitto pende una nuda lampadina. ¶頭を垂れて chinare [abbassare] la testa ¶頭を垂れて聴く ascoltare a testa bassa ¶足をだらりと垂れて椅子に座る sedersi su una sedia con le gambe penzoloni [ciondoloni] ¶耳の垂れた犬 cane con le orecchie penzoloni ¶彼女の髪が肩に垂れていた. I capelli le ricadevano [scendevano] sulle spalle.

2《液体が滴る》gocciolare⦿[es, av], sgocciolare⦿[es, av]; 《落ちる》cadere⦿[es] ¶天井から水滴が垂れる. Dal soffitto cadono delle gocce d'acqua. ¶蛇口から一晩中水がぽたぽた垂れていた. L'acqua è gocciolata dal rubinetto [Il rubinetto ha gocciolato] la notte.

3《ほどこす》concedere [assegnare] ql.co. a qlcu. ¶範を垂れる dare un esempio a qlcu.

だれる 弛れる ¶話がだれてしまった. 《会話が》La conversazione ha finito per languire. /《講演が》Il discorso era sotto tono. ¶生徒が少しだれ気味だ. Gli studenti sono un po' svogliati [fiacchi]. ¶この映画は後半がだれる. La seconda parte di questo film è priva di mordente.

タレント〚英 talent〛《才能》talento⦿ ¶テレビタレント personaggio televisivo /《人気のある》stella [celebrità] televisiva

タロいも タロ芋《植》taro⦿

-だろう 1《推量》¶少し休めば元気になるだろう. Con un po' di riposo penso che [probabilmente] si riprenderà. ¶寒いだろうからオーバーを着て行く. Ho paura che faccia freddo, mi metto il cappotto. ¶向こうから来るのはエルネストだろうか. Che sia Ernesto quello che sta venendo da lì? ¶昨夜雨が降ったのだろうか, 道が濡れている. Stanotte deve essere piovuto, le strade sono bagnate. ¶さぞきれいだろう. Sarà bello! / Dovrebbe essere bello. ¶だれがそんな事を信じるだろうか. Non ci crederebbe nessuno.

2《仮定の帰結》¶一目でも会いたかっただろうに. Avrà certamente desiderato vederlo, anche solo per un momento! ¶もう少し冷静であっていたらあんな失敗はしなかっただろうに. Se fossi stato un po' più calmo, non avrei commesso una sciocchezza simile.

3《「…だろうが」の形で》¶雨だろうが雪だろうが, 僕は明日君に会いに行くつもりだ. Verrò lo stesso a trovarti domani, con la pioggia o con la neve! ¶北海道だろうが沖縄だろうが, どこにでも行く. Sono disposto ad andare ovunque, non importa se in Hokkaido o ad Okinawa.

4《感嘆文で》¶なんていい天気だろう. Che giornata stupenda! ¶もしそうなっていたらどんないいだろう. Pensa che bellezza se fosse andata così!

5《念を押して》¶君, 日本に行くんだろう. Devi andare in Giappone, no? ¶この本は君のだろう. Non è tuo questo libro?

タワー〚英 tower〛torre⦿ ¶東京タワー la Torre di Tokyo ¶コントロールタワー torre di controllo

✤**タワークレーン** gru⦿[無変] a torre

たわいない たわい無い 1《てごたえがない》そのけんかはたわいない勝負がついた. Quella lite si è risolta in un batter d'occhio. 2《とるに足りない》¶なんたわいないことで大さわぎするな. Non agitarti per queste bazzecole! ¶たわいない話をする dire cose infantili [senza senso] / parlare a vanvera 3《正体がない》¶たわいなく眠りこけている. Dorme un sonno di piombo.

たわごと 戯言《とるに足りぬこと》inezia⦿, bagatella⦿, bazzeccola⦿;《話の脱線》divagazione⦿ ¶たわごとを言う《筋の通らないことを》sragionare⦿[av] /《脱線する》divagare⦿[av] /《出まかせをしゃべる》parlare⦿ a vanvera [a sproposito / a casaccio] /《ばかなことを》dire sciocchezze ¶みんなたわごとさ. Tutte storie!

たわし 束子《食器用》spazzola⦿ dura;《床用》spazzolone⦿, bruschino⦿;《金(な)だわし》paglietta⦿, lana⦿ d'acciaio

たわむ 撓む piegarsi, curvarsi ¶たわみやすい flessibile ¶彼がぶら下がると鉄棒がたわむ. Quando vi si appende, la sbarra si flette. ¶雪の重みで枝がたわんでいた. I rami si curvavano sotto il peso della neve.

たわむれ 戯れ gioco⦿[複 -chi], divertimento⦿;《冗談》facezia⦿, scherzo⦿ ¶男女の戯れ〚英 flirt〛[無変] / amoreggiamento⦿ ¶運命の戯れ capricci della fortuna ¶戯れの恋 amore passeggero ¶戯れに per scherzo [burla] /《気晴らしに》per divertimento [diletto]

たわむれる 戯れる《遊ぶ》divertirsi;《ふざける》scherzare⦿[av];《軽口をたたく》celiare⦿[av];《異性》flirtare⦿[av] [amoreggiare⦿[av]] con qlcu. ¶子供と戯れる giocare con i bambini ¶蝶が花と戯れる. Una farfalla svolazza tra i fiori.

たわめる 撓める piegare, curvare ¶枝をたわめる piegare un ramo

たわら 俵 sacco⦿[複 -chi] di paglia

たわわ 撓 ¶枝もたわわにみかんがなっている. I rami si piegano sotto il peso dei mandarini.

たん 反 **1**《面積の単位》*tan*働[無変]; unità働 di superficie pari a ca. 991,7m² **2**《布の長さの単位》*tan*働; unità働 di misura usata per le stoffe pari a ca. 10m di lunghezza (◆ normalmente di 34cm di altezza e sufficente per confezionare un *kimono* per adulti)

たん 短 《音》minore ¶短3[6]度 terza [sesta] minore ¶短音階 scala minore ¶短音程 intervallo minore

たん 痰 sputo働 (►「つば」の意味もある);《医》muco働[複 -*chi*], catarro働 ¶たんを吐く sputare働[*av*] / espettorare働[*av*] ¶たんが絡む avere del muco [catarro] in gola ¶この薬を飲むとたんが切れる. Con questa medicina si elimina il muco.
✤たん壺 sputacchiera働

たん 端 origine働; inizio働[複 -*i*] ¶端を開く aprire la strada (の a) ¶…に端を発する avere [prendere] origine da *ql.co.* ¶…に端を発する originarsi [nascere] da *ql.co.*

タン 《英 tongue》《料》lingua働
✤タンシチュー lingua働 di bue stufata

だん 団 gruppo働;(悪人の) banda働 ¶調査団 commissione d'inchiesta ¶教師団 corpo docente ¶サッカー選手団 squadra di calcio ¶イタリア代表団 delegazione italiana

だん 段 **1**《階段などの》gradino働, scalino働;(はしごの)piolo働 ¶段を上る[下りる] salire [scendere] le scale ¶段を踏み外す mettere un piede in fallo ¶4段 essere fatto a gradini ¶250段の石段 scala di pietra di 250 scalini ¶上[下]から2つ目の段 il secondo gradino dall'alto [dal basso] ¶階段を2段ずつ上がる salire le scale a due gradini per volta **2**《上下に区切られた》¶押し入れの下の段 il ripiano più basso dell'armadio ¶二段ベッド letto a castello ¶三段重ねの重箱 scatola a tre scomparti ¶ロケットの三段目 il terzo stadio di un missile ¶百科事典は本棚の2段目にあります. L'enciclopedia è nel secondo piano dello scaffale. **3**《段落》paragrafo働, capoverso働;(新聞などの) colonna働 ¶3段抜きの見出し titoli su tre colonne ¶2段組の本 libro stampato su due colonne **4**《武道や芸事の等級》*dan*働[無変]; grado働 ¶ゴルフでは彼のほうが私よりいちだん上だ. A golf lui è più bravo di me. ¶彼は柔道3段だ. Ha il terzo *dan* di *judo*. **5**《場面, 局面》fase働 ¶いざ…する段になると quando+直説法 / nel caso in cui+接続法 / qualora+接続法 / se+直説法[接続法] **6**《こと, 点》¶失礼の段お許しください. La prego di perdonarmi per la mia mancanza.
✤段カット taglio scalato [sfumato]

だん 断 decisione働 ¶…を下す decidere働,働[*av*] / risolvere *ql.co.* ¶最後の断を下す prendere la decisione finale

だん 暖 calore働 ¶火に当たって[ストーブで]暖をとる scaldarsi al fuoco [vicino alla stufa]

だん 談 racconto働, discorso働 ¶大統領の車中談 discorso informale tenuto dal presidente da una carrozza ferroviaria ¶成功談 racconto dell'ascesa al successo (di *ql.co.*)

だん 壇 palco働[複 -*chi*], podio働[複 -*i*];(踏み台, 足置き)predella働, pedana働;(教壇)cattedra働;(演 壇)tribuna働;(教会の)pulpito働 ¶壇に登る salire sul podio ¶壇から降りる scendere dal podio

だんあつ 弾圧 oppressione働; soffocamento働, repressione働 ◇弾圧する opprimere [reprimere / soffocare] *ql.co.* ◇弾圧的 repressivo ¶国民を弾圧する opprimere un popolo ¶反乱を弾圧する reprimere un'insurrezione ¶自由思想を弾圧する soffocare [reprimere] le idee liberali ¶ストライキは弾圧された. Lo sciopero è stato soffocato.
✤弾圧政策 politica働 repressiva

たんい 単位 **1**《数量をはかる基準》unità働 ¶長さの単位 unità di lunghezza ¶貨幣単位 unità monetaria ¶国際単位 unità di misura internazionale ¶ MKSA単位(制)sistema di misura metro-kilogrammomassa-secondo-ampere **2**《基本的まとまり》¶「単位: 億円」(表などで)in 100 milioni di yen ¶10[100 / 1000]を単位として in decine [centinaia / migliaia] ¶1週間[1か月 / 1年]単位で settimanalmente [mensilmente / annualmente] ¶単位面積当たりの収穫量 resa unitaria ¶秒単位で測定する misurare *ql.co.* in secondi ¶億単位の金が動く. Girano somme che si contano in miliardi di yen. ¶社会の基本的な単位は個人であり, 家庭である. Le unità fondamentali della società sono l'individuo e la famiglia. **3**《大学などの一定の学習量》credito働, unità働 (◆イタリアの高校では単位制をとっていない. 大学では卒業に必要な単位数と試験の数が定められている) ¶必修単位 crediti richiesti ¶英語の単位を落とした. Non sono riuscito a passare il corso di inglese. / Sono stato bocciato in inglese.

だんい 段位 grado働, livello働

たんいせいしょく 単為生殖 《生》partenogenesi働[無変] ◇単為生殖の partenogenetico働[複 -*ci*]

たんいち 単一 torcia働[複 -*ce*] →電池 関連

たんいつ 単一 ◇単一の solo, unico働[複 -*ci*];(簡単な)semplice;(純粋な)puro
✤単一化 unificazione働; semplificazione働
単一為替レート 《経》tasso di cambio unico
単一組合 sindacato働 indipendente
単一国家 Stato unitario[複 -*i*]
単一性 unicità働; semplicità働

だんいん 団員 membro働

たんおん 単音 (語の最小単位の音)suono働 singolo;(音楽で)tono働 uniforme [(純音)senza modulazioni]
✤単音ハーモニカ armonica働 non cromatica

たんおん 短音 suono働 breve

たんおんかい 短音階 《音》scala働 minore ¶自然的[旋律的 / 和声的]短音階 scala minore naturale [melodica / armonica]

たんか 担架 barella働;(ふつう車輪つきの)lettiga働, portantina働

たんか 炭化 《化》(炭素に変化する)carbonizzazione働,(炭素結合する)carburazione働 ◇炭化する essere carbonizzato, carbonizzarsi; carbu-

rare ◇炭化させる carbonizzare; carburare
✤炭化水素 idrocarburo男
炭化物 carburo男
たんか 単価 prezzo男 unitario [複 -i] ¶単価1000円で a 1.000 yen l'uno
たんか 啖呵 parole女[複] caustiche [mordaci / pungenti] ¶たんかを切る sbottare / esplodere /《俗》incazzarsi
たんか 短歌 tanka男[無変]《◆poesia giapponese di 31 sillabe in 5 versi di 5-7-5-7-7》
だんか 檀家 famiglia laica aderente a un tempio buddista a cui porta offerte regolarmente
タンカー[英 tanker] nave女 cisterna;《原油運搬用》petroliera女 ¶大型タンカー petroliera di grosso tonnellaggio ¶マンモスタンカー super-petroliera
だんかい 団塊 massa女, ammasso男 ¶団塊の世代 generazione nata durante il periodo di boom delle nascite
だんかい 段階 **1**《等級》grado男, livello男 ¶講座を3段階に分ける dividere un corso in tre (livelli)
2《過程の一時期》fase女, stadio男[複 -i], gradino男, tappa女 ¶準備段階 fase di preparazione ¶新しい段階に入る entrare in una nuova fase ¶第一段階で nella prima tappa ¶現段階では nell'attuale fase ¶段階を追って per gradi [stadi] / a gradi / gradualmente / progressivamente ¶交渉は最終段階に入った。I negoziati sono entrati nella fase conclusiva.
だんがい 断崖 precipizio男[複 -i], scarpata女 scoscesa
✤断崖絶壁 falesia女, scogliera女 a picco [a strapiombo]
だんがい 弾劾 accusa女;《法》imputazione女, incriminazione女 ◇弾劾する accusare qlcu.《で di》, mettere qlcu. sotto accusa [in stato di accusa];《法》imputare qlcu., incriminare qlcu.《で di》 ¶その裁判官は背任罪で弾劾された. Quel giudice è stato accusato di abuso di posizione.
✤弾劾演説 discorso男 di accusa contro qlcu.
弾劾裁判 processo男 incriminatore
弾劾裁判所 tribunale男 per l'incriminazione
たんかだいがく 単科大学 istituto男 universitario [複 -i]
たんかっしょく 淡褐色 ◇淡褐色の di color marrone chiaro
たんがん 単眼《動》ocello男
✤単眼鏡 monocolo男
単眼症《医》ciclopia女
たんがん 嘆願 supplica女, istanza女, sollecito男, petizione女 ◇嘆願する supplicare ql.co. [qlcu.] di +不定詞, chiedere con insistenza ql.co. a qlcu.; fare una petizione; sollecitare ql.co., fare appello [appellarsi] a qlcu. ¶彼は減刑を嘆願した. Ha presentato una supplica per la riduzione della pena. ¶市民は市当局に減税を嘆願した。I cittadini hanno sollecitato l'autorità municipale a ridurre le tasse.
✤嘆願者 postulante男女, richiedente男女, supplicante男女

嘆願書 petizione女, richiesta女
だんがん 弾丸 proiettile男;《弾薬》munizioni女[複] ¶銃に弾丸を込める caricare un fucile ¶弾丸を込めてある銃 fucile carico [col colpo in canna]
たんき 短気《辛抱できないこと》impazienza女;《怒りっぽさ》irascibilità女, irritabilità女 ◇短気な impaziente; scorbutico[複 -ci], irascibile, irritabile ¶短気を起こす perdere la pazienza / uscire dai gangheri / montare in collera ¶短気は損気.《諺》"L'ira è una cattiva consigliera."
たんき 短期 ◇短期の a breve termine [scadenza], di breve durata
✤短期貸付[契約 / 国債 / 手形]prestito [contratto] 男 / titoli男[複] di Stato / cambiale女]a breve scadenza
短期金利[資金 / 収益 / 取引]tasso男 di interesse [fondi男[複] / guadagni男[複] / transazioni女[複]] a breve termine
短期大学 università女 breve
だんき 暖気 calore男; aria女 calda
だんぎ 談義 **1**《説教》sermone男 **2**《議論》¶政治談義に花を咲かせる avere un'animata discussione sulla [di] politica ¶下手(へた)の長談義.《諺》"Pessimi oratori, lunghi discorsi."
たんきかん 短期間 breve tempo男 ◇短期間で in breve tempo
たんきとうひょう 単記投票 scrutinio男[複 -i][voto男]uninominale
たんきゅう 探求 ◇探求する andare in cerca di ql.co. ¶平和への道を探求する ricercare una via per la pace
たんきゅう 探究 ricerca女, studio男[複 -i];《調査》indagine女, investigazione女 ◇探究する ricercare ql.co., fare ricerche su ql.co.; investigare [indagare] ql.co. ¶真理の探究 ricerca della verità ¶探究を深める approfondire una ricerca
✤探究者 ricercatore男[女 -trice]
探究心 ¶彼は探究心に富んでいる。Ha un grande spirito di ricerca.
だんきゅう 段丘《地》terrazza女, ripiano男
たんきょり 短距離 breve distanza女
✤短距離競走 breve corsa女, scatto男;[英] sprint男[無変]
短距離選手[走者]scattista男女[複 -i],[英] sprinter [spríntər]男女[無変]; velocista男女[複 -i]
短距離弾道ミサイル missile男 balistico[複 -ci] a corta portata
タンク[英 tank] **1**《貯蔵用の》serbatoio男;《液体用の》cisterna女 ¶ガスタンク gassometro / gasometro男 ¶ガソリンタンク serbatoio della benzina ¶給水タンク serbatoio di rifornimento **2**《戦車》carro男 armato
✤タンク車《鉄道》vagone男 cisterna[無変], carrocisterna女
タンクトップ《服》canottiera女
タンクローリー autobotte女, autocisterna女
ダンクシュート《スポ》schiacciata女
タングステン[英 tungsten] tungsteno男, wolframio男, volframio男;《元素記号》W

だんけい 男系 linea⼥ (genealogica) maschile ◇男系の da parte del padre

だんけつ 団結 unione⼥, solidarietà⼥ ◇団結する 《のために》per, 《に抗して》contro》 ¶団結を強める consolidare [rafforzare] l'unione ¶団結を維持する mantenere l'unità [la coesione] / rimanere uniti ¶アフリカを探検する unirsi [fare blocco] contro *ql.co.* [*qlcu.*] ¶団結は力なり. "L'unione fa la forza."

❖**団結権** 《労働者の》diritto⽥ di organizzazione sindacale

団結心 spirito⽥ di corpo

団結力 forza⼥ dell'unione

たんけん 探検・探険 esplorazione⼥, spedizione⼥ ◇探検する esplorare ¶アフリカを探検する esplorare l'Africa ¶北極探検に挑む affrontare una spedizione al Polo Nord

❖**探検家** esplora*tore*⽥ [⼥ -*trice*]

探検隊 gruppo⽥ [squadra⼥] di esploratori

探検旅行 via*ggio*⽥ [複 -*gi*] di esplorazione, spedizione⼥

たんけん 短剣 spada⼥ corta; 《両刃の懐剣》pugnale⽥; 《細身の》stiletto⽥; 《両刃の幅の広い》daga⼥; 《片刃の》coltello⽥ ¶〈人〉を短剣で刺す dare una pugnalata a *qlcu.* / pugnalare *qlcu.*

たんげん 単元 ¶教科の5単元を終える completare le 5 parti di un corso di studio

だんげん 断言 asserzione⼥, affermazione⼥ ◇断言する affermare [asserire / assicurare] a *qlcu.* che+直説法 ¶断言してはばからない affermare senza esitazione che+直説法 ¶断言はできないが… Non posso affermarlo [garantirlo] con sicurezza, ma... ¶彼女は君に会ったと断言している. Ha assicurato di averti incontrato. ¶君はどうして彼が犯人だと断言できるのか. Come fai a dire「con tanta sicurezza [così categoricamente] che lui è il colpevole?

たんご 単五 minimicro⽥ →電池[関連]

たんご 単語 parola⼥, vocabolo⽥ ¶基本単語 parola [vocabolo / termine] essenziale ¶この単語はどういう意味か. Che「vuol dire [significa] questa parola? ¶私はイタリア語の単語をあまり知らない. Ho un ristretto vocabolario d'italiano.

❖**単語カード** schede⼥ [複] di vocaboli

単語集 gloss*ario*⽥ [複 -*i*]

単語帳 elenco⽥ [複 -*chi*] di vocaboli

たんご 端午 ¶端午の節句 Festa dei bambini (◆ 5 maggio)

タンゴ [英 tango] tango⽥ [複 -*ghi*] ¶アルゼンチンタンゴ tango argentino ¶タンゴを踊る ballare il tango

だんこ 断固 ◇断固たる risoluto, fermo ◇断固として risolutamente, fermamente, decisamente, categoricamente ¶断固たる決意を示す mostrare una decisione risoluta ¶不法入国者に対して断固たる措置をとる prendere [adottare] provvedimenti energici [fermi] contro i clandestini ¶断固たる態度をとる adottare un atteggiamento risoluto [fermo] 《に対して》verso, nei riguardi di》 ¶断固反対する opporsi risolutamente a *qlcu.* [*ql.co.*] ¶断固として〈人〉の要求を拒否する rifiutare [respingere] categoricamente [decisamente] la richiesta di *qlcu.*

だんご 団子 polpette⼥ [複] di farina di riso cotte al vapore

❖**団子鼻** naso⽥ a patata

たんこう 炭坑 miniera⼥ di carbone fossile; 《坑道》galleria⼥ [cunicolo⽥] di miniera, pozzo⽥

❖**炭鉱夫** minatore⽥ di carbone

たんこう 探鉱 prospezione⼥, ricerca⼥

だんこう 団交 →団体交渉

だんこう 断交 rottura⼥ delle relazioni (diplomatiche) ◇断交する rompere le relazioni diplomatiche 《と con》 ¶経済断交 interruzione⼥ delle relazioni economiche

だんこう 断行 ◇断行する eseguire [attuare / compiere] con decisione [risolutezza] *ql.co.*

だんごう 談合 《相談》consultazioni⼥ [複]; 《談合請負》collusione⼥ (in un'asta), accordo⽥ collusivo per fissare un prezzo ¶三社は談合して値段を上げた. Le tre ditte hanno agito in collusione per alzare il prezzo.

談合入札 offerte⼥ [複] collusive (in un'asta)

たんこうしき 単項式 《数》monom*io*⽥ [複 -*i*]

たんこうしょく 単光色 《物》luce⼥ monocromatica

たんこうしょく 淡紅色 ◇淡紅色の (di colore) rosa [無変], di color salmone

たんこうしょく 淡黄色 ◇淡黄色の (di colore) giallo limone [無変]

たんこうぼん 単行本 ¶単行本にして出版する pubblicare *ql.co.* in volume (unico)

たんこうるい 単孔類 《動》monotremi⼥ [複]

たんこぶ ¶ドアにぶつかって額にたんこぶができた. Ho sbattuto contro la porta e mi è spuntato un bernoccolo sulla fronte. ¶姑は彼女の目の上のたんこぶだった. La suocera per lei era una croce al collo.

だんこん 男根 membro⽥ virile, fallo⽥, pene⽥; 《卑》cazzo⽥

❖**男根崇拝** culto⽥ fallico [複 -*ci*]

だんこん 弾痕 segno⽥ di [lasciato⽥ da] un proiettile; 《大砲の》segno⽥ di cannonata

たんさ 探査 indagine⼥, investigazione⼥ ◇探査する investigare, indagare ¶月面を探査する sondare la superficie lunare ¶宇宙 [月面] 探査機 sonda spaziale [lunare]

たんざ 単座 ◇単座の monoposto [無変] ¶単座式飛行機 aereo monoposto

だんさ 段差 《段位の》differenza⼥ di grado [di rango]; 《道路などの》dislivello⽥ stradale

ダンサー [英 dancer] balleri*no*⽥ [⼥ -*a*], dan*zatore*⽥ [⼥ -*trice*]; 《ナイトクラブの》 [仏] entraîneuse⼥ [無変]

たんさい 淡彩 colore⽥ tenue

❖**淡彩画** quadro⽥ dai colori tenui

だんさい 断裁 ◇断裁する tagliare *ql.co.* con una taglierina

❖**断裁機** taglierina⼥, trancia⼥ [複 -*ce*]

だんざい 断罪 《裁き》condanna⼥; 《斬首刑》decapitazione⼥ ◇断罪する condannare *qlcu.*

たんさいが 単彩画 monocromia⼥

たんさいぼう 単細胞 1《生》◇単細胞の uni-

cellulare 2 《考え方が単純な》 ¶単細胞の考え方 modo di pensare troppo semplice ¶あいつは単細胞だ. È un sempliciotto.
❖単細胞生物 organismi⑲[複] unicellulari, protisti⑲[複]
単細胞動物[植物] animale⑲[vegetale⑲] unicellulare

たんさく 単作 《一毛作》un raccolto⑲ annuo; 《1種類の作物だけの》monocoltura⑤
❖単作地帯 zona⑤ dove si fa un raccolto annuo; zona⑤ dove si pratica la monocoltura

たんさく 探索 ricerca⑤, indagine⑤; 《捜査》investigazione⑤ ◇探索する cercare ql.co. [qlcu.] ¶犯人の足どりを探索する seguire le tracce di un criminale

たんざく 短冊 striscia⑤[複-sce] di carta su cui scrivere versi di haiku o tanka
❖短冊形 ¶短冊(形)に切る tagliare ql.co. a strisce [《料》a listarelle]

たんさん 炭酸 《化》acido⑲ carbonico
❖炭酸飲料 bevanda⑤「con gas[gassata]
炭酸塩[エステル]《化》carbonato⑲
炭酸ガス《化》gas⑲ di acido carbonico[複 -ci] [di biossido di carbonio]
炭酸カルシウム《化》carbonato⑲ di calcio
炭酸水《飲料水》acqua⑤ gassata
炭酸ソーダ carbonato⑲ di sodio
炭酸同化作用《生》《光合成》fotosintesi⑤[無変]

たんさん 単三 stilo⑲ →電池 関連

たんさん 単産 《「産業別単一労働組合」の略》federazione⑤ dei sindacati dell'industria

たんし 単子 《哲》monade⑤
❖単子論 monadismo⑲

たんし 短資 mutuo⑲ a breve scadenza, denaro⑲ a breve; prestito bancario[複 -i] rimborsabile a vista
❖短資市場 mercato⑲ per l'apertura dei crediti esigibili

たんし 端子 《電》terminale⑲

だんし 男子 《青少年》giovane⑲; ragazzo⑲; 《男性》maschio⑲[複 -schi], uomo⑲[複 uomini] ◇男子の maschile; 《男性用の》da uomo, per uomini ¶「男子用」《掲示》"Uomini", "Signori" ¶男子の一言金鉄(ﾖﾝ)の如し.《諺》Un (vero) uomo ha una parola sola!
❖男子校 scuola⑤ maschile
男子寮 dormitorio⑲[複 -i] maschile

だんじ 男児 《男の子》ragazzino⑲, bambino⑲;《男》uomo⑲[複 uomini]

タンジェント 《英 tangent》《幾何》tangente⑤;《記号》tan ◇タンジェントの tangenziale

たんじかん 短時間 ¶短時間で in poco[breve] tempo

だんじき 断食 digiuno⑲ ◇断食する digiunare⓼[av], fare digiuno; 《カト》osservare il digiuno ◇断食している essere a digiuno ¶断食をやめる rompere il digiuno
❖断食日 giorno⑲ di digiuno
断食療法 dieta⑤ ferrea[rigorosa], digiuno⑲

たんしきぼき 単式簿記 contabilità⑤ in partita semplice

たんしきんるい 担子菌類 《生》basidiomiceti ⑲[複]

だんじこむ 談じ込む andare da qlcu. per protestare per ql.co.

たんじじつ 短時日 ¶短時日のうちに in pochi giorni

たんじつしょくぶつ 短日植物 pianta⑤ brevidiurna

だんじて 断じて 1 《断固として》ad ogni costo, assolutamente 2 《否定の語を伴って、決して》mai (e poi mai), neanche per idea, neppure per sogno ¶断じて譲歩してはならない. Non bisogna fargli assolutamente alcuna concessione. ¶断じて許さない. Non lo perdonerò mai!

たんしゃ 単車 motocicletta⑤, moto[無変]; 《50cc以下の》motorino⑲

だんしゃく 男爵 《爵位》baronia⑤; 《人》barone⑲ ◇男爵の baronale, baronesco⑲[複 -schi] →貴族 関連
❖男爵夫人 baronessa⑤

だんしゅ 断酒 astensione⑤ dall'alcol

だんしゅ 断種 sterilizzazione⑤, evirazione⑤; 《動物の》castrazione⑤ ◇断種するsterilizzare, evirare, rendere sterile《sterileは目的語の性・数に合わせて語尾変化する》; 《動物の》castrare
❖断種手術 ¶断種手術を受ける subire un'operazione di sterilizzazione

たんじゅう 胆汁 《医》bile⑤, fiele⑲
❖胆汁酸《化》acido⑲ biliare
胆汁質 ◇胆汁質の dal temperamento stizzoso [collerico]

たんじゅう 短銃 pistola⑤, rivoltella⑤

だんしゅう 男囚 recluso⑲, carcerato⑲, detenuto⑲

たんしゅく 短縮 accorciamento⑲, 《縮小》diminuzione⑤; 《時間・距離の》riduzione⑤; 《要約、省略》abbreviazione⑤ ◇短縮する accorciare ql.co.; diminuire ql.co.; ridurre ql.co.; abbreviare ql.co. ¶労働時間の短縮を実施する[要求する] attuare [chiedere] la riduzione delle ore lavorative ¶各授業時間を5分短縮する ridurre di cinque minuti ogni ora di lezione
❖短縮形《文法》contrazione⑤, forma⑤ contratta
短縮授業 lezioni⑤[複] ridotte
短縮ダイヤル selezione⑤ telefonica semplificata

たんじゅん 単純 1 《まじりけがない》¶単純な色彩 colore puro 2 《込み入っていない》◇単純な semplice; ingenuo; 《浅薄な》superficiale, poco riflessivo; 《短絡的》semplicistico⑲[複 -ci] ¶単純な問題 problema elementare ¶単純な議論 argomentazione semplicistica ¶単純な人 persona ingenua / sempliciotto⑲[⑤ -a] / semplicione⑲[⑤ -a] ¶単純な考えで senza riflettere[ponderare]
❖単純化 semplificazione⑤ ◇単純化する《他のものを》semplificare ql.co.; 《自らが》semplificarsi
単純過半数 maggioranza⑤ semplice
単純語《言》parola⑤ semplice
単純再生産 riproduzione⑤ semplice
単純時制《文法》tempo⑲ semplice
単純泉 terme⑤ a basso contenuto di minerali
単純平均《数》media⑤ aritmetica
単純労働 lavoro⑲ non qualificato

たんしょ 短所 《欠点》difetto[男]; 《弱点》lato[男] [punto[男]] debole ¶短所を改める［認める］ correggere [riconoscere] i *propri* difetti ¶短気が彼の短所だ. Il suo difetto è di essere irascibile.

たんしょ 端緒 inizi*o*[男] [複 *-i*], princip*io*[男] [複 *-i*], punto[男] di partenza; origine[女] ◇…の端緒となる dare luogo a *ql.co.*, dare origine a *ql.co.* ¶指紋の発見が犯人逮捕の端緒となった. La scoperta di impronte digitali condusse all'arresto del colpevole. ¶それが両国紛争の端緒となった. Questo accese la miccia della disputa fra i due paesi.

だんじょ 男女 uomo[男] [複 *uomini*] e donna[女], ambedue i sessi[男] [複]; 《一組の》coppia[女] ¶このクラスは男女合わせて20名だ. In questa classe tra maschi e femmine ci sono 20 alunni. ¶老若男女を問わず senza distinzione di età e di sesso ¶公園で何組かの男女が散歩していた. Nel parco passeggiavano alcune coppie.

✤**男女関係** relazione[女] tra i (due) sessi, relazione[女] fra uomo e donna

男女共学 istruzione[女] in una scuola mista ¶男女共学の学校 scuola mista

男女雇用機会均等法 legge[女] sulle pari opportunità

男女差別 discriminazione[女] dei sessi

男女同権［平等］ uguaglianza[女] dei sessi

男女同権主義 ideale[男] di uguaglianza tra i sessi

男女同権主義者 attivist*a*[男][女] [男複 *-i*] per l'uguaglianza tra i sessi

たんしょう 探勝 ◇探勝する visitare「dei bei luoghi [dei posti panoramici] ¶春の尾瀬探勝にでかけた. Abbiamo fatto un giro per scoprire la bellezza di Oze in primavera.

たんしょう 短小 ◇短小な corto e piccolo

たんじょう 誕生 **1**《出生》nascita[女]; 〚キリ〛 natività[女] (►特にキリストの降誕, 聖母マリア, 洗礼者ヨハネの誕生に使う語) ◇誕生する nascere[自] [*es*], venire al mondo [alla luce / alla vita], aprire gli occhi alla luce ¶誕生の地 paese nativo [natale] ¶彼らは長男の誕生を祝った. Hanno celebrato la nascita del loro primo figlio (maschio).

2《新しく作られること》 ¶この地方が有田焼誕生の地です. Questa è la regione d'origine della porcellana di Arita.

✤**誕生祝い** ¶〈人〉の誕生祝いに時計を贈る regalare un orologio per il compleanno di *qlcu.* ¶誕生祝いの贈り物 regalo di compleanno ¶誕生祝いを言う far gli auguri di buon compleanno

誕生石 pietra[女] zodiacale ⇒宝石 [関連]

誕生日 compleanno[男], giorno[男] natalizio; 《天皇・国王など》genetli*aco*[男] [複 *-ci*]; 《出生年月日》 data[女] di nascita ¶誕生日を祝う festeggiare il compleanno di *qlcu.* ¶誕生日はいつ. Quand'è il tuo compleanno? ¶私の誕生日は7月27日です. Il mio compleanno è il 27 luglio. ¶今日は彼の20歳の誕生日だ. Oggi compie 20 anni. ¶誕生日おめでとう. Buon compleanno! / Tanti auguri per il tuo compleanno! / 《書く場合》 Auguri di buon compleanno.

だんしょう 男娼 prostituto[男]; 《女装の》《南伊》femminiello[女]

だんしょう 断章 brani[男] [複] frammentari

だんしょう 談笑 ◇談笑する chiacchierare[自] [*av*] amichevolmente ¶談笑裏(り)に会談は終わった. L'incontro è finito in un'amichevole chiacchierata.

だんじょう 壇上 ¶来賓は壇上に並んでいた. Gli ospiti erano in fila sul palco.

たんしようしょくぶつ 単子葉植物 monocotiledoni[女] [複]

たんしょく 単色 ◇単色の monocromo, monocromo, unicolore; 《絵・光が》monocromati*co* [男複 *-ci*]

✤**単色画** pittura[女] monocromatica [monocroma]

たんしょく 淡色 colore[男] chiaro

だんしょく 男色 omosessualità[女] maschile, sodomia[女]

✤**男色家** sodomit*a*[男] [複 *-i*], omosessuale[男]

だんしょく 暖色 colore[男] caldo

だんじる 談じる **1**《話す》¶国際情勢を談じる parlare [discutere] della situazione internazionale **2**《談判する》trattare [prendere accordi] con *qlcu.*

たんしん 単身 ◇単身の solo; 《未婚の》non sposato, 《男性が》celibe, 《女性が》nubile ◇単身で da solo ¶単身で旅行する viaggiare da sol*o*

✤**単身赴任** ◇単身赴任する essere dislocat*o* a un'altra sede di lavoro senza la famiglia ¶彼は家族を日本に残してイタリアに単身赴任した. Si è trasferito per lavoro in Italia lasciando la famiglia in Giappone.

たんしん 短信 breve nota[女]; breve lettera[女]; 《記事》breve notizia[女] [informazione[女]]

たんしん 短針 lancetta[女] piccola [delle ore]

たんじん 炭塵 polvere[女] di carbone

たんす 簞笥 cassettone[男], comò[男]; 《洋だんす》 armad*io*[男] [複 *-i*], guardaroba[男] [無変]

ダンス 〔英 dance〕 danza[女]; ballo[男] ¶ダンスをする danzare [ballare] con *qlcu.* ¶クラシックダンス danza classica ¶社交ダンス ballo in sale pubbliche ¶スクエアダンス danza in quattro coppie ¶タップダンス tip tap[男] ¶トーダンス ballo [danza] sulle punte ¶フォークダンス danza folcloristica / ballo folcloristico

✤**ダンスパーティー** festa[女] [trattenimento[男]] danzante, festa[女] da ballo

ダンスフロア pista[女] da ballo

ダンスホール〔英〕dancing [dénsin(g)] [男] [無変]; sala[女] da ballo

ダンスミュージック musica[女]「da ballo [ballabile]

たんすい 淡水 acqua[女] dolce

✤**淡水魚**〚魚〛pesce[男] d'acqua dolce

淡水湖 lag*o*[男] [複 *-ghi*] (d'acqua dolce)

だんすい 断水 ¶断水している. Hanno tolto l'acqua. ¶午後10時から断水する. Dalle 22 ci sarà un'interruzione dell'erogazione idrica.

たんすいかぶつ 炭水化物 〚化〛carboidrato[男]

たんすいしゃ 炭水車 〚鉄道〛〔英〕tender[男] [無変]

たんすう 単数 〚文法〛singolare[男] ◇単数の singolare ¶一［二／三］人称単数 prima [secon-

た

たんせい　[数形] forma⊛ singolare ¶名詞を単数形にする mettere un nome al singolare
たんせい　丹精《努力》sforzi⊛[複];《苦心》pena⊛, premura⊛, cura⊛ ◇丹精こめて con grandi sforzi, con grande impegno [premura] ¶丹精の甲斐あってきれいなバラがたくさん咲いた. Grazie alle sue premure sono sbocciate tante bellissime rose.
たんせい　単性《生》unisessualità⊛
✤**単性花**《植》fiore⊛ unisessuale [unisessuato]
単性生殖《生》partenogenesi⊛[無変]
たんせい　嘆声 sospiro⊛ ¶嘆声をもらす mandare [emettere] un sospiro ¶景色の美しさに嘆声を上げる sospirare di fronte alla bellezza di un paesaggio
たんせい　端正 ◇端正な《顔立ちが》regolare, ben fatto;《態度・服装が》distinto, signorile ¶端正な服装 vestiti [abiti] dignitosi ¶端正な顔立ちをしている avere lineamenti regolari
だんせい　男声 voce⊛ maschile
✤**男声合唱** coro⊛ maschile
だんせい　男性 **1**《男の人》uomo⊛[複 uomini], maschio⊛[複 -schi];《性として》il sesso⊛ maschile, il sesso⊛ forte; gli uomini⊛[複] ◇男性の《男性的な》maschile, virile, maschio ¶男性的な行動 comportamento virile ¶男性的な顔 viso maschio / espressione virile ¶男性的な仕事 mestiere maschile ¶男性的な態度 maniere maschie ¶男性的な女 donna mascolina
2《文法》maschile⊛, genere⊛ maschile
男性化 mascolinizzazione⊛
男性形《文法》il maschile⊛
男性美 bellezza⊛ maschile [virile]
男性ホルモン ormoni⊛[複] maschili
男性名詞 sostantivo⊛[nome⊛] maschile
男性優位 maschilismo⊛
男性優位主義者 maschilista⊛⊛[複複 -i]
だんせい　弾性 elasticità⊛ ◇弾性の elastico[⊛複 -ci]
✤**弾性エネルギー** lavoro⊛ di deformazione
弾性係数《率》modulo⊛ elastico
弾性限度《界》limite⊛ elastico
弾性ゴム caucciù⊛[無変], gomma⊛ elastica
弾性衝突 urto⊛ elastico
弾性振動 vibrazione⊛ [oscillazione⊛] elastica
弾性繊維 fibra⊛ elastica
弾性体 corpo⊛ elastico
たんせき　胆石《医》calcolo⊛ biliare
✤**胆石症** colelitiasi⊛[無変], calcolosi⊛[無変] biliare
だんぜつ　断絶 interruzione⊛, rottura⊛, discontinuità⊛ ◇**断絶する**《絶ち切る》rompere le relazioni《と con》;《関係がなくなる》interrompersi《と con》; essere interrotto《と con》;《家系などが》estinguersi ¶世代間の断絶 divario generazionale [diretta] ¶一家の断絶 estinzione di una famiglia ¶国交を断絶する rompere le relazioni diplomatiche《と con》
たんせん　単線《鉄道》linee⊛[複] ferroviarie a un solo binario, binari⊛[複 -i] unico[複 -ci]
✤**単線区間** tratto⊛ a binario unico
たんぜん　丹前《服》tanzen⊛[無変]; *kimono*⊛[無変] imbottito
たんぜん　端然 ¶端然と座る stare seduto composto / sedere con la schiena eretta
だんせん　断線 rottura⊛ di un filo elettrico;《熱による》rottura⊛ per surriscaldamento ¶台風で電話が断線した. Il tifone ha causato la rottura dei fili telefonici.
だんぜん　断然《確かに》incontestabilmente, indiscutibilmente;《まったく》assolutamente, completamente, in assoluto, senz'altro ¶ゴルフでは彼のほうが断然強い. A golf è nettamente più forte. ¶そのほうが断然得だ. Questo è senz'altro più vantaggioso. ¶彼は断然トップだ. È il migliore in assoluto. / È di gran lunga il migliore.
たんそ　炭素《化》carbonio⊛;《元素記号》C ◇炭素の carbonico[⊛複 -ci] ¶炭素と化合させる carburare ql.co. ¶炭素を除去する decarburare ql.co. ¶一酸化炭素 ossido di carbonio ¶二酸化炭素 anidride carbonica / biossido di carbonio ¶放射性炭素 radiocarbonio / carbonio radioattivo
✤**炭素化合物** composto⊛ di carbonio
炭素鋼 acciaio⊛[複 -i] al carbonio
たんそう　炭層 giacimento⊛[strato⊛] carbonifero [di carbone]
たんそう　単相《電》monofase⊛
✤**単相交流**《電》corrente⊛ alternata monofase
だんそう　男装 ◇**男装する** vestirsi da uomo;《変装・仮装する》travestirsi da uomo ¶男装の麗人 bella donna (tra)vestita da uomo
だんそう　断層 **1**《地質》faglia⊛, dislocazione⊛, frattura⊛ ¶活断層 faglia attiva ¶正断層 faglia normale [diretta] ¶逆《衝上》断層 faglia inversa [di compressione] ¶横ずれ断層 faglia trasforme **2**《考え方のずれ》fosso⊛, abisso⊛ ¶世代間の断層 dislivello fra le generazioni
✤**断層撮影**《医》tomografia⊛
断層地震《地質》terremoto⊛ tettonico[複 -ci]
断層面《地質》piano⊛ di faglia
だんそう　弾奏 ¶ハープを弾奏する pizzicare [suonare] l'arpa
だんそう　弾倉 deposito⊛ munizioni
たんそく　探測 ¶海の深さを探測する sondare la profondità del mare
✤**探測機** sonda⊛ spaziale
探測気球 pallone⊛ sonda[無変]
たんそく　嘆息 sospiro⊛ ◇**嘆息する** sospirare⊛[av], emettere [mandare / gettare / fare] un sospiro;《嘆く》lamentarsi [dolersi] di qlcu. [ql.co.]
だんぞく　断続 ◇**断続する** continuare⊛ (▶主語が人のとき [av], 物のとき [es] または [av]) con intermittenza⊛, sporadicamente, sporadico[⊛複 -ci] ◇**断続的に** ad [con] intermittenza, ad intervalli, a singhiozzo, sporadicamente ¶1日中断続して雨が降った. È piovuto a sprazzi per tutto il giorno.
✤**断続音** suono⊛ intermittente
断続性 intermittenza⊛
たんそびょう　炭疽病 antrace⊛

だんそんじょひ 男尊女卑 predominio[男] [prevalenza[女]] dell'uomo sulla donna, maschilismo[男] ¶男尊女卑の社会 società maschilista

たんたい 単体 〔化〕sostanza[女] semplice;《元素》elemento[男]

たんだい 短大 《「短期大学」の略》corso[男] universitario [複 -i] breve, università[女] breve

だんたい 団体 《集まり》gruppo[男];《組織》associazione[女], organizzazione[女];《観光客などの一行》comitiva[女] ¶団体で in gruppo ¶団体をつくる formare un gruppo / fondare [organizzare] un'associazione ¶政治[宗教]団体 organizzazione politica [religiosa] ¶公共団体 ente pubblico

✤**団体競技** sport[男][無変] di squadra [di gruppo]; gara[女] a squadre

団体交渉 negoziazione[女] [contrattazione[女]] collettiva (sindacale)

団体交渉権 diritto[男] di negoziazione collettiva

団体行動 azione[女] collettiva ¶団体行動をとる agire insieme / svolgere attività di gruppo

団体乗車券 biglietto[男] cumulativo [collettivo]

団体保険 assicurazione[女] collettiva

団体旅行 viaggio[男][複 -gi] organizzato [collettivo / in gruppo]

団体割引 sconto[男] per gruppi

だんだら 段だら ¶段だら模様の布 stoffa tinta in strisce parallele di diversi colori

タンタル 〔独 Tantal〕〔化〕tantalio[男];《元素記号》Ta

たんたん 坦坦 ¶坦々とした道《平坦な》strada pianeggiante ¶彼は坦々とした人生を歩んだ.《単調な》Ha condotto [avuto] un'esistenza [una vita] tranquilla. ¶試合の前半は坦々と進んだ. Nel primo tempo la partita non ha avuto storia.

たんたん 淡淡 ◇淡々と spassionatamente, senza drammatizzare, con distacco ¶彼は波瀾の多かった人生を淡々と語った. Parlò spassionatamente con sereno distacco della sua vita densa d'avvenimenti. ¶今の心境は淡々としたものです. Ora sono in uno stato d'animo sereno.

だんだん 段段 《少しずつ》a poco a poco;《次第に》gradualmente, piano piano, man mano, via via, progressivamente;《段階を追って》per gradi ¶だんだん春らしくなってきた. A poco a poco è venuta la primavera. ¶だんだん仕事に慣れてきた. Mi sono abituato gradualmente [piano piano] al lavoro. ¶病人はだんだんよくなっている. Il malato va progressivamente migliorando.

だんだんばたけ 段段畑 campi[男][複] a terrazze, terrazzamenti[男][複]

たんち 探知 ◇探知する scoprire [rivelare / identificare] *ql.co.*

✤**探知機** 〔英〕detector [detéktor][男][無変]; rivelatore[男] ¶電波探知機 〔英〕radar[男][無変] ¶魚群探知機 ecoscandaglio

だんち 団地 caseggiato[男] popolare, complesso[男] di case [di alloggi] popolari, casamento[男] ¶団地に住む vivere [abitare] in un casamento ¶工業団地 zona industriale

だんちがい 段違い ¶彼は囲碁では私とは段違いに強い. Nel gioco del *go* è nettamente superiore a me.

✤**段違い平行棒** 〔スポ〕parallele[女][複] asimmetriche

たんちょう 単調 ◇単調な poco vario [[男]複 -i], monotono, uniforme ◇単調さ monotonia[女], uniformità[女] ¶単調な生活を送る condurre una vita monotona

たんちょう 短調 〔音〕tonalità[女] [tono[男] /《音階》scala[女]] minore ¶短調の旋律 melodia in chiave minore ¶ハ短調のソナタ sonata in do minore

だんちょう 団長 caposquadra[男][女][[男]複 *capisquadra*; [女]複 *caposquadra*], capogruppo[男][女][[男]複 *capigruppo*; [女]複 *capogruppo*] ¶伊藤氏を団長とする使節団 delegazione capeggiata dal sig. Ito

だんちょう 断腸 ¶断腸の思いだった. Mi si è straziato [infranto / spezzato] il cuore. ¶断腸の思いでそれをあきらめた. Ci ho rinunciato anche se con grande dolore.

たんちょうづる 丹頂鶴 〔鳥〕gru[女][無変] giapponese

たんつば 痰唾 sputo[男] ¶痰つばを吐く sputare [自][*av*]

たんてい 探偵 《行為》investigazione[女], indagine[女];《人》〔英〕detective [detéktiv][男][無変]; investigatore[男][[女] -trice] ◇探偵する indagare [investigare] (su) *ql.co.*; spiare *qlcu.* [*ql.co.*] ¶探偵を付ける far pedinare *qlcu.* da un investigatore ¶私立探偵 investigatore privato ¶私立探偵社 agenzia di investigazione privata

✤**探偵小説** romanzo[男] poliziesco [複 -schi], romanzo[男] giallo

だんてい 断定 《決定》decisione[女];《結論》conclusione[女];《文法で》affermazione[女] ◇断定する decidere [concludere / trarre la conclusione] che＋[直説法] ◇断定的 deciso, risoluto, categorico [[男]複 -ci] ◇断定的に categoricamente ¶断定を下す pronunciarsi su *ql.co.* / trarre una conclusione su *ql.co.* ¶検察側は他殺と断定した. Gli inquirenti hanno concluso che si tratta di assassinio.

ダンディー 〔英 dandy〕《人》〔英〕dandy [dándi][男][無変], damerino[男], elegantone[男], bellimbusto[男]

たんてき 端的 ◇端的な diretto, franco [[男]複 -chi], schietto ◇端的に francamente, senza tergiversare [preamboli], schiettamente ¶端的に言って francamente / in poche parole

たんでき 耽溺 ◇耽溺する abbandonarsi [darsi] a *ql.co.* ¶彼は酒色に耽溺していた. Era dedito al bere e alle donne.

たんてつ 鍛鉄 〔冶〕ferro[男] battuto

たんでん 炭田 bacino[男] carbonifero

たんとう 担当 ◇担当する essere incaricato di *ql.co.* [di＋[不定詞]], occuparsi [prendere l'incarico] di *ql.co.*, essere il [《女性》la] responsabile di [per] *ql.co.* ¶…を〈人〉に担当させる affidare *qlcu.* alle cure di *ql.co.* / incaricare *qlcu.* di＋[不定詞] ¶政権を担当する prendere le redini del potere ¶ご指摘の点は担当の者に伝えました. I suoi suggerimenti sono stati inoltrati alla persona di competenza.

た

❖**担当者** persona⒲ incaricata [responsabile] di *ql.co.* [di +不定詞], addetto⒲ [⒤ -a]
たんとう 短刀 coltello⒲ →短剣
だんとう 弾頭 testata⒲, ogiva⒲ ¶核弾頭 testata nucleare
だんとう 暖冬 inverno⒲ mite〘気〙 ¶暖冬異変のため a causa di un inverno eccezionalmente mite
だんどう 弾道 traiettoria⒲
❖**弾道学** balistica⒲
弾道弾 missile⒲ balistico [複 -ci] ¶大陸間[中距離]弾道弾 missile balistico intercontinentale [a media gittata]
だんとうだい 断頭台 patibolo⒲, (ギロチン) ghigliottina⒲ ¶断頭台に上る salire sul [sul] patibolo / andare alla ghigliottina ¶断頭台の露と消える morire [finire] sul patibolo / essere ghigliottinato
たんとうちょくにゅう 単刀直入 ◇単刀直入に francamente ¶単刀直入に言えば parlando francamente / per essere sinceri ¶単刀直入に切り出す entrare in argomento senza tanti preamboli / andare diritto al sodo [al punto]
たんとうるい 単糖類〘化〙monosaccaride⒲
たんどく 丹毒〘医〙erisipela⒲ ◇丹毒性の erisipelatoso
たんどく 単独 ◇単独の tutto solo; 〈個別の〉individuale; 〈独立した〉indipendente ¶単独行動をとる agire⒤ [av] da solo [indipendentemente / individualmente] ¶彼が単独で処理した. Si è occupato della faccenda da solo.
❖**単独会見** intervista⒲ esclusiva
単独講和 ¶単独講和を結ぶ firmare una pace separata 《と con》
単独政権[内閣] governo⒲ monocolore
単独犯〘行為〙reato⒲ commesso senza complici; 〈人〉autore⒲ [⒤ -trice] unico [複 -ci] del delitto
たんどく 耽読 ¶推理小説を耽読する divorare romanzi gialli uno dopo l'altro
だんトツ 断トツ ¶ここにある絵の中では彼のが断トツだ. Tra questi quadri il suo è di gran lunga il migliore.
だんどり 段取り ¶段取りを決める stabilire la maniera di procedere ¶仕事の段取りをつける fare i preparativi per un lavoro ¶明日の段取りはどうなっているの. Qual è il programma per domani?
だんな 旦那 **1**〈夫〉marito⒲ **2**〈あるじ〉padrone⒲ **3**〈男性への呼びかけ〉Signore!;《俗》Capo!
たんなる 単なる semplice, puro, mero ¶単なる気まぐれで per mero capriccio ¶単なるうわさにすぎない. È solo una diceria. ¶単なる風邪ですよ. È un normale [semplice] raffreddore. ¶単なる子供同士のけんかだ. È una semplice lite tra bambini.
たんに 単二 mezza torcia⒲ →電池 関連
たんに 単に soltanto, unicamente, meramente ¶単に…という理由で soltanto [unicamente] perché+直説法 / per la semplice ragione che+直説法 ¶これは単に日本のみの問題ではない. Questo non è un problema esclusivamente giapponese.
たんにん 担任 ¶担任である occuparsi di [essere incaricato di] *ql.co.* ¶クラス担任の先生 l'insegnante responsabile della classe ¶4年A組担任はロッシ先生です. Il prof. Rossi è incaricato [è il responsabile] della IV [quarta] A.
タンニン〘蘭 tannin〙〘化〙tannino⒲
❖**タンニン酸** acido⒲ tannico [複 -ci]
だんねつ 断熱
❖**断熱材** isolante⒲ termico [複 -ci], termoisolante⒲
断熱膨張〘物〙espansione⒲ adiabatica
たんねん 丹念 ◇丹念な accurato, attento, diligente ¶丹念に accuratamente, con grande cura, con accuratezza, attentamente ¶丹念に読む *ql.co.* attentamente
だんねん 断念する abbandonare *ql.co.*, rinunciare a *ql.co.* [a+不定詞] ¶断念させる dissuadere *qlcu.* da *ql.co.* [di+不定詞] ¶計画を断念する abbandonare un progetto
たんのう 胆嚢 cistifellea⒲, colecisti⒲ [無変], vescichetta⒲ biliare
❖**胆嚢炎**〘医〙colecistite⒲
たんのう 堪能 **1**〈すぐれていること〉◇堪能な esperto, abile ¶手芸に堪能である essere esperto nel fare oggetti d'artigianato ¶イタリア語に堪能である parlare un eccellente italiano **2**〈満足する〉◇堪能する apprezzare ¶イタリア料理を堪能する apprezzare la cucina italiana
たんぱ 短波 onde⒲ [複] corte ¶超短波 onde ultracorte ¶極超短波 frequenza ultra-alta⒲ UHF⒲
❖**短波受信機** apparecchio⒲ [複 -chi] radioricevente [radioricevitore] a onde corte
短波放送 ¶短波放送を聴く ascoltare un programma trasmesso sulle onde corte
たんぱい 炭肺〘医〙antracosi⒲ [無変]
たんぱく 淡泊 **1**〈性格が〉◇淡泊な〈素直な〉semplice, candido, 〈さっぱりした〉franco⒲ [複 -chi];〈こだわらない〉disinteressato, poco attaccato a *ql.co.* ¶彼は金銭に淡泊だ. Dà poca importanza [È poco attaccato] al denaro. **2**〈食べ物や味が〉poco grasso, leggero ¶淡泊な料理 cucina leggera
たんぱく 蛋白 albumina⒲ ¶尿にたんぱくが出る avere albumina nelle urine
❖**蛋白質** proteina⒲ ¶蛋白質を含んだ albuminoso / 〈食べ物が〉proteico⒲ [複 -ci] ¶蛋白質を含む食べ物 alimento ricco di proteine / alimento proteico ¶単純蛋白質 proteina semplice ¶複合蛋白質 proteina composta⒲ ¶核蛋白質 nucleoproteide⒲ ¶動物性[植物性]蛋白質 proteina animale [vegetale]
蛋白尿〘医〙albuminuria⒲
蛋白分解酵素〘化〙enzima⒲ [複 -i] proteolitico [複 -ci]
たんぱつ 単発
❖**単発機**〘空〙monomotore⒲
単発銃 fucile⒲ a colpo singolo
タンバリン〘英 tambourine〙〘音〙tamburello⒲, tamburo⒲ basco [複 -schi]
だんぱん 談判 negoziati⒲ [複], trattative⒲ [複] ◇談判する intavolare dei negoziati con

qlcu., negoziare⊕ (►話し合いの内容を目的語にとる) ¶賃上げを雇い主とひざ詰め談判する condurre trattative dirette con un imprenditore per un aumento di paga ¶談判が決裂した. Le trattative sono fallite miseramente.

たんび 耽美 ¶耽美的な小説 romanzo della scuola estetica

❖**耽美主義** estetismo⊕
耽美主義者 esteta⊕[複 -i], seguace⊕ dell'estetismo
耽美派 scuola⊕ estetizzante

たんぴょう 短評 breve commento⊕;《書評・音楽評などの》breve recensione⊕

たんぴん 単品 articolo⊕ singolo;《セットの1つ》un articolo⊕ di un set ¶このフォークは単品売りしません. Queste forchette non si possono acquistare [non sono in vendita] separatamente.

ダンピング 〔英 dumping〕《経》〔英〕dumping⊕[無変]

❖**ダンピング綱領** (WTOの) principi⊕[複] di dumping
ダンピング防止関税 dazio⊕[複 -i] anti-dumping

ダンプカー autocarro⊕ con cassone ribaltabile

たんぷく 単複《文法》singolare⊕ e plurale⊕ ¶この名詞は単複同形である. Questo sostantivo è invariabile [e indeclinabile].

タンブラー 〔英 tumbler〕bicchiere⊕ (senza piede), 〔英〕tumbler⊕[無変] →食器 図版

タンブリング 〔英 tumbling〕《スポ》acrobatica⊕ sul tappeto

たんぶん 単文 proposizione⊕ semplice
たんぶん 短文《短い文》breve frase⊕;《小文》breve composizione⊕

ダンベル 〔英 dumbbell〕《スポ》manubrio⊕[複 -i]

❖**ダンベル体操**《スポ》ginnastica⊕ con manubri [con pesi]

たんぺん 短編《短編映画》cortometraggio⊕[複 -gi];《短編小説》racconto⊕, novella⊕

❖**短編集** raccolta⊕ di racconti

だんぺん 断片 frammento⊕ ¶先史時代の壺の断片 frammento di un'anfora preistorica ¶断片的な知識 conoscenza parziale [frammentaria] ¶その時の会話は断片的にしか思い出せない. Ricordo solo in modo frammentario la conversazione di allora.

たんべんか 単弁花《植》fiore⊕ monopetalo
たんぼ 田圃 risaia⊕

❖**たんぼ道** sentiero⊕ attraverso le risaie

たんぽ 担保 pegno⊕, garanzia⊕;《法》ipoteca⊕, cauzione⊕ ¶不動産担保 ipoteca su beni immobili ¶二重担保 doppia garanzia ¶担保に入れる lasciare *ql.co.* in pegno /《不動産を》ipotecare *ql.co.* ¶担保を取る prendere garanzie ¶家を担保にして銀行から金を借りる prendere denaro in prestito dalla banca mettendo un'ipoteca sulla casa ¶担保無しで senza garanzia /《商》allo scoperto ¶担保付きで貸す[借りる] prestare [prendere in prestito] *ql.co.* su garanzia ¶わが家は担保に入っている. La nostra casa è ipotecata.

❖**担保付き貸付** prestito⊕ su garanzia
担保付き社債 obbligazione⊕ [cartella⊕] ipotecaria
担保物件 garanzie⊕[複] reali

たんぼいん 単母音《音声》vocale⊕ semplice
たんぼいん 短母音《音声》vocale⊕ breve
たんぼう 探訪 ◊探訪する fare un reportage su *ql.co.*

❖**探訪記事**〔仏〕reportage [reportaʒ]⊕[無変]; cronaca⊕

だんぼう 暖房 riscaldamento⊕ ◊暖房する riscaldare *ql.co.* ¶暖房付きの部屋 stanza con riscaldamento ¶暖房の効いた部屋 stanza ben riscaldata ¶暖房を入れる[止める] accendere [spegnere] il riscaldamento ¶この部屋は暖房が効き過ぎている. In questa stanza il riscaldamento è troppo forte. ¶「冷暖房完備」(掲示) "Riscaldamento e aria condizionata"

❖**暖房装置** impianto⊕ di riscaldamento;《熱湯・オイルによる》termosifone⊕ ¶集中[個別]暖房装置 impianto di riscaldamento centrale [autonomo]

だんボール 段ボール cartone⊕ ondulato

❖**段ボール箱** scatolone⊕ di cartone ondulato

たんぽぽ 蒲公英 soffione⊕, dente⊕ di leone, tarassaco⊕[複 -chi]

タンポン 〔独 Tampon〕tampone⊕ ¶傷口にタンポンを当てる applicare un tampone sulla ferita ¶傷口にタンポンを詰める tamponare una ferita

たんほんいせいど 単本位制度《経》monometallismo⊕

たんまつ 端末 terminale⊕

❖**端末機[装置]**《コンピュータ》terminale⊕

だんまつま 断末魔 ¶断末魔の苦しみ angosce della morte / agonia ¶断末魔の叫びをあげる emettere un grido di morte [d'agonia]

たんまり ¶たんまり金を貯め込んでいた. Aveva accumulato [guadagnato] una grossa somma di [un sacco di] denaro.

だんまり 黙り 1《黙っていること》silenzio⊕[複 -i] ¶その会議では彼はだんまりをきめこんだ. Durante quella conferenza è stato zitto di proposito.
2《歌舞伎で》pantomima⊕, scena⊕ muta

たんめい 短命 ¶彼は短命だった. È morto giovane [prematuramente]. / La sua vita è stata breve.

❖**短命内閣** governo⊕ di breve durata

タンメン 湯麺 vermicelli⊕[複] cinesi serviti in brodo con verdura

だんめん 断面 1《切り口の面》sezione⊕;《縦断面》profilo⊕;《地層の》profilo⊕ ¶船の縦断面 sezione longitudinale [profilo] di una nave ¶横断面 sezione trasversale
2《物事のある一面》¶人生の一断面 scena realistica di vita quotidiana / quadro di vita vissuta

❖**断面図** sezione⊕
断面積 sezione⊕ trasversale

たんもの 反物《織物の》rotolo⊕ di stoffa per *kimono*

✤**反物屋** 《人》commerciante[男] [女] di tessuti; 《店》negozio[男] [複 -*i*] di tessuti

だんやく 弾薬 munizioni[女] [複]

✤**弾薬庫** polveriera[女]

弾薬盒(ごう) cartucciera[女], giberna[女]

弾薬帯 cartucciera[女], bandoliera[女]; 《機関銃の》nastro[男] (per mitragliatrice)

だんゆう 男優 attore[男]

たんよう 単葉 foglia[女] singola ◇単葉の 〔植〕unifogliolato

✤**単葉機** 〔空〕monoplano[男]

たんよん 単四 microstilo[男] ⇒電池 [関連]

たんらく 短絡 **1** 〔電〕cortocircuito **2** 《単純》◇短絡的な semplicisti*co* [[男]複 -*ci*] ¶短絡的なものの考え方 modo di pensare semplicistico

だんらく 段落 《パラグラフ》paragrafo[男] ¶第四段落に al [nel] quarto paragrafo

だんらん 団欒 ¶一家団らん intimità familiare ¶一家団らんを楽しむ godere i piaceri [le gioie] della vita in famiglia

たんり 単利 interesse[男] semplice ¶単利で計算する calcolare gli interessi semplici

だんりゅう 暖流 corrente[女] marina calda

たんりょ 短慮 imprudenza[女], imprevidenza[女], sconsideratezza[女]; 《短気》impazienza[女] ◇短慮な imprudente, irriflessivo, imprevidente, sconsiderato; impaziente

たんりょく 胆力 coraggio[男], fegato[男]

だんりょく 弾力 elasticità[女] ◇弾力のある elasti*co* [[男]複 -*ci*]; 《柔軟な》flessibile, pieghevole ◇弾力のない poco elastico, poco flessibile ¶規則を弾力的に運用する applicare flessibilmente [elasticamente] i regolamenti

✤**弾力性** 〔物・経〕elasticità[女] ¶弾力性のある政策 politica elastica

たんれい 端麗 ◇端麗な di bell'aspetto ¶容姿端麗な女性だ. Ha una bella figura.

たんれん 鍛練・鍛錬 **1** 《心身の》allenamento[男], addestramento[男], eserciz*io*[男] [複 -*i*] ◇鍛練する fortificare *ql.co.* con l'esercizio, disciplinare *qlcu*. ¶心身を鍛練する esercitare [fortificare] il corpo e lo spirito
2 〔冶〕fucinatura[女], forgiatura[女] ◇鍛練する fucinare, forgiare

だんろ 暖炉 camino[男], caminetto[男] ¶暖炉で火をたく accendere il fuoco nel camino

だんろん 談論 discussione[女] ¶その問題について談論風発であった. Abbiamo discusso la faccenda molto animatamente.

だんわ 談話 《会話》conversazione[女]; 《意見の発表》comunicazione[女] ufficiosa; colloqu*io*[男] [複 -*i*] non ufficiale ¶政府の談話 comunicato ufficioso del governo ¶談話を発表する far sapere [render noto] ufficiosamente *ql.co.* (►notoは目的語の性・数に合わせて語尾変化する), esprimere un parere ¶友人とくつろいで談話する conversare piacevolmente con gli amici

✤**談話記事** intervista[女]

談話室 〔英〕lounge[女] [無変]; 《面会室》parlator*io*[男] [複 -*i*], sala[女] di colloqui

た

ち

ち 地 1《大地, 地面》terra㊛; 《土壌》suolo㊚, terreno㊚; 《領土》territorio㊚《複 -i》; 《地方》regione㊛ ¶地の果てに in capo al mondo ¶思わず地に伏せた. Istintivamente mi sono gettato a terra. ¶あの２人の力には天と地の違いがある. Quanto a bravura, fra quei due「ci corre un miglio [c'è una differenza abissale].
2《場所》posto㊚, zona㊛, località㊛, luogo㊚《複 -ghi》¶彼は晩年をこの地で送った. Lui ha trascorso in questo posto [luogo] gli ultimi anni della sua vita.
3《本の》taglio㊚ inferiore; 《荷物の》basso
慣用 **地に足が着く** ¶君の考え方は地に足が着いていない. Il tuo ragionamento non sta in piedi.
地に落ちる ¶道義は地に落ちた. La morale è molto decaduta.
地の利 ¶このスーパーマーケットは地の利を得ている. Questo supermercato si trova in una posizione assai vantaggiosa.

ち 血 1《血液, 血潮》sangue㊚ ¶血の巡り la circolazione del sangue ¶血を採る prelevare il sangue a qlcu. ¶血を提供する donare (il) sangue ¶血を吐く《喀血》sputare sangue / avere un'emottisi /《吐血》vomitare sangue / avere un'ematemesi ¶血を止める arrestare l'emorragia ¶血を流す perdere sangue ¶祖国のために血を流す versare il sangue per la patria ¶血だらけの服 abito insanguinato ¶血だらけになる essere coperto di sangue ¶血に飢えた狼 lupo assetato di sangue ¶包帯に血がにじんでいる. La fasciatura è macchiata di sangue. ¶傷口から血が流れる. La ferita sanguina. / Esce sangue dalla ferita.
2《血縁, 血統》sangue㊚, consanguineità㊛ ¶血のつながった親子 genitori e figli dello stesso sangue ¶血を分けた兄弟 fratelli di sangue ¶《人の》血を引いている essere discendente di qlcu. / discendere da qlcu. ¶彼は貴族の血を引いている. È di sangue blu [nobile]. ¶僕と彼の間には血のつながりがある. Tra me e lui c'è un legame [un vincolo] di sangue. ¶彼は私の血を分けた子です. È sangue del mio sangue. ¶彼は母親の血を受けて非常に文才がある. Avendo preso dalla madre, ha un vero talento per la letteratura. ¶血は争えない. "Buon sangue non mente." ¶血は水よりも濃い. 《諺》"Il sangue non è acqua."
慣用 **血が通う** ¶血が通った政策 politica umanitaria
血が凍る ¶血も凍るような話 una storia da far gelare il sangue (nelle vene)
血が騒ぐ 《人が主語》fremere㊈ [av] di eccitazione, essere elettrizzato, elettrizzarsi ¶祭が近づくと血が騒ぐ. Sono elettrizzato per l'avvicinarsi della festa del villaggio.

血が上る ¶彼は頭に血が上った. Gli è salito [andato] il sangue alla testa. ¶彼は頭に血が上りやすい性格だ. Ha il sangue caldo. / È un tipo che si scalda facilmente.
血が沸く ¶ナポリ―ミラン戦に血が沸いた. La partita Napoli-Milan mi ha fatto bollire il sangue.
血で血を洗う lavare il sangue con altro sangue ¶血で血を洗う争いとなった. Sono arrivati ad una battaglia sanguinosa.
血と汗と涙の結晶 frutto㊚ di sudore e sangue
血となり肉となる ¶父の教えは彼女の血となり肉となった. Gli insegnamenti del padre hanno contribuito alla sua maturità fisica e morale.
血の汗 ¶血の汗を流す sudare sangue
血の雨 spargimento㊚ di sangue ¶この戦いで両軍は血の雨を降らせた. In questa battaglia è stato sparso molto sangue da entrambe le parti.
血の海 ¶暴動のあと町は血の海だった. La città dopo la rivolta era un mare [un fiume] di sangue.
血の気 ¶血の気のない顔 viso pallido [esangue] ¶彼女の顔から血の気が失せた. È「sbiancata in viso [impallidita]. ¶彼は血の気が多い. Ha il sangue caldo. / Ha un carattere focoso.
血のにじむような ¶血のにじむような努力 sforzi strenui [intensi]
血の巡りの悪い 《理解力の鈍い》lento (a capire), tonto, ottuso ¶血の巡りの悪いやつだ. Come sei sciocco! / Quanto sei ottuso.
血も涙もない di una crudeltà disumana; 《人が主語》avere il cuore di pietra
血湧き肉躍る ¶血湧き肉躍る物語 racconto appassionante
血を見る ¶ついに血を見るに至った. È finita in uno spargimento di sangue.

ち 知 《知性》intelletto㊚; intelligenza㊛; 《知恵》saggezza㊛; 《思慮》senno㊚; 《才覚》ingegno㊚ ¶知にたけた人 persona ricca di risorse
ち 治 **慣用** **治にいて乱を忘れず** Anche in tempo di pace non bisogna dimenticare (la possibilità di una) guerra.
ちあい 血合い la parte㊛ scura della carne di pesce
チアガール ragazza㊛ [複] pon-pon
ちあつ 地圧 pressione㊛ litostatica
チアノーゼ 〔独 Zyanose〕《医》cianosi㊛ [無変]
チアミン 〔独 Thiamin〕《化》tiamina㊛, aneurina㊛, vitamina㊛ B_1
チアリーダー 〔英 cheer leader〕→チアガール
ちあん 治安 ordine㊚ pubblico ¶治安を保つ [乱す / 回復する] mantenere [sconvolgere / ristabilire] l'ordine pubblico ¶治安が悪い街 una città poco sicura

✤**治安維持法** Legge[女] per il mantenimento dell'ordine pubblico
治安警察 forze[女][複] dell'ordine
治安対策 provvedimenti[男][複] atti a mantenere l'ordine pubblico

ちい 地位 《階級》classe[女][condizione[女]] sociale, ceto[男], rang*o*[男][複 *-ghi*], grado[男]; 《身分》posizione[女], posto[男]; stato[男] ¶女性の地位を向上させる elevare la condizione sociale delle donne ¶教師の地位を捨てる lasciare l'incarico [rinunciare all'incarico] di professore ¶社長の地位に就く assumere la carica di presidente ¶私は彼より社会的地位が高い[低い]. Ho un grado sociale più elevato [più basso] del suo. ¶彼は酒のせいで地位を失った. Il vizio del bere gli è costato il posto.

ちいき 地域 regione[女], zona[女], area[女] ◇地域の[的] regionale, locale ¶降水量の多い地域 un'area caratterizzata da alte precipitazioni ¶被占領地域 zona occupata (dal nemico) ¶地域の発展に尽くす impegnarsi per lo sviluppo della *propria* zona
✤**地域医療** sanità[女] locale
地域研究 stud*io*[男][複 *-i*] areale
地域差 differenze[女][複] regionali
地域社会 comunità[女][collettività[女]] regionale
地域主義 regionalismo[男]
地域代表 rappresentante[男][女] regionale

ちいき 値域 〔数〕campo[男] di variabilità

チーク 〔英 teak〕〔植〕〔英〕teak[男][無変] ¶チーク材 (legno di) teak

チークダンス ¶チークダンスをする ballare guancia a guancia

ちいさい 小さい **1**【形・体積が】 piccolo; 《ごく小さい》minuto; 《狭い》stretto ◇小さくする rimpicciolire, stringere, ridurre ◇小さくなる rimpicciolirsi, stringersi, farsi [diventare[自][*es*]] piccol*o* ¶小さいスプーン cucchiaino ¶小さい家 casetta ¶小さい犬 cagnolino / cane di piccola taglia ¶私は母より(背が)小さい. Sono più bassa di statura rispetto a mia madre. ¶服が小さくなった. Il vestito è ormai diventato piccolo.

[語法] **piccolo**
形容詞 piccoloは置かれる位置によって意味が変わることがあり, その場合, 名詞に前置されると「ささやかな」の意を, 後置されると物理的に「小さい」の意を表す.
¶un piccolo regalo ささやかな贈り物
¶un regalo piccolo 小さい贈り物

2【規模が】 piccolo ¶小さい工場 una piccola fabbrica ¶小さい地震 terremoto di lieve intensità
3【数・量が】 piccolo, irrilevante, esiguo ¶10より小さい数 numero minore di dieci ¶被害はごく小さかった. I danni sono del tutto irrilevanti.
4【年令が】 piccolo ¶小さい子 bambin*o*[男][[女] *-a*] piccino / bimb*o*[男][[女] *-a*] ¶僕の小さいころには quando ero piccolo ¶僕は小さい時から彼を知っている. Lo conosco fin da piccolo.
5【音が】 basso ¶小さい声で話す parlare「a bassa voce [sottovoce] ¶テレビの音を小さくする abbassare il volume del televisore
6【些細な】 poco importante, insignificante, irrilevante ¶小さい過ち piccolo errore ¶小さい罪 reato [delitto] minore ¶そんな小さいことは気にするな. Non devi prendertela per una simile sciocchezza.
7【度量に乏しい】 ¶気の小さい人 uomo timoroso [pauroso / timido] ¶人物が小さい essere un tipo mediocre
8【身を縮めている】 ¶彼はこわくて隅に小さくなっていた. Si era rannicchiato in un angolo per la paura. ¶一度の間違いでそう小さくなることはない. Non avvilirti [scoraggiarti / perderti d'animo] per un solo errore. ¶偉い先生方を前にして小さくなった感じがした. Davanti a tutti quei professoroni, mi sentivo piccolo piccolo.

ちいさめ 小さ目 ◇小さめの un po' piccolo, piuttosto piccolo

チーズ 〔英 cheese〕formagg*io*[男][複 *-gi*]; 《トスカーナ・南伊》cac*io*[男][複 *-ci*] ⇒料理 [用語集] ¶チーズの皮 crosta di formaggio ¶チーズをおろす grattugiare il formaggio ¶粉チーズ formaggio grattugiato ¶1年熟成させたチーズ formaggio stagionato di un anno
✤**チーズケーキ** torta[女] al [di] formaggio, 〔英〕cheese cake[男][無変]

チーター 〔英 cheetah〕〔動〕ghepardo[男]

チーフ 〔英 chief〕capo[男]
✤**チーフアンパイア** 《スポ》arbitro[男]
チーフディレクター diret*tore*[男][[女] *-trice*] generale [capo [無変]]

チーム 〔英 team〕《班, グループ》gruppo[男]; 〔仏〕équipe [ekíp] [女][無変]; 《スポ》squadra[女] ¶ビジティング[ホーム]チーム squadra ospite [ospitante] ¶チームを組んで作業をする lavorare in équipe
✤**チームメート** compagn*o*[男][[女] *-a*] di squadra
チームワーク ¶チームワークがとれている fare un ottimo lavoro di squadra

ちいるい 地衣類 〔植〕lichene[男]

ちうみ 血膿 〔医〕pus[男][無変] con sangue

ちえ 知恵 《賢明さ》saggezza[女]; 《知能》intelligenza[女]; 《才知, 才覚》ingegno[男] ¶知恵を働かせる ingegnarsi / far funzionare il cervello ¶知恵を絞る《親》spremersi le meningi ¶彼はなかなか知恵がある. È molto ingegnoso. ¶この子も知恵がついてきた. Questo bambino è entrato nell'età della ragione. ¶もう知恵が尽きた. Non so più「che pesci prendere [che fare]. ¶何かいい知恵はないかね. Hai qualche buona idea? ¶知恵を貸してくれ. Dammi un consiglio! ¶知恵の輪 anelli magici ¶先人の知恵 trucchi della nonna
✤**知恵者** persona[女] sagg*ia*[複 *-ge*] [piena di risorse]
知恵熱 febbre[女] da crescita
知恵歯 dente[男] del giudizio
知恵袋 cervellone[男]
知恵負け ¶彼は知恵負けした. È stato sconfitto dalla sua propria furbizia.

チェーン 〔英 chain〕catena[女] ¶タイヤにチェーンを付ける montare le catene (da neve [antineve]) sui pneumatici ¶これより先20km地点より

チェーン装着」《掲示》"Transito con catena o pneumatici da neve per 20 km"

✤チェーンストア catena[女] di negozi

チェーンスモーカー fuma*tore*[男] [[女] *-trice*] accanito, tabagist*a*[男][女] [[男][複] *-i*] ¶彼はチェーンスモーカーだ. Fuma una sigaretta dopo l'altra.

チェーンソー〘機〙sega[女] a catena

チェス〔英 chess〕(gioco[男] degli) scacchi[男] [[複]] ¶チェスをする giocare a scacchi

✤チェスボード scacchiera[女]

ちぇっ Accidenti!; Mannaggia!; Peccato! ¶ちぇっ, せっかくうまくいきそうだったのに. Mannaggia, credevo di farcela!

チェッカー〔英 checker〕**1**《レジ係》cassier*e*[男] [[女] *-a*] **2**《西洋碁》dama[女], gioco[男] della dama

チェッカーフラッグ〔英 checkered flag〕¶チェッカーフラッグを振る sventolare la bandiera a scacchi

チェック〔英 check〕**1**《小切手》assegno[男] (banca*rio* [[複] *-i*]) ¶トラベラーズチェック〔英〕traveller's cheque[男] [[無変]]

2《点検》◇チェックする controllare ¶翻訳が正しいかどうかをチェックする controllare la fedeltà di una traduzione ¶名簿をチェックする spuntare una lista di nomi

3《格子縞(じま)》scacchi[男] [[複]] ¶白と黒のチェックの布 stoffa a scacchi [quadretti / quadri] bianchi e neri

4《チェスで》scacco[男] matto

✤チェックアウト ◇チェックアウトする lasciare la camera dell'albergo, fare (il) check-out

チェックイン ◇チェックインする《ホテル》fare la registrazione;《空港》fare (il) check-in

チェックポイント (1)《オリエンテーリングなどの》posto[男] di controllo;《F1 などの》passag*gio*[男] [[複] *-gi*] ¶チェックポイントを通過する passare un posto di controllo (2)《確認すべき点》punto[男] da controllare

チェリー〔英 cherry〕ciliegi*a*[女] [[複] *-gie, -ge*]

✤チェリートマト ciliegino[男], pomodorino[男] ciliegino [ciliegia [[無変]]]

チェレスタ〔伊〕〘音〙celesta[女], tipofono[男]

チェロ〔英 cello〕〘音〙violoncello[男]

✤チェロ奏者 violoncellist*a*[男][女] [[男][複] *-i*]

ちえん 地縁 ¶人々は血縁ではなく, 地縁で結ばれていた. La gente non era legata da vincoli di sangue, ma dalle comuni origini geografiche.

ちえん 遅延 **1**《遅れること》ritardo[男] ◇遅延する ritardare[自] [*av*] **2**《延長》proroga[女] ◇遅延する prolungare, prorogare

チェンジレバー〘車〙leva[女] del cambio

チェンバロ〔伊〕〘音〙cembalo[男], clavicembalo[男] ¶チェンバロを弾く suonare il cembalo

✤チェンバロ奏者 cembalist*a*[男][女] [[男][複] *-i*]

ちおん 地温 temperatura[女] del terreno

✤地温計 geotermometro[男]

ちか 地下 **1**《地面の下》sottosuolo[男], interrato[男] ◇地下の interrato, sotterraneo ¶地下5メートルで a cinque metri sottoterra ¶地下1階[2階] primo [secondo] piano sotterraneo ¶地下に埋もれた遺跡 antiche rovine sepolte

2《あの世》¶地下に眠る riposare sottoterra

3《非合法の世界》¶地下に潜る rintanarsi / nascondersi / darsi [buttarsi] alla macchia [latitanza]

✤地下運動 lotta[女] [attività[女]] clandestina, movimento[男] clandestino

地下核実験 test[男] [[無変]] [esperimento[男]] nucleare sotterraneo

地下茎〘植〙gambo[男] sotterraneo, rizom*a*[男] [[複] *-i*]

地下ケーブル cavo[男] sotterraneo [interrato]

地下資源 risorse[女] [[複]] minerarie [del sottosuolo]

地下室 stanza[女] sotterranea [interrata];《地下の物置》scantinato[男];《ワイン・食料貯蔵庫》cantina[女]

地下水 acqua[女] freatica [sotterranea / di sottosuolo]

地下組織 organizzazione[女] clandestina

地下道 passag*gio*[男] [[複] *-gi*] sotterraneo

地下牢 prigione[女] sotterranea

ちか 地価 prezzo[男] di un terreno

✤地価上昇 aumento[男] del prezzo della terra

ちか 治下 ¶ナポレオン治下のフランス la Francia sotto il regime napoleonico ¶イタリア軍の治下に sotto l'autorità dell'esercito italiano

ちかい 地階 piano[男] sotterraneo [interrato] ⇒階 [図版];《半地下》seminterrato[男]

ちかい 誓い《宣誓》giuramento[男];《神仏への誓願》voto[男] ¶誓いを立てる《宣誓》giurare[他], [自] [*av*] / prestare [fare un / proferire un] giuramento ¶神前に誓いを立てる fare un voto [giurare] davanti a Dio ¶誓いのもとに sotto giuramento ¶誓いを守る[破る] mantenere [mancare [自] [*av*] a] un giuramento

ちかい 近い

1【距離が】 vicino, a poca [breve] distanza ¶うちに一番近い駅は新宿だ. La stazione più vicina a casa nostra è (quella di) Shinjuku. ¶海岸へ行くにはこの道が一番近い. Questa è la strada più breve per la spiaggia. ¶フィレンツェのすぐ近くまで来ている. Siamo quasi arrivati [Ormai siamo vicinissimi] a Firenze.

2【時間的な隔たりが】 vicino, immediato, imminente, prossimo, alle porte ¶近い将来 in un prossimo futuro ¶クリスマスも近くなった. Natale è ormai prossimo [vicino / alle porte]. ¶近いうちにまた伺います. Ritornerò presto a trovarla. ¶もう12時近い. Manca poco alle 12. / Sono quasi le 12. ¶老人はトイレが近い. Gli anziani devono andare spesso in bagno (a fare pipì).

3【関係が深い】 ¶近い親戚 parente prossimo [stretto]

4【似ている】 simile, somigliante, quasi uguale ¶それを行うのは不可能に近い. È quasi impossibile farlo. ¶彼は泣き声に近い叫び声をあげた. Ha urlato con una voce che sembrava un pianto.

5【数量がある値に】 ¶50に近い年齢 un'età prossima alla cinquantina ¶彼は80歳に近い. È「sulla soglia degli [vicino agli] ottanta. ¶「かかった額は500万円かい」「近いね」"Hai pagato cinque milioni di yen?" "Hai quasi indovinato!"

ち

6【近眼の】miope ¶私は目が近い. Sono miope.

ちがい 違い differenza㊛; diversità㊛ ¶親子でも月とすっぽんほどの違いがある. Sono padre e figlio, ma sono diversi come il giorno e la notte. ¶私と兄とは5つ違いだ. Tra me e mio fratello maggiore c'è una differenza di cinque anni. ¶1分違いで電車に乗り遅れた. Ho perso il treno per un minuto.

ちがいない 違いない ¶あの人はイタリア人にちがいない. Quell'uomo「è certamente [deve essere / senza dubbio] italiano. ¶こんなものは食べないにちがいない. Non credo proprio che mangerà una cosa del genere. ¶君の言うことが正しかったにちがいない. Sono certo [sicuro] che avevi proprio ragione. ¶いたずらをするのはあの子たちにちがいない. Non c'è dubbio che siano stati quei ragazzi a fare uno scherzo simile.

ちがいほうけん 治外法権 《法》 ¶治外法権を有する godere dell'extraterritorialità

ちかう 誓う giurare㊗, ㊇[av], fare un giuramento, prestare giuramento, dare la *propria* parola d'onore a *qlcu.*, promettere *ql.co.* [che+直説法] ¶真実を述べることを誓います. Giuro di dire la verità. ¶神かけて誓うよ. Te lo giuro davanti a Dio. ¶あの2人は将来を誓い合った. Si sono promessi di sposarsi. ¶誓って言うよ. Ti do la mia parola d'onore. ¶我々は彼への復讐を誓った. Abbiamo giurato di vendicarci di lui.

ちがう 違う **1**【異なる】essere diverso [differente]《と da》◇違った differente [dissimile]《と da》¶これは注文した品と違う. È diverso da quello che avevo ordinato. ¶僕の意見は君とは違う. Non sono d'accordo con te. ¶兄弟でも性格がまるで違う. Sono fratelli, ma molto diversi di carattere. ¶それでは初めの約束と違う. Non mantiene la promessa [la parola]. ¶彼は言うこととすることが違う. Dice una cosa e ne fa un'altra. ¶妹とは母は違う. Io e mia sorella minore non siamo figlie della stessa madre. ¶…と違って al contrario di [diversamente da] *ql.cu.* [*ql.co.*].

2【間違っている】essere errato [falso / sbagliato / inesatto] ¶君の言うことは違う. Ciò che dici è sbagliato. ¶「もしもし山口さんですか」「いいえ違います」"Pronto, parlo con il sig. Yamaguchi?" "No, ha sbagliato numero."

ちがえる 違える **1**【変える】cambiare

2 sbagliare, fare un errore

3《捻挫する》prendere una storta a *ql.co.*; 《医》distorcersi; 《脱臼(だっきゅう)する》slogarsi [lussarsi] *ql.co.* ¶つまずいて足の筋を違えてしまった. Sono inciampato e ho preso [mi sono procurato] una storta al piede.

4《守らない》¶約束を違える mancare di parola / non mantenere una promessa

5《交友関係を悪くする》¶仲を違える rompere un'amicizia

ちかく 地核 《地質》nucleo㊍

ちかく 地殻 《地質》crosta㊛ terrestre, litosfera㊛ →地球 図版

✤**地殻変動** diastrofismo㊍, movimenti㊍[複] della crosta terrestre

ちかく 近く **1**《場所》◇近くの vicino, attiguo; 《隣の》accanto, adiacente; 《近接》limitrofo ¶すぐ近くの家 casa accanto ¶駅の近くに住む abitare vicino alla stazione ¶もっと近くへ来てくれ. Vieni più vicino. ¶この近くに銀行はありませんか. Nelle vicinanze c'è una banca? / C'è una banca qui vicino? ¶近くで見るとこのフレスコ画は相当傷んでいる. Visto da vicino, questo affresco appare molto rovinato. ¶お近くまでお出かけの節はぜひお寄りください. Se capita nei paraggi, non manchi di venirmi a trovare.

2《数量などを表す語に付いて, およそ》quasi, pressappoco ¶9時近くに verso le nove ¶夜明け近くに poco prima dell'alba ¶あれからもう5年近くになる. Da allora sono già passati circa cinque anni. ¶1000人近くが集まった. Si è radunato un migliaio di persone.

3《まもなく》fra poco, fra non molto, presto, prossimamente ¶彼は近く日本に来る. Fra poco [Presto] verrà in Giappone.

ちかく 知覚 《感知》percezione㊛; 《意識》coscienza㊛; 《感覚》sensazione㊛, sensibilità㊛; 《五感の》senso㊍ ◇知覚する percepire ¶知覚を失う perdere coscienza / 《しびれる》intorpidirsi / perdere la sensibilità

✤**知覚器官** organi㊍[複] percettivi

知覚神経 nervi㊍[複] sensori

ちがく 地学 geologia㊛[複 -gie]

ちかごろ 近頃 recentemente, di recente, ultimamente, in questi ultimi giorni, in questo ultimo periodo ◇近ごろの recente ¶近ごろの若者 i giovani d'oggi [odierni] ¶彼は近ごろめっきり年を取った. In questo ultimo periodo è invecchiato notevolmente. ¶近ごろの週刊誌はひどい. Negli ultimi tempi, le riviste settimanali sono orribili. ¶近ごろまで彼を知らなかった. Non lo conoscevo fino a qualche tempo fa.

ちかしい 近しい caro, amichevole

ちかちか 1《光る様子》◇ちかちかする scintillare㊗[av], luccicare㊗[es, av], sfavillare㊗[av] ¶刃(やいば)が日の光にちかちか光っていた. La lama luccicava al sole.

2《目などが》¶強い光に目がちかちかする. I miei occhi sono irritati dalla luce intensa.

ちかぢか 近々 ¶近々お伺いします. Passerò presto a trovarla.

ちかづき 近付き→御近付き

ちかづく 近付く **1**《近寄る》avvicinarsi [accostarsi / approssimarsi]《に a》¶危ない所に近づく avvicinarsi a un luogo pericoloso

2《差し迫る》¶結婚式はあと4日に近づいた. Mancano quattro giorni alle nozze. ¶私の日本滞在は終わりに近づきつつある. Il mio soggiorno in Giappone sta per giungere al termine.

3《親しくなろうとする》¶彼は無口なので近づきがたい. È difficile avvicinarlo perché è un tipo taciturno. ¶大臣に近づくチャンスをねらう aspirare ad entrare nelle grazie del ministro ¶悪い連中に近づくな. Stai [Sta'] alla larga dalla gente cat-

tiva.
4【似る】 ¶肖像画はだんだん本物に近づいてきた. Il ritratto si avvicina sempre di più al modello.

ちかづける 近付ける **1**《接近させる》avvicinare, accostare ¶椅子をテーブルに近づける avvicinare la sedia al tavolo ¶この材質は火に近づけないこと. Questo materiale deve essere tenuto "a distanza [distante] dal fuoco.
2《親しくなるように仕向ける》¶AをBに近づける far avvicinare A a B ¶山田を田中に近づけないようにしろ. Tieni Yamada lontano da Tanaka. ¶彼は人を近づけない男だ. È un uomo inavvicinabile.

ちかっ(と) ¶遠くで何かがちかっと光った. Qualcosa è luccicato in lontananza.

ちかてつ 地下鉄 metropolitana㊛, metro㊛または ㊚[無変], metrò㊚[無変] ¶地下鉄に乗る prendere la metropolitana [la metro / il metrò] / andare in metropolitana [metro / metrò]

ちかみち 近道 **1**《早く行ける道》via㊛ diretta [più breve], scorciatoia㊛ ¶この道のほうがはるかに近道だ. Facendo questa strada, il tragitto si accorcia parecchio. ¶近道して来ました. Ho preso la scorciatoia. ¶《早くできる方法》via㊛ più breve ¶イタリア語学習の近道 metodo rapido per studiare l'italiano

ちかめ 近目 miopia㊛

ちかよる 近寄る avvicinarsi《に a》¶後ろからそっと近寄る avvicinarsi silenziosamente da dietro ¶彼女は近寄りがたい存在だ. Quella donna è un tipo quasi inarrivabile.

ちから 力 **1**【物を動かす元になる働き】forza㊛ (fisica), potenza㊛ ◇活力 vigore㊚ ◇力のある forte, robusto, vigoroso, pieno di energia ◇力のない debole, fiacco ㊚[複]-chi ¶自然《風》の力 forza della natura [del vento / eolica] ¶風の力を利用して発電する produrre elettricità sfruttando l'energia eolica ¶腕の力が強い avere una grande forza nelle braccia ¶力が尽きる esaurire [perdere] le forze / essere all'estremo delle forze / essere allo stremo ¶彼は力(体力)がない. Non è forte. / Non ha forza. ¶たくさん食べて力をつけなさい. Mangia tanto e diventa forte! ¶この自動車は電気の力で走る. Questa automobile va a elettricità.
2【暴力, 腕力】forza㊛, violenza㊛ ¶力に訴える ricorrere [far ricorso] alla forza ¶力を用いる usare la forza
3【能力】facoltà㊛, capacità㊛, forza㊛ ¶…する力がある essere capace [in grado / in condizione] di + 不定詞 / sapere + 不定詞 / potere + 不定詞 ¶英語の力をつける perfezionare il proprio inglese ¶彼は物理の力が足りない. È debole in fisica. ¶イタリア語を読む力はあるが話す力がない. Sono in grado di leggere l'italiano, ma non lo parlo bene. ¶私の力の及ぶ限りやりましょう. Nei limiti delle mie possibilità, me ne occuperò io. ¶それは私の力では及ばない. Questo 「è superiore alle [va al di là delle] mie forze [capacità]. ¶ペンの力は剣より強い. Ne uccide più la penna che la spada.
4【効力】effetto㊚, efficacia㊛ ¶ワクチンの力で病気が撲滅された. La malattia è stata debellata grazie all'effetto del vaccino. ¶先生の言うことは子供たちに対して大きな力をもっている. Quello che dice l'insegnante ha una grande efficacia sugli allievi.
5【威力】【権力】potere㊚, autorità㊛;《影響力》influenza㊛ ¶政府の力で con l'autorità del governo ¶力の政治 politica di potere ¶警察は力が強い. La polizia è molto potente. ¶彼は親の力で今の地位を得た. Ha acquistato la posizione attuale grazie all'appoggio [all'influenza] dei suoi genitori.
6【心身の勢い】《気力》energia㊛ [複 -gie] spirituale [mentale];《精神力》forza㊛ mentale [d'animo];《迫力》vigore㊚ ¶力を落とす scoraggiarsi / perdersi d'animo ¶力ない返事をする rispondere con un fil(o) di voce / rispondere con voce fievole ¶力を取り戻す riacquistare le forze / riprendere forza / rimettersi in forze / ristabilirsi ¶力のある議論 argomento vigoroso [convincente] ¶力のこもった演説 un discorso incisivo
7【努力】sforzo㊚, impegno㊚ ¶力を尽くして…する sforzarsi di + 不定詞 / fare 「ogni sforzo [tutto il possibile] per + 不定詞 ¶力を合わせる unire le forze / unire gli sforzi ¶もっと仕事に力を入れてください. Metti più impegno nel lavoro. ¶この学校は美術に特に力を入れている. Questa scuola dà particolare peso alle materie artistiche. ¶私は自分で仕事をやり遂げた. Ho finito il lavoro 「con le mie sole forze [da solo].
8【援助, 助力】aiuto㊚, assistenza㊛, soccorso㊚;《支援》appoggio㊚[複 -gi] ¶力を貸す dare una mano a qlcu. / venire in aiuto a [di] qlcu. ¶《人》の力を頼る contare [fare assegnamento / fare affidamento] su qlcu. ¶《人》の力で con l'aiuto [grazie all'aiuto] di qlcu. / grazie a qlcu. ¶困ったときはいつでも力になりましょう. Quando ne avrai bisogno, sarò sempre pronto ad aiutarti. ¶我々は多くのことを田中氏の力に負っている. Dobbiamo 「molte cose [molto] al sig. Tanaka.

ちからいっぱい 力一杯 ¶綱を力一杯引っぱった. Ho tirato la corda con tutte le mie forze. ¶彼は力一杯試合をしたが敗れた. Ha speso tutte le sue energie [forze] nella partita, ma l'ha persa lo stesso. ¶力一杯やってこい. Forza! Mettercela tutta!

ちからくらべ 力比べ gara di forza ¶《人》と力比べをする fare una gara di forza con qlcu. / misurare le proprie forze con qlcu.

ちからこぶ 力瘤 ¶力こぶを作る tendere [irrigidire] i muscoli
慣用 力こぶを入れる ¶勉学に力こぶを入れる impegnarsi a fondo nello studio

ちからしごと 力仕事 ¶私は力仕事には向かない. Non sono adatto per i lavori pesanti.

ちからずく 力尽く ◇力ずくで di forza ¶力ずくでかかってこられたのでかなわなかった. Mi ha aggredito con forza [con violenza] e sono stato costretto a cedere. ¶政府は法案を力ずくで通そう

としている. Il governo sta cercando di far passare il disegno di legge a viva forza.

ちからぞえ 力添え aiuto[男], assistenza[女] ¶なにとぞお力添えを. Mi aiuti [Mi dia una mano] per favore.

ちからだめし 力試し ¶力試しに試験を受けた. Ho sostenuto un esame per mettere alla prova la mia (vera) capacità.

ちからづく 力付く ¶君の言葉に力づいた. Le tue parole mi hanno incoraggiato [mi hanno dato animo].

ちからづける 力付ける ¶私は実験の成功に力づけられた. Il successo dell'esperimento mi ha incoraggiato [mi ha dato coraggio].

ちからづよい 力強い **1**《心強い》rassicurante ¶あなたがいらっしゃるので力強い. La sua presenza mi infonde coraggio. ¶彼には力強い支援者がたくさんいる. Ha tanti sostenitori su cui può contare. **2**《力がこもっている》 ¶力強い演説 grande discorso ¶力強い声 voce forte [stentorea] ¶力強い文体 stile incisivo [potente]

ちからぬけ 力抜け ◇力抜けする scoraggiarsi;《状態》essere deluso [scoraggiato]

ちからまかせ 力任せ ¶力任せに con tutta la forza possibile

ちからまけ 力負け ¶彼らは力負けした.《力を入れすぎて》Hanno perso per il troppo impeto. ¶わがチームは彼らに力負けした.《力の差があって》La nostra squadra non era in grado di gareggiare con loro, infatti ha perso.

ちからもち 力持ち ◇力持ちの forzuto ¶彼は力持ちだ. È un ercole [un maciste].

ちかん 痴漢 pervertito[男] ¶痴漢に襲われる essere assalito da un maniaco sessuale

ちかん 置換〖数・化〗sostituzione[女];〖化〗spostamento[男] ◇置換する sostituire《AをBに A con B, B ad A》

ちき 知己 《知人》conoscente[男][女], conoscenza[女];《友人》amico[男][[女] -ca; [男]複 -ci] ¶彼には知己が多い. Ha molti amici. / Ha molte conoscenze. ¶彼は昔からの知己だ. È una vecchia conoscenza [un vecchio conoscente].

ちきゅう 地球

Terra[女], globo[男] terrestre ¶地球上に sulla Terra ¶国際地球観測年 Anno Geofisico Internazionale (◆ 1957–58) ¶「それでも地球は動く」(ガリレオ・ガリレイ) "Eppur si muove!" (Galileo Galilei)

✤**地球外生物** vita[女] extraterrestre
地球化学 geochimica[女]
地球環境基金 Fondo[男] giapponese per l'ambiente globale
地球観測衛星 satellite[男] per il rilevamento terrestre
地球儀 globo[男] terrestre
地球サミット Earth Summit[男]
地球周回衛星 satellite[男] che orbita intorno alla Terra
地球脱出速度 velocità[女] di fuga
地球の日 Giornata[女] (mondiale) della Terra;〔英〕Earth Day[男][無変](◆ 4月22日)
地球物理学 geofisica[女]

ちぎょ 稚魚 pesce[男] appena nato;《主として淡水魚》avannotti[男][複]

ちきょう 地峡 〖地〗istmo[男] ¶スエズ[パナマ]地峡 Istmo di Suez [di Panama]

ちきょうだい 乳兄弟 fratelli[男][複] [《女 の》sorelle[女][複]] di latte

ちぎる 千切る 《細かく裂く》stracciare [fare a pezzetti] *ql.co.*;《切って離す》strappare [staccare] *ql.co.* ¶メモ用紙を1枚ちぎった. Ho staccato un pezzo di carta dal blocchetto per appunti.

ちぎる 契る **1**《誓う》giurare *ql.co.* [di＋[不定詞] / che＋[直説法]];《約束する》promettere; impegnarsi a＋[不定詞] ◇契り giuramento[男]; promessa[女]; impegno[男] **2**《夫婦になる約束をする》scambiarsi una promessa di matrimonio;《性交》avere un rapporto sessuale (con *qlcu.*)

ちぎれぐも 千切れ雲 nubi[女][複] sparse

ちぎれる 千切れる 《切れて離れる》strapparsi, staccarsi;《切れ切れになる》ridursi [essere ridotto] a pezzetti ¶寒さで耳がちぎれそうだ. Questo freddo taglia le orecchie. ¶彼らはハンカチをちぎれるほど振った. Hanno salutato agitando [sventolando] freneticamente i loro fazzoletti.

チキン 〔英 chicken〕pollo[男] ¶ローストチキン pollo arrosto

✤**チキンカツ** cotoletta[女] di pollo
チキンライス pilaf[男][無変] al pollo

ちく 地区 zona[女], quartiere[男], rione[男];《管轄区》distretto[男];〖軍〗《防衛地区》settore[男];〖鉄道〗《区間》tratto[男] ¶商業地区 centro commerciale (della città) ¶学校地区制 sistema dei distretti scolastici

ちくいち 逐一 ¶逐一調べる esaminare *ql.co.* punto per punto ¶逐一報告する fare [presentare] un rapporto particolareggiato

ちぐう 知遇 ¶〈人〉の知遇を得る guadagnarsi la stima di *qlcu.* ¶彼は市長の知遇を得ている. Gode della considerazione del sindaco.

ちくおんき 蓄音機 grammofono[男], fonografo[男]

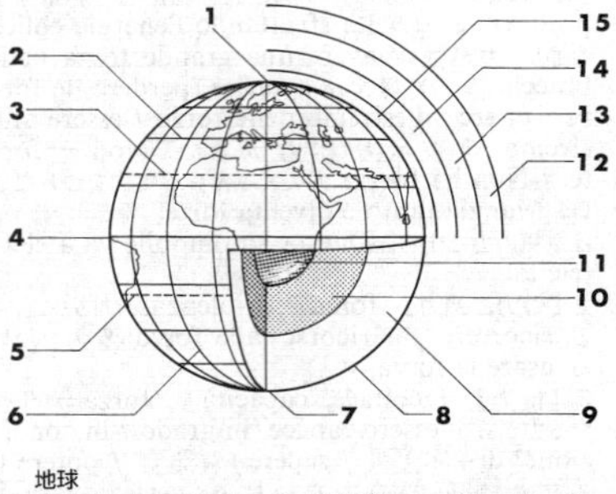

地球
1 北極 Polo[男] Nord. **2** 緯線 parallelo[男]. **3** 北回帰線 Tropico[男] del Cancro. **4** 赤道 equatore[男]. **5** 南回帰線 Tropico[男] del Capricorno. **6** 経線 meridiano[男]. **7** 南極 Polo[男] Sud. **8** 地殻 crosta[女] terrestre. **9** マントル mantello[男]. **10** 外核 nucleo[男] esterno. **11** 内核 nucleo[男] interno. **12** 電離層 ionosfera[女]. **13** 中間圏 mesosfera[女]. **14** 成層圏 stratosfera[女]. **15** 対流圏 troposfera[女].

ちくご 逐語 ¶逐語訳 traduzione㊛ parola per parola [testuale / letterale] ¶逐語的に訳す tradurre parola per parola [testualmente / letteralmente]

ちくざい 蓄財 accumulazione㊛ di ricchezze ◇蓄財する accumulare [ammassare] beni [ricchezze]

ちくさつ 畜殺 macellazione㊛, abbattimento㊚ ◇畜殺する macellare, abbattere

ちくさん 畜産 pastorizia㊛, zootecnia㊛, allevamento㊚ del bestiame ¶畜産を営む allevare bestiame / fare l'allevatore
❖**畜産家** allevatore㊚ [㊛ -trice] (di bestiame)
畜産学 zootecnia㊛ ◇畜産学の zootecnico [㊛ -ci]
畜産物 prodotti㊚ [複] zootecnici

ちくじ 逐次 l'uno dopo l'altro, successivamente ¶詳細を逐次報告してください. Mi informi dei dettagli via via [(a) man (a) mano] che li riceve.

ちくしょう 畜生 1 《けだもの》bestia㊛, bruto㊚ ¶畜生にも劣るやつだ. È peggio di un animale! 2 《ののしりの言葉》 ¶畜生! Diavolo! / Perdinci! / Diamine! / Accidenti! / Dannazione! / Cazzo! / Cribbio! ¶畜生, あとちょっとのところで列車に乗り遅れた. Che rabbia, ho perso il treno per un pelo.

ちくじょう 逐条 ¶逐条審議する discutere ql.co. articolo per articolo

ちくじょう 築城 costruzione㊛ di un castello ◇築城する costruire un castello
❖**築城学** scienza㊛ delle fortificazioni

ちくせき 蓄積 accumulazione㊛, ammasso㊚, accumulo㊚ ◇蓄積する accumulare, ammassare; 《商品・エネルギー・知識などを》immagazzinare ¶富の蓄積 un accumulo di ricchezze

チクタク 〔英 ticktack〕《擬》tic tac ¶時計がチクタクいっている. L'orologio fa tic tac.

ちくちく ¶ちくちく刺すような痛み dolore pungente ¶目がちくちく痛む. Mi bruciano gli occhi. ¶このセーターがちくちくする. Questo maglione pizzica [《親》punge]. ¶後悔で胸がちくちく痛む. Mi rimorde la coscienza.

ちくっ 1 《刺された痛み》 ¶針でちくっと刺す pungere con uno spillo [un ago] ¶蜂にちくっと刺された. Mi ha punto una vespa. ¶胃がちくっと痛んだ. Ho sentito una leggera fitta allo stomaco. 2 《心を刺される痛み》 ¶思い出すたびにちくっと心が痛む. Tutte le volte che ci penso provo una fitta al cuore.

ちくてい 築堤 《堤防を築くこと》arginatura㊛; 《築かれたもの》argine㊚, terrapieno㊚
❖**築堤工事** lavori㊚ di arginatura

ちくでん 蓄電 accumulazione㊛ dell'energia elettrica
❖**蓄電器** condensatore㊚ elettrico [複 -ci]
蓄電池 accumulatore㊚, batteria㊛ secondaria [di accumulatore]

ちくのうしょう 蓄膿症 《医》empiema㊚; 《鼻の》ozena㊛

ちぐはぐ 1 《不ぞろい》disuguaglianza㊛, ineguaglianza㊛ ◇ちぐはぐな ineguale, disuguale; 《対だったものが》scompagnato, spaiato ¶ちぐはぐな色の組み合わせ combinazione di colori stonati 2 《食い違う様子》disaccordo㊚; 《矛盾》incoerenza㊛ ◇ちぐはぐな in disaccordo; incoerente

ちくばのとも 竹馬の友 amico㊚ [㊛ -ca; ㊚複 -ci] di infanzia

ちくび 乳首 capezzolo㊚; 《哺乳びんの》tettarella㊛ (del poppatoio); 《親》ciuccio㊚ [㊚複 -ci]

ちくり ¶ちくりと刺す punzecchiare ¶彼はちくりと皮肉の効いた話をする. Fa un discorso pungente [mordace]. ¶そう言われると耳がちくりと痛い. Ciò che dici mi punge nel [sul] vivo.

ちくりちくり ¶彼の話はちくりちくりと母親たちの痛いところを突いた. Il suo discorso ha colpito le madri nel loro punto debole.

チクル 〔英 chicle〕《ガムの原料》〔ス〕chicle㊚

ちくるい 畜類 《家畜》animali㊚ [複] domestici; 《総称》bestiame㊚; 《獣類》bestie㊛ [複]

ちくわ 竹輪 《料》chikuwa㊚ 《無変》, salsicciotto㊚ cavo di pasta di pesce scottata sul fuoco o cotta a vapore

ちけい 地形 configurazione㊛ del terreno; 《地形学上の》aspetto topografico [㊚複 -ci] ¶地形を調べる esplorare il terreno
❖**地形学** topografia㊛ ◇地形学の topografico
地形学者 topografo㊚ [㊛ -a]
地形図 carta㊛ topografica
地形測量 rilievo㊚ topografico
地形輪廻 ciclo㊚ geomorfico

チケット 〔英 ticket〕《切符》biglietto㊚; 《切り取り式》scontrino㊚; 《クーポン》tagliando㊚

ちけむり 血煙 getto㊚ di sangue

ちけん 治験 《医》test㊚ [複] clinici

ちこう 地溝 《地質》fossa㊛ (tettonica), fessura㊛

ちこく 遅刻 ritardo㊚ ◇遅刻する arrivare㊀ [es] in ritardo ¶私は5分遅刻した. Sono arrivato con cinque minuti di ritardo. ¶彼は遅刻の常習犯だ. È sempre in ritardo. / Non è mai puntuale.
❖**遅刻者** ritardatario [㊛ -ia; ㊚複 -i]
遅刻届 giustificazione㊛ scritta di un ritardo

ちこつ 恥骨 《解》pube㊚

ちさん 治山 imboschimento㊚

ちさん 治産 《法》gestione㊛ del proprio patrimonio

ちし 地誌 descrizione㊛ geografica
❖**地誌学** topografia㊛

ちし 致死 《過失致死(罪)》《法》omicidio involontario (colposo)
❖**致死傷** ferita㊛ mortale
致死性 ◇致死性の letale, mortale
致死量 dose㊛ letale [mortale]

ちじ 知事 governatore㊚ [㊛ -trice] [presidente㊚ [㊛ -essa]] di una provincia (◆イタリアでは市町村の長を sindaco㊚ [㊛ -ca; ㊚複 -ci]、県 provincia や州 regione の長を presidente㊚ という. また, prefetto 「政府監督官」を, 国の直轄行政の機関とし, 政府から派遣される) ¶東京都知事 governatore di Tokyo ¶ミラノ県知事 presidente della Provincia di Milano

ちしお 血潮 sangue㊚ ¶彼は血潮に染まって倒れた. È caduto tutto insanguinato. ¶燃える血潮

passione ardente / ardore

ちしき 知識 conoscenza⼥, sapere男, scienza⼥;《人知のすべて》scibile男;《学識, 博学》erudizione⼥;《実務知識》《英》know-how男[無変] ¶深遠な知識 conoscenza profonda [superficiale] ¶該博(がいはく)な知識 conoscenza universale [enciclopedica] ¶知識の豊かな人 pozzo di scienza /《教養がある》persona (molto) colta /《学識豊かな》persona dotta / persona erudita (►皮肉にも使う) ¶知識を得る acquisire una buona conoscenza di [su] *ql.co.* ¶知識を広げる allargare [ampliare] la *propria* cultura ¶専門の知識を身につける specializzarsi in un settore ¶電気の知識はまるでない. Non so assolutamente niente di elettricità. ¶イタリア語の知識が役立った. La conoscenza dell'italiano mi è stata utile.
❖知識階級 classe⼥ intellettuale [degli intellettuali]
知識人 intellettuale男⼥
知識欲 ¶彼は知識欲が旺盛だ. Ha una grande sete di sapere.

ちじき 地磁気 《物》magnetismo男 terrestre, geomagnetismo男

ちじく 地軸 asse男 terrestre

ちしつ 地質 natura⼥ del terreno;《地質学上の》aspetto geologico [複 *-ci*], ¶地質を調査する sondare un terreno ¶地質が軟弱である. Il terreno è molle.
❖地質学 geologia⼥ ◇地質学の geologico
地質時代 era⼥ geologica
地質図 carta⼥ geologica

ちしゃ 萵苣 《植》lattuga⼥

ちじょう 地上 **1**《地面の上》◇地上の sulla terra, terrestre, terreno ¶地上に a [per] terra ¶地上 38 階の高層ビル un grattacielo con [di] trentotto piani **2**《この世》questo mondo男 ¶地上の楽園 paradiso terrestre
❖地上核実験 test男[無変] [esperimento男] atomico [複 *-ci*] [nucleare] in superficie
地上管制《空》controllo男 (del traffico aereo) da terra
地上勤務 servizio男[複 *-i*] [incarico男 [複 *-chi*] a terra
地上勤務員 dipendente男⼥ [《集合的》personale男] di terra
地上権 diritto男 di superficie;《教会の俗権》il potere男 temporale
地上整備員《空港の》meccanico男[複 *-ci*] di servizio a terra
地上デジタル放送 trasmissione⼥ digitale terrestre
地上波 onda⼥ di terra [di superficie]
地上部隊 truppe⼥[複] a terra [terrestri]
地上誘導着陸装置《空》radar男[無変] GCA

ちじょう 痴情 passione⼥ cieca [folle], amore男 folle ¶この殺人は痴情事件だ. Questo è un delitto passionale.

ちじょうい 知情意 intelligenza⼥, passione⼥ e volontà⼥

ちじょく 恥辱 onta⼥, vergogna⼥, disonore男;《悪名》obbrobrio男[複 *-i*], infamia⼥, ignominia⼥ ¶恥辱を忍ぶ sopportare il disonore ¶彼は皆の前で恥辱を受けた. È stato svergognato [umiliato / insultato] davanti a tutti.

ちじん 知人 conoscente男⼥;《友人》amico男 [複 *-ca*];複男 ¶知人が多い avere molte conoscenze [amicizie] / conoscere molta gente

ちず 地図《縮尺 10 万分の 1 から 100 万分の 1 のもの》carta⼥ geografica;《1 万分の 1 から 10 万分の 1 までのもの》carta⼥ topografica;《500 分の 1 から 5000 分の 1 のもの》mappa⼥;《1 都市の道路・建物を印刷した 500 分の 1 までのもの》pianta⼥; piantina⼥ (►日常の会話では, それほど厳密な使い分けはされない);《地図帳》atlante男 ¶掛け地図 carta (geografica) murale ¶白地図 carta (geografica) muta ¶歴史地図 atlante storico ¶縮尺 5 万分の 1 の地図 carta topografica ridotta in scala (di) 1:50.000 (読み方: uno a cinquantamila) ¶地図を見る consultare la carta geografica ¶地図で探す cercare *ql.co.* sulla carta ¶この道は地図に出ていない. Questa strada non è segnata sulla mappa. ¶地図を描いてください. Per piacere fammi una piantina.

ちすい 治水 regolazione⼥ di un corso d'acqua;《洪水対策の》protezione⼥ contro le inondazioni, governo男 delle acque
❖治水工事 opere⼥[複] di arginamento, arginatura⼥

ちすじ 血筋 parentela⼥, consanguineità⼥, stirpe⼥, discendenza⼥ ¶血筋が絶えた. La stirpe si è interrotta.

ちせい 地勢 → 地形

ちせい 知性 intelligenza⼥;《知的能力》intelletto男 ¶知性と教養のある人 persona intelligente e di cultura

ちせい 治政 ¶ウンベルト 1 世の治政に durante il regno di Umberto I (読み方: primo)

ちせいがく 地政学 geopolitica⼥ ◇地政学の geopolitico[複男 *-ci*]

ちせつ 稚拙 ◇稚拙な rozzo e infantile ¶稚拙な絵 quadro rozzo e infantile

ちそ 地租 imposta⼥ fondiaria

ちそう 地層 strato男;《地質》falda⼥, assista⼥ geologica ¶岩石の地層 uno strato di sassi

チター 《独 Zither》《音》《楽器》cetra⼥

ちたい 地帯 zona⼥, area⼥, regione⼥ ¶安全地帯 zona di sicurezza /《街路の》isola spartitraffico ¶緩衝地帯 zona cuscinetto[無変] ¶工業[農業]地帯 zona industriale [agricola] ¶国境地帯 zona di frontiera ¶非武装地帯 zona smilitarizzata ¶森林地帯 regione boscosa / terreno boschivo

ちたい 遅滞 ritardo男;《支払いの》arretrato男, arretrati男[複] ¶遅滞する essere in ritardo, fare tardi;《支払いが滞る》avere degli arretrati da pagare ¶遅滞なく senza ritardare
❖遅滞金 mora⼥, arretrati男[複]
遅滞債務者 debitore男 [⼥ *-trice*] moroso
遅滞日数 giorni男[複] di mora

ちだい 地代 rendita⼥ fondiaria

チタニウム 《英 titanium》→チタン

ちだらけ 血だらけ ◇血だらけの insanguinato, sanguinante, sanguinoso, coperto di sangue ¶顔を血だらけにして倒れる cadere con il volto tutto sanguinante

ちだるま 血達磨 ¶血だるまになる essere coperto di sangue

チタン 〔独 Titan〕 titanio男; 《元素記号》Ti ❖チタン合金 ferrotitanio男

ちち 父 1《男親》padre男;《親》papà男;《親・トスカーナ》babbo男 一家系図 ¶私の父 mio padre (▶無冠詞) ¶義理の父(舅(辷)) suocero ¶彼は音楽家を父としてローマに生まれた. È nato a Roma da padre musicista. ¶この父にしてこの子あり.《諺》"Tale padre tale figlio."(▶イタリア語では主に否定的な意味で使われる)
2《キリ》《神》¶父と子と聖霊 Padre, Figlio e Spirito Santo ¶「天にましまします我らの父よ」"Padre nostro, che sei nei cieli."(◆主祷(ダ)文の始まり)
3《始祖》¶歴史学の父, ヘロドトス Erodoto, il padre della storia
❖父殺し（人）parricida男女 [男複 -i];（行為）parricidio男 [複 -i]
父の festa女 del papà (◆日本では6月の第3日曜だが, イタリアでは3月19日の「イエスの父」San Giuseppe の日)

ちち 乳 1《母乳, 牛乳など》latte男 ¶乳を吸う succhiare il latte dalle mammelle ¶子供に乳を飲ませる allattare [dare il *proprio* latte a] un bambino ¶乳がよく出る avere tanto latte /《牛の場合》dare molto latte ¶乳が出なくなった.《人が主語》non avere più latte ¶牛の乳を搾る mungere una vacca
2《乳房》mammella女, seno男
❖乳搾り（行為）mungitura女;（人）mungitore男 [女 -trice];《搾乳器》mungitrice女

ちち 遅遅 ¶遅々とした lento ¶遅々として仕事がはかどらない. Il lavoro non procede affatto.

ちぢ 千々 ¶心が千々に乱れる essere profondamente confuso

ちちおや 父親 padre男

ちちかた 父方 ◇父方の paterno, da parte di padre

ちぢかむ 縮かむ ¶寒さで手が縮かむ. Le mani si intorpidiscono [si intirizziscono] per il freddo.

ちちくさい 乳臭い ¶彼はまだ乳臭い. Ha ancora il latte sulle labbra. / Puzza ancora di latte.

ちぢこまる 縮こまる《体を小さくする》raggomitolarsi, rannicchiarsi, acciambellarsi, accovacciarsi, farsi piccolo

ちちばなれ 乳離れ svezzamento男 ◇乳離れする essere svezzato;《独立する》rendersi indipendente ¶乳離れした［しない］子供 bambino svezzato [non svezzato]

ちぢまる 縮まる → 縮む

ちぢみ 縮み 1《縮むこと》restringimento男, contrazione女;《工》ritiro男 2《縮み織》tessuto男 crespo

ちぢみあがる 縮み上がる ¶にらまれて縮み上がった farsi piccolo dalla paura per uno sguardo ostile ¶あまりの寒さに縮み上がった. Ero intirizzito dal troppo freddo.

ちぢむ 縮む 1《短くなる》ritirarsi, accorciarsi;《小さくなる》rimpiccolirsi;《狭くなる》restringersi;《収縮する》contrarsi ¶縮みやすい布 stoffa restringibile ¶旅行の日数が2日縮んだ. Il programma di viaggio è stato ridotto di due giorni. ¶寿命が縮む思いをした. Sentivo che la vita si accorciava. ¶縮まない流体《物》fluido incomprimibile
2《恐れなどで》rimpiccolirsi, farsi piccolo [ritirarsi] per la paura ¶身の縮む思いをした. Mi sentivo rimpiccolito.

ちぢめる 縮める 1《期間・時間を短くする》accorciare *ql.co.* ¶記録を0.2秒縮める migliorare un record di 0,2 secondi ¶息子の死が彼女の寿命を縮めた. La morte di suo figlio le ha accorciato la vita.
2《小さくする》rimpicciolire *ql.co.*;《狭くする》restringere *ql.co.*;《要約する》abbreviare [compendiare / condensare / riassumere] *ql.co.* ¶スカート丈を2センチ縮める accorciare una gonna di 2 cm (読み方: due centimetri) ¶出題範囲を縮める ridurre le pagine da studiare per l'esame ¶文章を縮める sintetizzare una frase
3《すくめる》¶首を縮める stringersi nelle spalle ¶身を縮めて狭い出口をくぐる farsi piccolo per uscire da un'uscita stretta

ちちゅう 地中 ◇地中の sotterraneo ◇地中に sottoterra, sotterra ¶地中に埋める interrare [sotterrare / seppellire] *ql.co.* 《埋葬する》seppellire [inumare / tumulare] (un morto)

ちちゅうかい 地中海 Mediterraneo男, Mar 男 Mediterraneo ◇地中海の mediterraneo ¶地中海沿岸 bacino del Mediterraneo
❖地中海性気候 clima男 mediterraneo

ちぢれげ 縮れ毛 capelli男[複] ricci [arricciati] ¶彼は縮れ毛だ. Ha i capelli ricci.

ちぢれる 縮れる《布や紙などが》incresparsi;《髪が》arricciarsi ◇縮らせる increspare; arricciare

ちっ ¶男はちっと舌打ちをした. L'uomo ha schioccato la lingua.

ちつ 腟《解》vagina女 ◇腟の vaginale
❖腟炎 vaginite女

ちっか 窒化《化・冶》nitrurazione女, cementazione女 nitrica

チッキ《荷物》bagaglio男 [複 -gli] appresso;《預かり証》scontrino男

ちっきょ 蟄居 ¶蟄居する《家に閉じこもる》chiudersi in casa

チック《固型の整髪料》brillantina女 in stick

チック（しょう）《症》《医》tic男 [無変]

ちつじょ 秩序 ordine男 ◇秩序ある ordinato, sistematico [複 -ci] ◇秩序のない disordinato, in disordine ¶秩序を保つ《守る / 回復する》mantenere [rispettare / ristabilire] l'ordine (di *ql.co.*) ¶秩序を乱す mettere in disordine (*ql.co.*) / sconvolgere l'ordine di *ql.co.* ¶秩序整然と列を成して行進する sfilare [*es, av*] in ordine [in una fila ordinata] ¶秩序立てる mettere ordine (in *ql.co.*) / mettere in ordine (*ql.co.*) ¶秩序立てて metodicamente / sistematicamente

ちっそ 窒素《化》azoto男;《元素記号》N ¶窒素を含んだ azotato ¶空中窒素 azoto atmo-

sferico
❖窒素ガス gas㊚ [無変] d'azoto
窒素計 azotometro㊚
窒素固定[同化] fissazione㊛ [assimilazione㊛] dell'azoto
窒素肥料 concimi㊚ [複] azotati

ちっそく 窒息 soffocazione㊛, soffocamento㊚, asfissia㊛ ◇窒息する essere soffocato [asfissiato] ◇窒息させる soffocare [asfissiare] qlcu. ¶窒息して死ぬ morire asfissiato
❖窒息死 morte㊛ per [soffocamento [asfissia]
窒息性 ◇窒息性の asfissiante, soffocante

ちっちっ 《鳥の鳴き声》《擬》cip cip ¶ちっちっと鳴く声 cinguettio㊚ [複 -ii] ¶ちっちっと鳴く《鳥が》cinguettare㊙ [av]

ちっとも →少しも ¶彼はちっとも勉強しない. Non studia affatto. ¶彼の助けはちっとも役に立たなかった. Il suo aiuto non è stato per niente utile.

チップ 〔英 chip〕**1**《賭金代りの》《仏》fiche [fiʃ]㊛ [無変]; gettone㊚ **2**《電子》〔英〕chip㊚ [無変]

チップ 〔英 tip〕**1**《心づけ》mancia㊛ [複 -ce] ¶〈人〉にチップをはずむ dare una mancia generosa [lauta] a qlcu. **2**《スポ》colpo㊚ (leggero) obliquo **3**《ボールペンの》punta㊛ di biro

ちっぽけ ◇ちっぽけな minuscolo, minuto, microscopico [㊚複 -ci] ¶ちっぽけな額《とるに足りない》somma minima [insignificante]

ちてき 知的 ◇知的な intelligente; 《頭脳の》intellettuale, mentale ¶知的能力 facoltà intellettiva [intellettuale / mentale] ¶知的労働 lavoro intellettuale ¶知的人的資源 risorse intellettuali ¶アフリカへの知的支援 assistenza tecnologica per l'Africa
❖知的財産権 proprietà㊛ intellettuale
知的障害者 disabile㊚㊛ mentale
知的所有権 →知的財産権

ちてん 地点 ¶出発地点 punto di partenza ¶有利な地点 postazione vantaggiosa ¶その教会はここから5キロ北の地点にある. Quella chiesa `è situata [si trova] a 5 chilometri a nord di qui.

ちどうせつ 地動説 eliocentrismo㊚, teoria eliocentrica; 《コペルニクスの説》eliocentrismo㊚ copernicano

ちとせあめ 千歳飴 caramella㊛ a (forma di) bacchetta tipica della Festa dei Bambini del 15 novembre

ちどめ 血止め →止血

ちどり 千鳥《鳥》piviere㊚
❖千鳥足 ¶千鳥足で歩く camminare vacillando [barcollando / a zigzag]
千鳥掛け punto㊚ spiga [無変] [a croce]
千鳥格子《服》〔仏〕pied-de-poule [pjedpul]㊚ [無変]

ちなまぐさい 血腥い ¶血なまぐさい事件 fatto di sangue

ちなみに 因みに a proposito; per inciso ¶ちなみに彼の収入は1000万円であった. Per inciso, il suo reddito è stato di dieci milioni di yen.

ちなむ 因む ¶父の命日にちなんで in occasione dell'anniversario della morte di mio padre ¶生まれた町の京都にちなんで京子と名付けられた. Essendo nata a Kyoto, l'hanno chiamata Kyoko.

ちねつ 地熱 calore㊚ interno della terra; calore㊛ terrestre, geotermia ◇地熱の geotermico [㊚複 -ci]
❖地熱発電 generazione㊛ di elettricità geotermica
地熱発電所 centrale㊛ geotermica

ちのう 知能 intelligenza, capacità㊛ intellettuale, intelletto㊚ ¶知能の進んだ[遅れた]子 bambino intellettualmente sviluppato [ritardato] ¶彼は知能が高い. Ha elevate facoltà intellettuali. / È di grande intelligenza.
❖知能検査 test㊚ [無変] (per determinare il quoziente㊚) d'intelligenza
知能指数 quoziente㊚ d'intelligenza [intellettivo]; 《略》Q.I.
知能程度 livello㊚ intellettuale
知能犯《犯人》frodatore㊚ [㊛ -trice]; 《犯罪》frode㊛

チノパン pantaloni㊚ [複] chino

ちのみご 乳飲み子 lattante㊚㊛, poppante㊚㊛

ちのみち 血の道《婦人病》(sintomi㊚ [複] di tipiche) malattie㊛ [複] femminili

ちのり 血糊 ¶血のりのついた刀 spada insanguinata

ちはい 遅配 ritardo㊚ della distribuzione di ql.co. ¶給料が遅配になっている. Gli stipendi vengono pagati in ritardo.

ちばしる 血走る ¶彼の目は血走っていた. I suoi occhi sono [Ha gli occhi] iniettati di sangue.

ちはつ 遅発 ◇遅発する partire㊙ [es] in ritardo ¶急行は15分遅発した. L'espresso è partito con un ritardo di quindici minuti.

ちばん 地番 numero㊚ del lotto ¶地番の整理をする riordinare i numeri dei lotti

ちび《幼ない子》bimbetto㊚ [㊛ -a], marmocchio㊚ [㊛ -ia; ㊚複 -i]; 《背の低い人》nano㊚ [㊛ -a], nanerottolo㊚ [㊛ -a] ¶おちびちゃん《呼びかけ》piccolino [㊛ -a]

ちびちび ¶金をちびちび使う spendere con parsimonia

ちびっこ ちびっ子 bimbo㊚ [㊛ -a], piccino㊚ [㊛ -a], bambino㊚ [㊛ -a], piccolo㊚ [㊛ -a]

ちひょう 地表 superficie㊛ terrestre

ちびりちびり (a) poco a poco; 《飲む》a sorsi, sorseggiando ¶酒をちびりちびり飲む bere a sorsi [sorseggiare / centellinare] il sakè ¶ビスケットをちびりちびり食べる rosicchiare un biscotto

ちびる 1《小便をもらす》farsi la pipì addosso **2**《けちけちする》essere avaro [taccagno / tirchio [㊚複 -chi]]

ちびる 禿びる ¶ちびた鉛筆 mozzicone㊚ di matita ¶彼の靴はとがちびている. Le sue scarpe sono scalcagnate.

ちぶ 恥部《陰部》i genitali㊚ [複], le parti㊛ [複] intime **2**《恥ずべきところ》¶日本の恥部 vergogna del Giappone

ちぶさ 乳房 mammella㊛, seno㊚, petto㊚ ¶乳房がはる《母乳で》avere le mammelle piene [gonfie] di latte /《病気などで》avere le mammelle gonfie

チフス〔蘭 typhus〕《医》tifo㊚ ¶腸チフス ti-

fo addominale ¶発疹チフス tifo esantematico / dermotifo ¶パラチフス paratifo
✤チフス菌 bacillo del tifo [di Elberth]

ちへいせん 地平線 orizzonte男 ¶地平線上に all'orizzonte / sopra l'orizzonte ¶天文地平線〔天〕 orizzonte astronomico

ちほう 地方 **1**《広い地域》regione安, area安, zona安, parte安;《地区, 地域》località安;《管区》distretto男 ¶東京地方 la regione (metropolitana) di Tokyo ¶山岳地方 regione montuosa ¶太平洋に面した地方《沿岸地域》litorale pacifico ¶日本海に面した地方は雪が多い. Sulle località che si affacciano sul Mare del Giappone nevica abbondantemente. ¶この地方の名物は何ですか. Qual è la specialità di questa zona? ¶関東地方は晴れるでしょう. Si prevede tempo sereno nella zona [regione] del Kanto.
2《都会・中央に対しての》provincia安 [複 -ce, -cie];《田舎：平地》campagna安 ◇地方の locale, provinciale, regionale ¶地方に住む vivere in provincia ¶地方の人々 gente di provincia ¶地方では有名な詩人 un poeta popolare a livello locale ¶地方を回る《上演など》fare una tournée in provincia ¶地方の時代《地方分権》epoca di decentramento
✤地方化《地方分権》decentramento男
地方官庁 ufficio男 [複 -ci] provinciale [regionale]
地方議会《市区町村》consiglio男 [複 -gli] comunale [《県の》provinciale /《州の》regionale]
地方機関 autorità安 [amministrazione安] locale
地方記事 notizie安 [複] locali
地方行政 amministrazione安 locale
地方銀行 banca安 locale [provinciale / regionale]
地方区 collegio男 [複 -gi] elettorale regionale
地方検察庁 procura安 distrettuale
地方公共団体 ente男 locale
地方交付税[金] contributo男 dello Stato agli enti locali, finanziamento男 statale a favore delle amministrazioni locali
地方公務員 impiegato男 [安 -a] [dipendente男安] di un'amministrazione [un ente] locale
地方債 obbligazione安 di un ente locale
地方財政 finanza安 regionale [provinciale / comunale]
地方裁判所 tribunale男 distrettuale [di prima istanza] ¶東京地方裁判所 tribunale (distrettuale) di Tokyo
地方史 storia安 locale
地方紙〔新聞〕giornale男 locale
地方自治 autonomia安 (amministrativa) locale [regionale]
地方自治体 ente男 locale
地方巡業 giro男 [tournée安 [無変]] in provincia
地方条例 ordinanza安 municipale
地方色 ¶地方色豊かな祭り festa ricca [piena] di colore locale
地方税 imposta安 locale [comunale]
地方選挙 elezioni安 [複] amministrative
地方団体 organizzazione安 [associazione安] locale

地方都市 città安 di provincia
地方訛り provincialismo男; accento男 [cadenza安] dialettale
地方版 edizione安 (di un quotidiano) 「per la provincia [locale]
地方病 endemia安, morbo男 endemico [複 -ci]
地方分権 ¶行政の地方分権 decentramento amministrativo
地方分権主義 regionalismo男

ちほう 痴呆 〔医〕demenza安, imbecillità安;《人》demente男安 ◇痴呆の demente, imbecille ¶若年性[老人性]痴呆症 demenza precoce [senile]

ちぼう 知謀 tattica安 ingegnosa, strategia安 [複 -gie] ¶知謀にたけた人 persona ingegnosa ¶知謀をめぐらす studiare [preparare] tattiche /《たくらみを練る》tramare / ordire / complottare自 [av] / macchinare

ちまき 粽 polpetta安 di riso avvolta in foglie di bambù

ちまた 巷 **1**《岐路》crocevia安 [無変], incrocio男 [複 -ci], crocicchio男 [複 -chi]
2《騒がしい場所》¶戦火の巷 campo di battaglia / teatro d'operazioni belliche
3《世間》◇巷の pubblico男 [複 -ci] ¶巷の声 opinione del popolo ¶巷の声は神の声 "Voce di popolo voce di Dio." /〔ラ〕"Vox populi, vox Dei." ¶巷のうわさでは secondo le voci che corrono

ちまちま ¶ちまちました poco avventuroso

ちまつり 血祭り ¶《人》を血祭りにあげる sacrificare qlcu. / immolare come vittima qlcu. / fare da capro espiatorio di qlcu.

ちまなこ 血眼 ¶血眼になって探す cercare ql.co. [qlcu.] freneticamente [disperatamente / affannosamente]

ちまみれ 血塗れ ◇血まみれの insanguinato, coperto [imbrattato / intriso / lordo] di sangue

ちまめ 血豆 vescica安 ematica;〔医〕ematoma男 [複 -i]

ちまよう 血迷う perdere la testa, andare fuori di sé;《状態》essere forsennato ¶血迷ったか. Hai perso la testa?! / Ma sei matto [impazzito]?!

ちみ 地味 ¶地味が肥えて[やせて]いる. Il terreno è fertile [arido].

ちみち 血道 ¶…に血道をあげる perdere completamente la testa per ql.co. [per qlcu.]

ちみつ 緻密 ◇緻密な minuzioso, accurato, fine ¶緻密な計画 un programma preciso ed elaborato ¶緻密な仕上げ fattura fine [squisita] ¶緻密な論理 ragionamento serrato

ちみどろ 血みどろ ¶血みどろの戦い lotta disperata

チムニー〔英 chimney〕《登山で》camino男

ちめい 地名 nome男 di località, toponimo男;《集合的》toponomastica安 ¶地名に関する toponimico男 [複 -ci]
✤地名研究 toponomastica安, toponimia安

ちめい 知名 ¶知名の士[知名人] persona celebre / celebrità安 / personaggio男 di grande rinomanza
✤知名度 ¶知名度の高い ben noto / di grande

rinomanza / (alquanto) rinomato / celeberrimo ¶知名度の低い poco noto [famoso] / sconosciuto

ちめい 致命 ◇致命的(な) mortale, fatale ¶致命的な打撃を与える [受ける] infliggere [ricevere] un colpo mortale
❖致命傷 ferita⒡ mortale [letale] ¶致命傷を受ける essere ferito mortalmente ¶汚職問題が内閣の致命傷となった。Il problema della corruzione ha inferto un colpo mortale al governo.

ちもんがく 地文学 fisiografia⒡

ちゃ 茶 **1**《飲み物の》tè⒨ (►ふつうは「紅茶」をさす); 《緑茶》tè⒨ verde ¶濃い [薄い] 茶 tè forte [leggero] ¶1杯の茶 una tazza di tè ¶茶を飲む prendere [bere] il tè ¶茶をつぐ versare il tè ¶客に茶を出す offrire il tè agli ospiti
2《茶の湯》cerimonia⒡ del tè ¶茶を点(た)てる preparare il tè
慣用 お茶の子, お茶を濁す →お茶

チャージ 〔英 charge〕**1**《料金》tariffa⒡ ¶テーブルチャージ coperto **2** →充電 1

チャーシュー 叉焼 maiale⒨ arrosto

チャージング 〔英 charging〕《スポ》carica⒡

チャーター 〔英 charter〕◇チャーターする noleggiare
❖チャーター機〔便〕 aereo⒨ [volo⒨] charter 〔無変〕

チャート 〔英 chart〕《図解》grafico⒨ 〔複 -ci〕; 《数字の表》tabella⒡

チャーハン 炒飯 riso⒨ fritto [saltato] alla cinese, riso⒨ (alla) cantonese

チャーミング 〔英 charming〕◇チャーミングな affascinante, attraente, seducente, incantevole

チャーム 〔英 charm〕fascino⒨
❖チャームポイント ¶私のチャームポイントは目です。Gli occhi sono la cosa più affascinante che ho.

チャイナ 1《中国》Cina⒡ **2**《陶磁器》ceramiche⒡〔複〕 e porcellane⒡〔複〕
❖チャイナタウン quartiere⒨ cinese; chinatown⒨〔無変〕
チャイナドレス 《服》abito⒨ cinese

チャイム 〔英 chime〕《楽器, またはその音に似た時計式のベル》〔仏〕carillon⒨〔無変〕;《ベル》suoneria⒡, campanello⒨

チャイルドシート 〔英 child seat〕seggiolino⒨ (da) auto〔無変〕 per bambini

ちゃいろ 茶色 marrone⒨, colore⒨ castano, castano⒨ ◇茶色の marrone〔複 -e, -i〕, castano ¶茶色の髪 capelli castani ¶茶色がかった tendente al castano

ちゃうけ 茶請け →茶菓子

チャウチャウ 〔英 chowchow〕《犬》〔英〕chow-chow⒨〔無変〕

ちゃえん 茶園 piantagione⒡ di tè

ちゃかい 茶会 《茶の湯の会》ricevimento⒨ con cerimonia del tè

ちゃがし 茶菓子 dolci⒨〔複〕 "per il [da] tè"

ちゃかす 茶化す beffarsi di qlcu., prendersi gioco di qlcu., prendere in giro qlcu., canzonare qlcu. ¶茶化さないでくれ。Non burlarti di me. / Non prendermi in giro.

ちゃかっしょく 茶褐色 ◇茶褐色の tendente al marrone, brunastro

ちゃがま 茶釜 bollitore⒨ di ghisa per il tè

ちゃがら 茶殻 foglie⒡〔複〕 di tè usate; 《細かいもの》fondi⒨〔複〕 di tè

ちゃき 茶器 occorrente⒨ per il tè; 《一揃いの》servizio⒨〔複 -i〕 da tè

ちゃきちゃき ¶彼はちゃきちゃきの江戸っ子だ。È un vero edochiano.

ちゃきん 茶巾 sottile garza⒡ usata nella cerimonia del tè per asciugare la tazza

-ちゃく -着 **1**《到着》¶上野発10時半の列車に乗る prendere il treno che arriva a Ueno alle dieci e mezzo ¶1着でゴールインする tagliare il traguardo **2**《衣服の数》capo⒨ ¶背広の上下を3着持っている。Ho tre capi completi.

ちゃくい 着衣 《衣服》abito⒨; 《衣服を着ること》il vestirsi, il mettersi un abito

ちゃくがん 着眼 attenzione⒡ ¶彼はなかなかいいところに着眼した。Ha messo l'occhio sul punto principale della questione.
❖着眼点 punto⒨ di vista; 《ねらい》scopo⒨

ちゃくし 嫡子 **1**《後継ぎの子》erede⒨
2《嫡出子》figlio⒨〔複 -glia; 複 -gli〕 legittimo

ちゃくじつ 着実 serietà⒡; 《一貫性》coerenza⒡, regolarità⒡ ◇着実な serio⒨〔複 -i〕, coscienzioso; regolare, costante ◇着実に seriamente, coscienziosamente; regolarmente, costantemente ¶着実な投資 investimento solido ¶着実な努力 sforzi assidui ¶研究に着実な歩みを続ける fare progressi costanti nel proprio studio

ちゃくしゅ 着手 《開始》avvio⒨〔複 -ii〕, inizio⒨〔複 -i〕 ◇着手する mettere mano a ql.co., iniziare [avviare] ql.co. ¶仕事に着手する mettersi all'opera [al lavoro] / iniziare un lavoro ¶改革の実行に着手する cominciare a mettere in atto [ad applicare] le riforme

ちゃくしゅつ 嫡出 legittimità⒡ ◇嫡出の legittimo
❖嫡出子 →嫡子

ちゃくじゅん 着順 ¶着順に in ordine d'arrivo

ちゃくしょう 着床 《受精卵の》impianto⒨, annidamento⒨; 《移植組織の》impianto⒨ ◇着床する essere impiantato [annidato]

ちゃくしょく 着色 《色をつけること》colorazione⒡, coloritura⒡ ◇着色する colorare [colorire] ql.co. ¶緑色に着色する colorare ql.co. di verde / 《染色する》tingere ql.co. di verde ¶人工的に着色した食品 prodotto alimentare colorato artificialmente / cibi con coloranti alimentari
❖着色ガラス vetro⒨ colorato
着色剤〔化〕 colorante⒨
着色法 colorazione⒡

ちゃくしん 着信 《受信》ricezione⒡; 《電波の》captazione⒡; 《郵便の》il ricevere la posta
❖着信音《携帯電話の》suoneria⒡

ちゃくすい 着水 ammaraggio⒨〔複 -gi〕; 《宇宙船の》〔英〕splashdown⒨〔無変〕 ◇着水する ammarare⒤ [es, av] ¶不時着水 ammaraggio d'emergenza
❖着水装置 galleggianti⒨〔複〕 d'ammaraggio

ちゃくせいしょくぶつ 着生植物 〚植〛epifita㊛, aerofita㊛

ちゃくせき 着席 ◇着席する sedersi, mettersi a sedere ¶着席している essere seduto ¶どうぞ着席してください. Si sieda ⟪複数の相手に⟫ Sedetevi, per favore. ¶着席順に in ordine di posti a sedere ¶「着席」⟪号令⟫ "Seduti!"

ちゃくそう 着装 ◇着装する ⟪衣服を⟫ indossare [mettersi] *ql.co.*; ⟪部品を⟫ fissare [adattare] *ql.co.*⟪に a⟫

ちゃくそう 着想 idea㊛, ispirazione㊛ ¶奇抜[巧妙]な着想 idea originale [ingegnosa] ¶…から着想を得る ispirarsi a *ql.co.* ¶…するという着想を得る avere l'idea [l'ispirazione] di +[不定詞]

ちゃくだつ 着脱 ⟪部品の⟫ ¶この部品は簡単に着脱できる. Questa parte può essere applicata o rimossa con facilità.

ちゃくだんきょり 着弾距離 ¶着弾距離内[外]にある essere a [fuori della] portata di tiro

ちゃくち 着地 atterraggio㊚[複 -gi] ¶着地に失敗する fallire l'atterraggio / fare un pessimo atterraggio ¶飛行機は無事着地した. L'aeroplano ha [è] atterrato senza incidenti.

ちゃくちゃく 着着 ◇着々と passo (a) passo, un passo dopo l'altro, progressivamente; regolarmente ¶計画は着々と実行に移されている. Il progetto viene attuato per gradi.

ちゃくなん 嫡男 primogenito㊚ [legittimo]

ちゃくに 着荷 merce㊛ in arrivo

ちゃくにん 着任 ◇着任する entrare㊀[*es*] nell'esercizio delle *proprie* funzioni, insediarsi

ちゃくばらい 着払い pagamento㊚ alla consegna [a carico del destinatario] ¶代金着払いで送る spedire *ql.co.*「con pagamento del prezzo alla consegna」⟪mediante⟫ contrassegno

ちゃくひょう 着氷 gelata㊛ ◇着氷する gelare㊀[*es*]

ちゃくふく 着服 appropriazione㊛ indebita, malversazione㊛, prevaricazione㊛, concussione㊛; ⟪公金の⟫ peculato㊚ ◇着服する sottrarre [appropriarsi indebitamente] di *ql.co.*

ちゃくぼう 着帽 ¶着帽のまま部屋に入って来た. È entrato nella stanza senza togliersi il cappello.

ちゃくもく 着目 attenzione㊛ ◇着目する prestare attenzione ⟪に a⟫

ちゃくよう 着用 ¶着用する indossare [mettersi] *ql.co.*; ⟪着ていること⟫ portare [indossare] *ql.co.* ¶礼服を着用のこと. È di rigore [di prammatica] l'abito di gala.

ちゃくりく 着陸 atterraggio㊚[複 -gi] ◇着陸する atterrare㊀[*av*]⟪に su⟫; sbarcare㊀[*es*]⟪に su⟫; ⟪月面への⟫ allunare㊀[*av*], sbarcare sulla luna ¶不時[胴体]着陸 atterraggio d'emergenza [sulla fusoliera] ¶月面着陸 allunaggio / sbarco sulla luna

✤**着陸距離** distanza㊛ d'atterraggio
着陸装置 carrello㊚ d'atterraggio

着陸態勢 ¶飛行機は着陸態勢に入りますので座席のベルトをお締めください. L'aereo è entrato in fase d'atterraggio, allacciate le cinture di sicurezza per favore.

着陸灯 luci㊛[複] per l'atterraggio

チャコ ⟪洋裁で使う⟫ gesso㊚ da sarto

チャコールグレー [英 charcoal grey] antracite㊚[無変] ◇チャコールグレーの (di color) grigio fumo [無変] [fumo [無変] di Londra], antracite [無変]

ちゃこし 茶漉し passino [colino] da tè

ちゃさじ 茶匙 cucchiaino㊚ da tè ¶砂糖茶さじ1杯 un cucchiaino di zucchero

ちゃしつ 茶室 stanza㊛ adibita alla [locale㊚ per la] cerimonia del tè →茶道 ⟦日本事情⟧

ちゃしぶ 茶渋 posatura㊛ di tè, incrostazioni㊛[複] da tè

ちゃしゃく 茶杓 ⟪抹茶をすくうさじ⟫ utensile㊚ a forma di cucchiaio per prendere il tè in polvere

ちゃじん 茶人 **1** ⟪茶道に通じた人⟫ cultore㊚ [-trice] della cerimonia del tè
2 ⟪風流人⟫ persona㊛ di gusti raffinati

ちゃせき 茶席 locale㊚ per la cerimonia del tè

ちゃせん 茶筅 frullino㊚ per (agitare) il tè

ちゃたく 茶托 piattino㊚ [sottocoppa㊚ [無変]] per tazza da tè

ちゃだんす 茶簞笥 armadietto㊚ per il tè

ちゃち ◇ちゃちな grossolano, scadente ¶ちゃちな家[しっかりしていない] casa di cartapesta ¶ちゃちな作品⟪適当に作った⟫ opera buttata giù alla meno peggio / opera scadente

ちゃちゃ 茶茶 ¶ちゃちゃを入れる interrompere la conversazione di *qlcu.* con battute

チャチャチャ [ス cha-cha-chá] ⟪ダンス, 曲⟫ cha-cha-cha㊚[無変]

ちゃっか 着火 accensione㊛, combustione㊛ ◇着火する ⟪火がつく⟫ accendersi, prendere fuoco; ⟪火をつける⟫ accendere *ql.co.*, appiccare il fuoco a *ql.co.*

✤**着火間隔** intervallo㊚ del fuoco
着火点 punto㊚ di combustione

ちゃっか 着荷 merce㊛ in arrivo

ちゃっかり ◇ちゃっかりした astuto e intraprendente; ⟪打算的な⟫ calcolatore [㊛ -trice]

チャック ⟪商標⟫ chiusura㊛ lampo [無変], [英] zip㊚[無変]

ちゃづけ 茶漬け piatto㊚ di riso bollito e tè giapponese a cui vengono aggiunti vari ingredienti

ちゃっこう 着工 ¶新校舎は来月着工の予定です. La costruzione del nuovo edificio scolastico inizierà il mese prossimo.

ちゃつぼ 茶壺 barattolo㊚ per il tè

チャット [英 chat] 〚コンピュータ〛[英] chat [無変] ◇チャットする chattare㊀[*av*]

✤**チャットルーム** 〚コンピュータ〛[英] chat room㊚[無変]

ちゃつぼ 茶壺 vaso㊚ per conservare il tè; ⟪茶入れ⟫ scatoletta㊛ da tè

ちゃつみ 茶摘み raccolto㊚ del tè; ⟪人⟫ raccoglitore㊚[㊛ -trice] di tè ¶茶摘みをする raccogliere il tè

ちゃどう 茶道 →茶道(さどう)

ちゃどうぐ 茶道具 utensili㊚[複] per il tè; ⟪一組の⟫ servizio㊚[複 -i] da tè

ちゃどころ 茶所 ¶宇治は茶所だ. Uji è uno

dei centri di produzione del tè.

ちゃのま 茶の間 soggiorno[男], salotto[男]

ちゃのみ 茶飲み **1**《茶を好む人》amante[男][女] del tè **2**《茶碗》tazza[女] da tè

✤ 茶飲み友だち compagn*o*[男][女 *-a*] di chiacchiere

茶飲み話 ¶茶飲み話をする fare quattro chiacchiere [chiacchierare[自][*av*] / conversare del più e del meno] prendendo il tè

ちゃのゆ 茶の湯 cerimonia[女] del tè ⇒茶道 [日本事情]

ちゃばしら 茶柱 ¶茶柱が立っている. Un picciolo galleggia verticalmente nel mio tè. (◆幸運のしるし segno di fortuna)

ちゃばたけ 茶畑 piantagione[女] di tè

ちゃばら 茶腹 ¶茶腹も一時(いっとき). Anche una tazza di tè per un po' può calmare la fame.

ちゃばん 茶番 《劇》farsa[女];《おどけ》facezia[女], buffonata[女], buffoneria[女] ¶あれは政府の茶番だ. Quella è una farsa di governo.

ちゃびん 茶瓶 teiera[女] (di ceramica)

✤茶瓶敷 sottoteiera[女]

ちゃぶくろ 茶袋 busta[女] [bustina[女]] di tè

ちゃぶだい 卓袱台 tavolino[男] (da pranzo) a gambe corte

ちゃぷちゃぷ 《擬》ciaf-ciaf

チャペル 〔英 chapel〕《礼拝堂》cappella[女]

ちゃぼ 矮鶏 〘鳥〙pollo[男] bantam [無変]

ちやほや ◇ちやほやする《甘やかす》vezzeggiare [coccolare] *qlcu.*;《お世辞を言う》lusingare *qlcu.*

ちゃぼん 茶盆 vass*oio*[男][複 *-i*] per il servizio da tè

ちゃみせ 茶店 ⇒茶屋

ちゃめ 茶目 ◇茶目な《ひょうきんな》gioioso, buffo, scherzoso;《いたずらな》birichino, burlo*ne* [[女] *-a*]

✤茶目っ気 allegria[女], gaiezza[女] ¶どことなく茶目っ気がある avere un non so che di spiritoso

ちゃや 茶屋 **1**《茶を売る店》nego*zio*[男][複 *-i*] 「che vende [di] tè;《人》commerciante[男][女] di tè **2**《茶店》chio*sco*[男][複 *-schi*] che serve tè;《遊興・飲食をさせる店》luo*go*[男][複 *-ghi*] di ristoro e trattenimento ¶芝居茶屋 luogo di ristoro di un teatro

ちゃらちゃら **1**《金属などが触れ合う音》¶ポケットの中で小銭がちゃらちゃら鳴っている. Gli spiccioli tintinnano nelle tasche.

2《服装や態度など》¶ちゃらちゃらした格好で in abito vistoso [appariscente] ¶ちゃらちゃらした男《軽薄な》uomo frivolo [leggero / poco serio]

ちゃらんぽらん ¶ちゃらんぽらんなやつだ. È una persona leggera [frivola]. ¶仕事にちゃらんぽらんだ. Nel lavoro è (un) irresponsabile.

チャリティーショー 〔英 charity show〕spettacolo[男] [serata[女]] di beneficenza

ちゃりん ¶100円玉がチャリンと落ちた. Una moneta da cento yen è caduta tintinnando. ¶グラスがチャリンと割れた. Il bicchiere si è rotto con un tintinnio.

チャレンジ 〔英 challenge〕sfida[女]

チャレンジャー 〔英 challenger〕sfidante[男][女]

ちゃわかい 茶話会 incontro[男] fra amici durante il quale si conversa bevendo tè, rinfre*sco*[男][複 *-schi*] ¶茶話会を開く[に招く] dare [invitare *qlcu.* a] un tè

ちゃわん 茶碗 《ご飯用の》ciotola[女], scodella[女];《紅茶・コーヒー用の》tazza[女] [tazzina[女]] da tè [da caffè] ¶茶碗一膳の飯 una ciotola di riso ¶茶碗に飯を盛る servire riso bollito in una ciotola

✤茶碗蒸し crema[女] d'uovo farcita al vapore

-ちゃん ¶こんにちは, 花子ちゃん. Ciao, Hanako. (►Luigiなら, Luiginoなどイタリア語では主に愛称辞 -in*o* [[女] *-a*] をつけて「-ちゃん」のニュアンスを表すが, 名前によって決まった愛称もある. ⇒愛称 [関連])

チャンス 〔英 chance〕(buona) occasione[女], momento[男] favorevole;〔仏〕chance[女] [無変] ⇒機会 ¶チャンスをつかむ[逃す] cogliere [perdere] un'occasione ¶チャンスにとびつく cogliere al volo l'occasione di + [不定詞] / prendere la palla al balzo ¶絶好のチャンスが到来した. Mi si è presentata un'occasione unica. ¶成功のチャンスは少ない. Abbiamo poche probabilità di riuscita. ¶君にもう一度チャンスを与えよう. Ti do [offro] un'altra occasione [opportunità].

ちゃんちゃら ¶ちゃんちゃらおかしいや. Ma fammi il piacere! / Ma falla finita! / Non farmi ridere!

ちゃんちゃんこ giacca[女] imbottita senza maniche originariamente indossata con il *kimono*

ちゃんと **1**《整然と》in ordine, ordinatamente ¶彼の机の上はいつもちゃんとしている. Tiene sempre la sua scrivania in perfetto ordine. ¶よそのうちに行ったらちゃんとしなさいよ. Quando sei in casa d'altri, comportati bene!

2《正しく》correttamente;《適切に》convenientemente, adeguatamente;《そうあるべく》decentemente; come si deve ◇ちゃんとした《適切な》conveniente, adeguato, adatto ¶ちゃんとしたイタリア語を話す parlare l'italiano correttamente

3《完全に》perfettamente, completamente;《正確に》esattamente, precisamente;《確かに》sicuramente, certamente ◇ちゃんとした perfetto; completo; esatto, preciso; sicuro, certo ¶ちゃんとした目的 scopo ben preciso ¶自分の欠点はちゃんと知っています. Io, i miei difetti, li conosco benissimo [perfettamente]. ¶友達から借りたお金はちゃんと返した. Ho restituito tutta la somma che avevo preso in prestito da un amico.

4《身元などが確かな様子》¶ちゃんとした人 persona sicura [《信頼できる》affidabile]

チャンネル 〔英 channel〕**1**《周波数帯》canale[男];《ネットワーク》rete[男] ¶チャンネルを切り替える《テレビ・ラジオの》cambiare canale / sintonizzarsi su un altro canale **2**《つまみ》manopola[女] [《プッシュボタン式》tasto[男]] del selettore di canale **3**《販売・報道などの経路》canale[男] ¶いろいろな販売チャンネルを通じて tramite vari canali di vendita

ちゃんばら combattimento[男] [scontro[男]] alla spada

♣**ちゃんばら映画** film男[無変] di cappa e spada; 《侍もの》film男[無変] di *samurai*
ちゃんばらごっこ gioco男 delle spade

チャンピオン 〔英 champion〕campione男[女 -*essa*]
♣**チャンピオンシップ** campionato男
チャンピオンベルト cintura女 da campione

ちゃんぽん ◇ちゃんぽんに 《交互に》alternativamente, a vicenda; 《まぜて》insieme, assieme ¶ウイスキーとワインをちゃんぽんに飲む bere whisky insieme col vino / alternare whisky con vino ¶彼はイタリア語と英語でちゃんぽんに話す. Parla mescolando l'italiano con l'inglese.

ちゆ 治癒 guarigione女, ristabilimento男 ◇治癒する《人が主語》guarire国[*es*], ristabilirsi

ちゅう 中 **1**《真ん中》mezzo男, metà女 ¶中の《大きさ》di misura media ¶中の巻《本の》il secondo volume [tomo] **2**《ふつう》media女 ¶彼の成績は中くらいだ. I suoi voti sono nella media.

ちゅう 宙 il cielo男; l'aria女 ¶宙にぶらさがる essere sospeso (in aria) ¶宙を行く心地だった. Mi sentivo come se stessi camminando nel vuoto. ¶宙を飛ぶようにして帰った. Sono tornato a casa「a tutta velocità [in fretta e furia].
[慣用] **宙に浮く** ¶法案は宙に浮いている. Il disegno di legge è rimasto in sospeso.

ちゅう 注 nota女; 《「注」の印, またその内容》nota bene男[無変]; 《略》N.B. ¶テキストに注をつける annotare [commentare] un testo / apporre note a un testo

-ちゅう -中 **1**《間》¶私の不在中に durante la mia assenza ¶午前中ずっと (per) tutta la mattina [mattinata] ¶今年中に durante [nel corso di /《以内》entro] quest'anno
2《最中》¶旅行[食事]中である essere「in viaggio [a tavola]」¶君のうちの電話はいつも話し中だ. Il telefono di casa tua è sempre occupato? ¶計画は実施中である. Il progetto è in fase di attuazione.
3《…の中》¶水中に飛び込む tuffarsi in acqua ¶彼女は学校で一番できる. Quella ragazza è la migliore di tutta la scuola. ¶出席者6人中2人は女性だった. Tra i sei presenti, due erano donne [c'erano due donne].

ちゅう 知勇 saggezza女 e coraggio男 ¶知勇の武将 generale saggio e valoroso

ちゅうい 中尉 《陸軍, 空軍》tenente男; 《海軍》sottotenente男 di vascello

ちゅうい 注意 **1**《留意, 注目, 関心》attenzione女 ◇注意する fare [prestare] attenzione a *qlcu.* [*ql.co.*], essere attento a *ql.co.* [*qlcu.*] ◇注意して attentamente, con attenzione; 《念入りに》accuratamente, con cura ¶注意を向ける rivolgere la *propria* attenzione a [verso un] *ql.co.* [*qlcu.*] ¶…に《人》の注意を喚起する attirare [suscitare / richiamare] l'attenzione di *qlcu.* su *ql.co.* ¶注意を集中する concentrare la *propria* attenzione 《に su》¶注意深い人だ. È una persona scrupolosa [molto attenta]. ¶彼は注意が足りない. È disattento [distratto / negligente [-gli-]]. ¶注意しろ. Attenzione! / Attento! (►*attento*は相手の性・数に合わせて語尾変化する) ¶段差あり, 注意. Occhio al gradino! ¶子供たち全員には注意が行き届きません. Non arrivo [Non riesco] a seguire tutti i bambini con cura. ¶注意して私の話を聞いてくれ. Ascolta con attenzione quel che dico!
2《用心, 警戒》attenzione女, guardia女, precauzione女, prudenza女, circospezione女 ¶…に注意する stare attento a *ql.co.* / guardarsi da *ql.co.* ¶…するように注意する badare「che+接続法」[di+不定詞] / fare attenzione「che+接続法」[a+不定詞] ¶戸締まりに注意する fare attenzione a chiudere bene la porta ¶すり《流感》に注意する guardarsi dai borsaioli [dall'influenza] ¶注意せよ. Sta' in guardia! / Fa' bene attenzione! ¶体に注意しろ. Riguardati! / Abbi cura di te!
3《忠告, 意見》osservazione女, consiglio男 [複 -*gli*], 《警告》avvertimento男 ¶注意を与える fare un'osservazione a *qlcu.* ¶あまり酒を飲むなと君からも彼に注意してくれ. Raccomandagli anche tu di non bere troppo.
♣**注意書き** avvertenze女[複]
注意事項 indicazioni女[複], suggerimenti男[複], osservazioni女[複]
注意人物 《危険人物》persona女 pericolosa; elemento男 pericoloso; persona女 da cui bisogna guardarsi ¶警察は彼を注意人物と見ている. È sorvegliato dalla polizia.
注意報 ¶風雨注意報が出ている. Il servizio meteorologico annuncia forti venti e violenti rovesci.
注意力 ¶彼は注意力が足りない. Lui non sa concentrarsi.

ちゅうい 駐伊 ¶駐伊日本大使 ambasciatore del Giappone in Italia

チューインガム 〔英 chewing gum〕〔英 chewing-gum〕男[無変], gomma女 americana [da masticare]

ちゅうおう 中央 **1**《真ん中》centro男 ◇中央の centrale ¶部屋の中央に in mezzo alla stanza ¶町の中央に al centro della città **2**《首府》¶政治が中央に偏ってはいけない. La politica non deve privilegiare la capitale. **3**《中枢部》¶中央の指令でストに入った. Sono entrati in sciopero su ordine della federazione centrale.
♣**中央委員会** comitato男 centrale
中央卸売市場 Mercato男 Centrale [Generale] (all'ingrosso)
中央行政 amministrazione女 centrale
中央(行政)官庁 organi男[複] dell'amministrazione centrale
中央銀行 Banca女 Centrale
中央集権 centralizzazione女, accentramento男 (dei poteri) ◇中央集権主義の accentratore [女 -*trice*]
中央情報局 《アメリカの》CIA [tʃía] 女; servizi男[複] segreti USA
中央処理装置 《コンピュータ》(CPU) unità女 centrale di elaborazione
中央制御 controllo男 centralizzato

中央政府 governo㊚ centrale
中央値 《統》mediana㊛
中央ハ音 《音》do㊚ centrale
中央標準時 《日本標準時》tempo㊚ medio del Giappone
中央分離帯 spartitraffico㊚ [無変], centro㊚ della carreggiata

ちゅうおう 中欧 Europa㊛ centrale, Mitteleuropa㊛ ◇中欧の mitteleuropeo
❖**中欧諸国** paesi㊚ [無変] dell'Europa centrale

ちゅうおん 中音 《中位の音声》timbro㊚ di voce「medio [né acuto né basso]; 《音》《長短音階の第3度音》mediante㊛

ちゅうか 中華 《中国》Cina㊛;《中華料理》cucina㊛ cinese
❖**中華思想** credenza㊛ cinese nella superiorità della propria civiltà
中華鍋 wok [wɔk] ㊚ [無変], padella㊛ usata nella cucina cinese →鍋 図版
中華料理 cucina㊛ cinese
中華料理店 ristorante㊚ cinese

ちゅうか 鋳貨 moneta㊛ (metallica);《造幣作業》coniatura㊛

ちゅうかい 仲介 〘法〙interposizione㊛;《取り次ぎ》tramite㊚;《調停, 仲裁》mediazione㊛ ◇仲介する fare da「intermediario [《女性が主語》intermediaria / tramite](a qlcu.), fare opera di mediazione (tra qlcu. [ql.co.]) ¶〈人〉の仲介で per il tramite di [grazie alla mediazione di / per mezzo di] qlcu. ¶仲介を申し出る offrire la propria mediazione ¶〈人〉の仲介を頼む chiedere la mediazione di qlcu.
❖**仲介者** 《調停者》mediatore㊚ [㊛ -trice];《取次者》intermediario㊚ [㊛ -ia; ㊚複 -i]
仲介手数料 diritti㊚ [複] di mediazione

ちゅうかい 注解 →注釈
ちゅうがい 虫害 danni㊚ [複] causati da insetti ¶虫害を受ける essere danneggiato dagli insetti

ちゅうがえり 宙返り 《スポ》《体操などの》capriola㊛, salto㊚ mortale;《飛行機の》〘英〙looping㊚ [無変]; giravolta㊛ ¶宙返りをする fare una capriola [un salto mortale] / eseguire la giravolta

ちゅうかく 中核 nucleo㊚ ◇中核の nucleare
ちゅうがく 中学 scuola㊛ media, le medie㊛ [複];《官デ》scuola㊛ media inferiore, scuola㊛ secondaria di primo grado (◆イタリアでも中学は3年制) →教育 用語集 ¶来年中学に上がります. L'anno prossimo passerò [andrò] alle medie.
❖**中学生** allievo㊚ [㊛ -a] [studente㊚ [㊛ -essa] / ragazzo㊚ [㊛ -a]] di scuola media →生徒 図版

ちゅうがた 中形・中型 ◇ 中形[中型]の di medie dimensioni ¶中型の車 automobile㊛ di media cilindrata

ちゅうがっこう 中学校 →中学
ちゅうかん 中間 **1**《真ん中》metà㊛, centro㊚, mezzo㊚ ◇中間の centrale;《中くらいの》medio [㊚複 -i] ¶うちは駅と学校の中間です. La mia casa si trova (a metà strada) tra la stazione e la scuola. ¶梁(はり)の中間のところ la parte mediana di una trave
2《中途》◇ 中間の intermedio [㊚複 -i];《中庸》moderato ¶2人の意見の中間をとる prendere una posizione intermedia tra due opinioni
❖**中間階級** classe㊛ media
中間管理職 《職》quadri㊚ [複] intermedi;《人》dirigente㊚ intermedio [di medio livello]
中間搾取 sfruttamento㊚ da parte degli intermediari
中間子 《物》mesone㊚, mesotrone㊚
中間試験 《3学期制の》esame㊚ di metà quadrimestre;《2学期制の》esame㊚ di metà「corso [semestre]
中間色 semitono㊚, colore㊚ intermedio, mezzatinta㊛
中間生成物 《化》prodotto㊚ intermedio
中間選挙 《アメリカの》elezioni㊛ [複] minori (che vengono effettuate) tra un'elezione presidenziale e l'altra
中間層 《社会層または地層の》strato㊚ intermedio, stratificazione㊛ intermedia㊛
中間体 《化》composto㊚ intermedio, intermedio㊚ [複 -i]
中間配当 《金融》dividendi㊚ [複] provvisori [in acconto]
中間判決 《法》sentenza㊛ interlocutoria
中間報告 rapporto㊚ provvisorio [複 -i], relazione㊛ provvisoria

ちゅうかん 昼間 giorno㊚, giornata㊛
❖**昼間勤務** servizio㊚ [複 -i] diurno
昼間人口 popolazione㊛ diurna

ちゅうき 中気 paralisi㊛ [無変] →中風
ちゅうき 中期 **1**《中ごろの時期》periodo㊚ centrale ¶平安時代中期 periodo centrale [verso la metà] del periodo Heian
2《中くらいの期間》¶中期計画 programma [piano] a medio termine

ちゅうぎ 忠義 lealtà㊛, fedeltà㊛, devozione㊛ ◇忠義な leale, fedele, devoto ¶国に忠義を尽くす essere fedele al proprio paese ¶彼にそんなに忠義立てすることはない. Non hai bisogno di essergli tanto devoto.
❖**忠義顔** ¶主人に忠義顔をする fingere [simulare] lealtà al proprio padrone
忠義者 persona㊛ leale

ちゅうきぼ 中規模 ◇中規模の medio [㊚複 -i] ¶中規模の建物 edificio㊚ di medie dimensioni
ちゅうきゅう 中級 ◇中級の medio [㊚複 -i], intermedio [㊚複 -i] ¶イタリア語中級講座 corso medio [intermedio] di lingua italiana

ちゅうきょり 中距離 media distanza㊛
❖**中距離機** aereo㊚ (da trasporto) per medie distanze
中距離選手 《スポ》mezzofondista㊚㊛ [㊚複 -i]
中距離弾道弾 missile㊚ balistico [複 -ci] di media gittata
中距離レース 《スポ》(gara㊛ di) mezzofondo㊚

ちゅうきん 忠勤 devozione㊛, lealtà㊛, attaccamento㊚ al dovere ¶忠勤を励む servire qlcu. con devozione [lealtà]
ちゅうきん 鋳金 colata㊛;《とかすこと》fusione㊛
❖**鋳金術** tecnica㊛ di colata

ちゅうきんとう 中近東　Medio e Vicino Oriente[男]

ちゅうくう 中空　**1**《大空の中ほど》 ¶中空に in [nel] cielo / in [nell']aria
2《がらんどう》 ◇**中空の** vuoto ¶中空の柱 colonna vuota internamente

ちゅうぐう 中宮　《皇后》imperatrice[女]

ちゅうくらい 中位　media[女] ◇**中くらいの** med*io* [[男] 複 *-i*]; 《ふつうの》 ordinar*io* [[男] 複 *-i*] ¶中くらいの大きさの石 pietra di media grandezza ¶彼の成績はクラスの中くらいだ. Il suo profitto scolastico è nella media.

ちゅうくん 忠君　lealtà[女], devozione[女] al *proprio* signore
✤**忠君愛国** lealtà[女] verso il *proprio* signore e la patria

ちゅうけい 中継　**1**《中継放送》 ◇**中継する** trasmettere in diretta ¶実況[現場]中継 trasmissione[女] in diretta dal luogo degli avvenimenti ¶世界中に中継される essere trasmess*o* in collegamento intercontinentale ¶衛星中継で放送する trasmettere *ql.co.* via satellite ¶大会の模様は実況中継でお送りします. Trasmettiamo le immagini della manifestazione in diretta.
2《中継ぎ》 ¶2都市の交易を中継する地点 un luogo commerciale che fa da collegamento fra due città
✤**中継器**〘通信〙ripetitore[男]
中継基地 base[女] di collegamento
中継局 stazione[女] ripetitrice [relè], ripetitore[男]
中継車 《テレビ》 furgone[男] attrezzato per effettuare trasmissioni televisive [《ラジオ》radiofoniche]
中継放送 collegamento[男] in diretta, trasmissione[女] dal vivo; 《テレビの》 diretta[女] televisiva

ちゅうけん 中堅　¶彼はわが社の中堅だ. È la spina dorsale della nostra azienda.
✤**中堅企業** media industria[女], industria[女] di medie dimensioni
中堅作家 scrit*tore*[男] [[女] *-trice*] affermato

ちゅうげん 中元　**1**《陰暦7月15日》quindicesimo giorno[男] del settimo mese secondo il calendario lunare **2**《贈り物》 regalo[男] [dono[男]] che si fa a metà dell'anno ⇒歳暮 [日本事情]

ちゅうこ 中古　◇**中古の** usato, di seconda mano
✤**中古車** macchina[女] usata [di seconda mano]; 《買い得の》 auto[女] [無変] d'occasione

ちゅうこう 中高　**1**《中学と高校》scuola[女] media (inferiore e superiore) **2**《中程度と高程度》 ¶中高層の建物 edifici alti e medio-alti

ちゅうこう 忠孝　¶忠孝を全(まっと)うする compiere il *proprio* dovere nei confronti del *proprio* signore e dei genitori

ちゅうこうしょく 昼光色　colori[男] [複] alla luce del giorno

ちゅうこうねん 中高年　età[女] media e avanzata

ちゅうこく 忠告　consi*glio*[男] [複 *-gli*], suggerimento[男]; 《勧告》 esortazione[女]; 《叱責》 rimprovero[男] ◇**忠告する** consigliare *qlcu.* [*ql.co.* a *qlcu.*], dare un consiglio a *qlcu.* ¶…するように〈人〉に忠告する consigliare a *qlcu.* di [a]+[不定詞] ¶〈人〉の忠告に従う seguire il consiglio di *qlcu.* ¶〈人〉の忠告を求める chiedere il consiglio di *qlcu.* / voler consigliarsi con *qlcu.* ¶〈人〉の忠告に従って dietro [su] consiglio di *qlcu.* ¶君のためを思って勉強するように忠告しているんだよ. Ti consiglio per il tuo bene di studiare. ¶彼を信用しないように忠告するよ. Ti esorto a non fidarti di lui.

ちゅうごし 中腰　¶中腰になる alzarsi in [assumere] una posizione non completamente eretta / stare metà in piedi e metà sedut*o*

ちゅうさ 中佐　《陸軍・空軍》 tenente[男] colonnello; 《海軍》 capitano[男] di fregata

ちゅうざ 中座　¶彼は会議の途中で中座した. Si è assentato dalla riunione per un po'. ¶彼は祝賀の席を中座してしまった. 《帰ってしまった》 Se n'è andato prima della fine della cerimonia.

ちゅうさい 仲裁　《裁定》 arbitrato[男]; 《調停》 mediazione[女]; 《介入》 intervento[男] ◇**仲裁する** fare da arbitr*o*, arbitrare[他], [自] [*av*]; offrire la *propria* mediazione; intervenire[自] [*es*] ¶けんかの仲裁をする fare da arbitr*o* [intervenire] in una lite / arbitrare (in) una vertenza ¶…を〈人〉の仲裁に付する rimettere [sottoporre] *ql.co.* all'arbitrato di *qlcu.* ¶〈人〉の仲裁を依頼する richiedere la mediazione di *qlcu.* ¶〈人〉の仲裁に従う sottomettersi [sottostare] all'arbitrato di *qlcu.*
✤**仲裁裁定** risoluzione[女] [decisione[女]] arbitrale
仲裁裁判 arbitrato[男]
仲裁者 arbitr*o*[男] [[女] *-a*], media*tore*[男] [[女] *-trice*]

ちゅうざい 駐在　¶ローマ駐在の日本大使 l'ambasciatore del Giappone a Roma
✤**駐在員** ¶わが社はミラノに駐在員を置いている. La nostra ditta ha rappresentanti a Milano. / 《新聞社の》 Il nostro giornale ha corrispondenti a Milano.
駐在国 paese[男] estero di residenza temporanea [dove una persona risiede]
駐在所 《警察の》 commissariato[男] di polizia
駐在武官 addetto[男] militare (presso l'ambasciata)

ちゅうさんかいきゅう 中産階級　la classe[女] media, lo strato[男] sociale medio

ちゅうし 中止　cessazione[女]; 《途中でやめること》 interruzione[女]; 《一時的な停止》 sospensione[女]; 《撤回》 revocazione[女]; revoca[女] ◇**中止する** cessare *ql.co.*; 《中断する》 interrompere *ql.co.*; sospendere *ql.co.* ¶今日の試合は雨のため中止になった. La partita di oggi è stata sospesa a causa della pioggia. ¶旅行への参加を中止した. Ho annullato [disdetto] la mia partecipazione al viaggio.

ちゅうし 注視　◇**注視する** guardare fisso [fissamente] *qlcu.* [*ql.co.*], fermare [fissare] lo sguardo su *qlcu.* [*ql.co.*], fissare *qlcu.* [*ql.co.*]; 《観察する》 osservare *ql.co.* [*qlcu.*]

ちゅうじ 中耳　〘解〙ore*cchio*[男] [複 *-chi*] med*io* [複 *-i*]
✤**中耳炎**〘医〙otite[女] media (purulenta)

ちゅうじく 中軸　asse[男] ¶今度の運動の中軸は田中氏だ. Il signor Tanaka è「la figura centrale [il perno] del nuovo movimento.

ちゅうじつ 忠実 fedeltà⦅女⦆;《忠誠》lealtà⦅女⦆ ◇忠実な fedele; leale ◇忠実に fedelmente; lealmente ¶彼は職務に忠実だ．È fedele al suo dovere. ¶原文に忠実な翻訳 traduzione fedele all'originale

ちゅうしゃ 注射 iniezione⦅女⦆;《ワクチン》vaccinazione⦅女⦆ ◇注射する iniettare *ql.co.* a *qlcu.* →医学【用語集】¶注射してもらう farsi fare un'iniezione ¶静脈［筋肉］注射 iniezione endovenosa [intramuscolare] ¶皮下注射 iniezione ipodermica [sottocutanea]
❖注射液 iniezione⦅女⦆, sostanza⦅女⦆ iniettata, medicamento⦅男⦆ iniettato;《ワクチン》vaccino⦅男⦆
注射器 siringa⦅女⦆ ¶《使い捨ての》siringa⦅女⦆ sterilizzata「da gettare dopo l'uso [usa e getta]
注射針 ago⦅男⦆［複 *aghi*］per iniezioni

ちゅうしゃ 駐車 parcheggio⦅男⦆［複 *-gi*］, posteggio⦅男⦆［複 *-gi*］;《路上の》sosta⦅女⦆;《停車》fermata⦅女⦆ ◇駐車する parcheggiare⦅単独でも可⦆, posteggiare⦅他⦆,⦅自⦆［*av*］ ¶この近くに駐車した．Ho l'auto parcheggiata qui vicino. ¶駐車できる場所がもうまったくない．Non si trova più da parcheggiare da nessuna parte. ¶駐車中の車 macchina parcheggiata [posteggiata / al parcheggio / in sosta]
❖駐車違反 infrazione⦅女⦆ a [di] un divieto di parcheggio
駐車可能区域 area⦅女⦆ autorizzata al parcheggio
駐車禁止《掲示》"Divieto di sosta" / "Sosta vietata"
駐車禁止区域 area⦅女⦆ con divieto di sosta
駐車場 parcheggio⦅男⦆, posteggio⦅男⦆;《屋根付き》［仏］garage⦅男⦆［無変］;［英］box⦅男⦆［無変］;《修理もする預かり所》autorimessa⦅女⦆;《駐車スペース》posto⦅男⦆ macchina［無変］;《路上の》sosta⦅女⦆「駐車場の経営者 garagista⦅男⦆[女]［複 *-i*］ ¶駐車場の係員 posteggiatore⦅男⦆[⦅女⦆ *-trice*]
駐車ブレーキ《車》freno⦅男⦆ a mano [di stazionamento]
駐車料金 tariffa⦅女⦆ di posteggio [di parcheggio]

ちゅうしゃく 注釈 commento⦅男⦆, nota⦅女⦆ illustrativa, chiosa⦅女⦆ ◇注釈する commentare, annotare, chiosare, curare l'edizione di *ql.co.* ¶このテキストには詳しい注釈が付いている．Questo testo è corredato di un minuzioso commento. ¶「注釈: ナタリーノ・サペーニョ」（本などに）(commento) a cura di Natalino Sapegno
❖注釈者 commentatore⦅男⦆[⦅女⦆ *-trice*], chiosatore⦅男⦆[⦅女⦆ *-trice*], annotatore⦅男⦆[⦅女⦆ *-trice*]
注釈版 edizione⦅女⦆ commentata [chiosata / annotata]

ちゅうしゅう 仲秋 metà⦅女⦆ autunno ¶仲秋の名月 la luna piena d'autunno（◆il quindicesimo giorno dell'ottavo mese secondo il calendario lunare）

ちゅうしゅつ 抽出《サンプリング》campionamento⦅男⦆, campionatura⦅女⦆;《化》estrazione⦅女⦆;《冶》colata⦅女⦆ ◇抽出する campionare; estrarre
❖抽出器《化》estrattore⦅男⦆
抽出検査 ispezione⦅女⦆ su campione
抽出蒸留《化》distillazione⦅女⦆ estrattiva
抽出油《化》olio⦅男⦆［複 *-i*］estratto

ちゅうじゅん 中旬 seconda decade⦅女⦆ ¶4月中旬に verso la metà (del mese) [nella seconda decade] d'aprile

ちゅうしょう 中傷 calunnia⦅女⦆, diffamazione⦅女⦆, maldicenza⦅女⦆ ◇中傷的 calunnioso, diffamatorio⦅男⦆［複 *-i*］ ◇中傷する calunniare [diffamare / parlare male di / sparlare di] *qlcu.* [*ql.co.*]
❖中傷者 calunniatore⦅男⦆[⦅女⦆ *-trice*];《誹謗者》denigratore⦅男⦆[⦅女⦆ *-trice*]

ちゅうしょう 抽象 astrazione⦅女⦆ ◇抽象する astrarre, fare astrazione da *ql.co.* ◇抽象的 astratto ◇抽象的に astrattamente ¶問題を抽象的に考える considerare un problema「per astrazione [in astratto]
❖抽象化 astrazione⦅女⦆ ◇抽象化する rendere astratto *ql.co.*（►astratto の性・数は目的語に合わせて語尾変化する）
抽象画 quadro⦅男⦆ astratto
抽象芸術 arte⦅女⦆ astratta
抽象主義 astrattismo⦅男⦆
抽象主義者 astrattista⦅男⦆[⦅女⦆]［複 *-i*］
抽象名詞 nome⦅男⦆ astratto
抽象論 argomentazione⦅女⦆ astratta [《非現実的な》irreale / fantastica]

ちゅうじょう 中将《陸軍》generale⦅男⦆ di corpo d'armata;《海軍》ammiraglio⦅男⦆［複 *-gli*］di squadra, vice ammiraglio;《空軍》generale⦅男⦆ di squadra aerea

ちゅうしょうきぎょう 中小企業 piccole e medie imprese⦅女⦆［複］
❖中小企業家 imprenditore⦅男⦆[⦅女⦆ *-trice*] medio-piccolo
中小企業金融公庫 Ente governativo per il finanziamento agevolato delle piccole e medie imprese
中小企業対策費《経》spesa⦅女⦆ per il sostegno delle piccole e medie imprese

ちゅうしょく 昼食 pranzo⦅男⦆, pasto⦅男⦆ di mezzogiorno, seconda colazione⦅女⦆ ¶昼食をとる pranzare⦅自⦆［*av*］
❖昼食会 pranzo⦅男⦆
昼食時間 ora⦅女⦆ di pranzo

ちゅうしん 中心 **1**《中央》centro⦅男⦆, cuore⦅男⦆ ¶円の中心 centro del cerchio ¶東京の中心に al centro di Tokyo ¶軸を中心に回転する ruotare intorno ad un asse
2《最も重要な位置にある物や人》centro⦅男⦆;《中核》nucleo⦅男⦆;《最重要部》nocciolo⦅男⦆ ¶赤十字が中心となって運動が起きた．È sorto un movimento「diretto dalla [per iniziativa della] Croce Rossa.
3《大事な点》punto⦅男⦆ centrale [principale]
❖中心街 centro⦅男⦆
中心角《数》angolo⦅男⦆ al centro
中心気圧《気》pressione⦅女⦆ centrale
中心軸《線》asse⦅男⦆［linea⦅女⦆］centrale
中心人物 figura⦅女⦆ [personaggio⦅男⦆［複 *-gi*］/ personalità⦅女⦆];［英］leader⦅男⦆［無変］
中心地 ¶商業の中心地 centro commerciale
中心点 punto⦅男⦆ centrale [principale]

ちゅうしん 中震《旧震度階級の一つ》terremoto⦅男⦆ (molto) forte

ちゅうしん 忠臣 vassallo男 [servitore男] fedele

ちゅうしん 衷心 ◇衷心より di tutto cuore, sinceramente, cordialmente

ちゅうすい 虫垂《解》appendice女
✣虫垂炎《医》appendicite女
虫垂切除《医》appendicectomia女

ちゅうすい 注水 ◇注水する《水を注ぎ入れる》versare [lasciar affluire] l'acqua in ql.co.;《水をかける・まく》annaffiare [innaffiare] ql.co.

ちゅうすう 中枢 **1**《中心》centro男, nucleo男 ¶神経中枢 centro nervoso
2《重要な部分》parte女 vitale, nucleo男
✣中枢神経 nervi男[複] centrali
中枢神経系統 sistema男 nervoso centrale

ちゅうせい 中世 medioevo男, medio evo男 ◇中世の medievale, medioevale ¶中世に nel medioevo ¶中世初[後]期 alto [basso] medioevo
✣中世史 storia女 medi(o)evale
中世史家 studioso男 [女 -a] di storia medi(o)evale, medi(o)evalista男女[複 -i]

ちゅうせい 中性 **1**《化》neutralità女 ◇中性の neutro **2**《文法》genere男 neutro, il neutro男 ¶中性の neutro
✣中性化 neutralizzazione女
中性子《物》neutrone男
中性子爆弾 arma女 neutronica
中性洗剤 detergente男 [detersivo男] neutro
中性反応 reazione女 neutra

ちゅうせい 忠誠 lealtà女, fedeltà女, devozione女 ◇〈人〉に忠誠を誓う giurare fedeltà [lealtà] a qlcu.

ちゅうぜい 中背 ¶中背の人 persona di media statura ¶彼は中背だ. È di media statura.

ちゅうせいそう 中生層《地質》mesozoico男[複 -ci] ¶中生層の化石 fossile mesozoico

ちゅうせいだい 中生代《地質》era女 mesozoica, mesozoico男

ちゅうせき 柱石 ¶社会の柱石 pilastro [colonna] della società

ちゅうせきせい 沖積世《地質》olocene男, periodo男 olocenico [alluvi(on)ale]

ちゅうせきそう 沖積層 alluvioni女[複]

ちゅうせきへいや 沖積平野 terreno男 [pianura女] alluvi(on)ale

ちゅうせつ 忠節 ¶忠節を尽くす servire lealmente il *proprio* signore

ちゅうぜつ 中絶 **1**《途中でやめること》interruzione女, arresto男
2《妊娠中絶》《医》aborto男 procurato [provocato] ¶中絶手術を受ける subire un intervento abortivo

ちゅうせん 抽選 estrazione女 (a sorte), sorteggio男[複 -gi] ¶抽選で順番を決める tirare a sorte l'ordine di precedenza ¶抽選に当たる[外れる] estrarre un numero vincente [perdente] ¶応募者多数の場合抽選になります. Qualora il numero dei partecipanti superi quello dei posti a disposizione si procederà per estrazione.
✣抽選券 biglietto男 che partecipa al sorteggio;《宝くじの》biglietto男 della lotteria
抽選番号 numero男 di sorteggio

ちゅうぞう 鋳造《冶》getto男, fusione女;《貨幣の》coniatura女, conio男[複 -i] ◇鋳造する fondere, gettare; coniare ¶貨幣を鋳造する coniare moneta ¶銀で花瓶を鋳造する fondere un vaso in argento
✣鋳造工 fonditore男 [女 -trice]
鋳造所[工場] fonderia女

ちゅうそつ 中卒《中学校卒業》licenza女 media;《中卒者》persona女 in possesso della sola licenza media ¶中卒で就職する iniziare a lavorare a 15 anni [dopo la scuola media]

ちゅうたい 中退 ¶大学を中退する lasciare [abbandonare] gli studi universitari a metà /《話》piantare l'università

ちゅうたい 中隊《軍》《歩兵, 工兵》compagnia女;《騎兵》squadrone男;《砲兵》batteria女
✣中隊長 comandante男 di compagnia [di squadrone / di batteria]

ちゅうだん 中段 **1**《本棚などの》scaffale男 [piano男] di mezzo [intermedio] **2**《剣術で》¶刀を中段にかまえる impugnare la spada tenendola in posizione mediana

ちゅうだん 中断 interruzione女;《一時的に》sospensione女 ◇中断する interrompere; sospendere ¶雨で試合は1時間中断された. La partita è stata sospesa [interrotta] per un'ora per la [a causa della] pioggia.
✣中断符《文法》puntini男[複] di sospensione;《記号》...(►イタリア語などで省略や沈黙を表す. 日本語では「三点リーダー」)

ちゅうちゅう **1**《ねずみなどの鳴き声》¶ねずみがちゅうちゅう鳴いている. Il topo squittisce.
2《吸う音》¶赤ちゃんが指をちゅうちゅうしゃぶっている. Il bimbo si succhia il dito.

ちゅうちょ 躊躇 esitazione女, indecisione女, tergiversazione女, indugio男[複 -gi] ◇躊躇する esitare🅰[av], tergiversare🅰[av], titubare🅰[av], indugiare🅰[av] ¶躊躇しながら con esitazione / tentennando ¶躊躇せずに senza esitazione / senza indugio ¶...するのを躊躇する esitare a + 不定詞 [in ql.co. / su ql.co.] ¶その解決策を選ぶのになにも躊躇することはない. Non c'è da esitare nello scegliere quella soluzione. ¶彼女にその事を話そうかどうかと躊躇している. Sono indeciso se parlargli di quel fatto o no.

ちゅうづり 宙吊り ¶登山家は絶壁から落ちて宙づりになった. Lo scalatore cadde dalla parete e rimase sospeso nel vuoto.

ちゅうてつ 鋳鉄《冶》ghisa女 (da fonderia)

ちゅうてん 中天 ¶月が中天にかかっている. La luna risplende al centro del firmamento.

ちゅうてん 中点《幾何》punto男 medio[複 -i]

ちゅうと 中途 ◇中途で a metà (strada), a mezza strada ¶中途でやめる arrestarsi [fermarsi] a mezza strada / lasciare ql.co. incompiuto (►incompiutoの性・数は目的語に合わせて語尾変化する)

ちゅうとう 中東 Medio Oriente男
✣中東和平交渉 trattative女[複] per la pace in Medio Oriente

ちゅうとう 中等 ◇中等の di grado medio, di classe media;《質》di qualità media
✣中等教育 istruzione女「secondaria [di primo

ちゅうとう 柱頭 《柱の頭部》capitello男 ⇨石柱《図版》;《(花の)》stigma男[複 -i]
ちゅうどう 中道 il giusto mezzo男, la via di mezzo, la giusta misura男 ¶中道をとる prendere la via di mezzo
✤**中道右派** centro-destra男《無変》
中道左派 centro-sinistra男《無変》
中道主義 centrismo男
中道主義者 centrista男女[男複 -i]
中道政治 politica女 centrista
中道政党 partito男 centrista[複 -i]
ちゅうどく 中毒 intossicazione女, avvelenamento男;《(薬の常用による)》tossicomania女, tossicodipendenza女 ◇中毒性の《(有毒の)》tossico[男複 -ci], avvelenante ¶一酸化炭素中毒 intossicazione da ossido di carbonio /《(中毒死)》asfissia causata da ossido di carbonio ¶アルコール中毒 alcolismo男 ¶ニコチン中毒 nicotinismo男, intossicazione da fumo / tabagismo男 ¶自家中毒 autotossicosi / autointossicazione ¶食中毒 avvelenamento [intossicazione] da cibo ¶仕事中毒の人 patito男[女 -a] del lavoro ¶中毒を起こす《(人が主語)》intossicarsi [avvelenarsi] con ql.co., 《(物が主語で)》causare intossicazione ¶彼は睡眠薬中毒だ. Ha una intossicazione da sonniferi.
✤**中毒患者** intossicato男[女 -a] ¶薬物中毒患者 tossicodipendente男女 / tossicomane男女
中毒死 ◇中毒死する morire自[es] intossicato [avvelenato] da ql.co., morire per intossicazione di ql.co., avvelenarsi con ql.co.
中毒症状 sintomi男[複] di intossicazione
ちゅうとはんぱ 中途半端 **1**《未完成の》◇中途半端な incompleto, incompiuto ¶物事を中途半端にしておく lasciare le cose a metà ¶中途半端なことはしない男だ. Non è un uomo che lascia le cose a metà. **2**《あいまいな》◇中途半端な vago男[男複 -ghi], ambiguo;《(熱中しない)》passivo, apatico男[男複 -ci] ¶中途半端な答えをするな dare una risposta vaga
ちゅうとん 駐屯《軍》guarnigione女, presidio男[複 -i] ◇駐屯する essere di guarnigione [di stanza]《(に in, a)》, stazionare自[av] [stabilirsi]《(に in, a)》
✤**駐屯軍**《守備軍》guarnigione女;《占領軍》truppe女[複] di occupazione
チューナー〔英 tuner〕¶BSチューナー sintonizzatore per trasmissioni via satellite
ちゅうなんべい 中南米 America女 Latina, America女 Centro-meridionale
ちゅうにかい 中二階《建》mezzanino男, piano男 ammezzato, ammezzato男, piano男 rialzato
ちゅうにくちゅうぜい 中肉中背 ¶中肉中背の男 uomo di statura e corporatura media
ちゅうにち 中日《春[秋]の彼岸の中日》il giorno dell'equinozio di primavera [autunno]
ちゅうにち 駐日 ¶駐日イタリア大使 l'ambasciatore d'Italia in Giappone
ちゅうにゅう 注入 iniezione女, istillazione女 ◇注入する iniettare (ql.co. a qlcu.), istillare (ql.co. in ql.co.) ¶静脈に薬を注入する iniettare una medicina nella vena
✤**注入教育** istruzione女 basata [apprendimento男 basato] sulla ripetizione meccanica di nozioni
チューニング〔英 tuning〕《(テレビ・ラジオなどの)》sintonia女, sintonizzazione女;《(楽器の)》accordatura女 ◇チューニングする sintonizzare ql.co.; accordare ql.co.
ちゅうねん 中年 mezza età女, età女 media [matura] ¶中年である essere di mezza età ¶中年太りになる metter su pancia
✤**中年期** periodo男 della mezza età
中年層 generazione女 di mezza età
ちゅうのう 中脳《解》mesencefalo男
ちゅうのう 中農 medio[複 -i] agricoltore男
ちゅうは 中波《通信》onde女[複] medie
チューバ〔英 tuba〕《音》tuba女
✤**チューバ奏者** suonatore男[女 -trice] di tuba
ちゅうばいか 虫媒花《植》fiore男 entomofilo
ちゅうばん 中盤 **1**《物事の中ほどの段階》fase女 media **2**《活況を呈しはじめる段階》¶選挙は中盤戦に入った. La campagna elettorale è entrata nel「momento culminante [clou [klu]].
ちゅうび 中火 fuoco男[複 -chi] moderato ¶中火で煮る bollire ql.co. a fuoco moderato
ちゅうぶ 中部 centro男, parte女 centrale ¶中部地方 la regione [la zona] centrale
チューブ〔英 tube〕《(導管など)》tubo男;《(筒状の容器)》tubetto男;《(タイヤなどの)》camera女 d'aria ¶チューブ入りの絵の具 tubetto di colore
✤**チューブドレス**《服》abito a tubino, tubino
チューブレスタイヤ《車などの》pneumatico男[複 -ci] senza camera d'aria
ちゅうふう 中風《医》paralisi女[無変] ◇中風の paralitico[男複 -ci] ¶中風になる essere colpito da paralisi / essere paralizzato
✤**中風患者** paralitico男[女 -ca; 男複 -ci]
ちゅうふく 中腹 fianco男[複 -chi] (d'una montagna) a mezza costa
ちゅうぶらりん 宙ぶらりん **1**《空中にひっかかって》¶電線に凧(たこ)がひっかかって宙ぶらりんになった. Un aquilone è rimasto appeso ai fili della corrente elettrica. **2**《中途半端な》◇宙ぶらりんな態度 atteggiamento esitante [indeciso]
ちゅうべい 中米 America女 Centrale
ちゅうへんしょうせつ 中編小説 romanzo男 breve
ちゅうぼう 厨房 cucina女
ちゅうぼく 忠僕 servo男 fedele
ちゅうみつ 稠密 ◇稠密な denso ¶人口稠密な地方 regione densamente popolata
ちゅうもく 注目 attenzione女 ◇注目する osservare [guardare] attentamente [con attenzione], prestare attenzione a ql.co. (qlcu.) ¶注目を引く attirare l'attenzione [gli sguardi] di qlcu. / farsi notare ¶注目の的になる diventare oggetto dell'attenzione di tutti ¶国旗に注目する rivolgere lo sguardo alla bandiera ¶彼の行為は注目に値する.《(よい面で)》La sua condotta è degna di nota. ¶世界はこの戦争の成り行きに注目している. Il mondo segue con attenzione gli

sviluppi di questa guerra.

ちゅうもん　注文　**1**《依頼》ordine 男, ordinazione 女, commissione 女 ¶注文を受ける[取る / 取り消す] ricevere [prendere / annullare] un'ordinazione ¶料理を注文する ordinare il pasto ¶ご注文は何になさいますか.《レストランで》Cosa prendete [ordinate]? **2**《要求》richiesta 女;《条件》condizione 女 ¶無理な注文をつける fare una richiesta impossibile ¶1つだけ注文がある. Ho solo una richiesta da farti.
✤**注文書** bolletta 女 [buono 男] di ordinazione
注文生産 produzione 女 [fabbricazione 女] su ordinazione
注文取り piazzista 男女 [複 -i]
注文主 committente 男女
注文品 merce 女 ordinata
注文服 vestito 男 su misura

ちゅうや　昼夜　lavorare giorno e notte ¶昼夜交代で働く lavorare a turno giorno e notte ¶一昼夜 tutto un giorno e una notte / un giorno e una notte interi

ちゅうゆ　注油　lubrificazione 女;《グリースを》ingrassaggio 男 [複 -gi] ◇注油する lubrificare; ingrassare
✤**注油器** oliatore 男

ちゅうよう　中庸　moderazione 女 ¶中庸を守る evitare gli estremismi / mantenere una via moderata ¶中庸を得た意見 opinione moderata [ragionevole] /《公平な》opinione imparziale

ちゅうりつ　中立　neutralità 女 ¶中立の neutrale ¶厳正中立 neutralità assoluta [completa / totale] ¶永世中立 neutralità permanente ¶中立を守る osservare [mantenere] la neutralità / rimanere neutrale
✤**中立化** neutralizzazione 女 ◇中立化する《他のものを》neutralizzare ql.co., rendere ql.co. neutrale （▸neutrale の性・数は目的語に合わせて語尾変化する）;《自らが》rendersi neutrale
中立国 paese 男 [stato 男 / nazione 女] neutrale
中立軸《機》asse 男 neutro
中立主義 neutralismo 男 ◇中立主義の neutralista [男複 -i], neutralistico [男複 -ci]
中立主義者 neutralista 男女 [複 -i]
中立地帯 territorio 男 [複 -i] neutrale

チューリップ　〔英 tulip〕《植》tulipano 男

ちゅうりゃく　中略　¶彼は言った.「自分は（中略）その事件には関係がない」Disse: "Io… (omissis) non ho niente a che fare [vedere] con quell'episodio."

ちゅうりゅう　中流　**1**《川の》¶利根川中流 il corso medio del fiume Tone
2《階級》classe 女 media
✤**中流意識** ¶日本人は中流意識が強い. Nei giapponesi c'è una forte coscienza di appartenenza alla classe media.
中流階級 classe 女 media, ceto medio

ちゅうりゅう　駐留　guarnigione 女, presidio 男 [複 -gi] ¶駐留軍 guarnigione / corpo militare a guardia di un presidio

ちゅうるい　虫類　insetti 男 [複] e vermi 男 [複]

ちゅうわ　中和《化》neutralizzazione 女 ◇中和する《自らが》avere una reazione neutra, diventare 自 [es] neutro [neutralizzato];《他のものを》neutralizzare ql.co., portare una soluzione a dare una reazione neutra di ql.co.
✤**中和剤** agente 男 neutralizzante
中和点 punto 男 di neutralizzazione

チューンアップ　〔英 tune up〕《車やスキーの調整》messa 女 a punto ◇チューンアップする mettere a punto ql.co. ¶この車はチューンアップしてある.《エンジンが改造してある》Questa macchina ha il motore truccato.

チュチュ　《仏 tutu》《バレエの》tutù 男 [無変]

ちゅっ　《擬》smack ¶彼女の唇にちゅっとキスをした. Le ho dato un bacino sulle labbra.

チュニック　〔英 tunic〕《服》tunica 女

ちゅん（ちゅん）　¶雀がちゅんちゅんと鳴いて飛んでいた. Il passero volava cinguettando.

ちょ　著　¶タブッキ著『遠い水平線』"Il filo dell'orizzonte" scritto da Tabucchi

ちょ　緒　inizio 男 [複 -i] ¶この調査はまだ緒についたばかりだ. Questa indagine è appena iniziata.

ちょいちょい《たびたび》spesso, sovente, frequentemente;《時々》ogni tanto, di tanto in tanto ¶彼はちょいちょい私を訪ねてくる. Ogni tanto mi viene a trovare.

ちょう　丁《さいころの偶数》¶丁に賭けた. Ho puntato su un numero pari.

ちょう　庁　ufficio 男 [複 -ci] ¶県庁 ufficio della Provincia
✤**庁舎** edificio 男 [複 -ci] governativo

ちょう　兆　**1**《数》mille miliardi 男 [複], trilione 男 ¶10兆 diecimila miliardi ¶5兆円 cinquemila miliardi di yen
2《兆候》¶吉[凶]兆 buon [cattivo] segno

ちょう　町　**1**《地方自治体の基礎単位》comune 男;《さらにその下の区画》rione 男; quartiere 男; circoscrizione 女 →区 参考
2《面積の単位》cho 男 [無変]; unità 女 di superficie pari a ca. 9.917m² （読み方: circa novemilanovecentodiciasette metri quadrati）
3《距離の単位》cho 男 [無変]; unità 女 di misura pari a ca. 109 m （読み方: circa centonove metri） di distanza
✤**町営**　¶町営の市場 mercato gestito dal comune / mercato comunale
町家《商人の家庭》famiglia 女 di mercanti;《町の家》casa 女 al centro di un quartiere animato
町会 associazione 女 di vicinato di un quartiere
町議会 consiglio 男 [複 -gli] municipale
町議会議員 consigliere 男 [女 -a] municipale
町制 sistema 男 [複 -i] di organizzazione della città
町政 amministrazione 女 della città
町民 cittadino 男 [女 -a]
町有　¶この土地は町有だ. Questo terreno 「appartiene alla città [è di proprietà del comune].

ちょう　疔《医》《できもの》carbonchio 男 [複 -chi]; foruncoloso 女 [無変]

ちょう　長　**1**《長いものこと》¶長短さまざまな槍 lance di varia lunghezza **2**《頭》capo 男 ¶一家の長 capofamiglia **3**《勝ること》¶

〈人〉より一日の長がある essere avanti di una spanna a *qlcu*. ¶この案には一長一短がある. Questo progetto ha del buono e del cattivo.
✤長音階〔音〕scala🅕 maggiore
長音程〔音〕intervallo🅜 maggiore
長二［三／六／七］度〔音〕seconda🅕［terza／sesta🅕／settima🅕］maggiore

ちょう 朝 〔治世〕regno🅜;〔王朝〕dinastia🅕;〔時代〕periodo🅜, epoca🅕 ¶ブルボン朝 la dinastia dei Borbone

ちょう 腸 〔解〕intestino🅜;〔大腸〕intestino🅜 crasso;〔小腸〕intestino🅜 tenue;〔動物の腸も含めて〕budello🅜［複 le *budella*］ ◇腸の intestinale
✤腸炎 enterite🅕
腸(が)癌 cancro🅜 intestinale
腸間膜〔解〕mesenterio🅜［複 *-i*］, mesentere🅜
腸結石 enterolito🅜, calcolo🅜 intestinale
腸疾患 enteropatia🅕, affezione🅕 intestinale
腸チフス tifo🅜 addominale, enterotifo🅜
腸捻転 volvolo🅜 intestinale
腸閉塞 ileo🅜

ちょう 蝶 farfalla🅕
[慣用]蝶よ花よ ¶彼女は蝶よ花よと育てられた. È stata allevata「con grande amore [《甘やかされて》nella bambagia].
✤蝶ネクタイ〔仏〕papillon［papiɔ̃］🅜［無変］

ちょう 調 **1**〔音〕tonalità🅕;〔音〕tono🅜 ¶ハ長調で in〔tono〔tonalità／scala〕di〕do maggiore **2**〔字句の調子〕 ¶この詩は七五調で書かれている. Questa poesia è scritta su〔con〕un metro di 7-5(sillabe). **3**〔特徴的なスタイル〕¶復古調で in stile［di gusto］retrogrado ¶万葉調で di sapore Man'yo ¶民謡調のメロディー melodie folk [folcloristiche]

ちょう- 超- ultra-, super-, sopra- ¶超完全雇用〔経〕occupazione🅕 eccessiva ¶神は超自然の存在だ. Dio è un essere trascendente.

-ちょう -丁 **1**〔書籍の表裏2ページ分〕¶2丁 due fogli **2**〔豆腐などの数え方〕¶豆腐2丁 due pezzi di *tofu* ¶天ぷら1丁できあがり. Un piatto di *tempura* è pronto.

-ちょう -挺・-丁 ¶拳銃1挺 una pistola ¶はさみ2挺 due paia di forbici

ちょうあい 寵愛 favore🅜, buone grazie🅕[複] ◇寵愛する prediligere ¶王の寵愛を得る essere il preferito［《女性が》la preferita］del re ¶寵愛を受けている essere nelle buone grazie di *qlcu*./ avere il favore di *qlcu*. 寵愛を失う perdere i favori di *qlcu*.

ちょうい 弔意 condoglianze🅕[複], cordoglio🅜 ¶弔意を表わす fare [porgere／esprimere] le *proprie* condoglianze／esprimere il *proprio* cordoglio ¶弔意を表して in segno di lutto［di cordoglio］

ちょうい 潮位 livello🅜 della marea
ちょういきん 弔慰金 denaro🅜 offerto in segno del *proprio* cordoglio

ちょういん 調印 firma🅕; timbro🅜 ◇調印する firmare *ql.co.*, apporre la *propria* firma su *ql.co.*; timbrare, apporre il *proprio* timbro ¶講和条約が調印された. La pace è stata firmata.
✤調印国政府 i governi🅜[複] firmatari

調印者 firmatario🅜［🅕 *-ia*;🅜複 *-i*］

ちょうえき 懲役〔法〕reclusione🅕 ¶無期懲役 reclusione a vita／ergastolo ¶懲役刑に服する scontare una condanna di reclusione ¶15年の懲役刑に処する condannare *qlcu*. a 15 anni di reclusione
✤懲役囚〔終身刑の〕ergastolano🅜［🅕 *-a*］;〔囚人〕carcerato🅜［🅕 *-a*］, detenuto🅜［🅕 *-a*］, recluso🅜［🅕 *-a*］; forzato🅜

ちょうえつ 超越〔哲〕trascendenza🅕 ◇超越する trascendere *ql.co.*, superare [oltrepassare] *ql.co.*, essere al di sopra di *ql.co.* ◇超越的 trascendente ¶自我を超越する superare se stesso
✤超越数〔数〕numero🅜 trascendente

ちょうエルエスアイ 超LSI 〔英〕VLSI🅜［無変］

ちょうおん 長音〔長母音〕vocale🅕 lunga
✤長音符号 segno🅜 di vocale lunga

ちょうおん 調音 **1**〔音声〕articolazione🅕 **2**〔調律〕accordatura🅕
✤調音器官〔音声〕organo🅜「per l'articolazione［articolatorio］［複 *-i*］
調音点〔音声〕punto🅜［luogo🅜(複 *-ghi*)］di articolazione
調音方法〔音声〕modo🅜［metodo🅜］di articolazione

ちょうおんき 聴音器 localizzatore🅜［rivelatore🅜］di suoni ¶空中聴音器 aerofono🅜 ¶水中聴音器 idrofono🅜

ちょうおんそく 超音速 velocità🅕 supersonica ◇超音速の supersonico［🅜複 *-ci*］
✤超音速機 aereo🅜〔英〕jet🅜［無変］supersonico

ちょうおんぱ 超音波 onda🅕 ultrasonica [ultrasonora／ultracustica]
✤超音波検査〔法〕〔医〕ecografia🅕
超音波診断 esame🅜 ecografico［複 *-ci*］

ちょうか 弔歌 inno🅜［canto🅜］funebre
ちょうか 長歌 poesia🅕 giapponese antica sullo schema 5-7, 5-7, 5-7…7-7, spesso accompagnata da un *tanka*

ちょうか 超過 eccesso🅜, eccedenza🅕, sovrappiù🅜;〔生産などの過剰〕〔英〕surplus [surplús]🅜 ◇超過する eccedere🅜[*av*], superare ◇超過の in eccedenza, eccedente ¶支出超過 eccedenza delle uscite (sulle entrate) ¶予想額を超過する eccedere la somma prevista ¶その車は制限速度を20キロ超過した. Quella macchina ha superato di 20 chilometri il limite di velocità. ¶この小包は重量を30グラム超過している. Questo pacco supera il (peso) limite di 30 grammi.
✤超過額〔英〕surplus🅜［無変］; somma🅕 eccedente
超過供給〔経〕eccesso🅜 di offerta
超過勤務 ore🅕 di lavoro straordinario
超過勤務手当(compenso🅜 per il lavoro) straordinario🅜［複 *-i*］
超過重量 eccesso🅜 di peso
超過需要〔経〕eccesso🅜 di domanda
超過荷物 bagaglio🅜［複 *-gli*］in eccedenza
超過料金 soprattasse🅕 ¶1時間500円の超過料金をいただきます. Chiediamo 500 yen per ogni

ora extra.
ちょうかい 潮解 〚化〛 deliquescenza㊛ ◇潮解する diventare㉠[es] deliquescen*te* ¶潮解性の物質 sostanza deliquescente
ちょうかい 懲戒 〚法〛 sanzione㊛, punizione㊛; 〚軍〛 rimprovero㊚ ◇懲戒する prendere dei provvedimenti disciplinari nei confronti di qlcu., punire qlcu. per ql.co.; fare [muovere] un rimprovero a qlcu.
✤懲戒委員会 commissione㊛ disciplinare
懲戒処分 provvedimento㊚ [misura㊛] disciplinare
懲戒免職 destituzione㊛ (dall'incarico) ¶彼は懲戒免職になった. È stato destituito dall'incarico come punizione disciplinare.
ちょうがい 蝶貝 〚貝〛 ostrica㊛ perlifera
ちょうかいりょく 聴解力 ascolto㊚ ¶聴解力テスト esame di ascolto
ちょうかく 頂角 〚幾何〛 angolo㊚ al vertice
ちょうかく 聴覚 udito㊚, facoltà㊛ uditiva ¶鋭い聴覚 orecchio [udito] fine ¶年をとって聴覚が衰えた. Il mio udito si è indebolito con gli anni.
✤聴覚器官 organo㊚ dell'udito
聴覚障害者 non udente㊚㊛, sordo㊚[㊛ -a]
聴覚神経 nervo㊚ acustico [複 -ci]
ちょうかん 長官 diret*tore*㊚[㊛ -trice], presidente㊚㊛, amministra*tore*㊚[㊛ -trice], capo㊚, governa*tore*㊚[㊛ -trice]
ちょうかん 鳥瞰 ◇鳥瞰する vedere ql.co. a volo d'uccello
✤鳥瞰図 veduta㊛ a volo d'uccello
ちょうかん 朝刊 edizione㊛ del mattino
ちょうき 弔旗 bandiera㊛ a lutto;〚半旗〛 bandiera a mezz'asta ¶弔旗を掲げる abbrunare una bandiera
ちょうき 長期 lungo periodo㊚ di tempo
◇長期の 〚長く続く〛 lungo, che dura a lungo, prolungato;〚期限の長い〛 a lungo termine ◇長期にわたる durare㉠[es, av] a lungo ◇長期にわたって a lungo, per lungo tempo, per un lungo periodo di tempo ¶長期の循環 〚経〛 ciclo a lungo termine
✤長期貸付け credito㊚ [prestito㊚] a lungo termine
長期金利 tasso㊚ d'interesse a lungo termine
長期計画 progetto㊚ a lunga scadenza
長期国債 Buono㊚ del Tesoro a lungo termine
長期資金 〚資本〛 fondi㊚[複] [capitale㊚] a lungo termine
長期信用銀行 banca㊛ di credito a lungo termine
長期戦 guerra㊛ che si protrae a lungo, guerra㊛ lunga;〚仕事など〛 lavoro㊚ lungo[複 -ghi]
長期滞在 lunga permanenza㊛, lungo soggiorno㊚
長期負債 debito㊚ a lungo termine
長期予測 previsione㊛ a lunga durata
長期予報 〚天気〛 previsioni㊛[複] meteorologiche a lungo termine
ちょうきょう 調教 ammaestramento㊚ ◇調教する ammaestrare
✤調教師 ammaestra*tore*㊚[㊛ -trice], domatore㊚[㊛ -trice]

ちょうきょり 長距離 lunga [grande] distanza㊛;〚射程〛 lunga gittata㊛ [portata㊛] ¶長距離を航行する coprire [percorrere] lunghe [grandi] distanze
✤長距離電話 telefonata㊛ [chiamata㊛] interurbana, interurbana㊛
長距離トラック輸送 (ヨーロッパの) Trasporti㊚[複] internazionali su strada;〚略〛 TIR [tir]㊚[無変]
長距離バス 〚英〛 pullman㊚[無変]
長距離飛行 volo㊚ a lunga distanza
長距離砲 cannone㊚ a lunga portata [gittata]
長距離ランナー 〚スポ〛 fondista㊚㊛[複 -i]
長距離レース 〈5千メートル以上の〉 gara㊛ di fondo;〈マラソン〉 maratona㊛
ちょうきん 彫金 cesellatura㊛, arte㊛ del cesello ◇彫金する cesellare
✤彫金師 cesella*tore*㊚[㊛ -trice], incisore㊚
ちょうけい 長兄 il fratello㊚ 「più anziano [maggiore]
ちょうけし 帳消し cancellazione㊛, estinzione㊛, annullamento㊚;〚相殺〛 compensazione㊛ ¶彼は借金を帳消しにしてくれた. Ha estinto il mio debito. ¶これで借りは帳消しだ. Con questo siamo pari.
ちょうげん 調弦 〚音〛 accordatura㊛ (degli archi) ◇調弦する accordare ql.co.
ちょうげんじつしゅぎ 超現実主義 surrealismo㊚
ちょうげんぼう 長元坊 〚鳥〛 gheppio㊚[複 -i]
ちょうこう 兆候・徴候 segno㊚, indizio㊚[複 -i];〚前兆〛 segno premonitore;〚病気の症候〛 sintomo㊚ ¶気圧が下がったのは雨になる兆候だ. L'abbassamento della pressione atmosferica è un segno di pioggia. ¶寒気がするのは風邪の兆候だ. I brividi di freddo sono sintomi dell'influenza.
ちょうこう 長考 ◇長考する ponderare㉢ (▶単独でも可), riflettere㉠[av] a lungo ¶長考の末に彼は結論を出した. Ha preso la decisione dopo aver riflettuto a lungo.
ちょうこう 彫工 〚彫刻家〛 scul*tore*㊚[㊛ -trice];〚彫金家〛 incisore㊚;〚木・石などの〛 intaglia*tore*㊚[㊛ -trice]
ちょうこう 朝貢 ◇朝貢する offrire un tributo (all'imperatore)
✤朝貢国 paese㊚ tributario[複 -i]
ちょうこう 聴講 ◇聴講する assistere㉠[av] (a una lezione), frequentare come uditore [〚女性が主語〛 uditrice] (un corso di lezioni)
✤聴講者 ¶聴講者が多かった[少なかった]. Il pubblico era numeroso [scarso].
聴講生 udi*tore*㊚[㊛ -trice]
聴講料 〈大学などの〉 tassa㊛ per uditori;〈講習会などの〉 quota㊛ di partecipazione ad un corso
ちょうごう 調号 〚音〛 armatura㊛ di chiave, segno㊚ di modo
ちょうごう 調合 miscuglio㊚[複 -gli], mistura㊛ ◇調合する mischiare
ちょうこうき 調光器 gradua*tore*㊚, regola*tore*㊚ luminoso;〚英〛 dimmer㊚[無変]

ちょうこうしゅうは 超高周波 《電磁》onda㊛ 10, frequenza㊛ superalta; 《略》SHF㊛

ちょうこうぜつ 長広舌 discorso㊚ lungo [複 -ghi]; 《長くて退屈な》discorso㊚ noioso e prolisso ¶候補者は長広舌を振るった．Il candidato ha fatto un comizio interminabile.

ちょうこうそうビル 超高層ビル grattacielo㊚

ちょうこうそくどカメラ 超高速度カメラ macchina㊛ fotografica ad altissima velocità

ちょうこがた 超小型 ◇超小型の micro-
❖超小型電子回路 circuito㊚ microelettronico [複 -ci]

ちょうこく 彫刻 scultura㊛ ◇彫刻する scolpire ◇彫刻的 scultoreo, scultorio [男複 -i] →美術 [用例集] ¶大理石で聖母像を彫刻する scolpire in marmo un'immagine della Madonna
❖彫刻家 scultore㊚ [㊛ -trice]
彫刻刀 scalpello㊚ (da scultore)

ちょうこっかしゅぎ 超国家主義 《政》ultranazionalismo㊚ ◇超国家主義の ultranazionalista [男複 -i], ultranazionalistico [男複 -ci]
❖超国家主義者 ultranazionalista㊚㊛ [男複 -i]

ちょうさ 調査 inchiesta㊛, investigazione㊛, indagine㊛, ricerche㊛[複] ◇調査する fare un'inchiesta [un'investigazione / un'indagine / una ricerca] ¶調査を始める condurre [svolgere] un'inchiesta ¶その問題は現在調査中である．La questione è ora allo studio. ¶世論調査 sondaggio dell'opinione pubblica ¶市場調査 ricerca di mercato ¶統計調査 sondaggio statistico / ricerca statistica ¶国勢調査 censimento
❖調査委員会 commissione㊛ d'inchiesta
調査課 sezione㊛ di ricerche [indagini]
調査官 investigatore㊚ [㊛ -trice]
調査票 [用紙] questionario㊚ [複 -i], modulo㊚
調査捕鯨 caccia㊛ [複 -ce] alla balena a fini di ricerca

ちょうざい 調剤 preparazione㊛ di un medicamento [di una medicina], miscuglio㊚ [複 -gli] ◇調剤する preparare una medicina [un medicamento], consegnare una medicina secondo la ricetta medica
❖調剤師 farmacista㊚㊛ [男複 -i]
調剤薬局 farmacia㊛

ちょうざめ 蝶鮫 《魚》storione㊚

ちょうし 長子 primogenito㊚ [㊛ -a]

ちょうし 銚子 fiaschetta㊛ [bottiglietta㊛] per il sake

ちょうし 調子 **1**《音律の高低》tono㊚ ¶調子を上げる [下げる] alzare [abbassare] il tono ¶楽器の調子を変える cambiare il tono di uno strumento ¶調子が合っている [はずれている]《人が主語》essere in [fuori] tono / essere intonato [stonato] ¶はずれた声で歌う cantare con voce stonata ¶楽団員は楽器の調子を合わせた．Gli orchestrali hanno accordato i loro strumenti.
2《拍子》battuta㊛; 《テンポ》tempo㊚; 《リズム》ritmo㊚ ¶調子を取る battere [segnare] il tempo / dare il ritmo ¶調子よく船を漕ぐ vogare「a tempo [in cadenza / ritmicamente] ¶調子のよい韻文 versi ritmati [cadenzati] ¶仕事が調子よく運ぶ．Gli affari procedono di buon passo [ritmo]. ¶2ヶ月間の夜勤で調子が狂ってしまった．Ho lavorato di notte per 2 mesi e mi si è stravolto il ritmo della vita abituale.
3《語調》intonazione㊛, inflessione㊛, tono㊚ / 《文体》stile㊚ ¶怒った調子で話す parlare con [in] tono arrabbiato ¶皮肉な調子で con accento ironico ¶彼は話す相手によって調子を変える．Cambia tono a seconda degli interlocutori. ¶翻訳で原文の調子を伝えるのは難しい．È difficile conservare in una traduzione lo stile originale [lo stile dell'originale].
4《状態》condizione㊛ ¶調子がよい《体の》stare bene /《選手などが》essere in forma /《機械などの》essere in buone condizioni ¶心臓の調子がおかしい．Ho il cuore fuori fase. ¶腹の調子が変だ．Qualcosa non va con il mio stomaco. / Ho lo stomaco sottosopra. ¶調子はどうだい．Come stai? / Come va? ¶よく眠ったので調子がよい．Mi sento「in tono [bene] dopo una bella dormita. ¶このミシンはとても調子がいい．Questa macchina da cucire funziona veramente bene.
5《具合，やり方》modo㊚, maniera㊛ ¶この映画についての批評はみんな同じ調子だ．Tutti criticano questo film nella stessa maniera. ¶この調子ならあと2，3日で退院できそうだ．Se va avanti così, tra due o tre giorni sarà possibile dimetterla dall'ospedale.

[慣用] 調子が出る ¶やっと仕事の調子が出てきた．Finalmente「ho cominciato a [posso] lavorare a pieno ritmo.

調子に乗る ¶あまり調子に乗ると失敗する．Quando ci si esalta troppo, si finisce per fallire. ¶これくらいのことで調子に乗るんじゃない．Non è il caso che ti monti la testa [ti dia tante arie] per una cosa come questa.

調子のいい ¶あんな調子のいいことを言っているが大丈夫だろうか．Sta parlando in tono così ottimistico... Ma sarà sicuro?

調子はずれ ¶彼はすることなすことすべて調子はずれだ．Si comporta sempre in modo strano [eccentrico].

調子を合わせる ¶彼はいつも他人に調子を合わせてばかりいる．Si comporta sempre in modo da assecondare gli altri. / Asseconda sempre gli altri.

ちょうじ 丁子 《植》chiodo㊚ di garofano
❖丁子油 essenza㊛ (di chiodi) di garofano

ちょうじ 弔辞 necrologia㊛ [複 -gie], orazione㊛ funebre ¶弔辞を述べる pronunciare parole [fare un discorso] di condoglianze

ちょうじ 寵児 figlio㊚ [㊛ -glia; 男複 -gli] ¶時代の寵児 personaggio di moda [in voga]

ちょうじかん 長時間 ¶長時間にわたって問題を論議する discutere una questione a lungo [per lunghe ore]

ちょうしぜん 超自然 ◇超自然的 soprannaturale ¶超自然現象 fenomeno soprannaturale

ちょうしづく 調子付く **1**《調子が出る》¶講義が進むにつれて彼は調子づいてきた．Si animava man mano che approfondiva l'argomento della lezione. **2**《得意になる》sentirsi fiero; inorgoglirsi; compiacersi ¶彼は成功したので調子づいていた.《傲慢(ごうまん)になる》Il successo gli ha montato la testa.

ちょうじつしょくぶつ 長日植物 〘植〙pianta[女] longidiurna

ちょうしゃ 庁舎 edificio[男][複 -ci] di uffici pubblici

ちょうじゃ 長者 benestante[男][女] ¶百万長者 (multi)milionario / plurimilionario

✤**長者番付** lista[女] dei grossi contribuenti (elencati secondo il reddito)

ちょうしゅ 聴取《ラジオなど》ascolto[男], audizione[女] (radiofonica) ◇**聴取する**《ラジオを》ascoltare *ql.co.*;《事情などを》ascoltare [sentire] *ql.co.* ¶事情聴取〘法〙escussione [audizione] dei testi [dei testimoni]

✤**聴取者** ascoltatore[男][女 -trice]

聴取者参加番組 trasmissione[女] alla quale partecipano i radioascoltatori

聴取書《犯罪捜査の》rapporto[男] relativo alla raccolta di informazioni su persone sospette

聴取率 indice[男] d'ascolto

聴取料 canone[男] di abbonamento radiofonico

ちょうじゅ 長寿 lunga vita[女], longevità[女] ¶長寿の秘訣 segreto di lunga vita ¶長寿を保つ vivere a lungo / godere di una lunga vita / essere longevo

✤**長寿国** paese[男] dove la vita media degli abitanti è molto elevata

長寿番組 programma[男][複 -i] che si protrae [che continua] per anni

ちょうしゅう 徴収 riscossione[女], esazione[女] ◇**徴収する** riscuotere [esigere] *ql.co.* ¶税金を徴収する riscuotere le tasse

ちょうしゅう 徴集 requisizione[女];《人・兵の》reclutamento[男];《兵の》arruolamento[男] ◇**徴集する** requisire; reclutare, arruolare

ちょうしゅう 聴衆 uditorio[男][複 -i], pubblico[男][複 -ci];《そこにいる人々》presenti[男][女][複];《オペラなどの》spettatori[男][複] ¶彼の演説は聴衆を魅了した. Il suo discorso ha avvinto [incantato] l'uditorio. ¶全聴衆が喝采した. Tutta la sala ha applaudito.

ちょうじゅうげんそ 超重元素 〘化〙elemento[男] superpesante

ちょうしょ 長所 pregio[男][複 -gi], qualità[女], merito[男];《強み》punto[男] forte, il *proprio* forte[男];《利点》vantaggio[男][複 -gi] ¶長所を認める riconoscere i meriti (di *qlcu.*) ¶各人の長所を生かす valorizzare [far valere / sfruttare] le qualità di ciascuno ¶彼の長所は時間を守ることだ. Ha la qualità [il merito] di essere sempre puntuale.

ちょうしょ 調書 processo[男] verbale, verbale[男] ¶調書を作る stendere [redigere] un verbale《について su》¶調書をとる fare un interrogatorio a *qlcu.* ¶尋問調書 rapporto dell'interrogatorio

ちょうじょ 長女 figlia[女] maggiore; primogenita[女]

ちょうしょう 弔鐘 campana[女] che annuncia la morte di *qlcu.* ¶弔鐘が鳴る. Le campane suonano a morto.

ちょうしょう 嘲笑 sorriso[男] [ghigno[男] / sogghigno[男]] beffardo [canzonatorio[複 -i] / ironico[複 -ci]];《笑い以外の行動も含んで》beffa[女], canzonatura[女], scherno[男], derisione[女], presa[女] in giro ◇**嘲笑する** (sor)ridere[自][*av*] beffardamente (di qlcu. [*ql.co.*]);《からかう》burlarsi (di *qlcu.* [*ql.co.*]), schernire *qlcu.* [*ql.co.*] ◇**嘲笑的** beffardo, canzonatorio, ironico, sarcastico [男複 -ci], satirico [男複 -ci] ¶嘲笑の的になる essere [diventare] lo zimbello [lo scherno] di tutti / esporsi al ludibrio di tutti / farsi「mettere alla berlina [prendere in giro] da tutti

ちょうじょう 頂上 cima[女], vetta[女] ¶頂上に達する toccare [raggiungere] la cima (della montagna) ¶頂上を極める conquistare la cima ¶財界の頂上に上り詰める conquistare la vetta del mondo finanziario

ちょうしょく 朝食 la prima colazione[女] ¶朝食をとる fare (la prima) colazione

ちょうしょく 調色 miscela[女] di colori;〘写〙viraggio[男][複 -gi] ¶二重調色〘写〙doppio viraggio

✤**調色板**《パレット》tavolozza[女]

ちょうじり 帳尻 bilancio[男][複 -ci] [saldo[男]] di un conto ¶帳尻をごまかす alterare [falsificare / manipolare] i conti ¶帳尻を合わせる far quadrare i conti ¶帳尻が合う[合わない]. I conti tornano [non tornano].

ちょうじる 長じる **1**《成長する》crescere[自][*es*] ¶彼は長じて学者になった. Col passare degli anni è diventato uno scienziato. **2**《優れている》spiccare[自][*av*] ¶彼は絵に長じている. Spicca [Eccelle] nella pittura.

ちょうしん 長身 statura[女] alta ◇**長身の** di alta statura ¶彼は長身だ. È alto (di statura).

ちょうしん 長針 lancetta[女] [sfera[女]] dei minuti

ちょうしん 聴診 〘医〙auscultazione[女] ◇**聴診する** auscultare

✤**聴診器**《両耳型》fonendoscopio[男][複 -i];《管型》stetoscopio[男][複 -i]

ちょうしん 寵臣 vassallo[男] preferito [favorito]

ちょうじん 鳥人《飛行家》pilota[男][女][男複 -i] eccezionale; asso[男] dell'aviazione

ちょうじん 超人 superuomo[男][複 -uomini] ◇**超人的** sovrumano

ちょうしんけい 聴神経 〘解〙nervo[男] acustico[複 -ci]

ちょうしんせい 超新星 〘天〙supernova[女]

ちょうず 手水 **1**《手や顔を洗うこと, またその水》¶ちょうずを使う lavarsi mani e faccia **2** gabinetto[男], bagno[男]

✤**ちょうず鉢** lavabo[男], lavandino[男]

ちょうする 徴する **1**《判断の基準にする》¶従来の例に徴して giudicando dai [alla luce dei] precedenti **2**《求める》¶市長はこの件に関して専門家の意見を徴した. Il sindaco ha chiesto l'opinione degli esperti in merito a questa questione. **3**《徴収する》¶税を徴する riscuotere tasse [imposte] **4**《召し集める》¶兵を徴する arruola-

ち

ちょうずる 長ずる →長じる
ちょうせい 調性 〖音〗tonalità㊛
ちょうせい 調製 ◇調製する preparare
ちょうせい 調整 （機械などの）regolazione㊛, messa㊛ a punto; （いくつかのものの）coordinamento㊚ ◇調整する regolare, mettere a punto, registrare; aggiustare（►修理も含む）; coordinare ¶物価調整 controllo [regolazione] dei prezzi / calmiere㊚ ¶年末調整（税金の）conguaglio（delle imposte）di fine anno ¶機械を調整する regolare uno strumento [un dispositivo / un macchinario] ¶2つの相違する意見を調整する conciliare due diverse opinioni
✤調整器 regolatore㊚, dispositivo㊚ di regolaggio [di regolazione]
調整池 [水] 〖発電的〗riserva㊛ regolatrice
ちょうぜい 徴税 riscossione㊛ [esazione㊛] di un'imposta ◇徴税する riscuotere [esigere] le imposte
✤徴税吏（*） esattore㊚ [㊛複 -trice]
ちょうせき 長石 〖鉱〗feld(i)spato㊚
ちょうせき 潮汐 marea㊛, flusso㊚ e riflusso㊚
✤潮汐点 impronta㊛ di marea
潮汐波 onda㊛ di marea
潮汐表 tabella㊛ di marea
ちょうせつ 調節 regolazione㊛, messa㊛ a punto, controllo㊚, aggiustamento㊚ ◇調節する regolare, mettere a punto ¶温度を調節する regolare la temperatura
✤調節剤 〖化〗modificante㊚, modificatore㊚
ちょうぜつ 超絶 ◇超絶した trascendente ¶文学史上超絶した作品 capolavoro della storia della letteratura ¶『超絶技巧練習曲』（リスト）"Studi di esecuzione trascendentale" (Liszt)
ちょうせん 挑戦 sfida㊛; （挑発）provocazione㊛ ◇挑戦的の sfidante; provocatorio [㊚複 -i]; （攻撃的）aggressivo ◇挑戦する lanciare una sfida a qlcu., sfidare qlcu.（のことで a）, gettare il guanto a qlcu. ¶挑戦に応ずる raccogliere [raccattare] una sfida / raccogliere il guanto ¶彼は8000メートルの山に挑戦した. Ha sfidato una montagna di ottomila metri. ¶彼らは挑戦的態度に出た. Hanno assunto un atteggiamento provocante.
✤挑戦者 〖スポ〗sfidante㊚㊛
挑戦状 cartello㊚ di sfida
ちょうぜん 超然 ¶超然たる態度で con aria distaccata [indifferente / disinteressata] / con indifferenza / con distacco ¶〈物事〉から超然としている tenersi [stare] al di sopra di ql.co.
ちょうそ 彫塑 〖技術〗arti㊛[㊛複] plastiche; 〖塑像〗figura㊛ di creta [di terracotta] ◇彫塑する modellare ql.co. in creta
✤彫塑術 arti㊛[㊛複] plastiche
ちょうそう 鳥葬 ¶死者を鳥葬する deporre la salma agli avvoltoi
ちょうぞう 彫像 statua㊛ ¶大理石の彫像 statua di marmo
ちょうそく 長足 ¶長足の進歩を遂げる fare grandi progressi / fare notevoli [considerevoli /（速い）rapidi] progressi

ちょうそん 町村 città㊛[㊛複] e villaggi㊚[㊚複], comuni㊚[㊚複]
✤町村議会議員 consigliere㊚[㊚複 -a] comunale
町村合併 fusione㊛ delle amministrazioni comunali di città e villaggi
町村制 ¶町村制を敷く introdurre il sistema organizzativo municipale
町村長 sindaco㊚[㊚複 -ci; ㊛複 -ci]
町村役場 municipio㊚[㊚複 -i]
ちょうだ 長蛇 ¶長蛇の列をなして formando una lunga fila
〖慣用〗長蛇を逸す ¶彼は長蛇を逸した. Ha perso una grossa occasione.
ちょうだい 頂戴 **1**（いただくこと）¶お手紙頂載いたしました. Ho ricevuto la Sua lettera. ¶勝手に頂載します. Mi servo da solo. **2**（何かもらったり、頼むときに）¶早くしてちょうだい. Fai presto! ¶あしたまた来てちょうだい. Torna di nuovo domani! ¶お菓子ちょうだい. Dammi del dolce.
✤頂載物 regalo㊚ (ricevuto)
ちょうだい 長大 ¶長大な作品 lavoro colossale ¶長大な計画 progetto grandioso
ちょうたいこく 超大国 superpotenza㊛
ちょうたつ 調達 fornitura㊛; （食糧の）rifornimento㊚, approvvigionamento㊚ ◇調達する rifornire (qlcu. di ql.co.), approvvigionare (qlcu. di ql.co.) ¶現地調達 approvvigionamento [rifornimento] in loco ¶食糧を調達する approvvigionare [rifornire] qlcu. di viveri ¶資金を調達する raccogliere fondi
ちょうたん 長短 ¶彼らは長短相補っている. I loro meriti e demeriti si compensano. / Le loro personalità si completano [si integrano].
ちょうたんぱ 超短波 〖通信〗onde㊛[㊛複] ultracorte
✤超短波受信機 ricevitore㊚ per onde ultracorte
超短波放送 trasmissione㊛ a onde ultracorte
ちょうちょう 町長 sindaco㊚[㊚複 -ci; ㊛複 -ci]（►イタリアの基礎行政単位 comuneの長をさす）
ちょうちょう 長調 〖音〗tonalità㊛[tono㊚] 《音階》scala㊛ maggiore ¶イ長調のシンフォニー sinfonia in la maggiore
ちょうちょう 蝶蝶 farfalla㊛
ちょうちん 提灯 lanterna㊛ (giapponese) ¶提灯をともす accendere una lanterna
✤提灯行列 fiaccolata㊛
提灯持ち ¶提灯持ちをする fare una grande pubblicità a qlcu. / esaltare qlcu.
ちょうつがい 蝶番 cardine㊚;（主に箱・ハンドバッグなどの）cerniera㊛ ¶戸のちょうつがいがはずれている. La porta è scardinata.
ちょうづめ 腸詰め salsiccia㊛[㊛複 -ce]
ちょうてい 朝廷 corte㊛ imperiale
ちょうてい 調停 mediazione㊛;（仲裁）arbitrato㊚;（和解）conciliazione㊛, riconciliazione㊛ ◇調停する fare da arbitro in ql.co., conciliare, fare da paciere [(女性) paciera] ¶争いを調停する conciliare i litiganti ¶調停に立つ offrire [proporre] la *propria* mediazione ¶〈人〉の調停によって grazie all'arbitrato [alla mediazione] di qlcu.
✤調停案 piano㊚ di mediazione

調停委員 membro⊕ della commissione arbitrale
調停委員会 commissione㊛ arbitrale
調停国 potenza㊛ [nazione㊛] mediatrice
調停者 mediat*ore*⊕ [㊛ -*trice*], paciere⊕ [㊛ -*a*]
調停離婚 divorzio⊕ [複 -*i*] avvenuto mediante conciliazione delle parti

ちょうてん 頂点 **1**《一番高い所》vertice⊕；《山頂》vetta㊛, cima㊛, picc*o*⊕ [複 -*chi*] ¶円錐の頂点 vertice di un cono
2《天》《天頂点》zenit⊕ [無変]
3《絶頂》apice⊕, colmo⊕, punto⊕ culminante, apogeo⊕, picc*o*⊕ [複 -*chi*] ¶幸福[名誉]の頂点 colmo della felicità [degli onori] ¶彼の名声は頂点にある. La sua fama è all'apice.

ちょうでん 弔電 ¶弔電を打つ inviare un telegramma di condoglianze

ちょうでんどう 超伝導《電》superconduzione㊛
❖**超伝導金属** metallo⊕ superconduttore
超伝導材料 superconduttore⊕
超伝導性 superconduttività㊛

ちょうと 長途 tragitto⊕ [percorso⊕] lungo ¶彼は長途の旅に出た. È partito per un lungo viaggio.

ちょうど 調度《家具》mobilia㊛, mobili⊕ [複], arredamento⊕;《家財道具》suppellettili⊕ [複];《家庭用具》utensili⊕ [複] domestici

ちょうど 丁度 **1**《きっかり、ぴったり》esattamente, precisamente ¶ちょうど12時だ. Sono le 12「in punto [esatte]. ¶1000円ちょうどしかない. Ho solo 1.000 yen giusti giusti. ¶ちょうど時間にやってきた. È arrivato puntuale [in orario]. ¶この靴は私にちょうどよい. Queste scarpe mi stanno [vanno] a pennello.
2《折よく、まさしく》proprio, appunto ¶ちょうどいいところに来た. Sei arrivato al momento giusto. ¶ちょうど電話しようと思っていたところだ. Stavo appunto pensando di telefonarti. ¶それはちょうど探していたものです. È proprio quel che cercavo.
3《まるで》¶桜が散ってちょうど雪のようだ. I petali di ciliegio cadendo sembrano proprio fiocchi di neve.

ちょうとうは 超党派 partito⊕ [movimento⊕] trasversale ◇**超党派で** al di sopra di ogni spirito「di parte [settario] ◇**超党派の** superpartit*ico* [⊕ 複 -*ci*], di una collaborazione [un'alleanza] tra partiti
❖**超党派外交** diplomazia㊛ superpartit*ica* [trasversale]
超党派政権 governo⊕ di unità nazionale

ちょうとっか 超特価 ¶超特価で売る vendere *ql.co.* a prezzi bassissimi ¶超特価セール svendita a prezzi「straordinari [stracciati]

ちょうとっきゅう 超特急《列車》superespresso⊕, super-rapido⊕ **2**《大急ぎ》¶この仕事は超特急でお願いします. La prego di finire questo lavoro con la massima rapidità.

ちょうない 町内 ◇**町内に** nella città;《区域・区画内に》nel quartiere, nel rione ¶町内あげて彼を歓迎した. È stato accolto calorosamente da tutti gli abitanti del quartiere.
❖**町内会** consi*glio*⊕ [複 -*gli*] di quartiere

ちょうなん 長男 fi*glio*⊕ [複 -*gli*] maggiore; primogenito⊕

ちょうにん 町人 artigiani⊕ [複] e commercianti⊕ [複] [《階級》classe㊛ dei mercanti] (del periodo Edo)
❖**町人物** romanzo⊕ sulla classe dei mercanti

ちょうネクタイ 蝶ネクタイ 〔仏〕papillon [papiόn]⊕ [無変]; cravatta㊛ a farfalla

ちょうのうりょく 超能力 potere⊕ [facoltà㊛] soprannaturale;《念力、テレパシー》facoltà㊛ [複] telecinetiche [telepatiche];《透視》chiaroveggenza㊛;《未来予知》prescienza㊛; capacità㊛ di prevedere l'avvenire;《超感覚的知覚》percezione㊛ extrasensoriale

ちょうは 長波 onde㊛ [複] lunghe
❖**長波放送** trasmissione㊛ a onde lunghe

ちょうば 帳場《店の》cassa㊛;《ホテルのフロント》ricezione㊛, cassa㊛

ちょうば 跳馬 volteggio⊕ al cavallo;《器具》cavallina㊛

ちょうば 調馬 addestramento⊕ [ammaestramento⊕] dei cavalli ◇**調馬する** addestrare [ammaestrare] un cavallo
❖**調馬場** recinto dove si domano i cavalli

ちょうはつ 長髪 capelli⊕ [複] lunghi
◇**長髪の** dai capelli lunghi
❖**長髪族** capelloni⊕ [複]

ちょうはつ 挑発 provocazione㊛, incitamento⊕, istigazione㊛ ◇**挑発的** provocat*orio* [⊕ 複 -*i*], incendi*ario* [⊕ 複 -*i*];《扇情的な》provocante, lascivo ◇**挑発する** provocare ¶挑発に乗る rispondere a una provocazione
❖**挑発者** provocat*ore*⊕ [㊛ -*trice*]

ちょうはつ 徴発 requisizione㊛ ◇**徴発する** requisire
❖**徴発権** diritto⊕ di requisizione
徴発船 nave㊛「requisita [sotto sequestro]
徴発令 ordine⊕ di requisizione

ちょうはつ 調髪 ta*glio*⊕ [複 -*gli*] [acconciatura㊛] dei capelli ◇**調髪する** tagliare i capelli a *qlcu.*;《してもらう》tagliarsi i capelli, farsi tagliare i capelli

ちょうばつ 懲罰 punizione㊛, pena㊛, casti*go*⊕ [複 -*ghi*];《制裁》sanzione㊛ ◇**懲罰の** punitivo, disciplinare, correttivo ◇**懲罰する** punire [castigare] *qlcu.*
❖**懲罰委員会** comitato⊕ [commissione㊛] disciplinare

ちょうはん 丁半 numeri⊕ [複] pari e dispari dei dadi;《丁半賭博(とばく)》gioc*o*⊕ [複 -*chi*] d'azzardo a dadi

ちょうふく 重複《繰り返し》ripetizione㊛;《二重》doppiezza㊛, ridondanza㊛ ¶この文章には無用な重複が多い. In questo scritto ci sono tanti doppioni [tante ripetizioni] inutili.

ちょうぶつ 長物 ¶無用の長物 cosa ingombrante e inutile

ちょうぶん 弔文 espressione㊛ di condoglianze;《演説》discorso⊕ funebre

ちょうぶん 長文 frase㊛ lunga ¶長文の手紙 lunga lettera

ちょうへい　徴兵《徴募》reclutamento[男]；《召集》chiamata[女] alle armi, arruolamento[男], leva[女]；《兵役》servi*zio*[男][複 *-i*] militare [di leva]；《親》naia[女]
✤**徴兵忌避(き)** renitenza[女] (alla leva)；《自己の良心による》obiezione[女] di coscienza
徴兵忌避者 renitente[男] (alla leva)；《自己の良心によるなどの》obiettore[男] di coscienza
徴兵検査 ¶徴兵検査を受ける essere sottopost*o* a visita di leva
徴兵制度 leva[女], coscrizione[女] obbligatoria, servizio[男] di leva, servizio[男] militare obbligatorio
徴兵免除 esonero[男] dal servizio militare ¶徴兵免除にする esonerare *qlcu.* dal servizio militare
徴兵猶予 rinv*io*[男][複 *-ii*] di chiamata alle armi
徴兵猶予者 beneficia*rio*[男][複 *-i*] di un rinvio di chiamata alle armi

ちょうへん　長辺 ¶長方形の長辺 il lato maggiore del rettangolo

ちょうへん　長編《小説》romanzo[男] lun*go* [複 *-ghi*]；《映画》lungometrag*gio*[男][複 *-gi*], film[男][無変] a lungometraggio

ちょうぼ　帳簿 registro[男][libro[男]] (contabile) ¶帳簿をつける[検査する] tenere [esaminare] i libri contabili ¶帳簿に収支を記入する registrare le entrate e le uscite ¶帳簿上の利益 profitto contabile
✤**帳簿価格** valore[男] contabile
帳簿係 contabile[男][女]
帳簿監査 verifica[女] ufficiale dei conti, revisione[女] dei conti
帳簿面(づら) ¶帳簿面を合わせる far quadrare i conti

ちょうぼ　徴募《徴集》reclutamento[男], arruolamento[男], leva[女] ¶兵を徴募する reclutare [arruolare / chiamare alle armi] soldati

ちょうぼいん　長母音〔音声〕vocale[女] lunga

ちょうほう　弔砲 salva[女] funebre, colpi[男][複] a salve in segno di lutto ¶前大統領の葬儀の弔砲が鳴った. Ai funerali dell'ex-presidente hanno sparato a salve in suo onore.

ちょうほう　重宝 ◇重宝な《便利な》conveniente, prati*co* [[男]複 *-ci*], utile;《手ごろな》comodo, adatto ¶この辞書はとても重宝だ.《使いやすい》Questo dizionario è molto pratico. ¶彼は何にでも重宝な男だ. È un uomo「buono a fare tutto [in grado di fare qualsiasi cosa]. ¶口は重宝なものだ. Puoi dire quello che vuoi.

ちょうほう　諜報 informazioni[女][複]
✤**諜報活動** spionag*gio*[男][複 *-gi*], attività[女] informativa [spionistica]
諜報機関 organizzazione[女] spionistica
諜報部 servi*zio*[男][複 *-i*] segreto [informazioni]
諜報部員 agente[男][女] segret*o*
諜報網 rete[女] spionistica

ちょうぼう　眺望 vista[女], veduta[女], panora*ma*[男][複 *-i*]

ちょうほうきてき　超法規的 ◇超法規的に in deroga ¶超法規的措置により密入国者は第三国に送られた. Con un provvedimento in deroga alla legge l'immigrato illegale è stato inviato in un paese ospitante.

ちょうほうけい　長方形 rettangolo[男] ◇長方形の rettangolare

ちょうほしき　調歩式〔通信〕sistema[男] start-stop, sistema[男] ad arrivo e arresto

ちょうほんにん　張本人 organizza*tore*[男][[女] *-trice*]；artefice[男][女], au*tore*[男][[女] *-trice*]；promo*tore*[男][[女] *-trice*] ¶悪ふざけの張本人 l'autore di una burla ¶暴動の張本人 promotore [autore] di una sommossa

ちょうまんいん　超満員 ¶通勤時はどの電車も超満員だ. Nell'ora di punta tutti i treni dei pendolari sono sovraffollati [strapieni / pieni zeppi].

ちょうみ　調味 ◇調味する condire *ql.co.*, insaporire *ql.co.*
✤**調味料** condimento[男] ⇒料理 [用語集] ¶化学調味料 esaltatore di sapidità

ちょうむすび　蝶結び nodo[男] a farfalla, fioc*co*[男][複 *-chi*] ¶リボンを蝶結びにする legare il nastro con un fiocco

-ちょうめ　-丁目 *chome*[男][無変] (◆ indica il numero di un blocco di case all'interno di un quartiere)

ちょうめい　長命 lunga vita[女], longevità[女]

ちょうめん　帳面 taccuino[男];〔仏〕notes[男][無変]；quaderno[男] per appunti

ちょうもん　弔問 ◇弔問する fare una visita di condoglianze (a *qlcu.*)
✤**弔問外交** visita[女] diplomatica in occasione della morte di un personaggio importante
弔問客 visita*tore*[男][[女] *-trice*] che viene a porgere le *proprie* condoglianze

ちょうもん　聴問
✤**聴問会** udienza[女] pubblica ¶聴問会を開く iniziare un'udienza
聴問僧 confessore[男]

ちょうや　朝野 ¶朝野の名士たち persone di (chiara) fama dentro e fuori del governo

ちょうやく　跳躍 salto[男] ◇跳躍する saltare[自] (►動作を表すとき [*av*], 移動を表すとき [*es*])
✤**跳躍運動** eserci*zio*[男][複 *-i*] di salto
跳躍競技 prove[女][複] di salto
跳躍選手 salta*tore*[男][[女] *-trice*]
跳躍台〔スポ〕trampolino[男]
跳躍板 pedana[女], asse[女] elastica

ちょうよう　長幼 ¶長幼序あり. I giovani devono rispettare gli anziani. / Gli anziani hanno la precedenza.

ちょうよう　徴用 requisizione[女] ◇徴用する requisire

ちょうようのせっく　重陽の節句 Festa[女] del Crisantemo (◆nono giorno del nono mese secondo il calendario lunare)

ちょうらく　凋落 **1**《木の葉などの》caduta[女] **2**《落ちぶれること》caduta[女], declino[男], decadenza[女] ◇凋落する cadere[自][*es*] in declino, decadere[自][*es*]；《状態》essere in rovina

ちょうり　調理 cucina[女];《味付け》condimento[男] ◇調理する cucinare *ql.co.*; condire *ql.co.*
✤**調理器具** utensili[男][複] [《一式》batteria[女]] da cucina ⇒次ページ [図版]
調理師 cuo*co*[男][[女] *-ca*; [男]複 *-chi*]
調理台 piano[男] della cucina

調理場 cucina㊛
調理法 l'arte㊛ culinaria; (レシピ) ricetta㊛
ちょうりつ 町立 ◇町立の comunale, municipale
ちょうりつ 調律 《音》 accordatura㊛ ◇調律する accordare *ql.co.*
✤調律師 accord*atore*㊚ [㊛ *-trice*]
ちょうりゅう 潮流 1 《海の》 corrente㊛ di marea 2 《思想などの》 corrente㊛, tendenza㊛ ¶潮流に乗る seguire la corrente ¶潮流に逆らう andare controcorrente

ちょうりょく 張力 《物》 tensione㊛ ¶表面張力 tensione superficiale
ちょうりょく 潮力
✤潮力発電 produzione㊛ di energia dal moto ondoso [mareale]
ちょうりょく 聴力 udito, facoltà㊛ uditiva ◇聴力の uditivo
✤聴力学 audiologia㊛
聴力計 audiometro㊚
ちょうるい 鳥類 uccelli㊚ [複] →動物 用語集
✤鳥類学 ornitolog*ia*㊛ [複 *-gie*] ◇鳥類学の or-

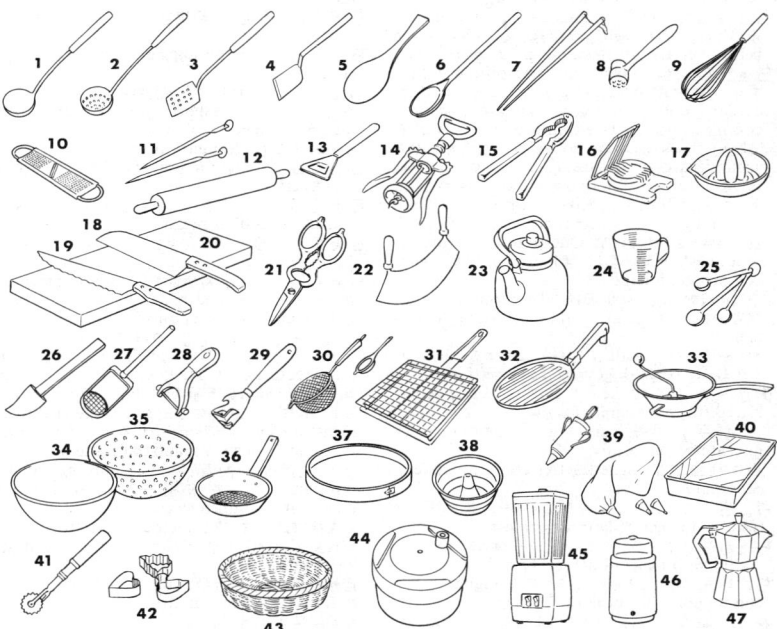

調理器具
1 おたまじゃくし mestolo㊚, ramaiolo㊚. 2 穴じゃくし schiumarola㊛. 3 フライ返し paletta㊛. 4 へら spatola㊛. 5 しゃもじ palettа㊛ di legno per il riso. 6 木じゃくし cucchiaio㊚ di legno. 7 菜ばし bastoncini㊚[複] da cucina. 8 肉たたき pestacarne㊚[無変]. 9 泡立て器 frusta㊛. 10 おろし金 grattugia㊛. 11 焼き串 spiedino㊚. 12 麺（メン）棒 matterello㊚. 13 栓抜き apribottiglie㊚[無変]. 14 コルク栓抜き cavatappi㊚[無変]. 15 くるみ割り schiaccianoci㊚[無変]. 16 エッグスライサー tagliauova㊛ [無変]. 17 果汁[野菜汁]搾り器 spremiagrumi㊚[無変]. 18 包丁 coltello㊚ da cucina. 19 パン切りナイフ coltello㊚ da pane. 20 まな板 tagliere㊚. 21 調理ばさみ trinciapollo㊚. 22 チョッパー mezzaluna㊛ [複 *mezzelune*]. 23 やかん bollitore㊚. 24 計量カップ bicchiere㊚ graduato. 25 計量スプーン cucchiaini㊚[複] dosatori. 26 ゴムべら spatola㊛ di gomma. 27 じゃがいもつぶし schiacciapatate㊚[無変]. 28 皮むき sbucciatore㊚. 29 缶切り apriscatole㊚[無変]. 30 茶こし colino㊚. 31 魚焼き網 griglia㊛. 32 ビフテキ用鉄板 bistecchiera㊛. 33 野菜漉し器 passaverdura㊛. 34 ボウル ciotola㊛. 35 水切りボウル colapasta㊚[無変]. 36 漉し器 colabrodo㊚[無変]. 37 ケーキ型 stampo㊚ per torte. 38 蛇の目型 forma㊛ per dolci. 39 絞り出し siringa㊛. 40 オーブン用天板 teglia㊛. 41 パイカッターrotella㊛ tagliapasta[無変]. 42 クッキーの型抜き formina㊛ per biscotti. 43 ざる canestro㊚ in bambù per scolare l'acqua. 44 サラダシェイカー centrifuga㊛ per insalata. 45 ミキサー frullatore㊚. 46 コーヒーミル macinacaffè㊚. 47 エスプレッソマシン caffettiera㊛.

nitologic*o* [男複 *-ci*]
鳥類学者 ornitologo*男* [女 *-ga*;男複 *-gi*]
ちょうれい 朝礼 assemblea*女* [riunione*女*] del mattino
ちょうれいぼかい 朝令暮改 politica*女* incoerente
ちょうろう 長老 anziano*男*, patriarca*男*[複 *-chi*];《各種団体の》decano*男*;《キリ》anziano*男* ¶生まれながらの長老なし.《諺》Nessuno nasce maestro.
✤**長老派** presbiterianesimo*男*
長老派教会 chiesa*女* presbiteriana
長老派教会員 presbiteriano*男* [女 *-a*]
ちょうろう 嘲弄 derisione*女*, canzonatura*女*, dileggio*男*[複 *-gi*] ◇嘲弄する ridere [farsi beffe / beffarsi] di *qlcu*., dileggiare *qlcu*.
ちょうわ 調和 armonia*女*, accordo*男* ¶調和する armonizzare [*av*] con *qlcu*. [*ql.co.*], accordarsi con *qlcu*. [*ql.co.*], andare d'accordo con *qlcu*. [*ql.co.*], essere in armonia con *qlcu*. [*ql.co.*], sposarsi bene con *ql.co*. ◇調和させる armonizzare [accordare] *ql.co*.《と con》¶調和した intonato ¶ネクタイの色と背広の色がよく調和している. Il colore della cravatta e dell'abito si armonizzano [si accordano] bene. ¶この家具は部屋と調和している. Questo mobile è intonato a questa sala. ¶よく調和のとれた肢体 figura ben proporzionata
✤**調和級数**《数》[無変] serie*女* [無変] armonica
調和分析《数》analisi*女* [無変] in serie di funzioni
チョーク〔英 chalk〕《白墨》gesso*男* ¶チョーク3本 tre pezzi di gesso / tre gessetti
チョーク〔英 choke〕《車》valvola*女* dell'aria, diffusore*男* conic*o* [複 *-ci*]
ちよがみ 千代紙 carta*女* giapponese con disegni [motivi] colorati
✤**千代紙細工** oggetti*男*[複] confezionati con *chiyogami*
ちょき《じゃんけんの》¶ちょきをだす indicare [fare] le forbici nella morra cinese
ちょきちょき ¶ちょきちょきと子供の散髪をした. Ha tagliato i capelli del [al] bambino.
ちょきん ¶ちょきんとはさみで切る tagliare *ql.co*. con un colpo di forbici
ちょきん 貯金《貯める行為》economia*女*, risparmio*男*;《貯めた金》economie*女*[複], risparmi*男*[複];《預金》deposito*男* 〜銀行〔会話〕◇貯金する economizzare, risparmiare, mettere da parte, fare economia, fare dei risparmi ¶郵便貯金 deposito [risparmio] postale ¶貯金がある avere dei risparmi ¶貯金で生活する vivere dei *propri* risparmi ¶貯金に手をつける mettere mano ai *propri* risparmi
✤**貯金通帳** libretto*男* di risparmio (◆イタリアではふつう貯金通帳はなく，出金・入金状況，残高などは郵送で通知される)
貯金箱 salvadanai*o*[複 *-i*]
ちょくえい 直営 gestione*女* diretta ◇直営する gestire direttamente ¶このデパートはA社の直営だ. Questo magazzino è sotto la gestione diretta della società A.

ちょくえんすい 直円錐《幾何》cono*男* retto
ちょくげき 直撃 colpo*男* [tiro*男*] diretto ¶直撃を加える colpire *ql.co*. con un tiro diretto
✤**直撃弾** colpo*男* (sparato con puntamento) diretto, tiro*男* diretto
直撃雷(?) fulminazione*女* diretta
ちょくげん 直言 ◇直言する dire *ql.co*. senza mezzi termini, non aver peli sulla lingua
ちょくご 直後 ¶第二次大戦直後に immediatamente [subito] dopo la Seconda guerra mondiale
ちょくご 勅語 messaggio*男*[複 *-gi*] [editto*男*] imperiale
ちょくし 直視 ¶現実を直視する guardare in faccia la realtà
ちょくし 勅使 messaggero [messo*男*] imperiale
ちょくしゃ 直射 ¶この植物は直射日光を避けてください. Non esporre direttamente questa pianta alla luce del sole.
✤**直射影法** proiezione*女* ortografica
ちょくしょ 勅書 messaggio*男*[複 *-gi*] [lettera*女*] imperiale
ちょくじょう 直情 ¶直情径行の人 persona franca [tutta d'un pezzo]
ちょくじょうぎ 直定規 riga*女*, regolo*男*;《短いもの》righello*男*
ちょくしん 直進 ◇直進する andare [proseguire*自*] / procedere*自* [*es*]] diritto ¶光は直進する. La luce viaggia in linea retta.

ちょくせつ 直接 ◇直接の diretto, immediato ◇直接に direttamente, immediatamente;《仲かなしに》senza intermediari ¶直接の上役 superiore*男*[*-a*] diretto ¶直接申し込む rivolgersi direttamente a *qlcu*. ¶直接情報を得る avere un'informazione「di prima mano [da fonte diretta] ¶それは直接私には関係ない. Ciò non mi riguarda direttamente. /《管轄・担当外》Ciò non è di mia diretta competenza.
✤**直接**《教授》法《言》metodo*男* diretto
直接交渉《談判》negoziati*男*[複] diretti, trattative*女*[複] dirette
直接行動 ¶直接行動に訴える ricorrere alle vie di fatto [all'azione diretta]
直接照明 luce*女* diretta
直接税 imposta*女* diretta
直接請求権 rivendicazione*女* diretta
直接選挙 elezione*女* diretta
直接販売 vendita*女* diretta
直接費《会》costi*男*[複] diretti
直接補語, 直接目的《補》語《文法》complemento*男* oggetto diretto
直接民主主義 democrazia*女* diretta
直接話法《文法》discorso*男* diretto
ちょくせつ 直截 **1**《すぐに決裁すること》decisione*女* immediata ◇直截な immediato, pronto **2**《回りくどくないこと》◇直截な diretto, schietto, chiaro, sincero ¶直截簡明な表現 espressione chiara e semplice
ちょくせつほう 直説法《文法》modo*男* indicativo
ちょくせん 直線 linea*女* retta, retta*女* ¶直線

を引く tracciare una retta
✤**直線運動** moto㊚ rettilineo [in linea retta]
直線距離 ¶AからBまでは直線距離で10キロしか離れていない. In linea d'aria A dista da B soltanto 10 chilometri.
直線コース 《競馬などの》dirittura㊛ (d'arrivo); 《100m競走などの》rettilineo㊚

ちょくせん 勅撰 《和歌などの》compilazione㊛ su ordine imperiale
✤**勅撰集** antologia㊛ [複 -gie] [raccolta㊛] poetica compilata su ordine imperiale

ちょくぜん 直前 ◇直前に immediatamente prima di ql.co. [di+不定詞 / che+接続法] ¶この建物は崩壊直前の状態にある. Questo edificio sta per [è sul punto di] crollare.

ちょくそう 直送 ¶産地直送の野菜 ortaggi provenienti direttamente dalla zona di produzione

ちょくぞく 直属 ◇直属する essere posto sotto il diretto controllo [essere alle dirette dipendenze] di qlcu. ¶内閣直属の委員会 commissione direttamente dipendente dal governo

ちょくちょう 直腸 《解》retto㊚ ◇直腸の rettale
✤**直腸癌**《医》cancro㊚ del retto

ちょくちょく di continuo ¶この店でちょくちょく見る顔だ. È un viso che vedo spesso in negozio.

ちょくつう 直通 ¶この列車はヴェネツィアまで直通ですか. Va direttamente a Venezia questo treno?
✤**直通運転** passaggio㊚ automatico di un convoglio ferroviario da una linea a un'altra
直通電話《回線》linea㊛ diretta;《長距離の》teleselezione㊛

ちょくどく 直読 ¶漢文を直読直解する leggere e comprendere il cinese classico (senza riordinarlo secondo la sintassi giapponese)

ちょくばい 直売 ¶生産者直売 vendita diretta (dal produttore al consumatore)
✤**直売店** negozio㊚ [複 -i] [chiosco㊚ [複 -schi]] per la vendita diretta
直売品 ¶産地直売品 articoli venduti direttamente dalla zona di produzione

ちょくはん 直販 vendita㊛ diretta
ちょくほうたい 直方体 parallelepipedo㊚ rettangolare

ちょくめい 勅命 ordine㊚ imperiale ¶勅命を下す emettere un ordine imperiale

ちょくめん 直面 ◇直面する trovarsi [essere] di fronte [davanti] (a qlcu. [ql.co.])

ちょくやく 直訳 traduzione㊛ letterale ◇直訳する tradurre letteralmente [parola per parola]

ちょくゆ 直喩《修辞》similitudine㊛
ちょくゆしゅつ 直輸出 esportazione㊛ diretta ◇直輸出する esportare direttamente

ちょくゆにゅう 直輸入 importazione㊛ diretta ◇直輸入する importare direttamente ¶イタリア直輸入のハンドバッグ borse importate direttamente dall'Italia

ちょくりつ 直立 ◇直立の eretto, ritto, diritto ◇直立する raddrizzarsi;《状態》stare diritto

✤**直立猿人**《人類》pitecantropo㊚ eretto;〔ラ〕Pithecanthropus erectus
直立不動 ¶直立不動の姿勢をとる mettersi sull'attenti

ちょくりゅう 直流《電》corrente㊛ continua
✤**直流電圧** tensione㊛ continua
直流発電機 generatore㊚ di corrente continua

ちょくれい 勅令 editto㊚ [decreto㊚] imperiale
ちょくれつ 直列《電》collegamento㊚ in serie ¶電池を直列につなぐ collegare più pile in serie
✤**直列回路** circuiti㊚ [複] in serie
直列共振《電子》risonanza㊛ in serie

ちょこ 猪口 coppetta㊛ per il sakè
ちょこざい 猪口才 ◇ちょこざいな impertinente, presuntuoso, sfacciato, sfrontato

ちょこちょこ 1《小股で》¶ちょこちょこ歩く camminare a piccoli passi [a passettini] /《子供などがすばしっこく》trotterellare㊀ [av]
2《簡単に》¶彼はちょこちょこっと勉強しただけで満点を取った. Ha ottenuto il massimo dei voti studiando il minimo indispensabile.

ちょこ(な)ん ¶男の子は隅の方にちょこなんと座っていた. Il bambino se ne stava seduto calmo in un angolo.

ちょこまか ¶ちょこまかしないでじっとしていなさい. Fermati un momento e sta' quieto!

チョコレート〔英 chocolate〕cioccolato㊚;《一口サイズのもの》cioccolatino㊚;《飲料の》cioccolata㊛ ¶ビター[ミルク]チョコレート cioccolato fondente [al latte] ¶チョコレート入りのアイスクリーム gelato al cioccolato /《粒入りの》gelato stracciatella / gelato con pezzetti di cioccolato ¶板チョコレート tavoletta di cioccolato ¶チョコレート色の靴 scarpe color cioccolato

ちょさく 著作 opera㊛ (scritta);《著書》libro㊚ ¶著作を生業(なりわい)とする vivere facendo lo scrittore [《女性》la scrittrice]
✤**著作家** scrittore㊚ [㊛ -trice], autore㊚ [㊛ -trice]
著作物 libro㊚, opera㊛ (scritta), pubblicazione㊛

ちょさくけん 著作権 diritti㊚ [複] d'autore [di pubblicazione], proprietà㊛ artistica e letteraria;〔英〕copyright㊚ [無変] ¶著作権を尊重 [侵害] する rispettare [violare] i diritti d'autore ¶著作権がある essere tutelato dai diritti d'autore ¶万国著作権条約 Convenzione universale sui diritti d'autore
✤**著作権使用料** diritti㊚ [複] d'autore
著作権所有 proprietà㊛ letteraria e artistica riservata
著作権所有者 titolare㊚ di un copyright
著作権法 legge㊛ sulla proprietà letteraria e artistica
著作権保護期間 durata㊛ di un copyright

ちょしゃ 著者 autore㊚ [㊛ -trice] (di un libro)
ちょじゅつ 著述 →著作
✤**著述業** attività㊛ letteraria

ちょしょ 著書 libro㊚, opera㊛(scritta), pubblicazione㊛

ちょすい 貯水 ◇貯水する fare la scorta d'acqua

✤**貯水位低下** abbassamento㊚ piezometrico
貯水槽 serbatoio㊚ [複 -i], cisterna㊛, cassa㊛ d'acqua
貯水池 lago㊚ [複 -ghi] artificiale, pozzo㊚ collettore, bacino㊚ idrico [複 -ci]
貯水能力 capacità㊛ di ritenuta d'acqua
貯水量 capacità㊛ di un bacino [un serbatoio]

ちょぞう 貯蔵 《保存》conservazione㊛; 《蓄え》provvista㊛, riserva㊛, scorta㊛; 《蔵入れ》immagazzinamento㊚ ◇貯蔵する conservare; serbare; immagazzinare ◇冷凍貯蔵 conservazione in celle frigorifere / deposito refrigerato ¶飢饉にそなえて食糧を貯蔵する fare scorta di viveri per fronteggiare la carestia ¶野菜は塩漬けにして貯蔵される. Gli ortaggi si conservano sotto sale.
✤**貯蔵庫** magazzino㊚, deposito㊚
✤**貯蔵時間** 《寿命》conservabilità㊛
貯蔵タンク serbatoio㊚ [複 -i]

ちょたん 貯炭 provvista㊛ [scorta㊛] di carbone
✤**貯炭所** deposito㊚ di carbone
貯炭量 quantità㊛ di carbone in magazzino

ちょちく 貯蓄 《行為》risparmio㊚, economia㊛; 《蓄えた金》risparmi㊚ [複], economie㊛ [複] ◇貯蓄する mettere del denaro da parte, fare economia, fare dei risparmi ¶貯蓄を奨励する promuovere il risparmio
✤**貯蓄銀行** cassa㊛ [banca㊛] di risparmio
貯蓄性向 propensione㊛ al risparmio

ちょっか 直下 **1**《すぐ下》¶建物の直下に direttamente sotto l'edificio ¶赤道直下 proprio sull'equatore
2《まっすぐ落ちること》caduta㊛ in verticale ¶直下する滝 cascata a un solo salto

ちょっかい ¶他人の問題にちょっかいを出す intromettersi [ficcare il naso] negli affari altrui

ちょっかく 直角 《幾何》angolo㊚ retto ◇直角の ortogonale ◇直角に ortogonalmente ¶直角に交わる2つの直線 rette perpendicolari ¶2つの線は直角に交わっている. Le due linee si incrociano ad angolo retto. / Le due linee sono ortogonali.
✤**直角三角形** triangolo㊚ rettangolo

ちょっかく 直覚 intuizione㊛
✤**直覚説**《哲》intuizionismo㊚
直覚する capacità㊛ di intuire

ちょっかつ 直轄 ¶政府直轄の組織 organizzazione posta sotto il diretto controllo del governo
✤**直轄地** territorio㊚ [複 -i] sotto il diretto controllo

ちょっかっこう 直滑降 《スキー》discesa㊛ libera ¶直滑降で降りる scendere velocemente e direttamente per il tratto di pista più ripido

ちょっかん 直感 intuito㊚, intuizione㊛ ◇直感的 intuitivo; 《本能的》istintivo ◇直感的に intuitivamente, per intuito; istintivamente ◇直感する intuire ¶直感に頼る contare sul proprio intuito ¶危険が近づいていることを直感した. Ho percepito [Ho intuito] immediatamente il pericolo che s'avvicinava.
✤**直感力** facoltà㊛ intuitiva ¶直感力のある intuitivo

ちょっかん 直観 《哲》intuizione㊛, intuito㊚, comprensione㊛ immediata [istantanea]

チョッキ《服》panciotto㊚, gilè㊚ [無変], 《仏》gilet [dʒilé]㊚ [無変]

ちょっきり ¶ちょっきり5000円で済んだ. Abbiamo pagato 5.000 yen tondi tondi.

ちょっけい 直系 ◇直系の子孫 discendente diretto [in linea diretta]
✤**直系会社** società㊛ affiliata
直系血族 relazione㊛ [parentela㊛] in linea diretta
直系尊属《卑属》ascendenti㊚ [複] [discendenti㊚ [複]] in linea diretta

ちょっけい 直径 《数》diametro㊚ ¶この円は直径5センチである. Questo cerchio ha un diametro di 5 cm. ¶視直径《天》diametro apparente

ちょっけつ 直結 ◇直結する collegare direttamente ◇直結の《工》accoppiato direttamente, ad accoppiamento diretto ¶大衆に直結した政治 politica a diretto contatto con le masse

ちょっこう 直交 ¶AとBは直交する. A si incrocia con B in modo perpendicolare.
✤**直交座標** coordinate㊛ [複] cartesiane

ちょっこう 直行 ◇直行する andare [recarsi] direttamente [《直ちに》prontamente 《に in, a》]
✤**直行バス**《列車》autobus㊚ [無変] [treno㊚] diretto

ちょっこう 直航 ¶この飛行機は東京に直航している. Questo aereo va direttamente [non fa scali fino] a Tokyo. / Questo è un volo non-stop per Tokyo.
✤**直航便**《飛行機》volo㊚ diretto [senza scalo], volo㊚ non-stop [無変]; 《船》nave㊛ diretta ¶東京・ローマ直航便 volo diretto Tokyo-Roma

ちょっと 一寸 **1**《少しの間》¶ちょっと前に poco fa ¶ほんのちょっとの間に in brevissimo tempo ¶もうちょっとすればtra poco / in un istante ¶そのちょっと後で dopo un po' ¶ちょっと待ってください. Attenda un attimo. ¶ちょっとの間の辛抱だ. C'è da pazientare solo un momento. ¶もうちょっとで列車に乗り遅れるところだった. Per poco non perdevo il treno. / Poco è mancato [C'è mancato poco] che non perdessi il treno. ¶ちょっとお目にかかりたいのですが. Posso parlare con lei un momento? ¶ちょっと休みなさい. Prenditi un po' di riposo.
2《わずか, 少し》¶ほんのちょっとしたことで per niente / per un nonnulla / per poca cosa ¶重さは1キロにちょっと足りない. Manca poco a un chilo. ¶ちょっと考えればわかるところだ. Basta pensarci un momento per capire. ¶君にちょっと話がある. Devo dirti due parole. ¶ちょっと見ただけですぐわかった. Ho capito tutto al primo sguardo [alla prima occhiata].
3《かなり, 相当》¶あのレストランはちょっとおいしいものを食べさせる. In quel ristorante si mangia abbastanza bene. ¶彼はちょっとした財産を持っている. Lui ha un bel patrimonio. ¶どうだい, ちょっとしたもんだろう. Non è da disprezza-

re, vero?
4《否定を伴って,「そう簡単には」の意》 ¶そんなことはちょっと考えられない. È difficile immaginare una cosa simile. ¶「ありがとうございます. でも今日はちょっとごいっしょできません」"Grazie, ma oggi purtroppo non posso."
5《呼びかけ》 ¶ちょっとすみません.《頼むとき》Senta! ¶ちょっと.《親しい相手に注意を促す》Senti!

ちょっとみ 一寸見 ¶ちょっと見はよいが… Sembra bello a prima vista, ma…

チョッパー〔英 chopper〕 **1**《半月形の包丁》mezzaluna[女][複 *mezzelune*] **2**〖電子〗modulatore[男] meccanico [複 *-ci*] **3**〖機〗strumento[男] da taglio

ちょっぴり soltanto un po' ¶ケーキはほんのちょっぴりしか残っていなかった. Della torta ne era rimasto soltanto un po'.

チョップ〔英 chop〕 ¶ボールをチョップする tagliare una palla ¶空手チョップ colpo di *karate* ¶ポークチョップ braciola di maiale

ちょとつもうしん 猪突猛進 ◇**猪突猛進する** lanciarsi [slanciarsi / avventarsi] impetuosamente contro [per] *ql.co.* ¶彼は猪突猛進型だ. È un temerario [uno spericolato].

ちょびちょび ¶月給はちょびちょびしか上がらない. Lo stipendio non aumenta che「un poco alla volta [poco per volta].

ちょびひげ ちょび髭 baffetti[男][複]

ちょぼちょぼ **1**《少しずつある様子》 ¶赤ちゃんの髪はまだちょぼちょぼだ. I capelli del neonato sono ancora radi. **2**《同じ程度》 ¶彼のゴルフは君とちょぼちょぼだ. Come giocatori di golf tu e lui siete pari [allo stesso livello].

ちょめい 著名 ◇**著名な** famoso, noto ¶著名な学者 studioso di chiara fama

ちょろい **1**《しっかりしていない》molle, irresoluto **2**《簡単だ》facile, semplice ¶こんな事くらい, ちょろいさ. È una stupidaggine. / Una cosa così è sicuramente facile.

ちょろちょろ ¶ちょろちょろ流れる《小川などが》scorrere[自][*es*] mormorando /《しずくなどが》gocciolare[自][*es*] / colare[自][*es*] / stillare[自][*es*] ¶蛇口から水がちょろちょろ出ている. Un filo d'acqua cola dal rubinetto. ¶たき火がちょろちょろと燃えている. Il falò fa [emana] una luce tremante [tremula]. ¶子供が母親のまわりをちょろちょろしている. I bambini trotterellano intorno alla madre.

ちょろまかす《盗む》far sparire *ql.co.*; scroccare *ql.co.* a *qlcu.*

ちょんぎる ちょん切る tagliare in maniera sommaria

ちょんぼ ◇ちょんぼする prendere un granchio

ちょんまげ 丁髷 ciuffo[男] di capelli che una volta i giapponesi portavano raccolti sulla sommità del capo

ちらかす 散らかす ¶部屋を散らかす mettere in disordine una camera ¶新聞を散らかしたままにする lasciare il giornale in disordine ¶彼はベッドの上に服を散らかしっぱなしだった. Ha lasciato i vestiti sparpagliati sul letto.

ちらかる 散らかる ¶散らかった部屋 stanza disordinata [in disordine] ¶彼のうちはいつも散らかっている. Tutto è sempre in disordine a casa sua. ¶おもちゃが部屋に散らかっている. I giocattoli sono sparsi per tutta la stanza.

ちらし 散らし manifestino[男], volantino[男], foglietto[男] pubblicitar*io*[男][複 *-i*];《折りたたみの宣伝パンフレット》pieghevole[男];〔仏〕dépliant [depliàn][男];《貼り札など》locandina[女] ¶散らしを配る distribuire volantini / fare del volantinaggio
✤**散らし薬**〖薬〗risolvente[男]
散らしずし piatto[男] a base di riso condito con aceto sul quale vengono disposti pesce, uovo ecc.
散らし模様 ¶散らし模様の生地 stoffa a disegni sparsi simili a macchie

ちらす 散らす **1**《散乱させる》disperdere, spargere, sparpagliare ¶風が雲を散らす. Il vento disperde le nubi. ¶風が木の葉を散らす.《吹き落とす》Il vento fa cadere le foglie degli alberi. ¶火花を散らして戦う lottare accanitamente
2《心を他に向ける》 ¶気を散らさずに勉強する studiare senza distrarsi
3《はれ物などを》 ¶はれ物を散らすにはこの薬がよく効く. Questa medicina è molto efficace per far sparire le vesciche.
4《「…散らす」の形で, やたらに…する》 ¶読み散らす leggicchiare [leggiucchiare] qua e là senza metodo ¶しゃべり散らす parlare in continuazione

ちらちら ¶雪がちらちら降る. La neve cade a piccoli fiocchi. ¶花びらがちらちら舞っている. I petali si sparpagliano. ¶湖の水が日の光の下でちらちらと光っている. L'acqua del lago scintilla sotto il sole. ¶ちらちらと意地悪な目つきで見る dare [lanciare] ogni tanto un'occhiata maliziosa

ちらつかせる ¶昇進をちらつかせて彼を酷使した. Lo spremevano con la promessa di una promozione.

ちらつき sfarfallio[男], sfarfallamento[男]

ちらつく **1**《光などが》tremolare[自][*av*] ¶かすかな明りがちらついていた. Una luce fioca tremolava.
2《ちらちら降る》 ¶小雪がちらつき始めた. Ha cominciato a nevicare leggermente.
3《ちらちらと見え隠れする》 ¶あの美少女の面影が目にちらついている. L'immagine di quella bella ragazza「è sempre davanti ai miei occhi [mi torna sempre alla mente].

ちらっと ¶書類にちらっと目を通す dare una scorsa ai documenti

ちらばる 散らばる **1**《散らかる》 ¶空き缶がそこらに散らばっていた. Le lattine vuote erano sparpagliate qua e là. ¶小麦粉が全部地面に散らばった. La farina si è tutta sparsa per terra.
2《離れ離れになる》 ¶身内の者は皆どこかに散らばってしまった. La famiglia si è dispersa [si è sparpagliata] in varie parti.

ちらほら ¶桜がちらほら咲き始める. I fiori di ciliegio sbocciano (a) uno a uno. ¶ちらほら白髪がまじり出した. A poco a poco i suoi capelli stanno diventando grigi. ¶外国人観光客の姿がちらほら見える. Si scorge qualche turista straniero tra la folla.

ちらりと ¶ちらりと見る dare un'occhiata [lanciare uno sguardo] a *ql.co.* [*qlcu.*] ¶湖がちらりと見えた. Un lago è apparso per un istante. ¶彼が結婚したということをちらりと耳にした. Ho sentito (dire) di sfuggita che si è sposato.

ちり 〘料〙《鍋料理》umido[男] di pesce che si mangia cucinandolo a tavola ¶ふぐちり umido a base di pesce palla

ちり 地利 **1**《地の利》 ¶地利がいい trovarsi in una favorevole posizione geografica [topografica] **2**《土地からの利益》profitto[男] ricavato dal terreno

ちり 地理 geografia[女];《地勢》configurazione[女];《地形学, 地誌》topografia[女] ◇地理的[の] geografic*o* [[男]複 -*ci*] ◇地理的に geograficamente ¶地理的にみると dal punto di vista geografico ¶私はこの辺の地理に不案内だ[暗い]. Questa zona non mi è familiare.

✤**地理学** scienze[女][複] geografiche, geografia[女] ¶自然[経済 / 政治 / 商業]地理学 geografia fisica [economica / politica / commerciale] ¶人文地理学 geografia umana [antropica]

地理学者 geograf*o*[男][[女] -*a*]

ちり 塵 **1**《ほこり》polvere[女] ¶…のちりを払う spolverare *ql.co.* / togliere la polvere da *ql.co.* / spazzolare *ql.co.*

2《俗世の汚れ》 ¶浮き世のちりにまみれる essere macchiat*o* dall'impurità delle cose del mondo

[慣用] **ちりも積もれば山となる**《諺》"Molti pochi fanno (un) assai." / "Tanti rigagnoli fanno un fiume."

✤**ちり取り** paletta[女] per la spazzatura

ちり払い《道具》strofinac*cio*[男][複 -*ci*], spolverino[男];《掃除》lo spolverare[男]

ちりよけ ¶ちりよけカバー《家具などの》telo di protezione

ちりがみ 塵紙《トイレットペーパー》carta[女] igienica;《ティッシュペーパー》fazzoletto[男] di carta

チリしょうせき チリ硝石 nitro[男] del Cile, salnitro[男]

ちりちり《縮れた様子》 ¶ちりちりした髪の毛 capelli ricci

ちりぢり 散り散り ¶子供たちはちりぢりになって逃げた. I bambini sono scappati disordinatamente. ¶戦争で家族がちりぢりになった. Con la guerra, la famiglia si è frantumata [dispersa].

ちりばこ 塵箱 cestino[男]

ちりばめる 鏤める incastonare *ql.co.*《に in》, tempestare *ql.co.*;《象眼する》intarsiare *ql.co.*, damaschinare *ql.co.* ¶螺鈿(らでん)をちりばめた小箱 cofanetto intarsiato di madreperla ¶宝石をちりばめた黄金の冠(かんむり) diadema[男] d'oro tempestato di pietre preziose

ちりみだれる 散り乱れる ¶桜の花びらが道に散り乱れていた. Sulla strada erano sparsi petali di ciliegio.

ちりめん 縮緬〘織〙tessuto[男] giapponese di seta con grinze minute

✤**ちりめん紙** carta[女] crespata

ちりめんじゃこ bianchetti[男][複] bolliti ed essiccati

ちりめんじわ reticolatura[女]

ちりゃく 知略 tranello[男] ingegnoso

ちりょう 治療 cure[女][複] mediche, trattamento[男], terapia[女] ⇀医学 [用語集] ◇治療の terapeutic*o* [[男]複 -*ci*] ◇治療する curare ¶治療を受ける essere curat*o* / ricevere [essere sottopost*o* a] cure mediche ¶歯の治療を受ける curarsi [farsi curare] un dente ¶患者に放射線治療を行う curare un malato con la radioterapia ¶治療困難な病気 malattia difficilmente curabile [guaribile]

✤**治療費** spese[女][複] mediche

治療法 terapeutica[女]

ちりょく 知力 intelletto[男], capacità[女] [forza[女]] intellettuale

ちりょくちょうさ 地力調査 analisi[女][無変] della fertilità [produttività] del terreno

ちりれんげ 散蓮華 cucchia*io*[男][複 -*i*] larg*o* [複 -*ghi*] di ceramica cinese

ちりんちりん《擬》tintin ¶ちりんちりん鳴る音 tintinnio ¶ちりんちりんと鳴る tintinnare[自][*es, av*] ¶自転車のベルをちりんちりんと鳴らす suonare il campanello della bicicletta

ちる 散る

1《ばらばらに離れて落ちる》cadere[自][*es*];《散らばる》spargersi, sparpagliarsi ¶火花が散る. Sprizzano (le) scintille. ¶あと2, 3日で桜も散るだろう. Tra due o tre giorni i fiori di ciliegio saranno caduti. ¶岩にぶつかり白い波が散っている. Bianche ondate si infrangono contro gli scogli. ¶道に紙くずがたくさん散っている. La strada è cosparsa di cartacce. ¶集会が終わって人々は四方に散っていった. Terminato il comizio, la folla [la gente] si è dispersa. ¶雲が散って太陽が現れた. Le nuvole si sono dissolte ed è apparso il sole.

2《染みて広がる》 ¶この紙はインクが散って書けない. Su questa carta non si può scrivere perché l'inchiostro si spande.

3《はれ物が消える》 ¶はれものが散った. Il gonfiore「è sparito [si è riassorbito].

4《気が散漫になる》 ¶ラジオを消してくれ. 気が散って勉強できない. Spegni la radio! Mi distrae e non riesco a studiare [Non posso concentrarmi nello studio].

5《潔く死ぬ》 ¶若い命が戦場に散った. Molti giovani soldati sono caduti in guerra.

チルド〔英 chilled〕◇チルドの congelato

✤**チルド食品** alimenti[男][複] congelati (tra 0°C e 10°C)

ちろちろ ¶蛇が舌をちろちろさせた. Il serpente muoveva la lingua in continuazione.

チロリアンハット〔英 Tirolean hat〕cappello[男] tirolese

ちわげんか 痴話喧嘩 lite[女] per questioni amorose

チワワ〔英 Chihuahua〕《犬》chihuahua[男][無変]

ちん 狆《犬》pechinese[男][女]

-ちん -賃 ¶借り賃 noleggio ¶雇い賃 salario ¶乗車賃 tariffa dei mezzi di trasporto

ちんあげ 賃上げ ¶賃上げを要求する chiedere un aumento「di stipendio [di salario / salariale]

ちんあつ 鎮圧 repressione⒟ ◇鎮圧する reprimere, soffocare

ちんうつ 沈鬱 ◇沈鬱な abbattuto, tetro, malinconico[男複 -ci], depresso

ちんか 沈下 sprofondamento[avvallamento⒟ / cedimento⒟] (del terreno), abbassamento⒟ (del suolo);《懸濁液(けんだくえき)中の異物の》sedimentazione⒟, decantazione⒟ ◇沈下する sprofondare[es], cedere[av]; abbassarsi, avvallarsi ¶地盤沈下 abbassamento [avvallamento / cedimento] del terreno

ちんか 鎮火 鎮火する《火事が》spegnersi, estinguersi;《火事を》spegnere[estinguere](un incendio) ¶火事はすぐ鎮火した．L'incendio è stato subito domato.

ちんがし 賃貸し ⇒賃貸
ちんがり 賃借り ⇒賃借

ちんき 珍奇 (珍しさ) rarità⒟;《変わったこと》qualcosa di unico[di singolare];《新奇》novità⒟ ◇珍奇な raro; strano, singolare

チンキ tintura⒟ ¶ヨードチンキ tintura di iodio

ちんきゃく 珍客 ospite⒟ inaspettato ¶これは珍客だ．Ma (guarda) chi si vede! / Che tu sia il benvenuto! / Qual buon vento (ti porta)?!

ちんぎん 賃金・賃銀 paga⒟, retribuzione⒟;《主に肉体労働者の》salario⒟[複 -i] (►ただし統計の分野ではこれを代表として使う);《主に事務員・管理職の月給》stipendio⒟[複 -i] ¶基本賃金 salario[stipendio] base[無変] ¶最低賃金 salario[stipendio] minimo / minimo salariale[di stipendio] ¶実質[名目]賃金 salario reale [nominale] ¶割増し賃金 indennità extra ¶賃金を払う pagare[av] ¶賃金を受け取る riscuotere[percepire] il salario / essere retribuito

✤賃金格差 differenziazione⒟[differenziale⒟ / divario⒟[複 -i] salariale
賃金カット diminuzione⒟[riduzione⒟ di salario[di stipendio]
賃金基金説[経] teoria⒟ di fondo salari
賃金ギャップ gap⒟[無変] salariale
賃金水準 livello⒟ salariale [dei salari]
賃金スパイラル spirale⒟ dei salari
賃金スライド制 scala⒟ mobile dei salari
賃金体系 sistema⒟[複 -i] di pagamento
賃金凍結 blocco⒟[複 -chi] salariale
賃金統制 controllo⒟ salariale
賃金闘争 rivendicazione⒟ salariale
賃金ドリフト slittamento⒟ salariale
賃金ベース stipendio⒟ base[無変]
賃金労働者 salariato⒟[⒟ -a]

チンクゆ チンク油 ¶チンク油を塗る spalmare un unguento a base di zinco

ちんけいざい 鎮痙剤 [薬] antispasmodico⒟[複 -ci], antispastico⒟[複 -ci]

ちんこう 沈降 sedimentazione⒟
✤沈降素 precipitina⒟
沈降速度 velocità⒟ di sedimentazione
沈降反応《免疫化学》precipitazione⒟

沈降物 sedimento⒟

ちんこん 鎮魂
✤鎮魂祭 commemorazione⒟ dei defunti
鎮魂ミサ messa⒟ in memoria di un defunto
鎮魂ミサ曲《音》messa⒟ di requiem

ちんざ 鎮座 ¶顔のまん中に鎮座するだんご鼻 un naso tondo troneggiante in mezzo al viso ¶この神社には伊弉諾尊(いざなぎのみこと)が鎮座しましている．Questo santuario shintoista è consacrato a Izanagi-no-mikoto.

ちんじ 珍事 evento[fatto⒟] raro[strano]
ちんじ 椿事 avvenimento⒟[fatto⒟] inaspettato[imprevisto]

ちんしごと 賃仕事 lavoro a cottimo ◇賃仕事をする lavorare[av] a cottimo

ちんしもっこう 沈思黙考 ◇沈思黙考する riflettere[av][meditare][av] intensamente

ちんしゃ 陳謝 scuse⒟[複] ◇陳謝する scusarsi con qlcu., presentare le proprie scuse a qlcu.

ちんしゃく 賃借 ◇賃借する affittare ql.co., prendere in affitto ql.co.;《車など》noleggiare ql.co., prendere a noleggio ql.co. ¶賃借用家屋 casa da affitto
✤賃借契約 contratto⒟ di affitto
賃借権 diritto⒟ di locazione
賃借人 locatario⒟[⒟ -ia; 男複 -i], affittuario⒟[⒟ -ia; 男複 -i], inquilino⒟[⒟ -a]

ちんしゅ 珍種 ¶珍種の植物 pianta rara
ちんじゅ 鎮守 ¶鎮守の森 boschetto attorno al tempio di una divinità tutelare

ちんじゅつ 陳述《述べること》esposizione⒟, resoconto⒟, relazione⒟;《証人の陳述》deposizione⒟;《口頭弁論》arringa⒟ ◇陳述する fare un'esposizione[un resoconto / una relazione]; deporre《に抗して contro, を弁護して a favore di》 ¶弁護人の陳述が行われた．L'avvocato fece la sua arringa.
✤陳述書 deposizione⒟ scritta, esposto⒟

ちんじょう 陳情《請願, 嘆願》supplica⒟, petizione⒟;《要請》richiesta⒟ ◇陳情する supplicare qlcu. di+[不定詞], fare[rivolgere una] petizione; richiedere a qlcu. ql.co.[di+不定詞 / che+接続法], indirizzare una richiesta a qlcu. per+[不定詞] ¶公害問題で国会に陳情する presentare una petizione al parlamento sul problema dell'inquinamento ambientale
✤陳情者 richiedente⒟, supplicante⒟
陳情書 memoria⒟, memoriale⒟, petizione⒟

ちんせい 鎮静 [医] sedazione⒟ ◇鎮静する《自らが》diventare[es] calmo[quieto], calmarsi[quietarsi];《他のものを》calmare[placare / tranquillizzare] qlcu.[ql.co.], sedare ql.co.
✤鎮静剤《薬》sedativo⒟, calmante⒟;《神経系統の》tranquillante⒟

ちんせきぶつ 沈積物 deposito⒟

ちんせつ 珍説《珍しい話》storia⒟[racconto⒟] singolare;《おかしな意見》strana opinione [teoria⒟];《ばかげた意見》opinione⒟ ridicola [assurda] ¶彼はよく珍説を吐く．Avanza spesso teorie fuori del comune.

ちんたい 沈滞 ristagno⒟;《精神的な》demoralizzazione⒟ ◇沈滞する ristagnare[av];《状態》essere in stasi; demoralizzarsi ¶事業の

沈滞 ristagno degli affari ¶経済の沈滞期 un periodo di staṣi economica ¶気分が沈滞する avere un momento di abbattimento / essere giù di morale ¶この工場は沈滞している. Questa officina è inattiva.

ちんたい 賃貸 locazione[女], affitto[男]; 《車などの》 noleggio[男] [複 -gi] ◇賃貸する dare in affitto *ql.co.*, affittare *ql.co.*; dare a noleggio [a nolo] *ql.co.*, noleggiare *ql.co.*

✤賃貸価格 valore[男] locativo; 《車などの》 nolo[男]
賃貸住宅 abitazione[女] in affitto
賃貸人 locatore[男] [[女] *-trice*]; noleggiatore[男] [[女] *-trice*]
賃貸マンション appartamento[男] in affitto
賃貸料 canone[男] di locazione [d'affitto]; nolo[男]

ちんたいしゃく 賃貸借 affitto[男]
✤賃貸借契約 《家などの》 contratto[男] di locazione; 《車などの》 contratto[男] di noleggio ¶賃貸借契約を結ぶ stipulare un contratto di affitto [di noleggio]

ちんだん 珍談 《滑稽(ぶ)な話》 storia[女] divertente [buffa / comica]

ちんちくりん ¶去年の服はちんちくりんで着られない. Il vestito dell'anno scorso è troppo corto e non posso indossarlo.

ちんちゃく 沈着 《冷静》 sangue[男] freddo, calma[女], preṣenza[女] di spirito; 《平静》 flemma[女], calma[女] ◇沈着な flemmatico [[男]複 *-ci*], calmo, imperturbabile ◇沈着に con sangue freddo, con flemma, con calma ¶彼は沈着である. Sa conservare il sangue freddo. / Ha preṣenza di spirito.

ちんちょう 珍重 ◇珍重する apprezzare, valutare molto

ちんちょうげ 沈丁花 〔植〕 dafne[女]

チンチラ 〔英 chinchilla〕〔動〕 cincillà [cincilla / cinciglia][男][女]

ちんちん 《陰茎の幼児語》《親》 pisellino[男]

ちんちん 《犬の芸》 ¶犬がちんちんをする. Il cane sta in equilibrio sulle zampe posteriori.

ちんちん **1** 《鈴が鳴る音》 ¶ちんちん鳴る tintinnare[自] [*es, av*] **2** 《湯沸かしが鳴る音》 ¶ちんちん鳴る borbottare[自] [*av*] / brontolare[自] [*av*]

ちんつう 沈痛 ¶沈痛な面持ちで con aria triste [grave / seria] ¶沈痛な語調で con tono triste [grave / serio]

ちんつう 鎮痛 〔医〕 sedazione[女]
✤鎮痛剤 sedativo[男], calmante[男], analgeṣico[男] [複 *-ci*]

ちんてい 鎮定 pacificazione[女] ◇鎮定する pacificare, ristabilire [ripristinare] l'ordine 《を in》

ちんでん 沈殿 〔化〕 precipitazione[女]; 《堆積》 sedimentazione[女]; 〔工〕 decantazione[女] ◇沈殿する precipitare[自] [*es*], depoṣitarsi; sedimentare[自] [*es, av*]

✤沈殿価 〔化〕 numero[男] di precipitazione
沈殿剤 〔化〕 precipitante[男]
沈殿池 〔工〕 bacino[男] di decantazione, dissabbiatore[男]
沈殿物 depoṣito[男]; 〔化〕 precipitato[男]; 〔地質〕 sedimento[男]

ちんと ¶ちんと鼻をかむ soffiarsi il naso ¶茶碗をちんとたたく far tintinnare una tazza da tè

ちんとう 珍答 《ばかげた答え》 risposta[女] assurda; 《型破りの答え》 risposta[女] singolare

ちんどんや ちんどん屋 banda[女] di suonatori ambulanti che si eṣibiṣcono per scopi pubblicitari

ちんにゅう 闖入 irruzione[女], intruṣione[女] ◇闖入する fare irruzione [introdursi] 《に in》
✤闖入者 intruṣo[男] [[女] *-a*]

チンパンジー 〔英 chimpanzee〕 〔動〕 scimpanzè[男] [無変]

ちんぴら ragazzaccio[男] [[女] *-cia*; [男] 複 *-ci*; [女] 複 *-ce*]; 《不良グループの一員》 teppista[男] [複 *-i*]

ちんぴん 珍品 oggetti[男] [複] rari, curiosità[女] [複], rarità[女] [複]

ちんぷ 陳腐 ◇陳腐な trito, banale, uṣuale ¶陳腐な表現 luogo comune / espressione trita
✤陳腐化 〔経〕 obsolescenza[女]

ちんぷんかんぷん ¶私にはちんぷんかんぷんだ. Per me è turco [arabo]. / Non ci capisco niente [un'acca].

ちんぼつ 沈没 affondamento[男]; 《難破》 naufragio[男] [複 *-gi*] ◇沈没する affondare[自] [*es*], andare [colare] a picco; far naufragio ◇沈没させる affondare, mandare a picco
✤沈没船 nave[女] affondata

ちんまり ¶ちんまりした家 casetta accogliente ¶彼女は隅の椅子にちんまりと座っていた. Se ne stava accovacciata su una sedia in un angolo.

ちんみ 珍味 《珍しい食べ物》 cibo[男] ghiotto [appetitoso]; 《珍しい料理》 piatto[男] raro e squiṣito ¶山海の珍味 leccornie dei mari e dei monti

ちんみょう 珍妙 ◇珍妙な comico [[男] 複 *-ci*], buffo, ridicolo; 《奇妙な》 bizzarro, eccentrico [[男]複 *-ci*]

ちんもく 沈黙 silenzio[男] ◇沈黙する fare silenzio, tacere[自] [*av*]; 《状態》 star zitto ¶沈黙させる far fare [imporre il] silenzio a *qlcu.* / zittire *qlcu.* ¶沈黙を守る[破る] mantenere [rompere] il silenzio ¶あたりは沈黙に支配され，なんの物音も聞こえなかった. C'era un silenzio di tomba: non si sentiva volare una mosca. ¶沈黙は金. 《諺》 "Il silenzio è d'oro."

ちんれつ 陳列 dispoṣizione[女], mostra[女], espoṣizione[女] ◇陳列する esporre *ql.co.*, mettere in mostra *ql.co.*
✤陳列ケース vetrina[女]; 《博物館などの》 bacheca[女]
陳列室 sala[女] d'espoṣizione
陳列品 articolo[男] [oggetto[男]] esposto [in vetrina / in espoṣizione]
陳列窓 《店の》 vetrina[女] di negozio

つ

つ 津 《船着き場》porto*男*；《渡し場》traghetto*男*

-つ 《「…つ…つ」の形で》¶富士が遠くに見えつ隠れつしている. Il monte Fuji appare e scompare in lontananza. ¶彼は通りを行きつ戻りつしている. Va avanti e indietro sulla strada.

ツァー 《帝政ロシアの皇帝》zar*男*[無変]

ツアー 〔英 tour〕《団体観光旅行》via*gg*io*男*[複 -gi] turistico[複 -ci] organi*zz*ato；《パック旅行》via*gg*io*男* tutto compreso；《小旅行》giro*男*, gita*女*；via*gg*io*男*；《公演旅行》〔仏〕tournée [turné]*女*[無変] ¶スキーツアー tour sci*i*stico ¶ツアー中のロックグループ gruppo rock in tournée ¶2週間のヨーロッパツアーに行く andare a fare un via*gg*io organi*zz*ato di due settimane in Europa

❖**ツアーオペレーター** operat*ore男*[*女* -trice] turistico

ツアーコンダクター accompagnat*ore男*[*女* -trice] turistico, capogruppo*男*[複 *capigruppo*]；《英》複 *capogruppo*]；〔英〕tour conductor*男*[無変]

つい 1 《すぐ, ほんの》¶ついさきほど彼に会った. Poco fa [Pr*o*prio adesso / Or ora] l'ho incontrato. ¶ついそこで叔父に会った. Ho incontrato mio zio pr*o*prio qui vicino. 2 《思わず, うっかり》=うっかり ¶秘密だったのについしゃべってしまった. Sebbene si trattasse di un segreto, mi è inavvertitamente sfuggito di bocca.

つい 対 《異なるもので》coppia*女*；《同種のもので》paio*男*[複 *paia*] ¶対の片方 la metà di un paio [di due] ¶この2つの壺は対になっている. Questi sono due vasi gemelli. ¶1対［2対］の燭台 un paio [due paia] di candelabri

ツィーター 〔英 tweeter〕《高音域再生用スピーカー》altoparlante*男* per gli acuti

ツイード 〔英 tweed〕《織》〔英〕tweed*男*[無変]

ついえる 費える 《使ってなくなる》consumarsi ¶蓄えが費える esaurire i risparmi

ついえる 潰える 1 《だめになる》crollare*自*[*es*], svanire*自*[*es*], andare in fumo, sfaldarsi ¶大学進学の夢はついえた. Il mio sogno di entrare all'università è crollato. 2 《負けて総くずれになる》sfaldarsi；*e*ssere me*ss*o in rotta

ついおく 追憶 ¶追憶にひたる immergersi nei ricordi

ついか 追加 aggiunta*女*；《補足》supplemento*男* ¶追加する aggi*u*ngere *ql.co.* (に a) ◇追加の supplementare, aggiuntivo, addizionale, suppletivo ¶注文を追加する fare un ordine supplementare / fare un'altra ordinazione ¶あと5000円追加していただけますか. Può darmi altri 5.000 yen?

❖**追加条項** cl*a*usola*女* addizionale [aggiuntiva / supplementare]

追加点 ¶追加点を入れる aggi*u*ngere punti

追加予算 bilan*ci*o*男*[複 -ci] supplementare

追加料金 supplemento*男*, spesa*女* supplementare

ついかんばん 椎間板 《解》disco*男*[複 -schi] intervertebrale

❖**椎間板ヘルニア** 《医》*e*rnia*女* al [del] disco intervertebrale

ついき 追記 nota*女* (in fine di *ql.co.*)；《手紙の》poscritto*男*；《本などの追録》addenda*男*[複]；appendice*女* ◇追記する aggi*u*ngere *ql.co.* [che + 直接法] (に a)；《手紙に》aggi*u*ngere un poscritto (に a)

ついきそ 追起訴 《法》accusa*女* [imputazione*女*] aggiuntiva ¶窃盗罪に傷害罪が加わって彼は追起訴された. È stato accusato di furto e di aggressione come imputazione aggiuntiva.

ついきゅう 追及 ◇追及する inseguire *qlcu.* [*ql.co.*], c*o*rrere dietro a *qlcu.*, str*i*ngere *qlcu.* da vicino, stare alle costole di *qlcu.*, incalzare *qlcu.*, tallonare *qlcu.*；《問い詰める》incalzare *qlcu.* su *ql.co.*；《人の責任を追及する》appurare la responsabilità di *qlcu.* ¶追及の手をゆるめない andare più addentro nelle *pro*prie indagini ¶容疑者を追及する incalzare [torchiare / m*e*ttere sotto t*o*rchio] un indiziato

ついきゅう 追求 ricerca*女*, inseguimento*男*；《目的などの》perseguimento*男* ◇追求する cercare (di ottenere) *ql.co.*, inseguire, perseguire ¶幸福［名声］の追求 ricerca della felicità [della fama] ¶…を追求する alla ricerca di *ql.co.* / in cerca di *ql.co.*

ついきゅう 追究 ricerca*女* ◇追究する appurare, indagare, studiare, ricercare, cercare ¶…を追究して alla ricerca di *ql.co.* ¶事故の原因を追究する ricercare [appurare / indagare] le cause di un incidente ¶問題を追究する studiare a fondo [approfondire] una questione ¶真理を追究する cercare la verità

つい 対句 《対照句》antit*e*si*女*[無変]；《2行連句》d*i*stico*男*[複 -ci] ¶対句を成す creare [porre] un'antit*e*si (と a)

❖**対句法** antit*e*si*女*

ついげき 追撃 ca*cc*ia*女*[複 -ce] ◇追撃する inseguire *qlcu.* [*ql.co.*] per attaccare, dar la ca*cc*ia a *qlcu.* [a *ql.co.*]

❖**追撃機** a*e*reo*男* da ca*cc*ia, ca*cc*ia*男*[無変]

ついご 対語 《対をなす言葉》coppia*女* di parole；《反語》ant*o*nimo*男*, contr*a*rio*男*[複 -i], vocabolo*男* di significato opposto；《対照句》antit*e*si*女*[無変] ¶「父」は「母」の対語である. "Padre" fa coppia con "madre".

ついこつ 椎骨 《解》v*e*rtebra*女* ❖椎骨の vertebrale

ついし 墜死 dece*ss*o*男* provocato da caduta ¶彼はがけから墜死した. È morto cadendo da un precipizio.

ついし(けん) 追試(験) 《不合格者のための》esame per il ripescaggio degli studenti bocciati; 《本試験欠席者のための》esame supplementare (per gli studenti assenti alla prova iniziale)

ついじゅう 追従 ¶アメリカの政策に追従する allinearsi alla [seguire la / conformarsi alla] linea politica degli Stati Uniti

ついしょう 追従 adulazione (servile), lusinga, blandizie(複) ◇追従の[助 複 -i], servile, adulatore [色 -trice]; 《卑》 da leccapiedi ◇追従する adulare [blandire / lusingare] qlcu. ¶お追従を言って〈人〉にとり入る guadagnarsi le grazie di qlcu. con le lusinghe

❖**追従者** adulatore [色 -trice]

追従笑い sorriso servile

ついしん 追伸 〔ラ〕 post scriptum [無 変]; poscritto; 《略》 P.S.

ついずい 追随 追随する(あとをつける) seguire le tracce [le orme / l'esempio] di qlcu.;《模倣する》 imitare [copiare] qlcu. ¶彼の作品は他の追随を許さない。 Le sue opere sono impareggiabili [ineguagliabili].

ツイスト 〔英 twist〕《ダンス》〔英〕twist [無変] ¶ツイストを踊る ballare il twist

ついせき 追跡 inseguimento; 《レーダーの》 rilevamento ◇追跡する inseguire [seguire (le tracce di)] qlcu. [ql.co.]; rilevare ql.co. ¶追跡される essere inseguito da qlcu., avere qlcu. alle calcagna ¶飛行機を追跡する(レーダーで) localizzare un aereo ¶犯人追跡中のパトカー auto della polizia all'inseguimento di un criminale

❖**追跡基地**《人工衛星などの》 stazione per il rilevamento della rotta o dell'orbita (di un satellite)

追跡者 inseguitore [色 -trice]

追跡調査 indagine supplementare

ついぜん 追善 funzione religiosa commemorativa

❖**追善供養** ¶追善供養を営む far celebrare una funzione commemorativa buddista

追善興行 ¶この公演はある名脚本家のための追善興行だ。Questa rappresentazione è in memoria di un grande drammaturgo.

ついそ 追訴 《法》 azione (legale) suppletiva, ulteriore accusa ◇追訴する intentare un'azione suppletiva contro qlcu., muovere una nuova accusa contro qlcu.

ついぞ 終ぞ ¶ついぞ見たこともない男だ。 È un uomo che non avevo mai visto prima.

ついそう 追送 ¶書類を午後の便で追送する spedire dei documenti in un secondo tempo con la posta del pomeriggio

ついそう 追想 ricordo ◇追想する ricordare

❖**追想録** memorie [複], ricordi [複]

ついたいけん 追体験 ◇追体験する ripetere [ricalcare] l'esperienza altrui [di qlcu.]

ついたち 一日 il primo giorno del mese ¶ 1994年4月1日 il primo aprile 1994

ついたて 衝立 paravento di legno ad un solo pannello

ついちょう 追徴 riscossione suppletamentare [《差額の》della differenza] ¶〈人〉から不足金額を追徴する riscuotere il saldo [la differenza] da qlcu.

❖**追徴金**《不足の額》 differenza; 《税金の》 soprattassa; 《税金の不正による罰としての》追徴税 sanzione fiscale, ammenda d'imposta

-ついて -就いて **1**《…に関して》 di [riguardo a / su / in merito a / a proposito di qlco. / per quanto riguarda ql.co. ¶日本の政治についての本 libro sulla politica giapponese ¶太陽エネルギーについての研究 ricerche riguardo all'energia solare ¶資金の件については per quanto riguarda i fondi ¶歴史について話す parlare di storia ¶この点について君にお願いしたい。A questo proposito vorrei chiederti un favore.

2《…ごとに》 ¶1ダースについて10円安くします。Per ogni dozzina facciamo 10 yen di sconto.

ついで 次いで《ひきつづいて》 successivamente, in seguito ¶横浜は東京に次いで第二の大都会だ。Yokohama è la seconda città dopo Tokyo in ordine di grandezza. ¶雨に次いで雪になった。 Dopo la pioggia è caduta la neve. ¶次いで中野氏のプレゼンテーションです。 Il prossimo relatore è il sig. Nakano.

ついで 序で ¶話のついでに言っておくと visto che siamo in argomento ¶ついでの話だが《ところで》a proposito (▶話題を変える場合) / 《ちなみに》 tra parentesi / per inciso 《直訳するとこれは挿入句として言うのだが》¶散歩のついでに手紙を出してきた。 Ho fatto una passeggiata e ne ho approfittato per imbucare le lettere. ¶ついでに、もう一つ頼み事をしてもいいかな。Già che ci sei, posso chiederti un'altra cortesia? ¶ついでに君の靴も磨いておいた。Ho lucidato anche le tue scarpe, già [visto / dato] che c'ero. ¶おついでの節はお立ち寄りください。Venga a trovarmi quando「capita da queste parti [ne avrà l'occasione].

ついていく 付いて行く seguire qlcu. [ql.co.]; 《一緒に行く》andare [venire] con qlcu., 《同伴する》 accompagnare qlcu. ¶彼のやり方には付いていけない。《本質的にできない》Non posso comportarmi come lui. / 《同意できない》Non sono d'accordo col suo modo di fare. ¶彼は時勢に付いていけなかった。Non è riuscito「a stare al [ad andare di pari] passo con i tempi. ¶授業に付いていけない non riuscire a seguire [stare al passo con] le lezioni

ついて(い)る 付いている ¶彼は近ごろついている。 Di questi tempi le cose gli vanno bene. ¶今日はまったくついていない。 Oggi non è la mia giornata. ¶君は何てついているんだ。 Che fortuna hai!

ついてくる 付いて来る seguire qlcu. [ql.co.]; 《一緒に来る》 venire con qlcu.; 《同伴する》 accompagnare qlcu. ¶付いて来い。 Vieni con me! / Seguimi!

ついては 就いては 《そういうわけなので、そこで》perciò, quindi, pertanto; 《こういう状況なので》 stando così le cose ¶ついては送り先をお知らせください。Pertanto la pregherei di comunicarmi l'indirizzo.

ついてまわる 付いて回る ¶どこへでも彼が付い

て回るので煩わしい. Mi secca [È seccante] che lui segua ogni mio passo.

ついとう 追討 ◇追討する dare la caccia [inseguire] e uccidere qlcu.

ついとう 追悼 cordoglio男 ◇追悼する provare un profondo dolore per la morte di qlcu. ¶〈人〉への追悼の辞を述べる pronunziare un discorso per commemorare qlcu.
❖追悼号《雑誌などの》edizione女 speciale in memoria di qlcu.
追悼式[会] (cerimonia女 di) commemorazione女
追悼文 scritto commemorativo [in memoria] di qlcu., necrologio男 [複 -gi], necrologia女 [複 -gie]

ついとつ 追突 tamponamento男 ◇追突する tamponare ¶追突事故が起こった. C'è stato un tamponamento.

ついに 終に・遂に alla fine, infine;《結局》dopo tutto;《長いうちには、結局のところ》con il tempo, a lungo andare ¶彼はついに白状した. Alla fine ha confessato. / Ha finito col confessare. ¶何度も失敗したがついに成功した. Ha sbagliato molte volte, ma finalmente ci è riuscito. ¶長年の研究の末、ついに新製品が完成した. Dopo tanti anni di ricerca, finalmente il nuovo prodotto è stato completato. (►長く待ち望んできたことが起こったときは finalmenteを使う) ¶彼はここのところ体調がすぐれなかったが、ついに倒れてしまった. Era un po' che non si sentiva in forma, e alla fine si è ammalato.

ついにん 追認 ratifica女 [conferma女] a posteriori ◇追認する ratificare [confermare] ql.co. a posteriori

ついばむ 啄む beccare;《すばやく、何回も》becchettare ¶めんどりが小麦をついばんでいた. La gallina beccava il grano.

ついび 追尾 ◇追尾する seguire qlcu. [ql.co.], andare dietro a qlcu. [a ql.co.]
❖追尾ミサイル missile男 autoguidato

ついぼ 追慕 ◇追慕する conservare il ricordo di qlcu., ricordare qlcu. con nostalgia

ついほう 追放 《流刑》esilio男 [複 -i];《放逐、除名》espulsione女, esclusione女, cacciata女;《犯人を追放して当事国に引き渡すこと》estradizione女;《出国からの》deportazione女;《公職からの》purga女 ◇追放する esiliare qlcu., mandare in esilio qlcu.; espellere qlcu., cacciare [scacciare] (via) qlcu., dare l'ostracismo a qlcu.;《強制送還》estradare qlcu.; deportare qlcu.
¶追放に処する condannare qlcu. all'esilio ¶追放の身である essere in esilio ¶貝殻[陶片]追放《古代ギリシアの》ostracismo ¶暴力を追放する condannare la violenza ¶悪書追放運動を起こす intraprendere una campagna contro le pubblicazioni immorali ¶彼は公職から追放された. È stato rimosso [destituito / deposto] dal suo incarico nella pubblica amministrazione. ¶彼はサッカー界から追放された. È stato espulso dal mondo del calcio.
❖追放解除《公職からの》riabilitazione女 di una persona che era stata allontanata dagli uffici pubblici

追放令 ordine男 di deportazione; ordine男 di epurazione

ついやす 費やす spendere;《消費》consumare, sprecare ¶時間を費やす passare il tempo (a + 不定詞) /《むだに》perdere tempo (inutilmente) / sprecare tempo (a + 不定詞 in ql.co.) ¶青春を勉学に費やす dedicare la gioventù allo studio

ついらく 墜落 caduta女 ◇墜落する cadere男 [es];《飛行機が》precipitare男 [es] ¶真っ逆様に墜落する cadere a capofitto ¶飛行機は山[地面]に墜落した. L'aereo è precipitato sulla montagna [al suolo].
❖墜落事故《飛行機の》incidente男 aereo, sciagura女 aerea

ついろく 追録《著作の後記》postfazione女;《補遺》appendice女, addenda男 [複] ◇追録する aggiungere note (に a), integrare un testo

ツインベッド [英 twin bed] ¶ツインベッドの部屋 camera con [a] due letti /《ホテルで》camera doppia

ツインルーム [英 twin room] camera女 a due letti

つう 通 esperto男 [女 -a], autorità, conoscitore男 [女 -trice], intenditore男 [女 -trice] ¶情報通 persona ben informata ¶彼はなかなかの音楽通だ. È un fine conoscitore [Si intende molto] di musica. ¶彼は何事にも通じる. Si finge [Si atteggia a gran] conoscitore di qualunque cosa. ¶これは通の味だ. È una prelibatezza per pochi intenditori.

-つう -通 ¶手紙1通 una lettera ¶履歴書2通 due copie di un curriculum vitae

ツー [英 two] due ¶ツーアウトだ.《野球で》Ci sono due eliminati.

つういん 通院 ¶1か月の通院を要するけが ferita che richiede un mese di cure ambulatoriali ¶もう3か月も通院している. Ormai sono tre mesi che vado regolarmente in ospedale.

つういん 痛飲 ◇痛飲する bere molto (come una spugna)

つうか 通貨 moneta女 [valuta女] (corrente);《現金》denaro男 contante ¶外国通貨 valuta estera ¶通貨の流通 circolazione monetaria ¶通貨の膨張[再膨張] inflazione [reflazione] ¶通貨の収縮 deflazione ¶通貨の切り上げ rivalutazione ¶通貨の切り下げ[下落] svalutazione ¶管理通貨 moneta manovrata ¶管理通貨制度 sistema di moneta controllata ¶総通貨 moneta circolante aggregata
❖通貨価値 valore男 della moneta ¶通貨価値の下落[上昇] deprezzamento [apprezzamento]男 della moneta corrente
通貨危機 crisi女 [無変] monetaria
通貨スワップ取り引き《経》transazione女 monetaria
通貨政策 politica女 monetaria
通貨制度 sistema男 [複 -i] monetario [複 -i]
通貨単位 unità女 monetaria
通貨統合 unificazione女 della moneta
通貨発行高 volume男 d'emissione della moneta
通貨流通高 valuta女 in circolazione

つうか 通過 1《通り過ぎること》passaggio男

[複 -gi], transito男 ◇通過する passare;《経由する》passare自[es]《を per》;《列車などが》transitare自[es] ¶行列の通過 passaggio di un corteo ¶次の駅に通過します。Il treno non ferma alla prossima stazione. ¶飛行機が上空を通過した。Un aereo è passato sopra di noi. ¶トンネルを通過する attraversare una galleria

2《物事が無事に通ること: 法案などの》approvazione女 ¶税関を通過する passare la dogana ¶検査を通過する passare [superare] un esame ¶法案は国会を通過した。Il disegno di legge「è stato approvato dal [è stato ratificato dal / è passato in] Parlamento.

❖通過駅 stazione女 di transito
通過客 passeggeri男[複] in transito
通過儀礼 iniziazione女, rito男 di passaggio (◆誕生・成人・結婚・厄年・死亡などの)
通過税 pedaggio男[複 -gi] ¶貨物の通過税 tassa corrisposta per il transito di merci
通過貿易 [商] commercio男[複 -ci] di transito

つうかあ ¶あの2人はつうかあの仲である。Quei due「si intendono perfettamente [sono in perfetta sintonia].

つうかい 痛快 grande gioia女, gioia女 immensa ¶痛快な男 uomo gaio e gioviale / uomo di spirito ¶彼は痛快な発言をした。Ha fatto un'acuta osservazione.

つうかく 痛覚 sensibilità女 dolorifica [al dolore fisico].
❖痛覚過敏 [医] iperalgesia女
痛覚麻痺 [医] analgesia女

つうがく 通学 ◇通学する andare a scuola [(大学に) all'università], frequentare la scuola [l'università]
❖通学区域 bacino di utenza scolastica
通学生(寮生に対して) allievo男[女 -a] esterno

つうかん 通関 《商品の》sdoganamento男, svincolo男 doganale;《人・商品の検査》controllo男 doganale ◇通関する sdoganare, svincolare merci in dogana;《税関の検査を受ける》passare「la dogana [al controllo doganale]
❖通関業者 agente男《会社》agenzia女 doganale
通関許可証 licenza女 di sdoganamento
通関申告 ¶通関申告をする fare una dichiarazione doganale
通関手数料 spese女[複] di sdoganamento
通関手続き dichiarazione女 doganale, pratica女 di sdoganamento

つうかん 痛感 ¶歴史の知識不足を痛感している。Mi rendo perfettamente conto delle mie lacune in campo storico.

つうき 通気 ricambio男[複 -i] dell'aria
❖通気孔 foro男 di ventilazione, sfiatatoio男[複 -i]
通気性 permeabilità女 (all'aria) ¶通気性のよい生地 tessuto traspirante ¶布地の通気性 traspirabilità di un tessuto

つうぎょう 通暁 ¶クラシック音楽に通暁している essere un esperto [un grande conoscitore /《女性》un'esperta / una grande conoscitrice] della musica classica

つうきん 通勤 ◇通勤する recarsi [andare] al lavoro;《遠いところから》fare il [《女性の場合》la] pendolare ¶バスと電車で通勤している。Vado in ufficio in autobus e in treno.
❖通勤時間 tempo男 impiegato per recarsi al lavoro
通勤時間帯《ラッシュアワー》ore女[複] di punta
通勤者 pendolare男
通勤手当 indennità女 di viaggio
通勤定期 abbonamento男 per lavoratori
通勤電車 treno男 dei pendolari

つうげき 痛撃《攻撃》attacco男[複 -chi] violento;《打撃》colpo男 duro e doloroso ¶わがチームは相手チームに痛撃を与えた。La nostra squadra ha dato un colpo a quella avversaria.

つうこう 通交・通好 ¶両国は2世紀にわたって通交している。Le due nazioni hanno mantenuto relazioni amichevoli per due secoli.
❖通交条約 trattato男 di pace e amicizia

つうこう 通行 passaggio男, circolazione女;《通過》transito男,《行き来》viavai男 [無変], andirivieni男 [無変], traffico男 ◇通行する passare 自[es]《を per》, circolare 自[av, es] ¶通行を妨げる ostruire [impedire] il passaggio [la circolazione]《の a》¶「一方通行」(掲示)"Senso unico"¶「左側通行」(掲示)"Tenere la sinistra"¶日本では車は左側通行だ。In Giappone si guida a sinistra. ¶この道は車で通行できる。Questa strada è percorribile [transitabile] in macchina.
❖通行権 diritto男 di transito
通行証《車の》permesso男 di transito;《車, 徒歩》lasciapassare男 [無変], salvacondotto男
通行税 tassa女 di transito
通行止め(掲示)"Strada chiusa al traffico" / "Divieto di transito nei due sensi"
通行人 passante男,《歩行者》pedone男[女 -a]
通行妨害 ostruzione女 di un passaggio
通行料金 ¶通行料金を払う pagare un pedaggio

つうこう 通航 navigazione女 ¶この海峡は貨物船の通航は禁止されている。In questo stretto è proibito il passaggio dei mercantili.

つうこく 通告 notificazione女, notifica女, comunicazione女, avviso男 ◇通告する notificare a qlcu. ql.co., dare a qlcu. notifica di ql.co. ¶一方的な通告 avviso男 [notifica女] unilaterale ¶最後通告《ラ》ultimatum男 [無変] ¶何の通告もなしに senza alcun avviso [preavviso] ¶解雇の通告を受ける ricevere una notificazione di licenziamento
❖通告書 avviso男 scritto

つうこん 痛恨 vivo rammarico男, rimpianto男 ¶一大痛恨事 la cosa più deplorevole

つうさん 通算《合計》somma女 (totale), totale男 ◇通算する fare la somma [il totale] di (ql.co.) ◇通算して in totale, in tutto ¶費用の通算 ammontare [importo] delle spese ¶費用は通算して500万円だった。Le spese ammontano a cinque milioni di yen.

つうし 通史 ¶イタリア文学通史 storia (generale) della letteratura italiana

つうじ 通じ《便通》[医] evacuazione女; deiezione女 ¶通じがきちんとある andare di corpo regolarmente ¶通じをつける evacuare le feci / defecare自[av] ¶通じをよくする migliorare il re-

gime intestinale
♣通じ薬 lassativo㊚, purgante㊚

つうじあう 通じ合う ¶我々はよく心が通じ合う. Andiamo molto d'accordo. / Ci intendiamo a meraviglia.

ツーシーター 〔英 two-seater〕〚車〛macchina㊛[auto㊛[無変]]a due posti

つうじげんごがく 通時言語学 linguistica㊛ diacronica

つうじて 通じて durante tutto, per tutto, per tutto l'arco di ¶通じて雨の多い1年だった. Per tutto l'arco dell'anno ha piovuto molto.

つうじてき 通時的 〚言〛diacronico[㊚ 複 -ci] ◇通時的に diacronicamente

つうしょう 通称 ¶ジュゼッペ・バルサモ，通称カリオストロ Giuseppe Balsamo, alias [detto] Cagliostro

つうしょう 通商 commercio㊚ estero ¶通商を開始する entrare in commercio 《と con》
♣通商関係 relazioni㊛[複] commerciali
通商協定 accordo㊚ commerciale
通商航海条約 trattato㊚ di commercio e navigazione
通商条約 trattato㊚ commerciale

つうじょう 通常 《副詞として》normalmente, di solito ◇通常の normale, solito, ordinario [㊚複 -i]; 《平素の，普通の》abituale, consueto ¶明日は通常どおり営業いたします. Domani saremo aperti secondo il solito orario.
♣通常株 azioni㊛[複] ordinarie
通常国会 sessione㊛ ordinaria del Parlamento
通常選挙 elezioni㊛[複] ordinarie [regolari]
通常兵器 armi㊛[複] convenzionali
通常郵便物 posta㊛ ordinaria

つうじる 通じる **1**【つながる】《至る》portare㊀[av]《に a》, condurre㊀[av]《に a》;《A点とB点をつなぐ》collegare A con B;《ある場所へと続いている》immettere㊀[av]《に in》, dare accesso《へ a》¶大阪までバスが通じている. C'è un autobus che conduce [porta] a Osaka. ¶東京から名古屋に通じる高速道路 l'autostrada che collega Tokyo con Nagoya ¶この地区まで地下鉄が通じるようになった. Hanno messo [È iniziato] il servizio della metropolitana fino a questo quartiere. ¶このドアは書斎に通じている. Questa porta dà accesso allo [immette nello] studio. ¶彼に電話かけたが通じなかった. Non sono riuscito a mettermi telefonicamente in comunicazione con lui. ¶台風で電話は通じなくなった. Le comunicazioni telefoniche sono state interrotte dal tifone. ¶この電線には高圧電流が通じている. In questo filo passa la corrente ad alta tensione.
2【精通する】◇…に通じている essere esperto in [di] ql.co., conoscere bene ql.co., essere addentro a [in] ql.co.; essere「ben informato [al corrente] di ql.co. ¶彼は事情に通じている. È ben informato [al corrente] della situazione. / Conosce bene la situazione. ¶彼は芸術に通じている. Lui è un (profondo) conoscitore [intenditore] d'arte. / È competente in arte. / Si intende molto d'arte.
3【理解される・伝わる】farsi capire, spiegarsi ¶私のイタリア語はロッシさんには全然通じなかった. Il mio italiano non venne capito [compreso] affatto dal signor Rossi. ¶彼とはいくら話しても話が通じない. Con lui puoi parlare quanto vuoi, ma non riuscirai mai a smuoverlo dalle sue posizioni. ¶彼にはユーモアが通じない. Lui non apprezza l'umorismo. ¶彼には論理が通じない. È completamente insensibile ad ogni argomento logico. ¶彼女には私の気持ちが通じない. Lei non si accorge del mio amore. ¶この店では日本語が通じる. In questo locale [negozio] si parla giapponese. ¶彼の祈りが天に通じた. Dio ha esaudito [ascoltato] la sua preghiera.
4【共通する】¶両者の考えには一脈通じるものがあった. Nel pensiero di entrambi c'era qualcosa in comune.
5【通用する】essere accettato ¶そのような考えはこの国では通じないだろう. Una tale idea non sarebbe accettata in questo paese. ¶彼女にその手は通じない. Quei metodi non funzionano con lei.
6【通知する】comunicare [informare / far sapere] ql.co. a qlcu. ¶私は玄関で来意を通じた. Ho specificato all'ingresso il motivo della visita.
7【全体に渡る】¶一年を通じて durante [per] tutto l'anno ¶この冬を通じて per tutto questo inverno ¶古今を通じて in tutti i tempi / in tutte le epoche / nella storia ¶生涯を通じて隠し通した秘密 un segreto「portato nella tomba [mantenuto per tutta la vita]
8【内通する】intendersela segretamente; passare informazioni《に a》, riferire segreti《に a》;《男女が密通する》avere una relazione con qlcu., intendersela con qlcu. ¶人妻と通じる intendersela con la moglie di un altro ¶彼は敵に通じるスパイだった. Lui era una spia che passava informazioni al nemico. ¶あの2人は気脈を通じている. Quei due se la intendono segretamente. /《悪事に関して》Quei due sono「in combutta [complici].
9【「…を通じて」の形で，介して】attraverso [tramite / mediante] ql.co. [qlcu.] ¶〈人〉を通じて per mezzo di qlcu. / per il tramite di qlcu. / tramite qlcu. ¶テレビを通じて政見を訴える esporre il proprio programma politico「tramite la [alla / per mezzo della] televisione

つうしん 通信 《伝達すること》comunicazione㊛;《書面での》corrispondenza㊛;《報道，情報》informazioni㊛[複], notizia㊛ ◇通信する comunicare㊀[av] con qlcu., comunicare ql.co. a qlcu.;《電話で》avere una comunicazione telefonica con qlcu.;《手紙で》essere in corrispondenza con qlcu.; informare qlcu. di ql.co.

¶商業通信 corrispondenza commerciale ¶電気通信 telecomunicazione ¶データ通信 comunicazione dei dati ¶ローマからの通信によれば…だ. Una circolare [Una notizia] da Roma dice che+直説法 / Secondo una notizia da Roma,+直説法 ¶両市間の通信が途絶[復旧]した. Le comunicazioni tra le due città「sono interrotte [si sono ristabilite]. ¶船との通信を再開し

た. Abbiamo ripreso i contatti [le comunicazioni] con la nave.
❖通信員《新聞の》corrispondente⒨, inviato⒨[囡 -a]; 〔英〕reporter⒨[無変]; 《商業の》corrispondente⒨
通信衛星 satellite⒨ per telecomunicazioni
通信衛星放送 trasmissione⒢ via satellite per telecomunicazioni
通信回線 linea⒢ di comunicazione
通信機関[手段] mezzi⒨[複] di comunicazione
通信教育 corso⒨ per corrispondenza
通信ケーブル conduttore⒨ per telecomunicazioni
通信工学 ingegneria⒢ delle comunicazioni, radiotecnica⒢
通信講座 corso⒨ per corrispondenza
通信社 agenzia⒢ di stampa [d'informazioni] ¶共同通信社 l'agenzia (di stampa) Kyodo ¶イタリア共同通信社 Agenzia Nazionale Stampa Associata /《略》ANSA [ánsa]
通信制御装置《コンピュータ》unità⒢ di controllo di comunicazione
通信ネットワーク rete⒢ di comunicazione
通信販売 vendita⒢ per corrispondenza
通信費 spese⒢[複] di comunicazione
通信簿 pagella⒢
通信妨害 disturbo⒨ elettronico[複 -ci] intenzionale
通信放送衛星機構《日本の》Società⒢ Giapponese per le Comunicazioni Via Satellite
通信網 rete⒢ di comunicazione

つうじん 通人 《1》《あることに精通している人》→通 《2》《世慣れた人》¶通人ぶる fare l'uomo di mondo

つうせつ 通説 ¶通説によれば…である. Secondo l'opinione corrente, +直説法 / Si dice comunemente che+直説法[接続法] /《認められている》È generalmente riconosciuto che+直説法

つうせつ 痛切 ◇痛切な《重大な》serio⒨[複 -i];《深い, 強い》vivo, sentito;《緊急の》grave e pressante ◇痛切に profondamente, intensamente, vivamente

つうそく 通則 norma⒢ generale, regola⒢ di carattere generale

つうぞく 通俗 ◇通俗的 popolare; volgare (►「俗悪な」という意味もある) ¶通俗的に話す esprimersi secondo lo stile popolare
❖通俗化 popolarizzazione⒢; divulgazione⒢, volgarizzazione⒢ ◇通俗化する《他のものを》divulgare, dare forma all'armadio [複 -i];《自らが》rendersi [diventare] popolare;《俗悪に堕する》involgarirsi
通俗小説 romanzo⒨ popolare
通俗性《大衆性》popolarità⒢;《俗悪性》volgarità⒢

つうだ 痛打 ◇痛打する《肉体的な打撃》colpire qlcu. con forza

つうたつ 通達 circolare⒢

つうたん 痛嘆 afflizione⒢ ◇痛嘆した profondamente afflitto ◇痛嘆する provare un grande dolore

つうち 通知 notificazione⒢, notifica⒢, comunicazione⒢, annuncio⒨[複 -ci], avviso⒨ ◇通知する「far sapere [notificare / comunicare / annunciare] ql.co. a qlcu., avvisare qlcu. di ql.co. ¶通知を受ける ricevere un annuncio [informazione] (di ql.co. [di+不定詞]) ¶窃盗を警察に通知する denunciare un furto alla polizia
❖通知表《学校の》pagella⒢
通知預金《金融》deposito⒨ con preavviso

つうちょう 通帳 《銀行の》libretto⒨ bancario[複 -i] [《郵便局の》postale] →銀行 会話

つうちょう 通牒 ¶《人》に最後通牒を発する dare l'ultimatum a qlcu.

つうつう ¶彼は社長とつうつうだ. Riferisce tutto al presidente.

つうてん 痛点 punto⒨ doloroso

つうでん 通電 ◇通電する far passare la corrente elettrica in ql.co.

つうどく 通読 ◇通読する leggere ql.co. per intero [dall'inizio alla fine] ¶レポートをざっと通読する scorrere [sfogliare] la relazione

ツートンカラー ¶ツートンカラーの車 auto⒢[無変] a due tonalità di colore

つうねん 通念 idea⒢[opinione⒢] diffusa [comune] ¶今の社会通念では通用しない. Nella società attuale non sarebbe comunemente accettato.

つうはん 通販 vendita⒢ per corrispondenza

ツーピース 〔英 two-piece〕《服》〔仏〕tailleur [tajér][無変],《completo》[無変], gonna e giacca⒢[無変], due pezzi [duepezzi][無変]

つうびおん 通鼻音 《音声》suono⒨ nasale (►イタリア語では m, n, gnの3つ)

つうふう 通風 aerazione⒢, ventilazione⒢, circolazione⒢ dell'aria ¶クローゼットの通風をよくする dare aria all'armadio / aerare [ventilare] l'armadio ¶この部屋は通風がいい[悪い]. Questa stanza è ben [mal] aerata.
❖通風筒 condotto⒨ di aerazione [d'aria], tubo⒨ dell'aria, sfiatatoio[複 -i]
通風機 ventilatore⒨
通風孔 foro⒨ di ventilazione [di aerazione], sfiatatoio⒨
通風装置 aeratore⒨

つうふう 痛風《医》gotta⒢ ◇痛風(性)の gottoso
❖痛風患者 gottoso⒨[囡 -a]

つうぶん 通分《数》riduzione⒢ di due o più frazioni al denominatore comune ◇通分する ridurre ql.co. [delle frazioni] al denominatore comune
❖通分母 denominatore⒨ comune

つうほう 通報《報告》rapporto⒨;《情報》informazione⒢;《注意を促す》segnalazione⒢ ◇通報する informare [avvisare / avvertire] qlcu. di ql.co. ¶警察に通報する avvertire la polizia / di ql.co. [che+直説法] / segnalare qlcu. alla polizia /《たれこむ》soffiare ql.co. alla polizia ¶匿名の通報 segnalazione anonima ¶通報を受けて《人》を逮捕する arrestare qlcu. su segnalazione
❖通報点《空》punto⒨ di riporto

つうやく 通訳《行為》interpretariato⒨;《人》interprete⒨⒢ ◇通訳する fare da interprete a *qlcu.*, fare l'interprete per [di] *qlcu.* ¶通訳を介して tramite un interprete ¶同時通訳 traduzione simultanea / 《人》interprete [tradut*tore*男 [女 -*trice*]] simultaneo / 逐次通訳 traduzione consecutiva / 《人》interprete [traduttore] consecutivo ¶手話通訳 interpretariato della lingua dei segni ¶イタリア語から日本語に通訳する tradurre dall'italiano in giapponese

つうよう 通用 ◇通用する《使われている》essere in uso; 《受け入れられる》essere accettato; 《有効である》essere valido ¶私の英語はイギリスで通用しなかった. In Inghilterra, la gente non capiva il mio inglese. ¶君の考え方は社会では通用しない. Questo tuo modo di pensare non sarà accettato dalla società. ¶英語は多くの国で通用する. L'inglese è parlato [si parla] in molti paesi.
❖**通用貨幣** moneta女 corrente [in corso]
通用期間 validità女, durata女 di validità
通用門 cancello男 laterale [second*ario* [複 -*i*]]; 《勝手口》porta女 di servizio

つうよう 痛痒 ¶私はそれに関しては何の痛痒も感じない. Mi lascia totalmente indifferente.

つうらん 通覧 ¶報告書を通覧する dare una rapida occhiata ad una relazione

ツーリスト 〔英 tourist〕turista男女 [男複 -*i*]
❖**ツーリストクラス** classe女 turistica
ツーリストビューロー agenzia女 turistica, uffi*cio*男 [複 -*ci*] viaggi [無変] [di turismo]
ツーリストメニュー menu [無変] turistico [複 -*ci*]

ツール 〔英 tool〕《道具》strumento男;《コンピュータ》tool男 [無変]
❖**ツールバー** 《コンピュータ》barra女 degli strumenti
ツールボックス 《コンピュータ》toolbox男 [無変]

つうれい 通例 **1** 《一般のならわし》consuetudine女, abitudine女, uso男, usanza女 ¶…するのが通例である. È consuetudine + 不定詞 / 〔接続法〕/ 《人が主語》avere l'abitudine di + 不定詞
2 《副詞として》ordinariamente; di solito, abitualmente, di consueto

つうれつ 痛烈 ◇**痛烈な**《激しい》violento, impetuoso; 《辛辣な》mordace, pungente, mordente; sarc*astico* [男複 -*ci*];《厳しい》aspro, severo

つうろ 通路 passa*ggio*男 [複 -*gi*], corrid*oio*男 [複 -*i*];《道》via女, strada女 ¶通路を開く aprire un passaggio [un varco] ¶通路をふさぐ impedire [chiudere / ostruire] il passaggio ¶通路側の席を 通路側の席に座りたい posto a sedere dalla parte del corridoio di passaggio ¶「通路側」《切符などで》"corridoio" ¶「自動車通路につき駐車禁止」《掲示》"Passo carrabile [carraio]"

つうろん 通論 **1** 《概論》trattato男 generale;《入門書》introduzione女 ¶哲学通論 trattato generale di filosofia
2 《世間一般に通ずる考え方》teoria女 [opinione女] generalmente accettata

つうわ 通話 comunicazione女 telefonica, telefonata女, chiamata女;《通話時間の単位・度数》scatto男 ◇**通話する** telefonare a *qlcu.*, parlare al telefono con *qlcu.* ⇒ 電話会話 ¶指名通話 chiamata a persona specifica ¶番号通話 chiamata a persona non specifica ¶ダイヤル直通通話 chiamata in teleselezione ¶料金受信人払い通話《コレクトコール》chiamata a carico del destinatario / chiamata R ¶クレジット通話 chiamata con carta di credito telefonica ¶ 1 通話の料金 tariffa女 di uno scatto ¶通話中です. La linea è occupata.
❖**通話時間** durata女 di una comunicazione telefonica
通話度数計 registratore男 delle chiamate
通話料金 tariffa女 telefonica;《基本料金でなく純粋に通話の》costo男 (degli) scatti

つえ 杖 bastone男 (da passeggio), canna女 ¶登山用の杖 bastone da montagna ¶魔法の杖 bacchetta magica ¶杖を頼りに con l'aiuto di un bastone ¶杖を突いて歩く camminare col bastone ¶杖にすがる appoggiarsi a [sorreggersi con] un bastone ¶《人》の老後の杖となる essere il bastone della vecchiaia di *qlcu.* ¶転ばぬ先の杖. 〔諺〕"Meglio prevenire che curare".
[慣用] 杖とも柱とも ¶杖とも柱とも頼む人を失った. Ho perduto il mio unico sostegno.

ツェツェばえ ツェツェ蠅 mosca女 tse-tse [無変] [tze-tze [無変]]

つか 柄;[握り]impugnatura女 di una spada ¶刀の柄に手を掛ける metter mano alla spada / stare con la mano sull'elsa

つか 塚 《古墳》tumulo男;《墓》tomba女;《盛り土》cumulo男 di terra ¶一里塚 pietra miliare ¶貝塚 banco di conchiglie fossili

つかい 使い **1** 《用事》commissione女, incari*co*男 [複 -*chi*];《人》messaggero男 [女 -*a*];《特に物を運ぶ》latore男 [女 -*trice*] ¶《人》の使いをする fare delle commissioni per *qlcu.* ¶《人》を使いにやる mandare *qlcu.* a fare una commissione ¶使いの者に手紙を持たせてやった. Gli ho fatto recapitare la lettera da un messo. ¶部長の使いでまいりました. Sono venuto「per conto [da parte] del direttore.
2 《名詞に付いて》¶猛獣《象》使い dom*atore*男 [女 -*trice*] di animali selvaggi [di elefanti]

つがい 番い coppia女, paio男 [複 le p*aia*] ¶ 1 つがいの白鳥 un paio di cigni

つかいかた 使い方《説明書などで》uso男, modalità女 [複] d'uso, istruzioni女 [複] per l'uso ¶このカメラの使い方がわからないよ. Non so come usare [come si usi] questa macchina fotografica. ¶この句の使い方は誤っている. L'uso di questa frase è sbagliato. ¶彼は部下の使い方を知らない. Non sa come impiegare [《接し方》trattare] i suoi dipendenti.

つかいきる 使い切る・遣い切る consumare, finire ¶有り金を使い切ってしまった. Ho speso tutti i soldi che avevo.

つかいこなす 使いこなす saper usare bene *qlcu.* [*ql.co.*], sapere come utilizzare [adoperare] *qlcu.* [*ql.co.*], servirsi di *ql.co.*, maneggiare *ql.co.* con abilità ¶彼は多数の部下全員をうまく使いこなしている. Lui impiega bene tutti i suoi numerosi dipendenti. ¶彼は日本語をうまく使いこなす. Padroneggia perfettamente il giapponese.

つかいこむ 使い込む・遣い込む **1** 《他人の金銭

を）appropriarsi indebitamente《を　di》, distrarre a *proprio* profitto denaro altrui;《法》malversare ◇使いこみ appropriazione㊛ indebita;《法》malversazione㊛;《公金横領》peculato㊚（▶イタリア語では物品についても使う）¶公金を使い込む commettere peculato

2《予算以上に使う》¶今月は予定より10万円も使い込んだ. Abbiamo speso centomila yen in più di quanto avevamo previsto [programmato].

3《道具などを》¶フライパンは使い込むほどよい. Una padella, quanto più la si usa, meglio è.

つかいすぎる 使い過ぎる ¶彼は体を使い過ぎる. Lavora troppo. ¶彼は服に金を使い過ぎる. Spende troppo per vestirsi.

つかいすて 使い捨て ◇使い捨ての usa e getta [無変], non riutilizzabile ¶使い捨てのライター accendino usa e getta ¶使い捨ての注射器 siringa sterile「da gettare dopo l'uso [monouso]」¶使い捨てのコップ bicchiere monouso

つかいだて 使い立て ¶お使い立てして申し訳ありません. Le dispiacerebbe farmi un favore?

つかいて 使い手 ¶この道具のよしあしは使い手によって決まる. La qualità della prestazione di questo utensile dipende dalla mano. ¶彼はなかなかの刀の使い手だ. È un abile spadaccino.

つかいで 使いで ¶1970年代は1万円といえばだかなり使いでがあった. Negli anni settanta「10.000 yen duravano abbastanza [con 10.000 yen si potevano comprare tante cose].

つかいなれる 使い慣れる abituarsi all'uso di *qlco*. ¶これは私が使い慣れたペンだ. Questa è la penna che sono「solito [abituato a] usare.

つかいはしり 使い走り ¶使い走りのできる男の子がひとり要る. Ho bisogno di un ragazzo che sappia fare in fretta le commissioni.

つかいはたす 使い果たす usare completamente, consumare, esaurire ¶有り金を使い果たした. Ho speso tutto quello che avevo.

つかいふるす 使い古す ◇使い古した consumato, logoro, frusto, liso, sciupato ¶そんな使い古された手でだまそうとしても駄目だ. Non pensare di prendermi in giro con tali vecchi scherzi.

つかいみち 使い道 ¶使い道がある essere utilizzabile ¶《まだ使える》essere ancora utile ¶使い道の広い物 oggetto「di grande utilità [polivalente]」¶この金の使い道はもう決まっている. È stato già deciso come impiegare questa somma. ¶やつにどんな使い道があるんだ. A che cosa serve quello lì?

つがいめ 番目 《継ぎ目》giunto㊚;《ちょうつがい, 留め金》cerniera㊛;《ちょうつがい》cardine㊚

つかいもの 使い物・遣い物 **1**《使えるもの》¶使い物にならない non essere utile / non essere di alcuna utilità ¶使い物にならないやつだ.《役に立たない》È un incapace [un inetto]. /《助けにならない》Non è di alcun aiuto. ¶こんな翻訳では使い物にならない. Una traduzione come questa non serve a niente.

2《贈り物》regalo㊚, dono㊚, presente㊚

つかいわける 使い分ける ¶彼は才能に応じてうまく部下を使い分けている. Utilizza abilmente i suoi dipendenti secondo il loro talento. ¶彼は言葉を適切に使い分ける. Sa usare la parola giusta al posto giusto. ¶あの男は相手によって声色を使い分けている. Quell'uomo cambia il tono della sua voce secondo gli interlocutori.

つかう 使う・遣う **1**【物・道具を】usare [impiegare] *ql.co.*;《利用・活用する》servirsi di *ql.co.*, utilizzare *ql.co.* ¶物をむだに使う fare sprechi ¶ミシンを使って縫う cucire a macchina ¶使いにくい [使いやすい] はさみだ. Sono forbici difficili [facili] da maneggiare. ¶彼はこの問題の解決のためにあらゆる手段を使った. Ha usato [impiegato] ogni mezzo possibile per risolvere questo problema.

2【人を】impiegare [assumere] *ql.cu.*;《扱う》trattare (con) *qlcu.* ¶お手伝いさんを1人使っている. Abbiamo una domestica. ¶彼は人を使うのがうまい [下手だ]. Sa [Non sa] trattare con la gente.

3【言葉・技術を操る】usare;《使える》saper usare ¶彼は5か国語も使える. Sa usare [parlare] ben cinque lingue. ¶《人》に賄賂(ﾜｲﾛ)を使う corrompere *qlcu.*

4【金・時間を】spendere, usare ¶時間を有効に使う fare buon uso del tempo / non perdere tempo ¶金[時間]をむだに使う sprecare il denaro [il tempo] ¶私はお金をほとんど全部本に使ってしまう. Uso quasi tutti i miei soldi nell'acquisto di libri.

5【頭・気・神経を】¶これはずいぶん神経を使う仕事だ. Questo è un lavoro che snerva parecchio. ¶あまり気を使うな. Comportati più a tuo agio. ¶少し頭を使えばわかることだ. Se usi un po' il cervello, capirai.

6【ある物で特定の行為をする】usare [manovrare / maneggiare] *ql.co.* ¶人形を遣う manovrare un fantoccio ¶色目を使う fare gli occhi dolci ¶袖の下を使う passare una bustarella ¶湯を使う fare il bagno

つがう 番う **1**《交尾する》accoppiarsi《と con》¶馬を番わせる accoppiare i cavalli

2《対になる》mettersi per due

つかえ 支え ¶胸のつかえが取れた. È svanito il senso di angoscia che mi opprimeva il petto.

つかえる 支える **1**《物がつまって先へ進まない》¶車がつかえている. C'è un ingorgo di macchine. ¶魚の骨がのどにつかえた. Mi si è bloccata in gola una spina di pesce. ¶仕事がつかえている. Ho un sacco di lavoro da sbrigare. ¶胸にものがつかえているような感じだ. Mi sembra che qualcosa mi opprima il petto. ¶トイレがつかえ. I bagni sono tutti occupati.

2《言葉・思いなどが》¶言葉がつかえてうまく言えない. Le parole mi si strozzano in gola. ¶歌の途中でつかえました. Mentre cantava, si è bloccato. ¶つかえつかえ con esitazione / stentatamente

つかえる 仕える servire *qlcu.*, entrare㊌ [*es*] al servizio di *qlcu.*;《勤務する》lavorare㊌ [*av*] presso [per] *ql.co.* [*qlcu.*] ¶《人》に仕えている essere al servizio di *qlcu.* ¶神に仕える servire Dio ¶父母に仕える dedicarsi ai genitori

つかえる 使える 《使い道がある》essere utile [utilizzabile]; servire㊌ [*es*, *av*]《として da, に a》;《有効な》essere valido ◇使えない

《物が》essere inutilizzabile [inadoperabile];《何にもならない: 人や物が主語》non servire a niente ¶自由に使えるお金 denaro disponibile ¶あれはなかなか使える男だ. È un uomo che può esserci [tornarci] utile. ¶この券は今月末まで使えるよ. Questo biglietto è valido fino alla fine di questo mese.

つがえる 番える ¶弓に矢をつがえる incoccare una freccia

つかさどる 司る **1**《支配する》governare;《管理する》dirigere, amministrare ¶神は人間の運命を司る. Dio dispone del destino umano. **2**《担当する》¶公務を司る occuparsi della [curare la] cosa pubblica

つかずはなれず 付かず離れず ¶2人の間はつかず離れずといったところだ. Loro due hanno un rapporto né troppo stretto né troppo distaccato.

つかつか ¶彼は校長の前につかつかと進み出た. È avanzato risoluto [con passo veloce e disinvolto] verso il preside.

つかぬこと 付かぬ事 ¶つかぬことを伺いますが… Scusi la mia domanda poco pertinente [《出し抜けに》Mi scusi del disturbo], ma..

つかのま 束の間 momento男, istante男, attimo男 ◇束の間の breve, di breve [poca] durata;《はかない》effimero, passeggero, fugace, caduco [男複 -chi] ◇束の間に in un istante, in un momento; in poco tempo ¶束の間の人生[希望] vita [speranza] breve ¶束の間の喜び gioia fugace [momentanea / effimera] ¶一息ついたのも束の間, また忙しくなった. Mi sono preso un solo attimo di riposo e poi ancora al lavoro.

つかまえる 捕まえる **1**《捕らえる》accappiare;《逮捕》arrestare ¶犬を捕まえる accappiare un cane ¶犯人を捕まえる arrestare [catturare] il colpevole ¶出かけようとしていた太郎を捕まえた. Ho preso al volo Taro che stava uscendo. ¶泥棒は現行犯で捕まえられた. Il ladro è stato colto in fallo. ¶彼女は大金持ちを捕まえた. Lei è riuscita ad accalappiare un uomo molto ricco. **2**《しっかり持つ》¶〈人〉の胸ぐらをつかまえる afferrare qlcu. per il petto [per il bavero] **3**《「…をつかまえて」の形で, …を相手にして》¶お客がボーイをつかまえて文句を言っている. Un cliente ha fermato un cameriere e si sta lamentando con lui. ¶彼は客を捕まえて帰さなかった. Ha trattenuto l'ospite più a lungo.

つかませる 掴ませる **1**《賄賂(ワイロ)などを受け取らせる》¶〈人〉に金をつかませる ungere le ruote a qlcu. / corrompere qlcu. (con i soldi) ¶男に金をつかませて口止めした. Ho comprato il silenzio di quell'uomo. **2**《だまして買わせる》¶〈人〉にせ物をつかませる vendere a qlcu. un articolo contraffatto

つかまる 捕る **1**《捕らえられる》essere preso [catturato] ¶泥棒は5時間後に捕まった. Dopo cinque ore il ladro venne catturato. **2**《引き留められる》¶出口のところでボスに捕まった. Il capo mi ha bloccato all'uscita. **3**《見つかる》¶この時間はタクシーがなかなか捕まらない. A quest'ora, è assai difficile prendere [trovare] un taxi. **4**《物に取りすがる》¶手すりにしっかりつかまる tenersi stretto [reggersi] al corrimano ¶強く[必死に]つかまる aggrapparsi a qlco.

つかみあい 掴み合い zuffa女, rissa女 ¶少年たちはつかみ合いのけんかを始めた. I ragazzi hanno cominciato a litigare e sono venuti alle mani.

つかみかかる 掴み掛かる lanciarsi contro qlcu. ¶男はいきなりつかみかかって来た. L'uomo mi ha afferrato all'improvviso.

つかみどころ 掴み所 ¶あいつはつかみどころのないやつだよ.《はっきりしない》È un tipo indecifrabile. ¶君の話はつかみどころがない. Ciò che racconti non ha senso.

つかみどり 掴み取り ¶コインのつかみ取りをする prendere una manciata di monete /《できるだけたくさん》prendere monete a piene mani

つかむ 掴む **1**《手で捕らえる》prendere qlco. [qlcu. per qlco.]. (▶qlco.は体の部位);《すばやく引っ張るように》acchiappare qlco.;《乱暴に引っつかむ》agguantare qlco.;《逃げようとする人の…を》acciuffare qlcu. (per qlco.) (▶qlco.は体の部分);《握る》impugnare qlco. ¶〈人〉の髪をつかむ prendere [afferrare] qlcu. per i capelli ¶手をつかまれる essere preso [afferrato] per una mano ¶溺れる者は藁(ワラ)をもつかむ.《諺》"Chi sta per affogare si afferra [si aggrappa] anche a un filo di paglia." **2**《確実に理解する》¶言葉の意味をつかむ afferrare [capire / comprendere] il significato di una parola **3**《手に入れる》ottenere [acquistare] qlco.; entrare in possesso di qlco. ¶機会をつかむ cogliere [afferrare] un'occasione ¶大金をつかんだ. Ha guadagnato un mucchio di denaro. ¶〈人〉の心をつかむ conquistarsi il cuore di qlcu.

つかる 浸る immergersi ¶温泉につかる fare i bagni termali ¶彼は首まで水につかった. Si è immerso nell'acqua fino al collo. ¶大水で地下室と1階は水につかった. L'inondazione ha allagato lo scantinato e il pianterreno.

つかる 漬かる ¶漬け物がよくつかっている.《食べごろ》I sottaceti sono pronti [《うまく》sono preparati bene].

つかれ 疲れ fatica女, stanchezza女, spossatezza女, spossamento男;《衰弱》esaurimento男 ¶疲れを知らぬ人 persona infaticabile [instancabile /《一生懸命な》indefessa] ¶疲れを覚える sentirsi stanco [男 -chi] / provare stanchezza [fatica] ¶疲れをいやす[とる] smaltire [eliminare] la stanchezza ¶疲れがたまっていた. La stanchezza [La fatica] si era accumulata.

✤疲れ試験[工] prova女 di fatica
疲れ目 senso男 di stanchezza agli occhi

つかれはてる 疲れ果てる essere 「stanco[男複 -chi] [esausto / spossato]《で per》, cadere[es] [morire[es]] dalla stanchezza, cadere stremato ¶疲れ果てた stanco morto, spossato, esausto, sfinito ¶疲れ果てた顔で con un viso segnato dalla fatica ¶疲れ果ててもう一歩も歩けない. Sono troppo esausto per poter fare un al-

つかれる 疲れる **1**《体力・気力が衰える》stancarsi, sentirsi stanco③複 -chi; affaticarsi; 《いやになる》stufarsi di qlco. -chi; +不定詞 ¶人生に疲れている essere stanco di vivere ¶…するのは疲れる. È faticoso [estenuante] +不定詞 ¶私はとても疲れている. Sono 「molto stanco [stanco da morire]. ¶遠足に行って疲れてしまった. Abbiamo fatto un'escursione e ci siamo stancati. ¶長時間テレビを見ると目が疲れる. Guardando a lungo la televisione, ci si affatica la vista. ¶頭が疲れた. Ho la mente stanca. ¶子供の世話で神経が疲れた. Per badare ai bambini mi sono ridotta i nervi a pezzi.
2《古くなる》¶疲れた上着 giacca consunta
つかれる 憑かれる ¶悪魔[賭博]に憑かれた男 uomo posseduto dal demonio [dalla passione del gioco d'azzardo]
つかわす 遣わす inviare, spedire, delegare ¶使者を遣わす inviare un messaggero ¶ほうびを遣わす dare una ricompensa

つき 月 **1**《天体》luna㊛ ◇月の lunare ¶月の光 luce lunare / raggio di luna / chiaro di luna / chiarore lunare ¶月の出[入り] il sorgere [il tramonto] della luna ¶月の運行 corso [moto] lunare ¶月の位相《月相(ぞう)》fasi㊛複 lunari [della luna] ¶月の暈(かさ) alone㊚ della luna ¶月への着陸 allunaggio㊚ ¶月が昇る[沈む]. La luna sorge [tramonta]. ¶月が満ちる[欠ける]. La luna cresce [cala]. ¶月が出た. È spuntata la luna. ¶月が雲に隠れた. La luna è stata coperta dalle nuvole. ¶月が西に沈んだ. La luna è scesa verso occidente.
2《暦》mese㊚ ◇月の mensile ¶月の初めに all'inizio del mese ¶月の半ばに a metà del mese / a metà mese ¶月の末に alla fine del mese / a fine mese ¶ひと月に1回[ひと月に2回 / ふた月ごとに]会を開いている. Si tiene una riunione al mese [due volte al mese / ogni due mesi].
3《妊娠の期間》gestazione㊛ ¶その子は月足らずで生まれた. Quel bambino è nato prematuro. ¶月が満ちてめでたく男児が誕生した. Allo scadere del tempo è felicemente venuto alla luce un maschietto.
[慣用] **月とすっぽん** ¶月とすっぽんだ. Ce ne passa come tra il giorno e la notte.
♣ 月明かり ⇒見出し語参照
月ロケット razzo㊚ [missile㊚] lunare

つき 付き **1**《付着, 粘着》¶このセロテープはつきがいい. Questo scotch attacca bene. ¶このおしろいはつきが悪い. Questa cipria non aderisce bene.
2《着火》¶このマッチはつきがいい. Questi fiammiferi si accendono bene [subito].
3《幸運》¶つきが回って来たぞ. 《勝負事で》La sorte mi è diventata amica! ¶ついにつきが回ってきた. Finalmente il vento 「è girato [ha iniziato a soffiare] dalla mia parte. ¶運にもつきにも見放された. Sono stato abbandonato dalla buona sorte. / Non me ne va bene una.
4《名詞に付いて》¶家具付きのアパート appartamento ammobiliato ¶1年間保証付きの目覚まし時計 sveglia 「garanzia per [con garanzia di] un anno ¶2食付きのペンション pensione 「con due pasti [a mezza pensione] ¶社長付きの秘書 segretario privato del presidente
つき 尽き ¶あの女にひっかかったのがあいつの運の尽きさ. L'incontro con quella donna gli è stato fatale.
つき 突き ¶《刀剣での》stoccata㊛; 《短剣などの》pugnalata㊛; 《ナイフでの》coltellata㊛; 《フェンシングで》stoccata㊛; 《相撲・剣道で》colpo㊚ frontale ¶〈人〉に剣で一突きする colpire [trafiggere] qlcu. con la spada

-つき －就き・-付き 《「…につき」の形で》
1《…ごとに》a, per, ogni ¶1日につき100ユーロ 100 euro al giorno ¶1度につき1つ uno alla [per] volta ¶100グラムにつき200円 200 yen l'etto ¶1人につき1000円の会費 quota di 1.000 yen 「per persona [pro capite / a testa] ¶1個につき30ユーロ 30 l'uno ¶椅子は1脚につき8000円した. Le sedie sono costate 8.000 yen ognuna.
2《…のために》per, a causa di ¶雨天につき「a causa della [per la] pioggia ¶「工事中につき通行止」《掲示》"Lavori in corso: traffico interrotto" ¶手術直後につき面会謝絶. Non sono ammesse le visite perché lo hanno appena operato.

つぎ 次 ◇次の《このあとに来る》prossimo, venturo; 《以下の》seguente; 《2番目の》secondo ¶次の日 il giorno dopo / l'indomani / il giorno seguente [successivo] ¶次の月曜日《現在を基準として》lunedì prossimo / il prossimo lunedì / lunedì p.v. / 《ある時点を基準として》il lunedì successivo ¶次の間《続きの》camera annessa / ㊛ camera attigua [accanto [無変]] / 《控え室》anticamera ¶ここから1軒おいて次の店 il secondo negozio (a partire

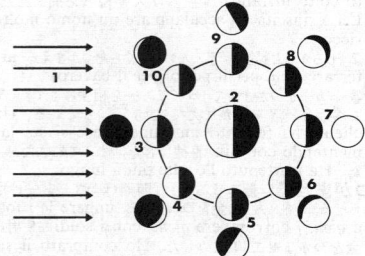

月
1 太陽光線 raggi㊚[複] solari. 2 地球 Terra㊛. 3 新月 luna㊛ nuova. 4 三日月 spicchio㊚ di luna crescente. 5 上弦, 半月 primo quarto㊚. 6 十三夜の月 luna㊛ gibbosa crescente. 7 満月 luna㊛ piena, plenilunio㊚. 8 十六夜(いざよい)の月 luna㊛ gibbosa calante. 9 下弦, 半月 ultimo quarto㊚. 10 二十四日の月 spicchio㊚ di luna calante.

つぎ da questo) ¶次のような条件で alle condizioni qui sotto riportate [elencate] ¶その結果次のようになる. Ne segue [Ne consegue / Da ciò si deduce] che+直説法 ¶結果は次のようになった. Il risultato è stato il seguente. ¶東京の次に大きいのは横浜だ. Yokohama è la città più grande dopo Tokyo. ¶私の好きなのはまず映画, 次が音楽だ. Più di ogni altra cosa mi piace il cinema, poi la musica. ¶次から次へと料理が運ばれた. Hanno servito una portata dopo l'altra. ¶次はどなたですか. ¶この次にしましょう. 《次回に》Lo faremo la prossima volta. /《いつかそのうちに》Lo faremo un'altra volta. ¶次の方どうぞお入りください. Prego, si accomodi il prossimo. ¶次の角を右に曲がってください. Al prossimo angolo giri a destra.

つぎ 継ぎ toppa㊛, pezza㊛, rattoppo㊚;《行為》rattoppatura㊛ ¶継ぎだらけの服 abito "tutto rappezzato [pieno di toppe]" ¶上着のひじに継ぎを当てる mettere una toppa al gomito di una giacca

つきあい 付き合い ¶付き合いの広い [狭い] 人 persona con molte [poche] conoscenze ¶付き合いのいい [悪い] 人 persona socievole [poco socievole / 非社交的] asociale] ¶付き合いのうまい人 compagnone《㊚ -a》 ¶私たちは長い付き合いです.《知人》Ci conosciamo da molto tempo. /《友人》Siamo vecchi amici. ¶隣近所と付き合いをする avere buoni rapporti con] i vicini di casa

つきあう 付き合う **1**《交際する》frequentare qlcu., avere una relazione [rapporti] con qlcu., fare compagnia a qlcu. ¶悪い友だちと付き合わないように. Evitate le cattive compagnie. ¶彼とは3年前から付き合っている. Lo frequento da tre anni. /《男女が》Sono con lui [Stiamo insieme] da tre anni. ¶彼は人と付き合うのが嫌いだ. Non gli piace frequentare la gente. ¶まったく付き合いにくい人だ. È uno con il quale è difficile entrare in amicizia [in confidenza]. ¶付き合って損をしない男だ. È un tipo che vale la pena di frequentare. **2**《行動を共にする》¶今晩映画に付き合ってくれよ. Vieni al cinema con me stasera. ¶買い物に行くなら付き合おう. Se vai a fare spese,《vengo anch'io con te [ti accompagno]》. ¶夕べは同僚に酒を付き合わされた. Ieri sera un collega mi ha trattenuto a bere con lui. ¶いい話があるんだ, 君も付き合わないか. Ci sarebbe un buon affare, vuoi partecipare anche tu?

つきあかり 月明かり chiaro㊚ di luna ¶月明かりの夜 notte illuminata dalla luna ¶月明かりに看板が読めた. Ho potuto leggere l'insegna al chiaro di luna.

つきあげる 突き上げる **1**《下から突いて上げる》spingere ql.co. su ¶こぶしを突き上げて抗議する inveire agitando il pugno chiuso ¶突き上げてくる怒りを抑えきれなかった. Non sono riuscito a controllare la rabbia che mi bolliva dentro. **2**《下位の者が上位の者に圧力をかける》fare pressione su qlcu.; spingere [costringere] qlcu. a+ 不定詞 ¶組合幹部は下から突き上げられている. Il leader sindacale subisce pressione dal basso.

つきあたり 突き当たり fondo㊚ ¶階段は廊下の突き当たりです. La scala si trova in fondo al [alla fine del] corridoio. ¶突き当たりを右に曲がってください.《タクシーの運転手に》Giri in fondo a destra, per favore.

つきあたる 突き当たる **1**《衝突する》urtare㊎ [av] [andare a sbattere]《に contro》, andare addosso《に a》 **2**《道などが》¶この道は国道に突き当たる. Questa strada sbocca in [conduce a / arriva a] una strada statale. **3**《行き詰まる》¶困難に突き当たる urtare [incappare] in una difficoltà ¶障害に突き当たる incappare in [sbattere contro] un ostacolo

つきあわせる 突き合わせる **1**《向かい合わせる》confrontare [mettere a confronto] qlcu.《と con》 ¶《人》と膝を突き合わせて話す parlare a quattr'occhi con qlcu. ¶あんなやつと顔を突き合わせるのはいやだ. Non mi piace aver quel tipo davanti agli occhi. **2**《照合する》¶原本と写しを突き合わせる confrontare una copia con l'originale

つぎあわせる 継ぎ合わせる《AとBを》unire A a [e] B, congiungere A con B, attaccare A a [e] B;《布を縫い合わせる》cucire insieme ql.co. con qualcos'altro ¶2本のパイプを継ぎ合わせる abboccare due tubi

つきおくれ 月遅れ・月後れ ¶月遅れの正月 capodanno del calendario lunare ¶雑誌が月遅れで届く. Le riviste arrivano con un mese di ritardo [con il ritardo di un mese].

つきおとす 突き落とす ¶崖から《人》を突き落とす buttar giù qlcu. da un precipizio / precipitare qlcu. giù da un dirupo ¶《人》を権力の座から突き落とす spodestare qlcu. / togliere il potere a qlcu.

つきかえす 突き返す ¶賄賂(わいろ)を突き返す rifiutare una tangente ¶贈り物を突き返す rifiutare [non accettare / respingere] un dono

つきかげ 月影《月の光》chiaro㊚ [chiarore㊚] di luna ¶月影のさやかな夜 notte illuminata dalla luna

つきがけ 月掛け ¶月掛けの貯金 risparmi accumulati con versamenti mensili

つぎき 接ぎ木 innesto㊚, innestatura㊛ ◇接ぎ木する innestare ql.co.《に su》 ¶ぶどうを接ぎ木する innestare la vite

つきぎめ 月極め ◇月極めの mensile ◇月極めで mensilmente, al mese, a contratto mensile ¶月極め駐車場 parcheggio (a tariffa) mensile ¶新聞を月極めでとる abbonarsi mensilmente a un giornale

つききり 付き切り ¶《人》に付ききりで離れない (re)stare「sempre vicino《相手にとっては迷惑な》attaccato / incollato」a qlcu. / non separarsi mai da qlcu. ¶病人を付ききりで看病する essere sempre al capezzale di un malato

つきくずす 突き崩す ¶我々は敵の守りを突き崩した. Ci aprimmo un varco nelle difese del nemico. ¶アリバイを突き崩す smontare un alibi

つきごし 月越し ¶月越しの借金 debito in sospeso dal mese precedente

つきごと 月毎 ◇月ごとの mensile ◇月ごとに di mese in mese ¶月ごとの売り上げ vendita mensile

つぎこむ 注ぎ込む **1**《液体を》 ¶ポットに熱湯を注ぎ込む versare acqua bollente nel termos **2**《人員や金を》 ¶この仕事には1000万円注ぎ込んだ. Ho speso [《むだに》 Ho sprecato / Ho buttato] dieci milioni di yen in questo lavoro. ¶彼は仕事に全力をつぎ込んだ. Ce l'ha messa tutta nel suo lavoro. ¶彼は全財産をその株に注ぎ込んだ. Ha investito tutti i suoi averi in quelle azioni.

つきさす 突き刺す **1**《突き入れる》trafiggere, conficcare, infilzare, piantare ¶《人》の胸にナイフを突き刺す dare una coltellata al petto di *ql.co.* / pugnalare *ql.co.* al petto ¶タイヤに釘が突き刺さってしまった. Un chiodo si è conficcato [si è piantato] nella gomma. **2**《鋭く心にひびく》 ¶彼の言葉は私の心を突き刺した. Le sue parole mi hanno trafitto il cuore.

つきすすむ 突き進む ¶船は嵐の海を突き進んだ. La nave si è inoltrata nel mare in tempesta. ¶彼は破局への道を突き進んだ. È andato diritto verso la catastrofe.

つきせぬ 尽きせぬ ¶故国への尽きせぬ思い l'incancellabile ricordo del *proprio paese* ¶尽きぬ苦労 preoccupazioni [pensieri] incessanti

つきそい 付き添い 《護衛》scorta㊛; 《同伴者》accompagnat*ore*㊚ [㊛ *-trice*]; 《アシスタント》assistente㊚ [㊛] ; 《花嫁に付き添う少女》damigella㊛ (d'onore); 《花嫁に付き添う少年》paggio㊚ [複 *-gi*] ◇付き添う accompagnare *ql.co.*; 《病人に》assistere *ql.co.* ¶付き添いの看護師 infermiera personale ¶付き添いなしで行く andare senza essere accompagnato ¶一晩中病人に付き添った. Ho avuto cura di [Mi sono preso cura di] un malato per tutta la notte.

つきたおす 突き倒す far cadere *ql.co.* [*ql.co.*] con una spinta, buttare [gettare] *ql.co.* [*ql.co.*] a terra

つきだし 突き出し →御通し

つきだしまど 突き出し窓 《建》finestra㊛ basculante; finestra㊛ ruotante su cerniera superiore

つきだす 突き出す **1**《ぐいっと出す, 外に出す》sporgere ¶手を突き出す sporgere la mano ¶店主は客を店から突き出した. Il padrone ha buttato fuori il cliente dal negozio. **2**《警察に引き渡す》 ¶犯人を警察に突き出す consegnare [《無理やりひっぱって行く》trascinare] il colpevole alla polizia

つきたす 注ぎ足す aggiungere *ql.co.*《に a》 ¶ビールは注ぎ足していけない. Non si deve riempire il bicchiere di birra prima che uno abbia finito di bere.

つぎたす 継ぎ足す aggiungere *ql.co.*《に a》
つきたてる 突き立てる ¶雪に棒をしっかりと突き立てた. Ho conficcato [Ho piantato] il palo saldamente nella neve.

つきたらず 月足らず ¶月足らずの子 bambin*o* ㊚ [㊛ *-a*] prematuro [nato prima del tempo]

つきづき 月月 ¶月々5万円払う pagare 50.000 yen mensili [il mese / mensilmente]

つぎつぎ 次次 ◇次々と[に] un*o*[㊛ *-a*] dopo l'altr*o*[㊛ *-a*]; 《続けて》in successione; 《交互に》a turno, alternativamente; 《絶え間なく》senza interruzione, incessantemente ¶次々に仕事ができて休めない. Mi capita un lavoro dopo [dietro] l'altro e non posso riposarmi. ¶次々とお客が来た. I clienti entravano uno dopo l'altro.

つきっきり 付きっ切り →付き切り

つきつける 突き付ける puntare *ql.co.* verso *ql.co.* ¶彼は私にピストルを突きつけて脅迫した. Mi ha minacciato puntandomi una pistola. ¶検事は被告に証拠を突きつけた. L'accusato è stato messo di fronte alle prove dal pubblico ministero. ¶20%賃上げの要求を会社側に突きつけた. Abbiamo richiesto con decisione all'azienda un aumento di stipendio del 20 per cento.

つきつめる 突き詰める ¶問題をとことんまで突き詰める indagare fino al nocciolo della questione / andare a fondo a un problema ¶あんまり突き詰めて考えないほうがいい. Non dovresti rimuginarci sopra troppo. / Non fartene un'ossessione.

つぎて 継ぎ手・接ぎ手 **1**《継ぎ合わせ》giunto㊚ **2** →跡継ぎ

つきでる 突き出る aggettare㊌ [*es*], sporgere㊌ [*es*], venire in fuori ◇突き出た aggettante, sporgente ¶突き出た頰骨《解》zigomi sporgenti ¶半島が海中に突き出ている. La penisola si protende [si allunga] nel mare.

つきとおす 突き通す trafiggere

つきとばす 突き飛ばす spingere *ql.co.* [*ql.co.*] violentemente, dare uno spintone a *ql.co.* [a *ql.co.*].

つきとめる 突き止める 《発見する》scoprire *ql.co.* [che+直説法], scovare *ql.co.*; 《探して発見する》rintracciare *ql.co.* ¶泥棒の根城を突き止める scoprire [rintracciare] il covo dei ladri ¶事故の原因を突き止める chiarire [mettere in luce / scoprire] la causa di un incidente ¶うわさの出所を突き止める localizzare [individuare] l'origine di una diceria

つきなみ 月並み ◇月並みな ordinari*o*《㊚ 複 *-i*》; 《ありふれた》mediocre; banale; trito e ritrito ¶月並みな男 uomo mediocre ¶月並みな話題 argomento trito e ritrito ¶月並みなお世辞 complimenti di prammatica ¶月並みなことを言う fare discorsi banali

つきぬける 突き抜ける 《通り抜ける》attraversare; 《貫通する》trapassare, trafiggere ¶森を突き抜けていく attraversare un bosco ¶弾丸は彼の心臓を突き抜けた. Il proiettile gli trapassò [trafisse] il cuore.

つきのける 突き除ける →突き飛ばす ¶《人》をひじで突きのける spingere [scostare] *ql.co.* a gomitate

つきのわぐま 月の輪熊 《動》orso㊚ dal collare

つぎば 継ぎ歯 corona㊛, capsula㊛

つぎはぎ 継ぎ接ぎ ¶つぎはぎだらけのズボン pantaloni rattoppati [pieni di toppe] ¶この曲は昔の名曲のつぎはぎだ. Questo brano musicale è stato fatto mettendo insieme pezzi di vecchie canzoni famose.

つきはてる 尽き果てる ¶精も根も尽き果てた.

つきはなす 突き放す scostare [allontanare / respingere] *qlcu*. (▶比喩的な意味でも用いる); 《見放す》abbandonare *qlcu*. ¶彼は私にわざと突き放したような態度をとった. Mi ha evitato intenzionalmente. ¶《中立的に》Ha assunto un atteggiamento di intenzionale indifferenza nei miei riguardi. ¶そんな突き放した言い方はよせ. Smetti di parlare come se non te ne importasse più niente.

つきばらい 月払い pagamento㊚ a rate mensili ¶家賃は月払いにしている. Pago l'affitto mensilmente.

つきばん 月番 turno㊚ di servizio mensile

つきひ 月日 ¶いたずらに月日を送る passare il tempo「nell'ozio [senza far niente]¶月日のたつのは早いものだ. Il tempo vola. ¶5年の月日を東京で過ごした. Ho trascorso [passato] cinque anni a Tokyo.

つきびと 付き人 assistente㊚㊛

つきべつ 月別 ¶月別の支出 spese mensili

つきまとう 付き纏う seguire *qlcu*. dappertutto, essere [stare] sempre alle costole di *qlcu*. ¶影のようにつきまとう seguire *qlcu*. come un'ombra / essere l'ombra di *qlcu*. ¶彼は警察につきまとわれている. Ha la polizia alle calcagna. ¶子供は母親につきまとって離れない. Il bambino segue la madre passo passo dovunque vada. ¶この考えがつきまとって頭から離れない. Questa idea mi ossessiona.

つきみ 月見 ¶月見をする godersi [contemplare] il chiaro di luna
✤**月見草**《植》enotera㊛; stella㊛ della sera

つぎめ 継ぎ目 〘工〙giunto㊚, giuntura㊛; 《縫い目》cucitura㊛; 《冶》《溶接の》saldatura㊛ ¶継ぎ目のない senza giunture / senza cuciture
✤**継ぎ目板**《鉄道》《レールの》stecca㊛ a ganascia, gana*scia*㊛ [複 *-sce*]

つきもの 付き物 ¶政治にスキャンダルは付き物だ. Politica e scandali vanno a braccetto. ¶金もうけに危険は付き物だ. Per far soldi bisogna rischiare.

つきもの 憑物 ¶彼女は憑き物につかれている. Quella donna è posseduta da uno spirito maligno. ¶彼女はまるで憑き物が落ちたように病気が治った. Lei è guarita d'un tratto proprio come se fosse stata esorcizzata.

つきやぶる 突き破る《壊す》rompere; sfondare; 《穴をあける》bucare, forare ¶弾丸は窓ガラスを突き破って壁に当たった. Il proiettile ha infranto il vetro e ha raggiunto il muro. ¶敵陣を突き破る aprirsi un varco attraverso lo schieramento nemico

つきやま 築山 piccola montagna㊛ [collinetta㊛] artificiale di un giardino

つきゆび 突き指 ◇突き指する slogarsi un dito, procurarsi una distorsione a un dito

つきよ 月夜 ¶月夜だった. Era una notte di luna. ¶月夜に散歩した. Abbiamo fatto una passeggiata al chiaro di luna.

つきる 尽きる **1**《消耗してなくなる》esaurirsi, finire㊛ [*es*]; 《状態》essere esaurito [consumato / finito] ¶食糧がつきた[つきかけている]. I viveri sono finiti [sono agli sgoccioli]. ¶敵は弾薬がつきかかっている. Il nemico sta per esaurire le munizioni. ¶万策つきた. Tutti i tentativi sono falliti. / Ormai non c'è più niente da fare. ¶話題がつきる. La conversazione langue [languisce]. ¶いつまでたっても名残(なごり)はつきない. È sempre più difficile dirsi addio. ¶彼の運は尽きた. La fortuna l'ha abbandonato.
2《終始する, 限る》¶その部屋はすばらしいのひとことにつきる. Quella stanza è semplicemente meravigliosa. / Di quella stanza, non si può dire altro che è meravigliosa.

つきわり 月割り **1**《月の数で割ること》¶収入は月割りで30万円になる. Su base mensile il mio reddito è di 300.000 yen. **2** →月賦

つく 付く **1**【付着する】attaccarsi a *ql.co.*; 《粘着する》aderire㊛ [*av*] a *ql.co.*; 《固定する》essere fissato a *ql.co.* ¶ズボンに泥が付いている. C'è del fango sui pantaloni. ¶洋服に染みが付いた. Il vestito si è macchiato. ¶上着にタバコのにおいが付いてしまった. La giacca ha preso l'odore di tabacco. ¶この壁紙は壁にぴったり付く. Questa tappezzeria aderisce bene alla parete. ¶根が付いた. Si è radicato. / Ha messo radici.

2【付属する】¶引き出しの付いた机 scrivania con cassetti ¶フィルターの付いたタバコ sigarette col filtro

3【人に】《味方になる》schierarsi con *qlcu*., essere al servizio di *qlcu*.; 《付き添う》accompagnare *qlcu*.; 《あとを追う》seguire *qlcu*.; 《ガードをする》fare da scorta a *qlcu*. ¶彼はいつも強いほうにつく. Si mette sempre dalla parte del più forte. ¶あんなやつの下につくのはご免だ. Mai vorrei stare alle dipendenze di un tipo simile! ¶母親が付いて学校へ行った. È andato a scuola accompagnato dalla madre. ¶私に付いてきてください. Mi segua [Venga con me], per favore.

4【加わる, 生じる・残る】¶元気が付く riprendere vigore [forza] ¶肉がつく《太る》ingrassarsi ¶イタリア語の力がついた. Ha fatto dei progressi nella lingua italiana. ¶悪い癖は身につきやすい. Le cattive abitudini si contraggono facilmente. ¶この債券には6分の利子がつく. Queste obbligazioni fruttano un interesse del 6 per cento. ¶跡が付く《物が主語》lasciare una traccia ¶腕時計の跡が付いた. Mi è rimasto il segno dell'orologio sul polso.

5【電気・火が】《明かりがつく》accendersi; 《火がつく》prendere fuoco ¶5時になると街灯がつく. Alle cinque si accendono automaticamente le luci della città. ¶家に火がついた. La casa ha preso fuoco. ¶薪がしめっていて火がつきにくい. Questa legna è umida ed è difficile accenderla.

6【気が】¶計算間違いに気がつく accorgersi di un errore di calcolo ¶君はまったくよく気がつく人だね. Sei un uomo a cui [al quale] non sfugge niente. ¶僕は気がつかなかったよ. Non ci ho fatto caso!

7【師事する】studiare *ql.co.* con *qlcu*. ¶田中

教授について研究する studiare sotto la guida del prof. Tanaka ¶私はネイティブスピーカーの先生についてイタリア語を習った. Ho imparato l'italiano con un insegnante di madre lingua.

8【値段・価値に相当する】 costare[自][*es*] ¶1日の食費が2000円につく. Il vitto costa 2.000 yen al giorno. ¶高くつくよ. Questo ti costerà caro.

9【解決・決着が】 ¶この問題はようやく解決がついた. Questa questione è stata finalmente risolta. ¶仕事の始末がついた. Il lavoro è stato concluso [sbrigato].

10【運が向く】 ¶君はついてるね. Come sei fortunato!

つく 吐く 《言葉・息をはく》 ¶ため息をつく tirare un sospiro / sospirare[自][*av*] ¶うそをつく dire una bugia [il falso] ¶ひと息つかせてくれ. Fammi riprender fiato, per favore. ¶忙しくて息つく暇もない. Sono così occupato che non ho un attimo di tregua [di sosta]. ¶息もつかずにこの本を読んでしまった. Ho letto il libro tutto d'un fiato. ¶この映画は最後まで息をつかせない. Questo film fa trattenere il respiro fino alla fine. ¶彼は私に悪態をついた. Me ne ha dette di tutti i colori.

つく 突く・衝く・撞く **1**《突き刺す》 trafiggere, trapassare, infilzare ¶角で〈人〉を突く prendere a cornate *qlcu.* ¶ナイフで胸を突いて自殺した. Si è ucciso trafiggendosi il petto con un coltello.

2《強く押す》 spingere [dar spinte a / dare una spinta a] *qlcu.* ¶ひじで突いて彼に知らせた. Gli ho dato una gomitata per avvertirlo.

3《立てて支えとする》 ¶杖を突いて歩く camminare appoggiandosi al bastone ¶手を突いて謝る chiedere perdono inchinandosi fino a terra ¶机にひじを突いて考え込んでいる. Sta meditando con i gomiti poggiati sul tavolo.

4《強く打つ》 ¶まりを突く far rimbalzare una palla per terra ¶玉を突く colpire una palla ¶鐘を撞く suonare una campana

5《激しく攻める》 ¶敵の背後をつく attaccare il nemico alle spalle ¶問題の核心をつく entrare nel vivo [nel nocciolo] dell'argomento ¶彼は私の弱点をついて質問してきた. Ha fatto una domanda che ha centrato il mio punto debole.

6《悪条件を押して進む》 ¶嵐をついて行く procedere malgrado [sfidando] la tempesta

7《強く刺激する》 ¶アンモニアのにおいが鼻をついた. L'odore dell'ammoniaca mi ha irritato il naso.

つく 着く・就く **1**《到着する》 arrivare [giungere]《にa》, raggiungere ¶列車はすでに駅に着いていた. Il treno era già arrivato in stazione. ¶船が岸に着いた. La nave è approdata (alla costa). ¶国境に着く raggiungere la frontiera ¶向こうに着いたら, 手紙をちょうだいね. Scrivimi appena arrivi, mi raccomando!

2《届く》 raggiungere, toccare ¶自転車に乗って足が地面につくかい. Stando sulla [in] bicicletta, riesci a toccare terra con i piedi?

3《地位・職などを得る》 prendere [occupare / assumere] *ql.co.* ¶教職につく diventare insegnante ¶兵役につく andare in servizio「militare [di leva] ¶大統領の地位に就く assumere l'incarico [occupare il posto] di Presidente ¶息子がやっと職についた. Finalmente mio figlio ha trovato un lavoro [un posto (di lavoro)].

4《ある位置・状態に身を置く》 mettersi; 《席に》 prendere posto ¶食卓につく mettersi [sedersi] a tavola ¶床につく mettersi [andare] a letto ¶病の床につく ammalarsi ¶旅路につく mettersi in viaggio / iniziare [intraprendere] un viaggio ¶眠りにつく prendere [pigliare] sonno / addormentarsi

つく 搗く 《脱穀する》 brillare *ql.co.* ¶もちを搗く pestare il riso cotto per preparare il *mochi* ¶小麦を搗いて粉にする ridurre in polvere il frumento

つく 憑く ¶悪魔につかれている essere posseduto dal demonio ¶悪運につかれている essere vittima della mala sorte

つぐ 次ぐ **1**《次に位置する》 ¶ミラノはローマにつぐ大都会だ. Milano è la città più grande d'Italia dopo Roma. **2**《続く》 ¶姉に次いで私もイタリアに留学した. Dopo mia sorella, anch'io ho studiato in Italia. ¶地震につぐ火災 incendio sviluppatosi dopo il terremoto

つぐ 注ぐ 《容器に入れる》 mescere, versare ¶お茶をもう1杯おつぎしましょうか. Le verso un'altra tazza di tè? ¶ご飯をつぐ servire il riso

つぐ 接ぐ unire [attaccare] *ql.co.*《に a》, congiungere *ql.co.*《に a》 ¶骨を接ぐ aggiustare [mettere a posto] un osso rotto ¶台木に若木を接ぐ innestare un ramoscello in un tronco d'albero

つぐ 継ぐ **1**《あとを続ける》 continuare, ereditare, succedere[自][*es*]《を a》 ¶故人の遺志を継ぐ rispettare le ultime volontà di un defunto ¶王位を継ぐ succedere al trono ¶店を継ぐ continuare [ereditare] un negozio ¶父の仕事を継ぐ succedere al padre in un lavoro ¶言葉を継ぐ continuare [proseguire] il discorso ¶夜を日に継いで工事を進めた. I lavori sono proseguiti ininterrottamente giorno e notte.

2《継ぎ合わせる》《のりで》 incollare *ql.co.*; 《縫って》 ricucire *ql.co.* ¶割れた茶碗を継ぎ合わせる riparare [aggiustare / accomodare] una tazza rotta ¶靴下の破れを継ぐ rammendare un calzino bucato

3《継ぎ足す》 aggiungere ¶もっと石炭をついでくれ. Aggiungi dell'altro carbone.

-づく -付く ¶色気づく raggiungere l'età della pubertà ¶彼は最近ゴルフづいている. Negli ultimi tempi non manca mai a giocare a golf.

つくえ 机 tavolo[男]; 《勉強用, 事務用》 scrivania[女]; scritto*io*[男][複 *-i*]; 《学校の》 ban*co*[男][複 *-chi*] ¶両そで[片そで]机 scrivania con cassetti「ai due lati [in un solo lato] ¶机に向かう sedersi [mettersi] alla scrivania ¶机の上をかたづけろ. Metti「ordine sulla scrivania [in ordine la scrivania].

つくし 土筆〘植〙 equiseto[男], coda[女] di cavallo

-づくし -尽くし ¶花づくし《花の名前の》 elenco dei nomi dei fiori /《花模様》disegno ricco di motivi floreali ¶ないないづくしだ. Siamo privi di tutto. ¶心尽くし ⇒見出し語参照

つくす 尽くす **1**《なくなるまで出す》 ¶全力を尽くす fare del *proprio* meglio / fare tutto il possibile ¶筆舌に尽くしがたい魅力 fascino indicibile [inesprimibile] ¶あらゆる手段を尽くす ricorrere a tutti i mezzi / provare con ogni mezzo ¶悪事の限りを尽くす commettere qualsiasi cattiva azione possibile ed immaginabile ¶お礼の気持ちは言葉では尽くせません. Non ho parole per esprimere la mia riconoscenza. ¶これで言いたいことはみんな言い尽くした. Con ciò, ho detto tutto quello che avevo da dire. ¶持ってきたお金は使い尽くした. Ho speso tutto il denaro che avevo portato.
2《献身する》dedicarsi a *qlcu.*, servire (devotamente) *qlcu.* [*ql.co.*], rendere servigi a *qlcu.* [*ql.co.*]; contribuire[自][*av*] a *qlcu.* [*ql.co.*] ¶祖国に尽くす servire la patria ¶彼は尽くしてくれた. Mi ha aiutato molto. ¶彼女は夫に尽くした. Si è dedicata completamente al marito.
3《果たす》 ¶本分を尽くす compiere [fare / adempiere] il *proprio* dovere ¶親に孝行を尽くす compiere i [adempiere ai] *propri* doveri filiali

つくだに 佃煮 *tsukudani*[男], alimento[男] cotto o bollito nella salsa di soia zuccherata e conservato)

つくづく **1**《じっくり》 ¶つくづく考えた末 dopo matura riflessione / dopo averci pensato e ripensato ¶わが子の顔をつくづく眺めた. Ho osservato a lungo il viso di mio figlio.
2《心から, ほとほと》 ¶こんなつまらない仕事はつくづくいやになった. Sono completamente disgustato di [da] questo lavoro noioso. ¶つくづくと孤独を感じる provare una profonda solitudine

つぐなう 償う 《埋め合わせをする》compensare *ql.co.* [*qlcu.* di *ql.co.*];《お金や品物で》risarcire *ql.co.* [*qlcu.* di *ql.co.*];《賠償金で》indennizzare *qlcu.* (di *ql.co.*);《金銭上の損害を》rimborsare *qlcu.* di *ql.co.* (►いずれの場合も *ql.co.*は損害の額や内容);《罪を》riparare, espiare, pagare ◇償い compenso[男]; risarcimento[男]; indennizzo[男], ammenda[女]; riparazione[女], espiazione[女] ¶償いがたい過ち errore[男] irreparabile ¶〈人〉に対し金で[物で]損失を償う compensare *qlcu.*「in denaro [con un regalo] per una perdita ¶犯した過ちを償う pagare i *propri* errori ¶死をもって罪を償う uccidersi per pagare [per espiare] la *propria* colpa ¶償いのつかないことをしてしまった. Ho commesso qualcosa (a) cui non si può porre rimedio.

つくばい 蹲い 《茶庭の手水鉢(ちょうずばち)》bacinella[女] di pietra (che si trova nei giardini)

つぐみ 鶫 〔鳥〕merlo[男]; tordo[男]

つぐむ 噤む ¶口をつぐむ《黙る, 秘密を守る》tacere[自][*av*] / star zitto / non fiatare[自][*av*] / chiudere la bocca /《秘密を守る》serbare [mantenere] il silenzio su *ql.co.*

つくり 作り・造り **1**《つくり具合, 構造》 ¶粗末なつくりの家 casa costruita con incuria ¶彼女は顔のつくりが小さい. Ha un viso piccolo.
2《化粧・身なり》 ¶彼女はいつも派手なつくりだ. Lei si concia sempre in maniera vistosa.
3《刺し身》*sashimi*[男][無変], fette[女][複] di pesce crudo ¶鯛のつくり *sashimi* di dentice

-づくり -作り・-造り **1**《つくること》 ¶母の手づくりの弁当 cestino (per il pranzo) preparato dalla madre ¶庭づくりに精を出す impegnarsi a fondo [lavorare con lena] in giardino ¶人にやさしい町づくりをする costruire una città a misura d'uomo
2《特定の材料・方法でつくってあること》 ¶れんが造りの家 casa di [fatta in] mattoni ¶にわか造りの小屋 baracca costruita [tirata su] in gran fretta

つくりあげる 作り上げる **1**《完成する》finire [terminare / portare a termine / completare] *ql.co.* ¶この橋を作りあげるのに5年かかった. Ci sono voluti cinque anni per completare questo ponte.
2《でっち上げる》 ¶話を作りあげる inventare [architettare] una storia

つくりかえる 作り替える **1**《手を加える》trasformare《AをBに A in B》 ¶話を芝居用に作りかえる adattare un racconto per il teatro
2《新しく作る》 ¶めがねを作りかえなければならない. Ho bisogno di cambiare (gli) occhiali.

つくりかた 作り方 modo[男] di preparare [di fabbricare / di costruire] ¶料理の作り方 modo di cucinare /《レシピ》ricetta

つくりごえ 作り声 ◇作り声で《故意に》falsando la voce, con voce contraffatta [artificiosa /《不自然な》artificiale];《裏声で》in falsetto ¶作り声を出す falsare [contraffare] la voce

つくりごと 作り事 《うそ》invenzione[女];《フィクション》fantasticheria[女] ¶彼の話はまったくの作り事だ. La sua storia「è tutta un'invenzione [è stata inventata di sana pianta]. ¶これは作り事には思えない. Non penso che si tratti di fantasticherie.

つくりざかや 造り酒屋 antica manifattura[女] di *sakè*

つくりだす 作り出す **1**《作りはじめる》cominciare a + [不定詞]
2《創造する, 発明する》inventare [ideare / creare] *ql.co.* ¶彼はテレビドラマに新形式を作り出した. Ha creato un nuovo stile nei teleromanzi.
3《生産する》produrre *ql.co.*

つくりつけ 作り付け ¶作り付けの洋服だんす armadio a muro

つくりなおす 作り直す rifare;《改築する》ricostruire;《改組する》ristrutturare;《更新する》rinnovare

つくりばなし 作り話 storia[女] inventata [fantastica / immaginaria];《フィクション》finzione[女], creazione[女] della fantasia;《うそ》invenzione[女], favola[女], frottola[女], panzana[女], fandonia[女] ¶作り話をする inventare una storia /《うそ》dire una menzogna [una bugia]

つくりわらい 作り笑い (sor)riso[男] sforzato [tirato] ¶作り笑いをする (sor)ridere[自][*av*] forzatamente / sforzarsi di (sor)ridere

つくる 作る・造る **1**【製造する】fare; produrre, fabbricare;《組み立てる》montare, comporre ¶車を作る fabbri-

care automobili ¶大砲を作る costruire cannoni ¶服を作る confezionare un abito ¶にせ金を作る fabbricare denaro falso / falsificare denaro ¶機械装置を作る montare [comporre] un macchinario ¶花輪を作る comporre una ghirlanda ¶パスタは小麦粉で作る La pasta si fa con la farina. ¶その地方では良質のワインを作っている In quel paese si producono buoni vini.
2【栽培する】coltivare ¶米を作る coltivare il riso
3【建造する】fabbricare, costruire; 《記念碑などを》erigere; 《創設する》erigere, fondare ¶家を作る costruire [fabbricare] una casa ¶ヴェルディの記念碑を作る erigere un monumento a Verdi ¶病院をつくる fondare [erigere] un ospedale
4【作成する】redigere, stendere; compilare ¶建築設計図を作る disegnare il progetto di un edificio ¶契約書を作る redigere [stendere] un contratto ¶辞典を作る compilare un dizionario
5【作り出す】《創造する》creare; 《創作する》comporre; 《始める》fondare, iniziare; 《創案する, 発明する》ideare, inventare ¶交響曲[詩]を作る comporre una sinfonia [una poesia] ¶流派をつくる fondare [iniziare] una scuola ¶家をつくる mettere su [farsi / formare] una famiglia ¶新しい製品を作る ideare un nuovo prodotto ¶初めに神は天地をお造りになった In principio Dio creò il cielo e la terra. (◆旧約聖書の冒頭の言葉) ¶ザメンホフはエスペラント語を作った. Zamenhof ha creato l'esperanto. ¶デザイナーは流行をつくる. Gli stilisti creano la moda.
6【生み出す】fare, formare ¶将来の政治家をつくる formare gli uomini politici di domani ¶子供をつくる fare [generare] figli ¶財産をつくる far fortuna / arricchirsi
7【ある形にする】fare, formare ¶輪を作る formare un cerchio ¶列を作って待つ aspettare facendo la fila
8【でっち上げる】inventare ¶話を巧みに作る tessere un discorso ¶話を作る inventare una storia ¶口実を作る prendere un pretesto〈per ql.co.〉[＋不定詞])
9【制定する】istituire ¶法律を作る istituire [promulgare] una legge ¶規則を作る istituire una norma
10【組織する】organizzare, formare ¶プロジェクトチームを作る organizzare un gruppo di programmazione di un progetto ¶内閣を作る formare il governo
11【調理する】preparare, cucinare ¶食事を作る preparare il pasto ¶日本料理を作る cucinare un piatto giapponese ¶お菓子を作る fare dolci
12【外見をつくろう】¶顔をつくる《化粧する》truccarsi ¶笑顔をつくっているが, 内心は怒っている. Atteggia il viso al sorriso ma dentro di sé è arrabbiato.

つくろい 繕い 《服の》rammendo男
❖繕い物《作業》rammendo男; 《繕いをすべきもの》abito男 da rammendare ◇つくろい物をする rammendare

つくろう 繕う **1**《修理・修繕する》riparare, aggiustare, accomodare; 《服の》rammendare ¶ズボンのほころびを繕う rammendare uno strappo ai pantaloni [lo strappo dei pantaloni]
2《整えて正す》身なりをつくろう curare il proprio aspetto / rassettarsi / riordinarsi / 《服を》rimettersi a posto il vestito
3《取り繕う》うわべをつくろう salvare le apparenze [la faccia] ¶その場を巧みにつくろった. È riuscito a cavarsela in quella situazione.

つけ 付け **1**《勘定書き》conto男 ¶付けを払う pagare il conto **2**《掛け売り》¶…を付けて買う[売る] comprare [vendere] ql.co. a credito ¶付けにしておいてくれ. Me lo metta in conto. ¶この店は付けが利かない. In quel negozio non si fa credito.
|慣用| 付けが回ってくる ¶学生のころ怠けていたつけが今ごろ回ってきた. Adesso pago la mia pigrizia nello studio.

-つけ (いつも…し慣れた) ¶行きつけのレストラン il proprio ristorante abituale ¶かかりつけの医者 medico di famiglia

つげ 黄楊・柘植【植】bosso男 ¶つげ材 legno di bosso ¶つげ櫛(ぐし) pettine男 di bosso

-づけ -付け ¶9月4日付けの手紙 lettera 「in data [datata /del] 4 settembre

つけあがる diventare pretenzioso [arrogante], gonfiarsi d'orgoglio; 《利用する》approfittare di ql.co. ¶彼は優しくするとつけあがる. È portato ad approfittare della mia gentilezza. ¶子供はおだてるとつけあがる. I bambini sono propensi ad inorgoglirsi [insuperbirsi] se lodati.

つけあわせ 付け合わせ contorno男; 《飾り》guarnizione女 ¶ローストチキンにグリーンピースの付け合わせを添える accompagnare il pollo arrosto con piselli ¶付け合わせは何にしますか. Cosa desidera di [per] contorno?

つけいる 付け入る ¶付け入るすきがない impenetrabile / inossidabile / di ferro

つけかえる 付け換える・付け替える sostituire ql.co. 《と con》, cambiare ql.co. 《と con》 ¶切れた電球を新しいのと付け換える sostituire una lampadina fulminata con una nuova

つけぐすり 付け薬 medicinale男 per uso esterno; 《軟膏》unguento男, pomata女

つげぐち 告げ口 delazione女, spiata女, spifferata女 ◇告げ口する fare la spia; dire in segreto ql.co. a qlcu., riportare [spifferare] ql.co. a qlcu. ¶告げ口を信用する prestar fede alle delazioni ¶彼は私のことを先生に告げ口した. Lui ha spifferato al professore le mie cose.

❖告げ口屋 delatore男 [女 -trice], spia女, spifferone男 [女 -a]

つけくわえる 付け加える aggiungere ql.co. 《に a》; 《添付する》allegare ql.co. 《に a》

つけこむ 付け込む **1**《付け入る》abusare自 [av] [approfittare自 [av] di ql.co.; approfittarsi di ql.co. ¶〈人〉の善意に付け込む approfittare [abusare] della buona fede di qlcu. **2**《帳面に記入する》¶毎日の支出を付け込む registrare le spese giornaliere

つけたす 付け足す aggiungere ql.co. 《に a》

◇付け足し《追加》addizione㊛, aggiunta㊛;《補足》supplemento㊚; integrazione㊛;《おまけ》soprappiù㊚ ¶この家は次々に付け足したものだ. Questa casa è stata costruita aggiungendo pezzo dopo pezzo.

つけ(て) 付け(て) ¶雨につけ風につけわが子を思う. Tutto ciò che vedo o sento mi fa pensare a mio figlio. ¶なにかにつけ金がいる. Abbiamo bisogno di denaro per ogni evenienza.

つけても 付けても ¶それにつけてもいやな事件だ. In ogni caso, si tratta di una spiacevole faccenda. ¶何事につけても真面目にやりなさい. Qualunque cosa tu faccia, falla seriamente.

つけどころ 付け所 ¶目のつけどころがいい indovinare i punti giusti ¶目のつけどころが確かである avere buon occhio [fiuto] ¶目のつけどころを間違える prendere un abbaglio

つけとどけ 付け届け dono㊚, regalo㊚;《袖の下》bustarella㊛, tangente㊛, somma㊛ versata sottomano

つけね 付け値 prezzo㊚ offerto, offerta㊛

つけね 付け根 ¶肩のつけ根 articolazione㊛ della spalla ¶首のつけ根 base㊛ del collo ¶歯のつけ根 radice㊛ di un dente ¶腿(⅔)のつけ根 inguine㊚

つけねらう 付け狙う ¶誰かにつけねらわれているような気がする. Ho la sensazione che qualcuno mi stia prendendo di mira.

つけび 付け火 incend*io*㊚ [複 -*i*] doloso

つけひげ 付け髭《あごひげ》barba㊛ postic*cia* [複 -*ce*] [finta];《口ひげ》baffi㊚ [複] posticci [finti] ¶つけひげをする [している] mettersi [portare / avere] una barba posticcia

つけぶみ 付け文 letterina㊛ amorosa, biglietto㊚ galante

つけぼくろ 付け黒子 mosca㊛, finto neo㊚, neo㊚ artificiale [postic*cio* [複 -*ci*]]

つけまつげ 付け睫 ciglia㊛[複] finte

つけまわす 付け回す seguire ¶容疑者を付け回す pedinare un individuo sospetto ¶女を付け回す correre dietro a [alle gonnelle di / alle sottane di] una donna

つけめ 付け目 **1**《利用するところ》¶彼の今回の失敗がつけめだ. Dobbiamo approfittare di questo suo errore.

2《目当て, ねらい》mira㊛, scopo㊚ ¶それが彼のつけめだ. Questo è ciò (a) cui lui mira.

つけもの 漬け物《塩漬け》ortaggi㊚[複] in salam*oia*;《ぬか漬け》ortaggi㊚[複] conservati in una pasta a base di crusca di riso

つけやきば 付け焼き刃 imparatic*cio*㊚ [複 -*ci*] ¶彼の知識は付け焼き刃だ.《他人の借り物》Le sue cognizioni sono prese a prestito dagli altri. /《うわべだけ》Ha solo una patina di sapere. ¶付け焼き刃はすぐ剝(⁽)げる. Se il sapere è imparaticcio, prima o poi si scopre.

つける 付ける **1**《付着・密着させる》attaccare [[(再び) riattaccare] *ql.co.*《に a, su》;《糊で》incollare *ql.co.*《に su》¶人形の首をのりで付ける riattaccare la testa di una bambola con la colla ¶ボタンが取れたから付けてくれ. Si è staccato un bottone, riattaccamelo [ricucimelo]. ¶両膝をぴたりと付けて座りなさい. Sedete con le gambe composte. ¶トランクに荷札を付けた. Ho applicato una targhetta alla valigia.

2【塗る】¶傷口に薬を付ける applicare un medicamento su una ferita ¶おしろいを付ける incipriarsi ¶《化粧》truccarsi ¶パンにバターを付けて食べる mangiare pane spalmato di burro

3【加える、添える、残す】¶サラダに塩・胡椒・オリーブオイルで味を付ける condire l'insalata con sale, pepe e olio (d'oliva) ¶漢字にふり仮名を付ける scrivere i *kana* accanto agli [[横書きの場合] sopra gli] ideogrammi (per indicare la pronuncia) ¶書類に写真を付ける aggiungere una fotografia a un documento ¶利子を付ける applicare un interesse ¶雪に足跡をつける lasciare una traccia [un'impronta] sulla neve ¶〈人〉を味方につける attirare [tirare] *qlcu.* dalla *propria* parte

4【力・知識などを】¶自信をつける《自らが》prendere coraggio / diventare disinvolto [deciso] / acquistare fiducia in *se* stesso ¶〈人〉に悪知恵をつける istigare *qlcu.* ¶もっとイタリア語の力をつけたい. Vorrei acquistare più padronanza dell'italiano. ¶彼は私に勇気をつけてくれた. Mi ha dato coraggio. ¶彼に元気をつけてやろう. Risolleviamogli il morale! / Tiriamolo su di morale! ¶手に職をつけておけば生活に困らない. Impara un mestiere, e nella vita non ti troverai male.

5【そばに置く】¶〈人〉に看護師を付ける mettere un'infermiera al servizio di *qlcu.* ¶弁護士を付ける《自分のために》farsi patrocinare da un avvocato /《人に》far difendere *qlcu.* da un avvocato ¶子供に家庭教師を付けて勉強させた. Ho fatto studiare i ragazzi in casa con un insegnante privato.

6【尾行する】seguire *qlcu.* [*ql.co.*] ¶警官は怪しい男(のあと)をつけた. Il poliziotto ha pedinato un individuo sospetto.

7【注意を向ける】¶車に気をつける fare attenzione alle macchine ¶体に気をつける riguardarsi ¶僕は警察から目をつけられている. La polizia mi tiene d'occhio.

8【記入する】¶印をつける mettere [apporre] un segno《に a, su》¶毎日、日記をつけている. Scrivo ogni giorno il mio diario. / Tengo un diario giornaliero. ¶その分の勘定は私につけておいてください. Lo metta sul mio conto, per favore.

9【「手をつける」の形で, 始める】¶仕事に手をつける mettere mano a [accingersi a fare] un lavoro ¶どこから手をつけていいかわからない. Non si sa da che parte [da dove] cominciare.

10【結果・結論を出す】¶問題にかたをつける risolvere un problema ¶〈人〉との関係にかたをつける chiudere definitivamente un rapporto con *qlcu.* ¶仕事のかたをつける sistemare [sbrigare] un lavoro ¶〈人〉と話をつける accordarsi [mettersi d'accordo] con *qlcu.* ¶ずいぶん高い値段をつけたものだ. Ma che prezzo esagerato ha chiesto! ¶子供に太郎という名をつけた. Abbiamo dato [messo] il nome di Taro al bambino.

11【電気・火などを】accendere ¶電灯を[テレビを / ガスを / タバコに火を]つける accendere la lu-

つける ce [il televisore / il gas / una sigaretta] ¶**12**【酒を温める】¶燗(奴)を１本つける riscaldare una bottiglietta di *sakè* ¶**13**【「…つける」の形で, しなれている】essere abituato [avvezzo] a+不定詞, avere l'abitudine di+不定詞 ¶ある劇場に行きつける frequentare abitualmente un teatro ¶やりつけない仕事なので時間がかかる. Mi ci vuole più tempo perché è un lavoro al quale non sono abituato.

つける 浸ける・漬ける《ひたす》immergere [intingere] *ql.co.*《に in》¶手を水につける immergere le mani nell'acqua ¶脱脂綿をアルコールにつけておく conservare il cotone idrofilo nell'alcol ¶汚れた皿を石けん水につけておく lasciare in ammollo i piatti sporchi ¶鰯(いわし)をオリーブ油につける conservare [mettere] acciughe sott'olio

つける 就ける《位・地位に》¶〈人〉を王位に即ける incoronare *qlcu.* / mettere *qlcu.* sul trono ¶〈人〉を部長に就ける nominare *qlcu.* dirigente /《昇進》promuovere *qlcu.* al grado di dirigente

つける 着ける ¶**1**《身に》¶今日はネクタイを着けて行こう. Oggi mi metterò la cravatta. ¶あの子は胸に花を着けている. La ragazza ha un fiore appuntato sul petto. ¶**2**《ある場所へ寄せる》¶船を岸に着ける portare [accostare] una nave alla riva ¶車を門に着ける fermare la macchina al cancello ¶**3**《届かせる》¶両手のひらを床に着ける toccare il pavimento con il palmo delle mani ¶**4**《座らせる》¶〈人〉を席に着ける dare [offrire] un posto a sedere a *qlcu.*

つげる 告げる《公表・発表する》annunciare a *qlcu. ql.co.* [che+直説法]; 《知らせる》informare *qlcu.* di *ql.co.*, far sapere *qlcu.* di *ql.co.* [che+直説法]; 《語る》dire *qlcu. ql.co.* [《…すように》di+不定詞 ¶別れを告げる dire [dare l'] addio (a *qlcu.*) ¶名前を告げる dire il *proprio* nome ¶終わりを告げる annunciare la fine di *ql.co.* ¶時計が12時を告げる. L'orologio suona [batte] le 12. ¶せみの声が夏の終わりを告げている. Il canto delle cicale segna la fine dell'estate.

つごう 都合 ¶**1**《事情》circostanze㊛[複]; 《便宜》convenienza㊛, comodità㊛, opportunità㊛ ◇都合のよい conveniente, comodo, favorevole, opportuno, vantaggioso ◇都合の悪い sconveniente, scomodo, inopportuno, sfavorevole, svantaggioso ◇都合よく fortunatamente, per fortuna, opportunamente ◇都合悪く sfortunatamente, purtroppo ¶もし都合がよければ se le circostanze lo permettono ¶家庭の都合で per motivi familiari [di famiglia] ¶明晩お伺いしたいのですがご都合はいかがですか. Avrei intenzione di venire a trovarla domani sera; la disturbo? ¶それは都合がよい. Così mi va benissimo. ¶君が行ってくれれば好都合だが. Sarebbe opportuno che ci andassi tu. ¶それは都合次第だ. Dipende dalle circostanze. ¶万事都合よくいった. Tutto è andato bene [liscio]. ¶都合のつき次第 alla prima occasione / non appena sarà possibile / appena possibile ¶都合のよい日を知らせてください. Mi faccia sapere il giorno che「le è conveniente [le è comodo / preferisce].

2【工面・融通】¶時間の都合がつかない non riuscire a trovare tempo ¶なんとか都合をつける. Cercherò di venirle incontro. ¶なんとか都合をつけて来てくれ. Fa' 「di tutto [il possibile] per venire. ¶金を都合してやる fornire [procurare / prestare] del denaro a *qlcu.* ¶どうしても金が都合できない. Non posso assolutamente 「disporre di denaro [procurarmi i soldi].

3【全部で】¶都合1200円になります. Il totale è 1.200 yen.

つじ 辻《十字路》crocevia㊚[無変], incrocio㊚ [複 -ci]; 《曲がり角》angolo㊚ della strada ✦辻占(?) indovino㊚ [㊛ -a] ambulante 辻説法 辻説法をする predicare per strada

つじつま 辻褄 ◇つじつまの合うcoerente, logico [㊚複 -ci] ◇つじつまの合わない incoerente, illogico [㊚複 -ci], sconclusionato, senza capo né coda ¶つじつまを合わせる《一貫性を持たせる》rendere coerente *ql.co.* (▶coerenteは目的語の性・数に合わせて語尾変化する) /《取り繕う》salvare le apparenze /《口裏を合わせる》far apparire plausibile *ql.co.* (▶plausibileは目的語の性・数に合わせて語尾変化する) / dare una parvenza di verità a *ql.co.* /《計算を合わせる》far tornare [quadrare] il conto ¶君の言うことはつじつまが合わない. Tu stai contraddicendo.

つた 蔦《植》edera㊛ ¶蔦に覆われた建物 palazzo coperto d'edera

-づたい -伝い ¶川伝いに行く andare lungo un fiume / costeggiare un fiume ¶屋根伝いに逃げる scappare sui [passando attraverso i] tetti

つたう 伝う ¶海岸沿いを伝っていく《船または自動車などが》costeggiare una spiaggia / seguire la costa《船が》navigare lungo la costa ¶縄を伝って登る arrampicarsi con l'aiuto d'una corda / salire su per una corda ¶大粒の涙が彼女の頬(ほお)を伝って落ちた. Grossi lacrimoni le scendevano lungo le gote.

つたえきく 伝え聞く ¶伝え聞くところによると彼は病気だそうだ. Stando a quanto ho sentito, (lui) dovrebbe essere ammalato.

つたえる 伝える ¶**1**《知らせる》comunicare *ql.co.* a *qlcu.* [a *qlcu.* che+直説法], far sapere *ql.co.* a *qlcu.* [a *qlcu.* che+直説法], mandare [inviare] una notizia a *qlcu.* ¶外国筋の伝えるところによると secondo le notizie delle agenzie estere di informazione ¶両親に子供が病気だと早く伝えてください. Comunicate subito ai genitori che il loro figlio è ammalato. ¶彼はファックスで私に近況を伝えてきた. Mi ha mandato sue notizie con un fax. ¶「奥様によろしくお伝えください」「はい, そう伝えます」"Mi saluti la signora." "Non mancherò di farlo / Lo farò senz'altro."

2《相続・継承させる》tramandare; 《保存する》conservare ¶伝統技術を父から子へと伝える tramandare una tecnica tradizionale di padre in figlio ¶財産を子供に伝える lasciare il patrimonio al figlio ¶名作を後世に伝える tramandare un capolavoro ai posteri ¶永遠にその名を伝える immortalare [eternare] il nome ¶この土地は先祖代々伝えられたものだ. Questo terreno è nostro da diverse generazioni.

3《導入する》introdurre ¶仏教は中国から日本に伝えられた. Il buddismo fu introdotto in Giappone dalla Cina.

4《伝導する》condurre, trasmettere ¶震動を伝える trasmettere le vibrazioni ¶アルミニウムは熱を良く伝える. L'alluminio conduce bene il calore.

つたない 拙い **1**《下手な》maldestro, malaccorto ¶つたない文章 frase maldestra ¶つたない字を書く scrivere con una [avere una] brutta scrittura **2**《至らない, 未熟な》inesperto, senza esperienza;《能力のない》inetto, incapace ¶つたない作品ですがご笑納ください.《自作を贈るときの言葉》Voglia accettare quest'opera ancora acerba.

つたわる 伝わる **1**《伝導・伝達される》¶音は真空中は伝わらない. Il suono non si trasmette [non si propaga] nel vuoto. ¶光は音より速く伝わる. La luce è più veloce del suono. ¶手紙から彼女の悲しみが伝わってきた. Con questa lettera mi ha trasmesso la sua stessa tristezza.

2《知れ渡る》¶うわさは口から口へと伝わった. La voce è passata di bocca in bocca. ¶飛行機墜落の知らせが伝わったのは夜だった. La notizia della caduta dell'aereo venne trasmessa la sera.

3《沿って移動する》¶雨が樋を伝わって流れ落ちる. La pioggia scorre giù attraverso la grondaia.

4《伝承される》¶この祭りは古くからこの地方に伝わっている. Questa festa si tramanda in questa regione sin dai tempi antichi.

5《伝来する》¶お茶は中国から日本に伝わった. Il tè fu introdotto in Giappone dalla Cina.

つち 土 **1**《土壌》suolo⓶;《地面》terra⓮ ¶土に親しむ生活をする vivere a contatto con la terra ¶土を掘る scavare la terra ¶財宝を土に埋める sotterrare [interrare] il tesoro ¶種の上に土をかける spargere della terra sopra i semi ¶この畑の土はよく肥えている. Il suolo di questo campo è fertile.

2《土地》terreno⓮ ¶初めて外国の土を踏んだ. Ho messo piede in terra straniera per la prima volta. ¶生きて故国の土を踏みたい. Desidero rivedere la mia patria prima di morire.

[慣用] 土に[と]なる ¶父はシベリアの土になった. Mio padre è morto in terra siberiana.

✤土いじり 土いじりをする《庭仕事》fare del giardinaggio /《泥遊び》giocare con la terra

つち 槌・鎚 martello⓮;《木の》maglio⓮ [複 -gli];《大槌》mazza⓮ ¶槌で打つ martellare ql.co. / dare martellate a ql.co.

つちかう 培う **1**《草木を》coltivare ¶温室で培われた花 fiori coltivati in serra

2《力・性質などを》¶才能[友情]を培う coltivare l'ingegno [l'amicizia]

つちくさい 土臭い《田舎じみた》campagnolo, 《やぼったい》grossolano, rozzo

つちぐも 土蜘蛛 《昆》migale⓮

つちくれ 土塊 zolla⓮ di terra

つちけいろ 土気色 ¶土気色の顔 volto pallido [cereo / terreo] come un cadavere

つちけむり 土煙 ¶土煙をあげる sollevare un fitto polverone / alzare un nugolo di polvere

つちぶた 土豚 《動》oritteropo⓮

つちふまず 土踏まず《解》arco⓮ [複 -chi] [volta⓮] plantare

つつ 筒 **1**《管》tubo⓮;《巻いたもの》rotolo⓮;《円筒, 気筒》cilindro⓮ ¶筒形の cilindrico [複 -ci] **2**《銃身》canna⓮ (di fucile) ¶「捧げ銃(つつ)!」《号令》"Presentat'arm!"

-つつ 1《2つの動作の同時進行》¶常に一定の距離を保ちつつ走る correre mantenendo sempre la stessa distanza ¶父は家族に見守られつつ, 息を引き取った. Mio padre è morto circondato dalla famiglia.

2《進行中の動作》¶この国の経済は発展しつつある. L'economia di questo paese è in via di sviluppo [si va sviluppando]. ¶彼の病気は回復に向かいつつある. La sua malattia si sta avviando alla guarigione. (►進行中の動作は stare＋ジェルンディオの形で表される)

3《相反する動作》¶いけないこととは知りつつもついやってしまった. Ho finito col farlo, pur sapendo che non si doveva.

つつうらうら 津津浦浦 ¶彼の名声は津々浦々に広まった. La sua fama si è sparsa「in ogni angolo del paese [dappertutto nel paese].

つっかい(ぼう) 突っ支い(棒) sostegno⓮, appoggio⓮ [複 -gi], puntello⓮ ¶垣根につっかいをする puntellare un recinto / mettere puntelli ad un recinto

つっかかる 突っ掛かる **1**《目がけて突く》¶牛は猛烈な勢いで闘牛士につっかかった. Il toro si è precipitato furiosamente contro il torero.

2《争いをしかける》¶酔っぱらいが通行人につっかかっていた. Un ubriaco ha attaccato briga con un passante. ¶何か今日はつっかかるねえ. Oggi vuoi litigare con me? ¶そんなにつっかかった物の言い方をするな. Non parlare con quel tono provocante.

つっかける 突っ掛ける ¶スリッパをつっかける infilare [infilarsi] /《履く》calzare] le pantofole

つつがなく 恙無く ¶つつがなく暮らしております. Godiamo di ottima salute. ¶つつがなくお帰りになりますよう. Che lei possa tornare sano e salvo.

つつがむし 恙虫 《昆》《acaro》tsutsugamushi⓮ [無変],《学名》Trombiculidae

✤恙虫病 febbre⓮ delle inondazioni, febbre⓮ fluviale del Giappone

つづき 続き **1** seguito⓮, continuazione⓮, proseguimento⓮ ¶前号の続き continuazione dal numero precedente ¶この話の続きはどうなるのだろう.《展開》Vorrei sapere come va avanti [《結末》come finisce] questa storia. ¶「この話の続きは次号で」"Continua (alla prossima puntata)" ¶「この記事の続きは25ページへ」"Questo articolo continua [segue] a pagina 25" ¶「34ページからの続き」"Continuazione da pagina 34"

2《名詞に付いて》¶日照り続き siccità prolungata ¶今年は雨天続きだ. Quest'anno「continua a piovere [《よく降る》 piove di continuo]. ¶去年は不運続きだった. L'anno scorso ho avuto una serie di sventure.

✤続き番号 numeri[男][複] consecutivi ¶宝くじを続き番号で買う comprare i biglietti della lotteria in serie ¶4枚続き番号の座席券をください. Mi dia 4 posti vicini.

続き部屋 stanze[女][複] intercomunicanti; 《隣同士の部屋》 stanze[女][複] attigue

つづきがら 続き柄 relazioni[女][複] familiari ¶世帯主との続柄 relazione con il capofamiglia

つっきる 突っ切る attraversare, traversare ¶道路を突っきる attraversare la strada ¶ゴールをつっきる tagliare il traguardo ¶野原を突っきる andare [passare] attraverso i campi

つつく **1** 《何度も小刻みに突く》 pungere ripetutamente e leggermente *ql.co.*; 《細くとがったもので》 stuzzicare *ql.co.* ¶針[指]でつつく pungere *ql.co.* con un ago [un dito] ¶歯をあちこちつつく 《楊枝などで》 stuzzicarsi i denti ¶〈人〉を肱(ひじ)でつつく dare una gomitata a *qlcu.* ¶皆で鍋をつつく mangiare *ql.co.* seduti intorno a un pentolone ¶藪をつついて蛇を出すな. "Non destare [svegliare] il can che dorme." (►直訳は「眠っている犬を起こすな」)

2 《鳥がついばむ》 beccare ¶鳥が餌をつついている. L'uccello sta beccando il mangime.

3 《けしかける》 incitare [spingere] *qlcu.* a＋[不定詞] [a *ql.co.*] ¶うちの子たちは親につつかれないと勉強しない. I nostri figli non studiano senza essere spronati da noi genitori.

4 《欠点などを非難する》 ¶彼はいつも人の欠点をつつく. Colpisce sempre gli altri nei punti deboli.

つづく 続く **1**【同じ状態がとぎれずに保たれる】《継続する》 continuare[自] (►人が主語のとき [*av*], 物が主語のとき [*av, es*]), proseguire[自] (►人が主語のとき [*av*], 物が主語のとき [*av, es*]), durare[自] [*av, es*]; 《進行する》 andare avanti, proseguire; procedere[自] [*es*]; 《続いて起こる》 susseguirsi ¶1か月も好天が続いている. Il tempo si mantiene bello [Continua a far bel tempo] da un mese. ¶雨が3日間も降り続いている. Sono tre giorni che piove 「di continuo [senza interruzione]. ¶戦争は5年間続いた. La guerra è durata (per) cinque anni. ¶お金が続かない trovarsi a corto di denaro ¶食べなければ体が続かない. Se non mangi a sufficienza, ti verranno a mancare le forze. ¶「第3面に[より]続く」 "Continua a [da] pagina 3" ¶3回続いて火山の噴火があった. Si sono susseguite tre esplosioni vulcaniche. ¶続いた席はありませんか. Non ci sono posti vicini [attigui / contigui]? ¶4か月続いて per quattro mesi consecutivi

2【後続する】 seguire[他], [自] [*es*], succedere[自] [*es*] 《に a》; 《論理的帰結として起こる》 conseguire[自] [*es*] 《に di》 ¶戦争の後にインフレが続いた. Alla guerra seguì l'inflazione. ¶彼も私に続いて辞職した. Dopo di me si è dimesso anche lui. ¶我に続け. Seguitemi. ¶続いて田村氏の講演です. Seguirà il discorso del signor Tamura. ¶中山に続いて加藤がゴールインした. Kato è giunto al traguardo subito dopo Nakayama.

3【通じる】 dare su *ql.co.*, proseguire [arrivare] fino a *ql.co.* ¶庭の裏はすぐ海に続いている. Il retro del giardino dà direttamente sul mare. ¶この道は国道に続いている. Questa strada conduce a quella statale. ¶その道はどこまでも続いていた. La strada proseguiva a perdita d'occhio.

つづけざま 続け様 ¶彼は続けざまにタバコを吸う. Fuma una sigaretta dopo l'altra. / È un fumatore accanito. ¶続けざまに事故が発生した. Sono capitati numerosi incidenti l'uno dopo l'altro.

つづけじ 続け字 caratteri[男][複] scritti senza staccare il pennello; 《イタリック体》 scrittura[女] corsiva

つづけて 続けて successivamente, l'uno dopo l'altro; di continuo, di seguito; 《休まず》 continuamente, ininterrottamente, consecutivamente, senza interruzione ¶昨日は12時間続けて働いた. Ieri ho lavorato 「senza sosta [ininterrottamente / di seguito] per 12 ore.

つづける 続ける continuare *ql.co.* [a＋[不定詞]], proseguire *ql.co.*; 《中断後また続ける》 riprendere *ql.co.* ¶勉学を続ける continuare gli studi ¶先生は講義を3時間続けた. Il professore ha fatto lezione per tre ore di seguito. ¶彼女は結婚後も仕事を続けるつもりでいる. Non ha intenzione di lasciare il lavoro dopo il matrimonio. ¶彼は食事が終わるとまた仕事を続けた. Terminato il pranzo, ha ripreso a lavorare.

つっけんどん 突慳貪 ◇つっけんどんな secco [男][複] *-chi*], brusco [男][複] *-schi*]; 《不親切な》 poco gentile, sgarbato ◇つっけんどんに seccamente, bruscamente; con poca gentilezza; sgarbatamente ¶質問につっけんどんに答える rispondere bruscamente [《冷たく》 freddamente] ad una domanda

つっこみ 突っ込み approfondimento[男] ¶君の論文はつっこみが不十分だ. La tua ricerca non è abbastanza approfondita. ¶演技につっこみが今ひとつ足りない. L'impegno con cui reciti la tua parte non è ancora sufficiente.

つっこむ 突っ込む **1** 《入れる》 mettere *ql.co.* 《に in》; 《ほうり込む, 深く入れる》 conficcare, ficcare *ql.co.* 《に in》 ¶ポケットに両手を突っ込む ficcarsi le mani in tasca ¶汚れ物を洗濯機に突っ込んだ. Ho ficcato [《投げ入れる》 Ho buttato] il bucato nella lavatrice.

2 《勢いよく入る, 突き進む》 introdursi [irrompere[自] (►複合時制を欠く)] con impeto 《に in》 ¶敵陣に突っ込む sfondare le linee nemiche / attaccare il campo nemico ¶ゴールに突っ込む tagliare il traguardo ¶飛行機は林の中に突っ込んだ. L'aereo si è 「ficcato [infilato] nella foresta.

3 《深く立ち入る》 intromettersi, impicciarsi, ficcare il naso ¶突っ込んだ質問をする fare una domanda difficile [penetrante / 《プライベートな》 privata] ¶突っ込んで調べる indagare [ricercare] a fondo con insistenza / fare una ricerca accurata ¶突っ込んだ話をする fare discorsi dettagliati ¶彼は何事にも首を突っ込む. Ficca il naso dappertutto. / Si impiccia di tutto.

4 《弱点などを追及する》 ¶話の矛盾点を突っ込む

rilevare [sottolineare] le contraddizioni di un discorso ¶他人に巻き込まれるようなことをしたとはありません. Non ho mai fatto niente che potesse essere criticato dagli altri.

つつさき 筒先 《管の先端》estremità㊛ di un tubo;《銃口》bocca㊛, volata㊛ ¶筒先を向ける puntare un fucile [un cannone]《に contro》

つつじ 躑躅《植》azalea㊛

つつしみ 慎み《慎重》prudenza㊛,《控えめ》ritegno㊚, riserbo㊚, discrezione㊛, pudore㊚;《謙遜》modestia㊛;《抑制》temperanza㊛, autocontrollo㊚ ◊慎みのない imprudente; indiscreto, senza ritegno ◊慎み深い riservato, discreto, pieno di discrezione; modesto

つつしむ 慎む《慎重にする》essere prudente;《控えめにする》essere discreto ¶言葉を慎む misurare le parole ¶身を慎む comportarsi con ritegno ¶今後こんなことのないように慎みます. Farò attenzione a non ripetere lo stesso errore. ¶酒[タバコ]を慎む astenersi dal bere [dal fumare] ¶暴飲暴食を慎みなさい. Devi mangiare e bere con moderazione.

つつしんで 謹んで rispettosamente, riverentemente, umilmente ¶謹んで弔意を表します. Le mie più sentite condoglianze. ¶謹んで新年のお祝いを申し上げます. I miei più rispettosi auguri di Capodanno.

つったつ 突っ立つ ¶ぼんやり突っ立っている restare impalato. ¶そんなとこに突っ立っていないで働け. Non restare [stare] lì impalato, lavora!

つつぬけ 筒抜け ¶この部屋は隣の声が筒抜けだ. La voce della stanza a fianco filtra attraverso la parete. ¶彼に話すと筒抜けだよ. Se gli confidi un segreto si può stare certi che saprà subito mezzo mondo. / È un colabrodo. ¶秘密は敵方に筒抜けだ. Il nemico conosce perfettamente i nostri segreti.

つっぱしる 突っ走る **1**《勢いよく走る》correre a grande velocità㊛ **2**《がむしゃらにやる》¶彼はつしようと思うとすぐ突っ走る. Non appena gli viene un'idea, si butta a capofitto nell'impresa.

つっぱねる 突っ撥ねる rifiutare[ricusare] decisamente [categoricamente] ¶そんな法外な要求は突っぱねるべきだ. Si deve rifiutare decisamente una richiesta così oltraggiosa.

つっぱる 突っ張る **1**《押して支える》puntellare [sostenere] ql.co.《で con》¶塀に突っ張りをする puntellare una parete **2**《筋肉などが強く張る》¶脚の筋肉が突っ張っている.（けいれん）Ho un crampo al muscolo della gamba. ¶顔が突っ張る. Mi tira la pelle del viso. **3**《意地を張り通す》insistere㊙ [av]《(e in, su, con) ¶突っ張るのもいい加減にしろ. Smettila di essere così ostinato! / Non insistere! **4**《抵抗する》opporre resistenza; resistere㊙ [av];《虚勢を張る》bluffare㊙ [av];《不良ぶる》comportarsi come teppisti ¶あの子たちは突っ張っているだけだよ. Quei ragazzini stanno solo bluffando.

つっぷす 突っ伏す ¶テーブルに突っ伏して泣き出した. Si è piegato all'improvviso [Si è accasciato] sul tavolo e ha cominciato a piangere.

つつましい 慎ましい《謙遜》modesto, umile, riservato;《質素》sobrio㊚ [㊚複 -i], parco㊚ [㊚複 -chi];《道徳的に》morigerato;《素朴な》semplice;《食事が》frugale ◊つつましく modestamente

つつましやか 慎ましやか ¶つつましやかな婦人 donna riservata [pudica] ¶彼女はいつもつつましやかにあいさつをする. Lei saluta sempre con grande modestia.

つつみ 包み pacco㊚ [複 -chi];《小さな》pacchetto㊚;《粉薬などの》bustina㊛;《包装》confezione㊛ ¶本の包み pacco di libri ¶大きな風呂敷包み gran fagotto avvolto in un *furoshiki* ¶小さな紙包み pacchettino di carta ¶包みを広げる aprire un pacco

✤**包み紙**《贈り物用》carta㊛ da regalo;《包装》carta㊛ da pacchi [da imballo / da imballaggio]

つつみ 堤 argine㊚

つつみ 鼓 *tsuzumi* ㊚[無変], piccolo tamburo a mano

つつみかくす 包み隠す nascondere, celare, tenere *ql.co.* segreto [nascosto]

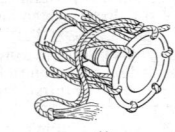
鼓

(►segreto, nascostoは目的語の性・数に合わせて語尾変化する) ¶包み隠さず話す parlare francamente [col cuore in mano / apertamente]

つつむ 包む **1**《中に入れて覆う》avvolgere *ql.co.*;《紙で》incartare *ql.co.*;《包装する》confezionare *ql.co.* ¶パンを紙で包む avvolgere il pane nella carta ¶ご贈答用にお包みいたしましょうか. Le faccio una confezione regalo?

2《取り囲む》coprire *ql.co.* [*qlcu.*] con *ql.co.* ¶彼女は黒い服に身を包んでいた. Era tutta vestita di nero. ¶頂上は雲に包まれている. La cima della montagna è coperta dalle nuvole. ¶夜霧に包まれた町 città coperta dalla [avvolta nella] nebbia

3《金品を贈る》¶彼の結婚祝いに2万円包んだ. Gli ho dato ventimila yen come regalo di matrimonio.

4《隠す》nascondere *ql.co.* ¶彼女は秘密を胸に包んだまま死んだ. È morta「conservando il segreto nel cuore [portando con sé il segreto].

つづら 葛籠 cesto㊚ [cassa㊛] di vimini [《竹製》di bambù] per abiti

つづらおり 葛折り・九十九折り ¶つづら折りの山道 sentiero (di montagna)「tortuoso [a zig zag]

つづり 綴り **1**《とじ合わせたもの》¶書類のつづり blocco di carta ¶この書類は3枚つづりになっている. Questo modulo è formato da tre fogli. **2**《文字の》ortografia㊛ ◊つづりの ortografico㊚複 -ci] ¶つづりを間違える fare errori d'ortografia

✤**つづり方**《作文》composizione㊛, tema㊚ [㊚複 -i]

つづり字《法》ortografia㊛

つづる 綴る **1**《語を》¶君の名前はどうつづるのですか. Dimmi il tuo nome lettera per lettera. **2**《文章を書く》scrivere ¶報告書[最後の章]をつづる stendere un rapporto [l'ultimo capitolo]

¶彼は少年時代の思い出をつづった. Ha scritto le memorie della sua adolescenza.
3 《ほころびを》rammendare

つづれおり つづれ織り broccato*男* (tessuto a mano); 《主に壁掛け》arazzo*男*

つて 伝 《仲介者》intermediar*io*男 [複 *-ia*]; 《推せん》raccomandazione*女*; 《縁故》conoscenze*女* [複], amicizie*女* [複], appoggi*男* [複] ¶つてを求める cercare una raccomandazione ¶友だちのつてで仕事を見つける trovare un lavoro tramite [grazie a] un amico ¶彼には有力なつてがある. Ha aderenze influenti. / Ha una forte raccomandazione.

つと 《突然》improvvisamente, all'improvviso, repentinamente ¶彼はつと席を離れて戸口の方へ行った. Improvvisamente ha lasciato il suo posto e si è diretto verso la porta.

つど 都度 ¶その都度お支払いください. Si prega di pagare di volta in volta.

つどい 集い riunione*女*

つどう 集う riunirsi, radunarsi

つとに 夙に **1** 《朝早く》al mattino [alla mattina] presto, di buon'ora **2** 《ずっと以前から》da molto [lungo] tempo, da un bel po' ¶彼はピアニストとしてつとに名を成していた. Da molti anni è famoso come pianista. **3** 《幼い時から》dall'infanzia ¶彼はつとに音楽に目覚めた. Sin dall'infanzia amava la musica.

つとまる 勤まる essere capa*ce* [in grado di] svolgere un incarico, essere adatto a *ql.co.* ¶僕にはこんな仕事は勤まらない. Non sono adatto a (svolgere) [《いやだ》Non posso sopportare] un tale lavoro.

つとめ 務め・勤め **1** 《義務》dovere*男*; 《職務》compito*男*, mansione*女* ¶務めを果たす svolgere una mansione ¶国民の当然の務めだ. È un dovere naturale per i cittadini.
2 《勤務》lavoro*男* ¶勤めをやめる lasciare un impiego / dimettersi 《の da》; 《定年退職する》andare in pensione ¶お勤めはどちらですか. Dove lavora? / Dov'è impiegato? ¶妻も毎日勤めに出ています. Anche mia moglie va al lavoro ogni giorno.
3 《勤行》rito religioso ¶朝のお勤めをする celebrare la funzione religiosa del mattino

つとめあげる 勤め上げる assolvere, adempiere ¶刑期を勤め上げる scontare una pena detentiva ¶彼は市長として4年の任期を勤め上げた. Ha completato [finito] il mandato di quattro anni come sindaco.

つとめぐち 勤め口 posto*男*, lavoro*男*; 《事務職》impieg*o男* [複 *-ghi*] ¶勤め口を探す cercare un impiego [un posto] ¶勤め口がない《人が主語》essere senza lavoro / essere disoccupato

つとめさき 勤め先 il *proprio* posto*男* di lavoro ¶勤め先に電話してください. Per favore, mi telefoni in ufficio. ¶私は去年勤め先を替えました. Ho cambiato lavoro [《会社》ditta] l'anno scorso.

つとめて 努めて sforzandosi, facendo molta attenzione ¶彼はつとめて冷静にしていた. Si sforzava [Cercava] di stare calmo.

つとめにん 勤め人 dipendente*男女*; 《事務職》impiegat*o男* [女 *-a*], stipendiat*o* [女 *-a*]; 《技能職》salariat*o男* [女 *-a*]

つとめる 努める・勉める **1** 《精を出す, 尽くす》研究に努める dedicarsi allo studio / concentrarsi nello studio ¶彼女は病人の看護によくつとめてくれている. Si dedica con impegno ad assistere l'ammalato.
2 《努力する》¶問題解決に努める impegnarsi per la risoluzione di [per risolvere] un problema ¶酒もタバコもやめようと努めた. Ho fatto tutto il possibile per smettere di bere e di fumare.

つとめる 務める ¶《人》の秘書を務める essere [fare] il segretari*o* [《女性の場合》la segretaria] di *qlcu.* / lavorare per *qlcu.* come segretari*o* ¶兵役を務める fare il servizio「militare [di leva] / adempiere gli obblighi di leva ¶仲介役を務める fare da intermediar*io* ¶オセロ役を務める interpretare il ruolo di Otello ¶彼は今度の芝居で主役を務めることになった. Ha avuto la parte del protagonista nella prossima rappresentazione.

つとめる 勤める lavorare*自* [*av*] 《に a, in, presso, per》¶この会社に20年間勤めている. Lavoro / 《事務職》Sono impiegato in questa ditta da venti anni.

つな 綱 **1** 《太い縄》corda*女*, fune*女*; cavo*男*; 《細ひも》spag*o男* [複 *-ghi*], cordicella*女*, funicella*女* ¶綱を張る tendere una fune [corda] ¶綱をたぐり寄せる tirare a sé una corda ¶綱車《工》puleggia a gola
2 《頼りとするもの》¶君は僕の頼みの綱だ. Sei la mia ultima risorsa. ¶頼みの綱が切れた. La mia ultima speranza si è infranta.

ツナ 〔英 tuna〕tonno*男* ¶ツナの缶詰 scatoletta di tonno
♣**ツナサラダ** insalata*女* con tonno
ツナサンド tramezzino*男* [〔英〕sandwich*男* [無変]] al tonno

つながり 繋がり legame*男*, vincolo*男*; relazione*女*, rapporto*男*, collegamento*男*; 《物と物の》nesso*男*, connessione*女* ¶血のつながり legami di sangue ¶彼はあの事件と何かつながりがある. Ha un certo collegamento [contatto / rapporto] con quella faccenda. ¶この語の意味は前後のつながりを見ないとわからない. Non si capisce il significato di questa parola senza vedere il contesto.

つながる 繋がる **1** 《物が結び付く》legarsi [unirsi] con [a] *ql.co.* ¶船が綱でつながっている. Le barche sono legate con [da] una corda. ¶これらの部屋はつながっている. Queste stanze sono (inter)comunicanti. ¶この道路は1キロ先で高速道路とつながっている. Questa strada si collega a [arriva a / conduce a] un'autostrada 1 km più avanti. ¶自動車がつながって走り過ぎた. Delle macchine correvano (a forte velocità) stando l'una dietro l'altra.
2 《関係する》avere un rapporto con *qlcu.* [*ql.co.*], essere in relazione con *qlcu.* [*ql.co.*], essere connesso a *qlcu.* [*ql.co.*] ¶2人は利害関係

でつながっている. Loro due sono legati da rapporti di interesse.
3《血筋が同じである》 ¶〈人〉と血がつながっている avere vincoli di parentela [di sangue] con qlcu.
4《電話が》 ¶ロンドンにつながりました. Londra è in linea. ¶この番号にはなかなかつながらない. È difficile「prendere la linea [collegarsi con questo numero].
[慣用] 首がつながる ¶危ないところで首がつながった. Sono riuscito a conservare il posto per un pelo.

つなぎ 繋ぎ **1**《間を埋めるもの》 riempitivo⒨ ¶時間つなぎに per (far) passare il tempo ¶軽い音楽を番組のつなぎに使った. Hanno usato della musica leggera「per riempire i vuoti [come riempitivo] del programma. **2**《料理で》 legante⒨ ¶ハンバーグのつなぎに卵を1個使う usare un uovo per legare (meglio) la carne dell'hamburger **3**《作業服》 tuta㊛ da lavoro
❖**つなぎ目** giuntura㊛; 《ひもの》 nodo⒨; 《機》 giunto⒨ ¶ひものつなぎ目がゆるんだ. Il nodo del laccio si è allentato.
つなぎ融資 〖金融〗 prestito⒨ d'emergenza
つなぎとめる 繋ぎ止める ¶〈人〉の心をつなぎとめる tenere legato a sé qlcu. (▶legatoは目的語の性・数に合わせて語尾変化する)
つなぐ 繋ぐ **1**《ひもでゆわえる》 legare [unire] ql.co. a ql.co. con un filo ¶犬を鎖につなぐ mettere [legare] un cane alla catena ¶馬を馬車につなぐ attaccare un cavallo al carro ¶船を岸につなぐ ormeggiare una nave lungo la costa **2**《連結する》 ¶AをBにつなぐ attaccare [legare / unire] A e B / collegare A con B / congiungere A e B ¶2本の糸をつなぐ legare [unire] due fili ¶手をつないで歩く camminare tenendosi per mano ¶冷蔵庫をコンセントにつなぐ collegare un frigorifero alla presa della corrente ¶〈人〉を獄につなぐ mettere qlcu. in prigione [carcere] ¶内線23番につないでください. Mi passi [Mi dia / Mi metta in linea] l'interno 23, per favore. ¶ロンドンにつないでください. Mi può collegare con Londra?
3《切れないように保たせる》 ¶彼は非常用食糧で命をつないだ. Lui si è salvato grazie alle provviste [scorte]. ¶彼女は息子の成功に一縷(いちる)の望みをつないでいる. La sua ultima speranza è il successo del figlio.

つなひき 綱引き 〖スポ〗 tiro⒨ alla fune ¶綱引きをする giocare al tiro alla fune
つなみ 津波 tsunami⒨ [無変], onda㊛ di maremoto
つなわたり 綱渡り **1**《軽業》 funambolismo⒨ ¶綱渡りをする camminare sulla corda / fare esercizi funambuleschi / fare giochi d'equilibrio su una corda **2**《危ない仕事・行動》 ¶綱渡りをする rischiare⒤[av] / correre un rischio / azzardare⒤[av] / fare giochi d'equilibrio / camminare sul filo del rasoio
❖**綱渡り芸人** funambolo⒨[㊛ -a], equilibrista⒨㊛[複 -i]
つね 常 **1**《普段, 平常》 ¶今日も常のように oggi come al solito ¶彼は早朝の散歩を常としている. Ha l'abitudine di [È abituato a] fare una passeggiata nelle prime ore del mattino. ¶常ならぬ彼の様子に気づいた. Ho notato qualcosa di insolito nel suo comportamento.
2《人の常として怖いものは見たがるものだ. È nella natura umana la curiosità per le cose terrificanti. ¶危ないことをしたがるのは子供の常だ. È normale che i ragazzi amino fare cose pericolose. ¶それが世の常だ. Il mondo è fatto così. **3**《平凡》 ¶彼は常の人ではない. Non è un uomo mediocre. ¶彼も世の常の人だ. Lui è come tutti gli altri. **4**《不変, 安定》 ¶常ならぬ人の命だ. La vita è mutevole.
つねづね 常々 ¶常々から考えていたのですが… È una cosa che ho sempre pensato... ¶彼は常々仕事をやめたいと言っていた. Diceva sempre di voler smettere di lavorare.

つねに 常に sempre ¶常に車に気をつけなさい. Sta' sempre attento alle macchine. ¶温度を常に一定に保つ mantenere sempre la temperatura costante ¶彼は常に冷静だ. Lui è sempre calmo.
つねる 抓る 《軽く, 冗談で》 pizzicottare, dare un pizzicotto a qlcu. ¶私は彼女に頬を[腕を]つねられた. Lei mi ha dato un pizzicotto sulla guancia [al braccio]. / Lei mi ha pizzicottato la guancia [il braccio].
つの 角 corno⒨《複 le corna》;《触角, カタツムリ・エビなどの》 antenna㊛ ¶角のある動物 animale cornuto [provvisto di corna] ¶〈人〉を角で突く colpire qlcu. con le corna / incornare qlcu. / prendere a cornate qlcu. ¶角を振り立てる alzare le corna ¶鹿の角が生える. I daini mettono le corna.
[慣用] 角突き合わせる ¶彼の妻は姑(しゅうとめ)といつも角突き合わせている. Sua moglie è sempre in disaccordo con la suocera.
角を折る ¶彼はついに角を折って私たちの提案に同意した. Alla fine ha ceduto e si è dichiarato d'accordo con la nostra proposta.
角を出す [生やす]《嫉妬する》 ingelosirsi di [per] ql.co., manifestare gelosia per qlcu. [ql.co.]
角を矯(た)めて牛を殺す《諺》"Il rimedio è peggiore del male." / "Peggio la toppa del buco."
❖**角細工** corno⒨ intagliato [lavorato], articolo⒨ [oggetto⒨] di corno
角貝 〖動〗 dentalio⒨《複 -i》
角笛 corno⒨
つのかくし 角隠し《花嫁の》 copricapo⒨ bianco《複 -chi》 della sposa
つのる 募る **1**《増加する》 aumentare⒤[es], accrescersi, crescere⒤[es];《悪化する》 aggravarsi, peggiorare⒤[es, av];《激化する》 intensificarsi ¶暑さが募る. Il caldo aumenta [si intensifica]. ¶困難が募る. Le difficoltà「si moltiplicano [crescono]. ¶不安が募る. Il mio timore aumenta [cresce]. ¶風が吹き募る. Il vento soffia sempre più「forte [intensamente]. ¶病勢が募る. La malattia peggiora [si aggrava].
2《募集する》 arruolare, reclutare, raccogliere ¶クラブの新会員を募る cercare [reclutare] nuovi soci per un club ¶寄付を募る aprire [promuovere / lanciare] una sottoscrizione ¶志願

つば 唾 《唾液》⊛; (たんも含め) sputo⊛ ¶つばが出る《人が主語で》salivare⊛ [av] ¶ケーキを見たらつばが出た. Quando ho visto la torta, mi è venuta l'acquolina in bocca. ¶つばを吐きかける sputare ⟪に su, contro⟫ ¶つばを飲み込む inghiottire la saliva / 《驚いて》deglutire a vuoto ¶彼はつばを飛ばしながらしゃべった. Ha parlato sputacchiando [lanciando spruzzi di saliva]. ¶手につばをする sputarsi sulle mani / 《意気込む》tirare su le maniche ¶天につばすればつばが身に還る. 《諺》Chi è causa del suo mal, pianga se stesso.

[慣用] **つばを付ける** ¶彼女には僕がつばを付けたんだから手を出すな. Le ho messo gli occhi addosso per primo e non si tocca.

つば 鍔・鐔 《刀の》guardia⊛ [guardamano⊛ [無変]] della spada; (つかも含めて) elsa⊛ **2** 《帽子の》falda⊛, tesa⊛; 《前のひさし》visiera⊛ ¶つばの広い帽子 cappello a tesa [a falda] larga **3** 《キノコの》anello⊛

つばき 椿 《植》camelia⊛
✤**椿油** olio⊛ [複 -*i*] di camelie

つばき 唾 →唾⊛

つばさ 翼 ala⊛ [複 le *ali*] ¶翼のある alato ¶翼を広げる spiegare [aprire] le ali ¶翼をたたむ piegare [chiudere] le ali ¶鳩は電線の上で翼を休めた. Il colombo si è riposato su un filo elettrico.

つばぜりあい 鍔迫り合い ¶…とつばぜりあいを演じる sostenere una lotta serrata [accanita] con *qlcu.* [*ql.co.*]

つばめ 燕 **1**《鳥》rondine⊛
2《年上の女に可愛がられている若い男》giovane amante⊛ (di una matura signora)

つばめちどり 燕千鳥 《鳥》pernice⊛ di mare

つぶ 粒 **1**《穀物の》chicco⊛ [複 -*chi*], granello⊛; 《ぶどうの》acino⊛; 《砂》granello⊛; 《水滴》goccia⊛ [複 -*ce*]; (かたまり、だま) grumo⊛ ¶1粒の米 un chicco di riso
2《集合の中の大きさ》¶大粒の雨が降ってきた. Cominciò a piovere a goccioloni. ¶粒のそろった卵 uova⊛ [複] della stessa grossezza [grandezza]

[慣用] **粒が揃う** ¶このチームの選手は粒がそろっている. I giocatori di questa squadra sono tutti (ugualmente) bravi.
✤**つぶあん** confettura⊛ di fagioli *azuki*

つぶさに 具に・備に **1**《詳しく》¶つぶさに調べる esaminare *ql.co.* minuziosamente **2**《もれなく》¶つぶさに辛酸をなめた. Ho sopportato ogni sorta di stenti [sofferenze / dure prove].

つぶし 潰し **1**《地金にすること》fusione⊛
2《時間などをつぶすこと》¶時間つぶしに per passare [per ammazzare] il tempo
[慣用] **つぶしがきく** ¶英語ができるとつぶしがきく. Se sai l'inglese hai più mobilità nel mondo del lavoro.
✤**つぶし値段** valore⊛ di recupero, valore⊛ di rottame ¶つぶし値段で売る《地金としての値段で》vendere *ql.co.* al prezzo del metallo non lavorato / 《捨て値で》vendere *ql.co.* come rottame

つぶす 潰す **1**《押して形をくずす、押しつぶす》schiacciare; 《押したり突いたりして》pestare; 《壊す》rompere; 《砕く》stritolare; 《すりつぶす、小さく切り刻む、ミンチにする》tritare; 《挽く》macinare; 《裏ごしにする》passare ¶砂糖の固まりをつぶす schiacciare i grumi di zucchero ¶にきびをつぶす schiacciarsi un brufolo ¶蟻⟨ぁり⟩を踏みつぶす schiacciare [pestare / calpestare] le formiche
2【壊す】distruggere; 《解体する》smontare; 《建物・乗り物などを》demolire ¶彼は事故で車をつぶしてしまった. Nell'incidente ha ridotto la macchina a un rottame. ¶彼は畑をつぶして家を建てた. Ha distrutto il campo per costruirci una casa. ¶穴をつぶす riempire un buco
3【時間をついやす】¶ひまをつぶす ammazzare il tempo ¶つまらないことで時間をつぶしてしまった. Ho sprecato tempo per cose di poco conto.
4【金属製品を溶かす】fondere; 《くず鉄にする》smantellare, ridurre in rottami ¶この金時計をつぶして指輪をこしらえたい. Voglio far fondere questo orologio d'oro e ricavarne un anello.
5【家畜などを食用に殺す】¶にわとりをつぶす tirare il collo a una gallina
6【体面・名誉を傷つける】¶僕はすっかり顔をつぶした. Ho perso la faccia. / 《醜態》Ho fatto una brutta figura.
7【破産させる】¶会社をつぶしてしまった. Ha fatto fallire la ditta. ¶商売に失敗して家をつぶした. Ha avuto un rovescio negli affari e ci ha rimesso la casa.
8【役に立たなくする】¶目をつぶす perdere la vista / diventare cieco ¶声をつぶす essere senza voce / perdere la voce ¶私は酒で声をつぶした. 《嗄⟨が⟩れた》L'alcol mi ha arrochito la voce.

つぶて 飛礫 sasso⊛ ¶紙つぶて pallottolina di carta

つぶやく 呟く mormorare⊛, ⊛ [av], sussurrare⊛, ⊛ [av], bisbigliare⊛, ⊛ [av]; 《不満を》borbottare⊛ [av] su *ql.co.* [*qlcu.*] ✤**つぶやき** mormorio⊛ [複 -*ii*], sussurro⊛, bisbiglio⊛ [複 -*gli*]

つぶより 粒選り ¶粒よりの桃 pesche di prima scelta ¶粒よりの技術者たち tecnici scelti

つぶら 円 ¶つぶらな瞳をしている. Ha「dei begli occhi rotondi [due begli occhioni tondi].

つぶる 瞑る ¶目をつぶる chiudere gli occhi / 《見て見ぬふりをする》chiudere un occhio su *ql.co.* / far finta di non vedere *ql.co.* / lasciare correre *ql.co.* / 《死ぬ》morire ¶片目をつぶる strizzare [chiudere] un occhio / 《ウインク》fare l'occhiolino ¶目をつぶったままで歩く camminare con gli occhi chiusi

つぶれる 潰れる **1**【押されて形が崩れる】¶つぶれかかった家 casa che「sta per [minaccia di] crollare ¶卵がつぶれた. Le uova si sono schiacciate [rotte].
2【体面が】¶君にそんなことをされては私の体面がつぶれてしまうよ. Se fai una cosa simile, mi farai「fare una brutta figura [perdere la faccia].
3【破産する】¶会社がつぶれた. La ditta è fallita. ¶合唱団はつぶれてしまった. Il coro si è sciolto.

4《役に立たなくなる》 ¶目がつぶれる perdere la vista ¶目のつぶれたのこぎり sega con i denti consumati ¶刃のつぶれた包丁 coltello con la lama smussata ¶酔いつぶれる prendere una sbornia solenne ¶計画がつぶれた. Il progetto è andato a monte [in fumo]. ¶日曜日は家の手伝いで1日つぶれてしまった. La domenica se n'è andata tutta ad aiutare nelle faccende di casa.
5《心が》demoralizzarsi ¶悲しみで胸がつぶれそうだ. Ero sopraffatto dal dolore.

つべこべ ◇つべこべ言う《細かなことに文句を》cavillare⓪ [av] (su *ql.co.*);《言い訳を》addurre delle scuse;《口答えする》rispondere male a (*qlcu.*), rimbeccare *qlcu.*;《不平を言う》borbottare⓪ [av] (verso [contro] *ql.co.* [*qlcu.*]), brontolare⓪ [av] (con *qlcu.*) ¶つべこべ言うな.《黙れ》Taci! / Fa' silenzio! /《文句言うな》Chiudi il becco [la bocca]! / Non brontolare! /《抵抗するな》Non fare storie!

ツベルクリン〔独 Tuberkulin〕《医》tubercolina⓪
❖**ツベルクリン検査** esame⓪ di reazione alla tubercolina ¶ツベルクリン検査の結果は陽性[陰性]だった. La prova della tubercolina è risultata positiva [negativa].
ツベルクリン反応 tubercolinoreazione⓪

つぼ 坪 *tsubo*⓳ [無変], unità⓪ di superficie pari a ca. 3,3m² 〔読み方: circa tre virgola tre metri quadrati〕

つぼ 壺 **1**《容器》vaso⓳;《オリーブ油・ワイン・豆などを入れる大きな》giara⓪;《手の付いた》brocca⓪, orcio⓳ [複 *-ci*];《古代ギリシア・ローマの》anfora⓪ ¶インク壺 calamaio ⓳ ¶壺に入れる mettere *ql.co.* in [dentro] un vaso
2《くぼんだ所》bacino di una cascata
3《灸(きゅう)・鍼(はり)・指圧の》punto⓳ terapeutico [複 *-ci*]
4《図星》¶万事こちらの思うつぼだ. Tutto è riuscito secondo i nostri desideri.
5《急所, 要点》¶この件について彼はつぼを心得ている. Lui conosce i punti chiave di questo affare. **6**《キノコの》volva⓪
慣用 **つぼを押さえる** ¶つぼを押さえれば彼には楽に勝てる. Lo puoi battere facilmente se lo attacchi nel punto giusto.

つぼにはまる (1)《見込みどおりになる》¶敵はこちらのつぼにはまった. Il nemico ha fatto il nostro gioco. (2)《要点を心得る》¶彼はつぼにはまった見方をする. Le sue osservazioni vanno diritto al nocciolo della questione.

つぼまる 窄まる《狭く小さくなる》restringersi ¶先のつぼまったズボン pantaloni a sigaretta ¶口のつぼまった瓶 bottiglia a collo stretto

つぼみ 蕾・莟 **1**《花の》bocciolo⓳ ¶つぼみをつける mettere i boccioli ¶つぼみがふくらむ[ほころびる]. I boccioli stanno crescendo [si schiudono]. **2**《まだ一人前でない年ごろ》¶彼はつぼみのうちに死んだ. La morte ha stroncato la sua vita ancora in boccio.

つぼむ 窄む **1**《花弁を閉じる》¶チューリップは夜になるとつぼむ. Il tulipano chiude i suoi petali durante la notte. **2**《つぼまる》restringersi

つぼめる 窄める ¶傘をつぼめる chiudere un ombrello ¶彼女は口をつぼめた. Ha increspato le labbra.

つぼやき 壺焼 ¶さざえのつぼ焼きをする cucinare il turbo nella sua conchiglia

つま《料》decorazione⓪ [guarnizione⓪] per *sashimi*

つま 妻 moglie⓪ [複 *-gli*], sposa⓪,《配偶者》consorte⓪, coniuge⓳ (▶稀に女性名詞としても用いる) →家系図 ¶妻をめとる[見つける] prendere [trovarsi una] moglie ¶こちらが妻です. Questa è mia moglie. ¶〈人〉を妻とする prendere in moglie *qlcu.*

つまぐる 爪繰る ¶数珠をつまぐる sgranare [《祈りの言葉を唱えながら》dire] il rosario

つまさき 爪先 punta⓪ del piede ¶つま先のとがった靴 scarpe a punta ¶つま先で歩く camminare in punta di piedi ¶つま先で立つ mettersi sulle punte di piedi [sulla punta dei piedi] ¶つま先上がりの道 lieve [leggera] salita

つまされる ¶彼の不幸を見て身につまされた. Mi sono commosso profondamente [Mi si è stretto il cuore] di fronte alle sue disgrazie.

つましい ¶つましい生活を送る condurre una vita frugale [sobria]

つまずく 躓く **1**《足が物に当たってよろける》inciampare⓪ [av], incespicare⓪ [av], fare un passo falso ¶私は石につまずいて転んだ. Sono caduto inciampando in un sasso.
2《中途で失敗する》incappare⓪ [es] ◇つまずき《失敗》errore⓳, sbaglio⓳ [複 *-gli*];《過失》passo⓪ falso ¶たった一度のつまずきが彼の人生を変えてしまった. Un solo passo falso ha cambiato tutta la sua vita. ¶彼は思わぬ問題につまずいた. È incappato in un problema imprevisto. ¶もう一歩というところで彼はつまずいてしまった. È fallito quando ormai il successo era a portata di mano. / Ha naufragato nel porto.

つまはじき 爪弾き ¶〈人〉をつまはじきにする《排斥する》escludere *qlcu.*《から da》/ evitare *qlcu.*

つまびく 爪弾く ¶ギターをつま弾く pizzicare le corde della chitarra

つまびらか 詳らか・審らか ◇つまびらかにする chiarire, individuare

つまみ 摘み・撮み **1**《つまむこと》¶一つまみの塩 un pizzico di sale **2**《引き出し・鍋ぶたなどの》pomello⓳;《ラジオなどの》manopola⓪ ¶ボリュームのつまみを回す girare la manopola del volume **3**《酒のさかな》stuzzichino⓳, spuntino⓳, piatto⓳ da spizzicare;《軽食》[英] snack⓳ [無変] ¶酒はあるがつまみがない. C'è da bere, ma nulla da spizzicare [da mangiare].

つまみあらい 摘み洗い ¶服の汚れたところをつまみ洗いする lavare solo la parte sporca [macchiata] di un vestito

つまみぐい 摘み食い ◇つまみ食いする《指先でつまんで食べる》mangiucchiare, sbocconcellare, spizzicare;《こっそり食べる》mangiare *ql.co.* di nascosto;《こっそり自分のものにする》mettersi *ql.co.* in tasca

つまみだす 摘み出す **1**《つまんで出す》togliere [levare] *ql.co.* prendendolo con due dita ¶猫

つまみ出した. Ho messo fuori il gatto prendendolo per la collottola.
2《追い出す》sbattere fuori [mandare via] *qlcu.*;《引っ張って行く》trascinare fuori *qlcu.*;《追い出す》cacciare via *qlcu.*

つまむ 摘む **1**《指先などではさみ持つ》¶布巾を指でつまむ prendere un panno fra le dita ¶米粒を箸でつまむ afferrare un chicco di riso con i bastoncini ¶鼻をつまむ stringersi il naso ¶鼻をつままれてもわからないほど暗い. È buio pesto e non si vede a un palmo dal naso.
2《取って食べる》spilluzzicare ¶オリーブをつまむ spizzicare delle olive ¶どうぞおつまみください. Si serva pure, prego.
3《かいつまむ》riassumere (per sommi capi), sintetizzare, delineare

つまようじ 爪楊枝 stuzzicadenti囲[無変], stecchino男 da denti

つまらない 詰まらない **1**《取るに足りない》insignificante, senza valore, poco importante; da poco, dappoco ¶つまらない男 uomo insignificante [da poco / mediocre] ¶つまらないものですがどうぞ. Questo è un pensierino da parte mia.
2《ばかげた》assurdo, ridicolo, stupido ¶つまらないことを言う dire sciocchezze [corbellerie / stupidaggini] ¶つまらないことにお金を使う spendere il denaro in sciocchezze
3《おもしろくない》non interessante;《単調な》monotono;《いやな》noioso;《陳腐な》banale ¶彼を美術館に連れて行ったがつまらなそうな顔をしていた. L'ho portato al museo, però non sembrava interessato. ¶つまらない仕事なのですぐに飽きた. Era un lavoro monotono, perciò mi è venuto subito a noia. ¶世の中がつまらなくなった. Questo mondo non ha più senso per me. ¶なんだかどこにでもあるつまらない絵だな. È un quadro banale che non vale niente.
4《価値がない》inutile ¶こんな近いところでタクシーに乗るのはつまらない. Non vale la pena di prendere il taxi per andare così vicino.

つまり 詰まり《結局》infine;《要するに》per farla breve, insomma;《換言すれば》cioè, in altre parole, in parole povere, in altri termini ¶君の言いたいことはつまりこうだろう. Insomma, è questo quello che vuoi dire?

つまる 詰まる **1**《いっぱい入る》riempirsi;《状態》essere pieno [stipato]《で di》¶札でいっぱい詰まった財布 portafoglio colmo di banconote ¶バスの出口に人が詰まっていて降りられない. La gente si accalca all'uscita dell'autobus ed è impossibile scendere. ¶今月いっぱいは仕事が詰まっている. Sono carico [oberato] di lavoro per tutto il mese. ¶洋服だんすに古い服がいっぱい詰まっている. L'armadio è stipato di abiti vecchi. ¶コピー機の中で紙が詰まった. Si è incastrato un foglio nella fotocopiatrice.
2《ふさがる》otturarsi, intasarsi ¶胸がつまる《感動する》commuoversi ¶下水がつまっている. Lo scarico è otturato [è intasato]. ¶風邪で鼻がつまっている. Ho il naso chiuso [tappato] per il raffreddore. ¶人いきれで息がつまりそうだ. Mi sento soffocare in questa aria viziata per la troppa gente.
3《窮する》¶彼は生活につまっているようだ. Sembra che abbia difficoltà a tirare avanti. ¶急な質問に返事につまった. Non ho saputo rispondere alla domanda improvvisa. ¶彼は金につまっている. È a corto di denaro.
4《縮む》restringersi;《短くなる》accorciarsi ¶首のつまったセーター maglione molto accollato ¶セーターを洗濯したら丈がつまってしまった. Quando l'ho lavata, questa maglia si è ristretta. ¶試験まで日がつまっている. Ci sono rimasti solo pochi giorni prima dell'esame.

つまるところ 詰まる所 insomma, in definitiva, in conclusione, dopo tutto

つみ 罪 **1**《法律上の罪》delitto男;《法律的・道徳的重罪》crimine男 ¶重い罪 delitto grave ¶人を殺人の罪に問う incriminare *qlcu.* per omicidio ¶《告発する》accusare [incolpare] *qlcu.* di omicidio ¶罪のある《有罪な》colpevole ¶《犯罪的な》criminale ¶罪を犯す commettere [perpetrare] un crimine [un delitto] ¶無実の罪に問われる essere accusato di un delitto [un crimine] non commesso ¶罪をあがなう espiare un delitto [un crimine]
2《宗教的》peccato男;《悪》male男 ¶…の罪を犯す peccare自 [*av*] di+不定詞《人》を罪よりもあがなう redimere *qlcu.* dal peccato ¶罪のない《無実・潔白な》innocente ¶罪を告白する confessare i peccati ¶主よ, 我らの罪を赦したまえ. Signore, perdonaci i nostri peccati. ¶我らが人に赦すごとく我らの罪を赦したまえ》"Rimetti a noi i nostri debiti come noi li rimettiamo ai nostri debitori."《◆「主の祈り」の一節》
3《誤り, 間違い》errore男, colpa女, sbaglio男 [複 -gli], mancanza女;《責任のあること》colpa女, responsabilità女 ¶罪のある《とがめるべき》riprensibile, riprovevole;《不道徳な》immorale ¶〈人〉に罪を着せる imputare [attribuire / addossare] a *qlcu.* la colpa [il torto] (di *ql.co.* [＋不定詞]) / incolpare *qlcu.* (di *ql.co.* [＋不定詞]) ¶罪を認める dichiararsi colpevole (di *ql.co.* [＋不定詞]) ¶罪を負う addossarsi la colpa (di *ql.co.*) ¶こんな結果になった罪は僕にある. Sono io il colpevole [il responsabile] di quanto è accaduto.
4《酷なこと》cattiveria女, crudeltà女, disumanità女 ¶〈人〉に罪なことをする comportarsi in maniera cattiva [dispettosa / crudele / disumana] verso *qlcu.* ¶2人の仲を無理に引き裂くような罪なことはやめなさい. Smettila di essere così cattivo nel vano tentativo di separarli. ¶罪だよ. È come il supplizio di Tantalo.《◆神々の食物を盗んで人間に与えたタンタロスが, 木の実や水を目の前にしながら, 口にしようとすると遠ざかってしまうので, 永遠の飢えと渇きに苦しんだというギリシア神話に由来》
5《邪気, 悪意》¶罪もない動物をいじめる maltrattare i poveri animali ¶罪のないうそをつく dire una bugia innocente [innocua / benevola] ¶罪のない冗談だから気にするな. Non prenderla sul serio, è uno scherzo senza cattiveria.

[慣用] 罪を憎んで人を憎まず odiare i delitti, ma non chi li commette

❖罪人 pecc*atore*男 [女 -*trice*]

つみ 詰み 《将棋で》 ¶あと3手で詰みだ.《対局相手に向かって》Ancora tre mosse e ti do scacco matto.

-づみ ‐積み ¶10トン積みのトラック camion男[無変] con portata [con capacità] massima di 10 tonnellate

つみあげる 積み上げる ammucchiare, ammassare, accumulare, accatastare, fare una pila di *ql.co.* ¶埠頭(とう)に船荷を積み上げる ammassare delle merci sulla banchina ¶本が山と積み上げてある. C'è una montagna di libri. ¶証拠を積み上げる accumulare prove (su prove)

つみおろし 積み降ろし car*ico*男 [複 -*chi*] e scar*ico*男 [複 -*chi*] ◇積み降ろしする caricare e scaricare *ql.co.*

つみかえる 積み替える・積み換える trasbordare *ql.co.* 《に su, AからBに da A a B》; fare il trasbordo di *ql.co.*《に su》

つみかさなる 積み重なる accumularsi, ammassarsi ¶本が机の上に積み重なっている. I libri sono accumulati [ammucchiati] sul tavolo.

つみかさねる 積み重ねる accumulare [ammucchiare] *ql.co.*, sovrapporre *ql.co.* a *ql.co.* ◇積み重ね《蓄積》accumulaz*ione*女;《積んで高くなった山》accumulo男 ¶石を積み重ねて作った塀 muro di recinzione fatto di pietre sovrapposte ¶経験の積み重ね accumulo di esperienza ¶それは彼の努力の積み重ねのおかげだ. Lo dobbiamo ai suoi sforzi incessanti.

つみき 積み木 cubi男[複] [costruzi*oni*女[複]] di legno

つみくさ 摘み草 ¶野へつみ草に行く andare nei campi a raccogliere l'erba

つみこみ 積み込み caricamento男, car*ico*男[複 -*chi*];《船に》imbar*co*男[複 -*chi*]

❖積み込み作業 operazi*one*女 di carico

積み込み値段 prezzo FOB [fob]

積み込み払い pagamento男 all'imbarco

つみこむ 積み込む 《人が主語》caricare [《船・飛行機に》imbarcare] *ql.co.*《に su》;《船・貨車などが主語》caricare *ql.co.* ¶船に荷を積み込む caricare una nave di merci / imbarcare merci su una nave

つみすぎる 積み過ぎる sovraccaricare ◇積みすぎ sovraccar*ico*男 [複 -*chi*] ¶積みすぎのトラック camion sovraccarico ¶車に荷物を積みすぎる sovraccaricare un'auto di bagagli

つみだし 積み出し spedizi*one*女 di merci;《荷を載せること》imbar*co*男 [複 -*chi*]

❖積み出し港 porto男 di spedizione [di imbarco]

積み出し人 spedizioniere男

つみだす 積み出す spedire, inviare ¶商品を船[鉄道/トラック]で積み出す spedire merci via mare [per ferrovia / su gomma]

つみたて 積み立て

❖積立金《貯蓄》risparm*io*男[複 -*i*];《予備資金》fondo男 di riserva ¶強制積立金 riserva obbligatoria

積立貯金 depos*ito*男 banc*ario*男 [複 -*i*] mensile vincolato

積立配当金 dividendi男[複] reinvestiti

つみたてる 積み立てる ¶金を積み立てる mettere del denaro da parte / risparmiare del denaro

つみつくり 罪作り ◇罪つくりな spietato, crudele, efferato ¶若い女をだますとは罪作りなことをする男だ. Chi si prende gioco delle giovani donne è un uomo malvagio [《残酷》crudele].

つみとる 摘み取る ¶悪の芽をつみとる distruggere il male sul nascere

つみに 積み荷 car*ico*男[複 -*chi*];《商品》merce女 ¶積み荷中の船 nave sotto carico ¶積み荷をおろす scaricare le merci

❖積み荷港 porto男 di carico [di imbarco]

積み荷保険 assicurazi*one*女 (marittima) sulle merci [sul carico]

積み荷目録 manifesto男 [nota女] di carico

積み荷料 spese女[複] di stivaggio

つみのこす 積み残す ◇積み残し car*ico*男 [複 -*chi*] rimasto a terra, merci女[複] non caricate ¶列車は何人もの人を積み残して出発した. Il treno è partito lasciando a terra molti passeggeri.

つみぶかい 罪深い peccaminoso

つみほろぼし 罪滅ぼし espiazi*one*女 [ammenda女] di una colpa [di un peccato] ¶罪滅ぼしをする espiare una colpa [un peccato] / riparare la *propria* colpa ¶罪滅ぼしに in espiazione

つむ 詰む **1**《すき間なく詰まる》¶目のつんだ布 stoffa a trama fitta **2**《将棋で》¶王が詰んだぞ. Scacco al re! / Ti do scaccomatto!

つむ 摘む **1**《集める》cogliere, raccogliere;《とる》togliere;《切る》tagliare;《根を抜く》sradicare ¶茶を摘む fare la raccolta del tè ¶芽を摘む staccare [《ちぎる》cogliere] germogli / 《成長してくるものをつぶす》soffocare [stroncare] *ql.co.* sul nascere / distruggere *ql.co.* in germe

つむ 積む **1**《重ね上げる》posare, porre, sovrapporre;《積み上げる》ammucchiare, accumulare ¶干し草をうず高く積む accumulare il fieno

2《積載する》caricare *ql.co.* su *ql.co.* [*ql.co.* di *ql.co.*] ¶トラックに小麦を積む作業をしているところだ. Stanno caricando「il grano sul camion [il camion di grano].

3《蓄積する, 貯える》accumulare, ammucchiare;《預金する》depositare ¶資金を積み立てる accumulare [ammucchiare] (i) fondi ¶銀行にお金を積む depositare denaro in banca ¶宝を天に積みなさい.《聖》Accumulatevi tesori nel cielo.

4《体験を重ねる》¶経験を積む acquisire [accumulare] esperienza / arricchirsi con delle esperienze ¶経験を積んで名医になった. Con l'esperienza acquisita è diventato un medico di grande valore. ¶苦労に苦労を積んで dopo tante traversie

5《代償として支払う》pagare, versare ¶50万円の保釈金を積む versare una cauzione di 500.000 yen ¶どんなに金を積まれてもこの絵は売れない. Questo quadro non posso venderlo, per nessuna cifra [per quanto denaro mi si offra].

つむぎ 紬《織》taffettà di seta

つむぐ 紡ぐ filare

つむじ 旋毛 ritrosa[女]
[慣用] **つむじを曲げる** diventare[自][es] scontroso ¶彼はすぐにつむじを曲げる. È permaloso [scorbutico].
✤つむじ風 turbine[男]; vortice[男] (di vento)
つむじ曲がり《人》persona[女] dal carattere difficile, persona[女] intrattabile [permalosa / scorbutica]; 《ひねくれ者, その精神》spirito[男] di contraddizione

つむる 瞑る chiudere

つめ 爪 **1【人の手足の】** unghia[女] ¶つめをかむ rosicchiarsi [mangiarsi] le unghie / 《くやしがる》rodersi dentro ¶つめが伸びた. Le unghie si sono allungate. ¶つめの手入れをする curarsi le unghie / 《してもらう》farsi rifare le unghie (da una manicure) / 《他人の》fare la manicure ¶つめにマニキュアをする《エナメルを塗る》mettersi lo ṣmalto alle unghie ¶つめを切る tagliarsi le unghie ¶彼のつめの垢でも煎じてお前に飲ませてやりたい. Se tu soltanto valessi la metà di quello che vale lui!
2【動物の】 unghia[女]; 《猛獣・猛禽(もうきん)の》artiglio[男][複 -gli]; 《にわとり・馬などの蹴づめ》sperone[男]; 《ひずめ》zoccolo[男] **◇つめのある** unghiato, artigliato ¶つめを立てる conficcare [affondare] le unghie ¶つめを研ぐ《猫などが》affilarsi le unghie (►「ことに当たる前に気を引き締める」「気持ちを高揚させる」という比喩的な意味もある) ¶能ある鷹は爪を隠す. 《諺》Il falco veramente abile nasconde gli artigli.
3【琴などの】 plettro[男]
4【鉤(かぎ)】 gancio[男][複 -ci], uncino[男]; 《歯止め》〔機〕nottolino[男], dente[男] di arresto
[慣用] **つめに火をともす** essere tirchio [[男]複 -chi] [taccagno / spilorcio [[男]複 -ci; [女]複 -ce]]
つめの垢ほど ¶彼にはつめの垢ほどの人間性もない. Non ha un briciolo di umanità.
つめを研ぐ ¶つめを研いで待つ spiare la preda
✤つめ切り tagliaunghie[男][無変]
つめブラシ spazzolino[男] da unghie
つめ磨き limetta[女] da [per le] unghie
つめ磨きセット arnesi[男][複] da [per] manicure

つめ 詰め **1**《将棋の》scacco matto[男], scaccomatto[男]
2《最後の段階》parte[女] finale ¶彼は詰めを誤った. Ha fallito quando era ormai vicino alla meta. ¶この論文は詰めがあまい. La concluṣione di questo saggio è debole.

-づめ -詰め **1**《詰めること》¶樽(たる)づめの酒 *sakè*[男] in barile ¶りんごを箱づめにして送る inviare [spedire] le mele in una cassa
2《勤務》¶彼は本社づめになった. È stato trasferito alla sede centrale.
3《続けること》¶一日中働きづめだった. Ho lavorato continuamente [senza sosta] tutta la giornata. ¶3時間しゃべりづめだった. Ha parlato per tre ore senza interruzione.

つめあと 爪痕 **1**《爪のあと》unghiata[女]; 《ひっかいたあと》graffio[男][複 -i], graffiatura[女] ¶爪あとが付く avere il segno di un graffio [di un'unghiata]
2《災害のあと》devastazioni[女][複] ¶台風のつめあとがまだ生々しく残っている. I danni del [Le devastazioni provocate dal] tifone sono ancora visibili.

つめあわせる 詰め合わせる ¶チョコレートの詰め合わせ assortimento di cioccolatini / cioccolatini assortiti ¶いろいろなお菓子を箱に詰め合わせる preparare una scatola di dolci assortiti

つめえり 詰め襟 〔服〕colletto[男] alto e rigido ¶詰め襟の学生服 diviṣa[女] [uniforme[女]] maschile con il colletto alto e rigido

つめかえる 詰め替える imballare [impacchettare] di nuovo *ql.co.* ¶トランクの服を詰めかえる《詰めなおす》rimettere gli abiti nella valigia ¶パイプを詰めかえる ricaricare la pipa

つめかける 詰め掛ける affollarsi, accalcarsi, stiparsi, accorrere in massa ¶店に客が大勢詰めかけた. Un gran numero di clienti si è ammassato nel negozio. ¶群衆が広場に詰めかけていた. La folla gremiva la piazza.

つめくさ 詰草 〔植〕saggina[女]

つめこみきょういく 詰め込み教育 metodo[男] educativo che privilegia l'apprendimento mnemonico

つめこむ 詰め込む riempire [imbottire] *ql.co.* 《を di》, fare il pieno di *ql.co.* ¶食べ物を腹一杯詰め込む rimpinzarsi [ingozzarsi / riempirsi] di cibo / mangiare fino a scoppiare ¶服をトランクにいっぱい詰め込む stipare [riempire completamente] una valigia di vestiti ¶彼は新しい知識をいっぱい詰め込んで帰国した. È ritornato nel suo paeṣe arricchito [imbottito] di nuove conoscenze. ¶乗客を詰め込んだ電車 treno pieno come「un uovo [una scatola di sardine]

つめしょ 詰め所 《警官の》posto[男] di polizia; 《護衛の》posto[男] di guardia; 《職員の》camera[女] per il personale

つめたい 冷たい **1【温度が低い】** freddo; 《水・空気が心地よく冷たい》fresco [[男]複 -schi]; 《氷のように》gelido; ghiacciato ¶何か冷たいものでも飲みましょう. Beviamo qualcosa di fresco. ¶手足が氷のように冷たい. Ho le mani e i piedi freddi come il ghiaccio. ¶朝の空気は肌を刺すように冷たかった. L'aria del mattino era pungente.
2【冷淡な】 freddo, indifferente; 《残酷な》crudele **◇冷たさ** freddezza[女] ¶冷たい顔 viṣo gelido ¶〈人〉に冷たい態度を示す mostrarsi freddo [indifferente] con [verso] *qlcu.* ¶冷たい人 uomo freddo ¶彼は私に冷たく当たる. Mi tratta con freddezza. ¶彼は初めは優しかったがそのうちに冷たくなった. In principio era gentile, poi si è raffreddato.
✤冷たい戦争 guerra[女] fredda

[使いわけ] **freddo と fresco**
飲み物について「冷たい」というとき, 「温めても冷やしても飲めるもの」には freddoを用いる. frescoを使うと, 「新鮮な」という意味になる.
¶冷たいコーヒー caffè freddo
¶冷たい牛乳 latte freddo
¶新鮮な牛乳 latte fresco
「ふつう冷やして飲むもの」には frescoを用い, 冷たさを強調するときは freddoを使う.
¶冷たいビール birra fresca [《よく冷えた》fred-

da]
水については, 「飲む人が爽やかに感じる, 冷たい水」という意味では frescoを用いる. 単に温度が低いことを表すには freddoを使う.
¶冷たい水を一杯飲んだ. Ho bevuto un bicchiere d'acqua fresca.
¶小麦粉に冷水を加える aggiungere acqua fredda alla farina

つめばら 詰め腹 ¶《人に詰め腹を切らせる《辞職を強制する》 costringere qlcu. a dimettersi [a dare le dimissioni]

つめもの 詰め物 **1**《詰めること, 詰めたもの》imbottitura㊛; 《歯の》otturazione㊛; 《穴の》tappo㊚ ¶ソファーに詰め物を入れる imbottire una poltrona ¶歯に詰め物をする otturare [piombare] un dente **2**《料》ripieno㊚, farcia㊛《複 -ce》¶鶏に詰め物をする farcire [riempire] un pollo / mettere del ripieno in un pollo

つめよる 詰め寄る ¶新聞記者が彼の周りに詰め寄った. I giornalisti gli si sono accalcati attorno. ¶彼ははっきりした返事をしろと私に詰め寄ってきた. Mi si è avvicinato chiedendo una risposta esplicita.

つめる 詰める **1**《満たす》riempire; 《ふさぐ》turare, otturare ¶かばんに荷物を詰める riempire una borsa di oggetti ¶じゃがいもを袋に詰める riempire una busta di patate ¶スーツケースに服をぎゅうぎゅうに詰める stipare una valigia di vestiti ¶耳に綿を詰める turarsi gli orecchi col cotone ¶菓子を箱に詰める mettere i dolcetti ben disposti [allineare i dolcetti] in una scatola ¶パイプにタバコを詰める caricare una pipa di tabacco ¶ワインを瓶に詰める versare [mettere] del vino in una bottiglia ¶虫歯を詰める otturare [piombare] un dente cariato
2《間隔を縮める》¶列を詰める serrare le file ¶文字を詰めて書く scrivere fittamente [fitto fitto] ¶座席を詰める stringersi (per fare posto) ¶行間を詰める ridurre lo spazio「interlineare [tra le righe]
3《止める》¶息をつめる trattenere il respiro [il fiato]
4《倹約する》¶生活費をつめる fare economia ¶経費をつめる ridurre le spese
5《短くする》¶スカートの丈をつめる scorciare [accorciare] una gonna
6《一心に続ける》¶根を詰める concentrarsi / impegnarsi ¶あまりつめて勉強すると体をこわすよ. Ti rovinerai la salute se studi con tanto accanimento.
7《きわめる》¶問題を詰める《会議で》esaminare un problema dettagliatamente [nei dettagli]
8《将棋で》¶王を詰める dare scaccomatto al re
9《待機する》¶警察には新聞記者が昼も夜も詰めている. Nei commissariati di polizia ci sono giornalisti in attesa giorno e notte. ¶病気の父のそばに一日中詰めていた. Sono stato tutto il giorno accanto a mio padre ammalato.
10《「…詰める」の形で》¶そんなに思い詰めるな. Non pensarci troppo. / Non devi rimuginarci sopra in quel modo. ¶彼は窮地に追い詰められた. L'hanno messo「nei guai [con le spalle al muro]. ¶煎じ詰めるとこうだ. Alla fin fine [Stringi, stringi] ecco di che cosa si tratta.

つもり 積もり **1**【意図】intenzione㊛, proposito㊚, idea㊛ ¶…する積もりである avere (l')intenzione [idea] di + 不定詞 / pensare [contare] di + 不定詞 ¶今日は東京へ行く積もりだ. Penso di andare a Tokyo oggi. ¶一体どんな積もりなんだろう. Chissà cosa diavolo intende fare! ¶そんな積もりじゃなかったんだが. Non avevo questa intenzione. / Non l'ho fatto apposta. ¶冗談の積もりで言ったんだが. L'ho detto per scherzo. ¶母は私を音楽家にする積もりだった. Mia madre voleva che diventassi musicista.
2【見積もり, 予定して準備すること】¶明日の旅行ではどのくらいお金がかかるの. Secondo te, quanto denaro ci vorrà? ¶明日試験をしますからその積もりでいて下さい. Domani ci sono gli esami, regolatevi di conseguenza.
3【そうなった気持ち】¶死んだ積もりで出直せ. Ora che non hai più nulla da perdere, bisogna ripartire da zero. ¶旅行した積もりで貯金した. Ho messo da parte il denaro facendo conto di averlo speso per un viaggio. ¶たしかここに置いた積もりなんだが. Credevo di averlo messo qui. ¶一体何様の積もりでいるんだろう. Ma chi si crede di essere?!

つもる 積もる **1**《重なって高くなる》accumularsi, ammucchiarsi ¶雪は1メートル以上も積もった. La neve ha superato il metro di altezza. ¶テーブルにほこりが積もっている. Il tavolo è coperto di polvere. ¶ちりも積もれば山となる. 《諺》"Molti pochi fanno (un) assai."
2《たくさんたまる》¶《人》に対して積もるうらみがある nutrire vecchi rancori verso qlcu. ¶友人とища る話に時間のつのを忘れた. A forza di parlare con un mio amico, non mi sono accorto del tempo che passava.

つや 通夜 《死者の》veglia㊛ funebre; 《式》cerimonia㊛ religiosa della veglia funebre ¶《人》の通夜を営む fare la veglia funebre a qlcu. / vegliare qlcu. ¶お通夜のように静かだ. Silenzio di tomba.

つや 艶 **1**《光沢》lucentezza㊛, luminosità㊛, lucidezza㊛ ¶真珠のつや splendore [lucentezza] delle perle ¶つやのある lucente / brillante / luminoso / luccicante ¶つやのある髪 capelli lucenti [brillanti] ¶つやのない lucido / smorto ¶《曇った》opaco ¶つやのない顔色 carnagione pallida / colorito pallido / faccia smorta ¶つやを消す rendere opaco ql.co. (▶opacoは目的語の性・数に合わせて語尾変化する) ¶靴を磨いてつやを出す lucidare le scarpe fino a farle brillare ¶肌につやがある avere la pelle fresca e colorita ¶つやのある声をしている avere una voce limpida [melodiosa]
2《おもしろみ, 味わい》¶つやのない non interessante; 《俗》prosaico; 《色気のない》non romantico ¶話につやをつける abbellire [colorare] una storia

つやけし 艶消し 《金属・石などの》smerigliatu-

つやだし ra㊥;〚化〛opacizzazione㊛ ◇つや消しにする smerigliare, rendere opaco ql.co.（►opacoは目的語の性・数に合わせて語尾変化する）, opacizzare ¶ガラスをつや消しにする smerigliare il vetro
❖**つや消しガラス** vetro㊚ smerigliato [ghiacciato]

つやだし 艶出し lucidatura㊛, lustratura㊛;〚機〛brillantatura㊛, satinatura㊛;《金属・石を》levigazione㊛, brunitura㊛;《紙・糸を》patinatura㊛, lisciatura㊛; つや出しする lucidare, satinare; levigare, brunire, patinare

つやっぽい 艶っぽい ¶つやっぽい目つき sguardo sensuale [《誘惑するような》seducente] ¶つやっぽい声 voce㊛ sensuale ¶つやっぽい事件 intrigo amoroso

つやつや 艶艶 ¶つやつやした黒髪 capelli neri brillanti ¶彼女の頬は風呂あがりでつやつやしていた。Dopo il bagno le sue bianche guance risplendevano.

つややか 艶やか ¶つややかな白い肌 carnagione bianca e luminosa

つゆ 梅雨 stagione㊛ delle piogge ¶どうやら梅雨に入った[梅雨が明けた]らしい。Sembra che sia arrivata [finita] la stagione delle piogge.
❖**梅雨入り[明け]** inizio㊚ [fine㊛] della stagione delle piogge

つゆ 液・汁 （ブイヨン, コンソメ, だし）brodo㊚;《米やパスタ入りの》minestra㊛ (in brodo);《スープ》zuppa㊛;《絞り汁》succo㊚ [複 -chi];《肉汁》intingolo㊚

つゆ 露 **1**《草の上にできる水滴》rugiada㊛;《多量の》guazza㊛ ¶露のしずく goccia di rugiada ¶夜露に当たる prendere la rugiada della sera / bagnarsi con la rugiada della sera ¶草に露が降りている。La rugiada si posa sull'erba. ¶彼は刑場の露と消えた。Concluse la sua vita sul patibolo.
2《はかないもの》¶明日をも知らぬ露の命だ。La vita è fuggevole come la rugiada che non conosce il domani.
3《少しも》¶そんなことはつゆ知らず senza saperne nulla ¶彼が結婚したとはつゆとも知らなかった。Ero completamente all'oscuro del suo matrimonio.
4（「つゆほど」の形でほんの少し）¶つゆほどの親切心があったら。Avesse almeno un minimo di gentilezza! ¶そのことはつゆほども知らなかった。Non ne sapevo proprio niente. ¶そのことをつゆほども疑わない。Non ne dubito minimamente [affatto].

つゆくさ 露草 〚植〛commelina㊛,《ムラサキツユクサ》miseria㊛, tradescanzia㊛

つゆはらい 露払い 《先導者, 先触れ》battistrada㊚ [無変] ¶露払いをする fare da battistrada / fare da apripista /《演芸で》esibirsi per primo in uno spettacolo (di varietà)

つよい 強い **1**《力がある》forte, potente, possente;《激しい》intenso, violento ¶強い酒（リキュール）liquore㊚ forte /《日本酒》sake㊚ forte ¶強い光 luce viva ¶強い風 vento forte [violento] ¶強いにおい odore㊚ forte [penetrante] ¶強いチーム squadra forte ¶度の強いめがね occhiali spessi [con lenti forti] ¶敵軍の強い抵抗を受ける incontrare una forte resistenza da parte dell'esercito nemico ¶私は彼女に強い印象を受けた。Ho avuto una forte [viva] impressione su di lei. ¶彼は経済界で強い力をもっている。È un personaggio molto influente nel mondo economico. ¶その事件に強い衝撃を受けた。Sono rimasto profondamente scosso da quell'incidente.
2《耐久力・持久力がある》resistente, durevole;《頑丈な》solido, robusto ¶強い糸 filo resistente [robusto] ¶強い偏見 pregiudizio inveterato [incallito] ¶この生地は強い。Questa stoffa è resistente. ¶地震に強い resistere㊥ [av] bene ai terremoti ¶強い子に育てる crescere [tirare su] un figlio forte [robusto]
3《頑健である》forte, robusto, vigoroso;《大きく力のある》poderoso ¶強い体を作る irrobustirsi il fisico / allenarsi
4《得意である》forte [bravo] (in ql.co. [nel+不定詞]) ¶彼は酒に強い。Tiene bene l'alcol. ¶彼は外国語に強い。È forte [bravo] nelle lingue straniere.
5《ものに屈しない, しっかりした》fermo, ferreo, inflessibile;《勇敢な》coraggioso, valoroso, prode ¶精神力が強い avere una grande forza spirituale ¶決心が強い essere deciso [risoluto] ¶とことんやろうという強い意志 volontà ferma [ferrea / inflessibile] di andare fino in fondo ¶彼女は芯が強い。Lei è una donna forte. ¶坊やは強いから泣かないね。Sei un bambino coraggioso, non piangere, eh?
6《厳しい》severo, rigoroso, rigido ¶強い制限 restrizione㊛ [limitazione㊛] forte ¶あの子たちにはもっと強い態度で臨むべきだ。Dovresti affrontare quei ragazzi con un atteggiamento più deciso.

つよがり 強がり bravata㊛;《英》bluff㊚ [無変];《人》spaccone㊚ [複 -a], fanfarone㊚ [-a], bravaccio㊚ [複 -ci], smargiasso㊚ ◇強がる far mostra di essere forte e coraggioso; bluffare [av] ¶強がりを言う。Non dire [fare] spaccomate! /《無理するな》Non fare il forte. ¶これは彼の単なる強がりだよ。Questa non è che una delle sue fanfaronate [bravate]. ¶弱いやつに限って強がるものだ。Le bravate le compiono proprio i tipi più deboli.

つよき 強き ¶強きをくじき弱きを助ける fustigare i forti ed aiutare i deboli

つよき 強気 **1**《積極的な強い態度》◇強気な risoluto, determinato, deciso, intraprendente;《尊大な》arrogante ¶強気に出る mostrarsi risoluto /《高圧的》arrogante /《攻撃的》aggressivo ¶強気な手を打つ prendere energiche misure ¶自信がついたから強気に出た。La fiducia in me stesso mi ha dato audacia. ¶ずいぶん強気だなあ。Che impudenza! ¶政府は強気で政策を進めている。Il Governo persegue energicamente [《勝手に》prepotentemente] la sua politica.
2〚金融〛speculazione㊛ al rialzo ¶強気に出る giocare al rialzo
❖**強気市況[相場]** mercato㊚ improntato al rialzo [dominato dal toro]
強気筋 rialzista㊚㊛ [㊚複 -i]

つよく 強く　fortemente, possentemente, intensamente;《活力があって》vivamente;《激しく》violentemente　¶強くする　irrobustire [rendere vigoroso (►vigoroso は目的語の性・数に合わせて語尾変化する)] ql.co. ¶強くなる　diventare robusto [vigoroso] ¶強く打つ　battere forte ¶風が強くなった。Il vento si è fatto impetuoso. ¶風が強く吹いている。Il vento soffia forte [violento]. ¶ラケットをもう少し強く握ったほうがいい。Sarebbe bene che tu impugnassi la racchetta un po' più saldamente.

つよさ 強さ　forza⊛, potenza⊛, energia⊛ [複 -gie], intensità⊛;《活力》vigore⊛;《固さ》solidità⊛;《抵抗力》resistenza⊛;《電・音響》intensità⊛;《機》resistenza⊛ ¶力の《精神力の》強さ　forza fisica [d'animo] ¶プロの強さをまざまざと見せつけた。Ha chiaramente mostrato la sua (eccellente) abilità di professionista. ¶気の強さ　forza caratteriale / carattere forte

つよび 強火　◇強火で　a fuoco vivo, a fiamma alta　¶強火で煮る[焼く]　cuocere ql.co. a fuoco vivo

つよまる 強まる　intensificarsi, diventare forte [《強靭になる》robusto /《抵抗力・耐久力が》resistente] ¶嵐が強まってきた。La tempesta sta aumentando di intensità. ¶不信感が強まる。La sfiducia cresce.

つよみ 強み《長所》punto forte, 《利点》vantaggio⊛ [複 -gi] ¶この国の強みは地下資源に恵まれていることだ。La potenza [《利点》Il vantaggio] di questo paese sta nella ricchezza delle sue risorse minerarie.

つよめる 強める　rafforzare, rinforzare, rendere più forte ql.co. (►forte は目的語の性・数に合わせて語尾変化する), rinvigorire, irrobustire;《力を与える、強化する》fortificare;《強調》accentuare　¶ガスの火を強める　alzare il gas [la fiamma del gas] ¶語気を強める　alzare il tono [la voce] ¶言論の統制を強める　aumentare [rendere più severe] le restrizioni alla libertà di parola　¶自信を強める　rafforzare la fiducia in se stesso ¶管理を強める　intensificare [rendere più severo] il controllo

つら 面《顔》faccia⊛ [複 -ce] ¶お前はどの面下げて彼にそんなことを頼めるんだ。Come osi avere la faccia tosta di chiedergli una cosa simile?
2《顔》faccia⊛ [複 -ce]

-づら -面　**1**《顔つき》¶馬づら　faccia da cavallo ¶紳士づらをする　atteggiarsi a gentiluomo ¶あの店員は主人づらをしている。Quel commesso si comporta come se fosse il padrone.
2《表面》¶帳面づらでは勘定は黒字だ。All'apparenza il bilancio sembra essere in attivo.

つらあて 面当て　frecciata⊛, insinuazione⊛ pungente e maliziosa　◇面当てを言う　fare allusioni ironiche, fare osservazioni allusive, lanciare [dare] una frecciata a qlcu. ¶彼は私への面当てに息子の悪口を言った。Ha parlato male di mio figlio per farmi dispetto.

つらい 辛い　**1**《堪えがたい、難儀な》duro, penoso, doloroso　◇つらさ　pena⊛, dolore⊛, strazio⊛;《苦々しさ》amarezza⊛;《悲しさ》tristezza⊛　¶つらい立場にある　trovarsi [essere] in una situazione difficile /《上からも下からもたたかれて》trovarsi fra l'incudine e il martello ¶つらい目に遭う　fare un'amara esperienza /《ひどい目に》passare un brutto「momento [quarto d'ora] ¶お別れするのはつらい。È doloroso [penoso] dovermi separare da te. ¶つらくてとても聞いていられなかった。Non potevo ascoltare per la pena. ¶この世はつらいことばかりだ。Questo mondo è spietato. ¶生きることのつらさ　la pena di vivere
2《冷酷な》¶あの姑(しゅうとめ)は嫁につらく当たる。Quella suocera è molto dura con la nuora. ¶こんなつらい仕打ちを受けては黙っていられない。Quando mi trattano così male, non posso non reagire!

-づらい -辛い　¶彼の字は読みづらい。La sua scrittura si legge a fatica. / Si stenta a leggere la sua scrittura. ¶彼には本当のことを言いづらい。È difficile dirgli la verità.

つらがまえ 面構え　aspetto⊛, cera⊛ ¶厚かましい面構えをしている　avere una faccia di bronzo

つらだましい 面魂　¶大胆不敵な面魂の男　uomo dalla faccia impavida

つらつら 熟　¶過去のことをつらつら考えるに　rimuginando il passato

つらなる 連なる　**1**《連続する》mettersi in fila, schierarsi;《つぎつぎと起こる、連続して存在する》susseguirsi ¶1列に連なる　allinearsi [mettersi] su una fila ¶地平線に山なみが連なっている。Le montagne si susseguono all'orizzonte.
2《列席する、加わる》assistere⊛ [av] a ql.co., presenziare⊛ [av] [partecipare⊛ [av] / prendere parte] a ql.co. ¶彼は医師会の末席に連なっている。È uno dei membri dell'associazione medica.

つらぬく 貫く　**1**《貫通する》attraversare ql.co., passare attraverso ql.co.;《穴をあけて》trapassare ql.co.;《剣などで》trafiggere ql.co. ¶隅田川は東京を貫いて流れている。Il fiume Sumida attraversa Tokyo. ¶悲鳴が闇(やみ)を貫いた。Un grido straziante ha trafitto il buio.
2《やり抜く》¶目的を貫く　raggiungere lo scopo / realizzare un progetto

つらねる 連ねる　**1**《1列に並べる》¶列を連ねて行進する　marciare⊛ [av] [procedere⊛ [es]] in colonna
2《並べたてる》¶美辞麗句を連ねて《人》の機嫌をとろうとする　cercare di piacere a qlcu. con ogni sorta di「belle parole [parole ricercate]
3《一員として加えさせる》¶創立者の中に彼も名を連ねている。Il suo nome è sulla lista dei soci fondatori.
4《引き連れる》¶供を連ねる　essere accompagnato da tanti seguaci

つらのかわ 面の皮　¶いい面の皮だ。《第三者を話題にして》Ben gli sta! / Se l'è meritata! /《相手に》L'hai voluta tu! /《自分に対して》Che figuraccia ho fatto!
|慣用| 面の皮が厚い　essere sfacciato [sfrontato / impudente], avere la faccia tosta
面の皮を剝(む)く《正体を暴く》smascherare qlcu. ¶あいつの面の皮ははいでやる。Gli farò「perdere la faccia davanti a tutti [fare una brutta figu-

つらよごし 面汚し onta⼥, vergogna⼥, disonore男 ¶あいつは一家の面汚しだ. Lui è la vergogna [ha macchiato l'onore / ha macchiato il buon nome] della nostra famiglia.

つらら 氷柱 stalattite⼥ di ghiaccio, ghiacciolo男 ¶軒からつららが下がっている. Dalle grondaie pendono dei ghiaccioli.

つられる 釣られる **1**《誘惑される》¶つられて…する lasciarsi indurre a +不定詞 ¶甘い言葉につられて入会してしまった. Attirato dalle belle promesse mi sono iscritto a quell'associazione.
2《影響されて》¶彼につられて私もにっこりした. Mi ha contagiato con il suo riso.

つり 釣り **1**《魚つり》pesca⼥ ◇釣りをする pescare ¶《ますを》釣りに行く andare a pescare (le trote) / andare a pesca (di trote)
2《釣り銭》resto男 ¶釣りを受け取る [出す] prendere [dare] il resto ¶200円のお釣りでございます. Il resto è di 200 yen. ¶お釣りはいりません. Tenga pure il resto.
✤釣り糸 filo男 per lenza
釣り餌 esca⼥
釣り具 arnesi男[複] [attrezzatura⼥] da pesca [per pescare]
釣り竿 canna⼥ da pesca
釣り師[人] pesca*tore*男 [-*trice*]
釣り針 amo男 ¶釣り針に餌を付ける infilare l'esca all'amo ¶釣り針に掛かる《魚が主語》abboccare all'amo
釣り船 barca⼥ da pesca [per pescare]
釣り堀 viva*io*男 [複 -*i*] (aperto al pubblico), peschiera⼥

つりあい 釣り合い 《平衡》equilibr*io*男 [複 -*i*]; 《経》bilanc*ia*⼥ [複 -*ce*]; 《均整》simmetria⼥; 《調和》armonia⼥, accordo男; 《割合》proporzione⼥; 《対〜》uguaglianza⼥, parità⼥ ◇釣り合いをとる equilibrare [controbilanciare] *ql.co.* (con *ql.co.*) ◇釣り合いのとれた (ben) equilibrato; (ben) bilanciato; simmetr*ico*男 [複 -*ci*]; armonioso; (ben) proporzionato ◇釣り合いの悪い mal equilibrato / mal bilanciato / asimmetr*ico*男 [複 -*ci*] / sproporzionato ¶釣り合いを失う perdere l'equilibrio ¶この国は輸入と輸出の釣り合いがとれている. Questo paese ha la bilancia commerciale in pareggio.

つりあう 釣り合う **1**《程度などが同じである》equilibrarsi, bilanciarsi; 《状態》essere in equilibrio ¶損得が釣り合う. Utili e perdite si compensano [si bilanciano].
2《似合う, 調和する》armonizzarsi con *ql.co.* [*qlcs.*], sposarsi con *ql.co.*; 《状態》essere in armonia con *ql.co.* [*qlcs.*] ¶釣り合わない夫婦 coppia mal assortita ¶この部屋にはモダンな家具は釣り合わない. I mobili moderni [non si armonizzano con [non stanno bene in] questa stanza.

つりあげる 吊り上げる・釣り上げる
1《つって上げる》¶ピアノをクレーンで4階へつり上げた. Hanno sollevato il pianoforte fino al terzo piano con la gru. ¶大きな鯛を釣り上げた. Ho preso [tirato a riva] una grossa orata. ¶まゆ [目]をつりあげる《怒る》arrabbiarsi / infuriarsi ¶彼は目をつりあげて怒った. Aveva gli occhi di fuoco per la rabbia.
2《相場や物価を高くする》¶物価を釣り上げる aumentare [alzare] i prezzi

ツリウム [英 thulium]《化》tulio男; 《元素記号》Tm

つりおとす 釣り落とす ¶魚を釣り落とす non riuscire a tirare a riva un pesce ¶釣り落とした魚は大きい. 《諺》L'occasione mancata era davvero unica.

つりかご 吊籠《つるすかご》cesto [cestino男] sospeso; 《気球などの》navicella⼥

つりかご 釣籠《魚籠》cestino男 per la pesca

つりがね 釣り鐘 campana⼥
✤釣り鐘草《植》campanula⼥, campanella⼥
釣り鐘堂 campanile男
釣り鐘虫《昆》vorticella⼥

つりかわ 吊り革 maniglia⼥ sospesa [《輪状の》ad anello] ¶吊り革につかまる tenersi a una maniglia sospesa

つりこうこく 吊り広告 manifesto男 pubblicitar*io* [複 -*i*] appeso nei treni [《バスの》negli autobus]

つりこむ 釣り込む attirare *qlcu.*; 《巻き込む》coinvolgere *qlcu.* ¶おもしろい話につりこまれる lasciarsi [farsi] trascinare [prendere] da una interessante conversazione ¶甘い言葉につりこまれて allettato [dalle suadenti parole [con belle promesse]

つりさがる 吊り下がる ¶ランプが天井から吊り下がっていた. La lampada pendeva dal [era appesa al] soffitto.

つりさげる 吊り下げる sospendere, appendere

つりせん 釣り銭 resto男 ¶釣り銭のいらぬように小銭を用意する preparare gli spiccioli per non avere il resto

つりだい 釣り台 barella⼥, portantina⼥

つりだな 吊り棚《天井からつるした棚》mensola⼥ sospesa al soffitto, 《壁に取り付けた棚》mensola⼥ a muro; 《床の間のわきの棚》mensola⼥ che si trova nel *tokonoma*

つりてんじょう 吊り天井 soffitto男 sospeso

つりばし 吊り橋 ponte男 sospeso

つりめ 吊り目 ¶つり目の女 donna dall'occhio a mandorla / donna dagli occhi allungati

つりわ 吊輪《スポ》anelli男[複]

つる 弦 corda⼥ ¶弓に弦を張る mettere la corda ad un arco

つる 鉉《鍋・やかんの》manico男 [複 -*ci*, -*chi*]

つる 蔓 《植物の》sarmento男, tralc*io*男 [複 -*i*]; 《巻きひげ》vitic*cio*男 [複 -*ci*], cirro男
2《めがねの》stanghette⼥[複]
✤蔓植物 pianta⼥ rampicante

つる 鶴《鳥》gru男[無変]
[慣用] 鶴の一声 parola decisiva ¶首相の鶴の一声で問題は解決した. L'intervento autoritario del Primo Ministro ha risolto [chiarito] la questione.

つる 吊る **1**《上から下げる》appendere, sospendere ¶カーテンをつる attacca-

re [mettere] una tenda ¶棚をつる attaccare una mensola ¶腕をつっている avere un braccio al collo ¶首をつって死んだ. Si è impiccato.
2《渡し架ける》 ¶橋を吊る costruire [gettare] un ponte
3《引っ張られて縮む》 ¶縫い目がつっている.《布地の》Si è tirato il filo. /《傷口の》Mi tira la ferita. ¶足の筋がつった. Ho avuto uno stiramento [una contrazione] muscolare alla gamba.

つる 釣る **1**《魚を》pescare ¶魚を釣る pescare (con la lenza) ¶ここはあまり釣れない. In questo posto non si pesca bene.
2《だます, 誘惑する》 ¶甘い言葉で〈人〉を釣る sedurre *qlcu.* con dolci parole [parole suadenti] ¶広告に釣られて買ってしまった. Mi sono fatto trascinare dalla pubblicità e ho finito col comprarlo.

つるぎ 剣 《片刃・両刃の》spada[女];《片刃の》sciabola[女] ¶『剣の舞い』(ハチャトゥリアン) "Danza delle spade" (Khačaturjan) ¶ダモクレスの剣 spada di Damocle

つるくさ 蔓草 〔植〕《地面をはう》pianta[女] strisciante sul terreno;《壁などをはい上がる》(pianta[女]) rampicante[男]

つるし 吊るし 《既製服》vestito[男] [abito[男]] confezionato

つるしあげる 吊るし上げる **1**《つり上げる》sospendere *ql.co.* in alto, sollevare *ql.co.*
2《質問で責める》incalzare [tempestare] in massa *qlcu.* di domande;《非難》rimproverare [criticare] in massa *qlcu.* severamente ¶つるし上げにあう essere interrogat*o* da molti con domande incalzanti

つるす 吊るす appendere *ql.co.* ¶天井からつるしてある essere appes*o* al soffitto ¶洗濯物は風通しのいい所につるしておけばすぐ乾く. I panni si asciugano subito se si stendono dove c'è vento.

つるっ ⇒つるり

つるつる **1**《そばなどを食べる様子》 ¶そばをつるつるとすする mangiare *soba* risucchiando rumorosamente **2**《表面が滑らかな様子》 **◇つるつるした**《滑りやすい》scivoloso;《滑らかな》liscio [[男]複 *-sci*; [女]複 *-sce*];《光沢のある》lucido, patinato ¶つるつるの路面 fondo stradale scivoloso ¶つるつるした革[肌] pelle liscia ¶つるつるの紙 carta patinata ¶つるつるに禿(は)げている. È calvo come una palla da biliardo.

つるはし 鶴嘴 piccone[男]

つるべ 釣瓶 secchia[女] da pozzo
✤つるべ打ち ¶つるべ打ちにする[される] tirare [ricevere] una scarica di colpi d'arma da fuoco
つるべ落とし ¶秋の日はつるべ落とし. Il sole autunnale tramonta rapidamente.

つるむ **1**《交尾する》accoppiarsi
2《群れる》 ¶あいつらはいつもつるんで悪いことばかり考えている. Quelli lì stanno sempre in gruppo a dar fastidio alla gente.

つるり ¶つるりと滑って転んだ. Di colpo è scivolato ed è caduto. ¶魚が指の間をつるりと抜け落ちた. Il pesce mi è scivolato [è sgusciato] fra le dita ed è caduto.

つれ 連れ compagn*o*[男] [[女] *-a*] ¶あの人は我々の連れです. È uno dei nostri. / È un nostro compagno.

ツレ 《能の》il terzo ruolo[男] del teatro *nō* ⇒能 [日本事情]

-づれ -連れ ¶5人づれ gruppo [gruppetto] di cinque ¶2人づれで行く andare in due [in coppia] ¶公園は若い2人づれでいっぱいだ.《アベック》Il giardino è pieno di giovani coppie [coppiette].

つれあい 連れ合い coniuge[男] [女], consorte[男] [女];《夫》marito[男];《妻》moglie[女]

つれこ 連れ子 figliastr*o*[男] [[女] *-a*]; fi*glio*[男] [[女] *-glia*; [男]複 *-gli*] nato da un matrimonio precedente

つれこむ 連れ込む portare *qlcu.* 《に a, in》;《無理に, だまして》trascinare *qlcu.* 《に a, in》 ¶女を家[ホテル]に連れ込む portare una donna a casa [in albergo]

つれさる 連れ去る portare via *qlcu.*

つれそう 連れ添う sposarsi con *qlcu.*, sposare *qlcu.* ¶彼は30年連れ添った妻に先立たれた. Ha perso la moglie con la quale「era sposato da [ha vissuto per] 30 anni.

つれだす 連れ出す condurre [portare] via *qlcu.*, portare fuori *qlcu.* ¶散歩に連れ出す portare fuori *qlcu.* per una passeggiata / andare a passeggio con *qlcu.* ¶うまいことを言って女を店から連れ出した. Ho trascinato fuori dal locale la donna convincendola con belle parole.

つれだつ 連れ立つ ¶連れ立って行く andare「in compagnia di *qlcu.* [insieme con *qlcu.*] ¶山田と連れ立ってスキーに行った. Sono andato a sciare con Yamada.

つれづれ 徒然 ¶つれづれなるままに per far passare il tempo / per ammazzare la noia

-つれて 《「…につれて」の形で, …に従って》via via che+[直説法],「a mano a mano [man mano] che+[直説法] ¶時[月日]が経つにつれて con il passar del tempo / con il trascorrere del tempo / con il tempo / coll'andare del tempo ¶年を取るにつれて父は愚痴っぽくなってきた. Mio padre, invecchiando [man mano che gli anni passano] diventa brontolone. ¶暗くなるにつれて星が見えてくる. Più si fa buio, più stelle si vedono.

つれていく 連れて行く portare ¶今晩友だちをディスコに連れて行く. Stasera porto i miei amici in discoteca.

つれない ¶つれない男 uomo senza cuore / uomo spietato [crudele] ¶つれないことを言う dire cose crudeli ¶〈人〉につれなくする essere spietat*o* con *qlcu.* / trattare *qlcu.* freddamente [duramente]

つれもどす 連れ戻す ricondurre [riportare] *qlcu.* (indietro) 《に a, in》 ¶家に連れ戻される essere riportat*o* [ricondott*o*] a casa

つれる 連れる accompagnare [portare / condurre] *qlcu.* ¶犬を散歩に連れて行ってくれ. Per favore, porta il cane a fare una passeggiata. ¶父に連れられて親戚の家に行った. Sono andato a casa di un parente con mio padre. ¶子供を病院に連れて行った. Ho portato [accompagnato] il bambino all'ospedale.

つわもの 兵 **1**《戦士》guerriero男;《古つわもの》veterano男

2《強い男》uomo男《複 *uomini*》prode [ardimentoso];《優秀な人》persona女 in gamba

つわり 悪阻 〖医〗nausea女 (delle donne in stato di gravidanza), vomito男 gravidico ¶今彼女はつわりなんだ. In questo periodo「ha le [soffre di] nausee.

つんけん ◇つんけんした scorbutico〖男複 -*ci*〗di cattivo umore ¶彼女はいつもつんけんしている. È sempre scorbutica.

つんざく 劈く ¶耳をつんざくような悲鳴 urlo lacerante ¶耳をつんざくような雷鳴 assordante rombo di tuono

つんつるてん ¶去年のズボンはもうつんつるてんだ. I pantaloni dell'anno scorso ormai sono troppo corti.

つんつん ¶つんつんしている《不機嫌》essere「di cattivo umore [imbronciato]

つんと 1《とがった》¶つんとした鼻 naso aguzzo

2《取り澄ました》¶つんとする avere un atteggiamento scostante [sdegnoso / arrogante / altezzoso] / darsi delle arie ¶彼はつんと澄ましている.《冷淡》Sta sulle sue. / Fa il sostenuto. /《お高い》È arrogante [altero].

3《刺激的ににおう様子》¶つんとくるにおい odore pungente [acre]

ツンドラ〔ロ tundra〕tundra女

つんのめる ¶背中を押されてつんのめった. Per una spinta alla schiena stavo per inciampare.

て

て 手 **1**【人間の手】《手首から先》man*o*㊛[複 *-i*]；《腕》braccio㊚[複 le *braccia*] ⇀体 [図版] ¶右[左]手 mano destra [sinistra] /《腕》braccio㊚ destro [sinistro] ¶手のひら[甲] palmo [dorso] della mano ¶手の届くところに a portata di mano ¶手をポケットに入れて con le mani in tasca ¶手から手へ渡す passare *ql.co.* di mano in mano ¶手でつかんで食べる mangiare *ql.co.* con le mani ¶手を上げる[下ろす] alzare [abbassare] la mano ¶首の後ろで手を組む mettersi le mani dietro alla testa ¶手をたたく battere le mani /《称賛する》applaudire / fare un applauṣo ¶手をついて謝る chiedere perdono a *qlcu.* inchinandosi fino a terra ¶手を差し出す tendere una mano a *qlcu.* ¶手をつないで散歩する passeggiare「tenendosi per mano [con la mano nella mano] ¶手に取って見る prendere in mano per guardare ¶手を振ってさよならと言った. Disse “Ciao” salutando con la mano. ¶「展示品に手を触れないでください」《掲示》“Non toccare gli oggetti esposti.” ¶手を挙げろ. Mani in alto! ¶盲人の手を取って部屋の外に連れ出した. Ho preso per (la) mano un cieco e l'ho condotto fuori della stanza. ¶「このくらいの大きさだ」と手を広げて見せた. “È di questa grandezza” ha detto mostrandomi la miṣura con le braccia. ¶この彫刻はミケランジェロの手になるものだ. Questa scultura è opera di Michelangelo. ¶その絵はついに彼の手に渡った. Alla fine il quadro è entrato in suo possesso.

2【動物の前足】 zampa㊛[gamba㊛] anteriore ¶《犬に》お手. Qua la zampa! ¶おたまじゃくしに手が出てきた. I girini hanno cominciato a mettere fuori le zampine.

3【器物の取っ手】 manic*o*㊚[複 *-ci, -chi*]；maniglia㊛ ¶鍋の手を持って運ぶ. portare la pentola per i manici

4【働き手】 manodopera㊛, mano㊛ d'opera; 《集合的》personale㊚ ¶手が足りない. a corto di mano d'opera / personale insufficiente ¶私の店は手が足りなくて困っている. Il mio negozio è in difficoltà perché è a corto di manodopera. ¶うちの者だけでは手が足りない. In famiglia le braccia non bastano. ¶今のところ手が足りている. Attualmente il personale è sufficiente. ¶この仕事をもっと早く終わらせるには, 手があと3人要る. Per portare a termine questo lavoro più rapidamente ci vorrebbero altre sei mani.

5【手段】 mezzo㊚;《計略》truc*co*㊚[複 *-chi*]；《作戦》stratagemm*a*㊚[複 *-i*]；《やり方》modo㊚, maniera㊛, metodo㊚ ¶彼は汚い手を使って勝った. Ha vinto uṣando [con] mezzi diṣonesti. / Ha vinto in modo diṣonesto [sporco]. ¶別の手でいったほうがいい. È meglio adoperare [uṣare] un altro sistema. ¶逃げるより手がない. Non abbiamo altra via che la fuga. ¶もはや彼は打つ手がない. Non c'è nulla da fare per lui! ¶うまい[まずい]手を打った. Ho fatto una mossa accorta [ṣventata]. ¶情勢は深刻で手の施しようがない. La situazione è così grave che non c'è più rimedio. ¶それがやつの手だ. È il suo solito modo di fare. ¶今度はその手は食わないぞ. Questa volta non ci casco! ¶スパゲッティならお手のものだ. Gli spaghetti sono la mia specialità.

6【手札】 man*o*㊛[複 *-i*] ¶今回はいい手がきた. 《トランプなどで》In questo giro ho una buona mano.

7【筆跡】 calligrafia㊛, scrittura㊛ ¶女の手の手紙 una lettera con la calligrafia femminile ¶間違いなくこの手紙は息子の手のものだ. Senza dubbio questa lettera l'ha scritta mio figlio.

8【種類】 ¶この手のものは品切れです. Questo genere di articolo è eṣaurito. ¶この手の本はもうあきた. Sono stufo di questo tipo di libri.

9【方向, 方面】 ¶橋の右手に a destra del ponte ¶駅の裏手に dietro la stazione ¶行く手をさえぎる impedire la strada a *qlcu.*

[慣用] **手が空く** avere le mani libere (con le mani in mano) ¶手が空いている人は手伝ってください. Chi non ha nulla da fare dia una mano.

手が後ろに回る ¶そんなことをすると手が後ろに回るぞ. Se farai così, finirai in manette.

手が[の]掛かる ¶手の掛かる子 bambino difficile (da trattare) ¶相変わらずこの子には手が掛かる. Questo è un bambino a cui biṣogna stare sempre dietro. ¶この仕事はあまり手が掛からない. È un lavoro che non richiede molto impegno.

手が切れる (1)《関係がなくなる》 ¶どうにかあの女と手が切れた. Infine sono riuscito a rompere con quella donna. (2)《紙幣などの真新しい様子》 ¶手が[の]切れるような新札 banconota nuova di zecca

手が付けられない ¶息子は乱暴で手が付けられない. Mio figlio è così insolente e impulsivo che non so come trattarlo.

手が届く (1)《手で触れる》 ¶手が届かない. È fuori della mia portata. / Non ci arrivo. (2)《能力の範囲内である》 ¶こんな高価な毛皮には手が届かない. Una pelliccia così costosa non è alla mia portata. ¶彼は私たちの手が届かない偉い人になってしまった. È diventato un personaggio inavvicinabile per noi. (3)《世話が行き届く》 ¶彼女はかゆいところに手が届くように病人の世話をした. Ha assistito il paziente con molta dedizione. (4)《ある年齢になる》 ¶彼は70歳に手が届く. Ha raggiunto quaṣi settant'anni d'età.

手が入る (1)《捜査・逮捕が行われる》 ¶ナイトクラブに警察の手が入った. Il night club è stato perquiṣito [viṣitato] dalla polizia. (2)《修正の筆が

加わる》 ¶この自叙伝には編集者の手が入っている. In quest'autobiografia c'è la mano del redattore.

手が離せない ¶今仕事の手が離せない. Non posso interrompere il lavoro ora.

手が離れる ¶子供もやっと手が離れた. Ora i miei figli se la sbrigano [se la cavano] da soli. / Ora i miei figli sono indipendenti.

手が早い (1)《物事の処理が敏速である》 ¶母は手が早くてセーターを2日で編み上げる. Mia madre ha la mano così veloce da fare una maglia in due giorni. (2)《すぐ女性に手を出す》 ¶なんて手の早いやつだ. Come è svelto con le donne! (3)《けんか早い》 essere litigios*o* [pront*o* a menar le mani]

手がふさがる ¶手がふさがっている《人が主語》 essere occupat*o* [tutt*o* pres*o* (da un lavoro)]

手が回る (1)《十分に注意が行き届く》 ¶私にはそんな細かいところまで手が回りません. Non ho tempo per stare dietro a dettagli del genere. (2)《警察の手配が》 ¶山間の僻村(へきそん)にまで警察の手が回っている. La polizia ha teso la sua rete fino ai piccolissimi villaggi di montagna.

手に汗を握る ¶手に汗を握って曲芸を見守った. Fissavo gli acrobati trattenendo il fiato e con le mani sudate. ¶手に汗を握るような瞬間 momento palpitante ¶手に汗を握る好レースだった. È stata una gara mozzafiato.

手に余る ¶この仕事は私の手に余る. Questo lavoro è al di sopra delle mie capacità.

手に入れる ottenere [procurarsi] *ql.co.*;《買う》 comprare [comperare / acquistare] *ql.co.*

手に負えない ¶手に負えない子 bambin*o*[男][女 *-a*] intrattabile [impossibile] ¶状況がここまで進んでは, もう私の手には負えない. La situazione è giunta ad un punto tale che non posso più fare niente.

手に落ちる ¶町は敵の手に落ちた. La città è caduta「in mani nemiche [nelle mani del nemico].

手に掛かる ¶彼は暗殺者の手に掛かって死んだ. Morì per mano di un assassino.

手に掛ける (1)《自分でよく世話をする》 ¶小さい時から手に掛けて育てました. Sin dall'infanzia l'ho allevato prendendomi cura di lui. (2)《自分の手で殺す》 ¶彼は重病の老父に懇願されて手に掛けてしまった. Pregato dal suo vecchio padre gravemente ammalato, lo ha sollevato dalle sue sofferenze.

手にする ¶彼は重要な証拠を手にしている. Ha in mano una prova schiacciante. ¶ついに勝利を手にした. Finalmente la vittoria è stata nostra.

手に付かない ¶勉強が手につかない. Non riesco a concentrarmi nello studio.

手に手を取る ¶若い2人は手に手を取って駆け落ちした. La giovane coppia è fuggita dal paese「mano nella mano [tenendosi per mano].

手に取るように ¶彼の心の内が手に取るようにわかる. Lo conosco come le mie tasche. ¶隣の部屋の話し声が手に取るように聞こえる. Dalla stanza a fianco si sente tutto, come se non ci fosse il muro.

手に乗る ¶まんまと彼の手に乗せられてにせものをつかまされた. Mi sono lasciato imbrogliare da quell'uomo che mi ha fatto comprare un falso.

手に入る ¶この本は日本でも手に入る. Questo libro si può trovare anche in Giappone.

手の込んだ ¶手の込んだ筋書 trama complicata ¶手の込んだ文体 stile ricercato ¶手の込んだ品《細工の細かい》 oggetto lavorato

手も足も出ない ¶この仕事は難しくて手も足も出ない. Questo lavoro è troppo difficile, proprio non ce la faccio.

手もなく come se niente fosse ¶手もなく彼に負かされた. Mi ha vinto con estrema facilità.

手を上げる 《殴る》 alzare le mani su *qlcu.*, percuotere *qlcu.*

手を合わせる (1)《拝む》 pregare ¶手を合わせて神に祈った. Ho pregato gli dei a mani giunte. (2)《勝負する》 ¶今までに彼とは3回チェスの手を合わせた. Finora ho giocato tre partite [mani] con lui.

手を入れる ¶文章に手を入れる《添削・推敲する》 correggere un componimento ¶絵に手を入れる ritoccare un quadro ¶原稿に手を入れる rivedere un manoscritto

手を打つ (1)《交渉をまとめる》 concludere un affare ¶200万円で手を打った. Ho concluso l'affare per due milioni di yen. (2)《手段を講じる》 prendere provvedimenti [misure] ¶うまい手を打つ adottare misure efficaci ¶もう手の打ちようがない. Ormai non c'è niente [nulla] da fare.

手を替え品を替え ¶手を替え品を替えて頼んでみた. Gliel'ho chiesto in mille modi.

手を掛ける (1)《手を置く》 posare la mano su *ql.co.* ¶刀に手を掛ける metter mano alla spada (2)《手間を掛ける》 ¶手を掛けた庭園《手入れの行き届いた》 giardino ben curato [ben tenuto] /《入念に設計された》 giardino ben progettato ¶彼はこの小説に5年も手を掛けた. Ha speso cinque anni a scrivere e riscrivere questo romanzo. (3)《盗みを働く》 ¶他人のものに手を掛けた. Ha allungato le mani sulla roba d'altri.

手を貸す ¶ちょっと手を貸してくれないか. Non puoi darmi una mano un momento? / Mi puoi aiutare un momento?

手を借りる ¶忙しかったので彼の手を借りた. Avevo molto da fare, e gli ho chiesto aiuto .

手を切る《関係・交際を断つ》 rompere i rapporti con *qlcu.*, separarsi da *qlcu.*

手を下す occuparsi personalmente di *ql.co.* ¶彼は自分の手を下さずに反対派を退けた. Si è liberato dei suoi oppositori senza intervenire di persona. ¶この件では彼が手を下した. Di questa faccenda si è occupato lui.

手をこまねく ¶当局は手をこまねいて見ているだけだった. Le autorità se ne stavano a guardare con le braccia incrociate.

手を染める ¶犯罪に手を染める macchiarsi le mani di un crimine

手を出す (1)《やってみる》 ¶相場に手を出す lanciarsi [arrischiarsi] in speculazioni borsistiche ¶何にでも手を出す男だ. Ficca il naso dappertutto. / S'immischia [S'intromette] in tutto. ¶奥

の手を出そう. Giochiamoci l'ultima carta! (2)《殴る, けんかをしかける》¶君が先に手を出したのだ. Sei stato tu a colpire [provocare] per primo! (3)《かかわり合う》¶政治に手を出す entrare in politica

手を尽くす ¶出資者を見つけるために八方手を尽くすdarsi da fare [fare di tutto / fare ogni sforzo] per trovare i finanziatori ¶いろいろ手を尽くしてはみたが…. Abbiamo tentato di tutto, ma…

手を付ける (1)《新しいことを始める》¶どこから手を付けていいかわからない. Non so da dove cominciare. ¶その研究はまだ誰も手を付けていない. È una ricerca che nessuno ha ancora affrontato. (2)《女性と関係する》¶女に手を付ける prendersi delle libertà [delle confidenze] con una donna (3)《盗む》¶彼は店の金に手を付けて解雇された. È stato licenziato perché ha sottratto denaro nel negozio in cui lavorava. (4)《使い始める》¶元金に手を付ける intaccare il (*proprio*) capitale (5)《食べ始める》¶食事に手を付けなかった. Non ha toccato cibo.

手を握る (1)《こぶしをつくる》stringere il pugno (2)《握手する》stringere la mano a [di] *qlcu*. (3)《仲直りする》fare la pace (4)《協力する》¶環境保護のために両国は手を握った. I due paesi hanno deciso di collaborare per la salvaguardia dell'ambiente. ¶両党が手を握った. I due partiti si sono dati la mano.

手を抜く non fare le cose per bene, fare un lavoro poco accurato ¶仕事の手を抜いてはいけない. Il lavoro va fatto per bene.

手を濡らさない non fare alcuna fatica ¶自分は手を濡らさないでおいて文句ばかりつける. Nonostante non faccia niente, critica sempre gli altri.

手を伸ばす (1)《物を取るために》¶手を伸ばして雑誌を取った. Ho allungato un braccio e ho preso una rivista. (2)《新しい分野に乗り出す》¶わが社はオートバイのほかにモーターボートの生産にも手を伸ばした. La nostra ditta, oltre alle motociclette, ha esteso la produzione alle motobarche.

手を引く (1)《手を取って歩く》¶子供の手を引いて散歩する fare una passeggiata tenendo il bambino per mano (2)《関係を断つ》ritirarsi 《から da》¶その仕事からは手を引いた. Mi sono ormai ritirato da quel lavoro. ¶私は一切手を引きます. Me ne lavo le mani.

手を広げる《商売などの範囲を広げる》¶彼は東京ばかりでなく大阪にまで商売の手を広げた. Ha esteso la sua attività commerciale anche ad Osaka, senza limitarsi a Tokyo. ¶彼は一度に手を広げ過ぎる. Si occupa di troppe cose alla volta. / Mette troppa carne al fuoco.(直訳すると「一度に多すぎる肉を火にかける」)

手を経る ¶《人》の手を経て per「mezzo [via / tramite / mano] di *qlcu*. / tramite *qlcu*.

手を回す ¶彼は警察に手を回して事件を揉み消そうとした. Ha fatto in modo che alla polizia insabbiassero il caso.

手を結ぶ accordarsi

手を焼く ¶あの子にはずいぶん手を焼きました. Quel bambino mi ha procurato parecchie grane.

手を緩める ¶敵は攻撃の手を緩めなかった. L'e-sercito nemico non ha diminuito l'intensità dell'attacco contro di noi.

手を汚す sporcarsi le mani ¶自分の手を汚さずにまんまと望んだ地位を手に入れた. Senza compromettersi apertamente, è riuscito ad ottenere il posto che voleva.

手を分かつ ¶意見が合わなくて彼は仲間と手を分かった. Si è separato dai suoi soci per le rispettive diversità di idee.

手を煩わせる ¶お手を煩わせて申し訳ありませんでした. Mi dispiace di averla disturbata con la mia richiesta.

で 《それで, そこで》¶で, どうしたの. E allora, che è sucesso?

で 出 1《現れること》¶日の出 il levare [il sorgere] del sole

2《出身》¶彼は長野の出だ. È originario di Nagano. ¶彼はある貴族の出だ. Proviene da una famiglia nobile. ¶彼は東大出だ. Si è laureato all'Università di Tokyo.

3《出具合》¶水[ガス]の出を調節する regolare il flusso「dell'acqua [del gas] ¶この茶は出がよくない. Questo tè non ha molto sapore.

4《出番》¶楽屋で出を待つ aspettare nel camerino il *proprio* turno ¶今度の土曜は出だ. Sabato prossimo devo andare in ufficio.

5《売れゆき》¶この品は出がいい. Questo articolo si vende bene.

6《「…で」の形で》¶この石けんは使いでがある. Questo sapone dura a lungo. ¶駅まではちょっと歩きでがある. C'è da fare un bel pezzo di strada a piedi fino alla stazione.

-で 1【場所】 in, a; 《…の中で》in, dentro; 《…の上で》su, sopra ¶都会[田舎 / シチリア / イタリア]で暮らす vivere in città [provincia / Sicilia / Italia] ¶世界で一番高い山 il monte più alto del mondo ¶東京での生活が懐かしい. Ricordo con nostalgia la mia vita a Tokyo. ¶警察ではその事件を調査中である. La polizia sta indagando sul caso. ¶彼は私たちのところで長年働いた. Ha lavorato presso di noi per anni. ¶彼は祖父母の家で暮している. Abita [Sta] dai nonni. ¶街で彼を見かけた. L'ho intravisto per strada.

2【手段・方法】 con, in, per, su; 《原料》con; 《材料》di ¶犬を鎖でつなぐ legare un cane con una catena ¶飛行機[自動車 / 1 等]で行く andare in aereo [macchina / prima classe] ¶列車で in [con il] treno ¶駅から徒歩で10分 a dieci minuti a piedi della stazione ¶電話で話す parlare (con *qlcu*.) per telefono ¶電話でお知らせします. La informerò con una telefonata [telefonicamente]. ¶航空便で per via aerea ¶イタリア語で話す[書く] parlare [scrivere] in italiano ¶辞書で単語を調べる cercare le parole nel dizionario ¶砥石(といし)で研ぐ affilare *ql.co*. su una pietra affilacoltelli ¶絵で食べていく mantenersi dipingendo ¶木でできたスプーン cucchiaio di legno ¶酒は米で作る. Il *sakè* si fa con il riso.

3【原因, 理由】 ¶つまらないことで怒る arrabbiarsi per una stupidaggine ¶癌(がん)で死ぬ morire di [per un] cancro ¶雨で川があふれた. Il fiume è straripato a causa delle piogge. ¶寝

不足で頭が痛い. Ho mal di testa per mancanza di sonno. ¶父は戦争で死んだ. Mio padre è morto in guerra. ¶海岸は人でいっぱいだ. La spiaggia è gremita di gente.
4【状態, 条件】¶大勢で［4人で］遊ぶ giocare in molti [in quattro] ¶みんなで話し合う discutere tutti insieme ¶僕一人ではできません. Da solo non ci riesco. ¶小声で話してください. Parlate a bassa voce. ¶いらだった調子で in tono irato [iroso] ¶高慢な態度で con atteggiamento altezzoso ¶涙ぐんだ目で con gli occhi pieni [gonfi] di lacrime ¶彼は30歳で死んだ. È morto (quando era) trentenne. ¶卸値で売る vendere ql.co. ad un prezzo all'ingrosso
5【所要時間, 費用】¶3時間で仕上げた. Ho finito in tre ore. ¶あと3日で試験だ. Fra tre giorni cominceranno gli esami. ¶ Mancano tre giorni agli esami. ¶これは1万円で買った. Questo l'ho comprato per diecimila yen.
6【基準, 割合】¶身なりで〈人〉を判断する giudicare qlcu. dall'apparenza ¶損得ずくで per interesse ¶値段は大きさで違う. I prezzi variano 「in base alla [con la] grandezza. ¶目方で売る vendere ql.co. a peso ¶時速200キロで走る correre a duecento chilometri orari ¶2列で行進する marciare in fila per due ¶数でまさる essere 「superiore per numero [in superiorità numerica]

てあい 手合い ¶いやな手合いだ. Sono tipi spiacevoli. / Sono tipacci.
であい 出合い・出会い incontro男 ¶偶然の［運命の］ incontro casuale [voluto dal destino / fatale]
であいがしら 出会い頭 ◇出会い頭に nella foga dell'incontro
であう 出合う・出会う incontrare [incontrarsi con] qlcu.; 《互いに》incontrarsi, 《偶然に》imbattersi in qlcu. ¶さっき君に彼女に出合った. L'ho incontrata poco fa per strada.
てあか 手あか impronte女[複], unto男 delle mani ¶手あかのついた辞書 dizionario 「molto usato [unto per il troppo uso]
てあし 手足 le estremità女[複], le membra女[複], gli arti男[複] ¶手足を伸ばす stirare [allungare] braccia e gambe /《リラックスする》rilassarsi ¶手足の自由が利かない essere quadriplegico男[複 -ci] /《麻痺している》essere paralizzato ¶あなたの手足となって働きます. Farò qualunque cosa lei voglia.
であし 出足 ¶投票者の出足がいい. C'è una notevole affluenza di elettori. ¶この車は出足がいい. Questa macchina parte [si avvia] bene.
てあたりしだい 手当たり次第 ◇手当たり次第に a caso, a casaccio, alla ventura, a vanvera ¶手当たり次第に本を読む leggere 「a caso [tutto quello che capita tra le mani] ¶手当たり次第に物を買う comprare cose a casaccio
てあつい 手厚い 《もてなしなど》cordiale, caloroso;《看護など》assiduo, diligente ◇手厚く cordialmente;assiduamente ¶〈人〉を手厚くもてなす ospitare qlcu. cordialmente [calorosamente] ¶手厚い看護を受ける ricevere cure affettuose da qlcu. ¶彼は手厚く葬られた. È stato seppellito con molto rispetto [con l'onore dovuto].

てあて 手当 **1**《報酬》compenso男, remunerazione女;《給与・賃金以外の》indennità女, assegno男;《支払い》paga女 ¶家族手当 assegni familiari ¶失業手当 indennità [sussidio] di disoccupazione ¶住居手当 indennità di alloggio ¶超過勤務手当（indennità per lavoro） straordinario ¶特別手当《賞与》gratifica speciale
2《治療》medicazione女;《薬による》medicamento男;《医師による》cura女 medica, trattamento男 medico [複 -ci] ¶〈人〉に応急手当を施す dare a qlcu. le prime cure [i primi soccorsi] ¶簡単な手当 medicazione sommaria ¶医者の手当を受ける essere curato dal medico / essere in terapia / ricevere cure mediche
3《準備》¶早急に資金の手当が必要だ. Bisogna trovare subito i fondi.
てあみ 手編み ¶手編みのセーター maglione lavorato [fatto] a mano
てあら 手荒 ¶手荒な扱い trattamento rude ¶手荒なまねはよせ. Non essere rude [scortese]. ¶老人を手荒に扱ってはいけない. Gli anziani non si devono trattare sgarbatamente. ¶手荒に扱う maltrattare qlcu./ql.co.
てあらい 手洗い **1**《手を洗うこと》lavaggio男 [複 -gi] di mani
2《便所》gabinetto男; bagno男
3《手による洗濯》lavaggio男[複 -gi] a mano ◇手洗いする lavare a mano
てあらい 手荒い prepotente ◇手荒く con incuria ¶荷物を手荒く扱う maneggiare un pacco con noncuranza
であるく 出歩く 《外出する》uscire [es];《ぶらつく》andare in giro ¶彼女はいつも出歩いている. È sempre fuori a girare da qualche parte. ¶È una girandolona.
であれ ¶子供であれ老人であれ sia (che si tratti di) bambini, sia (che si tratti di) anziani ¶それがなんであれ, 私はかまわない. Qualsiasi cosa sia, non mi interessa.
てあわせ 手合わせ《勝負》incontro男, partita女 ¶お手合わせ願えませんか Le posso chiedere di farmi da avversario?
てい 体 **1**《様子, 態度》aspetto男, aria女 ¶さあらぬ体で come se non fosse accaduto niente / fingendo di non sapere niente ¶ほうほうの体で逃げる defilarsi con imbarazzo **2**《体裁》¶体よく →見出し語参照 ¶体のいい言いわけを思いつく trovare una scusa accettabile
てい 底 《数》base女
てい 帝 imperatore男;《女帝》imperatrice女
-てい -邸 residenza女, dimora女;《大きな館》palazzo男 ¶山田邸 la residenza degli Yamada
ていあつ 低圧 《工》bassa pressione女;《電》bassa tensione女
✤**低圧線**《電流》《電》linea女 [corrente女] a bassa tensione
ていあつ 定圧《工》pressione女 costante;《電》tensione女 costante
✤**定圧比熱**《物》calore男 specifico relativo a

pressione costante
ていあん 提案 proposta④ ◇提案する proporre *ql.co.* [di+不定詞] a *qlcu.*, fare una proposta a *qlcu.* ¶提案を受け入れる accettare una proposta ¶できるだけ早く出発することを提案します. Suggerisco di partire al più presto possibile.

✤**提案者** proponente男④;《推進者》promot*ore*男[④ -*trice*]

ティー〔英 tea〕 tè男
✤**ティーカップ** tazza④ da tè
✤**ティースプーン** cucchiaino男 da tè
ティーセット serv*izio*男[複 -*i*] da tè →食器 図版
ティータイム《午後の》ora④ del tè;《休憩》intervallo男 [sosta④] per il tè
ティーパーティー ¶ティーパーティーを開く dare un tè ¶ティーパーティーに〈人〉を招く invitare *qlcu.* a un tè
ティーバッグ bustina④ di tè
ティーポット teiera④;《浸出式の》infusiera④
ティールーム sala④ da tè

ていい 低位 ◇低位の basso
✤**低位株**《経》azioni④[複] sottovalutate

ていい 帝位 trono男 imperiale ¶帝位につく[を継ぐ] salire自[*es*] [succedere自[*es*]] al trono ¶彼は息子に帝位を譲った. Ha abdicato (al trono) in [a] favore del figlio.

ディーエヌエー DNA 《生》DNA男; acido男 desossiribonucleico [複 -*ci*]

ディーエヌティー TNT 《化》TNT男; trinitrotoluene男, tritolo男

ディーケー DK ¶2DKのマンション appartamento di due locali con cucina abitabile [cucina-tinello]

ティーケーオー TKO《ボクシング》K.O.男[無変] tecnico [複 -*ci*]

ティージェー DJ 〔英 disc jockey男④[無変], deejay男[無変]

ティーシャツ〔英 T-shirt〕magliett*a*④

ティーじょうぎ T定規 riga④ a T

ディーゼル〔英 diesel〕《機》〔英〕diesel [dízel]男[無変]
✤**ディーゼルエンジン** motore男 diesel [無変]
ディーゼル化 dieselizzazione④
ディーゼルカー《鉄道》locomotiva④ diesel
ディーゼル車 vettura④ diesel
ディーゼル油 diesel oil男, gasolio男

ティーチイン〔英 teach-in〕〔英〕teach-in男[無変]; manifestazione④ di protesta tenuta in un'università;《討論集会》assemblea-dibattito④[複 *assemblee-dibattito*] tenuta in un'università

ティーチングマシン〔英 teaching machine〕macchina④ per (l')insegnamento

ディーディーティー DDT《化》DDT男; diclorodifeniltricloroetano男

ディーピーイー DPE 《掲示》"Sviluppo, stampa e ingrandimento"

ティーピーオー TPO ¶常にTPOを心得ていなさい. Pensa sempre al tempo, al luogo e all'occasione.

ディーブイディー DVD DVD男[無変]
ディーラー〔英 dealer〕commerciante男④, rivendit*ore*男[④ -*trice*];《車の》concessionario男[複 -*i*] di automobili

ていいん 定員 numero男 fisso;《収容力》capacità④, capienza④ ¶定員に達する raggiungere il numero stabilito ¶定員を超過する superare il numero prefissato ¶定員12名のエレベーター ascensore a capienza massima di dodici persone ¶定員以上の客を乗せる far salire un numero di passeggeri superiore a quello consentito
✤**定員制** sistema男 del numero chiuso
定員増 aumento男 [incremento男] dei ruoli

ティーンエージャー〔英 teenager〕teen-ager男④[無変]; adolescente男④ (fra i 13 e i 19 anni d'età)

ディヴェルティメント〔伊〕《音》divertimento男

ていえん 庭園 giardino男, parco男[複 -*chi*]

ていおう 帝王 monarca男[複 -*chi*], sovrano男, re男[無変];《皇帝》imperatore男
✤**帝王神権説**《史》teoria④ della monarchia di diritto
帝王切開《医》taglio男[複 -*gli*] cesareo ¶妻は帝王切開を受けなければならない. Mia moglie dovrà sottoporsi [essere sottoposta] a taglio cesareo.

ていおん 低音 suono男 [tono男] basso ¶低音で歌う cantare con una voce di basso [《小声で》a bassa voce] ¶通奏低音《音》basso continuo
✤**低音部** basso男
低音部記号《音》chiave④ di fa [di basso]

ていおん 低温 bassa temperatura④ ◇低温の[で] a bassa temperatura
✤**低温温度計** criometro男
低温殺菌 pastorizzazione④ a bassa temperatura ¶牛乳を低温殺菌する pastorizzare il latte a bassa temperatura
低温輸送 trasporto男 in vagone [in camion] frigorifero

ていおん 定温 temperatura④ costante;《決められた温度》temperatura④ fissa ¶室内を定温に保つ mantenere costante la temperatura dell'ambiente
✤**定温器**《医・化・農》incubatrice④
定温動物《生》animale男「a sangue caldo [omeotermo]

ていか 低下 abbassamento男, discesa④;《価値などの》deprezzamento男;《品質の》deterioramento男;《物価などの》diminuzione④, riduzione④ ◇低下する abbassarsi; deprezzarsi; deteriorarsi; diminuire自[*es*], calare自[*es*], decrescere自[*es*] ¶品質が低下した. La qualità della merce è peggiorata. ¶道徳心が低下した. Si è avuta una degenerazione dei valori morali.

ていか 定価 prezzo男 fisso ¶定価で売る vendere *ql.co.* a prezzo fisso ¶定価をつける fissare [determinare] il prezzo di *ql.co.* ¶定価を上げる [下げる] aumentare [diminuire] il prezzo ¶定価の15%引きで con una riduzione [uno sconto] del 15 per cento sul prezzo fisso
✤**定価表** listino男 dei prezzi, tariffario男[複 -*i*]

でいかいがん 泥灰岩《鉱》marna④

ていかく 定格《工》limiti男[複] di impiego
✤**定格出力[電圧/負荷]**《電》potenza④ [tensio-

ていがく 定額　piccola somma㊛ [quantità㊛] (di denaro)
❖**低額所得者** contribuente㊚ a piccolo [basso] reddito

ていがく 定額　somma㊛ fissa ¶定額に達する raggiungere la somma prevista
❖**定額預金** deposito㊚ monetario [複 -i] postale a scadenza di sei mesi
定額料金《交通機関の》tariffa㊛ unica

ていがく 停学　sospensione㊛ da scuola [dalle lezioni] ¶停学《処分》にする sospendere qlcu. da scuola ¶彼は無期停学処分を受けた．È stato sospeso da scuola a tempo indefinito.

ていがくねん 低学年　primi anni㊚[複] di una scuola elementare

ていかん 定款　statuto㊚ (di un'associazione)

ていかん 諦観　rassegnazione㊛ ¶彼はすべてを運命と諦観した．Si è rassegnato al suo destino. / Ha accettato tutto con rassegnazione.

ていかんし 定冠詞《文法》articolo㊚ determinativo

ていき 定期　◇定期的 periodico㊚[複 -ci], regolare ◇定期的に periodicamente, ad intervalli di tempo regolari [fissi], regolarmente
❖**定期演奏会** concerto㊚ periodico
定期刊行物 pubblicazione㊛ [stampa㊛] periodica, periodico㊚[複 -ci]
定期券 tessera㊛ [tesserino㊚] d'abbonamento
定期検査 ispezione㊛ periodica
定期購読 ◇定期購読する abbonarsi a qlco. ¶定期購読者 abbonato㊚ [㊛ -a] ¶定期購読料 (tariffa di) abbonamento
定期試験 esami㊚[複] periodici ¶2 [3] 学期制の定期試験 esame semestrale [quadrimestrale]
定期総会 assemblea㊛ generale ordinaria
定期便 servizio㊚[複 -i] regolare;《船》nave㊛ di linea;《飛行機》aereo㊚ di linea;《列車》treno㊚ ordinario [複 -i]
定期預金 deposito㊚ 「a termine [a scadenza fissa] ¶20万円の定期預金がある．Ho duecento mila yen in deposito a termine.

ていき 提起　¶問題を提起する sollevare [proporre] una questione ¶〈人〉を相手どって訴訟を提起する intentare un'azione contro qlcu.

ていぎ 定義　definizione㊛ ◇定義する definire qlco., dare la definizione (di qlco.) ¶定義可能な [不可能な] definibile [indefinibile]
❖**定義域**《数》dominio㊚[複 -i]

ていぎ 提議　proposta㊛ ◇提議する fare [avanzare] una proposta, proporre qlco. [di + 不定詞]

ていきあつ 低気圧　《大気圧の低下》depressione㊛ barometrica [atmosferica];《大気圧の低い》bassa pressione㊛;《発達したもの》ciclone㊚

ていきゅう 低級　◇低級な inferiore, scadente;《低俗な》volgare, senza pretese intellettuali ¶低級な品 merce (di qualità) scadente ¶低級な男 uomo abbietto [vile] ¶低級な趣味 gusti volgari

ていきゅうび 定休日　giorno㊚ di chiusura ¶理髪店は月曜が定休日だ．Il lunedì i barbieri sono chiusi.

ていきょう 提供　offerta㊛ ◇提供する offrire qlco. a qlcu.;《供給》fornire qlco. a qlcu., rifornire qlcu. di qlco.;《スポンサーになる》sponsorizzare qlco. ¶X会社提供のテレビ番組 programma televisivo sponsorizzato [offerto] dalla ditta X ¶資料を提供する presentare dei documenti ¶情報を提供する fornire informazioni ¶労力を提供する offrire la propria collaborazione lavorativa
❖**提供者** donatore㊚ [㊛ -trice] ¶血液[臓器]提供者 donatore di sangue [di organi]

ていきんり 低金利　basso tasso㊚ d'interesse ◇低金利で a basso tasso d'interesse

テイク 〔英 take〕《録音》registrazione㊛;《映画撮影》ripresa㊛

テイクアウト 〔英 takeout〕¶テイクアウトのピザ pizza da portar via

ていくう 低空　¶低空を飛行する volare a bassa quota /《超低空を》volare raso terra
❖**低空飛行** volo㊚ a bassa quota; volo「raso terra [radente]

テイクオフ 〔英 take-off〕《離陸》decollo㊚ ◇テイクオフする decollare㊌ [av]

ディクテーション 〔英 dictation〕dettato㊚ ◇ディクテーションする dettare qlco.

デイケア 〔英 day care〕《医》day hospital㊚ [無変]

ていけい 定形　forma㊛ regolare [standardizzata]
❖**定形[定形外]郵便物** posta㊛ di formato regolamentare [non regolamentare]

ていけい 定型　forma㊛ prestabilita [determinata] ¶定型の表現《型にはまった》espressione stereotipata /《きまり文句》espressione convenzionale / luogo comune /《標準的な》espressione comune
❖**定型詩** poesia㊛ composta secondo una determinata struttura

ていけい 提携　cooperazione㊛, collaborazione㊛;《国家・政党などの》coalizione㊛ ◇提携する cooperare [collaborare]《と con》; coalizzarsi《と con, に抗して contro》¶わが社はアメリカの会社と提携した．La nostra ditta si è associata con [a] una compagnia americana.

ていけつ 貞潔　virtù㊛, illibatezza㊛, morigeratezza㊛

ていけつ 締結　conclusione㊛ di un trattato ◇締結する concludere qlco. ¶契約[条約]を締結する stipulare un contratto [un patto]

ていけつあつ 低血圧　《医》ipotensione㊛; pressione㊛ bassa ¶低血圧の人 persona affetta da ipotensione
❖**低血圧症** ipotensione㊛

ていけん 定見　idea㊛ [opinione㊛] ben definita ¶彼には定見がない．Ha le idee poco chiare.

ていげん 低減　diminuzione㊛, decremento㊚, riduzione㊛ ◇低減する diminuire㊌ [es], decrescere㊐ [es], ridurre㊌ [減る] ridursi

ていげん 逓減　diminuzione㊛ ¶収益逓減の法則《経》legge㊛ della diminuzione del rendimento ¶遠距離逓減制《運賃などの》sistema㊚ delle tariffe scalari [regressive]

ていこう 抵抗　**1**《逆らうこと》resistenza㊛;

《対抗》opposizione㊛ ◇抵抗する resistere a *ql.co.* [a *qlcu.*]; opporsi a *ql.co.* [a *qlcu.*] ¶敵に頑強に抵抗する opporre una resistenza ostinata al nemico ¶無言の抵抗に遭う andare incontro a una tacita opposizione ¶抵抗し難い魅力 fascino irresistibile ¶彼の態度には抵抗を感じる. Il suo atteggiamento mi indispone.
2《物·電》resistenza㊛
✥**抵抗運動** (movimento㊚ di) resistenza㊛ ¶抵抗運動に身を投じる gettarsi nella resistenza
抵抗温度計 termometro㊚ a resistenza
抵抗器〔電〕reostato㊚, resistore㊚
抵抗菌 germo㊚ resistente ¶ペニシリン抵抗菌 germi㊚[複] penicillino-resistenti
抵抗線〔電〕filo㊚ resistivo [per resistori]
抵抗体 resistore㊚, resistenza㊛
抵抗率〔電〕resistività㊛ elettrica
抵抗力 resistenza㊛ ¶…に抵抗力がない non offrire resistenza a *ql.co.* / offrire poca resistenza a *ql.co.*

ていこく 定刻 ◇定刻に all'ora fissata [stabilita / indicata] ¶会議は定刻に始まった. La seduta si è aperta puntualmente.

ていこく 帝国 impero㊚ ◇帝国の imperiale ¶ローマ帝国 Impero Romano
✥**帝国憲法**《日本》Costituzione㊛ Meiji
帝国主義 imperialismo㊚ ◇帝国主義的[の] imperialistic*o* [㊚複 -*ci*]
帝国主義者 imperialist*a*㊚㊛ [㊚複 -*i*]

ていさい 体裁 **1**《外観》apparenza㊛, aspetto㊚ ¶この家は体裁はいいが, 住みにくい. Questa casa è bella da vedere, ma scomoda da abitarci.
2《形, 形式》forma㊛ ¶この会社は会社の体裁をなしていない. Non sembra nemmeno avere la struttura di una ditta.
3《世間体, 体面》¶体裁をつくろう salvare le apparenze ¶僕だけネクタイをつけていなくて体裁が悪かった. Ero l'unico senza cravatta e mi sono sentito imbarazzato. ¶私は体裁など構わない. Non sono le apparenze che mi interessano. ¶体裁のいいことばかり言う. Le sue parole sono solo belle parole. **4**《「お体裁」の形で, 口先だけの言葉》¶お体裁屋 vanesi*o*㊚ [㊛ -*ia;* ㊚複 -*i*] ¶お体裁を言う 際である belle parole ¶彼はお体裁屋だ. È uno che si dà delle arie.

ていさいぶる 体裁ぶる 《気取る》darsi delle arie;《もったいをつける》darsi un'aria d'importanza

ていさつ 偵察〔軍〕ricognizione㊛ ◇偵察する perlustrare *ql.co.* ¶偵察に行く andare in ricognizione [di pattuglia / in pattugliamento]
✥**偵察衛星** satellite㊚ ricognitore
偵察機 aereo㊚ da ricognizione, ricognitore㊚
偵察隊 pattuglia㊛ di ricognizione
偵察飛行 volo㊚ di ricognizione

ていさんしょう 低酸症〔医〕ipoacidità㊛, ipocloridria㊛

ていし 停止 arresto㊚;《中断》interruzione㊛;《中止》sospensione㊛ ◇止まる》arrestarsi, fermarsi;《止める》arrestare, fermare, sospendere ¶支払いを停止する sospendere i pagamenti ¶行進の停止 sosta durante una marcia ¶出場停止 sospensione della partecipazione 《への a》
✥**停止距離**〔車〕spazio㊚[複 -*i*] d'arresto
停止信号 segnale㊚ di arresto [di stop], luce㊛ rossa
停止線 linea㊛ d'arresto

ていじ 呈示 presentazione㊛, esibizione㊛ ◇呈示する presentare, esibire ¶旅券を呈示してください. Esibire il passaporto, prego.

ていじ 定時 ◇定時に all'ora stabilita;《規則的に》regolarmente ¶定時に退社する uscire dall'ufficio all'orario prestabilito
✥**定時制高校** scuola㊛ superiore「ad orario ridotto [serale]
定時総会 assemblea㊛ generale periodica

ていじ 提示 ◇提示する《差し出して見せる》esporre, esibire;《条件·意見などを》proporre ¶条件を提示する proporre una condizione
✥**提示部**〔音〕esposizione㊛

ていしき 定式 forma㊛ stabilita, formula㊛
ていじげん 低次元 basso livello㊚ ¶低次元の話題 argomento volgare [triviale]

ていしせい 低姿勢 ¶低姿勢である assumere un atteggiamento conciliante [accomodante] ¶この件では低姿勢な外交は得策でない. Per questa faccenda una diplomazia conciliante non è la politica migliore.

ていしつ 低湿 ◇低湿な basso e umido
ていしゃ 停車, fermata㊛ ◇停車する《止まる》arrestarsi, fermarsi;《止める》arrestare, fermare ¶次の駅では5分停車です. Alla prossima stazione ci sarà una sosta di 5 minuti.
✥**停車時間** tempo㊚ per una fermata
停車場 stazione㊛

ていしゅ 亭主《夫》marito㊚;《家の主》padrone㊚ di casa;《旅館などの》padrone㊚ ¶亭主を尻の下に敷く mettere il marito sotto i piedi
✥**亭主関白** marito㊚ assolutista [複 -*i*]

ていじゅう 定住 ◇定住する stabilire [fissare] la propria dimora [il proprio domicilio], stabilirsi
✥**定住者** residente㊚㊛ permanente
定住地 domicili*o*㊚ [複 -*i*] (fisso), fissa dimora

ていしゅうにゅう 定収入 reddito㊚ fisso ¶定収入がある avere un reddito fisso

ていしゅうは 低周波 onde㊛[複] a bassa frequenza;《通信》banda㊛ S, bassa frequenza㊛;《略》《英》LF

ていしゅく 貞淑 ◇貞淑な probo, integerrimo (▶*integro*の絶対最上級)

ていしゅつ 提出 presentazione㊛ ◇提出する presentare;《提案する》proporre;《渡す》consegnare ¶書類の提出 presentazione di documenti ¶法案を提出する presentare un disegno di legge / proporre una legge ¶証拠を裁判所に提出する sottoporre [presentare] una prova al tribunale ¶意見を提出する esporre un'opinione ¶答案を提出する《試験で》consegnare il compito ¶辞表を提出する dare [rassegnare] le dimissioni
✥**提出者**《書類の》persona㊛ che presenta [sotto-

ていじょ 貞女 donna® [moglie® [複-gli]] virtuosa [casta / fedele]

ていしょう 提唱 ◇提唱する avanzare [presentare] una teoria
❖**提唱者** promotore® [®-trice], iniziatore® [®-trice];〔主張者〕fautore® [®-trice]

ていじょう 定常 ◇定常的 regolare, costante
❖**定常状態**〔物〕stato® [regime®] stazionario [複-i]

定常波〔物〕onda® stazionaria

ていしょく 定食 pasto® [〔仏〕menu® [無変]] a prezzo fisso; menu® [無変] fisso（◆観光地には「ツーリストメニュー」menu turistico® があり，オフィス街には menu di lavoro がある）¶ 1000円の定食 pasto [menu] a 1.000 yen

ていしょく 定職 ¶彼は定職がない。Non ha [È senza] un posto [un impiego] fisso.

ていしょく 抵触 ◇抵触する derogare a ql.co.;〔違反する〕contravvenire a ql.co.

ていしょく 停職 sospensione® (delle funzioni) ¶ 1か月の停職処分を受けた。È stato sospeso dalle sue funzioni per un mese.

ていじろ 丁字路 incrocio® [複-ci] a T

ていしん 廷臣 cortigiano®, dignitario® [複-i] di corte

ていしん 挺身 ¶挺身して難事に当たった。Si sono offerti di affrontare il difficile compito.

ていしん 艇身〔ボートの長さ〕lunghezza® di un canotto ¶ 1 [半] 艇身の差で勝つ vincere per una lunghezza [per mezza lunghezza]

でいすい 泥酔 ubriachezza® (molesta) ¶泥酔している essere ubriaco® [複-chi] fradicio® [複-ci; ®複-ce, -cie]
❖**泥酔者** ubriaco® [複-chi]

ディスインフレーション〔英 disinflation〕〔経〕disinflazione®

ていすう 定数〔決まった数〕numero® fisso [prestabilito];〔定足数〕〔ラ〕quorum®;〔定員数〕numero® stabilito;〔数・物〕costante®
❖**定数是正** ridistribuzione® (dei seggi in Parlamento)

定数是正法 Legge® sulla correzione provvisoria del numero parlamentare

ディスカウント〔英 discount〕 sconto® ◇ディスカウントする scontare [fare uno sconto] sul prezzo
❖**ディスカウントストア**〔英〕discount® [無変]

ディスカウントセール vendita® a prezzi scontati, svendita®

ディスカッション〔英 discussion〕 discussione®, dibattito® ◇ディスカッションする discutere (su) ql.co. ¶パネルディスカッション tavola rotonda ¶フォーラムディスカッション〔英〕forum® [無変]

ディスク〔英 disk〕 disco® [複-schi] ¶コンパクトディスク compact disc® [無変]
❖**ディスクジョッキー** disc jockey® [無変]

ディスクドライブ unità® a dischi magnetici,〔英〕drive® [無変]

ディスクブレーキ〔機〕freno® a disco

ディスクロージャー〔英 disclosure〕〔経〕rivelazione® del proprio giro d'affari

ディスコ discoteca® ¶ディスコに行く andare in discoteca

ディストリビューター〔英 distributor〕
1〔通信〕distributore® **2**〔車〕spinterogeno®

ディスプレー〔英 display〕〔美術品などの展示〕mostra®, esposizione®;〔飾り付け〕addobbo®;〔ショーウインドーなどの〕allestimento®;〔コンピュータの〕〔英〕display® [無変]; schermo®;〔電子〕visualizzazione®; indicatore® , visualizzatore®
❖**ディスプレー装置** unità® video [無変]

ディスポーザー〔英 disposer〕 tritarifiuti® [無変], dissipatore® di rifiuti

ていする 呈する〔差しあげる，言葉にする〕offrire ql.co. a qlcu., donare ql.co. a qlcu., dare ¶君にあえて苦言を呈したい。Mi permetto di darti un consiglio. ¶賛辞を呈する presentare [fare] complimenti per ql.co.
2〔ある状態を示す〕presentare, rivelare ¶市場は活況を呈している。Il mercato è molto attivo. ¶問題はますます複雑な様相を呈してきた。Il problema ha assunto un andamento sempre più complicato.

ていする 挺する ¶身を挺して戦う combattere a rischio della propria vita

ていせい 帝政 [sistema® [複-i]] imperiale [monarchico [複-ci]] ¶第二帝政《フランスの》il secondo impero
❖**帝政ロシア** la Russia® zarista

ていせい 訂正 correzione®, rettifica®;〔改正〕revisione®, modifica® ◇訂正する correggere, rettificare; rivedere, modificare ¶文に訂正を加える ritoccare un testo
❖**訂正版** edizione® riveduta

訂正表〔ラ〕errata corrige® [無変]

ていせいぶんせき 定性分析〔化〕analisi® [無変] qualitativa

ていせきひねつ 定積比熱〔物〕calore® specifico a volume costante

ていせつ 定説 teoria® [opinione®] generalmente ammessa, teoria® ufficiale ¶…ということが定説となっている。È generalmente [comunemente] ammesso [riconosciuto] che + 直説法

ていせつ 貞節 castità®;〔忠実〕fedeltà® ◇貞節な casto, virtuoso;〔忠実な〕fedele ¶貞節な妻 sposa [moglie] fedele [devota] ¶貞節を守る restare [conservarsi] casta

ていせん 停船 ◇停船する《船が主語で》fermarsi;《人が主語で》fermare una nave ¶船は検疫のため停船した。La nave è stata bloccata per un controllo medico. / La nave è stata messa in quarantena.

ていせん 停戦 tregua®, il cessate il fuoco [無変];〔休戦〕armistizio® [複-i] ¶停戦する sospendere le ostilità, fare un armistizio
❖**停戦委員会** commissione® per l'armistizio

停戦会談 incontro® [dibattito®] per la tregua

停戦期限 termine® [scadenza®] del cessate il fuoco

停戦協定 ¶停戦協定を結ぶ concludere un ar-

mistizio
停戦交渉 trattative[女][複]「di tregua [d'armistizio / armistiziali]
停戦命令 ordine[男] di cessare il fuoco
停戦ライン linea[女] del cessate il fuoco
ていそ 定礎 prima pietra[女] di un edificio; 《着工》 inizio[男][複 -i] (dei lavori) di costruzione (◆日本で礎石に「定礎」と彫るように，イタリアでも "Prima Pietra, 15 aprile 1964"などと彫る)
✤**定礎式** cerimonia[女] per la posa della prima pietra
ていそ 提訴 ◇**提訴する** promuovere un'azione giudiziaria, intentare (una) causa a [contro] *qlcu*. ¶損害賠償請求で提訴する intentare una causa per il risarcimento dei danni
ていそう 貞操 castità[女], virtù[女]; fedeltà[女] coniugale ¶貞操を守る essere [restare / conservarsi] fedel*e* [cast*o*]《への a》
✤**貞操帯** cintura[女] di castità
ていそく 定則 norma[女], regola[女], regolamento[男] ¶会の定則に反する. È contrario al regolamento dell'associazione.
ていぞく 低俗 ◇**低俗な** volgare ¶低俗な小説 romanzo di gusto volgare
ていそくすう 定足数 〔ラ〕 quorum[男][無変]; numero[男] legale ¶定足数に達する raggiungere il quorum
ていそく(ど) 低速(度) ◇**低速(度)の[で]** a velocità bassa
ていそくど 定速度 velocità[女] costante
✤**定速度プロペラ**〔機〕 elica[女] a giri costanti
定速度録音〔電子〕 registrazione[女] a velocità costante
ていたい 停滞 ristagno[男], stasi[女][無変], stagnazione[女]; 《延滞》 ritardo[男] ◇**停滞する** ristagnare, stagnare[自][*av*]; essere in una situazione stagnante; 《活力がない》 essere inattiv*o* ¶事務の停滞 accumulo del lavoro in ufficio ¶事業が停滞している. Gli affari languono [sono a un punto morto]. ¶支払いが停滞している. I pagamenti sono in ritardo.
✤**停滞前線**〔気〕 fronte[男] stazionar*io* [複 -*i*]
ていたい 手痛い 《厳しい》 severo, rigido, duro; 《深刻な》 grave, ser*io* [[男]複 -*i*] ¶手痛い誤算 grave errore di calcolo ¶手痛い打撃 colpo rovinoso [disastroso]
ていたく 邸宅 villa[女] ¶堂々たる邸宅 villa [casa] sontuosa [lussuosa]
ていたらく 体たらく ¶さんざんの体たらくだった. Mi sono trovato in una situazione disperata [miseranda]. /《顔がつぶれた》 Ho fatto una figuraccia [brutta figura].
でいたん 泥炭 torba[女]
✤**泥炭化** formazione[女] di torba
泥炭坑 torbiera[女], giacimento[男] di torba
泥炭地 terreno[男] torboso
ていち 低地 〔地〕 terre[女][複] basse, depressione[女]
ていち 定置 ◇**定置の** fisso
✤**定置網**〔漁〕 rete[女] (da pesca) fissa
定置網漁業 pesca[女] con la rete fissa
ていちゃく 定着 **1**《落ち着くこと》 fissazione[女], fissagg*io*[男][複 -*gi*]; stabilimento[男]; 《普及》 diffusione[女] ◇**定着する** fissarsi, aderire[自][*av*], stabilirsi; 《思想などが》 attecchire[自][*av*], diffondersi ¶この習慣はまだ農村に定着していない. Questa usanza non si è ancora diffusa nelle comunità agricole.
2〔写〕 ¶ポジ[ネガ]に定着する fissare una positiva [negativa]
✤**定着液**〔写〕 soluzione[女][bagno[男]] di fissaggio
定着物〔法〕 pertinenze[女][複]
ていちょう 低調 ◇**低調な** languente, debole, stagnante ¶営業は低調だ. Gli affari languono. ¶今年の展覧会は低調だ. La mostra di quest'anno è di livello piuttosto mediocre.
ていちょう 艇長 《魚雷艇などの》 capitano[男], comandante[男]
ていちょう 丁重 ◇**丁重な** gentile, cortese, educato ¶丁重に葬る seppellire *qlcu*. con tutti gli onori ¶丁重なもてなしを受けた. Sono stato trattato con molta cortesia.
ディッシャー 〔英 disher〕《アイスクリーム用》 porzionatore[男] da gelato
ティッシュペーパー 〔英 tissue paper〕 fazzolettino[男] di carta
ていっぱい 手一杯 ¶もう手一杯だ. 《仕事が》 Sono immerso nel lavoro fino al collo.
ディテール 〔英 detail〕 dettagl*io*[男][複 -*gli*], particolare[男] ¶ディテールに凝(こ)る elaborare *ql.co.* nei dettagli [particolari]
ていてつ 蹄鉄 ferro[男] di cavallo ¶馬に蹄鉄を付ける ferrare un cavallo
✤**蹄鉄工** maniscal*co*[男][複 -*chi*]
蹄鉄所 fucina[女]
ていてん 定点 punto[男] fisso [determinato]; 《気象観測などの》 punto[男] calcolato [relativo / nave[無変]]
✤**定点観測**〔気〕 osservazione[女] meteorologica eseguita da un punto fisso
定点観測所 stazione[女] meteorologica fissa
ていでん 停電 interruzione[女] di corrente elettrica ¶停電だ. È andata via la luce! ¶5時間以上も停電した. È mancata la luce [C'è stato un black-out] per più di cinque ore.
ていど 程度 **1**《度合い》 grado[男]; 《水準》 livello[男] ¶被害の程度 entità dei danni ¶程度の高い[低い] di grado superiore [inferiore] / di livello alto [basso] ¶知能程度 livello mentale [intellettivo] ¶この学校は程度が高い. Il livello di questa scuola è alto.
2《限度》 limite[男] ¶ある程度まで fino a un certo punto ¶なにごとも程度問題だ. C'è un limite a tutto. ¶彼のいたずらは程度を過ぎている. I suoi scherzi superano ogni limite. ¶ある程度の損失は仕方あるまい. Una certa perdita è inevitabile.
3《おおよその数量》 ¶5000円程度のお土産 regalo di circa cinquemila yen ¶「明日5万円ほど貸してくれないか」「その程度なら今持っている」 "Domani puoi prestarmi una cinquantina di migliaia di yen?" "Se si tratta di una cifra così, ce l'ho adesso."
ていとう 抵当 〔法・金融〕 ipoteca[女]; pegno[男], garanzia[女] ¶動産抵当 ipoteca mobiliare ¶第一[二]抵当 ipoteca di primo [secondo] gra-

て

do ¶二重抵当 ipoteca doppia ¶〈物〉を抵当に入れる impegnare [dare in pegno] *ql.co.* / 〈不動産を〉ipotecare [mettere un'ipoteca su] *ql.co.* ¶〈物〉を抵当に取る accettare *ql.co.* in [come] garanzia[*a*(*per*)] / prendere un'ipoteca su *ql.co.* ¶抵当を入れて金を借りる prendere in prestito denaro su ipoteca [su pegno / su garanzia] ¶抵当を抹消する cancellare un'ipoteca ¶抵当を請け戻す ritirare [riscattare] un pegno / estinguere un'ipoteca

✤抵当貸し[権] prestito*男* [diritto*男*] ipotecari*o*男[複 *-i*] ¶抵当権を設定する ipotecare / accendere un'ipoteca

抵当権者 credit*ore*男[複 *-trice*] ipotecario
抵当流れ preclusione女 del diritto ipotecario
抵当物件 beni男[複] ipotecati [gravati / d'ipoteca]
抵当保証 garanzia女 ipotecaria

ていとく 提督 《軍》ammiragli*o*男[複 *-gli*] ¶ペリー提督 il Commodoro Perry

ていとん 停頓 ¶交渉は依然として停頓したままだった. Le trattative rimanevano bloccate ad un punto morto. / Le trattative erano ancora ferme allo stesso punto.

ディナー 〔英 dinner〕《正餐(さん)》pranzo男; 《晩餐》cena女
✤**ディナージャケット** 〔英〕smoking [zmókin(g)]男[無変]

ディナーショー intrattenimento男 con cena

ていねい 丁寧 **1**《礼儀正しいこと》◇丁寧な cortese, gentile ¶丁寧な言葉を使う usare parole cortesi [gentili] ¶もっと丁寧にお辞儀をしなさい. Fa' un inchino più a modo. ¶丁寧なごあいさつをありがとうございました. La ringrazio per il suo gentile pensiero. ¶彼はばか丁寧だ. La sua cortesia è eccessiva, persino ridicola.

2《注意深いこと, 念入りなこと》◇丁寧な attento, minuzioso, premuroso ◇丁寧に attentamente ¶…を丁寧に読み返す rileggere *ql.co.* attentamente ¶割れ物だから丁寧に扱ってください. È fragile, maneggiatelo con cura! ¶大切なお客様だから丁寧にお通ししてよ. Sono ospiti importanti, accoglili con la dovuta cortesia. ¶彼は仕事が丁寧だ. È accurato [《一生懸命》diligente / solerte] nel lavoro. ¶丁寧に説明してくれた. Me lo ha spiegato minuziosamente.

✤**丁寧語** 《文法》forma女 cortese

ていねん 定年 età女 di pensionamento ¶定年になる raggiungere i limiti d'età per la pensione

✤**定年制** sistema男 di pensionamento per raggiunti limiti d'età
定年退職 ◇定年退職する 「andare in pensione [essere posto a riposo] per raggiunti limiti d'età

ていのう 低能 imbecillità女; 《人》ritardat*o*男[女 *-a*] mentale ◇低能な debole di mente, poco intelligente, stupido, frenastenic*o*男[複 *-ci*]

ディバイダー 〔英 divider〕《製図の》compasso男 a punte fisse

ていはく 停泊 ormeggi*o*男[複 *-gi*], ancoraggi*o*男[複 *-gi*], fonda女 ◇停泊する gettare l'ancora, andare alla fonda
✤**停泊期間** 《荷の積みおろしの》stallia女
停泊港 porto di ormeggio
停泊所 ancoraggio男, ormeggio男
停泊税 diritto男 di ancoraggio
停泊船 nave 「ormeggiata [alla fonda / all'ancora]
停泊地 ancoraggio男
停泊灯 fanale男 di ormeggio [di ancoraggio]
停泊料 tassa女 d'ancoraggio

ていはつ 剃髪 tonsura女 ¶彼は剃髪して僧になった. Si è rasato la testa [Si è sottoposto a tonsura] ed è diventato monaco.

ていひょう 定評 solida reputazione女 ◇定評ある riconosciuto, proverbiale, noto ¶彼は名翻訳家として定評がある. Ha fama di essere un ottimo traduttore.

ていひれい 定比例 ¶定比例の法則《化》legge女 delle composizioni definite [delle progressioni definite / di Proust]

ディフェンス 〔英 defense〕《スポ》difesa女 ¶ディフェンスにつく giocare in difesa

ディベート 〔英 debate〕dibattito男

ディベロッパー 〔英 developer〕**1**《宅地開発業者》imprenditore男 edile che cura l'edificazione di vaste zone residenziali
2《写》《現像液》rivelatore男, soluzione女 di sviluppo

ていへん 底辺 **1**《幾何》¶三角形の底辺 base女 di triangolo **2**《最下層》¶社会の底辺に生きる vivere nei bassifondi della società

ていぼう 堤防 《ダムの》diga女; 《河川の土手》argine男; 《防波堤》frangiflutti男[無変] ¶堤防を築く costruire una diga [un argine] ¶堤防が決壊した. La diga ha ceduto. / Si sono rotti gli argini.

ていぼく 低木 albero男 di basso fusto, arbusto男
✤**低木地帯** macchia女

ていほん 定本 《決定版》edizione女 definitiva; 《原本》test*o*男 autentic*o*[複 *-ci*]
ていほん 底本 《校訂・翻訳の》testo originale; 《種に》fonte女

ディミヌエンド 〔伊〕《音》diminuendo男[無変] 《略》dim.

ていめい 低迷 ¶長い低迷状態からやっと抜け出した. Finalmente sono riuscito ad uscire da un periodo di grandi incertezze. ¶このチームは最下位に低迷している. Questa squadra è in lotta nelle ultime posizioni.

ていめん 底面 《幾何》base女, superficie女 [area女] della base

ディメンション 〔英 dimension〕《次元》dimensione女

ていやく 定訳 ¶このイタリア語の表現に対する日本語の定訳はない. Non esiste in giapponese una traduzione 「ufficiale [generalmente riconosciuta] di questa espressione italiana.

ていやく 締約 →条約
ていよく 体よく ¶体よく断る rifiutare con tatto ¶体よく逃げる sottrarsi a [sfuggire] *ql.co.* salvando le apparenze

ていらく 低落 caduta㊛, calo㊚; 《衰退》declino㊚, decadenza㊛ ¶主導権の低落 il venir meno della capacità di comando ¶株価が低落している。 Il valore delle azioni è in caduta.

ていり 低利 ¶低利で金を貸す prestare denaro a un basso tasso d'interesse
✤低利金融 credito㊚ agevolato, finanziamento㊚ a tasso di interesse ridotto

ていり 定理 teorema㊚[複 -i] ¶ピタゴラスの定理 teorema di Pitagora

でいり 出入り **1**《出たり入ったり》entrata㊛ e uscita㊛;《金銭の》entrate㊛[複] e uscite㊛[複] ◇出入りする(ではいり) entrare㊌ [es] e uscire㊌ [es];《よく行く》frequentare ¶この箱は出入りのじゃまになる。 Questa cassa ingombra l'ingresso. ¶私は彼の家に自由に出入りができない。 Non ho libero accesso a casa sua.
2《ひいきの》¶彼はうちの出入りの商人だ。 È un commerciante [un fornitore] abituale.
3《もめごと》pasticcio㊚[複 -ci];《けんか》baruffa㊛, zuffa㊛, tafferuglio㊚[複 -gli], rissa㊛ ¶女出入りの多いやつだ。 Si caccia sempre nei guai per le donne.
✤出入り口 ingresso㊚, entrata㊛ e uscita㊛

ていりつ 低率 bassa percentuale㊛, basso tasso㊚

ていりつ 定率 ¶20％の定率で a 「un tasso fisso [una percentuale fissa] del venti per cento

ていりつ 鼎立 ◇鼎立する confrontarsi [gareggiare㊌ [av]] in tre ¶当時3つの勢力が鼎立していた。 In quella fase si confrontavano tre potenze.

ていりゅう 底流 **1**《底の流れ》corrente㊛ di fondo;《海流》corrente㊛ sottomarina
2《表面化しない傾向・勢力》tendenza㊛ nascosta

ていりゅうじょ 停留所 fermata㊛;《始発・終着の》capolinea㊚[複 capolinea, capilinea]

ていりょう 定量 quantità㊛ stabilita [determinata];《化》determinazione㊛
✤定量分析《化》analisi㊛[無変] quantitativa

ディル 〔英 dill〕《植》aneto㊚

ていれ 手入れ **1**《維持》manutenzione㊛;《世話》cura㊛;《修理》riparazione㊛;《修復》restauro㊚ ◇手入れする riparare; curare ¶車の手入れをする《掃除》pulire「《点検》revisionare /《修理》riparare]una macchina ¶手入れの行き届いた《悪い》庭 giardino「ben tenuto [trascurato] ¶彼女は髪の毛の手入れがいい。 Ha molta cura dei suoi capelli.
2《警察の》perquisizione㊛, controllo㊚;《一斉検挙》retata㊛ ◇手入れする perquisire; fare una retata ¶ナイトクラブで手入れがあった。 C'è stata una retata (della polizia) in un night-club.

ていれい 定例 **1**《定期的であること》◇定例の regolare, ordinario㊚[複 -i] ¶毎月の定例会議 seduta ordinaria mensile
2《しきたり》¶定例により secondo 「l'uso comune [la consuetudine] ¶定例の行事 celebrazione㊛ fissa / evento㊚ fisso

ディレクター 〔英 director〕《レコード・ラジオ番組の》direttore㊚[㊛ -trice];《映画・演劇・テレビなどの》regista㊚㊛[複 -i]

ディレクトリー 〔英 directory〕《コンピュータ》directory㊛[無変]

ていれつ 低劣 ◇低劣な volgare, brutto, pessimo ¶低劣な雑誌 rivista dozzinale [scandalistica] ¶低劣な人間 persona volgare [triviale]

ディレッタンティズム 〔英 dilettantism〕dilettantismo㊚ ◇ディレッタンティズムの dilettantistico㊚[複 -ci]

ディレッタント 〔英 dilettante〕dilettante㊚

ていれん 低廉 ◇低廉な a buon mercato, poco costoso

ディンクス 〔英 DINKS〕coppia㊛ sposata senza figli e a doppio reddito

ティンパニ 〔伊〕《音》timpani㊚[複] ¶ティンパニを打つ suonare i timpani
✤ティンパニ奏者 timpanista㊚㊛[㊚複 -i]

てうす 手薄 ¶当課は手薄だ。《人手が少ない》La nostra sezione è a corto di personale. ¶首相官邸の警備が手薄だった。 La residenza del Primo Ministro era scarsamente protetta.

てうち 手打ち **1**《うどん・そばなどの》¶手打ちそば pasta di grano saraceno lavorata a mano
2《売買などが成立したときの》¶めでたく手打ちになった。 L'affare è stato felicemente concluso.
✤手打ち式 usanza㊛ che prevede un battito di mani ritmato per festeggiare il buon esito di qualcosa

デーゲーム partita㊛ diurna, incontro㊚ diurno

デージー 〔英 daisy〕《植》margheritina㊛, pratolina㊛, pratellina㊛

テーゼ 〔独 These〕tesi㊛[無変], dottrina㊛

データ 〔英 data〕dati㊚[複] ¶データを集める raccogliere dati
✤データ圧縮《コンピュータ》compressione㊛ dei dati

データ記述言語《コンピュータ》linguaggio㊚[複 -gi] di descrizione dei dati

データ機密保護《コンピュータ》protezione㊛ di dati segreti

データ処理[処理装置／通信] elaborazione㊛ [elaboratore㊚ ／ trasmissione㊛] di dati

データバンク banca㊛ di dati

データファイル《コンピュータ》file㊚[無変] di dati

データベース〔英〕 database [databáze, databéiz]㊚[無変], archivio㊚[複 -i]

デート 〔英 date〕《異性と会うこと》appuntamento㊚ amoroso (con qlcu.) ¶…とデートする uscire con qlcu. ¶デートの約束をする dare un appuntamento a qlcu.

テープ 〔英 tape〕nastro㊚;《船の出帆のときなどの》stella㊛ filante ¶粘着テープ nastro (auto)adesivo ¶紙テープ nastro di carta ¶タイプライター用のテープリボン nastro dattilografico ¶絶縁テープ nastro isolante ¶磁気テープ nastro magnetico ¶カセットテープ cassetta㊛ ¶ビデオテープ videocassetta㊛ ¶テープを投げる lanciare stelle filanti ¶テープを切る《競走で》tagliare il traguardo per primo /《開場式などで》tagliare il nastro ¶テープに録音する registrare ql.co. su

(un) nastro magnetico
❖テープカット taglio男 [複 -gli] del nastro
テープデッキ registratore男 a cassetta [《オープンリールの》a bobina], piastra女 (di registrazione) a cassetta [a bobina]
テープ読み取り装置 analizzatore男 del nastro
テープレコーダー registratore男 a cassette; 《スピーカーのある》mangianastri男 [無変]
テープ録音［録画］ registrazione女 [registrazione女 di video [無変]] su nastro
テーブル〔英 table〕《事務用などの》tavolo男, scrivania女; 《食卓》tavola女 (da pranzo); 《小型の》tavolino男
❖テーブルクロス tovaglia女
テーブルスピーチ discorso男 tenuto ad un banchetto
テーブルセンター centrotavola男 [複 centritavola], centrino男
テーブルチャージ coperto男
テーブルマナー galateo男 a tavola ¶テーブルマナーがいい sapersi comportare a tavola
テーマ〔独 Thema〕 tema男 [複 -i], soggetto男, argomento男
❖テーマ音楽［ソング］ motivo男 principale; tema男 [複 -i] musicale; 《番組・作品の最初と最後に流れるもの》(sigla女 musicale)
テーマパーク parco男 [複 -chi] a tema
テーラー〔英 tailor〕《店》sartoria女 da uomo; 《人》sarto男 [複 -a] da uomo
テーラードスーツ〔英 tailored suit〕〔仏〕tailleur男 [無変] (di taglio maschile)
テール〔英 tail〕《しっぽ、すそ、後端》coda女; 《後ろの部分》parte女 posteriore
❖テールエンド《最下位》l'ultimo男, l'inferiore男, il più basso男
テールライト［ランプ］《尾灯》fanale男 di coda, luce女 di posizione posteriore, fanale男 posteriore
ておい 手負い ◇手負いの ferito ¶手負いの猪(いのしし) cinghiale ferito
デオキシリボかくさん デオキシリボ核酸 《生化》acido男 desossiribonucleico [複 -ci]; 《略》〔英〕DNA男
ておくれ 手遅れ・手後れ ¶もう手遅れだ. Ormai non c'è più niente da fare. / Ormai è troppo tardi.
ておくれる 出遅れる partire自 [es] [iniziare男, 自 [es]] con ritardo
ておけ 手桶 secchia女, secchio男 [複 -chi]
ておし 手押し
❖手押し車 carrello男 a mano; 《土砂などを運ぶ一輪の》carriola女
手押しポンプ pompa女 a mano
ておち 手落ち disattenzione女; inavvertenza女, sbadataggine女, omissione女, trascuratezza女 ¶それは彼の手落ちです. È una sua disattenzione. ¶準備はまったく手落ちなく行われた. Tutti i preparativi sono stati eseguiti con la massima attenzione.
ておの 手斧 ascia女 [複 asce]
ており 手織り ◇手織りの tessuto a mano, di fabbricazione artigianale
❖手織機 telaio男 [複 -i] a mano

でか 《刑事》sbirro男
デカー〔仏 déca-〕deca-
❖デカグラム decagrammo男; 《記号》dag
デカメートル decametro男; 《記号》dam
デカリットル decalitro男; 《記号》dal
てかがみ 手鏡 specchio男 [複 -chi] [specchietto男] portatile
てがかり 手掛かり 1 《手をかけるところ》¶手がかりの何もない絶壁を登る scalare una parete priva di appigli
2 《糸口》chiave女; 《しるし》indizio男 [複 -i], segno男; 《痕跡》traccia女 [複 -ce] ¶〈物〉を手掛かりに basandosi su ql.co. ¶犯人追及の手掛かりを得る [失う] scoprire [perdere] le tracce di un criminale ¶犯人逮捕の手掛かりはまったくない. Non vi è alcun indizio che possa condurre all'arresto del colpevole.
てかぎ 手鉤 gancio男 [複 -chi], uncino男
てがき 手書き ◇手書きの scritto a mano, manoscritto; 《自筆の》autografo ¶手書きの原稿 (manoscritto) autografo
てがき 手描き ◇手描きの disegnato [dipinto] a mano ¶手描きの友禅 tintura a mano secondo lo stile yuzen
でがけ 出がけ ◇出がけに uscendo, al momento [sul punto] di uscire ¶出がけに電話が鳴った. Mentre stavo uscendo è suonato il telefono.
てがける 手掛ける trattare ql.co. [qlcu.], occuparsi di ql.co. [qlcu.] ¶この種の病人を手掛けたことはない. Non mi sono mai occupato di [Non ho mai curato] questo tipo di ammalati.
でかける 出掛ける 《外出する》uscire, andare fuori; 《出発する》partire 《へ per》; 《行く》andare ¶旅行に出かける partire per [andare a fare] un viaggio ¶主人は出かけております. Mio marito 「è fuori [è uscito / non è in casa]. ¶彼女は買い物に出かけた. E uscita a fare spese.
てかげん 手加減 ◇手加減する trattare qlcu. con riguardo, usare dei riguardi verso qlcu., andarci piano
てかご 手籠 cesto男
でかした ¶でかしたぞ. Ben fatto!
てかず 手数 =手数(てすう)
てかせ 手枷 ceppi男 [複], ferri男 [複] ¶手かせ足かせとなる avere mani e piedi legati
でかせぎ 出稼ぎ ¶彼らは冬のあいだ東京に出稼ぎに来る. Durante l'inverno vengono a Tokyo a lavorare.
❖出稼ぎ労働者 lavoratore男 [女 -trice] stagionale
てがた 手形 1 《手の形》impronta女 della mano
2 《有価証券》cambiale女, effetto男 commerciale, titolo男 di credito ¶手形の第1 [第2 / 第3] 券 prima [seconda / terza] di cambiale ¶日付け後2月払い手形 cambiale a due mesi dalla data ¶手形を支払う pagare una cambiale ¶手形を振り出す emettere [spiccare] una cambiale su qlcu. / spiccar tratta su qlcu. ¶手形を引き受ける [裏書きする / 割引く] accettare [girare / scontare] una cambiale ¶この手形は期日が過ぎている. Questa cambiale è scaduta.

でかた

関連
一覧払手形 cambiale⊛ [tratta⊛ / pagherò⊛] a vista　受取手形 cambiale⊛ attiva [da esigere / da riscuotere]　確定日払手形 tratta⊛ a data fissa　空手形 cambiale⊛ di comodo　為替手形 lettera⊛ di cambio　持参人払手形 cambiale⊛ [effetto⊛] al portatore　支払手形 cambiale⊛ passiva [da pagare]　代金取立手形 effetto⊛ all'incasso　単名手形 cambiale⊛ con il solo nome dell'emittente　荷為替手形 cambiale⊛ documentata, tratta⊛ documentata　表面手形 cambiale⊛ di comodo　複名手形 cambiale⊛ avallata [con doppio nome]　不渡手形 cambiale⊛ insoluta [in sofferenza]　約束[指図式]手形 cambiale⊛ pagherò⊛, pagherò⊛ cambiario [複-i], effetto⊛ all'ordine, cambiale⊛ propria　融通手形 cambiale⊛ di compiacenza [di favore]

✤手形受取人 prenditore⊛ [⊛ -trice]
手形貸付 prestito⊛ su documenti
手形交換 compensazione⊛ bancaria
手形交換所 stanza⊛ di compensazione
手形持参人 portatore⊛ [⊛ -trice] di una cambiale
手形市場 mercato⊛ degli sconti
手形支払人 trattario⊛ [⊛ -ia; ⊛複 -i], accettante⊛⊛
手形引受 accettazione⊛ di una cambiale
手形割引率 tasso⊛ di sconto cambiario

でかた 出方　**1**《水などの》¶水の出方がいい[悪い]. L'acqua defluisce [non defluisce] bene.　**2**《反応》reazione⊛; 《やり方》mossa⊛, passo⊛ ¶相手の出方次第だ. Dipende da come reagiranno. ¶彼の出方を見守ろう. Stiamo in guardia e osserviamo la sua prossima mossa.

てがたい 手堅い solido, sicuro ◇手堅く《慎重に》prudentemente, con prudenza, con cautela; 《着実に》passo dopo passo ¶手堅い投資 investimento sicuro ¶手堅い人物 persona di fiducia / 《危な気ない》persona che non crea problemi

てがたな 手刀 ¶手刀ですいかを割った. Ho rotto il cocomero colpendolo con il fianco della mano [con un colpo di *karate*].

デカダン〔仏 décadent〕decadenza⊛ ◇デカダンな decadente

✤デカダン派 decadentismo⊛; 《芸術家》decadente⊛

てかてか ◇てかてかした lucido, lucente
でかでか ¶新聞にでかでかと出る essere riportato dai giornali a lettere "di scatola [cubitali]

てがみ 手紙 lettera⊛, missiva⊛; 《通信》corrispondenza⊛; 《文学的価値の高い書簡》epistola⊛ ¶2008年5月13日付の手紙 lettera del [datata] 13 maggio 2008 ¶手紙を出す《書く》scrivere [《投函》impostare / imbucare / 《発送》spedire / mandare] una lettera ¶手紙の返事を出す rispondere a una lettera ¶母から手紙が来た. È arrivata [Ho ricevuto] una lettera da mia madre. ¶〈人〉と手紙のやり取りをする essere in corrispondenza [in relazione epistolare] con qlcu.

てがら 手柄 gesta⊛ [複], prodezza⊛, impresa⊛ ¶戦場で手柄を立てる distinguersi [compiere azioni gloriose] in battaglia

✤手柄話 ¶手柄話をする raccontare le *proprie* gesta

でがらし 出涸し ¶出がらしの茶 tè leggero fatto con foglie già usate

てがる 手軽 ◇手軽な facile, semplice ◇手軽に facilmente; 《もったいぶらずに》senza darsi arie, francamente; 《軽く》alla leggera ¶手軽な食事を取る consumare un pasto semplice [frugale / leggero] ¶その問題は手軽にかたづいた. Il problema è stato risolto facilmente [agevolmente / senza difficoltà].

デカンター〔英 decanter〕**1**《ワインを入れる》caraffa⊛ da vino **2**《化》decantatore⊛

てき 敵 **1**《戦争などの相手》nemico⊛ [⊛ -ca; ⊛複 -ci], avversario⊛ [⊛ -ia; ⊛複 -i], oppositore⊛ [⊛ -trice] ◇敵の nemico, del nemico, antagonista [⊛複 -i], avversario ¶人類[祖国]の敵 nemico del genere umano [della patria] ¶〈人〉を敵に回す farsi nemico qlcu. ¶不倶戴天(ẓ)の敵 nemico mortale [giurato / capitale] ¶我々は敵を打ち負かした. Abbiamo sconfitto i nemici.　**2**《試合・争いの相手》avversario⊛ [⊛ -ia; ⊛複 -i], rivale⊛, concorrente⊛, oppositore⊛ [⊛ -trice], antagonista⊛ [⊛複 -i] ¶政敵 nemico [avversario] politico ¶ボクサーは敵を倒した. Il pugile ha sconfitto il suo avversario.
慣用 敵に後ろを見せる fuggire⊛ [*av*], voltare le spalle al nemico
敵に塩を送る "A nemico che fugge, ponti d'oro."

✤敵側 parte⊛ avversaria
敵艦 flotta⊛ nemica
敵機 aereo⊛ nemico
敵軍 squadra⊛ avversaria [antagonista]
敵国 paese⊛ ostile [nemico]
敵陣 campo⊛ nemico
敵中 ¶敵中に in mezzo ai nemici
敵味方 →見出し語参照

-てき -的 ¶教育的見地から dal punto di vista 「dell'istruzione [scolastico] ¶金銭的には economicamente / finanziariamente / per quanto riguarda il denaro ¶大陸的気候 clima continentale

-てき -滴 ¶1滴 una goccia ¶溶液を2, 3滴注ぐ versare due o tre gocce di soluzione

でき 出来 ¶出来の良い[悪い] ben [mal] fatto / ben [mal] riuscito ¶これはすばらしい[ひどい]出来だ. È riuscito meravigliosamente [malissimo]. ¶今年は米の出来がいい. Quest'anno abbiamo avuto un buon raccolto di riso. ¶あの子は出来がいい. È un ragazzo 「in gamba [intelligente / 《いい点をとる》che ha buoni voti].

できあい 出来合い ¶出来合いの服 vestito 「preconfezionato [già confezionato] / confezioni⊛ [複]

できあい 溺愛 amore⊛ cieco ◇溺愛する amare qlcu. ciecamente ¶彼は子供を溺愛している. Ama i propri figli 「più di se stesso [alla follia].

できあがり 出来上がり prodotto男 finito ¶出来上がりはいつになりますか. Quando sarà pronto [terminato]? ¶この品の出来上がりはよくない. Quest'articolo non è di buona fattura [qualità].

できあがる 出来上がる **1**(すっかりできる) essere finito [terminato / ultimato / 《完成》compiuto / 《用意》pronto] ¶明日までに出来上がるようにしてください. Vorrei averlo [Vorrei che fosse terminato] entro domani. **2**(酔いがすっかり回る) essere completamente ubriaco《男 -chi》 ¶彼はパーティが始まってすぐにできあがってしまった. La festa era appena cominciata che lui era già partito a forza di bere.

てきい 敵意 ostilità女, inimicizia女, animosità女 ¶〈人に〉敵意をいだく essere ostile verso qlcu. / nutrire un sentimento ostile [di animosità] verso qlcu.

テキーラ [ス tequila] [ス] tequila女[無変]

てきおう 適応 adattamento男; 《風土・環境への》acclimatazione女, ambientamento男 ◇適応する adattarsi a ql.co.; acclimatarsi ◇適応させる adattare 《AをBに A a B》; acclimatare ¶ローマでの生活に適応する adattarsi alla vita di Roma

✤**適応障害**《心》disadattamento男
適応症候群《医》sindrome女 di adattamento
適応性 適応性がある《人間が》avere spirito di adattamento /《人間・動物が》sapersi adattare /《動物・物が》avere adattabilità

てきおん 適温 《適した温度》temperatura女 adeguata [idonea / adatta], 《ほどよい温度》temperatura女 moderata ¶部屋を適温にしておく mantenere la stanza alla giusta temperatura

てきか 滴下 stillicidio男《複 -i》 ◇滴下する stillare他, 自[es]

てきがいしん 敵愾心 《敵意》ostilità女 ¶敵愾心に燃える provare animosità《に対する verso》 /《競争心》bruciare自[es] [ardere自[es]] dal desiderio di cimentarsi《に対する contro》

てきかく 的確 的確な preciso, giusto, esatto ◇的確に con precisione ¶的確な描写 descrizione acuta [precisa]

てきかく 適格 ◇適格である avere i requisiti necessari per [a] ql.co. [＋不定詞], 《準備・技術がある》essere qualificato per ql.co. [＋不定詞], 《性質などの上で》essere idoneo「a ql.co. [a＋不定詞]

✤**適格者** 《有資格者》persona女 qualificata; 《向いている, また特に軍隊で》avente男 l'idoneità, persona女 idonea; 《権能》persona女 competente

てきがた 敵方 nemico男《女-ca》《複 -ci》, avversario男《女-ia》《男複 -i》, 《競技などの》avversario男, rivale男 ¶彼は敵方の情報に明るい. Conosce molto bene la situazione del campo avversario. ¶敵方のチーム squadra rivale

てきぎ 適宜 適宜な措置 misure adeguate / provvedimenti adatti ¶各自適宜取り計らってください. Ognuno faccia come crede opportuno.

てきごう 適合 convenienza女; 《合致》conformità女; 《適応》adattamento男, 《機》compatibilità女 ◇適合する confarsi [addirsi] a ql.co. [a qlcu.]; essere conforme a ql.co.; adeguarsi a ql.co. ◇適合させる adattare ql.co.《に a》; adeguare ql.co.《に a》 ¶与えられた条件に適合する soddisfare le condizioni date

できごころ 出来心 ◇出来心で《衝動的に》sotto l'impulso del momento, 《軽はずみに》senza riflettere, inconsultamente; 《思いつきで》per un colpo di testa ¶出来心を起こす cedere自 [av] all'impulso del momento ¶彼は出来心から盗みを働いた. Ha commesso un furto in preda ad un impulso irrefrenabile.

できごと 出来事 avvenimento男, accaduto男, fatto男, evento男, accadimento男; 《偶発的な》episodio男《複 -i》; 《事故》incidente男 ¶日常の出来事 avvenimenti [eventi] quotidiani ¶新聞には世界のいろいろな出来事が載っている. Sui giornali viene riportato tutto ciò che accade [succede] nel mondo.

てきざい 適材 ¶彼は大使としてまさに適材だ. È l'uomo che ci vuole per il posto [per il ruolo] di ambasciatore.

✤**適材適所** persona女 giusta al posto giusto

てきし 敵視 ◇敵視する considerare qlcu. un nemico [《女性》una nemica], essere ostile verso [con] qlcu.

できし 溺死 morte女 per annegamento ◇溺死する morire annegato [affogato]
溺死者 annegato男《女 -a》, affogato男《女 -a》
溺死体 cadavere男 di un annegato

てきしゃせいぞん 適者生存 sopravvivenza女 del più adatto; 《植》selezione女 naturale

てきしゅう 敵襲 attacco男《複 -chi》 [assalto男] nemico [複 -ci] ¶敵襲を受ける subire l'assalto del nemico

てきしゅつ 摘出 estrazione女; 《医》asportazione女, estirpazione女, enucleazione女 ◇摘出する estrarre; asportare, estirpare, enucleare ¶臓器を摘出する asportare gli organi (interni)

✤**摘出手術**《医》exeresi女[無変]

てきしょ 適所 ¶人材を適所に配置する mettere gli uomini nella posizione giusta

てきじょ 摘除 《医》asportazione女 ¶胃の摘除 gastrectomia

てきじょう 敵情・敵状 ¶敵情を偵察する spiare le condizioni [《動き》le mosse / i movimenti] del nemico

てきしょく 適職 occupazione女 [lavoro男] confacente ¶教師は彼には適職だろう. Penso che la professione d'insegnante gli si addica.

てきず 手傷 ferita女 di guerra ¶敵に手傷を負わせる ferire un nemico (in battaglia)

できすぎる 出来過ぎる ¶話がばかにできすぎている. La storia è troppo bella per essere vera.

テキスト [英 text] 《本文》testo男; 《教科書》libro男 di testo, 《副教材も含めて》manuale男

✤**テキストファイル**《コンピュータ》[英] text file男[無変]

てきする 適する **1**(よく合う) confarsi [addirsi] a ql.co. (▶addirsi は三人称単純時制のみ), essere adatto a [per] ql.co. [qlcu.] ¶この出し物は子供に適していますか. Quest'attrazione è adatta

てきする per i bambini? ¶これは私に適していない. Questo non fa per me. ¶アルミニウムは多くの用途に適している. L'alluminio si presta a molti usi. **2**《ふさわしい能力がある》 ¶彼は医者には適さない. Non è adatto a fare il medico.

てきする 敵する **1**《敵対する》opporsi 《に a》 **2**《匹敵する》pareggiare [uguagliare] *qlcu.* [*ql.co.*], essere allo stesso livello di *qlcu.* [*ql.co.*]

てきせい 適正 ◇適正な appropriato, adeguato, adatto;《正当な》giusto ¶適正価格 prezzo ragionevole [giusto]

てきせい 適性 attitudine㊛ ¶…に適性がある essere adatto a [per] *ql.co.* / essere idoneo a *ql.co.* / avere attitudine per *ql.co.* [a *ql.co.* / a + 不定詞]
✤**適性検査** esame㊚ attitudinale

てきせい 敵性 carattere㊚ ostile
◇**敵性行為** atto㊚ ostile, ostilità㊛

てきせつ 適切 ◇適切な giusto, appropriato, adeguato, opportuno, pertinente;《誰かにとって都合のよい》conveniente ¶適切な例 esempio appropriato [calzante] ¶適切な対策 misure opportune ¶適切な表現 espressione felice ¶適切な批評 critica appropriata [giusta] / osservazione pertinente ¶適切な措置が望まれる. È auspicabile [desiderabile] un provvedimento adeguato.

てきぜん 敵前
✤**敵前上陸**《軍》sbarco㊚ [複 -*chi*] davanti al nemico
敵前逃亡《軍》diserzione㊛ davanti al nemico [sotto il fuoco nemico]

できそこない 出来損ない **1**《不出来なもの》◇出来損ないの mal fatto, mal riuscito;《不完全な》difettoso, imperfetto;《だめな》mancato ¶出来損ないの品物 articoli difettosi **2**《ろくでなし》¶この出来損ないめ. Sei un pasticcione! / Questo buono a nulla! / Disgraziato!

てきたい 敵対 ◇敵対する opporsi《に a》;《抵抗する》resistere [opporre resistenza]《に a》
✤**敵対関係** antagonismo㊚; rivalità㊛ ¶敵対関係にある essere in competizione
敵対行為 atto㊚ ostile, ostilità㊛ [複]

できだか 出来高《生産高》produzione㊛;《収穫高》raccolto㊚;《取引高》volume㊚ [giro㊚] d'affari ¶1ヘクタール当たりの出来高 rendimento (di un terreno) per ettaro ¶株式の出来高 il volume delle transazioni borsistiche
✤**出来高賃金** retribuzione㊛ a cottimo
出来高払い ¶出来高払いの仕事 (lavoro a) cottimo ¶出来高払いで働く lavorare a cottimo

できたて 出来たて ¶出来たての菓子 dolci appena sfornati ¶出来たての洋服 abito appena confezionato ¶出来たての家 casa nuova di zecca

できたら →できれば

てきだん 敵弾 ¶敵弾に倒れる essere [rimanere] ucciso da un proiettile nemico

てきだん 擲弾 granata㊛
✤**擲弾筒** lanciagranate㊚ [無変], lanciabombe㊚ [無変]
擲弾兵 granatiere㊚

てきち 敵地 territorio㊚ [複 -*i*] nemico [複 -*ci*], zona㊛ nemica

てきちゅう 的中 **1**《矢が的に当たること》◇的中する colpire [centrare] il bersaglio, andare a segno, azzeccare il bersaglio
2《予想などが当たること》◇的中する《人が主語で》azzeccare [indovinare] *ql.co.*;《事態が主語で》avverarsi, realizzarsi ¶予想が的中した. Le previsioni si sono avverate [si sono realizzate].
✤**的中率** percentuale㊛ dei colpi messi [andati] a segno

てきてい 滴定《化》titolazione㊛
✤**滴定曲線** curva㊛ di titolazione

てきてん 滴点《化》punto di gocciolamento

てきど 適度 ◇適度な moderato ◇適度に con moderazione [misura], moderatamente, senza eccesso ¶適度な運動 esercizi moderati

てきとう 適当 **1**《程よいこと》◇適当な《適切な》appropriato, giusto, atto, adatto, confacente;《都合のよい》conveniente, opportuno; idoneo, proporzionato;《正しい》giusto;《程よい》moderato, giusto, mite, modesto, modico㊚[複 -*ci*] ◇適当に appropriatamente, adeguatamente, convenientemente, proporzionatamente, al punto giusto; moderatamente ◇適当である fare al caso
¶適当な言葉 parola appropriata ¶栽培に適当な土地 terreno atto [adatto] alla coltivazione ¶適当な時を見て a tempo e luogo opportuni ¶適当な価格 (高すぎない) prezzi modici ¶適当なころあいを見計う calcolare il momento giusto ¶適当な温度に部屋を保つ mantenere una camera ad una giusta temperatura ¶遊びもいいけど適当にしろよ. Divertirsi va bene, ma con moderazione! ¶給料が安いんだから適当にやるぞ. Con lo stipendio che mi danno, faccio il minimo necessario. ¶君が行くのが適当だ. È opportuno che tu vada. ¶我々は君に知らせるのが適当と考えた. Abbiamo ritenuto opportuno informarti. ¶その言葉は適当ではない. Non è questo il vocabolo appropriato.
2《いいかげん》◇適当な superficiale, leggero, irresponsabile ◇適当に a vanvera ¶適当な男 uomo poco serio ¶あんなやつは適当にあしらっておけ. Non vale la pena che tu lo prenda sul serio.

てきにん 適任 ◇適任の adatto a [per] *ql.co.*, qualificato a [per] *ql.co.* ¶彼は弁護士として適任かどうかわからない. Non so se lui sia portato all'avvocatura.

できね 出来値《経》prezzo㊚ di vendita di Borsa

できばえ 出来栄え・出来映え ¶見事な出来栄えの家具 mobili di eccellente fattura ¶彼の演技はすばらしい出来栄えだった. La sua esecuzione è stata meravigliosa.

てきぱき ¶てきぱきと答える rispondere prontamente e con decisione ¶もっとてきぱき仕事をしろ. Sii più rapido [sbrigativo] e risoluto nel tuo lavoro.

てきはつ 摘発 ◇摘発する denunciare, svelare,

てきひ 適否 ¶計画の適否を論ずる discutere i pro e i contro [i vantaggi e gli svantaggi] di un progetto ¶この措置の適否はわからない。Non so se convenga prendere questo provvedimento.

てきびしい 手厳しい severo, inflessibile

できふでき 出来不出来 ¶彼の作品には出来不出来がある。Fra i suoi lavori ve ne sono di ben riusciti e di scadenti. ¶試験の出来不出来《結果》risultati degli esami

てきへい 敵兵 soldato男[⊛ -essa] nemico[男複 -ci]

てきほう 適法 ◇適法の legale; 《合法の》legittimo

てきみかた 敵味方 amici男[複] e nemici男[複], due fazioni⊛[複] opposte ¶彼らは敵味方に分かれてしまった。Si sono divisi in due fazioni opposte.

てきめん 覿面 ¶効果てきめんである avere un effetto immediato ¶天罰てきめん。La punizione divina non si fa mai attendere.

できもの 出来物 《はれもの》gonfiore男, tumefazione⊛, ingrossamento男; 《吹き出物》pustola⊛, bottone男; 《おでき, ねぶと》foruncolo男; 《腫瘍》tumore男; 《潰瘍》ulcera⊛; 《膿瘍》ascesso男, postema男[複 -i] ¶背中にできものができた。Mi è venuto [spuntato] un foruncolo sulla schiena.

てきや 的屋 《大道商人》venditore男[⊛ -trice] ambulante; 《大道商売をするやくざ》delinquente男[malvivente男] da strada

てきやく 適役 posto男[ruolo男] adatto (a qlcu.) ¶それこそ彼は適役だ。Questo ruolo sembra fatto apposta per lui.

てきやく 適訳 buona traduzione⊛, traduzione⊛ ben fatta

てきよう 摘要 riassunto男, compendio男[複 -i], sunto男, sommario男[複 -i]; 《抜き書き》estratto男 ¶摘要を作る riassumere [compendiare] ql.co. / riepilogare ql.co.

てきよう 適用 applicazione⊛ ◇適用する applicare ql.co. a ql.co. ¶この規則はあらゆる場合に適用される。Questa regola si applica [è applicabile] in qualsiasi situazione. ¶この件には適用できない規法 norma inapplicabile a questo caso

てきりょう 適量 quantità appropriata [giusta]; 《薬の》dose⊛ prescritta; 《放射線などの》dosaggio男 (appropriato)

できる 出来る **1**【作られる】essere fatto⊛, 《生産される》essere prodotto [fabbricato], 《建設される》essere costruito; 《創設される》essere fondato, 《姿を現す》apparire[es] ¶わが社は1930年にできた。La nostra ditta fu fondata nel 1930. ¶この辺りにもだいぶ家が建ってきた。Anche in questa zona hanno costruito [sono sorte] molte case. ¶よくできた映画だ。È un film ben fatto. ¶このおもちゃは精巧にできている。Questo giocattolo è fatto con cura estrema. ¶子供ができた。《妊娠》Sono rimasta incinta. /《誕生》È nato [Ha avuto] un bambino. ¶水は水素と酸素からできている。L'acqua è formata da [è costituita da / si compone di] idrogeno e ossigeno. ¶これは紙でできている。Questo è fatto di carta. ¶この地方はオリーブがよくできる。In questa regione si producono molte olive. ¶温室でできてばら rose cresciute [coltivate] in serra

2【仕上がる】essere fatto⊛[completato / portato a termine]; 《用意が整う》essere pronto ¶仕事ができた。Ho finito [terminato / portato a termine] il lavoro. ¶この仕事は今週中にできる。Questo lavoro sarà terminato entro la settimana. ¶1週間ではとてもできない。È impossibile finire in una settimana. ¶食事の支度ができました。Il pranzo è pronto. ¶準備ができしだい出かけよう。Partiremo appena saremo pronti.

3【生じる, 起こる】accadere[es], sorgere[es], capitare[es]; 《はれ物などが》venire a qlcu.; 《形成される》formarsi ¶困ったことができた。È sorta una difficoltà. / Ho un grattacapo. ¶用事ができた。È subentrato un impegno. ¶彼は首にはれ物ができている。Ha un gonfiore sul [al] collo. ¶踵(かかと)にまめができた。Mi è venuta una vescica sul calcagno.

4【目標を達成するための金額が手に入る】ottenere [procurarsi] ql.co. ¶事業を始めるのに十分な資金ができた。Mi sono procurato dei fondi sufficienti a iniziare la mia attività.

5【物事が: 可能である】essere possibile [permesso / consentito] a qlcu. ¶この図書館は誰でも利用できる。Chiunque può utilizzare questa biblioteca. / Questa biblioteca è aperta a tutti. ¶インフルエンザで外出できない。Oggi non mi è possibile uscire perché ho preso l'influenza. ¶この文章はいく通りにも解釈できる。Questo brano dà adito a più interpretazioni. ¶スパゲッティができますか。《店で》Si può avere un piatto di spaghetti?

6【人が: 能力がある】potere + 不定詞, essere capace [in grado] di + 不定詞, riuscire⊛[es] a + 不定詞; 《やり方を知っていて, できる》sapere + 不定詞 ¶私は…できない。Non posso [Non sono capace di / Non sono in grado di / Non riesco a] + 不定詞 ¶実現できない計画 progetto irrealizzabile ¶僕にできたらなあ。Sarebbe bello se potessi farlo! ¶私にできることなら何でもします。Farò qualunque cosa in mio potere. ¶僕はダンスができない。Non so ballare. ¶私はイタリア語ができます。So [Conosco] l'italiano. ¶それはできない相談だ。È impossibile. / Chiedi l'impossibile. ¶できうる限りのことはしましょう。Farò「tutto quello che potrò [del mio meglio / tutto il possibile]. ¶できるだけ →見出し語参照

7【成績・技量・人柄などが人並みすぐれている】essere bravo (in ql.co.) [nel + 不定詞] ¶できない生徒 studente mediocre ¶試験がよくできた。Ho avuto degli ottimi voti agli esami. ¶彼はこのクラスで一番よくできる。È il più bravo di questa classe. ¶彼女は理科ができない。Non è brava in scienze. ¶彼はよくできた人だ。È una persona matura.

8【男女がひそかに深い関係になる】¶あの2人はできている。Fra quei due c'è [Quei due hanno] un rapporto intimo. ¶彼には最近女ができたらし

い。Pare che ultimamente stia con qualcuna.
できるだけ il più possibile, quanto più possibile ¶できるだけ早く来てください。Venga (il) prima possibile. ¶できるだけ多くの資料を集める raccogliere il più gran numero di documenti possibile ¶できるだけ少ない費用で旅行する viaggiare con la minor spesa possibile

てぎれ 手切れ
✣**手切れ金** ¶彼女は300万円の手切れ金を要求している。Lei esige tre milioni di yen come indennità「di separazione [per rompere la relazione].

てきれい 適例 esempio男[複-i] appropriato

てきれいき 適齢期 ¶(結婚)適齢期を過ぎる superare l'età da matrimonio

できれば possibilmente, se (è) possibile ¶できればイタリアへ行きたい。Possibilmente vorrei andare in Italia. ¶できればそれにこしたことはない。Se (è) possibile, sarebbe il massimo. ¶できれば午後1時ころ会っていただけませんか。Se è possibile potremmo incontrarci verso l'una di pomeriggio?

てぎわ 手際 ¶すばらしい手際だ。È proprio ben riuscito. ¶彼は手際よく仕事をかたづける。Lavora con abilità [con destrezza]. ¶君は手際が悪いね。Sei maldestro [goffo]!

てきん 手金 (手付金) caparra女; (保証金など) deposito男

てぐすね 手ぐすね ¶手ぐすね引いて待っていたのに犯人は現れなかった。Eravamo pronti in attesa del delinquente, che però non si è fatto vedere.

てくせ 手癖 ¶手癖が悪い avere la tendenza al furto / essere cleptomane / avere le mani lunghe

てくだ 手管 ¶手管にかかる essere ingannato [imbrogliato] dagli artifici [dai trucchi / dagli stratagemmi] di qlcu. ¶手管を弄(ろう)する usare [ricorrere a] tutti i trucchi del mestiere

てぐち 手口 modo男 di eseguire un atto delittuoso ¶残忍な手口だ。È un delitto efferato. ¶マフィアのよくやる手口で nel tipico stile della mafia

でぐち 出口 uscita女 ¶煙の出口を作る aprire uno sbocco per il fumo ¶出口はあちらです。L'uscita è da quella parte.
✣**出口調査** (選挙の) proiezioni女[複] elettorali

てくてく ¶てくてく歩く camminare a lungo e a passo costante

テクニカラー 〔英 Technicolor〕《商標》《映》technicolor男

テクニカル 〔英 technical〕◇テクニカルな tecnico男[複-ci]
✣**テクニカルターム** termine男 tecnico
テクニカルノックアウト《ボクシング》knockout男 [ko男 [無変] / fuoricombattimento男 [無変] tecnico

テクニシャン 〔英 technician〕《音楽・絵画など》virtuoso男[複-a]

テクニック 〔英 technic〕tecnica女 ◇テクニックの tecnico男[複-ci]

テクネチウム 〔英 technetium〕《化》tecneto男, tecnezio男; 《元素記号》Tc

テクノクラート 〔英 technocrat〕tecnocrate男女 ◇テクノクラートの tecnocratico男[複-ci]

テクノストレス 〔英 technostress〕stress男 tecnologico

でくのぼう 木偶の坊 (役立たず) buono男 [-a] a nulla; (無能力な人) incapace男女; (人の言いなりになる人) persona女 priva di carattere, marionetta女, fantoccio男[複-ci] ¶彼はでくの坊のように突っ立っていた。Se ne stava impalato come「un pezzo di legno [uno scemo].

テクノポリス 〔英 technopolis〕tecnopoli女 [無変]

テクノロジー 〔英 technology〕tecnologia女 [複-gie] ◇テクノロジーの tecnologico男[複-ci]

てくび 手首 polso男 ¶彼は彼女の手首を捕まえた。Le ha afferrato il polso.

てくらがり 手暗がり ¶この位置では手暗がりで書きにくい。Questa posizione è scomoda per scrivere perché la mano「fa ombra [para lo luce].

デクレッシェンド 〔伊〕《音》decrescendo男 [無変]; (略) decresc.

でくわす 出会す imbattersi in qlcu. ¶旧友にでくわした。Mi sono imbattuto in un vecchio amico.

てこ 梃子 leva女
|慣用| てこでも動かない ¶彼はてこでも動かない。Non si riesce a spostarlo [smuoverlo] di un centimetro. ¶てこでも動かないやつだ。È testardo come un mulo.

てこいれ 梃入れ ◇てこ入れする (強化する) puntellare, rinforzare, consolidare, rafforzare; (支持・支援する) appoggiare, sostenere ¶企業にてこ入れする rimettere in sesto [puntellare] un'impresa ¶相場にてこ入れする manipolare il mercato azionario (per impedire una caduta improvvisa dei prezzi)

デコーダー 〔英 decoder〕《コンピュータ》decodificatore男

てごころ 手心 ¶手心を加える trattare qlcu. con un occhio di riguardo

てこずる 梃摺る avere「dei grattacapi [delle difficoltà]「con qlcu. [con qlc.co. / nel+不定詞] ¶この子にはほとほとてこずる。Questo figliolo è una fonte perpetua di preoccupazioni [mi mette sempre nei guai].

てごたえ 手応え (反応) risposta女; (効果) effetto男 ¶手応えがある《反応を生じさせるものを主語にして》avere effetto / essere efficace / farsi sentire / offrire resistenza ¶手応えのある仕事 lavoro gratificante / lavoro che dà mordente ¶手応えのない学生たちだ。Sono studenti passivi [indifferenti / che non reagiscono]. ¶十分に手応えを感じた。Mi sembra di aver fatto una buona impressione.

でこぼこ 凸凹 **1** (土地などの起伏) irregolarità女[複], dislivelli男[複] ◇でこぼこの irregolare, ineguale ¶でこぼこの道 strada accidentata [dissestata] ¶でこぼこしていない土地 terreno livellato [spianato / liscio] **2** (不均衡) disuguaglianza女, sperequazione女

てごめ 手込め ¶彼はその女を手込めにした。Ha

デコルテ 〔仏 décolletée〕 vestito男 décolleté [scollato];〔仏〕décolleté男[無変]

デコレーション 〔英 decoration〕 decorazione女 ◇デコレーション(用)の decorativo
❖**デコレーションケーキ** torta女 decorata

てごろ 手頃 ◇手ごろな maneggevole;《(値段が)》ragionevole, conveniente, accessibile, alla portata ¶手ごろな値段 prezzo modico ¶…を知るための手ごろな本 un libro pratico per informarsi su ql.co. ¶ちょうど手ごろな家が見つかった。Abbiamo trovato una casa che sembra fatta apposta per noi.

てごわい 手強い temibile;《(問題などが)》difficile ¶手ごわい相手だった。È stato un temibile [formidabile / duro] rivale.

テコンドー 《スポ》 taekwondo男[無変]

デザート 〔英 dessert〕〔仏〕 dessert男[無変], dolce男 ¶デザートにアイスクリームを食べた。Per [Come] dessert ho preso il gelato.
❖**デザートスプーン[フォーク / ナイフ]** cucchiaio男[複 -i] [forchetta女 / coltello男] da dessert

てざいく 手細工 ¶手細工の品 prodotti fatti [lavorati] a mano / prodotti artigianali [di artigianato]

デザイナー 〔英 designer〕 designer男女[無変]; grafico男[女 -ca;男複 -ci]; disegnatore男[女 -trice];《服飾デザイナー》figurinista男女[男複 -i], costumista男女[男複 -i], stilista男女[男複 -i];《商業デザイナー》〔英〕designer男[無変]; cartellonista男 女[男複 -i], disegnatore grafico[男複 -ci];《工業デザイナー》progettista男 女[男複 -i], modellista男女[男複 -i], disegnatore男女[女 -trice] tecnico[男複 -ci] [industriale], stilista男女

デザイン 〔英 design〕 design男[無変]; disegno男;《設計》progettazione女 ◇デザインする fare [eseguire] disegni [progetti] di ql.co., disegnare ql.co., progettare ql.co. ¶インテリアデザイン architettura d'interni ¶服飾デザイン disegno di modelli ¶工業デザイン disegno tecnico [industriale] /〔英〕industrial design男[無変] ¶商業デザイン disegno cartellonistico ¶グラフィックデザイン disegno grafico ¶奇抜なデザインの家具 mobile di foggia stravagante ¶この車はデザインがいい。Quest'auto ha una bella linea.

でさかる 出盛る ¶人の出盛る場所 luogo molto frequentato ¶桃が出盛っている。「Siamo in piena [È la] stagione delle pesche.

てさき 手先 1《(指先)》dita女[複] della mano ¶手先が器用である essere abile [capace] con le dita [le mani] /《(手芸などで)》avere le mani di fata ¶手先が不器用である essere maldestro [goffo / sgraziato] con le mani 2《(手下)》権力の手先となる essere [diventare] uno strumento dell'autorità

でさき 出先 ¶彼の出先に電話した。Gli ho telefonato nel luogo dove si era recato.
❖**出先機関**《(支部)》sede女 distaccata, agenzia女;《(支店)》filiale女;《(海外事務所)》ufficio男[複 -i] all'estero;《(在外政府機関)》ufficio governativo all'estero

てさぎょう 手作業 lavoro男[operazione女] manuale ¶手作業で分類する classificare ql.co. manualmente

てさぐり 手探り **1**《(手で探す)》 ◇手探りで(a) tastoni, (a) tentoni **2**《(暗中模索)》¶問題の解決はまだ手探り状態だ。Stiamo ancora brancolando in cerca di una soluzione del problema.

てさげ 手提げ 《(手提げかご)》cestino男;《(買い物かご)》sporta女
❖**手提げかばん** valigetta女 (diplomatica);《(学生用などの)》cartella女
手提げ金庫 cassaforte女[複 casseforti] portatile
手提げ袋 《(買い物袋)》borsa女 della spesa

てさばき 手捌き trattamento男, maniera女 di trattare

てざわり 手触り ¶この布は手触りが柔らかい[粗い]。Questa stoffa è morbida [ruvida] al tatto.

でし 弟子 allievo男, discepolo男[女 -a];《(徒弟)》apprendista男女[男複 -i] ¶内(ぢ)弟子 allievo [apprendista] che vive nella casa del maestro ¶弟子をとる accettare [prendere] qlcu. come allievo
❖**弟子入り** ◇弟子入りする diventare l'allievo di qlcu.; cominciare l'apprendistato [il tirocinio] da qlcu.

デシ 〔仏 déci-〕 deci-
❖**デシグラム** decigrammo男;《(記号)》dg
デシメートル decimetro男;《(記号)》dm
デシリットル decilitro男;《(記号)》dl

てしお 手塩 ¶手塩にかけて育てる allevare [tirar su] qlcu. con le cure più affettuose

デシケーター 〔英 desiccator〕《化》essiccatore男, essiccatoio男[複 -i]

てしごと 手仕事 lavoro男 manuale ¶手仕事をする lavorare con le proprie mani

てした 手下 subalterno男[女 -a], subordinato男[女 -a], sottoposto男[女 -a];《(随員, 信奉者)》seguace男 ¶…の手下である essere agli ordini di qlcu., essere strumento di qlcu. [ql.co.] ¶手下を連れて con i propri uomini / con i propri sottoposti

デジタル 〔英 digital〕 ◇デジタルの digitale, numerico男[複 -ci]
❖**デジタル衛星放送** trasmissione女 digitale via satellite
デジタル化《コンピュータ》digitalizzazione女
◇デジタル化する digitalizzare ql.co.
デジタルカメラ fotocamera女 [macchina女 fotografica] digitale
デジタル信号 segnale男 digitale
デジタル通信 sistema男[複 -i] di comunicazione digitale
デジタル時計 orologio男[複 -gi] digitale
デジタルビデオカメラ telecamera女 digitale
デジタルビデオディスク videodisco男[複 -schi] digitale
デジタル表示 display男[無変] digitale
デジタル放送 trasmissione女 digitale
デジタル録音 registrazione女 digitale

てじな 手品 gioco男[複 -chi] di prestigio, prestidigitazione女, gioco男[複 -chi] da mano [di abilità] ¶手品の種(たね) il trucco di un gioco di prestigio ¶手品を使う fare (dei) giochi di prestigio

✤**手品師** prestigia*tore*男[女 *-trice*]

でしな 出しな ◊出しなに al momento di uscire

デシベル 〔英 decibel〕 decibel男[無変]；〔記号〕db, dB

てじめ 手締め battimano男 collettivo a tempo per festeggiare il buon esito di *ql.co.*, o per augurarlo

てじゃく 手酌 ¶彼は手酌で酒を飲んだ. Si è servito il *sakè* da solo.

でしゃばり 出しゃばり invadenza女, intromissione女 (人) persona女 invadente；《おせっかい屋》ficcanaso男[無変], intrigante男/女, impiccione男[女 *-a*] ◊出しゃばりの invadente, intrigante ¶出しゃばりはよせ. Non ti immischiare [Non ficcare il naso] nelle faccende [cose] altrui. / Pensa agli affari tuoi!

でしゃばる 出しゃばる ¶彼はすぐに人のことに出しゃばりたがる. Vuole sempre intervenire [ficcare il naso / mettere il becco] negli affari altrui.

デジャビュ 〔仏 déjà vu〕《既視感》〔仏〕déjà vu男[無変]

てじゅん 手順 《計画》programma男[複 *-i*], progetto男；《順序》ordine男；《手はず》disposizioni女[複], preparativi男[複]；《経過》processo男；《コンピュータ》procedura女, routine女 ¶手順を決める fare il programma [i preparativi] ¶手順を誤る sbagliare l'ordine ¶手順よく計画を進める eseguire un progetto con metodo ¶万事手順よく運んだ. Tutto è andato bene [senza intoppi / liscio come l'olio].

てじょう 手錠 manette女[複] ¶手錠をかける mettere le manette a *qlcu.* / ammanettare *qlcu.* ¶手錠をかけられて in manette / ammanettato

-でしょう 1《推量》¶彼女も来るでしょう. Dovrebbe venire anche lei. ¶東京は暑かったでしょう. Deve far molto caldo a Tokyo. ¶彼はもうお金がないでしょう. Credo che ormai non abbia più soldi. ¶おもしろかったでしょう. È stato divertente, no?
2《念を押して》¶あなたも行くでしょう. Verrai anche tu, no? ¶あなただっていやでしょう. Neanche a te va bene, è vero?

デシン 〘織〙crespo男 di Cina

てすう 手数 ¶お手数をかけてすみません. Mi scusi per「averle procurato delle noie [averla disturbata]. ¶手数のかかる仕事 lavoro complicato

てすうりょう 手数料 commissione女；《役所などの》diritti男[複] [spese女[複]] di [per] *ql.co.*；《仲介の》mediazione女

てずから 手ずから da *sé*

てすき 手透き・手隙 ¶お手すきの時に手伝ってください. Mi aiuta quando ha un momento libero?

てすき 手漉き ¶手すきの和紙 carta giapponese fatta a mano

でずき 出好き 《外出好きの人》bighellone男[女 *-a*] ¶彼女は出好きだ. Adora star fuori casa.

ですぎる 出過ぎる **1**《決まった程度を越える》¶このお茶は出過ぎる. Questo tè è troppo forte.
2《でしゃばる》¶出過ぎた口をきく parlare irriguardosamente ¶出過ぎた真似をするな. Non intrometterti in affari che non ti riguardano.

デスク 〔英 desk〕 **1**《机》scrivania女, scrittoio男[複 *-i*]
2《新聞社などの》redat*tore*男[女 *-trice*] capo[無変]；aiutoredat*tore*男[女 *-trice*]

✤**デスクプラン** piano [progetto男] fatto a tavolino

デスクワーク lavoro男 sedentar*io*[複 *-i*]

デスクトップ(コンピュータ) 〔英 desktop computer〕 computer男[無変] fisso [da tavolo / da scrivania], 《略》desktop男[無変]；《稀》scrivania女 ¶デスクトップに保存する salvare sul desktop

てすさび 手遊び ¶庭いじりはほんの手すさびです. Il giardinaggio è solo un piacevole passatempo.

テスター 〔英 tester〕 apparec*chio*男[複 *-chi*] elettrico[複 *-ci*]「di misura [di rilevazione]

テスト 〔英 test〕《検査, 審査》esame男, saggio男[複 *-gi*], prova女；《製品などの》collaudo男, prova女 (di collaudo)；《知能・適性の》〔英〕test男[無変]；《実験》esperimento男；《学校の》esame男, 《略》test男[無変], compito男 in classe；《リハーサル》prova女 ◊テストする provare *ql.co.* [*qlcu.*], sottoporre *ql.co.* [*qlcu.*] a una prova [un test]; esaminare *ql.co.*; collaudare *ql.co.* ¶学力[知能]テスト test di rendimento scolastico [d'intelligenza] ¶心理テスト test psicologico / reattivo (mentale [psicologico])

✤**テストケース** caso男 sperimentale

テスト撮影 provino男

テストパイロット《飛行機・車の》pilota男[複 *-i*] collaudatore, collauda*tore*男[女 *-trice*]；《飛行機の》collaudatore男 d'aerei

テスト飛行 volo男「di collaudo [di prova], prova女 di volo

デスマスク 〔英 death mask〕 maschera女 mortuaria

てすり 手摺 corrimano男, passamano男[複 *-o, -i*]；《橋・道路・テラスなどの》parapetto男；《バラスターのついた欄干》balaustra女 [balaustrata女]；《階段の欄干》ringhiera女

✤**手すり板**《船》murata女

手すり子 〘建〙balaustro男, colonnina女

てずり 手刷り stampa女 a mano

てせい 手製 ◊手製の fatto a mano；《自家製の》fatto in casa, di produzione casalinga ¶手製のセーター golf confezionato a mano ¶私の手製の料理 piatto preparato [fatto] da me

てぜい 手勢 ¶少数の手勢を率いる guidare un piccolo drappello di soldati [di uomini]

てぜま 手狭 ¶手狭なのでお泊めできません. C'è così poco spazio che non possiamo ospitarla.

てそう 手相 linee女[複] della mano ¶手相を見てもらう farsi leggere (le linee del)la mano ¶いい手相をしている avere una bella mano

✤**手相術** chiromanzia女

手相見 chiromante男/女

でぞめしき 出初め式 spettacolo男 di capodanno dei vigili del fuoco

でそろう 出揃う ¶意見が出そろった. Tutti hanno esposto [espresso] la loro opinione.

てだし 手出し ¶手出しをしたのは彼のほうだ. È stato lui ad iniziare.

でだし 出出し inizio男[複 -i], avvio男[複 -ii] ◇出だしに agli inizi, in principio ◇出だしから sin dall'inizio ¶彼らは出だしが良かった. Sono partiti [Hanno cominciato] bene. / Il loro inizio è stato positivo.

てだすけ 手助け aiuto男, assistenza女 ◇手助けする dare una mano a qlcu. (per+不定詞), aiutare qlcu. (a+不定詞), assistere qlcu. (in+不定詞) ¶あの子は大変手助けになる. Quel ragazzo è di grande aiuto.

てだて 手立て mezzo男 utile ¶手立てを講じる escogitare un mezzo [un espediente]「に対して contro, …するために per+不定詞]

でたとこしょうぶ 出たとこ勝負 ¶出たとこ勝負で alla ventura / affidandosi al caso / sperando nella fortuna ¶出たとこ勝負で試験にのぞんだ. Sono andato a sostenere gli esami「senza alcuna preparazione [affidandomi al caso].

てだま 手玉
[慣用]**手玉に取る** menare qlcu. per il naso

でたらめ 出鱈目 ciancia女[複 -ce], ciarla女 ◇でたらめな grossolano;《不まじめな》poco serio男[複 -i];《不忠実な》sleale ◇でたらめに a caso, a casaccio ¶でたらめに弾を撃つ sparare alla cieca ¶でたらめを言うな. Non dire sciocchezze [stupidaggini]! /《出まかせ》Non parlare a vanvera [a casaccio]! /《うそ》Non dire bugie! ¶彼の言うことはでたらめだ. Quello che dice è privo di qualsiasi fondamento. ¶彼の論理はでたらめだ. Il suo argomento「non si regge in piedi [予盾だらけ] è pieno di contraddizioni].

デタント〔仏 détente〕《緊張緩和》disgelo男, distensione女, miglioramento男 dei rapporti internazionali

てぢか 手近 ◇手近な《手のとどく》a portata di mano;《卑近の》familiare, comune ¶手近な問題 problemi immediati ¶辞書はいつも手近なところに置いてある. Ho sempre un dizionario a portata di mano.

てちがい 手違い《間違い》errore男, sbaglio男[複 -gli];《支障》intoppo男, difficoltà女 improvvisa, contrattempo男 ¶当方の手違いです È colpa nostra. ¶手違いで出発が遅れました. Per un contrattempo ho ritardato la partenza.

てちょう 手帳 taccuino男;《日付の書き込まれた》agenda女, agendina女 ¶手帳に…を書きつける annotare qlcu. in un'agenda

てつ 鉄 **1**《金属》ferro男;《元素記号》Fe;《鋼鉄》acciaio男;《鋳鉄》ghisa女 ◇鉄の ferreo, di ferro ¶鉄製である essere (fatto) di ferro ¶鉄を含んだ ferroso ¶鉄は熱いうちに打て.《諺》"Meglio battere il ferro finché è caldo."
2《強固なこと》¶鉄の意志 volontà「di ferro [ferrea]」¶鉄のカーテン《政》cortina di ferro

てつ 轍 ¶轍を踏む ripetere gli [cadere⊕[es] negli] stessi errori di qlcu.

てつあれい 鉄亜鈴 manubrio男[複 -i] in ferro (per sollevamento pesi)

てっかい 撤回 ritrattazione女;《法》revocazione女, revoca女 ◇撤回する ritirare [ritrattare] qlco.; revocare qlco. ¶要求を撤回する ritirare la richiesta ¶前言を撤回する ritirare [rimangiarsi] quanto detto

てつがく 哲学 filosofia女 ◇哲学的 filosofico男[複 -ci] ◇哲学的に filosoficamente; dal punto di vista filosofico, nell'ottica filosofica ¶これは私の哲学です. Questa è la mia filosofia.
◆**哲学史** storia女 della filosofia
哲学者 filosofo男[女 -a]

てつかず 手つかず ◇手つかずの intatto ¶手つかずの自然 natura intatta ¶ごちそうは手つかずであった. Tutte le pietanze in tavola non vennero toccate.

てつかぶと 鉄兜 elmetto男 [elmo男] di metallo

てづかみ 手摑み ¶手づかみで食べる mangiare qlco. con le mani [con le dita]

てっかん 鉄管 tubo男 (di ferro);《集合的》tubatura女

てっき 鉄器 oggetto男 [strumento男] di ferro
◆**鉄器時代** età女 del ferro

てつき 手付 ¶慣れた手つきで con mano sicura [abile] ¶危なっかしい手つきで con mano incerta

デッキ〔英 deck〕《船の》ponte男, coperta女;《列車の》piattaforma女 ¶送迎デッキ ponte dal quale si saluta
◆**デッキチェア** sdraio女[無変]

てっきょ 撤去 ◇撤去する《障害などを》rimuovere;《引き揚げる》ritirare, evacuare;《建物などを》smantellare,《解体する》smontare ¶障害物を撤去する rimuovere [togliere via] un'ostruzione ¶軍隊を撤去する ritirare le truppe「から da] ¶工場を撤去する smantellare una fabbrica

てっきょう 鉄橋 ponte男 di ferro;《鉄道の》ponte男 ferroviario[複 -i]

てっきり ¶てっきりうそだと思っていた. Ero assolutamente certo [convinto] che fosse falso. ¶てっきり、また金を借りにきたものと思った. Ero convinto che fosse venuto a chiedermi ancora del denaro. ¶てっきり別人だと思ったよ. Ti ho confuso del tutto per un altro.

てっきん 鉄琴《音》glockenspiel男[無変], carillon男[無変], campanelli男[複];《ビブラフォン》vibrafono男

てっきん(コンクリート) 鉄筋(コンクリート)《建》cemento armato, conglomerato男 cementizio armato ¶鉄筋コンクリートの建物 costruzione in [di] cemento armato

テックス〔英 tex〕《織》《英》tex男[無変]

てっくず 鉄屑 rottami男[複] di ferro, ferraglia女

でつくす 出尽くす ¶参加者の意見はぜんぶ出尽くした. Tutti i partecipanti avevano esaurito gli interventi.

てづくり 手作り ◇手作りの fatto [fabbricato / costruito] a mano;《自家製》fatto in casa

てつけ(きん) 手付け(金) ¶手付け(金)を払う dare una caparra / versare una cauzione [un deposito]

てっけつ 鉄血 ¶鉄血宰相 il Cancelliere di

てっけん 鉄拳 ¶彼に向かって鉄拳が飛んだ. È stato colpito da una raffica di cazzotti.

てっこう 鉄鋼 siderurgia⊛
✜**鉄鋼業** siderurgia⊛, industria⊛ siderurgica **鉄鋼製品** prodotti⊛[複] siderurgici

てっこうじょ 鉄工所 stabilimento⊛ siderurgico [複 -ci]

てっこう(せき) 鉄鉱(石) minerale⊛ di ferro ¶赤[褐／磁]鉄鉱(石) ematite⊛ [limonite⊛／magnetite⊛]

てっこつ 鉄骨 armatura⊛ [ossatura⊛] di ferro ¶鉄骨の建築 costruzione con armatura「di acciaio [in ferro]

てつざい 鉄材 materiali⊛[複] metallici
てつざい 鉄剤 〖薬〗medicina⊛ a base di ferro

てっさく 鉄柵 inferriata⊛ [cancellata⊛] di ferro

てっさく 鉄索 cavo⊛[fune⊛] d'acciaio

デッサン 〔仏 dessin〕disegno⊛, schizzo⊛, abbozzo⊛ ◊デッサンをする disegnare, schizzare, abbozzare, tratteggiare

てっしゅう 撤収 ◊撤収する《撤去する》togliere via *ql.co*.;《撤退する》ritirarsi ¶砲兵隊が撤収する. L'artiglieria si ritira.

てつじょうもう 鉄条網《有刺鉄線》rete⊛ metallica di filo spinato;《網状の》reticolato⊛ ¶鉄条網を張る stendere una rete metallica di filo spinato

てっしん 鉄心《堅固な意志》anima⊛ in ferro;〖電〗nucleo⊛ di ferro

てつじん 哲人《賢者》saggio⊛[⊛ -gia; ⊛複 -gi; ⊛複 -ge];《哲学者》filosofo⊛[⊛ -a]

てつじん 鉄人 campione⊛[⊛ -essa], fuoriclasse⊛[無変], persona⊛ fortissima

てっする 徹する **1**《しみこむ》¶ご親切は骨身に徹しています. Le sono profondissimamente grato. **2**《徹底する》¶平和主義に徹する credere con tutto il cuore nel pacifismo ¶清貧に徹する scegliere la povertà come stile di vita ¶学問に徹した. Gettati anima e corpo nello studio! **3**《休まず続ける》¶夜を徹して働く continuare a lavorare per tutta la notte

てっせい 鉄製 ◊鉄製の di ferro, fatto di ferro
✜**鉄製品** oggetto⊛「di ferro [《鋼鉄》d'acciaio], prodotto⊛ siderurgico [複 -ci]

てっせん 鉄線 **1**《鉄の針金》filo⊛ di ferro, filo⊛ metallico [複 -ci] ¶有刺鉄線 filo spinato (per reticolati) **2**〖植〗clematide⊛

てっそく 鉄則 regola⊛ di ferro [rigida ／ inflessibile ／ rigorosa] ¶これは民主主義の鉄則である. Questa è una norma ferrea della democrazia.

てっそん 鉄損 〖電〗perdita⊛ nel ferro
てったい 撤退 ◊撤退する ritirarsi《から da》, evacuare ¶デモ隊は広場を撤退した. Il gruppo di dimostranti ha abbandonato la piazza.

✜**撤退命令**《立ち退き》ordine⊛ di evacuazione;《退却》ordine⊛ di ritirata

てつだい 手伝い aiuto⊛, assistenza⊛;《人》aiutante⊛⊛; assistente⊛⊛ ¶《人》に手伝いを頼む chiedere l'aiuto di *qlcu.* ／ chiedere aiuto a *qlcu.* ¶お手伝いできることがあれば言ってください. Se posso「aiutarla in qualche modo [esserle utile], me lo dica.

てつだう 手伝う **1**《手助けする》aiutare *qlcu.*, dare una mano a *qlcu.* ¶《人》に手伝ってもらって con l'aiuto di *qlcu.* ¶誰にも手伝ってもらわずに senza l'aiuto di nessuno ¶父の仕事を手伝っています. Aiuto mio padre nel suo lavoro. ¶誰かに手伝ってもらいなさい. Fatti aiutare da qualcuno. ¶ちょっと手伝ってくれ. Aiutami un po'. ／ Dammi una mano. ¶彼女は教授の研究を手伝った. Lei ha assistito il professore nelle sue ricerche.
2《加える》¶好奇心も手伝って spinto anche dalla curiosità ¶過労に寒さが手伝って病気になった. Alla stanchezza si è aggiunto il freddo e mi sono ammalato.

でっち 丁稚《若い奉公人》garzone⊛, ragazzo⊛;《徒弟》apprendista⊛⊛[⊛複 -i]
✜**でっち奉公** ◊でっち奉公する fare il garzone; fare l'apprendista

でっちあげ でっち上げ《たくらみ》manipolazione⊛;《作りごと》montatura⊛, invenzione⊛;《うそ》bugia⊛[複 -gie] ¶何もかも彼のでっち上げだ. È tutta una montatura da parte sua. ¶それはまったくのでっち上げだ. È una storia inventata di sana pianta. ¶でっち上げの情報 informazioni costruite

でっちあげる でっち上げる《たくらむ》manipolare;《作りごとをする》montare, inventare, architettare ¶アリバイをでっち上げる inventare un alibi ¶彼は報告書をでっち上げた. Ha inventato il rapporto. ¶罪をでっち上げられて逮捕された. È stato arrestato per un'accusa che gli è stata fatta ricadere addosso. ¶うそをでっち上げる《親》scodellare una bugia

てっちゅう 鉄柱 palo⊛ metallico [複 -ci] [di acciaio]

てっつい 鉄槌 grosso martello⊛
〖慣用〗**鉄槌を下(くだ)す**《制裁を加える》dare un colpo decisivo a *qlcu.*;《罰する》punire severamente *qlcu.* per *ql.co.*

てつづき 手続き pratiche⊛[複], procedura⊛[via⊛] da seguire, formalità⊛[複], prassi⊛[無変] ¶入学手続き procedura per l'iscrizione a una scuola ¶入国手続き formalità d'ingresso (in un paese) ¶離婚手続き procedura per ottenere il divorzio ¶手続きの誤り errore procedurale ¶法律に決められた手続きに従う attenersi alle formalità richieste dalla legge

てってい 徹底 **1**《押し貫くこと》◊徹底的な《した》completo, intero ◊徹底的に completamente, interamente ¶徹底した楽天家 inguaribile ottimista ¶徹底したなまけ者 un poltrone cronico ¶徹底的な改革 riforma radicale [drastica] ¶徹底的な調査 indagine a tappeto ¶彼の言うことは徹底しない. Non va a fondo in quello che dice. ¶彼は考えが徹底しなくて困る. Il problema è che manca di coerenza nelle sue idee. ¶いったん始めたら徹底的にやれ. Una volta (che hai) cominciato, vai fino in fondo! ¶相手を徹底的にやっつけよう. Schiacciamoli!
2《行き渡ること》¶通知を徹底させる mettere al

corrente tutti di una comunicazione ¶民主主義が国民に徹底している。Lo spirito democratico si è radicato fra la gente.

てっとう 鉄塔 (pilone男 d'acciaio a) traliccio男 [複 -ci]

てつどう 鉄道 ferrovia女, strada女 ferrata ◇鉄道の ferroviario [複 -i] →駅[会話] ¶鉄道で in treno, per ferrovia ¶高速鉄道 ferrovia rapida [《超高速》ad alta velocità] ¶電気鉄道 ferrovia (a trazione) elettrica ¶国有鉄道《イタリアの》Ferrovie dello Stato / 《略》FS (▶現在は民営化されている) ¶民営[軍用]鉄道 ferrovia privata [militare] ¶鉄道を利用する prendere il treno / servirsi della ferrovia ¶鉄道を敷設する costruire [posare] una (nuova) linea ferroviaria ¶この村には鉄道が通じていない。La ferrovia non tocca questo villaggio. ¶ミラノとコモの間には鉄道路線が２本ある。Milano e Como sono collegate da due linee ferroviarie. ¶A市からB市まで鉄道を敷く計画がある。È in progetto un collegamento ferroviario fra le città di A e B.

♣鉄道案内所 ufficio男 [複 -ci] informazioni ferroviarie
鉄道運賃 tariffa女 ferroviaria
鉄道技師 ingegnere男 ferroviario
鉄道公安官 agente男女 di polizia ferroviaria
鉄道工事 opere女[複] ferroviarie, lavori男[複] ferroviari
鉄道作業員 operaio男 [女 -ia; 男複 -i] delle ferrovie
鉄道事故 incidente男 ferroviario;《大事故》sciagura女 ferroviaria
鉄道線路 binario男 [複 -i] ferroviario; linea女 ferroviaria
鉄道便 trasporto男 su rotaia ¶鉄道便で送る spedire ql.co. per ferrovia
鉄道保線係 guardialinee男 [無変]
鉄道網 rete女 ferroviaria
鉄道輸送 trasporto男 ferroviario [per ferrovia]

てっとうてつび 徹頭徹尾 completamente, dall'a (fino) alla zeta ¶徹頭徹尾調べ上げる fare un'indagine esauriente

デッドエンド 〔英 dead-end〕 **1**《袋小路》vicolo男 cieco [複 -chi] **2**《行き詰まり》punto男 morto

デッドストック 〔英 dead stock〕《不良在庫》giacenze女[複] di merce invenduta

デッドヒート 〔英 dead heat〕 ¶デッドヒートを演じる lottare testa a testa

デッドボール 〔英 dead ball〕《野球》¶デッドボールを与える colpire il battitore con la palla

デッドライン 〔英 deadline〕 **1**《死線》linea女 non superabile **2**《締め切り》termine男 massimo, data女 [《時間》ora女] di consegna [《失効の》di scadenza]

てっとりばやい 手っ取り早い **1**《すばやい》rapido, svelto ◇手っ取り早く rapidamente, in fretta, in brevissimo tempo;《すぐ》prontamente ¶手っ取り早く言えば in parole povere / a farla breve **2**《手間がかからない》¶電話で聞いたほうが手っ取り早い。Si fa molto prima a chiedere per telefono.

デッドロック 〔英 deadlock〕 difficoltà女 insuperabile, punto男 morto

でっぱ 出っ歯 dentatura女 sporgente

てっぱい 撤廃 abolizione女, abrogazione女 ◇撤廃する abolire, abrogare ¶法律を撤廃する abrogare una legge ¶制限を撤廃する revocare [abolire] una restrizione

でっぱる 出っ張る sporgere, aggettare ◇出っ張り sporgenza女;《建》aggetto男, sporto男;《建物のそで》ala女

てっぱん 鉄板 piastra女 [lastra女] di ferro;《薄く延ばした》lamiera女 ¶鉄板焼の肉 carne arrostita [cotta] sulla piastra

てっぴつ 鉄筆 stilo男;《金属彫刻刀》bulino男

てっぴん 鉄瓶 bollitore男 di ghisa

でっぷり ◇でっぷりした grosso, corpulento, obeso;《腹の出た》panciuto

てっぷん 鉄分 ¶鉄分を含んだ水 acqua「ferruginosa [che contiene ferro]

てっぺい 撤兵 ritirata女 di truppe [di forze militari], evacuazione女《からの da》◇撤兵する ritirare le truppe《から da》¶守備隊は包囲された町から夜になって撤兵した。I difensori evacuarono di notte la città assediata.

てっぺき 鉄壁 parete男 [muro男] di ferro ¶金城鉄壁 fortezza inespugnabile

てっぺん 天辺 sommità女, vetta女, cima女 ¶山のてっぺん la vetta [cima / sommità] di una montagna ¶頭のてっぺん sommità del capo [del cranio] ¶彼は私を頭のてっぺんから足の先までじろじろ見た。Mi ha scrutato dalla testa alla punta dei piedi.

てっぺん 鉄片《鉄の断片》pezzo男 di ferro;

てつぼう 鉄棒《スポ》sbarra女;《体操》esercizi男[複] alla sbarra

てっぽう 鉄砲 fucile男 ¶鉄砲を撃つ sparare un colpo di fucile ¶鉄砲で撃つ sparare回 [av] contro [a] ql.co. [qlcu.] (con il fucile) ¶鉄砲の一撃で con un colpo di fucile ¶鉄砲を puntare il fucile contro ql.co. [qlcu.] ¶水鉄砲 pistola女 ad acqua [a spruzzo] /《稀》schizzetto男

♣鉄砲傷(きず) ferita女 da arma da fuoco
鉄砲玉 (1)《鉄砲の玉》pallottola女 di fucile, proiettile男 (2)《飛び出したきり、なかなか帰らないこと》¶あの子はいったんお使いを頼むと、いつも鉄砲玉だ。Quel ragazzo, se gli si chiede di fare una commissione, non lo vedi più per tutto il giorno.
鉄砲水 violenta inondazione女

てづまり 手詰まり **1**《手の打ちようがなくなること》punto男 morto, situazione女 inestricabile **2**《将棋・チェスで》stallo男 ¶彼は手詰まりだ。Non può muovere. / Il re (degli scacchi) è in stallo.

てつめんぴ 鉄面皮 impudenza女, sfacciataggine女 ¶彼は鉄面皮だ。Ha una gran faccia tosta [di bronzo].

てつや 徹夜 veglia女, notte女 in bianco ◇徹夜する far nottata, star su tutta la notte, passare la notte in bianco ¶徹夜で仕事をする passare [stare su / trascorrere] tutta la notte a lavorare / lavorare tutta la notte ¶病人に徹夜でつく fare la veglia a un malato

てつり 哲理 principi[男][複] filoṣofici ¶歴史の哲理 filoṣofia della storia

てづる 手蔓 《縁故関係》appigli[男][複]；《知人》conoscenze[女][複] ¶手づるがある avere conoscenze [appoggi / raccomandazioni]

てなしご 父無し子 《父親と死別した子》orfano[男][女 -a] di padre; 《私生児》bambino[男][女 -a] di paternità ignota

でどころ 出所 origine[女], provenienza[女] ¶そのうわさの出所がわからなかった. Non conoscevo l'origine della diceria.

テトラポッド 《商標》tetrapode[男]

てどり 手取り 《純益》utile[男] netto ¶給料の手取りは 20 万円だ. Ho uno stipendio netto di 200.000 yen.

てとりあしとり 手取り足取り ¶手取り足取り教えてくれた. Me lo ha insegnato con grande cura e pazienza.

テトロン 《商標》《織》terital[男][無変]

テナー 〔英 tenor〕⇒テノール

てなおし 手直し correzione[女] ◇手直しする correggere; 《修正する》modificare, ritoccare; 《見直す》rivedere

でなおす 出直す ¶また出直して参ります. 《その日のうちに》Ritorno [Ripasso] più tardi. / 《いつか》Ripasso un'altra volta. ¶一から出直しだ. Si riparte da ẓero! ¶顔を洗って出直してこい. Torna quando ti sarai dato una rinfrescata alla testa!

てながざる 手長猿 《動》gibbone[男]

てなぐさみ 手慰み ¶手慰みに人形を作っています. Faccio delle bambole per occupare piacevolmente il tempo libero.

てなずける 手懐ける《動物を》ammansire, addomesticare; 《人を》ottenere [conquistare / guadagnarsi] la fiducia di *qlcu.* ¶人々を手なずける attirare la gente dalla *propria* parte

てなべ 手鍋 ¶彼女は手鍋提げてもと，その貧乏な学生と一緒になった. Ha spoṣato quello studente povero pur sapendo che avrebbe fatto una vita grama.

てなみ 手並み abilità[女], destrezza[女] ¶見事な手並みだ. Che bravura! / Che abilità! ¶手並みを見せる dar prova della *propria* abilità ¶お手並み拝見といこう. Fammi vedere come sei bravo!

てならい 手習い 《字の練習》eṣercizi[男][複] di calligrafia; 《習字》calligrafia[女]; 《学習》studi[男][複] ¶六十の手習いで絵を始めました. Ho cominciato a studiare pittura pensando che non è mai troppo tardi per imparare.

てなれる 手慣れる ¶手慣れた筆さばきで描かれた絵 quadro dipinto「da una mano esperta [con perizia] ¶彼の手綱さばきは手慣れたものだ. È abituato a comandare.

テナント 〔英 tenant〕 affittuar*io*[男][女 -*ia*; 男複 -*i*] ¶「テナント募集中」《掲示》"Affittasi [《稀》Affittansi] uffici"

デニール 〔英 denier〕《合繊糸などの太さの単位》denaro[男]; 《略》den.

テニス 〔英 tennis〕 tennis[男] ◇テニスの tennisti*co* [男複 -*ci*] ¶テニスをする giocare a tennis ¶テニスの試合 partita a [incontro di] tennis / gara tennistica ¶テニスの選手 tennist*a*[男][女][男複 -*i*] / gioca*tore*[男][女 -*trice*] di tennis ¶屋内[クレーコート]テニス tennis「al coperto [su terra battuta]

✤**テニスクラブ** circolo[男] [〔英〕club[男][無変]] di tennis

テニスコート campo[男] di [da] tennis ¶屋内テニスコート campo di tennis al coperto (►「ローン[クレー]コート」は campo in erba [in terra battuta]という)

テニスシューズ scarpe[女][複] da tennis

テニススクール scuola[女] di tennis

テニスボール palla[女] (da tennis)

テニスラケット racchetta[女] da tennis

デニッシュ 〔英 Danish〕 danese[女]

てにてに 手に手に ¶手に手に旗を持って応援していた. Facevano il tifo ognuno con una bandierina in mano.

デニム 〔英 denim〕《織》tessuto[男] di cotone ritorto ¶デニムの上着 giacchetto[男] (di) 〔英〕jeans[男][複]

てにもつ 手荷物 baga*glio*[男][複 -*gli*] a mano; 《チッキの》bagaglio[男] appresso

✤**手荷物(一時)預り所** depoṣito[男] bagagli

手荷物預り証 ricevuta[女] [scontrino[男]] del depoṣito bagagli

てにをは 《文法》《日本語の助詞》particelle[女][複] pospoṣitive della lingua giapponese

てぬい 手縫い ◇手縫いの cucito a mano

テヌート 〔伊〕《音》tenuto[男]

てぬかり 手抜かり inavvertenza[女], ṣbadataggine[女], ṣvista[女], omissione[女] ◇手抜かりなく senza tralasciare [trascurare / omettere] niente; attentamente ¶計画に手抜かりがあった. Nel progetto c'era una lacuna. ¶一分(いちぶ)の手抜かりもないように注意せよ. State attenti [Badate] a non commettere la minima ṣvista.

てぬき 手抜き negligenza [-gli-][女] [trascuratezza[女]] intenzionale ¶彼はいつも手抜きをする. Non si impegna mai a fondo nel suo lavoro. ¶手抜き仕事 lavoro malcurato [malfatto]

てぬぐい 手拭 asciugamanino[男], salvietta[女] ¶ぬれた手ぬぐいをしぼる torcere un piccolo asciugamano bagnato

✤**手ぬぐい掛け** portasciugamani[男][無変]

てぬるい 手緩い troppo mite [leggero]; 《効果の少ない》inefficace ¶この判決は手ぬるい. La sentenza è troppo indulgente.

てのうち 手の内 **1** 《胸の内，意図》intenzione[女], disegno[男] ¶手の内を見せる mostrare le *proprie* intenzioni ¶彼に手の内を読まれた. Ha capito le mie intenzioni [il mio gioco]. ¶彼は絶対に手の内を見せなかった. Non scopriva mai le sue carte.

2 《勢力範囲》 ¶〈人〉の手の内にある essere nelle mani di [essere dominat*o* da] *qlcu.*

てのうら 手の裏 palma[女]

テノール 〔独 Tenor〕《音》《音域，歌手》tenore[男]

てのこう 手の甲 dorso[男] della mano

てのひら 手の平，掌 palma[女] [palmo[男]] della mano

[慣用] **手のひらを返す** rimangiarsi una promessa, fare marcia indietro ¶彼は手のひらを返した

デノミネーション 〔英 denomination〕〔経〕《平価切下げ》svalutazione㊛ (della moneta) ¶円のデノミネーションを行う svalutare lo yen

-ては **1**《望ましくないことの仮定》¶雨が降っては山に登れない。Se dovesse piovere, non potremo scalare la montagna. ¶せいては事をし損じる。"La fretta è la peggiore consigliera."
2《…したからには》dato [visto] che+直説法, poiché+直説法 ¶お金をなくしては外国旅行を断念せねばなるまい。Dato che ho perso i soldi, dovrò rinunciare al viaggio all'estero.
3《何かが繰り返して行われるときに》¶彼は眠っては食べ、食べては眠っている。Dorme, mangia e poi di nuovo mangia e dorme.
4《ある動作を特に示したいときに》¶彼を説得してはみたが、だめだった。Ci ho provato a convincerlo, ma non ci sono riuscito.

てば 手羽 ala㊛ di pollo

-てば **1**《といえば》¶あの子ってばまたうそをついたよ。Quel benedetto figliolo! Ha nuovamente mentito!
2《じれったい気持ちを表して》¶あなたってば、聞いてるの。Ma mi stai ascoltando?! ¶待ってってば。Aspetta, ti dico, aspetta!

では allora, dunque ¶では始めましょう。Dunque, cominciamo. ¶ではまた後で。Allora, ci vediamo dopo.

-では **1**《…の場所など》a, in ¶ローマではもう夏だ。A Roma è già estate. ¶彼は心の中では僕を笑っている。In cuor suo sta ridendo di me.
2《…に関しては、…においては》¶将棋では彼の右に出るものはない。Nello *shogi* nessuno può batterlo. ¶先方では da parte loro ¶私の知る限りでは per quanto io sappia ¶口ではうまいことを言うが信用できない。Dice un sacco di belle parole, ma io non gli credo. ¶私の考えではそれは本当ではないと思う。A parer mio [Secondo me] non è vero.
3《限定した条件を示して、あとに否定的な判断や予想が述べられる》¶あの顔つきでは失敗したらしい。A giudicare dall'espressione del suo viso, si direbbe che non ci sia riuscito. ¶始めてからでは中止できない。Una volta iniziato, non ci si può più fermare. ¶雨では遠足を延期しなければならない。Con questa pioggia, non ci rimane che rimandare la gita. ¶今では遅すぎる。Ormai è troppo tardi. ¶子供連れでは楽しめない。Quando si hanno con sé i bambini, non si può fare nulla di quello che si vorrebbe. ¶これでは不都合だ。In questo caso, non è conveniente.
4《否定疑問的に》¶それはうそではないだろうか。Siamo sicuri che non sia una balla, questa?

デパート grande magazzino㊚

てはい 手配 **1**《準備》preparativi㊚[複]; 《手はず》programmazione㊛ ◇手配する fare un programma per *ql.co.*, organizzare *ql.co.* ¶手配する fare i preparativi per *ql.co.* [per+不定詞]; 《打ち合わせ》prendere accordi per *ql.co.* [per+不定詞] ¶旅行の手配は万事整いましたか。Hai già organizzato tutto il viaggio?
2《捜索・犯人逮捕》¶指名手配する emettere un ordine di cattura (di *ql.cu.*) ¶全国に指名手配された犯人 criminale ricercato in tutto il paese

✦**手配師** intermediario㊚[㊛ -ia; ㊚複 -i] abusivo per lavoratori pagati a giornata

手配写真 foto㊛ segnaletica; 《モンタージュによる》〔英〕identikit㊚[無変]

手配書 mandato㊚ [ordine㊚] di cattura

デバイス 〔英 device〕〔電〕dispositivo㊚

はじめ 手始め ◇手始めに anzitutto, innanzi tutto, per cominciare ¶手始めに…を読む cominciare col leggere *ql.co.*

てはず 手筈《準備》preparativi㊚[複] per *ql.co.*; 《計画》piano㊚, progetto㊚ ¶手はずを決める preparare [decidere] un piano ¶手はずを整える prendere dei provvedimenti per+不定詞

てばた 手旗 bandierina㊛ a mano (per segnalazione)

✦**手旗信号** segnalazioni㊛[複] con bandierine a mano

ではな 出端《出たとたん》¶出はなに雨が降りだした。Ero appena uscito, quando ha cominciato a piovere.

慣用 出端を挫く ¶出はなをくじかれた。Sono rimasto deluso [scoraggiato] dall'inizio. ¶彼はいつも人の出はなをくじく。È un guastafeste.

でばな 出鼻 **1**《岬などの突端》promontorio㊚[複 -i] **2** →出端(㊦)

てばなし 手放し ◇手放しで《あけすけに》senza ritegno, apertamente; 《無条件に》senza riserve, incondizionatamente ¶彼は息子たちの成功を手放しで喜んでいる。È chiaramente contento del successo dei suoi figli.

てばなす 手放す rinunciare㊂[*av*]《を a》, abbandonare, lasciare, mollare ¶彼は家宝を手放した。Si è disfatto dei cimeli di famiglia. ¶彼は一人娘を手放したくないのだ。《結婚させる》Non vuole "dare in matrimonio la [《よそへ行かせる》separarsi dalla]" sua unica figlia.

でばぼうちょう 出刃庖丁 grosso coltello㊚ [coltellone㊚] da cucina

てばやい 手早い veloce, rapido, svelto, lesto ◇手早く velocemente, sveltamente ¶彼は仕事が早い。È molto svelto nel lavoro. ¶彼は手早く服を着た。Si è vestito "in un attimo [prontamente]".

ではらう 出払う ¶家中出払っている。Tutta la famiglia è fuori. ¶あいにくこの手の品物は全部出払っております。Mi dispiace, ma gli articoli di questo tipo sono tutti esauriti.

でばん 出番 ¶出番《出演の》attendere il momento [il turno] di entrare in scena

てびかえる 手控える **1**《書きとめる》annotare **2**《控え目にする》astenersi da *ql.co.* ¶体調がよくないので旅行を手控えた。Ho rinunciato al viaggio a causa delle cattive condizioni di salute.

てびき 手引き **1**《案内》guida㊛ ¶手引きをする guidare [condurre] *ql.cu.* / essere di guida a *ql.cu.* ¶内部から手引きをした者がいるようだ。Sembra che ci sia stata una talpa. **2**《入門書, 案内書》guida㊛, manuale㊚, prontuar*io*㊚ [複 -i] ¶《(学問の)》manualetto㊚ ¶イタリア語会話の手引き introduzione alla [manuale di] conversazione italiana

デビスカップ 〔英 Davis Cup〕 Coppa㊛ Davis

デビットカード 〔英 debit card〕 carta㊛ di addebito

てひどい 手酷い ¶手ひどい仕打ち trattamento crudele [spietato] ¶手ひどい罰 punizione severa [disumana] ¶手ひどい批評 critica severa [feroce] ¶手ひどい損害 gravi danni / danni considerevoli [rilevanti]

デビュー 〔仏 début〕 debutto㊚, esord*io*㊚ [複 -i] ◇デビューする debuttare㊇ [*av*] ¶彼の舞台デビューは20歳の時であった. Quando fece il suo esordio sulla scena, aveva vent'anni.

てびょうし 手拍子 ¶手拍子を取る battere il tempo con le mani

てびろい 手広い vasto, amp*io*㊚ [複 -i] ¶手広い住まい alloggio spazioso ¶彼は手広い商売をしている. Ha una vasta attività commerciale.

でぶ《肥満》grassezza㊛, obesità㊛;《人》person*a*㊛ obesa, pancion*e*㊚ [㊛ -*a*] ◇でぶの obeso, grasso

デフォルメ〔仏 déformer〕deformazione㊛ ◇デフォルメする deformare *ql.co.*

てふき 手拭い asciugamano㊚ ¶御絞り

てぶくろ 手袋 guanti㊚ [複]; (片足だけ) guanto㊚ ¶1組[2組]の手袋 un paio [due paia] di guanti ¶手袋をはめる infilare [mettersi] i guanti ¶手袋をはめている[脱ぐ] portare [togliersi] i guanti ¶革[ゴム / 毛糸]の手袋 guanti di pelle [di gomma / di lana]

でぶしょう 出不精・出無精 ¶彼は出不精だ. Per lui uscire di casa è sempre una sofferenza. / È un tipo sedentario.

てぶそく 手不足 ¶手不足である essere a corto di manodopera [di personale]

てふだ 手札《トランプなどの》¶手札は6枚ずつだ. Ogni giocatore ha sei carte. ¶手札(判)の写真 fotografia㊛ dalla grandezza di una carta da gioco (◆10,8 cm × 8,25 cm)

でぶね 出船 partenza㊛ di navi; 《出帆する船》nave㊛ che salpa ¶出船入り船 navi in partenza e in arrivo

てぶら 手ぶら ◇手ぶらで con le [a] mani vuote ¶彼は手ぶらで出かけた. È uscito senza portarsi via niente.

てぶり 手振 gesto㊚ (con le mani), gesticolazione㊛ ¶手振り(身振り)で話す parlare gesticolando ¶彼は私に手振りで話しかけた. Mi ha parlato a [con i] gesti.

デフレ(-ション) 〔英 deflation〕 deflazione㊛ ◇デフレの deflazion*istico*㊚ [複 -*ci*] ¶デフレ傾向 tendenza deflazionistica ¶進行性デフレ spirale deflazionistica

✤**デフレギャップ** deficit㊚ [無変] [divar*io*㊚ [複 -*i*]] deflazionistico

デフレ政策 politica㊛ deflazionistica

デフロスター 〔英 defroster〕《車》visiera㊛ termica; sbrinatore㊚ (►冷蔵庫のものもさす)

テフロン 〔英 Teflon〕《商標》teflon㊚ [無変], teflon㊚ [無変] ¶テフロン加工の鍋 pentola teflonata

でべそ 出臍 ¶出べそである avere l'ombelico sporgente

デポジット 〔英 deposit〕《保証金》deposito㊚

てほどき 手解き iniziazione㊛, introduzione㊛ ¶手ほどきをする iniziare *qlcu.* a *ql.co.* / insegnare a *qlcu.* i primi rudimenti di *ql.co.* ¶英語の手ほどきを受ける ricevere le basi dell'inglese

てほん 手本 **1**《模範》modello㊚, esemp*io*㊚ [複 -*i*] ¶手本を示す dare l'esempio [il buon esempio] (a *qlcu.*) ¶手本になる essere [servire] d'esempio ¶…を手本にする prendere *qlcu.* [*ql.co.*] come modello / prendere esempio da *qlcu.* [*ql.co.*] / seguire l'esempio di *qlcu.* [*ql.co.*] **2**《習字の見本》¶お手本通りに書きなさい. Scrivi ricalcando il modello di calligrafia.

デボンき デボン紀《地質》per*io*do㊚ devoniano, devoniano㊚ ◇デボン紀の devoniano

てま 手間《時間》tempo㊚,《労力》pena㊛, disturbo㊚, fatica㊛, sforzo㊚, incomodo㊚ ¶この仕事はとても手間がかかった. Ho impiegato [Ci ho messo] molto tempo per fare questo lavoro. ¶そんなつまらないことに手間ひまかけてはいられない. Non posso sprecare tempo ed energie per cose così idiote. ¶お手間を取らせてすみません. Mi scusi per averle fatto perdere del tempo.

✤**手間仕事**《でき高払いの》lavoro㊚ a cottimo

手間賃 retribuzione㊛ a cottimo

デマ《事実無根のうわさ》diceria㊛; 《扇動》demagog*ia*㊛ [複 -*gie*] ◇デマの demagog*ico*㊚ [複 -*ci*] ¶デマを流す diffondere [far circolare / mettere in circolazione] false dicerie [voci tendenziose] ¶デマが飛びかう Circolano false voci.

✤**デマ宣伝** propaganda㊛ demagogica

てまえ 手前 **1**《こちら》¶手前に[で] da questa parte di *ql.co.*, al di qua di *ql.co.*, prima di *ql.co.* ¶…を手前に引っぱる tirare verso sé *ql.co.* ¶新橋は東京駅の2つ手前だ. Shinbashi è (a) due fermate prima della stazione di Tokyo. ¶川の手前に数軒の家がある. Ci sono alcune case da questa parte del fiume.

2《体面, 他人の目の前》¶客の手前怒るわけにもいかなかった. Non potevo arrabbiarmi in presenza degli ospiti. ¶世間の手前もあり, 子供の服装にも気を遣わねばならない. Bisogna vestirli bene i bambini, anche per gli occhi della gente. ¶約束してしまった手前, 行かざるを得ない. Una volta data la parola, non posso non andarci.

3《「自分」の謙譲語》¶手前どもではそういう品は扱っておりません. Da noi non si vendono articoli di questo genere.

✤**手前勝手** ¶まったく手前勝手な考えだ. È un modo di pensare completamente egoistico!

手前味噌 autoglorificazione㊛

てまえ 点前《茶の湯の作法》etichetta㊛ della cerimonia del tè ¶お点前を拝見する assistere alla cerimonia del tè

でまえ 出前 consegna㊛ di pasti a domicilio ¶夕飯はすしの出前を頼もうか. Per cena chiediamo che ci portino del *sushi*?

✤出前持ち ragazzo男 [女 -a] [garzone] che provvede alle consegne a domicilio

でまかせ 出任せ ◇出任せに a casaccio, a vanvera ¶出任せを言う parlare a casaccio [a vanvera] ¶出任せは口から出任せにうそをついた. Ho detto la prima bugia che mi è venuta in mente.

デマゴーグ 〔独 Demagog〕 demagogo男 [女 -ga; 男複 -ghi]

でまど 出窓 《建》finestra女 sporgente; 《弓形に張り出した》〔英〕bow-window男 [無変]; 《稀》bovindo男

てまどる 手間取る ¶洋服を選ぶのに思ったより手間取った. Scegliere il vestito è stato più complicato di quanto pensassi.

てまね 手真似 gesti男 [複] ◇手まねする fare gesti [cenni]; 《特に興奮したときに》gesticolare 自 [av] ¶手まねで話す parlare a cenni [a segni / a gesti] ¶彼は手まねで来いと言った. Mi ha fatto cenno [segno] di venire.

てまねき 手招き ◇手招きする chiamare qlcu. con un cenno [un segno] della mano

てまめ 手忠実 《労をいとわないこと》 ◇手まめな laborioso, diligente; 《几帳面な》scrupoloso, preciso ¶彼は手まめに手紙を書く. È molto attento alla corrispondenza. ¶手まめに子供たちの世話をした. Ha fatto tutto il possibile per i bambini. 2《手先の仕事が器用なこと》 ◇手まめな abile, capace ¶手まめに con maestria [bravura]

てまり 手鞠・手毬 palla女 di gomma o di pezza che si colpisce con la mano

てまわし 手回し organizzazione女, preparativi男 [複] ¶手回しのいい人 persona previdente [lungimirante]

てまわりひん 手回り品 oggetti男 [複] [effetti男 [複]] personali

でまわる 出回る essere in giro; 《商品が》apparire自 [es] [essere] sul mercato, essere posto in vendita ¶不良品が出回っている. Sul mercato ci sono articoli di pessima qualità. ¶最近は中国野菜が多く出回っている. Negli ultimi anni circolano moltissimi ortaggi provenienti dalla Cina.

てみじか 手短 ◇手短に(言えば) brevemente, in breve, per farla breve, in poche parole, in parole povere ¶何が起こったのか手短に言いなさい. Dimmi brevemente quello che è successo.

でみせ 出店 《支店》filiale女, succursale女; 《露店》bancarella女

デミタス 〔仏 demi-tasse〕《カップ》tazzina女 da caffè

てみやげ 手土産 dono男, regalo男, presente男

てむかう 手向かう opporsi [resistere] qlcu. ¶彼らは主人に手向かった. Si sono rivoltati al loro padrone. / Sono insorti contro il loro capo.

でむかえ 出迎え ◇出迎える ricevere [accogliere] qlcu. ¶出迎えに行く andare a prendere qlcu. ¶出迎えを受ける essere accolto da qlcu.

でむく 出向く andare, venire ¶必要なら大阪まで出向きます. Se necessario, andrò fino ad Osaka. ¶彼のほうから私のところに出向いてもらいたい. Vorrei che fosse lui a venire da me.

でめ 出目 ¶出目の人 persona女 dagli occhi sporgenti

✤出目金 pesce男 rosso con grossi occhi sporgenti

デメリット 〔英 demerit〕 demerito男, difetto男

-ても 1《たとえ…しても》anche se ¶たとえ雨が降っても行きます. Ci andrò dovesse anche piovere. ¶うまくできなくても怒らないでくれよ. Anche se non ci dovessi riuscire, non ce la prendere. ¶彼が来ても来なくても僕には関係ない. Che venga o non venga a me non importa.

2《…にもかかわらず》¶彼は注意してもちっとも耳を貸そうとしなかった. Io l'ho avvertito, ma lui non mi ha mai ascoltato. ¶働いても働いても暮らしは楽にならない. Si lavora e si lavora, ma il tenore di vita non migliora mai.

3《動作などを認める意をやわらげて》¶タバコを吸ってもいいですか. La disturbo se fumo? ¶入ってもいいですか. Posso entrare? ¶そんなに働かなくてもいいんだよ. Che te lo fa fare di lavorare così?

でも 《しかし》ma, però ¶でも私は知らなかったんです. Ma io non lo sapevo.

デモ manifestazione女, dimostrazione女, corteo男 ¶無許可デモ manifestazione [dimostrazione] non autorizzata

✤デモ行進 ¶インフレに抗議して労働者はデモ行進をした. I lavoratori hanno sfilato in corteo contro l'inflazione.

デモ参加者 manifestante男女, dimostrante男女
デモ隊 corteo男 di una dimostrazione

-でも 1《ある事を強調して》pure, anche ¶そんなことは子供でもできる. Lo sa fare pure [anche / perfino] un bambino. ¶飛行機でも1時間はかかる. Anche in aereo un'ora ci vuole. ¶雨でも私は行きます. Ci vado anche se piove [dovesse piovere].

2《全面的な肯定や否定を表わすときに》¶なんでも [誰でも / どこでも / いつでも] qualsiasi cosa [chiunque / dovunque / sempre] ¶男でも女でも sia uomini che [sia] donne ¶彼は何でも知っている. Lui sa tutto. ¶いつでも君の都合のいい時でいい. Fa' pure come meglio credi. ¶それを知っているのは私でも君でもない. Né io né lui lo sappiamo. ¶頼まれればどこへでも行きます. Se me lo chiedono, sono disposto ad andare ovunque.

3《例示して》per esempio ¶山田さんでも呼びましょうか. Chiamiamo Yamada, per esempio? ¶お茶でも飲みましょう. Beviamo un tè o qualcos'altro. ¶明日午前中にでも来てください. Può venire domani, anche in mattinata?

デモクラシー 〔英 democracy〕 democrazia女
◇デモクラシーの democratico 《男複 -ci》

てもち 手持ち ¶手持ちの資料 materiale男 a pronta disponibilità ¶手持ち外貨 riserve di valuta estera ¶手持ちの商品《在庫品》giacenza / scorta ¶手持ちが1万円しかない. Posso disporre soltanto di diecimila yen.

てもちぶさた 手持ち無沙汰 ¶手持ちぶさただ. Non ho niente da fare.

てもと 手元・手許 1《身近》¶私はこの薬をいつも手もとに置いておく. Ho [Tengo] sempre questa

medicina「a portata di mano [sottomano]. ¶私の手もとで育てた少女 la ragazza che ho cresciuto ¶手もとの資料からはそれが見当たらない. Non riesco a trovarlo fra il materiale che ho.
2《手のところ》 ¶手もとが暗くて書きものがしにくい. Non riesco a scrivere bene perché「c'è poca luce [《手の影で》 mi faccio ombra con la mano].
3《手の動き》 ¶彼は手もとが狂ってきた. Non ha più la mano. / Ha perso lo ṣmalto di una volta. ¶手もとが狂って木を撃ってしまった. Ho ṣbagliato la mira e ho colpito un albero. **4**《手許金》 ¶手許不如意だ. Sono a corto di denaro.

でもどり 出戻り donna[女] divorziata che vive con i propri genitori

てもなく 手も無く facilmente, agevolmente

でもの 出物 **1** gonfiore[男] **2**《おなら》 peto[男], scoreggia[女][複 -ge] ¶出物腫(は)れ物ところ嫌わず. 《諺》 Quando scappa, scappa. **3**《買い得品》 ¶出物の家具を買う comprare un mobile d'occaṣione [《中古》 di seconda mano]

てもり 手盛り ¶お手盛りで予算を作る fare un bilancio a *proprio* vantaggio

デモンストレーション〔英 demonstration〕 **1**《技などを示すこと》 dimostrazione[女] **2**《デモ》 manifestazione[女], dimostrazione[女]
✤**デモンストレーション効果**〖経〗 effetto[男] di dimostrazione
デモンストレーション飛行 volo[男] dimostrativo

デュエット〔英 duet〕〖音〗 duetto[男]; 《主に器楽に》 duo[男][無変] ¶デュエットで歌う[奏する] cantare [suonare] in due

てら 寺 tempio[男][複 *templi*] buddist*a* [複 *-i*] ¶清水寺 il tempio (di) Kiyomizu ¶お寺参りに行く andare al tempio a pregare
✤**寺男** inserviente[男] di un tempio; 《稀》 scaccino[男]

てらい 衒い 《気取り》 affettazione[女]; 《もったいぶり》 ostentazione[女], posa[女] ¶何のてらいもなく senza pose inutili

てらう 衒う 《気取る》 darsi delle arie [delle pose], avere maniere affettate; 《誇示する》 vantarsi di *ql.co.*, ostentare *ql.co.*, far mostra di *ql.co.* ¶学をてらう essere pedant*e* / ostentare il *proprio* sapere ¶奇をてらう darsi delle arie da eccentrico

テラコッタ〔伊〕 terracotta[女][複 *terrecotte*]

てらこや 寺小屋 scuola[女] elementare privata del periodo Edo aperta a tutti

てらしあわせる 照らし合わせる ¶データと照らし合わせる confrontare *ql.co.* con i dati

テラス〔英 terrace〕 terrazzo[男]; terrazza[女]; 《バルコニー》 balcone[男]
✤**テラスハウス**〖建〗 case[女][複] a schiera, villette[女][複]

てらす 照らす **1**《光などで》 illuminare, rischiarare ¶太陽が庭を照らしている. Il sole illumina il giardino.
2《比較, 照合》 ¶…に照らして confrontando *ql.co.* / alla luce di *ql.co.* / secondo *ql.co.* ¶翻訳を原文に照らして検討する eṣaminare una traduzione confrontandola con l'originale ¶法律に照らしてみれば dal punto di vista della legge ¶彼の無罪は事実に照らして明らかだ. Alla luce dei fatti, la sua innocenza appare evidente.

デラックス〔仏 de luxe〕 ◇デラックスな di lusso, lussuoso

てらてら ¶彼の顔は汗でてらてらしていた. Il suo viṣo era lucido di sudore.

テラマイシン〔英 Terramycin〕〖薬〗《商標》 terramicina[女]

てり 照り **1** siccità[女]
2《つや》 ¶照りのある布 stoffa lucente ¶しょう油を塗って魚に照りを出す spalmare il pesce di salsa di soia per dargli lucentezza

テリア〔英 terrier〕《犬》 terrier[男][無変] ¶フォックステリア〔英〕 fox-terrier[男][無変] ¶ブルテリア〔英〕 bull-terrier[男][無変] / cane[男] da tana ¶スコッチテリア〔英〕 scotch-terrier[男][無変] / terrier scozzese ¶ワイヤーヘアードテリア terrier a pelo duro

デリート〔英 delete〕〖コンピュータ〗 cancella[男]

デリートキー〖コンピュータ〗 tasto[男] delete [無変]

テリーヌ〔仏 terrine〕〖料〗 terrina[女]

てりかえし 照り返し 《光の》 riflesso[男]; 《特に熱の》 riverbero[男] ◇**照り返す** riflettere; riverberare ¶アスファルトの照り返し il riverbero dell'asfalto ¶トタン屋根の照り返しでまぶしい. Il riflesso dei tetti in lamiera è accecante.

デリカシー〔英 delicacy〕 delicatezza[女] ¶デリカシーのある人 persona「che ha tatto [piena di garbo / delicata] ¶デリカシーに欠ける人 persona「che ha poco tatto [ṣgarbata / rozza]

デリカテッセン〔独 Delikatessen〕〖料〗《洋風の総菜》 specialità[女][複] [raffinatezze[女][複]] gastronomiche, gastronomia[女]

デリケート〔英 delicate〕 **1**《繊細な》 ◇デリケートな delicato, sensibile ¶彼はデリケートな神経の持ち主だ. È una persona molto sensibile. ¶彼はデリケートなところがない. È completamente privo di tatto. / È un tipo rozzo e grossolano.
2《微妙な》 ◇デリケートな delicato, spinoso; 《心理的に複雑な》 imbarazzante ¶デリケートな問題 problema delicato [difficile] ¶彼はずいぶんデリケートな立ち場に立っている. Si trova in una poṣizione difficile [imbarazzante].
3《こわれやすい》 fragile

てりつける 照りつける ¶照りつける太陽 sole[男] cocente [sfolgorante / rovente] ¶日がかんかん砂浜に照りつけている. Il sole「batte a picco [picchia forte] sulla spiaggia.

テリトリー〔英 territory〕《領土, 管轄区, なわばり》 territor*io*[男][複 *-i*]; 《勢力圏》 sfera[女] d'influenza

てりはえる 照り映える ¶色づいたもみじが秋の日に照り映えている. Gli aceri giapponesi arrossati brillano sotto il sole autunnale.

デリバティブ〔英 derivative〕〖経〗 derivati[男][複]

てりやき 照り焼き ¶魚の照り焼き pesce spalmato di salsa di soia con *mirin* e cotto alla griglia

てりゅうだん 手榴弾 bomba[女] a mano

てりょうり 手料理 cucina[女] casalinga ¶彼の奥さんの手料理をごちそうしてもらった. Mi ha offer-

デリンジャーげんしょう デリンジャー現象
《物》effetto (Mögel-)Dellinger

てる 照る splendere (►複合時制を欠く) ¶日がかんかん照っている. C'è un sole abbagliante. ¶日が照ってきた. È tornato a splendere il sole. ¶彼は照っても降っても毎朝欠かさずマラソンの練習をする. Col sole o con la pioggia, non manca mai di allenarsi ogni mattina per la maratona.

でる 出る **1**【中から外へ行く】 uscire [es]《から da》;《ある地点を離れる》lasciare, andare via, andarsene;《出発する》partire [es] ¶部屋を出る uscire da [lasciare] una stanza ¶用事で出ます. Vado fuori [Esco] per una commissione. ¶母は今、買い物に出ています. Mia madre ora è fuori [uscita] a fare la spesa. ¶出て行け.《うせろ》Vattene! / Fuori di qui! /《諸》Sgombra! ¶庭に出る andare [uscire] in giardino ¶一歩前に出ろ. Un passo avanti! ¶煙突から黒い煙が出ている. Dal camino esce del fumo nero. ¶旅に出る partire per un viaggio ¶次のローマ行き列車は5番ホームから出ます. Il prossimo treno per Roma parte [partirà] dal binario 5.

2【電話に出る】 ¶君への電話だから出てくれ. Ti vogliono al telefono. ¶私が出ます. Rispondo io! / Prendo io la linea!

3【卒業する】 ¶学校を1番で出る uscire primo (nella graduatoria) di una scuola ¶ある有名大学を出る laurearsi presso un'importante università

4【出席・参加する】 ¶講義に出る seguire [assistere a / frequentare] una lezione ¶式に出る essere presente ad [presenziare] una cerimonia ¶法廷に出る comparire [presentarsi] in tribunale ¶選挙に出る presentarsi alle elezioni ¶政界に出る darsi alla politica ¶実業界に出る mettersi in affari ¶世に出る《名が出る》farsi conoscere / mettersi in mostra /《成功する》avere successo / fare una bella carriera ¶明日も会社に出ます. Anche domani vado [andrò] in ufficio. ¶私は試合に出た. Ho preso parte [Ho partecipato] ad una gara. ¶彼はよくテレビに出る. Appare spesso in televisione [sul teleschermo]. ¶人前に出ると気後れがする. Mi sento intimidito davanti al pubblico.

5【涙や汗が流れ出る】 ¶彼の額に汗が出ていた. Gli sudava la fronte. ¶煙たくて涙が出る. Il fumo mi fa lacrimare gli occhi. ¶彼の目から涙が出た. Gli sono venute le lacrime agli occhi. ¶鼻血が出た. Mi sanguinava il naso. / Ho perso sangue dal naso. / Mi è venuta un'emorragia nasale. ¶大変、血が出て来た. Oddio, esce sangue! ¶あの子は鼻水が出ている. Al bambino cola il naso. ¶これはよだれが出そうだ. Mi fa venire l'acquolina in bocca.

6【提出・提示される】 ¶難しい試験問題が出た. All'esame ci hanno dato [posto] delle domande difficili. ¶ようやく結論が出た. Alla fine abbiamo raggiunto una conclusione. ¶誰からもいい意見は出なかった. A nessuno è venuta una buona idea.

7【公表・発表される】 ¶その事件は新聞に詳細に出ている. Questo caso è riportato dettagliatamente dai [sui] giornali. ¶そのニュースは明日の新聞に出ますか. Questa notizia apparirà sul giornale di domani? ¶彼の最新の小説は間もなく出る. Fra poco sarà pubblicato il suo ultimo romanzo. ¶特別号はいつ出ますか. Quando uscirà il numero speciale?

8【目立ってくる】 ¶わが社は自動車の輸出で業界のトップに出た. La nostra ditta è diventata la prima in graduatoria per il settore esportazioni di automobili. ¶彼の絵はいまに値打ちが出るだろう. Il suo quadro con il tempo acquisterà certo valore. ¶彼は近ごろ名が出てきた. Recentemente è diventato famoso.

9【突き出る、はみ出す】 ¶釘の頭が出ている. C'è un chiodo sporgente. ¶彼は近ごろお腹が出てきた. Ultimamente gli è venuta la pancia. ¶彼の破れた靴下から指が出ていた. Dal calzino bucato gli usciva un dito. ¶スリップがスカートの下から出ているよ. Ti si vede la sottoveste.

10【ある限界・標準を越える】 ¶3日を出ずに in meno di tre giorni ¶彼は50歳を出ている. Ha più di 50 anni. ¶費用は200万円を少し出た. Le spese hanno superato di poco i due milioni di yen.

11【由来する】 derivare [es] [provenire [es] / essere causato] da ql.co. ¶これはラテン語から出た言葉だ. È una parola che deriva [proviene] dal latino. ¶彼の親切から出たことだ. È frutto della sua gentilezza. ¶このうわさは近所から出たものだ. Questa chiacchiera è partita dal vicinato. ¶彼の家は源氏から出ている. La sua famiglia discende dal clan Minamoto. ¶費用は彼から出たらしい. Ho sentito dire che è stato lui a pagare le spese.

12【商品や金銭が手元からなくなる】 ¶一番よく出る本はどれですか. Qual è il libro più venduto? ¶先月はずいぶん金が出た. Lo scorso mese abbiamo avuto un sacco di spese. ¶出るほうが入るより多い. Le uscite superano le entrate. / Gli esborsi sono superiori agli introiti.

13【与えられる】 ¶許可は来週出る. L'autorizzazione ci sarà rilasciata la prossima settimana. ¶月給は25日に出る. Lo stipendio viene pagato il 25 di ogni mese. ¶デザートにアイスクリームが出た. Ci hanno servito il gelato come dessert.

14【ある態度をとる】 ¶高飛車に出る comportarsi arrogantemente ¶彼には強く出たほうがいい. Penso che sia meglio assumere un atteggiamento fermo nei suoi confronti.

15【到達する】 ¶しばらくして村へ出た. Dopo un po' siamo arrivati al [abbiamo raggiunto il] villaggio. ¶この道を行くと駅に出る. Questa strada porta [conduce] alla stazione. ¶広場に出る道はこれですか. Di qua per la piazza?

16【発生する】 ¶火事は彼の部屋から出た. L'incendio è scoppiato [ha avuto origine] nella sua camera. ¶コレラ患者が出た. Si sono verificati dei casi di colera. ¶台風で大きな被害が出た. Il tifone ha causato considerevoli danni. ¶この事故で死者が5名出た. A causa di questo incidente ci sono stati cinque morti.

17【産出する】apparire⓯[*es*]; mostrarsi ¶佐渡からは金(き)が出る。Nell'isola di Sado si estrae l'oro. ¶この辺から石油が出る。(発見された) È stato trovato un giacimento di petrolio nei paraggi. ¶この町からは明治の政治家が何人も出た。Questa città nel periodo Meiji ha dato i natali a parecchi statisti.

18【色や味などが】¶このお茶はよく出る。Le foglie di questo tè possono essere utilizzate più volte. ¶この香料は香りがよく出る。Questo aroma dà un ottimo sapore ai cibi.

19【日・月が昇る】sorgere⓯[*es*]; (雲の陰などから) uscire⓯[*es*] ¶日が出る。Spunta [Si leva / Sorge] il sole. ¶月が雲間から出た。La luna è spuntata tra le nuvole.

20【出現する】¶この家は幽霊が出る。Questa casa è abitata dai fantasmi. ¶さて鬼が出るか蛇(じゃ)が出るか。Che cosa salterà fuori?! ¶この家はごきぶりがたくさん出る。Questa casa è infestata da un mucchio di scarafaggi. ¶芽が出てきた。Stanno spuntando i germogli. ¶白髪が出てきた。Ho cominciato ad avere i capelli bianchi.

21【見つかる】¶盗まれた宝石が出た。È saltato fuori [È stato ritrovato] il gioiello perduto. ¶新たな資料が出た。Sono stati scoperti [ritrovati] nuovi documenti. ¶よい結果が出た。Abbiamo conseguito buoni risultati. ¶すいかが市場に出ている。Al mercato cominciano a vedersi [ad apparire] i cocomeri.

22【症状・気配が生じる】¶冬になるとリューマチが出る。Appena inizia l'inverno i miei reumatismi si fanno sentire. ¶昨日熱が出た。Ieri mi è venuta la febbre. ¶家に帰ったら疲れがどっと出た。Quando sono tornato a casa ho sentito improvvisamente tutta la stanchezza. ¶不満の色が彼の顔に出ていた。Il suo volto tradiva il malcontento. ¶私は酒を飲むとすぐに顔に出る。Quando bevo gli si vede in faccia.

23【わきあがる】¶君の話を聞いて勇気が出た。Le tue parole mi hanno dato coraggio. ¶今日は調子が出ない。Oggi non sono in forma. ¶料理のにおいを嗅いでいると食欲が出る。L'odore della cucina mi stimola l'appetito.

24【スピードが】車のスピードが出た。L'auto ha preso velocità. ¶この車なら180キロは出るでしょう。Quest'auto li fa i 180 km.

[慣用] 出る所 ¶出る所へ出て話を付けようじゃないか。Ci vedremo in tribunale!

出る幕 ¶我々の出る幕じゃない。Non è affar nostro. / Non ci riguarda. ¶いよいよ君の出る幕だ。Finalmente 「è il tuo turno [tocca a te]!

デルタ **1**《ギリシア語アルファベットの第4字》delta⓯ または ⓰[無変]; (記号) *Δ*, *δ*

2《三角州》delta⓯[無変]

❖**デルタ地帯** delta⓯[無変], zona⓰ deltizia

てるてるぼうず 照る照る坊主 piccola bambola⓰ di carta o di stoffa che viene appesa per propiziare il bel tempo

テルビウム 〔英 terbium〕 terbio⓯; (元素記号) Tb

テルル 〔独 Tellur〕 tellurio⓯; (元素記号) Te

でれっ ¶そんなでれっとした格好ではみっともないよ。Sei impresentabile con quei vestiti ¶一日中でれっとして過ごした。Ho passato tutta la giornata 「in ozio [senza far niente].

てれかくし 照れ隠し ¶彼は照れ隠しに笑った。Ha riso per nascondere l'imbarazzo.

てれくさい 照れ臭い ¶人前で歌うのは照れくさかった。Avevo vergogna a cantare davanti alla gente. ¶彼は照れくさそうに頭を下げた。Ha chinato il capo impacciato [con aria imbarazzata].

テレックス 〔英 telex〕 telex⓯[無変] ¶テレックスを打つ trasmettere *ql.co.* con il telex

でれでれ ¶でれでれしている。(無為に日を送る) Vive senza far niente. /《しまりがない》È una persona sciatta [trasandata]. /《女に甘い》È sdolcinato [affettato] con le donne.

テレパシー 〔英 telepathy〕 telepatia⓰ ◇テレパシーの[による] telepatico⓯[複 *-ci*]

テレビ televisione⓰; (受像機) televisore⓯, apparecchio⓯[複 *-chi*] televisivo; piccolo schermo →次ページ 用語集 テレビとラジオ ◇テレビの televisivo ¶カラー[白黒]テレビ televisore "a colori [in bianco e nero]" ¶国営[民間]テレビ canale nazionale [privato] ¶42インチのテレビ televisore da 42 pollici ¶テレビで放送する teletrasmettere *ql.co.* ¶テレビをつける[消す] accendere [spegnere] il televisore ¶テレビを見る guardare la televisione [la tv / la tivù] ¶テレビに出る apparire sul teleschermo [alla televisione] ¶相撲をテレビで見た。Ho visto il *sumo* alla televisione.

❖**テレビ映画** telefilm⓯[無変]
テレビ会議 videoconferenza⓰
テレビカメラ telecamera⓰
テレビキャスター conduttore⓯[⓰ *-trice*] televisivo, telecronista⓯[複 *-i*]
テレビ局 stazione⓰ televisiva
テレビゲーム videogioco⓯[複 *-chi*]
テレビ視聴者 telespettatore⓯[⓰ *-trice*], teleutente⓯
テレビショッピング televendita⓰
テレビスタジオ studio⓯[複 *-i*] televisivo
テレビタレント personaggio⓯[複 *-gi*] televisivo
テレビ中継 telecronaca⓰, collegamento⓯ televisivo
テレビ電話 videotelefono⓯
テレビ塔 torre⓰ televisiva
テレビ討論会 dibattito⓯ televisivo
テレビドラマ dramma⓯[複 *-i*] [sceneggiato⓯] televisivo, teledramma⓯[複 *-i*] ¶連続テレビドラマ teleromanzo a puntate /〔英〕serial[無変] /《ラテンアメリカの》〔ス〕telenovela⓰[複 *-as*] /〔英〕soap-opera⓰[無変]
テレビニュース telegiornale⓯; (略) TG⓯
テレビ番組 programma⓯[複 *-i*] televisivo
テレビ放送 trasmissione⓰ televisiva
テレビ欄 pagina⓰ di programmi televisivi
テレビゆ テレピン油《化》essenza⓰ di trementina, acquaragia⓰
テレフォンカード scheda⓰ [carta] telefonica
テレフォンサービス servizio⓯[複 *-i*] di informazioni telefoniche

てれや 照れ屋 persona⓰ timida [impacciata]
てれる 照れる sentirsi imbarazzato [impaccia-

to / a disagio / confuso] davanti a *qlcu.*

てれんてくだ 手練手管 astuzia[女], stratagemma[男][複 -*i*] ¶手練手管で〈人〉をだます ingannare *qlcu.* con uno stratagemma

テロップ 〔英 telop〕 sovraimposizione[女] ¶テロップを流す mandare in onda una sovraimposizione

テロリスト 〔英 terrorist〕 terrorist*a*[男][女] [[男]複 -*i*] ◇テロリストの terroristic*o* [[男]複 -*ci*] ¶自爆テロリスト terrorista suicida / *kamikaze*

テロ(リズム) 〔英 terrorism〕 terrorismo[男] ¶赤色[白色]テロ(リズム) terrorismo di sinistra [di destra] ¶反テロリズム闘争 lotta antiterroristica [al terrorismo] ¶自爆テロ攻撃 attentato dinamitardo suicida

✤テロ行為 azione[女] terroristica

てわけ 手分け ¶彼の行方を手分けして探しに行った. Ci siamo divisi in gruppi e siamo andati alla sua ricerca. ¶皆で手分けしてやろう. Facciamo il lavoro suddividendolo fra di noi.

てわたし 手渡し consegna[女] di *ql.co.* 「a mano [personalmente]

てわたす 手渡す consegnare *ql.co.* a *qlcu.* ¶彼にこの手紙を手渡してください. Gli consegni personalmente questa lettera.

てん 天 **1** 《地に対する》 cielo[男]; 《天空》 firmamento[男] ◇天の celeste, del cielo ¶天を仰ぐ levare [alzare] gli occhi al cielo

《 用 語 集 》 テレビとラジオ Televisione e Radio

テレビ・ラジオ放送 trasmissione televisiva [radiofonica]

衛星放送 《BS》trasmissione[女] via satellite; 《番組》programmi[男][複] (per) via satellite. 音声多重放送 trasmissione a più canali audio. ケーブルテレビ televisione via [su] cavo. 劇場中継 trasmissione[女] [collegamento[男]] in diretta dal teatro. 現場中継⇒生中継. スポーツ中継 trasmissione sportiva. テレビ[ラジオ]中継車 furgone[男] per la diretta televisiva [radiofonica]. テレビ放送 trasmissione televisiva, telediffusione[女]. 生中継 trasmissione in diretta, collegamento in diretta [dal vivo]. 生放送⇒生中継. 2か国語放送 trasmissione bilingue. BS 《衛星放送》trasmissione「via satellite [satellitare]. 放送 trasmissione. 文字多重放送 servizio[男] televideo, trasmissione teletext. ラジオ放送 trasmissione radiofonica, radiodiffusione[女]. デジタル放送 trasmissione digitale. デジタル衛星放送 trasmissione digitale via satellite. 地上デジタル放送 trasmissione digitale terrestre. ハイビジョン televisione[女] ad alta definizione. 民間放送 emittenza[女] privata. 国営放送 emittenza pubblica. 国際放送 trasmissione per l'estero.

テレビ・ラジオ機器 apparecchio televisivo [radio]

アンテナ antenna[女] (受信用アンテナ antenna ricevente. 送信用アンテナ antenna trasmittente; 《テレビ用》antenna trasmittente televisiva. 中継アンテナ antenna ripetitrice. パラボラアンテナ antenna parabolica). 映像 immagine[女]. 液晶テレビ tv[女][無変] a cristalli liquidi [LCD]. 壁掛けテレビ tv a muro. 画面 schermo[男]. 走査線 righe[女][複]. 通信衛星 satellite[男] per telecomunicazioni. テレビ受像器 《固定したもの》televisore[男] da tavolo; 《携帯用》televisore portatile. テレビカメラ telecamera[女]. ハイビジョンテレビ tv ad alta definizione. プラズマテレビ tv al plasma. 編集機 moviola[女]. 放送衛星 satellite per trasmissioni. モニターテレビ 〔英〕monitor[男][無変]. 照明 luci[女][複]; 〔英〕spot[男][無変]. スタジオ studio[男]; 《テレビ用》studio televisivo; 《ラジオ用》studio radiofonico. 調整室 sala[女] di regia. 調整卓 〔仏〕console[女][無変] di comando e controllo. ビデオテープ 〔英〕videotape[男][無変], videocassetta[女].

番組 programma televisivo [radiofonico]

音楽番組 programma[男] musicale. 教養番組 programma[男] culturale. 緊急[特別]番組 edizione[女] straordinaria. クイズ番組 programma[男] a quiz. ゴールデンアワー fascia oraria[女] di maggiore ascolto. 娯楽番組 programmi[男][複] ricreativi. 再放送 replica[女]. バラエティー番組 programmi di varietà. 視聴者 telespetta*tore*[男][[女] -*trice*]. 視聴率 percentuale[女] di ascolto. 受信契約 abbonamento[男]. 受信契約者 abbonat*o*[男][[女] -*a*]. 受信料 canone[男] di abbonamento. 聴取者 radioascolta*tore*[男][[女] -*trice*]. テレビイタリア語講座 corso[男] televisivo di lingua italiana. テレビショッピング televendita[女]. テレビ討論会 dibattito[男] televisivo. テレビドラマ teledramma[男]. テレビ欄 pagina[女] dei programmi televisivi. 難視聴地域 zona[女] di ricezione difficoltosa [disturbata]. ニュース notizia[女], notiziario[男] (テレビ～ telegiornale[男]; 《略》TG[男]. ラジオ～ giornale[男] radio [無変]). モニター 《人》moni*tore*[男] [[女] -*trice*]. 報道番組 notiziario. ラジオイタリア語講座 corso radiofonico di lingua italiana. ラジオドラマ radiodramma[男].

アナウンサー annuncia*tore*[男][[女] -*trice*]; 〔英〕speaker[男][女][無変]. カメラクルー 〔仏〕troupe[女][無変]; 〔仏〕équipe[女] televisiva. 双方向テレビ televisore[男] interattivo. テレビカメラマン opera*tore*[男] [[女] -*trice*]. キャスター telecronista[男][女]. 共同制作 coproduzione[女]. 公共放送(局) emittente[女] pubblica. コマーシャル pubblicità[女]. 司会者 condut*tore*[男][[女] -*trice*]. 商業放送局 emittente commerciale. スポットコマーシャル spot[男] [stacco[男]] pubblicitario. チャンネル canale[男]. ニュース解説者 commenta*tore*[男][[女] -*trice*]. ネットワーク rete[女]. 番組制作 produzione[女]. 番組編成 programmazione[女]; 《ニュースの》redazione[女]. プロデューサー regista[男][女]. 放送記者 giornalista[男][女] televisivo.

¶天から降ったように come se fosse caduto dal cielo ¶天にも昇る心地がする essere al ⸢settimo cielo [colmo della felicità] / toccare il cielo con un dito ¶天にも地にもこれ一つだ. Questa è per me l'unica cosa al mondo.
2《キリスト教の神》Dio男;《運命》destino男, fato男;《天国》cielo男, paradiso男 ◇天の divino ¶天の賜物(たまもの) dono del cielo [della provvidenza] ¶天の助け aiuto provvidenziale [del cielo] / provvidenza divina ¶天に祈る pregare il cielo [Dio] ¶天に誓う giurare davanti a Dio ¶運を天に任せる affidarsi alla provvidenza divina ¶「天にましますわれらの父よ」"Padre nostro che sei nei cieli"（◆主の祈り）¶天は自ら助くる者を助く.《諺》"Aiutati che il ciel t'aiuta." / "Chi s'aiuta, Dio l'aiuta / Dio l'aiuta."
3《本の》taglio男 superiore;《荷物の》alto男
⎡慣 用⎤ 天知る地知る Dio lo sa!
天に唾(つば)する "Chi sputa in cielo, gli ricade addosso."

てん 点 **1**《小さい印, ピリオド》punto男;《コンマ》virgola女;《句読点》punteggiatura女, punto e virgola女;《文末の点々》punti男[複] di sospensione, puntini男[複];《小数点》virgola女 ¶点を打つ mettere un punto [una virgola] ¶3,14 パーセント 3,14 (読み方: tre virgola quattordici) per cento ¶一点の雲もない青空だ. Il cielo è limpidissimo, non c'è neanche una nuvoletta.
2《評価, 点数》voto男, punteggio男[複 -gi] ¶満[最高／平均]点 punteggio pieno [massimo／medio] ¶同点 stesso voto ¶落第[及第]点 punteggio insufficiente [sufficiente] ¶点をつける dare un voto a qlcu. / classificare qlcu. ¶点を引く togliere dei punti ¶つまらない間違いで点を引かれた. Ho perso dei punti per un banale errore. ¶あの先生は点が甘い[辛い]. Quel professore è di manica larga [è molto severo nei voti]. ¶「試験の点はどうだった？」「50 点満点の 40 点だった」"Che voto hai preso in questo esame?" "(Ho ottenuto) quaranta cinquantesimi." ¶数学の試験で良い[悪い]点を取った. Ho preso un buon [brutto] voto in matematica.
3《競技の得点》punteggio男 (finale), risultato男, punto男 ¶同点 pareggio男 ¶1 点入れる segnare [ottenere／aggiudicarsi] un punto ¶1 点の差で負けた. Ho perso la partita con lo scarto di un punto. ¶イタリアチームが先に点を取った. La squadra italiana è stata la prima a segnare.
4《問題点, 要点》¶あらゆる点で sotto ogni ⸢punto di vista [aspetto] ¶計画の要点を説明する illustrare i punti essenziali del piano ¶私が心配しているのはその点だ. È questo il punto che mi preoccupa.
5《程度》¶彼の話はどの点まで信用していいかわからない. Non so fino a che punto si possa dar credito alle sue parole.
6《品数》¶衣類を 6 点盗まれた. Mi hanno rubato sei capi di vestiario.

てん 展 ¶美術展 esposizione女 di opere d'arte ¶日本画展 mostra di pittura giapponese

てん 貂 《動》martora女 ¶黒てん zibellino男 ¶白てん ermellino

でん 伝 **1**《伝記》¶カール・マルクス伝 La biografia [La vita] di Karl Marx ¶聖人伝 agiografia ¶《方法など》¶よし, その伝だ. Ecco, prova ⸢in questo modo [così].
3《言い伝え》¶伝ミケランジェロの作品 opera attribuita a Michelangelo

でんあつ 電圧 tensione女 elettrica; voltaggio男[複 -gi] ¶電圧100ボルトの (corrente) a 100 volt ¶低電圧 bassa tensione ¶定電圧 tensione costante ¶電圧を上げる[下げる] aumentare [diminuire] il voltaggio
✜電圧計 voltmetro男
電圧降下 caduta女 [abbassamento男] di tensione elettrica
電圧電流計 voltamperometro男

てんい 天意《神意》provvidenza女

てんい 転位 《物》riassestamento男, trasposizione女;《結 晶》dislocazione女;《機》spostamento男

てんい 転移 《医》metastasi女[無変] ◇転移する estendersi, diffondersi ¶癌の転移 metastasi cancerosa ¶胃癌が肝臓に転移した. Il cancro si è esteso dallo stomaco al fegato.

でんい 電位 《電》potenziale男 elettrico ¶電位の傾き gradiente di potenziale ¶等電位面 superficie equipotenziale
✜電位計 elettrometro男
電位差 differenza女 di potenziale

てんいむほう 天衣無縫 ◇天衣無縫の《人や性格》naturale e disinvolto,《天真爛漫な》ingenuo, candido;《作品など》senza artificio, genuino ¶彼の文には天衣無縫の趣がある. Usa delle espressioni evolute ma mai artificiose.

てんいん 店員 commesso男[女 -a], dipendente男 (di un negozio) ¶私は本屋の店員になった. Mi sono messo a fare il commesso in una libreria. ¶「女性店員 2 名求む」"Cercansi [《稀》Cercansi] due commesse"

でんえん 田園 《田畑》campo男;《田園地方, 田舎》campagna女 ◇田園の campestre, rurale, agreste ¶田園生活を送る condurre [fare] una vita campestre / vivere in campagna ¶ベートーヴェンの第六交響曲『田園』la sesta sinfonia di Beethoven: la "Pastorale"
✜田園詩 poesia女 pastorale;《主に対話形式の》egloga女, bucolica女
田園詩人 poeta男[女 -essa] pastorale [bucolico [男複 -ci]]
田園都市 città女 giardino [無変]
田園風景 paesaggio男[複 -gi] rurale [agreste]

てんか 天下 **1**《世の中》(tutto il) mondo男;《全国》tutto il paese男;《世間》la gente女, il pubblico男 ¶彼は天下に敵なしだ. Non ha nessun rivale sotto il sole. ¶彼は天下に名だたる強者(つわもの)である. La sua forza è ⸢universalmente conosciuta [nota tutto il mondo].
2《思うままに振る舞うこと》¶秀吉の天下 il regime di Hideyoshi ¶今や若者の天下だ. Oggigiorno i giovani la fanno da padroni.
⎡慣 用⎤ 天下晴れて ¶彼らは天下晴れて結婚できる. Finalmente sono liberi di sposarsi.
天下を取る impadronirsi [prendere in mano le

てんか ¶この酒は天下一品だ. Questo è un *sakè* 「senza pari [incomparabile / che non ha eguali].

天下太平 ¶天下太平だ. La pace regna in tutto il mondo.

天下分け目 ¶それは天下分け目の戦いだった. È stata una battaglia decisiva.

てんか 点火 accensione㊛ ◇点火する dar fuoco a *ql.co.*;(ガスなどに) accendere *ql.co.*

❖**点火器[装置]** accenditore㊚, innesco㊚ [複 -*chi*]; (ガスの) accendigas㊚ [無変]; (車の) (dispositivo㊚ di) accensione㊛; 〖電子〗 iniettore㊚

点火プラグ 〖車〗 candela㊛ (d'accensione)

てんか 添加 addizione㊛ ◇添加する aggiungere *ql.co.* (に a); 〖化〗 addizionare

❖**添加剤** 〖化〗 additivo㊚, agente㊚ di addizione

添加物 〖化〗 additivo㊚

てんか 転化 trasformazione㊛; 〖化〗 conversione㊛; (蔗糖の) inversione㊛

❖**転化器** 〖化〗 convertitore㊚

転化糖 zucchero㊚ invertito

てんか 転科 ¶理科から文科に転科する trasferirsi dalla facoltà di scienze naturali a quella di lettere

てんか 転嫁 ◇転嫁する addossare *ql.co.* a *qlcu.*, far ricadere *ql.co.* su *qlcu.* ¶君は自分の責任を他人に転嫁すべきでない. Non devi addossare agli altri le tue responsabilità. ¶彼は自分の罪を私に転嫁した. Ha fatto ricadere le sue colpe su di me.

てんが 典雅 ◇典雅な raffinato, elegante ¶典雅な身のこなしの婦人 donna che si muove con grazia

でんか 殿下 Sua Altezza㊛;《呼びかけ》Altezza ¶皇太子殿下 Sua Altezza Imperiale il Principe Ereditario ¶皇太子同妃両殿下 le Loro Altezze Imperiali il Principe e la Principessa

でんか 電化 elettrificazione㊛ ◇電化する 《他のものを》elettrificare; 《自らが》elettrificarsi ¶鉄道の電化 elettrificazione delle linee ferroviarie

❖**電化計画[事業]** progetto㊚ [lavori㊚ [複]] di elettrificazione

電化製品 (精密なもの) prodotto㊚ di elettronica; (家電) elettrodomestici㊚ [複]

でんか 電荷 〖物〗 carica㊛ elettrica, quantità㊛ di elettricità

❖**電荷移動** trasferimento㊚ di carica

てんかい 展開 **1** 《事態・論旨などが次に進むこと》sviluppo㊚, svolgimento㊚, progresso㊚ ◇展開する《自らが》svilupparsi, svolgersi, evolversi;《他のものを》sviluppare, svolgere, evolvere ¶論旨を展開する sviluppare il punto di un argomento ¶情勢は意外な展開を見せた. La situazione ha preso 「una piega imprevista [un andamento imprevisto]. **2** 《繰り広げること》estensione㊛, espansione㊛ ◇展開する《自らが》estendersi, espandersi;《他のものを》estendere, espandere ¶緑の平野が眼前に展開する. Una verde pianura si (e)stende davanti a noi. ¶すばらしい演技が展開される. È in

---

《 会 話 》 天気 Tempo atmosferico

今日はどんな天気ですか.	雨が降っている.
Come è il tempo oggi?	Piove.
Che tempo fa oggi?	È una giornata piovosa.
天気がいい.	どしゃ降りだ.
Il tempo è bello.	Piove 「a catinelle [a dirotto / a scroscio].
È [Fa] bel tempo.	Diluvia.
天気が悪い.	雨がしとしと降っている.
Il tempo è brutto.	Pioviggina.
È [Fa] brutto tempo.	雷雨になる.
すがすがしい[寒いがいい]日だ.	C'è [Arriva] un temporale.
È una giornata fresca [fredda ma bella].	暴風雨になる.
気持ちがよい.	C'è [Arriva] una tempesta.
Si sta bene.	豪雨になる.
曇っている.	C'è [Arriva] un nubifragio.
(Il cielo) È coperto [nuvoloso].	さわやかな風が吹いている.
È una giornata nuvolosa.	C'è un bel venticello.
日が照っている.	風が吹いている.
C'è un bel sole.	C'è [Tira] vento.
晴れている.	È una giornata ventosa.
È sereno.	暖かい.
すばらしい青空だ.	È una giornata calda [tiepida]. (►*caldo* は肯定的でも否定的な意味でも使える)
C'è un bel cielo terso [pulito].	暖かくて空気が乾燥している.
空が晴れてきた.	Fa un bel caldo secco.
Rischiara.	むし暑い.
空が晴れている.	Fa (un) caldo umido.
C'è una schiarita.	むっとする暑さだ.
雨が降りそうだ.	Fa (un) caldo afoso [torrido].
Minaccia di piovere.	

scena una splendida rappresentazione teatrale.
3〘数〙sviluppo男 ¶関数を級数に展開する sviluppare in serie una funzione
4〘軍〙spiegamento男, schieramento男 ◇展開する[させる] spiegare, schierare
✢**展開式**〘数〙espansione女
展開図〘幾何〙sviluppo男 su un piano
展開部〘音〙svolgimento男, sviluppo男

てんかい 転回 **1**〘回転〙rotazione女;《反対方向への転換》inversione女 ◇転回する rotare②[av][girare②[av, es]] intorno a ql.co.; invertire ¶航路[進路]を反対方向に転回する invertire la rotta ¶「転回禁止」《掲示》"Divieto di inversione di marcia"
2《方針などを》svolta女, cambiamento男 ◇転回する invertire, cambiare; modificare ¶戦後，日本の外交方針は180度転回した. Nel dopoguerra, la politica estera del Giappone ha subito una inversione di rotta di centottanta gradi.
3〘音〙¶和音の転回 rivolto di un accordo

てんがい 天涯 ¶天涯にさすらう errare in paesi stranieri sconosciuti
✢**天涯孤独** ¶彼は天涯孤独の孤児となった. Rimase orfano, solo al mondo.

てんがい 天蓋 baldacchino男

でんかい 電界 〘物〙campo男 elettrico [複 -ci] ¶電界の強さ intensità di campo elettrico

でんかい 電解 〘化〙elettrolisi女[無変] ◇電解（質）の elettrolitico [男複 -ci] ◇電解する elettrolizzare
✢**電解液** elettrolita男, soluzione女 elettrolitica

電解研磨 《金属の》pulitura女 elettrolitica
電解コンデンサー condensatore男 elettrolitico
電解質 elettrolito男, elettrolita男[複 -i] ¶非電解質 soluzione non elettrolitica
電解精錬 elettroraffinazione女
電解槽 elettrolizzatore男, cella女 elettrolitica
電解抽出 estrazione女 elettrolitica
電解腐食 attacco男[複 -chi] chimico [複 -ci] elettrolitico

でんがく 田楽 **1**〘民俗芸能〙danza女 folcloristica originariamente connessa con la semina e il raccolto del riso
2〘料〙dengaku男[無変]（◆ *tofu*, *konnyaku* ecc. bolliti che si infilano in uno spiedino e si spalmano di *miso* dolce prima di arrostirli）

てんから 天から ¶天からまちがっている. È completamente errato. ¶天から信じていない. Non ci ho creduto sin dal principio.

テンガロンハット 〔英 ten-gallon hat〕cappello男 di cowboy (di ampia tesa)

てんかん 転換 cambiamento男, trasformazione女;《価値・物質・電流などの》conversione女 ◇転換する cambiare, trasferire; convertire ¶配置転換 cambiamento [trasferimento] di posto ¶思想転換 conversione ideologica ¶考えを大胆に転換する cambiare drasticamente idea ¶方向を転換する cambiare direzione /《航路などを》invertire la rotta ¶君には少し気分転換が必要だ. Hai bisogno「di un po'」di distrazione [di rilassarti un po'].
✢**転換価格**〘金融〙prezzo男 [valore男] di conversione

非常に暑い[寒い].
Fa troppo caldo [freddo].
寒い.
È una giornata fredda.
雪が降っている.
Nevica.
ひょうが降っている.
Grandina.
霧の立ちこめている日だ.
È una giornata nebbiosa.

応 用 例
今日はよいお天気ですね.
Bella giornata oggi, no?
ええ，この天気が続くといいですね.
Sì, speriamo che duri!
今日は何という天気なんでしょう.
Che tempaccio oggi!
ここ 3 日間どしゃ降りです.
Son tre giorni che piove a dirotto.
早く天気になればいいのに.
Mi auguro che torni il sereno.
今年は雨が少なかった.
Quest'anno ha [è] piovuto poco.
凍るほど寒い.
Gela.
È una giornata gelida [rigida].
暑くて[寒くて]死にそうだ.

日陰で30度ある.
Ci sono trenta gradi all'ombra.
氷点下 5 度だ.
Ci sono cinque gradi sotto zero.
気温が氷点下に下がる.
La temperatura scende [va] sotto zero.
天候が回復する.
Il tempo「si rimette / rischiara / migliora」.
天気が悪くなる.
Il tempo peggiora.

《話》Si crepa dal caldo [dal freddo].
ひどい暑さだ.
Fa un caldo boia [da morire].
ひどい寒さだ.
Fa un freddo boia [da morire].
ものすごい[肌を刺す]寒さだ.
Fa un freddo cane [pungente].
かんかん照りだ.
C'è un sole che spacca le pietre.
（►直訳すると「石が割れるほどの太陽だ」）
濃い霧だ.
C'è una nebbia che si taglia con il coltello.
（►直訳すると「ナイフで切れるほどの霧だ」）
身を切るような風だ.
C'è un vento tagliente.
⇒気象 用語集

転換期 ¶歴史の転換期 una svolta nella storia
転換社債 《金融》obbligazione㊛ convertibile
転換比〖工〗fattore㊚ [rapporto㊚] di conversione
転換利率 《金融》tasso di conversione
転換炉 〖原子物理〗convertitore㊚
てんかん 癲癇〖医〗epilessia㊛; 《俗》mal caduco㊚ [複 -chi] ◇ 癲癇(性)の epilettico [㊚複 -ci] ¶癲癇の発作を起こす avere una crisi epilettica [un attacco epilettico]
✤**癲癇患者** epilettico [㊚ -ca; ㊛複 -ci]
てんがん 点眼 ◇点眼する versare gocce di [istillare] collirio「in un occhio [negli occhi]
✤**点眼器** contagocce㊚ 〖無変〗per gli occhi
点眼水〖薬〗collirio㊚, gocce㊛[複] per gli occhi

てんき 天気 **1**〖天候〗tempo㊚ (atmosferico) → 前ページ 会話, 気象 用語集 ¶天気が良い [悪い]. Fa bel [brutto] tempo. ¶なんていい天気だろう. Che bella giornata! / Che bel tempo! ¶天気が悪くなりそうだ [定まらない]. Il tempo è minaccioso [variabile]. ¶天気がぐずついている. Il tempo continua a essere cattivo. ¶天気が崩れた. Il tempo si è guastato. ¶天気が良くなった. Il tempo si è rimesso. ¶明日はどんな天気だろう. Che tempo sarà [farà] domani? ¶もし天気が良ければ tempo permettendo / se il tempo「sarà bello [lo permetterà] ¶天気次第だ. Dipende dal tempo che fa [farà].
2〖晴天〗¶今日も天気だ. Anche oggi fa bel tempo. ¶明日までこの天気がもってくれるとよいが. Speriamo che il tempo regga fino a domani.
✤**天気雨** pioggia㊛ [複 -ge] improvvisa a cielo sereno
天気概況 aspetto㊚ generale delle condizioni atmosferiche
天気図 carta㊛ meteorologica
天気相談所 ufficio㊚ [複 -ci] informazioni meteorologiche
天気予報 previsione㊛ meteorologica [del tempo]

てんき 転記 trascrizione㊛, copia㊛ ◇転記する trascrivere ql.co. (に in), passare [riportare] ql.co.《AからBへ da A a B》¶それを写本から転記した. L'ho copiato da un codice antico.
てんき 転機(転換期)svolta㊛ decisiva, momento㊚ decisivo; (きっかけ) occasione㊛ di cambiamento, spunto㊚ per cambiare ¶人生の転機 occasione decisiva [《好機》opportuna] per un cambiamento nella propria vita
てんぎ 転義 senso㊚ derivato; 《比喩》senso㊚ figurato [metaforico [複 -ci]]
でんき 伝奇 ◇伝奇的(な) fantastico [㊚複 -ci], chimerico [㊚複 -ci], immaginario [㊚複 -i], irreale
✤**伝奇小説** romanzo㊚ di avventura, racconto ㊚ fantastico sentimentale
でんき 伝記 biografia㊛ ◇伝記的 biografico [㊚複 -ci] ¶聖フランチェスコの伝記映画 film「agiografico su [sulla vita di] San Francesco
✤**伝記作者** biografo㊚ [㊛ -a]; 《聖人の》agiografo㊚ [㊛ -a]

でんき 電気 elettricità㊛; 《電流》corrente㊛ elettrica; 《電力》energia㊛ elettrica; 《電灯》luce㊛ elettrica ◇ 電気の elettrico [㊚複 -ci] ◇電気で elettricamente, ad elettricità ¶電気をつける [消す] accendere [spegnere] la luce ¶彼の部屋には電気がついている. Nella sua camera c'è la luce accesa. ¶電気を帯びた物体 oggetto elettrizzato
✤**電気アイロン** ferro da stiro elettrico
電気あんか scaldapiedi㊚ 〖無変〗elettrico
電気あんま massaggio㊚ a vibrazione; 《器具》vibromassaggiatore㊚
電気椅子 ¶電気椅子にかける giustiziare qlcu. sulla sedia elettrica
電気ウナギ 《魚》gimnoto㊚, anguilla㊛ elettrica
電気エネルギー energia㊛ elettrica
電気音響学 elettroacustica㊛
電気会社 azienda㊛ [società㊛] elettrica (◆イタ

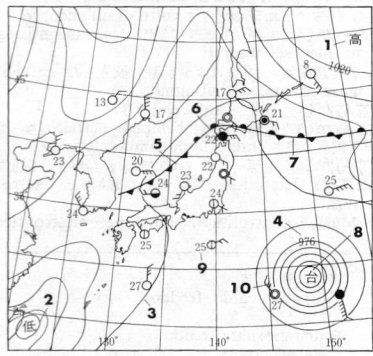

天気図
1 高気圧 alta pressione㊛. **2** 低気圧 bassa pressione㊛. **3** 等圧線 isobara㊛. **4** 気圧 pressione㊛ barometrica. **5** 寒冷前線 fronte ㊚ freddo. **6** 温暖前線 fronte㊚ caldo. **7** 停滞前線 fronte stazionario. **8** 台風 tifone㊚. **9** 気温 temperatura㊛. **10** 風向きと風速 direzione ㊛ e velocità del vento.

天気記号

日	伊		
○	☼	快晴	sereno
◐		晴	
	⊛		velato どんよりした
			poco nuvoloso うす曇り
◎	✳	曇	nuvoloso
	✱		molto nuvoloso 本曇り
	✸		variabile 変わりやすい
●	///	雨	pioggia㊛
⊗	✶	雪	neve㊛
⊙	≡	霧	nebbia㊛
	▽		rovescio㊚ 豪雨
◒	⚡	雷雨	temporale㊚
⊘	▼	ひょう	grandine㊛
⊖		煙霧	foschia㊛

リアの電力公社は Ente Nazionale per l'Energia Elettrica, 略して ENEL [énel]という)
電気回路 circuito男 elettrico
電気化学 elettrochimica女
電気がま pentola女 elettrica
電気かみそり rasoio男[複 -i] elettrico
電気機関車〖鉄道〗 locomotiva女 elettrica, locomotore男
電気器具 apparecchio男[複 -chi] elettrico ¶家庭用電気器具 elettrodomestici
電気技師 ingegnere男 elettrotecnico [男複 -ci]
電気系統 sistema男[複 -i] [impianto男] elettrico
電気工学 ingegneria女 elettrotecnica, elettrotecnica女
電気工業 industria女 elettrica
電気こんろ fornello男 elettrico
電気自動車 veicolo男 elettrico, automobile女 [autovettura女] elettrica
電気ショック療法〖医〗 terapia女 con elettroshock
電気浸透 elettroosmosi女[無変]
電気振動 oscillazione女 elettrica
電気スタンド lume男; (卓上の) lampada女 da tavolo [〔床に置く〕a stelo]
電気ストーブ stufa女 elettrica
電気制動 freno男 elettrico [elettromagnetico] [複 -ci]
電気通信 telecomunicazione女
電気抵抗 resistenza女 elettrica
電気点火 accensione女 elettrica
電気伝導率 conduttibilità女, conduttanza女 specifica
電気透析 elettrodialisi女[無変]
電気動力計 elettrodinamometro男
電気時計 orologio男[複 -gi] elettrico
電気ドリル trapano男 elettrico
電気分解 elettrolisi女[無変] ◇電気分解する elettrolizzare
電気分析 elettroanalisi女[無変]
電気ボイラー generatore男 di vapore elettrico
電気めっき (金の) doratura女 elettrochimica; (銀の) argentatura女 elettrochimica; (亜鉛などの) galvanizzazione女, galvanoplastica女, galvanostegia女 ◇電気めっきする dorare [argentare] ql.co. elettroliticamente; galvanizzare ql.co.
電気毛布 termocoperta女 (elettrica)
電気モーメント momento男 elettrico
電気屋 (人) elettricista男女 [男複 -i]
電気誘導 induzione女
電気溶接 saldatura女 elettrica
電気容量 capacità女 elettrica
電気力学 elettrodinamica女
電気量 quantità女 di elettricità
電気料金 ¶電気料金を上げる aumentare le tariffe elettriche ¶電気料金を払う pagare la bolletta della luce
電気療法〖医〗 elettroterapia女
電気力 forza女 elettrica
電気炉 forno男 elettrico
でんき 電機
✤電機工業 industria女「di apparecchi elettrici [di attrezzature elettriche]

テンキー 〘コンピュータ〙 tastierino男 alfanumerico [複 -ci]
てんきゅう 天球〖天〗 sfera女 celeste
✤天球儀 globo男 [mappamondo男] celeste
でんきゅう 電球 lampadina女 ¶電球が切れた. La lampadina si è fulminata [si è fusa / si è bruciata]. ¶120 ボルト60 ワットの電球 lampadina da 120 volt e da 60 candele [watt]
てんきょ 典拠 fonte女, riferimento男;《権威ある》autorità女 ¶彼は確かな典拠からそれを入手した. L'ha saputo da fonte sicura.
てんきょ 転居 cambiamento男 d'indirizzo [di casa / di domicilio / di residenza];《引っ越し》trasloco男[複 -chi], trasferimento男 ◇転居する cambiare casa; traslocare自[av], trasferirsi ¶この度下記に転居いたしました. La prego di voler prender nota del mio nuovo indirizzo [recapito].
✤転居祝い ¶転居祝いをする festeggiare l'insediamento in una nuova casa
転居先 nuovo indirizzo男
転居届 dichiarazione女 di cambiamento di domicilio
てんぎょう 転業 cambiamento男 di attività [professione] ◇転業する cambiare attività [professione] ¶彼は大学教授からジャーナリストに転業した. Ha abbandonato l'insegnamento universitario per darsi al giornalismo.
でんきょく 電極 elettrodo男; (電池の) polo男 (di una pila)
✤電極電位 potenziale男 di elettrodo
てんきん 転勤 cambiamento男 di posto (di lavoro), trasferimento男 ◇転勤する cambiare sede, essere trasferito in un'altra sede ◇転勤させる trasferire qlcu. ¶ミラノ事務所に転勤した. Sono stato trasferito all'ufficio di Milano.
✤転勤先 nuovo posto男, nuova sede女
てんぐ 天狗 1《伝説の怪物》tengu男[無変] (◆ creatura fantastica dal corpo umano con un lungo naso rosso e le ali) 2《うぬぼれ屋》millantatore男[女 -trice], smargiasso男, orgoglioso男[女 -a] ¶そんなことで天狗になってはだめだ. Non devi essere così presuntuoso per tali trivialità.

天狗

てんぐさ 天草〖植〗 agar-agar男[無変]
デングねつ デング熱〖医〗〔ス〕 dengue女[無変]
でんぐりがえし でんぐり返し ¶でんぐり返しをする fare una capriola / fare un salto mortale
でんぐりがえる でんぐり返る 1《でんぐり返しをする》capitombolare 2《ひっくり返る》capovolgersi ¶彼が拒否したので会議はでんぐり返ったような騒ぎになった. Il suo rifiuto ha fatto precipitare nel caos la riunione.
てんけい 天啓 rivelazione女 divina;《神意の顕(あらわ)れ》atto男 [azione女/ intervento男] provvidenziale

てんけい 典型　tipo[男]；《模範》modello[男], eṣemplare[男]；《理想像》ideale[男] ◇**典型的(な)** tipi*co*[[男]複 -*ci*], tipo[無変]（►名詞の後に付ける）¶彼は典型的なイタリア人[インテリ]だ. È l'italiano [l'intellettuale] tipo. / È il tipico italiano [intellettuale].

でんげき 電撃　**1**《電流による》scossa[女] elettrica, shock[男][無変] elettri*co*[複 -*ci*] ¶電撃を受ける prendere la scossa elettrica

2《急襲》attac*co*[男][複 -*chi*] improvviṣo, incursione[女] improvviṣa

3《急で激しいこと》◇**電撃的(な)** improvviṣo e immediato；《劇的な》drasti*co*[[男]複 -*ci*] ¶…に電撃的効果を得る avere un effetto immediato su *ql.co.*

✤**電撃結婚** matrimon*io*[男][複 -*i*] lampo[無変]

電撃作戦〔独〕blitz[男][無変]；intervento[男] fulmineo e improvviṣo

電撃戦 guerra[女] lampo[無変]

電撃療法〘医〙terapia[女] dell'elettroshock

てんけん 点検　ispezione[女], controllo[男]；《検査》eṣame[男], reviṣione[女]；《性能の》prova[女], collaudo[男]；《確認》verifica[女]；〘軍〙rassegna[女] ◇**点検する** ispezionare *ql.co.*, fare l'ispezione di *ql.co.*; eṣaminare [reviṣionare] *ql.co.*; verificare *ql.co.* ¶書類を点検する eṣaminare i documenti

でんげん 電源　fonti[女][複] [sorgente[女]] di energia elettrica；《コンセント》presa[女] di corrente；《開閉器》interruttore[男] ¶テレビを電源につなぐ inserire la spina del televiṣore ¶電源を入れる[切る] accendere [spegnere]

✤**電源開発**《水力発電資源の》sfruttamento[男] delle risorse idroelettriche

電源電圧 tensione[女] di alimentazione

電源変圧器 trasformatore[男]

電源ボタン tasto[男] di accensione

てんこ 点呼　appello[男] nominale ¶従業員の点呼をとる fare l'appello dei dipendenti

てんこう 天候　tempo[男] ¶不順な天候《異常天候》tempo anomalo /《悪天候》intemperie[女][複] /《一定しない》tempo instabile ¶悪天候をついて船は出帆した. Il battello ha preso il largo malgrado il cattivo tempo.

てんこう 転向　《方向・立場・好みなどを変えること》mutamento[男]；《思想上の》conversione[女] ◇**転向する** convertirsi《に a》◇**転向させる** convertire *qlcu.*《に a》¶非転向を貫いた. Non ha mai rinnegato le sue convinzioni. ¶彼は近ごろ釣りから転向してゴルフに凝っている. Ultimamente ha ṣmesso di andare a pesca per dedicarsi al golf.

✤**転向者** converti*to*[男][[女] -*a*]；《裏切り者》tradi*tore*[男][[女] -*trice*]；《逮捕後司法に協力する者》penti*to*[男][[女] -*a*] ¶非転向者 non converti*to*[男][[女] -*a*]

てんこう 転校　cambiamento[男] di scuola ◇**転校する** cambiare scuola ¶彼は私立中学に転校した. Si è trasferito in una scuola media privata.

でんこう 電光　《稲妻》lampo[男], baleno[男]；《電気の光》luce[女] elettrica

✤**電光掲示板** tabellone[男] elettroni*co*[複 -*ci*]

電光石火 ¶電光石火のごとく con la rapidità di un lampo / come un fulmine

てんごく 天国　《天の国》cielo[男]；《楽園》Paradiṣo[男] ¶父は天国へ行った. Mio padre è passato all'altra vita. ¶歩行者天国 iṣola pedonale

でんごん 伝言　messag*gio*[男][複 -*gi*] ¶彼からの伝言を頼まれています. Mi ha chiesto di riferirle un messaggio. ¶明日伺う, との伝言を彼女の息子が置いていった. Suo figlio mi ha lasciato detto che lei sarebbe venuta il giorno dopo. ¶お父様に伝言をおことづけできますでしょうか. Potrei affidarle un messaggio per suo padre?

✤**伝言板** lavagna[女] per comunicazioni e messaggi

てんさい 天才　《才能》gen*io*[男][複 -*i*], talento[男] straordinar*io*[複 -*i*]；《人》(persona[女] di) talento[男], genio[男] ◇**天才的(な)** geniale, di (gran) talento ¶天才的な記憶力の持ち主 uomo dotato di una memoria prodigiosa ¶天才肌の人だ. Ha qualcosa di geniale.

✤**天才教育** istruzione[女] per ṣviluppare il talento dei bambini

天才児 bambin*o*[男][[女] -*a*] prodigio[無変]

てんさい 天災　calamità[女] [diṣastro[男]] naturale, catacliṣm*a*[男][複 -*i*] della natura ¶天災は忘れたころにやって来る.《諺》"I diṣastri arrivano quando meno te li aspetti."

てんさい 甜菜　〘植〙barbabietola[女] da zucchero

✤**甜菜糖** zucchero[男] di barbabietola

てんさい 転載　riproduzione[女] ◇**転載する** riprodurre *ql.co.*《に su》, trarre *ql.co.*《から da》¶この記事は『コッリエーレ・デッラ・セーラ』の許可を得て転載. Questo articolo è stato riportato con l'autorizzazione del "Corriere della Sera". ¶「転載を禁ず」《表示》"Riproduzione vietata"

てんざい 点在　¶山間に村が点在している. Il panorama montano è punteggiato da piccoli villaggi.

てんさく 添削　correzione[女] ◇**添削する** correggere, ritoccare ¶答案を添削してもらう farsi correggere i compiti ¶通信添削 correzione (di compiti di studenti) per corrispondenza

てんさく 転作　cambiamento[男] di coltura ◇**転作する** cambiare la coltura

でんさん 電算　computazione[女], calcolo[男] [computo[男]] elettri*co*[複 -*ci*]；《データ処理》elaborazione[女] elettronica di dati

✤**電算化** computeriẓẓazione[女] ¶事務処理が電算化された. Il lavoro d'ufficio è stato computeriẓẓato.

電算機 ⇀コンピュータ

電算写植組版システム sistema[男] compoṣitore (tipografico) computeriẓẓato

電算処理センター centro[男] elaborazione dati

てんし 天子　imperatore[男]

てんし 天使　angelo[男] ◇**天使の(ような)** angeli*co*[[男]複 -*ci*] ⇀キリスト教 [用語集]

てんじ 点字　caratteri[男][複] braille[bráil][無変], braille[男] または [女][無変]（►brailleは商標）¶点字を学ぶ[読む] imparare [leggere] il braille ¶本を点字に訳す trascrivere un libro in braille

✤**点字機** macchina[女] per scrivere a caratteri braille

点字点訳者 trascrit*tore*[男][[女] -*trice*] in caratteri

braille
点字図書館 biblioteca㊛ braille [無変]
点字本 libro㊚ in braille
てんじ 展示 esposizione㊛, presentazione㊛ ◇展示する esporre, presentare, mostrare ¶切手のコレクションを展示する mostrare la collezione di francobolli
❖ **展示会** esposizione㊛, mostra㊛;《車の》vendita㊛ promozionale di automobili;《車の大規模な発表会》salone㊚ dell'automobile
展示室 sala㊛ per esposizioni
展示即売会 vendita㊛ diretta degli oggetti esposti
展示品 oggetti㊚[複] esposti
でんし 電子 elettrone㊚ ◇電子の elettronico [㊓複 -ci] ¶陰電子 negatrone㊚/ elettrone negativo ¶陽電子 positone㊚/ elettrone positivo
❖**電子オルガン**〘音〙 organo㊚ elettronico
電子音楽 musica㊛ elettronica
電子殻(?)〘物〙 strato [guscio [複 -sci]] elettronico
電子カルテ cartella㊛ clinica elettronica
電子管 tubo㊚ elettronico, valvola㊛ elettronica
電子決済 pagamento㊚ elettronico.
電子顕微鏡 microscopio㊚[複 -i] elettronico
電子工学 elettronica㊛
電子光学 ottica㊛ elettronica
電子工業 industria㊛ elettronica
電子銃 cannone㊚ elettronico
電子出版 editoria㊛ elettronica
電子商取引 commercio㊚[複 -ci] elettronico [in rete]
電子書籍 libro㊚ elettronico, e-book [ibúk]㊚[無変]
電子新聞 giornale㊚ [quotidiano㊚] in rete
電子頭脳 cervello㊚ elettronico
電子政府 pratiche㊛ governative in rete
電子センサー sensore㊚ elettronico
電子データ処理〘コンピュータ〙 elaborazione㊛ elettronica di dati
電子デバイス dispositivo㊚ elettronico
電子波 onde㊛[複] elettroniche
電子ビーム fascio㊚ [複 -sci] di elettroni
電子ペット robot㊚[無変] zoomorfo;《大型の》cagnolino㊚ robot
電子ボルト elettronvolt㊚;《記号》eV
電子マネー moneta㊛ elettronica, denaro㊚ elettronico [複 -ci]
電子メール《コンピュータ》e-mail [iméil]㊛[無変], posta㊛ elettronica
電子レンジ forno㊚ a microonde
電子レンズ lente㊛ elettronica
でんじ 電磁 elettromagnetismo㊚ ◇電磁の elettromagnetico [㊓複 -ci]
❖**電磁エネルギー** energia㊛ [複 -gie] elettromagnetica
電磁界[場] campo㊚ elettromagnetico
電磁気学 elettromagnetica㊛
電磁クラッチ〘機〙 innesto㊚ elettromagnetico
電磁波 onde㊛[複] elettromagnetiche
電磁モーメント momento㊚ elettromagnetico
電磁誘導 induzione㊛ elettromagnetica

電磁力 forza㊛ elettromagnetica
でんじしゃく 電磁石 elettrocalamita㊛, elettromagnete㊚
てんじて 転じて ¶転じて彼の話題は学校問題に移った. Il tema del suo discorso finì per slittare sul problema scolastico.
てんしゃ 転写 trascrizione㊛, copia㊛;《図・模様などの》decalco㊚[複 -chi] ◇転写する trascrivere, copiare; decalcare;《敷き写し》ricalcare
❖**転写紙** decalcomania㊛

でんしゃ 電車 treno㊚;《路面電車》tram㊚[無変] ⇒駅〖会話〗¶東京行き[発]の電車 treno per [da] Tokyo ¶電車の中で in [sul] treno ¶新宿へ電車で行く andare in [con il] treno a Shinjuku ¶電車に乗る prendere il treno / salire in [sul] treno ¶電車を降りる scendere dal treno ¶電車が来た. Arriva il treno. ¶電車に乗り遅れる perdere il treno
❖**電車賃** tariffe㊛[複] ferroviarie ¶電車賃を払う pagare il biglietto del treno [del tram]
てんしゅ 天主 Dio㊚, Signore㊚
❖**天主教** cattolicesimo㊚ (romano)
てんしゅ 店主 padrone㊚[㊓ -a] [titolare㊚㊛] di un negozio
てんじゅ 天寿 ¶天寿を全うする morire di vecchiaia di morte naturale
でんじゅ 伝授 ◇伝授する iniziare [introdurre] qlcu. a qlco., insegnare [trasmettere] qlco. ql.co. ¶芸の奥義を伝授された. Mi ha iniziato ai segreti dell'arte.
てんしゅかく 天守閣 maschio㊚[複 -schi] (di un castello giapponese), torre [torrione㊚] principale
てんしゅつ 転出《転居, 転任》trasferimento㊚ ◇転出する trasferirsi ¶京都から大阪に転出する trasferirsi da Kyoto a Osaka
❖**転出証明書** certificato㊚ di trasferimento di residenza
転出届け comunicazione㊛ di cambio di domicilio
てんじょう 天上 cielo㊚ ¶天上の音楽 musica celeste ¶天上天下(ピ)唯我独尊(ｹﾞｽﾞ).《仏教》Santo sono io, solo, in cielo e in terra. (Budda)
てんじょう 天井 **1**《部屋などの》soffitto㊚ ¶天井の高い[低い]部屋 camera dal soffitto alto [basso] ¶天井から電灯が下がっている. Una lampada è appesa al soffitto.
2《最高の値段》¶自動車株も天井を衝(つ)いたようだ. Pare che anche le azioni automobilistiche abbiano toccato la punta massima [l'apice]. ¶物価が天井知らずに上がっている. I prezzi stanno andando alle stelle.
❖**天井裏**《屋根裏部屋》mansarda㊛;《物置》solaio㊚, soffitta㊛
天井画 dipinto㊚ su soffitto, soffitto㊚ dipinto
天井クレーン〘機〙 gru㊛[無変] a ponte, carroponte㊚
天井桟敷 loggione㊚, piccionaia㊛
てんじょう 添乗 ◇添乗する accompagnare, condurre ¶旅行社の人が団体旅行に添乗した. Una persona dell'agenzia ha accompagnato e

si è presa cura del gruppo durante il viaggio.
✤**添乗員** accompagnat*ore*男 [⊛ -*trice*] turistico [男複 -*ci*]

でんしょう 伝承 (trasmissione⊛ di una) leggenda⊛; 《口伝》tradizione⊛ orale ◇伝承する trasmettere *ql.co.* ¶伝承によれば secondo la tradizione ¶民間伝承 folclore
✤**伝承文学** letteratura⊛ orale

てんしょく 天職 vocazione⊛; 《使命》missione⊛ ¶私は教師を天職としている. Sento la vocazione [Mi sento portato] per l'insegnamento. ¶彼は医者として天職を全うした. Perseguì sino in fondo alla sua missione di medico.

てんしょく 転職 cambiamento⊛ di lavoro [professione]

でんしょばと 伝書鳩 piccione男 [colombo⊛] viaggiatore
✤**伝書鳩通信** corrispondenza⊛ inviata tramite piccioni viaggiatori

てんじる 転じる cambiare⊛, ⊛ [*es*], mutare ⊛, ⊛ [*es*];《移る》passare⊛, ⊛ [*es*] ¶話題を経済問題に転じる cambiare argomento e parlare dei problemi economici ¶進路を西に転じる girare⊛ [*av, es*] verso ovest /《船・飛行機で》cambiare la rotta verso ovest / virare⊛ [*av*] verso ovest ¶ここで川は東に方向を転じている. Qui il fiume devia il suo percorso verso est. ¶愛情が憎しみに転じる. L'amore si trasforma [si tramuta] in odio. ¶災いを転じて福としよう. Facciamo sì che la sfortuna possa tornare a nostro vantaggio.

てんしん 転身 ¶プロへの転身をはかる. avviarsi a fare il balzo nel professionismo.

てんしん 転進 ¶軍隊は川の反対側に転進した. L'esercito si spostò dall'altra parte del fiume.

でんしん 電信 telegrafia⊛;《電信文》dispaccio男 [複 -*ci*] telegrafico [複 -*ci*];《通信》comunicazione⊛ telegrafica ◇電信の telegrafico ¶電信で送る telegrafare *ql.co.* ¶電信で送金する trasferire [spedire] soldi tramite bonifico [vaglia]⊛ telegrafico ¶無線電信 telegrafia senza fili / radiotelegrafia
✤**電信為替** bonifico男 [複 -*ci*] telegrafico, trasferimento⊛ telegrafico di fondi
電信機 telegrafo男
電信技師 telegrafis*ta*⊛ [男複 -*i*]
電信局 uffic*io*男 [複 -*ci*] telegrafico
電信符号 codice男 telegrafico

てんしんらんまん 天真爛漫 ◇天真爛漫な ingenuo, innocente, candido ¶天真爛漫な性格 carattere aperto e semplice

てんすう 点数 **1**《競技などの》punto男;《総合点》punteg*gio*男 [複 -*gi*];《学校の》voti男 [複] ¶彼は点数をかせごうと上司にごまをすっている. Per apparire in buona luce non fa che leccare i capi.
2《品物の数》numero⊛, pezzo男 ¶展示品の点数 numeri di articoli esposti

てんずる 点ずる **1**《火をともす》accendere ¶ランプに灯を点ずる accendere una lampada
2《しずくをたらす》versare *ql.co.* goccia a goccia **3**《茶をたてる》preparare il tè

てんずる 転ずる ➝転じる

てんせい 天性 natura⊛, indole⊛, temperamento⊛ [carattere⊛/ disposizione⊛] naturale ¶彼は天性の楽天家だ. È (un) ottimista nato [per natura]. / Vede sempre rosa.

てんせき 転籍 ◇転籍する cambiare di registro familiare;《学校》cambiare scuola [《大学》università] ¶彼は東京に転籍した. Ha trasferito a Tokyo il suo domicilio legale.

でんせつ 伝説 leggenda⊛, racconto男 tradizionale ◇伝説的(な) leggend*ario* [男複 -*i*] ¶伝説によれば secondo la leggenda / La leggenda dice che＋直説法

てんせん 点線 linea⊛ punteggiata;《切り取り線》linea⊛ tratteggiata ¶点線部を切り離すこと. Staccare seguendo la linea punteggiata.

でんせん 伝染 conta*gio*男 [複 -*gi*]; infezione⊛ ◇伝染性(の) contagioso, infettivo ◇伝染させる contagiare, infettare ¶チフスは伝染する. Il tifo è contagioso. / Il tifo si trasmette per contagio. ¶彼の病気は家族に伝染した. La sua malattia si è trasmessa alla famiglia.
✤**伝染病** malattia⊛ contagiosa [infettiva] ◇伝染病の epidemico [男複 -*ci*] ¶伝染病が発生した. È scoppiata un'epidemia.
伝染病患者 malato男 [⊛ -*a*] contagioso ¶伝染病患者を隔離する isolare un malato contagioso

でんせん 伝線 ¶ストッキングが伝線してますよ. C'è una smagliatura sulle calze. ¶伝線しないストッキング calza (da donna) indemagliabile

でんせん 電線 filo男 [conduttore⊛] elettrico [複 -*ci*];《電信の》filo男 telegrafico [複 -*ci*] ¶海底電線 cavo sottomarino
✤**電線路** linea⊛ elettrica [telegrafica]

てんそう 転送 rispedizione⊛;《コンピュータ》salto男 ◇転送する rispedire, ritrasmettere, inoltrare ¶「名宛人に転送してください」(郵便物などの表に書く) "Pregasi inoltrare al destinatario"
✤**転送先** indirizzo男 inoltrato

でんそう 伝送 trasmissione⊛ ¶ファックス伝送 trasmissione via telefax

でんそう 電送 ◇電送する telefototrasmettere [trasmettere per telefoto] *ql.co.*;《無線の》spedire *ql.co.* con radiotelefotografia ¶写真電送 telefotografia / fototelegrafia /《無線の》radiotelegrafia
✤**電送写真** telefoto⊛ [無変];《無線の》radiofoto⊛ [無変]

てんそく 纏足 antiche bendature [fasciature] ⊛ [複] dei piedi delle donne cinesi

てんぞく 転属 trasferimento男 ¶彼は営業部へ転属となった. È stato trasferito alla sezione commerciale.

てんそくこうほう 天測航法 navigazione⊛ astronomica

てんたい 天体 corpo男 celeste, astro⊛ ➝星座関連 ¶天体の運動 movimento dei corpi celesti [degli astri]
✤**天体観測** ◇天体観測をする fare osservazioni astronomiche, osservare i corpi celesti
天体写真 fotografia⊛ astronomica
天体図 carta⊛ astronomica, atlante⊛ astronomico [複 -*ci*]
天体物理学 astrofisica⊛

天体望遠鏡 telescop*io*男[複 -i] [cannocchiale男] astronomico

天体力学 meccanica女 celeste

てんたいしゃく 転貸借 〖法〗sublocazione女

てんだいしゅう 天台宗 setta女 buddista Tendai di origine cinese

でんたく 電卓 calcolatrice女;《携帯用》calcolatrice女 tascabile

でんたつ 伝達 trasmissione女, comunicazione女 ◇伝達する trasmettere, comunicare ¶言語は思想伝達の手段である。La parola è il veicolo del pensiero.

デンタルフロス [英 dental floss] filo男 interdentale

てんち 天地 **1**《天と地》cielo男 e terra女 **2**《世界, 宇宙》 ¶天地万物 tutta la natura / tutta la Creazione ¶天地創造 la Creazione ¶天地の創造主 il Creatore (dell'universo) ¶新天地 paradiso男 ¶新天地を開く aprire nuovi orizzonti / scoprire un mondo nuovo **3**《上と下》¶「天地無用」《表示》"Non capovolgere"

|慣用| **天地の差** ¶あの2人の才能には天地の差がある。In fatto di abilità tra i due c'è una differenza come tra il giorno e la notte.

✤**天地開闢** (かいびゃく) ¶天地開闢以来 dal principio [dall'origine] del mondo [del creato]

天地神明 (しんめい) ¶天地神明に誓って私の言うことは真実だ。Lo sa il cielo se [Chiamo gli dei a testimoni che] quello che dico è la verità.

てんち 転地 ¶海岸へ転地療養に行く andare al mare per curarsi [per un cambiamento d'aria]

でんち 田地 campo男 di riso;《水田》risaia女

でんち 電池 pila女, batteria女, cella女 ¶電池式ラジオ radio a batteria ¶電池が切れた。La pila si è esaurita. / La batteria si è scaricata.

┌─ 関連 ─
乾電池 pila a secco　アルカリ乾電池 pila [batteria] alcalina　充電式電池 batteria ricaricabile　ニッカド電池 batteria nichel-cadmio　リチウム電池 pila litio　ボタン電池 pila a bottone　太陽電池 batteria solare　蓄電池 accumulatore男　単一 tor*cia*女[複 -ce]　単二 mezza tor*cia*女　単三 stilo男　単四 microstil*o*男　単五 minimicro　9V電池 micropiastra女

✤**電池時計** orolog*io*男[複 -gi] a pila

てんちゅう 天誅 punizione女 dei Cieli ¶天誅をくだす punire *qlcu.* nel nome di Dio

でんちゅう 電柱 palo男 della luce;《電信の》palo男「del telegrafo [telegraf*ico*[複 -ci]];《電話線の》palo男「del telefono [telefon*ico*[複 -ci]]

てんちょう 天頂 zenit男[無 変], apice男, culmine男 ¶天頂に allo zenit

✤**天頂儀** telescop*io*男[複 -i] zenitale

天頂距離 distanza女 zenitale

天頂点 zenit男

てんちょう 転調 〖音〗modulazione女 ◇転調する modulare, cambiare la chiave di *ql.co.* ¶この曲はト長調からハ長調に転調している。Questo pezzo passa da sol maggiore a do maggiore.

てんで ¶てんでおもしろくない。È una noia che non finisce mai.

てんてき 天敵 nemico男[複 -ci] naturale

てんてき 点滴 **1**《しずく》¶点滴石をも穿(うが)つ。《諺》"La goccia scava la pietra." **2**〖医〗《点滴注射》fleboclis*i*女[無変] (a goccia); flebo女[無変] ¶点滴をする fare una fleboclisi ¶点滴で輸血する fare una trasfusione di sangue con la flebo

てんてこまい 天手古舞い ¶大統領が来るというので町中がてんてこ舞いしていた。L'intera città era in pieno fermento per i preparativi della visita presidenziale. ¶忙しくて, てんてこ舞いだ。Sono tanto indaffarato che non so come fare.

てんてつ 転轍 〖鉄道〗◇転轍する deviare (un treno)

✤**転轍機** 《ポイント》deviat*oio*男[複 -i], scamb*io*男[複 -i]

転轍手 deviatore男, scambist*a*男[複 -i]

てんで 手手に →てんでんばらばら

てんてん 点点 ¶点々と滴る血 sangue che gocciola ¶農家が点々と見える。Qua e là si vedono delle case coloniche.

てんてん 転転 ◇転々とする vagare自 [av];《自分の意志で》errare自 [av], girovagare自 [av], girare自 [av] senza meta ¶諸国を転々と渡り歩く vagabondare per [girare] il mondo alla ventura ¶仕事を転々と変える cambiare lavoro spesso

てんでんばらばら ¶皆がてんでんばらばらの意見を述べた。Tutti hanno espresso opinioni contrastanti. ¶人々はてんでんばらばらに散っていった。Ognuno è andato per conto suo.

でんでんむし でんでん虫 →蝸牛(かたつむり)

テント [英 tent] tenda女 ¶テントを張る montare [piantare] una tenda ¶テントをたたむ smontare una tenda ¶テント生活をする vivere in tenda /《キャンプ》campeggiare自 [av] / fare un campeggio ¶今日はここにテントを張ろう。Oggi accampiamoci qui.

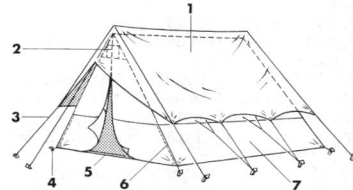

テント
1 フライシート telo男 esterno impermeabile. **2** 通気窓 finestrino di aerazione, presa女 d'aria. **3** 張綱(はりつな) tirante男. **4** ペグ, 杭(くい) picchetto男. **5** 入り口 apertura女. **6** 支柱 paletto男. **7** ウォール parete女.

てんとう 店頭 ¶店頭に人だかりがしていた。C'era tanta gente davanti al negozio. ¶店頭の品 articoli in vendita ¶店頭を飾る《ショーウインドー》addobbare [decorare] una vetrina

✤**店頭株** 〖経〗azione女 trattata al mercato secondario

店頭市場 〖経〗[英] over the counter男[無変];

mercato[男] ristretto, fuori borsa[女]
店頭取引［**売買**］〘経〙transazione[女] che ha luogo nel mercato secondario

てんとう 点灯 ◇**点灯する** accendere la luce

てんとう 転倒 **1**《転ぶこと》caduta[女] ◇**転倒する** cadere[自][*es*] **2**《逆になること》rovesciamento[男], capovolgimento[男]；《順序の》inversione[女] ◇**転倒する** rovesciarsi, capovolgersi ◇**転倒させる** rovesciare, capovolgere; invertire **3**《動転》sconvolgimento[男] ¶気が転倒する avere un crollo di morale

でんとう 伝統 tradizione[女] ◇**伝統的（な）** tradizionale ◇**伝統的に** tradizionalmente, per tradizione ¶国民的伝統 tradizione nazionale ¶伝統に縛られる essere schiav*o* delle tradizioni ¶伝統を保持する［破る］conservare［violare］una tradizione ¶伝統を尊重する rispettare［attenersi a］una tradizione ¶わが社は80年の伝統をもつ．La nostra ditta ha una tradizione［una storia］di 80 anni.
✤**伝統主義** tradizionalismo[男]
伝統主義者 tradizionalist*a*[男][女]［[男]複 *-i*］

でんとう 電灯 luce[女] elettrica;《電球》lampadina[女] ¶電灯をつける［消す］accendere［spegnere］la luce ¶家に電灯を引く far mettere la luce elettrica in una casa

でんどう 伝動〘工〙trasmissione[女]
✤**伝動軸**〘機〙albero[男] di trasmissione

でんどう 伝道 propagazione[女], predicazione[女]；《異教徒への》missione[女]；《キリスト教の福音伝道》evangelizzazione[女] ◇**伝道する** predicare a *qlcu*., propagare la fede; evangelizzare *qlcu*.
✤**伝道事業** opera[女] missionaria
伝道者 predica*tore*[男]［[女] *-trice*］, propaga*tore*[男]［[女] *-trice*］della fede; mission*ario*[男]［[女] *-ia*; [男]複 *-i*］; evangelizza*tore*[男]［[女] *-trice*］

でんどう 伝導〘物〙conduzione[女] ◇**伝導する** condurre ¶伝導性物体 corpo conduttivo
伝導性［**度**／**率**］conducibilità[女], conduttanza[女] specifica
伝導体 conduttore[男]（di elettricità）
伝導電子 elettrone[男] di conduzione, elettrone[男] perifer*ico*［複 *-ci*］

でんどう 殿堂 palazzo[男]；《聖殿》santu*ario*[男]［複 *-i*］, tempio[男]［複 *templi*］¶学問の殿堂 tempio della scienza ¶イタリアにおけるオペラの殿堂，ミラノのスカラ座 il teatro alla Scala di Milano, tempio della lirica in Italia

でんどう 電動 ◇**電動の** elettr*ico*［[男]複 *-ci*］¶電動タイプライター macchina da scrivere elettrica
✤**電動機** motore[男] elettr*ico*［複 *-ci*］, elettromotore[男]
電動自転車 bicicletta[女] elettrica
電動鋸(のこぎり) motosega[女]
電動マッサージ器 elettromassaggiatore[男]

てんどうせつ 天動説〘天〙geocentrismo[男], teoria[女] geocentrica

てんとうむし 天道虫〘昆〙coccinella[女]；《稀》gallinella[女] del signore

てんとりむし 点取り虫 sgobbon*e*[男]［[女] *-a*］；《学生用語で》secchion*e*[男]［[女] *-a*］¶彼は点取り虫だ．Pensa solo ai voti.

てんどん 天丼 ciotola[女] di riso con *tempura*

てんない 店内 ¶店内の飾り付け l'arredamento dell'interno di un negozio ¶店内には２，３人客がいた．C'erano due o tre clienti nel negozio.

てんにゅう 転入 ◇**転入する**《引っ越して》trasferirsi；《転校して》iscriversi a una nuova scuola dopo essersi trasferiti ¶木村一家は大阪から東京に転入した．La famiglia Kimura si è trasferita da Osaka a Tokyo.
✤**転入生** ¶あの子は転入生だ．Quel ragazzo è uno studente venuto da fuori.
転入届け ¶転入届けの手続き procedura per registrare il trasferimento

てんにょ 天女 vergine[女] celeste ¶天女の舞い danza angelica

てんにん 転任 ¶本社に転任する essere trasferit*o* alla sede centrale

でんねつ 伝熱 flusso[男] del calore
✤**伝熱面**〘工〙superfic*ie*[女]［複 *-ci*, *-cie*］riscaldante

でんねつき 電熱器《暖房用》stufa[女] elettrica, riscaldatore[男] elettr*ico*［複 *-ci*］；《料理用》cucina[女] elettrica, forno[男] elettrico

てんねん 天然 natura[女] ◇**天然の** naturale；《野生の》selvat*ico*［[男]複 *-ci*］¶天然自然に spontaneamente ¶天然の美 bellezza della natura
✤**天然アスファルト** asfalto[男] naturale
天然ウラン uranio[男] naturale
天然ガス gas[男]［無変］naturale
天然ガス自動車 automobile[女]［auto[女]［無変］］a gas metano
天然記念物 monumento[男] naturale; luoghi[男]［複］, animali[男]［複］e piante[女]［複］protetti［salvaguardati］dalla legge ¶この鳥は天然記念物に指定されている．Questo uccello è stato designato animale da proteggere.
天然絹糸［**ゴム**］seta[女]［gomma[女]］naturale
天然資源 risorse[女]［複］naturali
天然磁石 magnete[男] naturale
天然色 colore[男] naturale;〘映〙tec(h)nicolor[男]［無変］
天然色写真 fotografia[女] a colori
天然セメント cemento[男] naturale
天然繊維 fibra[男] naturale

てんねんとう 天然痘〘医〙vaiolo[男]
✤**天然痘患者** vaioloso[男]［[女] *-a*］
天然痘ワクチン vaccino[男] antivaioloso

てんのう 天皇 *tenno*[男], imperatore[男]（del Giappone）；《女帝》imperatrice[女] ¶明治天皇 l'Imperatore Meiji ¶天皇陛下 Sua Maestà［Altezza］Imperiale ¶天皇皇后両陛下 Le Loro Maestà l'Imperatore e l'Imperatrice
✤**天皇機関説** teoria[女] dell'imperatore come organo del governo
天皇制 tennoismo[男], sistema[男] imperiale giapponese
天皇誕生日 Genetliaco[男] dell'Imperatore（◆23 dicembre）
天皇杯 Trofeo[男] dell'Imperatore

てんのうせい 天王星〘天〙Urano[男]

てんば 天馬 cavallo[男] alato;〘ギ神〙Pegaso[男] ¶彼は天馬空を行く勢いで前進した．Avanzò con la stessa velocità di una freccia.

でんば 電場 〘物〙 campo[男] elettrico [複 -ci]

でんぱ 伝播 propagazione[女], trasmissione[女] ◇伝播する《広がる》 propagarsi, spandersi; 《伝わる》 trasmettersi ¶波動の伝播 propagazione [trasmissione] di un'onda ¶新思想の伝播 diffusione di una nuova idea

でんぱ 電波 onde[女][複] elettriche; 《電磁波》 onde[女][複] elettromagnetiche, radioonde[女][複] ¶電波に乗せる mettere [mandare] *ql.co.* in onda / trasmettere *ql.co.* con mezzi radiotelevisivi ¶電波を通じて via radio ¶電波の窓 〘通信〙 intervallo radio

✤**電波監理** controllo[男] delle trasmissioni radiotelevisive

電波強度 intensità[女] di campo

電波計 ondametro[男]

電波高度計 〘空〙 altimetro[男] radioelettrico [複 -ci]

電波星 radiostella[女]

電波探知機 radar[男][無変]

電波天文学 radioastronomia[女]

電波望遠鏡 radiotelescopio[男]

電波妨害 disturbo[男], interferenza[女]

てんばい 転売 rivendita[女]; 《証券の》 cessione[女] di diritti commerciali ◇転売する rivendere

てんばつ 天罰 castigo[男][複 -ghi] [punizione[女]] del cielo, castigo[男] divino ¶天罰を受ける essere punito dal cielo [da Dio] / ricevere la punizione divina ¶天罰覿面(てきめん)だぞ. Il cielo ti punirà!

てんぴ 天日 ¶れんがを天日に干す far seccare i mattoni sotto il sole ¶天日にさらされる essere esposto al sole

てんぴ 天火 forno[男] ¶天火で焼く far cuocere *ql.co.* al forno ¶天火に入れる mettere *ql.co.* in forno

てんびき 天引き ritenuta[女], detrazione[女], trattenuta[女] ◇天引きする trattenere, dedurre, detrarre ¶給料から税金を天引きする trattenere le tasse dallo stipendio

✤**天引き貯金** deposito[男] con trattenute dallo stipendio

てんびょう 点描 schizzo[男], abbozzo[男]; 〘美〙《画法》 divisionismo[男], puntinismo[男] ◇点描する fare uno schizzo, abbozzare ¶人物点描 schizzo di una persona

✤**点描画** pittura[女] divisionista [puntinista] ◇点描画の divisionista [男複 -i], puntinista [男複 -i], divisionistico [男複 -ci]

点描画家 divisionista[男][女] [男複 -i], puntinista[男][女] [男複 -i]

でんぴょう 伝票 distinta[女], nota[女]; 《勘定書》 conto[男]; 《引換証》 scontrino[男] ¶出金伝票 distinta [nota] delle spese ¶支払い[売上げ]伝票 distinta di prelevamento [vendita] ¶入金伝票 nota di accredito / distinta di versamento ¶振替伝票 distinta di bonifico ¶伝票を切る《勘定書》 dare a *qlcu.* una nota [un conto] da pagare

てんびん 天秤 bilancia[女][複 -ce] ¶天秤の皿 i piatti della bilancia ¶天秤で計る pesare *ql.co.* con una bilancia

[慣用] **天秤に掛ける**《検討する》 soppesare [pesare] il pro e il contro di una decisione ¶損得を天秤に掛ける valutare le perdite e gli utili

✤**天秤座** 〘天〙 Bilancia[女], Libra[女]

天秤棒 bicollo[男], bigollo[男]

てんぶ 転部 ⇒転科

てんぷ 天賦 ◇天賦の naturale, innato ¶天賦の才 dono [talento] naturale [del Cielo] ¶天賦の人権 diritti naturali dell'uomo

てんぷ 添付 ◇添付する allegare [accludere] *ql.co.* 《に a》, includere *ql.co.* 《に in》, unire *ql.co.* 《に con》 ¶添付の諸文書 documenti allegati ¶願書に卒業証書の複写を添付する accludere copia del diploma alla domanda

✤**添付資料** dati[男][複] acclusi [allegati]

添付ファイル 〘コンピュータ〙 file[男][無変] (in) allegato

てんぷ 貼付 ◇貼付する appiccicare [attaccare] *ql.co.* 《に a, su》; 《びら・ポスターなどを壁などに》 affiggere *ql.co.* 《に su》; 《糊(のり)で》 incollare *ql.co.* 《に a, su》 ¶掲示を壁に貼付する incollare un manifesto sul muro

でんぶ 臀部 sedere[男]; 《諧》 posteriore[男]

てんぷく 転覆 **1**《ひっくり返ること》 rovesciamento[男], capovolgimento[男], cappottamento[男] ◇転覆する rovesciarsi, capovolgersi, cappottare[自][av] ◇転覆させる rovesciare, capovolgere ¶小舟が波を受けて転覆した. Una barca si è capovolta a causa di un'ondata.

2《くつがえすこと》 sovvertimento[男], rovesciamento[男] ¶政府の転覆を企てる complottare per rovesciare il governo

てんぷら 天麩羅 〔ポ tempero〕 〘料〙《揚げもの》 *tempura*[男][無変]

✤**天ぷらそば** *soba*[男][無変] in brodo con *tempura*

[日本事情] 天ぷら

Pesci e verdure fritti in olio vegetale con una pastella di farina sciolta in acqua fredda. Si ritiene che questo termine sia derivato dalla parola portoghese "tempero", entrato in Giappone con i portoghesi nel sec. XVI, ma il *tempura* si è diffuso verso la metà del periodo Edo. Il *tempura* si mangia di solito dopo averlo intinto in una salsa a base di soia o nel sale.

テンプレート 〔英 template〕 〘コンピュータ〙 〔英〕 template[男][無変]

てんぶん 天分 dono[男] [talento[男]] naturale, genio[男]; 《素質》 disposizione[女] naturale; 《適性》 attitudine[女] (per *ql.co.*) ¶豊かな天分 talento assai dotato

でんぶん 伝聞 ¶伝聞によって知っているだけだ. Lo conosco solo per sentito dire.

でんぶん 電文 testo[男] del telegramma

でんぷん 澱粉 〘化〙 amido[男]; 〘料〙 fecola[女] ¶澱粉質の amidaceo; farinoso

テンペラ 〔伊〕 tempera[女] ¶テンペラで描く dipingere a tempera

✤**テンペラ画** quadro[男] a tempera

てんぺんちい 天変地異 sconvolgimenti[男][複] [disastri[男][複]] naturali

てんぽ 店舗 negozio男[複 -i] ¶店舗をかまえる mettere su un negozio

テンポ 〔伊〕 **1**《音》tempo男 ¶テンポの速い[遅い]音楽 musica a tempo veloce [lento] ¶テンポを守る[速める／緩める] mantenere [accelerare / diminuire] il tempo ¶音楽と踊りのテンポが合っていない. La musica e la danza「sono fuori tempo [non vanno a tempo]. **2**《物事の動き》movimento男, ritmo男 ¶彼の仕事はいつもワンテンポ人より遅れる. Lui è sempre un passo più lento degli altri nel suo lavoro. ¶彼の生活のテンポは我々とは違う. Il ritmo della sua vita è diverso dal nostro.

てんぼう 展望 **1**《眺め》vista女, panorama男[複 -i], veduta in lontananza ¶この部屋から湖水が展望できる. Da questa stanza si ha [si gode] un ampio panorama [una veduta panoramica] del lago. **2**《概観》現代思想を展望する dare uno sguardo al pensiero contemporaneo ¶彼は政治的展望を語った. Ha illustrato le sue vedute politiche.
❖展望車《鉄道》carrozza女 panoramica, vagone男 panoramico[複 -ci]
展望台 belvedere男[複 -i, -e]

でんぽう 電報 telegramma男[複 -i], dispaccio男[複 -ci] telegrafico[複 -ci]; 《海底ケーブルによる電報》cablogramma男[複 -i] (◆イタリアでは料金は語単位) ¶暗号電報 telegramma [dispaccio] cifrato ¶至急電報 telegramma urgente ¶電報を打つ inviare un telegramma a qlcu.
❖電報為替 vaglia男 [無変] telegrafico
電報局 ufficio男[複 -ci] del telegrafo
電報発信用紙 modulo男 per telegramma
電報料 tariffe女[複] telegrafiche

てんまく 天幕 tenda女 → テント

てんません 伝馬船 barca女 da carico;《はしけ》chiatta女, battello男

てんまつ 顛末 ¶彼は事件の顛末を語った. Ha dato un racconto dettagliato dell'accaduto. ¶その後の顛末を教えてくれ. Raccontami tutto ciò che è avvenuto dopo.

てんまど 天窓 lucernario男[複 -i]

てんめい 天命 destino男, sorte女;《寿命》vita女 ¶天命に従う seguire il proprio destino ¶彼は天命が尽きたのを知った. Capì che era arrivato alla fine della sua vita. ¶人事を尽くして天命を待つ.《諺》"L'uomo propone e Dio dispone."

てんめつ 点滅 ◇点滅する lampeggiare自[av, es] ¶車のヘッドライトを点滅させる far lampeggiare i fari ¶点滅する光 luce intermittente
❖点滅ランプ lampada女 a intermittenza

てんもう 天網 ¶天網恢恢(かいかい)疎(そ)にして漏(も)らさず. "Tutti i nodi vengono al pettine."

てんもんがく 天文学 astronomia女 ◇天文学的 astronomico[男複 -ci] ¶天文学的数字 cifre astronomiche
❖天文学者 astronomo男[女 -a]

てんもんだい 天文台 osservatorio男[複 -i] astronomico

てんやく 点訳 trascrizione女 in caratteri braille

てんやもの 店屋物 ¶店屋物を取る ordinare del cibo a domicilio

てんやわんや grande disordine男[confusione女], caos男[無変] ¶てんやわんやの大騒ぎをする creare scompiglio / fare [causare] una gran(de) confusione ¶その知らせで町中がてんやわんやの大騒ぎになった. La notizia ha causato un gran(de) trambusto in tutta la città.

てんゆう 天祐・天佑 provvidenza女, aiuto男 del cielo [provvidenziale] ¶天祐により fortunatamente / miracolosamente / grazie a Dio

てんよ 天与 → 天賦(ぷ)

てんよう 転用 utilizzare ql.co. per un altro fine, destinare [dirottare] ql.co. ad altro fine ¶公金の転用 storno di fondi pubblici ¶古い工場を転用してショッピングセンターにした. La vecchia fabbrica è stata trasformata in [è stata utilizzata come] un centro acquisti.

でんらい 伝来 **1**《先祖から受け継ぐこと》◇伝来の ereditario男[複 -i], tradizionale ¶先祖伝来の刀 spada tramandata di padre in figlio **2**《外国から伝わって来ること》introduzione女 ◇伝来する essere introdotto ¶中国伝来の文字 caratteri importati dalla Cina

てんらく 転落 **1**《転げ落ちること》caduta女;《頭からの》capitombolo男;《墜落》ruzzolone男 ◇転落する cadere自[es], precipitare自[es]; capitombolare自[av], ruzzolare自[av] ¶車がけたから転落した. La macchina è precipitata giù dal burrone. ¶彼は階段から転落した. È ruzzolato giù per le scale. **2**《落ちぶれること》rovina女, decadimento男 ◇転落する decadere自[es], precipitare自[es] in rovina ¶貧乏のどん底に転落する cadere in miseria [in rovina] ¶彼は賭け事で転落してしまった. Si è rovinato al gioco.
❖転落死 morte女 in seguito a caduta

てんらんかい 展覧会 mostra女, esposizione女 ¶展覧会に行く visitare [andare a] una mostra ¶彼は展覧会で入選した. Ha vinto un premio in una mostra.

でんり 電離《物・化》ionizzazione女, dissociazione女 elettrolitica
❖電離層 ionosfera女
電離度 grado男 di ionizzazione
電離箱《物》camera女 di ionizzazione

てんりゅう 転流《電》commutazione女

でんりゅう 電流 corrente女 elettrica ¶電流を通す far passare la corrente elettrica ¶電流を切る interrompere il contatto / togliere la corrente ¶電流の強さ intensità di corrente
❖電流計 amperometro男

でんりょう 電量計 coulombometro男

でんりょく 電力 energia女[potenza女] elettrica ¶電力を供給する alimentare ql.co. con la corrente / far funzionare ql.co. ad elettricità ¶電力を消費する consumare elettricità [energia elettrica] ¶電力を節約する risparmiare [economizzare] elettricità ¶電力を浪費する sprecare (l')energia elettrica
❖電力会社 società女 elettrica
電力計 wattmetro男, wattometro男
電力資源 risorse女[複] elettriche

《 会 話 》 電話 Telefono

A：はい，モルテーニ社でございます.
Molteni, buongiorno.
B：田中と申します．ビアンキさんはいらっしゃいますか．日本から電話しています.
Sono Tanaka, vorrei parlare con il dottor Bianchi. Telefono dal Giappone.
A：申し訳ありません，只今ビアンキは外しております．伝言を承りましょうか.
Mi dispiace, in questo momento il dottor Bianchi non è in ufficio. Vuole lasciare un messaggio?
B：はい，お願いします．日本の，大阪06－1234－5678番に2時間以内に電話をいただきたいとお伝えください.
Sì, grazie. Gli dica di chiamarmi, entro due ore, al numero zero sei dodici trentaquattro cinquantasei settantotto, Osaka, Giappone.
A：わかりました．戻り次第すぐに伝えます.
Va bene. Appena lo vedrò, glielo comunicherò.

応 用 例

「今電話で話しても大丈夫ですか」「大丈夫ですよ」
"Ti disturbo (adesso)?" "No no, dimmi pure."
新聞に載っていた求人広告のことでお電話しました.
Chiamo per quell'annuncio che avete messo sul giornale.
電話番号をお間違えです.
Ha sbagliato numero.
もしもし，シモネッリさんのお宅ですか.
Pronto, casa Simonelli?
「アンナさんいらっしゃいますか」「すぐに代わります」
"Potrei parlare con Anna?" "Te la passo subito."
電話をくれたみたいだね.
Mi hai cercato?
失礼しました，番号を間違えました.
Scusi, ho sbagliato numero.
この電話で国際電話ができますか.
Si possono fare chiamate internazionali da questo telefono?
すみませんが，もっとゆっくり[大きい声で]話してください．よく聞こえません.
Per favore, parli più lentamente [forte]. Non la sento bene.
「すみません，東京へコレクトコールをしたいのですが」「相手の方の番号と名前をお願いします」
"Scusi, vorrei fare una chiamata a carico del destinatario, in Giappone, a Tokyo." "Sì, mi dia il numero di telefono e il nome della persona."
ダイヤル[119番]を回す
comporre un numero [il numero centodiciannove]
そのまま切らずに待つ
attendere [restare] in linea
誰も電話に出ません.
Non risponde nessuno.

用 語 集

●一般用語
電話局 ufficio[男] del telefono [delle poste e telecomunicazioni]. 電話線 filo[男] telefonico; 《システム》linea[女] telefonica. 電話帳 elenco[男] telefonico; 《イエローページ》pagine[女][複] gialle. 電話番号 numero[男] telefonico. 電話ボックス cabina[女] telefonica. 電話網 rete[女] telefonica. テレフォンカード scheda [carta][女] telefonica (◆イタリアでは使用期限がある). 料金 tariffa[女]. 通話度数 scatto[男]. 利用者 utente[男][女]; 《加入者》abbonat*o*[男][[女] *-a*] 交換台，オペレーター operat*ore*[男][[女] *-trice*], telefonista[男][女]; centralino[男]. 市内[話し中の / パンクした]回線 linea[女] urbana [occupata / sovraccarica]. 発信音 suono[男] di libero. 呼び出し音 suono[男] di chiamata. 話し中の音 suono[男] di linea occupata. 国際ダイヤル通話番号 prefisso[男] teleselettivo internazionale (◆イタリアでは00). 国番号 indicativo[男] dello Stato (◆日本は81，イタリアは39). 市外局番 prefisso[男]. ピーク時 ora[女] di punta. 時差 differenza[女] di fuso orario. 時間帯 zona[女] oraria.

●電話器
公衆電話 telefono[男] pubblico. カード式[プッシュボタン式]電話 telefono[男] a scheda [a tastiera]. 通話料金後払い公衆電話 telefono[男] a scatti (◆通話度数により支払う). 携帯電話 cellulare[男], telefonino[男]. 受話器 cornetta[女]. 受話口 ricevitore[男]. 送話口 imboccatura[女]. プッシュボタン tastiera[女]; 《1つ》tasto[男]. ダイヤル disco[男] combinatore. フックスイッチ pulsante[男] del gancio. コード cordone[男]. カード挿入口 fessura[女] per la carta telefonica. カード返却口 finestrella[女] per la restituzione della carta telefonica.

●通話
通話 comunicazione[女]; 《1回1回の》chiamata[女], telefonata[女]. ダイヤル通話 teleselezione[女]. ダイレクトコール chiamata[女] diretta. 国際電話[通話] chiamata[女] internazionale. コレクトコール chiamata[女] a carico del destinatario. オペレーター通話 chiamata[女] tramite operatore. 市内通話 chiamata[女] urbana. 市外通話 (chiamata[女]) interurbana[女].

て

電力制限 restrizioni㊛[複] [limitazioni㊛[複]] al consumo di energia elettrica

電力不足 scarsità㊛ di energia elettrica

てんれい 典礼 《宗》liturgia㊛ ◇典礼の liturgico㊚[複 -ci] →キリスト教 [用語集]

でんれい 伝令 《軍》portaordini㊚[無変]

てんろ 転炉 《冶》convertitore㊚, forno a tamburo rotante

でんわ 電話 telefono㊚;《通話》telefonata㊛ ◇電話の telefonico㊚[複 -ci] ◇電話する telefonare㊊[av] a qlcu., fare una telefonata a qlcu., dare un colpo di telefono a qlcu., chiamare qlcu. al telefono →前ページ [会話]

¶公衆[自動車／携帯]電話 telefono pubblico [veicolare / cellulare] ¶共同電話 (telefono) duplex ¶衛星電話 telefono satellitare ¶電話を待つ aspettare una telefonata da qlcu. ¶電話を回す passare la linea a qlcu. ¶電話を引く installare il telefono ¶電話でお話しましょう。Ne parliamo per telefono. ¶電話に出る rispondere al telefono ¶彼は今, 電話に出ている。Sta parlando al telefono. ¶電話を切る riagganciare [riattaccare / riappendere] (il ricevitore) /《通話中に》interrompere una comunicazione telefonica ¶電話が切れた。La linea è caduta. ¶電話を切らずにお待ちください。Rimanga in linea per favore. ¶彼から今日来られないと電話があった。Mi ha telefonato per dirmi che non sarebbe potuto venire oggi. ¶今晩またお電話します。La richiamo in serata. ¶今晩アンナに電話するつもりだ。Stasera telefonerò a Anna. / Stasera chiamerò Anna. ¶君に電話だよ。Ti vogliono al telefono. ¶電話が鳴る。Il telefono squilla [suona]. ¶山本さんを電話口に呼んでください。Mi passi il sig. Yamamoto all'apparecchio, per favore. ¶彼の家の電話はいつも話し中だ。Il suo telefono è sempre occupato. ¶電話がつながりました。《お話しください》Parli pure, prego! ¶電話が遠いのですが。Mi scusi, ma la sento lontano. ¶君の留守中に電話があった。Qualcuno ha chiamato mentre tu non c'eri [in tua assenza]. ¶電話を拝借できますか。Potrei 「servirmi del [usare il] suo telefono, per favore? ¶電話をがちゃんと切られた。Mi ha sbattuto il telefono in faccia.

❖**電話加入者** abbonato㊚[㊛ -a] telefonico [㊚複 -ci]

電話局 ufficio㊚[複 -ci] del telefono [delle poste e telecomunicazioni];《交換局》centralino㊚ telefonico, centrale㊛ telefonica

電話交換手 telefonista㊚㊛[㊚複 -i];《内線の》centralinista㊚㊛[㊚複 -i]

電話交換台 centralino㊚

電話室[ボックス] cabina㊛ telefonica

電話線 filo telefonico;《システム》linea㊛ telefonica

電話帳 elenco㊚[複 -chi] del telefono [《イエローページ》pagine㊛[複] gialle

電話番号 numero㊚ di telefono [telefonico]; 《加入者番号》numero㊚ dell'abbonato

電話魔 maniaco㊚[㊛ -ca; ㊚複 -ci] del telefono

電話予約 prenotazione㊛ telefonica

電話料金 tariffe㊛[複] telefoniche ¶電話料金を支払う pagare la bolletta del telefono

と

と 戸 porta⒡;（入り口の大きな戸）portone⒨;（開き戸，扉）battente⒨ → 建築用語集 ¶折りたたみ戸 porta a libro ¶隠し戸 porta nascosta ¶引き戸 porta scorrevole ¶戸を開ける［閉める］aprire [chiudere] una porta ¶戸を開け放つ［半開きにする］spalancare [socchiudere] una porta ¶戸をたたく bussare⒤ [av] alla porta ¶この戸は裏庭に通じている。Questa porta dà sul giardino posteriore. ¶戸を少し開けておいた。Ho lasciato la porta socchiusa. ¶人の口に戸は立てられぬ。《諺》Le chiacchiere della gente sono come un fiume in piena.

と 徒 《仲間》gruppo⒨;（悪い仲間）banda⒡, cricca⒡ ¶無頼の徒 banda di teppisti

と 途 ¶彼はロンドンからミラノへの途にあった。Era in viaggio tra Londra e Milano. ¶彼はイタリア旅行の途についた。Ha cominciato il viaggio in Italia. / (旅立った) È partito per l'Italia.

と 都 ¶東京都 area metropolitana [provincia a denominazione speciale] di Tokyo
✤**都議会** consiglio⒨ municipale di Tokyo
都議会議員 consigliere[⒡ -a] municipale di Tokyo
都政 amministrazione⒡ metropolitana di Tokyo
都知事 governatore[⒡ -trice] di Tokyo
都庁 municipio⒨ di Tokyo, palazzo⒨ dell'amministrazione metropolitana di Tokyo
都電［バス］tram[⒨ 無変] [autobus[⒨ 無変]] dell'azienda municipalizzata di Tokyo
都民 cittadino[⒨ -a] di Tokyo

ト 《音》sol⒨[無変] ¶ト長［短］調 sol maggiore [minore] ¶ト長［短］調の in sol maggiore [minore]
✤**ト音記号** chiave⒡ di sol

－と **1**【並列】（及び）e;（プラス）più, e ¶机の上に本とペンがある。Sulla scrivania ci sono un libro e una penna. ¶室料とサービス料で1万円だ。La camera più [e] il servizio costano [fanno] 10 mila yen.
2【動作の相手・対象】¶友人と会った。Ho incontrato un amico.
3【…と一緒に】con, insieme a [con], assieme a ¶太郎と遊ぶ giocare con Taro ¶母と京都へ行った。Sono andato a Kyoto con [insieme a] mia madre.
4【交換】¶円とユーロを交換する cambiare yen in euro ¶お姉さんと見まちがえた。Ti ho preso per tua sorella.
5【比較】rispetto a, in confronto a, a paragone di ¶彼の考えは私とは違う。Le sue idee sono diverse dalle mie. ¶りんごとオレンジとどちらが好きですか。Quale preferisce, la mela o l'arancia? ¶人生は旅と同じである。La vita è come un viaggio. ¶兄は私と2歳ちがいだ。Mio fratello è di due anni maggiore di me.
6【対をなすものの一方】¶鈴木は君と友だちなのか。Sei un amico di Suzuki? / Suzuki è un tuo amico? / Tu e Suzuki siete amici?
7【変化の結果】¶豪邸が火事で灰と化した。L'incendio ha ridotto in cenere il lussuoso palazzo. ¶彼は大科学者となった。È diventato un grande scienziato.
8【内容を示す】¶彼は私に「今日は行きません」と言った。Mi ha detto: "Oggi non ci vado." / Mi ha detto che quel giorno non ci sarebbe andato. ¶彼は寒いかと私に尋ねた。Mi ha chiesto se sentivo freddo. ¶私は安田と申します。Mi chiamo Yasuda. / Il mio nome è Yasuda. ¶僕は君を敵と見なす。Ti vedo come un mio nemico.
9【否定の語とともに】¶彼は2日とうちにいない。Non sta mai in casa due giorni di seguito. ¶1時間と眠れなかったよ。Non ho dormito neanche un'ora.
10【…する時に】quando+直説法;（…する度に）ogni volta che+直説法;（…する間に）mentre+直説法;（…するとすぐに）appena [come]+直説法;（…ならば）se+直説法[(事実と違う仮定で)+接続法] ¶テレビを見ていると彼が帰って来た。Stavo guardando la televisione quando è arrivato. / Lui è tornato mentre guardavo la televisione. ¶左に曲がると駅に出る。Voltando [Se svolti] a sinistra ti trovi alla stazione. ¶それを聞くと彼は怒り出した。A [Appena ha sentito / Quando ha sentito] quelle parole si è arrabbiato. ¶本当のことを言うとこの本は全然おもしろくない。A dire il vero, questo libro non è affatto interessante. ¶やめないとひっぱたくぞ。Smettila, o [se no] ti picchio, eh!
11【…しようと…しまいと】sia che+接続法 sia che non+接続法, se+直説法 o no+直説法 ¶行こうと行くまいと私の勝手だ。Se andrò o no sono affari miei! ¶彼が好もうと好むまいと関係ない。Che gli piaccia o no, non c'entra con me.
12【…しようと…しようと】¶雨が降ろうと風が吹こうと, 彼は1日も学校を休まなかった。Sia che piovesse, sia che tirasse vento, non è mai mancato da scuola.
13【…しようと, …であろうと】anche se+接続法, quando anche+接続法 ¶人に何と言われようと正しいと思ったことをやれ。Qualunque cosa possa dire la gente, fa' quello che credi giusto. ¶たとえ首になろうとかまわない。Non mi importa di essere licenziato. / Anche se mi licenziano, non importa.
14【念押し】¶何だと, 1ユーロ200円だって。Ma stai scherzando?! L'euro a 200 yen? ¶何, 雨だと。Che? Piove?!

ど 度 **1**【めがね・視力】¶近眼の度が進んだ。La

mia miopia è aumentata (è peggiorata). ¶彼は度の強いめがねを掛けている. Porta occhiali spessi. / Le sue lenti sono forti.
2《程度》grado㊚;《節度》misura㊛;《限界》limite㊚ ¶彼の酒は度が過ぎている. Beve senza misura [a dismisura]. ¶何事にも度を越してはいけません. Non devi superare [oltrepassare] la misura [i limiti] in qualsiasi cosa.
[慣用]**度を失う** perdere la testa [il sangue freddo / la calma]

ド〔伊〕《音》do㊚[無変] ¶真ん中の[中央の]ド do centrale ¶移動[固定]ド唱法 solmisazione in tonica mobile [fissa]

－ど　度 1《角度・温度の単位》grado㊚ ¶45度の角 angolo di 45° (読み方: quarantacinque gradi) ¶摂氏35度 35℃ (読み方: trentacinque gradi centigradi) ¶今何度ありますか.《温度》Quanti gradi [Quanto] segna il termometro? /《気温》Qual è la temperatura adesso? ¶外は40度を超えている. Fuori il termometro segna oltre 40°. ¶熱は38度5分ある. Ho 38 (gradi) e 5 di febbre. / Ho la febbre a 38 e 5. (読み方: trentotto e mezzo [e cinque]) ¶ヴェネツィアは北緯45度27分東経12度21分にある. Venezia è situata a 45°27′ (読み方: 45 gradi 27 minuti) di latitudine nord e 12°21′ di longitudine est. ¶このワインのアルコール分は12度. Questo vino ha una gradazione alcolica di 12°. ¶40度のウイスキー whisky a 40 gradi
2《回数》volta㊛ ¶1日に3度 tre volte il [al] giorno ¶2, 3度 un paio di volte ¶幾度も tante [più] volte ¶イタリアへは何度行きましたか. Quante volte è andato in Italia?

ドア〔英 door〕porta㊛;《大きな》portellone㊚;《乗り物の》portiera㊛, sportello㊚, porta㊛ ¶回転[自動/アコーディオン]ドア porta girevole [automatica / a soffietto] ¶4ドアの車 automobile con quattro porte [portiere] ¶半ドアになっているよ. La portiera non è chiusa bene.
♣ドアアイ spioncino㊚
ドアストッパー fermaporta㊚
ドアチェーン catenella㊛ della porta d'ingresso
ドアノブ pomello㊚
ドアボーイ[マン] portiere㊚ (d'albergo)
ドアマット stuoino㊚; zerbino㊚

どあい　度合 grado㊚, entità㊛
とあみ　投網 giacchio㊚ [複 -chi] ¶投網を打つ gettare il giacchio
とある ¶とある夏の夕暮れ una sera di una certa estate
とい　問い domanda㊛ ¶問いを発する fare [rivolgere] una domanda (a qlcu.) ¶次の問いに答えよ. Rispondere alle seguenti domande.
とい　樋《屋根の》gronda㊛, grondaia㊛;《縦の》tubo㊚ [condotto㊚] di scarico;《筧(かけひ)など》conduttura㊛ dell'acqua
といあわせる　問い合わせる domandare [richiedere] informazioni a qlcu. su ql.co., informarsi da qlcu. su ql.co. ◇問い合わせ domanda㊛ [richiesta㊛] d'informazioni ¶お問い合わせは… Per informazioni… / Per contattarci…
－といい －と言い sia… sia… ¶山田といい田中といいみんないい人だ. Sia Yamada sia [che] Tanaka sono brave persone. ¶彼は人物といい学識といい申し分ない. Non c'è niente da ridire su di lui, né per il suo carattere né per la sua cultura.

－という －と言う **1**《…と呼ばれている》¶あれは谷中という人だ. Quello si chiama Yanaka. ¶『雪国』という小説を読みましたか. Ha letto il romanzo intitolato "Il paese delle nevi"? ¶これは何という花ですか. Questo fiore, come si chiama?
2《とりたてていえば》¶飛行機事故というと3年前のあの事故を思い出す. A proposito di incidenti aerei, mi viene in mente quello accaduto tre anni fa.
3《…とのことである》¶彼が結婚したといううわさを聞いた. Ho sentito dire che si è sposato. ¶高校生ということは彼はまだ未成年だ. È uno studente liceale, vale a dire che è ancora minorenne. ¶といいますと? Come sarebbe a dire?
4《…は全部》¶昨日の雨で花という花は散ってしまった. Con la pioggia di ieri i fiori sono tutti caduti. ¶うちにある辞書という辞書を調べてみた. Ho provato a cercarlo su ogni vocabolario che ho in casa. **5**《同格》¶味噌やしょう油といった調味料は外国でも使われている. Condimenti come il *miso* o la salsa di soia vengono usati anche all'estero. ¶洋子という私の大の親友は, お仕事でイタリアにいます. Yoko, la mia migliore amica, adesso si trova in Italia per lavoro.

－というので －と言うので ¶一人息子というので甘やかされて育った. Essendo [Siccome è] figlio unico, è stato allevato con troppa indulgenza.

－というのに －と言うのに ¶もう夜中の12時近いというのに sebbene sia quasi mezzanotte
というのは －と言うのは perché, lo dico perché…, la ragione è… ¶今日は出かけない. というのは熱がまだあるから. Oggi non esco, perché ho ancora la febbre. ¶何だい, いいニュースというのは. Che cos'è la buona notizia di cui parli?

－といえば －と言えば a proposito di, parlando di ¶この歌がなぜ好きかといえば死んだ母がよく歌っていたからです. Se devo dire perché mi piace questa canzone, è che la cantava sempre mia madre. ¶あの映画はおもしろいといえばおもしろい. Quel film per essere interessante è interessante, ma…. ¶何不足ないといえばそのとおりなのですが…. Dire che non ci manca niente è vero, ma…. ¶日本の山といえば富士山だ. La montagna giapponese per eccellenza è il monte Fuji.

といかえす　問い返す 1《再び尋ねる》¶彼は怪訝(けげん)な顔で問い返した. L'ha chiesto di nuovo [Ha rifatto la domanda] con sguardo dubbioso [aria dubbiosa]. **2**《反問する》¶「どういう意味だ」と私は彼に問い返してやった. "Che cosa significa?" gli ho controbattuto.
といかける　問いかける ¶見知らぬ人に突然問いかけられた. All'improvviso uno sconosciuto mi ha fatto una domanda. ¶彼は問いかけてやめてしまった. Ha cominciato a fare domande, poi si è fermato.

といき　吐息 sospiro㊚

といし 砥石 cote㊛, mola㊛ ¶砥石で研ぐ affilare [arrotare] *ql.co.* con una cote / molare *ql.co.*

といた 戸板 imposta㊛, battente㊚

といただす 問い質す 《尋問する》interrogare *qlcu.* su *ql.co.*, sottoporre *qlcu.* a interrogatorio; 《質問する》fare una domanda a *qlcu.* ¶容疑者を問いただす interrogare una persona sospetta

どいつ 何奴 chi㊚ [無変] ¶どいつもこいつも怠け者なんだから。 Dal primo all'ultimo sono tutti degli sfaticati.

ドイツ 《国名》Germania㊛; 《ドイツ連邦共和国》Repubblica㊛ Federale Tedesca; 《略》RFT ◇ドイツの tede*sco* [㊚複 -*schi*], germanico [㊚複 -*ci*] ¶ドイツ統合 riunificazione delle due Germanie ¶ナチスドイツ Germania nazista / il terzo Reich

❖**ドイツ語** il tedesco㊚

ドイツ人 tede*sco*㊚ [㊛ -*sca*; ㊚複 -*schi*]

-といったらない ―と言ったらない ¶突然のことだったので、驚いたといったらない。 È accaduto così all'improvviso, per cui ti puoi immaginare la mia sorpresa. ¶彼らの横柄なことといったらない。 Hanno una spocchia che non ti dico.

-といって ―と言って ¶1年くらいイタリアで暮らしたからといって、イタリアのことがわかるものじゃない。 Aver vissuto per un anno in Italia non significa capire la cultura italiana. ¶寒いからといって家の中にばかりいるのはよくない。 Va bene che fa freddo, ma stare sempre in casa non fa bene alla salute.

-といっても ―と言っても pur...; tuttavia; però; con questo non voglio dire che... ¶年寄りといってもそんなに年寄りではない。 Pur essendo anziano, non è poi così vecchio. ¶車を買ったといっても中古だよ。 Ho comprato un'automobile, 「però è [anche se] di seconda mano.

といつめる 問い詰める tempestare *qlcu.* di domande, importunare *qlcu.* con continue domande ¶大臣は問い詰められた。 Il Ministro è stato messo 「con le spalle al muro [alle strette] dalle insistenti domande.

トイレ 《化粧室》bagno㊚, 〔仏〕toilette [twalét]㊛, toletta㊛, toeletta㊛; gabinetto㊚; 《掲示》"W.C." [vuttʃí] ¶トイレに行く andare al bagno [in bagno / alla toilette] ¶すみません、トイレはどこですか。 Mi scusi, dove si trova il bagno?

❖**トイレットペーパー** carta㊛ igienica

-といわず ―と言わず ¶...と言わず...と言わず sia... sia [che]... ¶明日と言わず今日中に終わらせてしまおう。 Finiamo oggi senza rimandare a domani. ¶顔と言わず手と言わず傷だらけだ。 Era pieno di escoriazioni, al viso, alle mani, insomma dappertutto.

とう 当 **1**《適当》◇当を得た adatto, appropriato ◇当を得ない ingiusto; ingiustificato; 《不適当な》poco conveniente, poco appropriato; 《時宜を得ない》inopportuno ¶当を得た[得ない]議論 argomento pertinente [non pertinente] ¶彼が…と言うのは当を得ている。 Ha ragione di dire che+直説法 / Dice con [a] ragione che+直説法
2《この、私たちの》¶当校 questa scuola / la nostra scuola ¶当の人物たち le persone interessate [in questione] / gli interessati

とう 党 **1**《政党》partito㊚ (politico [複 -*ci*]) ¶一党制 sistema monopartitico ¶多党制 sistema pluripartitico ¶一党[三党]政権 governo monocolore [tricolore] ¶党に加入する[を脱退する] iscriversi a [uscire da] un partito
2《徒党、仲間》clan㊚ [無変]; 《同好会》associazione㊛ ¶彼は日本酒党だ。 Lui è un fan del *sakè*.

❖**党員、党首** ⇒見出し語参照

党大会 congresso㊚ del partito

とう 唐《中国の》Dinastia㊛ imperiale cinese dei Tang [T'ang], i Tang [T'ang]

とう 塔 torre㊛; 《教会の鐘楼》torre㊛ campanaria, campanile㊚; 《尖塔》guglia㊛; 《仏教寺院などの》pagoda㊛; 《回教寺院の》minareto㊚; 《記念塔》colonna㊛, stele㊛ [無変] ¶五重の塔 pagoda a 5 piani sovrapposti

とう 棟 ¶1号棟の2階 il primo piano del primo palazzo [edificio]

とう 糖 〘化〙zucchero㊚
◇糖の saccarifero

❖**糖化** ⇒見出し語参照

糖質 glucide㊚

糖蛋白質 glicoproteina [gli-]㊛, glicoproteide [gli-]㊚

糖蜜《シロップ》sciroppo㊚; 〘化・食〙melassa㊛

とう 薹 ¶とうが立つ《人が》non essere più nel fiore degli anni ¶この大根はとうが立っている。 Questo *daikon* è diventato duro e fibroso.

とう 籐 canna㊛ d'India, malacca㊛; 《籐のつる》vimine㊚ ¶籐の椅子 sedia di vimini

とう 問う **1**《尋ねる》chiedere [domandare] *ql.co.* a *qlcu.* ¶住所を問う domandare l'indirizzo ¶〈人〉の消息を問う domandare notizie di *qlcu.* / informarsi di [su] *qlcu.* ¶ある提案の賛否を問う mettere ai voti una proposta ¶自己の良心に問う interrogare la (*propria*) coscienza
2《追及する》accusare ¶〈人〉を殺人罪に問う accusare *qlcu.* di omicidio ¶傷害罪に問われる essere accusato di lesioni personali ¶大臣の責任を問う denunciare le responsabilità del Ministro
3《問題にする》¶学歴は問わない。 Non si richiedono titoli accademici. ¶民主主義の原理そのものが問われている。 Ciò che viene chiamato in causa è il principio stesso della democrazia.

-とう -等 **1**《等級》classe㊛, grado㊚ ¶1等車の切符 biglietto di prima classe ¶3等星 stella di terza grandezza ¶刑1等を減ずる ridurre la pena di un grado ¶1等から3等まで賞が出る。 Vengono premiati i primi tre classificati.
2《など》eccetera, ecc., e simili, e così via ¶イタリア、ギリシア等の南欧諸国 Italia, Grecia e (gli) altri Paesi dell'Europa meridionale ¶火災等の場合には in caso d'incendio 「e simili [ecc.]

-とう -頭 ¶馬10頭 dieci cavalli ¶家畜100頭 cento capi di bestiame

どう 胴 **1** 《人体・動物の》tronco㊚ [複 -*chi*]; 《上半身》torso㊚, busto㊚; 《ウエスト》vita㊛ ¶胴が長い [短い] avere un tronco lungo [corto] ¶胴が太い [細い] avere una vita grossa [snella] **2** 《弦楽器の》cassa㊛ di risonanza **3** 《物の本体》corpo㊚; 《船の》scafo㊚; 《飛行機の》fusoliera㊛; 《車のボディの》carrozzeria㊛; 《機》bidone㊚, busto㊚, tamburo㊚, cassa㊛

どう 堂 《寺院》tempio㊚ [複 *templi*]; 《祠》tempietto㊚; 《キリスト教の》chiesa㊛; 《礼拝堂》cappella㊛; 《会堂》sala㊛; salone㊚
[慣用] 堂に入る ¶彼のイタリア語は堂に入っている。Conosce l'italiano a fondo.

どう 銅 rame㊚;《元素記号》Cu ◇銅(製)の di rame ¶銅色の del colore del rame
❖銅器 →見出し語参照
銅鉱石 minerale㊚ ramifero
銅細工 lavoro㊚ in [《品物》oggetti㊚ [複] di] rame
銅山 miniera㊛ di rame
銅線 filo㊚ di rame
銅メダル medaglia㊛ di bronzo
銅めっき ramatura㊛ ◇銅めっきする ramare *ql.co.*

どう **1**《どのよう》come, in che [quale] modo; che cosa; quale ¶どう、このごろは。Come va? / Come te la passi? ¶駅はどう行けばよいのですか。Come si arriva alla stazione? ¶明日はどうするつもりですか。Che cosa intendi fare domani? ¶映画を見に行くってのはどうだい。Che ne dici [pensi] di andare al cinema? ¶あなたの意見はどうですか。Qual è la tua opinione? ¶試験はどうだった。Come ti sono andati gli esami? ¶彼のことどう思いますか。Che ne pensi di lui? ¶どういうつもりですか。Quali sono le tue intenzioni? ¶さてどうしよう。Ora come facciamo? ¶どうしたらいいかわからない。Non so cosa [più che] fare. / Non so che pesci prendere. / Non so dove sbattere la testa. ¶どうしようもない。Non c'è niente da fare. ¶どうしたんだ。Che cosa è successo? / Che cosa hai? / Che c'è? ¶彼はどうなっただろう。Che ne è di lui? / Dove diamine s'è cacciato? ¶どうにでも好きなようにしろ。Fa' come vuoi [come meglio credi]. ¶それがどうした (というのだ)。E allora? ¶どうすればあの人に会えるだろう。Che devo fare per poterlo incontrare?
2「どう…ても」の形で ¶人がどう思っても構わない。Non m'interessa quello che la gente può pensare. ¶事情はどうあっても私は許さない。Quali che siano le circostanze, io non le permetterò. ¶彼はどう見ても金持ちではない。È tutt'altro che ricco. ¶どうしてもうまくいかない。Per quanto faccia, non ci riesco.
3《勧誘》 ¶どうです、お茶をもう1杯。Vuole [Le va] un'altra tazza di tè? ¶ひとつやってみたらどうだ。Vuoi provare a farlo? / E se tu ci provassi? / Perché non provi? ¶どうだ、わかったか。Ebbene [Allora], hai capito?
[慣用] どうということもない Niente di speciale. / 《関係ない》Non mi importa.

どう- 同- **1**《同一の》[定冠詞]+stesso ¶同世代の人々 persone della stessa generazione **2**《同上の》suddetto, sopraddetto, sunnominato ¶同大学では nell'università di cui si parlava [in questione] **3**《問題の》 ¶同協会の会員 i membri dell'associazione in questione

どうあげ 胴上げ ◇胴上げする lanciare in aria *qlcu.* per festeggiarlo

どうあつ 等圧 ◇等圧の isobarico [複 -*ci*]
❖等圧線《気》isobara㊛, isobara㊛; 《流体力学で》linea㊛ di uguale pressione

どうあつりょく 動圧力 《工》pressione㊛ dinamica

とうあん 答案《答え》risposta㊛ dell'esame; 《答案用紙》foglio㊚ [複 -*gli*] per le risposte dell'esame, foglio㊚ delle risposte ¶よくできた答案 esame ben fatto [svolto] ¶模範答案 modello di risposte ¶答案を書く rispondere alle domande dell'esame scritto ¶答案を白紙で出す consegnare il foglio d'esame in bianco

とうい 等位《文法》◇等位の coordinato
❖等位節 proposizione㊛ coordinata, coordinata㊛
等位接続詞 congiunzione㊛ coordinativa

どうい 同意 consenso㊚, assenso㊚, approvazione㊛ ◇同意する consentire㊀ [*av*] [concordare㊀ [*av*]] con *qlcu.*《について su》;《許可を与える》acconsentire㊀ [*av*] 《について a, することを a+不定詞》;《賛同する》approvare *ql.co.* ¶提案に同意する approvare la proposta ¶〈人〉に同意を求める chiedere il consenso [l'approvazione] di *qlcu.*《について su, することの per+不定詞》 ¶〈人〉に同意を与える dare il *proprio* consenso [assenso] a *qlcu.* ¶〈人〉から同意を得る ottenere il consenso (da *qlcu.*) ¶〈人〉の同意のもとに [なしに] con [senza] il consenso di *qlcu.*

どういう quale, che;《どんな種類の》che tipo [genere / specie] di *ql.co.* ¶どういう小説がお好きですか。Quali [Che] romanzi le piacciono? ¶どういうことか少しもわからない。Non capisco di che cosa si tratti. ¶山田さんというのはどういう人ですか。Com'è il sig. Yamada? / Che tipo è il sig. Yamada? ¶どういうわけか、彼は機嫌が悪い。Non so perché ma è di cattivo umore.

どういかく 同位角《幾何》angoli㊚ [複] corrispondenti

どういけん 同意見 ¶私は彼と同意見だ。Io e lui siamo dello stesso parere [avviso].

どういげんそ 同位元素《化》isotopo㊚

どういご 同意語 sinonimo㊚

どういじょう 糖衣錠《薬》confetto㊚ medicinale

とういそくみょう 当意即妙 ¶当意即妙の才がある avere presenza di spirito ¶当意即妙の答えをする rispondere a tono

どういたしまして《礼に対して》Prego. ; Prego, non c'è di che.; Di niente.;《礼・わびに対して》Si figuri. (►tuに対しては Figurati となる), Si immagini. / Si mancherebbe.

とういつ 統一《まとまり》unità㊛, coesione㊛;《論理的》coerenza㊛;《精神の》concentrazione㊛;《統一化》unificazione㊛, unione㊛;《画一化》standardizzazione㊛, uniformità㊛

◇統一する unificare, unire, uniformare;《規格化する》standardizzare
¶統一のとれた集団 gruppo ben compatto [unito] ¶統一のない集団 gruppo「senza unità [male organizzato / diviso] ¶イタリア統一 l'Unità d'Italia（◆1861） ¶イタリア国家統一運動《リソルジメント》il Risorgimento ¶規格を統一する uniformare lo standard ¶天下を統一する unificare il mondo ¶精神を統一する concentrarsi / raccogliersi ¶意見の統一を図る cercare di mettersi d'accordo ¶意思の統一 unità d'intenti

❖**統一見解** opinione㊛ concorde
統一行動 ¶統一行動をとる agire con unità d'azione [d'intenti]
統一国家 nazione㊛ unificata
統一市場〘経〙mercato㊚ unitario [複 -i]
統一戦線 fronte㊚ unico [複 -ci] ¶統一戦線を張る organizzare un fronte unico

どういつ 同一 ◇同一の stesso, identico [複 -ci], medesimo,《等しい》uguale ¶それはまったく同一のことだ. È una sola ed unica cosa.
❖**同一視** ¶AとBを同一視する equiparare A a B / considerare A sullo stesso piano di B / considerare A e B uguali
同一人物 ¶これはあの殺人事件と同一人物のしわざのようだ. Suppongo che l'autore di questo reato e di quell'omicidio siano la stessa persona.
同一性 identità㊛

とういん 党員 membro㊚ di un partito (politico) 一政党関連 ¶党員になる iscriversi [aderire] a un partito

とういん 登院 ◇登院する essere presente in Parlamento, partecipare㊄ [av] ai lavori del Parlamento

とういん 頭韻〘修辞〙allitterazione㊛ ¶ tanti e terribili i tiranni ci stanno a piedi. "Tanti", "terribili", "tiranni": questi tre vocaboli costituiscono un'allitterazione.
❖**頭韻詩**〘詩の形式〙poesia㊛ allitterativa

どういん 動因〘動機〙motivo㊚;《原因》causa㊛ ¶指導者の逮捕が暴動の動因だった. L'arresto dei capi è stato all'origine della sommossa.

どういん 動員 mobilitazione㊛ ◇動員する mobilitare ¶学徒動員 mobilitazione degli studenti ¶…するため友だちを総動員する mobilitare [fare appello a] tutti i *propri* amici per + 不定詞
❖**動員解除** smobilitazione㊛ ◇動員解除する smobilitare㊄ (►単独でも可)
動員令 ordine㊚ di mobilitazione ¶動員令を発する［受けとる］emanare [ricevere] l'ordine di mobilitazione

ドゥーイットユアセルフ〔英 do-it-yourself〕fai da te㊚[無変]（個人にも用いる）

とうえい 投影 **1**《影》ombra㊛ ◇投影する gettare [proiettare] un'ombra **2**《反映》riflesso㊚ ◇投影する riflettere ¶その映画には戦時色を投影している. Quel film riflette la situazione del periodo bellico. **3**〘幾何〙proiezione㊛ ◇投影する proiettare *ql.co.* **4**〘心〙proiezione㊛
❖**投影機** proiettore㊚
投影図 proiezione㊛

投影図法 sistema㊚ di proiezione

とうおう 東欧 Europa㊛ orientale [dell'Est]

ドゥオーモ〔伊〕Duomo㊚（◆キリスト教で町のもっとも重要な教会）

とうおん 等温 ◇等温の isotermo, isotermico [複 -ci]
❖**等温線**〘気・物〙isoterma㊛（►主に複数で）, linea㊛ isoterma

どうおん 同音 omofonia㊛ ¶異名同音〘音〙enarmonia
❖**同音異義** omonimia㊛
同音異義語 parole㊛[複] omonime

とうか 灯下 ¶灯下で alla luce di una lampadina

とうか 灯火 luce㊛ (di una lampada [lampadina]), lume㊚
❖**灯火管制** oscuramento㊚ ¶灯火管制を敷く ordinare l'oscuramento (di una regione)
慣用 **灯火親しむべし** L'autunno è la migliore stagione per leggere di sera.

とうか 投下 **1**《落とすこと》¶爆弾を投下する lanciare bombe㊛[複] **2**《投資》¶資本投下 investimento di capitali
❖**投下資本** capitali㊚[複] investiti

とうか 透過〘物・化〙trasmissione㊛ ◇透過する《光などが》penetrare㊄ [es, av];《液体などが》permeare *ql.co.* ◇透過させる《伝える》trasmettere *ql.co.* ¶このコンタクトレンズは酸素透過型です. Queste lenti a contatto lasciano penetrare [passare] l'ossigeno.
❖**透過率[性]** permeabilità㊛;〘電〙trasparenza㊛ specifica

とうか 等化〘電子〙equalizzazione㊛
とうか 等価 equivalenza㊛ ◇等価の equivalente;《価値が》dello stesso valore;《価格が》dello stesso prezzo
❖**等価原理**〘物〙principio㊚ di equivalenza
等価物〘量〙equivalente㊚

とうか 糖化〘化〙saccarificazione㊛ ¶澱粉〘農〙を糖化する saccarificare l'amido

どうか 同化〘生・音声〙assimilazione㊛ ◇同化する assimilare *ql.co.* ◇同化される《音声》assimilarsi ¶同化政策をとる adottare una politica di assimilazione
❖**同化現象** fenomeno㊚ assimilativo
同化作用〘生・音声〙assimilazione㊛
同化組織〘植〙tessuto㊚ assimilatore
同化力 potere㊚ di assimilazione

どうか 銅貨 moneta㊛ di rame

どうか **1**《お願い》per favore ⇒どうぞ ¶どうか…してください. Mi farebbe il favore [la cortesia] di +不定詞 ? / Potrebbe essere così gentile da +不定詞 ? ¶どうか許してください. La prego di perdonarmi.
2《どうにか》in un modo o nell'altro ¶「切符1枚ぐらいどうかなりませんか」「どうかしたくても全部売り切れです」"Non ci sarebbe il modo di procurarmi almeno un biglietto?" "Anche se volessi, sono tutti esauriti."
3《普通でない様子》¶このごろどうかしているね. Sei un po' strano di [in] questi tempi. ¶あんな間違いをするなんて彼はどうかしている. Non è da lui far simili errori. ¶このごろの天気はどうかして

いる．Negli ultimi giorni il tempo è impazzito. ¶ああいう発言はどうかと思う．Questo genere d'intervento mi pare discutibile.

4《疑問》o no, o meno ¶彼が来るかどうか聞いてみよう．Gli vado a domandare se viene (o no [o non viene]).

どうが 動画 cartoni[男][複] animati

とうかい 倒壊 crollo[男] ◇倒壊する crollare[自][*es*] ¶地震による倒壊家屋 case distrutte [sinistrate] dal terremoto

とうかい 韜晦 ◇韜晦する nascondere ¶その作家の態度は自己韜晦である．Il comportamento di quello scrittore è una forma di automascheramento.

とうがい 当該 ◇当該の in questione, competente, preposto ¶当該事項 fatto in questione ¶当該の人物 questa [la predetta / la suddetta] persona ¶当該官庁 le autorità competenti

とうがい 等外 ¶等外の人［馬］persona [cavallo] che in una competizione non entra nella rosa dei premiati

✤等外作品 opera[女] non premiata [classificata]

とうかいどう 東海道 principale via[女] di comunicazione lungo la costa occidentale dell'isola di Honshu fra Tokyo e Kyoto

✤東海道五十三次 le cinquantatré stazioni[女][複] lungo la via Tokaido

とうかく 当確 ¶早くも当確が出た．Sono già stati resi noti i probabili vincitori delle elezioni.

とうかく 倒閣 ¶倒閣運動を行う condurre una campagna per rovesciare il governo

とうかく 等角〘幾何〙◇等角の equiangolo

✤等角多角形 poligono[男] equiangolo

等角投影 proiezione[女] isometrica

とうかく 統覚〘心・哲〙appercezione[女]
◇統覚する appercepire *ql.co.*

とうかく 頭角 ◇頭角を現す distinguersi, segnalarsi, farsi notare ¶彼は画壇で頭角を現した．Si segnala [Si fa notare] fra i pittori.

どうかく 同格 **1**《同等の》lo stesso rango[男] [livello[男]], la stessa posizione[女] ¶二人を同格に扱う trattare due persone sullo stesso piano **2**〘文法〙apposizione[女] ◇同格の appositivo ¶同格に置かれた語 parola messa in apposizione ¶この名詞は主語と同格だ．Questo nome è un'apposizione del soggetto.

✤同格語 appositivo[男]

どうがく 同額 la stessa somma[女] ¶こちらの負担と同額の補助金が出る．È previsto un contributo pari alle spese da noi sostenute.

どうがく 道学 **1**《道徳を説く学問》etica[女]; filosofia[女] morale **2**《道教》taoismo[男]

✤道学者《道教学者》taoist*a*[男][女][[男]複 *-i*]；《世間に疎い道徳家》moralist*a*[男][女][[男]複 *-i*]

どうかじゅう 動荷重 〘工〙car*ico*[男][複 *-chi*] dinam*ico* [複 *-ci*]

どうかすると ¶彼はどうかすると怠けがちだ．Ogni tanto tende a poltrire [battere la fiacca]. ¶どうかするともう１か月病院にいることになるかもしれない．Nella peggiore delle ipotesi [Nel peggiore dei casi] dovrei restare ancora un mese in ospedale.

どうかせん 導火線 **1**《口火を付ける線》mic*cia*[女][複 *-ce*] ¶導火線に火をつける dar fuoco alla miccia **2**《事件をひき起こすきっかけ》causa[女] ¶この紛争は世界戦争への導火線になりかねない．Questo conflitto rischia di provocare [di far scoppiare] una guerra mondiale.

とうかそくど 等加速度 〘物〙accelerazione[女] uniforme

✤等加速度運動 moto[男] uniformemente accelerato

とうかつ 統括 《統一》unificazione[女];《概括》generalizzazione[女] ¶地方の組織を統括する accorpare [fondere / unificare] le organizzazioni locali ¶今まで得た情報を統括してみよう．Vediamo di mettere insieme le informazioni sin qui raccolte.

とうかつ 統轄 controllo[男], supervisione[女], soprintendenza[女] ◇統轄する dirigere [presiedere / controllare] *ql.co.* ¶制作統轄 regia

✤統轄者 ¶企画の統轄者は彼だ．È lui il responsabile del progetto.

どうかつ 恫喝 minac*cia*[女][複 *-ce*], intimidazione[女] ◇恫喝する minacciare *qlcu.*

とうがらし 唐辛子 peperoncino[男] (rosso)

とうかん 投函 ◇投函する impostare, imbucare

とうがん 冬瓜 〘植〙benincasa[女]

どうかん 同感 ¶君と同感だ．Sono del tuo stesso avviso [parere]. / Sono d'accordo con te. / Condivido la tua opinione.

どうかん 導管 《水などを送る管》conduttura[女], tubo[男];〘植〙canale[男]

どうがん 童顔 ¶童顔の男 uomo dal viso infantile

とうかんかく 等間隔 equidistanza[女] ¶柱が等間隔に立っている．I pilastri si ergono ad intervalli uguali.

どうかんすう 導関数 〘数〙derivata[女]

とうき 冬季 inverno[男], stagione[女] invernale

✤冬季オリンピック giochi[男][複] olimpici invernali

とうき 冬期 inverno[男]

✤冬期休暇 vacanze[女][複] invernali

冬期講習 corso[男] invernale

とうき 当期 ¶当期の決算 saldo di fine esercizio [periodo] in corso

とうき 投棄 ◇投棄する gettare, buttar via;《不用物を》scaricare ¶ごみを不法投棄する scaricare i rifiuti illegalmente

とうき 投機 speculazione[女] ◇投機的 speculativo ◇投機的に per speculazione ◇投機する speculare[自][*av*] [fare speculazioni] ¶投機に手を出す lanciarsi in [darsi alle] speculazioni ¶株式投機する speculare [fare speculazioni / giocare] in borsa

✤投機家 specula*tore*[男][[女] *-trice*]

投機資本〘経〙capitale[男] di rischio

投機心 ¶〈人〉の投機心を煽(あお)る suscitare [destare] uno spirito speculativo in *qlcu.*

投機売買 compravendita[女] speculativa

とうき 党紀 disciplina[女] di partito ¶党紀を乱す turbare la disciplina del partito

とうき 党規 regolamento[男] [statuto[男]] di un partito politico

とうき 陶器 ceramica[女], terraglia[女], terracotta[女]［複 *terrecotte*］ ¶陶器を製作する fare lavori in ceramica
✤陶器商 commerciante[男][女]［mercante[男][女]］ di ceramiche
とうき 登記 registrazione[女], iscrizione[女], trascrizione[女] ◇登記する registrare, iscrivere, trascrivere ¶登記済みの registrato ¶最近購入した土地を登記する registrare［trascrivere］ la recente acquisizione di un terreno
✤登記所 uffic*io*[男]［複 *-ci*］ del registro
登記簿 registro[男] pubblic*o*［複 *-ci*］（degli atti civili）
登記料 tassa[女] di registrazione［di registro］
とうき 騰貴 rialzo[男], aumento[男]（dei prezzi） ¶物価の騰貴 aumento di prezzo / rincaro / rialzo dei prezzi
とうぎ 党議 ¶党議に服する accettare le decisioni del partito ¶この問題は党議にかけられる. Questo problema sarà discusso al congresso del partito.
とうぎ 討議 dibattito[男], discussione[女];《議会・裁判所などでの》udienza[女] ◇討議する dibattere ［discutere］ *ql.co.*; deliberare *ql.co.* ¶…の討議を始める［打ち切る］ aprire［chiudere］ un dibattito su *ql.co.* ¶委員会の討議にかける sottoporre *ql.co.* a una commissione ¶討議の末投票する votare alla fine del dibattito ¶その問題は討議に上(のぼ)った. Hanno posto la questione sul tappeto. ¶教育制度の改革について目下討議中である. Si sta discutendo sulla riforma scolastica.
とうぎ 闘技 gara[女], partita[女];《競技, 争い》contesa[女];《競争》competizione[女] agonistica
✤闘技者 competi*tore*[男]［[女] *-trice*］, concorrente[男][女], rivale[男][女]
闘技場《古代の》arena[女];《文》agone[男];《現在の》stad*io*[男]［複 *-i*］;〔英〕ring[男]［無変］
どうき 同期 **1**《同じ時期》lo stesso periodo[男], la stessa epoca[女];《同じ年度》lo stesso anno[男] ¶昨年同期と比較して青果の生産は5％増加した. Rispetto al corrispondente periodo dell'anno scorso, la produzione ortofrutticola è aumentata del 5 per cento.
2《学校などの》lo stesso anno[男], la stessa classe[女] ¶彼と僕は同期だ.《大学で》Lui ed io siamo dello stesso corso. /《職場で》Lui ed io siamo entrati in ditta nello stesso anno.
3〘電〙sincronismo[男]
✤同期化 sincronizzazione[女]
同期信号〘通信〙segnale[男] di sincronizzazione［di sincronismo］
同期生《入学時期が同じ》iscritt*o*[男]［[女] *-a*］ nello stesso anno;《卒業時期が同じ》diplomat*o*[男]［[女] *-a*］ nello stesso anno;《大学卒業時期が同じ》laureat*o*[男]［[女] *-a*］ nello stesso anno
同期装置〘電子〙sincronizzatore[男]
どうき 動悸 batticuore[男];〘医〙palpitazione[女]（cardiaca）, cardiopalmo[男] ¶動悸がする《人が主語》avere le［soffrire di］ palpitazioni
どうき 動機 **1**《きっかけ》motivo[男], movente[男], motivazione[女];《誘因》stimolo[男], impulso[男], incentivo[男] ¶嫉妬が動機となって per［a causa della］ gelosia ¶不純な動機で con un secondo fine［scopo］ ¶犯行の動機をさぐる investigare il movente del delitto ¶誘拐事件の動機は金だった. Il movente del rapimento è stato il denaro.
2〘音〙motivo[男] ¶示導動機 leitmotiv[男]［無変］
✤動機付け〘心〙motivazione[女]
どうき 銅器 oggetto[男]［《道具》utensile[男]］ di rame［di bronzo］
✤銅器時代 età[女] del rame
どうぎ 同義 ◇同義の sinonimo
✤同義語 sinonimo[男]
同義性 sinonimia[女]
どうぎ 胴着 《和服の》indumento[男] intimo senza maniche;《チョッキ》gilè[男], panciotto[男];《下着用の》farsetto[男]
どうぎ 動議 mozione[女], proposta[女] ¶〈人〉の動議により su proposta di *qlcu.* ¶動議を可決［否決 / 撤回］する approvare［respingere / ritirare］ una mozione ¶緊急動議を出す presentare una mozione d'urgenza
どうぎ 道義 morale[女], moralità[女] ◇道義的 morale;《倫理的》etic*o*［[男]複 *-ci*］ ◇道義的に moralmente ¶道義の退廃 depravazione morale［della morale / della moralità pubblica］ ¶道義的責任 responsabilità morale ¶道義を重んじる avere un elevato senso della morale / dare importanza alla morale ¶道義に反する essere「contrar*io* alla morale［immoral*e*］ ¶道義上…しないわけにはいかない. Mi trovo nell'obbligo morale di＋[不定詞]
✤道義心 ¶道義心に欠ける《人が主語》mancare di senso morale
とうきび 唐黍 **1**《トウモロコシ》grantur*co*[男]［複 *-chi*］; mais[男]［無変］
2《モロコシ》saggina[女], sorg*o*[男]［複 *-ghi*］
とうきゅう 投球 ◇投球する lanciare la palla;《ボウリングで》lanciare la boccia ¶「投球モーションに入りました. 投げました」《野球で》"Carica e lancia!"
とうきゅう 等級 《身分の》rang*o*[男]［複 *-ghi*］, classe[女];《物の》categoria[女];《軍隊などの》grado[男];〘天〙《星の》grandezza[女], magnitudine[女] ¶〈人〉［〈物〉］の等級を上げる elevare *qlcu.*［*ql.co.*］ di rango［grado］ ¶〈人〉［〈物〉］の等級を下げる retrocedere *qlcu.*［*ql.co.*］ di rango［grado］ / degradare *qlcu.*［*ql.co.*］ ¶商品に等級を付ける classificare le merci
とうぎゅう 闘牛 《闘牛士と牛との》corrida[女], tauromachia[女];《牛同士の》combattimento[男] di tori;《闘牛用の牛》toro[男] da combattimento［da corrida］
✤闘牛士《マタドール》torero[男],〔ス〕matador[男]［無変］,〔ス〕espada[男]［無変］;《ピカドール》〔ス〕picador[男]［無変］;《銛(もり)打ち》〔ス〕banderiller*o*[男]［複 *-os, -i*］
闘牛場 arena[女]（per corride）
どうきゅう 同級 ¶彼女と僕とは同級だ. Lei ed io「siamo della stessa classe［siamo compagni di classe］.
✤同級生 compagn*o*[男]［[女] *-a*］ di classe
とうぎょ 統御 ◇統御する governare, regnare, comandare

どうきょ 同居 coabitazione[女] ◇同居する coabitare[自][av] [vivere[自][es, av] insieme / convivere[自][av, es]] con *qlcu.*；《寄寓する》alloggiare [essere alloggiato] da *qlcu.* ¶2家族が同居している. Le due famiglie vivono sotto lo stesso tetto.

✤同居人 chi vive nella stessa casa;《異性の》convivente[男][女]

どうきょう 同郷 ¶私は彼と同郷だ. Sono suo concittadino. / Io e lui siamo dello stesso paese.

✤同郷人 concittadin*o*[男][[女] *-a*], compaesan*o*[男][[女] *-a*], conterran*eo*[男][[女] *-ea*]；《地方》corregionale[男][女]

どうきょう 道教 taoismo[男] ◇道教の taoist*a* [[男]複 *-i*], taoistic*o* [[男]複 *-ci*]

✤道教信者 taoist*a*[男][女][[男]複 *-i*]

どうぎょう 同業 la stessa professione[女] [attività[女]], lo stesso lavoro[男];《特に職人》lo stesso mestiere[男]

✤同業組合 corporazione[女], sindacato[男] professionale [di categoria]

同業者 persona[女] della stessa professione [dello stesso mestiere], colleg*a*[男][女][[男]複 *-ghi*] (di professione)

とうきょく 当局 le autorità[女][複] ¶関係当局 autorità competente [interessata] ¶学校当局の決定 decisione presa dalla direzione della scuola ¶軍当局 autorità militari

とうきょり 等距離 equidistanza[女] ¶等距離にある essere equidistant*e* [alla stessa distanza] da *ql.co.*

✤等距離外交 politica[女] estera che mantiene una posizione di equidistanza tra i blocchi

とうぎり 当限 〘金融〙 ¶当限で con consegna entro il corrente mese

どうきん 同衾 ◇同衾する andare a letto con *qlcu.*

どうぐ 道具 **1**《器具》strumento[男], apparec*chio*[男][複 *-chi*]；《用具》utensile[男];《工具》attrezzo[男], arnese[男];《総称的に》attrezzatura[女];《家具》mobili[男][複] ¶化粧道具 articoli per il trucco ¶裁縫道具 arnesi da cucito ¶化学の実験道具 apparecchi e strumenti chimici ¶大工道具 attrezzi da carpentiere ¶台所道具 utensili da cucina ¶茶道具 servizio da tè

2《他人に利用されるもの》strumento[男] ¶私は部長の道具に使われた. Ho levato le castagne dal fuoco per il direttore. ¶僕は彼の復讐の道具に使われた. Sono stato「lo strumento della [strumentalizzato da lui per la] sua vendetta.

✤道具方《大道具》macchinist*a*[男][複 *-i*]；《小道具》attrezzist*a*[男][女][[男]複 *-i*], trovarobe[男][女][無変]

道具立て ¶道具立てがそろった. Abbiamo finito tutti i preparativi. / Tutto è pronto.

道具箱 cassetta[女] portautensili [無変] [degli attrezzi]

道具屋《古道具屋》antiquar*io*[男][複 *-i*]

とうぐう 東宮 ⇀皇太子

✤東宮御所 palazzo[男] del Principe Imperiale Ereditario

どうくつ 洞窟 grotta[女], caverna[女]

✤洞窟探検 esplorazione[女] di grotte [caverne naturali]

洞窟探検家 speleolog*o*[男][[女] *-ga*; [男]複 *-gi*], esplorat*ore*[男][[女] *-trice*] di grotte

とうけ 当家 questa casa[女]; questa famiglia[女] ¶それは当家とは関係ありません. Ciò non ha niente a che fare con la nostra famiglia.

とうげ 峠 **1**《地形の》colle[男], valic*o*[男][複 *-chi*], passo[男] ¶三国(みくに)峠 il passo [il valico] di Mikuni ¶峠を越す valicare un passo / superare un valico **2**《最盛期》apogeo[男], punto[男] culminante;《病気などの》fase[女] critica ¶病状は峠を越した. La fase critica della malattia è superata. ¶寒さは峠を越した. Ormai il periodo più freddo è passato.

どうけ 道化 《行為》buffonata[女], pagliacciata[女] ◇道化の buffo, burle*sco* [[男]複 *-schi*], comi*co* [[男]複 *-ci*], pagliacce*sco* [[男]複 *-schi*] ¶とんだ道化だ. È proprio una commedia [una farsa]!

✤道化師《サーカスの》pagliac*cio*[男][複 *-ci*]；〔英〕clown[男][無変]；《宮廷の》buffone[男], giullare[男]

道化芝居 farsa[女]

道化者 burlon*e*[男][[女] *-a*], buffon*e*[男][[女] *-a*], pagliaccio[男]

とうけい 東経 longitudine[女] est ¶ローマは東経12度29分に位置する. Roma è situata a 12 gradi e 29 primi di longitudine est.

とうけい 統計 statistica[女] ◇統計的 statistic*o* [[男]複 *-ci*] ◇統計的に statisticamente ¶統計的に見れば da un punto di vista statistico / statisticamente ¶統計を取る fare una statistica《について di》

✤統計学 statistica[女]

統計学者 studios*o*[男][[女] *-a*] di statistica, statistic*o*[男][[女] *-ca*; [男]複 *-ci*]

統計局 Ufficio[男] Statistico;《イタリアの》Istituto[男] Generale di Statistica;《略》ISTAT [ístat][男]

統計グラフ grafic*o*[男][複 *-ci*] statistico

統計資料 dati[男][複] statistici

統計表 tabella[女] statistica

統計力学 meccanica[女] statistica

とうけい 闘鶏 combattimento[男] di galli;《鶏》gallo[男] da combattimento

とうげい 陶芸 arte[女] [tecnica[女]] della ceramica

✤陶芸家 ceramist*a*[男][女][[男]複 *-i*]

陶芸品 oggetto[男] in ceramica

どうけい 同形 〘幾何〙 isomorfismo[男] ◇同形の isomorfo; della stessa forma, dello stesso tipo ¶同形である avere la stessa forma《と di》/ essere dello stesso tipo《と di》

どうけい 同系 ¶この2つの会社は同系である. Queste due società appartengono al medesimo gruppo finanziario.

✤同系色 colore[男] della stessa tonalità ¶背広と同系色のネクタイ cravatta della stessa tonalità dell'abito

どうけい 同型 ¶僕のヨットは君のと同型だ. Il mio yacht è identico al tuo.

どうけい 同慶 ¶ご同慶の至りです. Mi congratulo con lei. /《より丁寧な表現》Le porgo le

どうけい 動径 《数・物》 raggio*男* [複 -gi] vettore

どうけい 憧憬 →憧れ

とうけつ 凍結 1 《(水の)》congelamento*男* ◇凍結する ghiacciare*他* [es], gelare*他* [es], congelarsi ghiacciato, coperto di ghiaccio ¶路面が凍結した. La strada è ghiacciata. 2 《(資産などの)》blocco*男* [複 -chi] ◇凍結する congelare, bloccare ¶賃金凍結 blocco salariale ¶物価を凍結する congelare [bloccare / inchiodare] i prezzi ¶在外資産の凍結 congelamento dei beni all'estero ¶事業を凍結する sospendere l'attività

✤凍結乾燥 liofilizzazione*女*
凍結剤 miscela*女* refrigerante
凍結資産 attività*女* [複] congelate
凍結防止剤 anticongelante*男*, antigelo*男*

とうげつ 当月 corrente mese*男*; 《略》c. m.; questo mese

どうけつ 洞穴 grotta*女*, caverna*女*

どうける 道化る fare il clown [il buffone / 《女性が》la buffona], scherzare*自* [av]; 《冗談を言う》dire delle facezie ¶彼は座をもたせようとして道化てみせた. Ha fatto il pagliaccio per tenere la gente allegra.

とうけん 刀剣 sciabole*女* [複] e spade*女* [複], armi*女* [複] bianche
✤刀剣商 armaiolo*男*

とうけん 闘犬 combattimento*男* di cani; 《(犬)》cane*男* da combattimento

どうけん 同権 ¶男女は同権である. I due sessi hanno parità di diritti. ¶男女同権主義 femminismo

とうげんきょう 桃源郷 paradiso (terrestre); 《理想郷》utopia*女*

とうご 統語 《言》 ◇統語的に sintatticamente
✤統語的構造 costruzione*女* sintattica
統語論 《言》sintassi*女* [無変]

とうこう 投降 resa*女*, capitolazione*女* ◇投降する arrendersi*自*(に a), cedere*自* [av](に a), capitolare*自* [av], deporre le armi ¶敵軍に投降する cedere all'esercito nemico

とうこう 投稿 collaborazione*女* ¶新聞に投稿する mandare un articolo a un giornale
✤投稿欄 spazio*男* [複 -i] riservato agli scritti dei lettori

とうこう 透光 ◇透光性の traslucido, semitrasparente

とうこう 陶工 vasaio*男* [女 -ia; 男 複 -i], ceramista*男女* [男 複 -i]

とうこう 登校 ¶バスで登校する andare a scuola in autobus
✤登校時間 orario*男* di ingresso a scuola

とうごう 等号 《数》segno*男* di uguaglianza

とうごう 統合 unificazione*女* ◇《経済的・政治的な》integrazione*女* ◇統合する unificare [unire / incorporare / annettere] ql.co.; integrare ql.co. ¶ヨーロッパの統合 unificazione dell'Europa
✤統合株 《金融》azioni*女* [複] consolidate
統合失調症 《医》schizofrenia*女*
統合ソフト 《コンピュータ》software [sóftwer] *男* [無変] integrato

どうこう 同好 ¶同好の士 persone「interessate allo stesso argomento [che hanno interessi comuni]
✤同好会 associazione*女* [circolo*男* / 〔英〕club [kleb]*男* [無変]] di amatori di ql.co.

どうこう 同行 ◇同行する accompagnare qlcu., andare con qlcu.; 《護衛する》scortare qlcu. ¶社長は私に同行を求めた. Il presidente mi ha chiesto di accompagnarlo [di andare con lui]. ¶署までご同行願います. Mi segua al commissariato.

✤同行者 compagno*男* [女 -a] di strada [《(旅の)》di viaggio];《付き添い》accompagnatore*男* [-trice];《参加者》partecipante*男女*

どうこう 動向 《傾向》tendenza*女*;《動き方》andamento*男*, svolgimento*男*; movimento*男* ¶日本経済の動向 la tendenza dell'economia giapponese

どうこう 銅鉱 minerale*男* del rame

どうこう 瞳孔 《解》pupilla*女* ¶開いた瞳孔 pupille dilatate
✤瞳孔拡大 [縮小] 《医》dilatazione*女* [restringimento*男*] della pupilla
瞳孔反射 《医》riflesso di accomodazione visiva

どうこう ¶そのことについてどうこう言える立場ではない. Non sono proprio nella posizione adatta per poter dire qualcosa al riguardo.

どうこういきょく 同工異曲 ¶同工異曲だ. Sono più o meno uguali.

とうこうき 投光器 riflettore*男*, proiettore*男*

とうこうせん 等高線 《地》curva*女* di livello, isoipsa*女*, linea*女* isoipsa
✤等高線地図 carta*女* delle isoipse [delle curve di livello]

とうごく 投獄 imprigionamento*男*, carcerazione*女*, detenzione*女* ◇投獄する imprigionare [incarcerare] qlcu., mettere [gettare] qlcu. in prigione [in carcere / in galera]

どうこく 同国 la stessa nazione, lo stesso paese*男*
✤同国人 compatriota*男女* [男 複 -i], conterraneo*男* [女 -a], connazionale*男女*

どうこく 慟哭 pianto*男* (a) dirotto ◇慟哭する piangere*自* [av] dirottamente

とうごせん 等語線 《言》isoglossa*女*

どうごはんぷく 同語反復 tautologia*女* [-gie] ◇同語反復の tautologico*男* [複 -ci]

とうこん 当今 in questi giorni, ultimamente ¶当今の若者 i giovani d'oggi

どうこん 同根 ¶2つの問題は同根だ. I due problemi hanno un'origine comune.

どうこんしき 銅婚式 nozze*女* [複] di rame (◆ anniversario del settimo anno di matrimonio)

とうさ 等差
✤等差級数 《数列》《数》serie*女* [無変] [progressione*女*] aritmetica

とうさ 踏査 esplorazione*女*, ricognizione*女* ◇踏査する esplorare [sondare] ql.co., fare una prospezione ¶実地踏査をする fare uno studio in loco

とうざ 当座 ◇当座の temporaneo, provvisorio [複 -i] ¶当座の処置 provvedimento provvisorio / 《一時しのぎ》 espediente temporaneo ¶当座の必要な品 oggetti di bisogno immediato ¶ローマに来た当座は durante i primi giorni del *proprio* soggiorno a Roma ¶彼は当座のことしか考えない. Non pensa che al presente. ¶当座はこれで充分だ. Per il momento è sufficiente. ¶当座逃れに母の病気を言い訳にした. Ha portato come scusa temporanea la malattia di sua madre.

✤**当座貸越し** 〚金融〛 scoperto男 「di c/c [con fido], apertura女 di credito
当座借越し emissione女 allo scoperto
当座勘定 〚金融〛 conto男 corrente
当座預金 〚金融〛 deposito男 in conto corrente

どうさ 動作 movimento男 《身ぶり》gesto;《機械の》funzionamento男, operazione女 ¶彼は動作のにぶい［機敏だ］. È lento [rapido] nei movimenti. ¶彼は着席するようにと動作で合図した. Ha indicato a gesti di sedersi.

✤**動作主補語** 〚文法〛 complemento男 d'agente
動作線図 〚工〛 grafico男 [複 -ci] delle prestazioni

とうさい 搭載 ¶ミサイル搭載の戦闘機 aereo da caccia con missili ¶飛行機に爆弾を搭載する caricare un aereo di bombe ¶新型エンジン搭載の con nuovo motore ¶液晶ディスプレーを搭載したノートパソコン computer portatile con schermo a cristalli liquidi

✤**搭載量** capacità女 di carico;《船の》stazza女 (di una nave)

とうざい 東西 est男 e ovest男;《東洋と西洋》l'Oriente e l'Occidente ¶この川は東西に流れている. Questo fiume scorre da est ad ovest. ¶東西両陣営 il blocco orientale e il blocco occidentale / l'est e l'ovest

✤**東西東西**《興行師の口上》"Attenzione! Attenzione!" / "Udite, udite!"
東西南北 i quattro punti cardinali (▶イタリア語では nord (北), sud (南), est (東), ovest (西) の順で言う)

どうざい 同罪 ¶2人とも同罪だ. Entrambi sono colpevoli dello stesso reato.

とうさく 倒錯 perversione女 ¶性的倒錯 perversione sessuale

とうさく 盗作《行為・盗作品》plagio男 [複 -gi] ¶他人の論文の盗作 plagio di saggio altrui

✤**盗作者** plagiario男 [女 -ia; 男複 -i]

どうさつ 洞察 perspicacia女 ◇洞察する penetrare [capire / afferrare / discernere] *ql.co.* (▶ discernere は複合時制を欠く)

✤**洞察力** penetrazione女, perspicacia女, discernimento男 ¶洞察力がある essere acuto [perspicace]

とうさん 父さん papà男, babbo男

とうさん 倒産 fallimento男,〚法〛insolvenza女, bancarotta女 ◇倒産する fallire自 [es], fare bancarotta ¶偽装倒産 bancarotta fraudolenta

どうさん 動産 beni男 [複] mobili

✤**動産保険** assicurazione女 mobiliare

どうざん 銅山 miniera女 di rame

とうし 投資 investimento男 ¶株式に100万円投資する investire un milione di yen in azioni ¶有利な投資をする fare un investimento vantaggioso

―関連―

公共投資 investimenti男 [複] in infrastrutture pubbliche **国際[国内]投資** investimenti internazionali [interni] **在庫投資** investimento in scorte **住宅投資** investimenti per la casa **純投資** investimenti netti **商業投資** investimenti commerciali **証券投資** investimento in titoli **(民間)設備投資** investimenti fissi (privati) **総投資** investimenti lordi **対外投資** investimenti esteri **直接投資** investimenti diretti **独立[自生]投資** investimento autonomo **負の投資** investimento negativo **分散投資** investimenti diversificati **誘発投資** investimenti indotti **累積投資** investimenti cumulativi

投資家 investitore男 [女 -trice], finanziatore男 [女 -trice] ¶一般投資家 investitori privati ¶小口の投資家 piccoli investitori ¶機関投資家 investitore istituzionale
投資財 beni男 [複] d'investimento
投資資金 fondi男 [複] per investimenti
投資資本 capitali男 [複] investiti
投資信託 fondo男 comune d'investimento (mobiliare)
投資ブーム［英］boom男 [無変] degli investimenti

とうし 凍死 morte女 per assideramento ◇凍死する morire自 [es] assiderato [per assideramento]

✤**凍死者** persona女 morta per assideramento

とうし 透視 ◇透視する vedere attraverso; esaminare *ql.co.* al fluoroscopio ¶レントゲン透視 radioscopia女 / röntgenscopia女 / roentgenscopia女

✤**透視画** 〚図〛disegno男 prospettico [複 -ci] [in prospettiva] ¶透視画法で描く rappresentare *ql.co.* in prospettiva
透視力 capacità女 di leggere attraverso qualcosa

とうし 闘士 combattente男 女, militante男 女 ¶革命の闘士 combattente rivoluzionario

とうし 闘志 mordente男, spirito男 combattivo ◇闘志あふれる combattivo ¶闘志を示す mostrare spirito combattivo ¶闘志を失う perdere il mordente ¶彼は闘志がない［闘志満々だ］. È privo [pieno] di mordente.

とうじ 冬至《天》solstizio男 d'inverno (♦ attorno al 22 dicembre)

✤**冬至線**《南回帰線》Tropico男 del Capricorno

とうじ 当時 a [per] quei tempi, allora, a quell'epoca, in quel periodo ◇当時の di quell'epoca, di quei tempi, di allora, di quel periodo ¶私が生まれた当時は quando sono nato ¶この学校ができた当時は all'epoca in cui fu costruita [fu fondata] questa scuola ¶当時を思い出す ricordarsi di quei tempi ¶当時の首相は誰でしたか. Chi era il primo ministro di quel tempo?

とうじ 湯治 cura女 termale ◇湯治をする fare una cura termale [di bagni] ◇湯治客 persona女 in cura in una stazione termale

とうじ〔湯治場〕(ば) stazione⒢ termale
とうじ 等時 ◇等時的〔物〕isocrono
✤**等時性** isocronismo⒨
とうじ 答辞 discorso⒨ in risposta a quello di congratulazioni pronunciato durante una cerimonia ¶卒業生を代表して答辞を読む leggere [declamare] un discorso di risposta rappresentando tutti i laureati
とうじ 蕩児 persona⒡ dissoluta [pervertita]; libertino⒨
どうし 同士 compagno⒨〔⒢ -a〕¶隣同士⇒ vicini di casa ¶女同士の争い rivalità femminile [fra donne] ¶彼とはいとこ同士です. Io e lui siamo cugini. ¶貧しい者同士助け合おうよ. Noi poveri dobbiamo aiutarci a vicenda. ¶日本人同士じゃないか. Non siamo forse tutti giapponesi?
✤**同士討ち** lotta⒡ intestina [fratricida] ¶同士討ちをした. Hanno combattuto fra di loro.
どうし 同志 persone⒡〔複〕「animate da medesimi intenti [che condividono gli stessi ideali] ¶同志諸君.《呼びかけ》Compagni! ¶同志を募る raccogliere persone che hanno le stesse idee
✤**同志愛** cameratismo⒨, fratellanza⒡
どうし 動詞 《文法》verbo⒨ ◇動詞の verbale ¶規則[不規則]動詞 verbo regolare [irregolare] ¶他[自]動詞 verbo transitivo [intransitivo] ¶再帰動詞 verbo riflessivo
✤**動詞句** sintagma⒨〔複 -i〕verbale
動詞変化《イタリア語の》coniugazione⒡ del verbo;《日本語の》morfologia⒡ del verbo
どうし 導師 《仏教》《法会(ほう)などを執り行う僧》monaco⒨〔複 -ci〕buddista⒨〔複 -i〕officiante
どうじ 同次 ◇同次の omogeneo
同次式〔数〕espressione⒡ omogenea
同次多項式〔数〕polinomio⒨〔複 -i〕omogeneo
どうじ 同時 simultaneo, contemporaneo ◇同時に simultaneamente, contemporaneamente, nello stesso tempo;《一度に》in una volta ¶2つの仕事を同時にやる fare due lavori nello stesso tempo ¶この本はおもしろいと同時に教えられるところも多い. Questo libro non è solo interessante ma anche istruttivo. ¶車は便利であると同時に危険でもある. L'auto è conveniente, tuttavia è anche pericolosa. ¶駅に着くと同時に電車が出てしまった. Proprio mentre arrivavo alla stazione, il treno è partito. ¶ドアを開けるのと電話が鳴るのと, ほとんど同時だった. Entrare in casa e sentire squillare il telefono è stato tutt'uno.
✤**同時性** simultaneità⒡, contemporaneità⒡
同時選挙 elezioni⒡〔複〕simultanee
同時通訳 traduzione⒡ simultanea
同時放送 trasmissione⒡ in diretta
同時録音《映》sincronizzazione⒡
とうしき 等式〔数〕uguaglianza⒡
とうじき 陶磁器 ceramiche⒡〔複〕e porcellane⒡〔複〕
どうじく 同軸《機》asse⒨ motore
✤**同軸ケーブル** cavo⒨ coassiale
とうじご 頭字語 acronimo⒨ (►FIATなど)
とうじしゃ 当事者 persona⒡ interessata;

《訴訟などの》parti⒡〔複〕interessate ¶当事者の意見を聞く consultare gli interessati [le parti interessate]
✤**当事者能力** capacità⒡ di eseguire il *proprio* compito
どうした ¶どうしたの. Che cos'hai? / Che [Che cosa / Cosa] ti prende [ti succede / ti è successo]? ¶それがどうした. E allora? / E con questo? / E così? ¶彼はどうしたわけか失敗した. Per qualche motivo gli è andata male.
どうじだい 同時代 la stessa epoca⒡, lo stesso periodo⒨ ◇同時代の contemporaneo ¶この2人は同時代人である. I due sono contemporanei [coevi].
とうしつ 等質 ◇等質な omogeneo
✤**等質性** omogeneità⒡
とうじつ 当日 ¶彼は結婚の当日に病気になった. Si è ammalato proprio il giorno del suo matrimonio. ¶当日面接に来ない人は失格である. Quelli che non verranno [non si presenteranno] nel giorno fissato per il colloquio saranno esclusi. ¶大売り出しは当日限りだ. La grande svendita avrà luogo solo oggi. ¶この切符の通用は当日限りです. Questo biglietto è valido solo per il [nel] giorno indicato.
✤**当日券** biglietto⒨ acquistabile il giorno stesso dello spettacolo
どうしつ 同室 la stessa stanza⒡ [camera⒡] ¶兄と同室だ. Divido la camera con mio fratello. ¶我々3人は同室だった. Noi tre occupavamo la [eravamo alloggiati nella] stessa stanza.
✤**同室者** compagno⒨〔⒢ -a〕di stanza
どうしつ 同質 ◇同質の omogeneo
✤**同質性** omogeneità⒡
どうじつ 同日 **1**〔同じ日〕stesso giorno⒨;《その日》quel giorno⒨ ¶2つの事件は同日に起きた. I due episodi sono accaduti nello stesso giorno. ¶同日は雨だった. Quel giorno è piovuto. **2**〔投量が同じであること〕¶マリオとアントニオはとうてい同日に論じられない. Non si può fare un paragone fra Mario ed Antonio.
どうして **1**〔なぜ〕perché, come mai ¶昨日どうして学校を休んだの. Perché non sei venuto a scuola ieri? ¶どうしてそうなのですか. Perché è così? / Come mai? ¶「どうしていけないの」「どうしてもだ」"Perché no?" "Perché no!"
2《間投詞的に》¶どうしてどうして, そんなことはないよ. No, no, non è così! ¶彼は臆病なようだがどうしてなかなか勇敢だ. Sembra codardo ma in realtà è piuttosto coraggioso.
3《反語》¶どうしてこのまま生きていけようか. Com'è possibile vivere in questo modo!
どうしても **1**〔ぜひとも〕assolutamente, ad ogni modo [costo], a tutti i costi;《いやおうなく》volere o no, volere o volare, per amore o per forza ¶どうしても彼女に会う必要がある. Devo「assolutamente [ad ogni costo] vederla. ¶社長はどうしても君に会いたいと言っている. Il presidente insiste nel volerti vedere. ¶どうしても君に来てもらいたい. Ci tengo che tu venga. / Devi necessariamente venire. ¶どうしても今日中に君に仕上げてもらわなければ. Volente o nolente, de-

vi finire questo lavoro entro oggi.
2《否定を伴って》malgrado tutto, in nessun modo ¶この事件はどうしてもわからない. Non riesco proprio [in alcun modo] a capire questa faccenda. ¶どうしても見つからなかった. Non sono riuscito a trovarlo malgrado tutti i miei sforzi. ¶私としてはこれはどうしても受け入れられない. Mai e poi mai l'accetterò. ¶どうしても彼とは話したくない. Per niente al mondo parlerei con lui.
3《必然的に》necessariamente, inevitabilmente, fatalmente;《やむを得ず》forzatamente, per [a] forza (di cose) ¶どうしても金のある者が選挙には強い. Per forza di cose il più ricco vince alle elezioni.

とうじほう 統辞法 〔言〕sintassi[女][無変]
◇統辞法の sintattic*o* [男複 *-ci*]

どうじめ 胴締《柔道・レスリングの》forbice[女]

とうしゃ 当社《会社》la nostra azienda[女] [ditta[女] / società[女] / compagnia[女]];《神社》questo tempio[男] shintoista

とうしゃ 投射 proiezione[女] ◇投射する proiettare *ql.co.* ¶スライドをスクリーンに投射する proiettare diapositive sullo schermo
✤投射角〔幾何〕angolo[男] di proiezione

とうしゃ 透写 (ri)calc*o*[男][複 *-chi*]; ricalcatura[女] ◇透写する calcare [ricalcare] *ql.co.*, fare il lucido di *ql.co.* ¶模様を透写する fare il lucido di un disegno

とうしゃばん 謄写版 ciclostilato[男];《機械》ciclostile[男], duplicatore[男] a ciclostile ¶謄写版で刷る ciclostilare *ql.co.*

とうしゅ 当主《家庭の》(presente) capofamiglia[男][女][男複 *capifamiglia*; 女複 *capofamiglia*];《店などの》padron*e*[男][女 *-a*] (attuale), propriet*ario*[男][女 *-ia*; 男複 *-i*] (attuale); titolare[男]

とうしゅ 投手 lancia*tore*[男][女 *-trice*]

とうしゅ 党首〔英〕leader [líder][男][無変] [capo[男]] di partito;《総裁》presidente[男] di partito
✤党首会談 riunione[女] dei capipartito

どうしゅ 同種 la stessa specie[女], lo stesso genere[男] ¶同種の植物 piante della stessa specie

とうしゅう 踏襲 ¶前内閣の政策を踏襲する seguire [proseguire / continuare] la politica del precedente governo

とうしゅく 投宿 ◇投宿する alloggiare[自][*av*] in un albergo
✤投宿者 cliente[男][女] [ospite[男][女]] di un albergo [un hotel]

どうしゅく 同宿 ◇同宿する alloggiare[自][*av*] nel medesimo albergo (con *qlcu.*);《下宿に》alloggiare presso la stessa pensione (di *qlcu.*)
✤同宿者 compagn*o*[男][女 *-a*] d'hotel [di albergo / di pensione]

とうしょ 当初 all'inizio, in principio ¶当初から sin dal principio / sin dall'inizio ¶当初の目標 obiettivo iniziale

とうしょ 当所 ◇当所で《この場所で》in questo luogo;《この事務所で》in questo ufficio;《この研究所で》in questo istituto ¶試験は当所で行う. L'esame avrà luogo qui.

とうしょ 投書 ◇投書する mandare [inviare] una lettera《に a》 ¶匿名の投書を受け取る ricevere una lettera anonima ¶読者からの投書 lettere dai [dei] lettori ¶出版社に投書する scrivere all'editore ¶彼はよく新聞に投書する. Scrive spesso lettere ai giornali.
✤投書家 collabora*tore*[男][女 *-trice*], corrispondente[男][女]
投書箱 cassetta[女] dei reclami [dei suggerimenti]
投書欄 rubrica[女] delle lettere al direttore, rubrica[女] dei lettori

とうしょ 頭書 **1**《書類の初めの言葉》frase[女] scritta all'inizio di un documento;《内容》oggetto[男] di una lettera ◇頭書の citato [menzionato] all'inizio ¶頭書のとおり come menzionato all'inizio **2**《手紙などの書き入れ》soprascritto[男], intestazione[女] di una lettera;《判決文の》nota[女] in testa ad una sentenza

どうしょ 同所《その場所》quel luogo[男]; luogo[男] indicato;《同じ場所》lo stesso luogo[男];《前記の場所》luogo[男] sopracitato ¶同所に太田という人は住んでいない. Nessuna persona di nome Ota corrisponde a questo indirizzo.

どうしょ 同書《その書物》quel libro[男];《同じ書物》lo stesso libro[男] ◇同書に《注で》〔ラ〕ibidem;《略》ibid., ib. (►その本からの引用を示す)

とうしょう 凍傷 gelone[男];〔医〕congelamento[男] ¶手が凍傷にかかった. Ho i geloni alle mani. / Mi si sono congelate le mani.

とうじょう 搭乗 imbarc*o*[男][複 *-chi*] ◇搭乗する《飛行機に》salire[自][*es*] su [a bordo di] un aereo, imbarcarsi su un aereo;《船に》salire su [a bordo di] una nave
✤搭乗員《集合的》equipag*gio*[男][複 *-gi*];《個人》membro[男] dell'equipaggio
搭乗橋 ponte[男] [passerella[女]] d'imbarco
搭乗口 cancello[女] d'imbarco
搭乗券 carta[女] d'imbarco
搭乗手続き ¶搭乗手続きをする effettuare le procedure d'imbarco / fare il check-in
搭乗者名簿 elenc*o*[男][複 *-chi*] dei passeggeri

とうじょう 登場 apparizione[女], comparsa[女];《舞台に現れること》entrata[女] in scena;《出現，デビュー》esord*io*[男][複 *-i*], debutto[男] ◇登場する apparire[自][*es*], comparire[自][*es*]; entrare[自][*es*] in scena ¶コンピュータの登場以来 dopo la comparsa dei calcolatori [cervelli] elettronici ¶花子登場.《脚本で》Entra Hanako. ¶この小説には二人の女性が登場する. In questo romanzo appaiono due donne. ¶彼は若くして政界に登場した. Ha fatto la sua apparizione sulla scena politica che era molto giovane.
✤登場人物 person*aggio*[男][複 *-gi*]

どうじょう 同上 come sopra, vedi sopra;〔ラ〕idem;《略》id.

どうじょう 同乗 ¶弟の車に同乗させてもらった. Mi sono fatto dare un passaggio in macchina da mio fratello.
✤同乗者 compagn*o*[男][女 *-a*] di viaggio

どうじょう 同情 compassione[女], commiserazione[女], pietà[女]

◇**同情する** avere compassione [commiserazione] per *qlcu.*, commiserare *qlcu.* [*ql.co.*], essere [mostrarsi] sensibile a *ql.co.*;《哀れむ》aver pietà di *qlcu.*;《立場を理解する》comprendere la posizione di *qlcu.*, avere comprensione per *qlcu.* ◇**同情的(な)** compassionevole, pietoso;《理解のある》comprensivo ¶同情心から per compassione / per pietà ¶同情心のある[ない]人 persona compassionevole [spietata / crudele] ¶〈人〉の不幸に同情する commiserare le sventure di *qlcu.* ¶同情の念を示す testimoniare la *propria* compassione a *qlcu.* ¶同情を誘う ispirare compassione a *qlcu.* / suscitare compassione [pietà] a *qlcu.* ¶〈人〉に同情を寄せる provare pietà per *qlcu.* ¶彼が怒るのは当然だ．彼に心から同情するよ．E naturale che si arrabbi. Ha tutta la mia comprensione.

✦**同情スト** sciopero㊚ di solidarietà

同情票 voto㊚ di [per] simpatia

どうじょう 道場 palestra㊛; *dojo*㊚ [無変] ¶剣道[柔道]の道場 palestra di *kendo* [*judo*] ¶断食の道場 centro di addestramento al digiuno

✦**道場破り** ¶道場破りをする entrare㊌ [*es*] in un *dojo* di un'altra scuola e sconfiggere tutti i presenti

とうしょうかぶかしすう 東証株価指数 〘経〙 indice㊚ della borsa di Tokyo

どうしょく 同色 ◇**同色の** dello stesso colore;〘光〙isocromatico㊚複 -*ci*

どうしょくぶつ 動植物 animali㊚[複] e vegetali㊚[複];《特定地域・特定時代の》fauna㊛ e flora㊛

✦**動植物界** il regno㊚ animale e il regno㊚ vegetale

とうじる 投じる **1**《投げる》gettare [buttare / lanciare] *ql.co*;《与える》dare a *qlcu. ql.co.* ¶火中に投じる gettare *ql.co* [*qlcu.*] nel fuoco [tra le fiamme] ¶〈人〉を獄に投じる [mettere] *qlcu.* in prigione [in galera] / incarcerare *qlcu.* ¶ある党に1票を投じる votare per [dare il *proprio* voto a] un partito ¶海に身を投じる gettarsi in mare
2《専念する，没入する》darsi a *ql.co.*;《参加する》unirsi [partecipare㊌ [*av*]] a *ql.co.* ¶政界[社会福祉]に身を投じる darsi alla politica [alle opere di assistenza sociale]
3《資金などを投入する》¶私はこの事業に巨額の資本を投じた．Ho investito un enorme capitale in questa impresa.
4《利用する》¶機に投じる approfittare dell'opportunità / cogliere l'occasione ¶時流に投じる seguire la corrente (dei tempi)

どうじる 動じる ◇**動じやすい** impressionabile, emotivo ◇**動じない** essere impassibile [imperturbabile] ¶動じる色もなく senza perdere il *proprio* sangue freddo / senza scomporsi ¶彼はものに動じない．Non perde mai il suo sangue freddo.

とうしん 刀身 lama㊛ della spada

とうしん 灯心 stoppino㊚, lucignolo㊚

✦**灯心草** 〘植〙giunco㊚ [複 -*chi*]

とうしん 等身 ¶等身大の像 statua a grandezza naturale

とうしん 等親 →**親等**

とうしん 答申 ¶**答申する** presentare [sottomettere] un rapporto (に a), presentare una relazione (に a)

✦**答申案** stesura㊛ di una relazione

答申書 rapporto㊚ [relazione㊛] (di una commissione consultiva)

とうじん 蕩尽 ¶財産を蕩尽する dissipare [scialacquare / sperperare] il patrimonio

どうしん 同心 **1**《気持や意見を同じくすること》 condivisione㊛ di idee [sentimenti] **2**〘幾何〙 ◇**同心の** concentrico㊚複 -*ci*

✦**同心円** cerchi㊚[複] concentrici

どうしん 童心 cuore㊚ di un bambino, innocenza㊛ [ingenuità㊛] infantile ¶童心に返る ritornare bambino ¶童心を傷つける ferire il cuore ingenuo di *qlcu.*

どうじん 同人 membro㊚ [socio [㊛ -*cia*; ㊚複 -*ci*; ㊛複 -*ce*]] di un'associazione

✦**同人誌** rivista㊛ pubblicata da un'associazione (letteraria)

とうしんじさつ 投身自殺 (水死) suicidio㊚ [複 -*i*] per annegamento ¶海に[ビルから / 電車に]投身自殺をする suicidarsi buttandosi「nel mare [da un palazzo / sotto il treno]

とうしんせん 等身線 〘地〙isobata㊛

とうすい 陶酔 inebriamento㊚ (dei sensi), ebbrezza㊛;《酒による》ubriacatura㊛ ◇**陶酔する** essere inebriato [estasiato], inebriarsi di *ql.co.*;《うっとりしている》estasiarsi a + 不定詞 ¶ショパンの音楽に陶酔する inebriarsi della musica di Chopin ¶自己陶酔 narcisismo

✦**陶酔境** stato㊚ d'estasi

とうすい 統帥 ◇**統帥する** avere il comando supremo di *ql.co.*

✦**統帥権** autorità㊛ (prerogativa) del comando supremo

統帥者 comandante㊚ supremo

どうすい 導水 ◇**導水する** condurre [portare] l'acqua

✦**導水管** acquedotto㊚

とうすいせい 透水性 ¶透水性の(ある) permeabile all'acqua

とうすう 頭数 numero㊚ dei capi (di bestiame) ¶羊の頭数を数える contare le pecore

どうすう 同数 stesso numero㊚ ¶…と同数の代表を送る inviare uno stesso numero di rappresentanti [delegati] di *ql.co.* ¶両派は同数だ．Le due fazioni hanno un ugual numero di aderenti. ¶賛否同数である．I pro e i contro si bilanciano. / Ci sono tanti sì quanti no. ¶男女同数のクラス classe con medesimo numero di maschi e femmine

どうずる 同ずる accordarsi [essere d'accordo / concordare㊌ [*av*] / convenire㊌ [*av*]] con *qlcu.*

とうぜ 党是 principi㊚[複] di un partito

どうせ 1《いずれにせよ》in ogni modo, in tutti i casi, comunque;《「どうせ…なら」の形で》se proprio ¶どうせ話しても無駄なことだ．Tanto è inutile parlare. ¶どうせ私はばかですよ．E già, io sono uno sciocco, si sa! ¶どうせやるならしっかり

やれ. Se proprio lo devi fare, almeno fallo bene! ¶どうせいつかはやらなければならない. Prima o poi lo devo fare [devo farlo]. ¶どうせそんなことだろうと思っていたよ. Dopo tutto me l'aspettavo [me lo immaginavo]. ¶どうせ僕らが勝つに決まっている. Comunque sia, vinciamo noi.
2 《ついで, いっそ》 approfittando dell'occasione di+|不定詞| ¶どうせ京都に来たついでに奈良へ寄ろう. Visto che siamo venuti a Kyoto, facciamo una gita anche a Nara.

とうせい 当世 oggi, negli ultimi tempi ¶当世そんな考えは通用しない. Oggi, quelle idee sono inaccettabili.
❖**当世風** ◇当世風の alla moda; al passo coi tempi
当世向き ¶当世向きの週刊誌 settimanale in linea coi tempi
当世流 ¶当世流に言えば「国際化」だね. Per usare un vocabolo in voga di questi tempi, si direbbe "internazionalizzazione".

とうせい 党勢 ¶党勢の拡大を図る darsi da fare per allargare [estendere] l'influenza [la forza] del *proprio* partito ¶党勢が振るわない. L'influenza del partito è in ribasso [in declino].

とうせい 統制 controllo*男*, regolamentazione*女*; 《軍隊などの》 comando*男*; 《制限》 limitazione*女* ◇統制する controllare, regolamentare; dirigere; comandare; limitare ¶物価の統制 controllo dei prezzi ¶統制のとれた[とれない] ben [mal] guidato / ben [mal] condotto / ben [mal] diretto ¶食糧の統制を外す togliere il controllo sui cibi ¶言論を厳しく統制する limitare severamente la libertà di parola ¶その国は軍の統制下にある. Il governo di questo paese è controllato dai militari.
❖**統制経済** economia*女* controllata
統制品 articoli*男複* controllati

とうせい 頭声 音 voce*女* di testa

どうせい 同姓 lo stesso cognome*男*; omonimia*女* (▶ふつうは同姓の意味で用いるが, 同名あるいは同姓同名の意味もある) ¶同姓の人 omonimo*男* [*女 -a*] ¶彼は私と同姓同名だ. Io e lui abbiamo lo stesso nome e cognome.

どうせい 同性 dello stesso sesso
❖**同性愛** 《男性の》 omosessualità*女*; 《特に少年への》 pederastia*女*; 《女性の》 omosessualità*女* femminile, lesbismo*男*
同性愛者 《男性の》 omosessuale*男*, sodomita*男複 -i*; 《少年を愛する》 pederasta*男複 -i*; 《女性の》 lesbica*女*

どうせい 同棲 coabitazione*女*, convivenza*女*; 《法》《内縁関係》 concubinato*男*, concubinaggio*男複 -gi*, libera unione*女* ◇同棲する convivere*自 [es, av]* in concubinato [in libera unione / come marito e moglie] (con *qlcu.*), convivere more uxorio
❖**同棲者** convivente*男女*

どうせい 動静 《動き》 movimenti*男複*; 《情況》 situazione*女*; 《行動》 movimento*男* ¶政界の動静を探る osservare l'andamento [il comportamento] del mondo politico

どうぜい 同勢 《一緒に旅行する団体》 comitiva*女*; 《旅行以外の》 gruppo*男* di persone ¶私たちは同勢12人です. Siamo una comitiva di dodici persone. ¶同勢5人でイタリアへ行った. Siamo andati in Italia in cinque.

とうせき 投石 ◇投石する scagliare [lanciare] pietre 《に contro, a》

とうせき 党籍 registro*男* degli iscritti ad un partito ¶党籍を離脱する uscire dal partito / restituire la tessera di un partito

とうせき 透析 《物・化・医》 dialisi*女* 《無変》
◇透析の dialitico《男複 -ci》 ◇透析する dializzare *ql.co.* [*qlcu.*] 《血液》透析を受ける fare la dialisi ¶人工透析 dialisi artificiale
❖**透析器** dializzatore*男*
透析療法 dialisi*女*

どうせき 同席 ◇同席する《テーブル》 sedersi allo stesso tavolo di *qlcu.*; 《会議》 incontrare *qlcu.* (a una riunione)
❖**同席者** presente*男女*, astante*男女*; 《集合的》 compagnia*女*; 《会食の》 commensale*男女*

とうせつ 当節 oggigiorno, di questi tempi

とうせん 当選 ◇当選する《選ばれる》 essere eletto; 《入賞する》 ottenere [vincere / conseguire] un premio ¶代議士に当選する essere eletto deputato
❖**当選作品** opera*女* premiata
当選者 candidato《*女 -a*》 eletto; 《入選者》 premiato《*女 -a*》, vincitore*男* [*女 -trice*] di un premio

とうせん 当籤 ¶1等に当籤する vincere il primo premio (di una lotteria)
❖**当籤券** biglietto*男* vincente
当籤者 vincitore*男* [*女 -trice*] (di una lotteria)
当籤番号 numero*男* vincente

とうぜん 当然 《当たり前》 naturalmente; giustamente; 《明らかに》 ovviamente, evidentemente, indiscutibilmente; 《必然的に》 necessariamente, per forza; 《不可避的に》 inevitabilmente ◇当然の naturale; 《正当な》 giusto, 《不可避的な》 inevitabile, necessario《*男複 -i*》 ¶当然の結果 risultato necessario [inevitabile] ¶当然の報いを受ける. Ha [È] quello che si merita. ¶親が子を愛するのは当然のことだ. È naturale per i genitori amare [che i genitori amino] i propri figli. ¶当然のことを言っただけです. Ho detto solo quello che si deve dire. ¶彼があんな目に遭ったのは当然だ. Gli sta bene. / L'ha voluto lui. ¶当然のことだが彼には言わないほうがいい. Ovviamente a lui è meglio non dirlo.

とうぜん 陶然 ¶陶然とする《酒で》 essere alticcio [brillo] / 《うっとりする》 essere [rimanere] incantato (da *ql.co.*)

どうせん 同船 ◇同船する imbarcarsi sulla stessa nave; 《旅する》 viaggiare*自 [av]* sulla stessa nave
❖**同船者** compagno《*男 -a*》 di viaggio (sulla stessa nave)

どうせん 動線 linea*女* di flusso
❖**動線図** diagramma*男複 -i* di flusso

どうせん 導線 《電》 conduttore*男*

どうぜん 同前 →同上

どうぜん 同然 come se, quasi ¶出来上がったも同然だ. Può dirsi concluso [finito]. ¶それで

は盗んだも同然じゃないか. È come se tu l'avessi rubato, non credi? ¶彼の財産はもうないも同然だ. Il suo patrimonio praticamente non esiste più. ¶乞食同然の姿だった. Sembrava un barbone.

どうぞ prego; per piacere, per cortesia, per favore;《無線・トランシーバーなどで》Passo. ¶どうぞご遠慮なく召し上がってください. Prego, si serva [prenda] pure, senza complimenti. ¶どうぞお許し下さい. La prego di perdonarmi. ¶「それを取ってください」「どうぞ」"Me lo passi per favore?" "Prego. [Tieni, prego.]" ¶どうぞお入りください. Entri pure. ¶「ここへ座ってもよろしいですか」「どうぞ」"Posso sedermi qui?" "Sì, prego. [Prego, s'accomodi. / Certo, ci mancherebbe.]" ¶どうぞお大事に. Si riguardi! / Abbia cura di sé. ¶どうぞよろしく.《初対面のあいさつとして》Piacere. / Molto lieto [《女性》lieta]. /《ていねいに》Piacere di conoscerla.

とうそう 逃走 fuga⼥ ◇ 逃走する fuggire⾃ [es], scappare⾃ [es] ¶囚人が3名刑務所から逃走した. Tre detenuti sono evasi [fuggiti / scappati] dal carcere. ¶犯人は逃走中である. Il colpevole è ancora latitante [in libertà].
❖逃走経路 via⼥ di fuga

とうそう 闘争 lotta⼥, conflitto男, contesa⼥, combattimento男 ◇ 闘争的な combattivo ◇ 闘争する lottare⾃ [av], combattere⾃ [av] contro ql.co. [ql.co.] ¶政治[階級]闘争 lotta politica [di classe] ¶賃上げ闘争 rivendicazioni salariali ¶年末闘争 lotta per ottenere la gratifica di fine anno ¶闘争態勢を組む assumere una posizione di lotta
❖闘争資金《ストライキの》fondi男[複] per (mettere in atto) uno sciopero
闘争方針《組合の》linea⼥ di condotta della lotta sindacale
闘争本能 istinto男 bellicoso [aggressivo / combattivo]
闘争本部《ストライキ中の労組の》sezione⼥ centrale di un sindacato che si occupa di scioperi

どうそう 同窓 ¶彼女は私と同窓だ. Lei ha studiato nella mia stessa scuola. /《大学の》Si è laureata nella mia stessa università.
❖同窓会《組織》associazione⼥ di ex studenti di una scuola;《会合》riunione⼥ di vecchi compagni di scuola;《親》rimpatriata⼥ di ex-compagni di scuola
同窓生 compagno男[⼥-a] di studi [di scuola]; diplomato男[⼥-a] nella stessa scuola;《大学の》laureato男[⼥-a] nella stessa università

どうぞう 銅像 statua⼥ di bronzo ¶〈人〉の銅像を立てる erigere una statua di bronzo (in onore) di qlcu.

とうそく 党則 regolamento男 [statuto男] di un partito

とうそく 等速 velocità⼥ costante ◇ 等速の isocinetico男[複-ci]
❖等速運動 moto男 uniforme

とうぞく 盗賊 ladro男[⼥-a]; svaligiatore男 [⼥-trice], scassinatore男[⼥-trice]; bandito男

どうぞく 同族 la stessa famiglia⼥ [tribù⼥], lo stesso clan男[無変]; gruppo男 consanguineo ◇ 同族の《生》omologo男[複-ghi]
❖同族会社 azienda⼥ [ditta⼥] a conduzione familiare
同族結婚 endogamia⼥, matrimonio男[複-i] tra consanguinei
同族元素《化》elementi男[複] apparenti
同族体《化》omologo男

とうそくるい 頭足類《動》cefalopodi男[複]

どうそじん 道祖神 divinità⼥ protettrice dei viandanti

どうたい 同素体《化》allotropo男

とうそつ 統率 direzione⼥, comando男 ◇ 統率する comandare ql.co., dirigere ql.co., guidare ql.co. ¶チームを統率する dirigere il gruppo ¶〈人〉の統率下にある essere agli ordini [sotto il comando] di qlcu.
❖統率者 dirigente男⼥;《リーダー》[英] leader [líder]男[無変]
統率力 abilità⼥ nell'arte del comando ¶統率力がある saper comandare [dirigere]

とうた 淘汰 eliminazione⼥, selezione⼥ ◇ 淘汰する eliminare qlcu. [ql.co.], selezionare qlcu. [ql.co.] ¶自然[人為]淘汰《生》selezione naturale [artificiale]

とうだい 灯台 faro男 ¶灯台の灯 luce di faro 慣用 灯台もと暗し Vede male chi è troppo vicino.
❖灯台船 battello男 faro [無変]
灯台守(⼟) guardiano男 di faro

とうだい 当代《現代》l'epoca⼥ contemporanea;《今の時代》quell'epoca⼥, quei tempi男[複] ◇ 当代の contemporanea, attuale; di quei tempi ¶当代屈指の指揮者 uno dei migliori direttori d'orchestra dei nostri tempi

どうたい 胴体 tronco男[複-chi];《物の》corpo男;《飛行機の》fusoliera⼥;《車の》carrozzeria⼥
❖胴体着陸 atterraggio男[複-gi]「senza carrello [sulla fusoliera]

どうたい 動体《運動している物体》corpo男 in movimento;《流体》fluido男
❖動体写真 cronofotografia⼥
動体視力 visione⼥ cinetica

どうたい 動態 stato男 dinamico ¶人口の動態を調査する studiare il movimento della popolazione / fare la statistica (demografica) dinamica della popolazione
❖動態経済学 teoria⼥ economico-dinamica
動態分析《経》analisi⼥[無変] dinamica

どうたい 導体《物》conduttore男 ¶電気[熱]の導体 conduttore di elettricità [calore] ¶不良導体 cattivo conduttore ¶不導体 coibente男 ¶半導体《電子》semiconduttore ¶熱の良導体 buon conduttore termico

とうたつ 到達 arrivo男;《実現すること》realizzazione⼥ ◇ 到達する raggiungere [arrivare [es] a] ql.co. ¶コロンブスの新大陸到達 l'arrivo di Colombo nel Nuovo Continente (♦ 1492) ¶私たちは同じ結論に到達した. Siamo giunti alla stessa conclusione.

とうち 当地 questo luogo男 ¶この蝶々は当地では見かけない. Da queste parti [Qui / Qua] non

とうち　倒置　《文法》inversione㊛　¶主語と動詞を倒置する invertire l'ordine del soggetto e del verbo
✜倒置構文 costruzione㊛ inversa
倒置法 inversione㊛;《修辞》anastrofe㊛
とうち　統治　governo㊚; amministrazione㊛;《王による》regno㊚;《制圧による》dominio㊚[複 -i] ◇統治する governare ql.co., regnare㊋[av]《を su》¶国[国民]を統治する governare un paese [un popolo] ¶外国の統治から脱する liberarsi dal dominio straniero ¶…の統治下にある essere governato da qlcu. / essere sotto il regno di qlcu. / essere posto sotto la sovranità di qlcu. [ql.co.] ¶…を統治下に置く tenere qlcu. [ql.co.] sotto dominio
✜統治階級 classe㊛ dirigente
統治機関 organo㊚ di governo
統治権 sovranità㊛
統治者 governante㊚㊛, regnante㊚㊛, dominatore㊚[㊛ -trice];《王》sovrano㊚[㊛ -a]
どうち　同値　equivalenza㊛　◇同値の equivalente

とうちゃく　到着　arrivo㊚　◇到着する arrivare㊋[es], giungere㊋[es]　¶東京[日本]に到着する arrivare a Tokyo [in Giappone] ¶9時の列車で到着する arrivare con il treno delle 9 ¶到着順に in ordine di arrivo ¶小包本日到着しました。Il suo pacco mi è arrivato [pervenuto] oggi. ¶社長が到着次第, 会議を始めよう。Daremo inizio alla riunione appena arriverà il presidente.
✜到着駅 stazione㊛ d'arrivo
到着時間[時刻]《人の》ora㊛ di arrivo;《交通機関の》orario㊚[複 -i] di arrivo
到着払い pagamento㊚ all'arrivo della merce
到着便 aereo㊚ in arrivo
到着ホーム binario㊚[複 -i] di arrivo
到着予定時刻 orario㊚ di arrivo previsto
どうちゃく　同着　¶3人同着でゴールした。Tutti e tre hanno tagliato il traguardo nello stesso momento.
どうちゃく　撞着　contraddizione㊛　✜撞着した contraddittorio㊚[㊛複 -i] ✜自己撞着する contraddirsi
✜撞着語法《修辞》ossimoro㊚
とうちゅう　頭注・頭註　nota㊛ in testa ad una pagina ¶頭注をつける mettere delle note in testa alle pagine
どうちゅう　道中　per (tutto) il tragitto ¶名古屋へ向かう道中 in viaggio [lungo la strada] per Nagoya ¶道中ご無事で。Le auguro buon viaggio. ¶これから先の長い道中が思いやられる。Mi sento male pensando alla lunga strada che ci resta da fare.
✜道中記 diario㊚[複 -i] di viaggio
とうちょう　盗聴　《電話・電信で》intercettazione㊛ telefonica [radio 無変];《隠しマイクによる》ascolto㊚ in segreto [di nascosto] ◇盗聴する intercettare ql.co. ¶電話を盗聴する mettere [tenere] un telefono sotto controllo / intercettare telefonate [comunicazioni telefoniche] ¶無線電信を盗聴する intercettare comunicazioni radio [telegrafiche]
✜盗聴装置[器] apparecchio㊚[複 -chi] d'intercettazione;《隠しマイク》microfono㊚ nascosto, spia㊛;《隠語》cimice㊛
とうちょう　登庁　◇登庁する recarsi in un ufficio pubblico [statale / municipale] ¶今日は市長の初登庁の日だ。Oggi per la prima volta il nuovo sindaco si recherà in ufficio.
とうちょう　登頂　◇登頂する raggiungere la cima ¶再度登頂を企てる tentare ancora una volta di conquistare [raggiungere] una vetta
どうちょう　同調　**1**《同意》accordo㊚　◇同調する《賛同する》mettersi d'accordo con qlcu., aderire a ql.co.;《味方する》schierarsi dalla parte di qlcu.; far causa comune con qlcu. ¶彼らは彼女の意見に同調した。Loro hanno aderito alla sua proposta. **2**《通信》sintonizzazione㊛;《電子》accordo㊚　◇同調させる《ラジオなどを》mettere in sintonia ql.co.《に su》, sintonizzare ql.co.《に su》
✜同調回路 circuito㊚ accordato
同調器 sintonizzatore㊚
同調者 partigiano㊚[㊛ -a];《シンパ》simpatizzante㊚㊛
とうちょく　当直　turno㊚, servizio㊚[複 -i];（servizio di）guardia㊛ ¶当直である essere di turno ¶当直の医師 medico di turno /《夜の》medico notturno
✜当直員 persona㊛ di servizio
当直士官《軍》ufficiale㊚ di guardia
当直日誌 diario㊚[複 -i]《giornale㊚》dei turni
とうつう　疼痛　fitta㊛, dolore㊚ lancinante [acuto]
とうてい　到底　mai; assolutamente ¶とうてい…できない。non potere assolutamente + 不定詞 ¶彼がそんなことをするとはとうてい信じられない。Non posso proprio credere che lui faccia una cosa del genere. ¶とうてい終わらない。Non riuscirò mai a finirlo.
どうてい　同定　identificazione㊛　◇同定する identificare ql.co.
どうてい　童貞　**1**《男の》verginità㊛, castità㊛, purezza㊛ ¶童貞の男 ragazzo [uomo] vergine ¶童貞を守る[失う] conservare [perdere] la verginità **2**《カトリックの尼僧》suora㊛ ¶童貞になる diventare [farsi] suora
どうてい　道程　tragitto㊚, percorso㊚ ¶ローマからモスクワまでの[12時間の]道程 tragitto「da Roma a Mosca [di 12 ore]
とうてき　投擲　lancio㊚[複 -ci] ◇投擲する lanciare ql.co.
✜投擲競技 lancio㊚（del disco, del martello, del giavellotto ecc.）
どうてき　動的　dinamico[㊚複 -ci] ◇動的に dinamicamente ¶政治の動的なとらえ方 concezione dinamica della politica
✜動的試験《工》prova㊛ dinamica
とうてつ　透徹　◇透徹した《透き通った》limpido, chiaro;《筋道が通った》coerente, logico[㊚複 -ci];《明らかな》chiaro;《洞察力のある》penetrante, perspicace; pieno di senno ¶透徹した判断力 chiara capacità di giudizio ¶透徹した議論 argomento sviluppato in modo coerente

どうでも 《どのようにでも》 ¶それはどうでもいい問題だ. Si tratta di un problema senza [privo di] importanza. ¶そんなことはどうでもいい. Non è una cosa importante [di grande importanza]. ¶彼の意見などどうでもいい. Non me ne importa niente di quello che pensa.

とうてん 当店 il nostro negozio[男] ¶当店自慢の料理 la nostra specialità

とうてん 読点 virgola[女] (giapponese) ¶読点を打つ mettere una virgola

とうでん 盗電 ◇盗電する consumare elettricità illegalmente [senza regolare contratto]

どうてん 同点 ¶ローマとナポリの試合は２対２の同点であった. La partita Roma-Napoli è terminata (con un pareggio di) due a due. / Roma e Napoli hanno pareggiato due a due. ¶３人の候補者が同点になった. I tre candidati hanno ottenuto lo stesso numero di voti.

✤**同点決勝** spareggio[男] [複 -gi]; 〔英〕 play-off[男] [無変]

どうてん 動転 sconvolgimento[男] ¶私は気が動転していた. Sono stato [Sono rimasto] sconvolto.

どうでんりつ 導電率 〖電〗 conducibilità[女], conduttanza[女] specifica

とうど 凍土 《シベリアなどの永久凍土》 tundra[女]

とうど 陶土 caolino[男]

とうど 糖度 tasso[男] zuccherino

とうとい 貴い・尊い **1** 《高貴な》 nobile ¶貴い身分の人 persona di classe nobile [di sangue blu] / aristocratico / nobiluomo ¶尊い行い comportamento signorile [nobile]

2 《貴重な》 prezioso, di grande valore ¶命ほど貴いものはない. Non c'è niente di più prezioso della vita.

とうとう 到頭 finalmente; alla fine (►前者は主に喜ばしいことに, 後者は主に良くないことに用いる) ¶とうとう来たね. Eccoti, finalmente! ¶彼はとうとう来なかった. E alla fine non è venuto. ¶彼はとうとう病気になった. Alla fine si è ammalato. ¶彼はとうとうそれを白状した. Ha finito col confessarlo.

とうとう 等等 eccetera; 《略》 ecc., etc.

とうとう 滔滔 ¶川の水はとうとうと流れていた. L'acqua del fiume scorreva rapidamente. ¶とうとうと弁じる parlare con eloquenza [senza posa / loquacemente] ¶とうとうたる世論に抗しきれない non riuscire a contrastare un'opinione vincente ¶世はとうとうと革命に向かっていた. Il paeṣe andava deciṣamente verso la rivoluzione.

どうとう 同等 ◇同等の《等しい》 uguale, pari; 《同価値の》 equivalente, dello stesso valore; 《同水準の》 dello stesso livello ◇同等に ugualmente, equivalentemente; 《対等に》 da pari a pari

¶同等の権利 diritti uguali ¶…と同等である essere ugual*e* [equivalent*e*] a *ql.co.* [a *qlcu.*] / essere dello stesso livello di *qlcu.* [di *ql.co.*] ¶〈人〉と同等の資格で con lo stesso grado di *qlcu.* ¶ＡとＢを同等に扱う mettere [porre] A e B sullo stesso piano ¶男女を同等に扱う trattare uomini e donne alla stessa stregua / trattare le donne alla pari degli uomini ¶「高校卒またはそれと同等の学力を有する者を求む」《掲示》 "Si richiede il diploma di scuola superiore o altro titolo equivalente [equipollente]."

どうどう 堂堂 **1** 《立派な》 ◇堂々たる《荘重な》 imponente, maestoso; 《壮大な》 magnifico [[男]複 -*ci*], grandioso, solenne ◇堂々と con aria imponente, maestosamente, grandiosamente, solennemente ¶堂々とした態度で con un atteggiamento solenne ¶堂々たる構えの邸宅 casa principesca [sontuosa / lussuosa] ¶堂々たる体格の男 uomo dal fiṣico imponente

2 《恐れたり悪びれたりせずに》 ◇堂々たる《公正な》 leale, onesto ◇堂々と《正々堂々と》 lealmente, con dignità, dignitoso, a testa alta; 《公然と》 fieramente, onorevolmente ¶彼は白昼堂々と盗みを働いた. Ha eṣeguito un furto in pieno giorno senza battere ciglio. ¶堂々と闘う combattere lealmente

どうどうめぐり 堂堂巡り ¶堂々巡りになる essere [cadere] in un circolo vizioso

どうとく 道徳 morale[女] ◇道徳的 morale; 《倫理的》 etico [[男]複 -*ci*] ◇道徳的に moralmente; eticamente ¶社会[商業 / 集団]道徳 morale sociale [del commercio / collettiva] ¶不道徳な振る舞い comportamento immorale ¶道徳を守る attenersi [conformarsi] alla morale / seguire i canoni della morale / agire secondo la morale

✤**道徳家** persona[女] di sicura [grande] moralità

道徳観念 senso[男] morale

道徳教育 educazione[女] morale; 《憲法を中心とした法的罪悪に焦点をおいた》 educazione[女] civica

道徳再武装 riarmo[男] morale

道徳主義 moraliṣmo[男]

道徳心 ¶道徳心に欠ける mancare di「senso morale [moralità] / non aver alcuna moralità

道徳性 〖哲〗 moralità[女]

道徳律 precetto[男] [norma[女]] morale

とうとつ 唐突 ◇唐突な improvviṣo, inatteso, imprevisto ◇唐突に improvviṣamente, d'[all']improvviṣo, bruscamente, inaspettatamente ¶唐突な言葉 commento inaspettato / osservazione inaspettata

とうとぶ 尊ぶ・貴ぶ 《敬う》 rispettare *qlcu.* [*ql.co.*], onorare *qlcu.* [*ql.co.*]; 《尊重する》 rispettare *ql.co.*, tener conto di *ql.co.*, dare grande importanza a *ql.co.*, apprezzare *ql.co.* ¶神を尊ぶ venerare una divinità [Dio] ¶両親を尊ぶ rispettare i genitori ¶私は金より清貧を貴ぶ. Preferisco essere povero ma onesto piuttosto che ricco e corrotto.

とうどり 頭取 diret*tore*[男] [[女] -*trice*] generale (di banca); banchiere[男]

とうない 党内 ¶党内の意見を統一する unificare le opinioni all'interno del partito

どうなが 胴長 ¶彼は胴長短足だ. Ha tronco allungato e gambe corte.

どうなりと ¶どうなりと勝手にしろ. Fa' come ti pare!

とうなん 東南 sud-est[男]

✤**東南アジア** Aṣia[女] Sud-orientale

東南アジア諸国連合 Associazione® delle Nazioni del Sud-Est Asiatico;《略》ANSEA [ánsea]®

東南東 est-sud-est® ¶東南東の風 vento di est-sud-est

とうなん 盗難 furto® ¶盗難にあう essere [rimanere] vittima di un furto / subire un furto ¶盗難を防ぐ prevenire i furti ¶盗難にあった人 la persona derubata ¶彼は時計の盗難にあった。Gli hanno rubato l'orologio. / È stato derubato dell'orologio.

✤**盗難事件** (caso® di) furto®;《強盗, 略奪》rapina®

盗難届 ¶盗難届を出す denunciare un furto alla polizia

盗難品 oggetto® rubato, merci® [複] rubate

盗難防止装置 antifurto®[無変], dispositivo® antifurto [無変]

盗難保険 assicurazione® contro il furto ¶盗難保険をかける assicurare ql.co. contro il furto

とうに 疾うに già da tempo, ormai da molto tempo ¶それはとうにわかっていたことだ。Questo lo sapevo da molto tempo [da un bel pezzo].

どうにか **1**《辛うじて》¶どうにか無事に終わった。È finita, in un modo o nell'altro. ¶どうにか歩けるようになった。Anche se a gran fatica, ora riesco a camminare. ¶僕のイタリア語はロッシさんにどうにか通じたようだ。Mi sembra che il sig. Rossi abbia capito più o meno quanto ho detto in italiano. ¶試験にはどうにか合格した。All'esame me la sono cavata per il rotto della cuffia. ¶今の月給でもどうにかこうにか暮らせる。Con lo stipendio che guadagno, posso cavarmela [me la cavo]. **2**《何とか》in un modo o nell'altro ¶5万円要るんだがどうにかならないだろうか。Ho bisogno di 50.000 yen. Puoi procurarmeli? ¶どうにかしてイタリアに行きたいものだ。In un modo o nell'altro voglio andare in Italia. ¶どうにかして彼とだけでも会いたいものだ。Ad ogni modo, per lo meno vorrei incontrarlo.

どうにも **1**《「どうにも…ない」の形で》¶どうにも仕方がない。Non c'è niente da fare. / C'è poco da fare. ¶こう忙しくてはどうにもならない。Sono così occupato da non sapere dove sbattere la testa. ¶彼にはどうしても我慢ならない。Non ce la faccio proprio a sopportarlo. ¶それはどうにも避けようがない。È qualcosa di assolutamente inevitabile. ¶いくら電話しても彼はどうにもつかまらない。Non c'è verso di parlargli per telefono. **2**《本当に》¶どうにも困った人だ。Lui è veramente terribile [un problema].

とうにゅう 投入 ¶事業に資本を投入する investire capitali in un'impresa ¶前線に全兵力を投入する concentrare tutte le forze su un fronte

とうにゅう 豆乳 latte® di soia

どうにゅう 導入 introduzione®;《輸入》importazione® ◇導入する introdurre ql.co. ¶外国資本を国内に導入する introdurre capitali stranieri nel paese

✤**導入部** introduzione®

とうにょうびょう 糖尿病〔医〕diabete®
◇糖尿病の diabetico《複 -ci》
✤**糖尿病患者** diabetico®《®-ca》

とうにん 当人 la persona® stessa [in questione] ¶当人は何といわれても涼しい顔だ。All'interessato importa poco di essere al centro delle critiche.

どうにん 同人《同じ人》la stessa persona®;《その人》quella persona®

とうねん 当年 **1**《今年》¶当年取って25歳になりました。Quest'anno ho compiuto 25 anni. **2**《その年, そのころ》¶当年は雨が多かった。Quell'anno è piovuto molto.

どうねん 同年《同じ年》(nello) stesso anno®;《その年》quell'anno®;《同年齢》la stessa età® ¶同年は雪が多かった。Quell'anno ha nevicato molto.

どうねんぱい 同年輩 coetaneo®《®-a》¶同年輩の人たち persone della stessa generazione ¶彼は私と同年輩だ。Abbiamo quasi la stessa età. / Siamo quasi coetanei.

とうの 当の ¶みんなの心配をよそに当の本人はけろっとしている。Noi tutti siamo molto preoccupati per lui, ma lui, la persona più direttamente interessata, sembra tranquillo e sereno. ¶当の問題 il problema「di cui si discute [in questione] / lo stesso problema

どうのこうの ¶どうのこうのとうるさく言うな。Smettila di lagnarti! ¶このことについてはどうのこうの言う権利はない。Non hai il diritto di fare tanti commenti su questa faccenda.

とうのむかし とうの昔 ¶この問題はとうの昔に決着がついているはずだ。Questo è un problema già risolto molto tempo fa, no?

とうは 党派 partito®;〔英〕clan[無変];《分派》setta®, fazione®, corrente®;《学派, 流派》scuola®;《グループ》gruppo®;《徒党》combriccola®, cricca® ¶党派を組む formare un partito [una corrente / un gruppo]

✤**党派争い** lotta® di parte

党派心 spirito® di parte, faziosità® ¶党派心の強い fazioso

とうは 踏破 ◇踏破する《行程を》percorrere [attraversare] (un percorso difficile);《山を越え》valicare [superare] ql.co. ¶砂漠を徒歩で踏破する attraversare un deserto a piedi ¶車で約1万キロを踏破する percorrere con la macchina circa diecimila chilometri

とうはい 同輩《仲間》compagno®《®-a》;《同僚》collega®《®複 -ghi》¶同輩として扱う trattare qlcu. da pari a pari

とうはいごう 統廃合 ◇統廃合する incorporare, accorpare

とうばくうんどう 倒幕運動 movimento® che mirava all'abbattimento dello shogunato

とうばくぐん 討幕軍 forze®[複] [esercito®] anti-shogunato

とうはつ 頭髪 capelli®[複];《集合的》chioma®;《ふさふさの》capigliatura®

とうばつ 討伐 spedizione® punitiva;《鎮圧》repressione®, assoggettamento® ¶反乱軍を討伐する sottomettere [domare] truppe ribelli [ammutinate]

✤**討伐軍** truppe®[複] antisommossa

とうばつ 盗伐 ◇盗伐する abbattere alberi illegalmente [in un terreno di proprietà altrui]

とうはん 登坂 ◇登坂する salire un pendio
❖**登坂車線** corsia㊛ per traffico lento in salita
登坂力 capacità㊛ di scalare pendii
とうはん 登攀 ascensione㊛ (alpin*istica*), scalata㊛, arrampicata㊛ ◇ 登攀する scalare *ql.co.*, arrampicarsi su *ql.co.* ¶自由[人工]登攀 arrampicata libera [artificiale]
❖**攀攀隊** squadra㊛ di scalatori
とうばん 当番 turno㊚, serviz*io*㊚[複 -*i*] ¶当番である essere di servizio [di turno] /《監視 など》 essere di guardia ¶今日は私が掃除の当番 です。Oggi tocca a me fare le pulizie. / Oggi è il mio turno di pulizie.
❖**当番制** ¶わが家は炊事を当番制にしている。Nella mia famiglia cuciniamo a turno.
どうはん 同伴 accompagnamento㊚ ¶夫人同 伴で in compagnia della [accompagnato dalla / con la] signora ¶未成年者は同伴が必要です。I minorenni devono essere accompagnati. ¶彼は家族同伴でイタリアに行った。È andato in Italia con la famiglia.
❖**同伴者** compagn*o*㊚[㊛ -*a*], accompagna*tore*㊚[㊛ -*trice*]
どうばん 銅板 lastra㊛[lamina㊛] di rame (per incisione)
どうばん 銅版《美》《彫版術》incisione㊛ su rame;《エングレーヴィング技法》calcografia㊛;《エッチング技法》incisione㊛ ad acquaforte
❖**銅版画** incisione㊛ su rame;《エングレーヴィング》calcografia㊛;《エッチング》acquaforte㊛[複 *acqueforti*]
銅版画家《エッチングの》acquafortista㊚㊛[複 -*i*];《エングレーヴィングの》calcograf*o*㊚[㊛ -*a*]
とうひ 当否 ¶意見の当否を検討する vagliare la teoria di *qlcu*. / esaminare se sia giusto [corretto] o no il parere di *qlcu*. ¶要求の当否を論じる discutere sulla fondatezza di una richiesta
とうひ 逃避 fuga㊛, evasione㊛ ◇ 逃避する fuggire *ql.co.*, evadere㊚[*es*] da *ql.co.* ¶資本の逃避《経》fuga di capitali ¶現実から逃避する fuggire la [evadere dalla] realtà ¶逃避的な態度をとる sottrarsi alle [fuggire le] *proprie* responsabilità
❖**逃避行** ¶恋人たちの逃避行 fuga di due amanti
とうひょう 投票 voto㊚, votazione㊛, scrutin*io*㊚[複 -*i*], suffragi*o*㊚[複 -*gi*] ◇投票する votare㊀[*av*]《に / per》
¶記名[無記名]投票 scrutinio palese [segreto] ¶決選投票 voto decisivo [di ballottaggio] ¶国民投票 referendum㊚《無 変》(nazionale) ¶信任[不信任]投票 voto di fiducia [di sfiducia] ¶無効投票 scheda nulla / voto nullo ¶有効投票 scheda valida / voto valido ¶白紙投票 scheda bianca ¶投票に移る procedere [passare] al voto [allo scrutinio] ¶投票を開始する[締め切る] aprire [chiudere] la votazione ¶…を投票に付す mettere ai voti *ql.co.* ¶投票によって会長を選ぶ eleggere il presidente per scrutinio ¶投票に行く andare a votare [alle urne] ¶賛成[反対]投票をする votare「a favore di [contro] *ql.co.* ¶A党に投票する votare per il partito A ¶投票を棄権する astenersi dal voto [dal votare / dalla votazione] ¶投票の過半数[3分の2]を得て選ばれた。È stato eletto con la maggioranza [con i due terzi validi]. ¶投票は 6時に締め切られた。Le urne sono state chiuse alle sei. ¶投票は単記で行われる。Il voto è a scrutinio uninominale.
❖**投票権** diritto㊚ di voto, suffragi*o*㊚
❖**投票者** votante㊚㊛
❖**投票所** sezione㊛ [seggi*o*㊚[複 -*gi*]] elettorale
❖**投票総数** totale㊚ dei voti
❖**投票立会人** scruta*tore*㊚[㊛ -*trice*]
❖**投票箱** urna㊛ elettorale [per le schede]
❖**投票日** giorno㊚ di votazione
❖**投票用紙** scheda㊛ elettorale [di voto]
❖**投票率** affluenza㊛ alle urne, affluss*o*㊚ degli elettori ¶投票率は60%だった。L'affluenza alle urne è stata del 60 %.
とうびょう 投錨 ancoraggi*o*㊚[複 -*gi*] ◇投錨する gettare l'ancora; ancorare (una nave) ¶船は港に投錨していた。La nave era all'ancora [era ormeggiata] nel porto. ¶「投錨」《号令》"Gettare l'ancora!"
❖**投錨地** ancoraggi*o*㊚[複 -*gi*]
とうびょう 闘病 lotta㊛ contro una malattia ¶私は5年間の闘病生活を送った。Ho lottato per cinque anni contro la mia malattia.
どうひょう 道標《里程標》pietra㊛ [cippo㊚ / colonnina㊛] miliare,《道路表示》indicatore㊚ [segnaletica㊛] stradale
どうびょう 同病 ¶同病相哀れむ。《諺》Le persone che soffrono della stessa malattia [《同じ 境遇に悩む》che hanno gli stessi problemi] si capiscono.
とうひん 盗品 refurtiva㊛, furto㊚, oggetto㊚ rubato ¶盗品を売りさばく vendere la refurtiva
とうふ 豆腐 tofu㊚《無 変》; caglio [cagliata㊛] di fagioli di soia
❖**豆腐屋**《人》produ*tore*㊚[㊛ -*trice*] e rivendi*tore*㊚[㊛ -*trice*] di *tofu*
とうぶ 東部 parte㊛ [zona㊛] orientale [est] ¶イタリア東部 Italia orientale
とうぶ 頭部 testa㊛;《解》《頭 蓋》crani*o*㊚[複 -*i*] ¶頭部に負傷する essere ferito alla testa [al capo]
とうふう 東風《東の風》vento㊚ dell'est; vento㊚ di levante;《春風》vento㊚ primaverile ¶馬耳東風 totale indifferenza
どうふう 同封 ◇同封する accludere *ql.co.*《に in》, allegare *ql.co.*《に a》 ◇同封の accluso, allegato ¶返信用切手を同封してカタログを請求する richiedere un catalogo allegando i francobolli per la risposta
どうふく 同腹 **1**《同じ母から生まれた人》¶同腹の妹 sorella nata dalla stessa madre /《異父 の》sorella uterina **2**《気持や意見を同じくすること》condivisione㊛ di idee [sentimenti]
どうぶつ 動物 animale㊚; bestia㊛ (► animale は総称として、人間・獣・鳥などすべての動物を含むのに対して、bestia は《獣》のみを意味する)◇動物(性)の animale ◇動物的(な) animal*esco*[複 -*schi*] ¶動物的

本能 istinto animale [bestiale] ¶動物性蛋白(ﾀﾝ)質 proteine animali ¶高等[下等]動物 animali superiori [inferiori] ¶野性の動物 animale selvatico / bestia selvatica ¶動物の生態を観察する osservare le abitudini di un animale
❖動物愛護 zoofilia⊕ ◇動物愛護的 zoofilo
動物愛護家 zoofilo男 [⊗ -a]
動物愛護協会 società⊗ zoofila
動物園 giardino男 zoologico [複 -ci], zoo男 [無変]
動物界 regno男 animale
動物学 zoologia⊗
動物学者 zoologo男 [⊗ -ga; 男複 -gi]
動物恐怖症 zoofobia⊗
動物実験 sperimentazione⊗ sugli animali ¶動物実験をする fare esperimenti sugli animali / sperimentare ql.co. sugli animali
動物崇拝 zoolatria⊗
動物性 animalità⊗, natura⊗ animale;《獣性》bestialità⊗

動物生態学 etologia⊗
動物繊維 fibre⊗ [複] animali
動物相 fauna⊗
動物病院 ambulatorio男 [複 -i] veterinario男 [複 -i]
動物保護活動家 animalista男⊗ [男複 -i]

とうぶん 等分 ◇等分する dividere ql.co. in parti uguali ¶2等分 divisione in due (parti uguali) / bisezione ¶3等分 divisione in tre (parti uguali) / trisezione ¶費用を等分に負担する contribuire alla spesa in parti uguali

とうぶん 糖分 zucchero男;《化》(サッカロース) saccarosio男 ¶糖分を含む contenere zucchero ¶糖分を含んだ zuccherino ¶尿から糖分が出る avere zucchero nelle urine

とうぶん 当分 《今のところ》per il momento, per adesso;《しばらくの間》per qualche tempo ¶雨は当分止まないだろう La pioggia non finirà [non cesserà] per adesso. ¶当分ホテルに滞在する soggiornare(自)[av] in albergo per qualche tem-

---

《 用語集 》 動物 **Animali**

■脊椎動物 Vertebrati
哺乳類 Mammiferi

●霊長類 **primati** オランウータン orango男. ゴリラ gorilla男 [無変]. サル scimmia⊗. チンパンジー scimpanzé男. テナガザル gibbone男. ニホンザル macaco男. ●翼手類 **chirotteri** エコウモリ pipistrello男. ●食虫類 **insettivori** モグラ talpa⊗. ●齧(ﾈﾂ)歯類 **roditori** イエネズミ ratto男. ジネズミ topo男 comune. ハツカネズミ topolino男. カイウサギ coniglio男 domestico. ノウサギ lepre⊗. リス scoiattolo男. ●食肉類 **carnivori** アザラシ foca⊗. イヌ cane男. 一犬 図版 オオカミ lupo男. キツネ volpe⊗. クマ orso男 (ツキノワグマ orso dal collare. ヒグマ orso bruno. ホッキョクグマ orso polare, orso bianco). トラ tigre⊗. ネコ gatto男. ピューマ puma男 [無変]. ヒョウ leopardo男. ライオン leone男. ●鯨類 **cetacei** イルカ delfino男. セミクジラ balena⊗ nera. マッコウクジラ capodoglio男. ●海牛類 **sirenii** ジュゴン dugongo男. ●有蹄類 **ungulati** イノシシ cinghiale男. ウシ bue男. ウマ cavallo男. カバ ippopotamo男. カモシカ camoscio男. キリン giraffa⊗. サイ rinoceronte男. シカ cervo男. シマウマ zebra⊗. スイギュウ bufalo男. トナカイ renna⊗. ヒツジ pecora⊗. ヒトコブラクダ dromedario男. フタコブラクダ cammello男. ブタ maiale男. ヤギ capra⊗. ロバ asino男. ●長鼻類 **proboscidati** アフリカゾウ elefante男 africano. インドゾウ elefante indiano. ●貧歯類 **sdentati** アルマジロ armadillo男. センザンコウ pangolino男. ●有袋類 **marsupiali** カンガルー canguro男. コアラ koala男 [無変]. ●単孔類 **monotremi** カモノハシ ornitorinco男.

鳥類 Uccelli

アジサシ sterna⊗ comune, rondine⊗ di mare. アビ strolaga⊗. アヒル anatra⊗. アホウドリ albatro男. イヌワシ aquila⊗ reale. インコ parrocchetto男. (ヨーロッパ)ウグイス usignolo男 di fiume. ウズラ quaglia⊗. エナガ codibugnolo男. オオタカ astore男. オオハクチョウ cigno男 selvatico. オオバン folaga⊗. オオヨシキリ cannareccione男. オシドリ anatra⊗ mandarina. オジロワシ aquila⊗ di mare. オナガガモ codone男. カイツブリ tuffetto男. カケス ghiandaia⊗. カササギ gazza⊗. ガチョウ oca⊗. カッコウ cuculo男. カモメ gavina⊗. カワウ cormorano男. カワセミ martin [無変] pescatore男. キジ fagiano男. キジバト tortora⊗. キツツキ picchio男. クジャク pavone男. クロウタドリ merlo男. クロヅル gru⊗. コウノトリ cicogna⊗ bianca. コキンメフクロウ civetta⊗. コノハズク assiolo男. コマドリ pettirosso男. コンドル condor男 [無変]. サヨナキドリ, ナイチンゲール usignolo男. シジュウカラ cinciallegra⊗. シチメンチョウ tacchino男. ジョウビタキ codirosso男. スズメ passero男. セキレイ ballerina⊗. ソリハシセイタカシギ avocetta⊗. ダチョウ struzzo男. チョウゲンボウ gheppio男. ツグミ tordo男. ツバメ rondine⊗. トキ ibis男 [無変] crestato. トビ nibbio男 bruno. ニワトリ gallo男. ハチドリ colibrì男. ハト colombo男. ハヤブサ falco男 pellegrino. バン gallinella⊗ d'acqua. ヒバリ allodola⊗. フクロウ allocco男. フラミンゴ fenicottero男. ペリカン pellicano男. ペンギン pinguino男. マガモ germano男 reale. ミヤマガラス corvo男. ユリカモメ gabbiano男 comune. ヨタカ succiacapre男 [無変]. ライチョウ pernice⊗ bianca.

爬虫類 **Rettili** カナヘビ lucertola⊗. カメ tartaruga⊗. カメレオン camaleonte男. ヘビ serpente男 (コブラ cobra男. シマヘビ cervone男. ニシキヘビ pitone男. ヤマカガシ natrice⊗). ミ

どうぶん 同文 ¶以下同文〔ラ〕idem /《話》e così via / e così di seguito ¶日本と中国は同文同種である. In Giappone e in Cina si usa la stessa scrittura.

とうへき 盗癖 cleptomania⑨ ¶盗癖のある人 cleptomane男⑨ ¶彼には盗癖がある. È (un) cleptomane. / Ha una tendenza morbosa al furto. / È lesto di mano.

とうへん 等辺 ◇等辺の〘幾何〙equilatero

とうべん 答弁 risposta⑨;《弁明》spiegazione⑨ ◇答弁する rispondere㊥ [av] (に a), dare una risposta (に a);《弁明する》spiegare ql.co.;《自分の考えを説明する》spiegarsi, difendersi ¶答弁を求める chiedere una risposta [una spiegazione]

とうへんぼく 唐変木 stupido男 [⑨ -a], sciocco男 [⑨ -ca; 男複 -chi], tonto男 [⑨ -a]

とうほう 当方 ¶当方としては da parte nostra [mia] / per ciò che ci [mi] riguarda ¶費用は当方負担です. Le spese sono a nostro carico.

とうほう 東方 est男, oriente男 ¶東方に旅する viaggiare in direzione est ¶『東方見聞録』(マルコ・ポーロ) "Il Milione" (Marco Polo) (►書名はポーロ家の呼称「Emilione」に由来する)

✦東方教会 la Chiesa⑨ Ortodossa
東方諸国 paesi男[複] orientali

とうぼう 逃亡 fuga⑨, evasione⑨ ◇逃亡する fuggire㊥ [es], darsi alla fuga, scappare㊥ [es], evadere㊥ [es] ¶牢獄から逃亡する evadere da una prigione ¶軍隊から逃亡する disertare dall'esercito ¶国外に逃亡する fuggire all'estero ¶逃亡を企てる tentare la fuga / tentare di fuggire ¶逃亡中の脱獄囚 evaso in fuga

✦逃亡者 fuggiasco男 [⑨ -sca; 男複 -schi];《脱獄者》evaso男 [⑨ -a]

どうほう 同胞 《兄弟姉妹》fratello男 e sorella⑨;《同国人》compatriota男⑨ [男複 -i], connazionale男⑨

✦同胞愛 amore男 fraterno

ドリトカゲ ramarro男. ヤモリ tarantola⑨. ナイルワニ coccodrillo男 del Nilo. ミシシッピーワニ alligatore男.

両生類 Anfibi アマガエル raganella⑨. イモリ tritone男. カエル rana⑨. サンショウウオ salamandra⑨. ヒキガエル rospo男.

魚類 Pesci
●ヤツメウナギ類 **petromizontidi** カワヤツメ lampreda⑨ di fiume. ●軟骨魚類 **pesci cartilaginei** エイ razza⑨, サメ pescecane男, squalo男. ●硬骨魚類 **teleostei** アジ sauro男, sugarello男. アナゴ grongo男. アンコウ rana⑨ pescatrice. イワシ sardina⑨. ウツボ murena⑨. ウナギ anguilla⑨. カジキ pesce男 spada [無変]. カタクチイワシ acciuga⑨. キンギョ pesce rosso. クロダイ orata⑨. コイ carpa⑨. サケ salmone男. サバ sgombro男. シタビラメ sogliola⑨. スズキ spigola⑨. タラ merluzzo男. ドジョウ cobite男. ナマズ pesce gatto [無変]. ニジマス trota⑨. ニシン aringa⑨. ヒラメ rombo男. フグ pesce palla [無変]. フナ carassio男. ブリ seriola⑨. ボラ cefalo男. マグロ tonno男. マダイ pagro男. ➡魚 図版

原索動物 Protocordati ホヤ ascidia⑨.

■無脊椎動物 Invertebrati
棘皮(きょくひ)動物 Echinodermi ウニ riccio男 di mare. ナマコ oloturia⑨. ヒトデ stella⑨ di mare.

節足動物 Artropodi ●甲殻類 **crostacei** アカザエビ scampo男. イセエビ aragosta⑨. オマールエビ omaro男, lupo男 di mare. ガザミ grancetta⑨. カニ granchio男. クルマエビ mazzancolla⑨. シャコ canocchia⑨, pannocchia⑨. テッポウエビ gambero男 di sabbia. テナガエビ gambero男 delle rocce. ●クモ類 **ragni** クモ ragno男. コガネグモ argiope⑨. サソリ scorpione男.
●多足類 **millepiedi** ゲジゲジ scutigera⑨. ムカデ scolopendra⑨. ヤスデ iulo男, glomeride男.
●昆虫類 ➡昆虫 用語集 図版

環形動物 Anellidi ゴカイ nereide⑨. ヒル sanguisuga⑨. ミミズ lombrico男.

軟体動物 Molluschi ●腹足類 **gasteropodi** アメフラシ lepre⑨ di mare. アワビ orecchia⑨ di mare. カタツムリ chiocciola⑨. ナメクジ lumaca⑨. ●二枚貝類 **bivalvi** アサリ vongola⑨. イガイ, ムールガイ cozza⑨, mitilo男. カキ ostrica⑨. シンジュガイ ostrica⑨ perlifera.
●頭足類 **cefalopodi** コウイカ seppia⑨. タコ polpo男. ヤリイカ calamaro男.

扁形動物 Platelminti プラナリア planaria⑨.
腔腸動物 Celenterati イソギンチャク anemone男 di mare. クラゲ medusa⑨ (カツオノエボシ fisalia⑨. ミズクラゲ aurelia⑨). サンゴ corallo男. ヒドラ idra⑨.
海綿動物 Poriferi カイメン spugna⑨.
原生動物 Protozoi アメーバ ameba⑨.

とうほく 東北 nord-est㊚
✦**東北東** est-nord-est㊚
とうほん 謄本 copia㊛ conforme, duplicato㊚ ¶戸籍謄本 copia dello stato di famiglia
とうほんせいそう 東奔西走 ◇東奔西走する correre da tutte le parti ¶彼は会社のために東奔西走している. È sempre in giro per la sua ditta.
どうまわり 胴回り vita㊛
どうみゃく 動脈[解] arteria㊛ ¶大動脈 aorta ¶頸動脈 carotide㊛ ¶肺動脈 arteria polmonare
✦**動脈炎** arterite㊛
動脈血(けつ) sangue㊚ arterioso
動脈硬化 arteriosclerosi [arteriosclerosi]㊛[無変]
動脈注射[医] iniezione㊛ per via arteriosa
動脈瘤(りゅう)[医] aneurisma㊚ [複 -i]
とうみょう 灯明 (大ろうそく) cero㊚; candela㊛ (votiva) ¶聖人に灯明を上げる accendere un cero a un santo
とうみん 冬眠 letargo㊚ [複 -ghi], sonno㊚ invernale [letargico [複 -ci]], ibernazione㊛ ◇冬眠する ibernare [av], andare in letargo
✦**冬眠動物** animale㊚ ibernante
冬眠麻酔 anestesia㊛ ipotermica; ipotermia㊛
とうみん 島民 isolano㊚[㊛ -a], abitante㊚ di un'isola
とうむ 党務 ¶党務を処理する sistemare [gestire] gli affari del partito
とうめい 透明 trasparenza㊛, limpidezza㊛ ◇透明な trasparente, chiaro, limpido; (水晶のように) cristallino ¶無色透明な液体 liquido incolore e trasparente
✦**透明ガラス** vetro㊚ trasparente
透明度 (grado㊚ di) trasparenza㊛
どうめい 同名 ¶私たちは同名です. Abbiamo lo stesso nome. / Siamo omonimi.
どうめい 同盟 alleanza㊛, coalizione㊛, lega㊛ ◇同盟する allearsi, coalizzarsi ¶同盟を結ぶ stringere un'alleanza / formare una lega ¶共通の敵に対して同盟する allearsi [coalizzarsi] contro un comune nemico 《と con》 ¶軍事同盟 alleanza militare ¶防衛同盟 alleanza difensiva ¶三国同盟[史] Triplice Alleanza ¶神聖同盟[史] la Lega ¶禁酒同盟 lega antialcolica
✦**同盟軍** esercito㊚ alleato
同盟国 alleato㊚, nazione㊛ alleata
同盟条約 patto di alleanza
とうめん 当面 **1**(さしあたり, 今のところ) ◇当面の《現在の》 del momento, presente, attuale; (さし迫った) immediato, imminente ¶当面の目標 obiettivo immediato ¶当面の問題 problema㊚ del momento ¶当面の急務 compito urgente [pressante / incalzante]
2《直面》 ◇当面する affrontare ql.co., far fronte a ql.co. ¶わが国が当面している問題 i problemi che il nostro paese sta affrontando
どうも **1**《どうしても》 ¶どうもわからない. Non riesco proprio a capire.
2《どうやら》 ¶明日は雨らしい. Può darsi che domani piova. ¶どうも彼は僕を避けているらしい. Sembra proprio che mi eviti.
3《どことなく, なんとなく》 ¶その話はどうもおかしいよ. C'è qualcosa di strano in questa storia. / Questa storia puzza (di bruciato). ¶どうも変だと思っていたがやっぱり病気だった. Avevo notato qualche stranezza e infatti ero malato.
4《あいさつで》 ¶どうもありがとう. Grazie tante [mille]. ¶先日はお邪魔してどうもすみませんでした. Mi scusi per averla disturbata l'altro giorno.
どうもう 獰猛 ferocia㊛ ◇どう猛な feroce, truce ¶どう猛な獣 bestia feroce
とうもく 頭目 capo㊚, boss㊚[無変], capobanda㊚ [㊛複 capibanda; ㊛複 capobanda]
とうもろこし 玉蜀黍 mais㊚[無変], granturco㊚[複 -chi], frumentone㊚ ¶とうもろこしの皮をむく scartocciare le pannocchie di granturco
どうもん 同門 ¶同門の学者 studiosi che appartengono alla stessa scuola
とうや 陶冶 ¶人格を形成する formare [plasmare / temprare] il carattere di qlcu.
とうやく 投薬 somministrazione㊛ ◇投薬する somministrare un farmaco a qlcu.; 《指示・処方も含んて》 prescrivere una medicina [una cura] a qlcu.
どうやって come, in che modo ¶この箱はどうやって開けるのですか. Come si apre questa scatola?
どうやら **1**《どうも》 ¶どうやら明日は雨らしい. Probabilmente domani pioverà. **2**《なんとか, どうにか》 a malapena ¶月 20 万円でどうやら生活はできる. Con 200.000 yen si riesce a vivere a malapena.
とうゆ 灯油 《化》 cherosene㊚, kerosene㊚; 《ランプの》 olio㊚ per lampade
とうゆ 桐油 olio㊚ di tung
とうゆうし 投融資 investimento㊚ e finanziamento㊚ ¶財政投融資 investimento e finanziamento di fondi pubblici
とうよ 投与 somministrazione㊛ ◇投与する somministrare ¶経口投与 somministrazione (per via) orale ¶患者に抗生物質を投与する somministrare un antibiotico al paziente

とうよう 東洋
Oriente㊚ ◇東洋の orientale, dell'Oriente ¶東洋に[で] in Oriente ¶東洋的な思想 filosofia orientale
東洋学 studi㊚[複] orientali, orientalistica㊛
東洋学者 orientalista㊚ [㊛複 -i]
東洋史 storia㊛ dell'Asia [dell'Oriente]
東洋趣味 orientalismo㊚
東洋人 orientale㊚㊛
東洋美術 arte㊛ orientale
とうよう 盗用 plagio㊚ ◇盗用する plagiare [copiare / contraffare] ql.co.; 《法》 commettere plagio su qlcu. ¶デザインを盗用する appropriarsi di [rubare] un disegno di qlcu.
とうよう 登用 (採用) assunzione㊛; (昇格) promozione㊛; (任命) nomina㊛ ◇登用する assumere [nominare] qlcu. caposezione / promuovere qlcu. a caposezione ¶人材を登用する assumere persone capaci / promuovere persone di talento ¶人材登用の道を開く creare delle opportunità per l'ascesa [la carriera] di elementi validi

どうよう 同様 ◇同様の《(同じ)》stesso, uguale, pari [無変]；《(同じような)》simile ¶同様に ugualmente, parimenti ¶同様の例を挙げる rifarsi a un esempio simile [analogo] ¶同様の手口による犯行「nello stesso stile [dello stesso stampo]」¶新品同様だ. È come nuovo. ¶私を兄弟同様に扱ってくれた. Mi ha trattato come un fratello. ¶政治が社会を変えるのと同様に，芸術も社会を変える力をもつ. Come la politica cambia la società, così anche l'arte può essere una forza che cambia la società.

どうよう 動揺 《振動》scossa⼥, oscillazione⼥；《(平静さを失うこと)》agitazione⼥, turbamento男 ◇動揺する《(揺れる)》scuotersi, oscillare自 [av]；《(平常心を失う)》agitarsi, turbarsi, perdere la calma ◇動揺させる scuotere [agitare / turbare] qlcu. [ql.co.]. ¶社会の動揺 perturbazione [fermento] sociale ¶君の言葉で彼女はひどく動揺した. / Le tue parole l'hanno fortemente scossa. ¶その事件で人心が動揺している. La gente è agitata [turbata] per quell'incidente. ¶彼の顔に動揺の色が見られた. Sul suo viso apparve un'espressione di turbamento.

どうよう 童謡 canzone⼥ per bambini；《(わらべ歌，数え歌)》filastrocca⼥

とうらい 到来 venuta⼥, arrivo男 ¶好機が到来. Si è presentata una buona occasione.
❖到来物 dono男, regalo男, presente男

とうらく 当落 risultato男 di un'elezione [una votazione] ¶当落線上の候補者 candidato che ha il 50 per cento delle possibilità di essere eletto ¶コンピュータによる当落予想 previsioni dei risultati delle elezioni secondo il computer

とうらく 騰落 ¶株価の騰落は予測がつかない. Gli alti e bassi delle quotazioni azionarie non sono facilmente pronosticabili.

どうらく 道楽 **1**《(遊蕩)》dissolutezza⼥, libertinaggio男 [複 -gi], scostumatezza⼥ ¶道楽に耽(ふけ)る condurre una vita dissoluta / darsi [essere dedito] al libertinaggio ¶道楽の限りを尽くす godersela senza freno / correre la cavallina ¶女道楽で身をもち崩す essere rovinato dalle donne
2《(趣味，楽しみ)》passatempo男, divertimento男, svago男 [複 -ghi], distrazione⼥ ◇道楽で [に]《(気晴らしに)》per svago, per distrarsi；《(趣味で)》da dilettante ¶道楽にピアノを弾く suonare il piano per passatempo
❖道楽者 libertino男 [⼥ -a], dissoluto男 [⼥ -a]；[仏.] viveur [vivér]男 [無変]
道楽息子 figlio男 [複 -gli] dissoluto [prodigo男 [複 -ghi]]

どうらん 胴乱 《植物採集用の》vascolo男

どうらん 動乱 《社会的混乱》agitazione⼥, disordine男；《混乱状態》sconvolgimento男, sovvertimento男；《暴動・反乱》rivolta⼥, tumulto男, sommossa⼥；《戦争》guerra⼥ ¶動乱を鎮める[reprimere] una rivolta ¶動乱が起きた. È scoppiata una rivolta. ¶ハンガリー動乱 Rivolta ungherese (◆1956)

とうり 党利 ¶党利略行に走る mettere al primo posto gli interessi del partito

どうり 道理 ragione⼥；《筋道》logica⼥；《良識》buon senso男 ¶道理にかなった ragionevole / logico /《良識ある》sensato ¶道理に反した irragionevole / illogico /《良識のない》insensato ¶道理をわきまえた人 persona ragionevole [sensata / di buon senso] ¶道理に従う seguire la ragione / agire secondo ragione ¶くдに道理を説く ragionare [argomentare / discutere ragionevolmente] con qlcu. ¶彼の話は道理にかなっている. Il suo discorso è logico. ¶彼が怒るのも道理だ. Ha ottime ragioni [ottimi motivi] per arrabbiarsi. ¶道理で. C'è una ragione, allora! / Ah, ecco perché. ¶3年もイタリアにいたのか. 道理でイタリア語がうまいと思った. Sei stato tre anni in Italia? Allora non c'è da meravigliarsi che parli bene l'italiano!

どうりきがく 動力学 dinamica⼥ ◇動力学的 dinamico男 [男複 -ci]

とうりつ 倒立 →逆立ち ¶三点倒立 verticale「appoggiata [in appoggio] sul capo

どうりつ 同率 ¶2チームが同率で首位に立った. Le due squadre sono al primo posto con la stessa percentuale (di punti).

とうりゅう 逗留 soggiorno男 ◇逗留する soggiornare自 [av]；《(避暑地などに)》villeggiare自 [av] ¶彼はホテルに長逗留した. Ha trascorso un lungo periodo di villeggiatura in albergo. ¶叔父の家に逗留している. Sto a casa dello zio.
❖逗留客 ospite男⼥；villeggiante男⼥

とうりゅうもん 登竜門 porta⼥ del successo ¶芥川賞は文壇への登竜門だ. Il Premio Akutagawa è la via d'accesso al mondo della letteratura.

とうりょう 棟梁 《かしら》capo男, capoccia男 [複 -cia, -ci]；《大工の》capomastro男 [複 capomastri, capimastri]

どうりょう 同量 la stessa quantità⼥ ¶同量の塩と砂糖 la stessa quantità di sale e di zucchero ¶酢と同量の油を加える aggiungere olio e aceto nella stessa quantità

どうりょう 同僚 collega男 [男複 -ghi], compagno男 [⼥ -a] di lavoro [di ufficio]

どうりょく 動力 forza⼥ motrice；《機関》motore男；《物》potenza⼥
❖動力因 《哲》causa⼥ efficiente
動力機械 macchina⼥ fornita di motore
動力供給 alimentazione⼥ di potenza
動力計 dinamometro男
動力制限 limitazione⼥ di potenza
動力不足 mancanza⼥ di potenza
動力炉 reattore男 di potenza

どうりん 動輪 《機》ruota⼥ motrice

とうるい 盗塁 ◇盗塁する《野球》rubare una base

とうるい 糖類 《化》saccaride男, zuccheri男 [複]

どうるい 同類 **1**《同種類》lo stesso genere [tipo男], la stessa specie⼥ [無変]
2《共謀者》complice男⼥ ¶どいつもこいつもみんな同類だ. Sono tutti della stessa razza. ¶同類相集まる.《諺》"Ogni simile ama il suo simile." / "Fra simili ci si intende."

✤同類項〔数〕termini[男][複] simili
とうれい 答礼 ◇答礼する rispondere[自][av] al saluto di *qlcu.*
✤**答礼訪問** ¶〈人〉を答礼訪問する contraccambiare la visita di *qlcu.*
どうれつ 同列 《同じ列》la stessa linea [fila][女];《同じ程度・資格・地位》lo stesso grado[男][rango[男]], la stessa qualifica[女][posizione[女]] ¶それとこれとを同列に置くことはできない Non possiamo mettere questo e quello sullo stesso piano [nella stessa categoria / nella stessa posizione]. ¶あの２人を同列に扱うわけにはいかない. Quei due non si possono trattare allo stesso modo.
トゥレットしょうこうぐん トゥレット症候群 〔医〕sindrome[女] di Tourette

どうろ 道路 strada[女];《通り，街道》via[女];《大通り》corso[男], strada[女] principale;《並木道》viale[男];《歩道》marciapiede[男];《車道》carreggiata[女];《高速道路》autostrada[女] ◇道路の stradale ⇒自動車 [用語集] ¶道路上で sulla strada / in [per] strada ¶道路沿いに lungo la strada ¶一方通行の道路 strada a senso unico ¶行き止まりの道路 strada senza uscita ¶道路を作る[造成する] costruire una strada ¶道路を渡る attraversare la strada
✤**道路工事** lavori[男][複] stradali ¶道路工事をする eseguire lavori stradali ¶「道路工事のため通行禁止」《掲示》"Interruzione stradale a causa di lavori in corso" ¶「道路工事中」《掲示》"Lavori in corso"
道路公団 Azienda[女] Nazionale della Rete Stradale del Giappone (►2005年に分割・民営化);《イタリアの》Azienda[女] Nazionale Autonoma delle Strade;《略》ANAS [ánas][女]
道路交通情報 informazioni[女][複] sul traffico; viabilità[女]
道路交通法 codice[男] stradale [della strada]
道路作業員 cantoniere[男], stradino[男][[女] -a]
道路清掃 pulizia[女] stradale
道路清掃車 autospazzatrice[女]
道路清掃人 operatore[男][[女] -trice] ecologico[[男][複] -ci]; netturbino[男], spazzino[男][[女] -a]
道路地図 carta[女] stradale [automobilistica]
道路標識 cartello[男] stradale;《総称》segnaletica[女] stradale
道路保全 servizio[男] di manutenzione delle strade
道路網 rete[女] stradale [automobilistica]
とうろう 灯籠 lanterna[女] da giardino ¶石[釣り]灯籠に火をともす accendere una lanterna di pietra [pensile] ¶回り灯籠 lanterna a immagini girevoli
✤**灯籠流し** cerimonia[女] buddista in cui si affidano alla corrente del fiume delle lanterne di carta ⇒盆 [日本事情]

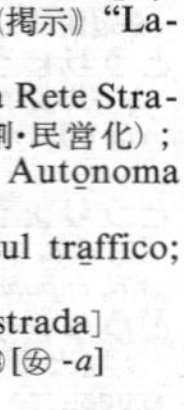
灯籠

とうろく 登録 registrazione[女], iscrizione[女];《自動車などの》immatricolazione[女] ◇登録する registrare *ql.co.*, iscrivere *qlcu.* [*ql.co.*]; immatricolare *ql.co.* ◇登録済みの registrato ¶印鑑登録をする depositare il timbro ¶住民登録する registrare la *propria* residenza ¶特許の登録 deposito di un brevetto ¶新車を登録する immatricolare una nuova macchina ¶彼は弁護士名簿に登録された. È stato iscritto all'albo degli avvocati.
✤**登録商標** marchio[男][複 -chi] depositato [registrato]
登録制 iscrizione[女] obbligatoria
登録番号 numero[男] di matricola, numero[男] d'immatricolazione
登録簿 registro[男] (di iscrizione [di immatricolazione])
登録料 tassa[女] di registrazione [d'immatricolazione]
とうろん 討論 discussione[女], dibattito[男] ◇討論する discutere [dibattere] (su) *ql.co.* con *qlcu*, fare una tavola rotonda su *ql.co.* ¶討論を始める[打ち切る] cominciare [chiudere] una discussione ¶経済改革について討論する discutere le riforme economiche ¶活発な討論 discussione vivace [animata] ¶国会討論 dibattito parlamentare ¶その問題はまだ討論中だ. Il problema è ancora in discussione. / Si sta ancora discutendo della questione.
✤**討論会** dibattito[男] ¶公開討論会 dibattito aperto al pubblico ¶テレビ討論会 dibattito televisivo
どうわ 童話 racconto[男] per bambini;《おとぎ話》fiaba[女], favola[女]
✤**童話作家** autore[男][[女] -trice] [scrittore[男][[女] -trice]] di racconti per bambini
どうわきょういく 同和教育 educazione[女] che si propone di eliminare le discriminazioni nei confronti di determinati gruppi sociali
とうわく 当惑 imbarazzo[男], perplessità[女], confusione[女] ◇当惑する essere imbarazzato [perplesso / confuso], essere in imbarazzo;《どうしていいかわからない》non saper più che fare, non saper che pesci prendere ¶〈人〉を当惑させる imbarazzare *qlcu.* ¶当惑顔をする aver una faccia imbarazzata [perplessa / confusa] ¶彼には当惑させられた. Lui mi ha lasciato perplesso. ¶何と答えたらよいのか当惑している. Non so bene cosa rispondere.
とえい 都営 ◇都営の gestito dall'amministrazione metropolitana di Tokyo
✤**都営住宅** case[女][複] popolari di proprietà della città di Tokyo
都営地下鉄[バス] metropolitana[女][autobus[男][無変]] municipale di Tokyo
とえはたえ 十重二十重 ¶警察がその家を十重二十重に取り囲んでいた. Una frotta [Una moltitudine] di poliziotti ha circondato la casa.
どえらい ¶彼はどえらいことをやった.《悪いこと》Ne ha fatta una grossa. ¶どえらいことが起こった. È successo un fatto incredibile [straordinario]. ¶どえらい失敗をしてしまった. Ho fatto un errore grossolano [tremendo].
とお 十 dieci[男]
とおあさ 遠浅 ¶遠浅の海岸 spiaggia con fondale che si abbassa dolcemente ¶この辺は遠浅だ. Da questa parte l'acqua è poco profonda.

とおい 遠い **1**【空間的に】lontano, distante, remoto ¶遠い土地 luogo remoto ¶人里離れた遠い場所 località remota [lontana / distante] da ogni centro abitato ¶駅まではかなり遠い. La stazione è piuttosto lontana [abbastanza distante]. ¶ここから遠い所に住んでいるのですか. Abita lontano da qui? ¶遠いところをわざわざおいでくださってありがとうございます. Le siamo molto grati per essere venuto da così lontano. ¶こう遠くてはなにも見えない. Da questa distanza non si vede niente. ¶遠くて船の国籍がわからなかった. Per la lontananza non si riconosceva la nazionalità della nave.
2【時間的に】lontano, remoto ¶遠い記憶[将来] un lontano ricordo [avvenire] ¶遠い昔に nelle età remote / in un'epoca remota ¶遠い昔からの風習 usanza che risale ai tempi antichi [remoti] ¶青春は遠くなった. La mia giovinezza si è ormai allontanata [è ormai lontana]. ¶彼は遠からず真相を知るだろう. Non è lontano dallo scoprire la verità.
3【異なった】molto diverso [differente], lontano ¶仕上がりは満足というには程遠い. Il risultato「è tutt'altro che [non è affatto] soddisfacente.
4【関係が薄い】lontano ¶遠い親戚 parente lontano / parente alla lontana ¶2人の仲はだんだん遠くなった. Il rapporto fra quei due si è raffreddato a poco a poco. ¶遠くて近きは男女の仲.《諺》"L'uomo e la donna sono fatti l'uno per l'altra." ¶遠い親戚より近くの他人.《諺》Meglio un buon vicino che un lontano parente.
5【耳などが聞き取りにくい】¶耳が遠い essere un po' sord*o* [dur*o*] d'orecchi ¶あの人は右の耳が遠い. Quell'uomo non sente bene dall'orecchio destro. ¶もしもし電話が遠いのですが. Pronto, non si sente bene.
6【「気が遠くなる」の形で, 意識が薄れる】¶気が遠くなる svenire / perdere i sensi ¶気が遠くなるような話だ. Sono cose da far perdere i sensi.

とおう 渡欧 visita[女] in Europa ◇**渡欧する** visitare l'Europa, recarsi in Europa;《移住する》trasferirsi in Europa

とおえん 遠縁 ¶遠縁の者 lontani parenti / parenti alla lontana ¶彼とは遠縁に当たる. È un mio lontano parente.

とおか 十日 《10日間》dieci giorni[男][複];《月の10番目の日》decimo giorno[男] del mese

とおからず 遠からず presto, fra poco, in poco tempo, prossimamente ¶遠からず…する時が来る. Non è lontano il giorno in cui＋[直説法](►未来形) ¶遠からず吉報が届きますよ. Fra poco riceverai una buona notizia. ¶冬来たりなば春遠からじ. Se è inverno, presto arriverà anche la primavera.

トーキー 〔英 talkie〕《映》cinema[男] sonoro;《作品》film[男][無変] sonoro

とおく 遠く **1**《離れた位置》lontananza[女] ◇**遠くに[で]** lontano, da lontano, in lontananza, a distanza ¶遠くへ行く andare lontano / fare molta strada ¶遠くはよく見えるが近くは見えない. Vedo bene da lontano ma non da vicino. ¶この絵は少し遠くから見るといい. Questo quadro va guardato「da una certa distanza [un po' da lontano]. ¶彼は遠くに目をやった. Guardava lontano. ¶遠くでサイレンの音がする. Si sente in lontananza il suono delle sirene.
2《はるかに》lontano ¶この争いの発端は遠く江戸時代にさかのぼる. Questa disputa ha avuto inizio nel lontano periodo Edo. ¶私は彼には遠く及ばない. Sono di molto inferiore a lui. / Lui mi è di gran lunga superiore.

とおざかる 遠ざかる **1**《遠く離れてゆく》allontanarsi ¶船が港から遠ざかって行った. La nave si è allontanata dal porto. ¶消防車のサイレンの音が遠ざかる. La sirena dell'autopompa si fa più lontana.
2《疎遠になる》allontanarsi [distaccarsi]《から da》¶悪友から遠ざかる tenersi [stare] alla larga dalle cattive compagnie ¶政治活動から遠ざかる star lontan*o* dall'attività politica ¶あの家とは遠ざかっている. Non siamo più in contatto con quella famiglia.

とおざける 遠ざける **1**《遠くに離す》allontanare *qlcu.* [*ql.co.*];《引き離す》distaccare *qlcu.* da *qlcu.* [*ql.co.*] ¶子供たちを病室から遠ざける allontanare i bambini dalla corsia ¶人を遠ざけて in privato /《秘密に》in segreto **2**《避ける》evitare *qlcu.* [*ql.co.*] ¶酒を遠ざける astenersi dall'alcool ¶誘惑を遠ざける「star lontan*o* dalle [evitare le] tentazioni

とおし 通し ¶地下鉄から熱海まで通しの切符 biglietto comprendente il tratto dalla metropolitana fino alla stazione ferroviaria di Atami ¶宝くじを通しで10枚買った. Ho comprato una serie di dieci biglietti della lotteria.
✤**通し狂言** rappresentazione[女] integrale di un dramma del *kabuki*
通し券 《コンサートなどの》abbonamento[男]

-どおし -通し ¶夜通し per tutta la notte ¶我々は途中ずっとしゃべり通しだった. Abbiamo continuato a parlare per tutto il percorso. ¶1日中立ち通しで疲れた. Ero sfinito essendo rimasto in piedi per l'intera giornata.

トーシューズ 〔英 toeshoes〕scarpe[女][複] da punta, scarpette[女][複] da ballo

とおす 通す **1**【向こう側へ行かせる】far [lasciar] passare *qlcu.* [*ql.co.*] ¶脇にどいて〈人〉を通す mettersi da parte per far [lasciar] passare *qlcu.* ¶針の穴に糸を通す infilare un ago / far passare il filo per la cruna dell'ago ¶串に魚を通す infilare i pesci nello spiedo ¶コートに袖を通す infilarsi [indossare] il soprabito ¶この道にバスを通すそうだ. Dicono che faranno passare l'autobus per questa strada.
2【案内する】far passare, accompagnare ¶客を応接間に通す far passare [far accomodare] un ospite in salotto
3【水, 熱, 光などを】far passare ¶パイプに水を通す「far passare [far scorrere / introdurre] l'acqua in un tubo ¶野菜を熱湯に通す passare le verdure nell'acqua bollente ¶銅は電流をよく通す. Il rame è un buon conduttore di elettricità. ¶この紙は水を通さない. Questa carta「non fa passare l'acqua [è impermeabile all'acqua].

と

¶豚肉はよく火を通さなければならない. La carne di maiale va cotta bene. ¶カーテンを通して光が差し込んでいた. Dalle tende filtrava la luce. ¶部屋に風を通す arieggiare una stanza / dare aria a una stanza

4【始めから終わりまで続けてする】 ¶手紙に目を通す scorrere una lettera / dare una scorsa a una lettera ¶独身を通す《男性が》rimanere scapolo [《女性が》nubile] ¶1週間, 水とパンだけで通した. Sono stato una settimana intera a solo pane ed acqua. ¶彼は大学を1番で通した. Quando studiava all'università, era sempre il primo. ¶夜を通して彼と話し合った. Ho parlato con lui tutta la notte. ¶会議は5時間通して行われた. La conferenza si è protratta per cinque ore consecutive.

5【認めさせ, 通用させる】 ¶自分の主義を通す restare coerente [fedele] al *proprio* credo ¶我を通す imporre [far rispettare / far accettare] la *propria* volontà (a *qlcu.*) ¶筋を通す ragionare logicamente [con logica] / essere logico 男 複 -*ci*

6【過通させる】 ¶受験者を通す promuovere un candidato ¶この成績では通してあげられない. Con questi voti non posso promuoverti. ¶議会はその法案を通した. Il Parlamento ha passato [approvato] la proposta di legge.

7【介する, 経由する】 ◇通して attraverso *ql.co.* ¶注文を通す passare un ordine ¶こういうことは第三者を通して頼んだほうがいい. Sarebbe meglio chiedergli una cosa simile tramite terzi. ¶それはもう社長に通してあります. Ne ho già avvertito [informato] il presidente.

8【「…通す」の形で, …し続ける】 ¶我々は6時間歩き通した. Abbiamo camminato [continuato a camminare] per sei ore di seguito. ¶3日3晩泣き通した. Non ha fatto che piangere per tre giorni e tre notti. ¶沈黙を守り通した. Ha mantenuto il silenzio fino in fondo.

トースター 〔英 toaster〕 tostapane 男 [無変]

トースト 〔英 toast〕〔英 toast [tɒst] 男 [無変]〕 pane 男 tostato, crostino 男 ¶パンをトーストにする tostare il pane

とおせんぼう 通せん坊 ¶通せん坊をする sbarrare la strada a *qlcu.* ¶大きな岩が通せん坊をしていた. Un grande masso bloccava [ostruiva] la strada.

トータル 〔英 total〕 somma 女, totale 男 ◇トータルする sommare ◇トータルで[すると] in totale, in tutto ¶トータルを出す fare la somma [il totale] ¶トータルな見方 punto di vista globale ¶物事をトータルにとらえる considerare un fatto nell'insieme

トーダンス 〔英 toe dance〕 ballo 男 [danza 女] sulle punte

トーチ 〔英 torch〕《スポ》(聖火リレーのたいまつ) fiaccola 女 olimpica

✤**トーチランプ**(溶接の) lampada 女 [torcia 女 複 -*ce*] per saldare

とおで 遠出 ◇遠出する andare lontano;《旅行》fare una lunga gita [escursione]

トーテミズム 〔英 totemism〕 totemismo 男

トーテム 〔英 totem〕〔英 totem [tótem] 男〕 [無変]

✤**トーテム信仰**[崇拝] totemismo 男

トーテムポール palo 「totemico [複 -*ci*] [raffigurante un totem]

どおどお 《馬に対するかけ声》 ¶彼は「どおどお」と声をかけて馬を静めた. Ha calmato il cavallo dicendogli "Buono, buono".

トートバッグ 〔英 tote bag〕 borsone 男 portatutto [無変], sporta 女

ドーナツ 〔英 doughnut〕(穴あきの) ciambella 女; (ジャム・クリーム入りの) bombolone 男; (揚げ菓子) frittella 女 ¶ドーナツ型の a forma di ciambella

✤**ドーナツ現象** espansione 女 urbana non pianificata (verso la periferia che lascia poco popolato il centro di una città)

トーナメント 〔英 tournament〕 torneo 男 ¶トーナメントの1回戦 prima manche [manʃ] del torneo ¶トーナメントに優勝する vincere un torneo

とおのく 遠退く 1《遠く離れていく》allontanarsi《から da》¶危険は遠のいた. Il pericolo si è allontanato. / Ora siamo fuori pericolo. ¶足音が次第に遠のいていった. Il suono dei passi si affievoliva gradualmente.

2《疎遠になる》 ¶足が遠のく《人の家から》diradare le visite a *qlcu.* /《互いに》vedersi meno spesso ¶それ以来客足が遠のいてしまった. Dopo di allora è diminuito il numero dei clienti. ¶研究から遠のく allontanarsi dalla ricerca [dallo studio]

とおのり 遠乗り ¶馬で遠乗りする fare una lunga cavalcata ¶車で遠乗りする fare un lungo viaggio [una lunga gita] in macchina

ドーピング 〔英 doping〕《スポ》〔英 doping 男 [無変]〕

✤**ドーピング検査** esame 男 [controllo 男] antidoping [無変]

とおぼえ 遠吠え lontano ululato 男 ¶狼の遠ぼえが聞こえた. Si sentiva ululare un lupo in lontananza.

とおまき 遠巻き ¶野次馬が二人のけんかを遠巻きに見ていた. Una folla di curiosi si era raccolta nei pressi di due che litigavano.

とおまわし 遠回し・遠廻し ◇遠回しに indirettamente, in modo indiretto ¶遠回しの言い方をする parlare con circonlocuzioni [giri di parole] / usare perifrasi ¶遠回しに…するようにほのめかす insinuare a *qlcu.* di + 不定詞 ¶私は彼に遠回しに注意した. Gli ho dato un vago consiglio. ¶彼は遠回しにうまく行かなかったことをほのめかしていた. Le sue parole suggerivano [lasciavano intendere] che la cosa fosse andata male.

とおまわり 遠回り・遠廻り deviazione 女; giro 男 ◇遠回りする fare una deviazione ¶この道を行くと遠回りになるよ. Se fai questa strada, farai un lungo giro.

とおみ 遠見 ¶この丘は遠見がきく. Da questa collina si ha un'ottima vista [si può vedere fin molto lontano].

ドーム 〔英 dome〕 (丸屋根) cupola 女

✤**ドームスタジアム** stadio 男 [複 -*i*] coperto

とおめ 遠目 **1**《人よりよく見える目》 ¶彼は遠目

が利く. Da lontano ha una vista acuta. ¶**2**《遠くから見ること》¶彼は遠目には若く見える. Sembra più giovane da lontano. **3** →遠視

ドーラン 〔独 Dohran〕 cerone男 ¶ドーランを塗る inceronarsi / truccarsi con cerone

とおり 通り **1**《街路》strada女; via女;《大通り》corso男;《並木道》viale男;《小道》viuzza女, vicolo男 ¶通りで sulla strada ¶コルソ通り32番に住んでいます. Abito in Via del Corso 32. ¶通りに面した家 casa che dà sulla strada ¶通りで〈人〉に会う incontrare qlcu. per la strada
2《通行》traffico男《複 -ci》, circolazione女 ¶車の通りが多い[少ない]場所 luogo con molto [poco] traffico ¶人の通りが多い道 strada molto frequentata
3《風・水などの》通りのよい声 voce sonora ¶この部屋は風の通りがよい. Questa stanza è ben ventilata. ¶この下水は通りが悪い. Lo scolo di questa fognatura non va bene.
4《通用》¶僕はペンネームのほうが世間に通りがいい. Sono più noto con il mio pseudonimo di scrittore.
5《同じ具合・状態であること》¶君は僕の言うとおりにさえすればよい. Non devi fare altro che quello che ti dico. ¶君の言うとおりだ. Hai ragione. ¶そのとおりだ. È vero. / È esatto.
6《種類》¶この問題の解き方はいく通りもある. Ci sono più metodi [modi] per risolvere questo problema.

-どおり -通り **1**《程度》¶家は九分(〻)通りできた. La costruzione della casa è「quasi al termine [pressoché terminata].
2《そのままに》secondo qlco., come ¶予定どおりに secondo il [conformemente al] piano / come era stato previsto ¶いつもどおりに come「al solito [sempre] ¶規則どおりに secondo la regola [la norma] ¶時間どおりに着く arrivare in orario [secondo l'orario] ¶譜面どおりに歌いなさい. Canta attenendoti allo [seguendo lo] spartito.

ドーリアしき ドーリア式 〔建・美〕ordine男 dorico ◇ドーリア式の dorico [男複 -ci] →石柱 図版

とおりあめ 通り雨 acquazzone男, rovescio男《複 -sci》d'acqua, pioggia女《複 -ge》passeggera ¶通り雨に遭(ぁ)う essere sorpreso [colto] da un acquazzone

とおりあわせる 通り合わせる ¶ちょうど事故の現場に通り合わせた. Per caso mi sono trovato proprio sul luogo dell'incidente.

とおりいっぺん 通り一遍 ◇通り一遍の《うわべだけの》superficiale;《形式的な》formale;《お決まりの》convenzionale;《誠意のない》non sincero ¶通り一遍のあいさつをする salutare formalmente [convenzionalmente]

とおりがかり 通り掛かり ◇通り掛かりの[に] di passaggio ¶通り掛かりの人 passante ¶通り掛かりの客 cliente di passaggio

とおりかかる 通り掛かる passare自[es]《per caso》¶たまたまそこへ運よく警官が通りかかった. Fortunatamente la polizia è passata per caso di là.

とおりこす 通り越す **1**《通過する》oltrepassare, passare《davanti a》qlco. [qlcu.]; andare oltre qlco. ¶うっかりして駅を通り越してしまった. Ero così distratto che sono passato davanti alla stazione senza accorgermene.
2《程度・範囲を超える》¶風は冷たさを通り越して痛い. Il vento più che freddo è tagliente.

とおりすがり 通りすがり ¶彼は通りすがりに彼女に声をかけた. Le ha parlato [Le ha rivolto la parola] passandole vicino.

とおりすぎる 通り過ぎる ¶駅の前を通り過ぎると十字路に出る. Passata la stazione, si arriva ad un incrocio. ¶雷はじきに通り過ぎるだろう. I tuoni finiranno presto.

とおりそうば 通り相場 **1**《世間並みの値段》¶これくらいの値段が通り相場だ. Questo è all'incirca il prezzo attuale [corrente].
2《普通の評判》¶彼女は美人だというのが通り相場になっている. Di solito si parla di lei come di una bella donna. / Si dice comunemente che è una bella donna.

とおりな 通り名 《芸名、ペンネーム》nome男 d'arte, pseudonimo男;《あだな》soprannome男, vezzeggiativo男;《犯罪者などの偽名》falso nome男 ¶ルーポが彼の通り名だ. Comunemente è chiamato Lupo.

とおりぬける 通り抜ける attraversare ql.co., passare自[es] attraverso ql.co. ¶トンネルを通り抜ける attraversare una galleria ¶この道は通り抜けられない. È una strada senza uscita. ¶「通り抜け禁止」《掲示》"Transito vietato" / "Vietato il passaggio"

とおりま 通り魔 ¶通り魔に襲われる essere assalito da un aggressore per la strada

とおりみち 通り道 **1**《通る道》passaggio男《複 -gi》¶通り道をふさぐ bloccare [ostruire] il passaggio a qlcu. ¶雪をのけて通り道をあけた. Abbiamo aperto un passaggio nella neve.
2《通りすがりの道》¶郵便局への通り道にマーケットがある. C'è un mercato lungo la strada che porta all'ufficio postale.

とおる 通る **1**【向こう側へ行く】passare自[es]; andare ¶車の通れる道 strada carrozzabile ¶船の通れる川 fiume navigabile ¶この道は車がひっきりなしに通る. C'è un passaggio ininterrotto di macchine su [in / per] questa strada. ¶ここからは通れません. Di qui non si passa. ¶そこからは鉄道は通っていない. Da lì in poi non c'è servizio ferroviario. ¶この電線には高圧電流が通っている. Per questo cavo elettrico passa la corrente ad alta tensione. ¶ご飯がのどを通らないほど心配した. Ero così preoccupato che non riuscivo a mandare giù nemmeno un boccone.
2【経由する】passare per [attraversare] ql.co. ¶人込みを通る passare [farsi strada] in mezzo alla folla ¶ボローニャを通ってローマに行く andare a Roma via [passando per] Bologna ¶テヴェレ川はローマの中心を通っている. Il Tevere attraversa [passa per] il centro di Roma. ¶歩道を通る passare [camminare] sul marciapiede ¶広場を通る attraversare una piazza ¶ここを通って per di qua ¶どの道を通って行こう. Qua-

le strada andiamo? / Quale strada prendiamo? ¶イタリアでは車は右側を通る. Le auto tengono la destra in Italia.
3【入る】 entrare⊜[es]; introdursi;《狭い所に》infilarsi ¶座敷へ通る entrare [accomodarsi / passare] nel salotto ¶案内されて書斎に通った. Sono stato introdotto nello studio.
4【水, 熱, 光などが】 passare, penetrare⊜[es];《染みる》permeare ql.co. ¶光の通らない厚いカーテン tenda spessa che non fa passare la luce ¶骨まで通る寒さ freddo penetrante [che penetra] nelle ossa ¶この肉は火がよく通らない. Questa carne non è ben cotta. ¶この布は水が通らない. Questa stoffa è impermeabile. ¶この講堂は声がよく通る. Questa sala ha una buona acustica. ¶彼の声はよく通る. Ha una voce sonora. ¶この部屋は風が通る. Questa stanza è ventilata [ben arieggiata].
5【合格する, 通過する】 superare ql.co.; essere ammesso《に a》¶試験に通る superare gli esami ¶受験者はみな筆記試験に通った. Tutti i candidati sono stati ammessi alla prova scritta. ¶法案が通った. Il progetto di legge è passato [è stato approvato].
6【通用する】 passare 《で per》; essere conosciuto [famoso] ¶名の通った芸術家 artista ben conosciuto [famoso] ¶彼は正直者で通っている. È considerato [È reputato] un uomo onesto. ¶彼は町一番の医者として通っている. Passa per (essere) il migliore medico della città. ¶この文章は意味が通らない. È difficile afferrare il senso di questa frase. ¶君の言っていることは全然筋が通っていない. Quello che tu stai dicendo non è affatto logico. ¶そんなわがままは通らないよ. Non si può tollerare un capriccio simile. ¶そんな言い訳は通らない. Questa è una scusa inaccettabile [inammissibile]. ¶私の意見が通った. Il mio parere è stato accolto [accettato].

トーン〔英 tone〕 **1**《音の》tono⊜, timbro⊜;《音調, 調性》tonalità⊜ ¶声のトーンを下げる abbassare il tono della *propria* voce
2《色の》tono⊜, tonalità⊜, gradazione⊜, sfumatura⊜
❖**トーンアーム**《レコードプレーヤーの》braccio⊜《複 -ci》

トおんきごう ト音記号 《音》chiave⊜ di sol
-とか 1《例示》¶映画とか芝居とかいうものは好きじゃない. Non mi piacciono né il cinema né il teatro. ¶日曜はテレビを見るとか本を読むとかして過ごす. Trascorro le domeniche guardando la televisione o leggendo un libro.
2《不確かさを示して》¶『倦怠』とかいう小説がありましたね. C'è un romanzo intitolato "La noia" o qualcosa del genere. ¶試験があるとかないとかいって学生が騒いでいる. Gli studenti stanno facendo chiasso, chi dice che ci sono gli esami e chi dice di no. ¶フェデリーコとかいう人が訪ねて来たよ. È venuto a cercarti「un tale di nome Federico o qualcosa di simile [《名前は確かだが》見知らぬ人》un certo Federico].

とが 咎・科 ¶彼の咎ではない. Non è colpa sua. ¶彼に咎はない. È innocente.

とかい 都会 grande città⊜;《大都会》metropoli⊜[不変] ◇都会の【的な / 風の】urbano; metropolitano ¶イソップの『都会のねずみといなかのねずみ』"Il topo di città e il topo di campagna" di Esopo ¶世界一の大都会 la prima metropoli del mondo ¶都会に住む vivere in una grande città ¶都会の生活にあこがれる sognare di vivere in una grande città
❖**都会化** urbanizzazione⊜ ¶都会化した地域 zona urbanizzata
都会人 abitante⊜ ⊜ di una grande città [una metropoli]
都会ずれ ¶都会ずれした人 persona che ha assunto tutti i difetti [vizi] della vita cittadina
都会育ち cresciuto⊜《⊜ -a》in una grande città

どかい 土塊 zolla⊜
どがいし 度外視 ◇度外視する prescindere⊜[av] da ql.co. [qlcu.], trascurare ql.co. [qlcu.] ¶採算を度外視する non tener conto del [non badare al] profitto ¶…を度外視して non prendendo in considerazione ql.co. [qlcu.] / senza badare a ql.co. [qlcu.] / a prescindere da ql.co. ¶勝敗を度外視して戦う lottare senza curarsi dell'esito

とがき ト書き 《劇》didascalie⊜《複》(in un testo teatrale)
とかく 1《あれこれ, なにやかや》¶とかくするうちに数日が過ぎた. Nel frattempo [Intanto] sono passati alcuni giorni. ¶彼女にはとかくのうわさがある. Su di lei girano voci non molto positive.
2《ややもすれば, どうしても》¶とかく…しがちである essere portato [avere la tendenza] a+不定詞 ¶年をとるにつれてとかく忘れっぽくなるものだ. Man mano che si va avanti con gli anni, si dimenticano facilmente le cose. ¶とかく人の口はうるさい. Di solito la gente è portata a criticare.

とかげ 蜥蜴 《動》lucertola⊜
とかす 梳かす・解かす ¶髪を梳かす pettinare (i capelli di) qlcu. /《自分の》pettinarsi (i capelli) ¶髪を《人》に梳かしてもらう farsi pettinare da qlcu.
とかす 溶かす・解かす **1**《熱で》(far) fondere ql.co. ¶鉄[鉛]を熔かす fondere il ferro [il piombo] ¶バターを溶かす sciogliere il burro ¶熱は氷を解かす. Il calore liquefà [scioglie / fonde] il ghiaccio.
2《液体の中に》(far) sciogliere ql.co., dissolvere ql.co. ¶溶かすことのできる solubile ¶塩を水に溶かす sciogliere del sale nell'acqua

どかす 退かす ¶《人や物を》togliere [tenere da parte] qlcu. [ql.co.];《物を》(fare) spostare ql.co., levare di mezzo ql.co.;《運び去る》portare via ql.co. ¶この車をどかしてください. Sposti questa macchina, per favore.
どかっと 1《重いものが落ちる様子》¶ソファにどかっと腰を下ろす sprofondarsi in un divano ¶床にドカッと荷物を投げ降ろす lasciar cadere pesantemente i bagagli sul pavimento ¶屋根に積もった雪がドカッと落ちた. La neve che si era accumulata sul tetto è caduta con un pesante tonfo.
2《大幅に, 大規模に》¶物価がどかっと上がった.

Di colpo i prezzi sono saliti alle stelle. ¶雪がどかっと降った. Ha nevicato pesantemente. ¶注文がどかっときた. Sono arrivate ordinazioni in gran numero.

どかどか ¶どかどか部屋に入る irrompere⾃ (►複合時制を欠く) [fare irruzione] in una stanza

とがめる 咎める **1**《非難する》biasimare qlcu. [ql.co.], riprovare qlcu. [ql.co.], rimproverare qlcu. per ql.co., riprendere qlcu. ◇とがめ《責め》biasimo⾺, rimprovero⾺ ¶とがめられるべき biasimevole / riprovevole / rimproverabile ¶ある生徒を厳しくとがめる riprendere uno scolaro severamente ¶とがめるような目つきで con sguardo di rimprovero [di biasimo] ¶とがめを受ける subire il biasimo ¶とがめを受けるようなことは何もしていない. Non ho fatto niente che meriti di essere biasimato.
2《問いただす》 ¶巡査にとがめられた. Un agente di polizia mi ha interrogato.
3《心が痛む》 ¶良心がとがめる provare rimorso ¶気がとがめる sentirsi colpevole / sentirsi rimordere la coscienza

とがらす 尖らす **1**《先を鋭くする》appuntire, temperare, aguzzare ¶鉛筆をとがらす temperare una matita ¶不服そうに口を尖らす fare una smorfia di「malcontento [scontento] ¶少年は口をとがらせて抗議した. Il ragazzo ha protestato facendo il broncio.
2《鋭敏にする》innervosirsi ¶小さなミスでそう神経をとがらせるな. Non innervosirti così per dei piccoli errori! **3**《とげとげしくする》¶彼は声をとがらせた. La sua voce si è fatta tagliente.

とがる 尖る **1**《先が鋭く細くなる》aguzzarsi ◇とがった appuntito, aguzzo, acuto ¶とがった鉛筆 matita appuntita ¶教会のとがった屋根 tetto a cuspide della chiesa ¶とがったあご mento aguzzo ¶とがった鼻 naso aguzzo ¶先のとがった靴 scarpe a punta
2《鋭敏になる》irritarsi, diventare⾃ [es] nervoso;《とげとげしくなる》diventare aspro ¶神経がとがっている stare con i nervi tesi ¶とがった声で con un tono (di voce) pungente ¶なぜそんなにとがっているんだ. Perché sei così irritato [nervoso]?

どかん 1《重い音》¶どかんと爆発する esplodere [scoppiare] con un gran boato [gran fracasso] ¶どかんと置かないでください. Non buttarlo giù così pesantemente. **2**《勢いよく行う様子》¶どかんと気前よく100万円を払った. È stato generoso a pagare un milione di yen così tutto in una volta.

どかん 土管 tubo⾺ di terracotta

とき 時 **1**【時間】tempo⾺;《時刻》ora⼥;《時期》momento⾺ ¶友だちと楽しい時を過ごす passare delle belle ore [del tempo piacevolmente] con gli amici ¶時計が時を刻む [告げる]. L'orologio fa tic tac [suona le ore]. ¶時が経てば [の経つうちに] col tempo / con l'andar del tempo / col passare del tempo ¶時を同じくして contemporaneamente / simultaneamente / nel contempo / nello stesso tempo ¶この問題は時が解決してくれるだろう. Il tempo risolverà questo problema. ¶時が経つのも気がつかなかった. Non mi accorgevo del tempo che passava. ¶時のたつのは速いものだ.「Il tempo vola." ¶彼らは時をたがえずやってきた. Sono venuti「in tempo [puntuali]. ¶時の記念日 Giornata del Tempo (◆10 giugno)

2【…の時,…した時】quando [mentre]+直説法, nel momento in cui+直説法;《…した時から》dal momento in cui [da quando]+直説法 [接続法] ¶暑いときには quando fa caldo / nella stagione calda ¶暇なとき(に) a tempo perso ¶別れの時に nel [al] momento dei saluti ¶9歳の時(に) all'età di 9 anni ¶子供の時(に) da bambino [piccolo] ¶君に初めて会った時(に) la volta che ti ho conosciuto / quando ti ho visto per la prima volta ¶イタリアを旅している時に durante il viaggio in Italia / nel corso del viaggio in Italia ¶夕飯を食べていた時に, 彼から電話があった. Mentre stavo cenando [Cenando] ho ricevuto una sua telefonata. ¶出かけようという時に電報が届いた. Il telegramma è arrivato nel momento in cui stavo per uscire. ¶君の顔を見たとき, ジョヴァンニの息子さんだとわかったよ. Nel momento in cui ti ho visto, ho riconosciuto in te il figlio di Giovanni. ¶花びんを運んでいたときに落としてしまった. Nel trasportare il vaso, l'ho fatto cadere. ¶みんなが中に入った時ちょうど雨が降り始めた. Appena tutti furono entrati dentro, cominciò a piovere. ¶別れの時がやってきた. È giunta l'ora di andarcene [dire addio]. / Ora dobbiamo andare. ¶太陽が沈むとき海は燃えるように輝いていた. Il mare splendeva fiammeggiante al calar del sole.

3【場合・季節】caso⾺, momento⾺, tempo⾺, ora⼥;《好機》occasione⼥, momento⾺ buono;《季節》stagione⼥ ¶…するときは quando + 直説法 / nel caso (in cui) + 直説法 [接続法] ¶時と場所をわきまえて行動する agire tenendo conto del tempo e del luogo ¶こんなときは come è così / in un caso simile / se capita un'occasione come questa ¶いざというときのために per i momenti di necessità ¶私の不在のときは言付けていただいてかまいません. Se non ci fossi, lasci pure un messaggio. ¶桜の時にまたいらっしゃい. Torni durante la fioritura dei ciliegi. ¶ちょうどいい時にきてくれた. Sei venuto proprio al momento giusto. ¶災難は時を選ばずやってくる. Le disgrazie capitano [ci colpiscono] nel momento meno aspettato. ¶今はけんかなどをしているときではない. Questo non è il caso [il momento / l'ora] di litigare. ¶それは時と場合による. Dipende dal momento e dalle circostanze. ¶時に応じて飛行機で行くこともある. In certi casi [Secondo i casi] vado anche in aereo. ¶ご用のときにはベルを押してください. Se ha bisogno di qualcosa, suoni il campanello. ¶時を見て私から彼に話してみよう. Cercherò il momento opportuno per parlargli. / Al momento opportuno gli parlerò di ciò.

4【時代】epoca⼥, età⼥, tempo⾺, periodo⾺ ¶時の流行 la moda dell'epoca ¶時の流れ il corso [l'evoluzione] del tempo ¶時の権力者 la classe dirigente di allora ¶時の人 persona del momento [giorno] ¶あのころはちょうど楽しい時で

った. Allora era una bell'epoca. / A quel tempo si viveva felici.

5【名詞に付いて】 ¶昼飯時 ora di pranzo ¶ちょうど花見時だ. Questo è il momento giusto per andare a vedere la fioritura dei ciliegi.

[慣用] **時が来る** ¶時が来れば se si presenta l'occasione [il momento] ¶時が来ればわかる. "Chi vivrà, vedrà."

時の運 ¶勝敗は時の運だ. La vittoria o la sconfitta dipende dalla fortuna.

時の間(ᵐ) un istante, un attimo

時は金なり 《諺》"Il tempo è denaro."

時を移さず ¶時を移さず手術した. È stato operato immediatamente. / Il chirurgo cominciò a operare senza indugio.

時を得る (1)《その場に適した》 ¶時を得た発言だった. È stato un intervento opportuno [tempestivo]. (2)《時流に乗る》 ¶時を得ず, 世に出られなかった. Non ha avuto l'opportunità di farsi apprezzare.

時を稼(かせ)**ぐ** guadagnare tempo

時を待つ aspettare l'occasione buona [favorevole / propizia]

とき 鴇・朱鷺 ibis[男][無変] crestato giapponese

✤**鴇色** rosa[男] chiaro [pallido]

とき 鬨 ¶鬨の声を上げる lanciare un urlo [un grido] di guerra

どき 土器 ceramica[女], terraglia[女], terracotta[女][複 *terrecotte*] ¶縄文[弥生]式土器〘史〙terracotta di tipo Jomon [Yayoi]

どき 怒気 ◇怒気を含んだ indignato, infuriato, furente, furioso ¶怒気を帯びて con indignazione [collera / ira / rabbia] ¶怒気を含んだ顔[口調]で con viso [tono] indignato

ときあかす 解き明かす chiarire ¶謎を解き明かす chiarire un mistero

ときあかす 説き明かす spiegare ¶やむを得ない事情を説き明かす spiegare l'inevitabilità di una situazione

ときおり 時折 ogni tanto

とぎし 研ぎ師 arrotino[男]

とぎすます 研ぎ澄ます **1**《刃物を》affilare ¶研ぎ澄まされた刃 lama ben affilata
2《精神を》 ¶研ぎ澄まされた芸術感覚 senso artistico molto sviluppato

-ときたら per quanto riguarda, quando si tratta di; in quanto a ¶彼はスポーツときたらまるっきりだめだ. Per quanto riguarda lo sport, non vale proprio niente. ¶彼は甘い物ときたら目がない. Va pazzo per i dolci. ¶あの子ときたら. È sempre il solito!

どぎつい 《色・模様が》chiassoso, violento, sgargiante, troppo vivo [vistoso] ¶どぎつい色 colore chiassoso ¶どぎつい言葉を避ける evitare parole forti [dure / volgari]

どきっと ¶彼はその知らせにどきっとした. Gli è venuto un palpito al cuore sentendo quella notizia.

ときどき 時時 **1**《そのおりおり》di tanto in tanto, ogni tanto, talvolta, alle volte, talora, qualche volta; 《間をおいて》ad intervalli ¶ときどき手紙で様子を知らせるよ. Ti terrò al corrente della situazione di volta in volta con una lettera. ¶ときどき彼と会う機会がある. Talvolta ho occasione di incontrarlo. ¶映画はときどき見ます. Ogni tanto vado al cinema.
2《その時節》 ¶彼は時々のあいさつを欠かしたことがない. Non manca mai di inviare i saluti nelle ricorrenze.

どきどき ¶心臓がどきどきした. Il cuore mi batteva forte. ¶胸をどきどきさせて《驚きや喜びで》col cuore in gola

ときとして 時として 《ある場合には》certe volte, in certi casi; 《時々》di quando in quando, ogni tanto ¶ちょっとした不注意から時として大きな事故が起こる. In certi casi possono accadere gravi incidenti per piccole disattenzioni.

ときならぬ 時ならぬ 《時期はずれの》intempestivo, fuori luogo, fuori stagione; 《意外な》inaspettato, imprevisto ¶時ならぬ嵐 tempesta fuori stagione

ときに 時に **1**《時折》 ¶時に泣きたくなることがある. Ci sono delle volte「che [in cui] mi viene da piangere. **2**《時あたかも》 ¶時に1969年人類は月着陸に成功した. In quel momento—era il 1969—l'uomo riuscì ad atterrare sulla luna.
3《ところで》a proposito; dunque ¶時にお父さんは最近いかがかね. A proposito, come sta tuo padre adesso?

ときには 時には certe volte, talvolta, in certi casi ¶いつもは洋服ですが時には着物を着ることもあるんですよ. In genere porto abiti occidentali, ma qualche volta indosso anche il *kimono*. ¶彼も時にはいいことを言うじゃないか. Anche lui a volte dice cose ragionevoli, non è vero?

ときはなす 解き放す lasciar [rendere] libero (►liberoは目的語の性・数に合わせて語尾変化する), liberare ¶人々は悪しき風習から解き放された. La gente è stata liberata dai cattivi costumi.

ときふせる 説き伏せる persuadere [convincere] *qlcu.* a＋[不定詞] ¶説き伏せられる lasciarsi [farsi] persuadere [convincere] da *qlcu.*, essere persuaso [convinto] da *qlcu.* ¶説き伏せて…をやめさせる dissuadere *qlcu.* dal＋[不定詞] / convincere *qlcu.* a non＋[不定詞] ¶説き伏せて彼の間違いをわからせた. L'ho convinto del suo errore. ¶結婚を認めるよう両親を説き伏せた. Ho persuaso i miei genitori ad acconsentire alle nozze.

ときほぐす 解きほぐす districare [sbrogliare / dipanare] *ql.co.* ¶糸のもつれを解きほぐす dipanare un groviglio [un garbuglio] di fili ¶緊張を解きほぐす allentare la tensione di [distendere] *qlcu.* ¶老いた病人のかたくなな心を解きほぐす sciogliere il duro cuore di un vecchio ammalato

ときほぐす 溶きほぐす ¶卵を溶きほぐす sbattere le uova

どぎまぎ ◇どぎまぎする confondersi, smarrirsi, turbarsi ¶あんなことを急に言われてどぎまぎしてしまった. A quelle inaspettate parole mi sono smarrito. ¶私はどぎまぎして赤くなった. Sono arrossito tutto confuso.

ときめかす ¶期待に胸をときめかす vivere con emozione un'attesa

ときめく ◇ときめき《動悸》palpitazione㊛;《感動》viva commozione㊛ ed emozione㊛ ¶少年のころの胸のときめき forte emozione conosciuta da ragazzo ¶彼の胸は期待にときめいた. Il suo cuore batteva forte nell'attesa.

ときめく 時めく 《栄えている》essere fiorente [ricco㊚ 複 -chi] / prosperoso;《勢力がある》essere influente [potente] ¶彼は今をときめく文芸評論家だ. È uno dei critici letterari più in vista del momento. ¶彼は世にときめく政治家だ. È un potente uomo politico.

どきも 度肝 ¶度肝を抜く stupefare [sbalordire] qlcu. ¶度肝を抜くような stupefacente / sbalorditivo ¶彼の発言に我々は度肝を抜かれた. Il suo intervento ci ha lasciati stupefatti.

ドキュメンタリー 〔英 documentary〕documentario㊚[複 -i]

❖**ドキュメンタリー映画** documentario㊚, film㊚[無変] documentario

ドキュメンタリー作家[監督] documentarista㊚㊛[複 -i]

ドキュメント 〔英 document〕《文献, 記録》documento㊚

どきょう 度胸 coraggio㊚, audacia㊛ ◇度胸のある coraggioso, audace, impavido ◇度胸のない codardo, vile, vigliacco㊚[複 -chi], senza coraggio ¶度胸を据(す)える prendere il coraggio a due mani ¶度胸をためす provare [mettere alla prova] il coraggio di qlcu. ¶男は度胸. È il coraggio che conta in un uomo. ¶あんなうそをつくといい度胸だ. Che faccia tosta a dire una tale menzogna! / Ci vuole un bel coraggio per dire una bugia simile!

どきょう 読経 lettura㊛ dei sutra ◇読経する leggere [recitare] i sutra ad alta voce

ときょうそう 徒競走 corsa㊛ podistica

どきりと ¶彼の言葉にどきりとした. Alle sue parole sono allibito. / Ascoltandolo, sono rimasto di sasso. ¶彼に図星をさされてどきりとした. Sono rimasto sorpreso [allibito] quando ha indovinato quello che pensavo.

とぎれとぎれ ◇とぎれとぎれの discontinuo, interrotto, intermittente ◇とぎれとぎれに in modo discontinuo, discontinuamente, intermittentemente ¶とぎれとぎれに語る raccontare ql.co. con voce rotta

とぎれる 跡切れる interrompersi, cessare㊌ [es, av] senza interruzione ¶話がとぎれる. La conversazione s'interrompe [《話題が尽きて》s'inaridisce]. ¶会話がとぎれる. La conversazione langue. ¶電話がとぎれた. La linea è caduta. ¶雨が一瞬とぎれた. La pioggia è cessata per un momento. ¶彼は言葉をとぎらせた. Si è interrotto. / Ha taciuto.

ときわぎ 常磐木 《植》sempreverde㊚

ときん 鍍金 placcatura㊛

❖**鍍金工** doratore㊚ [-trice]

鍍金術 arte㊛ del dorare

どきん ¶それを聞いてどきんとした. Udendo ciò ho sobbalzato [sono trasalito].

とく 得 《利益》profitto㊚, guadagno㊚;《有利》vantaggio㊚[複 -gi], convenienza㊛ ◇得たる proficuo, redditizio㊚[複 -i], produttivo; vantaggioso ¶得をする trarre profitto da ql.co. / guadagnare [av] ¶…するほうが得だ. È più vantaggioso + 不定詞 ¶この取引でずいぶん得をした. Ho guadagnato molto da quest'affare. ¶この車はよい買い物だった. Quest'auto è stata un buon affare [acquisto]. ¶電気よりガスのほうが得だ. Il gas è più economico dell'elettricità. ¶売ったほうが得だ. Vendere è più vantaggioso. ¶この品のほうがお得ですよ. Questo articolo le conviene di più. ¶社長を怒らせても何の得にもならない. Non ci si guadagna niente a offendere il presidente. ¶こんなものは買うより借りるほうが得だ. È più conveniente prenderlo in affitto che comprarlo. ¶彼は得な性分だ.《楽天的》È un ottimista. / È di temperamento ottimista.

とく 都区 ¶都区内[外] all'interno[all'esterno] delle 23 circoscrizioni della città di Tokyo

とく 徳 **1**《人の道にかなっていること》virtù㊛ ◇徳のある virtuoso ¶徳の高い人 persona「di grandi virtù[di alta moralità] ¶徳を養う「磨く」coltivare le virtù ¶徳は孤ならず.《諺》"Fai del bene e avrai [riceverai] del bene." / "Chi semina, raccoglie."

2《恵み》¶部下に徳を施す colmare i *propri* dipendenti di benefici [di favori]

とく 梳く ⇒梳(と)かす

とく 解く **1**《ほどく》sciogliere [slegare] ql.co. ¶包みを解く aprire un pacco ¶結び目を解く snodare ql.co. / sciogliere [slegare] il nodo di ql.co. ¶靴のひもを解く sciogliere i lacci delle [slacciare le] scarpe ¶荷を解く disfare la valigia

2《解除する》¶禁止令を解く togliere [《撤回する》revocare] un divieto ¶都市の包囲を解く levare l'assedio a una città ¶警戒を解く allentare la vigilanza ¶夜間は通行禁止が解かれる. Di sera il divieto di transito non è in vigore.

3《わだかまりや緊張を消す》¶誤解を解く chiarire un malinteso ¶父の怒りを解く placare l'ira del padre ¶疑いを解く dissipare un dubbio

4《解決する》risolvere ql.co. ¶数学の問題を解く risolvere un problema di matematica ¶事件の謎を解く鍵が見つかった. Ho trovato la chiave per risolvere il mistero.

5《解任する》¶課長の職を解く rimuovere qlcu. dall'incarico di capoufficio

とく 溶く (far)sciogliere ql.co. ¶水で小麦粉を溶く stemperare la farina nell'acqua ¶卵を溶く sbattere le uova ¶絵の具を油で溶く stemperare un colore con (dell')olio

とく 説く **1**《説明する》spiegare ql.co. a qlcu.;《述べる》esporre ql.co. ¶事情を説く spiegare la situazione

2《教える, 説教する》predicare ql.co.;《諭(さと)す》esortare qlcu. a ql.co. [+ 不定詞], raccomandare ql.co. a qlcu. ¶忍耐を説く raccomandare [esortare alla] pazienza ¶人の道[神の教え]を説く predicare la morale dell'uomo [il pensiero di Dio] ¶…の必要性を説く insistere sulla necessità di ql.co. [+ 不定詞]

とぐ 研ぐ **1**《鋭くする》affilare, arrotare ¶かみそりを(革で)研ぐ affilare un rasoio (con la co-

ramella) ¶包丁を砥石で研ぐ affilare un coltello con la [sulla] cote ¶爪を研ぐ《動物が》aguzzare gli artigli
2《こすって洗う》¶米を研ぐ lavare il riso

どく 毒 **1**《毒物、毒薬》veleno ◇毒のある velenoso; tossico [複 -ci]; venefico [複 -ci] ¶毒入りの avvelenato ¶毒を飲んで avvelenarsi / prendere del veleno ¶毒を飲んで[仰いで]死ぬ suicidarsi con il veleno ¶毒を盛る avvelenare qlcu.
2《害·悪い影響を与えるもの》male®, danno® ¶毒になる che fa male [danni] ¶毒のある《悪意のある》maligno ¶この本は子供には毒だ. Questo libro è dannoso per i bambini. ¶そんなに働いては体に毒だよ. Non fa bene alla salute lavorare così tanto. ¶彼の言葉には毒がある. C'è del veleno nelle sue parole. ¶目の毒 →目 慣用
|慣用| 毒にも薬にもならない Non fa né bene né male. ¶毒にも薬にもならないやつだ. La sua presenza è completamente trascurabile [irrilevante].
毒を食らわば皿まで《諺》"Perso per perso, tanto vale andare fino in fondo."
毒を以(もっ)て毒を制す combattere il male col male
❖**毒きのこ** fungo® [複 -ghi] velenoso
毒蛇 serpente® velenoso
毒虫 insetto® velenoso
毒矢 freccia® [複 -ce] avvelenata

どく 退く farsi [tirarsi] da parte, togliersi di mezzo, scostarsi [scansarsi]《から da》;《空間をあける》dare spazio a qlcu.;《うしろへ》tirarsi indietro ¶どいてください. Si faccia da parte! / Si tolga di mezzo! / Si scosti [scansi]! ¶どいた、どいた. Largo!

とくい 得意 **1**《自慢、満足》◇得意げな trionfante, orgoglioso, contento di sé ◇得意げに《得意満面で》orgogliosamente, con aria fiera,《自己満足》con compiacimento, con aria soddisfatta ¶…を得意がる essere [andare] fiero di ql.co. [qlcu. / +不定詞] ¶得意になっている essere gonfio d'orgoglio /《自負》essere fiero di se stesso /《自己満足》essere soddisfatto [contento] di se stesso ¶得意になって歌う cantare con aria beata
2《上手であること》punto forte, il proprio forte® ¶…が得意である essere forte [bravo] in ql.co. / eccellere in [a] ql.co. ¶私は英語があまり得意でない. Non conosco bene l'inglese. ¶彼は数学が得意だ. La matematica è il suo forte. / Ha il bernoccolo della matematica. ¶彼は料理が得意だ. È un ottimo cuoco. ¶魚料理は僕のお得意だ. La mia specialità sono i piatti di pesce. ¶人前で話すのはあまり得意ではない. Non sono molto abile a parlare in pubblico.
3《顧客》cliente® 《abituale》;〔仏〕habitué [abitué]® [無変];《集合的に》clientela® ¶彼はうちの店の上得意です. È uno dei migliori clienti del nostro negozio.

とくい 特異 ◇特異な particolare, unico [複 -ci], singolare;〔ラ〕sui generis ¶世界でも特異な才能 talento unico al mondo ¶それは全くもって特異なケースだ. È un caso più unico che raro.

❖**特異細胞**《植》idioblasto®
特異性 particolarità®, singolarità®, carattere® unico;《化》specificità®
特異体質《医》¶…に対して特異体質である essere allergico a [avere idiosincrasia per] qlcu.

どぐう 土偶 〔史〕statuina® [idoletto®] di terracotta del periodo Jomon

どくえん 独演 ◇独演する recitare [esibirsi] da solo
❖**独演会** spettacolo® in cui si esibisce un solo artista;〔英〕recital [rétʃital, résital]® [無変] ¶会議は彼の独演会だった. È stato l'unico a parlare durante la riunione.

どくが 毒牙 **1**《毒を出す牙》dente® velenoso
2《悪らつな手段》¶悪人の毒牙にかかる essere vittima di un malfattore

とくがく 篤学 ¶篤学の士 studioso appassionato

どくがく 独学 autoapprendimento® ◇独学する istruirsi [imparare] da sé [da solo / senza un insegnante] ◇独学の autodidattico [複 -ci]
❖**独学者** autodidatta® [複 -i]

どくガス 毒ガス《有毒ガス》gas® [無変] tossico [複 -ci] [venefico [複 -ci]];《窒息性ガス》gas® asfissiante;《化学兵器》aggressivo® chimico [複 -ci] ¶毒ガスでやられる essere colpito da gas venefico
❖**毒ガス弾** bomba® asfissiante [a gas]

とくぎ 特技 talento® particolare, specialità® ¶…するのが特技だ avere una particolare abilità nel +不定詞 ¶何か特技をおもちですか. Ha qualche competenza [capacità] particolare?

どけ 毒気 →毒気(どっき)
どくけし 毒消し《解毒剤》antidoto®
どくご 独語 →独(どっ)り言

どくごかん 読後感 ¶この本の読後感をお聞かせください. Mi dica le Sue impressioni su questo libro.

とくさ 木賊《植》brusca®, asprella®

どくさい 独裁 dittatura®, dispotismo®, autocrazia® ◇独裁的な dittatoriale, dispotico [複 -ci], autocratico [複 -ci] ◇独裁的に dispoticamente, dittatorialmente ¶階級[プロレタリア]独裁 dittatura di classe [del proletariato] ¶一党独裁 dittatura di un solo partito
❖**独裁君主** sovrano® [® -a] assoluto
独裁者 dittatore® [® -trice], despota® [複 -i], tiranno® [® -a]
独裁制 regime® dittatoriale [dispotico / autocratico]

とくさく 得策 politica® intelligente ¶…するのが得策だ. La cosa migliore è di +不定詞 / È consigliabile +不定詞 [che +接続法]

とくさつ 特撮《特殊撮影》effetto® speciale

どくさつ 毒殺 veneficio® [複 -ci], uccisione® [omicidio® [複 -i] / assassinio® [複 -i] per avvelenamento [intossicazione] ◇毒殺する avvelenare [intossicare] qlcu., uccidere qlcu. con il veleno ¶毒殺される essere ucciso avvelenato [intossicato / per avvelenamento]
❖**毒殺者** avvelenatore® [® -trice]

とくさん 特産《特産物》prodotto® caratteri-

stico [複 -ci] [speciale]; specialità[女] (di una regione)
とくし 特使 delegato[男] [inviato[男]] [[女] -a] speciale; messaggero[男] [[女] -a] incaricato d'una missione speciale ¶特使を急ぎ派遣する inviare immediatamente un delegato speciale
どくじ 独自 ◇独自の originale, unico [[男]複 -ci]; 《個人的, 個性的》personale, individuale ◇独自に《独創的に》originalmente; 《他と関係なく独立して》indipendentemente; 《個人的に》individualmente, personalmente ¶独自の行動をとる seguire la *propria* linea di condotta / agire 「per conto *proprio* [individualmente] ¶独自の判断で a *proprio* arbitrio [giudizio] ¶独自に調査する indagare *ql.co.* autonomamente
✤**独自性** originalità[女], particolarità[女]
とくしか 篤志家 persona[女] caritatevole, filantropo[男] [[女] -a]; benefat*tore*[男] [[女] -*trice*]; 《ボランティア》volontar*io*[男] [[女] -*ia*; [男]複 -*i*]
とくしつ 特質 caratteristica[女]; 《性質》carattere[男] ¶この建材は火に強いという特質がある. Questo materiale da costruzione ha la caratteristica di essere refrattario al fuoco.
とくしつ 得失 ¶得失を論じる discutere i [sui] pro e i contro di *ql.co.*
とくじつ 篤実 ◇篤実な sincero, onesto; 《率直な》schietto; franco [[男]複 -*chi*]
とくしゃ 特写 ¶この写真は本紙特写である. Il nostro giornale ha l'esclusiva di questa fotografia.
とくしゃ 特赦 amnistia[女]; 《君主・元首による》grazia[女] ¶特赦を与える amnistiare *qlcu.* / concedere [accordare] l'amnistia a *qlcu.* / graziare *qlcu.* / dare [concedere] la grazia a *qlcu.* ¶特赦を受ける[に浴する] essere amnistiat*o* / essere graziat*o* ¶特赦を受けて出獄する essere scarcerat*o* in seguito ad amnistia ¶特赦令を発する decretare un'amnistia / promulgare il decreto di amnistia
どくしゃ 読者 let*tore*[男] [[女] -*trice*]; 《定期購読者》abbonato[男] [[女] -*a*] ¶読者層の広い新聞 giornale con un'ampia fascia di lettori
✤**読者欄** rubrica[女] dei lettori
とくしゅ 特殊 ◇特殊な particolare, speciale; 《特異な》singolare; 〔ラ〕sui generis
✤**特殊学校[学級]** scuola[女] [classe[女]] speciale
特殊鋼 〘冶〙acciai*o*[男] [複 -*i*] speciale
特殊効果 《テレビや映画の》effetti[男] [複] speciali
特殊撮影 effetto[男] speciale
特殊事情 circostanze[女] [複] [ragioni[女] [複]] particolari
特殊性 particolarità[女], peculiarità[女], singolarità[女]
特殊部隊 《米軍の》Special Forces[女] [複]
特殊法人 persona[女] giuridica con uno stato giuridico speciale
とくじゅ 特需 〘経〙domanda[女] speciale causata dallo scoppio di una guerra
✤**特需景気** boom[男] [無変] della domanda bellica
とくしゅう 特集 ¶選挙特集を組む《雑誌などが》preparare un articolo speciale sulle elezioni
✤**特集号** numero[男] speciale ¶特集号を出す dedicare un numero speciale a *ql.co.*
特集番組 programm*a*[男] [複 -*i*] speciale
どくしゅう 独習 ◇独習の autodidattic*o* [複 -*ci*]
✤**独習書** manuale[男] [corso[男]] per autodidatti ¶イタリア語独習書 manuale [corso] di italiano per autodidatti
どくしょ 読書 lettura[女] ◇読書する leggere[他] (►単独でも可) ¶夜ふけまで読書する leggere fino a notte fonda ¶読書にふける essere assort*o* nella lettura ¶読書百遍意おのずから通ず. 《諺》Leggilo cento volte e prima o poi ne capirai il significato.
✤**読書家** let*tore*[男] [[女] -*trice*] ¶彼は大変な読書家だ. È un lettore formidabile.
読書会 circolo[男] di lettura ¶読書会を作る inaugurare [aprire] un circolo per lettori
読書室 sala[女] di lettura
読書週間 la settimana[女] del libro (◆ due settimane a partire dal 27 ottobre)
とくしょう 特賞 prem*io*[男] [複 -*i*] speciale
どくしょう 独唱 assolo[男] [無変] vocale ◇独唱する cantare un assolo, fare l'assolo
✤**独唱会** 〔英〕recital [rétʃital, résital][男] [無変]
独唱曲 (pezzo[男] [brano[男]] per) assolo[男], solo[男]
独唱者 solist*a*[男][女] [[男]複 -*i*], cantante[男][女] solista
とくしょく 特色 ¶製品の特色 caratteristiche del prodotto ¶特色のある文体 stile che si distingue dagli altri
とくしん 得心 ¶得心がゆくまで事情をご説明いたしましょう. Le spiegherò la situazione fino a che ne sarà convinto.
とくしん 瀆神 profanazione[女], sacrileg*io*[男] [複 -*gi*] ◇瀆神的な profano, sacrileg*o* [[男]複 -*ghi*] ¶瀆神的行為をする fare un'azione sacrilega / commettere un sacrilegio
どくしん 独身《状態: 男》celibato[男]; 《女》nubilato[男] ◇独身の《男》non sposato, scapolo; 《書類などで》celibe, non coniugato; 《女》non sposata; 《書類などで》nubile, non coniugata ¶独身の娘 ragazza nubile / signorina ¶独身で暮らす vivere senza sposarsi / 《男性が》vivere da scapol*o* [《女性が》da nubil*e*]
✤**独身貴族** ¶彼は独身貴族だ. Conduce una vita beata [privilegiata] da single.
独身者 〔英〕single [síngol][男][女]; 《男性》celibe[男], scapolo[男]; 《女性》nubile[女]
独身主義 celibato[男]
独身制 〘カト〙《聖職者の》celibato[男] ecclesiastico
どくしんじゅつ 読心術 lettura[女] del pensiero ¶彼は読心術ができる. Sa leggere nel pensiero altrui.
どくしんじゅつ 読唇術 lettura[女] labiale
どくする 毒する corrompere, pervertire
とくせい 特性 caratteristica[女], carattere[男] particolare, proprietà[女] caratteristica ¶ある素材の化学的特性 qualità chimiche di una determinata materia ¶ソーダには油脂を溶かす特性がある. La caratteristica della soda è quella di sciogliere il grasso.
✤**特性曲線** curva[女] caratteristica
とくせい 特製 ◇特製の fuori serie, confezio-

とくせい nato [fabbricato] su ordinazione ¶当店特製のアイスクリーム gelato specialità della casa /〈自家製の〉gelato di「nostra produzione [produzione propria]」

❖**特製品** articolo㊚ fuori serie [fatto su ordinazione];〈高級品〉articolo di lusso

とくせい 徳性 virtù㊛, qualità㊛ morale ¶徳性を養う coltivare le qualità morali

どくせい 毒性 tossicità㊛ ◇毒性のある velenoso, tossico〈複 -ci〉¶毒性の強い化学薬品 sostanza chimica fortemente tossica

❖**毒性試験** prova㊛ [test㊚ 無変] di tossicità

とくせつ 特設 ◇特設する installare [istituire] appositamente ql.co.

❖**特設売り場** reparto㊚ vendite speciali

どくぜつ 毒舌 ¶毒舌をふるう avere una lingua tagliente [velenosa] / pronunciare delle parole mordaci verso qlcu. [ql.co.]

❖**毒舌家** maldicente㊚㊛, malalingua㊛〈複 malelingue〉

とくせん 特選 ◇特選の di prima scelta, di prima qualità ¶特選になる《作品が》ottenere il premio speciale

❖**特選品** articolo㊚ [merce㊛] di qualità

どくせん 独占 monopolio㊚〈複 -i〉, possesso㊚ esclusivo;〈経済行為の〉monopolizzazione㊛ ◇独占的 monopolistico〈㊚複 -ci〉; esclusivo 独占的に in modo monopolistico, monopolisticamente ◇独占する monopolizzare; esercitare [avere] il monopolio di ql.co; avere tutto per sé ¶少数独占 oligopolio㊚ ¶買い手[需要]独占 monopsonio㊚ ¶利益を独占する accaparrarsi tutti gli utili / monopolizzare i guadagni ¶タバコの製造を独占する avere il monopolio (della produzione) del tabacco ¶人気を独占する essere al centro della popolarità ¶彼はその部屋を独占している。Usa quella camera da solo. ¶会話を独占する monopolizzare la conversazione ¶ある記事の独占掲載権を持つ avere l'esclusiva di un articolo ¶日本の選手が上位を独占した。Gli atleti giapponesi hanno monopolizzato i primi posti.

❖**独占化** monopolizzazione㊛
独占価格〈経〉prezzo㊚ di monopolio
独占企業〈事業〉〈経〉impresa㊛ monopolistica
独占禁止法 Atto㊚ Antimonopolio
独占権〈法〉diritto㊚ esclusivo,〈diritto㊚ di〉monopolio, esclusiva㊛ ¶独占権を持つ人[店] esclusivista㊚㊛〈複 -i〉
独占支配〈経〉controllo㊚ monopolistico
独占資本〈経〉capitale㊚ monopolistico
独占販売 vendita㊛ in esclusiva
独占欲 desiderio㊚ di possesso esclusivo
独占力〈経〉potere㊚ monopolistico

どくぜん 独善 autocompiacimento㊚ ◇独善的〈独断的な〉arbitrario〈㊚複 -ci〉;〈自己中心的〉egocentrico〈複 -ci〉 ◇独善的に arbitrariamente; egocentricamente ¶独善的な判断 giudizio arbitrario

❖**独善主義** atteggiamento㊚ di chi tende a considerare se stesso più virtuoso degli altri;〈自己中心主義〉egocentrismo㊚;〈エゴイズム〉egoismo㊚

独善主義者《自分だけが正しいと信じている》persona㊛ con eccessiva autostima;《他人のことは考えない》egocentrico〈㊚ -ca〉

どくそ 毒素 sostanza㊛ tossica,〈生化〉tossina㊛ ¶抗毒素 antitossina

とくそう 特捜〈特別捜査〉indagine㊛ [investigazione㊛] speciale

❖**特捜班** reparto㊚ investigativo speciale
特捜部 sezione㊛ investigativa speciale

どくそう 毒草 erba㊛ [pianta㊛] velenosa

どくそう 独走《1人で走ること》correre㊥ [av] da solo;〈他を引き離して〉distanziare [staccare] gli altri concorrenti;《単独の行動をとる》agire㊥ [av] da solo, mettersi in disparte;《勝手に》agire arbitrariamente ¶35キロ過ぎで彼女の独走となった。Dopo il trentacinquesimo chilometro ha corso in solitaria. ¶選挙では伊藤氏は終始独走態勢を崩さなかった。Durante le elezioni, Ito non ha mai avuto rivali.

どくそう 独奏〈音〉assolo㊚ [無変] strumentale ◇独奏する eseguire un assolo

❖**独奏会** recital [rétʃital, résital]㊚ [無変] strumentale
独奏曲 pezzo㊚ [brano㊚] per assolo
独奏者 solista㊚㊛〈複 -i〉

どくそう 独創 独創的 originale;〈創意に富んだ〉creativo, ricco〈㊚複 -chi〉di creatività; inventivo ¶独創的な芸術家[意見／思いつき] artista [opinione / idea] originale

❖**独創性** originalità㊛, creatività㊛ ¶…に独創性を発揮する rivelare originalità in ql.co. [nel + 不定詞]
独創力 potere㊚ creativo

とくそく 督促 ◇督促する sollecitare qlcu. a + 不定詞 ¶税金の支払いの督促を受けた。Ho ricevuto un sollecito [una sollecitazione] di pagamento delle tasse.

❖**督促状** sollecito㊚ di pagamento

ドクター〈英 doctor〉《博士, 医師》dottore㊚ [㊛ -essa];〈医師〉medico㊚〈複 -ci〉(►女性のドクターもさす)

❖**ドクターカー** ambulanza㊛ con dottore a bordo
ドクターコース《大学院の》corso㊚ di dottorato di ricerca triennale
ドクターストップ〈スポ〉interruzione㊛ di una gara per ordine del medico ¶今日は酒が飲めない。ドクターストップがかかっているんだ。Oggi non posso bere. Me l'ha ordinato il medico.

とくだい 特大 ◇特大の eccezionalmente grande, di grandezza eccezionale;《衣料品》di taglia forte; XL [無変]

❖**特大号**《新聞・雑誌などの》edizione㊛ speciale ampliata

とくたいせい 特待生 studente㊚ [㊛ -essa] che riceve una borsa di studio o l'esenzione dal pagamento delle tasse universitarie

とくだね 特種 notizia㊛ (data) in esclusiva, colpo㊚ giornalistico〈複 -ci〉;〔英〕scoop㊚ [無変] ¶特ダネな記事を出す fare uno scoop [un colpo giornalistico] ¶これはすごい特ダネになるぞ。Questo sarà un ottimo scoop.

どくだみ 蕺草〈植〉《学名》Houttuynia corda-

どくだん 独断 ◇独断的 dogmatico男[複 -ci]; 《勝手な》arbitrario男[複 -i] ◇独断で dogmaticamente; arbitrariamente; 《誰の言うことも聞かない》senza consultare [sentire il parere di] nessuno ¶独断的に述べる dogmatizzare① [av] ¶独断で決める decidere di testa propria [a proprio arbitrio] ql.co. [di+不定詞] ¶独断に満ちた議論 discussione molto arbitraria

❖**独断論**《教条主義》dogmatismo男

どくだんじょう 独壇場 ◇今日の試合は彼の独壇場だった. Nell'incontro di oggi non ha avuto rivali. ¶外交交渉は彼の独壇場だった. La trattativa (diplomatica) era interamente nelle sue mani.

とぐち 戸口 porta⼥ (d'entrata), entrata⼥, soglia⼥ ◇戸口で待つ aspettare qlcu. alla [sulla / davanti alla] porta ¶戸口から戸口へ di casa in casa

とくちゅう 特注 ordinativo男 [commessa⼥] speciale

❖**特注品** articolo男 fatto su ordinazione speciale [《規格外の》su misura]

とくちょう 特長 merito男, pregio男[複 -gi]; 《特別な能力》abilità⼥ particolare; 《特徴》caratteristica⼥ ◇燃費の良さがこの車の特長だ. Lo scarso consumo di benzina è il pregio principale di questa vettura. ¶仕事が早いのが彼の特長だ. Il suo grande merito è di saper lavorare velocemente.

とくちょう 特徴 caratteristica⼥, peculiarità⼥, particolarità⼥ ◇特徴のある caratteristico男[複 -ci], peculiare, particolare ¶特徴のない senza alcuna caratteristica [particolarità] ¶特徴のあるアクセント accento particolare ¶特徴のある文体 stile originale ¶特徴づける caratterizzare ql.co. [qlcu.] ¶民族的特徴 caratteristica etnica ¶木綿は洗濯に強いのが特徴だ. È una caratteristica del cotone essere resistente al lavaggio. ¶彼は特徴のない顔をしている. Ha un viso comune. ¶犯人の特徴は額の傷だ. La caratteristica [particolarità] di quel criminale è una cicatrice sulla fronte.

どくづく 毒づく inveire② [av] contro qlcu., ingiuriare [offendere / oltraggiare] qlcu. ¶彼は私がひとでなしだと言って毒づいた. Ha inveito contro di me dicendo che ero stato veramente impietoso.

とくてい 特定 ◇特定の determinato, fisso; 《特別の》speciale, specifico男[複 -ci] ¶特定の目的なしに senza uno scopo [un intento] ben preciso ¶犯人を特定する identificare il colpevole

とくてん 特典 favore男 speciale, privilegio男[複 -gi] ¶特典を与える accordare a qlcu. un favore speciale [un privilegio] ¶本会の会員には次の特典がある. I soci di quest'associazione possono godere dei seguenti privilegi.

とくてん 得点《スポーツ》punto男, punteggio男[複 -gi]; 《成績, 試験》voto男, punteggio男[複 -gi] ¶3得点を挙げる segnare [fare] 3 punti ¶得点は5対13だ. Il punteggio è di cinque a tredici. ¶最高得点を得る《試験で》ottenere il voto più alto [il massimo dei voti]

❖**得点表**《記入帳》registro男 per segnare il punteggio; 《記入表》tabella⼥ segnapunti [無変]

とくでん 特電 dispaccio男[複 -ci] speciale ¶ローマからの特電によれば secondo le notizie inviate dal nostro corrispondente da Roma

とくと 篤と cautamente, prudentemente; 《念入りに》accuratamente; 《注意深く》diligentemente ¶とくと考えた上で dopo averci pensato ripetutamente [attentamente]

とくど 得度 ◇得度する《僧になる》farsi 「monaco [複 -ci] buddista男[複 -i] [bonzo]; 《尼僧になる》farsi monaca buddista; 《悟りを開く》raggiungere il nirvana [l'illuminazione]

とくとう 特等
❖**特等賞** premio男[複 -i] speciale
特等席 posto男 (a sedere) speciale [di lusso]

とくとく ¶酒が樽からとくとくと流れ出ていた. Il sakè usciva gorgogliando dalla botte.

とくとく 得々 ◇得々と orgogliosamente

どくとく 独特・独得 ◇独特の particolare, speciale; 《ラ》sui generis, 《独自の》originale, singolare, unico男[複 -ci], inimitabile; 《特有の》peculiare, tipico男[複 -ci] ¶キャンティ独特の味 particolare sapore del Chianti ¶ヴェネツィア独特の料理 tipica cucina veneziana ¶彼は独特なタイプの男だ. È un tipo singolare [sui generis].

どくどく ¶傷口から血がどくどくと流れ出た. Il sangue è 「uscito a fiotti [sgorgato copiosamente] dalla ferita.

どくどくしい 毒々しい ◇毒々しい化粧 trucco vistoso ¶毒々しい口をきく dire parole dure [malevole] / 《憎々しげに》parlare con tono che induce all'odio

ドクトリン〔英 doctrine〕《教義》dottrina⼥; 《原則》principio男[複 -i]

とくに 特に particolarmente, in particolare, specialmente; 《とりわけ》soprattutto ¶特に重要な問題 problema particolarmente importante [d'importanza particolare] ¶クラシック音楽, 特にバッハが好きです. Mi piace la musica classica ed in particolare [soprattutto] quella di Bach. ¶特に言うべきことはない. Non c'è niente di particolare da dire. ¶このお菓子は特にあなたのために作ったの. Questo dolce l'ho fatto apposta [appositamente] per te. ¶「コーヒーがお好きですか」「いいえ, 特には」 "Le piace il caffè?" "Non in particolare."

とくのうか 篤農家 agricoltore男[⼥ -trice] [coltivatore男[⼥ -trice]] modello [無変]

とくは 特派 ¶記者を特派する inviare [mandare] un corrispondente speciale

❖**特派員** inviato男[⼥ -a] speciale; 《外国駐在の》corrispondente男⼥
特派大使 ambasciatore男 straordinario[複 -i]

どくは 読破 ◇読破する leggere ql.co. 「da cima a fondo [interamente]

とくばい 特売 vendita⼥ speciale [《宣伝のため》promozionale], saldi男[複], svendita⼥; 《在庫一掃の》liquidazione⼥ ◇特売する vendere ql.co. ad un prezzo speciale; svendere ql.co.; mettere in liquidazione ql.co.

❖**特売場** reparto男 di saldi

特売日 giorno男 delle promozioni

特売品 merce女 in saldo男; 《買う側から見て》affare男, occasione女, buon affare男; 《掲示》"Saldi" / "Prezzi ribassati"

どくはく 独白 〔劇〕monologo男[複 -ghi], soliloquio男[-i] ◇独白する fare [recitare] un monologo, monologare自[av]

✣独白劇 monologo男, monodramma男[複 -i]

とくはつ 特発 〔医〕 ◇特発性の idiopatico[複 -ci]

✣特発症 idiopatia女

とくひつ 特筆 ◇特筆する fare menzione speciale di ql.co.; 《強調》sottolineare l'importanza di ql.co. ¶特筆に値する meritare una menzione speciale ¶特筆すべきことは何もない. Non c'è niente「di notevole da segnalare [degno di nota]」

とくひょう 得票 ¶彼はこの地区で5万票を得票した. Ha ottenuto 50.000 voti in questa circoscrizione.

✣得票数 numero男 dei voti [suffragi] ottenuti (da un candidato) ¶政党別得票数 numero dei voti suddivisi per partiti

得票率 ¶政党別得票率 percentuale [distribuzione] dei voti secondo i partiti

どくふ 毒婦 donna女 malvagia[複 -gie]

どくふ 読譜 ◇読譜する leggere la musica

どくぶつ 毒物 sostanza女 tossica, veleno男 ¶毒物を検出する scoprire [rintracciare] una sostanza tossica

✣毒物学 tossicologia女 ◇毒物学の tossicologico男[複 -ci]

毒物学者 tossicologo男[複 -ga; 男複 -gi]

とくべつ 特別 ◇特別な speciale, particolare; 《例外的な》eccezionale; 《異例の》straordinario[男複 -i], insolito; 《独創的な》originale ◇特別に specialmente, particolarmente, eccezionalmente ¶事情が特別なので data la particolarità della situazione ¶特別の場合は nei casi particolari / in un caso insolito ¶特別の理由で per ragioni speciali ¶特別頭の良い人 persona di un'intelligenza eccezionale [di straordinaria intelligenza] ¶彼は特別だ.《良い意味で》È un tipo speciale. / È un originale.《良い意味でも悪い意味でも》È un fenomeno. /《事情が特殊》Il suo è un caso particolare. ¶今日は特別暑い. Oggi fa un caldo incredibile. ¶この曲はあなたのために特別に作りました. Ho scritto questa musica espressamente per lei. ¶彼は特別声が大きい. Ha una voce eccezionale [troppo] alta. ¶正月といっても特別なことはしません. Non facciamo niente di speciale neanche a Capodanno.

✣特別扱い trattamento男「di favore [speciale]」 ¶特別扱いをする favorire qlcu. / accordare [riservare] a qlcu. un trattamento speciale [particolare / d'eccezione]

特別委員会 comitato男 speciale; 《国会の》Commissione女 Speciale

特別会計 《日本の国家予算の》conti男[複] speciali

特別号 《雑誌の》numero男 speciale

特別国会 la prima sessione女 postelettorale

特別席 posto男 riservato; 《貴賓(ひん)席》posto男 d'onore

特別措置 misura女 eccezionale [speciale], provvedimento男 straordinario

特別手当 indennità女 speciale

特別番組 programma男[複 -i] speciale

特別引出権 《IMFの》diritti男[複] speciali di prelievo

特別法 diritto男 speciale

特別予算 《臨時の》bilancio男[複 -ci] straordinario; 《追加の》bilancio男 supplementare

特別料金 tariffa女 speciale [d'eccezione]

とくほう 特報 〔英〕flash[flɛʃ]男[無変]; notizia女 straordinaria ¶テレビ[ラジオ]のニュース特報 telegiornale [giornale radio] speciale ¶内閣総辞職の特報があった. Un notiziario speciale ha annunciato le dimissioni del Governo.

✣特報記事 cronaca女 speciale

どくぼう 独房 cella女 d'isolamento

✣独房監禁 detenzione女 in cella di isolamento

とくほん 読本 libro男 di lettura ¶副読本 libro di lettura complementare

ドグマ 〔英 dogma〕《教義》dogma男[複 -i]

✣ドグマチズム dogmatismo男

ドグマチック ◇ドグマチックな dogmatico[男複 -ci]

どくみ 毒味・毒見 ¶料理の毒味をする《毒の有無をみる》assaggiare un piatto per vedere se è avvelenato /《味をみる》gustare [assaggiare] un piatto

✣毒味役 assaggiatore男[女 -trice]

とくむ 特務 incarico男[複 -chi] speciale e segreto

✣特務機関 servizio男[複 -i] segreto militare

とくめい 匿名 anonimato男 ◇匿名の anonimo ◇匿名で anonimamente, 《変名で》sotto uno pseudonimo ¶匿名の手紙 lettera anonima ¶匿名を希望する chiedere di rimanere anonimo

✣匿名投票 votazione女 a scrutinio segreto

匿名批評 critica女 anonima, articolo男 critico [複 -ci] non firmato

とくめい 特命 missione女 speciale ¶特命を受ける essere incaricato di una missione speciale ¶特命を受けて発(た)つ partire in missione speciale

✣特命全権大使 《公使》ambasciatore男[女 -trice] [ministro] straordinario[男複 -i] e plenipotenziario[男複 -i]

とくやく 特約 contratto男 speciale ¶特約を結ぶ concludere un contratto speciale 《と con》

✣特約条項 clausola女 speciale in una polizza di assicurazione

特約店 concessionario男[複 -i] (►「人」もさす)

どくやく 毒薬 veleno男, tossico男[複 -ci]

とくゆう 特有 ◇特有な particolare, proprio [男複 -i], tipico[男複 -ci] ¶癌特有の徴候 sintomo specifico [caratteristico / tipico] del cancro

とくよう 徳用・得用 ◇特用の vantaggioso, economico

✣徳用品 articolo男 economico [複 -ci] [vantaggioso], offerta女 speciale

どくりつ 独立 indipendenza㊛; 《自立》autonomia㊛ ◇独立した indipendente 《から da》 ¶親から独立して暮らす essere indipendente dai genitori ¶独立して商売を始める mettersi in proprio / iniziare una *propria* attività ¶民族独立を獲得する[失う] acquistare [perdere] la *propria* indipendenza etnica ¶独立した部屋 camera indipendente
❖独立運動 ¶国家独立運動を起こす dare inizio a un movimento d'indipendenza nazionale
独立記念日 festa㊛ [anniversario㊚] dell'indipendenza
独立行政法人 ente㊚ amministrativo indipendente
独立組合 sindacato㊚ autonomo
独立懸架 《車》 sospensione㊛ indipendente
独立国 stato㊚ [paese㊚ / nazione㊛] indipendente
独立採算制 ¶これらの企業は独立採算制をとっている。Queste imprese sono finanziariamente indipendenti.
独立自尊 ¶独立自尊の精神 dignità che nasce dall'essere indipendente / orgoglio della *propria* indipendenza
独立心 ¶独立心の強い人 persona con un forte spirito di indipendenza
独立宣言 proclamazione㊛ d'indipendenza
独立投資 《経》 investimento㊚ autonomo
独立独歩 ◇独立独歩の che ha fiducia in *se stesso*

どくりょく 独力 ◇独力で con le *proprie* mani [forze]; 《資金面で》con i *propri* mezzi; 《他人の助けなしに》senza aiuto ¶独力で切り抜ける cavarsela [arrangiarsi] da solo

とぐるま 戸車 rotella㊛ posta in alto [《下側の》in basso] in una porta scorrevole, che ne permette il movimento

とくれい 特例 caso㊚ speciale; 《例外》eccezione㊛, caso㊚ eccezionale ¶特例を設ける fare un'eccezione per [in favore di] *qlcu*.

とくれい 督励 ¶督励する stimolare [incitare / spronare / incoraggiare] *qlcu*. (a+ 不定詞)

とぐろ ¶とぐろを巻く《蛇が》avvolgersi a spirale / attorcigliarsi su *se stesso* ¶彼らは朝から喫茶店でとぐろをまいている。Se ne stanno in ozio al bar fin dal mattino.

どくろ 髑髏 teschio㊚ [複 -*schi*]
❖どくろ印 《海賊の》teschio㊚ con due ossa incrociate; 《毒物など危険物の》segnale㊚ di "Pericolo di morte"

とげ 刺・棘 《動植物の》spina㊛, aculeo㊚; 《木・石・金属などの》scheggia㊛ [複 -*ge*] ¶とげのある植物 pianta spinosa [aculeata] ¶ばらにはとげがある。Le rose hanno le spine. ¶指にとげが刺さった。Mi si è conficcata una scheggia in un dito. ¶とげを抜く estrarre [togliere] una scheggia da *ql.co*. ¶彼の言うことにはとげがある。Le sue parole sono pungenti [aspre].
❖とげ抜き pinzette㊛ [複]

とけあう 溶け合う・解け合う **1** 《溶けて1つになる》¶2つの金属が溶け合って新しい合金を作る。Fondendosi, i due metalli formano una nuova lega. ¶空と海とが溶け合って見えた。Il cielo ed il mare sembravano fondersi.
2 《互いにうち解ける》¶2人の心がついに解け合った。Finalmente i due si sono confidati.

とけい 時計 orologio㊚ [複 -*gi*]; 《目覚まし時計》sveglia㊛ ¶腕[置き/懐中/掛け]時計 orologio da polso [tavolo / taschino / muro] ¶クォーツ[28石の]時計 orologio al quarzo [a 28 rubini] ¶自動巻き時計 orologio a carica [a ricarica] automatica ¶ねじ巻き時計 orologio a molla ¶砂時計 orologio a sabbia / clessidra ¶鳩[振り子]時計 orologio a cucù [a pendolo] ¶日時計 meridiana㊛, orologio solare ¶デジタル[アナログ]時計 orologio digitale [analogico] ¶時計の音 tic-tac [ticchettio] dell'orologio ¶時計のねじを巻く caricare l'orologio ¶時計を3分進める[遅らせる] mettere avanti [indietro] l'orologio di tre minuti ¶時計を分解掃除に出す portare a far smontare e pulire un orologio ¶この時計は合っている。Questo orologio「segna l'ora esatta [va bene]. ¶この時計が正午[3時]を打った。L'orologio ha suonato mezzogiorno [le tre]. ¶君の時計では今何時。Che ora fai? / Che ora fa il tuo orologio? ¶見覚まし時計を8時に合わせる puntare la sveglia [suoneria] alle otto ¶ラジオの時報に時計を合わせる regolare l'orologio sul segnale orario della radio ¶時計が止まっている。L'orologio è fermo. ¶時計の針は ちょうど8時をさしていた。Le lancette segnavano le 8 precise. ¶この時計は1日に2分遅れる[進む]。Questo orologio va indietro [avanti] due minuti al giorno.

【関連】
時計の部分：側㊛ cassa㊛	時針, 短針 lancetta㊛ delle ore	時計バンド cinturino㊚
秒針 lancetta㊛ dei secondi	分針, 長針 lancetta㊛ dei minuti	文字盤 quadrante㊚
竜頭 corona㊛		

❖**時計工業** industria㊛ orologiera
時計じかけ ¶時計じかけの装置 congegno a orologeria
時計台 torre㊛ con orologio
時計回り senso㊚ orario ¶時計[反時計]回りに回る girare《av, es》in senso「orario [antiorario]
時計屋 《人》orologiaio㊚ [複 -*ia*, 複 -*i*]; 《店》orologeria㊛

とけこむ 溶け込む **1** 《液体中に》sciogliersi [dissolversi]《に in》¶この洗剤はなかなか水に溶けぬまい。Questo detersivo non si dissolve facilmente nell'acqua fredda.
2 《なじんで1つになる》amalgamarsi, armonizzarsi ¶クラスに溶け込む entrare in sintonia [armonizzare] con i compagni di classe ¶環境に溶け込む adattarsi all'ambiente esterno ¶彼の声はオルガンの調べに溶け込んだ。La sua voce si accordava bene con il suono dell'organo.

どげざ 土下座 ◇土下座する prostrarsi; prosternarsi, gettarsi a terra

とけつ 吐血 《医》emo(t)tisi㊛ [無 変], ematemesi㊛ [無変] ◇吐血する sputare [vomitare] sangue

とげとげしい 刺刺しい 《言葉などが》pungente, aspro, stizzoso; 《顔・態度・雰囲気が》arcigno; 《敵意をもった》ostile ¶とげとげしい雰囲気 atmosfera ostile ¶とげとげしい口調で言う dire ql.co. con tono stizzoso [pungente / offensivo / acrimonioso]

とける 解ける 1《ほどける》sciogliersi, slacciarsi, slegarsi; 《結び目が》snodarsi ¶結び目が解けない. Il nodo non si scioglie. ¶解けないようにしっかり結んだ. Lo annodai per non farlo slegare.
2《なくなる》scomparire[es], dissiparsi, dileguarsi ¶父に対する恨みが解けた. Il rancore per mio padre è passato [si è dissolto]. ¶誤解が解けない. L'equivoco non si chiarisce.
3《解除される》essere revocato [tolto / soppresso] ¶彼は任務が解けた. È stato rimosso dal suo incarico. ¶外出禁止令が解けるまで finché (non) verrà tolto [revocato] il divieto di uscita
4《解決する》essere risolto, risolversi; 《人を主語にして》(riuscire[es]) a) risolvere ql.co. ¶この問題は簡単に解ける. Questo problema si risolve facilmente. ¶謎が解けた. L'enigma è stato risolto.

とける 溶ける・融ける 《固体が熱で》fondere[av], sciogliersi; 《液化する》liquefarsi; 《液体に同化する》dissolversi ◇溶けた fuso, sciolto, disciolto; liquefatto ¶鉛は低熱で溶ける. Il piombo fonde a bassa temperatura. ¶溶けやすい [にくい] 金属 metallo fusibile [infusibile] ¶川の氷が溶ける. Il fiume è sgelato [disgelato]. ¶塩は水に溶ける. Il sale si scioglie [è solubile] nell'acqua. ¶水に溶けやすい [溶けない] 物質 sostanza「facilmente solubile [insolubile]

とげる 遂げる 《成就する》compiere, eseguire, completare; 《実現する》realizzare ¶目的を遂げる raggiungere il proprio scopo ¶望みを遂げる realizzare il proprio desiderio ¶…への想いを遂げる《恋愛で》ottenere i favori di qlcu. ¶日本経済は急速な進歩を遂げた. L'economia giapponese ha fatto rapidi progressi.

どける spostare ¶椅子をどける rimuovere [spostare] la sedia

どけんぎょう 土建業 impresa[女] di costruzioni
❖**土建業者** costruttore[男] [(女)-trice]

とこ 床 letto ¶床につく《寝る》andare a letto / 《横たわる》coricarsi / mettersi a letto / 《病気で寝つく》allettarsi ¶床を敷く [とる] preparare il letto / stendere il futon per dormire ¶床をあげる riporre il futon ¶床を離れる alzarsi dal letto / 《病気などが治って》lasciare il letto

どこ 何処・何所 1《どの場所》¶ここはどこですか. Dove siamo [ci troviamo]? ¶どこにお住まいですか. Dove abita? / Dov'è la sua abitazione? ¶お国はどこですか. Da dove viene lei? / Di dove è lei? ¶イタリアのどこのお生まれですか. Da che parte dell'Italia viene? ¶どこへ行くの. Dove vai? ¶どこの大学に通っていますか. Quale università frequenta? ¶このバスはどこまで行きますか. Fin dove arriva questo autobus? ¶どこへでもご一緒します. Verrò con lei [La seguirò] dovunque. / Vengo dove vuole lei. ¶どこに行っても暑い. È caldo dappertutto. / È caldo dovunque si vada. ¶どこへも行かない. Non vado in nessun [alcun] posto. ¶どこをさがしても見つからない. Non lo trovo da nessuna parte. ¶どこへともなく行ってしまった. Se ne andò non so dove. ¶どこからともなく聞こえてくる. Si sente un suono di flauto da non so dove. ¶そういうことはどこの国にもある. Ciò si trova in tutti i paesi. ¶犬はどこまでもついて来た. Il cane mi ha seguito ostinatamente [per tutta la strada]. ¶道はどこまでも続いている. La strada continua a perdita d'occhio.
2《どの段階・程度》¶その計画はどこまで進んでいますか. A che punto è il progetto? / ¶どこまでやりましたか. 《授業で》L'altra volta dove siamo rimasti? ¶彼はどこまで本気かわからない. Non so fino a che punto scherza o fa sul serio. ¶僕はどこまでも反対するだ. Mi opporrò fino alla fine. ¶子供はどこまでも子供だ. I bambini sono sempre bambini. ¶どこまでもやり抜くぞ. Andrò fino in fondo! ¶どこまでも運のいい人だ. È una persona veramente fortunata.
3《どの点、部分》parte[女] ¶どこが痛いのですか. Dove le fa male? / Quale parte le duole? ¶この2つの絵はどこが違うのか. In che cosa sono diversi questi due quadri? ¶どこから見ても変な人だ. È un tipo strano sotto tutti i punti di vista [sotto tutti gli aspetti]. ¶どこから手をつけていいかわからない. Non so da dove cominciare.

[慣用] **どこの馬の骨** ¶彼はどこの馬の骨だかわからない奴だ. È un tipo venuto chissà da dove. / Chi lo conosce!

どこ吹く風 ¶彼は教師の言うことなどどこ吹く風だ. Rimane completamente indifferente a quello che dice l'insegnante. ¶彼に仕事にすぐりかかるように何度も言ったが、どこ吹く風というふうだった. Gli ho detto tante volte di fare quel lavoro subito, ma è stato come parlare al vento [al muro].

とこあげ 床上げ ◇床上げをする《病人が》abbandonare [lasciare] definitivamente il letto (dopo una lunga malattia) ¶床上げを祝う festeggiare la guarigione

とこう 渡航 viaggio[男] [(複)-gi] all'estero; 《航海》navigazione[女] all'estero ◇渡航する andare [recarsi] 《へ, in》; navigare[av]
❖**渡航者** passeggero[男] [(女)-a]
渡航手続き ¶渡航手続きをとる adempiere le formalità per recarsi all'estero

どごう 怒号 1《人の》grido[男] [(複) le grida] [urlo[男] [(複) le urla]] di rabbia ◇怒号する gridare[av] [urlare[av]] di rabbia, sbraitare[av]; 《金切り声をあげてわめく》strillare[av] ¶怒号が飛び交う urlarsi contro con rabbia
2《風や波の》嵐の怒号 urlo del vento

どこか 1《ある所》¶どこかに[に/へ] da qualche parte / in qualche parte ¶どこかの人《見知らぬ人》sconosciuto[男] [(女)-a] ¶どこかでお会いしたことがあります. L'ho già incontrato [visto] da

とこしえ

qualche parte. ¶どこか他の所でお話しましょう。Parliamone altrove. ¶どこかいい所を知りませんか。Conosci qualche bel posto?
2《なんとなく》 ¶彼女はどこか(しら)寂しそうだ。C'è qualcosa di malinconico in lei.

とこしえ 常しえ ◇とこしえの eterno ¶とこしえの愛 amore eterno ¶とこしえの平和 pace durevole

とこずれ 床擦れ ¶床擦れができる《人が主語》avere piaghe da decubito

どこぞ ¶彼はそれをどこそこで見つけたと言っていた。Diceva di averlo trovato in un certo posto.

とこてこ ¶小さな子供がとことこ歩いている。Un bambino piccolo gira trotterellando.

どことなく 何処となく ◇どことなく…だ avere un che di + [形容詞][名詞] ¶彼はどことなく神秘的だ。Ha un che di misterioso.

とことん fino alla fine; 《徹底的に》fino in fondo, a fondo; perfettamente ¶とことん敵と戦う lottare con un avversario fino alla fine ¶私は彼をとことんやり込めた。L'ho ridotto al silenzio. / L'ho sconfitto completamente.

とこなつ 常夏 ¶常夏の島 isola tropicale / isola con un clima perennemente estivo

とこのま 床の間 《建》nicchia⊛ [alcova⊛] in una casa giapponese

──日本事情──床の間
Nicchia, grande circa un *tatami*, ricavata nella parete e rivolta in una direzione propizia, di una tipica stanza giapponese che funge da sala. Una colonna sostiene la parte alta, la base è un po' rialzata rispetto al pavimento. Sulla parete di fondo viene appeso un rotolo di carta con disegni o dipinti. Nel centro viene posto un vaso di fiori o un oggetto ornamentale.
Il posto a sedere vicino al *tokonoma* è considerato il più importante e viene di solito destinato al capofamiglia o all'ospite di riguardo.

とこばなれ 床離れ **1**《起床》 ¶彼は床離れがいい。Si alza con prontezza. ¶彼は床離れが悪い。Fa fatica ad alzarsi. **2**《病床を離れる》 ¶熱が下がったので床離れした。La febbre è diminuita e non sono più costretto a letto.

どこも(かしこも) ¶遊園地はどこもかしこも人でいっぱいだった。Il parco dei divertimenti era dovunque pieno zeppo di gente.

とこや 床屋 (人) barbiere⊛ [⊛ -a], parrucchiere⊛ [⊛ -a] per uomo; (店) negozio⊛ [複 -i] [bottega di barbiere; (南部で) salone⊛ ¶床屋へ行く andare dal barbiere [parrucchiere]

どこら dove, in che zona

ところ 所・処 **1**【場所】luogo⊛ [複 -ghi], posto⊛; (余地) spazio⊛ [複 -i] ¶日の当たる所 posto al sole ¶私の生まれた所 il mio luogo di nascita ¶所をわきまえずに senza tener conto del luogo ¶人のいる所で in presenza della gente / in pubblico ¶今日は

ところ

所により雨でしょう。Oggi pioverà in certe zone [località]. ¶君の好きな所に行こう。Andremo dove vorrai [ti pare]. ¶机を置く所がない。Non c'è posto [spazio] per la scrivania. ¶町はここから10キロ[車で1時間]の所にある。La città è a dieci chilometri [a un'ora di macchina] da qui. ¶「小児の手の届かない所に保管してください」(薬の注意書) "Tenere fuori dalla portata dei bambini."
2【住んでいる場所】(家) casa⊛, abitazione⊛; (住所) indirizzo⊛; (所在地) sede⊛ ¶彼の住んでいる所は静かだ。La sua casa [abitazione] si trova in un quartiere tranquillo. ¶明日君のところに行くよ。Domani verrò da te.
3【部分, 点】 punto⊛; (側面) lato⊛; (部分) parte⊛ ¶彼の良い[悪い]ところ il suo pregio [difetto] ¶痛いところ[肝心のところ]を突く toccare 「il punto debole [sul vivo] ¶ここのところでいつもつかえる。《演奏》Io sbaglio sempre suonando [(歌唱) cantando] questo passaggio. ¶ここは解釈の分かれるところだ。Questo è il punto su cui le opinioni divergono. ¶彼の作品には独創的なところがある。Nelle sue opere c'è qualcosa di originale. ¶彼はどこか詩人のようなところがある。Per certi versi è un poeta. ¶彼の話は大いに得るところがある。Si apprendono tante cose, ascoltando i suoi discorsi. / I suoi discorsi sono molto istruttivi.
4【場面, 状況】 ¶今のところ per adesso / per ora / per il momento ¶ちょうどよいところに来たね。Sei venuto proprio nel momento giusto [opportuno]. ¶部屋を出ようとしていたところに山田が来た。È venuto Yamada proprio mentre stavo per uscire dalla stanza. ¶我々は2人がけんかしているところを目撃した。Abbiamo assistito alla scena dei due che litigavano. ¶忙しいところをすまありがとう。Ti ringrazio tanto per aver trovato del tempo per me. ¶ちょうど彼も今来たところだ。Anche lui è appena arrivato. ¶今度のところは許してやる。Per questa volta ti perdono. ¶このところ寒い日が続く。Continua a fare freddo in questi giorni. ¶彼は危ないところを助かった。Gli hanno salvato la vita per un pelo. ¶まだ来ないところを見ると, 彼は何か用事ができたのだろう。Visto [Dato] che non è ancora arrivato, sarà stato trattenuto da qualche impegno?
5【範囲, 程度】 ¶一見したところ a prima vista ¶聞くところによれば a quanto [quello che] ho sentito dire / a quanto si dice [dicono] ¶自分の能力に合ったところで secondo le *proprie* possibilità ¶それは私の知るところではない。Io non c'entro in questa faccenda. ¶いいところでせいぜい70点くらいだろう。Avrò al massimo settanta di punteggio [di voto].

|慣用| **ところ構わず** dappertutto, non importa dove, dovunque ¶ところ構わず物を捨てる gettare la roba dove capita

所変われば品変わる《諺》"Tanti paesi, tanti costumi." / "Paese che vai, usanza che trovi."
ところを得る ¶彼はところを得ている。Si trova in un posto adatto a lui.
❖**所書き** indirizzo⊛ scritto

所番地 indirizzo㊚, recapito㊚
- どころ -所 1《要点》¶泣きどころ il *proprio* punto debole 2《生産地》¶新潟は米どころだ. Niigata è conosciuta per la produzione di riso. / Niigata produce essenzialmente riso.
- どころ 《「ない」を伴って強い否定を表す》altro che [tutt'altro che]+不定詞[+形容詞] ¶それどころじゃない, 忙しいんだ. Questo non è il momento, ho da fare. ¶笑うどころ(の騒ぎ)じゃない. Non c'è niente da ridere. / Non è il caso di ridere. ¶旅行どころの騒ぎじゃないよ. Fare un viaggio è fuori discussione.
ところが ma, tuttavia, al contrario, invece ¶飛行場には行きました. ところがストライキだったです. Sono arrivato all'aeroporto, ma c'era lo sciopero. ¶叱られると思った. ところがかえってほめられた. Pensavo di venir rimproverato e invece sono stato lodato.
- どころか 1《反対の状況》piuttosto che [altro che]+不定詞 ¶君を憎んでいるどころかむしろ尊敬している. Non ti odio affatto, anzi ti stimo. ¶彼は私の名前どころか顔さえ思い出せなかった. Altro che il nome, non si ricordava nemmeno la mia faccia. ¶地価は下がるどころか, 上がる一方だ. Altro che calare, i prezzi del terreno aumentano sempre di più.
2《程度が進んでいる》◇AどころかBもまた…でないnon solo A ma neanche [nemmeno] B; lungi da A, ma B ¶イタリア語どころか英語もできない. Non solo non conosce l'italiano, ma neanche l'inglese. ¶君には1000円どころか100円も貸せないね. Prestare mille yen a te? Ma nemmeno cento yen ti presto!
ところせましと 所狭しと ¶彼女の部屋には所狭しと人形が飾ってある. La sua camera è piena zeppa di bambole.
ところで ebbene, dunque, a proposito ¶ところで映画にでも行こうか. A proposito, andiamo a vedere un film?
- ところで《たとえ…しても》benché+接続法, anche se+接続法 [直説法] ¶やってみたところでできないさ. Anche se ci prova, non riuscirà. ¶彼はいくら親切にしてやったところでありがたいとは思わない. Per quante gentilezze gli si facciano, non mostra alcuna gratitudine. ¶…したところでむだだ. Sarà inutile+不定詞 / Non servirà a niente+不定詞. ¶急いだところで間に合わない. Anche se mi sbrigassi, non arriverei in tempo.
ところてん 心太 agar-agar㊚[無変] a forma di fettucce
❖ところてん式 ◇ところてん式に《順番に》uno dopo l'altro; in successione;《機械的に》automaticamente, meccanicamente
ところどころ 所所 qua e là ¶この本は所々分からないところがある. In questo libro ci sono qua e là dei punti che non capisco.
とざい 吐剤 〖医〗vomitativo㊚
とさか 鶏冠 cresta㊛
どさくさ ¶どさくさに紛れて approfittando di uno stato di disordine [di confusione] ¶彼はどさくさに紛れてひともうけした. Ha pescato nel torbido. ¶引越しのどさくさで忘れていた. L'avevo dimenticato nel caos del trasloco.
とざす 閉ざす《閉める》chiudere, sbarrare;《遮る》bloccare ¶門[道]を閉ざす chiudere la porta [la strada] ¶雪に閉ざされた村 villaggio bloccato dalla neve ¶〈人〉に心を閉ざす chiudere il *proprio* cuore a qlcu. ¶口を閉ざしている restare a [avere la] bocca chiusa ¶彼は悲しみに閉ざされている. È sprofondato nella tristezza.
どさっ ¶どさっと倒れる cadere [accasciarsi] pesantemente ¶郵便箱にどさっと手紙の束が投げ込まれた. Un grosso pacco di lettere è stato gettato velocemente nella cassetta della posta. ¶どさっと地面に荷を降ろす buttare il carico a terra ¶屋根の雪がどさっと落ちた. La neve che si era accumulata sul tetto è caduta con un grande tonfo.
とざま 外様 1《外様大名》*daimyo*㊚[無変] che dopo la battaglia di Sekigahara passò dalla parte di Tokugawa 2《主流からはずれた》corrente㊛[scuola㊛] secondaria
どさまわり どさ回り ¶どさ回りの一座 compagnia「di giro [ambulante]/ compagnia di attori girovaghi
とざん 登山 alpinismo㊚(●重装備で行う登攀（とうはん）しか指さない) ¶山登り 使いわけ ¶登山をする andare in montagna / fare un'escursione in montagna ¶《登攀》praticare l'alpinismo / fare dell'alpinismo / salire㊌[*es*] su una montagna ¶富士登山をする scalare il [salire sul] monte Fuji
❖登山家 alpinista㊚㊛[㊚複 -*i*]
登山靴 scarponi㊚[複] (da montagna)
登山隊 cordata㊛[gruppo㊚] di alpinisti
登山電車 ferrovia㊛ di montagna;《ケーブルカー》funicolare㊛
登山帽 berretto㊚ da montagna, cappello d'alpinista
登山用具 attrezzatura㊛ alpinistica
どさんこ 道産子《馬》cavallo㊚[*-a*] nativo dello Hokkaido;《人》persona㊛ nata e cresciuta in Hokkaido

とし 年 1《暦年, 年月》anno㊚ ¶来る年 l'anno「che viene [prossimo] ¶次の年 l'anno dopo [seguente / successivo] ¶前の年 l'anno prima [precedente] ¶新しい年を迎える accogliere il nuovo anno ¶年の初めに all'inizio dell'anno ¶年がたつにつれて con gli anni / col passar degli anni ¶年が改まってから dopo il Capodanno ¶年が暮れる. L'anno volge al termine. ¶年が明ける. Inizia l'anno. ¶よいお年をお迎えください. I miei migliori auguri per l'anno nuovo!
2《年齢》età㊛, anni㊚[複] ¶年のいかない子 bambino in tenera età ¶かなりの年の男性 uomo di una certa età ¶年のわからない女性《若く見える》donna senza età /《年齢不詳》donna di cui non si capisce l'età ¶年を取る avvicchiare㊌[*es*] / avanzare㊌[*es*] negli anni ¶年を取った vecchio / anziano / invecchiato ¶年を若く言う nascondersi [levarsi / togliersi] gli anni ¶年甲斐もなく malgrado l'età ¶年相応に secondo l'età [la *propria* età] ¶年のせいで a causa della vecchiaia [degli anni] ¶年の功で con l'espe-

rienza dell'età ¶僕は彼と同じ年だ. Io e lui abbiamo la stessa età. / Sono suo coetaneo. ¶15の年に上京した. Sono venuto a Tokyo a quindici anni. ¶私の年を当ててごらん. Quanti anni mi dai? ¶年の割りには大きい. È grande per la sua età. ¶彼は年の割りには若い. Dimostra meno dei suoi anni. / I suoi anni se li porta bene. ¶父もそろそろ年だ. Il padre comincia a sentire l'età che ha. ¶年が年ですから父が心配です. Siccome l'età è quella che è, sono in pensiero per mio padre. ¶君の年には僕にはもう子供が2人いた. Alla tua età avevo già due figli. ¶いい年をしてそんなことはできない. Non ho più l'età per fare certe cose. ¶いくら体が丈夫でも年には勝てない. Neanche l'uomo più robusto può opporsi all'avanzare dell'età.
❖**年の暮れ** la fine⊛ dell'anno, fine anno⊛
年の功 esperienza⊛ accumulata di anno in anno
年の瀬 la fine⊛ dell'anno, fine anno⊛ ¶年の瀬もおしつまってきた. La fine dell'anno si sta avvicinando.

とし 都市 città⊛ ◇都市の cittadino, urbano ¶学園都市 città universitaria ¶工業都市 città industriale ¶田園都市 città giardino [無変] ¶世界の主要都市 le città principali del mondo ¶国際都市 città cosmopolita ¶人口が都市に集中する. La popolazione è concentrata nelle città.
❖**都市化** urbanizzazione⊛
❖**都市ガス** gas⊛ portato fino ad una città attraverso un impianto interrato
都市銀行 [英] city bank⊛ [無変]
都市計画 urbanistica⊛; piano⊛ regolatore [urbanistico [複 -ci]]
都市交通 comunicazioni⊛ [複] urbane
都市国家 [史] ⟨古代ギリシアの⟩ città-stato [無変]; ⟨中世の⟩ comune⊛
都市社会学 sociologia⊛ [複 -gie] urbana
都市集中 concentramento⊛ [agglomerato⊛] urbano
都市生活 vita⊛ di città, vita⊛ cittadina
都市生活者 cittadino⊛ [⊛ -a], abitante⊛ ⊛ di città
都市廃棄物 rifiuti⊛ [複] solidi urbani

とじ 綴じ ¶仮りとじの本 libro rilegato provvisoriamente
❖**とじ糸** ⟨本の⟩ filo⊛ che serve a rilegare; ⟨書類などの⟩ spago⊛ [複 -ghi] che serve a tenere uniti dei documenti o altro materiale

どじ [仏] gaffe [gaf] ⊛ [無変], topica⊛ ¶どじを踏む prendere una cantonata [un abbaglio / un granchio] / fare una gaffe [una topica]

としうえ 年上 ◇年上の più anziano, più grande; maggiore ¶彼は僕より3つ年上だ. È più ⌈anziano [grande] di me di tre anni. / Ha tre anni più di me.

としおいる 年老いる invecchiare⊛ [es]; diventare⊛ [es] vecchio

としおとこ 年男 uomo⊛ [複 uomini] nato sotto il segno dell'oroscopo cinese uguale a quello dell'anno in corso (▶年女 = donna nata... とする)

としがい 年甲斐 ¶年甲斐もない. Sei diventato vecchio per niente! / ⟨物を知らない⟩ Alla tua età certe cose le dovresti sapere! ¶年甲斐もなく senza rendersi conto della propria età

としかさ 年嵩 ¶年かさの男 ⟨年寄り⟩ una persona anziana / un anziano ¶彼は私より2つ年かさだ. Ha due anni più di me.

どしがたい 度し難い ¶度し難いうそつき bugiardo incorreggibile ¶彼は度し難い頑固者だ. È un ostinato irrecuperabile.

としかっこう 年格好 ¶50ぐらいの年格好の人 una persona sulla cinquantina

としご 年子 ¶年子の兄弟 fratelli nati con un anno d'intervallo ¶僕と兄とは年子です. Sono nato un anno dopo mio fratello maggiore.

としこし 年越し ◇年越しする trascorrere 「l'ultimo giorno dell'anno [la vigilia di Capodanno]
❖**年越しそば** soba⊛ [無変] che si mangia alla vigilia di Capodanno

としごと 年毎 ¶年ごとに ogni anno

とじこむ 綴じ込む ¶書類をファイルにとじ込む riunire [inserire] documenti in un raccoglitore

とじこめる 閉じ込める chiudere [rinchiudere] qlcu. [ql.co.] [⟨に⟩ in] ¶船は氷に閉じ込められた. La nave fu bloccata dal ghiaccio. ¶雨で私たちは一日中家に閉じ込められた. Siamo rimasti tappati [bloccati] in casa tutto il giorno a causa della pioggia.

とじこもる 閉じ籠る tapparsi [chiudersi] ⟨に in⟩; ⟨鍵をかけて⟩ chiudersi a chiave; ⟨隠遁する⟩ segregarsi (dal mondo) ¶部屋に閉じこもって勉強する tapparsi in camera per studiare ¶彼は3日も自室に閉じこもっている. È chiuso in camera sua da tre giorni. ¶自分の殻に閉じこもる (rin)chiudersi nel proprio guscio

としごろ 年頃 **1** ⟨およその年齢⟩ età⊛ ¶太郎は遊びたい盛りの年ごろだ. Taro è proprio nell'età in cui si vuole giocare. ¶君の年ごろには僕はもう自室にいた / alla tua età ¶…する年ごろになる raggiungere l'età di + 不定詞
2 ⟨結婚適齢期⟩ ¶年ごろである ⟨女性が主語で⟩ essere in età da marito

としした 年下 ◇年下の più giovane, più piccolo, meno anziano; minore ¶彼は僕より3つ年下だ. È più giovane di me di tre anni. / Ha tre anni meno di me.

としじろ 綴じ代 ¶3センチのとじしろを残しなさい. Lascia un margine di tre centimetri per la rilegatura.

-としたことが ¶彼としたことがなぜそんなことをしたんだろう. Come mai un uomo come lui ha fatto una cosa simile?

としつき 年月 tempo⊛, anni⊛ [複]

-として 1 ⟨…の資格・立場で⟩ come [da] ql.co. [qlcu.], in qualità di [nella posizione di / a nome di / a titolo di] ql.co. [qlcu.] ¶医者としてできる限りのことはした. Come medico, ho fatto tutto quello che potevo. ¶友人として君に言うのだ. Te lo dico come [da] amico. ¶僕は趣味として切手を集めています. Colleziono francobolli

per hobby. ¶私としては問題はない. Per quanto mi riguarda, non vedo alcun problema. ¶私としてもその提案には賛成できません. Neppure [Neanch']io sono d'accordo sulla proposta.
2《「…ない」を伴って全面的否定を表す》 ¶ペンはたくさんあるが一つとして満足に書けるものはない. Ho tante penne, ma neanche una che scriva bene. ¶こんなことは今まで誰一人として考えた者はいない. Una cosa simile finora non era mai venuta in mente a nessuno.
3《仮定を表す》 ¶仮にそれが本当だとして supposto [supponendo] che ciò sia vero ¶彼は来ないものとして話を進めよう. Continuiamo la discussione col presupposto che lui non venga. ¶京都へ行くとしても５月ころになるだろう. Anche ammesso che vada [Anche se andrò] a Kyoto, sarà intorno a maggio.

[と]

どしどし ¶わからないことがあったらどしどし質問をしてください. Se ci fosse qualcosa che non capite, fate pure delle domande.
としなみ 年波 ¶彼は寄る年波で目が悪くなった. Sotto il peso della vecchiaia gli「si sono indeboliti gli occhi [si è indebolita la vista]. ¶寄る年波には勝てない. Non si può lottare contro il passare degli anni.
としは 年端 ¶年端も行かぬ子供 bambino「molto piccolo [in tenera età] / bimb*o*[男][[女] *-a*]
としま 年増 donna[女] matura;《皮肉をこめて》donna[女] non più giovanissima
とじまり 戸締まり ¶戸締まりをする chiudere la casa ¶戸締まりを確かめてくれ. Controlla bene se (in casa) è chiuso tutto.
としまわり 年回り ¶今年は年回りがいい[悪い]. Quest'anno la sorte mi è favorevole [contraria].
とじめ 綴じ目 《縫い目・本などの》cucitura[女]
としゃ 吐瀉 vomito[男] e diarrea[女];〘医〙vomizione[女] e scarica[女] diarroica ◇吐瀉する vomitare[自][*av*] e avere la diarrea
どしゃ 土砂 terra[女] e sabbia[女] ¶線路が土砂に覆われた. La linea ferroviaria è stata coperta dal materiale franato.
✤**土砂崩れ**《がけ崩れ》frana[女];《豪雨による》smottamento[男] del terreno
どしゃぶり 土砂降り acquazzone[男], diluv*io*[男][複 *-i*] ¶どしゃ降りだった. Pioveva a catinelle [a dirotto].
としゅ 徒手 ◇徒手で《手ぶらで》a mani vuote;《素手で》a mani nude
✤**徒手空拳**(くうけん) ¶徒手空拳で《手に何も持たず》a mani vuote /《身一つで頼るべきものを持たず》senza appoggio alcuno /《金銭的な後ろ盾もなく》senza un soldo [alcun fondo / capitale]
徒手体操《床運動》ginnastica[女] a corpo libero
としょ 図書 libro[男] ¶図書を集める[整理する / 分類する] collezionare [riordinare / classificare] libri
✤**図書閲覧室** sala[女] di lettura
図書カード《図書館の》scheda[女] (bibliografica);《本を購入できる》carta[女] prepagata per acquisto di libri
図書カードボックス schedar*io*[男][複 *-i*]
図書室 biblioteca[女]
図書目録 catalog*o*[男][複 *-ghi*] dei libri
とじょう 途上 ¶帰宅途上で di ritorno a casa
✤**途上国** paese[男] in via di sviluppo
どじょう 土壌 **1**《土》suolo[男]; terra[女] ¶肥沃な[やせた]土壌 terreno fertile [sterile]
2《環境》ambiente[男];《雰囲気》atmosfera[女] ¶革新的な思想を生み出す土壌 ambiente in cui nascono idee radicali
✤**土壌学** pedologia[女] (agraria)
どじょう 泥鰌 cobite[男] ¶二匹めのどじょうを狙う aspettare un secondo colpo di fortuna
としょかん 図書館 biblioteca[女] ¶国立[市立 / 公共] biblioteca nazionale [comunale / pubblica] ¶国立国会図書館 Biblioteca Nazionale della Dieta ¶学校[大学]図書館 biblioteca scolastica [universitaria] ¶研究所附属図書館 biblioteca presso un istituto ¶巡回図書館 bibliobus[男][無変] / autolibro[男][無変] / biblioteca circolante [itinerante] ¶図書館で本を借りる prendere un libro in prestito dalla biblioteca
✤**図書館員** bibliotecar*io*[男][[女] *-ia*; [男]複 *-i*]
図書館学 biblioteconomia[女]
としより 年寄り vecch*io*[男][[女] *-chia*; [男]複 *-chi*], anzian*o*[男][[女] *-a*];《総称》vecchi[男][複], gente[女] anziana ◇**年寄りの** vecchio, anziano ¶年寄りじみた顔つき aspetto vecchiotto ¶いつも年寄りくさいことを言う. Parla sempre come se fosse un vecchio.
[慣用] **年寄りの冷や水** È un'imprudenza per un vecchio. / È qualcosa che un vecchio non dovrebbe fare.

とじる 閉じる

1《閉める》chiudere *ql.co.* ¶本[幕]を閉じる chiudere il libro [il sipario] ¶目を半ば閉じて考える pensare con gli [a] occhi semichiusi ¶戸が自然に閉じた. La porta si è chiusa da sola. ¶祖父は安らかに目を閉じた.《死んだ》Il nonno ha chiuso gli occhi serenamente.
2《終わりにする》finire *ql.co.*, concludere *ql.co.* ¶生涯を閉じる《死ぬ》finire i *propri* giorni / concludere la *propria* vita ¶これで本日の会を閉じることにします. E con questo, chiudiamo la seduta odierna.
とじる 綴じる legare [riunire] *ql.co.* con lo spago;《製本する》rilegare *ql.co.*;《クリップなどで》fermare *ql.co.* con una graffetta;《ホッチキスで》spillare *ql.co.* ¶書類を綴じる《ひもで》legare insieme dei documenti /《ホルダーに》raccogliere dei documenti in un raccoglitore
としん 都心 centro[男];《イタリアの道路標識で》"Centro città"
どしん ¶どしんと落ちる cadere pesantemente [con un tonfo] / stramazzare a terra ¶どしんとぶつかる urtare [sbattere] violentemente《に contro》
どしんどしん ¶子供たちが上の階でどしんどしんと暴れ回っている. I bambini fanno un gran chiasso al piano di sopra.
トス〔英 toss〕alzata[女] ¶トスを上げる《バレーボールなどで》fare un passaggio [l'alzata] a *qlcu.* / passare (la palla) a *qlcu.* / alzare la palla /《テニスなどで》alzare la palla (per il servizio [per la battuta])

どす **1**《短剣》pugnale[男] **2**《すごみ》 ¶どすのきいた声で con voce minacciosa
どすう 度数 《回数》numero[男] di volte;《頻度》frequenza[女]
✤度数分布〔統〕distribuzione[女] di frequenza
度数料金《電話の》tariffa[女] per gli scatti
どすぐろい どす黒い ¶どす黒い血 sangue nerastro
とする 賭する scommettere *ql.co.*, rischiare *ql.co.* ¶彼らは命を賭して闘った. Si sfidarono rischiando la (loro) vita.
-とする 《…と仮定する》supporre「che＋[接続法] [di＋[不定詞]] ¶僕が君だとしたら se fossi in te ¶君が首相だとしたらどうする. Se tu fossi al posto del Primo Ministro, cosa faresti? ¶君に今自由に使える金が50億円あるとすると, どう使う. Supponiamo che tu abbia cinque miliardi di yen. Come li useresti?
-とすれば allora, se è così, in tal caso ¶彼は病気だそうだ. とすれば今日の欠席もやむを得ない. Dicono che sia ammalato. In questo caso la sua assenza è giustificata. ¶あの時始めていたとすれば今ごろは終わっていたことだろう. Se avessi cominciato allora, adesso avresti già finito. ¶彼とすればおさまるまい. È logico [naturale] che lui si arrabbi.
どすん ⇒どしん
とせい 渡世 **1**《世渡り》 ¶彼は渡世がへたである. È incapace di guadagnarsi da vivere in modo intelligente. /《成功, 出世》Non sa far carriera nella vita. **2**《職業, 商売》 ¶魚屋渡世 mestiere di pescivendolo
✤渡世人 gioca*tore*[男][[女] *-trice*] d'azzardo
どせい 土星 〔天〕Saturno[男] ¶土星の輪 anelli di Saturno
どせい 土製 ¶土製の人形[器(うつわ)] bambola [vaso] di terracotta
どせい 怒声 voce[女] rabbiosa [irosa] ¶怒声をあげる gridare「con voce rabbiosa [per la collera]
とぜつ 途絶 interruzione[女]; sospensione[女]
とそ 屠蘇 *toso*[男][無変] (◆ particolare tipo di *sakè* aromatizzato che si beve a Capodanno) ⇒正月 [日本事情] ¶彼はまだとそ気分だった. Era ancora nelle condizioni di spirito di Capodanno.
とそう 塗装 pittura[女], tinteggiatura[女], verniciatura[女] **◇塗装する** rivestire *ql.co.*, verniciare *ql.co.*, dare una mano di vernice a *ql.co.*; imbiancare ¶吹き付け塗装する verniciare *ql.co.* a spruzzo
✤塗装業者 ditta[女] di verniciatura
塗装工 imbianchin*o*[男][[女] *-a*], vernicia*tore*[男][[女] *-trice*], pit*tore*[男][[女] *-trice*]
どそう 土葬 sepoltura[女], inumazione[女]
◇土葬する seppellire, inumare
どぞう 土蔵 magazzino[男] in muratura isolato (dal resto della casa)
どそく 土足 ¶「土足厳禁」《掲示》Vietato entrare con le scarpe. / Togliersi le scarpe prima di entrare.
どぞく 土俗 usi[男][複] e costumi[男][複] locali ¶土俗的な信仰 culto religioso locale
どだい 土台 fondamenta[女][複], base[女] (►いずれも比喩的な意味でも用いる);《彫像の》piedistallo[男] ¶土台を据える gettare le fondamenta di *ql.co.* ¶…を土台とする fondarsi [basarsi] su *ql.co.*
✤土台石 pietra[女] angolare, fondamento[男], pietra[女] di basamento
とだえる 途絶える cessare[自][*es*], interrompersi ¶車の往来が途絶えた. Il traffico automobilistico si è fermato. ¶話が途絶えて気まずい思いがした. Mi sono sentito a disagio quando la conversazione si è bloccata. ¶突然通信が途絶えた. Improvvisamente la comunicazione si è interrotta. ¶彼からの便りがここしばらく途絶えている. Da un po' di tempo non ho sue notizie. ¶送金が途絶えて3か月になる. L'invio di denaro è cessato da tre mesi.
どたキャン **◇どたキャンする** annullare un appuntamento all'ultimo momento;《話》dare buca
どたっ ¶どたっと床に倒れた. È caduto con un tonfo sul pavimento. ¶網棚から荷物がどたっと落ちた. Il bagaglio è caduto rumorosamente dalla rete.
どたどた ¶廊下をどたどた踏み鳴らして歩く camminare nel corridoio facendo un gran rumore
とだな 戸棚 《食器・食品用の》credenza[女];《扉のある》armad*io*[男][複 *-i*];《棚》scaffale[男] ¶衣装戸棚 guardaroba[男][無変] ¶食器戸棚 credenza per stoviglie
どたばた ¶どたばた騒ぐ fare un gran baccano [un fracasso assordante]
✤どたばた喜劇 farsa[女] grossolana, commedia[女] farsesca
とたん 途端 appena; subito dopo che ¶仕事が一つ終わった途端にまた次が来た. Avevo appena finito un lavoro, quando ne è arrivato subito un altro. ¶会社に入ると途端に勉強しなくなる人が多い. Molti non studiano più, una volta trovato un lavoro. ¶立った途端に頭をぶつけた. Nell'alzarmi ho battuto la testa. ¶発車した途端のできごとだった. È successo subito dopo che è partito il treno.
トタン ¶トタンで屋根を葺(ふ)く ricoprire un tetto「con la [di] lamiera zincata
✤トタン板 lamiera[女] zincata [galvanizzata]
トタン屋根 ¶トタン屋根の家 casa col tetto di lamiera
とたんのくるしみ 塗炭の苦しみ ¶塗炭の苦しみをなめる sopportare pene tremende [indicibili]
どたんば 土壇場 ¶土壇場で all'ultimo momento ¶この土壇場になって in questo momento critico ¶土壇場に追い込まれる essere con le spalle al muro / non poter più tirarsi indietro
どたんばたん ¶どたんばたんととっくみあいの大げんかをする partecipare ad una rissa violenta
とち 土地 **1**【大地】terra[男];《用地》terreno[男];《所有地》proprietà[女] (fondiaria);《不動産》fondo[男];《農地》podere[男], appezzamento[男];《大規模な所有地》tenuta[女];《土壌》suolo[男];《領土》territor*io*[男][複 *-i*] ¶肥沃な[不毛の]土地 terra [suolo / terreno] fertile

[sterile] ¶やせた[荒れた]土地 terreno magro [abbandonato] ¶1区画[1筆]の土地 un lotto di terra / un pezzo di terra ¶土地付きの家 casa con terreno annesso ¶小麦の栽培に適した土地 terreno [podere] adatto per「il [la coltivazione del] grano ¶自分の土地に住む vivere sul *proprio* fondo ¶土地に投資する investire capitali in terreni [in proprietà fondiarie] ¶土地を相続する ereditare un fondo ¶土地を貸す[借りる] dare [prendere] in affitto un terreno ¶土地を耕す coltivare [lavorare] la terra / zappare la terra ¶土地を開墾する dissodare il terreno
2【地方】paese㊚, regione㊛, località㊛ ◇土地の locale ¶土地を知らない土地 paese forestiero ¶土地の人 la gente del luogo [posto] ¶土地の特産物 prodotti locali ¶ここは土地柄が良くない. Questo è un quartiere malfamato. ¶なかなかにぎやかな土地だ. È una località molto animata. ¶彼はここの土地に明るい[暗い]. Lui è [non è] pratico di questo posto. ¶土地の訛りがある. Parla con inflessioni dialettali.
❖**土地家屋** terreni㊚[複] e immobili㊚[複], proprietà㊛[複] immobiliari e fondiarie, beni㊚[複] immobili
土地勘(㊡) ¶土地勘のある人 persona pratica della *zona*
土地所有権 diritto㊚ di proprietà
土地税制 sistem*a*㊚[複 *-i*] d'imposta sui terreni
土地台帳 catasto㊚
土地売買 compravendita㊛ di terreni
とち 栃・橡 【植】 ¶とちの木 castagno d'India / ippocastano [ippocastano] ¶とちの実 castagna d'India
どちゃく 土着 ◇土着の autoctono, indigeno, aborigeno ¶土着の文化 cultura indigena
❖**土着民** autocton*o*㊚[㊛ *-a*], indigen*o*㊚[㊛ *-a*], aborigen*o*㊚[㊛ *-a*]
とちゅう 途中 **1**【場所と場所の間】 ◇途中で in [durante il] cammino, per (la) strada, strada facendo; 《中途で》a me*zz*a [metà] strada ¶散歩の途中で durante la [una] passeggiata ¶東京から大阪までの途中 nel tratto tra Tokyo e Osaka /《道路》sulla strada da Tokyo per Osaka ¶駅に行く途中で彼に会った. L'ho incontrato「mentre andavo alla stazione [andando alla stazione]. ¶途中まで一緒に行きましょう. Andremo insieme per un tratto [per un pezzo di strada]. ¶この列車は途中の駅に止まらない. Questo treno non si ferma nelle stazioni intermedie. ¶途中ずっと友達と話しながら来た. Ho fatto tutta la strada parlando con un amico.
2【物事の半ば】 ◇途中で a metà di *ql.co.*; a me*zz*a [metà] strada, a metà ¶途中で席を立つ andarsene nel bel me*zz*o d'una conversazione ¶途中ですが… Mi scu*s*i se l'interrompo, ma… ¶計画を途中で断念する rinunciare a [abbandonare] un progetto a metà strada ¶試合の途中から雨が降り出した. Verso metà partita cominciò a piovere. ¶旅行の途中はずっと雨だった. Durante il viaggio è piovuto continuamente.
❖**途中経過** ¶途中経過を報告する《仕事など》comunicare i progressi di *ql.co.* ¶試合の途中経過をお知らせします. Vi comunichiamo i risultati parziali della partita.
途中計時 【スポ】【時間】tempo㊚ parziale
途中下車 ◇途中下車する fare una tappa lungo il viaggio ¶【途中下車前途無効】《乗車券の表示》In ca*s*o d'interruzione del viaggio il biglietto perde la [di] validità.

どちら 何方 **1**《はっきりしない方向・場所》dove ¶どちらへお出かけですか. Dove [Da che parte] va?
2《どなた》chi ¶どちら様ですか. Scu*s*i, chi è lei? ¶Scu*s*i, il suo nome, prego.
3《いずれ》 ¶コーヒーか紅茶か, どちらにしますか. Co*s*a prendi, caffè o tè? ¶君と僕とどちらが背が高いか. Fra te e me, chi è più alto? ¶この映画かあの映画か, どちらを見たいかい. Quale [Che] film vuoi vedere, questo o quello? ¶君はどちらの味方だ. Da che parte stai? ¶どちらでも好きなほうを取ってくれ. Prendi quello che preferisci. ¶どちらにするか決めかねます. Non so quale prendere. ¶行くか行かないかどちらかに決めてくれ. Vai o non vai? Deciditi, per piacere. ¶私はどちらでもいい. Per me vanno bene entrambi. ¶父も私もどちらもタバコは吸わない. Né mio padre né io fumiamo.
【慣用】どちらかと言えば piuttosto, se mai, di preferenza ¶どちらかと言えば君と同意見だ. Piuttosto, sono d'accordo con te.
どちらとも言えない ¶現在の状況ではどちらとも言えない. A queste condizioni non saprei co*s*a dire.
どちらにしても in ogni ca*s*o, ad ogni modo, comunque (sia) ¶どちらにしても医者に診てもらったほうがいい. Ti conviene comunque farti vi*s*itare da un dottore.
とちる ¶せりふをとちる *s*bagliare le battute durante una recita
とつ 凸 convessità㊛ ¶凸(状)の convesso
とっか 特化 【経】 speciali*zz*azione㊛
とっか 特価 pre*zz*o㊚ speciale;《特定の人に対するサービス》pre*zz*o㊚ di favore;《バーゲンでの》pre*zz*o d'occa*s*ione;《宣伝のため》pre*zz*o di propaganda;《在庫処分などの》pre*zz*o㊚ di *s*vendita ¶特価で売る vendere *ql.co.* a pre*zz*o speciale [a pre*zz*o di saldo]
❖**特価品** articolo㊚「venduto in offerta speciale [in saldo / messo in liquidazione]
トッカータ 〔伊〕【音】 toccata㊛
どっかい 読解 lettura㊛
❖**読解力** ¶読解力をつける migliorare la *propria* capacità di lettura
とっかかり 取っ掛かり indizio㊚[複 *-i*] ¶取っ掛かりがわかればこの計算は簡単だ. Questo è un calcolo semplice se si sa da dove iniziare.
どっかり **1**《たやすくは動かない様子》 ¶ソファーにどっかり腰をおろす cadere pesantemente sul sofà ¶高気圧はどっかり日本の上空に腰を据えている. Una *z*ona di alta pressione si è stabili*zz*ata sul Giappone. **2**《一度にたくさん》 ¶売り上げがどっかり減った. Le vendite sono notevolmente diminuite.
とっかん 突貫 **1**《一気に完成させること》 ¶橋は突貫工事で架けられた. Il ponte è stato reali*zz*a-

とっき 突起 sporgenza㊛, protuberanza㊛;《いぼ・こぶの》verruca㊛, porro㊚;《機》aggetto㊚;《建》sporto㊚;《解》apofisi㊛[無変], appendice㊛ ◇突起する sporgere[es] ◇突起した sporgente, prominente

とっき 特記 ¶特記事項なし. Niente da riferire.

とつぎさき 嫁ぎ先 famiglia㊛ del marito

とっきゅう 特急 (treno㊚) rapido㊚;《超特急》treno㊚ ad alta velocità
- 特急券 biglietto㊚ di supplemento rapido
- 特急料金 supplemento㊚ rapido

とっきゅう 特級 ◇特級の di qualità superiore

とっきょ 《発明の特許証》brevetto㊚ d'invenzione;《特許権》diritto㊚ di brevetto [di esclusiva], diritti㊚[複] di privativa industriale ¶発明の特許を取得する (far) brevettare un'invenzione ¶特許を出願する presentare la domanda di brevetto ¶特許を得た brevettato ¶「特許出願中」《表示》"Brevetto in registrazione"
- ✤特許権所有者 titolare㊚ [proprietario㊚[㊛ -ia;㊚複 -i] / detentore㊚[㊛ -trice]] di un brevetto
- 特許出願 domanda㊛ di brevetto
- 特許出願者 richiedente㊚ (di) un brevetto
- 特許使用料 diritti㊚[複] di utilizzazione (di un brevetto)
- 特許庁 Ufficio㊚ Brevetti
- 特許品 articolo㊚ brevettato
- 特許料 tassa㊛ di deposito (di un brevetto)

ドッキング 〔英 docking〕《人工衛星の》〔英〕docking㊚[無変]; agganciо㊚[複 -ci] ◇ドッキングする《車両・衛星などが》agganciarsi;《一般に》unirsi ¶A案とB案をドッキングさせる unire il progetto A con il progetto B

とっく ◇とっくに da tempo, da un pezzo ¶とっくの昔 molto tempo fa ¶みんなとっくに知っている. Lo sanno tutti da tempo. ¶彼は50をとっくに過ぎている. Ha passato ormai da un pezzo la cinquantina.

とつぐ 嫁ぐ sposare qlcu., andare sposa a qlcu. ¶娘を嫁がせる far sposare la *propria* figlia / dare la *propria* figlia in sposa a qlcu.

ドック 〔英 dock〕**1**《船の》bacino㊚, darsena㊛;〔英〕dock㊚[無変] ¶浮きドック bacino galleggiante ¶乾ドック bacino di carenaggio [di raddobbo] ¶船をドックに入れる mettere una nave in un bacino **2**《医療検査》¶人間ドック check-up㊚[無変] generale ¶人間ドックに入る entrare in ospedale per un esame completo [per un check-up generale]

ドッグ 〔英 dog〕cane㊚ [㊛ *cagna*]
- ✤ドッグショー mostra㊛ canina
- ドッグフード cibo㊚ per cani

とっくみあい 取っ組み合い lotta㊛ [combattimento㊚] corpo a corpo ¶とっくみあいをする lottare [combattere] corpo a corpo con qlcu. / prendersi per il collo / azzuffarsi con qlcu. / venire alle mani con qlcu.

とっくり ¶とっくりと考えてみてくれ. Riflettici con calma! / Prendi tempo e pensaci su!

とっくり 徳利 bottiglia㊛ in terracotta per *sakè*
- ✤とっくり襟 →タートルネック

とっくん 特訓 addestramento㊚ [allenamento㊚] speciale ¶新入社員を特訓中だ. Stanno sottoponendo i nuovi assunti ad un corso di formazione intensiva.

どっけ 毒気 **1**《毒を含んだ気》aria㊛ avvelenata;《毒性》tossicità㊛ ¶毒気にあてられる essere esposto all'aria inquinata **2**《悪意》malizia㊛ ¶毒気を含んだ maligno / malizioso / malvagio 慣用 毒気を抜かれる essere disarmato, essere spiazzato

とっけい 特恵
- ✤特恵関税 dazio㊚[複 -i] preferenziale, diritti㊚[複] doganali preferenziali
- 特恵待遇 ¶特恵待遇を与える[受ける] accordare [beneficiare] di un trattamento preferenziale

とつげき 突撃 assalto㊚,《銃剣をつけて》carica㊛ ◇突撃する dare l'assalto (《に a》, assaltare, caricare ¶突撃を開始する andare [muovere] all'assalto ¶突撃を繰り返す tornare alla carica ¶「突撃」《号令》"Alla carica!" / "All'assalto!"
- ✤突撃隊 truppe㊛[複] [reparti㊚[複]] d'assalto
- 突撃兵 assaltatore㊚[㊛ -trice]
- 突撃らっぱ ¶突撃らっぱを鳴らす suonare la carica

とっけん 特権 privilegio㊚[複 -gi];《特定の地位の》prerogativa㊛, immunità㊛ ¶特権を与える accordare [dare / concedere] un privilegio a qlcu. ¶特権を剥奪する abolire [annullare / revocare] a qlcu. un privilegio / privare qlcu. di un privilegio ¶特権を行使する valersi [far uso] di un privilegio ¶特権を享受する godere [beneficiare] di un privilegio ¶外交特権 prerogativa [immunità] diplomatica
- ✤特権意識 ¶特権意識を持つ credersi [ritenersi] privilegiato
- 特権階級 classe㊛ privilegiata

どっこい ¶どっこい, そうはさせないぞ. Sta' certo che non te lo lascio fare! ¶どっこい世の中はそう甘くない. Però non pensare che al mondo tutto sia così facile!

どっこいしょ ¶どっこいしょと荷物をかつぐ portare il bagaglio a spalle con uno sforzo ¶椅子にどっこいしょと腰をおろす lasciarsi cadere su una sedia

どっこいどっこい ¶あの2人はどっこいどっこいだ. Quei due sono allo stesso livello. / C'è poca differenza tra le capacità di quei due.

とっこう 特効 efficacia㊛[複 -cie] ¶特効がある avere un'efficacia speciale contro qlco. / essere particolarmente efficace contro qlco.
- ✤ 特効薬 specifico㊚[複 -ci], rimedio㊚[複 -i] specifico [elettivo]

とっこう 特高《特別高等警察》polizia㊛ segreta

とっこう 徳行 gesto㊚ [atto㊚] virtuoso ¶徳行の士 persona virtuosa

とっこう 篤行 《人情に厚い行い》gesto[男] benevolo, azione[女] generosa ¶〈人〉の篤行をたたえる elogiare *qlcu.* per le sue buone azioni

とっこうたい 特攻隊 squadra[女][corpo[男]] dei piloti suicidi ¶特攻隊のパイロット *kamikaze*[男][無変]

とっさ 咄嗟 ◇とっさに spint*o* dal giudizio immediato ¶とっさの反応 reazione spontanea ¶まったくとっさの出来事だった. Accadde proprio in un attimo. ¶とっさの思いつきであんな返事をしてまずかった. Ho fatto male a dare quella risposta così impulsiva e poco meditata. ¶とっさにブレーキを踏んだ. Ho frenato immediatamente.

どっさり un sacco di..., molt*o*

とっしゅつ 突出 prominenza[女], sporgenza[女], protuberanza[女] ◇突出する sporgere[自][*es*], protendersi; 《突然出てくる》schizzare[自][*es*] ¶突出した岩角 roccia sporgente ¶地面からガスが突出した. Dalla terra si è sprigionato un getto di gas. ¶突出している《抜きん出ている》essere prominent*e* [particolarmente rilevant*e*] ¶防衛予算が突出している. Il bilancio della difesa spicca (rispetto a quello degli altri ministeri).

とつじょ 突如 ¶突如爆音が聞こえた. All'improvviso abbiamo udito uno scoppio. ¶突如として現れた. È comparso all'improvviso.

どっしり **1** 《大きく重い》◇どっしりした voluminoso e pesante, massi*ccio* [[男]複 *-ci*; [女]複 *-ce*] ¶どっしりした円柱 colonne massicce **2** 《落ち着いた》◇どっしりした imponente, maestoso, solenne ¶どっしりと構える restare [rimanere] calm*o* e maestos*o* / imporsi maestosamente

とっしん 突進 slan*cio*[男][複 *-ci*], corsa[女] impetuosa, balzo[男] ◇突進する slanciarsi [lanciarsi / scagliarsi] 《に contro》, precipitarsi 《に contro, verso》 ¶目標に向かって突進する puntare con tutte le *proprie* forze verso un obiettivo ¶彼はゴールめがけて突進した. Ha fatto un balzo impetuoso verso il traguardo.

とつぜん 突然 all'improvviso, improvvisamente; (tutto) ad un tratto, di colpo; inaspettatamente; di repente ◇突然の improvviso; 《思いがけない》inatteso, inaspettato ¶突然の事でどうしていいかわからなかった. Preso alla sprovvista, non sapevo cosa fare. ¶彼の死はまったく突然だった. La sua morte ci ha colti di sorpresa. / La sua morte è stata repentina. ¶友人が突然訪ねて来た. Un amico mi ha fatto una visita inaspettata. ¶彼は突然笑い出した. Scoppiò improvvisamente a ridere.
✤**突然死** morte[女] improvvisa
突然変異〔生〕mutazione[女]
突然変異種 individuo[男][specie[女][無変]] risultante da una mutazione

とったん 突端 《先》punta[女]; 《頭, 先端》capo[男]; 《端》estremità[女]; 《突出部分》sporgenza[女] ¶岬の突端 punta di un capo [un promontorio]

どっち 何方 ¶東はどっちですか. Dov'è l'oriente? / Da che [Da quale] parte è l'oriente? ¶どっちがどっちか見分けがつかない. Non so distinguerli l'uno dall'altro. ¶どっちもどっちだ. 《けんかなどで両方とも悪い》Sono entrambi da biasimare. / 《大差はない》L'uno vale l'altro. / 《両方とも質などが悪い》C'è poco da scegliere tra i due. ¶どっちに転んでも損はしない. In ogni caso non ci si rimette.
✤**どっちつかず** ¶どっちつかずの態度を取る assumere un atteggiamento ambiguo
どっちみち ¶どっちみち行かなければならないなら早く行こう. Se proprio dobbiamo andare, sbrighiamoci. ¶どっちみち間に合わないだろう. In ogni caso non arriveremo in tempo.

とっちめる ¶学校をサボったのがばれて親父にとっちめられた. Saputo che avevo marinato la scuola, mio padre mi ha dato una bella lezione.

とっつき 取っ付き **1** 《一番手前》¶角を曲がってとっつきの家 la prima casa appena girato l'angolo
2 《最初》ini*zio*[男][複 *-i*] ¶とっつきが肝心だ. È importante l'inizio.
3 《第一印象》¶彼はとっつきが悪い. La prima impressione che lui dà è negativa. ¶彼はとっつきにくい人だ. Non è una persona alla mano. ¶この本はとっつきにくい. All'inizio questo libro è di difficile lettura.

とって 取っ手・把っ手 《ドアなどの》maniglia[女]; 《器具・容器の》mani*co*[男][複 *-chi*, *-ci*], presa[女]; 《花瓶・水差しなどの》ansa[女] ¶…の取っ手をつかむ prendere *ql.co.* per il manico

-とって 《「…にとって」の形で》a, per ¶彼は私にとっては大切な人だ. Per me, lui è una persona importante.

とってい 突堤 gettata[女]; molo[男]; 《防波堤》frangiflutti[男][無変]

とっておき 取って置き ¶取って置きのワインを振る舞ってくれた. Ci ha servito il vino serbato per le grandi occasioni. ¶取って置きの手を使う giocare la *propria* carta [la carta buona]

とっておく 取って置く 《別にする》mettere da parte *ql.co.*; tenere (in serbo) *ql.co.*; 《保存する》conservare *ql.co.*; 《蓄える》fare (una) scorta di *ql.co.* ¶肉を少し取っておく tenere in serbo un po' di carne ¶劇場の席を取っておく《予約》riservare [prenotare] i posti a teatro ¶帰りの電車賃を取っておく mettere da parte i soldi per il biglietto ferroviario di ritorno ¶お釣りは取っておきたまえ. Tenga il resto. ¶明日お金を持ってきますからこの品を取っておいてください. Per favore mi metta questo da parte; verrò domani a portare il denaro. ¶先に行って席を取っておいてくれ. Va' avanti e occupa i posti anche per noi

とってかわる 取って代わる sostituire *qlcu.* [*ql.co.*]; prendere il posto di *qlcu.* [*ql.co.*] ¶〈人〉に取って代わり実権を握る prendere il potere al posto di *qlcu.* ¶手工業が機械工業に取って代わられた. Il lavoro manuale è stato sostituito dalle macchine.

とってくう 取って食う ¶こわがらなくてもいい. とって食うわけじゃなし. Non c'è ragione di aver paura. Mica ti mangio!

とってくる 取って来る ¶車を取って来ます. Vado a prendere l'auto al parcheggio.

とってつけた 取って付けた ◇取ってつけたような non naturale, forzato; affettato, ostentato, simulato; 《儀礼的な》di circostanza ¶取ってつけ

たように笑う ridere forzatamente / fare un sorriso forzato ¶取ってつけたようなお世辞を言う fare a *qlcu.* un complimento di circostanza [(visibilmente) affettato / falso]

どっと **1**《大勢が一斉に出す声・音》 ¶満場がどっと笑った. Tutto l'uditorio è scoppiato (improvvisamente) a ridere. **2**《一斉に動く様子》 tutto a un tratto; 《だしぬけに》 improvvisamente ¶海岸に海水浴客がどっとくり出した. Una moltitudine di bagnanti ha affollato la spiaggia [si è affollata sulla spiaggia]. **3**《にわかに》 ¶母は父の死後どっと病の床についた. Dopo la morte di mio padre, mia madre si è ammalata di colpo.

ドット 〔英 dot〕 **1**〘コンピュータ〙 punto[男] **2**《水玉模様》 ◇ドットの a pallini, a pois [pwa]

ドットコム 〔英 dot-com〕〘コンピュータ〙 punto[男] com

とつとつ 訥訥 ¶とつとつと話す parlare esitando [balbettando] / farfugliare[他], [自][*av*]

とっとと rapidamente, in fretta, di corsa ¶とっとと歩いてちょうだい. Cammina in fretta, per favore! ¶とっとと出かけなさいよ. Allora, sbrigati ad uscire! ¶とっとと消えうせろ. Sparisci subito dalla mia vista.

とつにゅう 突入 ◇突入する irrompere[自] (►複合時制を欠く) [precipitarsi / lanciarsi]《に in》 ¶戦争に突入する aprire le ostilità ¶敵陣に突入する lanciarsi [scagliarsi] contro le posizioni nemiche ¶ストライキに突入する entrare in sciopero / cominciare uno sciopero [a scioperare]

とっぱ 突破 ◇突破する《突き破る》 sfondare; 《乗り越える》 oltrepassare; superare, sormontare ¶敵陣を突破する sfondare [rompere] le linee nemiche ¶難関を突破する sormontare gli ostacoli / superare le difficoltà ¶売上が1000万円を突破した. Le vendite hanno superato i dieci milioni di yen.

✤**突破口** breccia[女][複 *-ce*], varco[男][複 *-chi*] ¶突破口を切り開く aprirsi una breccia [un varco] in *ql.co.*

トッパー 〔英 topper〕〘服〙 trequarti[男][無変] [soprabito[男]] leggero da donna

とっぱつ 突発 ◇突発する succedere[自][*es*] [avvenire[自][*es*] / capitare[自][*es*] / accadere[自][*es*]] improvvisamente, scoppiare[自][*es*]

✤**突発事件**[**事故**] avvenimento[男] inatteso, caso[男] imprevisto

とっぱんいんさつ 凸版印刷 〘印〙 stampa[女] tipografica [in rilievo]

とっぴ 突飛 ◇突飛な bizzarro, stravagante; fantastico[男複 *-ci*]; 《普通でない, おかしい》 insolito ¶突飛な考え idea stravagante [balzana / strampalata / eccentrica] ¶突飛な計画 progetto fantastico ¶突飛な男 uomo eccentrico [bizzarro] ¶突飛な事をする[言う] fare [dire] stramberie [bizzarrie]

とっぴょうしもない 突拍子もない ¶突拍子もない計画だ. È proprio un piano pazzesco! ¶何か突拍子もないことを仕出かしたに違いない. Deve certamente aver fatto qualche pazzia [qualcosa di terribile].

トッピング 〔英 topping〕〘料〙 decorazione[女] (per dolci)

トップ 〔英 top〕《一番, 首位, 先頭》 testa[女], primo[男][女 *-a*] ¶トップを占める essere il primo [《女性》 la prima] (di *ql.co.*) / essere in testa / occupare il primo posto (di *ql.co.*) ¶〈人〉とトップを争う lottare per il primo posto con *qlcu.* ¶彼はトップを切ってゴールインした. Ha tagliato il traguardo per primo. ¶学校時代はずっとトップだった. È stato sempre il primo della classe. ¶トップで試験に合格する passare l'esame con il punteggio migliore ¶一面トップの大見出し titolo principale della prima pagina ¶そのニュースは夕刊のトップを飾った. Quella notizia ha avuto la priorità nell'edizione serale.

✤**トップ会談** conferenza[女] al vertice

トップ記事 articolo[男] di testa

トップクラス ◇トップクラスの superiore, migliore, primo, più quotato, di prim'ordine

トップシークレット segreto[男] di importanza vitale, segretissimo[男]; 〔英〕 top secret[男][無変]

トップダウン sistema[男] di amministrazione in cui la base è subordinata alle decisioni della dirigenza

トップニュース prima notizia[女]

トップメーカー azienda[女] leader [無変]

トップモード ¶トップモードの服 vestito all'ultima moda

トップ屋 cronista[男][女][男複 *-i*] indipendente di articoli di testa

トップレス《水着》〔英〕 topless[男][無変]

トップレベル ◇トップレベルの ad alto livello

とっぷう 突風 colpo[男] [raffica[女]] di vento, groppo[男], folata[女] (di vento) ¶突風が吹く. Il vento soffia a forti raffiche.

ドップラーこうか ドップラー効果 〘物〙 effetto[男] Doppler

とっぷり ¶日はとっぷりと暮れた. Il sole è calato del tutto.

どっぷり ¶温泉にどっぷりつかって疲れを癒(い)やした. Si è rilassato con un bel bagno nelle acque termali. ¶安穏な暮らしにどっぷりつかっていた. Viveva nel più completo appagamento.

とつべん 訥弁 ¶訥弁である non avere「la parola [l'eloquio] facile / non avere la parlantina sciolta ¶訥弁の人 persona poco eloquente

とつめん 凸面 ◇凸面の convesso

✤**凸面鏡** specchio[男][複 *-chi*] convesso

とつレンズ 凸レンズ lente[女] convessa

-とて **1**《…としても》 ¶どんなに急いだとて間に合わないだろう. Anche se ci affrettiamo, non arriveremo in tempo. **2**《…なので》 ¶日曜のこととて映画館は満員だった. Poiché era domenica, il cinema era tutto pieno. ¶知らぬこととて失礼しました. Le chiedo scusa, non lo sapevo.

どて 土手 《川・道路・鉄道の》 argine[男]; 《急斜面》 scarpata[女]; 《岸》 sponda[女]

とてい 徒弟 apprendista[男][女][男複 *-i*]

✤**徒弟期間** apprendistato[男]

徒弟制度〘史〙 sistema[男] di apprendistato

徒弟奉公 ¶ある職人のところへ徒弟奉公に出ている essere garzone-apprendista da un artigiano

どてっ ¶彼はどてっとあぐらをかいていた. Sedeva

と

とてつもない irragionevole, assurdo, straordinar*io* [複*-i*] ¶とてつもない要求 richiesta irragionevole [assurda]

とても **1**《非常に》molto, così, assai, parecchio ¶とてもおもしろい本だ. È un libro divertentissimo [molto divertente]. ¶今日はとても疲れた. Oggi mi sono stancato「molto [da morire].
2《否定の語を伴って「とうてい」,「どうしても」》¶とてもそんなことできない. Non è assolutamente possibile! ¶とても30とは思えない. Non dimostra affatto trent'anni. ¶数学では彼にはとてもかなわない. In matematica non posso certamente competere con lui.

どてら 褞袍 *kimono*男[無変] imbottito

どてん ¶どてんとベッドに寝転がる distendersi lun*go* sul letto

とど 海馬 《動》otaria女 dalla criniera, leone男 artic*o* [複*-ci*]

どどいつ 都都逸 canzone女 *dodoitsu* (◆canzone d'amore popolare in lingua parlata, formata da 7-7-7-5 sillabe, accompagnata dallo *shamisen*)

ととう 徒党 banda女; 《分派》fazione女; 《利害を共にする》combriccola女; 《悪事の一味》cricca女 ¶徒党を組む formare una banda [una cricca] ¶徒党を組んで in gruppo

どとう 怒濤 maroso男, cavallone男 ¶船は怒濤を蹴って進んだ. La nave avanzava nel mare in burrasca. ¶群衆は怒濤のように広場に押し寄せた. La folla avanzò come un'onda furiosa verso la piazza.

とどうふけん 都道府県 le suddivisioni女[複] amministrative del Giappone: le province (*ken*), più le province a denominazione speciale di Osaka (*fu*), Kyoto (*fu*), Tokyo (*to*) e Hokkaido (*do*) 参考

どどーん ¶どどーんと発破の音が谷間に響き渡った. Il suono dell'esplosione riecheggiò nella valle.

トトカルチョ《伊》totocalcio男[無変] (►totalizzatore男 del calcio の省略形で, プロサッカーの勝ち負けを当てる宝くじ式の賭け)

とどく 届く **1**《到着する》arrivare [giungere] a *ql.co.* [*qlcu.*] ¶君の手紙が届いた. Mi è arrivata [Ho ricevuto] la tua lettera. ¶注文した品物は明日届くだろう. L'articolo ordinato sarà consegnato domani.
2《達する》raggiungere [toccare] *ql.co.* [*qlcu.*], arrivare a *ql.co.* [*qlcu.*] ¶すぐ手の届くところに sottomano / a portata di mano ¶声の届くところに a portata di voce ¶このはしごは8階まで届く. Questa scala va fino al settimo piano. ¶君の結婚の知らせが僕にも届いた. Mi è pervenuta la notizia del tuo matrimonio. ¶この値段では手が届かない. Questo prezzo va al di là della mia portata. ¶僕の誠意は向こうに届かなかったらしい. Sembra che la mia gentilezza non sia stata apprezzata. ¶願いが天に届いた. Le mie preghiere sono state esaudite. ¶子供は親の目の届く所に置いたほうがいい. I bambini è bene non perderli mai d'occhio. / I bambini è meglio tenerli sempre sott'occhio. ¶私の注意が届きませんでした. Non sono stato abbastanza attento.

とどけ 届け annunc*io*男 [複*-ci*], denuncia女 [複*-ce*] ¶届け済みの registrato / denunciato / annunciato ¶移転届 annuncio di trasferimento ¶盗難届 denuncia di furto ¶死亡届 annuncio di morte ¶出生届 annuncio di nascita ¶警察に盗難届を出す denunciare un furto alla polizia ¶欠席[欠勤]届を出す(前もって)chiedere per iscritto l'autorizzazione di assentarsi / (休んだ後に)presentare una giustificazione scritta ¶婚姻届を役所に出す(far)registrare il *proprio* matrimonio in municipio
❖**届け先** indirizzo男 del destinatario, destinazione女; 《人》destinatar*io*男 [女*-ia*; 複男*-i*]

届け出 《結婚・出生などの》registrazione女; 《盗難などの》denunc*ia*女 [複*-ce*; 《稀》*-cie*]

とどけでる 届け出る notificare; denunciare ¶市役所に息子の出生を届け出る notificare [registrare] in comune la nascita di un figlio / andare in comune per registrare un figlio

とどける 届ける **1**《通知する》notificare, avvertire ¶住所の変更を郵便局に届ける notificare all'ufficio postale il nuovo indirizzo
2《運ぶ》portare *ql.co.* (に a); 《送付する》inviare [mandare / far pervenire] *ql.co.* (に a); 《配達する》consegnare *ql.co.* (に a) ¶拾った財布を交番に届ける portare alla polizia un portafoglio trovato ¶太郎に届けさせます. Lo farò portare da Taro. ¶お宅へお届けしましょうか. Vuole che glielo facciamo recapitare [mandiamo] a casa?

とどこおり 滞り ristagno男, ritardo男; 《支払いの》arretrato男; 《貨物の》giacenza女 ◇滞りなく《遅れずに》puntualmente; 《順調に》senza intoppi [incidenti] ¶式は滞りなく済んだ. La cerimonia si è svolta senza difficoltà.

とどこおる 滞る **1**《つかえる》essere indietro [in arretrato] ¶仕事が滞っている《人が主語》essere indietro [in arretrato] col lavoro ¶仕事を滞らせる far ritardare il lavoro ¶交渉が滞っている. Le trattative「vanno per le lunghe [ristagnano]. ¶たくさんの輸入貨物が港で滞っている. Molte merci di importazione giacciono [sono ferme] nel porto.
2《未納である》¶私は家賃を3か月分滞らせている. Sono in arretrato di tre mesi con l'affitto. / Ho tre mesi di affitto arretrato.

ととのう 調う **1**《まとまる》essere arrangiato [accomodato / sistemato / combinato] ¶縁談が調った. Il matrimonio è stato combinato. ¶両国の通商条約が調った. Un trattato commerciale è stato concluso fra i due paesi.
2《用意ができる》essere pronto [preparat*o*] ¶すべての準備が調った. I preparativi sono terminati. / Ecco, ora siamo pronti!

ととのう 整う ◇整った《調和がとれている》ben proporzionato, armon*ico*男 [複*-ci*]; 《秩序立っている》ben organizzato ¶整った文章 bella frase / bello stile ¶彼女は目鼻立ちが整っている. Ha un bel viso. ¶彼女は整った服装をしている. È molto ben vestita.

ととのえる 調える **1**《まとめる》sistemare, accomodare, stabilire ¶旅行の手はずを調える fare

i preparativi di un viaggio ¶交渉の段取りを調える stabilire il programma dei negoziati ¶縁談を調える combinare un matrimonio
2《準備する》preparare ¶…の資金を調える raccogliere i fondi per＋[不定詞] [*ql.co.*] /《自分のために》procurarsi dei fondi per＋[不定詞] [*ql.co.*] ¶キャンプに必要な物を調える procurarsi [preparare] il necessario per il camping ¶食卓を調える preparare la tavola / apparecchiare (la tavola) ¶晴れ着を調える acquistare [comprare] vari vestiti da cerimonia
3《加減する》aggiustare, regolare ¶味を調える aggiustare il sapore

ととのえる 整える 《きちんとする》mettere in ordine, ordinare, rassettare, sistemare;《調整する》aggiustare ¶服装を整える rimettersi a posto [aggiustarsi] il vestito ¶髪をきちんと整える aggiustare la *propria* pettinatura / aggiustarsi i capelli ¶隊列を整える sistemare lo schieramento ¶身辺を整える mettere in ordine le *proprie* cose [《仕事など》i *propri* affari]

とどのつまり ⇒結局 ¶とどのつまり彼は破産を免れなかった. Dopotutto [A conti fatti] gli era impossibile evitare il fallimento.

とどまる 止まる・留まる **1**《静止している》restare[自] [*es*];《滞在する》fermarsi;《残留する》rimanere[自] [*es*] ¶家にとどまる restare [starsene] in casa ¶フィレンツェに1週間とどまる fermarsi [soggiornare] a Firenze una settimana ¶現職にとどまる restare al *proprio* posto di lavoro
2《限られる》limitarsi ¶彼の才能は音楽だけにとどまらない. La sua abilità non si limita soltanto alla musica. ¶彼の野心はとどまるところを知らない. La sua ambizione non conosce limiti.

とどめ 止め ¶とどめの一撃 colpo di grazia / l'ultimo colpo
[慣用] **とどめを刺す** (1)《完全に息を止める》dare il colpo di grazia a *ql.co.* [*qlcu.*];《議論などで》ridurre *qlcu.* al silenzio, porre termine [fine] alla discussione (2)《徹底的な打撃を与える》¶ミランは後半でも1点追加して相手にとどめを刺した. Con il goal aggiunto nel secondo tempo, il Milan gli ha dato il colpo di grazia. (3)《一番である》¶花は吉野にとどめを刺す. Non c'è un posto migliore di Yoshino per ammirare i ciliegi in fiore.

とどめる 止める・留める **1**《残す》lasciare *ql.co.* ¶記憶にとどめる imprimere *ql.co.* nella memoria / imprimere un ricordo nella mente ¶…の痕跡をとどめる conservare traccia di *ql.co.* / lasciare segni di *ql.co.* ¶村は昔の面影をとどめていない. Quel villaggio non ha più l'aspetto di una volta. ¶足をローマにとどめる fermarsi a Roma ¶生徒を学校にとどめる trattenere gli studenti a scuola
2《限る》limitarsi a *ql.co.* [＋[不定詞]] ¶損害[出費]を最小限にとどめる limitare i danni [le spese] al minimo ¶日本の経済面を扱うにとどめます. Mi limiterò a trattare i problemi del Giappone sotto l'aspetto economico.

とどろかす 轟かす **1**《鳴り響かせる》¶爆音をとどろかせて火山が噴火した. Il vulcano ha eruttato con un forte boato.
2《ときめかせる》¶胸をとどろかす far battere il cuore
3《広く知らせる》¶彼は名声を天下にとどろかせた. La sua fama si diffuse in tutto il mondo. ¶彼は悪名をとどろかせている. È conosciuto dovunque per la sua cattiva fama.

とどろく 轟く **1**《鳴り響く》rimbombare[自] [*es, av*]; rumoreggiare[自] [*av*], rombare[自] [*av*] ◇とどろき rumoreggiamento[男], rombo[男];《響く音》rimbombo[男];《水の落ちる音》scr*o*scio[男] [複 -*sci*];《轟音》boato[男] ¶大砲のとどろき rumoreggiamento [rombo] di un cannone ¶ごうごうという鉄砲水のとどろき fragore di un torrente in piena ¶雷鳴がとどろく. Il tuono rimbomba [rintrona].
2《ときめく》¶胸がとどろく. Mi batte il cuore.
3《知れ渡る》¶彼の研究は世界中にとどろいている. Le sue ricerche hanno avuto una risonanza mondiale.

ドナー 〔英 donor〕〘医〙dona*tore*[男] [[女] -*trice*]
✤**ドナーカード**〘医〙tessera[女] di donatore
ドナー登録〘医〙iscrizione[女] alla lista di donatori di organi

となない 都内 ¶都内に住む人 abitante di Tokyo / persona che vive nell'area metropolitana di Tokyo / tokyot*a*[男][女] [[男]複 -*i*]

となえる 唱える・称える **1**《声に出して言う, 叫ぶ》¶お経を唱える recitare [salmodiare] il sutra ¶万歳を唱える gridare "Evviva!" ¶スローガンを唱える recitare [gridare] degli slogan
2《表明する》¶異説を唱える esprimere un'opinione diversa ¶異議を唱える sollevare un'obiezione ¶平和主義を唱える predicare il pacifismo ¶新説を唱える formulare [proporre] una nuova teoria

トナカイ 〘動〙renna[女]

-となく ¶彼女は昼となく夜となくその本を夢中で読んでいる. È immersa nella lettura di quel libro giorno e notte. ¶彼はだれかれとなく議論を吹きかける. Attacca briga con tutti.

どなた ¶どなた様ですか.《電話で》Con chi parlo? / Chi parla? / Chi è all'apparecchio?

どなべ 土鍋 tegame[男] [pentola[女]] di terracotta

となり 隣

《家》casa[女] vicina;《人》vicin*o*[男] [[女] -*a*] (di casa) ◇隣の vicino, accanto [無変] ¶隣の子 bambino del vicino ¶隣の部屋 stanza accanto [vicina] ¶隣の席 posto accanto ¶隣の国 nazione confinante [limitrofa] ¶隣り合わせに住む[なる] abitare [trovarsi] accanto a *qlcu.* ¶駅の隣はホテルで, その隣が銀行だ. A fianco della stazione c'è un albergo e vicino [accanto] a questo c'è una banca. ¶山田さんの家は2軒おいて隣です. L'abitazione di Yamada è a due case dalla mia. ¶右隣の部屋がうるさい. Nella camera accanto a destra fanno molto chiasso.
✤**隣近所** vicinato[男] (►場所も人もさす) ¶隣近所のうわさになる diventare la favola del vicinato

となりあわせ 隣り合わせ ¶彼とは隣り合わせに住んでいる. Abito nella casa attigua alla sua. ¶彼と隣り合わせに座った. Mi sono seduto accan-

to a lui.
どなりこむ 怒鳴り込む andare a fare una scenata a *qlcu.*, andare da *qlcu.* per dirgliene quattro
どなりつける 怒鳴り付ける urlare㉘[*av*] a *qlcu.*, inveire㉘[*av*] [tuonare㉘[*av*]] contro *qlcu.*
どなる 怒鳴 gridare㉘[*av*], urlare㉘[*av*]; 《金切り声で》strillare㉘[*av*]; 《大声でしかる》rimproverare *qlcu.* ad alta voce ¶周りがうるさいからどならなければ話が聞こえない. C'è rumore qui intorno e bisogna urlare per farsi sentire. ¶おやじにどなられた. Mio padre mi ha fatto una scenata [me ne ha dette quattro].
-となると ¶彼が退職するとなると次に誰が部長になるのだろうか. 《もし仮に》 Se dovesse dimettersi, chi sarà il nuovo capodivisione? ¶結婚の日取りが決まったとなると準備のお忙しくなりますね. Ora che è stata decisa la data del suo matrimonio, immagino che sarà tutto preso dai preparativi.
とにかく 兎に角 **1** 《いずれにせよ》 ad ogni modo; comunque ¶とにかく彼に手紙を出してみます. Ad ogni modo proverò a mandargli una lettera. ¶褒められたのがとにかくうれしかった. Mi faceva veramente piacere essere lodato.
2 《…はさておいて》 a parte; per non parlare di ¶お金はとにかく暇がないよ. Denaro a parte, non ho lo stesso il tempo. ¶他の人はとにかく君には信じてもらいたい. Non mi importa degli altri, purché tu mi creda.
どにち 土日 sabato㊚ e domenica㊛;《週末》fine-settimana㊚[無変]
トニック 〔英 tonic〕《強壮剤》tonico㊚[複 -*ci*] energetico㊚[複 -*ci*];《化粧品》lozione㊛ tonica
✤**トニックウォーター** acqua㊛ tonica
とねりこ 梣《植》frassino㊚
との 殿《主君》signore㊚; possessore㊚ di un feudo [dominio];《呼びかけ》Vostra Signoria㊛;《略》V.S.
どの **1**《疑問文で》quale, che;《人》chi ¶ここの中でどの花が一番好きですか. Quale di questi fiori ti piace di più? ¶東京のどのあたりにお住まいですか. In che [quale] zona di Tokyo abita? ¶彼は今のどのあたりかろ. Dov'è (lui) ora? ¶小田さんはどの人ですか. Qual è il signor Oda? ¶どの人でもいいから手伝ってください. Non importa chi, ma per favore aiutatemi. ¶どのへんで妥協したらよいかわからない. Non ho idea su quali punti si possa scendere a un compromesso.
2《平叙文で》ogni, qualsiasi;《否定文で》nessuno ¶どの家にもカラーテレビがある. In ogni casa c'è un televisore a colori. ¶これはどの論文よりも優れている. Questo saggio è migliore di qualsiasi altro. ¶どの絵も気に入らない. Nessuno di questi quadri mi piace.
-どの -殿《中村殿《男性に》Signor [《既婚女性に》Signora [《未婚女性に》Signorina] Nakamura
どのう 土嚢 sacchetto㊚ di sabbia [terra]
とのがた 殿方 ¶「殿方用」《表示》"(Per) uomini" / "Signori"
どのくらい どの位 ¶お値段はどのくらいですか. Quanto costa? ¶ここから駅まで時間はどのくらいかかりますか. Quanto tempo ci vuole di qui alla stazione? ¶体重はどのくらいあるの. Quanto pesi? / Qual è il tuo peso? ¶ここに住んでどのくらいになりますか. Da quanto tempo vive qui?
とのさま 殿様 signore㊚ (feudale) ¶殿様暮らしをする vivere㉘[*av*] da (gran) signore
とのさまがえる 殿様蛙《動》rana㊛ gigante
とのさまばった 殿様蝗虫《昆》locusta㊛ migratoria
どのみち どの道 comunque sia
どのような →どんな
どのように come; in che modo ¶チーズ・ケーキはどのように作りますか. Come si prepara la torta al formaggio?
-とは **1**《…というものは》¶文化とは一体何であろうか. Cosa sarà dunque la cultura? ¶ばかとは誰のことだ. Chi sarebbe lo sciocco? **2**《判断などを表わして》¶君が間違っているとは思わない. Non penso che tu abbia torto. **3**《…ほどは, …ほども》¶タクシーで5分とはかからない. In taxi 「non ci vogliono nemmeno [ci vogliono meno di] cinque minuti. **4**《…なんて》¶こんな雨の日に山に登るとは. Andare in montagna in una giornata così piovosa!? ¶泥棒がわが子とは. Santo cielo! Mio figlio un ladro!
とば 賭場 luogo㊚[複 -*ghi*] dove si gioca d'azzardo, casinò㊚
トパーズ〔英 topaz〕topazio㊚[複 -*i*]
-とはいうものの -とは言うものの ¶とはいうものの, 彼も60過ぎだからこの旅行は無理だ. Nonostante tutto, ha passato i sessanta e quindi questo viaggio non fa per lui.
-とはいえ -とは言え ma, però, tuttavia; ciononostante, nondimeno ¶1年たったとはいえ, 春とはいえまだ寒い. È primavera, però [ma] fa ancora freddo. ¶貧乏とはいえ人のものは取りません. Anche se sono povero non mi approprio della roba altrui.
とばく 賭博 gioco㊚[複 -*chi*] d'azzardo ¶賭博をする giocare㉘[*av*] d'azzardo ¶さいころ賭博をする giocare ai dadi ¶賭博ですっからかんになった. Ho perso tutto al gioco (d'azzardo).
✤**賭博師** giocatore㊚[㊛ -*trice*] d'azzardo
賭博場 casa㊛ da gioco, casinò㊚, bisca㊛
とばす 飛ばす **1**《空中に上げる》dare il volo a *ql.co.*; fare volare (via) *ql.co.* ¶伝書鳩を飛ばす dare il volo a un piccione viaggiatore ¶シャボン玉を飛ばす fare bolle di sapone ¶風に帽子を飛ばされた. Il vento mi ha fatto volar (via) il cappello.
2《跳ね散らす》¶水しぶきを飛ばす sollevare spruzzi d'acqua ¶車が服に泥水を飛ばした. L'auto mi ha schizzato di fango il vestito. ¶つばを飛ばしながら話す parlare lanciando spruzzi di saliva
3《速く走らせる》¶横浜まで車で飛ばす andare in macchina a Yokohama a tutta velocità ¶時速140キロで飛ばす correre a 140 km l'ora
4《途中を抜かす》saltare; tralasciare ¶タイプで1行飛ばして打ってしまった. Battendo a macchina ho saltato [ho omesso] una riga. ¶つまらない箇所は飛ばして読んだ. Ho tralasciato di legge-

とばっちり 迸り ¶けんかのとばっちりを受ける 《巻き込まれる》essere coinvolto in una rissa ¶政変のとばっちりを受けた. Abbiamo subito le conseguenze del cambio del governo. ¶とんだとばっちりだ. Io non c'entro niente! / Ma che c'entro io?

とばり 帳 《垂れ布, カーテン》tenda㊛, tendina㊛ ¶夜のとばり velo dell'oscurità ¶夜のとばりが降りた. La notte scese sulla città.

とび 鳶 **1**〖鳥〗nibbio㊚〔複 -i〕 ¶とびが輪を描いている. Un nibbio sta descrivendo dei cerchi in cielo. **2**《とび職人》chi㊛ lavora su impalcature, ponteggi o tetti
⟦慣用⟧とびが鷹㊛を生む Da una famiglia come tante è nato un genio.

とびに油揚げをさらわれる ¶彼はとびに油揚げをさらわれた. Gli hanno soffiato l'affare sotto il naso.

とびあがる 飛び上がる・跳び上がる 《跳ね上がる》saltare㊐〔►動作を表すとき [av], 移動を表すとき [es]〕, balzare㊐〔►動作を表すとき [av], 移動を表すとき [es]〕, fare un salto, 《驚きなどで》sobbalzare㊐[av], sussultare㊐[av], trasalire㊐[av, es], scattare㊐[es] ¶猫が机に跳び上がった. Il gatto è saltato sul tavolo. ¶跳び上がって喜ぶ fare salti di gioia ¶驚いて跳び上がる sobbalzare [trasalire] per la sorpresa / avere un soprassalto [un sobbalzo] ¶飛び上がるほど痛かった. Ho quasi sobbalzato per il dolore.

とびあるく 飛び歩く correre 《を per》㊐[av]

とびいし 飛び石 sentiero㊚ di pietre in un giardino
❖飛び石連休 giorni㊚〔複〕festivi e giorni feriali che si susseguono alternativamente

とびいたとびこみ 飛び板飛び込み《スポ》trampolino㊚

とびいり 飛び入り《予定外の》partecipazione㊛ imprevista /《自由な》libera¶討論会は飛び入り自由です. Tutti possono partecipare al dibattito. / Il dibattito è aperto a tutti.

とびいろ 鳶色 colore㊚ marrone rossiccio; castano㊚ ¶とび色の目 occhi castani

とびうお 飛魚〖魚〗pesce㊚ volante, pesce㊚ rondine〔無変〕

とびうつる 飛び移る・跳び移る ¶蝶は花から花へと飛び移っていた. La farfalla svolazzava di fiore in fiore. ¶我々はヨットから救命ボートへ跳び移った. Siamo saltati dallo yacht alla scialuppa di salvataggio.

とびおきる 飛び起きる・跳び起きる saltare [es, av] in piedi con un sobbalzo;《ベッドから》saltare (fuori dal letto)

とびおりる 飛び降りる saltare㊐[es] giù, gettarsi giù ¶彼はビルの9階から飛び降り自殺した. Si è suicidato buttandosi [gettandosi] dall'ottavo piano di un edificio. ¶パラシュートで飛び降り gettarsi [scendere] col paracadute

とびかう 飛び交う ¶蛍が飛び交っていた. Le lucciole svolazzavano tutt'intorno. ¶彼は火の粉が飛び交う中を逃げた. È scappato in mezzo a scintille che volavano ovunque. ¶侮辱の言葉が飛び交っていた. Tra loro volavano gli insulti.

とびかかる 飛び掛かる saltare㊐[es], balzare㊐[es], lanciarsi ¶私は泥棒に飛びかかった. Mi sono gettato [avventato] sul ladro.

とびきゅう 飛び級 ¶彼は飛び級で1年から3年になった. Ha saltato un anno e dal primo è passato al terzo.

とびきり 飛び切り ¶彼は飛び切り頭がいい. È di un'intelligenza che lascia indietro tutti. ¶飛び切り上等の品を注文した. Ho ordinato prodotti di primissima qualità.

とびぐち 鳶口 asta㊛ a uncino

とびこえる 飛び越える・跳び越える scavalcare ql.co. [qlcu.] ¶塀を飛び越える saltare [scavalcare] una siepe ¶彼は先輩を飛び越えて部長になった. È diventato capodivisione scavalcando il suo superiore.

とびこす 飛び越す・跳び越す ⇒飛び越える

とびこみ 飛び込み **1**《スポ》《水泳の》tuffo㊚ **2** ¶飛び込みの客 ospite imprevisto [inatteso]
❖飛び込み自殺 suicidarsi gettandosi sotto un treno《電車に》
飛び込み台《ばね式》trampolino㊚;《固定式》piattaforma㊛

とびこむ 飛び込む **1**《飛んで入る》gettarsi《にin》¶プールに飛び込む tuffarsi [buttarsi] nella piscina **2**《突然入る》¶部屋に飛び込む precipitarsi nella stanza ¶余計なやつがパーティーに飛び込んで来た. Uno scocciatore si è autoinvitato [imbucato] alla festa. ¶トラックが角の店に飛び込んだ. Un camion è andato a sbattere contro il negozio d'angolo. ¶映画界に飛び込む lanciarsi nel mondo del cinema

とびさる 飛び去る volare㊐[es] via

とびだし 飛び出し ¶「子供の飛び出し注意」《掲示》"Attenzione ai bambini"
❖飛び出しナイフ coltello㊚ a serramanico [a molla / a scatto]

とびだす 飛び出す **1**《勢いよく外へ出る》balzare㊐[es] fuori, sbucare㊐[es] fuori ¶窓から飛び出す saltare da una finestra ¶横道から子供が飛び出した. Da una via laterale è sbucato un bambino. ¶父とけんかして家を飛び出した. Sono fuggito di casa a causa di un alterco con mio padre. **2**《突き出る》sporgere㊐[es] ¶この壁からレンガが1つ飛び出している. In questo punto del muro sporge un mattone.

とびたつ 飛び立つ **1**《飛び上がる》prendere [spiccare] il volo, alzarsi in volo;《離陸する》decollare㊐[av] ¶鳥が一斉に飛び立った. Tutti gli uccellini si sono alzati in volo. **2**《そわそわする》¶彼女に会えると飛び立つ思いで家を出た. Non vedendo l'ora di incontrarla, mi sono precipitato fuori di casa tutto contento.

とびち 飛び地 《自国領内に入りこんだ他国の小地域》〔仏〕enclave [enkláv]㊛〔無変〕;《他国領内に入りこんだ自国の小地域》〔仏〕exclave [eksklàve]㊛〔無変〕

とびちる 飛び散る ¶火花が飛び散った. Le faville volavano tutt'intorno. ¶波しぶきが飛び散った. L'aria era piena degli spruzzi delle onde. ¶鏡は粉々に割れて床に飛び散った. Lo specchio si è rotto in mille pezzi che si sono sparsi su tutto il pavimento. ¶紙片が花吹雪のように飛び散った. Pezzi di carta svolazzavano come fiori trasportati dal vento.

とびつく 飛び付く **1**《飛び掛かる》balzare㉠ [es] ; lanciarsi / buttarsi ; 《に su》¶首に飛びつく lanciarsi [gettarsi] al collo di qlcu. ¶木の枝に飛びつく aggrapparsi a un ramo di un albero ¶犬に飛びつかれた. Il cane mi è saltato addosso. **2**《すぐに手を出す》¶流行に飛びつく accogliere (con entusiasmo) una nuova moda ¶申し出に飛びつく cogliere [afferrare / accettare] al volo un'offerta ¶飛びつきたくなるような提案 proposta seducente [attraente]

トピック 〔英 topic〕 argomento㉟, tema㉑ [複 -i]

とびでる 飛び出る ¶家を飛び出る fuggire di casa ¶この時計は目の玉が飛び出るほど高い. Questo orologio costa un occhio della testa.

とびどうぐ 飛び道具 《火器》arma㉑ [複 -i] da fuoco;《銃》fucile㉟;《ピストル》pistola㉑

とびとび 飛び飛び ¶家がとびとびに建っている. Le case sono sparse qua e là. ¶マリオは本をとびとびに読んだ. Mario leggeva il libro saltando le pagine.

とびにゅうがく 飛び入学 ◇飛び入学する entrare㉠ [es] direttamente in un istituto di istruzione superiore senza seguire il normale iter per meriti particolari

とびぬける 飛び抜ける eccellere㉠ [av, es]《►複合時制は稀》, distinguersi, emergere㉠ [es] ¶彼は飛び抜けている. Eccelle sugli altri. / È 「al di sopra degli [superiore agli] altri. ¶飛び抜けた人物 individuo eccezionale [straordinario] ¶このレストランは飛び抜けてうまい. Questo ristorante si distingue [spicca] per la bontà della sua cucina.

とびのく 飛び退く scostarsi [spostarsi] con un balzo, fare un balzo;《後ろへ》saltare㉠ [es] all'indietro;《脇へ》saltare di lato [di fianco]

とびのる 飛び乗る ¶動き出した列車に飛び乗った. Sono saltato sul treno quando si era già messo in moto. ¶通りかかったタクシーに飛び乗った. Sono balzato dentro un taxi di passaggio.

とびばこ 跳び箱・飛び箱 plinto㉟ ¶跳び箱をする esercitarsi al plinto

とびはなれる 飛び離れる・跳び離れる **1**《遠く離れる》¶原野の中に家が飛び離れて1軒だけあった. In mezzo ai campi c'era solo una casa isolata. **2**《大きな差がある》→飛び抜ける

とびはねる 跳び跳ねる・飛び跳ねる saltare㉠ [av] su e giù; saltare tutt'intorno ¶喜んで跳び跳ねる saltellare [saltare] di gioia

とびひ 飛び火 **1**《火事が離れた所に移ること》propagazione㉑ a macchia ◇飛び火する propagarsi, estendersi ¶火事は川の向こうに飛び火した. L'incendio si è propagato sull'altra riva scavalcando il fiume. **2**《事件などが意外なほうへ影響すること》¶そのスキャンダルは世界中に飛び火した. Quello scandalo ha avuto ripercussioni in tutto il mondo. **3**《伝染性膿痂疹》impetigine㉑ stafilococcica

とびまわる 飛び回る **1**《あちこちと飛ぶ》¶蝿(はえ)が電灯のまわりを飛び回っていた. Le mosche volavano attorno alla lampada. **2**《走り回る》correre㉠ [av, es] qua e là ¶彼は金策に飛び回っている. Bussa a tutte le porte 「Corre qua e là / Le sta provando tutte」 per racimolare del denaro.

どひょう 土俵 **1**《土囊》sacchetto㉟ di sabbia **2**《相撲》ring㉟ [無変] di [per il] sumo ¶土俵を割る mettere un piede fuori dal ring **3**《話し合いなどの場》¶土俵に立って話し合う discutere ql.co. partendo dallo stesso punto di vista ✤土俵際 ◇土俵際で al limite del ring;《土壇場で》all'ultimo momento ¶土俵際に追いつめられる essere con 「le spalle al muro [la corda al collo]

とびら 扉 **1**《戸》porta㉑;《開き戸の一方》anta㉑, battente㉟ ¶4枚扉のたんす armadio a quattro ante [battenti] **2**《本の》frontespizio㉟ [複 -i]

どびん 土瓶 teiera㉑ di terraglia

とふ 塗布 applicazione㉑ ◇塗布する applicare [stendere] ql.co.《に su》¶軟膏を傷口に塗布した. Ho applicato una pomata sulla ferita.

とぶ 飛ぶ・跳ぶ **1**【飛行する】volare㉠《►動作を表すとき [av], 移動を表すとき [es]》, prendere il volo;《滑空する》librarsi (in aria), planare㉠ [av];《グライダーなどが》aleggiare㉠ [av];《大きく旋回する》volteggiare㉠ [av];《ひらひら飛び回る》svolazzare㉠ [av];《風で物が》prendere il volo, essere portato dal vento ¶高く [低く] 飛ぶ volare (in) alto [basso] ¶地面すれすれに [超低空で] 飛ぶ volare raso terra [a bassa quota] ¶鳥が空を飛んでいる. Un uccello sta volando nel cielo. ¶ボールは遠くまで飛んだ. La palla è volata molto lontano. ¶彼は今朝6時にローマへ飛んだ. È partito in aereo per Roma alle 6 di stamattina. ¶犯人は海外へ飛んだらしい. Sembra che il colpevole sia fuggito all'estero. ¶ゆうべの風で店の看板が飛んだ. Il vento di ieri sera ha fatto volar via l'insegna del negozio. ¶車は高速道路を飛ぶように走っていた. L'automobile volava sull'autostrada.

2【はねる】saltare㉠《►動作を表すとき [av], 移動を表すとき [es]》, balzare㉠ [es] ;《とび散る》sprizzare㉠ [es], schizzare㉠ [es] via ¶片足で [両足を揃えて] 跳ぶ saltare 「su un piede solo [a piè pari]」 ¶かえるが跳んだ. La rana ha saltato [ha fatto un salto]. ¶跳んだりはねたり, 何て騒がしい子供たちだろう. Che bambini turbolenti! Non fanno altro che saltare e agitarsi. ¶火花が飛ぶ. Le scintille sprizzano. ¶自動車が通りすぎて服に泥水が飛んだ. L'automobile mi ha schizzato di fango il vestito.

3【駆けつける】andare [venire] in fretta, precipitarsi ¶記者たちは事故現場へ飛んだ. I cronisti 「si sono precipitati [sono accorsi]」 sul luogo dell'incidente. ¶遅くなったので飛んで来ました. Siccome si era fatto tardi, sono venuto di corsa. ¶知らせを聞いて病院に飛んで行った. Saputa la notizia, sono andato di volata all'ospedale.

4【切られる】 ¶過負荷でヒューズが飛んだ. A causa di un sovraccarico il fusibile si è fuso [la valvola è saltata]. ¶彼は首が飛んだ.《解雇》È stato licenziato.

5【中間が抜ける】 saltare *ql.co.* ¶話が少し飛びますが anticipando un po' il discorso /《話題を変える》a proposito ¶彼の話はどこへ飛ぶかわからない. Quando parla, salta di palo in frasca. ¶この本はページが飛んでいるので取り替えてください. A questo libro mancano alcune pagine. Me lo cambia? ¶この辺りは番地が飛んでいてわかりにくい. È difficile orizzontarsi in questa zona, perché le case non sono numerate regolarmente.

6【急速に広まる】 volare ¶悪いうわさが町中に飛んだ. Le cattive notizie sono volate di bocca in bocca per tutta la città. ¶1年以内に地震があるというデマが飛んでいる. Corre voce che entro un anno ci sarà un terremoto.

7【急に発せられる】 ¶野党席からやじが飛んだ. I partiti d'opposizione hanno fischiato e urlato. ¶びんたが飛んで来た. Mi ha dato uno schiaffo.

8【消えてなくなる】 ¶アルコール分が飛んだ. L'alcol è svaporato. ¶この服は色が飛んでいる. Il colore di questo vestito è andato via. / Questo vestito è scolorito [sbiadito]. ¶これを買うと給料が半分飛んでしまう. Se compro questo, faccio fuori metà dello stipendio.

慣用 **飛ぶ鳥を落とす勢い** ¶与党はいまや飛ぶ鳥を落とす勢いだ. Il partito di governo è ora al culmine [all'apice] del potere.

飛ぶように売れる andare a ruba
飛んで火に入る夏の虫 È come bruciarsi le ali.

使いわけ **volare** と **saltare**
翼あるものや弾丸・矢などの投げ放たれたものについて言うとき、または急いで行くことやうわさなどが広まることには volare自 を使う.
足で跳ね上がる動作を表すとき、飛び上がる出発点と着地点が同じあるいは近いときは saltare自 を使い、何かを飛び越える動作を表すときは saltare他 を使う.

どぶ 溝《下水》fogna囡, chiavica囡, cloaca囡;《下水道》canale男 di scolo
❖**どぶ川** ruscello男 melmoso [limaccioso] e puzzolente
どぶさらい ripulitura囡 [spurgamento男] di un canale di scarico

とぶくろ 戸袋 cassa囡 murale per riporre le imposte della casa tradizionale giapponese

どぶねずみ 溝鼠《動》topo男 di fogna, ratto男 di chiavica, surmolotto男

どぶろく 濁酒 *sakè* 男 non raffinato

どぶん ¶どぶんと川に落ちた. Sono caduto con un tonfo nel fiume.

とべい 渡米《渡米する》andare [《移住する》trasferirsi] in America [negli Stati Uniti]

とほ 徒歩 ❖**徒歩で** a piedi ¶徒歩で行く andare a piedi ¶駅はここから徒歩で30分の所にある. La stazione è a 30 minuti di cammino da qui.
❖**徒歩旅行** giro男 (turistico [複 -ci]) [viaggio男 [複 -gi]] a piedi

とほう 途方 慣用 **途方に暮れる** non saper più che fare; essere molto perplesso, sentirsi perduto ¶彼は途方に暮れた様子をしている. Ha un'aria perplessa. ¶外国で言葉が通じないと途方に暮れてしまう. All'estero, se non conosci la lingua del posto, sei perduto.

途方もない straordinario [複男 -i];《常規を逸した》stravagante; insensato; irragionevole;《大きすぎる》smisurato, eccessivo; macroscopico [複男 -ci] ¶途方もない考え idea stravagante [insensata] ¶途方もない値段 prezzo esorbitante [spropositato / eccessivo] ¶途方もないことを言う dire stravaganze [spropositi] / dirle [sparlare] grosse /《信じられないことを》raccontare cose incredibili ¶途方もなく大きい enorme / immenso / colossale / gigantesco ¶途方もなく安い essere incredibilmente a buon mercato

どぼく 土木 genio civile
❖**土木技師** ingegnere男 civile
土木局[課] ufficio男 del genio civile
土木建築業 edilizia囡 e lavori [複] pubblici
土木建築業者《会社》impresa囡 di costruzioni e di lavori pubblici;《人》costruttore男 [複 -trice]
土木工学 genio civile, ingegneria囡 civile
土木工事《公共の》opere囡 [複] pubbliche, lavori男 [複] pubblici

とぼける 恍ける **1**《しらばくれる》fare l'indiano [l'innocente / l'ingenuo], far finta di non capire ¶とぼけてもだめですよ. È inutile fare il finto tonto [《女性》la finta tonta].
2《間の抜けたことを言う・する》fare lo stupido [《女性》la stupida], comportarsi da sciocco [《女性》sciocca], fare delle sciocchezze ◊とぼけた buffonesco [複男 -schi] ¶とぼけたことを言う dire spiritosaggini [buffonate]

とぼしい 乏しい scarso, insufficiente ¶乏しい収入 reddito scarso [insufficiente] /《給料》stipendio povero ¶乏しい資源 risorse insufficienti ¶…に乏しい essere scarso [povero / a corto] di *ql.co.*, aver scarsità di *ql.co.*,《欠如している》essere privo di *ql.co.* ¶彼は気力に乏しい. Gli fa difetto l'energia. ¶彼は経験に乏しい. Manca di esperienza. / Ha poca esperienza. ¶食糧が乏しくなった. I viveri cominciano a scarseggiare.

どぼどぼ ¶酒をコップにどぼどぼとついだ. Ha versato il *sakè* nella coppetta, facendolo gorgogliare.

とぼとぼ《疲れた様子で》stancamente, a fatica;《元気のない様子で》con un'aria depressa [scoraggiata / demoralizzata] ¶とぼとぼと歩く camminare [trascinarsi] faticosamente ¶とぼとぼと家に帰る ritornare a casa con passo pesante

どぼん →どぶん

とま 苫 stuoino男 [zerbino男] di giunco
❖**苫屋** capanna囡 con il tetto e le pareti ricoperte di giunco

どま 土間《家の》pavimento男 in terra battuta;《劇場の》platea囡

とます 富ます arricchire [rendere ricco (▶ ricco は目的語の性・数に合わせて語尾変化する)] *qlcu.* [*ql.co*] ¶貿易を振興して国を富ます arricchire il paese promuovendo il commercio estero

トマト《英 tomato》pomodoro [《俗》pomidoro] 男[複 *pomodori*;《俗》*pomidori*] ¶ミニトマト pomodorino / pomodoro ciliegia ¶乾燥トマト pomodoro secco ¶ホールトマト《缶詰の》pomodori pelati

✤**トマトケチャップ**〔英〕ketchup男[無変]
トマトジュース sugo男 [succo男] di pomodoro
トマトソース salsa女 di pomodoro ¶トマトソースのスパゲッティ spaghetti al pomodoro
トマトピューレ passato男 di pomodoro

とまどう 戸惑う provare disorientamento, essere [sentirsi] disorientato;《驚く,困る》essere sconcertato [imbarazzato] ¶暗闇でとまどう perdere l'orientamento a causa dell'oscurità ¶何と言っていいかとまどった. Non sapevo più cosa dire.

とまり 泊まり ¶今晩は泊まりだ.《宿直》Questa notte sono di servizio. ¶泊まりがけで叔父の家に行った. Sono andato a pernottare da mio zio.
✤**泊まり客** cliente男女 d'albergo

-**どまり** -止まり ¶次の駅どまりの電車 treno che termina la corsa alla prossima stazione ¶私が援助できるのは10万円どまりだ. Non posso dare più di 100.000 yen. ¶彼はせいぜい係長どまりだろう. Al massimo arriverà ad essere caporeparto.

とまりぎ 止まり木 posatoio男 [複 -*i*] [trespolo男] (in una gabbia per uccelli) ¶止まり木にとまる posarsi sul posatoio

とまりこみ 泊まり込み ¶ホテルに泊まり込みで仕事をする passare la notte in un albergo per lavorare

とまりこむ 泊まり込む ¶友人の家に泊まり込む passare la notte a casa di un amico

とまる 止まる・留まる **1**【停止する】fermarsi, arrestarsi;《一時的に止まる》fare una sosta;《鳥などが》posarsi, fermarsi essere fermo [in sosta] ¶この時計はよく止まる. Quest'orologio si ferma spesso. ¶エンジンが止まった. Il motore si è fermato ¶一晩中交通が止まった. Il traffico è rimasto interrotto [bloccato] tutta la notte. ¶心臓が止まったかと思った. Mi sembrava che il cuore (mi) si fosse fermato [arrestato]. ¶この飛行機は東京 - ローマ間は1度止まるだけだ. Quest'aereo fa un'unica sosta fra Tokyo e Roma. ¶「止まれ」「号令」"Alt!" / "Fermo!" (▶fermoは相手の性・数に合わせて語尾変化する) / "Stop!" / "Ferma!" ¶たくさんの車が止まっていた. C'erano parcheggiate [posteggiate] molte macchine. ¶鳥が何羽か木にとまっていた. Alcuni uccelli erano posati su un albero.
2【やむ】cessare自 [*es*]; 《消える》passare自 [*es*] ¶頭痛がとまった. Non ho più mal di testa. / Mi è cessato [passato] il mal di testa. ¶家からの仕送りが止まった. I genitori hanno smesso di mandarmi soldi. ¶涙が止まらない. Non riesco ad arrestare le lacrime. ¶出血が止まった. L'emorragia si è bloccata [arrestata / fermata]. ¶午後3時から1時間水道が止まる. L'erogazione dell'acqua sarà interrotta per un'ora a partire dalle tre.
3【固定される】fissarsi, fermarsi;《固定している》essere fissato [fermato / attaccato] ¶このねじはしっかり留まっていない. Questa vite non è ben fissata. ¶ボタンが1つ留まっていないよ. Hai dimenticato di abbottonare un bottone.
4【「目に留まる」の形で,注目される】¶目に留まる attirare [fermare] l'attenzione di *qlcu*. /《目立つ》dare negli occhi (di *qlcu*.) ¶彼の仕事ぶりが部長の目に留まった. Il suo modo di lavorare l'ha messo in luce davanti al capoufficio.
5【「お高くとまる」の形で,気取る】¶あの娘はお高くとまっている. Quella ragazza 「è presuntuosa [si dà delle arie].

とまる 泊まる passare la notte; pernottare自 [*av*] [alloggiare自 [*av*] (《に a, in) ¶どちらにお泊まりですか. Dove [In quale albergo] alloggia? ¶友人の家に1晩泊まった. Ho pernottato da un amico. ¶3日間ミラノに泊まる fermarsi [trattenersi] tre giorni a Milano

どまんなか ど真ん中 pieno centro男 ¶東京のど真ん中でそんなことはされない. Una cosa del genere nel cuore di Tokyo?

とみ 富 ricchezza女, fortuna女, beni男[複] ¶富の分配 distribuzione女 della ricchezza ¶富を得る far fortuna / diventare ricco ¶巨万の富を築く diventare miliardario ¶海の富に恵まれている国 paese favorito dal mare

とみに 頓に 《急に》improvvisamente, di colpo;《急速に》rapidamente

ドミニコかい ドミニコ会 ordine男 domenicano
✤**ドミニコ会士** domenicano男
ドミニコ会修道女 domenicana女

ドミノ〔英 domino〕domino男[無変] ¶ドミノをする giocare a domino
✤**ドミノ理論** teoria女 del domino

とむ 富む **1**《金持ちになる》arricchirsi;《金持ちである》essere ricco **2**《豊富である》¶…に富んでいる essere ricco -*chi*) di *ql.co*. / abbondare自 [*av*] di *ql.co*. ¶彼は経験に富んでいる. Ha molta [una lunga] esperienza. ¶彼は語学の才能に富んでいる. È portato per le lingue (straniere) ¶変化に富んだ料理 cucina varia

とむらい 弔い 《くやみ》condoglianze女[複];《葬式》funerale男, corteo funebre ¶とむらいの言葉を述べる fare le condoglianze
✤**弔い合戦** battaglia女 intrapresa per vendicare la morte di *qlcu*.

とむらう 弔う ¶死者を弔う pregare per [piangere] i morti ¶遺族を弔う esprimere le proprie condoglianze alla famiglia del defunto

とめ 止め 《終わり》fine女, conclusione女 ¶兄弟げんかに父が止めに入った. Il padre è intervenuto per porre fine alla discussione fra i fratelli.

ドメイン〔英 domain〕《コンピュータ》dominio男 [複 -*i*]
✤**ドメイン名** nome男 del dominio

とめおきゆうびん 留め置き郵便 fermoposta男[無変]

とめおく 留め置く **1**《置いておく》¶郵便物を局に留め置いてもらう. Mi servo del fermoposta. **2**《返さないでおく》¶警察に留め置く trattenere *qlcu*. in custodia presso la polizia

とめがね 留め金 fermaglio男 [複 -*gli*], gancio男 [複 -*ci*] ¶ベルト[首飾り]の留め金 fermaglio di una cintura [collana] ¶留め金を外す ṣganciare un fermaglio / togliere un gancio ¶バッグの留め金を締める chiudere i ganci di una borsetta

ドメスティックバイオレンス 〔英 domestic violence〕 violenza[女] domestica

とめそで 留袖 〘服〙 *tomesode*[男][無変]; *kimono*[男][無変] cerimoniale con decorazioni in basso indossato dalle donne spoṣate ⇒着物 [図版]

とめだて 留め立て ◇留め立てする (cercare di) convincere *qlcu.* a non＋[不定詞], (cercare di) dissuadere *qlcu.* dal ＋[不定詞] ¶よけいな留め立てをするな. Chi ti ha chiesto di fermarmi?

とめど 止め処 ◇とめどない interminabile, ineṣauribile, inarrestabile ◇とめどなく senza sosta [posa / interruzione], continuamente; senza fine, ineṣauribilmente ¶涙がとめどなく流れている. Piange incessantemente. ¶彼はいったん話し始めるととめどがない. Quando comincia a parlare non la ṣmette più.

とめねじ 留め螺子 〘機〙 vite[女] di fermo [di arresto]

とめばり 留め針 《ピン》 spilla[女] con chiusura di sicurezza; 《待ち針》 spillo[男] (►一般に装身具をとめるものは spillaで, その他は spillo)

とめる 止める・留める **1**【停止させる】 fermare *ql.co.*, arrestare *ql.co.* ¶足を止める fermarsi / arrestarsi ¶エンジンを止める arrestare il motore ¶車を止める fermare la macchina / 《駐車させる》 lasciare [parcheggiare] l'auto

2【中断させる】 ¶ガスを止める《ガス会社が》 sospendere l'erogazione del gas / 《家庭で》 chiudere il rubinetto del gas ¶電気を止める interrompere la corrente elettrica ¶支払いを止める sospendere i pagamenti ¶息を止める trattenere il respiro ¶痛みを止める《薬が》 lenire un dolore / togliere [far passare] il dolore ¶出血を止める arrestare il sangue [un'emorragia]

3【抑止する】 trattenere *qlcu.* [*ql.co.*], far cessare *ql.co.*; 《思いとどまらせる》 dissuadere *qlcu.* dal＋[不定詞]; 《阻止・禁止する》 impedire [proibire] a *qlcu.* *ql.co.* [di＋[不定詞]]; 《…しないよう勧める》 consigliare a *qlcu.* di non＋[不定詞] ¶けんかを止める sedare una rissa [una lite] ¶彼は人の止めるのも聞かずに飛び出した. Se n'è andato senza dare ascolto a chi voleva trattenerlo. ¶入場[立ち入り]を止める impedire l'ingresso ¶医者にタバコを止められている. Il medico mi ha proibito di fumare.

4【印象を残す】 ¶記憶に留める imprimere *ql.co.* nella memoria ¶気にも留めない non prestare attenzione a *ql.co.* [*qlcu.*]

5【固定する】 fissare《AをBに A a B》; 《ピンで刺して》 appuntare ¶板を釘で留める inchiodare una tavola ¶ヘアピンで髪を留める fermare i capelli con una forcina ¶壁に地図を留める attaccare [appendere] una mappa al muro ¶クリップで書類を留める fermare dei documenti con una graffetta

とめる 泊める dare alloggio a *qlcu.*, ospitare *qlcu.*

とめる 富める ricco [[男]複 -*chi*], benestante, facoltoso ¶富める階級 classe ricca [abbiente / agiata] ¶富める者も貧しき者も sia i ricchi sia i poveri

とも 友 amic*o*[男] [[女] -*ca*; [男]複 -*ci*]; 《仲間》 compagn*o*[男] [[女] -*a*] ¶年来の友 vecchio amico / amico di vecchia [lunga] data ¶書物を友として暮らしています. I libri sono i compagni della mia vita. ¶まさかのときの友こそ真の友. 《諺》 "Al biṣogno si conosce l'amico." ¶類は友を呼ぶ. 《諺》 "Dimmi con chi vai e ti dirò chi sei."

とも 供 《随行》 seguito[男]; 《召し使い》 inserviente[男][女]; 《護衛》 scorta[女]; 《同伴者》 compagnia[女], accompagna*tore*[男] [[女] -*trice*] ¶供を連れて行く andare con un seguito ¶供を連れずに senza seguito / senza essere accompagnat*o* (da nessuno) ¶お供しましょうか. L'accompagno?

とも 艫 poppa[女] ¶とも「の方に[で]」 a poppa

-とも **1**【たとえ…しても】 anche se＋[接続法], sebbene＋[接続法], benché＋[接続法] ¶どんなことがあろうとも私は驚かない. Qualsiasi [Qualunque] cosa accada, non mi meraviglio. ¶誰が何と言おうともおまえは自分の信ずる道を行け. Vai per la tua strada, dicano quel che「vogliono [dicano]. ¶いくら君が見たくともそれは許さない. Per quanto tu sia desideroso di vederlo, non te lo permetto.

2【限度】 ¶遅くとも10時までには帰るよ. Tornerò per le 10 al più tardi. ¶少なくとも10万円はかかる. Ci vogliono「come minimo [almeno] 100.000 yen.

3【引用・内容の提示】 ¶彼は賛成とも反対とも言わなかった. Non ha detto né se era d'accordo né se era contrario. ¶その会社はこちらの問い合わせにうんともすんとも言ってこない. Quella ditta non ha risposto per nulla alla nostra richiesta. ¶…しなくともいい. Non è necessario＋[不定詞] [che＋[接続法]]

4【断定】 ¶ありますとも. Senz'altro c'è! / Sicuro [Sì] che ce l'ho. ¶行きますとも. Andrò senz'altro. ¶「君, お金ある」「あるとも」 "Hai del denaro?" "Certamente!" ¶「勉強しなさいよ」「しますとも」 "Mi raccomando, studia!" "Naturalmente." ¶「彼の家大きいんだって」「大きいとも」 "La sua casa è grande, eh?" "Altro che!"

-とも -共 **1**《全部》 ¶2人とも出かける準備ができていなかった. Tutti e due [Entrambi] non erano pronti ad uscire. (►2人とも女性であれば Tutte e due [Entrambe] erano pronte...となる)

2《含めて》 compreso, incluṣo ¶送料ともで1万円です. Costa 10.000 yen, comprese le spese di spedizione.

-ども ¶子供といえどもばかにならない. Pur essendo un bambino, non lo possiamo prendere sottogamba. ¶法を侵した者は何人といえども罰せられるべきだ. Chiunque abbia violato la legge sarà punito. ¶押せども引けども扉は開かない. La porta non si apre né spingendo né tirando.

ともあれ ¶(何は)ともあれまず原稿を見せてください. In ogni caṣo, mi faccia innanzitutto vedere il manoscritto.

-ともあろうものが ¶警官ともあろうものが金を盗むなんて. Incredibile! Fra tutti proprio un

と

poliziotto che ruba dei soldi!

ともかく 1《それは別として》a parte *ql.co.* ¶冗談はともかく scherzi a parte ¶私はともかく君が困るだろう。Per me va bene, ma tu così ti troverai nei pasticci. ¶他の人はともかく君にわかってもらいたい。Non m'importa degli altri, quello che desidero è di essere compreso da te. ¶理由はともかく無断で欠勤したのはけしからん。A prescindere dalla motivazione, non avrebbe dovuto assentarsi senza informarci.
2 《いずれにしても》in ogni modo [caso], comunque ¶ともかくやってみよう。Comunque proviamo! ¶ともかく用意だけはしておこう。Ad ogni buon conto teniamoci pronti.

ともかせぎ 共稼ぎ →共働き

ともぎれ 共切れ ¶共切れでベルトを作った。Ho fatto una cintura con la stessa stoffa「del [usata per il] vestito.

ともぐい 共食い ◇共食いする divorarsi l'un l'altro, divorarsi [predarsi] a vicenda

ともしび 灯火 luce㊛, lampada㊛, torcia㊛ [複 -ce] ¶灯火をともす accendere una lampada

ともす 灯す・点す accendere ¶部屋に明かりをともす illuminare [accendere le luci in] una stanza

ともすれば talvolta; talora capita che + 直説法 [di + 不定詞] ¶親しくなると、ともすればお互いにわがままになる。A volte ci si comporta egoisticamente, quando si diventa molto intimi. ¶うまくいかないと、ともすれば他人のせいにするものだ。Quando qualcosa va male, si tende a dare la colpa agli altri.

ともだおれ 共倒れ ¶このままでは共倒れになる。Se continuiamo in questo modo, andremo in rovina insieme. ¶革新候補は共倒れになった。I candidati progressisti si sono rubati i voti a vicenda.

ともだち 友達 amico㊚ [㊛ -ca; 複 -ci]; 《仲間》compagno㊚ [㊛ -a] ¶学校友だち compagno di scuola ¶遊び[飲み]友だち compagno di giochi [di bevute] ¶親しい友だち amico intimo [del cuore] ¶幼友だち amico d'infanzia ¶〈人〉と友だちになる diventare amico di *qlcu*. ¶友だちを作る farsi degli amici / fare amicizia ¶もうイタリア人の友だちができた。Ho già fatto amicizia con degli italiani. ¶あの人とは20年来の友だちだ。Con lui sono amico da vent'anni. ¶君は友だちがいのない男だなぁ。Non sei davvero un amico sincero!

-ともつかない ¶彼の言うことはうそでも本当でもつかない。È difficile sapere se quello che dice è vero o falso.

ともづな 纜 amarra㊛, cavo㊚ da ormeggio, ormeggi㊚[複] ¶ともづなを解く levare [mollare] gli ormeggi

ともども 共共 insieme ¶家族ともども伺います。Verrò con la famiglia. ¶主人ともどもお目にかかれるのを楽しみにしております。Mio marito ed io siamo molto lieti di potervi incontrare.

ともなう 伴う 1《連れて行く》farsi accompagnare da *qlcu*., andare con *qlcu*. ¶彼は娘を伴ってそこへ行った。È andato in quel luogo accompagnato dalla figlia. ¶父に伴って病院へ行く。Accompagno mio padre all'ospedale.
2《付随する》comportare *ql.co.*, portare *ql.co.* ¶契約に伴う条件 le condizioni「che accompagnano il [annesse al] contratto ¶この商売に危険が伴う。Quest'affare comporta dei rischi. ¶彼は理論に実践が伴わない。Lui non conforma la pratica alla teoria. ¶時間の経過に伴って悲しみは薄れるものだ。Col passar del tempo [Col tempo] il dolore diminuisce.

-ともなく ¶いつからともなく non si sa da quando ¶誰にともなく話しかけた。Ha cominciato a parlare senza rivolgersi a qualcuno in particolare. ¶鳥はどこへともなく飛び去った。L'uccello è volato in qualche luogo. ¶ラジオから流れる音楽を聞くともなく聞いていた。Ascoltavo la musica trasmessa dalla radio senza prestarvi particolare attenzione.

ともに 共に 1【一緒に】con *qlcu*., insieme con [a] *qlcu*. ¶共に学び共に遊ぶ studiare e divertirsi insieme ¶妻と苦労を共にする dividere le avversità con la moglie ¶喜びを共にする condividere la gioia di *qlcu*. / partecipare alla gioia di *qlcu*. ¶起居を共にする vivere insieme con *qlcu*. / abitare sotto lo stesso tetto ¶利害を共にする avere interessi comuni con *qlcu*.
2【どちらも】sia A che [sia] B, tanto A che B; 《否定の場合》né A né B ¶男女共に senza distinzione di sesso ¶彼は公私共に多忙だ。Ha molti impegni sia nella vita pubblica sia [che] in quella privata. ¶その夫婦は共に学生だ。Quegli sposi sono tutti e due studenti. ¶2人は共に尊敬し合っている。Loro due si stimano a vicenda [reciprocamente].
3【同時に】nello [allo] stesso tempo, contemporaneamente; 《につれて》via via che + 直説法, a mano a mano che + 直説法 ¶外国へ行くのはうれしいと共に不安である。Sono contento di andare all'estero e al tempo stesso ho un po' paura. ¶時間と共に col passare [con l'andare] del tempo

とものかい 友の会 ¶料理友の会 associazione [società] di amanti della cucina ¶ヴェルディ友の会 Associazione Amici di Verdi

ともばたらき 共働き ¶夫婦共働きをしている。Sia la moglie che il marito lavorano.

どもり 吃り →吃音(訳)

ともる 灯る・点る accendersi ¶街灯がともっている。I lampioni sono accesi.

どもる 吃る balbettare㊐ [av], farfugliare㊐ [av], tartagliare㊐ [av]

とやかく 兎や角 ◇とやかく言う criticare *qlcu*. [*ql.co.*]; 《くちばしを入れる》intromettersi [ficcare il naso] in *ql.co.*, immischiarsi in *ql.co.*; 《不平をいう》brontolare㊐ [av] contro *ql.co.*; 《異議をとなえる》fare delle obiezioni; 《評価・判断を下す》esprimere giudizi ¶《文句言わずに》senza far (tante) storie / senza dir niente ¶とやかく言うな。Niente storie! ¶彼のことをあまりとやかく非難するな。Non criticarlo troppo severamente. ¶他人事にとやかく口を出すな。Non

どやす 1 《殴る》picchiare *qlcu.*; percuotere [pestare] *ql.co.* a [di] *qlcu.* ¶後ろから肩をどやされた. Mi ha colpito sulle spalle da dietro.
2 《どなる》gridare⊕ [*av*] [sbraitare⊕ [*av*] contro *qlcu.*;《叱る》rimproverare *qlcu.* ¶親父にどやされた. Sono stato severamente rimproverato da mio padre. ¶彼を頭からどやしつけてやった. Gli ho dato una lavata di capo.

どやどや ¶学生が大勢どやどやと列車に乗り込んできた. Una moltitudine di studenti è salita schiamazzando [disordinatamente] sul treno.

どよう 土用 (i giorni⊕ [複] della) canicola⊕ (◆ i 18 giorni prima del *risshu*) ¶土用の暑さ caldo canicolare
♣土用波 ondata⊕ di caldo torrido

どよう(び) 土曜(日) sabato⊕;《略》sab.

どよめく riecheggiare⊕ [*av*], rimbombare⊕ [*av, es*]; risuonare⊕ [*av, es*];《騒ぐ》far chiasso ◊ どよめき fracasso⊕, frastuono⊕ sordo e indistinto ¶劇場の外にまで観衆のどよめきが聞こえてくる. Il fracasso del pubblico si sente anche fuori del teatro. ¶会場は笑いに[拍手に]どよめいた. La sala ha risuonato di risate [di applausi].

とら 虎 tigre⊕
慣用 虎になる ¶彼は酔うと虎になる. Quando beve diventa intrattabile.
虎の威を借る狐 asino coperto [vestito] della pelle del leone (►「虎の威を借る」は vestirsi della pelle del leone)
虎の尾を踏む ¶虎の尾を踏む心地がする aver la sensazione di pestare la coda di un leone [di una tigre] / tremare⊕ [*av*] per la paura
虎は死して皮を留め, 人は死して名を残す 《諺》Un grande uomo sarà ricordato per le sue grandi imprese.

とら 寅 《十二支の》la Tigre⊕ ¶干支(えと)
♣寅年 l'anno⊕ della Tigre

どら 銅鑼 《英》gong⊕ [無変]; tamtam⊕ [無変] ¶どらを鳴らす suonare il gong

とらい 渡来 provenienza⊕ dall'estero ◊ 渡来する giungere⊕ [*es*] da fuori, venire [provenire⊕ [*es*]] dall'estero ¶仏教の渡来 l'arrivo [l'introduzione] del buddismo in Giappone ¶南蛮渡来の portato [introdotto] in Giappone da portoghesi e spagnoli

トライ 〔英 try〕 《試みること》tentativo⊕, prova⊕ ◊ トライする tentare *ql.co.* [di+不定詞], provare *ql.co.* [a+不定詞] **2** 《ラグビーの》meta⊕ ◊ トライする segnare una meta / andare in meta ¶トライのあとゴールキックに成功する trasformare una meta

ドライ 〔英 dry〕 **1** 《情に流されないさま》¶彼はドライだ. Non è (un) sentimentale. / Non si fa prendere da sentimentalismi. / 《現実的》È un realista. **2** 《洋酒が》secco⊕ [複 *-chi*]
♣ドライアイ occhi⊕ [複] asciutti
ドライアイス ghiaccio⊕ secco
ドライクリーニング lavaggio⊕ [複 *-gi*] a secco ◊ ドライクリーニングする lavare *ql.co.* a secco
ドライクリーニング店 lavanderia⊕ a secco
ドライフラワー fiori⊕ [複] essiccati
ドライフルーツ frutta⊕ [無変] secca

トライアスロン 〔英 triathlon〕《スポ》triathlon⊕ [無変]

トライアングル 〔英 triangle〕triangolo⊕

ドライバー 〔英 driver〕 **1** 《ねじ回し》cacciavite⊕ [無変] **2** 《車の運転者・持ち主》automobilista⊕⊕ [複 *-i*]; 《運転者》guida*tore*⊕ [⊕ *-trice*], conducente⊕⊕, autista⊕⊕ [複 *-i*] (►職業とする場合にも使う); 《レーサー》pilota⊕⊕ [複 *-i*] **3** 《ゴルフの》mazza⊕ di legno n. 1; 《英》driver⊕ [無変]

ドライブ 〔英 drive〕 **1** 《自動車による遠出》gita⊕ in auto, giro⊕ [passeggiata⊕ / viaggio⊕ [複 *-gi*]] in macchina ¶ドライブに出かける uscire a fare un giro in macchina **2** 《スポ》《ゴルフ・テニスなど》《英》drive⊕ [無変] **3** 《コンピュータ》《英》drive; unità⊕ disco⊕
♣ドライブイン drive-in⊕ [無変]; 《レストラン》autogrill⊕ [無変] (►商標)
ドライブインシアター cinema⊕ [無変] drive-in [無変]
ドライブウェー autostrada⊕;《高速道路》superstrada⊕
ドライブスルーショップ negozio⊕ [複 *-i*] drive-in [無変]
ドライブマップ cartina⊕ stradale

ドライヤー 〔英 dryer〕《乾燥器》essicato*io*⊕ [複 *-i*], tamburo⊕ essiccatore;《ヘアドライヤー》asciugacapelli⊕ [無変]; fon⊕ [無変]; phon⊕ [無変]

トラウマ 〔英 trauma〕《医》trauma⊕ [複 *-i*]

とらえどころ 捕らえ所 ◊ 捕らえどころのない inafferrabile; ambiguo, vago⊕ [複 *-ghi*] ¶捕らえどころのない話 discorso inafferrabile ¶捕らえどころのない人 persona incomprensibile

とらえる 捕らえる **1** 《つかまえる》prendere [afferrare] *qlcu.* [*ql.co.*]; 《逮捕する》arrestare [catturare] *qlcu.* ¶襟首を捕らえる prendere [afferrare] *qlcu.* per il bavero [per il collo] ¶逃げるところを捕らえる acciuffare *qlcu.* [*ql.co.*] ¶ねずみを捕らえる acchiappare un topo ¶すばやく好機を捕らえる cogliere [prendere] l'occasione al volo ¶電波を捕らえる captare delle onde ¶レーダーが国籍不明機を捕らえた. Il radar ha captato un aereo di nazionalità ignota.
2 《魅惑する》affascinare *qlcu.*; 《心を》catturare *qlcu.* ¶彼女の美しさが彼の心を捕らえた. La sua bellezza lo ha affascinato. ¶疑惑の念に捕らわれる essere preso dai dubbi
3 《理解する》capire [comprendere] *ql.co.*; 《把握する》afferrare [cogliere] *ql.co.* ¶要点をとらえる cogliere [afferrare] i punti essenziali ¶その絵は彼女の顔の表情をよくとらえている. In quel quadro viene colta perfettamente l'espressione del suo volto.

トラクター 〔英 tractor〕《車》trattore⊕ ¶大型[農業用]トラクター trattore pesante [agricolo]

どらごえ どら声 ¶どら声で con voce forte e "roca [rauca]

トラコーマ 〔英 trachoma〕→トラホーム

トラスト 〔英 trust〕〔経〕〔英〕trust男[無 変]; consorzio男[複 -i] monopolistico[複 -ci] ¶トラストを組織する istituire un trust

✿トラスト禁止法 leggi女[複] antitrust [antimonopolistiche]

トラッキング 〔英 tracking〕（航空, ミサイル）puntamento男;（電 子）allineamento男, inseguimento男

✿トラッキングステーション（人工衛星観測地上局）stazione女 di tracciamento

トラック 〔英 track〕（競走路）pista女;（CDなどの）traccia女[複 -ce]

✿トラック競技 prove女[複][gare女[複]] su pista

トラック 〔英 truck〕（小型の）camioncino男, furgoncino男;（大型の）camion男[無 変];（仏）camion男[無変]; autocarro男, autotreno男

✿トラック運転手 camionista男/女[複 -i]

ドラッグ 〔英 drug〕（薬 品）farmaco男[複 -ci, -chi];（麻薬類）droga女

✿ドラッグストア（薬局）farmacia女[複 -cie];（スパイス・食料品などの）drogheria女;（アメリカの）〔英〕drugstore男[無変]

ドラッグ中毒者 drogato男[女 -a], tossicodipendente男

ドラッグアンドドロップ 〔英 drag-and-drop〕《コンピュータ》〔英〕drag and drop[無 変] ◇ドラッグアンドドロップする trascinare ql.co. ¶このファイルをこのフォルダにドラッグアンドドロップする trascinare questo file in questa cartella

トラックボール 〔英 trackball〕《コンピュータ》〔英〕trackball[無変]

とらねこ 虎猫 gatto男 soriano [tigrato]

どらねこ どら猫 gatto男 randagio[複 -gi] dispettoso

とらのこ 虎の子《貯金》risparmio男[複 -i] (segreto);（大切なもの）cosa女 assai cara ¶虎の子のように大切にする tenere caro ql.co. come la pupilla dei propri occhi ¶虎の子の(貯金)に手をつける intaccare i risparmi gelosamente custoditi

とらのまき 虎の巻 bignami男[無変]

トラピスト 《修道会》i trappisti男[複]

✿トラピスト修道院 monastero男 trappista
トラピスト修道士 trappista男[複 -i]
トラピスト修道女 trappistina女

トラブル 〔英 trouble〕impiccio男[複 -ci], disturbo男, incomodo男, seccatura女, fastidio男[複 -i];（問題）problema男[複 -i] ¶家庭にトラブルを起こす gettare [portare] lo scompiglio in una famiglia ¶トラブルに巻き込まれる essere coinvolto in un guaio

✿トラブルメーカー persona女 che arreca disturbo, persona女 che combina guai; seccatore男[女 -trice], piantagrane男/女[無変]

トラベラーズチェック 〔英 traveller's check〕〔英〕traveller's check[tráveller tʃék]男[無 変]; assegno男 turistico[複 -ci]

トラホーム 〔独 Trachom〕〔医〕tracoma男[複 -i] ◇トラホームの tracomatoso

ドラマ 〔英 drama〕〔劇〕dramma男[複 -i];（舞台劇）lavoro男 teatrale ¶ラジオドラマ radiodramma男[複 -i] ¶テレビドラマ sceneggiato / 〔英〕fiction ¶彼の人生はドラマの連続だった. La sua vita è stata un susseguirsi di drammi.

ドラマー 〔英 drummer〕《音》batterista男/女[複 男-i]

ドラマチック 〔英 dramatic〕◇ドラマチックな drammatico[男複 -ci]

ドラマツルギー 〔独 Drammaturgie〕《劇》drammaturgia女[複 -gie]

ドラム 〔英 drum〕《音》（太 鼓）tamburo男;（ドラムセット）batteria女

✿ドラム缶 fusto男, bidone男
ドラムブレーキ 《機》freno a tamburo

どらむすこ どら息子 figlio男[複 -gli] dissoluto [sregolato]

とらわれる 捕らわれる・囚われる **1**（つかまる）essere preso [afferrato / catturato / arrestato] da ql.cu. ¶囚われの in cattività ¶囚われの身となる essere imprigionato / essere fatto prigioniero /（鎖につながれて）essere「in catene [incatenato] /（手かせ足かせをされて）essere messo in ceppi **2**（支配される）essere preso [influenzato] da ql.co.; essere schiavo di ql.co. ¶恐怖にとらわれる essere preso da spavento [dal panico] ¶因習にとらわれる essere schiavo delle convenzioni ¶形式にとらわれる badare troppo alla forma / dare eccessiva importanza alle formalità ¶偏見にとらわれる essere pieno di pregiudizi

トランキライザー 〔英 tranquilizer〕《薬》tranquillante男, calmante男

トランク 〔英 trunk〕valigia女[複 -ge];（大型の）baule男;（自 動 車 の）bagagliaio男[複 -i], portabagagli男[無変]

トランクス 〔英 trunks〕《スポーツ用》pantaloncini男[複] da ginnastica;（下着）〔英〕boxer [bókser]男[無変] →下図 図版

トランシーバー 〔英 transceiver〕〔英〕walkie-talkie [wolkitólki]男[無 変]; radiotelefono男 portatile, ricetrasmettitore男 portatile

トランジスタ 〔英 transistor〕〔英〕〔電子〕transistor男[無変]

✿トランジスタラジオ radio女[無変] a transistor

トランジット 〔英 transit〕transito男 ¶トランジットでモスクワ空港に立ち寄る fare scalo all'aeroporto di Mosca

トランス 〔英 trance〕《心》〔英〕trance[無変]
トランス 《電》trasformatore男

トランスミッション 〔英 transmission〕《車》trasmissione女;《ギアボックス》scatola女 del cambio

トランプ 〔英 trump〕carte女[複] (da gioco);（一組の）mazzo男 di carte ¶トランプをする giocare a carte ¶トランプを切る mischiare [mescolare] le carte / tagliare un mazzo di carte ¶トランプを配る dare [distribuire] le carte

【関連】		
札 seme男	ハート cuori男[複]	スペード picche女[複]
ダイヤ quadri男[複]	クラブ fiori男[複]	数字 numero男 エース asso男
絵札 figura女	ジャック fante男, undici男	クイーン regina女, donna女 キング re男
ジョーカー 〔英〕jolly男[無変]; matta女		

✤**トランプ占い** cartomanzia㊛ ¶トランプ占いをする leggere le carte /《職業として》praticare la cartomanzia

トランペット〔英 trumpet〕tromba㊛
✤**トランペット奏者** suona*tore*㊚〔㊛ *-trice*〕di tromba;《ジャズの》trombetti*sta*㊚㊛〔㊛複 *-i*〕

トランポリン〔英 trampoline〕trampolino㊚

とり 酉《十二支の》il Gallo → 干支(㌋)
✤**酉年** l'anno㊚ del Gallo

酉の市 fiera㊛ che si svolge a Tokyo presso il santuario di Otori in novembre

とり 鳥 uccello;《小鳥》uccellino㊚;《鳥類》volatile㊚;《鶏》pollo㊚;《おんどり》gallo㊚;《めんどり》gallina㊛;《家禽(㎞)》pollame㊚ ◇鳥の aviario㊚〔㊛複 *-i*〕¶鳥の巣 nido d'uccello ¶かごの鳥 uccello in gabbia (► 比喩的にも用いる) ¶鳥の大群 stormo di uccelli ¶鳥を飼う allevare uccelli ¶鳥がさえずる. Gli uccelli cinguettano [cantano].

〖慣用〗**鳥も通わぬところ** paese㊚ remoto, paese㊚ sperduto

ドリア〔仏 doria〕《料》riso㊚ gratinato

とりあう 取り合う **1**《先を争って取る》disputarsi *ql.co.*, battersi per avere [ottenere] *ql.co.* ¶席を取り合う contendersi un posto a sedere ¶彼らは1つのおもちゃを取り合った. Hanno lottato fra di loro per un giocattolo.
2《まともに相手になる》◇**取り合わない** non fare caso a *ql.co.* [*qlcu.*], non tenere *ql.co.* [*qlcu.*] in alcun conto;《無視する》ignorare *ql.co.* [*qlcu.*] ¶誰も私の意見を取り合ってくれない. Nessuno dà retta alle mie opinioni.
3《互いに手をとる》¶**手をとりあって泣く**〔喜ぶ〕piangere [gioire] tenendosi per mano

とりあえず 取り敢えず《差し当たり》per il momento, frattanto, nell'attesa;《まず》prima di tutto, innanzi tutto ¶取りあえずお知らせいたします. Mi affretto ad informarla. ¶内金として取りあえず5万円だけお払いしておきます. Per adesso le dò [Intanto verso] come acconto cinquantamila yen.

とりあげる 取り上げる **1**《物を手に取る》prendere;《つかむ》afferrare ¶机の上の本を取り上げる prendere un libro sulla scrivania
2《奪う》privare *qlcu.* di *ql.co.*, portar via [togliere] *ql.co.* a *qlcu.* ¶賊の手からピストルを取り上げた. Ho strappato la rivoltella dalle mani del delinquente. ¶運転免許証を取り上げられた. Mi hanno tolto la patente.
3《採用する》adottare *ql.co.*, accettare *ql.co.* ¶私の企画が取り上げられなかった. Il mio progetto è stato accettato [respinto]. ¶取り上げるほどのことはない. Non vale la pena di parlarne. / Non è cosa che meriti particolare menzione.
4《赤ん坊を》¶私はあの産婆さんに取り上げられた. È la levatrice che mi ha fatto venire al mondo [che mi ha fatto nascere].

とりあつかい 取り扱い《道具の》maneggio㊚〔複 *-gi*〕《器の》uso㊚ (di uno strumento);《物や商品の》trattamento㊚;《操作》manovra㊛ ¶「取り扱い注意」〔掲示〕"Fragile" ¶取り扱いの便利な maneggevole / di facile uso
✤**取り扱い方** modo㊚ di trattare,《使用法》modo㊚ d'impiego;《医薬の》modalità㊛ d'uso

取扱所 ¶**手荷物取扱所** deposito bagagli ¶**貨物取扱所** agenzia di spedizione

取扱説明書 istruzioni㊛ (per l'uso)

とりあつかう 取り扱う trattare *ql.co.*, maneggiare [usare] *ql.co.*
¶大金を取り扱う maneggiare grosse [forti] somme di denaro ¶市民の苦情を取り扱う accogliere [ascoltare] le proteste dei cittadini ¶その問題を取り扱った本がある. Esiste un libro che tratta di quell'argomento. ¶うちの店ではアルコール類は取り扱っていません. Non vendiamo [Non trattiamo] alcolici. ¶この郵便局では電報は取り扱っていない. Questo ufficio postale non effettua il servizio telegrafico.

とりあみ 鳥網 rete㊛ per uccellagione

とりあわせ 取り合わせ assortimento㊚, combinazione㊛ ¶果物の取り合わせ assortimento di frutta / frutta assortita ¶色の取り合わせがいい. L'accostamento [L'abbinamento] dei colori è gradevole.

とりあわせる 取り合わせる ¶何種類もの花を取り合わせて束ねにした. Ho raccolto molte varietà di fiori e ne ho fatto un bel mazzo.

ドリアン〔英 durian〕《植》durio㊚〔無変〕

とりい 鳥居 *torii*㊚〔無変〕《◆portale isolato attraverso il quale si accede ad un santuario shintoista》

鳥居

とりいそぎ 取り急ぎ ¶**取り急ぎお詫びまで** Mi scuso con Lei per la brevità della mia lettera. (►イタリアではこういう表現はしない.「取り急ぎお礼まで」のような表現をしたいときには,手紙の初めに "Ti mando solo due righe per ringraziarti…", あるいは最後に "Devo andare ti lascio perché devo andare.", "Ti mando un bacio al volo perché devo scappare." などと書く)

トリートメント〔英 treatment〕¶髪にトリートメントをする applicare un trattamento per i capelli

ドリームチーム〔英 dream team〕squadra㊛ ideale [perfetta]

とりいる 取り入る guadagnarsi le [insinuarsi nelle] grazie di *qlcu.* ¶彼は社長にうまく取り入った. Lui si è insinuato nelle [si è accattivato le] buone grazie del presidente.

とりいれ 取り入れ **1**《収穫》raccolta㊛;《穀物の》mietitura㊛ **2**《取り入れること》introduzione㊛, adozione㊛
✤**取り入れ口**《空気の》aspirazione㊛, presa㊛ d'aria;《川から水を取り入れる門》paratoia㊛ di una chiusa

取り入れ高 raccolto㊚ totale

取り入れ時 stagione㊛ [tempo㊚] del raccolto [della mietitura]

とりいれる 取り入れる **1**《採用する》accettare [adottare] *ql.co.*;《導入する》introdurre *ql.co.*, prendere *ql.co.* ¶意見を取り入れる accettare un'opinione ¶流行を取り入れる adottare una moda ¶新しい考えを事業に取り入れる introdurre una nuova idee in un'impresa ¶イタリア語は多くの単語をギリシア語から取り入れている。L'italiano ha assunto [ha preso in prestito] tante parole dal greco. **2**《収穫する》raccogliere *ql.co.*;《穀物の》mietere *ql.co.* ¶麦を取り入れる fare la raccolta del grano

とりインフルエンザ 鳥インフルエンザ influenza㊛ aviaria; virus [無変] dei polli

とりうちぼうし 鳥打ち帽 berretto㊚ da cacciatore

トリウム 〔独 Thorium〕《化》Torio㊚;《元素記号》Th

とりえ 取り柄 《長所》merito㊚, qualità㊛;《強み》punto forte;《利点》vantaggio㊚ [複 -*gi*];《価値》valore㊚ ¶取り柄のない人 uomo senza valore ¶何の取り柄もない男だ。È un uomo che non ha alcun merito [che non vale niente]. ¶彼にも多少の取り柄はある。C'è del buono anche in lui. ¶まじめなところが彼の取り柄だ。La sua qualità migliore è la serietà. ¶長持ちするのがこの車の取り柄だ。La durevolezza è il punto forte di quest'auto.

トリオ 〔伊〕trio㊚ [複 -*ii*];《三重唱》trio㊚ vocale ¶トリオを組む formare un trio

とりおこなう 取り行う・執り行う organizzare *ql.co.* ¶卒業式を取り行う《大学の》svolgere la cerimonia di conferimento del diploma di laurea

とりおさえる 取り押さえる 《服従させる》soggiogare [domare] *qlcu.* [*ql.co.*];《逮捕する》arrestare [catturare] *qlcu.* ¶暴れ馬をとりおさえる imbrigliare [addomesticare] un cavallo furioso

とりおとす 取り落とす **1**《持っている物を落とす》lasciar cadere *ql.co.* **2**《抜かす》¶うっかり新入会員の名前を取り落とした。Distrattamente ho omesso i nomi dei nuovi soci.

とりかえし 取り返し ¶取り返しのつかない irreparabile / irrimediabile /《許しがたい》imperdonabile ¶取り返しのつかない行為 [損害] atto [danno] irreparabile ¶してしまったことは取り返しがつかない。Quel che è fatto è 「fatto [irrevocabile].

とりかえす 取り返す riprendere *ql.co.*; ricuperare [riacquistare / rientrare㊐ [*es*] in possesso di] *ql.co.* ¶金を取り返す ricuperare [ritrovare] il *proprio* denaro ¶列車は遅れを取り返した。Il treno ha ricuperato il ritardo.

とりかえる 取り替える 《交換する》scambiare *ql.co.*《と con》;《主に、もう使いございがないとき》cambiare [sostituire] *ql.co.*《と con》;《更新する》rinnovare *ql.co.*
◇取り替え《交換》scambio㊚ [複 -*i*];《入れ替え》cambio㊚ [複 -*i*], sostituzione㊛;《物々交換》baratto㊚ ¶一度お買い上げの品はお取り替えいたしません。Una volta acquistata la merce non viene più cambiata. ¶君のラジオと僕のカメラを取り替えないか。Scambieresti la tua radio con la mia macchina fotografica?

とりかかる 取り掛かる cominciare *ql.co.* [a+不定詞], mettersi [accingersi] a+不定詞 ¶仕事に取りかかる mettersi al lavoro [a lavorare]

とりかご 鳥籠 gabbia㊛ per uccelli

とりかこむ 取り囲む attorniare [accerchiare / circondare] *ql.co.* [*qlcu.*] ¶町は山に取り囲まれている。La città è circondata dai monti. ¶サッカー選手をファンが取り囲んだ。I tifosi si sono raccolti attorno ai giocatori.

とりかじ 取り舵 ¶取りかじを取る mettere la barra a sinistra ¶取りかじいっぱい。Tutto a sinistra! / A babordo!

とりかぶと 鳥兜《植》aconito㊚

とりかわす 取り交わす scambiarsi ¶あいさつ[契約書]を取り交わす scambiarsi il saluto [i contratti]

とりき 取り木 margotta㊛

とりきめ 取り決め accordo㊚, convenzione㊛, patto㊚;《決定》decisione㊛ ¶口頭の取り決め accordo verbale ¶取り決めを結ぶ concludere un accordo / stabilire un patto con *qlcu.*

とりきめる 取り決める sistemare [regolare] *ql.co.*;《決定する》decidere *ql.co.*;《締結する》concludere *ql.co.* ¶契約を取り決める stipulare un contratto

とりくずす 取り崩す ¶預金を取り崩す mettere mano ai *propri* risparmi / intaccare i risparmi ¶古い塔を取り崩した。Abbiamo demolito [buttato giù] la vecchia torre.

とりくち 取り口《相撲で》¶相手の取り口を徹底的に研究した。Ho studiato a fondo la tecnica del mio avversario.

とりくみ 取り組み **1**《相撲の》partita㊛ [incontro㊚ / gara㊛] di *sumo*
2《対処の》trattamento㊚;《闘い》lotta㊛ ¶水質汚染に対する政府の取り組み misure prese dal governo contro l'inquinamento idrico

とりくむ 取り組む **1**《競技を行う》lottare㊐ [*av*] con *qlcu.*, disputare un incontro [una gara] con *qlcu.*
2《対処する》affrontare *ql.co.*;《扱う》trattare *ql.co.*;《難事に》dibattersi in *ql.co.*; essere alle prese con *ql.co.* ¶彼は卒論に取り組んでいる。È alle prese con la tesi di laurea.

とりけし 取り消し annullamento㊚, cancellazione㊛;《撤回》revoca㊛, ritiro㊚;《権利の停止》sospensione㊛;《法令の廃棄》abrogazione㊛ ◇取り消しできる annullabile; cancellabile; revocabile; sospendibile ◇取り消しできない incancellabile; irrevocabile ¶契約の取り消しを求める chiedere l'annullamento [lo scioglimento] del contratto ¶彼は自動車の運転免許の取り消しをくらった。Gli hanno tolto la patente.

とりけす 取り消す disdire [annullare / cancellare] *ql.co.*;《撤回する》revocare *ql.co.*;《法》《破棄する》rescindere *ql.co.* ¶旅館の予約を取り消す cancellare la prenotazione in albergo ¶命令を取り消す revocare un ordine ¶判決を取り消す annullare una sentenza ¶招待[約束]を取り消す disdire un invito [una promessa] ¶契約を取り消す cancellare [rescindere] un contratto

とりこ 虜 prigioniero㊚ [㊛ -*a*] ¶とりこになる restare incatenato da *ql.co.* / essere in [avere la] fissa per *ql.co.* [*qlcu.*] /《悪習慣などの》essere nel tunnel di *ql.co.* ¶彼はその女のとりこになっている。Ha perso la testa per quella donna.

とりこしぐろう 取り越し苦労 ¶取り越し苦労をする essere troppo ansioso / preoccuparsi troppo di *ql.co.* (prima del necessario)

とりこむ 取り込む **1**《中に入れる》ritirare *ql.co.* ¶洗濯物を取り込む ritirare il bucato [i panni stesi] ¶データファイルをパソコンに取り込む importare un file di dati nel computer **2**《自分のものにする》fare *proprio ql.co.*; assimilare *ql.co.*;《吸収合併する》incorporare *ql.co.* ¶反対者を取り込む《丸め込む》accattivarsi gli avversari con lusinghe **3**《混乱する》¶今とりこんでいますのであとでまた電話してください。Mi telefoni più tardi, ora「sono molto occupato [sono tutto preso da un evento improvviso]. ¶あの家に取り込みがあったらしい。Sembra che abbia avuto dei guai a casa.

とりごや 鳥小屋 《鶏の》poll*aio*㊚[複 -i];《総称》uccelliera㊛, voliera㊛

とりこわす 取り壊す demolire *ql.co.*, abbattere *ql.co.* ◊ 取り壊し demolizione㊛, abbattimento㊚

とりさげる 取り下げる ritirare *ql.co.* ◊ 取り下げ ritiro㊚ ¶訴訟の取り下げ abbandono di un'azione legale / ritiro della denuncia ¶訴訟[要求]を取り下げる ritirare la querela [la domanda]

とりさし 鳥刺し 《人》uccellatore㊚

とりざた 取り沙汰 chiacchiera㊛, diceria㊛, voce㊛ ¶あの男はとかく取りざたされる。Circolano molte voci su quell'uomo. ¶世間の取りざたに気にしません。Non mi curo「di ciò che dice la [delle chiacchiere della] gente.

とりざら 取り皿 ¶料理を取り皿に分ける servire le pietanze su piattini individuali

とりさる 取り去る rimuovere [togliere / eliminare] *ql.co.*

とりしきる 取り仕切る dirigere, gestire ¶母親に代わって家事を取り仕切る governare tutta la casa al posto della madre

とりしまり 取り締まり controllo㊚;《監視》sorveglianza㊛ ¶暴力団に対する取り締まりを強化する rafforzare la sorveglianza contro le bande di malviventi ¶…の取り締まりのもとに sotto il controllo [la sorveglianza] di *qlcu.* ¶麻薬取締法 legge antinarcotici

とりしまりやく 取締役 amministra*tore*㊚[㊛ -trice] ¶代表取締役 amministratore delegato /《社長》presidente㊚
✤取締役会 consi*glio*㊚[複 -gli] di amministrazione

とりしまる 取り締まる《管理・監督する》gestire [controllare] *ql.co.*;《指揮する》comandare *ql.co.*;《規制する》regolamentare; regolare; controllare;《監視する》vigilare *ql.co.*, vigilare㊚ [*av*]《を su》; sorvegliare *ql.co.* ¶交通違反を取り締まる vigilare e punire le infrazioni del codice stradale ¶違反建築を取り締まる vigilare sugli abusi edilizi ¶反政府的な言論を取り締まる controllare le opinioni antigovernative

とりしらべ 取り調べ《捜査》inchiesta㊛, investigazione㊛, indagine㊛;《尋問》interroga*torio*㊚[複 -i];《法》istruzione㊛, istruttoria㊛ ¶取り調べを行う fare [condurre] un'inchiesta su *ql.co.* [su *qlco.*] /《尋問》fare un interrogatorio a *qlcu.* / interrogare *qlcu.* ¶彼は警察の取り調べを受けた。È stato interrogato dalla [Ha subito un interrogatorio della] polizia. ¶その件は現在取り調べ中である。Si sta indagando sul caso.
✤取り調べ官 magistrato [giudice㊚㊛] inquirente

とりしらべる 取り調べる《調査する》investigare㊚,㊛ [*av*]《su》*ql.co.*; esaminare *ql.co.*; indagare㊚,㊛ [*av*]《su》*ql.co.*;《尋問する》interrogare *qlcu.* ¶犯罪を取り調べる investigare su un delitto ¶彼の身元は徹底的に取り調べられた。Hanno svolto un'indagine a tappeto sulla sua identità.

とりすがる 取り縋る ¶袖にとりすがる aggrapparsi alle maniche di *qlcu.*

とりすます 取り澄ます《気取る》posare㊚ [*av*];《まじめな顔をする》mostrare un viso serio;《平静を装う》fingere indifferenza

とりせつ 取説《取扱説明書》istruzioni㊛[複] (per l'uso)

とりそこなう 取り損なう ¶ボールを取り損なう mancare la palla ¶彼は1等賞を取り損なった。Non è riuscito a vincere il primo premio.

とりそろえる 取り揃える ¶あの店には各種のボールペンが取りそろえてある。In quel negozio hanno un vasto assortimento di penne a sfera.

とりだす 取り出す **1**《外に出す》¶財布から1万円札を取り出す tirar fuori dal portafoglio un biglietto da 10.000 yen **2**《選び出す》¶新聞記事から必要な情報を取り出す raccogliere le informazioni necessarie dagli articoli di giornale

とりたて 取り立て **1**《集金》riscossione㊛, incasso㊚;《徴収》riscossione㊛, esazione㊛ ¶取り立てできる percepibile / esigibile ¶取り立て不能 ineṣigibile ¶税金[借金]の取り立てが厳しい。L'esazione delle imposte [dei debiti] non transige. **2**《任用》nomina㊛;《ひいき》grazia㊛, protezione㊛;《昇進》promozione㊛ ¶社長の取り立てを受ける essere sotto la protezione del presidente **3**《取ったばかり》¶取り立ての魚 pesce fresco [appena pescato]
✤取立金 denaro riscosso
取立手形 effetto㊚ all'incasso
取立人 esat*tore*㊚[-trice]

とりたてて 取り立てて particolarmente, in particolare ¶取り立てて言うほどのことではない。Non è qualcosa che sia necessario menzionare.

とりたてる 取り立てる **1**《借金などを》¶借金を取り立てる《催促する》esigere [sollecitare] il pagamento di un debito /《払わせる》riscuotere un debito / ricuperare un credito **2**《人を》promuovere *qlcu.* (a un grado superiore) ¶彼は秘書課長に取り立てられた。È stato promosso (a) primo segretario.

とりちがえる 取り違える **1**《混同する》¶私は傘[靴]を取り違えてしまった。Ho sbagliato a prendere l'ombrello [le scarpe]. ¶AとBを取り違える confondere A con B / prendere A per B ¶塩と砂糖を取り違える《まちがえて》usare per sbaglio il sale al posto dello zucchero **2**《誤解する》interpretare [comprendere] male

とりちらかす

ql.co., fraintendere *ql.co.*, equivocare㉑ [*av*] 《について su》 ¶彼は彼の発言の意味を取り違えた. Ho male interpretato il senso del suo intervento. ¶君は私の言ったことを取り違えているよ. Hai equivocato su ciò che ti ho detto.

とりちらかす 取り散らかす mettere in disordine, disordinare *ql.co.* ¶大変取り散らかしておりますがどうぞお入りください. È tutto in disordine, ma prego, entri pure!

とりつ 都立 ◇都立の gestito dall'amministrazione municipale di Tokyo
✤**都立高校** scuola media superiore gestita dall'amministrazione municipale di Tokyo

とりつぎ 取り次ぎ 1《仲介》intervento㊚, mediazione㊛
2《伝達》¶客の取り次ぎに出る andare all'entrata a ricevere un ospite per conto di *qlcu.* ¶秘書に取り次ぎを頼む farsi annunciare dalla segretaria
✤**取次業者** agente㊚, intermedia*rio*㊚ [複 -i], mediatore㊚; distributore㊚
取次店 agenzia㊛;《商品の》distributore㊚

とりつく 取り付く 1《すがりつく》aggrapparsi [attaccarsi] a *qlcu.* 2《乗り移る》impossessarsi di *qlcu.*, prendere possesso di *qlcu.* ¶ある考えにとりつかれる essere ossessionato da un'idea fissa ¶死病にとりつかれる essere condannato da una malattia incurabile ¶悪魔にとりつかれる essere posseduto da uno spirito maligno
[慣用]**取り付く島もない** ¶そのようにおっしゃられては取り付く島もありません. Se dice così sono veramente sconcertato.

トリック ［英 trick］trucco㊚ [複 -*chi*]
✤**トリック映画** film㊚ [無変] truccato [girato con trucchi]
トリック撮影 ripresa㊛ truccata
トリック写真 fotografia㊛ truccata

とりつぐ 取り次ぐ 1《仲介する》fare da intermedia*rio* (a *qlcu.*)
2《伝達する》trasmettere *ql.co.*, comunicare *ql.co.* a *qlcu.*; annunciare *ql.co.* a *qlcu.* ¶伝言を〈人〉に取り次ぐ trasmettere un messaggio a *qlcu.* ¶電話を〈人〉に取り次ぐ passare a *qlcu.* la comunicazione telefonica [la telefonata] ¶部長に取り次いでください. Mi presenti al [Mi accompagni dal] direttore, per favore.

とりつくす 取り尽くす ¶そこの石炭は取り尽くされた. Hanno esaurito [preso / sfruttato] tutto il carbone che c'era lì.

とりつくろう 取り繕う ¶体裁を取り繕う salvare le apparenze ¶彼は必死で失敗を取り繕おうとした. Ha fatto tutto il possibile per mascherare [celare / nascondere] l'errore.

とりつけ 取り付け 1《設置》installazione㊛, posa㊛,《機》《組み立て》aggiusta*ggio*㊚ [複 -*gi*], monta*ggio*㊚ [複 -*gi*], incastratura㊛
2《経》《取り付け騒ぎ》corsa㊛ (alla banca [agli sportelli]);《閉鎖》assed*io*㊚ [複 -i] (alla banca) ¶いくつもの銀行が取り付け騒ぎにあった. Diverse banche sono state prese d'assalto dai clienti che volevano riscuotere i loro depositi.

とりつける 取り付ける 1《備え付ける》installare *ql.co.*; attrezzare *ql.co.*《を di》;《船などに》equipaggiare *ql.co.*《を con》;《家具などを》arredare *ql.co.*《を con》; ammobiliare *ql.co.* (►いずれも「家」「部屋」など, 付ける場所が目的語) ¶学校に暖房設備を取り付ける dotare una scuola di termosifoni ¶電話を取り付ける installare il telefono
2《同意・約束などを》¶彼の同意を取り付けた. Ho ottenuto il suo consenso.
3《いつも決まった店から買う》¶酒はどの店で取り付けていますか. Dove [Presso quale negozio] abitualmente compra il *sakè*?

ドリップ ［英 drip］caffettiera㊛ con filtro
✤**ドリップコーヒー** caffè㊚ preparato con un filtro
ドリップ式 metodo㊚ [preparazione㊛] (del caffè) con caffettiera con filtro di carta

とりで 砦, 塞;《要塞》fortezza㊛;《城塞》cittadella㊛;《山頂の》rocca㊛ ¶砦を築く costruire un'opera fortificata [difensiva]

とりとめ 取り留め ◇とりとめのない incoerente, sconclusionato, sconnesso, senza capo né coda ¶とりとめのない話をする fare una conversazione sconclusionata [a pezzi e bocconi]

とりとめる 取り留める ¶一命を取り留める scampare [sfuggire] alla morte

とりどり ¶色とりどりの花 fiori dai mille colori ¶この本については批評がとりどりだ. Quel libro ha diviso la critica. / La critica è molto divisa su quel libro.

とりなおす 取り直す ¶気を取り直す riprendere animo / farsi coraggio / tirarsi su di morale /《冷静になる》rasserenarsi

とりなおす 採り直す ¶データを採り直す rifare la raccolta dei dati

とりなおす 撮り直す ¶ *ql.co.* [*qlcu.*] ¶その場面を撮り直す《映・テ》rigirare la scena

とりなす 取り成す・執り成す intercedere㉑ [*av*] [intervenire㉑ [*av*]] in [a] favore di *qlcu.*;《仲介》offrire la *propria* mediazione;《仲裁》far riconciliare《AとBの間を A con B》¶〈人〉のとりなしで grazie alla mediazione [ai buoni uffici] di *qlcu.* / per intercessione di *qlcu.* ¶社長によろしくとりなしてください. Interceda per me presso il presidente. /《詫びを入れる》Voglia te porgere le mie scuse al presidente.

とりにがす 取り逃がす mancare *ql.co.* [*qlcu.*], lasciarsi scappare *ql.co.* [*qlcu.*],《獲物》《好機》を取り逃がす lasciarsi scappare la selvaggina [una buona occasione] ¶もう少しのところで犯人を取り逃がした. Per un pelo mi sono fatto scappare il colpevole.

とりにく 鶏肉 carne㊛ di pollo
✤**鶏肉屋**《店》polleria㊛;《人》pollivendo*lo*㊚ [複 -*a*]

とりのける 取り除ける →取り除く

とりのこす 取り残す ¶私はたった1人取り残された. Mi hanno lasciato tutto solo. ¶時代に取り残される restare indietro con i tempi

とりのぞく 取り除く rimuovere [eliminare / togliere / levare] *ql.co.*;《別にする》mettere da parte *ql.co.*, mettere via *ql.co.*;《不用のものを》scartare *ql.co.* ¶障害物を取り除く eliminare un ostacolo ¶不純物を取り除く rimuovere le impurità ¶恐怖心を取り除く《自分の》superare [vincere] la paura /《他人の》liberare qlcu. dalla paura ¶疑念をすっかり取り除く chiarire tutti i dubbi ¶傷んだ果物を取り除く eliminare la frutta guasta

とりはからう 取り計らう predisporre ql.co.; disporre「di+不定詞 [che+接続法]」, fare in modo「di+不定詞 [che+接続法]」; provvedere ⓔ[av] a ql.co. [a che + 接続法], prendere misure [disposizioni] per ql.co.;《中に立って》offrire i propri buoni uffici ◇取り計らい《世話》cura ⓔ;《仲介》buoni uffici ⓜ [複] ¶〈人〉の取り計らいに任せる affidarsi all'organizzazione di qlcu. ¶私が適当に取り計らっておきます. Ci penserò [Provvederò] io. / Farò quanto riterrò opportuno [necessario]. ¶彼がすべてうまく取り計らってくれるだろう. Sarà lui a fare in modo che tutto vada per il meglio.

とりはずす 取り外す togliere [levare / rimuovere] ql.co.;《設備などを》smantellare [smontare] ql.co.;《切り離す》staccare ql.co. da ql.co. ◇取り外し rimozione ⓔ;《設備などの》smantellamento ⓜ;《分離》distacco ⓜ [複 -chi] ¶取り外しのできる rimovibile / staccabile / smontabile ¶取り外しのできない inamovibile ¶棚を取り外す togliere gli scaffali ¶部品を取り外す smontare un pezzo

とりはだ 鳥肌 pelle ⓔ d'oca;《医》orripilazione ⓔ ¶鳥肌が立つ avere la pelle d'oca /《物事が主語で》far venire la pelle d'oca a qlcu. / fare accapponare la pelle a qlcu.

とりはらう 取り払う《取り去る》rimuovere [togliere / eliminare / levare] ql.co.;《抜く, 除去する》asportare ql.co.;《運び出す》demolire [abbattere] ql.co.;《建物などを根こそぎ破壊する》radere al suolo ql.co. ¶路上に倒れていた木を取り払った. Abbiamo tolto dalla strada gli alberi che erano caduti.

とりひき 取り引き《経》《商業活動》transazione ⓔ, operazione ⓔ commerciale;《商売》commercio ⓜ [複 -ci];《個々の取引》affare ⓜ;《売買》compravendita ⓔ;《麻薬など非合法な》traffico ⓜ [複 -ci], fare affari《と con》◇取り引きをする commerciare《と con》, fare affari《と con》¶直接[間接]取引 operazione diretta [indiretta] ¶現金取引 transazione [vendita e acquisto] per contanti ¶木材の取り引きをする commerciare [trattare] il legname ¶有利[不利]な取り引きをする fare buoni [cattivi] affari ¶〈人〉に取り引きを申し込む fare delle proposte d'affari a qlcu. ¶取り引きをまとめる[結ぶ] combinare [concludere] un affare ¶取り引きに応じる accettare un rapporto commerciale ¶〈人〉と取り引きを始める[中止する] entrare in [cessare le] relazioni d'affari con qlcu. ¶うちの会社はあの会社とは取り引きがない. Fra quella ditta e la nostra non ci sono relazioni d'affari. ¶裏で犯人と取り引きする combinare di nascosto un affare con un criminale

✜取引客 cliente ⓜⓔ
取引銀行 la propria banca ⓔ, banca ⓔ traente
取引先《筋》clientela ⓔ
取引所《株の》Borsa ⓔ
取引税 imposta ⓔ a cascata
取引高 volume ⓜ [giro ⓜ] d'affari ¶取引高に応じて割引しています. Viene concesso uno sconto a seconda dell'importo dell'affare.

とりぶえ 鳥笛 fischietto ⓜ di richiamo per uccelli

トリプシン〔英 trypsin〕《生化》tripsina ⓔ
トリプル〔英 triple〕《3重の》triplice;《3倍の》triplo
✜**トリプルアクセル**《スポ》triplo axel ⓜ; salto ⓜ con tripla virata in alto
トリプルルッツ《スポ》triplo lutz ⓜ
ドリブル〔英 dribble〕《スポ》palleggio ⓜ [複 -gi];〔英〕dribbling ⓜ [無変] ◇ドリブルする palleggiare ⓔ[av], dribblare ⓔ[av]

とりぶん 取り分 parte ⓔ, porzione ⓔ, quota ⓔ

とりまき 取り巻き《追随者》seguaci ⓜ [複];《おもねる人々》adulatori ⓜ [複]

とりまぎれる 取り紛れる ¶忙しさに取り紛れて彼のことをすっかり忘れていた. Ero talmente impegnato che mi sono completamente dimenticato di lui.

とりまく 取り巻く circondare [accerchiare / attorniare] ql.co. [qlcu.] ¶町を取り巻く中世の城壁 mura medievali che cingono la città ¶彼はいつも女性に取り巻かれている. È sempre attorniato dalle ragazze. ¶彼を取り巻く状況はよくない. Non è in una buona situazione. / È invischiato in una brutta situazione.

とりまぜる 取り混ぜる mischiare, mescolare ¶彼は卵を大小取り混ぜて売っていた. Vendeva uova grandi e piccine tutte mescolate insieme. ¶現金と証券取り混ぜて100万円あった. C'era un milione di yen fra contanti e titoli.

とりまとめる 取り纏める **1**《1つに集める》raccogliere ql.co. ¶意見を取りまとめた. Ha raccolto e ha messo insieme le diverse opinioni. **2**《解決する》risolvere ql.co. ¶彼は両家の争いを取りまとめた. Ha risolto il conflitto fra [Ha pacificato] le due famiglie.

とりみだす 取り乱す《我を忘れる》perdere il proprio sangue freddo [la testa / la padronanza di sé];《状態》essere fuori di sé ◇取り乱した sconvolto, smarrito, sbigottito, turbato, tutto agitato;《服装が》disordinato ◇取り乱さずに tranquillamente, con calma, con presenza di spirito, con sangue freddo ¶取り乱した格好で con gli abiti in disordine ¶私は取り乱していて答えられなかった. Non ho potuto rispondere perché ero sconvolto. ¶彼は取り乱した様子を見せなかった. Non ha mai mostrato il suo turbamento.

トリミング〔英 trimming〕**1**《写》raffilatura ⓔ, rifilatura ⓔ ¶写真をトリミングする raffilare [rifilare] una fotografia **2**《服》《縁取り》orlo ⓜ

とりむすぶ 取り結ぶ **1**《まとめる》stipulare, concludere ¶売買契約を取り結ぶ concludere [firmare] il contratto di vendita **2**《人の仲を取り持つ》¶伯母が2人の仲を取り結んだ. La zia ha agito da intermediaria fra i due. **3**《機嫌をと

とりめ 鳥目 〖医〗emeralopia㊛ ¶鳥目の人 emerolop*o*㊚ [複 *-i*]

とりもち 鳥黐 vischio㊚ (► 〖植〗トリモチノキもさす), pania㊛

とりもつ 取り持つ **1**《仲立ちをする》fare da intermediario [tramite] ◇取り持ち《仲介》mediazione㊛, intervento㊚ ¶二人の仲を取り持つ fare da intermediario tra i due ¶スキーが取り持つ縁で２人は結婚した. Lo sci li ha fatti incontrare e sposare. ¶彼は親切にも息子の就職を取り持ってくれた. È stato così gentile da trovare un lavoro per mio figlio.
2《応対する》intrattenere *qlcu*.; fare compagnia a *qlcu*. ◇取り持ち accoglienza㊛ ¶彼は座を取り持つのがうまい. Sa come fare per animare una riunione.

とりもどす 取り戻す ricuperare, riguadagnare, ritrovare; riavere, rientrare [*es*] in possesso di *ql.co*. ¶金[損失]を取り戻す ricuperare il *proprio* denaro [le perdite] ¶遅れを取り戻す riguadagnare il tempo perduto ¶平静を取り戻す ritrovare la calma ¶健康を取り戻す ricuperare la salute / rimettersi (in salute [in forze]) / ristabilirsi ¶快活さ[自信]を取り戻す tornare allegro / riprendere fiducia in *se* stesso ¶意識を取り戻す tornare in sé / rinvenire㊙ [*es*]

とりもなおさず 取りも直さず 《つまり》cioè, in altre parole; 《まさに》proprio, appunto ¶これは取りも直さず利敵行為だ. Questa non è altro che un'azione che favorisce il nemico.

とりもの 捕り物 arresto㊚

とりやめる 取り止める ¶雨のためピクニックは取りやめた. Abbiamo rinunciato al picnic a causa della pioggia.

トリュフ 〔仏 truffe〕tartufo㊚ ¶黒トリュフ tartufo nero 〔白トリュフ tartufo bianco ¶トリュフチョコレート tartufo di cioccolato

とりょう 塗料 vernice㊛; materiale㊚ per rivestimento; 《俗》pittura㊛ ¶発光[夜光]塗料 vernice luminescente ¶壁に塗料を塗る verniciare il muro

どりょう 度量《心の広さ》magnanimità㊛, generosità㊛ ¶彼は度量が大きい. È generoso [magnanimo]. /《考え方・精神が》È di larghe vedute. ¶彼は度量が狭い. È meschino. /《考え方・精神》È gretto. / È piccino di mente.

どりょうこう 度量衡 (sistema㊚ [複 *-i*] di) pesi㊚[複] e misure㊛[複]
✤**度量衡学** metrologia㊛
度量衡器 strumento㊚ di misurazione
度量衡原器 campione-tipo㊚ [複 *campioni-tipo*]

どりょく 努力 sforzo㊚; fatica㊛
◇努力する fare uno sforzo per + 不定詞, sforzarsi di + 不定詞, impegnarsi per + 不定詞; cercare di + 不定詞, adoperarsi [darsi da fare] per + 不定詞 ¶できるだけの努力をする fare tutti gli sforzi possibili / fare di tutto ¶いかなる努力も惜しまない non risparmiare alcuna fatica / fare ogni sforzo ¶彼は早く着こうと努力した. Ha fatto lo sforzo [Si è sforzato / Ha cercato] di arrivare presto. ¶長い間の努力が実った. I nostri lunghi sforzi hanno dato i loro frutti. ¶いずれ君の努力は報いられるだろう. Prima o poi le tue fatiche finiranno con l'essere ricompensate. ¶努力の甲斐もなく試験に落ちた. Nonostante tutti i miei sforzi, sono stato bocciato. ¶私は彼を説得しようと努力したがむだだった. Ho cercato invano di convincerlo.
✤**努力家** ¶努力家である essere diligente [operoso]
努力賞 premio㊚ [複 *-i*] per l'impegno
努力目標 obiettivo㊚ [fine㊚] da raggiungere

とりよせる 取り寄せる《商品などを》ordinare *ql.co*.;《資料などを》farsi inviare *ql.co*. ¶語学学校のパンフレットを取り寄せる farsi inviare [richiedere] il dépliant di una scuola di lingua ¶本屋に頼んでイタリアから本を取り寄せた. Mi sono fatto arrivare dei libri dall'Italia tramite una libreria.

トリル 〔英 trill〕〖音〗trillo㊚

ドリル 〔英 drill〕**1**《穴あけ機》trapano㊚;《岩や道路の》perforatrice㊛ **2**《練習問題集》esercizi㊚[複];《反復練習》esercizio㊚ ¶算数のドリルをする fare esercizi aritmetici

とりわけ soprattutto, principalmente;《比較して》tra l'altro, particolarmente ¶今年はとりわけ暑い. Quest'anno fa particolarmente caldo.

とりわける 取り分ける《銘々に分ける》servire [distribuire] *ql.co*. a *qlcu*. ¶サラダを小皿に取り分ける servire l'insalata in piccoli piatti

ドリンク 〔英 drink〕bevanda㊛ ¶ソフトドリンク bevanda analcolica
✤**ドリンク剤** bevanda㊛ energetica

とる 取る **1**【手に取る】prendere *ql.co*., tenere in mano *ql.co*.;《つかむ》afferrare *ql.co*.;《渡す》passare *ql.co*. a *qlcu*. ¶布地を手に取って見る prendere in mano un tessuto per osservarlo ¶手を取る prendere *qlcu*. per mano ¶武器を取る prendere le [ricorrere alle] armi ¶どうぞお菓子をお取りください. Prego, prenda dei dolci. ¶お金はいつ取りに来ますか. Quando vieni a prendere [ritirare] i soldi? ¶お塩を取ってちょうだい. Passami il sale, per favore.
2【取り去る】《脱ぐ》togliersi *ql.co*.;《取り去る》sottrarre *ql.co*. 「a *qlcu*. [da *ql.co*.];《除去する》rimuovere [levare] *ql.co*.《から da》¶壁のアスベストを取る eliminare [rimuovere] l'amianto dalle pareti ¶家の中では帽子を取りなさい. In casa, togliti il cappello. ¶この瓶の栓は固くて取れない. Il tappo di questa bottiglia è duro, non viene via. ¶風呂に入って疲れを取った. Ho fatto un bagno e mi sono tolto di dosso la stanchezza. ¶この注射は痛みを取る. Questa iniezione fa passare il dolore.
3【奪う】rubare *ql.co*. a *qlcu*. ¶命を取る uccidere [togliere la vita] a *qlcu*. ¶力ずくで[だまして]取る prendere *ql.co*. con la forza [con l'astuzia] ¶財布を取られた. Mi hanno rubato il portafoglio. ¶脅して金を取る estorcere denaro con delle minacce ¶ぬかるみに足を取られる impantanarsi / sguazzare nel fango
4【入手・取得・摂取する】ottenere [procurarsi]

ql.co. ¶免許証を取る prendere la patente di guida ¶ビザを取る ottenere il visto ¶ 2000 ユーロの月給を取る ricevere [percepire] uno stipendio mensile di duemila euro ¶天下を取る impossessarsi del potere ¶分け前を取る prendere la *propria* parte ¶評判を取る diventare rinomato ¶良い点を取る《学校で》prendere un buon voto ¶点を取る《競技で》aggiudicarsi i punti ¶夏休みを取る prendere le ferie estive ¶朝食[昼食／夕食]を取る fare la prima colazione [pranzare／cenare] ¶栄養を取る nutrirsi ¶休息を取る riposarsi／prendere un po' di riposo ¶僕は毎日 8 時間睡眠を取る必要がある. Ho bisogno di 8 ore di sonno giornaliere. ¶窓から光を取る far entrare luce da una finestra ¶火のそばで暖を取る scaldarsi vicino al fuoco

5【選択する】optare® [*av*] per *ql.co.* ¶中立の態度を取る mantenere un atteggiamento neutrale ¶きっぱりした態度を取る assumere un atteggiamento fermo ¶進路を東にとる《船で》navigare verso est ¶金か時間かと言われたら私は時間をとる. Se dovessi scegliere tra il denaro e il tempo, opterei per il tempo.

6【払わせる】far pagare *ql.co.* a *qlcu.* ¶月謝[家賃]を取る far pagare una quota mensile [l'affitto] ¶ 10 ％の手数料を取る richiedere una commissione del 10 per cento ¶罰金を取る condannare ad un'ammenda

7【測定・記録する】misurare [calcolare] *ql.co.* ¶タイムを取る calcolare [prendere] il tempo ¶脈を取る contare le pulsazioni ¶靴の型を取る prendere il modello per le scarpe ¶メモを取る prendere appunti

8【必要とする】richiedere；《空間を》occupare ¶この家具は場所を取る. Questi mobili *sono* ingombranti [occupano spazio]. ¶この自動詞は助動詞に avere をとる. Questo verbo intransitivo richiede l'ausiliare avere.

9【注文・予約する】《注文する》ordinare；《予約する》prenotare ¶明日の宿を取る prenotare l'albergo per il giorno dopo ¶すしでも取ろう. Ordiniamo del *sushi*. ¶新聞を取る[取っている] abbonarsi [essere abbonato] ad un giornale

10【保存・確保する】conservare *ql.co.* ¶君からもらった手紙は全部取ってある. Conservo [Tengo] tutte le lettere che mi hai scritto. ¶お食事のために 1 時間取ってあります. Abbiamo a disposizione un'ora per mangiare. ¶書類の控えを取る fare una copia di un documento ¶機嫌を取る rallegrare [compiacere] *qlcu.* ¶リズムを取る battere [segnare／《出す》dare／《保つ》tenere] il ritmo

11【請け負う】¶養子を取る adottare un figlio ¶あの生け花の先生は弟子を取っている. Quel maestro di *ikebana* accetta allievi. ¶責任を取って会社を辞めた. Me ne sono assunto la responsabilità e ho lasciato l'ufficio. ¶斡旋(あっせん)の労をとる prendersi il disturbo [accettare] di fare da intermediario

12【解釈する】interpretare *ql.co.*, afferrare [capire] *ql.co.* ¶逆の意味に取る capire *ql.co.* alla rovescia [a rovescio]. ¶悪く取らないでくれ. Non fraintendere [interpretare male] le mie parole.

慣用 取って付けたよう artificiale, innaturale, studiato
取るに足りない insignificante, non meritevole di attenzione ¶取るに足りないやつ una nullità
取るものもとりあえず in tutta fretta, senza perdere tempo

とる 捕 catturare *ql.co.* ¶いたちを捕る catturare una donnola ¶熊が鮭を捕る L'orso cattura il salmone. ¶捕らぬ狸の皮算用. ⇒皮算用

とる 執る ¶事務を執る svolgere le mansioni d'ufficio ¶社長自らが指揮を執っている. Il presidente dirige personalmente le operazioni. ¶ハンドルをとる mettersi／《《状態》stare》al volante／guidare la macchina ¶船の舵をとる tenere il timone della barca ¶筆をとる scrivere

とる 採る **1**【採取する】estrarre *ql.co.*《から da》, ricavare *ql.co.*《から da》¶オリーブから油を採る estrarre l'olio dalle olive ¶《人》の血を採る prelevare il sangue a *qlcu.*

2【採用する】adottare [prendere] *ql.co.*；《雇用する》assumere *qlcu.*；《選 択 する》selezionare [scegliere] *ql.co.* ¶この方法を採ろう. Applichiamo questo metodo. ¶適切な措置を採る adottare efficaci provvedimenti ¶新入社員を採る assumere dei nuovi dipendenti ¶どちらを採ろうか迷っている. Non so quale scegliere.

とる 撮る ¶写真を撮りましょう. Facciamo una fotografia! ¶映画を撮る girare un film ¶写真を撮ってもらえますか. Potrebbe farci [scattarci] una foto?

とる 録る《録音・録画する》¶カセット[ビデオ]テープに録る registrare *ql.co.* su cassetta [su video]

ドル dollaro® ¶ドルで支払う pagare in dollari
❖ドル買い acquisto® di dollari
ドルギャップ[不足] dollar gap®, scarsità® [mancanza®] di dollari
ドル相場 cambio® del dollaro
ドル 高[安] rivalutazione®［svalutazione®］del dollaro
ドル建て ◇ドル建ての quotato in dollari ◇ドル建てで sulla base del dollaro／in dollari
ドル地域[圏] area® del dollaro

トルエン〔英 toluene〕《化》toluene®, toluolo®

トルク〔英 torque〕《機》momento® torcente, forza® di torsione ¶エンジントルク coppia motrice di un motore

トルコ Turchia® ◇トルコの turco［®複 -chi］
❖トルコ石《鉱》turchese®
トルコ語 il turco®
トルコ皇帝 Sultano®
トルココーヒー caffè® alla turca
トルコ人 turco®［® -ca；®複 -chi］

トルソ〔伊〕《彫》torso®

トルテ〔独 Torte〕torta®

ドルばこ ドル箱 **1**《金庫》cassaforte®［複 casseforti］；《小さいもの》cassetta®
2《もうけさせてくれるもの》fonte® di guadagno, miniera® d'oro ¶ハリウッドのドル箱スター una stella di Hollywood con un forte richiamo commerciale

ドルフィンキック〔英 dolphin kick〕《水泳で》battuta[女] a delfino

ドルマンスリーブ〔英 dolman sleeve〕《服》maniche[女][複] dolman [a pipistrello]

ドルメン〔仏 dolmen〕《考》dolmen[男][無変]

どれ 何れ quale ¶この中でどれがいい．Quale di questi preferisci? ¶どれがあなたの帽子ですか．Qual è il suo cappello? ¶よく似ていてどれがどれだかわからない．Si assomigliano tanto che non si distinguono l'uno dall'altro. ¶どれかひとつ選びなさい．Scegline uno. ¶花はどれもきれいだ．I fiori sono tutti belli. ¶どれも欲しくない．Non ne voglio nessuno. ¶どれでもいいからひとつください．Me ne dia uno qualsiasi. ¶どれでも同じことだ．Qualunque cosa tu scelga, non fa alcuna differenza. ¶彼はいろいろな商売に手を出したが，どれ一つとして成功しなかった．Ha iniziato molte attività, ma non ha avuto successo in nessuna di esse.

どれ ¶どれ出かけるとしようか．Allora [Beh], vogliamo uscire? ¶写真だって．どれ，見せてごらん．Oh, una fotografia? Su, fammela vedere!

どれい 奴隷 schiav*o*[男][女 *-a*] ¶奴隷を解放する liberare [affrancare] uno schiavo /《制度を撤廃する》abolire la schiavitù ¶金銭の奴隷である essere schiav*o* del denaro
✤**奴隷制度** schiavismo[男], schiavitù[女]
奴隷廃止論 abolizionismo[男]
奴隷廃止論者 abolizionist*a*[男][女][男複 *-i*]
奴隷売買 tratta[女] degli schiavi

トレーサー〔英 tracer〕《製図の》lucidist*a*[男][女][男 複 *-i*], ricalca*tore*[男][女 *-trice*]；《化》tracciante[男]

トレーシング〔英 tracing〕lucido[男], cal*co*[男][複 *-chi*]
✤**トレーシングペーパー** carta[女] da lucido

トレース〔英 trace〕lucido[男], cal*co*[男][複 *-chi*]
◇トレースする lucidare [calcare / ricalcare] *ql.co.*

トレード〔英 trade〕《スポ》◇トレードする scambiare《AとBを A con B》
✤**トレードマネー** denaro[男] pagato per uno scambio di giocatori

トレードマーク〔英 trademark〕**1**《登録商標》mar*chio*[男][複 *-chi*] registrato
2《ある人の特徴》caratteristica[女] personale ¶ひげがあの人のトレードマークだ．La barba è il suo segno di riconoscimento.

トレーナー〔英 trainer〕**1**《訓練を指導する人》allena*tore*[男][女 *-trice*] **2**《スポーツウェア》maglia[女] sportiva

トレーニング〔英 training〕allenamento[男] ¶トレーニングをする allenarsi / fare allenamento ¶トレーニング不足である essere「a corto di [fuori] allenamento ¶ゴルフのトレーニングをする allenarsi al golf
✤**トレーニングウエア**《上下一そろいの》tuta[女] da ginnastica;《総称》indumenti[男][複] di allenamento
トレーニングキャンプ campo[男] d'allenamento
トレーニングパンツ pantaloni[男][複] da ginnastica, calzoncini[男][複] per allenamento

ドレープ〔英 drape〕《服》《ひだ》pieghe[女][複];《ゆったりしたひだ》drappeggi[男][複]

トレーラー〔英 trailer〕rimor*chio*[男][複 *-chi*]
✤**トレーラートラック** autotreno[男]; autoarticolato[男]
トレーラーハウス《移動住宅》〔仏〕roulotte [rulɔ́t][女][無変]；〔英〕caravan[男][caravan[男]][無変]
トレーラーバス autotreno[男]; autosnodato[男]

どれくらい どれ位 quanto ¶駅までどれくらいですか．Quanto dista la stazione? ¶1日にタバコをどれくらい吸いますか．Quante sigarette fuma al giorno? ¶君のことをどれくらい心配したかしれない．Non ti dico quanto ci siamo preoccupati per te.

ドレス〔英 dress〕abito[男], vestito[男] ¶カクテルドレス abito da cocktail
✤**ドレスアップ** ◇ドレスアップする vestirsi elegantemente
ドレスメーカー sart*o*[男][女 *-a*] da donna
ドレスメーキング confezione[女] di abiti da donna
ドレスリハーサル prova[女] generale in costume di scena

とれだか 取れ高 raccolto[男]

どれだけ quanto ⇒どれ位

とれたて 取れ立て ⇒取り立て3

トレッキング〔英 trekking〕〔英〕trekking[男][無変]；escursionismo[男] alpinisti*co*[複 *-ci*]
✤**トレッキングシューズ** scarpe[女][複] da trekking

ドレッサー〔英 dresser〕《鏡台》toletta[女]

ドレッシー〔英 dressy〕◇ドレッシーな ricercato nel vestire, elegante

ドレッシング〔英 dressing〕condimento[男] per l'insalata ¶サラダにドレッシングをかける condire l'insalata（►普通イタリアではすでに混ぜ合わされたドレッシングではなく，オリーブ油，塩，酢，胡椒などを各自でかけ合わせる）

どれほど どれ程 quanto ¶どれほど人を困らせるかしれないよ．Tu non hai idea di [Non capisci] quanto disturbo arrechi alla gente. ¶どれほどがんばったところで，今日中には終わらない．Per quanto mi possa sforzare, non riuscirò mai a finire entro oggi.

ドレミ〔伊 do re mi〕《音階》scala[女] musicale ¶ドレミで歌う solfeggiare[他], [自][*av*]

どれもこれも どれも此れも ¶どれもこれも失敗に終わった．Ho fallito tutti i miei tentativi.

トレモロ〔伊〕《音》tremolo[男]

とれる 取れる・採れる・捕れる **1**《離れる，なくなる》¶ボタンがとれた．Si è staccato un bottone. ¶目に入ったごみがとれない．Non riesco a togliere il bruscolo che mi è entrato nell'occhio. ¶緊張がとれる rilassarsi ¶痛みがとれた．Il dolore è passato. ¶熱が取れた．La febbre è scesa. ¶しみがとれた．La macchia è andata via [è sparita].
2《得られる》¶金(きん)は日本でも少しとれる．Anche in Giappone si estrae un po' d'oro. ¶今年は米がよくとれた．Quest'anno si è raccolto molto riso. ¶この魚はどこでとれますか．Questi pesci dove si pescano? ¶バランスのとれた食事をする fare una dieta equilibrata
3《理解される》¶彼の言ったことは別な意味にもと

れる. Quello che ha detto si può intendere [interpretare] anche in un altro senso. ¶どっちにもとれる返事をする dare una risposta 「che si può interpretare in due sensi [equivoca]」

とれる 撮れる・録れる **1**《写っている》¶この写真はよく撮れている. Questa fotografia è riuscita bene. **2**《録音される》¶小鳥の鳴き声がうまく録れた. Sono riuscito a registrare bene il canto degli uccelli.

トレンチコート〔英 trench coat〕trench男 [無変]; impermeabile militare

トレンド〔英 trend〕moda女; tendenza女 ¶最新のトレンド le ultime tendenze

とろ 《まぐろの》sorra女, ventresca女

とろ 吐露 ¶心情を吐露する rivelare il *proprio* sentimento / aprire il *proprio* cuore a *qlcu*. / sfogarsi con *qlcu*. / parlare a *qlcu*. col cuore in mano

とろ 瀞 pozza女 profonda nel corso di un fiume

どろ 泥 **1**《水の混じった土》fango男, melma女, fanghiglia女, pantano男, mota女 ¶…の泥を浚(さら)う pulire [nettare] *ql.co*. / dragare *ql.co*. / togliere la melma da *ql.co*. ¶ズボンの裾に泥が付いた. Mi sono infangato l'orlo dei pantaloni. ¶泥だらけになる essere tutto infangato / infangarsi ¶泥まみれの靴 scarpe infangate [piene di fango]

2《泥棒》¶こそ泥 ladruncolo

慣用 泥のように眠る dormire自 [*av*] come un ghiro

泥を塗る ¶親の顔に泥を塗る gettare fango sul nome dei genitori ¶俺の顔に泥を塗りやがったな. Mi hai disonorato.

泥を吐く《白状》confessare una colpa;《隠》cantare [*av*]

✤泥足 piedi男 [複] infangati [sporchi]

泥海 mare男 melmoso

泥落とし《玄関の》zerbino男, stuoino男

泥はね schizzi男[複] di fango

泥よけ → 見出し語参照

とろい 1《頭が鈍い》ottuso, tonto, lento

2《火の勢いが》fioco男 [複 -chi], lento, basso

トロイカ〔ロ troika〕trojca女

トロイデ〔独 Tholoide〕《鐘状火山》vulcano男 a scudo

とろう 徒労 sforzo男 inutile [vano], buco男 [複 -chi] nell'acqua ¶徒労に終わった仕事 lavoro che è stato inutile [infruttuoso] ¶今までの努力が徒労に帰した. Finora tutti i miei sforzi sono stati inutili [non sono approdati a nulla].

どろえのぐ 泥絵の具 vernici女 [複] [pigmenti男 [複]] contenenti polvere di conchiglie

ドロー〔英 draw〕《スポ》pareggio男 [複 -gi]

✤ドローゲーム partita女 terminata alla pari

トローチ〔英 troche〕《薬》pastiglia女

トロール〔英 trawl〕

✤トロール網 paranza女

トロール漁業 pesca女「a strascico [con la paranza]」

トロール船 (moto)peschereccio男 [複 -ci] da strascico, paranza女

とろかす 蕩かす ¶バターをとろかす sciogliere [fondere] il burro ¶人の心をとろかすような音楽 musica「che addolcisce il cuore [affascinante / incantevole / carezzevole]」

どろくさい 泥臭い ¶泥臭いじゃが芋 patate che sanno di terra ¶泥臭い芝居 spettacolo rozzo [sciatto] ¶泥臭さが抜ける raffinarsi

とろける 蕩ける ¶暑さでチョコレートがとろけた. Il cioccolato si è sciolto a causa del caldo. ¶心もとろけるような恋のささやき sussurri d'amore che incantano [affascinano] il cuore

どろじあい 泥仕合 ¶泥仕合をする insultarsi, calunniarsi ¶だんだん泥仕合になってきた. Il confronto è diventato sempre più meschino.

トロツキスト〔英 Trotskyist〕trotzkista [trozkista]男女 [男複 -i]

トロツキズム〔英 Trotskyism〕trotzkismo男, trozkismo男

トロッコ carrello男, vagoncino男

トロット〔英 trot〕**1**《馬の速走》trotto男 → 馬 関連 ¶トロットで走る《馬が》correre al trotto **2**《ダンス》〔英〕fox-trot男 [無変]

ドロップ〔英 drop〕**1**《飴》caramella女 ¶ドロップをなめる succhiare una caramella **2**《スポ》《野球の》〔英〕drop男 [無変]; palla女 smorzata

✤ドロップアウト《体制からの脱落した人》emarginato男 [女 -a] ◇ドロップアウトする venire [《状態》essere] emarginato da *ql.co*.

ドロップキック《スポ》pallonetto男;〔英〕drop-kick男 [無変]

ドロップショット《スポ》〔英〕drop shot男 [無変]; smorzata女

ドロップダウンメニュー《コンピュータ》〔英〕drop-down menu男 [無変]

とろとろ 1《溶ける様子》¶いちごがとろとろになるまで煮る bollire le fragole fino a ottenere una pasta **2**《弱く燃える様子》¶とろとろ煮る fare bollire *ql.co*. lentamente **3**《浅くまどろむ様子》◇とろとろする《短い昼寝》fare un sonnellino;《浅い睡眠》sonnecchiare自 [*av*] ¶とろとろとしたと思ったらもう朝だった. Credevo di essermi appena assopito ed invece era già mattino.

どろどろ ◇どろどろの《泥まみれの》fangoso, melmoso;《かゆ状の》pastoso, cremoso;《汁などが》denso, cremoso;《蜜のような》sciropposo, caramelloso ¶雨が降るとその道はどろどろになる. Quando piove, la strada si riduce a un pantano. ¶どろどろした関係 relazione tormentata

どろなわ 泥縄 ¶泥縄式の勉強をする studiare tutto all'ultimo momento [alla vigilia dell'esame] ¶それではまさに泥縄だ. È come chiudere la stalla quando sono fuggiti i buoi.

どろぬま 泥沼 pantano男 ¶泥沼にはまり込む sprofondare自 [*es*] nel pantano / impantanarsi (▶比喩的な意味でも用いる) / cacciarsi [mettersi] in un guaio (▶比喩的な意味でのみ用いる)

とろび とろ火 ¶とろ火で煮る far cuocere *ql.co*. a fuoco lento ¶ガスをとろ火にする mettere il gas al minimo

トロフィー〔英 trophy〕trofeo男;《カップ》coppa女

どろぼう 泥棒《人》ladro男;《強盗》rapinatore男 [女 -trice];《行為》furto男 ¶泥棒にあう essere derubato / essere vittima di un furto ¶ 昨日泥棒に入られた. Ieri mi hanno svaligiato la casa. ¶ 泥棒に宝石をみんな持って行かれた. Nel furto sono stati rubati tutti i gioielli. ¶ 泥棒だ. Al ladro! ¶ 人を見たら泥棒と思え《諺》"Fidarsi è bene, non fidarsi è meglio."

[慣用] **泥棒を見て縄をなう** "Chiudere la stalla quando i buoi sono scappati."

✤**泥棒根性** mentalità㊛ meschina

泥棒猫 gatto㊚ ladro [無変]

泥棒回り《反時計回り》 ¶ 泥棒回りに回る girare in senso antiorario

とろみ ¶ スープにとろみをつける rendere più denso il brodo ¶ とろみがある essere corposo [sostanzioso]

どろみず 泥水 acqua㊛ melmosa [limacciosa] ¶ 泥水をはねかける spruzzare [schizzare] *qlcu.* con acqua melmosa [con fanghiglia]

どろよけ 泥除け 〔車〕 parafango㊚ [複 *-ghi*]

とろり **1**《粘りがある》 ¶ とろりとした煮汁 brodo denso [sostanzioso] **2**《眠そうな》 ¶ とろりとした目 occhi assonnati [pieni di sonno] ¶ 酔ってとろりとした目で con gli occhi di chi ha bevuto troppo

トロリーバス 〔英 trolleybus〕 filovia㊛, filobus㊚ [無変] ; 〔英〕 trolleybus㊚ [無変]

とろろ 薯蕷《すりおろしたもの》 igname㊚ grattugiato

✤**とろろ芋**《山芋》 igname㊚

とろろ昆布 alga㊛ marina disidratata e grattugiata a striscioline

とろん ¶ とろんとした目をしている avere lo sguardo spento [smorto / offuscato]

どろん ¶ どろんを決め込む filare[自] [*av*] all'inglese [alla chetichella] / svignarsela / filarsela

ドロンゲーム partita㊛ terminata alla pari

どろんこ 泥んこ ¶ 泥んこ道 strada fangosa ¶ 子供たちは泥んこになって帰って来た. I bambini sono tornati a casa tutti coperti di fango.

トロンボーン 〔英 trombone〕〔音〕 trombone㊚

✤**トロンボーン奏者** (suona*tore*㊚ [㊛ *-trice*] di) trombone㊚; 《特にジャズの》 trombonist*a*㊚ ㊛ [㊚複 *-i*]

とわ 永久 eternità㊛ ◇**とわに** per sempre, in eterno ¶ とわの安らぎ riposo eterno

とわず 問わず ¶ 国籍を問わず senza tener conto della nazionalità ¶ 事情のいかんを問わず indipendentemente dalle circostanze ¶ 年齢を問わず prescindendo dall'età ¶ 性別を問わず senza riguardo al sesso ¶ 費用を問わず senza badare a [curarsi delle] spese ¶ 手段を問わず実行する realizzare *ql.co.* con qualunque mezzo

とわずがたり 問わず語り ¶ その老人は問わず語りに自分の過去を語った. Il vecchio, senza che nessuno glielo chiedesse, ha parlato del suo passato.

どわすれ 度忘れ dimenticanza㊛ improvvisa, amnesia㊛ momentanea ¶ その会社の名前は度忘れした. Il nome della ditta mi è sfuggito di mente. / Non mi viene in mente il nome della ditta. ¶ 近ごろ度忘れがひどくなった. Ultimamente「la memoria mi ha giocato dei brutti scherzi [sono diventato uno smemorato].

トン 〔英 ton〕《1000 キログラム》 tonnellata㊛; 《商船の》 tonnellata㊛ di stazza [di dislocamento] (►貨物船の容積単位で 2.83168m³) ¶ 10トン(積みの)トラック camion di [da] 10 tonnellate (di portata) ¶ この船は何トンですか. Qual è la stazza di questa nave?

✤**トン数** stazza㊛, stazzatura㊛, tonnellaggio㊚, tonnellata㊛ ¶ 総トン数 (tonnellata di) stazza lorda / tonnellaggio lordo ¶ 純トン数 stazza netta ¶ 積載[排水]トン数 stazza [dislocamento]

どん **1**《大砲などの音》《擬》 bum; 《名詞として》 un colpo㊚; uno scoppio㊚; un'esplosione㊛ ¶ 砲声が1発どんと鳴った. Si è sentito un colpo di cannone. ¶ 背中をどんとたたく dare una pacca sulla schiena ¶ 用意, どん! Pronti, via! ¶ 波が岸にどんとぶつかった. Le onde si infransero rumorosamente contro la scogliera.

2《威勢よく》 ¶ どんと物を買う acquistare *ql.co.* in grandi quantità ¶ どんと金を出した. Ha tirato fuori una bella somma.

ドン 〔ス Don〕《実力者》 ¶ 政界のドン persona influente del mondo politico

どんか 鈍化 ¶ 感覚が鈍化する. I sensi s'intorpidiscono. ¶ 経済成長率が鈍化した. Il tasso di crescita economica è diminuito.

どんかく 鈍角 〔幾何〕 angolo㊚ ottuso

✤**鈍角三角形** triangolo㊚ ottusangolo

とんカツ 豚カツ cotoletta㊛ [costoletta㊛] di maiale impanata e fritta

とんがりぼうし 尖り帽子 cappello㊚ a forma di cono

どんかん 鈍感 ◇**鈍感な**《気持ちが》 insensibile, poco sensibile; 《頭が鈍い》 ottuso, tonto ¶ 彼は美に対して鈍感だ. È insensibile alla bellezza.

どんき 鈍器 arma㊛ contundente

ドンキホーテ 〔ス Don Quixote〕 Don Chisciotte㊚ ◇**ドンキホーテ的な** donchisciotte*sco* [㊚複 *-schi*]

とんきょう 頓狂 ◇**頓狂な** eccentri*co* [㊚複 *-ci*], molto strano, bizzarro ¶ とんきょうな声 un'improvvisa voce stridula

どんぐり 団栗 〔植〕 ghianda㊛

[慣用] **どんぐりの背比べ** C'è poco da scegliere tra i due. / Son tutti della stessa risma.

✤**どんぐり眼**(まなこ) ◇**どんぐりまなこの** dagli occhi grandi e tondi, dagli occhi bovini

どんこう 鈍行 (treno㊚) locale㊚

とんざ 頓挫 ¶ その事業は頓挫した. I lavori sono stati rallentati [《停止中》 erano fermi] per un contrattempo. ¶ 計画は頓挫した. Il progetto ha subito una frenata [ha trovato un intoppo].

どんさい 鈍才 ottusità㊛, stupidità㊛; 《無能力》 incapacità㊛

とんし 頓死 ◇**頓死する** morire[自] [*es*] di colpo ¶ 彼は心臓麻痺で頓死した. È morto improvvisamente per un infarto cardiaco.

どんじゅう 鈍重 ◇**鈍重な**《動きが》 lento; 《反応が》 lento e tonto, tardo di mente, ottuso

どんじり どん尻 ¶ 彼は行列のどん尻にいた. Era in fondo alla coda. ¶ 彼はどん尻でゴールに入っ

どんす 緞子 dama*sco*㊚ [㊚ *-schi*]

とんせい 遁世 ◊遁世する （仏門に入る）farsi monaco [㊚ *-ca*; ㊚複 *-ci*]；《隠棲する》ritirarsi a vivere in solitudine

とんそう 遁走 fuga㊛ ◊遁走する darsi alla fuga㊛, fuggire㊀ [*es*], filarsela

どんぞこ どん底 fondo㊚, il punto㊚ più basso ¶社会のどん底 i bassifondi della società ¶どん底の生活「estremamente povera [nella miseria più nera]」¶絶望のどん底にある essere in preda alla più profonda disperazione ¶彼の死は私を悲しみのどん底につき落とした。La sua scomparsa mi ha lasciato in un grande dolore. ¶『どん底』(ゴーリキー) "I Bassifondi" (Gorkij)

とんだ terribile ¶とんだ災難だったねえ。Che terribile disgrazia! ¶とんだお手数をおかけしました。Mi scusi per tanto disturbo. ¶とんだ目にあった。Mi sono trovato nei guai. ¶とんだことを仕出かしてくれたなあ。Hai combinato proprio un bel pasticcio!

とんち 頓知 ¶とんちを働かせる dimostrare la *propria* presenza di spirito ¶彼はとんちがある。Ha il senso dell'opportunità.

とんちき 頓痴気 stupido㊚ [㊛ *-a*], cretino㊚ [㊛ *-a*], idiota㊛ [㊚複 *-i*]

とんちゃく 頓着 ¶彼はそんなことには頓着しない。Non si cura di simili cose. ¶金に頓着のない人だ。È una persona non attaccata al denaro. ¶彼は他人の気持ちなどに頓着しない。Non ha considerazione per i sentimenti altrui.

どんちゃんさわぎ どんちゃん騒ぎ baldoria㊛, gozzoviglia㊛ ◊どんちゃん騒ぎをする far baldoria, gozzovigliare㊀ [*av*], fare un'orgia

どんちょう 緞帳 tappezzeria㊛;《劇場の》sipario㊚ [㊚複 *-i*] (principale), telone㊚

とんちんかん 頓珍漢 ¶とんちんかんなことを言う dire cose incoerenti [sconclusionate] ¶とんちんかんな返事をする rispondere in modo non pertinente

どんつう 鈍痛 dolore㊚ sordo ¶背中に鈍痛がある soffrire per un dolore sordo alla schiena

とんでもない 1《ひどい》terribile,《思いがけない》inatteso,《ばかげた》assurdo,《変な》strano,《信じられない》incredibile,《重大な》grave ¶とんでもない値段 prezzo esorbitante ¶とんでもないことをしてくれたな。Mi hai combinato una cosa veramente grave. ¶彼はいつもとんでもない時間に電話をかけてくる。Telefona sempre ad ore impossibili. ¶とんでもない目にあったねえ。Hai passato davvero un brutto momento! ¶とんでもないやつに出くわしてしまった。Ho incontrato un tipo in cui non avrei mai voluto imbattermi.

2《強い否定》¶僕が君の悪口を言ったなんてとんでもない話だよ。Io avrei sparlato di te? Ti sbagli di grosso! [Ma neanche per sogno!] ¶彼がばかだなんてとんでもない。È tutt'altro che stupido. ¶お礼をいただくなんてとんでもない。Non è assolutamente il caso di ricompensarmi. ¶「学校は好きかい」「とんでもない」"Ti piace la scuola?" "Niente affatto!" ¶「ご親切にありがとうございます」「とんでもない」"Grazie, molto gentile." "Ci mancherebbe! / Si figuri! / S'immagini!"

どんてん 曇天 cielo㊚ coperto [nuvoloso]

どんでんがえし どんでん返し 〔芝居や状況の〕colpo㊚ di scena, capovolgimento㊚ di situazione ¶形勢がどんでん返しになった。La situazione si è rovesciata.

とんと ¶なんの話かとんと見当がつかなかった。Non avevo la più pallida idea di ciò che si stava dicendo. ¶どこだったかとんと覚えていない。Non (mi) ricordo assolutamente dove accadde.

とんとん 1《物をたたく音》¶とんとんと戸をたたく者がいた。Qualcuno ha bussato alla porta. ¶とんとん肩をたたく battere leggermente [massaggiare] le spalle

2《五分五分》¶3000部売れたらとんとんというところだ。Se dovessimo venderne 3.000 copie, saremmo giusto alla pari. ¶2人の実力はとんとんである。Quanto ad abilità si eguagliano.

❖**とんとんびょうし** ¶交渉はとんとん拍子に進んだ。I negoziati procedevano「senza difficoltà [a gonfie vele]」¶彼はとんとん拍子に出世した。Si è fatto strada rapidamente.

どんどん 1《続けて》continuamente, senza tregua, in continuazione, l'uno dopo l'altro,《勢いよく》con impeto, con forza ¶道をどんどん歩いて行った。Ci siamo incamminati decisi per quella strada. ¶観客はどんどん出て行った。Gli spettatori se ne sono andati l'uno dopo l'altro. ¶金がどんどんもうかる。Guadagno soldi a palate. ¶物価がどんどん上がる。I prezzi salgono「di giorno in giorno [velocemente]」¶どんどん売れる andare a ruba, essere molto richiesto ¶どんどん仕事をする《熱心に》lavorare con zelo costante [《息もつかずに》senza posa] ¶どんどん上達する fare progressi rapidamente [rapidi progressi] ¶仕事がどんどん入ってくる。Il lavoro arriva in continuazione.

2《太鼓などの音》¶太鼓をどんどんと鳴らす battere il tamburo a colpi ripetuti ¶どんどんと床を踏み鳴らす battere i piedi con forza sul pavimento

どんな 1《疑問文で》quale, di che tipo, che, come ¶どんな天気ですか。Che tempo fa? ¶それはどんな車ですか。Com'è quell'auto? ¶どんなふうにするのですか。Come [In che modo] si fa? ¶手紙にはどんなことが書いてあったの。Cosa c'era scritto nella lettera? ¶どんな映画が好きなの。Che genere [tipo] di film ti piace?

2《肯定文で》ogni;《否定文で》nessuno ◊どんな…でも qualunque, qualsiasi ◊どんな人でも chiunque ¶どんな人にも何か癖がある。Ognuno ha le proprie manie. ¶この病気にはどんな薬も効かない。Nessuna medicina è efficace contro questa malattia. ¶どんな人だってそれくらいはできる。Chiunque può fare ciò. ¶どんなことが起こっても qualunque cosa accada ¶どんな理由があっても per qualsiasi ragione ¶どんな犠牲を払ってでもやり遂げよう。Lo farò「ad ogni costo [a costo di qualunque sacrificio]」¶どんなに頭のいい彼でもこの問題は解けまい。Neanche lui, per quanto intelligente, riuscirà a risolvere questo

problema.
[慣用] **どんなもんだ** Hai visto? / Hai capito?
どんなものだろう ¶そのことを今彼女に話すのはどんなものだろう. Penso sia meglio non dirglielo ora. ¶こうしようと思うがどんなもんだろう. Vorrei fare così. Tu che ne pensi?

トンネル 〔英 tunnel〕 〔英〕 tunnel*m* [無変]; galleria*f* ¶列車がトンネルを通る. Il treno attraversa la galleria.
✣ **トンネル会社** ditta*f* [società*f* / compagnia*f*] fittizia (◆ società intermediaria che trasferisce merce o appalti ad un'altra società)
✣ **トンネル工事** lavori*m* [複] per la costruzione di una galleria

とんび 鳶 《鳥》 nibbio*m* [複 -i] →鳶(とび) 1

どんぴしゃり ¶予感はどんぴしゃりだった. Il mio presentimento si è rivelato esatto. ¶これは私の要望にどんぴしゃりだ. Questo risponde proprio alle mie aspettative.

ドンファン 〔ス Don Juan〕 Don Giovanni*m*; 《女たらし》 dongiovanni*m* [無変], donnaiolo*m*

どんぶり 丼 《どんぶり鉢》 ciotola*f*, scodella*f*; 《どんぶり飯》 una ciotola*f* di riso
✣ **どんぶり勘定** ¶あの会社はどんぶり勘定だ. La contabilità in quella ditta è assai approssimativa.

とんぼ 蜻蛉 《昆》 libellula*f* ¶しおからとんぼ libellula grigia ¶赤とんぼ libellula rossa
[慣用] **とんぼを切る** fare un salto mortale
✣ **とんぼ捕り** caccia*f* di libellule

とんぼがえり 蜻蛉返り ❶ ◇とんぼ返りする《宙返りする》 fare una capriola [un salto mortale]; 《すぐに引き返す》 rientrare*v* [es] immediatamente ¶彼は大阪でトラックの荷を降ろすととんぼ返りで東京へ戻った. Non appena ha finito di scaricare il camion ad Osaka, è ritornato subito a Tokyo.

とんま 頓馬 《人》 stupido*m* [f -a], tonto*m* [f -a], cretino*m* [f -a], idiota*m* [男複 -i] (► いずれも形容詞としても用いる) ¶とんまなことを言うな. Non dire sciocchezze [stupidaggini]!

ドンマイ Non prendertela!

とんや 問屋 grossista*m* [男複 -i]
✣ **問屋業** commercio*m* [複 -ci] all'ingrosso
[慣用] **そうは問屋が卸さない** Fai i conti senza l'oste. / Non è così facile come credi.

どんよく 貪欲 avidità*f* ◇貪欲な avido, rapace, cupido ◇貪欲に avidamente ¶知識を貪欲に吸収する acquisire conoscenza con avidità [passione]

どんより ¶どんよりした空 cielo coperto [plumbeo / grigio] ¶どんよりした色 colore spento [sbiadito / scialbo / smorto] ¶どんよりした目の男 uomo dagli occhi spenti [offuscati]

な

な ¶な，僕の気持ちをわかってくれよ．Via [Su], cerca di capirmi! ¶な，(そうしても)いいだろ．Dai [Su / Via], permettimi di farlo!

な 名 **1【名称】** nome[男], denominazione[女]; 《表題》titolo[男] ¶名を付ける dare un nome a *ql.co.* [*qlcu.*] / denominare *ql.co.* [*qlcu.*] / 《表題として》intitolare *ql.co.* ¶…の名で in [a] nome di *ql.co.* ¶その名の示すとおり come indica il nome ¶広場に歴史上の人物の名を付ける intitolare una piazza a un personaggio storico ¶この花の名は何と言いますか．Come si chiama questo fiore? / Qual è il nome di questo fiore?

2【人の姓名】 nome[男] (►「姓」「名」ともさす); 《洗礼名》nome[男] proprio [di battesimo]; 《姓》cognome[男] ¶実の名を明かす svelare il vero nome ¶姓はロッシ，名はカルロです．Mi chiamo Carlo di nome, Rossi di cognome. ¶彼は私の名をかたって詐欺をはたらいた．Ha commesso una frode「facendosi passare [spacciandosi] per me. ¶彼はピッポという名で通っている．È conosciuto sotto [con] il nome di "Pippo".

3【名声，名誉】 celebrità[女], fama[女], reputazione[女] ◇**名の知られた** celebre, ben noto, famoso, rinomato ◇**名もない[の知れない]** ignoto, sconosciuto ¶全国にその名も高い稲作地帯だ．È una zona risicola famosa in tutto il paese. ¶その名に恥じない[背かない] non smentire la *propria* fama / essere degno della *propria* reputazione ¶彼女こそ宗教家の名に値する人だ．Merita veramente il nome di religiosa.

4【名目，口実】 ¶…に名を借りて con il pretesto [la scusa] di *ql.co.* [＋[不定詞]] ¶正義に名を借りて con il pretesto della giustizia ¶名ばかりの援助 offerta simbolica di aiuto ¶芸術家とは名ばかりだ．È un artista solo di nome.

[慣用] **名のもとに[において]** ¶神の名において in nome di Dio ¶法[平和 / 自由]の名のもとに in nome della legge [pace / libertà]

名は体(たい)を表す Il nome di una cosa ne rivela l'identità.

名を上げる[成す / はせる] diventare[自][*es*] famo*so*, farsi un nome

名を売る farsi pubblicità, mettersi in piazza

名を借りる 《コネ・推せんのために》fare il nome di *qlcu.* ¶彼の名を借りた．Mi servii del suo nome.

名を汚(けが)す macchiare il nome di *ql.co.* [*qlcu.*]

名を捨てて実(じつ)を取る ¶彼は名を捨てて実を取った．Lui ha rinunciato alla gloria per dei vantaggi concreti.

名を連ねる ¶彼女は発起人としてデモに名を連ねている．Lei figura come uno dei promotori di quella dimostrazione.

名を遂げる ¶彼は功成り名を遂げた．Ha ottenuto fama e successo.

名を残す lasciare [immortalare] il *proprio* nome

名を辱める ⇒名を汚す

名を伏せる non menzionare [rivelare] il nome

な 菜 ortaggi[男][複], verdura[女], vegetali[男][複]

-な **1**《禁止》 ¶来るな．Non venire!

2《軽い命令》 ¶早くしな．Fa' presto!

3《確認や同意》 ¶いい天気だな．È una bella giornata, non trovi? ¶それ，うそじゃないな．Non è una bugia, vero?

4《調子を和らげる》 ¶あれは山下の声だな．Mi sembra la voce di Yamashita. ¶明日は晴れると思うな．Penso che domani schiarirà.

5《注意を促す》 ¶これはな，世界中で１つしかない珍しい物だ．Questa qui, vedi, è una cosa straordinaria, unica al mondo! ¶しかしですな，別の考え方もあるんじゃないですか．Però, io dico, ci saranno anche altri modi di pensare, no?

なあ 《呼びかけ》 ¶なあ，あれを見ろよ．Ehi, guarda quello là!

-なあ **1**《感嘆》 ¶いい天気だなあ．È [Fa] proprio bel tempo! ¶汚い部屋だなあ．Quanto è sporca questa stanza!

2《願望》 ¶早く夏休みになるといいなあ．Magari venissero presto le vacanze estive! ¶誰か来ないかなあ．Spero proprio che venga qualcuno. ¶せめてお金を貸してくれたらなあ．(Se) almeno mi prestasse il denaro!

ナース 〔英 nurse〕《女性看護師》infermiera[女]

✤ナースステーション sala[女] infermieri [無変]

なあてにん 名宛人 destinatario[男] [[女] *-ia*; [男][複] *-i*] ¶「名宛人不明」《表示》"Destinatario sconosciuto"

なあなあ ¶なあなあで済ませる risolvere la cosa tollerando i difetti reciproci ¶なあなあがまかり通る．Chiudere un occhio sulle mancanze reciproche (qui) è la prassi. ¶このなあなあ主義が腐敗を呼ぶ．Questo modo di tollerare i difetti reciproci causa la corruzione.

なあに ¶なあに，ちょっと風邪を引いただけさ．Dai, è solo un po' di raffreddore. ¶それ，なあに．Che cos'è quello?

ない 亡い ¶優しかった父も今は亡い．Il mio buon padre ora è scomparso [morto].

ない 無い **1【存在しない，みつからない】** non esserci, non trovarsi, non esistere[自][*es*] ¶問題はない．Non c'è problema. / Non ci sono problemi. ¶答える者はなかった．Nessuno ha risposto. ¶これは日本にしかない木だ．Quest'albero cresce [esiste] solo in Giappone. ¶無いよりはましだよ．È meglio di [che] niente. ¶またとないチャンスだ．È un'occasione che non si presenterà più. ¶シチリアに行ったことがない．Non sono mai stata in Sicilia. ¶こん

なおいしいものは他にない。Non esiste niente di più buono. ¶近ごろにない大事件 il caso più grave (che sia) accaduto in questi ultimi tempi ¶なかったことにする fare come se non fosse successo nulla ¶あること無いこと言い触らす diffondere false informazioni [una storia infondata] ¶彼には意欲がない。Gli manca la volontà. ¶僕の本がない。Non trovo il mio libro. / Ho perso il libro. ¶時計がどこにもない。Non trovo l'orologio in nessun posto. ¶今日はもう時間がない。Oggi non abbiamo più tempo. ¶この仕事ができるのは君しかない。Non ci sei che tu che possa fare questo lavoro. ¶ほかにやりようがない。Non si può fare altrimenti. ¶そんな言い方ってないでしょう。Come osi parlarmi in questo modo?
2【持っていない】 non avere; senza (▶前置詞); essere privo di ¶金がない。Non ho denaro. ¶無いものは無い。Se non c'è non c'è! ¶創造力のない男だ。È un uomo senza immaginazione [privo d'immaginazione]. ¶興味がない。Non mi interessa. ¶もう言うことはない。Non ho più niente da dire.
3【来ない】 ¶彼からまだ電話がない。Non mi ha ancora telefonato. ¶便りがないのはなぜだろう。Come mai non ci scrive?
4【仕方がない】 ¶お巡りさんに道を聞くしかない。Non c'è altro da fare che chiedere la strada al vigile. ¶もはやどうしようもない。Ormai non c'è più niente da fare.
慣用 無い袖は振れぬ "Non si può cavare sangue da una rapa." / Non si può fare l'impossibile.
無い物ねだり ¶無い物ねだりをする chiedere l'impossibile [la luna]
無きにしもあらず →見出し語
無くて七癖(諺) "Ognuno ha le sue manie."
-ない -内 **1**【場所，限度】 in, dentro ¶学校内 nella scuola ¶教室内では in aula / all'interno dell'aula ¶市内で dentro la [all'interno della] città
2【期限内】 in, entro i termini ¶時間内に答えを書く scrivere le risposte in tempo ¶予算内で…をする realizzare ql.co. nei limiti del bilancio ¶電気料金を期限内に払う pagare entro i termini prescritti la bolletta della luce
-ない 1【存在・動作・状態などを打ち消す】 non; (…も…ない) né... né...; (誰も…) nessuno; (何も…ない) niente, nulla ¶日曜は働かない。La domenica non lavoro. ¶私はここにはもう来ない。Io, qui, non ci tornerò più. ¶こんなことはもう決してしない。Non farò mai più una cosa simile. ¶彼は酒もタバコもやらない。Lui non beve né fuma. ¶父は私には何も言わなかった。Mio padre non mi ha detto niente [nulla]. ¶まったくわからない。Non capisco per niente. ¶誰もそれを知らなかった。Nessuno lo sapeva. ¶そんなことは全然考えなかった。Non ho pensato affatto a una cosa del genere. ¶彼は毎朝食事もしないで家を出る。Ogni mattina esce di casa senza mangiare. ¶太らないように注意している。Faccio attenzione a non ingrassare. ¶彼はスポーツマンなんかじゃない。È tutto fuorché un atleta.
2【依頼，勧誘，軽い命令を表す】 ¶いっしょに食事をしないか。Perché non mangi con me? ¶そんなことは言わないでくれないか。La smetti di dire cose del genere? ¶食事に行かないか。Che ne dici, andiamo a mangiare? ¶やってみようでないか。Proviamoci! ¶君もいっしょに行ってくれないか、(私と) Verresti con me? ¶私の部屋まですぐ来てくれないか。Per favore, vieni subito nella mia stanza.
3【願望，懸念を表す】 ¶早く雨が上がらないかなあ。Spero che la pioggia smetta presto. ¶彼女は来ないのではないか。Temo che lei non venga.
ないい 内意 《意向》opinione® personale; 《隠された意図》intenzione® nascosta, mira® segreta; 《考え》parere® ¶内意を伺う chiedere l'opinione personale a qlcu. / sondare le reali intenzioni di qlcu. ¶内意を受ける ricevere istruzioni segrete da qlcu.
ナイーブ〔英 naive〕◊ナイーブな 《純真な》ingenuo; 《素朴な》semplice; 《感じやすい》sensibile, delicato
ないいん 内因 fattore® interno, causa® interna ◊内因性の endogeno
ないえん 内縁 ¶内縁の夫婦 coppia di fatto ¶内縁の夫[妻] convivente ¶内縁関係である vivere® [es, av] 'more uxorio' / convivere (senza essere sposati)
ないか 内科 《医》(reparto® di) medicina® interna
❖**内科医** internista® [®複 -i]
-ないか →-ない
ないかい 内海 mare® interno
ないがい 内外 **1**(内と外) l'interno® e l'esterno® ◊内外で dentro e fuori ¶…の内外で all'interno e all'esterno di ql.co. ¶内外の情勢 situazione nazionale ed internazionale ¶内外の学者(日本の) scienziati giapponesi e stranieri ¶彼は内外に敵を抱えている。Lui ha nemici in casa e fuori.
2(およそ, 前後) ¶費用は5万円内外でしょうか。Le spese saranno di cinquantamila yen circa.
❖**内外価格差** differenza® dei prezzi tra Giappone ed estero
内外政策 politica® interna ed estera
ないかく 内角 《幾何》angolo® interno
ないかく 内閣 gabinetto®, governo®; 《閣議》Consiglio® dei Ministri ¶ジョリッティ内閣 il governo Giolitti ¶政党[超党派]内閣 governo 「di partito [non partitico] ¶一党[二党]内閣 governo monocolore [bicolore] ¶連立内閣 governo di coalizione ¶三党連立内閣 governo tripartito [tricolore] ¶国民統一内閣 governo di unità nazionale ¶内閣を組織する formare il governo ¶内閣を倒す far cadere [《クーデターなどで》rovesciare] il governo
❖**内閣改造** rimpasto® ministeriale [del governo] ◊内閣改造する rimaneggiare il gabinetto
内閣官房 Segreteria® di gabinetto
内閣支持率 tasso® di popolazione favorevole al governo
内閣総辞職 dimissioni® [複] in blocco del governo

内閣総理大臣 primo ministro[男]
内閣府 Presidenza[女] del Consiglio
ないがしろ 蔑ろ ◇ないがしろにする ignorare [trascurare] *ql.co.* [*qlcu.*], tenere *ql.co.* [*qlcu.*] in poco conto ¶仕事をないがしろにする trascurare il lavoro ¶伝統をないがしろにする disprezzare le tradizioni ¶その意見はないがしろにされた. Quella opinione è stata tenuta in poco conto. ¶年寄りをないがしろにしてはいけない. Non si devono ignorare gli anziani.
ないき 内規 regolamento[男] [statuto[男]] interno
ないきん 内勤 lavoro[男] d'ufficio
✤**内勤社員** impiegat*o*[男] [[女] -*a*] che sta in ufficio
ないけい 内径 〘幾 何〙 diametro[男] interno; 〘工・機〙 alesaggi*o*[男] [複 -*gi*]
ないこう 内向 ◇内向的 introverso ¶内向的な人 persona dal carattere introverso
✤**内向性** introversione[女]
ないこう 内攻 〘医〙 latenza[女] (di malattia) ¶内攻性疾患 malattia latente ¶彼の病気は内攻している. La sua malattia lo colpisce nelle parti interne. ¶欲求不満が内攻する《人が主語》accumulare tante frustrazioni dentro di *sé*
ないこう 内項 termine[男] interno
ないごうがいじゅう 内剛外柔 ¶内剛外柔の人 persona dolce all'apparenza ma forte e decisa all'interno
ないこく 内国 ◇内国の domestic*o* [[男]複 -*ci*], nazionale, interno
✤**内国為替** cambi*o*[男] [複 -*i*] interno [domestico]
内国航路 linea[女] interna [nazionale]
内国債 ⇒内債
内国郵便料金 tariffa[女] nazionale [interna] delle poste
ないさい 内済 ¶内済にする risolvere la questione senza ricorrere alla magistratura
ないさい 内債 obbligazione[女] (valida solo per il mercato interno)
ないざい 内在 ◇内在する esistere[自] [*es*] in *ql.co.* [in *qlcu.*], essere inerent*e* a *ql.co.*; 〘哲〙《神が世界に》essere immanent*e* nel mondo
◇内在的 interno; 〘哲〙 immanente ¶組織に内在するいろいろな矛盾 varie contraddizioni interne ad un'organizzazione
✤**内在性** 〘哲〙 immanenza[女]
ないし 乃至 o ¶5人ないし6人のグループを作る formare un gruppo di 5 o 6 persone ¶社長ないしは副社長が出席する. Interverrà il presidente o il vicepresidente.
ないじ 内示 annunci*o*[男] [複 -*ci*] ufficioso ◇内示する annunciare *ql.co.* ufficiosamente
ないじ 内耳 orecchio[男] [複 le *orecchie*, gli *orecchi*] interno
✤**内耳炎** 〘医〙 infiammazione[女] dell'orecchio interno, labirintite[女]
ないしきょう 内視鏡 〘医〙 endoscopi*o*[男] [複 -*i*]
◇内視鏡の[による] endoscopic*o* [[男]複 -*ci*]
✤**内視鏡検査** esame[男] endoscopico
内視鏡手術 〘医〙 trattamento[男] endoscopico
ないじつ 内実 realtà[女], situazione[女] interna; 《副詞的に》realmente ¶この会社は景気がよさそうだが内実は火の車だ. Questa ditta sembra in buone condizioni economiche, ma in realtà è nei guai. ¶彼も内実その問題に手を焼いている. Anche lui è realmente in difficoltà per questo problema.
ないじゅ 内需 〘経〙 domanda[女] interna; sbocc*o*[男] [複 -*chi*] (sul mercato) nazionale; consumo[男] interno ¶内需を促進[拡大]する promuovere [aumentare] i consumi interni
✤**内需主導型経済** economia[女] sostenuta dalla domanda interna
ないじゅうがいごう 内柔外剛 ¶彼は内柔外剛型の男だ. È un tipo forte apparentemente, ma debole internamente. ¶政府は内柔外剛の政策を取った. Il governo ha adottato una politica accondiscendente in patria e rigorosa verso l'estero.
ないしゅっけつ 内出血 〘医〙 emorra*gia*[女] [複 -*gie*] interna
ないしょ 内緒 segreto[男] ◇内緒の segreto, confidenziale, privato ◇内緒で in segreto, in confidenza, confidenzialmente ¶〈人〉に内緒で all'insaputa di *qlcu.* / di nascosto a *qlcu.* ¶内緒でタバコを吸う fumare in segreto [di nascosto] ¶内緒にする tenere segreto [tenere per *sé*] *ql.co.* / mantenere un segreto ¶内緒の話ですが…. Rimanga tra noi [fra di noi], ma... ¶これは妻には内緒にしておいてください. Non lo faccia sapere a mia moglie.
✤**内緒ごと** segreto[男], faccenda[女] confidenziale
内緒話 colloqui*o*[男] [複 -*i*] privato, conversazione[女] confidenziale
ないじょ 内助 ¶彼の今日あるのは夫人の内助の功に負うところが大きい. Molto del suo successo di oggi, lo deve all'aiuto della moglie.
ないじょう 内情 stato[男] reale delle cose; situazione[女] interna; condizione[女] reale; 《舞台裏》retroscena[男] [無変] ¶ある出来事の内情に詳しい essere al corrente dei retroscena di una faccenda ¶内情を暴露する divulgare [rivelare] la situazione reale ¶会社の内情を探る indagare [自] [*av*] sulla situazione interna di una ditta
ないしょく 内職 **1** 《副業》secondo lavoro [男]; 《家庭での賃仕事》lavoro[男] (manuale) a cottimo svolto in casa ¶内職をする fare un lavoro「supplementare [a domicilio] / lavorare a cottimo in casa
2 《授業中の》 ¶数学の時間に内職をしていて見つかってしまった. Sono stato scoperto mentre facevo un'altra cosa durante l'ora di matematica.
ないしん 内心 ◇内心の intimo, interiore; segreto ◇内心(では) dentro di *sé*, in fondo al cuore, nell'intimo; 《心ひそかに》di nascosto, segretamente, nel *proprio* cuore, in cuor *proprio* ¶内心喜ぶ rallegrarsi in fondo al cuore / gioire[自] [*av*] dentro di *sé* ¶内心ばかにする deridere nell'intimo ¶〈人〉の内心を探る sondare le intenzioni di *qlcu.* ¶〈人〉の内心を読み取る leggere nel cuore di *qlcu.* ¶彼は内心穏やかではない. In cuor suo non è tranquillo.
ないしん 内申 rapporto[男] confidenziale [riservato / interno]
✤**内申書** 《学校の》scheda[女] di valutazione sco-

な

ないしん 内診 **1**《婦人科の》esame ginecologico男 [複 *-ci*] ¶内診を受ける sottoporsi ad un esame ginecologico **2** ⇁宅診

ないじん 内陣 tempio男 [複 *templi*] [santuario男 [複 *-i*]] interno; 《教会聖堂の》presbiterio男 [複 *-i*]

ないしんのう 内親王 Principessa女 reale [imperiale]

ないせい 内政 politica女 interna
❖**内政干渉** ingerenza女 negli affari interni (di una nazione) ¶内政干渉する ingerirsi [interferire自[*av*]] negli affari interni

ないせい 内省 introspezione女; 《自省》esame男 di coscienza, riflessione女 ◇内省的 introspettivo, riflessivo ¶内省する analizzarsi, farsi un esame di coscienza ¶内省的な子供 ragazzino riflessivo

ないせき 内積 《数》prodotto男 interno; prodotto男 scalare

ないせつ 内接 《幾何》inscrizione女 ◇内接させる inscrivere ◇内接した inscritto
❖**内接円** cerchio男 [複 *-chi*] inscritto
内接多角形 poligono男 inscritto

ないせん 内戦 guerra女 civile [intestina]

ないせん 内線 linea女 telefonica interna; 《番号》numero男 (telefonico [複 *-ci*]) interno ¶内線を呼び出す chiamare un numero interno ¶内線32番にお願いします. Mi dia [Mi passi] il numero 32, per piacere. / L'interno 32, per favore.
❖**内線電話** telefono男 interno

ないそう 内装 《室内装飾》decorazione女 di interni; 《室内構成》interno男; 《車などの》tappezzeria女
❖**内装工事** 《家を建てたときの》rifinitura女 degli interni; 《模様替えの》decorazione女 di interni

ないぞう 内蔵 ¶石油危機が内蔵している諸問題 i problemi connessi alla crisi del petrolio ¶フラッシュ内蔵のカメラ macchina fotografica con flash incorporato

ないぞう 内臓 organo男 interno, viscere男 [複 i *visceri*, le *viscere*], interiora女 [複]; 《料》frattaglie女 [複] ◇内臓の viscerale, interno ¶にわとりの内臓を取り出す estrarre le interiora di [pulire / sventrare] un pollo
❖**内臓学** splancnologia女
内臓疾患 malattia女 interna, disordini男 [複] interni
内臓神経 nervo男 splancnico [複 *-ci*]

ナイター 《スポ》partita女 in notturna, partita女 [incontro男] serale

ないだく 内諾 consenso男 [accordo男] ufficioso ¶…する内諾を得る accordarsi ufficiosamente con *qlcu*. per + 不定詞 ¶内諾を得る ottenere il consenso ufficioso (di *qlcu*.)

ないだん 内談 ¶内談を進める 《非公式の》avere dei colloqui [degli incontri]「non ufficiali [ufficiosi] con *qlcu*. / 《秘密の》avere degli incontri segreti con *qlcu*.

ないち 内地 《国内》interno男 del paese; 《本国》patria女, madrepatria女, territorio男 [複 *-i*] nazionale ◇内地の interno, nazionale ¶内地に帰る tornare自 [*es*] in patria
内地産 prodotto男 nazionale
内地米 riso男 di produzione nazionale
内地留学 congedo男 di studio da utilizzare sul territorio nazionale

ナイチンゲール 〔英 nightingale〕《鳥》usignolo男

ないつう 内通 ◇内通する avere contatti segreti (col nemico), passare informazioni (al nemico); 《男女が》avere di nascosto una relazione con *qlcu*.
❖**内通者** traditore男 [女 *-trice*], collaborazionista男女 [複男 *-i*]

ないてい 内定 decisione女 [《人事の》designazione女] ufficiosa [non ufficiale] ◇内定する decidere *ql.co*. [《人事を》nominare *qlcu*.] ufficiosamente ¶入閣内定者 candidato proposto per un ministero ¶採用内定者 persona assunta ufficiosamente

ないてい 内偵 inchiesta女 [investigazione女] segreta, indagine女 privata [riservata], spionaggio男 [複 *-gi*] ◇内偵する fare un'indagine segreta, indagare他, 自 [*av*] (su) *ql.co*. segretamente

ナイティー 〔英 nightie〕camicia女 [複 *-ce*] da notte; 《パジャマ》pigiama男 [複 *-i*]

ないてき 内敵 nemico男 [複 *-ci*] interno

ないてき 内的 《内部の》interno; 《内在する》intrinseco男 [複 *-ci*]; 《本来の》originale; 《精神的な》mentale, interiore, morale ¶内的な要因 で per cause interne [interiori]
❖**内的生活** vita女 interiore

ないでもない 無いでもない ¶解決法がないでもない. Una soluzione ci sarebbe anche.

ナイト 〔英 knight〕cavaliere男; 《チェスの》cavallo男 ¶彼はナイトに叙せられた. Fu nominato cavaliere.

ナイト 〔英 night〕notte女
❖**ナイトガウン** vestaglia女
ナイトキャップ berretto男 [cuffia女] da notte
ナイトクラブ 〔英 night club男 [無変]〕; locale男 notturno
ナイトテーブル comodino男

ないない 内内 **1**《内密に》in segreto, in privato ¶内々に申し上げたいことがございます. Vorrei parlarle a quattr'occhi. **2**《内心で》dentro di sé ¶何かあったのではないかと内々案じていた. Dentro di me temevo che fosse accaduto qualcosa.

ないねんきかん 内燃機関 motore男 a combustione interna

ナイフ 〔英 knife〕coltello男; 《小型の》coltellino男 ¶折りたたみナイフ coltello「a lama pieghevole [a serramanico] ¶食卓用ナイフ coltello da tavola ¶飛び出しナイフ coltello a scatto ¶アーミーナイフ coltellino multiuso ¶バターナイフ coltello「da burro [per il burro] ¶果物ナイフ coltello da frutta ¶魚用ナイフ coltello per il pesce ¶肉用ナイフ 《のこぎり状の歯のついた》coltello con lama a sega per bistecca ¶ペーパーナ

イフ tagliacarte[男][無変] ¶ナイフとフォークとスプーンのセット le posate ¶手にナイフを握る stringere in mano un coltello ¶このナイフはよく切れる. Questo coltello taglia bene.

ないぶ 内部 interno[男] ◇内部の interno, interiore ◇内部で[に] all'interno, internamente, interiormente; dentro ¶箱の内部 interno di una scatola ¶建物の内部に[で] all'interno dell'edificio ¶内部の事情により a causa della situazione interna / per ragioni interne ¶これは内部の事情に詳しい者のしわざだ. Questo è un colpo organizzato dall'interno.

✤**内部経済**〘経〙economia[女] interna

内部構造 struttura[女] interna

内部告発 rivelazioni[女][複] fatte da un membro di un'organizzazione

ないふくやく 内服薬 medicina[女] per uso orale

ないふん 内紛 lotta[女] intestina; discordie[女][複] interne ¶あの党は内紛が絶えない. In quel partito le lotte interne non finiscono mai.

ないぶん 内分 **1** ¶内分のこととして処理する trattare come una questione confidenziale

2〘幾何〙◇内分する fare una divisione interna

✤**内分点** punto[男] di divisione

ないぶん 内聞 ¶どうぞご内聞にお願いいたします. Per favore, se lo tenga per sé.

ないぶんぴつ 内分泌〘生・医〙secrezione[女] interna

✤**内分秘腺**〘解〙ghiandola[女] endocrina [a secrezione interna]

ないほう 内包 comprensione[女];〘哲・論理〙intenzione[女], connotazione[女] ◇内包する《包含・含有する》comprendere, contenere, racchiudere;《暗示する》implicare ¶(…するという)可能性を内包する avere in *sé* la possibilità (di＋[不定詞])

ないほう 内報 ◇内報する avvisare confidenzialmente *qlcu.* di *ql.co.*, comunicare *ql.co.* ufficiosamente a *qlcu.*

ないまぜ 綯い交ぜ ¶その記事は事実と想像とをないまぜにしていた. Quell'articolo metteva insieme verità e finzione.

ないみつ 内密 ◇内密の segreto;《親密な》privato, confidenziale;《非合法な》clandestino ◇内密に segretamente, in segreto; in privato, privatamente, confidenzialmente ¶内密にする tenere segreto *ql.co.* (►segretoは目的語の性・数に合わせて語尾変化する) / conservare il silenzio ¶内密の知らせ avviso confidenziale ¶内密に調査する indagare[自][*av*] segretamente su *ql.co.* ¶内密に買い取る comprare *ql.co.* sottobanco [sottomano]

ないむしょう 内務省《イタリアの》Ministero[男] dell'interno

ないめい 内命 ordine[男] segreto;《非公式の》ordine[男] ufficioso ¶内命を下す dare un ordine segreto [ufficioso] a *qlcu.* / impartire a *qlcu.* istruzioni segrete

ないめん 内面 interno[男], aspetto[男] interiore, intimo[男] ◇内面的 interno, interiore; psicologico [[男]複 *-ci*] ◇内面的に interiormente, internamente, intimamente ¶人間の内面 intimo dell'essere umano ¶社会の内面 aspetto interno della società ¶内面的な変化 cambiamento interno [psicologico]

✤**内面生活** vita[女] interiore

内面描写 analisi[女][無変] psicologica

ないものねだり 無い物ねだり ¶それは無い物ねだりだよ. Quello è proprio desiderare l'impossibile [chiedere la luna].

ないや 内野《野球で》campo[男] interno

ないやく 内約 ◇内約する fare un accordo in privato [in segreto]

ないゆうがいかん 内憂外患 problemi[男][複] 「in casa e fuori [interni ed esterni] ¶内憂外患こもごも至る. I problemi interni si alternano a quelli esterni.

ないよう 内容《中身》contenuto[男];《実質》sostanza[女];《主題》soggetto[男], materia[女];《要点》sostanza[女];《意味内容》senso[男], significato[男];《種類》genere[男] ◇内容のある sostanzioso, ricco [[男]複 *-chi*];《話・会話などが》pregnante, significativo ◇内容のない vuoto, inconsistente, senza sostanza ¶記事の内容 il contenuto di un articolo ¶講演の内容 la sostanza di una conferenza ¶内容のある[ない]授業 lezione interessante [povera di contenuto] ¶内容を充実させる arricchire *ql.co.* ¶教育内容を充実させる migliorare la qualità dell'educazione ¶彼の話には内容がない. I suoi discorsi sono inconsistenti. ¶この小説の内容はさっぱりわからない. Non riesco assolutamente a capire il senso di questo romanzo. ¶仕事の内容によって引き受けるかどうか決める. Deciderò se accettare o no in base al genere di lavoro che mi verrà proposto.

✤**内容証明郵便** lettera[女] con certificazione dell'ufficio postale che ne attesta il contenuto, il destinatario e la data di spedizione

内容見本《書籍の》pagina[女] campione [無変];〔英〕specimen[男][無変]

ないようせき 内容積 volume[男] interno;《内のり》dimensione[女] interna;《容量》capacità[女], spazio[男][複 *-i*] disponibile

ないらん 内乱《内戦》guerra[女] civile;《内部の乱れ》disordini[男][複], sommossa[女], insurrezione[女] ¶内乱を引き起こす provocare una sommossa / far scoppiare una guerra civile /《反乱》ribellarsi contro *ql.co.* [*qlcu.*] ¶内乱を鎮める reprimere una sommossa / sedare i disordini

ないらん(かい) 内覧(会) anteprima[女], presentazione[女] a un pubblico di invitati

ないりく 内陸 ◇内陸の interno, dell'interno

✤**内陸国** paese[男] privo di sbocchi sul mare

内陸性気候 clima[男] continentale

内陸地方 regione[女] interna, entroterra[男][無変]

ないれ 名入れ ¶名入れタオル asciugamano con il nome di una persona stampato o ricamato

ナイロン〔英 nylon〕〔英〕nylon[男][無変], nailon[男][無変] ¶ナイロンのストッキング calze[女][複] di nailon

なう 綯う ¶縄をなう intrecciare una corda

なうて 名うて ◇名うての famoso, noto ¶名う

てのぺてん師 noto farabutto

なえ 苗 piantina[女] (destinata al trapianto) ¶苗を作る produrre [allevare] pianticelle ¶苗を植える trapiantare pianticelle

✤**苗木** pianticella[女]

苗床(どこ) vivaio[男][複 -i], semenzaio[男][複 -i]

なえる 萎える《麻痺などで: 患部が主語》intorpidirsi [paralizzarsi] a *qlcu.*;《力がなくなる: 患部が主語》indebolirsi [infiacchirsi] a *qlcu.*;《人や患部が主語で》perdere forza;《だらりとする: 患部が主語》diventare[自][es] molle [moscio [男複 -sci; 女複 -sce]]

なお 猶・尚 **1**《まだ》 ¶今なお ancora / ancora adesso / tuttora ¶彼は今もなお私たちの心の中に生きている. Lui vive tuttora nei nostri cuori. ¶私は今もなお彼女を愛している. La amo ancora adesso.

2《さらに》 ¶それならなお都合がいい. Così è ancora meglio. ¶なおいっそう勉強します. Studierò ancora di più. ¶なおいっそう悪い[良い]ことには per colmo di sventura [fortuna]

3《付け加えて言うとき》inoltre, poi ¶なお, 交通費は実費でお支払いします. Inoltre, le spese di trasporto verranno rimborsate.

なおかつ 尚且つ《その上に》inoltre, per di più, oltre che;《それでもまだ》ancora, eppure, e con tutto ciò ¶彼は絵かきでなおかつ詩人でもある. È un pittore oltre che un poeta. ¶あれほど金をもうけながらなおかつ満足していない. Guadagna tanto denaro eppure non è soddisfatto.

なおさら 尚更《肯定の場合》ancora più, anche di più;《否定の場合》tanto [ancora] meno ¶この子はしかるとなおさら反抗する. Questo bambino diventa ancora più ribelle quando lo si rimprovera. ¶あなたにできないのなら, 私にはなおさら無理です. Se lei non può fare questo, 「a maggior ragione non posso farlo io [si figuri io].

なおざり 等閑 ◇なおざりにする《おろそかにする》trascurare *ql.co.*;《軽視する》ignorare [sottovalutare] *ql.co.* ¶彼は家庭をなおざりにした. Ha trascurato la famiglia. ¶その問題はなおざりにできない. Quel problema non può essere ignorato.

なおし 直し《修繕, 修理》riparazione[女];《服の》rammendo[男];《修正》correzione[女] ¶直しがきく riparabile / correggibile ¶直しがきかない irreparabile / incorreggibile ¶直しに出す far [mandare a] riparare *ql.co.* ¶寸法直し《服の》modifica di un abito ¶仕立て直し《直した服》abito rifatto

なおす 治す curare, guarire ¶病気を治す curare [guarire] una malattia ¶足のけがを治す curare una ferita alla gamba ¶医者は母の肺炎を治した. Il medico ha guarito mia madre dalla polmonite.

なおす 直す **1**【元のよい状態に戻す】《修理・修繕する》riparare, aggiustare;《修正する》correggere;《整える》sistemare ¶自動車を直す riparare l'automobile ¶時計を直す accomodare [aggiustare] un orologio ¶ブレーキを直す《調整する》mettere a punto i freni ¶城壁を直す restaurare le mura (►mura[女][複]は muro[男] の複数形) ¶誤りを直す correggere un errore ¶悪い癖を直す correggere le cattive abitudini ¶ずり落ちためがねを直す assestarsi gli occhiali sul naso ¶ネクタイを直す assestarsi [sistemarsi] la cravatta ¶姿勢を直す assumere la posizione eretta ¶ベッドを直す fare [rifare / sistemare] il letto ¶化粧を直す ritoccarsi il trucco ¶機嫌を直す riprendere [recuperare] il buon umore

2【形式を変える】 cambiare ¶長調の曲を短調に直す trasportare un brano musicale da una maggiore a una minore ¶日本語をイタリア語に直す tradurre dal giapponese in italiano ¶その距離をマイルに直すとどれ位になりますか. Quant'è la distanza calcolando in miglia?

3【改める】 modificare ¶文書を直す modificare [《手直しする》ritoccare] un testo ¶規則を直す必要がある. È necessario modificare il regolamento.

4【「…直す」の形で, 改めて…する】 ◇…し直す rifare *ql.co.*, fare *ql.co.* di nuovo ¶書き[読み]直す riscrivere [rileggere] *ql.co.* ¶飲み直そう. Andiamo a bere in un altro locale! ¶彼は家を建て直した. Ha ricostruito la casa.

なおのこと 猶の事 ¶それならなおのこと彼に謝まらなくてはならない. Se le cose stanno così, è proprio necessario che mi scusi con lui.

なおも 猶も ¶結論が出ているのになおも彼は議論を続けようとした. Nonostante si fosse arrivati ad una conclusione, lui ha continuato ancora la discussione.

なおりかけ 治りかけ ¶治りかけている essere in via di guarigione

なおる 治る《人が主語》rimettersi in salute, ristabilirsi;《人または病気が主語》guarire[自][es] ¶頭痛が治った. Il mal di testa (mi) è passato. ¶傷が治った. La ferita (mi) è guarita. ¶お母さんはもう治ったの? Tua madre ora è guarita?

なおる 直る **1**《元のよい状態に戻る》essere riparat*o* [aggiustat*o* / sistemat*o*];《修復される》essere restaurat*o*;《悪い癖などが》passare[自][es] ¶車が直った. La mia macchina è stata riparata. ¶爪をかむ癖がまだ直らないね. Ancora non ti è passato il vizio di mangiarti le unghie, eh? ¶彼の機嫌が直った. È tornato di buon umore. ¶憂鬱(ゆう)な気分が直った. Mi è passata la malinconia.

2《しかるべき位置に納まる》 ¶上座に直る sedersi a capotavola / prendere posto a capotavola ¶無礼者, そこへ直れ. Disgraziato! Stai lì seduto [Stai lì fermo]! ¶主人が死んで, 跡に番頭が直った. Il padrone è morto e il capocommesso è diventato il padrone.

なおれ 名折れ vergogna[女], disonore[男] ¶…の名折れとなる disonorare *ql.co.* / essere la vergogna di *ql.co.* / macchiare il nome di *ql.co.*

なか 中 **1**【物の内側】 in, dentro ¶引き出しの中に本を入れる mettere un libro 「dentro il [nel] cassetto ¶箱の中に nella scatola / all'interno della scatola / dentro la scatola ¶テントの中で sotto la tenda ¶ポケットの中から財布を取り出す tirare fuori il portafoglio dalla tasca ¶中に何もない. Non c'è niente dentro. ¶括弧の中に fra [tra] parentesi ¶山の中で暮らす

[な]

vivere in montagna
2【範囲】 in, fra ¶我々3人の中で di [fra] noi tre ¶群衆の中で nella folla / fra la folla ¶大勢の中から選ばれる essere scelt*o* fra un gran numero di persone ¶クラスの中で一番できる essere il [《女性》 la] migliore della classe ¶君の回答の中には誤りが3つある. Nella tua risposta ci sono tre errori. ¶私は闇の中で光明(こうみょう)を見いだした. Ho trovato la luce nel buio. ¶朝の光の中で nella piena luce del mattino ¶彼は私の心の中を読み取った. Ha letto nel mio intimo.
3【あいだ, 中間】 fra ¶中2日置いて a due giorni d'intervallo / dopo un'interruzione di due giorni ¶3人の兄のうち, 中の兄は医者をしています. Il secondo dei miei tre fratelli maggiori fa il medico.
4【あることが続いている最中】 in, mentre ¶騒音の中で nel chiasso / nel frastuono ¶彼は雨の中を帰って来た. È tornato sotto la pioggia. ¶彼は悪天候の中を山へ行った. Malgrado il cattivo tempo è andato in montagna. ¶お忙しい中をすみません. Scusi se la disturbo mentre è occupato.
[慣用] **中に立つ** fare da mediatore [《女性》 da mediatrice]
中を取る scegliere ciò che sta nel mezzo

なか 仲 《関係》 rapporto[男], relazione[女] ¶夫婦の仲 relazione coniugale [fra moglie e marito] ¶〈人〉と仲がよくなる divenire[自] [*es*] amic*o* di *qlcu.* ¶〈人〉と仲が悪くなる non andare più d'accordo con *qlcu.* ¶AとBの仲をとりもつ fare da intermediar*io* tra A e B ¶仲のいい友人と一緒に旅をする fare un viaggio con un caro amico ¶2人は仲がいい[悪い]. I due sono in buoni [cattivi] rapporti. ¶私たちのクラスは皆仲がいい. Tra tutti noi in classe ci sono buoni rapporti. ¶私たちは最近仲がよくなった. Recentemente siamo divenuti amici. ¶仲を裂く rompere l'amicizia di *qlcu.* ¶君と僕の仲じゃないか, 遠慮するなよ. Via, non facciamo cerimonie fra noi! ¶2人はいい仲になった. Quei due si sono messi insieme. ¶彼らは犬猿の仲だ. Sono come cane e gatto. (►直訳すると「犬と猫のようだ」) ¶彼は私の父ととても仲が良い. Lui è molto amico di mio padre. (►amicoは形容詞)

ながあめ 長雨 tempo[男] piovoso che prosegue per diversi giorni

なかい 仲居 cameriera[女]

ながい 長居 lunga visita[女] ◇長居する restare[自] [*es*] a lungo, trattenersi a lungo da *qlcu.*, fare una lunga visita ¶長居は無用だ. Non tratteniamoci molto. / 《悪事をして》 È meglio svignarsela presto.

ながい 長い・永い **1** 《距離が》 lung*o* [[男]複 *-ghi*] ◇長く ⇀見出し語参照 ¶長い道 una lunga strada ¶長い髪 capelli lunghi ¶長い旅だった. È stato un lungo viaggio. ¶私は父親に長い手紙を書いた. Ho scritto una lunga lettera a mio padre.
2 《時間が》 lungo; 《冗長な》 prolisso; 《長く続く》 prolungato; 《長続きする》 duraturo; 《伸ばした》 allungato, esteso ◇長いこと (da) tanto tempo, (da) parecchio (tempo) ¶長い間には alla lunga ¶長い年月がたった. Sono passati molti anni. ¶長い間ご無沙汰いたしました. 《手紙で》 Mi scusi per il lungo silenzio. / Mi scusi di non essermi fatto vivo per così lungo tempo. ¶彼は話が長いので嫌われる. Non lo sopporta nessuno per la prolissità dei suoi discorsi. ¶長い間には形勢が変わるかもしれない. 《時がたつにつれて》 La situazione alla lunga potrebbe cambiare. ¶これから長いおつきあいになるでしょうから… Il nostro sarà un rapporto duraturo, quindi... ¶もう長いこと彼に会っていない. È tanto tempo che non lo vedo. ¶病人はもう長いことあるまい. Il malato non ha più molto (tempo) da vivere. ¶永い別れ l'ultimo saluto
[慣用] **気が長い** paziente, tollerante
長い目で見る guardare le cose con occhio lungimirante [con lungimiranza]
長いものには巻かれろ 《諺》 È meglio seguire il più forte.

ながいき 長生き lunga vita[女]; longevità[女] ◇長生きする vivere[自] [*es*] a lungo, essere longev*o* ¶90歳まで長生きする vivere fino a 90 anni ¶〈人〉より長生きする sopravvivere[自] [*es*] a *qlcu.* / vivere più a lungo di *qlcu.*

ながいす 長椅子 divano[男], sofà[男]

ながいも 長芋 igname[男]

ながうた 長唄 canzone[女] *nagauta* accompagnata dallo *shamisen*

なかおれぼうし 中折れ帽子 cappello[男] di feltro (floscio)

なかがい 仲買 mediazione[女], senseria[女] ¶仲買をする fare il mediatore [《女性》 la mediatrice] / fare il [《女性》 la] sensale / fare l'intermediario [《女性》 l'intermediaria]
✤**仲買手数料** provvigione[女], senseria[女], commissione[女] di mediazione
仲買人 media*tore*[男] [[女] *-trice*], sensale[男] [女], commissionar*io*[男] [[女] *-ia*; [男]複 *-i*], intermediar*io*[男] [[女] *-ia*; [男]複 *-i*]

ながく 長く 《延々と》 lungamente; 《長い間》 a lungo, lungamente, per lungo tempo ◇長くなる allungarsi ◇長くする 《物を》 allungare; 《引き延ばす》 prolungare, protrarre ¶長く続く durare[自] [*es, av*] [continuare[自] [*es*] (►人が主語のとき [*av*])] a lungo / trascinarsi [andare] per le lunghe ¶長くかかる prendere [richiedere] molto tempo ¶影が長くなる. L'ombra si allunga. ¶長く滞在する fermarsi a lungo 《に a, in》 ¶日が長くなってきた. Le giornate si stanno allungando. ¶待ち時間を長く感じる trovare lunga l'attesa ¶長くとも3日と続かない. Non durerà più di tre giorni. / Durerà tre giorni al massimo. ¶服の丈を長くする allungare un vestito ¶長くかかりますか. Ci vuole [Ci mette] molto tempo? ¶長くかかりそうだから先に行ってくれ. Va pure avanti, credo che ne avrò ancora per un po'.
[慣用] **長くはない** ¶この病人は長くはないでしょう. Questo malato ha ormai i giorni contati. ¶この政権は長くはないだろう. Questo governo non durerà a lungo.

ながぐつ 長靴 stivali[男] [複] ¶長靴を履く[脱ぐ] calzare [sfilarsi] gli stivali ¶『長靴をはいた

猫』(ペロー) "Il gatto con gli stivali" (Perrault)

なかごろ 中頃 verso la metà di *ql.co.*, circa a metà di *ql.co.* ¶14世紀の中ごろに verso la metà del XIV [quattordicesimo] secolo ¶6月の中ごろに verso la metà di giugno ¶来週の中ごろに verso la metà della prossima settimana

ながさ 長さ lunghezza⓪; (時間) durata⓪ ¶長さ10キロのトンネル tunnel lungo dieci chilometri ¶2倍の長さのひも un filo lungo il doppio ¶長さ10メートルである。 È lungo 10 metri. / Ha [È di] 10 metri di lunghezza. ¶このカーテンの長さはどれぐらいですか。 Quanto è lunga [alta] questa tenda? ¶長さをそろえてひもを切る tagliare degli spaghi pareggiando la lunghezza ¶この映画の長さはどれぐらいですか。 Quanto dura questo film? ¶この映画の長さは2時間です。 La durata di questo film è di 2 ore.

なかされる 泣かされる **1**(つらい目にあう)¶ああいう客には泣かされます。 Quel tipo di clienti ci fa soffrire. **2**(感動させられる)¶あの話には泣かされた。 Sono stato commosso da quella storia.

ながされる 流される **1**(船が) andare alla deriva; (橋が) esser travolt*o*, esser trascinato via; (風・潮などに) essere spinto [spazzato] ¶洪水で橋が流された。 L'inondazione ha travolto il ponte. **2**(影響される)¶世間の風潮に流される essere travolt*o* [trascinat*o*] dai tempi

ながし 流し **1**(台所の) acquai*o*⓪[複 -i], lavandino⓪, lavello⓪; (風呂場の) pavimento⓪ con scolo **2**(移動する) 流しのタクシー taxi di passaggio ¶流しの歌手 cantante girovago ¶流しの音楽士 suonatore ambulante

ながしあみ 流し網 tramagli*o*⓪[複 -gli], rete⓪ a strascico

✤流し網漁法 pesca⓪ con il tramaglio

なかじき 中敷き (靴の) soletta⓪

ながしこむ 流しこむ ¶オリーブ油を大瓶に流し込む versare dell'olio d'oliva in un bottiglione ¶パンを牛乳で(胃に)流し込む ingoiare un pezzo di pane bevendo un bicchiere di latte

ながしめ 流し目 ¶流し目で見る guardare *ql.co.* con la coda dell'occhio / sbirciare *ql.co.* ¶流し目を送る lanciare uno sguardo seducente

なかす 中州 banc*o*⓪[複 -chi] di sabbia (in mezzo a un fiume)

ながす 流す **1**【水・汗などを】versare *ql.co.*, fare scorrere [fluire] *ql.co.* ¶どっと水を流す far scorrere dell'acqua abbondantemente ¶トイレの水を流す fare scorrere [tirare] l'acqua del bagno ¶汗を流して働く lavorar*e* [*av*] sudando [faticando] ¶涙を流す versare lacrime / piangere [*av*] ¶他人のために血を流す《命を捧げる》versare [dare] il proprio sangue per gli altri

2【水とともに】fare scorrere ¶背中を流す lavare la schiena a *ql.co.* ¶体についた石けんを流す togliersi il sapone / sciacquarsi ¶風呂に入って汗を流してきます。 Faccio un bagno per togliermi di dosso il sudore. ¶風で船が岸から流された。 Il vento ha spinto la barca alla deriva. ¶洪水で橋が流されてしまった。 Il ponte è stato spazzato via dall'inondazione. ¶時流に流される farsi trasportare dalla corrente del tempo

3【音・声などを】 diffondere, emettere ¶音楽を流す《放送で》trasmettere / diffondere ¶地震情報のアナウンスを流す trasmettere [diffondere] delle informazioni sul terremoto ¶ニュース[うわさ]を流す diffondere una notizia [una voce] ¶デマを流す「fare correre [mettere in circolazione / propagare] notizie false

4【追放する】deportare [esiliare] *ql.co.*; (閉じ込める) confinare *ql.co.* ¶彼は島に流された。 Fu esiliato [confinato] in un'isola. ¶彼はシベリアに流された。 Fu deportato in Siberia.

5【タクシー・芸人などが移動する】girare⓪ [*av, es*] in cerca di clienti

6【成立させないようにする, 無効にする】¶法案を流す far cadere [affossare] un disegno di legge ¶質草を流す confiscare un pegno

7【全力を出さず手を抜いてする】¶試合の前半は流していこう。 Risparmiamo le energie nel primo tempo della partita!

8【「…流す」の形で, 真剣に…しない】¶聞き流す prestare poca attenzione a *ql.co.* [*qlcu.*] ¶読み流す leggere *ql.co.*「senza prestarci molta attenzione / distrattamente」

ながすくじら 長須鯨【動】balenottera⓪

-なかせ -泣かせ ¶利用者泣かせの値上げ aumento che colpisce fortemente gli utenti ¶あいつは教師泣かせだ。 Quel ragazzo è「la bestia nera dei / un guaio per i」 professori.

なかせる 泣かせる far piangere *qlcu.*; (悲しませる) far disperare *qlcu.*, affliggere *qlcu.*; (感動させる) commuovere *qlcu.*; (涙を誘う) strappare le lacrime a *qlcu.* ¶赤ん坊を泣かせるな。 Non far piangere il bambino. ¶彼は親を泣かせてばかりいる。 Lui è la disperazione [la croce] dei genitori. ¶泣かせる話だ。 È una storia commovente. ¶泣かせるねえ。 Mi ha veramente commosso.

ながそで 長袖 ¶長袖のシャツ camicia con le maniche lunghe

なかたがい 仲違い (不和) disaccord*o*⓪, discordia⓪; (断絶) rottura⓪ ◊仲たがいする rompere i rapporti con *ql.co.*; (けんかする) bisticciar*e*⓪ [*av*] / litigar*e*⓪ [*av*] con *ql.co.*; (反目する) mettersi in urto con *qlcu.*

なかだち 仲立ち (仲裁) mediazione⓪, arbitrat*o*⓪; (仲介) intermediazione⓪ ◊仲立ちする fare da mediatore [《女性》da mediatrice]; fare da intermediario [《女性》da intermediaria] ¶〈人〉の仲立ちで con la mediazione di *qlcu.* / grazie all'intervento di *qlcu.*

✤仲立ち人 intermediari*o*⓪ [⓪ -ia; 男複 -i], mediat*ore*⓪ [⓪ -trice], conciliat*ore*⓪ [⓪ -trice] ¶為替仲立ち人【金融】agente di cambio

ながたび 長旅 lungo [複 -ghi] viaggi*o*⓪ [複 -gi]

ながたらしい 長たらしい lungo [男 複 -ghi] e tedioso, interminabile, prolisso ¶長たらしい話 discorso lungo e tedioso ¶長たらしい小説 romanzo fiume (▶「大河小説」の意味もある) ¶長たらしく話す non finirla più di parlare / tirarla per le lunghe

なかだるみ 中弛み **1**《中途でだれること》allentamento㊚ ◇中弛みする rilassarsi, allentarsi ¶この芝居は長すぎて中だるみする. La commedia è così lunga che l'interesse si smorza [si affievolisce]. ¶交渉が中だるみ状態になっている. Le trattative sono in una situazione di stasi. ¶試合が中だるみしている. La partita ha perso mordente.
2《経》ristagno㊚ ◇中だるみする ristagnare㊀ [av]

ながだんぎ 長談義 discorso㊚ lungo [複 -ghi] e noioso

ながちょうば 長丁場 **1**《仕事の》lungo periodo㊚ (di lavoro) ¶長丁場を乗り切る completare un lungo lavoro **2**《芝居の長くかかる場》una lunga scena㊛;《幕》un lungo atto㊚

なかつぎ 中継ぎ **1**《途中で引き継ぐこと》tramite㊚ ◇中継ぎする trasmettere;《つなぐ》unire, legare ¶命令を中継ぎする trasmettere un ordine

❖中継ぎ港 porto㊚ di transito
中継ぎ貿易 commercio㊚ [複 -ci] di transito

ながつづき 長続き ◇長続きする durare㊀ [es, av] a lungo, continuare㊀ [es] (▶人が主語のとき [av]) a lungo ¶長続きしない durare poco ¶晴天は長続きしなかった. Il bel tempo è durato poco. ¶こんなことが長続きするはずがない. Così non può durare. ¶彼は何をやっても長続きしない. Non ha fissità in nessuna cosa. / Qualunque cosa faccia, non la porta a termine.

なかでも 中でも ¶彼は中でも特に優秀だ. Fra gli studenti lui è particolarmente bravo.

なかなおり 仲直り riconciliazione㊛ ◇仲直りする riconciliarsi [rappacificarsi] con qlcu., fare la pace con qlcu. ¶仲直りさせる far riconciliare qlcu. con qlcu. / rimettere pace 《fra》 ¶彼らは仲直りした. Si sono riconciliati.

なかなか **1**《ずいぶん, とても》molto, notevolmente, veramente;《わりに》piuttosto;《かなり》abbastanza; discretamente ¶この本はなかなかおもしろい. Questo libro è molto interessante. ¶彼女のイタリア語はなかなかうまい. Se la cava bene in italiano. ¶彼の話はなかなかもっともらしいが…. Le sue parole sono abbastanza verosimili, ma... ¶彼はなかなかの役者だ. Come attore non è niente male. ¶彼はなかなかの男前だ. È proprio bello.
2《否定文で》¶なかなか承知しない non dire di sì facilmente / farsi pregare prima di accettare ¶なかなか死なない essere duro a morire ¶彼はなかなか笑わない. Ride difficilmente [di rado]. ¶彼はなかなか返事をしなかった. Non ha risposto subito. / Ha tardato [esitato] a rispondere. ¶忙しくてなかなか本が読めない. Sono molto impegnato e non mi è facile leggere dei libri. ¶この木はなかなか燃えない. Questa legna non vuole bruciare.

ながなが 長長 ◇長々と《時間的に》a lungo;《時間的・空間的に》in tutta la lunghezza ¶長々と話し込む parlare a lungo ¶長々とおじゃましました. Ho abusato del suo tempo. / Le ho rubato troppo tempo. ¶長々と寝そべる allungarsi 《に su》/ sdraiarsi (lungo disteso) / stendersi

なかには 中には ¶中にはパイロットになった者もいた. Alcuni di loro sono diventati piloti.

なかにわ 中庭 cortile㊚;《修道院の回廊つきの》chiostro㊚;《スペイン建築の》patio㊚ [複 -i]

なかね 中値 prezzo㊚ medio [複 -i]

ながねぎ 長葱 porro㊚

ながねん 長年 per molti anni ¶長年の研究 (lunghi) anni di ricerche / ricerche durate molti anni ¶長年の習慣 abitudine inveterata ¶長年の懸案 vecchio [annoso] problema / problema in sospeso da anni ¶長年の経験 lunga esperienza [pratica] / tanti anni di esperienza ¶彼とは長年の知り合いです. Lui è una mia conoscenza di lunga data.

なかば 半ば **1**《半分》¶仕事は半ばまでできている. Metà del lavoro è già fatto.
2《ある程度》¶大学に行くことは半ばあきらめていた. Avevo quasi rinunciato ad entrare all'università. ¶半ばゴシック, 半ばロマネスクの教会 chiesa in parte gotica in parte romanica
3《真ん中あたり》◇…の半ばに《場所・時間の》 nel mezzo di, a metà di;《場所の》in mezzo a;《時間の》nel corso di ¶10月の半ばころに verso la metà di ottobre ¶私は30代半ばまで独身だった. Sono rimasto scapolo sino a trentacinque anni circa.
4《途中》¶研究を半ばでやめる interrompere le ricerche a metà strada ¶食事半ばに家を出て行った. È uscito di casa lasciando il pranzo a metà.

ながばなし 長話 ◇長話する parlare㊀ [av] a lungo

なかび 中日 ¶相撲の中日 giorno a metà del torneo di *sumo*

ながびかせる 長引かせる prolungare ql.co., protrarre ql.co., tirare in lungo [per le lunghe] ql.co. ¶待ち時間[話]を長引かせる prolungare l'attesa [un discorso] ¶集会を長引かせる protrarre la riunione

ながびく 長引く trascinarsi, prolungarsi; protrarsi, non finire㊀ [es] più, durare㊀ [es, av] molto ¶訴訟は長引いている. Il processo va per le lunghe.

なかほど 中程 ¶ページの中程に a metà della [in mezzo alla] pagina ¶試合の中程から雨が降り出した. È cominciato a piovere verso la metà dell'incontro. ¶中ほどへお詰めください. Si prega di andare avanti verso il centro.

なかま 仲間 **1**《友人》amico㊚ [㊛ -ca;㊚ 複 -ci;㊛ -che];《同僚》compagno㊚ [㊛ -a], socio㊚ [㊛ -cia;㊚複 -ci;㊛複 -cie], collega㊚ ㊛ [㊚ 複 -ghi];《グループ》compagnia㊛, gruppo㊚;《不良仲間》banda㊛ ¶…の仲間である appartenere㊀ [es, av] a ql.co. / far parte di un gruppo [circolo] di ql.co. ¶仲間に入れる associare qlcu. al proprio gruppo ¶仕事仲間 collega d'ufficio ¶釣り[ゴルフ]仲間 compagno di pesca [di golf] ¶悪い遊びの仲間に入る unirsi a cattive compagnie ¶君は僕らの仲間だ. Tu sei dei nostri. ¶悪い仲間とつき合う frequentare cattive amicizie ¶僕も仲間に入れてくれるかい. Posso unirmi anch'io alla compagnia? / Posso partecipare anch'io? ¶高校時代の仲間を集めて会社を作った. Ho formato una società unendomi

con alcuni amici dei tempi del liceo.
2《同種類のもの》 ¶シャチは哺乳類の仲間だ. L'orca appartiene al genere dei mammiferi.
✤仲間意識 ¶仲間意識が強い avere forte spirito di solidarietà
仲間入り ¶…の仲間入りをする associarsi a *ql.co.* / partecipare[自][*av*] [unirsi] a *ql.co.* ¶先進国の仲間入りをする prender posto fra i paeşi şviluppati
仲間受け ¶彼は仲間受けがいい. È benvoluto [stimato] dai suoi compagni.
仲間内 ¶彼は仲間内では「教授」と呼ばれている. Nel loro gruppo è conosciuto come il "professore."
仲間同士 ¶仲間同士の争い lite fra compagni [《共犯者の》 complici]
仲間外れ ¶仲間外れにする tenere [lasciare] *qlcu.* in disparte / boicottare *qlcu.*
仲間割れ ¶あのグループは仲間割れした. Quel gruppo è dişunito.

なかまく 中幕 《歌舞伎で》 breve spettacolo[男] rappreşentato durante l'intervallo di un programma teatrale di *kabuki*

なかみ 中身・中味 contenuto[男], l'interno[男] ¶壺の中身をあける şvuotare il vaşo ¶箱の中身が見たい. Voglio vedere il contenuto della scatola. ¶この荷物の中身は何ですか. Che cosa contiene questo pacco? ¶彼は中身がない. Non ha nulla dentro. / È un uomo vuoto.

ながめ 長目 ¶長めに切る tagliare un po' più lungo del necessario ¶長めのスカート gonna un tantino [un po'] lunga

ながめ 眺め vista[女], veduta[女], paeşagg*io*[男] [複 *-gi*], panoram*a*[男] [複 *-i*] ¶空から見たローマの眺め veduta aerea di Roma ¶眺めのいい所 posto panoramico ¶彼の家は眺めがいい. Da casa sua si gode una bella vista. ¶いい眺めだなあ. Che bella veduta! / Che bel panorama!

ながめる 眺める **1**《見る》 vedere; guardare; 《観察する》 osservare; 《吟味する》 considerare ¶その子は私の顔をじっと眺めていた. Quel bambino mi guardava fisso in vişo. ¶近くに寄って作品を眺める guardare un'opera d'arte da vicino ¶ぼんやり眺める guardare *ql.co.* [*qlcu.*] distrattamente ¶事件を客観的に眺める considerare obbiettivamente i fatti [un caşo]
2《見渡す》 ¶遠くから眺める guardare *ql.co.* da lontano ¶遠くを眺める guardare lontano ¶富士山はここから眺めるのが一番きれいだ. Da qui si gode la vista migliore del monte Fuji.

ながもち 長持 《家具》 cassone[男], baule[男]

ながもち 長持ち ◇**長持ちする** durare[自][*es, av*]; 《耐久性がある》 resistere[自][*av*] all'uşo; 《保存がきく》 conservarsi a lungo ◇**長持ちのする** resistente, durevole; di lunga conservazione ◇**長持ちしない** di breve durata, facilmente deperibile

ながや 長屋 fila[女] di case unite da uno stesso tetto

なかやすみ 中休み pauşa[女], intervallo[男] ◇**中休みする** fare una pauşa [un intervallo], prendersi un momento di riposo ¶梅雨の中休み breve periodo di sole durante la stagione delle piogge

ながゆ 長湯 ¶長湯をする fare un lungo bagno

なかゆび 中指 dito[男] medio [複 i *diti medi*, le *dita medie*], il medio[男] [複 i *medi*]; 《足の》 terzo dito[男] (del piede)

なかよく 仲良く ◇**仲良くする** andare d'accordo con *qlcu.* ¶仲良くなる fare amicizia con *qlcu.* / divenire amico di *qlcu.* ¶彼は誰とでもすぐ仲良くなる. Riesce a fare amicizia subito con tutti. ¶仲良くしなさい. Non litigate! / Fate la pace! ¶一家みな仲良く暮らしています. Nella nostra famiglia si vive 「in perfetta armonia [d'amore e d'accordo].

なかよし 仲良し ¶…と仲良しである essere in buoni rapporti con *qlcu.* / essere molto amico di *qlcu.*

-ながら **1**【…しつつ】 mentre＋[直説法] ¶涙を浮かべながら con gli occhi pieni di lacrime / 《ジェルンディオで》 piangendo ¶寝ながら本を読む leggere a letto ¶注意しながら行動する agire[自][*av*] con prudenza ¶彼は何か考えごとをしながら歩いていた. Passeggiava assorto in qualche pensiero. ¶彼は食事をしながら音楽を聞いていた. Mentre mangiava ascoltava la muşica. / 《ジェルンディオで》 Mangiava ascoltando la muşica. ¶私はいつも本を読みながらタバコをすう. Fumo sempre, mentre leggo. ¶彼は歩きながら電話をかけていた. Camminava e parlava al telefono nello stesso tempo. ¶彼は車の運転をしながらラジオを聞いていた. Guidava con la radio accesa.
2【…だが, …とはいえ】 benché [per quanto] + [接続法], malgrado [nonostante] *ql.co.* [＋[接続法]] ¶金持ちでありながら非常に質素な服を着ている. Benché sia ricco [Pur essendo ricco / Con tutta la sua ricchezza], porta un abito estremamente modesto. ¶いやいやながらその提案に同意した. Ho assentito malvolentieri alla proposta. ¶私に約束しておきながら… Me l'aveva promesso, ma... / Nonostante la promessa che mi aveva fatto, ... ¶作家としての優れた才能がありながら書こうとしない. Pur avendo un gran talento come scrittore, non vuole scrivere. ¶我が息子ながらとことん愛想が尽きた. Con tutto che è mio figlio, ho completamente perso la pazienza con lui.
3【そのまま】 ¶昔ながらの習慣 abitudine di lunga data ¶彼女はいつもながら美しい. È bella come sempre. ¶彼は生まれながらの天才だ. È un genio dalla nascita.
4【強調】 ¶残念ながら purtroppo / mi spiace ma... ¶しかしながら tuttavia ¶われながら驚いた. Mi sono meravigliato io stesso. ¶恥ずかしながら落第してしまいました. Mi vergogno di dirlo, ma sono stato bocciato. ¶及ばずながらご援助いたしましょう. Nel mio piccolo l'aiuterò. / Nei miei limiti coopererò con lei.
✤ながら族 persone[女][複] che studiano o lavorano ascoltando la radio o la muşica o guardando la televişione

ながらえる 永らえる・長らえる ¶命を永らえる condurre una lunga vita ¶彼は95歳まで生き永

らえた. Ha vissuto fino a 95 anni.

ながらく 長らく ¶長らく雨が降らなかった. Per molto tempo non ha piovuto. ¶長らくご無沙汰いたしました. Le chiedo scuṣa per il mio lungo silenzio.

なかれ 莫れ・勿れ ¶ご利益(りゃく)をゆめゆめ疑うことなかれ. Non dubitare mai del fatto che le tue preghiere saranno eṣaudite.

ながれ 流れ **1**《液体・ガスの》flusso[男];《水流・気流・電流など》corrente[女];《川などの》corso[男];《循環, 流通》circolazione[女]
¶ポー川の流れ corso del Po ¶血液の流れ circolazione sanguigna ¶雲の流れ il trascorrere delle nuvole ¶流れに乗って泳ぐ nuotare[自][av], [他] seguendo la corrente ¶流れに逆らって行く andare controcorrente (►「時代の流れに逆らう」の意味でも用いる) ¶流れをさかのぼる risalire la corrente ¶川の流れを変える deviare il corso del fiume ¶下水の流れが悪い. L'acqua non scorre bene nello scolo.
2《時間などの流れ・経過》corso[男];《車や人の流れ》passaggio[男][複 -gi], circolazione[女]; 〔物・経〕flusso[男] ¶時の流れ il corso [il passare / lo scorrere] del tempo ¶歴史の流れ il corso della storia ¶意識の流れ flusso della coscienza ¶時の流れは早いものだ. Il tempo scorre veloce. ¶この道は車の流れが悪い. In questa strada「il traffico non scorre [la circolazione è difficoltosa].
3《血筋》discendenza[女];《学芸などの伝統・流派》corrente[女], scuola[女] ¶彼の作品は印象派の流れをひいている. Le sue opere risentono della corrente impressionista.
4《宴会などの二次会》¶彼らは宴会の流れらしい. Sembrano usciti [reduci] da una festa.
5《質流れ》perdita[女] (del diritto di proprietà) del pegno
[慣用] **流れに掉さす** sfruttare la corrente, andare con la corrente
流れを汲む discendere[自][es] [trarre origine] da *ql.co.* [*qlcu.*];《影響を受ける》risentire[自][av] di *qlcu.* [*ql.co.*] ¶フランス実存主義の流れを汲む哲学者 filoṣofo della corrente eṣistenzialista franceṣe
✤**流れ作業** produzione[女] a catena [a flusso continuo]

ながれあるく 流れ歩く vagabondare[自][av], errare[自][av] ¶転々とヨーロッパを流れ歩いた. Ho girato l'Europa qua e là.

ながれおちる 流れ落ちる ¶顔から汗が流れ落ちた. Il sudore gli colava dal viṣo.

ながれこむ 流れ込む versarsi [immettersi] in *ql.co.*, gettarsi [entrare[自][es]] in *ql.co.* ¶この湖には4つの川が流れ込んでいる. In questo lago si gettano quattro fiumi.

ながれず 流れ図 ⇒フローチャート

ながれだす 流れ出す ṣgorgare[自][es], defluire[自][es] ¶火口から溶岩が流れ出した. La lava è fuoriuscita dalla bocca del vulcano.

ながれだま 流れ弾 ¶流れ弾に当たる essere colpit*o* da una pallottola vagante

ながれつく 流れ着く ¶浜辺に流れ着く essere rigettat*o* su una spiaggia ¶ボートは岸に流れ着いた. La barca è stata (tras)portata a riva dalla corrente.

ながれでる 流れ出る riversarsi fuori;《液体が》defluire[自][es], ṣgorgare[自][es] ¶スタジアムから群衆が流れ出る. La folla si riversa fuori dello stadio. ¶傷口から血が流れ出た. Il sangue scorreva dalla ferita. ¶この湖から3つの川が流れ出ている. Da questo lago nascono [defluiscono] tre fiumi.

ながれぼし 流れ星 stella[女] cadente [filante], meteora[女]

ながれもの 流れ者 vagabond*o*[男] [[女] -*a*]

ながれる 流れる **1**【液体・気体・電気などが】scorrere[自][es];《あふれ出る》fluire[自][es];《循環・流通する》circolare[自][es, av];《一気にあふれ出る》ṣgorgare[自][es], scaturire[自][es];《滴り落ちる》colare[自][es], gocciolare[自] (►主語が容器のとき [av], 液体のとき [es]);《流れ出る》uscire[自][es] ¶水が流れる. L'acqua fluisce [scorre]. ¶汗が流れる. Il sudore cola [gocciola]. ¶町中を川が流れている. Il fiume scorre attraverso la città. ¶彼女の目から涙が流れた. Le lacrime le ṣgorgarono [scaturirono] dagli occhi. ¶傷口から血が流れていた. Il sangue usciva dalla ferita.
2【液体とともに運ばれる】essere portat*o* via, essere travolt*o*;《漂流する》andare alla deriva ¶大雨で橋が流れた. Nel nubifragio il ponte è stato travolto. ¶船は流された. La nave è andata alla deriva. ¶いかだが川を流れる. Una zattera scorre sul fiume.
3【流れるように動いていく】muoversi, spostarsi ¶空を雲がゆっくりと流れている. Le nuvole si muovono lentamente nel cielo. ¶ピアノの音が風に乗って流れてきた. Il suono di un pianoforte giunse portato dal vento.
4【伝わり広がる】circolare[自][av, es], correre[自][av, es];《漏れる》trapelare[自][es] ¶出席者の間に重い空気が流れた. Tra i preṣenti gravava [incombeva] un'atmosfera pesante. ¶変なうわさが流れている. Circolano [Corrono] strane voci. ¶機密が外国に流れた. Il segreto è trapelato [filtrato] all'estero.
5【時が過ぎる】passare[自][es], trascorrere[自][es], scorrere[自][es] ¶それからもう10年の月日が流れた. Dieci lunghi anni sono già trascorsi [passati] da allora.
6【放浪する】vagare[自][av], vagabondare[自][av]; errare[自][av], girovagare[自][av];《文》peregrinare[自][av] ¶サーカスの一座は世界中を流れ歩いた. Il circo ha girato per il mondo.
7【中止になる】¶雨で試合が流れた. La partita è stata cancellata [《途中で》sospesa] a cauṣa della pioggia. ¶その計画は流れた. Quel progetto è andato「in fumo [a monte].
8【それる】¶弾が流れた. Il proiettile ha mancato il bersaglio.
9【好ましくない方に傾く】¶生活がぜいたくに流れがちだ. La vita tende a diventare sempre più dispendiosa. ¶形式に流れると実が伴わない. Se「si guarda troppo alla [ci si fa trascinare dalla] forma, si perde di vista la sostanza.
10【質草が】¶質草が流れた. Il mio pegno è scaduto [non è stato riscattato].

ながわずらい 長患い ¶彼女は長患いをしている.

È malata da lungo tempo. / Ha una malattia che si trascina a lungo.

なかんずく 就中 prima di tutto, soprattutto, specialmente ¶彼は語学、なかんずくイタリア語が得意だ. È bravo nelle lingue, soprattutto in italiano.

なき 泣き pianto男
[慣用] 泣きの涙で piangendo a calde lacrime [a dirotto], col cuore a pezzi
泣きを入れる implorare il perdono [la pietà] di qlcu. ¶あとで泣きを入れても私は知らないよ. Dopo non venire a lamentarti da me.
泣きを見る 泣きを見るのは君のほうだ. Sei tu quello che deve pentirsi.

なき 亡き morto, defunto ¶今は亡き父 il mio povero padre / mio padre buonanima / il mio defunto padre ¶「この本を今は亡き妻に捧げる」《献呈の辞》"Dedico questo libro alla memoria di mia moglie. ¶父亡きあと to morte di mio padre ¶亡きあとを弔う pregare per l'anima del defunto
✤亡き人 defunto男[女 -a], morto男[女 -a] ¶亡き人を悼む piangere la perdita [la morte] di qlcu.

なぎ 凪 bonacc*ia*女[複 -ce], calma女 (del mare) ¶大なぎ calma piatta

なきあかす 泣き明かす piangere囲[av] tutta la notte, passare la notte piangendo

なきおとし 泣き落とし ¶彼女の泣き落とし戦術にひっかかった. Sono rimasto vittima della sua tecnica strappalacrime.

なきおとす 泣き落とす cercare囲[av] di commuovere qlcu. con le lacrime, convincere qlcu. con tante suppliche (a+不定詞) ¶彼女に泣き落とされて承知してしまった. Lei mi ha strappato il consenso a forza di pianti.

なきがお 泣き顔 viso男 lacrimoso [piangente] ¶泣き顔になる〔今にも泣き出しそうな〕essere sul punto di piangere

なきがら 亡骸 cadavere男, spoglie女[複] (mortali)

なきくずれる 泣き崩れる sciogliersi in lacrime, scoppiare囲[es] a piangere, disfarsi in lacrime

なきくらす 泣き暮らす passare i giorni piangendo, vivere囲[es, av] nel pianto;《一日中》passare la giornata in lacrime

なきごえ 泣き声 voce女 gemente, pianto男;《乳児の》vagito男 ¶泣き声で言う dire ql.co. singhiozzando / ¶泣き声をあげる gemere囲[av] / emettere un lamento /《乳児が》vagire囲[av]

なきごえ 鳴き声《一般に》voce女;《鳥・獣の》grido男;《虫・鳥・獣の》verso男;《小鳥などの》canto男 ¶こおろぎの鳴き声 il canto dei grilli

なきごと 泣き言 gemito男, lamento男, pianto男 ¶泣き言を言う lamentarsi / gemere囲[av] / lagnarsi ¶泣き言を並べる lamentarsi in continuazione / fare il piagnisteo

なぎさ 渚・汀 (波打ち際) batti*gia*女[複 -gie], bagnasciuga男[無 変], lido男;《砂浜》spia*gg*ia女[複 -ge]

なきさけぶ 泣き叫ぶ《泣きながら》gridare囲[av]「piangendo [con voce rotta dal pianto];《悲鳴》strillare囲[av]

なきじゃくる 泣きじゃくる piangere囲[av] con singhiozzi;《子供が》frignare囲[av]

なきじょうご 泣き上戸 ¶彼は泣き上戸だ. Ha la sbornia triste [il vino triste]. / L'alcol lo rende malinconico.

なぎたおす 薙ぎ倒す falciare ql.co. ¶草[敵]をなぎ倒す falciare l'erba [il nemico]

なきだす 泣き出す mettersi a piangere;《わっと》scoppiare囲[es] a piangere [in pianto] ¶彼女は今にも泣き出しそうだ. Lei è「lì lì per [sul punto di] piangere.
[慣用] 泣き出しそうな空模様 ¶今にも泣き出しそうな空模様だ. Anche adesso sembra che stia per piovere. / Il cielo minaccia pioggia.

なきつく 泣きつく《…してもらうため》supplicare [scongiurare] qlcu. di+不定詞;《許しを乞う》implorare [supplicare] (il) perdono da qlcu., chiedere perdono a qlcu.;《のことで》per, di);《援助を求めて》implorare l'appoggio da [di] qlcu. ¶彼は娘の就職のことで私に泣きついてきた. È venuto da me implorando un aiuto per trovare lavoro a sua figlia.

なきつら 泣き面 →泣き顔
[慣用] 泣き面に蜂 "Le disgrazie non arrivano mai sole." ¶泣き面に蜂.《事態が悪化する》Sono caduto dalla padella nella brace. /《いやなことが重なる》Anche questa disgrazia mi doveva capitare!

なきどころ 泣き所 punto男 debole, tallone男 d'Achille ¶弁慶の泣き所《向こう脛》stinco男;《弱点》punto debole

なきなき 泣き泣き ¶彼女は泣き泣き一部始終を語った. Ci ha raccontato tutta la storia「con le lacrime agli occhi [piangendo].

なぎなた 長刀 falce女 da guerra con il manico lungo ✤ 14-16世紀のスイスや教皇領で用いた武器, alabarda女 が似ている)

なきにしもあらず 無きにしもあらず ¶希望は無きにしもあらずだ. C'è ancora qualche speranza.

なきねいり 泣き寝入り ◇泣き寝入りする addormentarsi piangendo;《受け入れる》subire ql.co., esser costretto a passar sopra;《あきらめる》rassegnarsi;《我慢する》(stringere i denti e) sopportare ql.co. ¶暴力団の脅しに泣き寝入りしてはいけない. Non bisogna rassegnarsi alle minacce di una banda di malviventi.

なきはらす 泣き腫らす ¶目を泣きはらす aver gli occhi gonfi di lacrime

なきふす 泣き伏す ¶地面に泣き伏した. Si è accasciato a terra piangendo [in lacrime].

なきべそ 泣きべそ ¶子供が泣きべそをかいた.《泣きそうになった》Il bambino era sul punto di piangere. ¶泣きべそをかくのはやめろ. Smettila di piagnucolare.

なきぼくろ 泣き黒子 neo男 sotto l'occhio

なきまね 泣き真似 ◇泣きまねする fingere [far finta] di piangere;《空涙（そらなみだ）を流す》versare lacrime di coccodrillo

なきむし 泣き虫（人）piagnone男[女 -a], piagnucolone男[女 -a], frignone男[女 -a] ◇泣き虫の piagnucoloso, piagnone男[女 -a] ¶彼は泣

き虫だ. Piange facilmente. / È un piagnone. / Ha il pianto facile.

なきもの 無き者・亡き者 defunto[男][女 -a], morto[男][女 -a] ¶無き者にする fare fuori / uccidere *qlcu.*

なきやむ 泣き止む smettere[自][*av*] di piangere

なきわかれ 泣き別れ ◇泣き別れする separarsi piangendo

なきわめく 泣き喚く piangere[自][*av*] a dirotto ¶子供はおもちゃが欲しいと泣きわめいた. Il bambino piangeva a dirotto perché voleva il giocattolo.

なきわらい 泣き笑い ◇泣き笑いする sorridere[自][*av*] tra le lacrime, ridere[自][*av*] piangendo

なく 泣く **1**《涙を流す》piangere[自][*av*], versare lacrime, lacrimare[自][*av*];《めそめそ》piagnucolare[自][*av*];《すすり泣く, 泣きじゃくる》singhiozzare[自][*av*];《幼児がぐずぐずと》frignare[自][*av*];《乳児が》vagire[自][*av*] ¶おいおい泣く piangere a dirotto ¶声を殺して泣く piangere sommessamente ¶さめざめと泣く piangere amaramente / sciogliersi in lacrime ¶心ゆくまで泣く sfogarsi a piangere ¶乳を欲しがって泣く piangere reclamando il latte ¶お腹を空かして泣く piangere di fame [per la fame] ¶泣いて頼む implorare *ql.co.* a *qlcu.* con le lacrime agli occhi ¶泣くのをこらえる trattenere le lacrime ¶聴衆を泣かせる strappare le lacrime al pubblico ¶なにも泣くことはないじゃないか. Non c'è ragione di piangere! ¶財布を落として泣きたくなった. Quando ho perso il portafoglio mi è venuta voglia di piangere.

2《つらい思いをする》¶そんなことをしたら, あとで泣くことになるよ. Se fai una cosa simile, dopo ti pentirai. ¶1点に泣く essere sconfitto [perdere una partita] per un punto

3《外見と実質がつり合わない》¶看板が泣く《人が主語で》rovinare la *propria* fama

[慣用] **泣いても笑っても** ¶泣いても笑っても今日限りだ. Bene o male [Ci piaccia o no], oggi è l'ultimo giorno.

泣く子と地頭には勝てぬ《諺》È inutile tentare di ragionare con una persona irragionevole.

なく 鳴く《獣が》gridare[自][*av*];《鳥・昆虫が》cantare[自][*av*];《犬が》abbaiare[自][*av*], guaire[自][*av*], mugolare[自][*av*];《猫が》miagolare[自][*av*];《羊・山羊が》belare[自][*av*];《からすが》gracchiare[自][*av*];《かえるが》gracidare[自][*av*];《ひよこが》pigolare[自][*av*] ¶鳴く虫 insetto canterino ¶このカナリアはいい声で鳴く. Questo canarino canta bene. ¶おんどりの鳴く声で目を覚ました. Ho aperto gli occhi al canto del gallo.

[慣用] **鳴かず飛ばず** ¶このところあの俳優は鳴かず飛ばずだ. Da qualche tempo quell'attore non si fa sentire [se ne sta in disparte].

なぐ 凪ぐ《海》calmarsi;《風》cadere[自][*es*] ¶海はないでいる. Il mare è calmo.

なぐさみ 慰み passatempo[男], spasso[男], svago[男][複 -ghi];《楽しみ》divertimento[男] ◇慰みに per passatempo [gioco / distrarsi];《楽しむために》per divertimento ¶慰み半分にやる fare *ql.co.* in parte per piacere ¶うまく行ったらお慰み.《彼のやることが》Vedremo ora se ci riuscirà! /《自分のやる手品などが》Se il gioco riesce, fatemi un applauso. ¶彼の唯一の慰みは庭いじりだった. Il suo unico passatempo era curare il giardino.

✤**慰みもの** ¶慰みものにする prendersi gioco di *qlcu.* / prendere in giro *qlcu.* / approfittare di *qlcu.* ¶慰みものになる《女性が》essere sedott*a* e abbandonat*a*

なぐさむ 慰む《晴れやかになる, 気がまぎれる》sentirsi seren*o* [a posto]; rallegrarsi, gioire[自][*av*]; ritrovare la gioia; distrarsi

なぐさめ 慰め consolazione[女];《力づけ》conforto[男];《安堵, 救い》sollievo[男];《気晴らし》distrazione[女] ¶慰めの言葉をかける dire delle parole di conforto ¶〈人〉に慰めをもたらす arrecare sollievo [conforto] a *qlcu.* ¶…に慰めを求める[見いだす] cercare [trovare] consolazione in *ql.co.* ¶読書だけが私の慰めだ. La lettura è il mio solo conforto. ¶子供たちが無事だったのがせめてもの慰めだ. L'unica grande consolazione è stata la salvezza dei bambini.

なぐさめがお 慰め顔 ¶慰め顔に[で] in modo consolante

なぐさめる 慰める《力づける》consolare *qlcu.*, confortare *qlcu.*;《励ます》incoraggiare *qlcu.*, tirare su *qlcu.*;《気を晴らす》distrarre *qlcu.* ¶〈人〉の不幸を慰める consolare *qlcu.* di una sventura ¶〈人〉の悲しみを慰める lenire il dolore di *qlcu.* ¶無聊(ぶりょう)を慰める ingannare [rompere] la noia / svagarsi ¶死者の霊を慰める placare lo spirito di un defunto ¶なんと慰めてよいのか言葉もなかった. Non ho trovato le parole per consolarlo.

なくしもの 無くし物 ¶何かなくし物でもしたのですか. Ha perso qualcosa?

なくす 亡くす perdere *qlcu.* ¶父を亡くした子 bambino orfano di padre ¶父を亡くしてもう7年になる. Sono già passati sette anni da quando「ho perso mio padre [è morto mio padre].

なくす 無くす **1**《除去する》eliminare *ql.co.*;《廃止する》abolire [abrogare / sopprimere] *ql.co.*;《終わらせる》metter fine a *ql.co.* ¶特権をなくす sopprimere un privilegio ¶世界から戦争をなくす liberare il mondo dalle guerre ¶交通事故をなくす metter fine agli incidenti stradali ¶こんな法律はなくしたほうがいい. Dovrebbero abolire una legge simile.

2《失う》perdere *ql.co.*;《紛失する》smarrire *ql.co.* ¶鍵をなくす perdere [smarrire] le chiavi ¶バスの中で財布をなくした. In autobus ho perso il borsellino. ¶よく物をなくす人だね. Ma tu perdi sempre qualche cosa!

なくて ¶金がなくて事業が挫折した. Per mancanza di denaro, l'impresa fallì. ¶彼女は恋人ではなくて妹です. Non è la mia ragazza, ma mia sorella.

なくてはならぬ 無くてはならぬ ¶なくてはならぬ人[物] persona [cosa] indispensabile ¶君は私のなくてはならぬ人だ. Non posso fare a meno di te.

なくなく 泣く泣く malvolentieri ¶泣く泣く彼

な

なくなる 亡くなる morire⊕[es]; 《婉曲》scomparire⊕[es];《文》mancare⊕[es] ¶母は私が3つの時に亡くなった。Mia madre [è mancata [è scomparsa] quando avevo tre anni.

なくなる 無くなる **1**《消失する》scomparire⊕, sparire⊕ [es], andare⊕[es] perso ¶食欲が無くなった。Mi è passato l'appetito. / Ho perso l'appetito. ¶熱が無くなった。La febbre è scesa [scomparsa]. ¶机の上に置いたお金が無くなった。Non trovo più il denaro che avevo lasciato sopra la scrivania. ¶コンタクトレンズが無くなった。Una lente a contatto è andata persa. ¶8時を過ぎるとバスが無くなる。Il servizio dell'autobus termina alle otto. **2**《乏しくなる》scarseggiare⊕[av], divenire⊕[es] scarso [insufficiente];《不足してくる》venire a mancare⊕[es], esaurirsi, consumarsi; 《尽きる》finire⊕[es], terminare⊕[es] ¶水も食糧も無くなりかけていた。Sia l'acqua che il cibo cominciavano a scarseggiare. ¶ミルクがなくなった。Non c'è più latte. ¶もう打つ手がなくなってしまった。Non ho più soluzioni. / Ormai le ho tentate tutte.

なくもがな 無くもがな ◇無くもがなの superfluo, inutile, non necessario 《複 -i》

なぐりあい 殴り合い scambio⊕[複-i] di pugni, colluttazione⊕, zuffa⊕, rissa⊕ ¶殴り合いをする battersi a pugni / prendersi a pugni / azzuffarsi / scazzottarsi ¶殴り合いになる venire alle mani ¶口論の末殴り合いになった。La disputa è degenerata in una rissa.

なぐりかえす 殴り返す restituire un pugno a qlcu., rendere il colpo a qlcu.

なぐりかかる 殴りかかる scagliarsi [avventarsi] contro qlcu.

なぐりがき 殴り書き scarabocchio⊕[複-chi], sgorbio⊕[複-i] ¶手紙を殴り書きする scarabocchiare una lettera

なぐりこみ 殴り込み assalto⊕ ¶殴り込みをかける assalire qlcu. [ql.co.] / sferrare un assalto 《に contro》

なぐりころす 殴り殺す uccidere [ammazzare] qlcu. di botte, picchiare qlcu. a morte

なぐりたおす 殴り倒す atterrare qlcu. con un pugno, mettere al tappeto qlcu. ¶彼は一発で相手を殴り倒した。Ha steso a terra l'avversario con un solo pugno.

なぐりつける 殴り付ける ¶鼻を殴りつける percuotere qlcu. con un pugno sul naso

なぐりとばす 殴り飛ばす far volare qlcu. con un pugno

なぐる 殴る colpire qlcu., picchiare qlcu., dare [sferrare / assestare] un pugno a qlcu. ¶げんこつで《人》を殴る dare un pugno a qlcu. / prendere qlcu. a pugni ¶《人》をひどく殴る picchiare qlcu. duramente [di santa ragione] / conciare qlcu. per le feste ¶《人》の顔を殴る colpire qlcu. al viso ¶《人》を棍棒で殴る bastonare qlcu. / colpire qlcu. con un bastone ¶平手で殴る dare uno schiaffo ¶げんこつで彼のあごを殴った。Gli ho sferrato [dato] un pugno sul mento.

なげ 投げ **1**《相撲・柔道で》colpo⊕ sferrato col braccio; nage⊕[無変];《投げ技》nage-waza⊕[無変] **2**《証券で》vendita⊕ senza porre limiti al prezzo **3**《放棄》rinuncia⊕《複 -ce》

なげあたえる 投げ与える ¶犬に骨を投げ与える buttare un osso al cane

なげいれ 投げ入れ 《華道で》stile di ikebana che usa vasi alti

なげいれる 投げ入れる gettare ql.co.《に in, dentro》

なげうつ 擲う・抛つ 《放棄する》abbandonare ql.co., rinunciare⊕[av] a ql.co.;《断念する》rinunciare⊕[av] a ql.co.;《惜しげもなく投げ出す》dare [sacrificare] ql.co. ¶家族をなげうつ abbandonare la famiglia ¶仕事[全財産]をなげうつ rinunciare ad una carica [ai propri beni] ¶生命をなげうって国に尽くす dare [sacrificare] la propria vita per la patria

なげうり 投げ売り《捨て売り》vendita⊕ sottocosto [無変], svendita⊕;《在庫一掃》liquidazione⊕, saldi⊕[複];《経》《英》dumping⊕[無変] ¶投げ売りする svendere [liquidare] ql.co. ¶売れ残り商品を投げ売りする svendere le rimanenze di magazzino

なげおろす 投げ降ろす ¶彼は2階の窓から荷物を投げ降ろした。Ha buttato la valigia dalla finestra del primo piano.

なげかえす 投げ返す rilanciare [rinviare] ql.co., gettare [lanciare] indietro ql.co. ¶同じ言葉を投げ返す rispondere⊕[av] [ribattere⊕[av]] con le stesse parole

なげかける 投げ掛ける **1**《投げて掛ける》gettare ¶彼は帽子掛けに帽子を投げ掛けた。Ha gettato il cappello sul portacappelli. **2**《寄りかかる》lanciarsi ¶彼女は彼の腕に身を投げかけた。Lei si è lanciata tra le sue braccia. **3**《向ける》rivolgere, gettare ¶視線を投げかける rivolgere lo sguardo 《に verso》¶ある事実に光を投げかける gettare luce su un fatto ¶その事件は教育界に大きな風波を投げかけた。Quel caso ha provocato [causato] molto trambusto nel mondo della scuola. ¶彼はその理論に疑問を投げかけた。Ha avanzato dei dubbi su quella teoria.

なげかわしい 嘆かわしい deplorevole, increscioso, spiacevole ¶…とは嘆かわしいことだ。È deplorevole [spiacevole] che + 接続法 ¶政治家がそのような発言をするとは実に嘆かわしい。È veramente deplorevole che un politico faccia affermazioni del genere. ¶彼の行動はまことに嘆かわしい。La sua condotta è veramente deplorevole.

なげき 嘆き《悲しみ》pianto⊕;《深い悲しみ》afflizione⊕, pena⊕, dolore⊕, tristezza⊕; 《絶望》disperazione⊕, desolazione⊕;《不満》lamento⊕, lagnanza⊕ ¶嘆きに沈む essere sprofondato nella disperazione / struggersi di dolore ¶嘆きの余り per il troppo dolore / al colmo della disperazione / di crepacuore ¶嘆きの壁《エルサレムの》il Muro del Pianto

なげキッス 投げキッス ◇投げキッスをする mandare [gettare] un bacio a qlcu.

なげく 嘆く《悲しむ》piangere ql.co., affligger-

なげこむ 投げ込む gettare *qlcu.* [*ql.co.*]《に dentro, in》, buttare *qlcu.* [*ql.co.*]《(に in)》 ¶牢獄に投げ込む rinchiudere [gettare / sbattere] *qlcu.* in prigione ¶絶望の淵(ﾌﾁ)に投げ込む gettare *qlcu.* nella più nera disperazione

なげすてる 投げ捨てる buttare [gettare] via *ql.co.* ¶タバコの吸い殻を所構わず投げ捨てる gettare mozziconi di sigaretta qua e là

なげたおす 投げ倒す buttar giù *qlcu.* (per terra)

なげだす 投げ出す **1**《ほうり出す》gettare fuori [lanciare] *ql.co.* ¶机の上に本を投げ出す gettare un libro sul tavolo ¶足を投げ出す《伸ばす》allungare [stendere] le gambe ¶地面[ベッド]に身を投げ出す gettarsi a terra [sul letto]
2《差し出す》dare [offrire / donare /《犠牲にする》sacrificare] *ql.co.* ¶祖国の自由のために命を投げ出す donare la vita per la libertà della patria
3《放棄する》abbandonare *ql.co.*;《あきらめる》rinunciare㉑ [*av*] a *ql.co.* ¶仕事を中途で投げ出す abbandonare il lavoro a metà

なげつける 投げ付ける《人》の顔に[窓に]小石を投げつける lanciare un sasso sul viso di *qlcu.* [contro la finestra] ¶…を地面に投げつける gettare *ql.co.* [*qlcu.*] a terra

なけなし ¶なけなしの金をはたく spendere gli ultimi soldi ¶なけなしの金をはたいてこの車を買った。Col poco denaro che mi restava ho comprato quest'auto. ¶なけなしの知恵を絞る spremersi le meningi / torturarsi il cervello

なげなわ 投げ縄 laccio㉙ [複 -*ci*];〔ス〕lazo㉙ [無変]

なげやり 投げ槍 giavellotto㉙

なげやり 投げ遣り ◇なげやりな negligente [-gli-], trascurato;《やる気のない》svogliato;《無頓着な》indolente ◇なげやりに con negligenza [-gli-], senza cura, alla carlona, svogliatamente ¶なげやりな仕事 lavoro fatto con noncuranza ¶彼はなげやりな勉強の仕方をしている。È negligente nello studio. ¶彼はすべてになげやりだ。È molto trascurato in tutto quello che fa. ¶彼はなげやりな態度で答えた。Ha risposto con aria svogliata.

なける 泣ける ¶泣ける芝居 un dramma commovente ¶どじばかり踏んでわれながら泣けてくる。Ho fatto così tanti errori che mi viene da piangere. ¶泣いて泣けて泣き仕方がなかった。Non riuscivo a smettere di piangere.

なげる 投げる **1**《手に持って放る》gettare, buttare; lanciare;《勢いよく投げる》scagliare ¶石[さい]を投げる gettare un sasso [i dadi] ¶ロープを投げてくれ。Lanciami la corda! ¶子犬に石を投げてはいけない。Non scagliare sassi contro il cagnolino! ¶娘は川に身を投げて死んだ。La fanciulla è morta gettandosi nel fiume.
2《投げかける》¶視線を投げる gettare uno sguardo《に su》
3《放棄する、あきらめる》abbandonare *ql.co.*, rinunciare㉑ [*av*] a *ql.co.* ¶あまりの難しさに彼はその計画を投げてしまった。Ha abbandonato quel progetto poiché era troppo difficile. ¶彼は初めから試験を投げている。Ha rinunciato all'esame fin dall'inizio. ¶イタリアチームは試合を投げたプレーをしている。La squadra italiana sta giocando svogliatamente.

なければ ¶反対意見がなければ salvo parere contrario ¶雨でなければ se non piove / in assenza di pioggia ¶金持ちでなければそんな家は買えない。Se non si è ricchi [A meno di non essere ricchi], non si può comprare una casa così. ¶君でなければそれはできない。Solo tu puoi farlo.

-なければならない → ならない 2

なこうど 仲人 intermediario㉙ [㊛ -*ia*; 複 -*i*] [mediatore㉙ -*trice*] / sensale㉙ di matrimonio ¶仲人をする combinare un matrimonio / fare il sensale di un matrimonio

✤**仲人口** ¶仲人口をきく dire ogni bene di *qlcu.* / cantare le lodi di *qlcu.*

なごむ 和む calmarsi, tranquillizzarsi;《雰囲気》distendersi ¶心のなごむような光景だった。È stata una scena confortante. ¶彼の冗談でその場の雰囲気がなごんだ。La sua battuta è servita a rompere il ghiaccio.

なごやか 和やか ◇なごやかな《穏やかな》calmo, placido, quieto, mite, sereno, tranquillo;《友好的な》amichevole, cordiale, socievole;《くつろいだ》disteso ¶なごやかな雰囲気のうちに会は終わった。La festa è terminata in un'atmosfera distesa. ¶会議はなごやかに進められている。L'incontro prosegue amichevolmente.

なごり 名残 **1**《痕跡》resti㉙ [複], residui㉙ [複], traccia㊛ [複 -*ce*], vestigia㊛ [複] ;《思い出》ricordi㉙ [複];《雰囲気》atmosfera㊛ ¶夏さの名残 residui di calore ¶戦争の名残 tracce [segni] della guerra ¶この辺はまだ中世の名残をとどめている。Questa zona conserva un aspetto medievale.
2《惜別の気持ち》¶名残を惜しむ essere riluttante ad andarsene / andar via malvolentieri ¶友人を名残惜しげに見送った。Ha salutato con tristezza il suo amico che partiva. ¶君と別れるのは名残惜しい。Mi rincresce [Mi dispiace] doverti lasciare. ¶名残が尽きた。Gli addii si prolungano.
3《別れ》addio㉙ [複 -*ii*], separazione㊛ ¶この世の名残にもう一度ローマを見たい。Vorrei rivedere Roma un'altra volta prima di lasciare questo mondo. ¶名残の杯を交わす bere il bicchiere dell'addio [della staffa]

-なさい ¶逃げなさい。Scappa! ¶脱ぎなさい。Spogliati! ¶やめなさい。Smettila! / Piantala!

なさけ 情け《慈悲》misericordia㊛, carità㊛;《哀れみ》pietà㊛;《同情》compassione㊛;《寛容》generosità㊛, indulgenza㊛, clemenza㊛;

《いたわり》premura[女]; 《許し》grazia[女], perdono[男] ¶情けを知らぬ spietato / crudele / duro / inclemente / 《冷淡な》insensibile ¶〈人〉の情けで per la generosità di *qlcu.* ¶情けをかける aver compassione di *qlcu.* / essere generoso verso *qlcu.* / mostrarsi clemente con [verso] *qlcu.* ¶情けを乞う chiedere pietà a *qlcu.* / implorare grazia da *qlcu.* ¶他人のお情けで暮らす vivere della carità altrui ¶お情けで進級する essere promosso per pietà [compassione].

[慣用] **情けは人のためならず**《諺》"Un'opera buona non è mai sprecata." / "Chi del suo dona, Dio gli ridona."

なさけしらず 情け知らず fatto[男] crudele; 《人》persona[女] impietosa [disumana]

なさけない 情けない **1**《恥ずべき》vergognoso; 《非難されるべき》deplorevole, biasimevole ¶情けない態度をとる assumere un atteggiamento vergognoso ¶自分が情けない. Ho vergogna di me. / Mi vergogno di me stesso. ¶…するとは情けないことだ. È「una vergogna [deplorevole]「che＋[接続法]［＋[不定詞]］/《残念》È un peccato「che＋[接続法]［＋[不定詞]］¶こんな簡単な試験に通らないとは情けないやつだ. È una vergogna che tu non possa superare un esame così facile.

2《みじめな》miserabile; 《同情すべき》miserevole; 《哀れな》pietoso; 《嘆かわしい》deplorevole; 《暗澹たる》deprimente ¶情けない給料 stipendio miserabile ¶情けない姿をさらす fare una brutta figura ¶情けないことを言うな. Non dire cose così deprimenti!

なさけぶかい 情け深い misericordioso; caritatevole; compassionevole; clemente ¶情け深い眼差しで con uno sguardo compassionevole

なさけようしゃ 情け容赦 ¶情け容赦もなく senza pietà / senza cuore / spietatamente / crudelmente / 《非人間的に》inumanamente ¶侵略者は敗者に対して情け容赦もなかった. Gli invasori sono stati spietati [crudeli] con i vinti.

なざし 名指し ¶彼は私を名指しで非難した. Mi ha criticato indicandomi per nome.

なざす 名指す nominare *qlcu.*

なさそう ¶彼は金持ちではなさそうだ. È poco probabile che sia ricco. / Non sembra ricco. / Non ha l'aria di essere ricco. ¶心配することはなさそうだ. Non credo che ci si debba preoccupare.

なさる 為さる ¶何になさいますか.《店で》Che cosa desidera?

なし 梨 《実》pera[女]; 《木》pero[男]; 《日本の》*nashi* [náʃʃi][男][無変]

[慣用] **梨の礫**(つぶて) ¶彼に便りを出したが, なしのつぶてだ. Gli ho scritto ma lui「non si fa vivo [non dà sue notizie]. ¶抗議をしたがなしのつぶてだった. La protesta è caduta nel vuoto.

なし 無し ¶例外なしに senza eccezione / nessuno escluso ¶文句なしに senza discutere [alcuna obiezione] ¶…することなしに senza＋[不定詞] [che＋[接続法]] ¶…なしで済ます fare a meno di *ql.co.* [di＋[不定詞]] ¶援助なしでやろう. Faremo a meno di qualunque supporto. ¶水なしでは生きられない. Non si può vivere senza acqua. ¶とうとう一文無しになった. In conclusione, sono rimasto senza un soldo [una lira].

なしくずし 済し崩し ¶借金をなし崩しに返す rimborsare un debito a poco a poco ¶規則をなし崩しに形骸化する non osservare progressivamente il regolamento fino a renderlo insignificante

なしとげる 成し遂げる・為し遂げる compiere [realizzare / attuare] *ql.co.*, portare a buon fine *ql.co.*

なじみ 馴染み 《親しい間柄》intimità[女]; 《知己》conoscenza[女]; 《知人》conoscente[男][女] ◇なじみの familiare; 《知っている》conosciuto, noto; 《ふだんの》abituale, solito; 《好きな》favorito, preferito ◇なじみのない sconosciuto, estraneo ¶〈人〉となじみになる fare conoscenza con *qlcu.* / fare la conoscenza di *qlcu.* / fare amicizia con *qlcu.* / divenire[自][*es*] intimo [amico] ¶〈人〉となじみである essere intimo amico di *qlcu.* / essere in relazione con *qlcu.* ¶なじみの客[店] cliente [negozio] abituale ¶なじみの場所 luogo familiare ¶彼とはなじみが薄い. Lo conosco poco. / È un semplice conoscente.

なじむ 馴染む **1**《慣れ親しむ》essere in confidenza con *qlcu.*; 《慣れる》abituarsi a *ql.co.*; 《適応する》adattarsi a *ql.co.*, ambientarsi ¶彼はすぐイタリアの生活になじんだ. Si è subito abituato [adattato / ambientato] allo stile di vita italiano. ¶やっと新しいやり方になじんできた. Finalmente mi sono abituato al nuovo metodo.

2《調和する》adattarsi a *ql.co.*, armonizzare[自][*av*] con *ql.co.*; 《互いに》armonizzarsi ¶このカーテンは壁の色となじまない. Queste tende non si adattano al [non si armonizzano con il] colore delle pareti. ¶新しい靴がなじまない. Le scarpe nuove mi stanno scomode. ¶このクリームは肌によくなじむ. La pelle assorbe bene questa crema.

ナショナリスト 〔英 nationalist〕 nazionalista[男][女][[男複] *-i*]

ナショナリズム 〔英 nationalism〕 nazionalismo[男] ◇ナショナリズムの nazionalista [[男複] *-i*], nazionalistico [[男複] *-ci*]

ナショナルトラスト 〔英 National Trust〕 ente[男] per la salvaguardia di luoghi di interesse storico o naturalistico

なじる 詰る rimproverare *qlcu.*《を di》, accusare *qlcu.*《を di》 ¶従業員の怠慢をなじる rimproverare un impiegato di negligenza [-gli-] ¶なじるような口調で in tono di rimprovero

なす 茄子 melanzana[女]

なす 成す **1**《やり遂げる》portare a termine *ql.co.*, compiere ¶財を成す ammucchiare [accumulare] denaro / fare fortuna ¶大事業を成す compiere una grande impresa ¶名を成す farsi un nome ¶色を成す《顔色を変える》arrossire[自][*es*] di collera / cambiare colore (per la rabbia)

2《形作る》fare [costituire / formare] *ql.co.* ¶重きをなす ricoprire un posto [un ruolo] importante ¶意味をなさない non aver senso / non significare niente ¶…の一部を成す fare parte

なす 為す ¶善[悪]をなす fare il bene [il male] / fare del bene [del male] ¶なすべきことをしなさい. Fai quello che c'è da fare [devi fare]. ¶為すこと[術(すべ)]を知らない non saper che fare ¶為すすべがない. Non c'è niente da fare. ¶なすがままにまかす lasciar fare a qlcu. ¶することなすことうまくいかない. Non mi riesce niente di (tutto) quello che faccio.
[慣用] **なせば成る** Se vuoi, ci riesci. / "Volere è potere."

なすりあい 擦り合い ¶責任のなすり合いをする accusarsi a vicenda / fare a scaricabarile

なすりつける 擦り付ける 1《すりつける》imbrattare《AにBを A di B》; sfregare, strusciare ¶犬が鼻面をなすりつける. Il cane si sfrega il muso. 2《転嫁する》dar la colpa a qlcu., incolpare qlcu. di ql.co. [di+不定詞]; scaricare la responsabilità su qlcu.;《互いに》incolparsi ¶〈人に〉殺人[盗み]の罪をなすりつける incolpare qlcu. di assassinio [di furto]

なする 擦る ¶彼女は体中に日焼け用クリームをなすった. Si è spalmata tutto il corpo con la crema abbronzante.

なぜ 何故 perché, per quale ragione [motivo] ¶「なぜ彼は来なかったのだろう」「さあ, 知りません」"Perché non sarà venuto?" "Non lo so. [Chissà.]" ¶なぜそんなに高いのか教えてよ. Dimmi: perché è così costoso. ¶なぜ君は遅刻したのだ. Per quale ragione hai fatto tardi? ¶なぜか彼ははやな感じだ. Non so [Chissà] perché, ma quell'uomo mi è antipatico.

なぜなら 何故なら perché+直説法 ¶京都へ行くのは秋がいい. なぜなら夏はひどく暑いから. È meglio andare a Kyoto in autunno, perché d'estate fa un caldo tremendo.

なぞ 謎 1《不可解なこと》enigma男 [複 -i], mistero男;《はっきりしない点》punto oscuro ◇謎の enigmatico [男複 -ci], misterioso ¶謎の微笑 sorriso enigmatico ¶宇宙の謎 i misteri dell'universo ¶謎の人物 persona misteriosa /《得体の知れない人》sfinge女 ¶謎だらけの事件 caso pieno di punti [lati] oscuri ¶謎を解く鍵 la chiave di un mistero ¶謎めいた話し方をする parlare per enigmi ¶彼の一生は謎に包まれている. La sua vita è「tutta un mistero [avvolta nel mistero].
2《謎々》indovinello男 ¶謎かけをする far indovinare
3《暗示》allusione女, accenno男 ¶謎をかける《ほのめかす》alludere自 [av] a ql.co.

なぞなぞ 謎々 indovinello男, rompicapo男;〔英〕quiz男 [無変] ¶謎々を出す porre un indovinello a qlcu. ¶謎々を解く risolvere [sciogliere] un indovinello ¶謎々遊びをする giocare 自 [av] agli indovinelli

なぞらえる 準える paragonare, confrontare ¶人生を旅になぞらえる paragonare la vita umana a un viaggio ¶この小説は実話になぞらえて書かれている. Questo romanzo è scritto basandosi su una storia vera.

なぞる ricalcare ql.co. ¶下絵をなぞる ricalcare un disegno

なた 鉈 accetta女
[慣用] **鉈を振るう** prendere una misura drastica

なだ 灘 mare男 aperto

なだい 名代 ◇名代の《有名な》noto, conosciuto, celebre, famoso;《悪名高い》notorio [男複 -i], famoso

なだかい 名高い famoso, celebre, conosciuto ¶…として名高い essere famoso come ql.co. [qlcu.] ¶富士山は姿の美しい山として名高い. Il monte Fuji è rinomato [famoso] per la sua bellezza.

なだたる 名だたる noto, famoso, celebre ¶世界的になだたる音楽家 musicista di fama mondiale ¶彼は名だたる悪党だ. È un noto mascalzone.

なたね 菜種 semi男 [複] di colza
✤**菜種油** olio男 [複 -i] di colza
菜種梅雨 lungo periodo di piogge agli inizi della primavera

なだめすかす 宥め賺す ¶子供をなだめすかして薬を飲ませる persuadere [convincere] il bambino a prendere la medicina

なだめる 宥める calmare [placare] qlcu. ¶泣いている赤ん坊をなだめる calmare un bimbo piangente ¶彼の怒りをなだめる placare la sua collera

なだらか 1《緩やか》◇なだらかな dolce, non ripido ◇なだらかに gradualmente ¶なだらかな丘 dolce collina ¶なだらかな坂 pendenza poco ripida 2《平穏》◇なだらかな spigliato, sciolto, agevole ◇なだらかに agevolmente, con scioltezza; senza intoppi ¶交渉がなだらかに進んだ. Il negoziato si è svolto senza intoppi.

なだれ 雪崩 valanga女 ¶なだれに襲われる essere travolto dalla valanga ¶表層なだれを起こす provocare una valanga di superficie ¶なだれが起きた. Si è formata una valanga.
[慣用] **なだれを打つ** ¶軍隊が私たちの持ち場になだれを打って押し寄せて来た. Le truppe armate sono piombate [si sono avventate] in massa sulla nostra postazione.

なだれおちる 雪崩れ落ちる crollare自 [es], franare自 [es] ¶大雨のため崖がなだれ落ちた. La parete è franata a causa delle forti piogge.

なだれこむ 雪崩れ込む ¶人々が劇場の入り口になだれ込んだ. La gente si è precipitata in massa [si è affollata] all'ingresso del teatro.

なだれる 雪崩れる →雪崩れ落ちる

ナチス 〔独 Nazis〕Partito男 Nazionale-socialista Tedesco ◇ナチスの nazista [男複 -i]
✤**ナチス党員** nazista男 [男複 -i]

ナチズム 〔英 Nazism〕nazismo男

ナチュラリスト 〔英 naturalist〕naturalista 男女 [男複 -i]

ナチュラル 〔英 natural〕1《自然な》◇ナチュラルな naturale
2《音》bequadro男;《記号》
✤**ナチュラルキラー細胞**《医》cellula女 assassina
ナチュラルチーズ formaggio男 [複 -gi] (naturale)

なつ 夏 estate女 ◇夏の estivo ◇夏に d'estate, in estate ¶今年の夏 quest'estate (▶副詞としても用いる) ¶夏の盛りに in piena

estate ¶夏の間 durante l'estate ¶夏を海辺で過ごす passare l'estate al mare ¶今年の夏はシチリアに行きます. Quest'estate vado in Sicilia. ¶毎年夏に海に行く. Vado al mare tutte le estati.
❖夏草 erba☆ d'estate
夏時間 ora☆ legale (◆イタリアでは3月末頃から10月末頃まで1時間の繰り上げが実施される)
夏日 giorno☆ in cui la temperatura massima supera i 25 gradi
夏山 montagna☆ estiva; montagna☆ che si presta all'alpinismo estivo

なついん 捺印 ◇捺印する apporre il timbro (に su)

なつかしい 懐かしい caro; (郷愁を起こさせる) nostalgico☆ [男複 -ci] ◇懐かしさ nostalgia☆ [複 -gie] ¶懐かしそうに con aria nostalgica ¶懐かしい故郷 amato [caro] paese nativo ¶懐かしい思い出 ricordo caro [nostalgico] / dolce ricordo ¶懐かしい友 amico「di cui si sente la nostalgia [che non si può dimenticare]」¶懐かしい音楽 musica che rievoca il passato ¶懐かしい家へ帰る ritornare alla casa desiderata ¶懐かしさで胸が一杯になる essere pieno di nostalgia ¶楽しかった子供のころが懐かしい. Ricordo (con nostalgia) gli anni felici dell'infanzia. / Mi viene nostalgia degli anni felici dell'infanzia. ¶懐かしく思い出す ricordare con piacere [con affetto] ql.co. ¶ローマには懐かしい思い出がたくさんある. Ho molti cari ricordi di Roma.

なつかしがる 懐かしがる avere nostalgia di ql.co. [ql.cu.]; ricordare con affetto qlcu. [ql.co.]; (愛惜する) rimpiangere qlcu. [ql.co.] ¶彼は故国を懐かしがっている. Ha nostalgia del suo paese. ¶彼は君のことを懐かしがっている. Lui ti ricorda sempre.

なつかしむ 懐かしむ ricordare qlcu. [ql.co.] con nostalgia, rievocare ql.co., pensare☺ [av] con tenerezza a qlcu. [ql.co.], sentire nostalgia di qlcu. [ql.co.]

なつがれ 夏枯れ ristagno☺ degli affari in estate
❖夏枯れ相場 prezzo☺ di mercato durante la calma estiva

なつく 懐く affezionarsi [attaccarsi] a qlcu., provare affetto per qlcu. ¶生徒たちはその新しい先生にすぐなついた. Gli allievi si sono affezionati subito al nuovo maestro.

なづけおや 名付け親 (男) padrino☺; (女) madrina☆ (◆キリスト教で洗礼式や堅信式に立ち会い, 子供の宗教教育上の父親・母親の役割を引き受ける, 教父・教母) ¶名付け親になる far da padrino [madrina] / divenire☺ [es] padrino [madrina] di qlcu.

なづける 名付ける chiamare qlcu. [ql.co.] ..., dare un nome a qlcu. [ql.co.]; battezzare qlcu. [ql.co.] ... (▶直訳すると「洗礼を通じ, 名を与える」) ¶赤ん坊を太郎と名付ける dare il nome di Taro al neonato / chiamare il neonato Taro

なっせん 捺染 (染めもので) stampa☆ dei tessuti ◇捺染する stampare (ql.co.) su un tessuto
❖捺染機 macchina☆ da stampa

ナッツ [英 nuts] frutta☆ secca ¶ナッツ入りチョコレート cioccolato con le nocciole / noccio-lato
┌関連┐
アーモンド mandorla☆   カシューナッツ anacardio☺ [複 -i]   クルミ noce☆   ピーナッツ arachide☆   ピスタチオ pistacchio☺ [複 -chi]   ヘーゼルナッツ nocciola☆   マカデミアナッツ noce☆ di macadamia   松の実 pinolo☺

なっていない ¶彼は教師としてはなっていない. È un fallimento [un disastro] come insegnante. ¶この論文はまったくなっていない. Questo saggio non vale「una cicca [nulla]」. ¶彼の態度はまったくなっていない. Il suo modo di fare è disgustoso. ¶あの学生たちはなっていない. Quegli studenti non valgono granché.

ナット [英 nut] (機) dado☺, madrevite☆ ¶ボルトをナットで締める serrare il bullone con un dado

なっとう 納豆 natto☺ [無変]; soia☆ bollita e fatta fermentare

なっとく 納得 **1**《同意》consenso☺, assenso☺; accordo☺ ◇納得する《同意する》acconsentire a ql.co. [a+不定詞], essere d'accordo ¶彼もようやく納得した. Anche lui alla fine ha acconsentito [è stato d'accordo]. ¶それは納得ずくで決めたことだ. L'abbiamo deciso di comune accordo.
2《説得されて同意すること》convinzione☆, persuasione☆; (了解) comprensione☆, intesa☆ ◇納得する convincersi, persuadersi; (了解する) capire [comprendere] ql.co.; (状態) essere convinto「di ql.co. [di+不定詞 / che+直説法]」◇納得させる persuadere [convincere] qlcu.「a+不定詞 [che+直説法]」¶納得のいくような説明をする dare una spiegazione convincente [soddisfacente] a qlcu. ¶互いの納得のいくまで話し合う parlare fino ad arrivare ad una perfetta intesa [comprensione] ¶君の言うことは納得がいかない. Ciò che tu dici non mi convince [torna]. ¶彼にこの計画の重要性を納得させよう. Lo persuaderò dell'importanza di questo progetto. ¶私は彼の考え方に納得していない. Non sono convinto del suo modo di pensare.

なつば 夏場 periodo☺ estivo, estate☆
なっぱ 菜っ葉 parte☆ verde commestibile [foglie☆ [複] commestibili] delle verdure
なつばて 夏ばて ¶夏ばてする soffrire [non sopportare] il caldo
なつふく 夏服 vestito☺ estivo ¶夏服を着る indossare un vestito estivo
ナップザック [独 Knappsack] zaino☺
なつまけ 夏負け →夏ばて
なつみかん 夏蜜柑 pompelmo☺ giapponese
なつめ 棗 (植)(実) giuggiola☆; (木) giugiolo☺
ナツメグ [英 nutmeg] noce☆ moscata
なつめやし 棗椰子 (植)(木) palma☆ da datteri; (実) dattero☺
なつメロ vecchie canzoni☆ [複] nostalgiche
なつもの 夏物 indumenti☺ [複] estivi
なつやすみ 夏休み vacanze☆ [複] estive
なつやせ 夏痩せ ¶夏やせする dimagrire☺ [es] per il caldo durante l'estate

なであげる 撫で上げる ¶髪をなで上げる《くしで》pettinarsi i capelli tirandoli indietro

なでおろす 撫で下ろす ¶胸をなで下ろす《安堵する》tirare un sospiro di sollievo

なでがた 撫で肩 ¶彼はなで肩だ。Ha le spalle cadenti.

なでぎり 撫で切り **1**《なでるようにして切る》¶よく切れる《鎌(㌍)で》若芽をなで切りにした。Ho sfrondato i germogli dell'albero con una roncola tagliente.
2《片っぱしから倒す》¶彼は群がる敵兵をなで切りにした。Ha annientato [Ha fatto cadere uno dopo l'altro] un'intera schiera di nemici. ¶彼は相手の選手たちをなで切りにした。Ha eliminato [Si è liberato] tutti i suoi avversari.

なでしこ 撫子 《植》garofano男 selvatico [複 -ci]

なでつける 撫でつける ¶髪を撫でつける lisciarsi i capelli /《くしで》pettinarsi i capelli /《ブラシで》spazzolarsi i capelli

なでる 撫でる passare [passarsi] la mano su *ql.co.*《愛撫する》accarezzare *qlcu.*, fare le carezze;《軽く触れる》sfiorare *ql.co.*《a *qlcu.*》¶自分の額をなでる passarsi la mano sulla fronte ¶子ねこをなでる accarezzare un gattino ¶子供の頭をなでる accarezzare la testa di un bambino ¶彼女の髪をなでた。Le ho carezzato i capelli. ¶そよ風が私の頬(㌽)をなでる。Un venticello mi sfiora le guance.

-など 一等 **1**《例を並べて》per esempio, e simili, o altro; o cose del genere;《その他》eccetera, ecc., e così via, e via discorrendo [dicendo] ¶レオナルドやミケランジェロなどルネサンス期の巨匠たち grandi maestri del Rinascimento come Leonardo, Michelangelo e altri ¶ここではハム、チーズ、缶詰などを売っている。Qui si vendono prosciutto, formaggio, cibi in scatola e così via. ¶火災などの場合には in caso di incendio e simili ¶公園などに散歩に行きます。Vado a fare una passeggiata al parco, per esempio. ¶本などを読む暇がない。Non ho tempo di leggere libri o altro [o cose del genere]. ¶ロンドン、パリ、ローマなどに行った。Sono stato a Londra, Parigi, Roma, ecc [eccetera].
2《軽べつ・謙遜して》¶私などのような者 un uomo come me ¶私のことなどどうぞご心配なく。La prego, non si preoccupi per me.
3《否定の気持を強めて》¶こんなまずい料理など食べられるか。Come faccio a mangiare una cosa così insipida? ¶うそなどつくものか。Ti giuro che non mento.

ナトー NATO →北大西洋条約機構

なとり 名取 ¶彼女は花柳流の名取りだ。È una celebre maestra della scuola Hanayagi.

ナトリウム 〔独 Natrium〕《化》sodio男;《元素記号》Na ¶ナトリウムを含む contenente [che contiene] sodio ¶塩化ナトリウム cloruro di sodio

なな 七 sette男 ¶7番[回]目の settimo ¶7重の settemplice ¶7倍の settuplo ¶7倍にする《稀》settuplicare ¶7倍になる settuplicarsi ¶7歳の子供 settenne男女 ¶7分の3 tre settimi ¶7年間の settennale

ななiro 七色 i sette colori男[複], colori男[複] del prisma, colori男[複] fondamentali ¶七色の虹 arcobaleno dai sette colori →虹

❖**七色とうがらし** miscuglio男 di peperoncino e altre spezie

ななかまど 七竈 《植》frassino男 di montagna, sorbo男 rosso《degli uccellatori》;《学名》*Sorbus commixta* Hedl.

ななくさ 七草 《7種類の草》sette erbe女[複] ¶春[秋]の七草 le sette erbe commestibili della primavera [dell'autunno]

❖**七草がゆ** riso男 in bianco con le sette erbe della primavera《◆ piatto augurale che si mangia il sette gennaio con l'auspicio di buona salute per tutto l'anno》

ななころびやおき 七転び八起き ¶彼の人生は七転び八起きだった。La sua vita è stata piena 「di alti e bassi [di alterne vicende].

ななし ◇名無し ◇名無しの senza nome, anonimo, ignoto

ななじゅう 七十 settanta男 ¶70歳の《人》settantenne ¶70番[回]目の settantesimo ¶70分の9 nove settantesimi ¶1970年代に negli anni '70 ¶およそ70人の人 una settantina di persone

ななつ 七つ《数》sette男;《7歳》sette anni[複] →七 ¶7つの sette ¶七つの海を制覇するdominare su tutti i [sui sette] mari ¶七つの海を駆け巡る percorrere [solcare] i mari in lungo e in largo ¶この子はもうすぐ7つになります。Il bambino compirà presto sette anni.

❖**七つ道具** attrezzatura女, ferri男[複] del mestiere

ななひかり 七光 ¶親の七光で出世する fare carriera grazie al *proprio* nome [alla grande influenza dei *propri* genitori]

ななふしぎ 七不思議 ¶世界の七不思議 le sette meraviglie del mondo ¶無人の城の七不思議 i sette misteri [segreti] di un castello abbandonato

ななめ 斜め **1** ◇斜めの 《傾いた》obliquo;《傾斜のある》inclinato;《対角線の》diagonale;《横断した》trasversale ◇斜めに di traverso, obliquamente ◇斜めになる inclinarsi ◇斜めにする inclinare *ql.co.* ¶絵が斜めになっている。Il quadro è inclinato [storto]. ¶帽子を斜めにかぶっている portare il cappello 「di traverso [sulle ventitré] ¶斜めの線を引く tracciare una linea obliqua ¶道を斜めに横切る attraversare la strada obliquamente ¶かばんを斜めにかける[かけている] mettere [portare] una borsa a tracolla ¶彼の斜め後ろの人は誰ですか。Chi è la persona dietro al lato di lui? ¶船は斜めに傾いた。La nave si è piegata su un fianco.
2《悪い状態》¶彼はご機嫌斜めだった。Era di cattivo umore.

❖**斜め断面** 《図》sezione女 obliqua

斜め読み ¶本を斜め読みする dare una scorsa ai punti essenziali di un libro

なに 何 **1**【特定できない物事】che cosa, come, quale ¶何が悲しいの。Perché sei triste? ¶何から始めましょうか。Da che cosa

[Da dove] cominciamo? ¶そのチーズは何から作りますか. Di [Con] che cosa è fatto quel formaggio? ¶その子は何にでも関心を持つ. Quel bambino si interessa a ogni cosa. ¶何をしたらいいかわからない. Non so che cosa fare. ¶何が何だかさっぱりわからない. Non ci capisco niente. ¶貧しい人を助けるのに何をためらうことがあろう. Perché si deve esitare ad aiutare i poveri? ¶そんなことが何になる. A che cosa serve questo? ¶何が起ころうと qualunque cosa accada ¶何を隠そう, それをしたのは僕なんだ. A dire il vero [A onor del vero], sono stato io a farlo.
2【問い返したり, 否定したりして】 ¶なに, 学校が火事だって. Cosa dici? [Come?] La scuola sta bruciando?! ¶「病気をしたんだって」「なに, ちょっと風邪をひいただけさ」 "Dicono che sei stato malato." "Macché! Ho avuto solo un po' di raffreddore."

なにか 何か **1**【特定しないで物事・事態を指す】 qualche cosa, qualcosa; qualche (►形容詞) ¶何かおもしろい本 qualche libro interessante ¶何か新しいもの qualcosa di nuovo ¶何か他のもの qualcos'altro ¶何かお役に立てますか. Posso fare qualche cosa per lei? / Le posso essere utile in qualche modo? ¶何か食べるものがありませんか. C'è qualche cosa da mangiare? ¶あいつは警察のスパイか何かだ. Quello là dev'essere un delatore o qualcosa del genere. ¶何かの間違いだろう. Ci dev'essere un errore. ¶何か変わったことありますか. C'è qualche novità? / Che c'è di nuovo?
2【何となく, なぜか】 ¶何か変だ. Questo è un po' strano. / C'è qualcosa di strano in ciò. ¶彼女と話をしていると何か楽しくなってくる. Quando parlo con lei, chissà perché divento allegro.

なにがし 某 ¶山田なにがし un certo [《女性》una certa] Yamada ¶なにがしかの金 del denaro / un po' di denaro

なにかしら 何かしら **1**《何となく》 ¶何かしら不吉な予感がする. Non so perché, ma sento [ho l'impressione] che avverrà qualcosa di spiacevole. **2**《何かあるもの》 ¶彼はいつも何かしら読んでいる. Sta sempre a leggere qualcosa.

なにかと ¶何彼と ¶母親は一人息子をなにかと気遣った. Per una cosa o per l'altra, la madre si preoccupava del suo unico figliolo. ¶紹介状があるとなにかと都合がいい. In un modo o nell'altro una lettera di presentazione sarà utile.

なにかというと 何彼というと ¶彼はなにかというと金をせびりに来る. Continua a venire da me con qualche scusa chiedendomi dei soldi. ¶彼はなにかというと口を出したがる. Vuole dire la sua su qualsiasi cosa. ¶彼はなにかというとすぐ怒る. Si arrabbia per un nonnulla.

なにがなんでも 何が何でも 《どんなことがあっても》 qualunque cosa accada, ad ogni costo, in [ad] ogni modo; comunque; in ogni caso ¶何がなんでもやりぬかなければ. Devo farlo, qualunque cosa accada. ¶何がなんでも反対だ. Sono comunque contrario!

なにかにつけ 何彼につけ in ogni occasione ¶車があると何かにつけて便利だ. Avere un'auto è conveniente per vari motivi [per parecchie ragioni].

なにからなにまで 何から何まで di tutto, dalla a alla zeta ¶何から何までお世話になりました. Vi ringrazio per il vostro grande aiuto. ¶何から何までありがとうございます. Grazie di tutto. ¶彼のことは何から何まで知っている. Lo conosco a fondo. ¶その事件のことなら何から何まで知っている. Conosco quel caso dalla a alla zeta.

なにくれと(なく) 何くれと(なく) ¶彼女はなにくれとなく私の世話をしてくれた. È stata gentilissima con me. / Mi ha riempito di attenzioni.

なにくわぬかお 何食わぬ顔 ◇何食わぬ顔で 《平然と》 con noncuranza, con indifferenza; 《知らぬ顔で》 con ostentata innocenza, facendo finta di non sapere; come se nulla fosse accaduto; 《何もしなかったように》 con una faccia innocente ◇何食わぬ顔をする assumere un'aria innocente; fingere noncuranza [indifferenza]

なにげない 何気ない 《無意識の》 involontario [≅∞-i]; 《自然な》 naturale ◇何気なく involontariamente; con naturalezza, con disinvoltura; 《無関心に》 con indifferenza, 《知らずに》 innocentemente; 《偶然》 per caso, casualmente ¶彼は何気ないふりをしていた. Si comportava come se nulla fosse accaduto. ¶彼は何気ない様子でタバコを吸っていた. Fumava con indifferenza. ¶何気ないように見えるが実はすべて計算されている. Sembra naturale [senza intenzione], ma in realtà tutto è calcolato. ¶あの俳優の何気ないしぐさがとても魅力的だ. Mi affascina molto la naturalezza di quell'attore. ¶何気なく向こうに目を向けると彼がいた. Guardando per caso dall'altra parte mi sono accorto di lui. ¶私の何気なく言った言葉が彼女を傷つけた. Le parole che avevo detto senza riflettere l'hanno ferita.

なにごと 何事 **1**《なにか》 ¶いったい何事ですか. Che cosa mai è accaduto [successo]? / Che cosa c'è? ¶何事かつぶやく mormorare qualche cosa
2《あらゆること》 ◇何事によらず in ogni [qualunque] caso, in tutti i casi ◇何事もなく 《無事に》 senza incidenti, sano e salvo; 《障害なく》 senza contrattempi, senza intoppi ¶何事もなかったかのように come se niente fosse (accaduto) ¶何事が起こっても… Qualunque cosa accada... ¶彼は何事にも驚かない. Niente lo stupisce. ¶何事も起こらなかった. Nulla era accaduto. ¶何事もなるようにしかならない. Ogni cosa segue solo il proprio corso.
3《人をとがめる表現》 ¶人の物を盗むとは何事だ. Non ti vergogni di derubare la gente?

なにさま 何様 ¶いったい何様だと思っているんだ. (Ma) chi crede [《相手に》credi] di essere?! ¶何様でもあるまいし. Come se fosse chissà chi!

なにしろ 何しろ poiché ¶あの男は扱いにくい, なにしろ頑固だから. Quell'uomo è difficile da trattare, perché è veramente testardo.

なにするものぞ 何するものぞ ¶試験地獄何するものぞとばかり. È pronto ad affrontare con determinazione la prova degli esami.

なにとぞ 何卒 ¶何とぞお許しください. La prego di volermi perdonare. ¶何とぞよろしくお願

します. Mi affido alla Sua cortesia. / Mi raccomando, mi affido a Lei.

なになに 何々 **1**《何と何》 ¶何々を買ったか書いてくれ. Scrivi tutto quello che hai comprato. **2**《何だって》¶なになに, 何と言ってきたかな. Allora, che cosa dice?

なにせよ 何にせよ ¶何にせよ父は父だ. Dopotutto un padre è sempre un padre.

なににもまして 何にも増して ¶この町の夜景は何にもまして美しい. Non c'è niente di più bello della vista di questa città alla sera.

なにさておき 何はさておき ¶何はさておき食事をしよう. Innanzi tutto mangiamo. ¶何はさておき健康に注意してくれ. Prima di tutto cura la (tua) salute.

なにはともあれ 何はともあれ ¶何はともあれ君が無事に帰ってきてよかった. Comunque sono contento che tu sia tornato sano e salvo.

なにはなくとも 何はなくとも ¶何はなくともまず一献(㊅)「一杯」. Non c'è molto da offrire, ma cominciamo col bere una tazza di sakè.

なにびと 何人 ¶何人もこの権利を侵すことはできない. Nessuno [Nessuna persona] può calpestare questo diritto.

なにひとつ 何一つ ¶私には何一つやましいところはない. Non ho fatto niente di cui debba vergognarmi. ¶料理は何一つ残らなかった. Non rimase「neanche un boccone [niente nei piatti]. ¶何一つお役に立てませんでした. Non sono servito a niente.

なにふじゆうなく 何不自由なく ¶何不自由なく育つ crescere nella bambagia ¶彼は何不自由なく暮らしていた. Non gli mancava niente.

なにぶん 何分 **1**《いくらか》 ¶何分のご寄付をお願いいたします. La prego di fare una (piccola) offerta. ¶何分の通知があるまで待ちなさい. Aspettate finché ci sarà qualche avviso. **2**《なにしろ》 ¶なにぶん子供のことゆえ大目に見てやってください. La prego di non essere severo con lui; come vede, è ancora un bambino. **3**《どうか》 ¶なにぶんよろしくお願いします. Mi raccomando, mi affido a lei.

なにほど 何程 ¶何ほど頼んでも彼は承知しなかった.《どんなに》Nonostante glielo avessi chiesto, lui non ha acconsentito. ¶あの男など何ほどのことがあろうか.《たいしたことはない》Cosa vuoi che valga quell'uomo?

なにも 何も **1**《何ひとつ》nulla, niente ¶私は何も知りません. Io non ne so nulla. ¶何も見えない. Non si vede niente. ¶変わったことは何もない. Non c'è「niente di nuovo [alcuna novità / nessuna novità]. ¶もう何も言うことはない. Non ho altro da dire. ¶何もありませんが, どうぞ召し上がってください. Benché non è niente di speciale, ma servitevi pure, prego! **2**《特に, 別に》 ¶何も泣くことはない(じゃないか). Non hai nessun motivo per piangere. ¶何も君が謝ることはない. Non sei tu「a doverti scusare [che devi chiedere scusa]. ¶何も好きでこんな仕事をしているわけじゃない. Non faccio certo questo lavoro per mio piacere.

なにもかも 何もかも 《すべて》tutto, ogni cosa; 《完全に》completamente, totalmente, interamente ¶この家は何もかも気に入らない. Non mi va nulla di questa casa. ¶それでもう何もかもおしまいだ. Tutto è finito [perduto]! ¶何もかもうまく行った[行かなかった]. È andato tutto bene [male]. ¶それでは何もかもお話ししましょう. Allora, le racconterò ogni cosa. ¶仕事も何もかも忘れて楽しもう. Divertiamoci senza pensare「né al lavoro né ad altro [al lavoro o ad altro]. ¶地震で町の何もかもが破壊された. Il terremoto ha distrutto completamente la città.

なにもの 何物 ¶彼の忠告は私にとって何物にも代えがたい. Il suo consiglio è più importante di qualsiasi altra cosa.

なにもの 何者 《誰か》qualcuno㊚; 《誰》chi㊚ [無変] ¶あの男は何者ですか.《誰》Chi è costui? /《どんな男》Che tipo di uomo è costui? ¶彼は何者かによって殺害された. È stato assassinato da uno sconosciuto. ¶彼は天才以外の何者でもない. Lui non è nient'altro che un genio.

なにやかや 何やかや ¶何やかやと忙しい. Per una cosa o per l'altra sono molto preso. ¶体面をつくろうために何やかやとやってみた. Ho fatto di tutto per salvare le apparenze.

なにやら 何やら ¶何が何やらわからない. Non si capisce niente di niente.

なにより 何より ¶何より prima di tutto, più di tutto ¶健康でいることが何よりも大切だ. Star bene in salute è la cosa più importante. ¶何よりもまず母に感謝した. Prima di tutto [Per prima cosa] vorrei ringraziare mia madre. ¶暑いときには冷たいビールが何よりのごちそうだ. Quando fa caldo, la birra fresca è una vera delizia. ¶よく眠るのが何よりの薬です. Il rimedio migliore è quello di dormire bene. ¶何より(も)残念なことは彼が私に一言も話してくれなかったことだ. Ciò che più di tutto mi dispiace è che lui non me ne abbia fatto parola. ¶お元気で何よりです.《手紙などで知ったことへの返事など》Sono felice di sapere che sta bene. /《直接会って》Sono lieto di vederla in buona salute.

なにわぶし 浪花節 naniwabushi㊚ [無変]; racconti㊚ [複] di storie popolari accompagnati con lo shamisen

なにを 何を Cosa?! ¶何を, もう一ぺん言ってみろ. Cosa?! Prova a dirlo un'altra volta!

なぬし 名主 capovillaggio㊚ [複 capivillaggio]

ナノ [英 nano-] nano- 《▶10のマイナス9乗》
✦ナノセカンド nanosecondo㊚; 《記号》ns
ナノテクノロジー nanotecnologia㊛ [複 -gie]

なのか 七日 il sette㊚ del mese; 《7日間》sette giorni㊚ [複] ¶今日は8月7日です. Oggi è il sette di agosto.

なのに ―それなのに

なのはな 菜の花 fiori㊚ [複] di colza

なのり 名乗り ¶立候補の名乗りを上げる presentarsi come candidato / porre [rendere pubblica] la propria candidatura

なのりでる 名乗り出る 《本人だと申し出る》costituirsi ¶彼は警察に犯人だと名乗りでた. Si è costituito alla polizia.

なのる 名乗る **1**《自分の名を言う》presentarsi ¶彼はアントーニオ・ロッシと名乗った. Si è presentato come Antonio Rossi.

2《自分の名とする》¶結婚して夫の姓を名乗っている. Si è sposata ed ha preso il nome del marito.

ナパームだん ナパーム弾 bomba㊛ al napalm

なびかせる 靡かせる **1**《流れるように動かす》sventolare ¶髪を風になびかせて con i capelli sciolti al vento ¶旗をなびかせる《人が主語で》sventolare la bandiera
2《従わせる》farsi obbedire [farsi rispettare] da qlcu. ¶その政治家は巧みな演説で民衆をなびかせた. Il politico si è fatto rispettare dal popolo grazie alla sua capacità oratoria. ¶いくらお金を積んでも彼女をなびかせることはできなかった. Con tutto il suo denaro non è riuscito a conquistare il suo cuore.

なびく 靡く **1**《たなびく》piegarsi, inclinarsi; 《ひるがえる》svolazzare㊐[av], sventolare㊐[av] ¶木々が風になびく. Gli alberi si piegano al vento. ¶旗が風になびく. La bandiera sventola.
2《服従する》obbedire㊐[av] a qlcu., sottomettersi a qlcu.;《異性に》dare il *proprio* cuore a qlcu., accordare i *propri* favori a qlcu. ¶金になびく vendersi / piegarsi al denaro

ナビゲーション〔英 navigation〕navigazione㊛
✤**ナビゲーションシステム** sistema㊚[複 -*i*] di navigazione

ナビゲーター〔英 navigator〕navig*atore*㊚[㊛ -*trice*]

ナプキン〔英 napkin〕tovagliolo㊚ ¶紙ナプキン tovagliolo di carta ¶ひざにナプキンを広げる stendere il tovagliolo sulle ginocchia ¶生理用ナプキン assorbente igienico
✤**ナプキンリング** portatovagliolo㊚[複 -*o*, -*i*]

ナフサ〔英 naphtha〕《化》nafta㊛, benzina㊛ pesante

なふだ 名札 《胸の》targa㊛, targhetta㊛;《入り口の》targa㊛ sulla porta;《紙・布の》etichetta㊛ con il *proprio* nome

ナフタリン〔独 Naphthalin〕**1**《化》naftalina㊛, naftalene㊚ **2**《衣類用の》(palline㊛[複] [scaglie㊛[複]] di) naftalina㊛

なぶりごろし 嬲り殺し ◇なぶり殺しにする torturare *qlcu.* a morte, uccidere *qlcu.* a poco a poco

なぶりもの 嬲り物 ◇なぶり物にする fare di *qlcu.* uno zimbello, fare di *qlcu.* l'oggetto di burle o di derisioni

なぶる 嬲る 《いじめる》maltrattare *qlcu.*;《からかう》prendere in giro *qlcu.*, canzonare *qlcu.*, schernire *qlcu.*;《笑いものにする》beffarsi di *qlcu.*, farsi beffe di *qlcu.*, mettere in ridicolo *qlcu.*

なべ 鍋 pentola㊛, casseruola㊛;《大鍋》marmitta㊛;《浅鍋》tegame㊚;《浅い小鍋》tegamino㊚ ¶鍋で野菜を煮る lessare la verdura nella pentola ¶鍋を火にかける mettere la pentola sul fuoco ¶鍋一杯のじゃがいも una pentola di patate ¶鍋にふたをする mettere il coperchio sulla pentola
✤**鍋敷き** poggiapentole㊚[無変]
鍋底 fondo㊚ della pentola
鍋つかみ presina㊛
鍋物 《鍋料理》pietanza㊛ cotta direttamente a tavola

日本事情 鍋物

Pietanza che si cuoce direttamente in tavola. Preparata soprattutto in inverno e consumata in famiglia o tra amici. In mezzo alla tavola si pone un fornello con una pentola di brodo in cui si aggiungono un po' alla volta gli ingredienti che piacciono, per esempio, carne, pesce, molluschi, verdure, *tofu* e funghi. I sapori più comuni sono quello di *miso* e di salsa di soia. I più comuni sono *yosenabe*, *sukiyaki* e *shabu-shabu*.

なべかま 鍋釜 ¶鍋釜にも事欠くありさまだった. Erano così poveri da non possedere nemmeno le pentole.

なべて 並べて generalmente; in generale ¶人の定めはなべて計りがたい. Il destino degli uomini è generalmente insondabile.

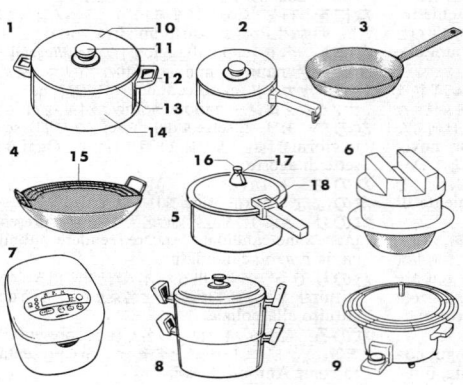

なべ
1 スープなべ casseruola㊛. **2** 片手なべ casseruola㊛ a un manico. **3** フライパン padella㊛. **4** 中華なべ wok㊚[無変]. **5** 圧力なべ pentola㊛ a pressione. **6** 釜(㊄) pentola㊛ per il riso. **7** 炊飯器 bollitore㊚ elettrico per il riso. **8** 蒸し器 pentola㊛ a vapore. **9** 揚げ物器 friggitrice㊛. **10** ふた coperchio㊚. **11** つまみ pomello㊚. **12** 柄(ｴ) maniglia㊛. **13** 縁 orlo㊚. **14** 胴 parete㊛. **15** 天ぷらラック griglia㊛ (per fare sgocciolare la tempura). **16** 圧力調節器 valvola㊛ a pressione. **17** 通気管 cunicolo㊚ di ventilazione. **18** 重圧プラグ chiusura㊛ ermetica.

ナポリタン 《ケチャップを使った日本ふうのスパゲッティー料理》spaghetti[男][複] conditi con ketchup e saltati in padella con cipolle, peperoni, prosciutto cotto ecc.

なま 生 **1**《加工する前の状態》 ◇生の 《火を通していない》crudo; 《火が通っていない》non cotto; 《未加工の, 新鮮な》fre*sco* [[男]複 *-schi*] ¶生のキャベツ cavolo fresco [crudo] ¶野菜は生で食べたほうがいい. Le verdure è meglio mangiarle crude. ¶この肉はまだ生だ. Questa carne「è ancora cruda [non è cotta bene].
2《放送などが》 ◇生の dal vivo, in diretta ¶生放送 trasmissione in diretta ¶この店では生の演奏をやっている. In questo locale suonano dal vivo.
3《作為を施さない》originale, naturale, reale ¶生の資料 materiale originale ¶生の原稿 bozza originale ¶市民の生の声 la voce dei cittadini

なまあくび 生欠伸 mezzo sbadi*glio*[男][複 *-gli*] ¶生あくびをかみ殺す soffocare uno sbadiglio

なまあげ 生揚げ **1**《厚揚げ》*tofu*[男][無変] fritto **2**《十分に揚げていない》 ¶このフライドポテトは生揚げだ. Queste patate fritte sono cotte a metà.

なまあたたかい 生暖かい tiepido ◇**生暖かさ** tiepidezza[女] ¶生暖かい風 vento tiepido

なまいき 生意気 ◇**生意気な** 《うぬぼれた》presuntuoso; 《尊大な》arrogante; 《あつかましい》impertinente, insolente, sfrontato; 《ませた》precoce ¶生意気な口をきく parlare[自][*av*] con insolenza [con arroganza] ¶子供のくせに生意気なことを言うな. Sei un bambino, non dire impertinenze! ¶生意気にも…する avere l'audacia [l'impertinenza / l'insolenza] di+[不定詞] ¶あの若造が生意気にも高級車を買った. Quello sbarbatello ha avuto l'insolenza di comprarsi una macchina lussuosa.

なまえ 名前 《「姓」に対して》nome[男]; 《姓》cognome[男]; 《姓名》nome[男] e cognome[男]; 《名》nome[男] ¶私の名前はパオロで, 妻の名前はマリーアだ. Mi chiamo Paolo e mia moglie si chiama Maria. ¶名前を言う dire il *proprio* nome ¶名前を隠す celare il *proprio* nome / rimanere anoni*mo* ¶名前を隠して《お忍びで》in incognito ¶〈人〉の名前を出す citare [fare] il nome di *qlcu*. ¶名前を尋ねる chiedere il nome di *qlcu*. ¶先生は私を名前で呼ぶ. Il professore mi chiama per nome. ¶彼の名前だけは聞いている[知っている]. Lo conosco di nome. ¶お名前はなんとおっしゃいますか. Come si chiama? ¶赤ちゃんにどんな名前を付けましたか. Che nome avete messo [dato] al bambino?
✤**名前負け** ¶彼は名前負けしている. Non è all'altezza del suo nome.

なまえんそう 生演奏 ¶バンドの生演奏 spettacolo dal vivo di un gruppo (musicale)

なまがし 生菓子 dolci[男][複] giapponesi soffici

なまかじり 生齧り ◇生かじりの superficiale ◇生かじりする conoscere in superficie ¶生かじりの知識 conoscenza superficiale

なまかわ 生皮 pelle[女] fresca [non conciata] ¶…の生皮を剝ぐ scuoiare *ql.co.*

なまがわき 生乾き ¶洗濯物はまだ生乾きだ. Il bucato è ancora umido.

なまき 生木 《生きている木》albero[男] vivo [non avvizzito]; 《生乾きの木材》legno[男] non stagionato ¶生木を火にくべる mettere del legno verde nel fuoco
[慣用] **生木を裂く** costringere due innamorati a separarsi

なまきず 生傷 《打撲傷, あざ》ammaccatura[女], contusione[女], livido[男]; 《かすり傷》escoriazione[女] ¶この子は生傷が絶えない. Questo bambino ha sempre qualche contusione.

なまぐさ 生臭 ¶彼は生臭物は控えている. Si astiene dal mangiare carne.
✤**生臭坊主** 《俗っぽい》bonzo[男] [《司祭》prete[男]] attaccato alle cose terrene; 《品行の悪い》bonzo[男] [prete[男]] depravato [corrotto]

なまぐさい 生臭い **1**《肉や魚のにおいがする》¶この魚は生臭い. Questo pesce emana un forte odore. / 《古くてにおう》Questo pesce puzza.
2《利欲の絡んだ》 ¶彼らは生臭い関係にある. La loro è un'amicizia interessata.

なまくび 生首 testa[女] appena tagliata

なまくら 鈍 ◇なまくらな 《刃の切れ味が鈍い》non temprato; smussato; 《役に立たない》buono a nulla, incapace; 《意気地のない》privo di mordente; 《怠けている》ozioso, pigro ¶なまくらな刀 spada non affilata [non tagliente]

なまクリーム 生クリーム panna[女], crema[女] di latte ¶生クリームを泡立てる montare la panna

なまけぐせ 怠け癖 ¶怠け癖がつく abituarsi a non far niente / prendere l'abitudine di oziare [di poltrire]

なまけもの 怠け者 pigr*o*[男][[女] *-a*], pigron*e*[男][[女] *-a*], indolente[男][女], sfaticat*o*[男][[女] *-a*], poltron*e*[男][[女] *-a*] ◇**怠け者の** pigro, indolente, sfaticato ¶怠け者になる diventare[自][*es*] pigr*o*

なまけもの 樹懶 〔動〕bradipo[男]

なまける 怠ける 《のらくらしている》oziare[自][*av*], fare il fannullone [《女性》la fannullona], poltrire[自][*av*], starsene con le mani in mano; 《おこたる》trascurare *ql.co.* ¶掃除を怠ける trascurare la pulizia ¶怠けて学校を休む marinare la scuola ¶怠けてはいけないよ. Non essere pigro! ¶彼は仕事を怠けてばかりいる. Non fa che distrarsi, disinteressandosi del lavoro.

なまこ 海鼠 〔動〕oloturia[女], cetriolo[男] di mare
✤**なまこ板** lamiera[女] ondulata

なまごみ 生ごみ immondizia[女] [residui[男][複]] della cucina

なまゴム 生ゴム gomma[女] naturale, caucciù[男], gomma[女] greggia [grezza]

なまごろし 生殺し ¶彼は蛇を生殺しにした. Ha quasi ucciso il serpente. ¶息子の消息が絶えて久しく, 彼らにとっては生殺しの状態だった. Erano afflitti e col cuore in sospeso senza notizie di loro figlio per tanto tempo.

なまコン 生コン 〔土〕calcestruzzo[男] non ancora solidificato

なまざかな 生魚 pesce[男] crudo

なまじ(っか) **1**《あえて》 ¶なまじっか来なけれ

なまじろい 生白い pallido, esangue

なます 膾・鱠 《料》 piatto男 a base di pesce crudo e verdure sotto aceto

なまず 鯰 《魚》 pesce男 gatto [無変] ¶電気なまず pesce gatto elettrico / siluro elettrico
✤なまず髭(ひげ) baffi男[複] alla cinese

なまたまご 生卵 uovo男[複 le uova] crudo

なまちゅうけい 生中継 collegamento男 in diretta [dal vivo] ¶この能の舞台は生中継だ. Questo spettacolo di nō è trasmesso in diretta.

なまっちょろい 生っちょろい verde, acerbo ¶なまっちょろい考え valutazione troppo ottimistica ¶そんななまっちょろい腕ではおれには勝てまい. Sei troppo inesperto per potermi battere.

なまつば 生唾 saliva女 ¶口に生唾がたまった. Mi è venuta l'acquolina in bocca.
[慣用] 生唾を飲み込む ¶男が札束を数えるのを見て, 彼は生唾を飲み込んだ. Vedendo l'uomo che contava un mazzo di banconote, fu assalito dal desiderio di possederle.

なまづめ 生爪 ¶生づめをはがす《自分の》 rompersi un'unghia

なまなましい 生々しい 《むき出しの》 crudo; 《鮮烈な》 vivo, vivido; fresco男[複 -schi] ¶生々しい傷 ferita [piaga] ancora aperta ¶生々しい傷跡 cicatrice fresca ¶生々しい描写 descrizione vivida [《露骨な》cruda] ¶その事件はいまだに記憶に生々しい. È ancora vivo in me il ricordo di quell'episodio.

なまにえ 生煮え ◇生煮えの cotto a metà, mezzo cotto, semicotto; poco cotto

なまにく 生肉 carne女 cruda

なまぬるい 生温い **1** 《温度が》 tiepido, poco caldo ¶生ぬるいお茶 tè tiepido ¶生ぬるい風 aria calda fastidiosa ¶《熱意が乏しい》 tiepido; poco risoluto; 《穏やかな》 blando ¶生ぬるいやり方 modo di agire poco energico [poco risoluto] ¶生ぬるい措置をとる adottare [prendere] mezze misure

なまはんか 生半可 ◇生半可な 《表面的な》 superficiale; 《本気でない》 poco serio男[複 -i]; 《あいまいな》 ambiguo; 《不完全な》 imperfetto; insufficiente ¶生半可な知識 conoscenza superficiale [《不十分な》insufficiente] ¶彼はイタリアの歴史について生半可な知識しか持っていない. Ha una conoscenza approssimativa [insufficiente] della storia italiana. ¶生半可な返事をする dare una risposta ambigua ¶私は彼の話を生半可に聞いていた. Ascoltavo distrattamente quello che "aveva da dire [mi diceva]. ¶そんな生半可な練習では彼に勝てないぞ. Non lo batterai con un allenamento così poco serio.

なまばんぐみ 生番組 programma男[複 -i] in diretta

なまビール 生ビール birra女 alla spina

なまびょうほう 生兵法 《未熟な兵法》 tattiche女[複] approssimative; 《不十分な知識》 conoscenza女 superficiale ¶生兵法は大けがのもと. (諺) "Chi poco conosce, rischia molto."

なまフィルム 生フィルム pellicola女 vergine

なまへんじ 生返事 risposta女 ambigua ¶生返事をする 《無関心に》 rispondere自[av] "con indifferenza [《うわの空で》distrattamente] (a qlcu.) / 《あいまいな》 dare una risposta ambigua [《いい加減な》confusa] (a qlcu.)

なまほうそう 生放送 trasmissione女 [telecronaca女/ programma男[複-i]] in diretta [dal vivo]

なまぼし 生干し ◇生干しの mezzo secco男[複 -chi], semiseccato

なまみ 生身 **1** 《生きている体》 organismo男 vivente; 《血の通った人間》 uomo男 in carne ed ossa **2** 《生の肉》 carne女 cruda

なまみず 生水 acqua女 non depurata [non bollita]

なまめかしい 艶めかしい ¶なまめかしい目つき sguardo amoroso ¶彼女はなまめかしい. Quella donna è sensuale [seducente].

なまもの 生物 alimenti男[複] crudi ¶「生物ですのでお早めにお召し上がりください」《表示》"Cibi crudi. Da consumarsi subito"

なまやけ 生焼け ◇生焼けの semicotto, cotto a metà

なまやさい 生野菜 verdura女 cruda

なまやさしい 生易しい facile, agevole, semplice ¶…するのは生易しいことではない. Non è (una cosa) facile + 不定詞

なまり 訛り accento男 dialettale; inflessione女 dialettale; 《イントネーション》 cadenza女 dialettale; 《方言》 dialetto男; 《お国言葉》 vernacolo男 ¶なまりなく話す parlare senza nessuna inflessione dialettale ¶ナポリなまりがある. Ha l'accento napoletano. ¶いまだになまりがある. Si sente ancora l'accento dialettale. ¶イタリア語なまりの英語 inglese con l'accento italiano

なまり 鉛 piombo男; 《元素記号》 Pb ◇鉛の di piombo ¶鉛の時代《政》anni di piombo 《✤イタリアでテロ活動が頻発した1970年代》

✤**鉛色** 鉛色の空 cielo plumbeo

鉛ガラス《化》vetro男 al piombo, vetro男 piombico

鉛蓄電池《電》accumulatore男 [batteria女] al piombo

鉛中毒《医》saturnismo男, avvelenamento男 da piombo

なまる 訛る《言葉が主語で》essere distorto [deformato]; 《人が主語で》parlare自[av] con un accento dialettale [《外国語》straniero] ¶彼の発音は少しなまっている. Ha un accento un po' dialettale. ¶日本語の「コーヒー」はオランダ語のkoffie が訛った語だ. Si dice che il termine giapponese "kohī" sia una deformazione dell'olandese "koffie".

なまワクチン 生ワクチン《医》vaccino男[siero男] attivo

なみ 波 **1**《水面の起伏》onda女; flutto男; 《波打つこと》ondata女; 《大波, 高波》maroso男, cavallone男; 《波動》ondulazione女; 《さざ波》increspatura女; 《磯波, 返し波》risacca女; 《砕ける波》frangente男

¶波の音 il rumore delle onde [dei flutti / del mare] / 《ちゃぷちゃぷいう音》 sciabordio / 《岸辺に打ち寄せる波のざわめき》 sciacquio (delle onde) ¶波が立つ[静まる]. Le onde si alzano [si calmano]. ¶今日は波が静かだ[高い]. Oggi il mare è tranquillo [mosso]. ¶波が水面に広がる. Le onde si allargano sulla superficie dell'acqua. ¶波が岩に当たっては砕け散る. Le onde si infrangono contro gli scogli. ¶波を立てる《風などが》 sollevare le onde ¶波に漂う farsi trasportare dalle onde ¶波を切って進む tagliare l'onda / fendere [solcare] le onde ¶波に飲まれる essere inghiottit*o* dalle onde / sparire[自] [*es*] fra i flutti ¶波にさらわれる essere portat*o* via dalle onde ¶波にもまれる essere sballottat*o* dalle onde ¶波にもてあそばれる essere in balia delle onde ¶船は大きな波をかぶって転覆した. Investito da una grossa ondata, il battello si è rovesciato.

2 〔物〕 onda[女]

3 《波のようなもの》 ¶時代の波 la tendenza [la corrente] del tempo [dell'epoca] ¶不況の波に襲われる essere in preda ad una crisi economica ¶人の波にもまれて友だちとはぐれた. Sballottato dalla [Circondato da una] marea di gente, ho perso di vista l'amico. ¶道路は車の波だ. La strada è un mare di auto.

4 《むら》 alti[男][複] e bassi[男][複], incostanza[女] ¶あの選手には調子の波がある. Quel giocatore ha frequenti alti e bassi di forma. ¶この作家の作品には波がある. Quest'artista è molto incostante nelle sue opere.

[慣用] **波に乗る** 《好調》 essere sulla cresta dell'onda; 《スポーツなどで》 trovare il giusto ritmo ¶時代の波に乗る adeguarsi alle mode del momento [dell'epoca]

✤**波の花** cresta[女] spumeggiante (di un'onda)

なみ 並 ◇並の comune, ordinar*io* [[男]複 -*i*], normale; 《平均的な》 med*io* [[男]複 -*i*]; 《凡庸(ぼんよう)な》 mediocre ¶並のワイン vino (di qualità) comune ¶並以上[以下]の sopra [sotto] la media ¶彼は並の人間だ[ではない]. È [Non è] una persona comune. ¶並幅の布 stoffa di normale altezza

‐なみ ‐並み **1** 《各々》 ¶軒並みに旗が出ている. Ogni casa ha esposto una bandiera.

2 《並んだもの》 ¶家並み fila di case

3 《同程度》 ¶人並みの知恵 intelligenza media ¶十人並みの顔 viso passabile ¶世間並みの生活 normale tenore[男] di vita ¶彼は重役並みの月給を取っている. Ha il trattamento retributivo di un dirigente. ¶私は家族並みに扱われた. Sono stato trattato come uno della famiglia.

なみあし 並足 ⇀馬 [関連] ¶馬を並足で歩かせる fare andare il cavallo al passo

なみいた 波板 lastra[女] ondulata; 《金属製の》 lamina[女] [lamiera[女]] ondulata ¶プラスチック[トタン]の波板 lastra ondulata di plastica [zinco]

なみうちぎわ 波打ち際 battig*ia*[女] [複 -*gie*], bagnasciuga[男] [無変], riva[女], lido[男]

なみうつ 波打つ 《風になびく》 ondeggiare[自] [*av*], fluttuare[自] [*av*], ondulare[自] [*av*] ¶黄金の稲穂が風に波打っている. Le spighe mature di riso ondulano al vento.

なみがしら 波頭 cresta[女] dell'onda

なみかぜ 波風 **1** 《風波》 onde[女] [複] e vento[男] ¶海は波風が荒い. Il mare è mosso [agitato].

2 《もめごと》 gua*io*[男] [複 -*i*], disturbo[男] ¶彼は行く先々で波風を立てる. Dovunque lui vada causa dei guai. ¶今は波風を立ててはまずい. Ora non è il caso di intorbidare [intorbidire] le acque.

なみがた 波形 〔機〕 ◇波形の corrugato, ondulato

なみき 並木 filare[男] di alberi, alberata[女] ¶ポプラ並木 fila di pioppi

✤**並木道** viale[男] (alberato), strada[女] alberata

なみだ 涙・泪 lacrima[女]; 《泣くこと》 pianto[男] ¶悔し涙 lacrime di rabbia [dispiacere] ¶空涙(そらなみだ) lacrime di coccodrillo ¶涙を流す versare lacrime / 《泣く》 piangere[自] [*av*] / lacrimare[自] [*av*] ¶熱い涙を流す piangere a calde lacrime ¶目に涙があふれる《人が主語》 avere gli occhi pieni [gonfi] di lacrime ¶彼の目から涙がこぼれた. Le lacrime gli colavano sul viso. ¶涙がこみ上げてきた. Mi spuntarono le lacrime agli occhi. ¶彼の目に涙が浮かんだ. Gli sono venute le lacrime agli occhi. ¶涙が彼女の頬を伝った. Le lacrime le rigavano le guance. ¶涙が出るほど笑う ridere[自] [*av*] tanto da piangere / ridere fino alle lacrime ¶涙が出るほどうれしかった. Ero così felice che avrei pianto. ¶涙を拭う asciugarsi le lacrime ¶涙をこらえる trattenere le lacrime ¶涙にぬれた頬 viso bagnato [rigato] di lacrime ¶目に涙を浮かべて con le lacrime agli occhi ¶血も涙も無いやつだ. È un individuo privo di sentimenti.

[慣用] **涙ながら[まじり]に** ¶老婆は涙ながらに事の次第を語った. L'anziana donna ha raccontato l'accaduto tra i singhiozzi [tra le lacrime].

涙にくれる non fare che piangere

涙に沈む ¶悲報を聞くと彼女は涙に沈んだ. Sentita la triste notizia, è scoppiata in lacrime.

涙にむせぶ ¶彼女は涙にむせんで何も言えなかった. Non riusciva a parlare per i singhiozzi.

涙を抑える ¶私は涙を抑えるのがやっとだった. Sono riuscito a malapena a trattenere le lacrime.

涙を禁じ得ない ¶残された子供を見ると涙を禁じ得ない. Guardando quell'orfano, non riesco a trattenere le lacrime.

涙を誘う far venire le lacrime a *qlcu.*, far piangere *qlcu.*, muovere *qlcu.* al pianto ¶その歌は聴衆の涙を誘った. Quel canto ha commosso il pubblico fino alle lacrime.

涙をのむ 《不承不承》 fare *ql.co.* malvolentieri; 《無念を味わう》 provare una grande amarezza ¶涙をのんで旅行をあきらめた. Pur se malvolentieri, abbiamo rinunciato al viaggio. ¶決勝で涙をのんだ. Hanno perso la finale con grande amarezza.

涙を催す essere mosso*o* al pianto ¶悲しい物語に涙を催した. Sono stato mosso al pianto da una storia così triste.

なみだあめ 涙雨 **1** 《悲しい時に降る雨》 ¶葬式の日には涙雨が降っていた. Il giorno del funerale pioveva così tanto da sembrare che fossero le nostre lacrime ad essersi tramutate in pioggia. **2**《わずかな雨》 ¶涙雨が降った. È piovuto solo per un attimo.

なみたいてい 並大抵 ¶並大抵の努力ではできないことだ. Questo richiede sforzi non comuni. ¶５人の子供を育て上げるのは並大抵のことではなかった. Non è stata cosa semplice far crescere cinque figli.

なみだきん 涙金 indennizzo[男] irrisorio [複 -i]

なみだぐましい 涙ぐましい commovente, patetico [男複 -ci] ¶涙ぐましい努力をする fare sforzi commoventi [patetici] (per＋[不定詞])

なみだぐむ 涙ぐむ avere le lacrime agli occhi; 《感動して》essere commosso fino alle lacrime ¶涙ぐみながら con le lacrime agli occhi

なみだごえ 涙声 ¶涙声で話す parlare con la voce「rotta dal [piena di] pianto / parlare piangendo ¶感動のあまり彼は涙声になった. Aveva la voce velata dal pianto per l'emozione.

なみだする 涙する versare lacrime, piangere [自][av]

なみだつ 波立つ **1**《波が》 ¶海は波立っていた. Il mare era mosso [agitato]. **2**《どきどきする》 ¶胸が激しく波立った. Il mio cuore palpitava fortemente [batteva forte]. **3**《争いが》 ¶政界は波立っている. Il mondo politico è in agitazione.

なみだもろい 涙脆い 《動詞として》piangere[自] [av] [commuoversi] facilmente; 《形容詞として》lacrimevole, lacrimoso ¶彼は涙もろい. Ha le lacrime in tasca.

なみなみ ¶酒を杯になみなみと注ぐ versare del *sakè* in un bicchiere fino all'orlo

なみなみ 並並 ◇なみなみならぬ poco [non] comune, raro, straordinario [男複 -i]; 《相当な》considerevole; 《比類のない》imparagonabile, ineguagliabile; 《表現できない》indescrivibile ¶なみなみならぬ苦労 fatica indescribibile

なみのり 波乗り ⇒サーフィン

なみはずれた 並外れた straordinario [男複 -i]; eccezionale; poco comune ¶並み外れた力 forza poco [fuori del] comune ¶並み外れた才能 talento eccezionale [straordinario] ¶彼は並み外れた記憶力をもっている. Ha una memoria straordinaria [eccezionale / fenomenale].

なみま 波間 ¶波間に漂う farsi trasportare dalle onde ¶波間に見え隠れする apparire[自][es] e scomparire[自][es] tra le onde

なめくじ 蛞蝓 〔動〕lumaca[女]
[慣用] なめくじに塩 ¶彼は社長の前ではまるでなめくじに塩だった. Sembrava proprio mortificato [abbattuto] alla presenza del presidente.

なめこ 滑子 〔植〕funghi[男][複] *nameko*; 《学名》*Pholiota nameko*

なめし 鞣し concia[女] [複 -ce]
✤なめし革 pelle[女] conciata, cuoio[男] [複 -i]; 《薄手の》nappa[女]
なめし工場 conceria[女]
なめし剤 conciante[男]
なめし職人 conciatore[男] [女 -trice]
なめし法 conciatura[女]

なめす 鞣す conciare (una pelle)

なめらか 滑らか **1**《すべすべしている》◇滑らかな liscio [男複 -sci; 女複 -sce]; 《磨かれた》levigato ¶滑らかにする rendere liscio *ql.co.* (►liscio は目的語の性・数に合わせて語尾変化する) / levigare *ql.co.* ¶滑らかな肌 pelle liscia
2《よどみのない》◇滑らかな scorrevole; 《言葉が》fluente; 《流暢な》fluido; 《楽に, 簡単に》agevole, facile ◇滑らかに scorrevolmente, in modo liscio; correntemente, fluentemente; agevolmente ¶滑らかな口調で con tono scorrevole ¶滑らかな文体 stile fluido ¶滑らかな曲線 curva larga ¶彼の発音は滑らかだ. La sua pronuncia è scorrevole. ¶滑らかなイタリア語を話す parlare l'italiano fluentemente ¶彼は舌が滑らかだ. Ha una buona parlantina. ¶この引戸はすべりが滑らかだ. Questa porta scorre bene. ¶議事は滑らかに進んだ. La riunione è proceduta senza intoppi.

なめる 嘗める・舐める **1** leccare *ql.co.*; 《しゃぶる》succhiare *ql.co.* ¶アイスクリームをなめる leccare un gelato ¶飴をなめる succhiare una caramella ¶親猫が子猫をなめてやっている. La gatta sta leccando il gattino.
2《火炎が》lambire *ql.co.* ¶炎が天井をなめていた. Le fiamme lambivano il soffitto.
3《経験する》 ¶苦杯をなめる provare l'amarezza della sconfitta ¶辛酸をなめる sopportare molti stenti ¶彼は初めて人生の苦しみをなめた. Ha assaggiato le prime amarezze della vita.
4《軽く見る》prendere *qlcu.* [*ql.co.*] alla leggera, tenere *qlcu.* [*ql.co.*] in poco conto; 《過小評価する》sottovalutare *qlcu.* [*ql.co.*] ¶敵をなめてかかる sottovalutare l'avversario ¶軽い風邪でもなめてはいけない. Anche se è un semplice raffreddore, non devi prenderlo alla leggera. ¶あまり人をなめるなよ. Per chi mi prendi? / Lo sai con chi hai a che fare?

なや 納屋 capanna[女], deposito[男]; 《穀物などの》granaio[男] [複 -i]; 《干し草の》fienile[男]; 《農具などを入れる》capannone[男] agricolo

なやましい 悩ましい **1**《憂うつな》malinconico [男複 -ci]; 《苦しい》doloroso, angoscioso ¶心配事で悩ましい一夜を明かした. Ho trascorso una notte angosciosa in preda alle preoccupazioni.
2《魅惑的》seducente, attraente, allettante; 《官能的》voluttuoso, provocante, sensuale; 《媚(こ)を含んだ》civettuolo ¶悩ましい視線[目つき] sguardo provocante [civettuolo] ¶悩ましい美しさ bellezza conturbante

なやます 悩ます **1**《苦しめる》tormentare [affliggere / far soffrire] *qlcu.* ◇悩まされる soffrire[他], [自][av] ¶神経痛に悩まされる soffrire di [essere afflitto da] nevralgia ¶寒さに悩まされる soffrire il freddo / patire il freddo ¶蚊に悩まされた. Le zanzare mi hanno tormentato.
2《嫌がらせる》dare fastidio [noia] a *qlcu.*, infastidire [molestare] *qlcu.*; 《うるさがらせる》annoiare [importunare] *qlcu.* 《で di》 ¶…に悩まされる essere importunato da *ql.co.* / essere in preda a *ql.co.* ¶彼のおしゃべりに悩まされた. Mi ha ossessionato con le sue chiacchiere. ¶頭を

悩ます tormentarsi《のことで su, per＋不定詞》 ¶彼女は恋人のことで心を悩ましている. Ha l'animo agitato a causa del suo ragazzo.

なやみ 悩み 《苦悩》tormento男, pena女, sofferenza女, dolore男;《心配事》preoccupazione女 ¶悩みの種 problema / difficoltà / preoccupazione ¶金の悩み difficoltà finanziaria / problema di denaro ¶恋の悩み pena [tormento] d'amore ¶悩みがある avere problemi [preoccupazioni] ¶悩み事を打ち明ける confidare le *proprie* pene [preoccupazioni] ¶子供たちの悩みを聞いてやる ascoltare i problemi dei bambini ¶何か悩み事があるのかい. Sei preoccupato? / C'è qualcosa che ti preoccupa? ¶この子は悩みの種だ. Questo figliolo mi dà sempre delle preoccupazioni.

なやむ 悩む 《心を痛める》tormentarsi [affliggersi]《に per》, prendersi [darsi] pensiero《に per, di》,《心配する》preoccuparsi《に di, per》;《困惑する》trovarsi in difficoltà;《肉体的に苦しむ》soffrire男[av]《に di, per》¶悩める魂 anima tormentata [in pena] ¶良心の呵責(かしゃく)に悩む essere tormentato dai rimorsi di coscienza ¶恋に悩む languire男 [av] [struggersi] d'amore ¶リューマチに悩む soffrire di reumatismi ¶息子の将来を考えて悩む. Mi impensierisce il futuro di mio figlio. ¶どの道を進むべきか悩む. Mi trovo in difficoltà nello scegliere la strada da prendere.

なよなよ ◇なよなよした 《ほっそりした》snello, magro;《弱々しい》debole, gracile, fragile, esile ¶この子はなよなよした感じだ. Questo ragazzo sembra fragile [delicato].

なよやか ◇なよやかな pieghevole, flessibile, elastico男複 -ci ¶なよやかにしなう竹 bambù flessibile ¶なよやかな細い指 dita sottili 'e delicate [《柔らかい》ed elastiche]

なら 楢《植》quercia女《複 -ce》giapponese

-なら 1《仮定》se＋直説法 [＋接続法]（►十分起こり得ることには直説法を, 可能性の低いことや事実に反することには接続法を用いる）, ammesso che＋接続法, a condizione che＋接続法, a patto che＋接続法 ¶僕が君なら se fossi in te ¶必要なら se (fosse) necessario ¶君が来るなら se tu vieni [《もしも》venissi] / a condizione [a patto] che tu venga ¶この本が欲しいならあげるよ. Se vuoi questo libro te lo do. ¶君ならどうする. Che faresti tu「al mio posto [se fossi in me]? ¶あした天気ならいいけど. Spero che domani faccia bel tempo.

2《…に関しては》(in) quanto a; se si tratta di ¶僕のことなら in quanto a me / per quel che mi riguarda ¶花なら桜.《一番いい》I fiori di ciliegio sono i più belli tra i fiori. ¶本のことなら私にまかせてください. Se si tratta di libri, lasci fare a me. ¶彼ならやりかねない. Lui lo farà senz'altro. ¶体力なら自信がある. Quanto a forza fisica mi sento sicuro (di me). ¶私なら付け加えることは何もない. In quanto a me, non ho nulla da aggiungere.

3《並列して》¶父親も立派なら, 母親も立派だった. Sia il padre che la madre si sono comportati egregiamente.

ならい 習い 1 ¶習い性となる.《諺》"L'abitudine è una seconda natura."

2《常, 普通のこと》¶それが世の習いだ. Così va il mondo. / Questo è il nostro destino.

ならいごと 習い事 ¶あの娘はたくさん習い事をしている. Lei sta imparando diverse cose.

ならう 倣う imitare *qlcu.* [*ql.co.*], seguire l'esempio di *qlcu.* [*ql.co.*], prendere *qlcu.* [*ql.co.*] a modello [ad esempio] ¶…にならって seguendo l'esempio di / a imitazione di *ql.co.* [*qlcu.*] / sul modello [sull'esempio] di *ql.co.* [*qlcu.*] ¶先人に倣う seguire l'esempio dei predecessori ¶彼が賛成すれば他の者も倣うようだ. Se lui lo approva, anche tutti gli altri lo faranno. ¶「右へ, ならえ」《号令》"Allinearsi a destra!"

ならう 習う 《技術を修得する》imparare *ql.co.* [a＋不定詞], apprendere *ql.co.*;《人について勉強する》studiare *ql.co.* con *qlcu.*;《レッスンを受ける》prendere lezioni di *ql.co.* da *qlcu.* ¶パソコンを習う imparare ad usare il personal computer ¶ピアノを習う imparare (a suonare) il pianoforte ¶息子にピアノを習わせる fare studiare il pianoforte a *proprio* figlio ¶歴史は田中先生に習った. Ho studiato storia col professor Tanaka.

慣用 習うより慣れよ《諺》"Val più la pratica 'della [che la] grammatica." (►直訳すると「文法より練習のほうが価値がある」)

ならく 奈落・那落 《地獄》inferno男;《劇場の舞台の下》sottopalco男《複 -chi》, piano男 sottostante il palcoscenico

慣用 奈落の底 ¶奈落の底に落ち込む cadere男 [es] in un precipizio [una voragine / un abisso]

ならす 均す 1《平らにする》spianare;《同じ高さ・水準にする》livellare ¶地面をならす spianare un terreno

2《平均する》fare la media ¶この店の売り上げはならして日に10万円だ. In media questo negozio fattura centomila yen al giorno.

ならす 馴す 《野性動物を家畜化する》addomesticare, domare;《訓練する》ammaestrare, addestrare ¶ライオンを馴らす domare i leoni

ならす 慣らす assuefare [abituare] *ql.co.*《に a》;《自分を》abituarsi [assuefarsi]《に a》¶足を靴に慣らす assuefare i piedi alle scarpe ¶体を寒さに慣らす abituarsi al freddo

ならす 鳴らす 1《音を出す》¶鐘を鳴らす suonare una campana ¶口笛《汽笛》を鳴らす fischiare男 [av] ¶指[舌]を鳴らす (far) schioccare le dita [la lingua] ¶太鼓を鳴らす battere [suonare] il tamburo

2《強く言い立てる》¶…について不平を鳴らす lamentarsi [lagnarsi] per [di] *ql.co.* / esprimere le *proprie* lagnanze su *ql.co.*

3《評判をとる》¶彼もかつては秀才で鳴らしたものだ. Una volta era famoso per essere un bravo studente.

ならずもの 成らず者 teppista男《女》《複 -i》, mascalzone男《女 -a》, canaglia女, farabutto男《女 -a》

-ならでは ¶彼ならではの技だ. Tranne lui nessuno può fare un trucco simile. ¶日本ならではの料理だ. È un piatto 「che si può trovare solo in Giappone [tipico giapponese].

-ならない 1《禁止》 ◇…してはならない non dovere+[不定詞] ¶一人でそこに行ってはならないよ. Non devi andarci da solo [《女性》da sola]. ¶子供が見てはならない映画だ. È un film che i bambini non devono vedere.

2《義務・必要》 ◇…しなければならない dovere+[不定詞] ¶今日はどうしても会社に行かなければならない. Oggi devo assolutamente andare in ufficio. ¶早く彼を助けなければならない. Bisogna aiutarlo presto. ¶すぐに宿題をしなければならない. Devo fare subito i compiti.

3《できない》 ¶こう悪口を言われてはもうがまんがならない. Non posso più sopportare di essere insultato così. ¶彼は油断のならない男だよ. È una persona dalla quale bisogna guardarsi.

4《無性に…だ》 ¶大学に入れてうれしくてならない. Sono molto felice di essere riuscito ad entrare all'università.

-ならぬ ¶神ならぬ身の知るよしもない. Io che non sono che un comune mortale, lo ignoro. ¶この世ならぬ美しさ bellezza sovrannaturale

ならび 並び 1《列》fila[女], riga[女] ¶歯並び dentatura 2《同じ側》fianco[男][複 -chi], lato[男], parte[女] ¶この並びの3軒目の家 la terza casa 「da questo lato [da questa parte] della strada

ならびしょうされる 並び称される ¶モーツァルトはベートーベンと並び称される作曲家だ. Mozart è un compositore di levatura pari a quella di Beethoven.

ならびたつ 並び立つ 1《立ち並ぶ》¶通りに沿って家々が並び立っていた. Le case sorgevano allineate lungo la strada. 2《共に優れている》¶両雄並び立たず. Due giganti non possono 「stare insieme [tollerarsi]. ¶彼はゴッホと並び立つ画家だ. È un pittore della classe di Van Gogh.

ならびない 並びない ineguagliabile, senza pari ¶彼女はこの町では並びない美人だ. È la più bella ragazza della città.

ならびに 並びに ¶経済並びに文化において in cultura come pure in economia / sia in economia sia [che] in cultura

ならぶ 並ぶ 1《2つのものが隣り合う》essere accanto a *ql.co.* [*qlcu.*], essere a lato di *ql.co.* [*qlcu.*], essere di fianco a *ql.co.* [*qlcu.*] ¶彼らは並んで座っていた. Erano seduti affiancati [a fianco a fianco]. ¶私は彼と並んで座っていた. Ero seduto accanto a lui [al suo fianco]. ¶並んで歩く camminare l'un*o* accanto all'altr*o*

2《3つ以上のものが列になる》fare la fila [la coda], allinearsi;《行列の最後尾につく》mettersi in fila [in coda] ¶3人並んで歩く camminare[自][av] a tre a tre / camminare affiancat*i* per tre ¶2列に並ぶ mettersi su due file ¶2列に並ばせる far mettere su due file ¶劇場の切符売り場で1時間並んだ. Abbiamo fatto la fila [la coda] per un'ora al botteghino del teatro. ¶この通りには両側に本屋が並んでいる. Ci sono delle librerie una accanto all'altra sui due lati di questa strada.

3《所定の位置に置かれる》 ¶机の上には辞書やペンが並んでいる. Sulla scrivania sono allineati dizionari, penne, ecc.

4《匹敵する》 ¶彼に並ぶ者はない. Non c'è chi possa rivaleggiare con lui. ¶小説家として彼に並ぶ者はない. Non ha uguali come romanziere.

ならべたてる 並べ立てる elencare, enumerare ¶彼は私の欠点を並べ立てた. Ha elencato i miei difetti. ¶改善すべき点を並べ立てた. Ha fatto un lungo elenco dei punti da migliorare. ¶不平を並べ立てた. Ha esposto tutta una serie di lamentele.

ならべる 並べる 1 mettere in ordine, ordinare, sistemare;《配置する》disporre;《列にする》allineare, mettere in fila ¶本を棚に並べる mettere in ordine i libri nello scaffale ¶子供たちを[机を]2列に並べる far allineare i bambini [disporre le scrivanie] su due file ¶人名をアルファベット順に並べる mettere i nomi delle persone in ordine alfabetico ¶テーブルに皿を並べる disporre i piatti sulla tavola / apparecchiare la tavola /《人数分の食器を》mettere le posate in tavola

2《陳列する》mettere in mostra *ql.co.*, esporre [presentare] *ql.co.* ¶生徒たちの作品を並べる mettere in mostra le opere degli allievi

3《列挙する》enumerare [elencare] *ql.co.*, esporre (una serie di *ql.co.*) ¶文句[不平]を並べる fare una sequela di lamentele ¶いろいろ理屈を並べる esporre diverse ragioni

4《比べる:AとBを》paragonare A e B [A con B], confrontare A con B ¶彼女は姉と並べれば見劣りがする. Lei è meno attraente in confronto alla sorella maggiore. ¶肩を並べる essere ugual*e* a *qlcu.* / mettersi [essere / stare] alla pari con *qlcu.* ¶ついに彼は父親と肩を並べた. Finalmente ha raggiunto suo padre.

ならわし 習わし・慣わし costume[男], abitudine[女], usanza[女], consuetudine[女];《伝統》tradizione[女] ¶…するのが習わしである. È abitudine+[不定詞] / È consuetudine+[不定詞] ¶日本ではお彼岸に墓参りをするのが習わしだ. In Giappone è consuetudine recarsi al cimitero nel periodo dell'equinozio.

ならわす 習わす・慣わす ¶娘にピアノを習わせることにした. Ho deciso di far imparare il piano a mia figlia. ¶人々が言い習わしてきたように come si suol dire / come dicono (sempre) tutti ¶子供たちは彼を「おじちゃん」と呼び習わしていた. I bambini erano soliti chiamarlo "zio".

なり 1《体つき》statura[女] ¶なりは大きいがまだ子供だ. È grande e grosso di statura ma è ancora un bambino. 2《身なり, 外見》apparenza[女] ¶彼はなりを構わない. Non dà peso alle apparenze. ¶女のなりをした男 uomo travestito da donna ¶彼はみすぼらしい[立派な]なりをしていた. Era miseramente [ben] vestito. 3《…としての, …にふさわしい》¶誰にでもその人なりの長所がある. Ognuno ha i suoi pregi [meriti]. ¶彼には彼なりの考えがある. Lui ha le sue idee. ¶あの子だって子供なりの理屈がある. È un bambino, ma anche lui ha la sua logica. ¶私なりに努力はしたのです. A modo mio ho fatto degli sforzi.

なり　生り　《実のなること，結実》　¶今年はレモンのなりが良かった[悪かった]．Quest'anno il limone ha dato molti [pochi] frutti.

なり　鳴り　¶鳴りのいい楽器 strumento dalla bella sonorità

[慣用] 鳴りを静める stare zitt*o*, mantenere [fare] silenzio, tacere⊕ [*av*]　¶彼の一喝で一同鳴りを静めた．Tutti hanno fatto silenzio non appena è risuonata la sua voce tonante.

鳴りを潜める (1)《声を静める》→鳴りを静める (2)《目立たない》non distinguersi, non mettersi in evidenza; 《おとなしくしている》non farsi sentire [notare]　¶その運動もその後以来鳴りを潜めている．Da allora non si è più sentito niente di quel movimento.

なり　也　《受領証などで》　¶金50万円也確かに受け取りました．Si dichiara di aver ricevuto [Ricevo] la somma di cinquecentomila yen.

-なり　1《…するとすぐに》　¶ゴールに着くなりばったり倒れた．(Appena) giunto al traguardo è crollato.　¶彼女は私を見るなり泣き出した．Appena mi ha visto, è scoppiata a piangere.　¶彼は「何を」と言うなり僕を殴った．Ha detto "Ma che vuoi?" e contemporaneamente mi ha colpito.

2《…したまま，…したきり》una volta+過去分詞, dopo che+直説法　¶彼は故郷(⌒)を出たなり二度と姿を見せなかった．Dopo che è andato via dal paese, non si è più fatto vedere.

3《…でも》　¶先生になり相談してみなさい．Potresti consultarti con un insegnante.

4《いくつかの中から選択する》¶バスに乗るなり歩くなりして帰ります．Tornerò con l'autobus oppure a piedi.　¶大なり小なり被害を受ける subire danni, grandi o piccoli

なりあがる　成り上がる　raggiungere una posizione più elevata partendo dal basso ◇成り上がりの venuto dalla gavetta, fattosi dal nulla　¶彼は一介の労働者から社長に成り上がった．Da semplice operaio è diventato presidente della società.

❖成り上がり者 villan*o*⊕ [⊚ -*a*] rifatt*o*, [仏] parvenu⊕ [無変]

なりかわる　成り代わる　◇…になりかわって al posto di *qlcu.*

なりきる　成り切る　¶あの役者は役になりきっている．Quell'attore si immedesima nel personaggio.　¶私は彼ほど冷酷になりきれなかった．Non ho saputo essere crudele come lui.

なりきん　成金　arricchit*o*⊕ [⊚ -*a*], nuovo ricc*o*⊕ [⊚ -*ca*; ⊕無複 -*chi*], [仏] parvenu⊕ [無変]　¶戦争成金 profitt*atore*⊕ [⊚ -*trice*] di guerra / pescecane⊕ [複 *pescicani, pescecani*]　¶土地成金 specul*atore*⊕ [⊚ -*trice*] che opera nella compravendita di terreni

❖成金趣味 gusto⊕ pacchiano [da arricchito]

なりさがる　成り下がる　ridursi a *ql.co.*　¶彼は泥棒にまで成り下がった．Si è ridotto a fare il ladro.

なりすます　成り済ます　farsi passare per *qlcu.*, spacciarsi per *qlcu.*　¶彼は学生に成りすまして図書館に入った．Si è fatto passare per studente ed è entrato nella biblioteca.

なりそこなう　成り損なう　¶大臣になり損なう non riuscire⊕ [*es*] a diventare ministro

なりたち　成り立ち　《成立》formazione⊚, costituzione⊚, creazione⊚; 《起源》origine⊚, nascita⊚, genesi⊚ [無変]; 《構成》struttura⊚　¶国の成り立ち storia della formazione di una nazione　¶委員会の成り立ち struttura della commissione　¶キリスト教の成り立ちを研究する studiare le origini del cristianesimo

なりたつ　成り立つ　**1**《契約などがまとまる》essere conclus*o*; 《確定する》essere stabilit*o*　¶両社間に合意が成り立った．Tra le due ditte è stato 「raggiunto [stabilito] un accordo.

2《構成される》constare⊕ [*es*] (*da* di), essere compost*o* (*da* di), comporsi (*da* di); essere format*o* (*da* da)　¶この条約は12条から成り立っている．Questo trattato consta de dodici articoli.　¶その劇団は30人のメンバーで成り立っている．Quella troupe è formata da trenta membri.

3《…に基礎を置いている》essere fondat*o* [basat*o*] su *ql.co.*;《理論などが有効である》essere valid*o*;《通用する》reggersi, sostenersi, stare in piedi;《採算がとれる》rendere⊕ (▶単独でも可)　¶自然法を基盤として成り立っている essere basat*o* su leggi naturali　¶この事業は国家の援助なしには成り立たない．Quest'impresa non può stare in piedi senza l'intervento dello Stato.　¶そんな理屈は成り立たない．Un ragionamento simile non è valido.　¶そんな商売は成り立たない．Un simile commercio rende poco.

なりたて　¶先生になりたてだ．È diventato insegnante da poco tempo.

なりて　なり手　¶農家の嫁になり手がない．Non c'è nessuna donna che vada in sposa ad un agricoltore.

-なりと(も)　**1**《最小の希望》almeno, anche solo, se non altro　¶せめて私になりと話してくれたらよかったのに．Sarebbe stato meglio se l'avessi detto almeno a me.　¶1円なりともむだに使うな．Non devi buttar via neanche un solo yen.　¶一目なりとも彼に会いたい．Voglio vederlo anche solo per un attimo.

2《全面的肯定》　¶来たい人は誰なりと来てかまわない．Può venire chiunque lo desideri.　¶どこへなりと行ってしまえ．Vai dove diavolo vuoi!　¶いつなりと来てください．Venite quando volete.

なりはてる　成り果てる　ridursi a *ql.co.* [a+不定詞 / in *ql.co.*], decadere⊕ [*es*] fino a+不定詞　¶物ごいに成り果てた．Si è ridotto [È decaduto fino] a mendicare.　¶彼は見る影もない哀れな姿に成り果てた．È solo un'ombra di ciò che era in passato.

なりひびく　鳴り響く　risuonare⊕ [*es, av*];《大きな音が》rimbombare⊕ [*es, av*];《反響する》rieccheggiare⊕ [*es*]　¶電話がけたたましく鳴り響いた．Il telefono ha squillato sonoramente.　¶歌声が広場に鳴り響いた．I canti hanno risuonato nella piazza.　¶彼の名声は津々浦々に鳴り響いた．La sua fama si diffuse in ogni luogo.

なりふり　形振り　¶彼はなりふり構わず働いた．《人目を気にせず》Ha lavorato senza 「curarsi delle apparenze [badare agli sguardi altrui]．/《服装を気にせず》Ha lavorato senza curarsi「del suo abbigliamento [del modo di vestire].

なりものいり 鳴り物入り ¶双方とも鳴り物入りで応援していた. I sostenitori delle due squadre facevano il tifo con strumenti musicali. ¶鳴り物入りで新製品を宣伝する《大げさに》fare una pubblicità [una campagna pubblicitaria] chiassosa a un nuovo prodotto commerciale

なりゆき 成り行き 《過程，経過，流れ》corso [男]; 《状況》situazione[女], circostanza[女]; 《展開，進展》svolgimento[男], sviluppo[男], processo[男]; 《進行》andamento[男]; 《結果》esito[男], risultato [男], conseguenza[女] ¶自然の成り行き il corso naturale delle cose ¶思わぬ成り行き risultato [esito] inaspettato ¶成り行きを見守る stare a vedere「come vanno [si sviluppano] le cose ¶成り行きにまかせる lasciare che le cose prendano il loro corso naturale / 《自分を》lasciarsi portare dalla situazione ¶私はことのなり行き上同意するほかなかった. Date le circostanze [Costretto dalle circostanze] non ho potuto che approvarlo.

✤**成り行き注文** 《株式で》ordine[男] (d'acquisto) al meglio

なりわい 生業 mestiere[男], occupazione[女] ¶彼は花作りをなりわいとしている. La sua occupazione è la floricoltura.

なりわたる 鳴り渡る **1** 《鐘などが》risuonare [自] [*av, es*]; 《反響しながら》echeggiare[自] [*av, es*] ¶太鼓の音が広場いっぱいに鳴り渡った. Il rumore della grancassa risuonava per tutta la piazza.
2 《評判などが広がる》 ¶彼の名声が世界中に鳴り渡っている. È famoso [celebre] in tutto il mondo.

なる 生る ¶実がなる fruttificare[自] [*av*] / dare i frutti ¶柿の木に実がいっぱいなった. L'albero di cachi è carico di frutti.

なる 成る **1**【他のものに変化する】 diventare [自] [*es*], trasformarsi, 《悪い状態になる》ridursi ¶家が灰になってしまった. La casa è stata ridotta in cenere. ¶毛虫が蝶になる. Il bruco si trasforma in farfalla. ¶娘が3人の子供の母親になった. Mia figlia è già diventata mamma di tre bambini. ¶彼の愛情は憎悪になった. Il suo amore si è trasformato in odio.
2【他の状態に移り変わる】 diventare[自] [*es*], farsi ¶病気になる ammalarsi ¶大人になる diventare [divenire] adult*o* [grand*e*] ¶天気になる. Il tempo si mette al bello. ¶雨が激しくなった. La pioggia si è fatta torrenziale. ¶この先どうなるかわからない. Non si sa che cosa accadrà in futuro. ¶あの人どうなったの. Che ne è stato di lui? / Lui che fine avrà fatto? ¶それを考えると悲しくなります. Questo pensiero mi rende triste. ¶彼は転びそうになった. È mancato poco [Poco è mancato] che non cadesse. / Per poco non è caduto.
3【ある時期や時刻に移る】 essere (►未来形), farsi ¶もうすぐ春になる. Fra poco arriva [arriverà] la primavera. ¶もうすぐ7時になる. Tra poco saranno le sette. ¶遅くなった. Si è fatto tardi.
4【ある数量に達する】 ¶今年の3月に20歳になります. A [Nel] marzo di quest'anno compirò 20 anni. ¶日本に来てから何年になるの. Da quanti anni sei in Giappone? ¶全部でいくらになりますか. A quanto ammonta in tutto? ¶一文にもならない. Non me ne viene niente.
5【ある地位・身分に至る】 diventare[自] [*es*] ¶彼はある会社の社長になった. È diventato (il) presidente di una ditta. ¶「何になりたいの」「僕は弁護士になりたい」"Che cosa vuoi fare da grande?" "Voglio fare l'avvocato."
6【何かが実現する】 realizzare *ql.co.* ¶彼の傑作はこうして成った. Così ha realizzato il suo capolavoro. ¶なせば成る. Tutto è possibile, basta volerlo.
7【「…からなる」の形で】 essere costituit*o* da *ql.co.*, essere compost*o* di *ql.co.*, consistere[自] [*es*]《から in, di》 ¶この小説は3部からなっている. Questo romanzo si compone di tre parti. ¶水は酸素と水素からなっている. L'acqua è composta di ossigeno e idrogeno. ¶口頭および筆記からなる試験 esame che consiste in una prova orale e una scritta ¶交響曲は4楽章から成る. Una sinfonia consiste di quattro movimenti.
8【結果が現れる】 andare[自] [*es*], risultare[自] [*es*] ¶選挙の結果はどうなるだろう. Come vanno i risultati delle elezioni? ¶それが彼の致命傷になった. La ferita che si era procurato è risultata fatale. ¶どうせ同じことになる. Fa lo stesso. / È la stessa cosa.
9【可能である，できる】 ¶彼なんかに負けてなるものか. Non gli cederò. / Non mi avrà mai. ¶ならぬ堪忍(かん)するが堪忍.《諺》Veramente paziente è colui che riesce a sopportare l'insopportabile. ¶ローマは一日にしてならず.《諺》"Roma non fu fatta in un giorno."
10【ある役を果たす】 ¶ためになる servire[自] [*av, es*] [essere util*e*] a *qlcu.* [*ql.co.*] ¶この箱は腰掛けになる. Questa cassa fa [serve] da sedia. ¶何の足しにもならない. Non serve a niente.

なる 鳴る **1** 《音がする》suonare[自] [*av, es*]; 《ベルが》squillare[自] [*av, es*], tintinnare[自] [*av, es*]; 《指やむちが》schioccare[自] [*av*] ¶玄関のベル[電話]が鳴っている. Il campanello dell'ingresso [Il telefono] sta suonando. ¶目覚まし時計が鳴っている. La sveglia sta squillando. ¶3時が鳴った. L'orologio ha suonato le tre. ¶雷が鳴る. Tuona. ¶おなかが鳴る《人が主語》avere languore di stomaco ¶耳が鳴る. Mi sento fischiare le orecchie.
2 《広く知れ渡る》essere famos*o* [conosciut*o* / not*o*] ¶彼は勇気をもって鳴る. È famoso per il suo coraggio.
[慣用] **腕が鳴る** essere impazient*e* di mostrare il *proprio* talento

なるこ 鳴子 sona*glio*[男] [複 *-gli*] per scacciare gli uccelli

ナルシシスト 〔英 narcissist〕 narcisist*a*[男][女] [[男]複 *-i*]

ナルシシズム 〔英 narcissism〕 narcisismo[男]

なるたけ il più＋形容詞 [副詞] possibile ¶なるたけ早く来てください. Venga il più presto possibile.

なるべく quanto possibile, il più＋形容詞 [副詞] possibile ¶なるべくゆっくり il più lentamente possibile ¶なるべく早く il più presto possibile / quanto prima ¶なるべく早く故郷に帰りたい. Voglio tornare al paese appena possibile. ¶なるべくたくさん本を持って来てくれ. Porta più libri che puoi. ¶なるべくいい席をとってください. Prenotami il miglior posto possibile. ¶なるべくなら午後来てください. Se (è) possibile, venga di pomeriggio. ¶なるべく来るようにします. Farò「di tutto [il possibile] per venire. ¶なるべくなら行きたくない. Preferirei non andare.

なるほど 成程 **1**《相づちの言葉》Eh già! / Davvero! / Certo! / È vero! / Ah, ho capito. ¶なるほどそうですねえ. Certo, è così! / Sì, è vero! ¶彼女の話はなるほどと思わせる. La sua storia è convincente.

2《実際, 事実》davvero, veramente, infatti, in effetti ¶おもしろい映画だとは聞いていたがなるほどおもしろい. Avevo sentito dire che era un film interessante e lo è stato davvero. ¶なるほど彼の言ったとおり, この少女はかしこい. Proprio come ha detto lui, questa ragazza è sveglia.

なれ 慣れ・馴れ 《習慣》abitudine[女]; 《習熟》pratica[女]; 《経験》esperienza[女] ¶慣れで per abitudine [pratica / esperienza] ¶慣れというものは恐ろしい. Non fidarti troppo dell'abitudine.

なれあい 馴れ合い intesa[女] segreta, accordo[男] segreto; 《黙認》connivenza[女]; 《共犯関係》complicità[女]; 《共謀》cospirazione[女]; 《結託》collusione[女] ◇なれ合いの collusivo ¶なれ合いで con un accordo segreto ¶なれ合いの試合 partita combinata ¶〈人〉となれ合いでやっている essere connivent*e* con *qlcu.*

なれあう 馴れ合う **1**《親しみ合う》fare amicizia con *qlcu.*

2《共謀する》mettersi in collusione con *qlcu.*

3《男女が親しくなる》iniziare una relazione

ナレーション 〔英 narration〕 ¶ナレーションをする fare la narrazione

ナレーター 〔英 narrator〕 narra*tore*[男] [[女] *-trice*]

なれそめ 馴れ初め ¶私たちのなれ初めを懐かしく思い出す. Ricordo con nostalgia l'inizio del nostro amore.

なれっこ 慣れっこ ◇慣れっこになる abituarsi a *ql.co.* [a＋[不定詞]], fare il callo a *ql.co.*

なれなれしい 馴れ馴れしい troppo familiare ◇なれなれしくする prendersi delle libertà [delle familiarità] con *qlcu.*, trattare *qlcu.* con troppa familiarità

なれのはて 成れの果て ¶あれがかつての名女優の成れの果てだ. Ecco che cosa resta di un'attrice tanto famosa.

なれる 馴れる 《動物が飼い主に》ammansirsi nei confronti di *qlcu.*, diventare[自] [*es*] docil*e* 《家畜化する》addomesticarsi; 《なつく》affezionarsi, attaccarsi a *qlcu.* ◇馴れた addomesticato ¶ライオンは人に馴れない. Il leone non è addomesticabile. ¶この犬は私に馴れている. Questo cane mi si è affezionato.

なれる 慣れる abituarsi a *ql.co.* [a＋[不定詞]], avvezzarsi a *ql.co.* [a＋[不定詞]], 《慣れ親しむ》familiarizzarsi con *ql.co.*; 《環境・状況に》ambientarsi a [in] *ql.co.*; 《気候などに》acclimatarsi a *ql.co.* ◇…に慣れている essere abituat*o* a *ql.co.* [a＋[不定詞]]; 《習熟している》essere pratic*o* [espert*o*] di *ql.co.* [in *ql.co.* / nel＋[不定詞]] ¶寒さ[不便]に慣れる avvezzarsi al freddo [al disagio] ¶旅慣れた人 esperto viaggiatore / persona abituata [avvezza] a viaggiare ¶慣れた手つきで扱う maneggiare *ql.co.* con mano esperta ¶靴が足に慣れた. Le scarpe si sono adattate al piede. ¶新しい仕事にも慣れた. Mi sono abituato al nuovo lavoro. ¶早起きに慣れている. Sono abituato ad alzarmi presto. ¶新しい同僚にはまだ慣れない. Non mi sono ancora familiarizzato con i nuovi colleghi.

なわ 縄 corda[女]; fune[女] ¶縄をかける attaccare [legare] *ql.co.* con una corda / stringere *ql.co.* con corde / 《逮捕する》arrestare *qlcu.* ¶周りに縄を張る stendere un cordone intorno ¶縄を縛る[結ぶ] annodare una corda ¶…の縄を解く slegare la corda di *ql.co.* [*qlcu.*] / sciogliere il nodo della corda di *ql.co.* [*qlcu.*]

なわしろ 苗代 semenza*io*[男] [複 *-i*] [viva*io*[男] [複 *-i*]] di piantine di riso

なわとび 縄跳び salto[男] alla corda ¶縄跳びをする saltare alla corda

なわばしご 縄梯子 scala[女] di corda

なわばり 縄張り 《勢力圏》zona[女] [sfera[女]] d'influenza, domin*io*[男] [複 *-i*], territor*io*[男] [複 *-i*] ¶縄張りを広げる allargare la *propria* zona [sfera] d'influenza ¶縄張りを荒らす invadere il [sconfinare nel] dominio di *qlcu.* / 《仕事などの》invadere le competenze [il campo] di *qlcu.*

✤**縄張り争い** disputa[女] su una zona [una sfera] d'influenza ¶縄張り争いをする disputarsi una zona d'influenza

縄張り主義 settarismo[男]

なわめ 縄目 **1**《結び目》 ¶縄目をほどく sciogliere un nodo

2《逮捕》 ¶縄目の辱めを受ける essere arrestat*o* / conoscere l'onta dell'arresto

なん 何 che cosa, come, quale ¶それは何の本ですか. Che libro è quello? ¶あれは何だろう. Che cosa è quello? ¶ここは何という町だろう. Come si chiama questa città? ¶お仕事は何ですか. Che cosa fa? ¶ご用件は何でしょうか. Che cosa desidera? ¶それは何なのかわからない. Non so che cosa sia. ¶君の人生の目標は何ですか. Qual è lo scopo della tua vita? ¶えっ, 何ですか. 《相手の言ったことに》Come? / Scusi? / Prego? / Come ha detto? / Che cosa ha detto? ¶「ねえ」「何だい」"Senti!" "Che cosa c'è?" ¶もしなんでしたら…. Se per lei va bene, ... ¶自分で言うのもなんだが… Non sta a me dirlo, ma... ¶そう言ってはなんですが…. Scusami la franchezza, ma...

なん 難 **1**《困難》difficoltà[女]; 《危機》crisi[女] [無変]; 《災難》disastro[男]; 《危険》pericolo[男] ¶住宅難 crisi degli alloggi ¶食糧難 carenza [penuria] di prodotti alimentari ¶生活難 difficoltà della vita ¶難に遭(あ)う avere un incidente ¶難を免れる sfuggire[自] [*es*] [sottrarsi] al pericolo ¶…に難を避ける rifugiarsi in *ql.co.*

2 《欠点》difetto[男], manchevolezza[女]; 《傷》

[な]

magagna㊛ ¶強いて難を言えば… Volendo essere critici [Se si vuol fare una critica] va detto che +直説法

なん‐ 何‐ **1**【不定数の】 alcuno, parecchio [㊚複 -chi] ¶何百[何千]かの alcune centinaia [migliaia] di ¶何百[何千]もの centinaia [migliaia] di ¶何百万[何十万]もの人 decine [centinaia] di migliaia di persone ¶これは何百万円もする. Questo costa parecchi milioni di yen. **2**【どれくらいの】 quanto ¶ご家族は何人ですか. Quanti siete in famiglia? ¶君は生まれた時何グラムだったか知っていますか. Sai quanto [quanti grammi] pesavi quando sei nato? ¶数学の試験は何点でしたか. Quanti punti hai preso nel test di matematica? **3**【どの】 ¶今日は何曜日ですか. Che giorno della settimana è oggi?

なんい 南緯 latitudine㊛ sud ¶ケープタウンは南緯33度55分にある. Città del Capo è situata a 33°55′ (読み方: trentatré gradi cinquantacinque primi) di latitudine sud.

なんい 難易 ¶難易にかかわらず最善を尽くす fare del *proprio* meglio a prescindere dalla [dalle] difficoltà

❖**難易度** grado㊚ di difficoltà

なんおう 南欧 Europa㊛ meridionale
なんか 南下 ◇**南下する** andare verso sud
なんか 軟化 **1**《ものが柔らかくなること》 ammorbidire, rammollire, addolcire; 《自らが》 addolcirsi, ammorbidirsi **2**《態度が》 ◇**軟化する** diventare㊚ [*es*] accomodante [meno severo], diventare conciliante ¶態度を軟化させる ammorbidire [addolcire / moderate] il *proprio* atteggiamento **3**《相場が》 ◇**軟化する** indebolirsi (►主語は la Borsaや il cambioなど)

❖**軟化剤** 《ゴムなどの》 ammorbidente㊚
なんか 軟貨 《経》 valuta㊛ debole; 《不換通貨》 valuta㊛ non convertibile
なんか 何か **1**《不特定の物事》 qualcosa㊛ **2** 一何となく, 一何か
‐なんか ¶お金なんかいらない. Non ho proprio bisogno di denaro. / Non voglio davvero denaro. ¶君になんかわかるものか. Non è una cosa che tu possa capire. ¶寂しくなんかない. Ma io non sono triste. ¶ワインかなんかないの. Non hai dei vino o qualcosa di simile?

なんかい 何回 ¶何回か alcune volte ¶ミラノには何回行きましたか. Quante volte è stato a Milano? ¶その映画は何回も見ました. Ho visto quel film molte volte.

なんかい 南海 mare㊚ meridionale; 《南洋》 Mari㊚複 del Sud
なんかい 難解 ◇**難解な** difficile da capire, di difficile comprensione; difficile; oscuro; 《哲学・文芸に関して》 ermetico [㊚複 -ci] ¶難解な書物[著者] libro [autore] difficile ¶難解な文章[哲学] frase [filosofia] oscura
なんかげつ 何箇月 ¶何か月か前に 《今から》 qualche mese fa / 《ある時点から》 qualche mese prima ¶この仕事をするのに何か月かかりますか. Quanti mesi occorrono [ci vogliono] per fare questo lavoro? ¶彼からは何か月も手紙が来ない. Sono mesi che non ricevo una sua lettera. ¶彼女は今何か月ですか. 《妊娠の》 Di quanti mesi è incinta? / A che mese sta?

なんがつ 何月 ¶その音楽会は何月にありますか. In che mese ci sarà quel concerto?
なんかん 難関 barriera㊛, ostacolo㊚, difficoltà㊛ ¶入試の難関を突破する superare l'ostacolo dell'esame di ammissione
なんぎ 難儀 《苦しみ》 patimento㊚, sofferenza㊛; 《苦労》 fatica㊛; 《困難》 difficoltà㊛; 《面倒》 fastidio㊚ [複 -i], 《窮境》 angoscia㊛ [複 -sce], affanno㊚, disperazione㊛, sgomento㊚ ◇**難儀な** duro, aspro; faticoso; difficile; fastidioso ◇**難儀する** soffrire *ql.co.*; 《苦境にある》 essere nei guai, essere in difficoltà, trovarsi in difficoltà ¶暑さで難儀する soffrire il caldo ¶〈人〉に難儀をかける dare fastidio a *qlcu.* / recare fastidio [disturbo] a *qlcu.* ¶このごろは階段を上るのが難儀になりました. È diventato faticoso per me salire le scale.

なんきつ 難詰 ¶不注意を難詰された. Sono stato criticato per la mia scarsa attenzione.
なんきょく 南極 《極点》 Polo㊚ Sud, Polo㊚ australe [antartico]; 《地帯》 regione㊛ antartica, Antartide㊛; 《zona㊛ antartica, 《磁針の》 sud㊚ ◇**南極の** antartico [㊚複 -ci]

❖**南極海** Oceano㊚ Antartico
南極観測隊 spedizione㊛ antartica [al Polo Sud]
南極圏 Circolo㊚ polare antartico ¶南極圏の動物 fauna antartica
南極光 aurora㊛ australe
南極条約 Trattato㊚ dell'Antartico
南極大陸 Continente㊚ antartico, Antartide㊛
南極探検 esplorazione㊛ polare antartica
南極点 Polo㊚ Sud geografico

なんきょく 難局 situazione㊛ grave [critica], crisi㊛ [無変]; 《政治の》 crisi㊛ politica ¶難局に立つ trovarsi in una situazione critica / attraversare una crisi ¶難局に当たる [立ち向かう] affrontare gravi difficoltà ¶難局を打開する superare le difficoltà / risolvere una crisi
なんきん 南京 《中国の》 Nanchino㊚
❖**南京錠** lucchetto㊚ →鍵 図版
南京豆 arachide㊛, nocciolina㊛ americana
南京虫 cimice㊛ (dei letti)
なんきん 軟禁 ◇**軟禁する** rinchiudere *qlcu.*, mettere *qlcu.* agli arresti domiciliari; 《家に》 costringere *qlcu.* a rimanere a casa sotto sorveglianza
なんくせ 難癖 ¶難癖をつける trovare da ridire su *qlcu.* [*ql.co.*]
なんげん 南限 limite㊚ meridionale
なんこう 軟膏 unguento㊚, balsamo㊚, pomata㊛
なんこう 軟鋼 《冶》 acciaio㊚ [複 -i] dolce
なんこう 難航 《航行困難》 navigazione㊛ tempestosa ◇**難航する** navigare㊚ [*es*] in cattive acque; 《物事が》 procedere㊚ [*es*] con difficoltà; non andare liscio [㊚複 -sci] [㊛複 -sce] ¶交渉は難航している. Le trattative procedono con difficoltà. ¶その捜査は難航した. L'investi-

gazione ha incontrato molte difficoltà.

なんこうがい 軟口蓋 velo[男] palatino

✤軟口蓋子音〘音声〙consonante[女] velare (►イタリア語では k, gなど)

なんこうふらく 難攻不落 ◇難攻不落の imprendibile, inespugnabile, inattaccabile ¶難攻不落の要塞 roccaforte inconquistabile

なんごく 南国 paese[男] meridionale

なんこつ 軟骨 cartilagine[女] ◇軟骨状[質]の cartilaginoso, cartilagineo

✤軟骨魚類 pesci[男][無変] cartilaginei

軟骨組織 tessuto[男] cartilaginoso

なんさい 何歳 ¶君は何歳ですか. Quanti anni hai? ¶彼は何歳だと思うか. Quanti anni gli dai? ¶何歳のときからここにお住まいですか. A quanti anni è venuto a vivere qui? ¶何歳で結婚しましたか. A che età ti sei sposato? ¶彼は君より何歳上[下]なのかい. Di quanti anni è più vecchio [giovane] di te?

なんざん 難産 **1**《難しいお産》parto[男] difficile **2**《物事の成立がはかどらないこと》 ¶協会の成立はなかなか難産だった. La fondazione della società è stata particolarmente laboriosa.

なんじ 汝・爾 ¶「汝自身を知れ」(ソクラテス) "Conosci te stesso!" (Socrate)

なんじ 何時 ¶何時に a che ora ¶何時まで fino a che ora ¶何時までに entro che ora ¶何時にでも a qualsiasi [qualunque] ora ¶今何時ですか. Adesso che ora è [che ore sono]? ¶何時に来るの. A che ora vieni? ¶銀行は何時までですか. Fino [Sino] a che ora è aperta la banca? ¶何時の列車に乗るのか. Che [Quale] treno prendi? ¶いったい何時だと思っているんだ.《電話で》Ti sembra questa l'ora di telefonare? /《遅く帰宅した人に》Ti sembra l'ora di tornare, questa?

なんじ 難事 difficoltà[女] ¶難事に当たる affrontare un problema difficile

なんじかん 何時間 quante ore ◇何時間も (per) molte ore, per ore e ore ¶ここからナポリまで何時間くらいかかりますか. Da qui a Napoli quanto tempo ci vuole? ¶部屋はあと何時間ぐらいで準備できますか. Tra quanto sarà pronta la camera? ¶週に何時間働きますか. Quante ore lavori alla settimana? ¶何時間も待った. Ho aspettato per molte ore. ¶何時間もかかりません. Non ci vogliono delle ore. ¶それから何時間かして彼が現れた. È apparso dopo alcune ore.

なんしき 軟式

✤軟式テニス tennis[男] con palla morbida

軟式野球 baseball[男] con palla morbida

なんしちょうちいき 難視聴地域 zona[女] di cattiva ricezione ¶ケーブルテレビによって難視聴地域を解消する migliorare la ricezione di una zona tramite la televisione via cavo

なんしつ 軟質 ◇軟質の tenero, molle

✤軟質アスファルト[ガラス / ゴム] asfalto[男] [vetro[男] / gomma[女]] molle

軟質小麦 grano[男] tenero (◆ラビオリ, ラザーニャなどの生パスタはおもにこれで作られる)

軟質プラスチック plastica[女] flessibile

なんじゃく 軟弱 ◇軟弱な《軟らかい》molle; 《弱い》debole (►いずれも「精神的に弱い」という意味もある);《気力・活力のない》fiacco [[男]複 *-chi*];《決断力のない》irresoluto, indeciso ¶軟弱な地盤 terreno molle [cedevole] ¶君は軟弱だ. Hai un carattere debole. /《なよなよした》Sei un uomo effeminato [《意気地のない》pavido]. ¶軟弱な態度で con un atteggiamento irresoluto ¶軟弱な外交 diplomazia remissiva [accondiscendente / troppo conciliante] ¶軟弱な市況 mercato languido [fiacco]

なんじゅう 難渋 difficoltà[女], fatica[女]

なんしょ 難所 《場所》posto[男] [luog*o*[男] [複 *-ghi*]] pericoloso, tratto[男] arduo;《山道など》passagg*io*[男] [複 *-gi*] difficile [pericoloso] (►いずれも比喩的にも用いられる) ¶ここは古来シルクロードの難所であった. Questo è fin dall'antichità il punto più pericoloso della via della seta.

なんしょく 難色 ¶難色を示す avere un tono [un'aria] di disapprovazione《に a》/ mostrarsi contrar*io*《に a》/《しぶる》mostrare repulsione《することに a＋[不定詞]》

なんすい 軟水 acqua[女] dolce

✤軟水化 addolcimento[男] dell'acqua ¶水を軟水化する addolcire l'acqua

軟水化剤 addolcitore[男] d'acqua

なんせい 南西 sud-ovest[男] ◇南西の di sud-ovest ¶南西の風 vento di sud-ovest

なんせい 軟性 ◇軟性の soffice, elastic*o* [[男]複 *-ci*]

✤軟性下疳(げかん)〘医〙ulcera[女] venerea [molle], streptobacillosi[女][無変] di Ducrey

なんせん 難船 ◇難船する《船が難破する》naufragare[自][*es*]

✤難船救助 salvatagg*io*[男] [複 *-gi*] (di una nave)

難船信号 segnale[男] di richiesta di aiuto, SOS[男][無変]

ナンセンス 〔英 nonsense〕assurdità[女], controsenso[男], nonsenso[男] ¶そんなことはナンセンスだ. Questo non ha senso! / È assurdo.

なんだ 何だ **1** ¶何だ君か. Ah, sei tu? ¶何だそんなことか. Non è che questo? ¶何だばかばかしい. Com'è sciocco! ¶何だと. Come? / Ripetilo se hai il coraggio.

2 ¶それが何だ. E con questo? ¶警察が何だ. Al diavolo la polizia!

なんだい 難題 《作文・論文などの》tem*a*[男] [複 *-i*] difficile;《難問題》problem*a*[男] [複 *-i*] difficile ¶難題を吹きかける mettere *qlcu*. in difficoltà con domande irragionevoli

なんたいどうぶつ 軟体動物 〘動〙molluschi[男][複] ⇒動物 [用語集]

なんだか 何だか ¶私は彼がなんだか怖いんです. Ho un certo timore di lui. ¶彼の様子がなんだか変だ. Il suo atteggiamento è un po' strano. ¶空模様がなんだか怪しくなってきた. Le condizioni del tempo si stanno facendo incerte. ¶なんだか母のことが気にかかる. Non so perché ma mi preoccupo per mia madre.

なんだかんだ ¶なんだかんだで忙しい. Per una cosa o per l'altra sono molto indaffarato. ¶なんだかんだ言ってもまだ子供だ. Alla fin fine è ancora un bambino. ¶なんだかんだで10万円はかかる. Tutto compreso, ci vogliono almeno centomila yen.

なんだって 何だって ¶なんだって! Perché? / Come mai? ¶なんだってまたそんなばかな事をしたんだ. Come ti è saltato in mente di fare una sciocchezza simile? ¶動きさえすれば車はなんだってかまわない. Che automobile sia non mi interessa [Qualsiasi macchina va bene], basta che si muova. ¶僕にはなんだって同じことだ. Comunque sia, per me è la stessa cosa. ¶なんだって, あいつが死んだって. Cosa dici [Come]? È morto proprio lui?!

なんたる 何たる ¶なんたることか. Ma che modo di fare è ? / Ma che bella situazione! ¶なんたる無作法. Che maleducazione! / Che maniere sono?

なんたん 南端 ¶アフリカ大陸の南端 l'estremità meridionale dell'Africa

なんちゃくりく 軟着陸 atterraggio[男][複 -gi] morbido ¶月に軟着陸する compiere [fare] un allunaggio morbido

なんちゅう 南中 〔天〕culminazione[女] ◇南中する passare[自][es] attraverso il meridiano

なんちょう 軟調 《相場の》fiacchezza[女], debolezza[女] ¶相場は軟調だ. Il mercato è un po' debole.

なんちょう 難聴 debolezza[女] d'udito ◇難聴の(人) audioleso[男][[女] -a] ¶彼は軽度の難聴である. È un po' debole [Ha dei lievi problemi] d'udito.

なんて 何て ¶なんてきれいなんだ. Che bellezza! / Che bello! / Com'è bello! ¶なんて(いう)人たちだ. Ma che razza di gente è! ¶あの人はなんて親切なんだろう. Com'è gentile quella persona! ¶なんてことはない. Non ha niente di particolare. ¶なんてったってこのワインほどうまいものはない. Checché se ne dica, non c'è nulla di più buono di questo vino.

-なんて **1**《非難の気持ちを表して》¶嘘をつくなんていったいなぜだ. Ma perché hai mentito?

2《軽蔑・軽視して》¶報酬なんてどうでもいいんです. Non mi interessa quanto mi pagano.

3《例示して》¶君なんてイタリア語ができるからいいけど僕なんかは困るよ. Per uno come te che sa l'italiano, va bene, ma io come faccio?

4《嘆き・否定の気持を表す》¶映画なんてつまらないよ. Il film non vale proprio niente. ¶あの人が親切だなんてとんでもない. Lui sarebbe gentile? Ma scherziamo?! [Figuriamoci!] ¶暑いなんてものじゃない. 《強い肯定》Non è semplicemente caldo: qui si arrostisce! / Dire caldo è dir poco. ¶いやだなんて言わせないぞ. Non ti permetto di dirmi di no.

5《意外・驚きを表して》¶ローマの町なかで彼女に出くわすなんて夢にも思っていなかった. Non mi sarei aspettato proprio di incontrarla nel centro di Roma. ¶彼がひったくりに遭ったなんて. Ma come! Lo hanno scippato!

なんで 何で **1**《疑問》¶なんで東京へ行くんだ. Perché [Come mai] vai a Tokyo?

2《反語》¶あの屈辱をなんで忘れられよう. Come potrei dimenticare l'umiliazione che ho subito?

なんてつ 軟鉄 〔冶〕ferro[男] dolce

なんでも 何でも **1**《どんな…でも》¶彼はスポーツならなんでもござれだ. Se si tratta di sport, lui li sa far tutti. ¶冷たいものならなんでもけっこうです. Va bene qualsiasi cosa, purché sia qualcosa di fresco.

2《聞いたところによると》¶なんでも彼はイタリアに働きに行ったということだ. Dicono [Ho sentito dire] che è andato a lavorare in Italia.

3《どうあっても》¶なんでもかんでも ad ogni costo ¶この仕事はなんでもかんでも4月までに仕上げなければならない. Questo lavoro deve essere assolutamente finito entro aprile.

なんでもない 何でもない ¶「どうかしましたか」「なんでもありません. ご心配なく」"Che cosa ha?" "Non è nulla. Non si preoccupi." ¶なんでもないよ, かぜをひいただけさ. Niente di grave, ho un po' di raffreddore. ¶お医者さんに診てもらったがなんでもなくてよかった. Mi sono fatto visitare dal medico, ma per fortuna era una cosa da poco. ¶彼女はなんでもないことですぐ泣く. Quella ragazza piange subito per un nonnulla. ¶「いつもすみませんね」「いいえ, なんでもありませんよ」"Io la disturbo sempre." "Ma si figuri! Per così poco." ¶金を貸すのはなんでもない, お前がむだ遣いするのが問題なのだ. Il problema non è prestarti i soldi, è che li sprechi. ¶彼女は親類でもなんでもない. Non è per nulla una mia parente. ¶私は病気でもなんでもない. Non sono mica ammalato.

なんでもや 何でも屋 ¶彼はなんでも屋だ. Lui sa fare un po' di tutto.

なんてん 南天 **1**《南の空》cielo[男] dell'emisfero australe ¶南天に輝く星 stelle che brillano nel cielo australe **2**〔植〕nandina[女];《学名》*Nandina domestica* Thunb.

なんてん 難点 《難しい点》punto[男] difficile, difficoltà[女];《欠点》difetto[男], punto[男] debole; 《非難すべき点》punto[男] biasimevole ¶条件に難点がある. Vi sono delle condizioni che non mi soddisfano affatto. ¶この家の難点は台所が狭いことだ. Il brutto di questa casa è che la cucina è troppo piccola.

なんと 何と

1《疑問》¶彼になんと言ったらいいだろう. Che cosa gli devo dire? ¶これはなんという花ですか. Come si chiama questo fiore? ¶彼にはなんとでも言っておけ. Digli pure quello che vuoi! ¶なんとでも言わせておきなさい. Lasciali dire quello che vogliono. ¶なんとお礼を申し上げたらいいのかわかりません. Non so come ringraziarla.

2《感嘆, 驚き》¶なんときれいな花だろう. Ma che bei fiori! ¶まあ, なんと感心なお子さんでしょう. Oh, che bravo bambino! ¶なんとそこに来たのが私の妻なんだ. Pensa che poi è apparsa lì mia moglie.

なんど 何度 **1**《回数を尋ねて》quante volte?; 《度数を尋ねて》quanti gradi? ¶温度は何度ですか. Quanti gradi [Quanto] segna [indica] il termometro? / Di quanti gradi è la temperatura? ¶この角度は何度ですか. Di quanti gradi è questo angolo? ¶ヨーロッパへは何度行きましたか. Quante volte è stato in Europa?

2《何回…しても》◇何度も spesso, molte volte; 《繰り返し》ripetutamente ◇何度でも quante volte si vuole ◇何度となく varie volte, più e più volte, cento [mille] volte ¶若い頃何度もそこに行った. Da giovane ci andavo spesso. ¶何度もそれをやった. L'ho fatto più di una volta. / L'ho ripetuto più e più volte. ¶何度言ったらわかるんだ. Quante volte devo dirtelo? ¶何度も説明してやっとわかってもらえた. Dopo aver ripetuto la spiegazione per l'ennesima volta, hanno capito. ¶何度も催促したのに返事がこない. Nonostante i miei numerosi solleciti non ho ancora ricevuto nessuna risposta. ¶あの映画は何度見てもいい. Quel film si rivede sempre volentieri. ¶何度やってもだめだった. Ho provato più volte inutilmente.

3《数回》 ¶彼とは前に何度か会ったことがある. L'ho incontrato qualche volta in passato.

なんど 納戸 ripostiglio[男][複 -gli]
✤納戸色 grigioblu[男][無変]

なんど 軟度 〘化〙consistenza[女]

なんといっても 何と言っても tutto considerato, dopo tutto ¶なんといってもおふくろの料理が一番うまい. Comunque, niente è così buono come quello che cucina mia madre. ¶なんといっても金の世の中だ. C'è poco da fare [Dì pure quel che vuoi], il mondo è del denaro.

なんとう 南東 sud-est[男] ◇南東の di sud-est ¶南東の風 vento di sud-est ¶南東に舵をとった. Abbiamo fatto rotta verso sud-est.

なんとおり 何通り ¶日本語は漢字, ひらがな, カタカナを使って何通りもの書き方ができる. Il giapponese può essere scritto in più modi usando gli ideogrammi, lo *hiragana* oppure il *katakana*.

なんとか 何とか **1**《どうにか》in qualche modo, in un modo o nell'altro, a stento, a malapena ¶なんとか暮らしている. Tiro avanti a stento. ¶簡単なことならイタリア語でなんとか話せる. Se si tratta di cose semplici, posso arrangiarmi in qualche modo in italiano. ¶なんとか電車に間に合った. Sono arrivato appena appena in tempo al treno. ¶なんとかする cavarsela [tirare [自][*av*] avanti] alla meno peggio ¶自分でなんとかしよう. Me la caverò da solo [《女性》da sola] alla meno peggio. ¶なんとかしてあげたいんだがどうにもならない. Vorrei davvero aiutarti, ma proprio non posso. ¶その10万円は私がなんとかしましょう. Per questi centomila yen, lascia fare a me. ¶なんとかなるだろう. Le cose si sistemeranno [si aggiusteranno].

2《不特定のもの, はっきりしないことを言うときに》 ¶なんとかいう人《男性》quel tizio / 《女性》quella tizia ¶なんとかいう映画 un film di cui mi sfugge il titolo ¶なんとかいう会社 una certa ditta ¶なんとか言ったらどうだ. Perché non dici qualcosa? ¶「お元気ですか」「まあなんとか」"Come va?" "Così così [Non c'è male]."

なんとしても 何としても assolutamente, a tutti i costi, costi quel che costi ¶なんとしても息子の夢を叶えてやりたい. Vorrei aiutare mio figlio a realizzare il suo sogno, costi quel che costi. ¶なんとしても彼に会いたい. Voglio incontrarlo ad ogni costo.

なんとなく 何と無く 《なぜだか》chissà [non so] perché, senza una ragione particolare; 《何気なく》senza intenzione, involontariamente, per caso ¶今日はなんとなく出かける気がしない. Non so perché ma oggi non ho voglia di uscire. ¶私は彼がなんとなく嫌いだ. Mi è antipatico senza una ragione particolare. ¶なんとなく窓の外を眺めていた. Guardavo per caso fuori della finestra. ¶なんとなく気分が悪い. Provo un vago malessere.

なんとも 何とも **1**《強調》veramente ¶なんとも申しわけありません. Non so come chiederle scusa. ¶なんともお気の毒です. Mi dispiace veramente per lei.

2《否定の語を伴って》◇なんとも言えない 《言葉で表現できない》indescrivibile, inesprimibile; 《説明できない》inspiegabile ¶なんとも言えない光景 scena indescribile ¶なんとも言えない感覚 sensazione inspiegabile ¶その少女はなんとも言えないほど美しかった. Quella ragazza era bella oltre ogni dire. ¶君のことはなんとも理解できない. Non ti capisco proprio. ¶あなたのことはもうなんとも思っていない. 《恨みはない》Non ce l'ho più con te. / 《愛情をもっていない》Mi sei completamente indifferente! ¶「来週の日曜, 晴れるかな」「なんとも言えないね」"Farà bel tempo domenica prossima?" "Non si può dire niente." ¶「彼は才能がありますかね」「なんとも言えませんね」"Ha talento?" "Non saprei dire." ¶転んだがなんともなかった. Sono caduto ma non mi sono fatto niente. ¶雷ぐらいなんともない. Non ho paura dei tuoni.

なんなく 難無く senza difficoltà; facilmente, con facilità, agevolmente

なんなら 何なら casomai, semmai; 《できれば》se possibile; 《できなければ》se non è possibile; 《必要なら》se (è) necessario ¶なんなら明日もう一度来ましょうか. Vuole che torni anche domani? / Se vuole [Se le fa piacere], posso tornare domani. ¶今日中に頼むよ. なんなら明日でもいいが. Ti prego di farlo oggi. Se proprio non è possibile va bene anche domani. ¶なんならこれを差し上げましょうか. Se lo desidera può tenerlo. ¶なんなら私のほうから伺います. Casomai, vengo io a trovarla.

なんなりと ¶なんなりとおっしゃってください. Lei può dire「tutto quello che vuole [qualunque cosa]. ¶なんなりとお言いつけください. Sono a sua completa disposizione.

なんなんせい 南南西 sud-sud-ovest[男]

なんなんとう 南南東 sud-sud-est[男]

なんなんとする 垂んとする ¶彼は齢(よわい)百歳になんなんとする. Si sta avvicinando al centesimo compleanno. / È prossimo ai cento anni.

なんにち 何日 **1**《疑問文で》quale giorno[男]; 《疑問文で幾日間》quanti giorni[男][複] ¶今日は何日ですか. Quanti ne abbiamo oggi? ¶何日に出発しますか. In「che [quale] giorno parti?

2《不特定の日数を表わす》◇何日(間)か (per) qualche giorno, (per) alcuni [diversi / vari / più] giorni ◇何日(間)も (per) molti giorni, (per) giorni e giorni ¶彼はローマに何日も滞在しなかった. Non è rimasto a Roma che qualche giorno. ¶私は何日もかけてその作品を仕上げた. Ho completato quell'opera impiegando giorni e giorni.

なんにも 何にも ⇒何も ¶泣いたってなんにもならない. Piangere non ti aiuta di certo. / Anche se piangi, non cambia nulla.

なんにん 何人 **1**《疑問》 ¶ご兄弟は何人？ Quanti fratelli hai? ¶ご家族は何人ですか. Quanti siete in famiglia? ¶何人様ですか. In quanti siete?

2《数人》 ¶何人かの子供 alcuni bambini ¶二十何人かの人々 una ventina e più (di) persone ¶暑さで倒れる者が何人か出た. Alcune persone sono svenute per il caldo.

3《幾人も》 ¶何人もの学生 molti [un gran numero di] studenti ¶この本箱を動かすのには人手が何人も要る. Per spostare questa libreria ci vogliono tante persone.

なんねん 何年 **1**《疑問》 ¶何年ここにお住まいですか. Da quanti anni abita qui? ¶今年は何年ですか. In che anno siamo? ¶その大学の創立は何年ですか. In che anno è stata fondata quell'università?

2《数年》 ¶何年間か per qualche anno / per alcuni [diversi / vari / più] anni ¶もう何年かすれば fra alcuni anni ¶私は何年かイタリアにいた. Sono stato in Italia per「qualche anno [alcuni anni].

3《幾年も》 ¶何年も per molti anni ¶…するのに何年もかかった. Ci sono voluti anni per＋[不定詞] ¶幸福な生活は何年も続かなかった. La vita felice non durò che qualche anno.

なんねんせい 難燃性 incombustibilità[女]
◇難燃性の incombustibile

なんの 何の **1**《どんな, どのような》 che, quale ¶これは何の実ですか. Che frutti sono? ¶これは何の本ですか. Qual è l'argomento di questo libro? / Questo libro di che cosa parla?

2《「何の…もない」の形で》 non... niente ¶それは何の意味もない. Non significa niente. / Non ha alcun significato. / Non vuol dire niente. ¶それは僕と何の関係もない. Non ha niente a che fare con me.

3《強く否定して》 Ma no! / Ma che! / Ma va là! ¶何のこれくらいのこと. Ma no! È una cosa da niente!

4《前の事を強調して》 ¶おやじの考えの古いの何のといったら. Non puoi credere quanto siano antiquate le idee di mio padre! ¶つらいの何のって. Ma quant'è doloroso!

5《たいした事ではないという気持を表して》 ¶何のことはない, ほんのかすり傷だ. Non è altro che un'escoriazione.

[慣用] **何の彼の** ¶なんのかのと言い訳をする inventarsi una scusa qualunque
何の気なしに involontariamente, senza intenzione, per (puro) caso ⇒何気ない
何のその ¶彼にとっては試験なんて何のそのだ. Se ne infischia degli esami.

なんぱ 軟派 《穏健派》 partito[男] moderato [dei moderati] ◇ナンパする rimorchiare, fare la corte a *qlcu.*; rincorrere le [andare dietro alle] gonnelle

なんぱ 難破 naufragio[男] [複 -*gi*] ◇難破する naufragare[自] (►船が主語のとき [*es*], 人が主語のとき [*av*]), fare naufragio (►主語は「船」でも「人」でもよい) ¶船は時化(しけ)で難破したが全員救助された. La nave è naufragata nella tempesta, ma tutti sono stati salvati.
✤**難破船** nave[女] naufragata

ナンバー 〔英 number〕 **1**《番号》 numero[男] ¶ナンバーを打つ[つける] numerare *ql.co.* [*qlcu.*] / dare un numero a *ql.co.* ¶通しナンバー入りの切符 biglietto numerato

2《数詞の前で「第」の意味》 ¶ナンバー3 numero tre / n.3

3《自動車の》 numero[男] di immatricolazione [《一般に》 di targa] ¶品川ナンバーの車 macchina targata Shinagawa ¶君の車のナンバーは？ Che targa hai?

4《雑誌などの号数》 numero[男] ¶バックナンバー numero arretrato

5《曲目》 ¶スタンダードナンバー pezzo standard
✤**ナンバープレート** targa[女] (automobilistica)

ナンバーワン 〔英 number one〕 il numero[男] uno ¶彼は日本の体操界のナンバーワンだ. È il numero uno della ginnastica giapponese.

なんばい 何倍 quante volte ¶ロシアの面積は日本の何倍ですか. La superficie della Russia quante volte è quella del Giappone?

ナンバリング 〔英 numbering〕《行為》 numerazione[女]; 《機械》 numeratore[男] (automatico [複 -*ci*]), timbro[男] numeratore

なんばん 何番 ¶電話番号は何番ですか. Qual è il tuo numero telefonico [di telefono]? ¶あなたは何番目ですか. 《順番》 Che numero ha? / 《順位》 Che posto ha? ¶今回の試験では君はクラスで何番ですか. A che posto sei nella graduatoria di classe, dopo l'ultimo esame? ¶何番目のお子さんですか. Quanti figli ha avuto prima di questo?

なんばん 南蛮 《南洋諸島》 isole[女] [複] dei Mari del Sud; 《ポルトガル・スペイン》 Spagna[女] e Portogallo[男] (◆ paesi che possedevano colonie nel sud-est asiatico nei periodi Muromachi e Edo)

なんぴと 何人 nessuno[男]

なんびょう 難病 malattia[女]「da cui è difficile guarire [per cui non esiste ancora una cura] ¶難病を克服する vincere una malattia「da cui è difficile guarire [per cui non esiste ancora una cura]

なんぶ 南部 parte[女] meridionale ¶イタリア南部 il Meridione / l'Italia meridionale / il Sud / il Mezzogiorno ¶イタリア南部の人 meridionale[男][女]

なんぶつ 難物 persona[女] difficile [intrattabile] ¶彼はなかなかの難物だよ. Ha un carattere alquanto difficile.

なんべい 南米 America[女] meridionale, Sudamerica[男], America[女] del Sud ◇南米の sudamericano
✤**南米諸国** stati[男] [複] dell'America meridionale
南米人 sudamerican*o*[男] [[女] -*a*]
南米大陸 Continente[男] sudamericano

なんべん 何遍 ⇒何度

なんぽう 南方 《方位》 sud[男]; 《熱帯地方》 regione㊛ tropicale ◇ **南方の** del sud; tropicale ◇**南方に**《南の方に》verso sud, per il sud ¶**南方に向かう** dirigersi verso sud

なんぼく 南北 nord㊚ e sud㊚ ¶**鉄道が東西南北に走っている.** La ferrovia si estende da est a ovest e da sud a nord.
♣**南北戦争**〘史〙《アメリカの》Guerra㊛ di secessione（◆1861–65）
南北朝時代 《日本の》periodo㊚ delle Dinastie Meridionale e Settentrionale （◆1333–92）
南北問題 il problema㊚「del nord e del sud [Sud e Nord]」

なんみん 難民 profughi㊚[複]
♣**難民キャンプ** campo㊚ profughi
難民救済 aiuti㊚[複] ai sinistrati [ai profughi]
難民収容所 centro㊚ (di) accoglienza (per i) profughi
難民条約 convenzione㊛ sullo status dei rifugiati

なんもん 難問 《試験・事態の》questione㊛ [problema㊚[複 -i]] difficile; 《事態》questione㊛ imbarazzante; 《難事》difficoltà㊛, caso㊚ difficile ¶**難問と取り組む** affrontare [fronteggiare] un problema difficile

なんよう 南洋 Mari㊚[複] del Sud; 《南洋諸島》isole㊛[複] dei Mari del Sud
♣**南洋材** legname㊚ dal Sud-est asiatico

なんようせい 難溶性 〘化〙 ◇**難溶性の** difficilmente solubile《に in》, di difficile soluzione

なんら 何等 ¶**なんら障害はない.** Non c'è nessun impedimento [ostacolo]. ¶**君の意見になんら異存はない.** Non ho niente in contrario alla tua opinione. ¶**なんら疑うところがない.** Non c'è niente di cui dubitare.

なんらか 何等か ¶**なんらかの理由で** per una ragione o per l'altra / per qualche ragione ¶**なんらかの方法で** in un modo o nell'altro ¶**なんらかの措置を講じなければならぬ.** È necessario prendere qualche misura.

なんろ 難路 percorso㊚ accidentato; 《急な》sentiero㊚ ripido; 《困難な》cammino㊚ arduo [difficile] ¶**難路を切り抜ける**《比喩的に》superare un momento difficile

に

に 二 due[男] ¶２番目の secondo ¶２分の１ un mezzo ¶２倍(の) due volte / doppio ¶２倍にする［なる］raddoppiare[他], [自][es] ¶二重の duplice

に 荷 **1**【積み荷】 carico[男]［複 -*chi*］;《手荷物,旅行用荷物》bagaglio[男]［複 -*gli*］;《商品》merce[女];《動物の背に乗せる》soma[女];《運送用に梱包された》collo[男], pacco[男]［複 -*chi*］ ¶荷を担ぐ portare un carico sulle spalle ¶荷を積む《AをBに》caricare A su B［B di A］¶馬に荷を積む mettere la soma ad un cavallo ¶…の荷をほどく disimballare *ql.co.* ¶船に荷を積む caricare merci su una nave / caricare una nave ¶船から荷を下ろす scaricare merci da una nave / scaricare una nave ¶貨車に荷を積む caricare un vagone di merci
2【負担】 carico[男]［複 -*chi*］, peso[男], fardello[男];《責任》onere[男], responsabilità[女] gravosa ¶肩の荷を下ろす sentirsi alleggerit*o* di un peso / togliersi un peso dallo stomaco ¶息子の就職が決まり，私もようやく肩の荷を下ろした．Mio figlio ha trovato lavoro e finalmente mi sono tolto un peso.
[慣用] **荷が重い［勝つ］** ¶この仕事は彼には荷が重すぎる．Questo incarico è troppo gravoso per lui.

に 二 《音》re[男]［無変］ ¶ニ長［短］調 re maggiore［minore］¶ニ長［短］調の協奏曲 concerto in re maggiore［minore］

-に **1**【場所】 in, a ¶東京［日本 / ３階 / 田舎 / 祖父母の家］に住んでいる．Abito a Tokyo［in Giappone / al secondo piano / in campagna / dai nonni］. ¶ポケットに入れる mettere *ql.co.* in tasca ¶家に帰る ritornare a casa ¶ここから南西に200キロの地点に a 200 chilometri da qui in direzione sud-ovest ¶はしごを塀に立てかける appoggiare una scala al［contro il］muro ¶椅子に座る sedersi su una sedia ¶地面に倒れる cadere per terra
2【方向】 a, in;《目的地》per ¶右に曲がる girare a destra ¶イタリアに［田舎に］向かう partire per l'Italia［per la campagna］¶東に進む dirigersi a［verso］est ¶町の中心部［山］に行く andare in centro［in montagna］¶海［映画館 / 大学］に行く andare al mare［al cinema / all'università］¶ピザ屋に行く andare in pizzeria ¶会社［銀行 / 薬局］に行く andare in ufficio［in banca / in farmacia］¶本屋［ABC書店］に行く andare in libreria［alla libreria ABC］¶郊外［ローマ郊外］に行く andare in periferia［alla periferia di Roma］¶ディスコに行く andare in discoteca ¶図書館［フィレンツェ国立中央図書館］に行く andare in biblioteca［alla Biblioteca Nazionale Centrale di Firenze］¶学校［息子の学校］に行く andare a scuola［alla scuola di mio figlio］¶家に帰る andare a casa ¶アンナの家に行く andare a casa di Anna

---

[語法] **…に行く andare＋前置詞**
行き先に地名が置かれるとき，国名には前置詞 **in**を用いるが，小さな島国には **a** を用いる．
大陸名，大きな島，地方名には **in**を用いる．
イタリアの州名には **in**を用いる．ラツィオ州とマルケ州には定冠詞をつける．
都市名には **a** を用いる．
¶イタリアに［南イタリアに］行く andare in Italia［andare nell'Italia del sud］
¶キューバ［タヒチ / マルタ］に行く andare a Cuba［Tahiti / Malta］
¶アフリカ［ヨーロッパ］に行く andare in Africa［Europa］
¶シチリア島に行く andare in Sicilia
¶九州［北海道］に行く andare in Kyushu［Hokkaido］(►「nel Kyushu」「nello Hokkaido」ということもある)
¶トスカーナ［ラツィオ / マルケ］に行く andare in Toscana［nel Lazio / nelle Marche］
¶フィレンツェ［大阪］に行く andare a Firenze［Osaka］
行き先に普通名詞が置かれるときには冠詞をつける．
¶レストランに行く andare al ristorante［in un ristorante］
¶バールに行く andare al bar［in un bar］

3【時】 a, in ¶８時に alle otto ¶５月に in［a / nel mese di］maggio ¶月曜に lunedì /《毎週》di［il］lunedì ¶江戸時代に nel periodo Edo ¶子供のころに durante la *propria* infanzia / da bambino［《女性》bambina］/ da piccolo［《女性》piccola］¶夜中に勉強する studiare「durante la［di］notte ¶明日の夕方に会いましょう．A domani sera. / Ci vediamo domani sera.

[語法] **日付＋-に**
日付には定冠詞 ilをつけるだけで前置詞は用いない．
母音で始まる数字の前では l'を用いる．
¶彼は26日［１日］に到着するだろう．Arriverà il 26［il primo］.
¶1960年５月11日に l'11 maggio 1960 (►l'11 maggio del 1960ということもある)
日にちを具体的に示さないときには，前置詞に inを用いる．
¶1957年に nel 1957
¶1940年７月に nel luglio del 1940
¶あの年の４月に nell'aprile di quell'anno
月名だけのときは冠詞をつけず，「in＋月名」あるいは「a＋月名」で表す．
¶８月に in agosto / ad agosto

4【割合】 ¶1年に3回 tre volte (al)l'anno ¶3年に1度 una volta ogni tre anni ¶10人に1人 una persona su dieci
5【比較、関係】 a, di ¶…に同じ essere uguale a *ql.co.* [*qlcu.*] ¶…に劣る essere inferiore a *ql.co.* [*qlcu.*] ¶彼は兄に比べると背が低い. È più basso del [rispetto al] fratello maggiore. ¶彼はその事件に関係している. Ha a che fare [vedere] con quel caso.
6【理由、原因】 ¶寒さにふるえる tremare [*av*] di [dal] freddo ¶1点に泣く essere sconfitto per un punto ¶旗が風にひるがえっている. La bandiera [si agita al vento [sventola].
7【…として】 ¶お礼に in segno di ringraziamento ¶誕生祝いに時計をもらった. Mi hanno regalato un orologio per il mio compleanno.
8【添加、反復】 ¶10に3を加える addizionare 3 a 10 ¶コーヒーに砂糖を入れる mettere lo zucchero nel caffè ¶伯父に伯母にその息子たちがやって来た. Sono venuti lo zio e la zia con i loro figli.
9【変化の対象・結果】 in ¶ユーロを円にする cambiare degli euro in yen ¶このぶどうをワインにする. Questa uva serve per fare il vino.
10【動作の対象】 a ¶子供に菓子を与える dare dei dolci a un bambino
11【行為の目的】 a ¶映画[釣り/スキー]に行く andare al cinema [a pesca / a sciare]
12【動作主】 da ¶…に殺される essere [venire] ucciso da *qlcu.* ¶有名な医者に診てもらった. Mi sono fatto visitare da un famoso medico.
13【…に関して】 ¶彼はデリカシーに欠けている. Manca di delicatezza. / Gli manca la delicatezza.
14【状態】 ¶窓ガラス越しに attraverso il vetro della finestra ¶ひとことも言わずに senza dire neanche una parola
15【前提条件】 ¶思うに、彼の証言はうそかもしれない. A mio parere la sua testimonianza è probabilmente falsa. / Ho l'impressione che la sua testimonianza sia falsa.
16【推定】 ¶さぞ悲しかったろうに. Come sarai stato triste! ¶私の言うことを聞いていれば、ここにいなかったろうに. Forse non saresti qui se mi avessi ascoltato.

-に -似 ¶母親似だ. Assomiglia alla madre.

にあい 似合い ¶似合いの〔釣り合った〕 ben combinato; 《ふさわしい》adatto, opportuno ¶似合いのカップル una coppia ben assortita

にあう 似合う 〔服・髪型などが〕 stare bene a *ql.co.* [*ql.co.*]; 《ふさわしい》 addirsi [convenire (▶非人称動詞 [*es*])] a *qlcu.* [*ql.co.*]. ¶この服は君によく似合う. Quest'abito ti sta molto bene [ti dona]. ¶母は着物がよく似合う. Mia madre sta molto bene in *kimono*. ¶そんなことをするなんて君に似合わない. Non mi aspettavo che tu facessi una cosa simile. ¶彼女は顔に似合わず残酷だ. Malgrado l'apparenza, lei è crudele.

にあげ 荷揚げ ¶船から荷揚げする scaricare una nave
❖荷揚げ港 porto di scarico
荷揚げ作業員 scaricat*ore*男 [囡 *-trice*] di porto,

portuale男; 《リグーリア》camallo男
荷揚げ場 scalo男 merci

ニアミス 〔英 near miss〕〔空〕eccessivo avvicinamento男, pericolo男 di collisione con un altro aereo

にい 二位 secondo posto男 ¶彼女はコンテストで2位に入賞した. Ha vinto il secondo premio del concorso. ¶ 2 位 a arrivata seconda nel concorso.

にいさん 兄さん 《兄》fratello男 (maggiore); 《若い男》 ragazzo男

ニーズ 〔英 needs〕esigenza囡 ¶ニーズに応える rispondere alle richieste [alle domande / ai bisogni / alle necessità] 《の di》 ¶消費者のニーズに応える rispondere alle esigenze dei consumatori ¶ニーズを満たす soddisfare le richieste 《の di》

にいづま 新妻 sposa囡 novella, sposina囡

にいんせい 二院制 〔政〕bicameralismo男, sistema男 bicamerale ❖二院制の bicamerale

にうけにん 荷受け人 〔商〕 consegnatar*io*男 [囡 *-ia*; 男複 *-i*]

にうごき 荷動き 〔商〕 flusso男 delle merci

にえかえる 煮え返る →煮え返る

にえきらない 煮え切らない《優柔不断》indeciso, irresoluto, 《ためらいがちの》esitante, titubante; 《あいまいな》 vago [男複 *-ghi*] ¶煮え切らない返事 risposta vaga [ambigua]

にえくりかえる 煮えくり返る **1**〔沸騰する〕bollire⊕ [*av*] ¶お湯が煮えくり返っている. L'acqua bolle forte. **2**〔激怒する〕¶怒りで腹の中が煮えくり返る《人が主語》 ribollire⊕ [*av*] [fremere [*av*]] di collera [d'ira] / andare su tutte le furie

にえたぎる 煮えたぎる bollire⊕ [*av*] forte ¶煮えたぎった湯 acqua in ebollizione

にえゆ 煮え湯 acqua囡 bollente
[慣用] 煮え湯を飲まされる ¶彼に煮え湯を飲まされた. Ha tradito la mia fiducia.

にえる 煮える 《沸騰する》bollire⊕ [*av*]; 《火が通る》 essere cotto, essere lessato ¶ほどよく煮えた魚 pesce cotto al punto giusto ¶よく煮えていない肉 carne non abbastanza cotta ¶煮えすぎた野菜 verdura stracotta

におい 匂い・臭い **1**《香り、臭み》odore男; 《芳香》profumo男, fragranza囡; 《特に植物・食べ物の芳香》arom*a*男 [複 *-i*]; 《臭》puzzo男, fetore男, tanfo男; 《文》olezzo男 ❖においのある《芳香》odoroso / profumato, fragrante; aromat*ico* [男複 *-ci*]; 《悪臭》puzzolente, fetido ❖においのない inodore, senza odore ¶いいにおいがする〔食べ物が〕 avere (un) buon profumo [odore / aroma] 《香水・花などが》 avere un bel profumo ¶いやなにおいがする puzzare⊕ [*av*] / avere un cattivo odore [un odore disgustoso] ¶においを放つ spandere [emanare] un odore 《芳香を》profumare⊕ [*av*] ¶靴のにおいを消す deodorare le scarpe / togliere l'odore dalle scarpe ¶においをかぐ sentire l'odore di *ql.co.* / odorare *ql.co.* / 《くんくんと》 fiutare [annusare] *ql.co.* ¶においの抜けた香水 profumo svaporato ¶獲物のにおいをかぎつける fiutare la selvaggina ¶なんていいにおいだろう. Che profumo! ¶おいしそうに

おいがする. Si sente un odore appetitoso. ¶この花はにおいがない. Questi fiori non profumano [non sono profumati]. ¶焦げているにおい odore [puzzo] di bruciato

2 《感じ》aspetto[男], aria[女], tocco[男][複 -*chi*], traccia[女][複 -*ce*], impronta[女]; 《気配》odore[男] ¶陰謀のにおいがする. Sentiamo odore d'imbroglio. ¶犯罪のにおいがする. Sospetto che sia un crimine. ¶あの男は政治家のにおいがぷんぷんする. Ha tutta l'aria di essere un politico. ¶このあたりには下町のにおいが漂っている. In questa zona si respira l'aria della città vecchia.

におう 仁王 i due re[男][複] Deva (◆le statue dei due giganti guardiani ai lati della porta principale dei templi buddisti)

✤**仁王立ち** ¶仁王立ちになる ergersi in tutta la *propria* altezza [statura]

におう 匂う・臭う **1** 《においがする》mandare [emanare] odore, odorare[自][*av*]; 《人が主語で》sentire un odore; 《よいにおいがする》profumare [自][*av*]; 《悪臭がする》puzzare[自][*av*] ¶この花はよくにおう. Questo fiore ha un buon profumo. ¶ガスがにおうようだよ. C'è odore di gas. ¶彼の口はにおう. Il suo alito puzza. / Ha l'alito cattivo.

2 《怪しい気配がする》 ¶君のあたりがにおうねえ. Hai un'aria sospetta!

におくり 荷送り spedizione[女] [invio[男][複 -*ii*]] di merce

✤**荷送り人** mittente[男][女]

ニオブ 〔独 Niob〕《化》niobio[男]; 《元素記号》Nb

におわせる 匂わせる **1** 《匂うようにする》 ¶部屋に花の香りをにおわせる profumare la stanza con (una) fragranza di fiori ¶彼女は安物の香水をぷんぷんにおわせていた. Odorava di (un) profumo dozzinale.

2 《暗示する》suggerire *ql.co.*, accennare a *qlcu.* *ql.co.* [che+[直説法]], far capire a *qlcu.* *ql.co.* [che+[直説法]] ¶彼は近く海外に行きそうなことをにおわせた. Ha lasciato intendere che presto sarebbe andato all'estero. ¶間もなく転勤だと彼ににおわせておいた. Gli ho fatto capire che stava per essere trasferito.

にか 二価 《化》◇二価の bivalente

にかい 二回 due volte ¶月に2回の quindicinale / bimensile ¶年2回の semestrale

✤**二回戦** 《スポ》secondo incontro[男] [turno[男]] ¶2回戦に勝ち進む《トーナメント》avanzare al secondo turno

にかい 二階 primo piano[男] ⇒階 [図版] ¶中2階 mezzanino ¶2階へ上がる[に行く] salire [andare (su)] al primo piano

[慣用] **二階から目薬** ¶そんなことをしても二階から目薬だ. È un modo inefficace per fare questa cosa.

✤**二階建て** ¶二階建ての家 casa a due piani ¶二階建てバス autobus[男][無変] a due piani

にがい 苦い amaro ◇苦さ amarezza[女] ¶苦い薬 medicina amara ¶このコーヒーは苦い. Questo caffè è amaro. ¶口の中が苦い sentirsi la bocca amara ¶苦い経験をする fare un'amara esperienza ¶東京には苦い思い出がある. Ho dei brutti ricordi di Tokyo. ¶彼に裏切られて苦い思いをした. Ho sofferto molto del [per il] suo tradimento. ¶彼は苦い顔をした. Si è accigliato.

にがおえ 似顔絵 《肖像画》ritratto[男]; 《誇張した》caricatura[女] ¶〈人〉の似顔絵を描く fare il ritratto [la caricatura] di *qlcu.* ¶似顔絵を描いてもらう farsi fare il ritratto

にかこくご 二か国語 ¶二か国語を話す essere bilingue

✤**二か国語放送** trasmissione[女] (simultanea) bilingue

にがす 逃がす **1** 《逃げさせる》fare「fuggire [scappare / 《脱走させる》evadere]; 《自由にしてやる》lasciar libero (►liberoは目的語の性・数に合わせて語尾変化する), rilasciare, mettere in libertà, lasciare andare ¶小鳥を逃がした. Ho lasciato libero [andare] l'uccellino. / Ho liberato l'uccellino.

2 《捕らえそこなう》lasciarsi fuggire [sfuggire], farsi scappare ¶チャンスを逃がす lasciarsi sfuggire [mancare] una buona occasione ¶逃がした魚は大きい. 《諺》"Le occasioni mancate sono le migliori."

にかた 煮方 modo[男] di cuocere ¶この野菜は煮方が足りない. Queste verdure non sono cotte bene.

にがつ 二月 febbraio[男] ¶2月に a [in / nel mese di] febbraio

にがて 苦手 ◇苦手だ《人が主語で》essere debole in *ql.co.*; 《物が主語で》essere il punto debole di *qlcu.* ¶僕は英語が苦手だ. L'inglese non è il mio forte [è il mio punto debole]. / Non parlo bene inglese. / 《教科として》In inglese non riesco molto bene. ¶彼は人とうまく接するのが苦手だ. Non è bravo nei rapporti con gli altri. ¶そういう仕事は苦手だ. 《向いてない》Questo tipo di lavoro non è fatto per me. / 《できない》Non sono capace di fare questo tipo di lavoro. ¶私は子供の扱いは苦手だ. Sono negato nel trattare i bambini. ¶電気関係は苦手だ. Non capisco niente di elettricità. ¶僕は彼が苦手だ. 《気にくわない》Non mi va a genio. / 《気詰まりだ》Mi fa sentire a disagio. / Mi mette a disagio [in imbarazzo]. / 《どうしても勝てない》È la mia spina nel fianco. / È un osso duro per me.

にがにがしい 苦苦しい disgustoso, sgradevole; spiacevole ◇苦々しく sgradevolmente, spiacevolmente ¶苦々しげに con aria scontenta ¶苦々しく思う trovare *ql.co.* [*qlcu.*] sgradevole (►sgradevoleは目的語の性・数に合わせて語尾変化する) ¶彼のうぬぼれは苦々しい限りだ. Mi dà fastidio la sua superbia.

にがみ 苦味 sapore[男] amaro, amarezza[女] ¶苦みがある avere un sapore [un gusto] amaro ¶苦み走った顔 un bel volto virile

にがむし 苦虫 ¶苦虫をかみつぶしたような顔をする fare smorfie / accigliarsi / aggrottare le ciglia

にかよう 似通う assomigliarsi; 《共通点がある》avere punti in comune ¶君の考えは彼のと似通っている. La tua opinione è simile alla sua.

にがり 苦汁 acqua[女] madre (◆ liquido amarognolo che si ottiene dalla cristallizzazione del sale marino che si usa per coagulare il *tofu*)

にがりきる 苦り切る ¶苦り切った顔 espressione schifata [disgustata / nauseata] ¶息子の行為にはまったく苦り切っている. Sono molto dispiaciuto [amareggiato] per quello che ha fatto mio figlio.

にかわ 膠 colla㊛ forte [a caldo] ¶にかわを煮る far sciogliere la colla forte

にがわせ 荷為替 tratta㊛ documentata ¶荷為替を組む emettere una tratta documentata

にがわらい 苦笑い ◇苦笑いする abbozzare un sorriso stentato [amaro / forzato / di disappunto], sorridere㊙ [*av*] amaramente

にがんレフ 二眼レフ macchina㊛ fotografica reflex [無変] binoculare

にき 二期 due periodi㊚ [複]; (6 か月ずつの) due semestri㊚ [複] ¶市長を2期務める ricoprire la carica di sindaco per due mandati
✤二期作 ¶二期作をする fare due raccolti (di *ql.co.*) all'anno

にぎ 二義 ◇二義的な secondario [㊚複 -i]

にきび 面皰 brufolo㊚; 《医》foruncolo㊚; 《黒にきび》punto nero; 《医》comedone㊚; acne㊛ [無変] ¶にきびだらけの brufoloso, foruncoloso ¶にきびを潰す strizzare [schiacciare] un foruncolo
✤にきび面(ぢ) viso㊚ brufoloso [foruncoloso]

にぎやか 賑やか ◇にぎやかな 《人出の多い》frequentato; 《込み合っている》popoloso; 《活気のある》animato; 《陽気な》allegro, gaio㊚ [複 *gai*]; 《活発・快活な》vivace; 《うかれた, はしゃいだ》festoso; 《うるさい》chiassoso ¶にぎやかな音楽 musica vivace [allegra / 《うるさい》chiassosa] ¶ローマで一番にぎやかな通り la strada più animata [frequentata / popolosa] di Roma ¶彼がいるとにぎやかだ. Con lui c'è sempre un'atmosfera molto allegra.

にきょく 二極 ◇二極の bipolare
✤二極化 bipolarizzazione㊛
二極管《電子》diodo㊚

にぎらせる 握らせる ¶《人》に金を握らせる《こっそり渡す》far scivolare dei soldi nella mano di qlcu. / 《買収する》corrompere [comprare] *qlcu.* ¶《人》にチップを握らせる dare la [una] mancia a *qlcu.*

にぎり 握り 1《柄の持ち手》manico㊚ [複 -*ci*]; 《ドアや窓などの取っ手》maniglia㊛; 《丸いもの》pomello㊚; 《握り方, グリップ》impugnatura㊛ 2《1回でつかめる量》¶一握りの米 una manciata [un pugno] di riso

にぎりこぶし 握り拳 pugno㊚ chiuso ¶握りこぶしをつくる [serrare] i pugni

にぎりしめる 握り締める stringere *ql.co.* in mano, impugnare [㊙] *ql.co.* con forza ¶《人》の手を握りしめる stringere forte la mano a *qlcu.* ¶こぶしを握りしめる chiudere la mano a pugno / fare il pugno

にぎりずし 握り鮨 *sushi*㊚ [無変] preparato a mano con fettine di pesce poste sul riso →鮨 日本事情

にぎりつぶす 握り潰す 1《手で》schiacciare *ql.co.* nella mano 2《うやむやにする, 止めておく》insabbiare ¶私の退職願いは部長に握り潰されてしまった. La mia domanda di dimissioni è stata insabbiata [cestinata] dal direttore.

にぎりめし 握り飯 polpetta㊛ di riso bollito (◆ salata, anche avvolta in *nori*, plasmata con le mani in forma triangolare, rotonda o cilindrica)

にぎる 握る 1《手で持つ》prendere [afferrare / stringere] nella mano; 《ハンドル・柄・取っ手などを》impugnare ¶鍋の柄を握る prendere la pentola per il manico ¶車のハンドルを握る tenere [impugnare] il volante della macchina / 《運転する》guidare la macchina ¶私は彼の手を握った. Gli ho stretto la mano. ¶彼らはお互いの手を握って別れた. Si sono separati con una stretta di mano. ¶手に汗を握る熱戦 partita combattuta [accanita] 2《手中に収める》prendere, ottenere; 《入手する》venire㊙ [*es*] [entrare㊙ [*es*] / 《取り戻す》tornare㊙ [*es*]] in possesso di *ql.co.* ¶権力を握る prendere 《状態》detenere / avere] il potere ¶《人》の弱みを握っている conoscere il punto vulnerabile [il tallone d'Achille] di *qlcu.* ¶家では母が実権を握っている. In casa mia comanda mia madre. ¶確実な証拠を握っている essere in possesso di prove certe
3《ご飯などを》¶すしを握る preparare il *sushi*

にぎわい 《活気》animazione㊛, movimento㊚; 《人出》affluenza (di gente 《客の》di clienti), affollamento㊚; 《往来が活発なこと》viavai㊚ [無変], andirivieni㊚ [無変] ¶港には昔のにぎわいはない. Il porto non è più così animato come una volta.

にぎわう 《人出が多い》essere affollato; 《活気がある》essere animato ¶ローマは観光客でにぎわっていた. Roma era affollata di turisti. ¶レストランは客でにぎわっていた. Il ristorante era pieno zeppo di gente. ¶街はお祭り気分でにぎわっていた. La città era tutta animata da un'aria di festa.

にぎわす 賑わす 1《活気づける》animare, rallegrare, ravvivare ¶その話題が食卓をにぎわせた. Quell'argomento ha ravvivato la conversazione a tavola. ¶その事件が新聞をにぎわせている. I giornali sono pieni di notizie su quel caso.
2《繁盛させる》far prosperare *ql.co.*

にく 肉 1《人間・動物などの》carne㊛; 《肉体》corpo㊚; 《筋肉》muscoli㊚ [複]; 《ぜい肉》《親》ciccia㊛ [複 -*ce*] ¶肉が付く ingrassare㊙ [*es*] / ingrassarsi ¶肉が落ちる dimagrire㊙ [*es*] / dimagrirsi ¶肉のそげた頬 guance scarne ¶彼は肉が締まっている. Ha dei muscoli sodi. ¶君は結構肉が付いているね. Ne hai di ciccia addosso, eh!
2《食肉》carne㊛ →料理 用語集 ¶肉を焼く arrostire la carne ¶牛肉《子牛肉も含め》carne bovina / 《去勢した成牛の》carne di manzo ¶馬肉 carne equina ¶豚肉 carne di maiale / carne suina ¶鶏肉 carne di pollo ¶子牛肉 carne di vitello ¶羊肉《マトン》carne di montone / 《ラム》agnello ¶挽き肉 carne macinata ¶冷凍肉 carne congelata [surgelata] ¶この肉は柔らかい

[堅い]. Questa carne è tenera [dura].
3 《果肉》 polpa㊛
4 《精神に対しての肉体》 carne㊛ ¶霊と肉の葛藤(かっとう) il conflitto fra la carne e lo spirito ¶肉の誘惑に負ける cedere㊀[av] alle tentazioni della carne
5 《豊かさと厚み》 ¶新しい小説の骨組はできているから、あとは肉を付けるだけだ. La struttura del nuovo romanzo è abbozzata, ci resta solo da completarlo.
6 《印肉》 tampone㊚ [cuscinetto㊚] per timbri
✤**肉牛** bue㊚ [複 *buoi*] da macello
肉切り包丁 coltello㊚ da scalco
肉汁 《スープ》 brodo㊚; 《ソース》 sugo㊚; 《肉を焼くときの》 liquido della carne
肉だんご polpetta㊛
肉料理 piatto㊚ di carne

にくい 憎 **1**《ひどくいやな》odioso, detestabile, abominevole;《軽蔑すべき》disprezzabile ¶僕を裏切った憎いやつだ. È un tipo odioso che mi ha tradito. ¶彼が憎い. Lo odio. ¶憎からず思う provare simpatia per *qlcu.* /《惚れる》innamorarsi di *qlcu*.
2《しゃれている》¶なかなか憎いことを言うね. Dici cose spiritose, eh!

-にくい -難い difficile da+[不定詞] [a+不定詞][非人称の si がついているとき)] 《扱いにくい》 persona difficile ¶言いにくい difficile a dirsi ¶書きにくいペンだ. Come scrive male questa penna! ¶鈴木の家にはどうも行きにくい. Non me la sento di andare da Suzuki. ¶申し上げにくいことですが… Mi dispiace dover [Purtroppo sono costretto ad] annunciarle che+[直説法]

にくが 肉芽 《医》granulazione㊛
✤**肉芽腫** granuloma㊚[複 -*i*]
にくかい 肉塊 →肉塊(ぶつ)
にくがん 肉眼 ¶肉眼で見える visibile [percepibile / percettibile] ad occhio nudo
にくしみ 憎しみ ¶〈人〉に憎しみを抱く provare [nutrire] odio per *qlcu*. / avere in odio *qlcu*. ¶〈人〉から憎しみを買う attirarsi l'odio di *qlcu*. / incorrere nell'odio di *qlcu*. /《状態》essere in odio a *qlcu*.
にくしゅ 肉腫 《医》sarcoma㊚[複 -*i*]
にくしょく 肉食 ◇肉食する nutrirsi [cibarsi] di carne
✤**肉食動物** carnivori㊚[複], animali㊚[複] carnivori
にくしん 肉親 parente㊚㊛ stretto;《家族》famiglia㊛;《肉親関係》consanguineità㊛ ¶肉親の情に打ち勝つ soffocare「la voce del sangue [i sentimenti familiari]
にくずれ 荷崩れ ¶トラックの材木が荷崩れした. Il carico di legname è caduto dall'autocarro.
にくずれ 煮崩れ ¶魚が煮崩れしてしまった.《形が崩れた》Il pesce bollendo è finito col ridursi in pezzettini.
にくせい 肉声 《人の口から出る生の声》voce㊛ (naturale [umana]), viva voce㊛
にくたい 肉体 corpo㊚ (umano);《精神に対する》carne㊛ ◇肉体の[的な] corporale, del corpo, fisico[㊚複 -*ci*];《肉欲の》carnale ◇肉体的に fisicamente, corporalmente ¶肉体的苦痛 sofferenza fisica ¶肉体的快楽 piaceri sensuali [della carne / carnali] ¶肉体と精神 la carne e lo spirito ¶肉体と精神を切り離して考えることはできない. È impossibile pensare all'anima separata dal corpo.
✤**肉体関係** ¶〈人〉と肉体関係を結ぶ avere rapporti sessuali con *qlcu*.
肉体美 ¶肉体美を持つ avere un bel corpo / avere forme scultoree /《筋肉隆々の》essere muscoloso /《女性が豊満な》essere formosa
肉体労働 lavoro㊚ di fatica
肉体労働者 manovale㊚;《集合的に》manovalanza㊛

にくたらしい 憎たらしい impertinente, impudente, insolente, villano ¶憎たらしい態度で con un atteggiamento impertinente ¶彼は憎らしい. È una faccia di bronzo.
にくだん 肉弾 ¶肉弾相打つ激戦 mischia cruenta ¶肉弾戦を交える combattere㊀[av] corpo a corpo
にくづき 肉付き ¶肉付きのいい bene in carne, carnoso, ben nutrito;《太った》grasso, pingue;《ぽっちゃりした, 小太りの》grassoccio㊚[複 -*ci*;㊛複 -*ce*], rotondetto, pienotto;《女性が豊満な》formoso, prosperoso ¶肉付きのいい牛 bue「ben in carne [robusto]
にくづけ 肉付け **1**《塑像の》◇肉付けする dare consistenza a *ql.co.*, applicare della materia plasmabile a *ql.co*. **2**《内容に厚みを加えること》¶登場人物の肉付けに成功している. È riuscito a dare consistenza ai personaggi. ¶計画はまだ肉付けがされていない. Il piano non è ancora ben definito.
にくにくしい 憎々しい ¶憎々しい態度で con un modo di fare odioso [detestabile] ¶憎々しげに con astio [odio / malanimo]
にくはく 肉薄 ◇肉薄する stare alle costole di *qlcu.*, inseguire *qlcu.* da vicino ¶敵に肉薄する incalzare [tallonare] il nemico
にくばなれ 肉離れ stiramento㊚ muscolare ¶右足のふくらはぎが肉離れをおこした. Si è prodotto uno stiramento al polpaccio destro.
にくひつ 肉筆 ◇肉筆の原稿《手書きの》manoscritto /《本人が書いた》autografo ¶これは肉筆だ.《文字》Questo è un autografo [《絵画》un originale].
にくぶと 肉太 ¶肉太な[に] in neretto / in grassetto
にくぼそ 肉細 ¶肉細の活字 caratteri sottili [fini]
にくまれぐち 憎まれ口 ¶〈人〉に憎まれ口をたたく dire cose sgradevoli [offensive] a *qlcu*.
にくまれっこ 憎まれっ子 bambino㊚[㊛ -*a*] non amato ¶憎まれっ子世にはばかる.《諺》"La malerba non muore mai."
にくまれやく 憎まれ役 ¶憎まれ役を買って出る accettare di fare una parte ingrata [del diavolo]
にくまれる 憎まれる farsi odiare [detestare] da *qlcu.*, essere odiato [detestato] da *qlcu*.
にくむ 憎む odiare, avere in odio;《嫌う》detestare;《敵対する》avversare ◇憎み合う odiar-

si; detestarsi ◇憎むべき detestabile, eṣecrabile, odioso ¶彼のことは憎んでも憎み切れない. Non lo odierò mai abbastanza. ¶私は父を深く憎んでいた. Avevo una profonda avversione per mio padre. ¶私は彼の裏切りを憎んでいる. Lo detesto per il suo tradimento. ¶彼はなぜか憎めないやつだ. È impossibile avercela con lui.

にくや 肉屋 《店》macelleria㊛; 《人》macellaio㊚ [㊛ -ia; ㊚複 -i]

> 関連
> 鶏肉屋 polleria㊛; 《人》pollivendolo㊚ [㊛ -a] 臓物専門店 tripperia㊛; 《人》trippaio㊚ [㊛ -ia; ㊚複 -i] 加工肉食品店 salumeria㊛; 《人》salumiere㊚ [㊛ -a]

にくよく 肉欲 appetiti㊚ [複] [desideri㊚ [複]] carnali, concupiscenza㊛ ¶肉欲に耽(ふけ)る abbandonarsi ai piaceri della carne

にくらしい 憎らしい 《憎い》odioso, abominevole, spregevole, detestabile; 《むかつくような》disgustoso; 《いらいらさせる》irritante, eṣasperante, impertinente; 《生意気な》insolente; 《感じが悪い》antipatico [複 -ci]; ¶憎らしげに見る [言う] guardare [dire] con odio ¶彼は人の出世が憎らしくてたまらないのだ. Lui muore d'invidia per il successo degli altri. ¶憎らしいやつだ. Quel tipo mi è odioso. / 《卑劣な》Che tipo spregevole quello! / 《こしゃくなやつ》Che impertinente! ¶憎らしいほど落ち着き払っていた. Era tanto calmo da far quaṣi rabbia. ¶あの役者は憎らしいほどうまい. Quell'attore è di una bravura invidiabile [incredibile].

にぐるま 荷車 《2 輪》carretta㊛, carretto㊚; 《4 輪》carro㊚; 《カート》carrello㊚ ¶荷車を引く tirare il carretto (▶tirare la carrettaは「苦労する」の意). ¶荷車1台分のわら una carrettata di paglia

✦荷車引き carrettiere㊚ [㊛ -a]

ニクロムせん ニクロム線 filo㊚ di nichelcromo

にぐん 二軍 《スポ》seconda squadra㊛

にげ 逃げ ¶逃げを打つ ricorrere㊌ [es] alla fuga / 《問題をはぐらかして》rispondere evaṣivamente / eludere una questione ¶私は逃げも隠れもしない. Non mi nascondo davanti a nessuno. ¶こうなればもう逃げの一手だ. Non resta che la fuga.

にげあし 逃げ足 ¶逃げ足が速い essere sempre pronto [lesto] a fuggire

にげうせる 逃げ失せる ¶どこへ逃げうせたかわからない. Non so dove sia scappato [fuggito].

にげおおせる 逃げおおせる riuscire㊌ [es] a scappare [fuggire]

にげおくれる 逃げ遅れる non riuscire㊌ [es] a fuggire in tempo, non fare in tempo a fuggire ¶彼は火事で逃げ遅れて死んだ. È morto nell'incendio per non essere stato lesto a fuggire.

にげかえる 逃げ帰る ¶家に逃げ帰る fuggire㊌ [es] [scappare㊌ [es]] a casa

にげかくれ 逃げ隠れ ¶逃げ隠れはしないぞ. Non ho intenzione di scomparire.

にげきる 逃げ切る 1《うまく逃げる》¶逃げ切れるものじゃないぞ. Non puoi sfuggirci. 2《試合で》¶3対2で逃げ切った. Sono riusciti a「tener duro [resistere] e vincere per 3 a 2.

にげこうじょう 逃げ口上 scappatoia㊛, sotterfugio㊚ [複 -gi]; 《あいまいな答え》risposta㊛ evaṣiva ¶逃げ口上を言う tergiversare㊌ [av] / uṣare sotterfugi

にげごし 逃げ腰 ¶逃げ腰になる assumere un atteggiamento evaṣivo / essere pronto a sfuggire [defilarsi] ¶いろいろ問い詰められると彼は逃げ腰になる. Quando è sommerso da molti problemi, si defila.

にげこむ 逃げ込む fuggire㊌ [es] [salvarsi] in ql.co., rifugiarsi in ql.co., trovare rifugio [aṣilo] da [presso] ql.cu., mettersi in salvo in ql.co. [a casa di ql.cu. / da ql.cu.]

にげじたく 逃げ支度 ¶逃げ支度にかかる fare i preparativi per [preparare] la fuga

にげそこなう 逃げ損なう non riuscire㊌ [es] a fuggire [a mettersi in salvo]

にげだす 逃げ出す 《逃げ始める》mettersi a correre㊌ [av, es] per fuggire; 《逃げる》scappare㊌ [es], fuggire㊌ [es]; darsi alla fuga; 《こっそりと》《親》squagliarsela; 《そそくさと》《親》alzare i tacchi; 《脱走する》evadere㊌ [es] (da una prigione); 《走り出す》correre㊌ [av, es] via ¶一目散に逃げ出す darsela a gambe

にげのびる 逃げ延びる 《外国に逃げ延びる》riuscire㊌ [es] a fuggire [riparare] all'estero ¶警察の手から逃げ延びる riuscire a sfuggire alle ricerche della polizia

にげば 逃げ場 《隠れ家》rifugio㊚ [複 -gi], aṣilo㊚, luogo㊚ [複 -ghi] sicuro; 《脱出路》d'uscita; 《逃げ道》via㊛ di fuga [di scampo]; 《避難場所》riparo㊚ ¶逃げ場を求める cercare rifugio ¶逃げ場を失う perdere un riparo / 《追いつめられる》precludersi ogni via di scampo / essere con le spalle al muro ¶もうこれ以上逃げ場がない. Non so più dove fuggire. / Non c'è più via d'uscita.

にげまどう 逃げ惑う correre㊌ [av, es] qua e là cercando「di fuggire [una via di scampo]

にげまわる 逃げ回る fuggire㊌ [es] in tutte le direzioni, cercare rifugio qua e là

にげみち 逃げ道 1《逃げる道》via㊛ di [per la] fuga; 《退路》via㊛ della ritirata; 《出口》via㊛ d'uscita 2《物事を避ける方法》¶逃げ道を用意しておく prepararsi una via di scampo [una scappatoia]

にげる 逃げる 1《逃走する》fuggire㊌ [es]; scappare㊌ [es]; 《脱走する》evadere㊌ [es]; 《知られぬように逃げる, 雲隠れする》ṣvignare㊌ [es], ṣvignarsela, battersela; 《すっと逃げる》ṣgusciare㊌ [av, es] [ṣgattaiolare㊌ [av, es]] via; 《重大な危険などから》scampare㊌ [es], scamparsela, scamparla ¶一目散に逃げる fuggire a gambe levate ¶こそこそ逃げる andarsene di soppiatto ¶すたこら逃げる girare i tacchi / darsela a gambe ¶彼は命からがら逃げた. L'ha scampata per miracolo [per un pelo]. ¶囚人が刑務所から逃げた. I prigionieri sono evasi [fuggiti] dal carcere. ¶逃げろ. Scappa! ¶すりは人込みの中に逃げた. Il borsaiolo è fuggito tra la folla. ¶小鳥が籠から逃げた. L'uccellino è

「volato via [scappato] dalla gabbia. ¶サーカスから虎が逃げた. Una tigre è scappata dal circo. ¶彼は女房に逃げられた. La moglie l'ha piantato [lasciato]. ¶つないでおいた犬が逃げた. Il cane che era legato si è sciolto dalla catena.
2《回避する》evitare, scansare, schivare, sfuggire⦅*es*⦆ a *ql.co*.;《義務・責任などを》sottrarsi a *ql.co*.;《裏をかいて》eludere ¶現実から逃げて逃げるな. Non fuggire la realtà ¶当番から逃げたい. Vorrei sottrarmi al mio turno. ¶その話をすると君はいつも逃げるね. Quando ti faccio questo discorso l'eludi sempre, eh? ¶うまい言い訳を考えてこの場を逃げよう. Troviamo una buona scusa ed andiamocene di qui.
|慣用| 逃げるが勝ち《諺》"Gambe mie, non è vergogna di fuggir quando bisogna."

にげんせい 二元性 dualità⦅ø⦆
にげんほうそう 二元放送 ¶ローマとミラノからの二元放送 trasmissione in collegamento simultaneo da Roma e da Milano
にげんほうていしき 二元方程式 《数》equazione a due incognite
にげんろん 二元論 dualismo⦅ø⦆ ◊ 二元論の dualistico⦅複 *-ci*⦆
❖二元論者 dualista⦅ø⦆⦅複複 *-i*⦆
にこう 二項 《数》due termini⦅ø⦆⦅複⦆ [monomi⦅ø⦆⦅複⦆]
❖二項式 binomio⦅ø⦆⦅複 *-i*⦆
二項定理 binomio⦅ø⦆ di Newton, teorema⦅ø⦆ binomiale
二項分布 ripartizione⦅ø⦆ binomiale
にごう 二号 **1**《2番目》numero⦅ø⦆ 2 [due] ¶2号車《列車などの》carrozza n. 2 (読み方: numero due) ¶アポロ2号 Apollo II (読み方: secondo) ¶第2号は4月に発行される. Il secondo numero sarà pubblicato in aprile.
2《めかけ》mantenuta⦅ø⦆, amante⦅ø⦆
にこごり 煮凝り 《料》gelatina⦅ø⦆ (di pesce)
にごす 濁す **1**《濁らせる》intorbidare;《汚染する》inquinare **2**《あいまいにする》¶言葉を濁す parlare⦅*es*⦆ in maniera ambigua [vaga] ¶返事を濁す dare una risposta evasiva
ニコチン [英 nicotine] 《化》nicotina⦅ø⦆
❖ニコチン酸 acido⦅ø⦆ nicotinico⦅複 *-ci*⦆, niacina⦅ø⦆
ニコチン中毒 tabagismo⦅ø⦆, nicotinismo⦅ø⦆
にこにこ ◊ にこにこしている essere tutto⦅ø⦆ sorridente ¶にこにこしながら con un sorriso / sorridendo ¶彼はいつもにこにこしている. Ha sempre il sorriso sulle labbra. / È sempre sorridente. ¶母親に抱かれてあやしてもらうと赤ん坊はにこにこ笑った. Cullato fra le braccia della madre, il bimbo ha fatto un bel sorriso.
にこぼれる 煮零れる traboccare⦅*es*⦆ durante l'ebollizione
にこみ 煮込み ¶野菜の煮込み verdure in umido ¶肉の煮込み stufato (di carne) ¶もつの煮込み stracotto di frattaglie ¶煮込みが足りない. La cottura non è ancora completa.
にこむ 煮込む (far) cuocere insieme *ql.co*. e *ql.co*.;《長時間とろ火で煮る》(far) cuocere *ql.co*. a lungo e a fuoco lento
にこやか ◊ にこやかな《笑みをうかべた》sorridente, ridente;《うれしそうな》raggiante, radioso,《上機嫌の》gaio⦅ø⦆⦅複 *gai*⦆, gioioso; di buon umore;《愛想のいい》affabile ◊ にこやかに《笑顔で》con un sorriso;《愛想よく》affabilmente ¶にこやかに〈人〉を迎える accogliere *qlcu*. con un sorriso
にこり ¶彼はにこりともしなかった.《笑わない》Non ha nemmeno sorriso. /《表情をゆるめない》Non si è per niente scomposto.
にごり 濁り **1**《混濁》impurità⦅ø⦆;《液体の》torbidezza⦅ø⦆;《泥で》fangosità⦅ø⦆;《汚濁》inquinamento⦅ø⦆ ¶濁りのある色 colore opaco [smorto] ¶濁りのない水 acqua limpida ¶角膜に濁りがある. C'è una macchia bianca sulla cornea. **2**《不純》impurità⦅ø⦆ ¶濁りのない心 cuore puro [innocente]
❖濁し酒 *sakè*⦅ø⦆ non raffinato
濁り度 torbidità⦅ø⦆
濁り水 acqua⦅ø⦆ torbida [impura /《汚れた》sporca]
にごる 濁る **1**《汚くなる》diventare⦅*es*⦆ impuro;《液体が》intorbidarsi, intorbidirsi; perdere limpidità;《空気が》viziarsi;《汚染される》inquinarsi ◊ 濁った impuro; torbido; viziato; inquinato;《泥がまじって》limaccioso, fangoso ¶彼の目は濁っている. Ha uno sguardo acquoso.
2《濁音になる》diventare sonoro, sonorizzarsi ¶「が」は「か」の濁った音だ. "ga" è il suono sonoro di "ka".
ころがし 煮転がし ¶じゃが芋の煮ころがし patate lessate [bollite] in un brodetto fino al prosciugamento
にごん 二言 ¶二言を吐く《うそを言う》mentire⦅*av*⦆/ dire falsità [menzogne] /《約束を破る》non mantenere un impegno ¶武士に二言はない. Un *samurai* ha una sola parola.
にざかな 煮魚 pesce⦅ø⦆ bollito
にさん 二三 ◊ 二, 三の due o tre; alcuni⦅ø⦆⦅複 *-e*⦆+名詞の複数形, qualche+名詞の単数形, un paio di+名詞の複数形 ¶2, 3日したら fra un paio di giorni / fra due o tre giorni /《ある時から》due o tre giorni dopo ¶2, 3日おきに ogni tre o quattro giorni ¶心当たりを二, 三尋ねてみた. Ho provato a chiedere a un paio di persone.
にさんかいおう 二酸化硫黄 《化》biossido⦅ø⦆ di zolfo, anidride⦅ø⦆ solforosa
にさんかたんそ 二酸化炭素 anidride⦅ø⦆ carbonica, biossido⦅ø⦆ di carbonio
にさんかちっそ 二酸化窒素 biossido⦅ø⦆ di azoto
にし 西 ovest⦅ø⦆, occidente⦅ø⦆, ponente⦅ø⦆;《記号》O ¶日本の西に a ovest del Giappone ¶コロンブスは西へ西へと航海した. Colombo navigò sempre verso occidente. ¶西に沈む. Il sole tramonta ad occidente [a ponente]. ¶西向きの部屋 camera che guarda a ponente
|慣用|西も東もわからない ¶この町は西も東もわからない Sono proprio uno straniero in questa città.
❖西アジア Asia⦅ø⦆ occidentale
西海岸 costa⦅ø⦆ occidentale

西風 vento[男] di ponente;《文》zefiro[男] ¶西風が吹く. Soffia il vento dell'ovest.
西側 lato[男] occidentale
西側諸国 i paeși[男][複] dell'ovest
西日本 il Giappone[男] occidentale
西半球 emisfero[男] occidentale
西ヨーロッパ l'Europa[女] occidentale

にじ 二次 ◇二次の《2番目の》secondo;《副次的な》secondario [[男]複 -*i*]; di importanza secondaria;《特に重要ではない》poco importante
✤**二次汚染** 《公害》inquinamento[男] secondario
二次関数〘数〙funzione[女] secondaria
二次感染 contagio[男][複 -*gi*] indiretto
二次曲線〘数〙curva[女] di secondo grado
二次試験 seconda sessione[女] d'eșami, seconda prova[女] (d'eșame)
二次方程式〘数〙equazione[女] di secondo grado

にじ 虹 arcobaleno[男], iride[女], arco[男][複 -*chi*] celeste ¶虹の七色 i (sette) colori dell'arcobaleno [dell'iride] (◆外側から, 赤 rosso,だいだい aranciato,黄 giallo,緑 verde,青 azzurro,藍 indaco,紫 violetto) ¶虹色の iridescente ¶虹が消えた[出た]. L'arcobaleno è scomparso [apparso].

にじかい 二次会 continuazione[女] di un ricevimento [una cerimonia / una festa] in un'altro posto

にしき 錦 〘織〙broccato[男]
[慣用] **錦の御旗**(みはた)《大義名分》buona cauşa [女], cauşa[女] legittima, legittimità[女]
錦を飾る ¶故郷に錦を飾る fare un trionfale ritorno a casa [al *proprio* paeșe /《祖国》in patria] / ritornare in patria ricopert*o* d'onori

にしきえ 錦絵 xilografia[女] a colori

にしきへび 錦蛇 〘動〙pitone[男]

にじげん 二次元 due dimensioni[女][複]
◇二次元の bidimensionale, a due dimensioni

-にして ¶美女にして才女だ. È bella ed anche intelligente. ¶彼は40にしてテニスを始めた. Arrivato a quarant'anni, ha cominciato a giocare a tennis. ¶今にして思えばあれが彼に会った最後の時だった. A pensarci adesso, quella è stata l'ultima volta che l'ho visto. ¶望みは一瞬にして消えた. In un attimo la speranza è șvanita

-にしては tenendo conto「di *ql.co.* [che＋[接続法] / che＋[直説法]], considerando che＋[接続法] [che＋[直説法]]; per＋[不定詞] [＋名詞], come＋名詞 ¶日本人にしては背が高い. Come giapponese, è piuttosto alto. ¶5月初旬にしては気温が低い. Per essere ai primi di maggio, la temperatura è insolitamente bassa. ¶彼は60にしてはずいぶん若く見える. Pur avendo sessant'anni, sembra molto più giovane. / Non dimostra affatto i suoi sessant'anni. / I suoi sessant'anni se li porta molto bene. ¶子供が書いたにしてはよくできている. Considerato [Considerando] che è stato scritto da un ragazzo, è un ottimo componimento.

-にしてみれば ¶彼にしてみれば正当防衛だった. Dal suo punto di vista è stata legittima difesa.

-にしても anche se ¶AにしてもBにしても sia A che B ¶冗談にしてもひどすぎる. Sarà pure uno scherzo, però è eșagerato. ¶来られないにしても電話くらいかけてきてもよさそうなものだ. Anche se non può venire, sarebbe bene che mi telefonasse. ¶何をするにしてもお金がかかる. Qualunque cosa si faccia, ci vogliono soldi. ¶忙しかったにしても電話をかけるくらいの暇はあったろう. Per quanto occupato, avrai pure avuto un attimo di tempo per telefonare!

にしび 西日 raggi[男][複] del tramonto ¶この部屋は西日が差す. Questa stanza è illuminata al tramonto.

にじます 虹鱒 〘魚〙trota[女] arcobaleno [無変], trota[女] iridea

にじみでる 滲み出る **1**《液体が》trasudare[他], [自][*es, av*];〘医・生〙essudare[自][*av*] ¶壁から水がにじみ出ている. L'acqua è trasudata dal muro. / Il muro ha trasudato acqua. ¶傷から血がにじみ出ていた. Dalla ferita colava sangue.
2《自然に表れる》trapelare[自][*es*] ¶彼の顔には喜びがにじみ出ていた. La gioia gli trapelava dal viso. / Il suo viso tradiva la gioia. ¶この作品には彼の努力がにじみ出ている. Da quest'opera trapela [appare] il suo impegno.

にじむ 滲む **1**《染み込んで広がる》spandersi; șbavare[自][*av*];《染め色がおちる》stingersi, scolorire[自][*es*];《ぼやける》sfocarsi ¶この紙はインクがにじむ. Questa carta lascia șbavare l'inchiostro. ¶涙で風景がにじんで見える. Avevo gli occhi pieni di lacrime, il paeșaggio mi appariva sfocato.
2《染み出る》impregnarsi ¶包帯に血がにじんでいる. La fasciatura è impregnata di sangue.
3《涙・血・汗などがじわじわ出てくる》¶彼の目には涙がにじんでいた. Aveva gli occhi velati di lacrime. ¶血のにじむような努力をする fare uno sforzo estenuante / sudare sangue

にしめ 煮染め ¶野菜の煮しめ verdure in precedenza bollite in brodo

にしゃたくいつ 二者択一 alternativa[女];《選択》scelta[女] ¶AかBかの二者択一を迫られる trovarsi davanti ad un'alternativa tra A e B / essere obbligat*o* a scegliere tra A e B

にじゅう 二十

venti[男] ¶20歳[年] venti anni / vent'anni ¶20番目の venteșimo ¶20分の1 un venteșimo ¶20倍 venti volte ¶20人ばかりの人 una ventina di persone ¶20ページを見よ. Vedi pagina venti. ¶21 ventuno ¶23 ventitré ¶28 ventotto ¶20歳の(人) ventenne ¶20世紀 il venteșimo secolo ¶20年ごとの ventennale
✤**二十面体** icoșaedro[男]

にじゅう 二重 ◇二重の doppio [[男]複 -*i*]; duplice ◇二重に doppiamente, due volte tanto;《2回》due volte ¶二重の意味のある言葉 parola「a doppio [duplice] senso ¶割れものを二重に包む fare un doppio imballaggio per un articolo fragile / incartare [avvolgere] due volte un articolo fragile ¶二重に巻きつける avvolgere con un doppio giro ¶戸締まりを二重にする《鍵を2つつける》chiudere una porta a doppia serratura ¶二重の手間がかかる richiedere doppio lavoro [doppia fatica] ¶酔うとものが二重に見えてくる. Quando ci si ubriaca, si vede doppio.

[に]

♣二重あご doppio mento㊚
二重写し 〚写・映〛 sovraimpressione㊛ ¶二重写しをする sovrapporre due immagini
二重外交 doppia diplomazia㊛
二重価格制度 〚経〛 sistema㊚ del doppio prezzo
二重課税 doppia imposizione㊛ [tassazione]
二重経済 〚経〛 economia㊛ dualistica
二重結合 〚物・化〛 doppio legame㊚
二重構造 〚経〛 struttura㊛ dualistica
二重国籍 doppia cittadinanza㊛
二重唱 〚音〛 duetto㊚ ◊二重唱する fare un duetto
二重人格 doppia personalità㊛
二重人格者 individuo㊚ con doppia personalità
二重スパイ spia㊛ che fa il doppio gioco
二重生活 ¶二重生活をする condurre [avere] una doppia vita
二重奏 〚音〛 duo㊚
二重底 ¶二重底のトランク valigia a doppio fondo
二重駐車 ◊二重駐車する parcheggiare in doppia fila
二重帳簿 doppia contabilità㊛ (tenuta allo scopo di evadere il fisco)
二重否定 〚文法〛 doppia negazione㊛
二重母音 〚言〛 dittongo㊚ [㊛複 -ghi]
二重窓 doppia finestra㊛, controfinestra㊛
二重焼き付け 〚写〛 sovraimpressione㊛
二重露出 〚写〛 doppia esposizione㊛, sovrapposizione㊛

にじゅういっせいき 二十一世紀 ventunesimo [XXI] secolo㊚, il duemila㊚

にじゅうよじかん 二十四時間 ventiquattro ore㊛ [複] ¶24時間営業のスーパー supermercato aperto 24 ore su 24 ¶24時間労働をする lavorare ventiquattro ore

にじょう 二乗 〚数〛 quadrato㊚ ◊二乗する elevare ql.co. al quadrato [alla seconda potenza], moltiplicare ql.co. per se stesso

にじょうき 二畳紀 〚地質〛 (periodo㊚) permiano㊚

にしょく 二色 ◊二色の bicolore
♣二色刷り stampa㊛ bicolore [in due colori], bicromia㊛
二色性 〚光〛 bicromismo㊚

にじりよる 躙り寄る (ひざまづいて) avvicinarsi a qlcu. camminando ginocchioni; (少しずつ寄る) avvicinarsi a qlcu. a poco a poco

にじる 煮汁 (肉や魚を煮た汁) brodo㊚

-にしろ 1 (仮定) anche se + 接続法 [直説法]; (どんな…にしろ) qualunque (ql.co.) + 接続法 ¶故意でないにしろ罪は罪だ。Anche se (fosse) involontario, un reato è sempre un reato. ¶誰が言ったにしろ、それは事実とは異なる。Chiunque l'abbia detto, è falso.
2 (累加) sia... sia...; (否定で) né... né... ¶冬にしろ夏にしろ sia d'inverno sia [che] d'estate ¶私にしろ私の友人にしろ、そんなことは知らない。Né io né il mio amico siamo a conoscenza del fatto. ¶来るにしろ来ないにしろ私に電話して。(Sia) che tu venga o no, telefonami.

にしん 二心 ¶二心のある ipocrita [㊚複 -i] / doppio [㊚複 -i] / falso ¶あなたに対して二心はありません。Non c'è ipocrisia nei suoi confronti. / Sono sincero con lei. ¶主君に二心を抱いている。Pensa di tradire il suo signore.

にしん 二伸 →追伸
にしん 二進 〚数〛 ◊二進の binario 〚㊚複 -i〛
♣二進数字 《コンピュータ》 cifra㊛ binaria
二進法 〚数〛 sistema㊚ binario

にしん 鰊 〚魚〛 aringa㊛ ¶鰊の薫製(くんせい) [塩漬] aringa affumicata [sotto sale]

にしんとう 二親等 parentela㊛ di secondo grado →家系図

ニス vernice㊛ ¶…にニスを塗る verniciare ql.co.

にせ 偽 ◊にせの falso, finto; (偽造された) contraffatto; (うわべだけの) simulato; (人造の) artificiale; (合成の) sintetico [㊚複 -ci]; (髪・ひげ・つめなどが) posticcio [㊚複 -ci; ㊛複 -ce] ¶にせの真珠 una perla falsa [artificiale / sintetica] ¶にせのパスポート passaporto falso [contraffatto] ¶にせ医者 falso [finto] medico ¶にせの優しさ gentilezza simulata

にせい 二世 1 (国王・教皇などの) ¶ヨハネ・パウロ二世 Giovanni Paolo II (読み方: secondo)
2 (二代目) seconda generazione㊛, (息子) figlio㊚ [複 -gli] ¶加藤二世 Kato junior / il (primo) figlio di Kato
3 (移民の) ¶日系ブラジル人二世 nippo-brasiliano di seconda generazione / (集合的に) seconda generazione di una famiglia brasiliana oriunda giapponese

にせがね 偽金 soldi㊚ falsi; (貨幣) moneta㊛ falsa [contraffatta]; (紙幣) ¶偽札 ¶偽金を作る battere [coniare] moneta falsa / contraffare [falsificare] monete
♣偽金作り (人) falsario㊚ [㊛ -ia; ㊚複 -i]; (行為) falsificazione㊛ [contraffazione㊛] di monete

にせさつ 偽札 ¶偽札を作る contraffare banconote / stampare banconote false [falsificate] ¶偽札をつかまされた。Mi hanno affibbiato dei biglietti falsi.

にせたいじゅうたく 二世帯住宅 abitazione㊛ adibita per due famiglie

にせもの 偽物 (模造品) imitazione㊛; falso㊚; (複製品) copia㊛, riproduzione㊛ ¶本物とにせものを見分ける distinguere gli oggetti autentici dalle imitazioni ¶このピカソの絵にはにせものだ。Questo Picasso è un falso [un'imitazione]. ¶彼の才能はにせものだ。Il suo talento è simulato.

にせもの 偽者 impostore㊚ [㊛ -a], ingannatore㊚ [㊛ -trice] ¶あの警官はにせものだ。Quel poliziotto è un impostore.

-にせよ ¶AにせよBにせよ sia A sia [che] B ¶いずれにせよ in ogni caso / comunque (sia) ¶出かけるにせよ残るにせよ che tu parta o rimanga ¶行くにせよ行かぬにせよ彼に電話だけはしておけ。Fagli una telefonata, sia che tu vada o no ¶君にせよこうなるとは思わなかっただろう。Neanche tu, credo, pensavi (che) sarebbe successo questo.

にせる 似せる (まねる) imitare, copiare; (偽造する) contraffare, falsificare ¶〈人〉のサインに似せて書く falsificare la firma di qlcu. ¶その建

物はパンテオンに似せて作ってある. Questo edificio è stato costruito su modello del Pantheon. ¶これは似てはあるが彼の筆跡ではない. Questa è una fedele riproduzione, ma non è la sua calligrafia.

にそう 尼僧『キリ』 m<u>o</u>naca㊛, su<u>o</u>ra, sorella㊛;《仏教》m<u>o</u>naca㊛ (buddista)
✤**尼僧院** convento㊚ (di m<u>o</u>nache)

にそくさんもん 二束三文 ◇ 二束三文 per due [quattro] soldi;《ただ同然で》ad un prezzo irris<u>o</u>rio, quasi per niente

にそくのわらじ 二足の草鞋 ¶二足のわらじをはく fare contemporaneamente due lavori diversi / tenere [m<u>e</u>ttere] il piede in due scarpe [staffe]

にだい 荷台 (トラックなどの) pianale㊚;《自転車・オートバイなどの》portabagagli㊚[複] ¶荷台に乗せる caricare ql.co. sul pianale

にだいせいとうせい 二大政党制《政》bipartitismo㊚

にたき 煮炊き cottura㊛;《料理》cucina㊛

にだす 煮出す fare bollire ql.co. per ottenerne l'essenza

にたつ →にたり

にたつ 煮立つ bollire㊀[av] ¶鍋が煮立つ. La pentola bolle.

にたにた →にたり

にたものふうふ 似た者夫婦 marito㊚ e m<u>o</u>glie㊛ molto simili nel carattere

にたり ¶にたりと笑う sogghignare㊀[av] / ghignare㊀[av] /《だらしなく》fare un sorriso cretino

にたりよったり 似たり寄ったり ¶展覧会には似たり寄ったりの作品ばかり並んでいた. Alla mostra c'erano esposti quadri「più o meno tutti uguali「privi di originalità」.

にだん 二段 ¶空手2段である essere secondo *dan* di *karate* ¶階段を2段ずつ降りる sc<u>e</u>ndere ㊀[es] per le scale facendo i gradini a due a due
✤**二段構え** ¶二段構えでことに当たる intrapr<u>e</u>ndere ql.co. studiando due strategie
二段ベッド letto㊚ a castello (a due piani)

-にち -日 ¶9月 11[12]日 l'11 [il 12] settembre ¶1日に al giorno ¶「今日は何月です か」「15日です」"Quanti ne abbiamo [Che giorno (del mese) è] oggi?" "Ne abbiamo quindici. / Oggi è il quindici." ¶何日かかりますか. Quanti giorni ci v<u>o</u>gliono?

にちい 日伊 ◇ 日伊の <u>i</u>talo-giapponese, nippo-italiano ¶日伊協会 Associazione <u>I</u>talo-giapponese

にちえい 日英 ◇ 日英の anglo-giapponese, anglo-nipp<u>o</u>nico㊚[複 -*ci*]
✤**日英同盟** alleanza㊛ anglo-giapponese

にちぎん 日銀《「日本銀行」の略》Banca㊛ del Giappone
✤**日銀券** banconota㊛ emessa dalla Banca del Giappone
日銀総裁 governatore㊚ della Banca del Giappone

にちげん 日限《指定された日》data㊛ fissata [prescritta / stabilita];《期限》t<u>e</u>rmine㊚;《満

期日》scadenza㊛

にちじ 日時 data㊛ e ora㊛ ¶…の日時を知らせる far sapere a qlcu. il giorno e l'ora di ql.co.

にちじょう 日常 ◇ 日常の《毎日の》quotidiano, giornaliero;《普通の》ordin<u>a</u>rio ¶日常(の) us<u>u</u>ale, corrente ¶日常の必需品 art<u>i</u>colo di prima necessità quotidiana ¶私はこの辞書を日常よく使う. Uso questo vocabolario quotidianamente.
✤**日常会話** conversazione㊛ corrente [quotidiana]
日常業務 lavoro㊚ quotidiano [us<u>u</u>ale]
日常茶飯事 ¶事故は日常茶飯事のことである. Gli incidenti「sono all'<u>o</u>rdine del giorno [sono cosa di tutti i giorni].
日常性 quotidianità㊛ ¶日常性から脱却する uscire dalla quotidianità / uscire dalla routine di tutti i giorni
日常生活 vita㊛ quotidiana [di tutti i giorni]

にちべい 日米 ◇ 日米の nippo-americano
✤**日米安全保障条約** Trattato㊚ di sicurezza Nippo-Americano
日米安保体制 ordinamento㊚ [struttura㊛] di sicurezza fra il Giappone e gli Stati Uniti

にちぼつ 日没 tramonto㊚ (del sole) ¶日没に al tramonto ¶今日の日没は18時21分だ. Oggi il sole tramonta alle 18.21 (読み方: diciotto e ventuno).

にちや 日夜 ¶日夜たゆみなく働く lavorare giorno e notte [senza sosta]

にちゃく 二着 ¶2着になる classificarsi [arrivare] second*o* [al secondo posto]

にちよう 日用 ◇ 日用の di uso quotidiano
✤**日用品** art<u>i</u>coli㊚[複] [ogg<u>e</u>tti㊚[複]] di uso corrente [quotidiano]

にちよう(び) 日曜(日) dom<u>e</u>nica㊛ ¶日曜の朝 dom<u>e</u>nica mattina ¶日曜ごとに tutte le dom<u>e</u>niche / ogni dom<u>e</u>nica / di [la] dom<u>e</u>nica
✤**日曜画家** pit*tore*㊚ (㊛ -*trice*) dilettante
日曜学校 scuola㊛ domenicale
日曜大工〔仏〕bricolage [bricolaʒ]㊚[無変];《人》falegname㊚ dilettante
日曜ドライバー automobil<u>i</u>sta*a*㊚ (㊛複 -*i*) che usa l'auto soltanto per diporto (in particolar modo la domenica);《蔑》《運転のへたな人》autista㊚㊛ della domenica
日曜版 edizione㊛ domenicale

にちれんしゅう 日蓮宗 Setta㊛ buddista Nichiren

にちロ 日ロ ◇ 日ロの nippo-russo ¶日ロ関係 rapporti fra (il) Giappone e (la) Russia

にちろせんそう 日露戦争 Guerra㊛ russo-giapponese (◆1904-1905)

-について →-ついて1

にっか 日課《毎日の予定》c<u>o</u>mpito㊚ [lavoro㊚] giornaliero [quotidiano]; attività㊛ quotidiana;《習慣》abit<u>u</u>dine㊛;《その日の予定》programma㊚[複 -*i*] [or<u>a</u>rio㊚[複 -*i*]] del giorno ¶日課をこなす eseguire il programma (di lavoro) della giornata ¶2時間読書をするのを日課にしている. È mia norma e r<u>e</u>gola l<u>e</u>ggere per due ore. ¶彼は1日に8時間勉強するという日課を立てていた. Si era prefisso di studiare otto ore

ニッカーボッカー〔英 knickerbockers〕《服》〔英〕knickerbockers男[複], calzoni男[複] alla zuava

にっかい 肉塊 《肉のかたまり》pezzo男 di carne ¶もはや彼は魂のないただの肉塊に過ぎない。Ormai è solo un ammasso di carne e ossa privo di spirito.

にづかわしい 似つかわしい adatto《に a》¶彼の行為はまったく紳士に似つかわしくない。Il suo gesto non si addice a un signore [un galantuomo] (come lui).

にっかん 日刊 ◇日刊の quotidiano
❖日刊紙 giornale男 quotidiano, quotidiano男

にっかん 日韓 ◇日韓の nippo-coreano ¶日韓関係 rapporti fra (il) Giappone e (la) Corea del Sud

にっかん 肉感 sensualità女 ◇肉感的な eccitante, provocante, sensuale ¶肉感をそそる suscitare un desiderio sensuale

にっき 日記 diario男 [複 -i] ¶絵日記 diario illustrato ¶日記をつける tenere un diario ¶日記体の小説 romanzo in forma di diario
❖日記帳 agenda女, diario男
日記文学 diaristica女

-につき →-つき

にっきゅう 日給 paga女 giornaliera, salario男 [複 -i] giornaliero, giornata女 ¶日給で働く lavorare [essere pagato] a giornata
❖日給制 sistema男 di paga [tariffa] a giornata
日給労働者 lavoratore男[女 -trice] giornaliero

にっきょうそ 日教組 《『日本教職員組合』の略》Sindacato男 Giapponese degli Insegnanti

にっきん 日勤 1《毎日の出勤》¶事務所に日勤する andare tutti i giorni in ufficio 2《夜勤に対して》◇日勤する fare il turno diurno

ニックネーム〔英 nickname〕nomignolo男, soprannome男 ¶(Aという)ニックネームをつける affibbiare [appioppare] il nomignolo (di A) a qlcu. / dare il soprannome (di A) a qlcu. / soprannominare qlcu. (A)

にづくり 荷造り imballaggio男 [複 -gi] ◇荷造りする《梱(こ)に入れる》imballare ql.co., fare un pacco; 《荷物をトランクに詰める》far le valigie ¶引っ越しの荷造りをする preparare i pacchi [le casse] per il trasloco
❖荷造り重量 peso男 lordo

につけ 煮付け ¶魚の煮付け pesce bollito in salsa di soia

-につけ ¶何かにつけ彼は文句を言う。Si lamenta di tutto. ¶善きにつけ悪しきにつけ, ここが私の故郷なのだ。Nel bene e nel male questo è il mio paese. ¶彼の窮状を聞くにつけ見るにつけ義憤を感じる。Ogni volta che vedo o sento parlare della sua triste condizione, non posso non indignarmi.

にっけい 日系 ◇日系の (di provenienza) giapponese ¶日系資本の会社 società fondata su capitali giapponesi
❖日系アメリカ人 americano男 [女 -a] d'origine giapponese

にっけい 日計 《会》conto男 giornaliero
❖日計表《会》bilancio男 [複 -ci] di verifica giornaliero

にっけい 肉桂《植》《シナモン》cannella女 ¶肉桂入りの alla [con] cannella

にっけいへいきん(かぶか) 日経平均(株価) media女 dei titoli dell'indice Nikkei; indice男 Nikkei

ニッケル〔英 nickel〕《化》nichel男, nichelio男, nikel男;《元素記号》Ni
❖ニッケル貨 moneta女 di nichel, nichelino男
ニッケルクロム鋼《冶》acciaio男 [複 -i] al cromo-nichel
ニッケルめっき nichelatura女 ◇ニッケルめっきする nichelare ql.co.

にっこう 日光 luce女 del sole [solare];《光線》raggi男[複] del sole [solari];《太陽》il sole男 ¶あふれる日光の下で sotto la luce sfavillante del giorno ¶洗濯物を日光で乾かす far asciugare i panni al sole ¶日光がまぶしい。La luce del sole è abbagliante. ¶「日光の当たらない所に保存のこと」"Da conservare al riparo dalla luce."
❖日光消毒 disinfezione女 per mezzo dell'azione dei raggi solari
日光浴 ◇日光浴する prendere il sole, fare un bagno di sole
日光浴療法 elioterapia女, cura女 del sole

にっこり ¶にっこり笑う sorridere自[av] (dolcemente)

にっさん 日参 visita女 giornaliera ◇日参する visitare ql.co. [qlcu.];[複] tutti i giorni ¶彼の話を聞き入れてもらうため, 市長のところへ日参した。Per fare accettare la propria richiesta si è recato ogni giorno dal sindaco.

にっさん 日産《1日の生産高》produzione女 giornaliera

にっし 日誌 diario男 [複 -i], giornale男 ¶航海日誌 giornale [diario] di bordo ¶臨床日誌 cartella clinica ¶教務日誌 diario di classe ¶日誌をつける tenere un diario [un giornale]

にっしゃびょう 日射病 colpo男 di sole, insolazione女 ¶日射病にかかる prendere [essere colpito da] un'insolazione / prendere un colpo di sole

にっしゅう 日収《会》entrata女 giornaliera, incasso男 giornaliero, introiti男[複] giornalieri;《収益》guadagno男 giornaliero

にっしょう 日商《会》vendita女 giornaliera, fatturato男 giornaliero

にっしょう 日照 esposizione女 al sole
❖日照権 diritto男 di ricevere i raggi [la luce] del sole, diritto男 al sole
日照時間《日の出から日没までの》ore女[複] di luce;《実際に太陽が照った時間》ore女[複] di sole ¶冬は日照時間が短い。In inverno le giornate sono brevi. ¶日照時間が短く農作物に影響が出た。I prodotti agricoli hanno risentito della scarsa esposizione al sole.

にっしょうき 日章旗 bandiera女 del Sol Levante, bandiera女 del Giappone

にっしょく 日食《天》eclissi女 [無変] solare ¶皆既[部分]日食 eclissi solare totale [parziale]

にっしんげっぽ 日進月歩 ¶科学技術は日進月歩だ。La tecnologia fa rapidi e continui pro-

にっしんせんそう 日清戦争 guerra⊕ sino-[cino-]giapponese (◆1894-95)

にっすう 日数 numero⊕ dei giorni ¶商品が届くまで日数はどのくらいかかりますか. Fra quanti giorni arriverà la merce? ¶試合までもう日数がない. Manca poco alla partita.

にっせき 日赤 《日本赤十字社》Croce⊕ Rossa Giapponese

にっちもさっちも 二進も三進も ¶交渉はにっちもさっちもいかない. I negoziati sono [a un punto morto [in un vicolo cieco]. ¶その計画は財政難でにっちもさっちもいかなくなった. Quel progetto è rimasto bloccato a causa di problemi finanziari.

にっちゅう 日中 1《日本と中国》 ◇日中の nippo-cinese, sino-[cino-]giapponese
2《昼間》durante il giorno, di giorno; 《日の高い間》in pieno giorno ¶日中はなかなか暑い. Fa piuttosto caldo di giorno.
✤日中貿易 commercio⊕《複 -ci》[scambi⊕《複》commerciali] tra Giappone e Cina

にっちょう 日朝 Giappone e Corea del Nord ¶日朝交渉 negoziati fra (il) Giappone e (la) Corea del Nord

にっちょく 日直 《その日の当番》servizio⊕《複 -i》diurno; 《昼の当直》turno⊕ diurno

にってい 日程 programma⊕《複 -i》(del giorno); programma⊕ giornaliero [quotidiano]; 《議事日程》ordine⊕ del giorno; 《略》O.d.G.⊕; 《旅程》itinerario⊕《複 -i》 ¶旅行の日程を組む fissare [stabilire] il programma di un viaggio / preparare un itinerario ¶日程を予定通りこなす svolgere tutto secondo il programma ¶日程を縮める ridurre il programma ¶日程が狂った. Il programma del giorno è andato a rotoli.
✤日程表《会議の》registro⊕ delle mozioni; 《旅行の》itinerario⊕ (di un viaggio)

にっと ¶うれしくてにっと笑った. Ha ridacchiato contento. ¶にっといやらしい笑いを浮かべる sorridere⊕《av》sogghignando [in modo sinistro]

ニット〔英 knit〕maglia⊕ ◇ニットの(lavorato) a maglia, di maglia
✤ニットウェア〔製品〕maglieria⊕; indumenti⊕《複》a maglia

にっとう 日当 corrispettivo⊕ giornaliero, giornata⊕; 《外勤手当》diaria⊕ ¶日当 5000 円払う pagare 5.000 yen il [al] giorno

ニッパー〔英 nippers〕《機》《工具》tronchese⊕《複 le tronchesi》, tenaglia⊕

にっぽう 日報《毎日の報告》relazione⊕ giornaliera, rapporto⊕ giornaliero; 《報告書》bollettino⊕ [notiziario⊕《複 -i》] quotidiano; 《新聞》quotidiano⊕

にっぽん 日本 Giappone⊕
✤日本銀行 Banca⊕ del Giappone (◆イタリアの中央銀行は Banca d'Italia) ¶日本銀行券 banconote⊕《複》della Banca del Giappone
日本経団連《日本経済団体連合会》Nippon Keidanren⊕, Federazione⊕ d'Affari Giapponese (◆イタリアの経営者連盟は Confederazione Generale dell'Industria Italiana)

につまる 煮詰まる 1《水・煮物が》ridursi bollendo 2《計画などが》prendere consistenza

につめる 煮詰める 1《煮物などを》ridurre ql.co. bollendola 2《結論に近づける》 ¶計画を煮詰める dar consistenza a un piano

-につれて via via che＋直説法, 「a mano a mano [man mano] che＋直説法 ¶時[月日]が経つにつれて col passar del tempo / con il tempo / coll'andar del tempo ¶年を取るにつれて父は愚痴っぽくなってきた. Mio padre, invecchiando [man mano che gli anni passano], è diventato brontolone. ¶暗くなるほど星が見えてくる. Più si fa buio, più si vedono le stelle.

-にて a, in

にてもにつかない 似ても似つかない ¶父親とは似ても似つかない息子だ. Il figlio non assomiglia per niente al padre. ¶注文したのとは似ても似つかない品物だ. È un articolo completamente diverso da quello che avevo ordinato.

にてんさんてん 二転三転 ¶状況は二転三転した. La situazione cambiava ripetutamente.

にと 二兎 ¶二兎を追う者は一兎をも得ず.《諺》"Chi due lepri caccia, l'una non piglia e l'altra lascia." / "Chi troppo vuole nulla stringe."

にど 二度 1《2回》¶日に2度 due volte al [il] giorno ¶2度続けて due volte di seguito ¶2度にわたって per [in] due volte / in due riprese 2《「二度と…ない」の形で》mai più ¶こんなことは二度とない. Non capita due volte un'occasione simile. ¶È un'occasione più unica che rara. ¶二度といたしません. Non lo farò (mai) più. ¶あんなところには二度と行きたくない. Non voglio tornare un'altra volta in un posto simile.
3《音》seconda⊕ ¶長[短]2度 (intervallo di) maggiore [minore] seconda
|慣用|二度あることは三度ある《諺》 "Non c'è due senza tre."
✤二度咲き doppia fioritura⊕ ¶このばらは二度咲きです. Queste rose fioriscono due volte all'anno.
二度手間 ¶二度手間をしなくてすむように per non fare doppia fatica
二度目 ◇二度目の secondo ¶彼に会うのは2度目だ. È la seconda volta che lo incontro.

にとう 二等 seconda classe⊕ ¶2等の切符 biglietto di seconda classe ¶2等で旅行する viaggiare in seconda classe
✤二等車《鉄道》《イタリアの》carrozza⊕ di seconda classe
二等賞 ¶2等賞をとる《競走》arrivare secondo / 《展覧会等で》ottenere il secondo premio
二等星 stella⊕ di seconda grandezza
二等船室 cabina⊕ di seconda classe

にとうぶん 二等分 divisione⊕ in due parti uguali, bipartizione⊕; 《幾何》bisezione⊕ (▶特に角についていう) ◇2等分する dividere [tagliare] ql.co. "in due parti uguali [a metà]; 《幾何》bisecare ql.co.
✤二等分線《角の》bisettrice⊕

にとうへんさんかくけい 二等辺三角形 《幾何》triangolo⊕ isoscele

ニトリル〔英 nitrile〕《化》nitrile⊕

ニトロ〔英 nitro-〕《化》nitro

❖ニトロ化 nitrazione⽊
ニトロ基 nitrile⽊
ニトログリセリン nitroglicerina [-gli-]⽊
ニトロセルロース nitrocellulosa⽊
ニトロベンゼン nitrobenzene⽊

にないて 担い手 **1**《物を担ぐ人》port*atore*⽊[⽊ *-trice*]；《ポーター》facchino⽊[⽊ *-a*]
2《中心人物》《国の将来の担い手《責任》 arte*fice*⽊ del [《責任ある者》responsabile⽊ del/chi ha sulle spalle il] futuro del Paese ¶新しい文学の担い手 art*efice* di una nuova letteratura

になう 担う **1**《肩にかつぐ》portare *ql.co.* sulle spalle ¶銃を担う mettere il fucile in spalla ¶「担え銃(3)」(号令)《軍》 "Spall'arm!"
2《責任などを負う》assumersi [prendersi/avere] la responsabilità di *ql.co.* ¶21世紀を担う若者たち i giovani che hanno la responsabilità del 21°《読み方: ventun*esi*mo》secolo ¶栄誉を担う coprirsi di gloria ¶皆の期待を担う farsi carico delle speranze di tutti

にんにんさんきゃく 二人三脚 **1**《競技の》corsa⽊ a coppie su tre gambe
2《2人で力を合わせること》¶彼は妻と二人三脚で仕事を成し遂げた. Lui e sua moglie hanno lavorato insieme portando a termine il lavoro.

ににんしょう 二人称《文法》seconda persona⽊

ににんまえ 二人前 ¶スパゲッティを2人前注文した. Ho ordinato due piatti [porzioni] di spaghetti.

にぬし 荷主《荷送り人》mittente⽊⽊ (di merce);《持ち主》proprietar*io*⽊ [⽊ *-ia*; ⽊複 *-i*] (di merce);《注文主》committente⽊⽊;《荷受け人》destinatar*io* [⽊ *-ia*; ⽊複 *-i*]

にぬり 丹塗り ◇丹塗りの laccato di rosso

にねん 二年 ¶2年ごとに ogni due anni
❖2年間《un periodo⽊ di》due anni⽊[複], bienn*io*⽊[複 *-i*]
2年生 ¶高校[大学]2年生 studente⽊ [⽊ *-essa*] di seconda liceo [al secondo anno d'università]

にねんせいしょくぶつ 二年生植物 pianta⽊ biennale [bienne]

にのあし 二の足 ¶二の足を踏む《ためらう》esitare⽊ [*av*] a+不定詞/《避ける》rifuggire⽊ [*es*] da +不定詞

にのうで 二の腕 braccio⽊ [⽊複 *le braccia*] (fino al gomito)

にのく 二の句 ¶驚いて二の句が継げなかった. Sono rimasto 「muto per lo stupore [a bocca aperta]. ¶そう言われると二の句が継げない. Non so cosa [come] risponderti./Mi lasci senza parole.

にのつぎ 二の次 ¶仕事を二の次にする mettere il lavoro in secondo piano ¶そんなことは二の次だ. Questo è di secondaria importanza.

にのまい 二の舞 ¶《人の》二の舞を演じる ripetere l'errore di altri

-には **1**《場所, 時刻などと共に》¶ローマには a Roma ¶イタリアには in Italia ¶7時までには al massimo fino alle [entro le/prima delle] sette
2《…のためには》¶この服は私には大きすぎる. Per me quest'abito è troppo grande. ¶このバッグは持ち歩くには大きすぎる. Questa borsa è troppo grande da portare. **3**《…のところによると》¶私が思うには a mio avviso [parere]/secondo me [il mio parere] ¶《「…には…したが」の形で》¶試験に合格するにはしたが…. È vero che ho superato l'esame, ma…

にばい 二倍 dopp*io*⽊ [複 *-i*]; due volte⽊ [複] ◇2倍の doppio,《2倍にされた》raddoppiato ◇2倍にする raddoppiare *ql.co.* ◇2倍になる raddoppiarsi, diventare⽊ [*es*] il doppio ¶はがきの2倍の大きさの台紙 cartoncino grande il doppio di una cartolina ¶君の家は僕の家の2倍はある. La tua casa è due volte più grande della mia. ¶私は彼の2倍本を読む. Io leggo il doppio di lui. ¶彼の年齢は私の2倍だ. La sua età è il doppio della mia. ¶I suoi anni sono il doppio dei miei. ¶鉄道運賃が2倍になった. Le tariffe dei treni sono raddoppiate.

にばしゃ 荷馬車《2輪の》carretta⽊;《4輪の》carro⽊

にばん 二番 ◇2番目の《第2の》secondo;《副次的な》secondar*io* [⽊複 *-i*] ◇2番目に in secondo luogo, secondariamente ¶2番[びりから2番]になる《競走》arrivare secondo [penultimo]/《コンクールなど》classificarsi secondo [penultimo] posto/classificarsi secondo [penultimo]

にばんせんじ 二番煎じ **1**《茶の》seconda infus*ione*⽊ delle stesse foglie
2《前の繰り返しで新鮮味がないもの》¶これは黒沢映画の二番煎じだ. È un rifacimento di un film di Kurosawa.

にひゃく 二百 duecento⽊
❖二百十日 il duecentodecimo giorno dal *risshun* (◆ intorno al primo settembre, periodo cruciale per l'agricoltura in quanto corrisponde alla stagione dei tifoni, nonché a quella della fioritura del riso)
二百年祭 celebrazione⽊ del bicentenario

ニヒリスティック〔英 nihilistic〕 nichilisti*co*⽊ [⽊複 *-ci*]

ニヒリスト〔英 nihilist〕 nichilist*a*⽊ [⽊複 *-i*]

ニヒリズム〔英 nihilism〕 nichilismo⽊

ニヒル〔ラ nihil〕 ¶ニヒルな青年 giovane nichilista ¶ニヒルな笑い ghigno sarcastico

にぶ 二部 **1**《2つの部分》due parti⽊ [複];《2巻》due volumi⽊ [複];《映画・ドラマなどで2部構成のもの》due puntate⽊ [複] ¶全2部の in due parti [volumi/puntate] **2**《2冊》due copie⽊ [複] **3**《第2部》la seconda parte⽊;《書籍などの》il secondo volume⽊;《映画の》il secondo tempo⽊ **4**《夜間部》¶二部の学生 studente del corso serale
❖二部合唱 coro⽊ a due voci
二部作 lavoro⽊ in due parti

にぶい 鈍い **1**《刃物などが鋭利でない》smussato, spuntato ¶このかみそりは切れ味が鈍い. Questo raso*io* 「non è affilato [rade male].
2《音が》sordo;《光が》fioco⽊複 *-chi*] ¶鈍い物音《低い》rumore sordo [cupo/《こもった》smorzato] ¶鈍い光 luce pallida [fioca] ¶鈍い痛み dolore sordo

3 《動きが》 lento, tardo; 《怠けて》 pigro; 《頭の働きが》 ottuso (di mente), lento (di comprendonio); 《鈍感》 insensibile ¶勘が鈍い essere lento a capire / non avere un buon intuito ¶彼は動作が鈍い. È lento nei movimenti. / Agisce lentamente. ¶僕は運動神経が鈍いんだ. Non sono portato [Sono negato] per lo sport.

にふだ 荷札 etichetta[女] ¶荷札を付ける attaccare un'etichetta a *ql.co.*

にぶる 鈍る **1** 《鋭さなどが》 smussarsi, spuntarsi ¶ナイフの切れ味が鈍った. Il coltello si è smussato. ¶角を鈍らせる〔建〕 smussare gli angoli

2 《感覚が》 intorpidirsi ¶寒くて体の感覚が鈍った. Il freddo mi ha intorpidito tutto il corpo. ¶アルコールは精神の働きを鈍らせる. L'alcool intorpidisce la mente.

3 《知能・精神力・力が》 affievolirsi, scemare[自][*es*] ¶力が鈍る perdere le forze [(il) vigore] / indebolirsi ¶勘が鈍る perdere l'intuito ¶頭が鈍る《ぼうっとする》 intontire[自][*es*] / 《衰える》 arrugginire[自][*es*] ¶いささか腕が鈍った. Mi si è arrugginita la mano. ¶彼の決心が鈍った. La sua decisione è scemata [si è affievolita]. ¶雨で展覧会の出足が鈍った. Per colpa della pioggia, i visitatori della mostra sono diminuiti.

4 《速度が》 rallentare[自][*av*], rallentarsi ¶列車の速度が鈍った. Il treno ha rallentato (la sua corsa).

にぶん 二分 ◇二分する dividere *ql.co.* in due, dimezzare *ql.co.* ¶2分の1 metà / un mezzo ¶政界を二分する勢力 due tendenze che dividono il mondo politico ¶2人の俳優が若者の人気を二分している. I due attori si dividono le simpatie dei giovani.

✤**二分音符** 〔音〕 minima[女], metà[女], nota[女] bianca

二分休符 〔音〕 pausa[女] di minima

二分法 〔論〕 dicotomia[女]

にべもない 鮸もない ¶にべもなく断わられた. Mi ha respinto decisamente [seccamente]. ¶にべもない答え risposta secca [netta / recisa]

にぼし 煮干し sardine[女][複] essiccate

にほん 日本

Giappone[男]; 《日出ずる国》 il Sol Levante[男] ◇日本の[的な] giapponese; nipponico [男複 *-ci*] ¶日本の伝統 tradizione giapponese [del Giappone] ¶日本びいきの filogiapponese / filonipponico ¶日本嫌いの antigiapponese / antinipponico ¶日本ふうに[の] alla [di stile] giapponese ¶日本に到着する arrivare in Giappone ¶日本へ出発する partire per il Giappone ¶日本から来ました. Vengo dal Giappone. ¶日本中で in tutto il Giappone ¶日本時間で9時に alle 9 ora giapponese ¶日本製の fabbricato in Giappone / di fabbricazione giapponese ¶この米は日本産です. Questo riso è di produzione giapponese.

✤**日本アルプス** Alpi[女][複] Giapponesi

日本画 pittura[女] giapponese

日本海 Mare[男] del Giappone

日本海溝 fossa[女] del Giappone

日本学 nipponologia[女], yamatologia[女]

日本学者 nipponologo[男] [[女] *-ga*; [男]複 *-gi*] / yamatologo[男] [[女] *-ga*; [男]複 *-gi*]

日本髪 acconciatura[女] giapponese

日本銀行 ⇒日本銀行(にっぽんぎんこう)

日本犬 cane[男] di razza giapponese

日本語 la lingua[女] giapponese, il giapponese[男]

日本三景 le tre meraviglie[女][複] naturali del Giappone, i tre paesaggi[男][複] più belli del Giappone (◆ Matsushima, Itsukushima, Amanohashidate)

日本酒 *sakè*[男][無変]

日本人 giapponese[男][女] ◇日本人の giapponese

日本茶 tè[男] giapponese

日本庭園 giardino[男] di stile giapponese

日本刀 *katana*[女]; sciabola[女] giapponese

日本脳炎 〔医〕 encefalite[女] giapponese

日本晴れ ¶日本晴れだ. Non c'è alcuna nuvola in cielo. / È tutto sereno.

日本舞踊 danza[女] giapponese

日本文学 letteratura[女] giapponese

日本間 camera[女] 「in stile giapponese [con il pavimento di *tatami*]

日本料理 cucina[女] giapponese

日本列島 arcipelago[男] giapponese

にほんだて 二本立て **1** 《2つを同時に行うこと》 ◇二本立てで《並行させて》 parallelamente; 《同時に》 contemporaneamente

2 《映画の》 programma[男] [複 *-i*] che prevede la proiezione di due film consecutivi

にまいがい 二枚貝 〔動〕 conchiglia[女] bivalve; 《総称的に》 bivalvi[男][複], lamellibranchi[男][複] ⇒動物 [用語集]

にまいじた 二枚舌 lingua[女] biforcuta ¶二枚舌である avere la lingua biforcuta / essere falso [《偽善的》 ipocrita]

にまいめ 二枚目 《劇の役》 il ruolo[男] di rubacuori; 《役者》 attore[男] che fa la parte del rubacuori; 《美男子》 bell'uomo[男] [複 *begli uomini*]

にまめ 煮豆 legumi[男][複] bolliti

-にも ¶誰にもわかる説明 spiegazione comprensibile a tutti ¶私にも電話をくれ. Dai un colpo di telefono anche a me! ¶人をばかにするにもほどがある. C'è un limite anche nel prendere in giro le persone. ¶行こうにも金がない. Non ho i soldi neanche per andarci.

にもうさく 二毛作 rotazione[女] [avvicendamento[男]] delle colture su base semestrale

-にもかかわらず nonostante [malgrado] + [名詞] [+ [接続法]], a dispetto di *ql.co.*, benché + [接続法]; eppure ¶雨にもかかわらず a dispetto della [malgrado la / nonostante la] pioggia ¶ずいぶん勉強したにもかかわらず試験に落ちた. Ha studiato molto, ma ciò nonostante è stato bocciato all'esame. ¶たびたび注意したにもかかわらず, 彼はいつも遅れてくる. Benché io l'abbia ammonito varie volte, arriva sempre in ritardo. / L'ho ammonito varie volte, eppure arriva sempre in ritardo.

にもつ 荷物

1 《積み荷》 carico[男] [複 *-chi*]; 《品物, 商品》 merce[女]; 《旅客の》 bagaglio[男] [複 *-gli*]; 《旅行の》 valigia[女] [複 *-gie, -ge*] ¶荷物をまとめる fare i bagagli [le valige] ¶荷物を預ける depositare i bagagli ¶これは荷物になるよ. Questo è un impiccio da portare!

2《負担》carico㊚ [複 -chi], peso㊚ ¶《人》のお荷物になる essere di peso a qlcu. ¶大変なお荷物を背負い込んでしまったものだ. Mi sono accollato delle gravi seccature.
✤荷物一時預り所 deposito㊚ bagagli [無変]
荷物受取証 scontrino㊚ dei bagagli
荷物取扱所 ufficio㊚ [複 -ci] pacchi [無変], spedizione㊛ pacchi [無変]

にもの 煮物 《煮ること》cottura㊛;《煮たもの》cibi㊚ [複] cotti

にゃあ 《擬》miao;《鳴き声》miagolio㊚ [複 -ii] ¶にゃあと鳴く miagolare㊀ [av] / gnaulare㊀ [av]

にやく 荷役 carico㊚ [複 -chi] e scarico㊚ [複 -chi] di merci

にやけた effeminato,《軽薄な》frivolo;《気取った》affettato, lezioso ¶にやけた男 effeminato /《めかし屋》damerino

にやにや ◇にやにやする《下品に》fare un sorriso osceno [volgare];《人をばかにして》fare risolini「di scherno [beffardi];《皮肉たっぷりに》sorridere㊀ [av] con sarcasmo, fare un sorriso ironico;《一人で思い出し笑いをして》sorridere fra sé ¶意味ありげにニヤニヤする fare sorrisi allusivi ¶にやにやするな. Smettila di sorridere stupidamente!

にやり ◇にやりとする ghignare㊀ [av], sogghignare㊀ [av];《心の中で》ridere sotto i baffi (fra sé e sé) ¶会心の作に思わずにやりとした. Ad opera finita non sono riuscito a trattenere un sorriso soddisfatto.

ニュアンス 〔仏 nuance〕sfumatura㊛;《言外の意味》connotazione㊛, implicazione㊛ ¶この日本語の微妙なニュアンスを伝えるのはむずかしい. È difficile trasmettere le sottili sfumature di questa parola giapponese. ¶彼の言葉には否定的なニュアンスが感じられた. Le sue parole hanno lasciato trapelare una sfumatura negativa.

にゅういん 入院 ricovero㊚ in ospedale, ospedalizzazione㊛ ◇入院する essere ricoverato in ospedale, entrare㊀ [es] in ospedale ◇入院させる ricoverare qlcu. in ospedale, ospedalizzare qlcu. →病院 会話 ¶入院中である essere ricoverato all'ospedale
✤入院患者 degente㊚㊛, ricoverato㊚ [㊛ -a], internato㊚ [㊛ -a]
入院期間 ¶3か月の入院期間 tre mesi di degenza in ospedale
入院手続き pratiche㊛ [複] per il ricovero in ospedale
入院費 spese㊛ [複] di ricovero

にゅういんりょう 乳飲料 bevanda㊛ a base di latte

にゅうえい 入営 ◇入営する entrare㊀ [es] in caserma

にゅうえき 乳液 **1**《乳状の液》latte㊚㊛, liquido㊚ lattescente;《ゴムの木などの》lat(t)ice㊚ **2**《化粧用の》latte㊚ verginale, latte㊚ di bellezza, latte㊚ cosmetico ¶クレンジング乳液 latte detergente ¶保湿乳液 latte idratante

にゅうえん 入園《公園・動物園などに入ること》ingresso㊚;《幼稚園に入る手続きをとること》iscrizione㊛ ¶私は子供を幼稚園に入園させた.《入園手続きをとった》Ho iscritto mio figlio alla scuola materna. ¶「入園無料」《掲示》"Ingresso libero" / "Entrata libera"
✤入園料《公園などの》tariffa㊛ d'ingresso (a qlco.)

にゅうか 入荷 arrivo㊚ della merce ¶野菜が入荷した. È arrivata un carico di verdura.
✤入荷品《商》arrivi㊚ [複] ¶最新の入荷品 ultimi arrivi
入荷量 quantità㊛ della merce ¶ぶどうの入荷量が少ない. La quantità「di uva arrivata [che ci è arrivata] è scarsa.

にゅうか 乳化《化》emulsione㊛ ◇乳化する《他のものを》emulsionare qlco.;《自らが》emulsionarsi
✤乳化剤 emulsionante㊚
乳化性油 olio㊚ emulsionabile [solubile]

にゅうかい 入会《登録による》iscrizione㊛;《許可による》ammissione㊛ ◇入会する entrare㊀ [es] a far parte di ql.co., aderire㊀ [av] [iscriversi] a ql.co. ¶クラブへの入会を許す ammettere qlcu. a [in] un club ¶入会の勧誘をする invitare qlcu. ad iscriversi a ql.co. ¶…への入会を申し込む fare domanda d'ammissione [d'iscrizione] a ql.co.
✤入会金 quota㊛ d'ammissione [d'iscrizione]
入会資格 requisiti㊚ [複] per l'ammissione
入会者 membro㊚, iscritto㊚ [㊛ -a] ¶入会者を募集する prendere [cercare] nuovi membri [iscritti]

にゅうかく 入閣 ◇入閣する entrare㊀ [es] nel governo, entrare a far parte del governo; accettare un portafoglio

にゅうがく 入学《許可により》ammissione㊛ a scuola;《入学手続きをすること》iscrizione㊛ ad una scuola ◇入学する essere ammesso ad [iscriversi ad / entrare㊀ [es] in] una scuola;《大学に》entrare [iscriversi] all'università ¶入学を希望する chiedere l'ammissione ad una scuola ¶「ご入学おめでとう」《カードなどで》"Complimenti vivissimi per l'ammissione"
✤入学願書 domanda㊛ d'ammissione
入学金 spese㊛ [複] [quota㊛] d'iscrizione
入学資格 requisiti㊚ [複] per l'ammissione
入学志願者 candidato㊚ [㊛ -a]
入学式 cerimonia㊛ d'ammissione
入学試験 ¶入学試験を受ける presentarsi agli esami d'ammissione
入学手続き pratiche㊛ [複] d'iscrizione ¶文学部への入学手続をする fare le pratiche d'iscrizione alla facoltà di lettere

にゅうがん 乳癌《医》cancro㊚ al seno [alla mammella]

にゅうぎゅう 乳牛 vacca㊛ da latte, mucca㊛

にゅうきょ 入居 ◇入居する stabilirsi [sistemarsi] in ql.co. ¶このアパートには10世帯入居している. In questo palazzo abitano dieci famiglie.
✤入居者《住人》abitante㊚㊛;《借家人》inquilino㊚ [㊛ -a], affittuario㊚ [㊛ -a;㊚ 複 -i], locatario㊚ [㊛ -ia;㊚ 複 -i] ¶「入居者募集中」《掲示》"Cercasi inquilini"
入居日《引っ越し日》giorno㊚ del trasloco

にゅうきょ 入渠 ¶船が入渠している. La nave è ferma in un bacino.
❖入渠料 spese㊛[複] di carenaggio
にゅうきん 入金 **1**《金が入ること》ricevimento㊚[riscossione㊛] di denaro;《受領金》somma㊛ ricevuta;《店などの売り上げ》incasso㊚ ¶私の銀行口座に10万円の入金があった. Mi hanno versato 100.000 yen sul conto in banca. **2**《金を入れること, 預金》deposito㊚;《支払い》pagamento㊚, versamento㊚;《振込み額》somma㊛ versata ◇入金する《預金する》depositare;《支払う》pagare, versare ¶銀行に10万円入金した. Ho depositato [versato] 100.000 yen in banca. ¶入金確認後, 学生証を発行します. Le consegneremo il tesserino universitario a pagamento avvenuto.
❖入金通知書 avviso㊚ di accredito
入金伝票 distinta㊛ di versamento
にゅうこ 入庫 **1**《商品の》magazzinaggio㊚[複-gi], immagazzinamento㊚, deposito㊚ in magazzino ◇入庫する immagazzinare, mettere in magazzino **2**《バス・電車の》◇入庫する rientrare㊐[es] al deposito
❖入庫料《倉庫の》tariffa㊛ di magazzinaggio
にゅうこう 入港 entrata㊛ in porto ◇入港する entrare㊐[es] in porto ¶入港中である essere in porto ¶ジェノヴァに入港する entrare nel porto di Genova
❖入港許可書 autorizzazione㊛ d'entrata
入港税 diritti㊚[複] portuali
入港手数料 diritti㊚[複] d'entrata
入港手続き dichiarazione㊛ d'entrata
にゅうこく 入国 entrata㊛[ingresso㊚] in un paese;《移民の》immigrazione㊛ ◇入国する entrare [immigrare㊐[es]] in un paese → 空港会話 ¶入国を許可[禁止/拒絶]する permettere [vietare/rifiutare] a qlcu. di entrare《に in》¶オーストリア経由でイタリアに入国した. Sono entrato in Italia attraverso Austria.
❖入国管理 controllo㊚ d'entrata
入国管理局《法務省の》Direzione㊛ Immigrati (del Ministero della Giustizia)
入国管理事務所 ufficio㊚[複-ci] immigrazione [無変]
入国許可書 visto㊚ d'ingresso
入国査証 visto㊚ d'entrata
入国申告書 carta㊛ di sbarco
入国税 tassa㊛ di accesso
入国手続き《空港や港で》procedure㊛[複] di sbarco[ingresso];《移民の》pratiche㊛[複] per l'immigrazione
にゅうごく 入獄 ◇入獄する andare in prigione, essere messo [portato] in prigione, essere imprigionato [incarcerato] ¶入獄している essere in prigione [essere carcerato]
にゅうざい 乳剤 emulsione㊛
にゅうさつ 入札《価格を提示すること;競売で》offerta㊛ all'asta;《契約者を決めること》gara㊛ d'appalto;《仕事の請け負い》offerta㊛ in una gara d'appalto ◇入札する fare un'offerta;《競売で》licitare㊐[av];《仕事》concorrere㊐[av]《a un appalto》¶1億円で入札する fare un'offerta (per un'aggiudicazione) di 100 milioni di yen ¶入札を募る aprire una gara d'appalto《per ql.co.》¶入札によって per appalto ¶ピカソの絵を入札に付する mettere all'asta un quadro di Picasso ¶近々トンネル工事の入札がある. Prossimamente inizierà la gara d'appalto per lo scavo del tunnel.
❖入札価格 offerta㊛
入札公示 avviso㊚ d'asta [di appalto pubblico]
入札者 offerente㊚㊛ ¶最高入札者 il [la] miglior offerente
入札保証 garanzia㊛ per concorrere a una gara d'appalto [a una licitazione]
にゅうさん 乳酸《化》acido lattico [複-ci]
❖乳酸飲料 bevanda㊛ a base di fermenti lattici
乳酸カルシウム lattato㊚ di calcio
乳酸菌 fermenti㊚[複] lattici
にゅうし 入試 esame㊚ d'ammissione
にゅうし 乳歯 dente㊚ di [da] latte
にゅうじ 乳児 lattante㊚㊛, poppante㊚㊛
にゅうしゃ 入社 ◇入社する entrare㊐[es] in;《採用される》essere assunto da [una società
❖入社試験 esame㊚ d'ammissione in una società
にゅうしゃ 入射《物》incidenza㊛
❖入射角 angolo㊚ d'incidenza
入射光線 raggio㊚[複-gi] incidente
にゅうじゃく 柔弱 柔弱な《身体も精神も弱々しい》debole, fiacco㊚[複-chi];《意志のない》senza volontà, molle;《気力がない》senza vigore, smidollato;《めめしい》effeminato
にゅうしゅ 入手 acquisizione㊛;《購入》acquisto㊚ ◇入手する ottenere;《努力して》procurarsi;《権利などを》acquisire;《購入する》acquistare, comprare ¶入手困難な《ほとんどない》introvabile / irreperibile /《まれな》raro
❖入手経路 ¶この情報の入手経路は謎である. È un mistero come si sia ottenuta questa informazione.
にゅうしゅつりょく 入出力《電》ingresso㊚ e uscita㊛, immissione㊛ e emissione㊛;〔英〕input e output
❖入出力装置《コンピュータ》unità㊛ di input/output [ingresso-uscita]
にゅうしょう 入賞 ◇入賞する classificarsi fra i premiati, vincere uno dei premi ¶1等で入賞する ottenere [vincere/conseguire] il primo premio
❖入賞作品 opera㊛ premiata
入賞者 premiato㊚[㊛-a], vincitore㊚[㊛-trice] di un premio
にゅうじょう 入城 ◇入城する entrare㊐[es] in un castello;《占拠した町に》fare un'entrata trionfale in una città conquistata
にゅうじょう 入場 entrata㊛, ingresso㊚; accesso㊚;《許可により》ammissione㊛ ◇入場する entrare㊐[es]《に in》, accedere㊐[es]《に a》; essere ammesso《に a》¶厳かに入場する fare un'entrata solenne ¶「未成年者の入場お断り」《掲示》"Ingresso vietato ai minori" ¶「関係者以外の者の入場を禁ず」《掲示》"Vietato l'ingresso agli estranei." ¶「入場無料」《掲示》"Ingresso libero"/"Entra-

にゅうじょう
ta libera"
　❖入場券 biglietto㊚ d'ingresso [d'entrata]；《駅の》biglietto㊚ d'ingresso (alla stazione)
　入場券売り場 biglietteria㊛；botteghino㊚
　入場行進 sfilata㊛ d'ingresso
　入場式 cerimonia㊛ d'apertura
　入場者 visitatore㊚ [-trice]
　入場料 tariffa㊛ d'ingresso ¶入場料1000円を払う pagare 1.000 yen per l'ingresso
にゅうじょう 乳状 ◇乳状の latteo, lattiginoso, lattescente
にゅうしょく 入植 ¶南米に入植する immigrare [stabilirsi] in Sudamerica
　❖入植者 immigrante㊚, immigrato㊚ [㊛ -a]
にゅうしん 入信 ◇入信する acquistare la fede；《改宗して》convertirsi 《に a》
にゅうしん 入神の技 poteri soprannaturali ¶彼のピアノ演奏は入神の技だった。Ha suonato il piano in modo divino.

ニュース〔英 news〕《知らせ》notizia㊛《についての di, su》, informazione㊛；novità㊛；《報道》ultime notizie㊛ [複] [informazioni㊛ [複]]；《ラジオの》giornale㊚ radio [無変], attualità㊛；《テレビの》telegiornale㊚, attualità㊛ ¶今日のニュース notizie [avvenimenti] del giorno ¶海外[国内]ニュース notizia dall'estero [dall'interno] ¶トップニュース notizia di testa ¶ローカル[スポーツ]ニュース notizie locali [sportive] ¶ビッグニュース grande notizia / notizia importante ¶7時のニュースによれば secondo il notiziario delle sette ¶君にいいニュースがある。Ho una buona notizia da darti. ¶大統領が狙撃されたというニュースが入った。È [Ci è] arrivata la notizia dell'attentato al Presidente.
　❖ニュース映画 cinegiornale㊚
　ニュース解説 commento㊚ alle notizie
　ニュース解説者 commentatore㊚ [-trice]
　ニュースキャスター coordinatore㊚ [㊛ -trice] del telegiornale [《ラジオの》radiogiornale㊚]
　ニュースソース fonte㊛ d'informazione [di una notizia]
　ニュース速報 notizie㊛ [複] flash [無変] [lampo [無変]]
　ニュースバリュー valore㊚ [importanza㊛] di una notizia
　ニュース番組 notiziario㊚ [複 -i]；《テレビの》telegiornale㊚ [《ラジオの》giornale㊚ radio [無変]]
にゅうせいひん 乳製品 latticini㊚ [複]
にゅうせき 入籍 ◇入籍する iscriversi [registrarsi] allo stato civile [all'anagrafe] ¶〈人〉を入籍させる registrare il nome di qlcu. sul proprio stato civile
ニューセラミックス〔英 new ceramics〕ceramica㊛ di qualità superiore (usata in ambito medico e in strumenti di precisione)
にゅうせん 入選 ◇入選する《選ばれる：人・物が主語》essere scelto [selezionato]；《審査に合格する：人が主語》classificarsi fra i selezionati, qualificarsi ¶彼の作品はヴェネツィア・ビエンナーレに入選した。La sua opera è stata scelta per la Biennale di Venezia.
　❖入選作 opera㊛ selezionata [scelta / 《入賞作》premiata]

1216

　入選者 selezionato㊚ [㊛ -a]
にゅうせん 乳腺〘解〙ghiandola㊛ mammaria
　❖乳腺炎〘医〙mastite㊛
にゅうたい 入隊 arruolamento㊚ nell'esercito ◇入隊する arruolarsi nell'esercito；《志願で》fare la carriera militare
ニュータウン〔英 new town〕nuovo quartiere㊚ alla periferia di una (grande) città
にゅうだく 乳濁〘化〙emulsione㊛
　❖乳濁液〘化・薬〙emulsione㊛
　乳濁質〘化〙emulsoide㊚
にゅうだん 入団 ◇入団する entrare㊎[es][《許可により》farsi ammettere / essere ammesso]《に in》；《一員になる》diventare㊎[es] membro《に di》；《登録する》iscriversi《に a》
にゅうちょう 入超〘経〙eccedenza㊛ delle importazioni rispetto alle esportazioni
にゅうてい 入廷 ◇入廷する entrare㊎ [es] in un'aula di tribunale ¶証人を入廷させる introdurre [far entrare] un testimone nell'aula ¶「裁判官入廷！」"Entra la Corte!"
にゅうでん 入電 ricevimento㊚ [《着くこと》arrivo㊚] di un telegramma；《入って来た電信》telegramma㊚ [複 -i] ricevuto ◇入電する《電報が主語》arrivare㊎ [es]；《電文が主語》giungere㊎ [es] [arrivare] a mezzo telegramma
にゅうとう 入党 adesione㊛ a un partito politico ◇入党する aderire㊎ [av] a [entrare㊎ [es] in] un partito politico
にゅうとう 乳糖〘化〙lattosio㊚
にゅうとう 乳頭 1〘解〙《乳首》capezzolo㊚ 2〘解〙《小突起》papilla㊛
にゅうどうぐも 入道雲《積雲》cumulo㊚；《積乱雲》cumulonembo㊚
ニュートラル〔英 neutral〕1《中立の》neutro㊚ ◇ニュートラルな neutrale 2《変速装置の》《位置》di folle㊚ ¶ギアをニュートラルに入れる mettere in folle / disinnestare la marcia
　❖ニュートラルコーナー《ボクシング》angolo㊚ neutro
ニュートロン〔英 neutron〕〘物〙neutrone㊚
ニュートン〔英 newton〕〘物〙《力の単位》newton㊚ [無変]；《記号》N
にゅうねん 入念 ◇入念な《ていねいな》accurato, coscienzioso；《精密な》minuzioso ◇入念に accuratamente, coscienziosamente；minuziosamente
にゅうばい 入梅《梅雨入り》inizio㊚ [複 -i] della stagione delle piogge；《梅雨の季節》stagione㊛ delle piogge
にゅうはく 乳白 ◇乳白の bianco [㊚ 複 -chi] (come il) latte [無変]；latteo；opaco [㊚ 複 -chi]；bianchiccio [㊚ 複 -ci]
　❖乳白ガラス vetro㊚ opalino
　❖乳白剤〘化〙opacizzante㊚
　乳白色 bianco㊚ latteo ◇乳白色の lattescente, di un bianco latteo；《性質も含め》lattiginoso
にゅうばち 乳鉢 mortaio㊚ [複 -i]
ニューフェース volto㊚ nuovo；《演劇などで》esordiente㊚㊛, debuttante㊚㊛

にゅうぼう 乳房 seno㊚, poppa㊛;〚解〛mammella㊛ ◇乳房の mammar*io* [㊚複 -*i*]
❖乳房温存療法〚医〛chirurgia㊛ conservativa del seno
乳房再建〚医〛ricostruzione㊛ mammaria
にゅうぼう 乳棒 pestello㊚ (di mortaio)
ニューモード ultima moda㊛, ultimo grido㊚ ◇ニューモードの all'ultima moda
にゅうもん 入門 1《門の中へ入ること》entrata㊛ 2《弟子になること》◇入門する diventare㊐ [*es*] allievo [discepolo] di *qlcu*. 3《手引き》guida㊛ ¶イタリア語入門講座 corso per principianti di lingua italiana
❖入門書 introduzione㊛ [iniziazione㊛] (a *ql.co.*)
にゅうよう 入用 necessità㊛, bisogno㊚
にゅうようじとつぜんししょうこうぐん 乳幼児突然死症候群〚医〛sindrome㊛ della morte in culla
にゅうよく 入浴 bagno㊚ ◇入浴する fare il bagno ◇入浴させる (far) fare il bagno a *qlcu*.
にゅうりょく 入力〚電〛ingresso㊚, immissione㊛, entrata㊛;〚英〛input㊚ [無変] ◇入力する immettere, inserire
❖入力情報 dati㊚[複] di ingresso [di input];《集合的に》〚英〛input㊚ [無変]
入力信号 segnale㊚ di ricezione
入力装置 dispositivo㊚ per l'input
入力電流〚電〛corrente㊛ di entrata [di alimentazione]
ニューロン〔英 neuron〕〚医〛neurone㊚
にゅうわ 柔和 ◇柔和な dolce, gentile
によう 尿〚医〛urina㊛;〚医〛orina㊛ ◇尿の urin*ario* [複 -*i*] ¶尿を出す urinare㊐ [*av*] /〚医〛orinare㊐ [*av*] /《俗》pisciare㊐ [*av*]
❖尿意 ¶尿意を催す aver voglia [sentire lo stimolo] di urinare
尿管〚解〛uretere㊚
尿管炎〚医〛ureterite㊛
尿検査 esame㊚ [analisi㊛ [無変]] dell'urina, uroscopia㊛;《尿培養試験》urinocoltura㊛
尿失禁〚医〛incontinenza㊛ delle urine
尿道〚解〛uretra㊛
尿道炎〚医〛uretrite㊛
尿毒症〚医〛uremia㊛
尿(路)結石〚医〛calcoli㊚[複] ureterali, urolit*ia*și㊚[無変]
によう 二様 ¶それは二様に解釈できる。Può essere interpretato in due modi.
にょうさん 尿酸〚化〛acido㊚ *u*rico [複 -*ci*]
❖尿酸値 livello㊚ [tasso㊚/ valore㊚] di acido urico ¶尿酸値を下げる abbassare il livello di acido urico / ridurre i valori di acido urico
にょうそ 尿素〚化〛urea㊛, ur*e*a㊛
❖尿素樹脂 res*i*na㊛ ur*ei*ca [carbammidica]
にょうぼう 女房 1《妻》moglie㊛, consorte㊛ ¶姉さん女房 moglie maggiore di [in] età del marito ¶押しかけ女房 moglie che ha forzato il marito a sposarla ¶世話女房 moglie devota ¶恋女房 moglie amata [diletta / adorata] ¶彼は女房の尻にしかれている。È bistrattato dalla moglie. 2《昔の女官》dama㊛ di corte
❖女房言葉 linguaggio㊚ [idioma㊚] delle dame di corte dal periodo Muromachi fino al periodo Edo
女房持ち ammogliato㊚
女房役 ¶〈人〉の女房役をする essere il braccio destro di *qlcu*.
にょきっ ¶たけのこがにょきっと顔を出した。I germogli di bambù sono sbucati dal terreno.
にょきにょき ¶駅近くには超高層ビルがにょきにょきと建っている。Vicino alla stazione i grattacieli crescono come funghi.
にょじつ 如実 ◇如実に fedelmente; realisticamente;《残酷にも》crudamente
ニョッキ〔伊〕〚料理〛gnocchi㊚[複]
にょにん 女人 donna㊛
❖女人禁制《掲示》"Divieto di accesso alle donne"
にょらい 如来〔梵〕Tathāgatha㊚[無変]
にょろにょろ sinuosamente;《蛇行する》serpeggiando ¶みみずがにょろにょろはっていた。Il lombrico avanzava contorcendosi.
にら 韮〚植〛aglio㊚[複 *agli*] [cipollina㊛ cinese;〚学名〛*Allium tuberosum*
にらみ 睨み 1《鋭い目つき》sguardo㊚ penetrante;《怒りを含んだ》sguardo㊚ feroce ¶ひとにらみで con un solo sguardo 2《影響力》influenza㊛ ¶にらみが効く mettere (in) soggezione ¶彼はこの町でにらみを効かしている。Tiene sott'occhio tutta la città.
にらみあい 睨み合い scamb*io*㊚[複 -*i*] di sguardi ostili;《対立》ostilità㊛, antagonismo㊚;《緊張》tensione㊛ ¶両国のにらみ合いが続いている。Le relazioni fra i due paesi sono tuttora tese.
にらみあう 睨み合う 1《互いににらむ》guardarsi fisso [fissamente];《けんか腰で》guardarsi con aria di sfida [con occhi ostili];《敵意をもって》guardarsi 「in cagnesco [con ostilità] 2《向かい合う》fronteggiarsi 3《反目する》contrastarsi ¶両家はにらみ合っていた。Le due famiglie erano ostili l'un l'altra.
にらみあわせる 睨み合わせる《対比する》paragonare [confrontare] *ql.co.* (con *ql.co.*);《利害得失を》esaminare il pro e il contro di *ql.co.*;《照合する》raffrontare *ql.co.* (con *ql.co.*);《考慮する》tenere conto di *ql.co.*
にらみかえす 睨み返す restituire [rilanciare] a *qlcu*. uno sguardo ostile
にらみつける 睨み付ける《敵意をもって》fissare *qlcu*. con uno sguardo 「ostile [憎しみに満ちた目で] pieno d'odio [厳しい目で] severo /《激怒して》truce] ¶母親は子供をにらみつけて黙らせた。La madre ha zittito il bambino con un'occhiata (severa).

にらむ 睨む 1《じっと見る》guardare *qlcu*. [*ql.co.*] fisso [fissamente];《厳しく》guardare *qlcu*. [*ql.co.*] severamente;《怒って》guardare *qlcu*. con collera [con astio] ¶横目で guardare *qlcu*.「di traverso [con occhio torvo] 2《目をつける》¶僕は上役からにらまれている。Il mio superiore mi「ha preso di mira [tiene d'occhio] ¶彼にらまれるようなことを何かしたのかい。Hai fatto qualcosa che giustifichi la sua antipatia verso di te?

3 《見当をつける》supporre [ritenere] che + 接続法; 《嫌疑をかける》sospettare che + 接続法 [+ 直説法] ¶わながあるとにらむ subodorare un tranello ¶警察は彼が犯人であるとにらんでいた. La polizia riteneva (sospettava / annusava) che lui sia il colpevole. ¶私のにらんだことに間違いはない. Non ho dubbi sulle mie previsioni. ¶言葉遣いから弁護士だとにらんだ. Dal suo modo di parlare ho capito che era un avvocato.

にらめっこ 睨めっこ ◇にらめっこをする giocare a fissarsi negli occhi per vedere chi resiste di più senza ridere

にらんせい 二卵性 《生》 ◇二卵性の dizigotico 《男複 -ci》, biovulare
❖二卵性双生児《男の，男女の》gemelli 《男複》 dizigotici; 《二人とも女の》gemelle 《女複》 dizigotiche

にりつはいはん 二律背反 《哲》antinomia 《女》

にりゅう 二流 ◇二流の di seconda qualità [second'ordine / poca importanza]; minore

にりゅうかたんそ 二硫化炭素 bisolfuro 《男》 di carbonio

にりゅうかぶつ 二硫化物 bisolfuro 《男》

にりんしゃ 二輪車 veicolo 《男》 a due ruote; 《自転車》bicicletta 《女》; 《自動二輪車》motociclo, motocicletta 《女》; 《原付き自転車》motorino

にる 似る somigliare 《自》《av, es》[assomigliare 《自》 (▶複合時制は稀) / rassomigliare 《自》《es, av》] a qlcu. [ql.co.]; 《主語は複数で，互いに》somigliarsi, assomigliarsi, rassomigliarsi ¶彼女は母親に似ている. Assomiglia [Somiglia / Rassomiglia] a sua madre. ¶彼は父親に似て頭がいい. Ha preso l'intelligenza dal padre [di suo padre]. ¶これに似た習慣は日本にもある. Anche in Giappone vi sono usanze simili a queste. ¶あの兄弟は性格が全然似ていない. Quei fratelli non si somigliano affatto di carattere. ¶あの 2 人は非常によく似てる. Quei due si somigliano come due gocce d'acqua. ¶…とは似ても似つかない non rassomigliare affatto a qlcu. [ql.co.] / essere completamente diverso da qlcu. [ql.co.] ¶この 2 つは似て非なるものだ. Sebbene all'apparenza siano simili, queste due cose sono di natura diversa.

にる 煮る (far) cuocere ql.co. (▶煮る・焼くにかかわらず，火を通すことをさす); 《ゆでる》bollire [lessare] ql.co. ¶とろ火で煮る cuocere ql.co. a fuoco lento [a fuoco basso] ¶魚は煮るより焼くほうが好きだ. Preferisco il pesce arrosto a quello lesso.
|慣用| 煮て食おうと焼いて食おうと ¶あいつを煮て食おうと焼いて食おうとおれの勝手だ. Faccio di lui 「quello che voglio [come mi pare (e piace)].
煮ても焼いても食えない ¶あいつは煮ても焼いても食えないやつだ. Con lui non c'è nulla da fare.
煮るなり焼くなり ¶煮るなり焼くなり好きにしてくれ. Fai di me tutto quello che vuoi!

にれ 楡 《植》olmo 《男》 ¶にれの林 olmaia / olmeto

にれつ 二列 ¶ 2 列に並んで歩く camminare 「per due [su due file] ¶後ろから 2 列目に nella penultima fila

にれん 二連 ¶ 2 連のネックレス collana a due fili

にわ 庭 giardino 《男》; 《城や大邸宅の庭園》parco 《男》《複 -chi》; 《中庭》cortile 《男》; 《裏庭》cortile 《男》 posteriore; 《菜園》orto 《男》 ¶庭の手入れをする curare [tenere in ordine] il giardino
❖庭石 pietre 《女》《複》 ornamentali da [per] giardino
庭いじり giardinaggio 《男》《複 -gi》 ¶庭いじりをする coltivare un giardino / darsi al giardinaggio
庭木 alberi 《男》《複》 da giardino
庭師 giardiniere 《男》《女 -a》

にわか 俄 **1** 《突然》improvviso, brusco 《複 -schi》, subitaneo; 《予期せぬ》inatteso, inaspettato, imprevisto ◇にわかに improvvisamente, bruscamente; subitaneamente; ad un tratto ¶にわかに空が曇ってきた. Il cielo si è improvvisamente (r)annuvolato. ¶彼はにわかに態度を変えた. Ha cambiato bruscamente atteggiamento. **2** 《一時しのぎの》provvisorio 《男複 -i》; momentaneo; 《急ごしらえの》improvvisato ¶数学の試験のにわか勉強をする farsi un'infarinatura di matematica per l'esame
❖にわか雨 acquazzone 《男》, pioggia 《女》《複 -ge》 improvvisa ¶にわか雨が降った. C'è stato un acquazzone.
にわか景気 boom 《男》《無変》economico 《複 -ci》
にわか仕込み ¶にわか仕込みの知識 conoscenza acquisita affrettatamente
にわか仕立て ¶にわか仕立ての兵隊 soldato improvvisato
にわか造り ¶にわか造りの小屋 capanna 「costruito in fretta [《間に合わせの》provvisorio]

にわさき 庭先 《縁側近くの庭》parte 《女》 del giardino prossima alla casa; 《縁側から見て庭の向こう端》limitare 《男》 del giardino ¶庭先の梅 il prugno nel giardino davanti alla nostra casa
❖庭先相場 《経》prezzo 《男》 in loco

にわたし 荷渡し 《商》consegna 《女》 di merci
にわとこ 接骨木 《植》sambuco 《男》《複 -chi》

にわとり 鶏 《総称》pollo 《男》; 《雄》gallo 《男》; 《雌》gallina 《女》; 《若鶏》pollastro 《男》《女 -a》 ¶鶏の肉 carne di pollo ¶鶏のひな 《ひよこ》pulcino ¶鶏を飼う allevare polli ¶鶏をしめる tirare il collo a un pollo ¶鶏が鳴く. 《おんどりが》Un gallo canta [fa chicchirichì]. /《めんどりが》Una gallina chioccia [《卵を産む時》fa coccodè]. ¶金の卵を産む鶏 la gallina dalle uova d'oro
❖鶏小屋 pollaio 《男》《複 -i》, stia 《女》, gabbia 《女》 per polli

にん 任 《職務》compito 《男》, impiego 《男》《複 -ghi》; 《任務》incarico 《男》《複 -chi》, mansione 《女》, missione 《女》; 《地位》posto 《男》, posizione 《女》; carica 《女》 ◇…の任に当たる occuparsi [incaricarsi] di ql.co. [di + 不定詞] ¶社長の任にある occupare il posto [la carica] di presidente ¶私はその任に堪えない. Non sono all'altezza di questo incarico [compito].

-にん -人 **1** 《人数》numero 《男》 di persone ¶数人 alcune persone ¶ 3 人分の仕事をした.

Ha fatto il lavoro di tre persone.
2《人》 ¶苦労人 persona che ha sofferto

にんい 任意 **1**《当事者の意志》libertà[女][facoltà[女]] di scelta ◇任意の《義務でない》facoltativo;《自由な》libero;《自発的な》volontar*io*[男複 *-i*];《自然な, 自発的な》spontaneo ◇任意に facoltativamente; liberamente; volontariamente ¶任意の自白 libera confessione / confessione spontanea ¶任意に解釈してください. Può interpretarlo come vuole.
2《特に指定や作意がないこと》◇任意の qualsiasi, casuale ¶任意の三角形〘数〙un triangolo qualsiasi ¶任意に選ぶ scegliere *ql.co.* a caso
✤**任意出頭** ¶〈人〉に任意出頭を求める invitare *qlcu.* a presentarsi spontaneamente alla polizia
任意捜査 indagine[女] consensuale
任意退職 dimissioni[女][複] volontarie
任意団体〘法〙ente[男] privato non soggetto a protezione legale
任意抽出法〘統〙metodo[男] di campionamento a scelta casuale
任意同行 ¶警察まで任意同行願います. La prego di venire spontaneamente con me alla polizia.
任意保険 assicurazione[女] facoltativa

にんか 認可 《承認, 是認》approvazione[女];《許可》permesso[男], autorizzazione[女] ◇認可する approvare *ql.co.*; autorizzare *ql.co.* a *qlcu.* [*qlcu.* a+[不定詞]]; permettere *ql.co.* a *qlcu.* [a *qlcu.* di+[不定詞]];《免許を与える》dare a *qlcu.* una licenza di+[不定詞] ¶認可を申請する richiedere l'autorizzazione ¶認可が下りる ricevere l'autorizzazione ¶鉱山の採掘を認可する approvare [autorizzare] lo sfruttamento di una miniera / autorizzare *qlcu.* a sfruttare una miniera
✤**認可証**《証明書》certificato[男];《免許》licenza[女];《許可書》autorizzazione[女], nullaosta[男][無変] ¶営業認可証 licenza di esercizio
認可状〘法〙〔ラ〕exequatur[男][無変]

にんかん 任官 nomina[女] (a una carica pubblica) ¶参事官に任官する essere nominat*o* [ricevere la nomina a] consigliere

にんき 人気 **1**《大衆に好かれる》popolarità[女] ◇人気のある popolare ◇人気のない impopolare ◇人気が出る acquistare popolarità, diventare[自][*es*] popolar*e*
¶人気が上昇[下降]する aumentare [diminuire] la popolarità ¶人気がなくなる perdere popolarità ¶人気を博す godere[自][*av*] di molta popolarità ¶あの歌手は若者に人気がある. Quel cantante è molto popolare fra i [molto gettonato dai] giovani. ¶あの先生は生徒に人気がある.《慕われている》Quel professore è molto benvoluto dagli studenti. ¶この帽子は人気がある.《需要が多い》Questo cappello è molto richiesto. ¶あの女優は人気絶頂である. Quell'attrice è all'apice della popolarità [sulla cresta dell'onda].
2〘経〙《市場のひき》 ¶市場の人気 andamento del mercato ¶市場の人気は上々だ. Il mercato è assai attivo. ¶買い人気を煽(あお)る accentuare la tendenza al rialzo
✤**人気歌手** cantante[男][女]「di successo [popolare];《アイドル》idolo[男]
人気作家 scrit*tore*[男][[女] *-trice*] [au*tore*[男][[女] *-trice*]] popolare
人気商売 mestiere[男] che si basa sul favore del pubblico (◆ come attore, artista ecc.)
人気投票 voto[男] per decidere della popolarità di *qlcu.* [di *ql.co.*]
人気取り ¶人気取りをする ricercare la popolarità [il favore del pubblico]
人気取り政策 politica[女] demagogica
人気俳優 div*o*[男][[女] *-a*];〔仏〕vedette[女][無変];〔英〕star[女][無変] (►vedette, starは男女共に使える)
人気番組 programm*a*[男][複 *-i*] popolare [di gran successo / molto seguito]
人気者 persona[女] popolare;《アイドル》idolo[男];《お気に入り》beniamin*o*[男][[女] *-a*] ¶パンダは動物園の人気者だ. Negli zoo i panda sono「gli animali preferiti dal pubblico [i beniamini del pubblico].

にんき 任期 periodo[男] di carica [di servizio], mandato[男];《議員・議会の》legislatura[女] ¶任期7年の職務 carica [mandato] della durata di 7 anni ¶任期2年目に nel secondo anno del suo mandato ¶彼の任期は満了した. Il suo mandato è scaduto [si è concluso]. ¶大臣は任期中に死亡した. Il ministro è morto「durante il suo mandato [mentre era in carica].

にんぎょ 人魚 sirena[女]

にんぎょう 人形 **1**《おもちゃ・鑑賞用の》bambola[女], bambolotto[男];《操り人形》marionetta[女];《指人形, 文楽の人形》burattino[男];《主に人の形を模したもの》fant*occio*[男][複 *-ci*];《人型モデル, マネキン》manichino[男];《陶製・土製の》statuina[女];《ぬいぐるみなど》pupazzo[男] ¶着せ替え人形 bambola con corredo ¶ろう人形 statua di cera ¶武者人形 bambola di guerriero ¶からくり人形 bambola meccanica [automa] ¶人形遊びをする giocare alle [con le] bambole ¶人形みたいな顔《かわいらしい》viso di [da] bambola [《童顔》fanciullesco /《表情のない》inespressivo] ¶まるでお人形のようだ.《きれいだ》È una vera bambola. / È carina come una bambola. ¶人形を遣(つか)う manovrare [azionare / far muovere] le marionette
2《人の言いなりになる人》burattino[男], fantoccio[男], marionetta[女];《ロボットのような人》autom*a*[男][複 *-i*]
✤**人形劇** teatro[男] delle marionette [dei burattini];《文楽》teatro[男] *bunraku* ¶人形劇をする fare il teatro delle marionette [dei burattini]
人形遣い marionettist*a*[男][女][[男]複 *-i*]; buratti*naio*[男][[女] *-ia*; [男]複 *-i*]

-にんげつ -人月 ⇒工数 ¶10人月の仕事 lavoro di dieci mese lavorativo

にんげん 人間 **1**《動物・神などに対する人》uomo[男][複 *uomini*]; essere[男] umano, creatura[女] umana;《人類》il genere[男] umano; l'umanità[女] ◇人間の umano; dell'uomo ◇人間的 umano ◇人間的に con umanità; umanamente ¶人間は死すべき存在である. Gli uomini sono mortali. ¶人間は弱い存在だ. L'uomo è debole. ¶あの男だって人間さ. Anche lui è un essere umano. ¶人間らしい心 sentimenti umani ¶人間らしい暮らし una vita degna d'un uomo ¶捕虜は人間的に扱われなければならない. I prigionieri vanno trattati umanamente. ¶人間万事塞翁(さいおう)が馬.《諺》La vita umana è piena di incognite. ¶人間は万物の尺度である.(プロタゴラス) Di tutte le cose è misura l'uomo. (Protagora) ¶人間は考える葦(あし)である.(パスカル) L'uomo è una canna che pensa. (Pascal)

2《人柄, 人物》carattere[男], personalità[女] ¶君は人間がよすぎる. Sei una persona troppo buona. ¶彼は成功して人間が変わった. Il successo ha trasformato il suo carattere.

✤人間学 antropologia[女]

人間環境宣言 Dichiarazione[女] sull'Ambiente Umano

人間関係 relazioni[女][複] umane

人間嫌い《性質》misantropia[女];《人》misantropo[男][女 -*a*]

人間形成 formazione[女] del carattere

人間工学 ergonomia[女]; ingegneria[女] ergonomica

人間国宝 "tesoro[男] nazionale" vivente (◆ persona insignita del più alto titolo governativo per meriti artistici)

人間性 natura[女] umana; umanità[女];《人間としての尊厳》dignità[女] umana ¶人間性を尊重する rispettare la dignità umana di *qlcu.* ¶彼の人間性を疑う. Mi chiedo che razza di persona [uomo] sia.

人間像 ¶理想とする人間像 immagine dell'uomo ideale

人間疎外 alienazione[女] dell'uomo

人間ドック〔英〕check-up[男][無変]; controllo[男] generale

人間味 ¶彼は人間味あふれる温かい人だ. È una persona piena di umanità. ¶人間味のない人だ. È una persona disumana.

人間業(わざ) ¶人間業とは思えない速さで a una velocità sovrumana

にんさんぷ 妊産婦 donne[女][複] gravide e madri[女][複] nel periodo dell'allattamento

にんしき 認識 cognizione[女];《知っているということ》conoscenza[女];《理解》comprensione[女];《確認》riconoscimento[男] ◇**認識する** conoscere *ql.co.*; comprendere [riconoscere] *ql.co.*;《意識している》essere consapevol*e* [coscient*e*] di *ql.co.*;《気がつく》rendersi conto di *ql.co.*, prendere coscienza di *ql.co.* ¶認識を新たにする vedere *ql.co.* sotto una nuova luce /《人に関して》ricredersi su *qlcu.* ¶善悪の認識 cognizione del bene e del male ¶彼は現状についての認識が足りない. Non si rende conto della situazione attuale. ¶経費削減の重要性は認識している. Sono consapevole dell'importanza di ridurre le spese. ¶君はその件について認識が甘い. Riguardo a quel caso, sei troppo incosciente.

✤認識票〔軍〕targhetta[女] di identificazione

認識不足 ¶認識不足である non rendersi completamente conto di *ql.co.* / non avere che una vaga idea di *ql.co.*

認識論〔哲〕epistemolog*ia*[女][複 -*gie*]

にんじゃ 忍者 *ninja*[男][無変]; agente[男] segreto del Giappone feudale

にんじゅう 忍従 sottomissione[女], remissione[女]; docilità[女];《あきらめ》rassegnazione[女] ¶忍従の生活 vita di paziente sottomissione ¶運命に忍従するほかない. Non possiamo far altro che rassegnarci al nostro destino.

にんしょう 人称〔文法〕persona[女] ¶一[二/三]人称 prima [seconda / terza] persona ¶非人称の impersonale

✤人称代名詞 pronome[男] personale

にんしょう 認証《公的機関の証明》certificazione[女], attestazione[女];《条約などの》ratifica[女], sanzione[女];《調査した後の》visto[男];《天皇による》investitura[女] (imperiale) ◇**認証する** certificare, attestare; ratificare, sanzionare; investire *qlcu.* di *ql.co.* ¶大臣を認証する investire *qlcu.* della carica di ministro

✤認証官 alti funzionari[男][複] investiti dall'Imperatore

認証式 ¶大臣の認証式 cerimonia d'investitura dei ministri

にんじょう 人情 sentimenti[男][複] umani;《人間性》umanità[女], natura[女] umana;《同情心》compassione[女], pietà[女];《やさしさ》gentilezza[女] ◇**人情のある** umano; compassionevole, pieno di cuore;《理解のある》comprensivo ⇒義理 [日本事情] ◇**人情のない[薄い]** inumano, impietoso, senza pietà, senza cuore ¶義理と人情にしばられる essere vincolat*o* da doveri morali e dai sentimenti ¶人情にほだされる farsi prendere dalla pietà ¶人情に反する andare contro la natura umana ¶見るなと言えば見たくなるのが人情だ. È proprio della natura umana voler vedere quello che è vietato vedere.

✤人情話 racconto[男] che descrive la vita e i sentimenti del popolo (di Edo)

人情本 libro[男] d'amore del periodo Edo

人情味 calore[男] umano, affabilità[女] ¶人情味あふれる[人情味のない]話 racconto ricco [privo] di calore umano

にんじょうざた 刃傷沙汰 ¶些細(ささい)なけんかが刃傷沙汰になった. Una discussione da nulla ha portato ad un accoltellamento.

にんしん 妊娠《受胎》concepimento[男];《状態》gravidanza[女],〔医〕gestazione[女] ◇**妊娠する** concepire[他] (►単独でも可);《状態》essere [rimanere[自][*es*] / restare[自][*es*]] incint*a*, essere gravid*a*; ingravidare[自][*es*] (►ふつう動物に用いる) ◇**妊娠させる** mettere *qlcu.* incinta;《はらませる》ingravidare ¶想像妊娠〔医〕gravidanza isterica / pseudogravidanza ¶妊娠中は durante la gravidanza [la gestazione] ¶妊娠5か月である essere (incint*a*) di 4 mesi / essere al quarto mese di gravidanza (◆イタリアでは, 受精日から起算して満で月数を数える) ¶彼女は妊娠している. È (rimasta) incinta. / È in stato interessante. / Aspetta un bambino.

✤妊娠中絶 aborto[男];《自ら望んで》aborto[男] indotto [provocato];《母体のための》aborto[男] terapeutic*o* [複 -*ci*], interruzione[女] della gravidanza ◇**妊娠中絶をする**《妊婦が主語で》abortire[自][*av*] (►流産もさす);《医師が》fare abortire

qlcu., provocare un aborto a qlcu.;《妊婦または医師が主語で》interrompere la gravidanza
妊娠中絶薬 abortivo男
妊娠中毒症《医》tossicosi女[無変] gravidica [da gravidanza];《後期の》eclampsia gravidica

にんじん 人参 《植》carota女 ¶朝鮮人参 ginseng男[無変]

にんずう 人数 numero男 di persone;《力としての人数》forza女 numerica ¶人数を数える contare le persone ¶人数が増える[減る]. Il numero delle persone aumenta [diminuisce]. ¶人数は何人ですか. Quanti siete in tutto? ¶人数が足りない. Non siamo in numero sufficiente. ¶子供は人数には入れないでください. Non contare i bambini. ¶人数が揃った. Siamo al completo. / Ci siamo tutti. ¶クラスの人数は 30 人だ. La classe conta trenta studenti. ¶我々は人数が少ない. Numericamente siamo in pochi.

にんずる 任ずる 1《任命する》nominare [designare] qlcu. ¶会議の議長に任ぜられる essere nominato presidente di un'assemblea 2《自任する》¶自ら詩人をもって任じる《詩人を気取る》atteggiarsi a poeta/《自分で思い込む》credersi poeta

にんそう 人相 1《顔形》fattezze女[複], lineamenti男[複], connotati男[複], fisionomia女;《顔》faccia女 [複 -ce], viso男, volto男 ¶人相の悪い di brutt'aspetto ¶犯人はどんな人相をしていたか. Quali erano i connotati del colpevole? 2《人相学での》aspetto, fisionomia女 ¶《人》の人相を見る predire il futuro a qlcu. in base ai caratteri fisionomici

❖**人相書き**《指名手配書》bando男 di cattura ¶警察から回ってきた人相書きにぴったり合う corrispondere ai connotati divulgati dalla polizia

人相学《観相学》fisiognomonia女, fisiognomonica女;《占い》fisiomanzia女

人相見(人)《観相家》fisiognomante男, fisiognomo男;《占い》fisiomanzia女

にんたい 忍耐 pazienza女, sopportazione女, tolleranza女;《ねばり強さ》perseveranza女, tenacia女 [複 -cie] ◇忍耐する tollerare, sopportare; pazientare [av]; perseverare [av] ¶忍耐がいる仕事 lavoro che richiede pazienza ¶忍耐強さを示す dar prova di perseveranza [di pazienza] ¶彼らは忍耐強く調査を続けた. Hanno continuato a fare ricerche con perseveranza.

❖**忍耐力**《がまん強さ》pazienza女, sopportazione女;《耐久力》(forza女 di) resistenza女 ¶彼は忍耐力に欠ける. Manca di perseveranza.

にんち 任地 ¶任地に赴く raggiungere la sede del proprio incarico

にんち 認知 riconoscimento男;《法》《庶子の》legittimazione女 ¶庶子を認知する riconoscere [legittimare] un figlio naturale

❖**認知科学** scienza女 delle conoscenze

認知心理学 psicologia女 cognitiva

認知訴訟 causa女 per la paternità (di un bambino [《女の子》una bambina])

にんてい 認定《資格などの承認》riconoscimento男;《事実の有無の確認》constatazione女, accertamento男;《事実の証明》attestazione女;《認可, 許可》autorizzazione女 ◇認定する riconoscere; constatare, accertare; attestare, certificare; autorizzare ¶《人》を正会員と認定する riconoscere ufficialmente qlcu. come socio ordinario ¶事実の認定に誤りがある. Vi sono degli errori nella constatazione dei fatti.

❖**認定患者** vittima女 riconosciuta (di una malattia)

認定教科書 libro男 di testo approvato (dal Ministero dell'Istruzione, Cultura, Sport, Scienza e Tecnologia)

認定試験《資格認定試験》esame per ottenere un certificato [un attestato / un diploma] di [in] ql.co.

認定書 certificato男, attestato男

にんにく 大蒜 aglio男 [複 agli]

にんぴ 認否 affermazione o negazione女 di ql.co. ¶罪状認否 affermazione o negazione della propria colpevolezza

にんぴにん 人非人 persona disumana; individuo malvagio [-gi]

ニンフ〔英 nymph〕 1《ギ神》ninfa女 2《美しい少女》bella fanciulla女

にんぷ 人夫 manovale男; uomo男 [複 uomini] di fatica

にんぷ 妊婦 donna女 incinta [gravida / in stato interessante]

❖**妊婦服** abito男 premaman [無変], premaman男 [無変]

にんまり ¶彼はにんまりと笑った. Ha sorriso (tutto)「soddisfatto [compiaciuto / trionfante].

にんむ 任務 mansione女, compito男, incarico男 [複 -chi];《使命》missione女;《役割》ruolo男;《義務》dovere男 ¶《人》に任務を課する assegnare un incarico a qlcu. / incaricare qlcu. di una missione ¶《人》に重要な任務を与える dare a qlcu. un incarico molto importante ¶…を任務とする essere incaricato di + 不定詞 ¶任務を果たす svolgere un incarico

にんめい 任命 nomina女, designazione女 ◇任命する nominare [designare] qlcu. ¶彼は支店長に任命された. È stato nominato direttore della filiale.

❖**任命権** diritto男 di nomina

任命式 cerimonia女 di insediamento

にんめん 任免 nomina女 e destituzione女

❖**任免権** ¶任免権をもつ avere il diritto di nomina e di destituzione

にんよう 任用 ◇任用する scegliere, nominare ¶若手社員が主任に任用された. Hanno scelto come responsabile un giovane impiegato.

ぬ

ぬいあわせる 縫い合わせる ¶2枚の布を縫い合わせる cucire insieme due pezzi di stoffa ¶傷口を縫い合わせる mettere i punti a una ferita / suturare una ferita

ぬいいと 縫い糸 filo[男] per cucire

ぬいぐるみ 縫いぐるみ 《毛のついたもの》〔仏〕peluche [pelúʃ][男][無変]; pupazzo[男] ¶縫いぐるみのパンダ panda[男][無変] di pezza [di stoffa / di peluche]

ぬいこむ 縫い込む **1**《中に物を入れて縫う》cucire *ql.co.* all'interno di un vestito [di un tessuto] **2**《布の端を折り込んで縫う》fare l'orlo a *ql.co.* ¶ズボンの裾(すそ)を縫い込む cucire [fare] l'orlo dei pantaloni

ぬいしろ 縫い代 〘服〙margine[男] per le cuciture, cimosa[女], vivagno[男]

ぬいつける 縫い付ける cucire *ql.co.*《に a, su》 ¶ボタンを縫い付ける attaccare i bottoni a *ql.co.* (►attaccare un bottone a *qlcu.*は「長話をして〈人〉を引き止める」という意味になる)

ぬいとり 縫い取り 〘服〙ricamo[男] ¶ハンカチに縫い取りをする ricamare un fazzoletto

ぬいばり 縫い針 ago[男][複 *aghi*] per cucire

ぬいめ 縫い目 《布の合わせ目》cucitura[女];《糸の目》punto[男];《傷口の》〘医〙sutura[女] ¶裾の縫い目をほどく scucire l'orlo / disfare l'orlo ¶彼女は縫い目が細かい[粗い]. Lei cuce a piccoli punti [a punti larghi].

ぬいもの 縫い物 cucito[男] ⇒裁縫

ぬう 縫う **1** cucire;《傷口を》suturare ¶ミシンで[手で]洋服を縫う cucire a macchina [a mano] un vestito ¶傷を2針縫った. Mi hanno dato due punti di sutura alla ferita. **2**《間を通る》¶人波を縫って歩く aprirsi un passaggio [farsi strada] tra la folla

ヌーディスト 〔英 nudist〕 nudist*a*[男][女][男 複 *-i*]

✤**ヌーディストキャンプ**[**ビーチ**] campo[男] [spiaggi*a*[女][複 *-ge*]] di nudisti

ヌード 〔英 nude〕《裸像》nudo[男] ◇ヌードの nudo

✤**ヌード写真** nudo[男] fotografi*co* [複 *-ci*]

ヌードショー (numero[男] di) spogliarello[男];〔英〕strip-tease[男]

ヌードダンサー spogliarellist*a*[男][女][男複 *-i*]

ヌードモデル modell*o*[男][女 *-a*] che posa nud*o*

ヌードル 〔英 noodle〕 pasta[女] simile agli spaghetti

ヌーベルバーグ 〔仏 nouvelle vague〕〘映〙〔仏〕nouvelle vague[女][無変], nuova onda[女]

ぬえ 鵺・鵼 **1**《トラツグミ》una specie[女] di tordo **2**《伝説上の怪鳥》misterioso uccello[男] leggendario ◇ぬえ的な《得体の知れない》misterioso, enigmati*co* [男複 *-ci*]

ぬか 糠 crusca[女] di riso

[慣用] **ぬかに釘** ¶彼らに警告してもぬかに釘だった. Li ho avvertiti, ma è stato come「non farlo [parlare al muro / parlare al vento].

✤**ぬか油**(あぶら) oli*o*[男][複 *-i*] di riso; olio[男] di crusca di riso

ぬか漬け ⇒ぬかみそ漬け

ヌガー 〔仏 nougat〕〔仏〕nougat [nugát] [男][無変]; mandorlato[男], torrone[男]

ぬかす 吐かす 《ののしりの言葉で》 ¶何をぬかすか. Che vai dicendo? / Che scemenze stai raccontando?!

ぬかす 抜かす 《とばす》saltare;《省く》omettere, trascurare;《忘れる》dimenticare ¶昼飯を抜かした. Ho saltato il pranzo. ¶名簿の中に彼の名前を抜かしていた. Abbiamo dimenticato il suo nome nella lista.

ぬがす 脱がす ¶〈人〉の服を脱がす spogliare *qlcu.* ¶〈人〉の靴を脱がす togliere le scarpe a *qlcu.*

ぬかずく 額ずく inchinarsi profondamente;《ひれ伏す》prostrarsi

ぬかみそ 糠味噌 《漬物用の》pasta[女] salata a base di crusca di riso ¶ぬかみそ臭い女房 moglie tutta casa e fornelli

[慣用] **ぬかみそが腐る** ¶私が歌ったらぬかみそが腐ります. Se cantassi, non lo sopportereste.

✤**ぬかみそ漬け** verdure[女][複] varie tenute in una salamoia a base di crusca di riso e sale

ぬかよろこび 糠喜び ¶ぬか喜びだった. Ci siamo rallegrati troppo presto. / Abbiamo cantato vittoria prima del tempo.

ぬかり 抜かり ¶彼のことだ, 抜かりなくやるさ. Se lo fa lui, lo fa senza errori. ¶祝宴の準備は抜かりなく整いました. I preparativi per la cerimonia sono completamente terminati.

ぬかる diventare[自][*es*] fangos*o* [pantanos*o*]

ぬかる 抜かる commettere un passo falso, sbagliarsi ¶抜かるなよ. Bada a ciò che fai! ¶大丈夫, 抜かるものか. Non ti preoccupare. So quello che faccio.

ぬかるみ 泥濘 fango[男], pantano[男], melma[女] ◇ぬかるみの fangoso, pantanoso ¶ぬかるみにはまり込む finire nel fango ¶道はぬかるみだ. La strada è un pantano [è fangosa].

ぬき 抜き ¶冗談は抜きにして scherzi a parte ¶朝飯はいつも抜きだ. La mattina salto sempre la colazione. ¶堅苦しいあいさつは抜きにしよう. Non facciamo [Facciamo senza] tante cerimonie.

ぬき 貫 《柱と柱をつなぐ木材》〘建〙trave[女]

-ぬき -抜き senza ¶朝食抜きで saltando [senza fare] la prima colazione ¶彼抜きで senza di lui ¶理屈抜きにおもしろい. È comunque divertente.

ぬきあしさしあし 抜き足差し足 ¶抜き足差し

足で歩く camminare⑪ [av] in punta di piedi [a passi felpati]

ぬきうち 抜き打ち ¶抜き打ちテストをする fare un esame a sorpresa ¶抜き打ちに切りつける estrarre di colpo la spada
✣抜き打ち解散 《衆議院の》scioglimento⑪ improvviso della Camera dei Rappresentanti
抜き打ち検査 ispezione㊛ senza preavviso

ぬきがき 抜き書き estratto⑪ ◇抜き書きする fare un estratto di ql.co. ¶重要な箇所を抜き書きした. Ho raccolto i passi più importanti.

ぬきさし 抜き差し ¶抜き差しならぬ羽目に陥った. Mi trovo「in un vicolo cieco [senza via d'uscita].

ぬぎすてる 脱ぎ捨てる ¶彼は服を床に脱ぎ捨てた. Si è sfilato i vestiti e li ha gettati sul pavimento. ¶古い思想を脱ぎ捨てる abbandonare le vecchie idee

ぬきずり 抜き刷り estratto⑪

ぬきだす 抜き出す 《引っ張り出す》tirare fuori, estrarre;《選び出す》scegliere, selezionare ¶私はその本からすばらしい文章を抜き出した. Ho estratto le frasi migliori da quel testo.

ぬきとりけんさ 抜き取り検査 ispezione㊛ a campione ¶商品の抜き取り検査をする ispezionare le merci per campione / fare la cernita dei campioni da ispezionare

ぬきとる 抜き取る **1**《抜いて取る》tirare fuori, estrarre ¶雑草を抜き取る eliminare [strappare / sradicare] le erbacce **2**《選んで取り出す》selezionare, scegliere ¶検査のサンプルを抜き取った. Abbiamo raccolto dei campioni per l'ispezione. **3**《盗み取る》¶すりが彼の財布を抜き取った. Un borsaiolo gli ha sottratto [ha rubato] il portafoglio

ぬきみ 抜き身 ¶抜き身の剣 spada sguainata

ぬきんでる 抜きん出る spiccare⑪ [av] ¶彼は現代の作家の中で他に抜きん出ている. Emerge [Spicca] su tutti gli altri autori contemporanei. ¶抜きん出た詩人 poeta eccellente

ぬく 抜く **1**《引いて取る》estrarre [togliere / tirare fuori] ql.co. da ql.co.;《すばやく力を込めて》strappare ¶とげを抜く estrarre [togliere] una spina ¶雑草を抜く strappare le erbacce ¶刀を抜く sguainare la spada ¶歯を抜く cavare [estrarre] un dente ¶瓶の栓を抜く stappare una bottiglia ¶白髪を1本抜く strappare un capello bianco ¶トランプを1枚抜いて. Prendi [Scegli] una carta.
2《取り除く》¶洋服のしみを抜く smacchiare un vestito ¶タイヤの空気を抜く sgonfiare un pneumatico ¶財布の中身を抜く sottrarre il contenuto di [da] un portafoglio
3《省く》saltare, omettere ¶昼食を抜く saltare il pranzo ¶興味のない項目は抜きましょう. Togliamo [Eliminiamo] le voci che non ci interessano. ¶仕事の手を抜く sbrigare un lavoro alla bell'e meglio
4《追い抜く》superare [sorpassare] qlcu. ¶前の車を抜く sorpassare le vetture che precedono ¶彼はゴール直前で2人抜いた. Ha superato due concorrenti quasi sulla linea d'arrivo.
5《人より優れる》→勝(まさ)る ¶彼の成績は群を抜いている. Ha ottenuto un risultato migliore degli altri.
6《型などを》¶クッキーの型を抜く tagliare l'impasto dei biscotti con una forma
7《「…抜く」の形で,…し通す》¶彼は一生働き抜いた. Ha lavorato tutta la vita. ¶迷い抜いた結果, 決めたことです. Questa è la decisione che ho preso dopo tante esitazioni.

ぬぐ 脱ぐ 《衣服などを》togliersi [levarsi] ql.co.; spogliarsi;《裸になる》svestirsi ¶服を脱ぐ. Spogliati. / Togliti il vestito. ¶帽子を脱ぐ levarsi il cappello / scappellarsi ¶蛇が殻(から)を脱ぐ. Il serpente cambia pelle.

ぬぐう 拭う **1**《ふき取る》asciugarsi, tergere ¶エプロンで手を拭う pulirsi le mani nel grembiule ¶子供は汚れた手で涙を拭った. Il bambino si è asciugato le lacrime con le mani sporche. ¶彼は口を拭って真実については何も語らなかった. Non ha detto la verità, fingendo di non saperne niente.
2《消し去る》¶彼の汚名は拭いようがない. La sua cattiva reputazione non potrà essere cancellata. ¶拭い去れない後悔の気持ち rimorso incancellabile [indelebile]

ぬくぬく 1《暖かい様子》¶子供はぬくぬくと毛布にくるまって眠っていた. Il bambino dormiva comodamente, avvolto nella coperta, al caldo.
2《苦労を知らないこと》¶ぬくぬくと暮らす vivere agiatamente ¶彼は苦労も知らずぬくぬくと育った. È stato allevato nella bambagia.

ぬくもり 温もり **1**《あたたかさ》tepore⑪, calduccio⑪ [複 -ci] ¶ベッドにぬくもりが残っている. Il letto è ancora caldo.
2《優しさ》calore⑪, premura㊛, affetto⑪ ¶家族のぬくもりを知らない子供 un bambino che non conosce il calore familiare

ぬけあな 抜け穴 **1**《逃げ出す道》passaggio⑪ [複 -gi] segreto **2**《逃れられる手段》via㊛ d'uscita ¶難しい問題のようだが, どこかに抜け穴がありそうだ. Il problema sembra difficile, ma ci dovrà pur essere il modo di venirne a capo.

ぬけがけ 抜け駆け ¶我々は他の新聞社に抜け駆けして特ダネを手に入れた. Abbiamo「bruciato sul tempo [anticipato] gli altri giornali e realizzato così「un servizio in esclusiva [uno scoop].

ぬけがら 抜け殻 **1**《昆虫などの》spoglia㊛;《蛇の》scoglia㊛, spoglia㊛, esuvia㊛ **2**《うつろな様子》¶彼は魂の抜け殻のようになった. È diventato l'ombra di se stesso.

ぬけかわる 抜け替わる ¶この子はすっかり歯が抜け替わった. Questo bambino ha già cambiato tutti i denti. ¶鳥の羽根が抜け替わる. L'uccello muta le penne.

ぬけげ 抜け毛 capello⑪ caduto

ぬけだす 抜け出す **1** svignarsela, evadere㊀ [es]《から da》; darsi alla fuga; squagliarsi《から da》, squagliarsela ¶よく授業を抜け出して映画を見に行ったものだ. Marinavamo spesso le [Ce la squagliavamo spesso dalle] lezioni e andavamo al cinema. ¶こっそり抜け出そうか. Ce ne andiamo di soppiatto [di nascosto]?
2《苦境からはい上がる》sottrarre a ql.co. ¶彼は

ついに貧困から抜け出すことができなかった. Non è riuscito a sottrarsi alla povertà fino alla fine.

ぬけでる 抜け出る **1**【抜け出す】svignarsela, squagliarsi **2**【抜きんでる】spiccare㊥[av] **3**（現れ出る）¶ファッション雑誌から抜け出たようなプロポーションの娘だ. È una ragazza di belle [perfette] proporzioni come se fosse uscita da una rivista di moda.

ぬけぬけ ◇ぬけぬけと imprudentemente, sfrontatamente ¶彼はぬけぬけとしらを切った. Ha avuto「la faccia tosta [l'impudenza] di sostenere che non ne sapeva nulla. ¶よくもぬけぬけとここに来られたね. Come hai osato venire qui?

ぬけみち 抜け道 **1**（裏道）strada㊛ secondaria [tangenziale] **2**（逃げ道）passaggio㊚ [複 -gi] segreto, scappatoia㊛, sotterfugio㊚ [複 -gi], via㊛ d'uscita ¶法の抜け道 scappatoia legale ¶抜け道を見つけてなんとかその場を切り抜けた. Ho trovato una scappatoia e me la sono cavata bene. ¶世の中には抜け道がたくさんある. Nella vita si trova sempre il modo di arrangiarsi.

ぬけめ 抜け目 ◇抜け目ない astuto, furbo, scaltro ;（さかしい）accorto, abile ,（慎重な）prudente, accurato, avveduto ,（機転のきく）pieno di tatto ¶抜け目のないやつだ. È un volpone. / È un dritto! / È uno che sa il fatto suo. ¶彼は抜け目なく立ち回る. Sa fare i propri interessi. / Se la sa sbrigare.

ぬける 抜ける **1**【取れる】venire via, cadere㊥[es], togliersi ¶取っ手が抜けてしまった. La maniglia è venuta via. ¶歯が1本抜けた. Ho perso un dente. ¶髪が抜けた. Mi sono caduti [Ho perso] dei capelli. ¶この草はなかなか抜けない. Queste erbacce non vogliono sradicarsi. ¶桶㊛の底が抜けた. Il secchio si è sfondato.

2【漏れる】mancare㊥[es] ¶君の名前は名簿から抜けている. Il tuo nome non figura in questa lista. ¶ここが3語抜けている. Qui mancano tre parole.

3【抜け出す】uscire㊥[es] da ql.co. ¶組織から抜ける abbandonare [uscire da] un'organizzazione ¶会議の途中で抜けて来た. Me la sono svignata [squagliata] a metà seduta. ¶ちょっとコーヒーを飲みに抜けられないか. Non puoi scappare un momento per un caffè?

4【通り抜ける】attraversare ¶列車がトンネルを抜けると辺りの景色が変わった. Quando il treno uscì dalla galleria il paesaggio cambiò. ¶この道は横浜から鎌倉に抜けている.（通じる）Questa strada va da Yokohama a Kamakura.

5（なくなる，消える）svanire㊥[es], dileguarsi ;（染みが）venir via ¶タイヤの空気が抜けている. Si è sgonfiata una gomma. / Abbiamo una gomma a terra. ¶このビールは気が抜けている. Questa birra è svanita. ¶やっと風邪が抜けた. Finalmente mi è passato il raffreddore. ¶どうも疲れが抜けない. Non riesco a riprendermi dalla stanchezza. ¶悪い習慣はなかなか抜けないものだ. È difficile liberarsi dalle cattive abitudini. ¶疲れて腕の力が抜けてしまった. Non mi sento più le braccia per la stanchezza.

6【知恵が足りない】¶彼は少し抜けている. È un po' tonto. ¶何をやらせても抜けている. È un tipo che non riesce a fare niente come si deve.

[慣用]抜けるような[に] ¶抜けるような青空 un cielo azzurro e cristallino ¶抜けるように白い肌の女性 una donna dalla pelle bianca e delicata

ぬげる 脱げる ¶この帽子は大きすぎてすぐ脱げる. Questo cappello è troppo grande e「mi si sfila [lo perdo] facilmente. ¶このブーツはなかなか脱げない. Questi stivali sono difficili da togliere.

ぬし 主 **1**（主人）padrone㊚ [㊛ -a] ¶館（やかた）の主 signore㊚ [㊛ -a] del castello / castellano㊚ [㊛ -a] **2**（持ち主, 行為をした人）¶あの声の主は誰だろう? Di chi sarà quella voce? ¶手紙の主は彼でした. È lui che ha scritto la lettera. **3**（古くからいる人）¶彼はわが社の主だ. È il veterano della nostra ditta.

ぬすっと 盗っ人 ladro㊚ [㊛ -a] [慣用] 盗人たけだけしい ¶まあ，なんと盗人たけだけしいんだろう. Che faccia di bronzo!

ぬすびと 盗人 ladro㊚ [㊛ -a] ¶花盗人 ladro di fiori

[慣用] 盗人に追い銭（ぜに）oltre al danno anche le beffe

盗人にも三分（ぶ）の理（り）（諺）Ad ogni cattiva azione si può trovare giustificazione.

盗人を見て縄をなう chiudere la stalla dopo che sono scappati i buoi

ぬすみ 盗み furto ;（強盗）rapina㊛ ¶盗みを働く commettere un furto / rubare

ぬすみぎき 盗み聞き ◇盗み聞きする ascoltare di nascosto ;（立ち聞き）origliare㊥[av] ¶電話を盗み聞きする ascoltare di nascosto [intercettare] una telefonata

ぬすみぐい 盗み食い ¶パンを盗み食いする（こっそりかくれて）mangiare del pane furtivamente /（盗んで）mangiare del pane rubato

ぬすみみ 盗み見 ◇盗み見する guardare ql.co. di nascosto, sbirciare ql.co. ¶隣の人の答案を盗み見した. Ho dato uno sguardo furtivo al foglio con le risposte della persona accanto.

ぬすみよみ 盗み読み ◇盗み読みする leggere ql.co. di nascosto ¶彼の日記を盗み読みした. Ho letto il suo diario di nascosto.

ぬすむ 盗む **1**（人の金品を取る）rubare ql.co. a qlcu., derubare qlcu. di ql.co.;（ひったくる）scippare ql.co. a qlcu.;（すり取る）sfilare ql.co. a qlcu.;（かすめ取る）sottrarre ql.co. a qlcu.;（横領する）appropriarsi di ql.co.;（盗作する）plagiare ql.co. [qlcu.] ¶私は財布を盗まれた. Mi hanno「rubato il [derubato del] portafoglio. ¶泥棒が彼女のバッグを盗んだ. Un ladro le ha scippato la borsa. ¶〈人の〉アイデアを盗む rubare l'idea a qlcu.

2（時間をやりくりする）¶私は暇を盗んでは絵を描いている. Dipingo「approfittando dei [nei] ritagli di tempo.

3（ごまかす）¶彼は親の目を盗んでタバコを吸っていた. Fuma di nascosto [all'insaputa] dei genitori. ¶2人は人目を盗んで会っている. Si incontrano「di nascosto [furtivamente].

ぬた pesce o vegetale㊚ condito con *miso* e aceto

ぬっと ¶男がぬっと霧の中から現れた. Un uomo è comparso improvvisamente tra la nebbia.

ぬの 布 《織物》tessuto(男), tela(女); 《ラシャなどの》panno(男);《服地》stoffa(女) ¶布を織る tessere una stoffa
✤ 布切れ ta*glio*(男)[複 -*gli*] di stoffa; 《端切れ》scampolo(男)
布地 stoffa(女); tessuto(男)
布装丁 《本の》rilegatura(女) in tela
布目 trama(女) 《di tessuto》 ¶布目の粗い[細かい]布 stoffa con una trama a maglie larghe [fitte]

ぬま 沼 《小さな湖》stagno(男);《湿地帯の》palude(女), acquitrino(男)
✤ 沼地 terreno(男) paludoso, pantano(男)

ぬめり 滑り 《粘性》viscidità(女);《粘性のあるもの》umore(男) vischioso, sostanza(女) viscida ¶なめくじのぬめり bava della lumaca

ぬめる 滑る essere viscoso ¶海草でぬめる岩 scoglio reso viscido [scivoloso] dalle alghe

ぬらす 濡らす bagnare, inzuppare, 《湿らせる》inumidire, umettare ¶雨でズボンをぬらした. Mi sono bagnato i pantaloni per la pioggia. ¶彼女は涙で顔をぬらしていた. Le lacrime le bagnavano il viso.

ぬり 塗り **1**《塗ること》spalmatura(女), stendimento(男);《色を》colorazione(女);《ニス・ペンキの》verniciatura(女);《一工程としての》mano(男);《漆喰(しっくい)の》intonacatura(女);《漆(うるし)の》laccatura(女) ¶中塗り[最後の上塗り]をする dare la seconda [l'ultima] mano a *ql.co.* ¶きのう部屋のペンキ塗りをした. Ieri ho verniciato [tinteggiato] le pareti della camera.
2《漆(うるし)塗り》lacca(女) ¶このお椀(わん)は塗りがいい. Questa ciotola è laccata bene. / La lacca di questa ciotola è bella.

ぬりえ 塗り絵 disegno(男) da colorare ¶塗り絵をする colorare un disegno

ぬりかえる 塗り替える 《ペンキ・ニスなどで》riverniciare;《漆喰(しっくい)で》rintonacare;《絵の具・ペンキで》ridipingere ¶台所の壁を塗り替えた. Ho rinfrescato le pareti della cucina. ¶壁を白から青に塗り替えた. Ho cambiato il colore delle pareti dal bianco all'azzurro. ¶今度の選挙は政界の地図を塗り替えた. Queste elezioni hanno sconvolto lo schieramento politico. / Con queste elezioni, la scena politica ha cambiato faccia [volto].

ぬりぐすり 塗り薬 medicinale(男) per uso esterno;《軟膏》unguento(男), pomata(女);《液状の》linimento(男) ¶傷口に塗り薬を塗った. Ho spalmato la pomata sulla ferita.

ぬりたくる 塗りたくる ¶おしろいを塗りたくる incipriarsi pesantemente

ぬりたて 塗り立て ◇塗り立ての appena dipinto ¶「ペンキ塗りたて」《掲示》"Vernice fresca"

ぬりつける 塗り付ける **1**《一面に塗る》imbrattare, sporcare;《べたべたと》impiastricciare ¶子供は手に油を塗り付けた. Il bambino si è impiastricciato le mani di grasso. **2**《罪などを擦り付ける》¶責任を人に塗り付ける scaricare la responsabilità su di un'altra persona

ぬりつぶす 塗り潰す ¶絵の背景をグリーンで塗りつぶした. Ho dipinto di verde tutto lo sfondo del quadro.

ぬりもの 塗り物 《漆器》oggetti(男)[複] laccati
✤ 塗り物師 lacca*tore*(男)[女 -*trice*]

ぬる 塗る 《彩色する》pitturare, colorare, dipingere;《ニス・ペンキなどを》verniciare;《ニス・漆(うるし)などを》laccare;《漆喰(しっくい)を》intonacare;《薬などを》applicare;《薬・ジャムなどを》spalmare, stendere;《機械に油を》lubrificare ¶壁を白く塗る pitturare la parete di bianco ¶壁にニスを塗る verniciare le pareti ¶壁に漆喰を塗る intonacare le pareti ¶床にワックスを塗る dare la cera al pavimento ¶靴墨を塗る spalmare di lucido le scarpe ¶スライスしたパンにジャムを塗る spalmare la marmellata sulla fetta di pane ¶傷口に薬を塗る applicare [stendere / mettere] una pomata sulla ferita ¶顔におしろいを塗る incipriarsi ¶口紅を塗る darsi il rossetto ¶マニキュアを塗る mettere lo smalto (sulle unghie) ¶彼は私の顔に泥を塗った. Ha infangato il mio nome.

ぬるい 温い **1**《湯などが》tiepido, poco caldo ¶お茶がぬるくならないうちにどうぞ. Prenda il tè, altrimenti si raffredda. **2**《態度が手ぬるい》poco severo, clemente, indulgente;《力がない》poco energi*co*(男複 -*ci*)

ぬるぬる ◇ぬるぬるした《滑りやすい》scivoloso, sdrucciolevole;《ねばねばした》viscido, vischioso;《油で》grasso, oleoso, untuoso;《ぬかるみで》limaccioso, fangoso, melmoso

ぬるまゆ 微温湯 acqua(女) tiepida ¶ぬるま湯に漬かる生活をする essere soddisfatto [appagato] di una vita「monotona [senza stimoli]」

ぬるむ 温む ¶冬は去り水ぬるむ季節となった. L'inverno è finito e il clima si è fatto meno rigido.

ぬれえん 濡れ縁 stretta veranda(女) esterna (di una casa giapponese tradizionale)

ぬれぎぬ 濡れ衣 ¶ぬれぎぬを着せられる essere accusato [incolpato] ingiustamente ¶それはぬれぎぬです. Questa è una montatura!

ぬれごと 濡れ事 《色事》affare(男) sentimentale;《歌舞伎の》scena(女) d'amore

ぬれて 濡れ手 ¶ぬれ手で粟(あわ). È un colpo di fortuna [un guadagno troppo facile].

ぬれねずみ 濡れ鼠 ¶雨の中を1時間歩いてぬれねずみになった. Ho camminato per un'ora sotto la pioggia e mi sono bagnato come un pulcino [fino all'osso / fino al midollo].

ぬれば 濡れ場 scena(女) d'amore

ぬれる 濡れる bagnarsi;《びしょぬれ》infradiciarsi, inzupparsi,《湿る》inumidirsi, essere umid*o* ◇ぬれた bagnato; umido; zuppo ¶全身ぐっしょりぬれてしまった. Mi sono inzuppato dalla testa ai piedi. / Sono bagnato fradicio. ¶汗でシャツがぐっしょりぬれた. La camicia era zuppa [tutta bagnata] di sudore. ¶涙のぬれた目 occhi umidi [lucidi] di lacrime ¶涙で頬がぬれている. Le guance sono bagnate di lacrime. ¶芝生が雨でぬれた. La pioggia ha bagnato l'erba del prato.

ね

ね 子 《十二支の》 il Topo[男] ⇒干支(えと)
✤子年 l'anno[男] del Topo

ね 音 《音(おと)》 suono[男]; 《音楽の》 tono[男]; 《旋律》 melodia[女]; 《音色》 timbro[男] ¶妙(たえ)なる楽の音 melodia soave
[慣用] **音を上げる** darsi per vinto, arrendersi a *qlcu.* [*ql.co.*], non poter più sopportare *qlcu.* [*ql.co.*] ¶彼の強情には音をあげた. Ho ceduto alla sua insistenza.

ね 値 prezzo[男], costo[男]; valore[男] ¶値が張る[張らない] 《品物が主語》 costare molto [poco] ¶値の張る品物 merce cara [costosa] ¶値を上げる[下げる] alzare [abbassare] i prezzi ¶中古車に値をつける stimare una macchina usata / valutare una macchina usata ¶この家は5000万円の値がつけられた. Questa casa è stata valutata cinquanta milioni di yen.

ね 根 **1** 《植物の》 radice[女]; 《木の株》 ceppo[男] ¶雑草を根ごとひき抜く strappare le erbacce dalle radici / sradicare [estirpare] le erbacce ¶この草は根がついた. Questa pianta ha messo le radici. ¶この木は根を深くはっている. Le radici di questa pianta sono profonde.
2 《物の根元》 ¶舌の根 base della lingua ¶歯[毛髪]の根 radice di un dente [del capello]
3 《根源》 origine[女], sorgente[女], fonte[女]; 《原因》 causa[女] ¶病気の根を断つ combattere una malattia alla radice / stroncare [reprimere] una malattia ¶この問題の根は深い. Questo problema 「ha una causa remota [è profondamente radicato].
4 《本来の性質, 心の底》 natura[女] ¶根はおとなしい子なんだが…. È di natura un ragazzo calmo, ma… ¶根が怠け者だからどうしようもない. È nato pigro, non c'è niente da fare.
[慣用] **根が生える** ¶根が生えたように動かなかった. È rimasto immobile come se avesse messo le radici.
根に持つ ¶彼は3年前のことを根に持っている. Dopo tre anni mi serba ancora rancore. / Lui ce l'ha ancora con me per quello che è successo tre anni fa.
根も葉もない infondato ¶根も葉もないうわさだ. Non è altro che una chiacchiera infondata.
根を下ろす ¶キリスト教は人々の間に深く根を下ろしている. Il cristianesimo ha messo radici profonde [ha attecchito profondamente] fra la gente.
根を生やす ¶彼がローマに根を生やしてから10年たっている. Ha messo radici a Roma da dieci anni.

-ね **1** 《軽い感動・共感の気持ち・断言などを表す》 ¶世の中狭いですね. Piccolo il mondo, eh? ¶大きな部屋だね. Oh, com'è grande questa stanza! ¶そりゃあ痛かっただろうね. Be', certo che avrai sentito male! ¶彼は成功すると思いますね. Penso proprio che avrà successo.
2 《確認》 ¶あなたとはどこかでお会いしましたね. L'ho già incontrata da qualche parte, vero?
3 《疑問》 ¶こんな簡単なことがわからないのかね. Ma come, non capisci una cosa così semplice? ¶「彼はきっと来るよ」「本当に来るかね」 "Lui verrà sicuramente!" "Verrà davvero, dici?"
4 《相手の注意を促して》 ¶これはね, そう簡単な問題じゃないんだよ. Questo, vedi, non è un problema così semplice.

ねあがり 値上がり aumento[男] [crescita[女]] del prezzo; 《物価の》 rialzo[男], rincaro[男], maggiorazione[女] **◇値上がりする** rincarare[自] [*es*] ¶物価の値上がりを抑える frenare il rialzo dei prezzi / controllare il costo della vita / contenere i prezzi ¶最近物価の値上がりが激しい. Ultimamente c'è stato un forte aumento [incremento] dei prezzi. ¶家賃が5000円値上がりした. L'affitto è aumentato di cinquemila yen. ¶石油が(かなり)値上がりしている. Il petrolio è in (forte) rialzo. ¶野菜が値上がりした. Le verdure sono rincarate.

ねあげ 値上げ aumento[男] [crescita[女]] del prezzo; 《物価の》 rialzo[男], rincaro[男], maggiorazione[女] **◇値上げする** aumentare [maggiorare / alzare] il prezzo di *ql.co.*; rialzare [rincarare] il prezzo di *ql.co.* ¶ガス料金を1割値上げする aumentare la tariffa del gas del 10%

ねあせ 寝汗 sudorazione[女] notturna ¶寝汗をかく sudare[自] [*av*] di notte [nel sonno]

ネアンデルタールじん ネアンデルタール人 uomo[男] [複 *uomini*] di Neanderthal

ねいき 寝息 respiro[男] del dormiente ¶〈人〉の寝息をうかがう spiare il respiro di *qlcu.* ¶子供がすやすやと寝息を立てている. Il bimbo dorme respirando leggermente.

ねいす 寝椅子 《デッキチェア》 sedia[女] a sdraio; 《ソファー》 sofà[男], divano[男]

ネィティブスピーカー 〔英 native speaker〕 madrelingua[男][女] [無変]

ねいりばな 寝入り端 ¶寝入りばなを起こされた. Mi hanno svegliato nel primo sonno. / Appena addormentato sono stato svegliato.

ねいる 寝入る addormentarsi, prender sonno; 《まどろむ》 assopirsi ¶子供はすぐに寝入ってしまった. Il bambino ha preso sonno di colpo.

ねいろ 音色 timbro[男], tono[男] ¶音色が美しい avere un bel timbro [suono] / essere armonioso [melodioso]

ねうごき 値動き 〔経〕 fluttuazione[女] dei prezzi ¶値動きの激しい商品 merce dal prezzo fluttuante ¶円の値動きが不安定だ. Lo yen è molto instabile.

ねうち 値打ち 《価値》 valore[男], pregio[男]; 《値段》 prezzo[男]; 《評価》 stima[女], apprezzamento

[男] ¶値打ちがある avere un valore / valere[自][es, av] ¶値打ちが出る valorizzarsi / acquistare valore ¶値打ちが増す aumentare di valore ¶値打ちが下がる perdere di valore / deprezzarsi ¶それは10万円の値打ちがある. Vale centomila yen. ¶この本は読むだけの値打ちがある. Vale la pena di leggere questo libro. / Questo libro merita di essere letto. ¶お金の値打ちが半分に下がった. Il valore del denaro si è dimezzato. ¶そんなことは何の値打ちもない. Una cosa simile non ha alcun valore [non vale nulla].

ねえ **1**《呼びかけ》 ¶ねえ, ビール1本持って来て. Senti [Scușa], portami una bottiglia di birra. ¶ねえ, お父さんを呼んで. Ehi, vai a chiamare papà.
2《同意を求める》 ¶おかしいですねえ, どうしても彼に電話がつながりませんねえ. È strano, no? Non riusciamo a telefonargli in alcun modo.

ねえさん 姉さん 《姉》sorella[女] (maggiore); 《若い娘》ragazza[女]; 《未婚の娘》signorina[女]

ネービーブルー 〔英 navy blue〕 blu[男][無変] marino ◇ネービーブルーの blu[無変] marino[無変]

ネーブル 〔植〕aran*cia*[女][複 -*ce*] ombelicata

ネーミング 〔英 naming〕 ¶新製品はネーミングが大切だ. La scelta del nome per un prodotto nuovo è importante.

ネーム 〔英 name〕 **1**《名前》nome[男] **2**《キャプション》didascalia[女]
✤**ネームバリュー** ¶ネームバリューのある作家 scrit*tore*[男][女 -*trice*] famoso
ネームプレート 《表札》targhetta[女] (sulla porta); 《テーブルなどの》segnaposto[男]

ネオー neo-
✤**ネオクラシシズム** neoclassicișmo[男]
ネオコン 〔政〕《新保守主義》neo conservatorișmo[男]; 《新保守主義者》neoconserva*tore*[男][女 -*trice*]
ネオナチ neonazist*a*[男][女][男複 -i]
ネオファシズム neofascișmo[男]
ネオレアリズモ 〔映・文〕neorealișmo[男]

ねおき 寝起き **1**《目覚め》 ¶寝起きが悪い[いい]《人が主語》avere il rișveglio cattivo [buono] / șvegliarsi di cattivo [buon] umore
2《暮らすこと》 ◇**寝起きする**《居住する》abitare[自][av], vivere[自][es, av], dimorare[自][av]; 《宿泊する》alloggiare[自][av] ¶〈人〉と寝起きを共にしている coabitare [vivere sotto lo stesso tetto] con *qlcu.* / vivere [abitare] da *qlcu.*

ねおし 寝押し ¶ズボンを寝押しした. Ho stirato i pantaloni mettendoli sotto il materasso.

ネオジム 〔独 Neodym〕 neodimio[男]; 《元素記号》Nd

ネオン 〔英 neon〕 neon[男][無変]
✤**ネオンサイン** insegna[女] al neon

ネガ 〔写〕negativa[女], negativo[男]

ねがい 願い **1**《願望》desider*io*[男][複 -*i*], voglia[女], speranza[女]; 《祈り》preghiera[女] ¶〈人〉の願いをかなえる eșaudire i desideri [le preghiere] di *qlcu.* ¶すべて私の願いどおりになった. Tutto è andato come speravo. / Tutte le mie speranze si sono avverate.
2《頼み》preghiera[女]; 《依頼》richiesta[女]; 《願書による》domanda[女]; 《懇願》implorazione[女], supplica[女] ¶退職[休暇]願い richiesta (scritta) di dimissioni [di ferie] ¶滞在許可願い domanda di permesso di soggiorno ¶〈人〉の願いにより su domanda [richiesta] di *qlcu.* ¶願いを聞きとどける accogliere una domanda [soddisfare la richiesta] di *qlcu.* [di＋[不定詞]] ¶願いを聞き入れない respingere la richiesta di *qlcu.* [di＋[不定詞]] ¶あなたにお願いがあるのですが. Avrei un favore [una cortesia] da chiederle. ¶お願いだから. Ti prego! / Ti supplico! / Per amor di Dio!

ねがいごと 願い事 desider*io*[男][複 -*i*] ¶神様に願い事をした. Ho pregato Dio di realizzare un mio desiderio. ¶願い事がかなった. Il mio desiderio è stato eșaudito.

ねがいさげ 願い下げ ¶そんな仕事はこちらから願い下げだ. Mi rifiuto di fare quel lavoro.

ねがいでる 願い出る chiedere *ql.co.* [di＋[不定詞]], far domanda per *ql.co.* ¶彼は1か月の休暇を願い出た. Ha chiesto un mese di vacanze.

ねがう 願う **1**《望む》augurarsi *ql.co.* [di＋[不定詞] / che＋[接続法]]; augurare a *qlcu. ql.co.* [di＋[不定詞] / che＋[接続法]]; 《期待する》sperare *ql.co.* [di＋[不定詞] / che＋[接続法] / in *ql.co.*], aspettarsi *ql.co.* [di＋[不定詞] / che＋[接続法]]; 《欲する》volere [desiderare] *ql.co.* [＋[不定詞] / che＋[接続法]]; 《祈願する》pregare *qlcu.* di＋[不定詞], supplicare *ql.co.* di＋[不定詞], implorare *qlcu.* di＋[不定詞] ¶世界の平和を願う desiderare la pace nel mondo ¶平穏な生活を願っている. Mi auguro una vita tranquilla. ¶君が成功するよう願っているよ. Ti auguro di riuscire. ¶息子がいい会社に入ってくれればと願っている. Spero che mio figlio sia assunto da una buona ditta. ¶奨学金でイタリアに行けるなんて願ったりかなったりだ. Non sognavo altro che si realizzasse il mio desiderio di andare in Italia con una borsa di studio. ¶願ってもないことだ. È un'occașione insperata.
2《依頼する》chiedere [domandare]「*ql.co.* a *qlcu.* [a *qlcu.* di＋[不定詞] / che＋[接続法]]; 《懇願する》implorare *ql.co.* da *qlcu.* [*qlcu.* di＋[不定詞]], supplicare *qlcu.* di＋[不定詞] ¶お願いします.《店員に向かって》Scuși. / Senta. / La prego. ¶お願いしたいことがあります. Potrebbe farmi un piacere? ¶田中さんをお願いします.《電話で》Potrei parlare con il sig. Tanaka? ¶タバコはご遠慮願います. Si prega di non fumare.

ねがえり 寝返り ¶寝返りを打つ voltarsi nel letto / 《何度も》rigirarsi nel letto

ねがえる 寝返る passare al nemico, cambiar partito, tradire *qlcu.*

ねがお 寝顔 vișo[男] di una persona「che dorme [dormiente]

ねがさかぶ 値嵩株 〔経〕azioni[女][複] le cui quotazioni sono molto alte

ねかす 寝かす **1**《眠らせる》(far) addormentare *qlcu.*, far dormire *qlcu.*, mandare a letto *qlcu.*; 《横にする》mettere a letto *qlcu.*, coricare [șdraiare] *qlcu.*; 《物を》appoggiare [posa-

ね

re / mettere] *ql.co.* orizzontalmente ¶病人をベッドに寝かせた. Ho steso sul letto il malato.
2《使わずにとっておく》¶資本を寝かす lasciare fermo [inutilizzato] il capitale
3《発酵・熟成のために》¶酒を寝かす「lasciare invecchiare [stagionare] il *sakè* ¶チーズを寝かす stagionare il formaggio

ねがわくは 願わくは ¶神よ,願わくは我をあわれみ給え. Dio, ti prego di avere pietà di me. ¶願わくは夫が無事で帰って来ますように. Prego perché mio marito possa ritornare sano e salvo.

ねがわしい 願わしい desiderabile ¶男性はネクタイ着用が願わしい. I signori sono pregati di [invitati a] indossare la cravatta.

ねぎ 葱 〔植〕cipollotto男; porro男

ねぎらい 労い riconoscimento男 degli sforzi di *qlcu.* ¶ねぎらいの言葉 parole di ringraziamento

ねぎらう 労う ¶《人》の労をねぎらう ringraziare *qlcu.* per il servizio reso / apprezzare gli sforzi di *qlcu.* /《報酬を与えて》ricompensare *qlcu.* per i *propri* servizi

ねぎる 値切る far ribassare il prezzo, tirare男 [*av*] sul prezzo, mercanteggiare男 [*av*], farsi fare lo [uno] sconto ¶1000 円に値切って2万円の品物を買った / ottenere uno sconto fino a pagare solo mille yen ¶5000 円値切って買った. Mi sono fatto fare uno sconto di 5.000 yen.

ねくずれ 値崩れ crollo男 dei prezzi

ねぐせ 寝癖 **1**《髪の》¶寝癖がついた髪 ciuffo ribelle [di capelli ribelli] **2**《寝相》¶寝癖が悪い agitarsi nel sonno

ネクタイ 〔英 necktie〕cravatta女 ¶ネクタイを締める[ほどく] fare [sciogliere / disfare] il nodo alla cravatta ¶ネクタイを直す assestarsi [sistemarsi / aggiustarsi] la cravatta ¶彼はいつも派手なネクタイをしている. Porta sempre cravatte vivaci.

✤**ネクタイピン** 《ネクタイに刺す》spilla女 da cravatta ; 《ネクタイを押さえる》fermacravatta男 [無変]

ネクタリン 〔英 nectarine〕〔植〕nocepesca女

ねくび 寝首 ¶《人》の寝首を掻く cogliere *qlcu.* di sorpresa

ねぐら 塒 《巣》nido男 (▶「家庭」をも意味する) ¶ねぐらに帰る ritornare al nido

ネグリジェ 〔仏 négligé〕〔仏〕négligé男 [無変] ; vestaglia女 femminile da camera, camicia女 [複 *-cie*] da notte

ネグる trascurare, tralasciare

ねぐるしい 寝苦しい ¶暑くて寝苦しい. Non riesco a dormire per il gran caldo. / Non dormo bene per il caldo.

ねこ 猫 gatto男 [女 *-a*] ; 《幼》micio男 [女 *-cia*] ; 《複 *-ci*, 《複 *-cie, -ce*] ;《子猫》gattino男 [女 *-a*] ¶母猫 mamma gatta ¶猫が鳴く [のどを鳴らす]. Il gatto miagola [fa le fusa]. ¶猫はねずみをとる. Il gatto prende [cattura] i topi. ¶うちでは猫を飼っている. In casa abbiamo un gatto.
[慣用]**猫にかつ(お)ぶし** ¶あんな信用のない男に会計を任せるとは猫にかつぶしだ. Affidare la contabilità ad un uomo così infido è come 「chiudere il lupo nell'ovile [far custodire il pesce al gatto].
猫に小判 dare le perle ai porci (直訳すると「豚に真珠を与える」)
猫の手も借りたい ¶猫の手も借りたいほど忙しい. Ho tanto da fare che non so dove sbattere la testa [che chiederei aiuto al primo che capita].
猫の額 ¶猫の額ほどの土地 un fazzoletto di terra (▶直訳すると「ハンカチほどの土地」)
猫の目のよう ¶彼の考えは猫の目のように変わる. Cambia idea come tira il vento.
猫も杓子 も ¶休みには猫も杓子も海外へ出かける. All'estero, in vacanza, ci va ormai praticamente chiunque.
猫をかぶる fingersi una persona perbene ¶今は猫をかぶっているが, 本来は激しい気性の持ち主だ. Sembra una gatta morta, ma in realtà ha un temperamento violento.

ねこあし 猫足 《テーブルの》gambe女 [複] piegate (del tavolo)

ねこいらず 猫いらず veleno per topi, topicida男 [複 *-i*]

ねこかぶり 猫かぶり 《人》gattamorta [複 *gattemorte*], sornione男 [複 *-a*]

ねこかわいがり 猫可愛がり ¶彼は一人息子を猫かわいがりしている. Coccola il suo unico figlio.

ねこぐるま 猫車 carriola女

ねごこち 寝心地 ¶この部屋は涼しくて寝心地がいい. Questa camera è fresca e vi si dorme bene.

ねこじた 猫舌 ¶私は猫舌です. Non posso mangiare o bere cose troppo calde.

ねこじゃらし 猫じゃらし 《エノコログサ》panicastrella女

ねこぜ 猫背 schiena女 curva ◇猫背の curvo, ingobbito ¶彼は猫背だ. Ha la schiena curva.

ねこそぎ 根こそぎ **1**《根から抜くこと》sradicamento男 ¶根こそぎにする sradicare, estirpare
2《すっかり》del tutto, completamente, interamente ¶悪弊を根こそぎにする eliminare interamente [sterminare / sradicare] i cattivi costumi ¶泥棒に根こそぎ持って行かれた. I ladri hanno preso tutto. / Hanno fatto piazza pulita.

ねごと 寝言 **1**《睡眠中に出す言葉》¶寝言を言う parlare男 [*av*] [borbottare男 [*av*] ¶寝言を言う / sognare男 [*av*] ad alta voce **2**《たわ言》¶寝言を言う dire delle stupidaggini ¶寝言をいうな. Che sciocchezze!

ねこなでごえ 猫撫で声 ¶猫なで声で con voce carezzevole [insinuante] ¶猫なで声を出す passare alle moine / prendere un tono mellifluo

ねこばば 猫糞 ¶金を拾って猫ばばをきめこんだ. Si è messo in tasca il denaro trovato.

ねこみ 寝込み ¶《人》の寝込みを襲う sorprendere bruscamente *qlcu.* nel sonno

ねこむ 寝込む **1**《眠り込む》addormentarsi ¶私は暖炉のそばでぐっすりと寝込んでしまった. Ho dormito come un ghiro accanto al camino.
2《病気で床につく》rimanere男 [*es*] a letto ¶ずっと寝込んだきりだ. È costretto [È inchiodato] a

letto. ¶風邪で1週間寝込んでしまった. Sono rimasto a letto con l'influenza per una settimana.

ねこめいし 猫目石 〔鉱〕 occhio[男][複 -*chi*] di gatto

ねこやなぎ 猫柳 〔植〕 salice[男], gattice[男], pioppo[男] bianco[複 -*chi*]; 《学名》 *Salix gracilistyla*

ねごろ 値頃 《手ごろな値段》 prezzo[男] ragionevole ¶このバッグは値ごろだ. Il prezzo di questa borsetta è proprio giusto.

ねころがる 寝転がる ⇒寝転ぶ

ねころぶ 寝転ぶ sdraiarsi, coricarsi; 《勢いよく》 buttarsi ¶布団に寝転ぶ buttarsi sul *futon*

ねさがり 値下がり ribasso[男] di prezzo, caduta[女] del prezzo ◇**値下がりする** diminuire[自][*es*] [calare[自][*es*] / decrescere[自][*es*]] di prezzo, ribassare[自][*es*] ¶値下がりを待って買ったほうがいい. Per comprare è meglio aspettare che i prezzi ribassino. ¶大幅に値下がりした. C'è stato un forte ribasso.

ねさげ 値下げ riduzione[女][abbassamento[男]] di prezzo ◇**値下げする** ridurre [abbassare / diminuire] il prezzo (di *ql.co.*) ¶定価を5パーセント値下げする abbassare il prezzo del cinque per cento ¶1000円値下げする abbassare il prezzo di 1.000 yen ¶300円に値下げする abbassare il prezzo a 300 yen ¶大幅値下げ《掲示》 saldissimi / supersaldi

ねざけ 寝酒 ¶寝酒をする farsi [bersi] un bicchierino prima di dormire

ねざす 根差す **1** 《根がつく》 ¶杉の苗が根ざした. I virgulti del cedro hanno messo le radici. **2** 《基因する》 ¶彼の疑いはこの点に根ざしている. I suoi dubbi hanno origine da questo punto.

ねざめ 寝覚め ¶寝覚めが悪い《目覚めたときの気分がよくない》 svegliarsi storti ¶そんなことをすると寝覚めが悪いぞ. Se farai una cosa simile, proverai rimorso [non avrai la coscienza tranquilla].

ねざや 値鞘 〔経〕 margine[男], profitto[男]

ねじ 螺子 **1** vite[女]; 《雄ねじ》 vite[女]; 《雌ねじ》 dado[男] ¶ねじを締める avvitare / stringere una vite ¶ねじを緩める svitare / allentare una vite ¶…をねじでとめる fissare *ql.co.* con viti **2** 《ぜんまいの》 ¶時計のねじを巻く caricare un orologio

[慣用] **ねじが緩む** ¶彼らはねじが緩んでいる. Sono negligenti [-gli-]. / A loro manca la [Mancano di] concentrazione.

ねじを巻く dare un giro di vite a *qlcu.* ¶少し若手社員のねじを巻いてやろう. Darò un giro di vite [una scrollatina] ai giovani impiegati.

✤**ねじ頭** testa[女] di vite

ねじ溝 filettatura[女]

ねじ山 passo[男] di una vite, filetto[男]

ねじあげる 捩じ上げる ¶腕をねじ上げる torcere il braccio (di [a] *qlcu.*)

ねじきる 捩じ切る ¶針金をねじ切る tagliare un filo metallico torcendolo

ねじくぎ 螺子釘 《木材に使う》 vite[女] per legno; 〔鉄道〕《レール釘の一種》 caviglia[女]

ねじける 拗ける diventare[自][*es*] scontroso

ねじこむ 捩じ込む **1** 《ねじって入れる》 avvitare *ql.co.* 《に in》 ¶ポケットに札束をねじ込む ficcare in tasca a forza una mazzetta di banconote **2** 《抗議する》 protestare[自][*av*] energicamente contro *qlcu.* [*ql.co.*]

ねしずまる 寝静まる ¶人々は寝静まっていた. Le persone erano tutte addormentate.

ねしな 寝しな ¶寝しなに起こされた. Mi hanno svegliato proprio quando stavo per addormentarmi.

ねじふせる 捩じ伏せる **1** 《腕をねじって倒し, 押しつける》 fare cadere *qlcu.* [immobilizzare *qlcu.* a terra] torcendogli il braccio **2** 《無理に納得させる》 ¶理屈で〈人〉をねじ伏せる prevalere su *qlcu.* con la forza di [della] persuasione

ねじまげる 捩じ曲げる **1** 《ねじって曲げる》 torcere [contorcere] *ql.co.*; 《自分の体などを》 torcersi ¶苦しみで体をねじ曲げる torcersi [contorcersi] dal dolore **2** 《意味を》 distorcere [falsare] *ql.co.* ¶自分に有利なように事実をねじ曲げた. Ha distorto i fatti a proprio vantaggio.

ねじまわし 螺子回し cacciavite[男][無変] ¶プラス[マイナス / 星型]のねじ回し cacciavite「con punta a croce [a lama dritta / a stella]

ねしょうがつ 寝正月 ¶今年は寝正月だった. Quest'anno il Capodanno l'ho passato stando a casa「senza fare niente [tranquillamente].

ねしょうべん 寝小便 〔医〕 enuresi[女][無変] notturna ¶寝小便をする bagnare il letto / fare la pipì a letto

ねじりあげる 捩り上げる ⇒捩(ね)じ上げる

ねじりはちまき 捩り鉢巻 fascia[女][複 -*sce*] arrotolata legata in testa ¶ねじり鉢巻きの若者 giovane con una fascia attorno alla testa ¶ねじり鉢巻きで勉強する studiare con il massimo impegno

ねじる 捩る 《よじる, より合わせる, ねじ曲げる》 torcere *ql.co.*, storcere *ql.co.*; 《まわす》 girare *ql.co.* ¶瓶のふたをねじって開ける[閉める] avvitare [svitare] il tappo di una bottiglia ¶栓をねじる girare un rubinetto / 《開ける》 aprire [《閉める》 chiudere] un rubinetto ¶足首をねじってしまった. 《ねんざ》 Ho preso una storta alla caviglia.

ねじれ 捩れ torsione[女] ¶ネクタイのねじれを直す raddrizzare la cravatta

✤**ねじれ秤(ばかり)** bilancia[女][複 -*ce*] di torsione

ねじれる 捩れる **1** 《よじれる》 torcersi, storcersi ¶ベルトがねじれているよ. La tua cintura è attorcigliata. **2** 《性格が》 diventare[自][*es*] scontroso

ねじろ 根城 《盗賊・悪人の》 covo[男]; 《拠点》 base[女]; 《本部》 quartiere[男] generale

ねすごす 寝過ごす svegliarsi (troppo) tardi ¶今朝2時間も寝過ごした. Stamattina mi sono svegliato con ben due ore di ritardo. / Stamattina ho dormito ben due ore di troppo.

ねずのばん 寝ずの番 ¶寝ずの番をする essere [stare] di guardia la notte / fare la guardia notturna ¶病人を寝ずの番で看病した. Ho vegliato un malato.

ねずみ 鼠 topo[男]; 《大型の》 ratto[男]; 《小ねずみ》 topolino[男] ¶ねずみの巣 tana di topi ¶ねず

ね

みを退治する eliminare [sterminare] i topi ¶船[倉庫]のねずみを駆除する disinfestare una nave [un magazzino] dai topi / derattizzare una nave [un magazzino] ¶頭の黒いねずみ《比喩的》persona che mangia di nascosto [《かすめ取る》che rubacchia il cibo] ¶気をつけろ．あいつはただのねずみじゃない．《比喩的》Stai attento [《相手が女性》attenta]! Quello è un tipaccio.

✤**ねずみ色** grigio[男], colore[男] grigio ◇ねずみ色の di color grigio, grigio [[男]複 *-gi*; [女]複 *-gie, -ge*] ¶ねずみ色がかった grigiastro

ねずみ講 speculazione[女] a piramide

ねずみ算 ¶ねずみ算的に増える aumentare in proporzione geometrica

ねずみ取り 《ねずみの罠(わな)》trappola[女] per topi; 《薬》veleno[男] per topi; 《スピード違反の》speciale controllo[男] del limite di velocità

ねぞう 寝相 ¶寝相がいい avere il sonno tranquillo ¶彼は寝相が悪い．Si agita spesso nel sonno. / Ha il sonno agitato.

ねそびれる 寝そびれる ¶昨夜は彼と遅くまで話し込んでいて寝そびれた．Ieri sera ho conversato fino a tardi con lui e non sono più andato a letto. ¶眠ろうとしたら電話がかかってきて寝そびれてしまった．Stavo per addormentarmi, quando è squillato il telefono e poi non sono più riuscito a riprendere sonno.

ねそべる 寝そべる sdraiarsi, allungarsi, stendersi ;《行儀悪く》stravaccarsi ¶あお向けに[うつぶせに]寝そべる stendersi supin*o* [sul ventre / bocconi]

ねた **1**《小説などの材料》idee[女][複], elementi[男][複]《のための per》;《新聞などの》informazioni[女][複];《データ》dati[男][複] ¶あの作家はねたが尽きたらしい．Sembra che la vena di quel romanziere si sia esaurita. ¶とびきりのねたを仕入れる《新聞など》entrare in possesso di una ghiotta notizia

2《証拠》prova[女], evidenza[女] ¶れっきとしたねたが上がっていた．Sono emerse delle prove「lampanti [《彼の有罪を示す》a suo carico].

3《手品の》trucc*o*[男][複 *-chi*], espediente[男] ¶ねたを明かす rivelare il trucco

4《料理の材料》¶すしのねた pesce crudo da utilizzare nel *sushi*

ねだ 根太 〖建〗travetto[男], travicello[男]

✤**根太板** asse[女] del pavimento

ねたきり 寝たきり ¶寝たきりになる restare inchiodat*o* a [al] letto

✤**寝たきり老人** anzian*o*[男][[女] *-a*]「inchiodato a letto [infermo]

ねタバコ 寝タバコ ¶寝タバコはしないでください．Si prega di non fumare a letto.

ねたましい 妬ましい invidiabile ¶ねたましいほどの地位 un posto invidiabile ¶ねたましげな視線 sguardo invidioso ¶彼女は私をねたましそうに見た．Lei mi ha guardato con invidia [gelosamente].

ねたみ 妬み gelosia[女], invidia[女], livore[男] ◇ねたみ深い geloso, invidioso ¶〈人〉のねたみを買う suscitare la gelosia [l'invidia] di *qlcu.* / suscitare gelosia [invidia] in *qlcu.*

ねたむ 妬む essere invidios*o* [gelos*o*] di *qlcu.* [*ql.co.*], invidiare *qlcu.* [*ql.co.*], provare [nutrire / sentire] invidia di *qlcu.* [per *ql.co.*] ¶彼はねたんで私の悪口を言う．Parla male di me per gelosia. ¶彼は私の成功を妬んでいる．Lui mi invidia per il mio successo. ¶彼は同僚からねたまれている．Lui è invidiato dai colleghi.

ねだめ 寝溜め ¶休み中に寝だめをしておこう．Durante le vacanze voglio accumulare più ore di sonno possibile.

ねだやし 根絶やし ¶雑草を根絶やしにする estirpare le erbacce ¶悪習を根絶やしにする sradicare [svellere / estirpare] i vizi

ねだる chiedere a *qlcu.* con insistenza *ql.co.* [di＋[不定詞]], sollecitare [assillare] *qlcu.* (per *ql.co.*) ¶父にねだって自転車を買ってもらった．Ho insistito con mio padre fino a che non mi ha comprato una bicicletta.

ねだん 値段 prezzo[男], costo[男];《値打ち》valore[男] ⇀値(ね) ¶安い値段で a basso prezzo ¶商品に値段をつける《決める》decidere il prezzo degli articoli /《値札を》mettere il prezzo agli articoli ¶値段の折り合いがつく accordarsi sul prezzo ¶値段と相談して決める decidere in base al prezzo ¶値段は1000円から5000円までいろいろあります．Ce ne sono di vario prezzo, da mille a cinquemila yen. ¶この値段ではたいしたものではないだろう．Se costa così poco, non sarà un gran che.

✤**値段表** listino[男] (dei) prezzi

ねちがえる 寝違える ¶首を寝違えてしまった．Ho preso il torcicollo mentre dormivo.

ネチケット 〔英 netiquette〕〖コンピュータ〗etichetta[女] [norme[女][複] di comportamento] in rete

ネチズン 〔英 netizen〕 cittadin*o*[男][[女] *-a*] telematic*o* [[男]複 *-ci*]; persona[女] che rispetta le regole di etichetta della rete

ねちねち ¶ねちねちした人《しつこい》persona asfissiante [insistente] ¶彼はねちねちといやみを言う．Non fa che dirmi solo cattiverie.

ねつ 熱 **1**《物理的な》calore[男];《カロリー》caloria[女];《温度》temperatura[女] ¶熱を発する emanare calore ¶熱を伝える trasmettere calore ¶熱の仕事当量〖物〗equivalente meccanico della caloria

2《病気の》febbre[女];《体温》temperatura[女] (del corpo) ⇀病院 [会話] ¶熱がある《人が主語で》avere la febbre ¶熱を計る misurare la febbre [la temperatura] / prendere la temperatura ¶熱を抑える combattere [controllare] la febbre ¶熱が高い《人が主語》avere la febbre alta [un febbrone] ¶熱が39度ある．La temperatura è di 39 gradi. / Ha la febbre a 39 gradi. ¶熱が上がる[下がる]．La febbre sale [scende]. ¶夕方になると熱が出る．Verso sera mi sale [mi viene] la febbre. ¶熱に浮かされる delirare[自][av] per la febbre ¶熱が下がった．La febbre mi è passata.

3《熱意》entusiasmo[男], zelo[男], ardore[男], fervore[男], passione[女];《熱狂》mania[女] ¶海外旅行熱 mania [smania / febbre] dei viaggi all'estero ¶競馬熱 passione [vizio] delle corse dei cavalli ¶熱をこめて話す parlare「con entusiasmo [appassionatamente] ¶熱のこもった言葉

parole「piene di calore [appassionate / ardenti] ¶あの２人はお互いに熱が冷めてしまった. I loro rapporti si sono raffreddati. ¶今日はどうも仕事に熱が入らない. Oggi non riesco a concentrarmi nel lavoro. ¶〈人〉にすっかり熱を上げている essere follemente innamorat*o* di *qlcu.* / essere tutt*o* pres*o* da *ql.co.* ¶彼はゴルフ熱に浮かされている. È tutto preso dalla febbre del golf.

✤熱エネルギー ener*gia*[女] [複 *-gie*] termica
熱汚染 inquinamento[男] termi*co* [複 *-ci*]
熱化学 termochimica[女]
熱拡散 diffusione[女] termica [del calore]
熱可塑(かそ)性 termoplasticità[女]
熱機関 motore[男] termico
熱気球 pallone[男] a gas, mongolfiera[女]
熱効率 efficienza[女] termica
熱サイクル ciclo[男] termodinami*co* [複 *-ci*]
熱処理 trattamento[男] termico
熱伝達 trasmissione[女] del calore
熱伝導 conduzione[女] di calore ¶熱伝導のいい[悪い] di buona [cattiva] conduttività di calore
熱伝導率 conduttività[女] termica
熱膨張率[係数] coefficiente[男] di dilatazione termica
熱容量 capacità[女] termica

ねつあい 熱愛 amore[男] ardente [appassionato / forte] ◇**熱愛する** amare *qlcu.* follemente [alla follia / perdutamente / appassionatamente]; 《偶像視・溺愛する》 idolatrare *qlcu.*

ねつい 熱意 ardore[男], entusiasmo[男]; 《集中, 熱心》 zelo[男]; 《情熱, 情念》 passione[女], brama[女], fiamma[女] ¶熱意のある教師 insegnante pieno di entusiasmo ¶熱意をもって con impegno [passione] ¶熱意に欠ける mancare di entusiasmo ¶私は仕事に対する熱意を失った. Ho perso interesse per il lavoro. / Mi sono stancato del lavoro.

ねつえん 熱演 recitazione[女] appassionata, interpretazione[女] viva [profonda / intensa]; 《音楽で》 esecuzione[女] appassionata ◇**熱演する** recitare con verve [con gran impegno]

ネッカチーフ 〔英 neckerchief〕〔仏〕 foulard [fulár][男][無変]; fazzoletto[男] da testa [da collo] ¶ネッカチーフを首に巻く[かぶる] mettersi un foulard al collo [in testa]

ねっから 根っから **1** 《生来》 per [di] natura; 《まったく, 本当に》 veramente, interamente ¶根っからの商人 commerciante nato ¶根っからのナポリっ子 napoletano「fino al midollo [verace] ¶彼は根っからの悪人ではない. Non è cattivo di natura. / Fondamentalmente non è cattivo. **2** 《否定を伴って, 全然…ない》 ¶そのことは根っから知らなかった. Non ne sapevo proprio niente. / Ero assolutamente all'oscuro di tutto ciò.

ねっき 熱気 **1** 《熱い空気》 aria[女] calda; 《熱さ》 caldo[男] ¶熱気で乾く asciugare[自] [*es*] al calore [al caldo] **2** 《意気込み》 entusiasmo[男], ardore[男], calore[男]; 《興奮》 agitazione[女] ¶熱気のこもった議論 discussione accalorata [accesa]

ねつき 寝付き ¶寝つきがいい addormentarsi con facilità ¶寝つきが悪い aver difficoltà ad addormentarsi ¶この子は寝つきが悪い. È difficile far addormentare questo bambino. / Questo bambino stenta ad addormentarsi.

ねっきょう 熱狂 entusiasmo[男], eccitamento[男]; 《狂信的な》 frenesia[女], fanatismo[男], esaltazione[女] ◇**熱狂する** entusiasmarsi [infervorarsi] per *qlcu.* [di *ql.co.*], andare matt*o* per *qlcu.* [*ql.co.*] ◇**熱狂させる** entusiasmare *qlcu.* [*ql.co.*] 《で con》, infervorare *qlcu.* a *ql.co.*, far esaltare, eccitare ◇**熱狂的な** entusiasti*co* [[男]複 *-ci*]; freneti*co* [[男]複 *-ci*], fanati*co* [[男]複 *-ci*], esaltato ◇**熱狂的に** con entusiasmo, appassionatamente; freneticamente ¶熱狂のあまり per troppo entusiasmo ¶彼はあの女優の熱狂的なファンだ. È un fanatico ammiratore di quell'attrice. / Va matto per quell'attrice. ¶サポーター達は勝利に熱狂している. I tifosi sono esaltati dalla vittoria.

ネッキング 〔英 necking〕 ◇ネッキングする sbaciucchiarsi

ネック 〔英 neck〕 **1** 《首》 collo[男]; 《衣服の》 collo[男]; 《襟(えり)ぐり》 incollatura[女], scollatura[女], scollo[男] (di un vestito) **2** 《障害》 ostacolo[男]; strettoia[女], strozzatura[女] ¶彼の存在が我々の活動のネックだ. La sua esistenza ostacola la nostra attività.

✤ネックライン scollatura[女] ¶大きくくれたネックライン scollatura bassa

ねつく 寝付く 《眠りにつく》 addormentarsi, prendere sonno, cadere[自] [*es*] addormentat*o*; 《病気になって床につく》 restare[自] [*es*] a letto ammalat*o* ¶寝床に入ったと思ったらもう寝ついてしまった. Non appena a letto è caduto in un sonno profondo [è sprofondato nel sonno]. ¶病気で寝ついたことはない. Non sono mai dovuto stare a letto per malattia.

ねづく 根付く **1** 《植物が根を下ろす》 mettere radici, attecchire[自] [*av*] **2** 《基礎ができる》 ¶反公害運動が全国に根付いた. Il movimento contro l'inquinamento ha preso piede in tutto il paese.

ネックレス 〔英 necklace〕 collana[女]; 〔仏〕 collier [kolljé][男] [無変]

ねつけ 根付け *netsuke*[男] [無変]; ciondolo[男] usato per fermare piccoli oggetti nell'*obi*

ねっけつかん 熱血漢 uomo[男] [複 *uomini*] passionale [dal sangue caldo]

ねつげん 熱源 fonte[女] di calore

ねつさまし 熱冷まし 〘薬〙 antifebbrile[男], antipireti*co*[男] [複 *-ci*], antitermi*co*[男] [複 *-ci*]

ねっしゃびょう 熱射病 〘医〙 colpo[男] di sole

ねつじょう 熱情 ardore[男], passione[女]

ねっしん 熱心 《勤勉さ》 diligenza[女], zelo[男]; 《情熱》 entusiasmo[男]; 《熱烈さ》 fervore[男] ◇**熱心な** diligente, zelante, laborioso; entusiast*a* [[男]複 *-i*], appassionato; fervente ◇**熱心に** diligentemente; con entusiasmo [passione]; con fervore; 《興味をもって》 con grande interesse 《頑強に》 accanitamente ¶熱心な信者 un fedele fervente ¶イタリア語を熱心に勉強する studiare l'italiano con passione [con impegno] ¶彼の両親は教育熱心だ. I suoi genitori sono completamente presi [assorbiti] dalla sua educazione. ¶彼は仕事熱心だ. Lavora con entusiasmo [con zelo]. / È appassiona-

ねっすい 熱水 〘工〙acqua㊛ calda
ねっする 熱する **1**《熱くする》riscaldare ql.co.; scaldare ql.co.;《熱くなる》riscaldarsi; scaldarsi, diventare㊐[es] caldo ◇熱した caldo; riscaldato
2《興奮する》scaldarsi, eccitarsi, infervorarsi;《熱中する》appassionarsi ¶熱しやすい人《怒りっぽい》persona eccitabile / una testa calda ¶彼は熱しやすく冷めやすい. I suoi entusiasmi durano poco. / Lui si scalda e si raffredda con la stessa facilità.
ねっせい 熱誠 《まじめさ》serietà㊛;《誠意》sincerità㊛
ねっせん 熱戦 lotta㊛ accanita [serrata / strenua];《競技》gara [lotta]㊛ accanita ¶熱戦を繰り広げる combattere㊐[av] accanitamente
ねっせん 熱線 《熱い光線》raggi㊙[複] termici;《熱対射》radiazione㊛ termica;〘電〙filo㊙ caldo
✤**熱線吸収ガラス** vetro㊙ endotermico[複 -ci]
熱線電流計 amperometro㊙ a filo caldo
ねつぞう 捏造《でっち上げること》falsificazione㊛; falso ◇捏造する falsificare, dichiarare il falso ◇捏造した falso, inventato
ねったい 熱帯 tropici㊙[複], zona㊛ tropicale, zona㊛ torrida ◇熱帯の tropicale ¶亜熱帯 zona subtropicale
✤**熱帯雨林** foresta㊛ pluviale tropicale
熱帯魚 pesce㊙ tropicale
熱帯植物 vegetazione㊛ [flora] tropicale
熱帯性 ¶熱帯性低気圧〘気〙bassa pressione㊛ tropicale / ciclone㊙ tropicale
熱帯地方 regione㊛ tropicale
熱帯動物 fauna㊛ tropicale
熱帯病 malattia㊛ tropicale
熱帯夜〘気〙notte㊛ afosa quando la temperatura non scende sotto i venticinque gradi centigradi
ねっちゅう 熱中 entusiasmo㊙ ◇熱中する entusiasmarsi in ql.co., appassionarsi a ql.co.;《没頭する》immergersi in ql.co., sprofondarsi in ql.co.;《専心する》dedicarsi [darsi] a ql.co. ¶勉強に熱中している impegnarsi a fondo nello studio / pensare solo a studiare ¶彼は読書に熱中していた. Era assorto nella lettura. / Era intento a leggere.
ねっちゅうしょう 熱中症 colpo㊙ di sole, insolazione㊛
ねつっぽい 熱っぽい **1**《体温がいつもより高い》febbricitante ¶今日は熱っぽい. Oggi mi sento febbricitante. **2**《情熱的な》entusiastico㊙[複 -ci] ◇熱っぽく con fervore, con entusiasmo ¶人に熱っぽい視線を向ける lanciare uno sguardo caldo a qlcu. ¶彼は新しい企画について熱っぽく語った. Mi ha parlato con entusiasmo del nuovo progetto.
ねつでんし 熱電子〘物〙ione㊙ termico [複 -ci]
ねつでんつい 熱電対 coppia㊛ termoelettrica
ネット〔英 net〕**1**《網》rete㊛ ¶ネットを張る stendere la rete ¶ボールをネットに引っ掛ける《テニスなどで》colpire la rete con la palla / tirare in rete ¶ネットすれすれに raso-rete / sfiorando la rete ¶ヘアネット retina per capelli
2《インターネット》〔英〕internet㊙[無変] ◇ネット上で in rete, on line ¶ネット上の論争 disputa su internet [in rete]
3《正味の》netto ◇ネットで al netto
✤**ネットオークション** asta㊛ telematica
ネット銀行 banca㊛ "in rete [telematica]"
ネットサーフィン navigazione㊛ su [in] internet
ネットショッピング acquisti㊙[複] in internet
ネットタッチ ¶ネットタッチする toccare la rete
ネット取引 negoziazione㊛ tramite la rete
ネットプライス《正価》prezzo㊙ netto
ネットプレー《テニスで》gioco㊙[複 -chi] a rete
ねっとう 熱湯 acqua㊛ bollente [calda] (▶基本的には「熱湯」は acqua bollente だが, 状況により acqua calda も使う) ¶野菜を熱湯に通す passare [scottare] le verdure in acqua bollente / sbollentare le verdure
✤**熱湯消毒** sterilizzazione㊛ con acqua bollente ◇熱湯消毒する sterilizzare ql.co. con acqua bollente
ねっとり ◇ねっとりした vischioso, appiccicaticcio㊙[複 -ci;㊛ -ce] ¶体中汗でねっとりする. Sono tutto coperto [bagnato] di sudore.
ネットワーク〔英 network〕**1**《放送の》〔英〕network㊙[無変];《ラジオの》rete㊛ radiofonica [(テレビの)] televisiva /《ラジオとテレビの》radiotelevisiva ¶全[36の]ネットワークを通じて放送する trasmettere su tutte le reti [su 36 reti]
2《情報通信の》〔英〕network㊙[無変]
✤**ネットワーク・コンピュータ** computer㊙[無変] in rete
ネットワーク社会 società㊛ in rete
ねっぱ 熱波 ondata㊛ di calore;《核融合の》onda㊛ termica
ねつびょう 熱病 malattia㊛ febbrile ¶熱病にかかる contrarre una malattia che provoca forte febbre
ねっぷう 熱風 vento㊙ caldo;《熱気》aria㊛ calda;《気》《砂漠の》simun㊙[無変];《地中海沿岸地方に吹く》scirocco㊙[複 -chi]
✤**熱風乾燥** essiccazione㊛ ad aria calda
ねつべん 熱弁《演説》discorso㊙ acceso [appassionato / infuocato];《雄弁》eloquenza㊛ travolgente ¶熱弁をふるう parlare con eloquenza [con fuoco / con passione]
ねつぼう 熱望 desiderio㊙ ardente, brama㊛ ◇熱望する desiderare ardentemente ql.co. [di+不定詞] / che+接続法], bramare ql.co., struggersi di+不定詞, ardere㊐[es] dalla voglia di+不定詞
ねづよい 根強い《根深い》radicato [penetrato](profondamente);《動じない》fermo, saldo, forte;《執拗な》tenace, ostinato ¶根強い偏見 pregiudizio radicato
ねつりきがく 熱力学〘物〙termodinamica㊛ ◇熱力学的[の] termodinamico㊙[複 -ci] ¶熱力学的温度 temperatura termodinamica
ねつりょう 熱量 quantità㊛ di calore㊙, caloria㊛, valore㊙ calorifico
✤**熱量計** calorimetro㊙
熱量測定《法》 calorimetria㊛

ねつるい 熱涙 ¶熱涙を流す versare calde lacrime

ねつれつ 熱烈 ◇熱烈な ardente, fervente, appassionato;《熱狂的な》caloroso, entusiasta⑲複 -ci;《狂信的な》fanatico⑲複 -ci ¶熱烈に ardentemente; calorosamente, con entusiasmo; fanaticamente ¶熱烈な歓迎を受ける essere accolto festosamente ¶彼はあの政治家を熱烈に尊敬している。Stima molto quel politico.

ねどこ 寝床 letto⑲ ¶寝床を整える preparare il letto / fare《自分の》farsi⑲ il letto ¶寝床にもぐり込む scivolare fra le coltri

ねとねと ◇ねとねとした appiccicoso, colloso

ねとまり 寝泊まり ◇寝泊まりする alloggiare⑫ [av]《に in, a》, abitare⑫[av]《essere》presso qlcu. ¶会社に寝泊まりすることがある。A volte passo la notte in ufficio.

ねとる 寝取る ¶妻[夫]を寝取られる《俗》essere cornuto [cornuta] / essere cornificato [cornificata] 妻[夫]を寝取る fare le corna al marito [alla moglie] ¶寝取られ男[女]《俗》cornuto [cornuta]

ねなしぐさ 根無し草 1《浮き草》lenticchia⑲ d'acqua, lente⑲ palustre, erba⑲ galleggiante 2《安住しないこと，または人》¶根無し草の人生 vita "senza radici [da vagabondo]"⑲《彼[彼女]は根無し草だ。È un vagabondo [una vagabonda]. / È un girovago [una girovaga].

ねばつく 粘つく essere appiccicoso [colloso]

ねばっこい 粘っこい 1《ねばねばする》viscido, vischioso 2《根気強い》tenace, perseverante ¶ねばっこい人《執拗な》persona insistente [tenace]

-ねばならない dovere ¶自分で決めねばならなかった。Ho dovuto decidere da solo.

ねばねば ◇ねばねばする essere vischioso [appiccicoso] / viscido / attaccaticcio⑲複 -ci;⑲複 -ce] ¶口がねばねばする avere [sentirsi] la bocca impastata

ねばり 粘り 1《粘性》viscosità⑲, appiccicosità⑲;《粘着性》adesività⑲;《工》《材料試験の》tenacità⑲ 2《粘り強さ》perseveranza⑲, tenacia⑲;《頑固さ》testardaggine⑲;《執拗さ》insistenza⑲, ostinazione⑲ ¶粘り腰で交渉する negoziare tenacemente
✤**粘り勝ち** わがチームの粘り勝ちだった。La nostra squadra「ha tenuto duro [ha resistito] fino alla vittoria finale.
粘り気 viscidità⑲, vischiosità⑲

ねばりづよい 粘り強い perseverante, tenace; insistente ◇粘り強く con tenacia [perseveranza], tenacemente, insistentemente ¶彼は粘り強い。Lui ha un carattere perseverante. ¶粘り強く交渉する negoziare con tenacia

ねばる 粘る 1《粘性がある》essere viscoso, essere appiccicoso 2《根気よくする》perseverare⑫[av] in ql.co.;《執拗に》persistere⑫[av] in ql.co., ostinarsi in ql.co. [a+不定詞] ¶彼は喫茶店で3時間ねばった。Si è attardato tre ore al caffè. ¶ねばるだけねばったが駄目だった。È stato inutile nonostante la mia insistenza.

ねはん 涅槃《仏教》nirvana⑲;《死ぬこと》morte⑲;《釈迦入滅》la morte⑲ di Budda
✤**涅槃会**(ス) anniversario⑲ della morte di Budda

ねびえ 寝冷え ◇寝冷えする raffreddarsi nel sonno, prendere freddo a letto

ねびき 値引き ¶値引きなしの値段 prezzo fisso [senza lo sconto] ¶100円値引きする fare uno sconto di cento yen ¶この本は1000円に値引きしてもらった。Mi sono fatto ribassare il prezzo di questo libro fino a mille yen.

ねぶかい 根深い 1《根を深くおろした》¶根深い木 albero dalle radici profonde
2《原因などが深くて複雑な》¶根深い偏見 pregiudizio consolidato [profondamente radicato] ¶根深い対立 antagonismo profondamente radicato ¶紛争の原因は根深い。Le cause del conflitto sono profonde. / Il conflitto ha cause remote.

ねぶくろ 寝袋 sacco⑲複 -chi a pelo

ねぶそく 寝不足 mancanza⑲ di sonno ¶寝不足だ。Ho dormito poco. / Non ho dormito a sufficienza. ¶試験前には寝不足にならないように。Dormite abbastanza [sufficientemente] prima degli esami.

ねふだ 値札 cartellino⑲ del prezzo

ネプツニウム〔英 neptunium〕《化》nettunio⑲;《元素記号》Np

ねぶと 根太《腫れもの》grosso foruncolo⑲

ねぶみ 値踏み stima⑲, valutazione⑲, apprezzamento⑲;《特に鑑定》perizia⑲;《主に仕事の見積もり》preventivo⑲ ◇値踏みする stimare [valutare] ql.co., periziare ql.co. ¶専門家はこの家を1億円と値踏みしている。L'esperto ha calcolato cento milioni di yen per questa casa.

ネフローゼ〔独 Nephrose〕《医》nefrosi⑲[無変]

ねぼう 寝坊《人》dormiglione⑲[⑲ -a] ◇寝坊する fare il dormiglione;《遅く起きる》alzarsi tardi;《床の中でいつまでもぐずぐずしている》poltrire⑫[av] nel letto

ねぼけがお 寝惚け顔 faccia⑲[複 -ce] assonnata ¶あの人は寝ぼけ顔をしている。Ha un'aria addormentata.

ねぼけまなこ 寝惚け眼 occhi⑲[複] gonfi di sonno

ねぼける 寝惚ける 1 essere imbambolato per il sonno;《目がはっきり醒めていない》essere mezzo addormentato ¶寝ぼけた声で voce sonnacchiosa [assonnata] ¶私はまだ寝ぼけている。Sono ancora mezzo addormentato.
2《はっきりしない》¶何を寝ぼけたことを言うか。Che dici! Stai sognando? ¶これはちょっと寝ぼけた色だね。Questo colore è un po' sfumato.

ほほりはっくり 根掘り葉掘り について《人》から根掘り葉掘り聞き出す chiedere a qlcu. ql.co. insistentemente [con pignoleria] ¶彼は他人の事情を根掘り葉掘り聞きたがる。Vuole sapere i fatti degli altri 「nei minimi particolari [per filo e per segno].

ねまき 寝巻・寝間着《ネグリジェ》camicia⑲[複 -cie] da notte;《パジャマ》pigiama⑲[複 -a, -i] ¶寝間着姿で in camicia da notte / in pigiama

ねまわし 根回し **1**《木の周りを掘ること》◇根回しする scavare attorno alle radici prima di trapiantare **2**《予備工作》◇根回しする fare i passi preliminari; preparare il terreno (per *ql.co.* [per＋不定詞]) ¶会議がうまくいくように根回しした. Tutto era già stato predisposto affinché l'incontro andasse per il meglio.

ねみみ 寝耳 ¶寝耳に水だった. È stato un fulmine a ciel sereno.

ねむい 眠い 《眠りたい状態である》avere sonno, essere assonnato, 《眠気を誘う》sonnolento; soporifero ¶「眠いでしょう」「いや, 全然」"Non hai sonno?" "No, neppure un po'!" ¶眠くなってきた. Mi è venuto sonno. ¶眠くてたまらない. Casco dal sonno. / Muoio di sonno. ¶おお眠い. Che sonno! ¶眠い目をこする stropicciarsi gli occhi 《assonnati 〔gonfi di sonno〕》¶彼は眠そうだ. Ha l'aria addormentata. / Sembra assonnato. ¶眠い授業 lezione soporifera

ねむけ 眠気 sonno働, sonnolenza囡 ¶やがて眠気に襲われた. Poco dopo 「sono stato preso dal sonno [mi è venuto sonno]. ¶眠気を誘う conciliare il sonno
✤眠気覚まし ¶眠気覚ましに体操をした. Ho fatto ginnastica per svegliarmi [per scacciare il sonno / per vincere il sonno].

ねむたい 眠たい →眠い

ねむのき 合歓木 《植》gaggia囡 《複 -gie》arborea [bianca]

ねむらせる 眠らせる mettere a dormire [a letto] *ql.cu.*;《殺す》uccidere;《親》far fuori

ねむり 眠り **1**《睡眠》sonno男, 《熟睡》dormita囡;《うたた寝》pisolino男, sonnellino男, siesta囡 ¶浅い〔深い〕眠り sonno leggero [profondo] ¶ひと眠りする fare [schiacciare] un sonnellino [un pisolino] / fare la siesta ¶眠りを妨げる turbare il sonno ¶眠りにつく addormentarsi **2**《永眠》sonno eterno, morte囡 ¶永遠の眠りにつく morire [*es*] / cadere nel riposo [sonno] eterno
✤眠り薬 sonnifero男
眠り草《おじぎ草》mimosa囡 pudica
眠り病《医》malattia囡 del sonno; tripanosomiasi囡《無変》

ねむりこける 眠りこける dormire [*av*] come un sasso ¶私が行ってみたら彼は眠りこけていた. Quando sono andato a vedere, lui 「dormiva come un ghiro [era immerso nel sonno].

ねむる 眠る **1**《睡眠する》dormire男 [*av*];《うとうとする》sonnecchiare曰 [*av*];《うたた寝する, まどろむ》fare [schiacciare] un pisolino;《眠りにつく》addormentarsi, assopirsi ¶ぐっすり眠る dormire profondamente / dormire come un ghiro ¶ゆうべはよく眠った. Ieri notte ho fatto una bella dormita. / Ho dormito bene ieri notte. ¶一度も目を覚まさずに眠る ¶私は日に8時間眠る. Dormo otto ore al giorno. ¶コーヒーを飲むと眠れない. Il caffè non mi fa dormire. ¶眠れない夜 una notte insonne / notte in bianco ¶一晩中眠れなかった. Non ho chiuso occhio tutta la notte. / Ho passato la nottata in bianco.

2《死んで横たわる》giacere曰 [*es*], riposare曰 [*av*] ¶この墓に私の両親が眠っている. In questa tomba riposano i miei genitori. ¶安らかに眠ってください. Riposa in pace.
3《活用されていない》restare inutilizzato ¶莫大な資源が地下で眠っている. Immense risorse giacciono sotterranee. ¶機械類は工場で眠ったままだ. I macchinari restano inutilizzati nella fabbrica.

ねむれる 眠れる ¶眠れる獅子 una belva dormiente [addormentata] / il fuoco sotto la cenere ¶『眠れる森の美女』(ペロー) "La bella Addormentata nel Bosco" (Perrault)

ねもと 根元 **1**《植物などの》piede男;《根》radice囡 ¶木を根元から切り倒す tagliare un albero alla radice ¶木の根元に埋める sotterrare *ql.co.* 「sotto [ai piedi di] un albero
2《根本》¶悪習を根元から断つ eliminare i vizi alla radice

ねものがたり 寝物語 conversazione囡 a letto (fra un uomo e una donna) ¶寝物語をする conversare stando a letto

ねやすかぶ 値安株 azione囡 a [di] quotazione bassa

ねゆき 根雪 neve囡 che dura fino a primavera

ねらい 狙い **1**《照準を合わせた》mira囡 ¶…にねらいをつける mirare曰 [*av*] a *ql.co.* [*qlcu*.] / puntare曰 [*av*] contro *ql.co.* [*qlcu*.] ¶ねらいを定める aggiustare [correggere] la mira ¶ねらいを誤る sbagliare mira [bersaglio] / fallire il colpo
2《目的》scopo男, obiettivo男,《意図》idea囡, intenzione囡 ¶ねらいを定める prendere di mira *ql.co.* / mirare a *ql.co.* ¶ねらいが外れる mancare il bersaglio / fallire il colpo / non conseguire lo scopo ¶彼のねらいはなんだろう. Quale sarà il suo scopo [la sua intenzione]? / A che cosa mirerà? ¶彼はねらい通りにそのポストを得た. Ha ottenuto il posto, proprio come voleva. ¶彼は狙いたがわず的を射た. Ha colpito il bersaglio senza sbagliare la mira.

ねらいうち 狙い撃ち ◇ねらい撃ちする tirare [far fuoco] su *ql.co.* [*qlcu*.]（►いずれも比喩的な意味もある）¶それはサラリーマンを狙い撃ちする税制だ. È un sistema di tassazione che prende di mira gli impiegati.

ねらう 狙う **1**《目標物を》mirare曰 [*av*] a *ql.co.* [*qlcu*.], prendere di mira *ql.co.* [*qlcu*.], puntare曰 [*av*] contro *ql.co.* [*qlcu*.] ¶彼は走ってくる車を銃でねらった. Ha puntato il fucile contro la macchina che si avvicinava.

2《機会をうかがう》tendere曰 [*av*] [mirare曰 [*av*]] a *ql.co.* [a＋不定詞], mettere gli occhi su *ql.co.*;《切望する》ambire曰 [*av*] a *ql.co.* [a＋不定詞], aspirare曰 [*av*] a *ql.co.* [a＋不定詞] ¶〈人〉の命をねらう attentare alla vita [mirare alla morte] di *qlcu.* ¶君がなにをねらっていたのか今になってわかった. Ora capisco a cosa tendevi. ¶彼は社長の椅子をねらっている. Mira al posto di presidente. ¶猫が小鳥をねらっている. Il gatto sta puntando [prendendo di mira] un uccellino.

ねりあげる 練り上げる **1**《粉などを十分に練る》

impastare bene *ql.co.*
2《十分に考える》elaborare ¶この案はまだよく練り上げられていない．Questa proposta non è ancora sufficientemente definita. ¶彼は原稿を綿密に練り上げた．Ha curato [Ha elaborato] con molta attenzione il testo.

ねりあるく 練り歩く sfilare[自][*es, av*] (in corteo)

ねりあわせる 練り合わせる ¶水と粉とを練り合わせた．Ho aggiunto acqua alla farina e ho impastato il tutto.

ねりえ 練餌 《小鳥のえさ》pastone[男] per uccelli;《釣り用の》pastone[男] per pesci

ねりがし 練り菓子 dolce[男] giapponese a base di pasta di *azuki* o farina di riso

ねりせいひん 練り製品 prodotto[男] fatto con pasta di pesce (crudo, poi cotta a vapore, bollita o passata sul fuoco)

ねりなおす 練り直す ¶計画を練り直す rivedere un piano

ねりはみがき 練り歯磨き dentifri*cio*[男][複 *-ci*]; pasta[女] dentifricia

ねる 寝る **1**《寝床に入る》andare [mettersi] a letto, andare a dormire, coricarsi ¶11時に寝ます．Vado a letto alle undici. ¶風邪で1週間寝た．Sono stato [rimasto] a letto una settimana con l'influenza.
2《横になる》coricarsi, sdraiarsi, stendersi ¶草原にごろりと寝た．Mi sono sdraiato sul prato.
3《眠る》dormire[自][*av*] ¶赤ちゃんは寝ている Il bambino sta dormendo. ¶人間一晩や二晩寝なくたって死にはしない．Una o due notti insonni non ammazzano nessuno. ¶寝る間も惜しんで勉強した．Studiavo sacrificando anche le ore di sonno. ¶寝る子は育つ．《諺》Il sonno fa crescere i bimbi.
4《性的関係を結ぶ》andare a letto con *qlcu.*, far l'amore con *qlcu.*
5《活用されない》¶寝ている資本 fondi giacenti / capitale morto ¶寝ている品物 merce in giacenza / giacenze / merce invenduta
[慣用] **寝た子を起こす** ¶寝た子を起こすな．"Non svegliare il cane che dorme."
寝ても覚めても ¶寝ても覚めても彼のことを考えている．Penso sempre a lui notte e giorno.

ねる 練る **1**《こねる》impastare *ql.co.*《で con》;《混ぜ合わせる》mescolare [amalgamare] (*ql.co.* con *ql.co.*) ¶小麦粉を少量の水で練る impastare la farina con un po' d'acqua.
2《念入りに仕上げる》¶文章を練る limare [affinare] lo stile ¶構想を練る elaborare [riflettere su] un piano ¶対策を練る deliberare le misure da prendere
3《鍛える》¶鋼鉄を練る temprare [temperare] l'acciaio ¶彼はよく練れた人だ．È un uomo maturato [temprato] dalla vita.

ネル flanella[女] ◇ネルの di flanella ¶綿ネル flanella di cotone

ねわけ 根分け ◇根分けする staccare le radici dalla pianta (per un trapianto)

ねわざ 寝技 〖スポ〗《柔道・レスリングで》presa[女] al tappeto [a terra]

ねわら 寝藁 《家畜の》lettiera[女], strame[男]

ねん 年 **1**《1年》anno[男];《収穫などに関する》annata[女] ¶年に1度 una volta all'anno [l'anno] ¶1[2 / 3]年に1度の annuale [biennale / triennale] ¶1年後に《過去の時点から》un anno dopo / dopo un anno /《今から》fra un anno ¶2年ごとに ogni due anni ¶100年に3回 tre volte in un secolo ¶2年続けて due anni di seguito [consecutivi] / per due anni ¶10年間に nell'arco di dieci anni ¶1789年に nel [nell'anno] 1789 (読み方: millesettecentottantanove) ¶最後に彼に会ってから10年になる．Sono passati dieci anni da quando l'ho visto l'ultima volta. ¶彼にもう5年も会っていない．Sono ben cinque anni che non lo vedo.
2《学年》¶太郎は中学2年だ．Taro fa「la seconda media [il secondo anno di scuola media].
✤年成長率 〖経〗tasso[男] di sviluppo annuo

ねん 念 **1**《気持ち》sentimento[男];《観念》idea[女], pensiero[男];《願望》desider*io*[男][複 *-i*], voglia[女] ¶自責の念にさいなまれる essere tormentat*o* dal senso di colpa [dal rimorso] ¶復讐の念にかられる ardere dal desiderio di vendetta ¶〈人〉に感謝の念を抱く provare gratitudine per *qlcu.* ¶念には及ばない．Non preoccuparti.
2《注意》attenzione[女];《慎重さ》prudenza[女], precauzione[女];《留意》cura[女]
[慣用] **念の入った** scrupoloso, accurato, elaborato;《服装など》ricercato
念のため《確認》per sicurezza;《用心》per precauzione;《いざというときに》per ogni evenienza ¶念のためにもう一度言っておくが… Te lo ripeto per precauzione, ... / Per maggior sicurezza, ...
念を入れる fare *ql.co.* con molta cura ¶念を入れて計算した．Ho messo molta attenzione nei calcoli. ¶念には念を入れろ．La prudenza non è mai troppa.
念を押す richiamare l'attenzione di *qlcu.* su *ql.co.* ¶心配なら彼に念を押してごらんなさい．Se così non sei tranquillo, chiedigliene conferma.

ねんいり 念入り ◇念入りな《慎重な》cauto, prudente, guardin*go*[男複 *-ghi*];《手のこんだ》elaborato ◇念入りに prudentemente, cautamente; elaboratamente ¶念入りな計画 piano elaborato ¶念入りに調べる esaminare cautamente [con attenzione] ¶念入りに手を洗う lavarsi bene le mani

ねんえき 粘液 liquido[男] vischioso ◇粘液状の viscoso, vischioso, mucoso
✤粘液質 〖心〗flemma[女] ¶粘液質の人 persona flemmatica

ねんが 年賀 auguri[男][複] di Buon Anno ¶年賀に行く andare a fare gli auguri di Buon Anno
✤年賀状[はがき] cartolina[女] d'auguri di Buon Anno ⇒次ページ [日本事情]
年賀郵便 posta[女] che viene consegnata a Capodanno

ねんがく 年額 somma[女] annua ¶収入の年額 reddito annuale [annuo] ¶会費は年額1万円です．La quota annua è di diecimila yen.

[ね]

日本事情　年賀状
Cartoline di auguri per il nuovo anno in cui, oltre ai saluti convenzionali come "Buon Anno Nuovo" (*Akemashite omedeto gozaimasu*) si aggiungono notizie recenti su se stessi. Quelle vendute negli uffici postali sono abbinate ad un concorso a premi. Qualcuno preferisce personalizzarle con disegni o stampandoci sopra una fotografia. Se imbucate tra il 15 e 25 dicembre vengono raccolte e consegnate in blocco a casa la mattina del primo dell'anno. È usanza spedirle entro i primi sette giorni dell'anno.　→正月 [日本事情]

ねんがっぴ 年月日 data㊛ ¶出版の年月日 data di pubblicazione

ねんがらねんじゅう 年がら年中 《一年じゅう》(per) tutto l'anno; 《いつも》sempre ¶彼は年が ら年中忙しがっている. È preso (per) tutto l'anno.

ねんかん 年刊 ◇年刊の annuale ¶年刊の報告 書 relazione [rapporto] annuale

ねんかん 年間 1《1年の間》annata㊛, anno ㊚; 《副詞として》all'anno ◇年間の annuo ㊚ ¶我々は年間400万円の助成金を受けている. Riceviamo una sovvenzione di quattro milioni di yen all'anno. ¶3年間ローマで暮らした. Ho vissuto tre anni a Roma.
2《…の時代》¶昭和年間に nell'era Showa
❖**年間売上げ高** giro㊚ d'affari annuo, incasso㊚ annuo
間契約[計画] contratto㊚ [piano㊚] annuale
年間所得 reddito㊚ annuo [annuale]

ねんかん 年鑑 annuario㊚ [複 -*i*], almanacco ㊚ [複 -*chi*] ¶日本経済年鑑 annuario dell'economia giapponese

ねんがん 念願 desiderio㊚ a lungo bramato ¶念願のバイクをついに買った. Ho finalmente comprato la moto dei miei desideri.

ねんき 年忌 →回忌

ねんき 年季 1《奉公の年限》(periodo㊚ di) apprendistato㊚, tirocinio㊚ ¶年季が明ける finire [completare] l'apprendistato
2《長い間の熟練》¶年季が入っている avere "molta esperienza [una buona pratica] (in *ql.co.*) ¶彼の仕事には年季が入っている. Ha molti anni di esperienza nel suo lavoro [mestiere]. ¶年季を入れる fare una lunga esperienza

ねんきゅう 年給 stipendio㊚ [複-*i*] annuale

ねんきん 年金 pensione㊛; 《金利などによる》rendita㊛ ¶終身年金 pensione [rendita] vitalizia / vitalizio / pensione a vita ¶厚生年金 pensione della previdenza sociale ¶国民年金 pensione statale ¶退職年金 pensione privata ¶養老[老齢]年金 pensione di vecchiaia ¶遺族年金 pensione di reversibilità ¶障害年金 pensione d'invalidità ¶年金保険料を払う pagare i contributi (previdenziali) ¶年金を与える[受ける] assegnare [ottenere] una pensione ¶彼は年金で暮らしている. Vive della sua pensione.
❖**年金基金** fondo㊚ pensioni
年金受給者 pensionato㊚ [㊛ -*a*]
年金受給年齢 età㊛ pensionabile

年金生活 ¶年金生活に入る andare in pensione
年金生活者 pensionato㊚ [㊛ -*a*]
年金制度 sistema㊚ [複 -*i*] pensionistico [複 -*ci*]

ねんぐ 年貢 tributo㊚ annuale; 《地租》imposta㊛ fondiaria, fondiaria㊛; 《地代》fitto㊚ dei terreni, canone㊚ agrario [複 -*i*] ¶年貢を納める pagare la fondiaria ¶年貢を取り立てる riscuotere i tributi fondiari [i fitti agrari]
[慣用] **年貢の納め時** ¶彼もついに年貢の納め時だ. È arrivata anche per lui l'ora della resa dei conti. / È finita la pacchia anche per lui.
❖**年貢米** canone㊚ d'affitto in riso

ねんげつ 年月 tempo㊚, anni [複] ¶年月が 経つにつれ col passare del tempo ¶長い年月に は per molti anni / per lungo tempo / a lungo andare / alla lunga

ねんげん 年限 《期間》tempo㊚, periodo㊚; 《期限》scadenza㊛, termine㊚ ¶修業年限を終え る finire il servizio

ねんこう 年功 1《長年の功績》anzianità㊛ di servizio ¶年功により per anzianità ¶年功順に in ordine di anzianità 2《長い熟練》¶彼はこの 研究に年功を積んだ. Ha fatto una lunga esperienza in questo campo.
❖**年功序列制度[賃金制]** sistema㊚ [sistema㊚ del salario] basato sull'anzianità di servizio

ねんごう 年号 il nome di un'era ¶年号を改 める cambiare il nome dell'era ¶新しい年号は平 成と決定された. È stato deciso di chiamare la nuova era Heisei.

ねんごろ 懇ろ 1《真心をこめてする様子》◇懇 ろな《礼儀正しい》cortese, gentile, garbato; 《も てなしのよい》ospitale, premuroso, sollecito, riguardoso; 《思いやりのある》caldo, caloroso, di (buon) cuore, cordiale ◇懇ろに cortesemente, premurosamente; affettuosamente, sollecitamente; calorosamente, cordialmente ¶懇ろな もてなし cordiale accoglienza ¶懇ろにもてなす accogliere *qlcu*. cordialmente ¶懇ろに弔う《哀 惜の念をこめて》seppellire *qlcu*. pietosamente [《厳粛に》dignitosamente]
2《互いに許し合う様子》◇懇ろな intimo ¶あ の方とは懇ろにしていただいております. Sono in amicizia con lui. ¶彼は彼女と懇ろになって2年経つ. Sono due anni che stanno insieme.

ねんざ 捻挫 distorsione㊛, storta㊛ ◇捻挫す る storcersi *ql.co.* ¶私は足首を捻挫した. Ho preso una storta alla caviglia.

-ねんさい -年祭 anniversario㊚ [複 -*i*] ¶100年祭 centenario ¶1000年祭 millenario ¶昨日ヴェルディの生誕二百年祭が行われた. Ieri si è festeggiato il duecentesimo anniversario della nascita di Verdi.

ねんさん 年産 produzione㊛ annua ¶この工 場のカメラの年産は50万台だ. Questa fabbrica produce cinquecentomila macchine fotografiche all'anno.

ねんし 年始 1《年頭》l'inizio㊚ dell'anno
2《年頭のあいさつ》augurio㊚ [複 -*i*] del nuovo anno ¶年始に行く andare a fare gli auguri di Buon Anno
❖**年始回り** giro㊚ di visite di Capodanno

ねんじ 年次

❖**年次計画** piano㊚ annuale
年次総会 assemblea㊛ annuale
年次報告 rapporto㊚ [relazione㊛/ resoconto㊚] annuale
年次有給休暇 ferie㊛ [複] annuali pagate
年次予算 bilancio㊚ [複 -ci] annuale

ねんしき 年式 ◇古い年式の車 macchina di vecchio tipo

ねんしゅう 年収 entrate㊛ [複] annue, reddito㊚ annuale, introiti㊚ [複] annui ¶僕の年収は300万円だ. Ho un reddito di tre milioni di yen all'anno. / Le mie entrate annue sono di tre milioni di yen.

ねんじゅう 年中 《一年じゅう》(per) tutto l'anno; 《頻繁に》spesso; 《いつも》sempre ¶彼は年中ぶらぶらしている. Sta sempre senza far nulla. ¶彼は年中得意らしいことを言っている. Brontola sempre con tutti. ¶君は年中風邪をひいているね. Ma tu sei continuamente raffreddato!
❖**年中無休** 《この店は年中無休だ. Questo negozio è aperto tutto l'anno. ¶年中無休で働いている. Lavora senza fare mai vacanze.

ねんじゅうぎょうじ 年中行事 manifestazione㊛ annuale ¶その祭りはこの村のもっとも盛大な年中行事だった. Per il villaggio quella festa fu l'avvenimento più importante dell'anno.

ねんしゅつ 捻出 ◇捻出する《やりくりして工面する》racimolare (denaro) ;《ひねりだす》scervellarsi ¶財源を捻出する procurarsi i fondi / arrabattarsi per trovare i fondi ¶案を捻出する rompersi la testa per farsi venire un'idea /《比喩的》spremersi le meningi

ねんしょ 念書 promemoria㊚ [無変]

ねんしょう 年少 età㊛ inferiore ◇年少の di età inferiore ¶彼は私より年少である. È più giovane di me. ¶弟は僕より3歳年少です. Mio fratello è「più piccolo [minore] di me di tre anni.
❖**年少者** persona㊛ più giovane; 《未成年者》minorenne㊚ ¶最年少者 定冠詞 + minore㊚ (d'età) / 定冠詞 + più giovane㊚㊛
年少労働者 lavoratore㊚ [㊛ -trice] minorenne

ねんしょう 年商 fatturato㊚ annuo ¶この会社の年商は約1億円である. Il fatturato annuo di questa azienda è di circa cento milioni di yen.

ねんしょう 燃焼 **1**《燃えること》《化・機》combustione㊛ ◇燃焼する bruciare㊚ [es] ◇燃焼させる bruciare ¶完全[不完全 / 自然]燃焼 combustione completa [incompleta / spontanea] **2**《力などを出し尽くすこと》¶彼はこの仕事に力の限りを燃焼させた. Ce l'ha messa tutta in questo lavoro.
❖**燃焼室** 《機》camera㊛ di combustione
燃焼熱 calore㊚ di combustione
燃焼物 《燃料》combustibile㊚;《引火物》materiale㊚ infiammabile
燃焼炉 forno㊚ di combustione

ねんじる 念じる **1**《願う》desiderare ql.co. [(di) + 不定詞] / che + 接続法), sperare di + 不定詞[che + 接続法];《祈る》augurarsi ql.co. [di + 不定詞 / che + 接続法] ¶彼女は絶えず夫の無事を念じていた. Pregava sempre per la salute di suo marito. **2**《心の中で唱える》recitare ql.co.

in silenzio

ねんすう 年数 numero㊚ di anni, anni [複] ¶彼は勤続年数が30年に達する. Ha trent'anni di servizio.

ねんずる 念ずる →念じる

ねんせい 粘性 《化》viscosità㊛ ◇粘性の viscoso, appiccicoso ¶粘性の液体 liquido viscoso
❖**粘性係数** coefficiente㊚ [parametro㊚] di viscosità

ねんだい 年代 《時代》periodo㊚, epoca㊛, era㊛;《世代》generazione㊛;《年齢》età㊛;《歴史的出来事の》data㊛ ¶それら諸事件の年代を推定する presumere la data di quegli avvenimenti ¶ある絵の年代を特定する datare un quadro ¶年代順の cronologico ¶年代順に in ordine cronologico [di data / di tempo] ¶この木は相当年代を経ている. Questo albero ha molti anni.
❖**年代学** cronologia㊛ ◇**年代学の** cronologico [複 -ci]
年代学者 cronologista㊚㊛ [㊚複 -i], cronologo㊚ [㊛複 -gi]
年代記 annali㊚ [複], cronache㊛ [複]

ねんちゃく 粘着 《化》adesione㊛ viscosa ◇粘着する aderire㊚ [av] (a ql.co.), incollarsi [appiccicarsi] a ql.co.
❖**粘着性** adesività㊛, aderenza㊛ ◇**粘着性の(ある)** aderente, adesivo, collante
粘着テープ nastro㊚ adesivo
粘着力 forza㊛ di adesione, adesione㊛

ねんちゅうぎょうじ 年中行事 →年中(じゅう)行事

ねんちょう 年長 età㊛ maggiore, anzianità㊛ ◇年長の di età maggiore ¶彼は私より3歳年長だ. È maggiore di me di tre anni. / Ha tre anni più di me.
❖**最年長者** persona㊛ più anziana ¶最年長者 定冠詞 + maggiore㊚㊛ (d'età) / 定冠詞 + più anziano㊚ [㊛ -a]

ねんど 年度 《事業・行事などの》anno㊚;《会計・予算・事業などの》esercizio㊚ [複 -i];《学校の》anno㊚;《学校の》anno scolastico [複 -ci] [《大学の》accademico [複 -ci]] ¶会計年度 anno finanziario / anno contabile / 《税の》anno fiscale ¶年度初めに[末に] all'inizio [alla fine] dell'esercizio ¶年度替わりに al cambio d'esercizio ¶前年度の利益 residui attivi / utili dell'esercizio precedente ¶2008年度の予算[決算] preventivo [consuntivo] d'esercizio 2008

ねんど 粘土 argilla㊛, creta㊛;《塑型(そけい)用粘土, プラスチシン》plastilina㊛ ◇粘土(質)の argilloso, di creta, cretaceo ¶粘土をこねる impastare l'argilla ¶粘土細工をする modellare figurine d'argilla
❖**粘土鉱物** minerale㊚ di argilla

ねんとう 年頭 ¶年頭に all'inizio dell'anno ¶首相がテレビで年頭のあいさつを述べた. Il Primo Ministro ha espresso alla televisione l'augurio [il messaggio] di Capodanno.
❖**年頭教書** 《米大統領の》Messaggio㊚ di Capodanno del Presidente degli Stati Uniti

ねんとう 念頭 ¶…を念頭に置く《覚えておく》ricordare ql.co. / tenere a mente ql.co. /《気を配る》avere a cura [tenere presente / tenere conto di] ql.co. (▶presenteは目的語の性・数に合わせて語尾変化する) ¶彼は自分の利益しか念頭にない. Pensa solo ai propri interessi. ¶その考えが念頭を去らない. Quel pensiero non mi lascia mai [è sempre presente nella mia mente].

ねんどう 念動 psicocinesi㊛[無変]

ねんない 年内 ¶年内に entro l'anno / nel corso dell'anno, prima della fine dell'anno ¶年内は仕事で忙しい. Sono occupato con il mio lavoro fino alla fine dell'anno.

ねんね 1《寝ること》《幼》nanna ◇ねんねする andar a [fare la] nanna 2《子供っぽい人》persona㊛ infantile ¶16歳だというのにまるでねんねだ. Ha sedici anni, ma è ancora una bambina.

ねんねん 年年《年を追って》di anno in anno, da un anno all'altro;《毎年》ogni anno, tutti gli anni ¶年々物価が上昇する. I prezzi aumentano di anno in anno.
✤年年歳歳 un anno dopo l'altro, ogni anno

ねんぱい 年配・年輩 1《年ごろ》età㊛ ¶彼は私と同年配だ. Ha più o meno la mia età. ¶50年配の男 un uomo sulla cinquantina / un cinquantenne 2《相当の年齢, 中年以上》¶年配の人 persona di una certa età [di età avanzata] 3《年上》¶彼は私より年配だ. È più anziano di me.

ねんばんがん 粘板岩 〔鉱〕argilloscisto㊚, ardesia㊛, lavagna㊛

ねんぴ 燃費 consumo㊚ di carburante ¶高[低]燃費車 auto㊛[無変] a basso [alto] consumo di carburante ¶この車は燃費がいい[悪い]. Questa macchina consuma poca [molta] benzina.

ねんぴょう 年表 tavola㊛ cronologica;《事件などの年代順配列》cronologia㊛[複 -gie]

ねんぷ 年賦 rata㊛ annua ¶借金は10年の年賦で返すことにした. Ho deciso di dilazionare il debito in 10 rate annuali.
✤年賦償還 ammortamento㊚ annuo

ねんぷ 年譜 elenco㊚[複 -chi] cronologico [複 -ci], cronologia㊛[複 -gie];《個人の》dati㊚[複] biografici

ねんぶつ 念仏 il recitare il nome [dell'Amitaba] del Budda Amida ¶念仏を唱える invocare il Budda Amida (recitando il "Namu Amidabutsu") ¶彼女に気をつけるように言っても馬の耳に念仏だ. Dire a lei di essere più attenta è come fare la predica a un sordo.

ねんぽう 年俸 stipendio㊚[複 -i] annuo;《代議士などの》indennità㊛ annua
✤年俸制 pianificazione㊛ del salario annuale

ねんぽう 年報 annuario㊚[複 -i]; rapporto㊚ [《大学の紀要や官報など》bollettino㊚] annuale;《学術雑誌などで》annali㊚[複]

ねんまく 粘膜 〔解〕membrana㊛ mucosa, mucosa㊛

ねんまつ 年末 fine㊛ dell'anno, gli ultimi giorni㊚[複] dell'anno ¶年末はいつもせわしい. Verso la fine dell'anno sono tutti sempre molto agitati.
✤年末大売り出し grande vendita㊛ di fine d'anno
年末調整 regolazione㊛ di fine d'anno (delle tasse)

ねんらい 年来 ◇年来の di vecchia data, antico㊚[複 -chi], vecchio㊚[複 -chi] ¶年来の懸案 un'annosa questione / una questione in sospeso da parecchi anni ¶年来の友人 amico di vecchia data ¶彼とは10年来の知り合いだ. Lo conosco da dieci anni. ¶この冬は60年来の寒さだ. Erano 60 anni che non faceva freddo come quest'inverno.

ねんり 年利 interesse㊚ annuale ¶年利5分で貸し付けをする. Ho avuto un mutuo al tasso annuo del cinque per cento.

ねんりき 念力 1《意志力》forza㊛ di volontà ¶念力岩をも通す(諺) "Volere è potere." 2《物体などを動かす超能力》telecinesi㊛[無変], psicocinesi㊛[無変]

ねんりつ 年率 ¶インフレは年率5%で進行している. L'inflazione aumenta ad un tasso annuo del cinque per cento.

ねんりょう 燃料 combustibile㊚;《内燃機関の》carburante㊚ ¶液体 [気体 / 固体] 燃料 combustibile liquido [gassoso / solido] ¶核燃料 combustibile nucleare ¶燃料を補給する rifornirsi di carburante [di combustibile] ¶燃料が切れた. Il combustibile è finito.
✤燃料ガス gas㊚[無変] combustibile
燃料計 indicatore㊚ di livello del carburante
燃料消費率 consumo㊚ specifico del carburante →燃費
燃料タンク serbatoio㊚[複 -i] del carburante
燃料電池 pila㊛ [cella㊛] a combustibile
燃料パイプ tubo㊚ di combustibile
燃料費 spese㊛[複] per il carburante
燃料ポンプ pompa㊛ di alimentazione
燃料漏れ perdita㊛ di combustibile [di carburante]
燃料油 olio㊚[複 -i] combustibile
燃料用アルコール spirito㊚ [alcol㊚[無変]] da ardere

ねんりん 年輪 1《植》anello㊚ (dell'albero) 2《人生の重み》¶年輪を重ねる accumulare esperienze di vita ¶あの人には年輪を感じる. In quella persona si vedono gli effetti degli anni.

ねんれい 年齢 età㊛ ¶精神年齢 età mentale ¶あらゆる年齢の ogni età / di tutte le età ¶年齢を問わず senza tener conto dell'età ¶この会社の平均年齢は38歳だ. L'età media dei dipendenti di questa ditta è di trentotto anni.
✤年齢給 salario㊚[複 -i] basato sull'anzianità
年齢制限 limite㊚ d'età ¶年齢制限はない. Non ci sono limiti d'età.
年齢層 fascia㊛[複 -sce] d'età

の

の 野 campo男;《平原》pianura女 ¶野に咲く花 fiore di campo ¶野のゆり giglio「di campo [selvatico] ¶あとは野となれ山となれ. Poi succeda quel che succeda!

-の **1**【所有, 所属】 ¶山本の本 il libro di Yamamoto ¶私の父 mio padre (►無冠詞) ¶桜の花 fiori di ciliegio
2【場所】 ¶京都の友人 un amico di Kyoto ¶庭のばら rose nel giardino ¶海辺のホテル albergo sul mare
3【時間】 ¶午後の授業 lezioni del pomeriggio ¶3か月の休暇 vacanze di tre mesi ¶昨夜のできごと avvenimento della notte precedente
4【範囲の明示, 量の限定】 ¶君たちの中の1人 uno di voi ¶100グラムのバター un etto di burro ¶2足の靴 due paia di scarpe
5【形状, 性質, 素材】 ¶ブロンズの像 statua di [in] bronzo ¶モノクロ[カラー]の映画 film「in bianco e nero [a colori] ¶背の高い青年 giovane di alta statura ¶金髪の女性 donna dai [con i] capelli biondi ¶英語の講演 conferenza in inglese
6【…のための】 ¶子供の本 libro per ragazzi ¶頭痛の薬 medicina contro [per] il mal di testa
7【内容の限定】 ¶数学の授業 lezione di matematica ¶1万円の小切手 assegno da 10.000 yen ¶ダンテの研究 studio su Dante
8【主体】 ¶時のたつにつれて col (passar del) tempo ¶川の流れ corrente女 del fiume ¶母の作ったお菓子 i dolci che ha fatto la mamma
9【対象】 ¶【絹[オリーブ]の生産 produzione della seta [di olive] ¶材料の吟味 scelta accurata degli ingredienti ¶車の運転 guida della macchina
10【同格】 ¶あの美人の私のいとこ quella bella ragazza di mia cugina ¶友人のピエトロを紹介します. Le presento il mio amico Pietro.
11【作者】 ¶ミケランジェロの彫刻 scultura di Michelangelo ¶父の手紙《父が書いた》 lettera da [di] mio padre
12【名詞を省略して】 ¶ネクタイはイタリアのがいい. Fra le cravatte, quelle italiane sono le più belle. ¶僕の車は赤だが, 君のは. La mia macchina è rossa; la tua?
13【…すること】 ¶彼は自分が正しいのを信じている. Crede di avere ragione. ¶日本語は漢字を覚えるのが大変だ. Nel giapponese il difficile è imparare gli ideogrammi.
14【列挙】 ¶行くの行かないのとみんなの意見がまとまらない. Chi vuole andare e chi no, non si riesce a metterli d'accordo. ¶汚いの汚なくないのって. È di una sporcizia「mai vista [che non ti dico]!
15【断定】 ¶私がやったの. L'ho fatto io. ¶変なの. È una fesseria!
16【疑問】 ¶どこに行くの. Ma dov'è che vai? ¶それでいいのね. E dici che così va bene?
17【命令】 ¶子供はもう寝るの. I bambini a letto!

ノア〔聖〕Noè男 ¶ノアの洪水 il diluvio universale ¶ノアの箱舟 l'arca di Noè
ノイズ〔英 noise〕rumore男, disturbo男
のいちご 野苺 fragole女[複] di bosco
ノイローゼ〔独 Neurose〕nevrosi女 [無変];《精神的疲労》depressione女 (nervosa), esaurimento男 nervoso ¶ノイローゼの人 nevrotico男 [女 -ca; 男複 -ci] / persona nevrotica / depresso男 [女 -a] ¶ノイローゼになる prendersi un esaurimento ¶彼はノイローゼだ. È affetto da nevrosi. / Ha un esaurimento nervoso. ¶彼は働きすぎでノイローゼ気味だ. Lui「si è [sembra] un po' esaurito per il troppo lavoro.
のう 能 《才能》talento男;《能力》capacità女 ◆能力のない incapace, inetto, inabile ¶社員をどなるだけが能ではあるまい. Suppongo che tu sappia fare di meglio che urlare ai dipendenti. ¶あいつは歌うほかに何の能もない男だ. Sa solo cantare. / È bravo solo a cantare.
〖慣用〗**能ある鷹は爪を隠す** Il falco veramente abile nasconde gli artigli. / Chi è veramente abile [capace] non se ne vanta.
のう 能 《能楽》teatro男 nō [Nō] →次ページ 図版
◆**能面** →見出し語参照
能役者 attore男 [女 -trice] del teatro nō

┌─[日本事情]─能─────────────┐
Uno dei più tipici tra gli antichi generi teatrali giapponesi rappresentato da attori che danzano (mai) con movimenti simbolici seguendo la melodia di una canzone (utai, yokyoku). Sorto all'inizio della danza folcloristica, chiamata sarugaku, fu portata ad altissimi livelli artistici da Kan'ami e il figlio Zeami sotto la protezione dello shogun Ashikaga Yoshimitsu (1358-1408). Nel periodo Edo è diventato il teatro delle cerimonie dello shogunato, di conseguenza si è sviluppato come teatro dei nobili e della classe samuraica, in contrasto con il kabuki che era il teatro del popolo.
Vi sono un unico protagonista (shite), di solito con una maschera sul volto, un comprimario (waki) e un tritagonista (tsure) accompagnati dal coro (ji) e dagli strumenti (hayashi). Durante la pausa tra gli atti, vengono rappresentate delle piccole commedie, chiamate kyogen, che costituiscono un genere a parte dal teatro nō.
→歌舞伎 [日本事情]

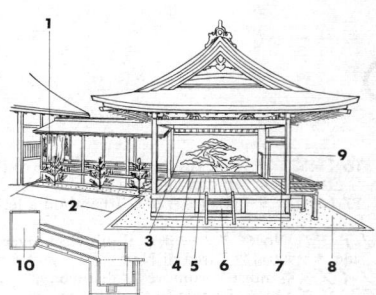

能舞台
1 揚げ幕 tenda㊛ all'ingresso della passerella. 2 橋懸り passerella㊛ rialzata. 3 鏡板(かがみいた) fondale㊚. 4 後座(あとざ) posto㊚ riservato all'orchestra. 5 本舞台 palcoscenico㊚ centrale. 6 階(きざはし) scaletta㊛. 7 地謡(じうたい)座 posto㊚ riservato al coro. 8 白州(しらす) ghiaia㊛ bianca. 9 切り戸口 entrata㊛ laterale. 10 鏡の間 padiglione dove attendono gli attori.

のう 脳 cervello㊚; 〖解〗encefalo㊚; 〖知能〗mente㊛ ◇脳の cerebrale, cerebro- (▶たとえば cerebropatia「脳疾患」); encefalico㊚[㊛複 -ci] ¶小脳 cervelletto ¶大脳 cervello
♣**脳圧** pressione㊛ cerebrale
脳溢血(のういっけつ) emorragia㊛[複 -gie] cerebrale, apoplessia㊛ cerebrale
脳炎 encefalite㊛
脳下垂体 ipofisi㊛[無変], ghiandola㊛ pituitaria [ipofisaria]
脳下垂体ホルモン ormoni㊚[複] ipofisari
脳幹 tronco㊚[複 -chi] encefalico
脳(神経)外科 neurochirurgia㊛
脳(神経)外科医 neurochirurgo㊚[㊛ -ga; ㊚複 -ghi]
脳血栓 trombosi㊛[無変] cerebrale
脳梗塞(のうこうそく) infarto㊚ cerebrale
脳挫傷 contusione㊛ cerebrale
脳室 ventricolo㊚ cerebrale
脳出血 emorragia㊛ cerebrale
脳腫瘍 tumore㊚[〖癌〗cancro㊚] cerebrale [al cervello]
脳漿(のうしょう) liquido㊚ cefalorachidiano
脳神経 nervo㊚ cranico[複 -ci]
脳神経細胞 cellula㊛ cerebrale
脳震盪(のうしんとう) commozione㊛ cerebrale
脳髄 encefalo㊚; 〖大脳〗cervello㊚
脳性(小児)麻痺 poliomielite㊛ cerebrale
脳脊髄(のうせきずい)**炎** encefalomielite㊛
脳脊髄膜炎 meningite㊛ cerebrospinale
脳卒中 apoplessia㊛ ¶脳卒中で倒れる essere colpito da un ictus (cerebrale)
脳損傷 danno㊚ cerebrale
脳ドック 〖医〗check-up㊚[無変] cerebrale
脳軟化症 rammollimento㊚ cerebrale; 〖医〗encefalomalacia㊛
脳波 〖医〗elettroencefalogramma㊚[複 -i]
脳波計 elettroencefalografo㊚
脳波計測 elettroencefalografia㊛
脳波(撮影)図 elettroencefalogramma㊚[複 -i]
脳貧血 anemia㊛ cerebrale
脳膜 meninge㊛

のう 膿 〖医〗pus㊚

のうえん 農園 fattoria㊛, azienda㊛ agricola; 《プランテーション》piantagione㊛ ¶農園で働く lavorare nei campi ¶ぶどう農園 vigneto ¶ゴム農園 piantagione di caucciù
♣**農園主** proprietario㊚[㊛ -ia; ㊚複 -i] terriero [agricolo]

のうえん 濃艶 ◇濃艶な voluttuoso, sensuale, seducente, incantevole

のうか 農家 《農業で生計を立てている家》famiglia㊛ di contadini [di coloni]; 《農民の住居》casa㊛ colonica, fattoria㊛ ¶専業農家 famiglia di agricoltori (a tempo pieno) ¶兼業農家 famiglia di agricoltori il cui reddito deriva anche da altri settori

のうか 濃化 《化》ispessimento㊚(di un liquido) ◇濃化する《濃くする》ispessire, condensare; 《濃くなる》ispessirsi, condensarsi, addensarsi

のうかい 納会 《年の終わりの》ultima riunione㊛ dell'anno; 《取引所の》ultima sessione㊛(del mese borsistico)

のうがく 能楽 teatro㊚ nō [Nō]
♣**能楽堂** teatro㊚ nō [Nō]

のうがき 能書き 1 《薬などの効能書き》indicazioni㊛[複] (di un farmaco) 2 《宣伝文句》pubblicità㊛; 《大げさな自慢》gonfiatura㊛ ¶彼は能書きを並べたてた.《自分の長所を》Ha enumerato i suoi meriti.

のうがく 農学 agraria㊛, agronomia㊛ ◇農学の agrario㊚[㊛ -ia; ㊚複 -i], agronomico㊚[㊛複 -ci]
♣**農学者** agronomo㊚[㊛ -a]
農学博士 dottore㊚[㊛ -essa] [specialista㊚㊛[㊚複 -i]] in agraria, agronomo㊚[㊛ -a]
農学部 facoltà㊛ di agraria

のうがっこう 農学校 istituto㊚ di agronomia

のうかん 納棺 ◇納棺する porre la salma nella bara

のうかんき 農閑期 periodo㊚ di inattività degli agricoltori

のうき 納期 《金銭を納める時期》termine㊚ di pagamento; 《品物の》termine㊚ di consegna; 《締切日,期限日》scadenza㊛ del termine(di pagamento [di consegna]) ¶納期を守る rispettare il termine di pagamento [di consegna] ¶納期を早める[遅らせる] anticipare [ritardare] la scadenza di consegna

のうぐ 農機具 attrezzi㊚[複] e macchine㊛[複] agricoli; attrezzatura㊛ agricola

のうきょう 農協 cooperativa㊛ agricola

のうきょう 膿胸 〖医〗piotorace㊚, empiema㊚ toracico[複 -ci]

のうぎょう 農業 agricoltura㊛ ◇農業の agrario㊚[㊛複 -i], agricolo ¶農業に従事する dedicarsi all'agricoltura / lavorare la terra ¶うちは農業で暮らしている. La mia è una famiglia di agricoltori.
♣**農業季節労働者** bracciante㊚㊛ agricolo

農業協同組合 cooperativa㊛ agricola
農業協同組合連合 Federazione㊛ delle Associazioni delle Cooperative Agricole
農業経済 economia㊛ agricola
農業高校 istituto㊚ tecnico [複 -ci] agrario [複 -i]
農業国 paese㊚ agricolo
農業試験場 istituto㊚ di ricerca agraria
農業人口 popolazione㊛ agricola
農業政策 politica㊛ agricola
農業大学 istituto㊚ universitario [複 -i] di scienze agrarie
農業地帯 zona㊛ agricola

農業用機械 macchina㊛ agricola
のうきん 納金 《金を納めること》pagamento㊚, versamento㊚;《納めた金》somma㊛ versata;《納入すべき金》importo㊚ dovuto ◇納金する effettuare un versamento [un pagamento]
のうぐ 農具 attrezzi㊚ [複] agricoli
のうげい 農芸 agraria㊛, agronomia㊛, tecnologia㊛ [複 -gie] agricola
✤農芸化学 chimica㊛ agraria
のうこう 農耕 agricoltura㊛, coltivazione㊛
✤農耕社会 società㊛ agricola
農耕生活 vita㊛ dei campi
農耕民族 popolazione㊛ agricola

―《 用 語 集 》 農業 Agricoltura ―

農業経済 Economia agraria

入会地 demanio㊚ comunale. 永代小作 enfiteusi㊛. 介入価格 prezzo㊚ di intervento. 灌漑 irrigazione㊛. 干拓 bonifica㊛. 休閑地 maggese㊚. 境界価格 prezzo di soglia. 共通農業政策 politica㊛ agraria comunitaria. 兼業農家 famiglia㊛ di agricoltori il cui reddito deriva anche da altri settori. 現物給与 salario㊚ in natura. 小作契約 contratto㊚ colonico. 小作農 colono㊚ [㊛ -a]. 混合耕作 coltura㊛ promiscua. 自営農 coltivatore㊚ [㊛ -trice] diretto. 支持価格 prezzo㊚ di sostegno. 借地契約 contratto di affitto. 借地農 affittuario㊚ [㊛ -ia]. 集約的耕作 coltura intensiva. 常雇農業労働者 salariato㊚ [㊛ -a] fisso. 水利組合 consorzio㊚ idraulico. 折半小作 mezzadria㊛. 折半小作農 mezzadro㊚ [㊛ -a]. 専業農家 famiglia㊛ di agricoltori a tempo pieno. 粗放的耕作 coltura estensiva. 単位面積当たり収量 produzione㊛ unitaria. 地租 imposta㊛ fondiaria. 地代 affitto㊚. 土地改良 miglioramento㊚ fondiario. 土地勤労者 lavoratore㊚ [㊛ -trice] della terra. 土地台帳 catasto㊚. 特化 specializzazione㊛.

農家 casa㊛ colonica. 農学者 agronomo㊚ [㊛ -a]. 農業教育 insegnamento㊚ agrario. 農業協同組合 cooperativa㊛ agricola, consorzio㊚ agrario. 農業金融 credito㊚ agrario. 農業の機械化[女性化/老齢化] meccanizzazione㊛ [femminilizzazione㊛ / senilizzazione㊛] dell'agricoltura. 農事試験場 stazione㊛ sperimentale agricola. 農場 podere㊚, masseria㊛. 農村からの人口の流出 esodo㊚ rurale. 農地改革 riforma㊛ agraria. 農奴 servo㊚ [㊛ -a] della gleba. 農繁期 stagione㊛ dei lavori agricoli. 農民 contadino㊚. 農民の小土地所有 piccola proprietà㊛ contadina. 農用地 superficie㊛ agricola utilizzata. 販売可能粗生産 produzione㊛ lorda vendibile. 日雇い農業労働者 bracciante㊚ [㊛]. プランテーション piantagione㊛. 分益小作 colonia㊛ parziaria. 未耕地 terreno incolto. ラティフンディウム, 寄生的大土地所有制度 latifondo㊚.

農業経営 Azienda agricola

稲作 risicoltura㊛. 温室 serra㊛. 鎌 falce㊛. 草刈り falciatura㊛. 鍬(くわ) zappa㊛. 耕耘(こううん)機 aratrice㊛. 耕作 aratura㊛. 穀物倉庫 granaio㊚. 菜園地 orto㊚. 搾油機 frantoio㊚. 収穫 raccolta㊛, mietitura㊛, messe㊛. 種子 seme㊚. 除草 monda㊛, mondatura㊛, sarchiatura㊛. 水田 risaia㊛. 鋤(すき) vanga㊛. 犁(すき) aratro㊚. 精米 imbiancatura del riso. 施肥 concimazione㊛, fertilizzazione㊛. 剪定(せんてい) potatura㊛. 堆肥 stallatico㊚, letame㊚. 田植え trapianto㊚ del riso. 脱穀 trebbiatura㊛. 脱穀機 trebbiatrice㊛. トラクター trattore㊚, trattrice㊛. 農業機械 macchine㊛ [複] agricole. 農具 attrezzi㊚ [複] [strumenti㊚ [複]] agricoli. 農作物 prodotti㊚ [複] agricoli. 農薬 anticrittogamico㊚. 播種(はしゅ) semina㊛. 播種機 seminatrice㊛. 畑 campo㊚. 肥料 concime㊚, fertilizzante㊚ (化学~ concime chimico. カリ~ concime potassico. 窒素~ concime azotato). ぶどう畑 vigna㊛, vigneto㊚. ぶどうの収穫 vendemmia㊛. 豊作 raccolto㊚ abbondante. ワイン貯蔵庫 cantina㊛. 輪作 avvicendamento㊚, rotazione㊛ agraria.

畜産 Zootecnia

牛 bovini㊚ [複]（雄牛 toro㊚;《去勢牛》bue㊚. 雌牛 vacca㊛;《乳牛》mucca㊛. 子牛 vitello㊚ [㊛ -a]. 水牛 bufalo㊚ [㊛ -a]). 馬 cavallo㊚ [㊛ -a]. 蚕 baco㊚ da seta. 家禽 pollame㊚. 家畜 bestiame㊚. 家畜小屋 stalla㊛. 飼料 foraggio㊚, mangime㊚. 羊 pecora㊛（雄羊 montone㊚. 子羊 agnello㊚). 羊飼い pastore㊚ [㊛ -a]. 豚 maiale㊚, porco㊚ [㊛ -ca]；《雌》scrofa㊛. 牧草地 pascolo㊚, prato㊚. 牧畜 pastorizia㊛. まぐさ fieno㊚. まゆ bozzolo㊚. 山羊 capra㊛（雄山羊 caprone㊚. 子山羊 capretto㊚ [㊛ -a]). 役畜 bestia㊛ da soma. 養鶏 pollicoltura㊛, allevamento㊚ di polli. 養蚕 bachicoltura㊛, sericoltura㊛. 養蜂 apicoltura㊛. 酪農 produzione㊛ di latticini, industria㊛ casearia.

のうこう 濃厚 **1**《濃いようす》 ◇**濃厚な**《液体などがどろどろした》denso;《味・香りなどが》ricco [[男]複 *-chi*];《強い》forte;《濃縮した》concentrato ¶濃厚な色 colore forte [intenso] ¶濃厚な味付けの料理《しつこい》cucina pesante [《脂肪分が多い》ricca di grassi] ¶濃厚なスープ zuppa densa ¶濃厚な化粧 trucco pesante [elaborato]
2《可能性が強い》 ¶敗色濃厚になってきた. Sembra esserci un'alta possibilità di sconfitta [di perdere]. ¶彼に対する嫌疑は未だに濃厚である. Esistono ancora forti sospetti contro [su] di lui.
3《熱情的で激しい様子》 ¶濃厚なラブシーン scena d'amore molto spinta

のうこつ 納骨 tumulazione[女] ◇**納骨する** tumulare le ceneri di *qlcu.*
✤**納骨堂** ossar*io*[男][複 *-i*];《墓地などの中の》cappella[女] privata

のうこん 濃紺 ◇**濃紺の** blu [無変] scuro [marino] [無変]

のうさぎ 野兎 lepre[女]

のうさぎょう 農作業 lavoro[男] dei campi; coltivazione[女] dei campi ◇**農作業をする** dedicarsi alla coltivazione dei campi;《職業として》lavorare[自][*av*] nei campi

のうさくぶつ 農作物 prodotti[男][複] agricoli

のうさつ 悩殺 ◇**悩殺する**《女性が》stregare [ammaliare / incantare / affascinare] *qlcu.*

のうさんぶつ 農産物 prodotti[男][複] agricoli
✤**農産物価格支持政策**〔経〕politica[女] di sostegno dei prezzi agricoli

のうし 脳死 morte[女] cerebrale
✤**脳死判定** dichiarazione[女] di morte cerebrale

のうじしけんじょう 農事試験場 istituto[男] di ricerca agraria

のうしゅ 嚢腫〔医〕cistom*a*[男][複 *-i*] ¶卵巣嚢腫 cistoma ovarico

のうしゅく 濃縮 concentrazione[女], condensazione[女] ◇**濃縮する**《他のものを》concentrare [condensare] *ql.co.*;《自らが》concentrarsi, condensarsi ¶濃縮ジュース succo concentrato
✤**濃縮ウラン** uranio[男] arricchito
濃縮度〔化〕arricchimento[男]
濃縮物 concentrato[男]

のうじょう 農場 fattoria[女], azienda[女] agricola ¶共営農場 azienda agricola collettiva [collettivizzata] ¶農場を経営する gestire [mandare avanti] un'azienda agricola

のうぜい 納税 pagamento[男] [versamento[男]] delle imposte [delle tasse] ◇**納税する** pagare [versare] le imposte [le tasse] ¶納税済のスタンプを押す apporre il timbro di "Pagato [(Tassa) pagata]"
✤**納税額** ammontare[男] delle imposte da pagare
納税期限 termine[男] per il pagamento delle imposte
納税義務 obblig*o*[男][複 *-ghi*] di pagare le imposte [le tasse]
納税者 contribuente[男][女]
納税申告 dichiarazione[女] dei redditi
納税通知書 avviso[男] di pagamento delle imposte

のうそん 農村 villag*gio*[男][複 *-gi*] agricolo ◇**農村の** rurale, agricolo
✤**農村経済** economia[女] rurale
農村工業 industria[女] agricola
農村社会学 sociologia[女] rurale

のうたん 濃淡 tono[男], gradazione[女], sfumatura[女];《明暗》chiaroscuro[男], ombreggiatura[女] ¶…に濃淡をつける《ぼかす》sfumare *ql.co.* /《影をつける》ombreggiare *ql.co.*

のうち 農地 terreno[男] agricolo, campo[男]
✤**農地改革** riforma[女] agraria; ridistribuzione[女] dei terreni agricoli
農地開発 sviluppo[男] dei terreni agricoli
農地面積 estensione[女] [dimensione[女]] di un terreno agricolo

のうてん 脳天 testa[女], cran*io*[男][複 *-i*] ¶脳天をたたき割ってやるぞ. Ti spacco il cranio!

のうど 農奴〔史〕servo[男] della gleba
✤**農奴制** servitù[女] prediale

のうど 濃度〔化〕concentrazione[女];《濃さ》densità[女] ¶大気中の一酸化炭素の濃度 densità di biossido di carbonio nell'atmosfera
✤**濃度計** densimetro[男]

のうどう 能動 ◇**能動的(な)** attivo ◇**能動的に** attivamente
✤**能動衛星** satellite[男] attivo
能動態〔文法〕forma[女] attiva, attivo[男] ¶動詞の能動態 verbo in [di] forma attiva

のうなし 能無し《能力がないこと》incompetenza[女], inettitudine[女];《人》incapace[男][女], buon*o*[男][[女] *-a*] a nulla, inett*o*[男][[女] *-a*] ◇**能無しの** buono a nulla

のうにゅう 納入 **1**《金銭を納めること》versamento[男] di denaro, pagamento[男] ◇**納入する** versare *ql.co.*, pagare *ql.co.*
2《物品を納めること》consegna[女] (di merce) ◇**納入する**《引き渡す》consegnare *ql.co.* a *qlcu.*;《供給する》fornire *ql.co.* a *qlcu.*
✤**納入金**《納めた》denaro[男] versato [pagato];《納めるべき》importo[男] dovuto
納入品 fornitura[女]

のうのう ¶のうのうと暮らす vivere spensieratamente ¶のうのうとした気分で手足を伸ばした. Ha disteso con sollievo gambe e braccia.

ノウハウ〔英 know-how〕〔英〕know-how [noáu][男][無変]; complesso[男] di cognizioni tecniche

のうはんき 農繁期 stagione[女] [periodo[男]] di lavori agricoli

のうひん 納品《品物を納めること》consegna[女] (di merci);《納めた品物》fornitura[女] ◇**納品する** consegnare qlco. a *qlcu.*;《供給する》fornire *ql.co.* a *qlcu.*
✤**納品書** buono[男] di consegna

のうふ 納付《金銭の》pagamento[男], versamento[男];《物品の》consegna[女] ¶税金を納付する pagare [versare] le tasse
✤**納付額** importo[男] del versamento
納付金 importo[男] pagato
納付期限 scadenza[女] del versamento

のうふ 農夫 contadino[男], agricoltore[男], coltivatore[男]

のうふ 農婦 contadina[女], agricoltrice[女], coltivatrice[女]

のうべん 能弁 eloquenza⊛ ◇能弁な eloquente ¶彼は能弁だ. È eloquente.
* 能弁家 orat*ore*⊛ [⊛ *-trice*] eloquente

のうぼく 農牧 agricoltura⊛ ed allevamento⊛
* 農牧地 terreno⊛ destinato all'agricoltura e all'allevamento

のうほんしゅぎ 農本主義 fișiocrazia⊛;《旧ロシアの》popuļișmo⊛ agrario ◇農本主義の fișiocratico [複 *-ci*]; del populișmo agrario
* 農本主義者 fișiocrate⊛; popuļis*ta*⊛ [⊛ 複 *-i*] agra*rio* [⊛複 *-i*]

のうみそ 脳味噌 cervello⊛; meningi⊛[複] ¶彼は脳みそが足りない. È senza cervello. / Gli manca il cervello. / Manca di cervello.

のうみん 農民 contadin*o*⊛ [⊛ *-a*], agricolt*ore*⊛ [⊛ *-trice*], coltiv*atore*⊛ [⊛ *-trice*];《集合的》contadini⊛《農民の contadino; campagnolo;《ときに蔑》contadinesco [⊛複 *-schi*]
* 農民一揆 rivolta⊛ di contadini
農民運動 movimento⊛ di contadini
農民文学 letteratura⊛ contadina

のうむ 濃霧 nebbia⊛ densa [fitta], nebbione⊛, banco⊛[複 *-chi*] di nebbia ¶濃霧が立ち込めた. Si alzò una fitta nebbia.
* 濃霧警報 avviso⊛ di nebbia fitta

のうめん 能面 maschera⊛ del teatro *nō* ¶能面のような顔《無表情な》volto「privo di espressione [impassibile]」

のうやく 農薬 pesticida⊛[複 *-i*], disinfestante⊛ agricolo;《殺虫用》insetticid*a*⊛[複 *-i*] agricolo;《除草用》diserbante⊛
* 農薬公害 inquinamento⊛ provocato da prodotti chimici usati in agricoltura

のうよう 膿瘍《医》ascesso⊛, postema⊛ ¶膿瘍を切開する incidere un ascesso

のうり 脳裏 mente⊛ ¶〈人〉の脳裏に浮かぶ venire in mente a *qlcu.* ¶脳裏に刻み込む scolpire [imprimere] *ql.co.* nella mente ¶ある考えが脳裏をかすめた. Un'idea mi ha attraversato la [mi è balenata la] mente.

のうりつ 能率 rendimento⊛, resa⊛, efficienza⊛ ◇能率的な efficiente ¶能率の良い di rendimento buono [alto] ¶能率の悪い di rendimento cattivo [basso] ¶能率を上げる [下げる] aumentare [diminuire] l'efficienza di *ql.co.* ¶能率的に働く lavorare in maniera efficiente [con un buon rendimento / con efficienza]
能率化 incremento⊛ dell'efficienza
能率給 stipend*io*⊛[複 *-i*] in base al rendimento
能率曲線 curva⊛ di rendimento [di efficienza]

のうりょうせん 納涼船 barca⊛ usata per gite serali in estate

のうりょうはなびたいかい 納涼花火大会 spettacolo⊛ di fuochi d'artificio in una sera d'estate

のうりょく 能力 **1**《物事を成し遂げる力》abilità⊛, capacità⊛, facoltà⊛;《素質, 適性》attitudine⊛ ◇能力のある abile, capace ¶…する能力がある avere la capacità di +不定詞 / essere capace di +不定詞 ¶この仕事は僕の能力を超えている. È un lavoro che va al di là delle mie capacità. ¶彼は能力はあるが努力をしない. Lui ne avrebbe le capacità, ma non si impegna molto. ¶会話の能力が優れている. Nella conversazione si dimostra molto abile. ¶彼は政治家としての能力がない. Come politico, è incompetente.
2《法》《法的能力》capacità⊛;《権能》competenza⊛ ¶遺言能力 capacità [facoltà] di fare testamento ¶支払い能力のある solvibile
* 能力給 sistema⊛[複 *-i*] salariale meritocrati*co* [複 *-ci*]
能力主義《教育の》istruzione⊛ selettiva; principi⊛[複] selettivi;《企業の》sistema⊛ meritocratico, meritocrazia⊛
能力テスト test⊛[無変][prova⊛] attitudinale

のうりんすいさんしょう 農林水産省 Ministero⊛ dell'Agricoltura, Foreste e Pesca

ノー〔英 no〕no⊛[無変] ¶ノーを言う dire [rispondere] di no《に a》

ノーアイロン ¶ノーアイロンのシャツ camicia「non-stiro [無変] [che non richiede stiratura]」

ノーカウント《スポ》colpo⊛ nullo, battuta⊛ nulla

ノークラッチしゃ ノークラッチ車 auto⊛[無変] con il cambio automatico

ノーゲーム《スポ》partita⊛ nulla [annullata]

ノーコメント〔英 no comment〕¶ノーコメントです. No comment. / Nessuna dichiarazione. / Non c'è [Non ho] nulla da dire. ¶大臣はノーコメントを押し通した. Il ministro si è rifiutato di rilasciare dichiarazioni.

ノーサイド〔英 no side〕《ラグビーで》fine⊛ di un incontro

ノースモーキング〔英 no smoking〕《掲示》"Vietato fumare"

ノースリーブ ¶ノースリーブの服 abito senza maniche

ノータッチ ¶私はその件にはノータッチだ. In quell'affare, io non c'entro.

ノート〔英 note〕**1**《書き留めること, 覚え書き》nota⊛, appunto⊛, annotazione⊛ ¶講義のノートをとる prendere note [appunti] della lezione **2**《注釈》nota⊛ **3**《帳面》quaderno⊛; bloc(k)-notes⊛[無変](►紙を切り離せるもの)
* ノート型 note-book⊛[無変]
ノートパソコン computer⊛[無変] portatile

ノー(ネク)タイ ◇ノータイの senza cravatta

ノーブランド ◇ノーブランドの senza marchio
* ノーブランド商品 articolo⊛ senza marchio [《有名ブランド品でない》non firmato]

ノーベリウム〔英 nobelium〕《化》nobelio⊛;《元素記号》No

ノーベルしょう ノーベル賞 prem*io*⊛[複 *-i*] Nobel ¶ノーベル平和 [物理学] 賞 premio Nobel per la pace [fisica]
* ノーベル賞受賞者 premio⊛ Nobel, vinci*tore*⊛ [⊛ *-trice*] del premio Nobel

ノーマライゼーション〔英 normalization〕normalizzazione⊛

ノーマル〔英 normal〕◇ノーマルな normale

のがす 逃す **1**《つかまえそこなう》lasciarsi sfuggire ¶好機を逃す lasciarsi sfuggire un'occasione

2《…しそこなう》 ¶この映画は見逃せないよ. Questo film non devi perderlo.

のがれる 逃れる《逃げる》scappare[自][es] [fuggire[自][es] / liberarsi] da *ql.co.* [*qlcu.*], sottrarsi a *ql.co.* [*qlcu.*]; evadere[自][es] da *ql.co.*;《こっそり》ṣvignarsela da *ql.co.* [*qlcu.*];《災難などを免れる》sfuggire a *ql.co.* [*qlcu.*];《避ける》evitare *ql.co.* [*qlcu.*] ¶逃れがたい誘惑 tentazione inevitabile ¶国外に逃れる《難民などが》rifugiarsi [《犯人などが》scappare] all'estero ¶戦火を逃れてきた人々 persone sfuggite al fuoco della battaglia ¶警察の追及を逃れる sfuggire [sottrarsi] all'inseguimento della polizia ¶わなから逃れる liberarsi [fuggire] da una trappola ¶責任を逃れる sottrarsi alle *proprie* responsabilità

のき 軒 〔建〕gronda[女], tettoia[女] ¶道沿いにはいろいろな店が軒を並べている. Lungo la strada vari negozi si susseguono l'uno dopo l'altro. ¶軒下に sotto la gronda del tetto

のぎく 野菊 〔植〕criṣantemo[男] selvatico [複 -*ci*] [di campo]

ノギス 〔機〕calibro[男] (a compasso [a corsoio]), compasso[男] da tracciatore

のきなみ 軒並み ¶丘の上に美しい軒並みが延びている. Sulla collina si distendono delle belle case. ¶石油製品は軒並み値上げされた. I prodotti petroliferi sono tutti aumentati.

✤**軒並み高**[**安**]〔経〕aumento[男] generaliẓẓato [diminuzione[女] generaliẓẓata] dei prezzi

のく 退く《遠くに》spostarsi;《わきによける》farsi da parte;《少ししりぞく》scostarsi;《空ける》lasciare libero *ql.co.* (►liberoは目的語の性・数に合わせて語尾変化する)

ノクターン 〔英 nocturne〕〔音〕notturno[男]

のけぞる 仰け反る piegarsi all'indietro ¶彼はのけぞるように倒れた. È caduto supino.

のけもの 除け者 ¶〈人〉をのけ者にする escludere *qlcu.* / lasciare [mettere] in disparte *qlcu.* / scartare *qlcu.* /《ボイコット》boicottare *qlcu.*

のける 退ける・除ける **1**《どける》rimuovere, togliere, levare; spostare

2《除外する》togliere, escludere

3《「…してのける」の形で, 見事になしとげる》¶鮮やかにやってのける fare il *proprio* lavoro presto e bene / dare prova della *propria* abilità [bravura] nel fare *ql.co.* ¶彼女はきっぱりと自分の意見を言ってのけた. È riuscita a esprimere deciṣamente la sua opinione.

のこぎり 鋸 sega[女];《幅の広い》saracco[男] [複 -*chi*] ¶丸のこぎり sega circolare [a disco] ¶電気のこぎり sega elettrica / motosega ¶金属用のこぎり sega per metalli ¶横びきのこぎり segone ¶のこぎりで木を切る segare un albero ¶のこぎりの目立てをする mettere a punto [affilare i denti di / allicciare] una sega

✤**のこぎり鮫**〔魚〕pesce[男] sega [無変]

のこぎり刃 lama[女] della sega

のこぎり歯 denti[男][複] della sega ¶のこぎり歯状の《ぎざぎざの》a denti [a forma] di sega

のこぎり波形〔電子〕forma[女] d'onda a dente di sega

のこくず 鋸屑 segatura[女]

のこす 残す・遺す

《後に置いてゆく, 余らす》lasciare;《とっておく, 金をためる》risparmiare, tenere [mettere] da parte;《保存する》conservare ¶あどけなさを残す conservare l'innocenza ¶問題を残す lasciare dei problemi irrisolti ¶後世に名を残す tramandare il *proprio* nome ai posteri ¶私1人だけ残された. Mi hanno lasciato solo. ¶彼は仕事を残したまま出かけた. È uscito senza aver finito [lasciando a metà] il lavoro. ¶彼は息子たちに莫大な遺産を残した. Ha lasciato ai figli un'immensa fortuna. ¶残さずに食べなさい. Finisci il piatto! / Mangia senza lasciare niente! ¶彼は老後のためにいくらか残しておいた. Ha「messo da parte [risparmiato] qualcosa per la vecchiaia. ¶出発まで[この旅行も]あと1週間を残すのみだ. Mi manca solo una settimana「alla partenza [alla fine del viaggio].

のこのこ ◇のこのこと《何気なく》con noncuranza;《自然に, 安易に, 厚顔にも》con diṣinvoltura;《平然と》con freddezza;《厚かましく》sfacciatamente ¶彼は何も知らずにのこのこと出かけていった. Proprio perché non sapeva nulla di ciò, è uscito con diṣinvoltura.

のこびき 鋸引き segatura[女]

のこらず 残らず completamente, totalmente, interamente; tutto (►対象の性・数に合わせて語尾変化する); senza lasciare niente ¶残らず打ち明ける confessare [dire] tutto ¶一人残らずストライキに反対だった. Tutti senza eccezione erano contrari allo sciopero. ¶ごちそうを残らず平らげた. Ho mangiato ciò che mi hanno offerto senza lasciare una briciola. ¶金は残らず使い果たした. Ho speso tutto il denaro fino all'ultimo centeṣimo.

のこり 残り resto[男], avanzo[男], rimanente[男], residuo[男], rimanenza[女];《余剰》sovrappiù[男], eccedenza[女], eccesso[男] ¶残りの金 soldi rimasti ¶夕食の残り avanzi della cena ¶5から2を引くと残りは3だ. Il resto di 5 meno 2 è 3.

のこりすくない 残り少ない ◇**残り少なくなる**《物 が》diventare[自][es] scars*o*, scarseggiare[自][*av*] ¶燃料が残り少なくなった. Il combustibile sta per finire. / Stiamo eṣaurendo il combustibile. ¶残り少ない食糧を分け合った. Hanno diviṣo fra loro il poco cibo rimasto. ¶財布の金は残り少なかった. Restavano pochi soldi nel portafoglio.

のこりび 残り火 brace[女] ¶残り火がまだくすぶっている. Il fuoco cova ancora sotto la cenere.

のこりもの 残り物 resto[男]; avanzo[男]; residuo[男] ¶昨夜の残り物 avanzi della cena di ieri sera ¶残り物には福がある.《諺》Prendere ciò che resta può essere un vantaggio.

のこる 残る

1《居残る》rimanere[自][*es*], restare[自][*es*] ¶10時まで会社に残って仕事をした. Sono rimasto a lavorare in ufficio fino alle 10.

2《消えずに残る》restare, rimanere ¶人々の記憶に残る rimanere [sopravvivere] nella memoria degli uomini ¶100メートル競走で決勝に残る ottenere la qualificazione per la finale dei 100 metri piani ¶彼は顔に傷跡が残った. Gli è rimasta una cicatrice sul viso. ¶山にはまだ雪が残っている. Sulle montagne c'è ancora la neve. ¶借金が100万円ほど残っている. Mi rimane ancora circa un milione di yen di debito. ¶5から3を引くと2が残る. Cinque meno tre fa due. / Sottraendo tre da cinque, rimane due.

3《後世に伝わる》essere tramandat*o* [trasmess*o*];《保存される》essere conservat*o*; permanere[自][*es*] ¶彼の名声はいつまでも残るだろう. La sua fama sarà tramandata per sempre. ¶この習慣は今でもまだ京都に残っている. Questa usanza permane ancora a Kyoto.

4《余る》avanzare[自][*es*]; restare, rimanere ¶ワインがたくさん残っている. Avanza molto vino. ¶金はいくらか残っている. Mi è avanzato del denaro. ¶いくら働いても金は全然残らない. Per quanto lavori, non mi resta mai un soldo.

のさばる **1**《好き勝手に振る舞う》fare a modo *proprio* ¶町にはならず者たちがのさばっている. In città i teppisti malviventi la fanno da padroni. **2**《いばる》comportarsi con prepotenza [con arroganza];《主人面をする》spadroneggiare[自][*av*]

のざらし 野晒し ◇野ざらしの rovinato [danneggiato] dalle intemperie ¶野ざらしにする lasciare [abbandonare] *ql.co.* all'aperto [esposto alle intemperie] (►espostoは目的語の性・数に合わせて語尾変化する)

のし 熨斗 decorazione[女] caratteristica delle fascette di carta per avvolgere regali ¶贈り物にのしを付ける decorare un regalo con *noshi* ¶そんなもののしを付けて君にやるよ. Te lo regalo più che volentieri.

✤**のし紙** fascetta[女] con *noshi*

のし袋 busta[女] per donazioni in denaro

のしあがる 伸し上がる《仕事で》fare carriera;《地位を手に入れる》farsi una (bella) posizione ¶彼は社長にまでのし上がった. È arrivato ad essere presidente. ¶日本は経済大国にのし上がった. Il Giappone ha raggiunto il ruolo di grande potenza economica.

のしかかる 伸し掛かる《人や動物が》gettarsi su *qlcu.* [*ql.co.*];《重圧などが》gravare [pesare] su *qlcu.* [*ql.co.*] ¶一家を支える経済的責任が私一人の肩にのしかかってきた. La responsabilità economica della mia famiglia è caduta sulle mie spalle.

のじゅく 野宿 ◇野宿する passare la notte「all'aria aperta [sotto le stelle / al chiar di luna / all'addiaccio], bivaccare[自][*av*]

のす 伸す **1**《発展する, 広がる》svilupparsi, propagarsi ¶この地域ではあの暴力団がぐんぐんのしてきた. In questa zona quell'organizzazione criminale ha esteso sempre di più la sua influenza.

2《殴り倒す》stendere [mettere] *qlcu.* a terra ¶僕はあっという間にのされてしまった. Mi ha steso [Mi ha messo] a terra in un istante.

ノスタルジア〔英 nostalgia〕nostal*gia*[女][複 *-gie*] ¶彼は過ぎし青春にノスタルジアを感じている. Sente [Prova] nostalgia per la trascorsa gioventù.

ノズル〔英 nozzle〕〘機〙ugello[男], bec*co*[男][複 *-chi*], beccuc*cio*[男][複 *-ci*], bocca*glio*[男][複 *-gli*]

のせる 乗せる **1**《自分の車に》prendere [far salire] *qlcu.* (sul *proprio* veicolo), dare [offrire] un passaggio a *qlcu.*;《手などを貸して乗り物などに》far salire *qlcu.* su *ql.co.*, aiutare *qlcu.* a salire su *ql.co.*;《タクシーが》prendere *qlcu.*;《乗り物が乗客を》trasportare *qlcu.*;《飛行機や船に》imbarcare *qlcu.* su *ql.co.* ¶君を家まで乗せて行ってあげよう. Ti do un passaggio fino a casa. ¶学校で君を乗せてから出発することにしよう. Vengo a scuola a prenderti con la macchina, poi partiamo. ¶この観光バスは50人乗せられる. Questo pullman turistico trasporta 50 persone.

2《欺く》intrappolare [ingannare / imbrogliare / incantare] *qlcu.* ¶まんまと口車に乗せられた. Mi sono fatto incantare dalle sue belle parole.

3《伝達手段に》¶ニュースを電波に乗せる mandare in onda le notizie

4《調子に合わせる》¶カラオケに乗せて歌う cantare con il *karaoke* ¶彼はメロディーに乗せて体を動かした. Si è mosso seguendo la melodia.

のせる 載せる **1**《物の上に》mettere [posare / porre] *ql.co.* su *ql.co.*;《積載する》mettere *ql.co.* su *ql.co.*, caricare *ql.co.* su *ql.co.* [*ql.co.* di *ql.co.*] ¶車のトランクに荷物を載せる caricare i bagagli nel bagagliaio dell'automobile ¶船に貨物を載せる caricare「della merce su una nave [una nave di merci] ¶この上には何も載せないでください. Per favore, non mettere niente qui sopra.

2《掲載する》pubblicare ¶記事を雑誌に載せる pubblicare un articolo in [su] una rivista ¶新聞に広告を載せる mettere [inserire] un annuncio pubblicitario su un giornale

のぞいて 除いて tranne [salvo] *ql.co.* [*qlcu.* / che+[接続法]], escluso *ql.co.* [*qlcu.*] (►esclusoは名詞の性・数に合わせて語尾変化する), eccetto *ql.co.* [*qlcu.* / che + [直説法]], a parte *ql.co.* [*qlcu.*] ¶日曜を除いていつも事務所にいる. Tranne [Salvo] la domenica, sto sempre in ufficio. ¶雨の日を除いていつも出かける. Esco sempre, a meno che non piova. ¶私を除いて10名です. Non contando me, siamo in dieci.

のぞかせる ¶窓から顔をのぞかせる affacciarsi alla finestra ¶彼は胸のポケットからポケットチーフをのぞかせている. Porta un fazzoletto nel taschino della giacca. ¶太陽が雲間から顔をのぞかせた. Il sole è spuntato fra le nuvole.

のぞき 覗き sguardo[男] (furtivo), occhiata[女] (furtiva)

✤**のぞき穴** spira*glio*[男][複 *-gli*], fessura[女];《ドアなどの》spioncino[男], spia[女]

のぞきからくり apparecch*io*[男][複 *-i*] contenente fotografie visibili attraverso una lente

のぞき趣味《性的な》voyeurismo [vojerízmo][男] ¶のぞき趣味の人《性的な》《俗》guardone[男] / voyeur[男][女][無変] /《プライバシーを知りたがる人》curios*o*[男][[女] *-a*] / ficcanaso[男][女][[男]複 *-i*;[女]複 *-o*]

のぞき窓《ドアの》spia[女], spioncino[男]

のぞきめがね idroscop*io*[男][複 *-i*]

のぞきこむ 覗き込む ¶妻は私の顔をのぞき込んだ. Mia moglie si è avvicinata per guardarmi in viso.

のぞきみ 覗き見 ¶他人の家をのぞき見する《家の中を》guardare furtivamente in casa altrui / 《プライバシーに》ficcare il naso in casa d'altri

のぞく 除く 1《取り去る》togliere (via) [levare] *ql.co.* [*qlcu.*]; rimuovere;《消去する》eliminare *ql.co.* [*qlcu.*] ¶障害を除く rimuovere [eliminare] un ostacolo ¶名簿から除く cancellare [togliere / depennare] un nome da una lista 2《除外する》escludere *ql.co.* [*qlcu.*].;《省く》omettere *ql.co.* ¶彼を除くすべての学生 tutti gli studenti tranne lui ¶最初の100ページは除いてよろしい. Potete escludere le prime cento pagine. ¶彼は委員会から外された. È stato escluṣo [追放された] È stato mandato via / È stato cacciato via] dalla commissione.

のぞく 覗く 1《すき間などから見る》guardare *ql.co.*《から attraverso》;《盗み見る》ṣbirciare *ql.co.* ¶人垣の間からのぞく guardare attraverso una siepe di curiosi ¶顕微鏡[望遠鏡]でのぞく guardare *ql.co.* al microscopio [al teleṣcopio] ¶子供の本をのぞいてみる dare un'occhiata al libro dei bambini ¶誰かが窓から外をのぞいている. Qualcuno sta guardando [ṣbirciando] fuori dalla finestra.
2《高いところから下を見る》guardare giù ¶井戸をのぞく guardare in fondo al pozzo ¶がけの上から谷底をのぞく guardare giù nella valle dall'alto della scarpata
3《立ち寄って様子を見る, ちょっと立ち寄る》¶いつも妻が行く店をのぞいてみた. Ho dato un'occhiata nel [《寄った》Sono passato dal] negozio dove va sempre mia moglie.
4《一部が見える》¶ハンドバッグの口が開いていて中から財布がのぞいていた. La borsa era aperta e si intravedeva il portafoglio. ¶窓から顔がのぞいている. Si scorge un viṣo alla finestra. ¶月が雲間からのぞいている. Da dietro le nuvole si intravede la luna.

のそのそ 《ゆっくりと》lentamente, piano piano;《だらだらと》pigramente, con indolenza

のぞましい 望ましい augurabile, auspicabile;《適している》opportuno;《理想的な》ideale;《欲求を満たす》desiderabile ¶…が望ましい. È augurabile [auspicabile] che+接続法 ¶彼はパートナーとしては望ましい人物だ. Come partner, lui è la persona ideale.

のぞみ 望み 1《願望》deṣiderio男《複 -i》, voglia女;《大志, 野望》aspirazione女, ambizione女;《期待》speranza女, aspettativa女 ¶望みを遂げる appagare [soddisfare] i *propri* deṣideri ¶《人》の望みをかなえてやる realizzare i deṣideri di *qlcu.* ¶彼は望みが高すぎる. Mira troppo in alto. / Ha ambizioni troppo grandi. ¶長年の望みがかなった男の子が生まれた. Finalmente dopo tanti anni che lo deṣideravo, mi è nato un maschio. ¶彼は望みどおり医者になった. È diventato medico come deṣiderava.
2《可能性》probabilità女, possibilità女;《希望》speranza女 ¶彼の望みは破れた. Le sue speranze si sono infrante. ¶…の望みが大いにある. Ci sono molte probabilità「di *ql.co.* [che+接続法] ¶この病人は治る望みがまったくない. Questo malato non ha nessuna speranza di guarire. ¶あなたが我々の唯一の望みです. Lei è la nostra sola speranza. ¶彼の成功は望み薄だ. Eṣistono [Ci sono] poche probabilità che lui riesca. ¶ここより入る者はすべての望みを捨てよ. Lasciate ogni speranza voi ch'entrate.（◆ダンテの『神曲』地獄篇 III. 9. 地獄の入り口に書かれている言葉）

のぞむ 望む 1《願望》volere [deṣiderare] *ql.co.* [+不定詞 / che+接続法];《熱望》aspirare自 [*av*] a *ql.co.*;《希望》sperare [augurarsi] *ql.co.* [di+不定詞 / che+接続法];《期待》aspettarsi *ql.co.* [che+接続法];《AよりBを》preferire B a A, preferire B piuttosto che A （▶AもBも不定詞の場合）¶君が望もうと望むまいと che tu lo voglia o no / volente o nolente ¶もしそうお望みなら se (lei) lo deṣidera / se (lei) ci tiene ¶この仕事の成功を望んでいる. Spero [Mi auguro / Deṣidero] che questo lavoro abbia successo. ¶心から平和を望む. Deṣidero la pace con tutto il cuore. ¶生き恥をさらすよりは潔く死ぬことを望む. Preferisco morire piuttosto che vivere nel diṣonore. / Preferisco la morte a una vita disonorata.
2《遠くから眺める》vedere *ql.co.* in lontananza ¶芦ノ湖より富士山を望む osservare [ammirare] da lontano il monte Fuji dal lago Aṣhinoko /《絵はがきなどで》"Il monte Fuji visto dal lago Aṣhinoko"

のぞむ 臨む 1《面する》stare di fronte a *ql.co.*, dare自 [*av*] [guardare自 [*av*]] su *ql.co.*, fronteggiare *ql.co.*;《見下ろす》dominare *ql.co.* ¶海に臨む丘 collina che domina il mare ¶私の部屋は海に臨んでいる. La mia stanza dà sul mare.
2《出席する》assistere自 [*av*] a *ql.co.* ¶総会に臨む assistere all'assemblea generale ¶戦場に臨む《行く》andare al fronte / partire per il fronte
3《事に当たる》affrontare ¶別れに臨み al momento della separazione / al momento dell'addio ¶死に臨んで in punto [sul letto] di morte ¶わが国は重大な危機に臨んでいる. Il nostro paeṣe 「è di fronte a [sta affrontando] una grave criṣi.

のそりのそり ¶やぶの中から熊がのそりのそりと出てきた. L'orso è uscito con passo lento e pesante dalla boscaglia.

のたうちまわる のたうち回る contorcersi

のたうつ contorcersi ¶痛みにのたうつ contorcersi per il dolore

のだて 野点 cerimonia女 del tè all'aperto

のたれじに 野垂れ死に ◊のたれ死にする morire自 [*es*] come un cane, morire abbandonato a tutti

のち 後 1《あと》dopo, poi, in seguito, successivamente, più tardi [avanti] ¶その20年のちに dopo vent'anni ¶そののち20年にわたって nei successivi vent'anni ¶明日の天気は晴れのち曇りでしょう. Domani il tempo sarà sereno seguito da annuvolamenti. ¶そのことについてはのちにお話しします. Di questo parleremo più tardi.

のちぞい 後添 la seconda m**o**glie㊛ [複 -gli]　¶後添いを迎える sp**o**sarsi in seconde nozze

のちのち 後後 futuro㊚　¶のちのちのためによく覚えておきなさい。Tienilo bene a mente! Ti servirà in futuro.　¶のちのちどんな結果になるかわからない。Non ho idea di come andrà a finire.　¶ご親切はのちのちまで忘れません。Non mi dimenticherò mai della sua cortes**i**a.

のちほど 後程　¶ではのちほど。A più tardi. / A presto. / A dopo.　¶のちほど詳しく説明いたします。In seguito le spiegherò dettagliatamente.

ノッカー 〔英 knocker〕《建》《(ドアの)》 battente㊚, martello㊚ della porta, picchiotto㊚

ノッキング 〔英 knocking〕《機》 detonazione㊛;《(エンジンの)》 b**a**ttito㊚ in testa　¶この車はノッキングを起こす。Quest'**a**uto batte [p**i**cchia] in testa.

ノック 〔英 knock〕1《(ドアの)》 bussata㊛　◇ノックする buss**a**re㊛[av] alla porta　¶誰かがドアをノックする音が聞こえる。Mi sembra che qualcuno bussi alla porta.　2《(野球で)》　◇ノックする b**a**ttere palle da allenamento per i difensori　3《(エンジンの)》→ ノッキング
❖**ノックメーター** detonometro㊚

ノックアウト 〔英 knockout〕《(ボクシングで)》 knock-out㊚[無変], k.o.㊚[無変], kappaò㊚　◇ノックアウトする m**e**ttere [mand**a**re] qlcu.「fuori combattimento [knock-out / al tappeto]　¶ノックアウトで勝つ v**i**ncere per knock-out　¶ノックアウトを喫する sub**i**re un k.o. [knock-out]

ノックオン 〔英 knock-on〕《(ラグビーの)》 l**a**ncio㊚ [複 -ci] in avanti

ノックダウン 〔英 knockdown〕《(ボクシングで)》 knock-down㊚　◇ノックダウンされる and**a**re [**e**ssere messo] a terra
❖**ノックダウン輸出** 《商》 esportazione㊛ di impianti e macchinari per l'assembl**a**ggio di prodotti all'**e**stero

のっけ inizio㊚　¶のっけから sin dall'inizio

のっしのっし ¶のっしのっしと歩く cammin**a**re con passo pesante

のっそり ¶のっそりと立ち上がる alz**a**rsi (in piedi) lentamente

ノッチ 〔英 notch〕《機》 tacca㊛, intaccatura㊛, incisione㊛, intaglio㊚ [複 -gli]

ノット 〔英 knot〕 nodo㊚　¶この船は今, 時速20ノットで進んでいる。Questa nave procede ad una velocità di venti nodi l'ora.

のっとり 乗っ取り 《(乗り物の)》 dirottamento㊚;《(会社などの)》 appropriazione㊛
❖**乗っ取り犯人** dirottat**o**re㊚ -trice㊛

のっとる 乗っ取る 1《(船・飛行機を)》 dirott**a**re ql.co.;《(バスなどを)》 costr**i**ngere a cambi**a**re il percorso ql.co.　¶ミラノ行きの飛行機が乗っ取られた。L'a**e**reo per Milano è stato dirottato.　2《(会社などを)》 m**e**ttere le mani su [appropri**a**rsi di] ql.co.　¶A社がB社を乗っ取った。La ditta A ha inaspettatamente acquis**i**to la ditta B.

のっとる 則る seguire ql.co., conform**a**rsi a ql.co., atten**e**rsi a ql.co.　¶法律にのっとって conformemente alla legge / in conformità alla legge / secondo la legge / ai sensi di legge

のっぴきならない inevit**a**bile, ineluttabile　¶のっぴきならない用事で遅れる arriv**a**re in ritardo per c**a**usa di forza maggiore

のっぺらぼう 1《(妖怪)》 mostro㊚ senza [privo di] f**a**ccia　2《(平らで滑らかなこと)》　◇のっぺらぼうな piano e l**i**scio [㊛-sci; ㊛複 -sce]

のっぺり ¶のっぺりした顔をしている。《(表情に乏しい)》 Ha un viso inespress**i**vo. /《(目鼻立ちがはっきりしない)》 I suoi lineamenti sono poco pronunciati.

のっぽ 《(人)》 spilungone㊚ [複 -a], perticone㊚ [㊛ -a]　¶のっぽなビル edif**i**cio molto alto

のづみ 野積み　¶石炭が野積みされていた。Il carbone era ammucchiato all'aperto.

-ので perché [poiché / siccome / dato che / visto che] + 直説法; a c**a**usa di + ql.co.　¶こういう状況なので data la situazione attuale / stando così le cose　¶全員そろったので, 出発しましょうか。Possiamo partire perché ci siamo tutti.　¶雨が降っていたので出かけなかった。Poiché pioveva, non siamo usciti.　¶全部で7人だったので, 車2台で行った。Visto [Dato] che eravamo in sette, siamo andati con due m**a**cchine.　¶用事があるのでお先に失礼します。Scus**a**mi se vado prima, ma ho da fare.　¶あと少しで終わるので, なんとしてもこの仕事を完成させたい。Ora che manca poco al term**i**ne di questo lavoro, vorrei proprio finirlo.　¶明らかな証拠があるので, 誰も反駁できないだろう。È una prova così evidente che nessuno potrà confutarla.

使いわけ poiché と perché

原則として perchéは, 理由の提示に重点を置くときに用いられ, poichéは理由の提示よりもその結果に重点を置くときに用いられる。poichéは通常文頭に置かれるが, 口語では poichéの代わりに visto che, dato che, siccomeを用いることが多い。

のてん 野天　◇野天で fuori, all'aria aperta, all'addi**a**ccio
❖**野天風呂** bagno㊚ termale posto all'aria aperta

のど 喉・咽 1《(器官)》 gola㊛　¶のどの乾きをいやす plac**a**re la sete / dissetarsi　¶のどが痛い。Ho mal di gola.　¶のどが乾いた。Ho sete.　¶風邪をひいてのどが痛い。Ho la gola infiammata per il raffreddore.　¶猫がのどをゴロゴロ鳴らしている。Il gatto sta facendo le fusa.　¶彼は悲しみのあまり食事がのどを通らない。Il dispiacere gli ha tolto l'appetito.　¶のどまで出かかった言葉をのみ込んだ。L'avevo sulla punta della l**i**ngua, ma l'ho tenuto dentro. (▶leer ql.co. sulla punta della l**i**ngua には「舌先まで出かかっているのに思い出せない」という意味もある)
2《(声)》 voce㊛　¶素人のど自慢 concorso di cantanti dilettanti　¶彼はいいのどをしている。Ha davvero una bella voce.

慣用 のどが鳴る　¶好物のうなぎのにおいにのどが

鳴った. Mi è venuta l'acquolina in bocca sentendo il profumo dell'anguilla, il mio piatto preferito.
のどから手が出る ¶のどから手が出るほど欲しい ardere dal desiderio di ottenere *ql.co.* ¶のどから手が出るほど結構な申し出だ. È una proposta che fa gola.
✤**のどくび** ¶〈人〉ののどくびを押さえる afferrare *qlcu.* alla [per la] gola
のどちんこ　(口蓋垂(ﾋﾞｽｲ)) ugola㊛
のど笛　(喉頭) laringe㊛
のど仏　(喉仏) pomo㊚ d'Adamo
のどか　長閑 ◇のどかな mite, tranquillo, calmo, sereno ¶のどかな風景 paesaggio dolce [ameno] ¶のどかな日々を過ごす trascorrere giorni sereni
のどもと　喉元 ¶のどもと過ぎれば熱さを忘れる. (諺) "Pericolo passato, voto scordato."

-のに　**1**【…にもかかわらず】 anche se + 直説法; tuttavia; benché + 接続法, malgrado + 接続法 [*ql.co.*], nonostante + 接続法, sebbene + 接続法 ¶5月なのにまだ寒い. È maggio e tuttavia fa ancora freddo. / Benché [Malgrado / Nonostante / Sebbene] sia maggio, fa ancora freddo. ¶彼は病気だったのに仕事をやりとげた. Era malato, ma ha terminato lo stesso il lavoro. ¶暑いのに窓を閉め切っている. Ci sono tutte le finestre chiuse, anche se fa caldo [nonostante faccia caldo].
2【…のために】per *ql.co.* [+不定詞], affinché + 接続法; 〈…を目的として〉a scopo di *ql.co.* ¶この家を直すのに100万円かかる. Per riparare questa casa ci vuole un milione di yen.
3【不満・非難を表して】¶そんなことしなければよかったのに. Non avresti dovuto farlo. ¶もっと勉強すればいいのに. Faresti meglio a studiare di più. ¶あれほど待っていてくれと彼に言っておいたのに. Gli avevo pur detto di aspettarmi!
のねずみ　野鼠 topo campagnolo, arvicola
ののしる　罵る〈侮辱する〉insultare, ingiuriare, oltraggiare, vituperare; 〈悪口雑言を吐く〉maledire, bestemmiare㊤ (▶単独でも可), imprecare㊤ [*av*] contro *qlcu.* [contro *ql.co.*]
のばす　伸ばす **1**〈長くする〉allungare, prolungare; ¶髪を伸ばす farsi crescere i capelli ¶鉄道路線を伸ばす prolungare una linea ferroviaria
2〈まっすぐにする〉raddrizzare, allungare ¶背筋を伸ばす raddrizzare [raddrizzarsi] la schiena ¶足を伸ばす stendere [allungare / sgranchirsi] le gambe (▶sgranchirsiは「ちょっとそこまで足を延ばす」の意味でも用いる) ¶ハンカチのしわを伸ばす lisciare le pieghe del fazzoletto
3〈程度を高める〉incrementare ¶才能を伸ばす sviluppare le capacità ¶勢力を伸ばす aumentare [estendere] la *propria* influenza ¶売り上げを伸ばす aumentare il fatturato / promuovere le vendite
4〈なぐり倒す〉¶彼に一発で伸ばされた. Lui mi ha mandato a [lungo per] terra con un pugno.
5〈薄める〉allungare, diluire ¶この糊は水で10倍にのばしてご使用ください. Usare questa colla diluita a un decimo con acqua.
6〈平らに広げる〉stendere ¶パンにバターをのばす spalmare il burro sul pane ¶めん棒で生地をのばす stendere la pasta col matterello
のばす　延ばす **1**〈距離・時間を長くする〉allungare, prolungare, prorogare, protrarre ¶営業時間を延ばす allungare l'orario di apertura di un negozio ¶授業時間を10分延ばす protrarre la lezione di 10 minuti ¶滞在を1日延ばす prolungare la permanenza di un giorno
2〈延期する〉posporre, rimandare; 〈支払いなどを〉differire; 〈商〉dilazionare; 〈やりたくないことを〉procrastinare ¶支払期限〔納期〕を延ばす differire un pagamento [una consegna] ¶明日雨なら遠足は来週に延ばす. Se domani pioverà, rimanderemo la gita alla prossima settimana.
のばなし　野放し 〈放任〉◇野放しにする lasciare [concedere] troppa libertà a *qlcu.*, dare [lasciare] campo libero [libertà d'azione] a *qlcu.* ¶違法駐車が野放しにされている. Le macchine in divieto di sosta hanno campo libero.
のはら　野原 campagna㊛, campi㊚(複); 〈草原〉prateria㊛, prato㊚ ¶野原へ行く andare nei campi [in campagna]
のばら　野薔薇 rosa㊛ selvatica, rosa㊛ di macchia
のび　伸び・延び **1**〈成長〉crescita㊛ ¶この木は伸びが早いので驚く. Ci meravigliamo della crescita veloce di questo albero.
2〈広がり具合〉¶このクリームは伸びが良い〔悪い〕. Questa crema si spalma bene [male].
3〈増加〉incremento㊚ ¶伸びを期待する sperare in un incremento
4〈手足を伸ばすこと〉◇伸びをする stirarsi, stiracchiarsi
✤**伸び率** tasso㊚ di crescita
のび　野火〈野焼きの火〉fuoco㊚ [複 -*chi*] acceso per bruciare sterpi; 〈野山の不審火〉incend*io*㊚ [複 -*i*] di boscaglia
のびあがる　伸び上がる 〈つま先立ち〉alzarsi [rizzarsi] sulla punta dei piedi; 〈体を伸ばす〉allungarsi, stendersi ¶伸び上がって見る allungare il collo per vedere
のびちぢみ　伸び縮み espansione㊛ e contrazione㊛; 〈伸縮性〉elasticità㊛ ◇伸び縮みする〈動詞〉allungarsi e accorciarsi; 〈形容詞〉allungabile, estensibile, elastico [㊚複 -*ci*] ¶伸び縮みする布 tessuto elastico
のびなやむ　伸び悩む 〈増加しない〉non aumentare㊤ [*es*]; 〈現状のまま〉ristagnare㊤ [*av*]; 〈進歩しない〉non fare progressi ¶この党は伸び悩んでいる. Il partito non fa progressi.
のびのび　伸び伸び ◇のびのびした〈気楽な〉a *proprio* agio; 〈緊張が解けた〉rilassato; 〈屈託ない〉senza preoccupazioni, spensieratamente ◇のびのびする trovarsi a *proprio* agio; rilassarsi ¶のびのびとした文体 stile sciolto [disinvolto / fluido] ¶のびのびとした性格〈開放的〉carattere aperto ¶彼はのびのびと草の上に寝そべった. Si è steso comodamente sull'erba. ¶彼女は田舎でのびのびと育った.〈自由に〉È cresciuta in

campagna liberamente [《屈託なく》senza preoccupazioni].

のびのび 延び延び ¶会議がのびのびになっている. 《開始が》La conferenza「viene rimandata continuamente / 《了が》sta diventando lunga」. ¶閣議の決定がのびのびになっている. La decisione del Consiglio dei Ministri viene rinviata di giorno in giorno. ¶作業はのびのびになっている. 《開始が》I lavori「sono stati ripetutamente rimandati [《了が》continuano all'infinito / 《なかなか終わらない》non finiscono mai].

のびる 伸びる **1**【長くなる, 成長する】 allungarsi, crescere㊋ [es] ¶ずいぶん髪が伸びたね. I tuoi capelli si sono proprio allungati! ¶太郎は5センチも背が伸びた. Taro è cresciuto di 5 cm. ¶雨が降って草が伸びた. Con la pioggia l'erba è cresciuta.
2【発展する】【増える】aumentare㊋ [es]; 《進歩する》fare progressi ¶彼はイタリア語の力がぐんぐん伸びている. Il suo italiano ha fatto rapidi progressi. ¶今年はアメリカ向けの輸出が伸びた. Quest'anno sono aumentate le esportazioni per l'America.
3【ぐったりする】essere stanco㊋複 -chi] morto, essere sfinito ¶ベッドで伸びている accasciarsi sul letto ¶僕はマルコの一発で伸びてしまった. Marco mi ha steso a terra con un pugno.
4【広がる】estendersi, stendersi ¶このクリームはよくのびる. Questa crema si spalma [si stende] molto bene sulla pelle.
5【弾力を失う】¶ゴムひもが伸びた. La gomma ha perso l'elasticità. ¶スパゲッティが伸びてしまった. Gli spaghetti sono diventati colla. ¶アイロンでしわは伸びる. Le pieghe con il ferro da stiro si tolgono.

のびる 延びる **1**【距離・時間が長くなる】prolungarsi, protrarsi ¶授業時間が10分延びた. L'ora di lezione si è protratta di 10 minuti. ¶地下鉄がこの町まで延びてきた. La metropolitana è stata prolungata fino a questo quartiere. ¶日が延びてきた. Le giornate cominciano ad allungarsi. ¶会議は6時まで延びるだろう. La riunione si protrarrà fino alle sei.
2《延期される》essere rimandato [rinviato / posticipato / posposto]; 《遅れる》ritardare㊋ [av] ¶彼らの出発が3日[来月まで]延びた. La loro partenza è stata rimandata「di tre giorni [al mese prossimo].

ノブ［英 knob］《丸い形のもの》pomello㊋ (della porta); 《取っ手》maniglia㊋

のべ 延べ ¶延べで In totale / in tutto / complessivamente ¶この架橋工事では延べ1万名の労働者が働いた. Alla costruzione del ponte hanno lavorato in tutto 10.000 operai.
✤**延べ日数** totale㊋ delle giornate lavorative
延べ面積 superficie㊋ [複 -ci, -cie] totale (di ql.co.)

のべがね 延べ金 《冶》lamiera㊋, lamierino㊋

のべつまくなし のべつ幕なし ◊のべつ幕なしに continuamente, senza interruzione, senza posa, senza pausa, incessantemente

のべのおくり 野辺の送り ¶昨日の午後父の野辺の送りを済ませた. Ieri pomeriggio abbiamo seppellito mio padre.

のべばらい 延べ払い credito㊋ per pagamento differito ¶長期[短期]延べ払い credito a lungo [a breve] termine
✤**延べ払い輸出**《商》esportazione㊋ con pagamento differito

のべぼう 延べ棒 ¶金の延べ棒 barra [verga / lingotto] d'oro

のべる 延べる・伸べる ¶救いの手をのべる tendere [dare] la mano (in aiuto a ql.cu.) ¶床(ゆ)を延べる sistemare i futon sui tatami / 《ベッドメイキングする》preparare il letto / fare il letto

のべる 述べる 《言う》dire ql.co. (a ql.cu.); 《表現する》esprimere ql.co. (について su); 《発表・陳述する》enunciare ql.co.; 《自分の意見を》pronunciarsi (について su); 《説明する》chiarire [spiegare] ql.co.; 《伝える》riferire ql.co. ¶新聞で意見を述べる esprimere la propria opinione su un giornale ¶事実を述べる dire la verità / 《成り行きを説明する》esporre i fatti ¶すでに述べたように come ho già spiegato / come ho già detto

のほうず 野放図・野方図 ¶野放図な態度 atteggiamento insolente e aggressivo ¶環境汚染が野放図に拡がる. L'inquinamento ambientale si estende in maniera incontrollata.

のぼせあがる 逆せ上がる **1**《夢中になる》¶人気歌手にのぼせあがる innamorarsi di [appassionarsi a] un cantante popolare
2《思い上がる》montarsi la testa ¶彼は思いがけない成功でのぼせあがってしまったのだ. Il successo inaspettato gli ha dato alla testa.

のぼせる 上せる ¶この事は記録に上せないことにする. Questa cosa non sarà registrata. ¶次の会に上せる案を用意した. Abbiamo preparato una proposta che presenteremo alla prossima riunione.

のぼせる 逆上せる **1**《頭に血が上る》¶私はのぼせて鼻血を出した. Per il caldo ho perso sangue dal naso. ¶長湯でのぼせた. Il lungo bagno mi ha fatto venire il capogiro.
2《夢中になる》perdere la testa per ql.co. [ql.cu.]; infatuarsi di ql.co. [di ql.cu.] ¶彼はあの女の子にのぼせている. È innamorato pazzo [cotto] di quella ragazza. / È cotto di quella ragazza.
3《思い上がる》essere borioso, essere tronfio [㊋複 -chi] ¶彼は学校の成績が良いとのぼせている. Si crede chissà chi, perché è bravo a scuola.

のほほん ¶のほほんと暮らす vivere spensieratamente ¶こんな時によくのほほんとしていられるな. Come puoi restare tranquillo e sereno in un momento come questo?

のぼり 上り salita㊋ ¶上りのエスカレーター scala mobile per salire ¶上りの列車 treno diretto per la capitale ¶東名高速道路は上り下りとも渋滞している. Sull'autostrada Tomei ci sono formate code in entrambe le direzioni.
✤**上り調子** ¶彼は今, 上り調子だ. La sua condizione [forma] va migliorando.
上り坂 (1)《坂の》(strada㊋ in) salita㊋ (2)《物事がよくなる状態》¶景気は上り坂だ. Gli affari vanno sempre meglio.

のぼり 幟 stendardo男, vessillo男

のぼりおり 上り下り salita女 e discesa女, saliscendi男[無変] ¶石段を上り下りする salire e scendere i gradini di pietra

のぼりくだり 上り下り ¶川を上り下りする船が数多く見られた. Si vedevano molte barche che risalivano e discendevano il fiume.

のぼりぐち 上り口・登り口 ¶彼は階段の上り口に腰掛けた. Si è seduto sul primo gradino delle scale. ¶山の登り口 l'imbocco di un sentiero che porta in cima alla montagna

のぼりつめる 上り詰める・登り詰める
1《頂上まで登る》raggiungere la vetta di una montagna **2**《最高の地位に就く》¶彼は権力の座にのぼりつめた. È salito fino ad occupare la posizione di maggior potere.

のぼる 上る・昇る・登る **1**《上の方へ行く》salire 自[es], 他, andare自[es] su, montare自[es], ascendere自[es] ; 《太陽や月が》sorgere自[es] ; 《よじ登る, はい上がる》arrampicarsi ¶階段を上る salire le scale ¶山に登る scalare una montagna / salire su una montagna ¶木に登る salire [arrampicarsi] su un albero ¶演壇に登る salire sul podio ¶絞首台に登る salire sul patibolo ¶屋根に登る salire sul tetto ¶太陽が昇る. Sorge [Spunta] il sole. ¶彼は頭に血が上った. Gli è salito [andato] il sangue alla testa. ¶天にも昇る心地がする essere al settimo cielo
2《上流の方へ行く》risalire ¶川を船で上る risalire un fiume in barca
3《地方から首都へ行く》¶都に上る andare [recarsi] alla capitale
4《ある数量になる》¶被害額は 10 億円に上る. I danni ammontano a un miliardo di yen. ¶死者は 20 人に上った. Il numero dei morti è arrivato a venti.
5《取り上げられる》¶君のことが昨夜話題に上ったよ. Ieri sera eri sulla bocca di tutti. ¶新しい社長として彼の名前がうわさに上っている. Si fa il nome di lui come nuovo presidente. ¶石油問題が今回の会議の議題に上るだろう. In questa riunione sarà trattata la questione del petrolio.
6《高い地位に就く》¶彼はついに王位に昇った. Infine è salito al trono. ¶彼は 50 歳で首相の地位に昇った. È diventato primo ministro a cinquant'anni.
7《食膳に出される》¶珍しい魚が食膳に上った. È stato portato in tavola un pesce raro.

のませる 飲ませる **1**《飲ます》far bere (ql.co.) a qlcu.; 《与える》dar da bere a qlcu. ¶子供に薬を飲ませる somministrare [far prendere] una medicina a un bambino ¶赤ん坊に乳を飲ませる allattare un neonato
2《酒を振る舞う》¶いいワインを飲ませてくれる店 un bar dove servono un buon vino ¶上役が昨晩飲ませてくれた. Il capo mi ha pagato [offerto] da bere ieri sera.

のまれる 飲まれる **1**《飲み込まれる》¶波に飲まれる essere inghiottito dai flutti ¶ボートは大波に飲まれて沈んだ. Inghiottita da una ondata, la barca è andata a picco.
2《圧倒される》essere [sentirsi] intimidito da qlcu. [ql.co.] ¶酒に飲まれる perdere il controllo di se stesso a causa dell'alcol ¶相手の勢いにのまれて負けた. Sopraffatti dalla foga dell'avversario, abbiamo perso. ¶雰囲気にのまれて負けた. Siamo stati sconfitti perché intimoriti. ¶主役が新人にのまれてしまった. L'interpretazione del debuttante ha offuscato quella del protagonista.

のみ 蚤 pulce女 ¶蚤に食われる essere punto [(話) pizzicato] da una pulce 《を a》¶蚤に食われた跡 puntura di pulce
✤蚤取り ¶猫の蚤取りをする spulciare un gatto
蚤の市 mercato男 delle pulci
蚤の夫婦 piccolo uomo男[複 uomini] con una grossa moglie

のみ 鑿 scalpello男, cesello男, bulino男 ¶のみで彫る scolpire ql.co. / cesellare ql.co. / lavorare ql.co. di cesello / bulinare ql.co.

-のみ ¶神のみぞ知る. Lo sa solo Dio.

のみあかす 飲み明かす ¶友だちと飲み明かした. Ho passato la notte bevendo con gli amici.

のみかけ 飲みかけ ¶飲みかけのコーヒー[(残りの)] caffè rimasto ¶このグラスは誰の飲みかけですか. Di chi è questo bicchiere lasciato a metà?

のみくい 飲み食い ◇飲み食いする bere e mangiare; 《盛大に》banchettare自[av]

のみぐすり 飲み薬 medicinale男[medicina女] (da prendere) per via orale

のみくだす 飲み下す mandare giù ql.co., ingoiare ql.co.

のみくち 飲み口 **1**《口当たり》¶飲み口のいい酒だ. Questo sakè ha un sapore gradevole.
2《杯などの口のあたる部分》bordo男 di una tazza

のみこうい 吞行為 《証券取引の》contrattazioni女[複] clandestine; 《競馬などで》attività女 di allibratore

のみこみ 飲み込み comprensione女 ¶彼は飲み込みが早い[遅い]. È pronto [lento / duro] di comprendonio.

のみこむ 飲み込む **1**《飲んでのどを通す》inghiottire [ingerire / ingoiare] ql.co. ¶パンをよくかまずに飲み込む ingoiare un pezzo di pane senza masticare bene ¶つばを飲み込む mandare giù la saliva ¶ビールをぐっと一気に飲み込む mandare giù [inghiottire] un bicchiere di birra tutto d'un fiato
2《理解する》capire [comprendere / rendersi conto di] ql.co.
3《抑える, 我慢する》¶文句がのどまで出かかったが, ぐっと飲み込んだ. Ha mandato giù il rospo.

のみしろ 飲み代 soldi男[複] per andare a bere

のみすぎる 飲み過ぎる bere (ql.co.) smodatamente ¶昨夜は少し飲みすぎた. Ieri sera ho bevuto un po' troppo.

のみすけ 飲み助 bevitore男[女 -trice]

のみち 野道 sentiero男, viottolo男 di campagna

のみなかま 飲み仲間 compagno男[女 -a] di bevute

のみならず ¶彼は芸術家であるのみならず教育者でもある. Oltre ad essere un artista è anche un

のみにくい 飲みにくい **1**《飲むのが難しい》difficile da mandar giù, imbevibile
2《承諾できない》difficile da accettare

ノミネート [英 nominate] ◇ノミネートする proporre [designare] *qlcu.*《に come》¶ヴィアレッジョ賞ノミネート作品 opera candidata al Premio Viareggio

のみほうだい 飲み放題 ¶あの店は2000円で酒が飲み放題だ。In quel locale puoi bere 「quanto vuoi [a sazietà] con duemila yen.

のみほす 飲み干す vuotare *ql.co.*; tracannare *ql.co.*, inghiottire *ql.co.* ¶一気に飲み干す bere *ql.co.* 「in una sola sorsata [in un fiato / tutto d'un fiato] ¶最後の一滴まで飲み干す bere fino all'ultima goccia

のみみず 飲み水 acqua⊕ potabile

のみもの 飲み物 bevanda⊕;《ソフトドリンク》bibita⊕, bevanda⊕ analcolica ¶お飲み物は何にいたしましょうか。Che cosa posso darle da bere? ¶何か冷たいお飲み物でもいかがですか。Gradisce bere qualcosa di fresco?

のみや 飲み屋《食べ物も出す》osteria⊕, taverna⊕;《安酒場》bettola⊕;《喫茶も含む》bar⊕ [無変]

のみやすい 飲みやすい ¶この薬は飲みやすい。Questa medicina 「si prende facilmente [(味が) ha un sapore gradevole].

のむ 飲む **1**【液体を】bere, prendere;《ぐっと一気に飲む》tracannare;《飲み下す》inghiottire, deglutire ¶瓶につけて直かに飲む bere dalla bottiglia ¶何か飲みに行こうか。Andiamo a bere qualcosa? ¶(酒を)飲みすぎた。Ho bevuto troppo. ¶彼は飲めるロだ。《たくさん》È un buon bevitore. / Sa bere. /《好きだ》Gli piace bere. ¶赤ん坊が母親のお乳を飲んでいる。Il bambino succhia la latte dalla madre. / Il bambino poppa. ¶飲まず食わずでまる2日間歩いた。Abbiamo camminato per due giorni interi senza bere né mangiare.
2【薬などを】prendere ¶薬を飲む prendere [ingerire / assumere] una medicina ¶飴を丸ごと飲んでしまった。Ho ingoiato la caramella tutta intera.
3【飲み込む】inghiottire ¶溶岩が村をのんだ。La lava ha inghiottito il villaggio.
4【圧倒する】sopraffare, dominare ¶彼は最初から相手をのんでかかっていた。Sin dall'inizio ha dominato il suo avversario.
5【受け入れる】accettare [accogliere] *ql.co.*, sottomettersi a *ql.co.* ¶そんな条件はとてものめない。Non posso assolutamente accettare queste condizioni.
6【こらえる】¶涙をのんで彼女と別れた。Mi sono separato da lei trattenendo le lacrime [soffocando i singhiozzi].
7【吸い込む】¶タバコを飲む fumare⊕, *[av]* ¶一瞬息を飲んだ。Sono rimasto senza fiato [Ho trattenuto il fiato] per un attimo.

のめやうたえ 飲めや歌え ¶飲めや歌えの大騒ぎをする gozzovigliare⊕ *[av]* / far baldoria

のめりこむ のめり込む ¶彼は学生運動にのめり込んでいる。È totalmente dedito al movimento studentesco.

のめる《前によろめく》barcollare⊕ *[av]* in avanti;《つまずく》incespicare⊕ *[av]*《につまずいて in》;《前に倒れる》cadere⊕ *[es]* in avanti

のめる 飲める《飲用可の》potabile;《まずくない》che si beve bene ¶この水は飲める。Quest'acqua è potabile. ¶このワインはなかなか飲める。Questo vino 「si beve bene [(おいしい)] è buono].

のやま 野山 ¶野山を駆け巡る andare in giro per la campagna

のら 野良 campo⊕
✤**野良犬**[猫] cane⊕ [gatto⊕] randag*io* [複 -*gi*]
野良着 abito⊕ da contadino
野良仕事 lavoro⊕ dei campi

のらくら ¶のらくらと pigramente, indolentemente, oziosamente ◇のらくらした pigro, indolente, ozioso ¶一日じゅうのらくら過ごす oziare⊕ *[av]* [poltrire⊕ *[av]*] tutto il giorno
✤**のらくら者** pigro⊕ [⊕ -*a*], poltrone⊕ [⊕ -*a*], fannullone⊕ [⊕ -*a*]

のらりくらり ¶彼はのらりくらりと質問をかわした。Ha eluso la domanda tergiversando.

のり 乗り **1**《乗ること》¶玉乗り《人》equilibrista⊕ ⊕《複 -i》su palla
2《調子が良いこと》¶乗りの良い音楽 musica che 「fa venire voglia di [ti fa] ballare
3《なじみ具合》¶この紙はのりが悪い。Su questa carta il colore non si stende bene. ¶このおしろいはのりがいい。Questa cipria si (co)sparge bene sul viso.

のり 海苔《植》alga⊕ marina;《食品》alga⊕ marina disidratata, *nori*⊕ [無変]
✤**のり巻き** *sushi*⊕ [無変] arrotolato e avvolto in un foglio di *nori*

のり 糊《接着剤》colla⊕, pasta⊕;《洗濯物用の》amido⊕;《アイロン用スプレーのり》salda⊕, appretto⊕ ¶のりをつける《接着剤》mettere la colla a *ql.co.* /《洗濯物に》inamidare *ql.co.* ¶のりではりつける incollare *ql.co.* /《に su》/ attaccare *ql.co.*《に a》con la colla ¶のりがはがれる scollarsi ¶のりのきいたシャツ camicia inamidata

-のり -乗り ¶1人乗りの a un posto / monoposto [無変] ¶2人乗りの a due posti / biposto [無変] ¶5人乗りの車 macchina a cinque posti

のりあいばしゃ 乗り合い馬車 omnibus⊕ [無変]

のりあげる 乗り上げる **1**《船が》incagliarsi su *ql.co.*, arenarsi su *ql.co.*;《乗り物が》andare a finire su *ql.co.* ¶車が歩道に乗り上げた。L'auto è salita sul marciapiede.
2《物事が困難にぶつかる》¶交渉は暗礁に乗り上げた。Le trattative 「sono a un punto morto [si sono incagliate].

のりあわせる 乗り合わせる essere [trovarsi] con *qlcu.* casualmente《で su》¶乗り合わせた客 compagno⊕ di viaggio ¶友人とバスで乗り合わせた。Sull'autobus mi sono imbattuto in un amico. / Mi sono trovato casualmente sull'autobus con un amico.

のりいれる 乗り入れる ¶自転車を公園に乗り入れることは禁止されている。È proibito entrare nel parco con la bicicletta. ¶JRがA駅で地下鉄に乗り入れることになった。È stato deciso di congiungere la linea JR con la metropolitana alla stazione A.

のりうつる 乗り移る 1《乗り換える》trasferirsi《AからBに da A a B, に su》¶私は船を捨てて、救命ボートに乗り移った。Ho abbandonato la nave e sono salito su un canotto di salvataggio. 2《とりつく》¶彼女に悪魔が乗り移っている。È posseduta [invasata] dal demonio.

のりおくれる 乗り遅れる 1《乗りそこなう》perdere *ql.co.* ¶列車に乗り遅れる perdere il treno ¶もう少しで終電車に乗り遅れるところだった。C'è mancato poco che perdessi l'ultimo treno. 2《時代に取り残される》¶時流に乗り遅れる andare [restare] indietro con i tempi

のりおり 乗り降り salita㊛ e discesa㊛ ¶乗り降りの時は quando si sale o si scende ¶この駅は1日5000人の乗客が乗り降りする。Ogni giorno cinquemila passeggeri transitano per questa stazione.

のりかえ 乗り換え 1《乗り物の》cambiamento㊚, cambio㊚[複 -i], coincidenza㊛, trasbordo㊚ ¶乗り換えなしで senza cambiare / direttamente ¶ヴェネツィアへ行くにはどこで乗り換えますか。Dov'è la coincidenza per Venezia? / Dove si cambia per Venezia? ¶ヴェネツィア方面の乗り換えは何番ホームですか。Da quale binario parte la coincidenza per Venezia?

2《証券の》cambiamento㊚ negli investimenti

✦**乗り換え駅** nodo㊚ ferroviario[複 -i], stazione㊛ di coincidenza

乗り換え切符 biglietto㊚ per la coincidenza

のりかえる 乗り換える 1《乗り物を》cambiare mezzo, cambiare *ql.co.*, trasbordare㊀[*av*] da *ql.co.* a *ql.co.* ¶ローマで列車を乗り換えなければならない。Devo cambiare treno a Roma.

2《証券を》scambiare azioni, fare permute di titoli azionari

3《とりかえる》¶敵方に乗り換える passare al nemico ¶彼は今度外国人相手の商売に乗り換えた。Ora si è messo a trafficare con gli stranieri.

のりかかる 乗り掛かる 1《乗ろうとする》stare per salire su *ql.co.* 2《始める》iniziare *ql.co.* ¶乗りかかった計画は完了しなければならない。I progetti iniziati devono essere portati a termine.

慣用 **乗りかかった船** ¶乗りかかった船だからとことんやろうじゃないか。Ormai siamo in ballo, dobbiamo ballare.

のりき 乗り気 ¶企画に乗り気である essere molto interessato a un progetto ¶新会社設立に乗り気である essere ben disposto all'idea di fondare una nuova ditta

のりきる 乗り切る 1《乗ったまま最後まで行く》¶ヨットで大西洋を乗り切る attraversare l'oceano Atlantico in yacht

2《乗り越える》superare *ql.co.*; cavarsela ¶船は大波を乗り切った。La nave ha superato le ondate [i marosi]. ¶わが社は資金繰りの困難を乗り切った。La nostra ditta ha superato [ha sormontato] le difficoltà finanziarie.

3《残らず乗る、十分に乗る》¶全員がバスに乗り切るまで待つ aspettare fino a quando sono saliti tutti i passeggeri sull'autobus ¶彼は今、役者として脂の乗り切った時期にある。È nel pieno della sua carriera di attore.

のりくみいん 乗組員 membro㊚ dell'equipaggio; 《艦船の》marinaio㊚[複 -i]; 《集合的》equipaggio㊚[複 -gi] ¶彼はこの船の乗組員だ。Fa parte dell'equipaggio di questa nave.

のりくむ 乗り組む imbarcarsi (su *ql.co.*) ¶彼女はローマ行きのジャンボ機に客室乗務員として乗り組んでいた。È salita [Era] a bordo sul jumbo per Roma come assistente di volo.

のりこえる 乗り越える 1《境界を越える》varcare; 《登って降りる》scavalcare ¶塀を乗り越えて逃げる fuggire scavalcando [sormontando] un muro

2《苦難を切り抜ける》superare, valicare ¶危機を乗り越える superare una crisi ¶悲しみを乗り越える superare il dolore ¶乗り越えることのできない困難 difficoltà insuperabile [insormontabile]

3《先人を追い越す》superare ¶師を乗り越える superare in bravura il *proprio* maestro

のりごこち 乗り心地 ¶乗り心地のよい[悪い]車 automobile comoda [scomoda]

のりこしりょうきん 乗り越し料金 tariffa㊛ per il tratto percorso in più rispetto al biglietto

のりこす 乗り越す ¶ついうっかりして乗り越してしまった。Per disattenzione non sono sceso alla stazione dove dovevo scendere.

のりこなす 乗りこなす ¶彼は馬を乗りこなす。Sa cavalcare. / Sa montare a cavallo. ¶誰にも乗りこなせない馬 cavallo indomabile

のりこむ 乗り込む 1《乗り物に乗る》salire㊀[*es*] su [in] *ql.co.*; andare [salire] a bordo di *ql.co.*; 《船・飛行機に》imbarcarsi su *ql.co.*

2《勢いよく入り込む》affollare *ql.co.* ¶敵地に乗り込む penetrare nel territorio nemico

のりしろ 糊代 margine㊚ da incollare

のりすごす 乗り過ごす scendere㊀[*es*] per sbaglio a una o più fermate successive ¶一駅乗り過ごしてしまった。Avrei dovuto scendere alla fermata precedente.

のりすてる 乗り捨てる ¶私はタクシーを乗り捨てて歩いた。Abbandonato il [Sceso dal] taxi, ho proseguito a piedi.

のりだす 乗り出す 1《体を前方に出す》sporgersi ¶彼は列車の窓から身を乗り出した。Si è sporto [Si è affacciato] dal finestrino del treno. ¶私の話を聞いて彼はひざを乗り出した。Ha mostrato un vivo interesse alle mie parole.

2《出発する》partire㊀[*es*] [《出帆》salpare㊀[*es, av*]] 《を目指して alla volta di》¶我々は沖に乗り出した。Abbiamo preso il largo. ¶彼らは新大陸を目指して海に乗り出した。Salparono alla volta del nuovo continente.

3《始める》iniziare *ql.co.* [a + 不定詞], cominciare *ql.co.* [a + 不定詞], mettersi a + 不定詞 ¶事業に乗り出す entrare negli affari / darsi agli affari ¶海外へ乗り出す allargare le *proprie* attività all'estero ¶労相は紛争の解決に乗り出した。Il Ministro del Lavoro ha cominciato a darsi da fare per la soluzione della vertenza.

のりつぎ 乗り継ぎ 《乗り換え》cam*bio*男 《複 *-i*》;《接続》coincidenza女
✤**乗り継ぎ便**《飛行機の》volo男 con coincidenza con altro volo

のりつぐ 乗り継ぐ proseguire il viaggio con un altro mezzo di trasporto, fare un trasbordo

のりづけ 糊付け **1**《接着剤で》◇のりづけにする incollare *ql.co.*《に su, a》¶ポスターを壁にのりづけして incollare un manifesto alla parete **2**《洗濯物を》◇糊付けする inamidare *ql.co.*

のりつける 乗り付ける ¶入り口まで車を乗り付けるarrivare con l'auto fino all'entrata ¶彼は新幹線をよく乗りつけている.《乗り慣れている》È abituato ad usare [a viaggiare con] lo Shinkansen. /《よく利用する》Si sposta spesso con lo Shinkansen.

のりつぶす 乗り潰す ¶車を乗りつぶす《乱暴に》usare con poca cura una macchina rovinandola subito 《使えなくなるまで乗る》usare una macchina fino a quando non va in pezzi

のりて 乗り手 cavaliere男; cavallerizzo男《女 *-a*》;《運転する人》autista男《女 複 *-i*》, guida*tore*男《女 *-trice*》;《乗客》passegger*o*男

のりと 祝詞 preghiera女 rituale ad una divinità shintoista ¶祝詞をあげる pregare una divinità shintoista

のりにげ 乗り逃げ ◇乗り逃げする《ただ乗り》viaggiare男[*av*] senza pagare il biglietto [il prezzo della corsa] ¶その男は自動車を乗り逃げした. Quell'uomo è fuggito con una macchina rubata.

のりば 乗り場《船》molo男, pontile男, banchina女;《プラットホーム》piattaforma女, marciapiede男;《バスの》fermata女;《タクシー》posteggio男《複 *-gi*》《駅の》stazione女 di taxi ¶フィレンツェ行きの列車の乗り場はどこですか. Da che [quale] binario parte il treno per Firenze?

のりまわす 乗り回す ¶馬を乗り回す andare in giro a cavallo ¶彼は高級車を乗り回している. Gira al volante di [Si dà delle arie girando su] una macchina di lusso.

のりもの 乗り物 veicolo男;《主に四輪車》vettura女;《交通手段》mezzo男 di trasporto;《遊園地の》giostra女 (►メリーゴーランドの意味であるが、それ以外の乗り物もさす》¶私の家は乗り物の便はいい. Casa mia è ben collegata. ¶お乗り物の用意ができました. La vettura è pronta! / La vettura l'attende.
✤**乗り物酔い**《医》chinetoṣi女《無変》;《自動車》mal男 d'auto [di macchina];《電車》mal男 di treno;《船》mal男 di mare;《飛行機》mal男 d'aria (►イタリア語では,「乗り物酔い」を総称的に表す一般的な言葉はない) ¶乗り物酔いする《車で》soffrire il mal d'auto ¶乗り物酔いに効く薬《車の》medicina per il mal d'auto

のる 乗る **1**【物の上に上がる】 salire [montare] su *ql.co.* ¶人の肩に乗る montare sulle spalle di *qlcu.* ¶机の上に乗ってはいけません. Non salire sul tavolo.

2【乗り物などに】 salire男[*es*] su [in] *ql.co.*, montare男[*es*] in [su] *ql.co.*, montare *ql.co.*;《乗り物を利用する》prendere *ql.co.*;《船・飛行機に乗り込む》imbarcarsi su, salire a bordo (di una nave [un aereo]);《自転車・バイクなどにまたがる》inforcare ¶馬に乗る montare [《乗って行く》andare] a cavallo ¶自転車に乗る montare [andare] in bicicletta / inforcare la bicicletta ¶バスに乗って行こう. Prendiamo l'autobus. ¶飛行機に乗って世界中を飛び回る. Gira tutto il mondo con l'aereo. ¶この自動車には6人乗れる. Questa macchina può trasportare sei persone.

3【運ばれる, 伝送される】 ¶電波に乗って in onda / trasmesso ¶風に乗って音楽が聞こえてくる. Si sente una melodia trasportata dal vento. ¶花粉は風に乗って運ばれる. Il polline si sparge col vento.

4【調子にうまく合う】 ¶ピアノの伴奏に乗って歌う cantare con l'accompagnamento del pianoforte ¶サンバのリズムに乗って踊った. Abbiamo ballato a ritmo di samba.

5【勢いのままに進む】 ¶彼の仕事は軌道に乗っている. Il suo lavoro 「è ben avviato [procede bene]. ¶景気の波に乗って大もうけをした. Ha guadagnato molto approfittando della situazione favorevole dell'economia. ¶今日はどうも気が乗らない. Oggi proprio non me la sento. ¶彼は調子にのってはしゃぎすぎた. Si è fatto prendere dall'atmosfera festosa e ha finito con l'esagerare.

6【引っかかる, だまされる】 ¶その手には乗らないよ. Non ci casco nel tuo gioco. ¶どうやら敵の計略に乗ってしまったらしい. Temo che siamo caduti nella trappola del nemico.

7【参加する】 ¶この計画に一口乗らないか. Perché non partecipi [prendi parte] a questo progetto? ¶相談に乗ってくれ. Dammi un consiglio.

8【よく付く】 ¶この季節は鰤(ぶり)に脂がよく乗る. In questa stagione la seriola diventa più grassa e saporita. ¶彼はますます脂が乗ってきた. È sempre più in forma.

9【ある基準以上になる】 ¶その株価は5000円の大台に乗った. La quotazione di quell'azione ha superato la soglia dei 5.000 yen.

のる 載る **1**【上に置いてある】 ¶橋の欄干(らんかん)に載っている彫像 statua che sormonta il parapetto di un ponte ¶机の上に載っている本を取ってくれ. Dammi il libro che sta sul tavolo. ¶この棚に全部の箱は載らない. Tutte queste scatole non entrano sullo scaffale.

2【掲載される】 essere pubblicato su *ql.co.*, essere riportato su [da] *ql.co.* ¶この言葉は辞書に載っていない. Questa parola non c'è nel [non la trovo sul] vocabolario. ¶君のことが今日の新聞に大きく載っている よ. Il giornale di oggi riporta il tuo caso per esteso. ¶その街はどの地図にも載っている. Quella città compare su ogni mappa.

のるかそるか 伸るか反るか ◇のるかそるかやってみよう. Tenterò [Rischierò / Giocherò] il tutto per tutto. /《運を試そう》Tenterò la sorte.

ノルディックスキー《スポ》sci男 nordico

ノルマ norma女, quota女 minima [quantitativo男 minimo] di lavoro da svolgere ¶ノルマを果たす fare [eseguire] il proprio compito ¶

〈人〉に厳しいノルマを課する assegnare a qlcu. compiti severi

ノルマンじん ノルマン人 normanno男 [女 -a]

のれん 暖簾 **1**《店頭の》tenda女 posta all'ingresso di un negozio o di un ristorante;《室内の仕切り用の》piccola tenda女 per separare due camere ¶のれんを出す appendere il *noren* all'ingresso /《営業を始める》aprire il negozio ¶のれんを下ろす togliere il *noren* dall'ingresso /《その日の営業を終える》chiudere il negozio /《廃業》smettere l'attività

2《店の信用》credito男, fiducia女 [複 -cie];《評判》reputazione女 ¶のれんを汚す nuocere alla [ledere la] reputazione (di un negozio) ¶のれんにかかわる influire sulla reputazione ¶のれんを築く farsi un buon nome [una buona reputazione]

慣用 のれんに腕押し ¶のれんに腕押しだ. Questo è un buco nell'acqua. / È come pestare l'acqua nel mortaio.

のれんを分ける dare in gestione una *propria* filiale a qlcu.

のろい 呪い maledizione女, imprecazione女, maleficio男 [複 -ci];《呪術》sortilegio男 [複 -gi] ¶呪いをかける invocare la maledizione《に su》¶〈人〉の呪いを解く togliere la maledizione da qlcu. / liberare qlcu. da una maledizione ¶呪いの言葉を吐く pronunciare [proferire] maledizioni [imprecazioni]《に contro》

のろい 鈍い **1**《動作が遅い》lento;《怠けている》pigro ¶計算がのろい essere lento nel calcolare ¶この列車はのろい. Questo treno è lento. ¶彼は足がのろい.《歩くのが》Cammina lentamente. /《走るのが》Non è capace di correre velocemente. ¶彼は何をするのにものろい. Impiega un sacco di tempo per fare qualsiasi cosa.

2《頭の働きが》tardo (di mente), lento;《愚かな》stupido;《鈍感》insensibile ¶あいつは頭の回転がのろい. È un po' tardo [poco sveglio].

のろう 呪う・詛う **1**《災いがあるように祈る》maledire qlcu. [ql.co.], desiderare il male [la rovina] di qlcu. [di ql.co.] ¶呪われた人生 vita maledetta

2《強く憎むこと》odiare [esecrare / detestare] qlcu. [ql.co.] ¶のろうべき犯罪 delitto esecrabile [odioso / detestabile] ¶わが身の不幸をのろう maledire la *propria* sfortuna

のろけ 惚気 ¶のろけを言う parlare appassionatamente del *proprio* amore

のろける 惚ける ¶彼はいつも奥さんのことをのろけている. Si vanta sempre di sua moglie.

のろし 狼煙《火煙の合図》segnale男 di fumo;《煙》fumo男 segnaletico [複 -ci];《火》fuoco男 [複 -chi] segnaletico ¶のろしを打ち上げる lanciare un razzo di segnalazione (▶信号用の閃光(せんこう)) ¶のろしを上げる fare segnali di fumo /《火をつける》accendere un fuoco di segnalazione /《きっかけとなる行動を起こす》dare il via a ql.co. ¶反帝闘争ののろしがあがった. È scoppiata una lotta antimperialista.

のろのろ ◇のろのろと molto lentamente, con eccessiva lentezza, come una lumaca

のろま ◇のろまな tardo (di mente), tonto, ottuso ¶のろまなやつ tonto男 [女 -a] / babbeo男 [女 -a] / gonzo男 [女 -a] / scimunito男 [女 -a]

のろわしい 呪わしい ◇のろわしい出来事 cosa odiosa ¶すべてがのろわしい気持ちだ. Provo odio per tutto. / Tutto mi è venuto in odio.

ノンアルコール ◇ノンアルコールの senza alcol, analcolico 男複 -ci]
♣ノンアルコール飲料 bibita女 analcolica
ノンアルコールビール birra女 analcolica

のんき 暢気・呑気 ◇のんきな《平穏な》tranquillo; spensierato;《無頓着な》noncurante;《楽天的な》ottimista 男複 -i], ottimistico 男複 -ci],《成り行きまかせの》che prende il mondo come viene ¶彼はのんきに構えている. Prende la vita come viene senza darsi troppi pensieri. ¶私はのんきなたちだ. Non prendo le cose troppo a cuore. ¶私は今のんきな身分だ. Attualmente vivo senza problemi.
♣のんき者 persona女 spensierata;《楽天家》ottimista男女

ノンキャリア ¶ノンキャリアの外交官 diplomatico non di carriera

ノンステップバス autobus男 [無変] senza dislivello della pedana

ノンストップ〔英 nonstop〕◇ノンストップの non-stop [無変], ininterrotto;《乗り物が》diretto, senza soste;《飛行機が》senza scalo

ノンセクト ◇ノンセクトの indipendente, non appartenente a un partito [a una fazione]

のんだくれ 飲んだくれ beone男 [女 -a]; (grande) bevitore男 [女 -trice] ◇飲んだくれる《たくさん飲む》bere come una spugna;《酔っ払う》ubriacarsi

のんびり ◇のんびりした《平穏な》quieto, calmo, tranquillo, pacifico 男複 -ci];《くつろいだ》a *proprio* agio ¶のんびり暮らす condurre una vita tranquilla ¶のんびりした風景 paesaggio tranquillo [sereno]

ノンフィクション〔英 nonfiction〕opere女 [複] di narrativa di vicende reali
♣ノンフィクション作家 autore男 [女 -trice] [scrittore男 [女 -trice] di opere di narrativa

ノンブル〔仏 nombre〕numero男 di pagina

ノンプロ《人》dilettante男女, non professionista男女 [男複 -i] ◇ノンプロの dilettantistico 男複 -ci]

のんべえ 飲兵衛 bevitore男 [女 -trice]

のんべんだらり ¶のんべんだらりと暮らす passare le giornate nell'ozio

ノンポリ ◇ノンポリの apolitico 男複 -ci]

ノンレムすいみん ノンレム睡眠 〔医〕fase女 non-REM del sonno

は

は 刃 taglio[男][複 -*gli*] (di lama), filo[男];《刀身部》lama[女];《安全かみそりの》lametta[女] ¶かみそりの刃 lama [filo / taglio] del rasoio ¶替え刃 lama di ricambio (di un rasoio di sicurezza) ¶片刃[両刃]の ad un solo taglio [a due tagli] ¶刃の鋭い[鈍い]ナイフ coltello dalla lama affilata [ṣmussata] ¶刃のこぼれた古いナイフ vecchio coltello intaccato ¶はさみの刃を研ぐ affilare [arrotare] un paio di forbici

は 派 《宗教の》setta[女], scuola[女];《芸術・学問の》scuola[女];《政党の》corrente[女], fazione[女], gruppo[男] ¶賛成[反対]派 parte favorevole [contraria] ¶改革派 corrente riformista ¶二派に分かれる dividersi in due gruppi ¶田中派 i sostenitori di Tanaka ¶社会党左[右]派 la sinistra [destra] socialista ¶フロイト派 scuola freudiana ¶党の少数派 minoranza del partito

は 葉 foglia[女];《針葉》ago[男][複 -*ghi*];《集合的に》fogliame[男] ¶葉の茂った木 albero frondoso [fronẓuto / ricco di foglie] ¶…の葉を摘む sfogliare [sfrondare] *ql.co.* ¶木の葉が茂る[落ちる]．L'albero「si ricopre di [perde le] foglie. ¶春には葉が出る．Le foglie spuntano in primavera.

は 歯 **1**《動物の》dente[男];《集合的に》dentatura[女] ¶上[下]の歯 denti superiori [inferiori] ¶前[奥]歯 denti anteriori [posteriori] ¶歯がいい avere dei denti sani /《歯並びが》avere una bella dentatura ¶歯が悪い avere i denti guasti ¶歯が痛い avere mal di denti ¶歯が欠けている avere un dente spezzato ¶歯が抜ける perdere un dente ¶歯の抜けた ṣdentato ¶歯に詰め物をする otturare [impiombare] un dente ¶歯を磨く lavarsi i denti ¶歯を抜いてもらう farsi togliere [estrarre] un dente ¶歯を入れてもらう farsi mettere un dente artificiale [finto] / farsi mettere una proteṣi dentaria ¶歯をむき出して怒った．Si è infuriato digrignando i denti. ¶歯が1本ぐらぐらする．Ho un dente che si muove. ¶固くて歯が立たない．È troppo duro per i miei denti. ¶赤ちゃんに歯が生えた．Il bambino ha messo un dentino.

2《歯車・道具の》dente[女] ¶くしの歯 denti di un pettine ¶下駄の歯 regoletti del *geta* ¶くしの歯が抜けた．Il pettine si è ṣdentato.

[慣用] **歯が[の]浮く** ¶その音を聞くと歯が浮く．Quel rumore mi fa venire i brividi. ¶歯の浮くようなお世辞をいう fare dei complimenti che mettono i nervi

歯が立たない ¶この問題は私には難しすぎて歯が立たない．Questo problema è roba troppo difficile per me. ¶彼には誰も歯が立たない．Nessuno può competere con lui.

歯に衣(きぬ)着せぬ ¶彼女は歯に衣着せぬ物言いをする．Non ha peli sulla lingua. / Parla chiaro.

歯の根が合わない ¶あまりの恐ろしさに歯の根が合わなかった．Mi battevano i denti per la paura.

歯を食いしばる ¶歯を食いしばって我慢した．Ho sopportato stringendo i denti.

は 覇 ¶…に覇を唱える avere la supremazia su *ql.co.* / tenere *ql.co.* sotto il *proprio* dominio ¶覇を競う[争う]《互いに》disputarsi [contendersi] la supremazia su *ql.co.* /《人と》disputare[自] [*av*] [contendere[自] [*av*]] con *qlcu.* per la supremazia

ハ 〔音〕do[男][無変] ¶ハ長[短]調 do maggiore [minore] ¶ハ長調の交響曲 sinfonia in do maggiore

✤ハ音記号 chiave[女] di do

-は **1**《主題を示す》 ¶今日はとても寒い．Oggi fa molto freddo. ¶ローマはイタリアの首都だ．Roma è la capitale d'Italia.

2《対比的・対照的に示す》 ¶ビールはだめだがジュースなら飲んでいいよ．La birra non la puoi bere, il succo di frutta invece sì. ¶新聞は僕が買います．Il giornale lo compro io. ¶今日一日は，何も食べないほうがいい．Per tutta la giornata di oggi è meglio non mangiare niente. ¶父にはまだそのことを話していない．A mio padre, non gliel'ho ancora detto.

3《強め》almeno ¶2時間はかかる．Due ore, ci vorranno. ¶夏休みには会おうね．Dai, almeno durante le vacanze, vediamoci!

ば 場 **1**《空間》spa*zio*[男][複 -*i*];《場所》posto[男], luo*go*[男][複 -*ghi*], sito[男] ¶場を外す andarsene ¶公の場 luogo pubblico

2《場合》caṣo[男], circostanza[女], situazione[女] ¶その場の成り行きで私が会長に選ばれた．La situazione richiedeva che io fossi eletto presidente.

3《芝居の》scena[女] ¶第2幕第3場 atto secondo scena terza

4《株の立ち合い場》 ¶午前[午後]の場 Borsa del mattino [del pomeriggio]

5《磁気・電気の》 ¶磁力の場 campo magnetico

-ば **1**《条件・仮定》se ¶もし安ければ買います．Se costa poco, lo compro. ¶すぐに医者に行けばこんなことにはならなかったろうに．Se fosse andato subito dal medico, non gli sarebbe successa una cosa del genere. ¶京都へ行けば決まって山田の家に寄る．Tutte le volte che [Quando] vado a Kyoto, passo sempre da Yamada. ¶君さえよければ私は構わない．Purché vada bene a te, per me è lo stesso.

2《並列》sia... sia...;《否定文の場合》né... né... ¶酒も飲めばタバコものむ．Bevo e fumo. ¶彼の考えは右でもなければ左でもない．Le sue idee non sono né di destra né di sinistra.

3《指示・提案・願望》 ¶そんなに行きたければ行けば(いいだろう)．Se vuoi proprio andare, fa' come vuoi. ¶タバコなんかやめれば．Perché non la smetti di fumare? ¶このカメラはただシャッターを押せばいい. Con questa macchina fotografica basta [è sufficiente] scattare. ¶明日雨が降らなければいいが. Speriamo che domani non piova. **4**《きっかけ, 前置きを示して》¶私はと言えばquanto a me / per quanto riguarda me ¶誰かと思えば君か. Oh, sei tu? Mi chiedevo chi fosse. **5**《「…すれば…するほど」の形で》più... più... ¶その道は行けば行くほど狭くなる. Più si procede, più la strada si restringe.

はあ 1《返答》sì
2《感嘆など》oh! ¶「安田さんが引っ越したってね」「はあ, 本当ですか？」"Yasuda ha traslocato." "Ma davvero?!" ¶「明日は日曜日ですよ」「はあそうでしたね」"Domani è domenica." "Ah, già."

ばあ《赤ん坊をあやす時の言葉》bu!, buh! ¶いないいない, ばあ. Cucù, eccomi!

バー 〔英 bar〕 **1**《酒場》bar男[無変]; locale男
参考
イタリアのbarは, コーヒー, 酒類を立ち飲みするいわば簡便な喫茶店. 日本の「バー」に当たる夜間風俗営業の場所は一般にlocale男, night男, night-club男と呼ばれる.

2《高跳びなどの横木》asticella女;《その他の横木》sbarra女 ¶バーを跳び越える superare l'asticella nel salto

ぱあ 1《すっかりなくなる》¶給料はぱあになってしまった. Ho dato fondo al mio stipendio. ¶ひと晩のうちにもうけがぱあになった. Ho gettato tutti i miei guadagni al vento in una sola notte.
2《むだになる》¶これで計画がぱあになった. A causa di ciò tutto il nostro piano è andato in fumo. **3**《じゃんけんで》¶ぱあを出す fare il segno della carta nella morra cinese

パー 〔英 par〕 **1**《等価値》parità女 ¶パーで al valore nominale / alla pari **2**《ゴルフで》norma女;〔英〕par男[無変]

ばあい 場合 **1**《…するとき》nel caso che [in cui] + 接続法, quando [se] + 直説法 [接続法] ¶雨が降った場合は車で来ます. Nel caso in cui [Se] dovesse piovere, verrò in macchina. ¶うまくゆかない場合もある. Non può andare sempre bene. ¶朝飯を食べないで学校へ行く場合もある. Qualche volta vado [Mi capita di andare] a scuola senza fare colazione. ¶会議に欠席される場合はお知らせ下さい. Nel caso non potesse partecipare alla riunione, la preghiamo di avvisarci.
2《事情, 状況》caso男, occasione女, circostanza女;《とき》momento男, volta女 ¶どんな場合にも in qualunque occasione [circostanza] / in nessun caso ¶あらゆる場合に備える premunirsi contro ogni eventualità ¶場合に応じて secondo le circostanze [i casi] ¶必要な場合は in caso di bisogno / all'occorrenza ¶たいていの場合は nella maggior parte dei casi ¶それは場合による. Dipende dalle circostanze. ¶時と場合を考えて a seconda del caso / volta per volta ¶どんな場合にも慌ててはいけない. In qualsiasi circostanza「non bisogna [In nessuna circostanza bisogna] mai perdere la calma. ¶場合が場合だから悠長にはしていられない. Dato il caso [Considerata la situazione], non c'è da perder tempo. ¶それとこれとは場合が違う. I due casi sono diversi. ¶昼寝なんかしている場合じゃないぞ. Non è il momento di mettersi a fare un pisolino.

パーカ 〔英 parka〕《服》giaccone男 con cappuccio;《ジャージー地の》felpa女 con cappuccio
パーカッション 〔英 percussion〕《音》strumenti男[複] a percussione, percussioni女[複]
パーキング 〔英 parking〕 parcheggio男[複 -gi];《掲示》"P"
✤**パーキングエリア** area女 (di) parcheggio
パーキングメーター parchimetro男
パーキンソンびょう パーキンソン病《医》morbo男 di Parkinson

はあく 把握 ◆**把握する**《つかむ》afferrare;《理解する》comprendere, capire;《掌握する》avere [tenere] ql.co. in mano ¶問題点を把握する afferrare il problema ¶彼は部下をよく把握している. Tiene i suoi dipendenti perfettamente sotto controllo.

バークリウム 〔英 berkelium〕《化》berkelio男, berchelio男;《元素記号》Bk
ハーケン 〔独 Haken〕《登山で》chiodo男 da roccia [《冬山の》da ghiaccio]
バーゲン(セール) 〔英 bargain sale〕 saldo男, svendita女, liquidazione女 ¶冬物のバーゲンをする svendere abiti invernali ¶バーゲンに行く andare ai saldi
バーコード 〔英 bar code〕 codice男 a barre
✤**バーコードリーダー** lettore男 di codice a barre
パーコレーター 〔英 percolator〕《コーヒー沸かし》caffettiera女 a filtro, percolatore男
パーサー 〔英 purser〕《旅客機の》commissario男[女 -ia; 男複 -i] di volo;《船の》commissario男 di bordo
ばあさん 婆さん vecchia女, vecchietta女, anziana女;《文》vegliarda女;《ばあ あ》vecchia megera女
パージ 〔英 purge〕 epurazione女, purga女 ◇**パージする** epurare ql.co.（►目的語は組織など）¶**パージを解かれる** essere riabilitato ¶パージされた人 epurato男 [女 -a]
バージョン 〔英 version〕 versione女
✤**バージョンアップ** aggiornamento男 ◇**バージョンアップする** aggiornare ql.co.
バージン 〔英 virgin〕 vergine女
バースコントロール 〔英 birth control〕《産児制限》controllo男 delle nascite;《受胎調節》programmazione女 della nascita dei figli
バースデー 〔英 birthday〕 compleanno男
✤**バースデーケーキ[パーティー/プレゼント]** torta女 [festa女 / regalo男] di compleanno
パーセンテージ 〔英 percentage〕 percentuale女
パーセント 〔英 percent〕 percento男, per cento男;《記号》%;《パーセントで示された割合》percentuale女 ¶３％の手数料 tre per cento di commissione su ql.co. ¶10％の増加[減少] aumento [riduzione] del dieci per cento ¶100 [99]％確実だ. È sicuro al cento [novantanove] per cento. ¶このビールのアルコール度数は何パーセ

ントですか. Qual è la percentuale d'alcol di questa birra?

語法 パーセントで表す数値は男性単数名詞として扱われるので, 主語の場合には定冠詞 il をつけ, 動詞は三人称単数で活用させる.
¶回答者の 45 %が「法案に賛成である」と答えた. Il 45% degli intervistati ha risposto di essere favorevole alla proposta di legge.

パーソナリティ〔英 personality〕**1**《個性》personalità㊛ **2**《番組進行役》conduttore㊚[㊛-trice] di un programma (radiofonico);《DJ》→ディージェー

パーソナルコール chiamata㊛ a persona specifica

パーソナルコンピュータ〔英 personal computer〕〔英〕personal computer㊚[無変]

バーター〔英 barter〕《物々交換》baratto㊚, permuta㊛, scambio㊚
❖バーター制 sistema㊚ del baratto
バーター貿易 commercio㊚[複 -ci] estero basato sugli scambi

ばあたり 場当たり **1**《その場の思いつき》◇場当たりの di circostanza ¶場当たり的な計画 progetto inconsistente [deciso sul momento] **2**《その場の機転で人気を博すること》¶場当たりをねらう mirare [puntare] a fare effetto

バーチャルリアリティー〔英 virtual reality〕《コンピュータ》realtà㊛ virtuale

はあっ ¶はあっと息を吐いた. Ho sospirato profondamente.

ぱあっ ¶うわさは瞬く間にぱあっと広まった. La voce si è diffusa in un baleno. ¶今夜はひとつぱあっと景気よくやろうじゃないか. Stasera non ci ferma nessuno!

パーツ〔英 parts〕parti㊛[複], pezzi㊚[複] di ricambio →部品

パーティー〔英 party〕**1**《会合》festa㊛;〔英〕party㊚[無変];《レセプション》ricevimento㊚ ¶ダンスパーティー serata [ricevimento] danzante / (festa da) ballo ¶パーティーを催す dare un ricevimento / organizzare una festa ¶パーティーを催す dare un tè ¶パーティーに出る partecipare [andare] a una festa
2《登山の》gruppo㊚ (d'alpinisti)

パーティション〔英 partition〕**1**《コンピュータ》partizione㊛ **2**《間仕切り》divisorio㊚[複-i], tramezzo㊚

バーテンダー〔英 bartender〕〔英〕barman㊚[無変];《イタリアの bar の》barista㊚㊛[㊚複-i]

ハート〔英 heart〕cuore㊚;《トランプの》cuori㊚[複] ¶トランプの関連 ¶ハート形の cuoriforme / a forma di cuore ¶ハートの 7 sette di cuori

ハード〔英 hard〕《難しい》difficile;《つらい, かたい》duro ¶ハードスケジュール agenda fitta ¶ハードトレーニング allenamento duro e intenso
❖ハードウェア《コンピュータ》〔英〕hardware㊚[無変]
ハードカバー《本の》edizione㊛ rilegata
ハードディスク《コンピュータ》〔英〕hard disk[無変], disco㊚[複-schi] rigido

ハードトップ《車》〔英〕hardtop [ardtóp] [無変]; tetto rigido《capote [kapót]㊛[無変]》rigida] senza montante centrale

ハードボード pannello㊚ di fibra di legno

パート〔英 part〕**1**《部分, 区分》parte㊛ **2**《役割》ruolo㊚, parte㊛ ¶君はどのパートを受け持っているのか.《オーケストラで》Che cosa suoni [Quale ruolo hai] nell'orchestra? /《合唱で》Quale parte canti?
3→パートタイマー, パートタイム

バードウォッチング〔英 bird watching〕〔英〕bird-watching㊚[無変]; osservazione㊛ degli uccelli

パートタイマー〔英 part-timer〕impiegato㊚[㊛-a] [lavoratore㊚[㊛-trice]] part-time[無変]

パートタイム〔英 part-time〕lavoro㊚ part-time[無変] ¶パートタイムで働く lavorare a tempo parziale [(a) part-time]

パートナー〔英 partner〕《相手》compagno㊚[㊛-a];〔英〕partner㊚㊛[無変];《ダンスの: 男》cavaliere㊚;《女》dama㊛

ハードル〔英 hurdle〕《スポ》《障害物》ostacolo㊚
❖ハードル競走 corsa㊛ ad ostacoli
ハードル選手 ostacolista㊚㊛[㊚複-i]

バーナー〔英 burner〕《機》bruciatore㊚, becco㊚[複-chi] (a gas) ¶ブンゼンバーナー becco Bunsen

はあはあ ◇はあはあいう essere affannato; ansare㊀[av], ansimare㊀[av]

ハーフ〔英 half〕**1**《半分》mezzo㊚ **2**《スポ》《前半, 後半》tempo㊚ **3**→混血
❖ハーフコート《服》cappotto㊚ corto, giaccone㊚
ハーフサイズ ◇ハーフサイズの《写真の》di piccolo formato;《飲食店で》mezza porzione㊛
ハーフタイム《スポ》intervallo㊚
ハーフトーン《印》autotipia㊛, incisione㊛ a mezzatinta
ハーフバック《スポ》mediano㊚
ハーフメード《服》abito㊚ semiconfezionato
ハーフライン《スポ》linea㊛ centrale

ハーブ〔英 herb〕erbe㊛[複] aromatiche
❖ハーブティー tisana㊛, infusione㊛

ハープ〔英 harp〕《音》arpa㊛ ¶ハープを弾く suonare l'arpa
❖ハープ奏者 arpista㊚㊛[㊚複-i]

ハープシコード〔英 harpsichord〕《音》arpicordo㊚, clavicembalo㊚
❖ハープシコード奏者 clavicembalista㊚㊛[㊚複-i]

バーベキュー〔英 barbecue〕grigliata㊛,〔英〕barbecue㊚[無変]

バーベル〔英 barbell〕《スポ》bilanciere㊚

バーボン〔英 bourbon〕〔英〕bourbon [bárbon]㊚[無変]

パーマ permanente㊛ ¶パーマをかける farsi fare la permanente ¶パーマをとること contropermanente㊛ ¶ストレートパーマをかける stirarsi i capelli ¶この前かけたパーマがもうとれた. La permanente che mi ero appena fatta è già svanita.

ハーモニー 〔英 harmony〕〘音〙armonia[女] ¶味と香りのハーモニー armonia di sapori e odori ¶美しいハーモニーに聞きほれる lasciarsi incantare da un'armoniosa melodia
ハーモニカ 〔英 harmonica〕〘音〙armonica[女] (a bocca)
ばあや 婆や vecchia domestica[女];《乳母》vecchia nutrice[女]
パーラー 〔英 parlor〕 sala[女] da tè
はあり 羽蟻 〘昆〙formica[女] con le ali
バール 〔英 bar〕《気圧の単位》bar[男][無変] ¶ミリバール millibar[男][無変]
パール 〔英 pearl〕 perla[女]
✤**パールグレー** grigio[女] perla [無変]
ハーレム harem[男][無変]
はい **1**《質問に対する返事》sì; certamente, senz'altro;《否定疑問に対する返事》no ¶「昨夜はよくお休みになれましたか」「はい, よく休みました」"Ha dormito bene ieri notte?" "Sì, ho dormito bene." ¶「この本はまだ読んでいませんか」「はい, まだ読んでません」"Non ha ancora letto questo libro?" "No, non ancora."
2《点呼に対する応答》Presente!;《ここにいます》Eccomi!;《すぐ行きます》Vengo subito! / Arrivo!
3《物を差し出すとき》Ecco. ¶はい, どうぞ. Prendi! / Tieni! /《ていねいに》Prenda! / Tenga!
4《注意の喚起》¶はい, こちらを向いてください. Attenzione [Lei]! Guardi qui per favore!
はい 灰 cenere[女] ¶死の灰 pulviscolo radioattivo ¶すべてが灰になった. Tutto si è ridotto [è andato] in cenere. (►比喩的にも用いる)
はい 杯 coppa[女] ¶UEFA [ヨーロッパサッカー連盟]杯 Coppa (d')UEFA [wéfa] ¶杯を重ねる bere una coppetta (di *sakè*) dopo l'altra
はい 肺 polmone[男] ◇肺の polmonare
✤**肺炎, 肺活量, 肺癌** ⇀見出し語参照
肺気腫〘医〙enfisem*a*[男][複 -*i*] polmonare
肺結核 ⇀見出し語参照
肺水腫〘医〙edem*a*[男][複 -*i*] polmonare
肺病 pneumopatia[女], malattia[女] di petto [dei polmoni], tisi[女]
はい 胚 〘植・動〙embrione[男], germe[男] ◇胚の embrionale
✤**胚移植** trapianto[男] di embrione
胚乳 albume[男]
胚嚢(はいのう) sacc*o*[男][複 -*chi*] embrionale
-はい -杯 ¶コーヒー1杯 una tazza di caffè ¶コップ2杯の酒 due bicchieri di *saké* ¶いか3杯 tre seppie
-はい -敗 ¶3勝5敗で負けた. Abbiamo perso con cinque sconfitte contro tre vittorie.
ばい 倍 **1**《2倍》doppio[男] ◇倍の dopp*io* [[男]複 -*i*] ◇倍になる raddoppiare[自] [*es, av*], diventare[自][*es*] dopp*io* ◇倍にする raddoppiare *ql.co.* ¶倍のスピードで a velocità doppia ¶資本が倍になった. Il capitale è raddoppiato. ¶予算の倍のお金がかかりました. È costato il doppio del previsto.
2《「…倍」の形で》volta[女] ¶ある数を5倍する moltiplicare un numero per cinque / quintuplicare un numero ¶私の町はあの町よりも5倍くらい大きい. La mia città è circa cinque volte più grande di quella. ¶2000倍の顕微鏡 microscopio a duemila ingrandimenti ¶5の4倍は20だ. Quattro volte cinque fa venti. ¶物価は日本の3倍[1.5倍]だ. I prezzi sono tre volte [una volta e mezzo] quelli del Giappone.
パイ **1**《ギリシア語の字母》pi[男][無変]; Π, π
2〘数〙《円周率》pi[男][無変] greco;《記号》π
パイ 〔英 pie〕〘菓子〙torta[女] di pasta frolla, crostata[女];《肉・魚の》pastic*cio*[男][複 -*ci*] ¶アップルパイ torta di mele ¶パイの皮 sfoglia
はいあがる 這上がる **1**《はって上がる》salire[自] [*es*] strisciando;《よじ登る》arrampicarsi, inerpicarsi ¶つたが壁をはい上がる. L'edera si arrampica sul muro.
2《苦労して切り抜ける》¶彼はどん底からはい上がった. È risalito dal fondo [basso].
バイアス 〔英 bias〕¶バイアスに裁断する tagliare *ql.co.* di sbieco [in diagonale]
✤**バイアステープ**〘服・織〙sbiec*o*[男][複 -*chi*]
バイアスロン 〔英 biathlon〕〘スポ〙biathlon[男][無変]
ハイアライ 〔ス jai alai〕〘スポ〙(gioco[男] della) pelota[女], palla[女] basca
はいあん 廃案 ¶この法案は廃案になった. Questo disegno di legge è stato respinto.
はいい 廃位 deposizione[女] (dal trono) ◇廃位する detronizzare *qlcu.* ¶王は廃位に追い込まれた. Il re fu costretto ad abdicare.
はいいろ 灰色 grig*io*[男][複 -*gi*];《灰白色》grigio[男] cenere [無変];《ねずみ色》grigio[男] topo [無変];《銀白色》grigio[男] argento [無変] ◇灰色の grig*io* [[男]複 -*gi*; [女]複 -*gie*, -*ge*], cinereo, color cenere ◇灰色がかった grigiastro, cenerognolo ¶灰色の空 cielo cinereo ¶灰色の服を着る vestire di grigio ¶私の人生は灰色だ. La mia vita è un grigiore! ¶灰色高官 alto dirigente sospettato di corruzione / funzionario corrotto
はいいん 敗因 ¶敗因を分析する analizzare le cause di una sconfitta
ばいう 梅雨 ⇀梅雨(つゆ)
✤**梅雨前線** fronte[男] stagionale delle piogge
ハイウエー 〔英 highway〕 autostrada[女];《無料の》superstrada[女]
✤**ハイウエーカード** tessera[女] prepagata autostradale
ハイウエーパトロール 《人:集合的》pattuglia[女] autostradale;《行為》pattugliamento[男] autostradale
はいえい 背泳 (nuoto[男] sul) dorso[男], stile[男] dorso ¶背泳をする nuotare a dorso ¶女子100メートル背泳 i 100 m dorso femminili
はいえき 廃液 acque[女][複] di scarico ¶工場廃液 scarichi industriali
はいえつ 拝謁 ¶王に拝謁する essere ricevut*o* in udienza dal re ¶皇帝に拝謁を乞う[許される] sollecitare un'udienza all'[ottenere un'udienza dall'] imperatore
ハイエナ 〔英 hyena〕〘動〙iena[女]
はいえん 肺炎 〘医〙polmonite[女] ◇肺炎の polmoniti*co* [[男]複 -*ci*] ¶カタル性肺炎 catarro polmonare ¶気管支肺炎 broncopolmonite ¶急性肺炎 polmonite acuta ¶肺炎になる《人が主

語）essere colpito da polmonite /《病気が主語》peggiorare [sviluppparsi] in polmonite

はいえん 排煙 fumo男 di scarico
❖排煙装置 meccanismo男 per l'aspirazione del fumo

ばいえん 煤煙 fumo男 fuligginoso;《すす》fuliggine女, nerofumo男

バイオ《バイオテクノロジーの略》biotecnologia女 [複 -gie]
❖バイオエシックス bioetica女
バイオエタノール bioetanolo男
バイオエレクトロニクス bioelettronica女
バイオ食品 cibo biotecnologico [複 -ci]
バイオセーフティ sicurezza女 biologica
バイオセラミックス bioceramica女
バイオセンサー《化》biosensore男
バイオチップ biochip男 [無変]
バイオテクノロジー biotecnologia女 [複 -gie]
バイオテロ bioterrorismo男
バイオハザード rischio男 [複 -schi] biologico
バイオプシー《医》biopsia女
バイオマス biomassa女

ハイオクタン〔英 high-octane〕◇ハイオクタンの ad alto numero di ottani
❖ハイオクタンガソリン benzina女 verde

パイオニア〔英 pioneer〕pioniere男 [女 -a], precursore男, antesignano男 [女 -a]

バイオリズム〔英 biorhythm〕bioritmo男

バイオリニスト〔英 violinist〕《音》violinista男 [複 -i]

バイオリン〔英 violin〕《音》violino男 ¶バイオリンを弾く suonare il violino ¶第一[二]バイオリン violini primi [secondi] ¶バイオリンケース custodia [astuccio] di violino

バイオレット〔英 violet〕**1**《植》violetta女 **2**《色》violetto男, color男 viola

ばいおん 倍音《音》(suono男) armonico男 [複 -ci], armonica女

はいか 配下 seguace男, discepolo男 [女 -a] ¶彼はY氏の配下に属している。È al servizio del sig. Y. / È uno degli uomini del sig. Y.

はいが 胚芽 germe男, embrione男
❖胚芽米 riso男 con embrione

ばいか 売価 prezzo男 di vendita

ばいか 倍加 raddoppiamento男 ◇倍加する raddoppiare自 [es, av], diventare doppio男 [複 -i] ◇倍加させる raddoppiare qlco., rendere qlco. doppio (▶doppio は目的語の性・数に合わせて語尾変化する)

ハイカー〔英 hiker〕escursionista男女 [男複 -i], gitante男女

はいかい 俳諧《滑稽(ﾋﾞ)味のある和歌・連歌》haikai男 [無変]; breve poesia女 comica; →俳句
❖俳諧師 poeta男 di haikai
俳諧連歌 renga男 [無変] umoristico [複 -ci]

はいかい 徘徊 ◇徘徊する errare自 [av], vagare自 [av], girovagare自 [av] ¶市中を徘徊する girovagare per la città ¶この辺は痴漢が徘徊している。In questa zona circolano molestatori di ragazze.

はいがい 排外 ◇排外的 xenofobo, senofobo
❖排外感情 xenofobia女, sentimento男 xenofobo

排外主義 xenofobia女;《政》sciovinismo男, nazionalismo男 fanatico

ばいかい 媒介 **1**《仲立ち》mediazione女, tramite男 ◇媒介する agire自 [av] [fare] da intermediario /《女性》mediatrice女 / fare da intermediare /《女性》mediatrice女 per ql.co. ¶…を媒介して mediante ql.co. [qlcu.] / tramite ql.co. [qlcu.]
2《病原菌を移すこと》¶蚊はマラリアを媒介する。Le zanzare trasmettono la malaria.

媒介者 mediatore男 [女 -trice], intermediario男 [-ia; 男複 -i]
媒介物 veicolo男, tramite男
媒介変数《数》parametro男

はいかき 灰掻き attizzatoio男 [複 -i]

ばいがく 倍額 importo男 doppio, somma女 doppia;《料金の》tariffa女 doppia, prezzo男 doppio
❖倍額増資《金融》raddoppio男 del capitale (sociale)

はいかぐら 灰神楽 ¶灰神楽を上げる alzare una nuvola di cenere

はいガス 排ガス gas男 [無変] di scarico
❖排ガス規制 controllo男 dei gas di scarico

はいかつりょう 肺活量 capacità女 respiratoria [polmonare / vitale], posa女 ¶肺活量が大きい avere una grande capacità respiratoria
❖肺活量計 spirometro男, pneumometro男

はいかん 拝観 ◇拝観する visitare ql.co.; vedere [guardare] ql.co.
❖拝観者 visitatore男 [女 -trice] (di un santuario)
拝観料 prezzo男 d'ingresso (in un santuario)

はいかん 配管《すること》installazione女 di tubi [di condutture], posa女 [messa女] in opera di tubazioni;《されたもの》tubazione女;《システム》tubatura女, rete女 di tubazioni ¶水回りの配管工事をする mettere [porre] in opera le tubazioni di un impianto idraulico
❖配管工 idraulico男 [複 -ci]
配管図 diagramma男 [複 -i] di un impianto di tubazioni

はいかん 廃刊 interruzione女 [cessazione女] della pubblicazione ◇廃刊する sospendere la pubblicazione di ql.co. ¶廃刊になる cessare di essere pubblicato

はいかん 廃艦 nave女 da guerra in disarmo

はいがん 肺癌 cancro男 polmonare
❖肺癌患者 persona女 affetta da cancro polmonare

はいき 排気 **1**《空気を外へ出すこと》getto男 dell'aria **2**《排気ガス》gas男 [無変] di scarico
❖排気ガス gas男 [無変] di scarico
排気ガス規制 controllo男 dei gas di scarico
排気管 tubo男 di scarico [di efflusso]
排気孔 apertura女 di scappamento
排気行程 corsa女 [fase女] di scarico
排気装置 scappamento男
排気タービン turbina女 a getto di scarico
排気 cilindrata女 ¶排気量 1500cc の車 una macchina di 1.500「cm cubici [di cilindrata] / una 1.500

はいき 廃棄《古くなったもの・不良品を捨てること》

ばいきゃく scarto男; 《法》(取り消し, 破棄) annullamento男, abbandono男, rottura女 ◇廃棄する buttare [gettare] via *ql.co.*, fare lo scarto di *ql.co.*; 《無効にする》annullare ¶固定資産の廃棄《法》abbandono di un bene immobile ¶古い家具を廃棄処分にする gettare via un vecchio mobile ¶工場の古い機械を廃棄する sgombrare la fabbrica dei vecchi macchinari
❖**廃棄物** rifiuti男[複], rottami男[複]; (金属や放射性の) scorie女[複]; (工場などの) cascami男[複] ¶プラスチック廃棄物 cascami di lavorazione di materie plastiche ¶医療廃棄物 rifiuti ospedalieri ¶産業廃棄物 scorie [scarichi] industriali

ばいきゃく 売却 vendita女 ◇売却する vendere ¶コンピュータを売却処分する disfarsi di un computer vendendolo
❖**売却済**《表示》"Venduto"

はいきゅう 配給 distribuzione女; 《食糧などの割当》razionamento男 ◇配給する distribuire le razioni di *ql.co.* a *qlcu.*; 《映画を》distribuire un film ¶食糧の配給を受ける ricevere la propria razione di viveri
❖**配給会社**《映画の》casa女 [società女] di distribuzione cinematografica

配給制 sistema男 del razionamento

はいきょ 廃墟 rovine女[複], ruderi男[複], macerie男[複], resti男[複] ¶廃墟となる[なっている] cadere [essere / giacere] in rovina

はいぎょ 肺魚《魚》dipnoi男[複]

はいきょう 背教 apostasia女, infedeltà女, abiura女
❖**背教者** apostata*a*男女 [男複 -i], rinnegato*o* [女 -a]

はいぎょう 廃業 cessazione女 di attività ◇廃業する lasciare la professione [il mestiere]; 《店をたたむ》chiudere bottega, cessare l'attività; 《引退》ritirarsi《を da》¶彼は弁護士を廃業した. Ha lasciato la professione di avvocato. / Si è ritirato dall'avvocatura.

ばいきん 黴菌 bacillo男, batterio男 [複 -i], microbio男 [複 -i], microbo男 ¶傷口からばい菌が入った. La ferita si è infettata.

ハイキング 〔英 hiking〕escursione女 [gita女] (a piedi), passeggiata女 ¶ハイキングをする andare in gita / fare un'escursione [una gita] (a piedi)
❖**ハイキングコース** percorso男 di una gita

バイキング 〔英 Viking〕**1**《史》Vichinghi男[複] **2**《飲食店の》buffet男[無変] che comprende una grande varietà di piatti

はいきんしゅぎ 拝金主義 culto男 del denaro, 《稀》mammonismo男

はいきんりょく 背筋力 forza女 di schiena ¶背筋力が強い avere una schiena robusta

はいく 俳句 *haiku*男[無変]; poesia女 di diciassette sillabe in tre versi di 5, 7 e 5 sillabe

バイク 〔英 bike〕motocicletta女, moto女[無変]; (原付き) motorino男, ciclomotore男 → オートバイ

はいぐうし 配偶子《生》gamete男

はいぐうしゃ 配偶者 consorte男女, coniuge男女

ハイクラス 〔英 high-class〕◇ハイクラスの di (gran) classe ¶ハイクラスのホテル albergo di lusso

はいぐん 敗軍 esercito男 sconfitto ¶敗軍の将, 兵を語らず.《諺》Chi fallisce non deve giustificarsi.

はいけい 背景 **1**《絵画などの》fondo男, sfondo男;《芝居の》fondale男, sfondo男 ¶青空を背景に浮かぶ浅間山 il monte Asama che si staglia nel cielo azzurro

2《背後の事情・勢力》¶社会的背景が反映された小説 romanzo a sfondo sociale

はいけい 拝啓 (▶イタリアの手紙ではすぐ本題に入るのがふつうで,「拝啓」に当たる表現はない)

はいげき 排撃 condanna女, biasimo男 ◇排撃する riprovare [disapprovare / biasimare / condannare] *ql.co.* [*qlcu.*] ¶独裁体制を排撃する condannare [respingere] i regimi dittatoriali

はいけっかく 肺結核《医》tubercolosi女[無変] polmonare, tisi女[無変] ◇肺結核の tubercoloso, tubercolotico [男複 -ci]
❖**肺結核患者** tisico男 [女 -ca; 男複 -ci], tubercolotico男 [女 -ca]

はいけつしょう 敗血症《医》setticemia女 ◇敗血症の setticemico [男複 -ci]

はいけん 拝見 ¶お手紙拝見いたしました. Ho letto [ricevuto] la Sua lettera. /《商業文》Accu

---

日本事情 俳句

Lo *haiku* è la più breve composizione poetica giapponese composta di 17 sillabe sullo schema di 5-7-5 e include sempre una parola che esprime una stagione (*kigo*). Bisogna saper esprimere insieme, in poco spazio, le sensazioni che una stagione suggerisce e le proprie emozioni personali. Deriva originariamente dai primi tre versi del *renga*, chiamati *hokku*. Durante il periodo Edo, Matsuo Basho (1644-94) lo portò ai più alti livelli letterari. Nell'era Meiji fu chiamato *haiku* dal poeta Masaoka Shiki (1867-1902). Questa forma poetica è ancora oggi molto amata.

閑さや岩に	5 sillabe	shi-zu-ka-sa-ya *il silenzio*
	7 sillabe	i-wa-ni-shi-mi-i-ru *penetra la pietra*
しみ入蟬の聲（芭蕉）	5 sillabe	se-mi-no-ko-e *frinire di cicale*
		(Basho)

siamo ricevuta della Vs. lettera. ¶これをちょっと拝見します。Posso vederlo un attimo? ¶切符を拝見します。Prego, favorisca il biglietto.

はいご 背後 dietro㋱ ¶…の背後に dietro (a) *ql.co.*, dietro di *qlcu.* ¶敵の背後を襲う attaccare il nemico alle spalle [da dietro] ¶彼らの背後でその男が糸を引いている。Dietro di loro c'è qualcuno che manovra. ¶彼の背後にはマフィアがついている。È sostenuto dalla mafia.
❖**背後関係** ¶事件の背後関係を洗う cercare di scoprire chi tiene le fila dell'affare (▶fila㋛の複数形)

はいご 廃語 parola㋛ (caduta) in disuso
はいこう 廃校 scuola㋛ chiusa
はいこう 廃鉱 miniera㋛ abbandonata ¶廃鉱にする abbandonare una miniera
はいごう 配合 combinazione㋛, assortimento㋱ ◇配合する combinare, assortire ¶色の配合がいい。Questi colori si accostano [si accompagnano] bene.
配合ガソリン miscela㋛ di benzina
配合飼料 foraggio㋱ [複 -gi] misto
配合肥料 concime㋱ composto
ばいこく 売国 ◇売国の traditore [㋛ -trice], sleale, proditorio [㋱の複 -i]
❖**売国奴** traditore㋱ [㋛ -trice] della patria [del proprio paese]; (蔑) senzapatria㋱㋛ [無変]
はいざら 灰皿 portacenere㋱ [無変], posacenere㋱ [無変]
はいざんしゃ 敗残者 fallito㋱ [㋛ -a]; perdente㋱
はいざんぺい 敗残兵 superstite㋱㋛ di un esercito sconfitto
はいし 廃止 abolizione㋛, soppressione㋛, annullamento㋱; (法令の) abrogazione㋛, revoca㋛ ◇廃止する abolire, sopprimere, annullare; abrogare ¶奴隷制の廃止 abolizione della schiavitù ¶死刑を廃止する abolire la pena di morte ¶鉄道路線を廃止する cancellare una tratta ferroviaria ¶法令を廃止する abrogare [revocare] un decreto ¶特権[税金/手当]を廃止する sopprimere un privilegio [un'imposta / un'indennità]
❖**廃止論** abolizionismo㋱
ばいしつ 媒質 veicolo㋱, mezzo㋱ di propagazione; mezzo㋱
はいじつせい 背日性 (植) eliotropismo㋱ negativo
はいしゃ 配車 assegnazione㋛ [ripartizione㋛] delle automobili ◇配車する assegnare le automobili
はいしゃ 敗者 vinto㋱ [㋛ -a], perdente㋱㋛, sconfitto㋱ [㋛ -a]
❖**敗者復活戦** 《スポ》〔仏〕repêchage [repeʃʃáƷ]㋱ [無変], ripescaggio㋱ [複 -gi]
はいしゃ 廃車 ¶廃車にする(不使用にする) restituire la targa (al PRA) (▶PRAはイタリアのPubblico Registro Automobilistico [「陸運事務所」の略] / (解体に付する) demolire [rottamare] un'automobile
❖**廃車届** denuncia㋛ [複 -ce; (稀) -cie] di rottamazione di un'auto
はいしゃ 歯医者 dentista㋱㋛ [㋱複 -i], odon-

toiatra㋱㋛ [㋱複 -i] ¶歯医者へ行く andare dal dentista
はいしゃく 拝借 ◇拝借する prendere *ql.co.* in prestito ¶この本を拝借できませんか。Posso prendere questo libro in prestito? ¶電話を拝借してよろしいですか。Posso usare il telefono? ¶お知恵を拝借したいんですが。Posso chiederle un consiglio?
ばいしゃく 媒酌 →仲人
ハイジャック 〔英 hijack〕(航空機の) dirottamento㋱ aereo, pirateria㋛ aerea ◇ハイジャックする dirottare *ql.co.* ¶ハイジャック機 aereo dirottato
ハイジャック犯 dirottatore㋱ [㋛ -trice]
ハイジャンプ 〔英 high jump〕《スポ》salto㋱ in alto
はいしゅ 胚珠 (植) ovulo㋱
はいじゅ 拝受 ◇拝受する ricevere, accettare
ばいしゅう 買収 1 (買い取り) acquisto㋱, compera㋛ ◇買収する acquistare, comprare ¶企業を買収する acquistare una società
2 (贈収賄) corruzione㋛ ◇買収する corrompere *qlcu.*; (俗) ungere (le ruote a) *qlcu.* ¶役人を買収する corrompere un pubblico ufficiale
はいしゅつ 排出 scarico㋱ [複 -chi], scappamento㋱ ◇排出する scaricare
❖**排出管** tubo㋱ di scarico (di scappamento)
排出口 fuor(i)uscita㋛, emissione㋛, scarico㋱, sbocco㋱ [複 -chi]
はいしゅつ 輩出 ¶この学校からは多くの政治家が輩出した。Da questa scuola sono usciti numerosi uomini politici.
ばいしゅん 売春 prostituzione㋛ ◇売春する prostituirsi, darsi alla prostituzione, battere il marciapiede ◇売春させる prostituire *qlcu.*
❖**売春禁止法** legge㋛ contro la prostituzione
売春婦 prostituta㋛; meretrice㋛; (卑) puttana㋛; (街娼) donna㋛ da marciapiede; (俗) battona㋛; (俗) lucciola㋛
売春宿 bordello㋱, casa㋛ di tolleranza, casa㋛ chiusa; (俗) casino㋱, postribolo㋱
はいじょ 排除 (閉め出すこと) esclusione㋛; (取り除くこと) rimozione㋛; (好ましくないことを取り除くこと) eliminazione㋛ ◇排除する escludere *qlcu.* [*ql.co.*]; rimuovere *qlcu.* [*ql.co.*]; eliminare *qlcu.* [*ql.co.*] ¶…を排除して ad esclusione di *qlcu.* [*ql.co.*] ¶警察は不法入居者を排除した。La polizia ha sfrattato gli occupanti abusivi.
ばいしょう 賠償 riparazione㋛, risarcimento㋱, indennizzo㋱, compenso㋱, indennità㋛ ◇賠償する riparare *ql.co.*, indennizzare [risarcire] *qlcu.* di *ql.co.* [a *qlcu. ql.co.*] ¶役務賠償 risarcimento pagato in lavoro ¶損害賠償 risarcimento dei danni
❖**賠償委員会** commissione㋛ nominata per la determinazione di un risarcimento
賠償金 indennità㋛ (戦争の) indennità㋛ di guerra
賠償請求権 diritto㋱ (di richiesta) di indennizio
はいしょく 配色 assortimento㋱ [combinazione㋛] di colori; (色をつけること) colorazione

[女] ¶配色がいい[悪い]. I colori sono ben [mal] assortiti.

はいしょく 敗色 ¶我々のチームは敗色が濃い. Ormai per noi si profila una sconfitta.

はいしん 背信 abuṣo[男] di fiducia, ṣlealtà[女], tradimento[男] ◇背信の ṣleale ¶背信行為を働く tradire la fiducia di *qlcu*.

はいしん 配信 distribuzione[女] ◇配信する distribuire ¶オンラインで配信される音楽 muṣica distribuita online [on line] ¶通信社から配信されたニュース notizia diffuṣa da un'agenzia stampa

はいじん 俳人 poet*a*[男][[女] *-essa*; [男]複 *-i*] di *haiku*

はいじん 廃人 invalid*o*[男][[女] *-a*], persona[女] mutilata

ばいじん 煤塵 particelle[女][複] di fuliggine
✤煤塵汚染 inquinamento[男] dovuto a particelle di fuliggine

ばいしんいん 陪審員 giudice[男] [女] popolare;《イタリアで, 第二次大戦以前の》giurat*o*[男][[女] *-a*];《総称》giuria[女]

ばいしんせいど 陪審制度 sistema[男] della giuria (◆イタリアでは現在, 重罪裁判所と重罪高等裁判所でこの制度が採られている)

はいすい 配水 distribuzione[女] d'acqua
✤配水管 conduttura[女] dell'acqua, conduttura[女] idrica, canalizzazione[女] delle acque
配水工事 ¶配水工事をする costruire una conduttura d'acqua

はいすい 排水 scaric*o*[男][複 *-chi*] delle acque, drenag*gio*[男][複 *-gi*], scolo[男];《船底などの》aggottatura[女];《干拓の》prosciugamento[男] ◇排水する scaricare [togliere] l'acqua《から da》;《ポンプで》pompare l'acqua《から da》; drenare *ql.co.*, prosciugare *ql.co.*; aggottare *ql.co.*
✤排水管 tubo[男] di scarico [di scolo]
排水溝 canale[男] di drenaggio [di scolo]
排水工事 opere[女][複] di drenaggio [di scolo]
排水ポンプ idrovora[女]
排水量[トン数]〘船〙dislocamento[男]

はいすい 廃水 acque[女][複] di scarico ¶工場廃水 acqua di scarico di un'industria

はいすいのじん 背水の陣 ¶背水の陣を敷く trovarsi con le spalle al muro ¶背水の陣を敷いて戦う combattere disperatamente

ばいすう 倍数 multiplo[男] ¶25は5の倍数である. Venticinque è un multiplo di cinque.
✤倍数体〘生〙poliploide[男]

はいずりまわる 這いずり回る aggirarsi strisciando《を su》

はいする 配する **1**《取り合わせる》abbinare, mettere insieme, combinare ¶黒地に赤と黄を配した着物 *kimono* con una combinazione di rosso e giallo su fondo nero **2**《配置する》collocare ¶警官を主要道路に配する disporre [dispiegare] dei poliziotti lungo le strade principali

はいする 排する escludere ¶万難を排して計画を実行した. Nonostante le difficoltà, abbiamo portato a termine il progetto. ¶幾多の困難を排して superando molte difficoltà

はいせき 排斥 esclusione[女];《拒否》rigetto[男];《追放》espulsione[女];《ボイコット》boicottag*gio*[男][複 *-gi*] ◇排斥する escludere *qlcu.* [*ql.co.*], espellere *qlcu.*; boicottare *ql.co.* [*qlcu.*], mettere *qlcu.* [*ql.co.*] al bando ¶外国商品を排斥する boicottare le merci stranieri
✤排斥運動 movimento[男] di boicottaggio《の di》

ばいせき 陪席 ¶明日のレセプションの陪席を許される. Mi è stato concesso di partecipare al ricevimento di domani.
✤陪席裁判官 giudice[男] a latere

はいせつ 排泄 escrezione[女];《成分の》eliminazione[女] ◇排泄する《排便する》evacuare le feci;《排尿する》orinare[自][*av*];《排除する》eliminare *ql.co.*
✤排泄器官 apparato[男] escretorio [escretore / escretivo]
排泄作用 processo[男] escretorio
排泄促進剤 rime*dio*[男][複 *-i*] evacuante
排泄物 escrementi[男][複], feci[女][複];《尿》urina[女]

はいぜつ 廃絶 **1**《あとを絶つこと》estinzione[女] ◇廃絶する estinguersi **2**《廃止してなくすこと》¶核兵器の全面廃絶を主張する sostenere l'abolizione totale delle armi nucleari

はいせん 配船 ◇配船する assegnare [destinare] una nave《に a》

はいせん 配線〘電〙installazione[女] di fili [di cavi] elettrici;《総称的》cablag*gio*[男][複 *-gi*] ◇配線する installare un impianto elettrico [i fili elettrici]《に in》
✤配線ケーブル cavo[男] di distribuzione
配線工事 lavori[男][複] per l'installazione di un impianto elettrico [dei fili elettrici]
配線図 schem*a*[男][複 *-i*] circuitale [di connessione]
配線盤 quadro[男] di distribuzione

はいせん 敗戦 sconfitta[女] in una guerra;《試合の》perdita[女] della partita, sconfitta[女];《大敗》disfatta[女]
✤敗戦国 nazione[女] sconfitta [vinta]

はいせん 廃船 nave[女] in diṣarmo ◇廃船になる andare in diṣarmo

はいせん 廃線《鉄道の》eliminazione[女] di una linea ferroviaria

はいぜん 配膳 ◇配膳する preparare [apparecchiare] la tavola;《お手伝いさんなどが》servire a tavola

ばいせん 媒染 mordenzatura[女]
✤媒染剤[染料] mordente[男];《色留めの》soluzione[女] di fissaggio

ハイセンス ¶彼女の服装はハイセンスだ. Ha buon gusto nel vestirsi.

はいそ 敗訴 perdita[女] di un processo, cauṣa[女] persa ◇敗訴する perdere una cauṣa [il processo]

はいそう 配送 consegna[女] ¶無料配送 consegna gratuita
✤配送課 uffi*cio*[男][複 *-ci*] consegne
配送先 indirizzo[男][destinat*ario*[男][複 *-i*]] (a) cui va fatta la consegna
配送車 furgone[男] per le consegne
配送センター centro[男] spedizioni
配送料 tariffa[女] per la consegna

はいそう 敗走 ◇敗走する essere in rotta [in

fuga], fuggire[自][es] in rotta ¶敵を敗走させる mettere il nemico in rotta [in fuga] / sbaragliare [disperdere] il nemico

ばいぞう 倍増 raddoppio[男], raddoppiamento[男] ¶所得倍増 raddoppio del reddito ¶私の所得は倍増した. Il mio reddito è raddoppiato.

はいぞく 配属 ◇配属する assegnare [destinare] *qlcu.* 《に a》 ¶販売課に配属された. Sono stato assegnato al reparto vendita.

ハイソサエティー 〔英 high society〕 alta società[女]

ハイソックス gambaletti[男][複]

はいた 排他 ◇排他的(な) esclusivo
✤排他主義 esclusivismo[男]

はいたい 胚胎 ◇胚胎する nascere[自][es] [provenire[自][es] / discendere[自][es]] da *ql.co.*, avere [prendere] origine da *ql.co.*

はいたい 敗退 ◇敗退する《敗北する》 essere sconfitt*o*; 《退けられる》 essere eliminat*o* ¶Aチームは初戦で敗退した. La squadra A è stata eliminata al primo incontro.

ばいたい 媒体 mezzo[男], veicolo[男], tramite[男]; 《熱や電気などの》 conduttore[男] ¶広告媒体 mezzi pubblicitari

はいたか 鷂 〘鳥〙 sparviero[男] europeo

はいだす 這い出す scivolare[自][es] (► 稀に [av]) fuori, sgusciare[自][es] fuori strisciando ¶ありが穴からつぎつぎにはい出してきた. Le formiche uscirono l'una dopo l'altra dal buco.

はいたつ 配達 consegna[女], distribuzione[女]; 《郵便物の》 recapito[男] ◇配達する《家に》 consegnare [distribuire / portare / recapitare] *ql.co.* a domicilio ¶無料配達する effettuare una consegna gratuitamente ¶郵便は1日に2回配達される. La posta viene recapitata due volte al giorno.
✤配達係《総称的》 serviz*io*[男][複 *-i*] consegne
配達区域 area[女] delle consegne
配達先 destinazione[女]; 《受取人》 destinatar*io*[男] [[女] *-ia*; [男]複 *-i*]
配達証明(書) bolla[女] di consegna, ricevuta[女] di ritorno
配達人 fattorin*o*[男][[女] *-a*]; 《郵便の》 postin*o*[男] [[女] *-a*], portalettere[男][女][無変]; 《小包の》 portapacchi[男][無変] ¶店の配達人 fattorino di negozio
配達料金 spese[女][複] di [per la] consegna

バイタリティー 〔英 vitality〕 vitalità[女], energ*ia*[女][複 *-ge*] ¶バイタリティーのある人 uomo energico [pieno di vitalità] ¶バイタリティーがある[ない] avere molta [poca] vitalità

はいち 配置 disposizione[女], sistemazione[女], collocazione[女]; 〘化〙 configurazione[女] ◇配置する disporre [sistemare / collocare] *ql.co.* [*qlcu.*] ¶家具のこの配置はとてもよい. Questa collocazione dei mobili è ottima. ¶沿道には警官隊がずらりと配置されていた. Molti poliziotti furono dislocati lungo il percorso.
✤配置転換 trasferimento[男] (di personale)

はいちゃく 廃嫡 《民法の旧規定》 diseredazione[女] ◇廃嫡する diseredare *qlcu.*; privare *qlcu.* dell'eredità

はいちょう 拝聴 ◇拝聴する ascoltare (con rispetto) ¶講演をおもしろく拝聴いたしました. Ho apprezzato molto la sua lezione.

ハイティーン adolescenti[男][女][複] fra i 16 e i 19 anni d'età

ハイテク alta tecnolo*gia*[女][複 *-gie*]
✤ハイテク産業 industria[女] di [ad] alta tecnologia
ハイテク犯罪 crimine[男] high-tech [無変]

はいでる 這い出る uscire[自][es] strisciando ¶ごきぶりが壁の穴からはい出てきた. Lo scarafaggio è sbucato fuori dal buco del muro.

はいてん 配点 ¶問題用紙には配点が記入してあった. La distribuzione dei punti era indicata sul foglio del questionario. ¶この問題には30点が配点される. Questa domanda vale trenta punti.

はいでん 配電 〘電〙 erogazione[女] [distribuzione[女]] di energia elettrica; 《供給》 fornitura[女] dell'elettricità ◇配電する erogare energia elettrica; fornire l'elettricità a *ql.co.* ¶配電を停止する interrompere l'erogazione di energia elettrica / 《料金不払いのため》 tagliare la corrente
✤配電器 distributore[男]
配電所 centrale[女] per l'erogazione elettrica
配電線 linea[女] di distribuzione
配電盤 quadro[男] di comando [di distribuzione], pannello[男] di distribuzione, tavolo[男] di commutazione

ばいてん 売店 chio*sco*[男][複 *-schi*], bancarella[女] coperta; 〔英〕 stand[男][無変]; 《会社・役所内の》 spa*ccio*[男][複 *-ci*], chiosco[男], bancarella, rivendita[女]; 《新聞・雑誌の》 edicola[女]; 《展示会などの》 〔英〕 stand [stɛnd][男][無変]

バイト lavoretto[男] ⇀アルバイト

バイト 〔英 byte〕 〘コンピュータ〙 〔英〕 byte [báit][男][無変]

はいとう 配当 ripartizione[女], assegnazione[女]; 《株の配当金》 dividendo[男] ◇配当する ripartire [assegnare] *ql.co.*; 《株で》 distribuire i dividendi ¶利益金を会員に配当する ripartire gli utili tra i soci ¶仮[中間]配当 dividendo provvisorio / acconto dividendo ¶累加配当 dividendo accumulativo ¶株主に株の配当金を支払う pagare i dividendi agli azionisti ¶配当を受け取る riscuotere i dividendi
✤配当落ち ex cedola[女]
配当制限 limitazione[女] dei dividendi
配当付き ◇配当付きの con [col] dividendo, con la cedola attaccata
配当利回り reddito[男] da dividendi

はいとく 背徳 immoralità[女], corruzione[女] ◇背徳の immorale, corrotto
✤背徳行為 condotta[女] [comportamento[男] / azione[女]] immorale
背徳者 persona[女] immorale

はいどく 拝読 ¶お手紙拝読いたしました. Ho letto la Sua lettera.

ばいどく 梅毒 〘医〙 sifilide[女], lue[女][無変]; mal[男] francese, morbo[男] gallico ◇梅毒の sifiliti*co* [lueti*co*][[男]複 *-ci*] ¶遺伝[先天]性梅毒 sifilide congenita
✤梅毒患者 sifiliti*co*[男][[女] *-ca*; [男]複 *-ci*], lueti*co*[男] [[女] *-ca*; [男]複 *-ci*]

は

ハイドロプレーニング 〔英 hydroplaning〕《車》idroscivolamento男

パイナップル 〔英 pineapple〕ananas [ananas]男[無変], ananasso男

バイナリーファイル 〔英 binary file〕《コンピュータ》file男[無変] binario [複 -i]

はいにち 排日 ◇排日の antigiapponese
♣排日運動 movimento男 antigiapponese [antinipponico [複 -ci]]
排日感情 ¶排日感情が高まっている. Il sentimento antigiapponese sta crescendo.

はいにょう 排尿《医》minzione女, urinata女 ◇排尿する orinare自[av], urinare自[av], espellere urina;《俗》pisciare自[av]
♣排尿障害《医》problemi男[複] delle vie urinarie

はいにん 背任 abuso男 di autorità, prevaricazione女;《横領》appropriazione女 indebita
♣背任横領 peculato男
背任罪 ¶背任罪に問う accusare qlcu. di prevaricazione /《公金私消》accusare di appropriazione indebita [di peculato / di malversazione]

ばいにん 売人 venditore男 [女 -trice];《密売者》contrabbandiere男 [女 -a] ¶麻薬の売人 spacciatore男 [女 -trice] / (大がかりな) trafficante男 di droga

ハイネック《服》¶ハイネックのセーター maglione女 mezzo collo

はいねつボイラー 廃熱ボイラー caldaia女 di recupero

ハイパーテキスト 〔英 hypertext〕《コンピュータ》ipertesto男

はいはい 這い這い ¶赤ちゃんがはいはいを始めた. Il bambino ha iniziato a camminare carponi [a quattro zampe].

ばいばい 売買 compravendita女;《取引》commercio男[複 -ci], scambio男[複 -i] di merci ◇売買する comprare e vendere; commerciare自[av] in ql.co. ¶現物売買 vendita a pronti ¶人身売買 mercato illegale di persone / tratta ¶株の売買 operazione di Borsa ¶土地の売買で大もうけする lucrare molto con la compravendita dei terreni
♣売買価格 prezzo男 di vendita
売買契約 contratto男 di vendita
売買証書 atto男 di vendita

バイバイ 〔英 bye-bye〕Ciao! (▶出会った時のあいさつとしても用いる), Ciao-ciao!

バイパス 〔英 bypass〕**1**《道路》deviazione女 (stradale);〔英〕bypass男[複] tangenziale女 ¶バイパスを通る prendere una tangenziale **2**《電子》ramo in parallelo **3**《医》〔英〕bypass男[無変]

はいはん 背反 **1**《背くこと》◇背反する contravvenire自[av] ¶命令に背反する contravvenire agli ordini **2**《両立しないこと》contraddizione女 ¶それはわが社の方針に背反する. Non è in linea con la politica della nostra azienda.

はいばん 胚盤《生》blastodisco男

はいはんちけん 廃藩置県《史》la costituzione女 delle prefetture in sostituzione dei domini feudali (◆ 1871)

はいひ 配批 disposizione女, sistemazione女 ◇配備する disporre [sistemare / collocare /《警官・戦車など》spiegare] ql.co. [qlcu.] ¶軍の配備 spiegamento di truppe ¶警官が要所要所に配備された. I poliziotti furono dislocati in posizioni strategiche.

ハイヒール 〔英 high heels〕scarpe女[複] con i tacchi alti;《ピンヒール》scarpe女[複] con i tacchi a spillo

ハイビジョン ◇ハイビジョンの ad alta definizione
♣ハイビジョンテレビ televisione女 ad alta definizione

ハイビスカス 〔英 hibiscus〕《植》ibisco男[複 -schi]

ハイピッチ 〔英 high pitch〕passo男 rapido, ritmo男 intenso ¶ハイピッチで rapidamente

はいひん 廃品 rifiuti男[複] (ぼろきれ, 古着) straccio男[複 -ci];《工場から出るくず》cascami男[複];《金属の》rottami男[複] ¶廃品を回収する raccogliere stracci [rifiuti / rottami / scarti]
♣廃品回収 raccolta女 di rifiuti riciclabili
廃品回収業者《古布の》straccivendolo男[女 -a];《金属類の》ferravecchio男[複 ferrivecchi], straccivendolo男[女 -a]
廃品再生 riciclo男, riciclaggio男[複 -gi]

はいふ 肺腑 **1**《肺》polmone男 **2**《心の奥》fondo男 del cuore ¶肺腑をえぐるような叫び urlo straziante ¶彼の忠告は私の肺腑をついた. Il suo avvertimento mi colpì profondamente.

はいふ 配布 distribuzione女 ◇配布する distribuire ¶通行人にびらを配布する distribuire volantini ai passanti
♣配布網 rete女 di distribuzione

パイプ 〔英 pipe〕**1**《管》tubo男;《集合的に》conduttura女, tubatura女 ¶パイプで水を引く portare l'acqua con un tubo ¶下水のパイプが詰まった. Il tubo di scarico si è otturato. **2**《タバコの》pipa女 ¶パイプを吸う fumare una pipa / fare [farsi] una pipata ¶パイプにタバコを詰める caricare una pipa **3**《連絡》¶彼は両国首脳のパイプ役を果たしている. Fa da collegamento [tramite] tra i primi ministri dei due paesi.
♣パイプオルガン《音》organo男 (a canne)
パイプカット《医》vasectomia女

ハイファイ 〔英 hi-fi〕alta fedeltà女
♣ハイファイビデオ video男[無変] hi-fi [aifái]

はいぶつ 廃物 rifiuti男[複]
♣廃物利用 riutilizzazione女 dei materiali di scarto, riciclaggio男[複 -gi]

パイプライン 〔英 pipeline〕condotto男, tubazione女 ¶石油[ガス / メタン]パイプライン oleodotto [gasdotto / metanodotto]

ハイブロウ 〔英 highbrow〕intellettuale男女

ハイブリッド 〔英 hybrid〕《雑種》ibrido男 ◇ハイブリッドの ibrido
♣ハイブリッドコンピュータ computer男[無変] ibrido

バイブル 〔英 Bible〕Bibbia女 ¶この本は経済学のバイブルだ. Questo libro è la bibbia dell'economia.

バイブレーション 〔英 vibration〕vibrazione女;《声などの震え》vibrazione女, trillo男 di voce

バイブレーター 〔英 vibrator〕vibratore男

バイプレーヤー 《脇役》ruolo[男] secondar*io* [複 *-i*]；《端役》parte[女] minore

ハイフン 〔英 hyphen〕 trattino[男], lineetta[女] ¶ハイフンでつなぐ unire [collegare] con un trattino

はいぶん 俳文 composizioni[女][複] poetiche di tono umoristico

はいぶん 配分 《分割》ripartizione[女], (sud)divisione[女], spartizione[女]；《分配》distribuzione[女] ◇配分する ripartire, (sud)dividere, spartire; distribuire ¶利益を５人で均等に配分する dividere [ripartire] i profitti fra cinque persone in parti uguali

✤**配分法** 〘会〙allocazione[女]

ばいぶん 売文 ¶売文の徒 scrittoruc*olo*[男][女 *-a*] /《蔑》pennai*olo*[男][女 *-a*]

はいべん 排便 defecazione[女], evacuazione[女] delle feci;《卑》cacata[女], cagata[女] ◇排便する defecare[自][*av*], andare[自][*es*] di corpo;《親・幼》fare la popò [la cacca]；《卑》cacare[自][*av*], cagare[自][*av*]

はいほう 肺胞 〘解〙alveolo[男] polmonare

はいほう 胚胞 〘植〙cellula[女] germinale

ハイボール 〔英 highball〕 whisky e soda[男][無変]

はいぼく 敗北 sconfitta[女], disfatta[女] ◇敗北する subire una sconfitta, essere sconfitt*o* [vint*o*], perdere una battaglia ¶敗北を認める riconoscere una sconfitta

✤**敗北主義** disfattismo[男]

敗北主義者 disfattist*a*[男][女][男複 *-i*]

敗北宣言 《選挙などで》dichiarazione[女] di sconfitta

はいほん 配本 《予約者に》consegna[女]；《取次店を通して書店に》distribuzione[女] ◇配本する consegnare [distribuire] libri ¶客に配本する consegnare il libro a un cliente ¶『イタリア近代史』第６巻配本中. È in distribuzione il VI (読み方: sesto) volume de "La Storia Italiana Moderna".

はいまわる 這い回る《赤ん坊などが》camminare[自][*av*] a quattro zampe

ばいめい 売名 ¶売名のために per farsi pubblicità / per fare autopropaganda

✤**売名家** persona[女] che si fa pubblicità

売名行為 autopropaganda[女][無変]

バイメタル 〔英 bimetal〕 〘電〙bimetallo[男], coppia[女] bimetallica

はいめん 背面 il retro[男], la parte[女] posteriore ◇背面の retro, posteriore ¶家の背面に sul retro della casa ¶敵の背面を攻撃する attaccare il nemico alle spalle

✤**背面跳び** 〘スポ〙fosbury [fɔ́zburi] [男][無変]

ハイヤー taxi[男][無変] a noleggio

バイヤー 〔英 buyer〕 comprat*ore*[男][女 *-trice*], acquirente[男][女]；《商人》commerciante[男][女]；《輸入商》importat*ore*[男][女 *-trice*] ¶婦人服担当のバイヤー compratore responsabile dell'acquisto degli abiti da donna

はいやく 配役 distribuzione[女] [assegnazione[女]] delle parti [dei ruoli] ¶配役を決める distribuire le parti /《個人の》assegnare a *qlcu.* una parte [un ruolo]

ばいやく 売約 contratto[男] di vendita ◇売約済みの venduto ¶「売約済み」《掲示》"Venduto"

ばいやく 売薬 farma*co*[男][複 *-ci*] da banco

はいゆ 廃油 ol*io*[男][複 *-i*] lubrificante di scarto, rifiuto[男] oleoso

はいゆう 俳優 at*tore*[男][女 *-trice*] ¶映画［テレビ / 喜劇 / 舞台］俳優 attore cinematografico [televisivo / comico / teatrale] ¶俳優になる diventare attore [attrice] ¶俳優である calcare le scene

はいよう 肺葉 〘解〙lobo[男] polmonare

はいよう 胚葉 〘生〙foglietto[男] embrionale [germinativo]

ばいよう 培養 coltura[女] ◇培養する coltivare *ql.co.*, fare una coltura di *ql.co.* ¶細菌を培養する coltivare bacilli / produrre [fare] una coltura batterica

✤**培養液** brodo[男] di coltura

培養器 ¶細菌培養器 incubatrice per batteri

培養基 terreno[男] di coltura

培養菌 batteri[男][複] ottenuti per mezzo di coltura

ハイライト 〔英 highlight〕 ¶今週のハイライト gli eventi [gli avvenimenti / le notizie] salienti della settimana

はいらん 排卵 〘生〙ovulazione[女] ◇排卵する avere l'ovulazione, ovulare[自][*av*]

✤**排卵期** fase[女] dell'ovulazione

排卵日 giorno[男] di ovulazione

排卵誘発剤 medicinale[男] che provoca l'ovulazione

はいりこむ 入り込む ¶ウィルスが体内に入り込む. I virus entrano nel corpo. ¶彼らの入り込む余地はない. Non c'è spazio dove possano intromettersi. ¶深く入り込んだ湾 golfo che rientra profondamente nella costa

ばいりつ 倍率 **1**《レンズの》ingrandimento[男], potere[男] di ingrandimento ¶倍率10の［高倍率の］レンズ lente a 10 ingrandimenti [a forte ingrandimento] ¶倍率を上げる［下げる］aumentare [diminuire] l'ingrandimento

2《競争率》¶入学試験の倍率は3.5倍だった. Negli esame di ammissione, viene promossa una persona su 3,5 (読み方: tre virgola cinque).

はいりょ 配慮 premure[女][複], attenzioni[女][複], considerazione[女] ◇配慮する considerare *ql.co.*, prendere in considerazione *ql.co.* ¶〈人〉の気持ちを配慮する rispettare i sentimenti di *qlcu.* ¶(〈人〉が)…するよう配慮する fare attenzione a che＋[接続法] [a *ql.co.*] ¶細かい配慮をする essere pien*o* di attenzioni [di premure] per *qlcu.* / essere premuroso con *ql.co.* [*qlcu.*] ¶格別のご配慮をもって grazie alle sue gentili premure [attenzioni] ¶よろしくご配慮をお願いします. La prego gentilmente di prendere in considerazione la mia richiesta.

バイリンガル 〔英 bilingual〕 bilingue[男][女]

◇バイリンガルの bilingue

はいる 入る

1【中に移動する】 entrare[自][*es*]；《入り込む》introdursi [penetrare[自][*es*] / addentrarsi] 《に in》 ¶こっそり部屋に入る entrare in una stanza alla cheti-

chella / introdursi furtivamente in una stanza ¶門から入る entrare per un cancello ¶人込みの中に割って入る farsi largo [addentrarsi] in mezzo alla folla ¶傘にお入りになりませんか. Vuole ripararsi sotto il mio ombrello? ¶お入りなさい. Avanti! / Prego! / Entri pure! / Si accomodi! ¶「入るべからず」(掲示) "Vietato entrare" / "Vietato l'ingresso" ¶夕べ窓から泥棒が入った. Ieri notte un ladro mi è entrato in casa mia dalla finestra. ¶ここは透き間風が入る. Qui c'è corrente. ¶私の家は大通りから少し入った所にあります. La mia casa è un po' all'interno rispetto al viale. ¶「入っています」(トイレで) "Occupato" ¶彼は刑務所に入っている. È in carcere. / 《親》È dentro.
2【届く, 達する】 ¶港に入る entrare nel porto ¶代表団一行は無事パリに入った. La delegazione è giunta a Parigi senza incidenti. ¶ご注文のお本が入りました. È arrivato il libro che ci aveva ordinato. ¶目に入るすべてが珍しかった. Tutto quello che vedevo era una novità per me.
3【隠れる】 ¶月が西の山に入る. La luna tramonta dietro la montagna. ¶月が雲の陰に入る. La luna si nasconde dietro una nuvola.
4【組織の一員となる】 entrare ¶今年大学に入りました. Quest'anno sono entrato all'università. ¶今年あの会社に入りました. Quest'anno sono stato assunto in una ditta. ¶彼は政界に入った. È entrato in politica.
5【収容できる】 ¶このスタジアムは6万人入る. Questo stadio contiene [può accogliere / ha una capacità di] sessantamila persone. ¶この棚には全部の本は入らない. Su questo scaffale non ci stanno tutti i libri.
6【加わる】 ¶サービス料も入って5000円だ. Sono [Fanno] 5.000 yen, servizio compreso. ¶フレスコ画には後世の画家の手が入っている. Questi affreschi furono ritoccati in epoche successive da altri artisti. ¶大事な茶碗にひびが入った. La mia preziosa tazza da tè si è incrinata. ¶あの娘はアルコールが入ると急におしゃべりになる. Quando beve, quella ragazza diventa improvvisamente chiacchierona.
7【自分のものとなる】 ¶家賃だけで年に3000万円は入るだろう. Prevedo di incassare di solo affitto trenta milioni di yen in un anno. ¶いい絵が安く手に入った. Mi sono procurato un bel quadro a buon prezzo. ¶何かいい知らせが入ったかい? Hai avuto [ricevuto / ottenuto] qualche buona nuova?
8【ある時期・状態に達する】 entrare in funzione ¶もう梅雨(つゆ)に入った. È già cominciata la stagione delle piogge. ¶8月に入ってすぐ地震があった. C'è stato un terremoto ai primissimi di agosto. ¶まもなく工事に入る. Fra poco inizieranno i lavori.
9【設置される, 作動する】 ¶先月電話が入った. Lo scorso mese ci hanno installato il telefono. ¶私の家に水道が入った. A casa mia hanno costruito l'impianto idrico. ¶電源が入ってないよ. Guarda che non è acceso.
10【用意される】 ¶お茶が入りましたよ. Il tè è pronto.
11【熱や力が】 ¶テレビで試合を見ているうち思わず力[熱]が入った. Man mano che guardavo la partita alla televisione, mi sono infervorato. ¶近ごろ仕事に身が入らない. Ultimamente non riesco a concentrarmi nel lavoro.

パイル 〚英 pile〛 **1**【建】palo㊚, palafitta㊛ ¶コンクリートパイル palo di cemento armato **2**《原子炉》pila㊛ atomica, reattore㊚ nucleare **3**《織物の》tessuto㊚ di spugna

はいれつ 配列・排列 ordinamento㊚, disposizione㊛, sistemazione㊛ ◇配列する ordinare, disporre, sistemare ¶カード箱をアルファベット順に配列する ordinare alfabeticamente gli schedari ¶書架に本を配列する ordinare [sistemare] i libri in una biblioteca

パイロット 〚英 pilot〛 pilota㊚㊛ [㊚複 -i] ¶テストパイロット pilota collaudatore [㊚ -trice] / collaudatore di aeroplani
✤**パイロットランプ** lampada㊛ spia [無変], spia

パイン 〚英 pine〛 ananas [ananas]㊚ [無変]

バインダー 〚英 binder〛 **1**《書類を綴じる》registratore㊚; cartella㊛ **2**《農》mietitrebbia㊛, mietilega㊛

パイント 〚英 pint〛 pinta㊛; (記号) pt

はう 這う strisciare [av] / (四つんばい) camminare㊚ [av] a quattro zampe, andare㊚ carponi; (蔦(つた)などが) arrampicarsi (を su) ¶赤ん坊がはうようになった. Il bambino ha cominciato a camminare a quattro zampe. ¶蛇がはっている. Un serpente sta strisciando.

ハウスさいばい ハウス栽培 coltivazione㊛ in serra ¶ハウス栽培の野菜 verdure coltivate in serra

はうた 端唄 breve canzone㊛ [ballata㊛] tradizionale con accompagnamento di *shamisen*

パウダー 〚英 powder〛 **1**《粉》polvere㊛ **2**《化粧の》polvere㊛ cosmetica, cipria㊛

ハウツーもの ハウツー物 libro㊚ sul "come fare qualcosa"

ハウリング 〚英 howling〛 〚英 feedback〛 [無変], effetto㊚ Larsen, risonanza㊛, fischio㊚ [複 -chi] (di rientro) dell'amplificatore

バウンド 〚英 bound〛 ◇バウンドする rimbalzare㊚ [es, av], balzare㊚ [es] ¶ボールが壁に当たってバウンドした. La palla è rimbalzata sul muro. ¶ワンバウンドで al primo balzo

パウンドケーキ 〚英 pound cake〛 plum-cake㊚ [無変]

はえ 栄え ◇栄えある glorioso, splendido ¶栄えある勝利 vittoria gloriosa ¶栄えある賞を受ける ricevere un premio prestigioso

はえ 蝿 mosca㊛ ¶家ばえ mosca domestica [comune] ¶青ばえ moscone azzurro ¶金ばえ lucilia ¶肉ばえ mosca carnaria [della carne] ¶馬ばえ mosca cavallina ¶皿にはえがたかる. Le mosche si posano [《飛びながら》volano] sui piatti. ¶はえを追い払う[たたく] scacciare [schiacciare] una mosca ¶はえがぶんぶんいる. Le mosche ronzano.
✤**はえたたき** scacciamosche㊚ [無変]
はえ取り紙 carta㊛ moschicida, acchiappamosche㊚ [無変], pigliamosche㊚ [無変]

はえかわる 生え変わる ¶歯が生え変わる《人が主語で》cambiare i denti / 毛が生え変わる《動物が主語で》cambiare [mutare] pelo

はえぎわ 生え際 attaccatura㊛ dei capelli

はえとりぐさ 蠅取草《植》dionea㊛, mangiamosche㊚[無変], pigliamosche㊚[無変]

はえなわ 延縄 palamite㊚
❖延縄漁法 pesca㊛ con il palamite

はえぬき 生え抜き ¶生え抜きのローマっ子 vero romano / romano di Roma / romano romano ¶彼はこの会社の生え抜きだ. È con questa ditta fin dal suo primo impiego.

はえる 生える crescere㊙[es], spuntare㊙[es, av]; 《発芽する》germogliare㊙[es, av] ¶庭にたけのこが生えてきた. Dei germogli di bambù sono spuntati nel giardino. ¶この植物は高山地帯に生える. Queste piante crescono nelle zone alpine. ¶庭石に苔(ﾞ)が生えた. Sulle rocce del giardino è cresciuto il muschio. ¶パンにかびが生えた. Il pane ha fatto la muffa. / Il pane è ammuffito. ¶朝そったのにもうひげが生えてきた. Ho fatto [Mi sono fatto] la barba questa mattina ma mi è già ricresciuta. ¶この子は歯が生えかかっている. A questo bambino è spuntato il primo dentino.

はえる 映える・栄える **1**《照らされて輝く》brillare㊙[av], splendere㊙《複合時制を欠く》, risplendere㊙[av, es]《複合時制はまれ》, luccicare㊙[av, es] ¶夕日に映える brillare al tramonto del sole
2《引き立って見える》 ¶映えない色 colore spento ¶君には紫の服が映える. I vestiti color porpora ti donano.

はおと 羽音 《鳥の》rumore㊚ d'ali;《虫の》ronzio㊚[複 -ii] ¶電灯の回りで蛾(ｶ)が羽音を立てていた. Alcune falene ronzavano intorno alla lampada.

はおり 羽織 haori㊚[無変]（◆ sorta di giacca ampia e corta da indossare sopra il *kimono*）¶羽織袴(ﾊｶﾏ)の男 uomo vestito con *haori* e *hakama* /《かしこまった服装》uomo vestito con abiti formali giapponesi

はおる 羽織る ¶オーバーを羽織る mettersi sulle spalle un cappotto senza infilarlo

はか 墓 tomba㊛, sepolcro㊚;《古墳》tumulo㊚;《霊廟》mausoleo㊚ ¶墓に埋める seppellire *qlcu.* in una tomba / inumare *qlcu.* ¶墓を立てる[荒らす] costruire [violare] una tomba ¶墓を掘る scavare una fossa per una tomba ¶墓に花を供える portare fiori su una tomba ¶彼はこの墓の下で眠っている. Riposa in questa tomba.
❖墓石 pietra㊛ tombale
墓場 cimitero㊚, camposanto㊚[複 *campisanti, camposanti*]
墓掘り《人》becchino㊚
墓参り visita㊛ al cimitero ¶墓参りに行く visitare la tomba di *qlcu.*
墓守 guardiano㊚[㊛ -a] [custode㊚[㊛ -a] del cimitero

ばか 馬鹿 **1**《愚かな人》stupido㊚[㊛ -a], sciocco㊚[㊛ -ca;㊚複 -chi], scemo㊚[㊛ -a]; imbecille㊚（►ややきつい表現）; idiota㊚[㊛ -i]（►ややきつい表現）, cretino㊚[㊛ -a]（►ややきつい表現）;《俗》fesso㊚[㊛ -a];《卑》stronzo㊚[㊛ -a]（►きつい表現）;《愚かなこと》stupidaggine㊛, sciocchezza㊛, idiozia㊛
◊ばかな stupido, sciocco, scemo
¶ばかにする beffarsi di *qlcu.* [*ql.co.*] / trattare *qlcu.* come uno stupido [《対象が女性》una stupida] / prendere in giro [《卑》per il culo] *qlcu.* ¶ばかなことをした. Ho fatto una stupidaggine [《卑》una cazzata]! ¶あいつのばかには困ったものだ. È un idiota incorreggibile! ¶ばかなことを言うな. Non [Smettila di] dire stupidaggini [sciocchezze]! ¶やつの言うことを信じるなんてばかもいいところだ. Sei proprio tonto a credere a ciò che ti dice! ¶君がそんなばかだとは思わなかった. Non pensavo che tu fossi così stupido. ¶彼は皆にばかにされている. È preso in giro da tutti. ¶ばかは死ななきゃ直らない. "Chi asino nasce asino muore."
2《非常識, 理不尽なこと》 ◊ばかな assurdo; ridicolo, insensato;《不当な》ingiusto;《むだな》inutile ¶そんなばかなことがあってたまるか. Non ci posso credere! / È impossibile! / È assurdo! ¶ばからしい. Non ha senso.
¶ばかになる. La vite è spanata.
3《並み外れていること》 ◊ばかに terribilmente, eccessivamente, incredibilmente ¶今年はばかに寒い. Quest'anno fa un freddo cane. ¶ばかに安いね. È regalato!
4《名詞について》 ¶役者ばか attore (pazzamente) innamorato del suo lavoro
|慣用| **ばかとはさみは使いよう**《諺》Anche gli stupidi possono essere utili.
ばかにつける薬はない《諺》"Chi lava la testa all'asino perde il tempo e il sapone."
ばかにできない[ならない] ¶小銭と言ってもばかにできない. Saranno pure spiccioli, ma sempre soldi sono. ¶バス代もばかにならない. Neanche la spesa per l'autobus è trascurabile.
ばかになる ¶このねじはばかになっている. Questa vite è spanata. ¶風邪で鼻がばかになった. Ho preso il raffreddore e non sento più gli odori.
ばかの一つ覚え ¶彼はばかの一つ覚えのあの歌ばかり歌っている. Canta sempre la stessa canzone come se sapesse solo quella.
ばかを見る《むだ骨を折る》fare una fatica inutile ¶ばかを見たのは僕だけだった.《損をする》Chi ha fatto la figura dello stupido sono stato io.

はかい 破戒 violazione㊛ [trasgressione㊛] di un comandamento
❖破戒僧 monaco㊚[複 -ci] depravato [corrotto]

はかい 破壊 distruzione㊛, devastazione㊛, demolizione㊛ ¶破壊する distruggere *ql.co.*, devastare *ql.co.* ◊破壊的(な) distruttivo ¶大砲で要塞を破壊する demolire le fortificazioni con l'artiglieria
❖破壊活動 attività㊛[複] sovversive ¶破壊活動防止法 Legge contro le attività sovversive
破壊者 distrut*tore*㊚[㊛ *-trice*], devasta*tore*㊚[㊛ *-trice*]
破壊主義《政》sovversivismo㊚;《芸術作品などに対する》vandalismo㊚
破壊力 potenza㊛ distruttiva [devastatrice]

はがい 羽交い ¶鳥の羽交いを切る tarpare le ali ad un uccello
❖**羽交い締め** ¶羽交い締めにする immobilizzare qlcu. afferrandolo da dietro

はがき 葉書 cartolina⊛ ¶はがきを出す spedire [mandare] una cartolina a qlcu. ¶絵はがき cartolina illustrata ¶往復はがき cartolina⊛ postale con risposta prepagata ¶官製はがき cartolina postale

はかく 破格 1《例外》eccezione⊛ ◇破格の eccezionale, straordinario [⊛複 -i] ¶破格の待遇を受ける ricevere un trattamento eccezionale ¶破格の安値で a prezzo straordinariamente basso 2《詩学》licenza⊛ (poetica);《修辞》anacoluto⊛

ばかげた 馬鹿気た《間の抜けた》stupido, sciocco [⊛複 -chi];《こっけいな》ridicolo, buffo, comico [⊛複 -ci];《不合理な》assurdo, irragionevole, illogico [⊛複 -ci] ¶ばかげた望み desiderio pazzo [assurdo] ¶…するのはばかげている. È assurdo+不定詞[che+接続法]そんなばかげたことができるか. Come posso fare una cosa così stupida [assurda]? ¶ばかげた真似をするな. Smettila di fare lo stupido. ¶まったくばかげた話だ. È un discorso totalmente privo di senso.

ばかさわぎ 馬鹿騒ぎ ◇ばか騒ぎする gozzovigliare⊛ [av], folleggiare⊛ [av], far baldoria, far bisboccia

ばかしょうじき 馬鹿正直 ◇ばか正直な troppo onesto [ingenuo]

はがす 剝す staccare ql.co.;《糊でつけたものを》scollare ql.co. ¶壁のポスターをはがす staccare [strappare] un manifesto dal muro

ばかす 化かす《だます》stregare qlcu.;《魅惑して》incantare qlcu. ¶狐に化かされたような気がした. Mi sentivo come (se fossi stato) stregato.

ばかず 場数 ¶彼は場数を踏んでいる. Ha molta esperienza. ¶場数を踏んだ esperto

はかせ 博士《はくし》1《物知り》persona⊛ erudita [che sa molte cose] esperto⊛ [⊛ -a] ¶物知り博士 persona molto informata ¶お天気博士 esperto meteorologico

はがた 歯形・歯型《歯のかみ跡》segno⊛ (lasciato) da un morso, morsicatura⊛;《歯科で》impronta⊛ della dentatura ¶歯型をとる prendere l'impronta (della dentatura)

ばかぢから 馬鹿力 ¶彼はばか力がある. Ha una forza impressionante. ¶いざという時はばか力が出るものだ. In casi estremi scopriamo di avere una forza fisica che non ci aspettavamo.

ぱかっ ¶板はぱかっと2つに割れた. La tavola si è spaccata in due parti.

ばかづら 馬鹿面 espressione⊛ idiota ¶彼はばか面をして踊り子を眺めていた. Guardava la ballerina con un'aria imbambolata.

ばかていねい 馬鹿丁寧 ◇ばか丁寧な eccessivamente cortese, troppo cerimonioso ¶彼はばか丁寧だ. È troppo affettato [smanceroso] nei modi di fare.

ばかでかい 馬鹿でかい ¶ばかでかい足 piedi enormi

はかどる 捗る progredire⊛ ¶人が主語のとき [av], 物が主語のとき [es]), procedere⊛ [es] ¶今日は仕事ははかどった. Oggi「mi sono molto avvantaggiato [sono riuscito ad andare molto avanti] con il lavoro.

はかない 1《束の間の》fugace, fuggevole, passeggero, effimero ◇はかさ fragilità⊛, fugacità⊛ ¶名声のはかなさ fragilità della gloria ¶はかない幸せ fugace felicità ¶はかない命 vita effimera
2《むなしい》vano ◇はかなさ vanità⊛ ¶はかない恋 amore senza speranza ¶はかない抵抗 resistenza inutile [vana] ¶はかない最後を遂げる fare una triste fine

はかなむ ¶世をはかなんで自殺する suicidarsi a causa di una visione pessimistica del mondo

はがね 鋼 acciaio⊛ [複 -i]

ばかね 馬鹿値 prezzo⊛ assurdo ¶高いという意味で用いることの方が多い;《極端に高い》prezzo⊛ molto elevato;《極端に低い》prezzo⊛ estremamente basso ¶絵がばか値で売れた.《高く》Quel quadro è stato venduto per una cifra astronomica.

はかば 墓場 cimitero⊛, camposanto⊛ [複 campisanti, camposanti]

ぱかぱか ¶ぱかぱかと馬が走っていた. Un cavallo trottava facendo「cloppete, cloppete [clop, clop].

はかばかしい 捗々しい ¶結果ははかばかしくなかった. I risultati non sono stati soddisfacenti. ¶最近商売がはかばかしくない. Di recente gli affari「non vanno bene [ristagnano].

ばかばかしい 馬鹿馬鹿しい ¶ばかばかしい.《自分の立場が》Povero me! /《事態が納得できない》Assurdo! /《あきれた》Roba da pazzi!

はかま 袴 1《着物の》hakama⊛ [無変] (◆indumento largo plissettato che copre la parte inferiore del kimono dalla vita alle caviglie)
2《植物の茎をおおう》guaina⊛
3《とっくりの》sottobottiglietta⊛ [無変]

はがゆい 歯痒い《人が主語》sentirsi impaziente;《物事が主語》essere irritante ¶彼を見ると歯がゆくなる. Quando lo vedo mi spazientisco [mi innervosisco]. ¶ああ歯がゆいなあ.《何をしてるんだ》Ma che fai?! /《たまらん》Uffa! / Basta!

はからい 計らい《処置》trattamento⊛, provvedimento⊛, sistemazione⊛;《とりなし》buoni uffici⊛ [複], interessamento⊛;《助力》aiuto⊛ ¶人の計らいで grazie ai buoni uffici di qlcu. / per il tramite di qlcu. ¶粋な計らい premura che dimostra un gran tatto

はからう 計らう ¶私がよろしく計らいます. Ci penso io. / Lasci fare a me. ¶その件は君のいいように計らってくれ. Decidi [Fa'] come meglio credi.

ばからしい 馬鹿らしい ¶…はばからしい. È stupido [assurdo]+不定詞 [che+接続法] /《むだだ》Non vale la pena+不定詞 [che+接続法] / Sarebbe fatica sprecata+不定詞 [che+接続法] ¶そんなことはばからしくて話にもなりゃしない. È inutile parlare di questa sciocchezza.

はからずも 図らずも inaspettatamente;《偶然》casualmente, per un puro caso;《幸い》

はかり 秤 bilanc*ia*㊛[複 -*ce*]；（天秤）bilancia ㊛ a sospensione；（台秤）basculla㊛；（台さお秤）stadera㊛；（自動の）bilanc*ia*㊛ automatica；（体重計）pesapersone㊚[無変] ¶ばね秤 bilancia a molla ¶秤にかける pesare ql.co. (con la [sulla] bilancia)

[慣用]秤にかける ¶損得を秤にかける calcolare vantaggi e svantaggi [i pro e i contro] (di ql.co.) ¶AとBを秤にかければ se si confrontano A e B / confrontando A e B

♣秤ざお brac*cio*㊚[複 -*ci*] della bilancia 秤皿 piatto㊚ della bilancia

-ばかり **1**《…だけ》solo, soltanto ¶彼は野菜ばかり食べている. Mangia solo verdure. ¶雨ばかり降る. Non fa che piovere. ¶彼の病気は悪くなるばかりだ. La sua malattia peggiorava sempre di più. ¶彼は謝らないばかりか悪態をついた. Altro che scuse! Mi ha anche risposto di brutto muso! ¶今度ばかりはだめかと思った. Questa volta ho pensato proprio che non ce l'avrei fatta. ¶黙って耐えるばかりだった. Ho potuto stare là e sopportare in silenzio.

2《大体, およそ》circa, all'incirca, pressappoco, più o meno ¶10年ばかり前 circa dieci anni fa /《ある時点から》una decina di anni prima ¶それを3つばかりください. Me ne dia magari tre.

3《「…ばかりに」の形で, 原因を示す》solo perché ¶油断したばかりに金を取られた. Mi hanno rubato i soldi alla prima distrazione.

4《ちょうど…したところ》appena；《たった今》or ora ¶今来たばかりです. Sono appena arrivato. ¶列車は出発したばかりだ. Il treno è partito or ora.

5《今にも…しそう》¶泣き出さんばかりの顔で quasi con le lacrime agli occhi ¶いやだと言わんばかりに横を向いた. A mo' di rifiuto, si voltò dall'altra parte. ¶彼は卒倒せんばかりだった. Per poco non è svenuto. / È mancato poco che svenisse.

はかりうり 量り売り・計り売り 《重量による》vendita㊛ a peso；《長さによる》vendita㊛ a metraggio ¶グラム[リットル]単位で量り売りする vendere ql.co. a grammo [a litro] ¶砂糖を量り売りする vendere lo zucchero a peso ¶のじゃがいも patate sfuse

はかりがたい 計り難い **1**《数量が計れない》non misurabile；incommensurabile **2**《予測不能な》imprevedibile ¶彼の心の中は計り難い. Non riesco a capire [immaginare] quali siano le sue intenzioni. ¶日本の将来は計り難い. È difficile prevedere che cosa sarà del Giappone in futuro.

はかりごと 謀 piano㊚, complotto㊚ ¶謀は密なるをもってよしとす. Le strategie vanno mantenute segrete.

はかりしれない 計り知れない 《推測できない》incommensurabile, inestimabile；《無限の》infinito, sconfinato；《不可解な》impenetrabile, insondabile ¶計り知れない貢献 contributo inestimabile ¶彼の行為には測り知れない何かがある. C'è qualcosa di incomprensibile nelle sue azioni.

はかる 図る・謀る **1**《計画する, 企てる》progettare ql.co. [di+不定詞]；《努力する》sforzarsi, ingegnarsi；《陰謀・悪事を》tramare ql.co., complottare㉠[av], cospirare㉠[av] ¶陰謀を謀る tramare un complotto ¶私利を図る pensare ai propri profitti ¶党のイメージアップを図る sforzarsi per migliorare l'immagine di un partito ¶自殺をはかる tentare il suicidio

2《だます》ingannare, imbrogliare；deludere ¶悪い友だちにはかられた. Sono stato ingannato da un amico cattivo.

3《取り計らう》¶できるだけ便宜をはかります. Farò tutto il possibile per lei.

はかる 計る・量る・測る **1**《計測する》misurare；《重さを》pesare ¶身長を測る misurare la statura di qlcu. ¶体重を量る《自分の》pesarsi /《他人の》pesare qlcu. ¶熱を計る misurare la febbre / prendere la temperatura a qlcu. ¶箱の容積を量る misurare la capienza di una scatola ¶距離を測る misurare la distanza ¶時間を計る calcolare [misurare] il tempo ¶海の深さを測る scandagliare il mare

2《計算・評価する》calcolare ql.co.；《推測する》supporre [immaginare] ql.co. ¶舞台に出るタイミングをはかる scegliere il momento adatto per entrare in scena ¶彼の気持ちをはかることはできなかった. Non sono riuscito a capire bene come la pensava.

はかる 諮る consultare [consultarsi con] qlcu.《について su》¶課長に諮る consultare il capoufficio ¶計画を会議に諮る sottoporre [sottomettere] il progetto al (giudizio del) consiglio

はがれおちる 剝がれ落ちる ¶しっくいが所々はがれ落ちている. L'intonaco si è scrostato qua e là.

はがれる 剝がれる staccarsi；《糊でつけたものが》scollarsi；《塗りなどが》scrostarsi；《一般的に》venir via ¶ポスターが壁からはがれかかっている. Il poster si sta staccando dalla parete. ¶家具の塗料がはがれてしまっている. La vernice dei mobili si è scrostata. ¶にせ医者の化けの皮がついにはがれた. Alla fine il falso medico è stato smascherato.

ばかわらい 馬鹿笑い risata sguaiata ◇ばか笑いする ridere sguaiatamente

バカンス 〔仏 vacances〕 vacanze㊛[複] ¶バカンスをイタリアで過ごす trascorrere le vacanze in Italia

はき 破棄 rottura㊛, annullamento㊚；《法令・判決などの》cassazione㊛, abrogazione㊛ ◇破棄する rompere, annullare; cassare, abrogare ¶契約[婚約]を破棄する rompere un contratto [un fidanzamento] ¶不当な条約を破棄する abrogare [abolire / sopprimere] un trattato iniquo ¶その判決は破棄された. Quella sentenza è stata annullata [cassata].

はき 覇気 vigore㊚, ener*gia*㊛[複 -*gie*] ◇覇気のある vigoroso, ener*gico* [㊚複 -*ci*], attivo ¶彼

はぎ 萩《植》lespedeza㊊

はぎあわせる 接ぎ合せる ¶布を接ぎ合わせる unire [cucire insieme] due pezzi di stoffa

はきけ 吐き気 nausea㊊; (嫌悪感) nausea㊊, ripugnanza㊊ ¶吐き気を催す avere la nausea [i conati di vomito] / provare nausea ¶吐き気を催させる dar [far venire] la nausea a qlcu. ¶吐き気を催すようなにおい odore nauseabondo [nauseante / stomachevole] ¶吐き気を起こさせるようなお べっか lusinga disgustosa [ripugnante / schifosa]

はぎしり 歯軋り stridore㊋ di denti ◇歯ぎしりする (眠っていて) fare stridere [arrotare] i denti; (悔しくて) digrignare i denti ¶歯ぎしりして悔しがる digrignare i denti per il furore

はきすてる 吐き捨てる sputare, sputacchiare ¶吐き捨てるように言う dire sdegnosamente [con disprezzo] che +［直説法］¶〈人〉に面と向かって侮辱のことばを吐き捨てる sputare insulti in faccia a qlcu.

はきそうじ 掃き掃除 spazzata㊊ ◇掃き掃除する spazzare ql.co., dare una spazzata a ql.co.

はきだしまど 掃き出し窓 apertura㊊ per poter spazzare fuori la sporcizia

はきだす 吐き出す 1 (口から) vomitare㊋; 《親》rigettare㊋, sputare, emettere 2 (排出する) mandar fuori, eruttare ¶煙突がもうもうと煙を吐き出す. Dalla ciminiera esce un gran fumo. 3 (感情などを) ¶心配事はすべて吐き出せ. Tira fuori tutto ciò che ti preoccupa. 4 (金品などを) ¶貯金を全部吐き出す tirar [cacciar] fuori i quattrini messi da parte

はきだす 掃き出す ¶部屋からちりを掃き出す scopare lo sporco fuori dalla stanza

はきだめ 掃き溜め ¶掃きだめに鶴 una perla in un letamaio

はきちがえる 履き違える 1 (間違えてはく) ¶靴を履き違える infilarsi [mettersi] per errore le scarpe di un altro 2 《思い違いをする》¶自由と放縦を履き違える confondere la libertà con l'arbitrio [l'abuso]

ばきっ ¶台風で木がばきっと折れた. Il tifone ha spezzato quell'albero con un ramore secco.

ぱきっ 《擬》crac, cric ¶小枝をぱきっと折る spezzare un ramo secco

はぎとる 剥ぎ取る 1 (はがす) strappare ql.co. a qlcu. 2 (強奪する) ¶山賊に身ぐるみはぎ取られた. Mi è stato portato via tutto ciò che avevo da un bandito.

はきはき (元気に, 活発に) vivacemente, attivamente; (はっきりと) chiaramente; (機敏に) con prontezza, rapidamente, senza indugio ◇はきはきした vivace, attivo ¶はきはきした子供 bambino attivo [sveglio / svelto] ¶はきはきと答える rispondere in modo pronto e chiaro a qlcu. [ql.co.]

ばきばき ¶枝がばきばき折れた. I rami si sono spezzati l'uno dopo l'altro.

はきもの 履物 calzature㊊《複》, scarpe㊊《複》→靴 図版 ¶履物を履く mettersi [infilarsi] le scarpe ¶履物を脱ぐ togliersi [levarsi / sfilarsi] le scarpe

ばきゃく 馬脚 ¶馬脚を露わす tradirsi / mostrare [rivelare] la *propria* vera natura

はきゅう 波及 ◇波及する (広まる) estendersi, spandersi, propagarsi, diffondersi ¶抗議運動は全国に波及した. Il movimento di contestazione si estese a tutto il paese.

バキュームカー autospurgatore㊋

はきょく 破局 (崩 壊) rovina㊊, crollo㊋; (悲劇的結末) catastrofe㊊ ¶…の破局を招く portare ql.co. [qlcu.] alla rovina ¶夫婦はついに破局を迎えた.《離婚した》Alla fine hanno divorziato.

はぎれ 歯切れ ¶歯切れの良い［悪い］返事 risposta chiara [ambigua] ¶彼の英語は歯切れがいい. Il suo inglese è chiaro e distinto.

はぎれ 端切れ《布の》scampolo㊋

はく 箔 lamina㊊, foglia㊊ (di metallo) ¶アルミ箔 foglio d'alluminio ¶金箔 lamina d'oro

[慣用] 箔が付く ¶彼は科学者として箔が付いた. Ha acquistato lustro come scienziato.

はく 吐く 1 (口から出す) vomitare㊋ (▶単独でも可), rimettere㊋ (▶単独でも可); 《親》rigettare㊋ (▶単独でも可), dare di stomaco; (たん・つばなどを) sputare ql.co. ¶道につばを吐く sputare [av] sulla strada ¶血を吐く sputare sangue (▶「たいへんな努力をする」の意味もある) 2 (中から外へ出す) ¶白い息を吐いていた. Il fiato gli si condensava in nuvolette bianche. ¶溶岩を吐く eruttare lava ¶黒煙を吐く mandare fuori [eruttare] fumo nero 3 (言葉にして出す) ¶弱音を吐く lamentarsi / lagnarsi ¶悪口雑言を吐く dirne di tutti i colori / lanciare tuoni e fulmini (in contro) ¶毒舌を吐く sputare veleno (in contro) ¶本音を吐く buttar fuori quanto si ha realmente dentro / gettare la maschera ¶泥を吐く confessare㊋ (▶単独でも可) / 《隠》cantare㊋ [av] / vuotare il sacco

はく 掃く・刷く 1 (掃除する) spazzare ql.co. ¶部屋を掃く spazzare [scopare] una stanza ¶庭を掃く ramazzare il giardino ¶ごみを1か所に掃き清めて raccogliere con la scopa i rifiuti in un unico posto 2 (さっと塗る) ¶眉を刷く dipingersi [disegnarsi] le sopracciglia

[慣用] 掃いて捨てるほど ¶この会社には大学出が掃いて捨てるほどいる. In questa ditta ce ne sono da vendere, di laureati.

はく 着く, mettere, mettersi infilare, infilarsi ¶靴[靴下 / ズボン]を履く mettersi [infilarsi] le scarpe [le calze / i pantaloni] ¶彼は黒いズボンを履いている. Porta i pantaloni neri.

-はく -拍《音》¶この歌は1拍おいて始まる. Questa canzone inizia dopo una battuta.

-はく -泊 ¶ホテルに1泊する fermarsi[rimanere] una notte in albergo ¶2泊3日の旅行 viaggio di tre giorni

はく 剥ぐ togliere ql.co.; 《木の皮を》scortecciare *ql.co.*; 《動物の皮を》spellare, scorticare, scuoiare ¶うさぎの皮をはぐ scorticare [spellare] un coniglio ¶木の皮をはぐ scortecciare un albero ¶私は息子の毛布をはいだ. Ho tirato via le coperte dal letto di mio figlio.

はぐ 接ぐ ¶2枚の板をはぐ unire due tavole ¶布をはぎ合わせる cucire insieme dei pezzi di stoffa

ばく 獏 〖動〗 tapiro男

ばく 馬具 bardatura女[複], finimenti男[複] ¶馬具を付ける bardare un cavallo / mettere i finimenti [le bardature] ad un cavallo ¶馬具を外す togliere le bardature ad un cavallo

バグ 〔英 bug〕〖コンピュータ〗baco男[複 -chi]; 〔英〕bug男[無変]

はくあ 白亜 **1**《チョーク》gesso男 ◇白亜質の gessoso, cretaceo **2**《白壁》¶白亜の殿堂 palazzo bianco

✤白亜紀〖地質〗periodo男 cretaceo
白亜層〖地質〗strato男 gessoso

はくあい 博愛 filantropia女, amore男 universale ◇博愛的 filantropico [男複 -ci], umanitario [男複 -i]
✤博愛主義 filantropismo男, fraternità女
博愛主義者 filantropico [男 -a]

はくい 白衣 camice男 (bianco [複 -chi]) ¶白衣の天使 infermiera (in camice bianco)

はくうんせき 白雲石 〖鉱〗dolomia女; dolomite女

はくうんも 白雲母 〖鉱〗muscovite女

ばくおん 爆音 《爆発の》detonazione女, scoppio男[複 -i], esplosione女; 《エンジンの》rombo男 (di un motore) ¶爆音を立てる rombare自[av] ¶爆音を立てて rombando / con un rumore assordante

ばくが 麦芽 malto男
✤麦芽糖 maltosio男

はくがい 迫害 persecuzione女 ◇迫害する perseguitare *qlcu.* ¶迫害をこうむる[受ける] essere vittima di persecuzioni
✤迫害者 persecutore [男 -trice]

はくがく 博学 (vasta) erudizione女 ◇博学の assai colto, dotto, erudito ¶博学な人 persona di vasta [profonda] erudizione / pozzo di scienza ¶博学である avere una vasta erudizione

はくがん 白眼 ◇白眼視する guardare male *qlcu.*, guardare *qlcu.* in cagnesco, guardare [vedere] *qlcu.* [*ql.co.*] di malocchio; 《冷遇する》trattare *qlcu.* freddamente [male]

はぐき 歯茎 gengiva女 ◇歯茎の gengivale ¶歯茎がはれている avere una gengivite ¶歯茎から血がでる. Mi esce sangue dalle gengive.

はくぎん 白銀 《銀》argento男; 《雪》neve女 ¶白銀の峰々 cime coperte di neve candida

はぐくむ 育む **1**《鳥がひなを》coprire [proteggere] i propri piccoli con le ali **2**《守って成長させる》tirare su [allevare / educare] *qlcu.* ¶夢をはぐくむ coltivare un sogno ¶彼女は両親の愛にはぐくまれて成長した. È cresciuta circondata dall'amore dei suoi genitori.

ばくげき 爆撃 bombardamento男 (aereo) ◇爆撃する bombardare *qlcu.* ¶絨毯(じゅう)爆撃 bombardamento a tappeto
✤爆撃機 bombardiere男 ¶戦闘爆撃機 cacciabombardiere男

はくげきほう 迫撃砲 〖軍〗lanciabombe男[無変]; mortaio男[複 -i]

はくさい 白菜 cavolo男 cinese

はくし 白紙 **1**《白い紙》carta女 bianca; pagina女 bianca, foglio男[複 -gli] bianco[複 -chi] ¶答案を白紙で出す consegnare il foglio in bianco **2**《何もない状態》¶白紙に戻す ricominciare da capo / 《中止する》annullare *ql.co.* / 《撤回する》revocare *ql.co.* ¶問題の検討に白紙で臨む esaminare un problema senza alcuna idea preconcetta

✤白紙委任 白紙委任状 carta bianca / piena fiducia 白紙委任する dar carta bianca a *qlcu.* / dare *qlcu.* piena fiducia

はくし 博士 《人》diplomato男 [女 -a] in dottorato di ricerca triennale; 《学位》dottorato男 di ricerca; 《略》〔英〕PHD triennale ¶医学博士 diplomato in dottorato di [in] medicina
✤博士課程 corso男 di dottorato di ricerca triennale ¶私は文学の博士課程に在籍している. Sto svolgendo [seguendo] il dottorato di ricerca in lettere.
博士号 (titolo di) dottorato男
博士論文 tesi女[無変] di dottorato

ばくし 爆死 morte女 in un'esplosione; 《爆撃で》morte女 in un bombardamento

はくしき 博識 vasta erudizione女, ampie conoscenze女[複], cultura女 [conoscenza女] enciclopedica

はくじつ 白日 **1**《太陽》sole男 splendente **2** pieno giorno男
〖慣用〗白日のもとにさらされる essere 「portato alla luce del sole [reso pubblico]」

はくしゃ 拍車 sperone男, sprone男 ¶馬に拍車を当てる spronare un cavallo / dar di sprone ad un cavallo
〖慣用〗拍車をかける accelerare [dare stimolo] *ql.co.*, spronare [incitare] *qlcu.* a *ql.co.* [a+不定詞] ¶その事件は教育論争に拍車をかけた. Quell'incidente ha innescato un dibattito sull'educazione.

はくしゃ 薄謝 piccolo omaggio男[複 -gi] per ringraziare di *ql.co.* ¶アンケートにご協力頂いた方に薄謝進呈. Invieremo un piccolo omaggio a chi contribuirà al sondaggio.

はくしゃく 伯爵 conte男 ◇伯爵の comitale, di conte →貴族 関連
✤伯爵夫人 contessa女
伯爵領 contea女

はくじゃく 薄弱 ◇薄弱な debole, fievole, poco solido, fragile ¶薄弱な理由 ragione女 poco convincente ¶彼は意志薄弱である. Manca di volontà.

はくしゅ 拍手 applauso男, battimano男, battimani男[無変] ◇拍手する applaudire *qlcu.*, battere le mani a *qlcu.* ¶熱狂的な拍手 applausi frenetici ¶拍手喝采(かっさい)で迎える accogliere *qlcu.* con un applauso [un battimano] ¶嵐のような拍手を呼ぶ sollevare uno scroscio [un uragano] d'applausi ¶割れんばかりの拍手を

はくしょ 浴びる ricevere applausi fragorosi [a scena aperta] ¶…に拍手をお願いします。Un applauso per…

はくしょ 白書 libro㊚ bianco [複 -chi] ¶経済白書 libro bianco sull'economia

はくじょう 白状 confessione㊛ ◇白状する confessare ql.co. [di+不定詞/che+直説法]; 《隠》cantare㊋ [av], vuotare il sacco ¶白状させる fare confessare (ql.co.) a qlcu. / strappare una confessione a qlcu. ¶罪を洗いざらい白状する fare [rendere] piena confessione di un delitto ¶白状すると、それをやったのは私だ。Lo confesso, sono stato io a farlo.

はくじょう 薄情 ◇薄情な《冷淡な》freddo; insensibile;《冷酷な》crudele, duro, disumano;《無慈悲な》senza cuore, spietato ¶薄情な人 persona senza cuore / persona insensibile ¶…に薄情なことをする trattare male [in modo crudele] qlcu. / essere duro con qlcu. ¶私にはそんな薄情なことはできない。Io non posso compiere delle azioni così spietate.

ばくしょう 爆笑 scoppio㊚ [複 -i] [scroscio㊚ [複 -sci]] di risa ¶爆笑する scoppiare㊋ [es] a ridere fragorosamente / scoppiare in una fragorosa risata ¶場内に爆笑が起こった。Una fragorosa risata è scoppiata nel mezzo della sala.

はくしょく 白色 colore㊚ bianco ◇白色の bianco [㊛複 -chi]
❖白色光 luce㊛ bianca
白色人種 razza㊛ bianca
白色テロ terrore㊚ bianco

はくしょん 《擬》ecci, ecciù ¶はくしょんと大きなくしゃみをした。Ha starnutito forte.

はくしん 迫真 ¶迫真の演技 interpretazione molto realistica [verosimile]
❖迫真性 [力] verosimiglianza㊛
迫真法《修辞》ipotiposi㊛ [無変]

はくじん 白人 bianco㊚ [㊛ -ca; ㊚複 -chi], uomo㊚ [複 -uomini] di razza bianca; 《集合的》i bianchi [複]

ばくしん 驀進 ◇驀進する lanciarsi in avanti con impeto, avanzare㊋ [es, av] a tutta velocità

はくしん(ち) 爆心(地) centro㊚ dell'esplosione;《原爆の》punto㊚ zero [無変], epicentro㊚

はくする 博する ¶喝采を博する riscuotere (un uragano d')applausi ¶名声を博する acquistare gloria / godere di un'ottima reputazione ¶勝利を博する ottenere [conseguire / cogliere / riportare] una vittoria

はくせい 剝製 《行為》impagliatura㊛;《物》animale㊚ impagliato [imbalsamato] ◇剝製にする impagliare, imbalsamare
❖剝製(術)師 tassidermista㊚㊛ [㊚複 -i], impagliatore㊚ [㊛ -trice], imbalsamatore㊚ [㊛ -trice]
剝製術 tassidermia㊛

はくせん 白線 linea㊛ bianca ¶白線の後ろに下がってお待ちください。Aspettate senza oltrepassare la linea bianca.

はくせん 白癬《医》tricofizia㊛

ばくぜん 漠然 ◇漠然とした《ぼんやりした》vago [㊚複 -ghi], oscuro;《あいまいな》ambiguo, confuso ◇漠然と vagamente; ambiguamente, confusamente ¶漠然とした答え risposta ambigua [vaga] ¶将来に漠然とした不安がある。Ho un'ansia indefinibile per il mio futuro. ¶それについては漠然とした印象しかない。Ho solo una vaga impressione di ciò. ¶事情が漠然としかわからない。Non conosco che vagamente la situazione.

ばくだい 莫大 ◇莫大な enorme, immenso, grosso ¶莫大な借金 debito enorme / grosso debito ¶莫大な損失 perdita ingente ¶莫大な財産を持っている avere una ricchezza immensa [ingente]

はくだく 白濁 ◇白濁した latteo, bianchiccio [複 -ci] ¶角膜の白濁《医》nubecola della cornea ¶白濁した鉱泉 acque termali di color latteo

はくだつ 剝奪 privazione㊛ ◇剝奪する privare [spogliare] qlcu. di ql.co. ¶《人》の地位を剝奪する dimettere qlcu. dalla sua carica

ばくだん 爆弾 bomba㊛ ¶原子[プラスチック]爆弾 bomba atomica [al plastico] ¶水素爆弾 bomba all'idrogeno / bomba H ¶時限爆弾 bomba a orologeria [a tempo] ¶爆弾を投下する sganciare una bomba su ql.co. / bombardare ql.co. ¶爆弾が破裂した。È esplosa una bomba. ¶病院に爆弾が落ちた。Una bomba è caduta sull'ospedale. ¶彼は心臓に爆弾を抱えている。Ha una malattia al cuore che potrebbe portarlo alla morte in qualunque momento.
❖爆弾発言 dichiarazione㊛ esplosiva

はくち 白痴 idiozia㊛, imbecillità㊛;《人》idiota㊚㊛ [㊚複 -i], imbecille㊚㊛

ばくち 博打 gioco㊚ [複 -chi] d'azzardo ¶博打を打つ giocare d'azzardo [a soldi] /《運に任せる》puntare tutto /《大博打》tentare la sorte / giocare il tutto per tutto ¶博打で擦(す)る perdere denaro al gioco
❖博打打ち giocatore㊚ [㊛ -trice] d'azzardo

ばくちく 爆竹 petardo㊚, bomba㊛ di carta, mortaretto㊚ ¶爆竹を鳴らす far scoppiare petardi ¶爆竹の音が鳴り響いた。Si sentiva il rumore dello scoppio dei petardi.

はくちず 白地図 carta㊛ geografica muta

はくちゅう 白昼 giorno㊚ fatto, pieno giorno ◇白昼に in pieno giorno, di giorno ¶白昼堂々と銀行に押し入る rapinare una banca in pieno giorno
❖白昼夢 sogno㊚ ad occhi aperti, fantasticheria㊛

はくちゅう 伯仲 ¶伯仲している essere quasi uguali [pari] in ql.co. ¶両党の勢力は伯仲している。I due partiti si equilibrano in quanto a forza.

はくちょう 白鳥 cigno㊚ ¶『白鳥の湖』(チャイコフスキー) "Lago dei cigni" (Tchaikovsky)

ばくちん 爆沈 ◇爆沈する《他のものを》affondare, mandare a picco;《自らが》affondare [andare a picco] a causa di un'esplosione

ぱくつく →ぱくり1

ぱくつく ¶彼はサンドイッチをぱくついていた。Stava divorando un tramezzino a morsi.

はくてっこう 白鉄鉱《鉱》marcasite㊛, marcassite㊛

バクテリア 〔英 bacteria〕《生》batterio男[複-i]

バクテリオファージ 〔英 bacteriophage〕《生》batteriofago男[複-gi]

はくとう 白桃 pesca女 (dalla polpa) bianca

はくどう 白銅 lega女 di rame e nichel [nichelio]
✤白銅貨 moneta女 in lega di rame e nichel, nichelino男

はくないしょう 白内障 《医》cataratta女, cateratta女 ¶老人性白内障 cataratta senile ¶白内障を患う essere colpito da cataratta ¶白内障の手術をする《医者が主語で》operare alla [di] cataratta

はくねつ 白熱 **1**《高温発光》incandescenza女 ◇白熱した incandescente **2**《最高潮》¶白熱した討論 discussione accesa [incandescente] ¶白熱した試合 partita in fuocata
✤白熱電球 lampada女 a incandescenza

はくば 白馬 cavallo男 [女 -a] bianco [複 -chi]

ばくは 爆破 distruzione女 per mezzo di esplosione ¶爆破する far saltare (in aria) ql.co.

バグパイプ 〔英 bagpipe〕《音》cornamusa女

ばくばく ¶ばくぱく食べる《たくさん》mangiare abbondantemente ql.co. /《むさぼり食う》divorare ql.co. /《おいしく食べる》mangiare con gusto [con golosità] ql.co.

はくはつ 白髪 capelli男[複] bianchi ¶白髪の紳士 signore dai capelli d'argento

ばくはつ 爆発 **1** esplosione女; 《破裂》scoppio男[複-i] ◇爆発する esplodere自[es]; scoppiare自[es]; 《建造物が吹き飛ぶ》saltare自[es] in aria ◇爆発性の esplosivo ¶爆発させる《爆破する》far saltare in aria ql.co. ¶火山の爆発 eruzione vulcanica ¶坑内ガス爆発 esplosione di grisù [grisou] ¶工場が爆発した. La fabbrica è saltata in aria.
2《感情が》◇爆発する esplodere自[es]; 《突発する》scoppiare自[es] ◇怒りが爆発する《人が主語》infuriarsi / andare su tutte le furie / sbottare per la rabbia ¶国民の不満がとうとう爆発した. Alla fine lo scontento del popolo è esploso.
✤爆発的 ¶人口の爆発的増加 esplosione demografica ¶爆発的な人気を得る godere自[av] di un'esplosione di popolarità
爆発物 esplosivo男, sostanza女 [materia女] esplosiva
✤爆発力 forza女 [potenza女] esplosiva

ばくはんたいせい 幕藩体制 《史》sistema男 del governo Tokugawa; shogunato男 (◆ il quale il bakufu costituiva l'autorità principale a livello nazionale mentre numerosi signori locali, i daimyo fungevano da vassalli periferici)

はくび 白眉 ¶現代小説中の白眉 il migliore fra i romanzi contemporanei

はくひょう 白票 《棄権の》scheda女 bianca ¶白票を入れる《棄権する》[棄権] votare scheda bianca / votare自[av] in bianco /《国会での賛成票》votare a favore

はくひょう 薄氷 ghiaccio男 sottile
[慣用]薄氷を踏む思い ¶会議中, 私は薄氷を踏む思いだった. Durante la riunione, mi sembrava di camminare sul filo del rasoio.

ばくふ 幕府 bakufu男[無変]; shogunato男 ◇幕府の dello [relativo allo] shogunato, shogunale ¶徳川幕府 shogunato dei Tokugawa

ばくふ 瀑布 cascata女

ばくふう 爆風 spostamento男 d'aria provocato da un'esplosione ¶窓ガラスが爆風で吹き飛んだ. I vetri delle finestre sono andati in frantumi a causa dell'esplosione.

はくぶつがく 博物学 storia女 naturale

はくぶつかん 博物館 museo男 ¶自然博物館 museo di scienze naturali

はくへいせん 白兵戦 combattimento男「corpo a corpo [all'arma bianca]

はくぼく 白墨 gesso男

はくまい 白米 riso男 brillato [raffinato]

ばくまつ 幕末 gli ultimi anni男[複] [la fine del] governo shogunale dei Tokugawa

はくめい 薄命 《短い命》breve esistenza女 /《早死に》morte女 precoce;《不幸なこと》sfortuna女 ¶佳人薄命. "La bellezza è come un fiore che nasce e presto muore."

はくめい 薄明 crepuscolo男

ばくやく 爆薬 esplosivo男 ¶爆薬を仕掛ける mettere un esplosivo

はくらい 舶来 ◇舶来の importato, proveniente dall'estero, di provenienza [di marca] estera
✤舶来品 articolo男 importato

ばくらい 爆雷 bomba女 di profondità, bomba女 antisommergibile

はぐらかす 《話をそらしてごまかす》eludere, evitare di dire, tergiversare自[av] ¶彼ははっきりと答えずにはぐらかした. Ha aggirato l'argomento senza rispondere chiaramente.

はくらん 博覧 **1**《博識》¶博覧強記の人 persona erudita e di ottima memoria
2《広く人々が見ること》¶世界の名画を博覧に供する organizzare una mostra di dipinti famosi a livello internazionale

はくらんかい 博覧会 mostra女, esposizione女;《特に商品見本市》fiera女 ¶万国博覧会 Esposizione Universale / expo [ekspó]

はくり 剥離 separazione女;《医》esfoliazione女 ◇剥離する《医》(はがす) esfoliare;《はがれる》esfoliarsi

はくり 薄利 薄利多売 vendita女 in grande quantità con un piccolo margine di profitto

ぱくり **1** ¶傷口がぱくりと開いてしまった. La ferita si è riaperta. ¶魚が餌(え)にぱくりと食いついた. Il pesce ha abboccato all'esca. **2**《盗用》plagio男[複-gi] **3**《かっぱらうこと》borseggio男[複-gi]

ばくりょう 幕僚 《軍》ufficiale男 di stato maggiore;《集合的に》stato男 maggiore
✤幕僚長 capo男 di stato maggiore

はくりょく 迫力 vigore男, forza女, energia女[複-gie], potere男 ◇迫力のある vigoroso, energico[複-ci], potente, ◇迫力のある文体 stile vigoroso ¶この映画は迫力がある. Questo film「ha molta forza [è coinvolgente]. ¶彼の演説には迫力があった. Il suo, è stato un discorso trascinante.

ぱくる 1 〈かすめとる〉fregare;〈盗用する〉plagiare; copiare pari pari ¶ヒット商品のアイデアをぱくる rubare l'idea di un prodotto di successo ¶彼から1万円ぱくった. Gli ho fregato diecimila yen. 2 〈逮捕する〉◇ぱくられる essere arrestato / essere preso dalla madama

はぐるま 歯車 〈機〉ruota㊛ dentata, ruota d'ingranaggio;〈ピニオン〉pignone㊚;〈装置〉rotismo㊚;〈自転車の〉moltiplica㊛ ¶歯車の歯 dente (di ruota dentata) ¶歯車がかみ合う ingranare (▶比喩的にも用いる)

はぐれる 〈迷う〉smarrirsi, perdersi;〈…と〉allontanarsi da qlcu.; perdere di vista qlcu. ¶私たち2人は森で仲間とはぐれてしまった. Nel bosco noi due abbiamo perso il resto del gruppo.

ばくろ 暴露 rivelazione㊛, svelamento㊚, smascheramento㊚ ◇暴露する〈あばく〉svelare, rivelare, divulgare, smascherare, scoprire;〈さらけ出す〉tradire ¶秘密を暴露する svelare un segreto ¶陰謀が暴露された. Il complotto è stato scoperto. ¶私たちは彼の旧悪を暴露した. Abbiamo denunciato [rivelato] la sua cattiva condotta passata.

❖暴露記事 articolo㊚ che denuncia scandali o abusi

暴露小説 romanzo㊚ di denuncia

はくろう 白蝋 〈化〉cera㊛ raffinata
❖白蝋病〈医〉sindrome㊛ di Raynaud

はけ 刷毛 〈ペンキなどを塗る〉pennello㊚, pennellessa㊛;〈ブラシ〉spazzola㊛ ¶刷毛で塗る dipingere ql.co. con un pennello

はけ 捌け 1 〈排水:水路などによる土地の〉drenaggio㊚[複 -gi];〈工場・家屋などの〉scarico㊚[複 -chi] ¶この流しは水のはけがいい[悪い]. Questo lavandino scarica bene [male]. 2 〈売れ行き〉vendita㊛ ¶この手の品物ははけがいい. Questi articoli vanno molto [sono molto richiesti].

はげ 禿 calvizie㊛[無変];〈はげ頭〉testa㊛ calva [pelata] ¶若はげ calvizie precoce
❖はげ山 montagna㊛ brulla [spoglia]

はげ 剥げ ¶この壁は漆喰(ﾆ)にはげがきている. L'intonaco di questa parete si sta staccando.

はげあがる 禿げ上がる ¶彼は額がはげ上がっている. Ha la fronte alta per la calvizie.

はけい 波形 〈物〉forma㊛ d'onda

はげいとう 葉鶏頭・雁来紅〈植〉amaranto㊚

はけぐち 吐け口 1 〈出口〉via㊛ d'uscita, sbocco㊚[複 -chi];〈排水口〉sboccatoio㊚[複 -i], scarico㊚[複 -chi] dell'acqua

2 〈感情の〉sfogo㊚[複 -ghi], diversivo㊚ ¶怒りの吐け口を見いだす dare sfogo alla rabbia [alla collera] ¶…に吐け口を求める cercare sfogo in ql.co.

3 〈商品の〉sbocco㊚[複 -chi], mercato㊚

はげしい 激しい 〈勢いが強い〉violento, furioso, impetuoso;〈猛烈な〉intenso, forte, accanito;〈気性・情熱的〉ardente, veemente, appassionato;〈厳しい〉duro, severo;〈鋭い〉acuto ◇激しさ violenza㊛, furore㊚, furia㊛, impeto㊚; intensità㊛; veemenza㊛, ardore㊚, acutezza㊛ ◇激しく forte, con forza, con violenza, furiosamente, impetuosamente; intensamente

¶激しい怒り collera violenta [furiosa] ¶激しい議論 discussione accesa [infervorata / appassionata] ¶激しい言葉 parole violente [furiose] ¶激しい戦い accanito [acerrimo] combattimento ¶激しい風 vento impetuoso [furioso] ¶激しい暑さ caldo intenso ¶激しい気性 temperamento focoso [ardente] ¶激しい愛 amore appassionato ¶激しい欲望 desiderio veemente [ardente / impetuoso] ¶激しい痛み dolore acuto [lancinante]

¶天気の変化が激しい. Il tempo muta senza preavviso. ¶この道は交通が激しい. In questa strada c'è un traffico intensissimo. ¶彼は激しく僕を非難した. Mi ha criticato aspramente [severamente]. ¶激しく雨が降る. Piove forte [a dirotto / a catinelle]. ¶車は壁に激しくぶつかった. La macchina ha urtato violentemente contro il muro.

はげたか 禿鷹〈鳥〉avvoltoio㊚[複 -i]

バケツ 〔英 bucket〕secchio㊚[複 -chi], secchia㊛;〈小型の〉secchiello㊚ ¶バケツ1杯の水 un secchio [una secchiata] d'acqua ¶バケツの水をあける svuotare il secchio dell'acqua

バゲット 〔仏 baguette〕〈仏〉baguette [bagét]㊛[無変]

パケットこうかん パケット交換 〔通信〕trasmissione㊛ a pacchetti

ばけねこ 化け猫 spiritello㊚ maligno di un gatto

ばけのかわ 化けの皮 ¶化けの皮がはがれる svelarsi / tradirsi ¶化けの皮をはぐ smascherare qlcu.

はげまし 励まし incoraggiamento㊚ ¶励ましの言葉 parole di incoraggiamento

はげます 励ます 〈激励する〉incoraggiare qlcu. a ql.co. [a+不定詞], incitare qlcu. a+不定詞;〈言いきかせる〉esortare qlcu. a+不定詞 [a ql.co.];〈元気にする〉risollevare il morale a qlcu. [di qlcu.] ¶励まして勉強させる incoraggiare [esortare] qlcu. allo studio / spronare [incitare] qlcu. a studiare

はげみ 励み incoraggiamento㊚, incitamento㊚;〈刺激〉stimolo㊚ ¶励みになる essere di incoraggiamento [stimolo] per qlcu.

はげむ 励む 〈懸命に努める〉sforzarsi di+不定詞;〈打ち込む〉applicarsi a ql.co., ingegnarsi in ql.co. [a+不定詞], impegnarsi in ql.co., dedicarsi a ql.co. ¶仕事に励む lavorare sodo ¶学業に励む applicarsi agli studi

ばけもの 化け物 fantasma㊚[複 -i], spettro㊚;〈怪物〉mostro㊚;〈幽霊〉spirito㊚ ¶まるで化け物だよ. È un mostro!

はける 捌ける 1 〈水などが〉scaricarsi; scorrere㊀[es], scolare㊀[es] ¶水がよくはける. L'acqua defluisce bene. 2 〈よく売れていく〉smerciarsi, vendersi ¶この品物はよくはける. Questi articoli si smerciano [si vendono] bene.

はげる 禿げる diventare calvo, perdere i [(すっかり) tutti i] capelli ◇はげた calvo, pelato

はげる 剥げる 1 〈塗料が剥げ落ちる〉staccarsi, venir via, togliersi, scrostarsi;〈糊付けしたものが〉scollarsi ¶このお盆は塗りがはげてきた. La lacca di questo vassoio si è scrostata.

ばける 2《色があせる》sbiadire® [es], scolorirsi, appassire® [es] ¶この色ははげやすい. Questo colore scolorisce facilmente.

ばける 化ける **1**《変装する》travestirsi [camuffarsi / mascherarsi] da qlcu. ¶乞食に化ける camuffarsi da mendicante ¶女に化けて travestito da donna **2**《変身する》trasformarsi [tramutarsi] in qlcu., prendere la forma di qlcu.

はげわし 禿鷲 《鳥》avvoltoio® [複 -i] cinese

はけん 派遣 invio® [複 -ii], spedizione® ◇派遣する inviare [spedire] qlcu. [ql.co.]; delegare qlcu. ¶直ちに派遣する inviare subito [con sollecitudine] qlcu. [ql.co.] ¶通信員をイタリアに派遣する inviare un corrispondente in Italia ¶艦隊をインド洋に派遣する distaccare una flotta nell'Oceano Indiano ¶大使を外国に派遣する accreditare un ambasciatore presso un governo straniero

❖**派遣員**《使節》delegato® [® -a]; 《新聞》inviato® [® -a]

派遣軍 corpo® di spedizione

派遣社員 impiegato® [® -a] a contratto di subappalto (non fisso)

派遣団 delegazione®

はけん 覇権 supremazia®, egemonia®;《支配権》dominio® [複 -i] ¶覇権を争う lottare con qlcu. per la supremazia /《2者が》contendersi [disputarsi] l'egemonia ¶覇権を握る ottenere [《状態》avere] la supremazia / conquistare l'egemonia / mettere ql.co. sotto il proprio dominio ¶覇権を奪う sottrarre la supremazia《から a》

ばけん 馬券 biglietto® del totalizzatore [《連勝式》(scommessa®) accoppiata®] alle corse dei cavalli

はこ 箱 scatola®;《大箱》cassa®, cassone ®, scatolone®;《小箱》cassetta® 《タバコなどの》pacchetto® ¶ボール箱 scatola di cartone ¶木箱 cassa di legno ¶りんご1箱 una cassa di mele ¶マッチ1箱 una scatola di fiammiferi ¶箱に入れる mettere ql.co. in una scatola / inscatolare ql.co. ¶彼は毎日タバコを1箱吸う. Fuma un pacchetto di sigarette al giorno. ¶箱入りDVD5枚組 cofanetto di cinque dvd

はごいた 羽子板 racchetta® per il gioco dello *hanetsuki* (◆ sorta di gioco del volano)

はこいりむすめ 箱入り娘 ragazza® iperprotetta; ragazza® cresciuta nella bambagia

はこう 波高 altezza® d'onda

はこう 跛行 **1**《片足を引きずること》zoppicamento®;《文》claudicazione® ◇跛行する zoppicare® [av],《文》claudicare® [av]

2《釣り合いがとれないこと》¶跛行的経済 economia zoppicante [squilibrata]

-ばこそ 1《理由》¶君の将来を思えばこそ忠告したんだ. Ti ho avvertito proprio perché sono preoccupato per il tuo futuro.

2《絶対…しない》¶押しても引いても動かばこそ. Per quanto tu spinga o tiri, non si muoverà di un centimetro.

パゴダ〔英 pagoda〕pagoda® (►日本の寺院の五重の塔なども言う)

はごたえ 歯応え **1**《食べ物が》◇歯ごたえのある duro (da masticare);《めん類・穀物が》al dente;《せんべいなど乾いた物が》croccante ¶このスパゲッティは歯ごたえがある. Questi spaghetti sono al dente. **2**《反応, 手応え》¶歯ごたえのある相手 un avversario capace [che dà soddisfazione affrontare]

はこづめ 箱詰め ¶箱詰めのオレンジ arance in cassetta ¶箱詰めにする chiudere [imballare] ql.co. in una cassetta

はこにわ 箱庭 giardino® giapponese in miniatura

はこび 運び **1**《運ぶこと》¶荷物運びをする portare i bagagli

2《進め方, 進行》¶座談会の運び方 conduzione di una riunione ¶なんと見事な筆の運びだ. Che bei tocchi di pennello! ¶このトンネルもとうとう近く開通の運びだ. Finalmente anche questa galleria sta per essere aperta al traffico.

3《出向くこと》¶たびたびお運びいただきありがとうございます. La ringrazio per essersi presa il disturbo di venirmi a trovare così spesso.

はこびこむ 運び込む ¶私はけが人を病院に運び込んだ. Ho trasportato un ferito in ospedale.

はこぶ 運ぶ **1**《運搬する》trasportare;《移動させる, 携行する》portare;《配達する》spedire, distribuire, consegnare ¶テーブルを部屋から運び出す portare una tavola fuori dalla stanza ¶飛行機でその機械を運んだ. Il macchinario è stato trasportato [spedito] via aerea. ¶隣町まで足を運ぶ recarsi nella città vicina

2《物事が進む》procedere® [es], andare avanti, svolgersi, progredire® [progredito® (►人が主語のとき [av], 物が主語のとき [es]), migliorare® (►人が主語のとき [es, av], 物が主語のとき [es]) ¶仕事は思ったより速く運んだ. Il lavoro「si è svolto [è proceduto / è andato avanti] più facilmente del previsto. ¶万事はすらすら運んだ. Tutto è andato liscio (come l'olio). ¶仕事はまだそこまで運んでいない. Il lavoro non「è ancora giunto a [ha ancora raggiunto] quella fase.

3《事を進める》portare avanti, avanzare ¶自分に都合のよいように事を運ぶ portare avanti le cose a proprio vantaggio / tirare l'acqua al proprio mulino

4《扱う》¶筆を運ぶ scrivere con un pennello

はこぶね 方舟 ¶ノアの方舟《聖》l'arca di Noè

はこべ 繁縷《植》centonchio® [複 -chi]

はこぼれ 刃毀れ ◇刃こぼれする essere intaccato ¶刃こぼれした刀 spada con la lama intaccata

はごろも 羽衣 veste® [abito®] di piume ¶天女の羽衣 manto piumato di una dea del cielo

バザー〔英 bazaar〕**1**《慈善の》vendita® di beneficenza **2** → バザール

バザール《イスラム文化圏の市場》bazar® [無変]

はざかいき 端境期 periodo® precedente il raccolto

はさき 刃先 punta® di una spada [di un coltello]

ばさっ ¶手紙の束をばさっと机の上に置いた. Ho messo un plico di lettere sulla scrivania. ¶ばさっと枝を切り落とす dare una potata ai rami

ぱさっ ¶棚から封筒が1枚ぱさっと落ちた. Dallo scaffale è scivolata giù una busta.

ばさばさ **1**《乾いている物の音》 ¶ばさばさと音をたてる frusciare[自][*av*] / stormire[自][*av*]
2《髪の乱れた》 ¶風で髪の毛がばさばさになった. I miei capelli sono stati scompigliati dal vento.

ぱさぱさ ¶ぱさぱさの髪 capelli molto secchi ¶ぱさぱさのみかん mandarino「troppo asciutto [privo di succo] ¶このパンはぱさぱさだ. Questo pane è raffermo.

はざま 狭間 **1**《間》 ¶生と死のはざまにある trovarsi incastrat*o* tra la vita e la morte
2《谷あい》 gola㊛, burrone㊚, baratro㊚
3《銃眼》 feritoia㊚, fessura㊛

はさまる 挟まる essere pres*o* [serrat*o* / incastrat*o* / impigliat*o*]《に in, tra》 ¶歯に挟まる《人が主語》avere *ql.co.* tra i denti /《物が主語》mettersi fra i denti ¶ドアにハンドバッグが挟まった. La borsa mi è restata impigliata nella porta. ¶母と妻の間に挟まって閉口している. Mi trovo in mezzo tra mia madre e mia moglie e non so cosa fare.

はさみ 鋏

forbici㊛[複];《庭木用, 金属板用》cesoie㊛[複];《切符切りの》pinza㊛, pinze㊛[複] ¶はさみ1丁 un paio di forbici ¶庭木にはさみを入れる potare gli alberi del giardino ¶切符にはさみを入れる forare i biglietti ¶このはさみはちっとも切れない. Queste forbici non tagliano affatto.

はさみうち 挟み撃ち・挟み打ち ¶挟み撃ちにする attaccare *qlcu.* da due lati [sui due fianchi] ¶挟み撃ちを食らう essere (pres*o*) tra due fuochi
✤挟み撃ち作戦 movimento㊚ a tenaglia

はさみむし 鋏虫 〘昆〙 forbicina㊛, forficula㊛, forfecchia㊛

はさむ 挟む・挿む

1《間に置く》mettere *ql.co.*《の間に fra, tra》;《間に入れる》inserire *ql.co.*《に in》;《つまむ》pizzicare *ql.co.* ¶本にしおりを挟む inserire un segnalibro in un libro / mettere un segnalibro fra le pagine ¶指を戸に挟まれる chiudersi un dito in una porta ¶パンにハムを挟む mettere una fetta di prosciutto nel pane ¶箸(はし)で刺身を挟む prendere il *sashimi* con i bastoncini ¶彼は腕を機械に挟まれた. Gli è rimasto un braccio incastrato nella macchina.
2《途中で割り込む》 ¶言葉を挟む interrompere *qlcu.* / intromettersi [immischiarsi] in *ql.co.* ¶口を挟む intervenire / mettere il becco in *ql.co.* ¶疑いを挟む余地はない. Non c'è motivo di avere dei dubbi.
3《間を隔てる》 ¶通りを挟んだ向かいに sul lato opposto della strada ¶私たちはテーブルを挟んで座っていた. Stavamo seduti al tavolo uno di fronte all'altro.

はざわり 歯触り ¶この漬け物は歯触りがいい. Queste verdure in salamoia sono un piacere da sgranocchiare.

はさん 破産 fallimento㊚, bancarotta㊛ ◇破産する fallire[自][*es*], far [andare in] fallimento, far bancarotta ¶破産状態の会社 azienda in fallimento ¶破産に瀕している essere sull'orlo del fallimento ¶詐欺[過怠]破産罪〘法〙bancarotta fraudolenta [semplice]
✤破産管財人〘法〙 cura*tore*㊚[㊛ *-trice*] fallimentare
破産者 fallit*o*㊚[㊛ *-a*], bancarottiere㊚[㊛ *-a*]
破産申請 richiesta㊛ di insolvenza
破産宣告 dichiarazione㊛ di fallimento ¶破産宣告をする dichiarare *qlcu.* in fallimento / dichiarare il fallimento di *qlcu.*
破産法 Legge㊛ sui fallimenti

はし 端

1《ふち》bordo㊚, orlo㊚, margine㊚;《わき》lato㊚;《先端》punta㊛;《隅(すみ), 角》angolo㊚;《終わり》fine㊛ ¶右端の本 l'ultimo libro a destra ¶テーブルの端に sul bordo [margine] di una tavola da pranzo ¶道路の端を歩く camminare sul lato della strada ¶ページの端を折る fare le orecchie alle pagine ¶端から順番に問題を解く rispondere alle domande secondo l'ordine ¶この本を端から端まで読んだ. Ho letto questo libro da cima a fondo [dalla prima all'ultima pagina].
2《物事の一部分》 ¶彼は言葉の端をとらえて文句をつける. Si attacca alla minima parola per mettersi a discutere.
3《「…する端から」の形で》 ¶料理する端から食べる piluccare [spizzicare / mangiucchiare] mentre si cucina

はし 箸 bastoncini㊚[複], bacchette㊛[複] ¶箸1膳 un paio di bacchette ¶箸を持つ tenere in mano i bastoncini
[慣用] **箸が転んでもおかしい** ¶あの年ごろの娘は箸が転んでもおかしいものだ. Le ragazze di quell'età ridono per le cose più stupide.
箸にも棒にも掛からない ¶彼は箸にも棒にも掛からないやつだ. È un tipo che non si può correggere né con le buone né con le cattive.
箸の上げ下ろし ¶姑は箸の上げ下ろしにも小言を言う. Mia suocera trova da [a] ridire su tutto quello che faccio.
箸を置く finire di mangiare
箸をつける ¶料理に箸をつける《食べはじめる》cominciare a mangiare /《食べてみる》assaggiare il cibo
箸を取る cominciare a mangiare
✤箸置き poggiabastoncini㊚[無変]
箸立て portabastoncini㊚[無変]
箸箱 custodia㊛ [scatoletta㊛] per bastoncini

はし 橋

ponte㊚ ¶…に橋を架ける gettare [costruire] un ponte su *ql.co.* ¶AとBを橋で結ぶ collegare A e B con un ponte ¶橋を渡る attraversare [passare] un ponte ¶橋のたもとに(で) all'imbocco di un ponte ¶大水で橋が流された. La piena ha travolto il ponte. ¶橋が落ちた. Il ponte è crollato [caduto].
✤橋げた ossatura㊛ di un ponte, travi㊛[複] di un ponte

はじ 恥・辱

《恥辱》vergogna㊛; onta㊛;《不名誉》disonore㊚;《屈辱》umiliazione㊛ ¶恥をかく perdere la faccia / disonorarsi ¶恥をさらす fare una brutta figura [una figuraccia] / dare spettacolo di sé ¶とん

だ恥をかいた. Ho fatto una pessima figura [una figuraccia]. ¶恥をすすぐ lavare il disonore / vendicare l'onta / 《着せられた罪を》discolparsi [scolparsi] da un'accusa ¶恥知らずの sfrontato / svergognato / senza pudore / senza vergogna / dalla faccia tosta ¶恥をかかせる umiliare [disonorare] qlcu. / far perdere la faccia a qlcu. / svergognare qlcu. ¶恥を知る rispettare l'onore ¶恥を知れ. Vergognati! ¶何という恥かさらしだ. Che vergogna! ¶生き恥をさらす essere svergognato / esporsi all'onta [al ridicolo] ¶恥の文化 la cultura della vergogna ¶お前がそんなことをすれば恥になる. Se fai una cosa simile, sarai il disonore [la vergogna] della famiglia. ¶聞くは一時(いっとき)の恥、聞かぬは末代(まつだい)[一生]の恥(諺) Non ci si deve vergognare di ammettere la propria ignoranza. / È meglio chiedere che sbagliare.

[慣用] 恥の上塗り ¶そんなことをすると恥の上塗りになる. Questo significa aggiungere disonore al disonore.

恥も外聞もなく senza il minimo senso di vergogna

恥を忍ぶ ¶私は恥を忍んで彼に金を都合してくれと頼んだ. Gli ho chiesto di prestarmi i soldi, mettendo da parte la vergogna.

はじいる 恥じ入る essere umiliato, vergognarsi di ql.co. [di qlcu. / di +不定詞]；《赤面する》arrossire㉗[es] per la vergogna

はしか 麻疹 [医] morbillo㉚ ◇はしかの morbilloso ¶はしかの発疹 esantema morbilloso
✤はしか患者 morbilloso㉚[㉙ -a]

はしがき 端書き prefazione㉗, introduzione㉗, premessa㉗

はじき 弾き 《ピストル》pistola㉗

はじきだす 弾き出す 1 《はじいて出す》dare un colpetto forte con le dita a ql.co.
2 《のけものにする》isolare qlcu. 《から da》
3 《算出する》¶費用をはじき出す calcolare il costo

はじきとばす 弾き飛ばす ¶車が小石をはじき飛ばした. L'auto ha fatto schizzare la ghiaia.

はじく 弾く 1 《指で》dare un colpetto con un dito a ql.co.; 《楽器の弦を》pizzicare ql.co. ¶そろばんをはじく calcolare con un abaco giapponese / 《損得を計算する》calcolare i pro e i contro ¶ギターの弦をはじく pizzicare le corde della chitarra ¶はじかれたように立ち上がる scattare in piedi
2 《寄せつけない》respingere ql.co. ¶油紙は水をはじく. La carta oleata non lascia penetrare [passare] l'acqua. ¶この布は水をはじく. Questa tela è impermeabile.

はしくれ 端くれ ¶実業家の端くれ industriale, anche se di second'ordine ¶学者の端くれ umile studioso ¶これでも芸術家の端くれだ. Non sarò celebre, ma sono pur sempre un artista.

はしけ 艀 scialuppa㉗, lancia㉗[複 -ce]; 《荷役用》chiatta㉗, bettolina㉗, alleggio㉚[複 -gi]

はじける 弾ける ¶豆のさやなどが》aprirsi scoppiettando; 《木などが裂ける・割れる》fendersi, spaccarsi ¶豆を煎(い)るとはじける. I fagioli, tostati sul fuoco, scoppiettano.

はしご 梯子 《道具》1 scala㉗ (a pioli) ¶縄ばしご scala di corda ¶はしごに上る salire su una scala a pioli 2 《店などの》¶映画のはしごをする passare da un cinema all'altro (in una sola giornata)
✤はしご酒 ¶はしご酒をする fare il giro dei bar / passare da un bar all'altro

はしご車 autopompa㉗ munita di scale

はしご段 scala㉗

はしたがね 端金 piccola somma㉗ di denaro, somma㉗ irrisoria

はしたない 《慎みのない》indiscreto; 《不作法な》grossolano, rozzo, indecente; 《いやしい》abbietto, vile, volgare; 《軽蔑すべき》spregevole; 《恥ずべき》vergognoso ¶はしたない口を利く usare un linguaggio volgare

ばしっ ¶ばしっと棒で打ちすえる colpire fortemente con un bastone qlcu. ¶彼は子供たちをばしっと叱りつけた. 《厳しく》Ha sgridato severamente i bambini.

ぱしっ ¶ぱしっと平手打ちの音がした. Si è sentito distintamente il rumore di uno schiaffo.

ハシッシュ 《英 hashish》 〔英〕hashish㉚[無変], hascisc㉚[無変]

ばじとうふう 馬耳東風 ¶私が何と言っても彼は馬耳東風だった. Faceva orecchi da mercante. / Non ha prestato ascolto al mio consiglio.

はしなくも 端無くも inaspettatamente

はしばし 端端 ¶言葉の端々から敵意が感じられた. Da tutto ciò che diceva risultava evidente la sua ostilità.

ばしばし 《打つ音》¶ばしばしなぐる picchiare qlcu. ripetutamente

はしばみ 榛 《植》nocciolo㉚, avellano㉚; 《実》nocciola㉗, avellana㉗ ¶はしばみの林 noccioleto

はじまり 始まり inizio㉚[複 -i], principio㉚[複 -i]; 《会・店などの》apertura㉗; 《起源》origine㉗ ¶夏の始まり inizio dell'estate ¶会の始まりに間に合わない non fare in tempo per l'inizio della riunione

はじまる 始まる 1 《開始される》avere inizio; iniziare㉘[es], cominciare㉘[es], incominciare㉘[es]; 《会などが》aprirsi, inaugurarsi; 《事業などが》avviarsi ¶学校は8時に始まる. La scuola comincia alle 8. ¶コンサートは2時間後に始まる. Il concerto avrà inizio fra due ore. ¶会議は何時に始まりますか. A che ora comincia la seduta? ¶ほら、いつもの話が始まった. Ci risiamo con i suoi soliti discorsi. ¶彼の遅刻は今に始まったことではない. Non è certamente la prima volta che ritarda.
2 《発生する、起こる》accadere㉘[es], avvenire㉘[es], 《突然起こる》scoppiare㉘[es], 《起因する》avere origine ¶暴動は労働者街から始まった. La rivolta partì dal quartiere operaio. ¶両国の間で戦争が始まった. È scoppiata la guerra tra i due paesi. ¶この儀式は平安時代に始まった. Questo rito risale al periodo Heian. ¶何からけんかが始まったの. Da che cosa ha avuto origine il litigio?
3 《「…しても始まらない」の形で、むだだ、何にもならない》¶今さら悔やんでも始まらない. Ormai è troppo tardi per pentirsi.

はじめ 始め・初め inizio⊛[複 -i], principio⊛[複 -i]；《起源》origine⊛ ◇初めの primo, iniziale；《もとの》originale；《本来の》originario⊛[複 -i] ◇初めに in principio, all'inizio, prima；《…の初めに》al principio [all'inizio] di ql.co.；《手始めに》tanto per cominciare；《まず第一に》innanzi [prima di] tutto, in primo luogo, per prima cosa, per primo ◇初めは agli inizi, all'inizio, sulle prime, al principio; in origine ◇初めから dall'inizio, fin dal principio ¶四月の始めに all'inizio di aprile ¶初めから終わりまで dall'inizio [dal principio] alla fine ¶まず始めに…する cominciare con il + 不定詞 ¶物事はすべて始めが肝心だ. Iniziare bene è la cosa più importante. ¶初めに私がやります. Prima faccio io. ¶初めは別の人かと思った. Sulle prime m'avevo preso per un'altra persona. ¶外相を始めとする代表団 delegazione capeggiata dal Ministro degli Esteri ¶お父さん始めお宅の皆さんによろしく. I miei saluti a tuo padre e a tutta la tua famiglia. ¶はじめに言葉ありき.《聖》"In principio era il Verbo." ¶はじめ良ければすべて良し.《諺》"Chi ben comincia è a metà dell'opera."

はじめて 初めて 《per》la prima volta ◇初めての primo ¶生まれて初めて per la prima volta nella vita ¶今になって初めて soltanto [solo] adesso ¶初めての海外旅行 primo viaggio all'estero ¶初めお目にかかります. Piacere di conoscerla. ¶東京に行くのは初めてですか. È la prima volta che va a Tokyo? / È il suo primo viaggio a Tokyo? ¶親に死なれて初めてありがたさがわかった. Solo quando li ho perduti, ho capito quanto debbo ai miei genitori. ¶初めての経験だったので驚いた. Sono rimasto impressionato essendo la prima volta che mi capitava.

はじめまして 初めまして ¶加藤です. はじめまして. Mi chiamo Kato. Piacere (di conoscerla).

はじめる 始める cominciare [incominciare / iniziare] ql.co., dare inizio a ql.co.；《創始・創設する》creare [fondare / istituire] ql.co.；《…し始める》cominciare [mettersi] a + 不定詞 ¶仕事を始める cominciare [mettersi a] lavorare /《職業に就く》intraprendere una professione ¶交渉を始める iniziare le trattative ¶議論を始める avviare una discussione ¶店[商売]を始める aprire un negozio ¶おしゃべりを始める prendere a chiacchierare ¶…から始める cominciare con ql.co. [col + 不定詞] ¶何から始めようか. Da che cosa [Da dove] cominciamo? / Che facciamo per prima cosa? ¶４月からイタリア語の勉強を始めた. Ho cominciato a studiare l'italiano in aprile. ¶どちらが戦争を始めたかはわからない. Non si sa quale dei due paesi abbia aperto le ostilità. ¶彼は東京で学校を始めた. Ha fondato una scuola a Tokyo.

はしゃ 覇者 《支配者》dominatore⊛[⊛ -trice]；《征服者》conquistatore⊛[-trice]；《勝者》vincitore⊛[-trice], trionfatore⊛[⊛ -trice]；《競技の》vincitore⊛[⊛ -trice]；《チャンピオン》campione⊛[⊛ -essa]

ばしゃ 馬車 carrozza⊛ (a cavalli) ¶２頭立ての馬車 carrozza a due cavalli ¶馬車で行く[に乗る] andare [salire] in carrozza

✤**馬車馬** cavallo⊛ da carrozza ¶馬車馬のように働く lavorare sodo [come uno schiavo / come un bue]

はしゃぐ 燥ぐ essere eccitato dalla gioia ¶はしゃぎ回る girare qua e là schiamazzando ¶君ははしゃぎすぎだよ. Datti una calmata!

はしやすめ 箸休め piatto⊛ di contorno servito tra le portate principali

ばしゃっ ¶車がばしゃっと水たまりの水をはねた. La macchina ha schizzato intorno l'acqua della pozzanghera.

ばしゃっ 《擬》ciac, splash ¶ばしゃっと鯉が跳ねた. La carpa ha fatto un salto sollevando uno spruzzo d'acqua.

ばしゃばしゃ ¶子供たちは波打ち際でばしゃばしゃやっていた. I bambini sguazzavano sulla battigia.

パジャマ [英 pajamas] pigiama⊛[複 -a, -i] ¶パジャマ姿で in pigiama

ばしゅ 馬主 padrone⊛[⊛ -a] [possessore⊛[⊛ possessitrice]] di un cavallo

はしゅつ 派出 ◇派出する spedire [inviare] qlcu.

✤**派出所** posto⊛ di polizia

ばじゅつ 馬術 equitazione⊛, ippica⊛ ¶彼は馬術の達人だ. È un esperto cavallerizzo.

✤**馬術競技** gara⊛ di equitazione

ばしょ 場所 **1**《所》posto⊛, luogo⊛[複 -ghi]；《地点》luogo⊛, punto⊛, sito⊛；《地区》località⊛；《位置》posizione⊛ ¶机の置き場所を変える cambiare posto a un tavolo ¶本を元の場所に戻す rimettere un libro al suo posto ¶事故のあった場所 luogo di un incidente ¶病院のある場所を教えてください. Mi indichi dove si trova l'ospedale, per favore. ¶キャンプするには絶好の場所だ. È un luogo ideale per fare campeggio.

2《余地, 空間》spazio⊛[複 -i] ¶場所を空ける lasciare uno [fare] spazio ¶場所をふさぐ occupare tutto lo spazio ¶もうテレビを置く場所がない. Non c'è più spazio per mettere il televisore. ¶もう少し場所を空けてください. Mi fa un po' di spazio, per favore?

3《席》posto⊛, posto⊛ a sedere ¶私たちの分も場所を取っています. Prendi il posto anche per noi. ¶場所を替わっていただけますか. Potrebbe, se possibile, cambiare di posto con me?

4《相撲の》torneo⊛ di sumo ¶春[夏]場所 torneo primaverile [estivo] di sumo

はじょう 波状 ondulazione⊛

✤**波状攻撃** 波状攻撃をかける《軍》attaccare il nemico a ondate (successive)

波状スト sciopero⊛ a catena

ばしょう 芭蕉《植》musa⊛

はしょうふう 破傷風《医》tetano⊛

✤**破傷風患者** ammalato⊛[⊛ -a] affetto da tetano

破傷風菌 bacillo⊛ del tetano

ばしょがら 場所柄 ¶彼は場所柄もわきまえないで大声で笑った. È scoppiato a ridere senza tener conto di dove si trovava. ¶ここは場所柄外国人

が多い. Considerando il posto, è naturale che ci siano tanti stranieri.

はしょる 端折る **1**《すそをからげる》 ¶着物のすそをはしょる rimboccarsi i lembi inferiori del *kimono* ; 《省略する》accorciare *ql.co.*, abbreviare *ql.co.*; 《簡単にする》semplificare *ql.co.* ¶はしょって言えば a [per] farla breve / in parole povere

はしら 柱 **1**《建物の》palo㊚; 《支柱》pilastro㊚; 《角柱》sostegno㊚; 《円柱》colonna㊛ ¶電信柱 palo telegrafico ¶火柱 colonna di fuoco ¶柱を立てる piazzare un palo / innalzare una colonna
2《支え》sostegno㊚ ¶一家の大黒柱 il sostegno della famiglia
✤柱時計 orol*o*g*io*㊚ [複 -*gi*] (a p*e*ndolo) da muro

はじらい 恥じらい timidezza㊛ ¶少女ははじらいを見せてつむいていた. La ragazzina teneva gli occhi abbassati per la timidezza.

はじらう 恥じらう vergognarsi, sentirsi in imbarazzo

はしらせる 走らせる **1**《走って行かせる》¶馬を走らせる lanciare un cavallo al galoppo ¶医者を呼びに人を走らせた. Abbiamo mandato qualcuno di corsa a chiamare il dottore.
2《よどみなく動かす》¶新聞に目を走らせる dare una rapida scorsa al giornale ¶メモ帳にペンを走らせる prendere appunti su un blocchetto

はしり 走り **1**《走ること》¶一走りする fare una corsa ¶この車は走りがいい. Questa macchina ha una buona ripresa. ¶このペンは走りが悪い. Questa penna non scorre bene.
2《出初め》prim*i*zie㊛ [複] (di stagione) ◇走りの 《早生の》precoce; 《果物》primat*i*ccio [複 -*ci*; ㊛複 -*ce*] →初物
3《先がけ》¶梅雨の走り ant*i*cipo della stagione delle piogge

はしりがき 走り書き scrittura㊛ affrettata; 《なぐり書き》scarabocchio㊚ [複 -*chi*], sgorbio㊚ [複 -*i*] ¶走り書きをする scr*i*vere *ql.co.* affrettatamente [in fretta]; scarabocchiare *ql.co.*, buttar giù in fretta *ql.co.*

バジリコ [伊] 《植》bas*i*lico㊚

はしりさる 走り去る allontanarsi correndo da *qlcu.* [*ql.co.*], fuggire da *qlcu.* [*ql.co.*]

はしりたかとび 走り高跳び 《スポ》salto㊚ in alto

はしりづかい 走り使い 《店の》garzone㊚, ragazzo㊚ [㊛ -*a*] di negozio [di bottega]; 《会社・商店の雑用係》fattorino㊚ ◇走り使いをする fare una commissione; 《職業として》fare il fattorino

はしりとおす 走り通す c*o*rrere㊐ [*av*] per tutto il tragitto [per tutto il percorso] ¶10キロを走り通す coprire 10 km (読み方: dieci chil*o*metri)

はしりはばとび 走り幅跳び salto㊚ in lungo
はしりまわる 走り回る c*o*rrere㊐ [*es*, *av*] qua e là, scorrazzare㊐ [*av*] ¶町を走り回る c*o*rrere (qua e là) per le strade della città ¶犬が庭を走り回っている. Il cane scorrazza per il giardino.

はしりよみ 走り読み ◇走り読みする l*e*ggere *ql.co.* rapidamente, sc*o*rrere *ql.co.* (con gli occhi), dare una scorsa a *ql.co.*

はしりよる 走り寄る avvicinarsi correndo a [verso] *qlcu.* [*ql.co.*], precipitarsi verso *qlcu.* [*ql.co.*]

はしる 走る **1**【人・動物などが】c*o*rrere㊐ [*es*] (▶目的地への移動を表すときは [*es*], 動作そのものと競技で走ることを表すとき [*av*]) ¶走り去る andare via correndo / andarsene di corsa ¶走ってきた. Sono venuto [arrivato] di corsa. ¶彼は走るのがクラスで一番速い. Lui è il più veloce di tutta la classe.
2【 進む 】 c*o*rrere㊐ [*av*, *es*], andare, proc*e*dere㊐ [*es*] ¶列車がゆっくり走っている. Il treno procede lentamente. ¶新幹線は東京・大阪間を2時間半で走る. Lo Shinkansen collega Tokyo e Osaka in due ore e mezzo. ¶この車は時速 200 キロで走れる. Quest'autom*o*bile fa 200 km (読み方: duecento chil*o*metri) all'ora.
3【速く動く】¶能書家の筆がみごとに走る. Questo calligrafo ha un tratto rapido ed eccellente.
4【瞬間的に現れる】¶激しい痛みが背中を走った. Ho sentito un dolore acuto c*o*rrere giù per la schiena. ¶彼の顔に不安の影が走った. Gli passò sul viso un'ombra di preoccupazione. ¶夜空に稲妻が走った. Un lampo ha scintillato nel cielo notturno. ¶流れ星が走った. È passata una stella cadente.
5【逃げる】fuggire㊐ [*es*] ¶彼女は夫を捨てて愛人のもとへ走った. Ha mollato suo marito ed è andata dal suo amante. ¶敵方に走る passare al [dalla parte del] nemico
6【長く伸びている, 貫く】sc*o*rrere㊐ [*es*]; 《伸びる》est*e*ndersi ¶道は南北に走っている. La strada va [scorre] da nord a sud. ¶山脈が島を東西に走っている. Una catena di montagne si est*e*nde [si stende] da est a ovest nell'*i*sola.
7【ある傾向をとる】¶極端に走る andare all'eccesso / esagerare ¶悪事に走る allontanarsi dalla retta via ¶彼は感情に走った. Si è fatto v*i*ncere dalla passione. ¶彼は学生運動に走った. Si è buttato nel movimento studentesco.

はじる 恥じる **1**《恥ずかしく思う》vergognarsi di *ql.co.* [di + 不定詞 / che + 接続法], avere vergogna di *ql.co.* [di + 不定詞 / che + 接続法] ¶自分の行動を恥じる vergognarsi del *proprio* comportamento ¶彼は自分の愚かさを恥じて赤くなった. È arrossito di vergogna per la propria stupidità.
2《「恥じない」の形で, 名誉・面目を傷つけない》¶…の名に恥じない essere degn*o* del [merit*a*re il] nome di *ql.co.* [*ql.co.*]

バジル [英 basil] 《植》bas*i*lico㊚
はしわたし 橋渡し mediazione㊛ ¶スポーツが2国間の関係改善の橋渡しをした. Lo sport è servito a migliorare i rapporti tra le due nazioni.

ばしん 馬身 lunghezza㊛ (di un cavallo) ¶2馬身引き離す distaccare (un avversario) di due lunghezze ¶半馬身の差で勝つ v*i*ncere per mezza lunghezza

はす 斜 ◇はすに in diagonale, di traverso, obliquamente, di sbieco ¶その本屋のはす向かい

はす 蓮 《植》loto男; 《インドの》nelumbo男; 《蓮根》rizoma男[複 -i] di loto

はず 筈 ¶…するはずである《人が主語で》dovere+不定詞/《非人称的に》È naturale che+接続法 ¶彼は来るはずだ. Dovrebbe venire. ¶その本は君に返したはずだ. Dovrei averti restituito quel libro. ¶彼は今ごろはもう東京に着いているはずだ. A quest'ora dovrebbe essere già arrivato a Tokyo. ¶それもそのはずだ. Non c'è da meravigliarsi [stupirsi] che+接続法 ¶会議は10時に始まるはずだ. L'inizio della riunione è previsto per le dieci. ¶彼女は4月5日には帰宅するはずだった. Sarebbe dovuta tornare a casa il quattro aprile, ma… ¶こんなはずではなかった. E chi se l'aspettava! ¶…のはずがない. È impossibile [assurdo / illogico] che+接続法 ¶そんなはずはない. Non può essere! ¶僕にこんな難しい問題が解けるはずがない. È impossibile per me risolvere un problema così difficile! ¶彼がもう宿題を終わったなんて，そんなはずはない. Come fa ad aver già finito i compiti? / Non può aver già fatto i compiti. ¶こんなにうまくいくはずがないと思った. Mi sembrava strano che andasse tutto così liscio.

バス 〔英 bass〕《音》**1**《音域, 歌手》basso男 **2**《コントラバス》contrabasso男

バス 〔英 bath〕bagno男 ¶バス付きの部屋 camera con bagno

✤**バスタオル** asciugamano男 da bagno
バスタブ vasca女 da bagno
バスマット scendibagno男[無変], tappettino男 da bagno
バスルーム (stanza女 da) bagno男
バスローブ accappatoio男[複 -i]

バス 〔英 bus〕《市内の》autobus男[無変], bus男[無変]; 《長距離バス》〔英〕pullman男[無変]; 《都市間の定期バス》corriera女 = 1282ページ 会話 ¶観光バス pullman turistico ¶2階建て[ワンマン]バス autobus "a due piani [senza bigliettaio] ¶トロリーバス filobus男[無変] ¶バスで行く andare in autobus [con l'autobus] ¶バスに乗る salire in autobus / prendere l'autobus ¶バスを降りる scendere dall'autobus ¶両市間にはバスの便がある. Fra le due città c'è un servizio d'autobus. / Le due città sono collegate attraverso un servizio d'autobus.

[慣用] バスに乗り遅れる rimanere indietro con i tempi

パス 〔英 pass〕**1**《定期券》tessera女 d'abbonamento; 《入場許可証》lasciapassare男[無変], 〔英〕pass男[無変] ¶彼はこの映画館ではフリーパスだ. Ha libero accesso [Può entrare gratis] in questo cinema.
2《合格》¶試験にパスする superare un esame
3《スポ》passaggio男[複 -gi] ◇パスする fare un passaggio, passare la palla a qlcu. ¶バックパス passaggio indietro
4《トランプなどで》「パス」"Passo!" ¶私はパスした. Ho passato la mano.

はすい 破水 《医》rottura女「del sacco amniotico [amniotica]

はすう 端数 resto男 di una cifra da arroton-

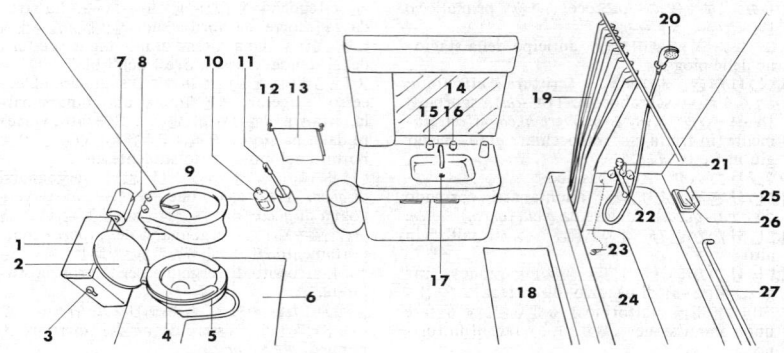

バスルーム
1 水槽 serbatoio男 dello sciacquone. **2** 便器のふた coperchio男. **3** 水洗レバー manopola女 dello sciacquone. **4** 便座 tavoletta女 (del gabinetto), sedile男. **5** 便器 vaso男 del gabinetto. **6** トイレマット tappetino男. **7** トイレットペーパーホルダー portarotolo男 [無変]. **8** トイレットペーパー carta女 igienica. **9** ビデ bidè男. **10** 防臭剤 deodorante男. **11** 掃除ブラシ spazzolone男 per il water. **12** タオル掛け portasciugamani男[無変]. **13** タオル asciugamano男. **14** 鏡 specchio男. **15** 温水ハンドル manopola女 dell'acqua calda. **16** 冷水ハンドル manopola女 dell'acqua fredda. **17** 洗面台 lavabo男. **18** バスマット scendibagno男[無変]. **19** シャワーカーテン tendina女 di plastica. **20** シャワー doccia女. **21** 切り替えレバー leva女 del deviatore. **22** 蛇口 rubinetto男. **23** 栓 tappo男. **24** バスタブ vasca女 da bagno. **25** 石鹸(セッケン)置き portasapone男[無変]. **26** 石鹸 saponetta女. **27** 手すり maniglia女.

dare ¶端数を切り上げる［切り捨てる］ arrotondare *ql.co.* per eccesso［per difetto］ ¶端数を切り上げて《概算で》 in cifra tonda

バズーカほう バズーカ砲 〔英〕bazooka[男][無変]

バスーン 〔英 bassoon〕《音》fagotto[男]

ばすえ 場末 sobborg*o*[男]［複 -*ghi*］, periferia[女], quartiere[男] perif*e*rico［[男]複 -*ci*］;《庶民街，下町》quartiere[男] popolare ¶場末の酒場 taverna di un quartiere popolare［perif*e*rico］

はすかい 斜交い ◇はすかいの traverso, diagonale ◇はすかいに di traverso, in diagonale ¶はすかいに交わる道 due strade che si int*e*rsecano in diagonale

はずかしい 恥ずかしい **1**《面目なく感じる》sentire［avere / provare］vergogna ¶恥ずかしい行い condotta vergognosa ¶皆の前で転んで恥ずかしかった. Sono caduto davanti a tutti vergogn*a*ndomi come un matto［《主語が女性》una matta］. ¶恥ずかしくて顔が赤くなった. Sono diventato rosso［Sono arrossito］per la vergogna. ¶こんなことを言わなければならないなんて，お恥ずかしい次第です. Sono profondamente imbarazzato di doverle dire questo.

2《きまりが悪い，気後れがする》*e*ssere t*i*mid*o* ¶恥ずかしそうに con *a*ria t*i*mida / timidamente ¶少女は恥ずかしそうにうつむいた. La ragazza ha abbassato la testa con *a*ria t*i*mida. ¶恥ずかしくて大勢の前では話ができません. Sono t*i*mido, non sono capace di parlare davanti a tante persone.

はずかしがりや 恥ずかしがり屋 persona[女] t*i*mida［vergognosa］

はずかしがる 恥ずかしがる 《恥と思う》avere vergogna［vergognarsi］di *ql.co.*［di *qlcu.* / a＋[不定詞]］;《内気》*e*ssere［dimostrarsi］t*i*mid*o* ¶わからないことは恥ずかしがらずに人に聞くべきだ. Non si deve avere vergogna di chi*e*dere quando non si capisce. ¶彼女は恥ずかしがって歌わなかった. Non ha cantato per timidezza.

はずかしめ 辱め **1**《恥辱》umiliazione[女], onta[女] **2**《侮辱》affronto[男], insulto[男] ¶辱めを受ける ric*e*vere un affronto

はずかしめる 辱める **1**《恥をかかせる》svergognare *qlcu.*, fare p*e*rdere la f*a*ccia a *qlcu.*, gettare la vergogna su *qlcu.*;《侮辱する》fare un affronto a *qlcu.*, insultare *qlcu.* ¶私は公衆の面前で辱められた. Sono stato umiliato［svergognato］in p*u*bblico.

2《名をけがす》 ¶家名を辱める disonorare il bu*o*n nome della fam*i*glia

3《女性を》violentare［stuprare］*qlcu.*

パスカル 〔英 pascal〕《物》pasc*a*l[男][無変];《記号》pa

ハスキー 〔英 husky〕**1**《犬》 ¶シベリアンハスキー husky[男][無変] siberiano **2**《声》 ◇ハスキーな r*a*uc*o*［[男]複 -*chi*］

✤**ハスキーボイス** voce[女] r*a*uca［roca］

バスケット 〔英 basket〕**1**《ふた付きの手さげかご》paniere[男]［cesto[男] / canestro[男]］con cop*e*rchio (ad un m*a*nico);《ふたのない大きめの》cesta[女] **2**《バスケットボール》pallacanestro[女] ¶バスケットの選手 gioca*tore*[男]［[女] -*trice*］di pallacanestro / cestist*a*[男][女]［[男]複 -*i*］

はずす 外す **1**《取り去る》t*o*gliere via［staccare / rimu*o*vere］*ql.co.* da *ql.co.*;《自分の体から》t*o*gliersi *ql.co.* ¶壁から絵を外す staccare un quadro dalla parete ¶ホックを外す sganciare *ql.co.* ¶時計［めがね］を外す t*o*gliersi l'orol*o*gio［gli occhiali］ ¶シャツのボタンを外す sbottonare［sbottonarsi］una cam*i*cia ¶ファスナーを外す aprire una chiusura lampo ¶受話器を外す staccare il ricevitore ¶掛け金を外す sollevare［alzare］il saliscendi ¶私は肩の関節を外してしまった. Mi sono lussato［Mi sono slogato］una spalla.

2《とらえ損なう》lasciarsi sfuggire;《避ける》evitare, schivare ¶ボールを外してしまった. Mi sono lasciato sfuggire la palla. ¶彼は相手の攻撃を外した. Ha schivato il colpo dell'avvers*a*rio. ¶タイミングを外す《間違える》sc*e*gliere il momento sbagliato /《わざと遅く［早く］する》rallentare［accelerare］di prop*o*sito il tempo

3《除外する》eliminare［escl*u*dere］*qlcu.*［*ql.co.*］ ¶メンバーから外される *e*ssere esclus*o* da un'associazione［《チームから》da una squadra］ ¶〈人〉をリストから外す t*o*gliere il nome di *qlcu.* da una lista

4《場所から離れる》allontanarsi ¶社長はちょっと席を外しております. Il presidente si è allontanato un momento. ¶ちょっと席を外してもらえませんか. Le dispiacerebbe lasciarci soli?

パスタ 〔伊〕《総 称》pasta[女] (alimentare);《料理で，スープに入れるもの以外》pastasciutta[女], pasta[女] asciutta ¶スープ用のパスタ pastina ¶生パスタ pasta fresca ¶手打ちパスタ pasta fatta a mano ¶卵入りパスタ pasta all'uovo ¶ほうれん草入りパスタ pasta「verde［agli spinaci］

✤**パスタ料理** piatto[男] (a base) di pasta

はすっぱ 蓮っ葉 ¶はすっぱな態度 comportamento fr*i*volo［legg*e*ro］e volgare

パステル 〔英 pastel〕pastello[男]

✤**パステル画** pittura[女]［dipinto[男]］a pastello, pastello[男]

パステルカラー tinta[女] pastello［無変］ ¶パステルカラーのピンク色 col*o*r rosa pastello

バスト 〔英 bust〕《胸像，胸部》busto[男];《胸》petto[男];《胸囲》circonferenza[女] del torace ¶バストが90センチある avere 90 cent*i*metri di torace ¶バスト87センチ seno 87 cm ¶アンダーバスト sottoseno

パストラル 〔英 pastoral〕《音》pastorale[女]

はずべき 恥ずべき vergognoso, merit*e*vole di vergogna, disonor*e*vole ¶恥ずべき行為 comportamento disdic*e*vole ¶恥ずべきことは何もしていない. Non ho fatto nulla di cui vergognarmi.

パスポート 〔英 passport〕passaporto[男] ¶パスポートを申請する chi*e*dere il ril*a*scio del passaporto ¶パスポートを交付する rilasciare il passaporto ¶パスポートを見せる mostrare il passaporto (a *qlcu.*) ¶パスポートに査証を受ける farsi m*e*ttere il visto sul passaporto

✤**パスポート検査** controllo[男] del passaporto

はずませる 弾ませる ¶息をはずませる ansimare[自][*av*] / ansare[自][*av*]

は

はずみ 弾み **1**《弾むこと》rimbalzo㋟
2《勢い》slancio㋟《複 -ci》, impeto, impulso㋟;《助走》rincorsa㋛ ¶弾む前にはずみをつける prendere lo slancio prima di un salto
3《成り行き》 ¶その場[時]のはずみで行動する agire d'impulso [sotto l'impulso del momento] ¶どうしたはずみか chissà perché ¶もののはずみで sotto la molla dell'impulso
4《瞬間》 ¶転んだはずみに cadendo / nel momento di cadere
✤**はずみ車**《機》volano㋟
はずむ 弾む **1**《跳ね返る》rimbalzare㊙[es, av] ¶ボールが弾んだところを打つ colpire una palla di rimbalzo ¶ボールが弾んで彼の方に飛んできた. La palla è rimbalzata verso di lui.
2《呼吸が激しくなる》ansimare, ansare㊙[av] ¶階段を上るときに息がはずむ ansimare nel salire le scale ¶息をはずませている avere il respiro affannato
3《勢い・調子・元気がつく》 ¶心が弾む avere il cuore che batte per la gioia ¶電話の声が喜びに弾んでいた. La voce al telefono sprizzava gioia. ¶彼と話が弾んだ. Ho avuto una briosa conversazione con lui.
4《金を気前よく出す》offrire [pagare] ql.co. con prodigalità ¶親切なボーイにチップをはずんだ. Ho sfilato una buona mancia a un cameriere gentile.
パズル〔英 puzzle〕rompicapo㋟ ¶クロスワードパズル parole㋛《複》incrociate / cruciverba㋟［無変］ ¶ジグソーパズル〔英〕puzzle㋟［無変］
はずれ 外れ **1**《中心から離れた所・端》estremità㋛, margine㋟, termine㋟ ¶町はずれに ai limiti di una città **2**《空くじ》biglietto㋟「non vincente [perdente]」 ¶はずれを引いたね. Non hai vinto. **3**《当たらないこと》 ¶期待はずれである deludere l'aspettativa di qlcu.
はずれる 外れる **1**《固定されているものが》 ¶コートのボタンが1つ外れているよ. Non hai chiuso un bottone del cappotto. ¶ホックが外れてしまった. Si è sganciato un fermaglio. ¶足首の関節が外れた. Mi sono lussato [slogato] la caviglia. ¶あごが外れた. Mi sono slogato la mascella. ¶引き戸が外れた. La porta scorrevole è uscita dalla guida. ¶このねじは外れない. Non si svita.
2《それる》deviare [sviare]《から da》; allontanarsi《から da》 ¶市街を外れる allontanarsi dalla città **2**《軌道を外れる deviare dall'orbita ¶彼の歌は調子がはずれている. La sua canzone ha un'intonazione sbagliata.
3《当たらない》 ¶的からはずれる sbagliare [mancare / fallire] il bersaglio (►いずれも比喩的にも

《 会 話 》 バス Autobus

■道で Per strada
A: すみません, ここから一番近いバス停はどこですか.
　Scusi, (mi sa dire dov'è) la fermata dell'autobus più vicina?
B: まっすぐ広場まで行くと, そこに始発の停留所があります.
　Vada sempre più avanti fino alla piazza, lì c'è il capolinea.
A: コロッセオに行くにはどのバスに乗ればいいですか.
　Che autobus devo prendere per il Colosseo?
B: 54番と6番のバスです.
　Il 54 e il 6.
A: どちらが早く着きますか.
　Quale arriva prima?
B: 6番のほうが道のりはあるのですが, 座れます.
　Il 6 fa un tragitto più lungo ma di solito ci si può sedere.
A: 何分おきにありますか.
　Ogni quanto passa?
B: 5分おきです.
　Ogni cinque minuti.
A: 料金はいくらですか.
　Quant'è?
B: 75分以内なら乗り降り自由で, 1ユーロです.
　Il biglietto costa un euro, ed è valido per 75 minuti.
　バスに乗る前に切符を買わなければいけません.
　タバコ屋か新聞売り場で買ってください.
　Il biglietto lo deve comprare prima di salire. Può comprarlo in tabaccheria o in edicola.

■バスの中で In autobus
A: すみません, サンピエトロ広場に行くには, どこで降りたらいいのですか.
　Scusi, dove devo scendere per Piazza San Pietro?
B: 5つ先の停留所です.
　Ancora cinque fermate.
A: コロッセオに近づいたら教えていただけますか.
　Mi può avvisare quando arriviamo al Colosseo?
B: ええ, わかりました.
　Non si preoccupi.

用 語 集
市内バス autobus㋟［無変］. トロリーバス filobus㋟［無変］. 観光バス, 遠距離バス〔英〕pullman㋟［無変］. 市内電車 tram㋟［無変］. 循環線 circolare㋛. 市内バス路線 linea㋛ urbana. 定期バス路線 linea㋛ extraurbana. 都市間定期バス corriera㋛. 発着所, ターミナル capolinea㋟.《車庫などのある》autostazione㋛. 停車の要求があれば停まる停留所 fermata㋛「a richiesta [facoltativa]」. 必ず停車する停留所 fermata㋛ obbligatoria. 乗り口 salita㋛. 降り口 discesa㋛. 改札, 入鋏(にゅうきょう) obliterazione㋛. 定期 abbonamento㋟, tessera㋛. 回数券 carnet㋟［無変］. 定期を購入する fare l'abbonamento. 運転手 conducente㋟. 車掌 controllore㋟. バスガイド guida㋛ in servizio su pullman turistici.

用いる）　¶予想が外れる《人が主語で》 ṣbagliare le previṣioni ¶くじに外れる estrarre un numero「non vincente [perdente] ¶警官の撃った弾は外れた. Il colpo sparato dal poliziotto non è andato a segno.
4《反する》 ¶規則に外れる essere contro le regole ¶それは人の道に外れた行いだ. Questo comportamento è contro la morale comune.

パスワード〔英 password〕〖コンピュータ〗〔英〕password [pásword] [女] [無変], parola [女] d'ordine, codice [男] segreto ¶パスワードを入れてください. Inserire la password.

はぜ 沙魚〖魚〗ghiozzo [男]

はぜ 黄櫨〖植〗albero [男] giapponese della cera

はせい 派生 derivazione [女] ◇派生する derivare [自] [*es*] da *ql.co.* ◇派生的 derivato;《二次的》secondar*io* [[男]複 *-i*] ¶名詞から派生した形容詞 aggettivo derivato da un nome
✤**派生語**〖言〗parola [女] derivata, derivato [男]

ばせい 罵声 ingiuria [女], scherno [男], grida [女] [複] di scherno e di protesta ¶罵声を浴びせる ingiuriare [dileggiare / schernire] *qlcu.* / sputare insulti contro *qlcu.*

はせさんじる 馳せ参じる recarsi [accorrere [自] [*es*]] al cospetto di *qlcu.*

バセドーびょう バセドー病〖医〗morbo [男] di Basedow, iperfunzione [女] tiroidea, ipertiroidiṣmo [男] ◇バセドー病の ipertiroideo

パセリ〔英 parsley〕〖植〗prezzemolo [男]

はせる 馳せる ¶彼は故郷に思いを馳せた. Il suo pensiero correva al paeṣe natale. ¶彼はピアニストとして名声を馳せた. È diventato famoso come pianista.

はぜる 爆ぜる aprirsi scoppiettando

はせん 波線 linea [女] ondulata

はせん 破線 linea [女] tratteggiata [spezzata]

パソコン〔英〕personal computer [男] [無変], pc [男] [無変] ¶パソコンを電話回線につなぐ collegare un personal computer ad una linea telefonica ¶パソコンを立ち上げる accendere [avviare] il pc ¶パソコンを終了する spegnere il pc ¶パソコンにソフトをインストールする installare un software nel pc ¶パソコンの設定を変える modificare le impostazioni del pc
✤**パソコン通信** comunicazione [女] tramite il personal computer; posta [女] elettronica

はそん 破損 danno [男], guasto [男], rottura [女];《貨物の》avaria [女], deterioramento [男] ◇破損する guastarsi, danneggiarsi, rompersi, subire danni; subire un'avaria, deteriorarsi ◇破損した guasto, danneggiato, rotto; avariato ¶破損しやすい品 articolo fragile ¶破損箇所を修理する aggiustare la parte danneggiata

はた 羽太〖魚〗cernia [女]

はた 端 **1**《傍ら, そば》 ¶はたから見ると agli occhi degli altri [della gente] / dal difuori / dall'esterno ¶はたから口を出す intromettersi in *ql.co.* / interferire [自] [*av*] in *ql.co.* / mettere il becco in *ql.co.* ¶はたから口を出すな. Tu sta' zitto! / Non metterti in [di] mezzo! ¶うちの家計ははたで見るほど楽じゃない. Il mio bilancio familiare non è così florido come può sembrare.
2《へり》 ¶池のはたに sulle rive del laghetto

はた 旗 bandiera [女], stendardo [男];《小旗》bandierina [女];《軍旗》insegna [女], vessillo [男] ¶旗を掲げる[おろす] issare [ammainare] la bandiera ¶旗を立てる piantare una bandiera /《車などに》esporre una bandierina ¶旗を振る agitare la bandiera ¶旗が翻っている. La bandiera ṣventola.
[慣用] **旗の下**(もと) ¶自由の旗の下に戦おう. Combattiamo sotto la bandiera [in nome] della libertà.
旗を揚げる《事を起こす》iniziare l'attività;《新事業を起こす》lanciare [dar vita a] una nuova impresa;《戦を起こす》radunare l'eṣercito (prima di sferrare un attacco)
旗を巻く《やめる》ritirarsi;《降参する》arrendersi
✤**旗竿** asta [女] della bandiera, pennone [男]
旗日 festa [女] nazionale ⇀祝日

はた 機 tel*aio* [男] [複 *-i*] (da tessitore) ¶機を織る tessere *ql.co.* al telaio ¶手機 telaio a mano
✤**機織り** tessitura [女];《人》tessi*tore* [男] [[女] *-trice*]
機織り機 telaio [男] a mano

はだ 肌・膚 **1**《皮膚》pelle [女];〖解〗cute [女] ¶すべすべした[荒れた]肌 pelle soffice [ruvida] ¶潤いのある[乾燥した]肌 pelle idratata [secca] ¶肌の手入れをする curarsi la pelle ¶きれいな肌をしている avere una bella pelle ¶この化粧品は私の肌に合わない. Questo coṣmetico non è adatto alla mia pelle. ¶寒いと肌が荒れる. La pelle si screpola [diventa ruvida] col freddo.
2《物の表面》superfic*ie* [女] [複 *-ci, -cie*] ¶木の肌 corteccia ¶緑の山肌に sul manto verde di una montagna
3《気質》 ¶彼女は学者肌の人だ. Ha la stoffa della studiosa. ¶彼は豪傑肌だ. Si comporta come un eroe.
[慣用] **肌が合わない** ¶彼とは肌が合わない. Tra me e lui è un problema di pelle, non andiamo d'accordo.
肌で感じる ¶彼は戦争の悲惨さを肌で感じてきた. Ha provato sulla propria pelle la tragedia della guerra.
肌を許す《女性が》concedersi a *qlcu.*

バター〔英 butter〕burro [男] ¶バターをパンに塗る spalmare il burro sul pane ¶バター付きパンを食べる mangiare pane「e burro [imburrato] ¶バターで炒めたほうれん草 spinaci al [ripassati nel] burro
✤**バターケース** burriera [女], recipiente [男] per il burro
バターナイフ coltello [男] [spatola [女]] per il burro
バターミルク latticello [男]

パター〔英 putter〕《ゴルフ道具の》〔英〕putter [男] [無変];《それで打つこと》〔英〕putt [男] [無変]

はだあい 肌合い **1**《手触り》tatto [男] **2**《気質》¶あの2人は肌合いがまったく違う. Quei due hanno caratteri completamente diversi.

はたあげ 旗揚げ ◇旗揚げする《兵を》raccogliere un eṣercito, muovere guerra;《決起する》sollevarsi;《新しい事業などを》iniziare un'attività;

は

intraprendere una nuova impresa ¶彼らの劇団が旗揚げした. La loro compagnia teatrale ha debuttato.

✤**旗揚げ公演** spettacolo㊚ di debutto [d'esordio]

ばたあし ばた足 ¶ばた足で泳ぐ nuotare battendo solo le gambe

はだあれ 肌荒れ ¶肌荒れしている avere una pelle molto secca e ruvida

パターン 〔英 pattern〕 **1**《型》modello㊚, tipo㊚, schem*a*㊚[複 -*i*] **2**《型紙》modello㊚ di carta (per abito) **3**《模様》disegno㊚

はたいろ 旗色 ¶旗色を見る fare l'opportunist*a* [㊚複 -*i*] ¶旗色のよいほうにつく schierarsi dalla parte vincente ¶彼の旗色が悪くなった. La situazione è peggiorata per lui.

はだいろ 肌色 **1**《肌の色》colore㊚ della pelle **2**《色の名前》color㊚ pelle

はだか 裸

1《衣服をつけていないこと》nudità㊛;《裸体》corpo㊚ nudo ◇裸の nudo; svestito, scoperto ¶真っ[素っ]裸の completamente nudo / nudo come un verme ¶裸にする spogliare [denudare] *qlcu.* ¶裸になる spogliarsi / denudarsi ¶いつまでも裸でいると風邪をひくよ. Se continui a star svestito, ti prendi un raffreddore.

2《ものの周りに覆いのない状態》 ◇裸の scoperto, spo*glio* [㊚複 -*gli*] ¶木を裸にする spogliare un albero ¶山が裸になった.《乱伐で》La montagna è rimasta brulla.

3《ありのままの状態》¶裸になって話し合う parlare「con il cuore in mano [senza prevenzioni]

4《財産・持ち物のない状態》¶裸になって出直す ripartire[自][*es*] da zero ¶裸にする spogliare *qlcu.* dei suoi averi

✤**裸一貫** ¶裸一貫から始める cominciare *ql.co.* dal nulla ¶10年前裸一貫でローマに出て来た. Sono arrivato a Roma dieci anni fa senza una lira.

裸馬 cavallo㊚ senza sella

裸電球 lampada㊛ senza paralume

裸麦 orzo㊚ volgare (dalle spighe nude)

はたがしら 旗頭 capo㊚, dirigente㊚㊛;〔英〕leader㊚[無変]

はたき spolverino㊚;《羽毛の》piumino㊚;《毛布・じゅうたん用》battipanni㊚[無変] ¶家具にはたきをかける spolverare i mobili (con un piumino) / passare lo spolverino sui mobili

はだぎ 肌着 intimo㊚

はたぎょうれつ 旗行列 processione㊛[sfilata㊛] con bandierine

はたく **1**《ほこりを取る》spolverare *ql.co.* (con un piumino);《打つ》battere *ql.co.* ¶じゅうたんをはたく battere un tappeto **2**《使い果たす》¶財布をはたく spendere tutto il denaro

バタくさい バタ臭い ¶バタ臭い顔立ち viso come un occidentale

はたけ 畑 **1**《耕地》campo㊚, terreno㊚;《菜園》orto㊚;《果樹園》frutteto㊚;《農園》piantagione㊛ ¶段々畑 terreno a terrazze ¶麦[お花]畑 campo di grano [di fiori] ¶畑を耕す zappare un campo ¶畑に出る andare nei campi

2《分野, 専門, 領域》campo㊚, specialità㊛ ¶彼は法律畑の人だ. È「un uomo di legge [un giurista].

✤**畑違い** ¶政治は僕には畑違いだ. La politica non è il mio campo. ¶私は畑違いのところにいる. Sono fuori「dal mio campo [dalla mia specialità].

はたけ 乾癬・疥 〚医〛 psoriași㊛[無変]

はだける ¶胸をはだける scoprirsi il petto

はたさく 畑作 lavorazione㊛ dei campi;《作物》raccolto㊚

はださむい 肌寒い ¶今日は肌寒い. Oggi fa un po' freddo.

はだざわり 肌触り tatto㊚ ¶肌ざわりのいい[悪い] gradevole [sgradevole] al tatto

はだし 裸足 **1**《素足》¶はだしで道を歩く andare per strada「scalz*o* [a piedi scalzi / a piedi nudi] **2**《その道に優れていること》¶彼の歌はくろうとはだしだ. Canta da far sfigurare i cantanti professionisti.

はたしあい 果たし合い duello㊚

はたしじょう 果たし状 lettera㊛[cartello㊚] di sfida (a duello)

はたして 果たして **1**《案の定》come previsto ¶果たして犯人は自分の家に立ち寄った. Come「prevedevo [mi aspettavo] il criminale era ripassato a casa sua.

2《実際に》veramente, effettivamente, in effetti, in realtà, realmente ¶果たして…は事実だろうか. Sarà vero che＋[直説法]? ¶果たして…は可能だろうか. È mai possibile＋[不定詞] [che＋[接続法]]? ¶果たしてまたイタリアへ行けるだろうか. Chissà se ce la farò, un giorno, a tornare in Italia? ¶果たして彼は来るだろうか. Mi domando se verrà davvero.

はだじゅばん 肌襦袢 sottoveste㊛ per *kimono*

はたじるし 旗印 **1**《旗》emblem*a*㊚[複 -*i*] di una bandiera **2**《スローガン》〔英〕slogan [zlógan]㊚[無変]; motto㊚ ¶…を旗印に sotto l'insegna [nel segno] di *ql.co.*

はたす 果たす ¶義務を果たす compiere il *proprio* dovere / adempiere un'obbligazione ¶目的を果たす raggiungere [ottenere] il *proprio* scopo ¶約束を果たす mantenere [adempiere] una promessa ¶使命を果たす compiere [svolgere] una missione ¶念願[夢]を果たす realizzare il *proprio* desiderio [sogno] (di＋[不定詞])

はたせるかな 果たせるかな ¶はたせるかな, うまくいった. È andata bene, proprio come mi aspettavo. ¶はたせるかな, 彼はこなかった. Non è venuto, proprio come temevo.

はたち 二十・二十歳 vent'anni㊚[複] ¶二十の人 ventenne㊚㊛

ばたっ ¶彼はばたっと倒れた. È caduto con un tonfo.

ぱたっ ⇒ぱたり

ばたつく ¶子供は, 手足をばたつかせて泣いた. Il bambino piangeva divincolandosi.

はたと **1**《打つ音》¶はたと膝を打つ darsi una pacca sul ginocchio

2《突然》di colpo, d'un tratto, improvvisamente ¶はたと思い当たる ricordarsi all'improvviso di *ql.co.* [di＋[不定詞] / che ＋[直説法]] /《気

がつく) accorgersi di colpo di+[不定詞][che+[直説法]]

はたはた ¶旗がはたはたとはためいていた. La bandiera sbatteva al vento.

ばたばた 1《続けて起こる様子》◇ばたばた(と)《相次いで》l'uno dopo l'altro, in rapida successione;《早く》rapidamente ¶たくさんの小企業がばたばた倒産した. Molte piccole imprese hanno fatto bancarotta l'una dopo dell'altra.
2《騒々しい様子·音》◇ばたばたと《騒々しく》rumorosamente, fragorosamente, chiassosamente;《慌てて》in fretta (e furia), frettolosamente, precipitosamente ¶廊下をばたばた走る correre per il corridoio battendo i piedi ¶手足をばたばたさせる agitare le braccia e le gambe ¶羽をばたばたさせる sbattere [battere] le ali
3《忙しい様子》¶ここのところばたばたしていた. Negli ultimi giorni sono stato impegnatissimo [presinteso]. / Negli ultimi giorni avevo mille cose da fare.

ぱたぱた ◇ぱたぱたする sventolare⓪ [av], svolazzare⓪ [av];《稀》garrire⓪ [av] ¶上着のほこりをぱたぱたと払う sbattere una giacca per togliere la polvere ¶〈人〉に扇子でぱたぱたと風を送る fare vento [aria] con un ventaglio a qlcu. [ql.co.].

バタフライ 〔英 butterfly〕《水泳》nuoto⓶ a farfalla ¶バタフライで泳ぐ nuotare a farfalla

はたふりやく 旗振り役 《リーダー》〔英〕leader [lider]⓶ [無変] ¶彼は原発反対運動の旗振り役を勤めた. Si è messo alla testa [guida] del movimento contro le centrali nucleari.

はだみ 肌身 ¶肌身離さず持つ portare [avere] ql.co. sempre indosso [addosso]

はため 傍目 ¶はた目には…見える sembra+形容詞 [+名詞/ di+[不定詞][che+[接続法]] ¶はた目を気にする preoccuparsi degli sguardi della gente [di ciò che dice la gente] ¶彼ははた目には満足しているようだ. Sembra contento.

はためいわく 傍迷惑 ¶彼ははた迷惑なことを平気でする. Fa le cose senza curarsi degli altri.

はためく 《旗などが》sventolare⓪ [av] [svolazzare⓪ [av] /《稀》garrire⓪ [av]] al vento ¶垂れ幕が風にはためいている. Gli striscioni si agitano al vento.

はたもと 旗本 《史》hatamoto⓶ [無変]; vassallo⓶ diretto dello *shogun*

はたらかす 働かす 《人を》far lavorare qlcu., mettere qlcu. al lavoro;《能力·機能などを》far funzionare [azionare] ql.co. ¶この店で働かせてください. Mi permetta di lavorare qui. ¶頭を働かす far lavorare [funzionare] il cervello /《知恵をしぼる》lambiccarsi [stillarsi] il cervello

はたらき 働き 1《仕事》lavoro⓶, servizio⓶ [複 -i], opera⓶;《功績》merito⓶ ¶両親とも働きに出ている. I genitori lavorano entrambi. ¶彼はなかなか働きがある. Guadagna molto. ¶彼はりっぱな働きをした. Si è distinto per i suoi meriti. / Ha svolto un lavoro eccellente.
2《機能》funzione⓶, operazione⓶;《作用》azione⓶, opera⓶, funzionamento⓶;《動作》azione⓶, movimento⓶ ¶風の働き azione dei venti ¶理性の働き opera della ragione [mente] ¶胃の働きを活発にする stimolare il funzionamento dello stomaco ¶彼は頭の働きが鋭い. Ha un'intelligenza acuta. / È molto sveglio.

はたらきあり 働き蟻 《昆》formica⓶ operaia

はたらきかける 働き掛ける esercitare la (*propria*) influenza su qlcu.;《呼びかける》ricorrere [chiedere aiuto] a qlcu., fare appello a qlcu. per ql.co. [per+[不定詞]] ◇働きかけ proposta⓶ [offerta⓶ / azione⓶] di (*propria*) iniziativa ¶市当局に働きかけて工場を撤去させた. Esercitando la nostra influenza sulle autorità comunali, abbiamo fatto smantellare la fabbrica.

はたらきぐち 働き口 posto (di lavoro), impiego⓶ [複 -ghi], lavoro⓶ ¶働き口を見つける [失う] trovare [perdere] un posto di lavoro

はたらきざかり 働き盛り ¶彼は働き盛りだ. È nell'età del massimo rendimento.

はたらきて 働き手 《働く人》vero lavoratore⓶ [⓶ -trice];《家計の担い手》persona che guadagna il pane per tutta la famiglia, sostegno di tutta la famiglia

はたらきばち 働き蜂 《昆》ape⓶ operaia ¶彼はまさに働き蜂だ. È proprio uno sgobbone.

はたらきぶり 働き振り ¶働き振りがいい. Lavora bene [coscienziosamente].

はたらきもの 働き者 grande lavoratore⓶ [⓶ -trice], lavoratore⓶ indefesso [instancabile / assiduo]

はたらく 働く 1《仕事をする》lavorare⓪ [av], servire⓪ [av] ¶金のために [生計をたてるために] 働く lavorare per denaro [per vivere] ¶8時間働く lavorare (per) otto ore ¶銀行で働いています. Lavoro in banca. / Sono impiegato in [un impiegato di] banca. ¶市役所で働いています. Lavoro al comune [in comune / nel comune]. ¶郵便局 [ある研究所] で働いています. Lavoro alla posta [in un istituto di ricerca]. ¶イタリア文化会館で働いています. Lavoro all'Istituto Italiano di Cultura. ¶A社で働いています. Lavoro alla [per la] A. ¶彼は働きすぎて病気になった. Si è ammalato per aver lavorato troppo [per il troppo lavoro].
2《機能する》funzionare⓪;《作用する》agire su ql.co. ¶地球上では引力が働いている. Sulla terra agisce la forza di gravità. ¶この場合, この単語は動詞として働く. In questo caso questa parola funziona come verbo. ¶朝は頭がよく働かない. La mattina il mio cervello non funziona tanto bene.
3《悪事などを》commettere ql.co. ¶盗みを働く commettere un furto ¶彼は隣人に暴力を働いた. Ha usato violenza contro il suo vicino.

ばたり ¶彼女はばたりと倒れた. È caduta lunga distesa.

ぱたり 1《音》¶本をぱたりと閉じた. Ha chiuso il libro sbattendolo. ¶傘がぱたりと倒れた. L'ombrello è caduto a terra (con un rumore sordo). 2《急に止まる様子》¶足音がぱたりと止んだ. Tutto ad un tratto il rumore dei passi si è interrotto.

はたん 破綻 malora⓶, rovina⓶;《急な》crollo⓶;《失敗》insuccesso⓶, fallimento⓶;《関係の》rottura⓶ ¶破綻を生じる《一般的に》prendere una cattiva piega / andare a finire male / 《事業など》 andare male / arenarsi ¶計画に破綻をきたした. Il progetto si è arenato.

はだん 破談 ¶縁談は破談になった. Il matrimonio è andato a monte. ¶交渉は破談になった. Le trattative sono state interrotte.

ばたん ¶戸をばたんと閉める ṣbattere una porta ¶戸がばたんと閉まった. La porta si è chiusa con un rumore secco. ¶目の前でドアをばたんと閉められた. Mi hanno ṣbattuto la porta in faccia.

ぱたん ⇀ぱたり

パタンナー 〔英 patterner〕〘服〙 modellist*a*[男][女][男複 -*i*]

ばたんばたん ¶風が庭木戸をばたんばたんとあおっている. Il vento fa ṣbattere il cancelletto del giardino.

はち 八 otto[男] ¶8番目の ottavo ¶8倍(の) ottuplo ¶八重の ottuplice ¶8倍する ottuplicare ¶28 ventotto ¶8分の3 tre ottavi ¶8掛けで con uno sconto del 20 per cento ¶八の字 ⇀見出し語参照

✤八面体〘幾何〙 ottaedro[男]

はち 蜂 《総称》 vespa[女] ¶蜜蜂 ape[女] ¶すずめ蜂 calabrone[男] ¶熊蜂 ape legnaiola ¶じが蜂 ammofila / 《科》 sfecidi[男][複] / sfegidi[男][複] ¶はきり蜂 megachila ¶まるはな蜂 bombo ¶雄蜂 fuc*o*[男][複 -*chi*] ¶女王蜂 ape regina ¶働き蜂 ape operaia ¶蜂の巣 ⇀見出し語参照 ¶蜂を飼う allevare api / 《養蜂業》 fare l'apicoltore ¶蜂に刺された. Sono stato punto da una vespa [da un'ape]. ¶蜂がぶんぶん飛ぶ. Le vespe ronẓano.

はち 鉢 **1** 《どんぶり》 ciotola[女], scodella[女] **2** 《植木鉢》 vaṣo[男] (da fiori) ¶鉢に植える invaṣare *ql.co.* / mettere *ql.co.* in un vaṣo **3** 《頭蓋》 cran*io*[男][複 -*i*]

✤鉢植え ¶鉢植えのばら pianta di roṣe in vaṣo

ばち 罰 punizione[女] [castig*o*[男][複 -*ghi*]] dal cielo ¶罰が当たる essere punit*o* (dal cielo) ¶ほら, 罰が当たった. Ecco, ti sta bene! / Te la sei meritata!

✤罰当たり ◇罰当たりな blasfemo, oltraggioso ¶罰当たりなことを言う dire parole irrispettose verso *qlcu.* ¶お前のような罰当たりは出ていけ. Diṣgraziato che non sei altro, vattene!

ばち 撥・枹 **1** 《三味線などの》 plettro[男] **2** 《太鼓や銅鑼の》 mazzuolo[男]; 《細めの》 bacchetta[女]

はちあわせ 鉢合わせ ◇鉢合わせする 《頭と頭がぶつかる》 ṣbattere la testa l'uno contro l'altro; 《偶然出会う》 imbattersi in *qlcu.*, incontrare caṣualmente *qlcu.*

ばちがい 場違い ◇場違いの fuori luogo, fuori posto, a sproposito, improprio, inopportuno ¶彼はよく場違いなことを言う. Le sue osservazioni sono spesso fuori luogo.

はちがつ 八月 agosto[男] ¶8月に in [a / nel mese di] agosto

バチカン 《国名》 Vaticano[男]; 《公式国名: バチカン市国》 la Città[女] del Vaticano ◇バチカンの vaticano ¶バチカン美術館 Muṣei Vaticani

はちきれる scoppiare[自][*es*], crepare[自][*es*] ¶腹がはち切れそうになるほど食べる mangiare (*ql.co.*) fino a scoppiare ¶衣類ではち切れそうなトランク valigia stipata di indumenti ¶若さではち切れんばかりである sprizzare giovinezza da tutti i pori

はちくのいきおい 破竹の勢い ◇破竹の勢いで con forza irresistibile, spazzando via tutti gli ostacoli

ぱちくり ¶目をぱちくりさせる battere le palpebre ṣbigottito / ṣbattere gli occhi ṣbigottito (►sbigottitoは主語の性・数に合わせて語尾変化する)

はちじゅう 八十 ottanta[男] ¶80番目の ottanteṣimo ¶80分の3 tre ottanteṣimi ¶80歳の人 ottantenne[男][女] ¶80人くらいの人 un'ottantina di persone ¶『八十日間世界一周』(ヴェルヌ) “Il giro del mondo in ottanta giorni” (Verne)

はちじゅうしょう 八重唱 ottetto[男]

はちじゅうそう 八重奏 ottetto[男]

はちじゅうはちや 八十八夜 l'ottantotteṣimo giorno[男] dal *risshun* (◆ secondo il calendario solare intorno al 2 maggio. Data che indica il giorno migliore per la semina in generale e per la raccolta del tè)

バチスカーフ 〔仏 bathyscaphe〕《深海潜水艇》 batiscafo[男]

ぱちっ ¶彼女はぱちっとコンパクトを閉めた. Ha chiuso con uno scatto il suo portacipria.

はちど 八度 〘音〙 ottava[女] ¶完全八度 ottava perfetta

はちどり 蜂鳥 〘鳥〙 colibrì[男]

はちのじ 八の字 ¶八の字形の眉の人 persona con sopracciglia spioventi ¶額に八の字を寄せる aggrottare le sopracciglia

はちのす 蜂の巣 vesp*aio*[男][複 -*i*], nido[男] di vespe [《蜜蜂の》 api]; 《巣箱》 alveare[男], arnia[女] ¶蜂の巣状の alveolare ¶銃弾で蜂の巣になる essere crivellat*o* di colpi ¶その知らせで総会は蜂の巣を突っついたような騒ぎになった. Questa notizia ha provocato un gran vespaio nell'assemblea.

ぱちぱち 《燃える音・こと》 crepit*io*[男][複 -*ii*] ¶火がぱちぱち燃えていた. Il fuoco scoppiettava [crepitava]. ¶聴衆は盛んにぱちぱちと手をたたいた. Il pubblico ha applaudito con entuṣiaṣmo. ¶タイプをぱちぱち打つ音 ticchettio della macchina da scrivere ¶涙をはらおうとして目をぱちぱちさせた. Batteva le palpebre per scacciare via le lacrime.

はちぶ 八分 ¶トンネルは八分通り出来上がった. Il tunnel è completato all'ottanta per cento.

✤八分音符 croma[女], ottavo[男]

八分休符 pauṣa[女] di croma [di un ottavo]

はちぶんめ 八分目 **1** 《8割》 otto[男] decimi, ottanta per cento[男] **2** 《控えめにする》 ¶腹八分目にしておく mangiare fino a prima di sentirsi sazio

はちまき 鉢巻き ¶鉢巻きをする avvolgersi una fascia intorno al capo

はちみつ 蜂蜜 miele[男]

はちミリ 8ミリ 《撮影機》 cinepresa[女] da otto millimetri [8 mm]; 《スーパーエイト》 superotto[女][無変]; 《映写機》 proiettore[男] da otto millimetri [8 mm]

✤**8ミリ映画** film[男][無変] a 8 mm
8ミリフィルム pellicola[女] a 8 mm

はちめんたい 八面体 〔幾何〕 ¶正八面体 ottaedro regolare

ばちゃっ ¶泥水がばちゃっと洋服にかかった. Del fango mi è schizzato sui vestiti.

ばちゃばちゃ ¶子供たちはばちゃばちゃ水をかけあっている. I ragazzini si spruzzano fra di loro.

はちゅうるい 爬虫類 〔動〕 rettili[男][複]
✤**爬虫類学** erpetologia[女]
爬虫類学者 erpetologo[男][[女] *-ga*; [男]複 *-gi*]

はちょう 波長 〔物〕 lunghezza[女] d'onda ¶ラジオの波長を合わせる sintonizzare la radio《に su》 ¶彼とは波長が合わない. Io e lui non siamo in sintonia.
✤**波長計** ondametro[男]

ぱちり ¶彼女はぱちりとまばたきをした. Ha battuto le palpebre. ¶ぱちりと写真をとった. Ho scattato una fotografia.

バチルス 〔独 Bazillus〕〔生〕 bacillo[男]

ぱちん ciak ¶財布の口金をぱちんと閉めた. Ho chiuso il borsellino con uno scatto.

ぱちんこ 《おもちゃの》 fionda[女]; 《ゲームの》 *pachinko*[男][無変]; (specie[女] di) flipper[男][無変] (◆ Si gioca stando seduti al banco dove sono allineate le macchinette, cercando di far entrare nei buchi di una tavola verticale palline di acciaio)

はつ 初 **1** 《最初》 ◇初の primo ¶初の閣議 il primo Consiglio dei Ministri ¶我が国［世界］初の公演 la prima nazionale［mondiale］
2 《名詞の前に付いて》 primo ¶初体験 prima esperienza / 《性の》 prima esperienza sessuale ¶初公開 prima esposizione ¶初航海「primo viaggio［viaggio inaugurale］(di una nave)

-はつ -発 **1** 《出発》 partenza[女] ¶大阪発の列車 treno proveniente da Osaka ¶京都6時発東京12時着の列車 treno in partenza alle 6 da Kyoto e in arrivo alle 12 a Tokyo **2** 《発信》 ¶1月15日ローマ発のANSA通信によれば secondo le notizie dell'ANSA diramate da Roma il 15 gennaio **3** 《弾丸などの数》 colpo[男] ¶犯人はピストルを2発撃った. Il criminale ha sparato due colpi di pistola. **4** 《発動機の数》 ¶単発の軽飛行機 (aereo) monomotore ¶4発のジェット機 aeroplano a quattro motori

ばつ ¶ばつが悪い sentirsi (molto) imbarazzat*o*［impacciat*o* / a disagio］ ¶ばつが悪そうに笑う fare un sorriso imbarazzato

ばつ croce[女], crocetta[女] ¶ばつ(印)を付ける fare una croce su *ql.co.* / 《誤りに》 segnare un errore con una croce / 《取り消し》 cancellare con una croce *ql.co.* / 《チェック》 segnare con una crocetta

> **[参考]**
> 「×」(croce, crocetta)が日本では「間違い」を示すのに対し，イタリアでは「選択した項目」を示す.「✓」は，日本では「間違い」や「選択した項目」を示す記号として用いられるが，イタリアでは「チェック済」「点検済」を意味し，「segno di visto」と呼ばれる．答案などの間違いは，イタリアでは該当箇所の文字上や下に線を引いて示される．

ばつ 罰 punizione[女], castigo[男][複 *-ghi*]; 《刑》 pena[女]; 《法律・遊戯・スポーツの》 penalità[女]; 《制裁》 sanzione[女] ◇罰の penale ¶罰に値する punibile / meritare un castigo ¶罰を与える infliggere una punizione［pena］a *qlcu.* / penalizzare *qlcu.* ¶罰を受ける subire una punizione［pena］ ¶…の罰として come punizione di *ql.co.*［per＋[不定詞]］

ばつ 閥 〔英〕 clan[男][無変]; cricca[女], setta[女], fazione[女] ¶閥をつくる formare un clan［una cricca］ ¶軍閥 casta militare ¶学閥 clan accademico［universitario］

はつあん 発案 proposta[女], suggerimento[男], iniziativa[女] ◇発案する proporre *ql.co.*［di＋[不定詞]］a *qlcu.*, fare una proposta a *qlcu.* ¶〈人〉の発案で su proposta［suggerimento］di *qlcu.* / per iniziativa di *qlcu.*
✤**発案権** diritto[男] di presentare un disegno di legge［《動議》una mozione］
発案者 idea*tore*[男][[女] *-trice*]

はついく 発育 crescita[女], sviluppo[男], incremento[男] ◇発育する crescere[自][*es*], aumentare[自][*es*], svilupparsi ¶発育がいい svilupparsi bene ¶発育が止まる fermarsi nello sviluppo ¶今年は稲の発育が悪い. Quest'anno il riso non è cresciuto bene. ¶発育盛りの子供 bambino in pieno sviluppo
✤**発育期** periodo[男] della crescita
発育不全 〔医〕 sviluppo[男] difettoso ◇発育不全の insufficientemente sviluppato

はつえん 発煙 ◇発煙の fumogeno
✤**発煙剤** agente[男] chimico che produce fumo
発煙筒 ¶発煙筒をたく accendere un candelotto fumogeno

はつおん 発音 pronun*cia*[女][複 *-ce*] ◇発音する pronunciare ¶発音がよい［悪い］ avere una buona［cattiva］pronuncia / pronunciare bene［male］ ¶単語をはっきり発音する articolare una parola ¶この単語はどう発音するのですか. Come si pronuncia questa parola? ¶彼は語尾の発音がはっきりしない. Mangia la fine delle parole. ¶彼は英語の発音がよい. La sua pronuncia dell'inglese è ottima.
✤**発音器官** 〔解〕 organo[男] vocale
発音記号 simbolo[男]［segno[男]］fone*tico*[複 *-ci*]

はつおん 撥音 〔音声〕 sillaba[女] nasale (►語中・語尾にあって1音節をなす鼻音.「ん」「ン」で表記する)

はっか 発火 accensione[女]; 〔化〕 ignizione[女] ◇発火する accendersi, prendere fuoco, infiammarsi ¶発火しやすい infiammabile ¶自然発火 autocombustione
✤**発火器** accenditore[男], dispositivo[男] di accensione
発火信号 razzo[男]［bengala[男][無変]］da segnale
発火点［温度］ punto[男]［temperatura[女]］di accensione
発火薬 detonatore[男]

はっか 薄荷 〔植〕 menta[女] ¶薄荷入りの alla menta
✤**薄荷飴** caramella[女] alla menta
薄荷油 essenza[女] di menta piperita

はつか 二十日 《期間》 venti giorni[男][複]; 《日

はつか 付》il giorno 20
- **二十日大根** ravanello㊚
- **二十日ねずみ** topolino㊚

はつが 発芽 《植物の》germogliazione㊛, gemmazione㊛, germinazione㊛ ◇発芽する germinare㊷ [es, av], germogliare㊷ [es, av], gemmare㊷ [av]

ハッカー [英 hacker] pirata㊚ [複 -i] del computer, [英] hacker [ákker, ékker] ㊚ [無変]

はっかい 発会 inaugurazione㊛, essere inaugurato, inaugurarsi ◇発会する
- **発会式** inaugurazione㊛

はつかあわせ 初顔合わせ ¶明日の試合で私は中田と初顔合わせをする. Nella partita di domani mi troverò per la prima volta di fronte a Nakata. ¶新会員の初顔合わせ prima riunione dei nuovi soci

はっかく 八角 《料》《香辛料》anice㊚ stellato

はっかく 発覚 smascheramento㊚, rivelazione㊛, svelamento㊚ ◇発覚する essere scoperto [smascherato / rivelato / svelato]

はっかくけい 八角形 ottagono㊚ ¶八角形の ottagonale ¶正八角形 ottagono regolare

バッカス [ラ Bacchus] 《ロ神》Bacco㊚ ¶バッカスの祭り orge bacchiche [《古代ローマの》baccanali]

はつがま 初釜 prima cerimonia del tè dell'anno

はっかん 発刊 **1**《出版》pubblicazione㊛ ¶雑誌を発刊する pubblicare una rivista **2**《創刊》fondazione㊛ di un periodico ◇発刊する fondare *ql.co.*

はっかん 発汗 traspirazione㊛, sudorazione㊛; 《医》diaforesi㊛ [無変]; 《化》essudazione㊛, trasudamento㊚ ◇発汗する traspirare㊷ [es, av], sudare [av]
- **発汗剤** sostanza㊛ sudorifera [diaforetica], sudorifero㊚, diaforetico㊚ [複 -ci]
- **発汗作用** traspirazione㊛ (cutanea) ¶この食物には発汗作用がある. Questo cibo stimola la sudorazione.

はつがん 発癌 《医》◇発癌性の cancerogeno
- **発癌物質** sostanza㊛ cancerogena, cancerogeno㊚

はっき 発揮 ◇発揮する manifestare, dimostrare, mettere in mostra ¶能力を発揮する dimostrare la *propria* capacità

はつぎ 発議 《提案》proposta㊛; 《動議》mozione㊛; 《イニシアチブ》iniziativa㊛ ¶発議する proporre *ql.co.* [di + 不定詞 / che + 接続法], fare una proposta; presentare una mozione ¶〈人〉の発議で su proposta di *qlcu.* / per iniziativa di *qlcu.* ¶議会は発議権をもつ. 《立法権》Il Parlamento ha il diritto di iniziativa.

はっきゅう 薄給 salario㊚ [複 -i] modesto ¶私は薄給で働いている. Lavoro per una miseria.

はっきょう 発狂 ammattimento㊚; 《状態》pazzia㊛, follia㊛ ◇発狂する perdere il lume della ragione; ammattire㊷ [es], impazzire㊷ [es]; diventare matto, uscire di senno ¶発狂した demente, folle, pazzo, malato di mente ¶絶望のあまり彼は発狂した. È impazzito per la disperazione.

はっきり 1《鮮明な》◇はっきりした chiaro, distinto, netto, nitido ◇はっきりと chiaramente, distintamente, nettamente, nitidamente ◇はっきりする diventare chiaro [distinto / netto], schiarirsi ¶富士山がはっきり見える. Si vede distintamente il monte Fuji. ¶祖母は高齢だがはっきりしている. Mia nonna, nonostante l'età, ha una mente lucida. ¶コーヒーを飲んだら頭がはっきりした. Con un caffè la mente si è schiarita.

2《確定的な》◇はっきりした 《正確な》preciso; 《明白な》certo, chiaro, evidente ◇はっきりと esattamente, precisamente; certamente; evidentemente ¶はっきりさせる precisare *ql.co.* / decidere [mettere in chiaro] se + 接続法 [直説法] / chiarire [chiarirsi] *ql.co.* ¶はっきりした区別 distinzione netta ¶はっきりしない態度をとる assumere un atteggiamento ambiguo [vago / poco chiaro] ¶はっきり precise. Non ho informazioni precise. ¶明日はっきりした返事を聞かせてください. Mi faccia avere una risposta definitiva per domani. ¶今日中に欲しいとはっきり頼んだはずです. Avevo richiesto espressamente di poterlo avere entro oggi. ¶君が間違っていることははっきりしている. È evidente che hai torto tu. ¶はっきりしない男 uomo indeciso [irresoluto] ¶天気がはっきりしない. Il tempo è incerto [instabile].

3《遠慮しない》¶はっきり断る rifiutare nettamente [seccamente] ¶はっきり言う parlare chiaro (e tondo) / dire chiaramente *ql.co.* [che + 直説法] ¶はっきり言って彼はなまけ者だ. Francamente lui è un pigro.

はっきん 白金 platino㊚; 《元素記号》Pt ¶白金を含む platinifero

はっきん 発禁 《発売禁止》vendita㊛ vietata ¶…を発禁にする proibire [vietare] la vendita di *ql.co.* / 《本を》mettere all'indice *ql.co.*

ばっきん 罰金 ammenda㊛, pena㊛ pecuniaria, multa㊛, contravvenzione㊛ ¶重い罰金 multa pesante ¶罰金を科する condannare *qlcu.* a un'ammenda / multare *qlcu.* ¶高い罰金を取られた. Mi sono beccato una multa salata. ¶軽い罰金で済んだ. Me la sono cavata con una multa leggera.

パッキング [英 packing] **1**《継ぎ目などに詰める物》guarnizione㊛ **2**《詰め物》materiale㊚ di riempimento, imbottitura㊛, ripieno㊚ **3**《包装》imballaggio㊚ [複 -gi]; 《荷作り》preparazione㊛ delle valigie [del bagaglio]

バック [英 back] **1**《背景》sfondo㊚; 《背後》retro㊚, dietro㊚ ¶青空をバックに sullo sfondo del cielo blu **2**《後退》◇バックする retrocedere㊷ [es], procedere [es] all'indietro, 《自動車が》fare marcia indietro ¶車をバックさせてガレージに入れる mettere la macchina in garage procedendo in retromarcia **3**《後援者》sostegno㊚; sostenitore㊚ [-trice]; 《保護する人》protettore㊚ [-trice] ¶彼には世界に有力なバックがある. Ha un protettore influente nel mondo finanziario. **4**《スポ》《後衛》difesa㊛; 《個人》difensore㊚ [㊛ difenditrice]
- **バックギア** 《機》retromarcia㊛ [複 -ce]

バックグラウンド sfondo㊚

バックグラウンドミュージック musica㊛ di fondo [sottofondo], sottofondo㊚ musicale

バックストローク《水泳》nuoto㊚ sul dorso

バックナンバー (1)《雑誌の》numero㊚ arretrato (di una rivista) (2)《自動車の》targa㊛ posteriore

バックネット《スポ》rete㊛ di protezione

バックパッカー saccopelista㊚㊛ [㊚複 -i]

バックハンド《スポ》rovescio㊚ [複 -sci]

バックボーン《支柱となる考え方》idea㊛ alla base ¶ヨーロッパの宗教的バックボーンはキリスト教である. Il fondamento della religione europea è il cristianesimo.

バックミラー specchietto㊚ retrovisore, retrovisore㊚

バッグ 〔英 bag〕 borsa㊛ →かばん 図版 ¶ハンドバッグ borsa (da signora) / borsetta㊛ ¶ショルダーバッグ borsa [borsetta] a tracolla ¶ティーバッグ bustina di tè / tè in bustine ¶バッグから財布を盗まれた. Mi hanno rubato il portafoglio dalla borsa.

パック 〔英 puck〕《スポ》《アイスホッケーの》〔英〕puck㊚ [無変]; disco㊚ [複 -schi]

パック 〔英 pack〕 **1**《容器》involucro㊚, imballaggio㊚ [複 -gi] (►いずれも「包装すること」の意味もある), contenitore㊚ ¶真空パック confezione sottovuoto **2**《美容で》impacco㊚ [複 -chi], maschera㊛ (in cosmesi) ◇パックする《野菜を使ったり洗い流したりするもの》fare un impacco;《マスク状になってはがせるもので》fare una maschera (di bellezza)

✤**パック旅行** viaggio㊚ [複 -gi] organizzato "tutto compreso"

バックアップ 〔英 backup〕 **1**《支援》appoggio㊚ [複 -gi], sostegno㊚ ◇バックアップする dare appoggio a ql.co. [qlcu.], appoggiare [sostenere] qlcu. [ql.co.], spalleggiare qlcu.
2《コンピュータ》〔英〕backup㊚ [無変] [copia㊛] dei dati

バックスキン 〔英 buckskin〕 pelle㊛ di daino [di camoscio], camoscio㊚ [複 -sci] ¶バックスキンの靴 scarpe di daino [di camoscio]

はっくつ 発掘 《土に埋まったものの》scavo㊚, dissotterramento㊚; 《遺体の》esumazione㊛
◇**発掘する** scavare ql.co., eseguire [fare] degli scavi, dissotterrare ql.co.; esumare ql.co.; 《まだ人に知られていない優れたものを》scoprire ¶ポンペイ遺跡の発掘(現場) gli scavi di Pompei ¶私たちは優れた人材を発掘した. Abbiamo trovato una persona capace.

✤**発掘現場** scavi㊚ [複], luogo㊚ [複 -ghi] degli scavi

発掘品 oggetto㊚ riportato alla luce durante gli scavi

ぱっくり ¶傷口がまたぱっくり開いた. La ferita mi si è riaperta bruscamente. ¶魚が餌にぱっくり食いついた. Il pesce ha abboccato in un colpo.

バックル 〔英 buckle〕 fibbia㊛

はづくろい 羽繕い ¶鳥が羽繕いをしている. L'uccello si sta lisciando le piume.

ばつぐん 抜群 ◇抜群の eminente, brillante;《比類のない》incomparabile, ineguagliabile, senza pari ¶抜群の能力 abilità insuperabile [impareggiabile] ¶抜群の成績で卒業する laurearsi 「brillantemente [con un voto eccellente] ¶そのオペラ歌手は抜群にうまい. Quel cantante lirico spicca per bravura.

はっけ 八卦 predizione㊛ dell'avvenire, profezia㊛ ¶あたるも八卦, あたらぬも八卦. Non si può mai dire se una profezia si avvererà o meno.

パッケージ 〔英 package〕 pacco㊚ [複 -chi], pacchetto㊚, involto㊚;《包装》confezione㊛, imballaggio㊚ [複 -gi]

はっけっきゅう 白血球 globulo㊚ bianco [複 -chi], leucocita㊚ [複 -i], leucocito㊚
✤**白血球減少症**《医》leucopenia㊛
白血球増加症《医》leucocitosi㊛ [無変]

はっけつびょう 白血病《医》leucemia㊛
¶**白血病患者** leucemico㊚ [-ca], leucemici [-ci]

はっけん 白鍵《ピアノなどの》tasto㊚ bianco [複 -chi]

はっけん 発見 scoperta㊛ ◇**発見する**《未知の物を》scoprire ql.co. [qlcu.], fare una scoperta;《捜し物, 失った物を》trovare ql.co. [qlcu.], ritrovare ql.co. ◇発見される essere scoperto ¶ニュートンは万有引力の法則を発見した. Newton ha scoperto la legge di gravità. ¶1492 年コロンブスの新大陸発見 1492: scoperta del nuovo continente da parte di Colombo ¶珍しい古文書を発見する ritrovare documenti antichi rari ¶死体を発見する trovare un cadavere ¶最新の医学上の発見によれば secondo gli ultimi ritrovati della medicina ¶金の鉱脈が発見された. È stato scoperto un giacimento aurifero.

✤**発見者** scopritore㊚ [㊛ -trice]

はっけん 発券 emissione㊛ di biglietti
✤**発券機** biglietteria㊛ automatica
発券銀行 istituto㊚ [banca㊛] d'emissione (◆日本では「日本銀行」Banca del Giappone, イタリアでは「イタリア銀行」Banca d'Italia)

はつげん 発言 parola㊛, intervento㊚ ◇**発言する** prendere la parola [parlare / fare un intervento]《(...について) su》 ¶会議で発言する intervenire [es] in un'assemblea ¶発言を求める chiedere la parola a qlcu. ¶発言を取り消す rinunziare alla parola [all'intervento] ¶山田氏に発言していただきます. La parola al sig. Yamada.

✤**発言権** diritto㊚ di [alla] parola
発言者 relatore㊚ [㊛ -trice]
発言力 voce㊛ autorevole;《影響力》influenza㊛

はつこい 初恋 primo amore㊚ ¶彼は私の初恋の人です. Lui è il mio primo amore. / Ho preso per lui la mia prima cotta.

はっこう 発光 luminescenza㊛, radiazione㊛ luminosa;《蛍光》fluorescenza㊛ ◇**発光する** emettere [irradiare] luce

✤**発光器**《動》organo㊚ luminoso
発光植物 pianta㊛ fotogena
発光体 corpo㊚ luminoso
発光ダイオード diodo㊚ a emissione luminosa;

《略》LED, led [lɛd] [男] [無変]
発光動物 animale [男] fotogeno
発光塗料 vernice [女] luminescente
はっこう 発行 **1**《書籍・雑誌などの》pubblicazione [女], uscita [女] ◇**発行する** pubblicare ◇**発行される** uscire, essere pubblicat*o* ¶新しい辞書を発行する pubblicare un nuovo dizionario
2《紙幣・公債などの》emissione [女]；《免許・パスポートなどの》rila*scio* [男] [複 *-sci*] ◇**発行する** emettere; rilasciare ¶債券を発行する emettere un prestito ¶新紙幣を発行する mettere in circolazione le nuove banconote
✤**発行会社**〘金融〙casa [女] di emissione, società [女] promotrice
発行価格《公債などの》prezzo [男] di emissione
発行禁止［**停止**］《新聞などの》divieto [男] di ［sospensione [女] della］pubblicazione
発行市場〘金融〙mercato [男]「delle nuove emissioni ［primario］
発行者 edit*ore* [男] ［[女] *-trice*］
発行所 luog*o* [男] [複 *-ghi*] di stampa;《出版社》casa [女] editrice
発行高 ¶紙幣発行高 ammontare [男] delle banconote emesse
発行日 data [女] di pubblicazione
発行部数 numero [男] delle copie stampate;《本・雑誌の1度の》tiratura [女] ¶発行部数100万の雑誌 rivista con una tiratura di diecimila copie
はっこう 発効《法律など》entrata [女] in vigore ◇**発効する** entrare in vigore ¶その法律は来年4月1日に発効する. Quella legge entrerà in vigore dal primo aprile dell'anno prossimo.
はっこう 発酵 fermentazione [女] ◇**発酵する** fermentare [自] [*av*] ◇**発酵させる** (far) fermentare *ql.co.*《で con》◇**発酵性の** fermentabile, fermentativo, fermentescibile
✤**発酵学** zimologia [女]
発酵菌 zimogeno [男]
発酵乳 latte [男] fermentato
はっこう 薄幸 ◇**薄幸の** sfortunato, iellato
はつごおり 初氷 la prima gelata [女] di stagione ¶池に初氷が張った. È la prima volta che lo stagno si è ghiacciato quest'inverno.
はっこつ 白骨《骸骨》scheletro [男]
✤**白骨死体** cadavere [男] ridotto ad uno scheletro
ばっさい 伐採 abbattimento [男] (di alberi) ◇**伐採する** abbattere (un albero) ¶山林を伐採する disboscare una montagna
ばっさばっさ ¶ばっさばっさと草を刈る falciare con forza e in grande quantità l'erba
ばっさり ¶刀で枝をばっさりと切り落とした. Ha tagliato il ramo con un solo colpo di spada. ¶予算がばっさりと削られた. Hanno「dato un taglio netto al ［ridotto drasticamente il］nostro bilancio.
はっさん 発散《光などの》emissione [女], irradiazione [女], radiazione [女]；《においなどの》emanazione [女]；《におい・蒸気・ガスの》esalazione [女]；《感情・怒りの》sfog*o* [男] [複 *-ghi*] ◇**発散させる**［**する**］emettere, irradiare; emanare; esalare;《感情を》sfogare, scaricare ◇**発散する** emanare [自] [*es*] ¶光を発散させる emettere luce ¶不満を発散させる sfogare ［dare sfogo al］l'insoddisfazione ¶エネルギーを発散させる scaricare le energie
ばっし 抜糸 rimozione [女] dei punti ◇**抜糸する** togliersi i punti
ばっし 抜歯 estrazione [女] di un dente ◇**抜歯する** estrarre ［togliere］un dente
バッジ〔英 badge〕distintivo [男]；《飾りの》spilla [女] ¶バッジを付ける《自分で》mettersi un distintivo /《人に》appuntare un distintivo a *qlcu.* ¶バッジを付けている portare un distintivo
はつしも 初霜 ¶昨夜初霜が降りた. La notte scorsa si è formata la prima brina dell'anno.
はっしゃ 発車 partenza [女] ◇**発車する** partire [自] [*es*] ¶その列車は5分発車が遅れた. Quel treno è partito con cinque minuti di ritardo. ¶バスの発車まで10分しかない. Mancano solo 10 minuti alla partenza dell'autobus. ¶列車は18番線から発車いたします. Il treno parte dal binario diciotto.
✤**発車時刻** ora [女] di partenza
発車信号 segnale [男] di partenza
発車番線［**ホーム**］binar*io* [男] [複 *-i*] di partenza
はっしゃ 発射《弾丸の》sparo [男], colpo [男], tiro [男]；《ロケット・ミサイルなど》lan*cio* [男] [複 *-ci*]；〘通信〙《電波の》emissione [女] ◇**発射する**《発砲》sparare *ql.co.*, far fuoco con *ql.co.*; lanciare *ql.co.*;《電波を》emettere *ql.co.* ¶ピストルを発射する sparare un colpo di pistola / far fuoco con una pistola ¶魚雷［ミサイル］を発射する lanciare un siluro ［un missile］¶電波を発射する emettere un'onda elettrica
✤**発射場** base [女] di lancio
発射台 rampa [女] ［piattaforma [女]］di lancio
はっしょう 発症 manifestazione [女] dei sintomi di una malattia ¶発症した. Sono apparsi ［sorti］i sintomi. ¶エイズを発症する. Si manifestano i sintomi dell'AIDS.
はっしょう 発祥 ¶古代文明発祥の地 culla di antiche civiltà ¶この地でキリスト教が発祥した. Qui ha avuto inizio ［origine］il cristianesimo.
はつじょう 発情 calore [男], fregola [女] ¶発情する entrare in calore
✤**発情期** ¶発情期にある essere in calore ［in fregola］
発情ホルモン ormoni [男] [複] estrogeni
はっしょく 発色 colorazione [女]
✤**発色剤** generatore [男] di colore
発色団〘化〙cromoforo [男]
パッション〔英 passion〕《情熱》passione [女]；《キリストの受難》passione [女] di (Gesù) Cristo
✤**パッションフルーツ** frutto [男] della passiflora
はっしん 発信 inv*io* [男] [複 *-ii*], inoltro [男] ◇**発信する** inviare ［mandare / spedire / inoltrare］*ql.co.*;《電報を》telegrafare [他], [自] [*av*]
✤**発信音**《電話の》suono [男] di libero
発信局 stazione [女] di emissione ［trasmissione］
発信地 luog*o* [男] [複 *-ghi*] di spedizione
発信人 mittente [男] [女]
はっしん 発振〘物〙oscillazione [女]
✤**発振器** oscillatore [男]
はっしん 発疹 eruzione [女] (cutanea), esantem*a* [男] [複 *-i*]；《赤い斑点の》petecchia [女] ◇**発疹性の** esantemat*ico* [[男] 複 *-ci*]

✤発疹チフス《医》tifo esantematico [petecchiale]

バッシング〔英 bashing〕bashing㊚[無変] attacco㊚ [複 -chi] feroce

パッシング《車》◇パッシングする lampeggiare㊚ (►単独でも可)

ばっすい 抜粋 estratto㊚, scelta㊛, selezione㊛;《抜き出したもの》brani㊚[複] scelti ¶雑誌の記事から抜粋する fare un estratto di un articolo di una rivista

はっすいかこう 撥水加工 《繊》processo㊚ idrorepellente ◇撥水加工する impermeabilizzare ql.co., sottoporre a trattamento impermeabilizzante ql.co.

はっする 発する 1《始まる、生じる》nascere㊇ [es] [sorgere㊇[es] / derivare㊇[es]] (に、から da), avere origine [originarsi] (に、から da) ¶善意に発した行動 azione scaturita da una buona intenzione ¶宇治川は琵琶湖にその源を発している。Il fiume Uji nasce dal lago Biwa. ¶両家の不和はその事件に端を発している。La discordia tra le due famiglie è nata da quell'incidente.
2《光・熱・音・声などを》emettere;《においを》emanare;《におい・気体を》esalare;《放散》irradiare ¶奇声を発する emettere [lanciare] un grido strano ¶太陽は光と熱を発する。Il sole irradia luce e calore. ¶高熱を発する avere la febbre alta
3《言葉で表現されるものを》¶命令を発する emettere un ordine ¶動員令を発する decretare la mobilitazione ¶逮捕令状を発する spiccare [emettere] un mandato d'arresto contro qlcu. ¶警告を発する dare l'avviso
4《送る》¶使者を発する mandare un messaggero

ハッスル〔英 hustle〕¶彼はハッスルしている。È 「su di giri [caricato].

ばっする 罰する punire [castigare] qlcu.《により per》, dare una punizione a qlcu.《により per》¶罰すべき punibile ¶罰せられている《親》essere in castigo

はっせい 発生 1 formazione㊛;《出現》apparizione㊛ ◇発生する apparire㊇ [es] 《起こる》accadere㊇[es], succedere㊇[es], avvenire㊇ [es];《突発する》scoppiare㊇ [es] ¶熱[電気]の発生 generazione [formazione] di calore [elettricità] ¶かびの発生を防ぐ evitare la formazione di muffa ¶害虫が発生した。Sono apparsi degli insetti nocivi. ¶伝染病が発生した。È scoppiata un'epidemia. ¶事件が発生した。C'è stato [È accaduto / Si è verificato] un incidente. ¶新しい問題が発生した。È nato [sorto] un nuovo problema.
2《生》genesi㊛ [無変], embriogenia㊛

✤発生遺伝学 genetica㊛ dello sviluppo
発生学《生》embriologia㊛
発生期状態《化》stato㊚ nascente

はっせい 発声 1《声を出すこと》emissione㊛ 「di voce [vocale] 」,《発声作用》fonazione㊛;《声楽の》vocalizzazione㊛ ¶君の発声はよくない。Il tuo modo di emettere la voce non è buono.
2《音頭をとること》¶社長の発声で万歳三唱をした。Alle parole del presidente, abbiamo lanciato tre urrà.

✤発声器官 organo㊚ vocale;《全体》apparato㊚ fonatorio

発声法《音》vocalizzazione㊛;《言》fonazione㊛

発声練習 ¶発声練習をする《母音を》vocalizzare㊇ [av] / fare vocalizzi

はっそう 発送 spedizione㊛, invio㊚ [複 -ii] ◇発送する spedire ¶商品をイタリアへ発送する spedire delle merci in Italia

✤発送係 impiegato㊚ [㊛ -a] addetto alle spedizioni
発送先 destinazione㊛;《人》destinatario㊚ [㊛ -ia; 複 -i]
発送人 mittente㊚㊛, speditore㊚ [㊛ -trice]
発送日 giorno㊚ della spedizione

はっそう 発想 1《思いつき》ispirazione㊛, idea㊛ ¶いい発想だね。È una buona idea. ¶いい発想がわいた。Ho avuto un colpo di genio. / Mi è venuta una brillante idea.
2《考え方》¶まったく日本人的な発想だ。È un modo di pensare tipicamente giapponese. ¶発想の転換を図る riconsiderare ql.co. da un'altra prospettiva [da un altro punto di vista].

✤発想記号《音》segno㊚ dinamico [複 -ci]
発想標語《音》indicazione㊛ espressiva

ばっそく 罰則 clausola㊛ penale ¶罰則の強化 inasprimento di una clausola penale ¶罰則により《刑法》secondo il codice penale

ばった 蝗《昆》cavalletta㊛, acridio㊚ [複 -i] ¶とのさまばった locusta migratoria

バッター〔英 batter〕《野球の》battitore㊚ [㊛ -trice] ¶左バッター battitore mancino
バッターボックス zona㊛ di battuta

はったつ 発達 《成長》crescita㊛;《機能の》sviluppo㊚;《進歩》progresso㊚ ◇発達する svilupparsi; fare progressi, progredire㊇ (►人が主語のとき [av], 物が主語のとき [es]) ◇発達させる sviluppare ql.co.; far progressi ¶発達した sviluppato ¶嗅覚が発達している avere l'olfatto sviluppato ¶彼は運動神経が発達している。È molto agile nei movimenti. ¶交通機関の発達 sviluppo dei mezzi di trasporto ¶科学が発達するにつれて col progredire della scienza / man mano che la scienza progredisce ¶熱帯低気圧が発達してきている。Si sta intensificando una depressione equatoriale.

✤発達心理学 psicologia㊛ dell'età evolutiva [dello sviluppo]
発達段階 stadi㊚[複] dello sviluppo

はったと ¶はったとにらみつける《怒りをこめて》guardare qlcu. con occhio torvo /《脅かすように》guardare qlcu. con sguardo minaccioso

ばったばった ¶敵をばったばったとなぎ倒した。Ha sterminato i nemici l'uno dopo l'altro senza troppa fatica.

はったり〔英〕bluff [blɛf]㊚[無変]; fanfaronata㊛, millanteria㊛ ¶はったりをかける[かます] bluffare㊇ [av] /《ほらを吹く》vendere fumo ¶彼にだまされるな、あれははったりだからな。Non credergli, sta bluffando.

✤はったり屋 fanfarone㊚ [㊛ -a], bluffatore㊚ [㊛ -trice], spaccone㊚ [㊛ -a], millantatore㊚ [㊛ -trice]

ばったり 1《倒れる様子》 ¶ばったりと倒れる《音をたてて》cadere con un tonfo / 《平らに》cadere a terra lungo disteso 2《不意に》 ¶駅で小野君にばったり会った. Alla stazione mi sono imbattuto in Ono. ¶音はばったり止んだ. Il suono è cessato di colpo.

ぱったり ¶その後彼から便りがぱったり来なくなった. Da allora non abbiamo più sue notizie.

ハッチ 〔英 hatch〕(portello[男] di) boccaporto [男], portello[男]

✤ハッチバック(車) auto[女][無変] con portellone posteriore

バッチ 〔英 batch〕〖コンピュータ〗 ◇バッチの〔英〕batch [betʃ] [無変]

✤バッチ処理 procedura[女] batch

バッチファイル〔英〕file [fail][男][無変] batch

パッチテスト 〔英 patch test〕〖医〗test[男][無変] cutaneo, cutireazione[女]

はっちゃく 発着 partenza[女] e arrivo[男]; 《飛行機の》decollo[男] e atterrag*gio*[男][複 *-gi*] ¶新幹線はこのホームから発着する. Lo Shinkansen parte e arriva da questo binario.

✤発着時刻表 ora*rio*[男][複 *-i*]

発着所《船の》attrac*co*[男][複 *-chi*] per piroscafi

はっちゅう 発注 ordine[男], ordinazione[女]
◇発注する fare un'ordinazione ¶部品を問屋に発注する ordinare articoli al fornitore

✤発注先 fornitore[男]

ばっちり ¶着こなしがばっちり決まっているね. Come stai bene con questo vestito! ¶「テストはどうだった」「ばっちりだよ」"Come è andato l'esame?" "Benissimo!"

ぱっちり ¶ぱっちりした目をしている avere gli occhi grandi (e luminosi) ¶赤ちゃんは目をぱっちり開けた. Il bambino ha sbarrato i suoi occhioni.

パッチワーク 〔英 patchwork〕 lavoro[男] di cucito eseguito con diversi pezzi di stoffa

バッティング 〔英 batting〕〖スポ〗《野球で》battuta[女]

✤バッティングセンター centro[男] di addestramento per i battitori

バッティング 〔英 butting〕〖スポ〗《ボクシングで》colpo[男] dato con la testa

ばってき 抜擢 《選出》selezione[女]; 《登用》promozione[女] ¶彼は取締役に抜擢された. È stato nominato [È stato scelto come] membro del consiglio d'amministrazione.

バッテリー 〔英 battery〕 1《電池》accumulatore[男], batteria[女] ¶車のバッテリーが上がってしまった. Questa macchina ha la batteria scarica.
2《野球の》lancia*tore*[男][女 *-trice*] e ricevi*tore*[男][女 *-trice*]

はってん 発展 1《発達》sviluppo[男], evoluzione[女]; 《進歩》progresso[男]; 《成長, 拡大》crescita[女], espansione[女]
◇発展する svilupparsi; progredire[自] (►人が主語のとき [*av*], 物が主語のとき [*es*]); crescere [自][*es*], estendersi ¶工業の発展 sviluppo「dell'industria [industriale] ¶隣国の発展に力を貸す aiutare lo sviluppo di un paese confinante ¶事態の意外な発展に驚く meravigliarsi per l'inatteso andamento della situazione
2《酒色, 特に異性との交際が盛んなこと》 ¶彼はこのごろだいぶご発展のようだ. Sembra che in questi ultimi tempi si sia dato alla bella vita!

✤発展家《異性との交際で》liberti*no*[男][女 *-a*]

発展性 prospettive[女][複], possibilità[女] del futuro

発展途上国 paese[男] in via di sviluppo

はつでん 発電 produzione[女] di energia elettrica ◇発電する produrre [generare] energia elettrica ¶風力[水力 / 地熱]発電 produzione di energia eolica [idroelettrica / geotermica] ¶太陽光[太陽熱]発電 generazione elettrica fotovoltaica [eliotermica]

✤発電機 dinamo[女][無変], generatore[男] (di potenza)

発電所 centrale[女] elettrica ¶水力[火力 / 原子力]発電所 centrale idroelettrica [termoelettrica / nucleare]

発電設備 impianto[男] per la produzione di energia elettrica

発電能力 capacità[女] produttiva di energia elettrica

ばってん ばっ点 ¶ばっ点をつける《間違いに》segnare un errore con una croce ⇀ばつ [参考]

はっと 1《突然に》d'un tratto, tutt'a un tratto, di colpo, all'improvviso, improvvisamente; di punto in bianco ¶自分の間違いにはっと気がついた. All'improvviso mi sono accorto del mio errore. 2《驚く様子》 ◇はっとする sobbalzare[自][*av*], trasalire[自][*av, es*] ¶はっとするような光景 scena scioccante ¶はっとして目が覚める svegliarsi di soprassalto

はっと 法度 《おきて》legge[女], codice[男], norme[女][複]; 《禁令》proibizione[女] ⇀御法度

バット 〔英 bat〕〖スポ〗《野球の》mazza[女]

バット 〔英 vat〕《四角い皿》vaschetta[女]

ぱっと 1《急に》improvvisamente, all'improvviso, di colpo, d'un tratto, tutt'a un tratto ¶ぱっと立ち上がる balzare in piedi / alzarsi in piedi di colpo [di scatto] ¶空がぱっと明るくなった. Il cielo è diventato chiaro tutt'a un tratto. ¶そのうわさはぱっと広がった. Quella diceria si è diffusa in un attimo.
2《目立つ様子》 ¶ぱっとした花模様のブラウス camicia con fiori sgargianti ¶ぱっとしない俳優 attore scialbo ¶どうも仕事がぱっとしない. Il lavoro va a rilento.

パット 〔英 putt〕《ゴルフの》〔英〕putt[男][無変]

パッド 〔英 pad〕〖服〗imbottitura[女] ¶パッド入りの imbottito ¶肩パッド入りの con spalline

はつどう 発動 1《法的権限の行使》eserci*zio*[男][複 *-i*] ◇発動する esercitare *ql.co.* ¶司法権の発動 esercizio dei poteri giudiziari 2《エンジンなどの始動》avviamento[男], messa[女] in moto

はつどうき 発動機 motore[男]; 《内燃機関》motore[男] a combustione interna ¶電気[蒸気]発動機 motore elettrico [a vapore]

はっとうしん 八頭身 ¶八頭身の美女 ragazza bella, alta e ben proporzionata

ハットトリック 〔英 hat trick〕〖スポ〗《サッカーで》tripletta[女]

はつに 初荷 il primo carico[男] dell'anno nuovo

はつねつ 発熱 《医》accesso男 febbrile, febbre女;《物・化》generazione女 di calore ◇発熱する《人が主語で》avere la febbre;《物・化》generare calore [alta temperatura] ¶発熱性の《医》pirogeno /《熱性の》piretico [男複 -ci] / febbricitante
✤発熱体《物・化》elemento男 riscaldante
発熱反応《物・化》reazione女 esotermica
発熱量 potere男 calorifico;《燃焼熱》calore男 di combustione

はつのり 初乗り ◇初乗りする salire per la prima volta su ql.co.
✤初乗り料金 tariffa女 di base [di partenza]

はっぱ 発破《爆破》demolizione女 [distruzione女] con la dinamite, brillamento男, abbattimento男;《爆薬》esplosivo男, dinamite女 ¶発破を掛ける《爆破する》far saltare ql.co. con la dinamite ¶部下に大いに働くよう発破を掛けた. Ho stimolato [Ho incoraggiato] i miei dipendenti a lavorare diligentemente.

はつばい 発売 messa女 in vendita, lancio男 [複 -ci] sul mercato ◇発売する mettere in vendita [in commercio] ql.co., lanciare sul mercato ql.co. ¶発売になる essere messo in vendita / uscire自 [es] ¶「発売中」"In vendita"
✤発売禁止 divieto男 di vendita
発売部数 numero男 di copie vendute
発売元 ditta女 distributrice

はつはる はっはっと高笑いした. Ha riso rumorosamente [sguaiatamente].

ぱっぱっ ¶ライトがぱっぱっと点滅している. La luce si accende e si spegne ad intermittenza.

ぱっぱっ ¶彼は道楽にぱっぱっと金を使う. Spende denaro a destra e a manca per divertirsi.

はつはる 初春《新年》l'anno男 nuovo

はっぴ 法被 happi 男 [無変] (◆ ampia giacca corta portata dai carpentieri e falegnami; indossata anche in occasione di feste di quartiere)

ハッピーエンド lieto fine男, felice conclusione女 ¶ハッピーエンドの物語 storia a lieto fine ¶ハッピーエンドで終わる finire [concludersi] felicemente

はつひので 初日の出 ¶初日の出を拝みに行く andare a vedere l'alba del primo (giorno) dell'anno / andare a vedere il sole che sorge il primo dell'anno

はつびょう 発病 manifestazione女 [apparizione女] dei primi sintomi di una malattia ◇発病する《人が主語》ammalarsi di ql.co., cadere自 [es] ammalato, avere i sintomi di ql.co.;《病気が主語》manifestarsi

はっぴょう 発表 annuncio男 [複 -ci];《公示, 発行》pubblicazione女;《公開, 展示》presentazione女 ◇発表する annunciare ql.co., rendere noto [pubblico] ql.co., (▶noto e pubblico は目的語の性・数に合わせて語尾変化する);《表明する》dichiarare [esprimere] ql.co.; pubblicare ql.co.; presentare ql.co. ¶婚約発表 annuncio di fidanzamento ¶選挙結果を発表する pubblicare i risultati elettorali ¶計画を発表する rendere noto [pubblico] un programma ¶ファッションの新作を発表する presentare una nuova collezione di vestiti
✤発表会 presentazione女;《絵画などの》mostra女;《ファッションショー》sfilata女 ¶ピアノの発表会 recital [résital] 男 [無変] di pianoforte

はっぷ 発布 promulgazione女, proclamazione女, emanazione女 ◇発布する promulgare, proclamare, emanare

はつぶたい 初舞台 debutto男 [esordio男] sulle scene [sul palco] ¶初舞台を踏む debuttare自 [av] [esordire自 [av]] sulle scene / debuttare in teatro /《デビューする》debuttare / esordire

はっぷん 発奮・発憤 ◇発奮する scuotersi, scrollarsi, uscire dal torpore ◇発奮させる scuotere [scrollare] qlcu.;《刺激する》stimolare qlcu.

はっぽう 八方 ¶八方に in tutte le direzioni ¶八方を尽くして探す cercare in tutti i modi ql.co. [qlcu.] ¶八方ににらみを利かせろ. Devi porgere attenzione a tutto ciò che ti circonda.
✤八方美人 ruffiano男 [女 -a]; amico男 [女 -ca] di tutti
八方ふさがり ¶八方ふさがりだ. Non abbiamo via d'uscita.
八方破れ ◇八方破れの《すきだらけの》aperto ad attacchi da tutti i lati;《破れかぶれの》disperato ¶八方破れの態度 atteggiamento avventato

はっぽう 発泡 ◇発泡の schiumogeno
✤発泡剤《化》agente男 schiumogeno
発泡酒 bevanda女 alcolica spumeggiante;《シャンパン》《仏》champagne男 [無変];《発泡性ワイン》spumante男 →ワイン用語集;《ビール》birra女
発泡スチロール polistirolo男 espanso
発泡性の 発泡性の frizzante女,《薬など》effervescente
発泡(ポリ)ウレタン schiuma女 di poliuretano

はっぽう 発砲 sparo男, tiro男, scarica女, colpo男 d'arma da fuoco ◇発砲する sparare ql.co., sparare自 [av] (に contro, a); far fuoco 《に contro, a》 ¶小銃を発砲する sparare [far fuoco] con un fucile

ばっぽん 抜本 ◇抜本的《根本的》radicale;《徹底的》drastico [男複 -ci] ◇抜本的に radicalmente; drasticamente ¶…の抜本的改革を図る sottoporre ql.co. a riforma radicale ¶抜本的対策を練る elaborare misure drastiche [provvedimenti drastici]《に対し verso》

はつまご 初孫《男》il primo nipote男;《女》la prima nipote女

はつみみ 初耳 ¶その話は初耳だ. Per me è una novità. / È la prima volta che lo sento.

はつめい 発明 invenzione女, ideazione女 ◇発明する inventare [ideare] ql.co. ¶新発明の機器 apparecchio di recente invenzione ¶発明の才がある avere un ingegno inventivo ¶1800年にボルタは電池を発明した. Nel 1800 Volta inventò la pila.
✤発明者 inventore男 [女 -trice], ideatore男 [女 -trice]
発明品 invenzione女, cosa女 inventata

はつもうで 初詣 la prima visita女 al tempio dell'anno nuovo →正月 日本事情

はつもの 初物 primizie女[複] ¶初物のぶどう la prima uva di stagione

はつゆき 初雪 ¶ゆうべ初雪が降った. La notte scorsa c'è stata la prima nevicata.
はつゆめ 初夢 il primo sogno[男] dell'anno nuovo
はつらつ 溌剌 ◇溌剌とした pieno di vita, vivace, brioso, animato ¶元気溌剌としている essere pien*o* di vita [di vivacità / di brio]
はつれい 発令 《辞令の》 nomina[女] [annun*cio* [男] [複 *-ci*]] (ufficiale) ; 《法令の》 promulgazione[女] ◇発令する《任命》 nominare ufficialmente *qlcu.*, annunciare la nomina di *qlcu.*; 《警報を》 dare l'allarme ¶地震の警戒警報を発令する dichiarare ufficialmente lo stato di all'erta per un terremoto
はつろ 発露 manifestazione[女], esibizione[女], dimostrazione[女]
はて ¶はて, どうしよう. Dunque [Allora / Beh], che devo fare?
はて 果て 《終わり》 fine[女], termine[男]; 《結末》 esito[男], risultato[男]; 《限界》 limite[男], confine [男]; 《末端》 estremità[女] ◇果ては alla fine, infine ¶世界の果てまで (fino) ai confini del mondo ¶果てはどうなることやら. Non so come finirà. ¶彼の金銭欲には果てがなかった. La sua brama di ricchezza era illimitata.
はで 派手 ◇派手な《人目をひく》 vistoso, appariscente; 《けばけばしい》 chiassoso, sgargiante; 《華美な》 sfarzoso, fastoso ◇派手に vistosamente; chiassosamente; sfarzosamente ¶派手な色のネクタイ cravatta「a colori sgargianti [chiassosa] ¶派手に振る舞う comportarsi in modo appariscente ¶派手に泣く piangere[自] [*av*] a dirotto ¶派手に間違う fare uno sbaglio madornale ¶あの夫婦は派手なけんかをする. Quella coppia di sposi litiga alla grande. ¶派手な生活をする condurre una vita brillante [sfarzosa] ¶派手に金を使う spendere denaro a piene mani
パテ 〔仏 pâté〕〘料〙 pâté [paté][男] [無変] ¶フォアグラのパテ pâté di fegato d'oca
パテ 〔英 putty〕《接合剤》 mastice[男]; 《しっくい》 stuc*co*[男] [複 *-chi*]
ばてい 馬丁 palafreniere[男], stalliere[男]; 《競馬の》 garzone[男] di scuderia
ばてい 馬蹄 zoccolo[男] di cavallo
✤馬蹄形 ◇馬蹄形の a ferro di cavallo
はてしない 果てしない senza fine [limiti / confini], infinito, illimitato,; 《広大な》 immenso; 《切りのない》 interminabile ◇果てしなく senza fine, interminabilmente ¶果てしない宇宙 l'universo infinito ¶議論は果てしなくつづいた. La discussione è proseguita interminabilmente.
はてな ¶はてな, あの男には見覚えがあるぞ. Aspetta un attimo, io quello l'ho già visto da qualche parte!
はてる 果てる finire ¶宴はいつ果てるとも知れなかった. Sembrava che il banchetto non avesse mai fine. ¶自らのどを切って果てた. Si è ucciso tagliandosi la gola.
ばてる crollare[自] [*es*] dalla stanchezza ¶暑さにばてる sentirsi stremato dal [spossato per il] caldo ¶猛訓練でついにばてた. Era stremato dal duro addestramento.
はてんこう 破天荒 ◇破天荒な senza precedenti; mai udito ¶破天荒な試み tentativo「senza precedenti [inaudito]
パテント 〔英 patent〕 ⇒特許
はと 鳩 piccion*e*[男] [女 *-a*], colomb*o*[男] [女 *-a*] ; 《もり鳩》 colombac*cio*[男] [複 *-ci*] ¶伝書鳩 piccione [colombo] viaggiatore ¶鳩が鳴く. I piccioni tubano [tortoreggiano].
[慣用] **鳩が豆鉄砲を食ったような** ¶彼は鳩が豆鉄砲を食ったような顔をしていた. Colto di sorpresa, ha sgranato gli occhi stupito.
✤鳩小屋 colombaia[女], piccionaia[女]
鳩座〘天〙 Colomba[女]
鳩時計 orolo*gio*[男] [複 *-gi*] a cucù
はと派 le colombe[女] [複], corrente[女] moderata; 《個人》 colomba[女], pacifist*a*[男][女] [男複 *-i*]
はとう 波頭 cresta[女] dell'onda; 〘物〙 fronte[女] [superficie[女]] di un onda
はとう 波濤 cavalloni[男] [複], marosi[男] [複]
はどう 波動 ondulazione[女], movimento[男] ondulato*rio* [複 *-i*], moto[男] ondoso ◇波動の ondulatorio ◇波動する ondulare[自] [*av*]
✤波動関数〘数〙 funzione[女] d'onda
波動力学 meccanica[女] ondulatoria
ばとう 罵倒 ingiuria[女] feroce, invettiva[女] ◇罵倒する ingiuriare *qlcu.* ferocemente [violentemente], insultare *qlcu.*, coprire *qlcu.* d'invettive [d'ingiurie] ¶彼は皆の前で私を罵倒した. Mi ha insultato in pubblico.
パトカー macchina[女] [auto[女] [無変]] della polizia, volante[女]; 《カラビニエーリの》 gazzella[女]
パトス 〔ギ pathos〕〘哲〙 pathos[男] [無変] ; sentimento[男] sofferto, passione[女]
パドック 〔英 paddock〕 **1** 《競馬場の》〔英〕 paddock[男] [無変] ; recinto[男] (per cavalli)
2 《自動車サーキット場の》〔英〕 paddock[男] [無変]
はとば 波止場 molo[男], banchina[女]
✤波止場使用料 diritti[男] [複] di banchina
波止場渡し〘商〙 franco banchina
バドミントン 〔英 badminton〕 〘スポ〙 〔英〕 badminton[男]; (gioco[男] del) volano[男]
はとむぎ 鳩麦 〘植〙 lacrime[女] di Giobbe
はとむね 鳩胸 sterno[男] carenato
はとめ 鳩目 《穴》 occhiello[男], asola[女]; 《金具》 occhiello[男] metal*lico* [複 *-ci*]
はどめ 歯止め **1** 〘機〙 《車輪止め》 blocco[男]
2 《くい止めるもの》 freno[男] ¶ドル安に歯止めをかける mettere un freno all' [frenare l'] abbassamento del dollaro
パドリング 〔英 paddling〕 《カヌー・サーフィンで》 il vogare con la pagaia
パトローネ 〔独 Patrone〕〘写〙 caricatore[男]
パトロール 〔英 patrol〕 ronda[女], perlustrazione[女]; pattugliamento[男] ¶パトロールに行く fare la ronda / fare il giro d'ispezione / andare in [di] pattuglia
✤パトロールカー ⇒パトカー
パトロール警官 agente[男] di ronda [pattuglia]
パトロール隊 pattuglia[女], volante[女]
パトロン 〔英 patron〕 finanzia*tore*[男] [女 *-trice*] 《文芸の》 mecenate[男][女]; 《芸術の》 protet*tore* [男] [女 *-trice*] delle arti; 《愛人関係の》 persona[女] che mantiene
ハトロンし ハトロン紙 carta[女] da imbal-

[は]

laggio, carta㊛ da pacchi
バトン [英 baton] 《リレー競走の》testimone㊚, bastone㊚ ¶バトンを渡す passare il testimone a *qlcu.* /《指揮権などを》passare le redini del potere a *qlcu.* /《仕事などを》passare a *qlcu. ql.co.*
❖**バトンガール** [仏] majorette [maʒorét]㊛ [無変]
バトンタッチ 《スポ》passag*gio*㊚ [複 *-gi*] del testimone (►比喩的にも用いられる) ¶君にバトンタッチする. 《仕事などを》Ti passo il testimone.

はな 花
1《植物の花》fiore㊚ → 植物 用語集 ¶花が咲く fiorire㉠ [*es*] / şbocciare㉠ [*es*] / schiudersi ¶庭に花を植える coltivare fiori in (un) giardino ¶机の上に花を飾る disporre fiori sul tavolo ¶花の咲いている野原 campo di fiori ¶花を摘む cogliere fiori ¶桃の花が満開だ. I peschi sono in fiore [piena fioritura]. ¶花がしぼんだ. I fiori sono appassiti. ¶ゆうべの風で花はほとんど散ってしまった. Il vento di questa notte ha fatto cadere quasi tutti i fiori.
2《桜》fiore㊚ di ciliegio ¶花の雲 fiori di ciliegio che sembrano nuvole
3《華やかなもの》¶花の都パリ la fiorente città di Parigi ¶両手に花 → 両手 ¶社交界の花 regina [diva / stella] dell'alta società
4《最盛期》¶若いころが花だ. La giovinezza è la primavera della vita. ¶彼はあのころが花だった. A quel tempo era nel momento più rigoglioso [nell'epoca d'oro] della sua vita.
5《精髄》¶騎士道の花 il fior fiore della cavalleria ¶これこそ近代建築の花だ. Questo è l'essenza dell'architettura moderna.

[慣用] **花を咲かせる** ¶思い出話に花を咲かせた. Ci siamo divertiti a rievocare il passato. / Abbiamo rievocato il passato. ¶最後の花を咲かせようと 70 歳で選挙に立候補した. Deciso ad avere un ultimo successo nella vita, a settant'anni si è presentato (come) candidato alle elezioni.
花も実もある ¶花も実もある祝辞 parole di augurio belle e profonde
花より団子 È meglio badare al pratico [al sodo].
花を添える ¶彼女が出席したことがパーティーに花を添えた. La sua presenza ha dato vita alla [ha animato la] festa.
花を持たせる far fare una bella figura a *qlcu.*
❖**花生け**《花器》vaso㊚ di [da] fiori
花売り娘 fioraia㊛
花かご cestino㊚ di fiori
花ばさみ forbici㊛ [複] da giardino, cesoie㊛ [複]
花屋 → 見出し語参照

はな 端 1《最初》¶はなからうまく行くわけがない. È impensabile che vada bene fin dall'inizio [dal principio]. 2《先端》estremità㊛, punta㊛ ¶岬のはな punta di un promontorio
はな 洟 secrezione㊛ nasale;《俗》moccio㊚ [複 *-ci*], muco㊚ [複 *-chi*], catarro㊚ nasale;《鼻からたれた》《謔》moccolo㊚ ¶はなをかむ soffiarsi il naso ¶はなをたらす avere il moccio [la goccia] al naso ¶はなをする tirare su con il naso ¶はなが出ているからかみなさい. Ti cola il naso. Soffiatelo [Puliscilo]!

[慣用] **洟もひっかけない** ignorare completamente ¶彼女は同い年の男には洟もひっかけない. Lei non ha affatto interesse per i ragazzi della sua età.
❖**はなたれ小僧** moccioso㊚, ragazzino㊚ moccioso

はな 鼻
naso㊚;《小さな鼻》nasino㊚;《動物の鼻面》muso㊚;《象の》proboscide㊛;《豚・いのししの》grugno㊚, grifo㊚ ◇鼻の nasale
¶わし[だんご]鼻 naso aquilino [rincagnato] ¶鼻が高い avere il naso prominente [lungo] ¶鼻が低い avere il naso piccolo [camuşo / schiacciato] ¶鼻が上を向いている avere il naso all'insù ¶鼻の穴 narice㊛ ¶鼻の先 punta del naso ¶鼻にかかった声を出す parlare con voce nasale ¶鼻にしわを寄せる《しかめっ面》arricciare [torcere] il naso ¶鼻がつまる avere il naso chiuso [otturato / intasato] ¶鼻で息をする respirare con il naso ¶鼻をつまむ《臭くて》tapparsi [turarsi] il naso ¶鼻をかむ soffiarsi il naso ¶鼻をほじる mettersi le dita nel naso ¶悪臭が私の鼻をついた. La puzza mi ha trafitto le narici. ¶犬が鼻をくんくん鳴らす Il cane uggiola.

[慣用] **鼻が利く** (1)《嗅覚》avere buon naso [un odorato molto fine] (2)《目ざとい》avere naso ¶彼は金もうけに鼻が利く. Ha fiuto per gli affari.
鼻が高い vantarsi [essere orgoglios*o*] di *qlco.* [*ql.co.*], vantarsi「di + 不定詞 [che + 直説法]」¶彼は息子が一流大学に入って鼻が高い. È tutto tronfio perché suo figlio è stato ammesso in un'ottima università.
鼻高々と fieramente, orgogliosamente, con vanto
鼻であしらう trattare *qlcu.*「con atteggiamento altezzoso [altezzosamente];《軽蔑して》trattare *qlcu.* con disprezzo
鼻で笑う ¶彼は私の提案を鼻で笑った. Ha riso sotto i baffi alla mia proposta.
鼻に掛ける ¶彼はいい大学を出たのを鼻に掛けている. Si vanta di aver fatto una buona università.
鼻に付く (1)《いやみに感じられる》dare fastidio, dare sui nervi, irritare *qlcu.* (2)《飽きがくる》averne abbastanza di *qlcu.* [*ql.co.*] / stufarsi di *qlcu.* [*ql.co.*]
鼻の先 ¶君の鼻の先にある. Ce l'hai sotto il naso.
鼻の下を長くする essere debole con le donne
鼻を明かす mettere *qlcu.* nel sacco / farla in barba a *qlcu.* / avere la meglio su *qlcu.*
鼻を突き合わせて ¶鼻を突き合わせて parlare stando molto vicini ¶3 人は狭い家で鼻を突き合わせて暮らしている. Quelle tre persone vivono una sull'altra in quella piccola casa.
鼻をへし折る abbassare [rintuzzare] l'orgoglio di *qlcu.*, fare abbassare la cresta a *qlcu.*

はないき 鼻息 respiro㊚, soffio㊚ [複 *-i*];《馬などの》sbuffo㊚
[慣用] **鼻息が荒い** essere sfrontat*o* [audac*e*]
鼻息を窺(うかが)**う** sondare le intenzioni [l'umore] di *qlcu.*

はなうた 鼻歌 ¶鼻歌を歌う canterellare [canticchiare] a bocca chiusa
[慣用] **鼻歌まじり** ¶鼻歌まじりに仕事をする《真剣味の足りない様子》lavorare con leggerezza /《気分よく》lavorare canticchiando spensierato

はなお 鼻緒 stri*scia*@[複 -*sce*] [*laccio*男[複 -*ci*]] passante infradito di *geta* [*zori*]

はなかぜ 鼻風邪 ¶鼻風邪をひく prendere un raffreddore di testa

はながた 花形 〔仏〕vedette [vedét]@ [無変]; stella@, div*o*男[@ -*a*]; 〔英〕star@ [無変]; as*so*男 ¶社交界の花形 il fior fiore della società
❖**花形株** titoli@ [複] bene affermati
花形産業 industria@ florida [prospera / fiorente]
花形選手 stella@, star@ [無変]
花形役者 div*o*男[@ -*a*] teatrale

はながみ 鼻紙 fazzoletto男 di carta

はなぐすり 鼻薬《賄賂》bustarella@, tangente@;《チップ》man*cia*@[複 -*ce*] ¶鼻薬をかがす ungere (le ruote a) *qlcu.*

はなくそ 鼻糞 caccola@, moccio男;《諧》moccolo男》secco ¶鼻くそをほじくる ficcarsi le dita nel naso

はなぐもり 花曇り tempo男 nuvoloso primaverile

はなげ 鼻毛 pelo男 del naso, vibrissa@
¶鼻毛を抜く togliere i peli del naso
[慣用] **鼻毛を抜く**《だます》ingannare [abbindolare / gabbare] *qlcu.*
鼻毛を伸ばす essere incantato [affascinato] dalle donne
鼻毛を読まれる《いいようにあしらわれる》essere pres*o* per il naso (dalla donna che piace)

はなごえ 鼻声 **1**《鼻にかかった声》¶鼻声で話す parlare con voce nasale [con il naso]
2《甘え声》¶鼻声で頼む chiedere *ql.co.* a *qlcu.* in tono melliflu*o*

はなことば 花言葉 linguaggio男 dei fiori ¶ばらの花言葉は「純愛」だ。La rosa, nel linguaggio dei fiori, 「significa "amore puro" [simboleggia l'amore puro]

はなごよみ 花暦 calendar*io*男[複 -*i*] dei fiori

はなざかり 花盛り **1**《花の盛り》¶ばらは今が花盛りです。Le rose sono adesso in piena fioritura. **2**《最盛期》¶IT産業が花盛りだ。L'industria informatica è prospera.

はなさき 鼻先 **1**《鼻の先》punta@ del naso
2《目の前》¶動かぬ証拠を〈人〉の鼻先につきつける mettere una prova certa sotto il naso di *qlcu.* ¶〈人〉の鼻先をかすめて通る sfrecciare proprio 「di fronte a *qlcu.* ¶君の鼻先にあるじゃないか。Ce l'hai sotto il tuo naso.
[慣用] **鼻先であしらう** trattare *qlcu.* con arroganza
鼻先でせせら笑う deridere

はなし 話 **1**《会話》conversazione;《議論、演説》discorso男, colloqu*io*男[複 -*i*], dialog*o*男[複 -*ghi*];《おしゃべり》chiacchiera@;《講演》conferenza@;《相談》consulto男;《交渉》negoziato男 ¶話のたね argomento di conversazione ¶政治の話をする parlare di politica ¶つまらない話をする parlare di stupidaggini ¶あれこれと話をする parlare del più e del meno ¶人前で話をする fare [tenere] un discorso in pubblico ¶話が上手だ saper parlare [esprimersi] bene ¶彼の話によれば secondo lui ¶話の仲間入りをする prendere parte a una conversazione ¶今お話中で。《電話で》Ora la linea è occupata. ¶話が長くなる[とだえる]。La conversazione 「va per le lunghe [si è interrotta]. ¶彼らは話が尽きない。Hanno ancora cose da dirsi. ¶話が脇道にそれる。Il discorso [La conversazione] esce dal seminato. ¶無茶な話だ。Assurdo! / Roba da pazzi [da matti]! ¶お話中恐れ入りますが戸田様がお見えになりました。Mi scusi se interrompo la vostra conversazione. C'è il sig. Toda. ¶息子のことで先生と話をした。Ho consultato il professore a proposito di mio figlio. ¶話がうまくまとまった。Le trattative si sono concluse bene. ¶話がこじれてつぶれた。I negoziati si sono fatti complessi e sono andati in fumo.
2《話題》argomento男, tem*a*@ [複 -*i*] ¶話を変える cambiare argomento [discorso] ¶話をそらす sviare [deviare] il discorso ¶話は変わるが ¶何の話をしているのですか。Di che cosa state parlando? ¶話があるからちょっと来てください。Venga un momento, ho qualcosa da dirle. ¶その話で持ち切りだ。Non si parla che di questo. ¶もうその話はよそう。Non parliamone più. / Lasciamo stare quella storia. ¶ここだけの話だが。Sia detto [Che rimanga] tra (di) noi. ¶それでは話が違う。I patti erano diversi!
3《うわさ》diceria@, voce@;《知らせ》notizia@ ¶彼は今東京にいるという話だ。Ho sentito dire [Mi hanno detto] che ora si trova a Tokyo.
4《物語》racconto男, storia@;《童話、寓話》fiaba@, favola@;《逸話》aneddoto男;《伝説》leggenda@ ¶お母さん、おもしろいお話聞かせてよ。Mamma, raccontami una bella favola.
5《こと、事柄》¶ずいぶん気の長い話だ。È una storia lunga!
[慣用] **話が合う**（1）《気が合う》¶彼とは話が合う。Con lui ci parlo bene.（2）《一致する》¶事故の目撃者の話がまったく合わない。I racconti dei testimoni oculari non coincidono assolutamente.
話がうますぎる ¶どうも話がうますぎる。È troppo bello per essere vero.
話がつく ¶その件についてはもう話がついている。A questo proposito, ci siamo già intesi.
話が早い ¶そうと知っているなら話が早い。Se già sai di che si tratta, non ci sarà bisogno di tante chiacchiere.
話が[の]わかる ¶彼は話のわかる人だ。È una persona comprensiva (di buon senso).
話にならない ¶この成績では大学入学などとても話にならない。Con questi voti è assurdo pensare di poter essere ammesso all'università.
話に乗る（1）《興味を示す》mostrarsi interessat*o* a *ql.co.*（2）《参加する》partecipare a *ql.co.*
話に花が咲く ¶彼女のうわさ話に花が咲いた。Le storie su di lei sono state uno degli argomenti

-ばなし -放し ¶戸を開けっぱなしにするな。Non lasciare la porta aperta! ¶半時間以上笑いっぱなしだった。Abbiamo continuato a ridere per più di mezz'ora.

はなしあい 話し合い 《対談》conversazione ⼥, colloqu*io*男[複 *-i*]; 《意見交換》scamb*io*男[複 *-i*] di opinioni; 《相談》consultazione⼥; 《交渉》trattativa⼥, negoziato男 ¶話し合いをする conversare [av]. / avere una conversazione (con *qlcu*.) / essere a colloquio (con *qlcu*.) / consultarsi con *qlcu*. / essere in negoziato [trattativa] con *qlcu*. ¶話し合いが進む[行き詰まる]. Le trattative procedono [sono a un punto morto]. ¶双方の話し合いがついた。Le due parti hanno raggiunto un accordo.

はなしあいて 話し相手 interlocu*tore*男 [⼥ *-tri-ce*], compagno男[⼥ *-a*] di conversazione ¶話し相手がいない non avere nessuno con cui parlare ¶おじいちゃんの話し相手になってあげなさい。Fai un po' di compagnia al nonno.

はなしあう 話し合う parlare [conversare / sc*u*tere / consultarsi] con *qlcu*. ¶腹を割って話し合う parlare con il cuore in mano《と a》¶弁護士と話し合う consultarsi con il proprio avvocato ¶私たちはその問題について徹底的に話し合った。Abbiamo discusso a fondo su [di] quel problema.

バナジウム [英 vanadium]《化》vanadio男; 《元素記号》V

はなしか 咄家・噺家 cantastorie男⼥[無変] com*i*co男[複 *-ci*] professionista男[複 *-i*]

はなしがい 放し飼い ¶放し飼いにする allevare「in libertà [all'aperto] / 《放牧する》condurre [portare] al pascolo / pascolare ¶犬を放し飼いにする lasciare un cane in libertà

はなしかける 話し掛ける **1**《相手に話をしかける》rivolgere la parola [rivolgersi] a *qlcu*., parlare a [conversare con] *qlcu*., attaccare discorso con *qlcu*. ¶イタリア語で話しかけられた。Mi ha iniziato a parlare in italiano. **2**《話し始める》incominciare a parlare ¶話しかけて途中でやめる。Non lasciare il discorso a metà.

はなしかた 話し方 modo男 di parlare ¶彼女は話し方がお母さんにそっくりだ。Ha un modo di parlare identico a quello della madre. ¶彼は話し方が下手だ。Non sa「portare avanti un discorso [spiegarsi bene].

はなしごえ 話し声 ¶父の部屋で話し声がする。Sento「qualcuno che parla [un brusio] nella camera di mio padre.

はなしことば 話し言葉 lingua⼥ parlata, lingu*aggio*男[複 *-gi*] colloquiale

はなしこむ 話し込む parlare [chiacchierare] a lungo ¶話し込んでいたら夜中になってしまった。Ero così assorto nella conversazione che non mi sono accorto che si era già fatta notte.

はなしじょうず 話し上手 ¶彼は話し上手の聞き上手だ。Sa parlare e ascoltare bene.

はなしずき 話し好き 《話し好きな人》persona ⼥ ciarliera [loquace] ¶彼は話し好きだ。Gli piace parlare [conversare].

はなしちゅう 話し中 ¶お話し中失礼ですが…。Mi scusi se l'interrompo, ma... ¶お話し中です。《電話で》La linea è occupata.

はなして 話し手 chi男 parla;《講演者》conferenzi*ere*男[⼥ *-a*];《演説者》ora*tore*男[⼥ *-tri-ce*];《言》parlante男

はなしはんぶん 話半分 ¶彼らの言ったことは話半分に聞いたほうがいい。Non prendere alla lettera tutto quello che hanno detto. / Non prendere tutto quello che hanno detto per oro colato.

はなしぶり 話し振り modo男 [maniera⼥] di parlare ¶まるで自分が大金持ちででもあるかのような話し振りだ。Parla proprio come se fosse ricco sfondato.

はなしょうぶ 花菖蒲《植》iris男[無変] del Giappone, iride⼥, giaggiolo男

はなじろむ 鼻白む《興ざめする》perdere interesse;《気おくれする》imbarazzarsi ¶彼の話にみんな鼻白んだ。Eravamo tutti annoiati dalla sua storia.

はなす 話す **1**《ものを言う》parlare⾃ [av];《会話をする》conversare⾃ [av], fare una conversazione [un colloquio];《おしゃべりする》chiacchierare⾃ [av];《語る》raccontare;《告げる》dire *ql.co*. a *qlcu*., annunciare [far sapere] *ql.co*. a *qlcu*., informare *qlcu*. di [su] *ql.co*.;《相談する》consultarsi ¶イタリア語で[電話で]話す parlare in italiano [per telefono] ¶彼女に新しい企画について話した。Le ho parlato del nuovo progetto. ¶まじめに話しているんです。Sto parlando sul serio! ¶君に話しておきたい大事なことがある。Ho una cosa importante da raccontarti. ¶うちの子供はだいぶ話せるようになった。Ora il nostro bambino parla abbastanza bene. ¶本当のことを話す dire la verità ¶これは誰にも話さないでくれよ。Non dirlo a nessuno, mi raccomando. ¶僕にひとこと話してくれればよかったのに。Avresti fatto meglio a consultarti con me. ¶あの奥さんはいつも近所の人と話している。Quella signora chiacchiera sempre con i vicini. ¶話せば長くなる。A raccontarla ci vuole troppo. ¶彼と話したが、埒(らち)が明かなかった。Ho provato a parlargli, ma è stato tutto inutile [ma non sono riuscito a cavare un ragno dal buco]. ¶出発を延期するように彼に話してくれないか。Vorrei che tu lo convincessi a rimandare la partenza. ¶話せばわかる人だ。È uno che capisce se gli si parla.

2《外国語・方言などを》parlare *ql.co*.（►言語名を parlare の直接目的語とするとき、冠詞は省略できる）¶イタリア語が話せます。Parlo (l')italiano. ¶まだイタリア語はうまく話せません。Non parlo ancora bene (l')italiano. ¶ドイツ語が話せますか。Sa (parlare) il tedesco? ¶関西弁を話す parlare il dialetto del Kansai ¶彼はローマ方言を話す。Parla (il) romanesco.

はなす 放す《つかんでいるのをやめる》lasciare *ql.co*.;《自由にする》lasciar libero *qlcu*. [*ql.co*.] （►libero は目的語の性・数に合わせて語尾変化する）, liberare [mettere in libertà] *qlcu*. [*ql.co*.] ¶鯉を川に放す lasciar libera una carpa nel fiume ¶伝書鳩を放す lasciar andare [lanciare] un piccione viaggiatore ¶浜辺で犬を放す lasciare un

はなす 離す　staccare [distaccare] *ql.co.* 《から da》;《分ける》separare [dividere] *qlcu.* [*ql.co.*]《から da》;《間隔を置く》lasciare uno spazio《の間は fra》¶けんかしている 2 人を離す separare [dividere] i due litiganti ¶ソファーを壁から 10 センチ離す staccare di dieci centimetri un divano dalla parete ¶ 5 メートルずつ離して木を植える piantare gli alberi a distanza di 5 metri l'uno dall'altro / intervallare gli alberi di 5 metri ¶あの 2 人は離しておいたほうがいい. È meglio tenere quei due lontani l'uno dall'altro. ¶あの男から目を離すな. Non perdere di vista quell'uomo!

はなすじ 鼻筋　¶鼻筋が通っている avere il naso dritto

はなせる 話せる　¶うちの親父は話せる. Mio padre è una persona comprensiva. ¶イタリア語を話せる parlare (l')italiano

はなぞの 花園　giardino*(男)* fiorito

はなたかだか 鼻高高　¶彼女は息子のことで鼻高々だ. È molto orgogliosa di suo figlio.

はなたけ 鼻茸　《医》polipo*(男)* nasale

はなたば 花束　mazzo*(男)* [fascio*(男)* -sci] di fiori;《仏》[buké]*(男)* [無変]; mazzo*(男)* di sposa ¶ばらの花束 mazzo di rose

はなだより 花便り　notizia*(女)* riguardante i fiori

はなぢ 鼻血　《血》sangue*(男)* dal naso;《出血》emorragia*(女)* [複 -gie] nasale;《医》epistassi*(女)* [無変] ¶転んで鼻血を出した. Sono caduto e 「mi è uscito [ho perso] sangue dal naso. ¶鼻血が止まった. L'epistassi si è arrestata.

はなつ 放つ　《放す》lasciare libero《►libero は目的語の性・数に合わせて語尾変化する》 2《飛ばす, 発する》¶矢を放つ scagliare [scoccare] una freccia ¶光を放つ emettere una luce ¶香りを放つ emanare un profumo ¶火を放つ appiccare [dare] il fuoco a *ql.co.* ¶スパイを放つ mandare delle spie ¶流言を放つ diffondere [propagare] una voce [una diceria]

はなっつら 鼻っ面 →鼻面(はな)

はなっぱしら 鼻っ柱　¶鼻っぱしらが強い《我が強い》troppo sicuro di sé /《高慢な》arrogante / tracotante /《生意気な》presuntuoso /《譲らない》poco arrendevole ¶鼻っぱしらをへし折る rintuzzare l'orgoglio di *qlcu.* / far abbassare la cresta a *qlcu.*

はなつまみ 鼻つまみ　¶クラスの鼻つまみにされる essere lasciato in disparte [essere considerato la pecora nera] dai compagni di classe

はなづまり 鼻詰まり　¶風邪で鼻づまりになった. Ho il naso intasato a causa del raffreddore.

はなづら 鼻面　《馬・犬などの》muso*(男)*;《豚などの》grugno*(男)*;《先端》grifo*(男)* ¶証拠を鼻面につきつける mettere sotto gli occhi [il naso] di *qlcu.* le prove / sbattere in faccia a *qlcu.* le prove

バナナ ［英 banana］《実》banana*(女)*;《木》banano*(男)* ¶バナナの皮 buccia di banana ¶バナナ 1 房 un casco di banane

はなばしら 鼻柱　1《鼻の中心の骨》dorso*(男)* nasale　2《鼻中隔》setto*(男)* nasale　3 →鼻柱(はなっぱしら)

はなはだ 甚だ　assai, molto, tanto; estremamente ¶はなはだ遺憾である. È una cosa oltremodo inqualificabile.

はなばたけ 花畑　campo*(男)* di fiori;《人工の》coltivazione*(女)* di fiori

はなはだしい 甚だしい　《極度の》eccessivo, estremo;《重大な》grande, grave;《並外れた》smisurato ◇はなはだしく eccessivamente, estremamente;《文》oltremodo, oltremisura ¶甚だしい誤り grave errore / grosso sbaglio ¶公私混同も甚だしい. Confonde eccessivamente le cose pubbliche con quelle private.

はなばなしい 華華しい　brillante, glorioso, splendido;《反響の大きな》strepitoso ◇華々しく brillantemente, gloriosamente, splendidamente ¶華々しい記録をたてる stabilire un record favoloso [magnifico] ¶華々しい最期を遂げる morire gloriosamente ¶華々しいデビューを飾る fare un debutto brillante

はなび 花火　fuoco*(男)* [複 -chi] artificiale [d'artificio];《星のように光が出るもの》stelline*(女)* [複];《細長い筒状の》bengala*(男)* [無変];《爆竹式の》botto*(男)*, petardo*(男)* ¶仕掛花火 composizione pirotecnica su telaio fisso ¶花火を揚げる sparare [lanciare] fuochi d'artificio

✤花火師 pirotecnico*(男)* [複 -ci]

花火大会 ¶今夜花火大会がある. Stasera ci sono i fuochi d'artificio [c'è uno spettacolo pirotecnico].

はなびえ 花冷え　¶このところ花冷えだ. È ritornato il freddo in questa stagione della fioritura dei ciliegi.

はなびら 花びら　petalo*(男)*

はなふだ 花札　le carte*(女)* *hanafuda*《◆ carte da gioco giapponesi con illustrazioni floreali》

はなふぶき 花吹雪　petali*(男)* [複] di ciliegio trasportati dal vento

パナマぼう パナマ帽　panama*(男)* [無変]

はなまち 花街　zona*(女)* delle case di piacere

はなまつり 花祭り　《仏教》Festa*(女)* della natività del Budda《◆8 aprile》

はなみ 花見　¶花見に行く andare ad ammirare la fioritura dei ciliegi

✤花見客 persone*(女)* [複] che si recano ad ammirare la fioritura dei ciliegi

―日本事情― 花見
Usanza di fare un picnic con la famiglia, con gli amici o con i colleghi sotto i ciliegi in fiore. Seguendo le previsioni del periodo della fioritura, annunciate dall'Agenzia Meteorologica, la gente si reca nei parchi fin dalla mattina presto per occupare i posti migliori.

はなみず 鼻水　¶風邪を引いて鼻水が出る avere il naso gocciolante per il raffreddore →洟(はな)

はなみち 花道 **1**《歌舞伎で》*hanamichi*男［無変］, passerella女（◆ passaggio rialzato che attraversa la platea di un teatro dal fondo della sala fino al palcoscenico）→歌舞伎 日本事情 **2**《相撲で》corrid*oi*o男［複 *-i*］ che conduce i lottatori al ring **3**《引退の》引退の花道を用意する preparare un decoroso ritiro dalle scene a *qlcu*.

はなむけ 餞・贐 dono男［regalo男］d'addio;《古》viatico男［〈人〉にはなむけの言葉を贈る fare [pronunciare] un discorso d'addio a *qlcu*.

はなむこ 花婿 sp*o*so男 (novello), sp*o*sino男

はなむすび 花結び ros*e*tta女, nodo a coccarda

はなめがね 鼻眼鏡 **1**《鼻にはさんでかける眼鏡》occhiali男［複］ a molla [a stringinaso / da naso];〔仏〕pince-nez [pensné]男［無変］ **2**《ずり落ちた眼鏡》occhiali calati sul naso

はなもじ 花文字《大文字の飾り字体》iniziale女 ornata;《彩色写本などの》iniziale女 miniata;《草花で作った》carattere男 grafico［複 *-ci*］ fatto con i fiori

はなもちならない 鼻持ちならない disgustoso, ripugnante;《耐え難い》insopportabile ¶鼻持ちならない男だ. È un tipo che mi ripugna.

はなもよう 花模様 ◇花模様の floreale, a disegni [motivi] floreali, a fiori, fiorito

はなや 花屋《店》neg*o*zio男［複 *-i*］ di fiori;《人》fior*ai*o男［女 *-ia*, 男複 *-i*］, fiorista男女［複 *-i*］

はなやか 華やか ◇華やかな brillante, splendido, magnifico［男複 *-ci*］;《豪華な》pomposo, fastoso ◇華やかに brillantemente, splendidamente, magnificamente; pomposamente, fastosamente ◇華やかさ splendore男, magnificenza女 ¶華やかな生活［経歴］vita [carriera] brillante ¶華やかな色彩 colori sgargianti ¶ローマ帝国華やかなりしころに quando l'Impero Romano era 「al culmine della gloria [nella sua massima fioritura]

はなやぐ 華やぐ ¶彼女が現れた途端, 雰囲気が華やいだ. Non appena lei è comparsa, l'atmosfera si è rallegrata [si è animata].

はなよめ 花嫁 sp*o*sa女 (novella), sp*o*sina女 ¶早くおまえの花嫁姿が見たい. Vorrei vederti presto con il vestito da sposa.
✤花嫁衣装 abito男「da sposa [nuziale]
花嫁修業 corsi男［複］ di preparazione per future spose

はならび 歯並び dentatura女, dentizione女 ¶歯並びがよい［悪い］avere una bella dentatura [dentatura irregolare]

はなれ 離れ《離れ座敷などの》camera女 isolata;《母屋から独立した》edif*i*cio男［複 *-ci*］ annesso, casetta女 isolata [staccata / solitaria];〔仏〕dépendance女 [depandáns]女［無変］;《あずま屋》padiglione男

ばなれ 場慣れ ◇場慣れした ben abituato;《経験豊かな》di grande [pieno di] esperienza, provetto ¶彼は国際会議に場慣れしている. È assuefatto alle conferenze internazionali.

-ばなれ -離れ ¶金ばなれのよい［悪い］男だ. È un uomo generoso [avaro]. ¶大学ばなれの傾向 tendenza a non frequentare l'università ¶活字ばなれ disinteresse verso la lettura ¶彼は日本人ばなれした顔立ちをしている. Ha una faccia diversa dai giapponesi.

はなれうま 放れ馬 cavallo男 「in fuga [che ha preso la mano]

はなれじま 離れ島 *i*sola女 solitaria

はなればなれ 離れ離れ ◇離れ離れの separato, staccato, disperso ◇離れ離れに separatamente;《独立して》indipendentemente ¶離れ離れに暮らす vivere separati ¶離れ離れになる separarsi / essere separat*o*

はなれや 離れ屋・離れ家 →離れ

はなれる 離れる・放れる **1**《去る》lasciare, andarsene [andare via]（から da）¶床を離れる alzarsi dal letto ¶町を離れる lasciare la città ¶持ち場を離れる allontanarsi dal *proprio* posto di lavoro ¶列を離れる abbandonare la fila ¶職を離れる lasciare il lavoro ∕ smettere di lavorare ¶あの光景がいつも頭から離れない. Non posso dimenticare quella scena.
2《間隔をあける》scostarsi da *qlcu*. [*ql.co*.];《遠ざかる》allontanarsi da *ql.co.* [*qlcu*.] ◇離れた allontanato, scostato, separato;《遠い》distante, lontano, isolato ◇離れて in disparte, lontano ¶ここから 200 メートル離れた所に in un luogo 「a 200 m da qui [distante da qui 200 m] ¶もう少し離れてください. Mettiti un po' più lontano [distante]. ¶彼は親元を離れて暮らしている. Vive separato dai suoi (genitori). ¶兄とはだいぶ年が離れている. Mio fratello è molto più vecchio di me. ¶金銭問題を離れて a parte le questioni di denaro. ∕《愛情》気持ちが離れる perdere interesse per *qlcu*. ∕《愛情》non provare più amore per *qlcu*. ¶話が本筋を離れてしまった. Abbiamo deviato [Ci siamo allontanati] dall'argomento. ¶この仕事はもう私の手を離れた. Questo lavoro ormai non è più in mano mia.
3《取れて分かれる》staccarsi ¶この2枚の切手はくっついてしまって離れない. Questi due francobolli si sono appiccicati e non si staccano più. ¶葉が枝を離れる. Le foglie si staccano dai rami.
4《自由になる》liberarsi ¶犬が鎖から放れているよ. Il cane si è sciolto dalla catena. ¶親の手を離れる diventare [rendersi] indipendente dai genitori ¶この国は英国領から離れた. Questo Paese si è liberato dal [del] dominio inglese.
5《矢や弾が》矢が弦(つる)を放れる. La freccia vola. ∕ La freccia è scoccata.

はなれわざ 離れ業・放れ業 acrobazia女, esibizione女, n*u*mero男 acrob*a*tico［複 *-ci*］ ¶離れ業を演ずる eseguire un numero acrobatico ∕ fare acrobazie ∕《勇敢・大胆なことをする》fare prodezze ∕ dare una grande prova di coraggio

はなわ 花輪 ghirlanda女［corona女］di fiori;《葬式の》corona女 funebre ¶花輪を編む［作る］intrecciare una ghirlanda di fiori

はなわ 鼻輪 ¶牛に鼻輪をつける mettere un anello al naso ad un bue

バニーガール〔英 bunny girl〕coniglietta女
はにかみや はにかみ屋 persona女 t*i*mida
はにかむ 含羞む intimidirsi, vergognarsi;

《状態》mostrarsi [essere] timido [impacciato] ◇はにかんで timidamente, per timidezza, con aria impacciata ◇はにかみ pudore[男], pudicizia[女], verecondia[女]

ハニカムこうぞう ハニカム構造 struttura[女] a nido d'ape

ばにく 馬肉 carne[女] equina [di cavallo]

バニシングクリーム 〔英 vanishing cream〕 crema[女] evanescente

パニック 〔英 panic〕 panico[男] ¶パニックに襲われる essere preso dal panico ¶群衆の間にパニックを引き起こす gettare [seminare] il panico tra la folla

バニラ 〔英 vanilla〕 vaniglia[女] ¶バニラのアイスクリーム gelato alla vaniglia

バニリン 〔英 vanillin〕《化》vanillina[女], vaniglina[女]

はにわ 埴輪 *haniwa*[男][無変] (◆ oggetti di argilla, ritrovati all'interno di antiche tombe, di forma cilindrica o rappresentanti animali, persone, utensili, ecc.)

はね 羽・羽根 **1**《羽毛》piuma[女];《柔らかい》piumino[男];《1羽の羽毛全体》piumaggio[男][複 -*gi*];《軟毛》peluria[女];《長い羽》penna[女] ¶尾羽 penne timoniere ¶風切り羽 penne remiganti ¶若鶏の羽根をむしり取る togliere le piume ad [spennare] un pollastro ¶羽根を抜く strappare una penna《の a》 ¶羽根が抜け替わる cambiare il piumaggio ¶羽根飾りのついた帽子 cappello piumato ¶羽のように軽い leggero come una piuma

2《鳥の翼, 昆虫の羽》ala[女][複 *ali*] ¶羽根を広げる stendere [allargare] le ali / spiegare le ali (►「逃れる」という意味もある) ¶羽根を開く[たたむ] aprire [chiudere] le ali ¶くじゃくが羽根を広げた. Il pavone ha fatto la ruota. ¶セミの羽根 ali di una cicala

3《矢の》impennatura[女], alette[女][複] di una freccia

4《飛行機などの翼》ala[女][複 *ali*];《プロペラ・スクリューなどの》pala[女];《爆弾・ロケットなどの》governale[男], stabilizzatore[男], impennaggio[男][複 -*gi*] ¶扇風機の羽根 pala di un ventilatore

[慣用] **羽が生えたよう** ¶この商品は羽が生えたようによく売れる. Questo prodotto va a ruba. ¶お札に羽が生えたように財布が空になった. I soldi si sono volatizzati.

羽を伸ばす fare il *proprio* comodo, stare a *proprio* agio, spassarsela ¶今日は親父がいないから羽を伸ばそう. Oggi che non c'è nostro padre possiamo fare il comodo nostro.

✤**羽根車**〔機〕girante[女], ventola[女]
羽根突き (sorta[女] di) gioco[男] del volano
羽根布団 imbottita[女][trapunta[女]] di piume
羽根ペン penna[女] d'oca
羽ぼうき piumino[男] (per polvere)
羽根枕 cuscino[男] di piume

はね 跳ね 《泥の》schizzo[男] di fango, zacchera[女];《水の》spruzzo[男] d'acqua ¶跳ねのあがったズボン pantaloni inzaccherati ¶通行人に跳ねをかける inzaccherare i passanti

ばね 発条・撥条 **1**《スプリング》molla[女], molleggio[男][複 -*gi*] ¶きついばね molla dura [rigida] ¶緩んだばね molla allentata [debole / dolce] ¶うず巻きばね saltaleone[男] **2**《体の弾力》¶体のばねが利かなくなった. I miei muscoli stanno perdendo elasticità. **3**《原動力》¶住民運動がばねとなって空港の建設は中止された. La protesta dei cittadini ha provocato [causato] la sospensione dei lavori per l'aeroporto.

✤**ばね仕掛け** meccanismo[男] a molla ¶ばね仕掛けのおもちゃ giocattolo a molla
ばね秤(ばかり) bilancia[女][複 -*ce*] [dinamometro[男]] a molla

はねあがる 跳ね上がる **1**《空中に》saltare[自] (►動作を表すとき [*av*], 移動を表すとき [*es*]), balzare[自][*es*], saltellare[自][*av*] ◇跳ね上がり salto[男] **2**《泥などが》schizzare[自][*es*] **3**《騰貴する》¶物価が跳ね上がった. I prezzi sono saliti vertiginosamente. ¶株価が跳ね上がった. C'è stato un forte rialzo in Borsa.

はねあげる 跳ね上げる 《液体を》schizzare, spruzzare

はねおきる 跳ね起きる alzarsi dal letto di scatto

はねかえす 跳ね返す ¶ゴールキーパーは拳(こぶし)でボールを跳ね返した. Il portiere ha eseguito una respinta di pugno. ¶劣勢を跳ね返す ricuperare lo svantaggio

はねかえり 跳ね返り **1**《ボールなどの》rimbalzo[男] **2**《反動, 影響》contraccolpo[男], ripercussione[女] ¶不況の跳ね返りをくらう subire i contraccolpi [le ripercussioni] della crisi economica **3**《おてんば》maschietta[女]; ragazza[女] indiavolata

はねかえる 跳ね返る **1**《ボールなどが》rimbalzare[自][*es, av*] ¶ボールが壁に当たって跳ね返った. La palla è rimbalzata sul muro.
2《泥水などが》⇒跳ね掛かる
3《光・音などが》ripercuotersi;《状態》essere riflesso;《反映する, 影響する》riflettersi [ripercuotersi]《に su》 ¶貿易収支に跳ね返る riflettersi sulla bilancia commerciale (dello Stato) ¶賃上げが物価に跳ね返った. L'aumento dei salari「ha provocato per contraccolpo quello dei prezzi [si è ripercosso sui prezzi].

はねかかる 跳ね掛かる schizzare *ql.co.* ¶自動車が通って泥が服に跳ねかかった. L'auto mi ha schizzato [mi ha spruzzato] di fango il vestito.

はねかける 跳ね掛ける 《泥水などを》spruzzare, schizzare

はねつける 撥ね付ける respingere, rifiutare categoricamente ¶援助の申し出をはねつける rifiutare [respingere] un aiuto

はねとばす 跳ね飛ばす **1**《人を》mandare *qlcu.* a gambe all'aria. ¶彼は車に跳ね飛ばされた. L'auto l'ha fatto andare a gambe all'aria.
2《泥などを》schizzare

はねのく 撥ね退く ¶後ろへ[脇へ]はねのく balzare indietro [di lato]

はねのける 撥ね除ける **1**《圧迫などを》rigettare, respingere, ricacciare, scacciare ¶困難をはねのける superare le difficoltà **2**《押しのける》¶毛布をはねのける levarsi [togliersi] la coperta di scatto **3**《選別して除く》¶不良品をはねのける

eliminare [scartare] i prodotti difettosi

はねばし 跳ね橋 ponte[男] a bilico; 《城塞の》 ponte[男] levatoio [複 -i]

はねまわる 跳ね回る saltellare[自] [av], saltare [自] [av]; 《ぴょんぴょんと》 far salti; 《はしゃぎ回る》 scorrazzare qua e là schiamazzando

ハネムーン 〔英 honeymoon〕 《結婚したての1か月》 luna[女] di miele; 《新婚旅行》 viaggio[男] [複 -gi] di nozze ¶ハネムーンに出かける andare in [partire per il] viaggio di nozze

パネラー partecipante[男][女] a un dibattito

はねる 刎ねる ¶首をはねる《斬首する》 decapitare *qlcu.* / 《解雇する》 licenziare *qlcu.*

はねる 跳ねる **1** 《とび上がる》 saltare, balzare, scattare[自] [*es, av*]; 《どきっとして》 sobbalzare[自] [*av*]; 《ぴょんぴょんと》 saltellare[自] [*av*]; 《馬が》 impennarsi; 《魚などが》 guizzare ¶片足で跳ねる saltare su un piede solo ¶馬が驚いて跳ねた. Il cavallo spaventato si è impennato. ¶魚が水面で跳ねた. Il pesce è guizzato sulla superficie dell'acqua.

2 《水などが飛び散る》 schizzare[自] [*es*], [他]; 《火などがはぜる》 crepitare, scoppiettare[自] [*av*] ¶車がズボンに泥を跳ねて行った. La macchina è passata schizzando [spruzzando] fango sui miei pantaloni. ¶薪がぱちぱちと暖炉で跳ねた. La legna scoppiettava [crepitava] nel caminetto.

3 《芝居などが終わる》 chiudere[自] [*es*], finire[自] [*es*] ¶芝居がはねたあと dopo la rappresentazione teatrale

はねる 撥ねる **1** 《取り除く》 ¶私は予選ではねられた. Sono stato respinto [bocciato] all'esame preliminare.

2 《はじき飛ばす》 investire ¶彼は車にはねられた. È stato investito da un'auto.

3 《かすめ取る》 ¶〈人〉のかせぎの上前をはねる prendersi [appropriarsi di] una parte dei guadagni di *qlcu.*

パネル 〔英 panel〕 pannello[男]

✤パネルディスカッション tavola[女] rotonda

パネルヒーター pannello[男] riscaldante

パノラマ 〔英 panorama〕 panoram*a*[男] [複 -*i*]

✤パノラマ撮影 〔映〕 ripresa[女] panoramica, panoramica[女]

パノラマ写真 foto[女] [無変] panoramica

パノラマ台 belveder*e*[男] [複 -*i*, -*e*]

はは 母 madre[女]; 《親・幼》 mamma[女]; 《母性》 maternità[女] ◇母の materno ◇母らしい da madre, materno ¶母の愛 amore materno / amore di madre ¶義理の母《姑(しゅうと)》 suocera ¶産みの母 madre naturale (di *qlcu.*) ¶母なる大地 la comune madre / la madre terra ¶未婚の母 ragazza madre ¶母代わりをする fare da madre a *qlcu.* ¶母になる diventare madre ¶私は3人の子の母です. Sono madre di tre figli. ¶必要は発明の母. 《諺》 "Il bisogno [La fame] aguzza l'ingegno."

✤母殺し 《人》 matricid*a*[男][女] [[男] 複 -*i*]; 《行為》 matricid*io*[男] [複 -*i*]

母の日 Festa[女] della Mamma (◆ la seconda domenica di maggio)

はば 幅 **1** 《横の長さ》 larghezza[女]; 《広さ》 ampiezza[女]; 《布地で》 altezza[女] ¶幅の広い largo ¶幅の狭い stretto ¶この道は幅が10メートルある. Questa strada è larga 10 metri. ¶道の幅を広げる allargare [ampliare] una strada

2 《余裕, ゆとり》 elasticità[女] ¶規則の運用にはある程度の幅をもたせるべきだ. Bisogna applicare i regolamenti con una certa elasticità. ¶彼は幅のある人だ. È un uomo magnanimo [tollerante].

3 《ものの間の差》 margine[男], differenza[女], distanza[女]; varietà[女] ¶声に幅がある. 《音域が広い》 Ha un'ampia estensione vocale. / 《声の質が》 Ha una voce intensa. ¶利幅は小さい. Il margine di guadagno è ristretto [modesto].

[慣用] **幅が利く[を利かせる]** ¶私はこの辺りでは幅が利く. Sono molto influente da queste parti. ¶この会社では彼が幅を利かせている. Lui ha molta autorità in questa ditta.

[使いわけ] **ampiezza と larghezza**

ほぼ同義であるが, 厳密にいえば ampiezzaは縦・横両方向への広がりを, larghezzaはおもに横方向への広がりを表す. また, larghezzaには横幅のある線が想定されるが, ampiezzaは面が強調される.

¶ ampiezza di「una stanza [vedute] 部屋[視野]の広さ

¶ una strada di notevole larghezza 幅の広い道

ばば 馬場 《調馬場》 maneggio[男] [複 -*gi*], galoppat*oio*[男] [複 -*i*]; 《競馬場》 ippodromo[男]

パパ 〔英 papa〕 《親》 papà[男] [無変]; 《親・幼》 babbo[男]

ははあ ¶ははあ, これでわかった. Ora ho capito tutto. / Adesso tutto è chiaro.

ばばあ 婆 vecchia megera[女]

パパイア 〔英 papaya〕 〔植〕 papaia[女]

ははおや 母親 madre[女] ¶彼女は母親似だ. Assomiglia a sua madre.

✤母親学級 corso[男] per donne in attesa

ははかた 母方 ¶母方の da parte materna ¶母方の祖父 nonno materno

はばかり 憚り **1** 《遠慮》 esitazione[女], riserva[女], riserbo[男] ¶はばかりながら私にはそんなことはできません. Mi spiace, ma [Mi permetto di dire che] non posso fare una cosa simile. **2** 《便所》 gabinetto[男]; 《古》 ritirata[女]

はばかる 憚る **1** 《ためらう》 esitare a＋[不定詞]; 《恐れる》 temere *ql.co.* [di＋[不定詞] / che＋[接続法]]; 《差し控える》 guardarsi dal＋[不定詞] ¶はばかるところなく《遠慮なく》 senza riserve [scrupoli] / senza esitazione / 《気後れせずに》 senza soggezione / 《率直に》 francamente / apertamente ¶人目をはばかる temere [avere paura] d'essere visto ¶人目をはばかって per pudore ¶辺りをはばからぬ大声で a voce alta senza scrupoli ¶これは他聞をはばかります. È una questione riservata [confidenziale]. ¶過(あやま)って改むるに憚(はばか)ること勿(なか)れ. 《諺》 "Non è mai troppo tardi per ravvedersi."

2 《威張る》 ¶憎まれっ子世にはばかる. 《諺》 "La malerba cresce presto [non muore mai]."

はばたき 羽ばたき battuta[女] d'ali, frullo[男]

はばたく 羽ばたく 《羽を動かす》battere [sbattere / agitare] le ali; 《飛び立つとき》frullare㊛ [av] ¶未来に向かって大きく羽ばたく若者たち giovani protesi verso il futuro

はばつ 派閥 [英] clan㊚[無変]; fazione㊛ (di un partito politico), corrente㊛ ¶党内に派閥を作る creare [formare] una fazione nell'ambito di un partito ¶派閥を解消する dissolvere le fazioni
❖**派閥争い** conflitto㊚ fra fazioni
派閥解消 eliminazione㊛ delle fazioni politiche di un partito
派閥人事 assegnazione㊛ dei posti di potere a persone appartenenti alla propria fazione

はばとび 幅跳び 《スポ》¶走り[立ち]幅跳び salto in lungo con rincorsa [a piedi uniti (da fermo)] ¶幅跳びで7メートルを跳ぶ saltare sette metri in lungo

ハバネラ [ス habanera] 《音》[ス] habanera [abanéra]㊛ [無変]

はばひろい 幅広い ampio㊚ 複 -i], vasto, esteso ¶幅広い知識 vasta conoscenza ¶幅広い活躍をする svolgere varie attività

はばむ 阻む impedire [ql.co. a qlcu. [a qlcu. di + 不定詞 / che + 接続法], arrestare ql.co.; ostacolare [intralciare] qlcu. [qlcu.], evitare ql.co. ¶敵の侵入を阻む impedire al nemico di penetrare 《に in》¶〈人〉の行く手を阻む ostacolare il passaggio di qlcu.; sbarrare [tagliare] la strada a qlcu.

はばよせ 幅寄せ ◇幅寄せする《道路際へ》accostare la macchina 《に a》; 《併走車に》affiancare la macchina 《に a》

パパラッチ [伊 paparazzi] paparazzo㊚

ババロア [仏 bavarois] 《料》bavarese㊛

はびこる 蔓る ¶庭には雑草がはびこっている。Il giardino è infestato dalle erbacce. ¶国内に無秩序がはびこる。Il disordine regna nel paese.

パビリオン [英 pavilion] padiglione㊚

パピルス [ラ papyrus] papiro㊚

バビロニア [史] Babilonia㊛
❖**バビロニア人** babilonese㊚㊛

はふ 破風 《建》frontone㊚; 《三角形の部分》timpano㊚; 《屋根板》spiovente㊚

パフ [英 puff] piumino㊚ ¶パフをたたく incipriarsi con un piumino

パブ [英 pub] pub [pab]㊚[無変]

パフェ [仏 parfait] 《料》gelato㊚ con panna e frutta servito in bicchiere

パフォーマンス [英 performance] [英 performance]㊛ [無変]; prestazione㊛

はぶく 省く 1《取り除く》sopprimere, eliminare, 《省略》omettere, tralasciare; 《とばす》saltare ¶ある文を省く eliminare [sopprimere] una frase ¶余分なものを省く eliminare il superfluo ¶《形式的な》手続きを省く omettere [tralasciare] le formalità ¶その項目をリストから省いた。Hanno tolto quella voce dalla lista.
2《節約する》risparmiare; ridurre, diminuire; 《切り詰める》accorciare, abbreviare ¶手間[時間]を省く risparmiare la fatica [il tempo] ¶負担を省く diminuire gli oneri

ハブくうこう ハブ空港 grande aeroporto㊚ internazionale, [英] hub [ab]㊚[無変]

バプテスト [英 Baptist] ¶バプテスト教会 chiesa battista

ハフニウム [英 hafnium] 《化》afnio㊚; 《元素記号》Hf

ハプニング [英 happening] 《思いがけない事》imprevisto㊚, avvenimento㊚ inaspettato [imprevisto]

はブラシ 歯ブラシ spazzolino㊚ da denti

はぶり 羽振り ¶羽振りがいい《影響力がある》essere potente [influente] / 《金回りがいい》vivere in prosperità / nuotare nell'oro

パプリカ [英 paprika] 《香辛料》paprica㊛

バブル [英 bubble] 《個々の》bolla㊛; 《かたまり》schiuma㊛ ¶バブルの崩壊 crollo dell'economia bolla / scoppio della bolla speculativa
❖**バブル経済** economia㊛ bolla, [英] bubble economy㊛
バブル現象 fenomeno㊚ dell'economia a bolla

はへい 派兵 spedizione㊛ militare [delle truppe] ◇派兵する mandare [inviare] delle truppe

はべる 侍る ¶〈人〉をはべらす "farsi circondare 《仕えさせる》servire| da qlcu.

バベルのとう バベルの塔 《聖》torre㊛ di Babele

はへん 破片 frammento㊚, frantumi㊚[複]; 《木や砲弾などの》scheggia㊛ [複 -ge]; 《陶器・土器などの》coccio㊚ [複 -ci] ¶ガラスの破片 frantumi di vetro ¶木の破片 scheggia di legno

はぼたん 葉牡丹 cavolo㊚ verde

はほん 端本 serie㊛[無変] incompleta di libri

はま 浜 《砂浜》spiaggia㊛ [複 -ge], 《岸》riva㊛ ¶浜づたいに lungo la spiaggia ¶七里ヶ浜 Lido di Shichiri

はまき 葉巻 ¶葉巻きを吸う fumare un sigaro
❖**葉巻き入れ** portasigari㊚[無変]

はまぐり 蛤 《貝》fasolaro㊚ del Pacifico; 《学名》Meretrix lusoria

はまち 鰤 《魚》giovane seriola㊛

はまなす 浜茄子 《植》rosa㊛ selvatica

はまべ 浜辺 《砂浜》spiaggia㊛ [複 -ge]; 《岸》riva㊛ ¶浜辺を散歩する passeggiare sulla spiaggia ¶浜辺の家 casa sul mare

はまや 破魔矢 freccia㊛ [複 -ce] portafortuna [無変] in vendita per capodanno nei santuari shintoisti (◆ freccia usata anticamente in pratiche esorcistiche)

はまりやく 嵌り役 ¶この仕事には君がまさにはまり役だ。È un lavoro fatto apposta per te.

はまる 嵌る・填る 1《ぴったり入る》entrare [incastrarsi] in ql.co. ¶栓が穴にぴたりとはまる。Il tappo entra nel buco alla perfezione. ¶ワイシャツのボタンがうまくはまらない。I bottoni della camicia non si infilano bene negli occhielli. ¶車輪が溝にはまった。Le ruote si sono incastrate nel fosso. ¶型にはまった考え方 modo di pensare stereotipato [convenzionale]
2《落ち込む》¶ぬかるみにはまる cadere in un pantano / impantanarsi ¶厄介な事件にはまり込む impelagarsi [cacciarsi] nei guai ¶罠(わな)にはまる essere preso in trappola / essere intrappolato / cadere in trappola (▶いずれも比喩的な意味でも用いる)

3《適合する》adattarsi a *ql.co.* ◇はまっている essere adatto [adeguato] a *ql.co.* ¶彼はその役柄にぴったりはまっている. È l'uomo giusto per quel posto [ruolo]. ¶それでは条件にはまらない. Questo non risponde alle condizioni.
4《のめりこむ》seguire [praticare] con entusiasmo, seguire [praticare] con enorme interesse; andare[自] [*es*] pazzo per *ql.co.* ¶あのドラマにはまっている. Quello sceneggiato mi piace alla follia.

はみ 馬銜 morso[男], freno[男] (delle briglie)

はみがき 歯磨き 《歯を磨くこと》pulitura[女] dei denti; 《歯磨き剤》dentifricio[男] [複 -*ci*]; 《ペースト状》pasta[女] [crema[女]] dentifricia; 《粉状》polvere[女] dentifricia ¶歯磨きをする pulirsi [lavarsi] i denti

はみだしもの disadattato[男] [[女] -*a*]

はみだす はみ出す **1**《内容物が》traboccare[自] (►内容物が主語のとき [*es*], 容器が主語のとき [*av*]); 《突出する》sporgere[自] [*es*] [uscire[自] [*es*]] fuori ¶パンからジャムがはみ出している. La marmellata cola dalla fetta di pane. ¶スリップがはみ出しているよ. Ti esce [Ti si vede] la sottoveste.
2《越える》oltrepassare [superare] *ql.co.* ¶定員から10名はみ出している. Ci sono 10 persone in più oltre l'organico.

ハミング 〔英 humming〕 canto[男] a bocca chiusa ◇ハミングする canticchiare [canterellare] *ql.co.* a bocca chiusa

はむ 食む mangiare ¶牧場で草をはむ牛の群れ mandria di bovini al pascolo ¶骨肉相食(あい)む争い faida / lotta intestina

ハム 〔英 ham〕《食品》prosciutto[男] ¶生[ボイルド / スモーク]ハム prosciutto crudo [cotto / affumicato]
✤ハムエッグ 〔料〕uova[女] [複] al prosciutto
ハムサンド tramezzino[男] [panino[男]] al prosciutto

ハム 〔英 ham〕《アマ無線家》radioamatore[男] [[女] -*trice*]

ハム 〔英 hum〕〔電子〕《雑音》ronzio[男] [複 -*ii*]

はむかう 歯向かう・刃向かう 《逆らう》resistere [《反対する》opporsi] 《に a》; 《立ち向かう》affrontare *qlcu.* [*ql.co.*] ¶権力にはむかう resistere [ribellarsi] al potere ¶父親にはむかう opporsi [disubbidire] al padre

ハムごぞく ハム語族 〔言〕ceppo[男] linguistico camitico (►古代エジプト語, コプト語, ベルベル語など)

はむし 羽虫 piccolo insetto[男] alato; 《ハジラミ》pidocchio[男] [複 -*chi*] della gallina

ハムスター 〔英 hamster〕〔動〕hamster[男] [無変]; criceto[男]

はめ 羽目・破目 ¶苦しい羽目に陥る mettersi [cacciarsi] nei guai [nei pasticci] / 《状態》essere [trovarsi] in un ginepraio ¶…する羽目になる trovarsi [vedersi] costretto a + [不定詞]
[慣用] **羽目を外す** oltrepassare i limiti ¶飲みすぎて羽目を外した. Ubriaco com'ero, non mi sono più riuscito a controllare.
✤**羽目板** pannello[男] (per rivestimenti)

はめこむ 嵌め込む・嵌め込む 《はめる》mettere; 《象眼する》intarsiare; incastonare

はめつ 破滅 rovina[女]; 《崩壊》crollo[男]; 《破局》catastrofe[女]; 《没落》caduta[女]; 《終焉》fine[女] ◇**破滅する** andare [cadere] in rovina; 《状態》essere rovinato [distrutto] ◇**破滅させる** rovinare [distruggere] *ql.co.* [*qlcu.*], causare [essere] la rovina di *ql.co.* [*qlcu.*], fare「crollare [cadere] *ql.co.* ¶破滅に瀕している essere sull'orlo della rovina

はめる 塡める・嵌める **1**《適合させる》adattare *ql.co.* 《に a》; 《つなぐ》mettere [attaccare] *ql.co.* 《に a》; 《中に入れる》infilare *ql.co.* 《に in》; 《はめ合わせる》incastrare [incassare] *ql.co.* 《に in》; 《宝石などを埋め込む》incastonare *ql.co.*; 《指輪や手袋を》mettersi, infilarsi ¶窓にガラスをはめる mettere un vetro alla finestra ¶蛇口にホースをはめる attaccare un tubo a un rubinetto ¶上着のボタンをはめる abbottonare una giacca ¶手袋をはめる infilarsi i guanti ¶指輪をはめている portare un anello al dito ¶指輪にダイヤモンドをはめ込む montare un diamante su un anello ¶壁にはめ込んだたんす armadio a muro
2《だます, 陥れる》ingannare [intrappolare] *qlcu.*, far cadere *qlcu.* in un tranello ¶私はまんまと罠(わな)にはめられた. Mi sono lasciato ingannare. / Ci sono cascato.

ばめん 場面 **1**《舞台・映画の》scena[女] ¶感動的な場面 scena toccante ¶場面が転換した. La scena è cambiata. **2**《光景》scena[女], vista[女]; 《場所》posto[男], luogo[男] [複 -*ghi*]; 《状況》situazione[女] ¶場面場面に応じて判断する prendere delle decisioni in base alle varie situazioni

はも 鱧 〔魚〕grongo[男] [複 -*ghi*]

はもの 刃物 utensile[男] tagliente, arnese[男] da taglio; 《総称》coltelleria[女]
✤**刃物商** 《店》coltelleria[女]; 《人》coltellinaio[男] [[女] -*ia*; [男]複 -*i*]

ハモる fare il controcanto ¶二人の声がうまくハモる. Le loro voci si armonizzano bene.

はもん 波紋 《波の模様》cerchi[男] [複] nell'acqua [sull'acqua]; 《さざ波》《文》crespe[女] [複] ¶波紋をえがく《人・石などが主語》fare cerchi sull'acqua / 《湖・水などが主語》incresparsi ¶波紋が広がる. I cerchi nell'acqua si allargano. ¶そのニュースは全世界に波紋を投じた. Quella notizia ha fatto gran scalpore in tutto il mondo.

はもん 破門 **1**〔宗〕scomunica[女], anatema[男] [複 -*i*] ◇**破門する** scomunicare *qlcu.*
2《弟子を》non riconoscere più *qlcu.* come allievo [《女性》allieva], cancellare *qlcu.* dalla lista degli allievi

はや 鮠 〔魚〕lasca[女]

はや 早 ¶イタリア語を習い始めてはや5年たった. Sono già passati cinque anni da quando ho iniziato a studiare l'italiano.

はやあし 早足・速足 passo[男] veloce [affrettato / svelto], andatura[女] svelta; 《馬の》trotto[男] ¶早足で歩く camminare con [a] passo svelto [veloce] / andare al trotto

はやい 早い・速い **1**《時間が》presto, prima ¶早い夕食をとる ce-

nare di buon'ora / cenare prima del solito ¶ 朝早いうちに出発した. Sono partito di buon mattino [di primo mattino / di mattina presto]. ¶今年は冬が来るのが早かった. Quest'anno l'inverno è giunto prima [è in anticipo]. ¶昼食にはまだ早い. È ancora presto per il pranzo. ¶結婚するにはまだ早い. È ancora troppo presto per parlare di [pensare al] matrimonio. ¶開演にはまだ早い. C'è ancora [Abbiamo ancora] tanto tempo prima che inizi lo spettacolo. ¶早ければ早いほどいい. Prima è, meglio è.

2《手っ取り早い》 ¶話を聞くより見たほうが早い. Si fa prima a vederlo che ad ascoltare la spiegazione. ¶辞書で調べたほうが早い. Fai prima a consultare [se consulti] il dizionario.

3《速度が》 veloce;《機敏な》svelto, pronto, rapido;《活動的》attivo, vivace ¶足が速い 歩くのが速い avere un passo sostenuto ¶目が早い avere buon spirito di osservazione ¶わかりが早い essere svelto nel capire ¶仕事が早い essere svelto [procedere speditamente] nel lavoro ¶彼は本を読むのが早い. Legge i libri rapidamente. ¶計算が はやい essere svelto nel calcolo ¶回復が早かった. È guarito rapidamente. ¶彼は耳が早い. È sempre tutt'orecchi. ¶彼は手が早い. È pronto a menar le mani. ¶彼は目先が早い人だ. È manesco. ¶何て気の早い人だ. Che fretta (che) ha! / Come è impaziente!

4《『…するが早いか』の形で》 ¶学校から帰るがはやいか, すぐ遊びに出ていった. Appena tornato da scuola è uscito subito a giocare.

[慣用] **早いところ** ¶早いところ仕事をやってしまお う. Finiamo in fretta il lavoro.

早い話が in poche parole, per farla breve

早い者勝ち "Chi prima arriva, meglio alloggia."

はやうち 早撃ち colpo㊚ rapido
はやうまれ 早生まれ ¶早生まれの人 persona nata tra il 1º gennaio e il 1º aprile
はやおき 早起き《人》mattiniero㊚ [㊛ -a]
◇早起きの mattiniero ◇早起きする alzarsi [levarsi] di buon mattino [la mattina presto] ¶早起きですね, あなたは. Che mattiniero! Come si alza presto lei! ¶早起きは三文の得《諺》"Il mattino ha l'oro in bocca." / "Chi dorme non piglia pesci."
はやがてん 早合点 interpretazione㊛ frettolosa [affrettata], conclusione㊛ avventata ¶早合点する trarre conclusioni affrettate ¶彼は彼女が死んだと早合点した. Dedusse frettolosamente che lei fosse morta.
はやがね 早鐘 ¶早鐘を打つ《警鐘を乱打する》suonare a martello [a stormo] la campana d'allarme ¶胸が早鐘を打つようだった. Avevo il cuore in gola. / Il cuore mi batteva forte.
はやがわり 早変わり 《劇》 rapido cambio㊚ [複 -i] di costume
はやく 破約 rottura㊛;《法》rescissione㊛ di un contratto ◇破約する rompere ql.co., rescindere un contratto
はやく 端役 ruolo㊚ minore;《脇役》ruolo㊚ secondario [複 -i];《せりふのない》parte㊛ non parlata ¶端役を演じる avere un ruolo di secondo piano

はやく 早く・速く **1**《時間が》 presto;《前もって》in anticipo, prima;《すぐに》presto, subito, immediatamente ¶朝早く di buon'ora / di buon [primo] mattino / al mattino presto ¶早くから《初期のころから》 fin dai primi momenti /《幼い時から》 fin da piccolo /《女性》piccola /《だいぶ前から》 da tanto (tempo) ¶早くとも al più presto ¶できるだけ早く il [al] più presto possibile / al più presto / quanto prima ¶彼は予定より3時間早く発った. È partito con tre ore di anticipo. ¶早くしろ. Presto! Sbrigati! / Fai in fretta! ¶一刻も早く家に帰りたい. Non vedo l'ora [Sono impaziente] di tornare a casa mia. ¶早く仕事をかたづける finire presto un lavoro / terminare un lavoro alla svelta

2《速度が》velocemente, rapidamente;《機敏に》agilmente, alla svelta, prontamente ◇速くなる divenire [diventare] più veloce ¶速く歩く camminare svelto [veloce / velocemente /《すたすた》di buon passo ¶川の流れが速くなってきた. La corrente del fiume è aumentata. ¶速く速く. Presto, presto! / Svelto, svelto! (▶sveltoは相手の性・数に合わせて語尾変化する) ¶もっと速く泳げるように練習する allenarsi nel nuoto per migliorare i tempi

はやくち 早口 ¶早口にしゃべる parlare rapidamente [in fretta]
◆**早口言葉** scioglilingua㊚《無変》(◆イタリアの早口言葉の例: "Trentatré trentini entrarono in Trento, tutti e trentatré trotterellando." 「33人のトレント人が33人とも駆け足しながらトレントにやって来た」)

はやさ 速さ **1**《速度》velocità㊛ ¶光の速さを超える superare la velocità della luce ¶時速80キロの速さで alla [ad una / con una] velocità di ottanta chilometri all'ora / a ottanta chilometri orari **2**《急速》rapidità㊛, celerità㊛;《反応の》prontezza㊛;《敏速》sveltezza㊛, agilità㊛ ¶逃げ足の速さ velocità [prontezza] nel fuggire

はやざき 早咲き fioritura㊛ precoce ¶早咲きの桜 ciliegio precoce
はやし 林 bosco㊚ [複 -schi] (▶foresta よりも規模が小さい);《木立》boschetto㊚;《雑木林》bosco㊚ ceduo;《低木地帯》macchia㊛ ¶林を横切る attraversare un bosco ¶松林を伐採する abbattere una pineta
はやし 囃子 accompagnamento㊚ musicale (negli spettacoli tradizionali o nelle feste di quartiere)
はやじに 早死に morte㊛ prematura [precoce] ◇早死にする morire giovane;《大成する前に》morire di morte prematura
はやじまい 早仕舞 ◇早じまいする《店を》chiudere il negozio [《仕事を》interrompere il lavoro] prima dell'orario
ハヤシライス 《料》riso㊚ bianco servito con una salsa a base di fondo bruno con carne, verdure e pomodoro
はやす 生やす ¶ひげを生やす farsi crescere la barba ¶ひげを生やしている portare la barba

はやす 囃す **1**《伴奏する》accompagnare qlcu.;《拍子をとる》tenere il tempo **2**《称賛する》applaudire, acclamare;《応援する》incitare, incoraggiare con grida **3**《あざける》deridere [dileggiare / schernire] qlcu. per ql.co. ¶群衆は彼を大声ではやし立てた. La folla lo scherniva urlando.

はやせ 早瀬 rapida㊛;《急流》torrente㊚

はやだち 早立ち ◇早立ちする partire di mattina presto [di buon mattino]

はやて 疾風, raffica㊛ di vento

はやで 早出 ¶明日は早出だ.《早く出勤》Domani devo recarmi più presto del solito in ufficio.

はやてまわし 早手回し ◇早手回しに《前もって》prima, in anticipo, anticipatamente;《先を見越して》con previdenza, previdentemente

はやとちり 早とちり ◇早とちりする arrivare ad una conclusione affrettata ed errata

はやね 早寝・早寝する andare a letto [coricarsi] presto [di buon'ora] ¶早寝早起きする andare a letto presto e alzarsi di buon mattino ¶早寝早起きが肝心だ. "Presto a letto e presto alzato fa l'uomo ricco e fortunato."

はやばまい 早場米 riso㊚ di prima stagione

はやばや 早々《たいそう早く》molto presto;《決まった日時より》molto in anticipo, molto prima;《すぐさま》immediatamente, sollecitamente;《急いで》celermente, prontamente, rapidamente ¶はやばやとお返事いただきありがとうございます. La ringrazio per「avermi risposto subito [la pronta risposta].

はやばん 早番 il primo turno㊚;《朝番》turno㊚ di mattina ¶明日は早番だ. Domani devo fare il primo turno.

はやびき 早引き ◇早引きする rientrare [ritornare] prima [in anticipo];《仕事を》lasciare il lavoro prima dell'orario stabilito;《学校を》uscire di scuola prima della fine delle lezioni

はやぶさ 隼《鳥》falco㊚ [複 -chi] pellegrino [reale], pellegrino㊚

はやまる 早まる・速まる **1**《時間が繰り上がる》venire [essere] anticipato ¶出発の期日が2日早まった. Mi hanno anticipato la data della partenza di due giorni.
2《性急なことをする》agire frettolosamente [avventatamente / precipitosamente] ¶早まった結論を出す trarre una conclusione affrettata ¶早まるな. Rifletti con calma.
3《速度が》足が速まった. Ha accelerato il passo.

はやみち 早道 ¶駅へ行く早道はこっちだ. La scorciatoia per la stazione è da questa parte. ¶彼に直接話したほうが早道だ. Si fa prima a parlarne direttamente a lui.

はやみひょう 早見表《計算のための》prontuario㊚ [複 -i];《定価表, 運賃表》tariffa㊛

はやみみ 早耳 ¶早耳である essere sempre al corrente di tutto

はやめ 早目・速目 ¶いつもより早めに un po' prima del solito ¶早めに着く arrivare piuttosto in anticipo ¶速めに歩く camminare a passo svelto

はやめし 早飯 ¶彼は相当の早飯だ. Mangia in modo terribilmente veloce.

はやめる 早める・速める **1**《時間を》¶出勤時間を15分[9時に]早める anticipare l'ora d'inizio del lavoro「di quindici minuti [alle nove]
2《速度を》affrettare [accelerare / sollecitare] ql.co. ¶足を速める affrettare [accelerare / allungare] il passo ¶テンポを速める accelerare il ritmo / intensificare [accelerare] i tempi

はやり 流行 moda㊛, voga㊛, foggia㊛ [複 -ge] ◇はやりの alla moda, in voga ¶はやりすたりのない che non passa di moda / che è sempre in voga

♣**はやり歌** canzone㊛ popolare [in voga]

はやり風邪 influenza㊛

はやり言葉 parola㊛ in voga, parola㊛ [frase㊛] popolare

はやり目 congiuntivite㊛ infettiva

はやる 流行る **1**《流行する》essere di moda [in voga];《人気を得る》acquistare [godere di] una grande popolarità;《爆発的に》avere furore, avere grande successo, essere acclamato ◇はやらせる diffondere una nuova moda, rendere popolare ql.co.（►popolareは目的語の性・数に合わせて語尾変化する）¶はやらなくなる essere passato di moda / essere fuori moda non essere più di moda ¶この歌は最近はやっている. Questa canzone adesso è molto popolare.
2《繁昌する》essere molto frequentato, avere molti clienti ¶よくはやる医者 medico di grido ¶あの店ははやっている. Quel negozio ha una vasta clientela.
3《病気が流行する》diffondersi;《猛威をふるう》imperversare ¶新しいインフルエンザがはやっている. C'è in giro un nuovo tipo di influenza.

はやる 逸る ¶…したくて心がはやる essere impaziente [non vedere l'ora] di +不定詞 ¶はやる気持ちを抑える frenare [dominare] l'impazienza (di +不定詞) ¶血気にはやる若者 giovane dal sangue caldo [bollente]

はやわざ 早業《動作》atto㊚ fulmineo;《技術》abilità㊛ fulminea ¶目にもとまらぬ早業で in un istante / in un lampo / con la rapidità del fulmine ¶何たる早業だ. Che agilità [rapidità]!

はら 原《平原》piano㊚;《野原》campo㊚

はら 腹 **1**《人間・動物の腹部》ventre㊚, pancia㊛ [複 -ce];《解》addome㊚;《胃》stomaco㊚ [複 -chi, -ci] ¶腹が出ている avere la pancia ¶腹の出た人 persona con la pancetta ¶君, 腹が出てきたね. Hai messo su pancia, eh? ¶腹がいっぱいだ avere la pancia piena [lo stomaco pieno] ¶腹いっぱい食べる mangiare a sazietà ¶腹が痛い.《中腹部》Ho mal di stomaco. /《下腹部》Ho male al ventre. / Ho mal di pancia. ¶腹が張る avere la pancia gonfia (come un pallone) ¶腹が鳴る avere brontolii [borbottii] di stomaco ¶腹が鳴っている. Mi borbotta la pancia. / Mi brontola lo stomaco. ¶腹がすいた. Ho fame. ¶腹が下る avere la diarrea ¶腹の調子が悪い avere lo stomaco in disordine
2《心》cuore㊚; animo㊚ ¶腹が黒い malvagio / subdolo ¶腹ができている《心の準備ができ

ている》essere pronto [preparato] a *ql.co*. [a+不定詞] /《ものに動じない》avere sangue freddo /《度胸がある》avere fegato [coraggio] ¶腹の太い人《考え方が》persona di ampie vedute /《寛大》persona tollerante [magnanima / generosa] ¶腹の中では *in fondo al cuore* ¶腹の中で笑う *ridere dentro di sé* ¶腹の中を見抜く *capire le intenzioni di qlcu.* / *penetrare nell'animo di qlcu.* / 腹の底を打ち明ける *confidarsi con qlcu.* / *vuotare il sacco* ¶彼の腹がどうも読めない。*Non riesco a capire come lui la pensi veramente.*

3《物の中央の膨らんだところ》¶船が転覆して腹をさらしている。*L'imbarcazione si è capovolta e ora è a pancia all'aria.*

慣用 腹が癒(い)える ¶彼が謝るまで私の腹は癒えない。*Non sarò soddisfatto finché non mi chiederà scusa.*

腹が痛む ¶私の腹が痛むわけじゃないからいくらかかってもかまわない。*Visto che non li tiro fuori di tasca mia, non importa quanto venga a costare.*

腹がすわる ¶腹のすわった人だ。*È una persona ferma [imperturbabile / che non perde mai il sangue freddo].*

腹が立つ ¶腹が立って仕方がなかった。*Ero su tutte le furie.* / *Ero molto arrabbiato.*

腹が膨れる ¶腹が膨れた。《食べて》*Sono pieno [strapieno].* ¶言いたいことを全部言えなかったので、まだ腹が膨れている感じだ。*Ho ancora qualcosa sullo stomaco, perché non ho potuto dire tutto quello che volevo.*

腹が減っては軍(いくさ)はできぬ《諺》"*La fame è cattiva consigliera.*"

腹に一物(いちもつ) ¶彼は腹に一物ある。*Ha un'intenzione occulta* [*un secondo fine*].

腹に収める *tenere ql.co. per sé*

腹に据えかねる *perdere la pazienza*, *non poter fare a meno di arrabbiarsi* ¶腹に据えかねて *all'estremo [al limite] della pazienza*

腹の皮がよじれる ¶腹の皮がよじれるほど笑う *ridere a crepapelle* / *spanciarsi dalle risa*

腹の虫 ¶僕は腹の虫が治まらない。*Non posso trattenere [contenere] la rabbia.*

腹も身の内 *È meglio non mangiare né bere troppo.*

腹を合わせる ¶腹を合わせて…する *accordarsi con qlcu. per*+不定詞

腹を痛める ¶腹を痛めた子 *frutto del proprio ventre*

腹を抱える ¶腹を抱えて笑う *tenersi [reggersi] la pancia dalle risa*

腹を決める *prendere una decisione* ¶腹を決めかねる *non sapere che decisione prendere*

腹を切る《切腹する》*fare harakiri*;《責任をとって辞任する》*dimettersi assumendo le proprie responsabilità*

腹を探る ¶〈人〉の腹を探る *sondare [saggiare] qlcu.* ¶痛くもない腹を探られる *essere sospettato ingiustamente [senza ragione]*

腹を据える[括(くく)る] ¶腹をすえてかからないと失敗するぞ。*A non fare le cose con determinazione, si fallisce.*

腹を立てる *arrabbiarsi, andare in collera*;《激怒する》*infuriarsi, montare [es] in collera* ¶腹を立てて su tutte le furie;《業を煮やす》*perdere la pazienza*

腹を割る ¶腹を割って話す *parlare francamente* / *parlare con cuore in mano*

ばら ¶ばらで売る *vendere ql.co. sfuso [separatamente / al pezzo]* (▶*sfuso*は目的語の性・数に合わせて語尾変化する) ¶絵の具をばらで買う *comprare dei colori sfusi*

ばら 薔薇《花》*rosa*⊕;《木》*rosaio*⊕《複 -i》
✤ばら色 ◇ばら色の《無変》*rosa* [*無変*];《希望に満ちた》*roseo* ¶ばら色の人生 *vita dorata* ¶彼女はばら色の頰をしている。*Lei ha le guance rosate.*

ばら園 *roseto*⊕, *rosaio*⊕《複 -i》

バラード〔仏 ballade〕《文学・音》*ballata*⊕

はらい 払い *pagamento, regolamento, saldo*⊕;《清算》*liquidazione*⊕, *conto*⊕ ¶現金払い *pagamento in contanti* ¶月払いで *con pagamento mensile* ¶クリーニング屋の払いをためる *accumulare conti da pagare alla lavanderia* ¶払いがいい *pagare puntualmente* ¶払いが悪い *non essere puntuale nei pagamenti*

はらい 祓《式》*cerimonia*⊕ *di purificazione*

はらいきよめる 祓い清める ¶穢(けがれ)をはらい清める *purificare [mondare] l'anima dal peccato* ¶家から悪霊をはらい清める *esorcizzare una casa* / *benedire una casa scacciando gli spiriti maligni*

はらいこみ 払い込み *versamento*⊕; *pagamento*⊕
✤払い込み額 *ammontare [importo]*⊕ *di un versamento*, *somma*⊕ *versata*
払い込み金 *sottoscrizione*⊕

はらいこむ 払い込む *versare, pagare, fare* [*effettuare*] *un versamento* ¶月末までに100ユーロを銀行に[A社の口座に]払い込む *fare un versamento di 100 euro 「in una banca [sul conto della ditta A]」 entro la fine del mese*

はらいさげ 払い下げ ¶この公有地は来年払い下げになる。*Questo terreno pubblico sarà messo in vendita il prossimo anno.*
✤払い下げ品 *oggetto*⊕ *messo in vendita dallo Stato*

はらいさげる 払い下げる *vendere ql.co.*;《入札で》*mettere all'asta [in vendita] ql.co.*

はらいすぎる 払い過ぎる *pagare troppo (caro)*, *strapagare* ◇払い過ぎ *pagamento*⊕ *eccessivo* ¶税金を払い過ぎる *pagare tasse in eccesso*

はらいせ 腹癒せ ¶腹いせに *per vendetta* / *per vendicarsi《の di》* / *per scaricare la rabbia*

はらいっぱい 腹一杯 ¶腹一杯食べた。*Ho mangiato a sufficienza [a sazietà].*

はらいのける 払い除ける *allontanare qlcu.* [*ql.co.*], *respingere qlcu.* [*ql.co.*];《追い払う》*cacciar via qlcu.* [*ql.co.*];《相手の打撃を》*parare* [*evitare*] *ql.co.*;《決定的に》*liberarsi di qlcu.* [*di ql.co.*] ¶〈人〉の手を払いのける *scacciare la mano di qlcu.* ¶雪を手で払いのける *togliere la neve con la mano*

はらいのこし 払い残し《商》*arretrato*⊕ ¶まだ5万円払い残しがある。*Ho ancora cinquantamila yen di arretrati da pagare [saldare / liquida-*

re].

はらいもどし 払い戻し　rimborso[男];《清 算》 liquidazione[女];《保険などのリベート》 bonifico[男] [複 -*ci*], abbuono[男], defalc*o*[男][複 -*chi*]　¶…の払い戻しを受ける essere rimborsat*o* di *ql.co.* ¶税金の払い戻しを請求する[受ける] chiedere [ricevere] il rimborso delle imposte ¶何度も払い戻しを請求しているのに返ってこない. Nonostante i miei numerosi solleciti, del rimborso, neanche l'ombra.

✤**払い戻し金** denaro[男] rimborsato, rimborso[男]
払い戻し請求書 《銀行などの》 modulo[男] per richiedere il rimborso, modulo[男] per effettuare un prelevamento

はらいもどす 払い戻す　rimborsare *ql.co.* a *qlcu.* [*qlcu.* di *ql.co.*] ¶交通費を払い戻してもらう farsi rimborsare le spese di trasporto

はらう 払う　**1**《支払う》 pagare *ql.co.* a *qlcu.*;《勘定を決済する》 saldare un conto ¶勘定[借金／賃金]を払う pagare un conto [un debito / il salario] ¶月[時間]極めで払う pagare a mese [a ore] ¶冷蔵庫の代金を現金[クレジットカード／分割]で払う pagare il frigorifero in contanti [con carta di credito / a rate] ¶一銭も払わずに senza sborsare un soldo [una lira] ¶…の費用を払う sostenere le spese di *ql.co.* ¶おいくら払ったらよろしいでしょう. Quanto le devo? ¶このカメラに5万円払った. Ho pagato cinquantamila yen per questa macchina fotografica.

2《取り除く》 togliere *ql.co.*;《ほこりを》 spolverare *ql.co.*, spazzolare *ql.co.*, spazzare via la polvere da *ql.co.* ¶上着のほこりを払う spolverare la giacca ¶コートの雪を払う scrollare [spazzare via] la neve dal cappotto ¶天井のくもの巣を払う togliere le ragnatele dal soffitto ¶木の枝を払う sfrondare un albero ¶足を払う fare lo sgambetto a *qlcu.*

3《気持ちを向ける》 ¶注意を払う prestare attenzione a *ql.co.* [*qlcu.*] ¶敬意を払う portare rispetto a *qlcu.*

はらう 祓う ⇒祓い清める

バラエティー 〔英 variety〕 varietà[女] ¶バラエティーに富んだ molto vario / ricco di varietà

✤**バラエティーショー** spettacolo[男] di varietà

はらおび 腹帯　**1**《妊 婦 の》 fa*scia*[女][複 -*sce*] per gestanti **2**《馬の》 sottopancia[男][無変]

はらきり 腹切り　*harakiri*[男][無変] ⇒切腹

はらぐあい 腹具合　¶腹具合が悪い avere disturbi intestinali [digestivi / di digestione] /《下痢》 avere la diarrea

はらくだし 腹下し　《下痢》 diarrea[女];《下 剤》 purga[女]

パラグラフ 〔英 paragraph〕 paragrafo[男], capoverso[男]

はらぐろい 腹黒い　¶腹黒い人 persona malvagia [subdola / perfida]

はらげい 腹芸　**1**《演劇で》 interpretazione[女] intensa che nasce da dentro

2《政治家などの》 ¶腹芸のできる人だ. È una persona che ha l'abilità di farsi capire senza parlare.

はらご 腹子　uova[女][複] di pesce

はらごしらえ 腹拵え　¶山登りに備えて腹ごしらえしておけ. Mangia qualcosa in modo da essere in piena forma per andare in montagna!

はらごたえ 腹応え　¶今日の夕飯は腹ごたえがあった. La cena di oggi mi ha veramente saziato.

はらごなし 腹ごなし　¶腹ごなしに散歩をする fare una passeggiata per aiutare la digestione

パラジウム 〔英 palladium〕《化》 palladio[男];《元素記号》 Pd

パラシュート 〔英 parachute〕 paracadute[男] [無変] ¶パラシュートで飛び降りる lanciarsi [gettarsi] con il paracadute ¶パラシュートで…を降ろす paracadutare *ql.co.* / lanciare *ql.co.* con il paracadute

✤**パラシュート部隊** paracadutisti[男][複]

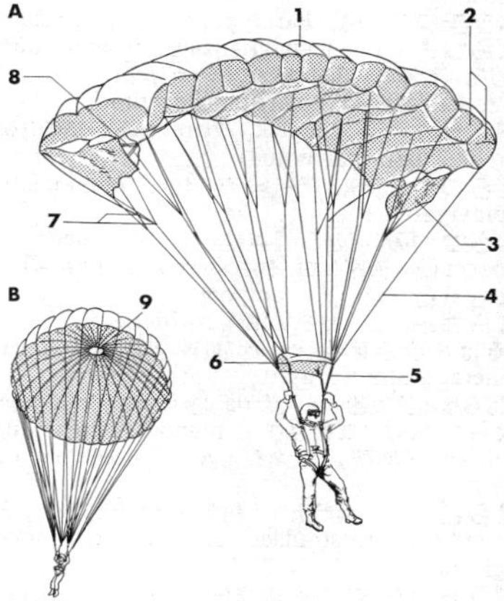

パラシュート
A スポーツパラシュート paracadute[男] ad ala.
B パラシュート, 落下傘 paracadute[男] a calotta emisferica.
1 傘体(さんたい), キャノピー velatura[女]. **2** セル celle [女][複] della velatura. **3** スタビライザー, 安定翼 stabilizzatore[男]. **4** 吊索(ちょうさく), シュラウド funi[女][複] di sospensione. **5** ライザー bretelle[女][複]. **6** スライダー rallentatore[男] di apertura. **7** 上部コントロール索 funi[女][複] di comando direzione. **8** 補助傘 pilotino[男] estrattore. **9** 頂端孔(ちょうたんこう) foro[男] apicale.

はらす 晴らす　¶疑いをはらす dissipare dubbi ¶気を晴らす distrarsi / svagarsi / divertirsi ¶亡き母の恨みをはらす vendicarsi della morte della *propria* madre

はらす 腫らす　¶泣いて目を赤くはらしている avere gli occhi gonfi e rossi di pianto ¶のどをはらしている《炎症》 avere la gola infiammata

ばらす **1**《分解する》 smontare *ql.co.* **2**《殺す》 uccidere *qlcu.*, far fuori *qlcu.* **3**《暴く》 rivelare [divulgare] ql.co., svelare ql.co.

バラスト 〔英 ballast〕 **1**《船の》zavorra⚜ **2**〔線路の〕〔英〕ballast⚜［無変］; pietri*sco*⚜〔複 *-schi*〕, brecciame⚜, massicciata⚜
✤**バラストタンク**《船》cassa⚜ di zavorra

パラソル 〔英 parasol〕 parasole⚜［無変］ ¶ビーチパラソル ombrellone da spiaggia

パラダイス 〔英 paradise〕 paradi*so*⚜

はらだたしい 腹立たしい ¶腹立たしげに con aria irritato ¶腹立たしい態度 atteggiamento provocatorio ¶腹立たしい思いをする sentirsi infuriato《に per》

はらだち 腹立ち rabbia⚜, collera⚜ ¶腹立ち紛れに彼に本を投げつけた。In un impeto di rabbia ho scagliato un libro contro di lui.

はらちがい 腹違い ◇腹違いの di madre diversa ¶腹違いの兄弟［姉妹］fratellastro [sorellastra]

パラチフス 〔独 Paratyphus〕《医》paratifo⚜

ばらつき ineguaglianza⚜; irregolarità⚜;《工》《計測》dispersione⚜ ¶結果にばらつきが出た。Ci sono irregolarità nei risultati.

バラック 〔英 barrack〕 baracca⚜;《軍隊・難民などの》baraccamento⚜

ばらつく ¶雨がばらつきだした。È cominciato a piovigginare.

はらつづみ 腹鼓 ¶腹鼓を打つ picchiettarsi la pancia /《満腹している》essere sa*z*io⚜［複 *-i*］

はらっぱ 原っぱ campo⚜

ばらづみ ばら積み《荷》rinfusa⚜
✤**ばら積み貨物** carico⚜［複 *-chi*］alla rinfusa, merce⚜ alla rinfusa
ばら積み貨物船 nave⚜ da carico secco a massa

はらづもり 腹積もり piano⚜; intenzione⚜ ¶…という腹積もりである avere l'intenzione di + 不定詞

はらどけい 腹時計 ¶腹時計はもう12時だ。Secondo il mio stomaco, dev'essere già mezzogiorno.

パラドックス 〔英 paradox〕 paradosso⚜

ばらにく 肋肉 costoletta⚜;《牛の》punta⚜ di petto;《豚の》pancetta⚜

パラノイア 〔独 Paranoia〕《医》paranoia⚜

はらばい 腹這い ¶腹ばいになる coricarsi sul ventre / distendersi [sdraiarsi] in posizione prona ¶腹ばいで進む camminare carponi

はらはちぶ（んめ） 腹八分（目）¶腹八分に医者いらず。Mangiare con moderazione evita il dottore.

はらはら **1**《気をもむ》◇はらはらする inquietarsi per ql.co. [con qlcu.], tremare⚜［*av*］per ql.co., rimanere con il fiato sospeso ◇はらはらさせる inquietare [far tremare] qlcu. ◇はらはらして con ansia, ansiosamente, tremando ¶見ているだけでもはらはらする。Tremo al solo vederlo. ¶間違いをしないかとはらはらした。Avevo una paura matta di sbagliare.
2《物が落ちるさま》¶涙がはらはらと彼女の頬を伝わった。Le lacrime le rigavano il volto. / Le lacrime le scendevano lungo le guance. ¶木の葉がはらはらと散る。Le foglie cadono ad una ad una dolcemente.

ばらばら **1**《もとは一つのものが細分化する様子》◇ばらばらに《細片》a pezzi, in frantumi ¶ばらばらになる《砕ける》andare in frantumi [pezzi] /《崩れ落ちる》cadere [es] a pezzi ¶ばらばらにする ridurre ql.co. in frantumi /《壊して》rompere ql.co. in pezzi / frantumare ql.co. /《分解して》smontare ql.co.
2《まとまりのない様子》◇ばらばらに《あちこちに》alla rinfusa;《別々に》separatamente ◇ばらばらである《雑然》essere alla rinfusa,《無秩序》essere in disordine,《まちまち》essere differenziato ¶ばらばらになる《ちりぢりに散る》dispersersi / sparpagliarsi ¶ばらばらの髪の毛 capelli spettinati [in disordine] ¶ばらばらになった古い辞書 vecchio dizionario slegato ¶戦争でわが家はittばらばらになった。A causa della guerra, la nostra famiglia si è smembrata [si è disgregata]. ¶みんなの意見がばらばらだ。Le opinioni di ognuno sono divergenti [contrastanti].
3《まばらな様子》¶雨が窓ガラスにばらばらと当たる。La pioggia picchia sui vetri. ¶彼の財布から小銭がばらばらと落ちた。Dal suo portafoglio sono cadute delle monete sparpagliandosi qua e là. ¶悪者がばらばらと現れた。I furfanti vennero fuori uno ad uno.
✤**ばらばら死体** cadavere⚜ squartato [smembrato]

ぱらぱら ¶中には人がぱらぱらとしか入っていなかった。All'interno non c'erano che poche persone, sparse qua e là. ¶本のページをぱらぱらとめくる voltare rapidamente le pagine di un libro /《ざっと見る》sfogliare un libro ¶午後になってぱらぱらと雨が降ってきた。Nel pomeriggio ha cominciato a cadere qualche goccia di pioggia.
✤**ぱらぱら漫画** disegni⚜［複］animati su pagine da sfogliare

はらびれ 腹鰭 pinna⚜ addominale

パラフィン 〔英 paraffin〕《化》paraffina⚜, alcano⚜
✤**パラフィン紙** carta⚜ paraffinata

パラフレーズ 〔英 paraphrase〕 parafra*si*⚜［無変］ ◇パラフレーズする parafrasare ql.co.

ぱらぺこ ぱらぺこ ¶ああ腹ぺこだ。Ah! Sto morendo di fame!

パラボラ 〔英 parabola〕《数》parabola⚜
✤**パラボラアンテナ** antenna⚜ parabolica [a parabola]

はらまき 腹巻き panciera⚜

ばらまく ばら蒔く **1**《あちこちに振りまく》spargere, disperdere;《種などを》disseminare;《乱雑に》sparpagliare ¶うわさをばらまく disseminare [diffondere] delle voci
2《気前よく使う》¶金をばらまく《お金を使う》essere prodigo di denaro /《むだ遣いする》buttar via i quattrini / spendere senza criterio / spendere e spandere /《買収する》corrompere qlcu.

はらむ 孕む **1**《妊娠する》concepire⚜（▶単独でも可）, rimanere incinta [gravida] ¶…はらんでいる essere incinta ¶はらませる ingravidare [rendere gravida / mettere incinta] qlcu. **2**《含む》¶経済情勢は危機をはらんでいる。La situazione economica è critica [grave / seria]. ¶帆が風をはらんで膨らむ。La vela si gonfia al vento.

パラメーター 〔英 parameter〕《数》parametro㊚

はらもち 腹持ち ¶餅は腹持ちがよい. Il *mochi* è un cibo che riempie.

バラモン 波羅門《インドのカーストの最上位》bramano㊚, bramino㊚
✤バラモン教 bramanesimo㊚, bramanismo㊚

バラライカ 〔ロ balalaika〕《音》balalaica㊛

パララックス 〔英 parallax〕→視差

はらりと ¶彼女は涙をはらりと流した. Le lacrime scivolavano dolcemente sulle sue guance. ¶前髪がはらりと額にかかった. Un ciuffo di capelli gli scendeva sulla fronte.

ばらりと ¶彼はカードをテーブルの上にばらりとまいた. Ha sparso tutte le carte sulla tavola.

ばらりと ¶彼のポケットから手紙がばらりと落ちた. La lettera scivolò dalla tasca e si posò a terra.

パラリンピック 〔英 Paralympics〕paraolimpiadi㊛《複》, paralimpiadi㊛《複》

パラレル 〔英 parallel〕parallelo㊚ ¶パラレルで滑る《スキー》sciare con gli sci in parallelo

パラレルポート 〔英 parallel port〕《コンピュータ》porta㊛ parallela

はらわた 腸《腸》intestini㊚《複》;《内臓》visceri㊚《複》, viscere㊛《複》, interiora㊛《複》;《動物の》budella㊛《複》 ¶鶏のはらわたを抜く sventrare un pollo ¶はらわたの腐ったやつ individuo marcio dentro

|慣用| はらわたがちぎれる ¶別れるとき私ははらわたがちぎれる思いだった. Quando ci siamo separati mi sentivo chiudere lo stomaco.

はらわたが煮えくり返る ribollire㊚[*av*] di rabbia [di sdegno]

はらん 波瀾 confusione㊛, agitazione㊛, disordine㊚;《浮沈, 変遷》vicissitudini㊛《複》 ¶波瀾含みの選挙 elezioni politiche burrascose ¶波瀾を巻き起こす provocare [causare] una gran confusione ¶波瀾に富んだ一生を送る trascorrere una vita ricca di vicissitudini
✤波瀾万丈 ¶波瀾万丈の生涯を閉じる［送る］concludere [avere] una vita molto movimentata

バランス 〔英 balance〕equilibrio㊚《複》;《会計上の》bilancio㊚《複 -*ci*》 ◇バランスをとる bilanciare [equilibrare] *ql.co.*, mettere *ql.co.* in equilibrio;《会計の》pareggiare un bilancio;《体の》mettersi in equilibrio, equilibrarsi ¶バランスがとれている essere ben equilibrato [bilanciato] / essere in equilibrio ¶バランスのとれた［を欠いた］性格 carattere equilibrato [squilibrato] ¶バランスのとれた食生活 alimentazione bilanciata
✤バランス感覚 (senso㊚ di) equilibrio㊚

バランスシート《会計》bilancio㊚《複 -*ci*》, scheda㊛ del conto

はり 針 1《縫い針など》ago㊚《複 *aghi*》;《釣り針》amo㊚;《時計の針》lancetta㊛;《レコードの》puntina㊛;《蜂などの》pungiglione㊚ ¶注射針 ago per iniezioni [da siringa] ¶編み針《棒針》ferro da calza /《鉤(ぎ)針》uncinetto ¶毛糸針 ago da maglieria ¶待ち針 spillo / spilla ¶縫い針 ago per cucire ¶針の穴 cruna dell'ago ¶方位磁石の針 ago magnetico della bussola ¶ホチキスの針 punto metallico ¶針に糸を通す infilare un ago ¶針にえさをつける innescare un amo ¶魚が針にかかった. Il pesce ha abboccato all'amo. ¶時計の針を進める［遅らす］mettere avanti [indietro] un orologio ¶頭を5針縫った. Mi hanno messo cinque punti (di sutura) alla testa. ¶腕に針で刺すような痛みを感じた. Ho provato un dolore pungente al braccio.
2《言葉のとげ》¶針のある言葉 parole pungenti [aspre]
|慣用| 針のむしろ ¶針のむしろに座る思いだった. Mi sentivo come se fossi seduto sulle spine.

はり 張り 1《引く力》tensione㊛ ¶この弓は張りが強い. Questo arco è fortemente teso. 2《生き生きしてひきしまっていること》¶張りのある声 voce piena [energica] ¶張りのある肌 pelle elastica ¶気持ちに張りがない essere deconcentrato
3 →張り合い2

はり 梁《建》trave㊛;《船》baglio㊚《複 -*gli*》

はり 鍼（治療）agopuntura㊛;《針》ago㊚《複 -*ghi*》per agopuntura ¶鍼を打つ fare [praticare] l'agopuntura a *qlcu.*
✤鍼医 specialista㊚㊛《複 -*i*》in agopuntura, agopun*tore*㊚《㊛複 -*trice*》

-ばり -張り 1《張ってあること》¶金［銀］張りの時計 orologio placcato d'oro [d'argento] ¶タイル張りの床 pavimento a mattonelle ¶板張りの廊下 corridoio dal pavimento in legno
2《似ていること》¶鷗外ばりの小説 romanzo scritto nello stile di Mori Ogai

バリア 〔英 barrier〕barriera㊛
✤バリアフリー ◇バリアフリーの senza barriere architettoniche

はりあい 張り合い 1《競争》¶意地の張り合いでは何事も解決しない. Impuntandosi non si risolve nulla. 2《やり甲斐》¶張り合いが抜ける essere [sentirsi] scoraggiato ¶張り合いのある仕事 lavoro che vale la pena di fare [《意欲をそそる》incoraggiante /《満足感の得られる》soddisfacente]

はりあう 張り合う essere [entrare] in concorrenza《と con》, rivaleggiare《と con》 ¶あの2人の男は1人の女を張り合っている. Quei due si contendono la stessa donna.

はりあげる 張り上げる ¶声を張り上げる alzare la voce ¶大声を張り上げて呼ぶ chiamare *qlcu.* a squarciagola [a gran voce / a pieni polmoni]

バリウム 〔英 barium〕《化》bario㊚;《元素記号》Ba

バリエーション 〔英 variation〕《変化》variazione㊛;《多様性》varietà㊛

はりかえる 張り替える ◇張り替え rivestimento㊚ ¶傘の布を張り替える cambiare la tela di un ombrello ¶ソファーの布地を張り替える rifare la tappezzeria di un divano / ritappezzare [rivestire] un divano ¶ギターの弦を張り替える cambiare le corde della chitarra

はりがね 針金 filo㊚ metallico [複 -*ci*],《鉄線》filo㊚ di ferro ¶庭の周囲に針金をめぐらす recintare un giardino con filo di ferro
✤針金細工《金属の》filigrana㊛

はりがみ 張り紙 affisso㊚;《ポスターなど》car-

バリカン　tosatrice㊛

tello㊚, manifesto㊚;《大型の》cartellone㊚;《掲示,公告》avviso㊚ ¶張り紙をする affiggere un manifesto [un avviso] ¶「張り紙,お断り」《掲示》"Divieto d'affissione"

バリカン　tosatrice㊛

ばりき　馬力　**1**《動力の単位》(potenza㊛ in) cavallo-vapore㊚ [複 *cavalli-vapore*];《記号》CV;〔英〕horsepower㊚〔無変〕《記号》HP ¶100馬力の車 automobile㊛ da 100 CV [da 100 cavalli] / una cento cavalli　**2**《精力》¶彼は馬力がある。È un uomo pieno d'energia. ¶馬力をかける raddoppiare [aumentare] gli sforzi
❖馬力時 cavallo-ora㊚ [複 *cavalli-ora*]

はりきる　張り切る　essere pieno di entusiasmo, entusiasmarsi ¶張り切って働く lavorare con entusiasmo [con zelo / con lena] ¶彼は張り切っている。È pieno di brio [di vivacità]. / È molto caricato.

はりくよう　針供養　cerimonia㊛ per consolare lo spirito degli aghi non più utilizzabili（◆ 8 febbraio o dicembre）

バリケード〔英 barricade〕barricata㊛ ¶バリケードを築く innalzare barricate / sbarrare *ql.co.* con barricate

ハリケーン〔英 hurricane〕《気》uragano㊚

はりこ　張り子　¶張り子の虎 tigre di cartapesta

はりこみ　張り込み　¶刑事が張り込み中だ。Il poliziotto sta sorvegliando la zona.

はりこむ　張り込む　**1**《見張りをする》guardare; fare la guardia,《待ち伏せる》aspettare al varco *ql.co.*, appostarsi ¶私服刑事が2人張り込んでいる。Due agenti in borghese tengono sotto controllo il posto.　**2**《奮発する》¶今夜は張り込んでイタリア料理を食べに行こう。Questa sera concediamoci il lusso di mangiare all'italiana.

バリコン《電》condensatore variabile

パリサイびと　パリサイ人　fariseo㊚ [㊛ -*a*]

はりさける　張り裂ける　《ふくれて》scoppiare [*es*] ¶胸が張り裂けんばかりだ。Mi si strazia il cuore. / Il mio cuore sta per scoppiare.

はりさし　針刺し　puntaspilli㊚〔無変〕, portaspilli㊚〔無変〕

はりしごと　針仕事　lavoro㊚ ad ago [di cucito] ¶針仕事をする lavorare ad ago / cucire *ql.co.*

はりせんぼん　針千本　《魚》pesce㊚ porcospino [istrice〔無変〕]

はりたおす　張り倒す　atterrare *ql.co.* con un pugno ¶この野郎, 張り倒すぞ。Ti romperò il muso! / Ti spacco il cranio.

はりだし　張り出し　《建》sporgenza㊛, risalto㊚, rilievo㊚ ¶屋根の張り出し sporgenza del tetto
❖張り出しバルコニー balcone㊚ sporgente
張り出し窓 finestra㊛ sporgente;《弓形の》〔英〕bow window㊚

はりだす　張り出す　**1**《突き出している》sporgere㊀ [*es*], aggettare㊀ [*es*]　**2**《掲示する》esporre *ql.co.*;《張りつける》affiggere [attaccare] *ql.co.*《に su》

ぱりっ《紙が裂ける音》¶包み紙をぱりっと破った。Ho strappato la carta che avvolgeva il pacco.

ぱりっ　¶彼女はいつもぱりっとした身なりをしている。È sempre vestita a puntino.

はりつく　張り付く・貼り付く　**1**《のりなどで》¶びらが壁にぴったり張り付いていた。Il volantino era affisso al muro. ¶汗でシャツが背中に張り付いた。La camicia mi si è appiccicata alla schiena per la sudata.
2《しがみつく》attaccarsi a *ql.co.* [*qlcu.*] ¶訪問団に張り付いて取材する raccogliere materiale restando incollato alla delegazione

はりつけ　磔　crocifissione㊛ ¶はりつけにする crocifiggere *qlcu.* / mettere in croce *qlcu.*

はりつける　張り付ける・貼り付ける　**1**《くっつける》¶切手を封筒に貼り付ける attaccare un francobollo sulla busta　**2**《張り付く》¶塀に体を張り付ける appiattirsi contro un muro ¶容疑者に数人の刑事を張り付ける mettere dei poliziotti alle costole di un sospettato　**3**《コンピュータ》incollare ¶コピーした画像をテキストファイルに貼り付ける incollare l'immagine copiata all'interno del testo

はりつめる　張り詰める　**1**《一面に張る》¶池に氷が張り詰めた。Il laghetto è completamente gelato [ghiacciato].　**2**《ひきしめる》¶気を張り詰める essere teso all'estremo ¶彼女の張り詰めていた気持ちが一気にゆるんだ。La sua tensione si è allentata di colpo.

パリティー〔英 parity〕《経・コンピュータ》parità㊛
❖パリティー計算 [指数]《経》calcolo㊚ [indice㊚] di parità
パリティーチェック《コンピュータ》controllo㊚ di parità

はりとばす　張り飛ばす　sbattere per terra *qlcu.*

バリトン〔英 baritone〕《音》《音域・歌手》baritono㊚

はりねずみ　針鼠　《動》riccio㊚ [複 -*ci*]

はりばこ　針箱　cestino㊚ da lavoro

ばりばり　**1**《引き裂く音》¶厚紙をばりばりと2つに引き裂いた。Ho strappato il cartone in due parti.　**2**《堅いものをかむ音》¶せんべいをばりばりかじる sgranocchiare *sembei*　**3**《威勢よく行う様子》¶ばりばり働く lavorare sodo ¶ばりばりの青年実業家 adrenalinico giovane uomo d'affari

ぱりぱり　**1**《歯ぎれよくかむ音》¶漬け物をぱりぱり食べる mangiare rumorosamente dei sottaceti　**2**《ぴんと張っている様子》¶ぱりぱりの一万円札 banconota da diecimila yen nuova di zecca
❖ぱりぱりの仕立て下ろし vestito nuovo di zecca

はりめぐらす　張り巡らす　¶事故現場にロープを張り巡らす delimitare con delle corde il luogo di un incidente ¶彼は社内に情報網を張り巡らしている。Nella sua ditta ha una fitta rete d'informatori.

はる　春

1《四季の》primavera㊛ ◇春のprimaverile, di primavera ¶春が来た È arrivata la primavera. ¶今は春です。Siamo in primavera.
2《新年》Capodanno㊚, anno㊚ nuovo
3《最盛期》¶彼はわが世の春を誇っている。È negli anni migliori della sua vita.
4《思春期》¶彼女は春のめざめを感じる年になった。

Lei ha raggiunto la pubertà.
5《色情》¶春をひさぐ fare la prostituta
✤春先 ¶春先に all'inizio della primavera
春まき ¶春まきの花 fiore che si semina in primavera
春物 vestito[男] primaverile [di primavera]

はる 張る **1**【伸び広がる】 estendersi;《伸ばし広げる》 tendere, tirare ¶この木は根が深く張っている. Le radici di questi alberi si estendono in profondità. ¶綱がぴんと張っている. La corda è ben tirata [tesa]. ¶くもが巣を張った. Il ragno ha tessuto [costruito] una ragnatela. ¶キャンバスを枠に張る tirare la tela sul telaio ¶テントを張る piantare [rizzare] la tenda ¶ひもを張って洗濯物を干す stendere una corda per mettere [sciorinare] il bucato ¶テニスのネットを張る tendere la rete da tennis ¶ギターに弦を張る incordare la chitarra
2【一面に覆う】 ¶池に氷が張った. Il laghetto è ghiacciato. ¶温めた牛乳に膜が張った. Sulla superficie del latte riscaldato si è formato una pellicola di panna.
3【突っ張る, 突き出す】 ¶頬骨の張った顔 un viso con gli zigomi prominenti ¶腹が張った. Ho la pancia gonfia. ¶肩が張る avere le spalle indolenzite ¶乳が張る avere il seno turgido [gonfio] di latte ¶胸を張って歩く camminare impettito /《堂々と, 自信に満ちて》 andare avanti con coraggio e decisione ¶ひじを張る allargare i gomiti
4【緊張する】 ¶彼と話すと気が張って疲れる. Quando parlo con lui sono tutto teso e mi stanco. ¶彼らには肩ひじ張ったところがない. Si comportano molto naturalmente.
5【高くつく】 ¶値が張りすぎる. È troppo costoso. / Costa troppo. / È troppo caro.
6【満たす】 ¶風呂桶に水を張る riempire una vasca d'acqua
7【平手で打つ】 ¶横っ面を張る schiaffeggiare *qlcu.* / dare uno schiaffo [un ceffone] a *qlcu.*
8【押し通す】 ¶欲を張る essere avar*o* [avid*o*] ¶意地を張るのは君の悪い癖だ. L'ostinazione è il tuo difetto. ¶見栄を張る posare[自] [*av*] /《人目をひくために》 farsi bell*o*
9【競い合う】 ¶隣の向こうを張って車を買った. Ho comprato un'automobile per non essere da meno del vicino.
10【開く, 構える】 ¶今夜は祝宴を張ろう. Stasera daremo [faremo] una festa per celebrare [per festeggiare]. ¶警察が非常線を張った. La polizia ha istituito [messo] dei posti di blocco.
11【賭ける】 ¶この仕事に体を張っている. Metto tutto me stesso in questo lavoro. ¶彼は有り金を全部その馬に張った. Ha scommesso [puntato] tutto su quel cavallo.
12【見張る】 ¶容疑者を張る sorvegliare un indiziato
13【しっかり務める】 ¶この劇では彼が主役を張っている. In questo spettacolo il ruolo di protagonista è tutto sulle sue spalle.

はる 張る・貼る attaccare, affiggere《に su》;《のりで》 incollare, appiccicare《に su》;《固定する》 fissare《に su》 ¶手紙に切手をはる attaccare [applicare / appiccicare] un francobollo sulla lettera ¶傷にばんそうこうをはる mettere [applicare] un cerotto sulla ferita ¶風呂場にタイルをはる maiolicare il bagno ¶壁に板をはる rivestire le pareti di legno ¶「許可なくびらをはることを禁ず」《掲示》 "Vietata l'affissione non autorizzata"

パル 〔英 PAL〕 ¶パル方式カラーテレビ televisore a colori PAL

はるいちばん 春一番 il primo vento[男] meridionale dell'anno (che annuncia l'arrivo della primavera) ¶昨日春一番が吹き荒れた. Ieri ha soffiato con forza il primo vento di primavera.

はるか 遥か **1**《距離的に遠いこと》 ◇はるかな lontano, distante, remoto ◇はるかに in lontananza, a una grande distanza ¶はるかかなたの山 montagna in lontananza ¶はるか下の方に教会が見える. Laggiù in fondo si vede la chiesa.
2《時間的に遠いこと》 ¶はるかな昔 tempi remoti ¶はるか先に《未来》 in un lontano futuro
3《程度がかけ離れていること》 ◇はるかに molto, assai, di gran lunga ¶…において〈人〉よりはるかにまさっている superare *qlcu.* di molto in *ql.co.* [nel + [不定詞]] ¶これのほうがはるかにいい. È molto [di gran lunga] migliore questo.

はるがすみ 春霞 ¶春霞が野山にたなびいている. Una foschia primaverile ricopre i prati.

はるかぜ 春風 brezza[女] primaverile

バルカローラ 〔伊〕〘音〙 barcarola[女]

バルコニー 〔英 balcony〕 balcone[男], terrazzo[男]

パルサー 〔英 pulsar〕〘天〙《中性子星》〔英〕 pulsar[男] または [女] [無変]

バルサミコす バルサミコ酢 aceto[男] balsamic*o* [複 *-ci*]

バルサム 〔英 balsam〕 balsamo[男]

はるさめ 春雨 **1**《春の雨》 piogg*ia*[女] [複 *-ge*] primaverile **2**《食品》 vermicelli[男] [複] trasparenti di fecola di fagioli verdi (o di patate)

パルス 〔英 pulse〕 impulso[男]
✤パルス通信方式 sistema[男] di radiocomunicazione a modulazione impulsiva
パルス符号変調 modulazione[女] ad impulsi codificati;《略》〔英〕 PCM[女]
パルス変調 modulazione[女] impulsiva

パルチザン 〔仏 partisan〕 partigian*o*[男] [[女] *-a*]

パルティータ 〔伊〕〘音〙 partita[女]

パルテノン 《ギリシアの》 il Partenone[男]

はるばる 遥遥 da lontano ¶遠路はるばるご苦労様です. La ringrazio per essere venuto fin qui. /《長旅に対して》 Sarà stanco per il lungo viaggio.

バルビゾンは バルビゾン派 〘美〙 scuola[女] di Barbison

バルブ 〔英 bulb〕《カメラの》 lampadina[女] del flash;《シャッターの》 posa[女] B

バルブ 〔英 valve〕〘機〙 valvola[女]

パルプ 〔英 pulp〕 pasta[女] (di carta)
✤パルプ化 trasformazione[女] del legno in pasta
パルプ材 pasta[女] di legno
パルプ成形 formatura[女] in pasta

[は]

はるめく 春めく ¶日ましに春めいてまいりました. Giorno dopo giorno si avverte sempre di più l'arrivo della primavera. ¶吹く風がどことなく春めいてきた. Ho sentito odore di primavera nel vento che soffiava.

パルメザンチーズ 〔英 Parmesan cheese〕 parmigiano㊚ reggiano ¶2年熟成させたパルメザンチーズ parmigiano stagionato di due anni

はるやすみ 春休み vacanze㊛〚複〛primaverili (◆イタリアにはないが, 同じころ, 復活祭休暇 vacanze di Pasqua がある)

はれ 晴れ **1**〚晴天〛bel tempo, tempo㊚ sereno ¶明日は晴れでしょう. Domani sarà [farà] bel tempo. ¶今日は晴れのち曇りでしょう. Oggi sereno, in seguito nuvoloso. **2**〚めったにない記念すべき機会〛¶晴れの舞台で in un'occasione molto speciale ¶晴れの表彰式 prestigiosa cerimonia di premiazione **3**〚疑いが晴れること〛¶彼は裁判の結果, 晴れの身となった. Il tribunale ha riconosciuto la sua innocenza.

はれ 腫れ gonfiore㊚;〚水腫〛edema [edema]㊚〚複 -i〛, idrope㊛;〚青あざ〛livido㊚ ¶ひざのはれはだいぶひいた. Il gonfiore al ginocchio è notevolmente diminuito.

はれあがる 晴れ上がる ¶空は晴れ上がった. Il cielo si schiarì.

ばれいしょ 馬鈴薯 patata㊛

バレエ 〔仏 ballet〕balletto㊚ ❖バレエダンサー ballerino㊚[㊛ -a], danzatore㊚[㊛ -trice]

ハレーション 〔英 halation〕〚写〛alone㊚ ❖ハレーション止め antialone㊚

ハレーすいせい ハレー彗星 cometa㊛ di Halley

パレード 〔英 parade〕sfilata㊛, parata㊛ ¶パレードをする sfilare / fare una sfilata [parata] ¶パレード行進する marciare in parata

バレーボール 〔英 volleyball〕pallavolo㊚ ¶バレーボールをする giocare a pallavolo ❖バレーボール選手 giocatore㊚[㊛ -trice] di pallavolo, pallavolista㊚㊛〚複 -i〛

はれがましい 晴れがましい cerimonioso, formale, ufficiale, protocollare

はれぎ 晴れ着〚よそゆき〛vestito㊚ festivo, abito㊚ da cerimonia;〚華やかな和服〛kimono㊚〚無変〛sfarzoso

はれすがた 晴れ姿 ¶彼女は息子の晴れ姿を見にやってきた. È venuta a testimoniare questo importante momento nella vita del figlio.

パレスチナ Palestina㊛ ❖パレスチナ解放機構 Organizzazione㊛ per la Liberazione della Palestina;〚略〛OLP㊛ パレスチナ解放人民戦線 Fronte㊚ Popolare per la Liberazione della Palestina パレスチナ暫定自治政府 Autorità㊛ palestinese, governo㊚ provvisorio palestinese パレスチナ人 palestinese㊚㊛ パレスチナ難民 profugo㊚〚㊛ -ga, 複 -ghi〛palestinese

はれつ 破裂 scoppio㊚〚複 -i〛;〚火山の〛eruzione㊛;〚破壊〛rottura㊛ ◇破裂する scoppiare㊀ [es];〚爆弾が〛esplodere㊀[es] ¶脳の血管が破裂した. Si è rotta una vena del cervello.

パレット 〔英 palette〕〚美〛tavolozza㊛ ❖パレットナイフ mestichino㊚, spatola㊛

はれて 晴れて pubblicamente, a saputa di tutti, alla luce del giorno ¶2人は天下晴れて夫婦になった. Sono diventati marito e moglie agli occhi di Dio e della società.

はればれ 晴れ晴れ ◇晴れ晴れする〚気分が〛sentirsi di buon umore, essere allegro [gaio〚複 -i〛];〚せいせいする〛sentirsi sollevato [alleggerito] ◇晴れ晴れした〚晴朗〛chiaro, sereno;〚快活〛radioso, raggiante, gioioso ¶晴れ晴れした微笑 sorriso luminoso ¶戴冠式の晴れ晴れしい行列 corteo sontuoso per l'incoronazione di qlcu.

はれぼったい 腫れぼったい gonfio〚複 -i〛, tumido, turgido ¶はれぼったい顔 faccia gonfia

はれま 晴れ間 ¶午後から晴れ間が見えた. Nel pomeriggio c'è stata qualche schiarita.

ハレム harem㊚〚無変〛

はれもの 腫れ物 gonfiore㊚, rigonfiamento㊚, protuberanza㊛ ¶首にはれ物ができた. Ho un gonfiore sul collo. ¶彼は皆からはれ物のように扱われている. Tutti lo trattano coi guanti di velluto.

はれやか 晴れやか ◇晴れやかな〚晴朗〛sereno;〚快活〛radioso, raggiante, gioioso ¶晴れやかに着飾っている. Ha un abbigliamento dai colori vistosi e sgargianti.

バレリーナ 〔伊〕ballerina㊛, danzatrice㊛

はれる 晴れる **1**〚空が〛rischiararsi, rasserenarsi;〚天気がよくなる〛rimettersi al bello;〚霧が〛dissiparsi, diradarsi ¶西の方からだんだん晴れてきた. Piano piano il cielo si è rischiarito [schiarito] verso occidente. ¶雨が晴れた. Ha smesso di piovere. ¶霧が晴れた. La nebbia si è diradata. **2**〚気持ちがさわやかになる〛¶秘密を打ち明けたので気が晴れた. Dopo aver confidato il mio segreto, mi sento meglio. ¶歌を歌うと気分が晴れるよ. Canta che ti passa. **3**〚疑いなどが解ける〛¶互いの疑惑が晴れた. Si sono dissipati i reciproci sospetti. ¶新たな証拠が挙がって殺人の疑いが晴れた. Essendo emerse nuove prove, sono caduti i sospetti di omicidio.

はれる 腫れる gonfiarsi, tumefarsi ◇はれた gonfio〚複 -i〛, tumefatto, tumido ¶涙ではれた目 occhi gonfi per le lacrime ¶歯が痛くて頬がはれれた. Mi si è gonfiata la guancia per il mal di denti.

ばれる svelarsi, scoprirsi; essere svelato [scoperto] ¶彼の正体がばれた. Si è svelato la sua vera natura. ¶彼のうそがばれた. La sua bugia è stata scoperta.

バレル 〔英 barrel〕barile㊚ (◆約 0.159m³)

ハレルヤ 〔英 hallelujah〕〚キリ〛alleluia㊚〚無変〛

はれわたる 晴れ渡る ¶空が晴れ渡った. Il cielo si è rischiarato completamente.

バレンタインデー Giorno㊚ [Festa㊛] di San Valentino (◆in cui le ragazze regalano del cioccolato ai ragazzi che interessano loro)

はれんち 破廉恥 impudenza㊛, sfrontatezza㊛, spudoratezza㊛, sfacciataggine㊛ ◇破廉恥な impudente, sfrontato, spudorato, sfacciato,

senza pudore;《恥さらし》**svergognato** ¶破廉恥な行為 azione scandalosa / condotta inammissibile
- ❖破廉恥罪 delitto㊚ infamante

はろう 波浪 onde㊛[複] del mare
- ❖波浪注意報 avviso㊚ di mare mosso

ハローワーク《職業安定所》ufficio㊚[複 -ci] di collocamento

ハロゲン〔英 halogen〕《化》alogeno㊚ ¶ハロゲンヒーター riscaldamento alogeno
- ❖ハロゲン化物《化》alogenato㊚
- ハロゲンランプ lampada㊛ alogena

バロック〔仏 baroque〕barocco㊚ ◇バロック（様式）の barocco [複 -chi]
- ❖バロック音楽 musica㊛ barocca
- バロック芸術 arte㊛ barocca
- バロック建築 architettura㊛ barocca
- バロック様式 stile㊚ barocco, barocco㊚ ¶バロック様式の教会 chiesa barocca →教会 図版

パロディー〔英 parody〕parodia㊛ ¶パロディー映画を作る fare un film-parodia

バロメーター〔英 barometer〕¶食欲は健康のバロメーターだ. L'appetito è il barometro della salute.

パワー〔英 power〕forza㊛; energia㊛[複 -gie];《力・集団の》potenza㊛ ¶この車はパワーがある. Questa macchina è potente.
- ❖パワーアップ ◇パワーアップする aumentare il potere [l'energia], potenziare
- パワーショベル scavatrice㊛ meccanica a cucchiaio;《一般に》ruspa㊛
- パワーステアリング《車》servosterzo㊚
- パワーブレーキ《車》freno㊚ servoassistito, servofreno㊚
- パワーポリティックス《政》¶パワーポリティックス政策をとる adottare la politica della forza [del pugno di ferro]

ハワイアン〔英 Hawaiian〕musica㊛ hawaiana
- ❖ハワイアンギター chitarra㊛ hawaiana

はわたり 刃渡り lunghezza㊛ di una lama ¶刃渡り3寸の短刀 coltello con la lama di circa 10 cm

はん 半 **1**《半分》metà㊛; mezzo㊚ ¶1倍半 una volta e mezza ¶5時半です. Sono le cinque e mezza. **2**《さいころの》numero㊚ dispari ¶丁半を賭ける giocare a dadi a pari e dispari

はん 判《判子》timbro㊚ ¶判で押したような返事 risposta data con lo stampino ¶判で押したように皆同じ答えをした. Tutti hanno risposto proprio nello stesso modo.
2《判型》formato㊚

はん 版 edizione㊛ ¶初版（本）prima edizione, edizione principe ¶再版 seconda edizione ¶決定［普及］版 edizione definitiva [diffusa] ¶改訂版 edizione riveduta ¶改訂増補版 edizione riveduta e ampliata ¶海賊版 edizione pirata [無変] ¶版を重ねる stampare [pubblicare] numerose edizioni ¶この本は30版を重ねた. Di questo libro si sono fatte (e vendute) 30 edizioni.

はん 班 gruppo㊚;《チーム》squadra㊛;《軍隊の》sezione㊛;《共同研究などの》〔仏〕équipe㊛[無変]
- ❖班長 capogruppo㊚ ㊛[㊚複 capigruppo]; ㊛複 capogruppo]; caposquadra㊚ ㊛[㊚複 capisquadra; ㊛複 caposquadra]

はん 範 negozio㊚ ¶範を示す dare il buon esempio a qlcu. ¶範をとる seguire [imitare] l'esempio di qlcu. [ql.co.]

はん 藩《史》dominio㊚[複 -i] (territorio㊚ [複 -i]) di un daimyo; signoria㊛, feudo㊚
- ❖藩主《大名》daimyo㊚[無変]; signore㊚ feudale del Giappone

はん 反- anti- ¶反キリスト教の anticristiano ¶反軍国主義 antimilitarismo ¶反政府運動 movimento antigovernativo ¶反民主的 antidemocratico ¶反歴史主義《哲》antistoricismo

はん- 半- semi-, emi- ¶半母音 semivocale㊛ ¶卵半ダース mezza dozzina di uova ¶半時間ごとに ogni mezz'ora [trenta minuti]

はん- 汎- pan- ¶汎アジア主義 panasiatismo ¶汎アフリカ主義 panafricanismo ¶汎アラブ主義 panarabismo ¶汎イスラム主義 panislamismo ¶汎スラブ主義 panslavismo / slavismo ¶汎太平洋会議 conferenza panpacifica

ばん 晩 sera㊛; notte㊛ ◇晩に a [di] sera, la sera; di notte, la notte ¶月曜の晩 lunedì sera ¶毎晩 ogni sera / tutte le sere ¶明日［昨日］の晩 domani [ieri] sera ¶晩になる. Si fa sera. ¶一晩中 per tutta la notte ¶晩の8時に alle 20 / alle 8 di sera ¶朝から晩まで働く lavorare da mane a sera [dalla mattina alla sera] ¶一晩泊めてください. Mi alloggi per una notte.

ばん 番 **1**《順番》turno㊚ ¶自分の番を待つ aspettare il proprio turno ¶「誰の番だい」「僕の番だ」"A chi tocca?" "Tocca a me. / È il mio turno." ¶君が…の番だ. Tocca a te+不定詞 ¶私の番をとっておいてください.《行列で》Mi tenga il posto nella fila, per favore.
2《見張り》sorveglianza㊛, guardia㊛ ¶番をする fare la guardia a ql.co. [qlcu.] / custodire [sorvegliare] ql.co. [qlcu.] ¶店の番をする badare al negozio ¶電話の番をする avere il compito di rispondere al telefono ¶君は荷物の番をしていてくれ. Tu stai attento [bada] al bagaglio.
3《番号》numero㊚;《略》n.;《順位》posto㊚ ¶左から3番目の人 la terza persona da sinistra ¶交響曲第5番 la quinta sinfonia ¶2番ホーム binario numero due ¶お宅の電話の番号は何番ですか. Qual è il suo numero di telefono? ¶僕はテストで2番だった. Sono stato classificato secondo [al secondo posto] nell'esame.

ばん 盤 **1**《台》asse㊛, tavola㊛ **2**《チェスなどの》scacchiera㊛ **3**《CDなどの》disco㊚[複 -schi]

バン〔英 VAN〕《付加価値通信網》rete㊛ a valore aggiunto

バン〔英 van〕《車》furgone㊚; furgoncino㊚

-ばん -判 formato㊚ ¶大判［小型判］の di grande [piccolo] formato ¶ポケット判 formato tascabile ¶2 [4 / 8 / 16]折判《印》formato in folio [in quarto / in ottavo / in sedicesimo]

ばん《擬》bang ¶ばんとピストルの音がした. Ho

パン 〔英 pan〕〔映〕panoramica㊛ ◇パンする panoramicare

パン 〔ポ pão〕 pane㊚; (角形食パン) pane in cassetta, pan㊚ carré; (バゲット) filone㊚ [bastone] (di pane); (大きな円形の) pagnotta㊛; (総称) lieviti㊚[複] ¶パン1切れ una fetta di pane ¶パンを焼く cuocere [infornare] il pane ¶パンをこしらえる fare il pane ¶パンにバターをつける spalmare il [del] burro sul pane ¶パンの皮[耳] crosta del pane ¶固くなったパン pane raffermo ¶焼きたてのパン pane fresco [appena sfornato] ¶パンの硬い部分 crosta del pane ¶パンの柔らかい部分 mollica del pane ¶「人はパンのみにて生くるにあらず」(聖)"L'uomo non vive di solo pane."
✤パン屑 briciole㊛[複] di pane

パン粉 pangrattato㊚, pane㊚ grattugiato

パン種 (イースト) lievito㊚; (生地) pasta㊛ di pane

パン屋 (人) panettiere㊚ [㊛ -a], fornaio㊚ [-ia; ㊚複 -i]; (店) panetteria㊛, forno㊚; (製造所) panificio㊚ [㊚複 -i]

パン- 〔英 pan-〕 pan- → 汎-

パンアレンたい パンアレン帯 〔物〕fascia㊛[複 -sce] (radioattiva) di Van Allen

はんい 犯意 proposito㊚ [intento] criminale ¶被告は犯意があったことを認めた。L'accusato ha ammesso la premeditazione del delitto.

はんい 範囲 (領域) ambito㊚, campo㊚; (限界) limite㊚; (広がり) estensione㊛ ¶…の範囲内[外]に nell'ambito [fuori dell'ambito] di ql.co. ¶手の届く範囲にある essere a portata di mano ¶可能な範囲で nel limite del possibile ¶私の知っている範囲では per quanto ne so (sappia) (io) ¶交際範囲が広い avere un'ampia [una vasta] cerchia di relazioni ¶読書の範囲が広い leggere di tutto ¶活動範囲を広げる allargare la sfera [il campo] delle proprie attività ¶君のできる範囲でやってくれればいい。È sufficiente che tu faccia quello che ti riesce. ¶試験の範囲はどこからどこまでですか。Per l'esame, da dove e fin dove bisogna studiare? ¶被害は広い範囲にわたっている。I danni sono stati di vasta portata.

はんいご 反意語 antonimo㊚, contrario㊚ [複 -i]

はんいんよう 半陰陽 〔生〕ermafrodismo㊚; (人) ermafrodito㊚

はんえい 反映 1 (反射してうつること) riflesso㊚ ◇反映する (他のものに) riflettere; (自らが) riflettersi ¶夕日が川の水に反映している。Il sole del tramonto si riflette nell'acqua del fiume. 2 (影響が現れること) ¶世論を政治に反映させる rispecchiare l'opinione dei cittadini nella politica

はんえい 繁栄 prosperità㊛ ◇繁栄する prosperare㊂ [av] ¶繁栄している essere prospero [fiorente] / essere in prosperità

はんえいきゅう 半永久 ◇半永久的(な) quasi permanente [eterno] ¶半永久的である《長い間もつ》 avere una lunghissima durata

はんえん 半円 semicerchio㊚[複 -chi], semicircolo㊚, semiconferenza㊛ ◇半円形の semicircolare
✤半円アーチ 〔建〕arco㊚[複 -chi] a tutto sesto [a pieno centro]

はんおん 半音 〔音〕semitono㊚ ¶半音下げる bemollizzare
✤半音階 scala㊛ cromatica ◇半音階の cromatico㊚[複 -ci]

はんか 繁華
✤繁華街 quartiere㊚ dei negozi [molto animato / frequentato]

はんが 版画 incisione㊛, stampa㊛ → 美術用語集 ¶木版画 incisione su legno / silografia / xilografia ¶銅版画 acquaforte㊛
✤版画家 silografo㊚[㊛ -a], xilografo㊚[㊛ -a] 版画術 silografia㊛, xilografia㊛, stampa㊛ (su legno)

ばんか 挽歌 canto㊚ funebre; elegia㊛[複 -gie]

ばんか 晩夏 tarda estate㊛

ハンガー 〔英 hanger〕 gruccia㊛[複 -ce], stampella㊛ ¶上着をハンガーにかける appendere un abito sulla stampella

ハンガーストライキ 〔英 hunger strike〕 sciopero della fame ¶ハンガーストライキをする fare lo sciopero della fame 《に対し contro》

はんかい 半開 ◇半開の semiaperto, mezzo aperto ¶半開の戸 porta semiaperta ¶桜は半開だ。I ciliegi sono a metà della loro fioritura.

はんかい 半壊 distruzione㊛ parziale ¶半壊の家 casa parzialmente distrutta

ばんかい 挽回 ◇挽回する ristabilire [ripristinare / restaurare] ql.co. ¶挽回できない irreparabile / irrecuperabile / irrimediabile ¶勢力を挽回する recuperare le forze ¶名誉を挽回する redimersi dal disonore ¶彼は勉強の遅れをすぐに挽回した。Ha recuperato prontamente il ritardo negli studi.

ばんがい 番外 sovrappiù㊚, extra㊚, supplemento㊚, aggiunta㊛; (予定外の番組・演目など) fuoriprogramma㊚[無変]; (オブザーバー) membro㊚ non ufficiale ◇番外の extra, [無変] aggiuntivo, supplementare, aggiuntivo ¶番外編 (ドラマ・映画などの) episodio speciale / (出版物) edizione speciale ¶番外の演奏 esecuzione fuori programma

はんかく 反核 ◇反核の antinucleare
✤反核運動 movimento㊚ antinucleare

はんがく 半額 metà prezzo㊚, metà tariffa㊛ ¶半額で a metà prezzo ¶半額にする ridurre il prezzo della metà ¶子供は半額です。I ragazzi pagano la metà [metà prezzo].

ばんがく 晩学 ¶彼は晩学だ。Ha iniziato a studiare ad età già avanzata.

はんかくめい 反革命 controrivoluzione㊛ ◇反革命の controrivoluzionario㊚[複 -i], antirivoluzionario㊚[複 -i] ¶反革命の徒 controrivoluzionario㊚[㊛ -ia] / antirivoluzionario㊚ [㊛ -ia]

はんかくもじ 半角文字 carattere㊚ ad un byte

はんかこう 半加工 ◇半加工の semilavorato
✤半加工品 semilavorato㊚

ばんがさ 番傘 ombrello㊚ di bambù e carta

oleata di semplice fattura
はんがた 判型 formato*m*
ハンカチ fazzoletto*m*
はんかつう 半可通 ◇半可通の immaturo
バンガロー 〔英 bungalow〕 〔英〕 bungalow [bángalo] [無変]
はんかん 反感 antipatia*f*, avversione*f*, antagonismo*m* ¶反感を抱く avere [provare] antipatia《に per》/ detestare *qlcu.* [*ql.co.*]
|慣用|反感を買う ¶彼は同僚の反感を買うようなことばかり言う. Dice sempre cose che gli attirano l'antipatia [l'avversione] dei suoi colleghi.
はんがん 半眼 ¶目を半眼に開いて con gli occhi semiaperti
はんがん 斑岩 〔鉱〕 porfido*m* ◇斑岩(状)の porfirico [複 -ci]
ばんかん 万感 ¶万感胸に迫った. Un'ondata di emozioni riempì il mio cuore. ¶万感の思いで言葉が出なかった. Ero troppo emozionato per poter parlare.
はんかんはんみん 半官半民 ¶半官半民の企業体 ente*m* parastatale
はんき 反旗 ¶反旗をひるがえす inalberare [issare] lo stendardo della rivolta / rivoltarsi [ribellarsi]《に contro》
はんき 半期 semestre*m*;(1期の半分) metà*f* del periodo ◇半期の semestrale ¶上[下]半期 primo [secondo] semestre ¶第3[4]四半期 terzo [quarto] trimestre ¶半期ごとに semestralmente / ogni semestre / a semestri / per semestre
✤**半期決算** liquidazione*f* semestrale
半期配当 dividendo*m* semestrale
はんき 半旗 bandiera*f* a mezz'asta ¶半旗を掲げる alzare la bandiera a mezz'asta
はんぎ 版木・板木 blocchetto*m* di legno (per la stampa)
はんぎご 反義語 antonimo*m*, contrario*m* [複 -i]
はんぎゃく 反逆 ribellione*f*, rivolta*f* ◇反逆する ribellarsi [rivoltarsi]《に contro》
✤**反逆罪** 〔法〕 tradimento*m*
反逆児 persona*f* rivoltosa [ribelle / dissidente]
反逆者 ribelle*mf*, rivoltoso*m* [*f* -a], cospiratore*m* [*f* -trice]
反逆精神 spirito*m* di rivolta [di ribellione]
はんきゅう 半球 emisfero*m* ¶北[南 / 東 / 西 / 水 / 陸]半球 emisfero boreale [australe / orientale / occidentale / marittimo / terrestre]
はんきゅう 半休 (giorno*m* con) orario*m* ridotto, giornata*f* semifestiva
はんきょう 反共 ◇反共の anticomunista [複 -i]
✤**反共主義** anticomunismo*m*
反共主義者 anticomunista*mf* [複 -i]
はんきょう 反響 **1**(音の反射) risonanza*f*, eco*f* または *m* [複 gli *echi*];(残響) riverbero*m*;(大きな音の) rimbombo*m* ◇反響する risuonare [*es, av*], echeggiare*i* [*av, es*], rimbombare*i* [*es, av*]; ripercuotersi ¶こだまが山々に反響する. L'eco si ripercuote sui monti.

2《反応, 影響》reazione*f*, risonanza*f*; ripercussione*f* ¶非常な反響を呼ぶ avere vasta eco [risonanza]《で in》¶新政策の発表は何の反響も呼ばなかった. L'annuncio della nuova politica non ha provocato alcuna reazione.
はんきょうらん 半狂乱 ¶半狂乱の母親 madre sull'orlo della pazzia
ばんきん 板金 《金属板》 lamiera*f* sottile, lamierino*m*
✤**板金工** lamierista*a* [複 -i];(車体の) carrozziere*m*
板金工場 fabbrica*f* di lamiere;(車体の) carrozzeria*f*
はんく 半句 **1**(わずかな言葉) ¶一言半句も言えなかった. Rimasi senza parole.
2 〔詩 学〕 emistichio*m* [複 -chi] ¶上(*か*)半句 primo emistichio
バンク 〔英 bank〕 **1**(銀行) banca*f*
2(競技場の) curva*f* rialzata
¶バンク角《空》 angolo*m* di rollio
バンクローン 〔金融〕 prestito*m* bancario [複 -i]
パンク 1(タイヤの) scoppio*m* [複 -i], bucatura*f* [foratura*f*] (di un pneumatico) ◇パンクする bucarsi, forarsi ¶タイヤがパンクした. La gomma si è bucata [è a terra]. ¶パンクを修理する riparare un pneumatico forato
2(中身が一杯で破れること) ¶お腹(*なか*)がパンクしそうだ. Ho la pancia che mi scoppia. ¶電話回線がパンクした. Le linee telefoniche sono andate in tilt. ¶市の財政はパンク寸前だ. Le finanze della città stanno per crollare.
パンク 〔英 punk〕 〔英〕 punk*m f* [無変]
パンクファッション moda*f* punk
パンクロック 〔英〕 punk rock*m* [無変]
ハンググライダー 〔英 hang glider〕 〔英〕 hang glider*m* [無変], deltaplano*m*

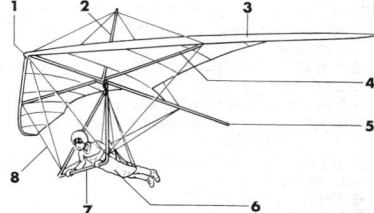

ハンググライダー
1 ノーズ muso*m*. **2** キングポスト antenna*f*, torretta*f* della controvelatura. **3** セール ala*f*, velatura*f*. **4** クロスバー tubo*m* trasversale. **5** キール chiglia*f*. **6** ハーネス, 装着帯 imbracatura*f*. **7** コントロールバー barra*f* di controllo. **8** フライングワイヤー funi*f*[複] portanti.

ばんぐみ 番組 programma*m* [複 -i] ¶娯楽[音楽 / 教養 / バラエティー]番組 programma ricreativo [musicale / culturale / di varietà] ¶緊急[特別]番組 edizione straordinaria ¶番組を作る produrre [realizzare] un programma

✤番組表 palinsesto[男], indice[男] dei programmi
ハングリー〔英 hungry〕◇ハングリーな affamato
ハングル alfabeto[男] coreano
ばんくるわせ 番狂わせ risultato[男][esito[男]] imprevisto, sorpresa[女] ¶彼の敗北は番狂わせだった. Ha subito una sconfitta che nessuno prevedeva.
はんグローバリズム 反グローバリズム ◇反グローバリズムの antiglobalizzazione[無変] ¶反グローバリズム運動 movimento antiglobalizzazione ¶反グローバリズムの運動家 no global[男][女][無変]
はんけい 半径 raggio[男][複 -gi] ¶半径10キロ以内に in un raggio di 10 km / 10 km all'intorno ¶行動半径を広げる estendere il (*proprio*) raggio d'azione
✤半径方向速度 velocità[女] radiale
パンケーキ〔英 pancake〕 frittella[女]
はんげき 反撃 contrattac*co*[男][複 *-chi*], controffensiva[女] ◇反撃する rispondere a un attacco, contrattaccare, lanciare [sferrare] un contrattacco [una controffensiva] ¶反撃に移る passare al contrattacco
はんけつ 判決 sentenza[女], giudi*zio*[男][複 *-i*] ¶死刑の判決 sentenza「di morte [capitale]」 ¶判決の主文 il dispositivo di una sentenza ¶公平な判決を下す emanare [pronunziare] una sentenza imparziale ¶判決に不服を唱える protestare contro una sentenza ¶判決を破棄する cassare [annullare] una sentenza ¶判決を覆す rovesciare il giudizio ¶判決に服する accettare la sentenza ¶最終判決が下った. La sentenza definitiva è stata pronunciata.
✤判決文 ¶判決文を朗読する dare lettura della sentenza
判決理由 le motivazioni[女][複] di una sentenza, i considerando[男][複]
判決例 caso[男] che fa testo [che crea un precedente]
はんげつ 半月 《弦月》 mezza luna[女], mezzaluna[女][複 *mezzelune*] ¶半月状の a forma di mezzaluna
✤半月切り ¶半月切りにする tagliare *ql.co.* a mezzaluna
半月弁〘解〙《心臓の》 valvola[女] semilunare
はんけん 半券 tagliando[男] ¶荷物の半券 scontrino del bagaglio
はんけん 版権 diritti[男][複] d'autore;〔英〕 copyright[男][無変]
✤版権所有《表示》"Tutti i diritti riservati"
版権所有者 deten*tore*[男][[女] *-trice*] dei diritti d'autore
はんげん 半減 riduzione[女] a metà, dimezzamento[男] ◇半減する diminuire [ridurre] *ql.co.* della [a] metà / dimezzare *ql.co.* ¶参加者が半減した. I partecipanti sono diminuiti della metà.
✤半減期〘化〙(tempo[男] di) semitrasformazione[女], semiperiodo[男]
ばんけん 番犬 cane[男] da guardia
はんけんりょく 反権力 ◇反権力の antiautoritar*io* [[男]複 *-i*]
はんこ 判子 timbro[男];《封印》 sigillo[男] ¶…にはんこを押す timbrare *ql.co.* / apporre [mettere] un timbro su *ql.co.*

> [日本事情] 判子
> In Giappone il timbro personale con inciso il proprio cognome, chiamato *hanko*, *han* o *inkan*, viene usato al posto della firma. Può essere di avorio, di legno, di plastica o semplicemente, per uso commerciale, di gomma. Il timbro registrato, *jitsuin*, viene usato per contratti o documenti ufficiali.

はんご 反語〘修〙 antifrasi[女][無変] (►表したい内容とは正反対の意味の言葉を使うこと); domanda[女] retorica (►答えが自明である疑問文);《皮肉》 ironia[女], sarcasmo[男] ◇反語的 antifrasti*co* [[男]複 *-ci*]; ironi*co* [sarcasti*co*] [[男]複 *-ci*]
はんこう 反抗 resistenza[女];《反対》 opposizione[女];《反乱》 rivolta[女], ribellione[女];《不服従》 insubordinazione[女], disubbidienza[女] ◇反抗的な ribelle; insubordinato, indisciplinato, disobbediente ◇反抗する resistere [opporsi]《に a》, fare [opporre] resistenza《に a》, rivoltarsi《に contro》, disobbedire《に a》 ¶反抗的な態度をとる assumere un atteggiamento ribelle verso *qlcu.*
✤反抗期 ¶あの子は反抗期です. Quel ragazzo è nel suo periodo ribelle.
反抗心 spirito[男] d'insubordinazione, animo[男] ribelle
はんこう 犯行 crimine[男], delitto[男], reato[男] ¶犯行を認める riconoscere [ammettere] un crimine / riconoscersi colpevole ¶犯行を自供する confessare un crimine ¶犯行を否認する negare di aver commesso un crimine
✤犯行現場 luo*go*[男][複 *-ghi*] del delitto
犯行声明 rivendicazione[女] (di un crimine) ¶あるテロ組織によって犯行声明が出された. L'attentato è stato rivendicato da un'organizzazione terroristica.
はんごう 飯盒 gavetta[女], gamella[女]
ばんこう 蛮行 barbarie[女][無変], brutalità[女]
ばんごう 番号 numero[男] ¶原子[座席 / 登録]番号 numero atomico [del posto / di registrazione] ¶電話番号 numero di telefono / recapito telefonico ¶番号を打つ numerare [mettere il numero a] *ql.co.* ¶電話番号を押す comporre [digitare] il numero ¶番号をお間違えです. Ha sbagliato numero. ¶お掛けになった番号は現在使われておりません. Il numero da lei chiamato è attualmente fuori uso. ¶番号順に並んでください. Mettetevi in fila in ordine numerico.
✤番号通話 chiamata[女] a persona non specifica
番号札 biglietto[男] [scontrino[男]] numerato, numero[男]
はんごうせいせんい 半合成繊維 fibra[女] semisintetica
はんこうたく 半光沢 ◇半光沢の semilucido
はんコート 半コート cappotto[男] corto, giaccone[男]
ばんこく 万国 tutti i paesi[男][複], tutte le nazioni[女][複] ◇万国の internazionale ¶万国共通の universale
✤万国旗 bandiere[女][複] di tutte le nazioni

万国博覧会 Esposizione㊛ Internazionale; expo [ekspó] ㊛[無変]
万国郵便連合 Unione㊛ Postale Universale ; 《略》UPU [úpu]㊚

はんこたい 半固体 ◇半固体の semisolido
はんこつ 反骨 ◇反骨の ribelle
❖**反骨精神** spirito㊚ ribelle [di ribellione]; anticonformismo㊚
ばんこつ 万骨 ¶一将功成りて万骨枯る. Per fare un eroe muoiono migliaia di persone.
ばんごや 番小屋 garitta (di sentinella), casetta㊛ del custode [guardiano]
はんごろし 半殺し ¶半殺しにする pestare qlcu. [darle a qlcu.] di santa ragione ¶なぐられて半殺しの目に遭った. Ero mezzo morto per le botte.
はんこん 瘢痕 《医》cicatrice㊛
ばんこん 晩婚 matrimonio㊚ a tarda età ¶私は晩婚だった. Mi sono sposato in tarda età.
はんさ 煩瑣 ◇煩瑣な《複雑な》troppo complicato; 《煩わしい》seccante, fastidioso, noioso
はんざい 犯罪 delitto㊚; crimine㊚; reato㊚《集合的》criminalità㊛, delinquenza㊛ ¶犯罪を犯す commettere un delitto [un reato / un crimine] ¶重犯罪 grave delitto ¶軽犯罪 piccola violazione di legge / 《交通違反など》infrazione leggera ¶完全犯罪 delitto perfetto ¶少年犯罪が増加している. La delinquenza minorile sta aumentando.
❖**犯罪学** criminologia㊛
犯罪学者 criminologo㊚ [㊛ -ga; ㊚複 -gi]
犯罪行為 azione㊛ criminale; reato㊚
犯罪事件 caso㊚ criminoso
犯罪者 colpevole㊚㊛, reo㊚ [㊛ rea] ; criminale㊚㊛; delinquente㊚㊛;《常習的》malvivente㊚㊛
犯罪心理学 psicologia㊛ criminale
犯罪捜査 indagine㊛ su un delitto, inchiesta㊛ giudiziaria
犯罪人 criminale㊚㊛
犯罪人引渡 consegna㊛ di un criminale
ばんざい 万歳 **1**《唱和の叫び》Evviva! / Viva! / Urrà! ◆プラカードなどには"W"と書く. 反対の《くたばれ》などのときは逆さにして"M"と書く. ¶イタリア共和国万歳. Viva la Repubblica Italiana! ¶万歳を三唱する lanciare tre urrà per qlcu. / mandare [gridare] tre evviva per qlcu. ¶ロッシさん万歳. Lunga vita a Rossi!
2《喜ぶべきこと》¶うまくいけば万歳だ. Se dovesse andar bene, è qualcosa di cui dovremmo rallegrarci.
3《進退窮まること》¶許可がおりなくては万歳するよりほかにない. Se non ottengo quel permesso, sono perduto.
ばんさく 万策 ¶万策尽きる aver esaurito tutte le risorse / non avere più carte da giocare
はんざつ 煩雑・繁雑 ◇煩雑な complicato, complesso ¶煩雑な手続きを簡便化する semplificare le procedure complicate
ハンサム 〔英 handsome〕 ¶ハンサムな男 bell'uomo / uomo di bell'aspetto
はんさよう 反作用 reazione㊛ ¶反作用を及ぼす reagire㊀ [av] a [contro] ql.co.

ばんさん 晩餐 cena㊛ ¶『最後の晩餐』(レオナルド・ダ・ヴィンチ)"L'ultima cena" / "Il cenacolo" (Leonardo da Vinci)
❖**晩餐会** ¶《人》を主賓として晩餐会を開く dare una cena in onore di qlcu.
はんし 半紙 foglio㊚ [複 -gli] di carta bianca per calligrafia di 35 per 25 cm
はんじ 判事 《法》giudice㊚㊛, magistrato㊚ ¶主席判事 giudice capo / presidente㊚ della corte ¶陪席判事 giudice a latere ¶予審判事 giudice istruttore
❖**判事席** seggio㊚ [複 -gi] del giudice
判事補 giudice㊚ aggiunto
ばんし 万死 ¶万死に一生を得た. Sono scampato per miracolo. ¶彼の罪は万死に値する. Il suo crimine merita la pena di morte.
ばんじ 万事 ¶万事休すだ. È finita per me! / Tutto è perduto! / Ogni speranza è svanita! ¶万事順調だ. Tutto va bene. ¶彼は万事心得ている. È a conoscenza [al corrente] di tutto.
パンジー 〔英 pansy〕 《植》 viola㊛ del pensiero
バンジージャンプ 〔英〕 bungee jumping㊚ [無変]
はんしいん 半子音 《音声》semiconsonante㊚ (◆母音と子音の中間音で, イタリア語ではuomoの"u"や piattoの"i"のように, 上昇型の二重母音のうちの弱母音の"i"や"u"がこれに当たる. 半母音 semivocaleとも言う)
はんじえ 判じ絵 〔ラ〕 rebus㊚ [無変]; enigma㊚ [複 -i] [〔英〕 puzzle㊚ [無変]] illustrato
はんした 版下 copia㊛ di cliché
はんじどう 半自動 ◇半自動の semiautomatico㊚ [複 -ci]
はんしはんしょう 半死半生 ◇半死半生のmezzo morto, più morto che vivo ¶彼は半死半生の目に遭った. L'ha vista molto brutta.
はんしゃ 反射 **1**《物理的な》riflessione㊛, riverbero㊚; riflesso㊚ ◇反射する《他のものを》riflettere, riverberare;《自 ら が》riflettersi, riverberarsi ¶乱反射 riflessione diffusa ¶夕日が窓ガラスに反射している. Il sole del tramonto si riflette sui vetri della finestra.
2《生理的な反応》riflesso㊚ ◇反射的(な) riflesso ◇反射的に riflessamente, per riflesso;《即座に》all'[sull']istante ¶条件[膝蓋(ぬ)]反射 riflesso condizionato [del ginocchio] ¶反射的に危険から身をかわす schivare un pericolo per riflesso
❖**反射運動** movimento㊚ riflesso
反射角 angolo㊚ di riflessione
反射鏡 specchio㊚ [複 -chi] riflettore
反射顕微鏡 microscopio㊚ [複 -i] a riflessione
反射神経 riflesso㊚ ¶彼は反射神経がよい. Ha dei buoni riflessi.
反射望遠鏡 (telescopio㊚ [複 -i]) riflettore
反 射 率 riflettanza㊛, riflettività㊛, fattore㊚ di riflessione
反射炉 forno㊚ a riverbero
はんしゃかい 反社会 ◇反社会的 asociale, antisociale ¶反社会的行動 comportamento asociale

ばんしゃく 晩酌 ¶父はよく晩酌をする. Mio padre, a cena, beve spesso.

はんしゅう 半周 semicerchio㊚ 〚複〛 -chi〛 ¶湖を半周する fare mezzo giro del lago

ばんしゅう 晩秋 tardo autunno㊚; fine㊛ (d')autunno

はんじゅく 半熟 **1** 《卵などの》 mezza cottura㊛ ◇半熟を半熟にする fare [cuocere] le uova alla coque [kɔk] **2** 《果実などの》 ◇半熟の ancora acerbo
✣半熟卵 uovo㊚ alla coque [bazzotto / mezzo cotto]

はんしゅつ 搬出 ◇搬出する trascinare [tirare / portare] fuori ql.co.

ばんしゅん 晩春 tarda primavera㊛; fine㊛ (di) primavera

ばんしょ 板書 ◇板書する scrivere ql.co. su una lavagna

はんしょう 反証 controprova㊛, prova㊛ contraria, controtestimonianza㊛; 《反論》 confutazione㊛ ¶反証を挙げる esibire [fornire] una controprova / provare il contrario ¶ある命題の反証を挙げる confutare una tesi

はんしょう 半焼 ◇半焼する mezzo bruciato ◇半焼する bruciare per metà, essere semidistrutto [semibruciato] per un incendio

はんしょう 半鐘 campana㊛ d'allarme ¶半鐘を鳴らす suonare la campana d'allarme

はんじょう 繁盛 prosperità㊛ ◇繁盛する prosperare㊆ [av], fiorire㊆ [es]; 《客が多い》 avere molti clienti, avere una vasta clientela ¶大繁盛の市(ʲ) mercato prospero [fiorente / ben avviato] ¶彼は商売繁盛だ. I suoi affari prosperano [vanno bene].

ばんしょう 万障 ¶万障お繰り合わせの上ご出席ください. Spero vivamente che Lei voglia onorarci della Sua presenza.

ばんしょう 晩鐘 campana㊛ a vespro ¶シチリアの晩鐘《史》 Vespri siciliani (◆1282)

バンジョー 〔英 banjo〕《音》〔英〕banjo㊚ 〚無変〛

はんしょく 繁殖 riproduzione㊛, generazione㊛;《増殖》moltiplicazione㊛, proliferazione㊛, propagazione㊛ ◇繁殖する riprodursi, moltiplicarsi; propagarsi, proliferare㊆ [av] ¶細菌の繁殖を抑える evitare [prevenire] il moltiplicarsi dei batteri
✣繁殖期《哺乳類》stagione㊛ degli amori, periodo㊚ di calore;《鳥類》stagione dei nidi [della cova]
繁殖力 capacità㊛ di proliferazione ◇繁殖力のある fecondo, prolifico 〚複 -ci〛 ◇繁殖力のない sterile

はんしん 半身 metà㊛ del corpo ¶右[左/上/下]半身 metà destra [sinistra / superiore / inferiore] del corpo ¶上半身裸になる denudare il busto ¶下半身が不自由である essere paralizzato agli arti inferiori
✣半身像《彫刻》busto㊚, mezza figura㊛;《絵画, 写真》ritratto㊚ a mezzo busto
半身不随 emiplegia㊛, paralisi㊛ [無変] unilaterale ◇半身不随の emiplegico 〚複 -ci〛 ¶下半身不随 paraplegia inferiore [《医》crurale] ¶上半身不随 paraplegia superiore [《医》brachiale] ¶右半身不随である essere paralizzato alla parte destra del corpo

はんしん 半神《ギ神・ロ神》semidio㊚ [㊛ -dea; ㊚複 -dei, ㊛複 -dee] (◆女神アフロディテとトロイアの王アンキセスの子アイネイアスなど, 人間と神の間に生まれた者)

はんしんはんぎ 半信半疑 ◇半信半疑で nel dubbio, senza essere persuaso [convinto] ¶半信半疑である nutrire dubbi circa ql.co. / non essere completamente convinto

はんしんろん 汎心論《哲》pampsichismo㊚

はんしんろん 汎神論《哲》panteismo㊚ ◇汎神論的 panteistico 〚複 -ci〛

はんすう 反芻 ruminazione㊛ ◇反芻する ruminare (►比喩的にも用いられる) ¶彼が言ったことを何度も反芻してみた. Ho meditato 「e rimeditato [più volte] su quanto aveva detto.
✣反芻動物 ruminanti㊚ [複]

はんすう 半数 ¶必要数の半数に満たない non raggiungere la metà del numero richiesto
✣半数改選 rielezione㊛ [rinnovo㊚] della metà

ハンスト →ハンガーストライキ

はんズボン 半ズボン calzoni㊚ [複], calzoncini㊚ [複] [pantaloncini㊚ [複]] corti, 〔英〕shorts [ʃɔːts]㊚ [複]

はんする 反する《反対である》essere contrario [㊚複 -i] (と a);《違反する》contravvenire a ql.co., opporsi (に a) ¶あらゆる期待 [自分の意志] に反して contro「ogni aspettativa [la propria volontà] ¶私の予想に反して contrariamente alle mie previsioni ¶私たちの意に反して nostro malgrado ¶彼のその行動は彼の主義主張に反している. Quella sua condotta contraddice [è in contrasto con] i suoi principi. ¶契約に反する行為 atto che contravviene al contratto ¶彼は両親の意に反することばかりしている. Lui fa sempre il contrario di ciò che dicono i suoi genitori. ¶それは礼儀に反する. Ciò va contro le buone maniere. ¶君のしていることは法律に反している. Quello che stai facendo「è contrario alla [viola la] legge.

はんせい 反省 **1**《良心に照らして省みる》riflessione㊛, riconsiderazione㊛;《内省》introspezione㊛ ◇反省する riflettere㊆ [av] 《について su》; fare un esame introspettivo ¶反省を促す indurre qlcu. a fare un esame di coscienza [riflettere sul proprio comportamento]
2《悔い改める》◇反省する pentirsi [ravvedersi] di ql.co. ¶彼は反省の色を見せていない. Non sembra「pentirsi di ciò che ha fatto [che voglia ravvedersi]. ¶私が間違っていたと深く反省しています. Avevo torto, e mi dispiace tanto [me ne dispiaccio].

はんせい 半生 ¶彼は半生を考古学の研究に捧げた. Ha dedicato praticamente tutta la sua vita agli studi di archeologia.

ばんせい 蛮声 ¶蛮声を張り上げて歌う cantare a squarciagola una canzone

ばんせいいでん 伴性遺伝《生》ereditarietà㊛ legata al sesso

ばんせいせつ 万聖節《キリ》Ognissanti㊚ [無変] (◆11月1日)

はんせいひん 半製品 semilavorato[男], semiprodotto[男], prodotto[男] semifinito
はんせき 犯跡 traccia[女][複 -ce] d'un delitto ¶犯跡をくらます eliminare le tracce del delitto
はんせん 反戦 ◇反戦の pacifista [男複 -i], contro la guerra, contrario [複 -i] alla guerra, antibellico [男複 -ci]
✤**反戦運動** ¶反戦運動を組織する organizzare un movimento pacifista
反戦主義 pacifismo[男]
反戦主義者 pacifista[男][女][男複 -i]
反戦デモ manifestazione[女] pacifista [contro la guerra]
反戦平和思想 pensiero[男] pacifista
はんせん 帆船 bastimento[男][nave[女]] a vela, veliero[男]
はんぜん 判然 ◇判然とした chiaro, netto ¶2つの間には判然とした相異が見られる. Ci sono nette differenze fra i due. ¶事情がまだ判然としない. La situazione non è ancora「ben definita [del tutto chiara].
ばんせん 番線 ¶2番線から列車が発車します. Il treno parte dal binario numero due.
ばんぜん 万全 ¶万全の策[措置]をとる prendere tutte le misure [tutti i provvedimenti] possibili per＋[不定詞] /《災難や危険に対して》prendere ogni misura [provvedimento] possibile contro *ql.co.* ¶万全を期して per essere doppiamente sicuro per qualsiasi eventualità
ハンセンびょう ハンセン病 〘医〙 morbo[男] di Hansen; lebbra[女]
✤**ハンセン病患者** lebbroso[男][女 -a]
はんそ 反訴 〘法〙 contraccusa[女], controquerela[女], riconvenzione[女] ◇反訴する muovere una contraccusa ¶彼は名誉毀損(きそん)の反訴を起こした. Ha controquerelato per diffamazione.
はんそう 帆走 navigazione[女] a vela;《グライダーの》volo[男] a vela ◇帆走する navigare[自][*av*] a vela, veleggiare[自][*av*]; volare[自][*es, av*] a vela
✤**帆走船** barca[女] a vela
はんそう 搬送 **1**《物品・動物の輸送》trasporto[男] ◇搬送する trasportare *ql.co.* **2**《音声・画像などを》trasmissione[女], comunicazione[女]
✤**搬送通信(方式)** (sistema[男][複 -i] di) trasmissione[女] con frequenze vettoriali
ばんそう 伴走 ¶トレーニング中の選手に伴走する accompagnare un atleta in allenamento ¶マラソンで視覚障害者に伴走する correre una maratona con un non vedente
✤**伴走車** veicolo[男] scortato
ばんそう 伴奏 accompagnamento[男] ◇伴奏する accompagnare *qlcu.* [*ql.co.*]《で a, con》 ¶伴奏つき[なし]で con [senza] accompagnamento ¶ピアノで歌手の伴奏をする accompagnare una cantante al [con il] pianoforte
✤**伴奏者** accompagnatore[男][女 -trice]
ばんそうこう 絆創膏 cerotto[男] ¶傷口に絆創膏を張る mettere [applicare] un cerotto su un taglio [una ferita]
はんそく 反則 〘スポ〙 fallo[男], infrazione[女] ¶反則を犯す contravvenire alle regole / commettere un fallo [un'infrazione] /《一般的に》trasgredire le regole ¶反則の多い選手 giocatore falloso ¶反則すれすれのプレー gioco quasi sleale
✤**反則打** 《ボクシングで》colpo[男] proibito, colpo[男] basso
反則負け squalifica[女] ¶反則負けする perdere un incontro per squalifica
ばんぞく 蛮族 tribù[女] di selvaggi; barbari[男][複]
はんぞくせいしん 反俗精神 spirito[男] anticonvenzionale
はんそで 半袖 ◇半袖の a maniche corte;《七分袖の》a mezze maniche ¶半袖のシャツ camicia con le maniche corte
はんだ 半田 stagno[男], lega[女] per saldature
✤**はんだごて** saldatore[男], saldatoio[男][複 -i]
はんだ付け saldatura[女] a stagno ◇はんだ付けする saldare *ql.co.*
パンダ 〔英 panda〕〘動〙 panda[男][無変] gigante
ハンター 〔英 hunter〕 cacciatore[男][女 -trice]
はんたい 反対 **1**《逆》contrario[男], opposto[男], inverso[男];《裏》rovescio[男] ◇反対の contrario [男複 -i], opposto, inverso;《裏の》rovescio [男複 -sci; 女複 -sce];《もう一方の》altro ◇反対に al contrario (di *ql.co.* [*qlcu.*]), inversamente (a *ql.co.*), all'opposto (di *ql.co.* [*qlcu.*]), per contro
¶反対の方向に in senso contrario / in direzione opposta [contraria] ¶反対の順序で[に] in ordine inverso / alla rovescia ¶私の意図とは反対に contrariamente al mio proposito ¶彼は言うこととやることがまるで反対だ. Fa il contrario di quello che dice. ¶弟は私とは正反対の性格だ. Mio fratello ha un carattere diametralmente opposto al mio. ¶だが事実はその反対だ. Invece è proprio il contrario. ¶彼は靴を左右反対にはいている. Si è infilato le scarpe al contrario.
2《不賛成, 異議》opposizione[女], obiezione[女] ◇反対の contrario [男複 -i], opposto ◇反対する opporsi a *ql.co.* [*qlcu.*], fare opposizione, obiettare *ql.co.*, essere contrario [sfavorevole] a *qlcu.* [*ql.co.*], non essere d'accordo con *qlcu.*
¶提案に反対する opporsi a una proposta ¶〈人〉の反対を受ける incontrare l'opposizione di *qlcu.* ¶反対を唱える dichiararsi「contrario a [contro] *ql.co.* ¶反対を押し切る respingere un'opposizione ¶私は何ら反対する気はない. Non ho alcuna obiezione da fare [da sollevare]. ¶私は彼が1人で行くのには反対だ. Sono contrario al fatto che lui ci vada da solo. ¶賛成か反対か言ってください. Dica se è favorevole o contrario.
✤**反対意見** opinione[女] contraria ¶反対意見を打ち出す presentare un'opinione contraria a *ql.co.*
反対運動 campagna[女][movimento[男]] d'opposizione ¶反対運動を起こす[推進する] intraprendere [promuovere] una campagna contro *ql.co.*
反対概念 concetto[男] contrario
反対側 lato[男] opposto ¶反対側につく passare alla fazione opposta
反対給付 ¶反対給付として come beneficio in

は

反対語 contrario男

反対者 contraddit*tore*男 [女 -trice], oppoṣi*tore*男 [女 -trice]; (敵) opponente男 女, avversa*rio*男 女 [女 -ia; 男複 -i]

反対車線 carreggiata女 opposta

反対色 colore男 opposto

反対尋問 controinterrogato*rio*男 [複 -i]

反対勢力 la forza di oppoṣizione

反対提案 controproposta女

反対党 partito男 d'oppoṣizione

反対投票 voto男 contrario

反対命題 〖哲〗antiteṣi女 [無変]

反対命令 controṛdine男

はんたいせい 反体制 ◇反体制の contro il regime

❖**反体制運動** movimento男 contro il regime, movimento男 dissidente

反体制派 i dissidenti男 [複]

はんだくおん 半濁音 (バ行音) consonante男 giapponese esploṣiva bilabiale muta

パンタグラフ 〔英 pantograph〕 1 〖鉄道〗pantografo男 2 〖製図の〗pantografo男

バンタムきゅう バンタム級 〖スポ〗(ボクシングの) peṣo男 gallo [無変]

パンタロン 〔仏 pantalon〕 pantaloni男 [複] ṣvaṣati

はんだん 判断 giudi*zio*男 [複 -i]; (評価) valutazione女 ◇判断する giudicare; valutare, stimare ¶私の判断によれば a mio giudizio / secondo il mio giudizio ¶…から判断すれば giudicando da qlco. ¶…かどうか判断する giudicare se+直説法 ¶ニュースをうそだと判断する giudicare falsa una notizia ¶〈人〉の才能を判断する valutare [giudicare] il talento di qlcu. ¶判断を誤る esprimere un giudizio errato / giudicare erroneamente ql.co. [qlcu.] ¶公平な [独自の] 判断を下す dare un giudizio imparziale [personale] su ql.co. [qlcu.] ¶外見で〈人〉を判断する giudicare qlcu. dall'apparenza ¶〈人〉の判断に任せる rimettersi al giudizio di qlcu. ¶彼の判断はいつも甘い. Sottovaluta sempre la situazione. ¶君の判断次第だ. Sta a te giudicare [decidere / stabilire].

❖**判断力** ¶判断力がある avere (capacità di) giudizio

ばんたん 万端 ¶用意万端整った. Tutto è pronto. / (ある特定のものが) È tutto pronto.

ばんち 番地 numero男 civico ¶彼はカッシア通り502番地に住んでいる. Abita al numero 502 della via Cassia.

パンチ 〔英 punch〕 1 (切符のはさみ) pinze女 [複] da bigliettaio ¶切符にパンチを入れる forare i biglietti
2 (殴ること, またボクシングで) pugno男, colpo男 dato col pugno ¶パンチ(力)がある [ない] (ボクシングで) avere un pugno potente [inefficace] ¶パンチを食う [食わせる] ricevere [sferrare] un pugno
3 (迫力) ¶パンチのきいた歌 canzone potente

❖**パンチカード** scheda女 perforata

はんちか 半地下 seminterrato男 ¶半地下の部屋 locale situato in un seminterrato

ばんちゃ 番茶 tè男 di qualità inferiore ¶鬼も十八番茶も出花(でばな). 〘諺〙 Tutte le donne sono belle quando sono giovani.

パンチャー 〔英 puncher〕 ¶キーパンチャー perforat*ore*男 [女 -trice]

はんちゅう 範疇 categoria女 ¶…の範疇に属する appartenere alla categoria di ql.co.

ハンチング coppola女, berretto男 alla cacciatora女

パンツ 〔英 pants〕 1 (下着) mutande女 [複] (da uomo); (ブリーフ) ṣlip男 [無変] da uomo; 《女性・子供用》 mutandine女 [複] ¶パンツ1枚になる spogliarsi restando solo in mutande
2 (ズボン) pantaloni男 [複] ¶ショートパンツ calzoncini corti 3 (スポーツ用) pantalonc*ini*男 [複] ¶海水パンツ costume [calzoncini / mutandine] da bagno

はんつき 半月 meẓẓo mese男, quindicina女, quindici giorni男 ¶半月ごとの bimensile, quindicinale ◇半月ごとに bimensilmente, ogni quindici giorni

ばんづけ 番付 (芝居の) programm*a*男 [複 -i]; (相撲の順位表) (cartellone男 della) graduatoria女 dei lottatori di sumo ¶長者番付 elenco dei milionari [miliardari]

ばんて 番手 (糸の太さの単位) ¶50番手の木綿糸 filo da cucire di cotone di titolo 50

はんてい 判定 giudi*zio*男 [複 -i]; decisione女 ◇判定する giudicare ql.co.; decidere ql.co. ¶判定で勝つ vincere女 (►単独でも可) ai punti / battere qlcu. [ql.co.] ai punti ¶写真判定で彼の勝ちが決まった. Il photofinish gli ha assegnato la vittoria.

❖**判定勝ち** vittoria女 ai punti

ハンデ ¶ハンデを負ってスタートする partire in ṣvantaggio →ハンディキャップ

ハンディー 〔英 handy〕 ◇ハンディーな《ポケットに入る》 taṣcabile; 《携帯に便利な》 portatile; 《扱いやすい》 maneggevole ¶ハンディータイプ[サイズ]の辞書 dizionario tascabile

パンティー 〔英 panties〕 mutandine女 [複] da donna, ṣlip男 [無変] da donna

❖**パンティーストッキング** 〔仏〕 collant [kollán]男

ハンディキャップ 〔英 handicap〕 1 〖スポ〗〔英〕 handicap [éndikap]男 [無変]; ṣvantag*gio*男 [複 -gi] ¶ハンディキャップをつける assegnare un handicap 《に a》 ¶半周のハンディキャップを与える dare meẓẓo giro di ṣvantaggio 《に a》
2 (障害) invalidità女

パンテオン Panteon男 [無変], Pantheon男 [無変]

はんてん 反転 1 (ひっくり返ること) ◇反転する capovolgersi, rovesciarsi
2 (向きを変えること: 車や船の) inversione女 di marcia; (飛行機の) virata女 ◇反転する invertire la marcia [la rotta]; virare自 [av]

❖**反転現像処理** 〖写〗 trattamento男 di [per] inversione

反転図形 figura女 invertibile

反転フィルム pellicola女 invertibile

はんてん 半纏・半天 1 (着物の上に着る) han*ten*男 [無変]; giacca女 che s'indossa sopra il kimono 2 (印半纏) →法被(はっぴ)

はんてん 斑点 macchia㊛, chiazza㊛; macchietta㊛;《体の》placca㊛;《動》《眼状斑》ocello㊚ ◇斑点の(ある) macchiato, chiazzato;《顔や体の》picchiettato;《動》ocellato ¶黒い斑点のある蝶 farfalla con piccole macchie nere

はんと 版図 territorio㊚[複 -i] ¶版図を広げる espandere il territorio ¶ローマ帝国の最大版図 espansione massima dell'Impero romano

バント 〔英 bunt〕《野球で》smorzata㊛ ◇バントする smorzare una palla

バンド 〔英 band〕**1**《ベルト》cinghia㊛, cinta㊛;《時計の》cinturino㊚ ¶バンドを締める stringersi la cinghia ¶ゴムバンド elastico㊚ ¶ヘアバンド fascetta per capelli
2《楽団》banda㊛, orchestra㊛;《小さい》complesso㊚ (musicale), gruppo㊚ musicale;《英》band [bend]㊚[無変] ¶ジャズバンドを結成する formare una jazz-band
❖**バンドマスター** direttore㊚[㊛ -trice] di banda

パント 〔英 punt〕《ラグビーで》tiro㊚ al volo ◇パントする colpire un pallone al volo

はんドア 半ドア《車》¶後ろのドアが半ドアだ。 La portiera posteriore non è chiusa completamente.

ハンドアウト 〔英 handout〕foglio㊚[複 -gli] [foglietto㊚] informativo

はんとう 反騰《相場の》ripresa㊛ brusca ◇反騰する《物価などが》aumentare [salire] bruscamente;《相場の》riprendersi bruscamente

はんとう 半島 penisola㊛ ◇半島の peninsulare ¶房総半島 penisola di Boso ¶イタリアの半島部 Italia peninsulare

はんどう 反動 reazione㊛ ◇反動的な reazionario [㊚複 -i] ¶…に対する反動で per reazione a [contro] ql.co. ¶ドル高の反動でアメリカの輸出が大幅に減った。 Le esportazioni americane sono diminuite sensibilmente in seguito all'aumento del dollaro.
❖**反動主義者** reazionario㊚[㊛ -ia, ㊚複 -i]
反動政府 governo㊚ reazionario
反動勢力 forze㊛[複] reazionarie

ばんとう 晩冬 tardo inverno㊚; fine㊛ dell'inverno

ばんとう 番頭 capocommesso㊚[複 capicommessi]

ばんとう 晩禱《カト》vespro㊚

はんどうたい 半導体《電子》semiconduttore㊚
❖**半導体レーザー** laser㊚[無変] semiconduttore

はんとうまく 半透膜《生・物》membrana㊛ semimpermeabile [dializzatrice]

はんとうめい 半透明 semitrasparenza㊛, traslucidità㊛, traslucenza㊛ ◇半透明な semitrasparente, traslucido

はんどく 判読 decifrazione㊛, deciframento㊚ ◇判読する decifrare ql.co. ¶悪筆の手紙を判読する decifrare una lettera mal scritta ¶判読できる [判読できない]書 calligrafia decifrabile [indecifrabile]

ハンドクリーム 〔英 hand cream〕crema㊛ per le mani

はんとし 半年 sei mesi㊚[複], semestre㊚ ◇半年(ごと)の semestrale ¶半年ごとに ogni sei mesi / due volte l'anno

バンドネオン 〔ス bandoneón〕《音》bandoneon㊚[無変], bandonion㊚[無変]

ハンドバッグ 〔英 handbag〕borsa㊛ da signora, borsetta㊛ →かばん 図版

ハンドブック 〔英 handbook〕《手引き》manuale㊚;《案内書》guida㊛

ハンドブレーキ 〔英 hand brake〕《車》freno㊚ a mano

ハンドボール 〔英 handball〕《スポ》palla㊛ a mano

パントマイム 〔英 pantomime〕pantomima㊛ ¶パントマイムを演じる eseguire una pantomima
❖**パントマイム役者** pantomimo㊚, mimo㊚

パンドラのはこ パンドラの箱《ギ神》il vaso㊚ di Pandora

ハンドリング 〔英 handling〕《スポ》**1**《サッカーの》fallo㊚ di mano **2**《ラグビー・ハンドボールなどの》il lanciare la palla con le mani **3**《自動車で》manovrabilità㊛

ハンドル 〔英 handle〕**1**《自動車の》volante㊚,《自転車の》manubrio㊚[複 -i],《機械の》manetta㊛, leva㊛; manovella㊛ ¶ハンドルをとる prendere il [mettersi al /《状態》tenere il] volante ¶急ハンドルを切る fare una sterzata brusca ¶ハンドルを右に切る sterzare [girare il volante] a destra ¶右ハンドルの車 automobile㊛ con la guida a destra
2《ドアの取っ手》maniglia㊛
❖**ハンドルネーム**《コンピュータ》〔英〕nickname㊚[無変]

はんドン 半ドン mezza giornata㊛ lavorativa

ばんなん 万難 ¶万難を排して ad ogni costo / malgrado tutte le difficoltà [tutti gli ostacoli]

はんにえ 半煮え ◇半煮えの non cotto bene, mezzo crudo ¶半煮えのじゃがいも patate semibollite

はんにち 反日 ◇反日の antigiapponese
❖**反日運動** campagna㊛ [movimento㊚] antigiapponese [contro il Giappone]
反日感情 sentimento㊚ antigiapponese, antipatia㊛ verso il Giappone, nippofobia㊛

はんにち 半日 mezza giornata㊛ ¶昨日は風邪で半日寝てしまった。 Ieri sono rimasto mezza giornata a letto per l'influenza.

はんにゃ 般若 **1**《仏教》saggezza㊛; prajñā㊛ **2**《鬼女》strega㊛ ¶般若の面 maschera hannya (►simbolo dell'ira, gelosia e angoscia)
❖**般若心経** sutra㊚[無変] del cuore

はんにゅう 搬入 ¶作品を展覧会場へ搬入する portare [trasportare] le opere nella sala d'esposizione
❖**搬入口** entrata㊛ (per il trasporto) merci

はんにん 犯人 colpevole㊚, reo㊚[㊛ -a],《重罪犯》criminale㊚, autore㊚[㊛ -trice] del delitto;《軽犯罪の》delinquente㊚ ¶犯人を逮捕する catturare un criminale ¶犯人をかくまう nascondere [dare asilo a] un criminale ¶犯人の割り出しを急ぐ sforzarsi di identificare il colpevole al più presto

ばんにん 万人 ¶…であることは万人が認めている.

Il fatto che＋[接続法] è universalmente riconosciuto. ¶これは万人が認める真理です. Questa è una verità universale.

ばんにん 番人 guardiano[男]；《守衛》custode [男][女]；《門番》portina*io*[男][[女] *-ia*；[男]複 *-i*]

はんにんまえ 半人前 《仕事で》lavora*tore* [[女] *-trice*] non ancora autosufficiente；《食べる分量》mezza porzione[女] ¶彼は半人前の力量しかない. È una mezza cartuccia [un pivello /《青二才》uno sbarbatello].

はんね 半値 ¶半値で売る vendere *ql.co.* a metà prezzo ¶半値にまける fare il cinquanta per cento di sconto / ridurre il prezzo a metà

ばんねん 晩年 ¶晩年に negli ultimi anni di vita ¶幸せな晩年を送る trascorrere una vecchiaia serena [felice]

はんのう 反応 《刺激に対する》reazione[女], risposta[女]；《効果》effetto[男] ◇反応する reagire[自] [*av*] a *ql.co.*, rispondere[自][*av*] a *ql.co.* [*qlcu.*] ¶刺激に対して反応する reagire a uno stimolo ¶反応を引き起こす provocare [suscitare / causare] una reazione ¶彼は反応がすばやい. Reagisce prontamente. ¶エンジンの反応が早い[悪い]. Il motore ha una risposta pronta [lenta]. ¶彼にいくら言っても反応がない. Per quanto glielo ripeta, non sembra avere alcun effetto. ¶化学[生体 / 核 / 熱核 / 正]反応 reazione chimica [vitale / nucleare / termonucleare / in avanti] ¶素反応 processo elementare

✤**反応温度[時間]** temperatura[女] [tempo[男]] di reazione

反応性 《化》reattività[女]

反応促進剤 acceleratore[男] di reazione

反応速度 velocità[女] di reazione

反応熱 《化》calore[男] di reazione

はんのう 半農 ¶半農の家 famiglia in cui metà del reddito proviene dall'agricoltura

✤**半農半漁** ¶半農半漁の村 villaggio dedito alla pesca e all'agricoltura

ばんのう 万能 ¶万能の人 genio universale ¶世の中金が万能ではない. In questo mondo il denaro non può tutto.

✤**万能選手** atlet*a*[男][女][[男]複 *-i*] completo

万能薬 panacea[女], rimed*io*[男][複 *-i*]「a tutti i mali [universale], toccasana[男][無変]

はんのき 榛の木 《植》ontano[男], alno[男]

パンのき パンの木 《植》albero[男] del pane

はんば 飯場 baraccamento[男] [capannone[男]] per operai

はんぱ 半端 **1** 《そろわない物》frammento[男], articolo[男] spaiato [scompagnato] ◇半端な《不完全な》incompleto；《断片的》frammentar*io* [複 *-i*]；《揃いのものが欠けている》scompagnato；《片方しかない》spaiato；《売れ残り》disassortito ¶半端な布切れ ritagli di stoffa / scampolo ¶半端な知識 conoscenza frammentaria [superficiale] ¶百科事典の半端本２冊 due volumi scompagnati di un'enciclopedia

2 《どちらともつかない》 ¶半端な人間 persona non matura ¶彼は仕事のやり方が半端だ. Fa le cose a metà.

バンパー 〔英 bumper〕《車》paraurti[男][無変]；《鉄道》respingente[男]

ハンバーガー 〔英 hamburger〕〔英〕hamburger [ambúrger] [男][無変]

ハンバーグ(ステーキ) 〔英 Hamburg steak〕hamburger[男][無変]

はんばい 販売 vendita[女] ◇販売する vendere ¶委託販売 vendita in commissione ¶通信販売 vendita per corrispondenza [per posta] ¶取次販売 vendita per intermediari ¶予約販売 vendita per abbonamento ¶販売しやすい vendibile / di facile smercio / smerciabile ¶販売しにくい invendibile / di difficile smercio ¶販売されている essere in vendita [sul mercato] ¶その製品は現在販売中止です. Questi articoli non sono più in vendita.

✤**販売価格** prezzo[男] di vendita

販売係 vendi*tore*[男][[女] *-trice*], addett*o* [incaricat*o*][男][[女] *-a*] alle vendite

販売税 imposta[女] sulle vendite

販売促進 promozione[女] delle vendite ¶販売促進キャンペーン vendita promozionale

販売代理店 agenzia[女] per le vendite

販売高 ammontare[男] delle vendite

販売手数料 commissione[女] sulle vendite

販売特約店 concessionar*io*[男][[女] *-ia*；[男]複 *-i*] (►人もさす)

販売費 costi[男][複] di vendita [di distribuzione]

販売部 divisione[女] [reparto[男]] vendite

販売網 rete[女] di vendita

バンパイア 〔英 vampire〕vampiro[男]

はんばく 反駁 confutazione[女], contestazione[女], replica[女] ◇反駁する confutare *ql.co.*; contraddire *qlcu.*; contestare *qlcu.* [*ql.co.*]; replicare [ribattere] a *ql.co.* ¶ある学説に反駁する confutare una teoria ¶ある批評に反駁する replicare [ribattere] a una critica

ばんぱく 万博 ⇒万国博覧会

パンパス 〔ス pampas〕《南米の大草原》〔ス〕pampa[女][複 *pampas*]

✤**パンパスグラス** 《植》erba[女] della pampa

はんぱつ 反発 **1** 《物》moto[男] contrar*io* [複 *-i*], repulsione[女]

2 《反感》antipatia[女], avversione[女], ripugnanza[女], repulsione[女] ◇反発する reagire[自] [*av*] 《に contro》, ribattere[自][*av*] 《に a》 ¶反発を感じる provare ripulsione [antipatia] per *qlcu.* ¶反発を呼ぶような ripulsivo / ripugnante ¶反発しあう respingersi

3 《相場の》rimbalzo[男]；《回復》ripresa[女]

✤**反発力** forza[女] ripulsiva ◇反発力のある ripulsivo

はんはん 半半 ¶牛乳とコーヒーを半々に混ぜる mischiare latte e caffè in quantità uguale ¶男女半々のクラス classe composta per metà da ragazzi e per metà da ragazze ¶半々に分ける dividere *ql.co.* in due parti uguali ¶病人が回復する可能性は半々だ. C'è il cinquanta per cento di possibilità che il malato guarisca.

ばんばん **1** 《はじける音, たたく音》 ¶ばんばんという銃声がした. Si sentiva il crepitio dei colpi di fucile. **2** 《精力的に行動する様子》 ¶ばんばん仕事をする procedere speditamente nel lavoro ¶ばんばん言いたいことを言う parlare in modo molto schietto

ばんばん 万万 **1**《十分に》¶そのことは万々承知している。Sono del tutto consapevole di ciò. **2**《よもや》¶万々そのようなことはあるまい。È molto improbabile.

ばんばん 1《たたく音》¶ばんばんと手をたたく battere le mani **2**《破裂しそうにふくれているようす》¶もうお腹がばんばんだ。Ormai sono sazio [sto quasi per scoppiare].

ばんばんざい 万万歳 ¶この問題が解決すれば万々歳だ。Se riuscissimo a risolvere questo problema, sarebbe fantastico.

はんびょうにん 半病人 ¶まるで半病人だ。Sembra (mezzo) malato.

はんびらき 半開き ◇半開きの socchiuso, semiaperto, semichiuso ¶半開きにする socchiudere ql.co. / aprire ql.co. a metà /《しておく》lasciare ql.co. semiaperto [socchiuso] (► semiaperto と socchiuso は目的語の性・数に合わせて語尾変化する)

はんぴれい 反比例 《数》proporzione㊛ [ragione㊛] inversa ◇反比例する essere inversamente proporzionale《に a》¶…に反比例して in proporzione [ragione] inversa a ql.co.

はんぷ 頒布 distribuzione㊛ ◇頒布する distribuire ql.co.《に a》;《会員制の販売》vendere ql.co. ai soci

ハンプ 〔英 hump〕《道路を一部盛り上げたもの》dosso㊚ artificiale

はんぷく 反復 ripetizione㊛, reiterazione㊛;《音》《リフレイン》ritornello㊚, ripresa ◇反復する ripetere, reiterare ¶反復して《休止をはさみながら》a più riprese /《繰り返し》ripetutamente
✤反復記号《音》(segno㊚ di) ritornello㊚
反復部〔楽節〕《音》ripresa
反復練習 ◇反復練習する esercitarsi ripetutamente in ql.co. [a+不定詞]

パンプス 〔英 pumps〕scarpe㊛[複] scollate [décolleté 無変]

ばんぶつ 万物 tutti gli esseri㊚[複], tutte le creature㊛[複], creato㊚ ¶人間は万物の霊長である。L'uomo è il re del creato. ¶万物は流転する。Tutto scorre.

パンフレット 〔英 pamphlet〕《小冊子》opuscolo㊚;《1枚の、リーフレット》foglietto㊚, volantino㊚;〔仏〕dépliant [deplián]㊚[無 変];《折りたたみの》pieghevole㊚

はんぶん 半分 metà㊛, mezzo㊚;《副 詞として》a metà, per metà;《少し》un po' ◇半分の mezzo ¶半分に切る tagliare ql.co. a metà ¶〈人〉と半分に分ける fare a metà di ql.co. con qlcu. ¶半分にする《分ける》dividere ql.co. a metà /《減らす》dimezzare ql.co. / ridurre ql.co. a metà ¶コップに半分だけ注ぐ riempire un bicchiere a metà ¶冗談半分に un po' per scherzo ¶遊び半分に勉強する studiare svogliatamente ¶話半分 →見出し語参照

はんぶんすう 繁分数《数》frazione㊛ complessa

はんべい 反米 ◇反米の antiamericano
✤反米感情 sentimento㊚ antiamericano, antiamericanismo㊚

ばんぺい 番兵 sentinella㊛, guardia㊛

はんべつ 判別 distinzione㊛, discernimento㊚ ◇判別する《A と B を》distinguere [discernere] A da B ¶是非を判別する distinguere il bene dal male ¶どちらが偽者か判別できない。Non si riesce a distinguere quale sia il falso.
✤判別式《数》discriminante㊚

はんぺん 半片・半平 composto㊚ a base di pasta di pesce a forma quadrata bollito o cotto a vapore

はんぼいん 半母音《音声》semivocale㊛ → 半子音

はんぼう 繁忙・煩忙 ¶…に繁忙を極めている essere molto indaffarato [occupato / impegnato] in ql.co.[a+不定詞]

ハンマー 〔英 hammer〕martello㊚;《ピアノの》martelletto㊚
✤ハンマー投げ《スポ》lancio㊚ del martello

はんみ 半身《身構える》¶半身に構える assumere una posizione diagonale nei confronti dell'avversario **2**《魚を2枚におろしたその片方》la metà㊛ di un pesce tagliato lungo il dorso

はんみょう 斑猫《昆》cicindela㊛

ばんみん 万民 tutta la gente㊛, tutto il popolo㊚ ¶万民の幸せを願う pregare per il benessere dell'intera nazione

はんめい 判明 ◇判明する《はっきりする》diventare chiaro [evidente],《明るみに出る》venire a galla [alla luce]; scoprirsi,《わかる》rivelarsi, manifestarsi ¶被害者の身元が判明した。La vittima è stata identificata [riconosciuta]. ¶彼の言ったことは誤りだと判明した。Quello che ha detto si è rivelato uno sbaglio. ¶ロベルトの犯行であることが判明した。È stato chiarito che il colpevole era Roberto.

ばんめし 晩飯 cena㊛

はんめん 反面 ¶その反面 al contrario / d'altro canto / d'altra parte /《別の面から見ると》da [sotto] un altro punto di vista ¶彼は有能だが、その反面敵を作りやすい。È una persona competente, però ha una certa facilità a farsi dei nemici.
✤反面教師 persona㊛ da cui imparare cosa non si deve fare

はんめん 半面《顔の半分》metà㊛ della faccia;《物の片側》una parte, un lato;《裏面》rovescio㊚[複 -sci] ¶右半面 parte destra /《横から見た》profilo destro del viso ¶彼の言うことは半面の真理でしかない。Ciò che dice è vero solo in parte.
✤半面像《物》《結晶の》emiedria㊛

はんも 繁茂 rigoglio㊚, rigogliosità㊛

はんもく 反目 antagonismo㊚, discordia㊛, ostilità㊛ ¶両家の反目 discordia tra due famiglie ¶…と反目している essere in contrasto [in antagonismo] con qlcu.[ql.co.] / essere ostile verso qlcu.[ql.co.]

ハンモック 〔英 hammock〕amaca㊛ ¶ハンモックを吊る appendere un'amaca ¶ハンモックで寝る dormire sull'amaca

はんもと 版元 editore㊚, casa㊛ editrice

はんもん 半問 ◇半問する rispondere a qlcu. con un'altra domanda;《言い返す》replicare㊌ (►単独でも可) [ribattere㊌ (►単独でも可)] con una domanda

はんもん 煩悶 tormento㊚, afflizione㊛, ango*scia*㊛[複 *-sce*] ◇煩悶する tormentarsi [affliggersi / angosciarsi]《に per》

パンヤ 〔ポ panha〕《パンヤノキ》kapok㊚[無変];《白い綿毛》cotone㊚ di Giava; kapok㊚

はんやけ 半焼け **1** →半焼(はんしょう) **2**《食べ物の生焼け》¶半焼けの肉 carne poco cotta ¶半焼けのパン pane non cotto per bene

ばんゆう 蛮勇 ¶蛮勇を奮って敵地に乗り込んだ. Irruppe col coraggio della disperazione nell'accampamento nemico.

ばんゆういんりょく 万有引力 ¶万有引力の法則 legge della gravitazione universale

はんようコンピュータ 汎用コンピュータ computer㊚[無変] multiuso [無変]

はんようし 反陽子 《物》antiprotone㊚

はんら 半裸 ¶半裸の mezzo nudo, seminudo ¶半裸の死体 cadavere seminudo

ばんらい 万雷 ¶人々は彼に万雷の拍手を送った. Ha ricevuto applausi scroscianti.

はんらく 反落 《相場で》¶鉄鋼株が反落した. Le azioni dell'acciaio sono cadute per reazione (ai precedenti aumenti).

はんらん 反乱 rivolta㊛, ribellione㊚, insurrezione㊛, sedizione㊛ ¶反乱を起こす rivoltarsi [ribellarsi / insorgere]《に対して contro》 ¶反乱を鎮める reprimere [soffocare] una rivolta ¶反乱が起きた. È scoppiata una rivolta.
✜反乱軍 truppe㊛[複] ribelli
反乱軍政府 governo㊚ insurrezionale

はんらん 氾濫 straripamento㊚; inondazione㊛ ◇氾濫する straripare㊛[*es*, *av*] ¶川が氾濫した. Il fiume è [ha] straripato. ¶市場に外国製品が氾濫している. I prodotti stranieri hanno riempito il mercato. ¶街にはポルノ雑誌が氾濫している. Le riviste pornografiche hanno invaso la città.

ばんり 万里 ¶万里の長城 la Grande Muraglia / la Muraglia Cinese

はんりゅうし 反粒子 《物》antiparticella㊛

はんりょ 伴侶 compagno㊚[㊛ *-a*] ¶人生の伴侶 compagno di vita

はんれい 凡例 guida㊛ alla consultazione, nota㊛ esplicativa;《記号などの説明》legenda㊛

はんれい 反例 esempio㊚[複 *-i*] opposto e contrario[複 *-i*]

はんれい 判例 《法》precedenti㊚[複] giurisprudenziali;《総称的に》giurisprudenza㊛;《個々の》sentenza㊛ precedente
✜判例集 raccolta㊛ di casi giudiziari

ばんれいせつ 万霊節《キリ》Commemorazione㊛ dei defunti (◆11月2日)

はんれき 犯歴 fedina㊛ penale ¶犯歴のない男 uomo dalla fedina penale pulita ¶犯歴5回の男 uomo condannato già cinque volte

はんろ 販路 sbocco㊚[複 *-chi*] commerciale, mercato㊚ (di sbocco) ¶販路を開拓する creare [cercare] sbocchi (commerciali) 《の per》 ¶販路を拡張する allargare [ampliare / estendere] gli sbocchi commerciali

はんろん 反論 obiezione㊛, confutazione㊛, replica㊛ ◇反論する muovere [fare / sollevare] un'obiezione《に a》; controbattere, obiettare, contestare ¶反論の余地のない議論 argomento irrefutabile [inconfutabile] ¶反論の余地のない証拠 prova incontestabile ¶その意見には反論がいろいろ出た. Sono emerse parecchie contestazioni a quella opinione. ¶彼に反論する者は誰もいなかった. Nessuno gli ha mosso obiezioni.

はんろん 汎論 trattazione㊛ generale

ひ

ひ 日 **1【太陽】** sole[男] ¶日が昇った．È spuntato il sole. ¶日が傾く．Il sole tramonta. ¶日が陰る．Il sole si offusca. / Il sole va dietro le nubi. ¶日が照っている．Il sole risplende [splende]. ¶彼はずっと日の当たる場所を歩いてきた．È cresciuto in un ambiente favorevole.
2【太陽の光や熱】 luce[女] solare [del sole]; calore[男] del sole ¶日に当たる mettersi al sole / prendere il sole ¶日にさらす esporre *ql.co.* al sole ¶日に焼ける abbronzarsi ¶この部屋は日が当たる．In questa stanza batte il sole. ¶オリーブオイルは日の当たらない所に置きなさい．L'olio d'oliva, tienilo all'ombra [lontano dal sole]. ¶窓から日がさす．Il sole entra dalla finestra.
3【昼間】 giornata[女] ¶日が暮れる．Il sole tramonta. / Cala la sera. / Si fa sera. ¶日が暮れてから dopo il tramontare del sole / dopo il calar della sera ¶日が長く[短く]なる．I giorni si allungano [si accorciano]. ¶冬は日が短い．In inverno le giornate sono brevi. ¶夜を日に継いで工事をする eseguire i lavori giorno e notte
4【1日】 giorno[男] ¶日に3回注射をする fare tre iniezioni al giorno [al dì] ¶その日暮らしをする vivere alla giornata ¶日がたつ．I giorni passano. ¶日がたつにつれて col tempo / con l'andar [il passar] del tempo ¶試験まで日がない．Manca poco agli esami. ¶結婚してからまだ日が浅い．Ci siamo sposati da poco. / Non è ancora passato molto tempo da quando ci siamo sposati. ¶情勢は日を追って悪化していった．La situazione andava aggravandosi giorno per [dopo] giorno.
5《ある時点・時期》 ¶ある日 un giorno ¶その日のうちに私も出発した．In quel giorno sono partito anch'io. ¶すべて若き日の思い出さ．Sono tutti ricordi di gioventù. ¶故人のありし日をしのんで in memoria di quando lui era ancora vivo
6【日時】 giorno[男], data[女] ¶…するのに都合のいい日を決める[選ぶ] stabilire [scegliere] il giorno adatto per＋[不定詞] ¶会う日を定める fissare una data [il giorno] per un appuntamento ¶日を延ばしてもらった．Ho ottenuto un rinvio. ¶日を改めて伺います．Ripasserò un altro giorno [un'altra volta].
7【日柄】 ¶明日は日が悪い．Domani non è un giorno propizio.
8【「…した日には」の形で，そういう場合】 ¶そんなことをした日には大変なことになるぞ．Se farai una cosa simile, provocherai un disastro!
9【「…と来た日には」の形で，…と言ったら】 ¶あいつと来た日にはいろはのいの字も知らない．Quel tizio non sa dire nemmeno "A" in italiano.
[慣用] **日暮れて道遠し** La notte è calata, ma la strada è ancora lunga.
日ならずして《現在を起点として》 fra poco [breve (tempo)]; 《過去のある時を起点として》 dopo un po', dopo poco [breve (tempo)]
日の目を見る ⇒日の目

ひ 比 《比率》 proporzione[女], rapporto[男]; 《比較》 paragone[男], confronto[男] ¶5対1の比で in proporzione [in rapporto] di cinque a uno ¶東京の暑さはミラノの比ではない．Il caldo di Milano è niente in confronto a quello di Tokyo.

ひ 火 **1**《燃焼の際の光と熱の総体》 fuoc*o*[男][複 *-chi*] 《炎》 fiamma[女] (►燃焼している気体) ¶火がつく《物が主語で》 prendere fuoco / divampare[自][*es*] ¶火をつける accendere il fuoco ¶ストーブに火をつける accendere la stufa ¶火であぶる scottare *ql.co.* al fuoco ¶火を消す spegnere il fuoco ¶火に当たる (ri)scaldarsi al fuoco ¶古い書類を火にくべる gettare [buttare] vecchie carte nel fuoco ¶なべを火に掛ける mettere una pentola sul fuoco ¶なべを火からおろす togliere una pentola dal fuoco ¶火をかきたてる attizzare il fuoco ¶タバコの火を貸す accendere la sigaretta a *qlcu.* ¶火を絶やさないようにする mantenere acceso [vivo] il fuoco ¶火のように怒る prendere fuoco dalla rabbia ¶額が火のように熱い．Ha la fronte che gli brucia (per la febbre).
2《火事》 incend*io*[男][複 *-i*] ¶家に火をつける appiccare [dare] fuoco a una casa ¶火を消しとめる domare un incendio ¶隣家に火が移った．L'incendio si è esteso alle case vicine. ¶火が下火になった．L'intensità dell'incendio è diminuita. ¶町中が火の海になる．Il fuoco divampa in tutta la città. ¶火の用心 precauzioni[女][複] contro gli incendi / prevenzione[女] degli incendi ¶火の用心をする fare attenzione a non provocare incendi ¶火は台所から出た．Il fuoco「si è sviluppato nella [ha avuto origine dalla] cucina.
3《熱》 ¶魚に火を通す cuocere il pesce ¶火がよく通っていない essere ancora crud*o*
[慣用] **火がつく** ¶領土問題に火がついて戦争になった．La guerra è scoppiata a causa del riaccendersi della questione territoriale. ¶そろそろ尻に火がつきそうだ．Sono col fiato sul collo.
火に油を注ぐ versare olio [soffiare] sul fuoco ¶彼の仲裁はかえって火に油を注ぐようなものだった．Invece di mettere pace fra i due, il suo intervento ha gettato benzina sul fuoco.
火の消えたよう ¶海岸は火の消えたように寂しくなった．La spiaggia è diventata completamente deserta. ¶娘が結婚したあと家の中は火の消えたようになった．Dopo che mia figlia si è sposata, la casa è diventata vuota.
火の車 ⇒見出し語参照
火の付いたよう ¶赤ん坊は火のついたように泣きだした．Il bambino è scoppiato in un pianto dirot-

ひ

to. ¶彼の発言で会場は火のついたような大騒ぎになった. Il suo intervento ha provocato un tremendo tumulto nella sala.
火をつける ¶暴動に火をつけたのは誰だ. Chi ha acceso [ha fatto divampare] la rivolta?
火のないところに煙は立たぬ 〔諺〕 "Non c'è fumo senza arrosto [senza fuoco]."
火を吹く ¶飛行機は火を吹いて落下した. L'aereo è precipitato in fiamme. ¶鬱積(ｳｯｾｷ)していた怒りがついに火を吹いた. La rabbia accumulata da tanto tempo è finita con l'esplodere.
火を見るより明らか ¶火を見るより明らかだ. È chiaro come il giorno. / Non c'è ombra di dubbio.

ひ 妃 principessa㊛

ひ 灯 《灯火》luce㊛;《輝き, きらめき》bagliore㊚ ¶部屋に灯をつける accendere la luce in una stanza ¶灯を消す spegnere la luce ¶街の灯がともった. Si accesero le luci della città.

ひ 否 ¶彼の答えは否であった. La sua risposta è stata negativa. ¶否とする者多数. La maggioranza è per il no. ¶私は君の主義には否を唱える. Disapprovo i tuoi principi.

ひ 非 《誤り》errore㊚, sbaglio㊚[複 -gli], fallo㊚;《罪, 過ち》colpa㊛, torto㊚;《不正行為》ingiustizia㊛;《悪》male㊚;《不利》svantaggio㊚[複 -gi] ¶自分の非を悟る avvedersi dei *propri* errori [torti] ¶彼の非を責めた. Gli ho rimproverato le sue colpe. ¶是と非を見分ける distinguere il bene e il male
〔慣用〕**非の打ちどころがない** essere impeccabile [irreprensibile / perfetto] ¶彼の言ったことには非の打ちどころがない. Quello che ha detto non fa una piega.
非を鳴らす criticare [biasimare] *ql.co.*

ひ 碑 《記念碑》monumento㊚;《墓の》pietra㊛ sepolcrale;《石柱, 石碑》stele㊛[無変];《碑板》lapide㊛ ¶〈人〉を記念して碑を建てる erigere un monumento [porre una stele] in memoria di *qlcu.*

ひ- 非- ¶非現実的 irreale ¶非社会的 asociale ¶非人間的 disumano

び 美 bello㊚, bellezza㊛;《文》beltà㊛

び 微 ¶微に入り細を穿(ｳｶﾞ)って senza trascurare i minimi particolari / per filo e per segno

ひあい 悲哀 tristezza㊛, afflizione㊛, amarezza㊛, mestizia㊛ ¶人生の悲哀 le amarezze [i dispiaceri] della vita ¶幻滅の悲哀を感ずる provare un'amara delusione

ひあがる 干上がる **1**《すっかり乾く》disseccarsi, prosciugarsi ¶干上がった池 laghetto disseccato [prosciugato]
2《生活ができなくなる》perdere i *propri* mezzi di sussistenza [di sostentamento]

ひあし 日足・日脚 ¶日足が延びる[短くなる]. I giorni si allungano [si accorciano].

ひあし 火足・火脚 ¶強風にあおられて火足が速かった. Alimentato da forte vento, il fuoco si è diffuso rapidamente.

ピアス orecchini㊚[複]

ピアストル 〔仏 piastre〕《エジプト・シリアなどの通貨単位》piastra㊛

ひあそび 火遊び **1**《火で遊ぶこと》¶火事は子供の火遊びが原因だった. L'incendio è stato causato da un fuoco acceso per gioco dai bambini. **2**《危険な遊びや企て》gioco㊚[複 -*chi*] pericoloso;《情事》avventura㊛ amorosa ¶火遊びをする scherzare col fuoco

ひあたり 日当たり ¶日当たりのいい部屋 stanza assolata [soleggiata / piena di sole] ¶日当たりの悪い poco soleggiato

ピアニカ 《商標》《音》melodica㊛, diamonica㊛ (▶商標)

ピアニシモ 〔伊〕《音》pianissimo;《記号》pp

ピアニスト 〔英 pianist〕pianista㊚㊛[複 -*i*]

ピアノ 〔英 piano〕 **1**《楽器》pianoforte㊚, piano㊚ ¶アップライト[グランド]ピアノ pianoforte verticale [a coda] ¶ピアノを弾く suonare il pianoforte ¶ピアノを習う studiare il [prendere lezioni di] pianoforte ¶ピアノを練習する esercitarsi al pianoforte ¶ピアノで〈人〉の伴奏をする accompagnare *qlcu.* al pianoforte ¶ピアノの調律をする accordare un pianoforte
2《音》piano;《記号》p
✥**ピアノコンチェルト** concerto㊚ per pianoforte e orchestra
ピアノ線 filo㊚ armonico [複 -*ci*]
ピアノソナタ sonata㊛ per pianoforte
ピアノバー 〔英 piano-bar〕[無変]

ひあぶり 火炙り・火焙り ¶火あぶりの刑 rogo㊚ ¶彼女は魔女として火あぶりの刑に処せられた. È stata condannata al rogo come strega.

ヒアリング 〔英 hearing〕《聞き取り》ascolto㊚;《公聴会》pubblica udienza㊛ ¶ヒアリングの練習 esercizio di ascolto e comprensione

ピーアール PR pubbliche relazioni㊛[複];《略》《英》P.R.㊛[複] ◇ピーアールする pubblicizzare
✥**ピーアール活動** attività㊛ di pubbliche relazioni

ビーエス BS 《衛星放送》trasmissione㊛「via satellite [satellitare]

ピーエルほう PL法 legge㊛ di responsabilità per danno da prodotti difettosi

ひいおじいさん 曾御祖父さん bisnonno㊚, bisavolo㊚

ひいおばあさん 曾御祖母さん bisnonna㊛, bisavola㊛

ビーカー 〔英 beaker〕《化》〔独〕becher㊚[無変]

ひいき 晶屓 favore㊚, buone grazie㊛[複];《庇護》protezione㊛;《偏愛》preferenza㊛, favoritismo㊚, parzialità㊛ ◇ひいきの favorito; preferito ◇ひいきする favorire [proteggere / 《支持》appoggiare] *qlcu.*;《スポーツなど》《応援》tifare㊚ [*av*] per *qlcu.* [*ql.co.*] ¶君は彼をひいきし過ぎる. Sei troppo parziale nei suoi confronti. / Lo favorisci troppo. ¶彼はあの俳優をひいきにしている. È un ammiratore di quell'attore. ¶イタリアびいき《人》filoitaliano㊚[㊛ -*a*]
〔慣用〕**ひいきの引き倒し** ¶ひいきの引き倒しをする Troppi favori finiscono per sfavorire.
✥**ひいき客** cliente㊚㊛ (fedele);《集合的に》clientela㊛ (fedele)
ひいき目 ¶ひいき目に見る guardare con occhi di favore ¶どうひいき目に見てもいい絵だとはいえな

い. Con tutta la buona volontà, non posso dire che sia un bel quadro.

ビーきゅう B級 classe[女][categoria[女] / serie[女][無変]] B ¶B級映画 film di serie B [di seconda categoria]

ピーク 〔英 peak〕 picco[男][複 -chi], punta[女]; 《音量などの》apice[女] ¶ラッシュアワーのピーク massima ora di punta ¶8月の初めが暑さのピークだ. La punta massima di caldo si ha all'inizio di agosto. ¶物価の上昇は今がピークだ. L'aumento del costo della vita ora ha toccato il massimo.

✤**ピーク時** ora[女] di punta

ビーグル 〔英 beagle〕《犬》〔英〕 beagle[男][無変]; bracchetto[男]

ピーケー PK 〔スポ〕calcio[男] di rigore

✤ **PK戦** 〔スポ〕calci[男][複] di rigore [rigori] ¶PK戦で勝つ vincere ai calci di rigore

ピーケーエフ PKF 《平和維持軍》Forze[女][複] per il mantenimento della pace

ピーケーオー PKO《平和維持活動》Operazioni[女][複] per il mantenimento della pace

ビーコン 〔英 beacon〕 faro[男], segnale[男]; 《ラジオビーコン》radiofaro[男]

ピーシーエム PCM 〔電子〕modulazione[女] a impulsi codificati; 《略》PCM[女]

ビーシージー BCG 〔医〕vaccino[男] BCG, vaccino[男] antitubercolare

ピーシービー PCB 〔化〕policlobifenile[男]

びいしき 美意識 senso[男] estetico [della bellezza]

ヒース 〔英 heath〕〔植〕erica[女]

ビーズ 〔英 beads〕《ビーズ玉》perlina[女] di vetro; 《ロザリオの珠》grano[男] (di rosario)

ヒーター 〔英 heater〕《暖房装置》(impianto[男] di) riscaldamento[男]; 《熱湯や熱風による》termosifone[男], calorifero[男]; 《ストーブ》stufa[女]; 《電熱器》fornello[男] elettrico[複 -ci]; 《電子管の》riscaldatore[男]

ビーだま ビー玉 pallina[女] di vetro, biglia[女]

ビーチ 〔英 beach〕 spiaggia[女][複 -ge]

✤**ビーチウエア** abbigliamento[男] da spiaggia

ビーチパラソル ombrellone[男] da spiaggia

ピーチ 〔英 peach〕《桃の実》pesca[女]

ひい(っ) ¶ひいっと叫び声を上げる emettere un grido soffocato

びい(っ) ¶玄関でびいっとブザーが鳴った. Qualcuno ha suonato il campanello d'ingresso.

ぴい(っ) ¶ぴいっと笛が鳴った. Il fischietto ha emesso un suono stridulo.

ひいづるくに 日出づる国 il (Paese[男] del) Sol Levante[男]

ピーティーエー PTA Associazione[女] Genitori-Insegnanti ¶学年PTA会議《イタリアの》consiglio di classe (◆高校では学生代表も参加する)

ひいては 延いては ¶彼だけでなく, ひいては役員全体の名誉がかかっている. È in gioco non solo il suo onore, ma anche quello di tutti gli altri funzionari pubblici.

ひいでる 秀でる **1**《ぬきん出る》eccellere[自][es, av] (►複合時制は稀)《に in》, distinguersi《に in》, primeggiare[自][av]《に in》, superare tutti《に in》 ¶彼は数学に秀でている. Eccelle in matematica. **2**《くっきり目立つ》 ¶秀でた眉(まゆ) belle sopracciglia

ビート 〔英 beat〕 **1**〔音〕〔英〕beat[男][無変]; 《拍子》battuta[女], tempo[男]; 《リズム》ritmo[男] **2**《水泳のばた足》battito[男] dei piedi

✤**ビート族** beatnik[男][女][無変], beat[男][女][無変]

ビート板 tavoletta[女] da nuoto

ビート 〔英 beet〕 **1**《砂糖大根》barbabietola[女] da zucchero **2**《火焔菜》barbabietola[女], rapa[女]

ピート 〔英 peat〕〔鉱〕《泥炭》torba[女] ◇ピート性の torboso

✤**ピートモス** 《泥炭土》torbiera[女]

ヒートアイランドげんしょう ヒートアイランド現象 fenomeno[男] 「di surriscaldamento urbano [isola di calore]

ビーナス 〔英 Venus〕〔ロ神〕Venere[女]; 〔ギ神〕Afrodite[女] ¶ミロのビーナス la Venere di Milo

ピーナッツ 〔英 peanuts〕 arachide[女], nocciolina[女] americana

✤**ピーナッツバター** burro[男] di arachidi

ビーバー 〔英 beaver〕〔動〕castoro[男]

ひいひい ¶宿題が多くてひいひい言っている. I compiti sono troppi, non ne posso più [ne ho fin sopra i capelli].

びいびい ¶このテレビは古くて雑音がびいびい入る. Questo televisore è così vecchio che è disturbato da un sacco di interferenze.

ぴいぴい ¶口笛をぴいぴい鳴らした. Ho fischiato con forza. ¶小鳥がぴいぴい鳴いている. Gli uccellini cinguettano [《ひよこなど》pigolano]. ¶そんなにぴいぴい言うな. 《泣き言》Non lamentarti [piagnucolare] in quel modo! ¶彼はいつもぴいぴいしている. 《金欠で》È sempre al verde.

ピーピーエム ppm 《百万分率》parti[女][複] per milione; 《略》ppm[女]

ビーフ 〔英 beef〕〔料〕(carne[女] di) manzo[男]

✤**ビーフシチュー** spezzatino[男] di manzo

ビーフステーキ bistecca[女]

ビーフン 米粉 vermicelli[男][複] di riso alla cinese

ピーマン 〔仏 piment〕 peperone[男]

ビーム 〔英 beam〕 **1**〔電子〕fascio[男][複 -sci] **2**〔建〕trave[女]

✤**ビームアンテナ** 〔通信〕antenna[女] direttiva [a fascio]

ビーム管 〔電子〕tubo[男] a fascio elettronico

ひいらぎ 柊 〔植〕agrifoglio[男][複 -gli], alloro[男] spinoso

ヒール 〔英 heel〕 tacco[男][複 -chi] (di scarpa) ¶ハイヒール(の靴) (scarpe a) tacchi alti ¶ロー[ピン]ヒール tacchi bassi [a spillo]

ビール 〔蘭 bier〕 birra[女] ¶1杯のビール un bicchiere di birra ¶缶ビール birra in lattina [barattolo] ¶瓶ビール birra in bottiglia ¶黒ビール birra scura (►これに対して普通のビールは birra bionda [chiara]という) ¶生ビール birra alla spina ¶気がぬけたビール birra svanita

✤**ビール醸造所** fabbrica[女] di birra

ビールジョッキ boccale[男] da birra

ビールス 〔独 Virus〕 virus[男][無変]

ひいれ 火入れ 《原子炉の》accensione[女] di un

ひ

reattore nucleare;《溶鉱炉の》accensione[女] iniziale dell'altoforno

ひいろ 緋色 scarlatto[男] ◇緋色の scarlatto

ヒーロー 〔英 hero〕《英雄》eroe[男];《主人公》protagonista[男][複 -i]

ひうち 火打ち

✤**火打ち石** selice[女], selce[女], pietra[女] focaia

火打ち金 acciarino[男]

ひうらがきにん 被裏書人 〔金融〕《手形の》giratario[男][[女] -ia; [男]複 -i] (di cambiale)

ひうん 悲運 sfortuna[女], cattiva sorte[女] ¶悲運に遭(あ)う cadere in disgrazia ¶悲運に泣く lamentarsi della *propria* sfortuna

ひえ 冷え freddo[男], gelo[男] ¶朝方の冷え il freddo del primo mattino ¶冷えからきた病気 malattia causata dal freddo

ひえ 稗 〔植〕panico[男][複 -chi]

ひえいせい 非衛生 ◇非衛生(的)な antigienico [[男]複 -ci];《不健康な》malsano, insalubre ¶非衛生的な環境 ambiente non igienico

ひえいり 非営利 ◇非営利の senza scopo di lucro [guadagno]

✤**非営利団体** ente[男] senza scopi di lucro

非営利法人《NPO》organizzazione[女] no profit [無変]

ひえきる 冷え切る ¶オーバーなしに表へ出て冷え切ってしまった. Uscendo senza soprabito mi sono gelato tutto. ¶彼らの間は冷え切っていた. C'era del gelo tra di loro.

ひえこむ 冷え込む ¶今夜は冷え込む. Stasera fa un freddo cane [un freddo penetrante].

ひえしょう 冷え性 ¶冷え性である avere una cattiva circolazione / essere sensibile [ipersensibile] al freddo

ひえびえ 冷え冷え ¶冷え冷えとした朝 mattina gelida ¶彼の心は冷え冷えとしていた. C'era un vuoto nel suo cuore.

ひえる 冷える **1**《冷たくなる》diventare freddo, raffreddarsi;《気温が》fare (►非人称動詞 [av]) freddo;《自分が》provare [avere / sentire] freddo ◇冷えた freddo, fresco [[男]複 -schi];《氷のように》ghiacciato ¶冷蔵庫にすいかが冷えていますよ. C'è un cocomero in fresco nel frigorifero. ¶夜はまだかなり冷える. La sera fa ancora piuttosto freddo. ¶体がすっかり冷えてしまった. Mi sono tutto congelato [gelato]. ¶肩が冷える. Ho freddo alle spalle.

2《情熱, 友交がさめる》appassire[自][*es*], spegnersi ¶二人の仲は冷えてしまった. Tra loro due, la passione si è spenta. ¶両国の関係は冷えてしまっている. I rapporti tra i due paesi si sono raffreddati.

ピエロ 〔仏 pierrot〕clown[男][無変]; pagliaccio[男][複 -ci]; pierrot[男][無変]

ヒエログリフ 〔英 hieroglyph〕geroglifici [-gli-][男][複]

びえん 鼻炎 〔医〕rinite[女], corizza[女] ¶アレルギー性鼻炎 rinite allergica

ビエンナーレ biennale[女] ¶ヴェネツィア・ビエンナーレ La Biennale di Venezia

ひおおい 日覆い《窓の》tendina[女], avvolgibile[男];《店先などの》tenda[女] ⇀日除け [図版]

ビオチン 〔英 biotin〕〔化〕biotina[女], vitamina[女] H

ビオラ 〔伊〕〔音〕viola[女]

✤**ビオラ奏者** violista[男][女][[男]複 -i]

びおん 微温《手ぬるいこと》◇微温的 senza entusiasmo, tiepido ¶微温的措置 provvedimento tiepido

びおん 鼻音 〔音声〕(suono[男]) nasale[女] (►m, nなど)

✤**鼻音化** nasalizzazione[女] ◇鼻音化する nasalizzare

ひか 皮下 〔解〕《皮下組織》ipoderma[男][複 -i] ◇皮下の sottocutaneo, ipodermico [[男]複 -ci]

✤**皮下脂肪** 〔解〕grasso[男] sottocutaneo

皮下出血 〔医〕emorragia[女][複 -gie] sottocutanea

皮下注射 iniezione[女] sottocutanea [ipodermica]

ひか 悲歌 elegia[女][複 -gie]

ひが 彼我 ¶彼我のチームの力の差は歴然としている. È evidente la differenza di capacità tra la loro squadra e la nostra.

びか 美化 abbellimento[男];《理想化》idealizzazione[女];《清掃》pulizia[女] ◇美化する abbellire; idealizzare, glorificare, sublimare; pulire

ひがい 被害 danno[男];《荒廃, 破滅》devastazione[女], rovina[女];《傷害》lesione[女], ferita[女];《死傷》perdite[女][複] ¶被害を与える danneggiare *ql.co.* [*qlcu.*] ¶被害を受ける subire un danno《から da》 ¶被害を免れる rimanere illeso / cavarsela senza danno ¶人畜の被害はなかった. Non「si lamentano [ci sono state] perdite umane e di bestiame.

✤**被害額** ammontare[男] del danno

被害者 vittima[女];《災害の》sinistrato[男][[女] -a]; 〔法〕parte[女] lesa

被害者意識 vittimismo[男]

被害妄想 〔心〕mania[女] [delirio[男][複 -i]] di persecuzione

ぴかいち ぴか一 ¶彼はわが社のぴか一だ. È il migliore della nostra ditta. ¶数学ではぴか一だ. È un asso in matematica.

ひかえ 控え **1**《覚え書き》nota[女], appunto[男], promemoria[男][無変];《控え帳》taccuino[男], agenda[女];《小切手の》talloncino[男] (di un assegno);《依頼主への受取証》cedola[女] di riscontro;《副本, 写し》duplicato[男], copia[女]

2《戦力の予備》riserva[女] ¶このチームは控えの層が厚い. Questa squadra ha「una folta panchina [tanti giocatori di riserva / tante riserve].

3《出番を待っている》¶控えの力士 lottatore di *sumo* in attesa del suo turno

✤**控え室** anticamera[女]

ひかえめ 控え目 ◇控えめな《穏和な, 節制した》moderato, misurato;《内向的な》riservato;《謙虚な》discreto, modesto ◇控えめに con moderazione; con riservatezza, con modestia; con discrezione ¶控えめに言っても a dir poco / ad essere modesto ¶控えめな態度をとる assumere un atteggiamento riservato / comportarsi con ritegno [con riserbo] ¶食事は控えめにしている. Mi modero nel mangiare. ¶彼は控えめにものを言う人だ. È moderato nel parlare.

ひがえり 日帰り ¶日帰りで大阪へ行ってきた. Sono andato e tornato da Osaka in giornata.

ひかえる 控える **1**《書き留める》annotare [prendere nota di] *ql.co.*, appuntare [prendere appunti di] *ql.co.* ¶会う約束を手帳に控えた. Ho annotato un appuntamento sull'agenda.
2《抑制する》astenersi da *ql.co.* [dal+不定詞], rinunciare@ a *ql.co.* [a+不定詞], moderare, contenere ¶父はタバコを控えています. Mio padre si astiene [si trattiene] dal fumare. /《量を減らす》Mio padre fa attenzione a non fumare troppo. ¶おしゃべりは控えたほうがよさそうだ. Dovremmo moderarci nel chiacchierare.
3《近くにいる・ある》 ¶吉田がいつも社長の傍らに控えている. Yoshida sta sempre accanto al presidente. ¶背後に山を控えた別荘 villa con dei monti alle spalle [sullo sfondo].
4《目前にする》 ¶この工事は完成を間近に控えている. Il completamento dei lavori è imminente.

ひかかくきょうそう 非価格競争 《経》concorrenza@ non basata sul prezzo
ひかがくてき 非科学的 ◊非科学的な antiscientifico [@複 -ci], non scientifico [@複 -ci]
ひかがみ 膕《ひざの後ろのくぼみ》poplite@
ひかきぼう 火掻き棒 attizzatoio@ [複 -i]

ひかく 比較 paragone@, confronto@, comparazione@ ◊ 比較する《AとBを》paragonare A a [con / e] B, confrontare [raffrontare] A con B, fare un confronto [una comparazione] fra A e B ◊比較的《相対的に》relativamente; 《相応に》proporzionalmente ¶…と比較すれば in confronto a / rispetto a ¶比較し得る (essere) confrontabile [paragonabile] 《と a, con》 / potersi confrontare《と a, con》 ¶BはAに比較するとAのほうが大きい. Paragonato a B, A è più grande. / A è più grande rispetto a B. ¶彼の絵は他と比較し得ないほど優れている. La bellezza della sua pittura è incomparabile [al di là di ogni confronto]. ¶この冬は比較的暖かかった. Quest'inverno è stato relativamente mite.
❖比較級《文法》grado@ comparativo, comparativo@ ¶優等[劣等/同等]比較級 comparativo di maggioranza [minoranza / uguaglianza]
比較研究 ricerca@ comparata
比較言語学 linguistica@ comparativa
比較顕微鏡 comparatore@
比較広告 pubblicità@ comparativa
比較文学 letteratura@ comparata
比較論 ¶比較論的観点からすれば dal punto di vista comparato

ひかく 皮革 pelli@ [複], pellame@, cuoio@ [複 -i]
❖皮革工業 industria@ delle pelli e del cuoio, conceria@
皮革商《人》c(u)oiaio@ [@ -ia; @複 -i], pellaio@ [@ -ia; @複 -i], pellettiere@
皮革製品 pelletteria@, articoli@ [複] di pelletteria

ひかく 非核 ◊非核の non nucleare; 《核武装していない》denuclearizzato
❖非核化 denuclearizzazione@
非核国 nazione@ non nucleare

非核三原則 i tre principi@ [複] antinucleari (◆la politica del Giappone di non produrre, possedere o introdurre sul suolo nazionale armamenti nucleari)
非核地域 zona@ denuclearizzata
非核武装 armamenti@ [複] non nucleari

びがく 美学 estetica@ ◊美学の estetico [@複 -ci]
❖美学者 studioso@ [@ -a] di estetica

ひかげ 日陰 ombra@ ◊日陰の ombreggiato ¶日陰で休む riposare all'ombra [al riparo dal sole] ¶日陰を探す cercare un angolo all'ombra ¶隣のビルのせいで私の部屋が日陰になっている. Il palazzo accanto fa ombra alla mia camera.
❖日陰者 persona@ che vive nascosta

ひがけちょきん 日掛け貯金 risparmio@ [複 -i] giornaliero [quotidiano]

ひかげん 火加減 ¶火加減を調節する regolare la fiamma ¶煮豆の火加減を見てちょうだい. Controlla il fuoco dei fagioli.

ひがさ 日傘 parasole@ [無変], ombrello@ [ombrellino@] da sole

ひがし 干菓子 dolcetto@ secco [複 -chi]

ひがし 東 est@, oriente@, levante@; 《記号》E ¶東の orientale, dell'oriente, dell'est ¶東向きの家 casa rivolta ad est ¶窓は東向きだ. La finestra guarda a levante. ¶ここから1キロ東へ行くと a un chilometro ad est di qui ¶東へ進む dirigersi verso est [oriente / levante]
❖東アジア Asia@ Orientale
東海岸 costa@ orientale
東風 vento@ orientale ¶東風が吹いている. Il vento soffia da est.
東側 lato@ orientale
東側諸国 paesi@ [複] dell'Est
東日本 Giappone@ orientale
東半球 emisfero@ orientale
東ヨーロッパ Europa@ orientale [dell'est]

ひかぜい 非課税 esenzione@ da imposte ◊非課税の esente da imposte [tasse], esentasse [無変] ¶…を非課税にする esentare *ql.co.* dalle imposte
❖非課税準備金 riserve@ [複] non tassate
非課税品 articoli@ [複] [merci@ [複]] esenti da imposte

ひがた 干潟 fondale@ scoperto durante la bassa marea

ひかねつけつえきせいざい 非加熱血液製剤 prodotto@ sanguigno non trattato termicamente

ぴかぴか ◊ぴかぴかした brillante, sgargiante, splendente; 《きらめく》scintillante, sfavillante, luccicante, lucente; 《つややか》lucido, limpido ¶ぴかぴか光る brillare@ [av] / scintillare@ [av] / sfavillare@ [av] /《稲妻などが》lampeggiare@ [av, es] /《非人称動詞 [av, es] としても用いられる》¶床をぴかぴかに磨く lucidare il pavimento

ひがみ 僻み ¶それは君のひがみだよ. Hai dei pregiudizi. /《疑い深い》Sei troppo sospettoso.
❖ひがみ根性 natura@ [indole@] sospettosa

ひがむ 僻む ¶彼はひがみやすい. Pensa subito

ひがら

di essere trattato ingiustamente. / È permaloso. ¶彼は世間をひがんで見ている. Guarda il mondo「di sbieco [con diffidenza]」.

ひがら 日柄 ¶今日は日柄がよい. Oggi è un giorno di buon「augurio [auspicio]」. ¶今日は日柄がわるい. Oggi non è giornata.

ひからす 光らす 《輝かす》rendere ql.co. brillante (▶brillanteは目的語の性・数に合わせて語尾変化」する), far brillare ql.co., dare brillantezza a ql.co.; 《磨く》lucidare ql.co., rendere ql.co. lucido (▶lucidoは目的語の性・数に合わせて語尾変化する)

[慣用] 目を光らす sorvegliare ql.co. [qlcu.], vigilare [av] su ql.co. [qlcu.]

ひからびる 干涸びる dissecarsi, essiccarsi; 《池などが》prosciugarsi ◇干からびた dissecato, essiccato; prosciugato ¶干からびた田 risaia prosciugata ¶肌が干からびている La pelle è completamente secca.

ひかり 光 **1**《光るもの, 光ること》luce㊛, lume㊚; 《光 線》raggio㊚ [複 -gi]; 《薄明かり》barlume㊚; 《明かり》chiaro㊚, chiarore㊚; 《輝 き》fulgore㊚, luminosità㊛, bagliore㊚, splendore㊚; 《光沢》lucentezza㊛; 《閃光》lampo㊚ ¶太陽の光 luce del sole ¶月の光 luce [chiarore] della luna ¶星の光 lume delle stelle ¶目のくらむような「強い / かすかな / まばゆい」光 luce accecante [viva / fioca / abbagliante]㊛ ¶蛍の光 un filo di luce ¶蛍の光のluminescenza della lucciola ¶さんさんと降り注ぐ光 mare di luce ¶光と影のコントラスト contrasto tra luce e ombra ¶光を放つ emettere luce **2**《栄誉》fulgore㊚, lustro㊚; 《希望》luce㊛ ¶生きることに光を見いだした. Ho trovato una ragione di vita. ¶問題の解明に光を投じる aprire uno spiraglio di luce su un problema ¶真理の光 luce della verità ¶彼は親の七光で出世した. Ha fatto strada grazie al nome del padre.

❖光高温計 pirometro㊚ ottico [複 -ci]
光コンピュータ computer㊚ [無変] ottico
光磁気ディスク《コンピュータ》MO㊚ [無変]
光通信 comunicazione㊛ ottica
光ディスク disco㊚ [複 -schi] ottico digitale
光ファイバー《光》fibra㊛ ottica
光り物 (1)《金属》oggetto㊚ lucente (2)《魚の》pesce㊚ azzurro

ぴかり ¶ぴかりと光る brillare㊀ [av] / lampeggiare㊀ [av, es] / balenare㊀ [es](▶非人称動詞 [es] としても用いる) ¶稲妻がぴかりと光った. È balenato [lampeggiato] un fulmine.

ひかる 光る 《輝く》splendere㊀ (▶複合時制を欠く), brillare㊀ [av], risplendere㊀ (▶複合時制を欠く), rifulgere㊀ [es, av]; 《ひらめく》balenare㊀ [es], lampeggiare㊀ [av, es]; 《またたく》scintillare㊀ [av], sfavillare㊀ [av] ¶光っている essere brillante [luminoso / 《金属》lucente] ¶ぴかぴか光る床 pavimento lucido ¶刃（やいば）が日を受けて光っていた. La lama luccicava al sole. ¶一晩中稲妻が光った. Lampeggiò tutta la notte. ¶彼の目に涙が光った. Le lacrime gli brillavano negli occhi. ¶彼女の目は喜びできらきら光っていた. Gli occhi le brillavano [splendevano] di gioia. ¶彼の目は怒

1330

ひき

りでぎらぎら光っていた. I suoi occhi lampeggiavano d'ira.
2《ぬきん出ている》brillare㊀ [av], risplendere㊀ [av, es] ¶知性が光る《人が主語》risplendere di intelligenza ¶彼のユーモアはひときわ光っている. Brilla per il suo umorismo.

ピカレスク〔仏 picaresque〕《悪漢小説》romanzo㊚ picaresco [男複 -schi]

ひかれる 引かれる・惹かれる ¶《人》にひかれる sentirsi attratto da [verso] qlcu. / lasciarsi attrarre da qlcu. ¶彼女の美しさに引かれた. Sono (rimasto) incantato [affascinato] dalla bellezza di quella ragazza.

ひがわり 日替わり ¶日替わりメニュー menù㊚ [無変] [piatti㊚ [複]] del giorno

ひかん 悲観 pessimismo㊚; 《意気消沈》scoraggiamento㊚, disperazione㊛ ◇悲観的 pessimista [男複 -i], pessimistico [男複 -ci]; scoraggiante, demoralizzante, deprimente ◇悲観する essere pessimista; scoraggiarsi, disperarsi, perdersi d'animo ¶彼は悲観的な人生観をもっている. Ha una concezione pessimistica della vita. / Vede la vita in modo cupo. ¶そう悲観するな. Non essere così pessimista.

❖悲観論 pessimismo㊚
悲観論者 pessimista㊚

ひかん 避寒 ◇避寒する svernare㊀ [av], trascorrere l'inverno in un luogo dal clima mite
❖避寒地 località㊛ climatica invernale

ひがん 彼岸 **1**《仏教》《悟りの境地》nirvana㊚ [無変] **2**《あの世》l'al di là㊚, l'aldilà㊚, l'altro mondo㊚ **3**《春, 秋の》periodo㊚ di 7 giorni intorno all'equinozio ¶春の[秋の]彼岸の中日 equinozio di primavera [d'autunno] ¶彼岸の入り il primo giorno del periodo higan

❖彼岸桜 ciliegio㊚ [複 -gi] che fiorisce all'inizio della primavera

彼岸花《植》《学名》*Lycoris radiata*

[日本事情] 彼岸
> Periodo di sette giorni in cui si svolgono alcune feste buddiste che durante il periodo Heian erano celebrate sola a Corte, ma nel periodo Edo cominciarono ad essere praticate ogni anno tra il popolo. Durante questi giorni si visitano le tombe degli antenati e si partecipa a cerimonie religiose. Si usa anche mangiare, dopo averli offerti ai morti, dei dolci chiamati *ohagi*.

ひがん 悲願 ¶長年の悲願がかなった. Ho realizzato quello che desideravo fortemente da tanti anni.

びかん 美感 senso㊚ estetico
びかん 美観 bella vista㊛, bel paesaggio㊚ [複 -gi] ¶自然の美観を損ねる danneggiare [rovinare] le bellezze della natura

びがんじゅつ 美顔術 cura㊛ estetica del viso, cosmesi㊛ [無変] (del) viso

ひかんぜいしょうへき 非関税障壁《経》barriere㊛ [複] di natura non doganale

ひき 引き **1**《引くこと》¶この魚は引きが強い. Questo pesce tira molto la lenza. **2**《引き立てること》favoritismo㊚; 《推薦》raccomandazione[女] ¶彼は引きがあってこの会社に入った. È entrato in questa ditta tramite conoscenze.

ひき 悲喜 ¶悲喜こもごもだった. Si sono alternati [accumulati] gioia e dolore.

-ひき -匹 ¶猫２匹 due gatti ¶はえ１匹いない. Non c'è neanche una mosca.

-びき -引き ¶商品を１割引きで売る vendere un articolo con il dieci per cento di sconto

ひきあい 引き合い **1**《例証, 参考》testimonianza[女], referenza[女], esempio[男][複 -i] ¶引き合いに出す citare [menzionare] *ql.co.* come esempio [prova] ¶彼はダンテの作品を引き合いに出した. Ha preso come punto di riferimento le opere di Dante. **2**〘商〙《取引》 ¶海外から引き合いがある《買い》ricevere「richieste di acquisto [《売り》offerte di vendita] da paesi esteri

ひきあう 引き合う **1**《互いに引く》tirarsi [trainarsi] reciprocamente **2**《割に合う》essere proficuo, fruttare[自][av] ¶引き合わない仕事だ. È poco proficuo. / Questo lavoro non rende molto. /《厄介な》È un lavoro ingrato. ¶十分引き合う. Ne trarrai un tornaconto. / È abbastanza proficuo.

ひきあげる 引き上げる **1**《引っぱり上げる》tirare su, sollevare, far tornare a galla;《難破船・海難救助など》recuperare;《溺死者を》ripescare ◇引き上げ sollevamento[男]; recupero[男] ¶沈没船を引き上げた. Hanno recuperato una nave affondata.

2《物価・賃金などを》aumentare, maggiorare;《水準などを》migliorare ◇引き上げ aumento[男], maggiorazione[女]; miglioramento[男] ¶利率を引き上げる aumentare il tasso di interesse

ひきあげる 引き揚げる 《祖国へ》rimpatriare [自][es], tornare[自][es] in patria;《退去・撤退する》lasciare, evacuare; ritirarsi《から da, へ in》 ◇引き揚げ rimpatrio[男][複 -i], ritorno[男] in patria; evacuazione[女], ritirata[女] ¶意気揚々と引き揚げてくる ritornare trionfalmente / fare un ritorno trionfale ¶もう遅いから引き揚げましょう.《帰る》È tardi, ritiriamoci.

✤**引き揚げ者** rimpatriato[男][[女] -a]

ひきあて 引き当て ⇒担保

✤**引き当て金** fondo[男] di riserva ¶貸倒れ引き当て金 accantonamento per crediti inesigibili

ひきあみ 引き網・曳き網 rete[女] a strascico

ひきあわせる 引き合わせる **1**《紹介する》presentare [introdurre] *qlcu.*《に a》 ◇引き合わせ presentazione[女], introduzione[女] ¶２人を引き合わせる presentare due persone (l'una all'altra) / far incontrare due persone

2《照合する》collazionare, confrontare, comparare, paragonare ¶２つのテキストを引き合わせる fare un confronto fra due testi ¶写本と原文の引き合わせ collazione della copia con l'originale

ひきいる 率いる guidare, condurre;《指揮する》dirigere, comandare; essere a capo di *qlcu.* [*ql.co.*] ¶昨日は大勢のいたずらっ子を率いて博物館へ行った. Ieri ho guidato al museo una combriccola di monelli. ¶チームを率いて alla testa di una squadra

ひきいれる 引き入れる 《引っぱって中に入れる》tirare《へ, に dentro》;《入らせる》far entrare《へ, に in》, introdurre《へ, に in》;《陰謀などに》coinvolgere《へ, に in》 ¶西田を仲間に引き入れた. Ho fatto entrare Nishida nel gruppo.

ひきうけ 引き受け 《手形の》accettazione[女] ¶銀行引き受け accettazione bancaria

✤**引き受け会社** istituto[男] di accettazione bancaria

引き受け拒絶《手形の》mancata accettazione[女] (di cambiale)

引き受け銀行 banca[男] accettante

引き受け手形 cambiale[女] accettata

引き受け手数料 commissione[女] di sottoscrizione

引き受け人《手形の》accettante[男][女] (di una cambiale);《身元の》garante[男][女]

ひきうける 引き受ける **1**《受け入れる》accettare *ql.co.* [di＋[不定詞]];《仕事・任務などを》incaricarsi di *ql.co.* [＋[不定詞]], assumere *ql.co.* ¶責任を引き受ける assumere la responsabilità ¶弁護を引き受ける assumere la difesa di *qlcu.* ¶私が引き受けましょう. Me ne incarico io. / Ci penso io. ¶留守は引き受けた. Penso io a sorvegliare la casa. ¶そんな重要な問題は私１人では引き受けられない. Non posso affrontare da solo un problema così grande.

2《保証する》garantire, assicurare ¶身元を引き受ける rendersi [farsi] garante di *qlcu.*

3《後を継ぐ》succedere[自][es] a *qlcu.* ¶〈人〉の後を引き受ける succedere [subentrare] a *qlcu.* / rimpiazzare *qlcu.*

4《面倒を見る》curare, accudire ¶妹が老母を引き受けています. La sorella minore「si prende cura della [assiste la] madre anziana.

5《手形を》 ¶為替手形を引き受ける accettare una cambiale

ひきうす 碾き臼・挽き臼 macina[女]

ひきうつし 引き写し 《透写など》ricalco[男][複 -chi];《書き写し》copia[女];《剽窃(ひょうせつ)》plagio [複 -gi], scopiazzatura[女], ricalcatura[女] ◇引き写す ricalcare; copiare; plagiare ¶これは山口教授の本の引き写しだ. Questo è un plagio [un'imitazione] del libro del prof. Yamaguchi.

ひきおこす 引き起こす **1**《倒れたものを》raddrizzare, rialzare ¶倒れた木を引き起こす raddrizzare un albero caduto

2《事件などを》causare, provocare, generare ¶スキャンダルを引き起こす generare [causare / provocare] uno scandalo

ひきおとし 引き落とし addebito[男] sul [in] conto

ひきおとす 引き落とす ¶電気代は毎月私の口座から引き落とされる. La bolletta dell'elettricità viene addebitata ogni mese sul mio conto in banca.

ひきおろす 引き下ろす far (di)scendere *ql.co.* [*qlcu.*], tirare giù *ql.co.* [*qlcu.*], abbassare *ql.co.* ¶旗を引き下ろす ammainare una bandiera

ひきかえ 引き換え・引き替え cambio[男][複 -i], scambio[男][複 -i] ¶…と引き換えに in cambio di *ql.co.* /《埋め合わせとして》in compenso di [per] *ql.co.* ¶それに引き替え in compenso ¶代

ひ

ひきかえす 引き返す　tornare㊙[es] indietro, ritornare㊙[es] (sui *propri* passi), rifare la strada (a ritroso)

ひきかえる 引き換える・引き替える　《AをBと》cambiare A con B ¶小切手を現金に引き換える cambiare [scambiare] un assegno in denaro contante

ひきがえる 蟇蛙　《動》rospo㊚

ひきがたり 弾き語り　¶ギターの弾き語りをする cantare accompagnandosi con la chitarra

ひきがね 引き金　1《銃の》grilletto㊚ ¶引き金を引く premere il grilletto　2《起爆剤》innesco㊚ ¶汚職事件が国会解散の引き金となった. Il caso di corruzione ha provocato lo scioglimento del Parlamento.

ひきぎわ 引き際　¶彼は引き際が悪い. Lui è duro [restio] a mollare. È importante sapere quando è il momento di ritirarsi. ¶彼の引き際は時宜を得ていた. Si è ritirato al momento giusto.

ひきげき 悲喜劇　tragicommedia㊛ ◇悲喜劇の tragicomico 《㊚複 -ci》

ひきこみせん 引き込み線　《電》linea㊛ di collegamento, (filo㊚ di) discesa㊛; 《鉄道》binario㊚《複 -i》di raccordo

ひきこむ 引き込む→引き入れる　¶彼を陰謀に引き込んだ. L'ho coinvolto nel complotto. ¶田に水を引き込む immettere acqua nelle risaie

ひきこもり 引き籠もり　fenomeno㊚ sociale per cui un soggetto sceglie di autorecludersi, rifiutando il contatto con le persone intorno e il mondo esterno（◆ vi si associa spesso il rifiuto di comunicare, o la scelta di farlo solo attraverso sistemi che garantiscono al soggetto il pieno controllo della comunicazione stessa, come quelli informatici）¶引きこもりの子供 bambino che rifiuta il contatto con il mondo esterno

ひきこもる 引き籠もる　chiudersi, rinchiudersi, tapparsi, restare《に in》;《隠遁(いんとん)する》ritirarsi [isolarsi]《へ in》¶田舎に引きこもる ritirarsi (a vivere) in campagna

ひきころす 轢き殺す　investire *qlcu*., far morire *qlcu*. schiacciato（▶schiacciatoは目的語の性･数に合わせて語尾変化する）¶彼はトラックにひき殺された. È morto「schiacciato [investito] da un camion.

ひきさがる 引き下がる　《ある場所から》ritirarsi [andarsene]《から da》;《手を引く》lavarsene le mani《から da》¶敵前から引き下がる indietreggiare [*av*, *es*] davanti al nemico ¶この辺で引き下がったほうがいい. A questo punto è meglio che tu ti tiri indietro [da parte].

ひきさく 引き裂く　strappare [stracciare / lacerare] *qlco*., fare *qlco*. a pezzi [a brandelli];《仲を》separare, dividere ¶手紙を引き裂く strappare una lettera

ひきさげ 引き下げ　《値段･報酬などの》diminuzione㊛, riduzione㊛, ribasso㊚, abbassamento㊚;《要求の》ritiro㊚

ひきさげる 引き下げる　abbassare, ribassare;《減らす》diminuire, ridurre;《退かせる》ritirare ¶水準を引き下げる abbassare il livello ¶価格を引き下げる abbassare i prezzi ¶彼らは提出した要求をひとまず取り下げた. Per ora hanno ritirato la richiesta fatta [presentata].

ひきざん 引き算　sottrazione㊛ ◇引き算をする fare una sottrazione; 《A 引く B》sottrarre B da A

ひきしお 引き潮　riflusso㊚, marea㊛ decrescente [calante], bassa marea㊛ ¶引き潮である. La marea cala [decresce].

ひきしぼる 引き絞る　¶弓を引き絞る tendere l'arco ¶ロープを引き絞る tirare la corda

ひきしまる 引き締まる　¶彼の体は引き締まっている. Ha un fisico atletico [sodo]. ¶寒さで身が引き締まる. Il freddo mi rinvigorisce [stimola]. ¶身の引き締まる感じがした. Mi sentivo carico. ¶引き締まった顔付きをしている avere un'espressione risoluta ¶引き締まった文体 stile conciso ¶市況が引き締まる. Il mercato si consolida.

ひきしめせいさく 引き締め政策　《経》politica㊛ di stretta creditizia

ひきしめる 引き締める　1《強く締める》stringere, restringere ¶馬の手綱を引き締める tenere la briglia corta (a un cavallo)
2《緊張させる》concentrarsi, applicarsi intensamente ¶気を引き締めて事に当たる impegnarsi in qualcosa con la massima concentrazione
3《家計や市場など》¶家計を引き締める ridurre le spese familiari / stringere i cordoni della borsa ¶金融を引き締める restringere il credito

ひぎしゃ 被疑者　persona㊛ sospetta, indiziato㊚《㊛ -a》;《被告》imputato㊚《㊛ -a》, accusato㊚

ひきずりおろす 引き摺り降ろす　far scendere *ql.co.* [*qlcu*.] con la forza; 《地位などから》far decadere *qlcu*.《da da》

ひきずりこむ 引き摺り込む　1《引っぱって中に入れる》¶私は腕をつかまれて部屋の中に引きずり込まれた. Sono stato trascinato per le braccia in quella camera. 2《無理に誘い込む》¶議論に引きずり込まれた. Sono stato trascinato [Sono stato coinvolto] nella disputa.

ひきずりだす 引き摺り出す　¶先生はその子供を教室から引きずり出した. Il maestro ha trascinato il ragazzo fuori dalla classe. ¶彼女はベッドの下からスーツケースを引きずり出した. Ha tirato fuori la valigia da sotto il letto.

ひきずりまわす 引き摺り回す　1《あちこち引っぱって動かす》¶山車(だし)を町中引きずり回す trascinare per tutta la città un carro allegorico
2《翻弄される》¶この10日間これらの問題に引きずり回されている. Siamo stati alle prese con questi problemi negli ultimi dieci giorni. ¶彼は女房に引きずり回されている. 《言いなりになる》Sua moglie lo comanda a bacchetta.

ひきずる 引き摺る　《地面などに》trascinare; strascicare ¶足を引きずって歩く camminare strascicando i piedi / trascinarsi ¶警察に引きずって行く trascinare qlcu. alla polizia ¶悪友に引きずられて賭け事に手を出した. Spinto [Invogliato / Sollecitato] dalle cattive compagnie, si è dato al gioco d'azzardo. ¶彼女は着物の裾(そ)を引きずっていた. Strascicava l'orlo del *kimono*.

ひきたおす 引き倒す ¶皆で大木を引き倒した. Abbiamo abbattuto un grande albero, tirandolo tutti insieme.

ひきだし 引き出し **1**《机などの》cassetto男;《整理箱などの》cassettiera女 ¶引き出しから取り出して tirare fuori [prendere] *qlco*. da un cassetto **2**《預金の》prelievo男, prelevamento男, ritiro男

ひきだす 引き出す **1**《引っぱって出す》tirare fuori ¶車庫から車を引き出す tirar fuori [far uscire] la macchina dal garage ¶被告人を法廷に引き出す condurre un accusato in tribunale **2**《預金を》ritirare, prelevare ¶銀行から金を引き出す prelevare [ritirare] denaro da una banca **3**《外に出す》¶結論を引き出す trarre una conclusione《から da》 ¶生徒の能力を引き出す sviluppare la capacità degli allievi

ひきたたせる 引き立たせる ¶このネクタイは背広をいっそう引き立たせる. Questa cravatta fa risaltare ancor di più l'eleganza dell'abito.

ひきたつ 引き立つ **1**《よく見える》¶額縁を変えたら絵がいちだんと引き立った. Con questa cornice il quadro si è valorizzato. **2**《元気づく, 盛んになる》¶春とともに気持ちが引き立ってきた. Con l'arrivo della primavera, mi è venuto il buonumore.

ひきたて 引き立て 《保護》protezione女;《保護, 後援》patrocinio男[複 -i]《支持》appoggio男[複 -gi], sostegno男;《ひいき》favore男, preferenza女 ¶お引き立てにあずかる essere protetto [favorito / appoggiato] da *qlcu*. / essere nelle (buone) grazie di *qlcu*. / godere del favore di *qlcu*. ¶いつもお引き立ていただきありがとうございます. La ringrazio per la preferenza che ci accorda sempre.
✦引き立て役 ¶引き立て役を務める servire come [fare da] contrasto

ひきたてる 引き立てる **1**《他を目立たせる》far risaltare [far spiccare] *ql.co*. [*qlcu*.], fare [mettere] in evidenza [in rilievo / in risalto] *ql.co*. [*qlcu*.] ¶味を引き立てるために調味料を使う servirsi del condimento per dare gusto al piatto **2**《目をかける》proteggere [appoggiare] *qlcu*. ¶彼は私の息子が出世するように引き立ててくれた. Si è impegnato perché mio figlio riuscisse nella vita. **3**《気を奮い立たせる》¶《人》の気を引き立てる incoraggiare [confortare / rincuorare] *qlcu*. ¶気を引き立てて仕事を続けた. Mi sono fatto coraggio e ho continuato il lavoro. **4**《無理に引っぱっていく》¶彼は警察に引き立てられていった. È stato portato via a forza dalla polizia.

ひきちがいど 引き違い戸 doppia porta女 scorrevole

ひきちぎる 引き千切る《引き裂く》strappare [fare a pezzi] *ql.co*.;《むしり取る》strappare [togliere con la forza] *ql.co*.

ひきつぐ 引き継ぐ《受け継ぐ》succedere自[*es*] a *qlcu*. in [a] *ql.co*.;《仕事の責任などを》assumere [rilevare / ricevere] *ql.co*.《から da》 ◇引き継ぎ successione女, trasferimento男, passaggio男[複 -gi]; assunzione女 ¶彼が会社の経営を父親から引き継いだ. È succeduto a suo padre nella conduzione della ditta. ¶若手が党の主導権を引き継いだ. Un giovane è subentrato alla guida del partito. ¶前任者から仕事を引き継ぐ continuare il lavoro di altri / assumere l'incarico del precedente responsabile ¶後任者に仕事を引き継ぐ far continuare il *proprio* lavoro ad altri / trasmettere il *proprio* incarico a un successore

ひきつけ 引き付け 《痙攣(けい)》convulsione女;《筋肉の》spasmo男;《医》《癲癇(てんかん)ぶん》epilessia女 ¶引きつけを起こす avere un attacco di convulsioni / essere preso da convulsioni

ひきつける 引き付ける **1**《引き寄せる》attirare [attrarre] *ql.co*. [*qlcu*.] a sé;《魅力で》affascinare [incantare] *qlcu*.;《甘言などで》allettare [attrarre] *qlcu*.《で con》, accattivarsi *qlcu*. ¶彼は大衆を引きつける術(すべ)を心得ている. Sa bene come conquistar(si) le simpatie del pubblico. **2**《痙攣(けい)を起こす》avere le convulsioni

ひきつづき 引き続き《相次いで》successivamente, consecutivamente,《間をおかず》continuamente, di continuo, in continuazione, senza posa [interruzione], ininterrottamente;《続々と》uno dietro [dopo] l'altro, di fila ¶引き続き5年間《過去の》per cinque anni consecutivi / cinque anni di seguito /《現在までの》da cinque anni di fila /《現在から》cinque anni a partire da ora ¶講演に引き続き質疑応答に移った. La conferenza è stata seguita da un dibattito.

ひきつづく 引き続く **1**《継続する》continuare自[*es*];《長びく》prolungarsi ¶昨日から引き続いて雨が降っている. Continua a piovere da ieri. ¶彼は2期引き続いて大統領を務めた. È stato eletto presidente [Ha mantenuto la presidenza] per due mandati consecutivi. ¶引き続く不況 recessione prolungata **2**《すぐ後に続く》→引き続き ¶夫の入院に引き続いて, 彼女も病気になった. Si è ammalata subito dopo il ricovero del marito.

ひきづな 引き綱 《船》cavo男 da rimorchio, traina女;《上げ下げ窓の》corda女 del contrappeso;《滑車の》corda女 per puleggia [carrucola]

ひきつる 引き攣る **1**《筋肉や皮膚が》¶水泳中に足がひきつった. Mentre nuotavo sono stato colto da un crampo alla gamba. ¶やけどの跡がひきつっている. Della bruciatura mi è rimasta una cicatrice. **2**《緊張などで》¶顔がひきつっている. Ha il volto contratto.

ひきつれる 引き連れる ¶子供たちを引き連れて動物園へ行った. Ho portato i miei figli allo zoo. ¶彼はいつもお供を引き連れている. È sempre accompagnato [scortato] da qualcuno.

ひきて 弾き手 strumentista男女[男複 -i]; suonatore男[女 -trice]

ひきでもの 引き出物　regalo⒨ (da parte dell'ospite a tutti i presenti alla festa)

ひきど 引き戸　porta⒡ scorrevole

ひきどき 引き時　¶ここらが引き時だよ.《退出する》Ora è il momento di filarsela [《身を引く》di ritirarsi dall'attività].

ひきとめる 引き留める　¶〈人〉を夕食に引き留めるfar restare qlcu. a cena ¶もうこれ以上はお引き留めしません. Non ti trattengo ulteriormente. ¶彼は出て行こうとする息子を引き留めた. Ha persuaso suo figlio a non andarsene.

ひきとる 引き取る　1《荷物などを》ritirare [riprendere] ql.co. ¶売れ残りの品物を引き取る ritirare le merci invendute ¶孤児を引き取る prendersi cura di [prendere in casa] un orfano ¶引き取り手のない死体 salma che nessuno reclama 2《息を引き取る》の形で, 死ぬ》¶彼は夜の8時に息を引き取った. È spirato [Ha esalato l'ultimo respiro] alle otto di sera. 3《退去する》ritirarsi ¶どうぞお引き取りください. La prego di andar via [di uscire].

ビギナー 〔英 beginner〕 principiante⒨⒡

ビキニ 〔英 bikini〕 1《女性用水着》bikini⒨ [無変], costume⒨ da bagno in due pezzi 2《ビキニ環礁》atollo⒨ Bikini

ひきにく 挽肉　carne⒡ macinata [tritata / trita], macinato⒨ (di carne)

ひきにげ 轢き逃げ ◇ひき逃げする darsi alla fuga dopo aver investito qlcu.
✤ひき逃げ犯 colpevole⒨⒡ di omissione di soccorso

ひきぬく 引き抜く　1《引っぱって抜く》estrarre, cavare ¶木を根こそぎ引き抜く sradicare [svellere] un albero ¶雑草を引き抜く estirpare [strappare] le erbacce 2《人材を》¶A社の技術者を引き抜く accaparrarsi l'ingegnere della ditta A

ひきのばし 引き伸ばし　《写》ingrandimento⒨

ひきのばす 引き伸ばす　1《引っぱって伸ばす》stendere; 《冶》trafilare ¶金属を引き伸ばす trafilare metalli 2《長びかせる》tirare ¶彼は話をだらだらと引き伸ばした. Ha tirato per le lunghe il suo discorso. 3《写真を》ingrandire ¶写真を実物大に引き伸ばす ingrandire una fotografia a dimensioni reali

ひきのばす 引き延ばす　《延期する》rinviare, rimandare, aggiornare, posporre; 《長引かす》prolungare, allungare ¶出発を1か月後に引き延ばした. Ho rinviato la partenza di un mese. ¶ローマの滞在を1週間引き延ばした. Ho prolungato il mio soggiorno a Roma di una settimana.

ひきはなす 引き離す　1《分ける》separare qlcu. [ql.co.]《から da》¶彼をあのグループから引き離さなければならない. Bisogna allontanarlo da quel gruppo. 2《大差をつける》distaccare, staccare, distanziare ¶我々は相手チームを大きく引き離して勝った. Abbiamo vinto con grande distacco sugli avversari.

ひきはらう 引き払う　¶アパートを引き払う lasciare l'appartamento [sgombrare] un appartamento

ひきふね 引き船　《引く船》rimorchiatore⒨; 《作業》rimorchio⒨ [複 -chi]

ひきまく 引き幕　《舞台の》sipario⒨ [複 -i] ad apertura orizzontale

ひきまわす 引き回す　1《連れ歩く》portare qlcu. in giro ¶彼に東京じゅう引き回された. Mi ha portato in giro per tutta Tokyo. 2《指導・世話をする》guidare, aiutare 3《指図して動かす》¶君は彼にいいように引き回されている. Ti lasci trascinare come vuole lui.

ひきもきらず 引きも切らず → ひっきりなし

ひきもどす 引き戻す　1《引っぱり戻す》tirare qlcu. [ql.co.] indietro; 《連れ帰る》riportare qlcu. indietro ¶《もとの状態に戻す》¶破壊された自然をもとに引き戻すことは困難である. Se seriamente danneggiata, è difficile riportare la natura alle condizioni originarie.

ひきゃく 飛脚　corriere⒨, messaggero⒨

ひきょう 卑怯　vigliaccheria⒡, viltà⒡, codardia⒡ ◇卑怯な《臆病な》vigliacco⒨ [複 -chi], vile, codardo; 《卑劣な》spregevole; 《恥ずべき》indegno ¶彼は卑怯にもこの期(ご)におよんで逃げ出した. Si è ritirato vilmente in questo momento cruciale. ¶友人を裏切るとは卑怯だ. È una vigliaccheria tradire un amico.
✤卑怯者 vile⒨, vigliacco⒨ [複 -cca], codardo⒨ [複 -a]; persona⒡ spregevole

ひきょう 秘教　religione⒡ esoterica

ひきょう 秘境　regione⒡ inesplorata [vergine]

ひぎょう 罷業　sciopero⒨

ひきよせる 引き寄せる　1《引いて寄せる》¶電気スタンドを引き寄せる avvicinare un lume [una lampada] a sé / tirare un lume vicino a sé 2《おびき寄せる》¶光で魚を引き寄せる attirare i pesci con la luce ¶安売りの目玉商品で客を引き寄せる richiamare [attirare] la clientela con merce accattivante a buon mercato

ひきより 飛距離　《スポ》《スキージャンプ》salto⒨; 《ゴルフ》traiettoria⒡

ひきわけ 引き分け　pareggio⒨ [複 -gi] ¶試合は引き分けに終わった. La partita è finita「con un pareggio [in parità].

ひきわける 引き分ける　1《引っぱって分ける》取っ組み合いをしている子らを引き分けた. Ho diviso [separato] con la forza i bambini avvinghiati fra loro. 2《互角に終わる: 人や試合などが主語》finire⒤ [es] in pareggio ¶3対3で引き分けた. Abbiamo pareggiato tre a tre. / La partita è terminata con un pareggio di tre a tre.

ひきわたし 引き渡し　consegna⒡; 《所有権などの》trapasso⒨, cessione⒡; 《当事国への逃亡犯の》estradizione⒡ ¶引き渡しはご注文より60日後. 《商》Consegna a 60 giorni dal Vs. (読み方: vostro) ordine.
✤引き渡し港《商》porto⒨ di consegna
引き渡し証券《商》ricevuta⒡ di consegna avvenuta
引き渡し場所[期日]《商》luogo⒨ [複 -ghi] [data⒡] di consegna

ひきわたす 引き渡す　consegnare; 《財産・権利などを》trasferire; 《犯罪人を本国政府へ》estradare ¶荷物を彼に引き渡す consegnare i bagagli al proprietario ¶警察に引き渡す consegnare qlcu. alla polizia ¶〈人〉に事務を引き渡す cedere il controllo degli affari a qlcu.

ひきわりむぎ 碾き割り麦 orzo[男] macinato
ひきん 卑近 ◇卑近な《身近》familiare;《一般的》comune;《俗な》banale ¶卑近な例を挙げる citare un esempio della vita di tutti i giorni
ひきんぞく 非金属 metalloide[男], non metallo[男]
✤非金属元素 elemento[男] metalloidico [複 -ci]
ひきんぞく 卑金属 metalli[男][複] comuni
ひく 引く **1**【引っ張る】 tirare *ql.co.*;《牽引する》trainare [rimorchiare] *ql.co.* ¶カーテンを引く tirare le tende ¶車を引く tirare un carrello /《牽引》rimorchiare un'automobile ¶このひもを引くと電気がつく. Tirando questo cordone si accende la luce. ¶〈人〉の袖を引く tirare *qlcu.* per la manica ¶「引く」《ドアなどの掲示》"Tirare"
2【引きずる】 strascicare [trascinare] *ql.co.* ¶彼女はスカートの裾を引いている. Trascina la gonna sul pavimento.
3【引っ込める】 ritirare *ql.co.* ¶体を引く tirarsi indietro ¶あごを引く abbassare il mento ¶政治から身を引く ritirarsi dalla politica
4【導き入れる】 condurre *ql.co.* [*qlcu.*] ¶〈人〉の手を引く condurre *qlcu.* per mano ¶田に水を引く allagare una risaia ¶電話を引く installare [allacciare] il telefono
5【線などを】 tracciare [tirare] *ql.co.* ¶線を引く tracciare [tirare] una linea ¶図面を引く disegnare un progetto ¶線を引いて文を消す cancellare con una riga la frase
6【糸を】 ¶納豆が糸を引いている. Il *natto* fa una bava filamentosa [i fili]. ¶陰で糸を引く《黒幕になる》tenere le fila della congiura
7【塗る】 ¶床にろうをひく dare la cera al [passare la cera sul] pavimento ¶フライパンに油をひく ungere il tegame ¶口紅をひく darsi [mettersi] il rossetto
8【引き算をする】 sottrarre *ql.co.* da *ql.co.*;《値引きする》diminuire [ribassare] *ql.co.* ¶3引く2は1. Tre meno due fa uno. ¶47から14を引くと残りは33. Se da 47 sottrai 14 resta 33. ¶値段を500円引く diminuire il prezzo di 500 yen ¶これ以上は引けません. Questo è l'ultimo prezzo. / Non posso più calare sul prezzo.
9【引き付ける】 attirare [attrarre] *ql.co.*;《心を》incantare *qlcu.* ¶〈人〉の注意をひく attirare [attrarre] l'attenzione di *qlcu.* ¶興味をひく本 libro attraente ¶人の目をひく服装 abbigliamento che attira gli sguardi ¶彼のやさしさにひかれた. La sua gentilezza mi ha conquistato.
10【抜き出す】 prendere *ql.co.* ¶カードを1枚引く prendere una carta dal mazzo ¶くじを引く fare il sorteggio
11【引用する】 citare ¶聖書から例をひく trarre un episodio [《章句の引用》citare un passo] della Bibbia
12【辞書を】 consultare, cercare ¶辞書を引く consultare un dizionario / cercare una parola in un dizionario
13【血筋を】 discendere[自] [*es*] da *ql.co.* ¶名門の血を引く discendere da nobile famiglia ¶母親の血を引いたのか音楽の才能がある. Sarà perché ha ereditato il talento materno, ma ha veramente predisposizione per la musica.
14【風邪を】 ¶風邪をひく raffreddarsi / prendere l'influenza [il raffreddore] (► raffreddoreは軽い風邪) ¶風邪をひいている avere l'influenza [il raffreddore]
15【影響を残す】 ¶彼の酒は後を引く. Quando comincia a bere, non la smette più. ¶この事件はのちのちまで尾を引きそうだ. La faccenda avrà strascichi interminabili.
16【後退する】 indietreggiare[自] [*av, es*], arretrare[自] [*av*], tirarsi indietro;《屈する》cedere[自] [*av*] [arrendersi]《に a》;《引退する》ritirarsi [dimettersi]《から da》 ¶事業から手を引く ritirarsi da [abbandonare] un'attività ¶いまさら引くに引けない. Ora non si può più tornare indietro.
17【下がる】 abbassarsi, decrescere[自] [*es*], calare[自] [*es*], scendere[自] [*es*] ¶潮が引く. La marea si abbassa [decresce / cala]. ¶熱が引く. La febbre scende.
ひく 挽く 《のこぎりで》segare;《臼(うす)などで》macinare ¶丸太をのこぎりで挽く segare un tronco
ひく 弾く suonare;《演奏する》eseguire ¶…をピアノで弾く eseguire [suonare] *ql.co.* al pianoforte
ひく 碾く macinare ¶大豆をひいて粉にする macinare i semi di soia per farne della farina
ひく 轢く ¶自動車にひかれた. È stato travolto [investito / messo sotto] da un'automobile.
びく 魚籠 cesto[男] da pesca
ひくい 低い **1**【下方にある】 basso, piccolo ◇低く in [dal] basso ◇低くする abbassare ◇低くなる abbassarsi, diventare bass*o* ◇低さ bassezza[女] ¶低い天井 soffitto basso ¶背が低い essere bass*o* [piccol*o* / di bassa statura] ¶低い鼻 naso schiacciato [camuso] ¶低く飛ぶ volare 「a bassa quota [basso]
2【地位・身分が】 basso, modesto, umile ¶低い地位にいる occupare una bassa [modesta] posizione
3【程度が】 basso, modesto ◇低さ bassezza[女];《量の》pochezza[女], scarsità[女] ¶能力の低さ scarsa capacità ¶志が低い avere poca ambizione
4【音が】 basso ◇低くする abbassare ¶低い声で a bassa voce / sotto voce / sottovoce ¶あの歌手は低い声がよく出ない. Quel cantante non prende bene le note basse. ¶ラジオの音を低くする abbassare la [il volume della] radio
5【目盛・数値が】 basso ¶温度が低い. La temperatura è bassa. ¶この会社は給料が低い. In questa ditta gli stipendi sono bassi. ¶血圧が低い. La pressione del sangue è bassa.
6【腰が】 modesto, umile ¶誰に対しても腰が低い essere umil*e* con tutti
びくしょう 微苦笑 sorriso[男] amaro
ひくっ ¶彼は何度もひくっとしゃっくりをした. Ha singhiozzato a lungo.
ひくつ 卑屈 ◇卑屈な 《いやしい》meschino, gretto;《こびた》servile, vile, strisciante;《追従的な》ossequioso, servile, adulator*io* [[男] 複 -*i*] ◇卑屈に servilmente, bassamente, vilmente,

[ひ]

senza dignità

びくっ ¶私は彼の声を聞いてびくっとした. La sua voce mi fece sussultare. ¶寒さで体がびくっと震えた. Ho avuto un brivido di freddo.

ぴくっ ¶ぴくっと浮きが動いた. Il galleggiante si è mosso con un guizzo.

ひくて 引く手 ¶彼女は美人で引く手あまただ. È talmente bella che ha molti spasimanti.

びくとも ◇びくともしない〔堅固な〕saldo, solido;〔不動の〕fermo, incrollabile, immobile;〔平然とした〕impassibile, imperturbabile ◇びくともせずに impassibilmente, imperturbabilmente ¶びくともしない団結 solidarietà incrollabile ¶この戸は押しても引いてもびくともしない. Questa porta non si vuole aprire né a spingerla né a tirarla. ¶この建物は地震にはびくともしない. Quest'edificio è resistente a qualsiasi terremoto. ¶彼の地位はびくとも揺らがない. La sua posizione è assolutamente irremovibile. ¶何事が起きてもびくともしない男だ. È un uomo che non perde la calma davanti a nulla.

ピクニック〔英 picnic〕picnic男〔無変〕¶ピクニックに行く andare a fare un picnic〔una scampagnata / una gita〕

ひくひく ¶魚はまだひくひく動いている. Il pesce si dimena ancora. ¶疲れてまぶたがひくひくする. Per la stanchezza mi trema la palpebra.

びくびく ¶彼は私に叱られないかといつもびくびくしている. Ha sempre paura〔Teme sempre〕che io lo rimproveri.

ぴくぴく ¶犬は鼻をぴくぴくさせて箱の臭いをかいだ. Il cane ha annusato la scatola sniffando.

ひぐま 羆〔動〕orso男 bruno

ひくめ 低目 ¶彼は家の価値を低めに見積もった. Ha fatto una stima al ribasso del valore della casa.

ひくめる 低める abbassare, calare ¶声を低める abbassare la voce ¶腰を低める chinarsi / piegarsi

ひぐらし 茅蜩 cicala女 crepuscolare;《学名》Tanna japonensis

ピクリンさん ピクリン酸《化》acido男 picrico

ピクルス〔英 pickles〕《料》sottaceti男〔複〕;《数種の野菜の》giardiniera女 ¶きゅうりのピクルス cetrioli sottaceto〔sott'aceto〕

ひぐれ 日暮れ《日没》crepuscolo男, tramonto男;《夜, 夕方》sera女 ¶日暮れに al calar〔al tramontar〕del sole / al crepuscolo / la sera ¶日暮れ前には町に着くだろう. Arriveremo in città prima dell'imbrunire.

ひぐんじか 非軍事化 smilitarizzazione女

ひけ 引け ¶工場は何時に引けになりますか. A che ora lascia lo stabilimento?

[慣用] **引けを取る** essere inferiore ¶彼はギターの腕にかけては誰にも引けを取らない. Come chitarrista「non lo batte nessuno〔non è secondo〔inferiore〕a nessuno〕.

❖**引け後**《株式で》dopo la chiusura delle contrattazioni in Borsa

引け相場 prezzo男 alla chiusura della Borsa

ひげ 卑下 ◇卑下する umiliarsi, abbassarsi ¶彼は卑下してそういうのだ. Lo dice「con modestia〔umilmente〕.

ひげ 鬚・髭・髯《あごひげ》barba女;《短めの》barbetta女;《口 ひげ》baffi男〔複〕;《頰ひげ》favoriti男〔複〕;《縁取りひげ》barba女 alla Cavour;《やぎひげ》pizzo男, pizzetto男;《猫などの》vibrissa女, baffi男〔複〕¶《なまずなどの》barbiglio男 / baffuto ¶ひげもじゃの顔 un volto con una barba incolta ¶ひげの手入れを curarsi〔pettinarsi〕la barba

❖**ひげぜんまい**《時計の》spirale男 del bilanciere
ひげそり《かみそり》rasoio男〔複 -i〕
ひげ面《無精ひげの》viso男 non rasato

ピケ〔仏〕《織》piqué男〔piké男〕〔無変〕

ピケ(ット)〔英 picket〕picchetto男;《張ること》picchettaggio男〔複 -gi〕¶ピケを張る formare〔fare〕picchetti / picchettare他〔av〕

❖**ピケ隊** picchetto男

ひげき 悲劇 tragedia女 ◇悲劇的(な)tragico〔男複 -ci〕◇悲劇的に tragicamente ¶ギリシア悲劇 la tragedia greca

❖**悲劇作家** tragico男〔女 -ca〕, tragediografo男〔女 -a〕, autore男〔女 -trice〕tragico〔di tragedie〕

ひけぎわ 引け際 **1**《退社する間際》¶事件が起こったのは, ちょうど会社の引け際だった. L'incidente è accaduto proprio al momento della chiusura degli uffici. ¶引け際に《株式で》alla chiusura delle contrattazioni in Borsa **2** →引き際

ひけつ 否決 reiezione女 ◇否決する respingere ¶法案は賛成 250 反対 310 で否決された. Il disegno di legge è stato respinto con 250 voti favorevoli e 310 contrari.

ひけつ 秘訣 segreto男〔per + 不定詞〕¶成功の秘訣 il segreto〔la chiave〕del successo ¶事業の秘訣を教える iniziare qlcu. ai segreti del mondo degli affari

ひけどき 引け時 ¶会社の引け時だ. È l'ora dell'uscita dal lavoro.

ひけめ 引け目 complesso男 d'inferiorità ¶引け目を感じる avere〔soffrire di〕un complesso d'inferiorità ¶彼らの前に出ると引け目を感じる. Davanti a loro mi sento in soggezione.

ひけらかす ostentare, esibire, sfoggiare ¶彼は知識をひけらかす. Non esita ad ostentare la sua conoscenza. / Fa mostra della sua conoscenza.

ひける 引ける **1**《終わる》¶学校が引けてから会いましょう. Ci vediamo dopo la scuola. ¶うちの会社は 4 時に引ける. Il nostro ufficio chiude alle sedici. ¶相場は 400 円で引けた. La Borsa ha chiuso a quattrocento yen.
2《気おくれがする》¶そんなにしていただいては気が引けます. La sua gentilezza mi imbarazza.

ひけん 比肩 ◇比肩する essere pari a ql.co.〔qlcu.〕, essere alla pari《で in》¶比肩しうる paragonabile ¶技術的には彼は私に比肩する. Le sue capacità tecniche sono al mio stesso livello.

ひげんじつてき 非現実的《実際的でない》inattuale, non praticabile;《実行不可能(な)》inattuabile, impraticabile, irrealizzabile;《実在しない》irreale;《空想的な》fantastico [男複 -ci], immaginario [男複 -i];《理想の》utopistico [男複 -ci]

ひけんしゃ 被験者 soggetto男 sottoposto ad esame

ひご 庇護 《保護》protezione女;《支持》appoggio男 [複 -gi];《後見》tutela女;《引き立て》favore◇庇護する proteggere [《支持》appoggiare] qlcu.; prendere qlcu. sotto tutela [protezione]; dare protezione [appoggio] a qlcu. ¶子供たちは親の庇護のもとに育つ. I bambini crescono sotto la protezione [tutela] dei genitori.

✤庇護者 protettore男 [女 -trice]

ひご 卑語《下品な言葉》parolaccia女 [複 -ce];《俗俚語》parola女 [espressione女 / linguaggio男 [複 -gi]] volgare;《スラング》gergo男 [複 -ghi];《英》slang [zlen(g)]男 [無変]

ピコ pico 《数》《1兆分の1》pico-, 10^{-12}

✤ピコセカンド《時間の単位》picosecondo男, trilionesimo男 di secondo

ひごい 緋鯉《魚》carpa女 dorata

ひこう 非行 cattiva condotta女, comportamento男 riprovevole ¶少年 [少女] の非行 delinquenza minorile ¶非行に走る prendere una cattiva strada

✤非行少年 [少女] delinquente男女 minorenne, giovane男女 sbandato

ひこう 飛行 volo男, navigazione女 (aerea) ◇飛行する volare[av, es], fare un volo ¶曲芸飛行 volo acrobatico ¶試験飛行 volo di prova [di collaudo] ¶単独飛行 volo in solitario [《女性の》solitaria] ¶長距離飛行 volo a lungo raggio / trasvolata ¶低空飛行 volo raso terra / volo a bassa quota ¶偵察飛行 volo di ricognizione ¶編隊飛行 volo in formazione ¶夜間飛行 volo notturno ¶遊覧飛行 volo turistico ¶無着陸飛行 volo senza scalo ¶計器飛行 volo cieco [strumentale] ¶有視界飛行 volo a vista

✤飛行甲板 ponte男 di volo
飛行距離 distanza女 di volo percorsa
飛行計画 piano男 di volo
飛行士 aviatore男 [女 -trice], pilota男女 [男複 -i]
飛行時間 ¶飛行時間9000時間のパイロット pilota con 9.000 ore di volo
飛行視程 visibilità女 in volo
飛行場 aeroporto男
飛行船 dirigibile男
飛行艇 idrovolante男 a scafo centrale, idroplano男 con galleggianti portanti
飛行日誌 diario男 [複 -i] di bordo
飛行служ divisa女 [tenuta女] di volo
飛行路 traiettoria女 di volo

ひごう 非業 ¶非業の死を遂げる morire di morte violenta

びこう 尾行 pedinamento男 ◇尾行する pedinare qlcu., seguire le tracce di qlcu. ¶誰かに尾行されているらしい. Ho l'impressione di essere seguito [pedinato].

✤尾行者 pedinatore男 [女 -trice] ¶尾行者をまく seminare [far perdere le tracce a] un pedinatore

びこう 備考 nota女, commento男,《所見》osservazione女

✤備考欄 colonna女 per le annotazioni;《表示》"Note" / "Annotazioni";《書き込み用の余白》spazio男 [複 -i] riservato alle note

びこう 微光 debole luce女, barlume男;《きらめき》bagliore男 fioco [男複 -chi] [tenuo]

びこう 鼻孔《解》narice女

びこう 鼻腔《解》fossa女 [cavità女] nasale

ひこうかい 非公開 ¶裁判は非公開で行われた. Il processo si è tenuto a porte chiuse. ¶この宝物殿は一般には非公開です. Questa sala del tesoro non è aperta al pubblico. ¶非公開の記録 documento confidenziale

✤非公開株《経》titolo男 non quotato in borsa

ひこうき 飛行機 aeroplano男, aereo男,《総称》velivolo男 ¶飛行機で in aereo / con l'aereo /《郵便など》per via aerea ¶軽 [民間] 飛行機 aereo leggero [civile] ¶偵察 [爆撃] 用飛行機 aereo da ricognizione [da bombardamento] ¶四発飛行機 quadrimotore男 ¶飛行機に乗る salire su [a bordo di] un aereo / imbarcarsi su un aereo ¶飛行機で行く andare in aereo ¶飛行機が離陸する [着陸する]. L'aereo decolla [atterra]. ¶飛行機が墜落した. L'aereo è precipitato. ¶飛行機が火を吹く. L'aereo prende fuoco.

✤飛行機雲 scia女 di un aereo
飛行機事故 incidente男 aereo

ひこうしき 非公式 ◇非公式の《公でない》non ufficiale; ufficioso,《略式の》informale;《私人としての》a titolo personale;《個人的な》in privato, in forma privata ◇非公式に a titolo 「non ufficiale [personale] ¶非公式の情報 informazione 「non ufficiale [ufficiosa]

ひごうほう 非合法 illegalità女,《地下潜伏》clandestinità女 ◇非合法な illegale, illegittimo, illecito; clandestino ◇非合法に illegalmente, illecitamente; clandestinamente ¶非合法生活をする vivere in clandestinità

✤非合法活動 attività女 clandestina [illegale]
非合法紙 giornale男 clandestino

ひごうり 非合理 irrazionalità女 ¶非合理な考え方 pensiero irrazionale [illogico / assurdo] ¶非合理な政策 politica irragionevole [《ばかげた》insensata]

ひこく 被告《刑事》imputato男 [女 -a], accusato男 [女 -a];《民事》convenuto男 [女 -a] ¶被告側の証人 testimone男 a discarico

✤被告席 banco男 degli accusati
被告弁護人 avvocato男 [女 -essa] difensore [女 -ditrice]

ひこくみん 非国民 persona女 non [poco] patriottica;《売国奴》traditore男 [女 -trice] della patria, antipatriota男女 [男複 -i];《廃》senza patria男女 [無変]

ひこつ 腓骨《解》fibula女, perone男

びこつ 尾骨《解》coccige [coccige]男 ◇尾骨の coccigeo

びこつ 鼻骨《解》osso男 [複 le ossa] nasale

ピコット 〔仏 picot〕《服》pippiolino㊚

ひごと 日毎 ogni giorno, giorno dopo giorno ¶日ごとに蕾がふくらんでゆく. I boccioli crescono di giorno in giorno.

ひこばえ 蘖〔切り株から出た芽〕pollone㊚

ひこぼし 彦星 Altair㊚ →七夕 日本事情

ひごろ 日頃 **1**《ふだん》sempre, abitualmente, ordinariamente ◇日ごろの di sempre, abituale;《毎日の》quotidiano ¶日ごろの勉強 studio quotidiano〔di ogni giorno〕¶日ごろはあんなじゃないんだ. Di solito non è così. ¶日ごろの行いを見れば人間がわかる. La vera natura delle persone si capisce dalla loro condotta abituale.
2《かねてから》da tempo ◇日ごろの da (lungo) tempo ¶日ごろの願い speranza nutrita da lungo tempo ¶日ごろの恨みを晴らす regolare〔saldare〕vecchi conti (in sospeso)

ひざ 膝 ginocchio㊚〔複 i ginocchi;《両ひざの意味で》le ginocchia〕¶ひざをつく mettersi in ginocchio / inginocchiarsi;《片ひざを》mettere un ginocchio a terra ¶…にひざをのせる prendere ql.co.〔qlcu.〕sulle ginocchia ¶ひざのすり切れたズボン pantaloni con le ginocchia logore〔logorate / consumate〕¶ひざを曲げる piegare le ginocchia ¶ひざをすりむいてしまった. Mi sono scorticato un ginocchio. ¶水がひざ下までつかる. L'acqua arrivava fino alle ginocchia. ¶山を降りる時ひざが笑った. Scendendo dalla montagna mi tremavano le gambe.
慣用 **ひざを折る** sottomettersi, arrendersi (a)
ひざを崩す ¶どうぞひざをお崩しください. Prego, si metta comodo.
ひざを進める (1)《にじり寄る》avvicinarsi all'interlocutore muovendosi sulle ginocchia (2)《乗り気になる》¶彼はその話にひざを進めた. Si è interessato molto a quella faccenda.
ひざを交える ¶ひざを交えて話す avere un colloquio franco e sincero con qlcu.
✤**ひざ頭**[小僧] ginocchio㊚; 《解》rotula㊛, patella㊛

ひざまくら ¶ひざまくらで眠る dormire appoggiando la testa sulle gambe di qlcu.

ビザ 〔英 visa〕visto㊚ ¶観光[文化]ビザ visto turistico [culturale] ¶労働[学生]ビザ visto (per motivi di lavoro [studio]) ¶ビザを申請する[とる] chiedere [ottenere] il visto ¶パスポートにビザの認証を受ける far vistare il passaporto

ピザ 〔伊〕pizza㊛ →料理 用語集
✤**ピザ屋** pizzeria㊛

ひさい 被災 ◇被災する essere colpito da una sciagura
✤**被災者** sinistrato㊚[㊛ -a], vittima㊛ di una sciagura;《家がなくなった》senzatetto㊚㊛[無変] ¶原爆被災者 vittima del bombardamento atomico
被災地 zona㊛ sinistrata ¶地震の被災地 zona colpita da terremoto [terremotata]

びさい 微細 ◇微細な minuto, minuscolo, microscopico[複 -ci];《詳細な》particolareggiato ◇微細に minutamente, minuziosamente; particolareggiatamente, dettagliatamente ¶微細な説明 spiegazione particolareggiata [dettagliata]
✤**微細構造** struttura㊛ fine

びざい 微罪 reato㊚ minore

ひざかけ 膝掛 plaid [plεid]㊚[無変] per riscaldare le gambe

ひざかり 日盛り ◇日盛りに in pieno sole, di giorno, nelle ore più soleggiate

ひさし 庇・廂 **1**《建》《家の》tettoia㊛, gronda㊛;《軒(?)》estremità del tetto che sporge;《軒蛇腹》cornicione㊚
2《帽子の》visiera㊛
慣用 **庇を貸して母屋を取られる** (1)《一部を貸して全部を取られる》dare un dito e vedersi prendere un braccio (2)《恩を仇(?)で返される》fare del bene e ricevere in cambio del male

ひざし 日差し raggi㊚[複]「del sole [solari]」¶強い日差しの中を歩いた. Ho camminato「nel sole abbagliante [sotto il sole cocente]. ¶日差しが暖かくなった. Il sole si è fatto caldo.

ひさしい 久しい ¶久しい以前に《今から》molto tempo fa;《ある時から》molto tempo prima ¶彼はイタリアに行って久しい. È molto tempo che è andato in Italia. ¶久しく彼に会っていない. Non lo vedo da (molto) tempo. ¶久しゅうございます. Mi fa veramente piacere rivederla dopo tanto tempo. /《手紙などで》La prego di perdonarmi per il lungo silenzio.

ひさしぶり 久し振り ¶やあ, 久しぶりだねえ. Oh, quanto tempo! ¶久しぶりに雨が降った. Era da molto che non pioveva. ¶母から久しぶりに手紙が来た. Dopo un lungo silenzio finalmente è arrivata una lettera dalla mamma. ¶兄が久しぶりに家に帰って来た. Mio fratello maggiore è tornato a casa dopo una lunga assenza.

ひざづめだんぱん 膝詰め談判 trattative㊛[複] dirette ¶〈人〉とひざ詰め談判をする intavolare trattative dirette con qlcu.

ひさびさ 久久 →久し振り

ひざまずく 跪く inginocchiarsi, mettersi in ginocchio / mettersi in ginocchio, in ginocchioni ¶ひざまずいて祈る genuflettersi / pregare in ginocchio

ひさめ 氷雨 pioggia㊛[複 -ge] gelida

ひざもと 膝元・膝下 ¶彼は灰皿をひざもとに引き寄せた. Ha avvicinato a sé il portacenere. ¶彼は17歳までの親のひざもとで育った. Fino a diciassette anni è cresciuto sotto la tutela dei genitori.

ひざら 火皿〔キセル・パイプの〕fornello㊚

ひさん 砒酸《化》acido㊚ arsenico [ortoarsenico / tetraossoarsenico]
✤**砒酸塩** arseniato㊚

ひさん 飛散 ◇飛散する sparpagliarsi, disperdersi

ひさん 悲惨 miseria㊛, infelicità㊛, disgrazia㊛ ◇悲惨な《ひどく不幸な》miserabile, infelice;《哀れをさそう》patetico[㊚複 -ci], pietoso;《痛ましい》doloroso, penoso;《逆境の》disgraziato, sfortunato;《悲劇的な》tragico[㊚複 -ci] ¶彼は悲惨な最期を遂げた. Ha fatto [Ha avuto] una fine tragica. ¶状況は悲惨をきわめている. La situazione è delle più deplorevoli che si possano immaginare.

ビザンチン 〚史〛《ビザンチン帝国》Impero㊚ di Bisanzio [bizantino] ◇ビザンチンの bizantino
✤**ビザンチン化** ◇ビザンチン化する《様式をまねる》bizantineggiare㊐ [av]
ビザンチン芸術〚建築〛arte㊛ [architettura㊛] bizantina
ビザンチン様式 stile㊚ bizantino, bizantinismo㊚

ひし 皮脂〚化・医〛sebo㊚
✤**皮脂腺**〚医〛ghiandola㊛ sebacea
皮脂漏〚医〛seborrea㊛

ひし 菱〚植〛trapa㊛, castagna㊛ d'acqua
✤**菱形**〚植〛loşanga㊛;《幾何》rombo㊚ ◇菱形の a (forma di) loşanga; romboidale ¶菱形模様の loşangato

ひじ 肘 gomito㊚ ¶ひじのすり切れた上着 giacca con i gomiti logori [liși] ¶机にひじをつく appoggiarsi con i gomiti [col gomito] su un tavolo / appoggiare i gomiti [il gomito] su un tavolo ¶ひじで押しのけて進む farsi avanti a (forza di) gomitate ¶ひじで突いて知らせる dare un colpetto col gomito
✤**ひじまくら** ¶ひじまくらをする appoggiare la testa sul braccio come cuscino

ひじかけ 肘掛 bracciolo㊚
✤**ひじ掛け椅子** sedia㊛ a braccioli;《ソファー》poltrona㊛;《子供用の》seggiolone㊚;《ゆり椅子》sedia㊛ a dondolo

ひしきじ 非識字 analfabetişmo㊚
✤**非識字者** analfabeta㊚㊛ [㊚複 -i]

ひししょくぶつ 被子植物 angiosperme㊛ [複]→植物〚用語集〛

ビジター 〘英 visitor〙《ゴルフなどで》ospite㊚㊛, visitatore㊚ [㊛ -trice];《遠征チーム》squadra㊛ ospite

ひしつ 皮質〚解〛corteccia㊛ [複 -ce] ¶大脳皮質 corteccia cerebrale

びしっ 1《擬》cric ¶枝がびしっと折れた. Il ramo dell'albero si è spezzato con un crac. 2《厳しい様子》¶「だめだ」と父はびしっと言った. "Non si fa", ha detto mio padre con tono secco. 3《すきのない様子》¶彼はいつも背広をびしっと着込んでいる. Veste sempre impeccabilmente.

びし 1 ¶むちをびしっと鳴らした. Ha fatto schioccare la frusta. ¶ガラスがびしっと割れた. Il vetro si è creato. ¶彼はいつもどおり, びしっと3時に講義を終えた. Come al solito, ha finito la sua lezione alle tre spaccate.

びしてき 微視的 microscopico [㊚複 -ci]
✤**微視的経済学** microeconomia㊛

ひじでっぽう 肘鉄砲《ひじで突きのけること》gomitata㊛, colpo㊚ di gomito ¶ひじ鉄砲をくわす respingere seccamente ¶彼は彼女にひじ鉄砲をくわされた. È stato respinto da lei con freddezza.

ひしと 1《しっかりと》¶ひしと抱きしめる abbracciare qlcu. fortemente / stringere qlcu. fra le braccia 2《感情などが迫る様子》¶世間の冷たさがひしと身にしみる. Mi sento affranto per l'indifferenza della gente.

ビジネス 〘英 business〙affare㊚, lavoro㊚, 〘英〙business㊚ [無変]
✤**ビジネススクール** istituto㊚ [scuola㊛] commerciale

ビジネスセンター centro㊚ degli affari
ビジネスホテル 〘英〙business hotel㊚ [無変]
ビジネスマン uomo㊚ [複 uomini㊚] d'affari, operatore㊚ economico [複 -ci]
ビジネスライク ◇ビジネスライクに in modo efficiente e pratico

ひしはいしゃ 被支配者 sottomesso㊚ [㊛ -a];《被抑圧者》oppresso㊚ [㊛ -a]

ひしはつてき 非自発的 involontario [㊚複 -i];《強制された》forzato;《義務としての》obbligatorio [㊚複 -i], imposto, coatto
✤**非自発的失業**〚経〛disoccupazione㊛ involontaria

ひしひし ¶寂しさをひしひしと感じている. Mi manchi molto. ¶寒さがひしひしと感じられる夜だった. Era una notte «gelida [da brividi]».

びしびし severamente, aspramente, rigidamente ¶この子をびしびしと仕込んでください. Sia severo con mio figlio. ¶借金をびしびしと取り立てた. È stato inflessibile nell'esigere il pagamento dei debiti.

ひしめく 犇めく affollarsi, fare ressa, serrarsi ¶劇場の前に人がひしめいている. La gente si accalca [C'è una gran ressa] davanti al teatro.

ひしゃかいてき 非社会的 asociale

ひしゃく 柄杓 mestolo㊚;《調理用の》ramaiolo㊚;《船》(あか汲み) gottazza㊛ ¶ひしゃくで水を汲む (汲み取る) prendere [attingere] l'acqua con un mestolo

びじゃく 微弱 ◇微弱な debole ¶微弱な反応 reazione appena percettibile

ひしゃたい 被写体〚写〛soggetto㊚ di una fotografia

ぴしゃっ 1《強く打ちつける音》¶彼にぴしゃっとドアを閉められた. Mi ha chiuso la porta in faccia. 2《水などをはねる音》¶車が私の服にぴしゃっと泥水をはねかけた. Un'automobile mi ha schizzato di fango il vestito. 3《きっぱりと》¶借金をぴしゃっと断られた. La mia richiesta di un prestito venne nettamente respinta.

びしゃびしゃ ¶子供がぴしゃびしゃはねを上げながら水たまりを歩いた. Il bambino ha camminato nella pozza schizzando acqua.

ぴしゃぴしゃ ¶子供のお尻をぴしゃぴしゃたたく sculacciare un bambino ripetutamente / dare sculacciate a un bambino

ぴしゃり 1《強く打つ音》¶戸をぴしゃりと閉める sbattere una porta ¶ぴしゃりと横っ面を張る dare uno schiaffo [un sonoro ceffone] a qlcu. / prendere a schiaffi qlcu. 2《きっぱりと》¶私は彼の要求をぴしゃりとはねつけた. Ho respinto decişamente [seccamente] la sua richiesta.

ひじゅう 比重 peso㊚ specifico, gravità㊛ specifica, densità㊛ ¶…の比重を計る mişurare [determinare] la densità relativa di qlco. ¶家計の中で食費の占める比重が大きい. Nel bilancio familiare le spese per il vitto occupano una parte notevole.
✤**比重計**《密度の》densimetro㊚;《気体の》aerometro㊚;《液体の》idrometro㊚;《重量の》gravimetro㊚

《用語集》 美術 Arte

■絵画 Pittura

ジャンルと技法 Generi e tecniche di pittura

●イコン，聖画像 icona[女]. 板絵 pannello[男]. 絵画 dipinto[男], pittura[女], quadro[男]. カルトン(原寸大下図) cartone[男]. 祭壇画 pala[女] (d'altare).

●海洋画，海景画 marina[女]. 花鳥画 pittura[女] di fiori e uccelli. カリカチュア，戯画 caricatura[女]. 具像画 pittura figurativa. 景観図 veduta[女]. 細密画⇀ミニアチュール. 自画像 autoritratto[男]. 室内画 pittura d'interni. 人物画 figura[女] umana. 宗教画 pittura sacra [religiosa]. 肖像画 ritratto[男]. 静物画 natura[女] morta. 戦争画 pittura di battaglie. 抽象画 pittura astratta. 動物画 pittura d'animali. 風景画 paeṣaggio[男]. 風俗画 pittura di genere. ミニアチュール，写本挿絵 miniatura[女]. 裸体画 nudo[男].

●油絵 pittura[女] a olio. グアッシュ (pittura a) guazzo[男]. グラファイト graffito[男]. グリザイユ〔仏〕grisaille[女][無変], griṣaglia[女]. コラージュ〔仏〕collage[男][無変]. 挿絵 illustrazione[女], figura[女]. 水彩画 acquerello[男]. 水墨画 disegno[男] con inchiostro di china. ステンドグラス vetrata[女] dipinta. 単色画 monocromato[男]. つぼ絵 pittura vascolare. テンペラ画 pittura a tempera. パステル画 pastello[男]. パピエ・コレ〔仏〕papier collé [男][無変]. フレスコ画 affresco[男]. 壁画 pittura murale [parietale]. ポスター manifesto[男]. 蜜蝋画 encausto[男]. 木炭画 disegno[男] a carboncino. モザイク moṣaico[男].

●版画 inciṣione[女], stampa[女]. アクアティント acquatinta[女]. 色留め fissaggio[男]. エッチング acquaforte[女]. グラフィック grafica[女]. シルクスクリーン serigrafia[女]. 石版画[術] litografia[女] (油画を複製した多色刷り石版画 oleografia[女]). 拓本〔仏〕frottage[男], riproduzione[女] su carta. 地塗り imprimitura[女]. エングレーヴィング calcografia[女]. ドライポイント puntasecca[女]. 版木 matrice[女] di legno inciṣa. 腐食 morsura[女]. メゾティント mezzatinta[女]. 木版画[術] xilografia[女], silografia[女].

●厚塗り《絵の具の》impasto[男] denso. 色 colore[男]. 陰影，濃淡 ombratura[女], ombreggiatura[女]. 上塗り，薄塗り《ワニスの》velatura[女]. オブジェ oggetto[男]. 組み合わせ文字，モノグラム monogramma[男]. クロッキー bozzetto[男]. 構図 compoṣizione[女]. 構成 costruzione[女], struttura[女]. コントラスト contrasto[男]. 材質 materia[女]. 彩色，着色 colorazione[女]. 彩色法 colorito[男]. 色調 tono[男]. 下塗り campitura[女]. 習作 studio[男], bozzetto[男]. スケッチ schizzo[男], abbozzo[男]. スフマート，ぼかし描法 sfumato[男]. 線描 tratteggio[男]. 立体造形 plastico[男]. 装飾 decorazione[女], ornato[男]. 短縮法 scorcio[男], scorto[男]. ディテール dettaglio[男], particolare[男]. デッサン，素描 disegno[男]. デフォルメ deformazione[女]. 透視図法，遠近画法 prospettiva[女]. 配色 colorazione[女]. 半陰影 ombreggiatura[女]. 描線 linea[女], tratto[男]. プロポーション proporzione[女]. ポーズ posa[女]. ボリューム volume[男]. マス massa[女]. 明暗法，キアロスクーロ chiaroscuro[男]. モチーフ motivo[男]. レプリカ replica[女]. 複製 riproduzione[女].

材料と用具 Materiali e strumenti イーゼル，画架 cavalletto[男]. 色留め薬 fissativo[男]. 絵の具 colori[男][複] (油[水彩]絵の具 colori a olio [ad acquerello]). 絵筆，刷毛 pennello[男]. 鉛白 biacca[女]. 鉛筆 matita[女]. 大刷毛 pennellessa[女]. カンバス，画布 tela[女]. 固着[腐食]剤 mordente[男]. コンテ carboncino[男] duro. 人体模型 manichino[男]. パステル pastello[男]. パレット tavolozza[女]. パレット・ナイフ spatola[女]. ビュラン bulino[男]. プレス《版画用》torchio[男]. 木炭 carboncino[男]. 溶剤 solvente[男].

技法 Azioni attinenti 明るい部分を浮き立たせる lumeggiare. 粗描する abbozzare. アラビア模様で飾る arabescare. 陰影・濃淡・明暗をつける ombrare, ombreggiare. 彩色する，描く dipingere, pitturare. 彩色・着色する colorare. 漆喰(しっくい)を塗る scialbare. 修復する restaurare. 水彩で描く acquerellare. 図解する illustrare. スケッチする schizzare. 染色する tingere. 線を引く，線で影をつける tratteggiare. デフォルメする deformare. 下地[背景]を塗る campire. 筆で描く pennelleggiare. フレスコ画を描く affrescare. プレスで刷る imprimere. ぼかす sfumare. 彫る incidere. 明暗をつける chiaroscurare. ワニスを薄塗りする velare.

作家 Artisti エッチング作者，銅版画家 acquafortista[男][女]. 画家 pit*tore*[男][[女] *-trice*]. 戯画作家，風刺画家 caricaturista[男][女]. 細密画家 miniaturista[男][女]. 挿絵画家 illustra*tore*[男][[女] *-trice*]. 修復家 restaura*tore*[男][[女] *-trice*]. 肖像作家 ritrattista[男][女]. 水彩画家 acquerellista[男][女]. 聖母画家 madonnar*o*[男][[女] *-a*]. 石版師 litograf*o*[男][[女] *-a*]. 装飾家《室内》decora*tore*[男][[女] *-trice*]. デザイナー，図案家 disegna*tore*[男][[女] *-trice*]. パステル画家 pastellista[男][女]. 版画家 incisore[男]. 風景画家 paeṣaggista[男][女]. フレスコ画家 affreschista[男][女], frescante[男][女]. 木版師 xilograf*o*[男][[女] *-a*], silograf*o*[男][[女] *-a*]. モザイク師 moṣaicista[男][女].

絵画運動 Movimenti pittorici
アール・ヌーボー stile男 liberty; 〔仏〕art男 & nouveau. アルカイック arcaico (▶形容詞). アルテ・ポーヴェラ arte & povera. アンフォルメル informale男. 印象派 impressionismo男; 《人》impressionista男. キュビズム cubismo男; 《人》cubista男. 空間主義 spazialismo男. 具象派 arte figurativa, figurativismo男. 現代美術 arte contemporanea. ポスト印象派 postimpressionismo男; 《人》postimpressionista男. 構成主義 costruttivismo男. ゴシック様式 gotico男. 古典主義 classicismo男. 自然主義 naturalismo男; 《人》naturalista男. 写実主義 realismo男; 《人》realista男 &. シュールレアリスム surrealismo男; 《人》surrealista男 &. シュプレマティズム suprematismo男. 純粋主義 purismo男. 象徴主義 simbolismo男.

新印象派 neoimpressionismo男; 《人》neoimpressionista男. 新ゴシック様式 neogotico男. 新古典主義 neoclassicismo男. 新写実主義 neorealismo男. 新ダダイズム neodadaismo男. 総合主義、サンテティスム sintetismo男. ダダイズム dadaismo男; 《人》dadaista男. 抽象主義 astrattismo男; 《人》astrattista男. 点描派 puntinismo男; 《人》puntinista男 &. バルビゾン派 scuola & di Barbizon. バロック様式 barocco. 表現主義 espressionismo男; 《人》espressionista男. フォーヴィスム, 野獣派 fauvismo男. 素朴派 primitivismo男. 分離派 secessione&; 《人》secessionista& &. ヘレニズム ellenismo男. ポップ・アート 〔英〕pop-art〔無変〕; arte pop〔無変〕. マニエリスム manierismo男; 《人》manierista男 &. 未来派 futurismo男; 《人》futurista男 &. ラファエル前派 preraffaellismo男; 《人》preraffaellita男 &. ルネサンス rinascimento男. ロココ様式 rococò男. ロマネスク様式 romanico男.

■彫刻 Scultura
彫刻の種類 Tipi di scultura 石彫り intaglio男 su marmo. 浮き彫り rilievo男 (高浮き彫り altorilievo男. 浅浮き彫り bassorilievo男; 《ドナテルロなどに見られる》stiacciato男. 中浮き彫り mezzorilievo男). 浮き彫り技術 (宝石・金属などの)anaglittica&. 浮き彫り細工品 anaglifo男. 打ち出し彫り sbalzo男. 木彫り intaglio男 su legno. 牙彫(げ)り scultura& in avorio. 透かし彫り traforo男. 象眼 intarsio男. 彫金 cesellatura&, arte& del cesello. 丸彫り tutto tondo男. モニュメント(記念的建造物) monumento男. 騎馬像 statua& equestre. 胸像 busto男. 半胸像(腕を伴わない)mezzo busto男. 群像 gruppo男. 座像 figura& assisa. 少女像《古代ギリシア彫刻の》kore& [複 korai]. 女身像柱 cariatide&. 頭像 testa&. 青年像《古代ギリシア彫刻の》kuros男 [複 kuroi]. 青銅彫刻 bronzo男. 石膏(塑像) gesso男. 全身像 a figura intera. 塑型, 原型, 塑像 calco男. 塑造 modellatura&. 塑型, 塑像 statua男 &. ひな型, 粗型 bozzetto男. 男性像柱 telamone男. トルソ torso男. 立像 statua&. 等身大の al naturale.

材料と用具 Materiali e strumenti 大槌 mazzuolo男. 金槌 picchierello男. 木べら pettinella&. 金属 metalli男[複]. コンパス compasso男. 青銅 bronzo男. 石材 pietra&. 石膏 gesso男. 象牙 avorio男. 塑型, 塑像(粘土などの)calco男. たがね, 石のみ subbia&. 彫塑用材料 plastilina& (▶商標). テラコッタ《粘土で成形して素焼にしたもの》terracotta&. 粘土 creta&, argilla&. ハンマー, 両刃小槌 martellina&. 紐付きドリル《手動式》trapano男 a corda. 平のみ scalpello男. へら stecca& dello scultore. 丸のみ sgorbia&. 木材 legno男. やすり raspa&.

技法 Azioni attinenti 粗彫りする abbozzare, sbozzare, disgrossare. 打ち出し細工をする sbalzare. 可塑材で形をつくる plasticare. 型をとる, 原型[模型]を作る modellare. 肖像を刻む effigiare. 鋳造する fondere. 彫金する, 金細工をする cesellare. 彫り物をする incavare. 彫る, 刻む intagliare. 彫る scolpire.

作家 Artisti 粗彫り石工 sbozzatore男 [& -trice]. 原型製作者 modellatore男 [& -trice]. 青銅彫刻の鋳造者 bronzista男 &. 大理石の彫刻家, 大理石工 marmista男 &. 彫刻家 scultore男 [& -trice]. 彫刻家, 彫版師 intagliatore男 [& -trice].

■関連語 Voci attinenti
アトリエ studio男. 鋳造 fusione&. ビエンナーレ biennale&. 絵画館, ピナコテーク pinacoteca&. 額縁 cornice&. 額縁に入れる incorniciare. 鑑定家, 目利き conoscitore男 [& -trice]. 鑑定(書)〔仏〕expertise&. 鑑定・証明する autenticare. ギャラリー, 画廊, 絵画館, 美術品陳列室 galleria&. 工房 bottega&. 古代彫刻陳列室(グリュプトテーク) glittoteca&. 漆喰(しっくい) scialbo男. 収集 collezione&. 修正, 加筆 ritocco男. 修復 restauro男. 手法, 流儀, 作風, 様式 maniera&. 図像 iconografia&. 図像学 iconologia&. 造形[彫塑]美術 plastica&. 展示・展覧会 mostra&. 展覧会, 陳列, 出品 esposizione&. 博物館学 museografia&, museologia&. 模写 copia&. モデル modello男 [& -a]. 流派 scuola&.

比重瓶 picnometro㊚
比重量 《物・化》 peso specifico [複 -ci] [volumico] [複 -ci]

びじゅつ 美術 arte㊛, belle arti㊛[複]; 《劇・映・テ》 scenografia㊛
◇美術的 artistico [㊚複 -ci] ◇美術的に artisticamente →前ページ 用語集 ¶造型美術 arti figurative;《特に彫刻》arte plastica ¶装飾美術 arti decorative ¶工芸美術 artigianato ¶古美術 oggetti antichi / antichità / antiquariato
✤美術学校《イタリアの》Accademia㊛ delle Belle Arti (◆大学相当で 4 年制); liceo㊚ artistico (◆高校相当で 4 年制)
美術館 museo㊚ d'arte;《絵画館》pinacoteca㊛
美術監督 《映》 scenografo㊚ [㊛ -a]
美術史 storia㊛ dell'arte
美術史家 studioso㊚ [㊛ -a] di storia dell'arte
美術書 libro㊚ d'arte
美術商 mercante㊚ d'arte
美術批評 critica㊛ d'arte
美術批評家 critico㊚ [複 -ci] d'arte
美術品 opera㊛ d'arte

ひじゅん 批准 ratificazione㊛, ratifica㊛ ¶講和条約を批准する ratificare un trattato di pace
✤批准書 ratifica㊛, documento㊚ di ratifica

ひしょ 秘書 segretario㊚ [㊛ -ia; 複㊚ -i] ¶個人秘書 segretario particolare [personale] ¶彼女は社長の秘書である。 È la segretaria privata del presidente.
✤秘書課 segreteria㊛, segretariato㊚
秘書官 segretario㊚ [㊛ -ia; 複㊚ -i] del ministro

ひしょ 避暑 villeggiatura㊛ estiva ¶山[海]で避暑する passare l'estate in montagna [al mare]
✤避暑客 villeggiante㊚㊛ estivo
避暑地 luogo㊚ [複 -ghi] di villeggiatura estiva

びじょ 美女 bella donna㊛

ひしょう 飛翔 volo㊚ ◇飛翔する volare㊀ [es, av], levarsi in volo, innalzarsi

ひじょう 非常 1 《緊急、異常》emergenza㊛ ¶「非常用」《掲示》"Usare solo in caso d'emergenza" ¶非常の際に備える premunirsi contro "tutte le eventualità [ogni imprevisto] ¶非常に際して in caso di necessità [di bisogno / d'emergenza]
2 《極度》 ◇非常な straordinario [㊛複 -i], eccezionale, estremo ◇非常に estremamente, molto, assai ¶彼は非常な名声を獲得した。 Ha ottenuto [conseguito] una fama enorme. ¶今年の冬は非常に寒かった。 Quest'inverno ha fatto un freddo tremendo. ¶非常に重要だ。 È molto importante. / È importantissimo. ¶彼の家は非常に遠い。 La sua casa è assai lontana.
✤非常階段 scala㊛ di sicurezza
非常口 uscita㊛ di sicurezza
非常警戒 stato㊚ d'allerta
非常警報 (segnale㊚ d')allarme㊚
非常呼集 adunata㊛ generale (d'emergenza)
非常コック《電車などの》chiavetta㊛ d'emergenza
非常事態 stato㊚ d'allarme, situazione㊛ critica
非常事態宣言 dichiarazione㊛ di stato d'allarme
非常手段 ¶非常手段をとる ricorrere a [adottare] provvedimenti d'emergenza
非常準備金 《経》 fondo㊚ di riserva
非常召集 convocazione㊛ d'emergenza
非常食 provviste㊛[複] (d'emergenza)
非常信号 segnale㊚ d'allarme
非常線 →見出し語参照
非常駐車帯 piazzola㊛ di sosta
非常通話 chiamata㊛ d'emergenza
非常点滅表示灯《車》 luci㊛[複] d'emergenza
非常灯 indicatore㊚ luminoso d'emergenza
非常ベル campanello㊚ d'allarme

ひじょう 非情 《人情のない》 ◇非情な duro di cuore, senza cuore;《残酷な》crudele, spietato;《非人間的な》disumano, inumano;《感情のない》privo di sentimento, insensibile ¶そんな非情なことはできない。 Non posso fare una cosa così crudele. ¶その言葉に対しても彼は非情であった。 Neanche quelle parole l'hanno smosso.

びしょう 微小 ◇微小な microscopico [㊚複 -ci];《微細な》minuto, piccolissimo

びしょう 微少 ◇微少な pochissimo, lieve, scarso

びしょう 微笑 sorriso㊚ ◇微笑する sorridere㊁ [av] ¶微笑を浮かべた顔 viso sorridente ¶私の返事に彼は晴れやかな微笑を浮かべた。 La mia risposta ha provocato in lui un sorriso radioso.

ひじょうきん 非常勤 ◇非常勤の precario [㊚複 -i];《大学教員など》incaricato
✤非常勤講師 professore㊚ [㊛ -essa] 「a contratto [incaricato]《ネイティブスピーカーの語学教師》lettore㊚ [㊛ -trice]

ひじょうじ 非常時 periodo㊚ di emergenza, momento㊚ di crisi

ひじょうしき 非常識 mancanza㊛ di buon senso [di senso comune];《向こうみず》dissennatezza㊛ ◇非常識な irragionevole;《ばかげた》insensato, assurdo, dissennato;《変わった》stravagante, anticonvenzionale ¶非常識な人 persona priva di buon senso ¶非常識なことをする fare cose stravaganti [bizzarre] ¶そんなことをするなんて非常識きわまりない。 È roba da pazzi [matti].

ひじょうしつ 非晶質 amorfismo㊚ ◇非晶質の amorfo

びしょうじょ 美少女 bella fanciulla㊛

ひじょうじょ 被乗数 《数》 moltiplicando㊚

ひじょうせん 非常線 cordone㊚ (di polizia); posto㊚ di blocco;《伝染病などの隔離線》cordone㊚ sanitario [複 -i] ¶非常線を突破する rompere i cordoni ¶警察は殺人現場の周辺に非常線を張った。 La polizia ha delimitato l'area del delitto.

ひしょうてん 被昇天 ¶聖母被昇天の祝日《カト》 (Festa dell')Assunzione (◆8 月 15 日)

びしょうねん 美少年 bel ragazzo㊚

びしょく 美食 buona tavola㊛, piatto㊚ squisito
✤美食家 buongustaio㊚ [㊛ -ia;㊚複 -i] ¶美食家である amare la buona tavola
美食術 gastronomia㊛

ひじょすう 被除数 《数》 dividendo㊚

ビショップ 〔英 bishop〕 vescovo男;《チェスで》alfiere男 ¶ビショップの輪《天》l'anello del Vescovo

びしょぬれ びしょ濡れ ◇びしょぬれの tutto bagnato, inzuppato, zuppo, fradicio [男複 -ci; 女複 -cie, -ce] ¶びしょぬれになる inzupparsi ¶雷雨でびしょぬれになった. Mi sono「tutto infradiciato [bagnato fino all'osso] sotto il temporale. ¶汗でびしょぬれだ. Sono madido di sudore.

びしょびしょ ¶雨で洋服がびしょびしょになった. La pioggia mi ha inzuppato il vestito. ¶ハンカチが涙でびしょびしょだ. Il fazzoletto è tutto bagnato di lacrime.

ビジョン 〔英 vision〕 visione女 ¶政治のビジョン visione politica ¶日本の将来に対するビジョンをつくる formulare una visione del futuro del Giappone

びじれいく 美辞麗句 parole女複 vuote e affettate;《蔑》retorica女 ¶美辞麗句を並べる esprimere ql.co. in stile fiorito | infiorare

びしん 微震(旧震度階級の一つ) microsisma男 [複 -i]

びじん 美人 bella donna女, bellezza女 ¶彼の奥さんは美人だ. Sua moglie è bella [una bella donna]. ¶町の美人が勢ぞろいしていた. Tutte le bellezze della città erano presenti.
❖**美人画**(浮世絵などの) pittura女 [dipinti男複] di belle donne
美人コンテスト concorso男 di bellezza
美人薄命 La bellezza ha vita breve.

ピジン 〔英 pidgin〕《混成語》〔英〕 pidgin[無変]

ひじんどうてき 非人道的 ◇非人道的な inumano, disumano ◇非人道的に inumanamente, disumanamente, in modo disumano ¶非人道的な措置 provvedimento inumano

ビス 〔仏 vis〕《機》vite女

ひすい 翡翠《鉱》giada女 verde

ひすいせんしゃ 被推薦者 candidato男 [女 -a] proposto [sostenuto]

ひすうじ 非数字《コンピュータ》carattere男 non numerico [複 -ci]

ビスケット 〔英 biscuit〕 biscotto男

ビスコース 〔英 viscose〕《化》viscosa女

ピスタチオ 〔英 pistachio〕 pistacchio男 [複 -chi]

ヒスタミン 〔英 histamine〕《薬・化》istamina女

ビスチェ 〔仏 bustier〕《下着》bustino男

ヒステリー 〔独 Hysterie〕 isterismo男, isteria女 ◇ヒステリーの isterico [男複 -ci] ¶集団ヒステリー isterismo collettivo ¶ヒステリーを起こす avere un attacco di isterismo
❖**ヒステリー患者** isterico男 [女 -ca; 男複 -ci]

ヒステリシス 〔英 hysteresis〕《物》isteresi女 [無変]

ヒステリック 〔英 hysteric〕 ◇ヒステリックな isterico [男複 -ci] ◇ヒステリックに istericamente

ヒストグラム 〔英 histogram〕《統》istogramma男 [複 -i]

ピストル 〔英 pistol〕 pistola女;(連発銃) rivoltella女;〔英〕revolver男 [無変];(回転弾倉式の)〔英〕colt男 [無変] ¶ピストルを撃つ sparare un colpo di pistola ¶ピストルに弾を3発装填(そうてん)する caricare una pistola con tre pallottole ¶ピストルを突きつける puntare una pistola contro qlcu. ¶彼はピストル自殺をはかった. Ha tentato il suicidio con una pistola.
❖**ピストル強盗**(行為) rapina a mano armata;(人) rapinatore男 [女 -trice] [ladro [女 -a]] armato di pistola

ピストン 〔英 piston〕《機》pistone男
❖**ピストンエンジン** motore男 alternativo [a pistoni]
ピストン棒 asta女 dello stantuffo, biella女
ピストンポンプ pompa女 alternativa
ピストン輸送 ◇ピストン輸送する far la spola

ビスマス 〔英 bismuth〕《化》bismuto男;(元素記号) Bi

ひずみ 歪み **1**(物体などのゆがみ) deformazione女;(反り) incurvamento男;《レンズ・音などのゆがみ》distorsione女;(ずれ) spostamento男, sfalsamento男;《電》sfasamento男
2(事態のゆがみ) squilibrio男 [複 -i] ¶高度経済成長のひずみを是正する correggere gli squilibri [scompensi] dell'alta crescita economica
❖**ひずみ率** fattore di distorsione

ひずむ 歪む deformarsi, storcersi, subire una deformazione ¶このスピーカーは高音がひずむ. Quest'altoparlante distorce i suoni alti.

ひする 秘する fare di ql.co. un segreto ¶犯人の名を秘する tacere il nome del colpevole ¶名を秘して mantenendo l'anonimato / rimanendo anonimo / anonimamente

びせい 美声 bella voce女 ¶美声の持ち主である avere una bella voce ¶美声で歌う cantare con una bella voce

ひせいさんてき 非生産的 improduttivo;(不毛な, 無益な) sterile, inutile ¶非生産的な論争 polemica improduttiva [sterile]

ひせいふそしき 非政府組織 →NGO

びせいぶつ 微生物 microrganismo男;(細菌など) microbio男 [複 -i], microbo男
❖**微生物学** microbiologia女
微生物学者 microbiologo男 [女 -ga; 男複 -gi]

ひせき 飛跡《物》traiettoria女

ひせき 秘跡・秘蹟(キリ) sacramento男 ¶秘跡にあずかる ricevere i sacramenti ¶秘跡を授ける dare i sacramenti a qlcu.

びせきぶん(がく) 微積分(学)《数》calcolo男 infinitesimale [differenziale e integrale]

ひぜに 日銭 incasso男 giornaliero, entrata女 giornaliera ¶日銭をかせぐ guadagnare a giornata

ひぜめ 火攻め attacco男 [複 -chi] col fuoco ¶城を火攻めにする attaccare un castello appiccando il fuoco

ひぜめ 火責め tortura女 col fuoco ¶火責めにする torturare col fuoco qlcu.

ひせん 卑賤 ◇卑賤の(出身) di origine umile [modesta];(身分) di bassa posizione sociale, di rango inferiore

ひぜん 皮癬《医》rogna女, scabbia女 ◇皮癬にかかった rognoso, scabbioso
❖**皮癬だに**《動》acaro della scabbia

ひせんきょけん 被選挙権 eleggibilità女, diritto[男] di「elettorato passivo [eleggibilità]」(◆イタリアでは下院は満25歳以上，上院は満40歳以上に与えられる)

ひせんきょにん 被選挙人 persona[女] eleggibile

ひせんけい 非線形 ◇非線形の non lineare

✤非線形振動〔機〕vibrazione[女] non lineare

ひせんとういん 非戦闘員 《看護師・軍属など》non combattente[男][女]；《一般市民》civile[男][女]

ひせんろん 非戦論 pacifismo[男]

✤非戦論者 pacifist*a*[男][女][男複 *-i*]

ひそ 砒素〔化〕arsenico[男]；《元素記号》As ◇砒素の arsen*ico* [男複 *-ci*]

✤砒素中毒 avvelenamento[男] da arsenico；《慢性の》arsenicismo[男]

ひそう 皮相 ◇皮相な superficiale ¶皮相な認識 conoscenze superficiali [non approfondite]

ひそう 悲壮 ◇悲壮な pate*tico* [男複 *-ci*] ma ero*ico* [男複 *-ci*] ¶悲壮な最期を遂げる fare una morte eroica / morire da eroe ¶彼は悲壮な覚悟で国を離れた. Ha lasciato la patria con una risoluzione patetica ma stoica.

✤悲壮美 bellezza[女] tragica

ひぞう 秘蔵 ◇秘蔵の custodito [conservato] con cura ◇秘蔵する custodire [conservare] *ql.co.* preziosamente [gelosamente] ¶秘蔵の美術品 opera d'arte conservata gelosamente

ひぞう 脾臓〔解〕milza[女], splene[男] ◇脾臓の sple*nico* [男複 *-ci*], splene*tico* [男複 *-ci*]

✤脾臓摘出〔医〕splenectomia[女]

ひそうしゃ 被葬者 sepolt*o*[男][女 *-a*]

ひそうぞくにん 被相続人 erede[男][女]

ひぞうぶつ 被造物 creatura[女]

ひそか 密か ◇ひそかな segreto, nascosto ◇ひそかに segretamente, in segreto；《こそこそと》furtivamente；《隠密に》clandestinamente, di nascosto ¶〈人〉に対するひそかな思い sentimento nascosto verso *qlcu.* ¶私は心の中で彼のことをひそかにあざ笑った. L'ho deriso tra me e me.

ひぞく 卑俗 volgarità[女], trivialità[女] ◇卑俗な volgare, triviale ¶卑俗な言葉 parola volgare ¶卑俗な趣味 gusti volgari

ひぞく 卑属 《直系の》discendente[男][女] dirett*o*；《傍系の》discendente[男][女] collaterale

ひぞっこ 秘蔵っ子 《子供，部下など》beniami*no*[男][女 *-a*], pupill*o*[男][女 *-a*], fi*glio*[男][女 *-glia*; 男複 *-gli*] prediletto；《弟子》allievo[男] prediletto

ひそひそ sottovoce ¶ひそひそと話す parlare sottovoce

✤ひそひそ声 voce[女] repressa [soffocata / sommessa]

ひそひそ話 bisbi*glio*[男][複 *-gli*], sussurro[男]；《長めの》bisbi*glio*[男][複 *-glii*], mormor*io*[男][複 *-ii*]；《内緒話》conversazione[女] segreta [confidenziale] ¶ひそひそ話をする bisbigliare[他], [自][*av*] / sussurrare[他], [自][*av*] / mormorare[他], [自][*av*]

ひそむ 潜む 《隠れる》nascondersi, tenersi [restare] nascost*o*；《待ち伏せする》imboscarsi；《潜在する》essere latent*e*, esistere[自][*es*] potenzialmente ¶この問題の底には何かが潜んでいる. C'è qualcosa di losco in questa faccenda. / Questa faccenda puzza.

ひそめる 潜める **1**《隠す》¶身を潜める nascondersi / tenersi [restare] nascost*o* /《地下に潜行するなど》vivere[自][*av, es*] nascost*o* [clandestinamente / alla macchia] **2**《物音などを低くする》¶声を潜める abbassare la voce

ひそめる 顰める ¶眉をひそめる aggrottare le sopracciglia / accigliarsi

ひそやか 密やか ◇ひそやかな 《人に知られずひそかな》segreto, nascosto, tacito；《ひっそりとした》silenzioso, quieto, tranquillo, calmo ◇ひそやかに《ひそかに》segretamente, tacitamente；《ひっそりと》silenziosamente ¶森はひそやかであった. La foresta era immobile e silenziosa. ¶小川がひそやかに流れている. Il fiumiciattolo scorre tranquillo.

ひた- 直- ¶ひた走る correre senza sosta ¶ひた謝りに謝る chiedere perdono a *qlcu.* dal più profondo del cuore ¶ひた隠しに隠し通す tenere segreto *ql.co.* fino alla fine (►segretoは目的語の性・数に合わせて語尾変化する)

ひだ 襞〔服〕piega[女]；〔仏〕plissé[男][無変] ¶ひだを付ける pieghettare [plissettare] *ql.co.* / fare la pieghettatura a *ql.co.*

ひたい 額 fronte[女] ¶額の狭い人 persona dalla fronte stretta [bassa] ¶彼は額が広い. Ha la fronte ampia [alta]. ¶額に青筋を立てて怒った. Per la collera gli si gonfiarono le vene delle tempie. ¶猫の額ほどの土地 un fazzoletto di terra

[慣用] **額に汗する** ¶額に汗して働く lavorare sodo

額を集める ¶額を集めて相談する consultarsi tutti insieme

ひだい 肥大〔医〕ipertrofia[女] ◇肥大する ipertrofizzarsi, presentare ipertrofia ◇肥大した ipertro*fico* [男複 *-ci*], affetto da ipertrofia, ipertrofizzato ¶心臓[扁桃腺]肥大 ipertrofia cardiaca [tonsillare] ¶彼は肝臓が肥大している. Ha il fegato ingrossato.

びたい 媚態 civetteria[女], comportamento[男] civettuolo ¶媚態を示す civettare[自][*av*] con *qlcu.*

ひたいきゅうざい 非耐久財〔経〕beni[男][複] non durevoli

ひたいしょう 非対称 asimmetria[女] ◇非対称の[的] asimme*trico* [男複 *-ci*]

びたいちもん 鐚一文 ¶お前にはびた一文やらない. Non ti darò più neanche un soldo.

ひたおし 直押し ¶ひた押しに押す《がんばる》mettercela tutta ¶自分の考えをひた押しに押し通した. Ha sostenuto le sue convinzioni con grande fermezza.

ひたき 鶲〔鳥〕pigliamosche[男][無変]；《ヒタキ科の小鳥》acchiappamosche[男][無変]

びだくおん 鼻濁音 suono[男] nasale

ピタゴラス Pitagora[男] ◇ピタゴラスの pitagori*co* [男複 *-ci*] ¶ピタゴラスの定理 teorema di Pitagora

✤ピタゴラス学派〔哲〕scuola[女] pitagorica [di Pitagora]

ひたす 浸す 《液体の中につける》immergere [inzuppare /《すばやく》tuffare] *ql.co.*《に in》；《ぬらす》bagnare *ql.co.*《に con》；《しめらせる》inumidire *ql.co.*《に con》¶水に浸した手ぬぐい

で顔を拭く detergersi il volto con una salvietta inumidita

ひたすら ¶彼はひたすら努力する人だ. Fa sforzi costanti impegnando tutto se stesso. ¶ひたすら神の慈悲を祈った. Ho rivolto ferventi suppliche a Dio per ottenere pietà. ¶ご回復の早からんことをひたすら祈っています.《心から》Le auguro di cuore una pronta guarigione. ¶ひたすらそのことばかり考えている. Non faccio altro che pensare a questo. ¶船はひたすら南に向かった. La nave puntava sempre verso sud.

ひだち 肥立ち ¶産後の肥立ち puerperio ¶産後の肥立ちが悪くて入院が長びいた. È rimasta in ospedale per complicazioni post-parto [puerperali].

ぴたっ ⇒ぴたり

ひだね 火種 **1**《もと火》brace[女] ¶火種を取っておく tenere la brace accesa **2**《原因》 ¶不和の火種 il seme della discordia ¶バルカン半島は紛争の火種をかかえている. Nella penisola balcanica ci sono molti motivi di conflitto.

ひたばしり 直走り ¶駅までひた走りに走った. Sono corso in tutta fretta alla stazione.

ひたひた ¶ひたひたと岸を洗う波 le onde che sciabordano contro la riva ¶一隊はひたひたと砦(とりで)に押し寄せた. I soldati avanzavano senza tregua verso la fortezza. ¶じゃが芋を洗ってひたひたに水を入れなさい. Lavate le patate e immergetele nell'acqua fino a coprirle.

ぴたぴた ¶コットンに化粧水を染み込ませて顔をぴたぴたとたたく picchiettare il viso con un batuffolo di cotone impregnato di lozione

ひだまり 日溜まり posto[男] soleggiato ¶日だまりに座って本を読む leggere sedut*o* al sole

ビタミン 〔英 vitamin〕〘薬〙vitamina[女] ◇ビタミンの vitaminic*o* [[男]複 *-ci*] ¶ビタミンB vitamina B ¶水溶性ビタミン vitamine idrosolubili ¶ビタミンをとる assumere le vitamine ¶ビタミン入りの飲料 bevanda vitaminizzata ¶ビタミンの豊富な食品 alimento vitaminico [ricco di vitamine] ¶ビタミン不足で per carenza [mancanza] di vitamine

✤**ビタミン学** vitaminologia[女]
ビタミン含有量 contenuto[男] vitaminico
ビタミン欠乏症〘医〙avitaminosi[女]
ビタミン剤 farmac*o*[男] [複 *-ci*, *-chi*] [preparato [男]] vitaminico ¶総合ビタミン剤 complesso (poli)vitaminico

ひたむき 直向き ◇ひたむきな《まじめな》del tutto sincero;《熱中した》appassionato;《集中した》assorto, intento ◇ひたむきに sinceramente; appassionatamente; con tutto il cuore ¶音楽にひたむきな情熱を傾ける nutrire per la musica una passione a senso unico

ひだら 干鱈 stoccafisso[男],《ヴェネト》baccalà [男]

ひだり 左

1《方向》sinistra[女] ◇左の sinistro ¶左に a sinistra ¶郵便局の左に alla sinistra dell'ufficio postale ¶左に見えるのが東京駅です. Alla vostra sinistra è la stazione di Tokyo. ¶日本では車は左を走る. In Giappone le automobili tengono la sinistra. ¶「左向け, 左」《号令》"Fronte a sinistra!"

2《左翼》sinistra[女];《蔑・譃》sinistroide[男] ¶このグループは左寄りだ. Questo gruppo è orientato a sinistra.

✤**左ねじ**〘機〙vite[女] sinistra [antioraria]

ぴたり ¶ぴたりと風がやんだ. Il vento si è calmato improvvisamente. ¶フェラーリのドライバーはホンダの後ろにぴたりとつけていた. Il pilota della Ferrari si è「incollato alla [accodato dietro la] Honda. ¶私がひそかに考えていたことを彼はぴたりと言い当てた. Ha indovinato perfettamente l'idea che nutrivo in fondo al cuore.

ひだりうえ 左上 ◇左上に in alto sulla sinistra

ひだりうちわ 左団扇 ¶左うちわで暮らす vivere agiatamente [negli agi]

ひだりがわ 左側 lato[男] sinistro ◇左側に a sinistra ¶左側に曲がる girare a sinistra ¶左側の机が私の机です. La scrivania sulla sinistra è la mia.

✤**左側通行** circolazione[女] a sinistra ¶「歩行者は左側通行」《掲示》"I pedoni a sinistra"

ひだりきき 左利き 《人》mancin*o*[男] [[女] *-a*] ;《酒飲み》bevit*ore*[男] [[女] *-trice*;《俗》*-tora*] ◇左利きの mancino

ひだりした 左下 ◇左下に in basso sulla [a] sinistra

ひだりて 左手 《左の手》mano[女] sinistra;《左側》lato[男] sinistro;《左の方向》direzione[女] sinistra ¶まっすぐ左手にお進みください. Vada diritto a sinistra. ¶左手の法則〘物〙regola della mano sinistra

ひだりまえ 左前 **1**《着付けの》 ¶左前に着物を着る mettersi il *kimono* con il lato destro sovrapposto al sinistro
2《経済的困難》 ¶今, あの会社は左前だ. Adesso quella ditta versa in cattive acque [si trova in difficoltà economiche].

ひだりまき 左巻き **1**《左に巻くこと》◇左巻きの sinistrorso, antiorar*io* [[男]複 *-i*]
2《正常でないこと》 ¶彼はちょっと左巻きだ. È un po' tocco (nel cervello).

ひだりまわり 左回り ◇左回りの sinistrorso ¶ねじを左回りにまわす girare una vite in senso antiorario

ひたる 浸る **1**《水など》¶湯船に首まで浸る immergersi nella vasca da bagno fino al collo ¶川が氾濫して村が水に浸った. Il fiume è straripato ed ha inondato il villaggio.
2《ある状態になりきる》 ¶喜びに浸る gioire[自] [*av*] / avere il cuore che trabocca di gioia / esultare[自] [*av*] di gioia ¶逸楽に浸る indulgere[自] [*av*] [abbandonarsi] alle voluttà / darsi alla dolce vita ¶悲しみに浸る essere addolorat*o* per *ql.co.*

ひだるま 火達磨 ¶彼は一瞬にして火だるまと化した. È diventato in un attimo una torcia umana [una palla di fuoco].

ひたん 悲嘆 profonda tristezza[女], afflizione [女], dolore[男] ¶悲嘆に暮れる essere affrant*o* dal dolore / essere profondamente afflitt*o* / essere disperat*o*

びだん 美談 esemp*io*[男] [複 *-i*] [storia[女]] edificante

ひ

びだんし 美男子 bell'uomo㊚《複 *begli uomini*》;《青年》bel《複 *bei*》ragazzo㊚

ひだんせい 非弾性《物》anelasticità㊛
✤**非弾性衝撃** 非弾性衝撃 urto㊚ anelastico《複 *-ci*》

ひたんぱくちっそ 非蛋白窒素 azoto㊚ incoagulabile [non proteico《複 *-ci*》]

ピチカート〔伊〕《音》pizzicato㊚;《記号》pizz.

びちく 備蓄 riserva㊛, scorta㊛ ◇備蓄する immagazzinare *ql.co.*, accumulare delle scorte di *ql.co.*, fare scorta di *ql.co.* ¶彼らは多量に石油を備蓄している. Hanno delle consistenti scorte di petrolio.

ぴちぴち ¶池の鯉(ﾆ)がぴちぴち跳ねている.《勢いよく》Le carpe nel laghetto guizzano. ¶ぴちぴちした女の子《元気のいい》ragazza vivace [pimpante / piena di vivacità] ¶ぴちぴちのズボン pantaloni aderenti

びちゃ ¶走っていてびちゃっと泥水がスカートにかかった. Mentre correvo mi sono schizzata di fango la gonna.

びちゃくしゅつ 非嫡出 illegittimità㊛
✤**非嫡出子** figlio㊚《㊛ *-glia*; ㊚複 *-gli*》illegittimo [naturale]

びちゃびちゃ ¶水中をびちゃびちゃと歩いた. Camminavo sguazzando nell'acqua. ¶雨水が流れ込んで床がびちゃびちゃだった. Il pavimento è bagnato a causa dell'acqua piovana che si era infiltrata.

びちゃぴちゃ《擬》ciac ¶波がぴちゃぴちゃと砂浜を洗っている. Le onde lambiscono dolcemente la spiaggia sabbiosa.

びちょうせい 微調整 taratura㊛ ◇微調整する《チューナーを》sintonizzare con precisione;《機械を》mettere esattamente a punto *ql.co.*

びちょびちょ →びしょびしょ

ひちりき 篳篥 flauto㊚ diritto usato nel *gagaku*

ひつ 櫃 cassa㊛, cassone㊚;《長椅子式の》cassapanca㊛《複 *cassapanche, cassepanche*》;《飯びつ, おひつ》contenitore㊚ per il riso bollito

ぴっ 1《笛などの音》¶彼はぴっと笛を鳴らした. Ha suonato con forza il suo fischietto.
2《引き裂く音》¶ぴっとシャツが裂けた. La mia camicia si è strappata.

ひつあつ 筆圧 ¶筆圧が高い avere una calligrafia calcata

ひつう 悲痛 ◇悲痛な doloroso, patetico [複 *-ci*], penoso, straziante ¶悲痛な叫び声をあげる lanciare un grido「di dolore [straziante]」¶悲痛な思いをした. Ho provato un forte dolore.

ひつうち 非通知 ¶非通知 chiamata da un numero impostato per non apparire sul display del telefono ricevente

ひっか 筆禍 ¶筆禍を招く essere perseguito [querelato] per i *propri* scritti [*articoli*]

ひっかかり 引っ掛かり 1《引っ掛かること・場所》presa㊛, appoggio㊚《複 *-gi*》《複 *-gli*》;《関係》¶これは君にも多少引っ掛かりがある. Questo ha qualcosa a che fare con te.

ひっかかる 引っ掛かる 1《ものに掛かる》attaccarsi, appigliarsi《に a》;《留め金に》agganciarsi《に a》;《からまる》impigliarsi《に in》;《網などに》essere [rimanere] preso《に in》¶スカートが釘に引っ掛かった. La gonna si è impigliata in un chiodo. ¶うさぎがわなに引っ掛かった. Un coniglio è caduto [è stato preso] nella trappola. ¶このペン先は引っ掛かる. La punta di questa penna non scorre bene. ¶魚の骨がのどに引っ掛かった. Una spina di pesce mi è conficcata [mi è rimasta] in gola.

2《巻き込まれる》essere coinvolto [implicato]《に in》;《わなどに落ちる》cadere㊚ [*es*]《に in》¶その手には引っ掛からないぞ. Non ci casco! ¶詐欺に引っ掛かってしまった. Sono caduto nella rete di un truffatore. ¶悪い女に引っ掛かる impegolarsi [impelagarsi] con una poco di buono

3《検問などに止められる》¶税関で引っ掛かる essere bloccato [fermato] alla dogana ¶その映画は検閲に引っ掛かった. Il film è incorso nella [è stato bloccato dalla] censura.

4《こだわる》¶その話には何か引っ掛かるところがある. Qualcosa si nasconde dietro questa storia. / Questa storia puzza [納得しない] non mi convince. / "Qui gatta ci cova."

ひっかききず 引っ掻き傷 graffio㊚《複 *-i*》

ひっかきまわす 引っ掻き回す 1《かき回す》frugare [*av*],《をin》; rovistare ¶たんすの中をひっかき回す frugare in un armadio ¶すみずみまでひっかき回す rovistare in ogni angolo
2《事態を混乱させる》mettere *ql.co.* in disordine [in confusione] ¶会議をひっかき回す mettere un'assemblea in subbuglio

ひっかく 引っ掻く《傷がつくほど強く》graffiare ¶かゆいところをひっかいて傷になった. Mi sono ferito grattandomi per il prurito.

ひっかける 引っ掛ける 1《ちょっと掛ける》appendere, sospendere, attaccare;《留め金に》agganciare ¶スカートをくぎに引っ掛けて破いてしまった. La gonna mi si è impigliata in un chiodo e si è strappata.
2《履き物・上着などを》infilarsi ¶彼はサンダルを引っ掛けて急いで事故現場に駆けつけた. Si è infilato i sandali e si è precipitato sul luogo dell'incidente.
3《液体などを掛ける》spruzzare, gettare;《唾(ｯ)を》sputare ¶《人》に水をひっかける spruzzare acqua su *qlcu*.
4《欺く》ingannare, farla in barba a *qlcu*.;《わなにかける》intrappolare;《誘惑する》sedurre ¶彼にまんまと引っ掛けられた. Me l'ha fatta. ¶女の子を引っ掛ける《親》rimorchiare [acchiappare / abbordare] una ragazza
5《ぐいっと飲む》bere ¶酒を1杯引っ掛ける bere qualcosa di alcolico

ひっかぶる 引っ被る 1《勢いよくかぶる》¶毛布をひっかぶる tirarsi la coperta sopra la testa
2《責任などを負う》¶他人の罪をひっかぶる assumersi le colpe degli altri

ひっき 筆記 ◇筆記する prendere nota di *ql.co.*, prendere appunti di *ql.co.*, scrivere *ql.co.* ¶講演を筆記する prendere appunti durante una conferenza ¶口述筆記する scrivere sotto dettatura di *qlcu*.
✤**筆記試験** esame㊚ scritto, prova㊛ scritta, gli

ひつき 火付き ¶この木は火付きが良い[悪い]. Questa legna si accende facilmente [difficilmente].

ひつぎ 棺・柩 bara㊛, feretro㊚, cassa㊛ da morto

ひっきりなし 引っきり無し ◇ひっきりなしに senza sosta [posa / tregua / interruzione], continuatamente, ininterrottamente, incessantemente ¶ひっきりなしに…する continuare a+不定詞

ピッキング 〔英 picking〕 ◇ピッキングする scassinare

ピックアップ 〔英 pickup〕 **1**《レコードプレーヤーの》〔英〕pick-up㊚[無変]; fonorivelatore㊚;《ギターの》〔英〕pick-up㊚[無変] **2**《拾いあげること》 ◇ピックアップする raccogliere ql.co., tirare su ql.co.;《選ぶ》scegliere ql.co. **3**《車》camioncino㊚

ひっくくる 引っ括る 《捕まえる》 ¶犯人をひっくくって警察へ突き出した. Ho preso il criminale e l'ho consegnato alla polizia.

びっくり ◇びっくりする rimanere sorpreso per ql.co.;《唖然とする》stupirsi [《驚嘆する》meravigliarsi /《ぎょっとする》spaventarsi] di ql.co.[che+接続法] ◇びっくりさせる stupire; meravigliare; spaventare ◇びっくりして con grande sorpresa, con (l')aria stupita ◇びっくりするような sorprendente, stupefacente ¶びっくりした顔をする fare una faccia stupita ¶びっくりするような高い値段 prezzo scandalosamente alto ¶彼は私に会ってびっくりした. Si è meravigliato [stupito / sorpreso] di vedermi. ¶東京は人が多くてびっくりした. Mi ha impressionato la gran folla di Tokyo. ¶急に故郷に帰って両親をびっくりさせた. Ho fatto una sorpresa ai miei genitori, tornando al paese all'improvviso. ¶ああびっくりした. Che spavento! / Che paura!

❖**びっくり仰天** ◇びっくり仰天する rimanere「a bocca aperta [stupefatto / sbalordito] ¶それを見てびっくり仰天した. Quando l'ho visto, mi è preso un colpo.

びっくり箱 scatola㊛ a sorpresa

ひっくりかえす 引っ繰り返す **1**《倒す》far cadere, rovesciare;《上下を》capovolgere, ribaltare;《裏返す》rivoltare;《順序などを》invertire ¶お茶をひっくり返す rovesciare il tè ¶卵焼きをひっくり返す rivoltare la frittata ¶順序をひっくり返す invertire l'ordine **2**《覆す》rovesciare, capovolgere ¶政権をひっくり返す rovesciare un governo **3**《ひどく混乱させる》turbare, sconvolgere ¶世の中をひっくり返すほどの大事件 grande avvenimento che sconvolge il mondo [che getta il mondo nel caos] ¶強盗が私の部屋をめちゃくちゃにひっくり返した. Il ladro mi ha messo sottopra tutta la stanza.

ひっくりかえる 引っ繰り返る **1**《倒れる》cadere [es], capitombolare㊚[es], rovesciarsi;《上下に》ribaltarsi, capovolgersi ¶列車がひっくり返った. Il treno si è rovesciato [si è ribaltato]. ¶彼は真っ逆さまに［あお向けに/自転車から］ひっくり返った. È caduto「a capofitto [sulla schiena / dalla bicicletta]. ¶ベッドにひっくり返って本を読む. Mi sono sdraiato sul letto **2**《覆る》rovesciarsi, capovolgersi; cappottare㊚[av];《すっかり変わる》cambiare㊚[es] completamente ¶計画がひっくり返った.《失敗》Il piano è fallito. /《大幅に変更》Il piano è stato completamente modificato. ¶予想は完全にひっくり返った. Le previsioni sono del tutto stravolte. ¶町中がひっくり返るような騒ぎだ. Tutta la città è sottosopra.

ひっくるめる 引っ括める ¶全部ひっくるめて100万円かかる. Costa un milione di yen tutto compreso [incluso].

ひつけ 火付け《火をつけること, 放火》incendio㊚[複 -i] doloso;《人》colpevole㊚ di un incendio doloso

❖**火付け役**《扇動者》istigatore㊚[㊛ -trice], agitatore㊚[㊛ -trice], sobillatore㊚[㊛ -trice];《発起人》promotore㊚[㊛ -trice]

ひづけ 日付 ¶…に日付を入れる datare ql.co. / apporre la data a [su] ql.co. ¶日付を間違える confondere le date ¶この手紙の日付は5月13日だ. Questa lettera porta la data del [è datata] 13 maggio. ¶2008年10月3日の日付でミラノ市によって発行された証明書 certificato rilasciato il 3/10/2008 [3. 10. 2008] dal Comune di Milano

> **参考**
> 日付の表記
> 手紙などで日付を書くときは, 発信地の都市名の後に, 「日, 月, 年」の順で記す. 月名には数字を用いない.
> ¶2008年11月7日, 東京にて Tokyo, 7 novembre 2008 (▶親しい相手に対しては「7/11/2008」や「7-11-2008」と書いてもよい)
> イタリアの歴史的記念日を名にもつ通りの表記にはローマ数字が多く用いられる.
> ¶四月二十五日通り via XXV Aprile (▶4月25日は1945年のイタリア解放を記念する日)

❖**日付印** timbro㊚ della data, datario㊚[複 -i]
日付変更線 linea㊛ del (cambiamento) di data

ひっけい 必携 ◇必携の indispensabile ¶万人必携の書 libro che tutti dovrebbero avere / vademecum㊚[無変] ¶「筆記用具必携のこと」Non dimenticatevi l'occorrente per scrivere.

ピッケル 〔独 Pickel〕 piccozza㊛ ¶岩にピッケルを打ち込む piantare una piccozza nella roccia

ひっけん 必見 ¶必見の書 libro da leggere ¶愛犬家必見の映画 film㊚ che un cinofilo non può perdere

びっこ 跛《片方の足が不自由なこと》zoppicatura㊛; 跛行(ひこう)㊚ claudicazione㊛;《人》zoppo㊚[㊛ -a], claudicante㊚ ¶びっこを引く zoppicare㊚[av]

ひっこう 筆耕《職》copiatura㊛ a pagamento;《人》copista㊚㊛[㊚複 -i]

ひっこし 引っ越し traṣlo*co*[男] [複 *-chi*], trasferimento[男], ṣgombero[男]
✤引っ越し業者 ditta[女] di traṣlochi
引っ越し先 nuovo recapito[男] ¶彼の引っ越し先は知らない. Non so dove si è trasferito. / Non conosco il suo nuovo indirizzo.
引っ越しそば spaghetti[男] [複] di grano saraceno che si offrono ai vicini quando ci si trasferisce in una nuova casa

ひっこす 引っ越す traṣlocarsi, fare (il) traṣloco, trasferirsi;《住所を変える》cambiare casa [residenza / domicilio] ¶隣の借家に新しい人が引っ越して来た. Nella casa vicina si sono trasferiti dei nuovi inquilini.

ひっこみ 引っ込み ¶今さら引っ込みが付かない. È troppo tardi per tornare indietro. / Non è più possibile rinunciare. ¶父は年をとって引っ込みがちになった.《家から出ない》Con l'avanzare dell'età, mio padre preferisce restare in casa.
✤引っ込み思案 timidezza[女], ritrosia[女] ¶引っ込み思案になる diventare troppo timid*o*

ひっこむ 引っ込む **1**《退く》ritirarsi ¶田舎に引っ込む ritirarsi in campagna ¶彼はいつも家に引っ込んでいる. È sempre tappato in casa. / Si tappa sempre in casa. ¶うるさい, 引っ込んでろ. Finiscila, non ti intromettere! **2**《目立たなくなる》scomparire[自] [*es*], sparire[自] [*es*] ¶こぶが引っ込んだ. Il bernoccolo è scomparso. **3**《奥まっている》¶家は通りから引っ込んでいる. La casa si trova un po' scostata dalla strada. ¶引っ込んだ目 occhi incavati [infossati]

ひっこめる 引っ込める **1**《引っ込ませる》ritirare [tirare indietro] *ql.co.* ¶手を引っ込めなさい. Ritira la mano. / Leva [Togli] le mani.
2《撤回する》ritrattare, revocare, ritirare ¶彼は提案を引っ込めた. Ha ritirato la proposta.

ピッコロ 〔伊〕〔音〕flauto[男] piccolo, ottavino[男]

ひっさげる 引っ提げる **1**《かかえる》portare a mano *ql.co.* ¶大きな袋をひっさげて来た. Ha portato con sé una grande borsa. **2**《掲げる》¶外交問題をひっさげて会談に臨んだ. Ha preso parte al colloquio intenzionato a discutere i problemi di politica estera.

ひっさつ 必殺 ¶必殺の一撃 colpo mortale

ひっさん 筆算 calcoli[男] [複] per iscritto ◇筆算する fare calcoli con carta e matita

ひっし 必死 **1**《必ず死ぬこと》¶必死の覚悟で戦争に行った. Sono andato in guerra pronto「alla morte [a morire]. **2**《死に物狂い》◇必死の disperato, accanito ◇必死に disperatamente, accanitamente;《全力投球で》con tutte le forze ¶必死に働く lavorare al massimo dell'impegno / lavorare strenuamente ¶必死で守る difendere *ql.co.* a spada tratta

ひっし 必至 ◇必至の inevitabile, ineluttabile ¶国会の解散は必至である. Lo scioglimento della Camera è inevitabile.

ひつじ 未《十二支の》la Pecora[女] ⇀干支(えと)
✤未年 l'anno[男] della Pecora

ひつじ 羊 《雌》pecora[女];《雄》montone[男];《子羊》agnello[男]; abbac*chio*[男] [複 *-chi*] (►乳離れする前に食肉処理された子羊肉) ¶羊の群れ gregge[男] [複 le *greggi*] di pecore ¶羊の鳴き声 belato ¶羊が鳴いている. La pecora bela. ¶羊のなめし革 pelle di pecora (conciata) /《本の装丁や靴などに使う羊皮》baẓẓana ¶羊の肉 carne di pecora [montone] /《子羊の》agnello ¶羊の毛 lana ¶羊の毛を刈る toṣare le pecore ¶あいつは羊の皮を着た狼だ. È un lupo in veste d'agnello.
✤羊飼い pasto*re*[男] [女 *-a*], peco*raio*[男] [女 *-ia*; 男 複 *-i*];《少 年》pastorello[男];《少 女》pastorella[女] ◇羊飼いの pastorale
羊小屋 ovile[男]

ひっしゃ 筆写 copiatura[女] a mano ◇筆写する copiare [trascrivere] a mano *ql.co.*

ひっしゃ 筆者 au*tore*[男] [女 *-trice*];《「私」の意味で》scrivente[男][女], sottoscritt*o*[男] [女 *-a*]

ひっしゅう 必修 ◇必修の obbligato*rio* [男 複 *-i*] ¶必修科目 materia obbligatoria

ひつじゅひん 必需品 oggetto[男] indispensabile, l'indispensabile[男] ¶生活必需品 prodotti di prima necessità / cose necessarie per vivere

ひつじゅん 筆順 ordine[男] dei tratti

ひっしょう 必勝 ¶必勝の信念を持って convinto di vincere ¶君の必勝を期している. Sono sicuro che tu vincerai.

びっしょり ¶びっしょり濡れる essere tutt*o* bagnat*o* [inzuppat*o* / fradi*cio* [男 複 *-ci*; 女 複 *-cie, -ce*] / infradiciat*o*] ¶彼は汗びっしょりだ. È tutto sudato. / È in un bagno di sudore. / È madido di sudore.

びっしり ¶そのあたりには家がびっしり建ち並んでいる. In quella ẓona le case sono l'una attaccata all'altra. ¶彼のスケジュールは朝から晩までびっしり詰まっている. Ha un programma fittissimo di appuntamenti dalla mattina alla sera.

ひっす 必須 ◇必須の indispensabile, essenziale, necessa*rio* [男 複 *-i*];《義 務 の》obbligato*rio* [男 複 *-i*]
✤必須条件 condizione[女] indispensabile;〔ラ〕conditio[女] sine qua non

ひっせき 筆跡 scrittura[女], calligrafia[女] ¶読みにくい筆跡 scritto [calligrafia] illeggibile ¶この文書には彼の筆跡が認められる. In questo scritto si riconosce la sua mano.
✤筆跡鑑定 perizia[女] calligrafica ¶手紙の筆跡鑑定をしてもらう sottoporre una lettera ad「un eṣame grafologico [una perizia calligrafica]
筆跡鑑定家 perit*o*[男] [女 *-a*] calligra*fico* [男 複 *-ci*]

ひつぜつ 筆舌 ¶風景の美しさは筆舌に尽くしがたい. È un panorama di bellezza indicibile [inesprimibile / indescrivibile].

ひつぜん 必然 ◇必然的 necessa*rio* [男 複 *-i*], inevitabile, ineluttabile ◇必然的に necessariamente, inevitabilmente
✤必然性 necessità[女], inevitabilità[女]

ひっそり ◇ひっそりした silenzioso, calmo, tranquillo ¶家の中はひっそりとしていた. Un profondo silenzio regnava nella casa.

ヒッタイト 〔史〕《ヒッタイト人》itti*ta*[男][女] [男 複 *-i*] ◇ヒッタイトの ittita

ひったくり 《行 為》scippo[男];《人》scippa*tore*[男] [女 *-trice*]

ひったくる scippare *ql.co.* a *qlcu.* ¶バッグをひったくられた. Mi hanno scippato la borsa.

ぴったり 1《くっつく様子》¶シャツが汗で背中にぴったりくっついた. La camicia mi si è tutta appiccicata alla schiena per il sudore. ¶窓にぴったり閉ざされていた. La finestra era ben serrata. ¶私は壁にぴったりと押し付けられてしまった. Mi hanno schiacciato contro il muro.
2《きちんと合う》¶この服は私にぴったりだ.《サイズが》Questo vestito è proprio della mia misura. / Questo vestito mi va alla perfezione. /《似合う》Questo vestito è proprio adatto a me [mi si addice]. ¶彼はその役にぴったりだ. Quella carica gli è congeniale. / È l'uomo giusto per quella carica [《芝居の》quella parte]. ¶計算はぴったり合っている. I conti tornano alla perfezione. ¶彼はいつも時間通りに来る. Arriva sempre perfettamente「in orario [puntuale]. ¶夕方6時ぴったりに来てください. Venga alle diciotto in punto. ¶このイタリア語にぴったり当てはまる日本語の訳語はない. Non c'è una parola giapponese che corrisponda esattamente [precisamente / completamente] a questa parola italiana.
3《急に中止する》¶彼はタバコをぴったりやめた. Ha completamente smesso di fumare tutto d'un tratto. ¶彼はその後ぴったり来なくなった. Non è mai più venuto dopo quella volta.

ひつだん 筆談 conversazione女 scritta [per iscritto] ◇**筆談する** parlare自[av] [conversare自[av]] con qlcu. per iscritto

ひっち 筆致 tocco男[複 -chi], tratto男, impronta女 (personale);《文体など》stile男, timbro男 ¶彼は繊細な筆致で書く. Scrive con un tratto delicato. ¶Il suo stile è fine [raffinato].

ピッチ 〔英 pitch〕1《音の高さ》altezza女, tono男 ¶ピッチを下げる prendere un tono più basso 2《一定時間内の動作速度》¶仕事のピッチを上げる accelerare il passo [il ritmo / il tempo] del lavoro / lavorare più alacremente
3《オールの1こぎ》palata女 ¶ピッチ25を出す vogare venticinque palate al minuto / remare a un ritmo di venticinque vogate al minuto 4《野球の投球》lancio男[複 -ci] (di una palla) 5《化》《石油などの蒸留残留物》pece女 6《機》《溝の》passo男 del solco;《ねじの》passo男 (della vite)
✤**ピッチ円**《機》《歯車の》cerchio男[複 -chi] primitivo

ヒッチハイカー〔英 hitchhiker〕autostoppista男女[複 -i]

ヒッチハイク〔英 hitchhike〕(viaggio男[複 -gi] in) autostop男[無変] ◇**ヒッチハイクする** fare l'autostop

ピッチャー〔英 pitcher〕《スポ》《野球》lanciatore男[女 -trice] ¶リリーフピッチャー lanciatore di riserva
✤**ピッチャープレート** piatto男 del lanciatore
ピッチャーマウンド pedana女 di lancio, monte男 del lanciatore

ひっちゃく 必着 ¶「願書は締切日までに必着のこと」La domanda deve pervenire prima della scadenza [entro la data stabilita].

ひっちゅう 筆誅 ¶筆誅を加える denunciare [criticare] qlcu. per iscritto ¶首相の失言は, 全新聞の筆誅を受けた. Il Primo Ministro è stato criticato da tutti i quotidiani per le sue incaute affermazioni.

ピッチング〔英 pitching〕1《スポ》《野球》lancio男[複 -ci] (della palla) 2《船のたてゆれ》beccheggio男[複 -gi]

ピッツァ〔伊〕pizza女

ひっつめ(がみ) 引っ詰め(髪) ¶引っ詰め髪にする raccogliersi i capelli sulla nuca / farsi una crocchia

ひってき 匹敵 ◇**匹敵する** essere pari a qlcu. [ql.co.] (において in), uguagliare qlcu. [ql.co.] (において in), rivaleggiare [competere] con qlcu. [ql.co.] (において in) ¶匹敵するもののない senza uguali [pari / rivali] / che non ha eguali / ineguagliabile / incomparabile / impareggiabile

ヒット〔英 hit〕1《大当たり》successo男, colpo男 grosso ¶彼の歌は記録破りの大ヒットだった. La sua canzone ha ottenuto un gran successo battendo tutti i record. 2《スポ》《野球》《英》hit男[無変]; colpo男 messo a segno
✤**ヒット作**〔芝居, 映画, 歌〕opera di successo男
ヒット商品 articolo男 di grande successo
ヒットソング canzone女 di successo;《英》hit男[無変]
ヒットチャート classifica女 dei cd
ヒットパレード programma男[複 -i] musicale sui dischi più venduti;《英》hit-parade男[無変]

ビット〔英 bit〕《コンピュータ》〔英〕bit男[無変]

ピット〔英 pit〕《自動車レース場の》box男[複];《音》《オーケストラピット》buca女 dell'orchestra, golfo男 mistico[複 -ci]
✤**ピットイン**《レーシングカーの》sosta女 [fermata女] ai box ◇**ピットインする** fermarsi ai box

ひっとう 筆頭 primo男 ¶彼は日本の長者番付の筆頭だ. È il primo dell'elenco dei miliardari giapponesi.
✤**筆頭者**《戸籍の》capofamiglia男女[男複 capifamiglia;女 capofamiglia];《リストなどの》il primo [la prima] dell'elenco [della lista]

ひつどくしょ 必読書 libro男 che bisogna leggere, libro男 da non perdere [da leggere assolutamente]

ひっぱく 逼迫 ¶情勢が逼迫している. La situazione è allarmante [critica]. ¶財政が逼迫している. trovarsi [essere] in difficoltà finanziarie ¶資金が逼迫している. Scarseggiano i fondi [i capitali]. ¶金融逼迫 strozzatura [rarefazione] del credito

ひっぱたく dare uno schiaffo a qlcu., schiaffeggiare qlcu., mollare un ceffone a qlcu.

ひっぱりこむ 引っ張り込む ¶変な人を私たちのグループに引っ張り込まないでください. Per favore, non far venire [non portare] gente strana nel nostro gruppo. ¶彼らの運動に引っ張り込まれた. Sono stato coinvolto nel loro movimento.

ひっぱりだこ 引っ張り凧 ¶彼は引っ張りだこだ. È richiesto da tutti. / Tutti lo vogliono. ¶あの本は学生の間で引っ張りだこだ.《飛ぶように売

れる》Quel libro va a ruba fra gli studenti.

ひっぱりだす 引っ張り出す ¶たんすからシャツを引っ張り出す tirare fuori una camicia dalla cassettiera ¶彼を市長選挙に引っ張り出した. È stato tirato per le maniche nell'elezione del sindaco.

ひっぱる 引っ張る **1**《引き寄せる》tirare, trainare ¶〈人〉の手を引っ張る tirare [afferrare] *qlcu.* per la mano ¶綱を引っ張る tirare [tendere] una corda
2《連れて行く･来る》 ¶彼は警察に引っ張っていかれた. È stato condotto al posto di polizia. ¶太郎を引っ張ってこい. Portami qui Taro! ¶彼は私を隅に引っ張っていった. Mi ha trascinato in un angolo.
3《誘う》¶彼をわが社に引っ張りたい. Vorrei farlo venire nella mia ditta.
4《期限をのばす》 ¶支払いを引っ張る rinviare il pagamento

ヒッピー 〔英 hippie〕〔英〕hippy[男][女][無変]

ヒップ 〔英 hip〕 fianchi[男][複] ¶ヒップが80センチある avere ottanta centimetri di fianchi

ビップ VIP vip[男][女][無変], persona[女] molto importante

ヒップホップ〔英hip-hop〕《音》〔英〕hip-hop[男][無変]

ひっぽう 筆法 **1**《書法》calligrafia[女] **2**《文章の言い回し》stile[男][arte[女]] di scrivere **3**《方法》modo[男], metodo[男]

ひづめ 蹄 zoccolo[男] ◇ひづめのある ungulato

ひつよう 必要 necessità[女], bisogno[男] ◇必要な necessar*io* [[男]複 -*i*]
¶必要上 di necessità ¶必要とあらば in caso di bisogno [di necessità] / se fosse necessario ¶必要に迫られて spinto dalla necessità ¶…が必要である《人が主語》avere bisogno di *ql.co.* [di＋[不定詞] / che＋[接続法]] /《物が主語》occorrere /《非人称で》bisogna [occorre]＋[不定詞] [che＋[接続法]] ¶…する必要を感ずる sentire [provare] il bisogno di＋[不定詞] [che＋[接続法]] ¶君はぜひ一度医者に診てもらう必要がある. Bisogna [È necessario] che tu ti faccia vedere almeno una volta da un dottore. ¶私には金が必要だった. Mi occorreva del denaro. ¶外国語をマスターするには時間が必要だ. Occorre [Ci vuole] tanto tempo per imparare bene una lingua straniera. ¶必要がない限り手紙は書かない. Non scriverò finché non sarà indispensabile. ¶最低必要なものだけを買う comprare il minimo indispensabile ¶必要なことだけ話しなさい. Di [Di'] soltanto ciò che è necessario! ¶必要にして十分な処置をとる prendere i provvedimenti più adeguati a una situazione ¶必要は発明の母.《諺》"Il bisogno [La fame] aguzza l'ingegno."
✤必要悪 male[男] necessario
必要経費 spese[女][複] necessarie
必要十分条件 condizione[女] necessaria e sufficiente
必要条件 condizione[女] necessaria

ビデ 〔仏 bidet〕 bidè[男]

ひてい 否定 negazione[女];《打ち消し》smentita[女] ◇否定する negare *ql.co.* [che＋[接続法] / di＋[不定詞]]; smentire *ql.co.* ◇否定的(な) negativo ◇否定的に negativamente ◇否定できない innegabile ¶証人の言葉を否定する smentire un testimone ¶彼は金を受け取ったことを否定している. Nega di aver ricevuto il denaro. ¶否定的な答えをする rispondere negativamente / dare una risposta negativa
✤否定文[形]〔文法〕frase[女] [forma[女]] negativa

びていこつ 尾骶骨 〔解〕coccige [coccige][男];《一般に》osso[男] sacro

ビデオ〔英 video〕《システム, 画像》video[男][無変];《録画した像》videoregistrazione[女] ¶番組をビデオ録画する registrare un programma su videocassetta / videoregistrare un programma
✤ビデオカセット videocassetta[女]
ビデオカメラ videocamera[女]
ビデオクリップ〔英〕video-clip[男][無変]
ビデオ再生 videoriproduzione[女]
ビデオ周波数 videofrequenza[女]
ビデオ信号 videosegnale[男]
ビデオディスク videodi*sco*[男][複 -*schi*]
ビデオテープ〔英〕videotape[男][無変]; videonastro[男]
ビデオテープレコーダー[デッキ] videoregistratore[男]
ビデオテックス〔英〕videotex[男][無変]
ビデオ録画 videoregistrazione[女]

ピテカントロプス 〔ラ Pithecanthropus〕 pitecantropo[男]
✤ピテカントロプスエレクトス pithecanthropus erectus

びてき 美的 estet*ico* [[男]複 -*ci*] ◇美的に esteticamente, artisticamente
✤美的感覚 senso[男] estetico
美的教育 educazione[女] estetica

ひてつきんぞく 非鉄金属 metalli[男][複] non ferrosi

ひでり 日照り **1**《旱魃(かんばつ)》siccità[女] ¶日照り続き lungo periodo di siccità ¶1か月も日照り続きだ. Non cade una goccia d'acqua da un mese. **2**《不足, 欠乏》¶女ひでりだ. C'è penuria di donne. / Mancano le donne.

ひでん 秘伝 segreto[男], arcano[男], mistero[男] ¶芸の秘伝を授ける iniziare *qlcu.* ai segreti di un'arte

びてん 美点 ¶彼の最大の美点はその素直な性格にある. Il suo maggior merito [pregio] consiste nella semplicità del carattere.

びでん 美田 risaia[女] fertile ¶児孫のために美田を買わず.《諺》È meglio non lasciare grosse eredità ai figli per non farli impigrire.

ひでんか 妃殿下 Sua Altezza la Principessa[女]

ひと 人 **1**【人類】 umanità[女], genere[男] umano, uomo[男][複 *uomini*], creatura[女] umana ¶人の命 vita umana ¶人は水なしには生きられない. L'uomo non può vivere senza (l')acqua.
2【個々の人】 persona[女]; individuo[男];《男》uomo[男];《女》donna[女] ¶若い人たち i giovani / la gioventù ¶私と一緒に行く人はいますか. C'è qualcuno che vuole venire con me? ¶彼はミラノの人だ. Viene da Milano. / È di Milano. / È milanese. ¶彼はたくさんの人を知っている.

Conosce molta gente. ¶人をばかにするのもいい加減にしろ. Smettila di prendermi in giro!
3【世間の人々】 gente㊛ ¶人の言うことをよく聞くようになれ. Cerca di diventare un leader. ¶人の話では彼はイタリアに行ったそうだ. Si dice che (lui) sia andato in Italia.
4【自分以外の人, 他人】 altri㊔ [無変], qualcuno㊚ [㊛ -a] ◇他人の altrui [無変] ¶人の物を欲しがるな. Non desiderare la roba「d'altri [altrui]. ¶人がどう思おうと構わない. Quello che「gli altri pensano [la gente pensa] di me mi è completamente indifferente. ¶人はいさ知らず私は…. Non so gli altri, ma da parte mia… ¶医者を迎えに人をやる mandare qualcuno a chiamare il medico
5【人材】 persona㊛ valente [capace / in gamba] ¶今の政界には人がいない. Nel mondo politico di oggi mancano uomini di valore.
6【人柄】 carattere㊚, personalità㊛; 《性質》natura㊛ ¶彼は人がいい. 《好人物》È buono. / Ha un carattere d'oro. /《お人好し》È un bonaccione. ¶知っているくせに黙ってるなんて君は人が悪いな. Pure tu sei bravo! Sapevi tutto e non mi hai detto niente! ¶片岡さんてどんな人ですか. Che tipo è il signor Kataoka?
7【来客】 visitatore㊚ [㊛ -trice], ospite㊚㊛ ¶私どもにはめったに人は来ません. Abbiamo raramente ospiti.
慣用 **人が変わる** ¶彼は飲むと人が変わる. Quando beve, diventa un altro. ¶彼はすっかり人が変わった. Non è più lo stesso di una volta.
人のうわさも七十五日《諺》Le dicerie della gente hanno vita breve.
人の気も知らない ¶彼は人の気も知らないで勝手なことばかりする. Fa sempre a modo suo senza preoccuparsi di me.
人の口に戸は立てられぬ《諺》Non c'è freno alle dicerie.
人の振り見て我が振り直せ《諺》Che gli errori degli altri ci servano da lezione.
人は死して名を留(とど)む Gli uomini muoiono, il loro nome resta.
人は見掛けによらぬもの《諺》"L'apparenza inganna." / "L'abito non fa il monaco."
人を食う ¶人を食ったやつだ. È un burlone.
人を立てる ¶間に人を立てて, 話し合った. Ci siamo parlati tramite una terza persona.
人を呪わば穴二つ《諺》"Le maledizioni sono foglie, chi le semina le raccoglie."
人を人とも思わない ¶彼は人を人とも思わない. Tratta la gente con arroganza.
人を見たら泥棒と思え Non fidarti di nessuno.
人を見る ¶人を見る目がある sapere giudicare le persone (secondo il loro giusto valore)
ひとあし 一足 ¶ここからひと足だ. È a un passo [due passi] da qui. ¶ひと足お先に参ります. Mi permetta di precederla [di partire prima di lei].
慣用 **ひと足違い** ¶ひと足違いで彼に会えなかった. Io e lui non ci siamo incontrati per un secondo [poco / un pelo].
ひとあじ 一味 ¶ひと味違う avere un qualcosa di diverso
ひとあしらい 人あしらい ¶彼は人あしらいがうまい. Ha tatto con [Sa trattare] le persone.
ひとあせ 一汗 ¶ひと汗かく fare una sudata (「苦労をする」意もある)
ひとあたり 人当たり ¶人当たりがいい essere amabile [affabile / simpatico]; 《社交的》essere socievole / avere un carattere socievole
ひとあめ 一雨 ¶ひと雨来そうだ. Il cielo è minaccioso. ¶ひと雨ごとに暖かくなる. Diventa sempre più un po' caldo ogni volta che piove.
ひとあれ 一荒れ ¶こいつはひと荒れ来るぞ.《嵐が》Ci sarà tempesta! /《もめ事が》Tira un'aria non buona.
ひとあわ 一泡 ¶ひとあわ吹かせる far perdere la flemma a qlcu., cogliere qlcu. di sorpresa ¶なんとしても奴にひとあわ吹かせてやりたい.《反論できないように》Voglio riuscire a chiudergli la bocca. /《やり込める》Voglio fargli abbassare la cresta.
ひとあんしん 一安心 ¶これでひと安心. Che sollievo! / Ora posso respirare.

ひどい 酷い
1【程度が甚だしい】terribile, tremendo, orribile; 《過度の》esagerato; 《重大な》grave, serio [㊛ -i]; 《激しい》violento →酷く ¶ひどいけが ferita grave ¶ひどい嵐 tempesta violenta ¶ひどい事故 spaventoso [orribile] incidente ¶ひどい天気 tempo da cani / tempo orribile ¶ひどい熱 forte febbre㊛ / febbre da cavallo ¶ひどい間違いをする commettere un grave errore ¶ここはひどい暑さだ. Qui fa un caldo terribile [tremendo]. ¶この辺は蚊がひどい. In questa zona le zanzare sono tremende.
2【思いやりがない】《おそろしい》terribile, orribile; 《残酷な》crudele, atroce; 《意地悪な》malizioso, cattivo; 《みじめな》miserabile, brutto ¶ひどい目に遭う avere una brutta esperienza / vedersela brutta ¶これはひどい.《惨状を前にして》Santo cielo! / Oh Dio mio! /《ばかげている》Assurdo! / Roba da pazzi! ¶笑うとはひどい. Sei proprio cattivo a ridere così! ¶人前で恥をかかせるなんてひどいやつだ. Che malignità (a) umiliarmi di fronte a tutti!
ひといき 一息 **1**《ひと呼吸》un respiro㊚; 《ひと休み》un po' di riposo㊚ ¶やっとひと息つけそうだ. 《休息》Finalmente avrò un attimo di respiro [potrò riprendere fiato]. /《安心》Potrò tirare un respiro di sollievo.
2《一気にすること》¶ひと息にやる fare ql.co. tutto d'un fiato ¶ジョッキのビールをひと息に飲む bere d'un fiato un boccale di birra ¶記事をひと息に書き上げた. Ho scritto un articolo di getto.
3《少しの努力》¶あとひと息で頂上だ. Ancora uno sforzo e siamo in vetta. ¶もうひと息でうまくいくところだった. Non è andata bene per poco [per un pelo].
ひといきれ 人熱れ ¶人いきれで気分が悪くなった. Mi sono sentito male per [fra] la folla.
ひといちばい 人一倍 più di altri; fuori della norma ¶人一倍努力する sforzarsi più degli altri
ひどう 非道 ◇非道な inumano, disumano ;

びとう《残酷な》crudele, atroce ◇非道にも inumanamente; crudelmente

びとう 尾灯 luce⑦ di posizione posteriore, fanale⑦ di coda [posteriore]

びどう 微動 ¶微動だにしない restare immobile

ひどうめい 非同盟 ◇非同盟の non alleato
❖非同盟諸国 paesi⑦[複] non allineati [alleato]
非同盟政策 politica⑦ di non allineamento

ひとえ 一重 ◇一重の singolo, semplice ¶一重の花 fiore⑦ a corolla semplice
❖一重まぶた palpebra⑦ senza piega (tipica dell'occhio a mandorla)

ひとえに 偏に《ひたすら》di cuore, sinceramente;《完全に》completamente, interamente, esclusivamente ¶私の成功もひとえにあなたのご親切のおかげです。Il mio successo, lo devo esclusivamente alla sua gentilezza. ¶ひとえにお礼申しあげます。La ringrazio di cuore. ¶ひとえにおわびいたします。Le chiedo scusa con tutto il cuore.

ひとえもの 単物 kimono⑦ sfoderato

ひとおし 一押し ◇ひと押しする dare una spinta (a ql.co.) ¶ひと押しで con una spinta ¶もうひと押しする《ひとがんばり》fare un ultimo「sforzo [《あきらめずに》tentativo]

ひとおじ 人怖じ ¶人おじしない non essere timido [non essere imbarazzato / comportarsi con naturalezza e spontaneità] (anche davanti a sconosciuti)

ひとおもい 一思い ◇ひと思いに《断固として》risolutamente, decisamente;《事後を顧慮せずに》per qualsiasi evenienza, in qualunque caso ¶ひと思いにやってみる tentare il colpo / provare a+不定詞 senza esitazione

ひとかかえ 一抱え ¶ひと抱えの薪(綠) una bracciata di legna

ひとがき 人垣 capannello⑦;《群衆》folla⑦ ¶人垣ができた。Si è radunata [Si è formata] una gran folla.

ひとかげ 人影《人の影》ombra⑦ umana;《人の姿》forma⑦ umana ¶人影が見える。S'intravede [Si scorge] un'ombra [qualcuno]. ¶辺りには人影もない。Non c'è anima viva [segno di vita] nei paraggi.

ひとかず 人数 **1**→人数(綠) **2**《一人前として数えること》¶彼は人数に入らない。È una persona di poco conto [dappoco]

ひとかせぎ 一稼ぎ ¶冬休みにスキー場でひと稼ぎした。Ho guadagnato un po' di soldi lavorando in una stazione sciistica durante le vacanze invernali.

ひとかた 一方 ◇ひとかたならぬ《かなりの》molto, assai;《並ではない》particolare, straordinario⑦[複 -i];《言うに言われぬ》inesprimibile ¶彼にはひとかたならぬ世話になった。Ha usato verso di me particolari gentilezze.

ひとかたまり 一塊 gruppo⑦, mucchio⑦ [複 -chi] ¶彼らはひとかたまりになってやってきた。Sono venuti in gruppo.

ひとかど 一角 ◇ひとかどの considerevole, rilevante, importante ¶ひとかどの画家 pittore affermato ¶ひとかどの人物だ。È qualcuno. ¶この子は子供のくせにひとかどの口をきくね。Sentilo,

come si mette a parlare da adulto, questo bambino.

ひとがら 人柄 carattere⑦, personalità⑦ ¶彼は人柄がいい。Ha un buon carattere. ¶この手紙には彼の人柄がよく出ている。Questa lettera esprime bene la sua personalità.

ひとかわ 一皮 ¶一皮むけば大悪人だ。È un mascalzone travestito [mascherato].

ひとぎき 人聞き ¶人聞きの悪いことを言わないでくれ。Non dire mai cose su di me che potrebbero essere mal interpretate!

ひとぎらい 人嫌い misantropia⑦;《人》misantropo⑦[⑦ -a] ◇人嫌いの misantropico [⑦ 複 -ci]

ひときれ 一切れ una fetta⑦, un trancio⑦;《一片》un pezzo⑦

ひときわ 一際 spiccatamente, nettamente, notevolmente ¶ひときわ優れた作品 opera nettamente superiore alle altre ¶彼の人気はひときわ高まった。La sua popolarità è salita vertiginosamente [ha avuto un'impennata].

ひどく 酷く molto, assai;《甚だしく》estremamente;《恐ろしく》terribilmente, orribilmente, tremendamente;《深刻に》gravemente, seriamente;《厳しく》duramente, severamente;《残酷に》crudelmente, violentemente, atrocemente ◇ひどくなる peggiorare⑦ [es, av], andare di male in peggio ¶ひどく苦しむ soffrire atrocemente per ql.co. ¶彼はひどくがっかりしている。È molto [terribilmente] abbattuto. ¶私は父にひどく叱られた。Sono stato aspramente [severamente] rimproverato da mio padre. ¶彼はひどく感情を害している。È gravemente offeso. ¶寒さがひどくなる。Il freddo si fa più intenso.

びとく 美徳 virtù⑦ ¶『ジュスチーヌ物語または美徳の不幸』(サド)"Justine, o i guai della virtù" (Sade)

ひとくい 人食い《風習》cannibalismo⑦, antropofagia⑦;《人》cannibale⑦ ⑦, antropofago⑦[⑦ -ga;⑦複 -gi] ◇人食いの antropofago [⑦複 -gi]

ひとくさり 一齣《話などのひとこま》un passaggio⑦ [brano⑦] ¶彼は本題に入る前に自分の生い立ちをひとくさり話した。Prima di arrivare al nocciolo della questione, ci ha raccontato la storia della sua infanzia.

ひとくせ 一癖 ¶あいつは一癖あるやつだ。《扱いにくい》È una persona difficile. /《変わり者》È un tipo originale. ¶一癖も二癖もある男 uomo non facile da trattare

ひとくち 一口 **1**《食べ物の》un boccone⑦, un morso⑦;《飲み物の》un sorso⑦ ◇一口で in un boccone, in un morso ¶一口で平らげる inghiottire ql.co. in un sol(o) boccone ¶お茶を一口飲む bere un sorso di tè ¶一口いかがですか。Non ne vuoi un boccone?
2《一言》¶一口では言えない。Non si può dire in una parola.
3《寄付・計画などの》¶一口乗る partecipare [prendere parte]《に a》¶一口 1000円の募金 raccolta di fondi con quote di mille yen l'una
❖一口話《笑い話》barzelletta⑦

ひとくふう 一工夫 espediente⑦, accorgimen-

ひとくろう ひと苦労 ¶彼を説得するのはひと苦労だった. È duro duro persuaderlo.

ひとけ 人気 ◇人気のない deserto, vuoto ;《さびしい, 辺鄙(ぴ)な》 isolato, sperduto ◇人気の多い affollato, pieno di gente ¶山奥の人気のない村 paesetto sperduto [isolato] fra i monti ¶人気のない道を避ける evitare le strade deserte

ひどけい 日時計 meridiana㊛, orologio㊚[複 -gi] solare

ひとけた 一桁 ¶1けたの数字 numero composto da una sola cifra ¶昭和1けた生まれ persona nata nei primi nove anni dell'era Showa ¶私の収入は彼より1けた少ない. Al mio reddito manca uno zero rispetto al suo.

ヒトゲノム《生》genoma㊚[複 -i] umano

ひとこいしい 人恋しい ¶山の中に住んでいるので, ときどきひどく人恋しくなる. Poiché abito fra le montagne, ogni tanto mi viene voglia di vedere delle persone.

ひとこえ 一声 ¶彼の一声で問題は解決した. Il problema è stato risolto con il suo intervento.

ひとごえ 人声 voce㊛ ¶人声が聞こえる. Si sente la gente parlare. / Si sentono delle voci.

ひとごこち 人心地 ¶人心地がつく sentirsi rianimato [risollevato] ¶やっと人心地がついた.《安心》Finalmente mi sono tranquillizzato.

ひとこと 一言 ¶ひとことで言えば in una parola / in breve ¶ひとこと書き残す scrivere due parole [due righe] (a qlcu.) ¶ひとことでも言わせてくれ. Permettimi di dirti due parole. ¶彼はひとことも話さなかった. Non ha aperto bocca. ¶何かひとことおっしゃってください. Dica qualcosa. ¶あいつはいつもひとこと多い. Lui dice sempre una parola di troppo.

ひとごと 他人事 affari㊚[複] altrui ¶他人事とは思えない. Non posso essere un semplice spettatore. ¶他人事のように言うな. Non parlare come se fosse una cosa che non ti riguarda.

ひとこま 一齣《映画の》un fotogramma㊚,《漫画などの》una vignetta㊛;《物事の一場面》una scena㊛ ¶歴史の一こまを飾る segnare una pagina nella storia

ひとごみ 人込み folla㊛, ressa㊛, moltitudine㊛;《息苦しいほどの》calca㊛, ressa㊛ ¶人込みをかき分けて行き通る farsi strada in mezzo alla calca [alla folla] ¶犯人は人込みに紛れて逃げた. Il delinquente è fuggito mescolandosi alla [tra la] folla.

ひところ 一頃 una volta, un tempo ¶ひところ栄えた町 città un tempo prospera ¶この服装はひところにはやった. Questo abito era di moda una volta [un tempo]. ¶彼はひところより付き合いがよくなった. È più socievole che nel passato.

ひとごろし 人殺し《行為》uccisione㊛, assassinio㊚[複 -i], omicidio㊚[複 -i];《人》assassino㊚[㊛ -a], omicida㊚㊛[㊚複 -i] ¶人殺し! All'assassino!

ひとさしゆび 人差し指 indice㊚(della mano)

ひとざと 人里 ¶人里離れた山間に住む vivere in montagna lontano da luoghi [posti] abitati

ひとさま 人様 altre persone㊛[複] ¶人様のことには口を出すな. Non impicciarti degli affari altrui!

ひとさらい 人攫い《行為》rapimento㊚, sequestro㊚ di persona, ratto㊚;《犯人》rapitore㊚[㊛ -trice]

ひとさわがせ 人騒がせ ¶人騒がせなことを言う diffondere [far circolare] voci [notizie] allarmistiche ¶とんだ人騒がせだ. Hai fatto molto rumore per nulla! ¶人騒がせな事件だ. È un incidente [affare] che ha sollevato un gran polverone.

ひとしい 等しい **1**《同じ》(essere) uguale a ql.co. [qlcu.];《対等》(essere) pari a ql.co. [qlcu.];《等価》(essere) equivalente a ql.co. ¶等しくする uguagliare [rendere uguale]《AとBを A e B》(▶ugualeは目的語の性・数に合わせて語尾変化する) ¶等しい条件で a pari condizioni ¶長さが等しい essere della [avere la] medesima lunghezza / essere di lunghezza uguale ¶すべての従業員を等しく扱う trattare ugualmente tutti i dipendenti ¶1海里は1852メートルに等しい. Un miglio marino è uguale [pari] a 1852 metri. ¶三角形の内角の和は2直角に等しい. La somma degli angoli di un triangolo è uguale a due angoli retti.
2《同然である》¶…と言うに等しい. Vale a dire che+直説法 ¶ほとんど無に等しい. Questo è niente o quasi. / Questo e niente sono la stessa cosa. ¶君の発言は脅迫にも等しい. Le tue parole sono come una minaccia.

ひとしお 一入《いっそう》di più, sempre più;《ことさら》particolarmente ¶寒さがひとしお厳しくなりました. Il freddo è diventato sempre più intenso. / Il freddo si è intensificato. ¶ここから見るフィレンツェの眺めはひとしお美しい. Il panorama di Firenze visto da qui è particolarmente bello.

ひとしきり 一頻り ¶雨がひとしきり降った. È piovuto per un po' (di tempo).

ひとしく 等しく《平等に》equamente, in modo imparziale, indiscriminatamente;《同様に》ugualmente, allo stesso modo ¶男女等しく扱う trattare gli uomini e le donne equamente ¶どの国の国民も等しく平和を望んでいる. Tutti i popoli desiderano la pace allo stesso modo.

ひとじち 人質 ostaggio㊚[複 -gi] ¶〈人〉を人質にする tenere [prendere] qlcu. come [in] ostaggio ¶人質を返す[釈放する] restituire [rilasciare] gli ostaggi

ひとしばい 一芝居 ¶ひと芝居打つ fare [imbastire / intavolare] una messinscena

ひとしれず 人知れず ¶私は人知れずそのことを悩んだ. Dentro di me [Anche se non lo do a vedere] la cosa mi preoccupa. ¶2人は人知れず会っていた. I due si incontravano 「di nascosto [furtivamente / segretamente].

ひとしれぬ 人知れぬ sconosciuto [ignoto] agli altri ¶「人知れぬ涙」《ドニゼッティのオペラ『愛の妙薬』より》 "Una furtiva lagrima" (Donizetti) ¶子供たちをここまで育てるには人知れぬ苦労があったにちがいない. Per allevare i suoi figli deve aver fatto sacrifici inimmaginabili.

ひとずき 人好き ¶人好きのする[しない] simpatico男複 -ci [antipatico男複 -ci] ¶人好きのする人 una persona simpatica [amabile]

ひとすじ 一筋 1《一本の線》¶一筋の光 un raggio di luce ¶まだ一筋の希望がある. C'è ancora un filo [un raggio] di speranza.
2《一途》¶学問一筋に生きる dedicarsi esclusivamente allo studio / vivere solo per lo studio

ひとすじなわ 一筋縄 mezzi男複 tradizionali ¶彼は一筋縄ではいかない. Non è facile trattare con lui.

ひとずれ 人擦れ ◇人擦れした astuto, furbo, scaltro ◇人擦れしていない franco e semplice, ingenuo, innocente, candido ¶人擦れした人 uomo smaliziato / uomo di mondo ¶あの子はとても人擦れしている. Quel ragazzo conosce bene il mondo.

ひとそろい 一揃い completo男; serie女[無変], set男[無変], assortimento男 ¶ゴルフ道具一揃い un set completo da golf ¶ティーセット一揃い un servizio da tè ¶調理器具一揃い batteria da cucina

ひとだかり 人集り ¶事故現場に人だかりがしている. Una folla si ammassa [《やじ馬》Tanti curiosi si radunano] al luogo dell'incidente.

ひとだすけ 人助け atto男 di benevolenza ◇人助けする aiutare gli altri, dare un aiuto [una mano] agli altri

ひとたび 一度 una volta ¶ひとたび決めたからには考えを変えない. Una volta deciso non cambierò idea. ¶今ひとたび ancora una volta

ひとだま 人魂 《燐火(りんか), 鬼火》fuoco男複 -chi fatuo (◆in Giappone si ritiene che le anime dei morti appaiano come fuochi fatui)

ひとたまりもない 一溜りもない ◇ひとたまりもなく senza opporre (la minima) resistenza ¶この辺は地震がくればひとたまりもないだろう. Questo quartiere della città crollerebbe facilmente con una scossa di terremoto.

ひとちがい 人違い ¶人違いをする scambiare [prendere] qlcu. 《と per》

ひとつ 一つ 1《1個》uno男 [女 -a]; 《1歳》un anno男 ¶このりんごは1ついくらですか. Quanto costa una di queste mele? ¶お菓子を一つ残さず食べた. Ho mangiato i dolci senza lasciarne nemmeno uno. ¶彼は金もうけの機会は一つも逃さない. Non perde nessuna occasione per far denaro. ¶みんなの考えを一つにまとめる accordare le idee di tutti ¶この4月で一つになる. Compie aprile compie un anno.
2《一体》¶全員一つになって努力しよう. Mettiamoci all'opera, tutti uniti e d'accordo. ¶労働者は一つになってストライキに入った. Gli operai aderirono allo sciopero compatti.
3《それだけ》soltanto, solo (▶いずれも副詞) ¶すべては君の決心一つだ. Tutto dipende dalla tua decisione. ¶僕の考え一つでは決められない. Non posso decidere da solo.
4《同じ》stesso ¶言葉は違っていても考えていることは一つだ. Anche se le parole sono diverse, il pensiero è lo stesso. ¶一つところに住む abitare nello stesso luogo /《同居》vivere sotto lo stesso tetto

5《「一つには…一つには…」の形で》¶一つには家族のため, 一つには自分のために働いている. Io lavoro in parte per la famiglia, in parte per me stesso.
6《…さえも》¶今年の冬は風邪一つひかなかった. Quest'inverno non ho preso nemmeno [neanche / neppure] un raffreddore.
7《試しに, ちょっと》¶ひとつ食べてみようか. Proviamo ad assaggiarne un boccone. ¶ひとつやってみよう. Proviamo un po'. ¶今晩はひとつ大いに飲もう. Per stasera beviamo pure a volontà! ¶ひとつお願いがあるのですが. Dovrei chiederle un favore.

ひとつおき 一つ置き ¶(AとBを)一つおきに置く alternare [mettere alternativamente] (A e B) ¶窓を一つおきに開ける aprire una finestra 「sì e una no [ogni due]

ひとつおぼえ 一つ覚え ¶ばかの一つ覚えのように come se sapesse soltanto quello / come se non sapesse parlare di altro

ひとづかい 人使い ¶彼は人使いが荒い. È un padrone severo. / Sfrutta i suoi dipendenti. /《誰にでもすぐ頼む》È una persona che approfitta sempre della gentilezza degli altri.

ひとつかみ 一摑み ◇一つかみの una manciata [un pugno] di ql.co.

ひとづきあい 人付き合い ◇人付き合いのいい socievole, affabile, trattabile ◇人付き合いの悪い poco socievole, scontroso, intrattabile ¶彼は人付き合いが下手だ. È un (vero) orso.

ひとっこ 人っ子 ¶往来には人っ子一人いなかった. Non c'era 「un'anima [nessuno] in giro.

ひとづて 人伝て ¶人づてに聞く venire a sapere ql.co. per sentito dire / sapere indirettamente che +直説法 / sentire (dire) che + 直説法

ひとつばなし 一つ話 ¶おじさんの一つ話 la storia preferita di [da] un vecchio

ひとつひとつ 一つ一つ ad uno ad uno ¶わからない言葉を一つ一つ辞書で調べた. Ho cercato una ad una sul vocabolario le parole che non capivo.

ひとつぶだね 一粒種 figlio男 [女 -glia] unico

ひとづま 人妻 donna女 sposata, moglie女複 -gli di ql.cu.

ひとつまみ 一撮み ¶スープに塩を一つまみ入れる mettere un pizzico di sale nella minestra ¶ほんの一つまみの人間だけが利益を享受している. Solo pochissime persone dividono i [godono dei] profitti.

ひとで 人手 1《他人の所有》¶人手に渡る passare in mano altrui 2《他人の手助け》¶人手を借りる farsi aiutare da qlcu. 3《労働力》manodopera女 ¶この会社は人手が足りない. Questo ufficio manca [è a corto] di personale. 4《人工》¶人手の加わった artificiale / in cui si nota la mano dell'uomo [l'intervento umano]
[慣用]人手にかかる ¶人手にかかって死ぬ essere ucciso / morire per mano altrui
♣人手不足 scarsezza女 di personale [manodopera / forza di lavoro]

ひとで 人出 affluenza女, folla女 ¶街は大変な人出だ. In centro c'è una gran folla.

ひとで 海星・人手 《動》asteria女, stella女 di

ひとでなし 人でなし 《乱暴者》bruto®, persona® inumana [brutale]; 《恩知らず》ingrato®《② -a》 ¶あいつはひとでなしだ. Quel tipo è senza cuore.

ひととおり 一通り **1**《大体》quasi, più o meno, sommariamente, 《全体的に》nel complesso, nell'insieme ; 《要約して》in breve, brevemente ◇ひと通りの sommario《◉複 -i》; complessivo; breve, rapido ¶この本にひと通り目を通した. Ho dato una scorsa [un'occhiata] al libro. ¶登山用具をひと通り買いそろえた. Ho comprato tutto il necessario per una scalata. ¶そのことについてひと通り話してみてください. Mi parli「per grandi linee [per sommi capi] di quel fatto. ¶皆がひと通り意見を出した. Tutti hanno presentato le proprie opinioni.
2《ふつう》◇ひと通りの ordinario《◉複 -i》, comune ; 《一般的な》generale ¶私はひと通りの努力をした. Mi sono impegnato quanto dovevo. ¶彼を説得するにはひと通りのことではすまない. Non è tanto facile persuaderlo [convincerlo]. ¶彼はひと通りの男ではない. Non è un uomo comune.

ひとどおり 人通り ¶人通りが多い [少ない] 通り strada 《molto》frequentata [poco frequentata] ¶ 11 時には人通りが絶える. Alle undici le strade sono deserte.

ひととき 一時 **1**《しばらくの間》 ¶おかげで楽しいひとときを過ごすことができました. Grazie a lei ho potuto trascorrere un piacevole momento. ¶ひとときのしんぼうだ. Pazienza, è un brutto momento.
2《ある時期》un periodo ¶彼はひととき ローマに住んだ. Ha vissuto temporaneamente a Roma.

ひととなり 人となり ¶この文は彼のひとととなりをよく表している. Questa frase esprime bene la sua personalità [il suo carattere].

ひととび 一跳び ◇一跳びで d'un [con un] solo balzo

ひとなか 人中 ¶人中で辱めを受ける. essere insultato in pubblico ¶彼は人中に出るのを好まない. Non gli piace stare dove c'è tanta gente.

ひとなかせ 人泣かせ ◇人泣かせな 《迷惑な》fastidioso, irritante, seccante; 《嘆かわしい》deplorevole, lamentevole

ひとなつっこい 人懐っこい affettuoso ¶人なつっこい微笑 sorriso amichevole [affettuoso] ¶人なつっこい犬 cane affettuoso ¶この子は人なつっこい. Questo bambino è socievole.

ひとなみ 人波 marea® umana, gran folla® ¶人波にもまれる essere sballottato dalla folla [ressa]

ひとなみ 人並み ◇人並みの normale, ordinario [◉複 -i], comune ; 《平均的》medio《◉複 -i》, 《まあまあの》passabile ◇人並みに come tutti gli altri ¶子供には人並みの教育を授けたい. Vorrei che i miei figli avessero un'istruzione come tutti gli altri. ¶人並み外れた fuori del comune / al di sopra della media / straordinario / eccezionale ¶人並み外れた大男 uomo insolitamente [eccezionalmente / straordinariamente] grosso ¶彼は人並み外れた才能を持っている. Il suo talento è fuori dal comune.

ひとにぎり 一握り ¶ひと握りの金 un pugno di soldi

ひとねむり 一眠り ◇ひと眠りする fare un sonnellino [《親》schiacciare un pisolino], dormicchiare®[av], fare una dormitina

ひとのみ 一飲み ◇ひと飲みする bere tutto d'un fiato ql.co. ¶津波は民家をひと飲みにした. Lo tsunami ha inghiottito le abitazioni.

ひとばしら 人柱 sacrificio®《◉複 -i》umano ¶彼らは世界平和のために尊い人柱となった. Hanno sacrificato se stessi per la pace nel mondo.

ひとばしり 一走り ¶私の家はひと走りのところにある. La mia casa si trova a due passi dalla stazione. ¶ひと走り薬局まで行ってきた. Ho fatto un salto in farmacia.

ひとはた 一旗 ◇一旗揚げる farsi un nome ; 《事業を興す》cominciare un'attività ¶私は一旗揚げようと思って東京にやってきた. Sono venuto a Tokyo per diventare qualcuno.

ひとはだ 一肌 ¶一肌脱ぐ dare una mano a qlcu., aiutare qlcu.

ひとはだ 人肌 ¶人肌のぬるま湯 acqua a temperatura corporea ¶ミルク [お燗] を人肌にあたためる riscaldare il latte [il saké] fino a che diventa tiepido

ひとはな 一花 ¶一花咲かせる avere il proprio momento di gloria [di fama]

ひとばらい 人払い ◇人払いする far ritirare gli altri, 《far》allontanare tutti; 《貴人通行の際》far sgombrare la gente per il passaggio di una persona importante ¶人払いをお願いします. Vorrei parlare con lei in privato [a quattr'occhi].

ひとばん 一晩 una notte® ¶一晩宿に泊まる passare una notte in albergo ¶一晩中風が吹いた. Il vento ha soffiato tutta la notte.

ひとびと 人々 gente® 《▶この意味では常に単数形》; 《各人》ogni persona® ¶この町の人々 gli abitanti di questa città ¶山田家の人々 gli Yamada

ひとひねり 一捻り ¶あんなやつはひとひねりだ. Quello è proprio una facile vittima. ¶この文章はひとひねりひねりする必要がある. Questa frase ha bisogno di essere ancora rivista.

ひとひら 一枚 ¶一ひらの雪 un fiocco di neve ¶一ひらの桜 un petalo di fiore di ciliegio

ひとふき 一吹き ◇ひと吹きで con un fiato

ひとふで 一筆 ¶贈り物に一筆書き添える aggiungere due righe ad un regalo
❖ひと筆書き opere®《◉複》di calligrafia e pittura fatte con un tratto di pennello continuo

ひとふろ 一風呂 ¶一風呂浴びる fare un bagno

ひとべらし 人減らし riduzione® del personale; 《人員整理》licenziamento® del personale

ひとま 一間 ¶僕のアパートは一間だ. Il mio appartamento è un monolocale.

ひとまえ 人前 ◇人前で davanti agli altri, alla presenza degli altri, in pubblico ¶人前に姿を現す mostrarsi in pubblico ¶人前をはばからず infischiandosene della gente [degli altri] ¶人前を繕う salvare le apparenze

ひとまかせ 人任せ ¶人任せにする lasciare a *qlcu.* la responsabilità di *ql.co.* / scaricare su *qlcu. ql.co.* ¶仕事を人任せにする far fare ad un altro il *proprio* lavoro

ひとまく 一幕 《劇の》un atto㊚;《場面》una scena㊛ ¶劇的な一幕 una scena drammatica ✥一幕物《戯曲》atto㊚ unico《複 -ci》;《上演される劇》spettacolo㊚ in un atto

ひとまず 一先 ¶ひとまず家に帰ります. Per il momento [[《ともかく》Comunque] torno a casa. ¶これでひとまず安心だ. Ora mi sento più o meno sollevato. / Per ora [Per adesso] sono al sicuro.

ひとまたぎ 一跨ぎ ¶今日(ミネミ)では太平洋も一またぎだ. Oggi si può attraversare il Pacifico in un batter d'occhio.

ひとまちがお 人待ち顔 ¶彼は人待ち顔だ. Sembra che stia aspettando qualcuno.

ひとまとめ 一纏め ¶ひとまとめにする raccogliere [riunire / radunare] *ql.co.* tutto insieme [in uno] (▶tuttoは目的語の性・数に合わせて語尾変化する) ¶それをまとめにして運んでください. Portateli tutti insieme, per piacere.

ひとまね 人真似 imitazione㊛;《剽窃(ﾎﾟｳｾ)》plagio㊚《複 -gi》¶人まねする imitare *qlcu.*, copiare *qlcu.* dagli altri; plagiare *ql.co.*;《猿まね》scimmiottare *qlcu.* ¶人まねはよせ. Basta con le imitazioni. / Smettila di copiare gli altri.

ひとまわり 一回り **1**《一巡り》◇一回りする fare un giro ¶月が地球を一回りする. La Luna fa un giro completo intorno alla Terra. ¶お得意さんを一回りしてくる. Farò il giro dei clienti.
2《寸法など》¶彼のサイズは僕より一回り大きい. Lui ha una taglia più grande della mia. ¶彼は一回りも二回りも成長した.《精神的に》È notevolmente maturato.
3《十二支の》¶彼と僕とは一回り違う. Fra me e lui c'è una differenza di dodici anni.

ひとみ 瞳 pupilla㊛ (dell'occhio) ¶瞳をこらして見る guardare fisso *ql.co.* [*qlcu.*]

ひとみごくう 人身御供《犠牲となること》sacrificio㊚《複 -ci》umano;《人》vittima㊛

ひとみしり 人見知り ◇人見知りする avere paura [timore] degli sconosciuti ¶人見知りする子 bambino poco socievole ¶人見知りしない子 bambino socievole [affabile]

ひとむかし 一昔 ¶一昔も前のことだ. È un fatto accaduto tanto tempo fa. ¶十年一昔だ. Dieci anni sembrano un secolo. ¶もう一昔になる. Ormai è passata una decina d'anni.

ひとめ 一目 **1**《ちょっと見ること》◇一目で a prima vista, in [con] un'occhiata, a [con un] colpo d'occhio ¶彼は山本の才能を一目で見抜いた. Ha individuato a prima vista le capacità di Yamamoto. ¶一目でいいから見たかったなあ. Avrei voluto vederlo anche solo per un momento! **2**《一望》¶丘の上から街が一目で見渡せる. Dalla cima del colle si abbraccia con lo sguardo tutta la città.
✥一目ぼれ amore㊚ a prima vista, colpo㊚ di fulmine ◇一目ぼれする innamorarsi a prima vista

ひとめ 人目 gli occhi㊚《複》della gente

[慣用]**人目がうるさい** ¶この辺は人目がうるさい. Da queste parti sono molto impiccioni.

人目に余る ¶彼の横柄さは人目にあまる. La sua insolenza imbarazza [disturba] la gente.

人目に付く essere visto [scorto] (dagli altri) ¶人目に付くから外に出よう. Andiamo fuori, perché ci è gente che ci guarda.

人目を避ける evitare gli [nascondersi agli] sguardi della gente

人目を忍ぶ ¶人目を忍んで di nascosto, di soppiatto, furtivamente;《不法に》clandestinamente ¶人目を忍ぶ恋 amore nascosto [segreto]

人目を盗む ¶彼らは人目を盗んで会った. Si sono incontrati segretamente.

人目をはばかる aver paura [《恥ずかしい》vergogna] d'essere visto;《気にする》preoccuparsi delle critiche della gente ¶人目を[も]はばからず(に) senza preoccuparsi d'essere visto [degli sguardi della gente] /《公然と》apertamente /《大胆にも》audacemente

人目をひく attirare gli sguardi [la curiosità] della gente

ヒトめんえきふぜんウイルス ヒト免疫不全ウイルス →HIV

ひともうけ 一儲け ◇一もうけする guadagnare [fare] un sacco di soldi [una bella somma]

ひともじ 人文字 ¶少年たちはグラウンドに2008と人文字を描いた. I bambini si sono schierati sul campo in modo da formare le cifre 2008.

ひとやく 一役 ¶彼はその仕事に一役買って出た. Si è offerto di fare una parte del lavoro.

ひとやすみ 一休み breve riposo㊚ [pausa㊛] ◇一休みする fare un breve riposo, riposarsi per un po'

ひとやま 一山 **1**《山一つ》¶一山越える superare una collina /《トンネルを通って》attraversare un monte **2**《ひとかたまり》¶一山で in blocco ¶一山100円 mille yen al blocco [al cesto]
[慣用]**一山当てる** avere un colpo di fortuna, avere successo

ひとやま 人山 folla㊛, ressa㊛ ¶人気歌手のまわりに人山が築かれた. Le persone si accalcavano attorno al famoso cantante.

ひとよせ 人寄せ attrazione㊛ ¶あの店には人寄せのジャズバンドがある. L'attrazione di quel locale è una banda di musica jazz.

ヒドラ《英 hydra》《動》idra㊛

ひとり 一人・独り **1**《1人の人間》uno㊚ [㊛ -a], una persona㊛ ¶部屋に子供が1人いた. Nella stanza c'era un bambino. ¶入場料は1人いくらですか. Quanto costa l'ingresso a persona? ¶女性事務員をもう1人雇う assumere un'altra impiegata ¶一人一人に意見を聞いた. Ho chiesto a ciascuno la sua opinione. ¶一人一人入ってください. Entrate uno per uno [uno ad uno]. ¶彼はこのクラブの会員の一人だ. È uno dei soci del club. ¶けが人は一人も出なかった. Nessuno è stato ferito. / Non《全》alcun ferito. ¶人っ子一人いない. Non c'è anima viva. ¶一人残らず nessuno escluso
2《単独であること》solo㊚ [㊛ -a] ◇ひとりで da solo [《女性が》sola];《独力で》da sé, senza aiu-

to ¶独りにしておく lasciare qlcu. solo [in pace] (►soloは目的語の性・数に合わせて語尾変化する) ¶自分独りの考えで決める decidere ql.co. [di + 不定詞] da sé [《勝手に》di testa propria / secondo il proprio volere] ¶彼はまだ独りですか. 《独身》È ancora single?

3《単に》¶ひとり日本だけの問題ではない. Non è un problema esclusivamente giapponese.

ひどり 日取り data⼥ ¶試験の日取り calendario degli esami ¶結婚式の日取りを決める fissare [stabilire] la data del matrimonio

ひとりあそび 独り遊び ◇独り遊びする giocare ⼥[av] da solo

ひとりあたり 一人当たり a testa; [ラ] pro capite ¶一人当たりの賠償金を定める fissare un'indennità pro capite [per ognuno]

ひとりあるき 独り歩き **1**《1人で歩くこと》¶夜は独り歩きしないほうがいい. È meglio non uscire soli la notte. **2**《独立》¶彼は25歳なのにまだ独り歩きできない. Ha già venticinque anni, ma「non è ancora autosufficiente [vive ancora alle spalle dei genitori].

ひとりがてん 独り合点 giudizio⼦[複 -i] infondato [senza fondamento], conclusione [interpretazione]⼥ arbitraria ◇独り合点する giudicare [interpretare] ql.co. arbitrariamente ¶彼は私と行動を共にすると独り合点している. È giunto alla conclusione arbitraria [Ha deciso di testa sua] che io debba seguirlo.

ひとりぐらし 一人暮らし・独り暮らし ◇一人暮らしをする vivere (da) solo;《独身である》non essere ancora sposato

ひとりごと 独り言 soliloquio⼦[複 -i], monologo⼦[複 -ghi] ¶独り言を言う parlare da solo / monologare [av] / parlare tra sé e sé / fare un soliloquio ¶…と独り言を言う dirsi che + 直説法

ひとりしばい 独り芝居 **1**《1人でする芝居》monologo⼦[複 -ghi] **2**《独りよがりの思い込み》¶ひとり芝居をする fissarsi (su un'idea) facendo tutto da soli ¶ひとり芝居に終わる tirare le conclusioni da solo

ひとりじめ 独り占め ¶彼は利益を独り占めした. Ha preso tutti i guadagni per sé. ¶彼は一晩中会話を独り占めした. Per tutta la serata ha monopolizzato la conversazione.

ひとりずもう 独り相撲 ¶独り相撲をとる《相手があるつもりになって》battersi [lottare] con i mulini a vento /《1人で大騒ぎする》agitarsi per nulla / fare confusione per niente

ひとりだち 独り立ち ¶私は大学を出るとすぐ独り立ちした. Mi sono reso indipendente subito dopo essermi laureato.

ひとりたび 一人旅 viaggio⼦[複 -gi] da solo ¶一人旅をする viaggiare da solo [senza compagnia]

ひとりっこ 一人っ子 figlio⼦[⼥ -glia;⼦複 -gli] unico[⼦複 -ci]

ひとりでに da sé, da solo;《自動的に》automaticamente ¶ひとりでに戸が開いた. La porta si è aperta da sola. ¶傷はひとりでに治った. La ferita è guarita senza che io abbia fatto niente.

ひとりぶたい 独り舞台 ¶サッカーの話になると彼の独り舞台だ. Quando si tratta di calcio, monopolizza la conversazione.

ひとりぼっち 独りぼっち ◇独りぼっちで solo soletto, tutto solo, solo solo ¶彼女は独りぼっちだ. È [Se ne sta] sola sola.

ひとりみ 独り身 →独身

ひとりむすこ 一人息子 figlio⼦[複 -gli] unico [複 -ci]

ひとりむすめ 一人娘 figlia⼥ unica

ひとりもの 独り者 →独身

ひとりよがり 独り善がり eccessiva autostima⼥, autocompiacimento⼦;《うぬぼれ》presunzione⼥;《勝手気まま》arbitrio⼦;《自己中心》egocentrismo⼦ ◇独り善がりの contento [compiacente] di sé; presuntuoso, pieno di sé; arbitrario[⼦複 -i]; egocentrico[⼦複 -ci];《エゴイストの》egoistico[⼦複 -ci] ¶独り善がりの考え opinione arbitraria [presuntuosa]

ヒドロキシさん ヒドロキシ酸 《化》idrossiacido⼦

ひとわたり 一渡り ¶書類にひとわたり目を通す visionare un documento dall'inizio alla fine ¶彼は聴衆をひとわたり見回して演説を始めた. Abbracciò il pubblico con uno sguardo e iniziò il suo discorso.

ひとわらわせ 人笑わせ ¶とんだ人笑わせだ. È buffo. ¶人笑わせな男だ. È un uomo ridicolo.

ひな 雛 **1**《鳥の》nidiace⼦, piccolo⼦ (di un uccello);《生まれたばかりの》uccellino⼦ implume;《ひよこ》pulcino⼦ ¶雄[雌]のひな pulcino maschio [femmina] ¶ひながかえった. I pulcini sono nati. / Le uova si sono schiuse. ¶めんどりがひなをかえしている. La gallina cova le uova. **2**《ひな人形》bambola⼥ (per la festa delle bambine)

✤**ひな壇**《おひな様の》ripiano⼦ per le bambole della festa delle bambine;《式場の》palco⼦ [複 -chi], podio⼦[複 -i];《議事堂の》tribuna⼥

ひな祭り festa⼥ delle bambine [delle bambole] (◆ 3 marzo)

ひなが 日長・日永 ¶春の日長 lunghe giornate di primavera

ひながた 雛形《模型》modello⼦;《地形・建物などの》plastico⼦[複 -ci], bozzetto⼦;《見本》campione⼦, saggio⼦[複 -gi], esemplare⼦;《書式》forma⼥

ひなぎく 雛菊 《植》margheritina⼥, pratolina⼥, pratellina⼥

ひなげし 雛罌粟 《植》rosolaccio⼦[複 -ci], papavero⼦ (selvatico[複 -ci] [di campo])

ひなた 日向 luogo⼦[複 -ghi] esposto [rivolto] al sole, luogo⼦ soleggiato [assolato] ◇日なたで[に] al sole, in pieno sole, in un luogo soleggiato

✤**日なたぼっこ** ◇日なたぼっこする crogiolarsi al sole;《日光浴》prendere il sole, fare un bagno di sole

日なた水 acqua⼥ riscaldata al sole

ひなびる 鄙びた rustico[⼦複 -ci], rurale, bucolico[⼦複 -ci];《素朴な》semplice, ingenuo ¶ひなびた光景 scena rurale [bucolica]

ひなわじゅう 火縄銃 fucile⼦ con carica ad

acciarino, archibu*gio*[男] [複 *-gi*]

ひなん 非難　biaṣimo[男], rimprovero[男]; 《批判》critica[女]; 《告発》accuṣa[女]; 《攻撃》attac*co*[男] [複 *-chi*]　◇非難する biaṣimare *ql.co.* di *qlcu.*; criticare *ql.co.* [*qlcu.*]; accuṣare [condannare] *ql.co.* [*qlcu.*]　◇非難すべき biaṣimevole, riprovevole　¶非難する余地のない irreprensibile / impeccabile　¶非難がましい口を利く parlare in modo riprovevole　¶非難を浴びる essere oggett*o* di critiche / essere criticat*o*　¶非難の的になる diventare il bersaglio delle critiche　¶〈人〉の非難を招く attirarsi le critiche di *qlcu.*　¶彼は非難の目を私に向けた. Mi ha lanciato uno ṣguardo di diṣapprovazione.

ひなん 避難　rifu*gio*[男] [複 *-gi*], riparo[男], aṣilo[男]　◇避難する rifugiarsi, ripararsi, mettersi al riparo
✤避難訓練 eṣercitazione[女] di simulazione dell'emergenza
避難港 porto[男] di riparo
避難所 riparo[男], rifugio[男], aṣilo[男]
避難ばしご scala[女] di sicurezza
避難民 rifugiat*o*[男] [女 *-a*], profu*go*[男] [女 *-ga*; 男複 *-ghi*]

びなん 美男　bell'uomo[男] [複 *begli uomini*]

ビニール 〔英 vinyl〕〘化〙vinile[男]　◇ビニールの vinili*co* [男複 *-ci*]　¶塩化ビニール cloruro di vinile
✤ビニールクロス《壁紙》carta[女] da parati vinilica [di plastica]
ビニール樹脂 reṣina[女] polivinilica
ビニールチューブ《放水・送水用の管》tubo[男] polivinili*co* [複 *-ci*]
ビニールハウス〘農〙serra[女] a casetta in plastica
ビニール袋 《小さい》sacchettino [《大きい》sacchetto][男] di plastica [di nylon]
ビニールホース tubo[男] di plastica

ピニオン 〔英 pinion〕〘機〙pignone[男]

ひにく 皮肉　ironia[女]; 《風刺》satira[女]; 《意地悪な》ciniṣmo[男]; 《痛烈な》sarcaṣmo[男]　◇皮肉な ironi*co* [男複 *-ci*]; satiri*co* [男複 *-ci*]; cini*co* [男複 *-ci*], mordace; sarcasti*co* [男複 *-ci*]　◇皮肉に ironicamente; satiricamente; cinicamente, sarcasticamente　¶運命の皮肉 ironia della sorte　¶痛烈な皮肉 satira mordace / ironia pungente / sarcaṣmo　¶皮肉を言う ironizzare《について su》/ fare dell'ironia [della satira] / dire una cosa ironica　¶皮肉たっぷりに笑う sorridere con ironia　¶皮肉たっぷりの笑い sorriso sarcastico
✤皮肉屋 persona[女] ironica [sarcastica]

ひにち 日日　**1**《日取り》data[女]　¶出発の日にちを決めよう. Fissiamo il giorno della partenza.
2《日数》　¶風邪が治るまでにだいぶ日にちがかかった. Ci sono voluti molti giorni prima che il mio raffreddore guarisse completamente.

ひにひに 日に日に　giorno per [dopo] giorno　¶病人は日に日によくなっている. Il paziente sta migliorando giorno dopo giorno.

ひにょうき 泌尿器　〘解〙apparato[男] urina*rio* [複 *-i*]
✤泌尿器科 [学]〘医〙urologia[女]
泌尿器科医 urolo*go*[男] [女 *-ga*; 男複 *-gi*]

ビニロン vinilite[女]（►商標）

ひにん 否認　negazione[女], dinie*go*[男] [複 *-ghi*]; 《反対》diṣapprovazione[女]; 《報道・前言などの》ṣmentita[女]　◇否認する negare *ql.co.* [di＋[不定詞] / che＋[接続法]]; non riconoscere, disconoscere　¶罪状を否認する negare l'accuṣa

ひにん 避妊　contraccezione[女]　◇避妊する evitare la gravidanza
✤避妊器具 anticoncezionale[男]; 《コンドーム》preservativo[男]
避妊法 metodi[男] [複] contraccettivi
避妊薬 anticoncezionale[男], contraccettivo[男], antifecondativo[男]　¶経口避妊薬 pillola anticoncezionale
避妊ワクチン vaccino[男] contraccettivo

ひにんげんてき 非人間的　◇非人間的な inumano, diṣumano; 《残忍な》crudele, brutale
✤非人間性 inumanità[女], diṣumanità[女]

ひにんじょう 非人情　◇非人情な inumano, diṣumano; 《むごい》spietato　¶非人情な男だ. È un uomo senza cuore.

ビネガー 〔英 vinegar〕aceto[男]

ひねくりまわす 捻くり回す　¶いくら頭をひねくり回してもいい考えが浮かばない. Per quanto mi sprema il cervello, non mi viene nessuna buona idea.

ひねくる 捻くる　**1**《いじり回す》giocherellare [自][*av*] con *ql.co.* **2**《いろいろ理屈をいう》¶理屈をひねくるより実行しろ. Agisci, invece di fare giochi di parole.　¶これはひねくった問題だ. È una domanda contorta. **3**《いろいろ考える》¶彼は俳句をひねくる. È un poeta dilettante di *haiku*.

ひねくれる 捻くれる　diventare scontros*o*　◇ひねくれた《気難しく扱いにくい》scontroso, intrattabile; 《皮肉な》cini*co* [男複 *-ci*]　¶ひねくれた意見 opinione distorta　¶彼はひねくれている. 《怒りっぽい》Ha un carattere suscettibile.

ひねた **1**《古くなった》invecchiato, appassito, raggrinzito **2**《大人びた》precoce, prematuro　¶ひねた子供 bambino precoce

ひねつ 比熱　〘物〙calore[男] specifico relativo, capacità[女] termica specifica

びねつ 微熱　febbre[女] leggera, febbriciattola[女], febbretta[女], 〘医〙febbricola[女]　¶微熱がある avere qualche linea di febbre

ひねり 捻り　**1**《ひねること》torsione[女], contorsione[女]; 《体を回転させること》avvitamento[男]　¶上半身のひねり《体操で》torsione del busto
2《工夫》　¶ひねりのきいた作品 opera molto elaborata

ひねりだす 捻り出す　escogitare　¶妥協案をひねり出す escogitare un compromesso　¶節約してやっと旅費をひねり出した. Facendo economia, alla fine sono riuscito a tirare fuori le spese per il viaggio.

ひねりつぶす 捻り潰す　**1**《手や足でひねってつぶす》schiacciare《で con》**2**《つぶす》　¶証拠をひねりつぶす offuscare le prove

ひねる 捻る　**1**《ねじる》torcere, storcere, contorcere; 《巻きつける》attorcigliare; 《指などで回す》girare; 《ねじを》avvitare, ṣvitare　¶首をひねる torcere il collo　¶栓をひねる girare il rubi-

netto / 《開ける》aprire [《閉める》chiudere] il rubinetto
2《考えをめぐらす》¶対策をひねる escogitare un rimedio ¶口実をひねる inventare qualche scusa ¶1句(俳句)をひねりました. Ho fatto [composto / scritto] uno *haiku*. ¶頭をひねる lambiccarsi il cervello / scervellarsi /《親》spremersi il cervello [le meningi] ¶首をひねる essere dubbioso《に su》
3《簡単にやっつける》¶彼に軽くひねられた. Mi sono fatto battere troppo facilmente da lui.

ひのあめ 火の雨 faville㊛[複], scintille㊛[複]
ひのいり 日の入り tramonto㊚ ¶日の入りに al tramonto (del sole) / sul [al] calar [del sole]
ひのうみ 火の海 ¶街は火の海と化した. Tutta la città è stata avvolta dalle fiamme [era un mare di fiamme].
ひのき 檜 《植》falso cipresso㊚;《学名》*Chamaecyparis obtusa*
ひのきぶたい 檜舞台 ¶檜舞台を踏む《劇場などの》recitare in un grande teatro ¶政治の檜舞台に立つ distinguersi sulla scena politica
ひのくるま 火の車 ¶わが家は火の車だ. Siamo a corto di denaro. / Siamo in difficoltà finanziarie.
ひのけ 火の気 ¶火の気のない部屋《暖房のない》stanza senza riscaldamento ¶火の気のない倉庫から出火した. L'incendio è scoppiato in un deposito dove non c'era [niente che potesse provocarlo [nessuna sorgente di calore].
ひのこ 火の粉 《飛び散る火》scintille㊛, favilla㊛ ¶火の粉を浴びる coprirsi di scintille ¶火の粉が飛び散った. Le faville si sono sparse.
2《降りかかる災難》¶振りかかる火の粉は払わねばならない. Bisogna difendersi [guardarsi] dai pericoli incombenti.
ひのたま 火の玉《炎のかたまり》palla㊛ di fuoco;《鬼火》fuoco㊚[複 *-chi*] fatuo
ひので 火の手 fiamma㊛ ¶火の手が上がる. Le fiamme si alzano. ¶改革の火の手をあおる sollecitare [portare avanti] delle riforme
ひので 日の出 sorgere [lo spuntare] del sole;《明け方》alba㊛ ¶日の出に allo spuntar [al sorger] del sole / all'alba ¶日の出は今, 日の出の勢いだ. Ora ha il vento in poppa. / Ora va a gonfie vele.
ひのばん 火の番 《防火警備員》addetto㊚[㊛ *-a*] al servizio antincendi;《夜警》guardiano㊚ [㊛ *-a*] notturno del servizio antincendi
ひのべ 日延べ《期日を先に延ばすこと》rinvio㊚ [複 *-ii*], proroga㊛, differimento㊚;《期間を延長すること》prolungamento㊚ ¶出発を1週間日延べする posporre la partenza di una settimana ¶滞在を日延べする prolungare il soggiorno
ひのまる 日の丸 bandiera㊛ del Sol Levante, bandiera㊛ del Giappone
ひのみやぐら 火の見櫓 torre㊛ antincendio [無変]
ひのめ 日の目 luce㊛ solare, raggi㊚[複] del sole
[慣用] 日の目を見る ¶彼の計画はやっと日の目を見た. Il suo progetto è stato finalmente accettato [《成功》ha avuto finalmente successo]. ¶彼の作品は日の目を見ないままである. Le sue opere non hanno mai visto la luce.
ひのもと 火の元 ¶火の元に用心しなさい. Stai attento col fuoco!

ビバーク 〔仏 bivouac〕《登山で》◇ビバークする bivaccare㊗ [*av*], stare a bivacco, dormire㊗ [*av*] all'addiaccio

ビバーチェ 〔伊〕《音》vivace

ひばいどうめい 非買同盟 boicottaggio㊚[複 *-gi*]
ひばいひん 非売品 merce㊛ [articolo㊚] non in vendita
ひはかいけんさ 非破壊検査 controllo㊚ non distruttivo
ひばく 被曝 ◇被曝する essere esposto alla radioattività ¶被曝した人 vittima delle radiazioni
ひばく 被爆《爆撃されること》◇被爆する essere bombardato
✜被爆者 vittima di un bombardamento atomico
被爆地 zona bombardata;《原爆の》zona㊛ colpita da un bombardamento atomico
ひばし 火箸 bastoncini㊚[複] metallici [molle metalliche] per prendere i tizzoni
ひばしら 火柱 colonna㊛ di fuoco ¶爆弾の落ちた所から火柱があがった. Una colonna di fuoco si è alzata là dove era caduta la bomba.
ひばち 火鉢 braciere㊚, caldano㊚
ひばな 火花 scintilla㊛, favilla㊛
[慣用] 火花を散らす ¶火花を散らして戦う combattere 「con furia [accanitamente] ¶論争に火花を散らす discutere animatamente
ひばらい 日払い pagamento㊚ a rate giornaliere ¶日払いの賃金 paga giornaliera
ひばり 雲雀《鳥》allodola㊛

ひはん 批判 critica㊛;《非難》biasimo㊚, rimprovero㊚ ◇批判的 critico㊚[複 *-ci*] ◇批判的に criticamente ◇批判する criticare qlcu. [ql.co.] ¶痛烈な批判 critica aspra [severa] ¶〈人〉の行動を批判する criticare [biasimare] il comportamento di qlcu. ¶批判的に見る guardare ql.co. [qlcu.] con occhio critico ¶自己批判する fare l'autocritica ¶…に対して批判的態度である avere un atteggiamento critico verso ql.co. [qlcu.]
✜批判者 oppositore㊚ [㊛ *-trice*], contestatore㊚ [㊛ *-trice*];《批評家》critico㊚ [㊛ *-ca*; ㊚複 *-ci*];《酷評家》censore㊚ [㊛㊚ *-a*]
批判主義《哲》criticismo㊚
批判精神 ¶批判精神がある avere spirito critico
批判力 giudizio㊚, discernimento㊚, capacità㊛ critica ¶健全な批判力を養う coltivare una sana capacità critica
ひばん 非番 ¶非番である non essere di servizio [di turno /《警備など》di guardia] ¶非番の日 giorno「di libertà [libero]
ひひ 狒狒《動》cinocefalo㊚, babbuino㊚;《マントヒヒ》amadriade㊛;《マンドリル》mandrillo㊚
ひび 日日《副詞として》ogni giorno, giornalmente, quotidianamente ◇日々の di ogni giorno, quotidiano, giornaliero ¶幸せな日々 giorni felici ¶日々寒さが増す. Il freddo si intensifica 「di giorno in giorno

[giorno dopo giorno]. ¶日々の糧を得る guadagnarsi il pane quotidiano

ひび 皹 《あかぎれ》screpolatura[女] ¶ひびが切れる《体の部位が主語》screpolarsi (a *qlcu.*) ¶彼は手にひびが切れている. Ha le mani screpolate.

ひび 罅 **1**《ガラスなどの》incrinatura[女];《壁などの》fessura[女], crepa[女]; spaccatura[女], fenditura[女];《ペンキなどの表面の》screpolatura[女], crepa[女];〔冶〕cricca[女] ¶ガラスにひびが入った. Il vetro si è incrinato. ¶ひびの入った茶わん tazza incrinata ¶骨にひびが入っていた. Nell'osso si è riscontrata un'incrinatura.

2《関係などが悪くなること》 ¶つまらぬことで彼らの仲にひびが入った. La loro relazione si è incrinata per una cosa da nulla.

びび 微微 ◇微々たる《量など》minimo;《取るに足りない》insignificante; poco importante;《低廉な》modico [[男]複 -*ci*] ¶微々たる利息 interessi modici

ひひいん ¶馬がひひいんといななないた. Il cavallo ha nitrito.

ひびかせる 響かせる **1**《音を》 ¶鐘が澄んだ音を響かせた. È riecheggiato il suono limpido della campana.

2《名声を》 ¶彼は天下に名声を響かせている. Ha [Si è fatto] una buona fama in tutto il paese.

ひびき 響き 《音》suono[男];《音色》timbro[男], tono[男];《物音》rumore[男];《反響, こだま》risonanza[女], eco[女] または [男][複 *gli echi*];《残響》riverbero[男] ¶美しい響き suono [timbro] armonico ¶大砲の響き rombo del cannone ¶すさまじい響きをたてて con fracasso / con un gran chiasso / con un rumore assordante ¶彼の声には怒りの響きがあった. La sua voce vibrava di collera. / C'era una vena di collera nella sua voce.

ひびきわたる 響き渡る ¶人々の怒号が会場に響き渡った. Nella sala risuonava [riecheggiava] l'urlo di rabbia della gente.

ひびく

響く **1**《鳴り渡る》suonare[自][*av, es*], risuonare[自][*av, es*];《反響する》echeggiare[自][*av, es*], riecheggiare[自][*es*]; ripercuotersi;《震動として》vibrare[自][*av*];《大きな音が》rimbombare[自][*es, av*] ¶谷間に響く riecheggiare per le valli ¶彼女の声が明るく響いた. La sua voce ha risuonato allegramente. ¶大砲の音が響く. Il cannone rimbomba. ¶この鐘はよく響く. Questa campana risuona bene. ¶広間に彼らの笑い声が響いていた. Il salone echeggiava delle loro risate.

2《影響する》influenzare *ql.co.* [*qlcu.*], influire [自][*av*] su *ql.co.* ¶健康に響く influire negativamente sulla salute ¶そんなことをすれば君の経歴に響くよ. Facendo ciò danneggerai la tua carriera.

ひひょう 批評 critica[女], osservazione[女] critica;《論評》commento[男];《書評》recensione[女] ◇批評する criticare *ql.co.* [*qlcu.*], fare [esprimere] osservazioni su *ql.co.* [*qlcu.*]; commentare *ql.co.*; recensire *ql.co.* ¶この本の批評を頼まれた. Mi hanno chiesto di recensire [《意見を》dare un'opinione su] questo libro.

✤**批評家** critico[男][複 -*ci*];《書評家》recensore[男][[女] -*sitrice*]

批評眼 ¶彼は批評眼がある. Ha l'occhio critico.

びびる spaventarsi, allarmarsi, farsela sotto ¶巨大な相手を一目見て彼はびびってしまった. Appena ha visto il possente avversario è sbiancato.

ひびわれ 罅割れ crepa[女] ¶壁のひび割れに気がついた. Ho trovato una crepa nel muro. ¶二人の関係にひび割れが生じた. Si è creata una crepa nel loro rapporto.

ひびわれる 罅割れる incrinarsi;《手などが》screpolarsi ¶茶わんがひび割れた. La tazza da tè si è incrinata. ¶唇が寒さでひび割れる. Le labbra si screpolano per il freddo.

びひん 備品 《オフィスなどの》arredamento[男];《船などの》equipaggiamento[男];《付属品》attrezzatura[女], accessori[男][複];《装置》apparecchiatura[女]

✤**備品目録** schedario[男][複 -*i*], inventario[男][複 -*i*]

ひふ 皮膚 pelle[女], cute[女], derma[男][無変] ¶皮膚が弱い avere la pelle delicata

✤**皮膚炎**〔医〕dermatite[女]

皮膚科〔医〕dermatologia[女]

皮膚科医 dermatologo[男][[女] -*ga*; [男]複 -*gi*]

皮膚呼吸 respirazione[女] cutanea

皮膚組織 tessuto[男] cutaneo [epidermico [複 -*ci*]]

皮膚病 malattia[女] della pelle, dermatosi[女][無変]

ひぶ 日歩 (tasso[男] d')interesse[男] giornaliero (su cento yen)

びふう 美風 buona usanza[女] [abitudine[女]];《美徳》virtù[女]

びふう 微風 brezza[女]

ひふく 被服 《衣服》abito[男], vestito[男];《衣類》vestiario[男][複 -*i*], abbigliamento[男], capo[男] di vestiario;《総称的に》indumento[男]

✤**被服費** spese[女][複] per il vestiario

ひふく 被覆 (ri)copertura[女], rivestimento[男];《電線などの》isolante[男], avvolgimento[男] isolante

✤**被覆材** placcatura[女][男]

被覆線〔電〕filo[男] (elettrico [複 -*ci*]) rivestito [coperto]

ひぶくれ 火膨れ〔医〕vescica[女] ¶やけどのあとが火膨れになった. La pelle ustionata [bruciata / scottata] è piena di vesciche [bolle].

ひぶそう 非武装 smilitarizzazione[男];《軍縮, 軍備撤廃》disarmo[男] ¶国を非武装化する smilitarizzare un paese

✤**非武装地帯** zona[女] smilitarizzata

非武装中立 neutralità[女] disarmata

ひぶた 火蓋 ¶戦争の火ぶたを切る aprire il [far] fuoco, scatenare una guerra ¶熱戦の火ぶたが切られる《試合の》aprire le ostilità

ビフテキ〔仏 bifteck〕bistecca[女]

ひふようしゃ 被扶養者 persona[女] a carico di [dipendente da] *qlcu.*

ビブラート〔伊〕〔音〕vibrato[男]

ビブラフォン〔英 vibraphone〕〔音〕vibrafono[男]

ひふん 悲憤 indignazione[女], risentimento[男]

✤**悲憤慷慨**(こうがい) ◇悲憤慷慨する essere indignato per *ql.co.* [con *qlcu.*], indignarsi per *ql.co.* [con *qlcu.*]

ひぶん 碑文 iscrizione㊛ (su un monumento); 《墓碑銘》epitaffi*o*㊚ [複 -*i*]

びぶん 美文 pros*a*㊛ [frasẹ㊛] fiorita; 《美文調》stile㊚ fiorito [ornato], infioretṭatura㊛ ¶ 美文を書く scrivere con belle frasi / 《気取った文を》fiorettare

びぶん 微分 《数》calcolo㊚ differenziale [infinitesimale] ◇微分する differenziare
✤微分器 differenziatore㊚

微分係数 [方程式]《数》coefficiente㊚ [equazione㊛] differenziale

微分法 《数》differenziazione㊛

ひへい 疲弊 spossamento㊚, esaurimento㊚; 《衰えること》indebolimento㊚;《貧困》impoverimento㊚, immiserimento㊚ ◇疲弊した spossato, estenuato ◇疲弊する estenuarsi, esaurirsi; impoverirsi, immiserirsi ¶戦争で疲弊した国 paese impoverito dalla guerra

ピペット 〔英 pipette〕《化》pipetta㊛

ひほう 秘宝 tesoro㊚ nascosto

ひほう 秘法 metodo㊚ segreto, tecnica㊛ segreta;《奥義、極意、秘儀》mistero㊚

ひほう 悲報 triste [brutta / dolorosa] notizia㊛ ¶私は母の死という悲報に接した。 Ho ricevuto la dolorosa notizia della morte di mia madre.

ひぼう 誹謗《悪口》maldicenza㊛; 《中傷》insulto㊚, calunnia㊛;《名誉毀損(きそん)》ingiuria㊛, diffamazione㊛ ◇誹謗する sparlare㊛ [*av*] di *ql.co.*; calunniare *ql.co.*; diffamare *ql.cu.*

びぼう 美貌《顔立ち》bel vis*o*㊚, bei lineamenti㊚[複];《美》bellezza㊛

ひほうしゃのう 比放射能《物》radioattività㊛ specifica

ひほけんしゃ 被保険者 assicurat*o*㊚[㊛ -*a*];《健康保険組合員》mutuat*o*㊚ [㊛ -*a*]

ヒポコンデリー〔独 Hypochondrie〕《医》ipocondria㊛ ◇ヒポコンデリーの ipocondriac*o* ㊚複 -*ci*]
✤ヒポコンデリー患者 malat*o*㊚ [㊛ -*a*] di ipocondria, ipocondriac*o*㊚ [㊛ -*ca*; ㊚複 -*ci*]

ひぼし 干乾し fame㊛ ¶干乾しになりそうだ。 Muoio di fame!

ひぼし 日干し ¶日干しにする esporre [seccare] *ql.co.* al sole ¶魚の日干し pesce secco [essiccato]

ピボット〔英 pivot〕**1**《機》perno㊚ (di testa) **2**《バスケットボールで》giro㊚

ひぼん 非凡 ◇非凡な eccellente, eccezionale, straordinar*io*㊚複 -*i*], fuori del comune, insolito ¶非凡な人 persona superiore alla media

ひま 暇 **1**《時間》tempo㊚ ¶…の[する]ひまがある avere tempo (libero) per *ql.co.* [per+不定詞] ¶…するひまはまったくない non avere un momento [briciolo di tempo] per+不定詞 ¶ひまを惜しむ essere avaro del *proprio* tempo ¶ひまをかけて…する dedicare molto tempo a+不定詞 ¶仕事のひまを盗んで映画に行く andare al cinema sottraendo il tempo al lavoro ¶忙しくて本を読むひまがない。 Sono così occupato che non ho (neanche) il tempo di leggere un libro. ¶彼は人が遊んでいるひまに一生懸命勉強した。 Ha studiato diligentemente mentre gli altri stavano giocando. **2**《仕事や用事がなくて自由になる時間》tempo㊚ libero ◇ひまな《自由な》libero;《忙しくない》non [poco] impegnato ¶ひまである essere libero / avere tempo libero ¶ひまな仕事 lavoro poco impegnativo [che richiede poco tempo] ¶ひまを見つけて…する trovare il tempo (libero) per+不定詞 ¶おひまなら来て下さい。 Se sei libero venga da me. ¶ひまをつくる procurarsi del tempo libero ¶ひまにあかして…する passare tanto tempo a+不定詞 ¶ひまを持て余す avere tanto tempo libero da non sapere cosa farne ¶ひまをつぶす ingannare il tempo ¶2月と8月は商売がひまになる。 A [In] febbraio e ad [in] agosto c'è poco lavoro per i commercianti. **3**《休暇》vacanza㊛, congedo㊚ ¶3日間の暇をもらう ottenere un permesso di tre giorni ¶暇を与える dare le ferie [il congedo] a *ql.cu.*
慣用 暇を出す (1)《休みを与える》concedere delle ferie (2)《やめさせる》licenziare *ql.cu.*

ひまく 皮膜《解》membrana㊛
ひまく 被膜 pellicola㊛
ひまご 曾孫 pronipote㊚, bisnipote㊚ → 家系図

ひまし 日増し ◇日増しに di giorno in giorno ¶日増しに寒くなってくる。 Il freddo s'intensifica ogni giorno di più.

ひましゆ 蓖麻子油 olio di ricino

ひまじん 暇人 ¶私は彼のようなひま人じゃない。 Non sono libero come lui. / Non ho molto tempo libero come lui.

ひまつ 飛沫 spruzzo㊚ ¶潮[滝]の飛沫 gli spruzzi del mare [di una cascata] ¶飛沫を浴びる essere spruzzat*o* / essere investit*o* [bagnat*o*] dagli spruzzi

ひまつぶし 暇潰し passatempo㊚ ¶暇つぶしをする ingannare [ammazzare] il tempo ¶暇つぶしに per passare il tempo

ひまわり 向日葵《植》girasole, eliant*o*㊚
ひまん 肥満 grassezza㊛;《かなりの》obesità㊛; pinguedine㊛ ◇肥満した pingue, grasso; obeso; corpulento ◇肥満する ingrassare㊚ [*es*], ingrassarsi
✤肥満児 bambin*o*㊚ [㊛ -*a*] obes*o*
肥満症 《医》obesità㊛, adiposità㊛
肥満度 grado㊚ di obesità

びみ 美味 buon sapore㊚, squisitezza㊛, prelibatezza㊛, vera delizia㊛ ◇美味の buono; ottimo, squisito, prelibato

ひみつ 秘密 segreto㊚;《内密》confidenza㊛;《秘儀》mistero㊚ ◇秘密の segreto, 《隠された》nascosto, dissimulato;《内密の》confidenziale;《非合法な》clandestino ◇秘密に in segreto, segretamente; di nascosto, furtivamente; a titolo confidenziale, confidenzialmente; clandestinamente ¶公然の秘密 segreto di Pulcinella ¶信書[職業上]の秘密 segreto epistolare [professionale] ¶通信の秘密 segretezza della corrispondenza ¶秘密にする tenere segreto *ql.co.* (▶segreto は目的語の性・数に合わせて語尾変化する) / nascondere *ql.co.* ¶秘密がない(人が主語)non aver segreti《に対して per》¶秘密を暴く《守る》rivelare [mantenere] un segreto ¶秘密を漏らす tradire un segre-

びみょう

to /《うっかりと》lasciarsi sfuggire un segreto ¶秘密を明かす confidare un segreto a qlcu. ¶秘密に事を運ぶ fare ql.co. di nascosto ¶秘密が漏れた. Il segreto è trapelato. ¶ほかの人には秘密にしておいてください. Non ne faccia parola con gli altri.

✤**秘密会議** riunione㊛ riservata [《非公開の》a porte chiuse]

秘密外交 diplomazia㊛ segreta
秘密警察 polizia㊛ segreta
秘密結社 società㊛ segreta; 《フリーメーソン》 massoneria㊛
秘密裁判 processo㊚ segreto [《非公開の》a porte chiuse]
秘密出版 pubblicazione㊛ clandestina
秘密条約 trattato㊚ segreto
秘密投票 votazione㊛ a scrutinio segreto
秘密文書 documento㊚ segreto [confidenziale]

びみょう 微妙 ◇微妙な delicato, incerto; difficile da stabilire ◇微妙に delicatamente ¶微妙な意味合い sottile sfumatura di significato ¶彼は今, 微妙な立場にいる. Adesso è in una situazione delicata.

ひめ 姫 principessa㊛

ひめい 悲鳴 《叫び声》grido㊚ [複《集合的》le grida; 《個別的》i gridi] ; 《金切り声》strillo㊚; 《うなり声, 怒号, 絶叫》urlo㊚ [複《集合的》le urla; 《個別的》gli urli] ¶悲鳴を上げる emettere grida [un grido] / gridare㊀, ㊂ [av] / urlare㊀, [av] ¶救いを求めて [苦しくて] 悲鳴を上げる gridare aiuto [per il dolore] ¶毎日多忙で悲鳴を上げている. Sono stufo [Non ne posso più] di essere troppo occupato ogni giorno.

ひめい 碑銘 epitaffio㊚ [複 -i]

びめい 美名 ¶平和の美名のもとに戦争をする fare la guerra con il pretesto della pace

ひめくり 日捲り calendario㊚ [複 -i] con un foglio per ogni giorno

ひめごと 秘め事 segreto㊚
ひめじ 比売知 《魚》triglia㊛

ひめる 秘める tenere ql.co. segreto (►segretoは目的語の性・数に合わせて語尾変化する), nascondere ql.co., custodire ql.co. segretamente ¶秘められた逸話 episodio㊚ segreto

ひめん 罷免 ◇罷免する licenziare un impiegato pubblico, allontanare qlcu. da un posto di lavoro pubblico, sollevare qlcu. (da un incarico pubblico)

✤**罷免権** potere㊚ di licenziare

ピメント 〔英 pimento〕《香辛料》pimento㊚, pepe㊚ della Giamaica

ひも 紐 **1** 《縄など》corda㊛, cordoncino㊚; 《細いもの》cordino㊚; 《紐》laccio㊚ [複 -ci], stringa㊛; 《包装用の》spago㊚ [複 -ghi]; 《組み紐》treccia㊛ [複 -ce]; 《革紐》correggia㊛ [複 -ge], cinghia㊛; 《ベルトなど》cinghia㊛; 《手綱》briglia㊛; 《動物・幼児の安全紐》guinzaglio㊚ [複 -gli] ¶小包を紐でくくる legare un pacchetto con lo spago ¶靴の紐を結ぶ allacciarsi le scarpe
2 《条件, 制限》¶ひもつき融資 prestito vincolato a determinate condizioni
3 《情夫》mantenuto㊚, sfruttatore㊚; 《売春婦

の》protettore㊚, magnaccia㊚ [無変]; pappone㊚

✤**紐通し** infilanastri㊚ [無変], infilacapi㊚ [無変]

ひもく 費目 voce㊛ di spesa

ひもじい affamato ¶ひもじい思いをする aver fame [《飢える》] soffrire la fame

ひもち 日持ち ¶この食品は日持ちがいい. Questo cibo può essere conservato a lungo.

ひもと 火元 **1** 《火災の発生場所》focolaio㊚ [複 -i] d'incendio ¶火元は風呂場だった. L'incendio ha avuto origine nella stanza da bagno. **2** 《火の気のある場所》¶火元に用心 attenzione al fuoco **3** 《騒ぎのもと》¶そのうわさの火元は彼だ. È lui che ha messo in giro questa voce.

ひもとく 繙く ¶書物をひもとく leggere un libro

ひもの 干物 pesce㊚ essiccato [secco]

ひや 火矢 freccia㊛ [複 -ce] incendiaria

ひや 冷や ¶冷やで飲む《酒》bere il sake senza riscaldarlo ¶お冷やを1杯ください. Mi porti un bicchiere d'acqua (fresca), per favore.

ひやあせ 冷や汗 ¶冷や汗をかいた. Mi è venuto il sudore freddo. / Ho sudato freddo. ¶冷や汗ものだった. 《ひやひやした》Sono stato con il fiato sospeso. /《大恥をかいた》Mi sono sentito piccolo piccolo. /《怖くて》Sono rabbrividito per la paura.

ビヤガーデン 〔英 beer garden〕birreria㊛ all'aperto

ひやかし 冷やかし scherzo㊚, burla㊛, presa㊛ in giro, celia㊛; 《嘲笑》derisione㊛, canzonatura㊛

✤**冷やかし客** gente㊛ che gira per i negozi senza comprare niente

ひやかす 冷やかす **1** 《からかう》scherzare㊀ [av] con qlcu., prendere in giro qlcu.; 《嘲笑する》schernire qlcu., ridere [beffarsi / farsi beffe] di qlcu. (di ql.co.).
2 《店などを》¶古道具屋を冷やかして歩いた. Sono andato a curiosare per [a dare un'occhiata ai] negozi di antiquariato.

ひゃく 百 cento㊚ ¶100番目の centesimo ¶100分の1の地図 pianta a un centesimo ¶100分の3 tre centesimi ¶100倍 →見出し語参照 ¶100歳の人 centenario㊚ [㊛ -ia; 複 -i] / persona centenaria ¶101 centouno ¶200 duecento ¶約100人の人 un centinaio di persone ¶何百人 [数百人] の人 centinaia [qualche centinaio] di persone ¶何百とな く a centinaia

慣用 百に一つ ¶百に一つの可能性もない. Non c'è nemmeno una possibilità su cento.

百も承知 ¶百も承知している. Lo so perfettamente. / Ma lo so fin troppo bene.

ひやく 飛躍 **1** 《飛びあがること》salto㊚, balzo㊚ **2** 《進歩, 発展》salto㊚, balzo㊚ ¶質的飛躍 salto di qualità ¶日本経済は飛躍的に伸びた. L'economia giapponese ha fatto rapidi progressi [ha fatto passi da gigante]. **3** 《論理的な順序をふまないこと》¶君の議論には論理の飛躍がある. Nelle tue argomentazioni il discorso「non procede logicamente [procede a salti].

ひやく 秘薬 farm*a*co男[複 *-ci,-chi*] segreto; 《妙薬》farm*a*co男 molto efficace

びやく 媚薬 afrodisi*a*co男[複 *-ci*], filtro男 d'amore

ひゃくがい 百害 ¶喫煙は百害あって一利なしだ. Il fumo procura cento danni, nessun vantaggio.

ひゃくじゅう 百獣 ¶ライオンは百獣の王といわれる. Si dice che il leone sia il re degli animali.

ひゃくじゅうきゅうばん 119番 numero男 119 per chiamate ai pompieri o al pronto soccorso (◆イタリアでは救急の番号は 118 番. 消防は 115 番)

ひゃくしょう 百姓 contadino男[女 *-a*], agricoltore男[女 *-trice*]
❖**百姓一揆**《史》rivolta女 contadina

ひゃくせん 百戦
❖**百戦百勝** ◇百戦百勝の invincibile, imbattibile ¶わがチームは百戦百勝であった. La nostra squadra ha ottenuto la vittoria in ogni partita.

百戦錬磨 ◇百戦錬磨の ricco男複 *-chi*] [pieno] di esperienza, molto esperto; 《やり手》molto accorto [furbo] ¶百戦錬磨の達人 veterano男 [女 *-a*]

ひゃくせん 百選 ¶名曲百選 selezione女 di cento brani musicali famosi

びゃくだん 白檀 《植》s*a*ndalo男 (bianco[*-chi*])

ひゃくてん 百点 cento punti男[複]《満点》pieni voti男[複];《無欠》impeccabilità女, perfezione女 ¶彼の態度は百点だった. Si è comportato perfettamente [impeccabilmente].
❖**百点満点** il massimo dei voti, pieni voti男 [複] →成績 参考

ひゃくど 百度 **1** 《回数》cento volte女[複] **2** 《温度》cento gradi男[複] **3** →御百度

ひゃくとうばん 110番 numero男 110 per chiamate alla polizia (◆イタリアでは警察の番号は 113 番)

ひゃくにちぜき 百日咳 《医》pertosse女;《俗》tosse女 convulsa [asinina / canina]

ひゃくにちてんか 百日天下《史》《ナポレオン 1 世の》l'avventura女 napoleonica di cento giorni;《一般に》breve avventura女 (politica)

ひゃくにんいっしゅ 百人一首 raccolta女 di cento *tanka* di cento celebri poeti giapponesi antichi →カルタ 日本事情

ひゃくにんりき 百人力 forza女 di mille uomini ¶百人力の男 uomo dalla forza erculea ¶彼の援助は百人力だ. Il suo appoggio è per noi un grande aiuto.

ひゃくねん 百年 cento anni男[複];《1 世紀》un secolo男 ¶百年来の secolare ¶百年の知己 amico di vecchia data
慣用 **百年河清を待つ** aspettarsi l'impossibile
百年の計 politica女 lungimirante ¶国家百年の計をたてる concepire un piano a lungo termine per la nazione
百年の不作 errore男 capitale ¶彼と結婚したのは百年の不作だった. È stato un errore irreparabile sposarla.
❖**百年祭** centen*a*rio男[複 *-i*]

百年戦争《史》la Guerra女 dei cent'anni (◆ 1337-1453)

百年目 ¶ここで会ったが百年目. Ora che ti ho trovato, la tua fine è segnata.

ひゃくパーセント 百パーセント (il) cento per cento ¶出席率は 100 %だった. La percentuale dei presenti era del cento per cento.

ひゃくばい 百倍 c*e*ntuplo男, cento volte女 [複] ◇100 倍の c*e*ntuplo ◇100 倍する centuplicare *ql.co.* ¶…より 100 倍も大きい essere cento volte *ql.co.* più grande di *ql.co.* ¶勇気百倍だ. Non ho più niente da temere!

ひゃくはちじゅうど 百八十度 **1** 《角度》(angolo男 di) centottanta gradi男[複] (◆ 180°とも書く); angolo piatto **2** 《正反対》¶彼の考えは百八十度転換した. Ha avuto un radicale cambiamento [mutamento] d'opinione. ¶私と彼の考えは百八十度違う. Le nostre opinioni sono diametralmente opposte.

ひゃくぶん 百聞 ¶百聞は一見に如(し)かず "Vedere per credere." / "Val più uno sguardo che cento parole."

ひゃくぶんりつ 百分率 percentuale女

ひゃくまん 百万 **1** 《数》milione男 ¶100 万円 un milione di yen ¶100 万番目の milionesimo ¶何百万の人 milioni di persone **2** 《非常に数が多いこと》¶百万の味方を得る avere un milione di amici
❖**百万言** ¶この美しさは百万言を費やしてもなお足りない. Non ci sono parole per descrivere questa bellezza.

百万長者 milion*a*rio男[女 *-ia*;男複 *-i*]

百万遍(スシ)《非常に多くの回数》un milione di volte

ひゃくめんそう 百面相 ¶百面相をする fare tante facce buffe

びゃくや 白夜 notte女 bianca ¶白夜の太陽 sole男 di mezzanotte

ひゃくやく 百薬 ¶酒は百薬の長である.《諺》Il *sakè* è la migliore medicina.

ひゃくようばこ 百葉箱 capannina女 meteorologica

ひやけ 日焼け abbronzatura女, tintarella女 ◇日焼けする abbronzarsi al sole, fare [prendere] la tintarella ¶日焼けしたねえ. Sei diventato nero! / Hai preso una bella tintarella!
❖**日焼けオイル** *o*lio男[複 *-i*] abbronzante
日焼けクリーム crema女 abbronzante
日焼けサロン salone男 (di) abbronzatura
日焼け止め《クリーム》crema女 (solare) protettiva

ひやざけ 冷や酒 *sakè*男[無変] freddo

ヒヤシンス〔英 hyacinth〕《植》giacinto男

ひやす 冷やす raffreddare *ql.co.*, rinfrescare *ql.co.* ¶ビールを冷やす mettere in fresco la birra ¶頭を氷で冷やす mettersi del ghiaccio sulla testa ¶お腹を冷やして下痢をした. Ho preso freddo alla pancia e mi è venuta la diarrea.
慣用 **頭を冷やす** ritrovare la calma
肝を冷やす rabbrividire自[*es*] ¶それを見て肝を冷やした. Ho provato orrore vedendo quella

ビヤだる ビヤ樽 barile男 di birra ¶彼はビヤ樽のように太っている. È grasso come un barile.
ひやっ →ひやり
ひゃっかじてん 百科事典 enciclopedia女, dizionario男[複 -i] enciclopedico[複 -ci]
✤百科事典的(な) enciclopedico
ひゃっかぜんしょ 百科全書 enciclopedia女;《18世紀フランスの》l'Enciclopedia
✤百家全書派《史》gli enciclopedisti男[複]
ひゃっかてん 百貨店 grande magazzino男
ひゃっかにち 百箇日《仏教》centesimo giorno男 dalla morte
ひゃっかりょうらん 百花繚乱《種々の花が咲き乱れること》fioritura女 rigogliosa di diverse specie;《優れた人物がいっせいに現れること》rigoglio男[un germogliare男] di figure geniali
ひゃっきやこう 百鬼夜行 ¶この会社はまるで百鬼夜行だ. Questa ditta è una babilonia [un pandemonio].
ひゃっぱつひゃくちゅう 百発百中 ◇百発百中する《弾がすべて当たる》non fallire mai un colpo, fare sempre centro, avere una mira infallibile ¶彼の予想は百発百中だった. Non ha mai sbagliato le sue previsioni.
ひやとい 日雇い《仕事》lavoro男 a giornata;《人》operaio男[女 -ia; 男複 -i] a giornata, giornaliero男[女 -a];《農業の》bracciante男 ¶日雇いで働く lavorare a giornata
ひやひや 冷や冷や ¶父が病気で倒れるのではないかとひやひやしている. Temo che mio padre possa ammalarsi. ¶先生にどんな質問をされるかとひやひやした. Ero preoccupato per le domande che il professore mi avrebbe fatto. ¶サーカスの軽業をひやひやしながら見た. Ho guardato gli acrobati del circo con il fiato sospeso.
ビヤホール〔英 beer hall〕birreria女
ひやむぎ 冷や麦 piatto男 di pasta giapponese servito freddo
ひやめし 冷や飯 riso男 freddo
[慣用] 冷や飯を食う (1)《居候する》fare il [la] parassita (2)《冷遇される》¶彼はこの会社で10年も冷や飯を食わされている. Sono dieci anni che occupa una posizione bassissima in quella ditta.

✤冷や飯食い《居候》parassita男 女[男複 -i];《冷遇されている人》persona sottovalutata
ひややか 冷ややか ◇冷ややかな freddo; gelido;《無関係な》indifferente ◇冷ややかに freddamente; gelidamente, con indifferenza ¶冷ややかに答える rispondere seccamente [freddamente] ¶冷ややかな態度をとる assumere un atteggiamento indifferente [freddo] con [verso] qlcu. / mostrarsi indifferente [insensibile] con [verso] qlcu.
ひややっこ 冷奴 piatto男 di tofu freddo
ひやり ◇ひやりとする《寒気で》avere un brivido di freddo;《恐怖で》avere sudori freddi, sudare男[av] freddo ¶一瞬ひやりとしたよ. Mi è venuto un brivido di paura.
ヒヤリング →ヒアリング
ひゆ 比喩 figura女 retorica;《隠喩》metafora女;《直喩》similitudine女;《寓意》allegoria女, parabola女 ◇比喩的(な) figurato; metaforico[男複 -ci], allegorico[男複 -ci] ¶比喩的な意味で in senso figurato
ヒューズ〔英 fuse〕《電》fusibile男, valvola女 (a fusibile) ¶ヒューズが飛んだ. È saltata una valvola. / È bruciato il fusibile.
ひゅう(っ) ¶ひゅうっと風を切って小石が飛んできた. Una pietra mi è passata vicino sibilando.
びゅう(っ) ¶車はびゅうっとスピードを上げて通り過ぎた. L'auto ha accelerato e mi è sfrecciata vicino.
ひゅうひゅう ¶ひゅうひゅうという音 fischio男[複 -schi];《矢·弾丸などの》sibilo男 ¶風がひゅうひゅう吹いている. Il vento fischia [sibila].
びゅうびゅう ¶一晩中びゅうびゅうと木枯らしが吹き荒れた. Un vento freddo e secco ha soffiato violentemente [sibilando] per tutta la notte.
ピューマ〔英 puma〕《動》puma男[無変]
ヒューマニスティック〔英 humanistic〕umanitaristico[男複 -ci], umanistico[男複 -ci]
ヒューマニスト〔英 humanist〕《人道主義者》umanitario男[女 -ia;男複 -i];《人間味のある人》persona女 umana [benevola];《人文主義者》umanista男 女[男複 -i] ◇ヒューマニストの umanitario男[男複 -i], umano
ヒューマニズム〔英 humanism〕umanitarismo男;《人文主義》umanesimo男
ヒューマニティー〔英 humanity〕umanità女
ピューリタニズム〔英 Puritanism〕《清教徒主義》puritanesimo男
ピューリタン〔英 Puritan〕《キリ》puritano男[女 -a]
✤ピューリタン革命《史》Rivoluzione女 Puritana (◆ 1642-60)
ピューレ〔仏 purée〕《料》passato男, purè男 ¶トマトピューレ passato di pomodoro
ぴゅっ ¶子供が水鉄砲で水をぴゅっぴゅっと飛ばして遊んでいる. I bambini giocano spruzzando con delle pistole ad acqua.
ヒュッテ〔独 Hütte〕《山小屋》baita女
ビュッフェ〔仏 buffet〕《立食パーティ》buffet男[無変]; buffè男, rinfresco男[複 -schi];《駅などの》ristoro男;《列車の》carrozza女 bar
ビュレット〔英 burette〕《化》buretta女
びゅんびゅん ¶びゅんびゅんと棒っ切れを振り回す roteare un bastone con forza nell'aria
ひょいと 1《突然》all'improvviso, di colpo;《思いがけず》accidentalmente, per caso, inaspettatamente 2《軽々と》leggermente, lievemente;《身軽に》agilmente, prontamente ¶重い物をひょいと持ち上げる alzare con facilità qualcosa
ひょいひょい《軽々と》lievemente, leggermente;《敏捷に》agilmente ¶彼女はひょいひょいと縄を飛んだ. Lei saltava la corda con agilità.
ひょう 表 tavola女, tabella女, quadro男;《リスト》lista女, elenco男[複 -chi];《図表》diagramma男[複 -i];《グラフ》grafico男[男複 -ci];《便覧》prospetto男; schema男[複 -i] ¶表1にみるように come si vede nella tabella 1 ¶仕事の計画を表にする fare la scheda [il prospetto] del piano di lavoro

ひょう 豹 〖動〗pantera⊛, leopardo⊛

ひょう 票 《選挙の》voto⊛, suffragio⊛ [複 -gi] ¶賛成[反対]票 voto favorevole [contrario] ¶固定票 voto stabile [sicuro] ¶浮動票 voto instabile [incerto / fluttuante] ¶無効票 voto nullo ¶保留票 voto con riserva ¶白票 《白紙の》scheda bianca ¶組織票 voto organizzato ¶女性票 voto delle donne ¶票を集める raccogliere voti a favore di qlcu. / procurare voti a qlcu. ¶〈人〉に票を投ずる dare il proprio voto a qlcu. ¶2万票を獲得する ottenere ventimila voti ¶一党内の複数の候補者の間で票が割れた. I voti sono dispersi fra i vari candidati dello stesso partito.

❖**票固め** ¶各候補は票固めに躍起になっている. Ogni candidato sta facendo di tutto pur di assicurarsi il voto degli elettori.

票差 ¶法案は20票の票差で可決された. La proposta di legge è stata approvata con uno scarto di venti voti.

票数 numero⊛ dei voti

票田 area⊛ 《職業・階級》base⊛ elettorale] in cui un candidato [un partito] raccoglie molti voti

票読み 《得票予想の》pronostici⊛ [複] [previsioni ⊛ [複]] elettorali, proiezione⊛ elettorale; 《開票》scrutinio⊛ [複 -i], spoglio⊛ [複 -gli] dei voti

ひょう 評 《評判》reputazione⊛; 《批評》critica⊛

ひょう 雹 grandine⊛; 《1粒》chicco⊛ [複 -chi] di grandine ◇ ひょうが降る grandinare (▶非人称動詞 [av, es]) ¶ここはよくひょうが降る. In questa zona grandina spesso.

❖**ひょう害** 費用 danno⊛ causato dalla grandine

ひょう 費用 spesa⊛ ¶費用のかかる costoso / dispendioso / caro / oneroso ¶費用をかける spendere molto per ql.co. ¶費用を切り詰める[負担する / 分担する] ridurre [sostenere / dividere] le spese di ql.co. ¶費用を惜しむ[惜しまない] misurarsi nelle [non badare a] spese ¶…する費用がない non avere il denaro per+不定詞 ¶費用をかけて[かけずに] con grandi spese [poca spesa] ¶費用は自分持ちで a proprie spese ¶費用が足りない. Non ho fondi sufficienti. ¶費用はどのくらいかかりますか. A quanto ammontano le spese? ¶費用は僕がもってあげるよ. Mi assumerò io le spese.

❖**費用計算** 〖会〗calcolo⊛ dei costi
費用効率 tasso⊛ di efficienza delle spese

びょう 秒 secondo⊛ ¶3分50秒53 tre minuti, cinquanta secondi e cinquantatré centesimi ¶《記号》3′50″53 ¶秒を刻む scandire i secondi / fare tic tac / indicare i secondi con un ticchettio

びょう 廟 mausoleo⊛

びょう 鋲 《リベット》ribattino⊛, rivetto⊛; 《画鋲》puntina⊛ da disegno; 《敷物の》bulletta⊛ [per tappeti] ¶鋲でとめる fissare ql.co. con le puntine [bullette]

びよう 美容 cura⊛ di bellezza, cura⊛ estetica

❖**美容院** parrucchiere⊛, istituto⊛ di bellezza; 《仏》coiffeur⊛ [無変]

美容学校 scuola⊛ per estetisti
美容師 parrucchiere⊛ [⊛ -a], 《全身の》estetista⊛ [⊛男複 -i]
美容食 《食餌療法の》cibo⊛ dietetico [複 -ci]; 《痩身法》dieta⊛ dimagrante
美容整形 chirurgia⊛ estetica
美容体操 ginnastica⊛ estetica

ひょういもじ 表意文字 ideogramma⊛ [複 -i]
びょういん 病因 causa⊛ di una malattia

❖**病因学** 〖医〗eziologia⊛ [複 -gie]

びょういん 病院 《公立》ospedale⊛; 《私立》casa⊛ di cura, clinica⊛; 《医院》studio⊛ [複 -i] (medico [-ci]); 《予防・応急処置を行う》ambulatorio⊛ [複 -i] 〖男複 -i〗→次ページ〖全部〗 ¶精神科病院 ospedale psichiatrico ¶市立病院 ospedale civico ¶総合病院 policlinico ¶救急病院 pronto soccorso ¶大学病院 ospedale universitario ¶病院に行く andare in ospedale ¶病院に入院させる ricoverare qlcu. in [all'] ospedale ¶病院に見舞いに行く andare a trovare qlcu. in [all'] ospedale ¶病院に通う andare periodicamente in [all'] ospedale

❖**病院船** nave⊛ ospedale [無変]
病院長 direttore⊛ [⊛ -trice] dell'ospedale
ひょうおんもじ 表音文字 alfabeto⊛, carattere⊛ [segno⊛] fonetico [複 -ci], scrittura⊛ fonetica

ひょうか 評価 valutazione⊛, stima⊛, 《専門家が行う》perizia⊛; 《格付け》classificazione⊛ ¶評価する valutare [stimare / fare una perizia di] ql.co. [qlcu.] ¶高く評価する valutare molto ql.co. [qlcu.] ¶低く評価する valutare poco ql.co. [qlcu.] ¶10段階評価《成績の》valutazione in decimi ¶私はあの人を高く評価している. Stimo molto quella persona. ¶この家は1億円と評価されている. Questa casa è stata valutata cento milioni di yen.

❖**評価額** valore⊛ stimato
評価人 stimatore⊛ [⊛ -trice], perito⊛ [⊛ -a]
ひょうが 氷河 〖地質〗ghiacciaio⊛ [複 -i]
◇ 氷河の glaciale ¶氷河による侵食 erosione glaciale

❖**氷河期** epoca⊛ [età⊛] glaciale
氷河湖 lago⊛ [複 -ghi] di origine glaciale
氷河時代 periodo⊛ [epoca⊛] glaciale
ひょうかい 氷海 mare⊛ ghiacciato
ひょうかい 氷解 ¶君の説明で疑問が氷解した. I miei dubbi si sono dissipati [sono svaniti / sono spariti] grazie alla tua spiegazione.
ひょうかい 氷塊 《氷の塊》blocco⊛ [複 -chi] di ghiaccio; 《浮氷》banco⊛ [複 -chi] di ghiaccio (galleggiante)
びょうがい 病害 danno⊛ al raccolto causato da una malattia

❖**病害虫** 《家畜の》insetto⊛ [parassita⊛ [複 -i]], portatore⊛ di malattie; 《作物の》insetto⊛ [parassita⊛] che danneggia i raccolti
ひょうき 表記 **1** 《表面に書き記すこと》¶表記のあて名 nome⊛ del destinatario scritto sulla busta ¶表記の金額 somma⊛ dichiarata ¶中身の金額を表記する indicare il valore del contenuto

ひょうぎ / びょうき

2 《文字などで書くこと》 ◇表記する scrivere, mettere per iscritto ¶単語の発音を発音記号で表記する scrivere la pronuncia di una parola in segni fonetici
✧表記価格 valore⒨ dichiarato
表記法 notazione⒡, sistema⒨ [複 -i] di rappresentazione dei segni ¶ヘボン式ローマ字表記法 sistema (di traslitterazione di) Hepburn

ひょうぎ 評議 consultazione⒡ ◇評議する consultarsi collettivamente su ql.co. ¶評議に付する presentare [sottoporre] ql.co. per [a] una discussione ¶評議一決した. Il consiglio è giunto a una decisione.
✧評議員 consigliere⒨ [⒡ -a]
評議会 consiglio⒨ [複 -gli]; 《大学の》 Senato⒨ Accademico [複 -ci]

びょうき 病気 **1** 《体の》 malattia⒡, malanno⒨, infermità⒡; 《疾患》 affezione⒡; 《障害》 disturbo⒨ ◇病気の malato, infermo; degente ¶重い[軽い]病気 grave [leggera] malattia ¶急性[慢性]の病気 malattia acuta [cronica] ¶病気上がりである[がちである] essere "in convalescenza [malaticcio] ¶病気が治る《人が主語》 guarire⒤ [es] (da una malattia) / ristabilirsi / rimettersi / 《病気が主語》 guarire ¶病気になる ammalarsi / cadere ammalato / 《特に菌伝染性の》 contrarre [prendere] una malattia ¶病気である essere malato [ammalato / infermo] / avere [soffrire⒤ [av] di] una malattia ¶病気で死ぬ morire di [per una] malattia ¶病気をうつす trasmettere una malattia a qlcu. / contagiare qlcu. ¶病気がこじれる. La malattia si aggrava. ¶彼は病気で寝ている. È a letto malato. ¶働き過ぎて病気になった. Mi sono ammalato per il troppo lavoro. ¶お父さんの病気はいかがですか. Come va la malattia di tuo padre?

2 《悪癖》 mania⒡, vizio⒨ [複 -i] ¶いつもの病

《 会 話 》 病院で All'ospedale

■開業医の診察室で In ambulatorio

A: 先生, 昨日からだるいのですが. 寒気がするし, 関節も痛いし, のども痛いんです.
  Dottore, da ieri mi sento debole [fiacco], ho i brividi, mi fanno male le giunture e ho mal di gola.
B: 熱を測ってみましょう. 高い熱ですね. 39度ですよ. あなたもインフルエンザですね.
  Misuriamo la febbre... Ha un febbrone da cavallo: trentanove di febbre. Anche lei ha preso l'influenza.
A: 寝ていなくてはいけませんか.
  Devo stare a letto, dottore?
B: はい. 処方箋を書きましょう. 食前[食後]にこの薬を飲んで, 熱が下がるまでベッドで寝ていてください.
  Sì. Ora le faccio la ricetta. Prenda regolarmente queste medicine 「prima dei [dopo i] pasti principali e stia a letto finché la febbre non sarà passata.

A: ありがとうございました.
  Grazie, dottore.
B: 診察料は受付でお支払いください.
  Il pagamento, alla segretaria.
A: 薬は?
  Per le medicine?
B: この処方箋をお近くの薬局で渡してください.
  Deve portare questa ricetta che le ho scritto alla farmacia più vicina.

■薬局で In farmacia

A: 薬をお願いします. これが処方箋です.
  Per favore queste medicine. Ecco la ricetta.
B: これが抗生物質のカプセルで6時間おきに, これがビタミンの錠剤で1日1回, 服用してください.
  Queste sono le capsule degli antibiotici, da prendere ogni sei ore e queste sono le pillole delle vitamine, da prendersi una volta al giorno.

応 用 例

気分が悪いのです.
Mi sento male.

寒気[吐き気／動悸]がします.
Ho i brividi [dei conati di vomito / una forte palpitazione].

下痢をしています.
Ho la diarrea.

熱があります.
Ho la febbre.

声がかすれます.
Ho la raucedine.

歯[のど／おなか／胃／頭]が痛いのです.
Ho mal di denti [gola / pancia / stomaco / testa].

ここが痛いのです.
Mi fa male qui.

腕が痛いのです[リューマチ痛があります].
Ho un dolore 「al braccio [reumatico].

胸[胃]が重いのです.
Ho un peso al petto [allo stomaco].

頭痛[不眠症]に悩んでいます.
Soffro di emicrania [insonnia].

目まいがします.
Ho le vertigini. / Mi gira la testa.

鼻が詰まっています.
Ho il naso chiuso.

咳が出ます.
Ho la tosse.

手[腕]をやけどしました.
Mi sono bruciato la mano [il braccio].

右足をねんざしました[折りました].
Ho una distorsione al [Mi sono rotto il]

気がまた出た．È ricaduto nel suo vecchio vizio [nella sua vecchia mania].
✤病気休暇 permesso[男] [congedo[男]] per motivi di salute
病気欠席 assenza[女] per malattia
病気見舞い viṣita[女] ad un malato
ひょうきん 剽軽 ◇ひょうきんな《おどけた》comico [[男]複 -*ci*], buffo, scherzoso; 《ウイットのある》spiritoso, faceto; 《陽気な》allegro, ameno ¶ひょうきんにふるまう scherzare[自] [*av*] / celiare[自] [*av*] / fare il faceto [la faceta]
びょうきん 病菌 ⇒病原菌
びょうく 病苦 ¶元気な子供の声が彼の病苦を和らげてくれた．La voce gioiosa del bambino ha alleviato le sofferenze della sua malattia.
びょうく 病軀 ¶病軀をおして働きに行く andare al lavoro pur essendo ammalat*o*
ひょうけいほうもん 表敬訪問 viṣita[女] di corteṣia
ひょうけつ 氷結 congelamento[男] ◇氷結する congelarsi, gelarsi, ghiacciarsi; congelare, gelare[自] [*es*]（►非人称動詞 [*es, av*] としても用いる), ghiacciare[自] [*es*]（►非人称動詞 [*es, av*] としても用いる） ◇氷結した gelato, congelato, ghiacciato ¶川が氷結した．Il fiume è ghiacciato.
✤氷結防止装置 dispoṣitivo[男] antighiaccio [無変]
ひょうけつ 表決 deliberazione[女], deciṣione[女] ◇表決する deliberare, decidere ¶挙手で[起立で / 投票で]表決する decidere *ql.co.* per alzata di mano [per alzata / per votazione]
ひょうけつ 票決 deciṣione[女] per votazione ◇票決する decidere per votazione, votare[他], [自] [*av*] ¶票決に付する mettere *ql.co.* ai voti / sottoporre *ql.co.* a votazione [a scrutinio]
✤票決権 diritto[男] di voto
ひょうけつ 評決 deliberazione[女] su consultazione 〘法〙《陪審員の》verdetto[男] ¶〈人〉に不利[有利]な評決を下す emettere un verdetto con-

piede destro.
足がだるいのです．
Sento le gambe pesanti.
胸やけがします．
Sento un bruciore allo stomaco.
かゆいのです．
Sento prurito.
私は花粉[ウール]アレルギーです．
Sono allergico al polline [alla lana].
風邪をひいています．
Sono raffreddato. /《熱が出る風邪》Ho l' influenza.
風邪に効く薬をください．
Mi dà un medicamento contro l' influenza?
具合が悪いんです，すぐに病院に[救急病院に]連れて行ってください．
Sto male, mi porti all'ospedale [al pronto soccorso] d'urgenza.
医者[救急車]を呼んでください．
Mi chiami un dottore [un'ambulanza].
英語を話せる医者はいますか．
C'è un dottore che parli inglese?
私の血液型は Rh マイナス A 型です．
Il mio gruppo sanguigno è A Rh⁻.（読み方： a erre acca negativo）
少し[だいぶ]よくなりました．
Mi sento un po' [molto] meglio.
検査結果が知りたいのですが．
Avrei biṣogno dei risultati degli eṣami.
入院証明書[診断書]が必要なのですが．
Avrei biṣogno del certificato「di degenza [medico].

用 語 集

●治療，診断
診断 diagnoṣi[女] [無変]．カルテ cartella[女] clinica．症状 sintomo[男] di malattia．療養，入院 degenza[女], ricovero[男]．予後 prognoṣi[女] [無変]．回復期 convalescenza[女]．栄養補給 cura[女] ricostituente（►疲労・病後の体力低下の場合の)．外科手術 intervento[男] chirurgico．注射 puntura[女], iniezione[女]．点滴 fleboclisi[女] [無変]．経口投与 somministrazione[女] via orale．吸入 inalazioni[女] [複]．全身[部分 / 局所]麻酔 anesteṣia[女] totale [parziale / locale]．X線 radiografia[女]．ギプス ingessatura[女], gesso[男]．コルセット corsetto[男]．救急車 (auto) ambulanza[女]．きりきり[がんがん / ちくちく / じわじわ]する痛み dolore[男] lancinante [opprimente / a tratti / costante].

●医薬品
薬局 farmacia[女]．錠剤 compressa[女], pillola[女]．カプセル capsula[女]．薬用ドロップ pastiglia[女]．ドリンク剤 soluzione[女] fiṣiologica．軟膏 pomata[女]．アスピリン aspirina[女]．睡眠薬 sonnifero[男]．精神安定剤 tranquillante[男]．強壮剤 ricostituente[男]．座薬 supposta[女]．目薬 collirio[男]．鎮痛剤 calmante[男], sedativo[男]．解熱剤 antipiretico[男], febbrifugo[男]．下剤 purga[女], purgante[男]．体温計 termometro[男]．氷まくら borsa[女] del ghiaccio．ガーゼ garẓa[女]．包帯 benda[女]．救急絆創膏 cerotto[男]．生理用ナプキン assorbente[男]．タンポン tampone[男]．コンドーム preservativo[男], profilattico[男].

●患者，医者
病人 malat*o*[男] [[女] -*a*]；《患者》paziente[男][女]；《入院中の》degente[男][女]．医者 medico[男], dottor*e*[男] [[女] -*essa*]．内科医 internista[男][女]．外科医 chirur*go*[男] [[女] -*ga*]．眼科医 oculista[男][女]．整形外科医 ortopedico[男]．耳鼻咽喉科医 otorinolaringoiatra[男][女]．歯科医 dentista[男][女]．小児科医 pediatra[男][女]．婦人科医 ginecolo*go*[男] [[女] -*ga*]．看護師 infermier*e*[男] [[女] -*a*]．⇒医学 [用語集]

びょうけつ 病欠 assenza⊛ per motivi di salute

ひょうげん 氷原 pianura⊛ ricoperta di ghiaccio;（大流氷原）banchisa⊛

ひょうげん 表現
espressione⊛;（表象）rappresentazione⊛;（言い回し）costrutto⊛, costruzione⊛ ◇表現する esprimere *ql.co.*; rappresentare *ql.co.* ¶表現の自由 libertà di espressione ¶大げさ［オーバー］な表現 espressione esagerata ¶自分の考えを表現する esprimersi / esprimere le *proprie* idee ¶絵で［身振りで］表現する esprimere *ql.co.* con un disegno [a gesti] ¶感謝の気持ちをどう表現していいかわかりません。Non so come esprimerle la mia gratitudine.

❖**表現型** 〖生〗fenotipo⊛ ◇表現型の fenotipico［⊛複 -ci］
表現主義 espressionismo⊛ ◇表現主義的な espressionistico［⊛複 -ci］
表現手段 mezzo⊛ di espressione
表現派 scuola⊛ espressionista;（人）espressionista［⊛複 -i］
表現力 capacità espressiva ¶表現力のある espressivo

びょうげん 病原 causa⊛［origine⊛］di una malattia

❖**病原学** eziologia⊛ ◇病原学の eziologico［⊛複 -ci］
病原菌 germe⊛ patogeno, batterio⊛［複 -i］, microbio⊛［複 -i］, microbo⊛
病原性大腸菌 escherichia⊛ coli;（略）e. coli
病原体 organo⊛ patogeno

ひょうご 標語 slogan⊛［無変］, motto⊛;（合い言葉）parola⊛ d'ordine

びょうご 病後 ◇病後に dopo la malattia ¶（回復期、静養中）in［nel periodo di］convalescenza ¶病後の人 persona appena guarita / convalescente⊛

ひょうこう 標高 altitudine⊛, quota⊛

びょうこん 病根 **1** 一病院
2（災いのもと）seme⊛ della sventura ¶病根を絶つ sradicare il male

びょうさ 秒差 ¶5秒差で2位を引き離した。Ha staccato di cinque secondi il secondo arrivato.

ひょうさつ 表札・標札 targa⊛（sulla porta di casa）, targhetta⊛ ¶表札を出す mettere una targhetta sulla porta di casa

ひょうざん 氷山 iceberg⊛［無変］
［慣用］氷山の一角 ¶これは氷山の一角にすぎない。Questa non è altro che la punta dell'iceberg.

ひょうし 拍子 **1**〖音〗ritmo⊛, tempo⊛, battute⊛［複］ ¶2［3／4］拍子 tempo binario［ternario / quaternario］ ¶4分の2［8分の6］拍子 tempo di due quarti [di sei ottavi] ¶拍子のゆっくりした歌 canzone⊛ dal ritmo lento ¶手で拍子を取って歌う cantare battendo il tempo con le mani
2（機会、はずみ）¶門をくぐった拍子に頭をぶつけた。Nell'abbassarmi per passare sotto la porta, ho battuto la testa.

❖**拍子記号** 〖音〗indicazione⊛ del tempo

ひょうし 表紙 copertina⊛ ¶表紙のカバー sopraccoperta / foderina ¶表［裏］表紙 copertina anteriore［posteriore］

ひょうじ 表示 **1**（明示）indicazione⊛;（ディスプレー）visualizzazione⊛ ◇表示する indicare, manifestare, esprimere, rappresentare ¶価格を値札に表示する indicare［precisare］il prezzo sull'etichetta **2**（表で示すこと）¶試験結果を表示する esporre i risultati degli esami

びょうし 病死 morte⊛ per malattia ◇病死する morire di malattia

ひょうしき 標識 segnaletica⊛;（信号など）segno⊛, segnale⊛, indicatore⊛;（里程標）pietra⊛ miliare, cartello⊛ indicatore delle distanze;（物・化）etichetta⊛, identificazione⊛ ¶航海標識 boa / gavitello ¶航空標識 palloncino di segnalazione ¶航路標識 segnale［segnalazione］di rotta ¶道路標識 segnale［（総称的に）segnaletica］stradale

❖**標識化合物** 〖化〗composto⊛ contrassegnato［marcato］con etichetta
標識灯 luce⊛ di segnalazione;（滑走路などの）aerofaro⊛;（航空機の）luce⊛ di navigazione;（海上の）boa⊛ luminosa

ひょうしぎ 拍子木 battaglio⊛［複 -gli］ di legno ¶拍子木をたたく battere il battaglio

ひょうしつ 氷室 ghiacciaia⊛

びょうしつ 病室 stanza⊛［camera⊛］d'ospedale;（病院の大部屋）corsia⊛

ひょうしぬけ 拍子抜け ¶試合延期ですっかり拍子抜けした。Ci sono rimasto molto male che la partita sia stata rinviata.

びょうしゃ 描写 （叙述）descrizione⊛;（絵画・演劇など）rappresentazione⊛;（人物・風俗などの）pittura⊛ ◇描写する（言語で）descrivere;（絵画）dipingere;（絵画・演技などで）rappresentare ◇描写的 descrittivo ¶風俗描写 descrizione di usi e costumi ¶人物描写 descrizione di un personaggio /（絵画による）ritratto di persona

ひょうしゃく 評釈 annotazione⊛, commento⊛, chiosa⊛, glossa⊛ ◇評釈する annotare, commentare, chiosare ¶評釈付き『神曲』edizione commentata della "Divina Commedia"

❖**評釈者** commentatore⊛［⊛ -trice］, chiosatore⊛［⊛ -trice］, postillatore⊛［⊛ -trice］

びょうじゃく 病弱（虚弱な）gracile;（病気にかかりやすい）malaticcio［⊛複 -ci; ⊛複 -ce］, cagionevole, debole di salute

ひょうしゅつ 表出 espressione⊛ ¶感情を表出する esprimere i *propri* sentimenti

ひょうじゅん 標準
standard⊛［無変］;（規範）norma⊛;（水準）livello⊛;（目安）riferimento⊛;（平均）media⊛;（典型）modello⊛, tipo⊛, campione⊛ ◇標準の standard（►つねに名詞の後に置かれる）, medio⊛［複 -i］; normale ¶標準に達する raggiungere il livello ¶標準以下［以上］である essere al di sotto［al di sopra］della media ¶標準を決める fissare il livello standard ¶標準から外れる uscire dalla norma ¶…を標準として prendendo *ql.co.* [*qlcu.*] come punto di riferimento

✦**標準化** standardizzazione㊛;《統一的な》unificazione㊛ ◇**標準化する** standardizzare [unificare] *ql.co.*

標準型 ◇**標準型の** di modello [di tipo] standard

標準金利《金融》tasso㊚ base di interesse bancario

標準語 lingua㊛ ufficiale [standard]

標準時 ora㊛ media [ufficiale / del fuso] ¶グリニッジ標準時 ora G.M.T. / tempo medio di Greenwich ¶中央標準時《日本標準時》tempo medio del Giappone ¶中部欧州標準時 tempo medio dell'Europa centrale /《略》TMEC

標準偏差《統》deviazione㊛ standard

ひょうしょう 表象 《哲・心》rappresentazione㊛,immagine㊛;《象徴》simbolo㊚, idea㊛ ◇**表象する** rappresentare; simboleggiare

ひょうしょう 表彰 riconoscimento㊚ pubblico[複 *-ci*] (ufficiale) [standard] ◇**表彰する** riconoscere [ammettere] pubblicamente (i meriti di *qlcu.*); decretare onori a *qlcu.*

✦**表彰式**《競技の》cerimonia㊛ di premiazione;《行い・業績の》cerimonia di consegna del diploma di benemerenza

表彰状 diploma㊚[複 *-i*] d'onore;《競技の》certificato㊚

表彰台 palco㊚[複 *-chi*] per la premiazione;《階段状の》podio㊚[複 *-i*]

ひょうじょう 氷上 ¶**氷上に[の]** sul ghiaccio

✦**氷上競技** sport㊚[無変] sul ghiaccio

ひょうじょう 表情 **1**《顔の》espressione㊛ (del volto);《目の》sguardo㊚;《容貌, 様子》aspetto㊚ ¶表情に富んだ espressivo / pieno d'espressione ¶表情に乏しい poco espressivo / senza [privo di] espressione ¶表情豊かに歌う cantare con espressione ¶固い表情で con il volto teso ¶困った[悲しげな]表情をする mostrarsi preoccupato [triste] ¶表情を変える cambiare espressione **2**《様子, 状況》¶災害地の表情を伝える descrivere la situazione della zona del disastro

ひょうじょう 評定 delibera㊛ al termine di una consultazione

ひょうしょう 病床 ¶病床についている essere costretto a letto / essere a letto ammalato ¶病床についたきりである essere inchiodato a letto ammalato

✦**病床日誌**《病院側の》cartella㊛ clinica giornaliera;《患者自身の》diario㊚[複 *-i*] scritto durante una malattia

ひょうじょう 病状 condizioni㊛[複] [stato㊚] di un ammalato ¶彼の病状が急変した. Le sue condizioni「sono peggiorate [si sono aggravate] all'improvviso.

ひょうしん 秒針 lancetta㊛ dei secondi

ひょうしん 病身 ◇**病身の**《病気の》malato;《病弱》malaticcio㊚[複 *-ci*];㊛[複 *-cel*];《虚弱》gracile, di costituzione delicata, cagionevole

ひょうする 表する mostrare, presentare, esprimere, manifestare ¶謝意を表する esprimere la *propria* riconoscenza [gratitudine] a *qlcu.* ¶敬意を表する presentare [porgere] i *propri* ossequi [rispetti / omaggi] a *qlcu.* / ossequiare *qlcu.* ¶…に敬意を表して in onore di *qlcu.* ¶遺憾(いん)の意を表する esprimere il *proprio* rincrescimento《に対して per)

ひょうする 評する ¶人は彼を評して天才と言う. La gente lo considera un genio.

びょうせい 病勢 gravità㊛ di una malattia ¶昨夜病勢がにわかに改まり, 明け方逝去されました. Ieri sera la sua malattia si è aggravata e all'alba è spirato.

ひょうせつ 氷雪 ¶村は先週から氷雪に閉ざされている. Dalla settimana scorsa il villaggio è isolato per il ghiaccio e per la neve. ¶氷雪に閉ざされた港 porto bloccato dal ghiaccio e dalla neve

ひょうせつ 剽窃 plagio㊚[複 *-gi*] ◇**剽窃する** plagiare *ql.co.* / commettere plagio

✦**剽窃者** plagiario㊚[複 *-ia*;㊛複 *-i*]

ひょうぜん 飄然 ◇**飄然と** senza scopo, casualmente ¶飄然と旅に出る partire per un viaggio senza una meta precisa

ひょうそ 瘭疽《医》patereccio㊚[複 *-ci*], giradito㊚

ひょうそう 表装 montatura㊛, incorniciatura㊛ ◇**表装する** montare, inserire ¶富士山の絵を絹地に表装してもらった. Ho fatto incorniciare il dipinto del monte Fuji con stoffa di seta.

ひょうそう 表層 strato㊚ superficiale [esterno], crosta㊛

✦**表層構造** struttura㊛ superficiale

びょうそう 病巣《医》focolaio㊚[複 *-i*]

びょうそく 秒速 velocità㊛ al secondo ¶秒速 10 メートルで ad una velocità di 10 metri al secondo

ひょうだい 表題・標題 titolo㊚

✦**標題音楽** musica㊛ a programma

ひょうたん 瓢箪《植》zucca㊛ lunga a pellegrino [a fiaschetta]

[慣用] **瓢箪から駒** ¶ひょうたんから駒だよ. L'ho detto per scherzo e si è avverato.

ひょうちゃく 漂着 ◇**漂着する** essere trascinato [trasportato] a riva dalla corrente

ひょうちゅう 氷柱 **1**《氷の柱》blocco㊚[複 *-chi*] di ghiaccio **2**《つらら》ghiacciolo㊚

ひょうちゅう 評注 commento㊚, annotazione㊛, nota㊛, chiosa㊛ ¶カルドゥッチによる評注付きペトラルカの『カンツォニエーレ』 un'edizione del "Canzoniere" di Petrarca commentata da Carducci

びょうちゅうがい 病虫害 ¶作物はひどい病虫害を受けた. Il raccolto è stato danneggiato dalle malattie e dagli insetti nocivi.

ひょうてい 評定 valutazione㊛ ¶勤務評定 valutazione del personale /《国家公務員の》qualifica /《学校の》valutazione del servizio

✦**評定基準** criterio㊚[複 *-i*] di qualifica

ひょうてい 標定《物・化》standardizzazione㊛

ひょうてき 標的 bersaglio㊚[複 *-gli*], segno㊚ ¶標的に命中する colpire il bersaglio [segno] ¶標的をはずす sbagliare [mancare] il bersaglio

✦**標的射撃** tiro㊚ a segno

標的船 nave㊛ bersaglio [無変]

びょうてき 病的 ◇**病的な** anormale, patologi-

co [複 -ci], morboso ¶病的な心理 psicopatia㊛ ¶彼の猫好きは病的だ. Ha un amore moroso per i gatti.

ひょうてん 氷点 punto㊚ [temperatura㊛] di congelamento ¶今朝ミラノは氷点下3度だった. Questa mattina a Milano il termometro segnava [la temperatura era di] 3 gradi sotto zero.

ひょうてん 評点 (点数) voto㊚, punteggio㊚ [複 -gi], punto㊚ ¶最高の評点をとる ottenere il massimo dei punti [il punteggio più alto]

ひょうでん 評伝 biografia㊛

ひょうど 表土 strato㊚ superficiale del suolo

ひょうどう 秤動 《天》librazione㊛

ひょうとう 病棟 reparto㊚ (di un ospedale) ¶外科病棟 reparto chirurgico ¶隔離病棟 reparto d'isolamento

びょうどう 平等 uguaglianza㊛, egualianza㊛, parità㊛
◇平等の uguale, eguale, pari ¶平等に ugualmente, egualmente ¶平等な立場で話し合う parlare con qlcu. da pari a pari ¶〈人〉を平等に取り扱う trattare qlcu.「con imparzialità [senza discriminazione]¶国民は皆, 法の下に平等である. Tutti i cittadini sono uguali davanti alla legge.
✤平等化 livellamento㊚
平等主義 egalitarismo㊚, egalitarismo㊚
平等主義者 egualitario㊚ [㊛ -ia; 複 -i], egalitario㊚ [㊛ -ia; 複 -i]

びょうどく 病毒 (細菌) germe㊚ patogeno; 《ウイルス》virus㊚ [無変]

びょうにん 病人 malato㊚ [㊛ -a], ammalato㊚ [㊛ -a], (患者) paziente㊚, infermo㊚ [㊛ -a] ¶一晩中病人の看護をした. Ho assistito un malato per tutta la notte.

ひょうのう 氷嚢 borsa㊛ del ghiaccio

ひょうはく 漂白 imbiancamento㊚; 《繊維の》candeggio㊚;《繊維・紙の》sbianca㊛;《紙などの》imbianchimento㊚;《化》decolorazione㊛
◇漂白する imbiancare; candeggiare, sbiancare; imbiancare; decolorare
✤漂白剤 agente㊚ sbiancante, sbiancante㊚, candeggiante㊚;《しみ抜き》candeggina㊛;《化》《脱色剤》decolorante㊚
漂白処理 imbiancatura㊛

ひょうはく 漂泊 → 放浪

ひょうばん 評判 **1**《世評》reputazione㊛;《名声》fama㊛, notorietà㊛, celebrità㊛;《人気》popolarità㊛
◇評判のいい stimato, apprezzato, che ha una buona fama [reputazione] ◇評判の悪い che ha una cattiva fama [reputazione], malfamato;《人気のない》impopolare ¶評判が高い godere [av] di grande notorietà [di celebrità] ¶essere molto apprezzato ¶評判を落とす perdere la reputazione / perdere tutto il proprio prestigio ¶評判を傷つける compromettere la [nuocere alla] reputazione di qlcu. [ql.co.] ¶評判を取る [呼ぶ] farsi [guadagnarsi] una buona fama ¶彼は近所での評判が悪い. I suoi vicini parlano male di lui. ¶この芝居は今, 大評判だ. Questo spettacolo è il successo del momento.
2《うわさ》diceria㊛, voce㊛ ¶評判を立てる「far circolare [spargere] la voce che+接続法 [直説法] ¶彼は評判ほど金持ちじゃない. Non è così ricco come si crede. ¶金目当ての結婚だという評判が立っている. Corre voce che si sia sposato per denaro. ¶あの店の料理はうまいという評判だ. Dicono che in quel locale si mangi bene.

ひょうひ 表皮《動・植》epidermide㊛, pelle㊛;《樹木の》corteccia㊛ [複 -ce]

ひょうひょう 飄々 ¶飄々とした人 persona che vive in un mondo a sé

びょうぶ 屏風 paravento㊚
✤屏風岩 (parete㊛ rocciosa a) strapiombo㊚

ひょうへき 氷壁 muro㊚ [parete㊛] di ghiaccio

びょうへき 病癖 cattiva abitudine㊛;《病的な》abitudine patologica [morbosa] ¶彼には万引きという病癖がある. E un taccheggiatore incorreggibile [recidivo].

ひょうへん 豹変 ¶豹変する《意見をがらりと変える》cambiare opinione「dall'oggi al domani [di punto in bianco]」;《態度を》cambiare improvvisamente atteggiamento ¶君子は豹変す.《諺》Il saggio sa correggere immediatamente i suoi errori.

びょうへん 病変 cambiamento㊚ fisico o psicologico causato da malattia

ひょうぼう 標榜 ◇標榜する professare ¶民主主義を標榜する professare la democrazia

ひょうほん 標本 esemplare㊚, (見本) campione㊚;《統》campione㊚ ¶昆虫の標本 esemplari d'insetti [entomologici]
✤標本化 campionamento㊚
標本抽出《統》campionatura㊛ (a scelta casuale), prelievo㊚ di campioni
標本調査 indagine㊛ campionaria

びょうま 病魔 ¶病魔に襲われる ammalarsi / essere colpito da una malattia

ひょうめい 表明 espressione㊛, manifestazione㊛;《宣言》dichiarazione㊛ ◇表明する esprimere, manifestare, esporre, formulare; dichiarare ¶…に賛成 [反対] を表明する dichiararsi「a favore di [contrario a] ql.co. [qlcu.]」

びょうめい 病名 nome㊚ di una malattia ¶医者は脱名を決めかねた. Il medico non ha potuto identificare [diagnosticare] la malattia. ¶彼は自分の病名を知らない. Lui non sa che malattia ha.

ひょうめん 表面 superficie㊛ [複 -ci, -cie], faccia㊛ [複 -ce];《外面》l'esterno㊚, la parte㊛ esterna;《外見》apparenza㊛, aspetto㊚ ◇表面的な superficiale; esteriore; apparente ◇表面的に superficialmente; esteriormente; in apparenza, apparentemente ◇表面に sulla [in] superficie ¶表面に浮き上がる risalire in superficie ¶表面だけの親切 falsa gentilezza ¶ごまかしは必ず表面に現れる. Gli inganni prima o poi vengono a galla.
✤表面化 ◇表面化する rivelarsi, svelarsi, manifestarsi ¶問題が表面化するのは好ましくない. Non è auspicabile che quel problema diventi pubblico.
表面上 ¶表面上の理由 ragione㊛ apparente
表面張力《物》tensione㊛ superficiale

ひょうめんせき 表面積 area@ superficiale, superfi*ci*e@ [複 -*ci*, -*cie*]

びょうよみ 秒読み ◇秒読みする contare i secondi; 《10, 9, 8 …と逆に》contare i secondi alla rovescia ¶計画の実現は秒読み状態である. Manca poco alla realizzazione del progetto.

ひょうり 表裏 **1** 《表と裏》 la parte@ anteriore e posteriore; 《前と後》il davanti@ e il dietro@; 《両面》entrambe le parti@ [複], entrambi i lati@ [複] ¶貨幣の表裏 le due facce di una moneta **2** 《二心》¶表裏のある人 persona doppia; 《偽善者》ipocrit*a*@ @ [@ 複 -*i*] ¶表裏のない人 persona sincera [onesta]

❖**表裏一体** ¶人生の喜びと悲しみは表裏一体だ. Le gioie e i dolori della vita arrivano sempre insieme.

びょうり 病理 patologia@ [複 -*gie*]
❖**病理解剖** anatomia@ patologica
病理学 patologia@ ◇病理学の patolog*i*co [@ 複 -*ci*]
病理学者 patol*o*go@ [@ -*ga*; @ -*gi*]

ひょうりゅう 漂流 deriva@ ◇漂流する andare alla deriva, essere in balia delle onde
❖**漂流者** naufr*a*go@ [@ -*ga*; @ -*ghi*]
漂流船 nave@ alla deriva
漂流物 materiale@ trascinato dalla corrente, relitti@ [複] [rottami@ [複]] galleggianti

ひょうりょう 秤量 《はかりで計ること》il pesare (*ql.co.* con la bilancia);《はかりで計れる最大量》portata@ massima

びょうれき 病歴 storia@ clinica; 《医》《既往症》anamnesi@ [無変] ¶彼には心筋梗塞の病歴がある. La sua storia clinica registra un infarto del miocardio.

ひょうろう 兵糧 《軍の食糧》vettovaglie@ [複] militari; 《一般的な食糧》viveri@ [複] ¶兵糧攻めにする tagliare i viveri (al nemico)

ひょうろん 評論 cr*i*tica@ [複 -*ci*], s*a*ggio@ [複 -*gi*] cr*i*tico [複 -*ci*]; 《新聞などの解説》commento@ (cr*i*tico), art*i*colo@ di cr*i*tica; 《書評・演劇評など》recensione@ ◇評論する esprimere un giudizio (su *ql.co.*), criticare *ql.co.*; commentare *ql.co.*; recensire *ql.co.* ¶文芸評論 cr*i*tica letteraria ¶映画評論 cr*i*tica [recensione] cinematogr*a*fica / commento cinematogr*a*fico ¶経済評論 s*a*ggio econ*o*mico

❖**評論家** cr*i*tico@ [複 -*ci*], saggist*a*@ @ [@ 複 -*i*]; commentat*o*re@ [@ -*trice*]; recensore@ [@ -*a*]

ひよく 肥沃 fertilità@ ◇肥沃な f*e*rtile ¶肥沃にする fertilizzare ¶肥沃な土地 terreno f*e*rtile [ferace]

びよく 尾翼 《空》impenn*a*ggio@ [複 -*gi*] (di un a*e*reo) ¶水平[垂直]尾翼 impenn*a*ggio orizzontale [verticale]

ひよけ 日除け riparo@ (dal sole); 《窓のブラインド》persiana@; 《戸》anta@, scuro@; 《店先や船の》tenda@ da sole ¶この木はよい日よけになる. Questo *a*lbero fa una buona ombra.

ひよこ **1** 《ひな》pulcino@ **2** 《未熟者》¶お前はまだひよこだ. Sei ancora uno sbarbatello. / Ti puzza ancora la bocca di latte.

❖**ひよこ豆** cece@

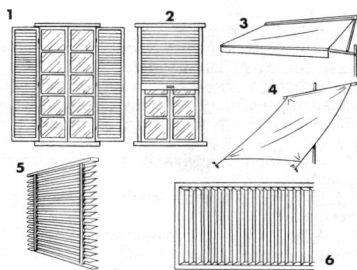

日除け
1 よろい戸 persiana@. **2** 巻き上げブラインド tapparella@ avvolgibile. **3** 巻き上げ式シェード tenda@ avvolgibile. **4** 日除け tenda@ da sole. **5** ベネシャンブラインド veneziana@. **6** バーチカルブラインド persiana@ verticale.

ひょこひょこ ¶彼はどこへでもひょこひょこ出かけて行く. Si pres*e*nta dovunque senza farsi problemi.

ぴょこぴょこ ¶ひよこがぴょこぴょこ母鳥のあとをついて行った. I pulcini hanno seguito saltellando la madre.

ひょっこり 《偶然》per caso, fortuitamente; 《突然》all'improvviso; 《思いがけなく》inaspettatamente, inopinatamente ¶彼がひょっこり訪ねて来た. È venuto a trovarmi inaspettatamente. ¶駅でひょっこり彼と会った. L'ho incontrato per caso alla stazione.

ひょっと 《思わず》inconsciamente, senza volere [intenzione]; 《うっかり》per disattenzione; 《偶然》per caso ¶ひょっと手を伸ばす《意識せずに》allungare la mano inavvertitamente

慣用 **ひょっとしたら**[**すると / して**] ¶君ひょっとして中野という人を知らないかい. Non conosci per caso un certo Nakano? ¶ひょっとしたらうわさは本当かもしれない. Non è da escludere che ci sia del vero in quelle voci. ¶ひょっとするとローマで西田に会えるかもしれない. Può darsi che mi c*a*piti di incontrare Nishida a Roma. ¶ひょっとして彼に会っても私のことは言わないで. Se magari ti cap*i*tasse di incontrarlo, non gli parlare di me.

ぴよぴよ 《擬》pio pio ¶ぴよぴよ鳴く声 pigol*i*o@ [複 -*ii*] ¶《ひよこが》ぴよぴよと鳴く pigolare @ [*av*] / Il pulcino fa "pio pio".

ひより 日和 《天気》tempo@, condizioni@ [複] atmosf*e*riche; 《快晴》bel tempo@ ¶今日は行楽日和だ. Oggi è il tempo ideale per una scampagnata.

慣用 **待てば海路の日和あり** La vela si g*o*nfia per chi attende.

ひよりみ 日和見 ¶日和見的態度をとっていた. Attendeva il corso degli eventi.

❖**日和見感染** 《医》infezione@ opportun*i*stica
日和見主義 opportunismo@, attendismo@, pol*i*tica@ di attesa

日和見主義者 opportunista男女[男複 -i], attendista男女[男複 -i]

ひょろつく ¶病後は足がひょろついた. Dopo la malattia 「le mie gambe vacillavano [camminavo con passo barcollante].

ひょろながい ひょろ長い 《体型》alto e snello, allampanato;《物が》lungo[男複 -ghi] e sottile ¶ひょろ長い首 collo lungo e sottile

ひょろひょろ ¶都会の子供はひょろひょろしている. I bambini che vivono in città sono più gracili.

ひよわ ひ弱 ◇ひ弱な debole, gracile, cagionevole

ひょんな《意外な》inaspettato, imprevisto, inatteso;《奇妙な》strano, singolare ¶彼とひょんなところで出会った. L'ho incontrato dove meno me l'aspettavo. ¶ひょんなことから知り合った. Ci siamo conosciuti per una strana coincidenza.

ぴょんぴょん ¶片足でぴょんぴょん跳ぶ saltellare男[av] con [su] una gamba sola / saltellare a pie' zoppo

ひら 平 **1**《ある組織の中で役職や肩書きがないこと》◇平の semplice, ordinario[男複 -i] ¶平社員 impiegato semplice **2**《平らであること》¶平屋根 tetto piano

びら《掲示・ポスターなど》manifesto男, cartellone男;《広告・散らしなど》foglio男[複 -gli] volante, volantino男, foglietto男 pubblicitario[複 -i] ¶びらを配る distribuire volantini / fare del volantinaggio ¶壁にびらを貼る affiggere manifesti sui muri

ひらあやまり 平謝り ¶平謝りに謝る chiedere umilmente scusa

ひらい 飛来 ¶飛来する venire国[es] volando ¶この鳥は冬になると海を越えてこの湖に飛来する. Questi uccelli, in inverno, raggiungono [vengono su] questo lago, sorvolando il mare.

ひらいしん 避雷針 parafulmine男

ひらおよぎ 平泳ぎ nuoto男 a rana ¶平泳ぎで泳ぐ nuotare男[av] a rana ¶男子 200 メートル平泳ぎ duecento metri rana maschile

✤平泳ぎ泳者 ranista男女[男複 -i]

ひらがな 平仮名 hiragana男[無変]《◆sistema sillabico di scrittura giapponese》→ かな 日本事情 ¶平仮名で書く scrivere in hiragana

ひらき 開き **1**《開くこと》¶窓の開きが悪い. La finestra non si apre bene. **2**《干物》¶魚の開き pesce aperto ed essiccato **3**《差》scarto男;《相違》differenza女;《不平等》disparità女;《隔たり》distanza女 ¶二つのチームには実力にかなりの開きがある. C'è uno scarto notevole tra le due squadre.

-びらき -開き ¶観音開きのドア porta a due battenti ¶店開き apertura女 di un negozio ¶7月最初の日曜にプール開きが行われた. La piscina è stata aperta al pubblico la prima domenica di luglio.

ひらきなおる 開き直る ¶彼は突然開き直って事実を否定した. All'improvviso si è messo sulla difensiva negando i fatti.

ひらく 開く **1**《あける》aprire ql.co.;《大きく》spalancare ql.co.;《あく》aprire[av], aprirsi; spalancarsi ¶口を開く《話し出す》aprire la bocca ¶口を大きく開く spalancare la bocca ¶扉をちょっと開く socchiudere la porta ¶本を開く aprire un libro ¶38ページを開く aprire a pagina 38 ¶手紙を開く aprire una lettera ¶風で戸が開いた. La porta si è spalancata per il vento. ¶傷口が開いてまた血が出てきた. La ferita si è riaperta e ha ripreso a sanguinare. ¶「開け, ごま」"Apriti sesamo!"

2《咲く》aprirsi, schiudersi, sbocciare国[es] ¶桜の花が開いた. I fiori di ciliegio sono sbocciati. / I ciliegi sono fioriti. ¶すみれが開きはじめる. Si schiudono le prime viole.

3《差がつく》¶点差が開く Lo scarto di punteggio si allarga. ¶2者の距離が開く. La distanza tra i due aumenta.

4《始める》aprire ql.co.;《創設する》impiantare [fondare / aprire] ql.co. ¶店を開く aprire [avviare] un negozio ¶学校を開く fondare [aprire] una scuola ¶戦端を開く aprire le ostilità ¶口座を開く aprire un conto

5《開催する》tenere;《始める》aprire ¶会議を開く tenere una conferenza ¶集会は毎月開かれる. L'assemblea si tiene ogni mese.

6《切り開く》dissodare ql.co. ¶土地を開く dissodare un terreno ¶森を開いて道にする aprire una via attraverso una foresta ¶運命を開く aprirsi nuovi orizzonti ¶昇進の道を開く spianarsi la strada verso il successo

7《数》《平方根の値を出す》estrarre ql.co.;《かっこを開く》aprire la parentesi ¶4を平方に開く estrarre la radice quadrata di 4

ひらける 開ける **1**《運などが》¶まもなく私にも運が開けるだろう. Fra poco la fortuna comincerà a sorridere anche a me. ¶勉学の道が開ける aprirsi la possibilità di studiare

2《広がる》estendersi ¶峠を越えると急に視界が開けた. Superato il valico si estese [si spalancò / si stese] davanti a noi una vasta veduta.

3《開化する》civilizzarsi;《近代化する》modernizzarsi;《発展する》svilupparsi;《都市化する》urbanizzarsi ◇開けた civilizzato, civile; modernizzato, moderno; sviluppato, urbanizzato, urbano ¶産業によって開けた農村《都市化された》campagne urbanizzate dalla presenza di industrie ¶開けた国 paese aperto / paese civilizzato

4《進歩的》¶年のわりには彼はずいぶん開けている. Ha la mente molto aperta per la sua età.

ひらぞこ 平底 fondo piatto

✤平底船 barca女 a fondo piatto

ひらたい 平たい **1**《平らな》piatto, piano ◇平たくする appianare, spianare;《薄い板のようにする》appiattire **2**《わかりやすい》¶平たく言えば in parole comprensibili [semplici]

ひらて 平手 palmo男[palma] della mano, mano aperta ¶平手でたたく《横っつらを》schiaffeggiare ql.cu. / dare uno schiaffo a ql.cu.

ひらど 平土間 《劇》platea女 → 演劇 用語集

ひらに 平に ¶ひらにお許しください. La prego umilmente di perdonarmi.

ピラニア 〔英 piranha〕《魚》〔英〕piranha男

ひらひら [無変] ¶旗が風にひらひらはためく. La bandiera ondeggia [garrisce / fluttua / sbatte] al vento. ¶木の葉がひらひら散る. Le foglie cadono volteggiando. ¶蝶が花園をひらひら舞っていた. Le farfalle svolazzavano nel giardino fiorito.

ピラフ 〔仏 pilaf〕〚料〛pilaf男 [無変]

ひらべったい 平べったい ¶平べったい皿 piatto piano ¶平べったい鼻 naso schiacciato

ひらまく 平幕 (相撲の) lottatore男 di *sumo* che appartiene alla categoria superiore ma senza un titolo particolare →相撲 [日本事情]

ピラミッド 〔英 pyramid〕 ピラミッド(状)の piramidale, a forma di piramide ¶人口ピラミッド piramide della popolazione [dell'età] ¶社会階層のピラミッド piramide sociale ¶ピラミッド型経済発展〚経〛sviluppo economico a piramide

ひらめ 平目・鮃〚魚〛rombo男, rombo男 liscio [複 -sci] ; (シタビラメ) sogliola女

ひらめかせる 閃かせる 1 (ぱっと光らせる) far balenare [brillare / lampeggiare] *ql.co*. ¶剣をひらめかせる brandire la spada
2 (ちらりと見せる) ¶彼は才能をひらめかせた. Ha lasciato intravedere qualcosa delle sue reali capacità.

ひらめき 閃き 1 (閃光) bagliore男, lampo男, sprazzo男, baleno男; (きらめき) brillio男 [複 -*ii*], lucc*i*chio男 [複 -*chii*], scintill*io*男 [複 -*ii*]
2 (鋭い才能・感覚) ¶彼には天才のひらめきがある. Ha dei lampi di genio. ¶ひらめきのある作品 opera ispirata

ひらめく 閃く 1 (光が) scintillare自 [*av*], sfavillare自 [*av*], brillare自 [*av*], risplendere自 (►複合時制を欠く), lucc*i*care自 [*av, es*], lampeggiare自 [*av, es*] (►非人称 [*av, es*] としても用いる) ¶稲妻がひらめく. Lampeggia. / Balena.
2 (考えが) ¶すばらしい考えがひらめいた. Ho avuto [Mi è balenata] una brillante idea. / Mi è venuto un colpo di genio.
3 (翻る) sventolare自 [*av*], svolazzare自 [*av*] ¶旗がひらめいている. La bandiera sventola.

ひらや 平屋 casa女 a [di] un solo piano

ひらりと leggermente; (敏捷に) agilmente ¶彼はひらりと窓から庭に飛びおりた. È saltato giù agilmente [con agilità] dalla finestra nel giardino. ¶彼はひらりと身をかわした. Si è spostato [Si è scostato] con mossa repentina.

びらん 糜爛・爛れ

びり l'*ultimo*男 [女 -*a*], fanalino男 di coda ¶マラソンでびりだった. Sono arrivato ultimo nella maratona. ¶彼の名前は名簿のびりから 2 [3 / 4 / 5] 番目にある. Il suo nome è il pen*u*ltimo / terz*u*ltimo / quart*u*ltimo / quint*u*ltimo] dell'elenco. ¶僕の試験の成績はびりから数えたほうが早い よ. Se cerchi il risultato del mio esame, fai prima a cominciare dagli ultimi.

ピリオド 〔英 period〕(終止符) punto男 (fermo) (►省略符号としても用いられる) ¶文章の最後にピリオドを打つ mettere il [un] punto alla fine di una frase ¶ピリオドを打つ(終わりにする) por [porre] fine a *ql.co*. ¶こうして, この問題にピリオドが打たれた. E così è stata messa la parola fine a questa faccenda.

ひりき 非力 ◇非力だ (体力的に) essere debole [privo di forza]; (能力的に) avere scarse capacità; (役に立たない) essere di poco aiuto; (社会的に) essere poco influen*te*

ひりつ 比率 rapporto男, proporzione女 ¶5対3の比率で in rapporto di cinque a tre ¶同じ比率で allo [nello] stesso rapporto ¶比率が高い [低い]. La proporzione è alta [bassa]. ¶死亡に対する出生の比率が逆転した. La proporzione fra le morti e le nascite si è capovolta. ¶交換比率 tasso di scambio / cambio

ぴりっと 1 (刺激的な痛さ・味) ¶ぴりっとした味 gusto piccante ¶薬をつけたら傷口にぴりっとし た. Quando ho medicato la ferita, ho sentito un bruciore.
2 (辛辣(らつ)な様子) ¶ぴりっとした皮肉 ironia mordente

ひりひり ◇ひりひりする (部位が主語) bruciare自 [*es*] a *qlcu*. ¶口がひりひりするほど辛い料理 un piatto così piccante da bruciare la bocca ¶のどがひりひりする. Mi pizzica [br*u*cia] la gola.

びりびり 1 (引き裂く音) ¶紙をびりびりに引き裂 く strappare un foglio in mille pezzi
2 (震える様子) ¶爆風で窓ガラスがびりびりと震え た. L'esplosione ha fatto tintinnare i vetri delle finestre.
3 (感電する様子) ¶コードに触ったらびりびりとき た. Quando ho toccato il filo della corrente elettrica, ho preso una scossa.

ぴりぴり 1 (辛くて) ¶舌がぴりぴりする. Mi pizzica la lingua.
2 (神経などが) ¶彼は神経のぴりぴりした人だ. È tutto nervi. / È un tipo molto nervoso.
3 (笛などの音) ¶ぴりぴりっと発車の合図が聞こえ た. Ho sentito il fischio di partenza del treno.

ビリヤード 〔英 billiards〕biliardo男 ¶ビリヤードをする giocare a biliardo
✦ビリヤードキュー stecca女
ビリヤード場 sala女 da biliardo
ビリヤードテーブル (tavolo男 da) biliardo男

びりゅうし 微粒子〚物〛granello男, particella女, corpuscolo男
✦微粒子フィルム〚写〛pellicola女 a grana fine

ひりょう 肥料 concime男, fertilizzante男; (特に堆肥(ひ)の) letame男 ¶畑に肥料を施す concimare (un campo) / dare il concime a un campo ¶化学肥料 fertilizzante chimico

びりょう 微量 m*i*nima quantità女 ¶微量の毒物が検出された. È stata trovata una m*i*nima quantità di veleno.
✦微量元素 elemento男 in tracce
微量天秤〚物〛microbilanc*ia*女 [複 -*ce*]
微量分析 microanalisi女 [無変]

びりょく 微力 ¶微力を尽くすつもりです. Benché non ne sia capace, farò tutto ciò che posso.

ピリンけい ピリン系〚薬〛¶ピリン系 [非ピリン系] の薬剤 f*a*rmaco piraz*o*lonico [non piraz*o*lonico]

ひる 昼 1 (正午) mezzogiorno男, mezzodì男 ¶昼ころ verso mezzogiorno ¶

昼前 prima di mezzogiorno ¶昼過ぎ dopo mezzogiorno ¶昼に a mezzogiorno ¶今、昼の鐘が鳴った。È appena suonato mezzogiorno. **2**《昼間》giorno⒨, giornata⒡;《午後》pomeriggio⒨[複 -gi] ◇昼の diurno; pomeridiano ¶昼の部《舞台の》spettacolo diurno [pomeridiano] ¶日中(<small>じつちゆう</small>)に in pieno giorno ¶昼のうちに di giorno / durante il giorno ¶昼中ずっと (per) tutta la giornata / (per) tutto il giorno ¶昼も夜も働く lavorare giorno e notte ¶昼と夜を取り違える far di [della] notte il giorno **3**《昼食》pasto di mezzogiorno, seconda colazione⒡, pranzo⒨ ¶お昼にしよう。Pranziamo? /《行こう》Andiamo a pranzare.

ひる 蛭 《動》sanguisuga⒡, mignatta⒡(►いずれも比喩的には、「他人の金をしぼり取るような、貪欲な人」をさす)

ビル palazzo⒨ ¶高層ビル grattacielo

ピル 〔英 pill〕《薬》pillola⒡ (contraccettiva)
✤**ピルケース** scatoletta⒡ portapillole [無変], portapillole⒨[無変]

ひるい 比類 ¶比類のない senza pari / ineguagliabile / impareggiabile /《ただ一つの》unico⒨[複 -ci] ¶比類のない美しさ bellezza ineguagliabile

ひるがえす 翻す **1**《変える》¶志(<small>こころざし</small>)を翻す cambiare completamente idea ¶前言を翻す ritrattare [ritirare] la parola data ¶彼は自分の言ったことを全部翻した。Ha smentito [sconfessato] tutto quello che aveva detto. **2**《身をおどらす》¶さっと身を翻す spostarsi di scatto **3**《ひらひらさせる》¶旗を翻して行進した。Abbiamo marciato innalzando [sventolando] la bandiera.

ひるがえって 翻って《反対に》invece;《さて》dunque, a proposito ¶翻って考えれば ripensandoci bene / considerando le cose da un altro punto di vista

ひるがお 昼顔《植》convolvolo⒨, vilucchio⒨[複 -chi], bella⒡ di giorno

ひるさがり 昼下がり ◇昼下がりに nel primo pomeriggio

ひるすぎ 昼過ぎ ◇昼過ぎに nel primo pomeriggio, poco dopo mezzogiorno

ビルディング 〔英 building〕palazzo⒨

ビルトイン 〔英 built-in〕◇ビルトインの《内蔵した》incorporato;《作りつけの》con aggiunto ¶ビルトインのストロボ flash incorporato
✤**ビルトイン機能** funzione⒡ integrata
ビルトインスタビライザー《経》stabilizzatori⒨[複] automatici

ひるね 昼寝 pisolino⒨ pomeridiano, siesta⒡, pennichella⒡ ◇昼寝する fare un pisolino

ひるひなか 昼日中 ¶昼日中に durante la giornata;《真っ昼間に》in pieno giorno ¶こんな昼日中から酒を飲んでいる。Beve alcolici che è ancora pieno giorno.

ピルビンさん ピルビン酸《化》acido⒨ piruvico

ひるま 昼間 giorno⒨ ¶昼間は農作業をして夜は本を読む。Di giorno lavoro nei campi e di sera leggo libri.

ひるまえ 昼前 mattino⒨ ◇昼前に prima di mezzogiorno, al mattino, in mattinata

ひるむ 怯む perdersi di coraggio, essere intimorito;《ためらう》esitare⒤[av] ¶ひるまずに senza battere ciglio / restando impassibile / senza alcuna paura ¶危険を前にして彼はひるんだ。È indietreggiato davanti al pericolo.

ひるめし 昼飯 pranzo⒨ ¶昼飯を食べる pranzare⒤[av] / consumare un pranzo

ひるやすみ 昼休み pausa⒡ pranzo [無変], intervallo⒨ di mezzogiorno [per il pranzo] ¶昼休みに nell'intervallo di mezzogiorno

ひれ 鰭《魚》pinna⒡;《潜水用足びれ》pinna ¶背[胸 / 尻]びれ pinna dorsale [pettorale / anale] ¶腹びれ pinna ventrale [addominale] ¶尾びれ pinna codale [caudale]

ヒレ 〔仏 filet〕《肉の》filetto⒨

ひれい 比例 proporzionalità⒡;《率》proporzione⒡ ◇比例する essere in proporzione《に a》, essere proporzionale《a a》◇比例させる proporzionare [mettere in proporzione]⒤ ql.co.《に a》¶正[反]比例 proporzione diretta [inversa] ¶単[複]比例 proporzione semplice [composta] ¶定(数)比例 proporzione costante [definita] ¶湿度の上昇に比例して不快指数が高くなる。L'indice di disagio cresce 「in proporzione [proporzionalmente] all'aumento del grado di umidità.
✤**比例式** espressione⒡ proporzionale
比例準備制度《金融》sistema⒨[複 -i] di riserve proporzionali
比例代表制《選挙の》sistema⒨ [rappresentanza⒡] proporzionale
比例配分 ripartizione⒡ [distribuzione⒡] proporzionale

ひれい 非礼 maleducazione⒡, scortesia⒡, grossolanità⒡ ¶先日の非礼をおわびいたします。Mi scuso per la scortesia dell'altro giorno.

ひれき 披瀝 ¶披瀝する aprirsi [confidarsi / sfogarsi] con ql.cu., aprire il proprio cuore a ql.cu. ¶彼は胸中を披瀝した。Ha rivelato i suoi sentimenti.

ひれつ 卑劣 ¶卑劣な《卑怯な》meschino, vile, turpe, ignobile;《卑しむべき》spregevole, disprezzabile

ひれふす 平伏す prostrarsi ¶彼は私の前にひれ伏して許しを請うた。Mi ha chiesto perdono gettandosi [prostrandosi] ai miei piedi.

ひれん 悲恋 amore⒨ sfortunato [tragico]

ひろ 尋《長さの単位》braccio⒨[複 le braccia] (◆ circa 1,8m)

ひろい 広い **1**《面積・幅などが大きい》vasto, ampio⒨[複 -i], esteso;《幅が》largo⒨[複 -ghi];《空間的に》spazioso →広く ◇ さ larghezza⒡, vastità⒡, ampiezza⒡, estensione⒡,《面積》area⒡, superficie⒡[複 -ci, -cie] ¶広い部屋 grande stanza / camera spaziosa ¶広い道 larga strada / strada ampia ¶広い額 fronte spaziosa ¶肩幅の広い男 uomo dalle spalle larghe ¶この公園の広さはどのくらいありますか。Qual è l'estensione di questo parco?
2《範囲が》largo, ampio;《心が》generoso, magnanimo ¶広い教養をもつ avere una vasta cultura ¶彼は付き合いが広い。Ha un gran

numero di conoscenze. ¶彼は心が広い. È un uomo magnanimo [tollerante / generoso]. ¶彼は見聞が広い. Sa un mucchio di cose.

ひろいあげる 拾い上げる raccogliere

ヒロイズム 〔英 heroism〕 eroismo[男]; 《行 為》 gesto[男] eroico [複 -*ci*]

ひろいだす 拾い出す scegliere, selezionare

ひろいぬし 拾い主 chi ha trovato [ritrovato] un oggetto smarrito

ひろいもの 拾い物 oggetto[男] trovato ¶拾い物をする (ri)trovare un oggetto / 《思わぬもうけもの》 fare una scoperta fortunata ¶こいつは拾い物だ. Che colpo di fortuna!

ひろいよみ 拾い読み ◇拾い読みする sfogliare *ql.co.*, scorrere le pagine di *ql.co.*, leggere *ql.co.* in fretta; 《たどたどしく音読する》 compitare [sillabare] *ql.co.* ¶今朝, 新聞を拾い読みしてきた. Stamattina ho dato un'occhiata [una sfogliata] al giornale.

ヒロイン 〔英 heroine〕 eroina[女]

ひろう 披露 presentazione[女]; 《通 知》 avviso[男], annuncio[男] [複 -*ci*] ◇**披露する** presentare; annunciare ¶開店の披露をする inaugurare un negozio

✤**披露宴** banchetto[男], ricevimento[男] ¶結婚披露宴 pranzo [banchetto] di nozze

ひろう 疲労 fatica[女], stanchezza[女]; 《疲労困憊(ぱい)》 spossatezza[女]; 〔冶〕《金 属 の》 fatica[女] ◇**疲労する** affaticarsi, stancarsi; spossarsi, sfinirsi ◇**疲労させる** affaticare [stancare] *qlcu.*; spossare *qlcu.* ¶私は疲労困憊している. Sono distrutto. / Cado a pezzi dalla stanchezza.

✤**疲労感** senso[男] di stanchezza

疲労限界[試験] 〔冶・機〕 limite[男] [prova[女]] di fatica

疲労物質 〔医〕 sostanza[女] che causa l'affaticamento

ひろう 拾う

1 《見つける》 trovare; 《拾い集める》 raccogliere; 《収集する》 collezionare ¶貝殻を拾う collezionare conchiglie ¶紙くずを拾う raccogliere la cartaccia ¶子猫を拾う raccogliere [trovare] un gattino per strada ¶道で財布を拾った. Ho trovato un portafoglio per strada.

2 《選び取る》 scegliere ¶詩の中から気に入った表現を拾う scegliere le espressioni che piacciono in una poesia ¶活字を拾う comporre[他] (►単独でも可)

3 《失わずに済む》 ¶命を拾う salvarsi da una morte sicura ¶勝ちを拾う riportare una vittoria imprevista

4 《タクシーなどを》 ¶タクシーを拾う prendere [fermare] un taxi

びろう 尾籠 ¶尾籠な話で恐縮ですが…. È un argomento sconveniente, ma...

ピローケース 〔英 pillowcase〕 federa[女]

ビロード 天鵞絨〔ポ veludo〕 velluto[男] ◇ビロードの di velluto ¶ビロードのような《ビロード加工した》 vellutato

ひろがり 広がり estensione[女], distesa[女]; 《大きさ》 grandezza[女], ampiezza[女]; 《面積》 superficie[女] [複 -*ci*, -*cie*] ¶枝の広がり ampiezza della chioma ¶インフルエンザの流行がもう全国的な広がりを見せている. L'epidemia di influenza è ormai di portata nazionale.

ひろがる 広がる

1 《広くなる》 estendersi; 《視野が広くなる》 dilatarsi, aprirsi; 《幅が広くなる》 allargarsi, ampliarsi, estendersi, spaziare[自] [*av*]; 《伸びて広くなる》 allargarsi, stendersi ¶裾の広がったスカート gonna svasata ¶道路が広がった. La strada è stata allargata. ¶上に登れば視界が広がる. Se si sale, l'orizzonte si dilata. ¶しみが広がった. La macchia si è estesa. ¶靴ははいているうちに広がる. Le scarpe si allargano con l'uso. ¶フィレンツェが眼下に広がっている. Firenze si stende sotto i miei occhi.

2 《広く行き渡る》 spargersi, disseminarsi, diffondersi, propagarsi; 《伝播(ぱ)する》 circolare[自] [*av, es*]; 《伝わる》 propagarsi, allargarsi; 《規模が》 estendersi, allargarsi ¶彼の事業はますます広がっている. Il suo giro d'affari si allarga sempre più. ¶悪疫が広がる. L'epidemia si diffonde [si sparge / si propaga / si estende]. ¶火事が広がってゆく. L'incendio si sta estendendo. ¶その思想は急速に広がった. Quelle idee si diffusero rapidamente. ¶ニュースはすぐ広がった. La notizia si è propagata subito.

ひろく 広く ampiamente, largamente, in lungo e in largo, estesamente; 《一般に》 generalmente; 《至る所で》 dappertutto, da tutte le parti ¶広く知られている essere ampiamente conosciut*o* / essere famos*o* dovunque ¶この雑誌は広く読まれている. Questa rivista è letta dappertutto.

ひろく 秘録 annotazioni[女] [複] segrete, carte[女] [複] private, documento[男] segreto

ひろくち 広口 bocca[女] grande [ampia] ¶広口の瓶 bottiglia dall'imboccatura larga

ひろげる 広げる

1 《閉じてあるものを開く》 aprire; 《たたんであるものを》 spiegare, stendere ¶傘を広げる aprire un ombrello ¶翼を広げる spiegare le ali ¶地図を広げる spiegare una carta geografica ¶じゅうたんを広げる stendere un tappeto ¶服地を広げる srotolare una pezza di stoffa ¶両脚を広げる divaricare [allargare] le gambe ¶両手を広げて友人を迎える ricevere un amico a braccia aperte

2 《範囲などを》 estendere, allargare ¶道路を広げる allargare [ampliare] una strada ¶商売を広げる estendere [allargare] un'attività commerciale ¶視野を広げる allargare il *proprio* punto di vista ¶2位との差を広げる aumentare il vantaggio sul secondo (concorrente)

ひろこうじ 広小路 viale[男], corso[男]

ひろさ 広さ 《面 積》 estensione[女] di un'area; 《幅の広さ, 範囲》 ampiezza[女], larghezza[女] ¶この土地の広さはどのくらいありますか. Qual è l'estensione di questo terreno? ¶川の広さは30メートルである. Il fiume è largo trenta metri. ¶彼の知識の広さ l'ampiezza delle sue conoscenze ¶彼女の心の広さには感心してしまう. Sono rimasto colpito dalla sua generosità.

ピロシキ piroshki[男] [無変]

ひろば 広場 piazza[女]; 《大きな広場》 piazzale[男]; 《空き地》 spiazzo[男] ¶皇居前広場 Piazza Im-

ひ

periale ¶スペイン広場 Piazza di Spagna

ひろはば 広幅 stoffa⨍ per *kimono* a doppia altezza

ひろびろ 広広 ¶眼前に地平線が広々と開けた. Davanti a me si è aperto un ampio [vasto] orizzonte.

ひろま 広間 grande sala⨍, salone⨊; [英] hall [hol] ⨊ [無変]

ひろまる 広まる propagarsi, diffondersi, spandersi; 《流行する》diventare di moda ¶うわさが広まる. La voce [La diceria] si diffonde [si propaga]. ¶…といううわさが広まっている. Corre [Circola] voce che+接続法

ひろめる 広める propagare [diffondere / divulgare] *ql.co.*, far circolare *ql.co.*;《大衆化する》rendere popolare *ql.co.* (▶popolareは目的語の性・数に合わせて語尾変化する) ¶その作品は彼の名声を世に広めた. È diventato famoso in tutto il mondo per quell'opera. ¶見聞を広めるため per arricchire [allargare] le *proprie* conoscenze

ピロリきん ピロリ菌 〖生〗 [英] helicobacter pylori⨊ [無変]

ひろんりてき 非論理的 illogico⨊ [複 -ci], irrazionale

ひわ 秘話 storia⨍ segreta, episodio⨊ [複 -i] segreto [sconosciuto]

ひわ 悲話 storia⨍ triste [tragica]

ひわ 鶸 《鳥》 (マヒワ) lucherino⨊
✤**ひわ色** verde⨊ giallognolo, giallastro⨊

びわ 枇杷 《植》《木》nespolo⨊ del Giappone; 《果実》nespola⨍ del Giappone

びわ 琵琶 〖音〗 biwa⨊ [無変] (◆liuto giapponese)
✤**琵琶法師** suonatore⨊ ambulante cieco di *biwa*

ひわい 卑猥 ◇卑わいな indecente, licenzioso, osceno; 《小説・映画が》pornografico⨊ [複 -ci], spinto ¶卑わいな話をする parlare di argomenti osceni

ひわり 日割り ¶彼は日割りで報酬を支払われた. Gli hanno dato una paga giornaliera. / Lo hanno pagato a giornata. ¶日割りでスケジュールを決める preparare un programma giornaliero

ひん 品 **1**《品格》dignità⨍, nobiltà⨍;《上品》raffinatezza⨍, distinzione⨍, grazia⨍, eleganza⨍ ¶彼は品がよい. È un tipo distinto [garbato / signorile / raffinato]. ¶彼は品が悪い. È volgare [maleducato / grossolano]. ¶品の悪い言葉を使う usare parole volgari
2《品物》articolo⨊, merce⨍ ¶舶来品 merce importata [estera] ¶宝石類3品 tre gioielli

びん 便 **1**《郵便》posta⨍, servizio⨊ [複 -i] postale ¶詳細は次の便でお知らせします. Scriverò i dettagli nella prossima lettera.
2《交通・輸送手段》mezzi⨊ [複] di trasporto; 《飛行機》volo⨊ [複]; 《列車》treno⨊; 《船》nave⨍ ¶次の便で con la prossima corsa / con il prossimo volo ¶バスの便 servizio di autobus ¶航空[鉄道／船]便で via aerea [terra / mare] ¶トラック便[鉄道便]輸送 trasporto su gomma [su ferrovia] ¶17時50分の便で con il volo [il treno / la nave] delle 17.50

びん 瓶・壜 bottiglia⨍; 《広口の》barattolo⨊ di vetro; 《とうもろこしの皮でくるんだ、ワインなどを入れる瓶》fiasco⨊ [複 -schi]; 《香水・薬の小瓶》flacone⨊, fiala⨍, boccetta⨍ ¶空き瓶 bottiglia vuota (◆店に返却すると預かり金が払い戻される瓶は vuoto a rendere という) ¶ビール瓶 bottiglia di birra ¶瓶のふたをする tappare [chiudere] una bottiglia ¶瓶の栓を抜く stappare [aprire] una bottiglia ¶瓶から飲む bere dalla bottiglia ¶ウイスキーを一瓶あける scolare [scolarsi] una bottiglia di whisky
✤**瓶詰め** ⤳見出し語参照

びん 鬢 capelli⨊ [複] sulle tempie

ぴん 1《張っている様子》¶針金をぴんと張る tendere con forza un filo metallico ¶ぴんと張った綱 corda [fune] tesa ¶背すじをぴんと伸ばす drizzarsi **2**《跳ね飛ばす様子》¶髪がぴんとはねてしまった. I miei capelli hanno preso una brutta piega. **3**《緊張している様子》¶会場にぴんと張り詰めた空気が流れていた. Nella sala c'era un'atmosfera molto tesa. **4**《直感する様子》¶彼の言わんとすることはぴんときた. Ho capito al volo [Ho intuito] ciò che voleva dire. ¶君の言葉でぴんときた. Ho capito tutto dalle tue parole. ¶この絵はどうもぴんとこない. Non so perché, ma questo quadro non mi convince [dice niente].

ピン 《最高》il migliore⨊, il primo
慣用 **ピンからキリまで** dal primo all'ultimo, dalla a alla z ¶会社といってもピンからキリまである. Di ditte ce ne sono di tutte le specie, dalla migliore alla più scadente.

ピン [英 pin] **1**《留め針》spillo⨊; 《主として装身具の》spilla⨍ ¶ネクタイピン fermacravatta⨊ [無変] / 《ピン式の》spilla da cravatta **2**《髪の》forcina⨍; 《ばね状の》molletta⨍ ¶髪をピンで留める fermarsi i capelli con una forcina [una molletta] **3**《ボーリングの》birillo⨊ **4**《ゴルフの》asta⨍ della bandiera, asticciola⨍ **5**〖機〗perno⨊, spina⨍

ひんい 品位 distinzione⨍, dignità⨍, nobiltà⨍, signorilità⨍ ¶品位を保つ mantenere la *propria* dignità ¶そんなことをすると君の品位にかかわる. Quest'azione è degradante per te. / 《ふさわしくない》Questo non è degno di te.

ひんかく 品格 dignità⨍, nobiltà⨍ ¶彼は年令と共に品格が備わってきた. Con l'età è diventato più raffinato.

びんかつ 敏活 ◇敏活に con alacrità [prontezza / sveltezza], prontamente

びんかん 敏感 《感じやすいこと》sensibilità⨍; 《気にしすぎること》suscettibilità⨍ ◇敏感な sensibile; suscettibile ¶…に敏感である essere sensibile [suscettibile] a *ql.co.* ¶彼は色彩に敏感だ. Ha un'acuta sensibilità per i colori. ¶彼はあまり流行に敏感でない. È abbastanza indifferente alle mode. / Non segue molto le mode.

ピンク [英 pink] **1**《色》rosa⨊ [無変], colore⨊ di rosa; 《ショッキングピンク》rosa⨊ [無変] shocking; 《フクシアピンク》fucsia⨊ ◇ピンクの roseo, rosa⨊ [無変] **2**《エロチックな》¶ピンク映画 film pornografico [a luci rosse]

ひんけつ 貧血 〖医〗anemia⨍; 《脳貧血》anemia⦅女⦆ cerebrale; 《一 般 に》 mancanza⦅女⦆ di sangue al cervello ◇貧血の anemico⦅男⦆[複 -ci] ¶貧血を起こす essere affetto da anemia ¶貧血症である soffrire di anemia

✤貧血患者 anemico⦅男⦆[⦅女⦆ -ca]

ビンゴ 〔英 bingo〕《ゲーム》bingo⦅男⦆[無変]

ひんこう 品行 condotta⦅女⦆, comportamento⦅男⦆ ¶品行がいい[悪い] comportarsi bene [male] / avere una buona [cattiva] condotta

✤品行方正 ¶彼は品行方正だ. La sua condotta è esemplare.

ひんこん 貧困 **1**《貧しさ》povertà⦅女⦆; 《極貧》indigenza⦅女⦆, miseria⦅女⦆;《窮乏》penuria⦅女⦆, bisogno⦅男⦆, ristrettezza⦅女⦆ ◇貧困の povero; indigente, misero; bisognoso ¶貧困に陥る essere ridotto in povertà [in miseria]
2《内容がないこと》¶政治の貧困 povertà politica ¶知的貧困 povertà intellettuale ¶貧困からの解放 libertà dal bisogno ¶想像力が貧困だ. Ha「una povera [poca] immaginazione.

ひんし 品詞《文法》parte⦅女⦆ del discorso ¶この語の品詞は何ですか. Che parte del discorso è questa parola?

ひんし 瀕死 ◇瀕死の morente, moribondo, agonizzante ¶瀕死の状態にある essere in agonia [in fin di vita] ¶瀕死の重傷《致命的な》ferita mortale

ひんじ 賓辞《論理》predicato⦅男⦆

ひんしつ 品質 qualità⦅女⦆ ¶品質の良い di buona qualità / di qualità superiore ¶品質の劣った di cattiva qualità / di qualità inferiore ¶品質の向上 miglioramento⦅男⦆ della qualità ¶品質の低下 deterioramento [peggioramento] della qualità ¶品質が第一である La qualità innanzi tutto.

✤品質管理 controllo⦅男⦆ (di [della]) qualità
品質検査 controllo⦅男⦆ qualità dei prodotti

ひんじゃ 貧者 persona⦅女⦆ povera;《総 称》i poveri

慣用 貧者の一灯 ¶人々の貧者の一灯がその運動を支えた. Quel movimento è stato sostenuto dalle modeste offerte della popolazione.

ひんじゃく 貧弱 ◇貧弱な povero, misero;《体が》magro, mingherlino

ひんしゅ 品種《種類》genere⦅男⦆, specie⦅女⦆[無変], sorta⦅女⦆, qualità⦅女⦆;《品質》qualità⦅女⦆;《家畜などの》razza⦅女⦆;《農作物・家畜の》specie⦅女⦆[無変] ¶いろいろな品種のワイン vari tipi [varie qualità] di vino

✤品種改良 miglioramento⦅男⦆ della razza [della specie]

ひんしゅく 顰蹙 ¶《人》のひんしゅくを買う indignare qlcu. /《不快感をさそう》incorrere nella disapprovazione di qlcu.

ひんしゅつ 頻出 ¶頻出する apparire⦅自⦆[es] frequentemente

✤頻出語句 espressione⦅女⦆ frequente
頻出度 frequenza⦅女⦆

びんしょう 敏捷《身軽さ》agilità⦅女⦆;《活発さ》vivacità⦅女⦆;《機敏さ》prontezza⦅女⦆ ◇敏捷な agile; vivace; pronto, lesto ◇敏捷に agilmente; vivacemente; prontamente

びんじょう 便乗 **1**《他人の車などに》¶友人の車に便乗した. Ho approfittato dell'automobile di un amico per farmi dare un passaggio.
2《機会を利用すること》◇便乗する approfittare⦅自⦆[av] dell'occasione; trarre vantaggio [profitto] da qlco. ¶時勢に便乗する approfittare abilmente delle circostanze / adeguarsi alla corrente

✤便乗値上げ ¶便乗値上げする rincarare qlco. approfittando [con la scusa] dell'aumento dei prezzi《に di》

ヒンズーきょう ヒンズー教 induismo⦅男⦆
✤ヒンズー教徒 induista⦅男⦆⦅女⦆[男複 -i]

ひんする 貧する condurre una vita misera;《貧しくなる》diventare povero
慣用 貧すれば鈍する《諺》"La povertà offusca l'intelligenza."

ひんする 瀕する ¶死に瀕している stare per [essere sul punto di] morire ¶破滅に瀕している essere sull'orlo della rovina

ひんせい 品性《人柄》carattere⦅男⦆, indole⦅女⦆;《道徳》moralità⦅女⦆ ¶品性の備わった人 persona di carattere ¶品性の陶冶(とうや) formazione del carattere ¶品性堕落 degradazione morale ¶《人》の品性を疑う mettere in dubbio la moralità di qlcu.

ピンセット 〔蘭 pincet〕pinzetta⦅女⦆ ¶ピンセットでつまむ prendere ql.co. con le pinzette

びんせん 便箋 ¶50枚つづりの便箋1冊 un blocco di carta da lettere da cinquanta fogli

ひんそう 貧相 ◇貧相な misero, miserabile;《いやしい》meschino ¶どことなく貧相な男 uomo che ha un certo non so che di gretto

びんそく 敏速 rapidità⦅女⦆, celerità⦅女⦆, prontezza⦅女⦆, sveltezza⦅女⦆ ◇敏速な rapido, celere, pronto, svelto, lesto ◇敏速に rapidamente, prontamente, sveltamente

びんた schiaffo⦅男⦆, ceffone⦅男⦆ ¶びんたを食らわす dare uno schiaffo [un ceffone] a qlcu. ¶往復びんたを食らう ricevere un paio di schiaffi da qlcu.

ピンチ 〔英 pinch〕momento⦅男⦆ critico [複 -ci], emergenza⦅女⦆, crisi⦅女⦆[無変];《決定的な瞬間》momento⦅男⦆ decisivo ¶ようやくピンチを切り抜けた. Finalmente sono uscito da una situazione difficile. ¶絶体絶命のピンチに陥った. Mi sono cacciato in un impiccio [guaio] senza uscita! /《逃げ場のない》Non c'è più scampo!

✤ピンチコック《化》rubinetto⦅男⦆ a pinzetta
ピンチヒッター (1)《スポ》giocatore⦅男⦆[⦅女⦆ -trice] che sostituisce alla battuta (2)《代役》sostituto⦅男⦆[⦅女⦆ -a], rimpiazzo⦅男⦆

びんづめ 瓶詰め《行 為》imbottigliamento⦅男⦆ ¶瓶詰めにする imbottigliare ql.co. / mettere [conservare] ql.co. in bottiglia [in barattolo] ¶瓶詰めの豆 fagioli in barattolo ¶ジャムの瓶詰め barattolo di marmellata

ヒンディーご ヒンディー語 lo hindi⦅男⦆ ◇ヒンディー語の hindi [無変]

ビンテージ 〔英 vintage〕 ¶ビンテージ1970(年) vendemmia [《ワイン》vino] 1970

✤ビンテージワイン vino di annata speciale

ヒント 〔英 hint〕suggerimento⦅男⦆, allusione⦅女⦆, accenno⦅男⦆ ¶ヒントを与える dare un suggeri-

ひんど 頻度 frequenza㊛ ¶高頻度で ad alta frequenza ¶頻度の高い語彙 parole「ad alta frequenza [molto usate / d'uso frequente]

ピント 1《光》《レンズの焦点》fuoco㊚ [複 -chi] ¶ピント合わせ messa a fuoco ¶ピントが合っている [合っていない] essere a [fuori] fuoco ¶…に [カメラの] ピントを合わせる mettere a fuoco ql.co. [una macchina fotografica] ¶この写真はピントがぼけている. Questa foto è sfocata. **2**《物事の中心点》¶ピントの外れたことを言うな. Ma che c'entra?! / Non dire cose fuori argomento!

ピンナップガール〔英 pin-up girl〕ragazza㊛ copertina[無変]; pin-up (girl)㊛[無変]

ひんにょう 頻尿《医》pollachiuria㊛

ひんのう 貧農 contadino㊚ [㊛ -a] povero

ひんぱつ 頻発 **頻発する** succedere㊀ [es] [avvenire㊀ [es] accadere㊀ [es]] frequentemente [spesso] ¶地震が頻発する. I terremoti accadono frequentemente.

ピンはね ピン撥ね ¶売り上げからピンはねする fare [prendere] il pizzo sulle vendite

ひんぱん 頻繁 ◇**頻繁な** frequente;《往来などの》frequentato ◇**頻繁に** frequentemente, molto spesso;《ひっきりなしに》sempre, ininterrottamente, continuamente;《次々と》uno dopo l'altro, in rapida successione ¶往来が頻繁な通り strada frequentata

ひんぴょうかい 品評会 concorso㊚ per prodotti agricoli o industriali o per animali

ひんひん ¶馬がひんひん鳴いていた. Il cavallo nitriva.

ひんぴん 頻頻 →頻繁

びんびん **1**《勢いよく跳ねる様子》¶バケツの中で魚がびんびん跳ねていた. Il pesce si muoveva vivacemente nel secchio.
2《元気な様子》◇**びんびんした** pimpante ¶びんびんしている essere pieno di vita / essere in ottima forma ¶彼は80を過ぎているがびんびんしている. Nonostante abbia più di ottant'anni, è ancora arzillo.
3《強く張っている様子》¶弦がびんびんに張っていた. La corda era tesa al massimo.

ひんぷ 貧富 ricchezza㊛ e povertà㊛ ¶貧富の差が激しい. Tra i ricchi e i poveri c'è un profondo abisso [un grosso divario].

びんぼう 貧乏 povertà㊛, miseria㊛, indigenza㊛ ◇**貧乏な** povero, misero ¶貧乏暮らしをする condurre una vita piena di stenti [di ristrettezze] / vivere㊀ [av, es] in ristrettezze [nella miseria] / tirare la cinghia ¶貧乏から抜け出す tirarsi fuori dalla miseria ¶貧乏したことがない. Non ha mai conosciuto il bisogno. ¶彼はすっかり貧乏になった. È caduto nella miseria più nera.
[慣用]**貧乏暇なし**"I poveri non conoscono gli agi."
✤**貧乏神** dio㊚ della povertà ¶貧乏神に取りつかれる essere in cattive acque / essere ridotto a mal partito
貧乏くじ ¶貧乏くじを引いた. Sono stato il più sfortunato di tutti.
貧乏性 ¶私は貧乏性だから楽しみ方を知らない. Non so come divertirmi perché mi preoccupo sempre troppo di tutto.
貧乏人 povero㊚ [㊛ -a], bisognoso㊚ [㊛ -a];《総称》i poveri㊚ [複]
貧乏揺すり ¶貧乏揺すりをする avere un tremito nervoso

ピンぼけ ¶この写真はピンぼけだ. Questa fotografia è sfocata.

ピンポン〔英 ping-pong〕〔英〕ping-pong㊚ [無変], tennis㊚ [無変] da tavolo

ひんみん 貧民 i poveri㊚ [複], gli indigenti㊚ [複], i meno abbienti㊚ [複], i bisognosi㊚ [複] ¶貧民を救済する soccorrere i bisognosi
✤**貧民街** quartieri㊚ [複] poveri [bassi]

ひんもく 品目 genere㊚ della merce;《品目表》elenco㊚ [複 -chi] di voci [di articoli];《目録中の種類・カテゴリー》voce㊛;《商品》articolo㊚ ¶品目別カタログ catalogo diviso per articoli ¶非課税品目 articolo esente da tasse

ひんやり ¶ひんやりとした風 vento fresco

びんらん 便覧 →便覧(べんらん)

びんらん 紊乱 disordine㊚, confusione㊛; ◇**紊乱する** mettere in disordine ¶国家の秩序を紊乱する turbare l'ordine pubblico ¶綱紀が紊乱している. Manca la disciplina.

びんわん 敏腕 capacità㊛, abilità㊛, destrezza㊛ ◇**敏腕な** capace, abile ¶敏腕をふるう dar prova delle *proprie* capacità / mostrare la *propria* abilità
✤**敏腕家** persona㊛ di grandi capacità [risorse]

ふ

ふ 府 **1**《中心となるもの》centro[男] ¶学問の府 istituto [centro] di studi **2**《地方公共団体》provincia[女][複 -ce,-cie] ¶大阪府 provincia di Osaka
✤府知事 governa*tore*[男][[女] *-trice*] (di Osaka [di Kyoto])
府庁 provincia[女]

ふ 負 ◇負の〔数・電〕negativo ¶負の記号 segno negativo ¶負の数 numeri negativi
✤負号 ⇀見出し語参照
負の効用〔経〕diṣutilità[女]
負の貯蓄〔経〕rispar*mio*[男][複 *-i*] negativo

ふ 腑 ¶君の言うことは腑に落ちない. Ciò che dici non mi convince. ¶その後の彼は腑の抜けたようだ. Da allora non è stato più lui [lo stesso].

ふ 麩 prodotto[男] alimentare a baṣe di glutine di grano

ふ 譜〔音〕spartito[男] muṣicale ¶譜が読める saper leggere la muṣica

ぶ 分 **1**《1割の10分の1》percentuale[女];《記号》% ¶2分の利子 interesse del 2% [due per cento] **2**《10分の1》dieci per cento[男][複] ¶桜はまだ五分咲きだ. I ciliegi sono ancora a metà fioritura. **3**《1度の10分の1》¶彼の熱は37度8分あった. Aveva 37,8 (読み方: trentasette e otto) di febbre. **4**《優劣の形勢》¶分のいい取引 affare vantaggioso ¶分の悪い ṣvantaggioso / sfavorevole ¶この試合は日本に分がある. In questa partita il Giappone è favorito. ¶彼より君のほうに分がある. Tu sei avvantaggiato rispetto a lui.

ぶ 歩 **1**《面積の単位》*bu*[男][無変]; unità[女] di miṣura per superfici pari a ca. 3,3 m^2 (読み方: circa tre virgola tre metri quadrati)
2 ⇀歩合1

ぶ 部 **1**《部分》parte[女];《区分》settore[男], reparto[男] ¶上の部に入る成績 punteggio fra i più alti ¶第1[2]部《映画の》il primo [secondo] tempo **2**《組織体の部門》sezione[女], reparto[男], diviṣione[女];《事務系の》uffi*cio*[男][複 *-ci*];《大学の学部》facoltà[女] universitaria ¶人事部 ufficio del personale ¶医学部 facoltà di medicina **3**《クラブ, 愛好会》circolo[男];〔英〕club[男][無変] ¶テニス部に入る iscriversi a un circolo [club] di tennis **4**《数字に付いて書物, 新聞などを数える》copia[女]

ファ〔伊〕〔音〕fa[男][無変]

ファースト〔英 first〕**1**《野球の一塁》prima baṣe[女];《一塁手》prima baṣe[男] **2**《最初の》primo
✤ファーストクラス prima classe[女]
ファーストシーン prima scena[女]
ファーストネーム nome[男]
ファーストレディー〔英〕first lady[女][無変]

ファーストフード〔英 fast food〕〔英〕fast food[男][無変]

ファームウエア〔英 firmware〕《コンピュータ》〔英〕firmware[男][無変]

ぶあい 歩合 **1**《率》sag*gio*[男][複 *-gi*], tasso[男];《百分率》percentuale[女]
2《手数料》commissione[女], percentuale[女], provvigione[女], mediazione[女] ¶売り上げに対し7分の歩合を受け取る[払う] ricevere [pagare] il 7 per cento (di provvigione) sulle vendite
✤歩合給 pagamento[男] a percentuale
歩合制 siste*ma*[男][複 *-i*] di commissione ¶歩合制の販売員 personale retribuito a provvigione

ファイアウォール〔英 firewall〕《コンピュータ》〔英〕fire wall[男][無変]

ファイアストーム ¶ファイアストームをする far baldoria attorno ad un falò

ぶあいそう 無愛想 ◇無愛想な《冷たい》freddo, poco affabile;《社交的でない》asociale, chiuso;《ぶっきらぼうな》bru*sco*[[男]複 *-schi*], scontroso, ṣgarbato;《そっけない》brusco, sec*co*[[男]複 *-chi*] ¶無愛想な返事をする rispondere seccamente [bruscamente] ¶無愛想な態度で客をあしらう rivolgersi ṣgarbatamente ai clienti ¶実に無愛想な男だ. È proprio un orso.

ファイティングスピリット〔英 fighting spirit〕spirito[男] combattivo

ファイティングポーズ《格闘技の》poṣizione[女] da combattimento

ファイト〔英 fight〕energia[女];《闘争心》spirito[男] combattivo ◇ファイトのある ener*gico*[[男]複 *-ci*], dina*mico*[[男]複 *-ci*], attivo, pieno d'energia [di dinamiṣmo] ¶ファイト!《かけ声》Coraggio! / Forza! / Su! / Dai! ¶…にファイトを燃やす essere carica*to* per *ql.co.* / manifestare spirito combattivo in *ql.co.*
✤ファイトマネー《ボクシングで》borsa[女]

ファイナンス〔英 finance〕finanza[女]

ファイバー〔英 fiber〕fibra[女]
✤ファイバースコープ〔医〕endosco*pio*[男][複 *-i*] a fibre ottiche, fibrosco*pio*[男][複 *-i*]
ファイバーボード pannello[男] di fibre

ファイリング〔英 filing〕archiviazione[女], raccolta[女] a schede

ファイル〔英 file〕**1**《書類ばさみ》cartella[女] (di documenti);《金具付きの》registratore[男];《厚紙表紙の》raccoglitore[男] [classificatore[男]] (di documenti);《カード式の》schedar*io*[男][複 *-i*] ¶ファイルに綴じる inserire in un raccoglitore
2《書類などを綴じておくこと》archi*vio*[男][複 *-i*], raccolta[女] di documenti;《綴じたもの》incartamento[男] ◇ファイルする archiviare *ql.co.*, mettere *ql.co.* in archivio; schedare *ql.co.*
3《コンピュータ》〔英〕file[男][無変] ¶データファイル file di dati

✤**ファイル拡張子** estensione㊛ (di) file
ファイル管理 gestione㊛ (di) file
ファイル形式 formato㊚ del file
ファイルサーバー file server㊚[無変]
ファイル名 nome㊚ del file
ファインダー [英 finder]《カメラの》mirino㊚;《望遠鏡の》cercatore㊚ ¶カメラのファインダーをのぞく guardare nel mirino /《…をフレーミングする》inquadrare ql.co. attraverso il mirino
ファインプレー [英 fine play] prodezza㊛, bella azione㊛; bel gioco㊚;《ナイスシュート》bel tiro㊚;《ナイスパス, ナイストスなど》bella palla㊛;《ナイスキャッチ》bella presa㊛
ファウル [英 foul] **1**《スポ》fallo㊚ **2**《野球で》[英] faul㊚[無変]
ファクシミリ [英 facsimile] facsimile㊚[無変], telefax㊚[無変], fax㊚[無変]
✤**ファクシミリ伝送**《通信》trasmissione㊛ di facsimile
ファクター [英 factor] fattore㊚
ファクタリング [英 factoring]《金融》factoring㊚[無変]
ファゴット [伊]《音》fagotto㊚ ¶コントラファゴット controfagotto
✤**ファゴット奏者** fagottista㊚/㊛[㊚複 -i]
ファサード [仏 façade]《建》facciata㊛
ファジー [英 fuzzy] ◇ファジーな [英] fuzzy [無変], indeterminato, approssimativo; impreciso; sfumato; confuso; sfocato
ファジー制御 controllo㊚ fuzzy
ファジー理論 logica㊛ fuzzy
ファシスト [英 fascist] fascista㊚/㊛[㊚複 -i] ◇ファシスト的 fascista [㊚複 -i] ¶ファシスト的な考え方 un modo di pensare fascista
ファシズム [英 fascism] fascismo㊚
ファスナー [英 fastener]《服》chiusura [cerniera] lampo㊛[無変]; zip㊚[無変] ¶ファスナーをしめる[あける] chiudere [aprire] una cerniera
ぶあつい 分厚い voluminoso, grosso, spesso ¶分厚い本 libro voluminoso / librone
ファックス [英 fax] fax㊚[無変] ¶ファックスで送る spedire via fax ¶ファックス番号 numero di fax
ファッショ [伊 fascio]《ファシズム, ファシスト党》fascismo㊚
ファッショナブル [英 fashionable] ◇ファッショナブルな elegante;《流行の》di [alla] moda
ファッション [英 fashion]《服装》modo㊚ di vestire;《流行》moda㊛ ¶20年前のファッションが今また流行している. La moda di 20 anni fa è di nuovo in voga. ¶彼のファッションは時代遅れである. Il suo modo di vestire è fuori moda.
✤**ファッション雑誌** rivista㊛ di moda
ファッション産業 industria㊛ della moda
ファッションショー sfilata㊛ di moda
ファッションモデル indossatore㊚[㊛ -trice], modello㊚[㊛ -a]
ファナティック [英 fanatic]《狂信者》fanatico㊚[㊛ -ca, ㊚複 -ci] ◇ファナティックな fanatico《に per》
ファミコン videogioco㊚[複 -chi]
ファミリーレストラン ristorante㊚ economico per le famiglie
ファラデー [英 Faraday]《電》faraday㊚[無変] ¶ファラデーの法則 legge dell'induzione elettromagnetica di Faraday
ファラド [英 farad]《電》farad㊚[無変];《記号》F
ファン [英 fan]《愛好家》appassionato㊚[㊛ -a]; amatore㊚[㊛ -trice];[英] fan㊚[無変];《特にスポーツで》tifoso㊚[㊛ -a];《熱狂的な》fanatico㊚[㊛ -ca, ㊚複 -ci];《信奉者》ammiratore㊚[㊛ -trice];[英] fan㊚[㊛複 fan, fans] ¶彼は大の映画ファンだ. È un appassionato di cinema [un cinefilo].
✤**ファンクラブ** club㊚[無変] degli ammiratori [dei fans]
ファンレター lettera㊛ degli ammiratori [dei fan]《への a, per》
ファン [英 fan]《送風扇》ventilatore㊚
✤**ファンヒーター** termoventilatore㊚ ¶ガス式ファンヒーター termoventilatore a gas
ファンベルト《機》cinghia㊛ del ventilatore

ふあん 不安 ansia㊛, inquietudine㊛;《心配》apprensione㊛, preoccupazione㊛;《強い》ansietà㊛, angoscia㊛[㊛複 -sce];《不安定》insicurezza㊛ ◇不安な ansioso, inquieto; preoccupato; angosciato ¶不安な様子で con aria inquieta (ansiosa / preoccupata) ¶不安にさいなまれる essere tormentato dall'angoscia (dall'ansia) ¶不安な夜を明かす passare una notte agitata ¶息子の将来が不安です. Sono preoccupato per il futuro di mio figlio. ¶政治危機による社会不安 inquietudine sociale per la crisi politica
ファンタジー [英 fantasy] **1**《音》《幻想曲》fantasia㊛ **2**《空想力》immaginazione㊛
ふあんてい 不安定 instabilità㊛, precarietà㊛;《不確実》insicurezza㊛;《変わりやすさ》incostanza㊛ ◇不安定な instabile, precario[㊚複 -i], poco sicuro; insicuro; incostante ¶不安定な通貨 moneta instabile ¶不安定な地位 posizione precaria ¶彼は精神的に不安定な状態にある. È in una situazione di instabilità emotiva.
ファンデーション [英 foundation] **1**《化粧品の》fondotinta㊚[無変] **2**《女性用の体型を整える下着》modellatore㊚
ファンド [英 fund]《基金》fondo㊚
ふあんない 不案内《無知》ignoranza㊛;《不慣れ》mancanza㊛ di familiarità ¶現代美術にはまったく不案内です. Non ho la benché minima conoscenza [idea] dell'arte contemporanea. ¶東京は不案内です. Non sono pratico di Tokyo.
ファンファーレ [独 Fanfare] fanfara㊛ ¶ファンファーレが響き渡り, 式典は始まった. La cerimonia è iniziata al suono delle fanfare.
ふい ¶ふいにする mandare in fumo ql.co. ¶絶好のチャンスをふいにする perdere [sprecare] un'ottima occasione / farsi scappare [sfuggire] un'occasione insperata ¶努力がふいになった. Mi sono dato tanto da fare per niente. / Tutti i miei sforzi sono stati vani [andati in fumo].
ふい 不意 ◇不意の《突然の》improvviso, repentino;《不慮の》imprevisto, inatteso, inaspettato;《予告なしに》senza preavviso ◇不意に al-

l'improvviso; inaspettatamente, inopinatamente ¶不意の客 ospite inatteso ¶不意をつかれる essere preso [colto] alla sprovvista / essere colto impreparato

✤**不意打ち** attacco 男 [複 -chi] di sorpresa, sorpresa 女 ¶不意打ちをかける sorprendere qlcu. / prendere [cogliere] qlcu. di sorpresa

ぶい 部位 parte 女 ¶人体の各部位 le varie parti del corpo umano ¶肉の部位 tagli di carne

ブイ 〔英 buoy〕《浮標》boa 女;《航路標識》gavitello 男;《救命ブイ》salvagente 男

ブイアイピー VIP vip 男 [無変]

フィアンセ 〔仏 fiancé〕 fidanzato 男 [-a]

フィート 〔英 feet〕 piede 男 (▶約 30.5 cm)

フィードバック 〔英 feedback〕 **1**《電子》feedback 男 [無変]; retroazione 女;《結果を原因に反映させること》¶読者の意見を編集にフィードバックする riferire alla redazione i commenti dei lettori

✤**フィードバック制御方式**《生》sistema 男 [複 -i] di regolazione retroazionato

フィーリング 〔英 feeling〕 sentimento 男, emozione 女;《印象》impressione 女, sensazione 女;《雰囲気》atmosfera 女 ¶彼女とはなんとなくフィーリングが合わない。Non so perché, ma con lei non mi trovo molto.

フィールド 〔英 field〕 campo 男

✤**フィールドアスレチック** salti 男 [複] e lanci 男 [複]

フィールド競技 atletica 女 leggera esclusa la corsa

フィールドホッケー hockey 男 [無変] su prato

フィールドワーク ricerca 女 [indagine 女 / missione 女] sul campo, raccolta 女 diretta di dati

ブイエス vs. 《対》contro

ブイエックスガス VXガス gas 男 [無変] VX

ブイエッチエフ VHF banda 女 8, VHF 女

フィギュアスケート pattinaggio 男 artistico (su ghiaccio)

フィクション 〔英 fiction〕 fiction 女 [無変], narrativa 女;《虚構》finzione 女, invenzione 女 ¶フィクションを交えて話す raccontare esagerando [alterando] i fatti ¶この話はフィクションです。Questa storia è immaginaria [pura fantasia].

ふいご 鞴 mantice 男;《小型の》soffietto 男 ¶ふいごで風を送る tirare il mantice

ブイサイン Vサイン segno 男 di vittoria

フィズ 〔英 fizz〕《飲み物》bevanda 女 alcolica frizzante

ふいちょう 吹聴 ◇吹聴する strombazzare ql.co.;《広く知らせる》raccontare a tutti ql.co. ¶息子の出世を吹聴する vantare [decantare] i successi del proprio figlio

ふいっち 不一致 ¶《食い違い》differenza 女, discordanza 女, discrepanza 女;《不和》disaccordo 男, dissapore 男, discordia 女 ¶事件に関する2人の証言には大きな不一致が見られた。C'era una notevole discrepanza nelle due testimonianze riguardo l'incidente. ¶性格の不一致 incompatibilità di carattere

フィット 〔英 fit〕 ¶体にぴったりフィットする服《デザインが》abito aderente [attillato] /《サイズが》abito della giusta misura

フィットネス 〔英 fitness〕 fitness 女 [無変]

✤**フィットネスクラブ** palestra 女

ブイティーアール VTR videoregistratore 男;《録画した像》videoregistrazione 女

ふいと ¶彼はふいと家を出たきり帰って来なかった。Se n'è andato all'improvviso di casa e non è più tornato.

ぷいと ¶彼女はぷいと横を向いてしまった。Volse la testa altrove, imbronciata.

フィナーレ 〔伊〕 **1**《音・劇》finale 男 **2**《最終場面, しめくくり》la fase 女 finale

フィニッシュ 〔英 finish〕 **1**《仕上げ》finitura 女, rifinitura 女 **2**《スポ》finale 男 ¶体操選手は見事なフィニッシュを決めた。《着地》L'atleta ha fatto un eccellente atterraggio.

ブイネック Vネック《服》scollo 男 a V

フィフティーフィフティー 〔英 fifty-fifty〕《半分》metà 女;《50 %》il cinquanta per cento 男;《確率が》equa possibilità 女 ¶儲けはフィフティーフィフティーにしよう。Dividiamo il guadagno a metà. / Del ricavato facciamo metà e metà. ¶成功の見込みはフィフティーフィフティーだ。Abbiamo una possibilità di successo del cinquanta per cento. ¶これでフィフティーフィフティーだ。《あいこ》Così, siamo alla pari.

ブイヤベース 〔bouillabaisse〕《料》bouillabaisse 女 [無変]; zuppa 女 di pesce

フィヨルド 〔ノルウェー語 fjord〕 fiordo 男

ブイヨン 〔仏 bouillon〕《煮出し汁》brodo 男;《固形の》dado 男 (per brodo)

フィラメント 〔英 filament〕《電》filamento 男

フィラリア 〔英 filaria〕《医》filaria 女

✤**フィラリア症** filariosi 女 [無変]

ふいり 不入り ¶その興行は不入りであった。Lo spettacolo ha avuto (uno) scarso afflusso di pubblico.

フィルター 〔英 filter〕 filtro 男 ¶フィルター付きの[なしの]タバコ sigarette con [senza] filtro ¶コーヒー用フィルター filtro da caffè

フィルハーモニー 〔独 Philharmonie〕《音》filarmonica 女 ◇フィルハーモニーの filarmonico 男 [複 -ci]

✤**フィルハーモニーオーケストラ** orchestra 女 filarmonica

フィルム 〔英 film〕《写》pellicola 女; rullino 男;《映画作品》film 男 [無変] ¶カラー[白黒]フィルム pellicola「a colori [in bianco e nero] ¶35 ミリフィルム pellicola [rullino 男] da 35 mm ¶カメラにフィルムを入れる caricare una macchina fotografica ¶フィルムを現像する sviluppare una pellicola ¶フィルムに収める《写真》fare una fotografia [una ripresa] /《映画など》girare un film / filmare ql.co.

✤**フィルムバッジ**《放射線測定の》pellicola 女 dosimetrica

フィルムライブラリー《映》cineteca 女

フィン 〔英 fin〕《潜水用足びれ, サーフボードの垂直安定板》pinna 女

フィン 〔英 finn〕《船》〔英 finn 男 [無変]

フィン 部員 membro 男 [socio 男 -cia; 男 複 -ci; 女 複 -cie] (di un circolo)

フィンガー 〔英 finger〕《空港の》terrazzo 男

✤**フィンガーボール** sciacquadita 男 [無変], coppetta⊕ lavadita [無変]

ふう ¶ふうと深い息をついた。Ha sospirato profondamente.

ふう 封 ◇封をする chiudere; 《封印する》sigillare ¶手紙の封をする chiudere una busta [una lettera] ¶封を切る rompere il sigillo

ふう 風 1《風習》costume⊕, uso⊕, usanza⊕ ¶土地のふうになじむ abituarsi agli usi di un paese / ambientarsi
2《様式》stile⊕;《型》tipo⊕;《傾向》tendenza⊕ ¶ピカソふうの絵 quadro che imita lo stile di Picasso
3《方法》modo⊕, maniera⊕ ¶こういうふうにしてください。Faccia in questo modo. ¶イタリアふうの料理 cucina all'italiana
4《風貌》aspetto⊕, immagine⊕;《外見》apparenza⊕;《様子》aria⊕, modi⊕ ¶会社員ふうの男 un uomo che ha l'aria di un impiegato ¶そんなふうには見えなかった。Eppure non mi sembrava così.
5《態度, そぶり》¶そしらぬふうをきめこむ far finta di non sapere ¶利いたふうな口をきくな。Non parlare come se fossi il solo ad aver capito tutto. / Non fare il saccente.

ぶう ぶうとおならをした。《俗》Ha scorreggiato. / Ho lasciato andare una scorreggia.

ぶう 1《音》¶ぶうとらっぱを鳴らす suonare una tromba 2《膨れる様子》¶おもちがぶうっと膨れてきた。Il *mochi* si è gonfiato.

ふうあい 風合 ¶この生地は麻のような風合である。Questo tessuto al tatto sembra lino.

ふうあつ 風圧 pressione⊕ di vento ¶風圧に耐える sopportare la spinta del vento
❖風圧計 anemometro⊕
風圧中心 centro⊕ di pressione del vento

ふうい 風位 direzione⊕ del vento

ふういん 封印 ◇封印する sigillare *ql.co.*, mettere [applicare / apporre] i sigilli a *ql.co.*;《比喩的》mettere una pietra sopra; chiudere forzatamente ¶事件を封印する chiudere forzatamente un caso
❖封印破棄《法》violazione⊕ dei sigilli

ブーイング〔英 booing〕fischi⊕ [複] ◇ブーイングをする fischiare ¶その俳優は舞台に出たとたんブーイングをされた。Quell'attore, appena salito sul palcoscenico è stato fischiato.

ふうう 風雨 vento⊕ e pioggia⊕
❖風雨注意報《気》avviso⊕ [previsione⊕] di tempesta

ふううん 風雲 ¶風雲急を告げる。La situazione precipita.
❖風雲児 avventuriero⊕ [⊕ -a]

ふうか 風化 1《風や水による》erosione⊕;《岩石の》disgregazione⊕;《化》efflorescenza⊕;《工》alterazione⊕ superficiale ◇風化する disgregarsi; formare un'efflorescenza ◇風化させる erodere *ql.co.*
2《記憶の》¶風化した記憶 ricordo sbiadito ¶戦争体験を風化させてはならない。Le esperienze di guerra non devono cadere nell'oblio.

ふうが 風雅 raffinatezza⊕, eleganza⊕ ◇風雅な raffinato, elegante

フーガ〔伊〕《音》fuga⊕

ふうかい 風解《化》efflorescenza⊕

ふうがい 風害 danno⊕ causato dal vento

ふうかく 風格 1《人柄》personalità⊕, carattere⊕ ¶彼女には女王の風格がある。Lei ha un aspetto regale [《少し高慢な感じ》da regina].
2《字や文章の趣》gusto⊕; *proprio* stile⊕, carattere⊕ ¶風格のある文章だ。Ha un modo di scrivere che rivela carattere.

ふうがわり 風変わり ◇風変わりな bizzarro, strano, curioso;《常軌を逸した》eccentrico [複 -ci];《特異な》singolare, originale, stravagante ¶風変わりな人 persona originale / individuo eccentrico ¶彼は風変わりな服装をしている。Indossa abiti originali [stravaganti].

ふうき 風紀《規律》disciplina⊕;《道徳》buon costume⊕ ¶風紀を乱す corrompere i costumi ¶風紀を取り締まる imporre la disciplina

ふうきり 封切り《映画》prima visione⊕ ¶あの映画は2月に封切りとなる。Quel film andrà nelle sale in febbraio.
❖封切り映画 film⊕ [無変] di [in] prima visione
封切り映画館 cinema⊕ [無変] [sala⊕] di prima visione

ふうきる 封切る ¶この映画は来週封切られる。Questo film verrà presentato al pubblico (a partire dal)la settimana prossima.

ブーケ〔仏 bouquet〕〔仏〕bouquet⊕ [無変]; mazzolino⊕ di fiori

ふうけい 風景 paesaggio⊕ [複 -gi], panorama⊕ [複 -i], scena⊕, vista⊕, veduta⊕ ¶風景の美しさ bellezza paesaggistica ¶選手たちの練習風景 scena di atleti che si esercitano ¶絵のように美しい風景だ。E un paesaggio pittoresco.
❖風景画 paesaggio⊕ [複 -gi]
風景画家 paesaggista⊕ [男⊕ -i]

ふうげつ 風月 bellezze⊕ [複] naturali [della natura] ¶風月を愛(め)でる godere le [delle] bellezze della natura ¶風月を友として生きる。Vive tutto solo con la natura come sua unica compagna.

ブーゲンビリア〔ラ bougainvillea〕《植》buganvillea⊕

ふうこう 風光 ¶風光明媚の地 luogo [zona] dal paesaggio magnifico [stupendo]

ふうこう 風向 direzione⊕ del vento
❖風向計 anemoscopio⊕ [複 -i]
風向指示器 indicatore⊕ di direzione del vento

ふうさ 封鎖《閉鎖》blocco⊕ [複 -chi];《経》《凍結》congelamento⊕ ◇封鎖する bloccare; congelare ¶経済封鎖 blocco economico ¶封鎖を解く togliere [levare] il blocco (di *ql.co.*) / sbloccare *ql.co.* ¶道路を封鎖する chiudere [bloccare] una strada ¶封鎖を破る forzare [rompere] il blocco ¶預金を封鎖する bloccare [congelare] un conto bancario

ふうさい 風采 aria⊕, apparenza⊕, aspetto⊕ ¶風采の上がらない男《平凡な》uomo「dall'aspetto comune [《存在感のない》insignificante / 《ぱっとしない》poco brillante] ¶彼は何を着ても風采が上がらない。In qualsiasi modo si vesta, resta sempre scialbo.

ふうし 風刺 satira⊕;《警句的な》epigramma⊕ [複 -i] ¶風刺する fare la satira di *qlcu.*

[*ql.co.*], lanciare una satira contro *qlcu.* [*ql.co.*];《笑いものにする》ridicolizzare *qlcu.* [*ql.co.*] ◇風刺的 satirico [男複 *-ci*] ¶痛烈な風刺 satira mordente [pungente]

❖**風刺画** caricatura

風刺画家 caricaturist*a*㊚ [男複 *-i*]

風刺作家 scritt*ore*㊚ [㊛ *-trice*] [aut*ore*㊚ [㊛ *-trice*]] satirico

風刺小説 rom*a*nzo㊚ satirico

ふうじこめる 封じ込める《閉じ込める》rinchiudere, bloccare;《押さえ込む》contenere, frenare ◇封じ込め blocco㊚ [複 *-chi*] ¶敵を封じ込める contenere [bloccare] il nemico

❖**封じ込め政策** politica㊛ di contenimento [di arginamento]

ふうしゃ 風車 mulino㊚ a vento

ふうしゅう 風習 costume㊚, uso㊚, usanza㊛ ¶土地の風習に従う rispettare gli usi e i costumi di un paese ¶風習を破る violare gli usi e i costumi

ふうしょ 封書 lettera㊛ chiusa

ふうしょく 風食 erosi*o*ne㊛ e*o*lica

ふうじる 封じる **1**《封をする》sigillare **2**《封鎖する》bloccare ¶逃げ道を封じる chiudere ogni via di fuga **3**《活動を押さえ込む》¶口を封じる chi*u*dere la b*o*cca a *qlcu.* / rid*u*rre *qlcu.* al sil*e*nzio / imp*o*rre il sil*e*nzio a *qlcu.* /《買収して》compr*a*re il sil*e*nzio di *qlcu.* ¶敵の反撃を封じる impedire al nemico di contrattaccare

ふうしん 風疹《医》rosolia㊛, rube*o*la㊛

ブース [英 booth]《展示会・見本市などの》stand㊚ [無変];《小部屋》cabina㊛;《LL 教室の》cabina㊛ di laboratorio linguistico

ふうすいがい 風水害 danni㊚ [複] provocati da una tempesta

ブースター [英 booster] razzo propulsore, veicolo㊚ di lancio;《ブースターエンジン》motore㊚ ausiliari*o*㊚ [複 *-i*]

ふうせつ 風雪 **1**《風と雪》vento e neve㊛;《吹雪》tempesta㊛ [bufera㊛] di neve /《高い山の》tormenta㊛ ¶この建物は5世紀にわたる風雪に耐えてきた. Questo edificio ha sfidato le [retto alle] intemperie per cinque secoli. **2**《人生の苦労や困難》traversie㊛ [複] ¶風雪に耐える sopportare le traversie della vita

❖**風雪注意報** avviso㊚ di bufera di neve

ふうせん 風船 palloncino㊚;《気球》pallone㊚ (aerost*a*tico㊚ [複 *-ci*]), aerost*a*to㊚, mongolfi*e*ra㊛ ¶紙風船 palloncino di carta ¶風船をふくらます gonfiare un palloncino ¶風船を飛ばす far volare [lanciare] un palloncino

❖**風船ガム** bubble gum㊚ [無変]

ふうぜんのともしび 風前の灯火 ¶会社の運命は風前のともしびだ. L'azienda è in condizioni molto precarie. ¶彼の命はもはや風前のともしびだ. Lui è ormai in fin di vita.

ふうそう 風葬 ¶風葬にする lasciar decomporre un cadavere esponendolo agli elementi (naturali)

ふうそく 風速 velocità㊛ del vento ¶最大瞬間風速40メートルの台風 tifone la cui velocità massima del vento raggiunge i 40 metri al secondo

❖**風速計** anem*o*metro㊚

ふうぞく 風俗 **1**《風習》usi㊚ [複], costumi㊚ [複], usanze㊛ [複] ¶古代ローマ時代の風俗 usi e costumi dell'antica Roma **2**《社会の風紀》moralità㊛ pubblica; morale㊛ ¶風俗を乱すnell*a* della morali*tà* pubblica

❖**風俗営業** gestione㊛ di luoghi di divertimento quali locali a luci rosse e sale da gioco

風俗営業取締法 la legge per la regolamentazione della gestione dei luoghi di divertimento

風俗画 dipinto㊚ di costume

風俗小説 romanzo㊚ di costume

ふうたい 風袋 tara㊛;《包装》imballaggio㊚ [複 *-gi*];《ケース》recipiente㊚, contenitore㊚ ¶風袋込み [抜き] 重量 peso lordo [netto] ¶風袋を量る [差し引く] calcolare [togliere] la tara

ふうちちく 風致地区 zona㊛ regolata da particolare legislazione per proteggerne le bellezze naturali

ふうちょう 風潮《傾向》tendenza㊛;《時勢》corrente㊛;《志向》gusti㊚ [複] ¶世の風潮に従う seguire la tendenza [i gusti] dei tempi ¶世の風潮に逆らう andare contro corrente [la tendenza dei tempi]

ブーツ [英 boots] stivali㊚ [複];《アンクルブーツ》stivaletti㊚ [複]

ふうてい 風体 apparenza㊛, aspetto㊚, arie㊛ [複] ¶怪しい風体の男 un uomo dall'aria sospetta ¶男はみすぼらしい風体をしていた. L'uomo aveva un aspetto trasandato.

ふうど 風土 clim*a*㊚ [複 *-i*] e ambiente㊚ ¶日本の風土になじむ acclimatarsi [abituarsi / adattarsi] al Giappone ¶精神的風土 clima intellettuale

❖**風土学** climatologia㊛

風土病《医》endemia㊛

フード [英 food] cibo㊚, alimento㊚ ¶ペットフード cibi per animali domestici

❖**フードセンター** centro㊚ [《マーケット》mercato㊚] alimentare

フードプロセッサー robot㊚ [無変] da cucina, tritatutto㊚ [無変]

フード [英 hood] **1**《服》cappuccio㊚ [複 *-ci*] ¶フード付きのオーバー cappotto col cappuccio ¶フードをかぶる mettersi il cappuccio **2**《換気扇の》cappa㊛ **3**《レンズフード》paraluce㊚ [無変], parasole㊚ [無変] **4**《自動車のボンネット》cofano㊚

ふうとう 封筒 busta㊛;《パッキング入りの》bust*a*㊛ imbottita ¶封筒の表にあて名を書く scrivere l'indirizzo sulla busta

ふうどう 風洞 tunnel㊚ [無変] aerodin*a*mico㊚ [複 *-ci*], galleria㊛ del vento

❖**風洞実験** prova㊛ nel tunnel aerodinamico

プードル [英 poodle] barbone㊚;《小型》barboncino㊚ 一犬 図版

ふうにゅう 封入 ◇封入する《同封する》allegare *ql.co.* (《in a》);《封じ込める》sigillare

ふうは 風波 vento㊚ e onde㊛ [複] ¶海上は風波が高いでしょう. I mari saranno mossi.

ふうばい 風媒 anemofilia㊛ ◇風媒の anem*o*filo

❖**風媒花** fiore㊚ anem*o*filo

風媒植物 piant*a*㊛ anemofila

ふうび 風靡 ¶一世を風靡する avere un successo strepitoso ¶一世を風靡した女優 attrice che ha segnato un'epoca

ブービーしょう ブービー賞 premi*o*㊚ per il penultimo posto

ふうひょうひがい 風評被害 dann*i*㊚[複] dovuti a "dicerie [voci infondate]

ふうふ 夫婦 coniug*i*㊚[複], marito e mogli*e*㊛[複 -*gli*], spos*i*㊚[複], copp*ia*㊛ ◇夫婦の coniugale ¶若夫婦 giovane coppia ¶老夫婦 coppia anziana ¶妹夫婦 la sorella minore e suo marito ¶円満な夫婦 coppia unita ¶似合いの夫婦 sposi ben assortiti ¶夫婦になる sposarsi / diventare marito e moglie ¶夫婦気取りである comportarsi come marito e moglie ¶夫婦の約束をする scambiarsi una promessa di matrimonio ¶夫婦仲がいい. Quei coniugi vanno d'accordo.
❖**夫婦げんか** litig*io*㊚[複 -*gi*] coniugale ¶夫婦げんかは犬も食わない. "Tra moglie e marito non mettere il dito."
夫婦別姓 coniug*i*㊚[複] con cognomi diversi

フープ 〔英 hoop〕 **1**《玩具》cerch*io*㊚[複 -*chi*] **2**《服》crinolina

ふうふう **1**《息を吐く様子》¶熱すぎるスープをふうふう吹いて冷ます soffiare sulla minestra troppo calda per raffreddarla ¶階段をふうふう言いながら昇る salire le scale affannosamente
2《大変な様子》¶忙しくてふうふう言っている. È sovraccaricato [oberato] di lavoro fino al collo.

ぶうぶう **1**¶ぶうぶうと豚が鳴く grugnire㊆[*av*] (►鳴き声は grugnito) ¶自動車がぶうぶうとうるさい. Il clacson delle macchine fanno chiasso. ¶ぶうぶう言う《不平》brontolare㊆[*av*] / borbottare㊆[*av*] /《抗議》protestare㊆[*av*]

ふうぶつ 風物 ¶日本の風物 caratteristiche naturali e culturali del Giappone
❖**風物詩** ¶蛍は夏の風物詩だ. Le lucciole sono il complemento immancabile di una sera estiva.

ふうぼう 風貌 ar*ia*㊛, aspett*o*㊚;《動作》portament*o*㊚ ¶貴族の風貌がある avere l'aria nobile [aristocratica]

ふうぼうガラス 風防ガラス《自動車の》parabrezz*a*㊚[無変]

ふうみ 風味《香味》arom*a*㊚[複 -*i*], fragranz*a*㊛, profum*o*㊚;《味》gust*o*㊚, sapor*e*㊚ ¶レモンは紅茶に風味を添える. Il limone aggiunge aroma al tè.

ブーム 〔英 boom〕boom㊚[無変]; rapida espansion*e*㊛ ¶海外旅行[ベビー]ブーム il boom 「dei viaggi all'estero [delle nascite] ¶ブームに乗じる approfittare del boom ¶ブームになる essere di gran moda ¶ブームに踊らされる farsi coinvolgere dall'entusiasmo generale ¶ブームが過ぎた. Il boom è finito.

ブーメラン 〔英 boomerang〕〔英〕boomerang㊚[無変]
❖**ブーメラン効果**《経》effett*o*㊚ boomerang

ふうらいぼう 風来坊 vagabond*o*㊚[㊛ -*a*], girovag*o*㊚[㊛ -*ga*;㊚複 -*ghi*]

フーリガン 〔英 hooligan〕《サッカーの試合など で》〔英〕hooligan㊚[無変]

ふうりゅう 風流 ◇風流な《優雅な》elegante;《趣のある》di bu*on* gusto;《洗練された》raffinato ¶風流な庭 un giardino sistemato con gusto ¶風流を解しない. Non sa apprezzare le cose raffinate.

ふうりょく 風力 forz*a*㊛ del vento;《速度》velocità del vento ¶南西の風, 風力4 vento di sud-ovest di forza 4
❖**風力計** anemometro
風力発電 produzion*e*㊛ di energia eolica
風力発電所 central*e*㊛ eolica

ふうりん 風鈴 campanell*a*㊛ che tintinna al vento

プール 〔英 pool〕 **1**《水泳の》piscin*a*㊛ ¶屋内[温水]プール piscina coperta [riscaldata]
2《貯え》◇プールする mettere *ql.co.* "in comune [insieme], raggruppare *ql.co.* **3**《企業連合》pool㊚[無変]; consorz*io*㊚[複 -*i*], sindacato
❖**プールサイド** bord*o*㊚ della piscina
プール開き apertur*a*㊛ di una piscina

ふうろう 封蝋 sigill*o*㊚ di cera, ceralacc*a*㊛ ¶手紙を封蝋で封じる sigillare una lettera con la cera

ふうん ¶ふうん, そうなの.《疑いの気持ちで》Hum, ah sì?

ふうん 不運 sfortun*a*㊛, malasort*e*㊛;《逆境》avversità ¶不運な sfortunato ¶不運にも per sfortuna, sfortunatamente ¶不運と諦める rassegnarsi al *proprio* destino [alla sorte] ¶私の一生は不運続きだった. La mia vita è stata un susseguirsi di avversità.

ぶうん 武運 ¶武運つたなく戦死した. La sorte gli fu avversa e morì in battaglia.

ぶうん ¶ぶうんとみつばちが飛んでいる. Le api ronzano attorno. ¶ぶうんと飛行機が飛んでいる. L'aereo vola rombando sopra di noi.

ふえ 笛《警笛, ホイッスル》fischiett*o*㊚;《楽器》flaut*o*㊚, piffer*o*㊚ ¶縦[横]笛 flauto dolce [traverso] ¶笛を吹く suonare il flauto
〖慣用〗笛吹けども踊らず È come predicare al vento [al deserto].
❖**笛吹き** pifferai*o*㊚[㊛ -*ia*;㊚複 -*i*];《フルート奏者》flautist*a*㊚[㊛複 -*e*;㊚複 -*i*]

フェア 〔英 fair〕 **1**《公正なこと》◇フェアな leale, corretto ◇フェアに lealmente ¶フェアにやろう. Comportiamoci lealmente. / Giochiamo pulito. ¶それはフェアではない. Questo non è corretto [leale / bello] da parte tua. **2**《野球で》pall*a*㊛ valida **3**《見本市》fier*a*㊛, salon*e*㊚ ¶食品フェア fiera alimentare
❖**フェアプレー**〔英〕fair play㊚[無変]; gioco leale [corretto]

フェイクファー 〔英 fake fur〕pellicc*ia*㊛[複 -*ce*] finta [sintetica / ecologica]

ふえいせい 不衛生 ◇不衛生な《健康でない》malsano, insalubre; antigienico㊚[㊚複 -*ci*] ¶不衛生な食べ物 cibo malsano ¶不衛生な食堂 ristorante sporco

フェイルセーフシステム 〔英 fail-safe system〕sistem*a*㊚ di fail-safe

フェイント 〔英 feint〕《スポ》fint*a*㊛ ¶フェイントをかける fare una finta

フェードアウト 〔英 fade-out〕《映》dissolvenza㊛ in chiusura; 《テ》diminuzione㊛ graduale di intensità; 《音》diminuzione㊛ graduale del suono

フェードイン 〔英 fade-in〕《映》dissolvenza㊛ in apertura; 《テ》aumento㊚ graduale di intensità; 《音》aumento㊚ graduale del suono

フェーンげんしょう フェーン現象 《気》〔独 föhn〕[無変]

ふえき 賦役 〔仏〕corvée㊛[無変]

フェザーきゅう フェザー級 《スポ》《ボクシングの》peso㊚ piuma

フェスティバル 〔英 festival〕festival [festival]㊚[無変]

ふえて 不得手 ◇不得手な debole ¶不得手な科目は数学です. Sono debole in matematica. ¶ウイスキーは不得手です. Non sono un grande fan del whisky.

フェティシズム 〔英 fetishism〕feticismo㊚

フェニキア 《史》Fenicia㊛
◇フェニキアの fenicio[㊚複 -ci;㊛複 -cie]
✤フェニキア人 fenicio㊚[㊛ -cia;㊚複 -ci;㊛複 -cie]
フェニキア文字 alfabeto㊚ fenicio

フェニックス 〔ラ phoenix〕**1**〈不死鳥〉(araba) fenice㊛ **2**〈植〉fenice㊛

フェノール 〔英 phenol〕《化》fenolo㊚, acido㊚ fenico
✤フェノールフタレイン fenolftaleina㊛

フェミニスト 〔英 feminist〕**1**〈男女同権論者〉femminista㊚㊛[㊚複 -i] **2**〈女性に親切な男性〉uomo㊚[複 uomini] galante (con le donne)

フェミニズム 〔英 feminism〕**1**〈男女同権論〉femminismo㊚ (▶男性優位論は maschilismo㊚) **2**〈女性を大切にする主義〉galanteria㊛, cavalleria㊛

フェリー 〔英 ferry〕〔英〕ferry-boat㊚[無変]; traghetto㊚

ふえる 増える・殖える **1**〈数・量が多くなる〉aumentare㊀[es], crescere㊀[es] ¶体重が5キロ[70キロ]に増えた. Il mio peso è aumentato «di 5 kg [a 70 kg]». ¶この辺は最近ずいぶん家が増えた. In questo quartiere il numero delle abitazioni è aumentato notevolmente negli ultimi tempi. ¶海外旅行をする人の数は毎年増えている. Aumenta ogni anno il numero di coloro che fanno viaggi all'estero. ¶彼の所得は6倍に増えた. Il suo reddito (si) «è sestuplicato [è aumentato di sei volte]».
2〈繁殖する〉prolificare㊀[av], moltiplicarsi; 《広がる》propagarsi ¶松は種で殖える. I pini si propagano tramite semi.

フェルト 〔英 felt〕《織》feltro㊚
✤フェルトペン pennarello㊚
フェルト帽 (cappello㊚ di) feltro㊚

フェルマータ 〔伊〕《音》fermata㊛, corona㊛, punto㊚ coronato

フェルミウム 〔英 fermium〕《化》fermio㊚; 《元素記号》Fm

フェロモン 〔英 pheromone〕feromone㊚

ふえん 敷衍 ◇敷衍する〈意味をおし広げる〉estendere il significato di ql.co., sviluppare [svolgere] ql.co.; 〈詳しく説明する〉parafrasare ql.co., spiegare ql.co. ulteriormente ¶敷衍して説明する spiegare ql.co. più dettagliatamente [particolareggiatamente]

フェンシング 〔英 fencing〕《スポ》scherma㊛ ◇フェンシングをする tirare di scherma ¶サーブル[エペ/フルーレ]フェンシング scherma di sciabola [di spada / di fioretto]
✤フェンシング選手 schermitore㊚[㊛ -trice]

フェンス 〔英 fence〕〈囲い〉recinto㊚; 〈競技場などの〉rete㊛ di protezione; 〈金網〉rete㊛ metallica ¶フェンスを張る mettere una rete metallica a ql.co. / recintare ql.co.

フェンダー 〔英 fender〕《車》parafango㊚ [-ghi]

フェンネル 〔英 fennel〕《植》finocchio㊚[複 -chi]

ぶえんりょ 無遠慮 《配慮のないこと》mancanza㊛ di riguardo, indiscrezione㊛; 〈不作法〉maleducazione㊛, scortesia㊛; 〈厚かましいこと〉sfrontatezza㊛, sfacciataggine㊛, disinvoltura㊛ ◇無遠慮な indiscreto; maleducato, scortese; sfrontato, sfacciato, senza ritegno; disinvolto ◇無遠慮に sfrontatamente; indiscretamente; disinvoltamente ¶無遠慮にも…する avere la faccia «tosta [di bronzo]» di+不定詞 ¶無遠慮な質問をする fare una domanda indiscreta

フォア 〔英 four〕〈ボート競技〉quattro㊚

フォアグラ 〔仏 fois gras〕《料》fois gras㊚[無変]; fegato㊚ d'oca

フォアハンド 〔英 forehand〕《スポ》dritto㊚, diritto㊚

フォーカス 〔英 focus〕《写》fuoco㊚[複 -chi]

フォーク 〔英 fork〕forchetta㊛ ¶ナイフとフォーク le posate (▶「スプーン」も含む)
✤フォークリフト carrello㊚ elevatore a forca

フォークソング 〔英 folk song〕〈民謡〉canto㊚ folcloristico[複 -ci]; 〈フォーク〉〔英〕folk-song㊚[無変]

フォークダンス 〔英 folk dance〕danza㊛ folcloristica

フォークロア 〔英 folklore〕folclore㊚

フォービスム 〔仏 fauvisme〕《美》fauvismo [fovízmo]㊚ ◇フォービスムの 〔仏〕fauve[無変]

フォーマット 〔英 format〕《書式》formato㊚ ◇フォーマットする《コンピュータ》formattare

フォーマル 〔英 formal〕formale, ufficiale ¶フォーマルなパーティ ricevimento ufficiale
✤フォーマルウェア abito㊚ da cerimonia

フォーミュラカー 〔英 formula car〕macchina㊛ da corsa

フォーム 〔英 form〕**1**〈形式〉modulo㊚, formulario㊚[複 -i] ¶書類の正式なフォーム modulo ufficiale per documenti
2《スポ》〈姿勢〉stile㊚ ¶彼はフォームが崩れている. Il suo stile si è scomposto.

フォームラバー 〔英 foam rubber〕gomma-piuma㊛[無変] (▶商標)

フォーメーション 〔英 formation〕《スポ》formazione㊛ ¶フォーメーションを組む schierarsi in formazione

フォーラム 〔英 forum〕〔英〕forum㊚[無変]; 《古代ローマの》《史》foro㊚; 〈公開討論〉discussione㊛ aperta al pubblico ¶シネフォーラム cine-

フォール 〔英 fall〕《レスリング》schienata㊛ ¶フォールする atterrare qlcu. ¶フォール勝ちする vincere per atterramento dell'avversario

フォールト 〔英 fault〕《テニス》fallo㊚ ¶ダブルフォールト doppio fallo

フォグランプ 〔英 fog lamp〕《車》faro㊚ antinebbia〔無変〕, fendinebbia〔無変〕

フォックステリア 〔英 fox-terrier〕〔英〕fox-terrier㊚〔無変〕→犬 図版

フォッサマグナ 〔ラ Fossa Magna〕〔地質〕la Fossa㊛ Magna (→nome usato in geologia per indicare la spaccatura che percorre il Giappone nel centro da nord a sud)

フォト 〔英 photo〕fotografia㊛
❖**フォトコンテスト** concorso㊚ di fotografia
フォトCD cd㊚〔無変〕che contiene foto digitali
フォトジェニック fotogenico〔複 -ci〕¶フォトジェニックな顔 volto fotogenico
フォトスタジオ studio㊚〔複 -i〕fotografico〔複 -ci〕
フォトストーリー fotoromanzo㊚

ぶおとこ 醜男 uomo㊚〔複 uomini〕brutto

フォトダイオード 〔英 photodiode〕〔電子〕fotodiodo㊚

フォトトランジスター 〔英 phototransistor〕〔電子〕fototransistore㊚

フォルダ 〔英 folder〕《コンピュータ》cartella㊛

フォルテ 〔伊〕《音》forte ;《記号》f
❖**フォルテピアノ** 《音》forte-piano ;《記号》fp

フォルティシモ 〔伊〕《音》fortissimo㊚ ;《記号》ff

フォロー 〔英 follow〕**1**《スポ》◇フォローする seguire **2**《事件などを追い続ける》¶大臣の動向をフォローする seguire i passi [i movimenti] del ministro **3**《めんどうをみる》¶彼をフォローしてやれ. Stagli dietro. ¶彼の仕事をフォローしてくれ. Dagli una mano nel lavoro!
❖**フォロースルー** 《ゴルフの》accompagnamento㊚ del colpo ;《テニスなどの》movimento㊚ di chiusura

フォワード 〔英 forward〕《スポ》《人》attaccante㊛ ;《サッカー》punta㊛, attaccante㊛ ;《ラグビー, 水球》avanti㊚〔無変〕¶《ポジション》posizione㊛ avanzata ¶センターフォワード《人》centravanti㊚〔無変〕

フォン 〔英 phon〕→ホン

ふおん 不穏 ◇不穏な inquietante, allarmante, preoccupante ;《おびやかす》minaccioso ;《反乱の》sovversivo, sedizioso ¶不穏な空気 atmosfera carica di tensione ¶彼らは不穏な行動に出た. Hanno assunto un comportamento minaccioso [《暴力的な》bellicoso].
❖**不穏分子** elementi㊚〔複〕perturbatori [sediziosi], perturbatore㊚〔複 -trice〕
不穏文書 scritto㊚ sedizioso

フォンデュ 〔仏 fondue〕《料》fondue㊛〔無変〕; fonduta㊛

フォント 〔英 font〕《コンピュータ》〔英 font㊚〔無変〕

ふおんとう 不穏当 ◇不穏当な《不適当な》improprio㊚〔複 -i〕, inappropriato ;《公正でない》ingiusto ¶不穏当な措置 provvedimento iniquo ¶不穏当な要求 richiesta irragionevole

ふか 不可 **1**《よくないこと》¶可もなく不可もなく, といったところかな. Così e così. / Né buono né cattivo. / Né male né bene. **2**《評点》voto㊚ insufficiente, insufficienza㊛ →成績〔参考〕¶英語で不可を取る essere insufficiente in inglese

ふか 付加 ◇付加する aggiungere ql.co.《に a》
❖**付加価値** valore㊚ aggiunto
付加価値税 《イタリアの》Imposta㊛ sul Valore Aggiunto ;《略》IVA [iva]㊛
付加税 sovrattassa㊛, imposta㊛ addizionale

ふか 負荷 **1**《担うこと》◇負荷する incaricarsi, addossarsi ¶責任を負荷する addossarsi una responsabilità **2**《電》carico㊚〔複 -chi〕

ふか 孵化 《抱卵》cova㊛, incubazione㊛ ;《卵がかえること》schiusa㊛, schiudimento㊚ ¶孵化する schiudersi ◇孵化させる far schiudere le uova (di ql.co.) ¶人工孵化 incubazione artificiale ¶人工孵化器 incubatrice ¶にわとりの卵が孵化した. L'uovo della chioccia si è schiuso. / Il pulcino è uscito dal guscio.

ふか 賦課《義務・税などの》imposizione㊛ ◇賦課する imporre una tassa a qlcu. [su ql.co.];《査定する》gravare qlcu. [ql.co.] d'imposta
❖**賦課額** ammontare㊚ tassato

ふか 鱶《魚》pescecane㊚〔複 pescicani, pescecani〕;《一般に》squalo㊚

ふか 部下 subordinato㊚〔複 -a〕, subalterno㊚〔複 -a〕, dipendente㊛ ¶彼は部下思いだ. È gentile con i subordinati. ¶彼は有能な部下を持っている. Ha validi collaboratori.

ふかい 不快 ◇不快な《不愉快な》spiacevole, sgradevole ;《いやな》disgustoso ¶不快なにおい odore㊚ sgradevole / puzzo ¶不快な音 suono sgradevole [fastidioso] / rumore ¶不快な印象を与える dare un'impressione cattiva [negativa / sgradevole] ¶彼は不快な顔をした. Ha fatto una faccia disgustata.
❖**不快指数** indice㊚ di temperatura-umidità

ふかい 深い **1**《底までの隔たりが大きい》profondo →深さ ¶深い海 mare profondo ¶深い鍋 pentola alta ¶深い皿 piatto fondo ¶深く掘る scavare in profondità ¶雪が深く積もった. La neve è caduta in abbondanza. ¶この水は地の底深くから湧いている. Quest'acqua sgorga dalla profondità [dal profondo] della terra.
2《奥までの距離が長い》¶森の奥深く入り込む addentrarsi nel profondo [nel fitto / nel folto] della foresta ¶深い傷 ferita profonda
3《程度が大きい》¶深い眠り sonno profondo ¶欲の深い人 persona avida ¶彫りの深い顔 viso dai lineamenti marcati ¶深く考える pensare intensamente [a fondo] ¶我々は彼の死を深く悲しむ. La sua morte ci rattrista profondamente.
4《濃い》¶深い緑 verde scuro [intenso] ¶霧が深い. C'è una nebbia densa [fitta].
5《盛りとなる》¶秋も深くなった. È autunno inoltrato.
6《関わりが強い》¶深い仲 rapporto intimo [stretto] ¶あの2人は深い仲になった. Quei due

hanno raggiunto una profonda intimità.

ぶかい 部会 《部の会合》 incontro[男] [riunione [女]] di un gruppo ; 《部門別の会合》 sezione[女]

ぶがい 部外 ¶この話は部外にもらさないでください. Mi raccomando di non far filtrare questo discorso all'esterno.

✤**部外者** outsider[男][無変] ; estraneo[男] [[女] -a] ; 《オブザーバー》 osservatore[男] [[女] -trice] esterno

部外秘 ¶部外秘の文書 documento riservato [confidenziale] ¶「部外秘」"Riservato"

ふがいない 腑甲斐ない ¶腑甲斐ない男だ. 《軟弱な》 È un rammollito! / 《意気地のない》 È un uomo senza carattere! ¶われながら腑甲斐ないと思っている. Sono deluso di me stesso.

ふかいにゅう 不介入 non ingerenza[女], il non essere coinvolto [implicato]

ふかいり 深入り ◇**深入りする** 《首を突っ込む》 immischiarsi troppo 《に in》; 《はまりこむ》 cacciarsi [impelagarsi / impegolarsi] 《に in》 ¶賭けごとにだんだん深入りしていく essere preso sempre più dalla passione del gioco d'azzardo ¶その件には深入りしないほうがいい. È meglio non immischiarsi troppo in quell'affare.

ふかおい 深追い ¶深追いは危ない. È pericoloso andare troppo oltre. ¶敵を深追いするな. Non inseguire troppo a lungo il nemico in fuga!

ふかかい 不可解 ◇**不可解な** 《理解できない》 incomprensibile ; 《説明がつかない》 inesplicabile, inspiegabile ; 《なぞめいた》 enigmatico [[男] 複 -ci], misterioso, impenetrabile ◇**不可解なこと** mistero[男], enigma[男] [複 -i] ¶不可解な人物 persona enigmatica [impenetrabile] ¶女性心理は僕には不可解だ. La psicologia femminile è 「al di là della mia comprensione [insondabile].

ふかぎゃく 不可逆 ◇**不可逆的** irreversibile ◇**不可逆的に** irreversibilmente

✤**不可逆反応** reazione[女] irreversibile

ふかく 不覚 **1** 《失策, 失言》〔仏〕gaffe[女] [無変] ; 《間違い》 errore[男] di disattenzione ; 《大失敗》 cantonata[女] ¶不覚をとる《失敗》 subire uno smacco per troppa leggerezza **2** 《思わず知らず》 senza rendersi conto ¶不覚にも涙がこぼれた. Le lacrime mi sgorgarono fuori da sole. **3** 《意識がしっかりしていない》 ¶前後不覚になる perdere completamente conoscenza

ふかく 俯角 angolo[男] di depressione [declino]

ぶがく 舞楽 *bugaku*[男] [無変] ; *gagaku*[男] [無変] accompagnato da danze

ふかくじつ 不確実 《確実でない》 incertezza[女], insicurezza[女]; 《定まらない》 indeterminazione [女]; 《不安定な》 precarietà[女] ◇**不確実な** incerto, insicuro; indeterminato; precario [[男] 複 -i] ¶不確実な情報 informazione poco sicura / notizia da confermare

ふかくてい 不確定 incertezza[女]; 《定まらない》 indeterminazione[女] ◇**不確定な** incerto ; indeterminato

✤**不確定性原理** 〘物〙 principio[男] di indeterminazione (di Heisenberg)

ふかけつ 不可欠 ◇**不可欠な** indispensabile; essenziale, vitale ¶…に不可欠である essere indispensabile a *qlcu*. [a *ql.co.* / per *ql.co.* / per＋[不定詞]] ¶生活に最低不可欠な物だけを買う comprare soltanto il minimo indispensabile per la vita ¶トマトはイタリア料理に不可欠だ. Il pomodoro non può mancare nella cucina italiana.

ふかこうりょく 不可抗力 forza[女] maggiore ◇**不可抗力により** per (causa di) forza maggiore ¶不可抗力の事故 incidente fortuito

ふかさ 深さ profondità[女] ¶この湖の深さは30メートルある. Il lago 「ha una profondità di [è profondo] 30 metri. ¶雪の深さは2メートルある. La neve è alta 2 m.

ふかざけ 深酒 ◇**深酒する** bere[他] (►単独でも可) troppo

ふかし 不可視 invisibilità[女]

✤**不可視光線** raggi[男][複] invisibili, radiazione [女] invisibile

ふかしぎ 不可思議 ⇒不思議

ふかしん 不可侵 ◇**不可侵の** inviolabile

✤**不可侵条約** ¶不可侵条約を結ぶ concludere un patto di non aggressione 《と con》

ふかす 吹かす **1** 《タバコを》 fumare[他], [自] [*av*] ¶パイプを吹かす fumare la pipa ¶私はタバコは吹かすだけだ. Fumo sigarette ma non ne respiro il fumo. **2** 《エンジンを》 ¶エンジンを吹かす fare andare su di giri un motore / 《轟音をあげて》 fare rombare un motore **3** 《…ふうにする》 ¶社長風を吹かす darsi arie di presidente

ふかす 蒸す ¶じゃが芋をふかす cuocere le patate a vapore

ふかち 不可知 ◇**不可知の** inconoscibile

✤**不可知論** 〘哲〙 agnosticismo[男]

不可知論者 agnostico[男] [[女] -ca; [男]複 -ci]

ぶかつ 部活 《クラブ》〔英〕club [clɛb] [男][無変] (in una scuola o università) ; 《活動》 attività [女] di club (nel doposcuola)

ぶかっこう 不格好 ◇**不格好な** 《ぶざまな》 sgraziato, senza grazia, goffo; 《みにくい》 malfatto ¶不格好な男《しぐさなどが》 uomo sgraziato e goffo ¶不格好な服《出来が悪い》 vestito [abito] malfatto [《格好が悪い》 sgraziato]

ふかっせい 不活性 ◇**不活性な** inattivo

✤**不活性化** disattivazione[女]

不活性ガス gas[男][無変] inerte

ふかっぱつ 不活発 ◇**不活発な** 《緩慢な》 lento ; 《活動力のない》 inattivo, poco solerte; 〘経〙 stagnante ¶市場は極めて不活発である. Il mercato è stagnante [immobile].

ふかづめ 深爪 ¶深爪をする tagliarsi le unghie 「troppo corte [fino alla carne viva]

ふかで 深手 ferita[女] grave, piaga[女] profonda ¶深手を負う essere gravemente ferito

ふかのう 不可能 impossibilità[女] ◇**不可能な** impossibile ; 《実現が》 irrealizzabile ¶不可能を可能にする rendere possibile l'impossibile ¶…するのは不可能である. È impossibile [Non è possibile] ＋[不定詞] [che＋[接続法]]

ふかひ 不可避 ◇**不可避の** inevitabile, ineluttabile

ふかふか ¶ふかふかの羽布団 piumino soffice e vaporoso ¶ふかふかのパン pane soffice

ふかぶか 深深 ¶帽子を深々とかぶっている por-

ふ

tare il cappello calato sulla fronte ¶深々とおじぎをした. Si è profuso in un profondo inchino. ¶ソファーに深々と腰をおろした. È sprofondato nella poltrona.

ぶかぶか ¶このスカートはウエストがぶかぶかだ. Questa gonna mi sta troppo larga [mi balla] in vita.

ぷかぷか ¶木片がぷかぷか浮いていた. Pezzi di legno galleggiavano qua e là. ¶タバコをぷかぷか吹かす tirare boccate di fumo una dopo l'altra

ふかぶん 不可分 ◇不可分の indivisibile, inseparabile ¶AとBは不可分の関係にある. A è necessariamente collegato a B.

ふかまる 深まる ¶秋が深まった. Siamo nel pieno dell'autunno. ¶2人の愛が深まった. Il loro amore si è rafforzato [si è fatto più profondo].

ふかみ 深み profondità[女] ¶深みにはまる cadere in acque profonde / 《沼の》 sprofondare nella palude ¶悪の深みにずるずるとはまってゆく farsi trascinare nelle spire del male ¶彼は深みがない男だ. È un uomo superficiale. ¶彼の言うことには深みがある. Quello che dice è molto profondo.

ふかみどり 深緑 verde[男] scuro [intenso]

ふかめる 深める approfondire, accrescere ¶イタリアに関する知識を深める approfondire le *proprie* conoscenze sull'[dell'/ riguardo l']Italia ¶友情を深める rafforzare la *propria* amicizia con *qlcu*.

ふかん 俯瞰 ◇俯瞰する guardare [dominare] *ql.co.* dall'alto
✤俯瞰撮影 ripresa[女] 「a volo d'uccello [dall'alto]
俯瞰図 vista[女] a volo d'uccello

ぶかん 武官 ufficiale[男] militare ¶大使館付き陸軍[海軍]武官 addetto militare [navale] di un'ambasciata

ふかんしへい 不換紙幣 〔経〕 banconota[女] non convertibile

ふかんしょう 不干渉 non intervento[男], non ingerenza[女]
✤不干渉主義 non interventismo[男] ¶不干渉主義政策をとる adottare una politica di non intervento 《に関し in》

ふかんしょう 不感症 frigidità[女] ◇不感症の 《性的な》 frigido; 《無感覚な》 insensibile, indifferente ¶彼は政治に不感症になった. È diventato insensibile alla politica.

ふかんぜん 不完全 imperfezione[女], incompletezza[女] ◇不完全な imperfetto, incompleto, incompiuto ; 《欠陥のある》 difettoso, mancante
✤不完全雇用 [就業] 〔経〕 sottoccupazione[女]
不完全雇用者 sottoccupat*o*[男] [[女] *-a*]
不完全動詞 〔文法〕 verbo[男] difettivo
不完全燃焼 〔化〕 combustione[女] imperfetta

ふかんよう 不寛容 intolleranza[女] ◇不寛容の intollerante

ふき 不帰 ¶不帰の客となる andarsene / spirare [自] [*es*] / esalare l'ultimo respiro

ふき 付記 nota[女] [osservazione[女]] aggiunta, appendice[女] ◇付記する aggiungere una nota [un'osservazione]

ふき 蕗 〔植〕 farfaracci*o*[男] [複 *-ci*], cavolacci*o*[男] [複 *-ci*] ¶ふきのとう fiori di farfaraccio

ふぎ 不義 relazione[女] illecita, infedeltà[女], fornicazione[女] ◇不義の adulterino, adultero, peccaminoso ¶不義の子 figlio adulterino ¶不義を働く commettere adulterio

ふぎ 付議 ¶その提案を委員会に付議した. Hanno rinviato quella proposta al comitato.

ぶき 武器 **1** 《兵器》 arm*a*[女] [複 *-i*] ¶武器をもっている essere armat*o* ¶武器を取る《武力行使》 ricorrere alle armi ¶祖国のために武器を取る prendere le armi per la patria ¶「武器を取れ」《号令》 "All'armi!" ¶武器を捨てて出てこい. Gettate le armi e venite fuori! ¶『武器よさらば』(ヘミングウェー) "Addio alle armi" (Hemingway)
2 《強み》 ¶彼は英語の力を武器にしていい仕事に就いた. Ha trovato un buon lavoro valendosi della sua conoscenza dell'inglese.

ふきあげる 吹き上げる・噴き上げる ¶強い風が谷から吹き上げていた. Un forte vento soffiava dalla valle. ¶風がカーテンを吹き上げていた. Il vento sollevava le tende. ¶くじらが潮を吹き上げている. Le balene soffiano acqua dagli sfiatatoi. ¶火山が火口から煙を噴き上げていた. Il vulcano emetteva fumo dal cratere.

ふきあれる 吹き荒れる ¶嵐は一晩中吹き荒れた. La tempesta ha infuriato [ha imperversato] per tutta la notte.

ふきおろす 吹き下ろす ¶山から冷たい風が吹き下ろす. Un vento gelido soffia dall'alto della montagna.

ふきかえ 吹き替え 〔映〕《声 の》 doppiaggi*o*[男] [複 *-gi*] ; 《代役》 controfigura ◇吹き替える doppiare ¶映画『ベニスに死す』を日本語に吹き替える doppiare in giapponese il film "La morte a Venezia" ¶イタリア語吹き替えの『羅生門』 versione doppiata in italiano di "Rashomon"

ふきかえす 吹き返す ¶人工呼吸のおかげで彼はすぐに息を吹き返した. È rinvenuto subito grazie alla respirazione artificiale.

ふきかける 吹き掛ける **1** 《息など》 soffiare[自] [*av*] su *ql.co.* ¶めがねに息を吹きかけてふいた. Ha soffiato [Ha alitato] sugli occhiali e poi li ha strofinati. ¶酒臭い息を吹きかけてきた. Mi ha colpito con una zaffata di alcol.
2 《霧状のものを》 ¶ズボンに霧を吹きかけた. Ho spruzzato un po' d'acqua sui pantaloni.
3 ⇒吹っ掛ける

ふきけす 吹き消す ¶マッチの火を吹き消す spegnere un fiammifero soffiando

ふきげん 不機嫌 cattivo umore[男]; 《不満足》 malcontento[男], scontento[男] ◇不機嫌な di cattivo umore; scontento, malcontento ¶不機嫌になる imbronciarsi / diventare d'umore nero / rabbuiarsi ¶不機嫌な顔をする tenere [fare / mettere] il muso

ふきこぼれる 吹きこぼれる traboccare[自] [*es*] ¶鍋からお湯が吹きこぼれている. L'acqua bollente sta traboccando dalla pentola.

ふきこみ 吹き込み 《録音》 registrazione[女]; incisione[女]

ふきこむ 吹き込む **1** 《風や雪などが》 penetrare [自] [*es*], [他] ¶窓のすき間から雨が吹き込んだ. La

pioggia è penetrata attraverso le fessure della finestra.
2《吹いて中に入れる》soffiare ¶息を吹き込む《風船などに》soffiare in [gonfiare] *ql.co.* /《命を与える》dare [infondere] la vita《に a》
3《録音する》incidere, registrare ¶講演をテープに吹き込む registrare un discorso su un nastro
4《教える》 ¶そんなでたらめを君に吹き込んだのは誰だ. Chi ti ha detto [riferito] queste bugie? ¶彼は労働者に革命思想を吹き込んだ. Ha istillato nei lavoratori idee rivoluzionarie.

ふきさらし 吹き曝し ◇吹きさらしの esposto al vento ¶吹きさらしの丘 collina ventosa ¶吹きさらしの所で1時間も待った. Ho aspettato per un'ora al vento senza un riparo.

ふきすさぶ 吹き荒ぶ ¶寒風吹きすさぶオホーツク海 il Mare di Ohotsk dove soffia un forte e gelido vento ¶風が野山を吹きすさんでいた. Il vento infuriava sulla campagna.

ふきそ 不起訴 〔法〕non luogo[男] a procedere ¶不起訴処分にする dichiarare un non luogo a procedere /《人を》decidere di non procedere (nell'azione) contro *qlcu.* /《事件を》decidere di archiviare *ql.co.* ¶起訴理由なし, よって不起訴にする. Non c'è [si dà / si fa] luogo a procedere.

ふきそうじ 拭き掃除 ¶ふき掃除をする passare lo straccio《を su》 ¶窓のふき掃除をする lavare i vetri con un panno

ふきそく 不規則 irregolarità[女] ◇不規則な irregolare ◇不規則に irregolarmente ¶食事の時間が不規則である. L'orario dei pasti è irregolare. ¶不規則な生活は体に悪い. Una vita sregolata fa male alla salute.
✤**不規則動詞**〔文法〕verbo[男] irregolare
不規則変化〔文法〕coniugazione[女] irregolare

ふきたおす 吹き倒す ¶風は大木を吹き倒した. Il vento ha fatto cadere [ha abbattuto] un grosso albero.

ふきだす 吹き出す・噴き出す **1**《吹き始める》 ¶風が吹き出した. Si è alzato il vento. ¶彼は笛を吹き出した. Ha cominciato a suonare il flauto.
2《噴出する》scaturire[自][*es*], zampillare[自][*es*, *av*], sprizzare[自][*es*],[他];《強く》sgorgare[自][*es*] ¶水が蛇口から噴き出す. L'acqua sgorga dal rubinetto. ¶火口から溶岩[ガス]が噴き出している. Dal cratere del vulcano sta fuoriuscendo della lava [del gas].
3《新芽などが》spuntare[自][*es*] ¶木の芽が吹き出してきた. Sono spuntate le gemme sugli alberi.
4《笑い出す》scoppiare[自][*es*] a ridere ¶こらえきれずに吹き出してしまった. Non potendone più sono scoppiato a ridere.

ふきだまり 吹き溜まり ¶雪の吹きだまり neve ammucchiata dal vento

ふきちらす 吹き散らす cospargere, spargere, disseminare ¶風が木の葉を庭一面に吹き散らした. Il vento ha disseminato le foglie per tutto il giardino.

ふきつ 不吉 malaugur*io*[男][複 *-i*] ◇不吉な infausto, sinistro, funesto, nefasto ¶これは不吉な前兆だ. Ciò è di cattivo auspicio [augurio]. ¶何か不吉な予感がする. Ho un brutto [cattivo / infausto] presentimento. ¶からすは不吉な鳥とされている. Il corvo è considerato di malaugurio.

ふきつけ 吹き付け spruzzatura[女]
✤**吹きつけ塗装** verniciatura[女] a spruzzo

ふきつける 吹き付ける **1**《風が》soffiare[他],[自][*av*] ¶雨が窓に吹きつける. La pioggia sferza i vetri delle finestre.
2《霧状のものを》spruzzare ¶ペンキを吹きつける verniciare *ql.co.* a spruzzo ¶香水を吹きつける spruzzare del profumo《に a》;《自分に》spruzzarsi del profumo《に su》

ぶきっちょ ⇒不器用

ふきつのる 吹き募る ¶風はますます吹き募ってきた. Il vento soffiava sempre più violentemente.

ふきでもの 吹き出物 《にきび》foruncolo[男], brufolo[男];《できもの》pustola[女];《発疹》esantem*a*[男][複 *-i*] ¶私は顔に吹き出物ができている. Ho un foruncolo sul viso. ¶油ものを食べて吹き出物ができた. Mi sono spuntati dei foruncoli per aver mangiato cibi grassi.

ふきとばす 吹き飛ばす **1**《風が》 ¶風が店の看板を吹き飛ばした. Il vento ha fatto volar [ha portato] via l'insegna del negozio.
2《払いのける》scacciare [spazzare] via *ql.co.* ¶彼女の一言で私の不安は吹き飛ばされた. È bastata una sua sola parola per spazzare via le mie paure. ¶冷たいビールは暑さを吹き飛ばしてくれる. Una birra fredda fa sparire la calura.

ふきとぶ 吹き飛ぶ 《吹き飛ばされる》essere soffiat*o* via;《粉々に》andare in mille pezzi, frantumarsi, infrangersi ¶台風で屋根がわらが吹き飛んだ. Le tegole del tetto sono state portate via dal tifone. ¶僕の懸念はその知らせで一挙に吹き飛んだ. A quell'annuncio le mie preoccupazioni sono state spazzate via in un colpo.

ふきとる 拭き取る 《水分を》asciugare;《汚れを》detergere, pulire ¶額の汗を拭きとる asciugarsi il sudore dalla fronte

ふきながし 吹き流し striscione[女]

ふきぬけ 吹き抜け 〔建〕sala[女] con il soffitto che arriva fino al tetto ¶階段の吹き抜け tromba [pozzo] delle scale
3《エンジンの》perdita[女] di compressione

ふきぬける 吹き抜ける ¶この部屋は風がよく吹き抜ける. In questa stanza circola molto il vento.

ふきのとう 蕗の薹 fiore[男] di farfaraccio

ふきはつ 不揮発 ◇不揮発性の non volatile ¶不揮発性メモリー〔電子〕memoria non volatile

ふきはらう 吹き払う (far) volar via *ql.co.* ¶本のちりを吹き払った. Ho soffiato via la polvere dal libro. ¶雲は強い風に吹き払われた. Le nuvole sono state spazzate via dal vento.

ふきまわし 吹き回し ¶今日社長の機嫌がよかったのはどういう風の吹き回しだい. Che cosa è successo che il presidente era di buon umore oggi?

ぶきみ 不気味・無気味 ◇不気味な《幽霊でも出そうな》lugubre, tetro;《不吉な》sinistro;《妙な》strano, misterioso;《不安な》inquietante;《脅

かす》minaccioso ¶廃屋を不気味な静寂が支配している. Regna un sinistro silenzio sulla casa abbandonata. ¶彼は不気味な存在だ. La sua presenza è inquietante.

ふきや 吹き矢 《筒》cerbottana[女];《矢》freccetta[女] ¶吹き矢を吹く lanciare una freccetta con una cerbottana

ふきゅう 不朽 **◇不朽の** eterno, immortale, imperituro ¶不朽の名作 capolavoro immortale

ふきゅう 普及 diffusione[女], divulgazione[女];《学問・思想などの宣伝による》propagazione[女];《知識などの大衆化》volgarizzazione[女] **◇普及する** diffondersi; propagarsi; divulgarsi;《状態》essere diffuso; diventare popolare;《一般化》generalizzarsi **◇普及させる** diffondere; propagare; volgarizzare; divulgare; rendere popolare *ql.co.*（►popolareは目的語の性・数に合わせて語尾変化する） ¶教育の普及 divulgazione [diffusione] dell'istruzione ¶世界中にインターネットが普及した. Internet si è diffuso nel mondo.

✤普及版 edizione[女] popolare [di larga diffusione]

ふきょう 不況 〘経〙depressione[女]; crisi[女][無変](economica);《景気後退》recessione[女], ristagno[男](degli affari) **◇不況の** depressivo; recessivo, ristagnante ¶世界的不況 depressione [crisi] mondiale ¶不況の波が押し寄せた. Si è avvicinata l'ondata di recessione economica ¶不況は回復しつつある. La situazione economica sta migliorando.

✤不況カルテル cartello[男] di recessione

不況対策 misure[女][複] antinflazionistiche

ふきょう 不興 dispiacere[男]; scontentezza[女] **◇不興な** dispiaciuto; scontento ¶〈人〉の不興を買う incorrere nella disapprovazione di *qlcu.*

ふきょう 布教 propaganda[女] religiosa, apostolato[男], propagazione[女] della fede;《異教の地での》missione[女] **◇布教する** propagare *ql.co.*;《キリスト教を》evangelizzare *qlcu.*

✤布教者 missionar*io*[男][[女] *-ia*; [男]複 *-i*]

布教団 missione[男], gruppo[男] di missionari

ぶきよう 不器用・無器用 ¶不器用な手つきで in maniera maldestra [inesperta] / con mano maldestra [incerta] ¶手先が不器用だ. Non sono abile nei lavori manuali. ¶彼は不器用だ.《手ぎわが悪い》Non ci sa fare. / È incapace.

ぶぎょう 奉行 〘史〙magistrato[男](del periodo Edo) ¶町奉行 governatore[男] civile

ふぎょうせき 不行跡 《不品行》cattiva condotta[女];《放蕩》dissolutezza[女]; libertinaggio[男], immoralità[女]

ふきょうわおん 不協和音 〘音〙dissonanza[女] ¶あの2人の間に不協和音が生じている. Tra quei due c'è una dissonanza.

ぶきょく 部局 dipartimento[男], sezione[女], reparto[男]

ぶきょく 舞曲 musica[女] da ballo

ふきょふくせい 不許複製 "Riproduzione vietata" / "Tutti i diritti riservati"

ふぎり 不義理 ingratitudine[女] ¶不義理をする essere ingrat*o* verso *qlcu.* / mancare di riconoscenza verso *qlcu.* /《借金》non restituire un debito.

ぶきりょう 不器量・無器量 bruttezza[女] **◇不器量な** brutto, sgraziato

ふきん 付近 ¶この付近に in questa zona / nei paraggi / nelle vicinanze ¶神田付近で nel quartiere [nella zona / nei dintorni] di Kanda

ふきん 布巾 strofinacc*io*[男][複 *-ci*](da cucina) ¶ふきんで皿をふく asciugare i piatti con uno strofinaccio

ふきんこう 不均衡 sproporzione[女], squilibr*io*[男][複 *-i*], disparità[女] ¶日米間の貿易不均衡 squilibrio tra Giappone e America negli scambi commerciali bilaterali ¶不均衡を是正する correggere le disparità di *ql.co.*

ふきんしつ 不均質 eterogeneità[女] **◇不均質な** eterogeneo

✤不均質系 sistema[男] eterogeneo

不均質性 eterogeneità[女]

ふきんしん 不謹慎 《慎しみのなさ》indiscrezione[女];《無分別》imprudenza[女] **◇不謹慎な** indiscreto; imprudente, incauto;《態度が悪い》irrispettoso;《はしたない》indelicato ¶不謹慎なことを言う dire cose poco rispettose / dire cose piuttosto insolenti ¶不謹慎なことをする comportarsi in modo poco rispettoso

ふく 服 abito[男], vestito[男];《総称的に》abbigliamento[男] ⇒洋服 [図版]
¶服を着る vestirsi / mettersi [indossare] un vestito ¶服を着せる vestire *qlcu.* ¶服を脱ぐ togliersi un vestito / spogliarsi ¶服を着替える cambiarsi ¶黒い服を着ている essere vestit*o* di nero / indossare [portare] un vestito nero ¶服を作る《仕立て屋が》confezionare [fare] un vestito /《作らせる》farsi un vestito ¶この服は私にぴったりだ. Questo vestito mi sta bene.

[使いわけ] vestito, abito, abbigliamento
vestito と abitoはスーツやワンピースなど上下揃いの服を, vestito の複数形 vestiti と abbigliamentoは服の総称を表す.

¶ジョヴァンニの結婚式に着て行く服を買いたい. Vorrei comprarmi un vestito [un abito] per il matrimonio di Giovanni. / Vorrei comprare qualcosa da mettermi al matrimonio di Giovanni.

¶もっとカジュアルな服を着たらどう. Perché non ti metti qualcosa di più sportivo? / Perché non ti vesti più sportivo [《相手が女性》sportiva]?

¶婦人服売り場 reparto (di) abbigliamento (da) donna

¶どんな服を着ようかな. Come mi vesto? / Che cosa mi metto?

ふく 副 **1**《控え》duplicato[男], seconda copia[女];《写し》copia[女] ¶書類を正副2通保管する conservare l'originale e la copia del documento

2《職名などの前に付けて》vice ¶副会長[議長 / 大統領 / 社長] vicepresidente[男][女] ¶副市長 vice-sindaco ¶副総理 vicepresidente del Consiglio / vice Primo Ministro ¶副指揮者 maestro collaboratore

ふく 福 fortuna[女] ¶福の神 dio [divinità] della fortuna /〘ロ神〙dea Fortuna ¶福をもたらす

ふく 吹く **1**《風が》soffiare㊀[av], tirare㊀[av], spirare㊀[av] ¶風が吹いている。C'è vento. / Soffia il vento.
2《息を吹きかける》 ¶熱いお茶を吹いて冷ます soffiare sul tè bollente per raffreddarlo ¶ろうそくの火を吹いて消す spegnere una candela soffiando ¶臭い息を吹きかける emanare un alito cattivo (su qlcu.)
3《吹奏する》 ¶フルートを吹く suonare il flauto ¶口笛を吹く fischiare㊀[av]
4《粉などが表面に出る》 ¶干し柿に粉がふいている。Sui cachi secchi si raggruma una polverina bianca.
5《芽が出る》 ¶柳が芽を吹く。Il salice mette le gemme. **6**《出まかせを言う》raccontare balle / esagerare㊂ (►単独でも可)
慣用 吹けば飛ぶような《体が》magrissimo;《家などが》fragilissimo ¶吹けば飛ぶような建物 edificio fragile che sembra poter cadere con un soffio

ふく 拭く 《こする》strofinare; asciugare;《汚れを取る》pulire ¶汗をふく《自分の》asciugarsi il sudore ¶ふきんで皿をふく asciugare i piatti con uno strofinaccio ¶雑巾で床をふく pulire i pavimenti con uno straccio

ふく 葺く《屋根をおおう》coprire ¶屋根を瓦でふく coprire il tetto di tegole

ふく 噴く ¶火山が火を噴いている。Il vulcano è in eruzione. ¶火山が溶岩[煙]を噴いている。Il vulcano sta eruttando lava [sta emettendo fumo]. ¶お湯がなべから噴いている。L'acqua bollente trabocca dalla pentola.

ふぐ 河豚《魚》pesce㊚ palla [無変] ¶河豚にあたる avvelenarsi mangiando un pesce palla
❖ふぐ中毒 avvelenamento㊚ [intossicazione㊀] da pesce palla

ぶぐ 武具 armatura㊀ ¶武具に身を固める armarsi

ふぐあい 不具合 malfunzionamento㊚ ¶不具合な箇所を見つける scoprire il punto che non funziona

ふくあん 腹案 ¶腹案がある avere un progetto [un'idea] in testa

ふくい 復位 restaurazione㊀ ◇復位させる reintegrare qlcu. nella carica precedente

ふくいく 馥郁 ¶馥郁たる香りがする avere un profumo [odore] delizioso / emanare un buon aroma

ふくいん 復員《動員解除》smobilitazione㊀;《除隊》congedo㊚ ◇復員する essere congedato per smobilitazione
❖復員兵 soldato㊚ [㊀ -essa] rimpatriato;《除隊した》congedato㊚, soldato congedato [in congedo]

ふくいん 福音 **1**《吉報》buona notizia㊀ ¶この薬は心臓病患者にとって福音である。Questa medicina sarà un toccasana per i cardiopatici.
2《キリ》Vangelo㊚ →キリスト教 用語集 ¶福音を説く predicare il Vangelo
❖福音教会 Chiesa㊀ evangelista
福音史家 evangelista㊚ [複 -i]
福音書 Vangelo㊚ ¶マタイ[マルコ / ルカ / ヨハネ]による福音書 il Vangelo secondo Matteo [Marco / Luca / Giovanni]

ふぐう 不遇《不運》sfortuna㊀, sventura㊀;《逆境》avversità㊀;《災難》disgrazia㊀;《不幸》infelicità㊀ ◇不遇な sfortunato; sventurato; disgraziato; infelice ¶不遇をかこつ lamentarsi delle proprie disgrazie

ふくえき 服役 ◇服役する《懲役で》scontare una pena [una condanna]《で per》;《兵役で》prestare [fare il] servizio militare ¶彼は3年服役した。Ha fatto [scontato] 3 anni di reclusione. ¶水兵として服役する prestare [fare il] servizio militare come marinaio
❖服役期間 (1)《懲役》periodo㊚ di prigionia (2)《兵役》ferma㊀
服役者《囚》recluso㊚ [㊀ -a]

ふくえん 復縁 ¶彼は私に復縁を迫った。Ha insistito perché tornassi ad essere sua moglie.

ふくおん 複音《複合した音》suono㊚ composto;《ハーモニカの》nota㊀ composta

ふくがく 復学《留学・休学などのあとで》ritorno㊚ a scuola;《許可により》riammissione㊀ a scuola ◇復学する ritornare㊀[es] a scuola, riprendere a frequentare le lezioni; essere riammesso nella scuola

ふくかん 副官 →副官(ふく)

ふくがん 複眼《動》occhio㊚ [複 -chi] composto

ふくがんじゅつ 復顔術 arte㊀ di ricomporre il viso di un defunto

ふくぎょう 副業 attività㊀ secondaria, occupazione㊀ secondaria [collaterale], secondo lavoro㊚ ¶副業として豚を飼う allevare suini come attività collaterale

ふくげん 復元・復原《再建》ricostruzione㊀;《元に戻すこと》ripristino㊚, restituzione㊀;《建物・美術作品などの》restauro㊚ ◇復元する ricostruire; ripristinare, restituire; restaurare
❖復元図 ricostruzione㊀, restaurazione㊀
復原性《物》stabilità㊀
復原力《船》stabilità㊀

ふくこう 腹腔《解》cavità㊀ addominale

ふくごう 複合《スキー競技の》combinata㊀ ◇複合の composto, multiplo ¶アルペン複合 combinata alpina ¶ノルディック複合 combinata nordica
❖複合汚染 inquinamento㊚ composto, contaminazione㊀ multipla
複合企業《経》conglomerato㊚
複合語《言》parola㊀ composta;《混種語》termine㊚ ibrido
複合三部形式《音》forma㊀ ternaria composta
複合需要《経》domanda㊀ composta
複合体《化》complesso㊚
複合蛋白質《化》proteine㊀[複] coniugate
複合肥料 fertilizzante㊚ composto
複合文《文法》proposizione㊀ composta

ふくこうかんしんけい 副交感神経《解》parasimpatico㊚ [複 -ci]

ふくさ 袱紗 *fukusa*[男][無変]; fazzoletto[男] di seta che si usa nella cerimonia del tè
ふくざい 伏在 ¶何か重大な問題が伏在している. Sotto sotto c'è qualche grave problema.
ふくざつ 複雑 complessità[女] ◇複雑な complicato, complesso; 《入り組んだ》 ingarbugliato, intricato; 《謎めいた》 misterioso ¶問題はひどく複雑だ. Il problema è assai complesso. ¶これには複雑な事情がある. Dietro questa faccenda ci sono circostanze complesse. ¶私は複雑な気持ちになった. Ho provato un miscuglio di sensazioni contrastanti. ¶彼は複雑な表情をした. Ha assunto un'espressione imbarazzata [confusa]. ¶彼の発言が問題をさらに複雑にした. La sua dichiarazione ha complicato ulteriormente il problema.
✤**複雑怪奇** ¶複雑怪奇な事件だ. È una faccenda ingarbugliata e enigmatica.
複雑骨折 〘医〙 frattura[女] scomposta
ふくさよう 副作用 〘薬〙 ¶副作用のある[ない]薬 medicina con [senza] effetti collaterali ¶副作用を起こす provocare effetti collaterali
ふくさんぶつ 副産物 sottoprodotto[男]
ふくし 副詞 〘文法〙 avverb*io*[男][複 *-i*] ¶副詞的に使われた形容詞 aggettivo usato in funzione avverbiale ¶形容詞の副詞的用法 uso avverbiale dell'aggettivo
✤**副詞句** sintagm*a*[男][複 *-i*] avverbiale
ふくし 福祉 〔英〕welfare [wélfer] [男][無変]; 《福利, 繁栄》 benessere[男]; 《社会保障》 assistenza[女] sociale ¶国民の福祉を図る puntare a migliorare il benessere pubblico ¶社会福祉事業 opere assistenziali [di assistenza sociale]
✤**福祉関係費** 《予算中の》 spese[女][複] per l'assistenza sociale
福祉経済 economia[女] del benessere
福祉国家 welfare state[男][無変], Stato[男] sociale [assistenziale]
福祉施設 ente[男] assistenziale
福祉事務所 centro[男] assistenziale
ふくじ 服地 tessuto[男], stoffa[女]
ふくしき 複式 ◇複式の 〘商〙 doppio
✤**複式火山** stratovulcano[男]
複式簿記 (contabilità[女] a) partita[女] doppia
ふくしきこきゅう 腹式呼吸 ¶腹式呼吸をする effettuare una respirazione diaframmatica
ふくじてき 副次的 ◇副次的な secondar*io* [[男]複 *-i*]; 《付随的》 accessor*io* [[男]複 *-i*]
ふくしゃ 伏射 ◇伏射する sparare[自][*av*] da posizione prona
ふくしゃ 複写 copiatura[女]; 《写し》 copia[女], duplicato[男]; 《コピー機による》 fotocopia[女] ◇複写する copiare, duplicare; 《コピー機で》 fotocopiare ¶書類を複写する fotocopiare un documento
✤**複写機** fotocopiatrice[女]
ふくしゃ 輻射 〘物〙 radiazione[女]
✤**輻射熱** calore[男] radiante
ふくしゅう 復習 ripasso[男], ripetizione[女] ◇復習する ripassare [ripetere] *ql.co.*, fare il ripasso [la ripetizione] di *ql.co.* ¶授業の復習をする ripassare le lezioni
ふくしゅう 復讐 《敵討ち》 vendetta[女]; 《報復》 rappresaglia[女] ◇復讐する vendicarsi su *qlcu.* di *ql.co.*; fare una rappresaglia contro *qlcu.*; prendersi la rivincita su *qlcu.* ¶…の復讐をする vendicare [vendicarsi di] *qlcu.* [*ql.co.*] ¶復讐的手段をとる adottare misure di rappresaglia ¶彼は父の復讐をした. Ha vendicato suo padre. ¶彼は復讐を図っている. Lui cerca vendetta.
✤**復讐者** vendica*tore*[男][[女] *-trice*]
復讐心 ¶復讐心に燃える bruciare dal desiderio di vendetta ¶彼は復讐心が強い. È molto vendicativo.
復讐戦 《試合》 (partita[女] di) rivincita[女]
ふくじゅう 服従 obbedienza[女], sottomissione[女] ◇服従する ubbidire[自][*av*] [obbedire[自][*av*]] a *qlcu.* [*ql.co.*], sottomettersi a *qlcu.* [*ql.co.*] ◇服従させる fare obbedire *qlcu.*, farsi obbedire da *qlcu.* ¶絶対服従を誓う giurare obbedienza assoluta [incondizionata] a *qlcu.* ¶命令に服従する obbedire agli ordini ricevuti
ふくしゅうにゅう 副収入 reddito[男] secondar*io* [複 *-i*]
ふくじゅそう 福寿草 〘植〙 adonide[女]
ふくしょ 副署 controfirma[女] ◇副署する controfirmare *ql.co.*
ふくしょう 副将 〘スポ〙 vicecaposquadra[男][女] [[男]複 *vice capisquadra*; [女]複 *vice caposquadra*]
ふくしょう 副賞 prem*io*[男][複 *-i*] supplementare
ふくしょう 復唱 ripetizione[女] ◇復唱する ripetere *ql.co.*
ふくしょく 服飾 ¶彼女は服飾関係の仕事をしている. Lei lavora nel campo della moda.
✤**服飾雑誌** rivista[女] di moda
服飾デザイナー stilist*a*[男][女][[男]複 *-i*]; 〔英〕designer[男][女][無変] di moda
服飾品 accessori[男][複]
ふくしょく 副食 《米飯のおかず》 piatto[男] complementare al riso; 《パン食の》 companatico[男]
✤**副食費** spese[女][複] per gli alimenti complementari al riso
ふくしょく 副職 secondo lavoro[男]
ふくしょく 復職 riabilitazione[女], reintegrazione[女] ◇復職する riprendere le *proprie* mansioni [il *proprio* posto], essere reintegrat*o* nel *proprio* ufficio
ふくしん 副審 《テニスなど》 giudice[男][女] ausiliare; 《バスケットなど》 arbitr*o*[男][[女] *-a*] ausiliare
ふくしん 腹心 **1** 《心の奥底》 ◇腹心では nel profondo del cuore **2** 《信頼している人》 ¶腹心の友 amico fidato ¶社長の腹心 confidente[男][女] del presidente / 《右腕》 braccio destro del presidente
ふくじん 副腎 〘解〙 ghiandola[女] surrenale
✤**副腎皮質** cortec*cia*[女][複 *-ce*] surrenale
副腎皮質ホルモン ormoni[男][複] corticosurrenali, cortisone[男]
ふくすい 腹水 〘医〙 《症状》 ascite[女]; 《液体》 liquido[男] ascitico ¶病気のせいで腹水がたまった. Quella malattia ha provocato un'ascite.
ふくすい 覆水 ¶覆水盆に返らず. 《諺》 "Inutile piangere sul latte versato." / "Acqua passata non macina più."

ふ

ふくすう 複数 **1**《2つ以上の数》 ◇複数の alcun*i*男[複] [女複 -*e*], var*i*男[複] [女複 -*ie*] ¶複数の人影が見えた. Ho visto alcune persone. ¶目撃者は複数である. C'è più di un testimone. **2**《文法》plurale男 ◇複数の plurale ¶一[二／三]人称複数 prima [seconda／terza] persona plurale ¶形容詞の複数形をつくる formare il plurale di un aggettivo
✦**複数替為相場** 《経》tassi男[複] di cambio multipli
複数形 《文法》(forma女 del) plurale男
複数名詞 《文法》sostantivo男 plurale

ふくする 服する **1**《従う》sottomettersi [ubbidire⓪[av]] a *ql.cu.*[*ql.co.*] ¶我々は社長の命令に服した. Abbiamo obbedito agli ordini del presidente. ¶《服務する》servire, prestare servizio;《刑に》scontare ¶彼は3年の刑に服した. Ha scontato (una condanna di) 3 anni di reclusione. ¶彼は1年間喪に服した. Ha osservato un anno di lutto. **3**《茶などを飲む》prendere *ql.co.* ¶毒を服する ingerire un veleno

ふくする 復する riportare, ricondurre ¶すべて元の状態に復した. Tutta la situazione è stata ricondotta alla normalità. ¶情勢は正常に復した. La situazione si è normalizzata.

ふくせい 複製 riproduzione女;《原作者自身による》replica女 ◇複製する riprodurre *ql.co.*

ふくせん 伏線 anticipazione女 velata [allusiva] [*av*] ¶伏線を張る《小説などで》dare un indizio che verrà sviluppato in seguito (in un romanzo) /《あらかじめひそかに準備する》fare dei piani [preparativi] di nascosto per affrontare delle eventualità

ふくせん 複線 ¶2つの都市間の鉄道を複線化した. Le due città sono state collegate da una linea ferroviaria a doppio binario.

ふくそう 服装 abbigliamento男, abiti男[複], vestiti男[複] ¶最新流行の服装 abbigliamento all'ultima moda ¶服装を改める《着替える》cambiare vestito /《制服を検査する》controllare le uniformi ¶服装を整える《きちんとする》vestirsi bene /《そろえる》procurarsi l'abito necessario all'occasione ¶彼はいつも趣味のいい服装をしている. È sempre vestito elegantemente. ¶彼女はどんな服装をしていましたか. Com'era vestita? ¶彼は服装に無頓着だ. È trascurato nel vestire.

ふくそう 輻輳 ¶貨物が輻輳した. È arrivata molta merce contemporaneamente. ¶港は船が輻輳している. Il porto è affollato di imbarcazioni.

ふくぞうない 腹蔵ない ¶腹蔵なく話す parlare「col cuore in mano [schiettamente]」

ふくそうひん 副葬品 oggetto男 sepolcrale
ふくそくるい 腹足類 《動》gasteropodi男[複]
ふくそすう 複素数 《数》numero男 complesso
ふくだい 副題 sottotitolo男 ¶副題を付ける mettere un sottotitolo (に a)
ふぐたいてん 不倶戴天 ¶不倶戴天の敵 nemic*o*男[女 -*ca*; 男複 -*ci*] mortale
ふくちじ 副知事 vicegovernat*ore*男[女 -*trice*] di una provincia
ふくちょう 副長 vicepresidente男 女;《軍艦の》vicecapitano男
ふくちょう 復調 **1**《調子が戻ること》ristabilimento男;《健康が》il riacquistare「la salute [体力] le forze」◇復調する ristabilirsi; rinvigorirsi;《選手など》riacquistare la forma **2**《通信》demodulazione女 ◇復調する demodulare⓪ (►単独でも可)
✦**復調器** 《電子》demodulatore男

ふくつ 不屈 ◇不屈の incrollabile, saldo, inflessibile, fermo;《人が》perseverante ¶不屈の精神で con spirito di perseveranza

ぶくっ ¶水面にぶくっと大きな泡がたった. Grosse bolle sono salite gorgogliando sulla superficie.

ぷくっ **1**→ぶくっ **2**《膨らむ様子》¶ぷくっとかわいいほっぺの赤ちゃん neonato dalle guanciotte piene ¶彼女はぷくっと膨れてそっぽを向いた. Se ne stava in disparte tenendo il broncio.

ふくつう 腹痛 mal男 di pancia ¶《胃痛》di stomaco;《医》gastralgia女, dolore男 addominale ¶腹痛を訴える［覚える］「lamentarsi per [avere] il mal di pancia」

ふくとう 復党 ◇復党する reiscriversi ad [tornare nelle file di] un partito

ふくどく 服毒 ◇服毒する prendere [ingerire] un veleno
✦**服毒自殺** suicidio⓪ per avvelenamento
◇服毒自殺する suicidarsi col veleno, avvelenarsi, darsi la morte col veleno

ふくどくほん 副読本 libro男 di lettura complementare
ふくとしん 副都心 nuovo centro男 urbano
ふくはい 腹背 ¶腹背に敵の攻撃を受ける essere attaccato sia frontalmente che alle spalle
ふくびき 福引き sortegg*io*男[複 -*gi*] di un premio ¶福引きの景品 premio (di una lotteria) ¶福引きで自転車が当たった. Ho vinto una bicicletta alla lotteria.
✦**福引き券** biglietto男 di un concorso a premi
ふくひれい 複比例 《数》proporzione女 composta
ふくぶ 腹部 ventre男;《医》addome男
◇腹部の addominale
ぶくぶく ¶ぶくぶく太った男 uomo grasso／ciccione男 ¶コップの底からぶくぶく泡が立っている. Dal fondo del bicchiere vengono su delle bollicine. ¶箱はぶくぶく沈んだ. La scatola è andata a fondo emettendo delle bollicine.
ふくぶくしい 福福しい ¶彼は福々しい顔をしている. Ha un viso paffuto e radioso.
ふくふくせん 複々線 《鉄道》linea女[ferroviaria男] a quattro binari
ふくぶん 複文 《文法》proposizione女 composta
ふくへい 伏兵 《作戦》imboscata女, agguato男;《兵》soldat*o*男[女 -*essa*] in agguato ¶伏兵を置く tendere un agguato [un'imboscata] a *ql.cu.* ¶伏兵に遭うcadere in un'imboscata [un agguato] /《比喩的》avere una sgradita sorpresa
ふくへき 腹壁 parete女 addominale
ふくぼく 副木 stecca女 ¶腕に副木を当てる steccare il braccio di *ql.cu.*
ふくほん 副本 copia女;《正本と同じ効力を持つ》duplicato男
ふくほんい 複本位 《経》valutazione女 effet-

tuata con due metri diversi
✜**複本位制** bimetallismo⒨
ふくまく 腹膜 〚解〛peritoneo⒨
✜**腹膜炎** 〚医〛peritonite⒡
ふくませる 含ませる **1**《しみ込ませる》¶脱脂綿にアルコールを含ませる imbevere d'alcool un batuffolo di cotone **2**《口に入れさせる》¶赤ん坊に乳房を含ませる allattare un neonato al seno **3**《理解し心に留めさせる》¶彼によく含ませておいた. Gli ho fatto ben capire la situazione.
ふくまでん 伏魔殿 ¶あの派閥は政界の伏魔殿である. Quella fazione è un covo di intrighi politici.
ふくみ 含み 《含意》implicazione⒡, senso nascosto ¶含みのある言葉 parola allusiva / parole piene di sottintesi ¶彼は含み笑いをした. Ha riso「fra sé e sé [di soppiatto / sotto i baffi].
✜**含み声** voce⒡ velata [smorzata / indistinta]
含み資産 〚会〛attività⒡ non dichiarata
ふくむ 服務 servizio⒨ ¶彼は 15 年服務した. Ha 15 anni di servizio.
✜**服務規定** regolamento⒨ d'ufficio
服務時間 orario⒨ [ore⒡[複]] d'ufficio [di lavoro]

ふくむ 含む **1**【口に入れている】¶水を口に含む avere [trattenere] dell'acqua in bocca ¶口に含んでじっくりスープを味わった. Ho preso un po' di zuppa e ne ho gustato il sapore.
2【内部に持っている】contenere, comprendere, includere ¶鉄分を含んだ水 acqua ferruginosa ¶湿気を含んだ空気 aria ricca di umidità ¶果物はビタミンCを豊富に含んでいる. La frutta「contiene una grande quantità [è ricca] di vitamina C. ¶日本酒にはどのくらいアルコール分が含まれていますか. Quale gradazione alcolica ha il sake? ¶お勘定にはサービス料も含まれています. Il conto comprende anche il servizio. ¶送料を含めて1万円払った. Ho speso 10.000 yen, spese di spedizione incluse.
3【様子を帯びる】implicare ¶彼の声は怒りを含んでいた. La sua voce aveva un tono irritato. ¶彼の言葉は拒否の意を含んでいた. Le sue parole implicavano un rifiuto.
4【心に留める】tenere a mente ql.co., avere ql.co. ben presente (▶presenteは目的語の性・数に合わせて語尾変化する), ricordare ql.co. ¶私の言いたいことをよく含んでおいてくれ. Spero che tu comprenda bene ciò che dirò. ¶このことはよく含んでおいてください. Ne tenga conto [Lo tenga a mente], per favore. ¶彼は私に何か含むらしい.《怒る》Ho l'impressione che ce l'abbia con me per qualche cosa.
ふくめい 復命 ◇復命する presentare un resoconto dell'incarico compiuto
✜**復命書** rapporto⒨, resoconto⒨
ふくめいてがた 複名手形 〚金融〛cambiale⒡ avallata [con doppio nome]
ふくめる 含める **1**《一緒にする》includere, comprendere ¶子供を含めて[含めずに] 300人だ. Ci sono 300 persone inclusi [esclusi] i bambini. ¶我々は私も含めて 10 人でした. Eravamo in 10「me compreso [compreso me].

2《言い聞かせる》far prestare bene attenzione ¶彼によく含めておいたほうがいい. È meglio fargli capire la situazione.
ふくめん 覆面 maschera⒡ ◇覆面する mettersi una maschera ¶覆面を取る togliersi la maschera ¶覆面した強盗 ladro mascherato ¶覆面パトカー (auto⒡[無変]) civetta⒡[無変] ¶覆面作家 scrittore anonimo / scrittore che non vuole rivelare la sua vera identità
ふくも 服喪 lutto⒨ ¶彼は今, 父の服喪中である. Ora è in lutto per la morte del padre.
ふくやく 服薬 →服用
ふくよう 服用 ◇服用する「prendere per via orale [ingerire] ql.co. ¶毎食後 3 錠服用する tre compresse dopo i pasti
✜**服用量** dose⒡ ¶彼女の睡眠薬の服用量は日に日に増えている. La sua dose di sonnifero aumenta di giorno in giorno.
ふくよう 複葉 〚植〛foglia⒡ composta
✜**複葉機** 〚空〛biplano⒨
ふくよか ◇ふくよかな《グラマーな》formoso;《小太りの》grassoccio⒨[複 -ci;⒡複 -ce], rotondetto ¶ふくよかな胸をしている avere un petto prosperoso [formoso]
ふくらしこ 膨らし粉 lievito⒨ in polvere
ふくらはぎ 膨らし脛 polpaccio⒨[複 -ci]
ふくらます 膨らます ¶風船を膨らます gonfiare un palloncino ¶希望に胸を膨らませて pieno di speranza / con la speranza nel cuore
ふくらみ 膨らみ ¶彼女は T シャツを通して美しい胸の膨らみを見せていた. Mostrava la rotondità del suo bel seno attraverso la maglietta.

ふくらむ 膨らむ 《膨張する》gonfiarsi, dilatarsi;《増大する》gonfiarsi, crescere⒨[es] ¶桜のつぼみが膨らんだ. I boccioli di ciliegio si sono gonfiati. ¶ケーキはうまく膨らまなかった. La torta non è ben lievitata. ¶ぶたれたあとが赤く膨らんできた. La parte del corpo colpita è diventata rossa e si è gonfiata. ¶希望で胸が膨らんだ. Mi si è riempito il cuore di speranza. ¶子供たちの胸は夢で膨らんでいる. I bambini sognano sempre.
ふくり 複利 《金融》interesse⒨ composto ¶複利計算をする calcolare l'interesse composto
ふくりこうせい 福利厚生 programma⒨[複 -i] di assistenza
ふくれっつら 膨れっ面 ¶彼は膨れっ面をした. Si è corrucciato in volto.
ふくれる 膨れる **1**《膨張する》gonfiarsi;《体の一部が腫れる》tumefarsi ¶パンがよく膨れた.《イーストで》Il pane lievita [[焼くときに] si gonfia] bene. ¶足が膨れている.《むくんでいる》Ho le gambe gonfie. ¶彼は腹が膨れたら眠くなった. Dopo che si fu ben saziato, gli venne sonno.
2《増える》¶参加者は 500 名に膨れ上がった. I partecipanti sono aumentati fino a 500.
3《不機嫌である》essere di cattivo umore;《怒る》arrabbiarsi

ふくろ 袋 **1**《布・ビニールなどでできた割合い丈夫な入れ物》sacco⒨[複 -chi];《封筒, 書類袋などおもに紙の》busta⒡;《小さい》sacchetto⒨;《大きい》saccone⒨;《革・布製の》borsa⒡ ¶紙[ビニール]袋 sacchetto di carta [di plastica] ¶袋をいっぱいにする riempire un sacco ¶カンガルーの袋 marsupio di canguro

2《みかんの薄皮など》 ¶みかんの袋 pelle di mandarino

[慣用] **袋のねずみ** ¶彼は袋のねずみだ. È un topo in trappola.

✤**袋小路** vicolo㊚ cieco [複 *-chi*], strada㊛ senza uscita [senza sbocco]

袋物 borse㊛[複] e borsette㊛[複]

ふくろ 復路 ¶復路は飛行機にした. Il ritorno l'ho fatto in aereo.

ふくろう 梟 《鳥》civetta㊛, gufo㊚ ¶ふくろうが鳴く. La civetta squittisce [stride].

ふくろだたき 袋叩き ¶袋だたきに合う《さんざんたたかれる》prendere un sacco di botte;《さんざん非難される》essere「ricoperto di [al centro delle] critiche / subire molte critiche

ふくろぬい 袋縫い doppia cucitura㊛, costura㊛ alla francese

ふくわじゅつ 腹話術 ventriloquio㊚[複 *-i*]

✤**腹話術師** ventriloquo㊚[㊛ *-a*]

ぶくん 武勲 impresa㊛ militare, gesta㊛[複] militari ¶武勲を立てる distinguersi per le *proprie* imprese [gesta] militari ¶武勲を称(たた)える decantare le gesta di *qlcu.*

ふけ 雲脂 forfora㊛ ¶ふけを払う togliersi la forfora ¶私はふけ症だ. Ho sempre la forfora.

ぶけ 武家 ¶彼は武家の出だ. Appartiene a una famiglia di *samurai.*

✤**武家政治** shogunato㊚

武家屋敷 residenza㊛ di *samurai*

ふけい 不敬 ◇不敬な irrispettoso, irriverente, scortese;《神に対する》sacrilego [㊚複 *-ghi*]

✤**不敬罪**〔法〕(reato㊚ di) lesa maestà㊛

ふけい 父兄 《両親》genitori㊚[複] e fratelli㊚[複];《保護者》tutori㊚[複]

✤**父兄会** associazione㊛ dei genitori;《略》A.Ge. [ádʒe] ㊛;《その総会》assemblea㊛ dei genitori

ふけい 父系 linea㊛ paterna ◇父系の paterno, patriarcale

✤**父系家族** famiglia㊛ patriarcale

父系社会 società㊛ patriarcale

父系制 patriarcato㊚

ぶげい 武芸 arti㊛[複] marziali ¶武芸を磨く[に秀でている] coltivare le [essere abile nelle] arti marziali ¶武芸百般に通じている essere esperto in tutte le arti marziali

ふけいき 不景気 **1**《不況》depressione㊛[crisi㊛[無変]] economica;《景気後退》recessione㊛, (bassa) congiuntura㊛ ¶不景気になる. L'attività economica rallenta. ¶市況は不景気だ. Il mercato ristagna. ¶このレストランは不景気だ.《赤字》Questo ristorante è in perdita.

2《元気のない》 ¶そう不景気な顔をするなよ. Non fare quella faccia così deprimente.

ふけいざい 不経済 〔経〕diseconomia㊛;《浪費》spreco㊚[複 *-chi*] ◇不経済な poco economico [㊚複 *-ci*];《多大な費用のかかる》dispendioso

ふけこむ 老け込む ⇒老ける

ふけつ 不潔 **1**《汚い》 ◇不潔な sporco [㊚複 *-chi*], sudicio [㊚複 *-ci*; ㊛複 *-cie, -ce*];《非衛生的》poco igienico [㊚複 *-ci*];《ひどく汚い》lurido ¶不潔な水 acqua sporca [impura /《毒性の, 汚染された》contaminata]

2《倫理的・精神的に》 ◇不潔な impuro;《不誠実な》poco onesto;《不道徳な》immorale;《身持ちの悪い》dalla cattiva condotta, dissoluto ¶あの政治家は何か不潔な感じがする. Quell'uomo politico ha qualcosa di losco.

ふけやく 老け役 ruolo㊚[parte㊛] del vecchio

ふける 老ける 《年をとる》invecchiare[自][*es*] ¶彼はずいぶん老けたね. È molto invecchiato! ¶母は年より老けて見える Mia madre sembra più vecchia di quello che è. ¶その服だと老けて見えるよ. Quel vestito ti invecchia.

ふける 更ける ¶夜が更けるまで話し合った. Siamo rimasti a parlare fino a notte inoltrata. ¶秋が更けて木の葉が枯れ落ちた. È autunno inoltrato e le foglie secche sono cadute.

ふける 耽る 《没頭する》immergersi [essere assorto]《に in》, darsi [dedicarsi]《に a》;《身をまかせる》dar libero sfogo《に a》 ¶飲酒[快楽]にふける darsi al bere [ai piaceri] ¶ばくちにふける essere dedito al gioco d'azzardo ¶思案にふける essere assorto nei *propri* pensieri ¶雑談にふける perdersi in chiacchiere

ふけん 夫権 〔法〕potestà㊛ maritale

ふけん 父権 〔法〕autorità㊛ paterna, patria potestà㊛

ふけん 府県 province㊛[複], regioni㊛[複]

ふげん 付言・附言 aggiunta㊛, appendice㊛;《手紙の》poscritto㊚ ¶あえて付言すれば volendo proprio aggiungere un'osservazione ¶付言を要しない. Non c'è bisogno di aggiungere altro.

ふけんこう 不健康 ◇不健康な malsano, insalubre ;deleterio [㊚複 *-i*] ¶夜ふかしは不健康だ. Stare svegli fino a tardi fa male alla salute. ¶不健康な考え方 modo di pensare deleterio

ふけんしき 不見識 ◇不見識な《思慮を欠く》sconsiderato;《常識のない》privo di buon senso

ふげんじっこう 不言実行 ¶不言実行の人 uomo d'azione e di poche parole

ふけんぜん 不健全 ◇不健全な《不健康な》malsano;《有害な》dannoso per la salute; nocivo alla salute;《堕落した》dissoluto, corrotto ¶不健全な娯楽 passatempo di dubbia moralità ¶不健全な生活をしている. Conduce una vita dissoluta.

✤**不健全財政** finanze㊛[複] dissestate

ふこう 不孝 ⇒親不孝

ふこう 不幸 **1**【恵まれていないこと】《不運》sfortuna㊛;《不幸せ》infelicità㊛;《逆境》avversità㊛;《災難》disgrazia㊛, sciagura㊛ ◇不幸な infelice, sfortunato;《哀れな》povero (►この意味では名詞の前につく) ¶不幸にも per sfortuna / sfortunatamente ¶不幸な人 persona sfortunata ¶不幸な人生 vita infelice ¶親のない不幸な子供 un povero orfanello ¶不幸にする rendere *qlcu.* triste e infelice (►tristeと infeliceは目的語の性・数に合わせて語尾変化する) ¶不幸に生まれつく essere nato sotto una cattiva stella ¶不幸をもたらす portare sfortuna a *qlcu.* ¶不幸のどん底に落ちる toccare il

fondo della sventura ¶私はいろいろと不幸な目に遭った. Ho dovuto affrontare numerose avversità. ¶彼は不幸に見舞われた. Gli è capitata una disgrazia. ¶軽傷ですんだのは不幸中の幸いだった. È stata una fortuna nella sfortuna cavarsela con una leggera ferita.
2【近親者の死】morte㊛;〔喪〕lutto㊚ ¶不幸の知らせ notizia㊛ "di un decesso [ferale]" ¶身内に不幸があった. C'è stato un lutto in famiglia. ¶ご不幸をお悔やみ申し上げます. Sono profondamente rattristato per la sciagura che L'ha colpita. / Sentite condoglianze.

ふごう 負号 〖数〗il meno㊚, segno㊚ del meno

ふごう 符号 **1**〔記号〕segno㊚, simbolo㊚ ¶×の符号を付けてください. Per favore metta「il segno × (読み方: iks) [una crocetta]. **2**〖数〗segno㊚ ¶正[負]の符号 segno positivo [negativo] **3**〖コンピュータ〗codice㊚
❖**符号化**〖コンピュータ〗codificazione㊛ ◇符号化する codificare
符号解読器〖コンピュータ〗decodificatore㊚

ふごう 符合 〔一致〕coincidenza㊛, concordanza㊛;〔相応すること〕corrispondenza㊛ ¶君の話は彼のと符合する. Il tuo racconto coincide con il suo resoconto.

ふごう 富豪 ricco㊚[㊛ -ca;㊚複 -chi]; persona㊛ molto ricca (facoltosa), miliardario㊚[㊛ -ia;㊚複 -i] ¶世界でも指折りの大富豪だ. Miliardari come lui si contano sulle dita.

ふごうかく 不合格 〔落第〕bocciatura㊛;〔失格〕inidoneità㊛, inabilità ◇不合格になる《試験》essere bocciato;《検査》essere inidoneo [inabile / scartato] ¶試験は不合格だった. Sono stato bocciato agli [Non ho superato gli] esami. ¶そのカメラは商品検査で不合格となった. Quella macchina fotografica è stata scartata al controllo merceologico.
❖**不合格者** candidato㊚[㊛ -a] bocciato [respinto]
不合格品 articolo㊚ rifiutato [respinto]

ふこうそく 不拘束 ¶身柄不拘束のまま警察に尋問を受けた. Sono stato interrogato dalla polizia senza procedimento di arresto.

ふこうへい 不公平 ingiustizia㊛, iniquità㊛; parzialità㊛ ◇不公平な〔公平でない〕ingiusto, iniquo;〔偏った〕parziale ◇不公平に ingiustamente, iniquamente ¶不公平税制の是正 revisione di un sistema fiscale iniquo

ふごうり 不合理 irrazionalità㊛;〔論理に合わない〕illogicità㊛;〔不条理〕assurdità㊛ ◇不合理な irrazionale; illogico [㊚複 -ci], assurdo ¶不合理な話だ. È assurdo! ¶〔話〕È roba da pazzi!

ふこく 布告 〔布告文〕ordinanza㊛, decreto㊚;〔公表〕proclama㊚[複 -i]〔行為〕promulgazione㊛, dichiarazione㊛, proclamazione㊛ ◇布告する promulgare ql.co.; dichiarare [decretare] ql.co. [che è vera 直説法] ¶宣戦を布告する dichiarare la guerra (a) ¶布告を出す promulgare un decreto [un'ordinanza]

ぶこく 誣告 〖法〗 ◇誣告する diffamare, calunniare, accusare falsamente qlcu.

❖**誣告罪** 〖法〗diffamazione㊛, calunnia㊛

ふこくきょうへいせいさく 富国強兵政策 politica㊛ di rafforzamento economico e militare
誣告者 diffamatore㊚ [㊛ -trice] [calunniatore㊚ [㊛ -trice]]

ふこころえ 不心得 ◇不心得な〔軽率〕sconsiderato, imprudente, ;〔無責任〕irresponsabile
❖**不心得者** persona㊛ sconsiderata

ぶこつ 無骨・武骨 ◇無骨な〔洗練されていない〕rozzo, zotico;〔田舎くさい〕villano, (ぶっきらぼうな) brusco [㊚複 -schi]
❖**無骨者** rozzo㊚ [㊛ -a], zotico㊚ [㊛ -ca]; villano㊚ [㊛ -a]

ふさ 房・総 **1**〔髪の毛・草などの〕ciuffo㊚;〔髪の毛のひとすじ〕ciocca㊛;〔糸や毛糸を束ねた房飾り〕fiocco㊚ [複 -chi], nappa㊛;〔布地をほぐした縁飾り, フリンジ〕frangia㊛ [複 -ge]
2〔花・果実の〕grappolo㊚;〔バナナの〕casco㊚ [複 -schi];〔みかんなどの〕spicchio㊚ [複 -chi] ¶房になって咲く fiorire a grappoli

ブザー 〔英 buzzer〕campanello㊚, cicalino㊚ ¶ブザーを鳴らす suonare il campanello ¶ブザー(のボタン)を押す premere il pulsante del campanello

ふさい 夫妻 marito㊚ e moglie㊛ [複 -gli], coniugi㊚ [複] ¶ロッシ夫妻 il sig. e la sig.ra Rossi / i coniugi Rossi

ふさい 負債 debito㊚; 〖商〗passività㊛, passivo㊚ ¶短期負債 debito a breve termine ¶長期負債 debito consolidato [a lungo termine] ¶流動負債 debito fluttuante ¶負債がある essere in debito [in passivo] / avere un debito [un passivo] ¶多額の負債をかかえて倒産する fallire a causa di un forte debito
❖**負債国** paese㊚ debitore

ふざい 不在 assenza㊛ ◇不在の assente ¶私の不在中に durante la mia assenza / in mia assenza ¶夫は不在中です. Mio marito è fuori [è assente]. ¶国民不在の政治 governo non curante [che non tiene conto] del popolo ¶父親不在の家族 famiglia in cui la figura del padre non conta [non ha valore]

❖**不在地主** proprietario㊚ [㊛ -ia;㊚複 -i] terriero non residente
不在者 assente㊚㊛
不在者投票 voto㊚ di elettore assente,〔在外者の郵便による〕voto㊚ per corrispondenza
不在証明〔アリバイ〕alibi㊚ [無変]

ぶさいく 不細工 〔人工物〕brutto, sgraziato, antiestetico [㊚複 -ci] malfatto

ふさがる 塞がる **1**〔閉ざされる〕chiudersi, turarsi, tapparsi, ostruirsi;〔道などが〕essere ingombrato [ostruito / affollato] ¶崖崩れであの道はふさがってしまった. Quella strada è ostruita per una frana.
2〔すでに使われている〕¶部屋はみんなふさがっています. Le stanze sono tutte occupate. /〔ホテルで〕L'albergo è al completo. ¶今週はずっとふさがっている.〔用事で〕Questa settimana sono sempre impegnato. ¶今, 手がふさがっている. Ora sono occupato [presissimo]. ¶電話がふさがっている. Il telefono è occupato. / La linea è

occupata.
3《閉じる》 ¶傷口がふさがった. La ferita si è rimarginata. ¶開いた口がふさがらない. Sono rimasto a bocca aperta.
4《いっぱいになる》 ¶その知らせを受け取るや, 悲しみで胸がふさがった. A quella notizia ho avuto una fitta al cuore per la tristezza.

ふさぎこむ 塞ぎ込む demoralizzarsi;《自分の殻に閉じこもる》rinchiudersi in *se* stesso ¶ふさぎ込んでいる essere depresso[abbattuto / giù di morale]

ふさく 不作 《収穫量が少ないこと》raccolto[男] scarso, magro raccolto[男];《作物のできが悪いこと》raccolto[男] cattivo ¶不作の年 anno magro[cattivo] / annata magra[cattiva] ¶今年は稲が不作だ. Quest'anno「il raccolto del riso è scarso[《質が悪い》il riso raccolto non è di buona qualità]. ¶今年の新人は不作だ. I nuovi volti di quest'anno non sono promettenti.

ふさぐ 塞ぐ **1**《閉じる》chiudere;《詰める》otturare, coprire, tappare ¶壁の穴を板でふさぐ coprire con un pannello di legno una fessura del muro ¶瓶の口をふさぐ tappare una bottiglia ¶〈人〉の口をふさぐ chiudere la bocca a *qlcu.*
2《じゃまする》ostruire;《場所を占める》affollare, ingombrare, occupare ¶道をふさがないでください. Non ostruite[bloccate] il passaggio, per favore.
3《気分が晴れない》 ¶今日は気持ちがふさいでいる. Oggi sono storto[di umore nero]. ¶彼はふさいだ顔をしている. Ha l'aspetto abbattuto[depresso / malinconico / avvilito].
4《耳・目・口などにふたをする》 ¶耳をふさぐ turarsi le orecchie ¶彼は私の忠告に耳をふさいだ. Non ha dato[prestato] ascolto ai miei consigli. ¶口をふさいでいろ.《黙れ》Chiudi la bocca! ¶目をふさぐ coprirsi gli occhi
5《役目を果たす》 ¶責めをふさぐ prendersi[assumersi] le *proprie* responsabilità

ふざける 《戯れる》trastullarsi;《冗談を言う・行う》scherzare[自][*av*];《おどけたことを言う》dire facezie, celiare[自][*av*];《ばかにする》prendere in giro *qlcu.*;《からかう》farlo apposta;《侮辱する》schernire[canzonare] *qlcu.* ◇ふざけて per scherzo, per burla, scherzando ¶ふざけて言ったんですよ. L'ho detto per scherzo. ¶ふざけているのじゃありません. Non sto scherzando! ¶ふざけるな. Ṣmetti di scherzare! /《私をからかうな》Non scherzare con me! / Non seccarmi! ¶ふざけたやつだ.《不まじめな》È un tipo poco serio. /《ひょうきん者》È un burlone[un giocherellone]! /《生意気な》È un (tipo) insolente[impertinente].

ふさふさ ¶彼はふさふさとした髪をしている. Ha una chioma[capigliatura] folta e fluente.

ぶさほう 無作法・不作法 ◇無作法な《マナーが悪い》rozzo, volgare, grossolano;《失礼な》ṣgarbato, scorteṣe, villano;《行儀の悪い》maleducato, screanzato ◇無作法に rozzamente, volgarmente, grossolanamente; scorteṣemente, villanamente ¶無作法なことをする fare cose scorteṣi ¶無作法な人 screanzato[男][[女] -*a*]

ぶざま 無様・不様 ◇ぶざまな《醜い》brutto;《不格好な》ṣgraziato, goffo;《見苦しい》impreṣentabile ¶ぶざまに転ぶ cadere ṣgraziatamente[goffamente] ¶彼はぶざまな負け方をした.《まったく相手にならない》Ha subito una brutta sconfitta[《恥ずべき》una sconfitta vergognosa].

ふさわしい 相応しい 《適する》addirsi[confacersi] a *ql.co.*[*qlcu.*], essere adatto[appropriato] a *ql.co.*[a *qlcu.* / per＋[不定詞]];《値する》meritare *ql.co.*[di＋[不定詞]], essere degno di *ql.co.*[＋[不定詞]];《理想的》essere ideale per *qlcu.*[*ql.co.* / ＋[不定詞]] ¶彼は妹の夫にふさわしい男性だ. È l'uomo giusto per spoṣare mia sorella. ¶彼は天才と呼ぶにふさわしい. Merita di essere considerato un genio. ¶彼にふさわしからぬやり方だ. Non è da lui comportarsi così.

ふさんか 不参加 ¶マラソンには不参加だった. Non ha partecipato alla maratona.

ふし 不死 immortalità[女], vita[女] eterna ◇不死の immortale ¶不老不死の妙薬 eliṣir[男][無変] di lunga vita

ふし 父子 padre[男] e fi*glio*[男][複 *-gli*]
✤**父子家庭** famiglia[女] senza madre

ふし 節 **1**《関節》articolazione[女], giuntura[女] ¶指の節 articolazione delle dita
2《木や竹の》nodo[男];《糸の結び目》nodo[男] ¶節のない板 asse[女] (di legno) senza nodi ¶節だらけの板 asse nodosa[piena di nodi]
3《メロディー》melodia[女];《抑揚》intonazione[女], modulazione[女] ¶節をつけて歌う cantare in maniera intonata ¶詞に節をつける mettere in muṣica un testo ¶妙な節をつけて読む leggere con un'intonazione strana
4《箇所》 ¶思い当たる節がある. Qualcosa me lo diceva. / Me lo sentivo. ¶彼の話には疑わしい節が二, 三ある. In quello che dice ci sono dei punti dubbi.
5《節目》punto[男] di ṣvolta

ふじ 不治 ¶彼は不治の病にかかった. È affetto da un male incurabile[inguaribile].

ふじ 不時 ◇不時の《突然の》improvviṣo;《思いがけない》inatteso, inaspettato;《非常の》di emergenza ¶不時の出費 spesa imprevista ¶不時の客 ospite[viṣitatore] inatteso

ふじ 富士 《富士山》monte[男] Fuji
✤**富士火山帯** zona[女] vulcanica del monte Fuji

ふじ 藤 〔植〕glicine[男][gli-] ¶藤の花 (fiori di) glicine ¶藤色の服 abito color malva[violaceo / lilla]
藤棚 pergola[女] di glicine

ぶし 武士 *samurai*[男][無変]; guerriero[男] giapponese del periodo feudale ¶武士の情(なさ) generosità di *samurai*
[慣用] **武士に二言はない** Un *samurai* ha una parola sola[mantiene sempre la parola data].
武士は食わねど高楊枝 Un *samurai* è orgoglioso anche in povertà.
✤**武士道** la via[女] del *samurai*

ぶじ 無事 **1**《安全》sicurezza[女];《健康》salute[女] ◇無事に senza problemi ¶無事に日本に着きました. Sono arrivato in Giappone senza problemi. ¶ご旅行の無事を祈り

ます. Le auguro buon viaggio. ¶ご無事にお帰りで何よりです. Sono lieto di rivederla sano e salvo. ¶家族の無事を祈っている. Prego per il bene [l'incolumità] della mia famiglia.
2《平穏》pace㊛, tranquillità㊛ ◇無事に senza incidenti [intoppi / noie]；《問題なく》senza nessun problema ¶結婚式を無事に済ませました. La cerimonia nuziale si è conclusa senza problemi. ¶箱はこわれていたが, 中身は無事だった. La scatola era rotta, ma il contenuto si è salvato. ¶税関を無事に通過した. Abbiamo passato la dogana senza noie.

ふしあな 節穴 buco㊚ [複 -chi] lasciato nel legno da un nodo ¶僕の目は節穴じゃないよ. Ti sembro proprio tanto ingenuo? / Ho forse scritto babbeo in fronte?

ふしあわせ 不幸せ ➡不幸1

ふしぎ 不思議 ◇不思議な《不可解な》inspiegabile, enigmatico [㊚複 -ci]；《奇妙な》strano, curioso；《異常な》straordinario [㊚複 -i], insolito；《神秘的な》misterioso；《奇跡的な》miracoloso ¶世界の七不思議 le sette meraviglie del mondo ¶不思議な人物 individuo misterioso [enigmatico] ¶不思議な現象 fenomeno strano [inspiegabile] ¶不思議な力 forza magica ¶…を不思議に思う trovare strano ql.co. [che+接続法]（►strano は目的語の性・数に応じて語尾変化する）¶《驚く》meravigliarsi di ql.co. [di+不定詞 / che+接続法] ¶…に不思議はない. Non c'è da meravigliarsi [stupirsi] che+接続法 / È più che naturale che+接続法 ¶不思議でも何でもない. Non è niente di straordinario. ¶みんな私を不思議そうに見ている. Tutti mi guardano incuriositi. ¶彼の占いは不思議によく当たる. Le sue predizioni si avverano in modo straordinario. ¶不思議にかすり傷ひとつ負わなかった. La cosa strana è che me la sono cavata senza un graffio. ¶『不思議の国のアリス』(ルイス・キャロル) "Alice nel paese delle meraviglie" (Lewis Carroll)

ふしくれだつ 節榑立つ ¶節くれだった木 legno nodoso ¶節くれだった手 mani nodose

ふしぜん 不自然 ◇不自然な innaturale；《無理した》forzato；《わざとらしい》fittizio [㊚複 -i], artificioso；《人為的な》artificiale ¶彼の態度にはどこか不自然なところがあった. Nel suo atteggiamento c'era qualcosa di strano. ¶彼は不自然な微笑を浮かべた. Ha sorriso forzatamente [in maniera innaturale]. / Ha stiracchiato un sorriso.

ふしだら ◇ふしだらな《品行が悪い》dissoluto；《だらしない》disordinato, sregolato ¶ふしだらな女《特に男女関係に》donna dissoluta [leggera]

ふじちゃく 不時着 atterraggio㊚ [複 -gi]；《水面への》ammaraggio㊚ [複 -gi] forzato [di fortuna] ¶不時着する fare un atterraggio [《水上に》ammaraggio] forzato

ふしちょう 不死鳥 fenice㊛ ¶不死鳥のごとくよみがえる rinascere come una fenice

ふじつ 不実《不誠実》slealtà㊛, insincerità㊛；《不貞》infedeltà㊛；《偽り》falsità㊛ ◇不実な sleale, insincero; infedele; falso

ぶしつ 部室 ¶音楽部の部室 locale usato da un circolo musicale

ぶしつけ 不躾 ◇ぶしつけな indiscreto, importuno ◇ぶしつけに indiscretamente, con indiscrezione ¶ぶしつけな質問をしてもよろしいですか. Posso farle una domanda indiscreta?

ふじつぼ 富士壺 〘動〙balano㊚

ふじばかま 藤袴 〘植〙eupatorio㊚ [複 -i]

ふしぶし 節節《関節》articolazioni㊛ [複] ¶体の節々が痛い. Mi fanno male le articolazioni. / Sono tutto indolenzito.

ふしまつ 不始末 **1**《不注意》disattenzione㊛；《なおざり》trascuratezza㊛, negligenza [-gli-] ㊛ ¶台所の火の不始末から火事になった. L'incendio in cucina è scoppiato per disattenzione.
2《過失》errore㊚, colpa㊛；《不行跡》cattiva condotta㊛, comportamento riprovevole；《不正》irregolarità㊛

ふしまわし 節回し modulazione㊛

ふじみ 不死身 ◇不死身の《死なない》immortale；《傷つかない》invulnerabile ¶彼は不死身だ. Ha una salute di ferro.

ふじむらさき 藤紫 viola㊚ chiaro [glicine [gli-]]

ふしめ 伏し目 ¶伏し目になる abbassare gli occhi [lo sguardo] ¶伏し目がちに話す parlare con gli occhi bassi

ふしめ 節目 **1**《木などの》nodo㊚ ¶節目のない材木 legname senza nodi **2**《物事の》「di svolta」《重大な》cruciale ¶定年は人生の節目である. La pensione è un momento fondamentale nella vita.

ふしゅ 浮腫 〘医〙edema㊚ [複 -i] ◇浮腫性の edematoso

ぶしゅ 部首 radicale㊚ (negli ideogrammi)

ふじゆう 不自由 **1**《不便》inconvenienza㊛, scomodità㊛；《快適でない》disagio㊚ [複 -gi]；《金銭的な》ristrettezze㊛ [複] ◇不自由な incomodo, scomodo, inconveniente; disagiato; ristretto ◇不自由のない《人・物が》agiato；《人が》benestante ¶不自由な生活を送る condurre una vita disagiata ¶何かとご不自由をおかけしました. Mi dispiace di averla incomodata. ¶彼は金に不自由している. È a corto di denaro. ¶タバコ銭にも不自由している. Non ho neppure i soldi per comprarmi le sigarette. ¶女には不自由しないよ. Le donne non mi mancano certo!
2《身体の》◇不自由な invalido, disabile；《麻痺》paralitico [㊚複 -ci] ¶目が不自由である avere dei problemi agli occhi ¶彼は右手が不自由だ. Ha il braccio destro paralizzato.

ふじゅうぶん 不十分 ◇不十分な insufficiente；《不完全》incompleto, imperfetto ¶このお金では私が生活するには不十分である. Questo denaro "mi è insufficiente [non mi basta] per vivere. ¶彼は証拠不十分で釈放された. È stato rilasciato per mancanza di prove.

ぶじゅつ 武術 arte㊛ marziale

ふしゅび 不首尾 insuccesso㊚, fallimento㊚ ¶彼の試みは不首尾に終わった. Il suo tentativo è fallito [non è andato in porto].

ふじゅん 不純 ◇不純な《純粋でない》impuro ¶不純な動機から per motivi interessati ¶あの2人は不純な関係にある. Quei due hanno una rela-

zione adulterina.
✤**不純物** 〘化〙 impurità[女][複], impurezza[女] ¶…から不純物を取り除く eliminare le impurità (da *ql.co.*) / raffinare *ql.co.*

ふじゅん 不順 ◇不順な irregolare; 《天気が変わりやすい》 variabile, instabile, mutevole, irregolare ¶天候が不順だ. Il tempo è mutevole [irregolare]. ¶生理不順 mestruazioni[女][複] irregolari

ふじょ 扶助 aiuto[男], assistenza[女] ◇扶助する aiutare, assistere; 《金銭的に》 dare un contributo [un sussidio] a *qlcu.* ¶相互扶助 mutua assistenza ¶国の扶助で生活する vivere con un sussidio [l'assistenza] statale
✤**扶助料** 《生活扶助料》 assistenza[女] agli indigenti; 《遺族扶助料》 pensione[女] versata a una vedova [a un orfano]

ふじょ 婦女 donna[女]
✤**婦女暴行** violenza[女] carnale
婦女暴行犯 violentatore[男]

ぶしょ 部署 posto[男] ¶部署につく[を離れる] mettersi al [lasciare il] *proprio* posto ¶部署につけ. Ai vostri posti!

ふしょう 不詳 ¶作者不詳の作品 opera di autore ignoto [sconosciuto] ¶年齢不詳の女 donna di età indefinita

ふしょう 負傷 ferita[女] ◇負傷する ferirsi《をa》; 《状態》 essere [rimanere] ferit*o* ¶彼はガラスの破片で頭を負傷した. Si è ferito alla testa con un pezzo di vetro.
✤**負傷者** ferit*o*[男][女 *-a*]

ふじょう 不浄 impurità[女]; 《汚れた》 sporcizia[女], sudiciume[男] ◇不浄な impuro; spor*co* [男複 *-chi*], sud*icio* [男複 *-ci*; 女複 *-ce, -cie*] ¶不浄の金 denaro sporco

ふじょう 浮上 **1** 《水中から浮かび上がること》 emersione[女] ◇浮上する emergere[自] [*es*] ¶潜水艦が海面に浮上した. Un sottomarino è emerso in superficie. **2** 《表面化する》 ◇浮上する manifestarsi, venire a galla ¶新たな問題が浮上してきた. È venuto alla luce un nuovo problema.
3 《悪い状態から抜け出ること》 ¶最下位から浮上してきたチーム squadra che「è emersa [si è fatta avanti] dall'ultimo posto

ぶしょう 武将 generale[男], comandante[男] (militare)

ぶしょう 無精・不精 《怠慢》 indolenza[女], pigrizia[女], negligenza [-gli-] [女]; 《無頓着》 trascuratezza[女]; 《だらしのなさ》 diṣordine[男] ◇無精な indolente, pigro, negligente [-gli-]; trascurato; diṣordinato ¶無精になる diventare pigr*o* / impigrirsi ¶彼は出無精だ. È il tipo che ama stare a casa. ¶私は筆無精です. Sono pigro nello scrivere.
✤**無精ひげ** ¶無精ひげを生やした男 uomo non rasato [non ṣbarbato]
無精者 pigron*e*[男][女 *-a*], fannullon*e*[男][女 *-a*], poltron*e*[男][女 *-a*]

ふしょうか 不消化 **1** 《食べ物が》 indigestione[女] ◇不消化の indigesto
2 《知識などの》 ¶たくさん本を読むがみんな不消化だ. Leggo molti libri ma non assimilo niente.

ふしょうじ 不祥事 scandalo[男] ¶不祥事を起こす dare [fare] scandalo

ふしょうじき 不正直 diṣonestà[女] ◇不正直な diṣonesto

ふしょうち 不承知 《拒絶》 rifiuto[男], dinie*go* [男][複 *-ghi*]; 《不承認》 diṣapprovazione[女]; 《不賛成》 diṣaccordo[男] ◇不承知である rifiutarsi di＋[不定詞]; non acconsentire「a *ql.co.* [che＋[接続法]], diṣapprovare *ql.co.* [che＋[接続法]]; non essere d'accordo, essere contrar*io* [男複 *-i*]「a *ql.co.* [che＋[接続法]]

ふしょうにん 不承認 diṣapprovazione[女]; 《拒否》 veto[男] ¶その議案は不承認となった. Il disegno di legge è stato respinto.
✤**不承認主義** politica[女] di ostruzioniṣmo

ふしょうぶしょう 不承不承 di malavoglia, malvolentieri, riluttante

ふしょうふずい 夫唱婦随 moglie[女] obbediente

ふじょうり 不条理 《道理に合わない》 assurdità[女], assurdo[男] ◇不条理な assurdo; irrazionale ¶不条理の哲学 filoṣofia dell'assurdo

ふしょく 腐食 《有機物の》 decompoṣizione[女]; 《金属の》 corroṣione[女]; 《錆による》 arrugginimento[男] ◇腐食する decomporsi; corrodersi; arrugginirsi ◇腐食させる decomporre; corrodere ◇腐食性の causti*co* [男複 *-ci*], corroṣivo
✤**腐食剤** 〘化〙 sostanza[女] caustica [corroṣiva]; 《銅版の》 acquaforte[女]
腐食作用 〘化〙 azione[女] corroṣiva, corrosione[女]
腐食止め anticorroṣivo[男]

ふしょく 腐植 〘化〙〔ラ〕 humus[男][無変]
✤**腐植化** umificazione[女]
腐植土 〔ラ〕 humus[男][無変]; terric*cio*[男][複 *-ci*]

ぶじょく 侮辱 offesa[女], insulto[男], affronto[男], insolenza[女], vilipend*io*[男][複 *-i*]; 《ひどい》 ingiuria[女], oltrag*gio*[男][複 *-gi*] ◇侮辱する offendere [insultare / ingiuriare / oltraggiare] *qlcu.* ◇侮辱的な offensivo, insultante; ingiurioso, oltraggioso ¶侮辱を加える caricare d'ingiurie [d'insulti] *qlcu.* / recare ingiuria a *qlcu.* ¶侮辱を受ける ricevere [patire] un insulto da *qlcu.* / subire un'offesa da *qlcu.* ¶公衆の面前で〈人〉を侮辱する umiliare *qlcu.* di fronte a tutti

ふしょくばい 負触媒 〘化〙 cataliṣi[女][無変] negativa, inibizione[女]; catalizzatore[男] negativo

ふしょくふ 不織布 tessuto[男] non tessuto

ふじょし 婦女子 《女性》 le donne[女][複]; 《女性と子供》 le donne[女][複] e i bambini[男][複]

ふしん 不信 sfidu*cia*[女][複 *-cie*], diffidenza[女] ¶政治不信 sfiducia nella politica ¶不信を招く attirarsi la sfiducia《の di》 ¶不信を買う incorrere nel discredito [nella diffidenza] / 《悪評》 crearsi una cattiva fama ¶不信の目で眺める guardare *qlcu.* [*ql.co.*] con diffidenza ¶人間不信に陥る perdere la fiducia nella gente
✤**不信感** ¶不信感を抱く provare diffidenza [sfiducia]

ふしん 不振 cattivo andamento[男]; 《停滞》 ristagno[男], staṣi[女][無変]; 《不活発》 inattività[女], mancanza[女] di attività ◇不振である avere un cattivo andamento; ristagnare[自] [*av*]; non essere in attivo ¶食欲不振 mancanza d'appetito / 〖医〗 inappetenza ¶このところ食欲不振だ. In questi ultimi giorni ho poco l'appetito. ¶彼の事業は不振だ. I suoi affari vanno male [naviga in cattive acque]. ¶あの選手の今年の成績は不振だ. Quest'anno i risultati di quell'atleta sono scarsi.

ふしん 不審 〈疑惑〉dubbio男[複 -i]; 〈嫌疑〉sospetto男 ¶不審を抱く avere dei dubbi [sospetti] su qlcu. [ql.co.] ¶不審そうに見る guardare con aria dubbiosa [sospetta] ¶挙動不審な男 individuo dal comportamento sospetto ¶彼の挙動には不審な点がある. Il suo comportamento è poco chiaro.
❖不審尋問 interrogatorio男[複 -i] da parte della polizia ¶不審尋問を受ける essere interrogato / essere sottoposto a un interrogatorio
不審火 incendio男[複 -i] di origine sospetta

ふしん 普請 costruzione女 ¶家を普請する farsi costruire una casa

ふしん 腐心 mettersi d'impegno ¶彼は子供の教育に腐心した. Si è messo d'impegno per educare i suoi figli.

ふじん 夫人 signora女, moglie女[複 -gli], consorte女 ¶社長夫人 la signora del presidente ¶伯爵夫人 (la signora) contessa ¶ご夫人ご同伴でお越しください.《招待状など》Venga con la Sua gentile consorte [signora].

ふじん 婦人 donna女; 〈丁寧に〉signora女; 〈集合的に〉le donne女[複], la donna女 ¶既婚婦人 donna sposata [maritata] ¶婦人用腕時計 orologio男 da donna ¶「婦人用」〈トイレの表示〉"Donne" / "Signore"
❖婦人科医 ginecologo男[複 -ga]; 女[複 -gi]
婦人科(学) 〖医〗ginecologia女 ◇婦人科(学)の ginecologico男[複 -ci]
婦人警官 vigilessa女, donna女 poliziotto[無変]
婦人参政権 suffragio男 elettorale femminile
婦人病 malattia女 ginecologica女
婦人服 abito男[vestito男] da donna; 〈総称的に〉abbigliamento男 femminile

ふしんじん 不信心 miscredenza女, irreligiosità女; 〈不敬虔〉empietà女 ◇不信心な irreligioso; empio[男複 -i]; 〈無神論の〉ateo ¶不信心な人 miscredente男, 女; 〈無神論者〉ateo男[複 -a] / 〈不敬虔者〉empio男[複 -ia; 男複 -i]

ふしんせつ 不親切 scortesia女, mancanza女 di gentilezza, sgarbatezza女 ◇不親切な scortese, sgarbato ◇不親切に scortesemente, sgarbatamente ¶不親切な説明 spiegazione「poco accurata [approssimativa]」

ふしんにん 不信任 sfiducia女[複 -cie], mancanza女 di fiducia; 〖法〗diffida女
❖不信任案 ¶内閣不信任案を提出する presentare in Parlamento una mozione di sfiducia (contro il Governo)
不信任状 lettera女 di diffida
不信任投票 voto男 di sfiducia

ふしんばん 不寝番 guardia女 notturna ¶不寝番をする fare la guardia a ql.co. [qlcu.] tutta la notte

ふす 伏す **1**〈体を低くする〉¶地面に伏す gettarsi a terra ¶伏してお願い申し上げます. La supplico di concedermi questa cortesia. **2**〈横になる〉¶最近彼は床に伏しがちだった. In questi ultimi tempi stava spesso a letto. **3**〈隠す〉¶名を伏す《自分の》rimanere anonimo / 《他人の》tenere nascosto [segreto] il nome di qlcu.

ふず 付図 cartina女[mappa女 / figura女] allegata; 〈グラフ〉diagramma男[複 -i] allegato

ぶす donna女 brutta, racchia女; 《諧》cozza女

ふずい 不随 〖医〗paralisi女[無変] ◇不随である essere paralizzato [paralitico男複 -ci]《が a》

ふずい 付随 ◇付随する〈伴う〉compreso; 〈関連する〉relativo, connesso; 〈添付された〉annesso, allegato; 〈副次的〉secondario男[複 -i], accessorio男[複 -i] ¶契約に付随する条件 condizioni aggiunte a [incluse in] un contratto ¶この症状に付随して他のいくつかの症状が起こる. Questi sintomi sono accompagnati da altri.

ぶすい 無粋・不粋 ◇無粋な〈洗練されていない〉grossolano, rustico男[複 -ci], rozzo, poco raffinato; 〈風流のわからない〉privo di eleganza, senza gusto

ふずいい 不随意 ◇不随意の involontario[男複 -i]
❖**不随意運動** movimento男 involontario
不随意筋 〖解〗muscolo男 involontario

ふすう 負数 〖数〗numero男 negativo

ぶすう 部数〈冊数〉numero男 di copie di ql.co.; 〈発行部数〉tiratura女 ¶大量の部数を刷る stampare un numero elevatissimo di copie ¶この日刊紙の部数はどれくらいですか. Qual è la tiratura di questo quotidiano?

ぶすっと ¶ぶすっと横を向く voltare le spalle in modo scontroso ¶彼は誉められてもぶすっとしていた. È rimasto imbronciato anche quando gli hanno fatto i complimenti.

ぶすぶす 1〈いぶりながら燃えること〉¶ぶすぶすと燃える bruciare facendo fumo **2**〈物を突き刺す音〉¶マットレスにナイフをぶすぶすと突き刺した. Ha conficcato ripetutamente il coltello nel materasso.

ふすま 麩・麬 crusca女

ふすま 襖 scorrevole di carta su infisso ligneo (tra stanza e stanza o di armadio a muro) fusuma ¶襖を張り替える cambiare la carta di un fusuma

ぶすり ¶ナイフを胸にぶすりと刺す conficcare a fondo un coltello nel petto

ふする 付する **1** apporre ¶彼らのデモには2つの条件が付されて許可された. La loro dimostrazione [manifestazione] è stata permessa a due condizioni. **2**《まかせる》presentare [inoltrare / sottoporre / sottomettere] ql.co.《に a》; 〈裁判で〉rinviare ql.co. ¶議案を国会に付する sottomettere [presentare] un disegno di legge al Parlamento

ふせ 布施 offerta女 in denaro a un tempio [a un bonzo] buddista ¶1万円のお布施を包む fare un'offerta di 10.000 yen

ふせい 不正〈正義に反する〉ingiustizia女, iniquità女; 〈不正直〉disonestà女; 〈法に反する〉illegalità女, illegittimità女 ◇不正な ingiusto, iniquo; disonesto; illecito, illegale, illegittimo, fraudolento ◇不正に

illecitamente, illegalmente, illegittimamente ¶不正な金 denaro sporco [illegale] ¶不正を働く truffare / compiere un'azione disonesta / (いんちき) commettere una frode ¶不正な手段で con mezzi illeciti / con frode
✤不正アクセス《コンピュータ》 accesso男 illegale
不正業者 azienda女 disonesta
不正行為 azione女 disonesta, frode女; (賭博などでのいかさま) il barare ¶不正行為をする agire disonestamente / frodare / barare al gioco
不正咬合(こうごう)《医》 malocclusione女
不正コピー pirateria女
不正事件《贈収賄事件》 caso男 di corruzione
不正支払い pagamento男 equivoco《複 -ci》
不正乗車《ただ乗り》 corsa女 senza pagare il biglietto
不正所得 entrate女[複] illecite
不正取引 traffico男[複 -ci] illegale ; 《密輸》 contrabbando男
不正入学 iscrizione女 con mezzi illeciti a una scuola

ふせい 父性 paternità女
✤父性愛 amore男 paterno

ふぜい 風情 **1**（おもむき）atmosfera女 suggestiva ¶風情のある suggestivo ; (優雅な) elegante ¶飾られた生け花が部屋にいっそうの風情を添えていた. L'ikebana ornava la stanza dando un tocco di fascino in più.
2（様子）¶悲しげな風情だった. Aveva un'aria [un aspetto] triste.
3《軽べつ・謙遜を表す》¶私風情の出る幕ではございません. Questo non è un posto per una persona modesta [umile] come me.

ふせいかく 不正確 ◇不正確な inesatto, impreciso ; (翻訳などが忠実でない) infedele ¶不正確な発音 pronuncia sbagliata

ふせいじつ 不誠実 ◇不誠実な insincero, infedele

ふせいせき 不成績 cattivi risultati男[複]

ふせいみゃく 不整脈 《医》 pulsazioni女[複] irregolari, polso男 irregolare

ふせいりつ 不成立 ¶法案は不成立に終わった. Il disegno di legge non è passato [non è stato adottato]. ¶商談は不成立に終わった. La contrattazione non è andata a buon fine.

ふせき 布石 **1**（囲碁で）disposizione女 delle prime pedine sulla scacchiera del gioco del go ¶布石を誤る disporre male le pedine sulla scacchiera **2**（将来への準備）¶布石を打つ fare preparativi per il futuro

ふせぐ 防ぐ **1**（防御する）difendersi da ql.co.; (備える) premunirsi contro ql.co. ¶寒さを防ぐ difendersi dal [premunirsi contro il] freddo ¶敵の侵略を防ぐ difendere il proprio paese dall'aggressione del nemico
2（予防する）prevenire ql.co.; 《くいとめる》 impedire [bloccare / arrestare] ql.co. ¶火災を防ぐ premunirsi contro gli incendi ¶事故を防ぐ evitare gli incidenti ¶コレラの蔓延(まんえん)を防ぐ impedire il diffondersi del colera

ふせじ 伏せ字 parole女[複][righe女[複]] omesse [censurate] ; [ラ] omissis男[無変] ¶伏せ字だらけの本 libro pieno di parole omesse [non stampate / censurate] (►イタリア語では伏せ字の部分を […]などと表す)

ふせつ 付設 ¶大学に研究所を付設する fondare un istituto di ricerca annesso all'università

ふせつ 敷設 《建設》 costruzione女; 《設備すること》 installazione女 ◇敷設する costruire; installare ¶ガス管を敷設する installare le condutture del gas

ふせっせい 不摂生 ◇不摂生な noncurante [incurante] della propria salute ¶不摂生がたたって病気になった. A causa della sua noncuranza per la salute, si è ammalato.

ふせる 伏せる **1**地面に身を伏せる mettersi ventre a terra ¶伏せろ. A terra! ¶目を伏せる abbassare gli occhi [lo sguardo] ¶本を伏せる mettere un libro a faccia in giù ¶グラスを伏せる rovesciare [capovolgere] un bicchiere ¶事実を伏せる nascondere [tacere] la verità ¶私の名は伏せておいてください. La prego di non menzionare [rivelare] il mio nome. ¶物陰に伏せる nascondersi [ripararsi] dietro ql.co.

ふせる 臥せる ¶彼は病気で長いことふせている. È immobilizzato a letto dalla malattia.

ふせん 不戦 non aggressione ¶不戦の誓い patto di non aggressione
✤不戦勝 ¶1回戦は不戦勝だった. 《相手の棄権で》 Abbiamo vinto il primo incontro per forfait [forfé] dell'avversario. 《くじ թで》 Abbiamo passato il primo turno senza giocare.
不戦条約 ¶不戦条約を結ぶ concludere un trattato di non aggressione 《と con》
不戦論 rinuncia女 alla guerra
不戦論者 sostenitore男 [女 -trice] della rinuncia alla guerra

ふせん 付箋 etichetta女 ¶付箋を貼る attaccare un'etichetta 《に a》

ふぜん 不全 insufficienza女 ¶彼は発育不全だ. Il suo sviluppo è insufficiente.

ぶぜん 憮然 ◇憮然とする《がっかりする》scoraggiarsi, demoralizzarsi ; 《気を悪くする》 offendersi ; 《驚いて》 restare senza parole per lo spavento ◇憮然として《失望して》 con un'aria delusa ; 《むっとして》 con un'aria offesa

ふせんめい 不鮮明 ◇不鮮明な poco chiaro, poco nitido, indistinto ; 《ピントの外れた》 sfocato ¶不鮮明な映像 immagini indistinte

ふそ 父祖 《父と祖父》 padre男 e nonno男; 《先祖》 antenati男[複]

ぶそう 武装 armamento男 ◇武装する《自らが》 armarsi 《で di》; 《他のものを》 armare qlcu. [ql.co.] 《で di》 ◇武装した armato, in armi ¶銃で武装する armarsi di fucile ¶完全武装の armato fino ai denti
✤武装解除 disarmo男; 《軍の》 smilitarizzazione女 ◇武装解除する disarmare qlcu. [ql.co.]
武装地帯 zona女 militarizzata
武装蜂起 ◇武装蜂起する levarsi in armi 《に対して contro》

ふそうおう 不相応 ◇不相応な《ふさわしくない》inadatto, inadeguato ; 《不釣り合いな》 sproporzionato ¶彼は身分不相応な暮らしをしている. Vive al di sopra dei suoi mezzi.

ふそく 不足 **1**《足りないこと》mancanza㊛, scarsità㊛, carenza㊛;《不十分》insufficienza㊛ ◇不足する《不足している物自体が主語》essere insufficiente [carente / scarso], mancare㊂[es]《に a》, scarseggiare㊀[av]; non bastare㊂[es];《人が主語》difettare㊂[av] di ql.co., scarseggiare di ql.co.; mancare di ql.co. ¶水不足 scarsità㊛ d'acqua ¶ビタミン不足 carenza vitaminica ¶栄養不足《バランス》malnutrizione㊛ /《量》denutrizione㊛ ¶1000円不足だ。Mancano mille yen. ¶労働力が不足している。La manodopera scarseggia. / C'è insufficienza di manodopera. ¶政界は大変な人材不足だ。Nel mondo politico c'è una grande carenza di uomini di talento. ¶私は経験不足です。Manco di [Mi manca l']esperienza. ¶睡眠不足で頭がぼうっとしている。Mi sento stordito per mancanza di sonno.
2《不平, 不満》¶何が不足なんだい？ Di che cosa ti lamenti? / Cos'hai da lamentarti? / Perché sei insoddisfatto? ¶相手にとって不足はない。Sono soddisfatti dell'avversario.
✤**不足額**《会》deficit㊚[無変]; disavanzo㊚
不足分 ¶不足分は私が補う。Ti darò io la somma che ti manca.

ふそく 不測 ◇不測の imprevisto, inatteso ¶不測の事態が生じた場合には in caso d'imprevisti

ふそく 付則・附則 regola aggiuntiva;《議案・契約書などへの》clausola㊛[disposizione㊛] addizionale

ふぞく 付属・附属 ¶…に付属する far parte di [appartenere a / dipendere da / essere annesso a] ql.co. ¶研究所付属図書館 biblioteca "annessa all'istituto [dell'istituto]" ¶大学付属小学校 scuola elementare annessa a un'università ¶大学付属病院 ospedale universitario

✤**付属品** accessorio㊚[複 -i];《部品》parti㊛[複]

ぶぞく 部族 tribù㊛

ふそくふり 不即不離 ¶不即不離の関係 rapporto né troppo stretto né troppo distaccato

ふぞろい 不揃い ◇不揃いな irregolare;《サイズが》di varie misure;《長さが》di varia lunghezza;《組のものが欠ける》incompleto;《2つで組のものが欠ける》spaiato;《種々雑多の》disuguale, ineguale, non uniforme ¶色も形も不揃いだ。Non sono uniformi né nel colore né nell'aspetto.

ふそん 不遜 ◇不遜な insolente, arrogante, impertinente ¶不遜な態度で con insolenza / con arroganza / insolentemente

ふた 蓋 《箱・鍋などの》coperchio㊚[複 -chi];《ポケットの》patta㊛[複 -che];《マンホールの》tombino㊚;《さえなどの》opercolo㊚ ¶鍋にふたをする mettere il coperchio sulla pentola ¶鍋のふたを取る togliere il coperchio a [scoperchiare] una pentola ¶ふたを閉める chiudere [(ねじって) avvitare] il coperchio
慣用 蓋を開ける ¶今日, 初日の蓋を開けた。È iniziata oggi la rappresentazione teatrale. ¶結果は蓋を開けてみないとわからない。Non si possono prevedere i risultati.

✤**ふた明け** ¶興行のふた明け apertura [inizio] di una serie di spettacoli

ふだ 札 **1**《レッテル, ラベル》etichetta㊛;《プレート》targa㊛;《掲示板, プラカード》cartello㊚ ¶札を付ける mettere [applicare / attaccare] un'etichetta《に su》¶札を立てる mettere un cartello **2**《トランプなどの》carta㊛ (da gioco) ¶札を切る mescolare le carte da gioco ¶札を配る distribuire le carte **3**《守り札》amuleto㊚, talismano㊚

ぶた 豚 maiale㊚, porco㊚[-ca;複 -ci]; suino㊚;《去勢しない雄豚》verro㊚, maiale㊚ maschio㊚[複 -schi];《雌豚》scrofa㊛;《子豚》maialino㊚[-a], porcellino㊚[-a] ¶豚の脂 grasso di maiale /《ラード》lardo / strutto ¶豚革の鞄 valigia di pelle di maiale ¶子豚の丸焼き porchetta ¶豚が鳴いている。Il maiale grugnisce. ¶豚に真珠。《聖》È come gettare perle ai porci.

✤**豚小屋** porcile㊚, porcareccia㊛[複 -ce]
豚肉 carne㊛ suina [di maiale]

ふたい 付帯 ◇付帯する aggiungere, allegare

✤**付帯決議** delibera㊛ addizionale
付帯事項 postilla㊛
付帯状況 condizione㊛ supplementare
付帯条件 condizione㊛ incidentale
付帯条項 clausola㊛ addizionale [aggiuntiva]

ぶたい 部隊 **1**《軍隊の》unità㊛ (militare); truppa㊛, corpo㊚ ¶後方部隊 retroguardia㊛ ¶戦闘部隊 unità [linea] di combattimento ¶外人部隊 legione straniera **2**《行動を共にする一団》corpo㊚;《集団》gruppo㊚

✤**部隊長** comandante㊚

ぶたい 舞台 **1**《劇場の》palcoscenico㊚[複 -ci];《一段高くなっているところ》palco㊚[複 -chi], scena㊛ ¶舞台のそで quinta ¶回り舞台 palcoscenico [palco] girevole ¶舞台に立つ stare sul palcoscenico [palco] / fare (del) teatro /《役者になる》calcare le scene / salire sul palcoscenico ¶初めて舞台に立つ debuttare sulle scene ¶舞台を退く abbandonare il palcoscenico (►「引退」も意味する)《引退する》ritirarsi dalle scene ¶…を舞台で上演する rappresentare ql.co. in teatro / mettere in scena ql.co.
2《活動の場》scena㊛, mondo㊚;《重大事件の現場》teatro㊚ ¶外交の舞台で活躍する avere una parte attiva「sulla scena diplomatica [nel mondo diplomatico] ¶世界を舞台に活動している。Svolge le sue attività su scala mondiale. ¶この小説の舞台は京都だ。Questo romanzo è ambientato [si svolge] a Kyoto.

✤**舞台衣装** costumi㊚[複] di scena
舞台裏 (1)《楽屋》camerino㊚;《背景の後ろの部分》retroscena㊛;《そで》le quinte㊛[複] ¶舞台裏は大あわてだった。C'è stata una grande agitazione dietro le quinte. (2)《裏の事情》retroscena㊚[無変] ¶舞台裏の取引 operazioni condotte「dietro le quinte [in segreto]
舞台化 ¶小説を舞台化する adattare un romanzo per il teatro
舞台監督 《人》direttore㊚[㊛ -trice] di scena;《行為》direzione㊛ di scena

舞台稽古 prova❷ scenica;《ゲネプロ》prova❷ generale
舞台化粧 trucco❸《複 -chi》, truccatura❷
舞台効果 effetto❸ scenico《複 -ci》
舞台照明 luci❷《複》[illuminazione❷] di scena
舞台装置 messinscena❷《複 *messinscene, messe in scena*》; scenografia❷
舞台中継 ¶舞台中継をする《同時》trasmettere in diretta uno spettacolo teatrale
舞台俳優 attore❸《❷ -trice》teatrale
舞台美術 scenografia❷
舞台美術家 scenografo❸《❷ -a》

ふたいてん 不退転 ¶不退転の決意をかためた. Ha preso una decisione ferma e irrevocabile.
ふたえ 二重 ⇌二重(ぷ) ¶二重に包む fare un doppio pacco ¶彼女は二重瞼(まぶた)だ. Ha le doppie palpebre.
ふたく 付託 affidamento❸ ◇付託する affidare ¶その件は高次の機関に付託された. La questione venne affidata ad un organismo superiore.
ふたご 双子《男だけ, または男と女の》gemelli❸《複》;《女だけの》gemelle❷《複》;《一方》gemello❸《❷ -a》◇双子の gemello ¶双子の兄弟 fratelli gemelli ¶双子の姉妹 sorelle gemelle ¶彼は双子だ. Lui ha un gemello.
✤**双子座**〖天〗Gemelli❸《複》
ふたごころ 二心 ⇌二心(にしん)
ふたことめ 二言目 ¶二言目には今日は暑いという. "Fa caldo, fa caldo" oggi non sa dire altro.
ブタジエン〔英 butadiene〕《化》butadiene❸
ふたしか 不確か ◇不確かな/不確かに inesatto;《おぼつかない》incerto ¶予定が不確かだ. I miei piani sono ancora indefiniti. ¶彼は不確かな足取りで出ていった. È uscito con passo incerto [vacillante]. ¶私の不確かな記憶では secondo i miei vaghi ricordi

ふたたび 再び di nuovo, ancora una volta, nuovamente ¶彼とは二度と再び会うことはないだろう. Non lo vedrò mai più. ¶再び戦争の危機が訪れた. Si è ripresentato il pericolo di un'altra guerra. ¶再び…する tornare a + 不定詞

ふたつ 二つ due❸;《2 歳》due anni❸《複》◇二つとも tutt*i*《❷ -*e*》e due; l'un*o*《❷ -*a*》e l'altr*o*《❷ -*a*》; ambedue《無変》, entrambi《無変》◇二つずつ a due a due ◇二つとない unico, senza pari ¶二つおきに uno ogni tre ¶すいかを二つに割る tagliare in due un cocomero ¶二に一つう o quello /〔ラ〕aut aut ¶二つとも…ない nessuno dei due / né l'un*o* né l'altr*o* ¶するかしないか二つに一つだ. Prendere o lasciare. ¶毛布を二つ折りにする piegare la coperta in due
✤**二つ返事** ¶彼は二つ返事で引き受けてくれた. Ha accettato prontamente [molto volentieri].
ふだつき 札付き ¶札付きの悪党 mascalzone matricolato
ふたて 二手 ¶二手に分かれる dividersi in due ¶二手から攻撃する attaccare su due lati
ふたとおり 二通り《二種類》due tipi❸《複》;《二様》due modi❸《複》¶この文章は二通りの解釈ができる. Questa frase può essere interpreta-

ta in due modi.
ふだどめ 札止め ¶劇場は札止めだ. Il teatro ha affisso l'avviso "Tutto esaurito".
ブタノール〔英 butanol〕《化》butanolo❸, alcool❸ butilico
ふたば 二葉・双葉 dicotiledone❷
ぶたばこ 豚箱《謔》gattabuia❷ ¶豚箱にぶち込むぞ. Ti porto [metto] dentro!
ふたまた 二股 biforcazione❷ ◇二股の biforcato, biforcuto ¶道が 100 メートル先で二股に分かれている. La strada「si biforca [forma un bivio] a cento metri da qui.
[慣用] **二股をかける**《日和見する》comportarsi da opportunista;《どっちつかずでいる》tenere il piede「in due staffe [in due scarpe];《敵味方両方に通じる》fare un doppio gioco
ふため 二目 ¶二目と見られない《悲惨で》orrido / orribile /《醜悪で》repellente / ripugnante
ふたり 二人 due persone❷《複》; i due❸《複》;《女性二人》le due❷《複》;《1 組》coppia❷ ◇二人とも tutti e due;《女性のみ》tutte e due ◇二人ずつ《a》due a due; a coppie ¶…と二人きりで話す parlare con *qlcu.* a quattr'occhi ¶ちょっとの間二人きりにしてくれませんか. Vorresti lasciarci soli per un momento? ¶あんな変わり者は二人といない. Uno strano come lui non lo troveresti mai.
✤**二人暮らし** vita❷「a due [di coppia]
二人乗り ¶二人乗り自転車 tandem❸《無変》¶自転車に二人乗りする《一人乗り用に》andare in due in bicicletta
フタルさん フタル酸《化》acido❸ ftalico
ふたん 負担 **1**《引き受けること》carico❸《複 *-chi*》, onere❸, peso❸ ◇負担する incaricarsi di *ql.co.*, addossarsi [accollarsi] *ql.co.* ◇負担させる gravare [incaricare] *qlcu.* di *ql.co.*, addossare [accollare] a *qlcu. ql.co.* ¶負担を軽く[重く]する alleggerire [appesantire] il carico ¶私の負担で《費用を》a mie spese / a mio carico
2《重荷》carico❸, onere❸, peso❸ ◇負担になる essere [diventare] un peso [un fardello]《の per》/ essere di peso《の a, per》¶心の負担が軽くなった. Mi sono sentito sollevato. ¶この料理は胃に負担がかかる. Questo è un tipo di piatto che resta sullo stomaco.
✤**負担金** ¶負担金を払う versare la *propria* quota [parte]
ふだん 不断 ◇不断の《絶えまない》costante, invariabile;《粘り強い》persistente, perseverante, tenace;《たゆまぬ》incessante, assiduo, stabile ¶不断の努力が彼の成功をもたらした. I suoi persistenti sforzi l'hanno condotto al successo.

ふだん 普段 di solito《▶副詞》¶ふだんとおり come al solito ¶ふだんより早く più presto del solito / prima del solito ¶彼にはふだんと変わった様子はなかった. Non appariva diverso dal solito. ¶ふだんから勉強しておけばこんな試験は楽に受かる. Se si studia con costanza, un esame come questo si passa facilmente. ¶ふだんならお断りするところですが…. Normalmente [In circostanze ordinarie] rifiuterei, ma… ¶ふだん運動をしていないから今日は疲れた.

Di solito non faccio molto movimento, per cui oggi mi sono stancato.
* **普段着** vestito㊚ di tutti i giorni, abbigliamento㊚ casual [無変]

ブタン 〔英 butane〕《化》butano㊚
* **ブタンガス** gas㊚ [無変] butano

ぶだんせいじ 武断政治 regime㊚ militare
ふち 淵 acqua㊛ profonda ¶川のふちに身を投げる gettarsi [buttarsi] in un punto profondo del fiume ¶彼は絶望の淵に沈んでいる. È in preda alla più profonda disperazione.

ふち 縁 **1**《へり》bordo㊚, orlo㊚;《川の》riva㊛;《崖の》l'orlo [il bordo] d'un precipizio ¶レースの縁のついたハンカチ fazzoletto orlato di merletto ¶縁をつける orlare [bordare] ql.co.《で con》¶この茶碗は縁が欠けている. Questa tazza ha l'orlo sbeccato. **2**《帽子のつば》tesa㊛, falda㊛. **3**《枠》¶めがねの縁 montatura degli occhiali ¶縁なしのめがね occhiali con montatura a giorno
* **縁飾り** frang*ia*㊛《複 -ge》, guarnizione㊛;《ひだをとった》trina㊛, merletto㊚ ¶襟に縁飾りをつける bordare un colletto con del pizzo ¶縁飾りのあるテーブルクロス tovaglia ornata di trine

ぶち 斑 ◇ぶちの《毛並が》chiazzato, pezzato ¶白と黒のぶち犬 cane bianco chiazzato di nero
プチアリン 〔英 ptyalin〕《生化》ptialina㊛
ぶちこむ 打ち込む《諧・蔑》scaraventare ql.co. [qlcu.] dentro ql.co. ¶刑務所にぶち込むぞ. Ti sbatto dentro [in gattab*u*ia]! ¶ピストルの弾をたんまりぶち込んでやるぞ. Ti riduco a un colabrodo.
ぶちこわす 打ち壊す **1**《たたき壊す》demolire, rompere, distruggere, rovinare **2**《台なしにする》distruggere, rovinare ¶彼のせいでパーティはぶち壊しになった. La festa è andata a monte per colpa sua. ¶彼にかかっては何もかもぶち壊しだ. È un gran「guastafeste [rompiscatole].
ふちどり 縁取り bordatura㊛ ¶ハンカチの縁取り l'orlo di un fazzoletto
ぶちぬく 打ち抜く ¶弾丸は心臓をぶち抜いた. Il proiettile gli è penetrato nel cuore.
ぶちのめす 打ちのめす《諧》spaccare [rompere] il muso a qlcu., cambiare i connotati a qlcu.
プチブル《人》p*i*ccolo borghese㊚;《階級》p*i*ccola borghes*i*a㊛
* **プチブル根性** sp*i*rito㊚ piccolo borghese

ぶちまける 1《ひっくり返して》rovesciare ¶バケツの水を床にぶちまける versare sul pavimento una secchiata d'acqua **2**《気持ちを》sfogare, parlare apertamente《francamente》¶怒りをぶちまける sfogare la *propria* collera《に contro, su》¶私は事実を彼にぶちまけた. Gli ho raccontato francamente come stanno le cose.
ふちゃく 付着 adesione㊛, aderenza㊛ ¶血の付着したシャツ camicia macchiata [sporca / lorda] di sangue
ふちゅう 不忠 slealtà㊛; infedeltà㊛
ふちゅうい 不注意 disattenzione㊛, inavvertenza㊛, distrazione㊛;《怠慢》negligenza [-gli-]㊛; ◇不注意な disattento, sbadato, distratto; negligente [-gli-] ¶不注意な間違いをする fare un errore per disattenzione [distrazione] ¶彼は不注意から事故を起こした. Ha provocato l'incidente inavvertitamente.
ふちょう 不調 **1**《調子が悪いこと》◇不調である《体・気持ち・人が》essere giù di tono, essere fuori forma;《機械が》non funzionare㊀ [*es*] bene;《成績・業績が》non andare bene ¶彼女は体の不調を訴えた. Lei ha accusato un'indisposizione. **2**《うまくまとまらないこと》¶交渉は不調に終わった. I negoziati「non hanno dato alcun risultato [sono falliti].
ふちょう 婦長 caposala㊛ [無変]
ふちょう 符丁 **1**《記号》segno㊚;《合印》contrassegno㊚ **2**《隠語》gergo㊚ [複 -ghi];《合い言葉》parola㊛ d'ordine;《暗号》codice㊚
ぶちょう 部長 **1**《会社の》cap*u*fficio㊚ [複 *capiuffici*;㊛複 *capoufficio*]; diret*tore*㊚ [㊛ -*trice*] ¶営業部長 direttore commerciale ¶人事部長 capo dell'ufficio personale **2**《クラブ活動の》¶テニス部長 responsabile㊚ del circolo di tennis
ぶちょうほう 不調法・無調法 **1**《失礼なこと, 下手なこと》¶とんだ不調法をいたしました. Scusi la mia negligenza [-gli-]. ¶《たしなまないこと》¶私は酒は不調法です. Mi scusi,「ma non ho l'abit*u*dine di bere [sono astemio].
ふちょうわ 不調和 discordanza㊛, disarmon*i*a㊛ ◇不調和な discordante, disarm*o*nico [㊚複 -ci], stonato
ブチルアルコール 〔英 butyl alcohol〕《化》alc*o*l㊚ but*i*lico, butanolo㊚
ブチレン 〔英 butylene〕《化》butilene㊚
ふちん 浮沈 gli alti㊚[複] e bassi㊚[複], le vicende㊛[複] ¶会社の浮沈にかかわる重大な取り引き affare [trattativa] di grande importanza per il futuro dell'azienda
ぶつ 打つ **1** battere ¶お尻をぶつ sculacciare qlcu. **2**《演説する》¶一席ぶつ tenere un discorso
ふつう 不通 interruzione㊛, sospensione㊛ ¶列車が不通だ. La circolazione dei treni è interrotta. ¶電話が不通だ. Il telefono non funziona.

ふつう 普通 ◇普通の《正常の》normale, regolare, ordin*ario* [㊚複 -*i*];《通常の》abituale, consueto, usuale, solito;《一般的な》generale, comune, corrente;《平均的な》med*io* [㊚複 -*i*];《平凡な》mediocre, banale ◇普通に ordinariamente, normalmente; di solito; abitualmente; generalmente ◇普通でない insolito, raro, eccezionale;《並み外れた》straordin*ario* [㊚複 -*i*];《異常な》anormale ¶普通より早く起きる alzarsi prima del solito ¶普通にしていなさい. Comportati come al solito. ¶普通の人《正常な》persona normale /《ありきたりの》persona comune [ordinaria] ¶この寒さは普通ではない. Fa insolitamente freddo. / Questo freddo non è normale. ¶体の調子が普通でない. Non mi sento in forma. ¶普通, 月曜日は床屋さんはお休みです. Di norma il lunedì i barbieri sono chiusi. ¶お葬式には普通は黒を着てい

く．Ai funerali si usa vestirsi di nero.
❖普通教育 istruzione⊛ generale
普通銀行 banca⊛ di credito ordinario
普通高校 scuola⊛ superiore non specializzata
普通選挙 〘政〙 suffragio⊛ [⊛ -gi] universale
普通名詞 〘文法〙 nome⊛ comune
普通郵便 posta⊛ ordinaria
普通預金 deposito⊛ ordinario
普通列車 treno⊛ locale

ふっか 弗化 〚化〛
❖弗化カルシウム〚水素〛 fluoruro⊛ di calcio [di idrogeno]
弗化物 fluoruro⊛

ふつか 二日 《日付》 il (giorno) due⊛ (del mese); (2日間) due giorni⊛ [⊛複]; (2日目) il secondo giorno⊛ ◇2日ごとに ogni due giorni ◇2日おきに ogni tre giorni ¶2日続きの休日 due giorni consecutivi di riposo

ぶっか 物価 prezzi⊛ [⊛複]; 《生活費》 costo⊛ della vita ¶消費者[卸し売り]物価 prezzi al consumo [all'ingrosso] ¶物価の安定をはかる cercare di stabilizzare i prezzi ¶物価が上がった [下がった]．I prezzi sono aumentati [diminuiti]．¶東京は物価が高い．I prezzi a Tokyo sono alti. / A Tokyo la vita è cara.
❖物価指数 indice⊛ dei prezzi
物価上昇率 tasso⊛ di aumento [incremento] dei prezzi
物価水準 livello⊛ dei prezzi
物価政策 politica⊛ dei prezzi
物価対策 misure⊛ [⊛複] contro l'aumento dei prezzi
物価高 carovita⊛, alto costo⊛ della vita
物価凍結 blocco⊛ dei prezzi
物価統制 controllo⊛ dei prezzi
物価変動 variazione⊛ [fluttuazione⊛] dei prezzi

ぶつが 仏画 pittura⊛ [immagine⊛] buddista
ふっかく 伏角 inclinazione⊛ (magnetica)
ぶっかく 仏閣 tempio⊛ [⊛複 templi] buddista [⊛複 -i]

ふっかける 吹っ掛ける **1** (けんかなどを) ¶無理難題を吹っ掛ける chiedere cose impossibili ¶彼は酒を飲むと誰にでもけんかを吹っかける．Quando beve attacca lite [briga] con tutti.
2 《高値を要求する》 sparare a qlcu. un prezzo enorme ¶こんなものが1万円だと吹っ掛けた．Mi ha chiesto addirittura 10.000 yen per un oggetto del genere.

ふっかつ 復活 《再生》 rinascita⊛; 《再興》 restaurazione⊛; 《回復》 ristabilimento⊛; 《宗教で》 risurrezione⊛ ◇復活する rinascere⊛ [es]; risorgere⊛ [es] ◇復活させる restaurare; ristabilire ¶キリストは3日目に復活した．Cristo è risorto il terzo giorno.
❖復活祭 Pasqua⊛ (◆春分後最初の満月の後の日曜日に行われるキリスト復活の祝祭) ¶復活祭の休暇 vacanze pasquali [di Pasqua] ¶復活祭の卵 uova di Pasqua (◆彩色したゆで卵や，中に「おまけ」サプライズの入ったチョコレート) ¶復活祭おめでとう．Buona Pasqua!

ふつかよい 二日酔い postumi⊛ [⊛複] della sbornia ¶二日酔いで頭が痛いよ．Ho mal di testa perché ieri ho bevuto troppo.

ぶつかる **1** 《衝突する》scontrarsi con qlcu. [ql.co.], urtare qlcu. [ql.co.], cozzare⊛ [av] [urtare⊛] contro qlcu. [ql.co.] ¶電車とバスがぶつかった．L'autobus si è scontrato con il treno. ¶石が頭にぶつかった．La pietra mi ha colpito alla testa. ¶車がガードレールにぶつかった．L'auto ha urtato [ha cozzato contro] il guardrail.
2 《意見が衝突する》 ¶結婚のことで父と意見がぶつかった．C'è stato un contrasto con mio padre a proposito del mio matrimonio.
3 《行き当たる》 ¶難しい問題にぶつかる incontrare [imbattersi in] una questione difficile ¶この道を行くと広場にぶつかります．Se prosegue per questa strada, si troverà in una piazza.
4 《対決する》 affrontare ¶とにかく直接ぶつかって話したほうがいい．Comunque, è meglio parlare direttamente faccia a faccia.
5 《重なり合う》 coincidere⊛ [av] con ql.co. ¶今度の祭日は日曜日とぶつかっている．La prossima festa cade di domenica.

ふっかん 副官 〘軍〙 (旧陸海空軍で司令官や隊長付きの) ufficiale⊛ d'ordinanza; (現在のイタリアの) aiutante⊛ maggiore

ふっかん 復刊 ¶復刊する riprendere la pubblicazione di ql.co.

ふっき 復帰 ritorno⊛ ¶会長に復帰する ritornare alla presidenza ¶職場に復帰する riprendere il proprio lavoro ¶職場に復帰させる reintegrare qlcu. nelle sue mansioni

ぶつぎ 物議 ¶物議をかもす causare un putiferio [uno scandalo]

ふっきゅう 復旧 《通信・交通の》ristabilimento⊛, ripristino⊛; 《再建》ricostruzione⊛; 《修理》 riparazione⊛, ripristino⊛ ◇復旧する ristabilire; ricostruire; riparare, ripristinare ¶交通は復旧した．Le comunicazioni sono state ristabilite [ripristinate].
❖復旧作業 lavori⊛ [⊛複] di ricostruzione [di riparazione]

ぶっきょう 仏教 buddismo⊛ ◇仏教の buddista [⊛複 -i], buddistico [⊛複 -ci] ¶仏教の僧 monaco buddista
❖仏教徒 buddista⊛⊛ [⊛複 -i]

ぶっきらぼう ◇ぶっきらぼうな brusco [⊛複 -schi], burbero ¶彼はぶっきらぼうだがいい男だよ．È di modi bruschi, ma è un buon'uomo.

ぶつぎり 《肉の》 spezzatino⊛ ¶魚をぶつ切りにする tagliare il pesce a pezzi ¶肉をぶつ切りにする tagliare la carne per lo spezzatino

ふっきれる 吹っ切れる dissiparsi, sparire⊛ [es] ¶君の話で気持ちが吹っ切れた．Le tue parole mi hanno tolto ogni dubbio. ¶その件に関して，何か吹っ切れないものが残っている．《納得できない》 C'è ancora qualcosa che non mi convince [non sono ancora tranquillo] riguardo a quell'affare.

ふっきん 腹筋 ¶腹筋が強い avere forti muscoli addominali
❖腹筋運動 esercizi⊛ [⊛複] per i muscoli addominali

フック 〚英 hook〛 **1** 《ボクシングの》 gancio⊛

[複 -ci] ¶あごに左のフックを打つ colpire con un gancio sinistro al mento **2** 《掛けくぎ》 gancio男, uncino男

ブック 〔英 book〕 libro男 ¶一本 図版
✤**ブックエンド** reggilibro男 [無変], reggilibri男 [無変]
ブックカバー copertina女, foderina女
ブックストア libreria女
ブックバンド cinghia女 legalibri [無変]
ブックマーク segnalibro男
ブックメーカー 《ノミ屋》 allibratore男 [女 -trice], 〔英〕bookmaker男 [無変]
ブックレット libretto男, opuscolo男
ブックレビュー《書評》 recensione女 (di libro)

ぶつぐ 仏具 arredi男 [複] di un altare buddista
ぶつくさ ¶ぶつくさ言う brontolare他 [av]
ふっくら ◇ふっくらした 《体が》 paffuto, grassottello, rotondetto; 《物が》 soffice ¶ふっくらした頬をしている。Ha le guance paffute. ¶パンがふっくらと焼き上がった。Il pane è venuto gonfio e fragrante.
ぶつける 1《投げつける》lanciare, colpire ¶犬に石をぶつける lanciare una pietra contro un cane / 《当たる》 colpire un cane con una pietra **2**《衝突させる》 ¶車を木にぶつける sbattere [urtare] con l'auto contro un albero ¶転んで頭を机の角にぶつける。Cadendo ha sbattuto la testa contro lo spigolo del tavolo.
3《激しい感情などを》 ¶激しい言葉をぶつける scagliare parole roventi ¶やり場のない怒りを誰にぶつけていいのかわからない。Non so con chi 「sfogare la mia rabbia [prendermela].
ふっけん 復権 《法》riabilitazione女 ◇復権させる riabilitare qlcu.
ぶっけん 物件 《物》oggetto男, articolo男; 《不動産》immobile男 ¶証拠物件 elemento indiziante
ぶっけん 物権 《法》diritto男 reale
ふっこ 復古 restaurazione女 ¶王政を復古する restaurare una dinastia
✤**復古主義** reazionarismo男
ふっこう 復交 normalizzazione女 delle relazioni diplomatiche
ふっこう 復興 ricostruzione女, 《文芸などの》rinascimento男, rifiorimento男 ◇復興する ricostruire ¶経済復興 ricostruzione economica ¶復興計画 piano di ricostruzione
ふつごう 不都合 **1**《都合・具合が悪いこと》 inconveniente男, incomodo男; 《急に都合が悪くなること》contrattempo男; 《じゃま》disturbo男 ¶明日は僕には不都合だ。Domani「non va bene per me [ho un altro impegno]. ¶この計画には、二、三、不都合な点がある。In questo progetto ci sono due o tre punti discutibili [confutabili].
2《不正行為》cattiva condotta女, comportamento男 riprovevole; 《困ったこと》guaio男 [複 -i] ◇不都合な《悪い》cattivo; 《迷惑な》fastidioso; 《不適当な》 inopportuno
ふっこく 復刻 ristampa女; ◇復刻する ristampare
✤**復刻版** ristampa女
ぶっさん 物産 prodotto男 ¶北海道の主要物産 i prodotti principali dello Hokkaido
✤**物産展** mostra女 di prodotti tipici;《見本市》fiera女 campionaria
ぶっし 仏師 scultore男 [女 -trice] [artigiano男 [女 -a]] di immagini di divinità buddiste
ぶっし 物資 beni男 [複] materiali, risorse女 [複] materiali ¶援助物資 soccorsi男 [複] ¶貯蔵[調達]物資 beni di consumo ¶《軍》massa ¶物資を補給する rifornire qlcu. di beni materiali ¶その国には物資が不足している。In quel paese scarseggiano i beni primari.
ぶつじ 仏事 cerimonia女 buddista
ぶっしき 仏式 ¶葬儀は仏式により行われた。Il funerale si è svolto secondo il rito buddista.
ぶっしつ 物質 《物》 materia女, sostanza女;《「精神」に対し》materia女 ◇物質的 materiale ¶有害物質 sostanza nociva ¶彼は物質的には恵まれなかった。Non viveva nell'agiatezza.
✤**物質交代 [代謝]** 《生理》metabolismo男
物質主義 materialismo男 ◇物質主義の materialistico [男複 -ci]
物質主義者 materialista男女 [男複 -i]
物質文明 civiltà女 materialista
物質欲 desiderio男 [複 -i] materiale
物質量《物・化》mole女;《記号》mol
ぶっしゃり 仏舎利 reliquie女 [複] del Budda
プッシュ 〔英 push〕 ◇プッシュする《催促》premere qlcu.
✤**プッシュボタン** pulsante男, tasto男
プッシュホン telefono男 a tastiera
ぶっしょう 物証 《物的証拠》prova女 materiale [tangibile]
ぶつじょう 物情 ¶物情騒然としている。Il disordine regna sovrano nel paese. / Il paese è in subbuglio.
ふっしょく 払拭 ◇払拭する eliminare, spazzare via;《疑念などを》dissipare
ぶっしょく 物色 ◇物色する《探す》cercare;《選ぶ》scegliere;《探し回る》frugare他, 自 [av] in ql.co., rovistare他 (►単独でも可) ¶部屋には誰かが物色した跡があった。C'erano le tracce di qualcuno che aveva frugato nella stanza.
ぶっしん 物心 ¶物心両面において援助する aiutare qlcu. sia materialmente che moralmente
ぶっしんすうはい 物神崇拝 feticismo男
✤**物神崇拝主義者** feticista男女 [男複 -i]
ぶつぜん 仏前 ¶花を仏前に供える offrire fiori all'anima del defunto [《故人が女性のとき》della defunta]
ふっそ 弗素・フッ素 《化》fluoro男;《元素記号》F
✤**フッ素樹脂** resine女 [複] plastiche [fluorurate]
ぶっそう 物騒 ◇物騒な poco sicuro, pericoloso ¶物騒な世の中だ。Viviamo in un mondo poco sicuro. ¶夜道は物騒だ。Le strade di notte sono pericolose. ¶彼らは物騒な話をしている。Stanno complottando qualcosa di losco.
ぶつぞう 仏像 statua女 [immagine女] del Budda
ぶっだ 仏陀 il Budda
フッター 〔英 footer〕《コンピュータ》piè男 [無変] di pagina
ぶったい 物体 oggetto男;《物》corpo男

ぶったまげる 打っ魂消る ¶ぶったまげたなあ. Accidenti! / Che colpo!

ぶつだん 仏壇 altare[男] buddista [複 -i] ¶仏壇に花と線香を供える offrire fiori e incenso all'altare buddista

ぶっちゃける dirla [parlare[自] [av]] in tutta franchezza ¶ぶっちゃけた話… Per dirla in tutta franchezza ...

ぶっちょうづら 仏頂面 ¶仏頂面をする essere torvo in viso / avere il volto [accigliato]

ぷつっ ¶ぷつっとにきびができた. Gli è spuntato un foruncolo in viso. ¶電話が途中でぷつっと切れた. La telefonata si è interrotta improvvisamente.

ふつつか 不束 ¶ふつつかながら全力を尽くします. Non so se sarò all'altezza della vostra fiducia, ma farò tutto quello che è nelle mie possibilità.

✤**ふつつか者** persona[女] maldestra

ぶっつけ **1**《いきなり》 ◇ぶっつけに《突然に》 improvvisamente, all'improvviso; 《予告なしに》 senza preavviso **2**《最初》 ¶ぶっつけから失敗してしまった. Sin dall'inizio sono partito col piede sbagliato. / Ho fallito in partenza.

✤**ぶっつけ本番** ¶ぶっつけ本番で撮影する improvvisare una scena / girare una scena senza prove [preparazione] ¶ぶっつけ本番で演説をする fare un discorso estemporaneo [improvvisato]

ぶっつづけ 打っ続け ⇒打っ通し

ふっつり ⇒ぷっつり

ぷっつり **1**《ひもなどが切れる様子》 ¶糸がぷっつりと切れた. Il filo si è spezzato con un colpo secco. **2**《物事が途絶える様子》 ¶彼はぷっつりと酒をやめた. Ha chiuso con l'alcol「una volta per tutte [di punto in bianco]. ¶彼はぷっつりと消息を絶った. Non ha più dato notizie di sé.

ふってい 払底 esaurimento[男]

ぶってき 物的 ◇物的な materiale

✤**物的資源** risorse[女] [複] materiali

物的証拠 〘法〙 prova[女] materiale [tangibile]

物的損害 danno[男] materiale

ふってん 沸点 〘物・化〙 punto[男] [temperatura[女]] di ebollizione

ぶってん 仏典 libro[男] sacro buddista; 《経文》 Sutra[男] [無変]

ぶつでん 仏殿 tempio[男] [複 *templi*] che custodisce statue del Budda o dei Bodhisattva

ふっと **1**《突然》 ¶ふっと子供の頃を思い出した. Di colpo mi è tornata in mente l'infanzia.

2《吹きつける様子》 ¶ふっと火を吹き消す spegnere il fuoco con un soffio

ふっとう 沸騰 ebollizione[女], bollore[男] ◇沸騰する bollire[自] [av], essere in ebollizione ◇沸騰させる (far) bollire *ql.co.* ¶水は摂氏100度で沸騰する. L'acqua bolle a 100° C (読み方: cento gradi centigradi) ¶議論が沸騰している. La discussione è animatissima [surriscaldata].

ぶっとおし 打っ通し ◇ぶっ通しで senza interruzione, ininterrottamente, senza tregua, incessantemente ¶10時間ぶっ通しで運転する guidare l'auto per 10 ore「di fila [di seguito / filate] ¶一晩ぶっ通しで per tutta la notte

フットサル 〔英 futsal〕〘スポ〙 calcetto[男]

ぶっとばす 打っ飛ばす **1**《殴る》 ¶あんな生意気なやつはぶっとばしてやりたい. Mi piacerebbe tanto prendere a botte quell'impertinente.

2《勢いよく走る》 ¶オートバイでぶっとばす lanciare una moto a tutta velocità

ふっとぶ 吹っ飛ぶ ¶風で看板が吹っ飛んだ. L'insegna del negozio è stata trascinata via dal vento. ¶君の顔を見たとたん心配が吹っ飛んでしまったよ. Appena ti ho visto, le mie preoccupazioni si sono dissipate.

フットボール 〔英 football〕《サッカー》 calcio[男]; 《アメリカンフットボール》 football[男] americano; 《ラグビー》〔英〕 rugby[男]

フットライト 〔英 footlights〕 luci[女] [複] della ribalta

フットワーク 〔英 footwork〕〘スポ〙 gioco[男] [複 -*chi*] di gambe ¶フットワークを使う《ボクシングで》 essere mobile sulle gambe ¶フットワークが軽い avere le gambe agili

ぶつのう 物納 ◇物納する pagare *ql.co.* in natura

ぶっぱなす 打っ放す ¶どかないとぶっ放すぞ. Ti sparo, se non ti levi di torno!

ぶっぴん 物品 oggetto[男], cosa[女], roba[女]; 《商品》 articolo[男], merce[女]; 《動産》 beni[男] [複] mobili

✤**物品税** imposta[女] sulle merci di lusso

ふっふっ ¶ふっふっと含み笑いをする ridere trattenendosi / 《忍び笑い》 ridere sotto i baffi ¶ふっふっと荒い息を吐く sbuffare ansimando

ふつふつ ¶闘志がふつふつとわいてきた. 《試合前に》 È caricato (per la partita).

ぶつぶつ ¶ぶつぶつ言う borbottare[自] [av] / brontolare[自] [av] / lamentarsi (sottovoce) ¶針で紙にぶつぶつ穴を開ける forare un foglio punzecchiandolo con l'ago ¶手の甲にぶつぶつができた. Mi sono venuti [spuntati] dei foruncoli sul dorso della mano.

ぶつぶつこうかん 物物交換 baratto[男], permuta[女], scambio[男] [複 -i] in natura ◇物々交換する permutare [barattare] *ql.co.* 《と con》

ふつぶん 仏文 **1**《フランス語の文》 ¶仏文で書かれた手紙 lettera scritta in (lingua) francese

2《フランス文学》 letteratura[女] francese

✤**仏文科** corso[男] di laurea in letteratura francese

ぶっぽう 仏法 insegnamento[男] del buddismo

ぶつま 仏間 stanza[女] dell'altare buddista

ぶつめつ 仏滅 **1**《釈迦が死ぬこと》 la morte[女] del Budda **2**《不吉な日》 giorno[男] sfortunato secondo l'almanacco giapponese

ぶつもん 仏門 ¶仏門に入る diventare monaco [[男]複 -ci] buddista [[男]複 -i]

ぶつよく 物欲 desiderio[男] delle cose [di guadagno], cupidigia[女] ¶物欲が強い. Desidera sempre qualcosa (di materiale). ¶彼は物欲のかたまりだ. È l'avidità fatta persona.

ぶつり 物理 fisica[女] ¶応用[核 / 原子 / 実験]物理 fisica applicata [nucleare / atomica / sperimentale] ¶理論物理 fisica teorica [matematica] ¶量子物理 fisica quantistica [quantica]

✤**物理化学** fisicochimica[女]

物理学 fisica[女]

物理学者 fisico[男] [[女] -*ca*; [男]複 -*ci*]

物理療法〖医〗fisioterapia⼥

ふつりあい 不釣り合い sproporzione⼥, squilibrio⽊ ◇不釣り合いな sproporzionato ◇不釣り合いに sproporzionatamente ¶不釣り合いな結婚《身分が》matrimonio caratterizzato da notevole discrepanza di status

ぶつりてき 物理的 **1**《物理学の立場から》fisico [男複 -ci], fisicamente **2**《物理的に》¶それは物理的に不可能だ。Ciò è materialmente impossibile.

✤物理的性質 proprietà⼥ fisica
物理的法則 legge⼥ fisica

ぶつりゅう 物流 distribuzione⼥ (dei prodotti)
✤物流コスト costo⽊ della distribuzione
物流システム sistema⽊ [複 -i] di distribuzione logistico [複 -ci]

ぶつりょう 物量 ¶物量にものを言わせて contando sulla superiorità materiale

ぶつん →ぶつっ

ふで 筆 **1**《絵筆, 毛筆》pennello⽊;《ペン》penna⼥ ¶筆に任せて書きまくった。Ho scritto di getto. ¶弘法にも筆の誤り。《諺》"Qualche volta sonnecchia anche il buon Omero." / "Anche i migliori sbagliano." ¶弘法筆を選ばず。《諺》Per un buon calligrafo non è indispensabile un buon pennello.
2《筆跡》scrittura⼥, calligrafia⼥;《筆触》tocco⽊ [複 -chi], tratto⽊
[慣用] 筆が遅い ¶私は筆が遅い。Non ho troppa dimestichezza con la penna.
筆が立つ ¶彼は筆が立つ。Sa scrivere. / Scrive bene. / È una buona penna.
筆が速い avere la penna facile
筆を入れる correggere [rimaneggiare] ql.co.
筆を擱(お)く finire di scrivere
筆を折る[断つ] ¶彼はついに筆を折った。Ha smesso definitivamente di scrivere.
筆を加える ritoccare ql.co.
筆を執る《書き始める》mettersi a scrivere, dar piglio alla penna;《書く》scrivere (ql.co.)
筆を揮(ふる)う《書》praticare la calligrafia;《絵を》dipingere ql.co.
✤筆立て portapenne⽊ [無変]
筆箱 astuccio⽊ [複 -ci] per penne, portapenne⽊
筆無精 ¶彼は筆無精だ。È pigro a [nello] scrivere.
筆太 ¶筆太に書く scrivere con tratti 「grossi [fermi e chiari]
筆まめ ¶彼女は筆まめだ。A lei piace scrivere lettere.

ふてい 不定 ◇不定の《一定しない》indeciso;《不安定な》instabile ¶彼は住所不定だ。Non ha una dimora fissa.
✤不定冠詞〖文法〗articolo⽊ indeterminativo
不定形〖数〗forma⼥ indeterminata
不定詞〖文法〗infinito⽊
不定法〖文法〗(modo⽊) infinito⽊
不定方程式〖数〗equazione⼥ indefinita

ふてい 不貞 infedeltà⼥, adulterio⽊ ◇不貞な infedele, adultero ¶不貞をはたらく essere infedele《に a》/《俗》mettere le corna《に a》

ふてい 不逞 ◇不逞の recalcitrante, insubordinato ¶不逞の輩(やから) renitente⽊《alla legge / fuorilegge⽊⼥ [無変] / mascalzone⽊

ふていき 不定期 ◇不定期の《不規則な》irregolare, saltuario [男複 -i];《不確定の》indeterminato ◇不定期に irregolarmente; saltuariamente
✤不定期便 servizio⽊ [複 -i] irregolare [saltuario]

ふていけいし 不定型詩 versi⽊ [複] liberi

ブティック〔仏 boutique〕〔仏〕boutique⼥ [無変]

プディング〔英 pudding〕〖料〗budino⽊;《プリン》〔仏〕crème caramel⼥⽊ [無変]

ふてき 不敵 ◇不敵な《大胆な》ardito, audace, intrepido;《恐れ知らずの》spavaldo, temerario [男複 -i] ¶不敵な面構えをしている。Ha l'aria fiera e temeraria.

ふてきかく 不適格 ¶…に不適格であると判断される essere dichiarato inidoneo a ql.co. [a+不定詞]

ふてきとう 不適当 ◇不適当な inadatto, inadeguato, poco appropriato, improprio [男複 -i] ¶不適当な表現 un'espressione inopportuna

ふてきにん 不適任 ¶僕はこのポストには不適任です。Non sono adatto per questo posto.

ふてぎわ 不手際 incompetenza⼥, imperizia⼥, goffaggine⼥ ◇不手際な《無器用な》maldestro, goffo;《不慣れな》inesperto ¶会の不手際をおわびいたします。Vi chiedo scusa per aver diretto [gestito] male la riunione.

ふてくされる 不貞腐れる fare [tenere] il broncio [il muso]《a ql.cu.》◇ふてくされた imbronciato, immusonito ¶そうふてくされるなよ。Non essere così musone [《女性に》musona]!

ふてってい 不徹底 ◇不徹底な insufficiente, incompleto ¶ストライキの指令が不徹底だった。Le direttive per lo sciopero non erano complete.

ふてね 不貞寝 ¶ふて寝する andare a letto per dispetto [col broncio / col muso]

ふてぶてしい sfrontato, sfacciato, insolente, impudente ◇ふてぶてしく sfrontatamente, sfacciatamente, insolentemente ¶何てふてぶてしいやつだろう。Che faccia tosta!

ふてん 付点〖音〗punto⽊
✤付点音符 nota⼥ puntata
付点8分音符 croma⼥ puntata

ふでんか 負電荷〖電〗carica⼥ negativa
ふでんき 負電気〖電〗elettricità⼥ negativa

ふと《突然》all'improvviso, improvvisamente, ad un tratto;《偶然》per caso, incidentalmente, casualmente;《思わず》involontariamente ¶ふともらした言葉《不用意に》parola che sfugge involontariamente di bocca a ql.cu. ¶ふと…する気になる avere l'ispirazione [l'idea] improvvisa di+不定詞 ¶昔のことをふと思い出した。All'improvviso mi sono venute in mente cose del passato. →ふとした

ふとい 太い **1**《周りが大きい》grosso;《幅が》largo [男複 -ghi] ¶太い木 grosso albero ¶太いベルト cintura larga ¶太い眉 sopracciglia spesse ¶太い足 gambe grosse ¶ウエストが太い avere la vita larga ¶彼は眉が太い。Ha le sopracciglia folte [spesse]. ¶彼

女は足[腕]が太い. Quella ragazza ha le gambe [braccia] grosse. ¶地図上の太い線は国道を示す. Le linee in grassetto [in neretto] della carta geografica indicano le strade statali. ¶太く短く生きる avere una vita breve ma piena
2《声が》 ▷太い声 voce profonda [bassa e vigorosa]
3《厚かましい》 sfacciato;《無礼な》insolente ¶太いやつだ. È un tipo impudente. ¶太い了見 idee insolenti ¶彼は神経が太い. Ha i nervi saldi.

ふとう 不当 ◇不当な《不正な》iniquo, ingiusto;《不法な》illegittimo, illecito, illegale;《根拠のない》infondato;《不条理な》irragionevole;《不適切な》indebito, inadeguato;《ふさわしくない》immeritato ◇不当に ingiustamente ¶不当な要求 richiesta eccessiva ¶不当な値段(高い)prezzo irragionevole (esorbitante) ¶不当な非難 rimprovero immeritato ¶不当な扱いをする trattare qlcu. ingiustamente ¶不当な利益を得る ottenere profitti illeciti
✢**不当解雇** licenziamento illegale [senza giusta causa]
不当労働行為 pressioni《複》imprenditoriali sulle attività sindacali garantite dalla legge

ふとう 埠頭 ◇埠頭 banchina, molo interno, calata ¶埠頭渡しの franco banchina
✢**埠頭使用料**[税] diritti《複》di banchina

ふどう 不動 ◇不動の immobile, fisso, fermo ¶不動の決意 volontà [decisione] ferma ¶直立不動の姿勢をとる stare immobile / mettersi sull'attenti
✢**不動態**《物》stato passivo, passività

ふどう 浮動 ◇浮動する galleggiare《av》, fluttuare《av》;《株の値段が》oscillare《av》, subire fluttuazioni
✢**浮動株**《金融》azione fluttuante
浮動小数点方式《コンピュータ》sistema numerico a virgola mobile
浮動人口 popolazione fluttuante [instabile]
浮動票 voti《複》oscillanti

ぶとう 舞踏 danza, ballo
✢**舞踏会** ballo
舞踏曲[場] musica [sala] da ballo
舞踏病《医》ballo di San Vito, corea

ぶどう 武道 **1**《武術》arti《複》marziali **2**《武士道》la via del *samurai*

ぶどう 葡萄《植》《実》uva;《木》vite ¶ぶどうの房 grappolo d'uva ¶ぶどうの粒 acino d'uva ¶ぶどうの種 vinacciolo ¶ぶどうの収穫 vendemmia ¶干しぶどう uva passa / uvetta / uva sultanina ¶ぶどうを摘む vendemmiare [cogliere] l'uva
✢**ぶどう圧搾機** torchio [複 -chi] per uva
ぶどう栽培 viticoltura, viticultura
ぶどう栽培者 viticoltore [複 -trice], viticultore [複 -trice]
ぶどう酒 vino →ワイン
ぶどうジュース succo [複 -chi] d'uva
ぶどう状球菌《医》stafilococco [複 -chi]
ぶどう棚 pergola di vite
ぶどう糖 glucosio, destrosio
ぶどう畑 vigna, vigneto

ふといつ 不統一 《まとまりのないこと》mancanza di unità [di coordinazione / di uniformità];《一貫性のなさ》incoerenza;《不一致》disarmonia, divergenza, discordanza

ふとうえき 不凍液 antigelo, anticongelante, liquido antigelo [無], antigelo 無

ふとうかせい 不透過性《物》impermeabilità

ふとうこう 不凍港 porto che non gela

ふとうこう 不登校 (fenomeno dell')assenteismo dalla scuola

ふとうごう 不等号 segno di disuguaglianza

ふどうさん 不動産 (beni [複]) immobili [複];(土地) proprietà fondiaria;(建物) immobile, bene stabile;(個人資産としての) patrimonio [複 -i] immobiliare ◇不動産の immobile, immobiliare ¶不動産がある avere proprietà immobiliari
✢**不動産鑑定士** perito [複 -a -i] immobiliare
不動産売買 compravendita di beni immobili
不動産業者(人)agente immobiliare, mediatore [複 -trice] di immobili;(会社)agenzia società immobiliari
不動産金融 prestito sui beni immobili
不動産取得税 imposta sugli acquisti di beni immobili
不動産登記 registrazione dell'atto di proprietà immobiliare
不動産登記台帳 catasto

ふとうしき 不等式《数》disuguaglianza

ふどうたい 不導体《物》coibente ◇不導体の coibente

ふどうとく 不道徳 immoralità ◇不道徳な immorale

ふとうへんさんかくけい 不等辺三角形《幾何》triangolo scaleno

ふとうめい 不透明 ◇不透明な torbido;(色のにごった)opaco [複 -chi] ¶不透明になる diventare opaco / opacizzarsi ¶中東情勢は不透明だ. La situazione nel Medio Oriente è imprevedibile [non è chiara].

ふどき 風土記 **1**《地誌》topografia **2**《奈良時代の》descrizioni《複》delle varie province (compilate nel periodo Nara)

ふとく 不徳《不道徳》immoralità **2**《徳がないこと》¶この事件はすべて私の不徳のいたすところです. È tutta colpa della mia negligenza [-gli-] se è accaduto questo incidente.

ふとくい 不得意 ◇不得意な debole, non molto versato ¶物理は不得意である. Sono debole in fisica.

ふとくてい 不特定 ◇不特定の indeterminato
✢**不特定多数**《数》¶不特定多数の人 un gran numero di persone indeterminate

ふとくようりょう 不得要領 ◇不得要領の《漠然とした》vago [複 -ghi];(あいまいな) ambiguo ¶不得要領の返事 risposta evasiva ¶不得要領な説明 spiegazione insufficiente

ふところ 懐 **1**《胸》petto, seno;《懐中》tasca interna, taschino ¶彼は懐に匕首(あいくち)をのんでいる. Nasconde un pugnale sul petto.
2《周りを囲まれた所》¶山の懐に眠る湖 un lago addormentato fra le montagne

3《所持金》 ¶懐が暖かい[寒い] essere «ben fornito [a corto] di denaro» ¶懐を痛めずに senza sborsare un soldo ¶懐と相談する farsi i conti in tasca ¶懐を肥やす riempirsi le tasche / arricchirsi ¶彼は私の懐をあてにしている. Fa affidamento sul mio portafoglio. ¶彼はもうけを全部自分の懐に入れてしまった. Ha intascato [Si è messo in tasca] tutto il guadagno.

4《内部》 ¶懐を見透かす leggere nelle intenzioni di qlcu.

✤**懐勘定**〖胸算用〗calcolo a mente

懐具合 ¶懐具合がよい avere il portafoglio ben fornito

懐手 ¶懐手で con le mani in tasca ¶懐手で大金が転がり込んだ. I soldi gli sono piovuti addosso senza che abbia dovuto muovere un dito.

ふとさ 太さ grossezza㊛, spessore㊚;《口径》calibro㊚;《直径》diametro㊚;《幅》larghezza㊛ ¶小指くらいの太さがある avere lo spessore del dito mignolo ¶この木は太さが1メートルある. Questo tronco d'albero ha un metro di diametro.

ふとじ 太字 〖活字〗grassetto㊚, neretto㊚;《書体》scrittura㊛ grossa [doppia] ¶太字で書く scrivere con grossi tratti di penna ¶太字用ペンденна a punta grossa

ふとした ¶ふとしたことで友だちになった. Siamo diventati amici per caso. ¶ふとした出来心で盗みをはたらいた. Ha rubato impulsivamente.

ふとっちょ 太っちょ grassone㊚ [㊛ -a] ;《親》ciccione㊚ [㊛ -a]

ふとっぱら 太っ腹 ◇太っ腹の magnanimo㊚, generoso㊚ ¶太っ腹な男 un uomo generoso e tollerante ¶彼は太っ腹なところを見せた. Si è mostrato generoso.

ふどき 不届き ¶不届きなやつだ. Che tipaccio! / Che bel tipo! / Disgraziato!

プトマイン 〔独 Ptomain〕《化》ptomaina㊛

ぶどまり 歩止まり rendimento㊚

ふとめ 太目 ¶ちょっと太めの女の子 ragazza rotondetta [《婉曲》robusta] ¶このズボンは太めだ. Questo paio di pantaloni mi sta un po' largo.

ふともも 太股 coscia㊛ [複 -sce] ¶太ももあらわに con le cosce di fuori

ふとる 太る・肥る **1**《太くなる》ingrassarsi, ingrossarsi, ingrassare㊀[es] ◇太った grosso, corpulento;《肥満》grasso, obeso;《まるまるした》tondo, grassottello;《でっぷりした》grassoccio㊚ [複 -ci; ㊛複 -ce], pienotto, rotondetto ¶まるまると太った赤ん坊 un bambino paffuto ¶3か月で5キロ太った. Sono ingrassato di 5 kg in tre mesi. / In tre mesi ho messo su 5 kg. ¶私は太りがちだ. Ho la tendenza ad ingrassare. ¶君は太り過ぎ[気味]だ. Sei troppo [un po'] grasso. ¶その服を着てると太ってみえるよ. Questo vestito ti ingrossa.

2《増える》 ¶財産が太る. Il capitale cresce.

ふとん 布団 futon㊚《無変》 ¶掛けぶとん(キルトの) trapunta ¶敷きぶとん materassino ¶羽根ぶとん piumino imbottito ¶ふとんを敷く preparare il futon [il letto] ¶ふとんを上げる mettere via il futon / disfare il letto ¶ふとんを掛ける《人に》coprire qlcu. /《自分に》coprirsi ¶ふとんの中に入る mettersi a letto

✤**布団乾燥機** deumidificatore㊚ per futon

ぶな 鮒 〖魚〗carassio㊚ [複 -i]

ぶな 橅・山毛欅 〖植〗faggio㊚ [複 -gi]

ふなあし 船足 **1**《速度》velocità di una nave ¶船足の速い[遅い]船 nave veloce [lenta]

2《喫水》pescaggio㊚ [複 -gi], profondità㊛ d'immersione, tirante㊚ d'acqua

ふなあそび 船遊び giro in barca (a remi) ¶船遊びをする fare un giro in barca

ぶない 部内 ¶政府部内に all'interno del governo ¶彼は部内で最高の売り上げをあげた. Ha ottenuto le più alte vendite dell'ufficio.

ふなうた 船歌 canto㊚ [canzone㊛] di barcaioli [battellieri / gondolieri] ;《音》barcarola㊛ ¶『ボルガの舟歌』"Canto dei battellieri del Volga"

ふなか 不仲 ¶彼は妻と不仲だ. Lui e sua moglie non vanno molto d'accordo.

ふながいしゃ 船会社 compagnia㊛ marittima, società㊛ di navigazione

ふなぐ 船具 《索具》sartiame㊚, cordame㊚;《滑車類》paranco㊚ [複 -chi]

ふなくいむし 船食虫 〖貝〗teredine㊛

ふなぞこ 船底 carena㊛, opera㊛ viva

ふなだいく 船大工 carpentiere㊚ navale, maestro㊚ d'ascia

ふなたび 船旅 crociera㊛, viaggio㊚ [複 -gi] marittimo

ふなちん 船賃 prezzo della traversata;《用船料》nolo㊚, noleggio㊚ [複 -gi]

ふなつきば 船着き場 approdo㊚, pontile㊚, banchina㊛; imbarcadero㊚

ふなづみ 船積 caricamento (di una nave), imbarco㊚, carico㊚ ¶船積みする caricare una nave con ql.co., caricare [imbarcare] ql.co. su una nave

✤**船積み港** porto㊚ di carico [di spedizione]
船積み指図書 ordine㊚ di carico

ふなで 船出 partenza㊛ (di una nave) ◇船出する salpare㊀[es], salpare l'ancora, levare le ancore

ふなに 船荷 carico㊚ [複 -chi]

✤**船荷証券** polizza㊛ di carico;《略》〔英〕B/L
船荷書類 documenti㊚ [複] di spedizione
船荷目録 lista㊛ di carico

ふなぬし 船主 →船主(セン)

ふなのり 船乗り marinaio㊚ [複 -i] ¶船乗りになる diventare [fare il] marinaio

✤**船乗り生活** vita㊛ di mare

ふなばた 船端 bordo㊚ ¶船端から身を乗り出す sporgersi dai fianchi della nave

ふなびん 船便 ¶船便で(per) via mare / per superficie

ふなべり 船縁 bordo㊚

ふなむし 船虫 〖動〗isopodi㊚ [複]

ふなよい 船酔い mal㊚ di mare ◇船酔いする avere il [soffrire di] mal di mare

ふなれ 不慣れ inesperienza㊛ ◇不慣れである non avere familiarità [dimestichezza] con ql.co., non essere abituato a + 不定詞, non essere pratico[㊚ 複 -ci] [esperto] di ql.co. [nel + 不定詞] ¶不慣れな土地 zona poco familiare

ふなわたし 船渡し 〚商〛franco bordo;《略》〚英〛FOB [fob]

ぶなん 無難 ¶彼は無難な道を選んだ. Ha scelto la via「più sicura [facile]. ¶無難な選択だ. La sua scelta è accettabile [passabile].

ふにあい 不似合い ◇不似合いな inadeguato, inappropriato, inadatto ¶不似合いな夫婦 coppia di sposi male assortita

ふにゃっ ¶暗がりでなにかふにゃっとしたものを踏んだ. Nel buio ho calpestato qualcosa di flaccido [molle].

ふにゃふにゃ ¶赤ん坊のふにゃふにゃした手 la morbida mano di un bambino

ふによい 不如意 ¶万事が不如意だ. Non va bene niente. / Tutto va male. ¶このところ手元不如意です. Attualmente sono「in difficoltà economiche [a corto di denaro].

ふにん 不妊 〚医〛sterilità㊛, infecondità㊛ ◇不妊の sterile

✤不妊手術 sterilizzazione㊛ ¶不妊手術を受ける essere sterilizzato / farsi sterilizzare
不妊症 sterilità㊛
不妊治療 trattamento㊚ dell'infertilità

ふにん 赴任 ◇赴任する andare [recarsi] in una nuova sede di lavoro ¶若い数学の先生が赴任してきた. È arrivato il nuovo giovane professore di matematica. ¶彼は任地に単身で赴任した. È partito senza la famiglia per recarsi al suo nuovo posto di lavoro. ¶今度の赴任先はミラノです. La mia prossima sede è Milano.

ふにんき 不人気 impopolarità㊛ ◇不人気な impopolare, poco gradito

ふにんじょう 不人情 mancanza㊛ di cuore [compassione], insensibilità㊛, disumanità㊛ ◇不人情な crudele, senza cuore, inumano, disumano ¶不人情なやつだ. Non ha cuore.

ふぬけ 腑抜け《腰抜け》vile㊛, vigliacco㊚ [㊛ -ca; ㊚複 -chi];《無気力な人》smidollato㊚ [㊛ -a];《間抜け》imbecille㊚, idiota㊚ [㊛複 -i] ¶倒産してから彼は腑抜けになった. Dopo la bancarotta è diventato un relitto umano.

ふね 船《小さな舟》barca㊛, battello㊚, imbarcazione㊛ ¶3万トンの船 nave da 30.000 tonnellate ¶船に乗る salire「a bordo di [su] una nave / imbarcarsi ¶船を降りる scendere da una nave / sbarcare㊚ [es] ¶船に乗せる imbarcare qlcu. [ql.co.] ¶船から下ろす sbarcare qlcu. [ql.co.] ¶船を出す《出航》salpare㊚ [es] ¶ナポリに向けて船が出る. La nave parte per Napoli. ¶船で in nave / con la nave /《海路で》per (via) mare ¶船で旅行する viaggiare per [con la] nave ¶船を操縦する manovrare [guidare] una barca / pilotare una nave ¶乗りかかった船だ. 今さら後へは引けない. Siamo già partiti. Ormai non possiamo tornare indietro.

〚慣 用〛**船を漕ぐ** remare㊚ [av], vogare㊚ [av],《うとうとする》sonnecchiare㊚ [av], ciondolare la testa per il sonno

ふねっしん 不熱心 ◇不熱心な poco zelante (に in),《無関心な》poco interessato (に a)

ふねん 不燃 ◇不燃の ininfiammabile, incombustibile, ignifugo ㊚複 -ghi]

✤不燃カーテン tenda㊛ di tessuto ignifugo
不燃家屋 casa㊛ antincendio [無変]
不燃加工 ignifugazione㊛
不燃ごみ rifiuti㊚ [複] non combustibili
不燃性 ininfiammabilità㊛, incombustibilità㊛
不燃物 materiali㊚ [複] [sostanze㊛ [複]] incombustibili

ふのう 不能 incapacità㊛, impossibilità㊛;《性的》impotenza㊛ ◇不能の incapace, impossibile; impotente ¶支払い不能 insolvenza ¶回収不能の貸付金 crediti inesigibili ¶この車は修理不能だ. È impossibile riparare quest'auto. ¶船は航行不能となった. La nave è stata messa fuori uso.

✤不能者《性的》impotente㊚
不能犯 〚法〛reato㊚ impossibile

ふのう 富農 contadino㊚ [㊛ -a] benestante [abbiente / facoltoso], agricoltore㊚ [㊛ -trice] ricco [㊚複 -chi]

ふはい 不敗 imbattibilità㊛ ◇不敗の imbattibile, invincibile

ふはい 腐敗 **1**《有機物が腐ること》putrefazione㊛, decomposizione㊛, deterioramento㊚;《変質》alterazione㊛ ◇腐敗する《腐る》marcire㊚ [es], imputridire㊚ [es]; putrefarsi, decomporsi; guastarsi, deteriorarsi ◇腐敗させる far marcire, (far) putrefare, decomporre, far imputridire, alterare ¶腐敗しやすい deteriorabile **2**《堕落》depravazione㊛, corruzione㊛ ◇腐敗させる corrompere ¶政治の腐敗 corruzione politica ¶腐敗しきった役人 funzionario corrotto fino al midollo

ふばいうんどう 不買運動 movimento㊚ di boicottaggio

ふばいどうめい 不買同盟 boicottaggio㊚ [複 -gi] collettivo

ふはつ 不発 **1**《爆薬の》mancato scoppio㊚ [複 -i] **2**《物事の》¶この計画は不発に終わった. Il progetto è andato「a monte [in fumo].

✤不発弾 bomba㊛ inesplosa

ふばらい 不払い《未払い》mancato pagamento㊚;《滞納》inadempienza㊛

✤不払い運動 movimento㊚ contro il pagamento (の di)

ふび 不備《欠点》difetto㊚;《不完全》imperfezione㊛;《欠如》lacuna㊛;《不十分》insufficienza㊛ ◇不備の[な] imperfetto, incompleto ¶形式上の不備 forma impropria ¶不備な点を改める eliminare i punti difettosi ¶この書類には不備がある. Questi documenti「sono incompleti [lasciano molto a desiderare].

ぶひ 部費《部全体の》bilancio㊚ [複 -ci] di un dipartimento [una sezione /《クラブの》un club];《各部員が払う》quota㊛ di un club

ふひつよう 不必要 ◇不必要な non necessario [㊚複 -i], superfluo;《無用の》inutile ◇不必要に inutilmente

ふひょう 不評《不人気》impopolarità㊛;《悪評》cattiva reputazione㊛ ◇不評な impopolare, non favorevolmente accettato 《に da》¶彼女の演奏は批評家の間では不評であった. La sua esecuzione musicale non ha raccolto il consenso dei [non è stata apprezzata dai] critici. ¶

首相の演説は国民の不評を買った. Il discorso del Primo Ministro è stato accolto male dalla nazione.

ふひょう 付表 tabella㊛ aggiunta
ふひょう 浮氷 ghia<u>cc</u>io㊚[複 -ci] galleggiante [alla deriva]
ふひょう 浮標 boa㊛, gavitello㊚
ふひょう 譜表《音》pentagramm<u>a</u>㊚[複 -i]
ふびょうどう 不平等 ineguaglianza㊛, ingiust<u>i</u>zia㊛, parzialità㊛;《差別》discriminazione㊛ ◇不平等な ineguale, parziale ¶不平等に扱う trattare qlcu. [ql.co.] con parzialità / discriminare qlcu. [ql.co.]
❖**不平等条約** trattato㊚ in<u>i</u>quo [ing<u>i</u>usto]
ふびん 不憫 ◇不憫な pietoso, mi<u>s</u>er<u>e</u>vole, degno di commi<u>s</u>erazi<u>o</u>ne [di pietà], compassion<u>e</u>vole ¶彼は不憫な男だ. È un uomo da compi<u>a</u>ngere [commi<u>s</u>erare / compat<u>i</u>re]. ¶不憫に思う compat<u>i</u>re [provare pietà per] qlcu.
ぶひん 部品 pezzo㊚, parte㊛;《交換用の》ric<u>a</u>mbi㊚[複] ¶自動車の部品 parti di ric<u>a</u>mbio per autom<u>o</u>bile ¶部品を取り替える sostitu<u>i</u>re un pezzo
❖**部品工場** f<u>a</u>bbrica㊛ di pezzi [parti] di ric<u>a</u>mbio
ふひんこう 不品行 dissolut<u>e</u>zza㊛, <u>s</u>regolat<u>e</u>zza㊛, dissipat<u>e</u>zza㊛, cattiva condotta㊛ ◇不品行な dis<u>o</u>luto, <u>s</u>regolato, dissipato
ぶふうりゅう 無風流・不風流 pro<u>s</u>aicità㊛ ◇無風流な senza gusto, poco raffinato, pro<u>s</u>aico [㊚複 -ci] ¶無風流な男だ. Non ha nessun gusto. / È un uomo pro<u>s</u>aico.
ふぶき 吹雪 tempesta㊛ [buf<u>e</u>ra㊛] di neve;《特に山での》tormenta㊛ ¶吹雪を冒して sfidando la tormenta ¶吹雪になった. È cominciata una tormenta.
ふふく 不服《不満足》insoddisfazi<u>o</u>ne㊛, malcont<u>e</u>nto㊚, scont<u>e</u>ntezza㊛;《不平》scont<u>e</u>nto㊚, lagnanza㊛, lamentela㊛,《不同意》disaccordo㊚, dissenso㊚;《異議》obiezi<u>o</u>ne㊛;《不同意》disaccordo㊚, dissenso㊚ ¶彼はどんなことにも不服を言う. Si lamenta di quals<u>i</u>asi cosa. / Trova da r<u>i</u>dere su tutto. ¶何か不服があるんですか. Ha qualche obiezi<u>o</u>ne?
ふぶく 吹雪く ¶一晩中ふぶいた. La buf<u>e</u>ra di neve ha imperversato tutta la notte.
ふふくじゅう 不服従 di<u>s</u>ubbidi<u>e</u>nza㊛
ふつせんそう 普仏戦争《史》Guerra㊛ franco-prussiana (◆1870-72)
ふふん ¶ふふんと鼻で笑う r<u>i</u>dere in modo sprezzante

ぶぶん 部分 parte㊛, porzi<u>o</u>ne㊛ ◇部分的な parzi<u>a</u>le ◇部分的に parzialmente, in parte, a tratti ¶一部分[大部分]の人 una [la maggior] parte della gente ¶2つの部分に分かれる div<u>i</u>dersi [<u>e</u>ssere div<u>i</u>so] in due parti ¶部分的成功を収める avere un successo parzi<u>a</u>le

❖**部分冠詞**《文法》art<u>i</u>colo㊚ partitivo
部分集合《数》sottoinsieme㊚
部分食《天》eclissi㊛[無変] parzi<u>a</u>le
ふぶんりつ 不文律《不文法》legge㊛ non scritta, legge㊛ consuetudin<u>a</u>ria;《慣例》consuetudine㊛

ふへい 不平《不満》malcont<u>e</u>nto㊚, scont<u>e</u>nto㊚, insoddisfazi<u>o</u>ne㊛;《苦情》lagnanza㊛, lamentela㊛ ¶不平を言う lamentarsi [lagnarsi] di ql.co. [qlcu.];《ぶつぶつ言う》brontolare [av] / borbottare㊀[av] ¶不平を並べ立てる esporre le pr<u>o</u>prie lagnanze / reclamare ql.co. ¶彼は不平も言わずによく働く. Lavora senza lamentarsi mai. ¶不平があったらはっきり言いなさい. Se hai qualche lagnanza, dillo chiaramente.
❖**不平家** brontol<u>o</u>ne㊚[㊛ -a], scont<u>e</u>nto㊚[㊛ -a]
不平分子 gli scont<u>e</u>nti㊚[複], i dissidenti㊚[複]
ぶべつ 侮蔑 disprezzo㊚ ⇒軽蔑
ふへん 不変 invariabilità㊛, immutabilità㊛;《一定》costanza㊛;《変質しないこと》inalterabilità㊛;《数》invarianza㊛ ◇不変の invari<u>a</u>bile, immut<u>a</u>bile; costante; inalter<u>a</u>bile
❖**不変価格**《経》prezzo㊚ costante
ふへん 不偏 imparzialità㊛
❖**不偏不党** neutralità㊛
ふへん 普遍 ◇普遍の universale ◇普遍的に universalmente ¶普遍的真理 verità universale
❖**普遍化** ◇普遍化する universali<u>zz</u>are
普遍概念《哲》concetto㊚ universale
普遍性 universalità㊛
普遍妥当性 validità㊛ universale

ふべん 不便 scomodità㊛, disa<u>gi</u>o㊚[複 -gi], difficoltà㊛ ◇不便な scomodo, disagiato;《非実用的な》poco funzion<u>a</u>le (pr<u>a</u>tico[㊛複 -ci]);《使いにくい》poco maneggevole ¶車がなくて不便を感じる trovarsi a disagio senza l'autom<u>o</u>bile ¶交通が不便だ. Le comunicazi<u>o</u>ni sono di<u>s</u>ag<u>e</u>voli. ¶そこは不便な所だ.《行きにくい》Il luogo è di diff<u>i</u>cile accesso. /《住みにくい》Quello è un posto non adatto per v<u>i</u>vere. ¶このラジオは旅行に持って行くには不便だ. Questa r<u>a</u>dio non è c<u>o</u>moda da portare in vi<u>a</u>ggio.
ふへんかご 不変化語《文法》parola㊛ invari<u>a</u>bile
ふべんきょう 不勉強 ◇不勉強な disattento (a ql.co.), negligente [-gli-] (in ql.co.) ¶不勉強である studiare poco / <u>e</u>ssere poco diligente
ふぼ 父母 padre㊚ e madre㊛;《両親》genitori㊚[複]
❖**父母会**《組織》associazi<u>o</u>ne㊛ dei genitori;《会合》riuni<u>o</u>ne㊛ dei genitori
ふほう 不法《違法》illegalità㊛, illegittimità㊛, abusività㊛;《不正》ingiust<u>i</u>zia㊛, iniquità㊛ ◇不法な illeg<u>a</u>le, illeg<u>i</u>ttimo, ill<u>e</u>cito, abus<u>i</u>vo ◇不法に illegalmente, illegittimamente, illecitamente, abusivamente
❖**不法監禁** sequestro㊚ (di persona)
不法行為 atto㊚ illeg<u>a</u>le;《侵すこと》infrazi<u>o</u>ne㊛ illeg<u>a</u>le
不法出国 espatr<u>i</u>o㊚[複 -i] [emigrazi<u>o</u>ne㊛] illeg<u>a</u>le
不法所持 ¶武器の不法所持 detenzi<u>o</u>ne abus<u>i</u>va di armi
不法侵入 violazi<u>o</u>ne㊛
不法占拠 occupazi<u>o</u>ne㊛ illeg<u>a</u>le

不法入国 immigrazione㊀ illegale
不法入国者 immigrante㊚㊀ illegale

ふほう 訃報 ¶訃報に接する apprendere la notizia della morte [del decesso] di qlcu.

ふほうわ 不飽和 ◇不飽和の insaturo
✤**不飽和化合物**〖化〗composto㊚ insaturo

ふほんい 不本意 riluttanza㊀ ◇不本意の riluttante, involontario [㊚複 -i] ¶不本意ながら controvoglia / malvolentieri / a malincuore / malgrado ¶不本意な結果になった. È un risultato alquanto deludente.

ふまえる 踏まえる **1**《しっかり立つ》essere saldo sulle gambe (su *ql.co.*) **2**《根拠にする》basarsi《e su》 ¶事実を踏まえて basandosi sui fatti / in base ai fatti

ふまじめ 不真面目 《誠意に欠けること》mancanza㊀ di serietà; 《軽薄》frivolezza㊀ ◇不まじめな《誠意のない》poco serio [㊚複 -i]; 《軽薄な》frivolo ¶彼は仕事に不まじめだ. Non ha un serio interesse per il suo lavoro.

ふまん 不満 malcontento㊚, insoddisfazione㊀ ◇不満な scontento, insoddisfatto, malcontento ¶不満に思う essere insoddisfatto [scontento] di *ql.co.* [*qlcu.*] / provare insoddisfazione per *qlcu.* [*ql.co.*] ¶不満を示す mostrarsi insoddisfatto ¶不満の種がある. C'è motivo di [C'è di che] essere insoddisfatti. ¶私には何の不満もない. Non chiedo di meglio. / Non ho motivo di lagnarmi.

ふまんぞく 不満足 insoddisfazione㊀ ¶不満足な結果 risultato「poco soddisfacente [insoddisfacente]

ふみ 文 《書物》libro㊚;《手紙》lettera㊀

ふみあらす 踏み荒らす ¶「芝生を踏み荒らさないでください」《掲示》"Non calpestate il prato [l'erba]"

ふみいた 踏み板 pedana㊀;《敷き板》predellino㊚;《階段の》gradino㊚

ふみいれる 踏み入れる ¶足を踏み入れる mettere piede《に in》¶この家には2度と足を踏み入れるな. Non rimettere mai più piede in questa casa.

ふみえ 踏み絵 *fumie*㊚ [無変] (◆ immagini sacre che venivano utilizzate durante le persecuzioni cristiane, per provare se qualcuno era di fede cattolica, ordinando all'esaminato di calpestarle) ¶踏み絵を踏ませる costringere qlcu. a esporsi

ふみかえる 踏み代える ¶足を踏み代える cambiare piede (d'appoggio)

ふみかためる 踏み固める ¶地面を踏み固める battere [pestare] la terra con i piedi (per indurirla) ¶踏み固めた雪 neve battuta [pestata] con i piedi

ふみきり 踏切 passaggio㊚ [複 -gi] a livello ¶自動[無人]踏切 passaggio a livello automatico [incustodito] ¶踏切を渡る superare [attraversare] un passaggio a livello ¶踏切の遮断機が上がる[下りる]. Le sbarre del passaggio a livello si stanno alzando [abbassando]. ¶「踏切あり」《掲示》"Passaggio a livello"
✤**踏切事故** incidente㊚ ad un passaggio a livello

踏切番〖鉄道〗casellante㊚㊀ ferroviario [複 -i]
踏切板〖スポ〗pedana㊀

ふみきる 踏み切る **1**《跳躍で》staccare i piedi da terra, fare uno stacco
2《決断する》saltare il fosso, prendere una decisione importante, decidersi a +不定詞 ¶あの2人は結婚に踏み切った. Quei due si sono finalmente decisi a sposarsi.

ふみけす 踏み消す ¶火を踏み消す spegnere un fuoco con i piedi

ふみこえる 踏み越える varcare, oltrepassare, superare (►いずれも比喩的にも用いる)

ふみこたえる 踏み堪える ¶もう少しのしんぼうだ. 踏みこたえろ. Tieni duro ancora un po', non arrenderti!

ふみこみ 踏み込み ¶この論文は踏み込みが足りない. Questo articolo non va abbastanza a fondo sull'argomento.

ふみこむ 踏み込む ¶《踏み入る》mettere un piede《に in》¶土足で踏み込む entrare senza nessun rispetto / calpestare i sentimenti di *qlcu.* ¶彼は悪の道に踏み込んだ. Ha imboccato una cattiva strada. / Ha preso una cattiva piega. **2**《襲う》irrompere㊀ [*av*] (►複合時制はまれ), fare irruzione《に in》¶警官はナイトクラブに踏み込んだ. La polizia ha fatto irruzione nel night club. **3**《力を込めて》¶アクセルをいっぱいに踏み込む schiacciare a fondo l'acceleratore **4**《核心に迫る》¶もう一歩踏み込んで論じる argomentare in maniera più approfondita

ふみしめる 踏み締める poggiare saldamente i piedi su *ql.co.*

ふみだい 踏み台 **1**《乗る台》poggiapiedi㊚ [無変], sgabello㊚;《脚立》scaletta㊀
2《手段》¶《人》を踏み台にする servirsi di *qlcu.* come trampolino di lancio

ふみたおす 踏み倒す ¶《足で》calpestare ¶借金を踏み倒す non pagare i *propri* debiti (a *qlcu.*) / lasciare un debito insoluto

ふみだす 踏み出す ¶1歩前に踏み出す fare un passo in avanti ¶我々は問題の解決に一歩踏み出した. Abbiamo fatto i primi passi verso la soluzione del problema.

ふみだん 踏み段 (はしごや階段の) gradino㊚;《乗り物のステップ》predellino㊚, pedana㊀

ふみつける 踏み付ける **1**《踏んでおさえる》calpestare *ql.co.*, pestare *ql.co.* coi piedi ¶吸い殻を踏みつける schiacciare una cicca [un mozzicone] di sigaretta **2**《踏みにじる》¶＜人＞の好意を踏みつける ignorare le gentilezze di *qlcu.* ¶人を踏みつけにする umiliare *qlcu.*

ふみつぶす 踏み潰す ¶蟻を踏みつぶす schiacciare [pestare] una formica

ふみとどまる 踏み止まる (残る) restare㊀ [*es*], rimanere㊀ [*es*] ¶彼らは最後まで踏みとどまって戦った. Hanno combattuto fino alla fine senza indietreggiare. ¶やっと踏みとどまって彼の挑発をかわした. Ho tenuto duro senza cedere alle sue provocazioni.

ふみならす 踏み鳴らす ¶足を踏み鳴らす battere rumorosamente i piedi

ふみならす 踏み均す ¶道を踏みならす battere [pestare / appianare] il terreno con i piedi ¶

踏みならされた道 sentiero ben battuto

ふみにじる 踏み躙る disonorare, calpestare ¶彼は私の好意を踏みにじった。Ha completamente ignorato le mie gentilezze. ¶私は彼の信頼を踏みにじった。Ho tradito la sua fiducia.

ふみぬく 踏み抜く **1**〔踏んで穴を開ける〕 ¶床板を踏み抜く sfondare le assi del pavimento con i piedi **2**〔踏んだ足にささる〕 ¶釘を踏み抜く mettere il piede su un chiodo sporgente

ふみば 踏み場 ¶彼の部屋は散らかっていて足の踏み場もない。La sua stanza è tutta in disordine e non si sa dove posare i piedi.

ふみはずす 踏み外す **1**〔踏みまちがう〕 fare un passo falso, mettere il piede in fallo ¶階段を踏み外して転げ落ちた。Ho fatto un passo falso e sono ruzzolato per le scale. **2**〔正しい道からそれる〕 ¶正道を踏み外す perdere la [allontanarsi dalla / deviare dalla] retta via / traviarsi

ふみわける 踏み分ける ¶森を踏み分ける farsi strada attraverso una foresta

ふみん 不眠 ¶不眠不休で働く lavorare giorno e notte senza sosta
✤不眠症 insonnia㊛
不眠症患者 sofferente㊚㊛ d'insonnia

ふむ 踏む **1**〔足をのせて押す〕 calpestare qlco., pestare qlco. coi piedi ¶ブレーキを踏む schiacciare il [premere sul] pedale del freno ¶足を踏まれた。Mi hanno pestato un piede. ¶ダンスのステップを踏む eseguire i passi di danza
2〔その場所に立つ〕 ¶初めて日本の土を踏んだ。Ho messo piede in Giappone per la prima volta.
3〔手続きなどを経る〕 ¶手続きを踏む adempiere alle formalità necessarie ¶正規の手続きを踏んで seguendo la procedura normale
4〔評価する〕 valutare [stimare] qlco. ¶このダイヤは安くみても100万円はする。Questo diamante, come minimo, vale un milione di yen.
5〔経験する〕 ¶実地を踏んでいる avere pratica [esperienza] / essere pratico (㊚複 -ci) [esperto] ¶場数を踏む fare molta esperienza ¶彼女は16歳で初舞台を踏んだ。Ha debuttato sulle scene all'età di 16 anni.
6〔韻を〕 ¶韻を踏む fare rima ¶この2つの語は韻をふんでいる。Queste due parole fanno rima.
〔慣用〕**踏んだり蹴(ケ)ったり** ¶踏んだり蹴ったりの目にあった。Mi è capitata una disgrazia dopo l'altra. ¶踏んだり蹴ったりだ。È come infierire su un cadavere.

ふむき 不向き ◇不向きな inadatto, non adatto; 《適性・資格が》 non idoneo, inidoneo; 《仕事などを主語にして》 non congeniale 《に a》 ¶この仕事は君には不向きだ。Non sei adatto a questo lavoro.

ふめい 不明 **1**〔不明瞭〕 oscurità㊛; 〔不明確〕 incertezza㊛ ◇不明の(はっきりしない) oscuro, indistinto; 〔不確かな〕 incerto; 〔知られていない〕 sconosciuto, ignoto ¶国籍不明の飛行機 velivolo di nazionalità sconosciuta ¶身元不明の死体 cadavere non identificato ¶意味不明な説明 spiegazione confusa [non chiara] ¶この病気の原因は不明である。L'origine di questa malattia è ignota. ¶真偽のほどは不明である。Non si sa se sia vero o no.
2〔識見のなさ〕 ¶私の不明を謝ります。Mi scuso per la mia ignoranza.

ふめいよ 不名誉 disonore㊚, ignominia㊛, infamia㊛, onta㊛ ◇不名誉な disonorevole, ignominioso, infamante ¶…を不名誉に思う ritenere disonorevole qlco. 〔+不定詞〕 che+接続法〕 (►disonorevoleは目的語の性・数に合わせて語尾変化する)

ふめいりょう 不明瞭 ◇不明瞭な poco chiaro, oscuro; (あいまいな) vago (㊚複 -ghi); (混乱した) confuso ¶不明瞭な画像 immagine 「poco chiara [〔ピンボケ〕 sfocata] ¶不明瞭な発音 pronuncia poco chiara

ふめいろう 不明朗 ¶このナイトクラブは会計が不明朗だ。In questo night club i conti sono poco chiari.

ふめつ 不滅 immortalità㊛ ◇不滅の immortale, imperituro, eterno ¶不滅の愛 amore eterno ¶霊魂の不滅を信じる credere nell'immortalità dell'anima ¶この作品は彼の名を不滅にした。Quest'opera ha immortalato il suo nome.

ふめん 譜面 ¶譜面を読む leggere la musica ¶譜面通りに歌う cantare seguendo lo spartito [la partitura]
✤譜面台 leggio㊚〔複 -gii〕

ふめんもく 不面目 ¶とんだ不面目なことをした。Ho fatto una figuraccia [una brutta figura].

ふもう 不毛 〔作物ができないこと〕 sterilità㊛ ◇不毛の sterile, improduttivo, infecondo; 《乾燥した》 arido ¶不毛の地 terra sterile ¶不毛な論争 discussione sterile ¶不毛な1年 anno sprecato ¶この映画は現代の愛の不毛を描いている。Questo film svela l'aridità del sentimento d'amor odierno.

ふもと 麓 piedi㊚〔複〕 della montagna ¶モンブランのふもとに ai piedi del Monte Bianco

ふもん 不問 ¶不問に付す passare 「sopra a [sotto silenzio] qlco. / chiudere un occhio su qlco.

ぶもん 部門 〔部類, 等級〕 classe㊛; 〔区分〕 sezione㊛, reparto㊚; 〔範疇〕 categoria㊛; 〔産業・分野など〕 campo㊚, settore㊚; 〔学問の分野, 学科〕 disciplina㊛, branca㊛ ¶婦人服部門(デパートなどの) reparto abbigliamento femminile ¶民間部門〔経〕 settore privato ¶社会科学諸部門 le varie branche delle scienze sociali ¶ピアノ部門で優勝する vincere un concorso bandito per la categoria di pianoforte

ふやかす ammollire ¶豆をふやかす tenere i fagioli a mollo

ふやける 《水分を含む》 ammollirsi 《で in》; 《ふくれる》 gonfiarsi ¶長湯で手がふやけた。Mi si è ammollita la pelle delle mani per il lungo bagno.

ふやじょう 不夜城 〔歓楽地〕 quartiere㊚ di divertimenti notturni

ふやす 増やす aumentare, accrescere, incrementare ¶学生の数を増やす aumentare il numero degli studenti

ふゆ 冬 inverno㊚ ◇冬の invernale ◇冬に in inverno, d'inverno ¶真冬に in pieno inverno, nel cuore dell'inverno ¶冬を過ごす trascorrere [passare] l'inverno ¶この冬は寒さが厳しい. Quest'anno l'inverno è particolarmente rigido.

✤冬化粧 ¶山々はうっすらと冬化粧をしていた. Le montagne erano coperte da una spolverata di neve.

冬越し ¶冬越しする svernare㊥[av]; passare l'inverno

冬仕度 ¶冬仕度をする prepararsi per l'inverno

冬場 stagione㊛ [periodo㊚] invernale

冬日 (冬の日差し) raggi㊚[複] del sole invernali; (気)(0度以下の日) giorno㊚ in cui la temperatura minima raggiunge o scende al di sotto di zero gradi centigradi

ふゆう 浮遊 ◇浮遊する galleggiare㊥[av], stare a galla

✤浮遊物 oggetto㊚ galleggiante; 《化》sostanza㊛ sospesa

ふゆう 富裕 ricchezza㊛, agiatezza㊛ ¶富裕である essere di condizione agiata

ぶゆう 武勇 coraggio㊚[valore㊚] militare; (武勲) eroiche gesta㊛[複] militari ¶武勇をあらわす dar prova di coraggio militare

✤武勇談 racconto㊚ di gesta eroiche

フュージョン 〔英 fusion〕《音》〔英〕fusion㊛ [無変]

ふゆかい 不愉快 ◇不愉快な spiacevole, sgradevole, sgradito; (すごく嫌な) schifoso, disgustoso; (不快な) scomodo, (つまらない) noioso; (うるさい) fastidioso, irritante ◇不愉快になる essere seccato ◇〈人〉を不愉快にさせる mettere a disagio / (いらいらさせる) contrariare [irritare / seccare] qlcu. ¶僕はとても不愉快だ. Mi sento molto a disagio. ¶彼は不愉快な男だ. È un uomo sgradevole.

ふゆがれ 冬枯れ ¶冬枯れの野原 campo spoglio d'inverno

✤冬枯れ時 (商売などの) stagione㊛ morta invernale

ふゆきとどき 不行き届き 《怠慢》negligenza [-gli-]㊛; (不注意) disattenzione㊛ ¶私の監督不行き届きでした. Non ho ben controllato il lavoro dei miei dipendenti. ¶このホテルはサービスが不行き届きだ. In quest'albergo il servizio lascia piuttosto a desiderare.

ふゆごもり 冬籠もり svernamento㊚ ◇冬ごもりする svernare㊥[av], trascorrere l'inverno in un luogo riparato [lontano] dal freddo

ふゆもの 冬物 (冬服) abbigliamento㊚ invernale, indumenti㊚[複] per l'inverno

ふゆやすみ 冬休み vacanze㊛[複] invernali (◆イタリアではクリスマス休み vacanze natalizie [di Natale], 一般に正月休みも入る)

ふゆやま 冬山 ¶冬山に登る scalare una montagna in inverno / fare dell'alpinismo invernale

✤冬山登山 alpinismo㊚ invernale

ふよ 付与 ◇付与する dare [accordare / concedere] qlc.o. a qlcu., investire qlcu. di qlc.o.

ふよ 賦与 ¶天から賦与された才能 talento innato

ぶよ 蚋 《昆》moscerino㊚

ふよう 不用 ◇不用の《無用な》inutile; 《使われなくなった》in disuso

✤不用品 oggetto㊚ inutile [non necessario㊚ -i]

ふよう 不要 ◇不要な superfluo

ふようせい 不溶性 insolubilità㊛ ◇不溶性の insolubile

ふよう 扶養 ◇扶養する mantenere [provvedere al mantenimento di] qlcu., avere qlcu. a carico

✤扶養家族 familiare㊚ a carico; (全体) familia㊛ a carico

扶養家族手当 assegni㊚[複] familiari

扶養義務 obbligo㊚ di corrispondere gli alimenti

扶養控除 detrazione㊛ d'imposta per familiari a carico

ふよう 芙蓉 《植》malvone㊚

ぶよう 舞踊 danza㊛, ballo㊚ ¶日本舞踊 danza giapponese ¶民族舞踊 danza popolare [folcloristica]

✤舞踊家 danzatore㊚ [㊛ -trice], ballerino㊚ [㊛ -a]

ふようい 不用意 (見通しのなさ) imprevidenza㊛, imprudenza㊛; (不注意) disattenzione㊛, distrazione㊛ ◇不用意な imprevidente, avventato; (軽率な) imprudente ◇不用意に senza riflettere, imprudentemente ¶彼は不用意な発言をした. Si è lasciato sfuggire delle osservazioni avventate. / Ha parlato senza riflettere.

ふようじょう 不養生 ¶不養生をする non avere cura di sé / non badare alla propria salute ¶医者の不養生 Il medico non cura se stesso.

ぶようじん 不用心・無用心 ¶娘の一人歩きは不用心だ. È pericoloso [Non è prudente] per una ragazza uscire sola.

ふようど 腐葉土 〔ラ〕humus㊚[無変]

ぶよぶよ molto molle; (ゼリー状の) gelatinoso

プラーク 〔英 plaque〕《歯垢》placca㊛; (飾り板) piastra㊛

フライ 〔英 fly〕(野球で) palla㊛ battuta in volo, volata㊛

フライ 〔英 fry〕fritto㊚, frittura㊛ ¶魚のフライ pesce fritto / frittura di pesce ¶フライにする friggere qlc.o.

ぶらいかん 無頼漢 farabutto㊚, mascalzone㊚, malvivente㊚

フライきゅう フライ級 《スポ》(ボクシングの) peso㊚ mosca [無変]

フライス 〔仏 fraise〕《機》fresa㊛

✤フライス削り macinazione㊛

フライス盤 fresatrice㊛

プライス 〔英 price〕(値段) prezzo㊚

フライト 〔英 flight〕《航》volo㊚

✤フライトアテンダント assistente㊚ di volo

フライトナンバー numero㊚ di volo

フライトレコーダー scatola㊛ nera, registratore㊚ di volo

プライド 〔英 pride〕orgoglio㊚, amor㊚ proprio, dignità㊛ ¶プライドが高い essere orgoglioso ¶〈人〉のプライドを傷つける ferire [offendere] l'orgoglio di qlcu. ¶プライドをもつ essere fiero (に di) ¶そんなことをするのは僕のプライドが許さな

い. Il mio orgoglio non mi permette di fare una cosa simile.

フライドチキン〔英 fried chicken〕〘料〙pollo[男] fritto

フライドポテト〔英 fried potatoes〕〘料〙patate[女][複] fritte; patatina[女] fritta

プライバシー〔英 privacy〕vita[女] privata;〔英〕privacy[女];《権利》diritto[男] alla privatezza ¶プライバシーを侵す[尊重する] turbare [rispettare] la vita privata di *qlcu*.

フライパン padella[女]

フライフィッシング〔英 fly-fishing〕pesca[女] a mosca

プライベート〔英 private〕◇プライベートな《私的な》privato;《個人的な》personale

プライムレート〔英 prime rate〕〘金融〙〔英〕prime rate[男]

フライング〔英 flying〕〘スポ〙falsa partenza[女] ◇フライングする fare una falsa partenza

ブラインド〔英 blind〕tapparella[女] avvolgibile; veneziana[女] ⇀日除け [図版]

ブラインドタッチ battere[他]（►単独でも可）al computer senza guardare la tastiera

ブラウザ〔英 browser〕〘コンピュータ〙〔英〕browser[男][無変]

ブラウス〔英 blouse〕camicetta[女], blusa[女]

ブラウンうんどう ブラウン運動〘物〙moto[男] browniano

ブラウンかん ブラウン管〘電子〙tubo[男] catodico[複 -ci], cinescopio[男][複 -i] ¶ブラウン管に登場する《テレビに》apparire sul teleschermo

プラカード〔英 placard〕cartello[男], manifesto[男] ¶抗議のプラカードを掲げて行進する marciare portando dei cartelli di protesta

ぶらく 部落 villaggio[男][複 -gi], piccolo agglomerato[男]

プラグ〔英 plug〕〘電〙spina[女] ¶プラグを差し込む inserire [innestare] la spina《に in》¶プラグを抜く staccare [togliere] la spina

フラクション〔英 fraction〕《細胞組織》cellula[女];《分派》frazione[女];《党派》fazione[女]

✤**フラクション活動** attività[女] di una cellula

プラグマティズム〔英 pragmatism〕pragmatismo[男] ◇プラグマティズムの pragmatistico[[男]複 -ci]

ブラケット〔英 bracket〕**1**〘電〙lampada[女] a muro **2**《角括弧》parentesi[女][複] quadre

ぶらさがる ぶら下がる **1**《つり下がる》pendere[自][av]《から da》, essere sospeso [appeso]《から, に a》¶木の枝にぶら下がる essere appeso a un ramo di un albero **2**《目の前にちらつく》¶彼の目の前には部長の椅子がぶら下がっている. È a un passo dal diventare capoufficio.

ぶらさげる ぶら下げる appendere [sospendere]《に, から a》¶天井からランプをぶら下げる appendere una lampada al soffitto ¶肩にバッグをぶら下げる portare la borsa in spalla

ブラシ〔英 brush〕spazzola[女] ¶ヘア[靴/洋服]ブラシ spazzola per capelli [per scarpe / per vestiti] ¶歯ブラシ spazzolino da denti ¶洋服にブラシをかける spazzolare un abito / dare una spazzolata ad un abito

ブラジャー〔英 brassiere〕reggiseno[男], reggipetto[男] ¶ブラジャーのホックをはずす slacciarsi il reggiseno

ふらす 降らす fare cadere ¶雨を降らす《人工的に》provocare artificialmente la pioggia ¶血の雨を降らす versare [spargere] sangue

プラス〔英 plus〕**1**《加算》addizione[女];《記号のこと》(il segno[男] del) più[男], segno[男] dell'addizione;《記号》＋ ¶２プラス３イコール５. Due più tre fa cinque.
2《正数》¶プラス５ più cinque
3《陽極》polo[男] positivo;《記号のこと》segno[男] positivo;《記号》＋ ¶プラスの電気 elettricità positiva ¶プラスの電極 anodo
4《「＋」の形》¶プラスねじ vite[女] a croce
5《有利なこと》vantaggio[男][複 -gi] ¶彼の活躍は会社の発展にプラスした. La sua attività ha contribuito all'espansione dell'azienda.
6《黒字》〔英〕surplus[男][無変]; attivo[男] ¶収支はプラスだ. Il bilancio è in attivo.

✤**プラスアルファ** supplemento[男] non ben stabilito ¶５％のベースアップ, プラスアルファの要求 una richiesta d'aumento della paga base del 5 per cento con qualcosa in più

プラスイオン〘物〙ione[男] positivo

プラスマイナス ¶18プラスマイナス２ diciotto più o meno due ¶プラスマイナスでゼロになる I guadagni e le perdite si equivalgono.（►比喩的な意味もある）

フラスコ〔ポ frasco〕《水差し》caraffa[女], fiasco[男][複 -schi];《実験用・球形の》matraccio[男][複 -ci];《三角フラスコ》beuta[女]

プラスター〔英 plaster〕gesso[男], intonaco[男][複 -ci, -chi], malta[女] per intonaco

プラスチック〔英 plastics〕〘化〙plastica[女], materia[女] plastica ¶プラスチック製の di plastica

✤**プラスチック加工** ◇プラスチック加工する plastificare

プラスチック工業 industria[女] della plastica

プラスチック製品 articoli[男][複] [oggetti[男][複]] di [in] plastica

プラスチック爆弾 bomba[女] al plastico

フラストレーション〔英 frustration〕〘心〙frustrazione[女]

ブラスバンド〔英 brass band〕〘音〙banda[女] di ottoni, fanfara[女]

プラズマ〔英 plasma〕**1**〘医〙《血漿(けっしょう)》plasma[男][複 -i] **2**〘物〙plasma[男][複 -i]

✤**プラズマテレビ** televisore[男] al plasma

ブラスリップ〘服〙sottoveste[女] con il reggiseno incorporato

プラセオジム〔独 Praseodym〕〘化〙praseodimio[男];《元素記号》Pr

プラタナス〔ラ platanus〕〘植〙platano[男]

フラダンス〔英 hula dance〕(hula-)hula[女][無変] ◇フラダンスをする ballare la hula hula

ふらち 不埒 ◇不埒な《無礼な》scortese, sgarbato, villano, maleducato;《許しがたい》imperdonabile ¶不埒な男だ. È un villano. / È uno screanzato. ¶不埒なことを言うな. Non dire insolenze! ¶こんな不埒なことは許せない. Questo oltraggio è imperdonabile.

プラチナ〔蘭 platina〕〘化〙platino[男];《元素

記号）Pt ¶プラチナブロンドの髪 capelli platinati
ふらっ ¶ふらっと立ちくらみがした. Quando mi sono alzato ho avuto un capogiro. ¶彼はふらっと旅に出た. È partito all'improvviso per chissà dove.
ぶらっ **1**《何もしない様子》¶一日中ぶらっとしていた. Sono stato senza far niente tutto il giorno. **2**《あてどもなく》→ぶらぶら 2
ふらつく **1**《ふらふらする》¶（高）熱で足がふらつく barcollare❷[av] per la febbre (alta) ¶酔って足がふらつく essere malfermo sulle gambe per aver bevuto troppo **2**《ぶらつく》¶盛り場をふらつく fare due passi in un quartiere più vivace **3**《気持ちが定まらない》¶この事件で彼の確信がふらついた. La faccenda ha scosso [ha fatto vacillare] le sue convinzioni.
ぶらつく gironzolare❷[av], girovagare❷[av]; andare a zonzo ¶銀座をぶらつく andare in giro per Ginza
ブラック [英 black] ¶コーヒーはブラックで飲みます. Il caffè lo bevo amaro [senza zucchero / (ミルクなし) nero].
♣ブラックベリー《植》mora❷
ブラックホール《天》buco❷ nero
ブラックボックス scatola❷ nera
ブラックマーケット mercato❷ nero
ブラックユーモア umorismo❷ nero
ブラックライト《照明》luce❷ nera, luce❷ di Wood
ブラックリスト lista❷ nera ¶ブラックリストに載せる mettere qlcu. nella lista nera
フラッシャー [英 flasher] lampeggiatore❷
フラッシュ [英 flash] **1**《カメラの》[英] flash❷[無変]; lampo❷ al magnesio, 《電球》lampadina❷ lampo [無変] ¶フラッシュをたく scattare il flash ¶「フラッシュ撮影厳禁」《掲示》"Severamente vietato fotografare col flash" **2**《映・テ》breve sequenza❷ **3**《速報》[英] flash❷[無変]; notizia❷ lampo [無変] ¶ニュースフラッシュ flash di cronaca
♣フラッシュバック《映》flashback❷[無変]
フラッシュメモリー《コンピュータ》chiave❷ di memoria Usb [uessebí]
ブラッシング [英 brushing] spazzolatura❷ ◇ブラッシングする spazzolarsi i capelli
フラッター [英 flutter]《音 の》suono❷ disturbato;《映像の》immagine❷ instabile; [英] flutter❷[無変]
フラット [英 flat] **1**《音》bemolle❷;《記号》♭ ¶ダブルフラット doppio bemolle;《記号》♭♭ **2**《きっかり》¶11秒フラットで in 11 secondi netti **3**《平らな》piatto
♣フラットケーブル《電》cavo❷ piatto [a nastro]
ブラッドストーン [英 bloodstone]《鉱》eliotropio❷[複 -i], diaspro❷ sanguigno
プラットホーム [英 platform] binario❷[複 -i], marciapiede❷, banchina❷, piattaforma❷ ¶3番線プラットホーム il terzo binario (►binarioは本来の意味は線路のこと)
フラップ [英 flap]《空》flap❷[無変]; ipersostentatore❷ posteriore, deflettore❷
♣フラップポケット《服》tasca❷ a patta
フラッペ [仏 frappé]《かき氷》granita❷;《飲み物》[仏] frappé❷
プラトニック [英 platonic] platonico❷[複 -ci]
♣プラトニックラブ amore❷ platonico
プラネタリウム [英 planetarium] planetario❷[複 -i]
フラノ《織》flanella❷
ふらふら **1**《倒れそうな様子》◇ふらふらの barcollando, con passo malfermo [malsicuro] ◇ふらふらする《足が》barcollare❷[av], vacillare❷[av] ¶熱で頭[足]がふらふらする. Mi gira la testa [Non mi reggo in piedi] per la febbre. ¶僕は疲れてふらふらだ. Sono stanco morto. **2**《心や態度が定まらない様子》◇ふらふらして senza una meta precisa [uno scopo preciso]; a caso;《行きあたりばったり》a casaccio ◇ふらふらする tentennare❷[av], titubare❷[av] ¶考えがふらふらしている. Sono ancora indeciso. ¶彼はふらふらと盗みを働いてしまった. Si è lasciato [fatto] trascinare in un furto.
ぶらぶら **1**《ぶら下がって揺れ動く様子》◇ぶらぶらする dondolare❷[av], penzolare❷[av], pendolare❷[av], ciondolare❷[av] ¶腰かけて足をぶらぶらさせる stare seduto con le gambe penzoloni **2**《当てもなく歩く様子》¶銀座をぶらぶら歩く gironzolare❷[av] [girare❷[av]] senza meta per Ginza ¶その辺をぶらぶらしてくる. Vado a fare due passi da quelle parti. **3**《怠けて過ごす様子》¶息子は昨年大学を出たが, まだぶらぶらしている. Mio figlio si è laureato l'anno scorso ma è ancora a spasso.
ブラボー [仏 bravo] ¶ブラボー! Bravo! (►対象の性・数に合わせて語尾変化する)
フラミンゴ [英 flamingo]《鳥》fenicottero❷, fiammingo❷[複 -ghi]
プラム [英 plum]《植》《実》prugna❷, susina❷;《木》prugno❷, susino❷
フラメンコ [ス flamenco] flamenco❷[複 -chi]
♣フラメンコギター chitarra❷ da flamenco
プラモデル modellino❷ in plastica
ふらり ◇ふらりと《不意に》senza preavviso, improvvisamente, senza avvertire;《あてもなく》senza una meta precisa ¶昨日彼がふらりとやって来た. Ieri è venuto all'improvviso.
ぶらり ¶友だちの家をぶらりと訪れる fare una visita inaspettata a un amico
ふられる 振られる ¶僕は彼女に振られた. Mi ha lasciato [mollato].
フラワーデザイン composizione❷ floreale
ふらん 腐乱 putrefazione❷, decomposizione❷ ◇腐乱する putrefarsi, decomporsi ◇腐乱した putrefatto, decomposto
♣腐乱死体 cadavere❷ in decomposizione
フラン [仏 franc]《スイスの通貨単位》franco❷[複 -chi]
プラン [英 plan] piano❷, progetto❷, programma❷[複 -i] ¶プランを立てる fare un piano / fare dei progetti ¶プランを練る elaborare un progetto in piano
ふらんき 孵卵器 incubatrice❷
フランク [英 frank] ◇フランクな franco❷[複 -chi], schietto ◇フランクに con franchezza

¶フランクな付き合い rapporto franco / amicizia schietta ¶フランクに話す parlare chiaramente

ブランク 〔英 blank〕 **1**《余白, 空白》spazio[男] [複 -i] lasciato in bianco **2**《時間的な》buco[男] [複 -chi] ¶病気で休学した1年間のブランクを取り戻す recuperare un anno di assenze dalla scuola per malattia ¶3日間のブランクができた. Ho avuto un buco di 3 giorni.

フランクおうこく フランク王国 regno[男] dei Franchi

フランクぞく フランク族 i franchi[男][複]
◇フランク族の franco [[男]複 -chi]

プランクトン 〔英 plankton〕〘生〙plancton [男][無変], plankton[男][無変] ¶植物プランクトン fitoplancton ¶動物プランクトン zooplancton

フランクフルトソーセージ 〔独〕würstel[男][無変]

ぶらんこ 鞦韆 altalena[女] ¶空中ぶらんこ《曲芸の》trapezio volante ¶ぶらんこで遊ぶ andare in altalena / giocare con l'altalena

フランシウム 〔英 francium〕〘化〙francio[男]; 《元素記号》Fr

フランス 《国名》Francia[女] ◇フランスの francese ¶フランスふうに alla francese
✤**フランス化** ◇フランス化する francesizzare; 《言葉･風俗を》gallicizzare
フランス革命 Rivoluzione[女] francese (◆1789–99)
フランス語 francese[男]
フランス人 francese[男][女]
フランスパン〔仏〕baguette[女][無変], filoncino[男]
フランス窓〘建〙portafinestra[女][複 *portefinestre*]
フランス料理 cucina[女] francese

プランター 〔英 planter〕 fioriera[女] da giardino

ブランチ 〔英 brunch〕〔英〕brunch[男][無変]; pasto[男] unico che fa da prima e seconda colazione

フランチャイズ 〔英 franchise〕《一手販売権》franchising[男][無変]
✤**フランチャイズチェーン** catena[女] di negozi in franchising
フランチャイズ店 negozio[男][複 -i] in franchising; negozio[男] concessionario [複 -i] [affiliato]

ブランデー 〔英 brandy〕〔英〕brandy[男][無変]; 《コニャック》〔仏〕cognac[男][無変]
✤**ブランデーグラス** bicchiere[男] da cognac, napoleone[男]

プランテーション 〔英 plantation〕 piantagione[女], piantatura[女]

ブランド 〔英 brand〕 marca[女], marchio[男] [複 -chi] di fabbrica,〔仏〕griffe [grif] [女][無変] ¶一流ブランドの di gran marca ¶ブランド物の griffato
✤**ブランド品** articoli[男][複] di marca

プラント 〔英 plant〕 impianto[男] e macchinari[男][複]; 《工場》stabilimento[男]
✤**プラント輸出** esportazione[女] di impianti e macchinari industriali

フランネル 〔英 flannel〕〘織〙flanella[女]

ふり 不利 svantaggio[男][複 -gi], sfavore[男]
◇不利な《得にならない》svantaggioso; sfavorevole ¶彼は不利な立場にある. Si trova in una condizione sfavorevole. / È svantaggiato. ¶情勢が不利になった. La situazione ci è divenuta sfavorevole.

ふり 振り **1**《様子, なり》apparenza[女], aria[女], aspetto[男]; 《振る舞い》comportamento[男] ¶人のふり見てわがふり直せ. Impara dagli errori degli altri. / Gli errori degli altri ti servano da lezione. **2**《見せかけ》finta[女], finzione[女] ¶見て見ぬふりをする fingere di non accorgersi「di *ql.co.* [che＋[直説法]] ¶怖がるふりをする far finta [fingere] di aver paura / simulare paura **3**《しぐさ》¶踊りのふりをつける ideare [curare] una coreografia **4**《なじみでないこと》¶ふりの客 cliente[男][女] occasionale [di passaggio]

ふり 降り 《雨》pioggia[女][複 -ge]; 《雪》nevicata[女] ¶小降り pioggerellina ¶土砂降り pioggia torrenziale ¶ひどい降りだ. Piove a catinelle [a scrosci]. / 《雪》Come nevica! ¶ひと降り欲しいところだ. Non vediamo l'ora che piova. ¶たいした降りにはなるまい. Non sarà una gran pioggia.

ぶり 鰤 〘魚〙seriola[女]

-ぶり, -ぷり -振り **1**《仕方》modo[男], maniera[女]; 《様子》aspetto[男], aria[女] ¶枝ぶりの美しい松 pino con rami dalle forme eleganti ¶学生の生活ぶりを調べる analizzare come vivono gli studenti ¶いい男ぶりだ. Che bell'uomo! ¶熱心な勉強ぶりだ. È un modo intenso di studiare. ¶彼は飲みっぷりがいい. Conosce l'arte del buon bere. / 《よく飲む》Beve parecchio. ¶悲しそうな口ぶりで話した. Ha parlato con una voce rotta dal dolore. **2**《時間が経過した程度》¶しばらくぶりにデパートに行った. Non andavo ai grandi magazzini da un pezzo. ¶2週間ぶりで退院した. Dopo due settimane ho lasciato l'ospedale. ¶5年ぶりで日本に帰った. Sono tornato in Giappone dopo un'assenza di cinque anni. ¶君に会うのは何年ぶりだろうか. Quanti anni sono che non ci incontriamo!

ふりあげる 振り上げる ¶げんこつを振り上げる mostrare [alzare] i pugni《に a》¶刀を振り上げる brandire una spada《に contro》

ふりあてる 振り当てる assegnare [attribuire] *ql.co.* a *qlcu.*

フリー 〔英 free〕 ◇フリーの libero; 《独立した》indipendente ¶そのデザイナーは今フリーで活躍している. Ora quel designer si è messo in proprio.
✤**フリーキック** 《サッカー》punizione[女]; 《ラグビー》tiro[男] libero
フリークライミング arrampicata[女] libera
フリーサイズ taglia[女] unica
フリースタイル 《水泳》stile[男] libero,〔英〕crawl[男][無変]; 《レスリング》lotta[女] libera; 《スキー》〔英〕freestyle[男][無変]
フリースロー 〘スポ〙tiro[男] libero
フリーダイヤル numero[男] verde
フリートーキング discussione[女] libera [aperta]
フリーハンド ¶フリーハンドで描く disegnare a mano libera
フリーホイール《自由輪》ruota[女] libera
フリーランサー 〔英〕freelance[男][女][無変] ¶彼はフリーランサーだ. È indipendente. / Lavora

per conto proprio.
フリーザー 〔英 freezer〕〔英〕 freezer㊚ [無変]; congelatore㊚
フリージア 〔英 freesia〕《植》fresia㊛
フリース 〔英 fleece〕 fleece㊚ [無変]
フリーズ 〔英 freeze〕《コンピュータ》〔英〕 crash㊚ [無変] ¶フリーズする andare in crash / bloccarsi
フリーズドライ 〔英 freeze-dry〕 liofilizzazione㊛
フリーター persona㊛ che vive facendo lavori part-time
ブリーチ 〔英 bleach〕 decolorazione㊛
プリーツ 〔英 pleats〕《服》〔仏〕 plissé㊚ [無変], pieghettatura㊛
✤**プリーツスカート** gonna㊛ "a pieghe [pieghettata / plissettata]
フリーパス ¶市営バスのフリーパス tessera di libera circolazione sugli autobus cittadini ¶彼はどの劇場にもフリーパスだ。 Ha l'ingresso libero in qualsiasi teatro. ¶検査はフリーパスだった。 Sono passato senza essere sottoposto ad alcun controllo.
ブリーフ 〔英 brief〕《服》〔英〕 slip㊚ [複]; mutande㊛ [複] da uomo
ブリーフケース 〔英 briefcase〕 borsa㊛ portadocumenti [無変], ventiquattrore㊛ [無変]
フリーマーケット 〔英 flea market〕 mercato㊚ delle pulci
フリーメーソン 〔英 Freemason〕 massoneria㊛, frammassoneria㊛
✤**フリーメーソン団員** massone㊚, frammassone㊚
ふりえき 不利益 danno㊚, perdita㊛ ¶不利益をこうむる subire danni ¶この契約はわが社に不利益をもたらす。 Questo contratto procura degli svantaggi alla nostra ditta.
ふりおとす 振り落とす ¶コートから雪を振り落とす scuotere la neve dal cappotto [dal giaccone] ¶彼は馬から振り落とされた。 È stato scaraventato a terra dal cavallo. / È stato disarcionato.
ふりおろす 降り下ろす agitare verso il basso
プリオン 〔英 prion〕《生化》 prione㊚
ふりかえ 振替 〔郵便振替〕 postagir*o*㊚ [複 -*i*, -*o*]
✤**振替勘定** (取引) trasferimento㊚ di conto
振替休日 festività㊛ spostata al lunedì quando cade di domenica
振替口座 conto㊚ corrente [(略)] c/c] postale
振替貯金 giroconto㊚ postale
ぶりかえす ぶり返す ¶病気がぶりかえす avere una ricaduta ¶風邪がぶりかえした。 Ho ripreso il raffreddore. ¶暑さがぶりかえした。 C'è stata una nuova ondata di caldo.
ふりかえる 振り返る **1**《振り向く》 voltarsi ¶美人を振り返って見る voltarsi a guardare una bella donna **2**《顧みる》《過去を振り返る guardare al passato / rievocare il passato ¶自分を振り返って見る riflettere su *se stesso*
ふりかえる 振り替える **1**《一時的に取り替える》 sostituire ¶電車が不通になったためにバスに振り替えられた。 A causa dell'interruzione della linea ferroviaria, la corsa è stata sostituita con un autobus. **2**《帳簿上で》 trasferire ¶当座預金を定期預金に振り替える cambiare un conto corrente bancario in un deposito a scadenza fissa
ふりかかる 降り掛かる **1**《降って体にかかる》 cadere㉑ [*es*] ¶降りかかる灰を払いながら火山を下りた。 Siamo scesi dal vulcano scrollandoci di dosso le ceneri cadute su di noi.
2《身に及ぶ》 abbattersi ¶彼に災難が降りかかった。 La sventura si è abbattuta su di lui. / Gli è capitata una disgrazia. ¶降りかかる火の粉は払わねばならない。 Non si può rimanere inattivi quando il pericolo ci minaccia.
ふりかけ 振り掛け condimento㊚ secco da spargere sul riso bianco
ふりかける 振り掛ける spargere, spolverare ¶サラダに塩を振りかける mettere il sale sull'insalata / salare l'insalata
ふりかざす 振り翳す ¶刀を振りかざす brandire la spada 《に contro》
ふりかた 振り方 ¶身の振り方を決めかねる essere indeciso sul *proprio* futuro
ふりがな 振り仮名 *kana*㊚ [複] scritti a lato dei sopra i *Kanji* per indicarne la pronuncia ¶振り仮名をつける scrivere la pronuncia a lato degli ideogrammi
ブリキ 〔蘭 blik〕 lamiera [banda] stagnata, latta㊛
✤**ブリキ板** latta㊛
ブリキ缶 barattolo㊚ di latta
ブリキ製品 prodotto㊚ di latta
ふりきる 振り切る ¶私は彼の止めるのを振り切って家を出た。 Me ne sono andato di casa respingendo tutti i suoi sforzi per trattenermi. ¶彼はゴール手前5キロの地点で相手を振り切った。 Ha staccato [Ha distanziato] l'avversario a 5 km dall'arrivo.
フリゲートかん フリゲート艦 fregata㊛
ふりこ 振り子 pendolo㊚ ¶振り子時計 (orologio a) pendolo / pendola ¶振り子が揺れる。 Il pendolo oscilla.
ふりこう 不履行 inadempienza㊛, inosservanza㊛ ¶契約不履行 inadempienza contrattuale ¶約束不履行 rottura di promessa
ふりこむ 振り込む ◇振り込み versamento㊚, bonifico㊚ [複 -*ci*] ¶銀行振り込み bonifico bancario ¶口座に5万円振り込む versare 50.000 yen sul conto di *qlcu*. ¶給料は銀行の口座に振り込まれる。 Lo stipendio mi viene versato automaticamente sul conto in banca.
ふりこむ 降り込む ¶雨が窓から降り込む。 La pioggia entra dalla finestra.
ふりこめる 降り籠める ¶私たちは3日も雨に降りこめられた。 La pioggia ci ha costretti a (rimanere in) casa per tre giorni.
ブリザード 〔英 blizzard〕〔英〕 blizzard㊚ [無変], 《雪あらし》 tormenta㊛, tempesta㊛ [bufera㊛] di neve
ふりしきる 降り頻る ¶降りしきる雨の中を sotto una pioggia battente ¶雨が降りしきる。 Piove a dirotto [a catinelle].
ふりしぼる 振り絞る ¶声をふりしぼって叫ぶ urlare a squarciagola ¶力をふりしぼって戦う com-

battere [lottare] fino al limite delle *proprie* forze ¶知恵をふりしぼって考える lambiccarsi il cervello

ふりすてる 振り捨てる 《選別する》scartare *ql.co.*;《見捨てる》abbandonare [lasciare] *ql.cu.*, liberarsi (di *ql.cu.*) ¶忌まわしい記憶を振り捨てる liberarsi da un brutto ricordo

フリスビー 〔英 Frisbee〕《商標》〔英〕frisbee 男〔無変〕

プリズム 〔英 prism〕《物》prism*a*男〔複 -i〕 ◇プリズムの prism*atic*o 〔男複 -ci〕

ふりそそぐ 降り注ぐ ¶雨が木々に降り注ぐ．La pioggia cade sugli alberi. ¶日光が部屋にさんさんと降り込んでいる．Il sole inonda una stanza. ¶火の粉が屋根に降り注ぐ．Le faville si riversano [piovono] sui tetti.

ふりそで 振り袖 *kimono*男〔無変〕a maniche larghe e allungate fino ai piedi per donne giovani non sposate →着物 図版

ふりだし 振り出し 1《出発点》punto男 di partenza; inizio男〔複 -i〕, avvio男〔複 -ii〕¶振り出しに戻って da capo / daccapo ¶振り出しに戻る ritornare al punto di partenza 2《為替・手形の》emissione女

✤振り出し薬 infuso男

振り出し手形《金融》effetti男〔複〕passivi [da pagare]

振り出し人《金融》traente男女

ふりだす 振り出す ¶手形を振り出す sottoscrivere [firmare] un effetto ¶彼の店に100万円の手形を振り出した．Ho emesso una cambiale di un milione di yen a favore del suo negozio.

ふりだす 降り出す ¶今にも降り出しそうだ．Potrebbe piovere in ogni momento.

ふりつ 府立 ◇府立の provinciale

フリッカー 〔英 flicker〕《光》(ちらつき) sfallio男〔複 -ii〕, sfarfallamento男

ふりつけ 振り付け coreografia女 ◇振り付けする comporre coreografie

✤振付師 coreografo男〔女 -a〕

ブリッジ 〔英 bridge〕《橋》ponte男 2《船橋》plancia女〔複 -ce〕, ponte男 di comando 3《歯科治療の》ponte男; 《矯正の》apparecchio男〔複 -chi〕dentale ¶ブリッジをする applicare un ponte 4《眼鏡の》ponticello男 5《トランプの》〔英〕bridge男〔無変〕6《レスリングの》ponte男

フリッター 〔英 fritter〕《料》frittella女

ふりつづく 降り続く ¶雨が3日も降り続いている．Sta piovendo in continuazione [ininterrottamente] da tre giorni.

ふりつもる 降り積もる ¶雪が1メートルも降り積もった．Si è accumulato un metro di neve.

ふりはらう 振り払う ¶私は彼の手を振り払った．Mi sono liberato dalla sua presa con uno strattone.

ぷりぷり →ぷんぷん

プリペイドカード scheda女 [tessera女 / carta 女] prepagata

ふりほどく 振り解く liberare [liberarsi] scrollando

ふりまく 振り撒く 1《一面にまき散らす》spargere [cospargere / gettare] *ql.co.* (su *ql.co.*) 2《惜しまずに出す》¶金を振りまく sperperare il denaro ¶愛嬌を振りまく profondersi in sorrisi ¶お世辞を振りまく prodigare lusinghe e adulazioni (a destra e a sinistra)

プリマドンナ 〔伊〕prima donna女

プリマバレリーナ 〔伊〕prima ballerina女

ふりまわす 振り回す 1《棒・武器などを》agitare, brandire, far roteare ¶ステッキを振り回しながら歩く camminare facendo roteare il bastone ¶かばんを振り回す sbatacchiare la borsa 2《乱用する》abusare男〔*av*〕di *ql.co.* ¶職権を振り回す abusare della *propria* autorità ¶知識をやたらに振り回す far sfoggio esagerato della *propria* cultura

ふりみだす 振り乱す ¶髪を振り乱して働く lavorare disperatamente

ブリム 〔英 brim〕《帽子のつば》tesa女 [ala女] (di cappello)

ふりむく 振り向く 1《振り返る》voltarsi [volgersi / girarsi] (indietro) ¶私は名前を呼ばれたので振り向いた．Sentendomi chiamare per nome mi sono voltato. 2《注意を向ける》¶振り向きもしない mostrare disinteresse (《に per》)

ふりむける 振り向ける 《向ける》volgere *ql.co.*《に verso》;《充てる》destinare [stanziare] *ql.co.*《に per》¶市議会は5000万円を除雪機の購入に振り向けた．Il consiglio comunale ha stanziato [ha destinato] cinquanta milioni di yen per l'acquisto di uno spartineve [spazzaneve].

ふりやむ 降り止む ¶雪は降りやんだ．La neve ha smesso di cadere. / Ha smesso di nevicare.

ふりょ 不慮 ◇不慮の inaspettato, inaspettato, imprevisto ¶不慮の死 morte accidentale ¶不慮の出来事 avvenimento inatteso /《法》caso fortuito

ふりょう 不良 1《質が悪いこと》◇不良の(良くない) cattivo;《欠陥のある》difettoso;《劣等の》inferiore ¶成績不良 risultati mediocri [insoddisfacenti / cattivi] ¶天候不良のため a causa del [per il] cattivo tempo

✤不良債権《経》credito男 inesigibile

不良少年 [少女] minorenne男女 ribelle

不良品 articolo男 difettoso

ふりょう 不猟 ¶不猟だった．Non abbiamo fatto una buona caccia. / Siamo tornati con i carnieri vuoti.

ふりょう 不漁 ¶今年はいわしが不漁だ．Questo anno la pesca di sardine è stata scarsa.

ぶりょう 無聊 noia女 ¶無聊をかこつ essere annoiato / sentire [provare] noia / annoiarsi

ふりょく 浮力《物》galleggiabilità女, spinta 女 d'Archimede

ぶりょく 武力 forza女 [potenza女] militare ¶武力で解決する risolvere *ql.co.* con le armi ¶武力に訴える ricorrere [far ricorso] alle armi [alla forza]

✤武力外交 diplomazia女 armata

武力干渉 intervento男 armato

武力政治 politica女 della forza

ブリリアント 〔英 brilliant〕《ダイヤモンドの研磨の》brillante男 ¶ブリリアントカット taglio a brillante

フリル 〔英 frill〕《服》balza㊛ arricciata, gala㊛;《仏》volant㊚〔無変〕

ふりわけ 振り分け 《前後に分けてかつぐこと》¶荷物を振り分けにして運ぶ portare i bagagli a tracolla, uno davanti e l'altro dietro

ふりわける 振り分ける **1**《分配する》spartire [ripartire / suddividere] ql.co.《で tra》, distribuire ql.co.《に a》 **2**《二分する》dividere ql.co. a metà [in due]

ふりん 不倫 immoralità㊛ ¶不倫の恋 rapporto con una persona sposata

プリン 《料》《仏》crème caramel㊛㊚〔無変〕

フリンジ 〔英 fringe〕《服》frangia㊛〔複 -ge〕, orlo㊚, bordo㊚

プリンス 〔英 prince〕principe㊚

プリンセス 〔英 princess〕principessa㊛

プリンター 〔英 printer〕stampante㊚

プリント 〔英 print〕《印刷》stampa㊛;《謄写版》copia㊛ ciclostilata;《印刷物》stampato㊚;《プリントした布地》tessuto㊚ stampato ◇プリントする stampare;《謄写機で》ciclostilare ¶講義のプリント dispense fotocopiate (di una lezione)

✤**プリントアウト**《コンピュータ》stampa㊛ ◇プリントアウトする stampare

プリント合板 pannello㊚ di compensato stampato

プリント配線《電子》circuito㊚ stampato

ふる 古 ¶古靴 scarpe usate ¶兄のお古ばかり着せられる. Sono costretto a indossare sempre gli abiti vecchi di mio fratello.

ふる 振る **1**《揺り動かす》agitare, scuotere, sbattere ¶手を振る agitare una mano ¶ハンカチを振る sventolare [agitare] un fazzoletto ¶首を縦に振る《肯定する》annuire [av] / fare cenno di sì ¶首を横に振る《否定する》scuotere [scrollare / tentennare] la testa [il capo] / fare cenno di no ¶「瓶をよく振ってからお飲みください」《表示》"Agitare prima dell'uso".
2《手を動かしてまいたり、投げたりする》spargere ¶胡椒を振る mettere il pepe ¶サラダに塩を振る mettere il sale sull'insalata ¶さいころを振る gettare [tirare] i dadi
3《配分する》distribuire [assegnare] ql.co. a qlcu. ¶社員に仕事を振る distribuire il lavoro agli impiegati
4《文字に読み方、記号をつける》¶漢字にかなを振る scrivere i kana accanto agli ideogrammi (per indicare la pronuncia)
5《やむなく捨てる》lasciare, mollare;《拒否する》rifiutare, respingere;《親》mollare qlcu. ¶彼女は彼を振った. Sembra che lei lo abbia lasciato [piantato]. /《断る》Sembra che lei lo abbia respinto.
6《発行する》¶手形を振る emettere una vaglia
7《向ける》passare ¶話題を〈人〉に振る passare a qlcu. la patata bollente

ふる 降る **1**《雨や雪が》cadere㊆[es] ¶雨が降る piovere㊆[es] (►非人称動詞 [es, av] としても用いる) ¶雪が降る nevicare㊆[es] (►非人称動詞 [es, av] としても用いる) ¶一晩中雪が降った. È [Ha] nevicato tutta la notte. ¶雨が降りそうだ. Sembra che voglia piovere. ¶途中で雨に降られた. Durante il tragitto sono stato sorpreso dalla pioggia. ¶明日は降ったりやんだりのお天気でしょう. Domani pioverà a sprazzi.
2《落ちてくる》cadere ¶星の降るような夜 notte limpida di stelle ¶砲弾が雨霰のように降る. Le granate piovono come grandine. ¶火山灰が家々の屋根に降った. La cenere del vulcano cadeva sui tetti delle case. ¶縁談が降るほどある. Piovono proposte di matrimonio.

〖慣用〗**降って湧いた** ¶降って湧いたような幸運だ. È come la manna dal cielo!

フル 〔英 full〕 ◇フルに fino in fondo, pienamente, a pieno ritmo, al massimo, completamente ¶1日フルに働く lavorare tutto il giorno / lavorare a tempo pieno ¶この工場はフル操業している. Questa fabbrica lavora a pieno ritmo [regime].

ぶる **1**《「…ぶる」の形で、そのように振る舞う》¶芸術家ぶる atteggiarsi ad artista ¶上品ぶる fare il raffinato [《女性》la raffinata] ¶深刻ぶる assumere un'aria seria / fare il patetico [《女性》la patetica] ¶彼は学者ぶっている. Si dà arie di studioso. / È un amico di lunga data.
2《きどる、てらう》atteggiarsi ¶彼はぶっている. Si atteggia.

ふるい 篩 setaccio㊚〔複 -ci〕;《選別機》crivello㊚, vaglio㊚〔複 -gli〕, buratto㊚ ¶ふるいにかける setacciare [vagliare / passare al vaglio] ql.co. (►比喩的にも用いる)

✤**ふるい分け** setacciatura㊛, vagliatura㊛

ふるい 古い **1**《時間がたっている、以前のままの》vecchio㊚〔複 -chi〕;《昔の》antico [㊚複 -chi] ¶古い家 una casa vecchia ¶古い町 città antica ¶古い習慣 vecchi usi e costumi ¶古くは un tempo / una volta / anticamente ¶古き良き時代 i bei tempi andati ¶古い昔の話 una storia di molto tempo fa ¶彼は古い友人だ. È un mio vecchio amico. / È un amico di lunga data.
2《新鮮でない》stantio [㊚複 -ii], non fresco [㊚複 -schi] ¶古くなったバター burro rancido [non fresco] ¶古いパン《固くなった》pane raffermo
3《時代遅れの》antiquato, fuori moda, stantio;《廃れた》disusato, caduto in disuso ¶古い言い回し espressione in disuso [non più in uso / desueta] ¶頭が古い avere una mentalità sorpassata ¶彼は古い人間だ. È un uomo all'antica. ¶彼の考えは古い. Ha delle idee antiquate.

〖語法〗形容詞 vecchio は、ふつう修飾する名詞の前に置かれるが、後置されると異なる意味合いをもつことがある. ¶古くからある問題《ずっと以前からの問題》una vecchia questione
¶古くなった問題《古びて、もう扱われなくなった問題》una questione vecchia

ぶるい 部類 categoria㊛, tipo㊚ ¶…の部類に入る rientrare nella [essere classificato sotto la] categoria di ql.co. ¶彼はどんな部類の人間だい. Che tipo di persona è?

ふるいおこす 奮い起こす ¶私は勇気を奮い起こして校長室をノックした. Ho preso il coraggio a due mani e ho bussato alla porta del preside.

ふるいおとす 振るい落す eliminare;《選択する》selezionare ¶書類選考で志願者の半数をふるい落とす eliminare la metà dei candidati in base all'esame dei documenti

ふるいたつ 奮い立つ farsi coraggio

ふるいつく 震い付く ¶彼女は震いつきたくなるほど美しかった. Era bella da impazzire. / Metteva i brividi da quanto era bella.

ふるう 振るう・奮う **1**《さかんになる, 発奮する》¶このところ商売がふるわない. Attualmente gli affari non vanno molto bene. ¶彼は学校ではふるわなかった. Non era tanto brillante a scuola.
2《振り動かす》¶刀を振るう brandire la spada
3《能力などを示す》¶腕をふるう usare [dimostrare] la *propria* abilità [capacità] ¶権力をふるう esercitare il *proprio* potere ¶ふるってご参加ください. Siete cordialmente invitati a partecipare.
4《「振るった」の形で, 変わった》originale;《すばらしい》splendido, meraviglioso;《気の利いた》intelligente ¶振るった考え idea originale

ブルー〔英 blue〕blu[男];《空色》azzurro[男], celeste[男] ¶ネービーブルー blu navy
✤ブルーカラー operai[男][複]
ブルージーンズ blue-jeans[男][複]
ブルーチーズ formaggio[男][複 -*gi*] tipo gorgonzola
ブルーフィルム film[男][無変] osceno clandestino
ブルーブラック blu[男] notte

プルークボーゲン〔独 Pflugbogen〕《スキーで》discesa[女] a spazzaneve

ブルース〔英 blues〕〘音〙〔英〕blues[男][複]

フルーツ〔英 fruits〕《総称的に》frutta[女] (► fruttaは食用の果物, fruttoは植物の実一般をさす)
✤フルーツケーキ torta[女] [dolce[男]] di frutta
フルーツジュース succ*o*[男][複 -*chi*] di frutta
フルーツパーラー frutteria[女] in cui vengono serviti rinfreschi
フルーツポンチ macedonia[女]

フルート〔英 flute〕〘音〙flauto[男]
✤フルート奏者 flautist*a*[男][女][男複 -*i*]

ブルーベリー〔英 blueberry〕〘植〙mirtillo[男]

プルーン〔英 prune〕《木》prugno[男];《実》prugna[女];《干したもの》prugna[女] secca

ふるえ 震え《寒さ・恐怖で》brivido[男], tremito[男];《恐れで》tremore[男], fremito[男] ¶震えがくる avere i brividi / rabbrividire[自][*es*] ¶震えが止まらない. Non posso trattenere i brividi.
✤震え声 ¶震え声で con voce tremolante [tremante / tremula]

ふるえあがる 震え上がる **1**《寒さで》¶京都の寒さに震え上がった. A Kyoto ho avuto brividi di freddo. **2**《びっくりする》spaventarsi a morte, tremare[自][*av*] come una foglia, trasalire[自][*es*, *av*] [sussultare[自][*av*] / sobbalzare[自][*av*]] per lo spavento

ふるえる 震える

tremare[自][*av*];《寒さ・怒り・恐怖などで》rabbrividire[自][*es*], fremere[自][*av*] ¶震える手でcon mano tremante ¶怒りに震える《人や声が主語》fremere di [per la] collera ¶膝ががくがく震える. Mi tremano le ginocchia. /《諺》Le ginocchia mi fanno giacomo giacomo. ¶彼の筆跡が震えている. La sua scrittura è tremante. ¶木の葉がそよ風に震えている. Le foglie degli alberi tremano per la leggera brezza. ¶爆発の音でガラスが震えた. I vetri hanno tremato [vibrato] per la fragorosa esplosione.

プルオーバー〔英 pullover〕〘服〙〔英〕golf[男][無変],〔英〕pullover[男][無変]

フルかいてん フル回転 ¶クーラーがフル回転だ. L'aria condizionata sta funzionando a pieno regime [ritmo].

ふるがお 古顔 volto[男] noto ¶彼はこのクラブの古顔だ. È uno dei primi soci di questo club.

ふるかぶ 古株 **1**《古い株》vecchi*o*[複 -*chi*] ceppo[男] **2**《古顔》membro[男] anziano ¶クラブの古株メンバー vecchi membri di un club

ふるぎ 古着《着古した服》vecchi abiti[男][複], abiti[男][複] smessi;《他の人が着ていた服》abiti[男][複]「di seconda mano [usati]
✤古着屋 negozi*o*[男][複 -*i*] di abiti「usati [di seconda mano]

ふるきず 古傷 **1**《古いけが》vecchia ferita[女] [piaga[女]];《傷あと》cicatrice[女]
2《旧悪》errori[男][複] [traumi[男][複]] del passato ¶古傷をあばく svelare [rivelare] le vecchie malefatte di *qlcu*. / rivangare il passato ¶古傷にさわる《心の》riaprire vecchie ferite

ふるぎつね 古狐 ¶彼のような古狐には用心しろ. Sta attento a una vecchia volpe come lui!

ふるくさい 古臭い sorpassato, fuori moda ¶古臭い考え idee superate [sorpassate]

フルコース〔英 full course〕〘料〙pasto[男] completo

プルサーマルけいかく プルサーマル計画 progetto[男] per l'uso del plutonio in reattori termici

ふるさと 古里・故郷 ⇒故郷(こきょう)

ブルジョア〔仏 bourgeois〕borghese[男][女];《資本家》capitalist*a*[男][女][男複 -*i*];《金持ち》ricc*o*[男][女 -*ca*; 男複 -*chi*]
✤ブルジョア化 imborghesimento[男] **◇ブルジョア化する**《他のものを》imborghesire;《自らが》imborghesirsi
ブルジョア階級 borghesia[女]
ブルジョア革命 rivoluzione[女] borghese
ブルジョア趣味 gusto[男] borghese

ブルジョアジー〔仏 bourgeoisie〕borghesia[女]

ふるす 古巣 ¶古巣に帰る ritornare alla (*propria*) vecchia casa [《職場》al vecchio posto di lavoro]

-ふるす -古す ¶使い古す consumare /《ぼろぼろにする》logorare ¶着古した上着 giacca usata

フルスピード〔英 full speed〕velocità[女] massima ¶フルスピードで a tutta velocità / a tutta birra / a tutto gas

フルセット〔英 full set〕《テニス》tutti i set[男][無変];《卓球》tutte le partite[女][複];《一揃いのもの》set[男][無変] completo

ブルゾン〔仏 blouson〕〘服〙giubbotto[男]

フルタイム〔英 full-time〕tempo[男] pieno ¶フルタイムで働く lavorare a tempo pieno

ふるだぬき 古狸 vecchia volpe[女], vecchi*o*[複 -*chi*] volpone[男], furbacchion*e*[男][女 -*a*]

プルタブ 《缶ジュースのふた》linguetta⼥

ぶるっ ¶恐ろしさにぶるっと震えた. Ho avuto un brivido per la paura. ¶寒くてぶるっと震えた. Tremavo dal freddo.

ふるつわもの 古兵・古強者 **1** 《老練な兵士》soldato男 veterano **2**《熟練者》veterano男 [⼥ -a], esperto男 [⼥ -a]

ふるて 古手 **1**《古くなったもの》oggetto男 usato **2**《古株》veterano男 [⼥ -a]

ふるどうぐ 古道具 anticaglie⼥; oggetto男 usato
❖古道具屋 negozio男 [複 -i] di anticaglie [di antiquariato]

ブルドーザー 〔英 bulldozer〕〔英〕bulldozer男 [無変]; spianatrice⼥, apripista男 [無変]

ブルドッグ 〔英 bulldog〕〔英〕bulldog男 [無変]

プルトニウム 〔英 plutonium〕《化》plutonio男;《元素記号》Pu

フルネーム 〔英 full name〕nome男 e cognome男, nome男 completo

ブルネット 〔英 brunette〕¶ブルネットの女性 bruna / brunetta

フルバック 〔英 fullback〕《サッカー・アメリカンフットボールで》terzino男; 《ラグビーで》estremo男

ふるびる 古びる invecchiare🚲 [es], diventare vecchio [男複 -chi] ◇古びた vecchio, invecchiato; 《使い古された》usato, consumato

ぶるぶる ¶ぶるぶる震える tremare🚲 [av]

ブルペン 〔英 bullpen〕《野球で》〔英〕bullpen男

ふるぼける 古惚ける logorarsi ¶古ぼけたかばん borsa logora ¶古ぼけたオーバー soprabito consunto

ふるほん 古本 libro男 usato; libro男 d'epoca
❖古本屋《店》negozio男 [複 -i] [《屋台の》bancarella⼥] di libri usati; 《人》venditore男 [⼥ -trice] di libri usati

ブルマー 〔英 bloomers〕《服》calzoncini男 [複] da ginnastica per ragazze

ふるまい 振る舞い **1**《行い》condotta⼥, comportamento男;《様子》atteggiamento男, aspetto男 ¶けしからぬ振る舞い cattiva condotta / comportamento riprovevole ¶女らしい振る舞いをする comportarsi in maniera femminile **2**《もてなし》intrattenimento男

ふるまう 振る舞う **1**《行動する》comportarsi, agire🚲 [av] ¶男らしく振る舞う comportarsi da uomo ¶慎重に振る舞う agire con circospezione / comportarsi con prudenza **2**《もてなす》¶食事を振る舞う offrire un pranzo（に a）

ふるめかしい 古めかしい arcaico [男複 -ci], antico [男複 -chi]

ぶるる 《擬》brr ¶ぶるる, 寒い. Brr, che freddo!

ふるわせる 震わせる far tremare, far vibrare ¶声を震わせて con voce tremante [tremula] ¶彼は怒りに声を震わせていた. La sua voce tremava per la collera.

ふれ 振れ《計器の》deflessione⼥, deviazione⼥

ふれ 触れ《布告》proclamazione⼥;《通知》avviso男 al pubblico, bando男 ¶触れを出す emettere un bando

ぶれ ¶カメラのぶれで写真がぼやけた. La foto era un po' sfocata perché ha mosso la macchina fotografica.

ふれあい 触れ合い contatto男 umano

ふれあう 触れ合う toccarsi, entrare in contatto ¶2人の唇が触れ合う baciarsi ¶2人の心が触れ合った. Hanno provato una profonda simpatia l'uno per l'altro.

フレアスカート《服》gonna⼥ svasata, sottana⼥ con svasatura

ふれあるく 触れ歩く ¶誰がこんなことを触れ歩いているんだい. Chi mette in giro tali voci?

ぶれい 無礼《非礼》scortesia⼥, sgarberia⼥, mancanza⼥ di rispetto;《ぶしつけ》cattiva educazione⼥;《不遜》insolenza⼥, impertinenza⼥ ◇無礼な scortese, screanzato, sgarbato, villano; irrispettoso, insolente ◇無礼に(も) scortesemente, sgarbatamente, villanamente; insolentemente, impertinentemente ¶無礼な態度をとる comportarsi in modo scortese ¶彼は私に無礼を働いた. È stato villano con me. ¶無礼なことを言うな. Non dire insolenze!
❖無礼講 ¶無礼講にしましょう. Mettiamo da parte tutte le cerimonie! / Bando alle formalità!

無礼者 impertinente男, insolente男

フレー 〔英 hurray〕¶フレー, フレー. Forza! / Dai! / Su, su! / Dacci dentro!

プレー 〔英 play〕《試合》partita⼥ ◇プレーする giocare una partita
❖プレーオフ (partita⼥ di) spareggio男 [複 -gi]

プレーガイド botteghino男

プレーバック 〔英〕playback男 [無変]

プレーボーイ 〔英〕playboy男 [無変], dongiovanni男 [無変]

プレーボール ¶「プレーボール」《号令》"In gioco!" ¶本日の試合は1時にプレーボールです. Oggi la partita comincia all'una.

ブレーカー 〔英 breaker〕interruttore男

ブレーキ 〔英 brake〕《制動機》freno男;《ブレーキ装置》frenaggio男 [複 -gi], dispositivo男 di frenaggio;《ブレーキをかけること》frenatura⼥, frenata⼥ ¶エアー[ディスク／ハンド]ブレーキ freno ad aria compressa [a disco / a mano] ¶非常ブレーキ freno di sicurezza [d'emergenza] ¶ブレーキをかける frenare ql.co. / azionare i freni /《比喩的》mettere [porre] un freno（に a） ¶急ブレーキをかける frenare bruscamente / fare una brusca frenata ¶ブレーキを緩める allentare i freni / levare [togliere] i freni ¶この自転車はブレーキがよく効かない. I freni di questa bicicletta non funzionano bene. ¶飲み始めると, ブレーキが効かない. Quando inizia a bere non sa mettersi un freno.
❖ブレーキ液 liquido男 [olio男] per freni

ブレーキシュー ganascia⼥ [複 -sce], zoccolo男 del freno

ブレーキパッド《車》pastiglia⼥ dei freni

ブレーキ板 disco男 [複 -schi] del freno

ブレークダンス 〔英 break dance〕〔英〕break dance⼥ [無変]

フレージング 〔英 phrasing〕《音》fraseggio

フレーズ 〔英 phrase〕 frase㊛

ブレード 〔英 blade〕 **1**《ボートのオールの》pala di remo **2**《刃》lama㊛

プレート 〔英 plate〕 **1**《板》piastra㊛ ¶金属プレート placca ¶ナンバープレート《車》targa di circolazione **2**《真空管の陽極》anodo㊛, placca㊛ positiva **3**《写真の感光板》lastra㊛ **4**《野球で、ホームプレート》casa㊛ base, piatto㊛;《ピッチャーズプレート》pedana㊛ del lanciatore **5**《地質》placca㊛, zolla㊛ ¶プレートテクトニクス説 tettonica a zolle

フレーム 〔英 frame〕《枠》telaio㊚[複 -i], intelaiatura㊛;《額縁》cornice㊛;《テレビの》quadro㊚;《めがねの》montatura㊛
❖フレーム周波数 frequenza㊛ di immagine

プレーヤー 〔英 player〕 **1**《競技者》giocatore㊚[㊛ -trice] **2**《演奏者, 演技者》interprete㊚;《演奏者》suonatore㊚[㊛ -trice], esecutore㊚[㊛ -trice];《器楽奏者》strumentista㊚[複 -i] **3**《レコードプレーヤー》giradischi㊚[無変]

ブレーン 〔英 brain〕《人》cervello㊚
❖ブレーンストーミング〔英〕brainstorming㊚[無変]; confronto㊚ di idee

ブレーントラスト trust㊚[無変] [cooperativa㊛] di cervelli, gruppo㊚ di esperti [di competenti / di consulenti]

プレーン 〔英 plain〕 ¶プレーンな服装 vestito sobrio [modesto]
❖プレーンヨーグルト yogurt㊚[無変] bianco

フレキシブル 〔英 flexible〕 ◇フレキシブルな flessibile, elastico㊚[複 -ci]

ふれこむ 触れ込む **1**《自称する》professarsi, dichiararsi ¶彼は弁護士だと触れ込んだ. Ha dichiarato di essere un avvocato. /《偽った》Si è spacciato per avvocato. **2**《宜伝する》propagandare, annunciare, reclamizzare ¶彼は大音楽家という触れ込みだった. Era stato presentato come un grande musicista.

ブレザー 〔英 blazer〕《服》giacca㊛ sportiva;〔英〕blazer㊚[無変]

プレス 〔英 press〕 **1**《圧搾》pressione㊛;《圧縮機械》pressa㊛ ◇プレスする《機械で》pressare ql.co. **2**《クリーニング》stiratura㊛ ¶プレスのきいたズボン pantaloni ben stirati **3**《新聞業界》la stampa㊛ **4**《版画用機械》torchio㊚[複 -chi]
❖プレスキャンペーン campagna㊛「di stampa [giornalistica]

プレスクラブ circolo㊚ della stampa

プレスコード codice㊚ etico[複 -ci] del giornalismo

プレス作業《機》pressatura㊛

プレスセンター centro㊚ stampa [無変]

プレス担当者 addetto㊚[㊛ -a] stampa [無変]

プレスハム prosciutto㊚ di carne mista pressata

フレスコ 〔伊 fresco〕《美》affresco㊚[複 -schi] ¶天井にフレスコ画を描く affrescare [ornare con affreschi] il soffitto

プレステージ 〔英 prestige〕 prestigio㊚

ブレスト 〔英 breast〕 nuoto㊚ a rana

プレスト 〔伊〕《音》presto

ブレスレット 〔英 bracelet〕 braccialetto㊚

プレゼント 〔英 present〕 regalo㊚, dono㊚;《小さな贈り物》regalino㊚, pensiero㊚ →贈り物 使いわけ ¶誕生日のプレゼント regalo di compleanno ¶時計をプレゼントする regalare un orologio a ql.cu.
❖プレゼント商品 articoli㊚[複] da regalo

プレタポルテ 〔仏 prêt-à-porter〕《服》〔仏〕prêt-à-porter㊚[無変]

フレックスタイム 〔英 flextime〕 orario㊚[複 -i] flessibile [elastico[複 -ci]]

プレッシャー 〔英 pressure〕 pressione㊛ ¶プレッシャーをかける fare pressione su ql.cu. ¶プレッシャーを感じる provare [subire] una pressione

フレッシュ 〔英 fresh〕 ◇フレッシュな fresco㊚[複 -schi] ¶フレッシュジュース spremuta di frutta
❖フレッシュマン《大学の新入生》matricola㊛;《新入社員》nuovo impiegato㊚[㊛ -a]

フレット 〔英 fret〕《音》《ギターなどの》tasto㊚, traversina㊛

プレハブ 〔英 prefab〕 ◇プレハブの prefabbricato
❖プレハブ住宅《建》casa㊛ prefabbricata, prefabbricato㊚

プレパラート 〔独 Präparat〕《顕微鏡用の》preparato㊚ microscopico[複 -ci]

プレビュー 〔英 preview〕 anteprima㊛

ふれまわる 触れ回る divulgare, diffondere

プレミアショー 〔英 premier show〕 anteprima㊛

プレミアム 〔英 premium〕 **1**《賞品》premio㊚[複 -i] **2**《割り増し料金》prezzo㊚ maggiorato ¶入場券をプレミアム付きで売られている. I biglietti d'ingresso sono venduti a prezzo maggiorato. /《だふ屋で》a prezzo di bagarinaggio.

プレリュード 〔英 prelude〕《音》preludio㊚[複 -i]

ふれる 狂れる ¶気がふれる diventare pazzo [matto] / impazzire㊐[es]

ふれる 振れる ¶羅針盤の針は東に少し振れた. L'ago della bussola ha deviato un po' verso est.

ふれる 触れる **1**《接触する》toccare ql.co. [ql.cu.];《軽く触る》sfiorare ql.co. [ql.cu.] ¶展示品に手を触れないでください. Si prega di non toccare gli oggetti esposti. ¶肩と肩が軽く触れ合った. Ci siamo toccati leggermente con le spalle. ¶空気に触れると酸化する. A contatto con l'aria si ossida.
2《目・耳に》¶目に触れる essere visto [scorto] ¶看板を人の目に触れるところに置く mettere un'insegna in un punto ben visibile
3《感動を受ける》¶心の琴線に触れる fare appello ai sentimenti di ql.cu.
4《言及する》toccare [menzionare] ql.co. ¶彼は経済問題に触れた. Ha accennato ai [toccato i] problemi economici.
5《抵触する》andare contro ql.co., contravvenire㊐[av] a ql.co. ¶それは法律に触れる. Ciò è contro la legge. ¶社長の怒りに触れる attirarsi la collera [incorrere nell'ira] del presidente
6《機会・物事に出会う》¶折に触れて talvol-

ta / talora / qualche volta / alle volte ¶外国の文化に触れる venire a contatto con le culture straniere

ぶれる ¶この写真は少しぶれている. Questa fotografia è un po' mossa.

ふれんぞくせん 不連続線 《気》lin*a*ea⨺ di discontinuità

フレンチカンカン 〔英 French cancan〕 cancan男 [無変]

フレンチトースト 〔英 French toast〕 pan-carré男 [無変], dorato e fritto

フレンチホルン 〔英 French horn〕 《音》corno男 francese

フレンド 〔英 friend〕 amic*o*男⨺ [⨺ -ca; 男複 -ci]
✤**フレンドシップ** amicizia⨺

ブレンド 〔英 blend〕 mistura⨺, miscela⨺
◇ブレンドする miscelare *ql.co.*, fare una miscela di *ql.co.* ¶紅茶をブレンドする miscelare qualità diverse di tè

ふろ 風呂 bagno男 (◆イタリアでは, 普通トイレと風呂は同じ部屋に設けられている) →バスルーム 図版 ¶蒸し風呂 bagno turco ¶風呂に入る fare il bagno ¶風呂を立てる preparare il bagno ¶ひと風呂浴びる farsi un bagno in fretta ¶赤ちゃんを風呂に入れる far fare il bagnetto al bambino ¶風呂の加減をみる sentire la temperatura dell'acqua per il bagno ¶風呂が沸いた. Il bagno è pronto.

✤**風呂桶** 《浴槽》vasca⨺ da bagno; 《手桶》catino男 per il bagno

風呂釜 cald*a*ia⨺ per il bagno
風呂場 (stanza⨺ da) bagno男
風呂屋 bagni男 [複] pubblici

──日本事情── 風呂
Il bagno giapponese è in genere composto di una vasca da bagno con adiacente una zona dal pavimento con scolo dove ci si lava. Il gabinetto è di solito separato dalla stanza del bagno. Nella vasca, la cui acqua può essere usata da più persone, si entra per riscaldarsi e per togliersi la stanchezza. →温泉, 銭湯 日本事情

プロ professionist*a*男⨺ [男複 -i] ◇プロの professionist*ico*男⨺ [男複 -ci] ¶プロのサッカー選手 calciatore professionista

✤**プロ選手** professionista男⨺
プロ野球 baseball男 professionistico

フロアー 〔英 floor〕 《床》pavimento男; 《階》piano男
✤**フロアースタンド** lampada⨺ a stelo

ふろう 不老 longevità⨺
✤**不老長寿** giovinezza⨺ eterna e longevità⨺
不老不死 ¶不老不死の霊薬 elis*i*r男 [無変] dell'eterna giovinezza

ふろう 浮浪 vagabond*aggio*男 [複 -gi]
✤**浮浪児** piccolo vagabond*o*男⨺ [⨺ -a]
浮浪者 vagabond*o*男⨺ [⨺ -a], girov*a*g*o*男⨺ [⨺ -ga; 男複 -ghi]

ふろうしょとく 不労所得 rendita⨺

フロー 〔英 flow〕《経》flusso男 ¶一方的〖純貨幣〗フロー flusso unilaterale [monetario netto]
✤**フローインフレーション** 《経》inflazione⨺ da

flussi di moneta

フローチャート schema男 [複 -i] di flusso, gramm*a*男 [複 -i] del ciclo di lavorazione

ブロー 〔英 blow〕《髪の》piega⨺ a fon; 《ボクシング》colpo男, pugno男

ブローカー 〔英 broker〕 〔英〕broker男, agente男 di cambio, commissionar*i*o男 [⨺ -ia; 男複 -i], sensale男, media*tore*男 [⨺ -ia; 男複 -trice], intermediar*io*男 [⨺ -ia; 男複 -i] ¶不動産ブローカー agente [intermediario] immobiliare

ブロークン 〔英 broken〕 ¶ブロークンなイタリア語で話す parlare un italiano scorretto [stentato]

ブローチ 〔英 brooch〕 spilla⨺, fermagli*o*男 [複 -gli]

ブロードバンド 〔英 broadband〕《コンピュータ》banda⨺ larga

フローリン 〔英 florin〕《通貨単位》fiorino男

フローリング 〔英 flooring〕《仏》parquet男 [無変], pavimentazione⨺ in legno

ふろく 付録 appendice⨺; 《補遺, 別冊》supplemento男 ¶付録付きの雑誌 rivista con supplemento in omaggio

ブログ 〔英 blog〕《コンピュータ》〔英〕blog男 [無変]

プログラマー 〔英 programmer〕 programma*tore*男 [⨺ -trice], programmist*a*男⨺ [男複 -i]

プログラミング 〔英 programming〕 programmazione⨺

プログラム 〔英 program〕 programm*a*男 [複 -i] ¶プログラムに一部変更があります. C'è un cambiamento in una parte del programma.
¶プログラムを作る《コンピュータ》programmare他 (►単独でも可)
✤**プログラム学習** istruzioni⨺ [複] programmate
プログラム言語 《コンピュータ》linguaggi*o*男 [複 -gi] di programmazione
プログラム制御 controllo男 programmato

プロシア 〔英 Prussia〕《史》Pr*u*ssia⨺
◇プロシアの prussiano

プロジェクター 〔英 projector〕《映写機》proiettore男

プロジェクト 〔英 project〕 progetto男 ¶大型プロジェクト progetto [progettazione] su vasta scala
✤**プロジェクトチーム** gruppo che lavora a un progetto

プロシェット 〔仏 brochette〕 ¶えびのプロシェット《料》gamberi allo spiedo

ふろしき 風呂敷 *furoshiki*男 [無変], panno quadrato per avvolgere oggetti vari ¶風呂敷包み 《fagotto》in *furoshiki*

プロセス 〔英 process〕《経 過》processo男; 《手順》procedimento男; 《工程》fase⨺ di lavorazione ¶生産プロセス processo produttivo ¶思考のプロセス percorso di un pensiero
✤**プロセス制御** 《コンピュータ》controllo男 di processo

プロセスチーズ form*a*ggi*o*男 [複 -gi] fuso

プロダクション 〔英 production〕 **1**《生産》produzione⨺ **2**《編集・制作所》società⨺ di produzione; 《映画製作所》stud*i*o男 [複 -i] cinema-

tografico [複 -ci], società㊛ di produzione cinematografica, casa㊛ cinematografica **3**《芸能プロダクション》agenzia㊛ di spettacolo (per il lancio di cantanti e attori)

ブロッキング 〔英 blocking〕《ボクシング》parata㊛

ブロック 〔仏 bloc〕《政治・経済上の連合》blocco㊚ [複 -chi] ¶経済ブロック blocco economico
♣**ブロック経済** economia㊛ del blocco

ブロック 〔英 block〕**1**《大きなかたまり》blocco㊚ [複 -chi] **2**《地域》area㊛, zona㊛;《街区》isolato㊚ ¶銀行は2ブロック先にあります。La banca è a due isolati da qui. **3**《スポ》blocco㊚;《バレーボール》muro㊚ ◇ブロックする bloccare; murare **4**《コンクリートブロック》blocco di calcestruzzo
♣**ブロック建築** costruzione㊛ in calcestruzzo
ブロック塀 muro㊚ in blocchi di calcestruzzo

フロックコート 〔英 frock coat〕《服》finanziera㊛;〔仏〕frac㊚ [無変]

フロッグマン 〔英 frogman〕uomo㊚ [複 uomini] rana [無変], sommozzatore㊚

ブロッコリー 〔英 broccoli〕《植》broccolo㊚

プロット 〔英 plot〕《小説などの筋》〔英〕plot㊚ [無変], trama㊛

フロッピーディスク 〔英 floppy disk〕〔英〕floppy disk㊚ [無変]; dischetto (magnetico [複 -ci])

プロテイン 〔英 protein〕《化》proteina㊛

プロテクター 〔英 protector〕indumento㊚ protettivo usato nella pratica di vari sport;《ひざ当て》ginocchiera㊛;《肩当て》paraspalle㊚;《ひじ当て》gomitiera㊛;《すね当て》parastinchi㊚ [無変];《胸部用》corazza㊛

プロテスタント 〔英 Protestant〕《教義》protestantesimo㊚;《教徒》protestante㊚㊛ ◇プロテスタントの protestante

プロテスト 〔英 protest〕protesta㊛
♣**プロテストソング** canzone㊛ di protesta

プロデューサー 〔英 producer〕《映画・レコード制作者》produttore㊚ [㊛ -trice];《ラジオ・テレビの演出家》regista㊚㊛ [男複 -i]

プロデュース 〔英 produce〕produzione㊛ ◇プロデュースする produrre ql.co.

プロトアクチニウム 〔英 protactinium〕《化》protoattinio㊚;《元素記号》Pa

プロトコル 〔英 protocol〕**1**《議定書》protocollo㊚ **2**《コンピュータ》protocollo㊚

プロトン 〔英 proton〕《物・化》protone㊚

プロバイダー 〔英 provider〕《コンピュータ》〔英〕provider㊚ [無変]

プロパガンダ 〔英 propaganda〕propaganda㊛ ¶プロパガンダをする far propaganda《の per》

プロパンガス 〔英 propane gas〕propano㊚

プロピレン 〔英 propylene〕《化》propilene㊚

プロフィール 〔英 profile〕《横顔・人物evals》profilo㊚; ritratto㊚ ¶《人》のプロフィールを紹介する presentare il profilo di qlcu.

プロフェッショナル 〔英 professional〕→プロ

プロペラ 〔英 propeller〕elica㊛;《ヘリコプターの》rotore㊚ ¶プロペラの羽根 pala dell'elica
♣**プロペラ機**《空》aeroplano㊚ a elica

プロポーション 〔英 proportion〕proporzione㊛ ¶彼女はプロポーションがいい［悪い］. Quella donna ha un fisico ben [mal] proporzionato.

プロポーズ 〔英 propose〕domanda㊛ [proposta㊛] di matrimonio ◇プロポーズする fare una domanda [una proposta] di matrimonio a qlcu. /《男性から女性に》chiedere la mano di qlcu.

ブロマイド 〔英 bromide〕¶俳優のブロマイド fotografia (pubblicitaria) di un attore

プロミネンス 〔英 prominence〕《天》protuberanze㊛ [複] solari

プロムナード 〔仏 promenade〕passeggio㊚ [複 -gi], passeggiata㊛
♣**プロムナードデッキ**《船》passeggiata㊛

プロメチウム 〔英 promethium〕《化》prometeo㊚, promezio㊚;《元素記号》Pm

プロモーション 〔英 promotion〕promozione㊛ ¶セールスプロモーション vendita promozionale
♣**プロモーションビデオ** videoclip㊚ [無変]

プロモーター 〔英 promoter〕《主催者, 発起人, 興行主》organizzatore㊚ [㊛ -trice]

プロレス 〔英 wrestling〕㊚;〔英〕catch㊚ [無変]

プロレスラー 〔英 wrestling〕lottatore㊚ [㊛ -trice] professionista di wrestling [catch]

プロレタリア 〔独 Proletarier〕《無産者》proletario㊚ [㊛ -ia; 男複 -i] ◇プロレタリアの proletario
♣**プロレタリア革命** rivoluzione㊛ proletaria
プロレタリア独裁 dittatura㊛ proletaria

プロレタリアート 〔独 Proletariat〕proletariato㊚

プロローグ 〔英 prologue〕**1**《劇・文学の》prologo㊚ [複 -ghi];《序文》introduzione㊛, prefazione㊛;《序言》proemio㊚ [複 -i], premessa㊛ **2**《物事の発端》prologo㊚ [複 -ghi]

フロン(ガス) freon㊚ [無変] (▶商標), CFC㊚

ブロンズ 〔英 bronze〕bronzo㊚ ¶ブロンズの半身像 busto bronzeo

フロンティア 〔英 frontier〕frontiera㊛
♣**フロンティア精神** spirito㊚ pionieristico, pionierismo㊚

フロント 〔英 front〕《ホテルの》accettazione㊛ reception㊛ [無変]
♣**フロント係** 〔英〕receptionist㊚㊛ [無変]
フロントガラス《車》parabrezza㊚ [無変]

ブロンド 〔英 blonde〕《髪》capelli㊚ [複] biondi;《人》biondo㊚ [㊛ -a] ◇ブロンドの biondo

プロンプター 〔英 prompter〕《劇》suggeritore㊚ [㊛ -trice]
♣**プロンプターボックス** buca㊛ del suggeritore

ふわ 不和《仲たがい》disaccordo㊚, discordia㊛;《不一致》dissenso㊚;《対立》dissidio㊚ [複 -i] ¶不和である essere in disaccordo [in cattivi rapporti]《と con》/ non andare d'accordo《と con》¶不和になる urtarsi《と con》/ rompere l'accordo《と con》¶不和の種 motivo㊚ [seme] della discordia

ふわく 不惑 ¶不惑の年 i quarant'anni (◆ l'età della maturità)

ふわたり 不渡り《金融》mancato pagamento㊚ ¶不渡りになる《手形が》essere protestato / non essere pagato [onorato] ¶不渡りを出す mandare in protesto una cambiale

✤不渡小切手 assegno[男] a vuoto
不渡手形 cambiale[女] scoperta [non pagata / insoluta]

ふわふわ **1**《軽い》 **◇ふわふわした** lieve ¶気球はふわふわと空に舞い上がった. Il pallone si è innalzato ondeggiando in cielo.
2《柔らかい》 **◇ふわふわした** soffice, morbido; vaporoso ¶ふわふわした髪の毛 capelli vaporosi

ふわらいどう 付和雷同 **◇付和雷同する** andar dietro a *qlcu.*, fare quello che fanno i più

ふわり **◇ふわりと**《軽やかに》 leggermente;《優しく》 dolcemente, delicatamente ¶ふわりと着陸する atterrare dolcemente ¶風船がふわりと飛んでいる. Il palloncino ondeggia al vento.

ふん **1**《相づち》 ¶ふん, そう. Oh, ma davvero? **2**《鼻であしらうときの語》 ¶ふん, それがどうした. Embè, allora? ¶「ふん」と鼻であしらわれた. Ha arricciato il naso in segno di riprovazione nei miei confronti.

ふん 分 **1**《時間》 minuto[男] ¶30分 meẓẓ'ora / trenta minuti ¶15分 un quarto d'ora / quindici minuti ¶3時5分[5分前 / 30分 / 15分前]です. Sono le tre「e cinque (minuti) [meno cinque / e meẓẓo / meno un quarto]. ¶駅まで5分とかからない. Non ci vogliono nemmeno cinque minuti per arrivare alla stazione.
2《角度》 minuto[男] ¶32度10分 32 gradi 10 minuti [primi] /《記号》 32°10′

ふん 糞 《排泄物》 escrementi[男][複];《動物の》 cacca[女], sterco[男][複 -*chi*] **◇糞をする** defecare [自][*av*], espellere le feci ¶子供が金魚の糞のようについて来る. I bambini mi seguono uno dopo l'altro in fila indiana.

ぶん 分 **1**【分量, 割り当て】 parte[女] ¶他人の分まで働く fare anche il lavoro altrui ¶残った分は貯金する mettere da parte l'eccedenza ¶彼は友だちの分も払った. Ha pagato anche per gli amici. ¶欲しければ僕の分もあげる. Se la vuoi, ti do anche la mia parte.
2【状態, 様子】 circostanza[女], situazione[女] ¶この分だと雪になるだろう. A giudicare dal cielo forse nevicherà. ¶この分なら1週間ほどで元気になるだろう. Se continua di questo passo, in [fra] una settimana sarà guarito. ¶ひとりで生活する分には困らない. Vivendo (da) solo, non ho alcun problema.
3【身分, 地位】 posto[男], poṣizione[女] ¶分をわきまえる saper stare al *proprio* posto ¶分に安んじる essere soddisfatt*o* della *propria* sorte ¶分に過ぎた生活をする avere un tenore di vita superiore alla *propria* poṣizione sociale / vivere al di sopra dei *propri* meẓẓi
4【本分, つとめ】 ¶学生としての分を尽くせ. Fa' il tuo dovere di studente.
5【名詞に付いて】 ¶アルコール分の少ないワイン vino a bassa gradazione alcolica ¶太郎は私の兄弟分です. Taro è come un fratello per me.
6【数に付いて等分すること】 ¶3分の1 un terzo ¶3分の2 due terzi ¶5万分の1の地図 carta geografica in scala 1 : 50.000 (読み方: uno a cinquantamila)
7【数を表す語に付いて】《分量, 部分》 ¶3人分の料理 pranẓo per tre persone ¶1年分の収入 reddito annuo ¶スパゲッティを2人分食べる mangiare due porzioni di spaghetti ¶食糧は3日分しかない. Le provviste non bastano che per tre giorni.

ぶん 文 **1**〘文法〙 periodo[男]; fraṣe[女];《節》 propoṣizione[女]
2《文章》 scritto[男];《作文》 compoṣizione[女], tem*a*[男][複 -*i*];《論文, 記事》 articolo[男], sag*gio*[男][複 -*gi*] ¶文は人なり. La scrittura rispecchia la persona.
3《学問・文芸など》 ¶文は武にまさる. "Ne uccide più la penna che la spada."

ぶんあつ 分圧 〘物・化〙 pressione[女] parziale
✤分圧器〘電〙 partitore[男] di tensione

ぶんあん 文案 《下書き》 abbozzo[男], bozza[女], brutta copia[女];《草案》 schem*a*[男][複 -*i*], scaletta[女] ¶…の文案を作る abbozzare *ql.co.* / fare la brutta copia [la prima stesura / la traccia] di *ql.co.*

ぶんい 文意 senso[男][significato[男]] di una fraṣe ¶文意をつかむ afferrare il senso di un passo ¶この文章は文意が明瞭でない. Il significato di questo scritto non è chiaro.

ふんいき 雰囲気 《感じ》 atmosfera[女];《精神的・政治的な》 clima[男];《環境》 ambiente[男] ¶自由な雰囲気で in un'atmosfera [un clima] di libertà ¶このホテルには家庭的な雰囲気がある. Questo hotel ha una sua atmosfera familiare.

ぶんいん 分院 《病院の》 clinica[女] distaccata

ふんえん 噴煙 ¶浅間山がその噴煙とともにくっきりと見えた. Si vedeva chiaramente il monte Asama con il fumo che fuoriusciva.

ぶんえん 分煙 diviṣione[女] in ẓone per fumatori e non fumatori

ふんか 噴火 eruzione[女] **◇噴火する** eruttare[自][*av*] ¶火山が噴火している. Il vulcano「é in eruzione [erutta].
✤噴火口 cratere[男]
噴火山《活火山》 vulcano[男] attivo

ぶんか 分化 **1**〘生〙 differenziamento[男], differenziazione[女];《特殊化》 specializẓazione[女] **◇分化する** specializẓare **2**《分岐発展》 ramificazione[女] **◇分化する** ramificarsi《に in》

ぶんか 文化 cultura[女];《文明》 civiltà[女] **◇文化の[的な]** culturale; civile;《文明化した》 civilizẓato ¶発達した文化 cultura progredita [avanzata] ¶文化の発達 progresso [ṣviluppo] culturale ¶文化の進んだ[遅れた]地方 paeṣe culturalmente ṣviluppato [arretrato] ¶文化の伝播 diffuṣione[女] della cultura
✤文化遺産 patrimonio[男][eredità[女] / retag*gio*[男][複 -*gi*]] culturale ¶我々は日本の伝統的文化遺産を引き継いでいかなければならない. Dobbiamo mantenere il patrimonio culturale del Giappone.
文化会館 ¶日本文化会館 Istituto Giapponese di Cultura
文化活動 attività[女] culturale
文化勲章 onorificenza[女] per meriti culturali
文化圏 sfera[女] culturale
文化交流 scambi[男][複] culturali
文化功労者 persona[女] con meriti culturali
文化祭《学校の》 manifestazione[女] culturale (pre-

parata dagli studenti)
文化財 beni働[複] culturali
文化財保護法 Legge per la tutela del patrimonio culturale
文化使節 missione㊛ culturale
文化人《博学》persona㊛ colta;《知識人》intellettuale働
文化人類学 antropologia㊛ culturale
文化水準 livello働 culturale
文化大革命《中国の》Rivoluzione㊛ culturale (◆ 1966–76)
文化庁 Agenzia㊛ per gli Affari Culturali
文化同化政策 politica㊛ per l'integrazione culturale
文化の日 Festa㊛ [Giorno㊚] della cultura (◆ 3 novembre)

ぶんか 文科《人文科学》scienze㊛[複] umane ¶文科系に進む prendere [scegliere] l'indirizzo umanistico

ふんがい 憤慨 indignazione㊛, sdegno㊚, risentimento㊚ ◇憤慨する indignarsi, sdegnarsi, risentirsi ¶憤慨して con indignazione / preso da sdegno ¶私は彼の無責任さに憤慨している。Sono indignato per la sua irresponsabilità.

ぶんかい 分会 ramo㊚ di un'organizzazione
ぶんかい 分解《化学変化による》dissociazione㊛;《化学的変質, 腐敗》decomposizione㊛ ◇分解する decomporre, scomporre ¶化学分解 decomposizione chimica ¶電気分解《化》elettrolisi㊛ ¶水は水素と酸素に分解する。L'acqua si scompone in idrogeno ed ossigeno. 2《機械などの》smontaggio㊚ [複 -gi] ◇分解する scomporre [smontare] ql.co.
❖**分解作用**《物》disintegrazione㊛
分解掃除 ¶時計を分解掃除する smontare l'orologio per pulirlo
分解能《物》potere㊚ risolvente [separatore], risoluzione㊛

ぶんかかい 分科会 sezione㊛ (di un meeting)

ぶんがく 文学 letteratura㊛ ◇文学の[的] letterario㊚[複 -i] → 1430–1433 ページ 用語集 ¶児童[少年]文学 letteratura infantile [per ragazzi] ¶私は文学に興味がある。Ho interesse per la letteratura.
❖**文学運動** movimento㊚ letterario
文学界 mondo㊚ letterario
文学士 dottore㊚ [㊛ -essa] in lettere
文学史 storia㊛ della letteratura
文学者 letterato㊚ [㊛ -a] ¶イタリア文学者 studioso㊚ [㊛ -a] di letteratura italiana
文学賞 premio㊚ [複 -i] letterario
文学青年 giovane㊚ appassionato di letteratura
文学博士《学位》dottorato㊚ di ricerca in lettere;《人》diplomato㊚ [㊛ -a] in dottorato di lettere
文学部 facoltà㊛ di lettere
文学理論 teoria㊛ della letteratura, teoria letteraria
文学論 commenti㊚[複] letterari

ぶんかつ 分割 divisione㊛, scissione㊛;《分配》spartizione㊛ ◇分割する dividere [scindere / spartire] ql.co. ¶遺産を子供3人で分割した。I tre figli si sono divisi l'eredità fra loro.
❖**分割統治**〔ラ〕divide et impera ◇分割統治する governare un paese creando divisioni al suo interno
分割払い pagamento㊚ rateale [a rate] ¶分割払いにする scaglionare [rateizzare] i pagamenti
分割販売 vendita㊛ rateale [a rate]

ぶんかん 分館 edificio㊚ [複 -ci] annesso
ぶんかん 文官《武官に対して》funzionario㊚ civile

ふんき 奮起 ◇奮起する farsi coraggio;《力をふりしぼる》raccogliere le forze, fare appello a tutte le proprie forze;《元気を出す》tirarsi su (di morale) ¶奮起させる dare [fare] coraggio a qlcu. / tirare su il morale a qlcu.

ぶんき 分岐 divergenza㊛, biforcazione㊛ ◇分岐する dividersi;《2つに》biforcarsi;《枝分かれ》ramificarsi
❖**分岐点**《鉄道》raccordo (di binario), nodo㊚, diramazione㊛,《道の》bivio㊚ [複 -i], biforcazione㊛ ¶この事件が彼の人生の分岐点になった。Questo episodio è risultato essere una svolta decisiva nella sua vita.

ふんきゅう 紛糾 complicazione㊛, ingarbugliamento㊚ ◇紛糾する complicarsi, ingarbugliarsi ◇紛糾させる complicare [ingarbugliare] ql.co. ¶事態が紛糾する。Le cose si complicano. ¶議論が紛糾する《長びく》si trova in fase di stallo.

ぶんぎょう 分業 divisione㊛ del lavoro;《特化》specializzazione㊛ ¶垂直的[水平的]分業《経》divisione verticale [orizzontale] del lavoro; specializzazione verticale [orizzontale] ¶仕事を分業で行う distribuire il lavoro

ぶんきょうせいさく 文教政策 politica㊛ per l'istruzione pubblica
ぶんきょうちく 文教地区 zona㊛ scolastica
ぶんきょうよさん 文教予算 spese㊛[複] per la pubblica istruzione

ぶんきょく 分極《電》polarizzazione㊛ ◇分極する《他のものを》polarizzare ql.co.;《自らが》polarizzarsi

ふんぎり 踏ん切り ¶踏ん切りのつかない indeciso ¶僕はまだ踏ん切りがつかない。Non ho ancora preso una decisione.

ぶんけ 分家 ramo㊚ cadetto [collaterale] di una famiglia ◇分家する formare [costituire] una nuova famiglia

ふんけい 焚刑 rogo㊚ [複 -ghi] ¶罪人は焚刑に処せられた。Il criminale fu condannato al rogo.

ぶんけい 文型 frase㊛ modello [無変] ¶基本文型 frase modello 「di base [fondamentale]」

ぶんげい 文芸《文学》letteratura㊛, belle lettere㊛[複];《文学と芸術》arti㊛[複] e letteratura㊛, arti㊛[複] letterarie;《学芸》arti㊛[複] liberali
❖**文芸映画** film㊚ [無変] tratto da un'opera letteraria
文芸作品 opera㊛ letteraria
文芸雑誌《批評》rivista㊛ [critica㊛] letteraria

文芸思潮 corrente⊕ letteraria
文芸批評[評論]家 critico⊕ [⊕ -ca; ⊕複 -ci] letterario [⊕複 -i]
文芸批評欄 cronaca⊕ letteraria, la pagina⊕ letteraria
文芸復興 Rinascimento⊕ →ルネサンス

ふんげき 憤激 《不正・不当などに対する》indignazione⊕;《激 怒》esasperazione⊕, collera⊕, rabbia⊕ ◇**憤激する** indignarsi; esasperarsi ¶国民の憤激を買う provocare l'indignazione [l'esasperazione] della popolazione

ぶんけん 分遣 ◇**分遣する** distaccare
✤**分遣隊** distaccamento⊕, truppe⊕[複] distaccate

ぶんけん 分権 decentramento⊕, decentralizzazione⊕ ◇**分権する** decentrare [decentralizzare] ql.co. ¶地方分権 decentramento

ぶんけん 文献 《書いてあるもの》letteratura⊕, scritti⊕[複];《資料》documento⊕, fonte⊕ ¶文献を集める raccogliere scritti [materiale scritto] su ql.co. [qlcu.] ¶参考文献 testo [opera] di consultazione;《集合的に》bibliografia
✤ **文献学** filologia⊕;《書誌学》bibliografia⊕
◇**文献学的** filologico [⊕複 -ci]
文献学者 filologo⊕ [⊕ -ga; ⊕複 -gi]
文献目録 materiale⊕ bibliografico [複 -ci], bibliografia⊕

ぶんこ 文庫 **1**《蔵書》biblioteca⊕, libreria⊕, raccolta⊕ di libri **2**《双書》collana⊕, serie⊕ **3**《手文庫》cassa⊕, cassetta⊕
✤**文庫本** libro⊕ tascabile,〔英〕pocket book⊕ [無変]

ぶんご 文語 《文章語》lingua⊕ scritta [letteraria];《古語》lingua⊕ classica [letteraria]
◇**文語的** letterario [⊕複 -i]
✤**文語体** stile⊕ letterario [classico]

ぶんこう 分光 《物》dispersione⊕ della luce
✤**分光学** spettroscopia⊕
分光器 spettroscopio⊕ [複 -i]
分光計 spettrometro⊕

ぶんこう 分校 succursale⊕ [sede⊕ staccata / distaccamento⊕] di una scuola (►succursaleは同じ市内にあるもの, sede staccata, distaccamentoはかなり離れた場所にあるもの)

ぶんごう 文豪 grande scrittore⊕

ぶんこつ 分骨 ¶父の骨を郷里に分骨した. Ho seppellito parte delle ceneri di mio padre nel suo paese natale.

ふんこつさいしん 粉骨砕身 ◇**粉骨砕身する** impegnarsi [sforzarsi] al massimo ¶会社の再建のために粉骨砕身する farsi a pezzi per risanare l'azienda

ふんさい 粉砕 macinazione⊕ ◇**粉砕する**《細かく砕く》polverizzare [frantumare] ql.co., rompere in piccoli pezzi;《打ち破る》schiacciare [annientare / distruggere] ql.co. ¶敵を粉砕する annientare il nemico
✤ **粉砕機**《機》molatrice⊕, frantumatore⊕, frantoio⊕ [複 -i]

ぶんさい 文才 talento⊕ letterario ¶彼には文才がある. Ha il dono della scrittura.

ぶんざい 分際 ¶私のような分際ではそんなことは望めません. Persone modeste come me, non possono aspirare a cose del genere.

ぶんさつ 分冊 ¶この本は分冊で出版されている. Questo libro è pubblicato in [a] fascicoli.

ぶんさん 分散 **1**《光などの》divisione⊕, dispersione⊕ ◇**分散する** disperdersi ◇**分散させる** disperdere **2**《権力・組織などの》decentramento⊕ ◇**分散する** decentrarsi ◇**分散させる** decentrare ¶都市の工場を地方に分散させる decentrare le industrie delle città nelle zone rurali **3**《統》varianza⊕
✤**分散剤**《化》agente⊕ disperdente

ふんし 憤死 ◇**憤死する** morire⊜ [es] per il risentimento [rancore]

ぶんし 分子 **1**《物・化》molecola⊕ ◇**分子の** molecolare **2**《数》numeratore⊕ **3**《成員》elemento⊕ ¶過激分子 elementi estremisti / estremista⊕ [⊕複 -i] ¶党内の不平分子 dissidenti [scontenti] nell'ambito di un partito
✤**分子化合物**《化》composto⊕ molecolare
分子間力《物・化》forza⊕ molecolare
分子軌道《物》orbitale⊕ molecolare
分子構造《物・化》struttura⊕ molecolare
分子式《化》formula⊕ molecolare
分子生物学 biologia⊕ molecolare

ぶんし 分詞 《文法》participio⊕ [複 -i] ¶過去[現在]分詞 participio passato [presente]
✤**分詞構文**[節] costruzione⊕ [proposizione⊕] participiale

ぶんし 文士 《文 筆 家》scrittore⊕ [⊕ -trice];《小説家》romanziere⊕ [⊕ -a] ¶三文文士 scribacchino⊕ [⊕ -a] /《蔑》imbrattacarte⊕ [無変]

ふんしつ 紛失 perdita⊕, scomparsa⊕, smarrimento⊕ ◇**紛失する** perdere ql.co.;《物が主語で》sparire⊜ [es], scomparire⊜ [es]
✤ **紛 失 届** ¶紛 失 届 を 出 す denunciare lo smarrimento [la perdita] di ql.co.
紛失物 oggetto⊕ smarrito

ぶんしつ 分室 ufficio⊕ [複 -ci] distaccato, succursale⊕

ふんしゃ 噴射 getto⊕ ◇**噴射する** emettere un getto
✤**噴射口**[ノズル]《機》ugello, imboccatura⊕
噴射推進 propulsione⊕ a reazione [a getto] ¶噴射推進式の a reazione

ぶんしゅう 文集 raccolta⊕ di scritti;《選集》antologia⊕ [複 -gie]

ぶんしゅく 分宿 ¶2軒のホテルに分宿した. Ci siamo fermati [Abbiamo alloggiato] in due diversi alberghi.

ふんしゅつ 噴出 eruzione⊕ ◇**噴出する** sgorgare⊜ [es], scaturire⊜ [es], zampillare⊜ [es, av];《火山が溶岩などを》eruttare ql.co. ¶火口から溶岩が噴出している. Dal cratere fuoriesce della lava. ¶地下から原油が噴出した. Dal sottosuolo zampilla il petrolio.
✤**噴出物** ¶火山の噴出物 materiale vulcanico

ふんしょ 焚書 rogo⊕ [複 -ghi] dei libri ¶焚書を行う bruciare i libri proibiti [vietati]

ぶんしょ 文書 scritto⊕;《資料》documento⊕;《書類》carte⊕ [複];《通達》nota⊕;《法的な》atto⊕ ◇**文書で** per iscritto ¶文書にする mettere per iscritto / mettere nero su bianco

❖文書課《(官庁の)》sezione㊛ archivi [無変] [《(会社の)》corrispondenza [無変]]
文書毀棄(ｷｷ) distruzione㊛ (di documenti)
文書偽造 falsificazione㊛ [contraffazione㊛] di documenti

ぶんしょう 文章 frase㊛; (一節) brano㊚, passo㊚; (作文) componimento㊚; (文体) stile㊚; (書き物) scritto㊚ ¶文章を作る comporre un testo ¶文章を書く scrivere / redigere un testo ¶文章を練る raffinare il *proprio* stile ¶ダンテの文章を引用する citare un passo di Dante ¶彼は文章がうまい. Lui scrive bene.
❖文章家《名文家》stilista㊚㊛ [㊚複 -i] ;《随筆家》saggista㊚㊛ [㊚複 -i]
文章語 linguaggio㊚ letterario, lingua㊛ scritta
文章論 sintassi㊛ [無変]

─── 《 用 語 集 》 文学(1) **Letteratura** ───

文芸思潮 Correnti letterarie
アカデミズム accademismo㊚. アルカディア派 Arcadia㊛. ヴェリズモ verismo㊚. エルメティズモ ermetismo㊚. グループ63 Gruppo 63㊚. 形式主義 formalismo㊚. 啓蒙主義 illuminismo㊚. 古典主義 classicismo㊚. 自然主義 naturalismo㊚. シチリア派 scuola㊛ poetica siciliana. シュールレアリスム surrealismo㊚. 象徴主義 simbolismo㊚. 新古典主義 neoclassicismo㊚. 人文主義 umanesimo㊚. スカピリャトゥーラ, 蓬髪(ﾎｳﾊﾂ)主義運動 scapigliatura㊛. 清新体派 dolce stil novo㊚, stilnovismo㊚. 黄昏(ﾀｿｶﾞﾚ)派 crepuscolarismo㊚. 耽美(ﾀﾝﾋﾞ)主義 decadentismo㊚. バロック barocco㊚. 表現主義 espressionismo㊚. フランコ・プロヴァンス文学 letteratura㊛ franco-provenzale. プリズモ, 純粋国語主義 purismo㊚. ペトラルカ詩風 petrarchismo㊚. マニエリズム manierismo㊚. 未来主義 futurismo㊚. 唯美主義 estetismo㊚. ルネサンス文学 letteratura rinascimentale [del Rinascimento]. レアリズモ realismo㊚. ロマン主義 romanticismo㊚.

ジャンル, 形態 Generi e forme
●散文 Prosa 悪漢小説 romanzo㊚ picaresco. SF小説 fantascienza㊛. エッセイ saggio㊚. おとぎ話 favola㊛; fiaba㊛. オペラ台本 libretto㊚ d'opera. 怪奇小説 romanzo grottesco. 回想録 memorie㊛ [複]. 官能小説 romanzo erotico. 戯曲 opera㊛ teatrale. 喜劇 commedia㊛. 紀行文 impressioni㊛ [複] [memorie㊛ [複]] di viaggio. 騎士道物語 romanzo cavalleresco [di cappa e spada]. 教養小説 romanzo di formazione. 記録文学 letteratura㊛ documentaristica. 近代文学 letteratura moderna. 寓意小説 romanzo allegorico. 空想小説 romanzo fantastico. 現代文学 letteratura contemporanea. 古典文学 letteratura classica. 娯楽小説 romanzo leggero. 自伝小説 romanzo autobiografico.

宗教劇 sacra rappresentazione㊛. 宗教小説 romanzo religioso. 笑劇, ファルス farsa㊛. 小説 romanzo. 書簡体小説 romanzo epistolare. 新聞小説 romanzo d'appendice. 心理小説 romanzo psicologico. 神話 mitologia㊛. 推理小説 romanzo giallo [poliziesco]. 俗語文学 letteratura (in) volgare. 短編小説 novella㊛. 長編小説 romanzo fiume. 伝記 biografia㊛. 年代記 cronaca㊛. 悲劇 tragedia㊛. 風刺文学 satira㊛. 文学批評 critica㊛ letteraria;《評論, エッセイ》saggio㊚. 方言文学 letteratura dialettale. 冒険小説 romanzo d'avventura. ポルノ小説 romanzo pornografico. 民話 racconto㊚ folcloristico [popolare]. メロドラマ, 音楽劇 melodramma㊚. 物語 racconto㊚;《物語類, 創作》narrativa㊛. ユーモア小説 romanzo umoristico. ルポルタージュ文学《仏》reportage㊚. 歴史記述 storiografia㊛. 歴史小説 romanzo storico. 恋愛小説 romanzo rosa [無変] [d'amore / sentimentale]. 枠物語 racconto-cornice㊚.

●韻文 Poesie, rime, versi エレジー, 哀歌 elegia㊛. カンツォーネ canzone㊛. 騎士物語詩 poema㊚ epico cavalleresco. 擬似英雄詩 poema eroicomico. 後朝(ｷﾇｷﾞﾇ)の歌 alba㊛ (◆ふつうカンツォーネによる対話形式をとる). 教訓詩 poesia㊛ didascalica. コントラスト, 対話詩 contrasto㊚ (◆恋人同士のおどけた雰囲気のものが多い). 《宗教的》賛歌, 頌歌(ｼｮｳｶ) inno㊚. 失恋歌 disperata㊛. 謝肉祭歌 canto carnascialesco (◆形式的にはバラードに類似). 自由詩 versi㊚ [複] liberi. 祝婚歌 epitalamio㊚. 狩猟歌 caccia㊛. 叙事詩 poema epico. 叙情詩 poesia lirica, poema lirico. シルヴェンテーゼ sirventese㊚ (◆教訓的, 道徳的, 風刺の内容をもつ). ストランボット strambotto㊚《◆恋歌, 風刺詩. ふつう11音節6, 8行詩節》. 葬送歌 epicedio㊚, treno㊚. ソネット sonetto㊚ (◆十四行詩). 追悼歌 lamento㊚. 定型詩 poesia dallo schema fisso. 田園詩, 牧歌 poesia pastorale, bucolica㊛;《田園詩歌》idillio㊚. パストレッラ pastorella㊛ (◆騎士, あるいは詩人自身と羊飼いの少女との, 対話形式の恋歌). バラード ballata㊛. 反教皇風刺詩 pasquinata㊛. 民衆詩 poesia popolare. モテット mottetto㊚ (◆7, 8行の短い詩. 中に金言, 章句などが込められている). 物語詩 poema narrativo. 恋歌 rispetto㊚ (◆ふつう11音節6, 8行詩節). 論争詩 tenzone㊛.

作家 Scrittori
回想録作者 memorialista㊚㊛. 学術書(の概論などの)著者 trattatista㊚㊛. 喜劇作家 commediografo㊚ [㊛ -a]. 劇作家 drammaturgo㊚ [㊛ -ga]. 小説家 romanziere㊚ [㊛ -a]. 短編 [説話] 作家 novelliere㊚ [㊛ -a]. 伝記作家 biografo㊚ [㊛ -a]. 年代記作家 cronachista㊚,

ぶんじょう 分乗 ¶我々は3台のバスに分乗した. Siamo saliti su tre pullman diversi.
ぶんじょう 分譲 vendita i frazionata ◇分譲する vendere in lotti, lottizzare ql.co.
❖**分譲地** lotto㊚ di terreno edificabile
ふんしょく 粉飾 abbellimento㊚, infiorettatura㊛ ◇粉飾する abbellire [truccare] ql.co.
❖**粉飾決算** bilancio㊚ [複 -ci] contraffatto [alterato]
ぶんしょく 文飾 abbellimento㊚, ornamento㊚, infiorettatura㊛ ¶文飾を施す abbellire [ornare] ql.co. / 《ごてごてと》 infiorettare ql.co.
ふんしん 分針 《時計の》 lancetta㊛ dei minuti
ふんじん 粉塵 pulviscolo㊚
❖**粉塵公害** inquinamento㊚ da polvere
ぶんしん 分身 〔ラ〕alter ego㊚ ¶彼はその少年

---

cronista㊚. 悲劇作家 tragediografo㊚ [㊛ -a], tragico㊚ [㊛ -ca]. 編年記作家 annalista㊚. 物語作家 narratore㊚ [㊛ -trice]. モノグラフ執筆者 monografista㊚. 歴史小説家 storico㊚ [㊛ -ca]. 詩人 poeta㊚ [㊛ -essa]；《特に中世末の》rimatore㊚ [㊛ -trice]；《古代の叙情詩人》cantore㊚ [㊛ -a], vate㊚；《叙情詩人》lirico㊚. 随筆家 saggista㊚. 文学者 letterato㊚ [㊛ -a]. 文芸批評家 critico㊚ letterario.

イタリアの文学賞 Premi letterari italiani
ヴィアレッジョ賞 Premio "Viareggio". カルヴィーノ賞 Premio "Calvino". カンピエッロ賞 Premio "Campiello". グリンザーネ・カヴール賞 Premio Grinzane Cavour. スカンノ賞 Premio Scanno. ストレーガ賞 Premio "Strega". ナポリ賞 Premio Napoli. ノニーノ賞 Premio Nonino. バンカレッラ賞 Premio "Bancarella". バンカレッリーノ賞 Premio Bancarellino (児童文学賞). フェルトリネッリ賞 Premio Feltrinelli.

日本文学 Letteratura giapponese
悪魔主義 demonismo㊚. 一人称小説＝私小説. 隠者文学 letteratura㊛ del romitaggio. 歌物語 breve commento㊚ su uno o più waka. 観念小説 (泉鏡花, 川上眉山(び)) romanzo㊚ ideologico. 擬古典主義 (尾崎紅葉, 幸田露伴) imitazione㊛ delle opere classiche. 客観小説 (徳田秋声) romanzo oggettivo. 芸術文学 letteratura "l'art pour l'art". 啓蒙思想 illuminismo㊚. 戯作文学 letteratura popolare. 口承文学 letteratura orale. 私小説 romanzo narrato in prima persona sulla base di elementi biografici. 自然主義 naturalismo㊚. 時代小説 romanzo di cappa e spada. 社会小説 romanzo sociale.

写実小説 romanzo realista. 写生文 prosa㊛ descrittiva. 純文学 (久米正雄) letteratura pura. 白樺派 (武者小路実篤, 有島武郎) Scuola㊛ Shirakaba. 新感覚派 neo-sensualisti㊚ [複]. 心境小説 romanzo intimista. 新現実主義 (芥川龍之介, 宇野浩二) neorealismo㊚. 深刻 [悲惨] 小説 (広津柳浪) romanzo drammatico. 新体詩 (島崎藤村) poesia㊛ "stil nuovo". 審美主義 (永井荷風, 谷崎潤一郎) estetismo㊚. 新理想主義 neo-idealismo㊚. 新浪漫主義 neo-romanticismo㊚. 生活派 (石川啄木) Gruppo di vita reale. 政治小説 romanzo politico. 『青鞜』Rivista㊛ "Calza Blu". 説話文学 letteratura aneddotica. 前衛詩 poesia d'avanguardia. 戦後文学 letteratura postbellica [del secondo dopoguerra]. 戦争文学 letteratura di guerra.

第三の新人 (安岡章太郎, 吉行淳之介) la terza nuova generazione㊛ dei romanzieri. 大衆文学 letteratura di massa. 耽美(たんび)派 corrente㊛ estetistica, estetismo㊚. 通俗小説 romanzo volgare. 伝奇文学 letteratura fantastico-sentimentale. 転向文学 letteratura dei convertiti politico-ideologici. 内向の世代 (古井由吉, 黒井千次) la generazione degli introversi. 日本主義 (高山樗牛(ちょぎゅう)) letteratura nipponistica. 農民小説 romanzo contadino. 反自然主義 antinaturalismo㊚. 反戦小説 romanzo pacifista. 不安の文学 letteratura dell'inquietudine. 風俗小説 romanzo di costume. 無頼派 (太宰治, 坂口安吾) Gruppo di scrittori antisociali. プロレタリア文学 letteratura proletaria. ホトトギス派 (正岡子規) Gruppo Hototogisu. 翻訳文学 《特に明治初期の》libera versione㊛ di opere occidentali. 明星派 (与謝野鉄幹) Gruppo Myojo ["Venere"]. モダニズム文学 letteratura modernista. 歴史物語 racconto㊚ ispirato a fatti storici. 労働文学 letteratura operaia. 浪漫主義 romanticismo㊚.

● アイロニー ironia㊛. アナロジー analogia㊛. アレゴリー, 寓意 allegoria㊛. アンソロジー antologia㊛. 影響 influsso㊚. エスプリ spirito㊚, genio㊚. エトス 〔ギ〕ethos㊚ [無変]. エピローグ epilogo㊚. カタストロフ catastrofe㊛. カリカチュア caricatura㊛. クライマックス acme㊛；〔英〕climax㊚ [無変]. 形式 forma㊛. 傾向 ammirazione㊛. 構成 struttura㊛. 象徴 simbolo㊚. 創作 creazione㊛. 対話 dialogo㊚. パトス 〔ギ〕pathos㊚ [無変]. 表現 espressione㊛. 描写 descrizione㊛. 剽窃(ひょうせつ), 盗作 plagio㊚. フィクション 《虚構》finzione㊛, invenzione㊛. プロローグ prologo㊚. 文体 stile㊚. 翻案 rifacimento㊚, adattamento㊚. 翻訳 versione㊛, traduzione㊛. マンネリズム manierismo㊚. モノローグ monologo㊚. 模倣 imitazione㊛, copia㊛. リリシズム lirismo㊚. レトリック retorica㊛. 枠組み quadro㊚, cornice㊛.

《 用語集 》 文学（2）Letteratura

イタリア語に翻訳、出版された日本文学作品

〈芥川龍之介〉『おぎん』*Ogin*.『お富の貞操』*La virtù di Otomi*.『河童』*Kappa*.『蜘蛛の糸』*Il filo del ragno*.『地獄変』*Il paravento infernale*.『酒虫』*Il verme del vino*.『虱』*I pidocchi*.『蜃気楼』*I miraggi*.『煙草と悪魔』*Il tabacco e il diavolo*.『MENSURA ZOILI』*Mensura zoili*.『藪の中』*Nel bosco*.『羅生門』*Rashomon*.『歯車』*La ruota dentata*.『ハンケチ(手巾)』*Il fazzoletto*.

〈安部公房〉『赤い繭』*Il bozzolo rosso*.『箱男』*L'uomo scatola*.『箱舟桜丸』*L'arca ciliegio*.『棒』*Il bastone*.『砂の女』*La donna di sabbia*.『密会』*L'incontro segreto*.

〈有吉佐和子〉『紀ノ川』*Il fiume Ki*.『華岡青洲の妻』*Kae o le due rivali*.

〈池沢夏樹〉『スティル・ライフ』*Still Life*.

〈石川淳〉『紫苑物語』*La storia delle settembrine*.『千羽鶴』*Mille gru*.『修羅』*I demoni guerrieri*.

〈石川啄木〉『ローマ字日記』*Diario in alfabeto latino*.

〈泉鏡花〉『高野聖』*Il monaco di Koya*.

〈井上靖〉『ある偽作家の生涯』*Vita di un falsario*.『闘牛』*La lotta dei tori*.『氷壁』*La corda spezzata*.『比良のシャクナゲ』*La montagna Hira*.『猟銃』*Il fucile da caccia*.『わが母の記』*Ricordi di mia madre*.

〈井原西鶴〉『好色一代男』*Vita di un libertino*.『好色一代女』*Vita di una donna licenziosa*.『好色五人女』*Cinque donne amorose*.『男色大鑑』*Il grande specchio dell'omosessualità maschile*.『世間胸算用』*I calcoli del mondo*.『日本永代蔵』*Il magazzino eterno del Giappone*.

〈井伏鱒二〉『黒い雨』*La pioggia nera*.

〈岩下俊作〉『無法松の一生』*L'uomo del rikscio*.

〈上田秋成〉『雨月物語』*Racconti di pioggia e di luna*.『春雨物語』*Racconti della pioggia di primavera*.

〈江戸川乱歩〉『陰獣』*La belva nell'ombra*.

〈円地文子〉『女坂』*Onnazaka, il sentiero nell'ombra*.『女面』*Maschere di donna*.

〈遠藤周作〉『イエスの生涯』*Vita di Gesù*.『火山』*Vulcano*.『侍』*Il samurai*.『スキャンダル』*Scandalo*.『沈黙』*Silenzio*.『静という人』*Una donna chiamata Shizu*.

〈大江健三郎〉『死者の奢り』*L'orgoglio dei morti*.『勇敢な兵士の弟』*Il fratello di un eroico guerriero*.『宙返り』*Il salto mortale*.『個人的体験』*Un'esperienza personale*.『快復する家族』*Una famiglia*.『懐かしい年への手紙』*Gli anni della nostalgia*.『セヴンティーン』*Seventeen*.『政治少年死す』*Morte di un giovane militante*.『万延元年のフットボール』*Il grido silenzioso*.

〈小川洋子〉『ダイビング・プール／妊娠カレンダー／ドミトリー』*La casa della luce / Diario di una gravidanza / Dormitorio*.『ホテル・アイリス』*Hotel Iris. L'iniziazione di una adolescente ai rituali dell'amore*.『薬指の標本』*L'anulare*.

〈金原ひとみ〉『蛇にピアス』*Serpenti e piercing*.

〈鴨長明〉『方丈記』*Ricordi di un eremo*.

〈川端康成〉『浅草紅団』*La banda di Asakusa*.『雨傘』*L'ombrello*.『伊豆の踊子』*La danzatrice di Izu*.『美しさと悲しみと』*Bellezza e tristezza*.『古都』*Koto*.『水晶幻想』*Immagini di cristallo*.『掌の小説』*Racconti in un palmo di mano*.『波千鳥』*Il disegno del piviere*.『眠れる美女』*La casa delle belle addormentate*.『湖』*Il lago*.『名人』*Il maestro di go*.『千羽鶴』*Mille gru*.『虹』*Arcobaleni*.『山の音』*Il suono della montagna*.『雪国』*Il paese delle nevi*.

〈菊池寛〉『屋上の狂人』*Il matto sul tetto*.

〈木下順二〉『夕鶴』*La gru della sera*.

〈紀貫之〉『土佐日記』*Diario di Tosa*.

〈桐野夏生〉『OUT』*Le quattro casalinghe di Tokyo*.『柔らかな頬』*Morbide guance*.

〈後深草院の二条〉『問はず語り』*Diario di una concubina imperiale*.

〈坂口安吾〉『桜の森の満開の下』*Sotto la foresta dei ciliegi in fiore*.

〈志賀直哉〉『赤西蛎太』*Akanishi Kakita*.『城の崎にて』*Soggiorno a Kinosaki*.

〈世阿弥〉『風姿花伝』*Il segreto del teatro Nō*.

〈清少納言〉『枕草子』*Note del guanciale*.

〈瀬戸内寂聴（瀬戸内晴美）〉『女徳』*La virtù femminile*.『比叡』*Il monte Hiei*.『夏の終わり』*La fine dell'estate*.

〈太宰治〉『斜陽』*Il sole si spegne*.『女生徒』*Joseito (La studentessa)*.『人間失格』*Lo squalificato*.

〈谷崎潤一郎〉『悪魔』*Il demone*.『葦刈』*I canneti*.『陰翳礼讃』*Libro d'ombra*.『鍵』*La chiave*.『金色の死』*La morte d'oro*.『細雪』*Neve sottile*.『刺青』*Il tatuaggio*.『春琴抄』*La storia di Shunkin*.『少将滋幹の母』*La madre del generale Shigemoto*.『蓼食ふ虫』*Gli insetti preferiscono le ortiche*.『痴人の愛』*L'amore di uno sciocco*.『人魚の嘆き』*Pianto di sirena*.『呪

はれた戯曲』*Il dramma stregato.*『瘋癲老人日記』*Diario di un vecchio pazzo.*『白昼鬼語』*Morbose fantasie.*『武州公秘話』*Vita segreta del signore di Bushu.*『卍』*La croce buddista.*『夢の浮橋』*Il ponte dei sogni.*『吉野』*Yoshino.*
〈近松門左衛門〉『国性爺合戦』*Le battaglie di Kuo Hsingyeh.*
〈津島佑子〉『寵児』*Il figlio della fortuna.*
〈東野圭吾〉『秘密』*La seconda vita di Naoko.*
〈永井荷風〉『隅田川』*Il Sumida.*『牡丹の客』*Al giardino delle peonie.*
〈中島敦〉『山月記』*Cronaca della luna sul monte.*『名人伝』*Il virtuoso.*
〈夏目漱石〉『草枕』*Guanciale d'erba.*『心』*Il cuore delle cose* または *Anima.*『三四郎』*Sanshiro.*『夢十夜』*Sogni di dieci notti.*『我輩は猫である』*Io sono un gatto.*
〈平賀源内〉『風流志道軒伝』*La bella storia di Shidoken.*
〈深沢七郎〉『楢山節考』*Le canzoni di Narayama.*
〈福永武彦〉『世界の終り』*La fine del mondo.*
〈藤野千夜〉『夏の約束』*Una promessa d'estate.*
〈二葉亭四迷〉『浮雲』*Il turbine.*『平凡』*Mediocrità [Storia di un cagnolino].*
〈松浦理英子〉『親指Ｐの修行時代』*L'alluce P.*『ナチュラル・ウーマン』*Corpi di donna.*
〈三島由紀夫〉『愛の渇き』*Sete d'amore.*『青の時代』*Età verde.*『暁の寺』*Il tempio dell'alba.*『雨のなかの噴水』*La fontana sotto la pioggia.*『美しい星』*Stella meravigliosa.*『英霊の声』*La voce degli spiriti eroici.*『宴のあと』*Dopo il banchetto.*『音楽』*Musica.*『仮面の告白』*Confessioni di una maschera.*『金閣寺』*Il padiglione d'oro.*『禁色』*Colori proibiti.*『近代能楽集』*Cinque nō moderni.*『獣の戯れ』*Trastulli d'animali.*『鯉になったお坊さん』*Il monaco divenuto carpa.*『午後の曳航』*Il sapore della gloria.*『サド侯爵夫人』*Madame de Sade.*『潮騒』*La voce delle onde.*『太陽と鉄』*Sole e acciaio.*『花ざかりの森』*La foresta in fiore.*『春の雪』*Neve di primavera.*『美神』*La dea della bellezza.*『美徳のよろめき』*Una virtù vacillante.*『豊饒の海』*Il mare della fertilità.*『奔馬』*Cavalli in fuga.*『真夏の死』*Morte di mezza estate.*『わが友ヒットラー』*Il mio amico Hitler.*

〈宮沢賢治〉『銀河鉄道の夜』*Una notte sul treno della Via Lattea.*『朝について童話的構図』*Allarme, allarme!*『セロ弾きのゴーシュ』*Il violoncellista Goshu.*
〈宮本武蔵〉『五輪書』*Il libro degli anelli.*
〈宮本百合子〉『風知草』*Fuchiso, fiori tra le macerie.*
〈村上春樹〉『ノルウェイの森』*Norwegian Wood (Tokyo Blues).*『ダンス・ダンス・ダンス』*Dance Dance Dance.*『神の子どもたちはみな踊る』*Tutti i figli di Dio danzano.*『羊をめぐる冒険』*Sotto il segno della pecora.*『ねじまき鳥クロニクル』*L'uccello che girava le viti del mondo.*『象の消滅』*L'elefante scomparso.*『世界の終わりとハードボイルド・ワンダーランド』*La fine del mondo e il paese delle meraviglie.*『スプートニクの恋人』*La ragazza dello Sputnik.*『海辺のカフカ』*Kafka sulla spiaggia.*
〈村上龍〉『トパーズ』*Tokyo Decadence.*『限りなく透明に近いブルー』*Blu quasi trasparente.*『イン ザ・ミソスープ』*Tokyo Soup.*
〈紫式部〉『源氏物語』*Storia di Genji, il principe splendente.*
〈森鷗外〉『ヰタ・セクスアリス』*Vita sexualis.*『雁』*L'oca selvatica.*
〈山田詠美〉『ベッドタイムアイズ』*Occhi nella notte.*『トラッシュ』*Trash.*
〈山田太一〉『遠くの声を探して』*Una voce lontana.*『異人たちとの夏』*Estranei.*
〈柳美里〉『ゴールドラッシュ』*Oro rapace.*
〈横光利一〉『日輪』*L'astro solare.*
〈吉川英治〉『宮本武蔵』*Musashi.*
〈吉田兼好〉『徒然草』*Ore d'ozio.*
〈よしもとばなな(吉本ばなな)〉『アムリタ』*Amrita.*『NP』*N.P.*『哀しい予感』*Presagio triste.*『体は全部知っている』*Il corpo sa tutto.*『キッチン』*Kitchen.*『白川夜舟』*Sonno profondo.*『SLY世界の旅２』*Sly.*『TUGUMI』*Tsugumi.*『デッドエンドの思い出』*Ricordi di un vicolo cieco.*『とかげ』*Lucertola.*『虹　世界の旅４』*Arcobaleno.*『ハードボイルド／ハードラック』*H / H.*『羽衣』*L'abito di piume.*『ハネムーン』*Honeymoon.*『不倫と南米　世界の旅３』*La piccola ombra.*『海のふた』*Il coperchio del mare.*
〈綿矢りさ〉『インストール』*Install.*

『伊勢物語』*Racconti di Ise.*『落窪物語』*Storia di Ochikubo.*『古今和歌集』*Kokin Waka shu. Raccolta di poesie giapponesi antiche e moderne.*『古事記(稗田阿礼・太安万侶)』*Kojiki. Un racconto di antichi eventi.*『更級日記』*Le memorie di Sarashina. Sarashina Nikki.*『竹取物語』*Storia di un tagliabambù.*『堤中納言物語』*Le concubine floreali. Storie del Consigliere di Mezzo di Tsutsumi.*『百人一首』*La centuria poetica.*

に自分の分身を見いだした。Ha trovato in quel ragazzo il suo alter ego.

ぶんじん 文人 uomo⊕[複 *uomini*] di lettere, letterato⊕[⊕ *-a*] ;《作家》scrittore⊕[⊕ *-trice*]

ふんすい 噴水 fontana⊕ ;《噴き出る水》getto⊕ d'acqua. ¶噴水が噴き上げている。Dalla fontana zampillano getti d'acqua.

ぶんすいれい 分水嶺 《地》spartiacque⊕[無変], linea⊕ di displuvio

ぶんすう 分数 《数》frazione⊕ ¶真[仮]分数 frazione propria [impropria] ¶帯分数 numero misto

✤分数式 espressione⊕ frazionaria

分数方程式 equazione⊕ frazionaria

ふんする 扮する 1《扮装する》travestirsi《に da》 2《ある役をする》interpretare la parte di *qlcu.*, impersonare *qlcu.*, recitare il ruolo di *qlcu.* ¶彼はジュリアス・シーザーに扮した。Ha interpretato il ruolo di Giulio Cesare.

ぶんせき 分析 analisi⊕[無変] ◇分析する analizzare *ql.co.*, fare l'analisi di *ql.co.* ◇分析的 analitico[⊕複 *-ci*] ◇分析的に analiticamente ¶分析にかける sottoporre *ql.co.* ad analisi

✤分析化学 chimica⊕ analitica

分析試験 ¶金属の分析試験をする fare l'analisi di un metallo

分析哲学 filosofia⊕ analitica

ぶんせき 文責 ¶文責：田中 Responsabile del testo: Tanaka

ぶんせつ 分節 《言・音声》articolazione⊕, pronuncia⊕ di ogni sillaba

ぶんせつ 文節 《言》sintagma⊕

ふんせん 奮戦 ◇奮戦する combattere una dura battaglia (con accanimento)

ふんぜん 憤然 ¶憤然として con indignazione, con sdegno / con collera ¶君の冷淡さに彼は憤然としている。È furibondo per la tua freddezza.

ふんぜん 奮然 ¶奮然として coraggiosamente /《断固として》con risolutezza / decisamente

ぶんせん 文選 《印》composizione⊕

✤文選工 compositore⊕[⊕ *-trice*]

ブンゼンとう ブンゼン灯 《化》becco⊕[複 *-chi*] Bunsen

ふんそう 扮装 travestimento⊕ ;《メーキャップ》trucco⊕[複 *-chi*] ¶クレオパトラの扮装をする travestirsi [truccarsi] da Cleopatra

ふんそう 紛争 conflitto⊕, disordini⊕[複], agitazione⊕ ¶国際間の紛争 dissensi internazionali ¶学園紛争 sommossa [contestazione] studentesca ¶紛争を起こす attaccare lite《と con》/ venire ai ferri corti《と con》¶紛争を収める risolvere una vertenza ¶紛争に巻き込まれる essere coinvolto in una disputa ¶両国間の紛争を調停する mediare la controversia tra due stati

ぶんそうおう 分相応 ¶分相応に振る舞う comportarsi secondo la *propria* condizione sociale ¶君は分相応ということを知らない。Devi imparare qual è il tuo posto!

ふんぞりかえる 踏ん反り返る ¶ふんぞり返って座る star seduto stravaccato con aria boriosa ¶彼はふんぞり返ってインタビューに応じた。Ha risposto all'intervista con strafottenza.

ぶんたい 分隊 《陸軍》squadra⊕, drappello⊕ ;《海軍》divisione⊕ ;《分遣隊》distaccamento⊕

✤分隊長 comandante⊕ di una squadra

ぶんたい 文体 stile⊕, maniera⊕ di scrivere ¶簡潔な文体で書く scrivere in uno stile conciso / scrivere concisamente

✤文体論 stilistica⊕ ◇文体論の stilistico[⊕複 *-ci*]

ふんだくる 1《奪い取る》strappare via, arraffare ¶彼は私の手からその手紙をふんだくった。Mi ha strappato di mano la lettera. ¶彼女は財布をふんだくられた。Le hanno scippato il borsellino. 2《無法に金を払わせる》¶バーでビール3本しか飲んでいないのに、3万円もふんだくられた。In quel locale sono dei ladri: ci hanno preso 30.000 yen per tre bottiglie di birra.

ふんだん ◇ふんだんに in abbondanza [grande quantità], a bizzeffe ¶ふんだんに金をかけて senza badare a spese / spendendo a piene mani

ぶんたん 分担 divisione⊕, spartizione⊕ ◇分担する dividere ¶仕事を分担する dividersi [ripartirsi] il lavoro ¶費用はみんなで分担しよう。Dividiamoci le spese tra tutti quanti.

✤分担額《金》quota⊕ parte [無変]

ぶんだん 文壇 mondo⊕ letterario, circoli⊕ [複] letterari ¶文壇に出る debuttare [entrare] nel mondo letterario / cominciare la carriera letteraria

ぶんち 文治 amministrazione⊕ civile

✤文治主義 《派》principi⊕[複] [sostenitori⊕ [複]] del governo civile

ぶんちょう 文鳥 《鳥》padda⊕[無変], passero⊕ di Giava ¶手乗り文鳥 passero di Giava ammaestrato

ぶんちん 文鎮 fermacarte⊕[無変]

ぶんつう 文通 corrispondenza⊕, carteggio⊕ [複 *-gi*], scambio⊕[複 *-i*] di lettere ◇文通する corrispondere [essere in corrispondenza] con *qlcu.*;《互いに》scriversi

ぶんてつ 文綴 《音声》sillabazione⊕ ◇分綴する sillabare

ぶんと ¶消毒薬のにおいがぷんと鼻についた。L'odore del disinfettante mi è penetrato nel naso. ¶彼女はぷんと怒った。Si è stizzita.

ふんとう 奮闘 ◇奮闘する《力いっぱい戦う》combattere⊕[*av*] con vigore [con energia] ;《努力する》fare ogni sforzo possibile, mettercela tutta

ふんどう 分銅 peso⊕

ぶんとう 文頭 ◇文頭に a capo, all'inizio di una frase

ぶんどき 分度器 rapportatore⊕, goniometro⊕

ふんどし 褌 *fundoshi*⊕[無変], perizoma⊕ [複 *-i*] giapponese ¶褌を締める mettersi [annodarsi] il perizoma ¶人の褌で相撲を取る trarre profitto dai meriti altrui / beneficiare dei vantaggi altrui

[慣用] 褌を締めてかかる rimboccarsi le maniche, disporsi di buona lena ad affrontare un lavoro

ぶんどる 分捕る 1《戦争で》catturare 2《他

ふんにゅう 粉乳 latte㊚ in polvere
ふんにょう 黄尿 《排泄物》escrementi㊚[複]；《糞》feci[複]；《尿》urine[複]
✤**糞尿譚**(たん)《文学》scatologia㊛[複 -gie]
ぶんのう 分納 pagamento㊚ rateale ◇分納する《金を》pagare ql.co. a rate, rateizzare un pagamento；《品物を》scaglionare le consegne ¶税金を3回[3期]に分納する pagare le imposte in tre volte [in tre scadenze]
ぶんぱ 分派 《宗派》setta㊛；《学派》ramo㊚, corrente㊛；《政党などの》fazione㊛, corrente㊛；《反対派》gruppo di dissidenti
✤**分派活動** ◇分派活動をする dedicarsi ad attività settarie
ぶんばい 分売 ◇分売する vendere ql.co. separatamente ¶この全集は分売しません。Questa collana non può essere venduta「a volumi singoli [sciolta].
ぶんぱい 分配 distribuzione㊛, divisione㊛, ripartizione㊛ ◇分配する distribuire [dividere / ripartire] ql.co. ¶所得分配 distribuzione del reddito ¶利益の分配にあずかる partecipare agli utili
✤**分配金** dividendo㊚
ふんぱつ 奮発 ¶もうひと奮発して仕上げてしまおう。Con un altro piccolo sforzo ce la farò a finire. ¶ボーイにチップを奮発する dare una generosa mancia a un cameriere
ふんばり 踏ん張り ¶がんばれ、もうひと踏ん張りだ。Su, ancora un altro piccolo sforzo! ¶踏ん張りがきかない。Non riesco a reggere a lungo.
ふんばる 踏ん張る **1**《踏みこたえる》足を踏ん張る piantare i piedi (per terra) **2**《がんばる》¶彼も最後まで踏ん張って自説を押し通した。Anche lui è rimasto coerente con se stesso senza retrocedere di un passo.
ぶんぴ 分泌 ⇒分泌(ぶんぴつ)
ぶんぴつ 分泌 《生・医》secrezione㊛ ◇分泌する secernere ◇分泌(性)の secretivo, secretore [㊛ -trice]；《㊚複 -i》¶分泌されたホルモン ormone secreto
✤**分泌過多** ipersecrezione㊛
分泌器官 organo㊚ secretore [secretivo / secretorio [㊛複 -i]
分泌物[液] sostanza㊛ secreta, secreto㊚
ぶんぴつ 文筆 ¶文筆の letterario [複 -i]
✤**文筆家** scrittore㊚ [㊛ -trice]
文筆業 professione㊛ letteraria
ふんびょう 分秒 ¶これは分秒を争う問題だ。Questo problema va risolto nel più breve tempo possibile.
ぶんぶ 文武 ¶文武両道に秀でている eccellere㊄ [av, es]《▶複合時制はまれ》sia nelle arti letterarie che militari
ぶんぷ 分布 distribuzione㊛ ¶桜の地理的分布 distribuzione geografica del ciliegio ¶この植物はアジア一帯に分布している。Questa pianta è diffusa in tutta l'Asia.
✤**分布曲線** curva㊛ di distribuzione
分布図 ¶人口分布図 carta demografica
ぶんぶつ 文物 prodotti㊚[複] della civiltà；《文化》cultura㊛ ¶西洋の文物を取り入れる adottare i frutti della civiltà occidentale
ふんふん ¶彼は私の話をふんふんと聞いていた。Ascoltava il mio discorso annuendo.
ぶんぶん ◇ぶんぶんいう《昆虫などが》ronzare㊄ [av]；《飛行機などが》rombare㊄ [av] / ronzare ¶蚊がぶんぶんいう。Le zanzare ronzano. ¶ぶんぶんいう音 ronzio / rombo ¶腕をぶんぶん振り回す far roteare un braccio
ぷんぷん ◇ぷんぷん怒っている essere parecchio arrabbiato [adirato] /《機嫌が悪い》essere di cattivo umore ¶ぷんぷんにおう《不快なにおいが》emanare un cattivo odore /《芳香が》emanare un gradevole profumo ¶彼女は香水のにおいをぷんぷんさせている。Quella ragazza è troppo profumata. ¶ガスのにおいがぷんぷんする。Si sente un forte odore [puzzo] di gas.
ふんべつ 分別 discernimento㊚；《判断力》giudizio㊚[複 -i]；《良識》buon senso㊚；《理性》ragione㊛ ◇分別のある ragionevole, saggio [㊛複 -gi；㊚複 -ge]，sensato, assennato, giudizioso ◇分別のない irragionevole, sconsiderato, avventato, privo di buon senso ¶分別を失う perdere la lucidità di giudizio ¶分別のないことをする agire senza discernimento ¶分別くさい顔をして con l'aria di chi la sa lunga
✤**分別盛り** ¶40歳といえば分別盛りだ。A quarant'anni si è nella piena maturità.
ぶんべつ 分別 《類別》classificazione㊛，《化》frazionamento㊚ ◇分別する《分類する》classificare；《別々にする》separare ¶ごみの分別収集 raccolta differenziata dei rifiuti
分別結晶[蒸留 / 沈殿] cristallizzazione㊛ [distillazione / precipitazione] frazionata
ぶんべん 分娩 《医》parto㊚ ◇分娩する partorire qlcu. ¶無痛分娩 parto indolore ¶ラマーズ法分娩 metodo Lamaze
✤**分娩室** sala㊛ parto [無変]
ぶんぼ 分母 《数》denominatore㊚
ぶんぽう 文法 grammatica㊛ ◇文法の grammaticale ¶規範[実用 / 歴史 / 生成 / 変形]文法 grammatica normativa [pratica / storica / generativa / trasformazionale] ¶文法上の誤り errore grammaticale ¶この文章は文法的に正しくない。Questa frase è grammaticalmente scorretta.
✤**文法学者** grammatico㊚ [㊚ -ca；㊛複 -ci]
文法書 (libro㊚ di) grammatica㊛
文法性 《言》grammaticalità㊛
ぶんぼうぐ 文房具 (articoli㊚[複] di) cancelleria㊛
✤**文房具屋** cartoleria㊛
ふんまつ 粉末 polvere㊛ ¶粉末状の in polvere ¶粉末状にする polverizzare ql.co. / ridurre in polvere ql.co.
✤**粉末クリーム** crema㊛ in polvere
ぶんまつ 文末 fine㊛ della frase
ふんまん 憤懣 rabbia㊛, indignazione㊛ ¶憤懣やるかたなかった。Ero veramente inviperito.
ぶんみゃく 文脈 contesto㊚ ¶文脈をたどる seguire il filo del discorso
ぶんみん 文民 《民間人》civile㊚
✤**文民統制** controllo㊚ civile
ふんむ 噴霧 spruzzo㊚

❖噴霧器〔英〕spray男〔無変〕; spruzzatore男, nebulizzatore男, vaporizzatore男, polverizzatore男;《殺虫剤》irroratrice女 ¶噴霧器で殺虫剤をまく spruzzare insetticida

噴霧口 effusore男, ugello男

ぶんめい 文明 civiltà女, civilizzazione女 ¶機械文明 civiltà delle macchine ¶近代[クレタ/西洋/物質]文明 civiltà moderna [cretese / occidentale / materiale] ¶文明の利器 gli agi della civiltà moderna ¶文明発祥の地 la culla della civiltà ¶高度文明社会 società ad alto livello di civilizzazione ¶文明が進歩する. La civiltà progredisce.

❖文明化する civilizzare *ql.co.*, portare la civiltà in *ql.co.*

文明開化 ¶文明開化の時代《明治初期の》epoca di modernizzazione [di occidentalizzazione] (◆ nei primi anni dell'era Meiji)

文明国 nazione女 civilizzata

文明人《集合的》popoli男〔複〕civili

文明批評 ¶文明批評をする fare la critica della *propria* epoca

文明病 i mali della civiltà moderna

ぶんめん 文面 ¶文面通りに受け取る prendere *ql.co.* alla lettera ¶文面から察すると a giudicare dalla lettera

ふんもん 噴門 《解》cardias男〔無変〕

ぶんや 分野 campo男, sfera女, settore男;《さらに分裂した》ramo男 ¶活動分野 campo [sfera] di attività ¶言語学の分野 campo della linguistica ¶諸政党の議会での勢力分野 lo schieramento politico dei partiti in parlamento ¶新しい分野を切り開く aprire un nuovo campo d'interessi

ぶんよ 分与《分配》distribuzione女;《割り当て》allocazione女 ¶財産分与 ripartizione女 del patrimonio ¶利益は彼らに分与された. I profitti sono stati distribuiti tra di loro.

ぶんらく 文楽 *bunraku*男, teatro tradizionale giapponese dei burattini accompagnato da canto *joruri*

ぶんり 分離 1《分かれ離れること》separazione女, distacco男〔複 -chi〕 ◇ 分離する separare [staccare] *ql.co.* da *ql.co.*;《分かれる》separarsi da *qlcu.* [*ql.co.*] ¶分離し得る [得ない] separabile [inseparabile] ¶油と酢は分離する. L'olio e l'aceto non si amalgamano bene. **2**《ラジオの》selettività女 ¶このラジオは分離が悪い. Questo apparecchio radio ha una cattiva selettività.

❖分離課税 tassazione女 separata

分離器 separatore男

分離主義 separatismo男, scissionismo男

分離主義者 separatista男女〔複 -i〕

分離帯 ¶中央分離帯 spartitraffico男〔無変〕

ぶんりがくぶ 文理学部 facoltà女 di lettere e scienze

ぶんりつ 分立 ¶三権分立 divisione [separazione] dei poteri (esecutivo, legislativo, giudiziario) ¶諸党分立の状態にある essere diviso [frazionato] in tanti piccoli partiti

ぶんりゅう 分流 1《支流》affluente男 2《流派の》ramo男

ぶんりゅう 分留 《化》distillazione女 frazionata ◇分留する sottoporre *ql.co.* a distillazione frazionata

❖分留塔 colonna女 di frazionamento

ぶんりょう 分量 quantità女;《体積》volume男;《重さ》peso男;《薬などの》dose女 ¶小麦粉の分量を量る misurare la quantità di farina ¶薬の分量を誤る somministrare una dose sbagliata di una medicina ¶仕事の分量を減らす ridurre la quantità di lavoro

ぶんりょく 分力 《物》componente男

ぶんるい 分類 classificazione女, divisione女;《コンピュータ》ordinamento男 ◇ 分類する classificare *ql.co.*, dividere in categorie *ql.co.*; ordinare *ql.co.* ¶動詞を3種類に分類する classificare [raggruppare] i verbi in tre categorie ¶会員の名前をABC順に分類する disporre i nomi dei soci in ordine alfabetico ¶かえるは両生類に分類されている. Le rane appartengono alla classe degli anfibi.

❖分類学 tassonomia女, sistematica女 ◇ 分類学の tassonomico〔男複 -ci〕 ¶《植物》《動物》分類学 botanica [zoologia] sistematica

分類学者 tassonomista男女〔複 -i〕, sistematico男〔女 -ca, 男複 -ci〕

分類表 tavola女 sinottica

分類法 (sistema男〔複 -i〕 di) classificazione女

ふんれい 奮励 ¶奮励努力する fare tutti gli sforzi possibili / raddoppiare gli sforzi per + 不定詞

ぶんれい 文例 esempio男〔複 -i〕[modello男] (di frase) ¶文例を挙げる dare [citare] un esempio

❖文例集 ¶手紙の文例集 manuale男 di scrittura epistolare

ぶんれつ 分列

❖分列行進 sfilata女, parata女 ¶分列行進を行う sfilare自〔es, av〕

分列飛行 parata女 aerea

ぶんれつ 分裂 1《分かれること》divisione女, scissione女, smembramento男;《宗》《教会分裂》scisma男〔複 -i〕 ◇ 分裂する dividersi, separarsi, scindersi;《ばらばらに》smembrarsi ◇ 分裂させる dividere [separare / scindere / smembrare] *ql.co.* ¶憲法問題で世論は真っ二つに分裂した. L'opinione pubblica si è divisa in due sulla questione costituzionale. ¶わが党は3つに分裂した. Il nostro partito si è scisso in tre. **2**《物》《核などの》fissione女, scissione女 ¶核分裂《物》fissione [scissione] nucleare /《生》divisione del nucleo della cellula ¶細胞分裂 divisione cellulare ¶細胞が分裂する. Le cellule si scindono (per riprodursi).

❖分裂生殖 《生》riproduzione女 per scissione (delle cellule)

分裂組織《植》meristema男〔複 -i〕

ふんわり ¶雲がふんわりと浮かんでいる. Le nuvole fluttuano lievi.

へ

へ 屁 peto男;《俗》scor(r)eggia女[複 -ge]; loffa女;《婉曲》vento男 ◇へをする fare [tirare] un peto, far peti, scorreggiare自[*av*], fare scorregge;《卑》spetezzare自[*av*]

[慣用] **へとも思わない**《親》infischiarsene di *ql.co.* [*qlcu.*];《俗》fregarsene di *ql.co.* [*qlcu.*]
への河童(ｶｯﾊﾟ) ¶そんなことはへの河童だ. Non me ne importa un fico secco.

へ《音》fa男[無変] ¶へ長[短]調 fa maggiore [minore] ¶へ長[短]調の in fa maggiore [minore]

✤**ヘ音記号** chiave女 di fa

-へ 1《方向, 目標》a, verso, per; alla volta di, in direzione di;《…の中へ》in, dentro ¶東京へ[日本へ]行く andare a Tokyo [in Giappone] ¶学校へ[教会へ]行く andare a scuola [in chiesa] ¶歯医者へ行く andare dal dentista ¶ローマへ向かう dirigersi verso Roma ¶ナポリへ出発する partire per Napoli
2《対象》per, a ¶春子さんへの贈り物 regalo per Haruko ¶マリアへ《贈り物などの上書きで》A Maria
3《到着点》a, in ¶イタリアへ[ミラノへ]着いた. Sono arrivato in Italia [a Milano].
4《事態》¶寝ようとしているところへ電話があった. Ho ricevuto una telefonata proprio mentre stavo per andare a letto.

ヘア〔英 hair〕capelli男[複] →髪形 関連
✤**ヘアクリーム** crema女 per i capelli
ヘアスタイル acconciatura女, pettinatura女
ヘアスプレイ fissatore男 [lacca女] per capelli
ヘアダイ tintura女 per capelli
ヘアトニック tonico男[複 -ci] per capelli
ヘアドライヤー asciugacapelli男[無変], fon男[無変], phon男[無変]
ヘアネット retina女 per capelli
ヘアバンド《布製の》fascia女[複 -sce] per capelli
ヘアピース parrucchino男
ヘアピン forcina女 [forcella女] per capelli;《(ばね状の)》molletta女
ヘアピンカーブ《山道の》tornante男;《自動車レース場の》svolta女 [curva女] a gomito
ヘアブラシ spazzola女 per capelli
ヘアローション lozione女 per capelli

ペア〔英 pair〕《2つで一揃いのもの》paio男[複 le paia];《2人で1組になること》coppia女 ◇**ペアの** accoppiato, appaiato, in coppia ¶ダブルスのペア squadra女 di doppio ¶ペアを組む mettersi in coppia con *qlcu.* / formare una coppia con *qlcu.*

✤**ペアスケーティング** pattinaggio男 artistico a coppie
ペアルック ¶2人はペアルックのセーターを着ていた. Quella coppia portava due maglioni identici [lo stesso maglione].

ベアリング〔英 bearing〕《機》cuscinetto男 ¶ボールベアリング cuscinetto a sfera

へい 兵《兵士》soldato男[女 -essa];《軍隊》esercito男, truppe女[複] ¶上等兵 caporale男 ¶1等[2等]兵 soldato scelto [semplice] ¶兵を挙げる sollevarsi in armi《に contro》¶兵を送る inviare truppe ¶兵を募る reclutare [arruolare] soldati ¶兵を引き揚げる ritirare le truppe《から da》¶兵を率いる comandare un esercito

へい 塀《石などの》muro男;《低いもの》muretto男;《板などの》steccato男 ¶塀を高くする rialzare un muretto ¶塀を乗り越える scavalcare un muretto ¶塀を巡らす cingere [recintare] *ql.co.* con un muretto

ペイ〔英 pay〕paga女 ¶あの会社はペイがいい. Quella ditta paga bene. ¶この計画はペイしない. Questo progetto non sarà redditizio [rimunerativo].

へいあん 平安《平和》pace女;《平穏無事》calma女;《心の落ち着き》tranquillità女, serenità女 ◇**平安な** pacifico男[複 -ci];《平穏な》calmo; quieto, tranquillo, sereno ◇**平安に** pacificamente, in pace

へいい 平易 semplicità女 ◇**平易な**《簡明な》semplice;《明快な》chiaro;《容易な》facile

へいいん 兵員 ¶兵員を増強[削減]する aumentare [ridurre] gli effettivi

へいいん 閉院《病院などの》chiusura女

へいえい 兵営 caserma女

へいえき 兵役 servizio男[複 -i] militare [di leva];《隠》naia女 ¶兵役にある[を終える] essere in [finire il] servizio militare ¶兵役を免除される essere esonerato dal servizio militare /《疾病のため》essere riformato ¶彼は今ローマで兵役中だ. Sta facendo il militare a Roma. ¶兵役猶予 rinvio del servizio militare ¶良心的兵役拒否 obiezione di coscienza (al servizio militare)

✤**兵役免除** esonero男 [esenzione女] dal servizio militare

兵役免除者 militęsente男女

ペイオフ〔英 payoff〕《経》〔英〕payoff男[無変]

へいおん 平穏 ◇**平穏な**《落ち着いた》calmo, tranquillo, placido;《平和な》pacifico男[複 -ci];《穏やかな》sereno ◇**平穏に** in pace, pacificamente; serenamente ¶彼は京都で平穏な月日を送った. Ha condotto una vita tranquilla [Ha vissuto serenamente] a Kyoto. ¶事態はすぐに平穏に復した. L'ordine è stato immediatamente ristabilito.

へいか 平価《経》parità女 valutaria ¶為替平価 parità di cambio ¶円の平価を切り上げる[切り下げる] rivalutare [svalutare] lo yen

❖**平価切り上げ** rivalutazione㊛
平価切り下げ svalutazione㊛
へいか 兵火 ¶兵火にさらされる essere devastato dalla guerra
へいか 陛下 Sua Maestà㊛ ¶天皇陛下 Sua Maestà l'Imperatore ¶両陛下 le Loro Maestà
べいか 米価 ¶生産者[消費者]米価 prezzo del riso al produttore [al consumatore]
❖**米価審議会** comitato㊚ per il prezzo del riso
へいかい 閉会 chiusura㊛ di una seduta ◇閉会する terminare la riunione, chiudere la seduta; 《会期を》chiudere una sessione; 《議会などを》chiudere il Parlamento ¶閉会の辞を述べる pronunciare il discorso di chiusura ¶「閉会します.」《議長の言葉》"La seduta è chiusa [è sciolta]."
❖**閉会式** cerimonia㊛ di chiusura
へいがい 弊害 male㊚; 《悪影響》effetto㊚ nocivo [dannoso], influenza㊛ dannosa [negativa] ¶…に弊害を与える avere [esercitare] un cattivo effetto su ql.co.
へいがく 兵学 scienza㊛ militare
へいかん 閉館 chiusura㊛ ◇閉館する chiudere ql.co. ¶美術館は5時に閉館する. Il museo chiude alle ore 17.
へいき 平気 《落ち着いている》◇平気な calmo; 《動じない》imperturbabile, impassibile ◇平気で con calma ¶平気でいる conservare la calma / rimanere calmo ¶平気に構えている. Se la prende con calma. ¶人に悪口を言われても平気な顔をしている. Resta impassibile anche quando lo insultano. ¶何ともなかったように平気な顔をしている. Sta tranquillo come se niente fosse accaduto.
2《気にしない》◇平気な indifferente, noncurante ◇平気で con indifferenza, con noncuranza ¶平気でいる rimanere indifferente ¶平気を装う fingere noncuranza ¶平気でうそをつく dire bugie con la massima tranquillità ¶人が何と言おうと平気だ. Non mi interessa (di ciò che dirà la gente. / Me ne infischio [《俗》me ne frego] di ciò che dirà la gente. ¶彼が苦境にあるのを見ると平気でいられない. Non posso rimanere indifferente vedendolo nei guai.
3《影響のない様子》¶1晩くらい寝なくても平気だ. Passare una notte in bianco non mi disturba [non mi dà fastidio]. ¶ビールの1本や2本飲んでも平気さ. Una o due bottiglie di birra non mi fanno nulla. ¶大丈夫,平気だよ. Tranquillo [《相手が女性》Tranquilla], nessun problema. ¶蜘蛛(くも)なんか平気だよ. I ragni non mi fanno paura.
へいき 兵器 arma㊛[複 -i]; 《総称》armamenti㊚[複] ¶核[通常]兵器 armamenti nucleari [convenzionali] ¶生物[化学]兵器 armi biologiche [chimiche] ¶新兵器 nuova arma ¶秘密兵器 arma segreta
❖**兵器庫** armeria㊛, arsenale㊚, deposito㊚ d'armi
兵器産業 industria㊛ 「degli armamenti [bellica]
兵器廠(しょう) arsenale㊚
へいき 併記 ¶書類には2人の名前が併記してある. I documenti riportano entrambi i nomi.

へいきん 平均 media㊛ ◇平均の medio [複 -i] ◇平均する calcolare [fare] la media di [fra] ql.co. ¶幾何[算術]平均 media geometrica [aritmetica] ¶年間平均気温 temperatura annua media ¶平均以上[以下]の superiore [inferiore] alla media ¶1日平均7時間働く lavorare in media sette ore al giorno ¶1か月平均1000台の自動車を生産する produrre una media mensile di 1.000 autovetture ¶私は日本人の平均より5センチ背が高い. Sono cinque centimetri più alto della media dei giapponesi.
❖**平均収入** reddito㊚ medio
平均寿命 vita㊛ media
平均生産性《経》produttività㊛ media
平均台《スポ》trave㊛
平均値 valore㊚ medio, media㊛
平均賃金 salario㊚[複 -i] medio
平均点 punteggio㊚[複 -gi] medio, la media㊛ (dei punti [voti]) ¶彼の平均点は28点だ. La sua votazione media è di 28. (◆イタリアの大学の試験はふつう30点満点)
平均年齢 età㊛ media
平均偏差《数》scarto㊚ medio
平均律《音》sistema㊚ equabile [temperato]
へいけい 閉経《医》menopausa㊛
❖**閉経期** periodo㊚ della menopausa
へいげん 平原 pianura㊛
べいご 米語 inglese㊚ americano, americano㊚
へいこう 平行《幾何》parallelismo㊚ ◇平行な parallelo ◇平行に parallelamente ¶2本の平行な線を引く tracciare due linee parallele ¶AとBがами平行している. A è parallela alla retta B. / Le rette A e B sono parallele. ¶線路に平行して道路が走っている. La strada corre parallela alla ferrovia.
❖**平行四辺形**《幾何》parallelogrammo㊚, parallelogramma㊚[複 -i]
平行線 parallela㊛ ¶2人の意見は平行線のままだ. Le opinioni di quei due non collimano mai.
平行定規 parallele㊛[複]
平行棒《スポ》parallele㊛[複] ¶段違い平行棒 parallele asimmetriche
平行六面体《幾何》parallelepipedo㊚
へいこう 平衡 equilibrio㊚[複 -i] ¶平衡を保つ mantenere l'equilibrio / tenersi in equilibrio ¶平衡を失う perdere l'equilibrio
❖**平衡感覚** ¶平衡感覚がある avere il senso dell'equilibrio
平衡交付金《経》sovvenzione㊛ perequativa
へいこう 並行 ◇並行して **1**《並んで行くこと》fianco a fianco 《副詞句》¶自動車と列車が並行して疾走して行った. Una macchina e un treno correvano fianco a fianco [affiancati].
2《同時に行われること》contemporaneamente, parallelamente ¶経済成長と公害が並行して起こった. La crescita economica e l'inquinamento sono avanzati「di pari passo [parallelamente].
❖**並行処理**《コンピュータ》procedura㊛ simultanea

並行輸入 importazioni㊛[複] parallele

へいこう 閉口 閉口する《当惑する》essere perplesso, essere sconcertato (per *ql.co.*);《困る》essere imbarazzato per *ql.co.*;《悩まされる》essere infastidito da *qlcu.*▶perplessoは目的語の性・数に合わせて語尾変化する) *qlcu.* / imbarazzare *qlcu.* ¶鋭い質問に彼も閉口した。Quella domanda pungente ha imbarazzato [ha messo in difficoltà] anche lui. ¶この暑さには閉口している。Non posso più sopportare questo caldo.

へいこう 閉校 ◇閉校する chiudere definitivamente una scuola

へいごう 併合 annessione㊛, incorporazione㊛ ¶わが社はA社を併合した。La nostra azienda ha incorporato la ditta A.

✤併合罪 serie㊛[無変] di crimini perpetrati da una sola persona

べいこく 米国 gli Stati㊚[複] Uniti (d'America), l'America㊛

✤米国人 americano㊚[㊛ -a], statunitense㊚㊛
米(国)ドル dollaro㊚ americano

べいこく 米穀 《米》riso㊚;《穀類》cereali㊚[複]

✤米穀通帳 tessera㊛[carta㊛ annonaria] per il riso

へいさ 閉鎖 chiusura㊛ ◇閉鎖する chiudere *ql.co.* ◇閉鎖的 chiuso;《排他的》esclusivo ¶工場閉鎖 chiusura [serrata] di una fabbrica ¶一時閉鎖 chiusura temporanea ¶彼は性格が閉鎖的だ。Ha un carattere chiuso.

✤閉鎖社会 società㊛ chiusa

べいさく 米作《栽培》risicoltura㊛, coltivazione㊛ del riso;《収穫》raccolto㊚ del riso

✤米作地帯 zona㊛ risicola
米作農民 risicoltore㊚[㊛ -trice]

へいざん 閉山 ¶冬の期間閉山する。La montagna è chiusa agli scalatori in inverno. ¶この鉱山は1か月以内閉山する。Questa miniera dovrà essere chiusa nell'arco di un mese.

へいし 兵士 soldato㊚[㊛ -essa]

へいじ 平時 ¶平時に(は)《戦争のないとき》in tempo di pace;《平常のとき》in tempi normali

へいじつ 平日 《ふだん》giorno㊚ ordinario [複 -i][normale];《日曜・祝日以外》giorno㊚ feriale [lavorativo] ¶平日は(週日) in settimana / durante la settimana ¶平日から6時以降に電話してくれ。Nei giorni feriali telefonami dopo le sei. ¶平日どおり店が開いている。I negozi sono aperti come al solito.

✤平日ダイヤ orario㊚[複 -i] feriale
平日料金 tariffa㊛ feriale

へいしゃ 兵舎 caserma㊛;《バラック建ての》baraccamento㊚

べいじゅ 米寿 ¶米寿を祝う celebrare l'ottantottesimo compleanno secondo il *kazoedoshi*

へいしょ 閉所 luogo㊚[複 -ghi] chiuso

✤閉所恐怖症 claustrofobia㊛ ◇閉所恐怖症の claustrofobico㊚[複 -ci]

へいじょう 平常《通常》normalmente, ordinariamente;《ふだん》di solito, abitualmente;《規則的に》regolarmente ◇平常の《普通の》normale, ordinario㊚[複 -i];《いつもの》abituale, solito ¶平常どおり come al solito / come sempre ¶平常に復する normalizzarsi / tornare alla normalità

✤平常心 stato㊚ d'animo usuale
¶平常心を失う perdere la calma

べいしょく 米食 ¶日本人は米食である。La dieta giapponese è basata sul riso.

へいじょぶん 平叙文《文法》proposizione㊛ dichiarativa [enunciativa] ◇平叙文の dichiarativo

へいしん 並進・併進 ¶ボートを並進させる fare procedere una barca accanto all'altra

✤並進運動《物》traslazione㊛

へいしんていとう 平身低頭 ◇平身低頭する prostrarsi 《に davanti a, ai piedi di》, inchinarsi profondamente《に davanti a》¶彼は平身低頭して謝った。Si è prosternato in scuse.

へいせい 平成 ¶平成元年 il primo anno [l'Anno I] dell'era Heisei (◆ 1989)

へいせい 平静《落ち着き》calma㊛, tranquillità㊛;《安らぎ》pace㊛;《心の静けさ》serenità㊛; ◇平静な calmo, tranquillo ; sereno; placido ¶平静を保つ[失う / 取り戻す] conservare [perdere / ritrovare] la calma ¶平静を装う fingere di essere calmo / darsi un contegno

へいせい 兵制 sistema㊚[複 -i] militare

へいぜい 平生 ◇平生の《いつもの》abituale;《日常の》di tutti i giorni, quotidiano, ordinario㊚[複 -i] ¶平生の努力 sforzi quotidiani

へいせき 兵籍《兵籍簿》registro㊚ militare ¶兵籍にある essere in servizio militare [sotto le armi] ¶兵籍に入る arruolarsi

へいせつ 併設 ¶工場に研究所を併設した。Hanno affiancato un centro di ricerche alla fabbrica.

へいぜん 平然 ◇平然たる《落ち着いた》calmo, tranquillo;《動じない、平気な》impassibile, indifferente;《恐れない》impavido ◇平然と con calma, tranquillamente; impassibilmente ¶平然としている restare calmo ¶容疑者は平然と尋問に答えた。Il sospetto ha risposto impassibile all'interrogatorio.

へいそ 平素 ¶平素のご無沙汰をお許しください。La prego di scusare il mio lungo silenzio. ¶平素から健康に注意しなさい。Prenditi sempre cura della tua salute.

へいそく 閉塞《港湾などの》blocco㊚[複 -chi], ostruzione㊛;《医》occlusione㊛ ◇閉塞する bloccare [ostruire] *ql.co.*

へいそつ 兵卒 soldato㊚[㊛ -essa] (semplice);《海軍》marinaio㊚[複 -i];《空軍》aviere㊚

へいたい 兵隊《兵卒》soldato㊚[㊛ -essa];《水兵》marinaio㊚[複 -i];《軍人》militare㊚[複 -i];《軍隊》truppa㊛ ¶兵隊にとられる essere chiamato alle armi ¶兵隊になる andare 「a fare il soldato [sotto le armi] ¶兵隊ごっこをする giocare ai soldati [alla guerra]

✤兵隊上がり ex-soldato㊚
兵隊あり《昆》soldato㊚

へいたん 平坦 ◇平坦な piatto, piano, pianeggiante

へいたん 兵站《軍》intendenza㊛

へいたん ✤兵站学 logistica⊛
兵站基地 base⊛ logistica
兵站部 intendenza⊛

へいだん 兵団 《軍》corpo⊛ d'armata

へいち 平地 terreno⊛ pianeggiante [piano];《平野》pianura⊛;《平野部》regione⊛ pianeggiante [piana]
〖慣用〗**平地に波瀾を起こす** agitare le acque, portare lo scompiglio in un luogo tranquillo

へいち 併置 giustapposizione⊛ ◇**併置する** disporre ql.co. 「fianco a fianco [in doppia fila], giustapporre ql.co. a ql.co.

へいちゃら 平ちゃら ¶こんな暑さくらいへいちゃらだ。Un caldo come questo si regge benissimo.

へいてい 平定 assoggettamento⊛;《鎮圧》repressione⊛ ◇**平定する**《平和を取り戻す》pacificare;《鎮める》sedare, reprimere;《支配下に置く》sottomettere, assoggettare

へいてい 閉廷 sospensione⊛ [aggiornamento⊛] di un'udienza ¶判事は月曜まで閉廷を宣した。Il giudice ha aggiornato l'udienza a lunedì.

へいてん 閉店 chiusura⊛ del negozio ◇**閉店する** chiudere il negozio;《廃業する》chiudere definitivamente il negozio ¶7時半に閉店する。I negozi chiudono alle 19.30. ¶閉店間際に客が入って来た。Una persona è entrata nel negozio quando stavano ormai per chiudere.
✤**閉店時間** orario⊛ [複 -i] di chiusura dei negozi

へいねつ 平熱 temperatura⊛ normale ¶平熱に戻った。La temperatura è ritornata alla normalità. ¶私の平熱は36度です。La mia temperatura normale è di 36 gradi.

へいねん 平年 anno⊛ normale ¶今年の暑さは平年より厳しい。Quest'anno fa più caldo del solito [del normale]. ¶米は平年作だ。Il raccolto del riso raggiunge la media annuale.

へいはつ 併発 ¶風邪から肺炎を併発した。Il suo raffreddore è degenerato in polmonite. ¶災難が併発した。Sono successe simultaneamente alcune disgrazie.
✤**併発症** 《医》complicazione⊛

へいはん 平版 《印》litografia⊛

へいばん 平板 《単調なこと》monotonia⊛ ◇**平板な** piatto, monotono, scialbo

へいふく 平伏 ¶殿様の前に平伏した。Si prostrarono di fronte al loro signore.

へいふく 平服 《ふだん着》abiti⊛ [複] [vestiti⊛ [複]] di tutti i giorni;《私服》abiti⊛ [複] civili [borghesi] ◇**平服で** con l'abito di tutti i giorni; in borghese ¶平服でお越しください。《招待状で》Si prega di non indossare l'abito da cerimonia.

ぺいぺい ¶ぺいぺいの平社員 l'ultima ruota del carro all'interno della ditta ¶彼はまだぺいぺいである。È ancora un novellino.

へいほう 平方 《数》quadrato⊛ ¶100メートル平方 di 100 metri quadrati / di 100 metri per 100 metri ¶5の平方は25である。Il quadrato di 5 è 25. ¶を平方に開く estrarre la radice quadrata di 100
✤**平方根** radice⊛ quadrata ¶平方根を求める estrarre la radice quadrata (di ql.co.)
平方数 quadrato⊛
平方メートル metro⊛ quadrato ¶100平方メートル 100 metri quadrati

へいほう 兵法 **1**《戦略》strategia⊛ [複 -gie];《戦術》tattica⊛ **2**《武芸》arte⊛ marziale
✤**兵法家** stratega⊛ [複 -ghi], tattico⊛ [複 -ci]

へいぼん 平凡 ◇**平凡な**《普通の》banale, ordinario⊛ [複 -i], comune, usuale;《ありきたりの》mediocre;《単調な》monotono ¶平凡な考え idea banale [《独創性がない》priva di originalità] ¶平凡な作品 opera mediocre ¶平凡な男 uomo ordinario [qualunque] ¶平凡な出来事 avvenimento quotidiano ¶平凡に暮らす vivere una vita monotona [banale] ¶彼は平凡な顔をしている。Ha una faccia comune [insignificante].

へいまく 閉幕 **1**《幕を降ろすこと》il calare del sipario ¶芝居は10時に閉幕する。La rappresentazione termina alle 22. **2**《終わり》fine⊛, termine⊛; conclusione⊛

へいみゃく 平脈 polso⊛ regolare

へいみん 平民 《個人》cittadino⊛ [⊛ -a] comune;《貴族でない人》uomo⊛ [複 -ini] [《女性》donna⊛] del popolo;《蔑・文》plebeo⊛ [⊛ -a];《総称》popolo⊛;《蔑・文》plebe⊛ ◇**平民の**《蔑》plebeo;《庶民の》popolano ¶平民と貴族 i plebei e i patrizi ¶彼は平民の出だ。È di origine plebea [popolana].

へいめん 平面 《幾何》piano⊛, superficie⊛ [複 -ci, -cie] piana ◇**平面的(な)** piatto;《表面的》superficiale ¶平面状の piano ¶同一平面上にある2つの点 due punti sullo stesso piano
✤**平面図** pianta⊛
平面図形 figura⊛ piana

へいや 平野 pianura⊛, campo⊛ aperto ¶関東平野 la pianura del Kanto

へいゆ 平癒 guarigione⊛, ristabilimento⊛ ◇**平癒する**《人が主語》ristabilirsi, rimettersi, riprendersi;《人または病気が主語》guarire⊛ [es]

へいよう 併用 impiego⊛ [複 -ghi] [uso⊛] contemporaneo ◇**併用する** usare [impiegare] simultaneamente ¶2つの薬を併用する prendere due farmaci insieme

へいりつ 並立 並立する stare in piedi fianco a fianco ¶当時2つの朝廷が並立していた。Due corti imperiali coesistettero nello stesso periodo.

へいりょく 兵力 forza⊛ militare;《兵員数》effettivi⊛ [複] ¶50万の兵力 forza militare di cinquantamila uomini ¶兵力を増強[削減]する rinforzare [ridurre] gli effettivi [《武器を含めて》aumentare [ridurre] gli armamenti] ¶敵の兵力は我々より優勢である。《数で》Il nemico è numericamente superiore a noi.《性能で》L'equipaggiamento del nemico è migliore del nostro.

へいれつ 並列 ◇**並列する** allinearsi, mettersi in fila [in riga] ◇**並列させる** allineare ¶電池を並列につなぐ collegare le pile in parallelo
✤**並列回路** circuito⊛ in parallelo

へいろ 平炉 《冶》forno⊛ Martin-Siemens
✤**平炉法** processo⊛ Martin-Siemens

へいろ 閉路 〘工〙 circuito㊚ chiuso

へいわ 平和 pace㊛ ◇平和な pacifico㊚ [複 -ci]; (穏やかな) tranquillo, calmo, sereno ◇平和に pacificamente; in pace ◇平和的に pacificamente, con mezzi pacifici, in modo pacifico ¶世界平和 pace mondiale [universale] ¶平和時には in (tempo di) pace ¶平和を維持する mantenere la pace ¶平和を守る salvaguardare [difendere] la pace ¶平和を破る violare la pace ¶平和を回復する ristabilire la pace ¶恒久平和を確立する instaurare una pace perpetua ¶家庭の平和を乱す turbare la pace familiare ¶平和に暮らす vivere「sereno e tranquillo [in pace] ¶平和にことを収める risolvere le cose pacificamente [in pace] ¶平和的に問題を解決する risolvere il problema con mezzi pacifici
❖平和維持活動 (国連の) missioni㊛[複] di pace dell'ONU; (略)〔英〕PKO
平和維持軍 Truppe㊛[複] Internazionali di pace dell'ONU; caschi㊚[複] blu
平和運動 movimento㊚ pacifista[複 -i]
平和会議 conferenza㊛ per la pace
平和外交 diplomazia㊛ della pace
平和共存 coesistenza㊛ pacifica
平和攻勢 offensiva㊛ di pace
平和産業 industria㊛ civile [non bellica]
平和主義 pacifismo㊚
平和主義者 pacifista㊚㊛[㊚複 -i]
平和条約 trattato㊚ di pace
平和利用 ¶原子力の平和利用 utilizzo civile [uso civile] dell'energia atomica [nucleare]

ペイント 〔英 paint〕 tinta㊛, vernice㊛; 《俗》 pittura㊛ ¶エナメルペイント (pittura a) smalto ¶水性ペイント colore [pittura] ad acqua ¶油性ペイント vernice [colore / pittura] a olio

へえ (驚き) Davvero?; (疑い) Sul serio?; (感心) Però! ¶へえ, 本当かい. Dici sul serio? ¶へえ, ずいぶん安いねえ. Davvero? Costa proprio poco!

ベーカリー 〔英 bakery〕 panetteria㊛, panificio㊚ [複 -ci]

ベーキングパウダー 〔英 baking powder〕 lievito㊚ chimico [複 -ci] [in polvere]

ベークライト 〔英 Bakelite〕《商標》 bachelite㊛; bakelite

ベーコン 〔英 bacon〕 pancetta㊛ affumicata; 〔英〕 bacon㊚[無変]
❖ベーコンエッグ uova㊛[複] al bacon

ページ 〔英 page〕 pagina㊛; (略) p. (►複数のページをさすときは pp.) ¶5ページ (分量で) cinque pagine /(5ページ目) pagina cinque; (略) p. 5 ¶125から136ページ pp. 125-136 ¶右[左]ページ pagina di destra [sinistra] ¶ページの上[下]に in cima alla [a piè di] pagina ¶ページをめくる girare [voltare] la pagina /(目を通す) sfogliare le pagine ¶原稿にページを付ける numerare le pagine di un manoscritto ¶10ページ[より]続く. Continua a [da] pagina 10. ¶4ページを開けてください. Aprite a pagina 4. ¶この本はページが抜けている. L'ordine delle pagine di questo libro è sbagliato. ¶この本はページが抜けている. A questo libro mancano alcune pagine. ¶ページの角を折る fare le orecchie alle pagine ¶この発見は歴史に新しいページを加えた. Questa scoperta ha aggiunto una nuova pagina alla storia.

ページェント 〔英 pageant〕 spettacolo㊚ all'aperto

ベージュ 〔仏 beige〕〔仏〕 beige㊚ ◇ベージュの beige[無変]

ベース 〔英 base〕 **1** (土台, 基本) base㊛ ¶ベース賃金 paga [salario] base ¶…をベースにして base di ql.co. **2** (基地) base㊛ **3** (野球で) base㊚
❖ベースアップ[ダウン] aumento㊚ [riduzione㊛] del salario base
ベースキャンプ (登山) campo㊚ base[無変]

ベース 〔英 bass〕《音》 **1** (音域) basso㊚ **2** (コントラバス) contrabbasso㊚ **3** →ベースギター
❖ベースギター basso㊚ (elettrico)
ベース奏者《音》bassista㊚㊛[複 -i]; suonatore㊚ (-trice㊛) di basso

ペース 〔英 pace〕 (歩調) passo㊚, andatura㊛; (進み具合) ritmo㊚ ¶早いペースで a rapidi passi / a passi veloci / a un ritmo sostenuto ¶遅いペースで a passi lenti ¶自分のペースを守る mantenere la propria andatura ¶ペースを落とす rallentare il passo ¶ペースが乱れる (人が主語) non riuscire a mantenere il proprio passo ¶自分のペースで仕事をする mantenere il proprio ritmo nel lavoro ¶私は彼のペースに巻き込まれた. Mi sono fatto trascinare dal suo ritmo.
❖ペースメーカー (1)《医》〔英〕 pacemaker[無変];《俗》 cuore㊚ artificiale (2)《スポ》battistrada㊚㊛[無変]

ペースト 〔英 paste〕 pasta㊛, pesto㊚ ¶レバーペースト《料》pâté (passato) di fegato

ペーソス 〔英 pathos〕 pathos㊚; (悲哀) commozione㊛ ¶ペーソスにあふれた ricco di pathos / patetico

ベータ 〔ギ beta〕(ギリシア字母の第2文字) beta㊚ または β㊚[無変]; (記号) B, β
❖ベータカロチン beta-carotene㊚
ベータ線《物》 raggi㊚[複] beta[無変]
ベータトロン 〔英 betatron〕《物》 betatrone㊚, acceleratore㊚ in induzione

ペーハー pH㊚[無変]
❖ペーハー値 valore㊚ pH

ペーパー 〔英 paper〕 carta㊛, foglio㊚ [複 -gli]
❖ペーパーカンパニー società㊛ fantasma [無変] [fittizia]
ペーパーテスト esame㊚ scritto, prova㊛ scritta
ペーパードライバー ¶私はペーパードライバーです. Ho la patente ma non guido.
ペーパーナイフ tagliacarte㊚[無変]
ペーパーバック tascabile㊚
ペーパープラン piano㊚ [progetto㊚] sulla carta
ベーパーロック 〔英 vapor lock〕《機》(エンジンの) bolla㊛ di vapore

ベール 〔英 veil〕 velo㊚ ¶ベールをかぶる [取る] mettersi [togliersi] un velo ¶ベールで顔を覆う coprirsi il volto con un velo ¶ベールをはぐ (暴露する) smascherare qlcu. [ql.co.] ¶秘密のベールに包まれている essere avvolto in un velo di mi-

へおんきごう へ音記号 《音》chiave㊛ di fa stero
ベガ 〔英 Vega〕《天》Vega㊛
ペガサスざ ペガサス座 《天》Pegaso㊚
-べからず 1 ¶「…するべからず。」は"…してはいけない"の意味. ¶…するべからず+不定詞 ¶「展示品に手を触れるべからず」《掲示》"Non toccare gli oggetti esposti" ¶「張り紙をするべからず」《掲示》"Divieto d'affissione"
2 《「-べからざる」の形で》¶彼は私たちにとって欠くべからざる人だ. Per noi è una persona indispensabile. ¶許すべからざる犯罪だ. È un crimine imperdonabile. ¶それはあるべからざることだ. Una cosa del genere non dovrebbe esistere.

べき 冪 《数》potenza㊛ ¶3の3乗べき la terza potenza di 3 / 3 alla terza [al cubo]
✿**べき級数** successione㊛ di potenze
-べき 1 《…しなければならない》dovere ¶君こそ僕に謝るべきだ. Sei tu che devi chiedere scusa a me! ¶彼にそう言うべきじゃない. Forse dovresti dirglielo. ¶そんなことをお父さんに言うべきじゃない. Ti pare questo il modo di parlare a tuo padre!
2 《…できる》¶僕は住むべき家もない. Non ho neppure una casa in cui abitare. ¶信頼すべき情報 informazioni attendibili [sicure]
3 《「…べきか」の形で》¶両親に打ち明けるべきかどうかわからない. Non so se sia il caso di confidarlo ai miei.

へきえき 辟易 1 《閉口》¶彼の厚かましさにはいささか辟易する. Quel modo di fare sfacciato mi ha un po' seccato [scocciato]. 2 《しりごみ》→ たじたじ
へきが 壁画 pittura㊛ [dipinto㊚] murale [parietale]; 《フレスコ画》affresco㊚ 《複 -schi》
へきかい 劈開 《冶・鉱》sfaldatura㊛
へきぎょく 碧玉 《鉱》diaspro㊚
へきち 僻地 luogo㊚ 《複 -ghi》remoto [lontano / distante]; 《隔絶している》luogo appartato [isolato]; 《交通不便な》luogo fuori (di) mano
✿**僻地教育** educazione㊛ in aree rurali remote
へきとう 劈頭 inizio㊚ 《複 -i》
ペキニーズ 〔英 Pekingese〕《犬》pechinese㊚
へきめん 壁面 parete㊛
へきれき 霹靂 → 青天 慣用
ペきんげんじん 北京原人 《人類》sinantropo㊚
-べく 1 《当然》¶事件は起こるべくして起こった. Era scontato che accadesse quel fatto. 2 《目的》¶彼女はコンクールで優勝すべくピアノの特訓をしている. Sta esercitandosi al pianoforte con zelo per vincere il primo premio al concorso.
3 《可能》¶彼の理解など望むべくもない. Non c'è speranza che lui ci capisca.
ヘクタール 〔英 hectare〕ettaro㊚; 《記号》ha ¶100ヘクタール cento ettari / 100 ha
ペクチン 〔英 pectin〕《生化》pectina㊛
✿**ペクチン酸** acido㊚ pectico 《複 -ci》
ヘクト- 〔英 hecto-〕etto-
✿**ヘクトパスカル** ettopascal㊚[無変]; 《記号》hPa
ヘクトメートル ettometro㊚, 100 metri㊚[複]
ベクトル 〔独 Vektor〕《数》vettore㊚ ◇ベクトルの vettoriale ¶単位ベクトル versore㊚
✿**ベクトル積** prodotto㊚ vettoriale [esterno]
ベクレル 〔英 becquerel〕《物》becquerel㊚[無変]; 《記号》Bq
ヘゲモニー 〔独 Hegemonie〕egemonia㊛ ¶ヘゲモニーを握る avere [detenere] l'egemonia su ql.co. [qlcu.]
へこたれる 《気力を失う》perdersi d'animo, scoraggiarsi; 《疲れる》sfinirsi, esaurirsi ¶へこたれるな. Su! Animo! / Forza! / Tirati su!
ベゴニア 〔ラ begonia〕《植》begonia㊛
ぺこぺこ 1 《卑屈な態度》¶ぺこぺこする essere servile [ossequioso / ossequiente] (con [verso] qlcu.), chinare la testa davanti a qlcu.; 《へつらう》adulare qlcu. ¶《人》に頭をぺこぺこ下げる essere strisciante con qlcu
2 《ひどい空腹》¶おなかがぺこぺこだ. Ho una fame da lupo. / Muoio di fame.
へこます 凹ます 1 《くぼませる》ammaccare ¶彼は車のボディーをへこませてしまった. Ha ammaccato la carrozzeria della macchina. 2 《黙らせる》¶あの生意気な若造をへこませてやった. Ho fatto abbassare la cresta a quel giovincello.
へこむ 凹む 1 《くぼむ》incavarsi, infossarsi; 《沈む》cedere㊚[av]; 《衝撃で》ammaccarsi; 《陥没する》sprofondare㊚[es], affondare㊚[es] ◇へこむ concavo㊚ ¶指で押すとへこむ infossarsi sotto la pressione del dito ¶地面がへこむ C'è avvallamento nel terreno. ¶衝突で車のドアがへこんだ. Nell'urto la portiera della macchina si è ammaccata [ha riportato un'ammaccatura]. 2 《屈服する》cedere㊚[av], arrendersi, darsi per vinto ¶彼はなかなかへこまないよ. Non è uno che cede facilmente.
ぺこん 1 《へこむ様子》¶ドラム缶をバットでたたくぺこんとへこませた. Ho colpito con un bastone il bidone di metallo e l'ho ammaccato.
2 《頭を下げる様子》¶男の子はぺこんとお辞儀をした. Il ragazzo si è inchinato abbassando la testa.
へさき 舳先 prua㊛, prora㊛
-べし 《灯火親しむべし. (するのがよい)》L'autunno è la stagione migliore per leggere di sera. ¶期日を厳守すべし. 《命令》Le scadenze vanno rigorosamente rispettate. ¶風雨強かるべし. 《予想》Molto probabilmente la pioggia e il vento si intensificheranno.
へしおる 圧し折る ¶木の枝をへし折る spezzare il ramo di un albero ¶彼の鼻をへし折ってやった. 《やりこめた》Gli ho fatto abbassare la cresta.
ベジタリアン 〔英 vegetarian〕vegetariano㊚ [㊛ -a]
ペシミスト 〔英 pessimist〕pessimista㊚㊛ 《複 -i》
ペシミズム 〔英 pessimism〕pessimismo㊚
ベスト 〔英 best〕¶私はベストを尽くした. Ho fatto del mio meglio. / Ho fatto tutto il possibile.
✿**ベストセラー** bestseller㊚[無変]; libro㊚ di grande successo, il più gran successo librario ¶ベストセラー作家 autore㊚㊛ [㊛ -trice] di grande successo
ベストテン i primi dieci [複] [㊛ le prime dieci]

ベストドレッサー la persona[女] più elegante
ベストメンバー i migliori membri[男][複]

ベスト 〔英 vest〕〘服〙gilè[男][無変]; panciotto[男]

ペスト 〔英 pest〕〘医〙peste[女], pestilenza[女] ¶腺ペスト peste bubbonica ¶ペストが蔓延(まんえん)した. La peste infuriò [si diffuse / si propagò].
✤**ペスト患者** appestato[男][女 -a], malato[男][女 -a] di peste
ペスト菌 bacillo[男] della peste

ペセタ 〔ス peseta〕《スペインの旧通貨単位》peseta[女][複 *pesetas*]

へそ 臍 ombelico[男][複 -*chi*] ¶へその緒 cordone[男] ombelicale
[慣用] **へそが茶をわかす** ¶君の話を聞いているとへそが茶をわかすよ. Le storie che sento da te [che tu racconti] sono veramente ridicole.
へそを曲げる ¶彼はへそを曲げた. È diventato scontroso [d'umore nero].
✤**へそ曲がり** scontrosità[女], irascibilità[女] ◇へそ曲がりな intrattabile, irascibile

べそ ¶べそをかく《泣く》piangere[自][*av*] / piagnucolare[自][*av*] / frignare[自][*av*] /《今にも泣き出しそうな状態》essere sul punto di piangere
✤**べそかき** piagnucolone[男][女 -*a*]

ペソ 〔ス peso〕《通貨単位》peso[男][複 *pesos*]

へそくり 臍繰 gruzzolo[男] nascosto, risparmio[男][複 -*i*] segreto ◇へそくりをする raggruzzolare [risparmiare] *ql.co.* 「di nascosto [in segreto] ¶彼女は夫に内緒でへそくりを7万円ため込んだ. Ha messo da parte 70 mila yen all'insaputa del marito.

へた 下手 **1**《技術がまずい, つたない》◇下手な maldestro;《能力のない》incapace, incompetente;《経験のない》inesperto ¶下手な小説 romanzo mediocre [scritto male] ¶下手なうそ bugia stupida ¶下手な大工 carpentiere「poco abile [maldestro / incapace] ¶彼はイタリア語が下手だ. È una schiappa in italiano. ¶私は字が下手だ. Ho una brutta grafia. ¶私はダンスが下手だ. Ballo male. / Non sono bravo a ballare. ¶私は計算が下手だ. Non sono abile [bravo] nei calcoli.
2《不用意な, いいかげんなこと》¶下手なことを言うとかえってまずいよ. Se non stai attento a quello che dici, rischi solo di complicare le cose. ¶下手をすると肺炎になりますよ. Se non ti curi bene, corri il rischio di una polmonite. ¶下手をするとうちの会社は倒産するかもしれない. Nel peggiore dei casi [Nella peggiore delle ipotesi] la nostra ditta subirà un fallimento. ¶下手な冗談はやめてくれ. Piantala con questi scherzi, ché non sono divertenti! ¶彼の蔵書は下手な図書館より多いくらいだ. Ha molti più libri di quanti non ne abbia una piccola biblioteca.
[慣用] **下手な鉄砲も数撃ちゃ当たる** A furia di ripetere la stessa cosa, anche un incapace prima o poi ci riesce.
下手の考え休むに似たり Pensare è uno spreco di tempo se non si ha il cervello di farlo.
下手の長談義《諺》"Pessimi oratori, lunghi discorsi."
下手の横好き ¶下手の横好きで絵を描いています. Mi piace dipingere sebbene [malgrado] non abbia molto talento.

へた 蔕〘植〙calice[男]

べた **1**《一面に》¶壁にペンキをべた塗りする dipingere completamente la parete
2〘写〙⇒べた焼き **3**〘印〙⇒べた組み

ベターハーフ 〔英 better half〕《よき妻》la *propria* dolce metà[女]

べたぐみ べた組み〘印〙battitura[女] fitta

へだたり 隔たり《距離》distanza[女];《差異》divario[男][複 -*i*], differenza[女];《間隔》intervallo[男];《空間》spazio[男][複 -*i*];《意見・感情などの》discordia, discrepanza ¶年齢の隔たり differenza [scarto] di età ¶両党の主張にはまだ大きな隔たりがある. Le divergenze tra i due partiti sono ancora grandi. ¶私と彼の間に気持ちの隔たりができた. Si è creato un divario tra me e lui.

へだたる 隔たる **1**《離れている》distare[自]（►複合時制を欠く）《と da》, essere distant*e* [separat*o*]《と da》; estraniarsi《と da》¶ローマとミラノは600キロ以上隔たっている. Roma dista [è lontana] più di 600 km da Milano. **2**《差がある》essere divers*o*《と da》¶父と私の意見は大きく隔っている. Le idee di mio padre sono molto diverse dalle mie.

べたっ ¶壁にべたっとポスターを張る affiggere un manifesto al muro ¶あの母親は息子にべたっとくっついている. Quella madre sta sempre appiccicata al figlio.

べたつく べた付く **1**《粘りつく》¶のりで手がべたついている. Le mie mani sono appiccicaticce di colla. **2**《まといつく》¶あの2人はべたついている. Quei due「sono sempre appiccicati l'uno all'altro [non si separano mai].

へだて 隔て **1**《仕切り》barriera[女]
2《区別》distinzione[女];《差別》discriminazione[女] ¶上下の隔てなく senza distinzione di rango [di grado] ¶隔てをつける fare una distinzione《AとBに tra A e B》¶彼は貧富の隔てなく親切である. È premuroso con tutti, ricchi o poveri che siano.
3《距離を置くこと》riservatezza[女] ◇隔てのない franco, aperto ¶〈人〉と隔てなく話す parlare francamente [col cuore in mano / liberamente] con *qlcu*.

へだてる 隔てる **1**《時間を置く》¶10年隔てて彼らは再会した. Si sono rivisti dopo dieci anni.
2《距離を》¶100メートル隔てて電柱が立っている. I pali telegrafici si trovano a intervalli di cento metri l'uno dall'altro.
3《間に置く》¶彼の家は道を隔てた向かいにある. La sua casa è dall'altro lato della strada. ¶2つの町は川で隔てられている. Le due città sono separate da un fiume.
4《疎遠にする》¶たったひとことが2人の仲を隔てた. Una sola parola è bastata per separarli per sempre.

へたばる **1**《疲れ果てる》essere spossat*o* [esaust*o* / sfinit*o*], crollare[自][*es*];《疲れて座り込む》abbandonarsi [lasciarsi andare / cadere] per spossatezza ¶彼は山登りの途中でへたばった. È crollato sfinito a metà strada della scalata.
2《気力を失う》⇒へこたれる

べたべた 1《粘りつく様子》 ◇べたべたした vischioso, appiccicoso, impiastricciato ¶汗で体がべたべただ. Ho il corpo madido di sudore. / Sono tutto appiccicoso di sudore. ¶その子は顔じゅうジャムでべたべただ. Il viso del bambino è tutto impiastricciato di marmellata.
2《たっぷり塗る・貼る》 ¶のりをべたべた塗る usare tanta colla ¶おしろいをべたべた塗りたくる truccarsi pesantemente ¶壁にべたべたポスターが貼ってある. Il muro è completamente tappezzato di manifesti.
3《人にまつわりつく様子》 ¶人前であまりべたべたするなよ. Non abbandonatevi ad effusioni amorose in pubblico. /《俗》Non pomiciate davanti a tutti.

ぺたぺた ¶スリッパをぺたぺたいわせながらやって来た. È venuto scalpicciando con le sue ciabatte. ¶彼は書類にぺたぺたと判を押していた. Stava sigillando i documenti l'uno dopo l'altro.

べたほめ べた褒め ¶みんな彼をべたほめした. Tutti lo portavano alle stelle. ¶新聞は彼女の絵をべたほめしている. I giornali giudicano molto positivamente i suoi dipinti.

べたぼれ べた惚れ ¶パオロはマリーアにべたぼれだ. Paolo è innamorato pazzo [cotto] di Maria. / Paolo ha preso una cotta per Maria.

べたやき べた焼き《写》copia㊛ per contatto

へたり 《機》(ばねの) cedimento㊚

へたり ¶彼はへたりと床に座った. Si è lasciato cadere sul pavimento.

ペダル [英 pedal] pedale㊚ ¶アクセルペダル pedale dell'acceleratore [del gas] ¶ペダルを踏む schiacciare il [premere sul] pedale ¶ペダルをこぐ《自転車の》pedalare㊥ [av]

ぺたん 1《軽く張りつける様子》 ¶書類にはんこをぺたんと押した. Ha timbrato i documenti con un colpo sordo. 2《腰をおろす様子》 ¶ぺたんと座る accosciarsi / accovacciarsi ¶地面にぺたんと座った. Si è lasciato cadere a terra.

ペダンチック [英 pedantic] ◇ペダンチックな pedante, saccente, saputo ¶ペダンチックな人 saputo㊚ [㊛ -a] / saccente㊚㊛ [-i]

ペチコート [英 petticoat]《服》sottogonna㊛

へちま 糸瓜《植》luffa㊛;《入浴で使う》spugna㊛ vegetale

ぺちゃくちゃ ¶ぺちゃくちゃしゃべる ciarlare㊥ [av] / chiacchierare㊥ [av] / blaterare㊥ [av]

べちゃべちゃ appiccicaticcio㊚ [複 -ci; ㊛ -ce] ¶水が多すぎてご飯がべちゃべちゃに炊けてしまった. C'era troppa acqua e il riso è venuto tutto spappolato.

ぺちゃんこ 1《つぶされた様子》 ¶タイヤがぺちゃんこだ. La gomma è a terra. ¶大風で小屋はぺちゃんこになった. La capanna venne abbattuta dal vento furioso. 2《負けた様子》 ¶ぺちゃんこにやり込められた. Sono stato respinto. ¶あいつをぺちゃんこにしてやった. L'ho ridotto al silenzio.

べつ 別 1【相違】differenza㊛;《区別》distinzione㊛ ◇別の altro, separato, diverso, differente ¶別のところで altrove / in altro luogo ¶別の本 un altro libro ¶誰か別の人に頼む chiedere a qualcun altro ¶昼夜の別なく働く lavorare senza (far) distinzione fra il giorno e la notte ¶男女の別なく教育が受けられる. La stessa istruzione viene impartita ad ambo i sessi. ¶それとこれとは別のことだ. Questo è tutt'altra cosa [《別問題だ》un altro discorso]. ¶別々に包んでください. Questo me lo incarti separatamente. ¶イタリア語で読めるのと話せるのとは別だ. Leggere e parlare in italiano sono due cose ben diverse. ¶それなら話は別だ. In questo caso il discorso cambia.
2【「-別に」の形で, 分けて】in base a, per ¶年齢[職業]別に per età [categoria di lavoro] ¶州別の移民数 numero di emigranti per regione ¶賃金を企業規模別に分類する classificare le retribuzioni「secondo le [in base alle] dimensioni delle imprese ¶クラス別に並んでください. Allineatevi per classi.
3【除外】別に a parte; (さらに) inoltre ¶…は別として eccetto [tranne / fuorché / a parte (il fatto che)] ql.co. [qlcu.] / ad eccezione di ql.co. [qlcu.] ¶冗談は別として a parte gli scherzi ¶チップは別に払う. Le mance sono a parte. ¶サービス料は別です. Servizio non incluso. ¶駅から少し遠いのを別にすれば申し分のない家だ. Tranne il fatto che è un po' lontana dalla stazione, è un'ottima casa.
4【特別】別に《否定文で》non in particolare ¶今日は別に寒いとは思わない. Non mi pare che oggi faccia particolarmente freddo. ¶「今忙しいの」「いや別に」"Hai da fare, adesso?" "No no"

べつうり 別売り ¶別売りの venduto a parte

べっか 別科 corso㊚ speciale

べっかく 別格 ◇別格の speciale ¶別格の俳優 attore [attrice] di rango ¶あの人は別格だ. Quella persona ha qualcosa di speciale. ¶彼は別格の待遇を受けた. Ha ricevuto un trattamento speciale.

べっかん 別館《ホテルの》[仏] dependance㊛ [無変];《一般に》edificio㊚ [複 -ci] annesso [secondario㊚ [複 -i]]

べっかんじょう 別勘定 ¶別勘定にしよう. Facciamo [Chiediamo] i conti separati.

べっき 別記 ¶別記のとおり come già menzionato in altra sede ¶別記のとおり出版記念パーティーを開きます. La festa per la pubblicazione si svolgerà come indicato a parte.

べっきょ 別居 separazione㊛;《法律上の》separazione㊛ legale;《協議上の》separazione㊛ consensuale ¶あの夫婦は別居中だ. I due coniugi vivono separati.
✤**別居結婚** matrimonio㊚ [複 -i] in cui i coniugi risiedono in abitazioni differenti

べつくち 別口 ◇別口の altro; di altro genere, diverso ¶彼には別口の収入がある. Ha un'altra [una seconda] entrata.

べっけん 別件 ¶警察は彼を別件で逮捕した. La polizia l'ha arrestato per accuse di carattere secondario.
✤**別件逮捕** arresto㊚ per accuse complementarie

べっけん 瞥見 ◇瞥見する《ざっと目を通す》dare un rapido sguardo [una rapida occhiata] a ql.co. [qlcu.];《ちらりと見る》intravedere ql.co.

べっこ 別個 ◇別個の《別々の》separato;《異なる》altro, differente, diverso ◇別個に separatamente; differentemente

べっこ 別項 ¶別項に記載のように come è menzionato altrove

べっこう 鼈甲 carapace㊚ [gu*scio*㊚ [複 *-sci*]] di tartaruga ¶べっこうのくし pettine㊚ di tartaruga

✿べっこう色 colore㊚ ambrato, color㊚ tartaruga

べっこう細工 artigianato㊚ in tartaruga

べっさつ 別冊《付録》supplemento㊚, volume㊚ [fascicolo㊚] in omaggio;《特別号》numero㊚ speciale

✿別冊付録 supplemento㊚, inserto㊚ (in una rivista)

ペッサリー〔英 pessary〕《医》pess*ario*㊚ [複 *-i*], diaframm*a*㊚ [複 *-i*]

べっし 別紙 accluso㊚ ◇別紙の《添付の》qui accluso, qui allegato, qui unito ¶別紙に記載する scrivere *ql.co.* in un foglio a parte [un altro foglio] ¶別紙に記載のとおり come detto [menzionato] nell'accluso foglio

べっし 蔑視 ¶蔑視する guardare *ql.co.* [*qlcu.*] dall'alto in basso [in modo sprezzante], disprezzare *qlcu.* [*ql.co.*]

べっしつ 別室 altra camera㊛, camera separata

ヘッジファンド〔英 hedge fund〕《経》〔英〕hedge fund㊚ [無変], fondi㊚ [複] speculativi

べっしょう 蔑称 appellativo㊚ dispregiativo

べつじょう 別条・別状 ¶彼は命に別条はない。È fuori pericolo. / Non è in pericolo di vita.

べつじん 別人 altra persona㊛, persona㊛ diversa ¶まるで別人のようだ。Sembra un'altra persona.

べっせい 別姓 cognomi㊚ [複] diversi

べっせかい 別世界 altro mondo, altro pianeta㊚, mondo㊚ diverso ¶まるで別世界だ。Qui è un mondo completamente diverso. ¶彼はしょせん別世界の人間だ。In fondo lui appartiene ad un altro mondo.

べっせき 別席 1《別の座席》un altro posto ¶彼のために別席を用意してある。Gli è stato riservato un posto speciale. 2《別の部屋》un'altra stanza㊛ ¶別席で彼と話した。Ho parlato con lui in una stanza separata.

べっそう 別荘 casa㊛ [villa㊛] /《小さな》villetta㊛] per la villeggiatura ¶貸し別荘 villa da affittare

✿別荘地 località㊛ di villeggiatura

べっそう 別送 ¶本を別送にする spedire i libri separatamente

✿別送品《旅行客の》bagaglio㊚ [複 *-gli*] non accompagnato

ヘッダー〔英 header〕《コンピュータ》testata㊛

べったくれ ¶話し合いもへったくれもあるものか。Ma perché dovremmo discuterne?! / Non c'è alcun motivo di discuterne.

べつだて 別建て・別立て ¶かかった費用と謝礼は別建てになっています。Pagheremo separatamente il compenso e le spese.

べったり 1《一面に》¶壁にべったりポスターが貼ってある。Sul muro è appiccicato un manifesto. 2《粘りつく様子》¶べったりとくっつく appiccicarsi a *ql.co.* ¶傷口に触れると手に血がべったりついた。Mi sono toccato la ferita sporcandomi tutta la mano di sangue. 3《密接な様子》¶彼は体制にべったりだった。Lui è un perfetto conformista.

べつだん 別段 1《例外的なこと》◇別段の・particolare ¶別段の定めがない限り salvo diverse specificazioni ¶時勢に別段の変化はなかった。Non vi è stato alcun particolare cambiamento della situazione. 2《とりたてて》in particolare ¶別段けがはなかった。Non ha subito ferite visibili.

ぺたん ¶ぺたんと尻餅をついた。Sono caduto sbattendo il sedere per terra.

へっちゃら ◇へっちゃらだ non importarsene ¶これくらいの寒さはへっちゃらだ。Un freddo così mi fa un baffo. ¶勉強しなくてもへっちゃらだ。Che mi frega di studiare!

べっちゅう 別注 ¶別注の品 prodotto ordinato a parte [《特注》su commessa]

べっちん 別珍《織》velluto㊚ di cotone

ペッティング〔英 petting〕〔英〕petting㊚ [無変]; il pomiciare ◇ペッティングをする pomiciare㊚ [*av*] con *qlcu*

べってんち 別天地 ¶静かな森の中は別天地だった。La foresta silenziosa era un paradiso.

ヘット〔蘭 vet〕《料》grasso㊚ di bue

ヘッド〔英 head〕testa㊛;《テープレコーダーなどの》testina㊛ magnetica

べっと 別途 ◇別途の《異なる》diverso, differente;《別の》altro;《特別の》speciale ◇別途に《別々に》separatamente, a parte ¶別途の収入がある avere una seconda entrata ¶この問題は別途に考えねばならない。Questi problemi devono essere considerati separatamente.

✿別途会計 conto㊚ separato

別途支出 spesa㊛ [uscita㊛ / esborso㊚] speciale

ベッド〔英 bed〕letto㊚ →次ページ 図版 ¶ベッドに就く andare a letto ¶ベッドから起きる alzarsi dal letto ¶ベッドに寝ている essere sdraiato sul letto ¶ベッドに寝かせる mettere a letto *qlcu.* ¶ベッドを整える《寝る前に》preparare il letto / 《起きたあとで》rifare [rimettere a posto] il letto ¶ベッドからシーツをはがす togliere le lenzuola dal letto

【関連】
シングルベッド letto㊚ singolo [a una piazza] セミダブルベッド letto㊚ a una piazza e mezza ダブルベッド letto㊚ matrimoniale [a due piazze] ウォーターベッド letto㊚ con materasso di plastica riempito d'acqua, letto ad acqua 折り畳み式ベッド letto㊚ pieghevole ソファーベッド divano-letto㊚ [複 *divani-letto*], poltrona-letto㊛ [複 *poltrone-letto*] 二段ベッド letto㊚ a castello ベビーベッド letto㊚ per bambini, lettino㊚

✿ベッドカバー copriletto㊚ [無変]

ベッドシーン scena㊛ d'amore a letto
ベッドタウン città㊛ dormitorio [無変], periferia㊛ abitata da pendolari
ベッドメーキング ◇ベッドメーキングをする fare [rifare] il letto
ベッドルーム camera㊛ [stanza㊛] da letto

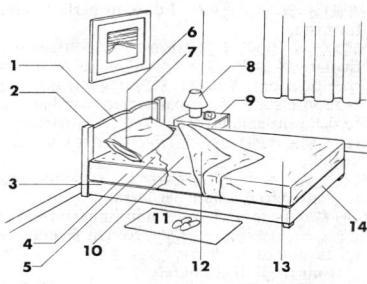

ベッド
1 ベッドボード testiera㊛. 2 寝台柱 colonna㊛ del letto. 3 床板 sponda㊛. 4 マットレス materasso㊚. 5 ベッドパッド coprimaterasso㊚. 6 枕 guanciale㊚. 7 枕カバー federa㊛. 8 スタンドランプ lampada㊛ da comodino. 9 サイドテーブル comodino㊚. 10 シーツ lenzuolo㊚ [複《上下一組の場合》le lenzuola]. 11 マット scendiletto㊚ [無変]. 12 毛布 coperta㊛. 13 ベッドカバー copriletto㊚ [無変]. 14 足部板 piedi㊚ [複] del letto .

ペット 〔英 pet〕 animale㊚ da compagnia [domestico [複 -ci]]
❖**ペットショップ** negozio㊚ [複 -i] di animali (domestici)
ペットフード cibo㊚ per animali;《小鳥や魚の》mangime㊚
ヘッドギア 〔英 headgear〕《ボクシングなどの》casco㊚ [複 -schi] (per allenamento)
ヘッドハンター 〔英 headhunter〕 cacciatore㊚ [㊛ -trice] di teste
ヘッドハンティング 〔英 headhunting〕 attività㊛ del cacciatore di teste
ヘッドホン 〔英 headphones〕 cuffia㊛
ペットボトル 〔英 PET bottle〕 bottiglia㊛ di plastica
ヘッドライト 〔英 headlight〕《車》faro㊚ (anteriore), fanale㊚, proiettore㊚
べっとり ¶口の回りにジャムがべっとりついた. Ho la bocca tutta sporca di marmellata. ¶病人は汗をべっとりかいていた. Il malato era「bagnato fradicio [madido] di sudore.
べつのう 別納 ¶料金を別納する pagare una spesa separatamente ¶料金別納郵便 affrancatura pagata / porto pagato
べっぱ 別派 《宗教の》setta㊛ separata [diversa];《党派の》partito㊚ diverso,《党内の》diversa fazione [corrente]㊛;《流派の》scuola㊛ [corrente㊛] diversa
べっぴょう 別表 lista㊛ acclusa [allegata] ¶会計については別表を参照せよ. Per quanto riguar-

da i conti, vedasi la lista allegata.
へっぴりごし 屁っ放り腰 ◇へっぴり腰で《不安定な腰つき》con il corpo piegato in avanti;《自信がない》con un atteggiamento timoroso
べつびん 別便 ◇別便で in busta [in plico] a parte ¶別便で送る spedire ql.co. in plico separato
べっぴん 別嬪 bella donna㊛
べつべつ 別別 ◇別々の separato;《それぞれの》rispettivo ◇別々に separatamente; rispettivamente;《一人一人に》individualmente ¶あの夫婦は別々に暮らしている. Quei due coniugi vivono separati. ¶政治と経済は別々に扱うべきだ. La politica e l'economia vanno trattate separatamente [indipendentemente l'una dall'altra]. ¶別々に行って向こうで落ち合おう. Andiamo ognuno per conto proprio ed incontriamoci lì. ¶勘定は別々にお願いします. Faccia i conti separati.
べつむね だ 別棟 edificio㊚ [複 -ci] separato (da quello centrale);《ホテルや大邸宅の》〔仏〕 dependance㊛ [無変];《病院の》padiglione㊚
べつめい 別名 altro nome㊚ ◇別名では alias ¶ロレンツォ・デ・メディチ別名豪華王 Lorenzo de' Medici detto [alias] il Magnifico ¶姫路城は白鷺(しらさぎ)城の別名を持つ. Il castello di Himeji è chiamato, per antonomasia, "il castello dell'airone bianco".
べつめい 別命 nuovo ordine㊚;《特命》missione㊛ speciale ¶政府要人が別命を帯びてモスクワに向かった. Alcuni funzionari di Stato sono stati inviati a Mosca con un incarico segreto.
べつもんだい 別問題 ¶それは別問題だ. Questa è (tutta) un'altra faccenda. ¶この際勝敗は別問題だ. Date le circostanze, è irrilevante [non è più importante] se vinceremo o no.
へつらう 諂う adulare [blandire / lusingare] ql.cu.,《卑》leccare i piedi a ql.cu. ◇へつらい adulazione㊛, lusinga㊛, blandizie㊛ [複] ¶権力にへつらう adulare il potere ¶人にへつらう人 adulatore㊚ [㊛ -trice]
べつり 別離 separazione㊛;《永遠の別れ》estremo [l'ultimo] addio㊚
べつりょうきん 別料金 ◇別料金で non compreso nel prezzo, da pagare a parte
ペディキュア 〔英 pedicure〕 pedicure㊚ [無変] (▶足全体の手入れ, たこ・うおの目などの治療も含む)
ヘディング 〔英 heading〕《スポ》《サッカー》colpo㊚ di testa
❖**ヘディングシュート**《スポ》tiro㊚ di testa
ベテラン 〔英 veteran〕 veterano㊚ [㊛ -a], esperto㊚ [㊛ -a] ◇ベテランの veterano, esperto ¶ベテランパイロット pilota esperto (con molte ore di volo)
ヘテロ- 〔英 hetero-〕 etero-
❖**ヘテロ原子**《物》eteroatomo㊚
ぺてん inganno㊚, frode㊛, imbroglio㊚ [複 -gli], truffa㊛,《親》bidone㊚ ¶彼は僕をぺてんにかけた. Mi ha ingannato [frodato / imbrogliato / truffato /《親》bidonato].
❖**ぺてん師** imbroglione㊚ [㊛ -a], truffatore㊚ [㊛ -trice], frodatore㊚ [㊛ -trice]

へど 反吐 《行為, もの》vomito[男] ¶へどを吐く vomitare[他] (►単独でも可) [rimettere[他] (►単独でも可) / rigettare[他] (►単独でも可)] *ql.co.* / dare di stomaco ¶へどの出そうな《不快な》nauseabondo / nauseante / stomachevole / disgustoso / ripugnante ¶彼のことは考えただけでもへどが出る. Solo a pensare a lui, mi viene il vomito.

ベドウィンぞく ベドウィン族 beduin*o*[男][[女] *-a*]; 《民族全体》beduini[男][複]

べとつく べと付く ¶汗でシャツがべとついていた. La mia maglietta era fradicia di sudore.

へとへと ◇へとへとになる essere spossat*o* [sfinit*o* / stanc*o* [男複 *-chi*] mort*o*] ¶今日はへとへとだ. Oggi sono [mi sento] a pezzi.

べとべと ⇒べたべた

へどもど ◇へどもどする confondersi, smarrirsi ◇へどもどの confuso, impacciato, imbarazzato ¶彼はへどもどして答えにつまった. Era imbarazzato nella risposta.

へどろ 《産業廃棄物》fanghi[男][複] industriali; 《排水溝の》detriti[男][複] di fogna

へなちょこ 《青二才》ragazz*o*[男][[女] *-a*] immatur*o* [inespert*o*], sbarbatello[男], pivell*o*[男][[女] *-a*]; 《つまらぬ人間》persona[女] insignificante

へなへな ¶へなへなしたベニヤ板 foglio di compensato sottile ¶へなへなと椅子に座り込んだ. Si è lasciato andare mollemente sulla sedia.

ペナルティー 〔英 penalty〕《スポ》punizione[女]; 《罰》penalità[女], sanzione[女]; 《罰金》multa[女] ¶彼はペナルティーを取られた. 《試合中に》È stato penalizzato.

✤**ペナルティーエリア**《サッカー》area[女] di rigore

ペナルティーキック《サッカー, ラグビー》rigore[男], calc*io*[男][複 *-ci*] di rigore

ペナルティーゴール《ラグビー》goal[男][無変] su (calcio di) rigore

ペナルティースロー《水球など》tiro[男] di rigore

ペナント 〔英 pennant〕 **1** 《三角旗》gagliardetto[男] **2** 《優勝旗》bandiera[女] di campione; 《覇権》campionato[男] ¶ペナントを争う lottare (per vincere) il campionato [lo scudetto]

✤**ペナントレース**《プロ野球》campionato[男] di baseball professionistico

べに 紅 ¶紅をさす《口紅, ほお紅》mettersi il rossetto

✤**紅筆** pennellino[男] per il rossetto

ペニー 〔英 penny〕《イギリスの貨幣単位》〔英〕penny[男][無変]

べにしょうが 紅生薑 zenzero[男] sottaceto colorato di rosso

ペニシリン 〔英 penicillin〕《薬》penicillina[女] ¶ペニシリン耐性の penicillino-resistente

✤**ペニシリン軟膏** pomata[女] alla penicillina [penicillinica]

ペニス 〔ラ penis〕《解》pene[男], membro[男] virile

べにすずめ 紅雀 《鳥》bengalino[男]

べにます 紅鱒 《魚》salmone[男] rosso

ベニヤ 〔英 veneer〕

✤**ベニヤ合板** pannello[男] [legno[男]] compensato

ベネシャンブラインド 〔英 Venetian blind〕veneziana[女]

へのじ への字 ¶子供は今にも泣き出しそうに口をへの字に曲げた. Il bambino aveva la bocca triste come se stesse per piangere da un momento all'altro.

ペパーミント 〔英 peppermint〕《植》menta[女] piperita; 《リキュール》liquore[男] alla menta

へばりつく 《くっつく》aderire[自][*av*] a *ql.co.*, appiccicarsi a *ql.co.* [*qlcu.*] ¶地面にへばりつく giacere appiattit*o* sul terreno ¶彼は一日じゅう机にへばりついて勉強している. Studia incollato alla scrivania tutto il giorno. ¶彼は大臣の椅子にへばりついている. È aggrappato alla sua poltrona di ministro.

へばる ⇒へたばる

へび 蛇 serpente[男], serpe[女], bisc*ia*[女][複 *-sce*]; 《ヘビ類》ofidi[男][複] ¶海蛇 serpente marino [di mare] ¶がらがら蛇 serpente a sonagli / crotalo ¶毒蛇 serpente velenoso ¶蛇革のベルト cintura di (pelle di) serpente ¶蛇にかまれる essere mors*o* da un serpente ¶蛇が庭をはっている. Un serpente striscia nel giardino. ¶蛇に見込まれた蛙のように come ipnotizzat*o*

✤**蛇座** (Costellazione[女] del) Serpente[男]

蛇使い incanta*tore*[男][[女] *-trice*] di serpenti

蛇使い座 Ofiuco[男], Serpentario[男]

ヘビー 〔英 heavy〕◇ヘビーな forte, pesante

✤**ヘビー級**《スポ》《ボクシングの》peso[男] massimo

ヘビースモーカー fuma*tore*[男][[女] *-trice*] accanit*o*

ヘビーメタル《音》〔英〕heavy metal[男][無変]

ベビー 〔英 baby〕⇒赤ん坊 ¶試験管ベビー bambino in provetta

✤**ベビーカー** passeggino[男], carrozzina[女], carrozzella[女]

ベビーサークル box[男][無変] per bambini

ベビーシッター baby-sitter[男][女][無変]

ベビーパウダー borotal*co*[男][複 *-chi*] (►商標)

ベビーブーム esplosione[女] [boom[男][無変]] delle nascite

へびいちご 蛇苺 《植》fragola[女] indiana

ペプシン 〔独 Pepsin〕《生化》pepsina[女]

ペプチド 〔英 peptide〕《生化》peptide[男]

ペプトン 〔独 Pepton〕《生化》peptone[男]

ヘブライ ◇ヘブライの ebreo, ebrai*co* [男複 *-ci*]

✤**ヘブライ語** l'ebraico[男]

ヘブライ人 ebre*o*[男][[女] *-a*] ¶ヘブライ人への手紙《聖》Epistola agli Ebrei

ヘブライ文化 ebraismo[男]

へべれけ ¶へべれけに酔っている essere ubriac*o* fradic*io*

へぼ ◇へぼな cattivo, mediocre, maldestro ¶へぼ画家 pit*tore*[男][[女] *-trice*] mediocre / imbrattatele[男][女][無変] ¶へぼ詩人 poetastro / poetucolo

ヘボンしき ヘボン式 sistema[男] Hepburn (◆un sistema di traslitterazione del giapponese in caratteri latini) ¶日本語をヘボン式ローマ字で書く scrivere il giapponese in caratteri latini secondo il sistema Hepburn

へま granch*io*[男][複 *-chi*], 〔仏〕gaffe [gaf] [女][無変]; 《愚行》idiozia[女]; 《卑》cazzata[女] ¶へまをする prendere un granchio [una cantonata] ¶へまなやつだ. È un pasticcione [confusionario]. / È uno che combina sempre pasticci.

ヘモグロビン 〔独 Hämoglobin〕《生化》emoglobina[女]

へや 部屋 stanza[女], camera[女]（►ホテルなどでは cameraを使うことが多い）;《住居》(piccolo) appartamento[男] ¶5部屋のアパート appartamento di 5 camere ¶8畳の部屋 camera di 8 *tatami* ¶部屋をかたづける mettere in ordine una stanza ¶部屋を借りる《間借り》prendere in affitto una camera [《アパート》un appartamento] ¶部屋を貸す dare in affitto una camera ¶ホテルに部屋を予約する prenotare una camera in albergo
✤**部屋着** veste[男] da camera, vestaglia[女]
部屋代 affitto[男] [pigione[女]] di una camera [di un appartamento]
部屋割り sistemazione[女] ¶旅行の部屋割りをする assegnare le stanze ai partecipanti di un viaggio organizzato

へら 箆 spatola[女];《ペインティングナイフ》mestichino[男];《棒状のもの》stecca[女]

べら 〔魚〕labro[男]

へらす 減らす diminuire, ridurre;《苦痛などを》attenuare ¶腹を減らしている aver fame ¶医者にタバコを減らすように言われた. Il medico mi ha consigliato di fumare meno.

へらずぐち 減らず口 ¶彼はいつも減らず口をたたく.《負け惜しみ》Non ammette mai di avere torto [sbagliato].

へらへら ¶へらへら笑う ridere stupidamente [scioccamente] ¶へらへらしないでまじめに答えなさい. Non essere frivolo! Rispondi seriamente.

べらべら ¶べらべらしゃべる essere un gran chiacchierone [《女性》una gran chiacchierona]

ぺらぺら **1**《上手にしゃべる様子》¶彼はフランス語がぺらぺらだ. Parla il francese correntemente [fluentemente]. **2**《よくしゃべる様子》¶ぺらぺらしゃべる ciarlare ¶彼女は実にぺらぺらよくしゃべる. È una tale chiacchierona! **3**《薄い様子》¶ぺらぺらの紙 foglio di carta sottile **4**《薄い物をめくる様子》¶本をぺらぺらめくる sfogliare velocemente [rapidamente] un libro

べらぼう ◇べらぼうな《ばかげた》assurdo;《甚だしい》terribile, spaventoso;《度の過ぎた》eccessivo, esagerato ◇べらぼうに《ひどく》estremamente, terribilmente ¶べらぼうな話だ. Roba da pazzi! ¶べらぼうな値段だ. È un prezzo da svenire!

ベランダ 〔英 veranda〕《建》veranda[女]

へり 縁 **1**《ふち》orlo[男], bordo[男], margine[男];《帽子などの》falda[女], tesa[女];《川の》sponda[女], riva[女] **2**《へり布》orlatura[女], bordatura[女] ¶へりをつける orlare *ql.co.*

ヘリウム 〔英 helium〕《化》elio[男];《元素記号》He

ヘリオスコープ 〔英 helioscope〕《天》elioscop*io*[男][複 *-i*]

ヘリオトロープ 〔英 heliotrope〕《植》eliotrop*io*[男][複 *-i*]

ペリカン 〔英 pelican〕《鳥》pellicano[男]

へりくだる 遜る abbassarsi, umiliarsi, mostrarsi modest*o* [umil*e*] ◇へりくだった modesto, umile ◇へりくだって modestamente, umilmente, in tutta umiltà

へりくつ 屁理屈 cavillo[男], arzigogolo[男] ¶へりくつをこねる cavillare[自][*av*] / ragionare in maniera cervellotica
✤**へりくつ屋** cavilla*tore*[男][[女] *-trice*], persona[女] cervellotica

ヘリコプター 〔英 helicopter〕elicottero[男]

ヘリポート 〔英 heliport〕eliporto[男]

ベリリウム 〔英 beryllium〕《化》berillio[男];《元素記号》Be

ヘリンボン 〔英 herringbone〕《織》tessuto[男] spinato

へる 経る **1**《時がたつ》passare[自][*es*], trascorrere[自][*es*] ¶時を経るにつれて con il passar del tempo ¶2世紀を経た家 palazzo di duecento anni fa ¶それから150年を経た今日 oggi, dopo 150 anni
2《過程を通る》◇経て per mezzo di *ql.co.* [*qlcu.*], tramite *ql.co.* [*qlcu.*] ¶正規の手続きを経てから dopo le necessarie formalità ¶幾多の困難を経る passare attraverso molte avversità
3《通過》passare[自][*es*] per ◇経て via ¶ローマを発ち, フィレンツェを経てヴェネツィアに着いた. Sono arrivato a Venezia da Roma「passando per [via] Firenze.

へる 減る **1**《数・分量などが減少する》diminuire[自][*es*], decrescere[自][*es*];《消費される, 消耗する》consumarsi;《消耗する》logorarsi ¶ダムの水が減った. Il livello dell'acqua della diga è sceso. ¶このところ売り上げが減ってきた. Recentemente le vendite sono diminuite. ¶授業の出席者が減った. Le presenze alle lezioni sono diminuite. ¶3キロ体重が減った. Sono dimagrito di 3 chili. / Ho perso 3 chili. ¶タイヤが減る. Le gomme si consumano.
2《おなかがすく》¶腹が減った. Ho fame! / M'è venuta fame! ¶腹が減って死にそうだ. Sto morendo di fame!

ベル 〔英 bell〕《鐘》campanello[男];《鳴らす装置》soneria[女];《自転車の》campanellino[男];《電話などのベルの音》squillo[男] ¶ベルを鳴らす suonare un campanello ¶授業開始のベルが鳴った. È suonato il campanello di inizio delle lezioni. ¶電話のベルが鳴っている. Il telefono sta squillando.

ベルエポック 〔仏 belle époque〕〔仏〕belle époque [belepɔ́k][女]（◆20世紀初頭）

ベルギー 《国名》Belgio[男] ◇ベルギーの bel*ga* [[男]複 *-gi*]
✤**ベルギー人** belga[男][女]

ペルシア 《イランの旧称》Persia[女] ◇ペルシアの persiano
✤**ペルシア語** il persiano[男]
ペルシアじゅうたん tappeto[男] persiano
ペルシア人 persian*o*[男][[女] *-a*]
ペルシア猫 gatt*o*[男][[女] *-a*] persian*o*

ヘルスケア 〔英 health care〕《健康管理》cura[女] della salute

ヘルスセンター luog*o*[男][複 *-ghi*] di cura, stazione[女] climatica

ヘルスメーター bilan*cia*[女][複 *-ce*] (da bagno)

ヘルツ 〔独 Hertz〕《物》hertz[男][無変];《記号》

Hz

ベルト 〔英 belt〕 **1**《バンド》cintura[女]; 《軍服の》cinturone[男] ¶安全[シート]ベルト cintura di sicurezza ¶ベルトを締める stringere [《座席の》allacciarsi / 《着用》portare] la cintura ¶ベルトを緩める slacciarsi la cintura ¶ベルトの穴[バックル / つめ / 抑え革] buco [fibbia / ardiglione / passante] di una cintura **2**《機械の》cinghia[女]; 《エスカレーターの》corrimano[男] [複 *corrimano, corrimani*] **3**《地帯》zona[女], regione[女], area[女], cinta[女]

✤ベルトコンベア 〔機〕 nastro[男] trasportatore [convogliatore]

ベルト張力[伝動] 〔機〕 tensione[女] della [trasmissione[女] a] cinghia

ヘルニア 〔ラ hernia〕〔医〕 ernia[女] ¶椎間板ヘルニア ernia al [del] disco intervertebrale

✤ヘルニア患者 ernios*o*[男] [[女] *-a*]

ヘルニア帯 cinto[男] erniar*io* [複 *-i*]

ヘルパー 〔英 helper〕 aiutante[男][女] ¶ホームヘルパー collabora*tore* [[女] *-trice*] familiare / 《略》colf[男][女] [無変] ¶介護ヘルパー badante

ヘルペス 〔独 Herpes〕〔医〕 erpete[男], herpes[男] [無変] ◇ヘルペス性の erpet*ico* [[男]複 *-ci*]

ベルベット 〔英 velvet〕〔織〕 velluto[男]

ヘルメット 〔英 helmet〕 elmetto[男]; ca*sco*[男] [複 *-schi*] ¶ヘルメットをかぶる mettersi l'elmetto

ベルモット 〔仏 vermouth〕 vermut[男] [無変]; 〔仏〕 vermout(h) [男] [無変]

ベレーぼう ベレー帽 ba*sco*[男] [複 *-schi*]

ヘレニズム 〔英 Hellenism〕〔史〕 ellenismo[男] ◇ヘレニズムの[ふうの／様式の] ellenisti*co* [[男]複 *-ci*]

✤ヘレニズム化 ◇ヘレニズム化する ellenizzare

ヘレニズム文明 civiltà[女] ellenica

ヘロイン 〔独 Heroin〕〔薬〕 eroina[女]

✤ヘロイン中毒 intossicazione[女] da eroina

ヘロイン中毒患者 eroinodipendente[男][女]

ベロナール 《商標》〔薬〕 veronal[男] [無変]

✤ベロナール中毒 avvelenamento[男] da veronal

べろべろ ¶犬は皿をべろべろなめた. Il cane ha pulito il piatto leccandolo. ¶彼はべろべろに酔っている. È ubriaco da far pietà.

ぺろぺろキャンディ lecca lecca[男] [無変]

ぺろり ¶ぺろりと舌を出す tirar fuori la lingua ¶犬は私の顔をぺろりとなめた. Il cane mi ha leccato la faccia. ¶2人前をぺろりと平らげる far sparire due porzioni in un boccone

へん 辺 **1**《付近》vicinanze[女] [複], paraggi[男] [複], dintorni[男] [複]; 《地域》area[女], parte[女], zona[女] ¶この辺に花屋さんはありませんか. C'è un negozio di fiori「in questo quartiere [qui vicino]? ¶どの辺まで読みましたか. Fin dove è arrivato a leggerlo? ¶イタリアのどの辺からいらしたのですか. Da quale parte d'Italia viene?

2《漠然とした事柄をさして》 ¶その辺の事情はあまりよくわからない. Non sono informato a sufficienza su quella questione.

3《程度》 ¶まずその辺のところだ. Più o meno è quello. ¶この辺で切り上げようよ. Terminiamo [Smettiamo] qui!

4〔幾何〕 lato[男] ¶三角形の3辺 tre lati di un triangolo

5〔数〕 ¶左[右]辺 primo [secondo] membro

へん 変 **1**《変事》accidente[男], incidente[男]; 《政変》rivolgimento[男] politi*co* [複 *-ci*], colpo[男] di Stato, cambiamento[男] di governo ¶本能寺の変 il caso Honnoji (◆1582) **2**《変わっていること》 ◇変な《人が, 奇妙な》strano, curioso, bizzarro; 《普通でない》fuori del comune, anormale, anomalo ◇変に stranamente, singolarmente ¶変な服装をした男 uomo vestito in modo eccentrico ¶変な目で見る guardare con uno sguardo sospettoso ¶変に思う trovare *ql.co.* [*qlcu.*] strano (►stranoは目的語の性・数に合わせて語尾変化する) ¶変な話だが… Potrà sembrare strano, ma... ¶この電話は少し変だ. C'è qualche cosa che non va [funziona] in questo telefono. ¶今日の彼は何だか変だ. Oggi ha qualcosa di strano. ¶あいつは頭が少し変だよ. È un po' toccato. ¶門の前に変なやつが立っている. Davanti al portone c'è uno strano individuo [tipo].

3〔音〕 bemolle[男] ¶変ホ長[短]調 mi bemolle maggiore [minore] ¶重変記号 doppio bemolle

へん 偏 《漢字の》radicale[男] sinistro dell'ideogramma

-へん -編 **1**《一まとまりの詩歌, 文章》 ¶1編の詩 un poema / una poesia ¶全5編の著作 opera in 5 parti **2**《編纂(へんさん)》compilazione[女] ¶吉田太郎編 a cura di Taro Yoshida / redatto [compilato] da Taro Yoshida **3**《書物を分けた》tomo[男], volume[男], libro[男] ¶上編 primo volume / volume uno

べん 弁 **1**《花弁》petalo[男] ¶6弁の花 fiore a sei petali **2**《器具の》valvola[女]

べん 弁 **1**《弁説》lingua[女], discorso[男], eloquenza[女] ¶学長就任の弁 discorso tenuto in occasione della nomina a preside ¶彼は弁が立つ. È un gran parlatore.

2《地域名に付けて, 方言》dialetto[男] ¶東北弁 dialetto del Tohoku

べん 便 **1**《便利》convenienza[女], opportunità[女], praticità[女], utilità[女] ¶交通の便がいい[悪い] essere ben [mal] servit*o* dai mezzi pubblici ¶その村までバスの便がある. Il servizio di autobus arriva fino a quel villaggio. **2**《大便》escrementi[男] [複], feci[女] [複]; 《幼》popò[女]; 《俗》cacca[女]; 《卑》merda[女]; 《排便》escrezione[女] fecale

ペン 〔英 pen〕 penna[女] ¶フェルトペン pennarello (►商標) / penna a feltro ¶ボールペン penna a sfera / biro (►商標) ¶金ペン penna d'oro ¶羽ペン penna d'oca ¶シャープペン matita automatica ¶ペンで書く scrivere con la penna ¶このペンは書きやすい. Questa penna scrive bene. ¶ペンを取る《手に持つ》prendere la penna in mano / 《書き始める》cominciare a scrivere / 《執筆活動を始める》porre mano alla penna ¶ペンで生活する「vivere facendo [fare] lo scrittore [《女性が》la scrittrice] ¶ペンを走らせる fare scorrere la penna ¶ペンは剣よりも強し. 《諺》"Ne uccide [ammazza] più la penna che la spada."

[慣用] **ペンを折る**《文筆活動をやめる》abbandonare la vita di scrittore [scrittrice]

❖**ペン画** disegno⓪ a penna

ペンクラブ P.E.N. Club⓪, Club⓪ dei Poeti, Saggisti e Romanzieri

ペン先 becco⓪ [複 -chi] [punta⓪ di] di una penna, pennino⓪

ペン皿[立て] portapenne⓪ [無変]

ペン習字 calligrafia⓪, scrittura⓪

ペンだこ callo⓪ dello scrittore

ペンネーム →見出し語参照

ペンフレンド →見出し語参照

へんあい 偏愛 predilezione⓪, preferenza⓪ ◇偏愛する avere [mostrare] una predilezione [preferenza] per *qlco.*, prediligere *qlcu.*

へんあつ 変圧 《電》trasformazione⓪ di tensione

❖**変圧器** trasformatore⓪ (di tensione)
変圧所 sottostazione⓪ elettrica

へんい 変位 《物・電》spostamento⓪

❖**変位記号** →変化記号
変位電流 corrente⓪ di spostamento

へんい 変異 **1** →異変 **2** 《生》variazione⓪ ¶突然変異 mutazione improvvisa

❖**変異説** 《生》teoria⓪ delle variazioni

べんい 便意 bisogno⓪ naturale ¶便意を催す sentire il bisogno di andare di corpo

べんえき 便益 convenienza⓪; 《利益》profitto⓪; vantaggio⓪ [複 -gi] ¶〈人〉の便益をはかる adoperarsi per *qlcu.*

へんおんきごう 変音記号《音》bemolle⓪ [無変]

へんおんどうぶつ 変温動物 《生》animale⓪ 「a sangue freddo [eterotermo]

へんか 返歌 *tanka*⓪ [無変] di risposta

へんか 変化 **1** 《変わること》cambiamento⓪, mutamento⓪, variazione⓪; 《形態の変化》trasformazione⓪; 《移り変わり》transizione⓪; 《変更》modificazione⓪ ◇変化する cambiare, mutare, variare⓪ (►人が主語のとき [av], 物が主語のとき [es]); trasformarsi; modificarsi ◇変化させる cambiare, variare, mutare; trasformare; modificare ◇変化しやすい variabile, instabile, mutevole, incostante ¶心境の変化 cambiamento emotivo ¶変化をもたらす causare un cambiamento ¶情勢には何の変化もない。Non c'è nessun cambiamento [mutamento] nella situazione. ¶昼夜の気温の変化が激しい。Lo sbalzo di temperatura tra la mattina e la sera è molto forte. ¶患者の容態が変化した。Lo stato di salute dell'ammalato è cambiato [mutato].
2 《多様性》varietà⓪ ◇変化のある vario⓪ [複 -i]; 《変動の多い》movimentato⓪ ◇変化に乏しい privo di varietà, poco vario; 《単調な》monotono, uniforme ¶景色が変化に富んでいて美しい。Il paesaggio è molto vario e bello.
3《文法》《語形変化，屈折》flessione⓪; 《動詞の》coniugazione⓪, flessione⓪ verbale; 《名詞・形容詞などの》declinazione⓪ ◇変化する coniugarsi; declinarsi ◇変化させる coniugare; declinare

❖**変化記号**《音》accidente⓪ (musicale), segno⓪ accidentale (di alterazione)
変化球 palla⓪ a [con] effetto

べんかい 弁解 《言い訳》scusa⓪; 《釈明》giustificazione⓪, spiegazione⓪ ◇弁解する giustificarsi con *qlcu.* di [per] *qlco.*, scusarsi di *qlco.* ¶弁解の余地のない ingiustificabile ¶君には弁解の余地などない。Nessuno accetterà le tue giustificazioni. ¶Non hai nessuna possibilità di giustificarti. ¶彼は遅刻の理由をあれこれ弁解した。Ha cercato di giustificarsi in mille modi per il suo ritardo. ¶弁解がましいことを言うな。Basta con le scuse! / Non inventare scuse!

へんかく 変革 cambiamento⓪; 《改革》riforma⓪; 《変動》trasformazione⓪ ◇変革する cambiare; riformare; trasformare ¶社会主義的変革 trasformazione socialista

❖**変革者** riforma*tore*⓪ [⓪ -trice]

へんかく 偏角《天》declinazione⓪

べんがく 勉学 studio⓪ [複 -i], lo studiare ¶勉学に励む applicarsi [dedicarsi] con zelo allo studio

ベンガラ [蘭 Bengala] sanguigna⓪, ocra⓪ rossa; 《色》minio⓪ di ferro

へんかん 返還 《復帰》ritorno⓪; 《返却》restituzione⓪ ◇返還する rendere [restituire] *qlco.* 《に a》¶北方領土返還運動 movimento per la restituzione delle Isole Curili

へんかん 変換 **1** 《変わること》cambiamento⓪, mutamento⓪ ◇変換する cambiare [mutare / convertire] *qlco.* 《に in》¶方針を変換する cambiare (la *propria*) politica ¶熱エネルギーに変換する trasformare *qlco.* in energia termica
2《数》trasformazione⓪ ◇変換する trasformare *qlco.* 《に in》

❖**変換器**《電子》trasduttore⓪
変換機[装置]《機》convertitore⓪
変換群《数》gruppo⓪ di trasformazione

べんき 便器 vaso⓪ 《tazza⓪》del gabinetto, 《英》water⓪ [無変]; 《男性用》orinatoio⓪ [複 -i]; 《おまる》vaso⓪ da notte, orinale⓪; 《しびん》pappagallo⓪; 《病人用》padella⓪

べんぎ 便宜 agevolazione⓪, vernice⓪; 《簡略化》facilitazione⓪; 《便利》comodità⓪, convenienza⓪; 《恩恵》beneficio⓪ [複 -ci]; 《好都合の》conveniente, opportuno, utile; 《一時しのぎの》provvisorio⓪ [複 -i] ◇便宜的に per comodità, per praticità; 《さしあたって》a titolo provvisorio, temporaneamente ¶〈人〉に便宜を図る fornire [procurare] a *qlcu.* agevolazioni 《について per》/ facilitare *qlcu.* 《について in》¶便宜的な手段 espediente ¶顧客の便宜を図って per agevolare i clienti [per comodità dei clienti] ¶便宜上彼を秘書と呼んでいる。Lo chiamiamo segretario per praticità.

❖**便宜主義** opportunismo⓪
便宜主義者 opportunista⓪ [⓪複 -i]

ペンキ colore⓪, vernice⓪, tinta⓪ ¶ペンキを塗る verniciare [tinteggiare / pitturare] *qlco.* ¶「ペンキ塗り立て」《掲示》"Vernice fresca" ¶ペンキがはげている。La vernice si è scrostata. ¶犬小屋に緑のペンキを塗った。Ho verniciato [Ho pitturato] il canile di verde. ¶屋根のペンキを塗りかえた。Ho rifatto la verniciatura del tetto.

❖**ペンキ屋** imbianchino⓪ [⓪ -a], vernicia*tore*⓪ [⓪ -trice]

へんきゃく 返却 restituzione⓪; 《品物の》rin-

へんきょう vio男〖複 -ii〗;《お金の》rimborso男;《損害賠償》risarcimento男, rifusione女 ◇返却する restituire; rimborsare ¶金の返却を求める volere indietro i (*propri*) soldi

へんきょう 辺境 《辺地》regione女 lontana;《国境地帯》zona女 di confine, frontiera女 ¶辺境の地 territorio limitrofo

へんきょう 偏狭 《視野の狭さ》ristrettezza女 di mente [di vedute];《狭量》grettezza女 d'animo;《宗教・政治上の》intolleranza女;《けち》meschinità女 ◇偏狭な《思想的に》di idee ristrette, ristretto;《宗教的に不寛容な》intollerante

べんきょう 勉強
1《学業に励むこと》stud*io*男〖複 -i〗 ◇勉強する studiare他《単独でも可》 ¶文学を勉強する studiare letteratura ¶こつこつ勉強する studiare con assiduità / applicarsi con assiduità allo studio ¶がりがり勉強する《親》sgobbare自 [*av*] ¶試験勉強をする prepararsi per gli esami ¶勉強がんばってね。Buono studio! / Buon lavoro! ¶あの子は勉強ができる。Quel bambino è un bravo alunno. ¶僕は勉強が嫌いだ。Non mi piace studiare. ¶私は歌の勉強にイタリアへ来ました。Sono venuto in Italia per studiare canto.
2《教訓》lezione女, insegnamento男 ¶ヨーロッパの一人旅はいい勉強になった。Il viaggio da solo [《女性が主語》da sola] in Europa mi ha insegnato tante cose.
3《値引き》◇勉強する fare uno sconto, fare il miglior prezzo
❖**勉強家** persona女 studiosa [diligente]
勉強会 gruppo男 di studio, gruppo男 di lavoro;〖英〗workshop男〖無変〗
勉強時間 ore女〖複〗di studio
勉強部屋 stanza女 di studio

へんきょく 編曲 《音》adattamento男, arrangiamento男, trascrizione女;《軽音楽の》arrangiamento男 ◇編曲する arrangiare, trascrivere ¶曲をピアノ用に編曲する arrangiare un brano per il pianoforte ¶イタリア民謡を管弦楽に編曲する orchestrare canzoni folcloristiche italiane ¶彼はワーグナーの曲をいくつか編曲した。Realizzò alcune trascrizioni da Wagner.

へんきん 返金 rimborso男, restituzione女;《お金》soldi男〖複〗restituiti ◇返金する rimborsare *ql.co.*《に a》, restituire *ql.co.*《に a》 ¶返金を要求する chiedere il rimborso

ペンギン〖英 penguin〗《鳥》pinguino男

へんくつ 偏屈 《頑固》ostinazione女, caparbietà女, testardaggine女;《狭量》grettezza女 ◇偏屈な ostinato, caparb*io*男〖複 -i〗, testardo; gretto;《気難しい》scontroso

へんけい 変形 cambiamento男 [mutamento男] di forma, trasformazione女 ◇変形する trasformarsi《に in》;《歪む》deformarsi ¶ AをBに変形させる cambiare [trasformare] A in B
❖**変形曲線**〖経〗curva女 di trasformazione
変形文法〖言〗grammatica女 trasformazionale

へんけい 変型 varietà女, variazione女

へんけいじま 弁慶縞 motivo男 a quadri bicolori

へんけいどうぶつ 扁形動物《動》platelminti男〖複〗

へんけん 偏見 pregiud*izio*男〖複 -i〗, preconcetto男, idea女 [opinione女] preconcetta, partito男 preso, prevenzione女 ¶偏見のある parziale / prevenuto ¶偏見のない senza pregiudizi / imparziale ¶人種的偏見 pregiudizi [stereotipi] razziali ¶偏見にとらわれない [満ちた] 見方 punto di vista「libero da [pieno di] pregiudizi ¶偏見と闘う lottare contro i pregiudizi ¶彼は日本人に偏見を抱いている。È prevenuto [Ha pregiudizi] contro i giapponesi. ¶それは偏見だよ。Questo è un punto di vista preconcetto.

べんご 弁護 difesa女;《弁明》giustificazione女, discolpa女; patroc*inio*男〖複 -i〗 ◇弁護する difendere *qlcu.*, prendere le difese di *qlcu.* ¶母はいつも父の前で私を弁護してくれた。Mia madre mi ha sempre difeso di fronte a mio padre. ¶私の弁護を引き受けてくださいますか。《弁護士に》Vuole assumere la mia difesa?
❖**弁護依頼人** cliente女 (di un avvocato)
弁護士 →見出し語参照
弁護団 coll*egio*男〖複 -gi〗della difesa, gli avvocati男〖複〗difensori
弁護人 difensore男 [女 *difenditrice*], patrocinatore男 [女 -*trice*];《弁護士》avvocato男 [女 -*essa*]

へんこう 変更 cambiamento男;《修正》modificazione女, modifica女 ◇変更する cambiare *ql.co.*, apportare un cambiamento a *ql.co.*; modificare *ql.co.*, apportare una modifica a *ql.co.* ¶名義変更 cambio di nominativo ¶予定を変更する cambiare [modificare] i *propri* progetti ¶住所を変更する cambiare indirizzo ¶計画に二, 三の変更が加えられた。Sono state apportate un paio di modifiche al piano [al progetto].

へんこう 偏光《物》《作用》polarizzazione女;《光》luce女 polarizzata
❖**偏光器** polariscop*io*男〖複 -i〗
偏光計 polarimetro男
偏光顕微鏡 microsc*opio*男〖複 -i〗polarizzatore
偏光子《光》polarizzatore男
偏光板 lastra女 di polarizzazione
偏光フィルター filtro男 polarizzante
偏光プリズム pr*isma*男〖複 -i〗polarizzante

へんこう 偏向 inclinazione女, tendenza女, orientamento男;《電子》deflessione女
❖**偏向教育** istruzione女 tendenziosa

へんこうせい 変光星《天》stella女 variabile

べんごし 弁護士 avvocato男 [女 -*essa*] (►女性についても男性形を用いることが多い);《略》avv. (►「法学部卒業者」の意味もある), legale男 ¶《わが社の》顧問弁護士 l'avvocato consulente [il consulente legale] (della nostra ditta) ¶国選弁護士 avvocato [difensore] d'ufficio (►国選弁護人をつけるシステムは patrocinio legale gratuito という) ¶弁護士になる《弁護士として登録する》iscriversi all'albo degli avvocati ¶弁護士に相談する consultare [consigliarsi con] un avvocato ¶弁護士を頼る ricorrere a un avvocato
❖**弁護士会** associazione女 degli avvocati
弁護士事務所 ufficio男〖複 -i〗legale
弁護士報酬 onor*ario*男〖複 -i〗[parcella女] dell'avvocato

へんさ 偏差 **1**《統》deviazione女, scarto男 ¶

標準偏差 deviazione standard
2《天》declinazione⚥ magnetica
✤**偏差計**《天》declinometro⚥
偏差値《統》valore⚥ di scarto dalla media (usato nella valutazione di un esame)
偏差値教育 sistema⚥ educativo che dà importanza a quanto uno studente si allontana dalla media

べんざ 便座 tavoletta⚤ (del gabinetto), sedile⚥ del water

へんさい 返済 restituzione⚤; 《お金の》rimborso⚥, rifusione⚤ ◇返済する rendere [restituire / rimborsare / rifondere] ql.co.
✤**返済期日** termine⚥ [periodo⚥ / scadenza⚤] di restituzione
返済不能《法》insolvenza⚤

へんざい 偏在 cattiva distribuzione⚤ ◇偏在する essere mal distribuito, essere distribuito in modo ineguale ¶富の偏在 distribuzione iniqua delle ricchezze

へんざい 遍在 onnipresenza⚤, ubiquità⚤ ◇遍在的 onnipresente ¶神は遍在する. Dio è onnipresente. ¶全国に遍在する民話 favola riscontrabile in tutto il paese

べんさい 弁済 restituzione⚤; 《お金の》rimborso⚥;《決済》pagamento⚥, regolamento⚥, estinzione⚤;《清算》liquidazione⚤ ◇弁済する ripagare; liquidare; regolare
✤**弁済期** ¶借金の弁済期が過ぎた. Il periodo entro cui adempiere al debito è scaduto.
弁済金《法》offerta⚤ di pagamento

へんさん 編纂 redazione⚤, compilazione⚤ ◇編纂する redigere, compilare ¶百科事典を編纂する compilare un'enciclopedia
✤**編纂者** redattore⚥ [⚤ -trice], compilatore⚥ [⚤ -trice]

へんし 変死 morte⚤ in circostanze insolite [innaturale]; morte⚤ violenta ◇変死する morire⚥ [es] di morte violenta e [o] in circostanze ancora da chiarire ¶変死体が発見された. È stato rinvenuto il cadavere di una persona.

へんじ 返事 risposta⚤, replica⚤ ◇返事をする rispondere⚥ [av] a qlcu. [ql.co.], dare una risposta ¶あいまいな返事 risposta ambigua [equivoca] ¶まだ返事がない. Non ho ancora ricevuto alcuna risposta. ¶彼の手紙に返事を書く scrivere una risposta alla sua lettera ¶返事に困る non sapere che (come) rispondere ¶彼ははっきりした返事をしない. Non risponde né sì né no. ¶彼は二つ返事で引き受けた. Non si è fatto pregare. ¶母からすぐ来るという返事があった. Mia madre ha risposto che sarebbe venuta subito. ¶手紙でご返事いたします. Le risponderò per lettera. ¶ご返事をお待ちしております. Attendo [Sono in attesa di] una Sua cortese risposta.

へんじ 変事 《事故》incidente⚥;《災難》disastro⚥, calamità⚤, sciagura⚤;《不祥事》avvenimento⚥ spiacevole

べんし 弁士《講演者》oratore⚥ [⚤ -trice], conferenziere⚥ [⚤ -a];《無声映画の》commentatore⚥ [⚤ -trice] (di un film muto), narratore⚥ [⚤ -trice], voce⚤ fuori campo

へんしつ 変質 **1**《性質の変化》cambiamento⚥ di qualità;《品質低下》deterioramento⚥, degenerazione⚤;《化》alterazione⚤ ◇変質する cambiare⚥ [es] di qualità; deteriorarsi, degenerare⚥ [av, es] ¶この物質は加熱すると変質する. Il calore altera la qualità di questa sostanza. ¶夏は食べ物が変質しやすい. Il cibo si deteriora facilmente in estate.
2《性格異常》◇変質的《異常な》anormale;《病的な》morboso
✤**変質者**《性的な》maniaco⚥ [⚤ -ca;⚥複 -ci] sessuale, pervertito⚥ [⚤ -a] (sessuale)

へんしつきょう 偏執狂 →偏執(へんしゅう)狂
へんしつしょう 偏執症 paranoia⚤ ◇偏執症の paranoico ¶⚥複 -ci
✤**偏執症者** paranoico⚥ [⚤ -ca; ⚥複 -ci]

へんしゃ 編者 curatore⚥ [⚤ -trice], compilatore⚥ [⚤ -trice]

へんしゅ 変種《生》varietà⚤

へんしゅう 編集 redazione⚤;《映画の》montaggio⚥ [⚥複 -gi] ◇編集する redigere ql.co., lavorare⚥ [av] alla redazione di ql.co.; dirigere (una rivista);《映画の》montare (un film);《番組を》preparare ql.co., curare ql.co. ¶《人》の編集による sotto la direzione di qlcu.
✤**編集会議** riunione⚤ del comitato di redazione
編集後記 nota⚤「dell'editore [editoriale]
編集室 ufficio⚥ [⚥複 -ci] di redazione
編集者 redattore⚥ [⚤ -trice];《映画の》montatore⚥ [⚤ -trice]
編集長 redattore⚥ [⚤ -trice] capo [無変], caporedattore⚥ [⚤ caporedattrice; ⚥複 capiredattori]
編集部 redazione⚤
編集方針 politica⚤ editoriale

へんしゅうきょう 偏執狂《医》《症状》monomania⚤;《人》monomane⚥, monomaniaco⚥ [⚤ -ca; ⚥複 -ci] ◇偏執狂の monomaniaco

べんじょ 便所 gabinetto⚥, 〔仏〕toilette [twalét]⚤ [無変], toletta⚤, toeletta⚤, wc [vuttʃí, vittʃí]⚥;《俗》cesso⚥;《男子 [女子] 用便所》toilette per uomini [per donne] ¶公衆便所 gabinetti pubblici /《男性専用》vespasiano⚥

へんじょう 返上 ¶休暇を返上して働く lavorare rinunciando alle vacanze

べんしょう 弁償 risarcimento⚥, indennizzo⚥ ◇弁償する risarcire ql.co. a qlcu., indennizzare qlcu. di [per] ql.co., compensare qlcu. di ql.co.
✤**弁償金** indennizzo⚥, risarcimento⚥, rimborso⚥, compensazione⚤

べんしょうほう 弁証法 dialettica⚤ ◇弁証法的 dialettico ¶⚥複 -ci ◇弁証法的に dialetticamente ¶弁証法的発展 sviluppo dialettico
✤**弁証法的唯物論** materialismo⚥ dialettico

へんしょく 変色 cambiamento⚥ di colore;《褪色》sbiadimento⚥, scolorimento⚥ ◇変色する cambiare colore; scolorirsi, perdere il colore; sbiadirsi ¶時が経って写真が変色した. Con il passar del tempo le foto si sono scolorite [sbiadite]. ¶変色しない che non sbiadi-

へんしょく 偏食 dieta㊛ [alimentazione㊛] 'non equilibrata [squilibrata]

ペンション [英 pension] pensione㊛ a gestione familiare; 《小規模の》pensioncina㊛ ¶ペンションに泊まる alloggiare in una pensione (◆pensioneは簡素な安い宿。昼食・夕食の2食付きは pensione completa, 昼食か夕食の1食付きは mezza pensioneという)

べんじる 弁じる ¶一席ぶじる fare un discorso ¶弁護士は被告のためにとうとうと弁じた. L'avvocato ha parlato in modo eloquente in favore dell'accusato.

ペンシル [英 pencil] matita㊛;《まゆ墨》matita㊛ per sopracciglia

へんしん 返信 (lettera㊛ di) risposta㊛;《Eメールの》mail㊛ [無変] di risposta ◇返信する rispondere㊂ [av] a qlcu. per corrispondenza
✤返信用切手 francobollo㊚ per la risposta 国際返信用切手 buono-risposta㊚ [複 buoni-risposta] internazionale
返信用はがき cartolina㊛ postale「di risposta [《往復はがきの》con risposta pagata]
返信用封筒 ¶返信用封筒を同封のこと. Allegare una busta con francobollo.
返信料 affrancatura㊛ per la risposta

へんしん 変心 《考えを変えること》cambiamento㊚ d'idea [d'opinione];《心変わり》mutamento㊚ di sentimenti;《移り気》incostanza㊛, volubilità㊛ ◇変心する cambiare idea [opinione]

へんしん 変身 metamorfosi㊛ [無変], trasformazione㊛;《カフカの小説》"La metamorfosi" ◇変身する trasformarsi (に in) ¶彼女は化粧ですっかり変身した. Truccata, sembrava un'altra persona.

へんしん 偏心 《機》eccentricità㊛

へんじん 変人 persona㊛ originale [eccentrica / singolare]

ベンジン [英 benzine] 《化》benzina㊛ (►「ガソリン」の意もある)

へんすう 変数 《数》 ¶外性 [従属 / 独立 / 内性 / 連続] 変数 variabile esogena [dipendente / indipendente / endogena / continua]

へんずつう 偏頭痛 《医》emicrania㊛

へんする 偏する 《かたよる》essere influenzato (に da), essere di parte;《偏見をいだく》essere prevenuto, avere pregiudizi

へんせい 変声 cambiamento㊚ di voce
✤変声期 età㊛ in cui si cambia la voce

へんせい 変性 degenerazione㊛; denaturazione㊛ ◇変性する《自らが》degenerare㊂ [es, av];《他のものを》denaturare ql.co.
✤変性アルコール alcool㊚ [無変] denaturato
変性剤 denaturante㊚

へんせい 編成 《組織》organizzazione㊛;《構成》composizione㊛ ◇編成する organizzare ql.co.; comporre ql.co. ¶15両編成の列車 treno di 15 vagoni [carrozze] ¶80人編成のオーケストラ orchestra di 80 elementi ¶予算を編成する fare un preventivo / compilare [stendere] un bilancio ¶バレーボールチームを編成する formare una squadra di pallavolo

へんせい 編制 《形成》formazione㊛ ◇編制す

る formare ql.co. ¶戦時 [平時] 編制 effettivi di guerra [di pace] (di un esercito)

へんせいがん 変成岩 《地質》rocce㊛ [複] metamorfiche

へんせいさよう 変成作用 《地質》metamorfismo㊚

へんせいふう 偏西風 《気》correnti㊛ [複] occidentali

へんせつ 変節 tradimento㊚ dei *propri* principi, cambiamento㊚ delle *proprie* idee;《背教》apostasìa㊛;《転向》conversione㊛ ◇変節する cambiare partito [opinione / idea], voltar casacca [gabbana], mutar bandiera
✤変節漢 voltagabbana㊚, girella㊚ [無変]

べんぜつ 弁舌 《話し方》modo㊚ di parlare, parlata㊛;《演説》discorso㊚;《雄弁》eloquenza㊛ ¶彼は弁舌さわやかだ. Sa essere convincente, quando parla.

へんせん 変遷 《変化》cambiamento㊚,《浮き沈み》vicissitudini㊛ [複], vicende㊛ [複];《進展》evoluzione㊛ ◇変遷する cambiare㊂ [es], subire un cambiamento ¶時代の変遷につれて via via [a mano a mano] che i tempi cambiano ¶社会の変遷 evoluzione della società ¶モードの変遷をたどる ripercorrere i cambiamenti della moda

ベンゼン [英 benzene] 《化》benzene㊚, benzolo㊚
✤ベンゼン環 anello㊚ benzenico [複 -ci]

へんそう 返送 rinvio㊚ [複 -ii], rispedizione㊛ ◇返送する rinviare [rimandare / rispedire] ql.co., mandare indietro ql.co. ¶手紙はあて先不明で差し出し人に返送された. La lettera è stata rinviata al mittente con la dicitura "Sconosciuto".

へんそう 変奏 《音》variazione㊛
✤変奏曲 variazione㊛

へんそう 変装 travestimento㊚, mascheramento㊚, camuffamento㊚ ◇変装する travestirsi [mascherarsi / camuffarsi] (に da) ¶かつらで変装する travestirsi con una parrucca

へんぞう 変造 contraffazione㊛;《偽造》falsificazione㊛;《改ざん》alterazione㊛ ¶旅券を変造する contraffare [falsificare] un passaporto
変造小切手 assegno㊚ falsificato
変造紙幣 banconota㊛ contraffatta

ベンゾール [独 Benzol] 《化》benzolo㊚

へんそく 変則 irregolarità㊛, anomalia㊛ ◇変則の irregolare, anomalo, anormale ◇変則的に irregolarmente, in modo irregolare

へんそく 変速 cambiamento㊚ di velocità ◇変速する cambiare velocità ¶5段変速の自転車 bicicletta a [con] cinque cambi
✤変速機 cambio㊚ [複 -i] di velocità

へんたい 変体 variazione㊛
✤変体仮名 variante㊛ di una lettera [una sillaba] *kana*
変体詩 poesia㊛ in forma non ortodossa

へんたい 変態 **1**《異常》anomalia㊛, anormalità㊛;《変態的》anomalo, anormale **2**《生》metamorfosi㊛ [無変] ¶この昆虫は変態する. Questo insetto subisce una metamorfosi.
✤変態性欲 perversione㊛ sessuale

変態性欲者 pervertit*o*[男][女 *-a*] (sessuale), persona[女] dalla sessualità malata

へんたい 編隊 《隊形》 formazione[女]; 《飛行中隊》 squadriglia[女] ¶5機編隊で飛ぶ volare in una formazione di 5 aerei

✤**編隊飛行** volo[男] in formazione

べんたつ 鞭撻 incitamento[男], incoraggiamento[男], eṣortazione[女] ◇**鞭撻する** incoraggiare [eṣortare / incitare] *qlcu.* ¶一層のご鞭撻をお願いいたします. Spero di poter sempre contare sui suoi incoraggiamenti e consigli.

ペンダント 〔英 pendant〕 **1** 《アクセサリー》 pendente[男], ciondolo[男]; 《小ぶりのもの》 ciondolino[男] ¶真珠のペンダント pendente di perle

2 《照明器具》 gocc*ia*[女][複 *-ce*]

✤**ペンダント時計** orologino[男] da collo

へんち 辺地 ⇒僻地(へき)

ベンチ 〔英 bench〕 《長いす》 panca[女], panchina[女] ¶ベンチに座る sedersi su una panchina ¶ベンチを暖める《試合中出番がない》 essere in panchina / fare la riserva

ペンチ pinze[女][複], tenaglie[女][複] ¶ペンチ1個 un paio di pinze

ベンチャー 〔英 venture〕 〔英〕 venture[女][無変]

✤**ベンチャー企業** 〔経〕〔英〕 joint venture[女][無変]

ベンチャービジネス piccola impresa[女] ricca di iniziativa imprenditoriale

へんちょう 変調 **1** 《調子が変わること》 cambiamento[男] di tono; 《体の不調》 cattive condizioni fisiche; 《不順》 irregolarità[女]; 《異常》 anomalia[女], anormalità[女] ¶彼は精神に変調を来した. C'era qualcosa di anormale nella sua mente. / Aveva disturbi mentali. ¶飛行機はエンジンに変調を来した. Il motore dell'aereo ha preso a funzionare male.

2 〔音〕 trasporto[男] ◇**変調する** 〔音〕《曲が》 cambiare di tono [chiave] ¶ハ調からヘ調に変調する passare dalla chiave di do a quella di fa

3 〔電子〕 modulazione[女] ¶周波数変調 modulazione di frequenza

✤**変調波** onda[女] modulata

へんちょう 偏重 ¶学歴偏重の社会 società che dà troppa importanza ai titoli accademici

ベンチレーター 〔英 ventilator〕 ventilatore[男], aeratore[男]

ベンツ 〔英 vents〕 〔服〕 spac*co*[男][複 *-chi*]; 《短い切り込み》 spacchetto[男] ¶サイドベンツ spacchi laterali ¶センターベンツ spacco centrale

べんつう 便通 defecazione[女]; 〔医〕 deiezione[女] ¶便通をつける facilitare [regolare] le funzioni intestinali ¶便通がありますか. Va di corpo regolarmente?

へんてこ(りん) ◇へんてこ(りん)な《奇妙な》 strano; 《ばかげた》 assurdo, originale ¶へんてこりんな帽子 cappello originale [un po' pazzo]

へんてつ 変哲 ¶何の変哲もない男 uomo assai banale / uomo privo di personalità

へんてん 変転 cambiamento[男] ◇**変転する** cambiare[自][*es*] ¶事態のめまぐるしい変転につれて come risultato dei rapidi cambiamenti della situazione

へんでん 返電 risposta[女] telegrafica, telegramm*a*[男][複 *-i*] di risposta ¶返電を打つ rispondere telegraficamente 《に a》 / inviare [mandare] un telegramma di risposta 《に a》

へんでんしょ 変電所 sottostazione[女] (elettrica)

へんとう 返答 risposta[女] ¶返答につまる non saper come [che cosa] rispondere

へんどう 変動 cambiamento[男], variazione[女], mutamento[男]; 〔経〕《相場などの》 fluttuazione[女], variazione[女], oscillazione[女] ◇**変動する** cambiare[自][*es*]; variare[自][*es*], oscillare[自][*av*], fluttuare[自][*av*] ¶為替相場の季節的変動 oscillazione stagionale del corso dei cambi ¶変動をもたらす apportare cambiamenti [variazioni] 《に a》 / provocare sconvolgimenti 《に a》 ¶気温の変動が激しい. Gli ṣbalzi di temperatura sono tremendi.

✤**変動為替相場制** 〔経〕 sistema[男] del tasso di cambio fluttuante; 《屈伸為替相場制》 sistema[男] del tasso di cambio flessibile

変動金利預金 deposito[男] a tasso variabile

変動幅 ¶変動幅拡大 《為替相場の》 allargamento della fascia di fluttuazione della moneta

変動費 〔会〕 costi[男][複] variabili

べんとう 弁当 cestino[男] (del pranzo); 《ピクニック用》 colazione[女] al sacco ¶学校に弁当を持って行く portarsi il pranzo a scuola ¶ここでお弁当にしましょう. Mangiamo qui quello che ci siamo portati dietro.

✤**弁当箱** cestino[男] 「del pranzo [della merenda / portavivande[無変]]

へんとうせん 扁桃腺 〔解〕 tonsilla[女] ◇扁桃腺の tonsillare ¶扁桃腺を切る togliere le tonsille ¶扁桃腺がはれている. Le tonsille sono infiammate.

✤**扁桃腺炎** 〔医〕 tonsillite[女]

扁桃腺切除 〔医〕 tonsillectomia[女]

へんにゅう 編入 incorporazione[女]; 《学生の》 ammissione[女], iscrizione[女] ◇**編入する** 《人を》 ammettere [iscrivere / incorporare] *qlcu.* 《に a, in》 ¶私は4年C組に編入された. Sono stato ammesso alla 4ª C (読み方: quarta ci).

✤**編入試験** eṣami[男][複] d'ammissione (per trasferimento)

ペンネーム 〔英 pen name〕 pseudonimo[男], nome[男] d'arte ¶ペンネームで小説を書く scrivere un romanzo sotto pseudonimo

へんねんし 編年史 cronaca[女], annali[男][複], cronistoria[女]

✤**編年史家** cronograf*o*[男][女 *-a*]

へんねんたい 編年体 ◇**編年体の** cronologi*co* [男複 *-ci*] ¶編年体で記述する descrivere cronologicamente [in ordine cronologico]

へんのう 返納 ◇**返納する** 《物を》 rendere, restituire, ridare; 《お金を》 rendere, restituire, rimborsare

✤**返納金** rimborso[男], risarcimento[男], restituzione[女]

へんぱい 返杯 ◇**返杯する** restituire la coppetta del *sakè*, dopo averla riempita, a colui che l'ha offerta

べんぱつ 弁髪 codino[男] degli antichi mandarini cinesi

ペンパル 〔英 pen pal〕⇀ペンフレンド

へんぴ 辺鄙 ◇辺鄙な《行きにくい》fuorimano; 《隔絶された》isolato, sperduto; 《遠い》remoto ¶彼は辺鄙な所に住んでいる. Abita in un luogo fuorimano.

べんぴ 便秘 costipazione[女] intestinale, stitichezza[女]; 〘医〙stipsi[女][無変] ¶私は便秘している. Non vado di corpo.

へんぴん 返品《行為》rinv*io*[男][複 *-ii*]［restituzione[女]］di merci; 《品物》merce[女] resa［restituita］◇返品する rimandare［rinviare］merci《に a》

✤**返品率** (tasso[男] di) resa[女]

ペンフレンド 〔英 pen friend〕 amic*o*[男]［[女] *-ca*; [男]複 *-ci*］「di penna［conosciuto per corrispondenza］

へんぺい 扁平 ◇扁平な piatto, appiattito

✤**扁平足** ¶彼は扁平足だ. Ha i piedi piatti.

べんべつ 弁別 ¶理非を弁別する riconoscere ciò che è giusto e ciò che è sbagliato

ベンベルグ 〔独 Bemberg〕《商標》〘織〙bemberg[男]

ぺんぺんぐさ ぺんぺん草 〘植〙borsa[女] di pastore

へんぼう 変貌 trasformazione[女], mutamento[男]; 《外面のみ》trasfigurazione[女] ◇変貌する trasformarsi; 《外面が》assumere un aspetto diverso ¶日本社会は戦後大きく変貌した. Dopo la guerra la società giapponese ha subito una profonda trasformazione.

へんぽう 返報 **1**《お返し》ricompensa[女], contraccamb*io*[男][複 *-i*] ◇返報する ricompensare, contraccambiare

2《仕返し》vendetta[女]

3《返信》risposta[女]

べんぽう 便法 《方策》espediente[男], ripie*go*[男][複 *-ghi*]; 《間に合わせ》palliativo[男] ¶便法を講じる escogitare［ideare / ricorrere a］un espediente ¶それは一時の便法にしかすぎない. Non si tratta che di un ripiego momentaneo.

へんぽん 返本 libro[男] restituito ¶これらの本は返本がきく. Questi libri, se invenduti, possono essere restituiti.

へんまがん 片麻岩 〘地質〙gneiss[gnɛ-][男], gneis[gnɛ-][男], gnais[gna-][男]

べんまく 弁膜 〘解〙valvola[女] ¶心臓弁膜症 〘医〙affezione[女] alla valvola mitralica

べんむかん 弁務官 commissar*io*[男][[女] *-ia*; [男]複 *-i*]; sovrintendente[男][女] ¶高等弁務官 Alto Commissario

へんむけいやく 片務契約 〘商〙contratto[男] unilaterale

へんめい 変名 《偽名》falso nome[男], pseudonimo[男] ¶変名を使う assumere uno pseudonimo / usare un nome falso

べんめい 弁明 giustificazione[女], scusa[女]; 《説明》spiegazione[女] ¶〈人〉に弁明を求める domandare una spiegazione a *qlcu.* / chiedere conto di *ql.co.* a *qlcu.*

べんもう 鞭毛 〘生〙flagello[男]

✤**鞭毛運動** movimento[男] dei flagellatori

鞭毛虫類 flagellati[男][複]

へんよう 変容 trasfigurazione[女] ¶キリストの変容 la Trasfigurazione di Cristo

べんらん 便覧 manuale[男], guida[女], prontuar*io*[男][複 *-i*]; 〔ラ〕vademecum[男][無変]

¶学生便覧 guida dello studente

べんり 便利 comodità[女], convenienza[女] ◇便利な conveniente, comodo; 《役に立つ》utile; 《実用的な》prati*co*[[男]複 *-ci*] ¶旅行に便利な辞書 dizionario comodo da portare in viaggio ¶取り扱いの便利な家電製品 elettrodomestici pratici［maneggevoli］¶この辺は交通が便利だ. Questa zona è ben servita dai mezzi pubblici［ben collegata］. ¶あそこへは車より電車で行くほうが便利だ. È più pratico andarci in treno che in macchina. ¶ここは買い物に便利だ. Questa zona è conveniente per fare la spesa.

べんりし 弁理士 procura*tore*[男][[女] *-trice*]［agente[男][女]］di brevetti

へんりょう 変量 〘数〙variabile[女], grandezza[女]［quantità[女]］variabile

へんりん 片鱗 ¶彼は10歳の時にすでに天才の片鱗を示した. A 10 anni si intravedeva già qualche barlume del suo talento.

へんれい 返礼 contraccamb*io*[男][複 *-i*]; 《品物》dono[男] fatto per contraccambiare; 《お礼の訪問》visita[女] fatta in contraccambio ◇返礼する《品物で》contraccambiare un dono (a *qlcu.*); 《訪問》restituire una visita (a *qlcu.*)

へんれき 遍歴 《放浪》peregrinazioni[女][複]; 《さまざまな旅》viaggi[男][複] ◇遍歴する peregrinare[自][*av*]《を per》¶遍歴の騎士 cavaliere errante ¶諸国を遍歴する viaggiare in tutto il mondo / peregrinare di paese in paese ¶彼にはさまざまな女性遍歴がある. Ha un lungo curriculum di conquiste.

へんろ 遍路 《巡礼》pellegrinag*gio*[男][複 *-gi*]; 《巡礼者》pellegrin*o*[男][[女] *-a*] ¶遍路の旅に出る andare in pellegrinaggio

べんろん 弁論 **1**《演説》discorso[男]; 《議論》discussione[女], dibattito[男] ◇弁論する discutere[自][*av*]《について di, su》, dibattere *ql.co.*

2《法廷での》udienza[女], arringa[女]; 《弁護》difesa[女] ¶口頭弁論 arringa ¶最終弁論 arringa finale ¶法廷で弁論する fare un'arringa / 《弁護》patrocinare［difendere］*qlcu.* in tribunale

✤**弁論術** oratoria[女]

弁論大会 concorso[男] orator*io*[複 *-i*]

ほ

ほ 帆 vela[女];《集合的》velatura[女];《帆布》tela[女] per vele, olona[女] ¶帆を上げる alzare [issare] le vele /《出帆する》fare vela / dare le vele al vento ¶帆を下ろす abbassare [calare] le vele ¶帆を桁に巻き付ける imbrogliare le vele ¶帆をたたむ ammainare [serrare] le vele / ridurre la velatura ¶帆をいっぱいに張って con (tutte) le vele spiegate / a vele spiegate ¶風に応じて帆を調節する volgere la vela al vento ¶帆が風をはらんでいる. Il vento gonfia le vele.
[慣用] **尻に帆を掛ける** ¶彼は尻に帆を掛けて逃げ出した. Se l'è「svignata [data a gambe levate].

ほ 歩 **1** passo[男];《歩調》andatura[女] ¶歩を速める[緩める] affrettare [rallentare] il passo ¶彼らは目的地に向かって着々と歩を進めている. Si dirigono verso la loro destinazione passo dopo [a] passo. **2**《数を表す語に付いて》¶2歩 due passi ¶数歩歩いて止まる fermarsi dopo qualche passo

ほ 穂 〔植〕spiga[女] ¶稲の穂 spiga di riso ¶穂の出た稲 riso spigato ¶麦の穂が出た. Il grano è spigato [ha messo le spighe].
[慣用] **穂に出る** ¶思いが穂に出ていた. La sua espressione rivelava i suoi veri sentimenti.
穂を継ぐ ¶彼はせき払いをして, 話の穂を継いだ. Dopo essersi schiarito la voce ha ripreso il filo del discorso.

ホ 〔音〕mi[男][無変] ¶ホ長[短]調 mi maggiore [minore]

-ほ -補 《位が下の》assistente[男][女];《見習いの》apprendista[男][女][男複 -i], tirocinante[男][女] ¶判事補 giudice aggiunto ¶警部補 vice ispettore di polizia ¶外交官補 diplomatico che sta svolgendo il tirocinio iniziale della carriera

ボア 〔英 boa〕 **1**《大蛇》boa[男][無変] **2**《えり巻》boa[男][無変] **3**《毛などの裏打ち》¶毛のボア付きのコート trench foderato di lana ¶ボアのシーツ《起毛の》lenzuolo felpato [di felpa]

ほあん 保安 mantenimento[男] dell'ordine pubblico, sicurezza[女] ¶海上保安庁 Agenzia per la Sicurezza Marittima
✤保安基準 parametri[男][複] di sicurezza
保安帽 casco[男][複 -schi] di sicurezza
保安要員 squadra[女] di sicurezza
保安林 riserva[女];《防風林》foresta[女] frangivento [無変]

ほい 補遺 supplemento[男], appendice[女], aggiunta[女]

-ぽい **1**《…の気がある》¶水っぽい acquoso ¶湿っぽい天候 tempo umidiccio ¶子供っぽい infantile ¶男っぽい《男性が》maschile / virile /《女性が》mascolina ¶どうもやつの言うことは嘘っぽい. Ciò che dice sembra [suona] falso.
2《…しやすい》¶彼はあきっぽい. Si stanca molto facilmente delle cose.

ホイール 〔英 wheel〕 cerchio[男][複 -chi];《自転車》cerchione[男];《タイヤも含んで》ruota[女] ¶アルミホイール ruota di alluminio
✤ホイールキャップ 〔車〕coppa[女] per ruota, coprimozzo[男]
ホイールベース 〔車〕passo[男], distanza[女] fra le ruote

ほいく 保育 allevamento[男] [cura[女]] dei bambini ◇**保育する**《養育する》allevare;《乳を飲ませて》allattare
✤保育園[所] asilo[男] nido [無変]
保育器 incubatrice[女]
保育士 maestra[女][男 -o] di asilo

ボイコット 〔英 boycott〕 boicottaggio[男][複 -gi] ◇**ボイコットする** boicottare *ql.co.* [*qlcu.*] ¶日本商品ボイコット運動 campagna [movimento] per il boicottaggio dei prodotti giapponesi

ボイス 〔英 voice〕 voce[女]
✤ボイスメール 〔コンピュータ〕casella[女] vocale, 〔英〕voice mail[女][無変]
ボイスレコーダー《飛行機の》scatola[女] nera

ホイッスル 〔英 whistle〕 fischietto[男]

ホイップ 〔英 whip〕 ¶クリームをホイップする montare la panna
✤ホイップクリーム《ホイップした》panna[女] montata;《ホイップ用の》panna[女] da montare

ほいほい ¶そんなに何でもほいほい引き受けないほうがいい. Non devi accettare「senza pensarci bene [alla leggera] tutto quello che ti si chiede.

ぽいぽい ¶彼は何でもぽいぽい捨てる. Butta via tutto senza pensarci.

ボイラー 〔英 boiler〕 caldaia[女];《蒸気発生装置》generatore[男] di vapore ¶ボイラーをたく accendere una caldaia
✤ボイラー室 locale[男] [sala[女]] della caldaia
ボイラーマン operaio[男][複 -i] addetto alle caldaie

ホイル 〔英 foil〕 lamina[女]; foglio[男][複 -gli] ¶アルミホイル foglio di alluminio / carta stagnola ¶鱒(ます)のホイル焼き trota al cartoccio

ボイル 〔英 boil〕 bollitura[女], bollita[女] ◇**ボイルする** bollire; cuocere

ぼいん 母音 vocale[女] ◇**母音の** vocalico[男複 -ci] ¶短[長]母音 vocale breve [lunga] ¶単母音 monottongo ¶二重母音 dittongo ¶三重母音 trittongo ¶開[閉 / 口腔 / 鼻]母音 vocale aperta [chiusa / orale / nasale] ¶強[弱]母音 vocale tonica [atona] ¶半母音 semivocale[女]
✤母音化《子音の》vocalizzazione[女] ◇**母音化する**《他のものを》vocalizzare *ql.co.*;《自らが》vocalizzarsi
母音字 vocale[女], segno[男] vocalico
母音省略 elisione[女] ¶aを母音省略する elidere le a
母音調和 armonizzazione[女] [armonia[女]] vocali-

ぼいん 拇印 impronta⊛ del pollice ¶書類に拇印を押す firmare un documento apponendo l'impronta del pollice

ポインセチア [ラ Poinsettia] 《植》stella⊛ di Natale, poinsezia⊛

ポインター [英 pointer]《猟犬》[英] pointer⊛《無変》; cane⊛ da punta

ポイント [英 point] **1**《要点》punto⊛ essenziale [importante], l'essenziale⊛ ¶ポイントを外す andare fuori tema / uscire di tema ¶彼の話はポイントを突いていた。 Ha parlato cogliendo i punti essenziali. **2**《点, 地点》¶チェックポイント posto di controllo /《重要点》punto essenziale **3**《印》corpo⊛, punto tipografico [複 -ci] ¶9ポイントで印刷する stampare in corpo 9 **4**《鉄道》scambio⊛ [複 -i], deviatoio⊛ [複 -i] ¶ポイントを切り替える cambiare binario **5**《小数点》virgola⊛ decimale ¶9ポイント85 nove [virgola [e] ottantacinque (▶9,85 と書く) **6**《得点》punto⊛ ¶ポイントを取る [失う] vincere [perdere] un punto

✦**ポイントゲッター** ¶彼はチームのポイントゲッターだ。È il cannoniere della squadra.

ほう Oh? / Davvero?

ほう 方 **1**《方向》direzione⊛ ¶東の方に verso [a] est / in direzione est ¶左の方に a sinistra ¶こちらの方に da questa parte ¶駅の方へ走る correre verso la stazione ¶反対の方に歩く camminare nella direzione opposta ¶こちらの方を見てください。Guardi verso di me. **2**《部門, 種類, 側》campo⊛, area⊛, ambito⊛ ¶資金のほうは引き受けた。Al lato finanziario, ci penso io. ¶彼はおしゃべりなほうだ。È piuttosto chiacchierone. ¶彼は日本人にしては色の白いほうだ。Per essere un giapponese ha la carnagione chiara. ¶私のほうから連絡します。Ti chiamerò io. **3**《選択》¶みかんよりりんごのほうが好きだ。Preferisco la mela al mandarino. ¶私のほうが間違っていました。Sono io che ho sbagliato. **4**《「...するほうがいい」の形で, 助言》¶早く出発したほうがいい。È meglio partire subito. ¶家にいたほうがよかった。Sarebbe stato meglio stare a casa.

ほう 法 **1**《法律》diritto⊛, legge⊛;《総称》legislazione⊛, giurisprudenza⊛;《規定》regola⊛, norma⊛, regolamento⊛;《法典》codice⊛ ¶自然法 diritto naturale ¶教会[市民]法 diritto canonico [civile] ¶ローマ法 Diritto Romano ¶法の支配 il regno della legge ¶法にかなった legale / conforme alla legge /《合法の》lecito ¶法に外れた illegale / fuori legge / illecito ¶法に訴える ricorrere [far ricorso] alla legge ¶法に触れる derogare a una legge [norma] ¶法を守る osservare [rispettare] la legge / attenersi al regolamento ¶法を犯す violare [trasgredire] la legge ¶法の定めるところにより a norma [a termini] di legge / secondo le prescrizioni della legge ¶法の名において in nome della legge ¶法は万人に平等である。La Legge è uguale per tutti. **2**《方法》metodo⊛, sistema⊛ [複 -i];《過程》processo⊛ ¶教育法 metodo didattico [d'insegnamento] / didattica ¶製造法 procedimento [processo] di fabbricazione **3**《礼儀, 作法》¶法にかなった振る舞い comportamento conforme all'etichetta ¶人の物を盗んでいいという法はない。Per nessuna ragione un furto può essere considerato giusto. **4**《仏教》¶法を説く predicare la verità ¶人を見て法を説け。Adeguati agli altri! **5**《文法》modo⊛ ¶直説 [接続 / 条件 / 命令 / 不定] 法 modo indicativo [congiuntivo / condizionale / imperativo / infinito]

ほう 報 notizia⊛ ¶戦争勃発の報に接して alla notizia dello scoppio della guerra

ほう 某 ¶某氏 il signor X [iks] / un certo signore ¶某婦人 [嬢] la signora [la signorina] Y ¶山田某 un certo [tale] Yamada ¶某家 la famiglia tal dei tali ¶某月某日 il tal giorno del tal mese / il giorno X del mese X ¶ローマ市内某所で in un luogo di Roma non ben identificato

ほう 坊 **1**《僧の家》abitazione⊛ di un bonzo;《僧》monaco⊛ [複 -ci], bonzo⊛ **2**《男の子》¶三男坊 il proprio terzo figlio

ほう 棒 《杖》bastone⊛;《バー, 竿(ざお)》asta⊛, barra⊛, sbarra⊛;《小さめの棒》bacchetta⊛, stoncino⊛ ¶棒で殴る colpire qlcu. con un bastone / bastonare qlcu. ¶足が棒になった。Mi sento le gambe di legno.

[慣用] **棒に振る** ¶一生を棒に振る rovinarsi la vita ¶チャンスを棒に振る sciupare [sprecare] un'occasione

ほうあん 法案 disegno⊛ di legge ¶法案を起草する abbozzare un disegno di legge ¶法案を提出する presentare un disegno di legge ¶法案を採決 [可決 / 否決] する votare [approvare / respingere] un progetto di legge

ぼうあんき 棒暗記 ¶棒暗記する imparare a memoria [a pappagallo] ql.co.

ほうい 方位 **1**《方角》punto⊛ della bussola, direzione⊛;《天》azimut⊛《無変》¶磁気方位 azimut magnetico ¶方位を確かめる accertare la direzione **2**《占いなどの》¶方位を占う predire la direzione fortunata [propizia]

✦**方位角** declinazione⊛, azimut⊛《無変》

ほうい 包囲 (人・場所の) accerchiamento⊛, aggiramento⊛; (城・都市の) assedio⊛ [複 -i] ◊包囲する accerchiare [circondare / aggirare] ql.co. [qlcu.]; assediare ql.co., stringere d'assedio ql.co. ¶包囲を解く togliere l'assedio (《の》a) ¶包囲を突破する rompere l'accerchiamento [l'assedio]

✦**包囲軍** truppe⊛ [複] d'assedio [assedianti]; assedianti⊛ [複]

包囲作戦 operazione⊛ di accerchiamento [di aggiramento]

包囲網 rete⊛ accerchiante

ほうい 法衣 tonaca⊛, veste talare, saio⊛ [複 -i];《集合的》abiti⊛ [複] sacerdotali;《儀式用の》paramenti⊛ [複] liturgici ¶法衣を着る《僧になる》vestire la tonaca ¶法衣を脱ぐ《還俗する》gettare la tonaca alle ortiche

ぼうい 暴威 ¶暴威をふるう imperversare⊛

[av] / infierire[自][av] / dilagare[自][es] / sconvolgere

ほういかいぼう 法医解剖 〔医〕autopsia[女]; 《死因解剖》necroscopia[女]

ほういがく 法医学 medicina[女] legale
✤**法医学者** medico[男][複 -ci] legale

ほういつ 放逸 ◇放逸な dissoluto, sregolato ¶放逸な生活を送る condurre una vita dissoluta [sregolata]

ぼういん 暴飲 ◇暴飲する bere[他]（►単独でも可）troppo [eccessivamente]
✤**暴飲暴食** eccesso[男] nel mangiare e nel bere ◇暴飲暴食する gozzovigliare[自][av], bere e mangiare[他]（►単独でも可）smodatamente

ほうえ 法会 funzione[女] religiosa buddista

ほうえ 法衣 ⇒法衣(ほう)

ほうえい 放映 trasmissione[女] televisiva ◇放映する mandare in onda *ql.co.*, teletrasmettere *ql.co.* ¶このテレビ映画は当チャンネルで放映されます. Questo telefilm「sarà trasmesso [andrà in onda] su questo canale.
✤**放映権** diritti[男][複] televisivi

ぼうえい 防衛 difesa[女] ¶自己防衛 autodifesa ¶正当防衛 legittima difesa ¶相互防衛条約 trattato di reciproca difesa ¶選手権を防衛する difendere il titolo di campione
✤**防衛産業** industria[女] militare
防衛省 Ministero[男] della Difesa
防衛大学校 Accademia[女] Militare per la Difesa
防衛大臣 Ministro[男] della Difesa
防衛費 spese[女][複] per la difesa nazionale
防衛力 potenza[女] difensiva

ぼうえき 防疫 〔医〕profilassi[女][無変], prevenzione[女]
✤**防疫対策** misure[女][複] profilattiche [preventive]

ぼうえき 貿易

commercio[男][複 -ci] estero [con l'estero / internazionale], scambio[男][複 -i] commerciale「internazionale [con l'estero] ◇貿易する commerciare[自][av]《と con》¶保護貿易 commercio estero protetto ¶保護貿易制度 sistema protezionistico ¶自由貿易 libero scambio ¶自由貿易論 liberismo / principio [teoria] del libero scambio ¶通過貿易 commercio di transito ¶相互[往復]貿易 scambi bilaterali ¶三角貿易 scambi trilaterali ¶バーター貿易 baratto ¶貿易に従事する impegnarsi nel commercio con l'estero ¶イタリアとワインの貿易をする commerciare in vini con l'Italia ¶日本貿易振興機構 Associazione Giapponese per il Commercio (con l')Estero / 《略》〔英〕JETRO [dʒétro] ¶イタリア貿易振興会 Istituto nazionale per il Commercio Estero / 《略》ICE
✤**貿易外収支** partite[女][複] invisibili
貿易業者 importatori[男][複] e esportatori[男][複]
貿易協定 accordo[男] commerciale
貿易港 porto[男] commerciale
貿易構造 composizione[女] del commercio estero
貿易差額[収支] bilancia[女] commerciale, partite[女][複] visibili
貿易市場 mercati[男][複] commerciali
貿易自由化 liberalizzazione[女] del commercio estero
貿易商社 azienda[女] per il commercio con l'estero
貿易手形 cambiale[女] commerciale
貿易風〔気〕alisei[男][複]
貿易不均衡 squilibrio[男] del commercio estero
貿易摩擦 contrasto[男] commerciale

ほうえつ 法悦 **1**《宗教的な》estasi[女][無変] religiosa ¶聖テレジアの法悦 estasi di Santa Teresa **2**《うっとりするような歓喜》rapimento[男], trasporto[男]; 《恍惚状態》estasi[女][無変] ¶法悦状態になる andare [cadere] in estasi

ほうえん 砲煙 fumo[男] da fuoco d'artiglieria ¶彼は砲煙をくぐり抜けてきた. È uscito vivo dalla battaglia.

ぼうえん 防炎 misure[女][複] antincendio [無変]
✤**防炎加工** ◇防炎加工の non infiammabile, ignifugo [[男]複 -ghi]

ぼうえんきょう 望遠鏡 cannocchiale[男]; 《特に天体用》telescopio[男][複 -i] ◇望遠鏡の[による] telescopico [[男]複 -ci] ¶天体望遠鏡 telescopio astronomico ¶電波望遠鏡 radiotelescopio ¶反射望遠鏡 telescopio a riflessione

ほうえんこう 方鉛鉱 〔鉱〕galena[女]

ぼうえんレンズ 望遠レンズ teleobiettivo[男], teleobbiettivo[男]

ほうおう 法王 〔カト〕papa[男][複 -i], (sommo) pontefice[男], Santo Padre[男]（◆日本カトリック教会は「教皇」を公称として用いる）◇法王の papale, pontificio [[男]複 -ci; [女]複 -cie], pontificale
✤**法王回勅** enciclica[女]
法王教書 bolla[女] papale
法王猊下(げいか) Sua [Vostra] Santità[女]
法王権 papato[男], pontificato[男]
法王選挙会議 conclave[男]（◆投票の結果, 新法王が決定したときには法王庁から「白煙」fumata bianca が, 決定しなかったときには「黒煙」fumata nera があがる）
法王庁 il Vaticano[男], la Santa Sede[女]
法王不可謬(ふかびゅう) infallibilità[女] pontificia
法王領 lo Stato[男] pontificio

ほうおう 法皇 〔史〕imperatore[男] che ha abdicato e si è fatto monaco buddista

ほうおう 訪欧 ◇訪欧する visitare l'Europa

ぼうおん 忘恩 ingratitudine[女], mancanza[女] di gratitudine [di riconoscenza] ◇忘恩の ingrato ¶忘恩の徒 ingrato[男][[女] -a]

ぼうおん 防音 insonorizzazione[女], isolamento[男] acustico ◇防音した insonorizzato, isolato acusticamente
✤**防音ガラス** vetro[男] per [da] insonorizzazione
防音材 materiale[男] insonorizzante
防音室 stanza[女] [cabina[女]] insonorizzata
防音装置 isolamento[男] acustico [複 -ci], dispositivo[男] [attrezzatura[女]] fonoisolante; 《銃器の》silenziatore[男]

ほうか 邦貨 《日本の貨幣》moneta[女] giapponese; lo yen[男]

ほうか 放火 incendio[男][複 -i] di origine dolosa ◇放火する provocare un incendio, incendiare [dar fuoco a / appiccare il fuoco a] *ql.co.*

¶この火災には放火の疑いが持たれている．Si sospetta che l'incendio sia di origine dolosa.
✤放火罪 incendio㊚ doloso
放火犯人 incendiario㊚[㊛ *-ia*; ㊚複 *-i*]
放火魔 piromane㊚㊛

ほうか 法科 《法学部》facoltà㊛ di giurisprudenza ¶法科を出る laurearsi in giurisprudenza
✤**法科大学院** scuola㊛ di specializzazione in giurisprudenza

ほうか 砲火 colpo㊚ d'arma da fuoco, fuo*co* ㊚[複 *-chi*] d'artiglieria ¶十字砲火 fuochi incrociati ¶砲火を治める cessare il fuoco ¶砲火を交える《主語が複数で》scambiarsi colpi di arma da fuoco /《戦争する》farsi la guerra / aprire il fuoco《に su, contro》 ¶敵に砲火を浴びせる bombardare il nemico

ほうが 邦画 《日本映画》cinema㊚ giapponese;《日本画》quadro㊚ di stile giapponese

ほうが 萌芽 **1**〔生〕《発芽》germinazione㊛;《新芽》gemma㊛, germo*glio*㊚[複 *-gli*];《胚芽》embrione㊚ **2**《物事の始まり，兆候》germe㊚ ¶彼の才能の萌芽は幼少のころに見ることができる．Il suo talento si è manifestato fin da quando era bambino.

ぼうか 防火 prevenzione㊛「contro gli [degli] incendi ◇防火の《不燃性の》a prova di fuoco, resistente al fuoco, incombustibile, ignifu*go* [㊚複 *-ghi*];《火事を防ぐ》antincendio [無変] ¶防火に努める combattere il fuoco
✤**防火訓練** eṣercitazione㊛ antincendio [無変]
防火建築 costruzione㊛ antincendio [無変]
防火スクリーン parafuoco㊚[無変]
防火設備 ¶このホテルには防火設備がない．Questo hotel non ha attrezzature antincendio.
防火扉 porta㊛ antincendio
防火服 tuta㊛ ignifuga
防火壁 muro㊚[paratia㊛ / porta㊛] tagliafuoco [無変]

ぼうが 忘我 ¶彼は忘我の境地にあった．Era in uno stato di eṣtaṣi.

ほうかい 崩壊 **1**《崩れること》crollo㊚, caduta㊛, cedimento㊚, tracollo㊚ (►比喩的にも用いる) ◇崩壊する crollare(自)[*es*], cadere(自)[*es*]; cedere(自)[*av*] ¶バブル経済の崩壊 crollo dell'economia effimera ¶内閣は崩壊寸前であった．Il governo stava per crollare.
2〔物〕《放射性元素の》decadimento㊚ radioattivo, diṣintegrazione㊛ radioattiva ◇崩壊する diṣintegrarsi
✤**崩壊定数**〔物〕costante㊛ di decadimento
崩壊熱〔物〕calore㊚ da diṣintegrazione

ほうがい 法外 ◇法外な《途方もない》irragionevole, stravagante;《過度の》eccessivo, enorme, ṣmiṣurato, eṣagerato ◇法外に eccessivamente ¶法外な値段 prezzo eṣorbitante ¶法外な要求 richiesta irragionevole

ぼうがい 妨害 impedimento㊚, ostruzione㊛, ostacolo㊚ (►いずれも動作と物の両方をさす);〔空〕disturbo㊚ ◇妨害する ostruire [ostacolare / intralciare] *ql.co.*, impedire「a *qlcu.* di＋不定詞 [che＋接続法];《干渉する》interferire(自)[*av*]《を in》
¶議事妨害 ostruzioniṣmo parlamentare ¶受信妨害《ラジオ放送の》interferenza ¶〈人〉の安眠を妨害する turbare [disturbare] il sonno di *qlcu.* ¶〈人〉の営業を妨害する impedire la conduzione degli affari di *qlcu.* ¶交通を妨害する ostacolare il traffico
✤**妨害電波** ¶妨害電波を発する disturbare *ql.co.* con interferenze / creare interferenze

ぼうがい 望外 ¶望外の栄誉です．È un'onorificenza inaspettata [inattesa / insperata].

ほうかいせき 方解石〔鉱〕calcite㊛

ほうがく 方角 direzione㊛ ¶…の方角へ nella [in] direzione di *ql.co.* / verso *ql.co.* ¶同じ方角へ nella [verso la] stessa direzione ¶別の方角へ in [verso] un'altra direzione ¶反対の方角へ nella direzione contraria ¶あらゆる方角へ in [verso] tutte le direzioni ¶方角を間違える prendere la direzione ṣbagliata ¶東の方角に1キロ進む procedere verso est di 1 km ¶山道で方角を見失ってしまった．Mi sono perso in montagna.

ほうがく 邦楽 muṣica㊛ tradizionale giapponese

ほうがく 法学 diritto㊚, giurisprudenza㊛ ¶法学を学ぶ studiare legge
✤**法学士** dotto*re*㊚[㊛ *-essa*] in giurisprudenza
法学者 giurist*a*㊚㊛[㊚複 *-i*]
法学博士 diplomat*o*㊚[㊛ *-a*] di dottorato di ricerca in giurisprudenza
法学部 facoltà㊛ di giurisprudenza

ほうかご 放課後 dopo le lezioni, in orario extrascolastico (►副詞句)

ほうかつ 包括 incluṣione㊛, comprensione㊛, conglobamento㊚ ◇包括する includere, comprendere, inglobare, conglobare ◇包括的 globale, generale, comprensivo ◇包括的に globalmente, comprensivamente ¶彼は問題点を包括して質問した．《まとめて》Ha fatto una domanda che riassumeva i problemi.
✤**包括的核実験禁止条約** trattato㊚ sul divieto totale degli esperimenti nucleari

ほうかん 砲艦 cannoniera㊛
✤**砲艦外交**〔政〕diplomazia㊛ delle cannoniere [del pugno di ferro]

ほうがん 包含 ◇包含する contenere, includere, abbracciare;《内包》implicare

ほうがん 砲丸〔スポ〕peso㊚
✤**砲丸投げ** lancio㊚ del peso ¶砲丸投げの選手 lancia*tore*㊚[㊛ *-trice*] del peso

ぼうかん 防汗 ¶防汗用スプレー spray [sprái]㊚[無変] antisudorifero

ぼうかん 防寒 protezione㊛ contro il freddo
✤**防寒具** equipaggiamento㊚ di protezione contro il freddo ¶防寒具に身を固める coprirsi bene / proteggersi dal freddo
防寒帽 passamontagna㊚[無変]

ぼうかん 傍観 ◇傍観する essere spetta*tore* di *ql.co.* senza intervenire, assistere(自)[*av*] a *ql.co.* senza prendervi parte;《無関心》rimanere(自)[*es*] indifferente a *ql.co.* ¶傍観的態度をとる prendere [assumere] un atteggiamento impassibile
✤**傍観者** spetta*tore*㊚[㊛ *-trice*], astante㊚㊛

ぼうかん 暴漢 teppist*a*㊚[複 *-i*], furfante㊚,

ほ

malfattore[男], aggressore[男] ¶彼は暴漢に襲われた. È stato aggredito da alcuni teppisti.

ほうがんし 方眼紙 carta[女] quadrettata [a quadretti]

ほうがんびいき 判官贔屓 simpatia[女] per i perdenti [i più deboli]

ほうき 芳紀 ¶花子は芳紀まさに16歳だ. Hanako a sedici anni è nel pieno della giovinezza.

ほうき 帚・箒 scopa[女]; 《ほうき草でできた》 scopa[女] di saggina ¶ほうきで掃く scopare [spazzare] *ql.co.* ¶ほうきで庭を掃く spazzare il giardino con la scopa

✤ほうき草〔植〕scoparia, 《学名》 *Kochia scoparia*[女]

ほうき星〔天〕cometa[女]

ほうき 放棄 abbandono[男]; 《断念》 rinun*cia*[女] [複 *-ce*] 《の a》 ◇放棄する abbandonare *ql.co.*; rinunciare[自] [*av*] a *ql.co.* ¶授業放棄 boicottaggio delle lezioni ¶戦争放棄 rinuncia alla guerra ¶責任を放棄する liberarsi [svincolarsi] da una responsabilità ¶相続権を放棄する rinunciare al diritto di successione

ほうき 法規 《法律》 legge[女]; 《規則》 regolamento[男] ¶交通法規 codice della strada ¶法規に則(のっと)って in conformità alla [ai sensi della] legge / a norma [secondo i termini] di legge

✤法規集 codice[男], statuto[男]

ほうき 蜂起 sollevazione[女], sommossa[女], rivolta[女], insurrezione[女] ◇蜂起する sollevarsi, insorgere[自] [*es*], rivoltarsi ¶武装蜂起 insurrezione armata

ぼうぎ 謀議 《陰謀》 complotto[男], cospirazione[女], congiura[女] ¶共同謀議〔法〕partecipazione a un complotto ¶謀議をこらす ordire [tramare] un complotto / complottare[自] [*av*] / cospirare[自] [*av*] [congiurare[自] [*av*]] 《に対して contro》 / macchinare[他] (►単独でも可)

ぼうきゃく 忘却 oblio[男], dimenticanza[女] ◇忘却する《無意識に》 essere immemore *di ql.co.*, essere dimenti*co* [[男]複 *-chi*] di *ql.co.*; 《意識的に》 mettere nel dimenticatoio *ql.co.*

ぼうぎゃく 暴虐 atrocità[女], crudeltà[女] ◇暴虐な atroce, crudele; 《暴君的な》 tirанni*co* [[男]複 *-ci*] ¶暴虐な君主 tiranno*o*[男] [[女] *-a*] / despot*a*[男] [複 *-i*]

ほうきゅう 俸給 salar*io*[男] [複 *-i*], paga[女]

ほうぎょ 崩御 morte[女] dell'imperatore ¶昭和天皇は1989年1月に崩御された. L'Imperatore Showa spirò nel gennaio 1989.

ぼうきょ 暴挙 irruenza[女], furia[女], furore[男] ¶暴挙に出る affidarsi alla brutalità

ぼうぎょ 防御 difesa[女] ◇防御する difendere 《から da》 ◇防御的 difensivo ¶あの砦(とりで)は防御が固い. Quella roccaforte è ben fortificata. ¶防御態勢をとる stare [mettersi] sulla difensiva / essere pront*o* alla difesa

ぼうきょう 望郷 ¶望郷の念に駆られる essere pres*o* dalla [soffrire di] nostalgia del paese natio

ぼうぐ 防具 《剣道などの》 indumenti[男] [複] protettivi, equipaggiamento[男] protettivo ¶防具をつける indossare degli indumenti protettivi

ぼうくうえんしゅう 防空演習 esercitazioni[女] [複] di difesa antiaerea

ぼうくうごう 防空壕 rifu*gio*[男] [複 *-gi*] [riparo[男]] antiaereo

ぼうぐみ 棒組み 〔印〕composizione[女] delle bozze in colonna

ぼうグラフ 棒グラフ diagramm*a*[男] [複 *-i*] a colonna, istogramm*a*[男] [複 *-i*]

ぼうくん 暴君 tiranno*o*[男] [[女] *-a*], despot*a*[男] [複 *-i*] ◇暴君の[的な] tiranni*co* [[男]複 *-ci*], dispoti*co* [[男]複 *-ci*]

ほうけい 包茎 〔医〕fimosi [fimosi][女] [無変]

ぼうけい 傍系 **1** 《直系から分かれ出た》 linea[女] collaterale ¶傍系の親戚 parenti collaterali **2** 《主流から外れた》 corrente[女] [scuola[女]] secondaria [non principale] ¶傍系の会社 società consociata [controllata]

ほうげき 砲撃 cannonata[女]; 《連続的な》 cannoneggiamento[男] ◇砲撃する cannoneggiare [tirare cannonate contro / bombardare] *ql.co.* ¶砲撃を受ける essere bombardat*o* 《の da》 / subire un cannoneggiamento

ほうける 惚ける **1** 《ぼける》 rimbambire[自] [*es*] **2** 《夢中になる》 immergersi in *ql.co.*, dedicarsi totalmente a *ql.co.* ¶彼は遊びほうけている. È tutto preso a divertirsi [dai divertimenti].

ほうけん 封建 ◇封建的 feudale; 《保守的》 conserva*tore* [[女] *-trice*]; 《遅れた》 arretrato ¶半封建的 semifeudale ¶父はとても封建的な人です. Mio padre ha「idee assai arretrate [modi feudali].

✤封建国家 stato[男] feudale

封建時代 età[女] [periodo[男]] feudale

封建社会 società[女] feudale

封建主義 feudalismo[男], feudalesimo[男]

封建性 feudalità[女]

封建制度 regime[男] [sistema[男]] feudale, feudalità[女]

封建領主 feudatar*io*[男] [複 *-i*]

ほうげん 方言 dialetto[男]; vernacolo[男] (►vernacoloは, 本来は民間伝承の中に伝わる独特な話し言葉をさすので話し言葉としての dialettoより意味の範囲が狭いが, 現代の方言文学においては dialettoと同じ意味で一般に用いられる) ◇方言の dialettale ¶ローマ方言 dialetto romano / romanesco

✤方言学 dialettologia[女]

方言学者 dialettolo*go*[男] [[女] *-ga*; [男]複 *-gi, -ghi*]

方言文学 letteratura[女] dialettale

ほうげん 放言 parole[女] [複] irresponsabili ◇放言する《無責任に》 dire parole irresponsabili; 《無遠慮に》 parlare[自] [*av*] spudoratamente [senza ritegno]

ぼうけん 冒険 avventura[女] ◇冒険をする tentare un'avventura, buttarsi in un'avventura; 《危険を冒す》 arrischiarsi [avventurarsi] (in *ql.co.* [a＋[不定詞]]) ¶冒険好きの avventuroso ¶ある程度の冒険はやむを得ない. Un certo rischio è inevitabile.

✤冒険家 avventurier*o*[男] [[女] *-a*]

冒険小説 romanzo[男] di avventure

冒険心 spirito[男] avventuroso

冒険旅行 viag*gio*[男] [複 *-gi*] avventuroso

ぼうげん 暴言 linguag*gio*[男] [複 *-gi*] offensivo [ingiurioso], parole[女] [複] violente ◇暴言を吐く ingiuriare *qlcu.*, dire improperi, usare parole violente e ingiuriose

ほうこ 宝庫 magazzino㊚ dei preziosi;《比喩的》miniera㊛ ¶南太平洋は珊瑚(さんご)の宝庫だ. Il Pacifico meridionale è una miniera [è ricco] di corallo.

ほうご 防護 protezione㊛ ¶防護用マスク maschera protettiva
❖**防護服** indumento㊚ [equipaggiamento㊚] protettivo

ほうこう 方向 1《方角》direzione㊛, senso㊚ ¶同じ方向に nella stessa direzione / nello stesso senso ¶逆の方向に in senso inverso / nella direzione contraria [opposta] ¶方向を変える《誤る》cambiare [sbagliare] direzione ¶ローマに行くにはこの方向でいいんですか. Andiamo bene per Roma?
2《方針》indirizzo㊚ ¶彼は人生の方向を誤った. Nella vita ha preso una direzione sbagliata.
❖**方向音痴** ¶私は方向音痴です. Non ho il senso dell'orientamento.
方向感覚 senso㊚ dell'orientamento
方向指示機《車》indicatore㊚ [freccia㊛[複 -ce]] di direzione, lampeggiatore㊚
方向舵《空》timone㊚ di direzione
方向探知器 radar㊚[無変];《航》radiogoniometro㊚, sistema㊚ direttivo
方向付け orientamento㊚
方向転換 cambiamento㊚ di direzione (►比喩的にも用いる);《態度の変化》voltafaccia㊚[無変], svolta㊛

ほうこう 彷徨 vagabondaggio㊚[複 -gi] ◇彷徨する vagare㊀[av], girovagare㊀[av], errare㊀[av], vagabondare㊀[av] ¶山中を彷徨する errare per i monti

ほうこう 芳香 profumo㊚, fragranza㊛;《食品類の》aroma㊚[複 -i] ¶芳香を放つ esalare un profumo [un aroma] ¶芳香をつける aromatizzare ql.co.
❖**芳香剤** aromatizzante㊚
芳香性 ◇芳香性の profumato, fragrante, odoroso, aromatico[複 -ci]

ほうこう 咆哮《猛獣の》ruggito㊚;《犬・おおかみなどの遠ぼえ》ululato㊚ ◇咆哮する ruggire㊀[av]; ululare㊀[av]

ほうこう 奉公《主人への》servizio㊚[複 -i];《徒弟奉公》apprendistato㊚ ◇奉公する essere al servizio [alle dipendenze] di qlcu.;《見習いとして》fare tirocinio da [presso] qlcu. ¶奉公に出る entrare al servizio [alle dipendenze] di qlcu. /《見習いとして》cominciare a fare l'apprendista
❖**奉公先**《主人》datore㊚[㊛ -trice] di lavoro, padrone㊚[㊛ -a];《親》principale㊚㊛
奉公人 dipendente㊚㊛;《召使い》domestico㊚[㊛ -ca, ㊚複 -ci];《徒弟》garzone㊚, tirocinante㊚㊛

ほうこう 放校 espulsione㊛ da una scuola ◇放校する espellere qlcu. da scuola
❖**放校処分** ¶彼は放校処分を受けた. È stato espulso [È stato punito con l'espulsione] dalla scuola.

ほうこう 砲口 bocca㊛ del cannone

ほうごう 縫合 sutura㊛ ◇縫合する suturare ql.co., mettere i punti a [su] ql.co. ¶額の傷口を12針縫合する suturare con 12 punti una ferita sulla fronte

ぼうこう 膀胱《解》vescica㊛ urinaria
❖**膀胱炎**《医》cistite㊛, infiammazione㊛ della vescica (urinaria)
膀胱結石《医》calcolo㊚ vescicale

ぼうこう 暴行《暴力行為》violenza㊛, efferatezza㊛, brutalità㊛;《強姦》violenza㊛ carnale, stupro㊚ ¶〈人〉に暴行を加える fare violenza a qlcu. ¶女性を暴行する violentare [stuprare] una donna

ほうごうご 抱合語《言》lingua㊛ incorporante [polisintetica] (►アイヌ語・エスキモー語など)

ほうこく 報告 rapporto㊚, relazione㊛,《通知》informazione㊛ ◇報告する riportare [riferire] a qlcu. ql.co. [che+直説法], relazionare qlcu. su ql.co., rendere conto di ql.co. a qlcu., informare qlcu. 「di ql.co. [su ql.co. / che+直説法]《会議などで》tenere una relazione su ql.co. ¶研究報告 relazione di una ricerca ¶最終 [中間] 報告 rapporto definitivo [provvisorio] ¶年次報告 rapporto [relazione] annuale ¶報告を受ける essere informato / essere messo al corrente su [di] ql.co.
❖**報告者**《会議などの》relatore㊚[㊛ -trice]
報告書 resoconto㊚;《会計の》bilancio㊚[複 -ci]

ぼうこく 亡国 **1**《亡びた国》¶亡国の民《無国籍の人》senzapatria㊚㊛[無変] (►「愛国心のない人」という意味もある) / apolide㊚㊛
2《国を亡ばすこと》¶亡国の徒 coloro che intendono far cadere il governo

ぼうさい 防災 prevenzione㊛ delle calamità [dei sinistri]
❖**防災訓練** esercitazione㊛ per la prevenzione delle calamità
防災対策 misure㊛[複] [provvedimenti㊚[複]] per la prevenzione delle calamità

ほうさく 方策《方針》linea㊛ di condotta;《方法》metodo㊚, sistema㊚[複 -i] ¶方策を立てる predisporre [organizzare] una linea di condotta ¶資金を集める方策を巡らしている. Stanno lavorando ad un progetto per raccogliere fondi.

ほうさく 豊作 raccolto㊚ abbondante [eccezionale] ¶今年は米の豊作だ. Quest'anno il raccolto del riso è abbondante.

ぼうさつ 忙殺 ◇忙殺される essere molto occupato, essere sovraccarico 《に di》, essere tutto preso 《に da》 ¶会社の仕事に忙殺されている. Sono molto occupato col lavoro dell'azienda.

ぼうさつ 謀殺《法》omicidio㊚[複 -i] [assassinio㊚[複 -i]] premeditato ◇謀殺する assassinare qlcu. con premeditazione

ほうさん 放散《光・熱などの》radiazione㊛, irradiazione㊛, irraggiamento㊚ ◇放散する irradiare, emettere;《発散する》diffondere ¶この物質は有毒ガスを放散する. Questa sostanza emette gas nocivi.

ほうさん 硼酸《化》acido㊚ borico [複 -ci]
❖**硼酸塩** borato㊚
硼酸水 soluzione㊛ di acido borico

硼酸軟膏 《薬》pomata㊛ borica
ほうし 奉仕 servizio㊚ ¶勤労奉仕 volontariato ¶社会奉仕 volontariato nell'assistenza sociale ¶社会に奉仕する servire la [rendere un servizio alla] comunità ¶この店は品物を格安で奉仕している. Questo negozio vende a prezzi scontati.

✤奉仕事業 lavoro㊚ volontario [複 -i]
奉仕品 merce㊛ scontata, articolo㊚ in offerta speciale; saldi㊚[複]
ほうし 法師 《僧侶》monaco㊚[複 -ci] buddista[複 -i], bonzo㊚
ほうし 胞子 《生》spora㊛
✤胞子生殖 sporogonia㊛
胞子体 sporofito㊚
胞子囊(?) sporangio㊚[複 -gi]
ほうじ 法事 funzione㊛ (buddista) commemorativa ¶父の七回忌の法事を営んだ. Abbiamo fatto celebrare una funzione commemorativa per il sesto anniversario della morte di nostro padre.
ぼうし 防止 prevenzione㊛ ◇防止する prevenire ql.co., prendere provvedimenti contro ql.co. ¶インフレ防止政策 misure antinflazionistiche ¶労災事故防止策 misure contro gli [per la prevenzione degli] infortuni sul lavoro

ぼうし 帽子 cappello㊚; 《主につばのついた》berretto㊚ ¶帽子をかぶる [かぶっている / 取る] mettersi [portare / togliersi] un cappello ¶帽子をかぶらずに a capo scoperto / senza (portare il) cappello ¶帽子を取ってあいさつする salutare togliendosi il cappello ¶帽子をかぶったままでどうぞ. Tenga (pure) il cappello!

✤帽子掛け rastrelliera㊛ [attaccapanni㊚ [無変]a pioli] per cappelli
帽子箱 cappelliera㊛
帽子屋 《店》cappelleria㊛; 《人》cappellaio㊚[㊛ -ia, 複 -i]
ほうしき 方式 《形式》forma㊛; 《方法》metodo㊚, sistema㊚[複 -i] ¶方式に則(?)って nella debita forma / secondo le regole
ぼうじしゃく 棒磁石 magnete㊚ a sbarra, sbarra㊛ magnetica
ほうじちゃ 焙じ茶 tè㊚ giapponese tostato
ぼうしつざい 防湿剤 sostanza㊛ idrofuga, sostanza㊛ contro l'umidità
ほうしゃ 放射 《放出》emissione㊛; 《物》《光線など》radiazione㊛, irradiazione㊛; 《放射作用》irradiamento㊚ ◇放射する emettere; irradiare, irraggiare, emanare ◇放射状[形]の a raggiera; 《半径方向の》radiale; 《星の形の》stellare, a forma di stella ¶熱放射 radiazione del calore ¶駅前から道路が放射状に出ている. Le strade si dipartono a raggiera dalla stazione.

✤放射エネルギー radiazione㊛
放射状道路 strada㊛ radiale, radiale㊛
放射熱 calore㊚ radiante
ぼうじゃくぶじん 傍若無人 《厚顔》temerarietà㊛, audacia㊛; 《不遜》sfacciataggine㊛, insolenza㊛ ¶傍若無人に振る舞う comportarsi in modo sfacciato
ほうしゃせい 放射性 ◇放射性の radioattivo

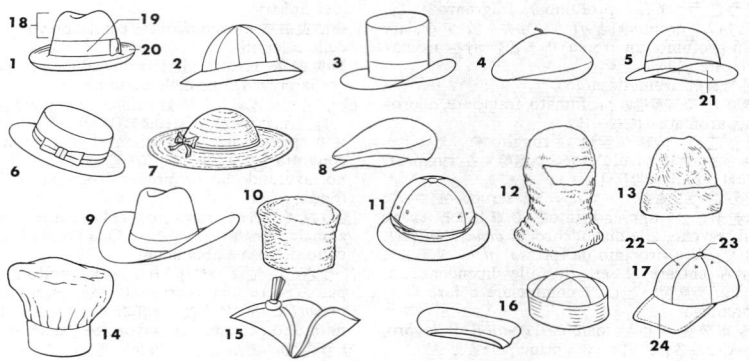

帽子
1 ホンブルグ帽 lobbia㊛. 2 ソフト cappello㊚ a cencio. 3 シルクハット cappello㊚ a cilindro. 4 バスクベレー basco㊚. 5 ボウラーハット bombetta㊛. 6 かんかん帽 paglietta㊛. 7 麦わら帽子 cappello㊚ di paglia. 8 ハンチング coppola㊛. 9 カウボーイハット cappello㊚ da cowboy. 10 毛皮帽子 colbacco㊚. 11 コロニアルハット casco㊚ coloniale. 12 防寒帽, フードキャップ passamontagna㊚[無変]. 13 登山帽 berretto㊚ da montagna. 14 コック帽 berretto㊚ da cuoco. 15 三角帽子 tricorno㊚. 16 水兵帽 berretto㊚ da marinaio. 17 野球帽 cappello㊚ da baseball. 18 クラウン calotta㊛. 19 バンド nastro㊚, fascia㊛. 20 つば falda㊛, tesa㊛. 21 フェイシング rivestimento㊚ esterno. 22 鳩目 occhiello㊚. 23 ボタン bottone㊚. 24 ひさし visiera㊛.

✤**放射性元素** elemento㊚ radioattivo, radioelemento㊚

放射性降下物 ricaduta㊛ radioattiva

放射性炭素 radiocarbonio㊚;《化学式》C_{14}（読み方: ci quattordici）

放射性同位元素［同位体］isotopo㊚ radioattivo, radioisotopo㊚

放射性廃棄物 scorie㊛[複] radioattive, rifiuti[複] radioattivi

放射性物質 sostanza㊛ radioattiva, materiale㊚ radioattivo

ほうしゃせん **放射線** radiazione㊛, raggi㊚[複]（radianti）¶〈人〉に放射線をあてる sottoporre *qlcu.* a radiazioni

✤**放射線医学** radiologia㊛ ◇放射線医学の radiologico[㊚複 -ci]

放射線化学 radiochimica㊛

放射線計 dosimetro㊚

放射線傷害 radiolesione㊛

放射線照射食品 cibo㊚ esposto alle radiazioni

放射線測定 radiometria㊛

放射線療法《医》radioterapia㊛, trattamento㊚ radioterapico[複 -ci]

ほうしゃのう **放射能** radioattività㊛ ¶人工［自然］放射能 radioattività artificiale [naturale] ¶放射能のある radioattivo ¶放射能を浴びる essere esposto alla radioattività

✤**放射能雨** pioggia㊛[複 -ge] radioattiva

放射能雲 nube㊛ radioattiva

放射能汚染 contaminazione㊛ radioattiva, inquinamento㊚ radioattivo

放射能汚染食品 cibo㊚ contaminato da radiazioni

放射能検出装置 rivelatore㊚[misuratore㊚] di radioattività

放射能症《医》malattia㊛ causata da radioattività

放射能障害《医》sindrome㊛ da radioattività

放射能帯《物》fasce㊛[複] radioattive

ほうしゅ **砲手** cannoniere㊚, artigliere㊚

ほうじゅ **傍受** intercettazione㊛ ¶電話を傍受する《偶然に》captare una comunicazione telefonica /《故意に》mettere un telefono sotto controllo ¶敵の通信を傍受する intercettare la comunicazione del nemico

ほうしゅう **報酬** retribuzione㊛, remunerazione㊛, compenso㊚ ¶報酬がいい［悪い］《受ける人が主語で》essere ben [mal] pagato [ricompensato / retribuito] ¶…の報酬として in compenso di *ql.co.* / come ricompensa di *ql.co.* ¶報酬なしで senza (ricevere) alcuna ricompensa / a titolo gratuito ¶報酬を受けとる ricevere una retribuzione ¶正当な報酬を要求する chiedere un'equa retribuzione

ほうじゅう **放縦** licenziosità㊛, sregolatezza㊛ ◇放縦な licenzioso, sregolato;（身持ちが悪い）dissoluto

ほうしゅう **防臭** deodorazione㊛

✤**防臭剤** deodorante㊚

ほうしゅく **防縮** ◇防縮性の irrestringibile

✤**防縮加工** sanforizzazione㊛

ほうしゅつ **放出** 1《物》（光や熱などの）emissione㊛ ◇放出する emettere 2《物資などの》distribuzione㊛ ◇放出する distribuire

✤**放出音**［音声］consonante㊛ eiettiva

放出物資 distribuzione㊛ di beni

ほうじゅつ **砲術** artiglieria㊛

ほうじゅん **芳醇** ◇芳醇な aromatico[㊚複 -ci] ¶芳醇なワイン vino generoso [corposo]

ほうじゅん **豊潤** ¶豊潤な果実 frutta fresca e succosa ¶豊潤な資源 risorse abbondanti

ほうじゅん **膨潤**《化》rigonfiamento㊚

ほうじょ **幇助** aiuto㊚, favoreggiamento㊚ ¶犯罪を幇助する aiutare *qlcu.* 「a commettere un crimine [in un crimine] / essere complice di *qlcu.* in un crimine

✤**幇助罪** reato㊚ di favoreggiamento [di complicità]

幇助者 fiancheggiatore㊚[㊛ -trice], favoreggiatore㊚[㊛ -trice], complice㊚㊛

ほうしょう **法相** →法務大臣

ほうしょう **褒章** onorificenza㊛ ¶紫綬褒章 Medaglia㊛ del Nastro Porpora (per meriti culturali o educativi)

ほうしょう **褒賞** premio㊚[複 -i]

✤**褒賞授与** premiazione㊛, distribuzione㊛ [consegna㊛] dei premi

ほうじょう **豊饒** fecondità㊛, fertilità㊛ ¶豊饒な fecondo, fertile, ricco[㊚複 -chi] ¶豊饒の海《月面の》mare della fertilità [fecondità]

ほうじょう **傍証**《法》¶傍証を固める raccogliere prove indiziarie [indirette]

ほうじょう **帽章** distintivo㊚ da cappello

ぼうじょう **棒状** ¶棒状のあめ caramella a forma di bastoncino

ほうしょうきん **報奨金** premio㊚[複 -i] d'incoraggiamento, ricompensa㊛, incentivo㊚

ほうしょく **奉職** ◇奉職する entrare㊀[es] nel pubblico impiego ¶彼は4月から国家公務員として奉職している. Da aprile è diventato un impiegato statale.

ほうしょく **宝飾** gioielli㊚[複]

✤**宝飾店** gioielleria㊛

宝飾品 gioiello㊚

ほうしょく **飽食** sazietà㊛ ◇飽食する saziarsi, satollarsi, rimpinzarsi

✤**飽食暖衣** ◇飽食暖衣する vivere㊀[es, av] agiatamente

ほうしょく **防食** protezione㊛ contro la corrosione

✤**防食工事** ¶防食工事を施す trattare *ql.co.* con dell'anticorrosivo [con l'antiruggine]

防食剤 anticorrosivo㊚, antiruggine㊚[無変]

ほうしょく **紡織** filatura㊛ e tessitura㊛

✤**紡織製品** prodotto㊚ tessile

ぼうしょく **暴食**（大食）ghiottoneria㊛, golosità㊛;（がつがつ食べる）ingordigia㊛, voracità㊛ ◇暴食する mangiare㊀（►単独でも可）sregolatamente

ほうじる **奉じる** 1《献上する》porgere ¶領主に親書を奉じた. Presentò al suo signore una lettera confidenziale. 2《絶対のものとして》ubbidire㊀[av] ciecamente（《a》),《信仰する》credere㊀[av]（avere fede）（《in》)¶彼は勅令を奉じて中国に渡った. Obbedendo all'ordine imperiale, si recò in Cina. ¶彼らはイスラム教を奉じ

ほうじる 報じる comunicare, rendere *ql.co.* noto (►noto は目的語の性・数に合わせて語尾変化する) ¶新聞の報じるところによれば in base ai [secondo i / secondo quello che dicono i] giornali ¶ラジオで台風のニュースが報じられた. Alla radio è stato preannunciato un tifone.

ほうじる 焙じる ¶茶を焙じる tostare [torrefare] il tè

ほうしん 方針 linea㊛ di condotta;《政策》politica㊛ ¶営業方針 politica commerciale ¶外交方針 politica diplomatica [estera] ¶教育方針《学校の》criteri d'insegnamento /《家庭の》principi educativi ¶方針を決める fissare una linea di condotta ¶方針を指示する dare [impartire] le direttive 《に a》 ¶卒業後の方針を定める scegliere cosa fare nella vita dopo la laurea

ほうしん 放心 distrazione㊛ ◇放心する《ぼんやり》essere assente [distratto];《途方にくれる》essere frastornato [stordito];《うっとり》restare㊐ [*es*] incantato [trasognato] ¶放心したように distrattamente / in modo trasognato
❖**放心状態** ¶放心状態にある essere in uno stato di stordimento

ほうしん 砲身 canna㊛ di cannone
ほうじん 邦人 giapponese㊚ ¶在外邦人 i giapponesi residenti all'estero
ほうじん 法人《法》persona㊛ giuridica, ente㊚ morale ¶学校法人 ente scolastico ¶財団法人 ente giuridico ¶社団法人 persona giuridica corporativa ¶宗教法人 corporazione religiosa
❖**法人格** personalità㊛ giuridica
法人株主《経》azionista㊚ [㊚複 *-i*] istituzionale
法人所得 entrate㊛ [複] di una società
法人税 imposta㊛ sulle società;《イタリアの》imposta㊛ sul reddito delle persone giuridiche;《略》IRPEG ㊚ [írpeg]

ぼうじん 防塵 ◇防塵の antipolvere
❖**防塵装置** dispositivi㊚ [複] antipolvere
防塵眼鏡 occhiali㊚ [複] contro la polvere

ぼうず 坊主 1 《僧侶》monaco㊚ [㊚複 *-ci*] buddista㊚ [複 *-i*], bonzo㊚ ¶坊主になる diventare [farsi] bonzo 2 《毛をそった頭》¶頭を坊主にする《自分の》radersi i capelli a zero 3 《男の子》bambino㊚ ¶うちの坊主 il mio bambino [figliolo] ¶やんちゃ坊主 monello / discolo 4 《表面を覆うものがない状態》¶山が坊主になった. La montagna è stata deforestata.
慣用 **坊主憎けりゃ袈裟(けさ)まで憎い** odiare una persona e tutto ciò che la riguarda
❖**坊主頭** 《そった》testa㊛ rapata;《短く刈った》testa㊛ rasata (a zero) ¶坊主頭の男 uomo con la testa rasata
坊主刈り ¶木を坊主刈りにした. Ho sfrondato [sfoltito] abbondantemente l'albero.

ほうすい 放水 《排水》scarico㊚ [㊚複 *-chi*] (delle acque), drenaggio㊚ [㊚複 *-gi*];《水をかけること》getto㊚ d'acqua ◇放水する scaricare l'acqua ¶警察はデモ隊に放水した. La polizia ha riversato getti d'acqua sui manifestanti.
❖**放水車** autopompa㊛, idrante㊚
放水路 canale㊚ di scarico

ぼうすい 防水 ◇防水の impermeabile, idrofugo㊚ [㊚複 *-ghi*], stagno ¶防水する impermeabilizzare, rendere *ql.co.* idrofugo [impermeabile] (►idrofugo, impermeabile は目的語の性・数に合わせて語尾変化する)
❖**防水隔壁**《船》paratie㊛ [複] stagne, compartimenti㊚ [複] stagni
防水加工 impermeabilizzazione㊛ ◇防水加工された impermeabilizzato
防水性 impermeabilità㊛

ぼうすい 紡錘《織》fuso㊚ (per filare)
❖**紡錘形** ¶紡錘形の fusiforme, affusolato

ほうせい 法制 legislazione㊛
❖**法制局** Ufficio㊚ Legislativo
法制史 storia㊛ della legislazione

ほうせい 砲声 rombo㊚ [tuono㊚] del cannone ¶砲声がとどろく. Il cannone romba [tuona].

ほうせい 縫製 cucito㊚ ◇縫製する cucire a macchina

ぼうせい 暴政 tirannia㊛ ¶国民は暴政に苦しんでいた. Il paese soffriva sotto il giogo della tirannia.

ほうせき 宝石 pietra㊛ preziosa, gemma㊛;《アクセサリー》gioiello㊚ ¶宝石を身につける portare gioielli / ingioiellarsi

[関連]
宝石の種類
アクアマリン acquamarina㊛ [複 *acquemarine*] アメジスト, 紫水晶 ametista㊛ アレキサンドライト alessandrite㊛ エメラルド, 緑玉石, 翠玉(すいぎょく) smeraldo㊚ オパール, 蛋白(たんぱく)石 opale㊚ ガーネット, 石榴石(ざくろいし) granato㊚ 孔雀(くじゃく)石, マラカイト malachite㊛ サードニックス, 紅縞瑪瑙(べにしまめのう) sardonica㊛ サファイア, 青玉(せいぎょく) zaffiro㊚ ジルコン zircone㊚ 真珠, パール perla㊛ ダイヤモンド, 金剛石 diamante㊚ トパーズ, 黄玉 topazio㊚ [複 *-i*] トルコ石 turchese㊚ トルマリン, 電気石 tormalina㊛ 翡翠(ひすい) giada㊛ ブラッドストーン, 血石 eliotropio㊚ [複 *-i*] 碧玉石 diaspro ペリドット, 橄欖(かんらん)石 crisolito㊚, peridoto㊚, olivina㊛ ムーンストーン, 月長石 pietra㊛ di luna, lunaria㊛ 瑪瑙(めのう) agata㊛ ルビー, 紅玉 rubino㊚ 瑠璃(るり) ラピスラズリ lapislazzuli㊚ [無変]

❖**宝石商** 《店》gioielleria㊛, oreficeria㊛;《人》gioielliere㊚ [㊛ *-a*]
宝石箱 portagioie㊚ [無変], portagioielli㊚ [無変], scrigno㊚
宝石類 gioielli㊚ [複], preziosi㊚ [複]

ぼうせき 紡績 filatura㊛
❖**紡績糸** filato㊚ da fibra in fiocco
紡績会社 azienda㊛ per la filatura
紡績機械 filatoio㊚ [複 *-i*] meccanico [複 *-ci*], filatrice㊛
紡績業 industria㊛ della filatura
紡績業者 filandiere㊚
紡績工 operaio㊚ [㊛ *-ia*; ㊚複 *-i*] di cotonificio,

ぼうせつ 防雪 protezione㊛ contro la neve
✤**防雪林** sbarramento㊚ protettivo di piante contro la neve

ほうせん 法線 《数》(retta) normale㊛

ほうせん 防戦 battaglia㊛ [guerra㊛] difensiva, operazioni㊛[複] difensive ◇防戦する difendersi (㊏に対し da, contro), combattere㊏[av] per la difesa, resistere㊏[av] (㊏に対し a)

ほうせん 傍線 ¶傍線を引く《下線をつける、強調する》sottolineare ql.co.

ほうせん 棒線 rettifilo㊚, rettilineo㊚

ほうぜん 呆然 ◇呆然と《気抜けして》con aria assente [inespressiva], distrattamente, con la mente altrove;《驚いて》con lo sguardo stupefatto ◇呆然としている essere distratto, avere l'aria distratta,《驚いて》essere stordito [stupefatto] ¶呆然と彼の顔をみつめた。Ho guardato il suo viso ammutolito [attonito]. ¶彼は呆然とその場に立ち尽くした。E rimasto lì, in piedi, senza parole.

ほうぜん 茫然 《漠然としてとりとめのないさま》¶前途は茫然として不安に包まれている。L'avvenire appare vago e inquietante.
✤**茫然自失** ¶彼は茫然自失の状態だった。Era sbalordito [stordito].

ほうせんか 鳳仙花 《植》balsamina㊛, begliuomini㊚[複]

ほうせんきん 放線菌 《生》actinomicosi㊛[無変]

ほうそ 硼素 《化》boro㊚;《元素記号》B

ほうそう 包装 《箱に入れて》impaccatura㊛, impacchettatura㊛;《紙だけで》incarto㊚,《贈答品など》confezione㊛,《荷造り》imballaggio㊚[複 -gi], imballo㊚, imballatura㊛ ◇包装する impaccare ql.co., fare un pacco di ql.co.;《小箱に》confezionare ql.co.; imballare ql.co. ¶グラスは一つ一つ丁寧に包装してあった。Le coppe sono state incartate una per una con cura ad una ad una.
✤**包装紙** carta㊛ da imballaggio, carta㊛ pacchi;《贈り物用》carta㊛ da regalo

ほうそう 放送 ◇放送する trasmettere ql.co., mettere [mandare] in onda ql.co.;《テレビで》teletrasmettere ql.co.;《ラジオで》radiotrasmettere ql.co. ¶海外向け放送 servizio radiotelevisivo per l'estero ¶構内放送 sistema㊚ di diffusione (radio) interno ¶民間放送 trasmissione privata [sponsorizzata] ¶国営放送 trasmissione di Stato ¶衛星[有線]放送 trasmissione via satellite [via cavo] ¶長[中／短／超短]波放送 trasmissione in [a] onde lunghe [medie／corte／ultracorte] ¶試験放送 trasmissione di prova ¶実況放送 trasmissione in diretta ¶全国[同時]放送 trasmissione nazionale [in contemporanea] ¶日本放送協会 NHK／Ente Radiotelevisivo Giapponese ¶イタリア放送協会 RAI [rái]／Radio televisione italiana
✤**放送衛星** satellite㊚ per telecomunicazioni
放送記者《テレビの》giornalista㊚㊛[複 -i] televisivo, telecronista㊚㊛[複 -i];《ラジオの》giornalista㊚㊛[複 -i] radiotelevisivo, radiocronista㊚㊛[複 -i]
放送局 stazione㊛ emittente [radiotelevisiva／《ラジオの》radiotrasmittente／di radiodiffusione] ¶地方[民間]放送局 stazione locale [privata]
放送劇《ラジオの》radiocommedia㊛, radiodramma㊚[複 -i]
放送時間 tempo㊚ di trasmissione;《番組の時間帯》orario㊚[複 -i] di trasmissione
放送大学 corsi㊚[複] universitari tenuti in programmi radiotelevisivi
放送番組《ラジオの》programma㊚[複 -i] radiofonico;《テレビの》televisivo
放送網 rete㊛ radiotelevisiva [《ラジオの》radio [無変]／《テレビの》televisiva]

ほうそう 法曹 foro㊚ giuridico [複 -ci]
✤**法曹界** circoli㊚[複] forensi, mondo㊚ dei giuristi

ほうそう 疱瘡 **1**《天然痘》vaiolo㊚ **2**《種痘》vaccinazione㊛ antivaiolosa

ぼうそう 暴走 《一般に》perdita㊛ di controllo;《車などの》guida㊛ imprudente, eccesso㊚ di velocità;《牛馬の》corsa㊛ precipitosa; ◇暴走する andare (procedere㊏[es]) precipitosamente,《無茶な運転をする》guidare imprudentemente,《無謀に行動する》agire㊏[av] senza riflettere ¶彼は暴走してきたトラックにはねられた。E stato urtato da un camion che procedeva a forte velocità. ¶一部の過激派が暴走した。Un gruppo di estremisti ha agito impulsivamente.
✤**暴走族** teppisti㊚[複] in motocicletta

ほうそく 法則 legge㊛ ¶自然の法則 legge「della natura [naturale] ¶需要と供給の法則 legge della domanda e dell'offerta

ほうたい 包帯 benda㊛, fascia㊛[複 -sce];《傷口にあててあるもの》bendatura㊛, bendaggio㊚[複 -gi], fasciatura㊛ ¶〈人〉に包帯をする bendare [fasciare] qlcu.／fare una fasciatura a qlcu. ¶伸縮性の包帯 benda elastica ¶包帯をかえる cambiare la bendatura [la fasciatura]

ほうだい 砲台 batteria㊛ (di cannone)

-ほうだい -放題 ¶言いたい放題のことを言う《ずけずけと》parlare chiaro e tondo／non avere peli sulla lingua ¶彼はしたい放題のことをしている。Fa tutto ciò che vuole.／《勝手気ままに》Fa soltanto di testa sua. ¶あの子はわがままの仕放題だ。Quel ragazzino fa ciò che gli pare e piace. ¶お１人様 4500 円で食べ放題です。Con 4.500 yen a persona si mangia a volontà.

ぼうだい 膨大 ◇膨大な enorme, considerevole;《かさばる》voluminoso,《大規模な》gigantesco㊚[複 -schi], mastodontico㊚[複 -ci] ¶膨大な借金を抱え込む avere grossi debiti

ぼうたかとび 棒高跳び 《スポ》salto㊚ con l'asta

ぼうだち 棒立ち ¶棒立ちになる《驚いて》rizzarsi [balzare] in piedi con un sussulto／《馬が》impennarsi／alzarsi sulle zampe posteriori

ほうだん 放談 ◇放談する chiacchierare㊏[av] ¶首相と大統領のテレビ放談 uno scambio informale in un programma televisivo tra il primo ministro e il presidente

ほうだん 砲弾 proiettile[男], pallottola[女], bomba[女] di cannone ¶砲弾が雨あられと降る. I proiettili piovono come grandine.

ぼうだん 防弾 ◇防弾の antiproiettile[無変]
✤防弾ガラス vetro[男] antiproiettile
防弾チョッキ giubbotto[男] antiproiettile, giubbotto[男] a prova di proiettile

ほうち 放置 ◇放置する lasciare ¶あの車は3日前からあそこに放置されている. Quella macchina è abbandonata là da tre giorni. ¶事態は一刻も放置できない. La situazione non può essere lasciata così com'è neanche per un momento.

ほうち 法治 governo[男] costituzionale ◇法治する governare secondo la legge
✤法治国家 stato[男] costituzionale

ほうち 報知 ◇報知する avvertire *qlcu.* di *ql.co.*, segnalare *ql.co.*《に a》
✤報知機 ¶火災報知機 allarme antincendio

ほうちく 放逐 espulsione[女];《国外追放》bando[男];《流刑》eṣil*io*[男][複 *-i*] ◇放逐する cacciar via *qlcu.*, espellere *qlcu.*; bandire *qlcu.*; eṣiliare *qlcu.*

ぼうちゅう 忙中 ¶忙中閑あり. Anche alla persona più indaffarata non mancano ritagli di tempo.

ぼうちゅう 防虫 ◇防虫の antitarmi*co*[複 *-ci*]
✤防虫加工 trattamento[男] antitarmico
防虫剤 antitarmi*co*[男][複 *-ci*], antitarme[男][無変]

ぼうちゅう 傍注 annotazione[女] marginale ¶傍注をつける fare annotazioni marginali / scrivere note in margine a una pagina

ほうちょう 包丁 coltello[男] da cucina;《肉切り用》coltello[男] da macellaio ¶包丁で切る tagliare *ql.co.* con il coltello ¶包丁を研(と)ぐ affilare un coltello
✤包丁さばき ¶あざやかな包丁さばきを見せる mostrare abilità nel maneggiare il coltello

ぼうちょう 防諜 controspionag*gio*[男][複 *-gi*]
✤防諜機関 organiẓẓazione[女] di controspionaggio

ぼうちょう 傍聴 assistenza[女][preṣenza[女]]《の a》◇傍聴する essere preṣent*e* [preṣenziare[自][*av*] / partecipare[自][*av*] / assistere[自][*av*]]《を a》 ¶裁判を傍聴する assistere a un processo
✤傍聴券 lasciapassare[男][無変] per un'udienza giudiziaria
傍聴席 ban*co*[男][複 *-chi*] degli auditori
傍聴人 audi*tore*[男][[女] *-trice*], osserva*tore*[男][[女] *-trice*];《集合的》uditor*io*[男][複 *-i*], pubbli*co*[男][複 *-ci*]

ぼうちょう 膨張 **1**〔物・化〕dilatazione[女]; espansione[女] ◇膨張する dilatarsi; estendersi ◇膨張させる dilatare; estendere ◇膨張性の espansivo ¶熱膨張 dilatazione termica
2《発展して大きくなること》espansione[女];《増加, 増大》*incremento*[男], aumento[男] ◇膨張する estendersi, ṣvilupparsi, ampliarsi; aumentare[自][*es*] ◇膨張させる estendere; aumentare ¶人口の膨張 aumento demografico [della popolazione] ¶都市の膨張 crescita [ṣviluppo] di una città / ṣviluppo urbano ¶通貨の膨張〔経〕inflazione[女] (monetaria)
✤膨張計 dilatometro[男]
膨張性 dilatabilità[女] ◇膨張性の dilatabile; espansibile
膨張率[係数] coefficiente[男] di dilatazione cubica termica

ぼうちょうてい 防潮堤 diga[女] [argine[男]] contro la marea, diga[女] marittima [foranea]

ほうっておく 放って置く lasciare stare *qlcu.* [*ql.co.*] ¶事態を放っておく lasciare le cose come stanno [come sono] ¶仕事を放っておく trascurare il *proprio* lavoro ¶彼のことは放っておけよ.《好きなようにさせろ, じゃまするな》Non seccarlo [scocciarlo / importunarlo]! / Lascialo「in pace [tranquillo / stare]! /《忘れろ, かまうな》Lascialo perdere! ¶病気の母親を放ってはおけない. Non posso lasciare sola mia madre ammalata.

ぼうっと **1**《かすんで見える》¶霧の中に男の姿がぼうっと見えた. Ho visto vagamente la figura di un uomo nella nebbia.
2《ぼんやりしている様子》¶ぼうっとした表情をしていた. L'espressione sul suo viṣo era persa nel vuoto. ¶徹夜で仕事をしたので頭がぼうっとしている. Sono intontito perché ho passato la notte a lavorare.
3《燃えている様子》¶ぼうっと火の手が上がった. Le fiamme sono divampate「all'improvviṣo [di colpo].

ぽうっと **1**《ぼんやりする様子》⇒ぼうっと2
2《顔に赤みがさす》¶マリアは恥ずかしさでぽうっと顔を赤らめた. Maria è arrossita dalla vergogna.
3《のぼせる》¶彼女の美しさにぽうっとしてしまった. Sono rimasto abbagliato dalla sua bellezza.

ほうてい 法廷 tribunale[男], corte[女];《裁判の行われる場所》sala[女] delle udienze, corte[女] di giustizia ¶大法廷 alto tribunale ¶小法廷 tribunale comune ¶軍事法廷 corte marziale / tribunale militare ¶法廷に出る comparire「in tribunale [davanti ai giudici] / andare alla ṣbarra ¶法廷で争う ricorrere [far ricorso / appellarsi] alla giustizia《を per》/ portare *qlcu.* in tribunale《を per》/《状態》essere in cauṣa con *qlcu.*《を per》
✤法廷闘争 battaglia[女] legale [forense]
法廷侮辱罪 (reato[男] di) oltraggio[男] alla corte

ほうてい 法定 ◇法定の legale, fissato [stabilito] dalla legge
✤法定価格 prezzo[男] legale
法定金利 tasso[男] di interesse legale [ufficiale / bancario]
法定相続人 erede[男][女] legittim*o*
法定代理人 rappreṣentante[男][女] legale
法定通貨 moneta[女] legale [in corso legale]

ほうていしき 方程式 equazione[女] ¶方程式にする porre *ql.co.* sotto forma di equazione ¶方程式を立てる[解く] impostare [risolvere] un'equazione ¶1次[2次]方程式 equazione di primo [secondo] grado ¶3次方程式の根を求める estrarre la radice cubica di un'equazione ¶化学[積分 / 対数 / 代数 / 微分 / 連立]方程式 equazione chimica [integrale / logaritmica / algebrica / differenziale / simultanea]

ほうてき 法的 ◇法的な legale, giuridi*co*[男複

ほうてん　-ci］¶法的根拠のある legalmente fondato [istituito]　¶法的根拠を示す dimostrare il fondamento [la base] legale　¶法的に正しい essere legittimo [legalmente giusto]

ほうてん　宝典　《貴重本》libro㊚ prezioso;《便利な書物》manuale㊚

ほうてん　法典　**1**《法律の》codice㊚　¶法典に編纂(さん)する codificare ql.co.　**2**《宗教上の》canone㊚
✦**法典編纂** codificazione㊛

ほうでん　宝殿　《宝物殿》sala㊛ del tesoro all'interno di un tempio;《神殿》santuario㊚[複 -i] di un tempio

ほうでん　放電　scarica㊛ elettrica　◇放電する scaricarsi　◇放電させる scaricare ql.co.　¶空中[真空]放電　scarica㊛ atmosferica [sotto vuoto]
✦**放電管**〖電子〗tubo㊚ a scarica

ほうてん　傍点　evidenziatura㊛ tramite una linea punteggiata posta accanto alle ［(横書)sopra le］ parole　¶傍点を付ける sottolineare [contrassegnare] ql.co. con una linea punteggiata

ほうど　封土　feudo㊚
ほうと　暴徒　rivoltosi㊚[複], ribelli㊚[複];《革命で》rivoluzionari㊚[複]

ほうとう　放蕩　《放縦, 自堕落》dissolutezza㊛, libertinaggio㊚[複 -gi];《不品行》cattiva condotta㊛; vita㊛ sregolata [disordinata]　¶放蕩に耽(ふけ)る vivere[es, av] nella dissolutezza / condurre una vita dissoluta
✦**放蕩三昧**(ざんまい)dissolutezza㊛ sfrenata, libertinaggio㊚ sfrenato

放蕩息子〖聖〗figliuol㊚ prodigo

放蕩者 persona㊛ dissoluta, libertino㊚ [㊛ -a];《仏》viveur㊚[無変]

ほうどう　報道　informazione㊛, notizia㊛;《ジャーナリズム》giornalismo㊚,la stampa㊛　◇報道する informare il pubblico [dare la notizia]「di ql.co. [che＋直説法];《テレビ・ラジオで》annunciare ql.co.;《活字で》pubblicare ql.co.　¶報道の自由 libertà d'informazione [di stampa]　¶最新の報道 le ultime notizie　¶新聞報道によれば secondo i giornali　¶ローマからの報道によれば secondo le notizie da Roma　¶報道を抑える tenere sotto controllo la diffusione delle notizie　¶報道を差し止める abolire la diffusione delle notizie　¶偏った報道をする diffondere notizie tendenziose
✦**報道官**《イタリアの》Capo㊚ dell'Ufficio Stampa (del Quirinale)

報道管制 censura㊛　¶厳しい報道管制を敷く imporre una severa censura

報道機関 organo㊚[mezzo㊚] d'informazione, la stampa㊛

報道記者 giornalista㊚[㊛複 -i]; cronista㊚㊛[㊛複 -i]

報道規制 selezione㊛ delle notizie da divulgare

報道協定 accordo㊚ tra i mass media

報道写真 fotocronaca㊛

報道写真家 fotoreporter㊚[無変], fotocronista㊚㊛[㊛複 -i]

報道陣 gruppo㊚ di reporter; la stampa㊛　¶彼は待ち構えていた報道陣に取り囲まれた. Venne preso d'assalto dai rappresentanti della stampa che lo aspettavano.

報道番組 programma㊚[複 -i] di attualità

ほうとう　冒頭　inizio㊚　¶会議の冒頭に all'inizio della riunione
✦**冒頭陳述** discorso㊚ d'apertura

ほうとう　《野球で》lancio㊚[複 -ci] violento　◇暴投する lanciare con violenza

ほうとう　暴騰　rialzo㊚ abnorme e improvviso [brusco[複 -schi]], impennata㊛　◇暴騰する subire improvvisamente un forte rialzo, impennarsi　¶物価が1年間に20％暴騰した. I prezzi hanno subito un rialzo del 20 per cento in un anno.

ほうどう　暴動　sommossa㊛, tumulto㊚, rivolta㊛　◇暴動を起こす insorgere㊀[es] [rivoltarsi / ribellarsi / sollevarsi]《に対して contro》　¶暴動を鎮圧する reprimere [sedare / soffocare] una rivolta　¶暴動が起きた. È scoppiata una sommossa.

ほうとく　冒瀆　profanazione㊛, sacrilegio㊚[複 -gi];《言葉による》bestemmia㊛　◇冒瀆的な profanatore[㊛ -trice], sacrilego㊚[複 -ghi]; blasfemo, empio[㊛複 -i]　◇冒瀆する profanare ql.co. [qlcu.];《悪口雑言を吐く》bestemmiare㊏, ㊊[av] (contro) qlcu.　¶それは神に対する冒瀆だ. È un sacrilegio.
✦**冒瀆者** profanatore㊚[㊛ -trice], sacrilego㊚[複 -ga];《不敬の言葉を口にする人》bestemmiatore㊚[㊛ -trice]

ほうどく　防毒　◇防毒の antigas [無変]
✦**防毒マスク** maschera㊛ antigas

ほうにち　訪日　visita㊛ in Giappone　◇訪日する visitare il Giappone　¶訪日中の外国使節 missione straniera in visita in Giappone

ほうにょう　放尿　orinazione㊛　◇放尿する orinare㊊[av]

ほうにん　放任　non-interferenza㊛, non-intervento㊚, neutralità㊛　◇放任する non interferire㊊[av]《in》, rimanere㊀[es] estraneo《を a》
✦**放任主義**〖教育〗educazione㊛ liberale;《政策上の》politica㊛ del non-intervento

ほうねつ　放熱　irradiazione㊛　◇放熱する diffondere calore
✦**放熱器**〖機〗radiatore㊚

ほうねつ　防熱　resistenza㊛ termica　◇防熱の resistente al calore

ほうねん　豊年　anno㊚ di abbondanza, buona annata㊛　¶今年は米が豊年だった. Quest'anno abbiamo un abbondante raccolto di riso.

ほうねんかい　忘年会　banchetto㊚ [(昼の)pranzo㊚ /(夜の)cena㊛] di fine anno

─日本事情─ 忘年会

Banchetti di fine d'anno che si fanno con colleghi, clienti o amici per ripensare all'anno che sta per finire e dimenticare gli avvenimenti spiacevoli, così da prepararsi ad affrontare l'anno nuovo con spirito rinnovato. All'inizio dell'anno, poi, si festeggia con altri banchetti che vengono chiamati *shinnenkai*.

ぼうねんかこう 防燃加工 trattamento㊚ antincendio [無変]

ほうのう 奉納 ◇奉納する consacrare [dedicare] *ql.co.* (に a), donare [offrire] *ql.co.* alla divinità
❖**奉納者** offerente㊚㊛
奉納物 offerta㊛

ほうはい 澎湃 ¶19世紀中期に澎湃として起こった革命の気運 movimenti rivoluzionari che scoppiarono nella metà del XIX (読み方: diciannovesimo) secolo

ほうばい 朋輩 《学校などの》compagno㊚ [*-a*]; 《職場の》collega㊚㊛ [㊚複 *-ghi*]; 《友人》amico㊚ [㊚ *-ca*, 複 *-ci*]

ぼうはく 傍白 《台本で》a parte, in disparte

ぼうばく 茫漠 《茫漠たる》《広い》immenso, vasto; 《無限の》sconfinato, infinito; 《漠然とした》vago [㊚複 *-ghi*], poco chiaro ¶茫漠たる海原が広がっている。Il mare si estende a vista d'occhio.

ぼうはつ 暴発 sparo㊚ accidentale ¶拳銃が暴発した。Dalla pistola è partito accidentalmente un colpo.

ぼうはてい 防波堤 frangiflutti㊚ [無変], argine㊚

ぼうはん 防犯 prevenzione㊛ di crimini ¶防犯を呼びかける invitare alla prudenza contro il crimine
❖**防犯カメラ** videocamera㊛ a circuito chiuso ¶「防犯カメラ作動中」《掲示》"Videosorvegliato"
防犯装置 impianto㊚ antifurto [無変] [d'allarme]
防犯ベル antifurto㊚ [無変]

ほうひ 包皮 《解》prepuzio㊚ [複 *-i*]

ほうび 褒美 《報酬》ricompensa㊛; 《賞》premio㊚ [複 *-i*] ¶Aの褒美として come [in ricompensa di *ql.co.* [di+不定詞] / in premio di *ql.co.* ¶褒美を与える dare una ricompensa [un premio] a *qlcu*. / ricompensare *qlcu.*

ぼうび 防備 difesa㊛; 《要塞》fortificazione㊛ ¶防備を施す fortificare *ql.co.* ¶防備を固めた町 città fortificata

ぼうびき 棒引き cancellazione㊛ ¶借金を棒引きにする cancellare un debito ¶勘定を棒引きにする considerare un conto già saldato

ほうふ 抱負 scopo㊚, aspirazione㊛ ¶抱負を語る parlare delle *proprie* aspirazioni [ambizioni] ¶彼は大きな抱負を抱いている。Ha grandi mire [ambizioni].

ほうふ 豊富 abbondanza㊛, ricchezza㊛, profusione㊛ ◇豊富な abbondante, ricco [㊚複 *-chi*] ◇豊富に in abbondanza, a profusione, abbondantemente ¶語彙(㊛)を豊富にする arricchire [ampliare / allargare] il *proprio* vocabolario ¶この店は品物が豊富だ。Questo negozio ha una vasta gamma di prodotti. ¶この食べ物はビタミン[栄養]が豊富だ。Questo alimento è ricco di vitamine [di sostanze]. ¶彼は経験が豊富だ。Ha una vasta esperienza.

ぼうふ 防腐 prevenzione㊛ contro la putrefazione; 《医》antisepsi㊛ [無変]
❖**防腐剤** antiputrido㊚; antisettico㊚ [複 *-ci*]; 《食品用の》conservante㊚, conservativo㊚ ¶防腐剤を添加する aggiungere a *ql.co.* un conservante

ぼうふう 暴風 《嵐》tempesta㊛ di vento; 《台風》tifone㊚ ¶夜中に暴風が吹き荒れた。Un vento forte ha soffiato per tutta la notte.
❖**暴風警報** avviso㊚ di vento forte
暴風圏 zona㊛ in cui soffiano forti venti

ぼうふうう 暴風雨 《嵐》tempesta㊛, bufera㊛; 《ハリケーン》uragano㊚; 《サイクロン》ciclone㊚; 《台風》tifone㊚ ¶暴風雨に遭(あ)う essere sorpreso da una tempesta ¶暴風雨が吹き荒れている。Imperversa una tempesta.
❖**暴風雨警報** avviso㊚ [annuncio㊚ [複 *-ci*]] di tempesta
暴風雨圏 zona㊛ ciclonica [dei cicloni]

ぼうふうりん 防風林 frangivento㊚ [無変] di alberi

ほうふく 法服 《裁判官の》toga㊛; 《法衣》tonaca㊛

ほうふく 報復 《軍事的な》rappresaglia㊛; 《経済的・外交的な》ritorsione㊛ ◇報復する far rappresaglia [usare] rappresaglie [に su], compiere [usare] rappresaglie [に contro] ¶報復を恐れて per timore di rappresaglia
❖**報復関税** tariffe㊛ [複] "adottate per ritorsione [di ritorsione]"
報復攻撃 attacco㊚ [複 *-chi*] di rappresaglia
報復手段 provvedimenti㊚ [複] adottati per rappresaglia
報復措置 rappresaglia㊛, misura㊛ di ritorsione ¶報復措置をとる compiere rappresaglie [ritorsioni]

ほうふくぜっとう 抱腹絶倒 ◇抱腹絶倒する tenersi la pancia dalle risa, ridere㊚ [*av*] a crepapelle, sbellicarsi [sganasciarsi] dalle risa

ほうふつ 彷彿・髣髴 **1**《目に浮かぶ》¶この辺の景色は日本を彷彿させる。Questo panorama mi ricorda moltissimo il Giappone. ¶この子は死んだ夫を彷彿させる。Il bambino assomiglia al mio defunto marito.
2《ぼんやりと見える》¶夢に見る母の姿は彷彿として定めがたい。Nei miei sogni l'immagine di mia madre appare molto vaga.

ほうぶつせん 放物線 《幾何》parabola㊛ ¶放物線を描く tracciare una parabola

ほうぶつめん 放物面 paraboloide㊚

ぼうふら 孑孒・孑孑 larva㊛ di zanzara

ほうぶん 邦文 《文字》caratteri㊚ [複] [lettere㊛ [複]] giapponesi

ほうぶん 法文 《法令の文書》testo㊚ di legge ◇法文化する conferire forma legale a *ql.co.*

ほうへい 砲兵 《軍》artigliere㊚, soldato㊚ [㊛ *-essa*] di artiglieria
❖**砲兵隊** artiglieria㊛; 《中隊》batteria㊛

ぼうへき 防壁 muro㊚ [複 le *mura*] difensivo ¶義勇軍が防壁となって町を守った。Le truppe volontarie sono state il baluardo che ha difeso la città.

ほうべん 方便 espediente㊚, ripiego㊚ [複 *-ghi*], accorgimento㊚, mezzo㊚ ¶うそも方便. Una bugia a buon fine. / Le circostanze possono giustificare una menzogna.

ほうほう 方法 metodo㊚;《仕方》maniera㊛, modo㊚;《手段》mezzo㊚,《手順》procedimento㊚ ◇方法的な《秩序立った》metodico《複 -ci》/方法的に metodicamente ¶研究方法 metodo [sistema] di studio ¶製造方法 processo di fabbricazione ¶輸送方法 vie di trasporto ¶支払い方法 modalità [modo] di pagamento ¶伝達方法 mezzi di comunicazione ¶方法を誤る sbagliare metodo [procedimento] ¶この方法で con [seguendo] questo procedimento [metodo] ¶何らかの方法で in un modo o nell'altro ¶あらゆる方法で con tutti i mezzi possibili / in ogni modo ¶方法次第である. C'è modo e modo.
❖**方法論** metodologia㊛ ◇方法論的な metodologico《複 -ci》◇方法論的に metodologicamente

ほうほう 這う這う ¶ほうほうの体(てい)で逃げる fuggire con la coda fra le gambe / fuggire come un cane bastonato

ほうぼう 方々 ◇方々で[に]《あちらこちら》qua e là;《至る所》ovunque, dappertutto, a tutte le parti ¶方々から da ogni dove ¶方々探したが見つからなかった. Ho cercato ovunque ma non l'ho trovato.

ほうぼう 魴鮄 《魚》cappone㊚ (imperiale), gallinella㊛

ぼうぼう 茫茫 **1**《毛髪などが乱れている様子》¶ひげぼうぼうの男 uomo dalla [con la] barba irsuta [incolta] ¶彼は髪をぼうぼうに伸ばしている. Porta i capelli arruffati [incolti]. **2**《草が生い茂る様子》¶草ぼうぼうの庭 giardino ricoperto di erba incolta

ほうぼく 放牧 pascolo㊚, pastura㊛ ◇放牧する mettere [condurre] ql.co. al pascolo, (far) pascolare ql.co.
❖**放牧場** pascolo㊚

ほうまつ 泡沫 **1**《泡》bolla㊛;《泡が集まったもの》schiuma㊛, spuma㊛ **2**《はかなく消えるもの》bolle㊛《複》di sapone, cose㊛《複》effimere e inconsistenti
❖**泡沫候補** candidato㊚《㊛ -a》che non merita fiducia
泡沫夢幻 caducità㊛, fuggevolezza㊛ ¶泡沫夢幻の世 vita fugace [effimera / fuggevole]

ほうまん 放漫 ◇放漫な sconsiderato;《気ままな》dissoluto
❖**放漫経営** gestione㊛ avventata [incauta]
放漫財政 politica㊛ finanziaria indiscriminata [irresponsabile / avventata / imprudente / incauta]

ほうまん 豊満 ◇豊満な《物が》abbondante;《体つきが》formoso ¶豊満な肉体 corpo formoso [prosperoso / avvenente] ¶豊満な胸 seno prosperoso [ben sviluppato]

ほうむ 法務
❖**法務省** Ministero㊚ della「Giustizia [《イタリアの》Grazia e Giustizia]
法務大臣 Ministro㊚ della「Giustizia [《イタリアの》Grazia e Giustizia]

ほうむる 葬る **1**《埋葬する》sotterrare, seppellire;《ロッカー式の墓に》tumulare **2**《排除する》escludere ql.co. [ql.co.];《もみ消す》insabbiare ql.co. ¶事件を闇から闇に葬る mettere a tacere un caso **3**《社会で活動できないようにする》¶彼は世間から葬られた. È stato estromesso dalla società. /《忘れられた》Lui è caduto nell'oblio.

ほうめい 芳名 **1**《尊敬語で》¶ご芳名はかねがね伺っております. Ho sentito spesso il suo nome. **2**《名声》buon nome㊚, buona fama㊛
❖**芳名録[簿]** lista㊛ di nomi; libro㊚ [registro㊚] degli ospiti

ぼうめい 亡命 esilio㊚《複 -i》, espatrio㊚《複 -i》◇亡命する andare in esilio, esiliarsi, rifugiarsi all'estero, espatriare㊚《es》¶そのバレエダンサーはアメリカに亡命した. Lui è andato in esilio in America. Il ballerino è andato in esilio in America.
❖**亡命政権** governo㊚ in esilio
亡命者 esule㊚㊛, esiliato㊚《㊛ -a》, rifugiato㊚《㊛ -a》,《難民》profugo㊚《㊛ -ga; ㊚複 -ghi》
亡命地 luogo㊚《複 -ghi》d'esilio

ほうめん 方面 **1**《方向》direzione㊛;《地方》regione㊛, zona㊛ ¶北海道方面に行く andare verso lo [dalle parti dello] Hokkaido **2**《分野》campo㊚, settore㊚ ¶彼はいろいろな方面に顔がきく. Ha conoscenze in diversi campi.

ほうめん 放免 liberazione㊛, messa㊛ in libertà, rilascio㊚《複 -sci》◇放免する liberare [mettere in libertà / rilasciare] ql.co.;《刑期満了による》liberare ql.cu. che ha scontato la condanna.《無罪放免する》assolvere ql.cu.

ほうもつ 宝物 tesoro㊚
❖**宝物殿** Tesoro㊚, Sala㊛ del tesoro
ほうもん 法門 《仏法》dogmi㊚《複》buddisti
ほうもん 砲門 《軍艦の砲眼》bocca㊛ del cannone;《城壁の砲眼》cannoniera㊛, feritoia㊛;《大砲の筒先》bocca㊛ ¶砲門を開く aprire il fuoco

ほうもん 訪問 visita㊛ ◇訪問する fare una visita a ql.cu., andare in visita da ql.cu., andare a trovare ql.cu. ¶矢野の訪問を受けた. Ho ricevuto la visita di Yano. ¶大統領はフランスを公式訪問した. Il Presidente ha fatto una visita ufficiale in Francia.
❖**訪問着** kimono㊚ da cerimonia
訪問客 visitatore㊚《㊛ -trice》;《家に来るお客》ospite㊚㊛
訪問販売 vendita㊛ a domicilio

ぼうや 坊や 《男の子》bambino㊚;《息子》figlio㊚《-gli》;《世間知らずの若い男》novellino㊚, pivello㊚ ¶坊や！ Figlio mio! / Ragazzo mio!

ほうやく 邦訳 traduzione㊛ in giapponese
ほうよう 抱擁 abbraccio㊚《複 -ci》◇抱擁する abbracciare ql.cu., stringere ql.cu. fra le braccia
❖**抱擁し合う** abbracciarsi

ほうよう 法要 cerimonia㊛ di commemorazione buddista, ufficio㊚《複 -ci》funebre secondo il rito buddista

ぼうよう 茫洋 ¶茫洋たる麦畑 un'immensa distesa di campi di grano

ほうようりょく 包容力 tolleranza㊛ ¶あの人は包容力がある. Quell'uomo è tollerante.

ほうよく 豊沃 fertilità㊛ ◇豊沃な fertile
ぼうよみ 棒読み ❖棒読みする leggere ql.co. con voce monotona

ほうらく 暴落　crollo男, ribasso repentino ◇暴落する crollare自[es], ribassare自[es]
ほうらつ 放埓 ◇放埓な licenzioso, sregolato
ほうり 法理　principio男[複 -i] della legge
ほうり 暴利　profitto男 eccessivo ¶暴利をむさぼる ricavare vantaggi [benefici] eccessivi
ほうりあげる 放り上げる ¶ボールを高く放り上げた. Ha lanciato una palla in aria.
ほうりこむ 放り込む　gettare (に in), buttare (に in) ¶紙くずをかごの中に放り込んだ. Ho gettato la carta straccia nel cestino. ¶彼は留置場に放り込まれた. È stato messo in guardina.
ほうりだす 放り出す ¶外に放り出す buttare fuori qlcu. [ql.co.] ¶彼は下宿を放り出された. È stato allontanato dalla pensione dove alloggiava. ¶子供たちを放り出して彼女は外へ出てしまった. È andata a cena fuori trascurando i bambini. ¶仕事を中途で放り出す abbandonare un lavoro a metà

ほうりつ 法律　legge女, (総称) diritto男, legislazione女 →1472ページ 用語集 ◇法律上の legale, legittimo, giuridico [男複 -ci] ◇法律上　legalmente, giuridicamente, legittimamente ¶法律にかなった conforme alla legge ¶法律に反した illegale / contrario alla legge / illecito / illegittimo ¶法律で禁じている vietato dalla legge ¶法律に訴える ricorrere [far ricorso] alla legge ¶法律の保護外におく mettere qlcu. [ql.co.] fuori legge ¶法律を破る [守る] violare [osservare] la legge ¶法律を公布する emanare una legge ¶ある法律を適用する applicare una legge (に a) ¶法律はすべての人に平等に適用される. La legge è uguale per tutti.
❖**法律違反** reato男
法律学者 giurista男女[男複 -i]
法律行為 azione女 legale [giuridica]
法律顧問 consulente男女 legale
法律事務所 ufficio男[複 -ci] [studio男[複 -i]] legale
法律相談 consulenza女 legale

ほうりなげる 放り投げる　buttare fuori ql.co.
ぼうりゃく 謀略　macchinazione女, intrigo男[複 -ghi], congiura女, complotto男, (計略) stratagemma男[複 -i], manovra女 ¶謀略をめぐらす tramare un complotto / escogitare uno stratagemma ¶謀略にかかる essere vittima di un complotto / cadere in trappola ¶これは敵の謀略だ. È uno stratagemma del nemico.
ほうりゅう 放流　(魚の) ripopolamento男 ◇放流する (ダムなどで) scaricare [spandere] acqua; (魚を) ripopolare ¶ますの幼魚を川に放流する ripopolare un fiume di avannotti
ぼうりゅう 傍流　1 (支流) ramo男, diramazione女　2 (主流から離れた流派) filiazione女, emanazione女 ¶池の坊の傍流に属していて. Appartengo ad un ramo della scuola Ikenobo.
ほうりょう 豊漁　pesca女 abbondante, buona pesca女 ¶豊漁になる fare una buona pescata
ぼうりょく 暴力　violenza女, forza女 bruta ¶〈人〉に暴力を振るう far violenza a [su] qlcu. / trattare brutalmente qlcu. / maltrattare qlcu. ¶暴力を用いる usare (la) violenza ¶暴力に訴える ricorrere alla violenza
❖**暴力革命** rivoluzione女 cruenta
暴力行為 atto男 di violenza; 《法》vie女[複] di fatto
暴力団 banda女 di teppisti [di canaglie]
暴力団対策法 legge女 contro le organizzazioni malavitose

ボウリング 〔英 bowling〕bowling男[無変] ¶ボウリングをする giocare a bowling
❖**ボウリング場** (centro男 di) bowling男[無変]

ほうる 放る　1 (投げる) gettare, lanciare ¶石をほうる tirare sassi　2 (放置する) abbandonare qlcu. [ql.co.] ¶仕事をほうって遊びに行く andare a divertirsi lasciando il lavoro a metà ¶軽い風邪だからほうっておけば治る. È un leggero raffreddore, passerà anche senza cura. ¶ほうっておいても子供は育つ. I bambini crescono anche se lasciati a se stessi.

ぼうるい 防塁　forte男, fortezza女
ほうれい 法令　leggi女[複] e decreti男[複] ¶法令により secondo la legge [la normativa]
ほうれい 法例　regole女[複] concernenti l'applicazione della legge
ぼうれい 亡霊　(死者の霊魂) spirito男 [anima女] del defunto; (幽霊) spettro男, fantasma男[複 -i]
ほうれつ 放列・砲列　(大砲の) batteria女 ¶放列を敷く mettere pezzi d'artiglieria in batteria / disporre le batterie ¶カメラの放列を敷く disporre un gran numero [una moltitudine] di macchine fotografiche
ほうれんそう 菠薐草　《植》spinacio男[複 -ci]
ほうろう 放浪　vagabondaggio男[複 -gi] ◇放浪する vagare自[av], vagabondare自[av], errare自[av], girovagare自[av] ¶放浪の詩人 poeta girovago [errante]
❖**放浪者** vagabondo男[女 -a], girovago男[女 -ga; 男複 -ghi], giramondo男女[無変]
放浪生活 vita女 randagia [vagabonda]
放浪癖 ¶放浪癖がある avere la voglia di girovagare
ほうろう 琺瑯　smalto (comune) ¶琺瑯をかける smaltare ql.co. ¶琺瑯引きの鍋 pentola smaltata
❖**琺瑯質** (歯の) smalto男
ほうろく 焙烙　tegame男 in terracotta
ぼうろん 暴論　¶暴論を吐く fare osservazioni assurde [stravaganti]
ほうわ 法話　sermone男 buddista[複 -i] ¶法話をする tenere [fare] un sermone
ほうわ 飽和　saturazione女 ¶過飽和 soprassaturazione女 ¶過飽和状態にある essere soprassaturo
❖**飽和蒸気** vapore男 saturo
飽和状態 saturazione女, stato男 di saturazione (►いずれも比喩的にも用いる) ¶飽和状態にある essere saturo ¶飽和状態に達する giungere a saturazione
飽和性 saturabilità女
飽和点 punto男 di saturazione

ホエー 〔英 whey〕《料》siero男 di latte
ホェールウォッチング 〔英 whale watching〕osservazione女 delle balene

ほえごえ 吠え声・吼え声 《犬 の》abbaio男《複 -i》, latrato男;《犬・狼などの遠吠え》ululato男;《ライオン・虎などの》ruggito男 ¶犬は悲しげな吠え声をたてた. Il cane ha ululato a lungo tristemente.

ポエジー 〔仏 poésie〕poesia女, poema男《複 -i》 ¶ポエジーを感じさせる風景 paesaggio che ispira poesie

ほえづら 吠え面 viso lacrimoso ¶あとでほえ面かくなよ. Pagherai per tutto ciò!

ほえる 吠える《犬 が》abbaiare女[av], latrare自[av];《犬・狼が》ululare自[av];《猛獣が》ruggire自[av] ¶犬はわんわんほえる. Il cane fa bau bau. ¶ほえる犬はかまぬ.《諺》"Can che abbaia non morde."

ほお 頬 guancia女《複 -ce》, gota女 ¶頬にキスをする baciare qlcu. sulla guancia [sulle guance] ¶頬を寄せて踊る ballare guancia a guancia ¶頬を膨らませる gonfiare le gote /《不満・怒りなどで》sbuffare自[av] /《膨っ面をする》fare [tenere] il broncio [il muso] ¶恥ずかしさに頬を赤らめる arrossire per la vergogna ¶頬のふっくらした男の子 bambino paffuto ¶人, もし汝の右の頬を打たば, 左をも向けよ.《聖》"Se qualcuno ti colpisce la guancia destra, porgi la (guancia) sinistra."

ボー 〔英 baud〕《通信》〔仏〕baud男[無変]

ぽお ¶ぽおと汽車は汽笛を鳴らした. Il treno fischiava.

ボーイ 〔英 boy〕《少年》ragazzo男;《レストランやホテルの》cameriere男;《見習い》garzone男;《荷物運び》facchino男, portabagagli男[無変]
✤**ボーイスカウト**《団員》〔英〕boy scout男[無変]; giovane esploratore男;《団体》〔英〕Boy Scouts男[複], giovani esploratori男[複]
ボーイソプラノ voce女 bianca
ボーイフレンド amico男《複 -ci》;《恋人》il proprio ragazzo男

ボーイッシュ 〔英 boyish〕¶ボーイッシュな娘 ragazza mascolina

ボーイング 〔英 bowing〕《音》archeggio男《複 -gi》

ポーカー 〔英 poker〕poker男 ¶ポーカーをする giocare a poker
✤**ポーカーフェース** ¶彼はポーカーフェースだ. Ha il viso impassibile.

ほおかぶり 頬被り ◇頬被りする《手ぬぐいをかぶる》coprirsi la testa con un asciugamano legandolo sotto il mento;《知らぬふりをする》fingersi ignorante, fare lo gnorri

ボーカリスト 〔英 vocalist〕cantante 男女, vocalista男女《男複 -i》

ボーカル 〔英 vocal〕《男性ボーカルの曲《男声用の》pezzo musicale「per voce maschile [《男性が歌っている》cantato da un cantante]
✤**ボーカルグループ** gruppo vocale
ボーカルミュージック musica vocale

ボーキサイト 〔英 bauxite〕《鉱》〔英〕bauxite女

ポーク 〔英 pork〕carne女 suina [di maiale], maiale男
✤**ポークカツ** cotoletta女 di maiale impanata
ポークソテー carne女 di maiale al salto

ボーゲン 〔独 Bogen〕**1**《スキーで》spazzaneve男 **2**《音》《バイオリンなどの弓》arco男《複 -chi]

ポーコ 〔伊〕《音》《少し》poco ¶ポーコアダージョ poco adagio

ほおじろ 頬白 《鳥》zigolo男 giapponese

ホース 〔蘭 hoos〕tubo [tubazione女] flessibile di gomma

ポーズ 〔英 pause〕pausa女 ¶ポーズをおく fare una pausa
✤**ポーズボタン**《テープレコーダーなどの》bottone男[tasto男] della pausa

ポーズ 〔英 pose〕《姿勢, 態度, 気取り》posa女;《態度》atteggiamento男 ¶肖像画のためポーズをとる posare per un ritratto ¶気取ったポーズをとる assumere una posa affettata

ほおずき 酸漿・鬼灯 《植》alchechengi男[無変], chichingero男, palloncino男;《実》bacca女 di alchechengi

ほおずり 頬摺 ¶赤ん坊にほおずりした. Ho accarezzato con la mia guancia quella della bambina. [Ho sfregato la mia guancia con] quella della bambina.

ポーター 〔英 porter〕《駅などの》facchino男, portabagagli男[無変];《登山隊の》portatore男

ボーダーライン 〔英 border line〕¶ボーダーラインを引く tracciare la linea di confine ¶ボーダーライン(上)にある essere sulla linea di confine / essere al limite

ボーダーレス 〔英 borderless〕◇ボーダーレスの senza confini

ボータイ 〔英 bow tie〕《蝶ネクタイ》cravatta女 a farfalla;〔仏〕papillon [papión]男[無変]

ポータブル 〔英 portable〕◇ポータブルの portatile
✤**ポータブルテレビ**[ラジオ] televisore男 [radio女[無変]] portatile

ポーチ 〔英 porch〕《建》portico [複 -ci]

ほおづえ 頬杖 ¶ほおづえをつく appoggiare il mento sulle mani [su una mano] / prendersi il mento fra le mani

ボート 〔英 boat〕barca女;《総称的に》imbarcazione女;《カッター》scialuppa女;《ゴムボート》canotto男 ¶モーターボート motobarca / motoscafo ¶救命ボート scialuppa [canotto] di salvataggio ¶ボートを漕ぐ remare自[av] / vogare自[av] / fare del canottaggio ¶ボート遊びをする andare in barca
✤**ボートレース**《手こぎの》gara女 di canottaggio;《レガッタ》regata女

ボード 〔英 board〕《板》asse女;《チップを固めた強化板》truciolato男 ¶耐火ボード asse resistente al fuoco

ボードビリアン 〔英 vaudevillian〕attore男[女 -trice] di varietà

ボードビル 〔仏 vaudevill〕〔仏〕vaudeville男[無変]; commedia女 musicale, varietà男, spettacolo男 di varietà

ポートフォリオ 〔英 portfolio〕《金融》portafoglio男《複 -gli, -glio》
✤**ポートフォリオセレクション** composizione女 del portafoglio

ポートレート 〔英 portrait〕ritratto男

ポートワイン 〔英 port wine〕《料》porto男

ボーナス 〔英 bonus〕indennità女, gratifica女

¶年間4か月分のボーナスが保証されている. Abbiamo [Godiamo di] un'indennità annuale di 4 mesi di stipendio. ¶この会社のボーナスは下に薄い. In questa ditta le gratifiche non sono favorevoli ai semplici dipendenti.

[参考]
イタリアではクリスマス前に月給の1か月分が支払われる. これは tredicesima (13番目の月給) と呼ばれる. 会社によっては夏期に quattordicesima (14番目の月給) と呼ばれるボーナスが支払われるところもある. これらのボーナスは労働協定時に決められる.

ほおばる 頬張る avere la bocca piena di *ql.co.*, riempirsi la bocca di *ql.co.*

ほおひげ 頬髭 barba[女] ¶ほおひげをはやした男 uomo con la barba

ホープ 〔英 hope〕 speranza[女] ¶彼はわが校のホープだ. È la speranza della nostra scuola.

ほおべに 頬紅 rossetto[男]; 〔仏〕 fard [fard][男][無変] ¶ほお紅をつける imbellettarsi le guance / applicarsi il fard

ぼおぼお ¶火はぼおぼおと音をたてて燃えていた. Il fuoco divampava con gran rumore.

ほおぼね 頬骨 zigomo[男] ¶ほお骨が高い avere gli zigomi sporgenti

ホーム 〔英 home〕 **1**《家庭》casa[女]; famiglia[女] **2**《野球の》casa[女] base [無変] **3**《施設》 ¶老

《用語集》 法律 Diritto

憲法 Costituzione

公法 diritto[男] pubblico. 私法 diritto privato. 主権 sovranità[女]. 人間の尊厳 dignità[女] della persona umana. 公共の福祉 benessere[男] pubblico. 幸福の追求 ricerca[女] della felicità. 思想良心の自由 libertà[女] di pensiero e di coscienza. 信仰の自由 libertà di culto. 信書の秘密 segretezza[女] della corrispondenza. 通信の自由 libertà della comunicazione. 出版の自由 libertà di stampa. 検閲 censura[女]. 平等の原理 principio[男] di eguaglianza. 男女同権 uguaglianza[女] fra i sessi. 財産の自由 libertà[女] patrimoniale. 生存権 diritto[男] alla vita. 人身の自由 libertà personale. 国民投票 referendum[男]. 上院 Senato[男]. 下院 Camera[女]. 国政調査権 inchiesta[女] parlamentare. 定数是正法 legge[女] sulla correzione provvisoria del numero parlamentare. 司法 magistratura[女]. 憲法裁判所 Corte[女] costituzionale. 判事 giudice[男][女]. 違憲立法審査権 controllo[男] di legittimità costituzionale sulle leggi ordinarie. 補償 riparazione[女]. 兵役 servizio[男] militare. 地方自治 autonomia[女] locale. 分権 decentramento[男]. 国際条約 trattato[男] internazionale.

行政法 Diritto amministrativo

瑕疵(かし)ある行為の治癒 sanatoria[女] degli atti viziati. 行政改革 riforma[女] amministrativa. 行政行為の瑕疵 vizio[男] dell'atto amministrativo. 行政訴訟 contenzioso[男] amministrativo. 権限踰越(ゆえつ) eccesso[男] di potere. 国家公務員 funzionar*io*[男][[女] *-ia*] statale. 国有財産 demanio[男]. 自由裁量権 potere[男] discrezionale. 地方公務員 impiegat*o*[男][[女] *-a*] [dipendente[男][女]] di un'amministrazione locale.

民法 Diritto civile

公序良俗 ordine[男] pubblico e buon costume[男]. 法人 persona[女] giuridica. 社団 associazione[女]. 動産 bene[男] mobile. 不動産 bene immobile. 虚偽表示 simulazione[女]. 代理 rappresentanza[女]. 無効 nullità[女]. 取消 annullamento[男]. 失効 decadenza[女]. 時効 prescrizione[女]. 物権 diritto[男] reale. 登記 trascrizione[女]. 用益権 diritto[男] di usufrutto. 地上権 diritto di superficie. 抵当権 ipoteca[女]. 先取特権 privilegio[男]. 質権 pegno[男]. 債権者 credi*tore*[男][[女] *-trice*]. 債務者 debi*tore*[男][[女] *-trice*]. 履行 adempimento[男]. 履行遅滞 morosità[女]. 不履行 inadempimento[男]. 保証 fideiussione[男]. 保証人 fideiussore[男]. 売買 vendita[女]. 売主 vendi*tore*[男][[女] *-trice*]. 買主 compra*tore*[男][[女] *-trice*]. 交換 permuta[女]. 賃貸借 locazione[女]. 賃借人 condut*tore*[男][[女] *-trice*], locatar*io*[男][[女] *-ia*]. 賃料 fitto[男]. 請負 appalto[男]. 委任 mandato[男]. 日照権 diritto[男] di ricevere i raggi [la luce] del sole. 損害賠償 risarcimento[男] dei danni. 婚姻 matrimonio[男]. 離婚 divorzio[男]. 別居 separazione[女]. 聴聞 audizione[女]. 調停 riconciliazione[女]. 申立 istanza[女]. 離婚扶養料 assegno[男] di divorzio. 認知 riconoscimento[男]. 養子 adozione[女]. 面接交渉権 diritto[男] di visita. 法定相続 successione[女] legittima. 遺言相続 successione testamentaria. 限定承認 beneficio[男] d'inventario[男]. 相続放棄 rinuncia[女] all'eredità[女]. 遺留分権 diritto[男] riservato. 代襲相続 successione[女] per rappresentazione.

刑法 Diritto penale

既遂犯罪 delitto[男] consumato. 未遂犯罪 delitto tentato. 故意 dolo[男]. 過失 colpa[女]. 正当防衛 difesa[女] legittima. 作為 azione[女]. 不作為 omissione[女]. 公務執行妨害罪 ribellione[女]. 財物強要罪 concussione[女]. 殺人 omicidio[男]. 暴行 percossa[女]. 傷害 lesione[女] personale. 過失致死 omicidio[男] colposo. 虐待 maltrattamento[男]. 名誉毀損罪 ingiuria[女]. 侮辱 vilipendio[男]. 脅迫 minaccia[女]. 住居侵入 violazione[女] di domicilio. 強盗 rapina[女]. 恐喝 estorsione[女]. 詐欺 truffa[女]. 横領 appropriazione[女] indebita. 有罪 condanna[女]. 判決 sentenza[女]. 懲役

老人ホーム casa di riposo / ospizio per anziani
ホーム binar*io*男[複 -i] ¶ローマ行きインターシティは5番線ホームに着きます。L'intercity per Roma arriverà al binario 5.
ホームイン 《野球で》◇ホームインする tornare 自[*es*] alla [in] casa base
ホームグラウンド 〔英 home ground〕**1**(故郷)paese男 natale;(本拠地)la *propria* terra 女;(専門分野)campo男 di specializzazione **2**《スポ》¶ホームグラウンドで試合をする giocare in casa
ホームシック 〔英 homesick〕 ¶ホームシックになる avere nostalgia di casa (*propria*)
ホームステイ 〔英 homestay〕 ¶フィレンツェで3か月間ホームステイをした。Sono stato per tre mesi a Firenze presso una famiglia.
ホームストレッチ 〔英 homestretch〕《スポ》dirittura女 d'arrivo
ホームスパン 〔英 homespun〕《織》stoffa女 di lana grossa ◇ホームスパンの tessuto in casa
ホームチーム 〔英 home team〕《スポ》squadra女 ospitante
ホームドラマ dramm*a*男[複 -i] che ha per soggetto la vita familiare
ホームページ 〔英 home page〕《コンピュータ》sito男,〔英〕home page女[無変]
ホームヘルパー assistente男女 domiciliare
ホームメード 〔英 home made〕 ◇ホームメー

---

reclusione. 終身刑 ergastolo男. 罰金 multa女. 科料 ammenda女. 没収 confisca女. 保安処分 misura女 di sicurezza.

商法 Diritto commerciale
株 azione女. 株式会社 società女 per azioni. 株主 azionista男女. 株主総会 assemblea女 generale degli azionisti. 設立証書 atto男 costitutivo. 発起人 promot*ore*男 [女 -*trice*]. 取締役 amministrat*ore*男 [女 -*trice*]. 監査役会 collegi*o*男 sindacale. 会社合併 fusione女 delle società. 為替手形 tratta女. 横線小切手 assegno男 sbarrato. 小切手 assegno (bancario). 受取人 prendit*ore*男 [女 -*trice*]. 振出人 emittente男女. 裏書人 girante男女.

民事訴訟法 Diritto di procedura civile
管轄 competenza女. 裁判官忌避 ricusazione女 del giudice. 原告 att*ore*男 [女 -*trice*]. 被告 convenuto男. 提出, 出頭 presentazione女. 履行催告書 precetto男. 送達 notificazione女. 書記官 cancelli*ere*男 [女 -*a*]. 尋問事項 capitolo男. 口頭弁論 udienza女. 答弁 risposta女. 文書 atto男. 申立書 ricorso男. 書証 prova女 documentale. 調書 processo男 verbale. 交付 rilascio男. 肯定 affermazione女. 反論 replica女. 心証 apprezzamento男. 共有財産 bene男 comune. 占有訴権 azione女 possessoria. 明渡 sfratto男. 立会 assistenza女. 仲裁 arbitrato男. 強制競売 espropriazione女 forzata. 差押 pignoramento男. 差押 sequestro男. 答弁書 controricorso男. 強制執行 esecuzione女 forzata. 執行停止 sospensione女 dell'esecuzione. 競落 aggiudicazione女. 棄却 rigetto男. 既判力 giudicato男.

刑事訴訟法 Diritto di procedura penale
手続 procedimento男. 告発 denuncia女. 弁護人 avvocato男 difensore. 逮捕 arresto男. 現行犯逮捕 arresto男 in flagranza. 捜索 perquisizione女. 捜査 indagine女. 検証 ispezione女. 押収 sequestro男. 保全処分 misura女 cautelare. 強制処分 misura女 coercitiva. 証拠 prova女. 証言 testimonianza女. 尋問 interrogatorio男. 鑑定 perizia女. 公判 giudizio男. 非公開で a porte chiuse. 冒頭陳述 esposizione女 introduttiva. 被害者 persona女 offesa. 判決 sentenza女. 公訴棄却判決 sentenza女 di non doversi procedere. 無罪判決 sentenza di assoluzione. 有罪判決 sentenza di condanna. 決定 ordinanza女. 命令 decreto男. 上訴 impugnazione女. 控訴 appello男. 破棄上告 ricorso男 per cassazione. 再審 revisione女. 犯罪人引渡 estradizione女. 国際司法共助 rogatoria女 internazionale.

労働法 Diritto del lavoro
男女雇用機会均等法 legge per la parità uomo-donna nel lavoro. 順法闘争 sciopero男 bianco. 職業安定所 ufficio男 di collocamento. スト権 diritto男 di sciopero. スト破り crumiraggio男. ピケッティング picchettaggio男. 労働協約 contratto男 collettivo di lavoro. 労働時間の短縮 riduzione女 dell'orario di lavoro. 労働争議 controversia女 di lavoro. ロックアウト serrata女.

その他
個人情報保護法 legge女 di protezione dei dati personali;《イタリア》Tutela delle persone e di altri soggetti rispetto al trattamento dei dati personali. ストーカー防止法 legge di prevenzione contro atti persecutori. 生命倫理法 legge bioetica. PL法 legge di responsabilità per danno da prodotti difettosi 暴力団対策法 legge di regolazione della criminalità organizzata, legge per regolazione delle esigenze della criminalità organizzata. リサイクル法 legge di recupero e riciclo. 家電リサイクル法 legge di riduzione dell'uso di sostanze pericolose nelle apparecchiature elettriche ed elettroniche.

の fatto in casa ¶ホームメードのケーキ torta fatta in casa

ホームラン 〔英 home run〕 fuoricampo[男][無変] ¶ホームランを打つ fare [realizzare] un fuoricampo ¶満塁ホームラン〔英〕 grand-slam[男][無変]

ホームルーム 〔英 homeroom〕 ora[女] libera; 《話し合い》 assemblea[女] di classe

ホームレス 〔英 homeless〕 senzatetto[男] [女][無変]

ボーリング 〔英 boring〕 《穿孔》 perforazione[女]; 《試掘》 trivellazione[女]; 《地質調査のための》 sondaggio[男][複 -gi] ◇ボーリングする sondare

ボーリング 〔英 bowling〕 ⇒ボウリング

ホール 〔英 hall〕 《大広間》 sala[女]; 《ロビー》 atrio[男][複 -i]; 《大講堂》 aula[女] magna

ホール 〔英 hole〕 《ゴルフの》 buca[女] ¶18ホールのコース campo da golf da 18 buche

✤**ホールインワン** ¶ホールインワンを決める fare buca in uno / fare una buca al primo colpo

ボール 〔英 ball〕 **1** 《球》 palla[女]; 《大きなもの》 pallone[男] ¶ボールを投げる lanciare una palla ¶ボールを蹴る calciare un pallone ¶ボールを打つ colpire una palla **2** 《野球でストライクにならない投球》〔英〕 ball[男][無変]

✤**ボールベアリング** 〔機〕 cuscinetto[男] a sfere

ボール 〔英 bowl〕 《調理用の深い鉢》 ciotola[女], scodella[女] ¶サラダボール insalatiera

ポール 〔英 pole〕 **1** 《細長い棒》 palo[男], pertica[女]; 《旗ざお》 asta[女] (di bandiera), pennone[男]; 《スキーのストック》 bacchette[女][複], bastoncini[男][複] da sci; 《スキーのコースを示す》 paletti[男][複] **2** 《市街電車の》 presa[女] ad asta

✤**ポールポジション** 《レースの》〔英〕 pole position[女], prima fila[女]

ボールがみ ボール紙 cartone[男], cartoncino[男]

ホールディング 〔英 holding〕 《バレーボール》 trattenuta[女] ◇ホールディングする 《バスケットボール・サッカーで》 ostacolare l'avversario

ホールド 〔英 hold〕 《レスリングで》 presa[女]

ボールばこ ボール箱 scatola[女] di cartone

ボールペン biro[女][無変] (► 商標), penna[女] a sfera

ほおん 保温 mantenimento[男] della temperatura

✤**保温性** ¶この下着は保温性にすぐれている. Questa maglietta intima mantiene il caldo.

保温装置 《サーモスタット》 termostato[男]

ホーン 〔英 horn〕 《クラクション》 tromba[女]; clacson[男][無変], claxon[男][無変]

✤**ホーンセクション** 〔音〕 ottoni[男][複]

ぽおん ¶たき火の薪がぽおんとはじけた. Il legno scoppiettava sul fuoco. ¶ぽおんとボールを投げた. Ho lanciato la palla con forza.

ほか 外・他 **1** 《それ以外》 ◇ほかの 《別の》 altro; 《異なった》 diverso, differente ◇ほかに 《違うやり方で》 altrimenti, in altro modo, diversamente ¶ほかのことを話そう. Parliamo d'altro! ¶そのほかはうまく行っている. A parte ciò, tutto va bene. ¶ほかに方法がない. Non c'è altro mezzo. ¶ほかに何も言うことはない. Questo è tutto quello che c'è da dire.
2 《その人以外》 ¶彼のほか3名 tre persone oltre lui ¶ほかの誰にもできないことだ. Nessun altro è capace di farlo. ¶彼女のほかはみんな男だ. Eccetto [Tranne / All'infuori di] lei, sono tutti uomini.
3 《よそ》 ◇ほかへ altrove, in altro luogo ¶ほかに行こう. Andiamo altrove. / Andiamo da qualche altra parte.
4 《それ以上》 ¶思いのほかうまくできた. È andato meglio di quanto pensassi.
5 《否定の語を伴って, それ以外に手段・方法がない》 ◇…するほかはない non rimane che + [不定詞]; 《人が主語》 non poter fare a meno di + [不定詞] ¶待つよりほか仕方がない. Non possiamo far altro che aspettare. ¶入院させるほかはない. Ormai non ci rimane che ricoverarlo in ospedale.
[慣用] **外でもない** ¶外でもないが, ちょっと相談にのってくれないか. Il fatto è che vorrei che tu mi consigliassi.
外ならない ¶ほかならぬ君の頼みだから引き受けよう. Accetto di interessarmene perché sei tu a chiedermelo. ¶今度の成功は皆の協力のたまものにほかならない. Il successo di questa volta si deve proprio alla collaborazione di tutti.

ぽか sbadataggine[女], sventatezza[女]

ぼがいしさん 簿外資産 attivo[男] che non risulta dai libri contabili

ほかく 保革 **1** 《保守と革新》 ¶保革伯仲している. Il partito conservatore e quello progressista hanno pressapoco lo stesso potere. **2** 《皮革をよい状態に保つこと》 ¶保革油 olio per cuoio

ほかく 捕獲 **1** 《生け捕ること》 cattura[女] ◇捕獲する catturare, prendere, acchiappare **2** 《船舶を捕らえる》 cattura[女] ¶敵船を捕獲する catturare una nave del nemico

ほかく 補角 〔数〕 angolo[男] supplementare ◇補角の supplementare

ほかげ 帆影 ¶見渡すかぎり1つの帆影も見えない. Non si vede alcuna nave all'orizzonte.

ほかけぶね 帆掛け船 nave[女] [barca[女]] a vela; 《帆船》 veliero[男]

ぼかし 暈し gradazione[女], sfumatura[女] ¶色のぼかし gradazione di colore

ぼかす 暈す **1** 《濃淡の境目をぼんやりさせる》 degradare, sfumare **2** 《あいまいにする》 lasciare *ql.co.* nel vago, non precisare *ql.co.* ¶彼は答えをぼかした. Ha risposto vagamente.

ほかほか ¶ほかほかのまんじゅう *manju* caldo [fumante] ¶風呂上がりで体がほかほかしていた. Il mio corpo era tutto caldo dopo il bagno.

ぽかぽか ¶ぽかぽか殴る 《棒で》 dare un sacco di legnate [《素手または棒などで》 botte] a *qlcu.* / 《こぶしで》 colpire *qlcu.* ripetutamente coi pugni ¶体がぽかぽかしてきた. Mi ha preso una sensazione di tepore [di caldo]. ¶陽気がぽかぽかしてきた. Il tempo [Il clima] si è addolcito.

ほがらか 朗らか ◇朗らかな allegro, gaio [男複 -i], gioioso ◇朗らかに allegramente, piacevolmente, gioiosamente

ぽかり ¶ぽかりと殴る picchiare [《棒で》 bastonare] *qlcu.* ¶彼の頭をぽかりと殴った. Gli ho dato un colpo in testa. ¶地面に穴がぽかりと開いた. Di colpo si è aperto un buco nel terreno. ¶水面に彼の頭がぽかりと浮いて来た. La sua testa è improvvisamente spuntata fuori dall'acqua.

ほかん 保管 custodia㊛, conservazione㊛;《倉庫で》magazzinaggio㊚[複 -gi] ◇保管する custodire ql.co., conservare ql.co., incaricarsi della custodia di ql.co.; immagazzinare [mettere in magazzino] ql.co. ¶保管してもらう affidare a qlcu. la custodia [la cura] di ql.co.
✤**保管者** depositario㊚[㊛ -ia; ㊚複 -i]
保管所 depositario㊚[複 -i] ¶遺失物保管所 ufficio oggetti smarriti
保管品 articolo㊚ in custodia
保管料 spese㊛[複] di custodia;《倉庫での》prezzo㊚ di magazzinaggio

ほかん 補完 ◇補完する supplire
✤**補完財**《経》beni㊚[複] complementari

ほかん 補巻 supplemento㊚, complemento㊚

ぼかん 母艦 nave㊛ appoggio [無変] ¶航空母艦 portaerei [無変]

ぽかん ¶人を棒でぽかんとたたく battere sonoramente qlcu. col bastone / dare un colpo secco col bastone a qlcu. ¶ぽかんと口を開けて spalancando la bocca / a bocca aperta ¶ぽかんとしている《ぼんやりしている》essere distratto [assente] /《あっけにとられている》avere l'aria inebetita

ほき 補記 aggiunta㊛;《長いもの》testo㊚ integrativo ◇補記する aggiungere ql.co.《に a》; integrare ql.co.

ぼき 簿記 contabilità㊛ ¶簿記をつける tenere la contabilità ¶商業簿記 contabilità commerciale ¶単式[複式]簿記 contabilità in partita semplice [doppia]
✤**簿記係** contabile㊚㊛
簿記帳 libri㊚[複] contabili

ボギー〔英 bogie〕**1**《鉄道》carrello㊚ (ferroviario)[複 -i] **2**《ゴルフで》colpo㊚ oltre la norma
✤**ボギー車** carro㊚ ferroviario

ボキャブラリー〔英 vocabulary〕vocabolario㊚[複 -i]

ほきゅう 捕球《野球で》presa㊛ ◇捕球する prendere una palla

ほきゅう 補給 rifornimento㊚; approvvigionamento㊚ ◇補給する《他のものに》rifornire ql.co.《を di》; approvvigionare ql.co.《を di》;《自らに》rifornirsi《を di》, approvvigionarsi《を di》¶栄養補給 nutrizione / alimentazione ¶車にガソリンを補給する alimentare una macchina / rifornire una macchina di benzina
✤**補給基地** base㊛ [deposito㊚] (di) approvvigionamenti
補給路 itinerario㊚[複 -i] per andare ad approvvigionarsi [a rifornirsi]

ほきょう 補強 rafforzamento㊚, consolidamento㊚ ◇補強する rinforzare [rafforzare / consolidare] ql.co.《で con》¶古くなった建物をセメントで補強する rinforzare con cemento《注入して》con iniezioni di cemento un edificio invecchiato
✤**補強工事** lavori㊚[複] di rinforzo
補強人員 rinforzi㊚[複], rincalzi㊚[複]
補強物資 rinforzi㊚[複]

ほきょく 補極 《電》polo㊚ ausiliario [複 -i] [di commutazione]

ぼきん 募金 colletta㊛, sottoscrizione㊛ ◇募金する《集める》raccogliere fondi《のために per》, fare una colletta [una sottoscrizione]《のために per》;《応ずる》aderire《のために a》una sottoscrizione《のために per》¶共同募金 fondo della comunità [di beneficenza] ¶街頭募金 sottoscrizione [colletta] fatta per strada ¶募金運動を起こす aprire una (campagna di) sottoscrizione《のための in favore di》/ lanciare [promuovere] una sottoscrizione
✤**募金箱** cassetta㊛ per i fondi

ぽきん ¶枝はぽきんと折れた Il ramo si è spezzato di netto. ¶指をぽきんと鳴らした Ha fatto crocchiare le nocche.

ほきんしゃ 保菌者 portatore㊚[㊛ -trice] ¶コレラの保菌者 portatore del bacillo del colera

ぼく 僕 io㊚ ¶僕ら noi

ほくい 北緯 latitudine㊛ nord ¶ローマは北緯41度54分にある. Roma è a 41°54′ (読み方: quarantun gradi e cinquantaquattro primi) di latitudine nord.

ほくおう 北欧 Europa㊛ settentrionale [del nord] ◇北欧の nordeuropeo, nordico㊚[複 -ci]
✤**北欧人** nordeuropeo㊚[㊛ -a]
北欧神話 mitologia㊛ scandinava

ほくげん 北限 ¶日本猿の北限 il limite settentrionale dell'habitat delle scimmie giapponesi

ボクサー〔英 boxer〕**1**《スポ》pugile㊚, pugilatore㊚ **2**《犬》boxer [bókser]㊚[無変]; cane㊚ boxer [無変]

ぼくさつ 撲殺 ◇撲殺する accoppare [abbattere] qlcu.《で con》, uccidere qlcu. con un colpo《で di》

ぼくし 牧師 pastore㊚ (protestante), ministro㊚

ぼくしゃ 牧舎 stalla㊛;《馬小屋》scuderia㊛;《羊小屋》ovile㊚;《豚小屋》porcile㊚

ぼくしゃ 牧者 mandriano㊚[㊛ -a];《羊飼い》pastore㊚[㊛ -a], pecoraio㊚[㊛ -ia; ㊚複 -i];《牛飼い》bovaro㊚, vaccaro㊚;《やぎ飼い》capraio㊚[㊛ -ia; ㊚複 -i]

ぼくしゅ 墨守 ¶彼はあくまでも伝統を墨守しようとした. Ha deciso di seguire sempre sino all'ultimo la tradizione.

ぼくじゅう 墨汁 inchiostro㊚ di china

ほくじょう 北上 ◇北上する andare verso nord ¶台風が北上中です. Il tifone avanza in direzione nord.

ぼくじょう 牧場 fattoria㊛;《飼育設備》allevamento㊚;《放牧場》pascolo㊚, pastura㊛ ¶牧場を経営する gestire una fattoria [un ranch]
✤**牧場主** allevatore㊚[㊛ -trice], proprietario㊚[㊛ -ia; ㊚複 -i] di una fattoria

ぼくしん 牧神《ギ神》Pan㊚;《サテュロス》satiro㊚ (◆半人半獣の森の精);《ロ神》Fauno㊚

ボクシング〔英 boxing〕box(e)㊚, pugilato㊚ ¶ボクシングをする fare [praticare] il pugilato / tirare di box(e) / boxare [av]

ほぐす 解す **1**《結んであるものなどをほどく》slegare, slacciare, sciogliere;《縫い目を》scucire;《もつれた物を》sbrogliare, districare ¶髪のもつれをほぐす sbrogliare i capelli ¶糸のもつれをほぐす sbrogliare [dipanare] un groviglio di fili

2《柔らかくする》¶肩のこりをほぐす《もみほぐす》massaggiare le spalle indolenzite ¶魚の身をほぐす spezzettare un pesce

ぼくする 卜する **1**《占う》¶運命を卜する《未来を卜する》predire [leggere] il futuro **2**《選定する》¶移民がここに居を卜した. Gli immigranti si sono stabiliti qui.

ぼくせい 北西 nord-ovest男
❖北西風 vento男 di nord-ovest;《地中海の冷たい北西風》maestro男, maestrale男

ぼくそう 牧草 erba女, foraggio男 ¶牧草を食(は)む pascolare自[av] / brucare l'erba
❖牧草地 pascolo男

ぼくそえむ 北叟笑む sorridere自[av] sotto i baffi

ぼくたん 北端 limite estremo settentrionale

ぼくちく 牧畜 allevamento男 di bestiame;《畜産》zootecnia女;《羊の》pastorizia女 ◇畜産のzootecnico[複 -ci]; pastorizio[複 -i]
❖牧畜業 allevamento男 di bestiame
牧畜業者 allevatore男
牧畜地帯 zona女 di allevamenti

ぼくとう 北東 nord-est男 ¶北東の風 vento di nord-est; grecale男

ぼくとう 木刀 spada女 di legno

ぼくどう 牧童 pastorello男

ぼくとしちせい 北斗七星 《天》Orsa女 Maggiore;《俗》Gran Carro男

ぼくとつ 木訥・朴訥 semplicità女, ingenuità女 ¶木訥な semplice [ingenuo] e di poche parole

ぼくねんじん 朴念仁《取っ付きのよくない人》persona女 asociale;《物わかりの悪い人》testone男[女 -a], zuccone男[女 -a]

ぼくぶ 北部 parte女 del nord ¶北部イタリア Italia settentrionale [del nord]
❖北部同盟《イタリアの政党》Lega女 Nord ¶北部同盟の党員 leghista男女[男複 -i]

ぼくべい 北米 America女「del Nord [settentrionale], Nordamerica女 ◇北米の nordamericano
❖北米大陸 continente男 nord americano

ぼくへき 北壁 《マッターホルンの北壁》la parete nord del Cervino

ほくほく ¶ほくほくしている《うれしくて》essere contento[felice] ¶このじゃが芋はほくほくだ. Queste patate hanno un gusto leggero e asciutto.

ほくほくせい 北北西 nord-nord-ovest男
ほくほくとう 北北東 nord-nord-est男

ぼくめつ 撲滅《破滅, 破壊》distruzione女;《人・動物の》sterminio男[複 -i];《病気・雑草など悪いものの》estirpazione女, sradicamento男 ◇撲滅する distruggere; sterminare; estirpare, sradicare ¶交通事故撲滅運動 campagna contro gli incidenti stradali ¶害虫を撲滅する sterminare gli insetti nocivi

ほくよう 北洋 mari男[複] del nord, oceano男 settentrionale
❖北洋漁業 pesca女 nei mari del nord

ぼくよう 牧羊 allevamento男 di pecore
❖牧羊犬 cane男 (da) pastore [無変]

ほぐれる 解れる **1**《もつれたものがほどける》¶もつれた糸がほぐれた. Il groviglio di fili si è sciolto.
2《やわらぐ》¶肩のこりがほぐれた. L'indolenzimento alle spalle è passato. ¶その場の空気がほぐれた. L'atmosfera è divenuta più distesa.

ほくろ 黒子 neo男 ¶泣きぼくろ neo sotto l'occhio ¶つけぼくろをしている avere un neo artificiale

ぼけ 木瓜 《植》cotogno男 giapponese

ぼけ 惚け《もうろく》rimbambimento男 ¶うちの祖父はこのごろぼけが始まった. Il nonno ha iniziato, di recente, a dare segni di senilità. ¶連休ぼけだ. La mia testa non è più abituata a lavorare a causa delle troppe vacanze.

ほげい 捕鯨 caccia女 alla balena ¶国際捕鯨取締条約 Trattato internazionale per la limitazione della caccia alla balena ¶南氷洋捕鯨期間 la stagione per la caccia alla balena nell'Antartico
❖捕鯨国 nazione女 che permette la caccia alla balena
捕鯨水域 zona女 di caccia alla balena
捕鯨船 baleniera女;《キャッチャーボート》lancia女[複 -ce] per la caccia alla balena
捕鯨船団 flotta女 di baleniere
捕鯨砲 cannone男 sparafiocina [lanciarpioni], cannoncino男 per la caccia alla balena

ぼけい 母系 linea女 femminile ◇母系の materno, matrilineare
❖母系家族 famiglia女 matrilineare
母系制 matriarcato男
母系社会 società女 matriarcale

ぼけい 母型 matrice女

ほけきょう 法華経 《仏教》sutra男 del Loto

ほげた 帆桁 pennone男

ほけつ 補欠 sostituzione女;《人》sostituto男[女 -a];《スポーツチームの補欠人員》riserva女
❖補欠選挙 elezione女 suppletiva
補欠入学 ◇補欠入学する essere ammesso in una scuola in seguito a rinunce o a dimissioni
補欠募集 ◇補欠募集をする effettuare un reclutamento supplementare [《学校が》aprire le iscrizioni a nuovi studenti] per coprire i posti vacanti

ぼけつ 墓穴 tomba女, fossa女
慣用 墓穴を掘る scavarsi la fossa con le proprie mani; essere causa della propria rovina

ぼけっと ¶ぼけっとして日を過ごしている. Sto passando i miei giorni nell'ozio.

ポケット〔英 pocket〕tasca女 ¶胸ポケット taschino / tasca sul petto ¶張り付けポケット tasca a toppa ¶内ポケット tasca in petto [interna] ¶後ろ[わき]のポケット tasca posteriore [laterale] ¶ポケットに入れる mettere in tasca ql.co. / intascare ql.co. (▶「せしめる」という意味もある) ¶ポケットに手を入れたまま歩く camminare con le mani in tasca
❖ポケットチーフ fazzoletto男 da taschino
ポケット版 edizione女 tascabile
ポケットベル cercapersone男 [無変]

ポケットマネー denaro㊚ per le piccole spese

ぼける 惚ける ¶彼は年で頭がぼけている. Con gli anni si è rimbambito. ¶彼は月曜日の朝はいつもぼけた顔をしている. Soffre il male del lunedì.

ぼける 暈ける **1**《色があせる》perdere il colore, sbiadirsi, stingersi, scolorirsi **2**《輪郭がぼんやりする》essere sfocato ¶ぼけた記憶 memoria debole ¶この写真はピントがぼけている. Questa foto è sfocata.

ほけん 保健 ◇保健の sanitario [㊚複 -i] ¶世界保健機構 (WHO) Organizzazione Mondiale della Sanità /《略》OMS

❖**保健医** medico㊚ [複 -ci] della sanità pubblica
保健師 assistente㊚㊛ sanitario
保健室 infermeria㊛;《学校の》ambulatorio㊚ [複 -i] del medico scolastico, sala㊛ medica
保健所 centro㊚ sanitario
保健体育《学科》educazione㊛ fisica e sanitaria

ほけん 保険 assicurazione㊛ ¶保険に入る [入っている] assicurarsi [essere assicurato] 《に備えて contro》 ¶保険をかける assicurare ql.cu. [ql.co.] / fare un'assicurazione 《に su, に備えて contro》 ¶保険の契約を結ぶ contrarre [stipulare] un'assicurazione / stipulare un contratto d'assicurazione ¶彼は5千万円の生命保険に入っている. È assicurato sulla vita per 50 milioni di yen.

―――《関連》―――
生活保険 assicurazione㊛ ramo vita **損害保険** assicurazione ramo danni **自動車保険** assicurazione sugli autoveicoli **自賠責保険** assicurazione automobilistica di responsabilità civile verso terzi;《略》R.C.A.㊛ **生命保険** assicurazione sulla vita ㊛ **定期 [終身/養老] 保険** assicurazione「a tempo determinato [a tempo indeterminato / sulla vecchiaia] **傷害保険** assicurazione contro gli infortuni [antinfortunistica] **交通事故 [家族] 傷害保険** assicurazione contro gli incidenti stradali [di infortuni per i familiari] **海外旅行保険** assicurazione contro i rischi dei viaggi all'estero **信用保険** assicurazione sull'incasso dei crediti **動産総合 [火災/盗難] 保険** assicurazione「sulla proprietà [contro l'incendio / contro il furto] **社会保険** assicurazione sociale **健康保険** cassa㊛ mutua malattie **国民健康保険** Assicurazione Nazionale Malattie **失業保険** assicurazione contro la disoccupazione;《イタリアの給与保障金庫》 Cassa Integrazione **労災保険** assicurazione contro gli incidenti sul lavoro **海上保険** assicurazione marittima **船舶 [貨物/運送] 保険** assicurazione corpi [sul carico / trasporti] **強制 [任意] 保険** assicurazione obbligatoria [volontaria] **相互 [団体] 保険** assicurazione mutua [collettiva]

❖**保険会社** compagnia㊛ [società㊛] d'assicurazione [d'assicurazioni]
保険勧誘員 venditore㊚ [㊛ -trice] di polizze d'assicurazione
保険業者 assicuratore㊚
保険金 indennità㊛
保険金受取人 beneficiario㊚ [-ia; ㊚複 -i]
保険契約者 titolare㊚㊛ d'una polizza d'assicurazione
保険者 assicuratore㊚ [㊛ -trice] ¶**被保険者** assicurato㊚ [㊛ -a]
保険証書 polizza㊛ d'assicurazione
保険代理店 agenzia㊛ d'assicurazioni
保険料 premio㊚ [複 -i] d'assicurazione

ぼけん 母権 diritti [複] materni
ぼげんびょう 母原病《医》malattia㊛ causata dalla madre

ほこ 矛《槍に似た武器》picca㊛; alabarda㊛;《武器》armi㊛ [複]
|慣用| 矛を収める deporre le armi
矛を向ける attaccare ql.cu. [ql.co.]; rivolgere le armi 《に contro》

ほご 反故 ¶反故にする《不要なものとして捨てる》 gettare ql.co. nel cestino /《約束を破る》 mancare [av] di parola / mancare alla parola [a una promessa]

ほご 保護 protezione㊛, tutela㊛ ◇保護する proteggere [tutelare] ql.cu., ql.co., prendere sotto la propria protezione [tutela] ql.cu.;《家出人などの》tenere in custodia ql.cu. ¶保護を求める chiedere la protezione di ql.cu. ¶保護の下に置かれる essere posto sotto la tutela [protezione] della legge ¶難民を保護する ospitare profughi

❖**保護観察** libertà㊛ vigilata
保護観察官 funzionario㊚ [㊛ -ia; ㊚複 -i] incaricato della sorveglianza di persone in libertà vigilata
保護関税 dazi㊚ [複] protettivi [protezionistici]
保護国《保護を与える国》stato㊚ protettore;《被保護国》protettorato㊚
保護司 assistente㊚㊛ di ex-carcerati; assistente㊚㊛ sociale (◆イタリアでは，老人の介護なども含む幅広い活動をする)
保護者 protettore㊚ [㊛ -trice];《両親》genitori㊚ [複];《後見人》tutore㊚ [㊛ -trice]
保護者会 riunione㊛ dei genitori
保護種 specie㊛ [無変] protetta
保護色《動》mimetismo㊚; colorazione㊛ mimetica
保護措置 misure㊛ [複] protettive [di protezione]
保護鳥 uccello㊚ protetto
保護貿易主義 protezionismo㊚
保護貿易制度 sistema㊚ [複 -i] protezionistico [複 -ci]
保護領 protettorato㊚

ほご 補語《文法》complemento㊚ ¶間接 [直接/目的] 補語 complemento indiretto [diretto / oggetto]

ぼご 母語《言》**1**《幼児期に最初に身につけた言語》lingua㊛ materna; madrelingua㊛ →母国語 **2**《祖語》lingua㊛ madre

ほこう 歩行 cammino㊚ ¶彼は事故で歩行困難になった. A causa di un incidente si muove con difficoltà.

❖**歩行器** girello㊚
歩行者《車で行く人に対して》pedone㊚ [㊛ -a];《歩く人》camminatore㊚ [㊛ -trice]

歩行者専用道路 passa*ggi*o男 [複 -*gi*] pedonale
歩行者天国 i*s*ola女 pedonale
歩行者優先 precedenza女 ai pedoni
ほこう 補講 補講をする fare una lezione supplementare [di recupero]
ぼこう 母校 scuola女 di provenienza ¶彼は母校で教鞭を執っている．Insegna nella scuola che frequentava da giovane.
ぼこう 母港 porto男 d'origine
ほこうそ 《生》coenzima男 [複 -*i*]
ぼこく 母国 patria女
✢**母国語** madrelingua女
ほこさき 矛先 punta女 di lancia ¶矛先を向ける dirigere un attacco 《contro》 ¶矛先をかわす sottrarsi [sfuggire] all'attacco 《の di》 /《論争などで》sapersi difendere 《の di》 ¶非難の矛先が田中に集中した．Le critiche si sono tutte concentrate su Tanaka.
ぼこっ ¶掘り返したところがぼこっと盛り上がっている C'è un tumulo là dove è stata scavata la terra.
ぼこぼこ ¶板にぼこぼこ穴をあけた．Ho forato l'asse in più punti. ¶水がぼこぼこ音を立てて流れる．L'acqua gorgoglia.
ほこら 祠 piccolo santua*ri*o男 [複 -*i*] shintoist*a* [複 -*i*]
ほこらか 誇らか ◇誇らかな trionfante ◇誇らかに con ostentazione, ostentatamente ◇《意気揚々と》trionfalmente ¶誇らかな微笑を浮かべて con un sorriso di trionfo
ほこらしい 誇らしい ◇誇らしく [げに] trionfalmente; orgogliosamente; fieramente ¶誇らしく思う essere fiero di *ql.co.* [*qlcu.*]
ほこり 埃 polvere女 ◇ほこりっぽい polveroso, coperto di polvere, impolverato ¶ほこりを立てる sollevare (una nuvola di) polvere ¶ほこりをかぶる impolverarsi [coprirsi di polvere] ¶ズボンのほこりを払う spolverare i [togliere la polvere dai] pantaloni ¶ほこりが目に入る《人が主語》avere un bruscolo [granello di polvere] in un occhio ¶この部屋はほこりだらけだ．Questa stanza「è piena di polvere [è impolverata]．¶風でほこりがたくさん舞い上がった．Si è alzato un polverone a ca*u*sa del vento.
|慣 用| **ほこりをかぶる** ¶せっかくの辞典がほこりをかぶっている．Benché abbia un dizionario così bello, non lo u*s*o mai.

ほこり 誇り orgoglio男, fierezza女, vanto男 ¶誇り高い orgoglioso; fiero ¶誇りとする essere orgoglioso [fiero] di *qlcu.* [*ql.co.*] ¶誇りを傷つける ferire l'orgoglio [l'am*o*r proprio] di *qlcu.* ¶彼は一族の誇りだ．È l'orgoglio [il fiore all'occhiello] della nostra famiglia.
ほこる 誇る essere orgoglioso [fiero]《を di》, onorarsi [gloriarsi]《を di》; 《自慢する》vantarsi [men*a*r vanto / farsi m*e*rito]《を di》 ¶伝統を誇る学校 scuola fiera delle proprie tradizioni
ほころばす 綻ばす ¶桜がつぼみをほころばせ始めた．È iniziata la fioritura dei ciliegi. ¶彼はその知らせを聞いて顔をほころばせた．Sentita la notizia, il suo vi*s*o si è illuminato.
ほころび 綻び scucitura女 ¶ズボンのほころびを繕う ricucire un paio di calzoni

ほころびる 綻びる 1 《縫い目がほどける》scucirsi ¶シャツがほころびた．La camicia si è scucita. ¶縫い目がほころびた．La cucitura è saltata in un punto.
2 《花が開く》cominciare a sbocciare [a schiudersi] ¶桜がほころび始めた．I fiori di ciliegio hanno cominciato a schiudersi.
3 《表情が》うれしくて思わず口元がほころびた．Ero felice e sorridevo sovrappensiero.
ぼこん ¶鍋の底がぼこんとへこんでいる．Il fondo della pentola è ammaccato.
ほさ 補佐 assistenza女, aiuto男; 《人》assistente男, aiutante男 ◇補佐する aiutare [assistere] *qlcu.* ¶局長補佐 vice direttore generale ¶大統領補佐官 segretario generale del Presidente
ぼさい 募債 sottoscrizione女 di obbligazioni ◇募債する aprire una sottoscrizione di obbligazioni
ほさき 穂先 1 《稲などの》punta女 della spiga ¶稲の穂先がもう出そろった．Le piantine di riso sono tutte cariche di spighe. 2 《細長く尖っているものの先端》punta女 ¶槍 [筆] の穂先 punta di una lancia [di un pennello]
ぼさつ 菩薩 《仏教》bodhisattva男; 《高僧》santo男 buddista [複 -*i*]
ぼさっと ¶一日中ぼさっとして過ごした．Ho bighellonato tutto il giorno. ¶そんな所にぼさっと突っ立っているのはよせ．Non stare lì impalato senza far nulla. ¶ぼさっとした感じの男だ．Sembra un buono a nulla. ¶何をぼさっとしているんだ．Cos'è quell'espressione assente!?
ボサノバ 《英 bossa nova》《音》bossa nova女 [無変]
ぼさぼさ 《乱れた様子》¶ぼさぼさの髪 capelli spettinati [scarmigliati / scapigliati / arruffati] ¶筆のほさきがぼさぼさになっている．La punta del pennello è tutta rovinata.
ぼさん 墓参 ◇墓参する vi*s*itare la tomba de *qlcu.*, andare al cimitero per salutare i morti
ほし 星 1 《恒星》stella女; 《惑星》pianet*a*男 [複 -*i*]; 《天体》astro男 ¶星空 cielo stellato ¶流れ星 stella cadente [filante] / meteora ¶星くず polvere di stelle ¶星の光 luce女 [chiarore男]「delle stelle [stellare]」¶星が輝いている．Le stelle brillano [splendono]. ¶星が流れた．È caduta una stella.
2 《運勢，星まわり》stella女, fortuna女 ¶彼は幸運な [不幸な] 星の下に生まれた．È nato sotto una buona [cattiva] stella.
3 《目の星》《医》leucoma男 [複 -*i*]
4 《斑点》macchia女
5 《アスタリスク》asteri*sc*o男 [複 -*schi*]; 《記号》*; 《星印》stelletta女 ¶星がついている単語 parola「contrassegnata con asterisco [stelletta]」
6 《得点》punto男 ¶星を稼ぐ segnare [marcare] un punto [dei punti] ¶勝ち [白] 星 vittoria女 ¶負け [黒] 星 sconfitta女 7 《犯人》autore男 [*-trice*] del delitto, colpevole男 ¶ホシを挙げる arrestare l'autore del delitto ¶ホシが割れた．Si è scoperto chi è l'autore del delitto.
|慣 用| **星をいただいて** ¶星をいただいて働きに出る

《夜明け前に》andare al lavoro prima dell'alba ¶星をいただいて帰る fare ritorno a casa (dal lavoro) che sono già spuntate le stelle

ほじ 保持 detenzione㊛, mantenimento㊚ ◇保持する detenere, mantenere ¶世界選手権を保持する detenere il titolo di campione del mondo
❖保持者 detentore㊚ [㊛ -trice] ¶世界記録保持者 detentore del record mondiale ¶選手権保持者 campione㊚ [㊛ -essa] / primatista㊚㊛ [㊚複 -i]

ほし 母子 madre㊛ e figlio㊚ [㊛ -glia; ㊚複 -gli] ¶母子ともに健康です。Madre e figlio sono fuori pericolo.
❖母子家庭 famiglia㊛ senza padre
母子手帳 libretto㊚ sanitario [複 -i] di maternità

ほし 墓誌 epitaffio㊚ [複 -i], iscrizione㊛ tombale

ポジ 〔写〕positiva㊛

ほしい 欲しい **1**《手に入れたい》volere, desiderare, avere voglia [desiderio] di ql.co. [qlcu.]; 《必要とする》avere bisogno di ql.co. [qlcu.] ¶欲しい物を言いなさい。Dì ciò che desideri! ¶子供は3人欲しい。Vorrei avere tre figli. ¶何か冷たい飲み物が欲しい。Ho voglia di qualcosa di fresco da bere. ¶いくら欲しいの。Quanto ti occorre? / Di quanto hai bisogno? / Quanto ti serve? ¶君の欲しいだけ取ってくれ。Prendine quanto ne vuoi. **2**《してもらいたい》volere [desiderare] che+接続法 ¶本当のことを言ってほしい。Vorrei [Desidererei] che mi dicessi la verità. ¶僕に何をしてほしいんだ。Cosa vuoi da me? / Che cosa ti aspetti da me?

ほしいまま ◇ほしいままに arbitrariamente; a proprio piacimento ¶ほしいままにする《好き勝手にする》fare ql.co. a proprio piacimento 《思う存分にする》fare ql.co. a più non posso ¶名声をほしいままにする godere (di) grande fama ¶権力をほしいままにした。Ha abusato della sua autorità.

ほしうらない 星占い astrologia㊛; 《誕生日による》oroscopo㊚ ¶星占いをする leggere l'oroscopo 《の di》
❖星占い師 astrologo㊚ [㊛ -ga; ㊚複 -gi, -ghi]

ポシェット 〔仏 pochette〕〔仏〕pochette [pɔʃɛt] ㊛ [無変]

ほしがき 干し柿 cachi㊚ [無変] secco [複 -chi]

ほしかげ 星影 luce㊛ delle stelle, chiarore㊚ stellare ¶星影のさやかな夜であった。Era una chiara notte stellata.

ほしがる 欲しがる volere ql.co., desiderare ql.co.; 《求める》chiedere ql.co. ¶泣いておもちゃを欲しがる chiedere un giocattolo piangendo

ほしくさ 干し草 fieno㊚ ¶干し草にする[作る] fare il fieno / fare seccare l'erba

ほじくる 穿る ¶耳[鼻]をほじくる pulirsi le orecchie [il naso] ¶歯をほじくる《つつく》stuzzicarsi i denti ¶土をほじくり返す rivoltare la terra ¶彼のあらをほじくり出した。Ho messo a nudo i suoi difetti.

ポジション 〔英 position〕**1**《場所, 位置》posizione㊛ ¶全員がそれぞれのポジションについた。Ognuno è al proprio posto. **2**《地位》posizione㊛, grado㊚

ポジティブ 〔英 positive〕◇ポジティブな positivo

ほしぶどう 干し葡萄 uva㊛ passa, sultanina㊛, uvetta㊛

ほしまわり 星回り la propria stella㊛ ¶星回りがよい essere fortunato / essere nato「sotto una buona stella [con la camicia] ¶星回りが悪い essere sfortunato / essere nato sotto una cattiva stella

ほしゃく 保釈 messa㊛ in libertà provvisoria dietro cauzione ◇保釈する mettere qlcu. in libertà provvisoria dietro cauzione, rilasciare qlcu. dietro cauzione ¶保釈中である essere in libertà provvisoria dietro cauzione
❖保釈金 cauzione㊛ (pagata per ottenere la libertà provvisoria) ¶200万円の保釈金を積む versare [pagare] una cauzione di 2 milioni di yen
保釈願い domanda㊛ di libertà provvisoria

ほしゃる ¶あの計画はほしゃった。Il progetto si è sgonfiato.

ほしゅ 保守 **1**《旧来のあり方を守ること》conservatorismo㊚ ◇保守的な conservatore [㊛ -trice]; 《反動的》reazionario [㊚複 -i] **2**《機械などを維持すること》manutenzione㊛ ¶線路を保守する mantenere in efficienza i binari ferroviari
❖保守主義 conservatorismo㊚; 《退嬰(たい)主義》immobilismo㊚
保守主義者 conservatore㊚ [㊛ -trice]
保守陣営 campo㊚ conservatore, forze㊛ [複] conservatrici
保守政権 governo㊚ conservatore
保守勢力 forze㊛ [複] conservatrici
保守中道勢力 forze㊛ [複] conservatrici di centro
保守党 partito㊚ conservatore
保守反動 ¶彼は保守反動だ。È un conservatore reazionario [un reazionario conservatore].

ほしゅ 捕手 《野球で》ricevitore㊚ [㊛ -trice]

ほしゅう 補修 riparazione㊛

ほしゅう 補習 ¶補習を行う[受ける] dare [prendere] lezioni supplementari

ほじゅう 補充 supplenza㊛ ◇補充する《補充に当てる物を主語に》supplire [av] 《て, に対して a》;《AにBを補給する》rifornire A di B ¶欠員を補充する coprire un posto vacante ¶兵員を補充する arruolare truppe per coprire i posti vacanti ¶事務用品を補充する rifornirsi di cancelleria
❖補充兵 recluta㊛

ほしゅう 募集 《人材の》reclutamento㊚; 《募兵》arruolamento㊚; 《寄付金・資金などの》raccolta㊛ ◇募集する reclutare qlcu.; raccogliere ql.co. ¶「看護師募集」《掲示》"Cercasi infermiere" ¶公債を募集する emettere un prestito ¶募集を開始する《予約など》aprire una sottoscrizione ¶《学校などが》cominciare [aprire] le iscrizioni《の di》
❖募集広告 《人の》avviso㊚ di reclutamento, inserzioni㊛ [複] di offerte di impiego;《試験など

ぼしゅうだん 母集団《統》popolazione㊛

ほじょ 補助 aiuto㊚, assistenza㊛ ◇補助的(な)，補助の ausiliario[㊚複 -i]，secondario[複 -i]，sussidiario[㊚複 -i]；《補足の》supplementare ◇補助する aiutare qlcu. [ql.co.], dare assistenza a qlcu. [a ql.co.], assistere qlcu. ¶政府補助《助成金》sovvenzione governativa ¶補助を受ける essere assistito ¶おじが学資を補助してくれた．Mio zio ha contribuito alle spese per la mia istruzione.

✤**補助椅子**《劇場・バスなどの》strapuntino㊚, seggiolino㊚ pieghevole [ribaltabile]
補助金 ¶補助金を出す accordare [concedere] una sovvenzione [un sussidio] (に a)
補助タンク《車》serbatoio㊚[複 -i] di riserva
補助動詞《文法》《日本語などの》verbo㊚ ausiliare；《イタリア語の》verbo㊚ servile
補助翼《空》alettone㊚

ほしょう 歩哨 《軍》sentinella㊛, vedetta㊛ ¶歩哨に立つ essere [montare] di sentinella

ほしょう 保証 garanzia㊛, assicurazione㊛ ◇保証する garantire [certificare] ql.co. a qlcu., assicurare a qlcu. che+直説法；《請け合う，責任を持つ》rispondere㉠[av] di qlcu. [ql.co.] ¶1年間保証付きの時計 orologio garantito per un anno ¶彼のまじめさは私が保証します．Le garantisco la sua serietà．/ Mi rendo garante della sua serietà．
✤**保証期間** periodo㊚ di garanzia
保証金 cauzione㊛
保証小切手 assegno㊚ vistato [a copertura garantita]
保証書 certificato㊚ di garanzia
保証状 garanzia㊛
保証人 garante㊚, mallevadore㊚[㊛ -drice] ¶《人》の保証人になる rendersi garante di qlcu．
¶**身元保証人** garante / mallevadore
保証発行《金融》《信用発行》emissione㊛ fiduciaria

ほしょう 保障 ◇保障する garantire, assicurare ¶安全[人権]を保障する garantire la sicurezza [i diritti civili] ¶社会保障 previdenza sociale ¶労働の権利は憲法に保障されている．I diritti dei lavoratori sono sanciti dalla Costituzione.

ほしょう 補償 risarcimento㊚, indennizzo㊚, compensazione㊛ ◇補償する risarcire ql.co. a qlcu. [qlcu. di ql.co.], indennizzare qlcu. di [per] ql.co. ¶損害補償 risarcimento (per) danni ¶損害補償要求 richiesta d'indennizzo ¶補償として a titolo di indennizzo [di risarcimento] (の per) ¶in compenso (の di)
✤**補償金** ¶補償金を払う pagare un risarcimento [indennizzo]《に a》¶補償金を受け取る essere risarcito [indennizzato]
補償原理《経》principio㊚ di compensazione
補償融資 finanza㊛ compensativa

ぼじょう 慕情 innamoramento㊚, infatuazione㊛ ¶慕情を募らせる innamorarsi sempre di più《への di》¶彼女は先生にほのかな慕情を抱いていた．Lei era un po' infatuata del suo professore．

ほしょく 捕食 predazione㊛ ◇捕食する predare
✤**捕食動物** animale㊚ predatore
ほしょく 補色《光》colore㊚ complementare
ほじりょく 保磁力《物》forza㊛ coercitiva
ほじる 穿る →ほじくる
ほしん 保身 ¶彼は保身に汲々としている．Sa pensare solo ai suoi interessi. ¶彼は保身の術にたけている．È abile nel [Sa] difendere se stesso.

ほす 干す・乾す 《乾かす》asciugare；《乾燥させる》essiccare, disseccare ¶洗濯物を干す stendere il bucato ad asciugare ¶布団を干す stendere un materasso [una coperta] all'aria ¶魚を干す essiccare un pesce
2《空にする》¶池の水をほす prosciugare un laghetto ¶杯をほす svuotare [vuotare / scolare] un bicchiere **3**《仕事を与えない》¶あの俳優は3年間も干されている．Quell'attore è stato ignorato per tre anni.

ボス〔英 boss〕《親分，リーダー》boss㊚[無変], capo㊚；《大物》pezzo㊚ grosso ¶マフィアのボス capomafia㊚[複 capimafia] ¶財界のボス pezzo grosso del mondo finanziario

ポス POS《販売時点情報管理システム》POS [pɔs]㊚[無変]；sistema㊚ di pagamento elettronico tramite tali terminali

ほすう 歩数 numero㊚ di passi ¶歩数を数える contare i passi
✤**歩数計** pedometro㊚, contapassi㊚[無変]

ほすう 補数《数》complemento㊚
ホスゲン〔独 Phosgen〕《化》fosgene㊚
ポスター〔英 poster〕manifesto㊚, affisso㊚；〔英〕poster㊚[無変]；《興行などの》locandina㊛ ¶宣伝用ポスター manifesto pubblicitario / cartellone㊚ ¶ポスターを貼る attaccare un manifesto (に su)
✤**ポスターカラー** colori㊚[複] per manifesti

ホステス〔英 hostess〕《パーティーの女主人》padrona㊛ di casa, ospite㊛；《バー・ナイトクラブの》〔仏〕entraîneuse㊛[無変]

ホステル〔英 hostel〕《簡易宿泊所》pensionato㊚；《ユースホステル》ostello [albergo㊚[複 -ghi]] della gioventù

ホスト〔英 host〕**1**《パーティーの主人》padrone㊚ di casa, ospite㊚ **2**《バーなどの》intrattenitore㊚ di un locale per donne **3**《テレビなどの男性司会者》conduttore㊚, presentatore㊚
✤**ホストコンピュータ**《コンピュータ》elaboratore㊚ principale
ホストファミリー famiglia㊛ ospitante

ポスト〔英 post〕**1**《郵便箱》buca㊛[cassetta㊛] delle lettere, cassetta㊛ postale ¶手紙をポストに入れる imbucare [impostare] una lettera
2《地位》posto㊚, impiego㊚[複 -ghi], carica㊛ ¶重要なポストに就く ricoprire [occupare] una posizione [un posto] importante

ポストハーベスト〔英 post-harvest〕trattamento㊚ di conservazione con pesticidi e preservanti eseguito dopo il raccolto

ポストモダン 〔英 postmodern〕 ◇ポストモダンの postmoderno

ボストンバッグ 〔英 Boston bag〕 borsa㊛ [borsone㊚] da viaggio

ホスピス 〔英 hospice〕 ospedale㊚ per malati terminali

ホスピタリティー 〔英 hospitality〕《もてなしの心》ospitalità㊛

ほする 補する conferire una carica a qlcu. ¶彼は校長に補された. È stato nominato preside.

ほせい 補正 revisione㊛;《修正》correzione㊛, rettifica㊛ ¶実験誤差を補正する correggere gli errori di sperimentazione
✤補正値 valore corretto, correzione㊛
補正予算 bilancio㊚ di rettifica

ほぜい 保税 《法》deposito㊚ doganale
✤保税上屋 (うわや) capannone㊚ doganale
保税貨物 merci㊛「複」「sotto vincolo doganale [in deposito]
保税制度 sistema㊚ di abolizione temporanea dei dazi
保税倉庫 deposito㊚ franco [複 -chi], magazzino㊚ doganale
保税倉庫港 porto㊚「con magazzini doganali [franco]
保税地域 area㊛ di sosta per beni non ancora sdoganati

ぼせい 母性 maternità㊛
✤母性愛 amore㊚ materno
母性保護 tutela㊛ della maternità
母性本能 istinto㊚ materno ¶彼には母性本能をくすぐられる. Mi fa tenerezza.

ほせん 保線 《鉄道》manutenzione㊛ [sorveglianza㊛] dei binari
✤保線係 cantoniere㊚
保線区 sezione㊛ manutenzione [無変] dei binari
保線工事 lavori㊚[複] di manutenzione dei binari

ほぜん 保全 ¶領土を保全する salvaguardare l'integrità territoriale

ぼせん 母船 nave㊛ appoggio [無変]

ぼせん 母線 1《数》generatrice㊛ 2《電》barra㊛ collettrice [di distribuzione]

ぼぜん 墓前 ¶《人》の墓前で[に] davanti alla tomba di qlcu.

ほぞ 柄 《接合部の突起》tenone㊚, maschio㊚ [複 -schi]
✤ほぞ穴 mortasa㊛, femmina㊛, femminile㊚

ほぞ 臍 （へそ）ombelico㊚ [複 -chi]
[慣用] ほぞを固める prendere una ferma risoluzione [decisione]
ほぞを噛む pentirsi [rammaricarsi] amaramente, mordersi le dita

ほそい 細い 1《幅が小さい》sottile, fine;《体・手足などが》esile, magro;《狭い》stretto ¶細い糸 filo sottile ¶細い道 strada stretta ¶月が細くなる. La luna si assottiglia. ¶彼は細い足をしている. Ha le braccia e le gambe sottili [esili].
2《弱々しい》¶細い声 voce sottile / filo di voce ¶彼女は線の細い人だ.《気質が》È una persona delicata [[体が]] magrissima].
3《量が少ない》¶食が細い mangiare poco

ほそう 舗装 pavimentazione㊛;《石による》lastricatura㊛, selciatura㊛;《アスファルトによる》asfaltatura㊛;《敷石による》macadam㊚;《砂利による》massicciata㊛ (di pietrisco) ◇舗装する pavimentare; lastricare; selciare; asfaltare; macadamizzare, pavimentare ql.co. a macadam ¶舗装した道 strada pavimentata [lastricata] ¶舗装していない道 strada sterrata
✤舗装工事 lavori㊚[複] di pavimentazione

ほそう 保続 《経》tesoreggiamento㊚

ほそうで 細腕 ¶女の細腕で 5 人の子供を育てた. Quella donna ha tirato su cinque figli con le sue sole forze.

ほそおもて 細面 ¶細面の娘 ragazza dal viso esile e delicato ¶彼は細面だ. Ha il viso affilato [allungato].

ほそがき 細書き scrittura㊛ sottile ¶細書き用のペン penna con punta sottile

ほそく 歩測 ◇歩測する misurare a passi ql.co.

ほそく 捕捉 ◇捕捉する《捕らえる》catturare, arrestare, fermare;《理解する》comprendere, capire

ほそく 補足 complemento㊚, supplemento㊚ ◇補足する《A に B を》aggiungere B ad A; completare A con B ◇補足的 complementare, supplementare;《付加的》addizionale, aggiuntivo

ほそく 補則 regole㊛[複] supplementari

ぼそっ 1《ぼんやりしている様子》¶部屋の隅にぼそっと突っ立っていた. Se ne stava in piedi in un angolo,「完全に精神が」assente [senza far niente]. 2《言葉少なにつぶやく様子》¶もう嫌になったんだと彼はぼそっと言った. Mi ha detto sottovoce quanto fosse stanco e disgustato di ciò.

ほそづくり 細作り ¶細作りの娘 ragazza di fine corporatura

ほそながい 細長い stretto e lungo㊚[複 -ghi] ¶細長い道 strada lunga e stretta

ほそびき 細引《縄》cordicella㊛ di canapa

ほそひも 細紐 cordicella㊛, funicella㊛, spago㊚[複 -ghi]

ほそぼそ 細細 ¶細々と暮らす condurre una vita di stenti

ぼそぼそ 1《小声で話す様子》¶彼らはぼそぼそ何か相談していた. Parlottavano sottovoce di qualcosa. 2《水分がなくて干からびている様子》¶パンはぼそぼそしていた. Il pane era secco e insipido.

ほそみ 細身 ¶細身の刀 spada dalla lama sottile ¶細身の美人 ragazza bella e slanciata ¶この服は細身に作ってある. Questi abiti sono fatti per persone magre.

ほそめ 細目 1《細く開いた目》¶細目を開ける socchiudere gli occhi 2《やや細い程度》¶細目の毛糸 filo di lana (un po') sottile ¶戸を細めに開ける socchiudere una porta

ほそめる 細める ¶目を細めて con gli occhi assottigliati ¶オーブンの火を細める abbassare il fuoco del forno

ほそる 細る ¶身が細る dimagrire㉑ [es] ¶心配で身も細る思いだ. Sono tormentato dall'angoscia fino a perdere l'appetito.

ほぞん 保存 conservazione㊛, preservazione㊛ ◇保存する conservare, mantenere;《コンピュータ》salvare ¶保存がきく[きかない] essere di

ポタージュ〔仏 potage〕〔仏〕potage [potáʒ]㊚[無変]; minestra passata

ぼたい 母体 **1**《母親の体》(il corpo㊚ della) madre㊛ **2**《起源》origine㊛ ¶彼の選出母体はA労働組合だ。L'organizzazione che l'ha delegato è il sindacato A. ¶彼らのグループがその運動の母体となっている。Il loro gruppo forma il nucleo di quel movimento.
❖**母体保護法** legge㊛ sulla tutela della maternità

ぼたい 母胎 grembo㊚ materno

ぼだい 菩提 ¶菩提を弔う pregare per le anime dei defunti
❖**菩提寺** tempio㊚[複 templi] con la tomba di famiglia

菩提樹〔植〕tiglio㊚[複 -gli]

ほだされる 絆される ¶情にほだされて per l'affetto [amore] verso qlcu.

ほたてがい 帆立貝〔貝〕pettine㊚ di mare, ventaglio㊚[複 -gli]

ぽたぽた ¶涙をぽたぽた落とす versare lacrime ¶額から汗がぽたぽた流った。Il sudore mi gocciolava dalla fronte.

ぽたり ¶熟れた柿がぽたりと落ちた。Un cachi [caco] molto maturo è caduto a terra. ¶水道の蛇口から水がぽたりぽたりと落ちている。L'acqua gocciola lentamente dal rubinetto.

ほたる 蛍〔昆〕lucciola㊛;《ホタル科》lampiridi㊚[複] ¶蛍の光 luminosità della lucciola /《曲名》"Nel bel tempo passato" ¶川辺に無数の蛍が光っていた。Tantissime lucciole luccicavano vicino al fiume.
❖**蛍石**〔鉱〕fluorite㊛, fluorina㊛
蛍狩り caccia㊛[複 -ce] alle lucciole
蛍草〔植〕commelina㊛ comune

ぼたん 牡丹〔植〕peonia㊛
❖**ぼたん雪** 牡丹雪が降る nevicare a grandi fiocchi

ボタン〔ポ botão〕**1**《洋服の》bottone㊚ ¶飾りボタン bottone decorativo [ornamentale] ¶カフスボタン (bottoni) gemelli / bottoni da polso ¶金ボタン bottoni di metallo ¶シャツのボタンをかける abbottonare [abbottonarsi] la camicia ¶ジャケットのボタンを外す sbottonare [sbottonarsi] la giacca ¶ボタンを付ける attaccare un bottone《に a》¶ボタンがうまくはまらない。Il bottone non entra bene. ¶ボタンが1つはずれています。Ha un bottone sbottonato. ¶ボタンが取れた。Si è staccato un bottone.
2《機械などの》bottone㊚, pulsante㊚;《キー》tasto㊚ ¶ボタンを押す premere un bottone
[慣用]**ボタンを掛け違える** compiere un errore iniziale le cui conseguenze si subiranno in seguito (come quando si sbaglia nell'allacciarsi i bottoni della camicia)
❖**ボタン戦争** guerra㊛ dei bottoni

ボタンホール asola㊛, occhiello㊚ ¶ボタンホールをかがる fare un'asola

ぼち 墓地 cimitero㊚, camposanto㊚

ホチキス〔英 Hotchkiss〕cucitrice㊛, spillatrice㊛ ¶ホチキスの針 punto metallico / graffetta ¶この書類をホチキスで留めてください。Potrebbe cucire [spillare] questi fogli di carta?

ぼちぼち →ぽつぽつ

ぽちぽち《小さな点》puntini㊚[複], segni㊚[複], piccole macchie㊛[複] ◇ぽちぽちのある punteggiato

ぼちゃっ ◇ぽちゃっとした cicciottello

ぼちゃぽちゃ →ぽちゃぽちゃ

ぽちゃぽちゃ 1《ふっくらした様子》◇ぽちゃぽちゃの paffuto, grassottello, cicciottello ¶赤ちゃんのぽちゃぽちゃした手 le mani paffutelle del bambino **2**《水などをかき乱す音・様子》¶男の子たちがぽちゃぽちゃ水の中で遊んでいる。I bambini giocano nell'acqua schizzandola ovunque.

ぽちゃん ¶ぽちゃんと水に飛び込んだ。Si è tuffato nell'acqua.

ほちゅう 補注 nota㊛ aggiuntiva [supplementare], postilla㊛

ほちょう 歩調 passo㊚, andatura㊛ ¶歩調を速める [を緩める / が乱れる] accelerare [rallentare / perdere] il passo ¶〈人〉と歩調を合わせる《歩く》camminare allo stesso passo di qlcu. /《一緒に行動する》agire di concerto con qlcu. ¶"歩調取れ"《命令》"Al passo!"

ほちょうき 補聴器 apparecchio㊚[複 -chi] acustico[複 -ci] (per sordi), protesi㊛[無変] acustica

ぼつ 没 **1**《死没》¶ 1990年没. Morto nel 1990. **2**《没書》¶彼の原稿を没にした。Il suo manoscritto è stato cestinato.

ぼっか 牧歌《牧童の歌》canto㊚ di pastore;《文学形式で》(poesia㊛) pastorale㊛, bucolica㊛;《田園詩》idillio㊚[複 -i];《曲》canto㊚ pastorale ◇牧歌的《のどかな》pastorale, bucolico㊚[複 -ci]; idillico[複 -ci]

ぼつが 没我 ¶没我の境に入る essere preso [assorbito] completamente

ほっかい 北海 **1**《地名、大西洋の縁海》Mare㊚ del Nord **2**《北方の海》mare㊚ delle regioni settentrionali

ぽっかり ¶雲がぽっかりと空に浮かんでいる。Una nuvola vaga nel cielo. ¶道に大きな穴がぽっかりと開いていた。Si era aperta una grossa buca nella strada.

ほっき 発起 iniziativa㊛ ◇発起する prendere l'iniziativa di +[不定詞][di qlco.] ¶〈人〉の発起で proposto [suggerito] da qlcu. / per iniziativa di qlcu.
❖**発起人** iniziatore㊚[㊛ -trice];《促進者》promotore㊚[㊛ -trice];《創設者》fondatore㊚[㊛ -trice];《企画者》organizzatore㊚[㊛ -trice]

ぼっき 勃起 erezione㊛ ◇勃起する indurirsi, drizzarsi;《人が主語で》avere un'erezione
勃起障害 disturbo㊚ dell'erezione
勃起力減退 impotenza㊛

ほっきょく 北極《北極点》Polo㊚ Nord [artico / boreale], Artide㊛ ◇北極のartico㊚[複 -ci]; polare

✤北極海 Mare [Oceano] Artico
北極熊 orso polare [bianco [複 -chi]]
北極圏 circolo polare artico
北極光 aurora boreale
北極星 Stella Polare
北極探検 spedizione polare artica
北極地方 regione [zona] artica

ぽっきり ¶枝がぽっきり折れた. Il ramo si è spezzato. ¶財布の中には 1000 円ぽっきりしか入っていない. Ho solo mille yen nel portafoglio.

ほっく 発句 **1** 《和歌の第一句》primo verso (di cinque sillabe) in una poesia *tanka* **2** 《連歌の第一句》prima strofa (di diciassette sillabe (5-7-5) di un *renga* **3** →俳句

ホック [蘭 hoec] gancio [複 -ci] ¶スカートのホックをかける agganciarsi [agganciare] la gonna ¶ズボンのホックを外す sganciare [sganciarsi] i pantaloni

✤ホック止め occhiello

ボックス [英 box] **1** 《箱》scatola **2** 《劇場などの仕切り席》palco [複 -chi] **3** 《牛のなめし革、ボックスカーフ》pelle di vitello al cromo **4** 《箱型の建造物》¶電話ボックス cabina telefonica ¶ポリスボックス posto di polizia

✤ボックスコート [服] pastrano pesante

ぽっくり ¶ぽっくり死ぬ morire improvvisamente senza soffrire

✤ぽっくり病 morte improvvisa per causa sconosciuta

ぽっくり 木履 zoccoli [複] di legno per bambine

ホッケー [英 hockey] [英] hockey [無 変] ◇ホッケーの hockeistico [複 -ci] ¶アイス[フィールド]ホッケー hockey su ghiaccio [su prato] ¶ホッケーのスティック mozza [stecca] da hockey

✤ホッケー選手 giocatore [/ -trice] di hockey, hockeista [複 -i]

ほっけしゅう 法華宗 《日蓮宗》Setta Hokke;《天台宗》Setta Tendai

ぼつご 没後 ¶モーツァルトの没後 200 年記念 il bicentenario della morte di Mozart ¶その画家は没後に名声が高まった. Quel pittore è divenuto famoso dopo la sua morte.

ぼっこう 勃興 sviluppo [progresso] improvviso, ascesa improvvisa ◇勃興する svilupparsi ¶新しい国家が勃興した. La nuova nazione si è evoluta improvvisamente.

ぼっこうしょう 没交渉 ¶隣人と没交渉に暮らす vivere isolato senza alcun rapporto con i vicini

ほっこく 北国 《北の国》paese nordico [複 -ci];《国の北部》regione del nord

ほっさ 発作 crisi [無 変], attacco [複 -chi], accesso;《周期的に起こる》parossismo;《突発的に忘我状態を招く》raptus [無 変] ◇発作的な parossistico [複 -ci] ◇発作的に《激発的に》convulsamente;《衝動的に》impulsivamente;《我を忘れて》in un momento di raptus ¶発作を起こす avere un attacco [una crisi] ¶発作の発作に襲われる essere preso [colpito] da un attacco apoplettico ¶発作的に〈人〉を殺す uccidere *qlcu.*「in preda a un raptus [(激怒して) in un accesso di collera]

ぼっしゅう 没収 《法》confisca, sequestro ◇没収する confiscare, sequestrare ¶財産を没収する confiscare i beni

✤没収品 articoli [複] confiscati, merci [複] confiscate

ほっしん 発疹 《医》eruzione cutanea, esantema [複 -i] ¶卵を食べると発疹が出る. Quando mangio le uova mi vengono delle eruzioni cutanee. ¶突発性発疹 esantema critico [subitum], sesta malattia

ほっする 欲する volere, desiderare ¶欲するままに a proprio piacimento / a modo proprio ¶己れの欲せざるところは人に施すことなかれ.《孔子》"Non fare agli altri quello che non vorresti (che fosse fatto a te." (Confucio)

ぼっする 没する **1**《沈む》affondare [es];《太陽・月・星が》tramontare [es];《見えなくなる》sparire [es] ¶川に首まで没して一夜を明かした. Ha trascorso la notte immerso nel fiume fino al collo. ¶彼は暗やみに姿を没した. Si è perso nell'oscurità.
2《死ぬ》morire [es], spirare [es]

ほっそく 発足 fondazione ◇発足する essere fondato

ほっそり ◇ほっそりした snello, sottile, esile ¶ほっそりした女 donna snella

ぼったくる imbrogliare sul prezzo

ほったてごや 掘っ建て小屋 baracca, capanna

ポツダムせんげん ポツダム宣言 Dichiarazione di Potsdam (◆1945)

ほったらかす trascurare *ql.co.* [*qlcu.*] ¶仕事を途中でほったらかした. Ha lasciato il lavoro a metà.

ほったん 発端 《当初》inizio [複 -i], principio [複 -i];《出発点》punto di partenza;《起源》origine ¶発端から sin [fin] dall'inizio ¶事の発端は何でしたか. Com'è cominciata questa faccenda?

ぼっちゃん 坊ちゃん **1**《主人の息子》signorino (di buona famiglia) ¶ジョヴァンニ坊ちゃん il signorino Giovanni **2**《他人の息子を敬って》Suo figlio **3**《世間知らず》credulone, ingenuo;《青二才》sbarbatello, novellino, pivello;《金持ちの息子》figlio [複 -gli] di papà ¶彼はお坊ちゃんだ.《世間知らず》È un po' ingenuo. /《不自由なく育った》È stato allevato nella bambagia.

ほっつきあるく ほっつき歩く ¶一体どこをほっつき歩いていたんだ. Dove eri finito? / Dove eri andato a finire?

ほっと ◇ほっとする《安堵》provare sollievo, sentirsi sollevato ¶ほっと胸をなでおろす tirare un sospiro di sollievo ¶やれやれ、ほっとした. Che sollievo! ¶彼からの手紙を見てほっとしました. Ho ricevuto la sua lettera che mi ha tranquillizzato.

ホット [英 hot] ◇ホットな《熱い》caldo;《最新の》ultimo, recente

✤ホットケーキ crêpe [無 変] dolce soffice e alta (servita con burro e sciroppo d'acero o miele)

ホットコーヒー caffè

ホットドッグ 〔英 hot dog〕男［無変］; panino男 con würstel e senape

ホットプレート (fornello男 a) piastra女

ホットマネー 《経》moneta女 calda, capitali男 [複] vaganti

ホットミルク latte男 caldo

ホットライン telefono男 rosso, linea女 diretta [rossa]

ほっと →ほうっと

ぼっと ¶ぼっと顔を赤らめてお辞儀をした．Lei si è inchinata arrossendo. ¶ろうそくの火は消える直前にぼっと燃え上がった．La candela ha fatto una piccola fiammata un momento prima di spegnersi. ¶彼の話を聞いて私の心の中にぼっと火がともった．Le sue parole mi hanno dato coraggio.

ポット 〔英 pot〕bricco男［複 -chi］;《魔法瓶》thermos男［無変］ →食器 図版 ¶コーヒーポット caffettiera ¶ジャムポット vaso da marmellata ¶シュガーポット zuccheriera ¶ティーポット teiera

ぼっとう 没頭 ¶彼は研究に没頭している．È completamente preso dalle [immerso nelle / assorto nelle] sue ricerche.

ぽっとで ぽっと出 ¶ぽっと出の少女 ragazza di campagna appena giunta in città ¶あんなぽっと出の新人には負けない．Non mi lascerò mai sorpassare da quel pivello!

ほづな 帆綱 drizza女, sagola女

ぼつにゅう 没入 ¶思索に没入していた．Ero immerso nei miei pensieri.

ぼつねん 没年 l'anno男 della morte ¶彼の没年は1980年［87歳］だった．È morto nel 1980 [all'età di 87 anni].

ぼつねんと ¶彼1人ぼつねんと玄関に座っていた．Era seduto tutto solo nell'entrata.

ホッパー 〔英 hopper〕《工》tramoggia女［複 -ge〕

ぼっぱつ 勃発 scoppio男［複 -i］◇勃発する scoppiare自［es］¶戦争が勃発した．È scoppiata la guerra.

ホップ 〔英 hop〕《跳躍》salto男, balzo男;《三段とびで》primo salto男 ¶ホップ，ステップ，ジャンプ primo, secondo e terzo salto /《三段とび》salto triplo

ホップ 〔蘭 hop〕《植》luppolo男
✤**ホップ畑** luppoliera女

ポップ 〔英 pop〕◇ポップな〔英〕pop［無変］
✤**ポップアート** 〔英〕pop art女［無変］
✤**ポップミュージック** →ポップス

ポップアップメニュー 〔英 pop-up menu〕《コンピュータ》〔英〕pop up menu男［無変］

ポップコーン 〔英 popcorn〕〔英〕popcorn男［無変］

ポップス 〔英 pops〕《軽音楽》musica女 pop;《歌・曲》canzone女 pop［無変］

ほっぺ(た) 頬っぺ(た) →頬(ほ) ¶このケーキはほっぺたが落ちそうなほどおいしい．Questo dolce è delizioso [squisito].

ぽっぽ 1《幼児語で「汽車」とその音》ciuf ciuf男［無変］2《湯気などの立つ様子》¶やかんがぽっぽと湯気を立てている．Escono sbuffi di vapore dal bollitore. 3《鳩の鳴き声》¶2羽の鳩がぽっぽと鳴いている．Due colombi tubano.

ほっぽう 北方 nord男, settentrione男 ◇北方の settentrionale, nordico［男複 -ci］◇北方に a nord, verso nord
✤**北方領土** Curili男［複］meridionali (sotto amministrazione russa)

ぼつぼつ ¶ぼつぼつ出かけるか．Beh, è ora di partire! ¶もうぼつぼつ彼が帰って来るころだ．Fra poco lui torna qui. ¶商売はぼつぼつです．《まあまあ》Gli affari vanno così così. ¶顔にぼつぼつができた．Ho dei foruncoli sul viso.

ぽつぽつ ¶山間にぽつぽつと人家が見える．《点在して》Si vedono qua e là delle abitazioni tra le montagne. ¶白地にブルーのぽつぽつのある布 tessuto di stoffa bianca con pois blu ¶彼はぽつぽつと話した．《とぎれとぎれに》Ha raccontato la sua storia「un poco alla volta [con frequenti pause]. ¶雨がぽつぽつと降ってきた．È iniziato a piovigginare.

ぼつらく 没落 declino男, rovina女, caduta女;《ひどい，急な》crollo男 ◇没落する cadere自［es］, decadere自［es］, andare in rovina; crollare自［es］

ぽつり →ぽつん

ボツリヌスきん ボツリヌス菌 《生》bacillo男 botulino
✤**ボツリヌス菌中毒** 《医》botulismo男

ぽつりぽつり →ぽつぽつ

ほつれ 解れ ¶糸のほつれ sfilacciatura del filo ¶ほつれ髪 capelli sciolti

ほつれる 解れる sfilacciarsi, diventare自［es］sfilacciato;《髪などが》sciogliersi ¶毛糸がほつれている．Il filo di lana è sfilacciato.

ぽつん ¶雨がぽつんと顔に当たった．Una goccia di pioggia mi è caduta sul viso. ¶壁に小さな穴がぽつんとあいていた．C'era un piccolo buco nel muro. ¶山の中にあばら家がぽつんと立っていた．Sulla montagna c'era una catapecchia isolata e solitaria. ¶「帰るよ」彼はぽつんと言った．"Me ne torno a casa", ha borbottato.

ほてい 補訂 ¶書物に補訂を加える rivedere e ampliare un libro
✤**補訂版** edizione女 riveduta e ampliata

ボディー 〔英 body〕1《身体》corpo男 2《自動車の》carrozzeria女 3《カメラの》cassa [cassetta女] (di macchina fotografica) 4《ボクシングの》petto男
✤**ボディーガード** guardia女 del corpo;《俗》gorilla男［無変］
✤**ボディーチェック** perquisizione女 personale
✤**ボディービル** culturismo男
✤**ボディーブロー** 《ボクシング》colpo男 al corpo
✤**ボディーランゲージ** linguaggio男［複 -gi］del corpo

ぼてっ ¶ぼてっと太った男の子 bimbo grosso ¶ノートにインクがぼてっと落ちた．Una macchia d'inchiostro è caduta sul quaderno.

ポテト 〔英 potato〕patata女 ¶フライドポテト patate fritte
✤**ポテトチップ** patatine女［複］fritte

ほてり 火照り 《熱》calore男;《顔などの紅潮》rossore男 ¶ほてりを鎮める rinfrescarsi

ほてる 火照る avvampare自［es］¶顔がほてる．

Il sangue mi affluisce al viso. / Sento caldo alla faccia. ¶何だか体がほてる。Ho caldo e non so perché.

ホテル 〔英 hotel〕 albergo男 [複-ghi]；〔英〕hotel男 [無変]；(ペンション) pensione女；(安宿) locanda女 →1486ページ 会話 ¶ホテルに泊まる fermarsi [pernottare] in albergo ▶前置詞は、ホテル名の前では in ではなくa を使う ¶ホテルを予約する prenotare una camera in albergo ¶ホテルを経営する avere [gestire] un albergo

❖ホテル産業 industria女 alberghiera

ほてん 補填 ◇補填する supplire, colmare ¶赤字を補填する coprire un deficit

ポテンシャル 〔英 potential〕 **1**《物》potenziale男 **2**《潜在能力》potenziale男

❖ポテンシャルエネルギー energia女 potenziale

ほど 程 **1**《程合い》moderazione女, giusta misura女 ¶酒はほどを過ごさずに飲めば体にいい。Bere un po' di alcol senza eccedere fa bene.
2《限度》limite男, misura女, grado男 ¶冗談にもほどがある。C'è un limite anche allo scherzo! / Ora stai esagerando! ¶無知にもほどがある。Tanta ignoranza non è ammissibile!
3《大体の様子》¶身のほどを知れ。Devi saper stare al tuo posto. / Chi credi di essere! ¶真偽のほどはわからない。Non si sa se sia vero o no.

-ほど **1**《大体の数量》circa, approssimativamente ¶5年ほど前に circa 5 anni fa ¶10日ほど una decina di giorni ¶今朝ほど questa mattina
2《程度を表す》¶そばにいても聞こえないほど小さな声で話す。Parla così piano che non lo si sente neppure standogli accanto. ¶立っていられないほど疲れた。Mi sono stancato così tanto da non potermi reggere in piedi. ¶死ぬほどおかしかった。Era ridicolo da morire. ¶「これは好きかい」「それほどじゃないよ」"Ti piace questo?" "Non tanto." ¶…するほどのことはない。Non c'è bisogno di +不定詞 / Non è il caso di +不定詞 ¶小説と呼ぶほどのものではない。Non merita Non è degno] di essere chiamato romanzo. ¶試験の日、私は緊張していて何も思い出せないほどだった。Il giorno dell'esame ero nervoso a tal punto da non ricordare più nulla.
3《比較の基準を示す》¶去年ほど暑くない。Non fa caldo come [quanto] l'anno scorso. ¶試験は思ったほど難しくなかった。Gli esami non sono stati difficili come temevo. ¶彼は思ったほど悪い人しゃなかった。È meno cattivo di quello che pensassi.
4《「…すればするほど」の形で、程度の進行を表す》più... più..., quanto più... tanto più... ¶大きければ大きいほどいい。Più grande è, meglio è. ¶金持ちになればなるほどけちになる。Gli uomini più sono ricchi, più sono avari [meno sono generosi].
5《「…ほど…はない」の形で、強調を表す》¶これほどうれしいことはない。Non sono mai stato tanto contento. ¶サッカーほどおもしろいスポーツはない。Non c'è sport più divertente del calcio. ¶旅行するほど楽しいことはない。Niente è più piacevole di un bel viaggio. / Niente è così piacevole come un bel viaggio.

ほどあい 程合い《適度》moderazione女 ◇程合いの moderato ¶酒は程合いの燗(%)だった。Il sakè era caldo al punto giusto.

ほどう 歩道 marciapiede男
❖歩道橋 cavalcavia男 [無変] pedonale

ほどう 補導 orientamento, guida女 ¶生徒を補導する《先生が》fare una ramanzina ai propri studenti sorpresi mentre facevano qualcosa di scorretto al di fuori dell'orario scolastico

ほどう 舗道 strada女 pavimentata ¶アスファルトの舗道 strada asfaltata

ほどく 解く sciogliere, disfare ¶結び目[ネクタイ]をほどく sciogliere il nodo [la cravatta] ¶帯をほどく slacciarsi l'obi ¶荷物をほどく disfare i bagagli ¶縫い目をほどく disfare una cucitura di ql.co. / scucire ql.co. ¶靴のひもをほどく sciogliere i lacci delle scarpe / slacciarsi le scarpe ¶毛糸のもつれをほどく districare una matassa di lana ¶犬の鎖をほどく slegare un cane

ほとけ 仏 **1**《仏陀》Budda男 ¶仏様のような人《慈悲深い》persona misericordiosa ¶仏の顔も三度。《諺》"Anche i santi perdono la pazienza." ¶仏を造って魂入れず。È come creare un'opera senz'anima. ¶知らぬが仏。Beata ignoranza!
2《死者の霊》anima女 dei defunti；《死者》morto男 [女-a], defunto男 [女-a]
❖仏心 cuore男 (gonfio di compassione) come quello di un budda

ほどける 解ける《結んだものが》sciogliersi, slacciarsi, slegarsi；《縫い目》scucirsi ¶靴のひもがほどけているよ。Ti si sono slacciate le scarpe. / Ti si sono sciolti i lacci delle scarpe.

ほどこし 施し elemosina女, carità女 ¶施しをする fare l'elemosina a qlcu. ¶施しを請う elemosinare女 [av] / chiedere [domandare] l'elemosina ¶施しで生活する vivere di elemosina

ほどこす 施す ¶恩恵を施す fare un favore a qlcu. ¶君のおかげで僕は面目を施した。Mi sono fatto onore grazie a te. ¶手の施しようがない。Non c'è più niente da fare. / Non c'è più rimedio. ¶刺しゅうの施されたテーブルクロス una tovaglia ricamata

ほどちかい 程近い vicino ¶彼はこの町に程近い湖のほとりに住んでいる。Lui vive sul lago nelle vicinanze di questa città.

ほどとおい 程遠い ¶この学校から程遠からぬところに古い寺がある。C'è un vecchio tempio non troppo lontano da questa scuola. ¶彼の仕事は完成には程遠い。Occorre ancora molto tempo prima che lui finisca il suo lavoro.

ほととぎす 時鳥・不如帰・杜鵑 《鳥》(specie女 di) cuculo [cuculo]男；《学名》*Cuculus poliocephalus*

ほどなく 程なく presto, in breve tempo ¶父は程なく帰って来ます。Mio padre sarà di ritorno a momenti [tra poco].

ほとばしる 迸る zampillare自 [es, av], scaturire自 [es], sgorgare自 [es] ¶ほとばしる情熱 crescente passione ¶岩から水がほとばしる。L'acqua zampilla dalla roccia.

ほとほと ¶彼にはほとほと困った。Non so come

comportarmi con lui.

ほどほど 程程 ◇ほどほどの moderato;《相当な》ragionevole ◇ほどほどに moderatamente, entro i limiti ¶遊びもほどほどにしろ. Sii moderato nei divertimenti.

ほとぼり 1《余熱》calore㊚ residuo 2《興奮の名残》agitazione㊛ [emozione㊛] persistente 3《関心》¶ほとぼりが冷めるのを待とう. Aspettiamo che le cose si aggiustino [sistemino]. ¶事件のほとぼりが冷めた. La emozione provocata da questa faccenda si è placata.

ボトムアップ 〔英 bottom-up〕 sistema㊚ in cui si cerca di far rientrare le opinioni degli impiegati nella politica amministrativa

ほどよい 程好い 《適度の》 moderato;《適切な》 appropriato, decoroso ◇程よく moderatamente; propriamente ¶程よい運動 esercizio moderato ¶程よい時分に al momento giusto

ほとり 辺 ¶湖のほとりに sulla riva di un lago

ボトル 〔英 bottle〕 bottiglia㊛ ¶ウイスキーをボトルで注文した. Ha ordinato una bottiglia di whisky.

ほとんど 殆ど 1《おおかた》quasi;《ほとんど全部》quasi tutto ¶町のほとんどが焼けた. Quasi tutto il quartiere è stato distrutto dal fuoco. ¶ほとんどの学生が旅行に参加した. Quasi tutti gli studenti hanno partecipato al viaggio. ¶列車が遅れることはほとんどありません. Il treno non è quasi mai in ritardo. ¶ほとんど不可能だ. E pressoché [quasi] impossibile. ¶ほとんど同じサイズだ. E pressapoco [press'a poco] la stessa misura. 2《もう少しのところで》¶彼女はほとんど泣きそうだった. Stava quasi per mettersi a piangere.

ポニーテール 〔英 ponytail〕 coda㊛ di cavallo ¶髪をポニーテールにしている avere i capelli a coda di cavallo

ほにゅう 哺乳 allattamento㊚
✤哺乳動物 mammifero㊚
哺乳瓶 biberon㊚ [無変], poppatoio㊚ [複 -i]
哺乳類 mammiferi㊚ [複] →動物 用語集

《 会 話 》 ホテルで All'albergo

A: こんにちは, 部屋を予約したいのですが.
Buongiorno, vorrei prenotare una camera.
こんにちは, 部屋はありますか.
Buongiorno, avete una camera libera?
B: どのくらい [何日] 宿泊されますか.
Per quanto tempo [Per quanti giorni] si ferma?
A: 1泊 [1週間] です.
Per una notte [una settimana].
B: お名前は?
Il suo nome, prego?
藤田裕子です.
Yuko Fujita.
B: パスポート [身分証明書] をお願いします.
Ha il passaporto [un documento], per favore?
A: はい, これです.
Ecco.
A: 1泊おいくらですか.
Quanto viene, a notte?
おいくらですか.
Quanto viene [Quant'è] una camera?
おいくらですか.
Quanto costa?
B: 3食付きで120ユーロです.
Centoventi euro, pensione completa.
2食付きで120ユーロです.
Centoventi euro con la mezza pensione.
素泊まりで120ユーロです.
Centoventi euro per il solo pernottamento.
朝食付き [なし] で120ユーロです.
Centoventi euro inclusa [senza] la prima colazione.
A: それでけっこうです. すみませんが, まず部屋を見せていただけますか.
Va bene. Scusi, potrei vedere prima la camera?
B: ええ, どうぞ. これが部屋の鍵です. 3階の205号室です.
Certo, signora. Questa è la chiave. Stanza numero duecentocinque, secondo piano.

応 用 例

東京で予約しました. これが予約券です.
Ho fatto la prenotazione da Tokyo. Ecco il biglietto.

今日の予約をしていますが, 到着が予定より遅くなりそうです.
Ho prenotato una camera per oggi ma penso di arrivare un po' in ritardo, volevo avvertire.

部屋まで荷物を持っていってもらえますか.
Mi può portare il bagaglio in camera, per favore?

「バス付きですか」「いいえ, シャワーだけです」
"C'è la vasca da bagno?" "No, solo la doccia."

「朝食はどこでとれますか」「3階の食堂で, 7時半から10時半までです」
"Dove si fa la prima colazione?" "Nella sala al secondo piano, dalle 7.30 alle 10.30"

6時半にモーニングコールをお願いしたいのです.
Vorrei la sveglia (telefonica), alle 6.30.

昼食 [夕食] は何時ですか.
A che ora è il pranzo [la cena] ?

すみません, 私宛のメッセージ [郵便物] はありますか.
Scusi, 「ci sono messaggi [c'è posta] per me?

ぼにゅう 母乳 latte® materno ¶母乳で育てる allattare (un bambino) con il *proprio* latte

ほね 骨 **1**《人間・動物の》osso® (▶複数形は、異種の骨の集合および人間の骨の場合は le ossa, それ以外は gli ossi); 《魚の骨》lisca®, spina® ◇骨の osseo ¶骨付きの肉 carne® con osso ¶骨の多い魚 pesce pieno di spine ¶骨を取る《魚の》spinare [diliscare] un pesce / 《鶏の》disossare un pollo ¶魚の骨がのどに刺さった. Mi si è conficcata in gola una lisca di pesce. ¶骨を折る rompersi [fratturarsi] un osso ¶骨を接ぐ ridurre una frattura ¶この傷は骨まで達している. Questa ferita arriva fino all'osso. ¶骨細工のボタン bottoni d'osso ¶彼は骨と皮ばかりにやせている. È tutto pelle e ossa. / Gli si contano le costole da quanto è magro.
2《器具・建造物などの骨組み・枠》struttura®, scheletro®, armatura®, intelaiatura®; 《傘・扇などの》stecca® ¶その家は焼けて骨だけが残った. La casa è crollata per l'incendio e ne è rimasto solo lo scheletro.
3《中心》essenza®, sostanza® ¶彼の次の小説はまだ骨だけだ. Il suo prossimo romanzo è ancora in fase di schema.
4《気骨, 気概》mordente®, forza®, energia® ¶彼は骨のある男だ. È un uomo di carattere. / Ha forza di volontà. / Ha mordente. ¶あいつには骨がない. È privo di forza. / È senza carattere [spina dorsale].
5《苦労》fatica®, sforzo® ¶今日中にこの仕事を終わらせるのは骨だ. È molto duro per me finire questo lavoro entro oggi.

[慣用] **骨が折れる**《つらい》faticoso, duro, arduo, pesante; 《難しい》difficile, difficoltoso ¶彼女を説得するのに骨が折れた. Mi sono dato parecchio da fare per convincerla. ¶この仕事は骨が折れる. Questo lavoro「spezza le ossa [è estremamente spossante / è massacrante].
骨に染みる ¶北風が冷たくて骨に染みた. Il vento del nord era così freddo da penetrare nelle ossa.
骨の髄まで ¶骨の髄まで冷える essere gelato fino

ランドリー・サービスはありますか.
Avete un servizio lavanderia?
この服を洗濯に出したいのですが.
Vorrei mandare questo vestito in lavanderia.
セーフティーボックスはありますか.
Avete una cassaforte per gli oggetti di valore?
駐車場はありますか.
Avete un garage [un posteggio] per la macchina?
空港への送迎サービスがありますか.
Avete un servizio di trasporto per [di collegamento con] l'aeroporto?
(ガイド付きの)ツアーは扱っていますか.
Avete gite [escursioni] organizzate (con una guida)?

チェックアウトは何時ですか.
Entro che ora devo liberare [lasciare libera] la camera?
請求書はこの会社宛でお願いします.
La fattura, me la intesti a questa ditta.
345号室の精算をお願いしたいのですが.
Vorrei il conto della camera 345.
クレジットカードは使えますか.
Posso pagare con carta di credito?
部屋のドアがよく閉まりません.
La porta della camera non si chiude bene.
うるさいので、部屋を変えていただけますか.
La camera è rumorosa, potrei cambiarla?
お湯が出ません.
Non c'è [esce] l'acqua calda.
支配人と話したいのですが.
Vorrei parlare con il direttore.

用 語 集

●ホテルの種類
ホテル albergo®; 〔英〕hotel®[無変]. ユースホステル ostello® della gioventù. 安宿 locanda®. モーテル〔英〕motel®[無変]. レジデンス〔英〕residence®[無変](▶長期滞在者用のキッチン付きのホテル). 別館〔仏〕dépendance®[無変]. デラックス・クラスの di categoria lusso. 1 [2 / 3 / 4] 級の di prima [seconda / terza / quarta] categoria [classe]. 1 [2 / 3] 星の a「una stella [due stelle / tre stelle].

●ホテルの従業員
ウエーター, ルームサービス係 cameriere®[®-a] ベルボーイ, ポーター fattorino®. メード cameriera® al piano. フロント係〔英〕receptionist®[無変]; addetto®[®-a] alla ricezione. ドアボーイ portiere®. 支配人 direttore®[®-trice].

●ホテルの部屋と備品
部屋 camera®. シングル[ツイン / ダブル]の部屋 camera singola [doppia / matrimoniale]. 空室 camera® libera. スイートルーム appartamento®. エアコン付きの con aria condizionata. バス付き[なし]の con [senza] bagno. ベッド letto®. 毛布 coperta®. 枕 guanciale®, cuscino®. シーツ lenzuola®[複]. カラーテレビ televisore® a colori. ケーブルテレビ tv®[無変] via cavo. ミニバー, 冷蔵庫 frigobar®[無変]. シャワー doccia®.

●その他
超過料金 extra®[無変]. 無料サービス servizio® gratuito. 素泊まりの〔仏〕meublé (▶ "hotel" などにつく形容詞). 旅行代理店 agenzia® di viaggio. 滞在 soggiorno®. 客 cliente®®.

al midollo ¶彼は骨の髄までイタリア人だ. È italiano「dalla testa ai piedi [fin in fondo all'anima].

骨までしゃぶられる essere spremut*o* [sfruttat*o*] fin in fondo ¶彼は悪徳高利貸しに骨までしゃぶられた. Si è fatto portare via tutto da un usuraio.

骨を埋める ¶彼らはブラジルの地に骨を埋める覚悟で日本を後にした. Hanno lasciato il Giappone decisi a stabilirsi definitivamente in Brasile. ¶この職場で骨を埋める気はない. Non ho intenzione di fare questo lavoro per tutta la vita.

骨を折る《尽力する》darsi da fare per *ql.co.* [+不定詞], affannarsi per *ql.co.* [di +不定詞], darsi [prendersi] la pena di +不定詞, sforzarsi per *ql.co.* [di +不定詞]; fare il possibile;《誰かに尽くす》rendere un servizio a *qlcu.*, fare un favore a *qlcu.* ¶彼は私のために骨を折ってくれた. Si è fatto in quattro per aiutarmi.

ほねおしみ 骨惜しみ ◇骨惜しみする risparmiarsi, non prodigarsi, evitare gli sforzi ◇骨惜しみしない non risparmiarsi, mettercela tutta, fare ogni sforzo, prodigarsi, darsi da fare ¶あの男は骨惜しみせずよく働く. Lavora molto senza risparmiarsi.

ほねおり 骨折り ¶〈人〉の骨折りで agli sforzi di *qlcu.* ¶骨折り甲斐があった. I miei sforzi sono stati coronati da successo. ¶これは骨折り甲斐のない仕事だ. Questo è un lavoro ingrato.
✤**骨折り損** ¶骨折り損をする darsi da fare「per niente [inutilmente] ¶骨折り損のくたびれもうけ. (諺) "A lavar la testa all'asino ci si rimette il ranno ed il sapone." / "Il gioco non vale la candela."

ほねぐみ 骨組み （骨格）ossatura㊛;（機械・建物などの構造）struttura㊛;（工）centina㊛, intelaiatura㊛, scheletro㊚ portante ¶がっしりした骨組み ossatura solida ¶この子は骨組みががっしりしている. Questo bambino ha una robusta [vigorosa] costituzione fisica. ¶船の骨組みは金属だった. La struttura della nave era in metallo. ¶計画の骨組みはでき上がった. Il piano è stato completato nelle sue grandi linee.

ほねつぎ 骨接ぎ ¶骨接ぎをする aggiustare [mettere a posto] un osso

ほねなし 骨無し ◇骨なしの senza ossa;（気骨のない）senza carattere, senza spina dorsale, smidollato

ほねぬき 骨抜き **1**《骨を取り去ること》¶魚の骨抜きをする diliscare [pulire] un pesce ¶鶏の骨抜きをする dissossare un pollo **2**《大切な部分を抜き去ること》¶法案は骨抜きにされた. Il disegno di legge è stato mutilato. ¶彼は女房に骨抜きにされた. La moglie gli ha tolto il mordente.

ほねばる 骨ばる **1**《やせて》◇骨ばった ossuto ¶骨ばった顔 viso scarno **2**《意地が強い》essere ostinato

ほねぶと 骨太 ¶骨太の男 un uomo dall'ossatura grossa

ほねぼそ 骨細 ¶この子は骨細だ. Questo bambino ha un'ossatura gracile.

ほねみ 骨身 tutto il corpo㊚ ossa comprese [慣用] **骨身にこたえる**[しみる] ¶寒さが骨身にしみる. Fa un freddo pungente [gelido / rigido]. ¶彼の非難が骨身にこたえた. Il suo rimprovero mi ha toccato nel vivo.

骨を惜しまない ¶骨身を惜しまずに働く lavorare mettendocela tutta [senza risparmiarsi] / non badare alla fatica

骨身を削る ¶長年の間骨身を削って働いた. Ho lavorato sgobbando per parecchi anni.

ほねやすめ 骨休め rilassamento㊚, riposo㊚, distensione㊛ ◇骨休めする riposarsi, rilassarsi ¶骨休めに旅行した. Ho fatto un viaggio per rilassarmi un po'.

ほの- 仄- ¶ほの青い azzurro pallido ¶外はほの明るかった. Fuori era quasi l'alba.

ほのお 炎 fiamma㊛;（ぱっと燃え上がる）fiammata㊛ ¶ごうごうと[ちょろちょろと]燃える炎 fiamme alte [tremolanti] ¶恋の炎 la fiamma dell'amore ¶炎を上げる divampare㊂ [*es*] / fiammeggiare㊂ [*av*] ¶台所から炎が上がった. Dalla cucina si sono levate fiamme. ¶家は炎に包まれた. La casa era in fiamme. ¶彼女は嫉妬の炎を燃やした. Ardeva di gelosia.

ほのか 仄か ◇ほのかな《かすかな》fioco [㊚複-*chi*], fievole, tenue, leggero;（はっきりしない）vago [㊚複-*ghi*] ◇ほのかに fiocamente, fievolmente, tenuamente, leggermente; vagamente ¶ほのかな光 luce velata [filtrata] ¶まだほのかな希望がある. C'è ancora un barlume [filo] di speranza. ¶2人の間にほのかな愛情が芽生えた. Fra i due è nato un vago sentimento d'amore.

ほのぐらい 仄暗い cupo, buio [㊚複-*i*], scuro ¶ほの暗い明かり luce debole [incerta] ¶部屋はほの暗かった. La stanza era in penombra [mezzombra].

ほのぼの 仄仄 ¶ほのぼのと夜が明けた. È sorto il giorno. ¶ほのぼのとした気持ちになる sentirsi intenerito [commosso]

ほのめかす 仄めかす suggerire *ql.co.* [di +不定詞 / che +直説法]《に a》, insinuare *ql.co.* [che +接続法]《に a》, alludere㊂ [*av*] a *ql.co.*, accennare *ql.co.* ¶首相は内閣の辞職をほのめかした. Il primo ministro ha suggerito di sciogliere il gabinetto.

ほのめく 仄めく **1**《光が》luccicare㊂ [*es, av*] debolmente **2**《ちらっと様子に表れる》¶困惑の色が彼女の顔にほのめいた. Il suo viso mostrava un leggero pallore per l'imbarazzo.

ホバークラフト 〔英 Hovercraft〕（商標）hovercraft㊚ [無変]; veicolo㊚ a cuscino d'aria

ほばしら 帆柱 albero㊚;（総称的）alberatura㊛

ほはば 歩幅 passo㊚;（大またの）ampia falcata㊛ ¶彼女は歩幅が狭い[広い]. Cammina a piccoli [grandi] passi.

ぼひ 墓碑 pietra㊛ tombale [sepolcrale], stele㊛ [無変], lapide㊛
✤**墓碑銘** epitaffi*o*㊚ [複-*i*], iscrizione㊛ tombale

ほひつ 補筆 aggiunta㊛ (a un testo o a un dipinto)

ポピュラー 〔英 popular〕◇ポピュラーな popolare, pop [無変]
✤**ポピュラー音楽** musica㊛ pop

ポピュラー歌手 cantante男女 pop
ポピュラーソング canzone女 pop
ぼひょう 墓標 segno男 tombale
ボビン 〔英 bobbin〕《電》bobina女, supporto男 per bobina, rocchetto男;《ミシンの》bobina女, spola女
✤ボビンケース《ミシンの》navetta女
ほふく 匍匐 strisciamento男
✤匍匐前進 ◇匍匐前進する procedere自[es] strisciando
ボブスレー 〔英 bobsleigh〕bob男[無変] ¶ボブスレー競技 gara di bob
ポプラ 〔英 poplar〕《植》pioppo男
ポプリン 〔英 poplin〕《織》popelin男, popeline女
ほふる 屠る《鳥獣を》abbattere, macellare; uccidere le bestie;《敵を破る》sconfiggere, vincere
ほへい 歩兵《軍》fante男, soldato男[女 -essa] di fanteria
✤歩兵師団 divisione女 di fanteria
歩兵銃 fucile男
歩兵隊 fanteria女
歩兵連隊 reggimento男 di fanteria
ほへい 募兵 reclutamento男 ◇募兵する arruolare, reclutare
ボヘミアン 〔英 Bohemian〕**1**《ジプシー》zingaro男[女 -a] **2**《自由気ままな生活をする人》《仏》bohémien [boemjɛ̃]男[無変];《集合的》《仏》bohème [boɛ́m]男[無変]
ほほ 頬 =頬(ほお)
ほぼ 保母《保育園の》maestra女 di asilo nido
ほぼ《ほとんどすべて》quasi;《約, およそ》circa, approssimativamente, press'a poco, pressappoco ¶仕事はほぼかたづいた. Ho quasi completato il lavoro.
ほほえましい 微笑ましい ¶ほほえましい光景 scena piacevole [che fa sorridere]
ほほえみ 微笑み sorriso男 ¶ほほえみを浮かべる sorridere自[av] ¶ほほえみを浮かべて con un sorriso / sorridendo ¶彼女はいつもほほえみを絶やさない. Lei è sempre sorridente.
ほほえむ 微笑む sorridere自[av], fare un sorriso ¶かすかにほほえむ abbozzare [accennare] un sorriso ¶運命の女神が彼にほほえんだ. La fortuna gli ha sorriso.
ポマード 〔英 pomade〕brillantina女 (per capelli) ¶ポマードをつける impomatarsi [imbrillantinarsi] i capelli / mettersi la brillantina
ほまれ 誉れ《名誉》onore男, gloria女;《名声》reputazione女, fama女 ¶彼は一家の誉れである. È l'onore della famiglia. ¶彼は天才の誉れが高い. Ha la fama di essere un genio.
ほめことば 褒め言葉 elogio男[複 -gi], lode女, encomio男[複 -i]
ほめそやす 褒めそやす esaltare [magnificare] ql.co.
ほめたたえる 褒め称える applaudire ql.co. [qlcu.] ¶聴衆は彼のすばらしい演奏をほめたたえた. Il pubblico ha applaudito la sua splendida esibizione.
ほめちぎる 褒めちぎる ¶彼は彼女をほめちぎった. L'ha elogiata. / Lui ha parlato molto bene di lei.
ポメラニアン 〔英 Pomeranian〕《犬》volpino男 di Pomerania
ほめる 褒める lodare qlcu. [ql.co.];《称賛する》encomiare [elogiare / ammirare] qlcu. [ql.co.];《良く言う》dir del bene [parlar男 bene] di qlcu. ¶あまりほめられた話じゃないねえ. Non ti fa molto onore, eh? ¶社長が君の事を仕事ができると言ってほめていた. Il presidente ti ha lodato dicendo che sei un bravo lavoratore.
ホモ- 〔英 homo-〕¶ホモ牛乳 latte omogeneizzato ¶ホモ接合体 omozigote男
ホモサピエンス 〔ラ homo sapiens〕〔ラ〕homo sapiens
ホモセクシャル 〔英 homosexual〕omosessualità女 maschile;《同性愛者》omosessuale男
ホモフォニー 〔英 homophony〕《音》omofonia女
ほや 火屋《縦長の》camino男;《球形の》globo男 di lampada, paralume男
ほや 海鞘《動》ascidia女
ぼや 小火 ¶ぼや程度で済んだ. Non è stato che un principio d'incendio.
ぼやく《不平を言う》lamentarsi, lagnarsi;《ぶつぶつ言う》brontolare自[av], borbottare自[av], mormorare自[av] fra i denti ¶何をぼやいているんだい. Cos'hai da brontolare? ¶彼は仕事がつまらないとぼやいている. Si lamenta che il suo lavoro è noioso.
ぼやける《色があせる》sbiadirsi;《色・輪郭が》sfumarsi, offuscarsi, attenuarsi ¶めがねをとるとぼやけて見える. Senza questi occhiali vedo tutto sfocato. ¶涙で港がぼやけて見えた. Le lacrime mi velavano la vista del porto.
ぼやっと ¶寝不足で頭がぼやっとしている. Sono intontito a causa delle poche ore di sonno. ¶ぼやっとしか思い出せない. Ne ho solo una vaga memoria.
ほやほや ◇ほやほやの《湯気の立つような》caldissimo, bollente;《新鮮な》freschissimo ¶焼きたてほやほやのパン pane freschissimo [appena sfornato] ¶彼らは新婚ほやほやだ. Sono 「appena sposati [sposi novelli / freschi di luna di miele].
ぼやぼや ◇ぼやぼやする《ぼんやり》essere distratto [disattento] ¶ぼやぼやするな. Svegliati! ¶ぼやぼやしている時じゃないよ. Non è il momento di perder tempo in sciocchezze!
ほゆう 保有 detenzione女, possesso男 ◇保有する detenere, possedere, conservare ¶金保有高 riserva aurea ¶外貨保有高 riserve valutarie ¶核兵器保有国 nazione in possesso di armi atomiche ¶核兵器の保有 possesso di armi nucleari
✤保有地 tenuta女, podere男, appezzamento男 (di terreno)
ほよう 保養 **1**《休息》riposo男 ◇保養する《休息》riposarsi, rilassarsi;《健康に留意する》prendersi cura della salute, curarsi, avere riguardo di sé ¶保養のために per riposarsi /《病後の静養》per trascorrere la convalescenza **2**《気晴らし》svago男[複 -ghi], diversivo男, distrazione女 ◇保養する svagarsi, distrarsi ¶···

ほら ¶ほら、ごらん。Guarda! ¶ほら、彼女が来た。Eccola che arriva! ¶ほら、だから言ったじゃないか。Hai visto? Non te l'avevo detto io?

ほら 法螺 **1** 《ほら貝》strombo ㊚ **2** 《大げさな話》esagerazione㊛; 《大げさな自慢》millanteria㊛, vanteria㊛, fanfaronata㊛; 《はったり》bluff㊚[無変] ¶大ぼら parole roboanti [pompose] ¶ほらを吹く esagerare㊣[av] / dire fanfaronate / sparare grosse ¶彼は成功したとほらを吹いた。Si è vantato del suo successo.
- **ほら吹き** fanfarone㊚ [㊛ -a], millantat*ore*㊚ [㊛ -trice], spaccone㊚ [㊛ -a], sbruffone㊚ [㊛ -a]

ほら 洞 caverna㊛ →洞穴(どう)

ぼら 鯔 〔魚〕cefalo㊚, muggine㊚

ホラー 〔英 horror〕orrore㊚
- **ホラー映画** film㊚[無変] dell'orrore

ほらあな 洞穴 antro㊚; 《大きな》caverna㊛, grotta㊛, spelonca㊛

ポラロイドカメラ 《商標》macchina㊛ fotografica polaroid[無変]

ボランチ 〔ポ volante〕《サッカーの》mediano㊚, incontrista㊚[複 -i]

ボランティア 〔英 volunteer〕volont*ario*㊚ [㊛ -ia; ㊚複 -i]
- **ボランティア活動** attività㊛ volontaria
  ボランティア団体 volontariato㊚

ほり 堀 《城の》fosso㊚, fossato㊚, cunetta㊛; 《溝》trincea㊛; 《水路》canale㊚

ほり 彫り ¶彼は彫りの深い顔立ちをしている。Ha un viso dai lineamenti marcati.

ほりあてる 掘り当てる ¶ウラニウム鉱脈を掘り当てる trovare [scoprire] un filone di uranio scavando nel terreno

ポリアミド 〔英 polyamide〕〖化〗poliammide㊛

ポリープ 〔英 polyp〕〖医〗polipo㊚

ポリウレタン 〔独 Polyurethan〕〖化〗poliuretano㊚

ポリエステル 〔独 Polyester〕〖化〗poliestere㊚

ポリエチレン 〔独 Polyäthylen〕〖化〗polietilene㊚

ポリえんかビニール ポリ塩化ビニール 〖化〗cloruro㊚ di polivinile

ポリオ 〔英 polio〕〖医〗poliomielite㊛, polio㊛[無変]
- **ポリオワクチン** vaccino㊚ antipolio[無変]

ほりおこす 掘り起こす ¶土を掘り起こす rivoltare le zolle [la terra] ¶伝統芸能を掘り起こす riportare in auge un'arte tradizionale

ほりかえす 掘り返す **1**《掘って土を返す》rivoltare; 《再び掘る》scavare di nuovo ¶道路を掘り返す scavare di nuovo la strada
2《あばき出す》rivangare ¶すでに解決した問題を掘り返す riprendere un problema già risolto

ポリグラフ 〔英 polygraph〕〖医〗sfigmografo㊚; 《うそ発見器》macchina㊛ della verità

ほりごたつ 掘炬燵 *kotatsu*㊚[無変] interrato →こたつ 〖日本事情〗

ほりさげる 掘り下げる **1**《深く掘る》scavare *ql.co.* più in profondità **2**《深く検討する》sviscerare *ql.co.*, approfondire *ql.co.*, esaminare *ql.co.* a fondo ◇掘り下げ approfondimento㊚ ¶問題を掘り下げる approfondire un problema

ほりだしもの 掘り出し物 《見つけ物》scoperta㊛, ritrovamento㊚; 《得な買い物》occasione㊛, buon acquisto㊚ ¶これは大変な掘り出し物だよ。Questo è un ritrovamento importante. / È un'occasione da non perdere.

ほりだす 掘り出す ¶小判を掘り出す dissotterrare monete d'oro ¶死体を掘り出す esumare una salma ¶秘宝を掘り出す scovare un tesoro nascosto ¶古本屋で貴重本を掘り出した。Ho scovato un testo rarissimo in un negozio di libri vecchi.

ポリバケツ secchio㊚[複 -chi] di plastica

ポリフェノール 〔英 polyphenol〕〖化〗polifenolo㊚

ポリフォニー 〔英 polyphony〕〖音〗polifonia㊛

ポリぶくろ ポリ袋 sacchetto㊚ di plastica

ポリプロピレン 〔英 polyplopylene〕〖化〗polipropilene㊚

ぼりぼり ¶ぼりぼりかく grattarsi「con forza [vigorosamente] ¶ぼりぼり食べる《音を立てて》《親》sgranocchiare

ポリマー 〔英 polymer〕〖化〗polimero㊚

ほりもの 彫り物 **1**《彫刻》scultura㊛; 《彫金》incisione㊛, cesellatura㊛ ¶柱に彫り物がしてある。La colonna ha delle incisioni. **2** →入れ墨

ほりゅう 保留 riserva㊛ ◇保留する riservarsi ¶…を保留して con riserva di *ql.co.* ¶…の権利を保留する riservarsi il diritto di+ 不定詞 *ql.co.* ¶決定を保留する《延期》rinviare [differire] la decisione ¶態度を保留する avere delle riserve ¶保留付き[なし]で承認する accettare con [senza] riserve
- **保留条件** riserva㊛, condizione㊛, limitazione㊛, restrizione㊛

ボリューム 〔英 volume〕volume㊚ ¶ボリュームのある voluminoso ¶ボリュームのある声 voce possente ¶ボリュームたっぷりの食事 pasto abbondante [copioso] ¶テレビのボリュームを上げる[下げる/調節する] alzare [abbassare / regolare] il volume del televisore

ほりょ 捕虜 prigioniero㊚ [㊛ -a] ¶捕虜にする fare prigioniero *qlcu*. (▶prigionieroは目的語の性・数に合わせて語尾変化する) ¶捕虜になる essere fatt**o** prigioniero / cadere㊣[es] prigioniero ¶捕虜引き渡し consegna di prigionieri
- **捕虜交換** scambio㊚[複 -i] di prigionieri
  捕虜収容所 campo㊚ di concentramento (prigionia)

ほりょく 補力 〖写〗intensificazione㊛
- **補力液** 〖写〗intensificatore㊚

ほりわり 掘り割り 《運河》canale㊚; 《城の》fossato㊚

ほる 彫る scolpire, incidere, intagliare ¶仏像を彫る scolpire una statua di Budda ¶大理石で『ピエタ』を彫る scolpire "La Pietà" nel marmo ¶背中に龍の入れ墨を彫る tatuare un drago sulla

ほる 掘る schiena di qlcu. ¶木の幹に彼の頭文字を彫った. Ho inciso le sue iniziali sul tronco dell'albero.

ほる 掘る scavare ql.co. ¶井戸を掘る scavare [fare] un pozzo ¶芋を掘る cavare le patate ¶墓を掘る scavare una tomba ¶鍬(くわ)で土を掘る zappare ¶掘って埋める sotterrare [interrare / seppellire] ql.co. [ql.cu.] ¶山を掘ってトンネルをつくる costruire [scavare] una galleria sotto la montagna

ぼる ¶あの店でたんまりぼられた. In quel negozio mi hanno fatto pagare salato [mi hanno proprio derubato].

ポルカ 〔英 polka〕《音》polca㊛; 〔英〕polka㊛

ボルシェビキ 《政》bolscevico㊚ [㊛ -ca; ㊚複 -chi] ◇ボルシェビキの bolscevico [㊛複 -chi]

ホルスタイン 〔独 Holstein〕《牛》vacca㊛ di razza Holstein

ホルダー 〔英 holder〕 **1**《支えるもの》contenitore㊚ ¶キーホルダー portachiavi㊚
2《紙挟み》cartella㊛ per documenti
3《保持者》¶レコードホルダー detentore㊚ [㊛ -trice] di un record

ボルタでんち ボルタ電池 pila㊛ voltaica

ポルタメント 〔伊〕《音》portamento㊚

ポルチーニたけ ポルチーニ茸《きのこ》porcino㊚

ボルテージ 〔英 voltage〕 **1**《電圧》voltaggio㊚ [複 -gi] **2**《熱意・興奮の度合い》¶飲んでますます彼のボルテージが上がった. Più beveva e più diventava esuberante. ¶ボルテージの高い作品 opera intensa e di ottima qualità

ボルト 〔英 bolt〕 bullone㊚ ¶ボルトで締める imbullonare ql.co. / fissare ql.co. con bulloni ¶ボルトが緩んでいる. Il bullone si è allentato.

ボルト 〔英 volt〕 volt㊚ [無変]; 《記号》V, v
✜**ボルトアンペア** voltampere㊚ [無変]; 《記号》VA [va]
ボルトアンペア時 voltamperora㊛

ボルドー 〔仏 Bordeaux〕《ワイン》vino 「di Bordeaux [bordeaux 無変], bordeaux㊚ [無変]
✜**ボルドー液** 《化》poltiglia bordolese, miscela㊛ cuprocalcica

ポルノ 〔英 porno〕 pornografia㊛ ◇ポルノの pornografico [㊛複 -gi], porno [無変]
✜**ポルノ映画** film [無変] pornografico
ポルノ映画館 cinema㊚ [無変] [sala㊛] a luce rossa
ポルノ作家 pornografo㊚ [㊛ -a]
ポルノ雑誌 rivista㊛ pornografica
ポルノショップ pornoshop㊚ [無変]
ポルノ女優 attrice㊛ porno

ホルマリン 〔独 Formalin〕《化》formalina㊛, formolo㊚ ¶ホルマリン漬けの標本 pezzo anatomico (conservato) in formalina

ホルミウム 〔英 holmium〕《化》olmio㊚;《元素記号》Ho

ホルムアルデヒド 〔独 Formaldehyd〕《化》formaldeide㊛, aldeide㊛ formica

ホルモン 〔独 Hormon〕《生》ormone㊚ ◇ホルモンの ormonico [㊚複 -ci] ¶女性 [男性] ホルモン ormoni femminili [maschili]
✜**ホルモン剤** ormoni㊚ [複]
ホルモン焼き spiedino㊚ di interiora

ホルモン療法 《医》ormonoterapia㊛

ホルン 〔独 Horn〕《音》corno㊚ ¶イングリッシュホルン corno inglese ¶ホルンを吹く suonare il corno
✜**ホルン奏者** cornista㊚ [㊛複 -i]

ボレー 〔英 volley〕《テニス》volata㊛, colpo㊚ al volo ¶ボレーで返球する colpire al volo

ほれこむ 惚れ込む innamorarsi perdutamente 《に di》 ¶彼女の人柄に惚れ込んだ. Sono rimasto affascinato dalla sua personalità.

ほれぼれ 惚れ惚れ ¶ほれぼれするような娘 ragazza affascinante [incantevole] ¶その絵をほれぼれと眺めた. Guardavo quel quadro incantato [rapito / estasiato].

ほれる 惚れる **1**《恋い慕う》innamorarsi di qlcu.; 《のぼせ上がる》invaghirsi di qlcu. ¶彼は彼女にほれている. È innamorato di lei. ¶私は彼女にほれた. Mi sono innamorato di lei. ¶私は彼の誠実さにほれて結婚した. Attratta dalla sua sincerità, l'ho sposato.
2《心酔する》¶社長は君の能力にほれている. Il presidente ammira molto le tue capacità.

ボレロ 〔ス bolero〕《音・服》bolero㊚

ほろ 幌《車・馬車の》cappotta㊛; 〔仏〕capote [kapót]㊛ [無変]; 《雨よけのシート》telone㊚ ¶幌を上げる alzare la capote ¶幌を下げる abbassare la capote di ql.co. / decappottare ql.co.
✜**ほろ馬車** carro㊚ coperto

ぼろ 襤褸 **1**《ぼろ切れ》cencio㊚ [複 -ci], straccio㊚ [複 -ci];《すり切れた衣服》stracci㊚ [複] ¶ぼろを着ている [まとっている] essere vestito [coperto] di stracci
2《欠点》difetto㊚, imperfezione㊛ ¶ぼろを出す rivelare i propri difetti / 《口をすべらせて》tradirsi /《正体を現す》rivelare il vero carattere / manifestarsi ¶ぼろを出さない salvare le apparenze / saper nascondere i propri difetti
3《使い古したもの》¶この車もだいぶぼろになった. Questa macchina è diventata abbastanza vecchia.
✜**ぼろ家** casa㊛ cadente [in rovina / pericolante], tugurio㊚ [複 -i], stamberga㊛

ポロ 〔英 polo〕《スポ》polo㊚ ¶ポロの選手 polista㊚ [㊛複 -i]
✜**ポロシャツ** polo㊛ [無変]

ぼろい ¶ぼろい商売 affare lucroso ¶ぼろいもうけをする far denaro a palate senza troppa fatica / arricchirsi rapidamente ¶ぼろい靴 vecchie scarpe

ぼろくそ 襤褸糞 ¶彼は友人のことをぼろくそに言った. Ha detto peste e corna [Ne ha dette di tutti i colori] di un suo amico.

ホログラフィー 〔英 holography〕《物》olografia㊛

ホロコースト 〔英 holocaust〕《大虐殺》olocausto㊚

ホロスコープ 〔英 horoscope〕《星占い》oroscopo㊚

ほろっと →ほろりと
ぽろっと →ぽろりと

ポロニウム 〔英 polonium〕《化》polonio㊚;《元素記号》Po

ほろにがい ほろ苦い amarognolo ¶ほろ苦い

ポロネーズ〔仏 polonaise〕《音》polacca㊛

ほろびる 滅びる estinguersi, scomparire㊐[es], decadere㊐[es] ¶滅び行く文明 civiltà che sta tramontando ¶滅び行く種族 razza in estinzione ¶この習慣は滅びてしまった. Quest'usanza è tramontata.

ほろぼす 滅ぼす **1**《壊滅させる》distruggere, rovinare;《絶滅させる》sterminare **2**《破滅させる》rovinare qlcu., portare qlcu. alla rovina ¶彼は賭け事で身を滅ぼした. Si è rovinato con il gioco. / È andato in rovina per il gioco.

ほろほろ ¶きじ鳩のほろほろ鳴くのが聞こえた. Ho sentito il tubare delle tortore.

ぼろぼろ ◇ぼろぼろの《ずたずたの》sbrindellato, a brandelli, lacero;《布が》cencioso;《傷ついて, 壊れて》rovinato, malridotto ¶ぼろぼろになる cadere [essere ridotto] a pezzi [a brandelli] ¶ぼろぼろの辞書 dizionario lacero ¶身も心もぼろぼろだ. Mi sono ridotto a uno straccio. / Sono a pezzi. ¶壁がぼろぼろくずれ落ちた. Il muro si è frantumato. ¶涙をぼろぼろこぼす piangere a calde lacrime ¶過去の悪事がぼろぼろと出てきた. Le sue vecchie malefatte sono venute a galla l'una dopo l'altra.

ぽろぽろ ¶涙が彼のほおを伝ってぽろぽろこぼれた. Le lacrime gli scendevano lungo le guance. ¶子供がご飯をぽろぽろこぼしている. Il bambino fa cadere qua e là il riso mentre mangia.

ほろほろちょう ほろほろ鳥〔鳥〕faraona㊛

ぼろもうけ ぼろ儲け《楽なもうけ》facili profitti㊛[複];《法外な》enormi profitti㊛[複] ◇ぼろもうけをする fare grossi guadagni [un colpo grosso]; far fortuna

ほろよい ほろ酔い ¶彼はほろ酔い機嫌だ. È un po' brillo. / È alticcio.

ほろりと ◇ほろりとする intenerirsi《に per》, essere toccato [commosso / intenerito] ¶ほろりとさせる intenerire [toccare / commuovere] qlcu. ¶ほろりとさせるような話 discorso commovente [toccante] ¶彼の言葉にほろりときた. Le sue parole mi hanno toccato il cuore.

ぽろりと ¶大粒の涙がぽろりとひざに落ちた. Una grossa lacrima le è caduta in grembo. ¶口がすべってぽろりと秘密をしゃべってしまった. Ho spifferato il segreto. ¶球がぽろりと手から落ちた. La palla mi è scappata dalle mani ed è caduta a terra.

ホワイト〔英 white〕bianco㊚
❖ホワイトカラー impiegato㊚[㊛ -a], colletto㊚ bianco
ホワイトクリスマス《雪景色の》bianco natale㊚
ホワイトゴールド oro㊚ bianco
ホワイトソース besciamella㊛;《チーズを加えた》salsa㊛ bianca
ホワイトハウス《米国大統領官邸》la Casa Bianca

ほん 本《書物》libro㊚;《著作》opera㊛ (scritta);《脚本》copione㊚; sceneggiatura㊛ ¶本を書く[出す / 読む] scrivere [pubblicare / leggere] un libro ¶本で得ただけの知識 cultura libresca ¶私は本を読むのが好きだ. Mi piace「leggere libri [la lettura]. ¶彼は本の虫だ. È un topo di biblioteca.

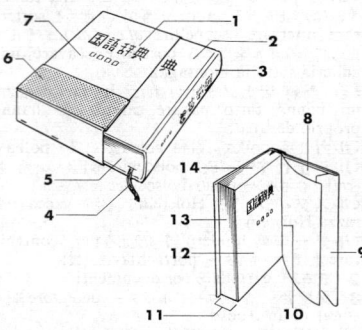

本 **1** 題字 titolo㊚. **2** 表紙 copertina㊛. **3** 背 dorso㊚. **4** しおり segnalibro㊚. **5** 地, けした taglio㊚ inferiore. **6** 帯 fascetta㊛. **7** 箱 custodia㊛. **8** 見返し risguardo㊚. **9** カバー sopraccoperta㊛. **10** のど margine㊚ interno. **11** 本文ページ pagine㊛[複]. **12** 前扉 frontespizio㊚. **13** 小口 taglio㊚. **14** 天 taglio㊚ superiore.

ホン〔英 phon〕fon㊚[無変];〔英〕phon㊚[無変] ¶駅前の騒音は 70 ホンだ. Il rumore del traffico di fronte alla stazione è di 70 fon.

ほん- 本- **1**《中心の, 主要な》principale, centrale ¶本店 la sede centrale ¶本館 edificio principale **2**《本当の》vero, reale;《本物の》autentico㊚複 -ci], genuino;《本式の》formale, ufficiale, regolare ¶本革 vero cuoio **3**《当の》questo, presente;《私たちの》nostro;《当該の》同, menzionato, in questione ¶本件 il caso in questione

-ほん -本《鉛筆数本》qualche matita / alcune matite ¶1本目の道 la prima strada ¶煙突が1本見える. Si vede un comignolo.

ぼん 盆 **1**《物をのせる平たい器》vassoio㊚[複 -i] ¶盆にのせて出す《運ぶ》servire [portare] ql.co. su un vassoio **2**《仏教のうら盆》festa㊛ buddista per commemorare i morti →次ページ
〔日本事情〕 ¶まるで盆と正月が一緒に来たようだ.《忙しい》Sono così occupato che sembra che le feste siano arrivate tutte insieme. /《めでたい》Questa era la cosa migliore che poteva capitare.
〔慣用〕盆も正月もない essere occupatissimo
❖盆踊り danza㊛ folcloristica per la festa dei morti

ぽん 1《擬》pum, bum, bang;《銃の音》pam ¶ぽんと音を出す fare un botto ¶社長がぽんと私の肩をたたいた. Il presidente mi ha dato una pacca sulla spalla. ¶シャンペンの栓がぽんと抜けた. Il tappo dello champagne ha fatto uno botto. **2**《勢いよく》¶本をぽんと放ってよこした.

Mi ha buttato via il libro.
3《気前よく》 ¶彼は30万円ぽんと寄付してくれた. Ha fatto una generosa offerta di 300.000 yen.

ほんあん 翻案 adattamento[男] ◇翻案する adattare

ほんい 本位 **1**《基準》 ¶自分本位な考え idea egoistica ¶この店は品質本位です. Questo negozio si preoccupa soprattutto [innanzi tutto] della qualità della merce. **2**《貨幣制度の基礎》 ¶金[銀]本位制 sistema (monetario) aureo [argenteo] / parità aurea [argentea] ¶金為替本位制 sistema monetario a cambio aureo
✤本位貨幣〘経〙valuta[女] ufficiale [legale corrente]
本位記号〘音〙bequardo[男]

ほんい 本意 ¶それは僕の本意じゃなかった. Queste non erano mie reali intenzioni. ¶彼は本意を遂げた. Ha raggiunto lo scopo che si era prefisso [proposto].

ほんい 翻意 ripensamento[男] ◇翻意する ripensarci, cambiare opinione [idea / parere] ¶翻意させる dissuadere *qlcu.* dal + [不定詞] / far cambiare opinione [idea / parere] a *qlcu.*

ほんえい 本営 quartiere[男] generale

ほんか 本科 corso[男] regolare

ほんかい 本懐 sogno[男] coltivato a lungo ¶彼はついに本懐を遂げた. Alla fine è riuscito a realizzare il suo sogno.

ほんかいぎ 本会議 seduta[女] ordinaria;《国会などの》sessione[女] plenaria

ほんかく 本格 ◇本格的《本物の》vero (e proprio [複 -*i*]), reale, genuino, autentico [[男]複 -*ci*] ◇本格的に《まじめに》seriamente;《本当に, 本気で》per davvero, sul serio ¶本格的なイタリア料理 autentica cucina italiana ¶暑さも本格的になってきた. Il caldo comincia a farsi sentire veramente. ¶彼のバイオリンは本格的だ. Suona il violino come un professionista. ¶工事はいよいよ本格的になった. I lavori cominciano a prendere corpo.
✤本格派 ¶本格派のジャズ・シンガー cantante bravissimo di jazz

[日本事情] **盆**

Festa buddista annuale per commemorare le anime degli antenati. Viene celebrata dal 13 al 15 luglio o dal 13 al 15 agosto (*kyubon*), periodi in cui si crede che le anime dei defunti tornino a casa. In ogni famiglia, di fronte alla casa, si prepara il *mukaebi* o "fuoco dell'accoglienza", mentre l'ultimo giorno si accende l'*okuribi*, ossia il "fuoco del commiato" che accompagnerà le anime durante il viaggio di ritorno nell'aldilà. In casa, sull'altarino buddista, viene offerta frutta e verdura che, alla fine della festività, viene abbandonata alla corrente dei fiumi o del mare (*shoryo-nagashi*).
Durante il *bon* si eseguono anche danze folcloristiche popolari (*bon'odori*) e le famiglie usano riunirsi presso la tomba degli antenati.

ほんかどり 本歌取り 《和歌の》tecnica[女] che consiste nel riprendere temi o spunti da poesie del passato

ほんかん 本官 **1**《正式の官職についている人》funzionario[男] [[女] -*ia*; [男]複 -*i*];《見習いなどに対して》incarico[男] [複 -*chi*] regolare **2**《自分をさして》 ¶本官はただ今より司令部へ向かいます. Ora vado alla sede.

ほんかん 本管 tubo[男] principale ¶水道の本管 conduttura principale dell'acqua

ほんかん 本館 edificio[男] [複 -*ci*] principale

ほんがん 本願 ¶彼は本願成就を祈った. Ha pregato affinché si realizzasse il tanto sospirato desiderio.

ポンかん ポン柑 arancia[女] [複 -*ce*] tipo *ponkan* (di origine indiana)

ほんき 本気 ◇本気の serio [複 -*i*] ◇本気で sul serio, per davvero;《まじめに》seriamente;《正直・誠実に》sinceramente;《本当に》veramente ¶本気にする prendere *ql.co.* [*qlcu.*] sul serio ¶本気で言っているのかい. Dici [Parli] sul serio?

ほんぎ 本義 《根本の意義》il vero significato [男], significato[男] fondamentale;《原義》senso [男] proprio ¶国体の本義 il principio fondamentale dell'ordinamento politico nazionale

ほんぎまり 本決まり ◇本決まりになる venire deciso definitivamente

ほんきゅう 本給 stipendio[男] [複 -*i*] base [無変]

ほんきょ 本拠 《本部, 中心地》centro[男], base [女], centrale[男] ¶彼はロンドンを仕事の本拠としている. Londra è la sua base di affari.

ほんぎょう 本業 ⇒本職

ほんきょく 本局 《支局に対して》ufficio[男] [複 -*ci*] principale, sede[女];《中心となる局》ufficio[男] centrale ¶郵便局の本局 ufficio postale centrale

ほんぐみ 本組み 《印刷で》impaginazione[女] ◇本組みする impaginare

ほんぐもり 本曇り ¶今日は本曇りだ. Oggi è molto nuvoloso.

ぼんくら ¶彼はぼんくらだ. È uno stupido. / È una testa di legno. / È un tonto.

ぼんくれ 盆暮れ ¶盆暮れの付け届けをかかさない non mancare di fare i regali di metà e fine anno

ほんけ 本家 《分家に対して》ramo[男] principale di una famiglia;《流派の》⇒家元;《元祖》casa [女] d'origine ¶闘牛の本家本元はスペインだ. La corrida ha avuto origine in Spagna.
✤本家争い lotta[女] per l'autenticità della *propria* fazione [setta]

ぼんご 梵語 〘言〙sanscrito[男]

ボンゴ 〔英 bongo〕〘音〙bongos[男] [複]

ほんこう 本校 **1**《分校に対して》sede[女] della scuola **2**《この学校》questa scuola[女]

ほんこく 翻刻 ristampa[女];《一般に》riproduzione[女] fedele ◇翻刻する ristampare

ほんごく 本国 **1**《祖国》il *proprio* paese[男], la *propria* terra[女], madrepatria[女], paese[男] d'origine ¶本国へ送還する rimpatriare *qlcu.*
2《植民地に対して》metropoli[女] [無変]
✤本国政府 governo[男] nazionale

ほんごし 本腰 ¶本腰を入れて仕事に取り組む dedicarsi seriamente [completamente] al lavoro ¶彼は本腰を入れて勉強している. Lui si impegna 「a fondo [sul serio] nei suoi studi.

ぽんこつ （老朽化したもの）oggetto*m* logoro; （がたのきた車）auto*f* [無変] sgangherata ¶この自転車はもうぽんこつだ. Questa bicicletta è ormai da buttare.

ほんさい 本妻 moglie*f* legittima

ぼんさい 凡才 mediocrità*f*, talento*m* mediocre;《凡人》persona*f* comune

ぼんさい 盆栽 *bonsai*m* [無変]; pianta*f* nana ¶盆栽の手入れをする coltivare un *bonsai*

ぼんさく 凡作 lavoro*m* mediocre

ほんざん 本山 1《仏教の》tempio*m* [複 *templi*] principale di una setta 2《元締め,中心》centro*m*, quartiere*m* generale

ほんし 本旨 scopo*m* principale;《真の目的》il vero scopo*m*;《真の精神》il vero spirito*m* ¶本旨にもとる andare contro il vero scopo

ほんし 本紙 1《わが新聞》¶本紙記者 il nostro corrispondente ¶本紙の読者 i nostri lettori 2《付録などに対して》sezione*f* principale

ほんじ 本字 1《仮名に対する漢字》carattere*m* cinese 2《略していない漢字》ideogramm*am* [複 -*i*] [carattere*m*] cinese non semplificato;《俗字に対して》forma*f* originale di un ideogramma cinese

ぼんじ 梵字 carattere*m* sanscrito

ほんしき 本式 ◇本式の《正規の》regolare;《正式の》formale;《正統の》ortodosso ¶本式の日本建築 architettura giapponese autentica ¶歌曲を本式に習う《本格的に》studiare canto seriamente [《体系的に》sistematicamente]

ほんしつ 本質 essenza*f*, sostanza*f* ◇本質的 essenziale, sostanziale;《内在的》intrins*eco* [*m*複 -*ci*], inerente;《根本的》fondamentale ◇本質的に essenzialmente, sostanzialmente; intrinsecamente, fondamentalmente ¶問題の本質を明らかにする chiarire l'essenza del problema

ほんじつ 本日 oggi*m* ¶「本日休業」《掲示》"Oggi chiuso" ¶展覧会は本日限りです. La mostra (si) chiude oggi.

ほんしゃ 本社 sede*f* centrale

ほんしょ 本署《支署・分署に対して》uffici*om* [複 -*ci*] principale; quartiere*m* generale;《警察で中央の》questura*f*;《地区の》commissariato*m*

ほんしょう 本性 1《本来の性質》¶彼は本性を現した. Ha rivelato la sua vera natura. / Si è smascherato. 2《正気》¶彼は酔って本性を失っている. Si è ubriacato ed è fuori di sé.

ほんしょう 本省《中央最高官庁》ministero*m*;《本部》uffici*om* [複 -*ci*] centrale

ほんしょく 本職 1《本来の職業: 主にブルーカラーの》vero mestiere*m*;《主にホワイトカラーの》vera professione*f* ¶彼の本職は弁護士だ. La sua vera professione è quella di avvocato. 2《プロ》professionist*am* [*m*複 -*i*];《専門家》specialist*am* [*m*複 -*i*], espert*om* [*m* -*a*] ◇本職の di mestiere; di professione, professionale ¶彼のピアノは本職はだしだ. Suona il pianoforte come un professionista.

ほんしょしごせん 本初子午線《天》il primo meridiano*m* (◆グリニッジ子午線のこと)

ほんしん 本心 1《良心》la *propria* coscienza*f* ¶本心に立ち返る ritornare a seguire la *propria* coscienza 2《本当の意図》la *propria* vera intenzione*f*;《本当の感情》i *propri* sentimenti*m* [複] ¶本心を言うと parlando francamente ¶本心を明かす aprire il *proprio* cuore a qlcu. / aprirsi [confidarsi] con qlcu. ¶君は本心からそう思っているのかい. Lo pensi veramente?

ほんじん 本陣《本営》quartiere*m* generale

ぼんじん 凡人 persona*f* comune [normale /《ありふれた》mediocre] ¶彼は凡人ではない. È un uomo al di sopra della media. / Non è una persona qualunque. ¶凡人にはとてもできないこと. Non è da tutti.

ポンず ポン酢 1《ポン酢醤油》una sorta*f* di aceto a base di salsa di soia e succo di agrumi 2《柑橘類のしぼり汁》succo*m* [複 -*chi*] di agrumi

ほんすう 本数 ¶大阪行き列車の1日の本数 numero giornaliero di treni diretti ad Osaka

ほんすじ 本筋 cuore*m*, nucleo*m*, nocciolo*m*;《話の》filo*m* ¶問題の本筋に入る toccare il [arrivare al] cuore della questione / entrare nel vivo della questione ¶話を本筋に戻す ritornare sull'argomento / tornare a bomba ¶議論が本筋からそれていると思います. Penso che stiamo uscendo dal seminato [divagando].

ほんせい 本姓《生家の苗字》cognome*m* di origine;《女性の旧姓》cognome*m* da signorina;《筆名・偽名などに対し》vero cognome*m*

ほんせき(ち) 本籍(地) domicilio*m* registrato ¶本籍はどこですか. Dov'è il suo domicilio (registrato)? ¶本籍は東京です. Il mio domicilio è a Tokyo.

ほんせん 本船《親船》nave*f* appoggio [無変] ❖**本船渡し**《商》franco a bordo;《略》FOB [fob] ¶本船渡し価格を a prezzo franco a bordo / con il prezzo FOB

ほんせん 本線 1《鉄道》linea*f* ferroviaria principale 2《高速道路》¶本線に入る entrare nell'autostrada /《走行車線に戻る》rientrare nella corsia di scorrimento normale

ほんそう 本葬 funerale*m* formale

ほんそう 奔走 ◇奔走する fare ogni sforzo per+不定詞, fare tutto il possibile per+不定詞, far tutti i passi necessari, affaccendarsi per *ql.co.* [*qlcu.*] ¶彼は職さがしに奔走している. Sta dandosi da fare per trovare un posto di lavoro.

ぼんぞく 凡俗 1《平凡》mediocrità*f*;《卑俗》volgarità*f* ◇凡俗な mediocre, comune;《卑しい》volgare 2《凡人》persona*f* mediocre

ほんぞん 本尊 1《寺の主仏》il budda*m* principale (di un tempio buddista) ¶平等院の本尊は阿弥陀如来である. Il tempio Byodoin è dedicato ad Amitabha. 2《当人》¶うわさをしていたらご本尊がやって来た. Non appena abbiamo iniziato a parlare di lui, è comparso in persona.

ほんたい 本体 1《真の姿》la figura*f* reale;《正体》il vero carattere*m*;《実体》sostanza*f*;《哲》noumeno*m* 2《主要部分》¶機械の本体 il corpo della macchina ¶本体825円（税抜きで）

825 yen, prezzo non tassato
✦**本体論** 〘哲〙ontologia㊛
ほんたい 本隊 〘軍〙grosso㊚ (dell'esercito)
ほんだい 本題 tem*a*㊚〔複 -*i*〕 principale, argomento㊚ principale ¶本題に戻って tornando 「al tema principale [all'argomento principale / al nocciolo della questione] ¶本題に入る entrare nell'argomento principale
ほんたく 本宅 《別宅に対して》residenza㊛ principale; 《妾宅に対して》casa㊛ in cui vive la moglie
ほんたて 本立て fermalibri㊚〔無変〕, reggilibri㊚〔無変〕, reggilibro㊚〔複 *reggilibri*〕
ほんだな 本棚 scaffale㊚ (per libri), libreria㊛ ¶5段の本棚 scaffale a cinque ripiani
ほんだわら 馬尾藻 〘植〙sargasso㊚
ぼんち 盆地 〘地〙bacino㊚, conca㊛
ポンチ 〔英 punch〕 **1** 〘機〙punzone㊚, stampo㊚ **2** 《飲み物》〔英〕punch㊚〔無変〕; ponce㊚ ¶フルーツポンチ macedonia di frutta
✦**ポンチ絵** caricatura㊛, disegno㊚ umoristico〔複 -*ci*〕
ポンチョ 〔ス poncho〕〔ス〕poncho [pónt∫o]㊚〔無変〕; po*nc*io㊚〔複 -*ci*〕
ほんちょう 本庁 《中央官庁》uffici㊚〔複〕centrali della pubblica amministrazione
ほんちょうし 本調子 ◇**本調子になる** riprendere la condizione [l'andamento] normale, ritrovare la forma ¶彼はまだ本調子じゃない. Non è ancora in forma. /《病気の後に》Non si è ancora pienamente ristabilito.
ほんてん 本店 《支店に対して》sede㊛ (principale); 《商店で》negozio㊚〔複 -*i*〕 principale
ほんど 本土 madrepatria㊛
✦**本土復帰** ¶沖縄の本土復帰 reintegrazione di Okinawa al paese d'origine [al Giappone] (◆1972)
ボンド 〔英 bond〕 **1** 〘経〙obbligazioni㊛〔複〕 **2** 〘鉄道〙collegamento㊚ elettrico〔複 -*ci*〕
ポンド 〔英 pound〕 **1** 《重量の単位》libbra㊛ (◆約453g) **2** 《イギリスの通貨単位》lira㊛ sterlina, sterlina㊛;〔略〕L.st

ほんとう 本当 **1** 《真実》verità㊛;《現実》realtà㊛;《事実》fatto㊚ ◇**本当の** vero, reale ◇**本当に** veramente, realmente, davvero ◇**本当は** in verità, in fondo, in realtà ¶本当のことを言えば a [per] dire la verità / per essere sincer*o* ¶彼の言うことが本当なら se è vero quello che dice ¶本当のことを言ってくれ. Dimmi la verità. ¶本当は彼は病気なんかじゃない. In realtà non sta per niente male. ¶本当かい. Davvero? /《まさか》Ma va! ¶本当らしい《ありそうな》verosimile / probabile /《もっともらしい》plausibile ¶本当らしくない inverosimile / improbabile / poco probabile ¶彼の言うことは本当らしい. Quello che dice non sembra falso. ¶それは絵空事ではなくて本当だ. È reale, non immaginario. ¶本当になる realizzarsi / avverarsi
2《正しいこと》◇**本当の** giusto;《正確な》corretto, esatto ¶それが本当の値段だ. Quello è il prezzo giusto. ¶それが本当です.《そうでなければならない》Questo è come deve essere. ¶本人が

出向いてくるのが本当だ. Dovrebbe venire lui in persona. ¶まずみんなの意見を聞くのが本当だ. La via più giusta da seguire è ascoltare innanzi tutto le opinioni di tutti.
3《本物》◇**本当の** autentico〔複 -*ci*〕;《純粋の》puro, genuino;《生来の, 自然の》naturale ¶本当の友だち amico sincero ¶彼は本当の英雄だった. Lui era un vero eroe.
4《本気》◇**本当に** seriamente, sinceramente ¶戦いの本当が始まった. Il combattimento è iniziato sul serio. ¶彼はすぐ本当にする. Crede [Prende sul serio] qualunque cosa gli dicono.
5《「本当に」の形で, まったく, 非常に》¶本当に惜しい. È davvero [veramente] un peccato. ¶本当にありがとう. Ti ringrazio molto [di (tutto) cuore]. / Grazie infinite.
ほんとう 本島 isola㊛ principale
ほんどう 本堂 edificio㊚〔複 -*ci*〕[padiglione㊚] principale (d'un tempio buddista), santuario㊚〔複 -*i*〕
ほんどう 本道 **1**《中心となる道》strada㊛ principale ¶本道をそれる lasciare la strada principale **2**《正しい筋道》¶長時間練習することが上達の本道とは限らない. Esercitarsi per molte ore non è detto che sia il modo migliore per fare progressi.
ほんにん 本人 《利害関係のある》la persona㊛ in causa, l'interessato㊚〔㊛ -*a*〕;《当該の》la persona㊛ in questione;《同人物》la stessa persona㊛ ¶本人自ら di [in] persona / personalmente ¶本人自らの手で書く scrivere di proprio pugno ¶本人に手渡す consegnare *ql.co.* direttamente al destinatario ¶私が本人です. Sono la parte [persona] in causa. / Sono io il diretto interessato. /《電話などで》Sono io in persona. ¶代理人ではなく本人が来てください. Venga di persona, non mandi un delegato. ¶本人であることを証明するものを持参のこと. Portare un documento d'identità dell'interessato.
ほんね 本音 ¶本音を吐く《真実を》confessare la verità /《気持ちを》rivelare i *propri* sentimenti [le *proprie* intenzioni]
ボンネット 〔英 bonnet〕 **1**《帽子》cuffia㊛ **2**《車の》cofano㊚
ほんねん 本年 quest'anno㊚, l'anno㊚ corrente, l'anno㊚ in corso
✦**本年度** esercizio㊚ in corso, corrente anno㊚ finanziario [《学校の》scolastico]
ほんの 本の **1**《本当の, ただの》¶まだほんの子供です. È ancora soltanto un bambino. ¶これはほんのお礼のしるしです. È「solo un segno [un piccolo segno] della mia gratitudine. ¶庭といってもほんの名ばかりのものです. Questo è un giardino per modo di dire.
2《ごくわずか》¶ほんのちょっとの間にかばんを盗まれた. E bastato un attimo e mi hanno rubato la borsa. ¶彼はこの家をほんのわずかなお金で買った. Ha comprato questa casa per quattro soldi. ¶ほんの些細(ﾎﾞｻ)なことでけんかになった. Sono venuti a mali parer per futili motivi.
ほんのう 本能 istinto㊚ ◇**本能的** istintivo ◇**本能的に** istintivamente, per istinto, d'istinto ¶自己保存本能 istinto di conservazione ¶本能

を満足させる《欲望を》soddisfare i *propri* istinti più bassi ¶本能のままに行動する agire「secondo l'istinto [istintivamente] ¶私は本能的に危険を悟った. Ho preṣentito il pericolo istintivamente. ¶動物は本能的に火を嫌う. Gli animali hanno una paura istintiva del fuoco.

ぼんのう 煩悩 ¶煩悩に悩まされる essere schiavo delle (*proprie*) passioni ¶煩悩を断ち切る domare [frenare] le (*proprie*) passioni

ほんのり leggermente, lievemente, appena ¶彼女は頰をほんのり赤くした. Le gote della ragazza si sono arrossate leggermente. ¶空がほんのり明るくなった. Il cielo si è schiarito appena.

ほんば 本場 **1**《祖国, 発祥地》il paeṣe[男] di *ql.co.*, la patria[女] di *ql.co.* ¶本場のイタリアワイン《本物の》vino autentico italiano

2《中心地》centro[男] ¶ファッションの本場, ミラノ Milano, centro della moda

✤本場物 prodotto[男] genuino [autentic*o* [複 *-ci*]]

ほんばこ 本箱 libreria[女], scaffale[男];《小型の》armadietto[男] per libri, scaffaletto[男]

ほんばん 本番 《撮影の》ripresa[女];《放送の》traṣmissione[女], messa[女] in onda;《芝居・コンサートなどの》rappreṣentazione[女] pubblica;《試合の》partita[女] [incontro[男]] ufficiale ¶彼は本番に強い. È bravo nei momenti deciṣivi. ¶本番です.《撮影で》Si gira! ¶「本番中」《放送局で》"In onda" /《劇場で》"Spettacolo in atto"

ぽんびき ぽん引き **1**《売春の》adescatore[男] di case di piacere **2**《詐欺師》truffatore[男]

ほんぶ 本部 sede[女] (centrale), centro[男], uffici*o*[男] [複 *-ci*] centrale;《司令部》quartiere[男] generale

ポンプ 〔英 pump〕pompa[女] ¶うずまき[押し上げ / 蒸気 / 吸い上げ / 手押し]ポンプ pompa centrifuga [premente / a vapore / aspirante / a mano] ¶消防ポンプ pompa antincendio ¶ポンプで井戸の水を汲み上げる pompare l'acqua di un pozzo

✤ポンプ車 autopompa[女]

ほんぶたい 本舞台 **1**《舞台正面》palcoscenic*o*[男] [複 *-ci*] principale **2**《晴れの場所》luog*o*[男] [複 *-ghi*] pubblic*o* [複 *-ci*] ¶政治の本舞台に躍り出る debuttare all'improvviso in politica

ほんぶり 本降り ¶雨が本降りになった. Piove a dirotto. / Si sono aperte le cateratte del cielo.

ほんぶん 本分 dovere[男], obblig*o*[男] [複 *-ghi*], impegno[男] ¶本分を尽くす fare il *proprio* dovere / soddisfare i *propri* doveri ¶学生としての本分をおろそかにする trascurare il *proprio* dovere di studente

ほんぶん 本文 ⇒本文(ほんもん)

ボンベ 〔独 Bombe〕bombola[女] ¶酸素ボンベ bombola d'ossigeno

ほんぽう 本邦 《自国》il *proprio* paeṣe[男] ¶このオペラは本邦初演です. È la prima volta che quest'opera viene rappreṣentata in questo [nel nostro] paeṣe.

ほんぽう 本俸 ⇒本給

ほんぽう 奔放 ◇奔放な《自由な》indipendente, libero da impedimenti, senza costrizioni [coercizioni];《因習にとらわれない》libero da convenzioni ¶彼は自由奔放に振る舞っている. Si comporta come gli pare e piace.

ぼんぼん 《金持ちの息子》figli*o*[男] [複 *-gli*] di papà

ぼんぼん ¶柱時計がぼんぼんと鳴った. L'orologio ha battuto le ore. ¶荷物をトラックからぽんぽんほうり出した. Ha scaricato velocemente l'autocarro.

ボンボン 〔仏 bonbon〕〔仏〕bonbon[男] [無 変] ¶ボンボン入れ bomboniera (◆結婚式の引き菓子としてのキャンディーや砂糖菓子 confettoを入れる容器)

ぽんぽん **1**《擬》bum, pum ¶ぽんぽんと手を鳴らしてボーイを呼ぶ chiamare un cameriere battendo le mani ¶花火がぽんぽんと上がった. I fuochi d'artificio sono scoppiati l'uno dopo l'altro. **2**《遠慮なく》¶彼は何でもぽんぽん言う. Dice le cose senza tanti complimenti [senza peli sulla lingua]. **3**《次々と勢いよく》¶冗談がぽんぽん出る《人が主語》dire battute una dopo l'altra

✤ぽんぽん蒸気 vaporetto[男]

ほんまつてんとう 本末転倒 ◇本末転倒する confondere [investire] le priorità ¶君の議論は本末転倒している. Nel tuo ragionamento confondi le cose essenziali con quelle secondarie.

ほんまる 本丸 《城の》cittadella[女] di un castello, maschi*o*[男] [複 *-schi*]

ほんみょう 本名 ¶本名を明かす dichiarare [rivelare] il *proprio* vero nome ¶本名を偽る preṣentarsi sotto falso nome

ほんむ 本務 **1**《本分》il *proprio* dovere[男] ¶本務をおろそかにする venir meno al *proprio* dovere **2**《主となる職務》lavoro[男] principale

ほんめい 本命 **1**《競馬・選挙などの》favorit*o*[男] [[女] *-a*] ¶あの候補者が本命だ.《選挙などで》Quel candidato è il probabile vincitore.

2《意中の人》¶あいつの本命は景子だよ. È a Keiko che lui mira.

ほんもう 本望 **1** ⇒本懐 **2**《満足》¶これで本望だ. Questo è ciò che desideravo da tanto tempo. ¶あなたに喜んでいただければ本望です. Sarei felice se lei ne fosse contento.

ほんもの 本物 **1**《本当のもの》◇本物の originale, autentic*o* [[男]複 *-ci*], genuino, reale;《原物の》originale ¶本物の真珠 perla autentica / vera perla ¶彼が警官の役をすると本物そっくりだ. Quando fa la parte del poliziotto, è veramente naturale. ¶本物を見分けるのは難しい. È difficile distinguere l'originale (dal falso).

2《本格的なこと》◇本物の vero (e propri*o* [[男]複 *-i*]);《熟達した》maturo ¶あなたのイタリア語は本物です. Lei parla l'italiano proprio come un italiano.

ほんもん 本文 **1**《書物の主になっている部分》corpo[男] principale del testo **2**《元となる文章》testo[男]

✤本文批評 critica[女] del testo

ほんや 本屋 《店》libreria[女];《人》libra*io*[男] [[女] *-ia*; [男]複 *-i*];《出版社》casa[女] editrice

ほんやく 翻訳 traduzione[女]; versione[女] ◇翻訳する tradurre *ql.co.*, fare la traduzione di *ql.co.* ¶翻訳不可能な[しにくい]言葉 parola intraducibile [difficile da tradurre] ¶イタリア語から日本語に翻訳する tradurre dall'italiano in

giapponese ¶この小説は翻訳で読みました. Questo romanzo l'ho letto in traduzione.
✤翻訳権 diritti[男][複] di traduzione
翻訳者 tradut*tore*[男][女 *-trice*]
翻訳書 traduzione[女]
翻訳小説 romanzo[男] tradotto
翻訳料 tariffa[女] di traduzione; compenso[男] per la traduzione

ぼんやり **1**《不明瞭》 ◇ぼんやりした《輪郭・色などが》 vag*o* [[男]複 *-ghi*], indistinto; 《混乱した》 confuso ◇ぼんやりと indistintamente, vagamente; confusamente ¶ぼんやりと知っている sapere *ql.co.* vagamente / avere una vaga idea [una nozione sommaria] di *ql.co.* ¶ぼんやりと覚えている ricordare *ql.co.* vagamente ¶遠くに山がぼんやり見える. In lontananza si vedono indistintamente i monti.
2《放心》 ◇ぼんやりした distratto, assente, disattento ◇ぼんやりと distrattamente, con aria sognante ¶ぼんやり他のことを考えている stare sognando [fantasticando] / essere nelle [fra le] nuvole ¶今朝は頭がぼんやりしている. Stamane mi sento la testa confusa [intontita]. ¶ぼんやりしていて家の前を通り過ぎてしまった. Essendo distratto ho proseguito oltre la mia casa. ¶昨日は1日じゅうぼんやり過ごした. Ieri ho passato la giornata senza fare nulla.
3《気のきかない人, 間の抜けた人》 ¶こんなぼんやりは見たことがない. Non ho mai visto un imbranato simile.

ほんゆうかんねん 本有観念 〔哲〕 idee[女][複] innate

ぼんよう 凡庸 《平凡》 mediocrità[女]; 《陳腐》 banalità[女] ◇凡庸な mediocre, ordinar*io* [複 *-i*]; banale

ほんよみ 本読み 《芝居の》 lettura[女] di una sceneggiatura

ほんらい 本来 **1**《元来》 in origine, originariamente; 《初めから》 fin dall'inizio; 《本質的に》 essenzialmente; 《生来》 naturalmente, per natura ◇本来の primitivo, originale; 《生来の》 naturale, innato ¶本来の力を発揮する mostrare [manifestare] le *proprie* capacità ¶私がこの土地の本来の所有者だ. Sono io il proprietario legittimo di questo terreno.
2《通常, そうあるべきこと》 ¶本来なら列車は8時に着くはずだった. Normalmente il treno sarebbe dovuto arrivare alle 8. ¶本来なら私がイタリアに行くはずだった. Originariamente sarei dovuto andare io in Italia. ¶本来なら向こうから謝るべきだ. Di per sé dovrebbe essere lui a chiedere scusa.

ほんりゅう 本流 **1**《川の》 corrente[女] principale, corso[男] principale **2**《流派の》 scuola[女] principale

ほんりゅう 奔流 corrente[女] impetuosa

ほんりょう 本領 《特色》 caratteristica[女] speciale; 《本質》 vera qualità[女], *propria* caratteristica[女]; 《特異な能力》 *propria* specialità[女] ¶本領を発揮する mostrare il meglio di *se* stesso / dar libero sfogo al *proprio* talento ¶彼の本領は肖像画にある. La sua specialità sono i ritratti. / I ritratti sono il suo forte.

ほんるい 本塁 **1**《野球で》 la base[女] principale, la casa[女] base [無変] **2**《根拠地》 base[女], roccaforte[女] [複 *roccheforti*] ¶敵はわが軍の本塁を襲った. Il nemico ha attaccato la nostra fortezza.
✤本塁打 ⇒ホームラン

ほんろう 翻弄 ◇翻弄する prendere in giro *qlcu.*, prendersi gioco di *qlcu.* ¶彼は運命に翻弄された. Il destino si è preso gioco di lui. ¶船は風に翻弄された. La nave è stata sballottata dal vento.

ほんろん 本論 《主題》 argomento[男], soggetto[男]; 《序論に対し》 corpo[男] [parte[女] principale] di una tesi ¶本論に入る entrare in argomento / affrontare il tema / 《核心に》 toccare il nocciolo della questione / entrare nel vivo dell'argomento ¶本論から外れる uscire dall'argomento / divagare dal tema / andare fuori tema

ほんわか ¶ほんわかとあたたかい家庭 famiglia dove「regna la pace [c'è una calda atmosfera] ¶ほんわかとしたムード atmosfera calda e rilassante

ほ

ま

ま 真 verità㊛, realtà㊛, fatto㊚
[慣用] **真に受ける** prendere *ql.co.* sul serio [per oro colato] ¶そんなことを真に受けるなんて。Che cosa assurda credere a cose simili!

ま 間 **1**《時間の間隔》intervallo㊚ di tempo;《利用できる時間》tempo㊚ disponibile;《暇》tempo㊚ libero ¶寝る間も惜しんで勉強する studiare molto sottraendo persino ore al sonno ¶イタリアに来てから間がない。Non è molto che mi trovo in Italia. / Sono appena arrivato in Italia. ¶日本に行くまでにはまだ間がある。C'è ancora tempo prima di andare in Giappone. ¶少し間をおいて彼の兄も来た。Poco dopo, è venuto anche suo fratello.
2《間隔》intervallo㊚;《空間》spazio㊚ [複 -*i*];《距離》distanza㊛ ¶5メートルの間をおいて木を植える piantare gli alberi ad una distanza di cinque metri l'uno dall'altro
3《機会》opportunità㊛, occasione㊛ buona
4《部屋》stanza㊛, camera㊛, locale㊚ ¶「貸し間」《掲示》"Camera da affittare" ¶応接間 salotto ¶茶の間 soggiorno ¶洋[日本]間 stanza in stile occidentale [giapponese] ¶4間のアパート appartamento di quattro stanze [locali / vani] ¶僕は6畳間を使っている。La mia stanza è di sei *tatami*.
[慣用] **間がいい** ¶間がいいことに per fortuna / fortunatamente
間が[の]抜けた ¶間の抜けた質問 domanda fuori posto [luogo] ¶何て間の抜けたやつだ。Che stupido!
間が持たない ¶彼が無口なので間が持たない。Siccome parla poco, il tempo con lui non passa mai.
間が悪い (1)《きまりが悪い》¶きのう口論したので, 彼と顔を合わせた時は間の悪い思いをした。Ieri avevamo litigato, perciò oggi mi sono sentito a disagio quando mi sono trovato a faccia a faccia con lui. (2)《運が悪い》¶間が悪く雨が降ってきた。Sfortunatamente si è messo a piovere.
間を持たす ¶演説者が遅刻したので司会者は何とか間を持たせるのに苦労した。Poiché l'oratore era in ritardo, il moderatore ha cercato di far passare il tempo (intrattenendo il pubblico).

ま 魔 **1**《悪神, 悪魔》demone㊚, diavolo㊚, spirito㊚ maligno
2《悪いことを起こすもの》¶事故が多いので魔の踏切と呼ばれている。Poiché accadono numerosi incidenti, lo chiamano "il passaggio a livello del diavolo." ¶好事魔多し.《諺》"Non c'è rosa senza spine."
3《名詞に付いて》¶通り魔 aggressore di passaggio ¶放火魔 incendiario㊚ [㊛ -*ia*; ㊚複 -*i*] / piromane㊚ ¶電話魔《やたらと電話する人》maniaco㊚ [㊛ -*ca*; ㊚複 -*ci*] telefonico
[慣用] **魔が差す** ¶彼が人のものを盗んだなんて魔が差したに違いない。Dev'essere stato tentato dal demonio a commettere il furto.

まあ **1**《驚き》Oh!, Ah! ¶まあ, 驚いた。Che sorpresa! ¶まあ, よくいらっしゃいました。Oh, chi si vede! Benvenuto!
2《取りあえず…するように促す》¶まあ, お掛けください。Prego, si sieda [si accomodi]! ¶まあ, お聞きください。Prego, stia un po' a sentire.
3《ためらいの気持ちをふくんで》¶まあ, 行くのはよそう。Mah! Credo che non ci andrò. ¶そうだねえ, まあ, やってみよう。Beh... proviamo.
4《不十分だが一応…する》¶まあね。Ebbene sì! ¶まあそんなところです。È pressappoco così. ¶まあそうだろうねえ。Può essere. / Forse. / Penso di sì.

マーカー〔英 marker〕《蛍光ペン》evidenziatore㊚

マーガリン〔英 margarine〕margarina㊛

マーガレット〔仏 marguerite〕《植》margherita㊛, margheritina㊛, pratolina㊛

マーク〔英 mark〕**1**《印》segno㊚ ¶星のマークの付いている言葉は重要語だ。Quelle contrassegnate con asterisco sono parole importanti.
2《商標》marca㊛ [marchio㊚ [複 -*chi*]] (di fabbrica)
3《目をつけること》◇**マークする**《監視》guardare attentamente qlcu. [ql.co.];《サッカーなどで》marcare qlcu. ¶彼は警察からマークされている。È sorvegliato [È tenuto d'occhio] dalla polizia.
4《記録を達成する》◇**マークする**《タイムを》fare [realizzare] un tempo;《得点を》segnare ql.co.;《記録》stabilire il record ¶彼は100mで9秒9をマークした。Ha realizzato il tempo di 9 secondi e 9 decimi nei 100 m.

❖**マークシート**《コンピュータ》scheda㊛ [foglio㊚ [複 -*gli*]] a lettura ottica ¶マークシート式のテスト回答用紙 foglio delle risposte (a lettura ottica)

マークセンス《コンピュータ》lettura㊛ di marche

マーケット〔英 market〕**1**《市場》mercato㊚ ¶スーパーマーケット supermercato ¶マーケットに行く andare [fare la spesa] al mercato
2《市場》㊥ mercato㊚ ¶ブラックマーケット mercato nero ¶海外のマーケットを開拓する aprire (nuovi) mercati esteri

❖**マーケットシェア**《経》quota㊛ di mercato
マーケットプライス《経》prezzo㊚ di mercato
マーケットリサーチ《経》ricerca㊛ [indagine㊛] di mercato

マーケティング〔英 marketing〕《経》〔英〕marketing [márketin(g)]㊚ ¶テストマーケティング marketing di prova

❖**マーケティングコスト** costo㊚ del marketing;

costo㋲ per la ricerca di mercato
マーケティングリサーチ ricerca㋛ [indagine㋛] di mercato, ricerca㋛ di marketing
マーシャルプラン 〔英 Marshall Plan〕〚史〛Piano㋲ Marshall
マージャン 麻雀 〔英〕mah-jong [madʒóŋg]㋲ [無変] ¶マージャンをする giocare a mah-jong ¶マージャンのパイ pedina di mah-jong
❖マージャン屋 sala㋛ di mah-jong
マージン 〔英 margin〕**1**〚商〛margine㋲ ¶5％のマージンを取る avere un margine di guadagno del cinque per cento ¶この品物はマージンが多い[少ない]。Queste merci offrono un alto [basso] margine di guadagno.
2《文書などの余白》¶マージンを設定する fissare il margine
❖マージンストップ marginatore㋲
マージンリリース tasto㋲ liberamargine [無変]
まあたらしい 真新しい nuovissimo, nuovo di zecca;《話》nuovo fiammante;《時間的に》recentissimo, ultimissimo ¶真新しいシャツ camicia "nuova di zecca [fresca d'acquisto]
マーチ 〔英 march〕marcia㋛ [複 -ce] ¶ウェディングマーチ marcia nuziale ¶軍艦マーチ marcia della marina militare (◆ dell'ex marina imperiale giapponese)
まあまあ **1**《相手をなだめて》¶まあまあ、そう言わずに。Su, su! Non farti pregare. ¶まあまあ、そんなことはおよし。Ma no, è meglio non fare così! ¶まあまあ、そう怒るなよ。Dai, non arrabbiarti così!
2《不十分だが、一応良い》¶「元気かい？」「まあまあだね」"Come stai?" "Non c'è male." ¶この成績ならまあまあだ。I risultati ottenuti sono passabili [discreti / così così]. ¶この値段ならまあまあだ。Questo prezzo è accettabile [ragionevole / onesto]. ¶彼の作品としてはまあまあの出来だ。Per essere opera sua, è un lavoro abbastanza ben fatto. ¶計画はまあまあうまくいっている。Il progetto procede discretamente.
マーマレード 〔英 marmalade〕confettura㋛ [marmellata㋛] di agrumi
まい 舞 danza㋛, ballo㋲
❖舞扇 ventaglio㋲ [複 -gli] per danzatore
まい- 毎- ¶毎回 ogni volta ¶毎号 ogni numero ¶毎夏 ogni estate / tutte le estati ¶毎日曜日 ogni domenica / di [la] domenica / tutte le domeniche ¶毎時80キロの速さで alla velocità di 80 chilometri all'ora [l'ora]
-まい **1**《否定の意志》¶こんな嫌な所には二度と足を踏み入れまい。Non tornerò mai più in un luogo così sgradevole. ¶行こうと行くまいと僕の勝手だ。Che io vada o no, sono affari miei.
2《否定の推量》¶雨は降るまい。Non credo che pioverà. ¶彼は刺身を食べまい。Suppongo che non mangerà il *sashimi*. ¶この問題は君にはわかるまい。Questo problema forse non è comprensibile per te. ¶降ろうが降るまいが明日は出発します。Piova o non piova, domani parto.
3《否定の適当・当然》¶もう小さな子供じゃあるまいし、そんなことわからないはずはない。Non è più un bambino, quindi dovrebbe [È abbastanza

grande per] capire questo.
-まい -枚 ¶5枚の紙 cinque fogli di carta ¶50ユーロ札1枚 un biglietto [una banconota] da 50 euro
まいあがる 舞い上がる ¶トラックが通るたびに砂ぼこりが舞い上がった。Ogni volta che passava un camion, si sollevava una nuvola di polvere. ¶凧が空高く舞い上がった。Un aquilone è salito su in alto nel cielo. ¶彼女はほめられてすっかり舞い上がってしまった。Quando l'hanno lodata, lei era al settimo cielo.
まいあさ 毎朝 ogni mattina㋛, tutte le mattine㋛ [►いずれも副詞的にも用いる] ¶毎朝8時に起きます。Ogni mattina mi alzo alle otto.
まいおりる 舞い降りる discendere㋑ [es] planando ¶鶴が舞い降りた。La gru è scesa planando.
マイカー la *propria* automobile㋛
❖マイカー族 conducente㋲ ㋛ proprietario㋲ [複 -i] di un veicolo
まいかい 毎回 ogni volta ¶会議には毎回出席する。Sono sempre presente alle riunioni.
まいきょ 枚挙 enumerazione㋛
慣用 枚挙に暇(いとま)がない ¶彼の誤りは枚挙にいとまがない。I suoi errori sono incalcolabili [troppo numerosi].
マイク microfono㋲ ¶マイクに向かって話す parlare al microfono ¶隠しマイク microfono nascosto [spia]
マイクロ- 〔英 micro-〕micro-
❖マイクロアンペア〚電〛microampere㋲ [無変];《記号》μA
マイクロウェーブ microonda㋛
マイクロ写真 microfotografia㋛
マイクロスイッチ〚電〛microswitch㋲ [無変], microinterruttore㋲
マイクロチップ《コンピュータ》〔英〕microchip [mikrotʃip]㋲ [無変]
マイクロ波《通信》microonda㋛
マイクロバス 〔英〕microbus [microbus]㋲ [無変], minibus [minibus]㋲ [無変]
マイクロフィルム 〔英〕microfilm㋲ [無変] ¶資料をマイクロフィルムに撮る microfilmare documenti
マイクロホン microfono㋲
マイクロメータ〚物〛micrometro㋲
まいこ 舞子・舞妓 apprendista㋛ *geisha*; giovane *geisha*㋛ [無変]
まいご 迷子《子供》bambino㋲ [-a] smarrito; persona㋛ smarrita ¶3歳ぐらいのお子様が迷子になっております。《放送》Un bambino di circa tre anni di età aspetta i suoi genitori (nell'ufficio informazioni).
❖迷子札 piastrina㋛ [piastrino㋲] di riconoscimento
まいこむ 舞い込む ¶花びらが部屋に舞い込んだ。Dei petali di fiori sono entrati volteggiando nella stanza. ¶不幸[幸運]が舞い込んだ。Siamo stati "colpiti dalla sfortuna [baciati dalla fortuna]. ¶匿名の手紙が舞い込んだ。Abbiamo ricevuto inaspettatamente una lettera anonima.
マイコン《コンピュータ》〔英〕microcomputer㋲ [無変]

まいじ 毎時 ¶毎時100キロの速度で走る correre alla velocità di cento chilometri 「all'ora [l'ora / orari]

まいしゅう 毎週 ogni settimana⊛, tutte le settimane⊛[複] (►いずれも副詞的にも用いる)
◇毎週の settimanale ¶毎週水曜日 ogni mercoledì / tutti i mercoledì ¶毎週映画に行く. Vado al cinema 「ogni settimana [tutte le settimane].

まいしん 邁進 ¶世界平和のために邁進する impegnarsi per la pace mondiale / darsi da fare[《たたかう》lottare] per la pace mondiale

まいすう 枚数 ¶はがきの枚数を数える contare il numero delle cartoline

まいせつ 埋設 ◇埋設する posare (interrando) qlco. ¶地下ケーブルを埋設する posare un cavo sotterraneo

まいそう 埋葬 sepoltura⊛, sotterramento⊛; seppellimento⊛ ◇埋葬する seppellire; sotterrare
✤埋葬許可証 permesso di tumulazione[sepoltura]
埋葬式 cerimonia⊛ di sepoltura
埋葬地 tomba⊛;《共同墓地》cimitero⊛, camposanto⊛
埋葬届け annuncio⊛[複 -ci] di sepoltura

まいぞう 埋蔵 ◇埋蔵する《地下に埋める》interrare[sotterrare] qlco.;《埋め隠す》nascondere qlco. sottoterra
✤埋蔵金 tesoro⊛[oro⊛] nascosto
埋蔵物《鉱物の》giacimento⊛ (minerario [複 -i]);《宝物など》tesoro⊛ ritrovato [nascosto]
埋蔵量《鉱物の》giacimento⊛

まいちもんじ 真一文字 linea⊛ retta ¶唇を真一文字に結ぶ serrare le labbra ¶矢は真一文字に飛んだ. La freccia ha volato in linea retta.

まいつき 毎月 ogni mese⊛, tutti i mesi⊛[複] (►副詞的にも用いる), tutti i mesi[複] (►副詞的にも用いる)
◇毎月の mensile ¶毎月2回東京へ行く andare a Tokyo due volte al mese ¶毎月赤字を出す registrare un deficit tutti i mesi [ogni mese] ¶毎月2回発行の雑誌 rivista bimensile / rivista che esce due volte al mese ¶毎月の支払い pagamento mensile ¶毎月第2日曜に la seconda domenica di ogni mese

まいど 毎度 ogni volta;《しばしば》spesso ¶毎度の出費 spesa ordinaria ¶毎度ありがとうございます.《商店で》Grazie (per la vostra fiducia). ¶毎度お世話になります. La ringrazio di tutto. / Lei è sempre tanto gentile. ¶彼の弁解は毎度のことだ. Sono le sue solite giustificazioni. ¶歩いて帰るのは毎度のことだから別段疲れない. Dato che torno abitualmente 「solitamente] a piedi, non mi stanco in modo particolare.

まいとし 毎年 ogni anno →毎年(読)

マイナー [英 minor] 1《二流の》¶マイナーな作家 scrittore minore ¶マイナーな雑誌 rivista minore 2《音》《短調》tonalità⊛ minore;《音階》scala⊛ minore ¶マイナーのコード accordo (in) minore ¶Cマイナー(tono il) do minore / scala in [di] do minore
✤マイナーチェンジ《車などで》cambiamento⊛ minore

マイナーリーグ《野球で》serie⊛[無変] inferiore

マイナス [英 minus] 1《減算》sottrazione⊛;《記号のこと》(il segno⊛ del) meno[無変], segno⊛ della sottrazione;《記号》- ¶5マイナス2は3. Cinque meno due fa tre.
2《負の数》¶マイナスの数 numero negativo ¶10のマイナス8乗 dieci alla meno otto ¶気温はマイナス5度だ. La temperatura è di 5 (gradi) sotto (lo) zero.
3《電》¶マイナスの電気 elettricità negativa ¶マイナスの電極 polo negativo
4《「-」の形》¶マイナスのドライバー cacciavite⊛[「a lama dritta [che termina con un tagliente]
5《損失, 赤字》¶マイナスを埋める colmare il deficit ¶今月の家計は3万円のマイナスだ. Questo mese il bilancio familiare era sotto [in negativo] di trentamila yen.
6《不利》¶それは君の経歴にマイナスになるよ. Ciò rischia di nuocere alla tua carriera.
✤マイナスイオン《物》ione⊛ negativo
マイナス記号 segno⊛ (del) meno [無変] [negativo]
マイナス材料 condizioni⊛[複] negative

まいにち 毎日 ogni giorno⊛, tutti i giorni⊛, [複] (►いずれも副詞的にも用いる) ◇毎日の giornaliero, quotidiano ¶毎日の生活 vita quotidiana ¶毎日の出来事[fatti] di tutti i giorni ¶ほとんど毎日のように quasi ogni giorno ¶毎日散歩している. Ogni giorno faccio una passeggiata. ¶我々は全支店から毎日報告を受けている. Siamo tenuti al corrente quotidianamente da tutte le filiali.

まいねん 毎年 ogni anno⊛, tutti gli anni⊛[複] (►いずれも副詞的にも用いる) ◇毎年の annuale, annuo ¶毎年の行事 manifestazione annuale ¶毎年9月にお祭りがある. Ogni anno in settembre [Nel settembre di ogni anno] c'è una festa. ¶毎年2回ローマに行く andare a Roma due volte l'anno[all'anno]

マイノリティー [英 minority] minoranza⊛

まいばん 毎晩 ogni sera⊛, tutte le sere⊛[複] (►副詞的にも用いる) ◇毎晩の di ogni sera ¶毎晩のように quasi ogni sera ¶毎晩の入浴 bagno serale quotidiano ¶私は毎晩11時に寝る. Ogni sera vado a letto alle undici.

まいびょう 毎秒 ogni secondo⊛ ¶毎秒100メートルの速度で alla velocità di cento metri al secondo

まいふん 毎分 ogni minuto⊛ ¶毎分65ワードでタイプを打つ battere a macchina 65 parole al minuto

マイペース ¶私はマイペースで仕事をしている. Lavoro ai miei ritmi.

マイホームしゅぎ マイホーム主義 concezione⊛ della vita secondo la quale si dà più importanza alla famiglia anziché al lavoro

まいぼつ 埋没 ¶家は土砂に埋没した. La casa è sprofondata nella terra e nella sabbia. ¶彼の研究が《世に》埋没しているのは残念だ. È un peccato che la sua ricerca rimanga sconosciuta.

まいもどる 舞い戻る ritornare ¶彼は古巣に舞

まいよ 毎夜 =毎晩
-まいり -参り ¶宮参りに行く portare il *proprio* neonato al tempio shintoista ¶札所参りをする andare in pellegrinaggio (in vari luoghi sacri)

まいる 参る **1**《行く》andare;《来る》venire ¶さあ,参りましょう. Andiamo. ¶ただいま参ります. Vengo subito! / Sto arrivando! / Sto venendo! ¶明日また参ります. Tornerò domani. ¶「行って参ります」「行ってらっしゃい」"Esco." "Ci vediamo dopo. [Va bene. Fai attenzione.]"
2《寺・墓に》fare (una) visita a [《巡礼》fare un pellegrinaggio a] *ql.co.* ¶祖母のお墓に参ります. Vado a fare una visita alla tomba della nonna.
3《負ける》essere sconfitto《(ci da》, perdere, avere la peggio, cedere他,自《av》《(ci a》 ¶参った. 許してくれ. Mi arrendo. Lasciami andare [Perdonami]. /《君の言うとおりだ》Hai ragione. Scusami. ¶どうだ,参ったろう. Ah, questo ti chiude il becco, eh? ¶参ったと言え. Dichiarati vinto.
4《閉口する》stufarsi di *ql.co.* [*qlcu.*];《困る》trovarsi in difficoltà, non poterne più;《疲れ切る》essere sfinito ¶参ったなあ. Ah, è finita per me! ¶あの問題には参った. Quel problema mi lasciò perplesso. ¶彼は暑さに参っている. È sfinito per il caldo. / Non ne può più dal caldo.
5《惚れこむ》essere innamorato ¶彼女にぞっこんまいっている. Sono innamorato pazzo di lei.

マイル〔英 mile〕miglio男〔複 le *miglia*〕¶2マイル due miglia
✤**マイルストーン** pietra女〔colonna女〕miliare
マイルド〔英 mild〕◇マイルドな《味など》leggero;《辛すぎない》non troppo piccante;《気候・気質などがおだやかな》mite
マイレージ〔英 mileage〕miglia男〔複〕(aeree) ¶マイレージをためる accumulare le miglia
まう 舞う **1**《舞をする》danzare自〔*av*〕ballare自〔*av*〕, fare una danza〔un ballo〕
2《空中を飛ぶ》volteggiare自〔*av*〕;《滑空する》planare自〔*av*〕;《渦巻くように》turbinare自〔*av*〕;《蝶や小鳥が》svolazzare自〔*av*〕¶雪が舞う. La neve cade volteggiando. ¶強風に枯れ葉が舞っている. Le foglie secche turbinano al vento. ¶ヘリコプターが上空を舞っている. Un elicottero rotea nel cielo. ¶花から花へと蝶が舞い移る. La farfalla svolazza di fiore in fiore.
まうえ 真上 ◇真上に proprio sopra [esattamente al di sopra di] *ql.co.* [*qlcu.*] ¶飛行機が頭の真上を通る. L'aereo vola proprio sopra le nostre teste.
まうしろ 真後ろ ◇真後ろに proprio dietro *ql.co.* [*qlcu.*]
マウス〔英 mouse〕**1**《動・医》topo男
2《コンピュータ》〔英〕mouse〔máus〕男〔無変〕
✤**マウスパッド** tappetino男 del mouse
マウスピース〔英 mouthpiece〕**1**《音》《管楽器の》bocchino男 **2**《ボクサーの》paradenti男〔無変〕

マウンテンバイク〔英 mountain bike〕〔英〕mountain bike男〔無変〕
マウント〔英 mount〕《取り付け台》montatura女, attacco男〔複 -*chi*〕, incastellatura女 di sostegno
マウンド〔英 mound〕《野球の》monte男 del lanciatore, pedana女 di lancio ¶マウンドに立つ essere in pedana di lancio

まえ 前 **1**《前方の場所》parte女 anteriore ◇前の davanti, anteriore;《向かいの》di fronte;《前方》avanti ¶駅の前で[で] davanti alla stazione /《広場などをはさんで正面に》di fronte alla stazione ¶前の家《向かいの》la casa dirimpetto [di fronte] ¶車の前の席 sedile anteriore di un'automobile ¶前を見る guardare avanti [davanti a sé] ¶前に体を傾ける chinarsi in avanti ¶「前へ,進め」《号令》"Avanti, marsc'[mar∫]!" ¶1歩前に出る fare un passo avanti ¶郵便局はすぐ前にある. L'ufficio postale è proprio dirimpetto. ¶前を失礼. Scusi. / Permesso. ¶前の席はありませんか.《チケットの予約で》Ci sono posti "nelle prime file [《もっと前の》più avanti]? ¶一番前の車に乗ってください. Salga sulla prima vettura. ¶皆の前で in presenza di tutti / davanti a tutti
2《時間》◇前の di prima, anteriore;《順序》precedente ◇前に prima, precedentemente;《昔》un tempo, una volta, anticamente ¶する前に prima di+不定詞 / prima che+接続法 ¶前のページ pagina precedente [di prima] ¶前の市長 l'ex sindaco ¶前に住んでいた家 la casa dove vivevo prima ¶前の晩《昨日の晩》la notte scorsa /《ある時点から1晩前》la notte precedente ¶2年前に《今から》due anni fa /《ある時点から》due anni prima ¶1時5分前だ. È l'una meno cinque. ¶そのことは前にも聞いたことがある. È una cosa che ho già sentito prima [in precedenza]. / Ne avevo già sentito parlare. ¶3日前から雨が降り続いている. Piove già da tre giorni. ¶この前はどうもありがとうございました. Grazie ancora "per l'altra volta [per l'altro giorno]. ¶食べる前に手を洗いなさい. Lavati le mani prima di mangiare. ¶彼は30分前に駅に着いた. È arrivato alla stazione "una mezz'ora prima [《前もって》mezz'ora in anticipo / con una mezz'ora di anticipo]. ¶君とは前にどこかで会ったことがある. Ci siamo già conosciuti da qualche parte.
3《「- 人前」の形で》¶1人前のスープ una porzione di zuppa ¶2人前のスパゲッティ spaghetti per due ¶3人前の仕事 lavoro di tre persone ¶1人前50ユーロ払った. Pagammo 50 euro a testa.

まえあき 前開き ¶前開きのスカート gonna con allacciatura sul davanti
まえあし 前足 gamba女〔zampa女〕anteriore
まえいわい 前祝い festeggiamenti男〔複〕anticipati ¶彼の大学入学の前祝いをしている. Stiamo festeggiando in anticipo la sua ammissione all'università.
まえうけきん 前受け金 caparra女, anticipo男
まえうしろ 前後ろ ¶帽子を前後ろにかぶっている. Porta il berretto calcato all'indietro.

まえうり 前売り prevendita[女], vendita[女] in anticipo ◇前売りする vendere *ql.co.* in anticipo ¶切符を前売りで買う acquistare biglietti in prevendita
✤**前売り券** biglietto[男] in prevendita
まえおき 前置き introduzione[女], preliminari[男][複], preambolo[男];《本などの》prefazione[女], introduzione[女], proem*io*[男][複 *-i*] ◇前置きする fare osservazioni preliminari [introduttive]; scrivere [fare] un'introduzione ¶前置きの長い演説 discorso con una lunga premessa ¶前置きはこのくらいにして，本題に入ります. Dopo i dovuti preliminari, entro ora nel vivo dell'argomento.
まえかがみ 前屈み ¶前かがみの姿勢で歩く camminare chinat*o* in avanti
まえがき 前書き prefazione[女], introduzione[女];《注》avvertenza[女]
まえかけ 前掛け grembiule[男], grembiale[男]
まえがし 前貸し ¶給料を前貸しする anticipare [pagare in anticipo] il salario a *qlcu.*
まえがしら 前頭 《相撲で》*maegashira*[男][無変]; lottatore[男] di *sumo* appartenente alla categoria superiore ai *juryo* e inferiore ai *komusubi*
まえがみ 前髪 capelli[男][複] sulla fronte ¶前髪をおろしている. Ha [Porta] la frangia.
まえがり 前借り ◇前借りする farsi anticipare *ql.co.* ¶給料を前借りした.《一部を》Mi sono fatto dare un anticipo sullo stipendio. /《全額を》Mi sono fatto dare lo stipendio in anticipo.
まえきん 前金 anticipo[男], pagamento[男] anticipato ¶前金を払う pagare anticipatamente [in anticipo] ¶お支払いは前金でお願いいたします. Il pagamento dev'essere effettuato anticipatamente [dev'essere anticipato].
まえげいき 前景気 prospettiva[女] ¶芝居の前景気をあおる destare l'interesse generale per [fare una vasta pubblicità a] un'opera teatrale prima che sia messa in scena ¶前景気がよくない. Le prospettive non sono affatto brillanti.
まえこうじょう 前口上 prolog*o*[男][複 *-ghi*], osservazioni[女][複] preliminari [introduttive]
マエストロ 〔伊〕maestro[男]
まえせんでん 前宣伝 ¶彼のコンサートは前宣伝ほどではなかった. Il suo concerto「non è stato all'altezza della pubblicità che gli era stata fatta [non è stato quello che la pubblicità aveva decantato].
まえづけ 前付け 《本の》parte[女] iniziale (di un libro) comprendente l'indice, l'introduzione ecc.
まえば 前歯 dente[男] anteriore;《門歯》dente[男] incisivo, incisivo[男]
まえばらい 前払い pagamento[男] anticipato ◇前払いする pagare anticipatamente [in anticipo] ¶運賃前払いで荷物を送る spedire merci col trasporto「pagato in anticipo [prepagato]
✤**前払い金** (somma[女] pagata in) anticipo[男]
まえぶれ 前触れ **1**《予告》preavviso[男], preannun*cio*[男][複 *-ci*] ¶彼は前触れもなしにやって来た. È venuto senza preavviso. **2**《前兆》segno[男] precursore, presa*gio*[男][複 *-gi*] ¶あの黒い雲は嵐の前触れだ. Quelle nuvole nere sono foriere di tempesta.
まえまえ 前前 ¶前々から da molto tempo / già da tempo
まえむき 前向き **1**《正面を向いていること》◇前向きの[に] di fronte ¶前向きの肖像 ritratto frontale [di fronte] **2**《積極的》◇前向きの positivo ◇前向きに attivamente ¶前向きの行動 azione positiva [costruttiva] ¶前向きに検討する esaminare positivamente [favorevolmente]
まえもって 前以て in anticipo, prima, preventivamente, in precedenza ¶前もって知らせる fare sapere「in anticipo [prima] ¶前もって手紙をくれたら駅まで迎えに行ったのに. Se mi avessi avvertito prima con una lettera, ti sarei venuto incontro [a prendere] alla stazione.
まえわたし 前渡し **1**《料金の》pagamento[男] anticipato **2**《物品の》consegna[女] anticipata [fatta in anticipo]
まおう 魔王 Satana[男][無変]
まおとこ 間男 amante[男] (di donna sposata) ◇間男する tradire il *proprio* marito;《俗》fare le corna al marito
まがい 紛い ◇まがいの falso, d'imitazione ¶まがいもなく私の息子です. È proprio mio figlio. ¶泥棒まがいの行為 azione paragonabile a un furto
✤**まがい物** 《模造品》imitazione[女];《偽造品》contraffazione[女], falsificazione[女] ¶まがいもののルビー rubino d'imitazione
まがお 真顔 ◇真顔で con aria [espressione] seria
まがし 間貸し ◇間貸しする affittare [dare in affitto] una camera a *qlcu.*
マガジン 〔英 magazine〕 **1**《雑誌》periodi*co*[男][複 *-ci*], rivista[女] **2**〖写〗《フィルムの》caricatore[男]
✤**マガジンラック** portariviste[男][無変], portagiornali[男][無変]
まかす 任す ⇒任せる
まかす 負かす battere, sconfiggere, avere la meglio su *qlcu.* ¶私は上司を議論で負かした. Ho avuto la meglio sul mio superiore nella discussione. ¶私は彼を競争で負かした. L'ho battuto nella corsa.
まかず 間数 numero[男] di camere ¶この家は間数が多い[少ない]. Questa casa ha molte [poche] camere.

まかせる 任せる

1《信用してゆだねる》affidare *ql.co.* a *qlcu.*;《存分にやらせる》lasciar＋[不定詞] a *qlcu.*;《命令，依頼》far＋[不定詞] a *qlcu.* (► いずれも[不定詞]は[他]);《任命》incaricare *qlcu.* di *ql.co.*;《依頼》mettere *ql.co.* nelle mani di *qlcu.* ¶仕事は彼に任せた. Gli ho affidato il lavoro. / Ho messo questo incarico nelle sue mani. ¶君に任せる. Mi [《そのことを》Lo] affido a te. ¶彼に任せておけ. Lascia che se ne occupi lui. ¶君の判断に任せる. Lo lascio al tuo giudizio. ¶君に一切を任せる. Ti do carta bianca. / Lascio tutto nelle tue mani. ¶私に任せてくれ. Lascia「fare a me [che ci pensi io].
2《なすがままにする》¶運に任せる affidarsi alla

sorte ¶運を天に任せる mettersi nelle mani di Dio ¶町を略奪に任せる abbandonare una città al saccheggio / saccheggiare [mettere a sacco] una città ¶身を任せる《女が》concedersi a qlcu. ¶ローマ中を足に任せて歩いた.《力の続く限り》Ho camminato per tutta Roma fino a quando mi hanno retto le gambe. ¶君の想像に任せる. Lo lascio alla tua immaginazione. ¶事は私の思うに任せない. Le cose non procedono secondo le mie intenzioni.

3《存分に使う》¶力任せに con tutte le forze ¶暇に任せて本を一冊読み上げた. Avendo tanto [Utilizzando tutto il] tempo libero ho finito di leggere un libro intero.

マカデミアナッツ〔英 macadamia nuts〕noce㊛ di macadamia

まかない 賄い 《食事》vitto㊚, pasto㊚;《食事を作る人》il cucinare;《賄い人》cuoco㊚[㊛ -ca, ㊚複 -chi] ¶賄い付きで下宿している essere a pensione completa da qlcu.

まかなう 賄う **1**《供給する》¶…の費用を賄う pagare [coprire] le spese di ql.co. / finanziare ql.co. ¶一家を賄う mantenere una famiglia ¶必需品は全部会社が賄ってくれる. La ditta procura [fornisce] tutto il necessario. **2**《食事を用意して出す》¶彼らは毎日 500 人分の食事を賄っている. Loro preparano ogni giorno 500 pasti.

まかふしぎ 摩訶不思議 profondo mistero㊚ ◇摩訶不思議な veramente misterioso ¶摩訶不思議な事件 incidente assai misterioso [avvolto nel mistero]

まがも 真鴨 〘鳥〙germano㊚ reale, anatra㊛ selvatica

まがり 間借り ¶間借りする affittare [prendere in affitto] una camera da [presso] qlcu.

✤**間借り人** locatario㊚[㊛ -ia], inquilino㊚[㊛ -a], affittuario[㊛ -ia, ㊚複 -i]

まがりかど 曲がり角 **1**《道の》angolo㊚ ¶道の曲がり角で all'angolo della strada ¶曲がり角にある建物 edificio che fa angolo fra due strade ¶2つ目の曲がり角を右に曲がってください. Giri a destra alla seconda traversa. ¶曲がり角の先に急な曲がりがある. Poco più avanti c'è una brusca curva.

2《物事の転換期》¶日本経済の曲がり角 svolta decisiva [cruciale] nell'economia giapponese

まがりくねる 曲がりくねる 《道が》serpeggiare㊚[av], snodarsi, formare dei meandri ◇曲がりくねった sinuoso, tortuoso, serpeggiante

まかりでる 罷り出る **1**《退出する》ritirarsi (dalla presenza di qlcu.) **2**《参上する》apparire㊚[es] in presenza di qlcu.

まかりとおる 罷り通る ¶あんなことがまかり通るとは世も末だ. Che simili cose passino inosservate è un segno di decadenza della società. ¶そんなことがまかり通るとでも思っているのか. Pensi di poter farla franca [di poter passarla liscia / di potertela cavare]? ¶その国では不正な選挙がまかり通っている. In quel paese i brogli elettorali si fanno「alla luce del sole [apertamente].

まかりならぬ 罷り成らぬ ¶会議中の喫煙はまかりならぬ. Durante la riunione non si deve assolutamente fumare. ¶ここで撮影はまかりならぬ. Qui non è assolutamente permesso scattare foto. / Qui è rigorosamente vietato fotografare.

まがりなりにも 曲がりなりにも ¶彼は曲がりなりにも仕事をやり通した. Bene o male [In un modo o nell'altro] è riuscito a finire il lavoro. ¶彼だって曲がりなりにも男なんだよ. In fin dei conti è pur sempre un uomo!

まかりまちがう 罷り間違う ¶まかり間違えば警察ざたになるよ. Se le cose dovessero volgere al peggio, della questione si occuperà la polizia. ¶まかり間違えば命にかかわる. Un solo sbaglio ti sarà fatale.

まがりめ 曲がり目 curva㊛, svolta㊛ ¶道の曲がり目 curva di una strada

まかる 負かる ¶もうこれ以上負かりません. Non posso fare altri ribassi (di prezzo)[altri sconti]. ¶1円も負からないよ. Non posso ridurre il prezzo neppure di uno yen.

まがる 曲がる **1**《湾曲する》curvarsi, piegarsi;《傾く》pendere㊚[av] ◇曲がった《湾曲した》curvo, incurvato;《弓なりに》arcuato, inarcato, piegato ad arco;《ねじれた》storto ¶腰の曲がった年寄り un vecchio incurvato ¶年のせいで腰が曲がった. La schiena si è incurvata con l'età. ¶雪の重みで枝が曲がる. I rami si piegano sotto il peso della neve. ¶ネクタイが曲がってますよ. La cravatta è un po' storta. ¶この先で道は右に曲がっている. Poco più avanti la strada curva [fa una curva] a destra.

2《進行方向を変える》girare㊚[av, es], curvare㊚[av] voltare㊚[av] ¶角を左に曲がってください. All'angolo, giri a sinistra.

3《道理にはずれる》◇曲がった《正しくない》ingiusto, disonesto;《よこしまな》perverso ¶曲がったことは嫌いだ. Odio tutto ciò che non è giusto e onesto. ¶君は心が曲がっている. Hai una mente perversa.

マカロニ〔英 macaroni〕〘料〙maccheroni㊚[複]

✤**マカロニウェスタン** western [wéstern]㊚[無変] all'italiana, spaghetti-western㊚[無変]

マカロニグラタン 〘料〙maccheroni㊚[複] gratinati [al forno]

まき 巻 **1**《巻くこと》¶ふた巻き due giri ¶自動巻きの時計 orologio a carica automatica

2《書籍》volume㊚, tomo㊚ ¶2の巻 volume secondo / secondo volume ¶桐壺の巻 libro di Kiritsubo

3《「-巻き」の形で》¶ひと巻きの生地 un rotolo di stoffa ¶ひと巻きの糸 un rocchetto di filo / una spagnoletta (di filo) ¶右[左]巻きのばね molla con spire in senso orario [antiorario]

まき 真木 〘植〙podocarpo㊚;《学名》*Podocarpus macrophyllus*

まき 薪 ceppo㊚, ciocco㊚[複 -chi];《集合的》legna㊛ (da ardere) ¶薪を割る[焚く] spaccare [bruciare] la legna

✤**薪置き場** legnaia㊛

薪 束 fascina㊛, fascio㊚[複 -sci] di legna da ardere

薪割り《斧》ascia㊛[複 asce], accetta㊛, scure

¶薪割りをする spaccare la legna

-まき -蒔 ¶春蒔きの花 fiore che si semina in primavera

まきあげる 巻き上げる **1**《巻いて上げる》sollevare arrotolando ¶スクリーンを巻き上げる arrotolare uno schermo ¶ホース[コード]をリールに巻き上げる avvolgere un tubo flessibile [un filo elettrico] su un rullo ¶ウインチで巻き上げる sollevare con un verricello

2《ほこりなどを》sollevare ¶風がほこりを巻き上げる. Il vento solleva la polvere.

3《奪い取る》 ¶金を巻き上げる《強要・ゆすりによって》estorcere denaro da *qlcu.* con la forza [《だまして》con l'inganno] /《甘言で》ottenere denaro da *qlcu.* con lusinghe

マキアベリスト 〔英 Machiavellist〕 machiavellist*a*[男][女] [[男]複 -*i*]

マキアベリズム 〔英 Machiavellism〕 machiavellismo[男] ◇マキアベリズム的 machiavellic*o* [[男]複 -*ci*]

まきあみ 巻き網 rete[女] da circuizione;《集魚灯つきの》lampara[女]

✤巻き網漁業 pesca[女] con la rete da circuizione [lampara]

まきえ 蒔絵 *makie*[男][無変]; artigianato[男] tradizionale in lacca (◆ con motivi realizzati utilizzando polveri d'oro e d'argento, talvolta ricorrendo anche ad altre polveri colorate)

まきえ 撒き餌 《小鳥の》becchime[男];《魚・動物の》pastura[女], mangime[男] ¶まき餌をする《小鳥に》spargere il becchime /《魚に》pasturare i pesci

まきおこす 巻き起こす ¶センセーションを巻き起こす far colpo / destare scalpore / suscitare sensazione ¶彼の冗談は笑いの渦を巻き起こした. La sua battuta ha provocato fragorose risate.

まきおこる 巻き起こる ¶大変な騒ぎが巻き起こった. Si è levato un gran clamore.

まきがい 巻き貝 gestiropodi[男][複]

まきかえす 巻き返す 《反撃する》respingere, contrattaccare;《勢力などをもり返す》riprendere vigore [energia / forza];《優勢に転じる》riprendere in mano la situazione

✤巻き返し作戦[政策] operazione[女] [politica[女]] di contrattacco

まきげ 巻き毛 ricciolo[男], ricci*o*[男][複 -*ci*], capelli[男][複] ricci

まきこむ 巻き込む **1**《巻き入れる》impigliare ¶彼は車輪に巻き込まれた. Si è impigliato in una ruota. ¶彼は人の渦に巻き込まれてしまった. È stato inghiottito dalla folla.

2《巻き添えにする》coinvolgere [trascinare / implicare] *qlcu.* 《に in》 ¶戦争に巻き込まれる farsi coinvolgere in una guerra ¶スキャンダルに巻き込まれた. È stato coinvolto [implicato] in uno scandalo.

マキシ 〔英 maxi〕《服》indumento[男] maxi [無変] ¶マキシのスカート maxigonna

まきじた 巻き舌 ¶Rを巻き舌で発音する parlare con la erre (molto) marcata (►のどひこをふるわせるRは erre moscia という)

マキシマム 〔英 maximum〕 massimo[男]

まきじゃく 巻き尺 metro[男] a nastro

まきぞえ 巻き添え ¶巻き添えにする coinvolgere [implicare] *qlcu.* 《に in》 ¶事故の巻き添えになる essere coinvolt*o* in un incidente

まきた 真北 ¶真北から風が吹いている. Il vento soffia direttamente da nord. ¶その温泉は町の真北にある. La sorgente termale è esattamente a nord della città.

まきタバコ 巻き煙草 sigaretta[女]

まきちらす 撒き散らす **1**《散らばらせる》spargere, cospargere ¶ごみをまき散らす spargere [sparpagliare] la spazzatura qua e là

2《広める》disseminare, diffondere ¶そんな変なうわさをまき散らしたのは誰だ. Chi ha disseminato [ha diffuso] queste strane voci?

まきつく 巻き付く avvolgersi [attorcigliarsi] intorno a *ql.co.* ¶木に蔦(つた)が巻き付いている. L'edera si è avvinta intorno a un albero.

まきつけ 蒔き付け semina[女] ¶麦のまき付けをする seminare il grano

まきつける 巻き付ける ¶包帯を腕に巻き付ける avvolgersi una benda attorno a un braccio / bendarsi un braccio

まきとる 巻き取る ¶フィルムを巻き取る avvolgere una pellicola su una bobina

まきば 牧場 ⇒牧場(ぼくじょう)

まきもどす 巻き戻す riavvolgere, riarrotolare ◇巻き戻し riavvolgimento[男] ¶テープ[フィルム]を巻き戻す riavvolgere un nastro [una pellicola]

まきもの 巻き物 《書画の》rotolo[男] di carta con dipinti o saggi calligrafici;《反物》rotolo[男] di tessuto (per il *kimono*)

まぎらす 紛らす **1**《ごまかす》 ¶…を冗談に紛らす volgere *ql.co.* in scherzo ¶悲しみを笑顔に紛らす dissimulare la tristezza con il sorriso

2《気分を転ずる》 ¶気を紛らす svagarsi / distrarsi ¶音楽を聴いて気を紛らす distrarsi con la musica ¶失意を酒に紛らす affogare una delusione nell'alcol ¶退屈を紛らす ammazzare la noia

まぎらわしい 紛らわしい 《区別しにくい》indistinto, indistinguibile;《混同させる》confondibile;《物が》ingannevole, illusori*o* [[男]複 -*i*];《両義にとれる》equivoc*o* [[男]複 -*ci*], ambiguo ¶紛らわしい表現 espressione ambigua ¶あの2つは紛らわしい. È facile confondere quei due.

まぎらわす 紛らわす ⇒紛らす

まぎれ 紛れ ¶腹立ち紛れに in un accesso di rabbia ¶どさくさ紛れに approfittando della confusione

まぎれこむ 紛れ込む ¶すりは人混みの中に紛れ込んだ. Il borsaiolo si mescolò tra la folla. ¶彼からのはがきがどこに紛れ込んだのか見つからない. Non so dove è andata a finire la cartolina che mi ha spedito.

まぎれもない 紛れもない inconfondibile, evidente, certo ◇紛れもなく senza alcun dubbio, indubbiamente, inconfondibilmente, evidentemente ¶紛れもない事実 fatto indubitabile [inconfutabile] ¶あれは紛れもなく父だ. È mio padre senza il minimo dubbio.

まぎれる 紛れる **1**《入り混じる》 ¶夜に紛れて囚人は逃亡した. Il prigioniero è fuggito col favore della notte. ¶騒ぎに紛れて彼は姿を消した. È riuscito a dileguarsi approfittando della gran confusione.

2《気をとられる》 ¶忙しさに紛れて彼に電話するのを忘れていた. Essendo troppo occupato mi sono dimenticato di telefonargli. ¶あなたとおしゃべりしていると悲しみが紛れる. Quando chiacchiero con te la mia tristezza si dilegua.

まぎわ 間際 ◇間際に immediatamente prima「di *ql.co.*［di＋不定詞／che＋接続法］, al momento di *ql.co.*［di＋不定詞］ ¶死の間際に sul punto di morire ／ in punto di morte ¶大会は間際になって延期と決まった. All'ultimo momento è stato deciso di posticipare il congresso.

まく 幕 **1**《劇場などの》 sipar*io*男［複 -*i*］ ¶幕を開ける alzare［aprire］il sipario ¶幕を閉める calare［abbassare］il sipario ¶幕を引く chiudere il sipario ¶第1幕の幕が上がった. Il sipario si è alzato sul primo atto.

2《芝居の》 atto男 ¶第1幕 primo atto ／ atto primo ¶3幕6場の芝居 rappresentazione in tre atti e sei scene

慣用 幕が開く iniziare ¶選挙戦の幕が開いた. La campagna elettorale è iniziata.

幕に［と］なる concludersi ¶彼の逮捕でこの事件は幕となった. Con il suo arresto il caso si è concluso.

幕を切って落とす inaugurare, iniziare, cominciare ¶ついにオリンピックの幕は切って落とされた. Infine sono cominciate le olimpiadi.

幕を閉じる finire, concludersi, compiersi ¶大会は全員の拍手のうちに幕を閉じた. Il congresso si è concluso tra gli applausi di tutti i partecipanti. ¶人生の幕を閉じる morire ／ spegnersi ／ concludere la propria vita

まく 膜 《表面を覆う》 pellicola女, strato男 superficiale;《解》 membrana女 ¶温めた牛乳の膜 pellicola di grasso del latte riscaldato ¶スープの表面に油の膜が張った. Un sottile strato di grasso si è formato sulla superficie della zuppa.

❖膜状の membranoso

まく 巻く 《平たいものを筒状に》 arrotolare *ql.co.*;《包む》 avvolgere *ql.co.*《の周りに intorno a》;《包帯などで》 fasciare［bendare］*ql.co.*;《ねじなどを》 caricare *ql.co.* ¶紙を巻く arrotolare un foglio di carta ¶糸巻きに糸を巻く arrotolare il filo al rocchetto ¶体にタオルを巻く avvolgersi con un asciugamano ¶手に包帯を巻く fasciare la mano con una benda ¶マフラーを首に巻く avvolgersi una sciarpa intorno al collo ¶煙に巻かれる essere avvolto dal fumo ¶時計のねじを巻く caricare un orologio ¶彼のピアノにはみんな舌を巻いた. Tutti sono rimasti「profondamente colpiti［senza parole］dalla sua grande bravura nel suonare il pianoforte.

まく 蒔く seminare ¶種をまく seminare ¶畑に麦をまく seminare il grano in un campo ／ seminare un campo a grano ¶恐怖の種をまく seminare il terrore ¶騒動の種をまく gettare［portare］lo scompiglio

慣用 蒔いた種は刈らねばならぬ《諺》 "Chi rompe paga."

蒔かぬ種は生えぬ《諺》 "Chi non semina non raccoglie［miete］."

まく 撒く **1**《散らす》 spandere, spargere;《散布する, 広める》 disseminare, diffondere;《ばらまく》 sparpagliare;《まき散らす》 cospargere ¶凍った道路に砂利をまく spargere ghiaia su una strada ghiacciata ¶畑に肥料をまく spargere［spandere］concime su un campo ／ cospargere un campo di concime ¶通行人にびらをまく distribuire volantini ai passanti ¶うわさをまく diffondere una diceria

2《水を振りかける》 spruzzare acqua su *ql.co.* ¶芝生に水を annaffiare il prato ¶庭に水をまく bagnare il［《少し》spruzzare acqua su il］giardino

3《同行者や尾行者の目をごまかす》 seminare *qlcu.*［*ql.co.*］, far perdere le *proprie* tracce ¶警官をまく seminare i poliziotti

まくあい 幕間 《芝居の》 ¶（1幕と2幕の）幕あいに nell'intervallo［durante l'intervallo］（fra il primo e il secondo atto）

まくあき 幕開き apertura女, inizio男［複 -*i*］ ¶旅行シーズンの幕開き apertura della stagione turistica ¶そのショーの幕開きは来週です. Lo spettacolo inizierà la prossima settimana.

まくうち 幕内《力士》 lottatore男 di *sumo* della categoria superiore

まくぎれ 幕切れ **1**《芝居の一段落が終わること》 fine女 di un atto ¶悲しい場面で幕切れとなった. Il dramma è terminato con una scena triste.

2《物事の終わり》 fine女, termine男 ¶その事件は幕切れとなった. Il caso si è concluso. ¶この物語は思いがけない幕切れで終わった. Questa storia ha un finale "a sorpresa［imprevisto］.

まぐさ 秣 fieno男, foragg*io*男［複 -*gi*］ secco［複 -*chi*］ ¶馬にまぐさをやる foraggiare il［dare foraggio al］cavallo

❖まぐさ桶《桶》 mangiatoia女, greppia女

まくした 幕下《力士》 lottatore男 di *sumo* della categoria inferiore

まくしたてる 捲し立てる ¶彼女は息もつかずにまくしたてた. Ha continuato a parlare senza neppure fermarsi per prendere fiato.

まぐち 間口 **1**《家屋などの前面の幅》（larghezza女 della）facciata女（di una casa） ¶彼の家は間口が20メートルある. La facciata della sua casa「ha una larghezza di［è larga］20 metri.

2《知識などの広さ》 ¶活動の間口を広げる estendere［ampliare］il campo d'attività ¶彼は間口の広い人だ. Ha una mente di grande levatura.

マグナカルタ〔英 Magna Carta〕《史》 Magna Carta女

マグニチュード〔英 magnitude〕 magnitudo女［無変］;《記号》 M ¶今朝の地震はマグニチュード2だった. Il terremoto di questa mattina è stato di magnitudo 2.

マグネサイト〔英 magnesite〕《鉱》 magnesite女

マグネシア〔英 magnesia〕《化》 magnesia女

マグネシウム〔英 magnesium〕《化》 magnes*io*男;《元素記号》 Mg ¶炭酸［塩化／水酸化／硫

マグネシウム 酸]マグネシウム carbonato [cloruro / idrossido / solfato] di magnesio
❖マグネシウム光 luce㊛ [lampo㊚] al magnesio

マグネット [英 magnet] calamita㊛, magnete㊚ ◇マグネットの magnetico [㊚複 -ci]

マグネトロン [英 magnetron] 《物》magnetron㊚

まくひき 幕引き ¶こんな茶番は早く幕引きにしよう. Mettiamo subito fine a questa farsa.

マグマ [英 magma] 《地質・化》magma㊚ [複 -i] ◇マグマの magmatico [㊚複 -ci]

まくら 枕 **1**《寝具》guanciale㊚; cuscino㊚ ¶まくら元に vicino al guanciale / 《寝ているそばに》accanto al letto / 《病人の》al capezzale di qlcu. ¶空気[氷]まくら cuscino d'aria [di ghiaccio] ¶…をまくらにする appoggiare la testa su ql.co.
2《話の》preambolo㊚, introduzione㊛
[慣用] まくらを交わす andare a letto con qlcu. まくらを高くして眠る dormire fra due guanciali, dormire tranquillamente ¶まくらを高くして眠れない. Non riesco a dormire serenamente. / Dormo con un occhio solo.
まくらを並べて fianco a fianco (con [di] qlcu.); 《ともに》insieme con qlcu.
❖まくら絵 disegno㊚ erotico [複 -ci]
まくらカバー federa㊛

まくらぎ 枕木 《鉄道》traversa㊛, traversina㊛

まくらことば 枕詞 epiteti㊚[複] fissi usati nel *waka* (poesia giapponese) (◆ in genere sono di cinque sillabe)

マクラメ [仏 macramé] 《織》macramè㊚

まくりあげる 捲り上げる ¶彼はシャツをひじの上までまくり上げた. Si è arrotolato [Si è rimboccato] le maniche fin sopra il gomito.

まくる 捲る **1**《引っ張って上げる》sollevare, tirare su *ql.co.*; 《袖（そで）などを》rimboccare [arrotolare / ripiegare] *ql.co.* ◇まくれる sollevarsi ¶彼は子供のズボンをまくってやった. Ha ripiegato i [Ha tirato su l'orlo dei] pantaloni del bambino. ¶彼はズボンをまくった. Si è arrotolato i [Si è tirato su l'orlo dei] pantaloni.
2《「…まくる」の形で》¶しゃべりまくる parlare [chiacchierare] senza posa [senza tregua] ¶読みまくる leggere un libro dopo l'altro ¶彼は働きまくった. Ha lavorato incessantemente.

まぐれ 紛れ ¶あれはまぐれですよ. È stata mera [pura] fortuna. / È stato un puro caso.
❖まぐれ当たり ¶まぐれ当たりで勝つ vincere per (puro) caso ¶まぐれ当たりで, 僕が質問に答えられたのは. È stato un caso [un colpo di fortuna] che io abbia potuto rispondere a questa domanda.

マクロ [英 macro-] ◇マクロの macro-
❖マクロ経済学 macroeconomia㊛
マクロコスモス 《天》macrocosmo㊚
マクロ分析 macroanalisi㊛[無変]

まぐろ 鮪 《魚》tonno㊚

まぐわ 馬鍬 erpice㊚

まくわうり 真桑瓜 《植》melone㊚ *makuwa*

まけ 負け 《敗北》sconfitta㊛, perdita㊛ ¶負けがこむ riportare [subire] varie sconfitte ¶負けを認める riconoscere la *propria* sconfitta ¶この勝負は僕の負けだ. Ho perso [perduto] questa partita. ¶《お手上げ》Mi do per vinto [《主語が女性》per vinta]. / Mi arrendo.
2《「－負け」の形で》¶試合の始まる前から気合い負けしていた. Gli mancava lo spirito combattivo già prima della partita. ¶彼は名前負けしている. Non è degno del suo nome.
❖負け戦（いくさ） battaglia㊛ perduta
負け将棋 partita㊛ di scacchi perduta

まげ 髷 crocchia㊛; 《仏》chignon [ʃinɲɔ́n]㊚[無変] ¶まげを結う portare i capelli annodati

まけいぬ 負け犬 《敗者》sconfitto[㊚ -a], vinto㊚[㊛ -a] ¶負け犬になるつもりか. Te ne vuoi andare「con la coda fra le gambe [come un cane bastonato]?
[慣用] 負け犬の遠吠え ¶今さら何を言っても負け犬の遠吠えだ. È un piangere a vuoto.

まけおしみ 負け惜しみ ¶負け惜しみを言う cercare delle scuse per non riconoscere la sconfitta / non ammettere la sconfitta ¶負け惜しみの強い人《勝ち気・スポーツで》giocatore che non sa perdere ¶それは君の負け惜しみだ. Perché non ammetti la tua sconfitta?

まけこす 負け越す riportare [totalizzare] più sconfitte che vittorie (in un torneo)

まけだましい 負けじ魂 spirito㊚ indomabile, 《競争心》spirito㊚ di emulazione

まけずおとらず 負けず劣らず testa a testa, alla pari ¶彼らは負けず劣らず一生懸命に勉強する. I due studiano ugualmente sodo. ¶あの 2 人は負けず劣らず頭がいい. Quei due sono entrambi intelligenti.

まけずぎらい 負けず嫌い ¶彼は負けず嫌いだ. Non gli piace essere secondo. / È un tipo che non cede. / Vuole sempre vincere a tutti i costi.

まげて 曲げて ¶そこをまげてご出席くださいませんか. Per favore, faccia di tutto per non mancare alla riunione. ¶まげてお聞き届けください. Le chiedo con tutto il cuore di acconsentire alla mia richiesta.

まける 負ける **1**《敗北する》essere sconfitto [vinto] (に da), perdere *ql.co.*, avere la peggio ¶試合に[戦争に]負ける perdere la partita [la guerra] ¶競争に負ける essere sconfitto nella competizione / 《商売などで》essere battuto dalla concorrenza di *qlcu.* [*ql.co.*] ¶議論に負ける avere la peggio in una discussione ¶ 5 対 3 でカルロに負ける perdere per 5 a 3 contro Carlo ¶負けてやる perdere di proposito / dare un vantaggio a un avversario ¶彼に負けてはいられない. Non posso farmi「superare da lui. ¶チェスでは誰にも負けない. Agli [Negli] scacchi non mi batte nessuno. ¶ 2 人は負けじと競り合って走った. Quei due correvano gomito a gomito. ¶負けるが勝ち. 《諺》Una sconfitta può trasformarsi in una vittoria.
2《屈する》essere sopraffatto (に da), cedere㊛[*av*] (に a), soccombere㊛[*es*] (に a) ¶熱さに負ける essere sfinito per il [sopraffatto dal] caldo ¶誘惑に負ける cedere [soccombere] alla tentazione ¶彼の熱心な誘いに負けた. Ho ceduto ai suoi insistenti inviti.

3《劣る》essere inferiore a *qlcu.* [*ql.co.*] ¶このカメラは君のに負けない. Questa macchina fotografica non ha nulla da invidiare alla tua. ¶彼に負けずに勉強している. Studio quanto lui.
4《値引きする》ridurre il prezzo, fare [concedere] uno sconto, scendere col [di] prezzo ¶1万円を9000円に負ける ridurre il prezzo da 10.000 a 9.000 yen ¶目方を負ける essere generos*o* sul peso ¶2000円負ける fare uno sconto di 2.000 yen ¶1円も負けられません. Non posso toglierle neppure uno yen.
5《かぶれる》¶かみそりに負ける avere la pelle irritata dal rasoio ¶私はうるしに負けやすい. Sono allergico alla lacca.

まげる 曲げる **1**《折り曲げる》curvare [piegare] *ql.co.*;《ねじる》torcere [storcere] *ql.co.* ¶指を曲げる piegare un dito ¶鉄の棒を曲げる curvare [piegare] una sbarra di ferro ¶腰を曲げる curvarsi / piegarsi ¶弓なりに曲げる piegare *ql.co.* ad arco / arcuare *ql.co.* ¶口を曲げる《不快・不承知の意志表示として》storcere la bocca
2《変える・歪める》¶主義を曲げる abbandonare [tradire] i *propri* principi ¶主義を曲げない restare fedel*e* ai [persistere nei] *propri* principi ¶決意を曲げる abbandonare una decisione ¶真実を曲げる travisare [deformare] la verità / svisare la verità ¶文意を曲げる snaturare un testo / travisare il senso di un testo ¶法を曲げる falsare la legge ¶〈人〉の言葉を曲げて取る fraintendere le parole di *qlcu.*

まけんき 負けん気 spirito[男] di emulazione;《スポーツなどで》spirito[男] agonistico;《不屈の魂》spirito[男] indomabile [indomito];《進取の気性》spirito[男] d'iniziativa, intraprendenza[女] ¶負けん気が強い essere combattiv*o* ¶彼女は負けん気を出して一生懸命走った. Si è impegnata nella gara con tutte le sue forze spronata dal desiderio di non perdere.

まご 孫 nipote[男][女] (di nonno), nipotin*o*[男] [[女] *-a*] ⇒家系図
✤孫弟子 alliev*o*[男] [[女] *-a*] di un allievo

まご 馬子 conducente[男][女] di un cavallo da soma
[慣用] **馬子にも衣装**《諺》"Un bell'abito trasforma anche un carrettiere."

まごい 真鯉 〘魚〙carpa[女] nera

まごこ 孫子 《孫と子》figli[男][複] e nipoti[男][女][複];《子孫》discendenti[男][複];《次の世代》posterità[女], posteri[男][複] ¶家宝を孫子の代まで伝える tramandare un tesoro di famiglia「di generazione in generazione [ai discendenti]

まごころ 真心 sincerità[女];《忠実さ》lealtà[女], fedeltà[女] ¶真心のある sincero / leale / fedele ¶真心のない insincero / falso / sleale ¶〈人〉に真心をこめる avere molte premure per *qlcu.* ¶真心をこめて説得する persuadere *qlcu.* mettendoci tutta l'anima

まごつく 《当惑する》imbarazzarsi, confondersi, sconcertarsi ◇**まごつかせる** imbarazzare, confondere, sconcertare, mettere *qlcu.* in imbarazzo ¶私はすっかりまごついた. Sono rimasto in completo imbarazzo. / Non sapevo più che cosa fare [che pesci pigliare]. ¶彼は証拠を突きつけられてまごついた. È rimasto confuso di fronte alle prove.

まこと 誠・真 **1**《真実》verità[女];《事実》fatto[男], realtà[女] ◇**誠の** vero, reale;《本当の》reale, effettivo;《本物の》autentic*o* [[男][複] *-ci*]
2《真心》sincerità[女], buona fede[女];《忠実》fedeltà[女], lealtà[女];《率直》franchezza[女] ¶誠をつくす essere sincer*o* [leal*e*]《に con》
3《「誠に」の形で》◇**誠に**《本当に》veramente, realmente, effettivamente;《非常に》molto, assai ¶誠にお気の毒です. Mi dispiace veramente. ¶誠にありがとうございます. La ringrazio di cuore. ¶誠に申し訳ありません. Non so proprio come scusarmi. ¶誠にごもっともです. Ha effettivamente [assolutamente] ragione.

まことしやか 真しやか・実しやか ◇**まことしやかな** verosimile, plausibile, credibile ¶まことしやかなうそをつく dire una bugia credibile ¶まことしやかな口実 scusa plausibile ¶まことしやかな陳述 affermazione apparentemente vera [veridica] ¶彼はその話をまことしやかに述べたてた. Ha raccontato tutta la storia proprio come se fosse vera.

まごのて 孫の手 manina[女] grattaschiena [無変]

まごびき 孫引き citazione[女] di seconda mano ◇**孫引きする** citare *ql.co.* di seconda mano

まごまご ¶まごまごするな. Sta [Sta' / Stai] calmo! / Non t'agitare!

マザー 〔英 mother〕**1**《母》madre[女] **2**《女子修道院長》(madre[女]) superiora[女]
✤マザーコンプレックス 〘心〙complesso[男] materno, mammismo[男]

まさか ¶まさか！ Ma va'! / Non è possibile! / Impossibile! / Stai forse scherzando? / Ma che dici! /《そんなことは絶対しない》Mai e poi mai! / Ma che! / Neppure per sogno! ¶彼はまさか病気なわけじゃないだろうな. Non vorrei che lui fosse malato. ¶まさか彼がそんなばかなことを言うはずはない. Di sicuro non può aver detto simili sciocchezze! ¶金がないからといってまさか盗むわけにもいくまい. Il fatto di non aver denaro non è certo un buon motivo per rubare. ¶まさか彼が犯人だなんて思いもよらなかった. Non avrei mai immaginato che il colpevole fosse lui. ¶お父さんにまさかの事があったらどうしよう. Se accadesse qualcosa al babbo, cosa faremmo? ¶まさかの時に備えて per far fronte ai momenti critici [al peggio] ¶まさかの時の友こそ真の友.《諺》"Gli amici si riconoscono nel momento del bisogno."

まさかり 鉞 ascia[女] [[複] *asce*], accetta[女], scure[女]

まさき 正木 〘植〙fusaggine[女]

まさぐる 《手でいじる》toccare [tastare] *ql.co.* con le dita;《見えない所をあちこち探る》cercare *ql.co.* a tastoni

マザコン mammismo[男] ¶あいつはマザコンなんだ. È eccessivamente attaccato alla madre. /《親》È un mammone.

まさしく 正しく certamente, proprio, evidentemente, senza dubbio ¶これはまさしく僕の財布

だ. Questo è proprio il mio portafoglio. ¶これはまさしく彼の本心だ. Evidentemente [Effettivamente] questa è la sua vera intenzione. ¶まさしく彼の手紙だ. È una lettera scritta proprio da lui.

まさつ 摩擦 1《こすること》frizione㊛, sfregamento㊚ ◇摩擦する frizionare [sfregare] *ql.co.* ¶軟膏(ｺｳ)をつけて肌を摩擦する frizionare la pelle con una pomata ¶乾布摩擦する strofinarsi [darsi una strofinata] con un asciugamano asciutto 2《物》attrito㊚ 3《いざこざ》frizione㊛, attrito㊚, conflitto㊚, contrasto㊚ ¶親子の摩擦 contrasti tra genitori e figli ¶世代間の摩擦 conflitto tra generazioni ¶貿易摩擦 contrasto commerciale ¶両国間の摩擦 attrito tra due nazioni ¶二人の間に摩擦が生じた. È sorto un attrito fra i due.
❖摩擦音《音声》fricativa㊛ (►調音器官をせばめ, そのすき間に気息を通して発する音. f, s, zなど)
摩擦抵抗 resistenza㊛ d'attrito
摩擦電気 elettricità㊛ di strofinio
摩擦熱 calore㊚ d'attrito

まさに 正に 1《まさしく》proprio, esattamente; 《確かに, 疑いなく》certamente, veramente, senza dubbio; 《当然, もちろん》naturalmente, senz'altro ¶まさに私の考えていたとおりだ. È proprio [esattamente / precisamente] quello che pensavo. ¶彼こそまさに真の政治家だ. È senza dubbio un vero statista. ¶まさに君の言うとおりだ. È certamente [veramente] come dici tu. / Hai proprio ragione. ¶まさにそのとおりだ. Esatto! / Proprio così! 2《ちょうど今, 今にも》proprio ¶飛行機はまさに飛び立とうとしている. L'aereo sta proprio per decollare.

まざまざ ¶まざまざと思い出す ricordare *ql.co.* chiaramente [vivamente / come se fosse ieri] / avere *ql.co.* ancora davanti agli occhi

まさめ 正目 ¶正目の板 asse㊛ di legno a venature verticali dritte

まさゆめ 正夢 sogno㊚ premonitore ¶あれは正夢だった. È stato un sogno premonitore.

まさる 勝る・優る essere superiore a *qlcu.* [*ql.co.*].《で in, の点で per》, eccellere㊚ [*es*, *av*] (►複合時制は稀)《で in, の点で per》; superare *qlcu.* [*ql.co.*]《で in》 ¶数学では彼は他者にはるかにまさる. È di gran lunga superiore a tutti [Supera di gran lunga tutti] in matematica. ¶彼は信仰の強さでは人にまさる. Eccelle per l'ardore della fede. ¶釣りにまさる楽しみはない. Non c'è più grande divertimento della pesca. ¶まさるとも劣らない non essere per niente inferiore a *qlcu.* [*ql.co.*] ¶聞きしにまさる絶景 panorama 「che non ha pari [ancora più bello di quanto si dica]

まざる 混ざる・交ざる →混じる

まし 増し 1《「－より［のほうが］ましだ」の形で》¶こんな古い車でもないよりはましだ. Questa vecchia auto è meglio di niente. ¶遅くともやらないよりはましだ. "Meglio tardi che mai." ¶いっそ死んだほうがましだ. Piuttosto morirei [è meglio morire]. ¶AのほうがBよりましだ. A è preferibile a B. 2《「－増し」の形で》¶物価は昨年に比べて3割増しになった. Rispetto all'anno scorso i prezzi sono aumentati del trenta per cento. ¶日増しに暖かくなる. Il caldo aumenta di giorno in giorno. ¶10％増の追加料金を払う pagare un prezzo maggiorato del dieci per cento

まじえる 交える 1《混ぜる》 ¶彼女も交じえて話し合おう. Parliamone anche insieme a lei. 2《交差させる》 ¶ひざを交えて語る parlare a quattr'occhi 3《やりとりする》 ¶言葉を交える scambiare quattro chiacchiere《と con》 ¶一戦を交える《主語が複数で相互的に》combattersi

ましかく 真四角 quadrato㊚ ◇真四角な (a forma di) quadrato, di forma quadrata

まじきり 間仕切り divisorio㊚ [複 -*i*], tramezzo㊚, parete㊛ divisoria

マジシャン 《英 magician》prestigiatore㊚ [㊛ -*trice*], illusionista㊚㊛ [㊚複 -*i*], mago㊚ [㊚ -*ga*; ㊚複 -*ghi*]

ました 真下 ¶真下の[に] proprio [esattamente] sotto ¶私たちの真下の階に住んでいる人 persona che abita proprio sotto di noi

マジック 《英 magic》《魔術》magia㊛;《手品》gioco㊚ [複 -*chi*] di prestigio
❖マジックアイ《電子》occhio㊚ [複 -*chi*] magico [複 -*ci*]
マジックインキ《商標》pennarello㊚ indelebile
マジックハンド《マニピュレーター》mano㊛ [複 *mani*] meccanica, manipolatore㊚
マジックミラー specchio㊚ [複 -*chi*] magico

まして 況して a maggior ragione;《肯定》ancor(a) (di) più;《否定》ancor(a) (di) meno;《いうまでもなく》inutile (da) dire ¶言葉遣いも知らないのだから, まして行儀作法など知るはずがない. Poiché già il suo modo di parlare lascia a desiderare, ancora di meno saprà come comportarsi correttamente. ¶私は散歩でも嫌いなのに, ましてスポーツをだ. Se non sopporto addirittura fare due passi, figurati lo sport! ¶ましてやかような侮辱は許しがたい. È inutile dire che non si possono ricevere offese simili.

まじない 呪い《言葉》formula㊛ magica (►決まった文句があるもの); parole㊛ [複] magiche;《お祓い》esorcismo㊚;《魔 よけ》scongiuro㊚;《魔術》magia㊛ [複 -*gie*] ¶おまじないをする fare un esorcismo [scongiuro] /《魔法をかける》fare un incantesimo ¶おまじないしよう. Facciamo una piccola magia!
❖呪い師 stregone㊚;《お祓いの》esorcista㊚㊛ [複 -*i*];《魔法使い》mago㊚ [㊛ -*ga*; ㊚複 -*ghi*];《病気を治す人》guaritore㊚ [㊛ -*trice*]

マジパン 《英 marzipan》marzapane㊚, pasta㊛ di mandorle

まじまじ ¶まじまじと見る fissare *qlcu.* [*ql.co.*] / guardare fisso [fissamente] *qlcu.* [*ql.co.*] / fissare gli occhi [lo sguardo] su *qlcu.* [*ql.co.*]

まじめ 真面目 serietà㊛; sincerità㊛; onestà㊛; gravità㊛ ◇まじめな serio㊚ [㊚複 -*i*];《誠実な》sincero,《正直な》onesto;《厳粛な》grave, solenne ◇まじめに seriamente; sul serio; sinceramente; onestamente ¶まじめな人 persona seria ¶まじめな顔で con

ましゅ 《殺人鬼の魔手にかかる essere [cadere] vittima di un diabolico assassino

まじゅつ 魔術 magia㊛ ¶魔術を使う esercitare la magia / fare incantesimi
❖**魔術師** mago㊚ [㊛ -ga; 複 -ghi]；《奇術師》prestigiatore㊚ [㊛ -trice]

マシュマロ 〔英 marshmallow〕《菓子》caramella㊛ soffice gelatinosa all'interno

まじょ 魔女 strega㊛
❖**魔女狩り** caccia㊛ alle streghe
魔女裁判 processo㊚ a una strega

ましょう 魔性 ◇魔性の malvagio [㊛複 -gi; 複 -gie]; diabolico [㊛複 -ci] ¶魔性のもの spirito malvagio [diabolico] ¶魔性の女《悪鬼のような》donna diabolica /《男を誘う》tentatrice / seduttrice

-ましょう ¶今夜は映画に行かないことにしましょう。Forse stasera è meglio non andare al cinema. ¶いい考えね、そうしましょう。È una buona idea, facciamo così!

ましょうめん 真正面 **1**《真向かい》◇真正面に proprio davanti [di fronte] a ql.co. [qlcu.], dirimpetto a ql.co. [qlcu.] ◇真正面の di fronte, dirimpetto [無変] ¶敵を真正面から攻める attaccare frontalmente il nemico **2**《まともに向き合うこと》¶問題に真正面から取り組む affrontare di petto un problema

マジョリカ 〔英 majolica〕《イタリアの陶器》maiolica㊛

まじり 混じり・交じり ¶冗談混じりに言う dire ql.co. alleggerendola con qualche scherzo ¶雨混じりの雪 neve mista a pioggia /《みぞれ》nevischio

まじりけ 混じり気・交じり気 ¶混じり気のある《食料品など》sofisticato / adulterato ¶混じり気のない puro /《無垢》genuino /《混じり気のないワイン》vino adulterato [alterato]

まじりもの 混じり物・交じり物 cosa㊛ mischiata (con altre cose) /《不純物》impurità㊛ ¶混じり物のない《ある》黄金 oro puro [impuro] ¶この石油には何か混じり物が入っている。Questo petrolio contiene impurità.

まじる 混じる・交じる **1**《混入する》essere mischiato [mescolato] con ql.co., mischiarsi [mescolarsi] con ql.co.；《とけ合う》amalgamarsi ¶彼にはイタリア人の血が混じっている。Nelle sue vene scorre anche sangue italiano. ¶水と油は混じらない。L'acqua non si mescola con l'olio.
2《入り込む、紛れる》¶新発売のカメラの中に不良品が混じっていた。Fra le macchine fotografiche di ultimo modello c'erano alcuni esemplari difettosi. ¶彼の頭に白いものが混じってきた。Cominciano a spuntargli dei capelli bianchi.
3《付き合う》mantenersi in contatto con [frequentare] qlcu.

まじわり 交わり **1** →交際 **2**《数》intersezione㊛

まじわる 交わる **1**《交差する》incrociarsi ¶ここで国道と県道が交わる。Qui la statale si interseca [s'incrocia] con la provinciale.
2《交際する》avere relazioni con qlcu. ¶友だちと交わる frequentare buoni amici ¶イタリア人の若い芸術家と交わっておおいに学ぶところがあった。Frequentando i giovani artisti italiani ho potuto imparare molto. ¶朱に交われば赤くなる。《諺》"Chi va con lo zoppo impara a zoppicare." / "Chi va al mulino s'infarina."

マシンガン 〔英 machine gun〕mitragliatrice㊛

ます 升《容積を測るもの》misura㊛ (di capacità)；《計量カップ》misurino㊚
❖**ます席** palco㊚ [複 -chi]

ます 鱒《魚》trota㊛ ¶姫[川/虹/海]ます trota di lago [di fiume / arcobaleno / marina] ¶紅ます salmone rosso

ます 増す《増やす》aumentare, incrementare, far crescere；《増える》aumentare㊐ [es], crescere㊐ [es], salire㊐ [es]；accrescersi ¶数を増す aumentare di numero / diventare più numeroso / aumentare il numero di ql.co. ¶重要度を増す diventare più importante ¶激しさを増す intensificarsi / diventare più forte /《痛みなどが》acutizzarsi ¶列車はスピードを増した。La velocità del treno è aumentata. ¶昨日の雨で川の水かさが増した。Il livello del fiume è cresciuto per la pioggia di ieri. ¶病人の食欲が増した。All'ammalato è ritornato l'appetito. ¶それにも増して困ったのは、輸入品のなかに不良品が混じっていたことだ。Ciò che più sconcertante [Il problema maggiore] è che tra le merci importate ne abbiamo riscontrate alcune difettose. ¶彼は前にも増して気難しくなった。È diventato ancora più irascibile.

マス 〔英 mass〕《かたまり、多量、集団、大衆》massa㊛

まず 先ず **1**《最初に》prima (di tutto), innanzi tutto, in primo luogo, per primo ¶まずあなたから読んでください。Cominci lei a leggere. ¶イタリアへ行くには、まずイタリア語を勉強しなければならない。Per andare in Italia bisogna innanzi tutto studiare l'italiano.
2《おそらく、大体》quasi certamente, quasi sicuramente ¶明日はまず雨だろう。Domani quasi certamente pioverà. ¶まず1時間はかかるだろう。Di sicuro ci vuole circa un'ora. ¶彼はまず来るまい。È molto probabile che lui non venga. / Quasi sicuramente non verrà. ¶まずそんなところだ。È「più o meno [press'a poco]」così. ¶まず間違いない。È certissimo.
3《とにかく》¶まずお座りください。Ad ogni modo, si accomodi.

ますい 麻酔《医》anestesia㊛ ¶局部 [全身] 麻酔 anestesia locale [totale] ¶〈人〉に麻酔をかける anestetizzare qlcu. / sottoporre qlcu. ad ane-

stesia ¶麻酔から覚める svegliarsi dall'anestesia
✤麻酔医 anestesista[男][女][男複 -i]
麻酔薬 〘医〙anestetico[男][複 -ci], narcotico[男][複 -ci]

まずい 不味い **1**《味がよくない》cattivo, pessimo, (di gusto) sgradevole;《味がない》senza sapore;《塩味が足りない》insipido;《ひどくまずい》disgustoso;《食べられない》immangiabile;《飲めない》imbevibile ¶この料理はまずい. Questo piatto è cattivo. ¶まずくなる perdere sapore / diventare di cattivo sapore ¶まずそうな料理だ. È un piatto molto poco appetitoso. ¶あのレストランはまずくて高い. In quel ristorante si mangia male e si spende molto. ¶熱があるので食事がまずい. Siccome ho la febbre, non gusto il cibo.
2《下手な》maldestro, scadente;《できが悪い》brutto ¶ピアノは良かったが歌がまずかった. Il pianoforte era suonato bene, ma il canto era scadente. ¶何てまずい絵だ. Che brutto quadro!
3《具合が悪い》 ¶…するのはまずい. Non è il caso「di＋[不定詞] [che＋[接続法]] / Non conviene「che＋[接続法] [＋[不定詞]] / È inopportuno [sconsigliabile]＋[不定詞] [che＋[接続法]] ¶君が1人でそこへ行くのはまずい. Non conviene [È meglio evitare] che tu ci vada da solo. ¶まずい時に彼が来たものだ. È arrivato「in un momento inopportuno [inopportunamente / a sproposito]! ¶社長の耳に入ったらまずいよ. Se questo giungesse all'orecchio del presidente sarebbe un guaio. ¶こりゃあまずいことになった. Ma guarda un po' che pasticcio!

マスカット 〔英 muscat〕《ぶどう》moscato[男]
マスカラ 〔英 mascara〕mascara[男][無変] ¶マスカラをつける mettersi [applicare] il mascara
マスク 〔英 mask〕**1**《仮面, 面》maschera[女];《風邪のときなどの》mascherina[女] igienica（◆イタリアでは使わない）;《手術の》maschera[女] da chirurgo ¶防毒マスク maschera antigas ¶デスマスク maschera mortuaria ¶マスクをかける[かけている] mettersi [portare / avere] una maschera ¶マスクをとる togliersi la maschera
2《顔立ち》 ¶甘いマスク viso dolce / lineamenti dolci
マスゲーム 〔英 mass game〕manifestazione[女] ginnica di massa
マスコット 〔英 mascot〕〔仏〕mascotte [maskɔ́t][女][無変];《スポーツ大会などの》pupazzo[男][personaggio[男][複 -gi]] scelto come simbolo di una manifestazione sportiva ecc.
マスコミ comunicazione[女] di massa ⇒テレビ [用語集] ¶彼はマスコミに騒ぎ立てられた.《新聞・雑誌で》Gli è stata fatta molta pubblicità [《醜聞など》pubblicità negativa] dalla stampa. ¶私はマスコミ関係の仕事をしています. Lavoro nel campo dei mass media.
マスコミュニケーション 〔英 mass communication〕comunicazione[女] di massa

まずしい 貧しい **1**《経済的に》povero;《非常に》misero, indigente ◇貧しく poveramente ◇貧しさ povertà[女]; indigenza[女], miseria[女] ¶貧しくなる diventare povero / impoverirsi ¶貧しい人々 i poveri / gli indigenti ¶貧しい身なりをした男 un uomo poveramente [miseramente] vestito ¶彼は貧しい出だ. Viene da una famiglia povera. / È di umile estrazione.
2《貧弱な》povero ¶心の貧しい人 persona di poca umanità ¶貧しい食事 pranzo povero / pasto umile ¶想像力が貧しい avere una scarsa immaginazione

マスター 〔英 master〕**1**《バーなどの主人》padrone[男][[女] -a] **2**《熟達すること》◇マスターする impadronirsi di *ql.co.*, conoscere a fondo *ql.co.*, padroneggiare *ql.co.* ¶イタリア語をマスターしている. Conosce perfettamente [a fondo] l'italiano. **3** ⇒修士
✤マスターキー chiave[女] apritutto [無変], comunella[女];〔仏〕passe-partout [paspartú][男][無変]
マスタープラン piano[男] regolatore generale;《略》PRG
マスタード 〔英 mustard〕mostarda[女], senape[女]
マスターベーション 〔英 masturbation〕masturbazione[女] ¶マスターベーションする masturbarsi
マスト 〔英 mast〕〘船〙albero[男] (di nave) ¶3本マストの船 trealberi[男][無変] / veliero con tre alberi
マストドン 〔英 mastodon〕〘古生〙mastodonte[男]
マスプロ(ダクション) 〔英 mass production〕produzione[女] in serie [di massa / su vasta scala]
✤マスプロ教育 ¶マスプロ教育をする impartire un'istruzione di massa

ますます 益益 sempre più [meno]（►più のあとに形容詞や副詞が続かないときは sempre di più ということが多い）, progressivamente ¶ますますおもしろくなる diventare sempre più interessante ¶ますます良くなる andare di bene in meglio / migliorare sempre di più ¶ますます悪くなる andare di male in peggio / peggiorare sempre di più ¶夜が更けるにつれてますます風が強くなった. Man mano [Via via] che si faceva notte fonda il vento diventava più forte. ¶人口はますます増加する一方だ. C'è un continuo incremento della popolazione. ¶親しくなればなるほどますます彼が好きになる. Quanto più lo conosco, tanto più「mi piace [lo apprezzo].
まずまず 先ず先ず ¶実験の結果はまずまずであった.《よかった》I risultati dell'esperimento sono stati più che discreti. /《まあまあ》L'esperimento è più o meno riuscito.
ますめ 升目 **1**《升で計った量》misura[女], quantità[女] ¶升目をごまかす rubare sul peso
2《縦横のけい》 ¶原稿用紙の升目の中に字を書く scrivere i caratteri nei quadretti della carta per manoscritti
マスメディア 〔英 mass media〕〔英〕mass media [mazmídja][男][複]; mezzi[男][複] di comunicazione di massa ⇒テレビ [用語集]
マズルカ 〔英 mazurka〕〘音〙《ポーランドの舞曲》mazurka[女][無変], mazurca[女]
まぜあわせる 混ぜ合わせる mischiare, mescolare (insieme) ¶AとBを混ぜ合わせたようなもの una via di mezzo [un misto] tra A e B

[ま]

まぜかえす 混ぜ返す 《妨害する》 interrompere *ql.co.* [*qlcu.*] con critiche e con frecciate; 《からかう》 beffarsi di *ql.co.*, schernire [dileggiare] *ql.co.* ¶私の話をまぜ返さないでくれ. Non prenderti gioco delle mie parole.

まぜこぜ ¶まぜこぜにする mescolare [mischiare / confondere] *ql.co.* [《AとBを》 A e B] ¶まぜこぜになっている essere sottosopra [a soqquadro / in una gran confuṣione]

まぜごはん 混ぜ御飯 riso[男] cotto e mescolato con ingredienti assortiti

まぜもの 混ぜ物 impurità[女], cosa[女] mischiata

ませる ◇ませた precoce ¶年の割にませている. È alquanto saggio per la sua età. ¶ませた口を利く子だ. Quel bambino parla come un adulto.

まぜる 混ぜる・交ぜる **1**《混ぜ合わせる》 mescolare [mischiare] *ql.co.*; 《かき混ぜる》 agitare, ṣbattere ¶小麦粉と砂糖を混ぜる mescolare la farina con [e] lo zucchero ¶酒に水を混ぜる allungare il *sakè* con l'acqua ¶容器の中の液体を混ぜる agitare il liquido in un recipiente **2**《加える》 ¶イタリア語で言えないときには英語を混ぜて話した. Quando non sapevo come esprimermi in italiano, parlavo mescolando un po' d'inglese.

-ませんか ¶映画に行きませんか. Perché non andiamo [Che ne dice di andare] al cinema?

マゼンタ 〔英 magenta〕《深紅色》 magenta[男] [無変] ◇マゼンタの magenta [無変]

マゾヒスト 〔英 masochist〕 maṣochist*a*[男][女] [[男]複 -*i*]

マゾヒズム 〔英 masochism〕 maṣochiṣmo[男]

また 又 **1**《もう一度》 ancora, ancora una volta, di nuovo, nuovamente; 《2回目》 una seconda volta ◇またとない unico, irripetibile; 《比類ない》 senza pari, ineguagliabile ¶また仕事に取りかかる riprendere il lavoro ¶ではまた. A presto! / A fra poco! / Arrivederci a presto! ¶どうぞまた来てください. (Mi raccomando), venga ancora. ¶いずれまたお伺いします. Tornerò un'altra volta. ¶またか. Ci risiamo!

2《別の, この次の》 ◇またの《別の》 altro; 《次の》 prossimo ¶またの日 un altro giorno / qualche altro giorno ¶ジュゼッペ・バルサモ, またの名カッリョストロ Giuṣeppe Balsamo, alias [detto (anche)] Cagliostro ¶彼はまたの名をアルセーヌ・ルパンという. Il suo pseudonimo è Arsenio Lupin. ¶またの機会に in un'altra occaṣione / alla prossima volta ¶またにしよう. Sarà per più tardi [per un'altra volta]. ¶それはまたの日に話し合おう. 《いつか》 Parliamone un [qualche] altro giorno. ¶また明日. Ci vediamo domani. / A domani.

3《やはり, 同じく》 anche, pure; 《否定で》 neanche, neppure, nemmeno ¶それもまたよかろう. Va bene anche così. ¶今日もまたいい天気だ. Anche oggi il tempo è buono. ¶彼はタバコも吸わないしまた酒も飲まない. Non fuma né beve alcolici. ¶1週間前から雨また雨だ. È una settimana che continua a piovere.

4《その上》 inoltre, per di più ¶彼は愚かなだけでなく, また臆病だ. Oltre che essere stupido, è anche vigliacco. / Non solo è stupido, ma è anche vigliacco. / È stupido e per di più vigliacco.

5《強調》 ¶これはまたどうしたことだ. 《驚き》 Che cosa mai è questo?

また 股 **1**《足の》 inforcatura[女] delle gambe; 《鼠蹊(そけい)部》 inguine[男]; 《もも》 co*scia*[女] [複 -*sce*] ¶ズボンの股 inforcatura dei pantaloni ¶股を広げる allargare [divaricare] le gambe ¶大股[小股]に歩く camminare a grandi [a piccoli] passi **2**《木・道・川の》 biforcazione[女]

[慣用] **股に掛ける** ¶世界を股に掛けて働いている. Lavora girando [andando per] il mondo.

✤**股ぐら** inforcatura[女] (del corpo umano)

まだ 未だ **1**《今もなお》 ancora, tuttora; 《否定で》 non ancora ¶彼はまだ寝ている. Sta ancora dormendo. ¶まだ100ユーロある. Ho ancora 100 euro. ¶まだすることがたくさんある. C'è ancora molto lavoro da fare. ¶まだです. Non ancora. / Ancora no. ¶まだ何の報告も受けていない. Fino ad ora [Finora] non ho ricevuto nessuna notizia [alcun rapporto].

2《さらに, もっと》 ¶まだ1キロほど先です. 《さらに》 È a un altro chilometro da qui. ¶これからまだ寒くなる. Farà ancora più freddo. ¶まだ召し上がりますか. Ne vuole ancora [un altro po']? ¶まだ飲みたいのだが. Vorrei bere di più.

3《どちらかと言えば》 ¶このほうがまだいい. Questo si salva. / Questo è accettabile.

4《ほんの》 ¶結婚してからまだひと月にしかならない. Siamo spoṣati solo da un mese. ¶まだ8時だ. Sono soltanto [ancora] le 8.

まだい 真鯛 〚魚〛 pagro[男]

まだい 間代 affitto[男] di una camera

またいとこ 又従兄弟・又従姉妹 cugin*o*[男] [[女] -*a*] di secondo grado

またがし 又貸し 《土地・家屋の》 subaffitto[男], sublocazione[女] ◇**又貸しする** subaffittare, dare *ql.co.* in subaffitto ¶彼は僕の貸した本を又貸しした. Ha dato in prestito ad un altro il libro che gli avevo prestato.

またがみ 股上 ¶このズボンは股上27センチです. Questo paio di pantaloni miṣura ventisette centimetri sopra il cavallo.

またがり 又借り 《土地・家屋の》 subaffitto[男], sublocazione[女] ◇**又借りする** prendere *ql.co.* in subaffitto ¶僕は彼から雑誌を又借りした. Ho preso in prestito da lui una rivista che gli avevano prestato.

またがる 跨る **1**《股を広げて乗る》 porsi [mettersi] a cavalcioni di *ql.co.* ¶馬にまたがる salire in groppa a un cavallo / montare [cavalcare] un cavallo ¶自転車にまたがる inforcare [montare (su)] una bicicletta

2《二つ以上の領域にわたる》 ¶さまざまな分野にまたがる研究 studio che abbraccia campi diversi / studio [ricerca] interdisciplinare ¶2世紀にまたがって a cavallo di due secoli ¶ローマはテヴェレ川の両岸にまたがっている. Roma si estende sulle due rive del Tevere.

またぎき 又聞き informazione[女] di seconda mano; 《うわさ》 diceria[女], voce[女] che corre

[ま]

◇又聞きする apprendere [sapere] per sentito dire *ql.co.*, sentir dire *ql.co.* ¶それは又聞きで知った. Ne sono a conoscenza per sentito dire.

またぐ 跨ぐ superare; 《飛び越える》saltare, scavalcare ¶敷居をまたぐ varcare la soglia / superare l'entrata / entrare ¶溝をまたぐ《飛び越す》saltare un fosso

またした 股下 ¶このズボンは股下75センチです. Questo paio di pantaloni misura settantacinque centimetri dal cavallo.

またしても 又しても ancora, di nuovo

まだしも 未だしも ¶こんなに苦しむくらいなら, まだしも死んだほうがましだ. È meglio morire piuttosto che soffrire così. ¶謝るならまだしも, かえって私に食ってかかってきた. Non solo non mi ha chiesto scusa, ma mi ha addirittura aggredito.

またずれ 股擦れ irritazione 《*all'interno* del*le* cosce》; 《医》intertrigine囡 alle cosce ¶股擦れができた. Mi si è irritata la parte interna delle cosce per lo sfregamento.

またせる 待たせる far aspettare [attendere] ¶外にタクシーを待たせてある. Ho chiesto al taxi di aspettare. ¶お待たせいたしました.《遅れて着いて》Scusi il ritardo. /《何かに手間どって》Scusi se l'ho fatta attendere.

またたく 瞬く **1** 《まばたきする》battere le ciglia [le palpebre] **2** 《星などが》luccicare囲 [*es, av*], scintillare囲 [*av*] brillare囲 [*av*] ◇またたき luccic*hio*男《複 *-chii*》, scintill*io*男《複 *-ii*》

慣用 瞬く間に in un batter d'occhio, in un istante [baleno]

またたび 木天蓼 《植》(speci*e*囡 di) actinidia囡

またでし 又弟子 →孫弟子

マタドール 〔ス matador〕《闘牛士》〔ス〕matador男〔無変〕, torero男

またとない 又とない 《唯一の》unico [男複 *-ci*] (nel suo genere); 《かけがえのない》insostituibile; 《この上ない》inestimabile, 《無比の》incomparabile, senza pari, ineguagliabile; 《二度とない》irripetibile ¶…するのにまたとない機会だ. È un'occasione unica [irripetibile] per + 不定詞

またどなり 又隣 ¶私は彼の家の又隣に住んでいる. La mia casa è la seconda dopo la sua.

マタニティードレス 《服》abito男 pré-maman [無変], pré-maman男〔無変〕

マタニティーようひん マタニティー用品 articoli男〔複〕per gestanti (pré-maman)

または 又は o, oppure ¶マリオまたは彼の兄が来ます. Viene Mario o suo fratello.

まだまだ 未だ未だ ¶まだまだ寒い日が続きます. Le giornate fredde sono destinate a continuare.

マダム 〔仏 madame〕《奥さん》signora囡; 《バーなどの》padrona囡, proprietaria囡; (►呼びかけるときは) signora); 《女主人》padrona ¶有閑マダム signora agiata e oziosa

まとも(や) 又も(や) ancora, di nuovo

まだら 斑 macchia囡, chiazza囡 ◇まだらの macchiato, chiazzato; 《毛並みが》pezzato ¶白に茶のまだらの犬 cane bianco chiazzato di marrone ¶山には雪が, まだ, まだらに残っている. In montagna ci sono ancora delle chiazze di neve.

まだるっこい ¶彼はまだるっこい話し方をする. Parla con una lentezza snervante [esasperante].

まち 町・街 《都市》città囡; 《小都市》cittadina囡; 《地方の小さな町》paese男; 《都市内の区域》quartiere男; 《商店街》centro男 commerciale ◇町で in città; per la strada ¶町に行く andare in città [in centro] ¶街を歩く camminare per le strade della città ¶町じゅうで in tutta la città ¶街角で in un angolo della strada [del quartiere]

✦**町役場** municipio男〔複 *-i*〕, comune男, ufficio男〔複 *-ci*〕comunale

まち 襠 《服》《三角形の》gherone男; 《手袋の指の側面》linguella囡; 《かばんの》soffietto男 ¶まちを入れる inserire un gherone ¶袋物のまち fianco di una borsa

まちあいしつ 待合室 《駅などの》sala囡 d'attesa [d'aspetto]

まちあいせいじ 待合政治 manovre囡〔複〕politiche dietro le quinte

まちあいぢゃや 待合茶屋 luogo男 di ristoro che offre la possibilità di chiamare delle *geisha*

まちあかす 待ち明かす passare la notte in bianco in ansiosa attesa di *qlcu*

まちあぐむ 待ちあぐむ ¶待ちあぐんでいた便りが届いた. Ho ricevuto la lettera che attendevo con impazienza. ¶彼の来るのを待ちあぐんで帰ってしまった. Mi sono stancata di aspettarlo e me ne sono andata a casa.

まちあわせる 待ち合わせる prendere [fissare] un appuntamento con *qlcu*, dare appuntamento a *qlcu*. ◇待ち合わせ appuntamento男 ¶駅で待ち合わせましょう. Vediamoci alla stazione. ¶待ち合わせに遅れる far tardi a un appuntamento ¶7時に駅で彼女と待ち合わせている. Ho un appuntamento con lei alla stazione alle sette. ¶彼は待ち合わせの場所に来なかった. Non è venuto [È mancato] all'appuntamento.

まちうける 待ち受ける ¶首を長くして吉報を待ち受ける non veder l'ora di ricevere buone notizie ¶思わぬ幸運が待ち受けていた. Ci attendeva una fortuna inaspettata.

まぢか 間近 《間近の[な]》prossimo, vicino, imminente ◇間近に vicino a *ql.co.* [*qlcu.*], in prossimità di *ql.co.*, nelle vicinanze di *ql.co.* ¶完ïst間近の家 casa quasi 「completata [pronta / terminata]¶彼女は出産間近だ. Manca poco al parto. / Il lieto evento è vicino. ¶出発も間近だ. La partenza è imminente. ¶試験が間近に迫っている. Gli esami si avvicinano.

まちがい 間違い **1** 《誤り》errore男, sbaglio男〔複 *-gli*〕; 《誤解》malinteso男, equivoco男〔複 *-ci*〕; 《過失》mancanza囡, fallo男; 《見間違い, 見落とし》svista囡 ¶よくある間違い errore frequente ¶間違いだらけの pieno di errori ¶スペルの間違い errore d'ortografia ¶間違いなく《確かに》senz'altro / certamente / senza fallo / 《正しく》correttamente / esattamente ¶彼に頼んでおけば間違い

ない．Chiederlo a lui è la cosa migliore. / È la persona più adatta a cui chiederlo. / Chiedendolo a lui si può stare tranquilli. ¶間違いなく来てくれよ．Non mancare di venire. / Vieni senz'altro, mi raccomando. ¶間違いを犯す fare [commettere] un errore [uno sbaglio] ¶間違いを正す correggere un errore ¶私の記憶に間違いがなければ se non mi sbaglio / se non ricordo male ¶…ということは間違いない．Non c'è dubbio che＋[直説法] ¶…と考えるのは間違いだ．È un errore pensare che＋[接続法] ¶…と言っても間違いではない．Non è sbagliato dire che＋[直説法] ¶そう考えるのは君の間違いだ．Sbagli [Hai torto] a pensare così.

2《手違い》disguido[男], gua*io*[男][複 -*i*]；《男女関係の》relazione[女] illecita (tra uomo e donna) ¶間違いを起こす creare un guaio / cacciarsi nei pasticci / 《男女が》avere una relazione illecita (con *qlcu.*) ¶彼に何か間違いがあったのではなかろうか．Non gli sarà mica accaduto qualcosa (di brutto)?

✤間違い電話 ¶間違い電話だった．Hanno sbagliato numero.

まちがう 間違う

1《誤る》fare [commettere] un errore [uno sbaglio], sbagliare[自][*av*], sbagliarsi (in [su] *ql.co.*) **◇間違った** sbagliato, errato, erroneo; 《不正確な》inesatto, impreciso, scorretto; 《不当な》ingiusto; 《法的に》illegale; 《法・道徳的に》illecito; 《非道徳的な》immorale, disonesto; 《不適切な》impropr*io*[男][複 -*i*], inopportuno ¶間違って per errore [sbaglio] / 《不注意で》per disattenzione / 《不当に》ingiustamente / a torto / illegalmente ¶間違った答えを書いてしまった．Ho scritto le risposte sbagliate. ¶君は間違っている．Hai torto! / Ti sbagli! / Sei in errore! ¶それは間違った行為だ．È una condotta sbagliata. ¶今これをするのは間違っている．Non è opportuno farlo adesso. ¶この電話番号は間違っている．Questo numero telefonico non è esatto. ¶番号をお間違えです．《電話で》Ha sbagliato numero.

2《取り違える》prendere *ql.co.* [*qlcu.*]《と per》¶山田と田中を間違った．Ho preso Tanaka per Yamada. ¶あの薬とこの薬は間違いやすい．È facile confondere questa medicina con quella.

まちがえる 間違える

《誤りを犯す》sbagliare, sbagliarsi (in [su])；《AとBを取り違える》prendere [scambiare] A per B ¶道を間違える sbagliare via [strada] ¶時間を間違える sbagliare ora ¶入り口を間違える sbagliare porta [ingresso] ¶計算を間違える sbagliare un calcolo ¶道はまっすぐだから間違えるはずがない．La strada è diritta, non si può sbagliare. ¶私は君をお兄さんと間違えていた．Ti ho preso [scambiato] per tuo fratello.

まちかど 街角・町角 **◇街角で** per strada ¶街角の交番 posto di [garitta della] polizia all'angolo della strada ¶街角で彼と出会った．L'ho incontrato per [in] strada.

まちかねる 待ち兼ねる 《待ち遠しい》attendere [aspettare] *qlcu.* [*ql.co.*] con impazienza, essere impaziente di＋[不定詞]；《待てない》non poter più aspettare *qlcu.* [*ql.co.*] ¶イタリアへ行く日を待ち兼ねている．Attendo impazientemente il giorno in cui partirò per l'Italia. ¶君に再会できる日を待ち兼ねている．Non vedo l'ora di rivederti.

まちかまえる 待ち構える ¶彼はチャンスを待ち構えている．Sta aspettando un'occasione propizia. ¶駅で報道陣が待ち構えていた．I giornalisti attendevano con ansia alla stazione.

まちくたびれる 待ちくたびれる essere stan*co* di aspettare *qlcu.* [*ql.co.* / che＋[接続法]]

まちこがれる 待ち焦れる non veder l'ora di＋[不定詞], essere impazient*e* di＋[不定詞] ¶我々は伯父からの手紙を待ち焦がれていた．Attendevamo con ansia la lettera dello zio. ¶子供たちは夏休みを待ち焦がれている．I bambini non vedono l'ora che arrivino le vacanze estive.

まちじかん 待ち時間 (tempo[男] d')attesa[女]; 〖コンピュータ〗latenza[女] ¶次の電車までの待ち時間は 10 分だ．Il prossimo treno arriverà tra dieci minuti. ¶待ち時間は平均 20 分です．Il tempo medio di attesa è di venti minuti.

まちどおしい 待ち遠しい aspettare *qlcu.* [*ql.co.*] impazientemente ¶彼の来るのが待ち遠しい．Non vedo l'ora che lui arrivi.

まちなか 町中 ¶こんな町中で凶悪犯罪が行われた．In una zona così centrale della città è stato commesso un crimine orribile.

まちなみ 町並み fila[女] di case; 《通り》via[女], strada[女], paesaggio[男][複 -*gi*] urbano ¶中世の町並みは美しい．Le strade medievali sono belle.

まちにまった 待ちに待った ¶待ちに待った夏休み le tanto attese vacanze estive

マチネー 〔仏 matinée〕《昼間興行》〔仏〕matinée[女][無変]；mattinata[女], spettacolo[男] teatrale [musicale] pomeridiano

まちのぞむ 待ち望む ¶待ち望んだ彼からの手紙が届いた．Ho ricevuto la sua lettera che avevo atteso con tanta impazienza.

まちはずれ 町外れ 《郊外》sobborghi[男][複], periferia[女] **◇町外れの[に]** fuori del centro ¶彼はローマの町外れに住んでいる．Vive nella periferia di Roma.

まちばり 待ち針 spillo[男] (da sarta) ¶布に待ち針を打つ appuntare degli spilli su una stoffa

まちぶせ 待ち伏せ imboscata[女], agguato[男] **◇待ち伏せする** tendere un'imboscata [un agguato] a *qlcu.*, fare la posta a *qlcu.*, aspettare *qlcu.* al varco, essere in agguato ¶待ち伏せに遭う cadere in un'imboscata

まちぼうけ 待ち惚け ¶待ちぼうけをくわせる fare attendere [aspettare] *qlcu.* inutilmente [vanamente / invano]

まちまち **◇まちまちの** var*io*[男][複 -*i*], differente, (di tipo) diverso **◇まちまちに** variamente ¶うわさはまちまちだ．Le voci che corrono sono contrastanti. ¶この点は新聞によってまちまちだ．I giornali divergono su questo punto. ¶この問題について彼らの意見はまちまちだ．Su questo problema i loro pareri variano.

まちや 町家 *machiya*[男][無変]（◆ tipologia di casa urbana con negozio annesso）

まちりょうきん 待ち料金 《タクシーの》tariffa

[ま]

まちわびる 待ち侘びる →待ち兼ねる

まつ 末 fine㊛ ¶月[年／週]末に alla fine del mese [dell'anno／della settimana]

まつ 松 pino㊚
❖松かさ pigna㊛
松風 vento㊚ tra i pini
松食い虫 [昆] insetti㊚[複] nocivi al pino
松材 legno㊚ di pino
松並木 filare㊚ di pini
松の実 pinolo㊚
松葉 ago㊚[複 *aghi*] di pino
松林 [原] pineta㊛
松やに resina㊛ di pino

まつ 待つ **1**《待ち受ける》aspettare [attendere] *qlcu.* [*ql.co.*／di+不定詞／che+接続法], essere in attesa『di+不定詞 [che+接続法]』¶君を待っていたからだ。Ti stavo aspettando! ¶あと3日待ってくれ。Aspetta ancora tre giorni. ¶お電話をお待ちしています。Aspetto la sua telefonata. ¶私は機が熟するのを待っているのだ。Aspetto che la situazione maturi. ¶私が帰るまで待ってください。Per favore attenda il mio ritorno. ¶私を待たないで家に帰ってください。Torni pure a casa senza aspettarmi. ¶ちょっと待ってください。Attenda un attimo per favore.／Un attimo solo.／Un momento. ¶電話を切らずにそのままお待ちください。Attenda in linea, prego.／Rimanga in linea. ¶お返事をお待ちしています。敬具《手紙の末尾で》In attesa di una Sua risposta, Le invio distinti saluti. ¶お待たせしてすみません。Mi dispiace averla fatta aspettare.／Mi scusi se l'ho fatta aspettare. ¶待てど暮らせど彼女は来なかった。L'ho aspettata molto [a lungo] ma non è venuta. ¶待てば海路の日和(ひより)あり。[諺]"Tutto arriva per chi sa aspettare."／"Col tempo e con la paglia maturano le nespole." ¶待ってました。《舞台にあがる役者などに》Eccolo!／《声をかける相手が女性》Eccola!／Ti stavamo aspettando!
2《頼みとする》¶君の努力に待つところが多い。Molto dipende dai [Contiamo sui] tuoi sforzi. ¶この問題の解明は今後の研究に待つしかない。Il chiarimento di questo problema dipenderà da ulteriori studi. ¶民主主義が大切なことは言を俟(ま)たない。Va da sé che la democrazia è importante.

[使いわけ] aspettare と attendere
会社・銀行・仕事などの場面では attendere を用いることが多い。待つのが自分のときは、aspettare を用いる。
¶課長はまもなく参ります。少々お待ちください。Il direttore sta per arrivare; attenda un attimo.
¶私は課長を待っているところです。Sto aspettando il direttore.
抽象的な事象には attendere を、具体的な事象には aspettare を用いる。
聖書や文語では attendere が多く用いられる。
¶天啓を待つ attendere un segnale dal cielo
¶給料を待つ aspettare lo stipendio
子供が話すときは aspettare を用いる。

まつえい 末裔 discendente㊚㊛ ¶彼は海賊の末裔だ。È il discendente di un pirata.

まっか 真っ赤 **1**《色》◇真っ赤な rosso vivo;《深紅の》vermiglio㊚[複 -*gli*] ¶真っ赤になって怒る diventare rosso di [per la] collera ¶僕は酒を飲むとすぐ真っ赤になる。Quando bevo un alcolico, divento subito tutto rosso [rosso rosso／rossissimo]. ¶彼は恥ずかしくて顔を真っ赤にした。È arrossito di vergogna. ¶夕焼けで西の空が真っ赤になった。Al tramonto, il cielo verso occidente è diventato [si è tinto di] rosso fuoco.
2《まるっきり、完全な》¶それは真っ赤なうそだ。Questa è una menzogna bella e buona.／Questa è una pura [non è che una] menzogna.

まつかざり 松飾り ¶松飾りをする decorare la porta d'ingresso con rami di pino (e con bambù) per il Capodanno

まっき 末期 ultimo periodo㊚; fine㊛;《最後の段階》ultima fase㊛, ultimo stadio㊚
❖末期癌 [医] cancro㊚ all'ultimo stadio [(nella fase) terminale]
末期的症状 sintomi㊚[複] [segni㊚[複]] della fine (▶比喩的にも用いる)

まっくら 真っ暗 **1**《まったく暗いこと》oscurità㊛, tenebre㊛[複] ◇真っ暗な completamente scuro [buio㊚[複 -*i*]] ¶月も星もない真っ暗な夜だった。Era una notte completamente buia senza luna né stelle. ¶真っ暗で何も見えない。Non si vede nulla, c'è [fa] buio pesto. ¶あたりが真っ暗になった。Intorno si è fatto buio. ¶部屋を真っ暗にした。Ho oscurato la stanza.
2《望みがないこと》¶お先真っ暗だ。Prevedo un futuro nero.／L'avvenire è oscuro.

まっくろ 真っ黒 ◇真っ黒な nerissimo, completamente nero;《日焼けして》abbronzatissimo ¶彼女は真っ黒な髪をしている。Ha capelli corvini. ¶魚が真っ黒にこげてしまった。I pesci si sono completamente carbonizzati.

まつげ 睫・睫毛 ciglio㊚[複 le *ciglia*] ¶逆さまつげ [医] trichiasi ¶つけまつげ ciglia false ¶まつげが濃い [長い] avere le ciglia folte [lunghe]

まつご 末期 ultimo momento㊚, ultima ora㊛, momento supremo ¶末期に臨んで in punto di morte／sul letto di morte ¶末期の水をとる assistere *qlcu.* in punto di morte／raccogliere l'ultimo respiro di un morente ¶末期の言葉 le ultime volontà [parole]

まっこう 抹香 profumo㊚ d'incenso
[慣用] 抹香臭い (においが) profumare d'incenso;《宗教じみた》¶抹香臭い話 (discorso simile a una) predica

まっこう 真っ向 ¶真っ向から立ち向かう affrontare [fronteggiare] *ql.co.* [*qlcu.*] con determinazione ¶真っ向から拒否する rifiutare categoricamente ¶真っ向から反対する opporsi decisamente ¶二人は真っ向から対立している。I due sono in aperto conflitto. ¶真っ向から風を受ける avere il vento in faccia／essere controvento

まっこうくじら 抹香鯨 [動] capodoglio㊚ [複 -*gli*], capidoglio㊚[複 -*gli*]

マッサージ [英 massage] massaggio㊚[複 -*gi*];《薬用クリームなどを用いて》frizione㊛
◇マッサージする massaggiare *ql.co.* a *qlcu.*, fare un massaggio a *qlcu.* [*ql.co.*]

❖**マッサージ師** massaggia*tore*㊚ [㊛ -trice]

まっさいちゅう 真っ最中 ◇真っ最中に nel pieno di *ql.co.*, nel momento più attivo di *ql.co.* ¶…の真っ最中である essere nel bel mezzo di *ql.co.* ¶私は仕事の真っ最中だ. Sono nel bel mezzo del lavoro. ¶今は観光シーズンの真っ最中だ. Siamo in piena stagione turistica.

まっさお 真っ青 ◇真っ青な(空・海などが) (di un) azzurro intenso, (顔が) pallidissimo ¶海が真っ青だ. Il mare è di un azzurro intenso. ¶真っ青になる impallidire㊁ [*es*] / diventare pallido [livido]

まっさかさま 真っ逆様 ◇真っ逆様に a testa in giù [in avanti], a capofitto ¶彼は真っ逆様に落ちた. È caduto a capofitto.

まっさかり 真っ盛り ¶桜はいま真っ盛りだ. I ciliegi sono in piena [nel pieno della] fioritura. ¶夏の真っ盛りだ. Siamo in piena estate.

まっさき 真っ先 ◇真っ先に(第一に) in primo luogo, per prima cosa; (なによりも) innanzi tutto, prima di tutto; (先頭) in testa ¶朝起きると真っ先に新聞を読む. Al mattino quando mi alzo, per prima cosa leggo il giornale. ¶私たちの中では彼 [彼女] が真っ先に発言した. È stato il primo [la prima] di noi a parlare.

まっさつ 抹殺 soppressione㊛, cancellazione㊛, annullamento㊚; (除去, 排除) eliminazione㊛ ◇抹殺する sopprimere, cancellare, cassare, depennare; eliminare; (無視) ignorare ¶反対派を抹殺する eliminare l'opposizione

まっしぐら ¶まっしぐらに進む procedere㊁ [*es*] senza esitazione / andare avanti con decisione

まつじつ 末日 ¶遅くとも今月末日までに借金を返済します. Pagherò il debito al massimo entro「la fine [l'ultimo giorno] di questo mese.

マッシュ (英 mash) ¶じゃが芋をマッシュする schiacciare le patate

❖**マッシュポテト** pur*è*㊚ [pure㊛] di patate

マッシュルーム (英 mushroom) (植) prataiolo㊚; (仏) champignon㊚ [無変], fung*o*㊚ [複 -*ghi*] champignon [無変]

まっしょう 末梢 ◇末梢的 insignificante, poco importante, di poca importanza, frivolo ¶末梢的なこと inezia㊛ / bazzecola㊛ / dettaglio insignificante / fatto di scarsa importanza

❖**末梢神経** (解) nervi㊚ [複] periferici, sistema㊚ nervoso periferico

まっしょう 抹消 ¶名簿から名前を抹消する cancellare [depennare] un nome dalla lista

まっしょうじき 真っ正直 ◇真っ正直な molto onesto, di grande onestà

まっしろ 真っ白 ◇真っ白な bianchissimo; (純白の) candido ¶山は雪で真っ白だ. La montagna è tutta bianca di neve. ¶彼はいつも真っ白なシャツを着ている. Porta sempre camicie candide. ¶真っ白な花が咲いた. Sono sbocciati fiori bianchissimi. ¶試験の時、緊張で頭が真っ白になった. All'esame avevo il vuoto in testa per la tensione.

まっすぐ 真っ直ぐ **1** (曲がっていない) ◇まっすぐな dritto, diritto, retto, rettilineo; (直接の) diretto ◇まっすぐにする (他のも

のを) raddrizzare; (自らが) raddrizzarsi ◇まっすぐになる raddrizzarsi, diventare diritto ◇まっすぐな線 linea diritta [retta] ¶この道をまっすぐ行くと学校があります. Andando sempre diritto per questa strada si trova la scuola. ¶まっすぐボールをける calciare la palla dritto davanti a *sé* ¶まっすぐ家に帰ります. Torno direttamente a casa.

2 (正直) ◇まっすぐな onesto ◇まっすぐに onestamente; (率直に) francamente ¶彼は心のまっすぐな人だ. Lui è un uomo onesto.

まっせき 末席 ¶末席に着く sedersi [sedere] al posto meno importante [in fondo / in fondo alla tavola]

慣用 末席を汚す avere l'onore di assistere [prendere parte] a *ql.co.*

まった 待った ¶Aspetta!, Un momento!, Un attimo! ¶待ったをかける chiedere a *qlcu.* di aspettare / (中止させる) imporre la sospensione [l'interruzione] di *ql.co.* / (チェスなどで) chiedere di cambiare una mossa ¶待ったなしの仕事 lavoro urgente

まつだい 末代 posteri㊚ [複]; (子孫) discendenti㊚ [複] ¶末代に伝える tramandare *ql.co.* ai posteri [ai *propri* discendenti] / (不滅にする) immortalare *ql.co.* / (永続させる) perpetuare *ql.co.* ¶これは末代までの恥だ. Questo sarà per sempre una vergogna. ¶人は一代, 名は末代. (諺) "L'uomo muore ma il suo nome resta."

まったく 全く (完全に) interamente, completamente, del tutto, perfettamente, totalmente; (絶対に) assolutamente; (少しも…でない) per nulla, per niente, nient'affatto; (本当に) proprio, veramente; (なるほど) in effetti, effettivamente ◇まったくの assoluto, completo, intero, perfetto, pieno, totale, vero

¶まったくのところ in verità / veramente / a dire il vero ¶そのことはまったく知らなかった. Non lo sapevo affatto. / Non ne sapevo (proprio) nulla. ¶それは私にはまったく関係ない. Non ho niente a che fare con quella faccenda. ¶あんな人はまったく知らない. Mi è completamente [del tutto] sconosciuto. ¶まったくそのとおりだ. È proprio così. / Ha perfettamente ragione. ¶そうにか切り抜けたのはまったくの偶然だ. È un puro caso che me la sia cavata. ¶まったくお前はばかだ. Sei proprio uno stupido.

まつたけ 松茸 fung*o*㊚ [複 -*ghi*] matsutake [無変]; (学名) *Tricholoma matsutake*

まっただなか 真っ只中・真っ只中 **1** (真ん中) ¶大海の真っただ中を漂う andare alla deriva nel bel mezzo dell'oceano **2** (真っ最中) ¶戦いの真っただ中 il momento culminante di una guerra ¶彼らは今やけんかの真っただ中にあった. Erano nel bel mezzo di una lite.

まったん 末端 (先端) punta㊛, estremità㊛, parte㊛ terminale ¶神経の末端 terminazioni nervose **2** (幹部に対して) gregari㊚ [複] ¶組織の末端にまで徹底させる far arrivare *ql.co.* fino ai gradini più bassi [fino a tutti i livelli] di un'organizzazione

❖**末端価格** (小売価格) prezzi㊚ [複] al dettaglio

末端機構〔組織〕servizio男 [複 -i] locale;《組合など》sezione女 locale

末端肥大症〔医〕acromegalia女

マッチ〔火をつけるための〕fiammifero男;〔安全マッチ〕svedese男;〔ブックマッチ〕minerva女 ¶マッチ1箱 una scatola di fiammiferi ¶マッチをする accendere un fiammifero ¶マッチを吹き消す spegnere un fiammifero soffiando ¶このマッチはつかない. Questo fiammifero non si accende. ¶『マッチ売りの少女』(アンデルセン) "La piccola fiammiferaia" (Andersen)
❖**マッチ箱** scatola女 di fiammiferi

マッチ〔英 match〕〔試 合〕partita女, incontro男, gara女 ¶チャレンジマッチ sfida
❖**マッチポイント**〔英〕match point男 [無変]; punto男 decisivo, punto男 partita

マッチ〔英 match〕〔調和〕◇マッチする appaiarsi [accompagnarsi / intonarsi] bene con ql.co. [qlcu.], andar bene insieme ¶このネクタイは君の背広によくマッチする. Questa cravatta s'intona bene con il tuo vestito.

まっちゃ 抹茶 verde in polvere（◆ usato specialmente per la cerimonia del tè）

マット〔英 mat〕〔敷 物〕stuoia女, tappeto男 di stuoia, tappetino男;〔マットレス〕materasso男;〔靴ぬぐい〕zerbino男, stuoino男;〔ス ポ〕tappeto男 ¶バスマット scendibagno男 [無変]
❖**マット運動** esercizio男 [複 -i] al tappeto

まっとう 真っ当 ◇まっとうな〔妥当な〕appropriato;〔きちんとした〕normale ¶それは人にものを頼むまっとうなやり方ではない. Questo non è il modo (appropriato) di chiedere un favore a una persona. ¶まっとうに暮らす condurre una vita onesta [retta]

まっとうする 全うする compiere [assolvere / adempiere / 〈完遂〉completare] ql.co.;〔うまく〕condurre ql.co. a buon fine [termine] ¶任務を全うする adempiere il proprio compito ¶天寿を全うする morire di morte naturale

マットレス〔英 mattress〕materasso男

まつのうち 松の内 prima settimana女 dell'anno nuovo

マッハ〔独 Mach〕〔物〕mach [mak]男 [無 変] ¶マッハ1の速度で飛ぶ volare a velocità mach 1 [alla velocità del suono]
❖**マッハ数** numero男 di Mach

まっぱだか 真っ裸 ◇真っ裸の completamente [tutto] nudo, nudo come un verme ¶真っ裸にする denudare completamente [da capo a piedi] qlcu. / spogliare completamente qlcu.,〔身ぐるみはがす〕spogliare qlcu. di tutti i suoi beni ¶真っ裸になる denudarsi [spogliarsi / svestirsi] completamente

まつばづえ 松葉杖 stampella女; gruccia女 [複 -ce] ¶松葉杖をついて歩く camminare con le grucce [con le stampelle]

まつばぼたん 松葉牡丹 〔植〕portulaca女

まつび 末尾 fine女 ¶第1巻の末尾に alla fine del primo volume ¶書類の末尾にサインする firmare in fondo al documento ¶車のプレートナンバーは末尾が54だった. Gli ultimi numeri della targa erano 5 e 4.

まっぴつ 末筆 ¶末筆ながら per concludere, in conclusione ¶末筆ながら奥様によろしくお伝えください. Saluti anche a Sua moglie.

まっぴら 真っ平 ¶もうまっぴらだ. Ne ho abbastanza! / Basta! / Mi rifiuto fermamente [decisamente]. ¶こんな仕事はもうまっぴらだ. Mai più accetterò un lavoro come questo.

まっぴるま 真っ昼間 ¶真っ昼間に in pieno giorno

マップ〔英 map〕〔地 図〕carta女 geografica; pianta女, piantina女, cartina女, mappa女 ¶ドライブマップ carta stradale

まっぷたつ 真っ二つ ¶真っ二つにする dividere [spaccare] in due parti (esattamente) uguali

まつむし 松虫 〔昆〕〔学名〕*Xenogryllus marmoratus*

まつり 祭り 〔宗教的な〕solennità女 religiosa;〔祝祭日〕festa女;〔儀式〕cerimonia女;〔取り入れ祭り・杣刈りなど〕sagra女;〔映画祭, 音楽祭など〕〔英 festival [festival]男 [無変] ¶お祭り騒ぎをする fare baldoria [festa] / darsi alla pazza gioia ¶祭りの飾り付けをする parare a festa ¶町はお祭り気分だ. In città c'è (un')aria di festa.

まつりあげる 祭り上げる ¶彼を会長に祭り上げた. L'abbiamo spinto ad assumere il posto di presidente. ¶彼は祭り上げておきさえすればいい. Basta adularlo.

まつりごと 政 governo男, amministrazione女 ¶まつりごとを行う condurre gli affari di Stato

まつる 祭る 〔儀式を行う〕tenere una cerimonia;〔祠(ほこら)を建てる〕dedicare un tempio a qlcu. [ql.co.] ¶この神社は天照大御神をお祭りしてある. Questo santuario è dedicato ad Amaterasu Omikami.

まつる 縫る ¶テーブルかけの端をまつる fare l'orlo a una tovaglia

まつろ 末路 〔人生の果て〕¶彼の末路は哀れだった. I suoi ultimi giorni di vita sono stati squallidi. / La sua fine è stata miseranda.

まつわりつく 纏わり付く→纏(まと)わり付く

まつわる 纏わる 《関連する》¶彼の失踪にまつわる謎 il mistero che avvolge la sua scomparsa ¶この山にまつわる伝説は数多い. Esistono molte leggende su questa montagna.

-まで -迄 **1**〔時 間〕fino a; finché (non)＋直説法 ◇-までに entro, prima di ¶来週まで fino alla prossima settimana ¶朝から晩まで dalla mattina alla sera ¶彼が来るまで待とう. Aspettiamo fino al suo arrivo. ¶6時までには済ませます. Lo finirò entro le sei [prima delle sei].
¶係が戻ってくるまでお待ちいただけますか. Può aspettare fino a quando [finché (non)] tornerà l'addetto? ¶列車が出るまでにはまだ10分ある. Ci sono ancora dieci minuti alla partenza del treno.

2〔場所〕fino a ¶東京駅まで fino alla stazione di Tokyo ¶京都までの切符 biglietto per Kyoto ¶水はひざまで来た. L'acqua è salita [arrivata] fino alle ginocchia. ¶10ページまで読みなさい. Leggi fino a pagina dieci. ¶どこまで. Fin dove?

3《さえ》¶子供にまでばかにされる. Perfino i

bambini mi prendono in giro. ¶そんなにまでも気に掛けてくれるのかい。Ti preoccupi per me fino a questo punto? ¶君までも僕を見捨てるのか。Perfino tu mi abbandoni?
4《だけ》solo ¶たいした問題じゃないが、ちょっと聞いてみたまでです。Non è una questione molto importante, ma ho provato a chiedere un po'. ¶いやなら断るまでのことだよ。Se non ti piace, non hai che da rifiutare.
5《「…までもない」などの形で、心要がない》¶タクシーで行くまでのこともない。Non occorre [Non è il caso di] prendere un taxi. ¶そんなことは今さら言うまでもない。Non c'è più bisogno di dirlo.
まてがい 馬刀貝 《貝》molluscо男 dei solenidi男, cannolicchio男 [複 -chi]
マテちゃ マテ茶 mate男
まてんろう 摩天楼 grattacielo男
まと 的 **1**《標的》bersaglio男 [複 -gli] ¶的をねらう mirare [puntare] al bersaglio / prendere di mira il bersaglio ¶的を狙って撃つ sparare al bersaglio / fallire il colpo [il bersaglio] / sbagliare la mira ¶弾丸が的に当たった。Il proiettile ha colpito il bersaglio [ha colto nel segno].
2《対象》¶彼は非難の的になっている。È oggetto di critiche. ¶彼は全員の攻撃の的となった。È diventato il bersaglio di tutta la gente [di tutti]. ¶彼は皆の羨望の的だった。Era invidiato da tutti. / Faceva invidia a tutti.
|慣用| 的を射る colpire il bersaglio, cogliere nel segno, fare centro ¶的を射た発言 parole 「che colgono nel segno [azzeccate]」
的をしぼる mettere a fuoco ¶この点に的をしぼろう。Mettiamo a fuoco questo punto. / Concentriamoci su questo argomento.
的を外れる andare fuori tema, uscire自 [es] dall'argomento in questione, divagare自 [av]

まど 窓 finestra女;《電車や飛行機の》finestrino男;《船の》oblò男;《大窓》finestrone男;《景色を眺めるための広い窓》finestra女 panoramica
¶ガラス窓 finestra a vetri ¶二重窓 doppia finestra ¶のぞき窓 spioncino ¶窓から眺める guardare dalla finestra ¶窓を開けてもいいですか。Posso aprire la finestra? / Le dispiace se apro la finestra? ¶「窓側」《掲示》"Posto (a sedere accanto al) finestrino" ¶「車の窓から手や顔を出さないでください」《掲示》"Non sporgersi dal finestrino" ¶「窓から物を投げてはいけません」《掲示》"Non gettare oggetti dal finestrino"
✤窓あき封筒 busta女 a [con] finestra
窓ガラス vetro男 della finestra
窓台 davanzale男
窓枠 telaio男 [複 -i] di finestra

まとう 纏う 《服を着る》indossare ¶乞食はぼろをまとっていた。Il mendicante 「era vestito di [indossava degli] stracci.

まどう 惑う 《甘い言葉に惑う》lasciarsi facilmente circuire (da dolci parole) ¶四十にして惑わず。A quarant'anni non è più tempo di incertezze.

まどお 間遠 ◇ 間遠に ogni tanto, raramente ¶いつしか手紙のやり取りも間遠になった。Ormai ci scambiamo solo qualche rara lettera.

まどぎわ 窓際 ¶窓際の席 posto 「a sedere vicino [accanto] alla finestra [《列車の》al finestrino」¶窓際に座る sedere accanto alla finestra
✤窓際族 impiegato男 [女 -a] di mezza età retrocesso di grado

まどぐち 窓口 **1**《受付などの》sportello男 ¶出納口 sportello di cassa ¶両替の窓口 sportello del cambio ¶この郵便局の窓口は応対が悪い。Agli sportelli di questo ufficio postale sono scortesi [non sono gentili].
2《外部との交渉・連絡役》¶苦情処理の窓口は高田氏です。Il signor Takada è all'ufficio reclami.
✤窓口係 sportellista男女 [複 -i]
窓口規制 《経》controllo男 sull'apertura degli sportelli bancari
窓口業務 《銀行》attività女 degli sportelli

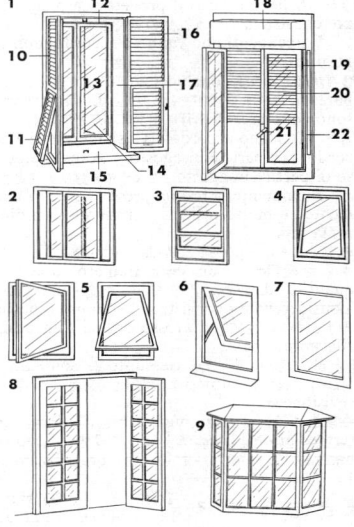

窓
1 両開き窓 finestra女 a due battenti. **2** 引き違い窓 finestra女 scorrevole. **3** 上げ下げ窓 finestra女 a saliscendi. **4** 上開き窓 finestra女 a vasistas. **5** 回転窓 finestra女 a bilico. **6** 突き出し窓 finestra女 ruotante su cerniera superiore. **7** 明り取り finestra女 fissa. **8** フランス窓 portafinestra女 [複 portefinestre]. **9** 出窓 finestra女 sporgente. **10** よろい板 stecca女. **11** のぞき窓 gelosia女. **12** 窓枠 telaio男. **13** ガラス vetro男. **14** 《窓の内側の》戸 scuretto男. **15** 窓台 davanzale男. **16** よろい戸 persiana女. **17** 立て枠 stipite男. **18** ブラインド袋 cassonetto男. **19** 蝶番 (ちょうつがい) cerniera女. **20** 巻き上げブラインド persiana女 avvolgibile. **21** 取っ手 maniglia女. **22** 《高さ調節用の》ベルト cinghia女.

まとはずれ 的外れ ¶的外れな議論 discussione fuori tema [fuori luogo] ¶的外れなことを言うな. Non dire cose fuori argomento.

まどべ 窓辺 ¶窓辺に立つ stare alla finestra

まとまり 纏まり 《統一》unità[女], unificazione[女], coordinazione[女];《一貫性》coerenza[女] ◇まとまりのない sconnesso, incoerente, confuso ¶まとまりのあるグループ gruppo unito ¶まとまりのない会社 ditta senza [priva di] coesione interna

まとまる 纏まる **1**《集まる》mettersi insieme ¶生徒たちはまとまって電車に乗った. Gli scolari sono saliti tutti insieme sul treno. ¶この本は2つの論文がまとまって1冊になっている. Questo libro compendia due saggi.

2《整う》¶まとまった報告 relazione ben fatta [《一貫した》coerente] ¶考えがうまくまとまらない. Non riesco a coordinare bene le idee. / Non ho le idee ben chiare. ¶しだいに計画がまとまってきた. A poco a poco il progetto ha preso corpo [consistenza]. ¶社員の気持ちがまとまっていない. I dipendenti non vanno d'accordo [non sono uniti].

3《決着がつく》concludersi;《完了する》terminare[自][es] ¶交渉がまとまった. Le trattative si sono concluse. ¶8月に出発することに話がまとまった. Ci siamo accordati [Ci siamo messi d'accordo] per partire in agosto. / Abbiamo deciso di partire in agosto. ¶ようやく論文がまとまった. Finalmente la tesi ha preso forma. / Finalmente ho messo insieme [terminato di redigere] la tesi.

4《「まとまった」の形で, 数·量がかなり多い》¶まとまった数[量]の un gran numero [una gran quantità] di *ql.co.* ¶まとまった金 una grossa [considerevole / consistente] somma di denaro ¶まとまった注文 un grosso ordine / un ordine rilevante

まとめ 纏め 《要約》riassunto[男], sommar*io*[男][複 *-i*];《統合》sintesi[女][無変];《文書などの整理》revisione[女]

✤**まとめ役**《仲介役》media*tore*[男][女 *-trice*], intermediar*io*[男][女 *-ia*; 男複 *-i*];《調整者》coordina*tore*[男][女 *-trice*];《オルグ》organizza*tore*[男][女 *-trice*]

まとめる

纏める **1**《揃える, 集める》riunire insieme, radunare, raggruppare;《秩序立てる》sistemare *ql.co.*, riordinare *ql.co.*, mettere in ordine *ql.co.* ◇まとめて《一括して》in blocco;《一度に》tutto in una volta ¶ひとつにまとめる riunire *ql.co.* in un tutto organico /《総合する》fare la sintesi di *ql.co.* ¶荷物をまとめる fare i bagagli ¶人をまとめるのは難しいことだ. È difficile coordinare un gruppo di persone. ¶代金はまとめて一度に払います. Pago tutto in una volta. ¶物はまとめて買ったほうが安くなる. Si spende meno comprando tutto in una volta.

2《解決する》risolvere [comporre] *ql.co.*;《実現する》realizzare *ql.co.*;《完結·完成する》concludere *ql.co.*, portare a compimento *ql.co.*;《調停する》conciliare ¶取引をまとめる concludere un affare (con *qlcu.*) ¶縁談をまとめる combinare un matrimonio ¶組合の紛争をまとめる comporre l'agitazione sindacale ¶いろいろな意見をまとめる conciliare opinioni divergenti

3《要約する》riassumere, sintetizzare ¶考えをまとめる riordinare [raccogliere] le idee ¶感想を文章にまとめる mettere per iscritto le *proprie* impressioni ¶…の結果をまとめる riassumere i risultati di *ql.co.*

まとも 正面 **1**《正面》◇まともに《じかに》direttamente, in faccia, di fronte ¶日射しをまともに受ける avere il sole「in faccia [negli occhi] ¶私の顔をまともに見られないのか. Non riesci a guardarmi in faccia?

2《まじめ》◇まともな《普通の》normale, regolare, ordinar*io*[男複 *-i*];《まじめな》ser*io*[男複 *-i*];《正直な》onesto ◇まともに《まじめに》seriamente; onestamente ¶まともな仕事 lavoro onesto ¶まともな道を歩む seguire la retta via ¶彼はまともじゃない. Non è normale. / È matto. ¶あいつにまともに答える必要はないよ. Lascialo perdere, quello. / Non è necessario che tu gli risponda.

マドラス 《チェックの木綿地》(tessuto[男] di cotone) madras[男][無変]

まどり 間取り pianta[女] [disposizione[女] dei vani] di una casa ¶この家は間取りがよい[悪い]. In questa casa le stanze sono ben [mal] disposte. / Questa casa è ben [mal] disegnata [progettata].

✤**間取り図** pianta[女] di una casa [《アパートの》un appartamento]

マドリガル 〔英 madrigal〕〘音〙madrigale[男]

マトリクス 〔英 matrix〕〘数〙matrice[女]

マドロス 〔蘭 matroos〕《船乗り》marina*io*[男][複 *-i*]

まどろっこしい ⇒まだるっこい

まどろむ sonnecchiare[自][av], dormicchiare[自][av]; assopirsi, fare un sonnellino

まどわす 惑わす **1**《当惑させる》imbarazzare, rendere perplesso (►perplessoは目的語の性·数に合わせて語尾変化する);《判断を誤らせる》confondere ¶人心を惑わす confondere [turbare] l'animo della gente ¶その手紙には惑わされました. La lettera mi ha sconcertato. **2**《誘惑する》sedurre ¶男は甘い言葉で女を惑わせた. Ha sedotto la donna con parole melliflue.

まとわりつく 纏わり付く ¶子供たちが母親にまとわりついて離れない. I bambini non si allontanano dalla [non lasciano in pace la] madre.

マトン 〔英 mutton〕《羊肉》montone[男]

マドンナ 〔伊〕《聖母マリア》Madonna[女] ¶ラファエロのマドンナ像 una Madonna di Raffaello

マナー 〔英 manners〕《行儀作法》buone maniere[女][複], modi[男][複];《振る舞い》comportamento[男] ¶彼はマナーがいい. È educato [cortese]. / Ha maniere [modi] gentili.

まないた 俎板·俎 tagliere[男] ¶木製のまないた tagliere di [in] legno

[慣用] **まな板にのせる** fare di *ql.co.* l'argomento di conversazione;《検討する》esaminare *ql.co.*

まな板の上の鯉(こい) ¶私はまな板の上の鯉のような心境である. Ho lo stesso stato d'animo di chi è rassegnato al proprio destino.

まながつお 真魚鰹 〖魚〗 pesce[男] castagna

まなこ 眼 occhio[男] [複 -*chi*]

まなざし 眼差し ṣguardo[男] ¶疑わしげな眼差しで私を見た. Mi ha guardato con sospetto [con occhi sospettosi].

まなつ 真夏 ¶真夏に in piena estate

✤**真夏日** giornata[女] estiva (con temperatura oltre i 30°)

まなでし 愛弟子 allievo[男] [[女] -*a*] [discepolo[男] [[女] -*a*]] prediletto [favorito]

まなぶ 学ぶ《勉強・習得する》studiare, imparare, apprendere ¶哲学を学ぶ studiare filoṣofia ¶イタリア語を学ぶ studiare l'italiano ¶人生を学ぶ imparare a vivere ¶伝統に学ぶ ispirarsi [rifarsi] alla tradizione ¶経験から学ぶ imparare dall'esperienza ¶彼と話して多くのことを学んだ. Parlando con lui ho potuto imparare molte cose. ¶この本は学ぶべき所が多い Ci sono tante cose da imparare in questo libro.

マニア 〔英 mania〕 maniaco[男] [[女] -*ca*; [男]複 -*ci*], patito[男] [[女] -*a*], fanatico[男] [[女] -*ca*; [男] 複 -*ci*]; appassionato[男] [[女] -*a*] ¶音楽マニア melomane[男] [女] / appassionato di muṣica ¶彼は切手マニアだ. Va matto per la filatelia. / È un filatelico.

まにあう 間に合う

1《時間に》 ◇**間に合って** in tempo ¶会合に十分間に合うように着く arrivare sufficientemente in anticipo alla riunione ¶電車に間に合わない perdere il treno / non fare in tempo a prendere il treno. ¶タクシーで行けばまだコンサートに間に合うだろう. Andando in [Col] taxi, forse arriverò in tempo al concerto. ¶9時のバスに間に合わなければ10時のに乗るよ. Se non faccio in tempo a prendere l'autobus delle 9, prenderò quello delle 10.

2《役立つ》essere utile;《目的にかなう》servire allo scopo;《足りる》essere sufficiente, bastare [自] [*es*] ¶このはさみで間に合いますか. Queste forbici sono sufficienti? ¶僕の辞書で間に合うならいつでも使ってくれ. Se ti serve [è utile] il mio vocabolario, uṣalo pure quando vuoi. ¶僕のイタリア語でどうやら間に合った. Me la sono cavata con il mio italiano. ¶1万円で間に合うかい. Ti bastano 10.000 yen?

まにあわせ 間に合わせ《便法・応急対策》ripiego[男] [複 -*ghi*], espediente[男] temporaneo, mezzo[男] di fortuna ◇**間に合わせの** provviṣorio [[男]複 -*i*], improvviṣato, di ripiego ◇**間に合わせに** provviṣoriamente, a titolo provviṣorio;《何かの代用として》in sostituzione di *ql.co.*, al posto di *ql.co.* ¶ねじ回しがないので間に合わせにナイフを使う uṣare un coltello al posto del cacciavite ¶間に合わせにこれを使おう. Uṣiamo questo come (soluzione di) ripiego. ¶当座の間に合わせには50万円でいい. Per il momento mi bastano cinquecentomila yen.

まにあわせる 間に合わせる **1**《急場をしのぐ》accontentarsi 《で di》, arrangiarsi 《で con》 ¶これで間に合わせよう. Accontentiamoci di questo. **2**《…までに》 ¶水曜日までに間に合わせてください. Lo finisca per [entro] mercoledì.

マニエリスム 〔仏 maniérisme〕〖美〗 manieriṣmo[男]

マニキュア 〔英 manicure〕 manicure[女] ¶マニキュアをする fare la manicure;《エナメルを塗る》darsi lo ṣmalto alle unghie ¶マニキュア用のはさみ forbicina per le unghie

✤**マニキュア液** ṣmalto[男] per unghie

マニキュア師 manicure[男][女] [無変]

マニキュアセット astuccio[男] [複 -*ci*] [completo[男]] per le unghie, arnesi[男] [複] da manicure

マニきょう マニ教 manicheiṣmo[男] ◇**マニ教の** manicheo

✤**マニ教徒** manicheo[男] [[女] -*a*]

まにし 真西 ¶ここから真西に駅がある. Eṣattamente a ovest di dove siamo c'è la stazione. ¶真西に向かった. Ci siamo diretti proprio [eṣattamente] verso occidente.

マニフェスト 〔英 manifesto〕 manifesto[男] (di partito)

まにまに ¶波のまにまに漂う andare alla deriva [galleggiare] in balia delle onde

マニュアル 〔英 manual〕 **1**《手引き》manuale[男];《取扱説明書》manuale[男] d'utilizzo, libretto[男] di istruzioni

2〖車〗 ¶マニュアル車 automobile[女] con il cambio manuale

マニュファクチュア 〔英 manufacture〕 manifattura[女] ◇**マニュファクチュアの** manifatturiero

まにんげん 真人間 ¶真人間になる correggersi / ritornare sulla retta via

まぬがれる 免れる 《逃れる》sfuggire[自] [*es*] [sottrarsi] a *ql.co.*;《避ける》evitare *ql.co.* [di＋[不定詞]], eṣimersi da *ql.co.* [dal＋[不定詞]];《免除される》essere eṣente [eṣonerato / dispensato] da *ql.co.* ¶あやうく危険を免れる scamparla bella / cavarsela per il rotto della cuffia / evitare un pericolo per un pelo ¶刑を免れる sottrarsi a una pena ¶任務を免れる essere eṣente da un incarico

まぬけ 間抜け idiota[男] [女] [[男] 複 -*i*], stupido[男] [[女] -*a*], scemo[男] [[女] -*a*], cretino[男] [[女] -*a*]; imbranato[男] [[女] -*a*]《単純》semplicione[男] [[女] -*a*], sempliciotto[男] [[女] -*a*] ◇**間抜けな** imbranato, idiota [[男]複 -*i*] ¶そんな間抜けな話は聞いたことがない. Non ho mai sentito una stupidaggine [idiozia] simile. ¶間抜け面で con aria inebetita / con una faccia da scemo [《女性》 scema]

まね 真似

1《パントマイム》mimica[女];《仮装, ものまね》simulazione[女];《模倣, 模造》imitazione[女] ¶〈人〉のまねをする imitare *qlcu.* /《従う》seguire l'eṣempio di *qlcu.* ¶彼はまねがうまい. È un abile imitatore. ¶彼は歌手のまねがうまい. È bravo a imitare i cantanti. ¶彼のまねはとてもできない. Non riesco assolutamente a fare come lui.

2《行為》 ¶ばかなまねをする comportarsi da stupido ¶おかしなまねはよせ. Ṣmettila di fare lo sciocco!

マネー 〔英 money〕 soldi[男] [複], denaro[男]

✤**マネーサプライ** 〖経〗 disponibilità[女] di capitali

マネーロンダリング riciclaggio[男] [複 -*gi*] di denaro (sporco)

マネージメント 〔英 management〕 gestione㊛, amministrazione㊛, direzione㊛

マネージャー 〔英 manager〕 〔英〕 manager [mánadʒer]㊚ 〔㊛ 無変〕, dirigente㊚, direttore㊚ 〔㊛ -trice〕, amministratore㊚ 〔㊛ -trice〕, gestore㊚ 〔㊛ -trice〕;《興行主》impresario㊚ 〔㊛ -ia;㊚複 -ri〕;《スポーツチーム・芸能人の》〔英〕manager㊚ 〔㊛無変〕; agente㊚

まねきねこ 招き猫 statuetta㊛ a forma di gatto che invita i clienti, esposta dai negozianti come portafortuna

マネキン 〔英 mannequin〕《衣服陳列用の人形》manichino㊚

まねく 招く **1**《招待する》invitare qlcu.;《呼び寄せる》chiamare qlcu.;《手招きする》chiamare qlcu. con la mano [con un cenno], far cenno di qlcu. di venire ◇招き招待 invito㊚ ¶夕食に招く invitare qlcu. a cena ¶招かれて来たな visitatore inopportuno ¶お招きいただきありがとうございます。La ringrazio del suo cortese invito. **2**《引き起こす》causare [provocare / creare] ql.co. ¶これは彼が自ら招いたことだ。Questa 「se l'è voluta [cercata] lui. ¶この予算は深刻なインフレを招く恐れがある。Questo bilancio rischia di provocare una grave inflazione. ¶ちょっとした不注意が大きな事故を招く。Una piccola distrazione può causare un disastro.

まねごと 真似事 **1**《似せてする事柄、まねた事》imitazione㊛, finzione㊛, simulazione㊛ ¶あんなのは裁判のまねごとにすぎない。Il processo è stato una farsa. **2**《形だけのこと》¶ほんのまねごとに式を挙げた。Abbiamo fatto una semplice cerimonia giusto per salvare la forma [rispettare le forme]. ¶ほんの商売のまねごとです。La nostra è un'azienda commerciale proprio piccola. ¶ピアノはほんのまねごとです。Suono il pianoforte solo per svago.

マネタリーサーベイ 〔英 monetary survey〕《経》indagine㊛ sulla moneta nazionale

まねる 真似る imitare;《手まね、身振りで》mimare, scimmiottare;《倣う》seguire;《もじる》parodiare;《模写・模作する》copiare ¶ヴェルサイユをまねた庭 un giardino costruito su modello di quello di Versailles ¶彼は人のしぐさをまねるのがうまい。È bravo a imitare i gesti degli altri. ¶手本をまねて練習しなさい。Fai gli esercizi seguendo l'esempio.

まのあたり 目の当たり ¶私はその光景を目の当たりにした。Ho visto quella scena proprio con i miei occhi.

まのび 間延び ¶間延びした《のろのろした》lento;《しまりがない》svogliato, pigro ¶間延びした動作 movimenti pigri [lenti]

まばたき 瞬き batter㊚ d'occhio, battito㊚ delle palpebre [di ciglia] ¶まばたきもせずに見つめる guardare fisso [fissamente / senza battere ciglio] / fissare qlcu. [ql.co.] negli occhi ¶まばたきするうちに in un batter d'occhio

まばゆい 目映い・眩い ¶まばゆい光 luce abbagliante ¶まばゆいほど美しい女性 donna 「di una bellezza smagliante [splendida]」

まばら 疎 ¶まばらな rado;《乏しい》poco [㊚複 -chi], scarso;《散発的な》sporadico [㊚複 -ci];《散在する》sparso ◇まばらに in modo sparso [rado], quaには人影のまばらな通り strada deserta [poco frequentata / solitaria] ¶人家のまばらな村 villaggio con poche case ¶種をまばらにまく seminare radamente ¶講演会は聴衆がまばらだった。Il numero dei presenti alla conferenza è stato alquanto scarso. / Poche persone sono venute ad ascoltare la conferenza. ¶あちこちに木がまばらにはえている。Alcuni alberi spuntano qua e là. ¶観光客がまばらになる。I turisti diventano rari.

マハラジャ 〔梵 mahārāja〕《インドの藩王》maragià㊚ 〔無変〕

まひ 麻痺 **1**《五官の》paralisi㊛ 〔無変〕;《しびれ》intorpidimento, intirizzimento;《無感覚》insensibilità㊛ ◇麻痺する《患部が主語》paralizzarsi; intorpidirsi ◇麻痺している《人や患部が主語》essere paralizzato [intorpidito] ◇麻痺させる paralizzare, intorpidire ¶小児麻痺 paralisi infantile [《医》poliomielite] ¶心臓麻痺 arresto cardiaco / infarto (cardiaco) ¶余りの寒さに指先が麻痺してしまった。Ho le dita congelate dal freddo. ¶彼は両足が麻痺している。Ha le gambe paralizzate.
2《交通機関などの》paralisi㊛ 〔無変〕 ◇麻痺する paralizzarsi, bloccarsi ◇麻痺させる paralizzare, bloccare, arrestare ¶ストのために公営交通機関が麻痺している。Per lo sciopero il trasporto pubblico è paralizzato. ¶交通が麻痺した。Il traffico è rimasto bloccato [paralizzato].
3《思考などが》¶彼は良心が麻痺している。La sua coscienza è diventata insensibile. / Non ha coscienza.

まひがし 真東 ¶ここから真東にある森 una foresta proprio a est di qui

まびき 間引き ¶苗の間引きをする diradare una coltura (の di)
❖間引き運転 servizio㊚ 〔複 -i〕 ridotto ◇間引き運転をする diradare le corse, sopprimere alcune corse

まひる 真昼 ¶真昼に in pieno giorno;《正午》a mezzogiorno ¶真昼の太陽 sole㊚ allo zenit

マフ 〔英 muff〕《服》manicotto㊚

マフィア 〔伊〕 mafia㊛, Cosa Nostra ◇マフィアの mafioso ¶マフィアのボス capomafia㊚ 〔複 capimafia〕 / boss mafioso ¶マフィアの構成員 mafioso㊚ 〔㊛ -a〕 ¶マフィアの下部組織《シチリアの》cosca mafiosa

マフィン 〔英 muffin〕 tortina㊛ soffice con pezzetti di frutta o cioccolato

まぶか 目深 ¶帽子を目深にかぶる calcarsi un cappello in testa

まぶしい 眩しい abbagliante, splendente, smagliante, accecante ¶太陽の光がまぶしい。La luce del sole è abbagliante [accecante]. ¶まぶしい微笑 sorriso smagliante ¶あの少女はまぶしいほどに美しい。Quella ragazza è 「di una bellezza accecante [splendida]」.

まぶす 塗す ¶粉をまぶす infarinare ql.co. ¶ケーキに粉砂糖をまぶす cospargere di zucchero a velo una torta / coprire una torta di zucchero

まぶた 瞼 **1**《目の》palpebra㊛ ¶一重[二重]まぶた palpebra semplice [doppia] ¶上[下]まぶた palpebra superiore [inferiore]
2《記憶》¶母の姿がまぶたに浮かぶ。La figura di mia madre mi torna in mente come se fosse qui davanti.
[慣用] 瞼の母 immagine㊛ della madre impressa nella mente

まふゆ 真冬 真冬に nel pieno [nel cuore] dell'inverno

マフラー〔英 muffler〕**1**《えりまき》sciarpa㊛ ¶マフラーを首に巻いて avvolgendosi una sciarpa al collo **2**《車》silenziatore㊚, marmitta㊛ (del tubo di scarico)

まほう 魔法 magia㊛[複 -gie], stregoneria㊛;《具体的な所作》sortilegio㊚[複 -gi];《悪い結果をもたらす》maleficio㊚[複 -ci]; incantesimo㊚ ¶魔法の magico ¶魔法で per magia ¶魔法の杖 bacchetta magica ¶魔法を使う praticare la magia [la stregoneria] ¶魔法にかける stregare qlcu.
✤魔法陣 quadrato㊚ magico
魔法使い fata㊛, mago㊚[複 -ga; 複 -ghi];《男の》stregone㊚;《女の》strega㊛
魔法瓶 thermos㊚[無変], termos㊚[無変]

マホガニー〔英 mahogany〕《植》mogano㊚;《その材木》legno㊚ di mogano;《色》color㊚ mogano

まぼろし 幻《死者の》fantasma㊚[複 -i], spettro㊚, spirito㊚;《幻想》chimera㊛, illusione㊛, sogno㊚;《幻覚》visione㊛, apparizione㊛, allucinazione㊛ ◇幻のような fantomatico[㊚複 -ci], spettrale; chimerico[㊚複 -ci], illusorio[㊚複 -i] ¶幻の国 il mondo dei sogni ¶幻の名作 capolavoro scomparso ¶幻を見る avere delle visioni ¶幻を追う correre dietro ai fantasmi / inseguire sogni [chimere] ¶幻のように消える scomparire d'un tratto come un fantasma

まま 儘 **1**《そのままの状態》¶元のまま come (era) prima / come in [per il] passato / come una volta ¶元のままにしておく lasciare ql.co. così come (sta [si trova / è]) ¶ドアを開けたままにしておく lasciare la porta aperta ¶帽子をかぶったまま部屋に入る entrare in una stanza「con (senza togliersi)] il cappello ¶彼から聞いたままを伝える。Lo riferisco così come l'ho saputo da lui. ¶そのままお待ちください。《電話で》Attenda [Rimanga] in linea per favore. ¶そのままで結構です。Va bene [Basta / Lasci pure] così. ¶コートはそのままでどうぞ。La prego, tenga pure il cappotto. ¶彼は立ったままでいる。È [Sta] ancora lì in piedi. ¶彼は朝家を出たまま帰ってきません。È uscito di casa di mattina e non è tornato. ¶この村は昔のままだ。Non è cambiato nulla in questo villaggio.
2《成り行きまかせ》¶風のままに漂う ondeggiare [svolazzare] in balia del vento ¶言われるままの金額を支払った。Ho pagato quanto mi hanno detto [mi è stato indicato] senza discutere. ¶足の向くままに歩いた。Ho camminato laddove mi ha portato il caso.
3《思い通り》¶思うままに金を使う spendere il denaro a volontà ¶世の中は思うままにはならない。La vita non va sempre「come vorremmo [secondo la nostra volontà].
4《校訂・校正で「ママ」と書いて、元のまま》vive

まま 間々 alle volte ¶そういうことはままあるものだ。Ogni tanto queste cose accadono. / Succede.

ママ〔英 mamma, mama〕mamma㊛;《呼びかけるときの省略形》ma'

ままおや 継親《父》patrigno㊚;《母》matrigna㊛

ままこ 継子 figliastro㊚[㊛ -a] ¶まま子いじめをする trattare male un figliastro ¶まま子扱いする trattar qlcu. [ql.co.] freddamente ¶皆があの娘をまま子扱いしている。Tutti trattano male quella ragazza lasciandola in disparte.

ままごと 飯事 ままごと遊びをする giocare a cucinare e a governare la casa / giocare a mamma e figlia

ままならぬ 儘ならぬ ¶とかくこの世はままならぬ。Le cose non vanno come si vuole. / La vita sfugge alla nostra volontà.

ままはは 継母 matrigna㊛

ままよ 儘よ ¶ままよ、どうにでもなれ。Come va, va! / Vada come deve andare! ¶えいままよ、やるぞ。Oh, non m'importa, proviamo lo stesso!

まみえる 見える **1**《「会う」の謙譲語》avere un'udienza con qlcu., vedere qlcu.;《仕える》servire qlcu. ¶二君にまみえるようなことはいたしません。Non servirò nessun altro signore.
2《対面する》¶相まみえる confrontarsi

まみず 真水 acqua㊛ dolce

まみなみ 真南 ¶家の真南に公園がある。C'è un parco proprio a sud della mia casa. ¶飛行機は真南に向かっている。L'aeroplano sta volando diretto esattamente a sud.

まみれ 塗れ ¶ズボンが泥まみれだ。I pantaloni sono tutti inzaccherati [sporchi di fango].

まみれる 塗れる ¶靴が泥にまみれてしまった。Le scarpe「si sono inzaccherate [infangate / sporcate di fango]. ¶その本はほこりにまみれていた。Il libro era coperto di polvere [era impolverato].

まむかい 真向かい ◇真向かいの dirimpetto [無変], di fronte ¶真向かいに dirimpetto, di fronte ¶彼の家は真向かいだ。La sua casa è proprio di fronte.

まむし 蝮《動》vipera㊛

まめ 肉刺《たこ》callo㊚;《水ぶくれ》bolla㊛, vescica㊛ ¶手[足]にまめができた。Mi si sono「fatti [formati] i calli alle mani [ai piedi].

まめ 豆《豆類》legumi㊚[複], seme㊚ di leguminosa;《豆科の植物》leguminose㊛[複]

関連		
いんげん豆 fagiolo㊚	えんどう豆 pisello㊚	コーヒー豆 chicco㊚[複 -chi] di caffè
そら豆 fava㊛	大豆 soia㊛	ひよこ豆 cece㊚
ひら豆、レンズ豆 lenticchia㊛		

✤豆自動車 piccola automobile㊛, utilitaria㊛, minicar㊛[無変]

豆台風 ciclone [tifone男 / uragano男] di modeste proporzioni
豆電球 piccola lampadina女, lampadina女 mignon [無変]
豆まき lanciare fagioli nel giorno di *setsubun* →節分 |日本事情|
まめ 忠実 ¶まめな(よく働く) attivo, diligente, laborioso; 《几帳面な》met*o*dico [男複 -ci], preciso, scrupoloso; 《健康な》sano, pieno di salute ¶まめに働く darsi da fare / lavorare diligentemente [con zelo] ¶両親はまめに暮らしています。 I miei genitori godono di ottima salute.
まめつ 摩滅・磨滅 《機》usura女, abrasione女, logor*io*男 [複 -ii] per attrito ◇摩滅する logorarsi; consumarsi
まめつぶ 豆粒 ¶飛行機が豆粒のように小さく見えた。 L'aeroplano era un puntino nel cielo.
まめでっぽう 豆鉄砲 ¶鳩が豆鉄砲を食ったような顔をする sembrare stup*i*to [sorpres*o*]
まもう 摩耗・磨耗 →摩滅
❖摩耗試験《機》prova女 di abrasione
まもなく 間も無く 《今から》fra poco, presto, tra breve; 《その直後》subito dopo ¶まもなく彼も来るだろう。 Fra poco arriverà anche lui. / Arriverà da un momento all'altro. ¶彼は卒業するとまもなく結婚した。 Si è spostato dopo dopo aver terminato gli studi.
まもの 魔物 dem*o*ne男
まもり 守り 1《守ること》difesa女; 《保護》protezione女 ¶守りを固める rafforzare le difese [le protezioni] 2 →御守り
❖守り神 angelo男 custode
まもる 守る・護る 1《防衛する》difendere; 《保護する》proteggere, tutelare ¶国を守る difendere la patria ¶どうか私を守ってください。 Ti prego, difendimi [proteggimi]. ¶自分の利益を守る salvaguardare [difendere] i *propri* interessi ¶病気の感染から守る preservarsi [difendersi] dal contagio
2《維持する》mantenere, tenere; 《遵守する》osservare; 《尊重する》rispettare ¶約束を守る mantenere le promesse ¶秘密を守る mantenere il segreto ¶法を守る osservare la legge ¶彼はよく時間を守る。 È sempre puntuale. ¶《用法を守ること》《薬などの指示》"Osservare le modalità d'uso" ¶主義を守る essere fedele ai *propri* princ*i*pi ¶沈黙を守る osservare [mantenere] il silenzio
マヤ 《史》Maya男女 [無変]
❖マヤ語 la lingua女 maya
マヤ人 indian*o*男 [女 -a] Maya [無変]
マヤ族 i Maya男 [複]
マヤ文明 civiltà女 Maya
まやかし ¶まやかしの福祉政策 provvedimento palliativo per l'assistenza sociale
まやく 麻薬 droga女, stupefacente男, narc*o*tico男 [複 -ci]; 《刺激剤》stimolante男; 《麻酔薬》anest*e*tico男 [複 -ci] ¶麻薬をかがせる《悪意で》drogare *qlcu*. ¶麻薬をやる drogarsi / prendere [assumere] sostanze allucinogene / 《隠》farsi / 《注射を打つ》《隠》bucarsi
❖麻薬常習者《中毒患者》drogat*o*男 [女 -a], tossic*o*mane女, tossicodipendente男女

麻薬捜査 operazione女 antidroga [無変]
麻薬捜査官 agente男 della squadra antinarc*o*tici [antidroga]
麻薬中毒 tossicomania女, tossicodipendenza女
麻薬取引 tr*a*ffico男 [複 -ci] di droga
麻薬売人 spaccia*tore*男 [女 -*trice*] di droga; 《大がかりな》narcotrafficante男女; 《密輸》contrabband*ie*re男 [女 -a] di droga
まゆ 眉 soprac*ci*glio男 [複 i *sopracc*i*gli*, le *sopracciglia*] ¶濃い[薄い]眉 sopracciglia folte [rade] ¶眉をかく[引く] disegnarsi le sopracciglia
|慣用| 眉が曇る ¶その知らせに彼の眉が曇った。 Sentita la notizia, il volto gli si rannuvolò.
眉に火がつく ¶眉に火がつく状況だ。 La situazione è pressante [urgente].
眉一つ動かさない restare impass*i*bile / non battere ciglio
眉をしかめる ¶彼は苦痛に眉をしかめた。 Ha fatto una smorfia di dolore.
眉をひそめる aggrottare le ciglia; 《深く考え込んで》aver l'aria acc*i*gliata ¶その行為を見て彼は眉をひそめた。 Ha aggrottato le ciglia [Si è accigliato] vedendo quel comportamento.
眉を開く ¶子供の高熱が下がって両親は眉を開いた。 La febbre alta del bambino si è abbassata ed i genitori hanno tirato un sospiro di sollievo.
❖眉毛 soprac*ci*glio男 [複 i *sopracc*i*gli*, le *sopracciglia*]
眉尻 ¶眉尻をつり上げる corrugare le sopracciglia / andare su tutte le furie
眉墨 matita女 per le sopracciglia
眉つば《物》¶それは眉つば物だよ。 È un racconto inveros*i*mile. / È una frottola.
眉根 ¶眉根を寄せる aggrottare le ciglia / acc*i*gliarsi / corrugare la fronte
まゆ 繭 b*o*zzolo男 (del baco da seta) ¶繭を作る fare il b*o*zzolo / avvolgersi nel b*o*zzolo ¶繭から糸を取る sv*o*lgere il filo di un b*o*zzolo
まよい 迷い 《疑い》d*u*bbio男 [複 -i]; 《当惑》imbarazzo男, perplessità女; 《ためらい》esitazione女, incertezza女, titubanza女; 《不決断》indecisione女; 《間違い》illusione女 ¶迷いを覚ます disill*u*dere *qlcu.* / far aprire gli occhi a *qlcu.* ¶迷いが覚める liberarsi delle illusioni / aprire gli occhi ¶迷いが生じた Mi è nato un dubbio.

まよう 迷う 1《方向や道がわからなくなる》smarrirsi, p*e*rdersi, p*e*rdere la strada ¶道に迷った。 Mi sono perso [perduto / smarrito].
2《決断がつかない》essere 「in d*u*bbio [incerto / indec*i*so], esitare自 [*av*] ¶どう…したらいいのか迷う non sapere come + |不定詞| ¶故郷に帰ろうかもしくはイタリアにいようか迷っています。 Sono incerto se tornare in patria o rimanere ancora in Italia. ¶どれを買ったらいいか迷います。 Sono incerto su quale (debbo) comprare. ¶判断に迷う non sapere che decisione prendere ¶迷える小羊《聖》pecorella smarrita ¶さんざん迷ったあげく dopo "una lunga [tanta] esitazione ¶迷わずに…する non avere alcuna esitazione a + |不定詞|
3《道をふみはずす》¶彼は女に迷って人生を誤った。 Accecato dalla cupid*i*gia, ha preso una strada

まよけ 魔除け 《お守り》talismano㉛, amuleto㉛;《呪文》scongiuro㉛;《儀式》esorcismo㉛

まよこ 真横 ¶彼は私の真横に座っていた. Stava seduto proprio accanto a me.

まよなか 真夜中 il cuore㉛ della notte; notte ㉛ fonda ◇真夜中に in piena notte, nel pieno [nel cuore] della notte, a mezzanotte ¶真夜中を過ぎたころに poco dopo mezzanotte

マヨネーズ 〔仏 mayonnaise〕maionese㉛

まよわす 迷わす **1**《惑わす》imbarazzare;《混乱させる》confondere ¶この問題が彼を迷わせている. Questo problema lo sconcerta [lo rende perplesso].
2《誤らせる》sviare qlcu., mettere qlcu. fuori strada ¶彼の思想が青年たちを迷わせている. Il suo pensiero svia i giovani.
3《だます》ingannare, imbrogliare ¶私は彼の話に迷わされた. Sono stato tratto in inganno dalle sue parole.
4《魅了する》tentare, affascinare, sedurre ¶彼女の魅力は多くの男を迷わせた. Il suo fascino ha sedotto molti uomini.

マラカス 〔ス maracas〕《音》maraca㉛《複 maracas》¶マラカスをふる suonare le maracas

マラソン 〔英 marathon〕maratona㉛
✤**マラソン選手** maratoneta㉛《複 -i》

マラリア 〔独 Malaria〕《医》malaria㉛ ¶マラリアにかかる contrarre la malaria
✤**マラリア熱** febbre㉛ malarica

まり 鞠・毬 palla㉛

マリア Maria㉛ ¶聖母マリア la Madonna / la Santa Vergine / Maria Vergine /《呼びかけで》Santa Maria

✤**マリア観音** Maria-kannon㉛〔無変〕(◆ statua della Madonna con le sembianze della dea buddista Kannon, usata in Giappone nel 17° secolo durante le persecuzioni cristiane)

マリーゴールド 〔英 marigold〕《植》tagete㉛

マリオネット 〔仏 marionette〕marionetta㉛

マリネ 〔仏 mariné〕《料》marinata㉛, vivanda㉛ marinata ¶鮭のマリネ salmone marinato

マリファナ 〔ス marijuana〕marijuana㉛〔無変〕; hashish [hascisc]〔aff/f〕〔無変〕

まりも 毬藻 《植》《学名》*Aegagropila* [*Clodophora*] *sauterii*

まりょく 魔力 potere㉛ magico《複 -ci》; magia㉛ ¶魔力のある dotato di poteri magici ¶これは数字の魔力だ. Questa è la magia dei numeri.

マリンバ 〔英 marimba〕《音》marimba㉛

まる 丸 **1**《円》circolo㉛, cerchio㉛《複 -chi》¶丸を描く disegnare un cerchio ¶正しい答えを丸で囲む fare un cerchio intorno alle risposte esatte (◆イタリアではふつう丸で囲むのではなく×をつける)
2《完全, 全体》¶りんごを丸のまま食べる mangiare una mela a morsi / addentare una mela
3《名詞に付いて》¶まる1日 un giorno intero / tutto il giorno ¶まる3年 tre anni interi [completi] ¶まだまる2時間あります. Ci sono ancora due ore「tonde tonde [piene].

まるあらい 丸洗い ¶着物を丸洗いする lavare un *kimono* senza togliere la fodera [senza scucirlo]

まるあんき 丸暗記 ◇丸暗記する imparare a memoria meccanicamente [a pappagallo]

まるい 丸い・円い **1**《円・球状の, 太った》rotondo, tondo;《円状の》circolare;《球状の》sferico㉛《複 -ci》◇丸く《輪になって》in cerchio, in circolo ◇丸くなる arrotondarsi, diventare tondo ◇丸くする arrotondare *ql.co.*, rendere *ql.co.* rotondo (▶rotondo は目的語の性・数に合わせて語尾変化する);《丸める》arrotolare *ql.co.*;《角を落とす》smussare gli angoli di *ql.co.*
¶背中を丸くする curvare la schiena /《猫などが》fare la gobba ¶丸くなって座る sedersi in cerchio ¶目を丸くする sgranare [spalancare] gli occhi per la sorpresa ¶地球は丸い La terra è rotonda.
2《円満》◇丸くなる diventare㉓ [*es*] socievole ¶けんかを丸くおさめる comporre una controversia in modo amichevole ¶2人の仲は丸くおさまった. Si sono riconciliati amichevolmente.

まるうつし 丸写し ¶彼は他人のレポートを丸写しした. Ha copiato in tutto e per tutto la tesina di un altro.

マルカート 〔伊〕《音》marcato

まるがお 丸顔 ¶丸顔である avere un viso tondo [una faccia tonda]

まるき 丸木 tronco㉛《複 -chi》d'albero
✤**丸木橋** ponte㉛ con un solo tronco
丸木舟 canoa㉛, piroga㉛

マルク 〔独 Mark〕《ドイツの旧通貨単位》marco㉛《複 -chi》(tedesco《複 -schi》)

マルクスしゅぎ マルクス主義 marxismo㉛
◇マルクス主義の《マルクス主義を信奉した》marxista〔㉛複 -i〕;《マルクス主義に関する》marxiano ¶マルクス主義思想 pensiero marxista ¶現代マルクス主義 marxismo contemporaneo ¶マルクス主義経済学 teoria economica marxista
✤**マルクス主義者** marxista㉛《㉛複 -i》

マルクス・レーニンしゅぎ マルクス・レーニン主義 marxismo-leninismo㉛

まるくび 丸首 ◇丸首の a girocollo ¶丸首のセーター maglione㉛ a girocollo

まるごし 丸腰 ◇丸腰で disarmato, senz'armi

まるごと 丸ごと interamente ¶チキンをまるごと焼いた. Ho arrostito un pollo intero. ¶1ページをまるごと書き直した. Ho riscritto tutta la pagina.

マルサスしゅぎ マルサス主義 malt(h)usianismo㉛

まるぞん 丸損 ◇まる損する perdere tutto ¶商売はまる損だった. L'affare è stato una perdita totale.

まるた 丸太 tronco㉛《複 -chi》d'albero ¶丸太のままで木材を輸送する trasportare una partita di legname non scortecciato [non lavorato]
✤**丸太小屋** capanna㉛ di tronchi d'albero

まるだし 丸出し ¶田舎弁まる出しでしゃべる parlare con [senza nascondere] il *proprio* accento provinciale ¶…をまる出しにする scoprire *ql.co.* completamente

マルチー〔英 multi-〕multi-, pluri-, poli-
✤**マルチ商法** sistema[男] di vendita a piramide
マルチチャンネル multicanali[男][複]
マルチトラック録音 registrazione[女] a piste multiple
マルチメディア multimedia[男][無変]

マルチーズ〔英 maltese〕《犬》maltese[男], cane[男] maltese

まるっきり 丸っきり ¶まるっきりうそでもなかった. Non era poi tutto una bugia. / In quella bugia c'era un briciolo di verità.

まるつぶれ 丸潰れ ¶僕の面目はまるつぶれになった. Ho completamente perso la faccia.

まるで 丸で **1**《否定を伴って, まったく…ない》completamente, interamente, totalmente, assolutamente; in nessun modo ¶ビールなら飲めますが, 日本酒はまるでだめです. Posso bere un po' di birra, ma niente *sakè*. ¶まるでお話にならない. È completamente assurdo. ¶音楽はまるでだめです. Sono negato per la muṣica. ¶まるで覚えがない. L'ho completamente dimenticato / Non me lo ricordo per niente.
2《あたかも》¶彼はまるで子供のような顔をしている. Ha una faccia che sembra proprio quella di un bambino (piccolo). ¶あの子はまるでお人形のようにかわいい. Quella bambina è graziosa come una bambola. ¶まるで弟を亡くしたような気持ちだ. È come se avessi perso mio fratello. ¶彼はまるで私がそれを盗んだかのように言った. Parlava proprio come se l'avessi rubato io.

まるてんじょう 丸天井 (soffitto[男] a) volta [女], volta[女] a cupola;《ドーム》cupola[女]

まるのみ 丸呑み **1**《かまずに飲む》◇まる呑みする inghiottire [ingoiare] senza masticare
2《鵜呑み》¶彼は同僚の話をまる呑みにした. Ha bevuto tutto il racconto del suo collega.

まるはだか 丸裸 **1** ⇀真っ裸 **2**《物をすっかりなくすこと》¶私は火事で[賭けで]まる裸になった. Ho perso tutto nell'incendio [al gioco d'aẓẓardo].

まるばつしき ○×式 ¶○×式の試験 eṣame vero-falso / test a quiẓ /《選択肢式》test a scelta multipla

まるひ 丸秘《印》"confidenziale", "segretissimo" ¶この書類はまる秘だ. Questo documento è top secret.

まるぼうず 丸坊主 **1**《ぼうず頭》testa[女] rasata
2《山などの》◇丸坊主の calvo, pelato ¶山が丸坊主だ. La collina è ṣpoglia [brulla].

まるぼし 丸干し ¶魚を丸干しにする seccare un pesce intero

まるぽちゃ 丸ぽちゃ ◇まるぽちゃの paffuto

まるまど 丸窓 finestra[女] tonda;《船の》(finestra[女] a) oblò[男]

まるまる 丸丸 **1**《よく太った》◇まるまるとした《ぽっちゃりした》paffuto;《太った》grassoccio [[男]複 *-ci*; [女]複 *-ce*], tondo, rotondo ¶頬のまるまるとした子供 bambino paffuto ¶まるまると太った子供 bambino grassottello [rotondetto]
2《まるごと》completamente, totalmente, del tutto ¶まるまる損をする subire una perdita totale [completa]

まるみ 丸み **1**《丸さ》¶丸みを帯びる arrotondarsi ¶丸みをつける arrotondare *ql.co.*
2《円熟》¶彼は年をとって丸みが出てきた. È diventato maturo con l'età.

まるみえ 丸見え ¶この部屋は外からまる見えだ. Dall'esterno si può vedere tutto quello che succede in questa stanza.

まるめこむ 丸め込む **1**《物を》appallottolare ¶ハンカチをポケットに丸め込む appallottolare un fazzoletto e metterlo in tasca
2《口車にのせる》abbindolare [adescare / raggirare] *qlcu.* ¶やつに丸め込まれた. Mi sono fatto abbindolare da lui.

まるめる 丸める **1**《丸くする》appallottolare ¶紙を丸めて屑かごに捨てる accartocciare [appallottolare] un pezzo di carta e gettarlo nel cestino dei rifiuti
2《坊主にする》¶頭を丸める radersi la testa / radersi i capelli a ẓero /《僧になる》diventare bonẓo
3《端数を》arrotondare

マルメロ〔ポ marmelo〕〔植〕《木》cotogno[男];《実》mela[女] cotogna

まるもうけ 丸儲け ◇まるもうけする realiẓẓare un bel guadagno ¶彼はその仕事で200万円まるもうけした. Anche se non ha fatto alcun investimento, questo affare gli ha fruttato due milioni di yen.

まるやき 丸焼き ¶まる焼きにする arrostire *ql.co.* intero (►interoは目的語の性・数に合わせて語尾変化する) ¶子豚のまる焼き maialino arrostito (per) intero / porchetta

まるやけ 丸焼け ¶私の家はまる焼けになった. La mia casa è stata completamente distrutta dal fuoco.

まるやね 丸屋根・円屋根《ドーム》cupola[女]

まれ 稀 ◇まれな raro, poco comune;《並み外れた》insolito, straordinar*io* [[男]複 *-i*];《例外的な》eccezionale ◇まれに raramente, quaṣi mai; eccezionalmente, di rado ¶まれにみる美人 donna di rara bellezza ¶こんな大雪は東京ではまれだ. È una rarità [un'eccezione] per Tokyo una neve così abbondante. ¶彼はまれにしか笑わない. Non ride quaṣi mai. / Ride di rado. ¶彼が怒るのはまれなことだ. È un caṣo eccezionale che si arrabbi.

マレーご マレー語 il malese[男]

マロニエ〔仏 marronnier〕〔植〕ippocastano [ippocastano][男]

まろやか 円やか ¶これはまろやかな味のワインだ. È un vino generoso [maturo / saporoso].

マロングラッセ〔仏 marrons glacés〕marron glacé[男][無変], marrone[男] candito

まわし 回し《相撲の》periẓoma[男] (dei lottatori di *sumo*)

まわしのみ 回し飲み ¶ウイスキーの瓶を回し飲みする bere una bottiglia di whisky facendola passare di mano in mano

まわしもの 回し者 spia[女];《諜報部員》agente [男] segreto ¶敵の回し者 spia del nemico

まわしよみ 回し読み ¶漫画を回し読みする leggere un fumetto facendolo circolare di mano in mano

まわす 回す 1【回転させる】girare, far girare *ql.co.* ¶ドアのノブを回す girare la maniglia ¶こまを回す far girare una trottola ¶ねじを回す avvitare una vite
2【移す】passare ¶バターをこちらに回してください。Passami il burro per favore. ¶写真を回してちょうだい。Fate passare le fotografie. ¶車をうちに回してくれ。Fate venire [Mandate] la macchina a casa mia. ¶電話を回す passare la linea ((に a))
3【用立てる】¶金を回す〈貸す〉prestare denaro ((に a)) /〈活用する〉far fruttare il denaro / investire ((in in)) /〈振り向ける〉passare i soldi ((に a)) ¶事前に手を回す darsi da fare per tempo / prepararsi il terreno
4【回付する】far circolare, passare, trasmettere ¶伝票を経理に回す passare una fattura al contabile ¶書類は課長から部長に回された。I documenti sono stati trasmessi dal caporeparto al direttore. ¶文書を各部署に回す far circolare il documento in tutti gli uffici
5【転任させる】trasferire *qlcu.* ¶支店に回された。Sono stato trasferito alla filiale.

まわた 真綿 bavella⚥
〖慣〗真綿で首を締めるよう tenere [mettere] sulla graticola *qlcu.*
真綿に針を包む essere un lupo in veste d'agnello

まわり 回り・周り 1【回ること】giro⚦ ¶グラウンドを2回りした。Abbiamo fatto due giri (di corsa) intorno al campo da gioco.
2【経由】via, passando per ¶北回りでヨーロッパへ行く andare in Europa per la tratta nord
3【巡回】¶得意先回りをする fare il giro dei clienti ¶町をひと回りする fare un giro in città
4【年齢の一巡、12年】¶兄は私より12回り上です。Mio fratello è più anziano [grande] di me di dodici anni. / Fra mio fratello maggiore e me c'è una differenza di dodici anni di età.
5【大きさの程度】¶もうひと回り小さいサイズはありませんか。Non avete una taglia più piccola?
6【周囲・付近】dintorni⚦[複], vicinanze⚥[複];〈環境〉ambiente⚦;〈境界・周囲〉circonferenza⚥, perimetro⚦ ◇周りの adiacente, circostante, dei dintorni ¶家の周りに intorno alla [nelle vicinanze della] casa ¶周りの建物 edifici circostanti ¶自分の周りをよく見る guardarsi bene attorno ¶生徒たちが皆先生の周りに集まった。Gli alunni hanno fatto cerchio attorno al maestro / Gli alunni si sono radunati intorno al maestro.
7【行き渡ること】¶火の回りが速かった。Il fuoco si è propagato velocemente. ¶私は酒の回りが早い。Mi ubriaco facilmente.

まわりあわせ 回り合わせ fato⚦, fortuna⚥, destino⚦

まわりくどい 回りくどい ¶回りくどい言い方をする usare giri di parole / parlare per circonlocuzioni ¶回りくどい手段をとる prendere provvedimenti indiretti ¶回りくどく話すのはやめよう。Diciamo le cose come stanno.

まわりどうろう 回り灯籠 →走馬灯

まわりぶたい 回り舞台 palcoscenico⚦[複 -*ci*] girevole [rotante]

まわりまわって 回り回って ¶回り回ってその仕事は私のところに持ち込まれた。Dopo tanti giri, alla fine il lavoro è arrivato a me.

まわりみち 回り道 deviazione⚥ ¶回り道をする fare una deviazione / prenderla larga (▶比喩的にも用いる) ¶回り道をして帰った。Sono tornato a casa facendo una strada più lunga.

まわりもち 回り持ち ¶回り持ちで料理する cucinare a turno

まわる 回る 1【回転する】girare⚛ [*av*] ¶月は地球の周りを回る。La Luna gira intorno alla Terra. ¶こまが回る。La trottola gira su se stessa. ¶換気扇が回っている。La ventola è accesa. ¶目が回る。Mi gira la testa.
2【物の周囲に沿って動く】fare un giro ¶彼はガルダ湖の周りを自転車で回っている。Sta facendo un [il] giro intorno al lago di Garda in bicicletta.
3【巡回する】girare ¶彼は本のセールスで地方を回っています。Sta facendo un giro in provincia per vendere dei libri. ¶パトカーがこのあたりを回っていた。La macchina della polizia girava da queste parti. ¶今日は得意先へお礼のあいさつに回らなければならない。Oggi devo fare visite di ringraziamento ai miei clienti. ¶私はイタリア中を回った。Ho girato tutta l'Italia.
4【順番に渡る】¶私の番が回ってきた。È venuto il mio turno. / Tocca a me. ¶マリーサはワインをついで回った。Marisa ha servito [versato] il vino riempiendo i bicchieri l'uno dopo l'altro.
5【迂回する】¶帰りに郵便局に回ります。Ritorno passando dall'ufficio postale. ¶急がば回れ。《諺》"Chi va piano va sano e va lontano."
6【別の場所・立場に移る】spostarsi; passare⚛ [*es*] ¶私たちは敵の背後に回った。Ci siamo spostati alle spalle dei nemici. ¶風が東に回った。Il vento cominciò a soffiare verso oriente. ¶裏口[お勝手]に回ってください。Passi dal retro [dalla cucina]. ¶聞き役に回るほうが好きだ。Preferisco il ruolo dell'ascoltatore. / Mi piace di più ascoltare.
7【効く、行き渡る】¶すっかり酔いが回った。Sono completamente ubriaco. ¶その毒は回りが早かった。Il veleno è entrato velocemente in circolo. ¶エミリオの店は皆よく気が回る。Nel negozio di Emilio sono tutti molto premurosi.
8【機能がよく働く】¶部長がいないとわが社は回っていかない。La nostra ditta non va avanti senza il direttore. ¶舌の回らない子 bambino che non sa ancora pronunciare bene le parole
9【ある時刻を過ぎる】passare⚛ [*es*] ¶3時を回った。Sono passate le tre.

まわれみぎ 回れ右 ¶「回れ、右」(号令) "Dietro front!" ¶回れ右をする fare dietro front ¶彼らは回れ右をしてもと来た道を戻った。Sono tornati indietro per la stessa strada da cui erano venuti.

まん 万 ¶1万 diecimila ¶2万 ventimila ¶1万番目の diecimillesimo ¶1万

分の1 un diecimillesimo ¶何万もの人 decine di migliaia di persone;《多数の》una moltitudine di persone ¶5万分の1の地図 carta geografica in scala 1:50.000 (読み方: uno a cinquantamila) ¶万に一つを期待する sperare l'impossibile / sperare fino all'ultimo ¶万に一つもそんなことはあるまい. Non c'è una probabilità su diecimila.

まん 満 ¶満18歳になる avere diciott'anni compiuti
[慣用] 満を持(ぢ)す ¶彼は満を持している. Si tiene pronto (per l'azione [per sfruttare un'opportunità]).

まんいち 万一 **1**《もしも, ひょっとしたら》¶万一…したら se [se per caso / semmai / (se) caso mai]+[接続法](►半過去, 大過去) ¶万一…あっても anche se+[接続法](►半過去, 大過去) ¶万一病気になったらどうするつもりなんだ. Se per disgrazia [caso] ti ammalassi, come faresti [cosa pensi di fare]? ¶万一火事になったらこの窓から逃げよう. In caso d'incendio, scappiamo da questa finestra. ¶万一不具合がありましたら, すぐお取り替えいたします. Se per caso dovesse trovare qualche difetto, Glielo cambiamo subito.
2《ひょっとすると起こり得ること, 非常の場合》¶万一に備える prepararsi all'eventualità ¶万一の覚悟を決めている essere preparato al peggio ¶私に万一のことがあったら se mi accadesse qualche cosa ¶万一に備えて保険に入っている. Ho fatto un'assicurazione per qualsiasi imprevisto. ¶万一のときには力を貸そう. Per ogni evenienza puoi contare su di me.

まんいん 満員 ◇満員の (al) completo, pieno, gremito, stipato; zeppo ❖満員の strapiparne di gente / strapieno / pieno zeppo ¶今行っても食堂は満員だろう. Se andiamo adesso, la mensa è piena [gremita] di gente. ¶満員のため, もう席は残っていません. Siamo al completo, non c'è più posto (per nessuno). ¶「満員」《掲示》"Completo" /《劇場など》"Tutto esaurito"

まんえつ 満悦 ◇ご満悦の felice e contento / tutto beato ¶ご満悦の様子だ. Sembra molto contento.

まんえん 蔓延 diffusione㊛, propagazione㊛ ¶伝染病の蔓延を防止する arrestare [frenare] la diffusione delle malattie contagiose ¶流感が蔓延している. L'influenza si sta diffondendo.

まんが 漫画 fumetto㊚; vignetta㊛, disegno㊚ umoristico [複 -ci]; manga㊚ [無 変];《こま漫画 など》disegno㊚ a fumetti, striscia㊛ [複 -sce];《アニメ》cartoni㊚ [複] animati;《風刺漫画》caricatura㊛ ¶漫画を描く disegnare dei fumetti [delle vignette] / fare la caricatura《di, a》
❖漫画家 vignettista㊚㊛ [㊚複 -i], fumettista㊚㊛ [㊚複 -i];《風刺漫画》caricaturista㊚㊛ [㊚複 -i];《アニメ》cartonista㊚㊛ [㊚複 -i]
漫画雑誌 rivista㊛ a fumetti

まんかい 満開 piena fioritura㊛ ¶今, 桜は満開だ. I ciliegi sono in piena fioritura.

まんがいち 万が一 →万一

まんがく 満額 ¶会社側は組合側の賃上げ要求に満額回答を出した. La ditta ha accettato integralmente [[ラ] in toto] la rivendicazione del sindacato di un aumento del salario.

マンガン [独 Mangan]《化》manganese㊚;《元素記号》Mn

まんき 満期 scadenza㊛, termine㊚ ◇満期に alla scadenza ¶満期になる scadere㊙ [es] / giungere㊙ [es] a scadenza [termine] ¶満期で除隊する essere congedato alla scadenza del servizio militare ¶3年満期の定期預金 deposito vincolato per tre anni
❖満期払い pagamento㊚ alla scadenza
満期日 giorno㊚ della scadenza

まんきつ 満喫 ◇満喫する《十分に飲食をする》bere e mangiare a sazietà;《十分に楽しむ》trarre grande diletto da ql.co., gioire㊙ [av] di ql.co. intensamente

マングース [英 mongoose]《動》mangusta㊛

マングローブ [英 mangrove]《植》mangrovia㊛, mangrova㊛

まんげきょう 万華鏡 caleidoscopio㊚ [複 -i] ◇万華鏡の（ような）caleidoscopico [㊚複 -ci]

まんげつ 満月 ¶満月の夜 notte di luna piena [di plenilunio]

マンゴー [英 mango]《植》mango㊚ [複 -ghi]

マンゴスチン [英 mangosteen]《植》mangostano㊚

まんざ 満座 ¶満座の中で davanti a tutti / in pubblico ¶満座の中で侮辱を受けた. Sono stato umiliato "davanti a tutti [al cospetto di tutti]".

マンサード [英 mansard]《建》mansarda㊛

まんさい 満載 pieno carico㊚ ◇満載する caricare ql.co. al massimo ¶満載している essere completamente pieno di ql.co. ¶船は貨物を満載していた. La nave era a pieno carico. ¶この号は日本経済に関する記事を満載している. Questo numero è pieno di articoli sull'economia giapponese.

まんざい 漫才 manzai㊚ [無 変], sketch㊚ [無 変] interpretato da una coppia di comici in cui uno fa la parte del "furbo" e l'altro del "tonto"
❖漫才師 comico㊚ [㊚ -ca]

まんざら 満更 ¶まんざら悪くない. Non è poi così male. ¶まんざら彼を嫌いなわけでもないだろう. Non è che non ti piaccia del tutto? ¶まんざらでもないような顔をしている. Ha l'aria alquanto contenta.

まんじ 卍 svastica㊛, croce㊛ uncinata, croce㊛ gammata
❖卍巴(ぢ) ¶雪が卍巴と降っている. La neve sta turbinando. ¶彼らは卍巴に入り乱れて戦った. Hanno combattuto in una mischia confusa.

まんしつ 満室《掲示》"(Tutto) esaurito" / "(Siamo al) completo"

まんしゃ 満車《掲示》"(Al) completo" ¶この駐車場は満車だ. Questo parcheggio è al completo.

まんじゅう 饅頭 dolcino㊚ farcito di pesto di azuki cotto al vapore

まんしゅうじへん 満州事変 l'incidente㊚ della Manciuria (◆1931)

まんじゅしゃげ 曼珠沙華 →彼岸花

まんじょう 満場 tutto l'uditorio㊚, tutta la sala㊛, tutto il pubblico㊚ ◇満場一致で all'unanimità ¶彼のピアノ演奏は満場をうならせた. La sua esecuzione al pianoforte ha fatto andare in visibilio tutta la sala. ¶満場一致の決定 decisione adottata all'unanimità [di comune accordo]

マンション 〔英 mansion〕《一世帯用の住居として》appartamento㊚;《建物全体》condominio㊚［複 -i］¶私はローマのマンションに住んでいる Abito in un appartamento a Roma. ¶このマンションは 1980 年に建てられた. Questo condominio è stato costruito nel 1980. ¶彼は町なかにマンションを買った. Ha comprato un appartamento in centro. ¶中古マンション appartamento di seconda mano ¶賃貸マンション appartamento in affitto

まんじりともしない ¶我々はまんじりともしないで, 一夜を明かした. Non abbiamo chiuso occhio tutta la notte. / Abbiamo passato la notte in bianco.

まんしん 満身 ¶満身の力を込めて con tutte le proprie forze
❖**満身創痍**(そうい) ¶彼は満身創痍だ. Il suo corpo è tutto coperto di ferite.

まんしん 慢心 superbia㊛, presunzione㊛, sufficienza㊛ ◇慢心する essere tronfio［㊚複 -i］, essere pieno di [gonfiarsi di] superbia ¶今度の成功で慢心している. È tutto pieno di sé [Si è montato la testa] per il suo recente successo.

まんすい 満水 ¶貯水池は満水になった. Il serbatoio è pieno fino all'orlo.

まんせい 慢性 ◇慢性の cronico［㊚複 -ci］ ¶国際収支は慢性的に赤字である. La bilancia dei pagamenti è cronicamente passiva.
❖**慢性化** ◇慢性化する diventare cronico
慢性気管支炎 bronchite㊛ cronica
慢性毒性 tossicità㊛ cronica
慢性病 malattia㊛ cronica

まんせき 満席《劇場などでの表示》"Tutto esaurito"

まんぜん 漫然 ◇漫然と《あてもなく》a caso, a casaccio;《成り行きまかせに》alla ventura;《目的もなしに》senza uno scopo ben definito;《ぼんやりして》distrattamente, pigramente, in ozio ¶漫然と時を過ごす vivere alla giornata

まんぞく 満足 **1**《満ち足りること》soddisfazione㊛, contentezza㊛
◇満足な《満足を与える》soddisfacente;《十分な》sufficiente ◇満足した contento, soddisfatto ◇満足する essere soddisfatto [contento] di ql.co. [qlcu. / +不定詞];《甘んじる》accontentarsi di ql.co. [+不定詞] ◇満足させる soddisfare [accontentare / dare soddisfazione] a qlcu.
¶満足げに con aria contenta [soddisfatta] ¶満足のいく答えを得る ottenere una risposta soddisfacente ¶満足の意を表す esprimere la propria soddisfazione ¶今の生活に満足ができない. Non posso accontentarmi della vita che conduco attualmente. ¶あんないい子をもって親御さんはさぞご満足でしょう. I genitori saranno contenti di avere un figlio così bravo. ¶この月給では満足な生活はできない. Con questo salario non si può vivere in modo soddisfacente. ¶彼らは満足な食糧もなかった. Non avevano nemmeno viveri a sufficienza. ¶満足な靴下は無かった. Non ho neppure un paio di calze decenti. ¶彼は満足に手紙も書けない. Non sa neanche scrivere una lettera correttamente. ¶満足は富に優る. "Chi si contenta gode."
2《数》¶次の方程式を満足する変数 x の値を求めよ. Trovate il valore corrispondente della x nella seguente equazione.
❖**満足感**（senso㊚ di）soddisfazione㊛ ¶満足感を覚える sentirsi soddisfatto

まんだら 曼陀羅・曼荼羅 mandala㊚[無変]

まんタン 満タン ¶満タンにしてください. Mi faccia il pieno (di benzina) per favore.

まんだん 漫談 monologo㊚[複 -ghi] comico［複 -ci］ ¶漫談をする fare un monologo comico
❖**漫談家** narratore㊚[㊛ -trice] comico

まんちょう 満潮 alta marea ¶満潮時に出港する salpare con l'alta marea ¶満潮になった. La marea ha raggiunto il massimo.

マンツーマン 〔英 man-to-man〕 ¶マンツーマンでイタリア語を習った. Ho imparato l'italiano frequentando lezioni private.
❖**マンツーマンディフェンス**《スポ》difesa㊛ a uomo
マンツーマンレッスン lezione㊛ privata

まんてん 満天 tutto il cielo㊚, tutto il firmamento㊚ ¶満天の星を仰ぐ volgere lo sguardo al cielo stellato

まんてん 満点 **1**《最高点》pieni voti㊚[複], punteggio㊚[複 -gi] pieno ¶100 点満点のテスト esame con punteggio pieno di cento ¶30 点満点の 28 点 ventotto trentesimi
2《申し分ないこと》¶彼の応対ぶりは満点だった. Il suo modo di ricevere la gente è stato impeccabile [perfetto]. ¶スリル満点のジェットコースター – un giro molto eccitante [con eccitazione assicurata] sulle montagne russe

マント 〔仏 manteau〕《服》mantello㊚, mantella㊛, cappa㊛

マントヒヒ 《動》amadriade㊛

マンドラ 〔伊〕《音》《楽器》mandola㊛

マンドリン 〔英 mandolin〕《音》《楽器》mandolino㊚
❖**マンドリン奏者** mandolinista㊚ ㊛[㊚複 -i], suonatore㊚[㊛ -trice] di mandolino

マントル 〔英 mantle〕《地質》mantello㊚

マントルピース 〔英 mantlepiece〕《暖炉》camino㊚, caminetto㊚;《張り出し部分》mensola㊛ del camino;《フードの部分》cappa㊛ del camino

まんなか 真ん中 centro㊚, mezzo㊚, cuore㊚;《奥》fondo㊚;《内部》interno㊚ ◇真ん中の centrale, di mezzo ¶髪を真ん中から分ける farsi la riga in mezzo ¶あの真ん中の家がマルコの家だ. La casa centrale [al centro] è quella di Marco. ¶彼はミラノの真ん中に住んでいる. Abita nel centro [cuore] di Milano. ¶道の真ん中で立ち話をする chiacchierare in mezzo alla strada ¶これは真ん中の娘です. Questa è la mia figlia di mezzo [《3人の》seconda figlia]. (▶イタリアではふつう,「…番めの」という言い方をする)

マンネリ(ズム) 〔英 mannerism〕mancanza㊛ di originalità; stereotipo㊚ ◇マンネリのstereotipato; 〔因習的〕convenzionale ¶彼の作風はマンネリ化してきた. Lo stile della sua opera ha perso di originalità. ¶マンネリズムに陥る perdere di originalità / diventare stereotipato

まんねん 万年 《1万年》diecimila anni㊚[複]
❖万年候補 eterno candidato㊚[㊛ -a] (alle elezioni)
万年床 futon㊚[無変] lasciato sempre steso per terra (◆non riposto nell'armadio)
万年筆 penna㊛ stilografica, stilografica㊛
万年野党 partito㊚ d'opposizione permanente
万年雪 nevi㊛[複] eterne [perpetue]

まんぱい 満杯 ¶冷蔵庫は満杯だ. Il frigorifero è pieno. ¶スタンドは満杯の盛況だった. Lo stadio era pieno zeppo di gente [era stracolmo].

マンパワー 〔英 manpower〕risorse㊛[複] umane

まんびき 万引き taccheggio㊚[複 -gi], furto㊚ col taccheggio; 〔人〕taccheggiatore㊚[㊛ -trice] ◇万引きする taccheggiare

まんびょう 万病 ¶万病の薬 panacea / toccasana㊛[無変] ¶風邪は万病のもと. Un semplice raffreddore può causare ogni genere di malanni.

まんぷく 満腹 ¶満腹になるまで食べる mangiare fino a sentirsi satollo [sazio] ¶もう満腹です. Sono sazio. / Sono satollo. /〔断るとき〕Grazie, 「basta così [sono pieno].
❖満腹感 sazietà㊛

まんぶんのいち 万分の一 《わずか》¶ご恩の万分の一でもお返しできればよいのですが. Vorrei poter ricambiare almeno una minima parte della sua gentilezza.

まんべんなく 満遍無く 《均等》uniformemente, parimenti, ugualmente; 《公平》equamente, imparzialmente; 《もれなく》senza eccezione [esclusione]; 《全員に》a tutti [ognuno]

マンボ 〔ス mambo〕〔音〕mambo㊚[無変] ¶マンボを踊る ballare il mambo

まんぼう 翻車魚 〔魚〕pesce㊚ luna [無変], pesce㊚ mola [無変], mola㊛

マンホール 〔英 manhole〕pozzo㊚ d'ispezione, chiusino㊚ ¶マンホールのふた chiusino / tombino

まんまえ 真ん前 ¶彼は私の真ん前に立っていた. Stava in piedi dritto proprio davanti a me.

まんまく 幔幕 cortine㊛[複] a separazione di ambienti in cerimonie o negli antichi campi militari

まんまと ¶まんまと一杯食わされた. Me l'ha fatta! / Ci sono cascato! ¶まんまと一杯食わせてやった. Gliel'ho fatta! / C'è cascato! ¶彼はまんまと話に乗ってきた. Ha bevuto tutta la nostra storia.

まんまるい 真ん丸い perfettamente tondo [rotondo] ¶真ん丸い顔の少女 una ragazza dal viso「tondo [di luna piena] ¶真ん丸い月 luna piena / plenilunio

まんまん 満満 ¶自信満々で sicuro di sé al 100% (読み方: cento per cento) ¶やる気[野心]満々だ. È pieno di zelo [di ambizione]. ¶水を満々とたたえた大河 un grande fiume traboccante d'acqua

まんめん 満面 ¶満面に朱を注ぐ diventare tutto rosso in viso per la rabbia ¶満面に笑みを浮かべて con un sorriso affabile ¶彼は満面をほころばせた. Il suo viso si è illuminato di uno smagliante sorriso.

マンモグラフィー 〔英 mammography〕《乳房X線撮影》mammografia㊛

マンモス 〔英 mammoth〕〔古生〕mammut㊚ [無変]
❖マンモス企業 impresa㊛ gigantesca [titanica]
マンモス大学 megateneo㊚
マンモスタンカー superpetroliera㊛
マンモス都市 megalopoli㊛[無変]

まんゆう 漫遊 ¶世界を漫遊する fare un viaggio di piacere attorno al mondo

まんりき 万力 〔工具〕morsa㊛ ¶万力にはさむ serrare ql.co. in una morsa

まんりょう 満了 scadenza㊛, fine㊛ ◇満了する scadere㊐[es], terminare㊐[es], giungere㊐[es] a termine ¶任期が満了した. 《議員などの》Il mandato è scaduto. ¶彼は刑期満了で出獄した. È stato scarcerato dopo aver scontato la pena.

み

み 巳 《十二支の》 il Serpente[男] ⇀干支(えと)
✤巳年 l'anno[男] del Serpente

み 身 **1【からだ】** corpo[男] ¶身につける《いつも持って歩く》 portare *ql.co.* con *sé* / 《着る》 vestirsi ¶茂みに身を隠す nascondersi dietro un cespuglio ¶川に身を投げる gettarsi nel fiume ¶身を寄せ合う stringersi l'un*o* all'altr*o* ¶試験のことが心配で身の細る思いをする essere in pena per gli esami ¶彼は身のこなしが軽快だ. È agile nei movimenti. ¶大臣の身に何かが起こった. È successo qualcosa al Ministro. ¶彼は身も心も音楽に打ち込んでいる. Si dedica [Si dà] alla musica anima e corpo. ¶身も心も彼に捧げた. Ho dato tutto per lui.

2【自分】 *se* stess*o*[男] [[女] -*a*] ¶身をもって体験する sperimentare di persona / fare un'esperienza personale ¶政界に身を投じる lanciarsi [gettarsi] nella politica ¶身の回りのことは自分でしろ. Pensa tu alle tue cose. ¶彼の口車には乗らないほうが身のためだ. Per il tuo bene è meglio non lasciarti ingannare da lui. ¶身に降りかかる火の粉は払わなければならない. Bisogna guardarsi dal pericolo incombente. ¶苛烈な野望のため身を滅ぼした. Ha fallito nella vita per la troppa ambizione.

3【身分】 posizione[女] sociale ¶乞食に身を落とす ridursi [abbassarsi] a fare il mendicante ¶身のほどを知れ. Impara a stare al tuo posto! ¶彼は貧しい家庭から身を起こした. È di origine modesta, ma è riuscito a fare carriera. ¶定年でやっと自由の身になれる. Quando andrò in pensione, finalmente sarò libero.

4【立場】 ¶…の身になる mettersi al posto [nei panni] di *qlcu.* ¶私の身にもなってごらんなさい. Mettiti nei miei panni. / Cerca di vedere la cosa dal mio punto di vista.

5【皮・骨に対して肉】 parte[女] commestibile, carne[女], polpa[女] ¶この魚は骨ばかりで身が少ない. Questo pesce è tutto spine e poca carne [polpa]. ¶この鶏肉は身が締まっておいしい. Questa carne di pollo è buona perché è molto soda.

[慣用] **身が縮む** ¶身が縮む思いをする《恥じ入る》 farsi piccol*o* piccol*o* / 《恐怖などですくむ》 contrarsi

身が入る ¶近ごろ勉強に身が入らない. Ultimamente non riesco a concentrarmi nello studio.

身がもたない ¶こう忙しくては身がもたない. Non ce la faccio più con tutti questi impegni. / Mi ammalerò per il troppo lavoro.

身から出た錆(さび) 《諺》 "Chi semina vento, raccoglie tempesta." ¶身から出た錆だ. Raccogli ciò che hai seminato!

身に余る ¶身に余る光栄です. È un privilegio [onore] che non merito.

身に覚えがある ¶身に覚えがあるだろう. Ammetti [Riconosci] la tua colpevolezza! / Non ti senti la coscienza sporca?

身に染みる ¶ご親切, 身に染みてありがたく思います. La ringrazio di cuore per la sua gentilezza.

身に付ける 《修得する》 apprendere [imparare] *ql.co.*, acquisire *ql.co.* ¶一芸を身に付ける imparare un'arte

身につまされる ¶彼の苦労が身につまされる. Condivido la sua sofferenza.

身の置き所がない ¶恥ずかしくて身の置き所がなかった. Non sapevo dove nascondermi per la vergogna.

身の毛がよだつ far rizzare i capelli a *qlcu.* ¶身の毛のよだつような話だ. È una storia「che fa rizzare i capelli [orripilante].

身の振り方 ¶身の振り方について相談する consigliarsi con *qlcu.* su quale strada prendere

身も蓋(ふた)もない ¶そう言ってしまっては身も蓋もない. Se dici così, non mi lasci più possibilità di dire la mia.

身も世もなく ¶娘は身も世もなく泣いた. La ragazza pianse con tutta l'anima.

身を誤る smarrire la retta via

身を入れる darsi da fare in [con] *ql.co.* ¶仕事に身を入れる impegnarsi nel lavoro ¶もっと身を入れて勉強しなさい. Studia con più impegno!

身を売る prostituirsi; 《敵などに》 vendersi a *qlcu.*

身を固める farsi una famiglia, sposarsi; sistemarsi

身を切る ¶身を切るような冷たい北風 tagliente vento del nord ¶身を切られる思いがする sentirsi profondamente ferit*o*

身を砕く mettercela tutta (in *ql.co.*)

身を削る 《苦労する》 vivere [attraversare] tempi duri; 《心を痛める》 angosciarsi per *ql.co.*

身を焦がす bruciare [ardere] d'amore [di passione]; 《憔悴(しょうすい)する》 consumarsi d'amore

身を粉にして働く lavorare facendosi in quattro

身を殺す sacrificarsi 《のために per》

身を捨ててこそ浮かぶ瀬もあれ 《諺》 "Chi non risica, non rosica."

身を立てる ¶学問で身を立てる farsi una posizione grazie allo studio ¶彼は作家として身を立てる決心をした. Ha deciso「di fare lo [di dedicarsi alla carriera di] scrittore.

身を引く ¶第一線から身を引く ritirarsi dalle prime linee / uscire dalla ribalta

身を任せる 《なすがままになる》 lasciarsi trascinare da *ql.co.* [*qlcu.*]; 《男に抱かれる》 darsi [concedersi] a *qlcu.*

身を持ち崩す finire col rovinarsi, condurre una vita sregolata ¶競馬で身を持ち崩した. Si è rovinato speculando sulle corse dei cavalli.

身をやつす ¶乞食に身をやつす travestirsi da mendicante ¶恋に身をやつす struggersi d'amore

身を寄せる vivere provvisoriamente da [presso] *qlcu.* ¶兄夫婦のもとに身を寄せた. Mi sono fatto ospitare dalla famiglia di mio fratello.

み 実 **1** 《果実》frutto㊚;《果物》frutta㊛;《種》seme㊚ ¶みかんの木に実がたくさんなっている. Quel mandarino è carico di frutti. ¶梅の実はまだ青い. Le prugne sono ancora verdi [acerbe].

2《実績, 内容》sostanza㊛, contenuto㊚ ¶今日の講演はあまり実がなかった. La conferenza di oggi era povera di contenuti. ¶実のない本だ. È un libro di scarso contenuto.

3《スープなどの具》ingredienti㊚《複》(da aggiungere alla zuppa) ¶スープの実は何にする. Cosa mettiamo nella zuppa?

[慣用] **実を結ぶ** dare frutti ¶長年の研究が実を結び, 本を出版した. Ha pubblicato un libro raccogliendo i risultati delle sue lunghe ricerche. ¶2人の愛は実を結んだ.《結婚した》Il loro amore si è concluso in un matrimonio.

み 箕 vaglio㊚《複 -gli》, setaccio㊚《複 -ci》 ¶箕であおる vagliare *ql.co.* ¶穀物を箕でふるう setacciare il grano

ミ〔伊〕【音】mi㊚《無変》

みー 未ー 未解決の事件 questione insoluta ¶未発表の小説 romanzo inedito ¶未完成の建物 edificio incompleto ¶その代金は未払いです. Il conto non è stato ancora saldato.

みあい 見合い incontro㊚ organizzato per combinare un matrimonio ¶見合いをする partecipare ad un incontro ufficiale a scopo di matrimonio

❖**見合い結婚** matrimonio㊚《複 -i》combinato
見合い写真 ritratto fotografico 《複 -ci》per un incontro combinato a scopo di matrimonio

みあう 見合う **1**《互いに見る》guardarsi l'un l'altro, scambiarsi uno sguardo **2**《一致する》corrispondere a *ql.co.*;《相殺する》compensare *ql.co.*;《釣り合う》controbilanciare *ql.co.* ¶支出に見合う収入 redditi che controbilanciano le spese

みあきる 見飽きる annoiarsi [essere stanco㊚《複 -chi》/ essere stufo㊚] di vedere *ql.co.* [*qlcu.*] ¶彼の顔は見飽きた. Sono stanco [stufo] di vedere la sua faccia.

みあげる 見上げる **1**《上を見る》guardare in alto, levare gli occhi in su ¶天井を見上げる guardare il soffitto ¶見上げるような altissimo / elevatissimo / di grande altezza ¶見上げるような大男 uomo di eccezionale statura / gigante

2《「見上げた」の形で, 称賛に値する》rispettabile, ammirevole, lodevole ¶見上げた態度 atteggiamento ammirevole

みあたらない 見当たらない ¶この辺では日本人の観光客はめったに見当たらない. Da queste parti non si vedono turisti giapponesi.

みあやまる 見誤る ¶状況を見誤る sbagliare nel valutare una situazione ¶彼は私を鈴木と見誤った. Mi ha preso per Suzuki.

みあわせる 見合わせる **1**《互いに見る》guardarsi l'un l'altro ¶子供たちは顔を見合わせて返事をしなかった. I ragazzi si sono guardati in viso l'un l'altro e non hanno risposto.

2《差し控える》desistere㊇ [av] da *ql.co.* [dal +不定詞];《断念する》rinunciare a *ql.co.* [a +不定詞];《延期する》rimandare [rinviare / posporre] *ql.co.* ¶雨が降ったら出発は見合わせよう. Se piove rimandiamo la partenza.

みいだす 見出す 《見つける》trovare;《発見》scoprire;《かぎつける》notare, fiutare, intuire ¶〈人の〉才能を見出す scoprire il talento di *qlcu.* ¶彼の顔に不安の色を見出した. Ho notato un'ombra di inquietudine sul suo viso.

ミーティング〔英 meeting〕《会合》incontro㊚, riunione㊛, assemblea㊛, raduno㊚;〔英〕meeting [mítiŋ(g)]㊚《無変》

ミート〔英 meat〕carne㊛
❖**ミートソース** salsa㊛ [sugo㊚《複 -ghi》] alla bolognese, ragù㊚
ミートパイ pasticcio㊚《複 -ci》di carne
ミートボール polpetta㊛
ミートローフ polpettone㊚

みいはあ persona㊛ che si lascia trascinare dalle mode

ミイラ〔ポ mirra〕mummia㊛ ◇ミイラにする mummificare *qlcu.* ¶ミイラにすること mummificazione㊛ ¶ミイラをつくる人 mummificatore

[慣用] **ミイラ取りがミイラになる** andare a cercare la lana e tornare tosato

みいり 実入り **1**《実ができること》fruttificazione㊛ **2**《収入》reddito㊚;《収益》profitto㊚ ¶実入りがある《もうかる》essere proficuo

みいる 見入る fissare [tenere lo sguardo fisso a] *ql.co.* [*qlcu.*] ¶彼女のあまりの美しさに, うっかり見入ってしまった. Non riuscivo a staccare gli occhi dalla ragazza per la sua bellezza.

みいる 魅入る ¶彼は悪魔に魅入られている. È posseduto dal demonio. / È un ossesso.

みうけ 身受け ¶芸者を身受けする comprare la libertà di [riscattare] una *geisha*

みうける 見受ける **1**《…のようだ》sembrare㊀ [es] ¶彼は体の具合いが悪いように見受けられる. Sembra che non stia molto bene. ¶お見受けしたところ secondo quel che vedo / secondo le mie impressioni **2**《目にする》vedere

みうごき 身動き movimento㊚, mossa㊛ ◇身動きする muoversi ¶身動きできない《主語が複数で》stare stretti come sardine ¶身動きもできない電車に乗る salire su un treno「pieno zeppo [affollatissimo] ¶人込みで身動きできない. Non ci si riesce a muovere in questa folla. ¶彼は身動きもせずにそこに立っていた. È rimasto lì inchiodato dov'era. ¶借金で身動きがとれない. Ho debiti fino al collo.

みうしなう 見失う《姿などを》perdere di vista *ql.co.* [*qlcu.*];《情報・人などを》perdere le tracce di *qlcu.* [*ql.co.*] ¶道を見失う perdersi / perdere la strada ¶霧の中で彼らを見失った. Li ho persi di vista nella nebbia. ¶生きる目的を見失う perdere lo scopo nella vita

みうち 身内《親類の者》parente㊚㊛;《集合的に》parentela㊛;《家族》famiglia㊛ ¶彼は会

社の重要ポストを身内でかためた. Ha messo i suoi parenti nei posti chiave della ditta. ¶彼は身内のようなものです. È quaṣi un membro della famiglia.
2《同じ親分を持つ子分》 seguaci[男][複] di uno stesso capo ¶彼はあの暴力団の身内らしい. Pare che sia membro di quel gruppo mafioso.

みうり 身売り **1**《敵方につく, 売春する》 **◇身売りする** prostituirsi [vendersi]《に a》
2《合併される》 ¶彼の会社はある大会社に身売りした. Ha finito col vendere la sua ditta a un'azienda più grande.

みえ 見栄《虚栄》 vanità[女];《誇示》 ostentazione[女] **◇見栄で** per vanità, per ostentazione, per farsi notare
[慣用] **見栄を張る**《みせびらかす》 ostentare *ql.co.*;《気取る》 darsi delle arie, pavoneggiarsi, farsi notare ¶見栄を張って高い車を買った. Ha comprato un'auto costosa per ostentazione.

みえ 見得《歌舞伎で》 impressionante colpo[男] di scena
[慣用] **見得を切る** (1)《役者が》 posare per il pubblico, assumere una poṣizione drammatica (2)《自分の力を誇示する》 comportarsi arrogantemente [provocatoriamente / con vanagloria] ¶彼はおれに任せておけと見得を切った. Ha detto con baldanza di lasciar fare tutto a lui.

みえがくれ 見え隠れ ¶列車の窓から富士山が見え隠れした. Dal finestrino del treno ogni tanto si intravedeva il monte Fuji. ¶見え隠れに彼の後をつけた. L'ho pedinato「a distanza [di nascosto / senza farmi vedere].

みえすく 見え透く **◇見え透いた** chiaro, paleṣe, evidente ¶見え透いたうそ menzogna trasparente [paleṣe] ¶見え透いたお世辞 complimenti [adulazioni] evidenti [paleṣi]

みえっぱり 見栄っ張り《人》 persona[女] vanitosa [appariscente], persona[女] che vuole dare nell'occhio, vaneṣ*io*[男] [[女] *-ia*; [男][複] *-i*]

みえみえ 見え見え ¶彼の本心は見え見えだった. Le sue vere intenzioni erano evidenti.

みえる 見える

1【見ることができる】 poter vedere, vederci ¶目が見えなくなる diventare cie*co* / perdere la vista ¶彼は目が見えない. È un non vedente. / È cieco. ¶ふくろうは暗がりでも目が見える. La civetta può vedere anche nel buio. ¶手術で目が見えるようになった. Ho riacquistato la vista grazie a un'operazione.
2【目に入る】 essere viṣibil*e* ¶目に見えない inviṣibile ¶遠くに家が1軒見える. Si vede [Si nota / Si distingue] una casa in lontananza. ¶私の家から海が見える. Da casa mia si può vedere il mare. ¶このポスターを人に見える所に貼ってくれ. Metti questi manifesti dove li si possa vedere bene. ¶建物の全体像が見える. L'edificio è viṣibile nella sua interezza. ¶目に見えて顔色が良くなった. Il suo colorito è viṣibilmente migliorato. ¶彼の論文には努力の跡が見える. nella sua teṣi si nota l'impegno profuṣo nello studio.
3【…のように思われる】 sembrare[自][*es*], parere[自][*es*], dar l'impressione di＋[不定詞], aver l'aspetto di＋[不定詞] ¶彼は実際よりも10歳くらい若く見える. Dimostra circa dieci anni in meno della sua età. ¶縦じまの服を着ればやせて見える. Con un vestito a strisce verticali si appare più ṣnelli. ¶まるで大人に見える. Sembra proprio un adulto. ¶彼は金がないと見えてパーティーに欠席した. Non è venuto alla festa, probabilmente perché non aveva soldi.
4【「来る」の尊敬語】 venire ¶一度私の家にお見えになりませんか. Mi farebbe piacere se venisse una volta a casa mia.

みおくり 見送り **1**《人を見送ること》 ¶見送りの人 persona che accompagna alla partenza ¶お見送りどうもありがとう. Grazie mille per avermi accompagnato fin qua. ¶皆の見送りに涙が出た. Mi è venuto da piangere vedendo tutti che mi salutavano. ¶今お客様を空港までお見送りに行くところです. Sto per andare ad accompagnare [《あいさつをしに》 a salutare] i miei ospiti all'aeroporto.
2《実行を控えること》 rimando[男], rinv*io*[男][複 *-ii*], differimento[男] ¶今年は昇給は見送りになった. Per quest'anno c'è stato un rinvio degli aumenti di stipendio. ¶資金不足のため病院建設は見送りと決定された. La costruzione dell'ospedale è stata differita per mancanza [insufficienza] di fondi. ¶雨のせいで遠足は見送りになった. L'escursione è stata rimandata a cauṣa della pioggia.

みおくる 見送る

1《目で追う》 guardar partire *qlcu.* [*ql.co.*], seguire *qlcu.* [*ql.co.*] con lo ṣguardo ¶私は彼を乗せた飛行機を見送った. Ho seguito con lo ṣguardo l'aereo su cui era salito.
2《同伴して送る》 accompagnare *qlcu.* ¶旅行に出かける息子を駅まで見送る. Accompagno alla stazione mio figlio che parte per un viaggio.
3《先にのばす》 rimandare [rinviare] *ql.co.*, differire *ql.co.* ¶法案を見送る rinviare un disegno di legge ¶バスが混んでいたので1台見送ってその次のに乗った. Poiché l'autobus era gremito, l'ho lasciato andare [passare] e ho preso il successivo. ¶結婚式は来年の4月まで見送ることにした. Ho deciṣo di rimandare le nozze al mese di aprile dell'anno prossimo. ¶今年は新規採用を見送ることにした. Quest'anno abbiamo deciṣo di non fare nuove assunzioni.

みおさめ 見納め ¶あれが息子の見納めだった. È stata l'ultima volta che ho visto mio figlio. ¶これがこの世の見納めだ. Questo è il mio addio al mondo.

みおとし 見落とし omissione[女], ṣvista[女], dimenticanza[女] ¶これは私の見落としだ. Questa è una mia ṣvista.

みおとす 見落とす fare [commettere] una ṣvista ¶道路標識を見落とす non vedere un segnale stradale ¶たしかに白い車でしたが, 番号は見落としました. Era sicuramente una vettura bianca, ma il numero di targa mi è sfuggito.

みおとり 見劣り ¶AはBに見劣りする. A appare più scadente di B. ¶あなたの服と比べると私のは見劣りがする. Rispetto al tuo vestito il mio sembra molto modesto. ¶この製品は他のどの製品に比べても見劣りがしない. Questo prodotto non teme il confronto con nessun altro.

みおぼえ 見覚え ¶見覚えのある familiare ¶この筆跡には見覚えがある．Riconosco questa scrittura. / Questa scrittura mi è familiare. ¶あの男には見覚えがまったくない．Non ricordo di aver mai visto quell'uomo. ¶あの顔にはどことなく見覚えがある．Mi sembra di aver già visto quella faccia da qualche parte.

みおも 身重 ◇身重の in gravidanza, in stato interessante, incinta

みおろす 見下ろす **1**《下を見る》guardare「verso il basso [in basso / giù] ¶寺は谷を見下ろしている．Il tempio domina la valle. ¶ホテルから町が見下ろせる．Dall'albergo si vede la città.

2 ⇀見下す

みかい 未開 ◇未開の《文化が未発展の》non civilizzato, incivile;《未開拓の》vergine, incolto ¶未開の部族 [生活] tribù [vita] selvaggia

✤**未開社会** società[女] primitiva

未開人 primitivi[男][複]

未開地 zona[女] selvaggia [複 -ge]

みかいけつ 未解決 ◇未解決の insoluto, non ancora risolto, irrisolto, pendente; in sospeso ¶その殺人事件は未解決のままだった．Il caso di omicidio è rimasto insoluto.

みかいたく 未開拓 《開拓されていない》incolto, vergine ¶未開拓の原野 terreno incolto [vergine] ¶未開拓の分野 campo inesplorato ¶未開拓の市場 mercato potenziale

✤**未開拓地** terra[女] incolta

みかいはつ 未開発 ◇未開発の non sviluppato, non sfruttato ¶未開発の資源 risorse non sfruttate

✤**未開発地域** area[女] non sviluppata [sfruttata]

みかえし 見返し **1**《書物の》risguardo[男] di un libro ⇀本 [図版] **2**《襟・そで口などの》risvolti[男][複];《襟の》sottocollo[男]

みかえす 見返す **1**《後ろを振り向く》guardarsi indietro;《誰かに見られて》restituire [ricambiare] lo sguardo di *qlcu*.

2《見直す》¶その写真を念入りに見返した．Ho riguardato [Ho guardato di nuovo] attentamente la fotografia.

3《報復する》 ¶いつか彼を見返してやるぞ．Un giorno gli farò vedere chi sono io!

みかえり 見返り《担保・代償として》garanzia[女] collaterale ¶…の見返りとして in contropartita [cambio] di *ql.co.* ¶見返りを期待する aspettarsi la contropartita

みがき 磨き **1** pulitura[女];《こすってつやを出す》lucidatura[女];《金属表面の》rettifica[女], rettificazione[女], levigazione[女] ¶原石に磨きをかける lucidare una pietra greggia

2《洗練する》¶話術に磨きをかける perfezionarsi nell'oratoria ¶彼の才能にはまだ磨きがかかっていない．Ha un talento non ancora sviluppato [coltivato]. ¶彼の芸は一段と磨きがかかった．La sua recitazione è notevolmente maturata.

✤**みがき粉** abrasivo[男], polvere[女] per lucidare

みがきあげる 磨き上げる **1**《十分に磨く》¶銀器を磨き上げる lucidare l'argenteria ¶やかんをぴかぴかに磨き上げる far brillare il bollitore lucidandolo ¶磨き上げた床 pavimento ben lucidato **2**《鍛え上げる》perfezionarsi (in *ql.co.*) ¶磨き上げた文体 stile raffinato

みかぎり 見限り ¶彼は最近お見限りだ．Di recente non si è fatto vivo.

みかぎる 見限る rinunciare[自][*av*], abbandonare le speranze, rassegnarsi ¶彼は医者から見限られた．È stato dato per spacciato dai medici.

みかく 味覚 (senso[男] del) gusto[男], palato[男] ¶味覚が発達している avere un palato fine ¶味覚に合う essere adatto al palato di *qlcu*. ¶いいにおいが味覚をそそった．Il buon profumo mi「ha fatto venire l'appetito [ha stuzzicato il palato]. ¶東京には世界の味覚がなんでもある．A Tokyo si trova ogni leccornia del mondo.

みがく 磨く **1**《こすってつやを出す》lucidare;《こする》fregare, strofinare;《ブラシで》spazzolare ¶歯を磨く lavarsi i denti ¶つめを磨く limarsi le unghie ¶靴を磨く lucidare le scarpe

2《金属表面を》rettificare, molare, levigare;《やすりで》limare ¶石を磨く levigare una pietra ¶レンズを磨く molare una lente

3《垢を落とす》lavarsi ¶軽石でかかとを磨いた．Mi sono strofinato i talloni con la pietra pomice.

4《向上させる》migliorare;《洗練させる》raffinare, perfezionare ¶腕を磨く migliorare la *propria* tecnica ¶人格を磨く coltivare la *propria* personalità ¶バイオリンの腕を磨く perfezionarsi in violino

みかくにん 未確認 ¶未確認情報によれば secondo un'informazione non confermata

✤**未確認飛行物体** oggetto[男] [volante[男]] non identificato;《略》〔英〕ufo [UFO][男][無変]

みかけ 見掛け《外観》apparenza[女], aspetto[男], esterno[男] ¶見かけでは in [all']apparenza / apparentemente ¶見かけから判断する giudicare *qlcu*. dalle apparenze ¶見かけのいい男 uomo di bell'aspetto ¶彼は見かけによらず気が弱い．È di una timidezza che contrasta con il suo fisico robusto. ¶持ち上げようとしたが見かけより重かった．Ho provato a sollevarlo, ma era più pesante di quanto sembrasse. ¶人は見かけによらぬもの．《諺》"L'apparenza inganna."

みかげいし 御影石〔鉱〕《花崗石》granito[男]

みかけだおし 見掛け倒し falsa apparenza[女]; apparenza[女] ingannevole ◇見かけ倒しの ingannevole, illusor*io* [[男]複 *-i*] ¶あれはまったく見かけ倒しの男だ．Quello è un uomo dall'apparenza ingannevole.

みかける 見掛ける vedere ¶あの人はよく駅で見かける．L'incontro spesso alla stazione. ¶よく見かける光景 scena comune [quotidiana] ¶見かけない顔 faccia「non familiare [sconosciuta] / estrane*o*[男] [[女] *-a*]

みかた 見方 **1**《考え方，観点》punto[男] di vista, modo[男] [maniera[女]] di vedere ¶私の見方によれば dal mio punto di vista / a mio avviso / nella mia ottica ¶問題の見方を間違える guardare un problema da un punto di vista sbagliato ¶君の言うことは見方によっては正しいかもしれない．In un certo senso quello che tu dici è giusto.

2《読み取る方法》 ¶このグラフの見方を教えてください. Mi insegni come leggere questo diagramma.

みかた 味方 《友人》amico[男][女 -ca; 男複 -ci]; 《支持者》sostenitore[男][女 -trice]; 《同盟者》alleato[男][女 -a] **◇味方する** parteggiare[自][av] per *qlcu.*, stare dalla parte di *qlcu.* ¶〈人〉を味方に引き入れる attirare *qlcu.* dalla *propria* parte ¶私は君の味方だ. Io sto con te. / Io sto dalla tua parte. ¶僕の味方になってくれ. Ti prego di sostenermi. ¶私はいつも弱い者の味方をする. Io mi schiero sempre dalla parte dei deboli. ¶君は敵なのか味方なのか, 態度をはっきりさせろ. Chiarisci la tua posizione: sei con noi o contro di noi?

みかづき 三日月 luna[女] falcata [spicchio[男] di luna] crescente **◇三日月形の** a forma di falce, falcato ⇀月 [図版]

みがって 身勝手 **◇身勝手な** egoistico [男複 -ci] ¶身勝手な要求 richiesta egoistica ¶身勝手に行動する comportarsi egoisticamente

みかど 帝 Imperatore[男] giapponese, *mikado* [男][無変]; *tenno*[男]

みかねる 見兼ねる ¶見兼ねて non potendo [riuscendo a] restare indifferente nei confronti di [di fronte a] *ql.co.* [*qlcu.*] ¶彼は見るに見兼ねる状態だった. Era in una situazione così miserabile da suscitare pietà.

みがまえ 身構え posizione[女], positura[女]; 《態度》atteggiamento[男] ¶防御の身構えをとる assumere [mettersi in] una posizione difensiva

みがまえる 身構える ¶彼は殴りかかろうと身構えた. Aveva assunto la posizione di chi sta per picchiare. / 《今にも》Stava per picchiarlo.

みがら 身柄 persona[女], corpo[男] ¶身柄を預かる custodire *qlcu.* sotto la *propria* responsabilità ¶身柄の拘束 arresto ¶身柄を拘束する arrestare *qlcu.* / tenere *qlcu.* in stato di arresto ¶身柄を送検する rinviare *qlcu.* a giudizio ¶警察に彼の身柄を引き受けに行った. Sono andato alla polizia a garantire per lui.

みがる 身軽 **1**《軽快》 **◇身軽な**《体が》leggero; 《動きが》agile, svelto **◇身軽に** leggermente; abilmente ¶彼は身軽な服装をしていた. Portava un vestito informale [casual]. ¶旅行は身軽なほうがいい. È meglio viaggiare leggeri. ¶荷物を預けて身軽になった. Dopo aver depositato il bagaglio posso muovermi più liberamente.

2《気楽》 ¶責任がなくなって身軽になった. Liberato dalla responsabilità ora mi sento leggero. ¶身軽な一人者 celibe [scapolo] senza il peso della famiglia

みかわす 見交わす guardarsi l'un l'altro, scambiarsi uno sguardo [un'occhiata]

みがわり 身代わり sostituzione[女]; 《人》sostituto[男][女 -a] ¶身代わりになる《代理》rimpiazzare [sostituire / supplire] *qlcu.* / prendere il posto di *qlcu.* / 《犠牲になる》sacrificarsi per *qlcu.* ¶彼は子供の身代わりになって人質になった. Si è offerto come ostaggio al posto del figlio.

みかん 未刊 **◇未刊の** non pubblicato, inedito ¶最終巻は未刊のままだ. L'ultimo volume delle opere [dell'opera] è rimasto inedito.

みかん 未完 **◇未完の** non terminato, incompleto ¶未完の小説 romanzo incompiuto ¶未完の大器 persona di grandi promesse

みかん 蜜柑 mandarino[男]; clementina[女]; mandarancio[男][複 -ci] ¶みかんの皮[袋] buccia [spicchio] di mandarino ¶みかんの皮をむく sbucciare un mandarino

みかんせい 未完成 **◇未完成の** incompiuto, non terminato, incompleto; 《不完全な》imperfetto, non rifinito ¶彼は小説家としては未完成だ. Non è ancora maturo come romanziere. ¶『未完成交響曲』(シューベルト) "L'Incompiuta" (Schubert)

みき 幹 **1**《木の》tronco[男][複 -chi], fusto[男]

2《重要な部分》 ¶この計画の幹の部分 la parte più importante di questo progetto

みぎ 右 **1** destra[女] **◇右の** destro, a destra ¶私の右に alla mia destra ¶通りの右にある家 casa sulla destra della strada ¶次の角を右に曲がってください. Al prossimo angolo volti a destra. ¶右から3人目が私の兄です. La terza persona da destra è mio fratello. ¶「右向け, 右」《号令》"Fianco destr!" ¶「右へ, ならえ」《号令》"In riga!"

2《前に述べたこと》 **◇右の** suddetto ¶右に述べたように come si è già detto / come suddetto / come sopra ¶右の事項について riguardo ai punti di cui sopra ¶右のとおり相違ありません. 〔官〕In fede. / Con osservanza. ¶右, 御礼まで. 《手紙で》Nuovamente ringraziando, le porgo i miei più cordiali saluti.

3《右翼》destra[女]; 《保守主義者》conservatore [男][女 -trice] ¶右に傾く andare [passare] alla destra ¶彼はどちらかと言えば右だ. È piuttosto conservatore.

[慣用] **右から左に** ¶彼は給料をもらうと右から左に使ってしまう. Spende subito tutto lo stipendio che guadagna. ¶彼はしかられても右から左へ聞き流している. I rimproveri gli entrano da un orecchio e gli escono dall'altro.

右と言えば左と言う contraddire la gente, essere sempre all'opposizione

右に出る ¶泳ぎで彼の右に出る者はいない. Non c'è nessuno che lo uguaglia nel nuoto.

右にならえする《大勢に従う》imitare gli altri

みぎうえ 右上 ¶この写真の右上が父です. La persona in alto a destra in questa fotografia è mio padre.

みぎうで 右腕 **1**《右の腕》braccio[男][複 -ci] destro **2**《頼りになる人》 ¶彼は僕の右腕だ. Lui è il mio braccio destro.

みぎがき 右書き ¶右書きにする scrivere da destra a sinistra

みぎかたあがり 右肩上がり **◇右肩上がりの** in costante aumento ¶年収は右肩上がりだ. Il reddito annuo è in costante aumento.

みぎがわ 右側 ¶右側に sul lato destro ¶通りの右側の家 casa sulla [a] destra della strada

✤右側通行 circolazione[女] a destra; 《掲示》"Tenere la destra", 《人のみ》"Marciare sulla destra" (◆イタリアでは車が右側通行)

みきき 見聞き ciò che si è visto e sentito, esperienze[女][複] ¶見聞きしたことをメモする

annotare「quel che si è visto e sentito [le proprie esperienze]

みぎきき 右利き 《人》destrimano男[女 -a] ¶右利きの投手 lanciatore destrimano

みぎクリック 右クリック 《コンピュータ》clic男 [無変] a destra

ミキサー 〔英 mixer〕1《果物・野菜用》frullatore男,〔英〕mixer [míkser]男[無変];《多機能の》tritatutto男[無変] elettrico[複 -ci] 2 《攪拌機》《機》agitatore男;《電子》〔英〕mixer男[無変]; miscelatore男 di segnali ¶コンクリートミキサー betoniera / impastatrice di cemento ¶コンクリートミキサー車 autobetoniera

みぎした 右下 ¶右下の一番端にいるのが私です。L'ultimo in basso a destra sono io.

ミキシング 〔英 mixing〕《化》miscelazione女;《電子》《放送・録音の》miscelazione女, missaggio男[複 -gi] ¶音をミキシングする miscelare [mixare] dei suoni

みぎて 右手 1《右の手》¶右手で con la mano destra ¶右手に傘を持つ tenere l'ombrello nella mano destra 2 《右の方》a destra ¶私の右手に alla mia destra
✤右手の法則《物》regola女 della mano destra

みぎひだり 右左 ¶靴を左右に履く mettersi una scarpa al piede sbagliato / scambiare la scarpa destra con la sinistra

みぎまえ 右前 1《右側の前》¶門の右前に立つ stare (in piedi) a destra del cancello 2《着物・服の》¶着物は右前に着る。Il *kimono* si indossa con la parte destra sotto la sinistra.

みぎまき 右巻き ◇右巻きの destrorso ◇右巻きに in senso orario, da sinistra a destra

みぎまわり 右回り ¶右回りの回転[ねじ山] rotazione [filettatura] destrorsa ¶運動場を右回りに走った。Abbiamo fatto un giro di campo di corsa in senso orario.

みぎり 見切り abbandono男 ¶見切りをつける《見放す》abbandonare *ql.co.* [*qlcu.*] /《あきらめる》rinunciare a *ql.co.* [*qlcu.*] ¶あんな事業には見切りをつけろ。Lascia stare [Tirati fuori da / Abbandona] quegli affari! ¶酒飲みの夫に見切りをつけた。Ho piantato quell'ubriacone di mio marito.
✤見切り値 prezzo男 di liquidazione
見切り発車 ¶電車が見切り発車してしまった。Il treno è partito in perfetto orario, finendo per lasciare a terra alcuni passeggeri. ¶計画は十分に検討されないうちに見切り発車した。Hanno dato il via alla realizzazione del progetto senza averlo esaminato a sufficienza.
見切り品 offerta女 speciale, occasione女

みきる 見切る 1《見終わる》¶こんなにたくさんの書類は1日では見切れない。Non riesco a finire di leggere [esaminare / guardare] tutti questi documenti in un giorno. 2《見限る》abbandonare 3《安く売る》vendere *ql.co.* a prezzo ridotto, svendere [liquidare] *ql.co.*

みぎれい 身綺麗 ◇身ぎれいな lindo, pulito e ordinato ◇身ぎれいにする essere [mantenersi / stare] sempre con gli abiti puliti e in ordine ¶母はいつも身ぎれいにしている。Mia madre è sempre「vestita con cura [a posto].

みきわめる 見極める 《確認する》accertare *ql.co.*;《吟味する》verificare *ql.co.*;《徹底的に検討する》esaminare [studiare] *ql.co.* a fondo ¶真偽を見極める accertare i fatti / controllare se un fatto sia vero o meno ¶実験結果を見極める esaminare a fondo i risultati dell'esperimento

みくだす 見下す disprezzare ¶彼は私を見下している。Mi disprezza [sottovaluta] sempre. / Mi guarda sempre dall'alto in basso.

みくだりはん 三下り半・三行半 ¶三下り半を突き付ける consegnare la lettera di ripudio alla moglie

みくびる 見縊る ¶他人の能力を見くびる sminuire [sottovalutare] gli altri [le capacità altrui] ¶この仕事を見くびる。Non prendere sottogamba [alla leggera] questo lavoro!

みくらべる 見比べる 《AとBを》paragonare [confrontare / comparare / mettere a confronto] A con B

みぐるしい 見苦しい 《醜い》brutto, sgradevole;《恥ずべき》disonorevole, vergognoso;《不適切な》importuno, inopportuno;《服装などがだらしない》trasandato, sciatto;《卑しい》misero, indecente ¶見苦しいところをお見せしました。Mi scusi per avercela fatta assistere ad una scenata. ¶そんなことをして見苦しいぞ. Vergognati di fare una cosa simile!

みぐるみ 身ぐるみ ¶身ぐるみはがされた。Sono stato spogliato di tutti i miei averi. ¶命は助けりゃ身ぐるみ脱いで置いていけ。O la borsa o la vita.

ミクロ 〔英 micro-〕◇ミクロの micro- ¶ミクロの世界 microcosmo /《微生物の》il mondo dei microorganismi /《顕微鏡下の》il mondo microscopico
✤ミクログラム microgrammo男
ミクロ経済学 microeconomia女
ミクロコスモス microcosmo男

ミクロン 〔仏 micron〕《1000分の1ミリメートル》micron男;《記号》μ

みけいけん 未経験 inesperienza女 ◇未経験の inesperto, senza esperienza ¶この仕事は未経験です。Non avevo mai fatto questo tipo di lavoro. / Sono inesperto [Non ho esperienza] in questo lavoro.
✤未経験者 inesperto男[女 -a]

みけつ 未決 1《まだ決定していないこと》¶未決の書類 documento da esaminare 2《判決が確定していないこと》¶未決2か月、通算1年6か月の禁固 reclusione di un anno e sei mesi compresi i due mesi di detenzione preventiva
✤未決監房 carcere男 preventivo
未決拘留 detenzione女 preventiva
未決囚 detenuto男[女 -a]「in attesa di giudizio [non ancora processato]

みけっさい 未決済 ◇未決済の non saldato [regolato / liquidato / pagato];《書類が》da esaminare
✤未決済勘定 conto男 pendente [non saldato]

みけねこ 三毛猫 gatto男[女 -a] variegato, gatto dal pelo screziato a tre colori: nero, bianco e marrone

みけん 眉間 fronte女 ¶眉間の傷 ferita sulla

fronte ¶眉間にしわを寄せる aggrottare le sopracciglia

みこ 巫女 diaconessa[女] (shintoista) ; sibilla [女]; sacerdotessa[女];《口寄せ》sciamano[男] donna [無変], donna[女] medium [無変]

みこし 御輿・神輿《祭の》*mikoshi*[男] [無変] ; altare[男] shintoista portato a spalla durante le processioni ¶みこしをかつぐ portare il *mikoshi* sulle spalle

[慣用] **みこしを上げる** (1)《腰を上げる》 ¶やっとみこしを上げた. Finalmente se ne va. (2)《事に取り掛かる》entrare[自] [*es*] in azione ¶さあ, みこしをあげていい時間だ. Ora è il momento di alzarsi e mettersi a lavorare!

みこしを据える mettere le radici in un posto ¶みこしを据えて仕事にかかる sedersi deciso a lavorare

御輿

みこす 見越す 《予想》prevedere *ql.co.*;《仮定》presumere *ql.co.*, supporre *ql.co.* ¶…を見越して in previsione di *ql.co.* / prevedendo *ql.co.* [che＋[接続法]] ¶高騰を見越して買う speculare sul rialzo delle azioni ¶株の高値[安値]を見越す prevedere il rialzo [ribasso] delle azioni

みごたえ 見応え ¶見応えのある展覧会 esposizione che vale la pena di vedere ¶今月の歌舞伎の出し物は見応えがある. Le opere del teatro *kabuki* in programma questo mese meritano di essere viste.

みごと 見事 **1**《すばらしい》 ◇**見事な**《美しい》bello;《目を見張るような》brillante, splendido;《すぐれた》eccellente;《完全な》perfetto;《すばらしい》magnifico [[男] 複 *-ci*], meraviglioso;《感嘆すべき》ammirevole, lodevole ◇**見事に** brillantemente, splendidamente; eccellentemente; perfettamente; magnificamente, meravigliosamente; ammirevolmente, lodevolmente ¶見事なゴール goal impeccabile ¶見事な演技 interpretazione perfetta ¶お庭の花が見事ですね. I fiori del suo giardino sono una bellezza. ¶今朝は空が見事に晴れた. Stamane il cielo era splendido. ¶彼は難しい質問に見事に答えた. Ha risposto brillantemente ad una domanda difficile. ¶泥棒を捕まえたとはお見事でした. Sei stato bravissimo a catturare il ladro. ¶彼の勇気は見事だ. Il suo coraggio è ammirevole. ¶お見事. Perfetto!

2《完全に》completamente, totalmente ¶僕は彼に見事にだまされた. Sono stato ingannato proprio bene da lui. ¶私の計画は見事に失敗した. Il mio progetto è fallito in pieno.

みことのり 詔 ⇒詔勅(しょうちょく)

みごなし 身ごなし《物腰》maniere[女] [複], modo[男];《行動》comportamento[男] ¶身ごなしが優雅だ. I suoi modi sono eleganti [raffinati]. ¶彼は身ごなしが軽い. Si muove con agilità.

みこみ 見込み **1**《予想》previsione[女];《見積もり》preventivo[男], calcolo[男];《見解》opinione[女] ¶見込みがつかない. Non è possibile fare previsioni. ¶今年の冬は暖冬の見込みです. Si prevede che quest'anno l'inverno sarà mite.

2《予定》program*ma*[男] [複 *-i*] stabilito ¶来年の3月に卒業する見込みです. Ho in programma di terminare gli studi nel marzo dell'anno prossimo. ¶このトンネルは5月に開通する見込みです. Questa galleria sarà inaugurata in maggio.

3《有望, 将来性》speranza[女], prospettiva[女] ◇**見込みのある** promettente ¶見込みのある青年 giovane promettente ¶見込みのない企業 impresa priva di prospettive ¶彼は成功する見込みがまったくない. Non ha la minima speranza di successo.

4《可能性》possibilità[女], probabilità[女] ◇**見込みのある** possibile, probabile;《人について》promettente ¶見込みはどうだろう. Che probabilità abbiamo [ci sono]? ¶彼が選出される見込みはまずない. È poco probabile che sia eletto. ¶見込みは五分五分だ. Le probabilità sono al 50 per cento. ¶法案の通過は見込み薄だ. Ci sono poche [scarse] probabilità [possibilità] che il disegno di legge sia approvato.

✤**見込み客**《予測数》numero[男] di clienti previsti; clienti[男] [複] potenziali

見込み違い previsione[女] errata, calcolo[男] errato ¶見込み違いをする sbagliare i calcoli / fare previsioni sbagliate

みこむ 見込む **1**《予想する》prevedere ¶寒い冬を見込んで灯油を余計に買った. In previsione di un inverno freddo, abbiamo comprato più cherosene del solito. ¶展覧会には大勢の観客が詰めかけると見込まれていた. Alla mostra si prevedeva un forte afflusso di pubblico.

2《当てにする》contare[自] [*av*] su *ql.co.* [*qlcu.*];《頼る》fidarsi di *ql.co.* [*qlcu.*], confidare[自] [*av*] in *ql.co.* ¶彼は国もとからの送金を見込んで安心している. Non si preoccupa perché conta sui soldi che gli invieranno i genitori da casa. ¶君を友人と見込んで頼みがある. Confidando nella tua amicizia vorrei chiederti un favore. ¶君はさすがに私が見込んだだけのことはある. Non ho sbagliato a fidarmi di te.

3《見積もる》stimare *ql.co.* [*qlcu.*];《考慮に入れる》tenere conto di *ql.co.*, prendere in considerazione *ql.co.* ¶利益を3割と見込んだ. Abbiamo stimato il profitto al 30 per cento. ¶昼食に1時間は見込んでおくべきだ. Si deve prevedere un'ora per il pranzo. ¶リスクも見込んでおくべきだ. Dobbiamo tenere conto anche dei rischi.

4《とりつく》 ¶彼に見込まれたら百年目だ. Se mi prende di mira lui, non ho alcuna scappatoia.

みごもる 身籠る rimanere incint*a*

みごろ 見頃 ¶今ごろは桜が見ごろでしょう. Ora i ciliegi saranno in piena fioritura.

みごろ 身頃・裑 ¶前[後ろ]身ごろ parte anteriore [posteriore] di un indumento

みごろし 見殺し ¶彼は溺れる子供を見殺しにした. Ha lasciato annegare [affogare] il bambino. ¶私を見殺しにする気か. Mi abbandoni così?!

みこん 未婚 ◇未婚の non sposato; solo;《女性が》non maritata;《書類などで》nubile, non coniugata;《男性が》non ammogliato;《書類などで》celibe, non coniugato ¶未婚の父[母] padre [madre] single
✤**未婚者**《男性》celibe男; scapolo男;《女性》nubile

ミサ〔ラ missa〕messa女 →キリスト教 用語集 ¶ミサに行く andare a [alla] messa ¶ミサをとり行う celebrare [dire] la messa ¶歌ミサ messa cantata
✤**ミサ曲** ¶葬送ミサ曲 messa da requiem

みさい 未済 ◇未済の《未決済》non saldato, insoluto
✤**未済勘定** conto男 non saldato [pagato]
未済借金 debito男 insoluto

ミサイル〔英 missile〕missile男, razzo男 ¶ミサイルを発射する lanciare un missile ¶核[核弾頭付き]ミサイル missile nucleare [a testata nucleare] ¶多弾頭ミサイル veicolo di rientro multiplo a obiettivi indipendenti [英] MIRV男 ¶空対空ミサイル missile aria-aria [無変] ¶空対地ミサイル missile aria-superficie [aria-terra][無変] ¶地対空ミサイル missile superficie-aria [terra-aria][無変] ¶迎撃ミサイル missile antimissile [無変] ¶戦略[戦術]ミサイル missile strategico [tattico] ¶誘導ミサイル missile guidato ¶対航空機[対戦車/対潜水艦]ミサイル missile controaereo [anticarro [無変] / antisommergibile] ¶短距離[中距離/大陸横断/大陸間]弾道ミサイル missile balistico "a corta gittata [a gittata intermedia / intercontinentale / transcontinentale]
✤**ミサイル基地** base女 missilistica
ミサイル攻撃 attacco男[複 -chi] missilistico[複 -ci]
ミサイル自動破壊 sistema男 d'autodistruzione del missile

みさお 操 **1**《女性の貞操》fedeltà女;《夫婦間の》fedeltà女 coniugale ¶操のない女 donna infedele ¶操を立てて暮らす vivere in castità / rimanere fedele 《に a》**2** 操を汚す venire meno alla fedeltà coniugale ¶《節操》costanza女, perseveranza女 ¶臣下としての操を守る adempiere ai propri doveri di suddito [vassallo]

みさかい 見境 《区別》distinzione女;《分別》prudenza女 ¶見境なく《区別せずに》senza distinzione;《無思慮に》imprudentemente, senza riflettere ¶彼は誰からでも見境なく話しかける. Parla a chiunque senza riflettere. ¶彼は激怒すると見境がなくなる. Quando si infuria non riesce più a ragionare [non capisce più nulla]. ¶前後の見境もなく senza pensare alle conseguenze

みさき 岬 promontorio男[複 -i], capo男 ¶岬を迂回して doppiare il capo ¶室戸岬 capo Muroto ¶岬の鼻 punta del promontorio

みさげはてた 見下げはてた 《軽蔑に値する》disprezzabile, spregevole, ignobile;《卑劣な》vile, meschino, abietto ¶見下げ果てたやつだ. Che disgraziato! / Mascalzone!

みさげる 見下げる →見下す

みさだめる 見定める accertare ql.co., discernere ¶結果を見定めるまでは何ともいえない. Non possiamo dire niente finché non avremo [sapremo] i risultati.

みざるきかざるいわざる 見猿聞か猿言わ猿 non vedere, non sentire e non parlare.

みじかい 短い **1**《長さが》corto ¶短くする accorciare [abbreviare] ql.co. ¶夏は暑いから髪を短くしています. D'estate porto i capelli corti per il caldo.
2《時間が》breve ¶秋になって日が短くなった. Con l'arrivo dell'autunno, le giornate si sono accorciate. ¶彼の一生は太く短いものだった. Ha vissuto una vita breve ma intensa. ¶内閣の生命は短かった. Il governo è durato poco. ¶私は先が短い. Non ho molto tempo davanti a me.
3《簡潔な》semplice ¶スピーチは短いほうが喜ばれる. Quanto al discorso, più è breve, più è gradito.
4《「気が短い」の形で, せっかちな》impaziente, precipitoso, intollerante ¶弟は気が短くてすぐ怒る. Mio fratello non ha pazienza e si arrabbia facilmente.

みじかめ 短め ◇短めの piuttosto [un po'] corto ¶私はスカートを少し短めにした. Ho accorciato un po' la gonna.

みじたく 身支度 ¶外出の身支度をする prepararsi per uscire

みしみし ¶歩くと床がみしみしいう. Il pavimento cigola mentre [quando] si cammina. ¶みしみしいう音 scricchiolio男[複 -ii]

みじめ 惨め ◇惨めな miserabile, misero;《あわれを誘う》pietoso ◇惨めに miserabilmente, pietosamente ¶惨めな生活をする condurre una vita miserabile [misera] ¶惨めな境遇にある trovarsi in una situazione misera [pietosa] ¶惨めな最期でした. È morto miseramente.

みしゅう 未収 ◇未収の accumulato, non pagato, non riscosso, arretrato, non percepito ¶彼の税金は未収になっている. È in arretrato con le tasse.
✤**未収税**《会》fondo男 tasse [無変]
未収料金 conto男 insoluto, pendenza女

みしゅうがくじどう 未就学児童 《集合的》bambini男[複] in età prescolare

みじゅく 未熟 **1**《果物が》◇未熟な acerbo, immaturo ¶この果物は未熟だ. Questa frutta è ancora verde [acerba].
2《技量・人格などが》◇未熟な immaturo;《未経験な》inesperto ¶彼の考えは未熟だ. Le sue idee sono ancora immature. ¶彼はこの仕事にはまだ未熟だ. È ancora inesperto [Manca ancora d'esperienza] in questo lavoro. ¶この計画は未熟だ. Questo progetto non è ancora sufficientemente sviluppato.
✤**未熟児** neonato男[女 -a] prematuro ¶未熟児網膜症《医》retinopatia女 da prematurità
未熟者 inesperto男[女 -a]

みしょう 未詳 ◇未詳の《不明の》sconosciuto, ignoto;《未確認の》non identificato ¶作者未詳

みしょう 実生〔植〕piantula⊛;(種子から生じた苗) piantime⊛ ¶実生の柿 piantina di cachi germinata da un embrione

みしょうか 未消化 **1**《消化していない》◇未消化の non digerito **2**《理解・処理していない》¶新理論を未消化のまま鵜呑みにする imparare una nuova teoria senza assimilarla bene ¶会議は日程未消化のまま閉幕した. Il convegno si è concluso senza aver completato il programma.

みしらぬ 見知らぬ 《未知の》sconosciuto;(なじみのない) estraneo, straniero ¶未知らぬ世界 mondo sconosciuto ¶見知らぬ人 persona sconosciuta / sconosciutо⊛[⊛ -a] ¶会議の席には見知らぬ顔が並んでいた. C'erano facce nuove [non familiari] al tavolo della riunione.

みじろぎ 身じろぎ ¶彼は身じろぎ一つせずに立って待っていた. Mi aspettava in piedi「assolutamente immobile [senza muoversi nemmeno di un centimetro].

ミシン 〔英 machine〕macchina⊛ da [per] cucire ¶電動[足踏み]ミシン macchina da cucire elettrica [a pedale] ¶家庭用[工業用]ミシン macchina da cucire per uso domestico [industriale]

❖**ミシン糸** filo⊛ per macchina da cucire
ミシン罫⁽⁾〔印〕filetto⊛
ミシン針 ago⊛[複 aghi] per la macchina da cucire
ミシン目 (切り込み線) foratura⊛ ¶ミシン目にそって切りとる strappare lungo la foratura

みじん 微塵 **1**《微細なもの》particella⊛, atomo⊛ ¶みじんに砕ける rompersi in mille pezzi / frantumarsi **2**《ほんのわずか》¶彼には彼女への愛情などみじんもなかった. Non aveva nemmeno un briciolo d'amore verso di lei.

❖**みじん切り** ¶たまねぎをみじん切りにする tritare [tagliuzzare, sminuzzare] le cipolle / tagliare le cipolle a pezzettini

みじんこ 微塵子〔動〕dafnia⊛

ミス 〔英 Miss〕(未婚女性への敬称) signorina⊛;(略) sig.na;(未婚女性) donna⊛ non sposata; nubile⊛ ¶ミス日本[ユニバース] Miss Giappone [Universo]

ミス 〔英 miss〕(失敗) errore⊛, sbaglio⊛[複 -gli] ◇ミスする commettere un errore [uno sbaglio], errare⊕[av](《a su, in), sbagliare⊕, ⊕[av] ql.co.[nel +不定詞] ¶タイプミス errore di battitura ¶たいへんなミスをした. Ha sbagliato clamorosamente [di grosso].

❖**ミスジャッジ** 《スポ》arbitraggio⊛[複 -gi] [giudizio⊛[複 -i]] errato
ミスプリント →見出し語参照
ミスプレー errore⊛ di gioco

みず 水 **1**【水】 acqua⊛;(湯に対して冷水) acqua⊛ fredda ¶水を出す aprire l'acqua [il rubinetto] ¶道路に水を撒く spargere dell'acqua sulla strada ¶洗った野菜の水を切る scolare le verdure lavate ¶川にきれいな水が流れている. Nel fiume scorre acqua limpida. ¶私は水をがぶがぶ飲んだ. Ho bevuto l'acqua a grandi sorsi. ¶ウイスキーを水で割る allungare il whisky con l'acqua ¶この入れ物は水が漏る. Questo contenitore perde acqua. ¶この布は水を通さない. Questo tessuto è impermeabile. ¶水道の水が出ない. Non esce acqua dal rubinetto. ¶庭の花に水をやった. Ho annaffiato i fiori del giardino. ¶池の水が涸れた. Il laghetto si è prosciugato.

2【液状のもの】《流動体》《物・化》fluido⊛;《液体》liquido⊛ ¶彼の右ひざの関節に水が溜まった. Nel suo ginocchio destro si è formato del liquido. ¶腹に水が溜まった. Si è verificato un travaso nell'addome.

3【洪水】 diluvio⊛[複 -i], inondazione⊛, piena⊛ ¶水が引いた. La piena è calata [diminuita]. ¶水が軒先まで来た. L'acqua ha quasi raggiunto la casa. ¶堤防が切れて水が出た. La diga ha ceduto e il fiume è straripato. ¶水清ければ魚棲まず.《諺》"La virtù allontana la gente." ¶《諺》"Tutti i fiumi vanno al mare." ¶水は方円の器に従う. Così come l'acqua si adatta alla forma del suo contenitore, l'uomo è il prodotto del suo ambiente.

[慣用] **水が合わない** ¶私には都会の水は合わない. La vita in una grande città non mi si addice [non mi si confà].

水と油 ¶あの2人は水と油だ. Quei due non vanno d'accordo, come l'olio e l'acqua.

水に流す ¶昔のことは水に流そう. È acqua passata. / Lasciamo correre. / Dimentichiamo [Mettiamo da parte] il passato.

水の泡 →見出し語参照

水もしたたる ¶彼は水もしたたるいい男だ. Quel ragazzo è di una bellezza「particolare [mai vista].

水も漏らさぬ ¶首相官邸は水も漏らさぬ警戒ぶりだった. La residenza ufficiale del Primo Ministro era sotto strettissima sorveglianza [vigilanza].

水をあける[があく] (1)《ボート》¶半艇身の水をあけて勝つ vincere per mezza lunghezza ¶3艇身の水があく essere staccato di tre lunghezze
(2)《優劣をつける》¶わが社はこの点で他社の製品に大きく水をあけている. Sotto questo aspetto i nostri prodotti sono di gran lunga superiori a quelli delle altre ditte.

水を打ったよう ¶会場は水を打ったように静かになった. Un profondo silenzio è calato nella sala.

水を得た魚 ¶彼はまるで水を得た魚のようだ. Sta come un topo nel formaggio.

水を差す ¶円高が外国からの観光客の増加に水を差した. Il rialzo dello yen ha influito negativamente sull'afflusso dei turisti stranieri. ¶彼は2人の仲に水を差そうとしている. Vuole separarli [allontanarli] l'uno dall'altra.

水を向ける ¶何か聞き出そうと水を向けてみた. Ho cercato di「strappargli qualche informazione [ottenere qualche informazione da lui].

みずあか 水垢 incrostazione⊛;(石灰質の) calcare⊛
みずあげ 水揚げ **1** (陸揚げ) scarico⊛[複 -chi], scaricamento⊛, sbarco⊛[複 -chi] ¶船荷の水揚げをする scaricare una nave / sbarcare

un carico ¶まぐろの水揚げをする ṣbarcare tonni **2**《売上金》incasso[男], entrate[女][複] lorde ¶この店の１日の水揚げは50万円だ. L'incasso giornaliero di questo negozio è di 500.000 yen. **3**《生花の》trattamento[男] su fiori reciṣi (tramite taglio o bruciatura del gambo) per preservarli a lungo

✤**水揚げ高**《漁獲量》pescato[男] ¶１日の[年間の]水揚げ高 pescato giornaliero [annuo]

みずあそび 水遊び ◇水遊びする《水の中で》fare il bagno;《水で》giocare[自][*av*] con l'acqua

みずあび 水浴び bagno[男] ¶川で水浴びをする fare il bagno nel fiume

みずあめ 水飴 sciroppo[男] di amido

みずあらい 水洗い ◇水洗いする sciacquare *ql.co.*, lavare *ql.co.* con l'acqua ¶これくらいの汚れは水洗いだけで落ちる. Questa macchia va via anche solo con l'acqua.

みすい 未遂 ◇未遂の tentato ¶自殺[殺人]未遂 tentato suicidio [omicidio] ¶陰謀は未遂に終わった. Il complotto è「fallito [stato ṣventato / andato a monte].

みずいらず 水入らず ¶一家水入らずの集まりだった. È stata una riunione di famiglia senza nessun estraneo. ¶彼らは夫婦水入らずで食事した. I coniugi hanno cenato in due [da soli].

みずいり 水入り《相撲で》breve sospensione[女] [pauṣa[女]] di un combattimento di *sumo*

みずいろ 水色 aẓẓurro[男], celeste[男] ¶水色のドレス vestito aẓẓurro [di color aẓẓurro]

みずうみ 湖 lag*o*[男][複 *-ghi*] ¶湖のほとりのホテル albergo sul [in riva al] lago

みすえる 見据える **1**《じっと見る》fissare *qlcu.* [*ql.co.*] in viṣo, tenere lo ṣguardo fisso su *qlcu.* [*ql.co.*] **2** guardare[自][*av*] a *ql.co.*, verificare ¶現実を見据える guardare alla realtà

みずおけ 水桶 secchia[女], secc*hio*[男][複 *-chi*];《家畜用の》abbeverat*oio*[男][複 *-i*]

みずおと 水音 ¶川の水音が聞こえる. Si sente il mormorio del fiume. ¶水音を立てて飛び込む tuffarsi con un tonfo

みずかがみ 水鏡 ¶水鏡に姿をうつしてみる riflettersi nello specchio dell'acqua

みずかき 水掻き《水鳥・かえるの》membrana[女] connettiva ¶水かきのあるあひるの足 zampe palmate di anatra

みずかけろん 水掛け論 discussione[女] interminabile e vana [inutile] ¶話し合いは水掛け論に終わった. Il negoziato è finito in una discussione infruttuosa. ¶それは水掛け論だ. È una discussione che gira a vuoto.

みずかさ 水嵩 ¶雨で川の水かさが増していた. Il livello d'acqua del fiume è salito a cauṣa della pioggia.

みすかす 見透かす capire le intenzioni di *qlcu.*, leggere il pensiero di *qlcu.* ¶彼に手の内を見透かされていた. Aveva capito le mie intenzioni.

みずがめ 水瓶 vaṣo[男];《古代の》anfora[女] per l'acqua

✤**水瓶座**〔天〕Acquario[男]

みずから 自ら **1**《自分自身》*se*[男][女] stess*o* ¶自らの意見 il *proprio* parere **2**《自分自身で》da *sé*, da solo;《自分から直接に》personalmente, di persona ¶自ら名乗る preṣentarsi da *sé* [di *propria* iniziativa] ¶自ら命を断つ suicidarsi / uccidersi / togliersi la vita ¶自ら彼に話したほうがいい. È meglio parlare con lui personalmente [di persona]. ¶彼は自ら進んでそれをした. L'ha fatto di sua iniziativa. ¶社長が自ら出向いた. Ci si è recato il presidente in persona.

みずき 水木〔植〕corniolo [corniolo][男]

みずぎ 水着 costume[男] da bagno ¶水着に着がえる mettersi in costume

みずききん 水飢饉 siccità[女] ¶水飢饉に悩む soffrire per「la mancanza d'acqua [la siccità]

ミスキャスト〔英 miscast〕¶彼をハムレット役にしたのはミスキャストだった. È stato uno ṣbaglio assegnargli il ruolo di Amleto.

みずきり 水切り **1**《水分を除く》¶野菜の水切りをする ṣcolare [sgocciolare] le verdure **2**《遊び》¶水切りをして遊ぶ giocare a rimbalzello **3**《生け花で》¶花の水切りをする recidere nell'acqua un pezzetto di gambo per mantenere la freschezza del fiore **4**《野菜などの》scolaverdure[男][無変];《食器用の》scolapiatti[男][無変] **5**《船首の》tagliamare[男][無変]

みずぎわ 水際《水辺》riva[女], sponda[女];《海の》costa[女];《浜辺》spiag*gia*[女][複 *-ge*] ¶いよいよここが水際だ.一歩もひけない. Siamo arrivati all'ultima spiaggia. ¶敵軍の侵入は水際で防がれた. L'invaṣione nemica fu respinta sulla spiaggia.

✤**水際作戦** ¶麻薬の取り締まりは水際作戦が最上だ. La più efficace operazione antidroga consiste nel controllo delle coste e degli aeroporti.

みずぎわだつ 水際立つ ◇水際立っている distinguersi ◇水際立った superbo, perfetto, splendido

みずくさ 水草 erba[女] acquatica;《水生植物》pianta[女] acquatica

みずくさい 水臭い **1**《水っぽい》acquoso **2**《よそよそしい》freddo;《打ち解けない》distaccato, riservato, chiuso;《形式張った》formale ¶水臭いじゃないか. Ma come? Non siamo amici?

みずぐすり 水薬 pozione[女], farma*co*[男][複 *-ci*] liquido;《シロップ》sciroppo[男];《懸濁液》soluzione[女] [sospensione[女]] orale;《滴状の》medicina[女] in gocce

みずくみ 水汲み ¶井戸で水汲みをする attingere acqua da un pozzo

みずけ 水気《水》acqua[女];《水分》acquosità[女];《湿気》umidità[女];《液汁》suc*co*[男][複 *-chi*] ◇水気のない sec*co*[[男]複 *-chi*], poco succoso;《乾いた》asciutto ¶豆腐の水気を切る scolare il *tofu* ¶このパン生地は水気が多すぎる. Questa pasta per il pane è troppo molle [troppo umida]. ¶水気の多い[少ない]オレンジ arancia succosa [poco succosa]

みずけむり 水煙 **1**《水面に立つ霧》foschia[女] sull'acqua **2**《水しぶき》schizzo[男] d'acqua ¶波は岩にぶつかって水けむりを上げた. Le onde urtavano le rocce sollevando grossi schizzi.

みずこ 水子《新生児》neonat*o*[男][[女] *-a*];《流産した胎児》feto[男] di aborto spontaneo [《堕胎

✿子供供養［地蔵］cerimonia⒠ per i [divinità⒠ dei] bambini non nati, nati morti o morti in fasce

みずごけ 水苔 《植》stagno⒨

みすごす 見過ごす **1**《見落とす》non vedere, lasciarsi scappare ¶曲がり角をうっかり見過ごした. Mi è sfuggito l'angolo dove dovevo girare.
2《見逃す》sfuggire⒤［es］ ¶こんな間違いを見過ごすことはできない. Non possono sfuggirmi errori del genere.

みずごり 水垢離 ¶母の病気の平癒(ﾕ)を祈って水ごりをとった. Ho fatto un'abluzione con acqua fredda [gelida] per chiedere la guarigione di mia madre.

みずさいばい 水栽培 coltivazione⒠ acquatica

みずさかずき 水杯 ¶水杯を交わす bere acqua dalla stessa ciotola in segno di addio

みずさきあんない 水先案内 《行為》pilotaggio⒨《複 -gi》;《人》pilota⒨⒠《複 -i》¶水先案内をして船を入港［出港］させる pilotare la nave nel [dal] porto

✿水先案内船 nave⒠ pilota［無変］
水先案内料 tariffa⒠ di pilotaggio

みずさし 水差し caraffa⒠, brocca⒠

みずしげん 水資源 risorse⒠［複］idriche

みずしごと 水仕事 ¶水仕事をする《台所仕事》lavare qlco. in cucina /《洗濯》fare il bucato

みずしぶき 水飛沫 spruzzi⒨［複］d'acqua

みずしょうばい 水商売 **1**《夜の商売》attività⒠ nel settore dei locali notturni e simili
2《不安定な人気商売》mestiere⒨ a reddito instabile nel campo dell'intrattenimento

みずしらず 見ず知らず ◇見ず知らずの sconosciuto ¶見ず知らずの人に声をかけられた. Uno sconosciuto mi ha rivolto la parola.

みずすまし 水澄まし 《昆》girino nuotatore

みずぜめ 水攻め ¶城を水攻めにする《洪水をおこして》inondare [sommergere] il castello /《水路を断って》tagliare i rifornimenti d'acqua al castello assediato

みずぜめ 水責め ¶水責めにする torturare qlcu. con l'acqua

みずたき 水炊き carne⒠ e verdure⒠［複］lessate e poi servite con una sorta di aceto a base di salsa di soia e succo di agrumi (preparate in tavola con un tegame di terracotta)

みずたま 水玉 《水滴》goccia⒠［複 -ce］d'acqua;《露》rugiada⒠ ¶くもの巣に水玉がやどっている. Piccole gocce d'acqua si sono formate sulla tela ragnatela.

✿水玉模様 ¶水玉模様のスカート gonna a pois

みずたまり 水溜り pozzanghera⒠, laghetto⒨, stagno⒨, specchio⒨［複 -chi］d'acqua

みずっぽい 水っぽい《果物・土壌などの》acquoso;《湿度の高い》umido;《酒などを水で薄めた》annacquato ¶水っぽいスープ zuppa acquosa

みずでっぽう 水鉄砲 pistola⒠ ad acqua, schizzetto⒨

ミステリー ［英 mistery］mistero⒨
✿ミステリー作家 giallista⒨⒠［男複 -i］, scrittore［⒠ -trice］di gialli
ミステリー小説 libro⒨ giallo, giallo⒨;《探偵小説》romanzo⒨ poliziesco［複 -schi］

みすてる 見捨てる abbandonare qlcu. ¶私を見捨てないでください. Non mi abbandoni, per favore! ¶友人たちはみんな彼を見捨てた. Tutti i suoi amici l'hanno abbandonato.

みずどけい 水時計 clessidra⒠ [orologio⒨［複 -gi］] ad acqua

みずどり 水鳥 uccello⒨ acquatico［複 -ci］;《遊禽(ｷﾝ)類》palmipedi⒨［複］

みずなぎどり 水薙鳥 《鳥》berta⒠

みずに 水煮 ¶水煮にする bollire qlco. in acqua senza sale［《少し塩を入れて》appena salata］¶たけのこの水煮 germoglio di bambù lessato [bollito]

みずのあわ 水の泡 ¶我々の努力はすべて水の泡になった. Tutti i nostri sforzi sono andati a monte [sono andati in fumo / sono stati inutili].

みずのみば 水飲み場 fontanella⒠

みずはけ 水捌け scolo⒨ d'acqua ¶流しの水はけをよくする sturare il lavandino ¶風呂場の水はけがいい［悪い］. Il bagno ha un buon [cattivo] scolo. ¶この土地は水はけがいい. Questo terreno ha un buon drenaggio.

みずばしょう 水芭蕉 《植》(specie⒠ di) simplocarpo⒨;《学名》*Lysichiton camtschatcense* Schott

みずばしら 水柱 ¶飛行機が海中に墜落すると大きな水柱が立った. L'aereo è precipitato nel mare sollevando una grande colonna d'acqua.

みずばな 水洟 ¶彼は水ばなを垂らしている. Ha il naso che gli cola.

みずばら 水腹 ¶オレンジジュースを飲みすぎて水腹になった. Ho bevuto troppa aranciata e mi sento la pancia gonfia. ¶食べ物が尽きて3日間水腹で過ごさざるを得なかった. Finite le riserve di cibo, non potemmo fare altro che bere acqua per tre giorni.

みずひき 水引《祝儀用》cordoncino⒨ augurale di carta bianca e rossa oppure dorata e argentata;《不祝儀用》cordoncino⒨ di carta bianca e「nera [blu]」

みずびたし 水浸し ¶村は洪水のため水浸しになった. Il villaggio è invaso dall'acqua a causa dell'inondazione. ¶川があふれて田畑を水浸しにした. Le risaie e i campi sono sommersi dalla piena del fiume. ¶水浸しになった船 nave che ha imbarcato molta acqua

みずぶくれ 水膨れ《皮膚の下の》gonfiore⒨, vescichetta⒠;《医》《浮腫》edema [edema⒨［複 -i］¶手の甲に水ぶくれができた. Mi è venuta una bolla sul dorso della mano.

ミスプリント ［英 misprint］errore⒨ di stampa, refuso⒨ ¶このテキストはミスプリントだらけだ. Questo testo è pieno di errori di stampa.

みずべ 水辺 riva⒠, sponda⒠ ¶水辺で遊ぶ giocare sulla spiaggia

みずぼうそう 水疱瘡《医》varicella⒠

みすぼらしい 見窄らしい brutto, misero ¶みすぼらしい家 casa di aspetto miserabile ¶みすぼらしい身なりの男 uomo mal vestito

みずまき 水撒き annaffiamento㊚, annaffiatura㊛, innaffiamento㊚, innaffiatura㊛ ◇水撒きする annaffiare

みずまくら 水枕 cuscino㊚ di gomma refrigerante riempito di ghiaccio e acqua

みずまし 水増し **1**《水で薄めること》◇水増しする annacquare *ql.co.*, diluire *ql.co.* ¶このワインは水増ししてある. Questo vino è stato annacquato. **2**《数・量をふやす》¶予算を水増しする gonfiare il preventivo
❖**水増し入学** ¶この学校は水増し入学をさせている. Questa scuola accetta più studenti di quanto consentano le sue capacità.

みすます 見澄ます《よく見る》guardare [osservare] bene *ql.co.*;《確かめる》accertare [assicurarsi di] *ql.co.* ¶誰もいないのを見すましてそっと部屋に入った. Entrai nella stanza dopo essermi assicurato che non c'era nessuno.

みすみす ¶みすみす泥棒に逃げられてしまった. Il ladro è scappato (via) davanti ai miei occhi.

みずみずしい 瑞々しい fresco㊚《複 *-schi*》e giovane;《果物が》succoso ◇みずみずしさ freschezza㊛ ¶みずみずしい肌 pelle fresca e liscia ¶もぎたてのみずみずしい果物 frutta fresca appena raccolta

みずむし 水虫 fungo㊚［複 *-ghi*］(al piede);［医］micosi㊛［無 変］, infezioni㊛［複］micotiche, epidermofizia㊛ intertigitale, tigna㊛,［ラ］tinea pedis㊛ ¶私は足が水虫だ. Ho il piede d'atleta. / Mi sono venuti i funghi ai piedi.

みずもの 水物 **1**《液体》liquido㊚ **2**《あてにならないもの》cosa㊛ incerta [imprevedibile] ¶勝負は水物だ. Nelle partite entra in gioco anche la fortuna.

みずや 水屋 **1**《社寺の》vasca㊛ dove ci si purifica le mani prima di entrare in un tempio **2**《茶の湯で》piccola cucina㊛ per la cerimonia del tè

みずようかん 水羊羹 gelatina㊛ dolce di *azuki*

みする 魅する incantare ¶私は彼女の美しさに魅せられた. Sono rimasto incantato dalla sua bellezza.

みずわり 水割り ¶ウイスキーを水割りにする diluire whisky con acqua ¶ブランデーの水割り brandy㊚ con acqua

みせ 店 negozio㊚［複 *-i*］, magazzino㊚;《作業場を兼ねたような小さな店》bottega㊛;《服飾店》［仏］boutique［butík］㊛［無 変］;《飲食業などの》attività㊛ commerciale ¶店は9時に開く［閉まる］. I negozi aprono (chiudono) alle 9. ¶新宿に店を開く aprire un negozio a Shinjuku ¶店をたたむ chiudere un negozio / cessare l'attività commerciale ¶ここはいい店だ.《値段も適当・品物も豊富》In questo negozio si compra bene. ¶あの店は品物が高い［安い］. Quel negozio è caro [a buon mercato]. / In quel negozio i prezzi sono alti [contenuti].

みせいねん 未成年 minore età㊛;［法］minorità㊛ ◇**未成年の** minorenne ¶彼は未成年だ. È minorenne.
❖**未成年者** minorenne㊚㊛, minore㊚㊛ ¶「未成年者の入場を禁ず」［掲示］"Vietato l'ingresso ai minorenni"

みせいり 未整理 ¶未整理の書類 documenti non「catalogati [ancora sistemati]

みせかけ 見せ掛け《外見》apparenza㊛, aspetto㊚;《偽り》finta㊛, finzione㊛, simulazione㊛ ¶見せかけの落ち着き calma apparente

みせかける 見せ掛ける fingere di+不定詞, mostrare *ql.co.* apposta, far mostra di+不定詞 ¶友情に見せかけて fingendosi amico ¶安物を高級品らしく見せかける fare apparire articoli scadenti come se fossero di ottima qualità

みせがね 見せ金 denaro㊚ che si mostra per accattivarsi la fiducia

みせがまえ 店構え ¶堂々とした店構えだ. Il negozio ha un aspetto magnifico.

みせさき 店先 ¶店先に品物を並べる esporre le merci davanti al negozio

みせじまい 店仕舞い chiusura㊛ del negozio

みせしめ 見せしめ《教訓》lezione㊛;《いましめ》avvertimento㊚, ammonimento㊚ ¶〈人〉を見せしめに罰する punire *qlcu.*「a scopo di [come] esempio ¶見せしめに usare come ammonimento per tutti ¶見せしめになる servire da lezione

ミセス［英 Mrs.］signora㊛;《略》sig.ra ¶ヤングミセス giovane signora /《結婚したばかりの》sposina /《若奥さん》mogliettina

みせつける 見せ付ける ¶〈人〉との仲のよさを見せつける ostentare gli ottimi rapporti che si hanno con *qlcu.* ¶彼との実力の差をまざまざと見せつけられた. Mi ha fatto notare chiaramente il dislivello tra le mie e le sue capacità.

みせどころ 見せ所 ¶ここが君の腕の見せ所だ. È venuto il momento di dare prova della tua abilità.

みぜに 身銭 il *proprio* denaro㊚ ¶彼らは身銭を切って地震の被災者を助けた. Hanno aiutato i terremotati pagando di tasca propria.

みせば 見せ場 punto㊚ culminante, culmine㊚;［仏］clou㊚［無 変］ ¶見せ場をつくる inserire una scena culminante

みせばん 店番 ¶店番をする occuparsi di un negozio durante l'assenza temporanea del proprietario

みせびらかす 見せびらかす esibire [ostentare] *ql.co.*, fare sfoggio di *ql.co.*;《才能や地位や富を》darsi delle arie, pavoneggiarsi, farsi notare ¶あの2人は仲の良さを見せびらかしている. Quei due mostrano [esibiscono] la loro intimità.

みせびらき 店開き apertura㊛ di un negozio ◇**店開きする** aprire un negozio, inaugurare un nuovo negozio

みせもの 見せ物 ¶見せ物にする fare [dare] spettacolo di *ql.co.* / trasformare *ql.co.* in uno spettacolo ¶みんなの見せ物になる essere l'oggetto della curiosità di tutti [curiosità altrui]
❖**見せ物小屋** baraccone㊚

みせる 見せる **1**《示す》mostrare [far vedere] *ql.co.* a *qlcu.*;《証明書などを》esibire *ql.co.* ¶彼は私に恋人の写真を見せた. Mi ha mostrato la fotografia della sua ragazza. ¶あの服を見せてください. Per favore mi

faccia vedere quell'abito. ¶息子を医者に見せます. Farò visitare mio figlio dal dottore. ¶舌を見せてください.《病院で》Tiri fuori la lingua.
2《…してみせる》¶ナイフで鉛筆を削ってみせる far vedere come temperare una matita con un coltellino ¶大げさに泣いてみせる mettersi a piangere in modo esagerato ¶必ず成功してみせる. Ti giuro che ci riuscirò.
3《見せかける》¶彼女は自分を美しく見せたがる. Lei è desiderosa di apparire più bella di quello che è. ¶安物を高級品のように見せて売る vendere prodotti scadenti facendoli passare per prodotti di prima qualità

みぜん 未然 ◇未然に preventivamente ¶事故を未然に防ぐ prevenire un incidente / prendere precauzioni contro eventuali incidenti ¶反乱を未然につぶす soffocare una rivolta allo stato embrionale

みそ 味噌 **1** *miso*男; pasta女 di soia fermentata ¶味噌煮にする cuocere *ql.co.* con il *miso* **2**《特色・工夫したところ》¶そこがみそだ. Qui sta il punto. →味噌っ滓(ｶｽ)
|慣用| 味噌も糞も ¶みそもくそもいっしょにする mischiare tutto / non distinguere il bene dal male / mischiare la lana e la seta
味噌を付ける perdere la faccia ¶このスキャンダルでは彼も味噌を付けた. Con questo scandalo「è stata infangata anche la sua reputazione [ha perso la faccia].

─|日本事情|─ 味噌
Il *miso* è prodotto con fagioli di soia bolliti in acqua salata, pestati e fatti fermentare con uno speciale enzima (*koji*) per alcuni mesi.
Condimento ricco di proteine, viene usato per preparare molti piatti. Diluendolo in acqua se ne ricava un brodo sostanzioso (*misoshiru*), che non manca mai nel tipico pasto giapponese. Lo si usa anche come base per condire legumi, ortaggi e per preparare verdure in salamoia.

みぞ 溝 **1**《下水道》scolo男, fogna女;《掘割り》fossato男;《くぼみ, 切り込み》solco男《複 -chi》, incavo男, canaletto男 ¶溝を掘る scavare un fossato ¶溝にはまる cadere in un fosso
2《敷居・機械などの》scanalatura女, guida女;《レコードの》solco男 ¶溝をつける《敷居などに》intagliare una scanalatura
3《気持ちのへだたり》solco男, incrinatura女 ¶私たちの間に溝ができた. I nostri rapporti si sono incrinati. ¶夫婦の間に溝がある. Marito e moglie si sono estraniati l'un l'altro.

みぞう 未曾有 ◇未曾有の senza precedenti, inaudito, mai accaduto [successo] ¶未曾有の米収 eccezionale raccolto di riso

みぞおち 鳩尾 bocca女 dello stomaco;《解》epigastrio男

みそか 三十日・晦日 ultimo giorno男 del mese ¶みそか払いで con pagamento alla fine del mese

みそぎ 禊《宗》abluzione女 shintoista
みそくそ 味噌糞 →糞味噌

みそこなう 見損なう **1**《評価を誤る》ingannarsi su *qlcu.*, prendere un abbaglio per *qlcu.* ¶君を見損なった. Mi hai deluso. / Ti avevo sopravvalutato. / Da te non me l'aspettavo. ¶見損なうな. Vedrai con chi hai a che fare!
2《見逃す》¶交通表示を見損なった. Il segnale stradale mi è sfuggito. ¶あの映画は見損なった. Non ho avuto occasione di vedere quel film.

みそさざい 鷦鷯《鳥》scricciolo男
みそしき 未組織 ◇未組織の non organizzato ✢未組織労働者 lavoratori男《複》non organizzati [non sindacalizzati]

みそしる 味噌汁 zuppa女 di *miso*
みそっかす 味噌っ滓《役に立たない人》persona女 inutile [di poco conto];《仲間はずれの子供》bambino男《複 -a》emarginato [isolato] dagli altri bambini

みそっぱ 味噌っ歯 dente男 marcio《複 -ci》, dente男 cariato

みそめる 見初める《一目で恋する》innamorarsi di *qlcu.* a prima vista, avere un colpo di fulmine per *qlcu.*

みそら 身空 ¶若い身空で未亡人になった. Ha perso il marito quando era giovane. / È rimasta [È diventata] vedova in età giovanile.

みぞれ 霙 nevischio男《複 -schi》¶昨晩みぞれが降った. È caduto nevischio ieri sera.

─みたい 1《…のようだ》come ¶豚みたいに何でもよく食べる. Mangia avidamente di tutto, come un maiale. ¶うれしいわ, まるで夢みたい. Come sono contenta, mi sembra un sogno! ¶君みたいにけちなやつはいない. Non ho mai visto un tirchio come te!
2《…に類した》come, e simili, del tipo di ¶調味料とか缶詰みたいな物はどこで売っていますか. Dove si può comprare roba come condimenti o scatolette?
3《…らしい》sembrare自《es》[parere自《es》] + |接続法|《*ql.co. / qlcu.*》¶誰か来たみたいだ. Sembra che sia venuto qualcuno. ¶彼は仕事をやめたみたいだ. Mi pare che abbia lasciato il lavoro.
4《「…してみたい」の形で, 願望を表す》¶イタリアに行って[彼に一度会って]みたい. Mi piacerebbe「andare in Italia [incontrarlo una volta].

みたけ 身丈 lunghezza女 di un indumento
みだし 見出し **1**《索引》indice男;《目次》sommario男《複 -i》, indice男 **2**《表題》titolo男;《新聞の》titolo男, intestazione女;《テレビニュースなどの》sommario男 delle notizie ¶大見出し《新聞の》titolo a caratteri cubitali ¶小見出し sottotitolo →新聞 |関連| **3**《辞書の》voce女, lemma女, esponente男, entrata女

みだしなみ 身嗜み **1**《身なり, 心がけ》¶身だしなみがいい essere fine e ben vestito **2**《基礎的教養》cultura女 di base

みたす 満たす **1**《充満させる》riempire ¶AにBを満たす riempire A di B / colmare A di B ¶コップに水を満たす riempire un bicchiere d'acqua **2**《充足させる》appagare *ql.co.*, esaudire [soddisfare] *ql.co.* ¶国内の需要を満たす soddisfare la domanda interna ¶長い間の希望が満たされた. È stato esaudito un mio desiderio che avevo da molto tempo.

みだす 乱す 《かき乱す》turbare; 《退廃させる》corrompere ¶治安[世界平和]を乱す turbare l'ordine pubblico [la pace mondiale] ¶《人》の計画を乱す scombussolare i piani di qlcu. ¶髪を乱す scompigliarsi i capelli ¶風紀を乱す corrompere i costumi della società ¶その知らせは彼女の心を乱した. È rimasta turbata da questa notizia.

みたて 見立て **1**《選択》scelta女, selezione女 ¶見立て違いをする fare una scelta sbagliata ¶彼女は服の見立てがうまい. Ha buon gusto nella scelta dei vestiti. **2**《判断, 鑑定》giudizio男[複-i]; 《見 解》opinione女, parere男; 《診 断》diagnosi女[無変] ¶医者は見立て違いをした. Il dottore ha fatto una diagnosi errata.

みたてる 見立てる **1**《なぞらえる》¶地球をボールに見立てる paragonare la Terra a una palla **2**《選ぶ》scegliere *ql.co.*, selezionare *ql.co.* ¶妻が私にいいネクタイを見立ててくれた. Mia moglie mi ha scelto una bella cravatta.
3《診断する》diagnosticare ¶医者はストレスによるうつ病だと見立てた. Il medico ha diagnosticato una depressione causata dallo stress.

みたところ 見た所 ¶ちょっと見たところでは a prima vista, in [all']apparenza ¶見たところ健康そうだ. Sembra che stia bene. ¶見たところでは彼は別に変わったところはない. Sembra una persona normalissima.

みため 見た目 ¶見た目が悪い presentarsi male / avere una brutta apparenza ¶見た目はいいが…. L'apparenza è bella [All'apparenza è bello], ma… ¶見た目にはおとなしそうだが芯は強い. Dietro l'apparente dolcezza cela un carattere forte.

みだら 淫ら ¶みだらなしぐさ gesto indecente ¶みだらな目つき《官能的な》sguardo sensuale ¶みだらな想像をする immaginare oscenità [cose oscene]

みだり 妄り・濫り ◇みだりに《理由なしに》senza ragione, senza motivo; 《許可なく》senza permesso; 《無分別に》con leggerezza, senza riflettere; 《むやみやたらと》a caso, a casaccio, alla cieca, a vanvera

みだれ 乱れ **1**《乱雑》disordine男 ¶髪の乱れを直す pettinarsi / riordinare i capelli scompigliati [spettinati] ¶服の乱れを直す sistemarsi il vestito
2《秩序の》disordine男; 《混乱》confusione女; 《騒 動》agitazione女, tumulto男, sommossa女 ¶この会社の経理の乱れはひどい. La contabilità di questa ditta è terribilmente disordinata. ¶党の結束に乱れが見られる. L'unità del partito si è incrinata.
3《心の動揺》agitazione, nervosismo男, emozione女 ¶彼には心の乱れをかくしきれなかった. Non è riuscito a nascondere la sua agitazione interiore.
4《通信などの》disturbo男
✤**乱れ髪** capelli男[複] spettinati [scompigliati / in disordine]

みだれる 乱れる **1**《乱雑である》essere in disordine [confusione] ◇乱れた disordinato, confuso ¶乱れた髪をしている avere i capelli spettinati [scompigliati / in disordine] ¶乱れた暮らしをする condurre una vita sregolata ¶国が乱れてゆく. Il Paese si sta disgregando. ¶行進で兵士たちの足並みが乱れた. I soldati hanno perso il passo nella marcia. ¶風紀が乱れている. I costumi stanno deteriorando. ¶カードの順序が乱れている. Le carte sono in disordine. ¶列車のダイヤが乱れた. L'orario dei treni è stato scombussolato [scompigliato]. ¶私は酒を飲んでも乱れない. Pur bevendo non perdo il controllo di me stesso.
2《心が》turbarsi, inquietarsi ◇乱れた turbato, inquieto ¶彼の心は千々に乱れていた. Il suo animo fu turbato da mille sentimenti contrastanti.

みち 未知 ◇未知の 《見知らぬ》estraneo; 《知られていない》sconosciuto, ignoto ¶未知の土地 terre sconosciute [inesplorate] ¶未知の世界に乗り出す andare verso l'ignoto

みち 道 **1**《道路》strada女; 《通り道》cammino男; 《街路》via女; 《大通り》viale男; 《山道, あぜ道》sentiero男; 《狭い道》vicolo男; 《散歩道》passeggiata女 ¶広い道 strada ampia [larga] ¶狭い[平坦な/曲がりくねった/でこぼこの]道 strada stretta [piana / a tornanti / accidentata] ¶交通量の多い道 strada battuta [frequentata] ¶道から飛び出す andare fuori strada ¶道に迷う perdere la strada / perdersi 《の中で in》 ¶道に面している dare sulla strada / guardare verso la strada ¶道を聞く[尋ねる] chiedere la strada ¶道を歩く camminare per la strada ¶道をつける aprire la strada 《に a》 ¶道を引き返す rifare la strada / tornare indietro ¶この道を行くと駅に出る. Questa strada porta alla stazione. ¶駅に行く道はこれでいいんですか. Andiamo bene per la stazione? ¶道で友人に出会った. Ho incontrato un amico per la strada. ¶すべての道はローマに通ず. "Tutte le strade portano [conducono] a Roma."
2《経路》itinerario男[複-i], percorso男; 《距離》distanza女 ¶道をそれている essere fuori strada ¶道を譲る cedere il passo a qlcu. ¶道をあけてください. Date [Fate] strada! / Fate [Mi faccia] passare! ¶10キロの道なら30分で行ける. Se non dista più di 10 km, si può raggiungere in 30 minuti. ¶千里の道も遠しとせずに malgrado la grande distanza ¶険しい道だった. È stato un tratto ripido. ¶学校からの帰り道で al ritorno da scuola ¶学校へ行く道に郵便局がある. Sulla strada per la scuola c'è un ufficio postale. ¶道々 per strada
3《目指す進路》strada女 ¶進むべき道を誤る sbagliarsi nella strada da seguire ¶好きな道を進みなさい. Puoi seguire la tua strada. ¶後進に道を開く fare strada [lasciare la strada] alle giovani generazioni ¶作家への道を踏み出す abbracciare la carriera di scrittore ¶世界平和への道は遠い. La strada per la pace mondiale è ancora lunga.
4《手段》mezzo男, modo男, metodo男 ¶解決の道をさぐる cercare la soluzione ¶自活の道をさがす cercare un lavoro per diventare econo-

micamente indipendente ¶ほかに道はない. Non c'è altra via. / Non c'è altro mezzo. ¶どの道彼は成功する運命にあった. Era una persona destinata comunque al successo.

5【正道】 principi[男][複] morali, morale[女] ¶人の道に背く agire contrariamente ai principi umanitari ¶道を踏み外す uscire dalla retta via ¶彼の行いは道に外れている. La sua condotta è immorale. ¶道ならぬ恋 amore illecito

6【教え】 lezione[女] ¶キリストの道に従う seguire l'insegnamento di Cristo ¶仏陀の道を説く predicare la via di Budda

7【専門】 campo[男], specialità[女] ¶彼はその道の権威だ. È un'autorità nel campo.

《会話》 道を尋ねる Chiedere informazioni stradali

A: すみません，カブール通りはどこですか.
Scusi, mi sa dire 「dov'è [dove si trova] via Cavour?

B: カブール通りですか. ほら，左に大きな建物があるのがわかりますか.
Via Cavour? Guardi, vede quel palazzo grande a sinista?

A: はい.
Sì.

B: あの建物のところまでまっすぐ行って，最初の横道を左に曲がります.
Deve andare diritto fino a quel palazzo poi giri alla prima a sinistra.
そのまま信号まで進みます. 信号をまっすぐ進んで，2つ目の横道がカブール通りです.
Prosegua fino al semaforo; vada avanti e la seconda traversa è via Cavour.

A: 少しややこしいですね. もう一度言っていただけますか.
Mi scusi, ma è un po' difficile. Può ripetere per favore?

B: ええ，いいですよ. あの建物までまっすぐ行って，最初の横道を左に曲がってください.
Certamente. Vada avanti fino al palazzo e giri alla prima traversa a sinistra.
信号のところに来たら，そのまま進みますと，2つ目の横道がカブール通りです.
Quando arriva al semaforo, prosegua diritto, la seconda traversa è via Cavour.

A: それでは，最初の角を左，そして信号のあと，2つ目の横道ですね. ここから遠いですか.
Dunque, la prima a sinistra e dopo il semaforo, la seconda traversa. È lontano da qui?

B: いいえ，すぐそこです.
No, (a) due passi.
いいえ，5分です.
No, (a) cinque minuti.
いいえ，近くです.
No, è vicino.

A: どうもありがとうございました.
Grazie. Buongiorno.

応用例

右に［左に / 最初の横道を］曲がる
girare a destra [a sinistra / alla prima traversa]

まっすぐ［道の突き当たりまで］進む
andare avanti 「diritto [fino in fondo alla strada]

横断歩道を渡る
attraversare la strada 「sulle strisce [sul passaggio pedonale]

用語集

●道の種類と案内

道 strada[女], via[女]；《ヴェネツィアの》calle[女]. 路地 vicolo[男], viuzza[女]. 地下道 sottopassaggio[男]. 歩行者専用道路 strada[女] pedonale. 歩行者天国 zona[女] pedonale. 一般車両進入禁止区域 zona[女] blu. 大通り corso[男]. 並木道，大通り viale[男]. 大通り，広場 largo[男]. 広場 piazza[女]. 分かれ道 bivio[男]. 交差点 incrocio[男]. 陸橋 cavalcavia[男][無変]. 歩道橋 sovrapassaggio[男]. 高速道路 autostrada[女]. 地図 mappa[女], carta[女], pianta[女], piantina[女]. ナンバープレート偶数・奇数交通規制 traffico[男] a targhe alterne (◆末尾の数字が偶数か奇数かによって車の使用を制限する).

●道路標識

道路標識 segnaletica[女] stradale. 標識 segnalazione[女]. 一方通行 senso unico. 二方［対面］通行 traffico nei due sensi. 優先道路 precedenza assoluta. 行き止まり strada senza uscita. 私道 strada privata. 立ち入り禁止 divieto d'accesso. 駐停車禁止 divieto di fermata. 駐車禁止 divieto di sosta. 交通遮断地点 posto di blocco. 危険！ pericolo. 急カーブあり curva pericolosa. 警笛鳴らせ suonare. 工事中につき注意 attenti ai lavori. 工事中 lavori in corso. 落石注意 caduta sassi [massi]. 崖崩れに注意 frana. 濃霧注意 nebbia. スリップ注意 strada sdrucciolevole [scivolosa]. スピードを落とせ rallentare. 一時停止〔英〕stop[男][無変]. 交差点あり incrocio pericoloso. 信号機あり semaforo. 踏切あり passaggio a livello. 横断歩道 passaggio pedonale. 自転車横断帯 attraversamento ciclisti. 学校，幼稚園，保育所などあり scuola. 合流交通あり confluenza. 路面に凹凸あり strada dissestata. レッカー移動 rimozione forzata. 自動車通路 passo carrabile [carraio] (►ガレージの前で駐車禁止). 車両出入口 uscita automezzi. トラック出入り口 uscita autocarri. 駐車場，パーキング parcheggio. 有料駐車場 posteggio a pagamento. 料金所 pedaggio. 検問中 Alt! Polizia.

みちあふれる 満ち溢れる　traboccare㉚[es] ¶喜びに満ち溢れる traboccare di gioia / non riuscire a contenere la gioia

みちあんない 道案内 ¶道案内をする guidare *qlcu.* / servire da [fare la] guida a *qlcu.*

みちか 身近 ¶身近な危険 pericolo imminente ¶〈人〉を身近に感じる sentirsi vicino a *qlcu.* ¶身近な友達 amici intimi

みちがえる 見違える ¶アントニオをジュゼッペと見違える prendere Antonio per Giuseppe ¶見違えるほどよく似ている。Si somigliano come due gocce d'acqua. ¶見違えるほど変わった。 È cambiato al punto da non riconoscerlo più.

みちかけ 満ち欠け 《月の》fasi㉚[複]「della luna [lunari]」¶月が満ち欠けする。La luna cresce e cala. →月 図版

みちくさ 道草 ¶道草をくう perdere tempo per la strada

みちしお 満ち潮 alta marea㉚

みちじゅん 道順 itinerario㉚[複 -i], percorso㉚ ¶観光の道順 itinerario turistico ¶行列の道順 itinerario di una processione ¶どういう道順にしますか。Che strada prendiamo?

みちしるべ 道しるべ　1《道路標識》segnale㉚ [segnaletica㉚] stradale 2《手引き》guida㉚ ¶彼の研究は後進への貴重な道しるべとなった。Le sue ricerche sono servite da preziosa guida ai suoi successori.

みちすう 未知数　1《数》incognita㉚ 2《まだわからないもの》¶彼の実力は未知数だ。Le sue capacità sono imprevedibili.

みちすがら 道すがら strada facendo

みちすじ 道筋 strada㉚;《道順》itinerario㉚ [複 -i], percorso㉚ ¶彼の家は駅へ行く道筋にある。La sua casa è sulla strada per la stazione. ¶道筋にはレストランがたくさんあった。Lungo la strada c'erano numerosi ristoranti. ¶民族独立の道筋をたどってみよう。Seguiamo il percorso della lotta per l'indipendenza nazionale.

みちたりる 満ち足りる essere soddisfatto ¶満ちたりた生活 vita soddisfacente

みちづれ 道連れ compagno㉚[㉛ -a] di viaggio ¶〈人〉と道連れになる viaggiare con [andare in compagnia di] *qlcu.* ¶旅は道連れ世は情け.《諺》In viaggio si desidera compagnia, nella vita comprensione.

みちならぬ 道ならぬ ¶道ならぬ恋 amore illecito

みちのえき 道の駅 area㉚ di ristoro e punto ㉚ vendita di prodotti locali su tratti non autostradali

みちのり 道程《距離》distanza㉚;《道》tragitto㉚, strada㉚ ¶東京駅までかなりの道のりがある。La stazione di Tokyo è ancora abbastanza distante. ¶歩いて[車で]30分の道のりだ。Ci vogliono 30 minuti a piedi [in macchina]. ¶2キロの道のりを30分で歩いた。Abbiamo percorso 2 km di strada in 30 minuti.

みちばた 道端 道端の[に] sul bordo della strada ¶道端の木々 alberi che costeggiano la strada

みちひ 満ち干 →干満(㉛)

みちびき 導き guida㉚

みちびく 導く　1《道案内する》fare la guida a *qlcu.*, condurre *qlcu.* a [in] *ql.co.* ¶客を客間に導く introdurre gli ospiti nel [in] salotto 2《指導する》guidare [dirigere] *qlcu.* ¶青年を導く guidare i giovani ¶後進を導く orientare le giovani generazioni 3《誘導する》condurre, portare ¶勝利に導く portare [condurre / trascinare] alla vittoria ¶情勢を有利に導く far girare le cose a favore di *qlcu.* ¶公式を用いて答えを導き出す giungere alla soluzione applicando una formula

みちみち 道道 《道の途中で》a metà [mezza] strada, a metà percorso;《道すがら》strada facendo, per strada;《途中ずっと》per tutta la strada ¶散歩の道々よく友人に会う。Mentre passeggio incontro spesso qualche amico. ¶子供は道々花を摘んだ。Il bambino coglieva i fiori lungo la strada [strada facendo]. ¶彼は道々しゃべりつづけた。Ha chiacchierato per tutta la strada.

みちゃく 未着 ¶その品は未着だ。L'articolo non è ancora arrivato. /《未配達》L'articolo non è stato ancora consegnato.

みちる 満ちる　1《いっぱいになる：液体が容器に》riempire *ql.co.*;《容器が主語》riempirsi di *ql.co.*, essere pieno di *ql.co.* ◇満ちた pieno [colmo]《で di》¶料理のにおいが家じゅうに満ちていた。In tutta la casa si sentiva il profumino del pranzo. ¶活気に満ちた若者たち giovani pieni di vita ¶彼は希望に満ちている。E pieno di speranze. 2《月が》crescere㉚[es];《潮が》salire㉚[es] ¶潮が満ちてゆく。La marea sta salendo. 3《達する》giungere㉚[es], raggiungere㉚ ¶参加者は定員に満たなかった。Il numero dei partecipanti non ha raggiunto il tetto stabilito. ¶16歳に満たない少年 ragazzo minore di 14 anni ¶月が満ちて男の子が生まれた。La gravidanza è giunta al termine ed è nato un (bambino)

みつ 密　1《密集》¶この国は人口が密だ。La densità della popolazione in questo paese è molto alta. 2《緊密》¶連絡を密にする tenere contatti stretti con *qlcu.* 3《秘密》¶はかりごとは密なるをもってよしとする。Bisogna mantenere il segreto sul piano.

みつ 蜜《蜂蜜》miele㉚;《砂糖の》sciroppo㉚ di zucchero;《植物の蜜》nettare㉚ ◇蜜のような mielato, mellifluo

✤蜜房 cella㉚, celletta㉚

みつあみ 三つ編み treccia㉚[複 -ce]¶三つ編みの少女 ragazza con le trecce ¶髪を三つ編みにする [《自分で》farsi] le trecce

みつうん 密雲 nuvola㉚ densa

みっか 三日《月の第3日》il tre㉚ del mese;《3日間》(per) tre giorni㉚[複] ¶3日とあけず molto spesso / quasi tutti i giorni ¶3日おきに ogni quattro giorni

✤三日天下 tre giorni㉚[複] di regno

三日坊主 persona㉚ incostante ¶彼は三日坊主だ。E incostante. / Abbandona sempre subito i buoni propositi.

みっかい 密会 incontro㊚ [appuntamento㊚] segreto ◇密会する incontrare *qlcu.* di nascosto

みつかる 見付かる essere trovat*o*; 《紛失した物が》essere ritrovat*o*; 《発見される》essere scopert*o*; 《不意に》essere sorpres*o* ¶なくなった指輪が浴室で見つかった。L'anello scomparso è stato ritrovato nel bagno. ¶仕事を探しているがまだ見つからない。Sto cercando un lavoro, però ancora non l'ho trovato. ¶そっと家を出ようとしたが父に見つかってしまった。Ho cercato di uscire di casa di nascosto, ma sono stato sorpreso da mio padre. ¶この資料はどこに行っても見つからない。Questo documento è introvabile [irreperibile].

みつぎ 密議 riunione㊛ [dibattito㊚] a porte chiuse ¶密議をこらす riunirsi [discutere] a porte chiuse

みつぎもの 貢ぎ物 tributo㊚
みっきょう 密教 *mikkyo*㊚ [無変]; buddismo㊚ tantrico [esoterico]

みつぐ 貢ぐ **1**《献上する》pagare il proprio tributo a *qlcu.* **2**《金品を贈る》dare a *qlcu.* un aiuto finanziario, mantenere *qlcu.* ¶彼女は給料を全部彼に貢いだ。La ragazza ha speso tutto il suo stipendio per lui.

みつくす 見尽くす ¶この国の名所は見尽くした。Ho visto tutte le località turistiche di questo paese.

ミックス 〔英 mix〕**1**《混ぜること》mescolanza㊛ **2**《混合物》miscela㊛ ◇ミックスする《AとBを》mescolare [mischiare] A con B, miscelare A e B ¶ミックスサンド tramezzini misti ¶ミックスサラダ insalata mista ¶ケーキミックス《製菓材料》mix [preparato] per torte
❖ミックスジュース succo㊚ [複 -chi] di frutta mista
ミックスダブルス《テニス》doppi㊚ [複] misti

みつくち 三つ口・兎唇 《医》labbro㊚ leporino
みづくろい 身繕い ◇身繕いする rimettersi a posto l'abito, rassettarsi

みつくろう 見繕う ¶適当に見つくろってお菓子を買ってきてください。Va' a comprare i dolci scegliendo quelli che ti sembrano più adatti.

みっけい 密計 ¶密計をめぐらす progettare [formulare] un piano segreto

みつげつ 蜜月 luna㊛ di miele

みつける 見付ける **1**《見いだす》trovare *ql.co.* [*qlcu.*]; 《発見する》scoprire *ql.co.*; 《見分ける, 悟る》scorgere *ql.co.*; 《不意に》sorprendere *qlcu.*; 《紛失した物を》ritrovare [recuperare] *ql.co.*; 《入手したいものを》reperire ¶古本市で珍しい本を見つける trovare un libro raro sulla bancarella dell'usato ¶盗みの現場を見つける sorprendere *qlcu.* a rubare ¶見つけ次第逮捕しろ。Catturatelo [Arrestatelo] appena lo trovate [rintracciate]!
2《見慣れる》essere familiare, essere abituat*o* a vedere ¶ふだん見つけない人が家の回りをうろついていた。C'era una persona sconosciuta che si aggirava attorno alla casa.

みつご 三つ子 **1**《一回の出産で生まれた》tre gemelli㊚ [複]; 《女だけの場合》tre gemelle㊛ [複] ¶三つ子を生む partorire tre gemelli / avere un parto trigemino
2《3歳児》bambin*o*㊚ [㊛ -*a*] di tre anni ¶三つ子でも知っている。Anche un bambino lo sa. ¶三つ子の魂百まで《諺》"Il bambino è il padre dell'uomo."

みっこう 密航 traversata㊛ clandestina ◇密航する attraversare la frontiera clandestinamente
❖密航者 passeggero㊚ [㊛ -*a*] clandestino

みっこく 密告 denuncia㊛ [複 -*ce*] segreta; 《隠》soffiata㊛ ◇密告する denunciare *qlcu.* segretamente, 《隠》fare una soffiata
❖密告者 delatore㊚ [㊛ -*trice*]; spia㊛

みっし 密使 messaggero㊚ [㊛ -*a*] [inviato㊚ [㊛ -*a*] segreto ¶密使を送る inviare di nascosto un messaggero

みっしつ 密室 《閉めきった》stanza㊛ chiusa; 《秘密の》camera㊛ segreta ¶密室に閉じこめる rinchiudere *qlcu.* in una stanza
❖密室会議 riunione a porte chiuse
密室恐怖症 《医》claustrofobia㊛

みっしゅう 密集 ◇密集する radunarsi, ammassarsi, riunirsi in massa ¶家が密集している。Le case sono ammassate l'una sull'altra. ¶人口密集地帯 zona㊛ di alta densità demografica

みっしゅっこく 密出国 ◇密出国する uscire dal paese [lasciare il paese] illegalmente [clandestinamente]

みっしょ 密書 lettera㊛ segreta, messaggio㊚ [複 -*gi*] segreto ¶王の密書をたずさえる portare con sé una lettera segreta del re

ミッションスクール 〔英 mission school〕scuola㊛ confessionale cristiana

みっしり **1**《ぎっしり》¶りんごが箱にみっしり詰まっていた。Le mele sono state stipate nello scatolone. **2**《みっちり》¶ピアノのレッスンでみっしりしごかれた。Alla lezione di pianoforte mi hanno strizzato per benino.

みっせい 密生 ◇密生する spuntare a ciuffi ◇密生した folto, fitto ¶密生した羊歯(しだ) felci molto fitte

みっせつ 密接 **1**《関係》◇密接な stretto, intimo ◇密接に strettamente, intimamente ¶…に密接な関係がある avere uno stretto rapporto con *qlcu.* [*ql.co.*] / essere intimamente legato a *qlcu.* [*ql.co.*] ¶日伊関係はますます密接になるだろう。I rapporti italo-giapponesi 'si intensificheranno sempre di più [saranno sempre più stretti]. **2**《近接》¶彼の家は私の家に密接している。La sua casa è attaccata alla mia.

みっそう 密葬 funerale㊚ privato ¶密葬を行う celebrare il funerale solo fra intimi

みつぞう 密造 produzione㊛ clandestina [non dichiarata ufficialmente] ¶酒を密造する produrre una bevanda alcolica senza autorizzazione [di frodo]
❖密造酒 bevanda㊛ alcolica「non dichiarata ufficialmente [di frodo]

みつぞろい 三揃い completo㊚ a tre pezzi
みつだん 密談 conversazione㊛ confidenziale [privata] ◇密談する parlare con *qlcu.* in segreto [in privato / confidenzialmente]

みっちゃく 密着 aderenza㊛ ◇密着する aderire㊌[av] bene a ql.co. ¶記者は事件関係者に密着して取材した. Il cronista ha raccolto le informazioni sul caso stando incollato agli interessati.
❖密着印画〚写〛 copia㊛ per contatto
密着法〚写〛stampa㊛ di contatto

みっちり 〔十分に〕sufficientemente;〔厳しく〕severamente;〔一生懸命に〕con impegno ¶芸をみっちり仕込む addestrare qlcu. rigorosamente 《の 諭》 ◇みっちり commettere (un) adulterio, severamente dal professore.

みっつ 三つ tre㊚;〔3歳〕tre anni[複]

みっつう 密通 1 〔内通〕comunicazione㊛ segreta ◇密通する comunicare segretamente, fare dello spionaggio 2 〔姦通〕adulterio㊚[複 -i] ◇密通する commettere (un) adulterio, avere un rapporto illecito [una relazione illecita]《と con》
❖密通者〔スパイ〕spia㊛, delatore㊚[㊛ -trice];〔姦通した者〕adultero㊚[㊛ -ia]

みってい 密偵 →スパイ

ミット 〔英 mitt〕〔野球の〕guantone㊚ del ricevitore

みつど 密度 1〔粗密の度合い〕densità㊛ ¶高い人口密度 alta densità demografica ¶水は空気より密度が高い. L'acqua è più densa dell'aria.
2〔内容の充実の度合い〕¶密度の高い議論 discorso ricco di sostanza
❖密度計 densimetro㊚

みつどもえ 三つ巴 1〔模様〕disegno㊚ con figura composta da tre virgole
2〔三者の対立〕contrasto㊚ triangolare ¶三つどもえの競り合い concorrenza triangolare

みっともない 〔見苦しい〕penoso, patetico㊚[複 -ci];〔不作法な〕sconveniente;〔破廉恥な〕vergognoso;〔こっけいな〕ridicolo ¶ホテルの廊下を寝間着で歩くのはみっともない. Non sta bene girare in pigiama per i corridoi di un albergo. ¶みっともないまねはするな. Non fare l'idiota!

みつにゅうこく 密入国 ingresso㊚ clandestino [illegale] in un paese ◇密入国する entrare㊌[es] in [passare la frontiera di] un paese clandestinamente [illegalmente]

みつば 三つ葉 〔野菜〕cerfoglio㊚[複 -gli] selvatico[複 -ci];〔学名〕Cryptotaenia japonica Hassk.

みつばい 密売 commercio㊚[複 -ci] clandestino, vendita㊛ illegale;〔密輸〕contrabbando㊚ ◇密売する vendere ql.co.「in frodo alla legge [di frodo] ¶麻薬を密売する spacciare droga / trafficare in stupefacenti

みつばち 蜜蜂 〔昆〕ape㊛;〔雄蜂〕fuco㊚[複 -chi] ¶蜜蜂の巣 nido d'ape /〔巣箱〕alveare / arnia ¶蜜蜂の巣状の a nido d'ape

みっぷう 密封 〔手紙などを〕sigillare ql.co.;〔外気と遮断して封じ込める〕chiudere ql.co. ermeticamente [a tenuta d'aria]

みっぺい 密閉 ◇密閉する〔かたく閉める〕chiudere [tappare] bene [ermeticamente] ql.co.;〔外気を遮断する〕mettere ql.co. in un contenitore a tenuta d'aria
❖密閉容器 contenitore㊚[recipiente㊚] a tenuta d'aria [ermetico[複 -ci]]

みつぼうえき 密貿易 contrabbando㊚ ◇密貿易をする contrabbandare ql.co.;〔麻薬の〕far traffico di stupefacenti

みつまた 三つ叉 《道具》tridente㊚;《三叉路》trivio㊚[複 -i] ¶この先で道は三つまたになる Là in fondo c'è un trivio. ¶三つまたのソケット〔電〕presa a tre vie

みつまめ 蜜豆 (sorta㊛ di) macedonia㊛ di cubetti di agar-agar (specie di gelatina), una varietà di piselli rossi lessati, frutta sciroppata e melassa

みつめる 見詰める guardare ql.co.[qlcu.] fissamente ¶彼は私の顔をじっと見つめて話をした. Parlava guardandomi fisso in viso.

みつもり 見積もり〔評価〕stima㊛, valutazione㊛;〔見積もり書〕preventivo㊚ ¶大ざっぱな見積もり stima approssimativa ¶見積もりを要求する chiedere un preventivo
❖見積価格〚会〛valore㊚ approssimativo
見積額〚会〛costi㊚[複] stimati
見積書 preventivo㊚〔scritto〕

みつもる 見積もる stimare [valutare / preventivare] ql.co. ¶プラントの費用を20億円と見積もる valutare il costo degli impianti a due miliardi di yen ¶高く[安く]見積もる sopravvalutare [sottovalutare] ql.co.

みつやく 密約〔同意〕accordo㊚ segreto, intesa㊛ segreta;〔約束〕promessa㊛ segreta

みつゆ 密輸 contrabbando㊚ ◇密輸する contrabbandare ql.co., fare contrabbando di ql.co., importare ql.co. di contrabbando
❖密輸業者 contrabbandiere㊚[㊛ -a]
密輸品 merce㊛[articolo㊚] di contrabbando ¶密輸品を持ち込む introdurre merce di contrabbando

みつゆしゅつ 密輸出 esportazione㊛ illegale [clandestina / di frodo] ◇密輸出する esportare ql.co. illegalmente [clandestinamente / di frodo]

みつゆにゅう 密輸入 importazione㊛ illegale [clandestina / di frodo] ◇密輸入する importare ql.co. illegalmente [clandestinamente / di contrabbando / di frodo]

みつりょう 密猟 bracconaggio㊚[複 -gi] ◇密猟する cacciare「di frodo [abusivamente]
❖密猟者 bracconiere㊚[㊛ -a]

みつりょう 密漁 ◇密漁する pescare「di frodo [abusivamente]
❖密漁者 pescatore㊚[㊛ -trice] di frodo
密漁船 nave㊛ che pesca di frodo

みつりん 密林 foresta㊛ (molto) fitta;〔ジャングル〕giungla㊛

みつろう 蜜蠟 cera㊛ d'api [vergine / gialla]

みてい 未定 ◇未定の non (ancora) deciso [fissato], indeciso, indeterminato ¶演題未定 L'argomento della conferenza non è ancora fissato. ¶試験の期日は未定だ. La data degli esami non è ancora fissata [stabilita].
❖未定稿 manoscritto㊚ incompleto, copia㊛ non definitiva

ミディ〔英 midi〕gonna㊛ di media lunghezza, midi㊛〔無変〕

ミディアム 〔英 medium〕《料》 ¶ミディアムのステーキ bistecca mediamente cotta [a cottura media]

みてくれ 見て呉れ ¶このビルは見てくれはいいが安普請だ。Questo palazzo è bello all'apparenza ma costruito poco solidamente.

みてとる 見て取る realizzare [capire bene / rendersi conto di] *ql.co.* ¶状況を見て取る afferrare [comprendere / capire] la situazione ¶ひと目で彼の意図を見て取った。Mi sono accorto a prima vista delle sue intenzioni.

みとう 未到 ◇未到の non raggiunto finora, non realizzato ¶前人未到の記録をたてる battere un record [il primato]

みとう 未踏 ◇未踏の non frequentato; 〔道など〕non battuto ¶人跡(じんせき)未踏の山 montagna vergine [inviolata]

みとおし 見通し **1**《予想》previsione⑦, pronostico⑧〔複 -ci〕 ¶見通しを立てる fare una previsione [un pronostico] / prevedere [pronosticare] *ql.co.* ¶見通しを誤る sbagliare nelle previsioni / sbagliare le previsioni [il pronostico] / fare una previsione sbagliata ¶長期〔中期 / 短期〕の見通し previsione a lungo [medio / breve] termine ¶見通しの暗い会社 azienda dalle prospettive ¶君の見通しは甘い。Le tue previsioni sono troppo ottimistiche. ¶国際経済の見通しは明るくない。Il pronostico sull'economia internazionale non è favorevole [roseo]. ¶自分の将来の見通しがつきますか。Riesci a prevedere il tuo futuro? ¶仕事なく生活の見通しもつかない。Non so come farò a vivere senza lavoro. **2**《視界》visibilità⑦ ¶見通しのきく場所 luogo da cui si può vedere lontano / belvedere ¶見通しが悪い角 angolo「privo di visibilità [senza visibilità / con visibilità ridotta] ¶吹雪で見通しが悪い。La bufera di neve riduce la visibilità. **3**《洞察》chiaroveggenza⑦, perspicacia⑦ ¶見通しのきく人 persona perspicace / lungimirante⑦⑧

みとおす 見通す **1**《遠くまで見る》gettare lo sguardo [guardare] lontano ¶丘の上からすべてが見通せる。Dalla collina si gode un'ampia vista. **2**《予測する》prevedere, pronosticare; 〔見抜く〕indovinare, presagire, intuire ¶将来を見通す prevedere l'avvenire ¶危険を見通す presagire un pericolo ¶〈人〉の考えを見通す intuire il pensiero di *ql.cu.* ¶先生は君の考えなどお見通しだよ。Il professore ha già intuito quello che pensi.

みとがめる 見咎める 《警官などが怪しんで引き止める》fermare *ql.cu.*; 〔尋問する》interrogare *ql.cu.*, fare domande a *ql.cu.* ¶警官に見とがめられた。Sono stato fermato da un agente.

みどころ 見所 〔見込み〕promettente, pieno di promesse ¶見どころのある青年 giovane promettente / ragazzo pieno di promesse 2《映画・芝居などの》parte⑦ culminante [migliore]; 〔仏〕clou⑧ [無変]

ミトコンドリア 〔英 mitochondria〕《生》mitocondrio⑧〔複 -i〕 ◇ミトコンドリアの mitocondriale

みとどける 見届ける assicurarsi「di *ql.co.* [che+接続法], constatare *ql.co.*, accertarsi di *ql.co.* ¶私は彼が署名するのを見届けた。Mi sono accertato [assicurato] che firmasse sotto i miei occhi. ¶彼の死を見届けた。〔立ちあう〕L'ho visto morire sotto i miei occhi. / 〔確認する〕Mi sono assicurato che fosse morto.

みとめる 認める **1**《識別，認知する》scorgere [notare] *ql.cu.* [*ql.co.*], accorgersi di *ql.co.* [*ql.cu.*] ¶暗やみに人影を認めた。Ho scorto una figura umana nell'oscurità. ¶レントゲン写真に骨の異状が認められた。Fatta una radiografia, si è riscontrata un'anomalia nelle ossa. **2**《承認する》riconoscere [confermare / ammettere] *ql.co.* [di+不定詞 / che+直説法] ¶泥棒は盗みを認めた。Il ladro ha ammesso di aver rubato. ¶彼は自分の間違いをしぶしぶ認めた。Ha riconosciuto a malincuore il suo errore. **3**《判断する》considerare, ritenere, giudicare ¶医者は彼の入院を適当と認めた。Il medico ha ritenuto opportuno il suo ricovero in ospedale. ¶黙っているは賛成である。Riteniamo che coloro che tacciono acconsentano. **4**《許可する》permettere a *ql.cu.* *ql.co.* [di+不定詞], autorizzare *ql.cu.* a+不定詞; essere d'accordo su *ql.co.*, concedere [accordare] a *ql.cu.* *ql.co.* [di+不定詞] ¶1か月の支払い猶予を認める concedere una proroga di un mese per il pagamento ¶発言を認める。Le permetto di parlare. ¶母は私の結婚を認めてくれたが父が反対だ。Mia madre è d'accordo sul mio matrimonio, mio padre, invece, è contrario. **5**《評価する》apprezzare [valutare] *ql.co.* [*ql.cu.*] ¶部長は彼女を認めている。Il direttore la tiene in gran considerazione.

みどり 緑 **1**《色》colore⑧ verde, verde⑧; 〔濃い緑〕verdone⑧, verde scuro [cupo]; 〔明るい緑〕verde⑧ chiaro; 〔苔(こけ)色〕verde⑧ muschio; 〔草色〕verde⑧ pisello [無変]; 〔エメラルドグリーン〕verde⑧ smeraldo [無変]; 〔オリーブグリーン〕verde⑧ oliva [無変]; 〔青緑〕verde⑧ azzurro; 〔海の緑〕verde⑧ mare ◇緑の verde ◇緑がかった verdiccio [⑧複 -ci; ⑦複 -ce], verdognolo, verdino, verdastro ¶緑のじゅうたん tappeto verde / 〔芝生〕tappeto d'erba ¶山の緑が濃くなった。La montagna si è coperta di un verde intenso. **2**《植物，牧草地, 緑地帯》verde⑧; 〔古〕verdura⑦; 《古・文》verzura⑦ ¶緑ひとつない土地 terreno senza un filo di erba ¶都会にもみどりがない。In città non c'è più verde.

[慣用] 緑の黒髪 capelli⑧[複] nerissimi [corvini]

✦緑の党 Partito⑧ Verde
緑の党党員 verde⑧
みどりの日 Festa del Verde（◆ 4 maggio）
みどりの窓口 sportello⑧ per la prenotazione e l'acquisto di biglietti ferroviari per i tragitti più lunghi, situato nelle stazioni delle Ferrovie Giapponesi (JR)

みどりご 嬰児 neonato⑧ [⑦ -a]

みとりず 見取り図 schizzo⑧, abbozzo⑧,

みどりむし 緑虫 《動》 euglena㊛

みとる 看取る ¶最期をみとる assistere alla morte di qlcu.

ミドルきゅう ミドル級 《スポ》《ボクシングの》 peso㊚ medio

みとれる 見とれる essere incantato《に da》 ¶景色に見とれる essere incantato [estasiato] dalla bellezza del paesaggio

ミトン 〔英 mitten〕 guanti㊚[複] a manopola, manopole㊛[複]

みな 皆 tutto㊚; 《人》 tutta la gente㊛, tutte le persone㊛[複], tutti gli uomini㊚[複], tutti (quanti)㊚[複]; 《物》 tutte le cose㊛[複] ¶皆で tutti [《女性のみ》 tutte] insieme /《合計》 in totale ¶皆が行くなら私も行く. Se vanno tutti (gli altri), vengo anch'io. ¶このうちの人は皆田舎に行っている. Tutti gli abitanti di questa casa sono andate in campagna. ¶100個作ったが皆売れてしまった. Ne abbiamo fabbricati 100 pezzi e li abbiamo venduti tutti. ¶私は月給を皆使ってしまった. Ho speso tutto il mio stipendio.

みなおす 見直す **1**《再び見る》 ricontrollare, riesaminare ¶エンジンをもう一度見直す fare un altro controllo del motore / ricontrollare il motore ¶この計画は見直す必要がある. Dobbiamo riesaminare il progetto. ¶作文を提出する前に見直さないといけない. Devo rileggere il tema prima di presentarlo. **2**《再認識する》 rivalutare ql.co. [qlcu.], cambiare opinione su ql.co. [qlcu.] ¶君を見直したよ. Ti avevo sottovalutato. / Ti ho rivalutato.

みなぎる 漲る ¶生気がみなぎっている essere pieno di vita [vitalità] ¶選手たちには闘志がみなぎっていた. I giocatori erano pieni di spirito combattivo.

みなげ 身投げ ◇身投げする gettarsi ¶彼はポー河に身投げした. Si è suicidato gettandosi nel fiume Po.

みなごろし 皆殺し sterminio㊚[複 -i]; 《全滅》 annichilimento㊚, annientamento㊚; 《無差別の》 strage㊛, massacro㊚, carneficina㊛, eccidio㊚[複 -i]; 《国民・民族に対する》 genocidio㊚[複 -i] ¶皆殺しにする sterminare / annientare / massacrare ¶一家を皆殺しにする uccidere [ammazzare] tutta la famiglia

みなさん 皆さん signore e signori, voi tutti;《出席者全員に》tutte le persone qui presenti;《学校で》 "Allora, attenzione [ascoltatemi]" ¶皆さん, こんばんは. Signore e signori, buona sera! ¶お宅の皆さんによろしく. Porga i miei saluti a tutti e i suoi.

みなしご 孤児 orfano㊚[㊛ -a]

みなす 見做す considerare ¶彼は天才と見なされていた. Passava per un genio. / La gente lo considerava un genio. ¶お返事のないかたは欠席と見なします. ¶《案内状》Chi non conferma l'invito sarà considerato assente.

みなと 港 porto㊚;《寄港地》scalo㊚ ¶この船はどこの港に寄りますか. In quale porto fa scalo questa nave? ¶船が港から出ていった. La nave è uscita [è partita / è salpata] dal porto.
✤港町 quartiere㊚[zona㊛] portuale

みなまたびょう 水俣病 malattia㊛ di Minamata (◆tipo di avvelenamento causato dall'inquinamento industriale da mercurio)

みなみ 南 sud㊚; meridione㊚, mezzogiorno㊚;《記号》S ◇南の sud, meridionale, australe ¶南に向かう dirigersi a sud ¶南に向かって航海する navigare verso sud ¶南向きの家 casa esposta a sud [a mezzogiorno] ¶明日は南の風が強いでしょう. Domani tirerà un forte vento da sud. ¶バナナは南の方でできる果物だ.《熱帯》 Le banane crescono nelle zone tropicali. ¶私は南から来ました.《イタリア南部の出身》 Sono meridionale.
✤南アフリカ Sud Africa, Sudafrica㊛, Africa㊛ del Sud ◇南アフリカの sudafricano
南アメリカ Sud America, Sudamerica㊚, America㊛ del Sud
南アメリカ人 sudamericano㊚[㊛ -a]
南イタリア Italia㊛ meridionale, il Sud㊚ d'Italia, il Mezzogiorno㊚ d'Italia
南回帰線 Tropico㊚ del Capricorno
南風 vento㊚ meridionale [del sud]
南十字星 《天》 Croce㊛ del Sud
南太平洋 Oceano㊚ Pacifico Australe
南半球 emisfero㊚ australe
南ヨーロッパ Sud Europa㊛, Europa㊛ del sud

みなもと 源 《水源》 sorgente㊛, fonte㊛;《うわさや情報などの》fonte㊛;《起源, 出身》 origine㊛ ¶ニュースの源 fonte della notizia ¶この川の源はアルプスだ. Questo fiume ha la sorgente nelle Alpi. ¶失業が社会不安の源だ. La disoccupazione è all'origine dell'inquietudine sociale.

みならい 見習い 《徒弟奉公》 apprendistato㊚;《人》 apprendista㊚㊛[㊚複 -i];《研修, 現場実習》 tirocinio㊚[複 -i];《人》 tirocinante㊚㊛, praticante㊚㊛ ¶裁縫師[大工]見習い apprendista "di un sarto [carpentiere] ¶弁護士見習い avvocato praticante [tirocinante] ¶《人》のところへ見習いに出す mandare qlcu. come apprendista presso qlcu. ¶《人》のところで見習いをする fare l'apprendistato presso qlcu.
✤見習い看護師 infermiera㊛[㊚ -e] tirocinante
見習い期間 apprendistato㊚; periodo㊚ di tirocinio
見習い士官 cadetto㊚
見習い生 studente㊚[㊛ -essa] tirocinante

みならう 見習う・見倣う 《まねをする》 imitare [seguire] qlcu.;《手本にする》 prendere qlcu. come esempio [modello], seguire l'esempio [le orme] di qlcu., rifarsi a qlcu.;《習い覚える》 apprendere [imparare] ql.co. da qlcu. ¶…を見習って sull'esempio di qlcu. / sulla scia di qlcu. ¶親を見習う imitare i genitori ¶君の友だちを見習いなさい. Prendi il tuo amico come esempio!

みなり 身形 modo㊚ di vestire, tenuta㊛, abbigliamento㊚ ¶だらしのない身なり abbigliamento trascurato ¶身なりのよい[悪い] ben [mal] vestito ¶身なりに気をつける tenere al proprio modo di vestire / vestire con cura ¶彼は流行の

[凝った / センスのない] 身なりをしている。Veste alla moda [con ricercatezza / senza gusto].
- **みなれる** 見慣れる《人が主語で》essere abituato a vedere ql.co. [qlcu.];《物が主語で》essere familiare a qlcu. ¶見慣れた familiare, abituale ¶見慣れない顔 faccia estranea [nuova / sconosciuta] ¶見慣れない光景 scena insolita
- **ミニカー**〔英 minicar〕**1**《小型車》utilitaria㊛;《英》minicar㊚[無変] **2**《模型》modellino㊚ di automobile
- **みにくい** 見にくい《見えにくい》difficile da vedere;《不鮮明な》indistinto, vago㊚複 -ghi, poco chiaro ¶この席からは舞台が見にくい。Da questo posto a sedere non si vede bene il palcoscenico.
- **みにくい** 醜い《容貌・行為など》brutto;《不快な》sgradevole;《恥ずべき》vergognoso, scandaloso ◇醜さ bruttezza㊛;《卑属, 下劣》viltà㊛, bassezza㊛ ¶醜い顔 viso disgustoso ¶醜い争い lotta vergognosa ¶どんな醜いことでもやりかねない男だ。È un uomo capace di qualsiasi bassezza. ¶醜いまねはよせ。Smettila di fare cose vergognose!
- **ミニコミ** comunicazione㊛ tra un numero limitato di persone
- ❖**ミニコミ雑誌** rivista㊛ a bassissima tiratura
- **ミニサッカー**《スポ》calcetto㊚
- **ミニスカート**〔英 miniskirt〕minigonna㊛
- **ミニチュア**〔英 miniature〕**1**《細密画》miniatura㊛ **2**《模型》modello㊚,《小型の模型》modellino㊚, miniatura㊛ ¶ミニチュアの小びん bottiglia mignon ¶自動車のミニチュア modellino di un'auto ¶ミニチュアのコレクション collezione㊛ di modellini
- **ミニディスク**《光磁気ディスクによる小型録音再生機》minidisc㊚[無変];《略》MD㊚[無変]
- **ミニバイク**〔英 minibike〕motocicletta㊛ di piccole dimensioni
- **ミニバス**〔英 minibus〕minibus㊚[minibus]㊚[無変]
- **ミニバン**〔英 minivan〕furgoncino㊚
- **ミニマム**〔英 minimum〕il minimo㊚
- ❖**ミニマムアクセス**《経》quota㊛ minima
- **みぬく** 見抜く capire ql.co., rendersi conto di ql.co., scoprire ql.co.;《直感で当てる》indovinare [azzeccare] ql.co.;《洞察する》intuire ql.co. ¶〈人〉の考え[心]を見抜く leggere il pensiero [nella mente] di qlcu. ¶うそを見抜いた。Ho capito che era una bugia.
- **みね** 峰《山の》picco㊚[複 -chi], vetta㊛, cima㊛, sommità㊛;《尾根》cresta㊛, crinale㊚;《刀・ナイフの》dorso㊚, costa㊛
- **ミネラル**〔英 mineral〕minerali㊚[複] ¶この食品はミネラルが豊富だ。Questo cibo è ricco di minerali.
- ❖**ミネラルウォーター**《発泡性の》acqua㊛ minerale gassata [frizzante];《泡の出ない》acqua㊛ minerale naturale [non gassata]
- **みの** 蓑 impermeabile㊚ di paglia
- **みのう** 未納 mancato pagamento㊚, pagamento㊚ non effettuato, pendenza㊛ ◇ 未納の non pagato, non versato, non saldato, insoluto ¶入学金が未納だ。La tassa d'iscrizione scolastica è ancora da saldare [non è stata ancora versata].
- ❖**未納額** ammontare㊚ dei versamenti arretrati
- **未納者** inadempiente㊚㊛
- **みのうえ** 身の上《人生》vita㊛;《経歴》passato㊚;《境遇》situazione㊛, circostanze㊛[複];《運勢》destino㊚ ¶私の今の身の上は nella mia situazione attuale / nelle mie circostanze attuali ¶彼は自分の身の上をすっかり話してくれた。Mi ha raccontato tutto il suo passato. ¶私は先生に身の上を相談した。Ho consultato il mio professore per problemi personali.
- ❖**身の上相談**《雑誌などの》posta㊛ del cuore;《その欄》rubrica㊛ dei consigli personali
- **みのがす** 見逃す《見落とす》commettere una svista, lasciarsi sfuggire ql.co.;《気がつかない》non accorgersi [rendersi conto] di ql.co.;《黙認する》passare sopra a ql.co., chiudere un occhio su ql.co.;《対象物が主語で》scappare [es] [sfuggire㊚[es]] a qlcu. ¶見逃がせない映画 film da non perdere ¶彼は何ひとつ見逃さなかった。Non si è lasciato sfuggire niente. ¶一度だけ見逃してやろう。Chiuderò un occhio per la prima e ultima volta.
- **みのけ** 身の毛 ¶身の毛がよだつような話 storia che fa rizzare i capelli [terrificante / che fa venire la pelle d'oca]
- **みのこす** 見残す ¶映画の最後の部分を見残して帰らなければならなかった。Sono dovuto andar via senza vedere la parte finale del film.
- **みのしろきん** 身の代金 (prezzo㊚ del) riscatto㊚ ¶莫大な身の代金を要求する richiedere un grosso riscatto ¶身の代金を払う pagare il riscatto di qlcu. /《身の代金を払って自由にする》riscattare qlcu.
- **みのほど** 身の程 ¶身の程を知る conoscersi / conoscere se stesso / saper stare al proprio posto ¶身の程を忘れて dimenticando il proprio posto ¶身の程を知れ。Ma chi credi di essere?!
- **みのまわり** 身の回り ¶身の回りの世話をする prendersi cura di qlcu. ¶身の回りを整理する mettere in ordine [sistemare] le proprie cose ¶あの老人は身の回りのことを自分でできない。Quel vecchio non è più autosufficiente.
- ❖**身の回り品** effetti㊚[複] [oggetti㊚[複]] personali
- **みのむし** 蓑虫 larva㊛ di psiche
- **みのり** 実り **1**《実がなること》fruttificazione㊛;《収穫, 収穫高》raccolto㊚ ¶実りの秋 stagione del raccolto **2**《成果》buon risultato㊚ ◇実り多い fruttuoso, fecondo
- **みのる** 実る **1**《実がなる》dar frutto ¶この木はよく実るだろう。Quest'albero frutterà molto bene. ¶今年はぶどうがよく実った。Quest'anno la vendemmia è stata assai ricca.
  2《いい成績を収める》avere [ottenere] un buon risultato ¶彼の長年の研究成果が実った。I suoi lunghi studi hanno dato buoni frutti.
- **みばえ** 見栄え ¶見栄えがする aver l'aria attraente ¶この柄はあまり見栄えがしない。Questi disegnini sono banali [non sanno di molto].
- **みはからう** 見計らう **1**《品物を》scegliere

みはっこう 未発行 ◇未発行の《出版物の》non ancora pubblicato;《定期刊行物の》non ancora apparso in edicola;《株券・切手など》non emesso

みはったつ 未発達 ◇未発達の non sviluppato; sottosviluppato

みはっぴょう 未発表 ◇未発表の non pubblicato, inedito, non divulgato ¶未発表の作品 lavoro inedito / opera inedita ¶結果は未発表だ. I risultati non sono stati ancora resi pubblici.

みはてぬ 見果てぬ ¶見果てぬ夢《実現できなかったこと》sogno [desiderio] irrealizzato [non realizzato] ¶見果てぬ夢を追う inseguire le chimere

みはなす 見放す abbandonare qlcu.;《あきらめる》rinunciare a ql.co. [qlcu.], lasciare qlcu. ¶私は医者から見放された. Il medico ha abbandonato ogni speranza circa la mia guarigione.

みはば 身幅 《服》larghezza㊛ (di un indumento)

みはらい 未払い ¶未払いの non pagato;《振り込みがまだの》non versato;《未清算の》non saldato, insoluto;《支払いの遅れた》arretrato ¶この仕事は未払いのままだ. Questo lavoro non è stato ancora pagato [ricompensato].

❖**未払い給料** stipendi㊚《複》arretrati;《給料の未払い分》arretrati㊚《複》degli stipendi

未払い金 somma㊛ da pagare

未払い高 ammontare㊚ degli arretrati

みはらし 見晴らし veduta㊛, vista㊛, panorama㊚ ◇見晴らしのいい panoramico㊚《複 -ci》 ¶この窓は見晴らしがいい. Da questa finestra si gode una veduta meravigliosa.

❖**見晴らし台** belvedere㊚《複 -i,-e》

みはらす 見晴らす abbracciare tutto il panorama ¶谷を見晴らす dominare una vallata ¶この丘からは遠くまで見晴らせる. Da questa collina si può vedere lontano.

みはり 見張り guardia㊛, sorveglianza㊛;《人》guardiano㊚《複 -a》, sorvegliante㊚㊛《複 -i》 ¶家に見張りをつける mettere un guardiano [vigilante] davanti alla casa ¶見張りに立つ montare di guardia / fare la guardia

❖**見張り所** posto㊚ di guardia

みはる 見張る **1**《目を見開く》 ¶あまりの美しさに目を見張った. Ho sgranato [Ho spalancato] gli occhi davanti a tanta bellezza.
2《警戒する》sorvegliare ql.co. [qlcu.], fare la guardia a ql.co. [qlcu.] ¶不審な人物を見張る sorvegliare le persone sospette ¶金庫を見張る fare la guardia alla cassaforte

みひつのこい 未必の故意 《法》dolo㊚ eventuale

みひとつ 身一つ ¶身一つで東京に来た.《1人で》È venuto a Tokyo da solo [《裸一貫で》senza uno yen in tasca].

みひらき 見開き ¶見開きの広告 annuncio a doppia pagina

みひらく 見開く ¶目を見開く aprire [spalancare] gli occhi

みぶり 身振 gesto㊚ ¶身ぶりで表す esprimere ql.co. a gesti ¶…するよう身ぶりで指示する fare segno a qlcu. di + 不定詞 ¶外国人と身ぶり手ぶりで話をする comunicare con uno straniero a gesti

みぶるい 身震い brivido㊚, fremito㊚ ◇身ぶるいする rabbrividire㊄[es, av], fremere㊄[av], tremare㊄[av] ¶恐ろしさに身ぶるいする rabbrividire [tremare] per la paura

みぶん 身分 posizione㊛ (sociale), status㊚[無変];《階級》classe㊛, condizione㊛, ceto㊚, rango㊚《複 -ghi》¶身分の低い[高い]人 persona di condizione umile [elevata] ¶《社会的》身分のある人 persona di 「alto rango [posizione sociale elevata] ¶我々2人は身分が違う. Noi due apparteniamo a due diversi strati [ceti] sociali. ¶身分を明かす rivelare [svelare] la *propria* identità ¶身分相応に暮らす condurre una vita adeguata alla *propria* condizione sociale ¶いいご身分だね. Ti invidio! / Beato te! (►beatoは相手の性・数に合わせて語尾変化する)

❖**身分証明書** carta㊛ d'identità; tessera㊛ di riconoscimento

みぼうじん 未亡人 vedova㊛ ¶未亡人になる diventare vedova / perdere il marito ¶戦争未亡人 vedova di guerra

みほん 見本 **1**《サンプル》campione㊚;《型見本》modello㊚;《総称》campionatura㊛;《見本刷り》numero㊚ di saggio ¶見本刷りのページ copia [pagina] di saggio / foglio di prova ¶見本通りである essere conforme al campione ¶見本と違っている non corrispondere al campione ¶見本を見て買う comprare ql.co. su campione ¶…の見本を選ぶ campionare ql.co.
2《手本》esem*pio*㊚《複 -i》, esemplare㊚, modello㊚ ¶見本にやってみましょう. Vi do un esempio.

❖**見本市** fiera㊛ campionaria

見本送料 tariffa㊛ postale per la spedizione di campioni

見本帳 campion*ario*㊚《複 -i》

みまい 見舞い ¶病人の見舞いに行く andare a visitare [far visita ad] un malato ¶被災者に見舞いを述べる esprimere il *proprio* dolore ai sinistrati

❖**見舞金** ¶地震被災者のために見舞金を集める fare una colletta per i terremotati ¶犠牲者の遺族に100万円の見舞金を渡す offrire un milione di yen alle famiglie di vittime a titolo di consolazione

見舞客 visita*tore*㊚《複 -trice》¶見舞客が多かった. Ci sono state numerose visite.

見舞状《病人への》lettera㊛ di augurio per una pronta guarigione;《被害者への》lettera㊛ di solidarietà

見舞品 regalo㊚ (che si porta quando si visita un malato)

みまう 見舞う **1**《人を訪ねて慰める》¶病人を見舞う fare visita ad un malato ¶被災地を見舞う visitare una zona sinistrata per confortare le vittime
2《悪い事が襲う》¶台風に見舞われる essere colpito da un tifone

みまがう 見紛う ¶花と見紛う雪 fiocchi di neve che danzano nell'aria come petali di fiori
みまもる 見守る guardare con attenzione ¶事業の発展[子供の成長]を見守る seguire lo sviluppo dell'impresa [la crescita dei figli] ¶ことの成り行きを見守る osservare l'andamento di *ql.co.*
みまわす 見回す guardarsi attorno;《視線を投げる》dare [lanciare] un'occhiata intorno ¶あたりをきょろきょろと見回す guardarsi attorno continuamente da una parte e dall'altra ¶戸惑ってあたりを見回す gettare lo sguardo attorno spaesato (►spaesatoは主語の性・数に合わせて語尾変化する)
みまわり 見回り giro[男] di sorveglianza [di ispezione];《警察や軍の》pattuglia[女];〘軍〙ronda[女];《人》componente[男] di una pattuglia ¶見回り中である essere di pattuglia ¶町内の見回りをする pattugliare il quartiere
みまわる 見回る《警備などのために》pattugliare[他],[自][*av*], sorvegliare *ql.co.*;《検査, 視察》ispezionare *ql.co.* ¶夜警はビルの中を見回りに行った. Il guardiano notturno sta compiendo il giro di ispezione nel palazzo. ¶あの警官は毎日この界隈を見回っている. Quell'agente è in pattuglia ogni giorno in questo quartiere.
みまん 未満 meno di, al di sotto di, inferiore a, minore di ¶「18歳未満お断り」《掲示》"Vietato ai minori di 18 anni" /《略》"V.M. 18" ¶1000円未満は切り捨てる. Le cifre inferiori a 1.000 yen vanno trascurate. ¶6歳未満の子供は無料 entrata gratis per i bambini fino ai 5 anni

みみ 耳 **1**【人・動物の】orecchio[男][複 gli *orecchi*, le *orecchie*] ¶耳が痛い avere un dolore all'orecchio / avere mal di orecchi ¶耳の付け根まで赤くなる arrossire[自][*es*] fino alla punta delle orecchie ¶耳をつんざく爆発音 esplosione assordante ¶全身を耳にする essere tutt'orecchi ¶耳そうじをする pulirsi le orecchie / sturarsi le orecchie ¶耳の穴をほじくってよく聞け. Apri bene le orecchie! / Stammi bene a sentire! ¶彼は右の耳から左の耳に抜けてしまう. Gli entra da un orecchio e gli esce dall'altro.
2【聴く能力】udito[男] ¶耳がいい《聴覚が鋭い》avere l'orecchio fine /《音感が》avere molto orecchio ¶耳が悪い《聞こえない》non udente / sordo /《あまり聞こえない》essere dur*o* d'orecchio [d'orecchi] / non sentirci molto bene ¶耳が遠い avere l'udito debole / essere quasi sord*o* ¶彼は右耳が聞こえない. Non ci sente dall'orecchio destro. ¶彼は耳が聞こえなくなった. Ha perso l'udito. / È diventato sordo. ¶お耳を拝借. Prestami orecchio. / Dammi ascolto.
3【物のふち, 耳状のもの】《端》bordo[男], margine[女], orlo[男];《織物の》cimosa[女] ¶鍋の耳 manici della pentola ¶パンの耳 crosta del pane ¶本のページの耳を折る fare l'orecchia alla pagina di un libro
[慣用] **耳が痛い** sentirsi chiamat*o* in causa ¶彼の忠告は耳が痛かった. I suoi rimproveri mi hanno punto nel vivo.
耳が肥えている《音楽に: 人が主語》avere un orecchio addestrato
耳が早い tenersi bene informat*o*
耳に入れる dire *ql.co.* a *qlcu.* / far sapere *ql.co.* a *qlcu.* ¶先生の耳に入れておいてください. Per favore, lo riferisca al professore. ¶ちょっとお耳に入れたいことがあります. C'è una cosa che voglio dirle.
耳に逆らう ¶耳に逆らう忠言 consiglio non gradito
耳に障る ¶私の忠告が彼の耳に障ったらしい. Sembra che i miei rimproveri lo abbiano infastidito.
耳にする venire a conoscenza di *ql.co.*, venire a sapere [sentir dire] *ql.co.* da *qlcu.*, sentire [sapere] *ql.co.* ¶彼が重病だといううわさを耳にした. Ho sentito dire che è gravemente ammalato.
耳にたこができる stancarsi di ascoltare *ql.co.*, stufarsi di sentire *ql.co.*
耳に付く ¶ラジオの音が耳について勉強できない. Il suono della radio mi rintrona nelle orecchie e non riesco a studiare.
耳に残る ¶彼の最後の言葉はまだ耳に残っている. Mi risuonano ancora nelle orecchie le sue ultime parole.
耳に入る ¶彼女のうわさが耳に入った. Mi è arrivata all'orecchio quella diceria su lei. ¶うわの空で先生の話が耳に入らなかった. Ero così distratto che le parole del professore nemmeno mi sfioravano le orecchie.
耳に挟む ¶耳に挟んだところでは, 彼は近く大阪へ転勤するらしい. Secondo quanto ho sentito, tra poco si trasferirà ad Osaka.
耳を疑う ¶彼の言葉に耳を疑った. Quando l'ho sentito, non credevo alle mie orecchie.
耳を貸す dare [porgere / prestare] orecchio a *qlcu.* [*ql.co.*], dare retta a *qlcu.* [*ql.co.*] ¶彼は私の願いに耳を貸してくれなかった. Non ha prestato orecchio alla mia richiesta. ¶ちょっと耳を貸してくれ. Ascoltami un attimo.
耳を傾ける ascoltare *ql.co.*, prestare orecchio a *ql.co.* [*qlcu.*]
耳を澄ます ¶耳を澄ませて聞く ascoltare con la massima attenzione
耳をそば立てる tendere l'orecchio ¶耳をそば立てて聴く ascoltare con le orecchie tese
耳を揃える ¶100万円を耳を揃えて返してくれ. Restituiscimi fino all'ultimo centesimo il milione di yen che ti ho prestato.
耳を塞ぐ tapparsi le orecchie, far finta di non sentire, non voler sentire
みみあか 耳垢 cerume[男] ¶耳あかをとる togliersi il cerume dalle orecchie / pulirsi [sturarsi] le orecchie
みみあたらしい 耳新しい ¶耳新しい情報notizia fresca [recente] ¶それは耳新しい話だ. Questa storia mi suona nuova.
みみうち 耳打ち ◇耳打ちする parlare all'orecchio di *qlcu.*, dire *ql.co.* a *qlcu.* in un orecchio
みみかき 耳掻き pulisciorecchi[男][無変]
みみがくもん 耳学問 conoscenze[女][複][informazioni[女][複]] di seconda mano

[み]

みみかざり 耳飾り orecchini[男][複]
みみざとい 耳聡い ¶彼は耳ざとい. Ha l'orecchio [udito] fino.
みみざわり 耳障り ◇耳障りな sgradevole a sentire;《不快な響きの》cacofonico [[男]複 -ci] ¶耳障りな音 suono cacofonico [discordante] ¶彼には小鳥のさえずりすら耳障りなのです. Perfino il canto degli uccelli gli urta i nervi.
みみず 蚯蚓 〔動〕lombrico[男][複 -chi], verme[男] di terra ¶みみずののたくったような字 scrittura orribile [a zampa di gallina]
✤**みみずばれ**《引っかき傷》graffio[男][複 -i];《むちで打った跡》segno[男] di frustata
みみずく 木菟 〔鳥〕gufo[男]
みみたぶ 耳たぶ 〔解〕lobo[男] dell'orecchio
みみだれ 耳垂れ 〔医〕otorrea[女]
みみっちい 《根性が》meschino, villano;《金銭的に》tirchio [[男]複 -chi], taccagno, avaro ¶考えがみみっちい avere [essere di] idee ristrette ¶彼は根性がみみっちい. È d'animo ignobile [meschino / vile].
みみなり 耳鳴り 《一般に》fischio[男] all'orecchio, ronzio[男] dell'orecchio;〔医〕acusma[男] ¶耳鳴りがする avere un ronzio nell'orecchio / sentirsi fischiare le orecchie
みみなれる 耳慣れる ⇒聞き慣れる
みみもと 耳元 ¶耳もとでささやく sussurrare *ql.co.* all'orecchio
みみより 耳寄り ¶耳寄りな申し出 offerta allettante ¶耳寄りな話 buona notizia ¶耳寄りな話がある. Posso darti una bella notizia.
みみわ 耳輪 orecchini[男][複] a cerchio
みむく 見向く ¶…に見向きもせずに senza nemmeno guardare *qlcu.* [*ql.co.*] ¶彼女は私に見向きもしなかった. La ragazza non mi ha nemmeno guardato.
みめ 見目 apparenza[女], aspetto[男] ¶見目うるわしい娘 bella [splendida] ragazza ¶見目より心.《諺》La bellezza del cuore conta di più di quella dell'aspetto.
みめい 未明 ◇未明に《夜明け前に》prima dell'alba; sul far dell'alba ¶事故は12月10日の未明に起きた. L'incidente ha avuto luogo nelle [durante le] prime ore del 10 dicembre.
ミモザ 〔仏 mimosa〕〔植〕mimosa[女]
みもしらぬ 見も知らぬ mai visto né sentito
みもだえ 身悶え ¶苦痛に身もだえする piegarsi [torcersi / contorcersi] dal dolore
みもち 身持ち 《品行》condotta[女];《行動》comportamento[男] ¶あの男は身持ちが悪い. Quell'uomo ha una condotta pessima. ¶あの女は身持ちが悪い. È una donna di facili costumi. (►「di facili costumi」はふつう女性についてしか使わない)
みもと 身元・身許 《出身》origine[女];《正体》identità[女];《前歴》precedenti[男][複];《総合的に》generalità[女][複] ¶身元を証明する dimostrare la *propria* identità ¶身元を割り出す《犯人・死人などの》identificare *qlcu.* / stabilire l'identità di *qlcu.* ¶身元を調べる fare un'indagine sui precedenti di *qlcu.* ¶身元を保証する garantire per [farsi garante per] *qlcu.* ¶身元の確かな人 persona ben referenziata [con buone referenze] ¶身元不明の死体 cadavere non identificato ¶彼の身元が判明した. La sua identità è stata chiarita.
✤**身元照会先** referenza[女]
身元調査 indagine[女] personale su *qlcu.*
身元引受[保証]人 garante[男][女]
身元保証書 lettera[女] di referenze, referenze[女][複] scritte
みもの 見物 ¶それは見物だ. È una cosa da vedere. ¶それはたいした見物だった. È stato un grande spettacolo.
みや 宮 **1**《神社》tempio[男][複 *templi*] shintoista [複 -i] **2**《皇族》principe[男] [principessa[女]] imperiale
みゃく 脈 **1**《脈拍》battito[男] del polso, polso[男], pulsazione[女] ¶脈をみる sentire le pulsazioni di *qlcu.* ¶まだかすかに脈がある. Il polso batte ancora, anche se debolmente. ¶脈が速い[弱い / しっかりしている]. Il polso è frequente [debole / buono].
2《葉や虫の》vena[女], venatura[女], nervo[男]
3 ⇒鉱脈 **4**《見込み》speranza[女]
[慣用] **脈がある** ¶…にはまだ脈がある. C'è ancora una speranza [Ci sono buone prospettive] di *ql.co.* [+[不定詞]] ¶もう脈がない. Non c'è alcuna speranza ormai.
みゃくうつ 脈打つ battere[自][*av*], pulsare[自][*av*], palpitare[自][*av*] ¶心臓が激しく脈打っている. Il mio cuore batte forte. ¶民主主義の精神は国民の中に脈打っている. Lo spirito democratico scorre nelle vene dei cittadini.
みゃくどう 脈動 ◇脈動する pulsare[自][*av*], battere[自][*av*], palpitare[自][*av*]
✤**脈動変光星**〔天〕stella[女] pulsante
みゃくはく 脈拍 pulsazione[女] ¶脈拍の増加 accelerazione [aumento] delle pulsazioni ¶脈拍の減少 diminuzione [riduzione] delle pulsazioni ¶彼は脈拍が90ある. Ha novanta battiti [pulsazioni] al minuto.
✤**脈拍数** frequenza[女] arteriosa
みゃくみゃく 脈脈 ◇脈々と senza interruzione, continuamente ¶脈々たる伝統 tradizione ininterrotta ¶民族独立の運動は脈々と続いた. Il movimento per l'indipendenza nazionale non è mai venuto meno.
みゃくらく 脈絡 《論理のすじ道》coerenza[女], filo[男] conduttore;《関連》rapporto[男], connessione[女] ¶脈絡のない incoerente
みやけ 宮家 famiglia[女] di principe imperiale
みやげ 土産 《贈り物》regalo[男]; dono[男];《気持ちばかりの》pensiero[男];《小さなおみやげ》regalino[男], pensierino[男];《食べ物以外の》〔仏〕souvenir [suvenír][男][無 変]; ricordo[男], ricordino[男] ¶香水をおみやげにもらった. Mi ha portato in regalo un profumo. ¶おみやげにお菓子を買って行こう. Compriamo dei dolci come souvenir.
✤**土産話** racconto[男] di viaggio
土産物屋 negozio[男][複 -i] di souvenir
みやこ 都 《首都》capitale[女];《都会》città[女];《州都》capoluogo[男][複 *capoluoghi, capiluoghi*] ¶水の都ヴェネツィア Venezia, la Città d'acqua ¶住めば都.《諺》"A ogni uccello il suo nido è bello."

❖都入り ◇都入りする arrivare nella capitale
都落ち ◇都落ちする lasciare la capitale ¶平家の都落ち fuga del clan Taira da Kyoto
みやこどり 都鳥〔鳥〕beccaccia㊛〔複 -ce〕di mare;《学名》Haematopus ostralegus
みやすい 見易い《容易に見える》facile da vedere;《読みやすい》leggibile ¶見やすい所に置く mettere ql.co. in un posto facilmente visibile ¶見やすい席を予約する prenotare buoni posti
みやだいく 宮大工 carpentiere㊚ specializzato nella costruzione dei templi
みやづかえ 宮仕え 1《宮中の》¶宮仕えをする servire la corte《として come, da》2《会社勤め》¶すまじきものは宮仕え. Non è bello lavorare come dipendente.
みやび 雅 ◇みやびな principesco ¶複 -schi〕¶みやびな歩き方 un incedere principesco
みやぶる 見破る capire ql.co., scoprire ql.co., rendersi conto di ql.co. ¶スパイの正体を見破る smascherare una spia ¶彼に本心を見破られた. Ha letto [intuito] le mie vere intenzioni.
みやまいり 宮参り《神社に》visita㊛ al tempio shintoista;《初参り》la prima visita㊛ del neonato al tempio shintoista
みやる 見遣る《その方を》lanciare [gettare] uno sguardo a ql.co. [qlcu.], dare un'occhiata a ql.co. [qlcu.];《遠くを》guardare lontano
ミュージカル〔英 musical㊚〔無変〕
❖ミュージカルコメディ commedia㊛ musicale
ミュージカルショー spettacolo㊚ musicale
ミュージック〔英 music〕¶ダンスミュージック musica㊛「da ballo [ballabile]
❖ミュージックホール teatro㊚ di varietà
ミューズ〔英 Muse〕《ギ神》《芸術・学芸をつかさどる 9 女神》le Muse㊛〔複〕;《詩神》㊛〔複〕
ミュール〔仏 mule〕sandalo㊚ a ciabattina (che lascia libero il tallone)
みょう 妙 1《奇妙》◇妙な singolare, strano, insolito ¶妙な話 una strana storia ¶ゆうべ妙な夢を見た. La notte scorsa ho fatto un sogno curioso. ¶彼はいつも妙なかっこうをしている. Si veste sempre in modo stravagante [bizzarro]. ¶近ごろ妙におふくろのことを思い出す. Non so perché, ma in questi giorni penso spesso a mia madre. ¶彼がこんなに早く帰るとは妙だ. È strano che lui sia tornato così presto.
2《巧みさ》abilità㊛ ¶造化の妙 mistero della creazione ¶彼の人柄を言い得て妙だ. Ha descritto proprio bene il suo carattere.
みよう 見様 ¶見様見まねでそれを覚えた. L'ho imparato imitando quello che fanno gli altri.
みょうあん 妙案 buona idea㊛, idea㊛ eccellente, trovata㊛, colpo㊚ di genio ¶妙案が浮かんだ. Mi è venuta una brillante idea.
みょうが 冥加 1《神仏の助け》benedizione㊛ del Cielo, protezione㊛「di Dio [divina]
2《幸運》fortuna㊛, sorte㊛ ¶何と冥加なことか. È una vera manna! / Che fortuna! ¶命冥加なやつだ. Ha sette vite come i gatti.
❖冥加金 offerta㊛, elemosina㊛
みょうが 茗荷《植》zenzero㊚ myoga
みょうぎ 妙技《スポーツなどで》eccellente [splendida] prestazione㊛;《演奏家などの》esecuzione㊛ eccezionale [eccellente] ¶妙技を見せる dare un'eccellente prestazione
みょうけい 妙計 ¶妙計を考えつく progettare un piano ingegnoso
みょうごにち 明後日 dopodomani
みょうじ 名字・苗字 cognome㊚, nome㊚ di famiglia ¶彼は名字帯刀を許された. Gli fu concesso di prendere un cognome e di portare la spada.《◆ nel periodo Edo ciò era permesso solo ai samurai e alle persone appartenenti a famiglie importanti》
みょうしゅ 妙手《名人》esperto㊚〔㊛ -a〕, maestro㊚〔㊛ -a〕;《チェスなどでの》eccellente mossa㊛ ¶ピアノの妙手 pianista㊚㊛〔㊚複 -i〕di grande [incredibile] talento
みょうじょう 明星《金星》Venere㊛ ¶宵の明星 Vespero / Espero / stella della sera ¶明けの明星 Lucifero, stella del mattino
みょうだい 名代 ¶…の名代として [で] in [a] nome di qlcu.
みょうちょう 明朝《明日の朝》domani mattina㊛（►副詞的にも用いる）, domattina㊛（►副詞としても用いる）;《次の日の朝》la mattina㊛《del giorno》dopo（►副詞的にも用いる）
みょうにち 明日 domani
みょうばん 明晩 domani sera㊛（►副詞的にも用いる）
みょうばん 明礬《化》allume㊚
❖明礬石《鉱》alunite㊛
みょうみ 妙味 bellezza㊛ squisita; fascino segreto; sfumatura㊛ delicata; raffinatezza㊛ ¶音楽の妙味を味わう apprezzare il fascino segreto della musica
みょうやく 妙薬 farmaco㊚〔複 -ci〕miracoloso, medicina㊛ efficace; rimedio㊚〔㊚複 -i〕eccellente
みょうり 冥利 ¶役者冥利に尽きます. Questo momento mi riappaga《この役を演じられて》/ Questo ruolo è il coronamento di tutta la mia carriera di attore.
みょうれい 妙齢 ¶妙齢の婦人 donna in età da marito
みより 身寄り ¶身寄りのない老人 vecchio senza famiglia
ミラー〔英 mirror〕specchio㊚〔複 -chi〕
❖ミラーボール sfera㊛ a specchio
みらい 未来 1《将来》avvenire㊚ ¶未来に何が起こるか誰にもわからない. Nessuno sa che cosa succederà in futuro. ¶彼は大いに未来のある青年だ. Un giovane「che farà molta strada [promettente]. ¶あれは彼の未来の奥さんだ. Quella è la sua futura moglie. ¶この成功で彼の明るい未来は約束された. Questo successo gli ha assicurato un futuro brillante.
2《文法》futuro㊚ ¶単純 [先立 / 複合] 未来 futuro semplice [anteriore / composto]
❖未来永劫 eternità㊛ ¶未来永劫に《わたって》per sempre / eternamente ¶未来永劫忘れるな. Non dimenticarlo finché sarai vivo [in vita]! / Ricordatelo per sempre!
未来学 futurologia㊛
未来学者 futurologo㊚〔㊚ -ga; ㊛複 -gi〕

未来像 visione㊛ del futuro ¶この本は社会の未来像を描いている. Questo libro descrive l'immagine della società futura.
未来派 futurismo㊚;《人》futurista㊚㊛《複 -i》
ミリ 〔英 milli-〕 **1**《メートル法で千分の一》milli- **2**《ミリメートル》millimetro㊚ ¶ミリ単位で計る misurare in millimetri / millimetrare
❖**ミリグラム** milligrammo㊚; mg
ミリ波《物》onde㊛《複》millimetriche;《周波数》frequenza㊛ estremamente alta;《略》EHF㊛
ミリバール 〔英〕millibar㊚ [無変]
ミリミクロン 〔英〕millimicron㊚ [無変]
ミリメートル 〔英〕millimetro㊚;《記号》mm
ミリリットル millilitro㊚;《記号》ml
ミリオン 〔英 million〕milione㊚
❖**ミリオンセラー**〔英〕libro㊚ [(CD) cd㊚ [無変]] che ha superato il milione di vendite
ミリタリールック 〔英 military look〕《服》look㊚ [stile㊚] militare
ミリタリズム 〔英 militarism〕militarismo㊚
みりょう 未了 ¶審議未了の法案 disegno di legge in sospeso
みりょう 魅了 ◇魅了する affascinare [incantare] qlcu. ¶彼女はその宝石に魅了された. Quel gioiello l'ha affascinata. ¶景色の美しさに魅了された. Sono rimasto incantato [estasiato] davanti alla bellezza del paesaggio.
みりょく 魅力 fascino㊚, attrattiva㊛;《うっとりさせる》suggestione㊛ ◇魅力的な affascinante, incantevole, attraente;《性的に》seducente ¶音楽の魅力 suggestione della musica ¶魅力を感じる provare attrazione《に per》¶魅力のない仕事 lavoro poco attraente ¶彼には彼なりの魅力がある. Lui ha il suo fascino. ¶バロック美術の魅力は何だろうか. In che cosa consiste il fascino dell'arte barocca?
みりん 味醂 *mirin*㊚;《sorta di》sakè㊚ dolce da cucina
みる 見る **1**《目で知覚する》vedere, guardare ¶テレビを見る guardare la televisione ¶映画を見る vedere un film ¶テレビで古い映画を見る guardare un vecchio film alla televisione ¶芝居を見る assistere ad uno spettacolo ¶ちらりと見る dare una rapida occhiata a qlcu. [ql.co.] / sbirciare ql.co. [qlcu.] ¶夢を見る sognare / far un sogno ¶見たことのない男だった. Era un uomo sconosciuto [che non avevo mai visto]. ¶あいつなんか見るのもいやだ. Mi dà fastidio solo a guardarlo. ¶一目見ただけで彼女にほれてしまった. Mi sono innamorato di lei a prima vista. ¶見れば見るほど彼女は美しい. Più la guardo, più la trovo bella. ¶見ると聞くとは大違い. Una cosa è vedere, un'altra è sentire. ¶何者かが部屋から走り去るのを見た. Ho visto qualcuno scappare via dalla stanza. ¶今に見ろ. Ora vedrai! / Me la pagherai! ¶彼は見るも哀れだ. È proprio ridotto male!
2《観察する》osservare;《視察する》ispezionare;《訪問・見学する》visitare ¶子供たちは科学博物館の陳列品を注意深く見た. I bambini hanno osservato attentamente gli oggetti esposti nel museo scientifico. ¶西欧人の見た日本 il Giappone visto dagli occidentali ¶ローマには見る所がたくさんある. A Roma vi sono molti luoghi da visitare [da vedere]. ¶しばらく様子を見る vedere come si evolve la situazione ¶機会を見てシチリアを訪れた. Alla prima occasione vorrei visitare la Sicilia.
3《読む》leggere ¶今日の新聞を見たかい. Hai visto il giornale di oggi? ¶この手紙を見ていただけませんか. Può darmi un'occhiata a questa lettera? ¶書類をざっと見る dare una scorsa ai documenti
4《調べる》esaminare, controllare ¶時計を見る controllare l'orologio ¶わからない言葉があったら辞書を見なさい. Se trovate una parola che non conoscete, cercatela nel [consultate il] dizionario. ¶スープの味を見る assaggiare la zuppa ¶先生は生徒の英作文を見ている. Il professore sta correggendo il componimento in inglese degli studenti. ¶台所へ行ってガスを消したかどうか見て来ます. Vado in cucina a vedere [controllare] se ho spento il gas.
5《判断する》giudicare;《推定する》supporre, congetturare;《見なす》ritenere ¶私のところ/ a mio avviso [giudizio] / secondo me [la mia opinione] ¶外観を見るとこの家はそう悪くない.（Giudicando）dall'aspetto questa casa non è tanto male. ¶行方不明者の大部分は死んだものと見られている. Si presume [Si suppone] che la maggior parte dei dispersi sia morta. ¶どう見ても彼は紳士じゃない. Come fai a dire che è un gentiluomo? ¶すぐに出て行ったほうがいいと見た. Ho ritenuto opportuno andarmene subito. ¶駅まで30分と見れば間違いない. Calcolando [In] 30 minuti, arriverai tranquillamente alla stazione. ¶彼らは2年間かかると見ていた. Hanno valutato [stimato] che ci sarebbero voluti due anni. ¶見る目 →見出し語参照
6《世話をする》prendersi cura di qlcu., occuparsi di qlcu., guardare ¶誰か午前中うちの子供を見てくれる人はいないかしら. Non c'è qualcuno che di mattina possa prendersi cura del mio bambino? ¶田中さんの子供の数学を見てあげた. Ho aiutato il figlio del signor Tanaka in matematica.
7《身に受ける、経験する》¶痛い目をみる fare una brutta esperienza ¶こんな高いものを買ってばかを見た. Sono stato proprio sciocco a comprare una cosa così cara.
8《「…してみる」の形で、試みる》provare a + 不定詞 ¶食べてみろ、うまいから. Prova a mangiarlo, è buono! ¶考えてもみろ. Pensa un po'! / Rifletti bene!
9《「…してみると」の形で、仮定を表す》¶朝起きてみると雪だった. Quando mi sono alzato la mattina, ho visto che nevicava.
〔慣用〕**見た目** ¶見た目には悪くない. L'aspetto non è male.
見てのとおり ¶見てのとおり小さな家です. Come vedete, la mia è una casa piccola.
見て見ぬ振りをする fare finta di non vedere
見る影もない《落ちぶれる》cadere㊚ [*es*] molto in basso;《貧乏になる》ridursi in miseria ¶彼は見る影もなくやつれていた. È l'ombra di se stesso.

見るからに ¶見るからに強そうだ. Si vede che è forte. /《思われる》Agli occhi di tutti è forte.
見るに堪えない[忍びない] ¶この地方の貧困は見るに堪えない. La miseria di questa regione è straziante.
見る間に →みるみる

使いわけ vedere と guardare
vedereは「対象を目で認識すること」, guardareは「対象に目を向けること」を意味する.
¶殺人犯を見たか. Hai visto l'assassino?
¶一人の女性が窓の外を見ている. Una donna sta guardando fuori della finestra.
¶どこを見てるの. Dove stai guardando?
ある決まった場所に行って鑑賞・観覧するときは vedereを用いる. そこにあるもののうち一つを選んで見るときは guardareを用いる.
¶芝居[映画／展覧会]を見る vedere uno spettacolo [un film / una mostra]
¶ラファエッロの絵を見る guardare un quadro di Raffaello
経験として「見たことがある」というときには vedereを用いる.
¶ヒマラヤ山脈の景色を見た. Ho visto il panorama montagnoso dell'Himalaya.
¶飛行機からヒマラヤ山脈の景色を見た. Ho guardato il panorama montagnoso dell'Himalaya dall'aereo.
テレビを見るときは guardareを使うが, 具体的な番組名・内容を目的語に取る場合は vedereを用いる傾向がある.
¶テレビでニュース[サッカーの試合]を見る vedere il notiziario [una partita di calcio] alla televisione
¶テレビで映画を見た.《見ようと思って》Ho visto un film alla televisione. (► 「テレビを見ていたら映画をやっていたので見た」というときは「Ho guardato...」で表す)
¶昨日の試合を見たか. Hai visto la partita di ieri?

みる 看る ¶病人を看る assistere un malato
みる 診る ¶医者に診てもらう consultare un medico / farsi visitare [vedere] dal dottore ¶医者は患者の脈を診た. Il dottore ha sentito le pulsazioni del paziente.
ミルク 〔英 milk〕 latte男 ¶粉ミルク latte in polvere ¶スキムミルク latte scremato
✤**ミルク色** ◇ミルク色の bianco [男 -chi] come il latte
ミルクキャラメル caramelle女 [複] al latte
ミルクコーヒー caffellatte男 [無変]
ミルクセーキ latte男 frappé con uova
ミルクティー tè男 con [al] latte
みるみる 見る見る ¶見る見るうちに a vista d'occhio / in un istante [baleno] ¶見る見るうちに空がかき曇った. Il cielo si rannuvolava a vista d'occhio.
みるめ 見る目 **1**《鑑識眼》¶人を見る目がある saper giudicare [valutare] le persone ¶彼は焼き物を見る目がある. Ha occhio per la ceramica. **2**《はた目》¶人の見る目を気にするな. Non preoccuparti di quello che la gente pensa di te.

ミレニアム 〔英 millennium〕 millennio男 [複 -i]
みれん 未練《心残り》rimpianto男, rammarico男 [複 -chi], rincrescimento男;《愛着》attaccamento男《への a, per》, affezione女《への per》 ¶未練がある rimpiangere qlco. [qlcu.] /《あきらめ切れない》non rassegnarsi a rinunciare a qlco. [qlco.] ¶未練があったので申し出を断った. Ho rifiutato l'offerta "un po' a malincuore [con un po' di rammarico]. ¶会社をやめるのには未練が残る. L'idea di lasciare la ditta è dolorosa. ¶彼に未練はない. Non lo rimpiango. / Non ho rimpianti per lui.
みれんがましい 未練がましい ¶未練がましくその地位に居座っている. È attaccato alla sua poltrona. ¶未練がましいことを言うな. È inutile ormai rammaricarsi.
みわく 魅惑 fascino男, incanto男, attrattiva女, suggestione女;《性的な》seduzione女 ◇魅惑する affascinare [sedurre / avvincere] qlcu. ◇魅惑的な affascinante, incantevole, attraente, seducente ¶魅惑的な女 donna affascinante [attraente)
みわけ 見分け《区別》distinzione女, discriminazione女, discernimento男;《鑑定》valutazione女;《認識》identificazione女 ◇見分けのつく distinguibile ◇見分けのつかない indistinguibile ¶私にはあの双子は見分けがつきません. Non riesco a distinguere [riconoscere] un gemello dall'altro.
みわける 見分ける distinguere《A と B を A da B》¶ヨーロッパ人には中国人と日本人を見分けることはむずかしい. Per gli europei è difficile distinguere i giapponesi dai cinesi. ¶彼は背が高いからすぐ見分けられる. Per la sua alta statura lo si riconosce immediatamente.
みわすれる 見忘れる《見るのを忘れる》dimenticare di vedere qlcu. [ql.co.];《見たことを忘れる》non riconoscere qlcu. [ql.co.]
みわたす 見渡す《外を》guardare fuori《から da》;《周囲を》guardarsi attorno ¶見渡す限りの a perdita d'occhio ¶この部屋から海が見渡せる. Questa camera domina [guarda] il mare.
みん 明《史》《中国の》dinastia女 dei Ming, i Ming男 [複]
みんい 民意 volontà女 del popolo;《世論》opinione女 pubblica ¶民意を問う consultare il popolo ¶この法案は民意を反映している. Questo disegno di legge riflette l'opinione dei cittadini.
みんえい 民営 ◇民営化する ¶国鉄の民営化 privatizzazione delle Ferrovie dello Stato
みんか 民家 casa女 [abitazione女] (privata)
みんかん 民間 民間の popolare;《公に対して》privato;《軍に対して》civile ¶民間から選ばれた代表 rappresentante男女 eletto dal popolo ¶中小民間企業 piccole e medie imprese private ¶民間への援助 aiuto da parte di privati
✤**民間外交** rapporti男 [複] amichevoli a livello privato
民間航空 aviazione女 civile
民間人 civile男
民間設備投資 investimenti男 [複] privati in impianti industriali

民間伝承 folclore⊛, tradizione⊛ popolare
民間伝説 leggenda⊛ popolare
民間投資 investimenti⊛ [複] privati
民間非営利組織 organizzazione⊛ privata no profit
民間貿易 commercio⊛ [複 -ci] internazionale nel settore privato
民間放送 →民放
民間療法 rimedio⊛ [複 -i] empirico [複 -ci]

みんぎょう 民業 impresa⊛ privata

ミンク 〔英 mink〕《毛皮》visone⊛ ¶ミンクのコート cappotto [pelliccia] di visone

みんげい 民芸 artigianato⊛
✦**民芸品** articoli⊛ [複] di artigianato

みんけん 民権 diritti⊛ [複] del popolo
✦**民権運動** movimento⊛ per i diritti del popolo
民権主義《孫文の》principio⊛ di democrazia (di Sun Yat-sen)

みんじ 民事 affari⊛ [複] civili ◇民事の civile
✦**民事裁判** processo⊛ civile
民事裁判所 tribunale⊛ civile
民事責任 responsabilità⊛ civile
民事訴訟 causa⊛ civile
民事訴訟法 codice⊛ [diritto⊛] di procedura civile

みんしゅ 民主 ◇民主的な democratico⊛ [複 -ci] ◇民主的に democraticamente, in maniera democratica
✦**民主化** democratizzazione⊛ ◇民主化する democratizzare
民主国家 paese⊛ democratico
民主主義 [政体] democrazia⊛ ¶直接 [代表制 / 議会制 / 人民] 民主主義 democrazia diretta [rappresentativa / parlamentare / popolare]
民主主義者 democratico⊛ [複 -ca]
民主党 Partito⊛ Democratico

みんじゅ 民需《経》domanda⊛ civile [privata]
✦**民需産業** industria⊛ civile
民需生産 produzione⊛ a fini civili
民需品 prodotti⊛ [複] a fini civili

みんしゅう 民衆 popolo⊛, massa⊛ ◇民衆の popolare
✦**民衆化** divulgazione⊛, diffusione⊛
民衆芸術 arte⊛ popolare
民衆心理 psicologia⊛ della gente

みんしゅく 民宿 casa⊛ privata che ospita turisti; pensione⊛ privata

みんじょう 民情 ¶民情を視察する ispezionare le attuali condizioni di vita del popolo

みんしん 民心 ¶民心を得る [失う] ottenere [perdere] il consenso del popolo ¶民心を動揺させる scuotere i sentimenti del popolo

みんせい 民政 governo⊛ civile ¶占領地に民政をしく costituire [istituire] un governo [amministrazione] civile nella zona occupata

みんせいいいん 民生委員 assistente⊛ ⊛ sociale

みんせいきょく 民生局 Ufficio⊛ Assistenza Sociale

みんぞく 民俗 usanze⊛ [複] folcloristiche, costumi⊛ [複] folcloristici
✦**民俗音楽** musica⊛ popolare [folcloristica]
民俗音楽学 etnomusicologia⊛
民俗学 folclore⊛
民俗学者 folclorista⊛ [⊛複 -i]
民俗舞踊 danza⊛ popolare [folcloristica]

みんぞく 民族 etnia⊛;《人種》razza⊛;《国民》popolo⊛, nazione⊛ ◇民族の etnico⊛ [複 -ci], razziale; nazionale ¶アングロサクソン民族 razza anglosassone ¶アイヌは日本の少数民族である。Gli Ainu sono una minoranza etnica del Giappone. ¶民族的偏見 pregiudizio nazionale [razziale] /《人種主義》razzismo
✦**民族意識** coscienza⊛ nazionale
民族衣装 costume⊛ folcloristico [複 -ci]
民族解放 liberazione⊛ nazionale [etnica]
民族学 etnologia⊛
民族学者 etnologo⊛ [⊛ -ga; ⊛複 -gi]
民族感情 sentimento⊛ nazionale [etnico]
民族言語学《言》etnolinguistica⊛
民族誌 etnografia⊛
民族誌学者 etnografo⊛ [⊛ -a]
民族自決権 (diritto⊛ all') autodeterminazione⊛ dei popoli
民族集団 gruppo⊛ etnico
民族主義 nazionalismo⊛
民族浄化《政》pulizia⊛ etnica
民族性 caratteristiche⊛ [複] nazionali [razziali / etniche]
民族独立 indipendenza⊛ nazionale [etnica / razziale]

ミンチ 〔英 mince〕 carne⊛ macinata

みんていけんぽう 民定憲法 costituzione⊛ democratica

ミント 〔英 mint〕《植》menta⊛ ¶ミント味の alla menta

みんど 民度 tenore⊛ culturale ed economico di un popolo ¶民度が高い。Quel popolo ha un elevato livello culturale.

みんな 皆 →皆

みんぺい 民兵《集合的》milizia⊛ (popolare);《人》miliziano⊛ [⊛ -a]

みんぽう 民放 trasmissione⊛ radiofonica e televisiva privata;《局》stazione⊛ radiotelevisiva privata

みんぽう 民法 diritto⊛ civile;《民法典》codice⊛ civile →法律 用語集
✦**民法学者** civilista⊛ [⊛複 -i]

みんゆう 民有 ◇民有の privato, di proprietà privata
✦**民有地** terreno⊛ privato
民有林 foresta⊛ [bosco⊛ [複 -chi]] di proprietà privata

みんよう 民謡 canzone⊛ folcloristica [popolare]

みんりょく 民力《経》potenze⊛ [複 [risorse⊛ [複] / potenzialità⊛ [複]] nazionali

みんわ 民話 racconto⊛ folcloristico [複 -ci], favola⊛ [leggenda⊛] folcloristica, fiaba⊛ popolare

む

む 無 **1**《存在しないこと・もの》nulla⊛, nullità⊛, niente⊛;《空虚》vuoto⊛ ¶そんな約束は無に等しい. Una simile promessa「non vale niente [è priva di valore]. ¶無から有は生じない.《諺》"Nulla nasce dal nulla." / "Niente nasce dal niente." ¶一切は無である. Tutto è vanità. **2**《むだ》inutilità⊛ ¶無にする vanificare / rendere *ql.co.* nullo (▶nullo は目的語の性・数に合わせて語尾変化する) ¶無に帰する finire nel nulla ¶せっかくの努力が無に帰した. Tutti i miei sforzi「non sono serviti a niente [sono andati in fumo]. ¶彼の親切を無にするようなことはしたくない. Non vorrei vanificare la sua cortesia.

むい 無為 ozio⊛ [複 -*i*], inattività⊛ ◇無為の ozioso; inattivo ◇無為に in ozio, senza fare niente ¶無為の楽しみ dolce far⊛ niente ¶無為に暮らす vivere nell'ozio ¶台風の被害に対して政府は無為無策であった. Il governo non fece nulla per alleviare i danni causati dal tifone.
✤**無為徒食** ◇無為徒食する oziare⊛ [*av*], stare in panciolle

むいか 六日 《月の第6日目》il giorno⊛ sei del mese;《6日間》(per) sei giorni⊛ [複]

むいしき 無意識 《心》inconscio⊛ [複 -*sci*];《無自覚》inconsapevolezza⊛;《潜在意識》subconscio⊛ [複 -*sci*];《複 -*sce*]; inconsapevole《意志によらない》involontario⊛ [複 -*i*];《本能的》istintivo ◇無意識に inconsciamente; inconsapevolmente; involontariamente; istintivamente ¶無意識の動作 movimento involontario ¶無意識に彼に悪いことを言ってしまった. Senza accorgermene gli ho detto qualcosa che l'ha ferito.

むいそん 無医村 villaggio⊛ [複 -*gi*] privo di medico

むいちぶつ 無一物 ¶火事に遭って無一物になった. Ha perso tutto nell'incendio.

むいちもん 無一文 ◇無一文の squattrinato, senza un soldo ¶今日は無一文だ. Oggi non ho neanche un euro. / Oggi sono al verde. ¶金を使い果たして無一文になった. Ho speso tutto fino all'ultima lira [fino all'ultimo centesimo].

むいみ 無意味 nonsenso⊛ ◇無意味な insignificante;《むだな》vano, inutile ¶無意味なこと cosa senza senso ¶無意味な議論 discussione futile ¶あんな試験を受けるなんて無意味だ. Non serve a niente sostenere esami di quel genere.

むいん 無韻 ◇無韻の non rimato, sciolto, senza rima ¶無韻詩 versi sciolti

ムース 〔仏 mousse〕**1**《料》schiuma⊛, spuma⊛;《仏》mousse⊛ [複] **2**《整髪用》schiuma⊛ per capelli

ムード 〔英 mood〕《気分》umore⊛, stato⊛ d'animo;《雰囲気》atmosfera⊛, ambiente⊛ ¶家庭的なムードのレストラン ristorante con un'atmosfera familiare ¶彼らはあきらめムードになっている. Ci hanno quasi rinunciato.
✤**ムード音楽** musica⊛ sentimentale [romantica]

ムートン 〔仏 mouton〕《服》montone⊛

ムールがい ムール貝 《貝》cozza⊛, mitilo⊛

むえき 無益 ◇無益な[の] vano, inutile, futile ¶無益な骨折り sforzi inutili

むえん 無煙 ◇無煙の senza fumo
✤**無煙火薬** polvere⊛ senza fumo
無煙炭 antracite⊛

むえん 無塩 ◇無塩の senza [privo di] sale, non salato
✤**無塩バター** burro⊛ non salato

むえん 無縁 ◇無縁である non avere alcun rapporto con *ql.co.*, non avere a che vedere [fare] con *ql.co.* ¶私にはまったく無縁だ. Non ho mai avuto tra le mani così tanto denaro.
✤**無縁墓地** parte⊛ di un cimitero dedicata alle tombe degli ignoti
無縁仏 defunto⊛ [⊛ -*a*]「che non ha [privo di] parenti

むえんガソリン 無鉛ガソリン benzina⊛ verde [senza piombo]

むが 無我 《私心のないこと》¶無我の愛 amore disinteressato [puro] ¶無我の境地に達する raggiungere uno stato di totale distacco dalle cose mondane
✤**無我夢中** ¶無我夢中で勉強した. Ero completamente immerso nello studio.

むかい 向かい ◇向かいの opposto, di fronte, prospiciente, davanti, dirimpetto ¶向かいの家 casa di fronte ¶私たちは消防署の向かいに住んでる. Abitiamo (nel palazzo) di fronte alla caserma dei pompieri. ¶駅はこの向かいにある. La stazione è qui dirimpetto. ¶お向かいさん persona che abita nella casa di fronte / dirimpettaio⊛ [⊛ -*ia*; 複 -*i*]
✤**向かい風** vento⊛ contrario [複 -*i*];《船》vento⊛ di prua
向かい火 controfuoco⊛ [複 -*chi*]

むがい 無害 ◇無害の innocuo, inoffensivo ¶このきのこは無害だ. Questi funghi sono innocui.

むがい 無蓋 ◇無蓋の scoperto
✤**無蓋貨車** 《鉄道》carro⊛ scoperto

むかいあう 向かい合う 《人が互いに》essere [stare] faccia a faccia;《人・物が…と》stare「di fronte [dirimpetto] a *ql.co.*, essere 向かい合って dirimpetto [di fronte] a *ql.co.* [*ql.co.*]

むかいあわせ 向かい合わせ ¶向かい合わせに座る sedersi faccia a faccia ¶向かい合わせの席に彼がいた. Era seduto proprio di fronte a me.

むかう 向かう **1**《顔や体を向ける》stare di fronte a *ql.co.* [*ql.cu.*] ¶机に

向かう sedere alla scrivania ¶教会の正面に向かう volgersi verso la facciata della chiesa ¶鏡に向かってお化粧する truccarsi davanti allo specchio ¶駅に向かって左に曲がってください. Volti a sinistra, guardando la stazione.
2《…に対して》 ¶それが先生に向かって言う言葉か. Come ti permetti di parlare così all'insegnante?! ¶彼には面と向かって言ったほうがいい. La miglior cosa è dirglielo direttamente [faccia a faccia].
3《ある場所を目指す》 dirigersi verso ql.co., andare nella [in] direzione di ql.co. ¶京都に向かう dirigersi verso [recarsi a / andare a] Kyoto ¶彼は大阪に向かって出発した. È partito per Osaka. ¶船はジェノヴァに向かっている. La nave si sta dirigendo verso Genova. / La nave è partita alla volta di Genova.
4《抵抗する》 ¶風に向かって進む procedere contro vento ¶追い詰められたねずみは猫に向かって行った. Trovandosi senza scampo, il topo si è gettato sul gatto. ¶5人の男が向かって来た. Sono stato assalito da cinque uomini. ¶彼は向かうとこう敵なしだ. Non c'è nessuno che possa fermarlo.
5《ある状態に近づく》 ¶春に向かう. Ci avviciniamo alla primavera. ¶彼は快方に向かっている. Sta migliorando. ¶事態はいい[悪い]ほうに向かっている. La situazione volge al meglio [al peggio]. / La situazione sta migliorando [peggiorando]. ¶年の暮れに向かうと何かと忙しい. Con l'avvicinarsi della fine dell'anno c'è sempre tanto da fare. ¶寒さに向かう折から必ずお気をつけください. Abbia riguardo per la sua salute perché si va verso il freddo.

むかえ 迎え **1**《迎えること・人》 accoglienza㊛ ¶迎えに行く andare a prendere [ricevere] qlcu. 〈all'arrivo〉/《呼びに行く》andare a chiamare qlcu. ¶医者を迎えにやる mandare qlcu. a chiamare il dottore ¶山田さんのお迎えには私が行きます. Andrò io ad accogliere il sig. Yamada. ¶車でお迎えに参ります. Vengo a prenderla con la macchina. ¶お迎えの車が待っています. La vettura che le hanno mandato la sta aspettando.
2《仏が浄土に呼び寄せること》 ¶お迎えが来るのを待っています. Aspetto che il Signore mi chiami.
✤**迎え火** falò㊚ per dare il benvenuto ai defunti durante le feste di *bon* 〔盆〕 日本事情
むかえいれる 迎え入れる ricevere ¶客を家に迎え入れる ricevere [accogliere] un ospite in casa
むかえうつ 迎え撃つ ¶敵を迎え撃つ affrontare il nemico
むかえる 迎える **1**《来る人を待つ》aspettare l'arrivo di qlcu., accogliere [ricevere] qlcu. ¶迎えに行く andare a prendere qlcu. ¶空港で〈人〉を迎える aspettare all'aeroporto l'arrivo di qlcu. ¶〈人〉を笑顔で迎える accogliere qlcu. con un sorriso ¶私は各地で温かく迎えられた. Ovunque sono stato ricevuto calorosamente.
2《来てもらう》 far venire qlcu., invitare qlcu. ¶医者を迎える chiamare il medico ¶イタリアからロッシ教授を迎えて会議を開いた. Abbiamo tenuto un convegno con la partecipazione del prof. Rossi invitato dall'Italia.
3《一員として受け入れる》 ¶妻を迎える prendere moglie / prendere in moglie qlcu. ¶彼を会長に迎えた. L'hanno nominato presidente.
4《ある時になる》 ¶新年を迎える salutare il [iniziare il / entrare nel] nuovo anno ¶20歳の誕生日を迎える avvicinarsi al ventesimo compleanno ¶老いを迎える avvicinarsi alla vecchiaia ¶死を迎える approssimarsi alla morte
むがく 無学 ◇無学な《無知な》 ignorante;《無教育の》 ineducato, incolto, rozzo
✤**無学無才の男** uomo incolto e privo di talento
むかし 昔 **1**《過去の時代》 passato㊚, vecchi tempi㊚〔複〕;《古代》 antichità㊛, periodo㊚ antico [㊚複 *-chi*] ◇昔の passato, di un'altra epoca;《大昔の》 antico, remoto, assai lontano nel tempo ◇昔《以前は》prima;《かつては》una volta, in passato;《大昔》anticamente, nell'antichità ¶昔から《以前から》da molto tempo ¶ずっと昔から de sempre ¶太古の昔から fin dall'antichità più remota ¶昔も今も sia in passato che [sia] oggi ¶昔あるところにおじいさんとおばあさんがいた. C'erano una volta un vecchio e una vecchia. ¶彼は昔からの知り合いだ. Lui è un vecchio conoscente. / Lo conosco da molti anni. ¶昔の人はずいぶん不便な生活をしていた. La vita di una volta era assai meno confortevole. ¶東京はもはや昔の東京じゃない. Tokyo non è più quella di una volta. ¶この寺は昔のままだ. Questo tempio è rimasto tale (e) quale a come era anticamente. ¶昔は昔, 今は今. Il passato è il passato, oggi è diverso. ¶昔はよかったねえ. Come eravamo felici allora!
2《10年をひと昔として》 ¶この辺はひと昔前とはずいぶん変わった. Questa zona è molto cambiata rispetto a un decennio fa. ¶もうた昔も前になる. Sono già trascorsi circa vent'anni.
〔慣〕**昔取った杵柄**〔㊄〕 ¶さすがは昔とった杵柄だ. Non ha perduto niente del suo talento di un tempo. ¶昔とった杵柄だがやってみよう. Non mi esercito da tempo, ma proverò a farlo.
むかしかたぎ 昔気質 ◇昔かたぎの di vecchio stampo ¶昔かたぎの人《古風な》persona all'antica /《保守派》conservatore㊚[㊛ *-trice*] /《超保守派》retrogrado[㊛ *-a*]
むかしがたり 昔語り ¶昔語りをする parlare del [raccontare il] passato ¶その町の繁栄ももう昔話になってしまった. La prosperità di quella città è ormai una cosa「del [appartenente al] passato.
むかしつせきにん 無過失責任 responsabilità㊛ oggettiva
✤**無過失責任主義**〔法〕 principio㊚ della responsabilità oggettiva
むかしながら 昔ながら ◇昔ながらの di una volta ¶昔ながらの建物が残っている. Rimangono gli edifici di una volta.
むかしなじみ 昔馴染み vecchio㊚〔複 *-chi*〕 amico㊚[㊚複 *-ca*; ㊛複 *-ci*]; vecchia conoscenza㊛

¶彼は昔なじみだ. Lui è una vecchia conoscenza.

むかしばなし 昔話 **1**《おとぎ話》favola㊛, fiaba㊛;《伝説》leggenda㊛ ¶子供に昔話を聞かせる raccontare favole ai bambini **2**《思い出話》racconti㊚[複] della *propria* gioventù

むかしふう 昔風 ◇昔風の《伝統的》tradizionale ¶うちのおばあさんは昔風だ. La mia nonna è un tipo all'antica.

むかち 無価値 mancanza㊛ di valore ◇無価値の privo di valore, senza valore

むかつく 《吐き気がする》provare nausea;《腹が立つ》arrabbiarsi, irritarsi;《俗》incazzarsi ¶むかつくやつ persona che mi dà sui nervi

むかって 向かって ¶向かって左側が台所だ. La cucina è alla tua sinistra. / La cucina è a sinistra, di fronte a te.

むかっと ¶むかっとする. Mi viene rabbia.

むかっぱら むかっ腹 ¶むかっぱらを立てる arrabbiarsi [adirarsi] senza motivo

むかで 百足・蜈蚣 《動》scolopendra㊛[無変]

むかむか 1《気分が悪い様子》¶胸がむかむかする provare [avere la] nausea ¶そのにおいをかいだら胸がむかむかした. Quell'odore mi ha fatto star male (venire la nausea).
2《怒りがこみ上げる様子》◇むかむかする provare rabbia, arrabbiarsi; stizzirsi; adirarsi ¶あの態度にはむかむかする. Non sopporto il suo modo di fare. ¶むかむかして殴ってしまった. L'ho picchiato in un momento d'ira.

むかんかく 無感覚 **1**《感覚のないこと》¶寒さで指先が無感覚になる. Con il freddo le dita diventano insensibili. **2**《感受性が鈍いこと》insensibilità㊛;《無神経》mancanza㊛ di attenzione ◇無感覚な insensibile (Aに対して a), senza cuore;《無関心》indifferente ¶美に無感覚な人 persona insensibile alla bellezza

むかんけい 無関係 ◇無関係の《関連がない》privo di rapporti [legami];《筋違いの》irrilevante ¶私はその事件とは無関係だ. Io non c'entro con quella faccenda. / Non ho niente a che fare [vedere] con quel caso.

むかんじしん 無感地震 《旧震度階級の一つ》scossa㊛ strumentale

むかんしん 無関心 indifferenza㊛, mancanza㊛ d'interesse, distacco㊚ ◇無関心な indifferente ¶彼女はスポーツには無関心です. Lei non si interessa di sport. ¶無関心を装う assumere un atteggiamento di indifferenza(に verso)

むき 向き **1**《方向》direzione㊛;《家などの方位》orientamento㊚, esposizione㊛;《進行方向》rotta㊛, orientamento㊚ ¶東向きの家 casa rivolta a est ¶風の向きが西に変わった. Il vento è girato a ovest. ¶彼は向きを変えて戸口に向かった. Si girò dirigendosi verso la porta.
2《適性》attitudine㊛, inclinazione㊛;《能力》capacità㊛, idoneità㊛ ¶初心者向きのゲレンデ pista da sci per principianti ¶老人向きの食事 pranzo adatto per gli [adatto agli / pensato per gli] anziani ¶キャンプ向きの服装 abiti per [da] campeggio ¶人それぞれの向き不向きに合わせた職業選択が大切だ. È importante che le persone scelgano il lavoro in base alle [secondo le] loro inclinazioni.
3《傾向》tendenza㊛ ¶彼には物事を簡単に考える向きがある. Ha la tendenza a giudicare le cose con troppa superficialità.
4《人々》¶この意見には反対する向きも多いようだ. Sembra che ci siano molti pareri contrari a questa idea.
5《話の内容》argomento㊚;《訪問の用件》oggetto㊚ di una visita ¶ご用の向きをおっしゃってください. In che cosa posso servirla? / Che cosa desidera?

[慣用] **むきになる** arrabbiarsi per un nonnulla;《冷静さを失う》perdere la calma ¶そうむきになるなよ. Non prendertela così a cuore! ¶彼はすぐにむきになる. Va subito in collera.

むき 無期 ◇無期の a tempo indeterminato
✤**無期延期** ¶公式訪問は無期延期となった. La visita ufficiale è stata rinviata [rimandata] a tempo indeterminato.

無期懲役 ergastolo㊚ ¶無期懲役の判決を受ける essere condannato all'ergastolo
無期懲役囚 ergastolano㊚ [㊛ -a]
無期停学 ¶その学生は無期停学処分を受けた. Quello studente è stato sospeso dalla scuola a tempo indeterminato.

むき 無機 ◇無機の《化》inorganico㊚[複 -ci];《鉱》minerale
✤**無機化学** chimica㊛ inorganica
無機化合物 composto㊚ inorganico
無機質《無機物》materia㊛ inorganica;《鉱物質》materia㊛ minerale ¶無機質な声 voce meccanica
無機肥料 fertilizzante㊚ inorganico
無機物 sostanza㊛ inorganica

むぎ 麦 《小麦》frumento㊚, grano㊚;《大麦》orzo㊚;《裸麦》segala㊛, segale㊛;《燕麦》avena㊛
✤**麦打ち** ¶麦打ちをする trebbiare il grano
麦刈り ¶麦刈りをする mietere il grano
麦こがし farina㊛ ottenuta macinando orzo essiccato
麦作《収穫》raccolto㊚ [《麦の栽培》coltivazione㊛] del grano
麦茶 tè㊚ d'orzo tostato
麦畑 campo㊚ di grano
麦踏み ¶麦踏みをする conficcare nel terreno le piantine di grano per farle ben radicare
麦蒔き ¶麦蒔きをする seminare il grano
麦飯 riso㊚ bollito con orzo
麦わら《filo㊚ [fuscello㊚] di》paglia㊛ ¶麦わら細工 lavori [articoli] fatti con la paglia
麦わら帽子 cappello㊚ di paglia;《かんかん帽》paglietta㊛

むきあう 向き合う ¶病気と向き合う affrontare la malattia

むきげん 無期限 ◇無期限の indeterminato, illimitato, senza scadenza [limite] ◇無期限に illimitatamente, a tempo indeterminato ¶無期限に延期する rinviare [rimandare] a tempo indeterminato
✤**無期限スト** sciopero㊚ ad oltranza ¶無期限ストに突入する entrare in sciopero「per un periodo indefinito [ad oltranza]

むきず 無傷 **1**《傷のないこと》◇無傷の illeso,

むきだし intatto ¶無傷の死体 cadavere intatto ¶無傷のたんす armadio senza ammaccature **2**《欠点・汚点のないこと》perfetto, privo di difetti ¶このチームは過去2年間無傷だ. Questa squadra non ha mai perso negli ultimi due anni.

むきだし 剥き出し **1**《隠れていないこと》◇むき出しの scoperto ¶むき出しの肩 spalle nude [scoperte] **2**《露骨》憎悪をむき出しにする mostrare apertamente [non nascondere] il *proprio odio* ¶彼はあまりにもむき出しにものを言う. È troppo franco [sincero / schietto].

むきだす 剥き出す ¶感情をむき出して怒る manifestare apertamente la *propria rabbia* ¶犬が歯をむき出してうなった. Il cane ringhiava mostrando [digrignando] i denti.

むきどう 無軌道 **1**《軌道がないこと》◇無軌道の senza rotaie ¶無軌道電車 filobus*®* [無変] **2**《常軌を逸していること》◇無軌道な sregolato; dissoluto, libertino ¶無軌道な生活 vita dissoluta [sregolata]

むきなおる 向き直る ¶彼は僕の方に向き直った. Si è voltato [girato] verso di me.

むきみ 剥き身 ¶あさりの剥き身 vongole sgusciate

むきめい 無記名 ◇無記名の anonimo;《無署名の》non firmato, privo di firma;《株・債券などが》al portatore
❖無記名株(券) azione*®* al portatore
無記名公債 titoli*®*[複] pubblici [obbligazioni *®*[複]] di Stato*®* al portatore
無記名投票 voto*®* segreto, votazione*®* a scrutinio segreto ¶無記名投票で con voto segreto

むきゅう 無休 ◇無休で senza vacanze [ferie] ¶「年中無休」《掲示》"Aperto tutto l'anno"

むきゅう 無給 ◇無給の non pagato, non retribuito, a titolo gratuito ¶無給の仕事 lavoro「non remunerato [non retribuito / gratuito]」 ¶無給の書記《団体など》segretario onorario ¶無給で働く lavorare gratis [senza compenso]

むきゅう 無窮 ¶無窮の大空 cielo infinito

むきょういく 無教育 ◇無教育な privo di educazione [istruzione]

むきょうしつ 無響室 camera*®* anecoica

むきょうそう 無競争 ¶無競争で当選する essere eletto senza rivali

むきょうよう 無教養 ◇無教養な incolto, ignorante, illetterato, non istruito

むきりょく 無気力 inerzia*®*, apatia*®* ◇無気力な《生気のない》avvilito, depresso;《無感動の》apatico [男複 -*ci*], abulico [男複 -*ci*];《不活発な》inerte, inoperoso ¶無気力にする rendere *qlcu*. apatico [▶apatico è aggettivo di genere comune: non modifica il suo finale né al maschile né al femminile / 《気力を奪う》snervare *qlcu*. ¶無気力な生活を送る condurre una vita inerte [vivere nell'apatia / nell'apatia] ¶そんな無気力でどうする. Coraggio, cerca di reagire!

むきん 無菌 asepsi*®*[無変] ◇無菌(状態)の asettico [男複 -*ci*];《殺菌した》sterilizzato;《低温殺菌した》pastorizzato
❖無菌飼育《動物の》allevamento*®* asettico
無菌室 sala*®* sterilizzata [asettica], ambiente*®* asettico
無菌状態 stato*®* asettico
無菌法 asepsi*®*

むく 無垢 **1**《汚れのないこと》◇無垢の《純真な》innocente, puro, immacolato;《汚れのない》senza macchia ¶無垢な乙女 ragazza innocente / vergine ¶無垢な心 cuore candido **2**《混ざりものでないこと》◇無垢の puro ¶金無垢の仏像 statua di Budda in oro puro **3** →白無垢

むく 向く **1**【体の向きを変える】voltarsi [girarsi] verso *ql.co.* [*qlcu.*];《見る》guardare *ql.co.* [*qlcu.*], rivolgere lo sguardo verso *ql.co.* [*qlcu.*] ¶そっぽを向く voltare lo sguardo altrove / guardare da un'altra parte /《知らん顔をする》voltare le spalle a *ql.co.* [*ql.co.*] ¶左を向く《顔を向ける》girare il volto [la testa] a sinistra ¶「右向け右」《号令》"Fronte destr, front!" ¶上[下]を向く guardare su [giù] ¶後ろを向く《振り返る》voltarsi indietro /《背を向ける》voltare la schiena ¶彼女は恥ずかしくて下を向いてしまった. Ha abbassato gli occhi intimidita. ¶彼は下を向いたまま答えた. Ha risposto tenendo gli occhi bassi. ¶風向計は北を向いている. La banderuola punta in direzione nord.
2【面する】¶東に向いた家 casa rivolta [esposta] ad est ¶庭に向いた窓 finestra che guarda [che dà / che si affaccia] sul giardino
3【ある方向に進む】¶ローマ[イタリア]に向かう dirigersi verso Roma [l'Italia] / recarsi a Roma [in Italia] ¶彼の病気は快方に向いている. La sua malattia volge verso la guarigione. ¶気が向いたら行きますよ. Ci andrò se me la sento. ¶運が向いて来たようだ. Sembra che la fortuna sia tornata dalla nostra parte.
4【適する】essere adatto [appropriato] a [per] *ql.co.*, essere adeguato a *ql.co.* ¶自分に向いた仕事を選びなさい. Cerca un lavoro adatto a te. ¶彼は学校の先生には向いていない. Non「ha la stoffa [è adatto]」per fare l'insegnante.

むく 剥く ¶みかんの皮をむく sbucciare i mandarini ¶じゃが芋の皮をむく pelare [sbucciare] le patate ¶かき[ゆで卵]の殻をむく sgusciare le ostriche [un uovo sodo] ¶えんどう豆の皮をむく sgranare i piselli ¶木の皮をむく scortecciare [scorticare / togliere la corteccia a] un albero
【慣用】目をむいて怒る infuriarsi, montare*®* [*es*] su tutte le furie ¶彼は目をむいて怒った. Si è arrabbiato e ha alzato gli occhi al cielo.

むくい 報い・酬い **1**《報償》ricompensa*®*, paga*®* **2**《身に受ける罰》castigo*®* [pl -*ghi*], punizione*®*;《法的な》sanzione*®* ¶報いを受ける essere punito / subire le conseguenze delle *proprie* azioni ¶悪いことをすれば報いがくる. Se ci si comporta male si verrà puniti. ¶それが当然の報いだ. Questo è ciò che si merita.

むくいぬ 尨犬 cane*®* dal pelo lungo e soffice

むくいる 報いる **1**《受けたことにこたえる》ricompensare, ripagare, ricambiare, restituire ¶《人》の恩に報いる restituire [ricambiare] un favore a *qlcu*. ¶報いられぬ愛 amore non corrisposto ¶善行は必ず報いられる. Le buone azioni vengono sempre ricompensate. ¶彼女の努力は十分に報いられた. I suoi sforzi sono stati ben ripagati.
2《仕返しする》vendicarsi《に di》¶暴力には暴

むくう 報う →報いる ¶報われない努力 sforzo non ripagato

むくげ 木槿 〚植〛 altea㊛

むくげ 尨毛 peli㊚〚複〛 lunghi e soffici

むくち 無口 ◇無口な taciturno, silenzioso, di poche parole ¶無口である essere taciturno [laconico] / parlare poco

むくどり 椋鳥 〚鳥〛 storno㊚, stornello㊚ (grigio [複 -gi])

むくむ 浮腫む gonfiarsi, tumefarsi, diventare ⓐ[es] gonfio ㊚複 -i] ◇むくみ gonfiore㊚, tumefazione㊛;《水腫》〚医〛idropisia㊛ ¶むくんだ顔で con il viso gonfio ¶彼は脚気で足がむくんでいた。Le sue gambe erano gonfie per il beriberi. ¶むくみが引いた。Il gonfiore è diminuito.

むくむく ¶入道雲がむくむくとわき起こった。Nuvoloni si sono alzati nel cielo. ¶むくむくと太った赤ちゃん bambino ben pasciuto ¶むくむくした毛並みの犬 cane peloso

むくれる rimanere㊚[es] male; adirarsi, arrabbiarsi

むくろ 軀・骸 《死体》corpo㊚, cadavere㊚;《遺体》salma㊛

-むけ -向け ¶輸出向けの陶器 ceramiche per l'esportazione / ceramiche destinate all'esportazione ¶少年向けの漫画 fumetti per ragazzi

むけい 無形 ◇無形の《形のない》senza forma, informe;《非物質的》immateriale;《実体のない》intangibile;《精神的》spirituale, morale
❖**無形資産**〚会〛attività㊛〚複〛intangibili
無形文化財 beni㊚〚複〛culturali immateriali

むげい 無芸 ◇無芸の privo di talento ¶多芸は無芸。〚諺〛La persona tuttofare non sa fare bene niente.
❖**無芸大食** ¶彼は無芸大食だ。L'unica cosa che sa fare è mangiare.

むけいかく 無計画 ◇無計画な non programmato [definito], lasciato al caso;《混乱した》caotico㊚複 -ci], confuso;《無謀な》avventato ◇無計画に senza fare piani, senza progetti [programma];《行き当たりばったりに》a caso, a casaccio; avventatamente ¶無計画な土地開発 sviluppo urbanistico non programmato ¶彼は無計画に金を使う。Spende e spande.

むけいこく 無警告 ◇無警告の improvviso, a sorpresa
❖**無警告スト** sciopero㊚ improvviso [selvaggio ㊚複 -gi]]
無警告爆撃 bombardamento㊚ a sorpresa

むけいさつ 無警察 ¶同国は目下無警察状態にある。Il paese è in uno stato di anarchia. / In questo paese regna l'anarchia.

むけつ 無血 ◇無血の senza spargimento di sangue, incruento
❖**無血革命** rivoluzione㊛ senza spargimento di sangue, rivoluzione㊛ pacifica [incruenta]
無血クーデター colpo㊚ di stato incruento

むけっきん 無欠勤 ¶1年間無欠勤だった。Ho lavorato per un anno senza mai fare assenze.

むげっけい 無月経〚医〛amenorrea㊛

むけっせき 無欠席 ¶彼は高校を無遅刻無欠席で通した。Durante il liceo non è mai stato assente o in ritardo.

むげに 無下に ¶彼の申し出をむげに断れない。Non posso rifiutare seccamente [nettamente] la sua offerta.

むける 向ける **1**《ある方向に向かせる》rivolgere, dirigere ¶敵に背を向ける voltare le spalle al nemico ¶彼は窓の方に顔[目]を向けた。Ha rivolto il viso [gli occhi] verso la finestra. ¶私は子供の教育にも目を向けなければならない。Devo anche badare all'istruzione dei ragazzi. ¶彼はくるりと背を向けて帰って行った。Si è girato sui tacchi se n'è andato. ¶私はカメラを向けられているのに気がつかなかった。Non mi ero reso conto che la macchina fotografica era puntata su di me. ¶飛行機は機首を東に向けた。L'aereo ha fatto rotta verso est. ¶心を研究に向けた。Si è dedicato allo studio.
2《目指す》dirigersi 《に verso, a》¶イタリアに向けて出発する partire per l'Italia / partire alla volta dell'Italia ¶…へ足を向ける volgere [dirigere] i propri passi verso ql.co. ¶私は北海道へと足を向けた。Ho puntato verso l'Hokkaido. ¶問題解決に向けて努力した。Mi sono impegnato per risolvere il problema.
3《行かせる》mandare [spedire] qlcu.《へ a, in》¶記者を事故現場に向けた。Ha mandato un cronista sul luogo dell'incidente.
4《当てる》destinare, assegnare, stanziare ¶政府は20億円を私学補助金に向けた。Il Governo ha stanziato 2 miliardi di yen come sovvenzione per le scuole private.

むける 剥ける 《皮膚》spellarsi;《木の皮などがはがれる》scortecciarsi;《果物・野菜などの皮が》sbucciarsi ¶海に行ったの。ずいぶん皮がむけたね。Sei stato al mare? Sei tutto spellato! ¶木の皮がむけた。La corteccia dell'albero si è staccata. ¶手の皮がむけた。Mi si sono spellate le mani.
〖慣用〗**ひと皮むける** ¶東京に出て来て1年したら彼女はひと皮むけたようになった。Dopo essere stata un anno a Tokyo, quella ragazza si è raffinata ed è diventata più bella.

むげん 無限 infinità㊛, infinito;《永久》eternità㊛ ◇無限の infinito, illimitato;《無尽蔵の》inesauribile;《永久の》eterno ◇無限に infinitamente, illimitatamente; inesauribilmente; eternamente ¶無限の空間 spazio infinito
❖**無限級数**〚数〛serie㊛ infinita
無限小 infinitesimo㊚ ◇無限小の infinitesimale
無限責任〚法〛responsabilità㊛ illimitata
無限大 infinità㊛ ◇無限大の infinito, infinitamente grande

むげん 夢幻 fantasia㊛ ◇夢幻的[の] fantastico㊚[複 -ci]; come in un sogno ¶夢幻の世界 mondo fantastico / terra dei sogni

むげんざいのやどり 無原罪の宿り〚カト〛immacolata concezione㊛

むこ 婿 **1**《娘の夫》genero㊚ ¶彼は友だちの息子を婿にもらった。Il figlio del suo amico è diventato suo genero. **2**《花婿》sposo㊚
❖**婿入り** ◇婿入りする essere adottato dalla fa-

miglia della moglie
婿取り 婿取りする《親が》adottare il genero; 《娘が》prendere marito
婿養子 uomo㊚ che con il matrimonio ha assunto il cognome della moglie
むごい 惨い・酷い **1**《悲惨な》orrendo, orribile, terrificante ¶むごい死に方をする morire in modo orribile ¶むごい光景 scena tremenda [terrificante] **2**《残酷な》crudele;《哀れみのない》spietato, atroce ¶むごい仕打ちを受ける subire un trattamento disumano [crudele] ¶むごい仕打ちをする trattare qlcu.「con crudeltà [crudelmente / spietatamente / atrocemente]
むこう 向こう **1**《あちら》◇向こうに laggiù; lassù; oltre, al di là di ql.co. ¶山の向こうに dall'altra parte [al di là] della montagna ¶向こうのあのビル quell'edificio laggiù ¶はるか向こうに molto lontano / a grande distanza / laggiù in lontananza ¶向こうで何が起こっているのだろう. Che cosa succede dall'altra parte? ¶ドアの向こうで小さな話し声がする. Al di là della [Dietro la] porta si sentono dei bisbigli. ¶郵便局は駅の向こうです. L'ufficio postale si trova dopo la stazione. ¶着替えるから向こうを向いていて. Girati mentre mi cambio. ¶向こうへ行け. Vai [Va'] via!
2《前方》◇向こうの di fronte, davanti ¶向こうからやって来るのは田中君らしい. L'uomo che viene verso di noi sembrerebbe Tanaka.
3《目的地》destinazione㊛ ¶向こうに着いたら君に電話する. Quando sarò arrivato a destinazione, ti telefonerò.
4《相対する方》lato㊚ opposto, l'altro lato㊚ ¶向こう岸 riva [sponda] opposta ¶川向こうに al di là del fiume ¶向こう三軒両隣 i vicini di casa ¶通りの向こうにポストがある. Sull'altro lato della strada c'è una buca per le lettere.
5《今後, それから先》d'ora in poi, nel prossimo futuro ¶向こう3か月間は忙しくなりそうだ. Nei prossimi tre mesi sarò occupato. ¶7月から向こうは東京にいます. Da luglio in poi sarò a Tokyo.
6《相手》 ¶強敵を向こうに回す lottare contro un nemico potente ¶世論を向こうに回す andare contro l'opinione pubblica ¶向こうが言い出したことだ. Sono stati loro a parlarne per primi. ¶向こうの意見も聞こう. Sentiamo anche che cosa ne pensa l'altra parte. ¶旅費は向こう持ちだ. Le spese di viaggio sono a loro carico.
[慣用]向こうを張る rivaleggiare㊅[av] [competere㊅ (▶複合時制を欠く)] ¶向こうを張る[av] in ql.co. con qlcu.; contendere ql.co. a qlcu. ¶スーパーの向こうを張ってあの店は肉の安売りをしている. Per fare concorrenza al supermercato, quel negozio vende la carne a prezzi bassi.
むこう 無効 《法》nullità㊛, invalidità㊛;《効力の否定》annullamento㊚, invalidazione㊛;《無効果》inefficacia㊛ ◇無効の《効力のない》nullo, non valido;《無効な》inefficace;《(期限切れの》scaduto ¶無効にする annullare [《法》invalidare] ql.co. ¶無効になる perdere la validità / scadere㊅[es]

¶この契約はもう無効だ. Questo contratto 「non è più valido [è già scaduto]. ¶この切符は無効です. Questo biglietto non è valido. ¶これらの票は無効である. Questi voti sono nulli. ¶無効投票 votazione㊛ invalidata;《無効票》voto㊚ nullo [non valido], scheda㊛ nulla
むこういき 向こう意気 ¶向こう意気の強い《大胆不敵な》intrepido / impavido / temerario /《果敢な》grintoso
むこうがい 無公害 ◇無公害の non inquinante ◆無公害車 automobile㊛ non inquinante
むこうがわ 向こう側 lato㊚ opposto; l'altro lato㊚ ¶通りの向こう側の店 negozio sul lato opposto della strada
むこうぎ 向こう気 →向こう意気
むこうぎし 向こう岸 riva㊛ [sponda㊛] opposta ¶川の向こう岸に[から] sull'altra [dall'altra] sponda del fiume
むこうずね 向う脛 cresta㊛ tibiale, stinco㊚ [複 -chi], tibia㊛
むこうみず 向こう見ず ◇向こう見ずな《軽率な》avventato, precipitoso;《無謀な》sconsiderato, non ponderato;《無鉄砲な》temerario㊚ [複 -i] ◇向こう見ずに avventatamente, precipitosamente; sconsideratamente; temerariamente, con temerarietà ¶向こう見ずな運転《不注意》guida imprudente
むこくせき 無国籍 apolide㊛ ◇無国籍の apolide, senza nazionalità ¶無国籍料理 cucina senza frontiere
◆無国籍者 apolide㊛㊛
むごたらしい 惨たらしい atroce, orribile ¶むごたらしい犯行 crimine atroce
むごん 無言 silenzio㊚ [複 -i] ◇無言の silenzioso, taciturno, zitto, muto;《暗黙の》tacito ¶無言の圧力を受ける subire una pressione silenziosa ¶2人の間には無言の了解があった. C'è stato un tacito accordo fra i due. ¶彼らは無言でにらみ合っていた. Si guardavano senza dire una parola. ¶無言の行をする esercitare la pratica ascetica del silenzio ¶《押し黙ってしまう》imporsi「di non aprire bocca [di non parlare / il silenzio]
◆無言劇 pantomima㊛
むざい 無罪 innocenza㊛, incolpevolezza㊛ ◇無罪の innocente, non colpevole, incolpevole ¶無罪判決 sentenza㊛ di assoluzione ¶自分の無罪を主張する dichiararsi innocente / sostenere la propria innocenza
◆無罪放免 assoluzione㊛ con formula piena ¶無罪放免になる essere dichiarato innocente ed assolto con formula piena
むさいしょく 無彩色 colore㊚ acromatico [複 -ci]
むさくい 無作為 ◇無作為の《何気ない》non intenzionale;《偶然の》a caso, casuale ◇無作為に senza intenzione, casualmente
◆無作為抽出《統》campionamento㊚ casuale ¶無作為抽出法 metodo di campionamento casuale
無作為標本《統》campione㊚ casuale
むさくるしい むさ苦しい ¶むさくるしいなりをしている indossare abiti sporchi [trasandati] ¶

むささび むさくるしい所へようこそおいでくださいました。Benvenuto in questa modesta casa!
むささび 鼯鼠《動》scoiattolo男 volante
むさべつ 無差別 ◇ 無差別の indiscriminato, imparziale ¶男女無差別に senza discriminazione di sesso ¶無差別に扱う trattare imparzialmente
✤ 無差別級《柔道の》classe女 senza limiti di peso
無差別爆撃 bombardamento男 indiscriminato
むさぼる 貪る《貪欲に求める》bramare ql.co., desiderare ql.co. fortemente [ardentemente];《…にふける》abbandonarsi a ql.co., concedersi a ql.co., immergersi in ql.co. ¶財を貪る essere assetato di ricchezza ¶貪り食う divorare ql.co. / mangiare ql.co. avidamente ¶その本を貪るように読んでいた。Era immerso nella lettura di quel libro. ¶彼は暴利を貪った。Ha guadagnato illegalmente.
むざむざ《造作なく》facilmente;《愚かにも》stupidamente ¶むざむざとひっかかる farsi ingannare facilmente ¶そうむざむざとあきらめることはできない。Non posso rinunciarci senza aver lottato.
むさん 無産 ◇ 無産の senza [privo di] proprietà, nullatenente
✤ **無産階級** proletariato男
むざん 無残・無惨《むごい》crudele, atroce, spietato;《悲惨な》orribile, orrendo;《悲劇的な》tragico [男複-ci], drammatico [男複-ci];《哀れな》miserabile ¶無残な光景 spettacolo orribile ¶無残な最期を遂げる spirare in modo tragico
むし 虫 1【小動物】《昆虫》insetto男;《ミミズ・毛虫・ウジなど》verme男;《毛虫, イモムシ》larva女, bruco [男複-chi], baco [男複-chi];《衣服などの》tarma女;《家具・本の》tarlo男;《寄生虫》parassita [男複-i] → 昆虫 用語集, 図版
¶虫の音(ﾈ) canto [verso] di insetti ¶鳴く虫 insetto canoro ¶虫に刺される essere punto da un insetto ¶虫の食った栗 castagna bacata [mangiata dai vermi] ¶虫を下す evacuare (i) vermi ¶おなかに虫がわく《人が主語》avere i vermi intestinali ¶ごみ箱に虫がわく。I vermi proliferano nelle immondizie. ¶ばらに虫がついた。La pianta di rose è infestata dagli insetti [dai parassiti]. ¶この本は虫に食われている。Questo libro è stato rovinato dai tarli. ¶虫の羽音も聞こえない。Non si sente volare una mosca.
2【1つのことに熱中する人】¶本の虫 divoratore男 [女-trice] di libri /《図書館通い》topo di biblioteca ¶芸の虫 persona che vive per l'arte ¶彼は勉強の虫だ。Dedica tutto il suo tempo [Pensa solo] agli studi.
3【体の中に潜む考え】sentimento男, umore男 ¶腹の虫がおさまらない。Non posso trattenere la collera.
4【「…虫」の形で】¶泣き虫 piagnucolone男 [女-a] ¶弱虫 codardo男 [女-a]
慣用 **虫がいい** essere egoista [男複-i] ¶それでは虫がよすぎる。Questo è pretendere troppo.
虫が知らせる avere un presentimento ¶虫が知らせたのか事故のあった電車にはその日はたまたま乗らなかった。Sarà stato un presentimento, ma nel giorno dell'incidente non sono salito su quel treno.
虫が好かない ¶どうもやつは虫が好かない。Non so perché, ma「mi è antipatico [non mi piace]. / Ma, a pelle, non mi piace.
虫がつく(1)《悪い仲間ができる》cominciare a frequentare cattive compagnie (2)《恋人ができる》¶娘に悪い虫がついた。C'è un moscone che ronza intorno a mia figlia.
虫の息 ¶虫の息である stare per morire
虫の居所(ﾄﾞ) ¶虫の居所が悪い essere di cattivo umore / essere maldisposto (verso gli altri)
虫の知らせ presentimento男 ¶虫の知らせで父の急病を知った。Presentivo la malattia improvvisa di mio padre.
虫も殺さない ¶虫も殺さぬ顔をしている。Ha la faccia di chi non può far del male nemmeno ad una mosca.
むし 無私 altruismo男 ◇ 無私の altruista [男複-i], disinteressato ¶公平無私の判定 giudizio imparziale e disinteressato
むし 無視 ◇ 無視する ignorare ql.co. [qlcu.], non curarsi di ql.co. [qlcu.];《考慮しない》non tener conto di ql.co. [qlcu.];《規則を無視する》trascurare [non osservare] le regole ¶他人の意思をまったく無視して ignorando totalmente le idee altrui ¶信号を無視する non rispettare il semaforo ¶クラス中の女子が私を無視する。Tutte le mie compagne di classe「mi ignorano [fanno finta che io non esista].
むじ 無地 tinta女 unita ¶無地の布 tessuto a tinta unita
むしあつい 蒸し暑い caldo umido [afoso / soffocante] ¶日本の夏は蒸し暑い。L'estate giapponese è afosa.
むしかえす 蒸し返す 1《もう一度蒸す》riscaldare di nuovo ql.co. col [a] vapore 2《再び問題にする》¶問題を蒸し返す ritirare fuori un problema già accantonato ¶古いことを蒸し返す riaprire una vecchia vicenda
むしかく 無資格 ◇ 無資格の《無免許の》non autorizzato;《登録されていない》non iscritto all'albo;《免状のない》non qualificato ¶無資格の看護師 infermiera non diplomata [non iscritta all'albo professionale]
✤ **無資格者** persona女 non qualificata [senza qualifica]
無資格診療 ¶無資格診療を行う esercitare la professione di medico abusivamente
むじかく 無自覚 incoscienza女 ◇ 無自覚な ignaro [incosciente]《に di》;《無責任》irresponsabile
むしかご 虫籠 gabbia女 per insetti
むしがし 蒸し菓子 dolce男 al vapore
むしき 蒸し器 pentola女 a vapore
むしくい 虫食い《木や繊維の》tarlatura女 ¶虫食いだらけのきゅうり cetriolo bacato [mangiato dai vermi] ¶虫食いのセーター maglione tutto「tarlato [mangiato dalle tarme]
むしくだし 虫下し vermifugo [男複-ghi], antielmintico男 [複-ci]

むしけ 虫気 ¶虫気がある《幼児などが》essere irritabile [stizzoso / nervoso]

むしけら 虫螻 ¶虫けら同然の男 verme[男] / puṣillanime[男]

むしけん 無試験 ¶無試験入学する essere ammesso a una scuola senza sostenere l'eṣame

むじこ 無事故 ◇無事故で[の] senza incidenti; 《問題がない》senza problemi ¶私は15年間無事故無違反運転です. Guido da quindici anni senza incidenti e senza infrazioni.

むしさされ 虫刺され puntura[女] d'insetto

むしず 虫唾 bruciore[男] di stomaco

[慣用] **虫ずが走る**《人が主語》essere diṣgustato da *qlcu.* [*ql.co.*] ¶やつには虫ずが走る. Provo una viva ripugnanza per lui. ¶あいつの声を聞くと虫ずが走る. A sentire la sua voce mi sento male.

むしタオル 蒸しタオル asciugamano[男] umidificato

むじつ 無実 **1** innocenza[女] ◇無実の《潔白な》innocente, non colpevole ¶無実の罪 accuṣa infondata ¶無実の罪を着せられる essere accuṣato ingiustamente ¶無実を訴える《自分の》protestare la *propria* innocenza ¶無実を申し立てる dichiararsi innocente ¶無実を証明する provare l'innocenza《の di》

2《実質がないこと》◇無実な privo di sostanza, vuoto ¶規則と言っても有名無実だ Sarà anche una regola, ma è una regola vuota.

むじな 貉・狢 〔動〕《アナグマ》tasso[男]; 《タヌキ》procione[男] ¶彼らは同じ穴のむじなだ. È tutta gente della stessa riṣma.

むしば 虫歯 dente[男] cariato; 《虫歯の状態》〔医〕carie[女] [無変] dentale [dentaria] ¶虫歯が痛む《人が主語》avere mal di denti ¶虫歯になる《人が主語で》avere un dente cariato / 《歯が主語で》cariarsi ¶虫歯を処置する curare un dente cariato

むしばむ 蝕む **1**《虫が食う》rodere *ql.co.*

2《健康などを》minare [logorare] *ql.co.*; 《精神などを》influire[自] [*av*] negativamente su *ql.co.* ¶彼の健康は過労によってむしばまれた. La sua salute è stata rovinata dal troppo lavoro.

むじひ 無慈悲 ◇無慈悲な crudele, spietato, senza cuore

むしピン 虫ピン spillo[男] ¶虫ピンでとめる spillare *ql.co.* / fissare *ql.co.* con uno spillo

むしぶろ 蒸し風呂 《トルコ風呂》bagno[男] turco [複 *-chi*]; 《サウナ》sauna[女]

むしぼし 虫干し ¶衣類を虫干しする esporre [stendere] gli indumenti all'aria aperta [《日光に当てる》al sole]

むしまんるい 無死満塁 ¶無死満塁になる《野球で，チームが主語で》occupare tutte le baṣi senza nessun giocatore eliminato

むしむし ◇むしむしする essere afoso [caldo umido]

むしめがね 虫眼鏡 lente[女] d'ingrandimento

むしゃ 武者 guerriero[男] [*samurai*[男] [無変]] armato ¶若武者 giovane *samurai* [guerriero]

✤**武者絵** dipinto[男] di guerriero armato

武者修行 ¶音楽の武者修行に出ている viaggiare e studiare la muṣica

武者震い ¶武者震いをした. Ero elettriẓẓato all'avvicinarsi del momento deciṣivo.

むしやき 蒸し焼き cottura[女] a vapore ¶10分間蒸し焼きにする《蒸気で》cuocere *ql.co.* a vapore per 10 minuti / 《密閉状態で》arrostire *ql.co.* in una padella coperta senza aggiungere acqua per 10 minuti ¶鶏肉を蒸し焼きにする cuocere il pollo a pentola coperta

むじゃき 無邪気 innocenza[女], ingenuità[女]; 《悪意がないこと》mancanza[女] di malizia ◇無邪気な innocente, ingenuo, candido; 《単純な》semplice ◇無邪気に innocentemente, ingenuamente ¶無邪気な笑い sorriso innocente ¶私は無邪気にも彼を信じた. Ingenuamente gli ho creduto.

むしゃくしゃ ◇むしゃくしゃする essere di cattivo umore, essere irritato [nervoso]

むしゃぶりつく 《つかみかかる》afferrare *qlcu.* saldamente; 《抱きつく》aggrapparsi a *qlcu.*

むしゃむしゃ ¶パンをむしゃむしゃ食べた. Ha divorato il pane.

むしゅう 無臭 ◇無臭の inodore, senza odore, privo di odore

むしゅうきょう 無宗教 agnosticiṣmo[男] religioso ◇無宗教の non religioso ¶私は無宗教です. Non sono religioso. ¶無宗教で結婚する fare un matrimonio civile [senza rito religioso] (◆市役所で宗教色のない式を行う)

むしゅうにゅう 無収入 ¶私はまったく無収入だ. Non ho alcun reddito.

むじゅうりょく 無重力 〔物〕assenza[女] di gravità

✤**無重力状態** condizione[女] di assenza di gravità, stato[男] di gravità ẓero

むしゅみ 無趣味 ◇無趣味な《趣味を持たない》senza hobby; 《無風流な》privo di interessi ¶無趣味な人 persona che non ha hobby [interessi] / 《おもしろみのない》persona proṣaica [banale]

むじゅん 矛盾 contraddizione[女] ◇矛盾する《食い違う》essere in contraddizione《と con》, essere antitetico [男複 *-ci*]《と a》, essere contrastante《と a》; 《一貫性がない》essere inconsistente [incoerente]; 《両立しない》essere incompatibile; 《対立する》essere in conflitto《と con》, essere opposto《と a》 ¶矛盾したことを言う dire delle cose contraddittorie / contraddirsi ¶彼の言うことは矛盾だらけだ. Quello che dice è pieno di contraddizioni.

むしょう 無償 **1**《無報酬》◇無償の gratuito, non remunerato; 《ボランティアの》volontario [男複 *-i*], gratuito ◇無償で gratuitamente ¶社会のための無償の奉仕 volontariato [servizio volontario] a favore della società ¶無償の愛 amore diṣinteressato

2《無料》◇無償の gratis [無変], gratuito, libero, a titolo gratuito ¶小学校の教科書は児童に無償で配布される. I testi delle scuole elementari sono distribuiti gratuitamente agli scolari.

✤**無償貸し付け** prestito[男] senza interessi

無償行為 atto[男] gratuito

無償交付 distribuzione[女] gratuita

むじょう 無上 ◇無上の [定冠詞]+migliore, supremo ¶無上の栄誉 il massimo della fama

¶無上の喜び gioia ineguagliabile

むじょう 無常 mutevolezza⒡, fugacità⒡ ◊無常の《変わりやすい》mutevole, variabile;《はかない》evanescente, etereo, fugace;《定めない》incerto, insicuro ¶世の無常を悟る essere cosciente della vanità di questo mondo ¶この世はすべて無常である. A questo mondo niente è per sempre.

❖無常観 senso⒨ di fugacità della vita

むじょう 無情 1《思いやりがないこと》◊無情の《不人情な》disumano, senza cuore, insensibile, freddo;《残酷な》crudele ¶無情の雨 pioggia implacabile 2《心がないこと》◊無情の inanimato ¶無情の木石 oggetti inanimati

むじょうけん 無条件 ◊無条件の senza condizioni, incondizionato, assoluto ¶無条件で条約に調印する firmare il trattato senza porre condizioni ¶無条件で承諾する accettare incondizionatamente ¶無条件で賛成する. Sono completamente d'accordo.

❖無条件降伏 resa⒡ incondizionata
無条件反射〖生〗riflesso⒨ incondizionato

むしょうに 無性に《過度に》eccessivamente, intensamente, a dismisura;《耐えがたいほどに》insopportabilmente ¶無性に…したい essere impaziente di + 不定詞 / morire dalla voglia di + 不定詞 ¶無性に腹が立つ Non riesco a trattenere l'ira. ¶無性に家が恋しい. Ho una grande nostalgia di casa. ¶無性に眠たい. Muoio dal sonno. / Ho un sonno da morire.

むしょく 無色 1《色がないこと》◊無色の privo di colore, incolore;《染めていない》non tinto ¶無色透明の液体 liquido incolore 2《中立であること》◊無色の neutrale ¶政治的に無色の立場をとる prendere una posizione neutrale

むしょく 無職 ◊無職の senza occupazione;《失業した》disoccupato, senza lavoro

❖無職者《定職がない》persona⒡ che non ha una regolare occupazione;《失業者》disoccupato⒨ ⒡ -a]

むしよけ 虫除け《衣類の》antitarmico⒨ [複 -ci],《スプレータイプの》spray⒨ [無変] antizanzare; antizanzare [無変]; repellente per insetti

むしょぞく 無所属 ◊無所属の indipendente, non affiliato《に a》¶無所属の候補者 candidato indipendente [senza l'appoggio di alcun partito]

むしりとる 毟り取る ¶庶民からむしり取った税金をむだ使いしている. Sperperano i soldi delle tasse che hanno spremuto alla gente.

むしる 毟る《はがす, 引っこ抜く》strappare;《鳥の羽根を》spennare;《衣服などをはぐ》cavare ¶鶏の毛をむしる spennare un pollo ¶草をむしる togliere [estirpare] le erbacce

むしろ 筵・蓆 stuoia⒡ di paglia

むしろ 寧ろ piuttosto, anziché ¶この絵は写実的というよりむしろ印象派的だ. Questo è un quadro impressionista più che realista. ¶こんなに苦しむくらいならむしろ死んだほうがましです. Preferisco morire piuttosto che soffrire così. ¶慰めて

もらうよりむしろ一人にしてもらいたい. Vorrei che, invece di consolarmi, mi lasciassi solo.

むしん 無心 1《夢中になって》¶少女は無心に絵を描いていた. La bambina era tutta assorta a disegnare. 2《ねだること》◊無心する richiedere [chiedere] ql.co. a qlcu. ¶金を無心する chiedere soldi

むじん 無人 ◊無人の disabitato, deserto ¶無人の街路 strada deserta

❖無人宇宙船 navicella⒡ spaziale senza「uomini a bordo [equipaggio]

無人衛星 satellite⒨ senza equipaggio
無人駅 stazione⒡ senza personale
無人スタンド〚英〛self-service⒨ [無変]
無人地帯 terra⒡ di nessuno
無人島 isola⒡ disabitata
無人踏み切り passaggio⒨ [複 -gi] a livello incustodito

むじん 無尽 1《庶民金融》associazione⒡ di mutuo finanziamento 2《尽きないこと》inesauribilità⒡

むしんけい 無神経 ◊無神経な《鈍感な》indelicato, insensibile;《冷淡な》senza cuore, freddo;《厚かましい》sfacciato, sfrontato ¶彼は無神経な男だ. Non ha delicatezza. ¶彼の無神経さに腹が立ってきた. La sua mancanza di sensibilità comincia ad irritarmi.

むじんぞう 無尽蔵 ¶彼らには資金は無尽蔵にある. Le loro risorse finanziarie sono illimitate [inesauribili].

むしんろん 無神論 ateismo⒨ ◊無神論的な ateistico [複 -ci], ateo

❖無神論者 ateo⒨ [⒡ -ea];《不信心者》non credente⒨⒡

むす 蒸す 1《ふかす》cuocere ql.co. a vapore 2《蒸し暑い》¶今夜はひどく蒸す. Stanotte è molto afoso.

むすい 無水〖化〗◊無水の anidro

❖無水アルコール alcol⒨ assoluto

むすう 無数 ◊無数の innumerevole, incalcolabile, infinito, numerosissimo ◊無数に innumerevolmente, incalcolabilmente, infinitamente

むずかしい 難しい

1《理解が困難な》difficile (da capire [a capirsi]);《込み入った》complicato;《晦渋な》astruso ¶難しい文 frase difficile [oscura] / frase non decifrabile ¶この本は僕には難しい. Questo libro è difficile per me.

2《実現が難しい》difficile (da fare);《問題・事が困難な》arduo;《骨の折れる》faticoso ¶彼女の決意を受け入れるのは難しかった. Non è stato facile [È stato difficile] accettare la sua decisione. ¶優勝は難しい. Vincere il campionato「non sarà facile [sarà un'impresa]. ¶回復は難しい. La guarigione è incerta.

3《扱いにくい》difficile da trattare;《デリケートな》delicato;《やっかいな》scabroso;《複雑な》complesso, complicato ¶難しい状況 situazione difficile [critica] ¶難しい年ごろの少年 ragazzo in età delicata ¶難しい手続き procedure complicate [complesse] ¶そんなに難しく考えることはない. Non devi prenderla così seriamen-

te. / Non è necessario farla così complicata.
4《気難しい》difficile;《機嫌が悪い》di cattivo umore;《すねた》imbronciato;《付き合いにくい》scontroso;《厳しい》rigido, severo ¶難しい顔をして con aria imbronciata ¶父はとても難しい人だった. Mio padre era un uomo dal carattere difficile. ¶彼は食べ物に難しい. È difficile nel mangiare.

むずがゆい むず痒い 《かゆい場所が主語となって》prudere⓲ (►複合時制を欠く), pizzicare⓲ [av] ¶背中がむずがゆい. Mi prude [pizzica] la schiena.

むずかる essere irritato;《機嫌が悪い》essere di cattivo umore;《だだをこねる》fare capricci

むすこ 息子 figlio⓳ [複 -gli] →家系図 ¶どら息子 figlio dissoluto ¶息子は6歳です. Mio figlio ha sei anni. ¶あの老人は息子夫婦と暮らしている. Quel signore anziano vive insieme con il figlio e la moglie di lui.

むすっ ¶彼はむすっと黙り込んだままだった. Con aria insoddisfatta rimase zitto tutto il tempo.

むずと con forza;《乱暴に》violentemente ¶彼はむずと私の腕をつかんだ. Mi ha afferrato il braccio con violenza.

むすばれる 結ばれる ¶ついに2人は結ばれた. 《結婚》I due si sono finalmente sposati. /《肉体関係》Alla fine i due si sono concessi l'uno all'altra.

むすび 結び **1**《結ぶこと》¶蝶結び fiocco⓳ [複 -chi] **2**《結末》fine⓴; epilogo⓳ [複 -ghi];《結論》conclusione⓴ ¶結びの言葉《手紙の》frasi conclusive ¶結びの一番《相撲で》l'ultimo incontro della giornata ¶結びとしてエピソードをひとつお話したい. Per concludere, vorrei raccontarvi un episodio. **3** →握り飯 **4**《数》unione⓴

むすびつき 結び付き《関係》relazione⓴, rapporto⓳ ¶日本女性とアジア諸国の強い結び付き stretti rapporti tra il Giappone e i vari paesi dell'Asia

むすびつく 結び付く essere legato《と con, a》;《主語が複数で》collegarsi, unirsi, giungersi;《状態》essere collegato《unito / congiunto》《と con》;《対応する》corrispondere⓲ [av]《と a》¶日ごろの努力が成功に結びつく. L'impegno quotidiano dà sicuramente i suoi frutti.

むすびつける 結び付ける **1**《結わえる》legare saldamente;《固定する》fissare ¶鍵をひもでベルトに結び付けた. Ho annodato la chiave alla cintura con dello spago. ¶枝におみくじがたくさん結び付けられていた. C'erano molti bigliettini sacri *omikuji* appesi ai rami. **2**《関係をつける》¶両国の関係を密接に結びつけるのに苦労した. Hanno faticato molto ad avvicinare i due paesi. ¶ヴェルディ好きがこの2人を結びつけた. L'amore per la musica di Verdi ha unito questa coppia.

むすびのかみ 結びの神 divinità⓴ che favorisce la nascita della coppie; Cupido⓳

むすびめ 結び目 nodo⓳ ¶結び目をほどく[きつくする / 緩くする] sciogliere [stringere / allentare] un nodo

むすぶ 結ぶ **1**《結わえる》legare, allacciare;《結び目を作る》annodare ¶箱をひもで結んで縛る legare una scatola con dello spago ¶帯を結ぶ fasciarsi la vita con l'*obi* ¶くつひもを結ぶ annodare i lacci delle scarpe / allacciarsi le scarpe ¶ネクタイを結ぶ farsi il nodo della [fare il nodo alla] cravatta **2**《2点をつなぐ》unire, collegare, congiungere ¶2点を結ぶ線 linea che unisce due punti ¶このバス路線は2つの都市を結んでいる. Questa linea di autobus collega le due città.
3《関係を持つ》¶手を結ぶ《連合する》allearsi con *qlcu.* / unirsi [legarsi]《a *qlcu.*》¶縁を結ぶ stabilire una relazione《と con》/《結婚》sposare *qlcu.* ¶友情を結ぶ fare amicizia con *qlcu.* ¶彼らは愛情によって結ばれている. Sono uniti dall'amore. ¶2人は共通の利害関係によって結ばれている. I due sono legati da comuni interessi.
4《取り決める》¶契約を結ぶ concludere [firmare] un contratto ¶同盟を結ぶ concludere un'alleanza / allearsi《と con》
5《かたく閉じる》¶彼は唇をきっと結んでいた. Le sue labbra erano chiuse e sigillate.
6《終わりとする》¶彼は感謝の言葉をもって演説を結んだ. Ha concluso il suo discorso con alcune parole di ringraziamento.
7《結果などを生じる》¶実を結ぶ dare frutti → 実 慣用 ¶夢を結ぶ addormentarsi ¶草に露が結んでいた. C'era la rugiada sull'erba.

むずむず **1**《かゆい》◇むずむずする《かゆいところが主語》prudere⓲ (►複合時制を欠く);《人が主語》sentire prurito《が a》¶鼻がむずむずする. Mi prude il naso. **2**《待ち遠しい》¶あの映画を早く見たくてむずむずしている. Sono impaziente [Non vedo l'ora] di vedere quel film. ¶話したくて[なぐりたくて手が]むずむずする. Mi «prude la lingua [prudono le mani]».

むすめ 娘 **1**《息女》figlia⓴ →家系図 ¶ひとり娘 figlia unica ¶末娘 ultima figlia ¶上3人が娘で一番下が息子です. Le prime tre sono femmine, l'ultimo è un maschio. ¶去年彼は娘を結婚させた. L'anno scorso ha fatto sposare sua figlia.
2《若い女性》ragazza⓴;《少女》fanciulla⓴, adolescente⓴;《幼女》bambina⓴ ◇娘らしい di fanciulla, di ragazza; verginale ¶箱入り娘 ragazza cresciuta nella bambagia ¶おてんば娘 ragazza vivacissima / monella / briccona
慣用 娘一人に婿八人 essere molto richiesto
✤娘心 sentimento⓳ [sensibilità⓴] di fanciulla, cuore⓳ di ragazza

娘盛り essere nel fiore della gioventù

娘時代 periodo⓳ dell'adolescenza di una ragazza

むせい 無声《音声》◇無声の muto, sordo
✤無声映画 cinema⓳ [無変] [《作品》film⓳ [無変]] muto

無声音〖音声〗suono⓳ sordo;《consonante》sorda ¶発音するときに声帯の振動を伴わない音. p, t, k, s など》

むせい 無性《生》◇無性の asessuale, asessuato;《無配偶子の》agamico⓳ [複 -ci]

✤**無性生殖** 〘生〙 riproduzione[女] asessuata [asessuale], agamia[女];《植物の》blastogenesi[女] [無変]

無性世代 《植物の》generazione[女] asessuata

むせい 夢精 polluzione[女] notturna

むぜい 無税 ◇無税の esentasse [無変];《関税》esente da dogana ◇無税で in regime di esenzione fiscale

✤**無税品** merce[女] esentasse

むせいげん 無制限 ◇無制限の illimitato; senza restrizioni ◇無制限に senza limitazioni

むせいふしゅぎ 無政府主義 anarchismo[男]

✤**無政府主義者** anarchi*co*[男] [[女] *-ca*; [男]複 *-ci*]

むせいふじょうたい 無政府状態 anarchia[女], situazione[女] anarchica ◇無政府状態の anarchico ¶無政府状態にある essere in piena anarchia

むせいぶつ 無生物 oggetto[男] inanimato

✤**無生物界** mondo[男] inanimato

むせいらん 無精卵 uovo[男] [複 le *uova*] non fecondato

むせかえる 噎せ返る **1**《ひどくむせる》sentirsi soffocare ¶むせ返るような人込み folla soffocante **2**《息を詰まらせて激しく泣く》piangere[自] [*av*] convulsamente, singhiozzare[自] [*av*]

むせきついどうぶつ 無脊椎動物 invertebrato[男];《総称》invertebrati[男] [複] ⇒動物 [用語集]

むせきにん 無責任 irresponsabilità[女] ◇無責任な irresponsabile ◇無責任に irresponsabilmente ¶無責任なことを言う parlare irresponsabilmente ¶彼は無責任である. Gli manca il senso di responsabilità.

むせっそう 無節操 《無原則》incostanza[女] ◇無節操な《無原則な》senza principi;《移り気な》incostante ¶無節操な人《日和見主義者》opportunist*a*[男][女] [[男]複 *-i*]

むせぶ 噎ぶ **1** ⇒噎(む)せる **2**《むせび泣く》singhiozzare[自] [*av*], piangere[自] [*av*] a singhiozzi ¶涙にむせぶ少女 ragazza singhiozzante

むせる 噎せる ¶彼はブランデーでむせた. Ha tossito perché il brandy gli è andato di traverso. ¶室内はタバコの煙でむせるようだった. La stanza era così piena di fumo che si soffocava.

むせん 無線 radio[女]; radioelettricità[女] ◇無線の radioelettri*co* [[男]複 *-ci*]; senza filo [fili] ¶無線で通信する comunicare via radio ¶船舶無線 radio a bordo di una nave

✤**無線愛好家** radioama*tore*[男] [[女] *-trice*]

無線技師 radiotelegrafist*a*[男][女] [[男]複 *-i*]

無線局 stazione[女] radio [無変]

無線工学 radiotecnica[女]

無線航行[**航法**] radionavigazione[女], navigazione[女] radioassistita

無線士《飛行機・船舶の》marconist*a*[男][女] [[男]複 *-i*]

無線周波数 radiofrequenza[女]

無線制御 radiocomando[男]

無線タクシー radiotaxi[男] [無変]

無線通信 comunicazione[女] radio [無変] [telegrafica], radiocomunicazione[女]

無線電報 radiotelegramm*a*[男] [複 *-i*]

無線標識 radiofaro[男]

無線方位[**測位**] 〘船・空〙 radiorilevamento[男]

無線放送 radiodiffusione[女]; radiofonia[女]; trasmissione[女] radiofonica

無線LAN 〘コンピュータ〙 LAN[女] senza fili; rete[女] locale senza fili; LAN[女] wireless

むせんいんしょく 無銭飲食 ◇無銭飲食する mangiare al ristorante senza pagare il conto

むせんそうじゅう 無線操縦 radiocomando[男] ◇無線操縦する radiocomandare *ql.co.*

✤**無線操縦機** aereo[男] radiocomandato

むせんでんしん 無線電信 radiotelegrafia[女] ◇無線電信で via radiotelegrafo ¶無線電信を東京に発する radiotelegrafare *ql.co.* a Tokyo

✤**無線電信機** radiotelegrafo[男]

無線電信技師 radiotelegrafist*a*[男][女] [[男]複 *-i*]

むせんでんわ 無線電話 radiotelefonia[女];《電話機》radiotelefono[男]

むせんまい 無洗米 riso[男] che non necessita di essere lavato prima della cottura

むせんりょこう 無銭旅行 viaggio[男] senza soldi ¶無銭旅行をする viaggiare senza soldi [denaro] /《ヒッチハイク》fare l'autostop

むそう 無双 **1**《無比》◇無双の incomparabile; impareggiabile, senza pari ¶大力無双の男 uomo incomparabilmente forte **2**《羽織などの》◇無双の foderato della stessa stoffa

むそう 夢想 sogno[男] (ad occhi aperti), fantasticheria[女] ◇夢想する sognarsi; sognare[他], [自] [*av*]「che＋[直説法] [(di) *ql.co.*], fantasticare[自] [*av*] su *ql.co.* ¶夢想にふける lasciarsi andare alle fantasticherie ¶そんなことは夢想だにしなかった. Non mi sarei mai sognato una cosa simile.

✤**夢想家** sogna*tore*[男] [[女] *-trice*], visionar*io*[男] [[女] *-ia*; [男]複 *-i*], utopist*a*[男][女] [[男]複 *-i*]

むぞうさ 無造作・無雑作 ◇無造作に《たやすく》facilmente, agevolmente;《簡単に》semplicemente, senza fronzoli, alla buona;《何気なく》con disinvoltura ¶無造作にやってのける fare *ql.co.* senza dover sforzarsi ¶無造作な返事をする rispondere a *qlcu.* come capita ¶無造作に髪を結う acconciarsi i capelli in modo semplice

むだ 無駄 **1**《益がないこと》◇むだな inutile; vano ¶彼に手紙を書いてもむだだ. Scrivergli non「serve [ha senso]. ¶おやじは頑固だから話し合ってもむだだ. Mio padre è testardo, perciò è inutile parlarci. ¶むだと知りながら話し合いを続けた. Pur comprendendo che non portava a niente, abbiamo continuato la discussione. ¶やってみたがむだだった. Ho tentato, ma inutilmente [invano].

2《浪費》sperpero[男], spre*co*[男] [複 *-chi*] ¶金をむだにする gettare al vento [sperperare] il denaro ¶むだを省く ridurre il superfluo ¶そんなことは時間のむだだ. Quella cosa è una perdita di tempo. ¶彼の話にはむだがない. Non spreca mai il fiato. / Parla sempre a proposito. ¶彼はすることすべてにむだがない. In quello che fa lui non c'è nulla di inutile.

むだあし 無駄足 ¶むだ足を踏む andare [muoversi] per niente ¶行ってみたがむだ足だった. Ci sono andato ma è stato un viaggio inutile.

むだい 無題 《絵などの題》"Senza titolo"

むたいざいさん 無体財産 〘法〙 beni[男] [複] intangibili, patrimon*io*[男] [複 *-i*] intangibile

む

むたいぶつ 無体物 cose㊛[複] intangibili
むだぐち 無駄口 discorso㊚ ozioso ¶むだ口はやめろ. Smettila di parlare per niente.
むだげ 無駄毛 ¶むだ毛を剃る depilarsi / radersi i peli
むだじに 無駄死に ¶彼の死はむだ死にだった. La sua morte è stata inutile. / La sua morte non è servita a niente.
むだづかい 無駄遣い ¶3万円もむだ遣いをしてしまった. Ho sprecato [Ho gettato al vento] ben trentamila yen.
むだばな 無駄花 fiore㊚ abortivo
むだばなし 無駄話 ciarla㊛, chiacchiera㊛, pettegolezzo㊚ ¶むだ話をする parlare del più e del meno [di cose futili]
むだぼね 無駄骨 fatica㊛ sprecata, lavoro㊚ inutile ¶むだ骨を折る fare inutili sforzi / affaticarsi invano [sprecare tempo e fatica / fare un buco nell'acqua ¶むだ骨だった. Tutti gli sforzi sono risultati inutili [vani]. / Tutti gli sforzi non sono serviti a nulla.
むだめし 無駄飯 ¶むだ飯を食う vivere nell'ozio ¶彼はむだ飯食いだ. Non sa fare altro che mangiare. / È un buono a nulla.
むだん 無段 《武道などで》¶彼は柔道を習っているが無段である. Fa judo, ma non ha ancora ottenuto la cintura nera.
むだん 無断 ◇無断で《予告せずに》senza preavviso [avviso]; 《許可なしに》senza autorizzazione [permesso] ¶家の人に無断で外泊した. Ho dormito fuori casa senza avvisare i miei. ¶無断で君の傘を借りていた. Ho preso il tuo ombrello senza chiedertelo. ¶「無断転載禁止」《表示》 "Tutti i diritti riservati"
✜**無断外出** uscita㊛ non autorizzata
無断欠勤 assenza㊛ senza preavviso [《許可のない》non autorizzata]
無断立入禁止 《掲示》 "Ingresso vietato"
むだんへんそくき 無段変速機《機》meccanismo㊚ di trasmissione diretta
むたんぽ 無担保 ¶無担保で金を貸す prestare del denaro senza garanzie reali
✜**無担保貸付** prestito㊚ non garantito
無担保社債 obbligazioni㊛[複] private non garantite
むち 無知 《愚かさ》ignoranza㊛ ◇無知な ignorante, incolto ¶彼は政治に関してはまったく無知だ. Non sa nulla di politica.
✜**無知蒙昧**《ᵇ冖》ignoranza㊛ assoluta ¶無知蒙昧な人 ignorante㊚㊛ / selvaggio㊚[-gia;㊛複 -i;㊚複 -ge]
むち 無恥 ◇無恥な sfacciato, svergognato, senza vergogna ¶厚顔無恥の男 uomo dalla faccia 「di bronzo [tosta]
むち 鞭・笞 frusta㊛, sferza㊛; 《革などの》 scudiscio㊚[-sci] (di cuoio); 《棒状》bacchetta㊛, bastone㊚ ¶馬にむちをあてて走らせる incitare un cavallo con la frusta ¶むち打ちの刑を受ける essere condannato alla fustigazione ¶むちをひゅっと鳴らす far sibilare una frusta ¶後年になって父の愛の鞭に感謝した. Più avanti negli anni è stato riconoscente al padre per la sua amorosa severità.

むちうちしょう 鞭打ち症 colpo㊚ di frusta
むちうつ 鞭打つ 1《むちで打つ》frustare qlcu. [ql.co.]., sferzare qlcu. [ql.co.] ¶馬を鞭打つ frustare un cavallo 2《励ます》incitare qlcu. a + 不定詞 ¶老体に鞭打って働いている. Fa lavorare duramente il suo vecchio corpo.
むちつじょ 無秩序 disordine㊚, confusione㊛ ◇無秩序な disordinato, in disordine, sregolato ¶無秩序な都市開発 sviluppo urbanistico sregolato
むちゃ 無茶 ◇無茶な《筋の通らない》assurdo, insensato, irragionevole; 《度を越した》stravagante, eccessivo, esagerato ¶無茶だ. È assurdo [pazzesco]! ¶君は無茶を言っている. Stai dicendo delle sciocchezze. / Ma sei matto?! ¶無茶な飲み方をする bere senza moderazione ¶無茶をする《無鉄砲》agire precipitosamente [avventatamente]
むちゃくちゃ 無茶苦茶 ¶それは無茶苦茶に安い. È incredibilmente economico.
むちゃくりくひこう 無着陸飛行 volo㊚ non-stop [無変][senza scalo]
むちゅう 夢中 entusiasmo㊚, 《忘我》estasi㊛ ◇夢中で《熱中して》con grande attenzione [trasporto] ◇夢中の estasiato, rapito, assorto《じ in》; 《無意識に》inavvertitamente; 《思慮を失って》negligentemente [-gli-], senza cura; 《かっとなって》a sangue caldo ◇夢中での《完全に》 essere (completamente) assorto「a + 不定詞 [in ql.co.] ¶夢中になる essere [restare] estasiato da ql.co. / perdere la testa per [ql.co.] / appassionarsi di ql.co. [qlcu.] / andare pazzo per ql.co. [qlcu.] ¶彼は恵子に夢中になっている. È innamorato pazzo di Keiko. / Ha perso la testa per Keiko. ¶2人ともカメラの話に夢中だ. Sono tutti e due infervorati a discutere di macchine fotografiche. ¶仕事の計画が夢中にした. Il progetto del lavoro ha lo appassionato. ¶私は夢中で火を消そうとした. Ho cercato freneticamente di spegnere il fuoco. ¶私は夢中で逃げた. Sono fuggito come un disperato.
むちゅうしんごう 霧中信号 segnali㊚[複] da nebbia
むちょう 無調 《音》 ◇無調の atonale
✜**無調音楽** musica㊛ atonale
無調性 atonalità㊛
むちんじょうしゃ 無賃乗車 ¶無賃乗車をする viaggiare「senza pagare il biglietto [privo di biglietto / a scrocco] ¶無賃乗車の客 viaggiatore㊚[-trice㊛] a sbafo
むつう 無痛 ◇無痛の indolore
✜**無痛分娩**《医》parto㊚ indolore; 《麻酔を用いた》parto㊚ in condizioni di anestesia parziale
むっく ¶むっくと起き上がる alzarsi「di scatto [all'improvviso] / balzare in piedi
むっくり ¶むっくりセントバーナード犬はむっくりと起き上がった. Il (cane) sanbernardo si è alzato lentamente. ¶むっくりと太っている. È molto grosso.
むつごと 睦言 《男女間の》conversazione㊛ dolce tra innamorati ¶睦言をかわす scambiarsi parole d'amore
むっちり ◇むっちりとした paffuto, grassottello,

rotondetto
むっつ　六つ　sei[男]; 《6歳》 sei anni[男][複]　¶六つの子 bambino di sei anni
むっつり　◇むっつりした《機嫌の悪い》 imbronciato, immuṣonito, seccato; 《陰気な》 cupo, chiuso; 《無口な》 taciturno, silenzioso, muto ¶むっつりした男 uomo taciturno ¶むっつりと黙りこくる starsene zitto ¶彼はいつもあんなふうにむっつりしている. È sempre di malumore a quella maniera.
むっと　**1** 《怒りたい気持ち》 ¶彼はむっとして黙っていた. È rimasto in silenzio contrariato. ¶彼の当てつけに私はむっとした. Mi sono offeso [Sono rimasto male] per le sue insinuazioni.
2 《臭気や熱気がある様子》 ¶閉め切った車内はむっとしていた. Faceva un caldo soffocante nella carrozza chiusa. ¶部屋に入るとむっとした. Entrando nella stanza, mi sono sentito soffocare.
むつまじい　睦まじい　¶夫婦の仲が睦まじい. È una coppia felice [armonica / affiatata].
むていけい　無定形　◇無定形の senza forma, informe; 〔物〕《非晶体の》 amorfo
✤**無定形炭素** carbonio[男] amorfo
むていけい　無定型　◇無定型の irregolare
✤**無定型詩** 《無脚韻の》 versi[男][複] sciolti
むていこう　無抵抗　◇無抵抗の senza opporre resistenza; 《無防備の》 inerme, indifeso ¶無抵抗の抵抗 resistenza passiva ¶彼らは無抵抗な住民に銃撃を加えた. Spararono sui cittadini inermi. ¶彼らは無抵抗で降伏した. Si arresero senza opporre resistenza.
✤**無抵抗主義** principio[男] della resistenza passiva
むてき　無敵　◇無敵の insuperabile, imbattibile ¶そのチームは天下無敵だ. Quella squadra non ha rivali su questa terra.
✤**無敵艦隊** 《スペインの》 l'Invincibile Armada[女]
むてき　霧笛　sirena[女] da nebbia ¶霧笛を鳴らす suonare la sirena per la [da] nebbia
むてっぽう　無鉄砲　◇無鉄砲な avventato, precipitoso ¶無鉄砲なやつ scavezzacollo[男][[女] -a] / birbante[男] / briccone[男][[女] -a] ¶無鉄砲なまねをする agire avventatamente
むでん　無電　radio[女][無変]; 《無線電信》 radiotelegrafia[女]; 《無線電話》 radiotelefonia[女]
むてんか　無添加　◇無添加の senza additivi
✤**無添加食品** alimento[男] senza additivi; 《自然な》 alimento[男] naturale
むとう　無糖　◇無糖の non zuccherato, non addolcito, senza zuccheri
✤**無糖練乳** latte[男] condensato non zuccherato
むとうか　無灯火　¶無灯火で車を運転する guidare un'automobile a fari spenti
むとうはそう　無党派層　〔政〕 votanti[男][複] non affiliati ad alcun partito
むとうひょう　無投票　¶現職市長が無投票で再選された. L'attuale sindaco è stato riconfermato (in carica) senza elezioni.
むどく　無毒　◇無毒の non velenoso, non tossico [[男]複 -ci]
むとくてん　無得点　¶相手を無得点に封じる impedire all'avversario di fare anche un solo punto ¶試合は双方無得点に終わった. La partita è finita in parità「con uno [per] zero a zero.
むとどけ　無届け　¶無届けで会議に欠席した. Non ha avvertito prima che non avrebbe partecipato alla riunione.
✤**無届け集会** comizio[男][複 -i] non autorizzato
無届けデモ manifestazione[女][dimostrazione[女]] non autorizzata
むとんじゃく　無頓着　◇無頓着な《無関心な》 indifferente 《に a, verso》; 《気にしない》 noncurante ¶…に無頓着である non preoccuparsi di *ql.co.* / non badare a *ql.co.* / non far caṣo a *ql.co.* ¶彼は細かい点に無頓着だ. Non si interessa dei dettagli. ¶彼は食べ物に無頓着だ. Non si cura di come mangia. ¶彼女は自分の健康に無頓着だ. Trascura la sua salute.
むないた　胸板　petto[男], torace[男] ¶胸板が厚い avere il torace molto ṣviluppato [robusto]
むなぎ　棟木　〔建〕 trave[女] di colmo
むなくそ　胸糞　¶むなくそが悪い《人が主語で》 essere diṣgustato da *ql.co.* [*qlcu.*] / essere schifato di *ql.co.* [*qlcu.*] / 《物事・人が主語で》 essere diṣgustoso [ripugnante] a *qlcu.* ¶彼の歯の浮くようなお世辞にむなくそが悪くなる. I suoi falsi complimenti mi diṣgustano [mi infastidiscono].
むなぐら　胸倉　¶胸ぐらをつかむ afferrare *qlcu.* per il colletto [bavero]
むなぐるしい　胸苦しい　sentire「una forte oppressione al [un peso sul] petto
むなげ　胸毛　peli[男][複] del petto ¶胸毛の濃い男 uomo dal petto villoso [peloso]
むなさわぎ　胸騒ぎ　《不安》 inquietudine[女], ansia[女]; 《虫の知らせ》 presentimento[男], presagio[男][複 -gi] ¶胸騒ぎがする avere un brutto presentimento
むなざんよう　胸算用　◇胸算用する calcolare mentalmente *ql.co.*; 《ひそかに期待する》 aspettarsi segretamente *ql.co.* ¶胸算用では来月は借金を全部払えそうだ. Ritengo di poter saldare tutti i miei debiti il mese prossimo.
むなしい　空しい・虚しい　**1** 《内容がない》 vuoto ¶むなしい弁舌 chiacchiere a vuoto
2 《むだである》 ◇空しく invano, inutilmente ¶空しい試み vano tentativo ◇空しさ vanità[女], illuṣorietà[女], inutilità[女], futilità[女] ¶空しい努力をつづける continuare a sforzarsi invano
3 《はかない, あっけない》 deluso, sconfortante, amaro ◇空しくなる sentirsi ṣvuotato [profondamente deluso] ◇空しさ delusione[女], sconforto[男], amarezza[女] ¶空しい夢 sogno fuggevole ¶人の世は空しい. È un mondo di vacuità, quello dell'uomo. ¶人生なんて空しいものだ. La vita è un'illuṣione.
むなつきはっちょう　胸突き八丁　**1** 《頂上付近の苦しい登り道》 passaggio[男][複 -gi] difficile in un'arrampicata **2** 《正念場》 ¶交渉は胸突き八丁にさしかかった. Le trattative stavano per affrontare l'ultima「difficoltà [faṣe difficile].
むなびれ　胸鰭　〔魚〕 pinna[女] pettorale
むなもと　胸元　petto[男] ¶胸元の十字架が目をひいた. La croce sul suo petto ha attirato la nostra attenzione. ¶彼の胸元をつかんだ. L'ho afferrato per il colletto.

むに 無二 ¶私の無二の親友 il (mio) migliore amico ¶当代無二の俳人 il più grande poeta di *haiku* dei nostri tempi

ムニエル 〔仏 meunière〕【料】mugnaia囡 [無変] ¶舌びらめのムニエル sogliola alla mugnaia

むにゃむにゃ ¶むにゃむにゃと語尾を濁した. Biascicava la fine delle parole.

むにんしょだいじん 無任所大臣 Ministro男 senza portafoglio

むね 旨 **1**《意向》intenzione囡 ¶交渉再開に応じる用意がある旨を伝えた. Hanno risposto che erano pronti a riprendere i negoziati. ¶その旨お伝え下さい. La prego di riferire questo messaggio. **2**《主義》princip*io*男 [複 -*i*] ¶彼は節約を旨としている. È un risparmiatore per principio.

むね 胸 **1**《肺なども含めた胸部全体》torace男;《乳房を含む胸部の前面》petto男, seno男;《乳房》seno男 一体 図版 ¶胸の上で手を組む congiungere le mani sul petto ¶豊かな胸をしている avere un seno prosperoso ¶貧弱な胸をしている non avere seno ¶胸を張って歩く camminare impettito ¶胸に小鳥を抱いて暖めた. Riscaldava gli uccellini stringendoli al petto. ¶食べ物が胸につかえた. Il cibo mi si è fermato nell'esofago.

2《衣服の胸》davanti男 di un abito ¶胸のポケット taschino della giacca

3《肺》¶胸いっぱいに空気を吸う inspirare profondamente ¶彼は胸をわずらっている. Si è ammalato ai polmoni. /《結核》È affetto da tubercolosi [tisi]

4《心臓》¶胸がどきどきする. Mi batte forte il cuore. ¶少し歩いただけで胸が苦しい. Il mio cuore soffre anche dopo breve passeggiata.

5《胃》stomaco男 ¶胸が焼ける avere bruciore di stomaco

6《心, 思い》pensiero男 ¶〈人〉に胸のうちを明かす aprirsi [confidarsi] con qlcu. ¶3年前のことが胸に浮かんだ. Mi è tornata in mente una cosa accaduta tre anni fa. ¶自分の胸によく聞いてごらんなさい. Chiedilo a te stesso. / Interroga la tua coscienza. ¶これで胸がすっとした. Questo mi toglie un gran peso dal cuore.

〔慣用〕**胸が痛む** ¶あのときの彼女の顔を思い出すと, 今でも胸が痛む. Se ripenso al suo volto in quel momento, mi si stringe il cuore.

胸がいっぱいである ¶感激で胸がいっぱいだ. Sono molto emozionato.

胸が躍る ¶期待に胸が躍った. Trepidavo per l'attesa.

胸がさわぐ 《人が主語》avere un brutto presentimento

胸がすく ¶胸のすく思いがした. Mi sentii sollevato [rincuorato].

胸がつぶれる rimanere邑 [es] esterrefatto ¶悲しみに胸がつぶれた. Ero prostrato [affranto] dal dolore.

胸が詰まる commuoversi ¶彼女のおもいやりのある言葉に胸が詰まった. Alle sue parole così gentili e piene di riguardo, mi si è formato un nodo in gola.

胸がはずむ ¶すばらしい知らせに胸がはずんだ. Ho provato una gran gioia sentendo la bella notizia.

胸が張り裂ける ¶胸が張り裂けるような気持ちだ. È un sentimento straziante. ¶友の突然の死に胸が張り裂ける思いだった. Ero sconvolto dal dolore per la perdita improvvisa del mio amico.

胸がふさがる《憂鬱になる》avere l'animo pieno di tristezza

胸が悪くなる ¶あいつの顔を見ただけで胸が悪くなる. Solo a vederlo mi fa star male. ¶胸の悪くなるような話だ. È una storia ripugnante.

胸に一物ある avere qualche progetto malvagio in testa

胸に描く immaginare; ricordare ¶この町は胸に描いていた故国の面影をどこにも残していなかった. In questa città non è rimasto più nulla del paese natio che era nella mia memoria.

胸に収める tenersi *ql.co.* nel cuore

胸にこたえる ¶彼の忠告は胸にこたえた. I suoi consigli hanno fatto breccia nel mio cuore.

胸にしまう ¶彼は昔の思い出を胸にしまっている. Custodisce dentro di sé i ricordi del passato.

胸に迫る ¶彼の演説は聞く人の胸に迫った. La sua conferenza ha commosso l'uditorio.

胸に畳む ¶その知らせは私だけの胸にたたんでおくことにした. Ho deciso di tenere quella notizia tutta per me.

胸に手を当てて [置いて] ¶胸に手を当ててよく考えてごらん. Pensaci bene! / Rifletticci a lungo!

胸に秘める mantenere il riserbo su *ql.co.*, tenere *ql.co.* segreto [nascosto] (► segreto と nascosto は目的語の性・数に合わせて語尾変化する) ¶その若者への思いを胸に秘めたまま彼女はこの町を去った. Lei ha lasciato questa città tenendo [custodendo] il suo amore per quel giovane celato nel cuore.

胸のつかえが下りる ¶彼の誤解がとけて胸のつかえが下りた. Mi sono sentito sollevato dopo aver chiarito il suo malinteso nei miei confronti.

胸を痛める ¶彼は病気の妹のことで胸を痛めていた. Era molto preoccupato per la sorella ammalata.

胸を打つ ¶彼の悲痛な訴えに胸を打たれた. Sono stato commosso [toccato profondamente] dal suo appello accorato.

胸を躍らせる fremere邑 [av], essere eccitato ¶胸を躍らせて彼の来るのを待った. Attendevo con ansia il suo arrivo.

胸を貸す《相手になる》aiutare qlcu. ad allenarsi ¶君に胸を貸してもらうつもりで全力でぶつかる. Dato che mi permetti di allenarmi con te, devo mettercela tutta.

胸を焦がす ¶彼に胸を焦がしている. È pazza [Arde] d'amore per lui.

胸を突かれる ¶思いがけない彼女の言葉に, はっと胸を突かれた. Le sue parole inattese mi hanno colpito profondamente.

胸をなで下ろす ¶彼が無事だと聞いて胸をなで下ろした. Mi sono sentito sollevato alla notizia che era sano e salvo. ¶試験に合格し, やれやれと胸をなで下ろした. Fatto l'esame, ho tirato un bel sospiro di sollievo.

胸をはずませる　¶子供たちは期待に胸をはずませていた. I bambini erano emozionati per l'attesa.
胸を張る　¶胸を張って答える　rispondere sicuro di sé
胸を膨らませる　¶希望に胸を膨らませて col cuore pieno di speranze
むね　棟　1《建》《屋根の》colmo㊳ del tetto　2《建物を数える言葉》¶5棟 cinque costruzioni [《住宅》case]
❖**棟上げ式** cerimonia㊛ per la posa della trave del tetto di una casa in costruzione
むねあて　胸当て　1《フェンシングの》petto㊳ della corazza　2《前掛け》bavaglino㊳　3《弓道の》protezione pettorale nel *kyudo*
むねさんずん　胸三寸　¶すべては君の胸三寸だ. Tutto dipende da te. ¶胸三寸に納めて何も言わなかった. Si è trattenuto e non ha detto nulla.
むねはば　胸幅　misura㊛ del torace　¶胸幅が広い《人が主語》avere un torace ampio
むねやけ　胸焼け　bruciore gastrico [複 -*ci*];《医》pirosi㊛[無変]　¶胸焼けがする avere un bruciore di stomaco
むねん　無念　《残念》rincrescimento㊳, rammarico㊳[複 -*chi*];《悔しさ》dispiacere㊳, contrarietà㊛　¶無念の涙 lacrime amare　¶無念を晴らす vendicarsi di ql.co. [qlcu.]　¶彼らは無念にもその試合に負けた. Con loro grande amarezza hanno perso quella partita.
❖**無念無想**　《何も考えないこと》◇無念無想の libero dai pensieri　¶無念無想である essere libero da ogni pensiero
むのう　無能　incapacità㊛ ◇無能の《能力がない》incapace, inetto, inefficiente　¶あの男は無能だ. Quell'uomo è un buono a nulla.
❖**無能無才**　◇無能無才の incapace e privo di talento
むのうやく　無農薬　◇無農薬の biologico㊳[複 -*ci*], senza uso di disinfestanti o diserbanti
❖**無農薬野菜** verdure㊛[複] coltivate senza uso di disinfestanti o diserbanti
むのうりょく　無能力　inabilità㊛, incapacità㊛, inettitudine㊛;《法》incapacità㊛　◇無能力な incapace, inabile, inetto
❖**無能力者**《法》incapace㊳㊛
むはい　無敗　◇無敗の imbattuto;《文》invitto　¶無敗を守る difendere la *propria* imbattibilità
むはい　無配　◇無配の che non paga dividendi　¶無配にする sospendere il pagamento dei dividendi
❖**無配株** azione㊛ senza dividendi
むはいとう　無配当 →無配
むひ　無比　◇無比の incomparabile, senza pari, impareggiabile, ineguagliabile;《唯一の》unico㊳[複 -*ci*]　¶世界無比の海軍国 potenza navale senza pari　¶彼の計算力は正確無比だ. La sua capacità di calcolo è ineguagliabile in accuratezza.
むひはん　無批判　¶新聞記事をすべて無批判に受け入れてはいけない. Non si deve accettare acriticamente tutto quello che scrivono i giornali.
むびゅう　無謬　◇無謬の infallibile
❖**無謬性**　¶法王の無謬性 infallibilità del Papa
むひょう　霧氷　brina㊛ (sugli alberi)

むびょう　無病　◇無病で in perfetta salute　¶無病息災である essere in [godere] buona salute
むひょうじょう　無表情　◇無表情な顔 volto inespressivo　¶無表情を装った顔 viso impassibile　¶彼女は無表情に突っ立っていた. Lei se ne stava in piedi con lo sguardo fisso nel vuoto.
むふう　無風　1《風がないこと》calma㊛;《海上の》bonaccia㊛[複 -*ce*]　◇無風の calmo, senza vento　2《平穏なこと》¶相場は無風状態だ. Il mercato è fermo.
❖**無風状態**《気》calma㊛ di vento
無風帯《気》zona㊛ di calma　¶赤道無風帯 zona delle calme equatoriali
むふんべつ　無分別　《無思慮》irragionevolezza㊛;《軽率》avventatezza㊛, imprudenza㊛, sconsideratezza㊛　◇無分別な senza riguardi 《に per》; avventato, imprudente, sconsiderato　¶無分別に senza riguardi 《に per》; avventatamente, imprudentemente, in modo sconsiderato　¶無分別なことをする agire 「in modo avventato [senza riflettere]」　¶あんなスピードで町の中を運転するのは無分別にもほどがある. Che incoscienza guidare in centro a quella velocità!
むへんか　無変化《文法》◇無変化の invariabile
むほう　無法　1《法のないこと》◇無法の[な] senza legge, al di fuori della legge;《違法な》illegale　2《ひどいこと》◇無法な《常軌を逸した》pazzesco㊳[複 -*schi*]; folle; illogico㊳[複 -*ci*];《非道》immorale;《無礼な》offensivo, oltraggioso;《横暴な》arbitrario㊳[複 -*i*], prepotente;《乱暴な》violento, brutale
❖**無法地帯** zona㊛ senza legge
無法者 fuorilegge㊳㊛[無変]
むぼう　無帽　¶無帽で[の] senza copricapo [cappello] / a capo scoperto / a testa scoperta
むぼう　無謀　◇無謀な《向こう見ずの》temerario㊳[複 -*i*], sconsiderato;《軽率な》avventato, impulsivo, precipitoso;《無思慮な》senza riguardi　¶無謀なことをする agire avventatamente / fare una cosa folle　¶無謀な計画 piano folle
むほうしゅう　無報酬　◇無報酬の non remunerato　¶無報酬で gratuitamente　¶無報酬の仕事 lavoro non remunerato
むぼうび　無防備　◇無防備の indifeso, sguarnito, inerme;《防備工事がしていない》non fortificato;《武装していない》disarmato
❖**無防備都市** città㊛ aperta; città priva di difese;《ロッセッリーニの映画》"Roma, città aperta"
むほん　謀反　《君主・国家に対する反逆》tradimento㊳;《大規模な反乱》ribellione㊛;《激しい暴動》rivolta㊛, tumulto㊳, sommossa㊛, agitazione㊛;《組織的でない反逆》insurrezione㊛　¶謀反を起こす ribellarsi / rivoltarsi 《に対して contro》　¶謀反を企てる cospirare 《に contro》/ complottare / tramare un complotto [una rivolta]　¶謀反の罪 reato di tradimento
❖**謀反気** spirito㊳ ribelle
謀反人 ribelle㊳㊛, cospiratore㊳ [㊛ -*trice*]
むま　夢魔　《悪夢》incubo㊳, brutto sogno㊳
むみ　無味　1《味のないこと》¶無味無臭の液体 liquido insapore ed inodore　2《おもしろみのないこと》◇無味な noioso, monotono, tedioso

❖**無味乾燥** ¶無味乾燥な解説 commento piatto [arido / incolore / noioso / monotono]
むめい 無名 ◇無名の senza nome, oscuro, ignoto; 《匿名の》anonimo; 《知られていない》sconosciuto, ignoto ¶無名の手紙 lettera anonima ¶無名の作家 scrittore㊚ [㊛ -trice] sconosciuto
❖**無名戦士** ¶無名戦士の墓 monumento al milite ignoto
むめい 無銘 ◇無銘の senza firma, non firmato
むめんきょ 無免許 ◇無免許の non patentato, non autorizzato, abusivo ¶その男は無免許で医院を開業した. Quest'uomo ha aperto uno studio medico senza averne i titoli.
❖**無免許運転** guida㊛ 「senza patente [non patentata] ◇無免許運転をする guidare senza patente
むもうしょう 無毛症 《医》atrichia㊛
むやみ 無闇 **1**《軽はずみなこと》《思慮のない》irriguardoso; 《軽率な》avventato, imprudente, impulsivo ¶むやみに信じる credere troppo facilmente a [in] qlco. [qlcu.] ¶むやみなことを言うものではない. Non parlare avventatamente [senza riflettere / 《出任せ》a vanvera]. ¶あの人にむやみなことは言えない. Con lui bisogna fare attenzione a quello che si dice. ¶彼女はむやみなことをする人ではない. Lei non è il tipo di persona che fa qualcosa senza prima riflettere.
2《度を越す》◇むやみな《過度な》eccessivo, smodato; 《不当な》irragionevole, assurdo ◇むやみに ciecamente; eccessivamente, smoderatamente; irragionevolmente, assurdamente ¶むやみやたらに食べる mangiare qualunque cosa che capiti tra le mani
むゆうびょう 夢遊病 sonnambulismo㊚ ◇夢遊病の sonnambulo
❖**無遊病者** sonnambulo㊚ [㊛ -a]
むよう 無用 **1**《役に立たない》◇無用の inutile; 《利用できない》inutilizzabile ¶無用の長物 oggetto inutile e ingombrante
2《不要》◇無用の inutile, superfluo ¶無用の心配をかける causare preoccupazioni inutili ¶遠慮は無用だよ. 《自宅に招いた人に》Fai come fossi a casa tua! / Bando alle formalità! ¶問答無用. Basta con le chiacchiere. / Il discorso è chiuso.
3《用事がないこと》¶「無用の者立入禁止」"Vietato l'ingresso ai non addetti ai lavori"
4《禁止》¶私語はご無用に願います. Si prega di non conversare. ¶「天地無用」"Non capovolgere"
むよく 無欲 disinteresse㊚ ◇無欲な disinteressato, distaccato; 《無関心な》indifferente ¶金や権力に無欲である essere indifferente [disinteressato] al denaro ed al potere
むら 村 《村落》villaggio㊚ [複 -gi], paese㊚, piccolo centro㊚ abitato; 《行政単位》frazione㊛ di un comune ¶テント村《難民などの》tendopoli㊛ [無変] / 《行楽・キャンプの》campeggio㊚ ¶選手村 alloggi [quartiere] degli atleti / 《オリンピックの》villaggio olimpico ¶村を出る lasciare il proprio villaggio [il proprio paese / il paese natale] ¶村中の人々がこの珍しい光景を見に来た. Tutto il paese è venuto ad assistere a questo raro spettacolo.
❖**村八分** ostracismo㊚; esclusione㊛ da un gruppo ¶村八分にする ignorare volontariamente qlcu. / trattare qlcu. come un appestato [《女性が対象》un'appestata]
村人 abitante㊚㊛ del paese [del villaggio]; paesano㊚ [㊛ -a]
村役場 municipio㊚ [複 -i] del villaggio, comune
むら 斑 ◇むらのある variabile, disuguale; 《安定しない》instabile ◇むらのない invariabile, uguale; 《速度・温度・色彩など》uniforme; 《均質的》omogeneo ◇むらなく uniformemente; omogeneamente ◇むらなく塗る verniciare uniformemente [in modo uniforme] ¶気分にむらがある《人が主語で》essere capriccioso [volubile / incostante] / avere un umore mutevole ¶この学生の成績にはむらがある. Il rendimento di questo studente è incostante. ¶あの女は性格にむらがある. E una donna dall'indole capricciosa [mutevole / volubile].
むらがる 群がる unirsi (in gruppo), raggrupparsi; formare un gruppo; 《特に人が》affollarsi, accalcarsi, stiparsi, formare un crocchio [assembramento]; 《動物が》riunirsi in gregge [in branco]; 《鳥が》riunirsi in stormo; 《人や虫がうじゃうじゃと》brulicare㊚ [av] ¶蜜蜂が群がっている木の幹 tronco di albero brulicante di api ¶広場に人が群がっていた. La gente si affollava nella piazza. / La piazza brulicava di gente [era affollata]. ¶聴衆は講師のまわりに群がった. Il pubblico si è raccolto [raggruppato / radunato] intorno al conferenziere.
むらき 斑気 carattere㊚ mutevole [emotivo], capriccio㊚ [複 -ci] ◇むら気の《気まぐれな》capriccioso, incostante, mutevole, emotivo ◇むら気な persona emotiva [capricciosa / soggetta a sbalzi di umore] ¶むら気のない人 persona equilibrata
むらさき 紫 **1**《色》colore㊚ viola [無変]; 《赤紫》colore㊚ porpora [無 変]; 《薄 紫》color㊚ malva [無変] ◇紫色の (di color) viola [無変], violetto; (di color) porpora [無変] ¶紫がかった violaceo; purpureo ¶彼は寒さに唇が紫色になった. Le sue labbra sono diventate viola per il freddo. **2**《植》litospermo㊚; migliarino㊚; migliasole㊚ **3**《醤油》salsa㊛ di soia
❖**紫キャベツ** cavolo㊚ rosso
紫水晶 《鉱》ametista㊛
むらさきつゆくさ 紫露草 《植》miseria㊛
むらさめ 村雨 temporale㊚ passeggero
むらしぐれ 村時雨 pioggia㊛ [複 -ge] autunnale intermittente
むらす 蒸らす ¶ご飯を蒸らす far riposare il riso dopo la cottura
むらむらと ¶怒りがむらむらとわいた. Mi è montata la rabbia. ¶ついむらむらと悪い心が起きて盗んでしまった. È stato più forte di me e ho finito col rubarlo.
むり 無理 **1**《道理に反すること》◇無理な irragionevole; 《ばかげた》assurdo;

むりかい　　　　　　　　　　　　　　1573　　　　　　　　　　　　　　むんむん

（理屈に合わない）illogico 男複 -ci；（不当な）ingiusto；（不自然な）innaturale；（非現実的な）irrealizzabile ¶無理な要求 richiesta irragionevole [assurda] ¶無理からぬ要求 richiesta comprensibile [ragionevole] ¶無理を言うな。Sii ragionevole! / Non dire assurdità! ¶彼が憤慨するのも無理からぬことだ。È naturale che si sia offeso. / Non ha torto ad arrabbiarsi. ¶ご無理ごもっとも。Hai sempre ragione tu! ¶無理が通れば道理が引っ込む。(諺) "Dove regna la forza, la ragione sta fuori."
2《不可能》◇**無理な** impossibile ¶無理な計画 progetto non fattibile ¶今日中に仕上げるのは無理だろう。Finire entro oggi sarà impossibile. ¶このいいお天気に子供に家にいろというのは無理だ。Con questo bel tempo è impossibile dire ai bambini di stare in casa.
3《強いること》◇**無理に** a [per] forza ¶無理をする fare (tanti) sacrifici ¶客にお酒を無理にすすめないほうがいい。È meglio non insistere nell'offrire alcol agli ospiti. ¶無理にとは言わないが…. Non vorrei insistere, ma… ¶無理なお願いかも知れませんが…. Forse le chiedo troppo, ma…
4《過度》◇**無理な** eccessivo；（異常な）anormale ¶彼は無理な勉強をして体をこわした。Ha studiato troppo e si è rovinato la salute. ¶この年ではもう無理がきかない。A questa età non posso esagerare col lavoro. ¶無理するな。Non dannarti l'anima! / Non sforzarti troppo! ¶ご病気のあとは無理をなさらないでください。Durante la convalescenza non si strapazzi troppo.
✥**無理押し** ¶無理押しする fare pressione per「imporre [far passare] *ql.co*. ¶反対が多かったのに無理押しをして決めてしまった。Nonostante vi fossero molte opinioni contrarie, la decisione è stata imposta con la forza.
無理算段 ¶無理算段する racimolare [mettere insieme a fatica] una somma di denaro
無理強い ◇**無理強いに** a forza, per forza ◇**無理強いする** costringere *qlcu*. a + 不定詞
無理式[方程式]《数》espressione㊛ [equazione㊛] irrazionale
無理心中 ◇**無理心中する** costringere *qlcu*. a suicidarsi assieme
無理数《数》numero㊚ irrazionale
無理難題 ¶人に無理難題を吹っかける fare [avanzare] a *qlcu*. una richiesta impossibile
無理無体 ¶生徒に無理無体にやらせる costringere gli studenti con la forza
むりかい　無理解 incomprensione㊛ ¶この病気に対する社会の無理解を是正しなくてはならない。La mancanza di comprensione da parte della società per questa malattia deve essere corretta.
むりからぬ　無理からぬ ¶父が怒るのも無理からぬことだ。È logico che papà si sia arrabbiato.
むりそく　無利息 ◇**無利息の** senza interessi ¶無利息で金を借りる prendere a prestito del denaro senza interessi
✥**無利息債務** debito㊚ senza interessi
むりやり　無理矢理 forzatamente, per [con] forza; volente o nolente ¶彼は無理やり言うことを聞かせようとした。Ha cercato di costringermi a fare quello che voleva lui. ¶彼はいやがったが無理やり連れて来た。Lui non voleva, ma io l'ho fatto venire per forza.
むりょう　無料 ◇**無料の** gratis [無変], gratuito ◇**無料で** gratis, gratuitamente ¶この小冊子は無料です。Questo libretto è in omaggio. ¶運賃無料 trasporto gratuito ¶配達無料 spedizione gratuita ¶「入場無料」(掲示) "Ingresso libero"
✥**無料サービス** servizio㊚ [複 -i] gratuito
無料入場券 biglietto㊚ gratuito
無料パス《バス・電車などの》tessera㊛ di libera circolazione；（映画館などの）tessera㊛ gratuita [di libero accesso]
無料奉仕 volontariato㊚
むりょく　無力《力のなさ》impotenza㊛；《能力のなさ》incapacità㊛, incompetenza㊛；《資力のない》mancanza㊛ di fondi ◇**無力な** debole; impotente; incapace; incompetente; privo di fondi ¶無力感を覚える sentirsi impotente / avere una sensazione di impotenza ¶地震の大災害を前に我々は無力だった。Eravamo impotenti di fronte alla catastrofe del terremoto.
むりん　無燐 ◇**無燐の** senza fosforo
✥**無燐洗剤** detergente㊚ [detersivo] senza fosforo
むるい　無類 incomparabilità㊛, sublimità㊛ ◇**無類の** incomparabile, insuperabile ¶無類の好人物 persona eccezionalmente buona [onesta] ¶彼は無類の音楽好きだ。Va pazzo [Ha una grande passione] per la musica.
むれ　群れ gruppo㊚；《人の》folla㊛, massa㊛；《暴徒の》banda㊛；《牛や馬の》mandria㊛；《狼・猟犬の》branco㊚ [複 -chi]；《羊・山羊の》gregge㊚；《鳥の》stormo㊚；《昆虫の》sciame㊚；《魚・鯨の》banco㊚ [複 -chi] ¶飛んで行く雁の群れ uno stormo di anatre selvatiche in volo ¶群れをなして formare gruppi / aggregarsi ¶群れをなして in gruppo /《大挙して》in massa
むれる　群れる raggrupparsi, raccogliersi in gruppo；（群らがる）affollare ¶若者は趣味の似た者同士で群れる。I giovani formano dei gruppi in base alla comunanza di gusti.
むれる　蒸れる　1《蒸気が通る》¶ご飯が蒸れた。Il riso cotto è stato lasciato riposare a punto giusto. **2**《熱気がこもる》¶部屋は蒸れたにおいがする。Nella stanza c'è aria viziata. ¶長靴をはいていると足が蒸れる。I piedi sudano con gli stivali.
むろ　室《地階の倉庫》cantina㊛, scantinato㊚；《岩屋》grotta㊛；《温室》serra㊛；《乾燥室》asciugatoio㊚ [複 -i], essiccatoio㊚ [複 -i]
むろん　無論 senz'altro, ovviamente, certamente ¶無論、…である。Va da sé che…
むんずと →むずと
むんむん ¶草いきれでむんむんする。Mi sento soffocato dall'afa umidiccia che arriva dall'erba. ¶部屋がむんむんしている。Nella stanza si soffoca. ¶会場は若者の熱気でむんむんしていた。La sala traboccava d'entusiasmo giovanile.

め

め 目・眼 **1**【物を見る器官】 occhio[男][複 *-chi*]；《眼球》globo[男] dell'occhio, bulbo[男] oculare ◇目の oculare, ottico[[男]複 *-ci*] ¶右[左]目 occhio destro[sinistro] ¶大きな目 occhi grandi[grossi] ¶切れ長の目 occhi a mandorla ¶目を開ける[閉じる] aprire[chiudere] gli occhi ¶目を見張って ad[con gli] occhi sgranati ¶大統領をこの目で見た. Ho visto di persona il presidente della Repubblica.
2【視力，視覚】 vista[女] ◇目の ottico, visuale, visivo ¶目がいい[悪い] avere una buona[cattiva] vista / vedere bene[male] ¶目が見えない[不自由である] non vederci / avere una cattiva vista / essere un [《女性が主語》una] non vedente ¶目が見えなくなる perdere la vista ¶目が見えなくなってきた. Mi è peggiorata la vista. ¶1日じゅう本を読んでいたら目が疲れた. Mi si sono stancati gli occhi per aver letto tutto il giorno dei libri. ¶目の錯覚 illusione ottica
3【目つき，視線】 sguardo[男] ¶優しい目[こわい目 / 射るような目]で見る guardare con uno sguardo dolce[severo / penetrante] ¶鋭い目 occhi d'aquila[di lince] ¶鵜(う)の目鷹(たか)の目で探す scrutare *ql.co.*[*qlcu.*] attentamente ¶疑いの目で見る guardare *ql.co.*[*qlcu.*] con sospetto[con occhi sospettosi] ¶目を据える fissare lo sguardo《に su》/ non levar gli occhi di dosso《に a》 ¶目をそらす distogliere lo sguardo《から da》 ¶彼は何もしゃべるなと目で知らせた. Mi ha fatto cenno con gli occhi di non dire niente. ¶私たちの目と目が合った. I nostri sguardi si sono incontrati. ¶目のやり場がなくて困った. Non sapevo dove rivolgere lo sguardo[mettere gli occhi]. ¶世間の目がこわい. Ho paura degli[Temo gli] occhi della gente.
4【判断力】 occhio[男], giudizio[男][複 *-i*], discernimento[男]；《見方》punto[男] di vista ¶彼には人を見る目がある. Sa giudicare bene la gente. ¶医者の目から見れば dal punto di vista del[secondo il] medico ¶私は変な目で見られている. La gente mi guarda in modo strano. ¶長い目で見ると得だ. Alla lunga risulterà vantaggioso.
5【経験】 esperienza[女] ¶いい目を見る essere fortunat*o* ¶私はひどい目に遭った. Ho fatto una terribile esperienza. / Me la sono vista brutta.
6【目に映る姿】 apparenza[女]；《印象》impressione[女] ¶見た目がいい avere un bell'aspetto / essere bell*o* a vedersi[da vedere / esteriormente]
7【目に似たもの】 ¶台風の目 occhio del tifone[del ciclone] ¶針の目 cruna dell'ago
8【縦横の線で囲まれた部分】《網目》maglia[女]；《織り目》trama[女]；《編み目》punto[男] ¶網の目 le maglie di una rete ¶碁盤の目 le caselle di una scacchiera per *go* ¶目のつんだ[粗い]織物 tessuto fitto[grosso] / tessuto a trama fitta[larga]
9【木目】 venatura[女] del legno ¶目のつんだ木目 legno a grana[venatura] fine
10【のこぎり・やすりなどのぎざぎざ】 denti[男][複] ¶のこぎりの目 denti di una sega
11【さいころの目】 punti[男][複] di un dado ¶3の目が出た. Ho lanciato il dado ed è uscito il tre.
[慣用] **目が利く** ¶彼は陶磁器に目が利く. È un vero intenditore[conoscitore] di oggetti (d'arte) di ceramica e porcellana.
目がくらむ (1)《くらくらする》 ¶強い光に目がくらんだ. Sono rimasto abbagliato dalla luce intensa. ¶高いところから下を見たら目がくらんだ. Quando ho guardato in giù da quell'altezza, sono stato colto da[dalle] vertigini. (2)《判断力がなくなる》 ¶金に目がくらむ essere accecat*o* dal denaro ¶あの人は欲に目がくらんでしまった. L'avidità[La cupidigia] l'ha accecato.
目が肥える ¶目が肥えている intendersi di *ql.co.* / essere espert*o* in *ql.co.* / avere l'occhio esperto ¶このごろのお客は目が肥えている. I clienti di oggi sono degli intenditori.
目が覚める (1)《起きる》svegliarsi；《起こされる》essere svegliat*o* ¶今朝早く目が覚めた. Stamane mi sono svegliato di buon'ora. (2)《迷いから覚める》uscire da un'illusione, liberarsi dalle illusioni / tornare in *sé* ¶自分のしたことの愚かしさにようやく目が覚めた. Mi si sono finalmente aperti gli occhi sulla[Mi sono finalmente reso conto della] sciocchezza che ho commesso.
目が据わる ¶彼は酔うと目が据わってくる. Quando è ubriaco i suoi occhi diventano vitrei[fissi].
目が高い avere l'occhio esperto, avere buon occhio ¶さすが佐々木さん，お目が高い. Come sempre, signor Sasaki, ha gusto nella scelta.
目が届く ¶生徒全員にまではなかなか目が届かない. Non riesco a sorvegliare[tenere d'occhio] tutti gli alunni.
目が飛び出る ¶目が飛び出るほど高かった. Era un prezzo da fare「strabuzzare gli occhi[uscire gli occhi dalle orbite].
目がない ¶彼は甘い物に目がない. Davanti ai dolci「non vede più niente[perde la testa].
目が離せない ¶この仕事から目が離せない. Non posso allontanarmi da[Devo continuare a seguire] questo lavoro. ¶赤ん坊から目が離せない. Non posso lasciare solo il bambino.
目が回る avere le vertigini[il capogiro], sentirsi girare la testa ¶目が回るほど忙しい. Sono così febbrilmente occupato che mi sento quasi girare la testa. / Ho da fare fin sopra i capelli.

目からうろこが落ちる ¶目からうろこが落ちた. Mi si sono aperti gli occhi. ¶彼女の忠告に目からうろこが落ちる気がした. Il suo consiglio mi ha fatto aprire gli occhi sulla realtà [mi ha tolto i paraocchi].

目から鼻に抜ける ¶目から鼻に抜けるような人《頭のいい》persona molto intelligente [sveglia] /《勘のいい》persona scaltra [perspicace]

目から火が出る ¶柱に額をぶつけて目から火が出た. Quando ho battuto la testa contro la colonna ho visto le stelle.

目と鼻の先 ◇目と鼻の先に a due passi, a un tiro di schioppo《から da》¶駅は私の家から目と鼻の先だ. La stazione è a un tiro di fucile [a breve distanza] da casa mia.

目に余る ¶彼の振る舞いは目に余る. Il suo comportamento「è imperdonabile [eccede ogni limite].

目に入れても痛くない ¶娘は目に入れても痛くないほどかわいい. Mia figlia è la pupilla dei miei occhi [il mio occhio destro].

目に浮かぶ riuscire a immaginare *ql.co.* ¶彼のくやしがっている様子が目に浮かぶ. È come se lo vedessi qui, davanti a me, che si danna dalla rabbia.

目に角を立てる《怒って》avere gli occhi fiammeggianti d'ira

目に狂いがない ¶私の目に狂いはなかった. Non mi ero ingannato. / Avevo visto giusto.

目にする ¶公園でよく目にする猫 gatto che mi capita di vedere spesso nel parco

目につく ¶ポスターは人の目につくところに張ってください. Affigete il manifesto in un luogo bene in vista [ben visibile]. ¶最近父の疲れが目につくようになった. In questi ultimi tempi la stanchezza di mio padre è apparsa [diventata] evidente.

目にとまる ¶1枚の写真が目にとまった. Mi è caduta sotto gli occhi una foto. ¶彼の勤勉さが社長の目にとまった. La sua diligenza ha colpito [ha attirato] l'attenzione del presidente.

目に入る ¶彼女が窓辺に座っているのが目に入った. L'ho notata seduta alla finestra.

目には目を,歯には歯を《聖》"Occhio per occhio, dente per dente."《◆ハムラビ法典の言葉》

目に触れる ¶目に触れるものすべてが珍しかった. Tutto quello che ho visto era nuovo per me. ¶夏の山では目に触れるものすべて緑一色だ. In montagna d'estate, tutto il paesaggio si colora di verde.

目に見えて visibilmente, a vista d'occhio, sensibilmente, notevolmente;《早く》rapidamente ¶目に見えて fare notevoli progressi / fare progressi a vista d'occhio ¶彼らが離婚することは目に見えていた. Che loro divorziassero, era una conclusione scontata.

目にも留まらぬ ¶目にも留まらぬ早さで con la velocità del fulmine

目に物見せる ¶目に物見せてやるぞ. Te la farò pagare! / Me la pagherai!

目に焼きつく ¶そのむごたらしい光景が目に焼きついている. Ho ancora ben impressa negli occhi [Non posso dimenticare] quell'orribile scena.

目の色を変える ¶映画のことになると目の色を変える. Quando si parla di cinema i suoi occhi brillano. ¶彼は目の色を変えて勉強している. Si è messo a studiare come un matto [pazzo].

目の上の瘤(こぶ) importuno㊚ [㊛ -a], disturbatore㊚ [㊛ -trice];《精神的負担》peso㊚ ¶あの課長は目の上のこぶだ. Non posso agire liberamente perché il caposezione mi sta sempre tra i piedi. / Quel caposezione è un peso.

目の敵(かたき) ¶目の敵にして con ostilità accanita ¶彼女は私を目の敵にする.《憎んでいる》Lei non mi può vedere [soffrire]. / Lei ce l'ha con me.

目の薬 ¶いい絵を見て目の薬になった. Quei quadri erano una delizia per gli occhi.

目の黒いうち ¶私の目の黒いうちはそんなことはさせない. Non permetterò una cosa del genere finché「campo [sarò vivo].

目の覚めるような ¶目の覚めるような色 [美しさ] colore [bellezza] abbagliante

目の下 ¶目の下60センチの魚 pesce lungo 60 cm (dall'occhio alla coda)

目の毒 (1)《見ると欲しくなるもの》¶ダイエット中に甘い物は目の毒だ. Durante la dieta, i dolci diventano un'irresistibile tentazione. (2)《見ると害になるもの》¶ポルノのポスターは子供には目の毒だ. I manifesti pornografici sono dannosi per i bambini.

目の保養 ¶バレエを見て, 目の保養になった. Vedere un balletto è stata una delizia [gioia] per i miei occhi.

目は口ほどに物を言う《諺》Gli occhi sono eloquenti come le parole. / Gli occhi parlano.

目も当てられない ¶結果は目も当てられなかった. Abbiamo ottenuto risultati disastrosi.

目もあや ¶歌手たちは目もあやに着飾っていた. I cantanti indossavano abiti sfarzosi.

目もくれない ¶彼は私に目もくれないで行ってしまった. Se ne è andato senza neppure degnarmi di uno sguardo.

目を疑う non credere ai *propri* occhi

目を奪う incantare [affascinare / ammaliare] *qlcu.* ¶景色の美しさが人々の目を奪った. La bellezza del paesaggio ha attirato gli sguardi di tutti [lasciato tutti incantati].

目を覆う ¶私は惨状に目を覆った. Ho distolto [allontanato] lo sguardo dall'orrendo spettacolo.

目を掛ける ¶田中は先生に目を掛けられている. Tanaka è il favorito del professore.

目をくぐる ¶監視の目をくぐる eludere la sorveglianza (di una guardia)

目を配る ¶細かいところに目を配る stare attento [fare attenzione] ai dettagli

目をくらます ¶容疑者はまんまと捜査の目をくらまして逃走した. L'indiziato ha ingannato la polizia ed è riuscito a fuggire.

目をくれる prestare attenzione a *ql.co.* [*qlcu.*] ¶その貼り紙に目をくれる人はほとんどいなかった. Quasi nessuno ha notato il manifesto.

目を凝らす fissare lo sguardo《に su》, non levare gli occhi di dosso《に a》

目を覚ます ⇒目が覚める

目を皿のようにする ¶目を皿のようにして con gli occhi spalancati [ben aperti]

目を白黒させる ¶彼は驚いて目を白黒させた. Ha sgranato gli occhi per la meraviglia.
目をそばめる guardare *ql.co.* di traverso
目を楽しませる ¶満開の桜が通りがかりの人々の目を楽しませている. I ciliegi in fiore sono una vista piacevole [un piacere] per i passanti.
目をつける ¶うまい商売に目をつけたものだ. Sono riusciti a mettere le mani su [a adocchiare] un buon affare.
目をつぶる ¶今度だけは目をつぶってやる. Solo per questa volta chiudo un occhio e ti perdono.
目を転じる rivolgere lo sguardo a *ql.co.*
目を通す ¶新聞に目を通す scorrere le pagine di un giornale ¶彼は書類にざっと目を通した. Ha dato una rapida occhiata [scorsa] ai documenti.
目を閉じる 《死ぬ》 morire⊕ [*es*] ¶父はその日の午後静かに目を閉じた. Il padre chiuse serenamente gli occhi nel pomeriggio di quel giorno.
目をとめる notare, osservare ¶私は動く物にふと目をとめた. Il mio sguardo si è posato su un oggetto in movimento. ¶警官はその男の不審な行動に目をとめた. Il poliziotto si è accorto del comportamento sospetto dell'uomo.
目を盗む ¶親の目を盗んで悪いことをする commettere cattive azioni all'insaputa dei [di nascosto dai] genitori
目を離す ¶ちょっと目を離したすきに子供がいなくなった. Il bambino è scomparso proprio nell'attimo in cui avevo distolto lo sguardo (da lui).
目を光らせる tenere gli occhi ben aperti, tenere d'occhio *qlcu.* [*ql.co.*] ¶麻薬の密輸に目を光らせる tenere d'occhio [sorvegliare] i contrabbandieri di droga
目を引く attirare l'attenzione [gli sguardi] di *qlcu.*, dare nell'occhio a *qlcu.*
目を細める ¶おじいさんは孫の姿を見て, 目を細めた. Il nonno ha sorriso guardando il suo nipotino. ¶娘の成長に親は目を細めている. I genitori guardano con occhi felici la crescita della figlia.
目を丸くする sgranare [spalancare] gli occhi per la meraviglia ¶目を丸くして見る guardare *ql.co.* [*qlcu.*] con gli occhi sgranati [con gli occhi fuori dalle orbite]
目を回す (1) 《気絶する》 perdere i sensi (2) 《ひどく忙しい》→目が回る (3) 《ひどく驚く》 ¶物価の高いのには目を回した. Sono rimasto sbalordito dall'alto costo della vita.
目をむく ¶両親は息子に目をむいて怒った. I genitori rivolsero al figlio uno sguardo furioso.
目を向ける dirigere [volgere] lo sguardo verso *ql.co.* ¶教育問題に目を向ける volgere l'attenzione al problema dell'istruzione
目をやる ¶遠くに目をやる guardare lontano

め 芽 germe⊕; 《硬い》 gemma⊕; 《つぼみ》 bocciolo⊕; 《若枝 a》 germoglio⊕ [複 *-gli*], getto⊕; 《実生の苗》 pianticella⊕ ¶芽が出る 《植物が主語で》germogliare⊕ [*es, av*] / gettare⊕ [*av*] / sbocciare ¶芽を出す 《ふく》 mettere le gemme ¶木の芽がふくらんできた. Gli alberi stanno germogliando.
[慣用] **芽が出る** ¶彼は芽が出てきた. 《運が向いて来る》La fortuna ha cominciato a sorridergli. ¶才能が開花する⊕ Il suo genio è sbocciato. ¶この商売を始めて芽が出るまでに10年かかった. Ci sono voluti dieci anni perché questo commercio cominciasse a dare i suoi frutti.
芽を摘む distruggere *ql.co.* in germe ¶陰謀の芽を摘む stroncare un complotto sul nascere / soffocare il germe del complotto ¶才能の芽を摘む bloccare lo sviluppo del talento di *qlcu.*

-め -目 1 《順序》 ¶右から5人目が田中さんだ. Il quinto (a partire) da destra è il sig. Tanaka. ¶私は7人兄弟の3人目です. Sono il terzo di sette fratelli. ¶彼が生まれてから3年目に母親が死んだ. Sua madre è morta tre anni dopo la sua nascita.
2 《程度》 ¶小さめの piuttosto piccolo
3 《場所・時などの一点》 ¶変わり目 svolta decisiva / momento critico ¶ひもの結び目 nodo della corda ¶氷の割れ目 spaccatura del ghiaccio

めあたらしい 目新しい nuovo, 《独創的》 originale ◇目新しさ novità⊕; sapore⊕ della novità ¶目新しいもの cosa nuova / novità / originalità ¶この製品も目新しさがうすれてきた. Questo prodotto ha perso l'impatto della novità.

めあて 目当て 1 《目印》 punto⊕ di riferimento ¶その星を目当てに進んだ. Hanno proceduto sotto la guida di quella stella.
2 《目的, ねらい》 fine⊕, obiettivo⊕, scopo⊕ ¶金目当てに働く lavorare per denaro ¶お目当ての人はいなかった. La persona che avrei voluto vedere [che cercavo] non c'era.

めい 明 ¶彼には先見の明がある. È previdente [lungimirante].
めい 姪 nipote⊕ 《「孫」もさす》 →家系図
めい 銘 1 《作品に記された作者名》 ¶作品に銘を打つ mettere l'autografo su [firmare] un'opera d'arte **2** 《碑銘》 iscrizione⊕; 《墓碑銘》 epitaffio⊕ [複 *-i*] ¶石に銘を刻む incidere un'iscrizione su una pietra **3** 《戒めの言葉》 motto⊕, massima⊕ ¶座右の銘 il *proprio* motto (favorito)

めい- 名- 《有名な》 famoso, celebre, illustre; 《偉大な》 grande; 《優れた》 eccellente, ottimo; 《見事な》 magnifico⊕ [複 *-ci*] ¶名選手 ottimo giocatore ¶名料理人 cuoco rinomato ¶名監督 《映画の》 famoso regista / grande maestro cinematografico ¶名演奏 una memorabile [superba] esecuzione ¶名演説 un discorso magnifico
-めい -名 1 《人数》 ¶このバスには80名乗れる. In questo autobus c'è posto per ottanta persone. **2** 《名前》 ¶学校名 nome della scuola ¶駅名 nome della stazione

めいあん 名案 buona idea⊕ ¶名案が浮かぶ 《人が主語》farsi venire in mente un'ottima [un'eccellente] idea

めいあん 明暗 luci⊕ [複] ed ombre⊕ [複] ¶この絵は明暗がはっきりしている. In questo quadro c'è un netto contrasto di luci ed ombre. ¶それはまさに世相の明暗を物語っている. Ciò mostra

chiaramente le vicissitudini della vita.
[慣用] **明暗を分ける** ¶その１球が試合の明暗を分けた. Quell'unico lancio ha deciso le sorti della partita.
✤**明暗法**〘美〙chiaroscuro[男], ombreggiatura[女]
めいい 名医 medi*co*[男][複 -*ci*] illustre
めいうつ 銘打つ ¶決定版と銘打った全集 la conclamata edizione definitiva delle Opere complete
めいうん 命運 fato[男], destino[男], sorte[女]
めいおうせい 冥王星 〘天〙Plutone[男]
めいか 名花 **1**《美しい花》bel fiore[男] **2**《美人》celebre bellezza[女] ¶彼女はパリ社交界の名花とうたわれた. È stata celebrata come la bella della società mondana parigina.
めいか 名家 **1**《名門》famiglia[女] famosa [celebre / illustre] ¶彼は名家の出である. Discende da una famiglia illustre. **2**《名士》eminente [illustre] personag*gio*[男][複 -*gi*]；《大家》gran maestro[男][[女] *grande maestra*]
めいか 名歌 eccellente poesia[女] [*tanka*[男][無変]]
✤**名歌選** antolo*gia*[女][複 -*gie*] di poesie
めいが 名画 《優れた絵画》capolavoro[男] pitto*rico*[複 -*ci*]；《有名な》quadro[男] famoso；《優れた映画》film[男][無変] celebre, capolavoro[男] cinematogra*fico*[複 -*ci*] ¶往年の名画 un classico del cinema
めいかい 冥界 Inferi[男][複]；l'altro mondo[男]；〘ギ神〙Ade[男]
めいかい 明快 ◇**明快な**《はっきりして分かりやすい》chiaro, esplicito, nitido ◇**明快に** chiaramente, esplicitamente ¶実に明快に説明してある. La spiegazione è molto chiara.
めいかく 明確 ◇**明確さ** chiarezza[女]；precisione[女], esattezza[女] ◇**明確な**《はっきりした》chiaro; netto;《明白・率直な》esplicito;《的確な, 正確な》preciso, esatto ◇**明確に** chiaramente; nettamente; esplicitamente; precisamente ¶明確な答え risposta chiara ¶この点を明確にする必要がある. È necessario chiarire questo punto. ¶彼の説明は明確さを欠いている. La sua spiegazione「manca di chiarezza [è ambigua].
めいがら 銘柄 **1**《商品の》marca[女] (di un prodotto) ¶銘柄を指定する specificare [indicare] la marca desiderata **2**《株式の》titolo[男] ¶特定銘柄 titolo specificato
✤**銘柄品** prodotti[男][複] delle migliori marche
めいき 名器 《器具》utensile[男] raro [famoso / celebre]；《楽器》strumento[男] musicale famoso ¶ストラディバリウスの名器 un famoso Stradivari
めいき 明記 ◇**明記する** scrivere esplicitamente;《条文などで明確に述べる》specificare ¶契約書に明記されているように come specificato nel contratto
めいき 銘記 ◇**銘記する** imprimersi *ql.co.* nella mente ¶銘記すべき事 cosa da ricordare [da tenere a mente] ¶お言葉は心に銘記しておきます. Terrò a mente le sue parole.
めいぎ 名義 ¶自分の名義の使用を許す autorizzare l'uso del *proprio* nome ¶名義を貸す fare il [da] prestanome ¶財産は息子の名義になっている. I miei beni sono「a nome di [intestati a] mio figlio.
✤**名義書換え**《証券などの》trasferimento[男] [cessione[女] / trapasso[男]] di titoli
名義書換え証書 atto[男] di trapasso [di cessione]
名義人《口座・クレジットカードなどの》titolare[男][女];《株の》intestata*rio*[男][[女] -*ia*; [男]複 -*i*] di titoli
めいきゅう 迷宮 labirinto[男], meandri[男][複], dedalo[男]
[慣用] **迷宮入り** ¶事件は迷宮入りになった. Il caso è stato archiviato senza essere risolto.
めいきょうしすい 明鏡止水 ¶明鏡止水の心境 stato d'animo sereno
めいきょく 名曲 brano[男] musicale famoso, pezzo[男] clas*sico*[複 -*ci*]；capolavoro[男] musicale, musica[女] famosa
めいく 名句 **1**《有名な文句》frase[女] celebre [famosa] **2**《すぐれた・有名な俳句》 ¶芭蕉の名句 un celebre *haiku* di Basho
めいくん 名君・明君 re[男][無変] [monar*ca*[男][複 -*chi*] / sovrano[男]] illuminato
めいげつ 名月 ¶中秋の名月 plenilunio più vicino all'equinozio d'autunno
めいげつ 明月 luna[女] piena e luminosa
めいげん 名言 《当を得た言葉》osservazione[女] opportuna e assennata;《有名な言葉》detto[男] celebre ¶古くからの名言 un antico detto ¶それは名言だ. Questa è una battuta [frase] appropriata. / Hai detto proprio bene.
めいげん 明言 affermazione[女] esplicita ◇**明言する** dire [affermare] esplicitamente ¶その件について明言を避けた. Ha evitato una dichiarazione esplicita su quel caso.
めいさい 明細 dettagli[男][複], particolari[男][複], specificazioni[女][複] ¶見積もり費用の明細はここに記してあります. I costi previsti sono qui specificati. ¶事の経過を明細に書き記した. Ho annotato dettagliatamente i fatti.
✤**明細書**《勘定などの》distinta[女];《仕様書》specificazione[女], descrizione[女] particolareggiata ¶設計明細書 istruzioni [spiegazioni] particolareggiate per l'esecuzione del progetto ¶支出明細書 nota delle spese
めいさい 迷彩 mimetizzazione[女] ¶迷彩を施したトラック camion[男][無変] mimetizzato
めいさく 名作 clas*sico*[男][複 -*ci*], capolavoro[男], opera[女] famosa [celebre] ¶名作中の名作 il capolavoro dei capolavori
めいさん 名産 prodotto[男] tipi*co*[複 -*ci*] [famoso] ¶この地方の名産は絹織物だ. Il prodotto tipico di questa zona è la seta.
めいし 名士 personag*gio*[男][複 -*gi*] celebre [famoso], celebrità[女], personalità[女] ¶当代の名士 eminente figura del nostro tempo ¶政界の名士 celebre statist*a*[[男]複 -*i*]
めいし 名刺 biglietto[男] da visita ¶名刺を出す dare [presentare] il biglietto da visita ¶名刺を交換する scambiarsi i biglietti da visita
✤**名刺入れ** astuc*cio*[男][複 -*ci*] per biglietti da visita
名刺受け《盆形の》vasso*io*[男][複 -*i*] per biglietti da visita
名刺判《写真の》formato[男] fotogra*fico*[複 -*ci*] di

め

cm 8,3 × 5,4

めいし 名詞 〔文法〕 nome[男], sostantivo[男] ◇名詞の nominale ¶普通[抽象 / 固有 / 集合]名詞 nome comune [astratto / proprio / collettivo] ¶男性[女性]名詞 nome (di genere) maschile [femminile] ¶名詞の形容詞的用法 uṣo di un nome [sostantivo] aggettivato

✤**名詞化** ◇名詞化する sostantivare

名詞句[節] fraṣe[女] [propoṣizione[女]] nominale

めいし 明視 viṣibilità[女] chiara [distinta]

✤**明視距離** distanza[女] di viṣibilità

めいじ 明示 ◇明示する preciṣare ¶許可証を明示のこと. L'autorizzazione deve essere chiaramente esposta [viṣibile].

めいじいしん 明治維新 Restaurazione[女] [Riforma[女]] Meiji (◆ processo che ha portato alla formazione del Giappone come stato moderno e che ha imposto la restaurazione dell'autorità imperiale)

めいじつ 名実 ¶名実ともに di nome e di fatto / sia di nome che di fatto ¶名実相伴う大政治家 un grande statista degno di questo nome

めいしゃ 目医者 oculist*a*[男][女] [[男]複 *-i*] ; oftalmolo*go*[男] [[女] *-ga*; [男]複 *-ghi*]

めいしゅ 名手 ¶彼は尺八の名手だ. È un eccellente suonatore di *shakuhachi*.

めいしゅ 盟主 capo[男] di un'alleanza [di una lega]

めいしゅ 銘酒 *sakè*[男] [無変] di qualità superiore

めいしょ 名所 luo*go*[男] [複 *-ghi*] famoso per il suo paeṣaggio [per le sue antichità] ¶吉野は桜の名所である. Yoshino è famosa per la fioritura dei ciliegi.

✤**名所旧跡** luoghi[男] [複] famosi per le bellezze naturali e per le vestigia del passato

めいしょう 名称 nome[男]; denominazione[女]

めいしょう 名勝 luo*go*[男] [複 *-ghi*] famoso per il suo paeṣaggio

めいじょう 名状 ◇名状しがたい indescrivibile, indefinibile, inesprimibile, indicibile ¶名状しがたい惨状 catastrofe indescrivibile [indicibile]

めいじる 命じる **1**《命令する》 ordinare [dare (un) ordine] 《に a》 ¶上司は彼にすぐ出発するように命じた. Il suo superiore gli ha ordinato di partire subito. **2**《任命する》 nominare, designare ¶彼は調停委員を命じられた. L'hanno nominato membro del comitato di mediazione.

めいしん 迷信 superstizione[女] ◇迷信的(な) superstizioso ¶迷信を打破する vincere [abbattere] le superstizioni ¶イタリアにははしごの下を歩くと縁起が悪いという迷信がある. In Italia si crede che porti male passare sotto una scala a pioli.

めいじん 名人 **1**《技芸に優れた人》 espert*o*[男] [[女] *-a*] ; 《楽器などの》 grande eṣecu*tore*[男] [[女] *-trice*] ¶うそつきの名人 un bugiardo incallito [matricolato] ¶釣りの名人になる diventare un esperto [《女性が主語》 un'esperta] nella pesca **2**《碁・将棋などの》 grande campion*e*[男] [[女] *-essa*]

✤**名人芸** eṣecuzione[女] magistrale [da gran maestro]

名人肌[気質] mentalità[女] [spirito[男]] da grande maestro

めいせい 名声 《評判》 reputazione[女]; fama[女] ¶その作品で彼は名声を博した. Ha ottenuto una grande reputazione [fama] con quell'opera.

めいせき 明晰・明皙 ◇明晰さ chiarezza[女], lucidità[女] ◇明晰な chiaro, lucido ¶頭脳明晰である essere molto intelligent*e* ¶その表現は明晰さを欠く. Questa espressione manca di chiarezza.

めいそう 迷走 ¶台風が迷走している. Quel tifone ha un percorso irregolare. ¶議論が迷走する. La discussione procede a ẓigẓag.

✤**迷走神経** 〔解〕 nervo[男] vago [複 *-ghi*], va*go*[男] [複 *-ghi*], nervo[男] pneumogastri*co* [複 *-ci*]

迷走電流 〔電〕 corrente[女] vagante [parassita]

めいそう 瞑想 meditazione[女], contemplazione[女] ◇瞑想的(な) meditativo, contemplativo ◇瞑想する meditare[自] [*av*] 《について su》, contemplare ¶瞑想にふけっている essere assort*o* in meditazioni

✤**瞑想録** meditazioni[女] [複]

めいた 目板 《金属の》 coprigiunto[男]

めいだい 命題 《数学・論理学で》 propoṣizione[女] ¶定言命題 propoṣizione categorica ¶仮言命題 propoṣizione ipotetica [condizionale]

めいちゅう 命中 messa[女] a segno di un colpo ◇命中する colpire, centrare; fare centro, mettere a segno un colpo ¶弾丸が的に命中しなかった. Il proiettile ha mancato [fallito] il bersaglio. ¶彼の勘が命中した. Il suo sesto senso 「era eṣatto [ha colpito nel segno]. / Ha indovinato eṣattamente.

めいちょ 名著 classi*co*[男] [複 *-ci*] ; 《名高い》 libro[男] famoso, opera[女] famosa; 《優れた》 capolavoro[男]

めいっぱい 目一杯 ¶目一杯がんばった. Ce l'ho messa tutta. / Ho resistito finché ho potuto.

めいてい 酩酊 ubriachezza[女], ebbrezza[女] ◇酩酊する ubriacarsi, ṣbronzarsi

めいてん 名店 negoẓ*io*[男] [複 *-i*] famoso [ben noto]

✤**名店街** strada[女] [galleria[女]] con negozi rinomati

めいど 明度 《色の明るさ》 brillantezza[女], (grado[男] di) luminosità[女]

めいど 冥土 l'altro mondo[男], l'oltretomba[女], l'aldilà[男], il mondo[男] dei morti ¶冥土へ旅立つ andare all'altro mondo / morire ¶祖父は冥土のみやげに私の花嫁姿を一目見たいといつも言っている. Mio nonno dice sempre che prima di morire vuole vedermi in abito da spoṣa.

めいとう 名刀 《優れた》 spada[女] eccellente [pregevole] ; 《有名な》 spada[女] famosa [celebre]

めいとう 名答 ottima risposta[女], risposta[女] impeccabile ¶ご名答. Giusto! / Eṣatto! / È proprio così!

めいどう 鳴動 rimbombo[男] [boato[男]] e tremore[男] ◇鳴動する rimbombare[自] [*av, es*] e tremare[自] [*av*]

めいにち 命日 anniversar*io*[男] [複 *-i*] della morte (di *qlcu.*) ¶明日は祖父の命日だ. Domani è l'anniversario della morte di mio nonno.

めいば 名馬 《優れた》 buon cavallo[男]; 《有名

な) cavallo famoso

めいはく 明白 ◇明白な evidente, ovvio [複 -i], chiaro; 《わかりやすい》comprensibile; 《まぎれもない》inconfondibile ¶明白な事実 un fatto ovvio [evidente] ¶彼の無実は明白だ. Non c'è dubbio che sia innocente. ¶彼がうそを言っているのは明白だ. È chiaro che sta mentendo.

めいひつ 名筆 《書》bella calligrafia; 《画》bel quadro [disegno]

めいびん 明敏 ◇明敏な sagace, perspicace ¶明敏な頭脳の持ち主だ. Ha una mente acuta.

めいふく 冥福 ¶ご冥福を祈ります. Prego affinché la sua anima possa riposare in pace.

めいぶつ 名物 specialità locale, prodotto tipico [複 -ci] locale ¶ここの名物はオリーブ油だ. La specialità locale è l'olio d'oliva. ¶村の名物男 la macchietta [uomo noto / uomo popolare] di un villaggio ¶白い砂浜がこの地方の名物だ. Le bianche spiagge sono un richiamo turistico per questa zona. / Questa zona è famosa per le sue bianche spiagge.

めいぶん 名文 《優れた》brano scritto in uno stile superbo; 《有名な》brano famoso

✤**名文家** ottimo [eccellente / superbo] scrittore [女 -trice]

名文集 antologia [複 -gie] di brani famosi [scelti]

めいぶん 銘文 iscrizione (su una lapide)

めいぶんか 明文化 ◇明文化する codificare in forma di legge ql.co. ¶その条件は入国管理法に明文化されている. Si tratta di condizioni previste dalla legge sull'immigrazione.

めいぼ 名簿 lista [elenco [複 -chi]] dei nomi; 《出席簿》registro delle presenze; 《登録簿》registro ¶選挙人名簿 registro degli elettori / lista elettorale ¶名前を名簿に載せる inserire un nome in un elenco [una lista]

めいほう 盟邦 alleato, paese alleato

めいぼう 名望 fama, buona reputazione

✤**名望家** persona di grande fama

めいみゃく 命脈 ¶彼の会社は辛うじて命脈を保っているにすぎない. La sua azienda riesce a malapena a sopravvivere. ¶内閣の命脈は絶たれようとしている. La vita del governo è appesa ad un filo.

めいめい 命名 ◇命名する dare un nome 《に a》; 《洗礼で》battezzare qlcu. ¶…と命名する dare [imporre] il nome di... ¶赤ん坊をジョヴァンニと命名した. Abbiamo battezzato il bambino col nome di Giovanni.

✤**命名式** (cerimonia del) battesimo

命名法 nomenclatura

めいめい 銘銘 ognuno [女 -a], ciascuno [女 -a] ◇銘銘の (各自の) rispettivo, ogni, (個々の) individuale ¶火事を起こさないようにめいめいが気をつけなさい. Fate tutti attenzione a non provocare un incendio. ¶昼食はめいめいが持参する. Ognuno deve portarsi il proprio pranzo. ¶テーマの選択にはめいめいの好みが表われている. La scelta degli argomenti ha denotato [ha reso manifeste] le preferenze individuali [di ciascuno]. ¶めいめいの意見を聞こう. Ascolteremo le loro singole opinioni.

✤**銘銘皿** piattini [複] con cui ognuno si serve dal piatto principale di portata

めいもく 名目 **1** 《名称, 呼び方》nome; 《称号, 肩書き》titolo ¶名目上の nominale ¶彼は名目だけの社長だ. È presidente solo di nome (e non di fatto). **2** 《口実》pretesto, scusa ¶農業の研究という名目でヨーロッパへ出かけた. È partito per l'Europa col pretesto di svolgere una ricerca agricola.

✤**名目価値** 《金融》valore nominale

名目国民所得 《経》reddito nazionale nominale

名目賃金 salario [複 -i] nominale [monetario]

めいもん 名門 ¶名門の出である essere di [discendere da una] nobile famiglia / essere di prestigiosa [influente] famiglia

✤**名門校** scuola prestigiosa [celebre / famosa] ¶ラグビーの名門高校 liceo famoso per la sua ottima [forte] squadra di rugby

めいやく 名訳 《優れた》eccellente traduzione; 《有名な》famosa traduzione

めいやく 盟約 《誓約》voto; 《協定》patto; 《同盟》alleanza ¶盟約を結ぶ stipulare [concludere] un patto [un'alleanza] 《と con》

めいゆう 名優 《優れた》grande attore [女 -trice]; 《有名な》famoso attore [女 -trice]

めいゆう 盟友 amico [複 -ca; 女 -ci] fedele [fidato / fino alla pelle]

めいよ 名誉 onore ◇名誉ある onorato, onorevole ¶名誉を挽回する riabilitare qlcu. /《自分の》riabilitarsi / riacquistare l'onore ¶彼は家族の名誉だ. Lui è l'onore [il fiore all'occhiello] della sua famiglia. ¶名誉を汚す macchiare l'onore di qlcu. ¶名誉を傷つける offendere [ledere] l'onore di qlcu. ¶名誉を重んじる avere un profondo senso dell'onore ¶名誉ある地位 posizione di prestigio / posizione onorevole ¶私の名誉にかけて君に誓う. Te lo giuro sul mio onore. ¶名誉にかけてもこの仕事はやりとげる. Sarà per me un punto d'onore portare a termine questo lavoro.

✤**名誉会長** presidente onorario [複 -i]

名誉毀損 《法》diffamazione

名誉教授 professore [女 -essa] emerito [onorario]

名誉市民 cittadino [女 -a] onorario

名誉職 carica onorifica

名誉心 desiderio [複 -i] [amore / sete] di gloria

名誉博士 (称号) laurea 「honoris causa [ad honorem]」

めいり 名利 《名誉と利益》¶名利にきゅうきゅうと 〔超然と〕している inseguire [essere indifferente a] fama e ricchezza

めいりょう 明瞭 ◇明瞭な chiaro; 《はっきりわかる, 明白な》comprensibile, esplicito; 《他と区別できる》distinto ◇明瞭に chiaramente, esplicitamente, distintamente ¶明瞭な発音 pronuncia chiara [distinta] ¶意味は極めて明瞭だ. Il significato è più che chiaro.

めいる 滅入る 《人が主語で》essere depresso [abbattuto / triste / giù di morale] ¶気が滅入

るような音楽 musica deprimente [malinconica] ¶気が滅入る。Mi sento demoralizzato.

めいれい 命令 **1**《命ずること》ordine男;《権威者の発する絶対的な》comando男;《指示》istruzioni女[複], direttive女[複];《プログラミングの》istruzione女 ◇命令する ordinare a qlcu. (di +不定詞), dare ordini a qlcu.; comandare qlcu.; dare istruzioni a qlcu. ◇命令的 imperativo;《断固とした》perentorio [男複 -i] ¶〈人〉の命令を受ける prendere [ricevere] ordini da qlcu. ¶命令に従う eseguire [adempiere] un ordine ¶命令に背く disubbidire a un ordine ¶命令口調で話す parlare con tono autoritario ¶彼は部下にすぐやれと命令した。Ha ordinato ai suoi dipendenti [uomini] di farlo subito. ¶大佐は攻撃命令を出した。Il colonnello ha dato l'ordine di attaccare. ¶命令どおりにしなさい。Fa' come ti è stato ordinato. **2**《行政機関・裁判所の》decreto男
❖命令形《文法》forma女 imperativa
命令系統 vie女[複] (gerarchiche) del comando
命令実行時間《コンピュータ》tempo男 di esecuzione (di istruzione)
命令文《文法》proposizione女 imperativa
命令法《文法》modo男 imperativo, imperativo男

めいろ 迷路 labirinto男, dedalo男 ¶迷路に迷い込んだ。Mi sono perso in un labirinto. (▶比喩的な意味でも用いる)

めいろう 明朗 ◇明朗な《明るく朗らかなこと》lieto e vivace, gioviale e allegro;《うそやごまかしのないこと》pulito; sereno, leale ¶明朗な政治 politica onesta ¶明朗なやり方 correttezza / lealtà ¶明朗会計 conti trasparenti

めいろんたくせつ 名論卓説 eccellenti argomentazioni女[複] e brillanti teorie女[複]

めいわく 迷惑 disturbo男, fastidio男[複 -i], molestia女, scocciatura女;《不便なもの、こと》incomodo男 ◇迷惑な fastidioso, molesto, seccante, scocciante ◇迷惑する ricevere seccature [scocciature / fastidi] 《に da》, essere infastidito [disturbato] 《に da》
¶迷惑をかける disturbare [importunare / infastidire / scocciare] qlcu. ¶君がそんなことをすれば田中さんに迷惑がかかるよ。Se fai una cosa simile, metterai nei guai il [darai molto disturbo al] sig. Tanaka. ¶隣のテレビの音に迷惑している。Sono infastidito dal televisore dei vicini. ¶いい迷惑だ。È una bella seccatura [scocciatura]! / Che rompimento di scatole! ¶ご迷惑でなければ se non Le reca troppo disturbo ¶決してご迷惑になるようなことはしません。Le assicuro che non Le arrecherò alcun disturbo. ¶ご迷惑をおかけして申し訳ありません。Ci scusiamo per il disturbo arrecato [《不便》per l'inconveniente].

メイン →メーン

めうえ 目上《自分より地位が上》superiori男[複];《年上》le persone女[複] più anziane

めうち 目打ち **1**《穴をあけること》perforazione女;《切手の孔線》dentellatura女;《布地にあける小穴》occhiello男, asola女 ¶目打ちのある紙 carta perforata **2**《穴あけ器》perforatrice女;《工具》punteruolo男, punzone男;《裁縫道具》(macchina女) occhiellatrice女

めうつり 目移り ¶いろいろあって目移りした。C'erano così tante cose che non sapevo cosa scegliere.

メーカー 〔英 maker〕produttore男, fabbricante男 ¶メーカー品 prodotti di marca

メーキャップ 〔英 makeup〕trucco男[複 -chi]
❖メーキャップアーティスト truccatore男[女 -trice], visagista男 -i

メーク →メーキャップ ◇メークする truccarsi;《人に》truccare ¶メークする[で]nuovo trucco ¶メークを落とす struccarsi / togliersi il trucco
❖メーク係《映・テ・劇》truccatore男[女 -trice]

メーター 〔英 meter〕**1**《長さの単位》metro男 **2**《計器》contatore男;《タクシーの》tassametro男 ¶ガス[電気]のメーターを調べる leggere il contatore del gas [della corrente elettrica] ¶タクシーのメーターを倒す mettere in funzione [far partire] il tassametro ¶あとちょっとというところでタクシーのメーターが上がった。Il tassametro è scattato un istante prima che arrivassimo.
❖メーター検査員 letturista男女[男複 -i]
メーター使用量 quantità女 misurata con [consumo男] registrato da] un contatore

メーデー 〔英 May Day〕il Primo男 Maggio, la Festa女 dei Lavoratori

メード 〔英 maid〕domestica女, donna女 di servizio, colf女[無変] (▶collaboratrice familiare男) cameriera女

メートル 〔仏 mètre〕《長さの単位》metro男;《記号》m ◇メートル(制)の metrico[男複 -ci] ¶100メートル競走 gara dei 100 metri piani ¶長さ3メートル。È lungo tre metri.
慣用 メートルを上げる ¶彼らはだいぶメートルを上げている。《酒に酔って騒いでいる》L'alcol bevuto li ha resi euforici.
❖メートル原器 metro男 campione
メートル法 sistema男 metrico
メートル毎秒《速さの単位》metri男[複] per secondo;《記号》m/s

めえめえ 〔擬〕bè bè;《めえめえと鳴く声》belato男 ¶めえめえ鳴く belare自[av]

メーラー 〔英 mailer〕《コンピュータ》programma男[複 -i] di posta elettronica

メーリングリスト 〔英 mailing list〕《コンピュータ》〔英〕mailing list男[無変], lista女 di diffusione

メール 〔英 mail〕《コンピュータ》〔英〕e-mail [iméil]男女[無変], 〔英〕mail女, messaggio男[複 -gi] di posta elettronica
❖メールアドレス《コンピュータ》indirizzo男 e-mail [di posta elettronica]
メールサーバー《コンピュータ》〔英〕mail server男[無変]
メールボックス《コンピュータ》casella女 di posta elettronica;〔英〕mailbox [meɪlbɔks]男[無変] ¶メールボックスの容量が一杯になった。La casella postale è piena.
メールマガジン《コンピュータ》rivista che si riceve tramite e-mail

メーン 〔英 main〕◇メーンの principale
❖メーンアンプ amplificatore男 principale
メーンイベント attrazione女 principale

メーンスタンド tribuna® coperta [d'onore]
メーンストリート strada® principale
メーンディッシュ portata® principale;《肉・魚料理の》il secondo®
メーンテーブル tavolo® d'onore
メーンバンク 〖経〗banca® di riferimento
メーンフレーム 〖コンピュータ〗unità® centrale di elaborazione;《略》UCE [útʃe]®
メーンマスト albero® maestro
メーンメモリー 〖コンピュータ〗memoria® principale

めおと 夫婦 marito e moglie® [複 -gli]
❖夫婦茶碗 coppia® di tazze da tè [di ciotole da riso] per lui e per lei
メガ- 〔英 mega-〕mega-
❖メガオーム 〖電〗megaohm® [無変];《記号》MΩ
メガサイクル megaciclo®
メガトン megaton® [無変], megatone®
メガバイト 〖コンピュータ〗〔英〕megabyte® [無変]
メガヘルツ megahertz® [無変];《記号》MHz
メガワット 〖電〗megawatt [megawatt]® [無変];《記号》MW
めかくし 目隠し **1**《目を覆うもの》benda® (per gli occhi);《馬の》paraocchi® [無変] ¶〈人〉に目隠しをする bendare (gli occhi a) qlcu. / mettere una benda [le mani] sugli occhi di qlcu. **2**《遮蔽（しゃへい）物》¶窓に目隠しをつけるmettere le tende ad una finestra ¶この木は目隠しになる. Quest'albero ci ripara dagli sguardi dei passanti.
めかけ 妾 amante®, mantenuta®, concubina® ¶妾を囲う mantenere un'amante
めがける 目がける ¶獲物を目がけて銃を構える puntare il fucile contro la selvaggina ¶本塁目がけて疾走した. Ha sfrecciato verso la casa base.
めかしこむ ¶晴れ着を着てめかしこんでいる. Si è agghindata col suo abito più bello.
めがしら 目頭 ¶ハンカチで目頭を押さえる asciugarsi le lacrime con un fazzoletto ¶目頭の熱くなるような話 storia commovente [strappalacrime] ¶目頭が熱くなった. Gli occhi mi si sono velati [riempiti] di lacrime.
めかた 目方 peso® ◇目方で a peso ¶あの店は牛肉の目方をよくごまかす. In quella macelleria vendono carne di manzo rubando sul peso. ¶目方売りの人 carote sfuse
メカニズム 〔英 mechanism〕meccanismo®
メカニック 〔英 mechanic〕**1**《車・機械などの整備員》meccanico® [複 -ci] **2**《機構》meccanismo® **3**《動きなどが機械的な》◇メカニックなmeccanico [®複 -ci]

めがね 眼鏡 **1** occhiali® [複] (► un paio di, due paia di...と数える);《片めがね》monocolo®;《親》caramella®;《ゴーグル》occhiali di protezione;《水中めがね》occhialini® [複] da nuoto ¶めがねのフレーム [ブリッジ / レンズ / つる / 鼻当て] montatura [ponticello / lente® / stanghetta / naselli] di occhiali ¶縁なしめがね occhiali senza montatura ¶近視用 [遠視用] のめがね occhiali per miopi [per presbiti] ¶度の強い [弱い] めがね occhiali forti [deboli] / occhiali di gradazione forte [debole] ¶鼻めがね →見出し語参照 ¶色めがね →見出し語参照 ¶めがねを掛ける [掛けている / 外す] mettersi [portare / togliersi] gli occhiali ¶めがねを掛けた人 persona con gli occhiali ¶めがね越しに私を見た. Mi ha guardato da sopra gli occhiali. ¶めがねの度が合わない. Le lenti di questi occhiali non sono adatte alla mia vista. **2**《鑑識眼》giudizio® ¶彼のめがねなら確かだろう. Darà certamente un giudizio accurato. 〖慣用〗めがねにかなう ¶監督の（お）めがねにかなって主役に起用された. Apprezzato dal regista, è stato scelto come protagonista.
めがね違い ¶とんだめがね違いだった. Ho commesso un grosso errore di giudizio [di valutazione].
❖めがね入れ astuccio® [複 -ci] per occhiali, portaocchiali® [無変]
メガネザル 〖動〗tarsio® [複 -i]
めがね橋 ponte® a due arcate
めがね屋《店》negozio® [複 -i] di ottica;《人》ottico® [®-ca; ®複 -ci]
メガホン 〔英 megaphone〕megafono® ¶メガホンで指示を出す dare le istruzioni col megafono
めがみ 女神 dea®
メガロポリス 〔英 megalopolis〕megalopoli® [無変]
めきき 目利き giudizio® [複 -i], valutazione®, stima®;《人》giudice®, intenditore® [®-trice], esperto® [®-a] ◇目利きをする giudicare, stimare, valutare ¶彼は書画骨董の目利きにかけては第一人者だ. È un ottimo intenditore di oggetti d'arte e d'antiquariato.
めきめき《目立って》notevolmente, sensibilmente, considerevolmente;《早く》rapidamente ¶めきめき絵が上達した. Ha fatto considerevoli [notevoli / visibili] progressi nella pittura.
めキャベツ 芽キャベツ 〖植〗cavolo® di Bruxelles;《食用部分》cavoletti® [複] di Bruxelles
-めく ¶皮肉めいた話し方 modo di parlare dal tono ironico [sarcastico] ¶彼女の口の利き方には意地悪めいたところがある. Nelle sue parole c'è un tocco di malizia. ¶だいぶ春めいてきました. Si sente che la primavera si sta avvicinando.
めくじら 目くじら ◇目くじらを立てる《わずかなことに腹を立てる》arrabbiarsi per un nonnulla [per inezie]
めぐすり 目薬 gocce® [複] per gli occhi, collirio® [複 -i] ¶目薬をさす mettersi il collirio / mettersi le gocce negli occhi
めくそ 目糞 cispa®,《俗》caccola® degli occhi
〖慣用〗目くそ鼻くそを笑う "La padella dice al paiuolo: fatti in là che mi tingi."
めくばせ 目配せ ◇目くばせする ammiccare® [av], strizzare l'occhio, fare un cenno [un segno] con gli occhi ¶〈人〉に…するように目くばせする ammiccare a qlcu. "di+不定詞 [che+接続法] ¶互いに目くばせした. Si sono fatti l'occhiolino in segno d'intesa.
めくばり 目配り ◇目配りする stare in guardia [all'erta], sorvegliare, vigilare®,®[av]

めぐまれる 恵まれる ¶恵まれた人生 vita agiata e felice ¶恵まれた環境に育つ essere cresciuto in un ambiente favorevole [buono] / essere cresciuto nell'agiatezza ¶恵まれない家庭の子供たち bambini di famiglie「meno abbienti [disagiate] ¶わが国は海の幸に恵まれている. Il nostro paese è ricco di frutti di mare. ¶旅行はよい天気に恵まれた. Durante il viaggio siamo stati favoriti dal bel tempo. ¶彼は立派な体格に恵まれている. È dotato di un magnifico fisico [un fisico robusto].

めぐみ 恵 **1**《情け》grazia㊛, misericordia㊛;《施し》elemosina㊛, carità, beneficenza㊛ ¶恵みを乞う chiedere la carità [l'elemosina] a qlcu. ¶恵み深い caritatevole / misericordioso ¶お恵みを. Faccia la carità!
2《恩恵》favore㊚, beneficio㊚ [複 -ci] ¶恵みの雨 pioggia provvidenziale ¶天の恵み dono del cielo ¶神の恵みによって per grazia di Dio ¶神の恵みがあなたの上にありますように. Dio ti benedica.

めぐむ 恵む 《恩恵を与える》fare un favore a qlcu.;《施し物を与える》fare la carità a qlcu., dare l'elemosina a qlcu.

めくら 盲 **1**《目が見えないこと》cecità㊛ **2** → 盲人

めぐらす 巡らす **1**《回す》girare, ruotare, roteare ¶こうべをめぐらす girare la testa / voltarsi ¶目をあちこちにめぐらす guardare [guardarsi] intorno **2**《囲む》recintare, circondare ¶生け垣を巡らした家 casa recintata con [da] una siepe **3**《働かせる》¶計略を巡らす tramare / complottare㊚ [av] ¶その娘は彼の言ったことに思いを巡らした. La ragazza ha meditato su quello che aveva detto lui. / La ragazza ha ripensato a quello che lui ha detto.

めぐり 巡り **1**《循環》circolazione㊛ ¶血の巡りが悪い avere disturbi alla circolazione **2**《歴》giro㊚ ¶古都巡りをする fare il giro delle città antiche **3**《周囲》circonferenza㊛

めぐりあい 巡り会い incontro㊚ casuale

めぐりあう 巡り合う incontrare qlcu.;《主語が複数で》incontrarsi per caso; ritrovarsi (dopo tante vicissitudini) ¶彼女は行方知れずだったわが子にめぐり合えた. Si è riunita col figlio disperso.

めぐりあわせ 巡り合わせ ¶不思議な巡り合わせで per una strana combinazione (coincidenza) /《悪いことに》per ironia della sorte ¶これも何かのめぐり合わせでしょう. Questa deve essere la mano del destino. ¶こういうめぐり合わせになっていたんだ. Era scritto così in cielo.

めくる 捲る 《ページなどを》girare, voltare ¶本をぱらぱらとめくる sfogliare un libro ¶カードをめくる scoprire una carta ¶カレンダーをめくる girare le pagine di [scorrere] un calendario /《1枚引きはがす》strappare [staccare] una pagina da un calendario

めぐる 巡る **1**《ぐるりと回る》¶月は地球の周りをめぐる. La luna ruota intorno alla terra.
2《囲む》¶池の周囲を細い道が巡っている. Uno stretto sentiero corre intorno al [circonda il] laghetto.
3《回って元へ戻る》¶春がまためぐってきた. La primavera è tornata. ¶血液は体内をめぐる. Il sangue circola nel corpo [nelle vene].
4《回り歩く》¶ヨーロッパ諸国を巡る1か月の旅行 giro di un mese per vari paesi europei
5《ある問題を中心に》¶遺産をめぐって争う condurre una disputa [una lite] su un'eredità

めくるめく 目眩 ¶めくるめくような光景 spettacolo abbagliante /《幻惑されるような》scena che strega / da far girare la testa

めくれる 捲れる ¶風でスカートがめくれた. Il vento ha sollevato la gonna.

めげる ¶苦労にめげず少年は立派に育った. Nonostante le difficoltà, il ragazzo è cresciuto splendidamente. ¶彼は最近めげている. Ultimamente è giù di「corda [morale].

めこぼし 目こぼし ◇目こぼしする passar sopra a ql.co., chiudere un occhio su ql.co.

めさき 目先 **1**《目の前》¶母の姿が目先にちらつく. Davanti agli occhi (mi) compare l'immagine di mia madre.
2《差し当たり, 当座》¶目先の利益を追う inseguire un guadagno immediato ¶目先のことしか考えない. Pensa soltanto al presente [all'immediato].
3《先», ¶目先が利く essere preveggente [lungimirante] ¶目先が利かない essere miope [imprevidente]
4《様子, 趣向》apparenza㊛, aspetto㊚ ¶目先の変わった insolito / fuori dell'ordinario ¶目先を変える cambiare prospettiva / tentare qualcosa di nuovo
5《相場で》immediato futuro㊚

めざす 目指す・目差す mirare㊚ [av] [aspirare㊛ [av]] a ql.co., avere ql.co. come meta, perseguire uno scopo ¶頂上を目指して登る scalare una montagna per raggiungere la vetta ¶大学を目指して勉強する studiare con il proposito di entrare all'università ¶ゴールを目指して走った. Sono corso verso il traguardo. ¶彼は1等賞を目指している. Mira al primo premio. ¶彼は画家を目指してパリへ向かった. Aspirando a diventare pittore, è andato a Parigi.

使いわけ **aspirare, puntare, mirare**

aspirareを用いるときは, 実現の可能性や, そのための具体的方法などについては問題にしない. それに対し, puntareとmirareは, 具体的な計画の上に, ある目標を達成しようという意志が働くときに用いる.

¶Aspirava a un lavoro migliore. 彼はもっといい仕事をめざしていた.

¶Puntava ad entrare in politica. 彼は政界入りをめざしていた.

めざとい 目敏い **1**《見つけるのが早い》¶彼は群衆の中から目ざとく友人を見つけた. Ha individuato subito l'amico tra la folla. **2**《目が覚めやすい》¶年をとると目ざとくなる. Gli anziani si svegliano per un nonnulla.

めざまし 目覚まし **1**《時計》sveglia㊛ ¶5時半に目覚ましをかけておく mettere [regolare] la sveglia sulle 5.30 (読み方: cinque e mezza) ¶目覚ましが時間に鳴らなかった. La sveglia non

めざましい 目覚ましい 《顕著な》notevole; 《すばらしい》meraviglioso, splendido ¶目覚ましい経済の発展 notevole sviluppo economico ¶目覚ましい業績をあげる riuscire meravigliosamente in un'impresa / ottenere un risultato strepitoso

めざめ 目覚め **1**《目が覚めること》risve*glio*男[複 -gli], sveglia女 ¶目覚めが悪い[よい] svegliarsi male [bene] **2**《自覚》¶良心の目覚め il risveglio della coscienza

めざめる 目覚める **1**《目が覚める》svegliarsi ¶6時に目覚めた. Mi sono svegliato alle sei. **2**《迷いから覚める》redimersi;《本心にかえる》tornare in sé ¶彼は悪から目覚めた. Si è redento e ha abbandonato la cattiva strada. **3**《自覚する》rendersi conto di ql.co., aprire gli occhi su [a / intorno a] ql.co. ¶現実に目覚める aprire gli occhi su una realtà ¶性に目覚める cominciare a sentire l'istinto sessuale

めされる 召される ¶神のもとに召される essere chiamato in cielo

めざわり 目障り **1**《見るのに邪魔》¶工場が目障りでせっかくの湖の眺めがだいなしだ. Se non fosse per la fabbrica, la vista del lago sarebbe stupenda. / La fabbrica rovina la bella vista del lago. **2**《見て不愉快なもの》pugno男 nell'occhio ◇目障りな fastidioso ¶看板が目障りだ. I tabelloni pubblicitari rovinano il panorama.

めし 飯 **1**《ご飯》riso男 (bollito) ¶飯を炊く cuocere [bollire] il riso **2**《食事》pasto男 ¶朝飯 prima colazione / pasto [colazione] del mattino ¶昼飯 pasto di mezzogiorno / seconda colazione / pranzo ¶晩飯 cena / pasto serale ¶飯の支度はまだか. Non è ancora pronto da mangiare? ¶彼は映画を見るのが三度の飯より好きだ. Guardare un film gli piace più di ogni altra cosa. / I film sono la sua grande passione.

[慣用] 飯の食い上げ ¶この仕事がなくなったら飯の食い上げだ. Se perdo il posto morirò di fame.

飯の種 mezzo男 per vivere [di sussistenza] ¶彼は大道で物を売って飯の種にしている. Si guadagna da vivere vendendo varie cose per la strada.

飯を食う《生計を立てる》¶絵では飯が食えない. Non riesco a vivere con la pittura. / Non è possibile vivere di sola pittura.

❖飯炊き《飯を炊く事》cottura女 del riso;《料理人》cuoco男 [女 -ca; 男複 -chi]

飯粒 chicco男 [複 -chi] di riso bollito
飯時 ora女 dei pasti [del pasto]
飯びつ contenitore男 [recipiente男] per riso
飯屋 trattoria女, osteria女

めじ 目地《れんが・タイルの》giuntura女 ¶目地塗り rinzaffatura

メシア 《宗》Messia男 [無変]

めしあがる 召し上がる 《食べる・飲むの尊敬語》¶どうぞケーキを召し上がってください. La prego, si serva del dolce. ¶コーヒーを召し上がりますか. Gradisce [Prende] una tazzina di caffè?

めしあげる 召し上げる ¶彼は領地を召し上げられた. Lo hanno privato del suo territorio.

めした 目下《自分より地位が下》inferiore男女, subordinat*o*男 [女 -a], subaltern*o*男 [女 -a], dipendente男女;《年下》i più giovani男複

めしだす 召し出す ¶殿の御前に召し出された. Fu convocato alla presenza del suo signore.

めしつかい 召使い《家事奉公人》domestic*o*男 [女 -ca; 男複 -ci], servit*ore*男 [女 -trice]; cameri*ere*男 [女 -a];inserviente男女;《総称》servitù女

めしべ 雌蕊《植》pistillo男

メジャー〔英 major〕**1**《主流、一流であること》◇メジャーな《大きな》grande;《有名な》famoso;《主要な》principale **2**《石油の》gigante男 [colosso男] del petrolio **3**《長音階》《音》scala女 [tonalità女] (di) maggiore

❖メジャーリーグ〔英〕Major League女 (lega professionistica di baseball nordamericana)

メジャー〔英 measure〕《計量》misurazione女;《計量器具》strumento男 per misurare;《巻き尺》metro男 a nastro

❖メジャーカップ tazza女 graduata (per dosaggi), misurino男

メジャースプーン cucchia*io*男 [複 -i] misuratore [graduato]

めじり 目尻 coda女 dell'occhio ¶目尻が上がって[下がって]いる avere gli occhi all'insù [all'ingiù] ¶目尻のしわ zampe di gallina (►直訳すると「鶏の足跡」)

[慣用] 目尻を下げる《うれしそうな顔をする》avere un'aria contenta;《男が女に見とれる》fare gli occhi "di triglia [dolci] a qlcu.

めじるし 目印 segno男 ¶地図に目印を付ける fare un segno sulla carta ¶目印になる servire da segno / essere punto di riferimento ¶郵便局を目印においでください. Prenda l'ufficio postale come punto di riferimento quando viene a trovarmi.

めじろ 目白《鳥》zosterope男

❖目白押し ¶申し込みが目白押しだ. Abbiamo ricevuto una valanga di domande.

めす 雌・牝《動物等の雌・牝》femmina女 ¶雌の魚 pesce男 femmina ¶雌犬 cagna ¶雌猫 gatta ¶雄か雌か. È maschio o femmina?

めす 召す ¶殿下がお召しです. Sua Altezza La sta chiamando. ¶お年を召したご婦人方 anziane signore ¶お風邪を召しませんように. Faccia attenzione a non prendere freddo [il raffreddore]. ¶コートをお召しください. Indossi il cappotto, per favore. ¶お気に召しましたか. Le piace? / L'ha gradito?

メス〔蘭 mes〕《医》bisturi男 [無変] ¶電気メス bisturi elettrico ¶患者にメスを入れる operare un paziente

[慣用] メスを入れる ¶問題にメスを入れる sondare a fondo una questione ¶腐敗政治にメスを入れる prendere drastiche misure per far fronte alla corruzione politica

メスフラスコ《化》matracc*io*男 [複 -ci] tarato

めずらしい 珍しい《まれな》raro;《変わった》non comune, fuori dell'ordinario, singolare;《常でない》insolito;《目新しい》nuovo;《貴重な》prezioso ¶珍しい形の花 fiore dalla forma singolare [inu-

めずらしがる 珍しがって con curiosità ¶子供たちはおたまじゃくしを珍しがった. I girini hanno suscitato una grande curiosità nei bambini. ¶彼らは珍しがって私の話を聞いていた. Hanno ascoltato incuriositi la mia storia.

メセナ 〔仏 mécénat〕 mecenatismo男 ¶企業メセナ appoggio alle attività culturali e artistiche da parte delle aziende

めせん 目線 ¶目線を上げる alzare lo sguardo

メソジスト 〔英 Methodist〕《キリ》(プロテスタントの教派) metodismo男; (教徒) metodista男女〔男複 -i〕
✿メソジスト教会 chiesa女 metodista

メゾソプラノ 〔伊〕《音》(音域) mezzosoprano男; (歌手) mezzosoprano男女〔男複 mezzisoprani, mezzi soprani〕;〔女複 mezzosoprano〕

メゾピアノ 〔伊〕《音》mezzopiano男 [無変];〔記号〕mp

メゾフォルテ 〔伊〕《音》mezzoforte男 [無変];〔記号〕mf

めそめそ ◊めそめそ泣く frignare自 [av] / piagnucolare自 [av] ◊めそめそした piagnucoloso ¶めそめそした男 uomo sentimentale ¶めそめそするな. Su con la vita! / Non essere così avvilito!

メソン 〔英 meson〕《物》(中間子) mesone男

めだか 目高《魚》fundulo男

メタげんご メタ言語 《論理》metalinguaggio男 [-gi]

めだつ 目立つ (際立つ) risaltare自 [av], spiccare自 [av], essere notevole, distinguersi; (人目をひく) attirare l'attenzione ◊ (かなりの) notevole, considerevole; (派手な) vistoso, appariscente ◊目立って notevolmente, considerevolmente, sensibilmente; visibilmente; vistosamente ◊目立たせる dare risalto a ql.co. [qlcu.], mettere in evidenza ql.co., evidenziare ql.co. ¶目立ちたがり persona (a) cui piace 「farsi notare [essere al centro dell'attenzione] ¶彼は声が大きいので目立つ. La sua voce alta lo distingue da tutti. ¶目立つほどの変化はない. Non vi sono visibili [notevoli] cambiamenti. ¶目立たないようにそっと部屋を出た. È uscito dalla stanza 「alla chetichella [in silenzio per non dare nell'occhio]. ¶この服はすぐよごれが目立つ. Su questo abito lo sporco si nota subito.

めたて 目立て affilatura女 ¶のこぎりの目立てをする affilare i denti di una sega

メタノール 〔独 Methanol〕→メチルアルコール

めだま 目玉 **1**(眼球) bulbo男 [globo男] oculare; (目) occhio男 [複 -chi] ¶目玉をぎょろつかせる guardarsi attorno sgranando gli occhi **2**(しかられること) rimprovero男 ¶お目玉をくらう essere rimproverato **3**《人目をひく事柄》attrazione principale ¶イベントの目玉 attrazione principale
✿目玉商品 articolo男 civetta [無変] per attirare i clienti

目玉焼き uovo男 [複 uova] al tegamino [all'occhio di bue]

メタモルフォーゼ 〔独 Metamorphose〕《生》metamorfosi女 [無変]

メダリスト 〔英 medalist〕 ¶金メダリスト (persona decorata di) medaglia d'oro ¶彼は100m平泳ぎの金メダリストだ. Lui è la medaglia d'oro dei cento metri a rana.

メタリック 〔英 metallic〕 metallico 〔男複 -ci〕
✿メタリックカラー colore男 metallico

メタル 〔英 metal〕 metallo男
✿メタルテープ nastro男 magnetico [複 -ci] metallico [複 -ci]
メタルフレーム struttura女 metallica

メダル 〔英 medal〕 medaglia女 ¶100メートル競走でメダルを獲得した. Ha vinto la medaglia per i cento metri piani.

メタン 〔独 Methan〕《化》metano男
✿メタンガス gas男 metano

めちゃくちゃ 滅茶苦茶 **1**《道理に合わない》◊めちゃくちゃ《筋が通らない》incoerente, assurdo, illogico 〔男複 -ci〕;《向こう見ずな》avventato, incauto;《度外れな》eccessivo, smodato, esagerato ¶めちゃくちゃな文章 [論法] scritto [argomentazione] incoerente ¶めちゃくちゃな値段 prezzo esorbitante [assurdo / incredibile] ¶彼は言うことなすことめちゃくちゃだ. Le sue parole e le sue azioni sono 「troppo confuse [incoerenti]. ¶この映画はめちゃくちゃでおもしろい.《話》Quel film 「ti prende un casino [è fichissimo].

2《ひどく壊れたり, 乱雑な様子》¶ガラスがめちゃくちゃに割れた. Il vetro è andato in frantumi. ¶あらしで小屋がめちゃくちゃになった. La tempesta ha devastato la baracca. ¶部屋の中がめちゃくちゃだ. La camera è tutta in disordine. / C'è una gran confusione nella stanza. ¶賊はめちゃくちゃに発砲した. Il bandito ha sparato all'impazzata.

メチルアルコール 〔独 Methylalkohol〕alcol男 metilico [複 -ci], metanolo男

メッカ **1**《イスラム教徒の巡礼地》La Mecca女 **2**《あこがれの場所, 中心地》¶ハリウッドは映画のメッカだ. Hollywood è la mecca del cinema.

めっき 鍍金 (金属の) placcatura女; (亜鉛めっき) galvanizzazione女; (金めっき) doratura女 ◊めっきする placcare; dorare ¶金 [銀] めっきの皿 piatto placcato d'oro [d'argento] ¶金めっき

がはげた. La doratura si è staccata. ¶めっきがはげた.《正体が現れた》Finalmente si è rivelato il suo vero carattere.

❖めっきエ placc*atore*㊚[㊛ *-trice*]

めつき 目つき sguardo㊚ ¶恐ろしい目つきで con uno sguardo feroce ¶彼は目つきが悪い. Ha uno sguardo truce [bieco].

めっきり notevolmente, assai, sensibilmente ¶このところめっきり寒くなった. In questi giorni si è fatto sensibilmente più freddo. ¶彼はめっきり白髪がふえた. È diventato visibilmente canuto.

めっきん 滅菌 sterilizzazione㊛ ◇ 滅菌する sterilizzare

❖滅菌ガーゼ garza㊛ sterilizzata

めつけ 目付（行為）sorveglianza㊛;（人）sorvegliante㊚㊛ ¶お目付け役をつとめる controllare [vigilare su] *qlcu.* [*ql.co.*] con attenzione

めっけもの めっけ物 1 →拾い出し物 2《幸運》¶元金が戻っただけでもめっけ物だ. Mi ritengo fortunato di aver recuperato anche solo il capitale.

めっしほうこう 滅私奉公 devozione㊛ incondizionata al *proprio* paese [signore]

メッシュ 〔英 mesh〕 1《網の目》¶メッシュのストッキング calze㊛ a rete ¶メッシュのバッグ borsa intrecciata 2《髪の》〔仏〕mèche [mɛʃ] ¶メッシュにする《自分の髪を》farsi i colpi di sole [le mèches] 3《工》numero㊚ di mesh;《電》griglia㊛

メッセージ 〔英 message〕 messagg*io*㊚[㊵ -gi];《宣言・声明など》dichiarazione㊛ ¶彼にメッセージを伝えてください. Gli faccia pervenire il mio messaggio, per favore.

メッセンジャー 〔英 messenger〕 messaggero㊚[㊛ -a]

❖メッセンジャーボーイ fattorino㊚

めっそう 滅相 ◇ 滅相な《法外な》stravagante;《ばかげた》assurdo

[慣用] 滅相もない ¶滅相もない.《そんなばかな》Non dica sciocchezze [stupidaggini]! /《どうしたしまして》Niente affatto! / Ma no! / Si figuri!

めった 滅多 1《無分別, むやみやたらなこと》 ◇ めったな alla cieca, sconsiderato, futile ¶あの人にはめったなことは言えない. Devo stare attento quando parlo con lui. ¶めったなまねをするんじゃない. Non fare atti avventati.

2《「めったにない」の形で、まれな》¶めったにないチャンスだ. È un'occasione più unica che rara.

3《「めったに…ない」の形で、ほとんど》¶彼は日曜日はめったに家にいない. È difficile trovarlo a casa la domenica. ¶このごろはめったに彼に会わない. Ultimamente lo vedo di rado.

❖めった打ち ¶村人は男をめった打ちにした. Gli abitanti del villaggio hanno picchiato l'uomo di santa ragione [hanno conciato l'uomo per le feste].

めった斬り [切り] ¶〈人〉をめった切りにする menar colpi di coltello a *qlcu.*

めったやたら ◇ めったやたらに《無鉄砲に》avventatamente;《考えないで》sconsideratamente;《激しく》freneticamente;《区別せずに》indiscriminatamente ¶彼は棒をめったやたらに振り回した. Roteava il bastone freneticamente [a dritta e a manca].

めつぶし 目潰し ¶灰で目つぶしを食わした. Gli ho gettato della cenere negli occhi per accecarlo.

めつぼう 滅亡（絶滅）estinzione㊛;（没落）caduta㊛, crollo㊚ ◇ 滅亡する（自然に）estinguersi;（外部の力によって）essere annientato; crollare;（国・文明が）andare in rovina ¶民族の滅亡 estinzione di una razza ¶ローマ帝国の滅亡 la caduta dell'Impero romano

めっぽう 滅法 ¶あいつは滅法強い. Ha una forza eccezionale [tremenda / erculea / straordinaria]. ¶今日は滅法寒い. Oggi fa un freddo tremendo [cane / insopportabile].

めづまり 目詰まり ¶フィルターの目詰まりを防ぐ evitare [impedire] che un filtro si ostruisca

メディア 〔英 media〕 1《媒体, マスメディア》〔英〕media㊚ [無変], mezzo㊚ di comunicazione ¶視聴覚メディア（映画, テレビなど）audiovisivi㊚[複] 2《記録媒体》『コンピュータ』supporto㊚ digitale

めでたい 目出度い 1《喜ばしい》lieto, felice ¶めでたいこと avvenimento felice /《おめでた》lieto evento ¶めでたい結末 lieto fine ¶難問がめでたく解決した. Il difficile problema è stato felicemente risolto. ¶めでたし, めでたし.《おとぎ話などの結び文句》E vissero felici e contenti. /《万事うまくいった》Tutto è andato bene.

2《間抜けな》semplicion*e*㊚[㊛ -a]; sciocc*o*㊚[㊵ -chi], stupido

めでる 愛でる《愛する》amare;《ほめる》ammirare ¶自然の美をめでる ammirare le bellezze della natura

めど 目処（目標）mira㊛, intenzione㊛, scopo㊚;（見通し）prospettiva㊛ ¶仕事のめどがまだつかない. Il programma di lavoro è ancora vago. ¶来月中旬をめどにこの仕事を終わらせます. Finirò questo lavoro per la metà del mese prossimo.

めど 針孔 cruna㊛ dell'ago ¶針のめどに糸を通す infilare il filo nella cruna dell'ago

めとる 娶る ¶妻をめとる ammogliarsi con *qlcu.* / prendere (*qlcu.* in) moglie

メドレー 〔英 medley〕 1《音》〔英〕medley [médli]㊚[無変];〔仏〕pot-pourri [popurri]㊚[無変]; centone㊚, scelta㊛ di arie musicali ¶ …をメドレーで歌う cantare un medley di *ql.co.*

2《スポ》¶200メートル個人メドレー《水泳の》200 individuali misti

❖メドレーリレー《スポ》staffetta㊛ mista ¶400メートルメドレーリレー staffetta 4×100（読み方：quattro per cento）misti

メトロ 〔仏 métro〕 metro㊚ [無変], metrò㊚ [無変], ferrovia㊛ metropolitana, metropolitana㊛

メトロノーム 〔英 metronome〕《音》metronomo㊚ ¶メトロノームにあわせてピアノをひく suonare il piano al tempo del metronomo

メトロポリス 〔英 metropolis〕 metropoli㊛ [無変]

メニエールしょうこうぐん メニエール症候群

《医》sindrome di Ménière

メニュー 〔英 menu〕 **1**《献立表》《仏》menu [menú]男[無変]; menù男, lista女 ¶豪華なメニュー — pasto sontuoso **2**《予定項目》¶これが練習のメニューだ。Questo è il programma di allenamento.

❖**メニューバー**《コンピュータ》barra女 del menu

メヌエット 〔独 Menuett〕《音》minuetto男

めぬきどおり 目抜き通り strada女 [via女] principale [centrale]

めねじ 雌螺子 《機》vite女 femmina;《ナット》dado男

めのう 瑪瑙 《鉱》agata女

めのたま 目の玉 globo [bulbo男] oculare
[慣用] **目の玉が飛び出る** non credere自 [av] ai propri occhi, essere [rimanere自] [es] stupefatto ¶目の玉が飛び出るような金額 prezzo esorbitante [sproporzionato] ¶その指輪は目の玉が飛び出るほど高かった。L'anello è costato un occhio della testa. ¶目の玉が飛び出るほど驚いた。Sono rimasto「sciocato a morte [sbalordito / di stucco].

目の玉の黒いうち finché rimane vita a qlcu. ¶私の目の玉の黒いうちはそんなことは許さないぞ。Finché sono in vita, non ti permetterò di fare questo.

めのまえ 目の前 ◇目の前で in [alla] presenza di qlcu., al cospetto di qlcu., dinanzi [davanti] a qlcu., sotto il naso [gli occhi] di qlcu.
¶〈人〉の悪口を目の前で言う parlare male di qlcu. in sua presenza ¶目の前で戸がぴしゃりと閉まった。Mi hanno sbattuto la porta in faccia. ¶彼の急死の報で目の前が真っ暗になった。Alla notizia della sua morte improvvisa, tutto è sembrato oscurarsi davanti ai miei occhi. / La notizia della sua morte improvvisa è stato un colpo per me. ¶証拠を目の前に突き付けられた。Mi hanno messo le prove proprio sotto il naso. ¶結婚の日が目の前に迫っていた。Il giorno del matrimonio era imminente.

めばえ 芽生え 《芽生えること》il germogliare男;《新芽》germoglio男 [複 -gli] ¶若草の芽生え lo spuntar dell'erba **2**《始まり、きざし》¶愛の芽生え i primi sintomi [la nascita] dell'amore ¶反抗心の芽生え le prime avvisaglie di ribellione

めばえる 芽生える **1**《芽が出る》germogliare自 [es, av]; sbocciare自 [es], spuntare自 [es] **2**《物事が起こる》sorgere自 [es], nascere自 [es], spuntare自 [es] ¶若者の間に新しい思想が芽生えつつある。Un nuovo modo di pensare sta prendendo piede tra i giovani. ¶2人の間に愛が芽生えている。Tra loro due sta nascendo [sbocciando] l'amore.

めはし 目端 ¶目端がきく avere fiuto / avere presenza di spirito / saperci fare

めはな 目鼻 《目と鼻》occhi男[複] e naso;《目鼻立ち》lineamenti男[複] ¶目鼻が整った顔 viso ben proporzionato / volto dai lineamenti regolari

[慣用] **目鼻が付く** prendere forma, concretizzarsi ¶仕事の目鼻が付いた。Il mio lavoro ha preso forma.

目鼻を付ける《大筋を決める》tracciare ql.co. a grandi linee ¶計画に目鼻を付ける時期だ。È ora di concretizzare il progetto.

めばな 雌花 《植》fiore男 pistillifero

めはなだち 目鼻立ち aspetto男, viso男, lineamenti男[複] ¶目鼻立ちの整った di bell'aspetto / dal bel viso / bello / avvenente ¶彼女は目鼻立ちがはっきりしている。Ha i lineamenti ben marcati. /《きれいだ》È bella.

めばり 目張り ◇目張りする chiudere una fessura 《で con》

めばる 目張《魚》scorpena [scorpena]女, scorfano男

めぶく 芽吹く germogliare自 [es, av], gettare自 [av]

めぶんりょう 目分量 misurazione女 a occhio ¶砂糖を目分量ではかる valutare a occhio il peso dello zucchero

めべり 目減り《重さの》diminuzione女 di peso;《量の》diminuzione女 di quantità;《商品の》smarrimento男 ¶インフレで貯金が目減りした。Il valore dei depositi [dei risparmi] è diminuito a causa dell'inflazione.

めぼし 目星 ¶犯人の目星は付いたか。Vi siete fatti un'idea del colpevole? ¶盗みは彼だと最初から目星を付けていた。Fin dall'inizio ho avuto il sospetto che l'avesse rubato lui.

めぼしい ¶今年めぼしい文学作品 le opere letterarie degne di nota di quest'anno ¶部屋の中にめぼしいものは何もなかった。Nella stanza non c'era niente di prezioso [di valore].

めまい 目眩・眩暈 ¶目まいがする avere un capogiro [le vertigini] / sentirsi girare la testa ¶立ち上がったとたん目まいがした。Alzatomi in piedi mi è girata la testa.

めまぐるしい 目まぐるしい ¶目まぐるしい世の中 mondo dal ritmo vertiginoso [frenetico] ¶情勢は目まぐるしく変わっている。La situazione sta mutando con una rapidità incontrollabile.

めめしい 女々しい 《柔弱な》effeminato;《男らしくない》non virile;《いくじのない》senza spina dorsale ¶めめしい男 donnicciola女 / femminuccia女

メモ 〔英 memo〕appunto男 ¶…についてメモをとる prendere appunti di [su] ql.co. ¶思いついたことをメモした。Ha annotato tutto quanto gli passava per la [gli è venuto in] mente.

❖**メモ帳** taccuino男;《紙を切り離せるもの》bloc(k)-notes男[無変]

メモ用紙 fogli男 di carta per appunti

めもと 目元 ¶目元の涼しい少女 ragazza dagli occhi limpidi ¶彼女は目元をほんのり赤らめた。Le si è arrossata leggermente la pelle intorno agli occhi.

めもり 目盛り scala女, graduazione女 ¶温度計の目盛り scala graduata di un termometro ¶この物差にはミリの目盛りがついている。Questo righello è graduato in millimetri.

メモリー 〔英 memory〕memoria女, ricordo男;《コンピュータ》memoria女

❖**メモリーカード**《コンピュータ》〔英 memory card〕女[無変]

メモリープロテクト《コンピュータ》protezione

della memoria
メモリー容量〖コンピュータ〗capacità㊛ di memoria

メモワール〔仏 mémoire〕ricordi㊚[複], memorie㊛[複]

めやす　目安《目標》mira㊛, intenzione㊛, scopo㊚;《基準》standard㊚[無変], punto㊚ di riferimento ¶目安を立てる fissare il *proprio* scopo / stabilire il *proprio* standard

めやに　目脂　cispa㊛ (agli occhi) ¶目やにだらけの目 occhi cisposi

メラニン〔英 melanin〕melanina㊛ ¶日光があたると皮膚のメラニンが増える. Con l'esposizione al sole aumenta la melanina nella pelle.

メラミン〔英 melamine〕《化》melammina㊛
❖**メラミン樹脂**　resine㊛[複] melamminiche

めらめら　¶火がめらめら燃え上がる. Le fiamme divampano.

メランコリー〔英 melancholy〕malinconia㊛, mestizia㊛ ◇メランコリーな malinconico[複 -ci], triste, mesto

メリークリスマス〔英 Merry Christmas〕Buon Natale! / Ti [Le] auguro Buon Natale!

メリーゴーランド〔英 merry-go-round〕carosello㊚, giostra㊛

めりこむ　減り込む　¶弾丸が壁にめり込んだ. La pallottola si è conficcata [si è piantata] nel muro. ¶トラックが泥の中にめり込んでいた. Il camion era impantanato [sprofondato] nel fango.

めりっ　¶床をふむとめりっと音がした. Il pavimento scricchiolava non appena appoggiavi il piede.

メリット〔英 merit〕merito㊚, vantaggio㊚[複 -gi], pro㊚ ¶メリットが大きい[小さい]. I vantaggi sono molti [pochi].

めりはり　¶めりはりの利いた声 voce ben modulata ¶めりはりの利いていない[利いている]文章 frasi「ben ritmate [monotone]

めりめり　¶老木がめりめりと倒れた. Il vecchio albero è caduto con un forte schianto.

メリヤス〔ポ meias〕メリヤスのシャツ maglietta
❖**メリヤス編み**〔英〕jersey [dʒérsi]㊚[無変] ¶表[裏]メリヤス編み maglia diritta [rovescia]

メリヤス地〔英〕jersey㊚[無変] tessuto㊚ a maglia

メルカトルずほう　メルカトル図法《地図投影法》proiezione㊛ [carta㊛] di Mercatore

メルトン〔英 melton〕《毛織物》melton㊚[無変]; tessuto㊚ liscio di lana inglese

メルヘン〔独 Märchen〕favola㊛, fiaba㊛ ¶メルヘンのような家 casetta di marzapane [di pasta di mandorle]

メルルーサ〔ス merluza〕《魚》nasello㊚

メロディー〔英 melody〕melodia㊛ ¶この歌はメロディーがいい. Questa canzone ha una bella melodia.

メロドラマ〔英 melodrama〕dramma㊚[複 -i] sentimentale, melodramma㊚ ◇メロドラマ的な sentimentale; sentimentalistico[㊚複 -ci]; melodrammatico[㊚複 -ci], da melodramma

めろめろ　¶彼も娘のこととなるとめろめろだ. Quando si tratta della figlia, persino a lui vengono gli occhioni dolci. ¶彼は時々, 酔っ払ってめろめろになる. Talvolta è ubriaco fradicio.

メロン〔英 melon〕melone㊚ ¶夕張メロン melone Yubari ¶生ハムのメロン添え prosciutto crudo e melone

めん　面　**1**《顔》faccia㊛[複 -ce], volto㊚, viso㊚ ¶(お)面のいいお人形 bambola con un bel viso
2《仮面》maschera㊛;《剣道などの》maschera㊛ di protezione ¶面をかぶる[外す / つけている] mettersi [togliersi / avere] la maschera ¶ライオンのお面 maschera da [di] leone
3《局面》aspetto㊚, fase㊛;《方面》lato㊚;《観点》punto㊚ di vista;《領域》campo㊚ ¶人生の暗い面 il lato nero [oscuro] della vita ¶経済面で sotto l'aspetto economico / sul piano economico / dal punto di vista economico
4《新聞の紙面》pagina㊛ ¶第1面 prima pagina (di un giornale)
5《表面》superficie㊛[複 -ci, -cie];《平面》piano㊚ ¶箱の上の面 la superficie superiore di una scatola ¶面対称《数》simmetria㊛ piana
6《建築・料理などで, 角(を)》¶面をとる smussare uno spigolo /《宝石のカッティングなど》sfaccettare *ql.co.*
7《剣道の技》colpo㊚ sulla [in] testa
8《数字を表す語の後について》¶バスケットボールのコートを2面とれる体育館 palestra da cui si potrebbero ricavare due campi da pallacanestro
〖慣用〗**面が割れる**(1)《身元がわかる》svelare l'identità (2)《知られる》¶私は面が割れているから, 君が行ってくれ. Vai tu al posto mio, altrimenti mi riconosceranno.

面と向かって　¶面と向かって言う dire *ql.co.* in faccia ¶彼は犯人と面と向かって座った. Si è seduto faccia a faccia col criminale.

めん　綿　cotone㊚
❖**綿花**　cotone㊚ grezzo
綿花栽培　coltivazione㊛ del cotone
綿サテン　rasato㊚ di cotone
綿糸(織り糸) filato㊚ di cotone;《縫い糸》filo [rete㊚] di cotone
綿ネル　flanella㊛
綿ビロード　velluto㊚ di cotone
綿布　tessuto㊚ di cotone

めん　麺　pasta㊛ (lunga)

めんえき　免疫《医》immunità㊛ ¶〈人〉に…に対する免疫をつける immunizzare *qlcu.* da [contro] *ql.co.* (▶ *ql.co.* は病名) ¶はしかにはかかったので免疫がある. Avendo già avuto il morbillo, ne sono immune. ¶私は彼の毒舌には免疫がついている. Sono ormai abituato alle sue parole velenose. / Le sue cattiverie mi lasciano ormai indifferente.

❖**免疫学**　immunologia㊛
免疫学者　immunologo㊚[㊚ -gi, ㊛複 -gi]
免疫期間　periodo㊚ d'immunità
免疫血清　siero㊚ immune
免疫者　persona㊛ immune
免疫性　immunità㊛
免疫体　corpo㊚ immune, anticorpo㊚
免疫注射　inoculazione㊛ immunologica

免疫反応 immunoreazione㊛
免疫不全 immunodeficienza㊛
めんかい 面会 incontro㊚, visita㊛ ◇面会する vedere [incontrare] qlcu., fare una visita a qlcu.;《報道関係者などが》avere un'intervista con qlcu. ¶社長となんとか面会できた. Sono riuscito a parlare col [ad essere ricevuto dal] presidente.

❖**面会時間** orario㊚ [複 -i] delle visite
面会謝絶《掲示》"Non sono ammesse visite" ¶患者は今日は面会謝絶だ. Al paziente non è permesso ricevere visite oggi.
面会人 visitatore㊚ [㊛ -trice]
面会日 giorno㊚ dedicato alle visite;《教育機関の》giorno㊚ di ricevimento (◆イタリアでは大学の先生が学生の質問に個別に応じる時間が設けられている)

めんかやく 綿火薬 fulmicotone㊚
めんきょ 免許 permesso㊚, autorizzazione㊛, licenza㊛ ¶運転免許(状[証]) patente di guida ¶免許停止[取り消し] sospensione [revoca] della patente ¶仮免許(状[証]) permesso temporaneo ¶免許を取得する ottenere un permesso ¶火薬取扱いの免許を持っている avere la licenza per maneggiare gli esplosivi
めんくい 面食い persona㊛ che「guarda l'aspetto [dà importanza all'aspetto] prima di ogni altra cosa
めんくらう 面喰らう《狼狽する》essere sconcertato [confuso];《驚く》essere sorpreso [stupito] ¶不意を打たれてめんくらった. Sono stato colto di sorpresa.
めんざい 免罪 assoluzione㊛, perdono㊚, remissione㊛ di un peccato;《カト》indulgenza㊛ papale ◇免罪する assolvere [perdonare] qlcu.

❖**免罪符** indulgenza㊛
メンシェビキ〔口 Mensheviki〕《政》menscevico㊚ ◇メンシェビキの menscevico㊚ [複 -chi]

❖**メンシェビキ派** menscevismo㊚
めんしき 面識 conoscenza㊛ ¶面識のある人 conoscente㊚ ¶彼とは一面識もない. Non lo conosco affatto.
めんじょ 免除 esenzione㊛, esonero㊚, dispensa㊛ ◇免除する esentare [esonerare / dispensare] qlcu.《から、を da》¶授業料免除 esenzione dalle tasse scolastiche ¶兵役免除 esonero dal servizio militare ¶免除になる《人が主語》essere esentato dalle tasse
めんじょう 免状 ⇒免許, 卒業証書
めんしょく 免職《解雇》licenziamento㊚;《ある任務からの》destituzione㊛ ¶免職にする destituire [licenziare] qlcu.
めんじる 免じる 1《免除する》esentare 2《考え合わせる》¶ふだんの行いに免じて「tenendo conto [in considerazione] del comportamento abituale ¶父親に免じて許してあげよう. Ti perdono per riguardo a tuo padre.
めんしんこうぞう 免震構造 struttura㊛ antisismica
メンス mestruazione㊛
メンズウエア〔英 men's wear〕abiti㊚ [複] da uomo, abbigliamento㊚ maschile
めんする 面する 1《その方向に向く》¶家は南に面している. La casa guarda [si affaccia / è rivolta] a sud. ¶家は通りに面している. La casa dà sulla strada. 2《直面する》¶今, 彼らは危機に面している. Ora sono esposti al pericolo. / Adesso si trovano di fronte a un pericolo.
めんぜい 免税 esenzione㊛ dalle tasse ◇免税の esentasse [無変] ¶医療費を免税にする esentare dalle tasse le spese mediche

❖**免税所得** reddito㊚ esentasse [esente da imposte]
免税点 limite㊚ di esenzione fiscale
免税店 negozio㊚ [複 -i] franco [複 -chi] [in franchigia doganale];[英] duty free shop [djúti frifʃóp]㊚ [無変]
免税品 articolo㊚ esentasse [esente da tasse]
めんせき 免責 esenzione㊛ da responsabilità, immunità㊛

❖**免責金額** somma㊛ non coperta dall'assicurazione
免責条項 clausola㊛ di immunità
免責特権《外交官の》immunità㊛ diplomatica;《国会議員の》immunità㊛ parlamentare
めんせき 面積 superficie㊛ [複 -ci; -cie], area㊛ ¶部屋[床]の面積 superficie d'ingombro ¶土地の面積を測る misurare un terreno ¶この公園の面積は10km²である. Questo parco ha una superficie di 10 km² (読み方: dieci chilometri quadrati).
めんせつ 面接 colloquio㊚ [複 -i], intervista㊛ ◇面接する intervistare qlcu., avere un colloquio con qlcu. (▶「面接を受ける」という意味にもなる)

❖**面接官** intervistatore㊚ [㊛ -trice]
面接試験 esame㊚ orale, colloquio㊚
面接室《会見室》sala㊛ per interviste;《面接試験の》aula㊛ per esami orali
面接者 intervistato㊚ [㊛ -a]
めんぜん 面前 davanti a qlcu. ¶上司の面前で恥をかいた. Ho perso la faccia davanti al mio capoufficio. ¶公衆の面前で話したことはない. Non ho mai parlato in pubblico.
めんそ 免租 ⇒免税

❖**免租地** terreno㊚ esente da imposte
めんそ 免訴 assoluzione㊛ (da un'accusa) ◇免訴する assolvere qlcu.; respingere (la causa) ¶事件は証拠不十分で免訴となった. La causa è stata respinta per mancanza di prove.
めんそう 面相 viso㊚, volto㊚ ¶恐ろしい面相の男 uomo dal volto feroce
メンソール〔独 Menthol〕《化》mentolo㊚
メンタリティー〔英 mentality〕mentalità㊛
めんだん 面談 colloquio㊚ [複 -i], intervista㊛ ◇面談する avere un'intervista [un colloquio] con qlcu., intervistare qlcu., conferire㊙ [av] con qlcu.《について su》¶三者面談《学校の》colloquio tra insegnante e genitore alla presenza dello studente ¶「委細面談」《求人広告で》"Particolari da decidere「di persona [durante l'intervista]"
メンチ〔英 mince〕《ひき肉》carne㊛ macinata

❖**メンチカツ** polpettine㊛ [複] fritte
めんちょう 面疔《医》foruncolo㊚ facciale
メンツ 面子 faccia㊛ ¶メンツが立つ fare una

bella figura ¶メンツがつぶれる perdere la faccia ¶私のメンツにかかわる. Ne va del mio onore. ¶メンツにかけて per punto d'onore

メンテナンス 〔英 maintenance〕 manutenzione[女], servizio[男][複 -i]

メンデルのほうそく メンデルの法則 le leggi[女][複] di Mendel; Mendelismo[男]

メンデレビウム 〔英 mendelevium〕〘化〙 mendelevio[男]; 《元素記号》 Md

めんどう 面倒 **1** 《煩しいこと》 disturbo[男], fastidio[男][複 -i], molestia[女], seccatura[女]; 《困難》 difficoltà[女][無変], problema[男][複 -i]; 《いざこざ》 complicazioni[女][複], guai[男][複] ◇**面倒な** molesto, fastidioso, seccante; difficoltoso; difficile; 《込み入った》 complicato
¶一人一人に説明するのは面倒だ. È seccante spiegarlo a ciascuno. ¶〈人〉に面倒をかける importunare [infastidire / disturbare] *qlcu*. ¶ご面倒をかけてすみませんが…してくださいませんか. Scusi se la disturbo, ma potrebbe＋[不定詞]？ ¶これ以上あなたに面倒をおかけしません. Non ti arrecherò alcun ulteriore disturbo. ¶面倒がらずに…する non risparmiarsi nel＋[不定詞] ¶こんなことをいつまでもやっていると面倒なことになるよ. Se non la smetti, ti caccerai nei guai.
2 《世話》 cura[女] ¶彼は老母の面倒を見ている. Si occupa [Si prende cura] della vecchia madre.
✤**面倒見** ¶あの先生は学生の面倒見がいい. Quel professore si fa in quattro per i suoi allievi [studenti].

めんどうくさい 面倒臭い fastidioso, seccante, molesto ¶めんどうくさがらず早く出かけなさい. Esci subito senza fare troppe storie.

めんとおし 面通し confronto[男] all'americana ◇**面通しをする** fare un confronto all'americana

メントール 〔独 Menthol〕〘化〙 mentolo[男]

めんとり 面取り **1** 〘建・機〙 bisellatura[女], smussatura[女] **2** 〘料〙 ¶面取りをする smussare

めんどり 雌鳥 《鶏の》 gallina[女]; 《ひなの》 pollastra[女]; 《雌の鳥》 uccello[男] femmina ¶卵を抱いている雌鳥 chioccia / gallina che cova

メンバー 〔英 member〕 membro[男]; 《会員》 socio[男][[女] -cia; [男]複 -ci; [女]複 -cie]; 《集合的》 organico[男][複 -ci] ¶あのチームには粒よりのメンバーがそろっている. Quella squadra vanta molti giocatori di primo piano. ¶組織のメンバーを拡大しなければならない. Bisogna ampliare l'organico.
✤**メンバーコース** 《ゴルフで》 campo[男] da golf per soci
メンバーシップ appartenenza[女] ad un circolo
メンバーズカード tessera[女] di socio [di iscrizione / di adesione] ¶メンバーズカード提示で 5% 引き. Sconto del 5 % (読み方: cinque per cento) esibendo la tessera.

めんぴ 面皮 ⇒面(つら)の皮

めんぼう 綿棒 bastoncino[男] di ovatta, cotton fioc[男][無変] (►商標)

めんぼう 麺棒 〘料〙 matterello[男]

めんぼく 面目 **1** 《名誉》 onore[男]; 《メンツ》 faccia[女]; 《評判》 reputazione[女] ¶面目を保つ conservare il *proprio* onore ¶面目を失う perdere la faccia ¶彼はその仕事で面目を施した. Quel lavoro gli ha fatto onore. ¶面目ない. Non ho giustificazioni. ¶そんなことをすると面目にかかわる. Un tale modo di fare andrebbe a discapito del mio onore. ¶面目にかけても, 明日までにその仕事を終わらせます. Parola mia [d'onore], finirò il lavoro per domani. ¶君のせいで面目丸つぶれだ. Per colpa tua「ho fatto una figuraccia [《会社などで》 ho perso ogni credibilità].
2 《体裁など》 apparenza[女], aspetto[男] ¶わが社は面目を一新した. La nostra azienda si è rinnovata [ha cambiato aspetto].

めんみつ 綿密 ◇**綿密な** 《細密な》 minuzioso, dettagliato; 《正確な》 esatto, preciso; 《周到な》 accurato ◇**綿密に** minuziosamente; esattamente; accuratamente ¶綿密な検査 esame [controllo] minuzioso ¶綿密な計画を立てる fare un piano dettagliato

めんめん 面面 ¶委員会の面々 ciascuno [ognuno] dei membri della commissione

めんめん 綿綿 ¶綿々とした 《とぎれない》 ininterrotto / continuo / 《いつまでも終わらない》 incessante / interminabile / senza fine / persistente ¶彼の家系は 11 世紀から綿々と続いている. La genealogia della sua famiglia continua senza interruzione dall'undicesimo secolo. ¶彼女は自分の悩みを綿々と語った. Ha continuato a parlare a lungo delle sue pene.

めんもく 面目 ⇒面目(めんぼく)

めんるい 麺類 〘料〙 pasta[女] (lunga)

め

も

も 喪 lutto[男] ¶喪に服する osservare [portare] il lutto (per *qlcu.*) ¶喪が明けた. È terminato il periodo di lutto. / Ho ṣmesso [Mi sono tolto] il lutto.

も 藻 《植》alga[女], piante[女][複] acquatiche ¶海の藻 alga marina

－も **1**【もまた】anche, pure, ugualmente; 《否定文で》neanche, neppure, nemmeno ¶今日も雨です. Anche oggi piove. ¶私も画家だ. Anch'io sono pittore. ¶あの映画は私もまだ見ていない. Quel film non l'ho visto ancora neanch'io.

2【「…も…も」の形で】sia… sia…, sia… che…; tanto… quanto…; 《否定文で》né… né… ¶大きいのも小さいのもあります. Ce ne sono sia di grandi, sia [che] di piccoli. ¶イタリアに行きたいが金もひまもない. Vorrei andare in Italia ma non ho né il tempo né il denaro.

3【程度を強調して】perfino, persino, addirittura, pure, anche; 《否定文で》nemmeno, neppure, neanche ¶この仕事は8年もかかった. Per questo lavoro ci sono voluti ben [addirittura] otto anni. ¶病人は水を飲む元気もない. Il malato non ha neppure [nemmeno / neanche] la forza di bere dell'acqua. ¶ふり向きもしないで立ち去った. È andato via senza nemmeno voltarsi. ¶イタリアへは一度も行ったことがない. Non sono andato neppure [nemmeno / neanche] una volta in Italia. / Non sono mai stato in Italia. ¶ここには学生は一人もいない. Qui non c'è nessuno [alcuno] studente.

4【誰・どこなどについて】《肯定文で》tutto, tutti; ogni; 《否定文で》nessuno, niente ¶そんなことは誰もが知っている. Tutti lo sanno. ¶日曜日はどこも人がいっぱいだ. La domenica è pieno di gente dappertutto. ¶甘いものも辛いものもどちらも好きです. A me piace tutto, sia le cose dolci che quelle piccanti. ¶机の上には何もない. Sulla scrivania non c'è niente. ¶これはまだ誰にも話していない. Non ne ho ancora parlato con nessuno. ¶太郎にお菓子を買ってやったがいくつも食べなかった. Ho comprato dei dolci per Taro, ma「ne ha mangiato soltanto qualcuno [quaṣi non ne ha mangiati].

5【「…もあろうに」の形で, 誤った選択を示す】¶こともあろうにあの腕っぷしの強い太郎とけんかをするなんて. Hai scelto proprio la persona adatta! Vai a litigare proprio con uno forte come Taro.

6【「…てもいい」の形で】¶買う人がいなければ僕が買ってもいい. 《同意》Se non c'è nessuno che lo vuole, sono disposto a comprarlo io. ¶行きたければ行ってもいい. 《許可》Se vuoi, puoi andare. ¶タバコを吸ってもいいですか. Posso fumare?

7【断定的な調子を避けるために】¶だからこの説は間違っているとも言える. Per questo motivo, si potrebbe quindi dire che questa teoria è ṣbagliata.

もう **1**《すでに》già ¶もう5時だ. Sono già le 5. ¶東京に来てからもう5年になる. Sono già passati [trascorsi] cinque anni da quando sono venuto a Tokyo. ¶今からではもう遅い. Ormai è (troppo) tardi.

2《もうすぐ》fra poco; 《今では》ormai; 《今や》ora ¶もう来るだろう. Fra poco verrà. / Ora dovrebbe arrivare. ¶もうそろそろ雨が降るころだ. È ormai tempo che piova.

3《さらに》in più, ancora ¶もう一度 ancora una volta ¶もう2日待ってください. Per favore, aspetti altri due giorni. ¶もう少し我慢しなさい. Abbi ancora un po' di pazienza. / Resisti un altro poco. ¶もうこれ以上耐えられない. Adesso basta! / Non ce la faccio più.

4《否定文で》non più ¶もうイタリア語は勉強していません. Non studio più l'italiano.

もう 《擬》muu; 《「もう」という鳴き声》muggito[男], mugghio[男][複 -*ghi*] ¶もうと鳴く muggire[自][*av*]

もう－ 猛－ ¶猛勉強 studio intenso ¶猛練習 duro allenamento ¶猛反対 accanita oppoṣizione ¶猛スピードで ad altissima [a fortissima] velocità ¶猛虎 tigre inferocita

もうい 猛威 furia[女] ¶自然の猛威 furia della natura ¶嵐が一晩中猛威をふるった. La tempesta si è scatenata [ha imperversato] per tutta la notte. ¶全国的にインフルエンザが猛威をふるっている. L'influenza sta imperversando in tutto il paeṣe.

もうか 猛火 fuo*co*[男][複 -*chi*] violento; 《大火事》incend*io*[男][複 -*i*] violento; 《砲火》raffica[女] di colpi ¶家は猛火に包まれた. La casa è stata avvolta dalla violenza delle fiamme.

もうがっこう 盲学校 scuola[女] per non vedenti

もうかる 儲かる 《人が主語で》guadagnare; 《物が主語で》essere proficu*o* [redditiz*io* [[男][複] -*i*]], rendere[他] (►単独でも可) ¶100万円もうかった. Ho guadagnato un milione di yen. ¶この店はもうかる. Questo negozio rende bene [molto]. ¶この商売はもうからない. Questo affare「non è redditizio [rende poco].

もうきん 猛禽 《動》uccello[男] rapace
✤**猛禽類** rapaci[男][複]

もうけ 儲け guadagno[男], profitto[男] ¶大もうけ grosso guadagno ¶ぼろもうけ guadagno grosso e facile ¶もうけの少ない商売 affare「poco redditizio [che rende poco] ¶あの人は金もうけがうまい. È un esperto [Ci sa fare] quando si tratta di fare soldi.
✤**もうけ口** lavoro[男] proficuo; 《機会》occasione[女] per fare buoni guadagni

もうけ物 《お買い得品》 buon [複 *buoni*] acquisto [男]; 《労せずに得たもの》 guadagno[男] facile ¶これは思わぬもうけものをした. Ho avuto un pizzico di fortuna. / Ci ho guadagnato inaspettatamente.

もうける 設ける **1** 《用意する》 ¶酒席を設ける organizzare [tenere / fare] un banchetto ¶機会を設けて彼らを会わせよう. Cerchiamo [Creiamo] un'occaṣione per farli incontrare. ¶あちらにお席を設けてあります. Laggiù è pronto il vostro tavolo.

2 《設立する》 costituire, istituire, formare, stabilire ¶委員会を設ける organizzare [costituire] una commissione ¶新学部[イタリア語講座]を設ける istituire una nuova facoltà [un corso di lingua italiana] ¶事務所を設ける《開設する》 aprire un ufficio ¶規定を設ける stabilire [predisporre / fissare] un regolamento ¶口実をもうける cercare [trovare] una scuṣa per *ql.co.* [＋[不定詞]]

もうける 儲ける **1** 《利益を得る》 guadagnare ¶50 万円もうける guadagnare [realizzare un guadagno di] 500.000 yen **2** 《子供を得る》 ¶一子をもうける avere un bambino **3** 《得をする》 ⇀儲かる

もうけん 猛犬 cane[男] feroce [pericoloso] ¶「猛犬注意」《掲示》 "Attenti al cane"

もうこう 猛攻 attac*co*[男] [複 *-chi*] violento [massic*cio* [複 *-ci*]] ¶猛攻を加える[受ける] lanciare [subire] un attacco violento

もうこはん 蒙古斑 macchia[女] [voglia[女]] mongolica

もうこん 毛根 《頭髪の》 radice[女] del capello; 《体毛の》 radice[女] del pelo

もうさいかん 毛細管 〔解〕 tubo[男] capillare
✤毛細管現象 fenomeno[男] della capillarità

もうさいけっかん 毛細血管 〔解〕 vaṣo[男] capillare

もうしあげる 申し上げる **1** 《「言う」の謙譲語》 dire ¶先生にお詫びを申し上げなさい. Porgi le tue scuṣe al professore. ¶心からお礼を申し上げます. Ringrazio di (tutto) cuore. ¶申し上げにくいことですが… Mi dispiace dirlo, ma…

2 《「する」の謙譲語》 ¶ご健康を心からお祈り申し上げます. Le porgo i miei più cordiali [sentiti] auguri di buona salute. ¶よろしくお願い申し上げます. 《人に何かを頼んで》 La prego. / Conto su di lei (e la ringrazio in anticipo). / 《初対面のあいさつ》 Lieto di conoscerla. ¶ではご案内申し上げます. Allora, le faccio da guida.

もうしあわせ 申し合わせ 《合意》 accordo[男], intesa[女], patto[男] **◇申し合わせる** mettersi d'accordo, intendersi ¶申し合わせにより secondo l'accordo / come d'accordo ¶両者の間に…という申し合わせができた. Fra le due parti è stato raggiunto l'accordo [è stato concordato] che＋[直説法] ¶申し合わせたように2人とも赤いスカートをはいてきた. Sono venute entrambe con una gonna rossa come se si fossero messe d'accordo.
✤申合せ事項 punti[男] [複] convenuti

もうしいれ 申し入れ offerta[女]; 《提案》 proposta[女]; 《抗議》 protesta[女], contestazione[女], reclamo[男]

もうしいれる 申し入れる offrire; proporre ¶彼は財団に寄付を申し入れた. Ha offerto un contributo alla fondazione.

もうしうける 申し受ける **1** 《受け取る》 ¶電話でのご注文も申し受けます. Si accettano ordinazioni anche per telefono. **2** 《請求する》 ¶送料を申し受けます. Spese di spedizione non incluṣe.

もうしおくり 申し送り 《事務などの》 consegna[女] in ufficio ¶後任者に事務の申し送りをした. Ho passato le consegne al mio successore.

もうしおくる 申し送る informare *qlcu.* di *ql.co.*, traṣmettere un messaggio a *qlcu.*, riferire *ql.co.* a *qlcu.* ¶そのことについて全員に申し送ってください. Di questo può parlarne a [informare] tutti? ¶至急速達で申し送ります. Glielo invio subito tramite posta celere.

もうしおくれる 申し遅れる ¶申し遅れましたが私はこの子の父親です. Scuṣi se non mi sono ancora preṣentato: sono il padre di questo bambino.

もうしかねる 申し兼ねる ¶これ以上のことは申し兼ねます. Purtroppo non mi è possibile dirle di più.

もうしご 申し子 ¶この子は天の申し子だ. Questo bambino è un dono del cielo. ¶彼は時代の申し子だ. È figlio del suo tempo.

もうしこす 申し越す 《伝言する》 passare (la) parola a *qlcu.*, traṣmettere un messaggio a *qlcu.*; 《依頼する》 chiedere a *qlcu.* di＋[不定詞] ¶お申し越しの旨, 確かに了解いたしました. Ho capito [compreso] perfettamente il Suo messaggio.

もうしこみ 申し込み 《参加, 登録》 iscrizione[女]; 《出願》 preṣentazione[女] della domanda; 《申請》 domanda[女], richiesta[女]; 《申し出》 proposta[女], offerta[女]; 《予約》 prenotazione[女] ¶結婚の申し込みをする fare [avanzare] una proposta di matrimonio ¶入会の申し込みは3月1日より受け付けます. Le iscrizioni si accettano a partire dal 1° (読み方: primo) marzo. ¶申し込みが殺到した. Siamo stati sommersi da una valanga di domande. ¶申し込みのあり次第郵送いたします. La spedizione per posta verrà effettuata non appena ne sarà fatta richiesta. ¶マラソン大会に1000人の参加申し込みがあった. Alla maratona si sono iscritte circa 1.000 persone. ¶その雑誌の購読申し込みをした. Mi sono abbonato a quella rivista.
✤申し込み期限 scadenza[女] [termine[男]] della domanda [d'iscrizione]
申し込み金 caparra[女]
申し込み順 ¶申し込み順に secondo l'ordine di arrivo delle richieste [domande]
申し込み書 《用紙》 modulo[男] di domanda; 《記入されたもの》 richiesta[女], domanda[女]
申し込み人 richiedente[男][女]; 《株式・寄付などの》 sottoscrit*tore*[男] [[女] *-trice*]; 《候補》 candidat*o*[男] [[女] *-a*]; 《購読者》 abbonat*o*[男] [[女] *-a*]
申し込み用紙 modulo[男] d'iscrizione [di richiesta]

も

もうしこむ 申し込む **1** 《申し入れる》proporre *ql.co. a qlcu.*, fare una proposta a *qlcu.*;《依頼する》chiedere [domandare] a *qlcu. ql.co.* [di + 不定詞] ¶彼らは社長に面会を申し込んだ. Hanno chiesto un incontro con il presidente. ¶〈人〉に苦情［抗議］を申し込む reclamare [protestare] contro *qlcu.* ¶挑戦を申し込む proporsi come sfidante **2** 《登録する》iscriversi a *ql.co.*;《申請する》presentare una domanda;《予約する》prenotare *ql.co.* ¶直接には手紙で申し込んでください. Si può prenotare direttamente o per posta.

もうしたて 申し立て dichiarazione㊛;《要求》richiesta㊛;《虚偽の申し立てをする》dichiarare il falso

もうしたてる 申し立てる avanzare richiesta; presentare un esposto; dichiarare ¶正当防衛を申し立てる dichiarare la legittima difesa ¶彼はその提案に異議を申し立てた. Ha contestato la [Si è opposto alla] proposta.

もうしつける 申し付ける 《命令する》ordinare a *qlcu. ql.co.* [di + 不定詞], dare un'indicazione a *qlcu.* ¶彼にすぐそのように申し付けます. Glielo dirò subito.

もうしでる 申し出る 《提供する》offrire *ql.co.* a *qlcu.*;《提案する》proporre *ql.co.* a *qlcu.* ◇申し出 offerta㊛; proposta㊛ ¶私たちは震災に遭った人々の救済を申し出た. Ci siamo offerti per le operazioni di aiuto ai terremotati. ¶事務所まで申し出てください. Chiedete [Rivolgetevi] all'ufficio.

もうしひらき 申し開き ¶彼に申し開きの余地はない. Per lui non c'è possibilità di giustificazione. ¶申し開きは法廷で行いたい. Voglio difendermi davanti alla Corte.

もうしぶん 申し分 申し分のない perfetto / 《欠点のない》impeccabile / irreprensibile ¶結果はまことに申し分がなかった. Il risultato ci ha più che soddisfatto.

もうじゃ 亡者 **1** 《死者》defunto㊚ [㊛ -a], morto㊚ [㊛ -a], deceduto㊚ [㊛ -a];《さまよっている魂》anima㊛ errante **2** 《欲の強い人》 ¶がりがり亡者 persona posseduta dal desiderio di denaro ¶権力の亡者 affamato di potere

もうしゅう 妄執 ossessione㊛ ¶妄執にとりつかれる essere in preda a un'ossessione ¶金銭への妄執にとりつかれる essere ossessionato dal denaro

もうじゅう 盲従 ubbidienza㊛ cieca [completa / assoluta] ◇盲従する ubbidire㊊ [*av*] [obbedire㊊ [*av*]] ciecamente a *qlcu.* [*ql.co.*]

もうじゅう 猛獣 bestia㊛ feroce;《肉食の》animale㊚ predatore

❖**猛獣狩り** caccia㊛ [複 -*ce*] grossa
猛獣使い domatore㊚ [㊛ -*trice*] di animali feroci

もうしょ 猛暑 caldo㊚ torrido ¶連日猛暑が続いている. Il caldo torrido continua da diversi giorni.

❖**猛暑日** giorno㊚ torrido (◆ giorno in cui la temperatura massima raggiunge o supera i 35 gradi centigradi)

もうしわけ 申し訳 **1** 《弁解》scusa㊛, giustificazione㊛, spiegazione㊛ ¶まことに申し訳がたたないのですが, お約束の件がだめになってしまいました. So che l'avevo promesso, e sono veramente desolato che non sia più possibile. **2** 《形式だけであること》 ¶申し訳程度の solo per la forma / quasi simbolico / 《言い訳のための》per scusa / per finta ¶ほんの申し訳に5分ほど勉強した. Ha studiato, per modo di dire, solo per 5 minuti.

もうしわけない 申し訳ない ¶夜分電話して申し訳ない. Mi scusi se le telefono così tardi. ¶返事が遅くなり申し訳ありません. Ci scusiamo del [per il] ritardo nel risponderLe. ¶その件では申し訳ありませんでした. Ce ne scusiamo. ¶出席できなくて申し訳ありません. Mi scuso dell'assenza [per l'assenza]. ¶彼は私に, 行けなくて申し訳なかったと謝った. Si scusò con me di [per] non essere venuto. ¶わざわざおいでいただいてまことに申し訳ありません. Sono veramente spiacente di averla fatta venire [Grazie moltissimo per essere venuto appositamente] fin qui. ¶お気に障るようなことをしたとしたら, 申し訳ありません. Mi scuso se l'ho offesa.

もうしわたす 申し渡す ¶彼は始末書を出すよう申し渡された. Gli hanno chiesto [ordinato] di presentare una giustificazione scritta. ¶判決を申し渡す emettere una sentenza ¶裁判長は被告に懲役5年を申し渡した. Il giudice ha condannato l'imputato a cinque anni di carcere [reclusione].

もうしん 盲信 fiducia㊛ cieca ◇盲信する credere㊊ [*av*] ciecamente in *qlcu.* [*ql.co.*], avere una fiducia cieca in *qlcu.* [*ql.co.*]

もうしん 猛進 ◇猛進する andare avanti [lanciarsi] furiosamente [con impeto]

もうじん 盲人 non vedente㊚㊛; cieco㊚ [㊛ -*ca*; ㊚複 -*chi*] ;《弱視の人》《俗》orbo㊚ [㊛ -*a*]

もうす 申す **1** 《「言う」の謙譲語》dire ¶ありがたく, お礼申します. Grazie. / La ringrazio. / Le porgo i miei ringraziamenti. ¶私は田中と申します. Mi chiamo Tanaka. **2** 《「する」の謙譲語》 ¶せっかくのご好意ですがご辞退申します. Sono onorato della preferenza accordatami, ma mi trovo costretto a declinare l'offerta.

もうすぐ fra poco, subito ¶列車はもうすぐ京都に着く. Fra poco il treno arriverà a Kyoto.

もうすこし もう少し ancora un po'

もうせい 猛省 riflessione㊛ seria, serio [複 -*i*] ripensamento㊚ ¶猛省を促す invitare *qlcu.* a riflettere seriamente su *ql.co.*

もうせん 毛氈 tappeto㊚ di feltro ¶緋毛氈 tappeto scarlatto

❖**もうせん苔** 《植》drosera㊛

もうぜん 猛然 ◇猛然と impetuosamente, con impeto, furiosamente, con furore, violentemente ¶我々はその法案に猛然と反対した. Ci siamo opposti con veemenza a quel disegno di legge. ¶鷹が獲物に猛然と襲いかかった. Il falco ha attaccato ferocemente la preda.

もうそう 妄想 《夢想》fantasia㊛;《固定観念》idea㊛ fissa, fissazione㊛, mania㊛, ossessione㊛ ¶誇大妄想 《医》megalomania ¶被害妄想 《医》mania di persecuzione ¶妄想にふける perdersi in fantasie

もうちょう 盲腸 〘解〙intestino[男] cieco [複 -chi]；《虫垂》appendice[女]

✤**盲腸炎**〘医〙tiflite[女]；《虫垂炎》appendicite[女] ¶急性盲腸炎 appendicite acuta

もうでる 詣でる ¶神社に詣でる andare a pregare in un santuario shintoista

もうてん 盲点 **1**〘解〙punto[男] cieco [複 -chi] **2**《気付かない点》 ¶彼は私の理論の盲点を突いてきた. Ha scovato il punto debole della mia teoria. ¶法の盲点をつく approfittare di un cavillo legale

もうとう 毛頭 ¶イタリアに行く気は毛頭なかった. Non mi passava nemmeno per la testa di andare in Italia. ¶毛頭知りませんでした. Non ne sapevo un bel niente. / Non lo sapevo minimamente.

もうどうけん 盲導犬 cane[男] per「non vedenti [ciechi]

もうどく 猛毒 veleno[男] mortale ¶猛毒きのこ fungo molto velenoso ¶猛毒ガス gas letale

もうばく 盲爆 bombardamento[男] a casaccio

もうばく 猛爆 bombardamento[男] intenso

◇**猛爆する** bombardare intensivamente [a tappeto] *ql.co.*

もうはつ 毛髪 capello[男]；《集合的》capelli[男][複], capigliatura[女]

✤**毛髪湿度計** igrometro[男] a capello

もうひつ 毛筆 pennello[男] ¶毛筆の手紙 lettera scritta con il pennello

もうふ 毛布 coperta[女] (di lana) ¶毛布をかけてやる coprire *qlcu.* con una coperta ¶彼は毛布をかけて寝ている. Dorme sotto le coperte.

もうまく 網膜 〘解〙retina[女]

✤**網膜炎**〘医〙retinite[女]

網膜剝離(はくり)〘医〙distacco[男][複 -chi] della retina

もうもう 濛濛・朦朦 ¶もうもうと立ちのぼる湯気 vapore denso [fitto] ¶トラックが1台もうもうと砂ぼこりを上げて通り過ぎていった. Un camion è passato sollevando un polverone.

もうもく 盲目 cecità[女] ◇**盲目の** cieco [[男]複 -chi] ¶彼は盲目的にその教えを信じている. Ha una fede cieca [Crede ciecamente] in quella dottrina. ¶恋は盲目.《諺》"L'amore è cieco."

もうら 網羅 ◇**網羅する** coprire [includere] tutto ¶彼の話は重要な問題点をすべて網羅していた. Il suo discorso copriva [toccava] tutti i punti importanti. ¶この辞書には経済用語が網羅されている. In questo vocabolario sono riportati i termini economici in modo completo.

もうれつ 猛烈 ◇**猛烈な** furioso, violento, duro, terribile ◇**猛烈に** furiosamente, accanitamente ¶猛烈な暑さ caldo asfissiante ¶猛烈な競争 concorrenza accanita ¶猛烈におなかがすいた. Ho una fame da lupo. ¶今日は猛烈に寒い. Oggi fa un freddo cane.

もうろう 朦朧 ¶記憶がもうろうとしている. Ho soltanto un vago ricordo. ¶彼はまだ意識がもうろうとしている. Non è ancora uscito dall'incoscienza. / Ha ancora la mente annebbiata.

もうろく 耄碌 rimbambimento[男]；《老化現象》senilità[女] ◇**もうろくする** rimbambire[自][es], rimbambirsi；《老ける》invecchiare[自][es] ¶もうろくしている essere rimbambito ¶もうろくしたねえ.《俗》《非難の口調》Ti sei rincoglionito!

もえあがる 燃え上がる infiammarsi, andare in fiamme ¶夜空に炎が燃え上がった. Le fiamme si sono alzate nel cielo notturno.

もえうつる 燃え移る ¶火は隣家に燃え移った. L'incendio si è propagato alla casa vicina.

もえかす 燃え滓 ceneri[女][複]；《鉱滓》scorie[女][複]

もえがら 燃え殻 《火の気のあるもの》brace[女]；《火の気のないもの》ceneri[女][複]

もえぎ 萌黄・萌葱 verde[男] chiaro ¶もえぎ色の服 vestito (di color) verde chiaro

もえさかる 燃え盛る ¶暖炉の火が燃え盛っている. Il fuoco arde vivace nel caminetto. ¶彼は子供を救おうと燃え盛る家のなかに飛び込んで行った. Si è buttato nella casa in fiamme per salvare il bambino.

もえさし 燃えさし tizzone[男]

もえたつ 燃え立つ **1**《盛んに燃える》infiammarsi **2**《感情が》 ¶闘志に燃え立つ bruciare di spirito combattivo ¶情熱に燃え立つ ardere dal desiderio di＋[不定詞]

もえつきる 燃え尽きる **1**《燃えてなくなる》¶ろうそくは燃え尽きた. La candela si è consumata completamente. ¶家は燃え尽きた. La casa è ridotta in cenere. **2**《力尽きる》 ¶彼の研究に対する情熱は燃え尽きた. Ha esaurito l'entusiasmo per la ricerca.

もえつく 燃え付く 《火がつく物が主語で》accendersi, prendere fuoco ¶火はわが家に燃えついた. La nostra casa ha preso fuoco.

もえでる 萌え出る germogliare[自][es, av] ¶木々の芽が萌え出る. Gli alberi germogliano. / Sugli alberi spuntano le gemme.

もえひろがる 燃え広がる ¶火事はたちまち全山に燃え広がった. L'incendio si è propagato rapidamente su tutta la montagna.

もえる 萌える ¶若草の萌える野 pianura ricoperta di erbe fresche

もえる 燃える

1《炎が上がる》bruciare[自][es], ardere[自][es], accendersi, incendiarsi, andare in fiamme ¶ストーブに火が赤く燃えている. Un bel fuoco arde [scoppietta] nella stufa. ¶この素材は燃えやすいから危ない. Questo materiale è pericoloso perché può prendere facilmente fuoco [è altamente infiammabile]. ¶この石炭は湿っていてよく燃えない. Questo carbone è umido e non brucia bene. ¶真っ赤に燃えたストーブ stufa rovente ¶山全体が燃えるようなもみじだ. Tutta la montagna sembra incendiata dagli aceri autunnali. ¶燃えるような真っ赤な夕焼け cielo fiammeggiante / cielo rosso dell'imbrunire ¶燃えるような緑 verde[男] lussureggiante

2《感情が高まる》ardere[自][es] [infiammarsi] di *ql.co.* [*qlcu.*]；《愛に》innamorarsi di *qlcu.* ¶燃える思い amore folle ¶彼は今希望に燃えて勉強している. Ora sta studiando pieno di speranze. ¶私の胸の中は怒りで燃えていた. La rabbia ardeva nel mio petto. ¶彼女は嫉妬(しっと)に燃えている. Bruciava [Ardeva] di gelosia.

モーグル 〔英 mogul〕〘スポ〙gobbe[女][複]

[も]

モーション 〔英 motion〕 **1**《運動, 動作》 moto男, movimento男 **2**《意思表示》 ¶女の子にモーションをかける abbordare una ragazza

モーター 〔英 motor〕《機》 motore男 (►エンジンもさす) ¶モーターを動かす accendere [far partire] il motore

✤**モーターサイクル** motocicletta女, moto [無変]
モーターショー salone男 dell'automobile
モーターバイク ciclomotore男, motorino男
モータープール area女 di parcheggio [無変]
モーターボート motoscafo男, imbarcazione女 [barca] a motore, motobarca女

モータリゼーション 〔英 motorization〕 motorizzazione女

モーテル 〔英 motel〕〔英 motel [motél]〕男 [無変]

モード 〔英 mode〕 **1**《ファッション》 (alta) moda女;〔英〕 fashion [féʃʃon]女 [無変] ¶最新のモード ultima moda **2**《様式, 方法》 modo男, tipo男 **3**《音》 modo男 **4**《数》 moda女

モーニング(コート) 〔英 morning coat〕 frac男 [無変]; abito男 scuro; cravatta女 nera;〔英〕 tight男 [無変] →洋服 図版

モーニングサービス《朝食の》 prima colazione女 a prezzo ridotto;《朝限定の割引》 prezzo男 ridotto durante le ore della mattina

モーメント 〔英 moment〕《物》 momento男 ¶力の[慣性]モーメント momento di una forza [d'inerzia]

モール 〔ポ mogol〕《織・服》 gallone男 ¶服にモールをつける gallonare un vestito / ornare un vestito di galloni

モールスしんごう モールス信号 alfabeto男 [codice男] Morse

モカ 〔英 mocha〕《コーヒー》 caffè男 moca [無変], moca [moka]男 [無変] (►moca は家庭用のエスプレッソメーカーもさす)

もがく 踠く 《あがく》 lottare自 [av] contro [con] ql.co. [ql.co.];《苦痛などで身をよじる》 dimenarsi, dibattersi ¶悪い仲間から抜け出そうともがいた. Ha lottato per staccarsi dalle cattive compagnie. ¶もがき苦しむ contorcersi dal dolore

もぎさいばん 模擬裁判 tribunale男 fittizio

もぎしけん 模擬試験 esame男 di prova in vista del vero e proprio esame di ammissione a scuole e università

もぎてん 模擬店 bancarelle女 [複] o angoli男 [複] di ristoro durante le feste scolastiche (organizzati dagli studenti stessi)

もぎとる 捥ぎ取る ¶枝からりんごをもぎ取る cogliere una mela (dal ramo) ¶彼らは蜂起して支配者から権力をもぎ取った. Si ribellarono e strapparono il potere al dominatore.

もく 目 **1**《生》《分類学上の区分》 ordine男 **2**《項目, 種目》 voce女 **3**《碁石》 pezzo男;《盤目》 punto男

もぐ 捥ぐ cogliere, staccare, strappare ¶桃を1つ枝からもぐ cogliere una pesca / staccare una pesca dal ramo

もくあみ 木阿弥 ¶もとの木阿弥だ. Tutto è tornato come prima. / Tutto è stato inutile. / Al-

la fine non è cambiato niente.

もくぎょ 木魚 *mokugyo*男 [無変]; strumento男 in legno cavo a forma di campanaccio su cui si tamburella con una piccola mazza (per scandire il ritmo dell'orazione buddista)

もくげき 目撃 ◇目撃する assistere自 [av] a ql.co., vedere ql.co. con i propri occhi [di persona], essere testimone di ql.co. ¶敵艦を目撃する avvistare una nave nemica ¶彼は殺人を目撃した. Ha assistito all'omicidio [all'assassinio]. ¶すりが女のハンドバッグから財布を取るのを目撃した. Ho visto un borsaiolo nell'atto di rubare il portafogli dalla borsa di una donna.

✤**目撃者** testimone男 oculare

もくさ 艾《植》 moxa女 または男 [無変]

もくざい 木材 legno男 da costruzione, legname男

もくさつ 黙殺 ◇黙殺する《耳を貸さない》 non dare [prestare] ascolto a ql.cu. [ql.co.];《無視する》 ignorare ql.cu. [ql.co.] ¶国民の抗議は黙殺されてしまった. La protesta del popolo fu ignorata [cadde nel silenzio / passò sotto silenzio].

もくさん 目算 **1**《見積もり》 stima女 ¶費用を目算する calcolare le spese ad occhio e croce **2**《見込み》 previsione女, aspettativa女 ¶目算が外れた. Le mie aspettative sono andate deluse.

もくし 黙示 implicazione女;《啓示》 rivelazione女

✤**黙示録**《聖》 Apocalisse女 (di Giovanni)

もくし 黙視 ◇黙視する stare a guardare ql.co. senza intervenire; guardare ql.co. [ql.cu.] a [con le] braccia incrociate ¶彼の悲しみは黙視するに耐えない. Non posso restare indifferente davanti al suo dolore.

もくじ 目次 indice男

もくしつ 木質 ◇木質の legnoso;《木製の》 ligneo, di legno

✤**木質化** lignificazione女
木質繊維 fibra女 di legno

木製部 xilema男 [複 -i], silema男 [複 -i]

もくず 藻屑 ¶船は海の藻屑と消えた. La nave è affondata [colata a picco] nel mare.

もくてき 目てき ◇彼を最大の敵と目している. Lo considero un mio acerrimo nemico. ¶彼は次期大統領と目されている. Si prevede che egli sarà il prossimo Presidente della Repubblica.

もくする 黙する restare in silenzio ¶黙して語らず tacere ql.co.

もくせい 木星 Giove男

もくせい 木犀《植》 olivo odoroso; Osmanthus男;《モクセイ科》 Oleacee女 [複]

もくせい 木製 ◇木製の di legno, fatto di legno, ligneo

✤**木製品** articolo男 di legno

もくぜん 目前 ◇《即時の, 当面の》 immediato;《差し迫った》 imminente ¶目前の危険 pericolo imminente ¶長編小説の完成を目前にして倒れた. È [caduto ammalato [《死ぬ》 morto] proprio poco prima di finire il suo romanzo. ¶試験を目前に控えている. Gli esami sono imminenti.

もくそう 黙想 meditazione女 ◇黙想する meditare[自][*av*]《について su》 ¶黙想に耽る sprofondarsi nella meditazione / essere (assort*o*) in meditazione

もくぞう 木造 costruzione㊛ lignea ¶木造の家 casa di legno

もくぞう 木像 statua㊛ lignea [di legno]

もくそく 目測 ◇**目測する** misurare ad occhio ¶この橋は目測で50メートルある. Ad occhio e croce questo ponte sarà lungo cinquanta metri.

もくたん 木炭 carbone㊚ di legna;《デッサン用の》carboncino㊚

✤**木炭画** disegno㊚ a carboncino

もくちょう 木彫 scultura㊛ in [di /《レリーフ》su] legno

もくてき 目的 scopo㊚, fine㊚;《目標》obiettivo㊚;《意図》proposito㊚, intenzione㊛ ¶目的を達する realizzare lo scopo / raggiungere l'obiettivo ¶目的の家は駅のそばだった. La casa dove ero diretto si trovava nei pressi della stazione. ¶犯人の目的は金ではないらしい. L'obiettivo del criminale non sembra essere il denaro. / Pare che il criminale non abbia agito per denaro. ¶目的にあった大学を選びなさい. Scegli l'università che meglio si addice ai tuoi scopi. ¶目的のためには手段を選ばない. Non guarda ai mezzi pur di raggiungere il suo fine. ¶目的を持たない旅は楽しいものだ. È piacevole viaggiare senza una meta precisa.

✤**目的意識** ¶彼ははっきりした目的意識なしにその運動に参加した. Ha partecipato al movimento senza uno scopo preciso.

目的因〔哲〕causa㊛ finale

目的格〔文法〕caso㊚ accusativo, accusativo㊚

目的地 destinazione㊛, meta㊛

目的物 obiettivo㊚

目的(補)語〔文法〕complemento㊚ diretto [oggetto]

目的論〔哲〕teleologia㊚

もくとう 黙禱 raccoglimento㊚ ◇**黙禱する** raccogliersi in silenzio, osservare il silenzio ¶犠牲者に1分間の黙禱を捧げよう. Osserviamo un minuto di silenzio [raccoglimento] per le vittime.

もくどく 黙読 lettura㊛ in silenzio ◇**黙読する** leggere silenziosamente [mentalmente]

もくにん 黙認 tacita approvazione㊛, tacito consenso㊚ ◇**黙認する** approvare [acconsentire [自][*av*]] tacitamente;《見て見ない振りをする》chiudere un occhio su *ql.co.*, passare *ql.co.* sotto silenzio ¶警察も黙認している形だ. Anche la polizia lo sa ma chiude un occhio. ¶黙認した側にも責任がある. Anche chi l'ha lasciato fare va rimproverato [ripreso].

もくねじ 木捻子 vite㊛ di legno

もくば 木馬 cavallo㊚ di legno;《子供用の》cavallo㊚ a dondolo ¶回転木馬 carosello / giostra ¶トロイの木馬〔史〕Cavallo di Troia

もくはん 木版 incisione㊛ su legno

✤**木版画** xilografia㊛, silografia㊛

木版画家 xilograf*o*㊚[㊛ *-a*], silograf*o*㊚[㊛ *-a*]

もくひ 木皮 cortec*cia*㊛[複 *-ce*], scorza㊛;〔植〕cortice㊚

もくひ 黙秘 ◇**黙秘する** stare [rimanere] zitt*o*, mantenere il silenzio

✤**黙秘権** ¶黙秘権を行使する esercitare il diritto di non rispondere

もくひょう 目標 **1**《目的》scopo㊚, fine㊚;《達成目標》obiettivo㊚ ¶学習の目標 obiettivo [finalità] dello studio ¶人生の目標を決める stabilire [fissare] lo scopo della vita ¶目標を達する raggiungere lo scopo [il fine] prefisso ¶来年の目標は売り上げを50%増やすことだ. L'obiettivo del prossimo anno è di aumentare le vendite del 50% (読み方: cinquanta per cento).
2《目印》punto㊚ di riferimento;《射撃の》bersa*glio*㊚[複 *-gli*];《レーダーでの》bersaglio㊚ ¶目標に向けて銃のねらいを定める puntare il fucile sul bersaglio

✤**目標価格**〔経〕prezzo㊚ indicativo

もくぶ 木部〔植〕xilem*a*㊚[複 *-i*]

もくへん 木片《大きなもの》bloc*co*㊚[複 *-chi*] di legno;《小さなもの》pezzo㊚ di legno;《ごく小さなもの》scheg*gia*㊛[複 *-ge*] di legno

もくめ 木目 vena㊛ [venatura㊛] del legno ¶木目のある venato ¶木目のつんだ pieno di venature / a grana fine ¶木目の粗い a grana grossa

もくもく ¶煙突から煙がもくもくと立ちのぼっている. Il fumo sale a spire dalla ciminiera.

もくもく 黙黙 ¶彼らは黙々と行進した. Hanno marciato in silenzio. ¶彼は黙々とよく働いた. Ha lavorato sodo senza lamentarsi [dire una parola].

もぐもぐ ¶もぐもぐ食べる masticare *ql.co.* a bocca chiusa ¶彼は口の中でもぐもぐと言い訳を言った. Ha borbottato le sue scuse.

もくやく 黙約 tacito accordo㊚, tacita promessa㊛ ¶2人の間に黙約がある. Tra i due c'è un tacito accordo.

もくよう(び) 木曜(日) giovedì㊚;《略》gio.

もくよく 沐浴 lavag*gio*㊚[複 *-i*] purificatore ¶ガンジス川で沐浴する purificarsi nel fiume Gange

もぐら 土竜〔動〕talpa㊛ ¶もぐらの巣 nido di talpa

もぐり 潜り **1**《潜水》immersione㊛
2《正式に認められていないこと》◇**もぐりの**《無免許》senza licenza, non abilitato ad esercitare una professione;《無登録》non registrato;《無資格》non qualificato ¶彼はもぐりで薬を売っている. Vende farmaci senza licenza.

もぐりこむ 潜り込む ¶布団に潜り込む mettersi sotto le coperte ¶会場にスパイが潜り込んでいるらしい. Sembra che una spia si sia introdotta di nascosto [si sia infiltrata] nella sala.

もぐる 潜る **1**《水中に》immergersi ¶この鳥は長時間水中に潜っていられる. Quest'uccello è in grado di rimanere [stare] sott'acqua a lungo. ¶車輪が泥に潜った. Le ruote sono affondate nel fango. **2**《隠れる》¶危険を感じて彼は地下に潜った. Subodorato il pericolo, si è dato alla clandestinità.

もくれい 目礼 ◇**目礼する** salutare *qlcu.* con un cenno degli occhi

[も]

もくれい 黙礼 ◇黙礼する inchinarsi davanti a qlcu. in silenzio

もくれん 木蓮 《植》 magnolia㊛

もくろく 目録 **1** 《リスト》 lista㊛; 《カタログ》 catalogo㊚ [複 -ghi]; 《商品・財産などの》 inventario㊚ [複 -i] ¶図書目録 catalogo di libri /《文献目録》bibliografia ¶作品の目録を作る catalogare le opere / fare la lista [il catalogo] delle opere ¶資産の目録を作る fare l'inventario delle proprietà ¶目録に載せる mettere [inserire] ql.co. nel catalogo **2** 《目次》 indice㊚

もくろみ 目論見 《企て》 progetto㊚; 《たくらみ》 trama㊛; 《計画》 piano㊚, programma㊚ [複 -i]; 《意図》 intento㊚ ¶彼の申し出には何かもくろみがありそうだ. Sembra che sotto [dietro] la sua offerta「sia nascosto [ci sia] qualcosa.

もくろむ 目論む 《計画する》 progettare, programmare; 《たくらむ》 tramare, ordire ¶彼が何をもくろんでいるのか皆目見当がつかない. Non sappiamo per niente「a che cosa miri [quale sia il suo scopo]. ¶何かよからぬことをもくろんでいるらしい. Sembra che abbia qualche cattiva intenzione.

もけい 模型 modello㊚; 《ミニチュアの自動車や飛行機など》modellino㊚; 《地勢や家屋などの立体的模型》plastico㊚ [複 -ci] ¶飛行機の模型 aeromodello ¶自動車模型 automodello ¶自動車模型作り automodellismo ¶人体の模型 modello del corpo umano ¶《仕立て屋などの》manichino / fantoccio ¶500分の1の模型 modello in scala 1: 500 (読み方: uno a cinquecento) ¶実物大模型 modello a grandezza naturale ¶縮尺模型 modello su scala ridotta

❖模型地図《起伏地図》carta㊛ in rilievo

もげる 捥げる ¶人形の腕がもげた. Un braccio della bambola si è staccato.

もさ 猛者 《恐れを知らぬ男》uomo㊚ [複 uomini] temerario [複 -ri] [impavido]; 《熟練者》esperto㊚ [㊛ -a]; 《ベテラン》veterano㊚ [㊛ -a]

モザイク [英 mosaic] mosaico㊚ [複 -ci] ◇モザイクの, musivo

❖モザイク師 mosaicista㊚ [㊛㊚複 -i]

❖モザイク病 《植》mosaico㊚

モザイク模様 a motivo di mosaico ¶モザイク模様の壁 parete dipinta a motivo di mosaico

もさく 模作 imitazione㊛

もさく 模索 ¶模索する cercare a tastoni ¶解決への道を模索する cercare di trovare una soluzione

もさっと ¶もさっとした人《気の利かない》persona poco premurosa

もし 若し **1**【実現性の高い仮定】se＋直説法 ¶もし彼が来なければ電話する. Se non viene, telefoniamo. ¶もし海が嫌いなら山に行こう. Se non ti piace il mare, andremo in montagna. ¶もし仮にしたとしても大したけがではあるまい. Anche se si è fatto male, non dovrebbe trattarsi di una cosa grave.

2【実現性の低い仮定】se＋接続法 ¶もし試験に落ちても失望してはいけない. Anche se tu dovessi essere bocciato, non (devi) abbatterti. ¶もし仮に 100 万円当たったら半分君にやるよ. Se per combinazione vincessi un milione di yen, ne darei la metà a te.

3【現在の事実と違う仮定】se＋接続法（►半過去）¶もし駅がこんなに遠くなければ歩いて行けるのだが. Se la stazione non fosse così distante, potrei andarci a piedi.

4【過去の事実と違う仮定】se＋接続法（►大過去）¶もしあの時入院していなかったら, 病状はさらに悪化していたにちがいない. Se quella volta non fossi stato ricoverato, la malattia sarebbe sicuramente peggiorata. ¶もし彼があの飛行機に乗らなかったら今も生きているだろうに. Se non avesse preso quell'aereo, oggi sarebbe ancora vivo.

もじ 文字 lettera㊛, carattere㊚; 《ローマ字》caratteri㊚ [複] latini; 《漢字》ideogrammi㊚ [複] cinesi; 《仮名文字》alfabeto㊚ sillabico [-ci] ¶ギリシア《アラビア／キリル》文字 caratteri greci [arabi / cirillici] ¶象形文字 geroglifico [-gli-] ¶くさび形文字 (scrittura) cuneiforme ¶表意文字 ideogramma ¶表音文字 segno [simbolo] fonetico ¶大文字 lettera maiuscola / maiuscolo ¶小文字 lettera minuscola / minuscolo

❖**文字言語** 《言》 lingua㊛ scritta, scrittura㊛
❖**文字コード** 《コンピュータ》codice㊚ di caratteri
❖**文字多重放送** servizio㊚ [複 -i] televideo, trasmissione㊛ teletext
❖**文字通り** ¶彼は私の言ったことを文字通りにとった. Ha preso alla lettera quello che gli avevo detto. ¶彼は文字通りの巨人だ. È letteralmente un gigante. / È un gigante nel vero senso della parola.
❖**文字認識**［読み取り機］《コンピュータ》riconoscimento㊚ [lettore㊚] di caratteri
❖**文字化け** 《コンピュータ》carattere㊚ illeggibile ¶文字化けのメール e-mail con caratteri「illeggibili [non riconoscibili]
❖**文字盤** 《時計の》 quadrante㊚ (dell'orologio)
❖**文字フォント** 《コンピュータ》carattere㊚

もしか 若しか 《「もしかしたら」「もしかすれば」「もしかすると」の形で》può darsi che＋接続法, possibilmente, probabilmente ¶もしかしたら今日彼が来るかもしれない. Non è escluso che oggi venga lui. ¶もしかしたらまたローマに来るかもしれません. Può darsi che io torni nuovamente a Roma. ¶もしかすると君に会えるかと思って公園に行ってみた. Sono andato al parco「con la vaga speranza di [sperando di poter] incontrarti.

もしくは 若しくは 《または》o, oppure; 《ひょっとして》 forse

もしも 若しも nel caso improbabile che, se per disgrazia ¶もしも私が遅れたらどうぞお先にいらしてください. Non dovrei fare tardi [tardare], ma, se accadesse, vada pure senza aspettarmi.

慣用 **もしものこと** evento㊚ spiacevole [grave] ¶もしものことがあったら電話しなさい. Se dovesse accadere qualcosa, chiamami per telefono.

❖**もしもの時には** in caso di emergenza

もしもし 《人を呼ぶとき》Scusi. / Senta. /《電話で》Pronto. ¶もしもし, ビアンキさんのお宅ですか. Pronto, (parlo con) casa Bianchi? ¶もしもし, ロッシさんじゃありませんか. Scusi [Senta], lei non è il signor Rossi? ¶もしもし, お金を落としました

よ. Guardi, le è caduto del denaro.
もじもじ ◇もじもじする《(ためらう)》esitare㊐[av]; 《(恥ずかしがる)》vergognarsi; 《(落ち着きがない)》agitarsi, essere irrequieto ¶彼はもじもじして答えなかった. Si è intimidito e non ha risposto. ¶もじもじしながら話を切り出した. Ha cominciato a parlare con esitazione [《(当惑して)》con aria impacciata].
もしゃ 模写 copia㊛, riproduzione㊛ ◇模写する copiare ql.co.; 《(美術作品などを)》riprodurre ql.co. ¶『モナリザ』の模写 riproduzione de "La Gioconda"
もしや 若しや per caso ¶お顔の色が悪いようですが、もしやご病気なのではありませんか. Ha un brutto colorito, non sarà mica ammalato? ¶もしやそれをご覧になったのではないかと思いまして. Mi chiedevo se per caso lei l'avesse visto. ¶いるとは思わなかったが、もしやと思って電話してみた. Non mi aspettavo che tu fossi in casa, ma ho provato a telefonarti comunque. ¶もしやと思ったことが本当になった. 《(希望が)》È accaduto ciò che desideravo. / 《(恐れていたことが)》È successo quello che temevo.
もじゃもじゃ ¶毛がもじゃもじゃの犬 cane peloso [dai peli lunghi e folti] ¶あの子はいつももじゃもじゃ頭をしている. Quel bambino va in giro sempre spettinato. ¶彼はもじゃもじゃにひげを生やしていた. Aveva la barba folta [《(剛毛の)》irsuta].
もしゅ 喪主 stretto parente㊚ ㊛ del defunto che si prende cura di organizzare il funerale
モジュール 〔英 module〕《(工)》《(歯車の)》modulo㊚ metrico [複 -ci]; 《(建)》《(基準とする寸法)》modulo㊚, unità㊛ di misura
もしょう 喪章 《(胸の)》nastro㊚ a lutto; 《(腕章)》fascia㊛ [複 -sce] a lutto ¶喪章をつける mettersi un nastro [una fascia] a lutto
もじる 捩る ¶有名な歌をもじる parodiare [fare la parodia di] una famosa canzone
もす 燃す →燃やす
もず 百舌 《(鳥)》averla㊛, velia㊛
モスク 〔英 mosque〕《(宗)》moschea㊛
モスグリーン 〔英 moss green〕verde㊚ muschio
もすそ 裳裾 strascico㊚ [複 -chi], coda㊛ ¶もすそを引いて歩く camminare tirandosi dietro lo strascico
モスリン 〔仏 mousseline〕《(織)》mussola㊛, mussolina㊛
もする 模する prendere a modello ¶ギリシャ神殿を模した建物 edificio costruito sul modello di un tempio greco
もぞう 模造 imitazione㊛ ◇模造する imitare ql.co. ◇模造の《(人造の)》di imitazione, artificiale; 《(にせものの)》falso, finto ¶模造の革 cuoio artificiale / pelle imitazione [artificiale]
❖模造紙 carta㊛ pergamena
模造真珠 perla㊛ d'imitazione [falsa]
模造品 imitazione㊛
もぞもぞ 1 《(虫などがうごめく様子)》¶背中がもぞもぞする. Sento qualche cosa strisciare sul dorso. ¶毛虫がもぞもぞしている. Un bruco sta strisciando sinuosamente. 2 《(落ち着かない様子)》

¶もそもぞ動き回る muoversi irrequietamente / dimenarsi
もだえる 悶える 《(苦しむ)》essere in agonia, soffrire㊐[av], tormentarsi, angosciarsi 《(肉体をくねらせてもだえ苦しむ)》torcersi, contorcersi, piegarsi ◇悶え agonia㊛ ¶恋[嫉妬(とう)]にもだえる essere tormentato dall'amore [dalla gelosia] ¶悶え死ぬ morire soffrendo
もたげる 擡げる 1 《(持ち上げる)》alzare [sollevare] ql.co. ¶ひまわりは太陽に向かって頭をもたげた. Il girasole ha alzato la testa verso il sole. 2 《(現れる)》¶疑惑の芽が頭をもたげる. Sorge [Spunta] un dubbio.
〔慣用〕頭をもたげる rendersi evidente, affermarsi ¶彼は最近会社でめきめき頭をもたげてきた. Negli ultimi tempi si è fatto notare sempre di più nella ditta.
もたせかける 凭せ掛ける ¶妻は私の肩に頭をもたせ掛けた. Mia moglie ha appoggiato la testa sulla mia spalla.
もたせる 持たせる 1 《(与える、所持させる)》far tenere ql.co. a qlcu., dare [lasciare] ql.co. a qlcu. ¶息子に所帯を持たせたい. Desidero che mio figlio si faccia una sua famiglia. ¶子供にあまりたくさんお金を持たせるのはよくない. Non è bene lasciare che i bambini vadano in giro con tanti soldi.
2 《(持って行かせる)》far portare ql.co. a qlcu. ¶太郎に手紙を持たせよう. Mandiamo la lettera「per mezzo di [tramite] Taro.
3 《(保たせる)》mantenere [preservare] ql.co. ¶注射で病人をもたせる tenere in vita un malato con delle iniezioni ¶座をもたせる dar vita a una riunione 《(宴席の)》una festa]
4 《(払わせる)》far pagare ql.co. a qlcu., caricare le spese su qlcu. ¶今度の旅行の費用は全部マリオに持たせた. Mario coprirà tutte le spese del prossimo viaggio.
もたつく ¶交渉がもたつく. I negoziati sono in ritardo [ritardano].
モダニズム 〔英 modernism〕modernismo㊚; movimento moderno
もたもた ¶彼は何をやらせてももたもたしている. Qualunque cosa faccia, è lento. ¶もたもたするな. Sbrigati! ¶もたもたしているうちに泥棒は逃げてしまった. Nella confusione il ladro è scappato.
もたらす 齎す 1 《(持って来る)》portare ¶松本氏からもたらされた情報によれば secondo l'informazione ricevuta [ottenuta] dal sig. Matsumoto 2 《(引き起こす)》provocare ¶今度の台風は全国に大きな被害をもたらした. Questo tifone ha provocato [causato] gravi danni in tutto il Paese.
もたれかかる 凭れ掛かる appoggiarsi 《(に a)》¶彼女は彼の肩にもたれ掛かった. Lei si è appoggiata sulla sua spalla. ¶ドアにもたれ掛かるのは危険です. E pericoloso appoggiarsi allo sportello.
もたれる 凭れる 1 《(寄りかかる)》appoggiarsi 《(に a)》¶彼は椅子の背にもたれて足を組んだ. Si è appoggiato allo schienale e ha incrociato le gambe. 2 《(胃にたまる)》non digerire (►人が主語) ¶これは胃にもたれる. Non riesco a digerirlo. / Questo cibo è pesante.

モダン 〔英 modern〕 ◇モダンな moderno
❖**モダンアート** arte⒡ moderna
モダンジャズ jazz⒨ [無変] moderno
モダンバレエ danza⒡ moderna

もち 持ち **1**《時間的な耐久性》durata⒡;《強度》resistenza⒡ ¶もちがいい molto resistente ¶このチーズはもちが悪い. Questo formaggio non si conserva bene.
2《負担》¶費用は各人持ちで a spese *proprie* ¶費用は君持ちだ. Le spese sono a carico tuo. ¶旅費は会社持ちだ. La ditta rimborsa le spese di viaggio.

もち 餅 *mochi*⒨ [無変]; pasta⒡ di riso cotto a vapore e pestato ¶餅をつく pestare il riso cotto ¶餅を焼く cuocere *mochi* alla griglia [ai ferri] ¶餅は餅屋.《諺》"A ciascuno il suo mestiere."
❖**餅網** griglia⒡ per arrostire *mochi*
餅菓子 dolce⒨ a base di *mochi*
餅屋《店》negozio⒨ [複 *-i*] di *mochi*

┌─日本事情─餅───
│ Pezzi di pasta filante di riso, di varie forme, preparati cuocendo a vapore del riso glutinoso di una varietà particolare (*mochigome*), quindi pestandolo a lungo in un mortaio di legno.
│ Sono consumati soprattutto in inverno e durante le feste di capodanno.
└─────────

もち 黐《鳥もち》vischio⒨ [複 *-schi*], pania⒡

もちあい 持ち合い **1**《両者が釣り合っていること》¶この勝負は持ち合いに終わった. La gara si è chiusa in pareggio. **2**《相場で変動がないこと》¶相場は持ち合いだ. Il mercato è invariato [non ha subito alterazioni].

もちあう 持ち合う ¶皆で費用を持ち合った. Tutti hanno condiviso la spesa. / Ognuno ha pagato la sua quota.

もちあがる 持ち上がる **1**《上へ上がる》¶この箱は重くて 1 人では持ち上がらない. Questa scatola è troppo pesante per sollevarla da solo.
2《ことが起こる》accadere⒤ [*es*], succedere⒤ [*es*] ¶大問題が持ち上がった. È successo [È accaduto] un grosso guaio. ¶2 人のあいだに別れ話が持ち上がった. I due hanno iniziato a parlare di separarsi.
3《教師が翌年も同じクラスを担当する》¶鈴木先生はそのまま持ち上がる予定だ. Anche quest'anno il professor Suzuki seguirà la stessa classe dell'anno scorso.

もちあげる 持ち上げる **1**《持って上げる》sollevare ¶帽子を持ち上げてあいさつする salutare *qlcu.* sollevando il cappello **2**《煽こす》¶頭を持ち上げる alzare la testa **《**おだてる》adulare, lusingare ¶彼は人に持ち上げられていい気になっている. Le adulazioni hanno finito per dargli alla testa.

もちあじ 持ち味 **1**《食べ物の》sapore⒨ naturale **2**《特徴》caratteristica⒡ ¶この絵には作者の持ち味が表れている. Questa pittura rivela tutto lo spirito dell'artista.

もちあるく 持ち歩く portare con *sé ql.co.* ¶現金を持ち歩くのは危ない. È pericoloso andare in giro portando con sé denaro in contanti.

もちあわせ 持ち合わせ ¶今, 金の持ち合わせがない.《手元に》Non ho denaro con me. ¶その品は今のところ持ち合わせがありません. In questo momento non abbiamo quell'articolo in magazzino.

もちいえ 持ち家 la *propria* casa⒡, casa⒡ di proprietà

モチーフ 〔仏 motif〕 **1**《動機》motivo⒨;《主題》tema⒨ [複 *-i*] ¶ライトモチーフ motivo conduttore / tema [motivo] dominante **2**《音》motivo⒨, ritornello⒨ **3**《編み物の》motivo⒨

もちいる 用いる **1**《使う》usare, utilizzare; servirsi di *ql.co.* ¶筆を用いて書く scrivere con il pennello ¶科学は正しい目的のために用いられるべきだ. La scienza deve essere usata per giusti fini. ¶暴力を用いてはいけない. Non si deve far ricorso alla violenza. ¶これは何に用いるのですか. A che cosa serve questo?
2《採用する》adoperare;《適用する》adottare, applicare ¶それにはこの方法を用いたほうがいい. Per farlo è meglio adottare questo metodo. ¶彼はこの会社で重く用いられている. Ha un posto di responsabilità in questa ditta.

もちうた 持ち歌 il *proprio* repertorio⒨ di canzoni

もちかえり 持ち帰り ◇持ち帰る portare *ql.co.* a casa, portar via *ql.co.*《から da》;《持ってきたものを》riportare *ql.co.* a casa ¶パンフレットをお持ち帰りください. Prenda pure un dépliant. ¶持ち帰り用のピザ pizza「da portar via [da asporto] ¶ここで召しあがり, お持ち帰りですか. Mangia qui o porta via?

もちかえる 持ち替える ¶傘を左手に持ち替える spostare l'ombrello dalla mano destra alla sinistra

もちかける 持ち掛ける 《申し出る》proporre *ql.co.* a *qlcu.*, fare delle proposte a *qlcu.* ¶小沢さんに話を持ちかけてみたらどうだろう. Che ne dici di parlarne al sig. Ozawa? ¶彼は私にうまい話を持ちかけてきた. È venuto da me con una proposta attraente.

もちかた 持ち方 ¶彼はスキーのストックの持ち方も知らない. Non sa neanche come tenere [usare] i bastoncini da sci.

もちかぶ 持ち株 azioni⒡ [複] in possesso di *qlcu.*
❖**持ち株会社**《経》società⒡ finanziaria controllante [di portafoglio / capogruppo [無変]]; 〔英〕holding [ˈhōldɪŋ]⒡ [無変] (company)
持ち株制度《経》azionariato⒨ degli impiegati di una ditta

もちきり 持ち切り ¶週刊誌はその女優のことで持ち切りだ. I settimanali「non fanno altro che parlare di [sono zeppi di articoli su] quell'attrice.

もちきる 持ち切る **1**《全部持つ》¶本が多すぎて持ち切れない. Sono troppi i libri per portarli in mano. **2**《保ち続ける》¶資金不足で会は持ち切れなくなった. Non riusciamo più a tenere in piedi l'associazione a causa della scarsità di fondi.

もちぐされ 持ち腐れ ¶これでは宝の持ち腐れだ. Questo è proprio gettare perle ai porci.

もちくずす 持ち崩す 身代を持ち崩す sciupare [dilapidare / sperperare] un patrim*o*nio ¶彼は放蕩に身を持ち崩した. Si è rovinato conducendo una vita sregolata.

もちこす 持ち越す rimandare, rinviare, aggiornare ¶結論は次の会議に持ち越された. La conclusi*o*ne è stata rimandata [rinviata] alla pr*o*ssima sessi*o*ne.

もちこたえる 持ち堪える 《重さなどに耐える》reggere; res*i*stere㊤ [*av*]; 《乗り越える》super*a*re; 《ある期間もつ》dur*a*re㊤ [*es, av*] ¶これだけ食糧があれば2週間は持ちこたえられる. Con questa scorta di alimenti ce la caveremo per due settimane. ¶病人は今晩持ちこたえれば大丈夫だ. Se il malato supera la notte, sarà fuori pericolo. ¶屋根は雪の重みに持ちこたえられるだろうか. Temo che il tetto non reggerà il peso della neve.

もちごま 持ち駒 **1**《将棋で》ped*i*na㊛ mangi*a*ta [soffi*a*ta] **2**《控えの人員》person*a*le㊚ riserv*a*to; 《いつでも使える手段》m*e*zzi㊚[複] a disposizi*o*ne ¶このチームはフォワードの持ち駒が豊富だ. Questa squadra ha molti attaccanti a disposizi*o*ne.

もちこむ 持ち込む **1**《運び入れる》¶飲食物をホテルに持ち込む port*a*re cibi e bev*a*nde in alb*e*rgo ¶試験では辞書を持ち込んでもよい. In questo es*a*me è permesso consult*a*re il dizion*a*rio.
2《用件などを持ってくる》¶市役所に苦情を持ち込む present*a*re un recl*a*mo all'ufficio comun*a*le ¶彼は難題を持ち込んできた. Mi ha fatto una richi*e*sta irragion*e*vole.
3《ある状態に持っていく》¶われわれは同点に持ち込んだ. La nostra squadra è riuscita alla fine a pareggi*a*re la part*i*ta. ¶試合は延長戦に持ち込まれた. La partita è entrata nei tempi supplement*a*ri.

もちごめ 糯米 r*i*so㊚ glutin*o*so

もちさる 持ち去る port*a*re via ¶何者かがそのお金を持ち去った. Qualcuno ha portato via quel denaro.

もちじかん 持ち時間 **1**《試合・スピーチなどの》t*e*mpo㊚ a disposizi*o*ne ¶持ち時間はあと5分しかない. Abbi*a*mo anc*o*ra a disposizi*o*ne solt*a*nto 5 min*u*ti di t*e*mpo. ¶あなたの持ち時間は切れました. Il suo tempo a disposizione è scaduto.
2《教師の授業時間》¶あなたの1週間の持ち時間は何時間ですか. Quante ore di lezione fa alla settim*a*na?

もちだか 持ち高 《会》posizi*o*ne㊛, s*a*ldo㊚

もちだし 持ち出し **1**《外へ出すこと》¶重要書類の持ち出し厳禁《掲示》"Divieto di [Vietato] portar via [prelevare] documenti importanti." ¶この本は持ち出しができません. Questo libro è riservato alla sola consultazi*o*ne.
2《自腹を切ること》¶赤字の分だけ持ち出しになってしまった. Abbiamo finito col pagare di tasca nostra l'eccedenza.

もちだす 持ち出す **1**《持って出る》port*a*re via *ql.co.* ¶彼は会社の金を持ち出して使ってしまった. Si è appropriato del [Ha finito con l'utilizz*a*re il] denaro della ditta.
2《問題などを取り上げる》¶彼は会議に個人的な話を持ち出した. Alla riuni*o*ne ha tir*a*to fu*o*ri un probl*e*ma person*a*le. ¶その話は持ち出さなかった. Non sono riuscito a porre sul t*a*volo [a parl*a*re di] questo argom*e*nto. ¶2人の間のもめごとはついに裁判所に持ち出された. La disputa fra i due è stata alla fine portata in tribun*a*le.

もちつもたれつ 持ちつ持たれつ aiuto㊚ rec*i*proco [複 -*ci*] ¶僕らは持ちつ持たれつだ. Noi siamo sulla stessa barca. ¶この世は持ちつ持たれつだ. Se non ci diamo una mano tra noi!

もちてん 持ち点 puntegg*i*o㊚ [*-gi*] di partenza ¶持ち点は何点にする. Da che pont*e*ggio partiamo?

もちなおす 持ち直す **1**《持ち替える》¶バッグを左手に持ち直す spost*a*re la b*o*rsa (dalla m*a*no d*e*stra) alla m*a*no sin*i*stra
2《状態がよくなる》miglior*a*re㊤ (▶人が主語のとき [*es, av*], 物が主語のとき [*es*]); 《立ち直る》ripr*e*ndersi ¶彼の病気は持ち直した. La sua malatt*i*a è miglior*a*ta. / Ora sta m*e*glio. ¶あの会社は持ち直すだろうか. Quella ditta potrà ripr*e*ndersi? ¶天気は午後には持ち直すでしょう. Il tempo migliorerà nel pomer*i*ggio.

もちにげ 持ち逃げ ¶彼は店の売上金を持ち逃げした. È scapp*a*to port*a*ndo con sé l'inc*a*sso del neg*o*zio. ¶駅でスーツケースを持ち逃げされた. Alla stazi*o*ne mi h*a*nno port*a*to via la val*i*gia.

もちぬし 持ち主 propriet*a*r*i*o㊚ [*-ia*]㊛ [複 *-i*]; 《主人》padr*o*ne㊚ [㊛ -*a*] ¶持ち主不明の土地 terr*e*no di propriet*à* ign*o*ta ¶このビルの持ち主は誰ですか. Chi è il proprietario di [Di chi è / A chi appart*i*ene] questo pal*a*zzo? ¶彼女はやさしい心の持ち主です. Lei è di ani*mo* bu*o*no.

もちば 持ち場 《部署》il *proprio* p*o*sto㊚, la *propria* posizi*o*ne㊛; 《巡回区》r*o*nda㊛, g*i*ro㊚, z*o*na㊛ di sorvegli*a*nza ¶持ち場を守る[離れる] dif*e*ndere [abbandon*a*re] il *proprio* p*o*sto ¶夜警は持ち場を回っている. La guardia nott*u*rna fa la r*o*nda [il giro] della *propria* z*o*na.

もちはこぶ 持ち運ぶ ¶持ち運びしやすい荷物 bagaglio facile da trasport*a*re

もちはだ 餅肌 ¶もち肌である av*e*re la p*e*lle s*o*ffice e vellut*a*ta

もちぶん 持ち分 la *propria* qu*o*ta ¶私の持ち分はその土地の3分の1だ. La mia parte è un terzo del terreno.

モチベーション 〔英 motivation〕 motivazi*o*ne㊛

もちまえ 持ち前 la *propria* nat*u*ra ¶持ち前の義侠心から女を助けた. Ha salv*a*to la d*o*nna con la sua inn*a*ta simpat*i*a per i d*e*boli e gli sfortun*a*ti.

もちまわり 持ち回り ¶会場は持ち回りにしましょう. Riuni*a*moci a turno in *o*gni sede.
✤持ち回り閣議 ¶議案を持ち回り閣議に付す far approv*a*re una prop*o*sta fac*e*ndola circol*a*re fra tutti i min*i*stri

もちもの 持ち物 **1**《所持品》ogg*e*tti㊚[複] person*a*li; 《荷物》bag*a*gl*i*o㊚ [複 *-gli*] ¶持ち物の全部に名前をつける m*e*ttere il *proprio* n*o*me su tutti i bag*a*gli ¶このペンは誰の持ちものですか. Di chi è questa p*e*nna? **2**《所有物, 財産》propri*e*-

もちゅう 喪中 ¶喪中である essere in lutto / portare il lutto ¶喪中につき a causa del lutto / per lutto ¶亡父の喪中につき年始のごあいさつはご遠慮申し上げます。 Essendo in lutto per mio padre, mi riservo [astengo] dal farLe gli auguri per il nuovo anno.

もちよる 持ち寄る ¶料理を持ち寄ってパーティーを開く fare una festa in cui ognuno porta qualcosa da mangiare ¶彼らはそれぞれ事件の情報を持ち寄った。 Ognuno di loro ha portato le proprie informazioni sul caso.

もちろん 勿論 senz'altro, certamente, naturalmente, senza dubbio ¶どんなに強いチームでももちろん負けることがある。 Anche una squadra forte, qualche volta viene sconfitta. ¶「天ぷらは好きですか」「もちろんです」 "Le piace il *tempura*?" "Naturalmente [Certo / Come no]!" ¶彼は英語はもちろん、イタリア語もできます。 Conosce anche l'italiano oltre, ovviamente, l'inglese. ¶その子は両親の顔はもちろん、名前もよく知らない。 Quel bambino non solo non sa che faccia abbiano i suoi genitori, ma ne ignora anche il nome.

もつ （臓物） interiora® [複], viscere® [複]；（食用の）frattaglie® [複] ¶もつ煮込み trippa bollita / interiora® [複] bollite

もつ 持つ **1**【つかむ、手に取る】 afferrare *ql.co.*, prendere in mano *ql.co.*, ;《持っている》 avere [tenere] *ql.co.* in mano;《持って行く》 portare *ql.co.* ¶彼は本を手に持っている。 Ha [Tiene] un libro in mano. ¶トランクをお持ちしましょう。 Mi lasci portare la sua valigia. ¶お好きなものをお持ちください。 Prenda pure quello che desidera.
2【携行する】 portare [avere] con sé ¶身分証明書をお持ちですか。 Ha con sé la carta d'identità? ¶僕は今お金を持っていない。 Ora non ho soldi. ¶大金を持って歩くのは危ない。 È pericoloso andare in giro portando con sé tanti soldi. ¶「紙を持ってるの」「うん、持ってるよ」 "Hai [Ce l'hai] un foglio?" "Sì, ce l'ho." (► 「ce」は場所を漠然と表す副詞の ci. "Sì, l'ho."とは言わない)
3【所有する】 avere [possedere] *ql.co.* ¶母は小さな店を持っている。 Mia madre ha [possiede / è la proprietaria di] un piccolo negozio. ¶家庭を持つ avere una famiglia
4【性質・気質を】 ¶彼は激しい気質を持っている。 Ha un carattere focoso. ¶あの人は他の人にはないすぐれた面を持っている。 Lui possiede un temperamento straordinario che lo distingue.
5【心に抱く】 concepire, nutrire, serbare ¶疑問を持つ avere [nutrire] un dubbio su *ql.co.* [*qlcu.*] ¶…に興味を持つ essere interessato a *ql.co.* [*qlcu.*] ¶もっと勇気を持て。 Abbi più coraggio! ¶彼は私に恨みを持っているらしい。 Sembra che lui ce l'abbia con me.
6【受け持つ】 assumersi *ql.co.* [di + 不定詞], addossarsi *ql.co.* ¶田中先生は3年A組を持っています。 Il professor Tanaka ha la [insegna nella] terza A. ¶責任を持って答えてください。 Mi dia una risposta di cui si assume la responsabili-tà. ¶私はこの地区の販売を持っています。 Sono incaricato delle vendite in questa zona.
7【負担する】 ¶費用は私が持ちましょう。 Pago io [Mi lasci pagare] le spese. / Alle spese ci penso io. ¶交通費は会社が持っています。 L'azienda si assume le nostre spese di trasporto.
8【持ちこたえる】 durare® [*es, av*], mantenersi；（長持ちする） resistere® [*av*] molto, essere resistente ¶イギリス製の布地はよく持つ。 Le stoffe inglesi sono resistenti [durano a lungo]. ¶あと何キロくらいガソリンは持つだろうか。 Quanti altri chilometri 「riusciamo a fare con [ci durerà] questa benzina? ¶天気が持てばいいんだが。 Spero che il tempo si mantenga bello. ¶1万円で月給日まで持たせなければならない。 Devo arrivare fino al giorno di paga con solo 10.000 yen. ¶この暑さでは肉は持たない。 Con questo caldo la carne non si mantiene a lungo. ¶今まで我慢してきたがもう持たない。 Ho sopportato sino ad ora, ma adesso non ce la faccio più. ¶店は彼で持っている。 Il negozio va avanti grazie a lui.
9【生き延びる】 sopravvivere® [*es*] ¶病人は年末まで持たないだろう。 Il malato non arriverà alla fine dell'anno.

もっか 目下 adesso, ora, attualmente, al presente, per il momento ◊目下 attuale, presente ¶目下の情勢 l'attuale situazione / la situazione presente ¶目下のところ何も問題はありません。 Per ora non c'è nessun problema.

もっかんがっき 木管楽器 《音》strumento® a fiato di legno；（オーケストラの木管楽器部も） legni® [複] →楽器 図版

もっきん 木琴 xilofono®, silofono®
✦木琴奏者 silofonista® [複 -*i*]

もっけい 黙契 tacito® accordo ¶黙契を交わす scambiarsi un tacito consenso

もっけのさいわい 勿怪の幸い ¶それをたまたま耳にしたのはもっけの幸いだった。 È stata una fortuna aver sentito per caso questa notizia. ¶彼は暗闇をもっけの幸いに逃げた。 È fuggito approfittando del buio.

もっこう 木工 lavorazione® del legno, falegnameria®, carpenteria®
✦木工具 utensile® per lavorare il legno
木工所 falegnameria®
木工職人 falegname®；（黒檀などの） ebanista® [複 -*i*]；carpentiere®
木工品【細工】 oggetti® [複] di legno

もっさり ¶もっさりした男 uomo 「poco raffinato [rozzo / grossolano / (鈍い) lento]」

もったい 物体 ¶彼はつまらないことにももったいをつける。 Trova sempre qualche cosa da ridire.

もったいない 勿体ない **1**【惜しい】 È un peccato [uno spreco] gettarlo via. ¶時間がもったいないからタクシーで行こう。 Prendiamo un taxi per risparmiare tempo. ¶こんな本に4000円も出すのはもったいない。 Pagare 4.000 yen per un libro simile 「sono soldi buttati [è come buttare via i soldi]」. ¶このコンピュータを捨てるなんてもったいない。 Questo computer si può usare ancora. / È un peccato buttar via questo computer. ¶ここまできてやめるの

はもったいないなあ．Che spreco sarebbe se smettessi proprio adesso.

2《過分だ》essere eccessivo [esagerato / immeritato] ¶あいつにはもったいないほどきれいな奥さんだ．È una donna fin troppo bella per quell'uomo. ¶私にはもったいないようなありがたいお話です．La sua benevola proposta è superiore ai miei meriti.

もったいぶる 勿体ぶる darsi delle arie ¶彼はもったいぶって話し出した．Si è messo a parlare dandosi delle arie. ¶もったいぶってないで早く話してよ．Non farla tanto lunga! Vieni al sodo! / Non farti pregare! Raccontà!

もって 以て **1**《…を用いて》con *ql.co.*, per mezzo di *ql.co.*, usando *ql.co.* ¶書面をもって通知する comunicare *ql.co.* a *qlcu.* per iscritto ¶彼は身をもってその仕事の大変さを知った．Ha provato di persona [personalmente / direttamente] come è faticoso quel lavoro.

2《…の理由で》per *ql.co.*;《…のおかげで》grazie a *ql.co.*;《…として》come *ql.co.* [*qlcu.*] ¶スイスは風光明媚をもって知られている．La Svizzera è nota per il suo bel paesaggio.

3《「…をもって」の形で，強調》¶わが国における心臓移植は彼をもって嚆矢(ｶﾞ)とする．Nel nostro paese il trapianto del cuore ebbe inizio con lui. ¶本日をもって閉店いたします．Con oggi chiudiamo il negozio.

4《したがって，故に》quindi, perciò ¶委員会はもって彼を今シーズンの最優秀選手と認定する．La commissione lo dichiara quindi il migliore giocatore di questa stagione sportiva.

[慣用] もって瞑(ﾒｲ)すべし ¶研究がついに完成を見た．もって瞑すべしだ．Posso morire in pace ora che sono finalmente riuscito a completare la mia ricerca.

もっていく 持って行く **1**《運ぶ》portare *ql.co.* ¶お皿を台所へ持って行ってください．Per favore, porti i piatti in cucina.

2《推し進める》portare avanti *ql.co.* ¶この議論を結論にまで持って行くのは難しかった．È stato molto difficile portare avanti questa discussione alla conclusione. ¶計画を実現に持って行く portare avanti un progetto fino alla realizzazione.

3《「…まで持って行く」の形で，持続する》mantenere *ql.co.* ¶今月の売り上げを年末まで持って行ければ，100万円の利益が上がる．Se le vendite si mantengono al livello di questo mese fino alla fine dell'anno, avremo un profitto di un milione di yen.

もってうまれた 持って生まれた innato, naturale; congenito ¶彼には持って生まれた才能がある．Ha un talento innato.

もってくる 持って来る **1**《運ぶ》portare *ql.co.* ¶コーヒーを2杯持って来てください．Per favore, ci porti due tazze di caffè. ¶悪い知らせを持って来た．Ha portato cattive notizie.

2《取りに行く》andare a prendere *ql.co.* ¶灰皿を持って来ます．Vado a prendere un portacenere.

もってこい 持って来い ◇もってこいの《絶好の》ideale;《最適の》proprio adatto ¶彼にはもってこいの仕事だ．È il lavoro proprio 「adatto a [fatto] per」 lui.

もってのほか 以ての外 ◇もってのほかの《ばかげた》assurdo, impensabile;《恥ずべき》scandaloso, vergognoso;《許せない》imperdonabile;《ろくでもない》disgraziato ¶うそをつくとはもってのほかだ．Non ti permetto di dirmi bugie. ¶そんな要求などもってのほかだ．Questa richiesta è assurda [fuori discussione / fuori posto].

もってまわる 持って回る **1**《持ち回る》¶重役の承認を得るために書類を持って回った．Ho portato i documenti facendo un giro fra i direttori per averne l'approvazione. **2**《遠回しに言う》¶彼は持って回った言い方をする癖がある．Tende a parlare in maniera ambigua.

もっと più, di più ¶もっともっと molto di più / sempre di più ¶お菓子をもっとちょうだい．Dammi (degli) altri dolci. ¶もっと大きな声で話してください．Parli a voce più alta. ¶土地の値段はもっと高くなるそうです．Dicono che il prezzo dei terreni vada aumentando (sempre di più). ¶もっとましなものはないのか．Non c'è qualche cosa di meglio?

モットー《英 motto》《金言》motto男, detto男;《信条》principio男[複 *-i*] ¶正直は私のモットーだ．La sincerità è il mio motto.

もっとも 尤も ◇《道理にかなっている》◇もっともな giusto, ragionevole ¶あの人が怒るのはもっともだ．L'indignazione di quell'uomo è più che naturale. ¶お怒りはごもっともです．È più che giusto che lei si risenta. / Lei ha ragione di arrabbiarsi. ¶ごもっともな質問です．Ha una domanda molto pertinente. ¶おっしゃることはいちいちごもっともです．Tutto quello che lei dice è giusto.

2《しかしながら》ma, però, tuttavia ¶この事務所は一日中あいています．もっとも土曜日は午前中だけです．Questo ufficio è aperto tutto il giorno. Di sabato però è aperto solo la mattina.

もっとも 最も 定冠詞+più [meno] ¶最も重要な問題 la questione più importante ¶最も印象的だったこと la cosa che は rimasta più impressa ¶これは彼の作品のなかで最も優れたものです．Fra tutti i suoi lavori, questo è il migliore. ¶この地方は日本で最も雪の多い所です．Questa è la località del Giappone dove nevica di più.

もっともらしい 尤もらしい **1**《道理にかなっているように見える》plausibile ◇もっともらしく plausibilmente ◇もっともらしさ plausibilità女 ¶もっともらしい理由 ragione plausibile ¶もっともらしいうそをつく dire bugie che sembrano vere [verosimili] ¶もっともらしいことを言う dire cose che sembrano plausibili

2《まじめくさった》¶彼はもっともらしい顔をして先生の話を聞いた．Ha ascoltato il discorso del professore con la faccia seria.

もっぱら 専ら **1**《ひたすら》esclusivamente ¶彼は今，もっぱら論文の執筆に打ち込んでいる．Ora ce la mette tutta per scrivere un saggio. / Ora è presissimo nello scrivere la tesi. **2**《独り占め》¶彼は市長になると権力を専らにし始めた．Quando è diventato sindaco, ha cominciato ad abusare dei suoi poteri.

モップ [英 mop] scopa㊛ di stracci, strofinaccio㊚ [複 -ci] con manico, straccio㊚ [複 -chi]

もつやく 没薬 《ミルラ》 mirra㊛

もつれ 縺れ **1**《糸などの》groviglio㊚ [複 -gli], garbuglio㊚ [複 -gli], intrico㊚ [複 -chi], intrigo㊚ [複 -ghi] ¶ひものもつれを解く sciogliere un groviglio di fili ¶髪のもつれをとかす pettinarsi i capelli arruffati [aggrovigliati]
2《紛糾》confusione㊛, complicazione㊛, pasticcio㊚ [複 -ci] ¶恋のもつれを解く risolvere un intrico d'amore ¶2人の間に感情のもつれが生じた. Fra i due è sorta una discordia [contesa].

もつれこむ 縺れ込む ¶試合は同点のまま延長戦にもつれ込んだ. Essendo pari, la partita è entrata nei tempi supplementari.

もつれる 縺れる **1**《糸などが》aggrovigliarsi, ingarbugliarsi;《髪が》arruffarsi ¶もつれた糸をほぐす sciogliere un filo aggrovigliato
2《舌や足が》¶舌がもつれる perdere scioltezza nel parlare /《どもる》balbettare [av] ¶足がもつれてよろよろする non reggersi「sulle gambe [in piedi]
3《混乱する》complicarsi, diventare㊞ [es] complicarsi, imbrogliarsi, pasticciarsi ¶問題がもつれた. La faccenda si è imbrogliata.

もてあそぶ 弄ぶ **1**《いじくる》giocare㊞ [av] [giocherellare㊞ [av]] con ql.co. ¶彼は話しながらライターをもてあそんでいた. Parlava giocherellando con un accendino.
2《愛好する》¶俳句をもてあそぶ divertirsi componendo haiku / comporre haiku come passatempo
3《思いのままに操る》¶女をもてあそぶ prendersi gioco di [ingannare] una donna ¶彼は運命にもてあそばれた. Fu giocato dal destino. ¶小舟は波にもてあそばれていた. La barca era alla mercé delle onde.

もてあます 持て余す《人が主語で》non sapere cosa fare con ql.co. [qlcu.];《物が主語で》essere troppo per qlcu. [ql.co.] ¶私は暇を持て余している. Non so come passare [ammazzare] il tempo (libero). ¶彼女は泣きわめく子供を持て余していた. Lei non sapeva come calmare il bambino che strillava.

モテット 〔伊〕《音》mottetto㊚

もてなし 持て成し **1**《待遇》trattamento㊚;《歓待》accoglienza㊛, ospitalità㊛;《旅館などの》servizio㊚ [複 -i] ◇もてなす trattare qlcu. (con ospitalità), accogliere qlcu. ospitalmente ¶心からのもてなしを受けた. Mi hanno ricevuto [accolto] cordialmente. / Ho ricevuto un'accoglienza calorosa. ¶彼は客のもてなしがうまい. È bravo nell'intrattenere gli ospiti. ¶暖かいおもてなしがとうございました. Grazie per la premurosa「accoglienza [ospitalità].
2《ごちそうを出すこと》¶食事のもてなしを受けた. Mi hanno offerto il pranzo.

もてはやす 持て囃す《大げさに重要がる》esagerare l'importanza di ql.co.;《もてなす》festeggiare qlcu.,《大いに歓迎する》fare una grande accoglienza a qlcu.;《称賛する》elogiare qlcu. [ql.co.];《やたらにほめそやす》portare ql.co. [qlcu.] alle stelle;《名士扱いする》trattare qlcu. come una celebrità ¶当時彼は英雄として国民にもてはやされた. In quei tempi godeva di grande popolarità come un eroe. ¶彼は人からもてはやされるのを好まない. Non gli piace essere elogiato.

モデム [英 MODEM]《通信》modem㊚ [無変]

モデラート [伊]《音》moderato ¶アレグロデラート allegro moderato

もてる 持てる **1**《人気がある》essere popolare (に con, tra) ¶女にもてる essere un favorito [un beniamino] delle donne / avere successo con le donne ¶あの教師は学生にもてない. Quell'insegnante è impopolare fra gli studenti. ¶君は女性にもてていいなあ. Vorrei averlo io, il successo che hai tu con le donne.
2《所有する》¶持てる者[国]と持たざる者[国] i ricchi [paesi ricchi] e i poveri [paesi poveri]

モデル [英 model]《模範, 手本》modello㊚ ¶モデル都市 città modello [無変] ¶防犯モデル地区 zona modello anticrimine ¶…をモデルにする sul modello di ql.co. [qlcu.]
2《模型, ひな型》modello㊚, modellino㊚ ¶船のモデル modello [modellino] di una nave ¶実物大のモデル modello a grandezza naturale
3《型, タイプ, デザイン》modello㊚ ¶最新モデルの自動車 l'ultimo modello di automobile
4《絵や小説などの》modello㊚ [㊛ -a] ¶ファッションモデル indossatore㊚ [㊛ -trice] / modello㊚ [㊛ -a] ¶写真のモデル fotomodello㊚ [㊛ -a] ¶その彫刻家は老人をモデルにした. Lo scultore ha preso come modello un vecchio. ¶その小説の主人公は作者の父親がモデルになっている. Il protagonista del romanzo è basato sulla figura del padre dell'autore.

❖モデルケース caso㊚ esemplare
モデル工場 fabbrica㊛ pilota [無変]
モデルスクール scuola㊛ modello [無変]
モデルチェンジ cambio㊚ [複 -i] del modello
モデルハウス casa㊛ campione [無変]
モデルルーム appartamento㊚ campione [無変]

もと 下・許 **1**《物の下の所》¶松の木のもとを掘る scavare sotto un pino ¶彫像の足もとに ai piedi di una statua
2《何かの影響の及ぶ所》¶両親のもとで暮らす vivere con i genitori ¶友人のもとを訪ねる visitare [far visita ad] un amico ¶彼は田中教授の指導のもとに研究をつづけた. Ha continuato la ricerca sotto la guida del prof. Tanaka. ¶彼は2年以内に戻るという約束のもとに家を出た. Ha lasciato casa con la promessa di ritornare entro due anni.

もと 元・本・基 **1**《起源》origine㊛, inizio㊚ [複 -i]; (出所) fonte㊛;《根本》base㊛ ◇元は originariamente, all'inizio, prima, precedentemente ¶噂のもと fonte delle chiacchiere [della diceria] ¶この小説は事実をもとにして書かれたものである. Questo romanzo è stato scritto basandosi su fatti reali [è ispirato alla realtà]. ¶話はもとに戻って… Nel riprendere l'argomento iniziale [precedente]… ¶この企画は彼が考え出したものである. Questo progetto ha avuto origine da lui. ¶口は禍(わざわい)のもと.《諺》"Poche parole pochi malanni." ¶すべてもとを正さなければならない. Tutte le cose

vanno corrette dalla radice.
2【原因】 causa㊛ ¶けんかのもと causa di una lite [rissa] ¶消化不良がもとで1週間寝こんだ. In seguito ad un'indigestione sono stato a letto per una settimana. ¶彼の成功のもとはその強い意志にある. Deve il suo successo ad una forte volontà. ¶あの大火のもとはタバコの火の不始末だった. Quel grande incendio è stato causato da qualche mozzicone di sigaretta lasciato acceso.
3【以前】 in passato, all'inizio, una volta ◇元の di una volta, di prima, precedente, originario㊚複 -i] ¶元首相 ex primo ministro ¶病気が治ってもとmyoiraみたいの体になりました. Guarito dalla malattia, sono tornato in forma come prima. ¶ここはもとは荒れ地だった. Tempo fa [Una volta] questo posto era un terreno incolto. ¶私はもと小学校の先生をしていた. In passato ho fatto il maestro [【女性】la maestra] di scuola. ¶このゴムは伸びきってしまってもとに戻らない. Questo elastico si è allentato e non tornerà più alla misura iniziale. ¶一度悪の世界に入るともとに戻るのは難しい. Se si entra nel mondo della malavita, è difficile tornare indietro.
4【材料】 ¶この薬はかびをもとにして作ったものである. Questa medicina viene ricavata dalla muffa.
5【元手】 capitale㊚, fondo㊚; 〘投資〙investimento㊚ ¶もとがかかる仕事だ. È un lavoro che richiede un capitale. ¶5000円で売ったのではもとがとれませんよ. Se si vendesse a 5.000 yen, non si coprirebbero le spese di produzione.
[慣用] 元の鞘(さや)に納まる ¶あの夫婦はもとのさやに納まった. La coppia si è riconciliata.

元の木阿弥(もくあみ) ¶結局元の木阿弥だった. 《得たものがむだになる》 Dopo tutto ho perso tutto quello che avevo guadagnato. /《元の状態に戻る》 In fin dei conti non è cambiato un bel niente.
元も子もない ¶商売に失敗して元も子もなくしてしまった. Col fallimento ho perduto tutto. ¶ここで企画を断念してしまっては元も子もない. Sarebbe un peccato sprendere ora quel progetto preparato con molta cura.

もとい 元い o meglio
もとい 基 base㊛, fondamento㊚[複 le fondamenta]

もとうけぎょうしゃ 元請け業者 〘下請けに対する〙〘商〙appaltatore㊚; 〘法〙committente㊚ originario[複 -i] (► 「注文主」と「元請負」の両者をさす)

もどかしい ¶もどかしいやつだ. La sua lentezza mi fa impazzire! ¶彼は私にもどかしげに尋ねた. Me l'ha chiesto impazientemente.

-もどき 擬き ¶芝居もどきに見えをきった. Ha assunto una posa teatrale. ¶彼はシェイクスピアもどきの戯曲を書いた. Ha scritto un dramma alla maniera shakespeariana.

もときん 元金 〘元手, 元本〙capitale㊚ ¶元金と利息 (il) capitale e (gli) interessi

モトクロス 〘英 motocross〙〘スポ〙〘英〙motocross㊚[無変]

もどしぜい 戻し税 〘経〙premio㊚[複 -i] d'esportazione, rimborso㊚ dei dazi [delle tasse]
もとじめ 元締め 〘取り締まりをする人〙gestore

㊚[㊛ -trice], dirigente㊚㊛;〘勘定の締めくくりをする人〙capo㊚ contabile [ragioniere];〘親分〙capo㊚;〘賭博の〙〘仏〙croupier㊚[無変]; biscazziere㊚ ¶暗黒街の元締め boss㊚[無変] di un quartiere losco

もどす 戻す **1**〘元に返す〙rimettere qlco.;〘返却する〙restituire qlco. ¶本を読んだら元の位置に戻しなさい. Dopo aver letto il libro, rimettilo al suo posto. ¶夏時間が終わったから時計を1時間戻さなければならない. Finita l'ora legale bisogna spostare all'indietro di un'ora le lancette dell'orologio. ¶干ししいたけを水で戻す mettere a mollo funghi *shiitake* secchi per farli rinvenire
2〘吐く〙vomitare㊚ (► 単独でも可) qlco., rimettere㊚ (► 単独でも可) qlco., dare di stomaco

もとせん 元栓 rubinetto㊚ principale;〘大型のもの〙valvola㊛ ¶ガスの元栓を閉める chiudere il rubinetto principale del gas
もとだか 元高 〘会〙〘元金〙capitale㊚;〘原価〙costo㊚
もとちょう 元帳 〘会〙libro㊚ mastro, mastro㊚, partitario㊚[複 -i]
✤元帳尻[残高] saldi㊚[複]

もとづく 基づく **1**〘拠り所とする〙basarsi [fondarsi] su qlco. ¶父の遺言に基づいて in base al [sulla base del [basandosi sul] testamento di mio padre ¶我々は彼の指示に基づいて行動した. Abbiamo agito seguendo le sue istruzioni. ¶給料は勤続年数に基づいて支払われる. Lo stipendio viene pagato secondo gli anni di servizio.
2〘起因する〙avere origine in qlco., derivare㊛ [es] [provenire㊛ [es]] da qlco., essere causato da qlco. ¶それは彼の誤解に基づいている. Questo nasce [deriva] da un malinteso da parte sua. ¶それは単なるうわさに基づいたものだった. Questo è nato da semplici dicerie.

もとで 元手 〘資本〙capitale㊚;〘資金〙fondi㊚[複] ¶彼は2000万円を元手に店を開いた. Ha aperto un negozio con un capitale di 20 milioni di yen. ¶健康だけが私の元手だ. La salute è il mio unico capitale.

もとどおり 元通り ¶傷ついた彫刻を元どおりにする restaurare una scultura danneggiata ¶元どおりに ritornare allo stato precedente ¶町は元どおりの静けさに戻った. In città è ritornata la pace di una volta.

もとね 元値 ¶元値で[元値以下で]売る vendere al prezzo di costo [sotto costo]
もとめ 求め 〘依頼〙richiesta㊛;〘懇請〙preghiera㊛;〘要求〙domanda㊛ ¶彼は私の求めに応じた. Ha soddisfatto la mia richiesta.

もとめる 求める **1**〘探す〙cercare, ricercare,〘欲しがる〙desiderare, volere ¶平和を求める desiderare la pace ¶事件解決の鍵を求める cercare la chiave di un caso ¶「女子事務員を1名求む」(掲示)"Cercasi impiegata" ¶ x の値を求めよ. 〘数学の問題で〙Trovare il valore di x.
2〘要求する〙chiedere qlco. a qlcu., far richiesta di qlco. a qlcu.;〘強く〙esigere qlco. da

qlcu., reclamare *ql.co.* ¶大声で助けを求める. chiedere aiuto a gran voce ¶新聞社から意見を求められた. I giornali hanno richiesto la mia opinione. ¶所長に面会を求めようと思う. Vorrei chiedere un colloquio col direttore.
3《買う》comprare, acquistare ¶この花瓶をどこでお求めになりましたか. Dove ha comprato [acquistato] questo vaso da fiori? ¶求めやすい価格 prezzo conveniente

もともと 元々 **1**《元来》originariamente;《始めから》sin [fin] dall'inizio;《生来》sin [fin] dalla nascita ¶それはもともと中国から来たものだ. Era di origine cinese. / Proviene dalla Cina. ¶私はもともと忘れっぽいのです. Ho sempre avuto poca memoria. / Sono uno smemorato nato.
2《損も得もしない》¶彼に断られてもともとだ. Non perderò niente, anche se lui mi dice di no. ¶だめでもともとだ. Proviamoci tanto per provare.

もとより 元より **1**《始めから》sin dall'inizio ¶そのことはもとより存じております. Lo so "fin dall'inizio [sin dal principio]". **2**《もちろん》naturalmente ¶もとより責任は製作者にある. Va da sé [È naturale / È evidente] che la responsabilità è del produttore.

もどり 戻り **1**《帰り》¶戻り道で sulla via del ritorno **2**《相場で》ripresa⊛

もとる 悖る ¶主義にもとる mancare ai *propri* principi ¶その政策は人道にもとるものだ. Quella politica non era in linea con i principi umanitari. ¶浪費は私の主義にもとる. Lo spreco è contrario ai miei principi.

もどる 戻る **1**《引き返す》tornare⊛ [*es*] indietro;《同じ道をまた通る》ripercorrere;《家に帰る》tornare a casa ¶いま来た道を5分ほど戻ったら彼の家が見つかった. Dopo aver ripercorso per cinque minuti la strada per la quale ero venuto, ho trovato la sua casa. ¶彼は黒板に答えを書いてから席に戻った. Dopo aver scritto le risposte sulla lavagna, è tornato [ritornato] al (suo) posto.
¶今朝, 旅行から戻ったところです. Sono appena rientrato da un viaggio. ¶さっき君が話していた問題に戻るが Tornando all'argomento di cui tu parlavi ...
2《元の状態になる》tornare allo stato precedente ¶町は火事で全焼したがすっかり元に戻っている. La città, completamente distrutta dall'incendio, ora è tornata proprio come era prima. ¶彼の記憶が戻った. Ha recuperato la memoria. ¶あの夫婦はよりが戻った. Quella coppia ha fatto pace.
3《手元に返る》¶彼に貸していた金が戻ってきた. Mi ha restituito il denaro che gli avevo prestato. ¶税金が少し戻った. Mi hanno rimborsato una parte delle tasse che avevo pagato.

もなか 最中 *monaka*⊛ [無変] (◆ specie di wafer contenente pesto di *azuki*)

モニター [英 monitor] [英] monitor⊛ [無変]
✦モニターテレビ [英] monitor⊛ [無変]

モニタリング [英 monitoring] [経] monitoraggio⊛ [複 -*gi*]

モニュメント [英 monument] 《記念碑》monumento⊛

もぬけのから もぬけの殻 ¶彼の家に着いてみると中はもぬけの殻だった. Quando arrivai a casa sua, non c'era anima viva.

もの 物 **1**【物体】oggetto⊛, roba⊛ (►複数形はまれ), cosa⊛;《品物》articolo⊛ ¶物を粗末に扱ってはいけない. Non si devono usare gli oggetti [le cose] con negligenza [-gli-] [noncuranza]. ¶物の値段が高くなった. I prezzi sono aumentati.
2【不特定の物】cosa⊛, qualcosa⊛ (►代名詞で単数形のみ) ¶何か飲む物が欲しい. Desidero qualcosa da bere. ¶何か冷たい物でもいかがですか. Posso offrirle qualcosa di fresco? ¶ものにはものの順序がある. Ogni cosa va fatta nel giusto ordine.
3【所有物】proprietà⊛ ¶この本は私のものです. Questo libro è mio. ¶人の物を盗んではいけない. Non si deve rubare la roba d'altri.
4【品質】qualità⊛ ¶この洋服はものがいい. Questo vestito è di buona [ottima] qualità.
5《そのようにいわれるもの》¶友情というもの amicizia ¶彼女は歌手なんてものじゃない. 《非常に下手だ》Quella donna è tutt'altro che una cantante.
6《その分野に属するもの》¶時代[現代]物を上演する rappresentare un dramma storico [moderno] ¶時代物のたんす cassettone antico
7《そういう結果を生むもの》¶そいつは噴飯(ふん)ものだ. Questa faccenda è veramente assurda. ¶この失敗は減俸ものだ. Per questo sbaglio merito una riduzione dello stipendio.
[慣用] 物言わぬ ¶物言わぬ大衆の声を聞け. Ascolta la maggioranza [voce del popolo] silenziosa. ¶この潰れた自動車は惨事の物言わぬ証人だ. L'automobile schiacciata è un muto testimone di questa tragedia.

ものともしない non dare alcuna importanza a *ql.co.* ¶彼は危険をものともせずに山に登った. Ha scalato la montagna, incurante del [malgrado il] pericolo. ¶彼は私の忠告などもともしなかった. Non ha prestato orecchio [Non ha dato ascolto] al mio consiglio.

ものにする (1)《自分のものにする》¶息子が父親の財産をものにした. Il figlio è entrato in possesso dei beni paterni. ¶どうあってもあの女をものにしてやろう. Voglio conquistare quella donna ad ogni costo. (2)《体得する》¶イタリア語をものにする acquistare padronanza dell'italiano (3)《成し遂げる》realizzare [portare a termine / completare] *ql.co.*

ものに憑(つ)かれる essere posseduto dal demonio [da uno spirito]

ものになる ¶彼はものにならないよ. Non ha stoffa per riuscire. ¶この子はものになる. Questo bambino diventerà qualcuno [avrà successo].

ものの数ではない avere poca [non avere alcuna] stima di *qlcu.*

ものの数に入らない ¶この程度の損害はものの数に入らない. Un simile danno è insignificante [trascurabile].

もののわかる ¶彼はもののわかる男だ. È un uomo

molto comprensivo.

ものは相談 ¶ものは相談だが100万円ほど融資してもらえないだろうか．Te lo chiedo tanto per chiedere: mi presteresti un milione di yen?

ものは試し ¶ものは試しだ，やってみよう．È un tentativo [Tentar non nuoce]: proviamoci.

ものも言いようで角が立つ Con il tuo modo di parlare [A seconda di come porgi l'argomento] puoi offendere la gente.

ものを言う (1)《話す》parlare[自][*av*] ¶私はあきれてものも言えなかった．Sono rimasto senza parole per lo stupore. ¶ものを言うのもおっくうだ．Non ho voglia neppure di parlare. ¶目は口ほどにものを言い．Gli occhi sono espressivi tanto quanto la bocca. (2)《効果を現す》 ¶金がものを言う社会 società in cui il denaro conta molto /《金権社会》società plutocratica ¶経験がものを言う．L'esperienza ha grande importanza per il lavoro.

ものを言わせる ¶肩書きにものを言わせる approfittare della *propria* posizione sociale ¶彼は金にものを言わせて広大な土地を買った．Avvalendosi del potere del suo denaro, ha acquistato una vasta tenuta.

もの 者 persona[女] ¶お前のような者には用がない．Non voglio avere niente a che fare con gente come te. ¶僕ほど幸福な者はいない．Non c'è persona più felice di me.

-もの perché ¶疲れるもの，行かないわ．Non vado perché mi stancherei.

ものいい 物言い protesta[女], contestazione[女] ¶彼はその決定に物言いをつけた．Ha protestato [Ha contestato] contro quella decisione. ¶判定に物言いがついた．È stata mossa un'obiezione alla decisione dell'arbitro.

ものいみ 物忌み periodo[男] di astinenza in cui si fanno offerte agli dei

ものいり 物入り spese[女][複] ¶年末はいつも物入りだ．A fine anno abbiamo sempre un mucchio di spese.

ものいれ 物入れ《容器》contenitore[男], recipiente[男]

ものうい 物憂い《弱々しげな》languido;《憂鬱な》malinconi*co* [[男]複 *-ci*] ◇**物憂げに** languidamente, malinconicamente ¶物憂げな目で con gli occhi languidi

ものうり 物売り《行商人》vendi*tore*[男][[女] *-trice*] ambulante;《露店商》bancarellist*a*[男] [女][[男]複 *-i*]

ものおき 物置 piccolo deposito[男];《家の中の小部屋》sgabuzzino[男], riposti*glio*[男][複 *-gli*];《地階の》cantina[女];《天井裏の》soffitta[女]

✤**物置小屋**《農家の穀物納屋》gran*aio*[男][複 *-i*];《干し草置き場》fienile[男]

ものおじ 物怖じ ◇ものおじする《臆病だ》intimidirsi;《おじけづく》impaurirsi ¶ものおじしない子 bambino intrepido ¶娘はものおじせずに質問に答えた．La ragazza ha risposto senza timore. ¶彼は人前でものおじする．Lui s'intimidisce davanti alla gente.

ものおしみ 物惜しみ ◇**物惜しみする** essere avar*o* [taccagn*o*] ¶物惜しみせずに generosamente / con generosità / senza parsimonia

ものおと 物音《音》suono[男];《雑音》rumore[男] ¶屋根で変な物音がする．Dal tetto viene uno strano rumore.

ものおぼえ 物覚え memoria[女] ¶物覚えがいい［悪い］avere una buona [cattiva] memoria ¶私は物覚えが悪くなった．La mia memoria è diventata un po' labile [debole].

ものおもい 物思い ¶物思いにふける essere assort*o* [immers*o*] nella meditazione / essere pres*o* dai *propri* pensieri

-ものか **1**《強い反語》 ¶君のようなうそつきの言うことなど誰が信用するものか．Chi vuoi che creda alle parole di un bugiardo come te? ¶こんなばかげた話があってたまるものか．Un'idiozia del genere non sta né in cielo né in terra. ¶あいつが親切なものか．Gentile quel tizio? Ma per carità!

2《強い感動》 ¶恋とはかくも切ないものか．Mai avrei detto che amare reca con sé tanta tristezza!

3《「ものかどうか」の形で》 ¶彼に言ったものかどうか．Mi chiedo se debba dirglielo o meno.

ものかげ 物陰 ¶物陰に隠れる nascondersi dietro a *ql.co.* ¶私は物陰から一部始終を見ていた．Nascondendomi ho osservato tutta la faccenda. ¶誰かが物陰にひそんでいる．C'è qualcuno nascosto in un angolo.

ものかげ 物影 ¶私は暗闇に物影が動くのを認めた．Ho visto una figura che si muoveva nel buio.

ものがたり 物語 storia[女];《物語ること，話》racconto[男];《伝説》leggenda[女];《小説》romanzo[男];《短編》racconto[男], novella[女];《寓話》fiaba[女], favola[女] ⇒文学 [用語集] ◇**物語の** narrativo ¶話せば長い物語です．È una lunga storia [faccenda / vicenda]. ¶子供のための物語 storie [racconti] per bambini ¶歴史物語 romanzo storico ¶恋物語 storia d'amore ¶琵琶湖にまつわる物語 leggenda riguardante il lago Biwa ¶『源氏物語』"Genji Monogatari" / "Storia del Principe Genji" ¶『ローマ物語』(モラヴィア) "Racconti romani" (Moravia) ¶『イソップ物語』"Favole" (Esopo)

✤**物語作家** romanzier*e*[男][[女] *-a*]; narra*tore*[男][[女] *-trice*]

物語文学 narrativa[女]

ものがたる 物語る raccontare ¶彼は我々に事故の一部始終を物語った．Ci ha raccontato tutta la storia dell'incidente. ¶その光景は爆発のものすごさを物語っている．La scena documenta [testimonia] la violenza dell'esplosione.

ものがなしい 物悲しい《悲しい》triste;《哀調をおびた》lamentoso ◇**物悲しげに** lamentosamente, con aria mesta ¶物悲しい歌 canzone lamentosa ¶私は何か物悲しくなった．Mi ha preso una vaga sensazione di tristezza.

ものぐさ 物臭 pigrizia[女], indolenza[女], poltroneria[女];《人》persona[女] indolente, poltron*e*[男][[女] *-a*] ◇ものぐさな pigro, indolente

モノグラム 〔英 monogram〕《組み合わせ文字》monogramm*a*[男][複 *-i*]

モノクロ(ーム) 〔英 monochrome〕〘美・印・写〙monocromia[女] ◇**モノクロの** monocromo, monocromo ¶モノクロ映画 film[男][無変] monocromo [in bianco e nero]

ものごい 物乞い 《人》mendicante®&, accattone®[&-a] ◇物ごいする fare il [la] mendicante, mendicare®[av]

ものごころ 物心 coscienza& della realtà ¶物心がつく cominciare a rendersi conto delle cose / prendere coscienza della realtà

ものごし 物腰 comportamento®, contegno®, condotta&, maniere&[複], aria& ¶やさしい物腰で con maniere [modi] gentili / con garbo / garbatamente

ものごと 物事 cose&[複]; avvenimenti®[複] ¶物事を苦にしない[苦にする] prendere le cose alla leggera [troppo seriamente] ¶彼は物事をよくわきまえている. Sa come vivere nella vita.

ものさし 物差し・物指し **1**《定規》regolo® graduato, riga&;《メートル尺》metro®;《測定器》misura& ¶布地を物差しで測る misurare la stoffa con il metro **2**《判断の基準》criterio® [複 -i] ¶天才のすることはふつうのものさしでは測れない. Le azioni di un genio non si possono misurare con un criterio ordinario.

ものさびしい 物寂しい ¶冬の海辺は物寂しい. La spiaggia d'inverno fa tristezza.

ものさわがしい 物騒がしい **1**《物音がうるさい》rumoroso ¶部屋の外が物騒がしくなった. Fuori è diventato molto rumoroso. **2**《物騒》¶物騒がしい世の中 mondo movimentato [agitato]

ものしずか 物静か ◇物静かな《静かな》silenzioso, quieto;《落ち着いた》calmo, composto ◇物静かに con calma [tranquillità / serenità] ¶物静かな態度 maniera calma / modi composti ¶物静かな人 persona posata [calma / di poche parole]

ものしり 物知り ◇物知りの colto, dotto, sapiente, erudito ¶彼は村一番の物知りだ. È il più colto del villaggio.
❖物知り顔 ¶物知り顔をする fare il [《女性》la] saccente / fare il sapientone [《女性》la sapientona]

ものずき 物好き eccentricità& ◇物好きな eccentrico®[複 -ci] ¶君も物好きな男だなあ! Certo che anche tu hai strani gusti! ¶物好きでこんなことをしているわけじゃない. Non lo faccio per divertirmi.

ものすごい 物凄い 《恐るべき》terribile, tremendo, terrificante;《激しい》violento;《印象的》impressionante;《程度が甚だしい》straordinario®[複 -i], enorme ¶ものすごいエンジン音 rumore assordante del motore ¶ものすごい交通事故 incidente stradale spaventoso ¶昨日の台風はものすごかった. Il tifone di ieri è stato tremendo. ¶彼はものすごい顔をして怒った. Si è arrabbiato assumendo un'espressione che incuteva paura. ¶あの歌手の人気はものすごい. La popolarità di quel cantante è 「molto alta [alle stelle / enorme]. ¶彼は絵がものすごく上手だ. Dipinge straordinariamente bene. ¶海の色はものすごく青かった. Il colore del mare era di un azzurro impressionante [intenso].

-ものだ 1《驚嘆, 賛嘆, 憤慨》¶熱帯魚というのはきれいなものだねえ. Quanto sono graziosi i pesciolini tropicali! ¶よくもそんなことが言えたものだ. Come hai potuto dire una cosa simile?!
2《…のはずだ, …すべきだ》¶子供はもっと元気なものだ. I bambini dovrebbero essere più vivaci. ¶学生は勉強するものだ. Uno studente deve studiare. È normale che uno studente studi.
3《…したいものだ》¶死ぬまでにヴェネツィアを見たいものだ. Voglio vedere Venezia prima di morire. ¶彼には会いたくないものだ. Non lo voglio proprio vedere.
4《「…したものだ」の形で, 追憶を表す》¶この道を通って毎朝学校に行ったものだ. Andavo a scuola tutte le mattine facendo questa strada. ¶君のお母さんは若いころ, とてもきれいだったものだ. Tua madre da giovane era molto bella.

ものだね 物種 ¶命あっての物種.《諺》"Nulla vale più della vita."

ものたりない 物足りない 《人が主語で》essere insoddisfatto di ql.co. [qlcu.];《が主語で》essere insoddisfacente per qlcu. ¶一行の中に彼のいないのが何か物足りなかった. Nel gruppo si notava la sua mancanza. ¶彼は教師としては少しものたりないところがある. Come insegnante, gli manca qualcosa. ¶彼の答えはもの足りなかった. La sua risposta non era soddisfacente [esauriente].

-もので perché, poiché ¶あまり天気がよかったもので, どこかへ出かけたくなりました. Poiché [Visto che / Dato che] il tempo era bellissimo, mi è venuta voglia di andare a fare un giro. ¶忙しかったもので, ついお電話するのを忘れてしまいました. Siccome ero molto occupato, mi sono completamente dimenticato di telefonarle.

モノトーン〔英 monotone〕¶モノトーンの服 vestito a tinta unito (bianco, nero o grigio)

-ものなら se, se mai, se per caso ¶そんなことをしようものなら大変だ. Se mai facesse una cosa simile, sarebbe un guaio. ¶1人で行けるものなら行ってみろ. Se davvero pensi di poterci andare da solo, vai pure.

ものなれた 物慣れた ¶物慣れた様子で《慣れた手つきで》con mano esperta [consumata] /《いとも簡単に》con facilità ¶物慣れた手つきでタイプを打った. Ha battuto a macchina con grande facilità.

ものの- 物の **1**《わずか》solo ¶ものの1分もすれば (al massimo) fra un minuto ¶ものの 100 メートルも歩かないうちに雨が降ってきた. Non avevo camminato nemmeno (per) 100 metri quando si è messo a piovere. ¶息子はものの5分と勉強しない. Mio figlio studia sì e no cinque minuti. ¶ものの3日もしないうちにまたタバコを吸い出した. Ha ricominciato a fumare dopo neanche tre giorni (di astinenza).
2《非常》¶ものの見事に成功[失敗]した. È riuscito meravigliosamente [fallito clamorosamente]. ¶私はものの見事に負けた. Ho subito una completa [solenne] sconfitta.

-ものの benché+接続法, nonostante+名詞 [che+接続法]; tuttavia, ma ¶同じマンションに住んでいるものの, めったに顔を合わせない. Nonostante abitiamo nello stesso palazzo, non ci incontriamo quaṣi mai. ¶体は弱いとはいうものの，まだ大きな病気はしたことがない．Ammetto di avere un fiṣico delicato, però non ho mai avuto gravi malattie.

もののあわれ 物の哀れ armonia[女] ed eleganza[女] che scaturiṣcono dal contatto tra la soggettività di chi percepisce e l'oggettività di ciò che è percepito; sensibilità[女] capace di entrare in contatto con la vera essenza delle cose（◆ ideale estetico, tono dominante della letteratura del periodo Heian） ¶物の哀れを感じる riuscire a leggere il cuore delle cose

もののけ 物の怪 ¶物の怪につかれている essere posseduto da uno spirito maligno

ものほし 物干し《器具，物干し場》stenditoio[男][複 -i]
✤**物干しざお** canna[女] per stendere i panni
物干し台 stenditoio[男] orizzontale
物干しロープ corda[女] del bucato

ものほしそう 物欲しそう ¶物欲しそうな目でそれを見た．L'ha guardato con bramosia [cupidigia]. / L'ha mangiato con gli occhi.

ものまね 物真似 imitazione[女] ◇ものまねをする imitare *ql.co.* [*qlcu.*], fare l'imitazione di *qlcu.* [*ql.co.*] ¶彼は政治家のものまねがうまい．È un bravo imitatore di uomini politici.

ものみ 物見《見物》giro[男] turistico [複 -ci], viṣita[女] turistica;《見張り》guardiano[男][女 -a];〘軍〙《斥候》esploratore[男], ricognitore[男]
✤**物見高い** curioso ¶物見高い人たち gente curiosa
物見やぐら torre[女] di guardia, vedetta[女]
物見遊山 viaggio[男][複 -gi] di piacere, gita[女], escursione[女] ¶私は決して物見遊山で外国へ行くのではない．Non vado certo all'estero per turiṣmo [per un viaggio di piacere]!

ものめずらしい 物珍しい insolito, curioso ¶もの珍しい光景 scena strana [curiosa] ¶もの珍しそうに眺める guardare *ql.co.* curiosamente [con occhi curiosi / con meraviglia]

ものもうす 物申す **1**《物を言う》parlare[自][*av*] di *ql.co.*, dire *ql.co.*, intervenire[自][*es*]
2《抗議する》protestare[自][*av*] contro *ql.co.*, contestare *ql.co.* ¶政府の経済政策に物申す．Contesto la politica economica del governo.

ものもち 物持ち **1**《金持ち》possidente[男][女]
2《物を大事にすること》 ¶彼は物持ちがいい．Uṣa gli oggetti con cura e li conserva a lungo.

ものものしい 物物しい ¶大統領にはものものしい護衛がついていた．Il Presidente era accompagnato da una strettissima scorta. ¶ものものしい肩書き titolo pomposo [altisonante / roboante] ¶彼はいつも，ものものしい話し方をする．Parla sempre ampollosamente [in modo ampolloso]. / Uṣa sempre espressioni magniloquenti.

ものもらい 物貰い **1**《こじき》mendicante[男][女] **2**《麦粒腫》orzaiolo[男] ¶左目にものもらいができた．Mi è venuto un orzaiolo all'occhio sinistro.

ものやわらか 物柔らか ¶もの柔らかな態度の紳士 signore dalle maniere quiete [corteṣi]

モノラル〔英 monaural〕◇モノラルの monoaurale, monofonico [男 複 -ci], mono [無変]
¶モノラル録音 registrazione mono

モノレール〔英 monorail〕monorotaia[女], ferrovia[女] monorotaia [無変]

モノローグ〔英 monologue〕monologo [複 -ghi]

ものわかり 物分かり ◇物分かりのいい comprensivo ◇物分かりの悪い ottuṣo / intransigente ¶物わかりの悪い人 testa dura ¶彼は物分かりがいい．È una persona capace di ascoltare quello che gli si dice. / Sa mettersi nei panni degli altri.

ものわかれ 物別れ ¶交渉は物別れに終わった．Le trattative sono「andate a monte [fallite].

ものわすれ 物忘れ ◇物忘れする essere ṣmemorato ¶彼はよく物忘れする．Dimentica spesso le cose. / È molto ṣmemorato.

ものわらい 物笑い ¶物笑いの種になる diventare lo zimbello di *qlcu.* / diventare oggetto di scherno

-ものを ¶そんなに上手に歌えるものをどうして昨日歌わなかったのですか．Lei che sa cantare così bene, perché ieri non ha cantato? ¶ゆっくり歩いていても苦しいものを走れるはずがないじゃないか．Purtroppo per me è già penoso camminare lentamente, come puoi pensare che possa correre? ¶あの飛行機に乗らなかったら死なずにすんだものを．Se non avesse preso quell'aereo, non sarebbe morto.

モバイル〔英 mobile〕tecnologia[女][複 -gie] mobile [portatile]（di telefoni cellulari, computer ecc.）
✤**モバイルコミュニケーション** comunicazione[女] su rete mobile
モバイルコンピューティング elaborazione[女] al pc su rete mobile

もはや 最早《すでに》ormai, già;《もう…ない》non… più ¶彼はもはや立ち上がる気力を失っている．Non ha più la forza di rialzarsi. ¶もはやこれまでだ．È finita. / Non c'è più speranza.

もはん 模範 modello[男], eṣempio[男][複 -i]
◇模範的な eṣemplare, modello [無変] ¶模範的な行動 condotta eṣemplare ¶模範を示す《やって見せる》mostrare un eṣempio /《模範演技などを》fare una dimostrazione [un'eṣibizione] /《態度・規範を》dare il buon eṣempio ¶模範になる servire da eṣempio ¶我々は父の行動を模範とした．Abbiamo seguito l'eṣempio di nostro padre. / Abbiamo preso come modello nostro padre. ¶この方式はアメリカのものを模範にしている．Questo metodo è stato ripreso [mutuato] da quello americano.
✤**模範試合** eṣibizione[女], dimostrazione[女], gara[女] dimostrativa
模範囚 prigioniero[男][女 -a] modello [無変]
模範生徒 studente[男][女 -essa] eṣemplare, modello[男]

モビール〔英 mobile〕〘彫〙mobile[男], composizione[女] mobile

もふく 喪服 abito[男] da lutto, vestito[男] da lutto ¶喪服を着ている essere vestito a lutto /《喪中》portare il lutto

モヘア〔英 mohair〕〔仏〕mohair [moér][男][無変]

もほう 模倣 imitazione㊛;《複 製》copia㊛ ◇模倣する imitare *qlcu.* [*ql.co.*]; copiare *ql.co.* ¶彼らは西欧文化を熱狂的に模倣した. Copiavano freneticamente la cultura occidentale.

✤**模倣者** imitat*ore*㊚[㊛ -*trice*];《蔑・謔》scopiazz*atore*㊚[㊛ -*trice*]

模倣犯 criminale㊚ che imita un reato commesso in precedenza

模倣犯罪 crimine㊚ per emulazione

もまれる 揉まれる essere sballottat*o* ¶人込みにもまれて子供を見失ってしまった. Sballottato [Spinto] dalla folla, ho finito col perdere di vista mio figlio. ¶世の中の荒波にもまれて彼も丸くなった. Sballottato dalle vicende della vita, anche lui è maturato.

もみ 籾 riso㊚ia㊛
✤**もみ殻** pula㊛ del risone

もみ 樅《植》abete㊚

もみあい 揉み合い 1《組み合って闘うこと》lotta㊛;《論争》polemica㊛ ¶2人の間でもみ合いが続いた. Ci fu una lunga lotta fra i due. ¶賛成派と反対派とが激しいもみ合いをした. Tra sostenitori e oppositori nacque un'accesa polemica.
2《金融》oscillazione㊛, ondeggiamento㊚, fluttuazione㊛

もみあう 揉み合う ¶暴徒はたがいにもみ合った. I rivoltosi lottavano tra di loro [si spingevano l'un l'altro]. ¶鉄鋼株は幾分もみ合った. Le azioni siderurgiche hanno oscillato alquanto.

もみあげ 揉み上げ basette㊛㊐複 ¶彼はもみあげを伸ばしている. Ha le basette lunghe.

もみくちゃ 揉みくちゃ ¶もみくちゃの紙 pezzo di carta accartocciata ¶彼は新聞記者にもみくちゃにされた. E stato sballottato dai giornalisti.

もみけす 揉み消す 1《手でもんで消す》¶タバコの火をもみ消す schiacciare un mozzicone di sigaretta 2《押さえて隠す》¶スキャンダルをもみ消す soffocare uno scandalo ¶事件をもみ消す insabbiare [《示談で》comprare il silenzio su] un caso

もみじ 紅葉 1《植》《かえで》acero㊚ 2《秋の紅葉》tinta㊛ autunnale, foglie㊛㊐複「tinte di rosso [rossastre / rosseggianti]
✤**紅葉狩り** gita㊛ per godere dei colori autunnali della montagna

もみで 揉み手 ¶彼は私にもみ手をして借金を頼んできた. Mi ha supplicato, umiliandosi, di prestargli del denaro.

もむ 揉む 1《こすり合わせる》strofinare *ql.co.* [*qlcu.*];《マッサージをする》massaggiare *qlcu.*, fare un massaggio a *qlcu.* ¶塩できゅうりをもむ《まるごと》strofinare un cetriolo con il sale《薄切り》strizzare le fettine di cetriolo salate ¶板に錐(ⓢ)をもむ trapanare [perforare] una tavola (con il succhiello) ¶息子に肩をもんでもらった. Mi sono fatto fare dei massaggi alle spalle da mio figlio.
2《論争する》¶彼らは改正案についてもみにもんだ. Hanno「dato il via a un'accesa polemica [discusso lungamente] sulla proposta dell'emendamento.

もめごと 揉め事《対立》contrasto㊚;《摩擦》frizione㊛;《不和》discordia㊛, disaccordo㊚;《口論》disputa㊛, polemica㊛;《衝突》scontro㊚, urto㊚ ¶党内でもめ事がある. All'interno del partito ci sono dei contrasti.

もめる 揉める《事態が紛糾する》complicarsi;《人と争う》avere uno scontro con *qlcu.*;《口げんかする》litigare con *qlcu.*;《主語が複数で》scontrarsi ¶政府内部がもめている. All'interno del governo c'è disaccordo. ¶この法案を巡って国会がもめている. C'è un'accesa disputa in Parlamento su questo disegno di legge.

もめん 木綿 cotone㊚
✤**木綿糸** filo㊚ di cotone
木綿針 ago㊚㊐複 *aghi*㊆ da cucire (con il filo di cotone)

モメント →モーメント

もも 股・腿 coscia㊛㊐複 -*sce*㊆ ¶牛の股肉 fettina (rotonda) di manzo ¶豚[鶏]の股肉 coscia di maiale [di pollo] ¶ももの付け根《鼠蹊部(ｿｹｲﾌﾞ)》《解》inguine

もも 桃《木》pesco㊚㊐複 -*schi*㊆;《果実》pesca㊛ ¶桃の花 fiore di pesco ¶桃の節句 festa delle bambine (◆3 marzo)

ももいろ 桃色 ◇桃色の《色》rosa㊛㊐無変, rosato;《恋の》amoroso;《みだらな》impudico㊚㊐複 -*ci*㊆

ももひき 股引き《ズボン下》mutande㊛㊐複 lunghe, mutandoni㊚㊐複;《職人などの》pantaloni㊚㊐複 stretti da lavoro

もんもんが 鼯鼠《動》scoiattolo㊚ volante

もや 靄 foschia㊛, bruma㊛ ¶もやがかかった山々 montagne avvolte da [nella] foschia

もやい 舫《もやい綱》cavo㊚ d'ormeggio, ormeggi㊚㊐複;《太い綱》amarro㊚ ¶もやい綱を解き放つ sciogliere gli ormeggi
✤**もやい船**《岸や杭につないである船》barca㊛ ormeggiata

もやう 舫う《船と船を》legare una barca all'altra;《岸や杭に》ormeggiare la barca《に a》

もやし 萌やし 1《大豆の》*moyashi*㊚㊐無変, germogli㊚㊐複 di soia 2《麦芽》malto㊚

✤**もやしっ子** pallido e debole bambin*o*㊚[㊛-*a*] di città

もやす 燃やす bruciare [ardere] *ql.co.* ¶紙を燃やす bruciare la carta ¶火を燃やして部屋を暖めよう. Scaldiamo la stanza accendendo il fuoco. ¶競争心を燃やす ardere di spirito di emulazione ¶嫉妬心を燃やす struggersi [ardere] di gelosia ¶闘志を燃やす essere pien*o* di spirito combattivo

もやもや 1《もやが立ち込めた様子》¶室内にはタバコの煙がもやもやと立ち込めていた. La stanza era piena di fumo di sigarette. 2《すっきりしない様子》vago㊚㊐複 -*ghi*㊆, non nitido ¶もやもやした気分だ. Mi sento confuso. /《不満》Ho un vago senso di insoddisfazione. ¶真相はもやもやとしている. La verità non è chiara. 3《わだかまり》¶彼らの間にはまだもやもやが残っている. Ce l'hanno ancora l'uno con l'altro.

もよう 模様 1《柄》motivo㊚;《図案》disegno㊚ ¶水玉[花／縞]模様のプリント地 tessuto「a pois [a fiorami / a strisce] ¶手書き模様を施した茶碗 tazza con decorazioni dipinte a mano ¶蝶を羽の模様で見分ける distin-

guere [riconoscere] le farfalle dalle macchie di colore sulle ali ¶幾何学模様 motivo [disegno] geometrico ¶ハンカチにきれいな模様を刺繡(しゅう)した. Ho ricamato un bel motivo [Ho fatto un bel ricamo] sul fazzoletto.
2《ありさま，様子》situazione㊎, condizione㊎ ¶試合の模様はどうですか. Come si svolge [sta andando] la partita? ¶模様によっては予定を変えることもある. Il programma può variare a seconda della situazione in cui ci troveremo. ¶この模様では会議は長引きそうだ. Stando così le cose [Giudicando dall'attuale stato delle cose] la riunione si dovrebbe prolungare. ¶飛行機は 1 時間ほど遅れる模様だ. Sembra che l'aereo sia in ritardo di un'ora.
✤模様替え《店舗などの改装》ristrutturazione㊎;《部屋の家具などの》risistemazione㊎;《計画などの変更》modifica㊎ ¶部屋の模様替えをした. Ho cambiato la disposizione [l'arredamento] della stanza. ¶いま店の模様替えをしています. Ora stiamo ristrutturando il negozio.

もよおし 催し《会合, 集まり》incontro㊚, riunione㊎;《式》cerimonia㊎;《パーティー》festa㊎;《イベント》evento㊚; manifestazione㊎ ¶これは宮中で行われる催しです. È una delle funzioni che si effettuano alla corte imperiale. ¶この音楽会はミラノ市による催しです. Questo concerto è organizzato dal Comune di Milano.
✤催し物 manifestazione㊎;《余興》intrattenimento㊚ ¶催し物会場《デパートなどの》area in un grande magazzino per qualche mostra o vendita speciale

もよおす 催す **1**《会などを開く》tenere, organizzare ¶映画祭の授賞式が催された. Si è tenuta la premiazione del festival cinematografico.
2《ある気持ち・状態を起こさせる》¶私は眠気を催した. Ho sonno. / Mi è venuto sonno. ¶寒気を催す sentire freddo / avere i brividi ¶私はその光景を見て吐き気を催した. Quella scena mi ha fatto stare male. ¶私は便意を催した. Ho avuto bisogno di andare al gabinetto.

もより 最寄り ¶最寄りの駅 la stazione più vicina ¶私は最寄りの警察に盗難届けを出した. Ho denunciato il furto al commissariato più vicino.

もらいご 貰い子 bambino㊚ cresciuto in casa d'altri

もらいて 貰い手 ricevente㊚㊎ ¶こんなものはもらい手があるまい. Chi vorrà mai prendere una roba così? ¶子猫のもらい手がない. Non c'è nessuno che voglia prendersi quei gattini.

もらいなき 貰い泣き ◇もらい泣きする piangere ㊋[av] per empatia davanti a un'altra persona che piange ¶もらい泣きした. Le sue lacrime ci hanno contagiato.

もらいもの 貰い物 regalo㊚ ¶あの人からもらい物をした. Ho ricevuto un regalo da lui.

もらう 貰う **1**《受け取る, 得る》ricevere, prendere, ottenere ¶もらえるものはもらっておきなさい. Prendi quello che ti danno [viene offerto]. ¶外出許可をもらう ricevere il permesso di uscire ¶10 分ほど時間をもらいたい. Mi conceda dieci minuti di tempo. この勝負はもらった. Questa partita è mia. ¶命はもらったぞ. Ti ammazzo! ¶よし, このけんかは私がもらった. Ebbene, ora questa rissa è mia!
2《買う》comprare, acquistare ¶このネクタイをもらう. Prendo questa cravatta.
3《家に迎える》¶子供をもらう《養子》adottare un bambino ¶彼は美人の奥さんをもらった. Si è sposato con [Ha preso in moglie] una bella donna. ¶私は 3 つの時にこの家にもらわれてきた. Mi hanno accolto in questa casa all'età di tre anni.
4《病気を移される》¶どこかで結膜炎をもらってきた. Mi sono preso la congiuntivite da qualche parte.
5《他人の好意や自分の依頼で「…してもらう」》farsi＋不定詞 da qlcu. ¶早くお医者さんに診てもらいたいんですよ. Sarà meglio farsi vedere subito dal medico. ¶…してもらいたい. Vorrei che＋接続法 / Potresti＋不定詞 (per me)? / Mi faresti il piacere di＋不定詞？¶パリには君に行ってもらいたいんだが. Vorrei che tu andassi a Parigi. ¶家に来てもらえませんか. Non potresti venire da me? ¶明日は来てもらわなくてもいいです. Domani puoi fare a meno di venire. ¶家賃はきちんと払ってもらいます. Qui l'affitto si paga con puntualità. ¶ロッシさんにイタリア大使館へ電話をかけてもらった. Il sig. Rossi mi ha fatto il favore di telefonare all'Ambasciata d'Italia. ¶行ってもらおう. Penso di fare andare lui. ¶さあ, 払ってもらおう. Ora paga tu!

[語法] してもらう
fare＋他動詞 a qlcu. [＋自動詞 qlcu.]; farsi＋他動詞 da qlcu.のいずれでも表現できるが, farsiを使うと,「自分のために［自分のものを］…させる［してもらう］」の意味合いが強くなる.

¶私は靴をお手伝いさんに磨いてもらった. Mi sono fatto lucidare le scarpe dalla cameriera. / Ho fatto lucidare le mie scarpe alla cameriera.

もらす 漏らす **1**《漏れるようにする》¶ビニール袋は水を漏らさない. Il sacchetto di nylon non perde acqua. ¶このカーテンは光を外に漏らさない. Queste tende non fanno passare la luce. ¶子供が小便を漏らした. Il bambino si è fatto la pipì addosso.
2《こっそり知らせる》rivelare ql.co. [che＋直説法];《打ち明ける》confidare ql.co. [che＋直説法] a qlcu.;《外に伝える》far trapelare ql.co. [che＋直説法] ¶この秘密は誰にも漏らしてはならない. Questo segreto va mantenuto fra di noi. ¶彼はうっかりその秘密を漏らしてしまった. Si è lasciato sfuggire il segreto (di bocca). ¶そのことは人に漏らさないでくれ. Devi tenerlo segreto. / Non dirlo a nessuno.
3《抜かす》¶彼の報告の大事なところを聞き漏らした. Mi è sfuggito il punto cruciale della sua relazione. ¶彼はどんな細かいことも漏らさず調べあげた. Ha indagato nei minimi particolari senza lasciarsi sfuggire niente. ¶警察は 1 人も漏らさず逮捕した. La polizia ha arrestato tutti senza lasciarsene scappare nemmeno uno.

4《感情などを外に出す》esprimere *ql.co.*;《意図的またはうっかり》rivelare *ql.co.* ¶感情を漏らす rivelare il *proprio* stato d'animo [i *propri* sentimenti] ¶不満を漏らす esprimere il *proprio* malcontento ¶ほっとして溜め息を漏らす tirare un sospiro di sollievo ¶彼はついに本音を漏らさなかった. Non ha rivelato le sue vere intenzioni [espresso i suoi reali sentimenti] fino alla fine.

モラトリアム〔英 moratorium〕**1**〘経〙moratoria[女] ◇モラトリアムの moratorio [男複 -*i*] **2**〘心〙immaturità[女] sul piano sociale di una persona

✤**モラトリアム人間** persona[女] fisicamente e intellettualmente sana ma incapace sul piano sociale

モラリスト〔英 moralist〕moralist*a*[男][女][男複 -*i*]

モラル〔英 moral〕morale[女] (►morale[男] は「精神状態」「士気」を表す);《道徳律, 徳行》moralità[女];《倫理, 教理》etica[女] ¶公衆のモラルの低下 decadenza della morale pubblica ¶彼はモラルに欠けている. Manca [È privo] di morale. / È un amorale.

✤**モラルハラスメント** molestia[女] morale,〔英〕mobbing[男][無変]

もり 守 **1**《番人》custode[男][女], guardian*o*[男][[女] -*a*] ¶灯台守 guardiano del faro **2**《子守》bambinaia[女];〔英〕baby-sitter [bebisítter][女][男][無変] ¶赤ん坊の守をする guardare un bebè

もり 盛り porzione[女] ¶大盛りにしてください. Faccia una porzione abbondante, per piacere. ¶「一盛り500円」《表示》"¥500 a piatto"

もり 森 《規模の小さいもの》bos*co*[男][複 -*schi*];《森林》foresta[女]

✤**森番** guardaboschi[男][無変]

もり 銛 《捕鯨用の》rampone[男], arpione[男];《小型の》fiocina[女] ¶鯨に銛を打つ arpionare una balena

✤**銛打ち** ramponiere[男]

もりあがる 盛り上がる **1**《隆起する》sollevarsi;《膨れ上がる》gonfiarsi;《高くなる》alzarsi ¶そこの土が盛り上がっている. Laggiù la terra è rialzata. ¶彼は肩の筋肉が盛り上がっている. Ha le spalle muscolose.

2《盛んになる》¶彼が加わってから会の雰囲気が盛り上がってきた. Dopo che anche lui ha iniziato a partecipare, l'atmosfera della riunione si è animata. ¶反核の世論は盛り上がってきている. L'opinione pubblica antinucleare「guadagna sempre più terreno [si rafforza sempre di più」. ¶後半戦で試合は盛り上がった. Nel secondo tempo la partita è salita di tono. ¶なんとも盛り上がらない試合だった. È stata una partita davvero monotona.

もりあげる 盛り上げる **1**《積み上げる》ammucchiare, accumulare, ammassare;《高くする》alzare, sollevare ¶土砂を盛り上げる ammassare [rialzare / ammucchiare] la terra / fare un rinterro

2《盛んにする》attivare *ql.co.* ¶士気を盛り上げる tirare su il morale ¶彼の演説が集会を盛り上げた. Il suo discorso ha entusiasmato i partecipanti dell'[all']assemblea.

もりあわせる 盛り合わせる ¶刺身の盛り合わせ assortimento di *sashimi* ¶皿の上にいろいろな果物が盛り合わせてある. Sul piatto sono disposti vari tipi di frutta.

もりかえす 盛り返す riprendere vigore ¶左翼は勢力を盛り返した. La sinistra ha recuperato le forze [ha rimontato / ha riacquistato il terreno perduto]. ¶第3ラウンドで彼は盛り返した. Si è ripreso al terzo round.

もりこむ 盛り込む ¶秋の季節感を盛り込んだ料理 piatto pieno di sapori autunnali ¶その企画にはさまざまなアイデアが盛り込まれていた. Il progetto era ricco di (varie) idee. ¶劇にはその逸話も盛り込んだ. Nello spettacolo abbiamo citato [riportato] quell'episodio.

もりそば 盛り蕎麦 *soba*[男][無変] freddo servito su un piatto di bambù (◆accompagnato con brodo)

もりだくさん 盛り沢山 ¶盛りだくさんな行事 manifestazione ricca di contenuti

もりたてる 守り立てる《支持する》sostenere *qlcu.* [*ql.co.*];《後援する》appoggiare *qlcu.* [*ql.co.*];《奮い立たせる》incoraggiare *qlcu.* ¶新社長をもり立てる sostenere [appoggiare] il nuovo presidente ¶彼が会社をもり立てた. È stato lui a portare avanti la ditta.

もりつける 盛り付ける disporre il cibo《にsu》;《こったやり方で》decorare [arricchire] il piatto con *ql.co.* ¶ご飯を茶碗に盛り付ける mettere [scodellare] il riso in una ciotola

もりつち 盛り土 〘建〙colmata[女], rinterro[男], riporto[男] ¶盛り土をならす livellare il rinterro [riporto] ¶建築用地に盛り土をした. Hanno rinterrato l'area edificabile.

もりばち 盛り鉢 coppa[女] per vivande;《果物の》fruttiera[女]

もりばな 盛り花《生け方》stile[男] di *ikebana* che usa vasi bassi e larghi;《花》fiori[男][複] disposti in un vaso ⇒生け花 [日本事情]

モリブデン〔独 Molybdän〕〘化〙molibdeno[男];《元素記号》Mo

✤**モリブデン鉱** molibdenite[女]

もりもり ¶もりもり食べる mangiare abbondantemente e con gusto ¶もりもり勉強する studiare intensamente /《がり勉する》sgobbare[自][av] ¶もりもり元気が出る rinvigorire visibilmente ¶もりもり力がついた.《勉強などの進歩》Ho fatto progressi rapidamente.

もる 盛る **1**《積み上げる》ammucchiare, ammassare, accumulare ¶盆にりんごを山と盛る ammucchiare mele su un vassoio

2《器に入れる》¶飯を盛る riempire una ciotola di riso ¶サラダを盛る servire l'insalata in un'insalatiera

3《薬などを調合して飲ませる》¶毒を盛る avvelenare *qlcu.* ¶彼は一服盛られて死んだ. È morto avvelenato.

もる 漏る《透き間からこぼれる》passare[自][*es*] attraverso, filtrare[自][*es*], perdere[自][*av*];《水が》fare acqua ¶雨が漏って天井から水がぽたぽた落ちている. La pioggia è filtrata e gocciola dal soffitto. ¶このバケツは底が少し漏るようだ. Sembra che il fondo di questo secchio perda un po'.

モル〔独 Mol〕《化》grammomolecola㊛, mole㊚
  ✤**モル濃度** concentrazione㊛ molare, molarità

モルタル〔英 mortar〕malta㊛ ¶モルタル塗りの家 casa coperta con malta / casa stuccata ¶外壁にモルタルを塗る stuccare la parete esterna

モルト〔英 malt〕《麦芽》malto㊚

モルヒネ〔蘭 morphine〕morfina㊛ ¶患者にモルヒネを打つ fare un'iniezione di morfina al paziente
  ✤**モルヒネ中毒**《医》morfinismo㊚
  モルヒネ中毒患者 morfinomane㊚㊛

モルモット〔蘭 marmot〕《動》cavia㊛, porcellino㊚ d'India ¶モルモットになる fare [servire] da cavia

モルモンきょう モルモン教 mormonismo㊚, religione㊛ mormonica
  ✤**モルモン教信者** mormone㊚㊛

もれ 漏れ **1**《気体・液体などの》perdita㊛, fuga㊛, dispersione㊛ ¶ガス漏れによる爆発事故 esplosione㊛ dovuta a fuga di gas
2《抜け落ち》omissione㊛;《見落とし》svista㊛;《不注意》disattenzione㊛;《秘密などの》fuga㊛ ¶名簿に記載漏れがある. Ci sono alcune omissioni nell'elenco. ¶計算漏れがあった. C'era una svista nel mio calcolo.

もれなく 漏れなく senza eccezione ¶空欄に漏れなく記入してください. Riempire tutti gli spazi in bianco senza omissioni. ¶応募者全員にもれなく当たる. A tutti i partecipanti, nessuno escluso, è garantito un premio.

もれる 漏れる **1**《透き間からこぼれる》perdere㊊[av], filtrare㊊[es] ¶ガスが漏れている. C'è una perdita di gas. ¶タンクから油が漏れている. L'olio sta colando dal serbatoio. / Il serbatoio perde olio. ¶木の間から朝日の光が漏れている. Attraverso i rami degli alberi filtra la luce del sole che sorge. ¶水道の栓から水がもれている. Il rubinetto gocciola. ¶「おしっこがもれちゃう」「我慢するのよ」"Mi scappa la pipì!" "Resisti!"
2《外に伝わる》trapelare㊊[es], sfuggire㊊[es] ¶軍の秘密が漏れた. Sono trapelati dei [C'è stata una fuga di] segreti militari. ¶彼の部屋から笑い声が漏れてきた. Si sentono risate dalla sua stanza. ¶呪いの言葉が彼の口から漏れた. Una maledizione è sfuggita [scappata] dalle sue labbra.
3《脱落する》mancare㊊[es], essere escluso ¶彼の作品は選に漏れた. La sua opera è stata scartata. ¶名簿に私の名前が漏れていた. Il mio nome non figurava nella lista.

もろい 脆い **1**《壊れやすい》fragile;《弱い》debole;《はかない》fugace, effimero ◇もろさ fragilità㊛; fugacità㊛ ¶この土瓶はもろい. Questa teiera di terracotta si rompe facilmente [non è resistente]. ¶彼らの友情は実にもろかった. La loro amicizia è stata davvero fragile. ¶我々はもろくも第1回戦で敗れた. Siamo stati facilmente sconfitti già alla prima partita. ¶人の心のもろさ fragilità del cuore umano
2《心が動かされやすい》¶情にもろい essere emotivo [molto sensibile] ¶涙もろい piangere [commuoversi] facilmente / avere la lacrima facile

モロッコがわ モロッコ革 marocco㊚

もろて 両手・諸手 entrambe le mani㊛[複]
[慣用]**もろ手を挙げる** ¶もろ手を挙げて賛成する approvare pienamente ql.co. / dare il pieno consenso a ql.co. ¶もろ手を挙げて君を歓迎する. Ti darò il benvenuto di tutto cuore.

もろとも 諸共 insieme (con);《みんな》tutti quanti ¶夫婦もろとも sia il marito sia [che] la moglie ¶船もろともに沈む andare a fondo con la nave ¶死なばもろともだ. Se dobbiamo morire, moriremo insieme.

もろに ¶自動車はもろに塀にぶつかった. L'automobile「ha urtato frontalmente [si è schiantata] contro il muro. ¶彼の会社は不況の波をもろにかぶった. La sua ditta ha subito direttamente le conseguenze della recessione.

もろは 両刃 ◇もろ刃の a doppio taglio (►比喩的にも用いる) ¶もろ刃の剣(つるぎ) spada a doppio taglio ¶この計画はもろ刃の剣だ. Questo progetto è un'arma a doppio taglio.

もろはだ 諸肌 ¶もろ肌を脱ぐ《両肩をあらわにする》mostrare [denudare] le spalle /《全力を尽くす》fare tutto il possibile

もろみ 諸味・醪《酒の》sakè㊚ non raffinato;《醬油の》salsa㊛ di soia non raffinata

もろもろ 諸諸 ◇もろもろの vari, di tutti i tipi ¶もろもろの事情 una serie di circostanze ¶その他もろもろ ...e varie altre

もん 門 **1**《出入り口》porta㊛, ingresso㊚ ¶《格子の門》cancello㊚;《ビルなどの大きな門》portone㊚ ¶表門 cancello (sulla facciata) principale ¶門を閉じる chiudere la porta [il cancello] /《かんぬきを掛けて》sbarrare la porta /《錠で》chiudere la porta a chiave ¶門を入る〔くぐる〕 oltrepassare un cancello ¶門の所に誰かがいる. C'è qualcuno alla porta.
2《生》《分類上の区分》tipo㊚, filo㊚

もん 紋《紋章》stemma㊚[複 -i], emblema㊚[複 -i], blasone㊚;《家紋》stemma㊚ di famiglia

もんえい 門衛《官庁・マンションなどの》portiere㊚[㊛ -a];《マンションなどの》portinaio㊚[㊛ -ia; ㊚複 -i]
  ✤**門衛詰め所** portineria㊛

もんか 門下 ¶彼は田中教授の門下だ. È un allievo del prof. Tanaka. / Lui「appartiene alla [fa parte della] scuola guidata dal prof. Tanaka.
  ✤**門下生** allievo㊚[㊛ -a], discepolo㊚[㊛ -a]

もんがい 門外 **1**《門の外》¶子供たちは門外に出ないように言われた. Ai bambini è stato detto di non uscire fuori dal cancello.
2《専門外》¶それは門外のことだ. Questo non è il mio campo.
  ✤**門外漢**《局外者》estraneo㊚[㊛ -a], profano㊚[㊛ -a], incompetente㊚㊛;《専門外の人》dilettante㊚㊛, amatore㊚[㊛ -trice]

門外不出 ¶門外不出の家宝 cimelio di famiglia che non è mai uscito fuori dalle mura di casa

もんがまえ　門構え　¶立派な門構えの家 casa con un ingresso maestoso

モンキースパナ　⇒モンキーレンチ

モンキーレンチ　〔英 monkey wrench〕〘機〙chiave[女] registrabile (a rullino) [《柄と平行に開くもの》inglese / 《横に開くもの》prussiana]

もんきりがた　紋切り型　luog*o*[男] [複 *-ghi*] comune;〔仏〕cliché[男] [無変] ◇紋切り型の stereotipato; banale ¶紋切り型のあいさつ saluto stereotipato

もんく　文句　**1**《語句》parole[女] [複];《表現》espressione[女] ¶決まり文句 frase fatta / espressione stereotipata ¶またいつもの決まり文句か. Ancora il solito ritornello! ¶気のきいた文句 espressione spiritosa ¶歌の文句を忘れた. Ho dimenticato le parole della canzone.

2《不満》lagnanza[女], lamentela[女];《非難, 言い分》rimprovero[男], reclamo[男], obiezione[女] ¶文句を言う《苦情を言う》lagnarsi [lamentarsi] con *qlcu.* 《について di》/《異議を唱える》contestare *ql.co.* [*qlcu.*] / protestare contro *ql.co.* [*qlcu.*] /《非難する》rimproverare [criticare] *qlcu.* ¶この案に文句があるならすぐに言いなさい. Dimmelo subito se sei contrario a questo progetto. ¶隣のテレビがうるさいので文句を言いに行った. Siccome la televisione dei vicini dava fastidio, sono andato a protestare. ¶月給に文句はありません. Non ho niente da ridire dello [sullo] stipendio. ¶これなら彼も文句あるまい. Questo lo soddisferà. / Neanche lui avrà qualcosa da ridire [da obiettare] in questo caso.

[慣用] **文句なしの** ideale, perfetto, incontestabile, impeccabile ¶文句なしの名作 capolavoro in assoluto ¶この辺は文句なしの環境だ. Questo posto è davvero una località ideale. ¶彼は文句なしの天才だ. È indiscutibilmente [senza dubbio] un uomo di genio. ¶文句なしに彼の勝ちだった. La sua vittoria è stata schiacciante.

もんげん　門限　ora[女] di rientro, ora di chiusura della porta di casa ¶門限に遅れた. È ritornato dopo la chiusura dei cancelli.

もんこ　門戸　¶諸外国に門戸を開放する[閉ざす] aprire [chiudere] le porte ai paesi stranieri

[慣用] **門戸を張る** (1)《一家を構える》formarsi una famiglia (2)《家を立派にして見えを張る》costruire una casa grande per ostentazione (3)《一派を立てる》fondare la *propria* scuola

もんさつ　門札　targa[女], targhetta[女]

もんし　門歯　〘解〙dente[男] incisivo, incisivo[男]

もんし　悶死　morte[女] straziante [angosciosa] ◇悶死する morire in agonia

もんじゅ　文殊　¶三人よれば文殊の知恵.〘諺〙"Due teste sono meglio di una." (►直訳は「ひとりより二人のほうがいい知恵が出る」)

もんしょう　紋章　stemm*a*[男] [複 *-i*], emblem*a*[男] [複 *-i*]

✤**紋章学** araldica[女]

もんしろちょう　紋白蝶　〘昆〙cavolaia[女]

もんしん　問診　prima diagnosi[女] [無変] basata sulle risposte ottenute dal paziente ¶症状について患者に問診する chiedere a un paziente dettagliate informazioni sui sintomi della sua malattia

もんじん　門人　allievo[男] [[女] *-a*], discepolo[男] [[女] *-a*]

モンスーン　〔英 monsoon〕〘気〙monsone[男]

✤**モンスーン気候** clima[男] monsonico

モンスーン地帯 area[女] monsonica

モンスター　〔英 monster〕mostro[男]

もんせき　問責　biasimo[男], critica[女], rimprovero[男] ◇**問責する** riprendere *qlcu.*, censurare *ql.co.* di *qlcu.* [*qlcu.* per *ql.co.*], biasimare [criticare] *qlcu.* per *ql.co.* ¶大臣は失態を問責された. Il ministro è stato criticato per il suo errore.

もんぜつ　悶絶　◇**悶絶する** svenire[自] [*es*] [perdere i sensi / perdere coscienza] per il dolore

もんぜん　門前　◇**門前に[で]** davanti alla porta, davanti a casa

[慣用] **門前市を成す** avere visite in continuazione ¶彼の店は門前市を成す盛況だ. Il suo negozio è prospero [ben avviato].

門前の小僧(習わぬ経を読む) imparare *ql.co.* da solo (osservando quello che fanno gli altri) ¶私は門前の小僧で商売のこつを覚えた. Ho appreso da solo la pratica del commercio.

✤**門前払い** ¶彼に門前ばらいを食わされた. Mi ha sbattuto la porta in faccia.

門前町 quartiere[男] sviluppatosi intorno ad un tempio importante

モンタージュ　〔仏 montage〕《方法, 写真》montagg*io*[男] [複 *-gi*];《写真》collage [kollá ʒ] [男] [無変] fotografi*co* [複 *-ci*]

✤**モンタージュ写真** 〔英〕identikit[男] [無変]

もんだい　問題

1《試験の》problem*a*[男] [複 *-i*], questione[女] ¶問題を出す[解く] porre [sciogliere / risolvere] una questione [un compito] ¶試験の問題は難しかった. Il problema dell'esame era difficile.

2《解決すべき事柄》problem*a*[男] [複 *-i*], questione[女]; caso[男] ¶社会[経済 / 食糧 / 環境]問題 problema sociale [economico / alimentare / ambientale] ¶人道問題 questione umanitaria ¶新しい問題を投げかける sollevare una nuova questione ¶問題はいかにしてそれを確保するかにある. Il problema è sapere come assicurarlo. ¶彼の成功はただ時間の問題だ. Ce la farà, è soltanto questione di tempo. ¶生死の問題だ. È una questione di vita o di morte.

3《配慮・考慮すべき事柄》problem*a*[男] [複 *-i*], soggetto[男], argomento[男] ¶野党は総理大臣の失言を問題にした. I partiti dell'opposizione hanno criticato alcune parole incaute sfuggite al primo ministro. ¶そんな提案は問題にならない. Una simile proposta è fuori discussione. / Su una proposta del genere non vale la pena (di) discutere. ¶我々はその件を問題にしなかった. Non abbiamo preso in considerazione la faccenda. / Abbiamo lasciato perdere la faccenda. ¶彼は世間の非難をまったく問題にしなかった. Non si è curato minimamente del biasimo degli altri.

4《やっかいな事柄》gua*io*[男] [複 *-i*], scandalo[男];《難問》difficoltà[女] ¶問題を起こす combinare un guaio ¶彼はよく問題を起こしては世間を騒がせる. Solleva sempre qualche scandalo metten-

も

do in agitazione l'opinione pubblica.
5《世間の注目を浴びているもの》 ¶これが問題の絵です. Questo è il quadro di cui si parla. / Questo è il quadro in questione.
✤問題意識 (presa㊛ di) coscienza㊛ dei problemi ¶環境についての問題意識を高めるためにキャンペーンをする avviare una campagna per sensibilizzare la gente ai problemi ambientali ¶彼らは世界情勢に問題意識をもっている. Sono pienamente coscienti della situazione mondiale.
問題外 fuori questione ¶彼の昇任は問題外だ. La sua promozione è fuori questione.
問題視 ¶警察は彼のアリバイを問題視している. La polizia「guarda al suo alibi con dubbio [dubita del suo alibi].
問題児 bambino㊚ [㊛ -a] problematico㊚複 -ci] [difficile]
問題集 eserciziario㊚ [複 -i] ¶数学の問題集 eserciziario di matematica
問題小説 romanzo㊚ a tesi
問題提起 ◇問題提起する lanciare una problematica
問題点 punto㊚ cruciale del problema ¶では問題点に戻りましょう. Ora ritorniamo al punto fondamentale del nostro argomento.
もんちゃく 悶着 (口論) disputa㊛, lite㊛, contesa㊛;《対立》contrasto㊚;《不和》discordia㊛ ¶ひと悶着ありそうな気配だ. C'è aria di tempesta. ¶その件でひと悶着あった. C'è stata una disputa su questo problema.
もんちゅう 門柱 pilastri㊚[複] [colonne㊛[複]] del cancello
もんつき 紋付き *kimono*㊚[無変] con lo stemma di famiglia (◆ indossato nelle cerimonie)
もんてい 門弟 →門人
もんと 門徒 《信徒》aderente㊚ [seguace㊚] di una scuola religiosa
もんとう 門灯 illuminazione㊛ del cancello d'ingresso;《玄関口の》illuminazione㊛ della porta di ingresso
もんどう 問答 **1**《問いと答え》domanda㊛ e risposta㊛ ¶問答形式で in forma di domande e risposte **2**《討議, 討論》dibattito㊚, discussione㊛;《対話》dialogo㊚ [複 -ghi] ◇問答する discutere *ql.co.* con *qlcu.*;《対話する》dialogare㊙ [*av*] con *qlcu.* ¶押し問答 discussione accesa [animata]
✤問答無用 ¶問答無用. La discussione è finita! / Basta con le chiacchiere!
もんどりうつ 翻筋斗打つ ¶彼はもんどりうって倒れた. Ha fatto un capitombolo. / È caduto a capitomboli.
もんなし 文無し squattrinato㊚ [㊛ -a] ¶今日は文無しだ. Oggi sono al verde. / Oggi non ho il becco di un quattrino. ¶文無しになった. Mi sono rovinato. /《かけごとなどですってしまう》Ho perso tutto il denaro che avevo.
もんばん 門番 portinaio㊚ [㊛ -ia;㊚ 複 -i], portiere㊚ [㊛ -a]
✤門番小屋 portineria㊛
もんぶかがくしょう 文部科学省 Ministero㊚ dell'Educazione, della Cultura, dello Sport, della Scienza e della Tecnologia
もんもう 文盲 →非識字
もんもん 悶悶 ◇悶々とする essere angosciato [ansioso] ¶悶々として眠れない一夜を過ごした. Ho trascorso [passato] una notte in bianco per l'angoscia [per le preoccupazioni].
もんよう 文様・紋様 motivo㊚; disegno㊚
モンローしゅぎ モンロー主義 《史》《孤立主義》dottrina㊛ di Monroe

や

や 矢 freccia[女][複 -ce], saetta[女];《投げ矢》dardo[男] ¶矢を(弓に)つがえる incoccare una freccia ¶飛ぶ鳥に向かって矢を射った. Ho tirato [scagliato / scoccato] una freccia all'uccello in volo. ¶矢は的に当たった[を外れた]. La freccia ha colpito [ha mancato] il bersaglio.

[慣用] **矢でも鉄砲でも** ¶矢でも鉄砲でも持ってこい, 驚くものか. Qualsiasi cosa accada, non mi farò intimidire.

矢の催促 ¶本の代金を払うようにと矢の催促があった. Ho ricevuto continui solleciti per il pagamento del libro.

矢も盾もたまらず ¶矢も盾もたまらず, 彼女の元に走っていった. Incapace di contenermi, sono corso da lei.

や 野 **1**《民間》 ¶野に下る ritirarsi「dalla vita pubblica [a vita privata] **2**《野党》partito[男] all'opposizione ¶その党はついに野に下った. Finalmente quel partito non è più al potere.

や 輻 《車輪の》raggio[男][複 -gi];《稀》razza[女] (di ruota)

-や **1**【並列】 e; o; ecc. ¶あれやこれや questo e quello ¶両親に何やかやと小言を言われる. I miei genitori mi rimproverano sempre per una cosa o per l'altra. ¶3つになるやならずやで両親を亡くした. Ho perduto i miei genitori che non avevo quasi ancora tre anni. ¶1万円やそこらでこの時計が買えるはずがない. Con 10.000 yen o giù di lì è impossibile comprare quest'orologio.

2【…するとすぐに】 appena, subito dopo ¶目覚ましが鳴るやとび起きた. Appena è suonata la sveglia, sono saltato giù dal letto. ¶イタリア旅行から帰って来るや, またどこかへ出かけて行った. Non ha fatto nemmeno a tempo a tornare dal suo viaggio in Italia, è ripartito subito. ¶…や否や ⇒否や

3【呼びかけ】 ¶道子や, ここにおいで.《子供に対して》Cara Michiko, vieni qui!

4【強調】 ¶またもや失敗に終わった. E anche stavolta è stato un fallimento.

5【命令, 勧誘】 ¶もうけんかはやめようや. Su, smettiamo di litigare!

6【感情をこめて軽く言い放つ】 ¶君が来なくちゃつまらないや. Ma se non vieni tu, non è divertente! / È un peccato se tu non vieni.

7【反語】 ¶やれ助かったと思いきや. Proprio mentre pensavo di essere ormai al sicuro!

-や -屋 **1**《商売(人)を表す》 ¶本屋(店) libreria /《人》libraio[男][女 -ia; 男複 -i] ¶靴屋 negozio di calzature **2**《軽蔑的に, 専門の人》 ¶政治屋 politicante[男][女] **3**《ある傾向·性格の人》 ¶締まり屋 avaro[男][女 -a] / tirchio[男][女 -chia; 男複 -chi] ¶凝り屋 perfezionista[男][女][複 -i] ¶わからず屋 cocciuto[男][女 -a]

やあ ¶やあ, マルコ, しばらく. Ehi [Oh], Marco. Sono secoli che non ti vedo! ¶やあ, これは大変だぞ. Accidenti, che guaio!

やあい ¶やあい, 泣き虫. Ehi, piagnucolone!

ヤード 〔英 yard〕〔英〕yard[男][無変]; iarda[女]

✤**ヤード尺** stecca[女] [verga[女]] di una iarda

ヤードポンド法 sistema[男] in yard e libbre

やい ¶やい, この野郎. Ehi, tu! ¶よせやい. Piantatela! /《冗談はよせ》Basta con gli scherzi!

やいのやいの ¶〈人〉にやいのやいのと催促する sollecitare *qlcu.* con insistenza a + [不定詞] / sollecitare *ql.co.* persistentemente

やいば 刃 《刀身》lama[女];《刀》spada[女] ¶氷の刃 lama scintillante ¶〈人〉に刃を向ける puntare la spada contro *qlcu.* ¶刃にかける uccidere [trafiggere / trapassare] *qlcu.* con la spada

やいん 夜陰 ¶夜陰に乗じて approfittando dell'oscurità della notte / col favore delle tenebre

やえ 八重 ¶八重の ottuplice

✤**八重咲き** ¶八重咲きの水仙 trombone[男] a doppio petalo

八重桜〔植〕ciliegio[男][複 -gi] a fiore doppio

やえい 野営 accampamento[男];《野営所》campo[男] ◇**野営する** accamparsi;《兵士などが》campeggiare[自][av], bivaccare[自][av]

✤**野営地** accampamento[男], campeggio[男][複 -gi]

やえば 八重歯 《重なっている》dente[男] accavallato;《斜めに出た》dente[男] obliquo

やえむぐら 八重葎 〔植〕attaccavesti[男][無変]; caglio[男][複 -gli]

やおちょう 八百長 ¶試合で八百長をやる truccare un incontro ¶八百長でわざと負けた. È stato pagato per perdere l'incontro.

✤**八百長試合** incontro[男] falso [truccato]

やおもて 矢面 ¶非難の矢面に立つ esporsi alle critiche ¶彼は質問の矢面に立たされた. È diventato il bersaglio di tutte le domande.

やおや 八百屋 《店》negozio[男][複 -i] di verdure [di fruttivendolo];《人》fruttivendolo[男][女 -a], verduraio[男][女 -ia; 男複 -i]

やおよろず 八百万 《数の極めて多いこと》numero[男] infinito (di) ¶八百万の神々 tutti gli dei del cielo e della terra / pantheon[男][無変] / panteon[男][無変]

やおら 《ゆっくりと》lentamente, flemmaticamente ¶彼はやおらタバコの火を消して話し始めた. Spense flemmaticamente la sigaretta e poi cominciò a parlare.

やがい 野外 ◇**野外で[の]** all'aperto ¶野外で昼食を食べる fare un picnic / mangiare all'aria aperta

✤**野外演習** esercitazioni[女][複] (fatte) all'aperto

野外演奏会 concerto[男] all'aperto

野外劇場 teatro[男] all'aperto

野外研究 ricerche㊛[複] fatte all'aperto
やかいふく 夜会服　abito㊚ da sera
やがく 夜学　corso㊚ [scuola㊛] serale ¶夜学に通う frequentare una scuola serale
❖**夜学生** studente㊚ [㊛ -essa] di un corso [di una scuola] serale
やかた 館　(邸宅・建造物全体) palazzo㊚;《一戸建て邸宅》villa㊛;《居城》castello㊚;《領主の》casa㊛ padronale
やかたぶね 屋形船　cabinato㊚; barca㊛ da diporto con cabina
やがて　《間もなく》tra [fra] poco, in [entro] breve tempo, da poco;《過去・未来の一時点を基点にして》poi, poco dopo;《そのうちに》un giorno ¶やがて灯台の明かりがはっきり見えてきた. Non passò molto tempo prima di vedere chiaramente la luce del faro. ¶やがて彼にもわかってくるだろう. Lo capirà col tempo. / Un giorno lo capirà. ¶やがて夜になった. E poco dopo si fece notte. ¶娘が結婚してからやがて1年になる. È passato quasi un anno da quando mia figlia si è sposata.
やかましい 喧しい　**1**《音が大きくてうるさい》rumoroso, chiassoso, tumultuoso ¶この辺りは日中はやかましいが夜は静かだ. In questa zona di giorno c'è rumore, ma la notte è tranquilla. ¶やかましいぞ. Non far rumore [chiasso]!
2《うるさく批評する》¶この問題については世論がやかましくなるだろう. Questa questione susciterà un vespaio nell'opinione pubblica.
3《厳しい》rigido, severo, rigoroso;《気むずかしい》difficile;《口うるさい》isterico [㊚複 -ci] ;《好みがうるさい》schizzinoso, molto esigente ◇やかましく《厳しく》rigidamente, rigorosamente;《しつこく》ripetutamente, insistentemente ¶近ごろ警察がやかましくて路上駐車ができない. Ultimamente i vigili sono intransigenti, e non si può parcheggiare per strada. ¶口やかましい姑(しゅうとめ) suocera bisbetica ¶彼は食べ物にやかましい. È schizzinoso [esigente] nel mangiare.
やかましや 喧しや　(理屈の多い) pignolo㊚ [㊛ -a] , persona㊛ pedante;《小言の多い》bisbetico㊚ [㊛ -ca; ㊚複 -ci] ¶やかましやの奥さん signora bisbetica
やから 輩　¶あんな輩の顔を見るのもいやだ. È disgustoso persino guardarli in faccia, individui del genere. / Non voglio neanche vederlo in faccia.
やがら 矢柄　asticciola㊛ (di freccia)
-**やがる**　¶何をしやがる. Ma che cazzo fai? ¶あいつ, 人をだましやがって. Quel maledetto mi ha imbrogliato!
やかん 夜間　notte㊛, ore㊛[複] notturne ◇夜間の notturno, serale ¶夜間に di notte /《夜の早い時間》a [di] sera / in serata
❖**夜間営業**《掲示》"Aperto di notte" /《薬局の》"Servizio notturno"
夜間演習 esercitazioni㊛[複] notturne
夜間外出 ◇夜間外出する uscire di notte
夜間外出禁止令 ¶夜間外出禁止令を出す[解く] decretare [togliere] il coprifuoco
夜間撮影 riprese㊛[複] notturne
夜間人口 popolazione㊛ notturna
夜間通話 chiamata㊛ telefonica notturna
夜間飛行 volo㊚ notturno
夜間部 corso㊚ serale (in una scuola)
やかん 薬缶　bollitore㊚
やき 夜気　**1**《夜の大気》¶夜気に当たると体にさわる. L'aria notturna fa venire i malanni.
2《夜の静けさ》¶夜気が森に漂っていた. Il bosco era immerso nel silenzio della notte.
3《夜の気配》¶いつの間にか夜気が迫っていた. La notte stava calando senza che ce ne rendessimo conto.
やき 焼き　¶焼きのよい陶器の皿 piatto di ceramica di buona cottura ¶焼きのよい刀 spada di buona tempra / spada ben temprata ¶有田焼 porcellana di Arita
[慣用] **焼きが回る** ¶彼もとうとう焼きが回ってきた. Anche lui ha perso la tempra di una volta.
焼きを入れる dare una (buona) lezione a qlcu., fare capire ql.co. a qlcu. una volta per tutte
やぎ 山羊　capra㊛;《雄の》caprone㊚, becco㊚[複 -chi] ;《子山羊》capretto㊚ [㊛ -a]
❖**やぎひげ** pizzo㊚
やきあがる 焼き上がる　¶パンがこんがりと焼き上がった. Il pane è cotto al punto giusto. ¶写真が焼き上がった. Le foto sono stampate.
やきあみ 焼き網　griglia㊛, graticola㊛, gratella㊛
やきいも 焼き芋　¶石焼き芋 patate dolci arrostite su pietre arroventate
やきいれ 焼き入れ　[冶] tempra㊛ ¶刀の焼き入れをする temprare una spada / dare la tempra a una spada
やきいん 焼き印　marchio㊚[複 -chi] a fuoco ¶家畜に焼き印を押す marchiare il bestiame
やきうち 焼き討ち　◇焼き討ちする dar fuoco a ql.co., incendiare ql.co., appiccare il fuoco a ql.co.
やきえ 焼き絵　pirografia㊛
やききる 焼き切る　《焼いて切断する》tagliare [aprire] col fuoco ¶金属を電気で焼き切る tagliare un pezzo di metallo con l'elettricità
やきぐし 焼き串　spiedo㊚;《細い》spiedino㊚
やきぐり 焼き栗　caldarrosta㊛[複 *caldarroste, calde arrosti*], castagna㊛ arrostita
やきごて 焼き鏝　ferro㊚ da stiro (a carbone) ;《はんだ付けの》saldatrice㊛
やきころす 焼き殺す　bruciare [ardere] qlcu. vivo. (▶vivoは目的語の性・数に合わせて語尾変化する)
やきざかな 焼き魚　pesce㊚ ai ferri [alla griglia]
やきすてる 焼き捨てる　¶古い手紙を焼き捨てる bruciare vecchie lettere
やきそば 焼き蕎麦　vermicelli㊚[複] saltati alla piastra con verdure e carne
やきたて 焼き立て　¶焼き立てのパン pane appena sfornato
やきつく 焼き付く　《記憶が残る》¶その情景は今でも心に焼き付いている. Quella scena è ancora impressa nella mia mente.
やきつくす 焼き尽くす　bruciare ql.co. completamente, ridurre in cenere ql.co.
やきつけ 焼き付け　**1**《陶磁器の》cottura㊛

2《写真の》stampa[女]
やきつける 焼き付ける **1**《陶磁器に》¶絵を釉(うわぐすり)の上に焼き付ける. fissare la decorazione sullo smalto con la cottura **2**《写真を》stampare **3**《記憶する》imprimere *ql.co.* ¶その情景が私の心［まぶた］に焼き付けられた. La scena è impressa nella mia memoria.
やきとり 焼き鳥 〔料〕spiedino[男] di pollo alla brace
やきなおし 焼き直し rimaneggiamento[男]; rifacimento[男] ¶これはカルヴィーノの小説を焼き直したものだ. Questo è un rimaneggiamento di un romanzo di Calvino.
やきなおす 焼き直す **1**《もう一度焼く》¶魚を焼き直す riscaldare un pesce alla griglia
2《作り替える》rimaneggiare
やきにく 焼き肉 〔料〕(fette[女]［複］ di) carne[女] alla griglia;《朝鮮料理の》carne[女] alla piastra alla coreana
やきば 焼き場 ⇒火葬場
やきばたのうぎょう 焼き畑農業 agricoltura[女] basata sulla bruciatura delle erbacce e delle stoppie prima dell'aratura
やきはらう 焼き払う ¶枯れ草を焼き払う bruciare l'erba secca ¶森を焼き払う incendiare il bosco
やきぶた 焼き豚 〔料〕maiale[男] arrosto, arrosto[男] di maiale;《中国料理の》arrosto[男] di maiale alla cinese
やきまし 焼き増し 〔写〕copia[女], ristampa[女]
やきめし 焼き飯《チャーハン》riso[男] fritto［saltato / alla cantonese］
やきもき ◇やきもきする《いらいら》essere nervoso;《心配》stare［essere］in pena［pensiero］per *ql.co.*［*qlcu.*］, essere in ansia per *ql.co.*［*qlcu.*］
◇やきもきさせる innervosire *qlcu.*, mettere *qlcu.* in ansia ¶早く彼が出て行かないかとやきもきしている. Sono nervoso perché sembra che non se ne voglia mai andare.
やきもち 焼き餅《嫉妬》gelosia[女] ¶彼は妻に焼きもちを焼いている. È geloso della moglie. / È un marito geloso.
✤**焼き餅焼き** persona[女] gelosa
やきもどし 焼き戻し 〔冶〕rinvenimento[男]
◇焼き戻しする rinvenire *ql.co.*
やきもの 焼き物 **1**《陶器》ceramica[女];《磁器》porcellana[女];《皿・鉢などの食器類》stoviglie[女]［複］ **2**《日本料理で焼いた料理》arrosto[男]
やきゅう 野球 〔スポ〕〔英〕baseball［bézbol］[男] ¶プロ野球 baseball professionistico ¶野球［野球の試合］をする giocare［fare una partita］a baseball
✤**野球場［選手 / チーム］** campo[男]［giocatore[男]［[女] -trice］ / squadra[女]］di baseball
野球熱 passione[女] per il baseball
野球ファン tifoso[男]［[女] -a］di baseball
野球帽 cappello[男] da baseball
やぎゅう 野牛 〔動〕bisonte[男];《ヨーロッパ産の》bisonte[男] europeo
やぎょう 夜業 lavoro[男] notturno ¶夜業をする lavorare di notte
やきん 冶金 metallurgia[女] ¶冶金の metallurgico［[男]複 -ci］
✤**冶金学**［術］ metallurgia[女]
冶金工業 industria[女] metallurgica
やきん 夜勤 servizio[男]［複 -i］notturno;《交替制の》turno[男] di notte ¶夜勤が明けたところだ. Ho appena terminato il turno di notte.
✤**夜勤手当** indennità[女] per il turno di notte
やきん 野禽 uccello[男] servatico［複 -ci］
やく 厄 disgrazia[女], sventura[女], sfortuna[女], guaio[男]［複 -i］, infortunio[男]［複 -i］ ¶厄を払う esorcizzare la sfortuna
やく 役 **1**《任務》incarico[男]［複 -chi］, funzione[女], compito[男], mansione[女] ¶会社の忘年会幹事の役を仰せつかった. Ho avuto l'incarico di organizzare la festa di fine anno della ditta. ¶私には役が重すぎる. Questo compito è troppo gravoso per me.
2《責任のある地位》posto[男], posizione[女];《公職》ufficio[男]［複 -ci］, carica[女] ¶役を退く lasciare la carica ¶お役ご免となる essere rimosso dal (*proprio*) posto
3《芝居での役柄》ruolo[男], parte[女]; personaggio[男]［複 -gi］ ¶…の役を演じる interpretare［fare］la parte di… ¶二役をつとめる fare un doppio ruolo ¶彼女にカルメンの役が振り当てられた. Le è stata assegnata la parte di Carmen.
4《役札, 役牌》¶役がつく ottenere punti supplementari per una speciale combinazione「delle carte［《マージャン》dei pezzi (di mah-jong)］」
[慣用] **役に立つ** servire［essere utile］a *ql.co.*［*qlcu.* / +[不定詞]］, giovare a *ql.co.*［*qlcu.*］ ¶私で何かお役に立てますか. Posso esserle utile? / Posso esserle d'aiuto? ¶泣いたところで何の役に立つのか. A che serve piangere?
やく 訳 traduzione[女], versione[女] ¶現代語訳 versione in lingua moderna ¶新約聖書の日本語訳 traduzione giapponese del Nuovo Testamento
やく 葯 〔植〕antera[女]
やく 薬 ⇒麻薬
ヤク 〔英 yak〕〔動〕〔英〕yak[男]［無変］
やく 妬く《ねたむ》essere geloso di *qlcu.*［*ql.co.*］;《うらやむ》invidiare［essere invidioso di］*qlcu.*［*ql.co.*］ ¶アンジェラはパオラとルイージが仲がよいので妬いている. Angela è invidiosa di Paola e Luigi perché vanno d'accordo.
やく 焼く **1**《火で燃やす》bruciare;《火事を起こす》incendiare;《火をつける》appiccare il fuoco［dare fuoco］a *ql.co.* ¶古い手紙を焼く bruciare vecchie lettere ¶今度の戦争で何もかも焼かれてしまった. In questa guerra tutte le mie cose sono andate distrutte. ¶遺体を焼く cremare un cadavere［una salma］
2《熱する》arroventare, far diventare *ql.co.* incandescente (►incandescenteは目的語の性・数に合わせて語尾変化する) ¶火箸を真っ赤に焼く arroventare le molle al fuoco
3《焼いて作る》¶炭を焼く fare［preparare / produrre］il carbone ¶陶器［れんが］を焼く cuocere ceramica［mattoni］ ¶直火(じか)で焼く cuocere *ql.co.* direttamente sul fuoco ¶串に刺して焼く arrostire *ql.co.* allo spiedo ¶焼き網で焼く cuocere *ql.co.* alla griglia ¶オーブンで焼く

cuocere *ql.co.* al forno ¶パンを焼く（作る）cuocere [infornare] il pane /《トーストする》tostare [abbrustolire] il pane

4《日光で》abbronzarsi ¶海に行って焼いてきた。Mi sono abbronzato sulla spiaggia.

5《焼灼する》¶レーザー光線で焼いてほくろをとる bruciare un neo col laser ¶扁桃腺を焼く cauterizzare le tonsille

6《写真を焼き付ける》stampare

やく 約 《およそ》circa, all'incirca;《概算で》approssimativamente;《重要》pressappoco, più o meno ¶約3時間 circa tre ore ¶今回の旅行には約10万円かかると思います。Il viaggio costerà all'incirca centomila yen.

語法 20, 30, 40, 50, 60, 70, 80, 90の最後の母音を省略して「-ina」をつけると、「約…」を意味する女性名詞になる。
¶約50冊の本 una cinquantina di libri
10, 100, 1000 に「約」をつけると、それぞれ「una decina」「un centinaio」「un migliaio」で表される。
¶約100人 un centinaio di persone
不定冠詞 un を数値の前に置くと、「約、およそ」を表す。
¶約60kmあるだろう。Ci sarà [saranno] un sessanta chilometri.

やく 夜具 《マット・敷きぶとんなど》materasso 男;《シーツ・掛けぶとんなど》lenzuola 女《複》e coperte 女《複》; corredo 男 per la notte

やくいん 役員 **1**《団体の》funzionario 男 [女 -ia; 男複 -i], dirigente 男女;《委員会の》membro 男 di una commissione [un comitato], commissario 男 [女 -ia; 男複 -i] ¶組合役員 dirigente di un'organizzazione sindacale / leader 男女《無変》sindacale **2**《企業の》dirigente 男女,《重役》amministratore 男 [女 -trice],《幹部の総称》i quadri 男《複》¶彼は会社の役員をしている。Lui è dirigente dell'azienda.

❖役員会《会議》riunione 女 di funzionari [dirigenti];《重役会》consiglio 男《複 -gli》d'amministrazione

役員室 sala 女 dei dirigenti

役員報酬 retribuzione 女 [emolumenti 男《複》] per dirigenti

やくがい 薬害 effetto 男 nocivo di un farmaco [di una sostanza chimica]

❖薬害エイズ AIDS [áids, ai(d)diésse] 男《無変》provocato da prodotti sanguigni

やくがく 薬学《薬学科》farmacia 女;《薬理学》farmacologia 女

❖薬学科 facoltà 女 di farmacia

薬学博士《人》diplomato 男 [女 -a] del corso di dottorato di ricerca in Farmacia [Farmacologia];《称号》dottorato 男 di ricerca in Farmacia [Farmacologia]

やくがら 役柄《役目》incarico 男《複 -chi》;《地位》posizione 女;《役割、劇の役》ruolo 男, parte 女 ¶彼は役柄上経済問題に通じている。È molto versato in questioni economiche a causa del suo incarico. ¶彼はその役柄に合わない。《演劇などで》Non è la persona adatta「alla parte [《仕事の上で》per l'incarico].

やくご 訳語 ¶その言葉には適当な日本語の訳語がない。In giapponese non esiste un termine corrispondente a questa parola.

やくざ 1《暴力団員》yakuza 男《無変》; membro 男 di un'organizzazione mafiosa giapponese;《博徒（ばく）》giocatore 男 [女 -trice] d'azzardo ¶やくざの一味 un gruppo [una banda] di mafiosi

2《役に立たないこと》◇やくざな《役に立たない》inutile, buono a niente [nulla] ¶あいつはやくざな男だ。Non è buono a nulla.

やくざい 薬剤 farmaco 男《複 -ci》, medicinale 男, medicina 女;《化学薬品》sostanza 女 chimica, prodotto 男 chimico《複 -ci》

❖薬剤学 farmacia 女

薬剤師 farmacista 男女《男複 -i》

やくさつ 扼殺 strangolamento 男 con le mani ◇扼殺する strangolare *qlcu.* con le mani

やくさつ 毒殺 ◇毒殺する avvelenare *qlcu.*, uccidere *qlcu.* col veleno

やくし 訳詞 testo 男 tradotto; traduzione 女 di un testo (lirico) [una canzone] ¶訳詞佐藤一郎 testi tradotti da Ichiro Sato

やくしにょらい 薬師如来 《仏教》Yakushi Nyorai 男, Bhaisajyaguru 男, Buddha della medicina

やくじほう 薬事法 《法》Codice 男 Farmaceutico《複 -ci》

やくしゃ 役者 **1**《男優》attore 男;《女優》attrice 女;《芝居の》artista 男女《男複 -i》di teatro ¶《コメディアン》commediante 男女 ¶大根役者 attore mediocre ¶千両役者 attore di prim'ordine / attore straordinario [bravissimo] /《スター》divo 男 [女 -a] ¶歌舞伎役者 attore (del teatro) kabuki ¶旅役者 attore da strada ¶役者になる diventare un attore

2《腕前のある人》¶わが党にはなかなかの役者がそろっている。Nel nostro partito ci sono molte persone valide [abili].

慣用 役者が一枚上 ¶なんと言っても彼のほうが私より役者が一枚上だ。In realtà è più furbo [è migliore] di me.

やくしゃ 訳者 traduttore 男 [女 -trice]

やくしゅ 薬種《薬草》erbe 女《複》medicinali

❖薬種商 erborista 男女《男複 -i》;《店》erboristeria 女

やくしゅつ 訳出 ◇訳出する tradurre

やくしょ 役所 ufficio 男《複 -ci》pubblico《複 -ci》, municipio 男, comune 男 ¶お役所仕事《役人根性》burocrazia 女 /《仕事の遅さ》lungaggini 女《複》burocratiche

やくしょ 訳書 traduzione 女; libro 男 tradotto

やくじょ 躍如 ¶この快挙は彼の面目躍如たるものがある。Questo brillante risultato è tipico di lui. ¶彼の一文には偉大な芸術家レオナルド・ダ・ヴィンチの姿が躍如としている。Nel suo saggio dà una vivace descrizione del grande artista Leonardo da Vinci.

やくじょう 約定《協定》accordo 男;《契約》contratto 男

❖約定書 contratto 男 [accordo 男 / patto 男] scritto

約定済 ◇約定済の venduto

やくしょく 役職 posto 男, posizione 女 ¶会社

で役職についている。Ha un posto di responsabilità nella ditta.
❖役職者 dirigente㊚
役職手当 indennità㊛ per dirigenti

やくじりょうほう 薬餌療法 terapia㊛ con medicinali e diete

やくしん 躍進 progresso㊚, salto㊚ ¶日本の産業はめざましい躍進をとげた。Il Giappone ha fatto registrare un notevole sviluppo [progresso] industriale.

やくす 約す 1《約束する》promettere 2《約分する》ridurre una frazione ai minimi termini

やくす 訳す tradurre ql.co. ¶この本は有名なイタリアの小説を日本語に訳したものです。Questo libro è una traduzione giapponese di un famoso romanzo italiano. ¶このイタリア語は日本語でどう訳しますか。Come si traduce in giapponese questa parola italiana?

やくすう 約数《数》divisore㊚ ¶公約数 divisore comune ¶最大公約数 massimo comune divisore

やくせき 薬石 ¶薬石効なく彼は亡くなった。È morto nonostante tutte le cure mediche.

やくそう 薬草 pianta㊛ medicinale [medicamentosa], semplice㊚
❖薬草園 giardino㊚ [orto㊚] dove si coltivano erbe medicinali

やくそく 約束 1《誓うこと、誓い》promessa㊛;《誓 約》impegno㊚;《協 約》accordo㊚, patto㊚;《誓った言葉》(la propria) parola㊛ ◇約束する promettere ql.co. [di+不定詞], dare la propria parola a qlcu. ¶堅い約束 promessa solenne ¶口約束 accordo verbale ¶空約束 promessa da marinaio ¶空約束をする promettere mari e monti ¶約束どおり come promesso / come d'accordo ¶約束を破る mancare a [trasgredire] una promessa ¶彼は必ず約束を守る人だ。È un uomo di parola. / Mantiene fedelmente la parola data. ¶それじゃ約束が違うよ。Allora non stai ai patti. ¶約束の地《聖》Terra Promessa
2《人と会う》appuntamento㊚ ◇約束する dare un appuntamento a qlcu., fissare un appuntamento con qlcu. ¶私は今日5時彼と会う約束がある。Oggi alle cinque ho un appuntamento con lui. ¶約束の時間は5時です。L'appuntamento è per le cinque.
3《規則、しきたり》norma㊛, regola㊛, convenzione㊛ ¶舞台上の約束 convenzioni teatrali / regole del palcoscenico
4《因縁、運命、予定》fato㊚, destino㊚, sorte㊛ ¶前世からの約束 destino ¶彼には所長の椅子が約束されている。Gli è stata promessa la poltrona di direttore. ¶今回の受賞は彼の輝かしい将来を約束した。Il conferimento di questo premio gli ha assicurato un radioso futuro.
❖約束事 promessa㊛, impegno㊚
約束手形《金融》pagherò㊚, vaglia㊚[無変] bancario㊚[複 -i]

やくたたず 役立たず ◇役立たずな inutile, che non vale niente, privo di valore ¶役立たずである《人・物が主語》non servire a niente

やくだつ 役立つ essere utile a qlcu. [ql.co.]

やくだてる 役立てる far buon uso di ql.co. [qlcu.], trarre vantaggio da ql.co. [qlcu.], servirsi di ql.co.

やくちゅう 訳注 ¶優れた研究者が訳注をつけた本 libro tradotto ed annotato da un insigne studioso

やくづき 役付き dirigente㊚㊛

やくづくり 役作り ¶役作りをする studiare come interpretare [preparare] il ruolo (di qlcu.)

やくどう 躍動 vitalità㊛, vivacità㊛; dinamismo㊚ ◇躍動する muoversi [agire] con brio [vivacità] ◇躍動的な vivace, energico㊚複 -ci] ¶躍動感あふれる青年 giovane pieno di vitalità ¶自然の中に生命の躍動を感じる。Nella natura si sente il fremito della vita.

やくとく 役得 ¶役得のある仕事 posizione [carica]㊛ con privilegi e vantaggi

やくどく 訳読 lettura㊛ [interpretazione㊛ / comprensione㊛] tramite la traduzione ¶古典を訳読する interpretare testi classici traducendoli in lingua moderna

やくどく 薬毒 tossicità㊛ medicinale

やくどころ 役所 1《与えられた役》il proprio incarico㊚[複 -chi] 2《ふさわしい役》lavoro㊚「彼の ふさわしい」役 lavoro che fa per [adatto a] qlcu.

やくどし 厄年 anno㊚ sfortunato ¶33歳は女性の厄年と言われている。Si dice che i trentatré anni siano un anno di sventure per le donne.

やくにん 役人 funzionario㊚[㊛ -ia;㊚複 -i] [impiegato㊚[㊛ -a]] pubblico㊚[㊛複 -ci] ¶役人風を吹かす far pesare la propria autorità
❖役人根性 mentalità㊛ burocratica
役人タイプ tipo burocratico[複 -ci], burocrate㊚

やくば 役場 ⇨役所

やくばらい 厄払い esorcismo㊚ ¶厄払いする esorcizzare la sventura

やくび 厄日《災難の起こる》giorno㊚ infausto (secondo l'onmyodo, sistema di pratiche divinatorie e magiche derivate dallo yin-yang cinese)

やくびょう 疫病《伝染病》epidemia㊛
❖疫病神 portasfortuna㊛㊚[無変], iettatore㊚[㊛ -trice];《親》menagramo㊚[無変] ¶疫病神にとりつかれる essere perseguitato dalla sfortuna

やくひん 薬品《医薬品》farmaco㊚[複 -ci], medicamento㊚, medicinale㊚, medicina㊛;《総称》prodotti㊚[複] farmaceutici;《化学薬品》sostanza㊛ chimica, prodotto㊚ chimico[複 -ci] ◇薬品の medicinale
❖薬品公害 inquinamento㊚ da prodotti chimici
薬品工業 industria㊛ farmaceutica

やくぶそく 役不足 ¶この地位は彼には役不足である。Merita una posizione migliore. ¶あの役者はいつも役不足を訴えている。Quell'attore non è mai contento della sua parte.

やくぶつ 薬物 ⇨薬品 ¶死体解剖の結果、胃からかなりの量の薬物が検出された。I risultati dell'autopsia hanno rivelato una notevole quantità di una sostanza chimica nello stomaco.
❖薬物アレルギー allergia㊛ ai medicinali

薬物依存 tossicodipendenza㊛
薬物依存者 tossicodipendente㊚
薬物検査《ドーピング検査》controllo㊚ [esame㊚] antidoping [無変]
薬物消毒 disinfezione㊛ per mezzo di prodotti chimici
薬物療法 farmacoterapia㊛

やくぶん 約分 《数》riduzione㊛ di una frazione ai minimi termini ◇約分する ridurre una frazione ai minimi termini ◇約分できる riducibile ai minimi termini

やくぶん 訳文 traduzione㊛, versione㊛

やくほう 薬包 《粉薬の》cartoccio㊚ [複 -ci]; 《銃砲の》cartuccia㊛ [複 -ce]; candelotto㊚

やくほん 訳本 libro㊚ tradotto; traduzione㊛

やくまわり 役回り ¶つまらない[ありがたくない]役回り ruolo insignificante [sgradito]

やくみ 薬味 spezie㊛ [複]; aromi㊚ [複]
❖**薬味入れ** contenitore㊚ per spezie

やくむき 役向き ¶役向きのことで会合がある。Ci sarà una riunione per definire i compiti [le mansioni / le funzioni] dei vari incarichi.

やくめ 役目 《務め》dovere㊚; 《役割》ruolo㊚, incarico㊚ [複 -chi], parte㊛; 《機能》funzione㊛ ¶…の役目を果たす adempiere al dovere [alle funzioni] di… ¶患者を看護するのは私の役目です。È mio compito prendermi cura dei malati. ¶このソファーはベッドの役目も果たす。Questo divano serve anche come letto.
❖**役目柄** ¶彼に訪問客が多いのは役目柄でしょう。L'alto numero di visitatori che riceve sarà dovuto al tipo di lavoro che svolge.

やくよう 薬用 uso㊚ medico [複 -ci] ◇薬用の per uso medico, medicamentoso
❖**薬用酒** bevanda㊛ alcolica medicamentosa
薬用植物 erba㊛ e pianta㊛ medicinale [medicamentosa]
薬用石鹸 sapone㊚ disinfettante

やくよけ 厄除け scongiuro㊚ contro la sfortuna ¶厄除けのお守り talismano / amuleto ¶厄除けにいいおまじない formula magica che previene le disgrazie

やぐら 櫓 《城の》torre㊛; 《物見の》torre㊛ di guardia; 《工事の足場》impalcatura㊛; 《石油などの採掘用》torre㊛ di trivellazione, derrick [dérrik]㊚ [無変] ¶火の見やぐら torre (di guardia) antincendio [無変] ¶こたつのやぐら struttura di legno per *kotatsu*
❖**やぐら太鼓** (rullo㊚ di) tamburo㊚ per annunciare l'inizio di incontri di *sumo* o di rappresentazioni di *kabuki*

やくりがく 薬理学 farmacologia㊛, farmaceutica㊛
❖**薬理学者** farmacologo㊚ [複 -ga㊚] [複 -ghi]

やぐるまぎく 矢車菊 《植》fiordaliso㊚
やぐるまそう 矢車草 《植》**1** →矢車菊 **2** 《ユキノシタ科の多年草》《学名》*Rodgersia podophylla*

やくろう 薬籠 armadietto㊚ farmaceutico [複 -ci]
[慣用]**薬籠中の物** ¶彼を自家薬籠中の物とするのは、なかなかむずかしい。È molto difficile tenerlo in pugno.

やくわり 役割 ruolo㊚, parte㊛ ¶役割を決める decidere le parti ¶役割を務める avere una parte /《果たす》esercitare il ruolo [《役目》il compito] /《劇で》recitare un ruolo

やけ 自棄 ¶やけになる fare delle stupidaggini per disperazione ¶やけになって暴言を吐いた。Preso dalla disperazione, ha usato un linguaggio violento.
[慣用]**やけのやんぱち** ¶こうなりゃやけのやんぱちだ。Non mi [me ne] importa più niente.
❖**やけ食い** ◇やけ食いする mangiare avidamente per calmare [placare] la frustrazione
やけ酒 ¶やけ酒を飲む[あおる] affogare i *propri* dispiaceri nell'alcol / bere per (la) disperazione

やけあと 焼け跡 resti㊚ [複] [rovine㊛ [複]] dopo un incendio; 《広い場所》luogo㊚ [複 -ghi] devastato dal fuoco

やけい 夜景 panorama㊚ [複 -i] notturno ¶銀座の夜景 vista notturna di Ginza ¶百万ドルの夜景 stupendo panorama notturno

やけい 夜警 guardia㊛ notturna ¶夜警をする fare il servizio di guardia notturna

やけいし 焼け石 [慣用]**焼け石に水** ¶焼け石に水であった。È stato come una goccia nel mare.

やけおちる 焼け落ちる ¶家が次から次へと焼け落ちていった。Le case "bruciarono e crollarono [crollarono tra le fiamme]" l'una dopo l'altra.

やけくそ 自棄糞 ¶もうやけくそだ、今日は飲むぞ。Oggi non me ne frega più niente di niente, voglio bere!

やけこげ 焼け焦げ bruciatura㊛ ¶タバコの火で上着に焼け焦げができた。La sigaretta mi ha fatto un buco nella giacca.

やけしぬ 焼け死ぬ morire bruciato [fra le fiamme] ¶火事で10人が焼け死んだ。Dieci persone sono morte bruciate nell'incendio.

やけだされる 焼け出される ¶昨夜の火事で大勢の人が焼け出された。Molte persone hanno perso la casa nell'incendio della notte scorsa.

やけただれる 焼け爛れる ¶遺体は焼けただれていた。Il cadavere era orribilmente sfigurato dal fuoco. ¶焼けただれた機体 carcassa bruciata di un aereo

やけつく 焼け付く ¶焼け付くような日の光 cocenti [ardenti] raggi di sole ¶車内は焼け付くように暑かった。Dentro l'auto c'era un caldo rovente. ¶焼け付くような痛み dolore bruciante

やけど 火傷 bruciatura㊛; 《軽い》scottatura㊛; 《医》ustione㊛ ¶やけどの跡 cicatrice provocata da una bruciatura [scottatura] ¶彼女は熱したフライパンで手にやけどした。Si è bruciata [ustionata] la mano con la padella calda. ¶熱湯でやけどした。Mi sono scottato con l'acqua bollente. ¶全身に大やけどをした。Ha riportato ustioni su tutto il corpo. ¶いい加減にしないと彼はいつかやけどするだろう。《痛手を負う》Se non si dà una regolata, un giorno「rimarrà scottato [se la vedrà brutta].

やけに ¶今日はやけに車が通る。Oggi c'è un traffico pauroso. ¶今日はやけにやさしいね。Cos'è tutta questa gentilezza, all'improvviso?

やけのこる 焼け残る ¶この辺りには戦災で焼け残った家は少ない。Da queste parti poche case sono scampate ai danni provocati dalla guerra.

やけのはら 焼け野原 **1**《焼けた野》campo㊚ bruciato **2**《一面の焼け跡》zona㊛ completamente distrutta dal fuoco

やけぼっくい 焼け木杭・焼け棒杭 ¶あの２人は焼けぼっくいに火がついた. Il loro vecchio amore "ha ripreso vita [si è riacceso]. / C'è stato un ritorno di fiamma fra quei due.

やける 妬ける 《嫉妬する》essere geloso di qlcu. [ql.co.], provare gelosia per ql.co. [qlcu.];《うらやむ》essere invidioso di ql.co. [ql.co.], invidiare qlcu. [ql.co.]

やける 焼ける **1**《焼失する》essere bruciato, essere consumato [distrutto] dal fuoco;《布などが焦げる》bruciacchiarsi ¶大火で何千軒もの家が焼けた. Migliaia di case sono state devastate [distrutte] dal grande incendio. ¶アイロンが熱すぎて布が焦げてしまった. Il ferro era troppo caldo e la stoffa si è bruciacchiata. **2**《火が通る》essere cotto;《直火(ｼﾞｶﾋﾞ)で》essere arrostito;《『煮える』まで含めて》cuocersi;《陶器などが焼き上がる》essere cotto ¶この肉はよく焼けている. La carne è ben cotta. ¶パンがよく焼けた.(トースト) Il pane è ben abbrustolito [tostato]. /(オーブンで) Il pane è ben cotto [è cotto al punto giusto]. ¶壺がうまく焼けた. La cottura del vaso è riuscita a puntino. **3**《肌が》abbronzarsi,《変色する》sbiadirsi, scolorirsi ◇焼けた《肌が》abbronzato,《布や紙が》scolorito dal sole;《焦げた》bruciacchiato ¶日に焼けた顔をしている. Ha il viso abbronzato. ¶この布は日に焼けると色あせる. Questo tessuto si scolorisce al sole. ¶本が日に焼けて黄色くなった. Il libro stando al sole si è ingiallito. **4**《熱くなる》diventare rovente ¶真っ赤に焼けた鉄 ferro arroventato [incandescente] ¶砂が焼けていて足がやけどしそうだ. La sabbia è rovente [arroventata / ardente]: mi scottano i piedi. ¶焼けるような暑さ caldo cocente **5**《赤く染まる》¶西の空が真っ赤に焼けている. Il cielo a occidente è rosso fuoco. **6**《胃がもたれる》¶胸[胃]が焼ける avere bruciori di stomaco

やけん 野犬 cane㊚ randagio [複 -gi]
✤野犬狩り cattura㊛ di cani randagi
野犬捕獲人 accalappiacani㊚ [無変]

やこう 夜行《夜の旅行》viaggio㊚ [複 -gi] notturno [di notte];《列車》treno㊚ notturno ¶スイスからイタリアまで夜行で行った. Ho viaggiato di notte in treno dalla Svizzera in Italia.
✤夜行性 ¶夜行性の動物 animale notturno

やごう 屋号 **1**《店の名》nome㊚ di un negozio [di una ditta] ¶高砂屋という屋号の店 il negozio Takasagoya **2**《歌舞伎の》nome㊚ d'arte di famiglia (ereditario [複 -i]) degli attori del teatro *kabuki*

やこうちゅう 夜光虫 《生》nottiluca㊛, noctiluca㊛

やこうとりょう 夜光塗料 vernice㊛ fosforescente

やさい 野菜 verdura㊛; ortaggio㊚ [複 -gi] ¶生野菜 verdura fresca ¶西洋野菜 verdura e ortaggi europei
✤野菜栽培 coltivazione㊛ delle verdure
野菜サラダ insalata㊛ di verdura
野菜スープ zuppa㊛ di verdura
野菜畑 campo㊚ di ortaggi;《家庭菜園》orto㊚ di casa
野菜料理 piatto㊚ di verdure

やさおとこ 優男《優しい》uomo㊚ [複 *uomini*] galante [gentile];《優美な》uomo㊚ elegante [raffinato];《ほっそりした》uomo㊚ snello《軟弱》uomo㊚ effeminato

やさがし 家捜し・家探し ◇家探しする《屋内を捜す》cercare per tutta la casa;《住む家を探す》cercare una casa in cui vivere

やさき 矢先 **1**《矢の先端》punta㊛ di freccia **2**《ちょうどその時》¶出かけようとしていた矢先に友だちがやって来た. Stavo già col piede fuori di casa, che è arrivato un amico.

やさしい 易しい 《容易な》facile,《簡単な》semplice,《わかりやすい》comprensibile ¶やさしい質問 domanda facile ¶この試験問題はやさしい. Queste domande d'esame sono semplici [non comportano difficoltà]. ¶この本はやさしく書いてある. Questo libro è scritto in un modo facilmente comprensibile.

やさしい 優しい **1**《柔和な》dolce, amabile, soave ¶優しい声 voce dolce ¶この仏像は優しい顔をしている. Questa statua di Budda ha un'espressione piena di compassione. **2**《しとやかな》aggraziato, pieno di grazia ¶優しい身のこなし[物腰] modi pieni di grazia **3**《情が深い》affettuoso;《親切な》gentile;《思いやりがある》premuroso;《寛大な》generoso;《理解ある》comprensivo ¶気立てが優しい. Quella ragazza è gentile [ha l'animo sensibile]. ¶太郎はとても優しい息子です. Taro è un figlio molto premuroso. ¶あの人は子供に大変優しい. Quel maestro è pieno di attenzioni verso i bambini. ¶彼は泣いている子供に優しく声をかけた. Ha parlato con dolcezza al bambino che piangeva.

やし 香具師《的屋》imbonitore㊚ [㊛ -trice], ciarlatano㊚;《露店、商》venditore㊚ [㊛ -trice] ambulante,《見せ物師》giocoliere㊚ [㊛ -a]

やし 椰子《木》palma㊛;《ココやし》palma㊛ da cocco;《果実》noce㊛ di cocco
✤椰子油 olio㊚ di cocco

やじ 野次 fischi㊚ [複] e urla㊛ [複] di derisione, scherno㊚ ¶野次に会う essere subissato da fischi e urla di disapprovazione ¶昨日の国会は野次の応酬で終わった. Ieri la seduta della Dieta è finita con una scarica di urli e fischi di disapprovazione.

やじうま 野次馬 astanti㊚ [複] [spettatori㊚ [複]] curiosi ¶事故現場にやじ馬がいっぱいいた. Il luogo dell'incidente era pieno di curiosi.
✤やじ馬根性 curiosità㊛ futile per i fatti altrui

やしがに 椰子蟹《動》granchio㊚ [複 -chi] delle noci di cocco

やしき 屋敷 **1**《邸宅》residenza㊛;《立派な建物》palazzo㊚;《庭付き一戸建》villa㊛ ¶大名屋敷 residenza [dimora] di *daimyo* **2**《建物と

やじきた 弥次喜多 coppia⊕ comica di Yajiro e Kitahachi (♦ i personaggi di "A piedi sul Tokaido" di Jippensha Ikku)

❖**弥次喜多道中** itinerari⊕[複] di una coppia di comici

やしないおや 養い親 genitore⊕ adottivo;《父》padre⊕ adottivo;《母》madre⊕ adottiva

やしなう 養う **1**《養育・飼育する》allevare, tirare su;《食べ物を与える》nutrire;《扶養する》mantenere, sostenere ¶家畜を養う allevare animali domestici ¶子供を養うのは親の義務だ. È dovere dei genitori allevare i figli. ¶彼は大家族を養っている. Ha una famiglia numerosa da mantenere.
2《養生する》curarsi, ristabilirsi ¶転地して病を養う cambiare aria per curare una malattia
3《培う》coltivare, sviluppare ¶体力を養う sviluppare la forza fisica ¶精神を養う temprare lo spirito ¶想像力を養う coltivare la capacità di immaginazione ¶英気を養う riposarsi per riprendere le forze

やしゃご 玄孫 pronipote⊕⊗ di trisnonni

やしゅ 野趣 fascino⊕ della natura [rustico], piacere⊕ della vita campestre ¶野趣に富んだ絵 immagine piena di un fascino rustico

やしゅう 夜襲 ¶敵に夜襲をかける effettuare [sferrare] un attacco notturno al nemico / attaccare il nemico di notte

やじゅう 野獣 bestia⊕ selvatica, animale⊕ selvatico [複 -ci];《猛獣》fiera⊕, animale⊕ feroce;《荒々しい人》bruto⊕ ¶あいつは野獣のような男だ. È un bruto.

❖**野獣性** brutalità⊗

野獣派《美》fauvismo [fovízmo]⊕

やしょく 夜食《夕食》cena⊗, pasto⊕ serale;《夜遅くの軽食》spuntino⊕ notturno

やじる 野次る《冷やかして》schernire qlcu., deggiare qlcu.;《不満や軽蔑を表して》subissare qlcu. d'urla e di fischi;《口笛を鳴らして》fischiare qlcu. ¶役者はさんざん野次られて舞台を下りた. Hanno costretto l'attore a lasciare il palcoscenico a forza di fischi.

やじるし 矢印 freccia⊕[複 -ce] ¶「矢印の方向に進んでください」《掲示》"Seguire le frecce." / "Procedere in direzione delle frecce."

❖**矢印キー**《コンピュータ》tasto⊕ di freccia

やしろ 社 santuario⊕[複 -i] shintoista[複 -i]

やしん 野心 **1**《大望》ambizione⊗ ◇野心的な ambizioso ¶野心的な考え idee ambiziose ¶大きな野心を抱く nutrire una grande ambizione ¶野心満々な人 persona piena di ambizione ¶彼は野心に燃えていた. Bruciava d'ambizione.
2《秘密のねらい・たくらみ》mire⊗[複] ¶彼には会社乗っ取りの野心がある. Le sue mire sono quelle di impadronirsi dell'azienda.

❖**野心家** persona⊕ ambiziosa

野心作 opera⊕ ambiziosa

-やす -安 ¶その株は3円安だ. Quell'azione è scesa di 3 yen.

やすあがり 安上がり ◇安上がりの economico [複 -ci] ¶安上がりの旅行 viaggio in economia

やすい 安い **1**《値段が低い》economico [複 -ci], poco costoso, non caro;《廉価な》a buon mercato, a buon [basso] prezzo ◇安く a buon mercato, a buon prezzo ¶安く海外旅行をする方法 come viaggiare all'estero a prezzi economici ¶その値段なら安い. A quel prezzo è a buon mercato. ¶もうちょっと安くなりませんか. Potete abbassare un po' il prezzo? / Potete farmi un po' di sconto? ¶安く見積もっても, あの家なら2000万円はするだろう. Tenendosi bassi, quella casa costerà sui venti milioni di yen. ¶その場合, 飛行機で行ったほうが安くつく. In tal caso costa meno andare in aereo. ¶安かろう悪かろうの品物 merce a poco prezzo e di pessima qualità
2《心が穏やかである》◇安からぬ《不安な》inquieto;《心配した》preoccupato;《動揺した》agitato ¶父が病気だと聞いて私は安からぬ気持ちで家に帰った. Saputo che mio padre stava male, sono tornato a casa tutto agitato.
3《男女の仲について「お安くない」の形で》¶あの二人はにぎやかな仲だ. Quei due "si vogliono bene [hanno una relazione intima]."

やすい 易い **1**《容易である》facile, semplice ¶言うは易く行うは難し. Facile da dire, ma difficile da fare.
2《「-やすい」の形で, たやすい》facile da [a]+不定詞;《影響を受けやすい》suscettibile di [a] ql.co.;《好ましくない状態になりやすい》soggetto a ql.co.;《生来または習慣的に》propenso a ql.co. [a+不定詞] ¶読みやすい字 scrittura facile da leggere [a leggersi] ¶はきやすい靴 scarpe comode ¶この辞書は引きやすい. Questo vocabolario è di facile consultazione. ¶壊れやすい磁器 porcellana fragile ¶傷つきやすい少女 ragazza sensibile ¶おだてにのりやすい人 persona sensibile all'adulazione ¶彼は気が変わりやすい. È soggetto a cambiamenti di umore. ¶私は船[車]に酔いやすいたちだ. Soffro di mal di mare [di mal d'auto]. ¶そういう人は事故を起こしやすいものだ. Persone del genere sono portate a causare incidenti.

やすうけあい 安請け合い promessa⊗ fatta 「alla leggera [senza rifletterci sopra]」 ¶できもしないことは安請け合いしないことだ. Non promettere a cuor leggero cose al di sopra delle tue possibilità. ¶あいつは何でも安請け合いする. Quello lì dice sempre di sì senza riflettere.

やすうり 安売り《安く売ること》saldi⊕[複], svendita⊗;《在庫一掃に》liquidazione⊗ ◇安売りする svendere ql.co., vendere ql.co. in saldi; liquidare ql.co. ¶安売りの店 negozio che pratica sconti [che vende a prezzi scontati] ¶彼は自分の才能を安売りする. Lui svende il suo talento. / Concede con troppa generosità il suo talento.

やすき 易き ¶たいていの人は易きに就くものだ. La maggior parte della gente sceglie la strada più facile.

やすげっきゅう 安月給 stipendio[男][複 -i] basso

やすざけ 安酒 《日本酒》sakè[男][無変]［《ワイン》vino[男]］che costa poco

やすっぽい 安っぽい **1**《いかにも安く見える》dozzinale, scadente, da quattro soldi ¶安っぽいハンドバッグ borsa scadente ¶安っぽい絵 quadro mediocre **2**《安易な》 ¶安っぽい感傷 sentimentalismo a buon mercato ¶安っぽい同情 commiserazione [compassione / pietà] superficiale

やすで 馬陸 〘動〙millepiedi[男][無変]

やすね 安値 《安価》prezzo[男] basso;《株式で》quotazione[女] minima ¶その株は昨日安値を更新した. Ieri le azioni hanno fatto registrare una quotazione minima.

✤**安値引け** 〘金融〙chiusura[女] in ribasso

やすぶしん 安普請 ¶安普請の家 casa costruita in economia [con materiali scadenti]

やすませる 休ませる ¶風邪のため息子に学校を休ませた. Non ho mandato mio figlio a scuola perché era raffreddato. ¶エンジンが過熱したら少し休ませたほうがいい. Quando il motore si riscalda troppo, è bene farlo riposare un po'.

やすまる 休まる sentirsi rilassato, sentirsi in pace, sentirsi a *proprio* agio ¶この場所に来ると心が安まる Quando vengo qui mi sento rilassato [in pace]. ¶心の休まる暇[時]がない. Ho sempre qualche preoccupazione.

やすみ 休み **1**《休息》riposo[男];《休憩時間》intervallo[男], pausa[女] ¶ひと休みしよう. Riposiamoci un po'! / Facciamo una pausa! ¶昼休み intervallo di mezzogiorno ¶休み時間は10分です. La pausa è di dieci minuti.

2《寝ること, 就寝》 ¶お休みのところを起こしてしまって申し訳ありません. Mi scusi se l'ho svegliata.

3《休暇》vacanza[女];《長期の》ferie[女][複];《休業》chiusura[女] ¶夏休み vacanze [ferie] estive ¶試験休み vacanze dopo gli esami ¶お盆休み vacanze per la festa dell'*obon* ¶2週間の休みをとる prendere due settimane di ferie ¶来週2日ばかり休みをとりたいのですが. La prossima settimana vorrei prendermi un paio di giorni di permesso. ¶休みを利用して田舎に帰ります. Approfitto delle vacanze per tornare al paese. ¶今週学校は休みだ. Questa settimana non c'è scuola. ¶今日はお店はみんな休みだ. Oggi i negozi sono tutti chiusi. ¶休み明けに会いましょう. Ci vediamo dopo le feste [le ferie].

4《欠席, 欠勤》assenza[女] ¶田中さんは病気でお休みです. Tanaka oggi è assente per malattia.

5《中断》interruzione[女], sospensione[女], pausa[女], sosta[女] ¶雨が降っていると外の仕事は休みになる. In caso di pioggia il lavoro all'aperto viene sospeso. ¶この通りは休みなく車が走るのでうるさい. Questa strada è rumorosa con tutte le macchine che passano ininterrottamente [incessantemente].

やすみやすみ 休み休み ¶休み休み歩く camminare fermandosi ogni tanto per「riprendere fiato [riposare] ¶ばかも休み休み言え. Rifletti prima di dire stupidaggini!

やすむ 休む **1**《休息する》riposare[自][av], riposarsi ¶一日中働きどおしで休むひまもなかった. Ho lavorato tutto il giorno senza avere un momento per riposarmi. ¶ときどき休みながら行こう. Ogni tanto facciamo una sosta. ¶あのベンチで休もう. Andiamo a riposarci su quella panchina!

2《横になって》riposarsi;《眠る》dormire[自][av];《就寝する》andare a letto ¶昨夜はよくお休みになられましたか. Ha dormito bene stanotte? ¶たいてい10時には休みます. Di solito vado a letto [mi corico] alle dieci. ¶お休みなさい. Buonanotte!

3《欠勤・欠席する》essere assente;《休暇をとる》prendersi una vacanza, andare in vacanza;《仕事などをしない》fare vacanza;《店などが》essere chiuso ¶お茶の稽古を休む mancare alle lezioni della cerimonia del tè ¶私は昨日学校[勤め]を休んだ. Ieri sono stato assente da scuola [dall'ufficio]. ¶学校を休んで海に行った.《サボる》Ho marinato la scuola e sono andato al mare. ¶来週の月曜日は休みます. Lunedì prossimo mi prendo una vacanza. ¶祭日は仕事を休みます. Nei giorni di festa non lavoriamo. ¶その店は8月いっぱい休みだ. Quel negozio è chiuso tutto agosto.

4《仕事などを中断する》sospendere *ql.co.* ¶この天候では仕事を休まざるを得ない. Con questo tempo sono costretto a sospendere il lavoro. ¶心臓は休まず動く. Il cuore batte senza sosta.

やすめる 休める **1**《心身を》riposarsi, rilassarsi;《…する手を止める》smettere [cessare] *ql.co.* [di＋[不定詞]];《休息する》fare una pausa ¶頭[目]を休める far riposare la testa [gli occhi] ¶心を休める rilassare lo spirito / calmarsi / tranquillizzarsi ¶仕事の手を休める interrompere il lavoro ¶鳥が木の枝で羽を休めている. Un uccello si è poggiato su un ramo per riposare le ali.

2《畑を》 ¶1年間畑を休めた. Abbiamo tenuto il campo a maggese per un anno intero.

やすもの 安物 articolo[男] di poco prezzo [da quattro soldi] ¶この陶器は安物だ. Queste ceramiche sono dozzinali.

[慣用] **安物買いの銭失い**《諺》"Chi più spende meno spende."

やすやすと 易易と 《容易に》facilmente, con facilità, senza difficoltà;《快く》prontamente ¶やすやすとだまされた. È stato「un attimo [facilissimo], imbrogliarmi.

やすやど 安宿 locanda[女] economica, albergo[男][複 -ghi] di bassa categoria

やすらか 安らか ◇安らかな《平穏な》sereno, tranquillo, pacifico [[男]複 -ci], quieto;《心配のない》senza preoccupazioni ◇安らかに tranquillamente, pacificamente

¶安らかな日々を送る trascorrere giorni sereni / vivere「in pace [serenamente] ¶彼は安らかに死んだ. Morì serenamente. ¶安らかに眠りたまえ.《墓碑・祈りの言葉》Possa riposare in pace! ¶その問題が解決するまでは安らかな気持ちでいられない. Finché non si risolve questo problema, non avrò l'animo in pace.

や

やすらぐ 安らぐ ◇安らぎ serenità[女] (d'animo) ¶その知らせを聞いて気持ちが安らいだ. La notizia mi ha rasserenato. ¶この音楽を聞いていると気持ちが安らぐ. Questa musica mi rilassa. ¶ここから眺める美しい自然は私に心の安らぎを与えてくれる. La stupenda natura che si gode da qui mi dà un senso di serenità.

やすり 鑢 lima[女]; 《紙やすり》 carta[女] ṣmerigliata [ṣmeriglio [無変] / vetrata]; 《粗目やすり》 raspa[女] ¶やすりをかける limare / ṣmerigliare ¶やすりをかけて平面をなめらかにする limare [lisciare / levigare] una superficie

✤やすり仕上げ limatura[女]

やすんじる 安んじる **1** 《満足する》 essere contento [soddisfatto] di *ql.co.*, accontentarsi di *ql.co.* ¶このような条件の仕事に安んじることはできない. Non posso essere soddisfatto del lavoro a queste condizioni.

2 《安心する》 tranquillizzarsi, calmarsi; 《信頼する》 fidarsi di *qlcu.* [*ql.co.*] ¶心を安んじる tranquillizzarsi / calmarsi ¶心を安んじて con serenità d'animo ¶安んじて暮らす vivere senza preoccupazioni

やせ 痩せ 《人》 persona[女] magra, ṣmilz*o*[男] [[女] *-a*] ¶夏やせするたちだ. In estate tendo a dimagrire. ¶彼はやせの大食いだ. È un gran mangiatore ma è magro lo stesso.

✤やせ薬 pillole[女] [複] 「per dimagrire [contro l'obeṣità]

やせい 野生 ◇野生の selvatic*o* [[男] 複 *-ci*] ◇野生する crescere[自] [*es*] [vivere[自] [*es, av*]] allo stato selvatico [naturale] ¶この桜は野生だ. Questi ciliegi crescono in natura.

✤野生植物 pianta[女] selvatica

野生動物 animale[男] selvatico

やせい 野性 ◇野性の[的] selvatic*o* [[男] 複 *-ci*] ¶野性を失った猿 scimmia che ha perduto la sua natura selvatica ¶野性にかえった犬 cane ritornato allo stato selvatico / cane inselvatichito ¶彼の野性的な魅力にひかれる. Sono attratta dal suo fascino selvatico.

✤野性化 ◇野性化する inselvatichire[自] [*es*]

やせおとろえる 痩せ衰える ¶大病をしてすっかりやせ衰えてしまった. Si è ridotto pelle e ossa per la sua grave malattia.

やせがまん 痩せ我慢 ¶やせ我慢するのもいい加減にしろ. Fa' tacere l'orgoglio! / Metti da parte l'orgoglio! ¶欲しいのにやせ我慢している. Pur desiderandolo, fa finta di no per orgoglio.

やせこける 痩せこける diventare pelle e ossa, dimagrire[自] [*es*] troppo ¶やせこけた顔 faccia ṣmunta ¶やせこけた姿 figura emaciata / aspetto emaciato

やせち 痩せ地 terra[女] infeconda [poco fertile / improduttiva / sterile]

やせっぽち 痩せっぽち persona[女] allampanata [magra]

やせほそる 痩せ細る dimagrire eccessivamente, diventare pelle e ossa ¶やせ細った体 corpo emaciato [pelle e ossa] ¶やせ細った手足の子供たち bambini dalle membra scarne ¶やせ細る思いで彼女は知らせを待っていた. Aspettava le notizie con trepidazione.

やせる 痩せる **1** 《体が》 dimagrire[自] [*es*] ¶やせた男 uomo magro ¶最近ちょっと[すごく]やせたね. Ultimamente sei un po' [molto] dimagrito, vero? ¶この2か月間で3キロやせた. Negli ultimi due mesi 「ho perso [sono dimagrito di] tre chili. ¶彼はやせて骨と皮ばかりだ. È uno stecco. / È pelle e ossa.

2 《土地が》 diventare infecond*o* [steril*e* / improduttiv*o* / poco fertil*e*], impoverirsi ¶やせた土地 terra [terreno] sterile ¶この土地はやせている. Questa terra è poco fertile.

[慣用] **やせても枯れても** ¶やせても枯れても彼は往年のスターだ. Anche se ora è ridotto in miṣeria, una volta era un famoso divo.

やせる思い ¶娘のことが心配でやせる思いをしています. Sono preoccupato per mia figlia; l'ansia mi consuma.

やせん 夜戦 battaglia[女] notturna, combattimento[男] notturno

やせん 野戦 battaglia[女] campale

✤野戦病院 ospedale[男] da campo

やそう 野草 erba[女] selvatica

やそうきょく 夜想曲 〔音〕 notturno[男]

やたい 屋台 **1** 《店》 bancarella[女]; 《車の側面が開くもの》 furgone[男] di ristoro ¶ホットドッグの屋台 bancarella [chiosco] di hot dog **2** 《祭りの踊りの台》 palcoscenic*o*[男] [複 *-ci*] per danzatori

やたいぼね 屋台骨 **1** 《建物の骨組》 struttura[女]; 《土台》 fondamenta[女] [複]

2 《支えるもの》 sostegno[男], appogg*io*[男] [複 *-gi*] ¶父の死で一家は屋台骨を失った. La morte del padre ha significato la perdita del sostegno della famiglia. ¶数か月にわたる売り上げ不振で社の屋台骨がかしいだ. L'economia dell'azienda ha avuto un duro colpo dal declino delle vendite che si protrae ormai da mesi.

やたら 矢鱈 《過度に》 eccessivamente, eṣageratamente; 《無差別に》 indiscriminatamente; 《手当たり次第に》 a caṣo, a caṣaccio ¶今日は彼, やたらにしゃべるね. Oggi non sta zitto un secondo. ¶やたら眠い. Casco dal sonno. ¶犯人はやたらと発砲した. Il criminale ha sparato alla cieca. ¶このところやたらに注文があって忙しい. Ultimamente siamo sommersi da una valanga di ordinazioni. ¶彼はやたらに電話を掛けてくる. Non fa che telefonare. / 《何でもないことで》 Telefona per niente.

やちょう 野鳥 uccello[男] selvatic*o* [複 *-ci*]

✤野鳥観察 〔英〕 bird watching[男] [無変]

野鳥観察家 〔英〕 bird watcher[男][女] [無変]

やちん 家賃 affitto[男], fitto[男], pigione[女] ¶家賃を払う pagare l'affitto [la pigione] ¶家賃をためている essere in ritardo nel pagamento dell'affitto ¶来月から家賃を値上げ[値下げ]します. Dal mese prossimo aumenta [cala] l'affitto.

やつ 奴 **1** 《人》 tipo[男], individuo[男] ¶すごいやつ《有能な》 un tipo in gamba ¶感じのいいやつだ. È un tipo simpatico. ¶かわいそうなやつだ. 《気の毒な》 È un poveraccio. ¶なんて嫌なやつだ. Quant'è antipatico! ¶すみに置けないやつだ. È uno che la sa lunga. **2** 《もの》 cosa[女] ¶もっと安いやつでよかったんだ. Mi sarebbe bastato avere una cosa più economica. **3** 《あいつ》 ¶やつ

はどこへ行ったんだろう．Dove sarà andato quello là？

やつあたり 八つ当たり ◇八つ当たりする sfogarsi 《に su》, scaricare senza motivo la rabbia 《に su》, prendersela con chi non c'entra

やつおり 八つ折り 〚印〛ottavo*男*
❖八つ折り判 formato*男* in ottavo ¶八つ折り判の本 libro in ottavo

やっか 薬科 facoltà*女* di farmacia
❖薬科大学 istituto*男* universitar*io* [複 -*i*] di farmacia

やっかい 厄介 **1**《面倒》disturbo*男*, scocciatura*女*, guai*o男* [複 -*i*], fastid*io* [複 -*i*], seccatura*女*, noia*女*;《心　配》preoccupazione*女*;《問題》problem*a男* [複 -*i*], difficoltà*女* ◇ 厄介な《面倒な》fastidioso, molesto, importuno, seccante;《複雑な》complicato;《問題の多い》problemat*ico* [男複 -*ci*],《困難な》difficile;《扱いが難しい》delicato;《荷が重い》gravoso ¶厄介な事件がもち上がった．Si è verificato un caso problematico [difficile / delicato]. ¶厄介な仕事を頼まれた．Mi hanno affidato un lavoro molto gravoso. ¶大変ご厄介をおかけいたしました．Scusi per il disturbo che le ho arrecato.
2《世　話》aiuto*男*; assistenza*女*; sostegno*男*;《経済的な》mantenimento*男*;《もてなし》ospitalità*女* ¶彼はいい年をしてまだ親の厄介になっている．A quell'età sta ancora sulle spalle dei genitori. ¶年をとっても息子の厄介になるつもりはない．Sono deciso a non essere un peso per mio figlio in vecchiaia. ¶1年に1度は医者の厄介になる．Devo consultare il [ricorrere al] medico almeno una volta all'anno. ¶私は叔父の家に厄介になっている．Ora「sto a casa [sono ospite] di mio zio. / Ora sto da mio zio.
❖厄介払い ¶人々は彼をまるで厄介払いするように追い出した．L'hanno cacciato via come se avesse la peste.
厄介者（1）《居候》parassit*a男* [男複 -*i*]（2）《困り者》peso*男*, persona*女* seccante ¶あの子は家族の厄介者だ．Quel ragazzo è un peso per la famiglia.

やつがしら 八つ頭 〚植〛(specie*女* di) taro;《学名》*Colocasia esculenta*

やっかむ ¶まあ，そうやっかむなよ．Dai, su！Non essere così invidioso.

やっかん 約款 claus*ola女*, articolo*男*

やっき 躍起 ◇躍起になる（むきになる）darsi da fare freneticamente per + 不定詞 / fare di tutto per + 不定詞 / cercare disperatamente di + 不定詞 ¶躍起になって（激しく）freneticamente / in maniera concitata / veementemente / impetuosamente /《熱心に》appassionatamente / con grande zelo [impegno] ¶新製品のヨーロッパ市場進出に躍起になる cercare con ogni mezzo di inserire dei nuovi prodotti nei mercati europei

やつぎばや 矢継ぎ早 ◇矢継ぎ早に《次々と》l'uno dopo l'altro;《早く》rapidamente;《続けざまに早く》in rapida successione;《間断なく》senza interruzione, ininterrottamente ¶矢継ぎ早に質問を浴びる essere bombardato [bersagliato] da una serie [sfilza] di domande

やっきょう 薬莢 bossolo*男*（di cartuccia）¶空の薬莢 bossolo vuoto（di cartuccia già sparata）

やっきょく 薬局 farmac*ia女* [複 -*cie*]
❖薬局方 farmacopea*女* ufficiale ¶日本薬局方 farmacopea giapponese /〔ラ〕Pharmacopoeia Japonica ¶薬局方による処方箋 ricetta autorizzata dalla farmacopea ufficiale

やつぎり 八つ切り formato*男* in ottavo

ヤッケ〔独 Jacke〕〚服〛giacca*女* a vento con cappuccio

やっこう 薬効 efficacia*女* di un medicinale ¶徐々に薬効が現れた．La medicina ha fatto effetto gradualmente.

やつざき 八つ裂き ¶彼は怒って手紙を八つ裂きにした．Con rabbia ha strappato la lettera a pezzetti. ¶あいつを八つ裂きにしてやりたいくらいだった．Avrei potuto farlo a pezzi.

やつす 窶す・俏す **1**《目立たぬように姿を変える》travestirsi 《に da》, camuffarsi 《に da》 ¶彼はホームレスに身をやつして生活していた．Viveva camuffato come un senzatetto per non dare nell'occhio. **2**《やせるほど熱中する》 ¶彼女はかなわぬ恋に身をやつしている．Lei si sta consumando per un amore impossibile.

やっつ 八つ（8歳）otto anni*男* [複]

やっつけしごと やっつけ仕事 ¶急場のやっつけ仕事 lavoro trasandato (in fretta e furia) ¶やっつけ仕事の翻訳 traduzione affrettata [raffazzonata]

やっつける 1《負かす》sconfiggere [battere] *qlcu.*;《殺す》uccidere *qlcu.*;《懲らしめる》dare addosso a *qlcu.*, punire [dare una lezione a] *qlcu.*, fare passare un brutto momento a *qlcu.*;《こきおろす》criticare [attaccare] *qlcu.* ¶町の暴力団をやっつけた．Hanno dato una bella lezione ai teppisti del quartiere. ¶悪徳業者をやっつけろ．Basta con [via] i commercianti imbroglioni！ **2**《かたづける》finire *ql.co.*, levarsi di torno *ql.co.*, sbarazzarsi di *ql.co.* ¶昼までにこの仕事をやっつけてしまおう．Prima di mezzogiorno sbrigherò [finirò] questo lavoro.

やつで 八手 〚植〛fatsia*女*

やっていく やって行く ¶1人でやっていく arrangiarsi [sbrigarsi] da solo ¶店は1人でやっていけると思う．Penso di poter gestire [mandare avanti] il negozio da solo. ¶君なしではやっていけない．Non posso vivere senza di te. ¶その収入でやっていけますか．Ce la fai (ad andare avanti) con quel reddito？ ¶《人》とうまくやっていく mantenere buoni rapporti con *qlcu.*

やってくる やって来る ¶彼は家に急にやってきた．All'improvviso si è presentato in casa. ¶もうすぐ冬がやってくる．Ormai l'inverno è vicino [alle porte]. ¶まもなく敵がやってくる．L'attacco nemico è imminente.

やってのける 遣ってのける ¶彼は見事に大役をやってのけた．Ha mirabilmente portato a termine un incarico di grande responsabilità.

やってみる 遣ってみる ¶やってみなければできるかどうかわからないでしょう．Come fai a sapere che non ci riesci se non ci provi nemmeno？ ¶思いきってやってみなさい．Su, coraggio！Prova a farlo!

やっと 1《ついに》alla fine, finalmente; alla fin fine ¶ああ、やっと試験が終わった。Ah, finalmente gli esami sono finiti! ¶やっと彼も承諾した。Alla fine anche lui ha acconsentito.

2《かろうじて》appena, a malapena, a stento; 《苦労して》con grande difficoltà ¶やっと12時の新幹線に間に合った。Ho fatto appena in tempo a prendere lo Shinkansen delle dodici. ¶月給が安いので食べるのがやっとです。Lo stipendio è così basso che riesco a stento a sfamarmi.

やっとこ tenaglie*f*[複], pinze*f*[複]

やっぱり ➪やはり

ヤッホー 〔英 yo-ho〕《呼び声》¶ヤッホーと叫ぶ gridare yu-hu

やつめうなぎ 八目鰻《魚》lampreda*f*

やつら 奴等 quelli*m*[複] 《複 -*e*》là, quegli individui*m*[複]; 《蔑》quelle canaglie*f*[複] ¶まったく困ったやつらだ。Quelli là mi stanno mettendo veramente nei guai!

やつれ 窶れ ¶やつれた顔をしている avere il viso sciupato [emaciato / smunto]

やつれる 窶れる 《やせ細る》essere sciupato; 《疲れ果てる》essere esausto ¶彼は見る影もなくやつれていた。È diventato l'ombra di se stesso. / È terribilmente dimagrito. ¶彼もずいぶんやつれたなあ。Si è molto sciupato.

やど 宿 1《自分の家》dimora*f* ¶僕は宿無しだ。Sono senza dimora [tetto].

2《宿屋》albergo*m*《複 -ghi》; 〔英〕hotel [otél]*m*; 《安宿》locanda*f* ¶市外に宿をとることにした。Abbiamo deciso di alloggiare in un albergo fuori città. ¶宿を変える trasferirsi in un altro albergo / cambiare albergo

3《一夜を過ごす所》alloggio*m*《複 -gi》(temporaneo) ¶ローマの宿をさがす cercare alloggio a Roma ¶東京へいらっしゃったときはどうぞ私どもの家を宿にしてください。Quando verrà a Tokyo, si fermi「a casa nostra [da noi].

やとい 雇い《雇うこと》assunzione*f*, impiego*m*《複 -ghi》;《人》dipendente*m*《*f*》;《事務職》impiegato*m*《複 -*a*》;《臨時雇い(の人)》precario*m*《複 -*ia*;*m*複 -*i*》

やといいれる 雇い入れる ¶経理担当として雇い入れる assumere tra le *proprie* fila *qlcu*. come contabile (▶fila:*f*[単] il filo*m* の複数形)

やといにん 雇い人《従業員》dipendente*m*《*f*》;《農場などの》bracciante*m* agricolo;《召使い》servo*m*《複 -*a*》, domestico*m*《複 -*ca*;*m*複 -*ci*》, persona*f* di servizio

やといぬし 雇い主 dator*e*《複 -*trice*》di lavoro; padron*e*《複 -*a*》

やとう 野党 partito*m* di minoranza;《反対党》partito*m* di [all']opposizione

✤**野党議員** parlamentare*m* del partito [dei partiti] all'[d']opposizione

野党連合 coalizione*f* dei partiti di opposizione

やとう 雇う 1《雇用する》impiegare, assumere ¶彼女は社長秘書として雇われた。È stata assunta come segretaria del presidente. ¶その企業は200人の社員を雇っている。Quell'impresa ha alle proprie dipendenze duecento persone.

2《乗り物を借り切る》¶船を雇う noleggiare una nave ¶車を雇う noleggiare una macchina con autista

やどかり 宿借り《動》paguro*m*

やどす 宿す 1《妊娠する》¶彼女は彼の子を宿している。Porta in grembo suo figlio. 2《とどめる》¶葉が朝露を宿して光っている。La rugiada del mattino imperla le foglie. ¶あの時以来彼への疑いを胸に宿している。Da allora nutro dei sospetti nei suoi confronti.

やどちょう 宿帳 registro*m* di albergo ¶宿帳に名前を記入する firmare il registro all'arrivo in un albergo

やどちん 宿賃 tariffa*f* di un albergo ¶宿賃を払う pagare il conto dell'albergo

やどなし 宿無し《家のない人》senzatetto*m* [無変];《流浪者》vagabondo*m*《複 -*a*》;《浮浪者》barbone*m* ¶大火で多くの人が宿無しになった。Nel grande incendio numerose persone sono rimaste senza tetto. ¶宿無しの犬 cane randagio

やどぬし 宿主 1《宿屋の主人》proprietario*m*《複 -*ia*;*m*複 -*i*》di albergo; albergator*e*《複 -*trice*》;《安宿の》locandier*e*《複 -*a*》 2《生》《寄生動植物の》ospite*m*

やどや 宿屋 albergo*m*《複 -ghi》

やどりぎ 宿り木 1《植》vischio*m*《複 -schi》 2《寄生植物》pianta*f* parassita

やどる 宿る 1《住む》vivere*intr*《es, av》, abitare*intr*《av》, dimorare*intr*《av》 ¶その湖には神が宿ると言い伝えられている。Secondo un'antica leggenda si crede che in quel lago dimori un dio.

2《宿泊する》alloggiare [fermarsi]《に in》

3《一時とどまる》¶あきらめの気持ちが彼女の胸に宿っていた。È stata presa da un senso di rassegnazione.

4《寄生する》parassitare *ql.co*.

5《子が》¶私のおなかの中にはあなたの子供が宿っています。Aspetto il tuo bambino.

やな 梁・簗 pescaia*f* ¶梁をしかける[打つ] preparare una pescaia

やながわなべ 柳川鍋 cobitis*m*[複] bolliti con salsa di soia, uova e bardana

やなぎ 柳《植》salice*m*;《しだれ柳》salice piangente;《細 枝》vimin*e*,vinc*o*《複 -*chi*》¶細工用の柳の小枝 ramoscello di vimini

慣用 **柳に風と受け流す** evitare [schivare / eludere] abilmente *ql.co*. ¶彼女は彼に意地悪な質問をしたが柳に風と受け流した。Lei gli ha fatto una domanda cattiva, ma lui l'ha elusa abilmente.

柳に雪折れなし "Una quercia può spezzarsi, ma una canna resiste alla tempesta."

柳の下にいつもどじょうはいない "La fortuna non arride mai due volte di seguito."

✤**柳行李**《こうり》baule*m* di vimini

柳腰 vita*f* snella

柳細工 lavoro*m* in vimini, oggetto*m* (fatto) di vimini

やに 脂 1《タール》catrame*m* ¶やにで汚れた指 dita macchiate di catrame ¶パイプがやにで詰まっている。La pipa si è intasata per il catrame.

2《木の粘液》resina*f* ¶松やに resina di pino

3《目のやに》cispa*f* ¶目やにが出る avere gli

occhi cisposi

やにょうしょう 夜尿症 《医》enureşi㊚ [無変] notturna

やにわに 《突然》improvvisamente; 《即座に》immediatamente, istantaneamente

やぬし 家主 《大家》proprietario㊚ [㊛ -ia; 複 -i] [padrone㊚ [㊛ -a]] di casa; 《契約書など》locatore㊚ [㊛ -trice]

やね 屋根 **1** 《建物の》tetto㊚ 《平屋根》tetto㊚ piatto ¶瓦[スレート/トタン]で屋根をふく coprire un tetto con tegole [tegole d'ardeşia / lamiera zincata] ¶一つ屋根の下で暮らす vivere sotto lo stesso tetto ¶屋根に登る arrampicarsi sul tetto ¶泥棒は屋根伝いに逃げた. Il ladro fuggì per i tetti. **2** 《物の上部を覆うもの》copertura㊛ ¶自動車の屋根 tetto di un'automobile **3** 《一番高い所》¶ヒマラヤ山脈は世界の屋根だ. La catena dell'Himalaya è il tetto del mondo.
❖**屋根板** scandola㊛ (per copertura di tetti)
屋根裏 sottotetto㊚
屋根裏部屋 soffitta㊛, mansarda㊛, solaio㊚ [複 -i], attico㊚ [複 -ci]
屋根瓦 tegola㊛
屋根付き conciatetti㊚ [無変]

やばい ¶やばい仕事だ. 《危険な》È un lavoro rischioso. ¶知れたらやばいぞ. Se si viene a sapere, sono guai. ¶やばい, 逃げろ. Cazzo, fuggiamo!

やはず 矢筈 **1** 《矢の》cocca㊛, tacca㊛ (di una freccia) **2** 《矢羽の模様》¶矢はず模様の織物 stoffa [tessuto] con disegno a spina di pesce **3** 《軸掛け》asta㊛ con estremità a forcella uşata per appendere un *kakemono* al gancio sulla parete

やばね 矢羽・矢羽根 alette㊛ [複] [piume㊛ [複] (di una freccia)

やはり **1** 《依然》come sempre, tuttora ¶彼女は今でもやはり美しい. È bella come sempre. / È tuttora bella.
2 《思ったとおり》¶やはり彼は来なかった. Come prevedevo [mi aspettavo / pensavo], non è venuto. ¶やはり雨になった. Ha cominciato a piovere proprio come temevo. ¶やはり本当だった. Allora, era proprio vero. / Come immaginavo, era vero. ¶やはり言ったとおりだろう. Te l'avevo detto. ¶彼女もやはり知らなかった. Come immaginavo, neanche lei lo sapeva.
3 《結局は》in fondo, tutto sommato, in fin dei conti, per quanto si dica ¶暖かいといってもやはり冬は冬だ. Per caldo che possa fare, l'inverno è sempre inverno. ¶やはりわが家が一番いい. Tutto sommato [Per quanto si dica], non c'è niente di meglio della propria casa. ¶私もやはりそう思います. Tutto sommato anch'io la penso così.

やはん 夜半 mezzanotte㊛ ¶夜半に a mezzanotte ¶夜半まで fino a mezzanotte ¶夜半から da [dalla] mezzanotte ¶夜半すぎに地震があった. Dopo (la) mezzanotte c'è stato un terremoto.

やばん 野蛮 barbarie㊛ ◊ 野蛮な 《未開の》barbaro, incivile; 《無教養な》selvaggio㊚ [複 -gi; ㊛複 -ge] ¶野蛮な風習 uşanze barbare ¶彼の野蛮な振る舞いは許せない. Non posso tollerare le sue maniere incivili.
❖**野蛮行為** barbarie㊛ [無変]
野蛮人 barbaro㊚ [㊛ -a], selvaggio㊚ [複 -gi; ㊛複 ge], primitivo㊚ [㊛ -a]

やひ 野卑 volgarità㊛, trivialità㊛ ◊ 野卑な 《洗練されていない》villano; 《下品な》volgare, triviale; 《粗野な》grossolano, rude, rozzo; 《卑しい》spregevole, ignobile; 《不作法な》maleducato, incivile ¶野卑な態度 comportamento villano ¶野卑な言葉を使う uşare un linguaggio volgare

やぶ 藪 《低木などの茂み》cespuglio㊚ [複 -gli], macchia㊛ ¶竹やぶ boschetto di bambù
【慣用】**やぶから棒** ¶男はやぶから棒にどなった. L'uomo ha lanciato un grido quando meno ce lo si aspettava. ¶「あなた, 彼女が好きなんでしょ」「なんだい. やぶから棒に」 "Sei innamorato di lei, vero?" "Ma come te ne esci?!"
やぶの中 真相は依然としてやぶの中だ. La verità è ancora tutta da şvelare.
やぶをつついて蛇を出す stanare il serpente dalla siepe ¶やぶをつついて蛇を出すな. "Non şvegliare il can che dorme." (▶直訳すると「寝ている犬を起こすな」)

やぶいしゃ 藪医者 《無能な医者》medico㊚ [複 -ci] (▶女性の医者もさす) da strapazzo, medicastro㊚

やぶいり 藪入り breve permesso㊚ concesso nel passato ai dipendenti in inverno e in estate

やぶか 藪蚊 zanzara㊛ tigre [無変]

やぶこうじ 薮柑子 《植》ardişia㊛

やぶさか 吝か ¶そういうことなら協力するにやぶさかでない. Se le cose stanno così, sono disposto anche a dare una mano.

やぶさめ 流鏑馬 tiro㊚ con l'arco a cavallo

やぶにらみ 藪睨み strabişmo㊚

やぶへび 藪蛇 ¶言わないほうが良かった, やぶへびだった. Sarebbe stato meglio non averlo detto e non aver şvegliato il can che dorme.

やぶる 破る **1** 《引き裂く》strappare, lacerare ¶セーターをくぎに引っ掛けて破ってしまった. Mi sono fatto uno strappo al [Mi sono strappato il] maglione con un chiodo. ¶彼はノートを1枚破ってメッセージを書いた. Ha staccato un foglio dal blocco e (ci) ha scritto un messaggio.
2 《壊す》rompere, infrangere; 《破壊する》distruggere ¶窓ガラスを破る rompere il vetro della finestra ¶泥棒は金庫を破った. Il ladro ha scassinato la cassaforte. ¶警官はドアを破って入った. La polizia è entrata abbattendo la porta. ¶殻を破ってひなが出てきた. Il pulcino è uscito dall'uovo rompendo il guscio.
3 《決められた事にそむく》infrangere, traşgredire ¶約束を破る mancare a [traşgredire] una promessa / venir meno alla parola data
4 《突破する》¶牢を破る evadere de prigione / fuggire dal carcere ¶非常線を破る sfondare una barriera ¶敵の囲みを破る rompere l'accerchiamento del nemico
5 《安定を乱す》¶サイレンが夜の静けさを破った.

Il suono della sirena ha lacerato [ha rotto] il silenzio della notte.
6《更新する》¶彼は世界記録を破った. Ha infranto [battuto] il record del mondo.
7《打ち負かす》battere, sconfiggere, vincere ¶強敵を破る sconfiggere un forte concorrente ¶イタリアチームは2対1でオランダを破った. L'Italia ha battuto l'Olanda per 2 a 1.

やぶれ 破れ 《裂け目, ほころび》strappo男, lacerazione女, rottura女; 《細長い裂け目》fenditura女, fessura女; 《割れ目, 切れ目》spaccatura女; 《破れ穴》buco男[複 -chi]

やぶれかぶれ 破れかぶれ ◇破れかぶれの disperato ◇破れかぶれに disperatamente ¶破れかぶれになる lasciarsi prendere dalla disperazione / diventare disperato ¶もうやぶれかぶれだ. Accada quel che accada!

やぶれる 破れる **1**《裂ける》strapparsi ¶障子が破れている. C'è un buco nello *shoji*. ¶袖口が破れている. Il polsino (si) è strappato. ¶洋服がずたずたに破れてしまった. Il vestito è tutto lacerato.
2《壊れる》rompersi; 《破裂する》esplodere自[es], scoppiare自[es] ¶破れた靴 scarpe rotte ¶風船が破れた. Il palloncino è scoppiato. ¶血管が破れた. Si è rotto un vaso sanguigno.
3《決裂する》rompersi, interrompersi ¶彼の会社設立の夢は破れた. I suoi sogni di creare una società [un'azienda] si sono infranti. ¶彼は恋に破れて自殺した. Si è suicidato straziato da una delusione amorosa.

やぶれる 敗れる 《負ける》essere sconfitto [battuto / vinto]; perdere *ql.co.* ¶試合に敗れる perdere una partita ¶彼は人生に敗れた. È un fallito nella vita. ¶彼は選挙に敗れた. È stato sconfitto nelle elezioni.

やぶん 夜分 notte女;《日没から就寝時ころまで》sera女 ¶夜分申し訳ありませんが…. Mi spiace disturbarla a quest'ora di notte, ma… ¶夜分遅くまでお邪魔しました. Mi scusi se l'ho disturbata fino a notte inoltrata.

やぼ 野暮 《人》bifolco男 [女 -ca; 複 -chi] ◇野暮な《無骨な, あか抜けない》cafone, grossolano, poco raffinato;《無神経な》insensibile, indelicato;;《粋でない》sgarbato, non elegante ¶やぼな男 uomo indelicato ¶そんなことを言うなんて, あいつもやぼだ. È proprio da cafone dire cose simili. ¶やぼなことを言うな. Non fare il [《女性に》la] guastafeste! ¶彼はなにを着てもやぼに見える. Qualunque cosa indossi, ha sempre l'aspetto poco elegante.
♣野暮天《無骨なこと》zoticaggine女;《無骨な人》zotico男[女 -ca], villano男[女 -a];《気の利かない人》testone男[女 -a], zuccone男[女 -a]

やぼ piccolo impegno男 ¶ちょっとやぼ用で, 出かけてくる. Esco un attimo, ho una commissione da sbrigare.

やほう 野砲 《軍》cannone男 da campagna;《総称》artiglieria女 campale [da campo]

やぼう 野望 ambizione女

やぼったい 野暮ったい poco raffinato ¶野暮ったい格好をする vestirsi in maniera poco raffinata

やま 山 **1**《山岳》monte男, montagna女;《小山》collina女, colle男 ¶浅間山 il monte [M.] Asama ¶はげ山 montagna spoglia [brulla] ¶山の頂に sulla cima [vetta] di una montagna / in cima a una montagna ¶山のふもと[中腹]に ai piedi [sul fianco] di una montagna ¶山の背 cresta di un monte ¶山の多い地方 zona [regione] montagnosa ¶山の中に[で] in montagna / fra i monti ¶山の奥に[で] nei recessi delle montagne ¶山に登る salire su una montagna ¶山を下りる scendere da una montagna ¶山を越える valicare [oltrepassare] un monte / attraversare dei monti ¶山が崩れる. La montagna frana. ¶村の近くに山がそびえている. Nei pressi del villaggio si erge una montagna.
2《鉱山》miniera女;《採石場》cava女 ¶山で働く lavorare nelle miniere ¶山を掘り当てる《鉱脈を》trovare un filone ¶彼は山で当てた. Ha fatto una fortuna in investimenti minerari.
3《山状のもの》mucchio男[複 -chi], pila女 ¶1山300円のきゅうり cetrioli a 300 yen per cestino ¶ごみの山 mucchio di rifiuti ¶薪(たきぎ)の山 catasta [montagna] di legna ¶…を山と積む ammucchiare *ql.co.* ¶山と積まれた本 pila di libri ¶君に言いたいことは山ほどある. Ho un mucchio di cose da dirti. ¶山のように仕事がたまっている. Ho un sacco di lavoro in arretrato. ¶リスナーからリクエストが山のようにきた. Abbiamo ricevuto una valanga di richieste dai nostri ascoltatori. ¶売り場は人の山だった. Nel reparto c'era una gran folla.
4《頂点》punto男 culminante, culmine男, colmo男;《要所》momento男 cruciale, punto chiave [無冠] ¶2幕目のこの芝居の山だ. Il momento cruciale del dramma è nel secondo atto. ¶彼女の人気も今が山だ. La sua popolarità tra poco non sarà più al culmine come oggi.
[慣用] 山が当たる[外れる] ¶山が当たった[外れた]. La mia previsione era giusta [errata]. ¶試験で山が当たった[外れた]. Agli esami ho tentato la sorte 'e mi è andata bene [ma non mi è andata bene].

山が見える ¶この難事業も山が見えてきた. Si comincia a vedere la fine di questa difficile impresa.

山高きが故に貴からず《諺》Il vero valore di una cosa è nella sostanza e non nell'apparenza.

山を当てる 《予想が当たる》azzeccare una previsione

山を掛ける[張る] ¶試験で山を掛ける tentare di prevedere le domande dell'esame

山を越す superare un punto critico ¶病人は山を越したからもう心配いらない. La malattia ha superato la fase critica, non c'è più da preoccuparsi.

やまあい 山間 《山と山との間》luogo男[複 -ghi] tra i monti;《山峡》burrone男, gola女 ¶山間をぬって川が流れている. Il fiume corre serpeggiando tra i monti.

やまあらし 山荒らし・豪猪 〔動〕porcospino男, istrice男

やまあるき 山歩き camminata女 [trekking男

やまい 病 **1**《病気》malattia㊛;《体の不調》malanno㊚;《特定の病気》male㊚ ¶病に倒れる ammalarsi / cadere㊐ [es] ammalato ¶病の床に伏す[伏している] mettersi [stare] a letto malato ¶病を押して彼は会議に出席した. Nonostante fosse ammalato [la malattia], ha preso parte alla riunione. ¶君のは気の病だよ. La tua è una malattia immaginaria. ¶不治の病に冒されている. Ha un male incurabile. ¶恋の病 mal d'amore **2**《悪癖》brutta [cattiva] abitudine㊛

[慣用] **病膏肓(ｺｳｺｳ)に入(ﾊ)る** (1)《治る見込みがなくなる》¶彼は病膏肓に入っている. È così gravemente malato che è difficile possa rimettersi. (2)《物事に熱中する》¶彼の芝居好きも病膏肓に入っている. È un malato incurabile del teatro.

病は気から Chi pensa di essere malato s'ammala davvero.

やまいぬ 山犬 《野犬》cane㊚ selvatico [複 -ci]
やまいも 山芋 《植》igname㊚
やまおく 山奥 ¶山奥で[に] tra i monti / nei recessi delle montagne
やまおとこ 山男《山の住人》montanaro㊚;《木こり》boscaiolo㊚, tagliaiegna [無変];《登山家》alpinista㊚ [複 -i], scalatore㊚
やまかけ 山掛け ¶山かけそば soba con igname grattugiato
やまかげ 山陰 ¶山陰にある湯治場 sorgente㊛ termale tra i monti
やまかじ 山火事 incendio㊚ [複 -i] in montagna, incendio㊚ boschivo
やまがら 山雀 cincia㊛ [複 -ce]
やまがり 山狩り ¶山狩りをする perlustrare una montagna「a caccia [alla ricerca / sulle tracce] di qlcu.
やまかん 山勘 ¶山勘が当たる《人が主語》azzeccare ¶山勘が外れる《人が主語》non cogliere nel segno / non indovinare / sbagliare una congettura
やまぎわ 山際 **1**《山の近く》¶山際の村落 villaggio vicino a [nei pressi di] una montagna **2**《山の稜線と空の接するところ》¶山際が明るくなる. La creste della montagna si illumina con la luce del giorno.
やまくずれ 山崩れ frana㊛ ¶大雨のため各地に山崩れがあった. A causa delle forti piogge ci sono state frane in varie località.
やまぐに 山国《山の多い国》paese㊚ montuoso [montagnoso];《山の多い地方》regione㊛ [zona㊛] montagnosa
やまけ 山気 predisposizione㊛ alle speculazioni [al gioco d'azzardo / al rischio] ¶あいつは事業で山気を出して失敗した. Ha voluto rischiare negli affari e ha fallito. ¶あいつは山気が多い. Tenta la fortuna anche a costo di grossi rischi.
やまげら 山啄木鳥 《鳥》picchio㊚ [複 -chi] cenerino
やまごえ 山越え ◇山越えする valicare [superare] un monte
やまごぼう 山牛蒡 《植》fitolacca㊛
やまごもり 山籠り ◇山ごもりする ritirarsi in montagna per praticare l'ascesi
やまごや 山小屋 baita㊛;《避難用の》rifugio㊚ [複 -gi] di montagna;《山荘》〔仏〕chalet㊚ [無変]
やまざくら 山桜 《木》ciliegio㊚ [複 -gi] selvatico [複 -ci]
やまざと 山里 villaggio㊚ [複 -gi] montano [di montagna / tra i monti]
やまざる 山猿 **1**《山に住む猿》scimmia㊛ selvatica **2**《田舎者を軽蔑して》zotico㊚ [㊛ -ca; ㊚複 -ci], villano㊚ [㊛ -a], cafone㊚ [㊛ -a]
やまし 山師 **1**《鉱山経営者》chi sfrutta una miniera **2**《山林業者》commerciante㊚ di legname **3**《投機的にもうけを企む almazu》speculatore㊚ [㊛ -trice];《詐欺師》imbroglione㊚ [㊛ -a], truffatore㊚ [㊛ -trice]; impostore㊚ [㊛ -a], ciarlatano㊚
やましい 疾しい《気がとがめる》avere「un rimorso di coscienza [la coscienza sporca];《恥ずかしい》vergognarsi di ql.co. [qlcu.] ¶私はやましいことは何もしていない. Ho la coscienza pulita. ¶彼が何も言えないのは心にやましいところがあるからだ. Non riesce a dire nulla perché ha「la coscienza sporca [un peso sulla coscienza].
やましぎ 山鴫 《鳥》beccaccia㊛ [複 -ce]
やますそ 山裾 ¶山裾の湖 lago ai piedi di un monte ¶山すその丘 falde㊛ di un monte
やまたかぼうし 山高帽子 bombetta㊛
やまづたい 山伝い ¶山伝いに per i monti / per le colline
やまつなみ 山津波 ¶山津波に襲われる essere investito da una frana gigantesca [enorme]
やまづみ 山積み ◇山積みする ammucchiare, ammassare, accatastare ¶山積みのごみ montagna di rifiuti ¶机の上の山積みの書類 pila di documenti sul tavolo
やまでら 山寺 tempio㊚ [複 templi] di montagna [tra i monti]
やまと 大和《日本国の古称》il (vecchio) Giappone㊚

❖**大和絵** yamato-e㊚ [無変]; pittura㊛ giapponese (◆in contrapposizione a quella cinese)
大和言葉 antica lingua㊛ del Giappone; termine㊚ propriamente giapponese e non ideografico [複 -ci]
大和魂 spirito㊚ giapponese (◆ spirito che si ritiene tipico dei giapponesi)
大和なでしこ (1)《植》《なでしこ》garofano selvatico [複 -ci] (2)《日本女性》archetipo㊚ di donna㊛ giapponese
大和民族 razza㊛ giapponese
やまどり 山鳥 **1**《山の鳥》uccello㊚ di montagna **2**《鳥》《キジ科》fagiano㊚ color rame
やまなみ 山並み catena㊛ montuosa [di montagne]
やまなり 山形 ¶山なりの線 linea curva [ad arco]
やまなり 山鳴り boato㊚ (di una montagna) ¶山鳴りがする. La montagna emette sinistri boati.
やまね 山鼠 《動》ghiro㊚
やまねこ 山猫 《野生の猫》gatto㊚ selvatico [複 -ci];《オオヤマネコ》lince㊛;《ヴィスコンティの

映画）"Il gattopardo"
- **✤山猫座**　〖天〗Lince㊛
- **山猫スト**　sciopero㊚ selvaggio [複 -gi] [a sorpresa]
- **やまのさち**　山の幸　prodotti㊚[複] [cibi㊚[複]] di montagna
- **やまのて**　山の手　quartieri㊚[複] alti della città ¶東京の山の手 i quartieri alti di Tokyo
- **✤山の手言葉**　linguaggio㊚ (raffinato) degli abitanti dei quartieri alti di Tokyo
- **やまのは**　山の端　¶山の端にかかる月 la luna sulla cresta della montagna
- **やまのぼり**　山登り　〘登攀(とうはん)〙alpinismo㊚; ascensione㊛ ¶山登りをする andare in montagna / fare un trekking [un'escursione] in montagna /〘頂上まで到達〙salire su una montagna /〘重装備で〙fare dell'alpinismo / scalare una montagna

[使いわけ] **alpinismo, trekking, camminata, escursione, passeggiata**

alpinismoは「きびしいトレーニングを積んだうえで、登攀用具を備えて行う本格的な山登り」を指す。比較的気軽に行える山登りには「trekking [camminata / escursione / passeggiata / gita] in montagna」を用いる。ただし「gita in montagna」は、「山への日帰りのドライブ」の意味もあり、その意味で用いられることのほうが多い。

¶最近高齢者の間で山登りをする人が増えている。Il trekking in montagna sta diventando sempre più popolare tra gli anziani.

- **やまば**　山場　culmine㊚, colmo㊚, punto culminante ¶事件の山場 svolta decisiva in [di] un caso ¶試合はいよいよ山場を迎えた。La partita ha raggiunto「la sua fase cruciale [il suo culmine].
- **やまはだ**　山肌　superficie㊛ di una montagna ¶積雪が少なく山肌の見えるゲレンデ pista di sci in cui si vede il terriccio della montagna per la poca neve caduta
- **やまばと**　山鳩　〖鳥〗〘キジバト〙tortora㊛;〘アオバト〙piccione㊚ verdastro
- **✤山鳩色**　giallo㊚ bluastro
- **やまばん**　山番　〘山林の監視人〙guardiaboschi㊚[無変];〘密猟監視人〙guardiacaccia㊚[無変]; guardacaccia㊚[無変]
- **やまびこ**　山彦　eco㊛または㊚[複 gli echi] ¶山彦が響いた。Sono risuonati degli echi.
- **やまひだ**　山襞　recessi㊚[複] fra i monti
- **やまびらき**　山開き　¶富士山の山開き l'inizio [l'apertura] della stagione alpinistica sul Monte Fuji (◆1 luglio)
- **やまぶき**　山吹　〖植〗kerria㊛
- **✤山吹色**　color㊚ giallo ocra
- **やまぶし**　山伏　〘修行のために露宿する僧〙monaco㊚[複 -ci] buddista [複 -i] itinerante;〘修験者〙monaco㊚ buddista che pratica l'ascesi sui monti
- **やまぶどう**　山葡萄　〖植〗〘木〙vite㊛ selvatica;〘学名〙*Vitis coignetiae* Pull.;〘実〙uva㊛ selvatica
- **やまほど**　山程　¶話したいことが山ほどある。Ho un sacco di cose che vorrei dirti. ¶彼は借金が山ほどある。E nei debiti fino al collo.
- **やまみち**　山道　〘山中の細い道〙sentiero㊚ di montagna, mulattiera㊛;〘自動車道なども含めて〙strada㊛ di montagna ¶山道をたどる percorrere un sentiero di montagna
- **やまめ**　山女　〖魚〗(specie㊛ di) salmone㊚;〘学名〙*Oncorhynchus masou* var. *ishikawae*
- **やまもり**　山盛り　¶大さじ山盛り1杯の砂糖 un cucchiaio colmo di zucchero ¶AにBを山盛りにする riempire [colmare] A di B
- **やまやき**　山焼　◇山焼きする bruciare gli sterpi in montagna [in collina]
- **やまやま**　山山　**1**〘多くの山〙¶伊豆の山々 le montagne della penisola di Izu
2〘大いに〙¶話したいことはやまやまある。Ho una montagna di cose「da dirti [che vorrei dirti]. ¶旅行に行きたいのはやまやまだけれど… Vorrei tanto fare un viaggio ma...
- **やまゆり**　山百合　〖植〗giglio㊚[複 -gli] selvatico [複 -ci] [tigrato]
- **やまわけ**　山分け　divisione㊛ [ripartizione㊛] in parti uguali　◇山分けする dividere [suddividere / ripartire] in parti uguali;〘半分に〙fare a metà ql.co. con qlcu. ¶儲けはみんなで山分けすることにした。Si è deciso di ripartire i profitti in parti uguali fra tutti.
- **やみ**　闇　**1**〘暗いこと〙buio㊚, oscurità㊛, tenebre㊛[複] ¶闇に紛れて逃げる fuggire approfittando delle tenebre [del buio] ¶闇を凝視する guardare nel buio ¶その男の姿は闇に消えた。La figura dell'uomo sparì nell'oscurità.
2〘見通しのつかないこと〙¶前途は闇だ。Le prospettive sono nere. / Abbiamo un futuro nero davanti a noi. ¶この先は闇。《諺》Chi può dire cosa ci riserva il domani?
3〘やみ取り引き〙¶闇で売買が行われた。L'affare è stato condotto in modo losco.
[慣用] 闇から闇に葬る lavare i panni sporchi in casa ¶事件は闇から闇に葬られた。Il caso fu messo a tacere.
- **✤やみ給与**　pagamento㊚ nero
- **やみ金融**　usura㊛
- **やみ行為**　operazioni㊛[複] [attività㊛[複]] di mercato nero
- **やみ商人**　operatore㊚ [㊛ -trice] di mercato nero, borsarenista㊚㊛[複是 -i]
- **やみ相場**〘値〙prezzo㊚ di mercato nero ¶やみ相場でドルを買う comprare dollari al mercato nero
- **やみ物資**　merce㊛ di mercato nero
- **やみあがり**　病み上がり　〘回復期〙convalescenza㊛ ¶病み上がりの人 persona appena guarita / convalescente
- **やみいち**　闇市　mercato㊚ nero ¶やみ市で統制品を売る vendere a mercato nero merci controllate
- **やみうち**　闇討ち　**1**〘闇に紛れて〙attacco㊚[複 -chi] nell'oscurità ¶敵にやみ討ちをかける attaccare il nemico nelle tenebre [nell'oscurità]
2〘不意打ち〙attacco㊚ di sorpresa, agguato㊚, imboscata㊛ ¶やみ打ちを食う essere vittima di un'imboscata ¶〈人〉にやみ打ちを食わせる attac-

やみくも 闇雲 ◇やみくもに(でたらめに) a caso, a casaccio;《無謀に》imprudentemente, avventatamente, incautamente, sconsideratamente;《盲目的に》alla cieca, ciecamente ¶彼はやみくもに車を飛ばした. Ha fatto schizzare alla cieca l'auto a tutta velocità.

やみしょうぐん 闇将軍 《黒幕的人物》uomo ㊚《複 uomini》potente dietro le quinte

やみつき 病み付き ¶病みつきになる《人が主語で》prendere il vizio di ql.co. / abbandonarsi a ql.co. /《物・事が主語で》diventere la passione per [di] ql.co. ¶彼は賭け事が病みつきになった. Ha preso il vizio del gioco d'azzardo.

やみとりひき 闇取り引き commercio ㊚《複 -ci》clandestino ¶やみ取り引きをする trafficare ql.co. di nascosto e illegalmente

やみや 闇屋 operatore ㊚《㊛ -trice》di mercato nero, trafficante ㊚㊛, contrabbandiere ㊚《㊛ -a》, borsanerista ㊚㊛《㊚複 -i》

やみよ 闇夜《暗夜》notte ㊛ buia senza luna 慣用 やみ夜に烏 ¶やみ夜に烏でさっぱり区別がつかない. È impossibile distinguerli.
やみ夜の鉄砲 ¶彼の予測はやみ夜の鉄砲で, 当たるはずもなかった. La sua previsione fatta così a casaccio non poteva rivelarsi esatta.
やみ夜の提灯(ﾁｮｳ) ¶これこそやみ夜の提灯だ. Questo è esattamente quello che volevo. / È proprio questo che volevo [cercavo]!

やむ 止む 1《止まる》cessare ㊀《es》, smettere ㊀《av》;《終わる》finire ㊀《es》;《風などが》cadere ㊀《es》, calare ㊀《es》;《音などが消えてゆく》farsi indistinto ¶風が止んだ. Il vento è cessato. / Il vento ha smesso di soffiare. ¶嵐が止んだ. Il temporale è passato [è cessato]. ¶拍手はいつまでも止まなかった. Gli applausi non cessavano più.
2《「やまない」の形で, いつまでも…する》¶ご活躍を期待してやみません. Ci aspettiamo da lei grandi cose. ¶あの人は私が尊敬してやまない政治家です. Quella persona è uno statista che stimerò sempre.

やむ 病む 1《患う》soffrire di [essere affetto da] ql.co. ¶胸を病んでいた. Soffriva di [Era affetto da] una malattia ai polmoni. 2《気にする》preoccuparsi, tormentarsi ¶あまり先のことを気に病んでもしかたがない. È inutile tormentarsi troppo pensando a quello che potrebbe accadere.

ヤムチャ 飲茶 dim sum ㊚, pasto ㊚ leggero in stile cinese con tè e assaggini

やむなく con riluttanza, malvolentieri;《必要に迫られて》per necessità ¶やむなく…する essere costretto a + 不定詞 ¶やむなくあきらめることにした. Ho deciso di rinunciare con riluttanza.

やむにやまれぬ《止めようとしても止まらない》incessabile, incontenibile;《そうするよりほかない》inevitabile ¶やむにやまれぬ事情で circostanze inevitabili ¶彼はやむにやまれぬ事情で退職した. Le circostanze l'hanno costretto a dare le dimissioni. ¶やむにやまれぬ衝動にかられる essere spinto da un impulso irresistibile [incontrol-

labile]
やむをえず やむを得ず non potendo far altrimenti, inevitabilmente ¶お金が必要だったのでやむを得ないような仕事でも引き受けた. Avevo bisogno di soldi e quindi ho dovuto inevitabilmente accettare un lavoro che non mi piaceva.

やむをえない やむを得ない《避けられない》inevitabile ¶やむを得ない理由で a causa di forza maggiore / per ragioni inevitabili ¶それしか方法がないのならやむを得ない. Se quello è l'unico metodo che si può adottare, "siamo costretti [non c'è altra scelta]." ¶ある程度の損失はやむを得なかった. Non è stato possibile evitare alcune perdite.

やめ 止め ¶今日はこの辺でやめにしよう. Per oggi, chiudiamo [ci fermiamo] qui!

やめる 止める 1《終わりにする》finire, cessare, smettere; fermare;《一時中止する》sospendere ¶タバコをやめる smettere di fumare ¶こんな差別待遇はやめて欲しい. Voglio che si ponga fine a un tale trattamento discriminatorio. ¶この契約はやめることにした. Ho deciso di annullare [disdire / rescindere] questo contratto. ¶ちょっとその仕事をやめて聞いてくれ. Interrompi un momento il lavoro ed ascoltami.
2《断念する》rinunciare ㊀《av》a ql.co. [a + 不定詞], abbandonare ¶都合で旅行はやめた. Per convenienza [comodità] ho rinunciato al viaggio. ¶彼は学校をやめて働きに出た. Ha interrotto gli studi e si è messo a lavorare.

やめる 辞める ritirarsi 《 da》;《停年退職する》andare in pensione;《辞する》dimettersi 《 da》;《辞表を出す》dare le dimissioni ¶来年で勤めを辞める. L'anno prossimo lascio il lavoro. ¶彼はこの春, 議長を辞めた. Questa primavera si è dimesso dalla carica di presidente. ¶彼は医者を辞めて画家になった. Ha lasciato la professione di medico e si è messo a dipingere.

やもうしょう 夜盲症《医》nictalopia ㊛, nittalopia ㊛ ◇夜盲症の nictalope, nittalope

やもめ 鰥・鰥夫 uomo ㊚《複 uomini》singolo;《独身》scapolo ㊚;《死別》vedovo ㊚;《離婚者》divorziato ㊚ ¶彼は奥さんを亡くしてから, ずっとやもめ暮らしだ. Dopo aver perso la moglie è rimasto sempre vedovo.

やもめ 寡婦 donna ㊛ singola;《諸・孀》zitella ㊛;《死別》vedova ㊛;《離婚者》divorziata ㊛

やもり 守宮《動》geco ㊚《複 -chi》;《稀》tarantola ㊛

やや 稍 1《少し》un po', un pochino, un tantino, leggermente;《いくらか》alquanto, più o meno ¶やや疲れぎみだ. Sono un po' stanco. ¶今日は昨日よりやや暖かい. Rispetto a ieri oggi fa leggermente più caldo.
2《しばらく》dopo un po', poco dopo ¶ややあって話し始めた. Dopo un po' [Dopo qualche istante] ha cominciato a parlare.

ややこしい《複雑な》complesso, complicato;《もつれた》imbrogliato, intricato;《やっかいな》fastidioso ¶ややこしい問題 problema intricato / problema di difficile soluzione ¶話がやや

ややもすれば ¶ややもすれば…しがちである essere incline [portato / propenso] a+不定詞 / tendere㊥ [av] a+不定詞 ¶人はややもすれば分別を失いやすい. La gente tende a perdere la ragione [la testa].

やゆ 揶揄 canzonatura㊛, burla㊛, beffa㊛ ◇揶揄する〈からかう〉prendere in giro qlcu.;〈笑いものにする〉ridicolizzare [mettere in ridicolo] qlcu., canzonare qlcu., burlarsi [beffarsi] di qlcu.;〈あざける〉deridere [schernire] qlcu. ¶彼の演説は聴衆から揶揄されただけであった. Il suo discorso ha sollevato soltanto risa di scherno.

やよい 弥生 《三月》marzo㊚

✤弥生式土器 terracotta㊛ [複 *terrecotte*] del periodo Yayoi

弥生時代 periodo㊚ Yayoi (◆III sec. a.C. –III sec. d.C.)

弥生文化 cultura㊛ Yayoi

-やら 1《不確かな気持ちを表す》¶あの人が何やら言ってますよ. Sta dicendo qualcosa. ¶大川さんとやら言う人から電話があった. Ha telefonato un certo sig. Okawa. ¶家が買えるなんていつのことやら. Chissà quando potrò comprare una casa. ¶いつの間にやらとっぷり日が暮れていた. Si è fatta notte senza che me ne accorgessi.

2《「…やら…やら」の形で》¶彼は来るのやら来ないのやらさっぱりわからない. Non ho la minima idea [Non so affatto] se egli verrà o no. ¶生きているのやら死んでいるのやら. Sarà vivo o morto?

3《いくつか同種のものを例示して》eccetera, ecc., ed altre cose di questo genere, e così via ¶天気は悪いやら, 盗難には遭うやら, 今度の旅行はついていなかった. Un po' per il tempo brutto un po' per il furto subito, siamo stati proprio sfortunati in questo viaggio.

やらかす combinare ¶あの子がまた何かをやらかした. Quel bambino ne ha combinata un'altra delle sue. ¶彼はとんでもない失敗をやらかした. Ha commesso un grosso errore.

やらずのあめ 遣らずの雨 ¶やらずの雨になった. Ha cominciato a piovere come per impedire all'ospite di andarsene.

やらずぶったくり 遣らずぶったくり prendere solo e non dare niente in cambio ¶それではまるでやらずぶったくりだ. Ma questo è un furto! ¶あの美容学校はやらずぶったくりだ. Quella scuola di estetisti è un inganno.

やらせ messa㊛ in scena, montatura㊛ ¶このドキュメンタリー番組にはやらせが目につく. Questo documentario è chiaramente una montatura.

やられる 1《被害を受ける》essere danneggiato [distrutto / colpito] da ql.co. ¶日照りで作物がすっかりやられてしまった. I raccolti sono andati completamente distrutti dalla [a causa della] siccità. ¶やられたのは登校中の学生だった. Le vittime sono state degli studenti che andavano a scuola. ¶彼は事故で脚をやられた. Nell'incidente si è ferito le gambe. ¶彼の甘言に見事にやられた. Sono stato ingannato dalle sue parole suadenti. 2《負かされる》essere sconfitto [vinto] da qlcu. ¶一本やられた. Questa l'hai vinta tu!

やり 槍 1《武器》lancia㊛ [複 -*ce*] ¶槍の穂[先] punta della lancia ¶槍の柄 impugnatura della lancia ¶槍で突く colpire [trafiggere] qlcu. [ql.co.] con una lancia ¶槍を構える mettere una lancia in resta

2《槍術》l'arte㊛ dell'uso della lancia

やりあう 遣り合う《言い争う》litigare [bisticciare]㊥ con qlcu., avere un altercco con qlcu.;《議論する》discutere㊥ [av] [litigare㊥] [av] con qlcu. ¶父と激しくやり合った. Ho avuto un violento scontro con mio padre.

やりいか 槍烏賊 calamaro㊚

やりがい 遣り甲斐 ¶やりがいのある仕事 lavoro che vale la pena di fare

やりかえす 遣り返す 1→遣り直す 2《仕返しする》vendicarsi, dare [rendere] pan per focaccia;《口答えする》ribattere㊥ (►単独でも可), replicare㊥ (►単独でも可) ¶彼は必ずやり返してくるだろう. Si vendicherà certamente.

やりかけ 遣り掛け ¶まだやりかけの仕事が残っている. Rimane ancora del lavoro da fare. ¶彼は仕事をやりかけで帰ってしまった. È tornato a casa lasciando il lavoro incompleto [a metà].

やりかた 遣り方 modo㊚ [maniera㊛] di fare ¶やり方を教えてください. Mi insegni come fare [come si fa], per favore. ¶そんな卑怯なやり方はない. Non è ammissibile un comportamento così vigliacco.

やりきれない 遣り切れない 1《やり遂げられない》non poter completare ¶この仕事は独りではやり切れないだろう. Per fare questo lavoro una persona non basterà. 2《耐えられない》non poter sopportare [tollerare] ¶彼の図々しさにはやりきれない. Non sopporto [Non tollero più] la sua impudenza. ¶悲劇を目の前にして私はやりきれない気持ちだった. Di fronte a quella tragedia mi sentivo impotente.

やりくち 遣り口 ¶彼の汚いやりくちにはみんな泣かされている. Tutti si lamentano per il suo modo di fare sleale.

やりくり 遣り繰り ◇やりくりする《都合する》arrangiarsi,《うまくやる》riuscire a+不定詞 ¶月20万円でなんとかやりくりしていた. In qualche modo abbiamo tirato [siamo andati] avanti con duecentomila yen al mese. ¶彼女はやりくりが上手[下手]だ. È brava [Non è brava] a mandare avanti la baracca.

✤やりくり算段 ¶家計のやりくり算段をする trovare il modo di tirare avanti (con le poche entrate)

やりこなす 遣りこなす ¶どんな役でもやりこなす役者 attore che sa interpretare qualsiasi ruolo ¶彼にはこの仕事はやりこなせないだろう. Forse non è all'altezza di svolgere questo compito.

やりこめる 遣り込める ¶いつも彼にはやり込められていた. Ho avuto sempre la peggio nelle discussioni con lui.

やりすぎ 遣り過ぎ ¶君, それはちょっとやり過ぎだと思う. Non ti sembra di aver esagerato un po'?

やりすぎる 遣り過ぎる《し過ぎる》esagerare㊥ [av] nel+不定詞;《行き過ぎる》superare [oltrepassare] il limite ¶酒をやり過ぎる bere smoda-

やりすごす 遣り過ごす 《先に行かせる》 far [lasciar] passare *ql.co.* [*qlcu.*] ¶学生の一団をやり過ごした. Ho lasciato [fatto] passare un gruppo di studenti.

やりそこなう 遣り損なう fallire *ql.co.*, avere un insuccesso; fare fiasco ◇やり損ない《間違い》sbagli*o*男 [複 *-gli*], errore男 ¶今度やり損なったらどうしよう. Come si fa se facciamo fiasco, questa volta?

やりだま 槍玉 慣用 やり玉に上げる scegliere *qlcu.* come capro espiatorio ¶汚職問題で彼はやり玉に上げられた. Per quello scandalo di corruzione ha pagato per tutti.

やりっぱなし 遣りっ放し ¶仕事をやりっ放しにした. 《中途半端に》 Ha lasciato il lavoro a metà. ¶庭の手入れをしていたがやりっ放しで出かけてしまった. 《後片付けせずに》 È uscito senza rimettere a posto gli attrezzi da giardino.

やりて 遣り手 1 《仕事のできる人》 ◇やり手の《敏腕家》 abile, dalle grandi capacità, intraprendente; 《抜け目のない人》 furbo; astuto, scaltro; 《有能な人》 capace, competente; 《経験ある》 esperto ¶彼は相当のやり手だ. È molto abile. / Ha molta abilità. ¶彼はなかなかのやり手だから気を付けろ. Stai attento, è una persona molto scaltra. 2 《引き受ける人》 ¶この仕事のやり手がなかなか見つからない. Non siamo ancora riusciti a trovare qualcuno che possa fare [intraprendere] questo lavoro.

❖遣り手婆(ᵃ) tenutaria女 di casa di tolleranza

やりとおす 遣り通す fare *ql.co.* fino「alla fine [in fondo]

やりとげる 遣り遂げる completare, compiere, portare a termine [a compimento] ¶計画をやり遂げる condurre a buon fine un piano / realizzare un progetto ¶なんとしてでも, この事業は我々でやり遂げてみせます. Porteremo a termine l'impresa ad ogni costo.

やりとり 遣り取り scamb*io*男 [複 *-i*] ◇やりとりする scambiare *ql.co.* ¶意見のやりとり scambio di idee ¶贈り物をやりとりする scambiarsi doni [regali] ¶彼らは長い間手紙のやりとりをしている. Hanno una corrispondenza epistolare [si scambiano lettere] da lungo tempo.

やりなおす 遣り直す fare *ql.co.* di nuovo; rifare; 《もう一度試す》 riprovare ¶計算をやり直す rifare i calcoli ¶もう一度初めからやり直す. Ricomincio [Lo rifaccio] daccapo.

やりなげ 槍投げ 《競技》 lancio男 del giavellotto ¶槍投げをする lanciare un giavellotto ¶槍投げ選手 lancia*tore*男 [女 *-trice*] di giavellotto / giavellott*ista*男女 [男複 *-i*]

やりにくい 遣り難い ¶やりにくい仕事 lavoro complicato ¶2人の上司に挟まれてやりにくい立場にいる. Mi trovo in una difficile posizione tra due superiori.

やりぬく 遣り抜く ¶この困難な仕事をやりぬいてみせるぞ. Vedrete che ce la farò a fare questo lavoro, per difficile che sia.

やりば 遣り場 ¶悲しみのやり場がない. non sapere come sfogare il *proprio* dolore ¶目のやり場に困った. Non sapevo「da che parte guardare [dove rivolgere lo sguardo].

やる 遣る 1 【行かせる, 送る】 mandare [inviare] *qlcu.* ¶医者を呼び[迎え]に息子をやった. Ho mandato mio figlio a chiamare [prendere] il medico. ¶すぐ社員をそちらにやらせます. 《自分が直接命じて》 Le mando [《第三者を介して》 Le faccio mandare] subito un impiegato. ¶2人の息子を大学へやるのは大変だ. Non è facile per me mandare i miei due figli all'università. ¶病院までやってください. 《タクシーで》 All'ospedale, per favore!

2 【ある物・人を別の場所へ移す】 spostare *ql.co.* [*qlcu.*] ¶アルバムはどこへやった. Dove hai messo l'album? ¶私は入って来た男に目をやった. Ho gettato uno sguardo all'uomo che era entrato.

3 【与える】 dare [regalare / offrire] *ql.co.* 《に a》 ¶植木に水をやる innaffiare [annaffiare] le piante / dare l'acqua alle piante ¶私は子供に月5000円の小遣いをやる. Ogni mese do ai ragazzi 5.000 yen come mancetta.

4 【する, 行う】 fare; 《ゲーム・スポーツを》 giocare《a a》; 《役を演じる》 interpretare un ruolo; 《開催する》 tenere, dare, organizzare; 《上演する》 dare, rappresentare; 《従事する》 occuparsi di *ql.co.*, dedicarsi a *ql.co.*, darsi a *ql.co.*; 《経営する》 amministrare, gestire, dirigere; 《飲む》 bere男 (▶単独でも可); 《タバコを吸う》 fumare他 (▶単独でも可) ¶やってごらん. Provaci! / Prova a farlo! ¶やった. 《うまく》 Ce l'ho fatta! ¶彼は全然やる気がない. 《そのことを》 Non ha affatto intenzione di farlo. / 《性格上》 Non ha voglia di fare niente. ¶今宿題をやっているところだ. Ora sto facendo i compiti di casa. ¶トランプ[テニス]をやりましょう. Giochiamo a carte [a tennis]! ¶大学では経済[イタリア語]をやりました. All'università ho studiato economia [italiano]. ¶ピランデッロをやっています. Mi occupo di Pirandello. ¶やるだけやってみたらどうか. Perché non fai almeno un tentativo? ¶新人がロミオをやるらしい. Sembra che un debuttante interpreterà la parte di Romeo. ¶来月歌舞伎座で『忠臣蔵』をやります. Il "Chushingura" sarà rappresentato il mese prossimo al Teatro Kabuki. ¶あの映画館では今ドキュメンタリーをやっている. In quel cinema「sono ora in programma [adesso danno] dei documentari. ¶何の商売をやっている人ですか. In che cosa commercia questa persona? ¶兄は映画監督をやっています. Mio fratello maggiore fa il [è un] regista cinematografico. ¶父は新宿でレストランをやっています. Mio padre gestisce [ha] un ristorante a Shinjuku. ¶帰る前に一杯やっていかないか. Prima di andare a casa ci facciamo un bicchiere, che ne dici? ¶暑いね, ビールを一杯やるか. Che caldo! Prendiamo un bicchiere di birra! ¶酒もタバコもやりません. Non bevo e non fumo.

5 【危害を加える】 《なぐる》 picchiare *qlcu.*; 《殺す》 ammazzare *qlcu.*; 《親》 far fuori *qlcu.* ¶そいつをやってしまえ. Fatelo fuori!

6 【暮らす】 vivere他 [*es*, *av*] ¶元気でやっていますのでご心配なく. Non preoccupatevi per me. Sto bene e me la cavo discretamente. ¶こんな

収入ではやっていけない. Non si può andare avanti con un reddito così basso. ¶学生寮に入ってから何とかうまくやっているようだ. Da quando alloggia alla casa dello studente, sembra che vada tutto bene.

7【「…てやる」の形で】 ¶駅へ行って切符を買ってきてやった. Sono andato alla stazione per comprargli il biglietto. ¶重い荷物を持ってやった. Gli ho portato il pesante bagaglio. ¶好きなようにさせてやれ. Lasciagli [Fagli] fare quello che vuole! ¶そいつをたたき出してやれ. Buttalo fuori! ¶なんとしても大学に合格してやる. Ce la farò a tutti i costi a superare l'esame d'ammissione all'università. ¶絶対に勝ってやるぞ. Non esiste che perda!

やるかたない 遣る方無い ¶憤懣(ふんまん)やる方ない non avere modo di sfogare la *propria* ira

やるき 遣る気 buona volontà[女], voglia[女] di＋[不定詞] ¶〈人〉にやる気を起こさせる incoraggiare [stimolare] *qlcu.* ¶〈人〉にやる気を失わせる. demoralizzare *qlcu.* / far perdere la voglia di fare *ql.co.* ¶やる気があるのかないのか. Hai intenzione [voglia] di farlo? ¶あの候補者はやる気十分だ. Quel candidato è fortemente motivato.

やるせない 遣る瀬無い 《慰めのない》 sconsolato, addolorato, triste; 《わびしい》 cupo, desolato ¶やるせない気持ちになった. Non riuscivo a trattenere la tristezza.

やれ **1**《感嘆詞》 oh ¶やれ, うれしや. Oh, come sono contento! **2**《2つを並べて言うときの言葉》 ¶父は, やれ勉強しろ, やれピアノの練習をしろとよく言ったものだ. Mio padre mi diceva sempre o di studiare o di esercitarmi al pianoforte.

やれやれ ¶やれやれ, やっと着いた. Bene, eccoci qui finalmente. ¶やれやれ, 助かった. Grazie a Dio, siamo salvi! ¶やれやれ, また雨か. No! Ancora la pioggia!

やろう 野郎 **1**《ののしりの言葉》 ¶この野郎. Vaffanculo! / Figlio di puttana / Va al diavolo! ¶ばか野郎. Bastardo! / Idiota! / Imbecille! ¶あの野郎. Quel figlio di puttana!

2《男》 uomo[男] [複 *uomini*] ¶野郎ばかりがやって来た. Sono venuti solo uomini. ¶野郎ども, やっちまえ. Dategli addosso, uomini!

3《あいつ》 individuo[男], tipo[男], tiz*io*[男] [複 *-i*] ¶野郎はどこへ行った. Dove s'è cacciato quel tipo? ¶困った野郎だ. Che pasticcione!

やわ 柔 ◇やわな《弱い》 debole; 《虚弱な》 gracile; 《こわれやすい》 fragile, tenero; 《へこみやすい》 cedevole, soffice ¶やわな体 costituzione gracile [debole] ¶この箱はやわにできている. Questa scatola è fatta alla meno peggio [fragile].

やわはだ 柔肌 pelle[女] morbida

やわらかい 柔らかい・軟らかい

1《固くない》 soffice, tenero, morbido; 《ふわふわした》 molle ¶柔らかいクッション cuscino soffice ¶柔らかいパン pane soffice ¶柔らかい肉 carne tenera ¶絹は手ざわりが柔らかい. La seta è morbida al tatto. ¶ご飯を柔らかめに炊いた. Ho cotto il riso in modo da farlo diventare tenero.

2《柔軟な》 flessibile, pieghevole ¶子供の体は柔らかい. I bambini hanno un corpo flessibile. ¶泳ぐ前に体操をして体を柔らかくしなさい. Sciogliti i muscoli prima di nuotare.

3《穏やかな》 tranquillo; 《感じのいい》 simpat*ico* [男複 *-ci*], affabile; 《甘美な》 dolce, tenue, delicato ¶柔らかい声 voce dolce ¶柔らかい態度 comportamento gentile ¶柔らかい風 dolce brezza ¶柔らかい春の日差し tiepidi [tenui] raggi di sole primaverile ¶柔らかい色のカーテン tenda dal colore delicato ¶柔らかい光 luce soffusa ¶彼は人当たりが柔らかい. È una persona molto affabile.

4《堅苦しくない》 ¶軟らかい話 discorso leggero

5《融通のきく》 adattabile, elast*ico* [男複 *-ci*], flessibile, docile, compiacente ¶もっと頭を柔らかくしなくてはだめだ. Devi essere più elastico mentalmente.

やわらぐ 和らぐ 《穏やかになる》 placarsi; 《緩和される》 calmarsi; 《風などが弱まる》 scemare[自] [*es*], calare[自] [*es*]; 《静まる》 attenuarsi ¶寒さ[痛み]が和らいだ. Il freddo [Il dolore] si è attenuato. ¶父親の息子に対する態度が和らいだ. L'atteggiamento del padre nei confronti del figlio si è addolcito.

やわらげる 和らげる **1**《穏やかにする》 placare; 《痛みなどを》 attenuare, lenire, calmare, alleviare; 《なだめる》 sedare; 《適度に調節する》 moderare, mitigare ¶声を和らげる addolcire [ingentilire] la voce ¶労働組合は要求をかなり和らげてきた. Il sindacato dei lavoratori ha notevolmente ammorbidito le sue richieste. ¶彼女の存在は僕の悲しみを和らげてくれる. La sua presenza mi solleva dalla tristezza.

2《文章などをわかりやすくする》 rendere più comprensibile (►comprensibileは目的語の性・数に合わせて語尾変化する) ¶一般向けに和らげて文章を書く scrivere con termini ed espressioni comprensibili ad un vasto pubblico [alla massa]

ヤンキー 《不良》 giovani[男][女] [複] ribelli che per apparire diversi si vestono o si tingono i capelli in maniera anticonformista

ヤンキー 〔英 yankee〕《「アメリカ人」の俗称》〔英〕 yankee[男][女] [無変]

ヤング 〔英 young〕 i giovani[男] [複]

やんごとない nobile, distinto ¶やんごとない生まれ nobili natali (►複数形で出身・家柄を表す) ¶やんごとない家柄 nobile estrazione [stirpe] ¶やんごとない生まれの人 persona di「nobili natali [nobile estrazione / nobili stirpe / sangue blu]

やんちゃ ¶やんちゃな子供 scavezzacolo / discolo ¶やんちゃ娘 maschietta / 《親》 maschiac*cio* [男] [複 *-ci*] ¶やんちゃはいけません. Non fare il discolo! ¶このやんちゃ坊主め. Che bambino sfrenato che sei!

やんま 〘昆〙《大型のトンボ》 grossa libellula[女]

やんや ¶役者の演技に見物席からやんやと拍手がわいた. L'attore ha ricevuto applausi scroscianti dal pubblico per la sua interpretazione.

やんわり delicatamente, garbatamente, blandamente ¶彼はやんわりと申し出を断った. Ha garbatamente declinato l'offerta.

[や]

ゆ

ゆ 湯 **1**《熱くした水》acqua㊛ calda ¶湯を沸かす riscaldare l'acqua / bollire l'acqua ¶熱い[ぬるい]湯 acqua calda [tiepida] ¶湯が沸騰している. L'acqua bolle [sta bollendo]. ¶こんろで湯を沸かしてください. Metti l'acqua sul fornello.
2《風呂》bagno㊚;《銭湯》bagno㊚ pubblico [複 -ci];《温泉》terme㊛[複], sorgente㊛ termale ¶湯に入る fare il bagno ¶湯から出る[上がる] uscire dal bagno ¶湯が沸きました. Ho scaldato l'acqua del bagno. ¶湯の町 stazione termale ¶湯の香 odori tipici delle sorgenti termali ¶山あいの湯 stazione termale di montagna
3《冶》metallo㊚ fuso

ゆあか 湯垢 incrostazione㊛ (calcarea), tartaro㊚

ゆあがり 湯上がり ¶湯上がりに飲むビールはおいしい. Dopo un bagno caldo, la birra è ancora più buona.
✤湯上がりタオル telo㊚ da bagno

ゆあたり 湯中り ¶湯あたりした. Mi sono sentito male dopo un bagno troppo lungo e caldo.

ゆあつ 油圧 《機》pressione㊛ dell'olio
✤油圧計 manometro㊚
油圧式ブレーキ freno㊚ idraulico [複 -ci]

ゆいあげる 結い上げる ¶髪をまげて結い上げる raccogliersi i capelli in una crocchia

ゆいいつ 唯一 ◇唯一の unico [男複 -ci], solo ¶マリオは私の唯一無二の親友だ. Mario è un amico insostituibile. ¶これは私の唯一の願望だった. Questo era il mio unico [solo] desiderio.

ゆいがどくそん 唯我独尊 ¶唯我独尊の態度《独善的な》atteggiamento egocentrico [《うぬぼれた》superbo]

ゆいがろん 唯我論 《哲》solipsismo㊚
✤唯我論者 solipsista㊚㊛ [男複 -i]

ゆいごん 遺言 testamento㊚, ultime volontà㊛[複] ¶遺言を実行する eseguire il testamento ¶故人の遺言で葬式は行われなかった. Il funerale non è stato eseguito secondo le ultime volontà del defunto.
✤遺言執行者 esecutore㊚ [㊛ -trice] testamentario [男複 -i]
遺言状 testamento㊚ scritto;《公正証書による》testamento㊚ pubblico [複 -ci];《自筆の》testamento㊚ olografo ¶遺言状を作成する fare testamento ¶公証人に遺言状を作成させる far stendere al notaio il proprio testamento

ゆいしょ 由緒 《いわれ》origine㊛;《歴史》storia㊛ ¶由緒ある寺 tempio「con una lunga storia [ricco di storia]」¶由緒ある家柄の出だ. È d'origine nobile [di discendenza illustre].

ゆいしんろん 唯心論 spiritualismo㊚;《観念論》idealismo㊚

✤唯心論者 spiritualista㊚㊛ [男複 -i]

ゆいのう 結納 cerimonia㊛ [《金品》regalo㊚ / dono㊚] di fidanzamento ¶両家の間で結納が取り交わされた. Le due famiglie si sono scambiate i doni di fidanzamento.
✤結納金 dono㊚ di fidanzamento in denaro

ゆいび 唯美 ◇唯美的 estetico [男複 -ci]
✤唯美主義 estetismo㊚
唯美主義者 esteta㊚㊛ [男複 -ci]
唯美派 corrente㊛ di estetica

ゆいぶつ 唯物 ◇唯物的 materialista [男複 -i], materialistico [男複 -ci]
唯物史観 materialismo㊚ storico
唯物弁証法 materialismo㊚ dialettico
唯物論 materialismo㊚
唯物論者 materialista㊚㊛ [男複 -i]

ゆいめいろん 唯名論 《哲》nominalismo㊚
✤唯名論者 nominalista㊚㊛ [男複 -i]

ゆう 夕 sera㊛ ¶朝に夕に祈りを捧げる pregare mattina e sera

ゆう 雄 ¶彼は一世の雄といわれる. Si dice che il più grande uomo della sua epoca.

ゆう 優 《成績などの》ottimo㊚ →成績[参考] ¶彼女は全優だった. Aveva ottimo in tutte le materie.

ゆう 結う **1**《結ぶ》¶帯を結う annodare [legare] l'obi **2**《髪を》¶日本髪に結う acconciare [acconciarsi] i capelli alla maniera tradizionale giapponese

ユーアールエル URL 《コンピュータ》[英] URL [úrl, uerreélle]㊚ [無変]

ゆうあい 友愛 amicizia㊛, fratellanza㊛, fraternità㊛ ¶友愛の情《精神》amicizia

ゆうい 有為 ¶有為な青年《有望》ragazzo promettente [ricco di promesse] /《有能》ragazzo di talento

ゆうい 優位 vantaggio㊚ [複 -gi];《上位》superiorità㊛;《絶対的優位》supremazia㊛ ¶ここでは女性のほうが優位だ. Qui le donne sono superiori agli uomini. ¶X社は総売り上げ高で優位に立っている. La ditta X supera tutte le altre nell'ammontare delle vendite. ¶今年もわがチームが優位を占めた. Anche quest'anno la nostra squadra ha mantenuto la sua supremazia.

ゆういぎ 有意義 ¶有意義な話 discorso「ricco di significato [molto significativo]」¶有意義な生活 vita ricca ¶学生生活を有意義に過ごしたい. Vorrei trascorrere la vita da studente in maniera costruttiva.

ゆういさ 有意差 《数》differenza㊛ significativa

ゆういん 誘因 《動機》motivo㊚;《原因》causa㊛;《理由》ragione㊛ ¶…の誘因となる provocare ql.co. ¶彼らをあの行動に走らせた誘因は何か. Per quale motivo si sono comportati così?

ゆううつ 憂鬱　malinconia㊛, tristezza㊛;《抑うつ》depressione㊛ ◇憂鬱な malinconico[㊚複 -ci], triste ¶憂鬱そうな顔 viso malinconico [triste]. Sono depresso [malinconico / triste / giù di morale]. ¶この絵を見ると憂鬱になる。Questo quadro infonde malinconia [incute tristezza]. ¶今日は憂鬱な日だ。Oggi è una giornata tetra [triste / uggiosa]

❖**憂鬱質**〖心〗indole㊛ malinconica
憂鬱症 depressione㊛ clinica
憂鬱症患者 paziente㊚㊛ affetto da depressione

ゆうえい 遊泳　《泳ぐこと》nuoto㊚;《水浴》bagno㊚ ¶宇宙遊泳 passeggiata nello spazio ¶「遊泳禁止」〖掲示〗"Vietato fare il bagno" / "Divieto di balneazione"

◇**遊泳術**《世渡りの術》¶彼は人生の遊泳術にたけている。È un uomo navigato [del mondo].

ゆうえき 有益　◇有益な《役立つ》utile《に per, a》;《得な》proficuo, vantaggioso;《教育上》istruttivo, educativo;《実践的》pratico[㊚複 -ci] ¶有益に使う utilizzare [servirsi utilmente di] ql.co. /《うまく活用する》approfittare di ql.co. / fare buon uso di ¶残された時間を有益に使いたい。Non voglio sprecare il tempo rimasto. ¶今日は有益なお話を聞かせていただきました。Il suo discorso di oggi è stato illuminante.

ゆうえつ 優越　¶諸国に優越した経済力 forza economica superiore a quella di altri paesi
❖**優越感** sentimento㊚[《劣等感に対し》complesso㊚] di superiorità ¶〈人〉に対して優越感をもつ sentirsi superiore a qlcu.

ユーエッチエフ UHF　banda㊛ 9, frequenza㊛ ultra-alta;《略》〖英〗UHF㊛

ゆうえんち 遊園地　luna park㊚[無変], parco㊚[複 -chi] dei divertimenti

ゆうが 優雅　《優美さ》grazia㊛;《しとやかな上品さ》eleganza㊛ ◇優雅な grazioso; elegante ◇優雅に con grazia; elegantemente, con eleganza ¶優雅な文体 stile elegante ¶優雅な身のこなし movenze eleganti ¶優雅に暮らす condurre una vita raffinata [《楽に》agiata]

ゆうかい 誘拐　sequestro㊚ di persona, rapimento㊚ ◇誘拐する rapire ¶金銭目当てに誘拐する sequestrare [rapire] qlcu. a scopo di estorsione ¶幼児が誘拐された。Un bambino è stato rapito.
❖**誘拐罪** rapimento㊚
誘拐者〖犯〗sequestratore㊚[㊛ -trice], rapitore㊚[㊛ -trice]

ゆうかい 融解　《融合》fusione㊛;《溶解》scioglimento㊚;《気体・固体の液化》liquefazione㊛
❖**融解する** fondersi; sciogliersi; liquefarsi ¶融解させる fondere [sciogliere / liquefare] ql.co.
❖**融解点**〖化〗punto㊚ [temperatura㊛] di fusione
融解熱〖化〗calore㊚ latente di fusione

ゆうがい 有害　◇有害な dannoso, nocivo, pericoloso;《人に》velenoso, tossico[㊚複 -ci] ¶飲み過ぎは健康に有害だ。Bere troppo rovina la salute.
❖**有害食品** alimento㊚ velenoso [tossico]
有害物質 sostanza㊛ tossica [velenosa]

有害無益 ¶彼は有害無益だ。Quell'uomo non solo è inutile, ma anche dannoso.

ゆうがい 有蓋　◇有蓋の coperto ¶有蓋貨車 carro coperto

ゆうがお 夕顔　**1**〖植〗《ウリ科のつる草》zucca㊛ a fiasco **2**〖植〗《ヨルガオ：ヒルガオ科》《学名》*Calonyction aculeatum*

ゆうかく 遊郭　quartiere㊚ dei piaceri [delle case di tolleranza]

ゆうがく 遊学　¶イギリスに遊学中《に》durante il soggiorno inglese a scopo di studio

ゆうかしょうけん 有価証券　〖金融〗obbligazioni㊛[複], valori㊚[複], titoli㊚[複]
❖**有価証券明細書** portafo*glio*[㊚ -gli, -glio]

ゆうがた 夕方　sera㊛, serata㊛ ¶夕方近く《に》verso sera ¶夕方になる。Si fa sera. ¶夕方には戻ります。Ritornerò stasera. ¶明日の夕方に電話して。Telefonami domani sera! ¶夕方6時に alle sei di sera

ゆうがとう 誘蛾灯　lampada㊛ che attrae gli insetti

ゆうかぶつ 有価物　oggetti㊚[複] con un valore [commerciale]

ユーカラ Yukar㊚（◆ Epica degli Ainu）

ユーカリ 〔ラ *eucalyptus*〕〖植〗eucalipto㊚

ゆうかん 夕刊　《朝刊に対して》edizione㊛ serale;《夕刊紙》giornale㊚ della sera

ゆうかん 勇敢　coraggio㊚ ◇勇敢な coraggioso, audace, valoroso ◇勇敢に coraggiosamente, audacemente, valorosamente ¶勇敢な兵士 soldato valoroso ¶勇敢な行為 atto coraggioso [eroico] ¶勇敢に戦う battersi eroicamente

ゆうかんかいきゅう 有閑階級　classe㊛ agiata

ゆうかんじしん 有感地震　terremoto㊚ avvertibile

ゆうかんマダム 有閑マダム　signora㊛ ricca e sfaccendata

ゆうき 有期　◇有期の a tempo determinato
❖**有期刑** pena㊛ di durata determinata ¶有期刑に処せられた。È stato condannato alla reclusione per un periodo definito.

有期年金 pensione㊛ a termine fisso

ゆうき 有機　◇有機的 organico[㊚複 -ci] ◇有機的に organicamente
❖**有機化学** chimica㊛ organica
有機化合物 composto㊚ organico
有機体 organismo㊚ ◇有機体の organico
有機農業 agricoltura㊛ organica
有機肥料 fertilizzante㊚[concime㊚] organico
有機物 materia㊛ organica
有機野菜 verdure㊛[複] biologiche

ゆうき 勇気　coraggio㊚;《大胆》audacia㊛;《精神的な強さ》forza㊛ ¶勇気のある coraggioso / audace / forte ¶勇気を出す farsi coraggio ¶勇気を出して戦う combattere con coraggio ¶勇気を失う perdersi di coraggio [d'animo] ¶勇気を奮い起こして…する fare appello a tutto il *proprio* coraggio per +不定詞 ¶彼は勇気がある。È coraggioso [intrepido]. / Ha fegato. ¶勇気を出せよ。Coraggio! / Fatti coraggio! ¶いつも彼が勇気づけてくれた。Mi incoraggiava [rincuorava] sempre.

ゆうぎ 遊技 gioco[男][複 -chi]
✤遊技施設 struttura[女] ricreativa
遊技室 aula[女] da gioco [dei giochi]
遊技場 campo[男] da gioco

ゆうぎ 遊戯 giochi[男][複], trastulli[男][複] ¶幼稚園児は輪になって遊戯をしていた. I bambini della scuola materna danzavano e cantavano in cerchio.
✤遊戯室 aula[女] [sala[女]] da gioco [dei giochi]

ゆうきおん 有気音 〔音 声〕 suono[男] aspirato (►k, t, pのような破裂音が激しい気息を伴って発せられる音)

ゆうきゅう 有給 ◇有給の salariato, stipendiato, pagato
✤有給休暇 ferie[女][複] pagate [retribuite], congedo[男] retribuito ¶有給休暇を取る prendere (un giorno di) ferie pagate [un congedo retribuito] ¶今年も有給休暇を消化しきれなかった. Anche quest'anno non sono riuscito a uṣare tutte le ferie (pagate).

ゆうきゅう 悠久 ◇悠久の eterno, perpetuo ¶悠久の昔から dall'antichità più remota ¶悠久の真理 verità eterna

ゆうきゅう 遊休 ◇遊休の inattivo, inutilizzato
✤遊休資金〔金融〕 moneta[女] inutilizzata, capitoli[男][複] inattivi
遊休地 terreno[男] non sfruttato

ゆうきょう 遊興 piaceri[男][複], divertimenti[男][複]; gozzoviglie[女][複] ¶遊興にふける darsi「tutto [anima e corpo] ai divertimenti
✤遊興費 spese[女][複] voluttuose [per i divertimenti]

ゆうぎょう 有業 ◇有業の avente lavoro, occupato
✤有業者 occupati[男][複]
有業人口 numero[男] degli occupati

ゆうぎり 夕霧 nebbia[女] della sera, foschia[女] serale

ゆうきんるい 游禽類 〔鳥〕 caradriformi[男][複], pelecaniformi[男][複]

ゆうぐう 優遇 trattamento[男] di favore, agevolazione[女] ◇優遇する favorire *qlcu.* ¶優偶される godere di un buon trattamento ¶経験者は優遇される. Chi ha esperienza sarà agevolato.

ユークリッドきかがく ユークリッド幾何学 geometria[女] euclidea

ゆうぐれ 夕暮れ sera[女];《文》vespro[男] ¶夕暮れ時になると子供たちは帰って行った. I bambini sono andati a casa non appena è sceso il buio.

ゆうぐん 友軍 《味方の軍》truppe[女][複] amiche;《同盟軍》truppe[女][複] alleate

ゆうぐん 遊軍 (truppe[女][複] di) riserva[女], riserve[女][複]
✤遊軍記者 cronist*a*[男][女][男複 -*i*] di riserva

ゆうけい 有形 ◇有形の materiale; tangibile, viṣibile
✤有形財産 beni[男][複] materiali
有形資産 attività[女][複] tangibili
有形文化財 beni[男][複] culturali tangibili
有形無形 ¶彼は芸術家たちに有形無形の援助をした. Ha dato aiuto morale e materiale agli artisti.

ゆうげきしゅ 遊撃手 《野球で》interbaṣe[男][無変]

ゆうげきせん 遊撃戦 guerriglia[女]

ゆうげきたい 遊撃隊 reparto[男] di guerriglieri;《特別奇襲隊》commando[男][無変]

ゆうげしき 夕景色 paeṣ*aggio*[男][複 -*gi*] [panoram*a*[男][複 -*i*]] crepuscolare

ゆうげん 有限 ◇有限の limitato;〔数〕finito
✤有限会社 società[女] a responsabilità limitata;《略》s.r.l.
有限数〔数〕numero[男] finito
有限責任 responsabilità[女] limitata

ゆうげん 幽玄 mistero[男], arcano[男] ◇幽玄な misterioso e profondo

ゆうけんしゃ 有権者 elet*tore*[男][女 -*trice*], votante[男][女];《集合的》elettorato[男]
✤有権者名簿 lista[女] elettorale

ゆうこう 友好 amicizia[女], fratellanza[女] ◇友好的 amichevole ◇友好的に amichevolmente ¶両国の友好を深める rafforzare la fratellanza fra le due nazioni ¶友好的な関係にある mantenersi in rapporti amichevoli ¶会議は友好的に行われた. La riunione si è ṣvolta amichevolmente.
✤友好国 paeṣe[男] ami*co*[複 -*ci*]
友好条約 trattato[男] d'amicizia

ゆうこう

有効 ◇有効な《効果的》efficace;《ある期間·条件のもとで》valido ◇有効に efficacemente; validamente ¶有効にする《法的に》convalidare *ql.co.* ¶有効な手段をとる prendere provvedimenti efficaci ¶この切符は4日間有効です. Questo biglietto ha 4 giorni di validità. / "Vale 4 giorni (dalla obliterazione)." ¶夏休みを有効に使おう. Utilizziamo [Sfruttiamo] bene le vacanze estive.
✤有効温度〔物·化〕temperatura[女] effettiva
有効期間 scadenza[女], termine[男] di validità
有効求人倍率 rapporto[男] tra offerta e domanda di lavoro
有効寿命〔機〕vita[女] d'impiego, durata[女] in servizio
有効需要〔経〕domanda[女] effettiva
有効数字〔数〕cifra[女] significativa
有効性 validità[女]
有効成分〔薬〕princip*io*[男][複 -*i*] attivo
有効電力〔電〕potenza[女] attiva
有効範囲〔領域〕〔通〕area[女] servita [coperta]
有効票 voto[男] valido

ゆうごう 融合 《溶け合うこと》fuṣione[女];《調和》armonia[女] ◇融合する fondersi《と con》; armonizzarsi, unirsi ¶民族の融合 mescolanza [fuṣione] delle razze

ゆうこうちゅう 有孔虫 〔動〕foraminiferi[男][複]

ゆうこく 夕刻 sera[女]

ゆうこく 憂国 ¶憂国の士 patriot*a*[男][女][男複 -*i*] ¶憂国の情に駆り立てられた. È stato spinto dal suo patriottiṣmo.

ユーザー 〔英 user〕 utente[男][女], utilizz*atore*[男][女 -*trice*]
✤ユーザーインターフェース〔コンピュータ〕interfacc*ia*[女][複 -*ce*] utente
ユーザー登録 registrazione[女] utente

ユーザーフレンドリー ◇ユーザーフレンドリーな facile da usare, maneggevole

ユーザープログラム 《コンピュータ》 programma男 [複 -i]「dell'utente [applicato]

ゆうざい 有罪 colpevolezza女 ◇有罪の colpevole ¶有罪の判決を受ける essere condannato [dichiarato] colpevole ¶収賄罪で有罪とされた. È stato condannato per [giudicato colpevole di] concussione.

✤**有罪判決** verdetto男 [sentenza女] di colpevolezza

ゆうさいしょく 有彩色 colore男 cromatico [複 -ci]

ゆうさんかいきゅう 有産階級 borghesia女, classe女 di possidenti

ユーザンス 《英 usance》《経》scadenza女

ゆうさんそううんどう 有酸素運動 esercizi男 [複] aerobici

ゆうし 有史 ◇有史の storico [男複 -ci] ¶有史 以前の preistorico ¶有史以来 sin [fin] dall'inizio della storia ¶有史以来の大惨事 sciagura senza precedenti

ゆうし 有志 volontari男[複] ◇有志の volontario [男複 -i] ¶有志で劇を作る organizzare uno spettacolo teatrale con un gruppo di interessati

ゆうし 勇士 **1**《勇者》uomo男 [複 uomini] valoroso, eroe男 [女 eroina] ¶革命の勇士 eroe della rivoluzione **2**《勇ましい兵士》soldato男 [女 -essa] [guerriliero男 [女 -a] valoroso ¶歴戦 の勇士 veterano

ゆうし 雄姿 ¶摩天楼の雄姿 magnifica sagoma di un grattacielo ¶アルプスの雄姿が目の前に 見える. Abbiamo dinanzi una magnifica veduta delle Alpi.

ゆうし 融資 finanziamento男; (貸し付け) prestito男 ◇融資する finanziare qlcu. [ql.co.]; (貸し付ける) prestare dei soldi a qlcu. [ql.co.). ¶事業に融資する finanziare un'impresa ¶銀行 から融資を受ける ricevere un finanziamento da una banca

✤**融資計画** piano男 di finanziamento
融資集中 concentrazione女 finanziaria

ゆうじ 有事 ¶有事に備える prepararsi in caso di emergenza

✤**有事立法** legislazione女 d'emergenza

ゆうしかい 有視界飛行 volo男 a vista

ゆうしかく 有資格 ◇有資格の qualificato, abilitato; idoneo ¶有資格の教員を求めている. Si cercano insegnanti qualificati [abilitati].

✤**有資格者**《免許を取った者》persona女 qualificata; 《適格な者》persona女 idonea ¶薬剤師の有資 格者 farmacista男 [女 -i] abilitato

ユージがた U字形 ◇U字形の a (forma di) U
✤**U字形磁石** magnete男 a ferro di cavallo

ゆうしきしゃ 有識者 《知識のある人》esperto男 [女 -a], buon conoscitore男, buona conoscitrice女; 《学識のある人》persona女 colta [erudita / di cultura]

ゆうしてっせん 有刺鉄線 filo男 spinato ¶有刺鉄線を張りめぐらす recintare ql.co. con filo spinato

ゆうしゃ 勇者 uomo男 [複 uomini] valoroso

ゆうしゅう 有終 ¶有終の美を飾る chiudere in bellezza

ゆうしゅう 幽愁 profonda malinconia女 [tristezza女] ¶夫を失って彼女は幽愁に閉ざされていた. La perdita del marito l'ha sprofondata in uno stato di grande malinconia.

ゆうしゅう 憂愁 tristezza女, malinconia女 ¶憂愁の色を帯びる assumere un'aria triste

ゆうしゅう 優秀 eccellenza女, superiorità女 ◇優秀な bravo, ottimo, superiore, eccellente, di alta qualità ¶優秀な学生 studente eccellente [in gamba] ¶優秀な機械 apparecchio di prima qualità ¶優秀な作品 opera eccellente ¶優 秀な法律家 bravo [abile / esperto] giurista ¶彼 は優秀な成績で卒業した. Si è diplomato con ottimi voti [risultati brillanti].

語法 bravo
形容詞 bravoは名詞を修飾するとき, 置かれる位置によって意味が異なる. 名詞の前に置かれると「いい, 正直な, しっかりした」の意味を, 後ろに置かれると「優秀な」の意味 を表す.
¶un bravo ragazzo いい子
¶un ragazzo bravo 優秀な子

ゆうじゅうふだん 優柔不断 ◇優柔不断な indeciso, irresoluto ¶彼は何事にも優柔不断だ. È indeciso in ogni circostanza.

ゆうしゅつ 湧出 ◇湧出する sorgere自 [es], sgorgare自 [es], scaturire自 [es]

✤**湧出量** ¶石油の年間湧出量 estrazione annua del petrolio

ゆうじょ 遊女 cortigiana女; prostituta女

ゆうしょう 有償 ◇有償の oneroso ◇有償で a titolo oneroso

✤**有償契約** contratto男 a titolo oneroso
有償行為《法》atto男 giuridico [複 -ci] remunerato

ゆうしょう 優勝 vittoria女, trionfo男 ◇優勝 する vincere il campionato [lo scudetto] (▶ scudettoはサッカーのイタリア全国選手権をかちとった チームが翌シーズン中, ユニホームの胸に付けることを 許される盾型のワッペン) ¶2チームが優勝を争って いる. Le due squadre competono per il titolo di campione.

✤**優勝カップ[杯]** trofeo男, coppa女
優勝旗 bandiera女 del vincitore
優勝決定戦 finale女
優勝候補 candidato男 [女 -a] al titolo
優勝者 vincitore男 [女 -trice], campione男 [女 -essa]
優勝チーム squadra女 vincitrice
優勝劣敗《生存競争では強者のみが勝つ》"Il forte sopravvive, il debole soccombe."

ゆうじょう 友情 amicizia女 ¶友情ある amichevole ¶友情から per amicizia ¶友情をもって con amicizia / fraternamente ¶友情を抱く sentire amicizia 《に con》 ¶彼らは深い友情で結ば れている. Sono legati da una profonda amicizia. ¶彼は友情に厚い. Dà molta importanza all'amicizia.

ゆうしょく 夕食 cena女, pasto男 serale ¶夕 食をとる cenare自 [av] ¶夕食に招く invitare *qlcu.* a cena

ゆうしょく 有色 ◇有色の di colore
❖有色人種 razza⒡ di colore

ゆうしょく 憂色 ¶憂色を帯びる assumere un'aria inquieta [preoccupata] / diventare ansioso ¶憂色を浮かべて con un'espressione di profonda inquietudine ¶災害のために村中が憂色に閉ざされていた. A causa della calamità tutto il villaggio era abbattuto.

ゆうじん 友人 amico⒨ [⒨-ca; ⒨複 -ci] ¶私は友人代表としてあいさつした. Ho tenuto un breve discorso a nome di tutti gli amici.

ゆうじん 有人 ◇有人の con equipaggio
❖有人（宇宙）船 navetta⒡ spaziale con equipaggio

ゆうしんろん 有神論 teismo⒨ ◇有神論の teistico [⒨複 -ci]
❖有神論者 teista⒨⒡ [⒨複 -i]

ゆうすう 有数 ◇有数の eminente, emerito ¶世界有数の企業 una delle maggiori imprese al mondo

ゆうずう 融通 1《順応すること》¶彼は融通がきく. È flessibile. ¶彼は融通のきかない男だ. Manca di flessibilità. / È poco malleabile. ¶もう少し融通をきかせて欲しいんです. 《幅をもたせる》Non si potrebbe essere un po' più elastici?
2《金を貸すこと》◇融通する offrire disponibilità finanziaria ¶2万円融通してくれないか. Puoi prestarmi ventimila yen?
❖融通手形 cambiale⒡ di comodo

ゆうすずみ 夕涼み ¶夕涼みをする prendere [godere] il fresco della sera

ユースホステル [英 youth hostel] ostello⒨ della gioventù

ゆうする 有する avere, possedere ¶天然資源を有する国 paese provvisto di risorse naturali ¶自治権を有している地方 regione ad [che ha l'] autonomia amministrativa

ゆうせい 有声 ◇有声の《音声》sonoro ¶有声のs s sonora [dolce]
❖有声音《音声》sonoro⒨ （▶声帯の振動を伴って発せられる音で, 母音と, b, d, g, m, y, v, zなどの子音がこれに属する）；《有声子音》consonante⒡ sonora
有声化《音声》sonorizzazione⒡ ◇有声化する sonorizzarsi

ゆうせい 郵政 servizi⒨[複] postali

ゆうせい 遊星 pianeta⒨ [⒨複 -i]

ゆうせい 優性《生》《遺伝学で》dominanza⒡
◇優性の dominante ¶優性の法則（メンデル）legge della dominanza (Mendel)
❖優性遺伝 dominanza⒡
優性遺伝子［因子］gene⒨ dominante
優性形質 carattere⒨ dominante

ゆうせい 優勢 《優越》superiorità⒡, vantaggio⒨；《他にまさること》prevalenza⒡ ◇優勢な superiore, vantaggioso; prevalente ¶優勢である essere superiore《より a》/ avere un vantaggio《より su》/ prevalere⒨ [es, av]《より su》¶相手チームはスタートから優勢であった. La squadra avversaria sin dall'inizio ha dominato la partita.

ゆうぜい 有税 ◇有税の tassabile

❖有税品 articolo⒨ tassabile [imponibile]

ゆうぜい 遊説 tour [tur]⒨[無変] di discorsi politici in provincia;《選挙の》campagna⒡ elettorale ¶遊説に出かける fare propaganda [campagna] elettorale in provincia

ゆうせいがく 優生学 eugenetica⒡, eugenica⒡

ゆうせいせいしょく 有性生殖《生》riproduzione⒡ sessuale

ゆうせん 有線 ◇有線の via cavo, dotato di fili, filoguidato
❖有線通信 comunicazione⒡ via cavo
有線テレビ televisione⒡ via cavo
有線電信 telegrafia⒡
有線放送 filodiffusione⒡ ¶有線放送でラジオを聴く ascoltare la radio via cavo

ゆうせん 優先 priorità⒡, precedenza⒡ ◇優先的 prioritario [⒨複 -i]《より su》◇優先的に prioritariamente ◇優先する avere la priorità《に su》¶BよりAを優先させる dare la priorità [precedenza] ad A su B ¶最優先させる dare la priorità assoluta《a》¶人命尊重には何よりも優先されねばならない. Il rispetto per la vita umana deve avere la priorità su tutte le altre cose. ¶右から来る車が優先. Le macchine che vengono da destra hanno la precedenza.
❖優先株 azioni⒡[複] privilegiate
優先権 (diritto⒨ di) priorità⒡;《先取権》opzione⒡
優先順位 (ordine⒨ di) priorità⒡ ¶優先順位をつける fare una graduatoria secondo criteri prioritari《の中で fra》
優先席 posto⒨ riservato (a *qlcu.*)
優先通行権 precedenza⒡

ゆうぜん 悠然 ◇悠然と con calma, senza fretta; tranquillamente, serenamente ¶彼は悠然とタバコを吸っていた. Fumava tranquillamente una sigaretta.

ゆうそう 郵送 spedizione⒡ postale ◇郵送する spedire [inviare / mandare] *ql.co.* per posta
❖郵送料 tariffa⒡ postale ¶郵送料は受取人負担 tassa⒡ a carico del destinatario
郵送料不足 affrancatura⒡ insufficiente

ゆうそう 勇壮 ◇勇壮な《雄々しい》eroico [⒨複 -ci]；《勇敢な》audace

ユーターン Uターン 1《自動車などの》◇Uターンする fare un'inversione ad U ¶「Uターン禁止」《掲示》"Divieto di inversione ad U"
2《元に戻ること》ritorno al paese natale dopo un lungo periodo di lavoro in città
❖Uターンラッシュ controesodo⒨

ゆうたい 勇退 ritiro⒨ volontario [複 -i], dimissione⒡ volontaria ◇勇退する ritirarsi [dare le dimissioni] volontariamente ¶彼は後進に道を譲るべく勇退した. Si è ritirato per lasciare spazio ai giovani.

ゆうたい 優待 ◇優待する trattare *qlcu.* con particolare riguardo ¶劇場は高齢者を優待した.《無料でもてなす》Hanno offerto agli anziani l'ingresso gratuito [《割引価額で》a prezzo ridotto] al teatro.
❖優待券 biglietto⒨ omaggio [無変] ¶割引優待券 biglietto scontato /《割引が受けられる券》invi-

ゆうだい 雄大 ◇雄大な grandioso, maestoso ¶富士山の雄大な眺め grandiosa veduta del monte Fuji ¶自然の雄大さ grandiosità della natura ¶雄大な開発企画 piano di sviluppo faraonico

ゆうたいるい 有袋類 〔動〕marsupiali㊗[複]
✦**有袋動物** marsupiale㊗

ゆうだち 夕立 acquazzone㊗[rovescio㊗[複-sci]] serale ¶夕立があった. C'è stato un temporale improvviso. ¶山で夕立にあった. In montagna sono stato sorpreso da un acquazzone. ¶夕立が上がった. Il temporale è cessato. ¶夕立が来そうだ. Sembra che stia per arrivare un acquazzone.

✦**夕立ち雲** nuvolone㊗, nuvola㊛ temporalesca

ゆうだん 勇断 ¶勇断を下す prendere una decisione coraggiosa

ゆうだんしゃ 有段者 titolare㊗ di un *dan*; 《柔道などの黒帯》cintura㊛ nera

ゆうち 誘致 ◇誘致する invitare, introdurre ¶外国人観光客を日本に誘致する far venire turisti stranieri in Giappone ¶工場を誘致する offrirsi come luogo per la costruzione di un impianto

ゆうちょう 悠長 ◇悠長な《遅い》lento; 《のんびりした》tranquillo, calmo ¶悠長な計画 progetto di lunghissima realizzazione ¶悠長に構える prendere le cose con calma / comportarsi senza nessuna fretta

ゆうづき 夕月 luna㊛「della sera [serale]

ゆうてい 遊底 《銃の》otturatore㊗

ユーティリティー 〔英 utility〕 utilità㊛
✦**ユーティリティプログラム**《コンピュータ》programma㊗[複-i] di utilità

ゆうているい 有蹄類 〔動〕ungulati㊗[複] → 動物〔用語集〕

ゆうてん 融点 〔化〕punto㊗[temperatura㊛] di fusione

ゆうでんたい 誘電体 dielettrico㊗[複-ci]

ゆうでんりつ 誘電率 permettività㊛, costante㊛ dielettrica

ゆうとう 優等 《優秀なこと》eccellenza㊛; 《学校の成績》ottimo㊗ ¶大学を優等で卒業した. Si è laureato a pieni voti.
✦**優等賞**《コンクールの》primo premio㊗
優等生 studente㊗[㊛-essa] eccellente; 《そつのない人》persona㊛ impeccabile ¶クラス一の優等生 primo㊗[㊛-a] della classe

ゆうどう 誘導 **1**《誘い導くこと》guida㊛, conduzione㊛ ◇誘導する guidare [condurre] *qlcu*. ¶非常の時は職員の誘導に従ってください. In caso di emergenza attenetevi alle istruzioni del personale. **2**《電・生》induzione㊛; 《化》derivazione㊛
✦**誘導機**《機》macchina㊛ a induzione
誘導コイル《電》bobina㊛ di induzione, rocchetto㊗ di Ruhmkorff
誘導者 guida㊛, accompagnatore㊗[㊛-trice]
誘導尋問 interrogatorio㊗[複-i] mirato ¶誘導尋問にひっかかる cadere su una domanda insidiosa
誘導装置《管制装置》sistema㊗[複-i] di guida; 《飛行機の》sistema㊗ di guida aerea
誘導体《化》derivato㊗
誘導蛋白質 proteina㊛ derivata
誘導電動機《機》motore㊗ a induzione
誘導電流 corrente㊛ indotta
誘導放出《物》emissione㊛ indotta [stimolata]
誘導ミサイル missile㊗ guidato

ゆうとく 有徳 ◇有徳の di virtù, virtuoso

ゆうどく 有毒 ◇有毒な velenoso, tossico[複-ci]
✦**有毒ガス** gas㊗[無変] tossico
有毒性 tossicità㊛
有毒物質 sostanza㊛ tossica

ユートピア 〔英 utopia〕 utopia㊛ ◇ユートピア的 utopistico㊗[複-ci]

ゆうなぎ 夕凪 bonaccia㊛ serale, calma㊛ del mare alla sera

ゆうに 優に ¶車で行ってもゆうに1時間はかかる. Pur andando in macchina, ci vorrà un'ora buona [abbondante]. ¶観衆はゆうに1万を超える. Il pubblico superava di molto le diecimila persone. ¶事業を継続するに足る資金はゆうにある. Abbiamo fondi più che sufficienti per continuare l'impresa.

ゆうのう 有能 ◇有能な bravo, abile, capace ¶有能な人 persona capace [in gamba] ¶有能な弁護士 abile avvocato

ゆうはいかぶ 有配株 azioni㊛[複] di godimento

ゆうばえ 夕映え bagliore㊗ del tramonto ¶夕映えの空 cielo tinto di rosso

ゆうはつ 誘発 ◇誘発する provocare [causare / generare] *ql.co*. ¶風邪はいろいろの病気を誘発する. Il raffreddore è all'origine di molte malattie.
✦**誘発投資**《経》investimento㊗ indotto
誘発放射能 radioattività㊛ artificiale

ゆうはん 夕飯 cena㊛, pasto serale

ゆうひ 夕日・夕陽 sole㊗ del「tramonto [calante] ¶部屋に夕日がさしている. Il sole del crepuscolo entra nella stanza. ¶夕日は西の空を赤々と染めて沈んでいった. Il sole tramontava tingendo il cielo di un rosso vivo ad occidente. ¶山が夕日に映えている. La montagna è illuminata dal sole del tramonto.

ゆうひ 雄飛 ¶海外に雄飛する estendere le (*proprie*) attività all'estero

ゆうび 優美 ◇優美な elegante, grazioso ¶優美な姿 figura elegante

ゆうひょう 融氷 scioglimento㊗ dei ghiacci
✦**融氷期** disgelo㊗

ゆうびるい 有尾類 〔動〕urodeli㊗[複], caudati㊗[複]

ゆうびん 郵便 posta㊛; 《制度》servizio㊗[複-i] postale ◇郵便の postale ¶国内[外国]郵便 posta interna [estera] ¶万国郵便連合 Unione Postale Universale / 《略》UPU [úpu] ¶速達郵便を出す spedire una posta celere ¶書留郵便を出す fare una raccomandata ¶申し込み書を郵便で送る spedire [inviare] la domanda per posta ¶ストで郵便が遅れている. A causa dello sciopero la posta「è in

《 会 話 》 郵便局で Alla posta

A: すみません，この小包を日本に送りたいのですが．
Per favore, vorrei spedire questo pacco in Giappone.
B: サーフェスですか，航空便ですか．
Per superficie o per via aerea?
A: サーフェスとは何のことですか．
Cosa vuol dire per superficie?
B: 船便または鉄道便のことです．
Via nave o per ferrovia.
A: 何日くらいかかりますか．
Quanto tempo ci vuole?
B: 航空便ですと約10日，サーフェスですと約2か月です．
Per via aerea circa dieci giorni, via superficie circa due mesi.
A: それでは航空便でお願いします．
Allora per via aerea.
B: 梱包を見てみましょう．その間にこの用紙に書き入れてください．品物の内容と価格を明記してください．
Controlliamo l'imballaggio. Lei intanto riempia questo modulo. Specifichi il contenuto ed il valore della merce spedita.

応用例

「すみません，書留を送りたいのですが」「はい，3.5ユーロになります」
"Mi scusi, vorrei spedire una raccomandata." "Sì, sono 3 euro e mezzo."
外国郵便為替を送りたい[現金に替えたい]のですが．
Vorrei inviare [cambiare] un vaglia postale (internazionale).
郵便物を局留めで受け取りたいのですが．
Vorrei ricevere la corrispondenza per fermo posta.
最新の記念切手を買いたいのですが．
Vorrei comprare la serie più recente di francobolli commemorativi.
この郵便局の業務時間はどうなっていますか．
Qual è l'orario (di apertura) di questo ufficio postale?
手紙を投函したいのですが．
Dove si imbucano le lettere?
ポストはどこですか．
Dov'è una buca delle lettere?
誤配されたこの手紙を返したいのですが．
Vorrei restituire questa lettera ricevuta per errore.
この手紙を日本へ航空便[速達]で出したいのですが．
Vorrei spedire questa lettera in Giappone, 「per posta prioritaria [per espresso].

用語集

●郵便物など
郵便物 corrispondenza㊛. 手紙 lettera㊛. (官製)はがき cartolina㊛ (postale). 絵はがき cartolina㊛ illustrata. 往復はがき cartolina㊛ con risposta pagata. 航空書簡 aerogramma㊚. 印刷物 stampati㊚[複]. 小包 pacco㊚. 電報 telegramma㊚. テレックス telex㊚[無変]. ファックス facsimile㊚[無変], telefax㊚[無変]. 送付方法 via㊛ di trasmissione. 速達 espresso㊚. 書留 raccomandata㊛. 簡易書簡 biglietto㊚ (postale). 到着返信付書留 raccomandata㊛ con ricevuta di ritorno; 《略》R.R.R.㊛. 局留めで a fermo posta. 郵便為替 vaglia㊚[無変]. 料金 tariffa㊛. 追加料金 soprattassa㊛. 封筒 busta㊛. 切手 francobollo㊚. 切手をはること affrancatura㊛. 郵便振替口座 conto㊚ corrente postale. 用紙 modulo㊚. 税関告知書 dichiarazione㊛ doganale. 価格表記書状 assicurata㊛. 申告価格 valore㊚ dichiarato. 税 tassa㊛. 小包送付状 bollettino㊚ di spedizione. 小包郵便物受領証 cedola㊛ di riscontro. (郵便物の切り取り)受領証 tallonicino㊚. 梱包 imballaggio㊚. 梱包用紙 carta㊛ da imballo. タール・ペーパー carta㊛ catramata. 紐 spago㊚. ロープ, 紐 corda㊛. 封印用の止め金 piombino㊚ (◆鉛でできている). 荷札 etichetta㊛. 送信 emissione㊛. 郵便番号 numero㊚ di codice postale, codice㊚ di avviamento postale; 《略》C.A.P.㊚. 日付 data㊛. 住所 indirizzo㊚, recapito㊚. 市町村名 località㊛. 私書箱 casella㊛ postale; 《略》C.P.㊛. 消印 timbro㊚ postale. 差出人 mittente㊚㊛. 受取人 destinatario㊚ [㊛ -ia].
●郵便物の表示
航空便 Via aerea. 船便 Via nave [mare]. 重要 Urgente. こわれもの Fragile. 無料商品見本 Campione senza valore (◆郵送料が割引される). 印刷物 Stampe. 返送 Rinvio. 受取人不在 Assente. 受取拒否 Rifiutato. 尋ねあたらず《受取人不明》Indirizzo sconosciuto; 《あて名不完全》Indirizzo incompleto; 《あて名不正確》Indirizzo inesatto. 受取人死亡 Deceduto. 転居先不明 Trasferito.
●郵便局
郵便局 ufficio㊚ postale, posta㊛. 中央郵便局 posta㊛ centrale. 局員 impiegato㊚ [㊛ -a] (delle poste). 郵便集配人 portalettere㊚ [無変], postino㊚ [㊛ -a]. 集配 levata㊛. 配達 distribuzione㊛. (郵便物の)引き取り ritiro㊚.

ritardo [tarda].

✥郵便受け cassetta㊛ postale
郵便為替 vaglia㊚[無変] postale
郵便切手 francobollo㊚
郵便業務 servizio㊚[複 -i] postale
郵便局 ufficio㊚[複 -ci] postale ¶郵便局へ行く andare alla posta [all'ufficio postale]
郵便車[列車] vagone㊚ postale; 《自動車》 furgone㊚ postale
郵便船 nave㊛ postale
郵便貯金 conto㊚ corrente postale, depositi㊚[複] postali ¶郵便貯金通帳 libretto postale
郵便配達 distribuzione㊛[recapitazione㊛] postale
郵便物 la posta㊛, pacchi㊚[複] postali, corrispondenza㊛
郵便ポスト cassetta㊛ postale, buca㊛ delle lettere
郵便料金 ¶国内[外国]郵便料金 tariffa postale interna [estera] ¶この手紙の郵便料金はいくらですか. Quanto devo pagare per (spedire) questa lettera? ¶「郵便料金受け取り人払い」 "Tassa a carico del destinatario"

ユーフォー UFO oggetto㊚ volante non identificato; 《略》《英》ufo [UFO] [ufo]㊚[無変]
ゆうふく 裕福 ◇裕福な ricco㊚[複 -chi], benestante, agiato ◇裕福になる arricchirsi ¶彼は裕福な暮らしをしている. Conduce una vita agiata. ¶裕福な家庭に育った. È cresciuto in una famiglia benestante.
ゆうべ 夕べ serata㊛, sera㊛ ¶音楽の夕べを催す organizzare una serata musicale ¶ヴェルディを聴く夕べ serata dedicata a Verdi / serata verdiana ¶夕べの祈りをしている. Stanno recitando le preghiere serali.
ゆうべ 昨夜 《きのうの晩》 ieri sera㊛ (►副詞的にも用いる); 《昨晩遅く》 ieri notte㊛ (►副詞的にも用いる); questa notte㊛ (►副詞的にも用いる); stanotte ¶ゆうべ寝てから地震があった. Ieri notte, mentre dormivo, c'è stato un terremoto. ¶ゆうべは一睡もしなかった. Questa notte non ho chiuso occhio. / Ho passato la notte in bianco.

┌─参考─────────────────────────┐
│ **questa notte** と **stanotte** が過去形と共に用いられ │
│ るときは「前日の(深)夜」を表し, 現在形・未来形 │
│ と共に用いられるときは「当日の(これからくる)夜, │
│ 晩」を表す. │
└─────────────────────────────┘

ゆうへい 幽閉 ◇幽閉する rinchiudere [tenere nascosto] qlcu. (►nascostoは対象の性・数に合わせて語尾変化する)
ゆうべん 雄弁 eloquenza㊛ ¶雄弁な政治家 statista eloquente ¶雄弁を振るう parlare eloquentemente [con eloquenza]
✥雄弁家 oratore㊚[㊛ -trice], ¶彼は雄弁家だ. È eloquente. / È un cicerone.
雄弁術 arte㊛ oratoria, oratoria㊛
ゆうほう 友邦 《親しい国》 paese㊚ amico㊚[複 -ci]; 《同盟国》 nazione㊛ alleata
ゆうぼう 有望 ¶有望な青年 ragazzo promettente [pieno di promesse] ¶彼の前途は有望である. Ha davanti a sé brillanti prospettive. ¶彼 の入賞は有望だ. Ha molte possibilità di aggiudicarsi il premio.
✥有望株 《株式で》 azioni㊛[複] promettenti ¶彼は会社で一番の有望株だ. È il più promettente dei giovani della ditta.
ゆうぼく 遊牧 nomadismo㊚ ◇遊牧の nomade ¶遊牧の生活を送る condurre una vita nomade dedita alla pastorizia
✥遊牧民 nomade㊚㊛
遊牧民族 tribù㊛ nomade dedita alla pastorizia
ゆうほどう 遊歩道 passeggiata㊛
ゆうめい 勇名 ¶勇名を馳(は)せる diventare famoso [noto] per il coraggio [per delle imprese eroiche]

ゆうめい 有名 ◇有名な famoso, noto, conosciuto, celebre ¶有名になる diventare famoso [celebre] / guadagnare [ottenere] fama ¶国際的に有名な音楽家 musicista famoso su scala mondiale ¶この遺跡は世界的に有名だ. Queste rovine sono conosciute in tutto il mondo. ¶彼は医者としてよりも小説家として有名だ. È più famoso come scrittore che come medico.
✥有名校 scuola㊛ prestigiosa
有名人 celebrità㊛, personaggio㊚[複 -gi] celebre [illustre]
有名税 scotto㊚[prezzo㊚] della fama
ゆうめいむじつ 有名無実 ◇有名無実の solo nominale, solo di nome ¶彼は社長と言っても有名無実だ. È presidente solo di nome.
ユーモア 〔英 humor〕 umorismo㊚ ¶ユーモアがある essere ricco di umorismo / essere spiritoso ¶ユーモアのわかる[わからない]人 persona che ha [non ha] (il) senso dell'umorismo ¶彼の話はいつもユーモアに富んでいる. Le sue storie fanno sempre molto ridere. ¶君はユーモアがあるね. Certo che hai un gran senso dell'umorismo. / Fai delle battute eccezionali.
✥ユーモア感覚 senso㊚ dell'umorismo
ユーモア作家 umorista㊚㊛[㊚複 -i]
ユーモア小説 umorismo㊚ umoristico[複 -ci]
ユーモア精神 spirito㊚ umoristico
ゆうもう 勇猛 ◇勇猛な intrepido, valoroso, coraggioso ¶勇猛果敢に intrepidamente / baldanzosamente / spavaldamente
✥勇猛心 spirito㊚ intrepido
ゆうもや 夕靄 foschia㊛ serale, leggera nebbia㊛ ¶村に夕もやが立ちこめている. Il villaggio è avvolto nella nebbia serale.
ユーモラス 〔英 humorous〕 ◇ユーモラスな(こっけいな) comico[複 -ci], buffo ¶彼はその顛末(てんまつ)をユーモラスに語った. Ha raccontato la vicenda con umorismo.
ユーモレスク 〔仏 humoresque〕 《音》 umoresca㊛
ゆうもん 幽門 《解》 piloro㊚ ◇幽門の pilorico[㊚複 -ci]
ゆうやけ 夕焼け ¶夕焼けで西の空が真っ赤だ. Per il tramonto, il cielo ad ovest è completamente tinto di rosso. ¶夕焼けは晴れ, 朝焼けは雨. 《諺》 "Rosso di sera, bel tempo si spera; rosso di mattina, brutto tempo s'avvicina."
✥夕焼け雲 《空》 nuvole㊛[複] rosse [cielo㊚ ros-

ゆうやみ 夕闇 ¶夕闇迫るころに al [sul] calar della sera ¶夕闇が迫る. Sta per calare la notte. ¶夕闇の中で彼女の姿は消えていった. La sua figura è scomparsa nella penombra del crepuscolo.

ゆうゆう 悠悠 **1**《余裕のある》◇悠々と tranquillamente, con calma, senza fretta ◇悠々とした tranquillo, calmo ¶彼は何ごとが起こっても悠々としている. Qualunque cosa accada, è sempre flemmatico. ¶12時の列車に悠々間に合った. Sono arrivato per il treno delle dodici largamente in anticipo. ¶このシートには5人ලく座れる. Su questo divano si possono sedere tranquillamente cinque persone. ¶悠々と勝った. Vincere è stato una passeggiata.
2《はるかな》¶悠々たる天空 il cielo alto sopra di noi ¶悠々たる歴史の流れ l'eterno flusso della storia

❖**悠悠閑閑** ¶悠々閑々と日を送る《心静かに》condurre una vita serena /《日常のわずらわしさのない》condurre una vita lontana dalle noie quotidiane

悠悠自適 ¶彼は会社を辞めて悠々自適の生活をしている. Libero dagli impegni di lavoro, conduce una vita tranquilla.

ゆうよ 猶予 **1**《ぐずぐずすること》esitazione㊛, indugio㊚[複 -gi] ¶猶予なく断行せよ. Eseguitelo senza「indugio [perdere tempo]. ¶一刻の猶予もならない. Non c'è neanche un momento da perdere.
2《延期》dilazione㊛, proroga㊛, rinvio㊚[複 -ii], moratoria㊛ ◇猶予する rinviare, prorogare ¶刑の執行を1年猶予する rinviare di un anno l'esecuzione della pena ¶これ以上の支払い猶予は認められない. Non è consentito posticipare ulteriormente il pagamento. ¶あと3日間の猶予を与えよう. Le concedo una dilazione di altri tre giorni.

❖**猶予期間**《準備期間》periodo㊚ di preavviso ¶新法の発効まで3年の猶予期間がある. La nuova legge entrerà in vigore fra tre anni.

-ゆうよ -有余 ¶10年有余にわたる研究 studi durati più di dieci anni

ゆうよう 有用 ◇有用な utile;《活用できる》utilizzabile ¶彼は当社にとって有用な人材である. È un elemento utile per la nostra ditta.

ユーラシア Eurasia㊛ ◇ユーラシアの eurasiatico [㊚複 -ci]

❖**ユーラシア人**《ヨーロッパ人とアジア人混血の》eurasiatico㊚[㊛ -ca; ㊚複 -ci]

ユーラシア大陸 Continente㊚ Eurasiatico

ゆうらん 遊覧 turismo㊚

❖**遊覧船** imbarcazione㊛ da diporto

遊覧バス[飛行] pullman㊚[無変][volo㊚] turistico [㊚複 -ci]

ゆうり 遊離 **1**《離れてしまうこと》isolamento㊚ ◇遊離する isolarsi;《AをBから》isolare A da B ¶現実から遊離したものの考え方 modo di pensare lontano dalla realtà **2**《物・化》liberazione㊛

❖**遊離基**《化》radicale㊚ libero

ゆうり 有利 ◇有利な《得な》proficuo, vantaggioso;《都合がいい》conveniente, favorevole ¶有利な取り引き affari proficui ¶有利な条件で融資を受けた. Ho avuto un prestito a condizioni favorevoli. ¶有利な立場にある trovarsi in una posizione favorevole ¶戦局は有利に展開した. L'andamento della guerra si è rivolto a nostro favore.

ゆうりしき 有理式《数》espressione㊛ razionale

ゆうりすう 有理数 numero㊚ razionale

ゆうりょ 憂慮 ◇憂慮する preoccuparsi di ql.co. [qlcu.], essere [stare] in ansia per ql.co. [qlcu.] ◇憂慮して con ansia ¶彼の将来が憂慮に堪えない. Il suo futuro mi preoccupa molto. ¶工場側と住民の間に憂慮すべき事態が生じた. Si è creata una situazione preoccupante [grave / seria] fra la dirigenza della fabbrica e la cittadinanza.

ゆうりょう 有料 ◇有料の a pagamento ¶会員以外のかたは有料です. Ingresso a pagamento per i non soci.

❖**有料駐車場** parcheggio㊚[複 -gi][posteggio㊚[複 -gi] a pagamento

有料道路 strada㊛[autostrada㊛] a pagamento

有料便所 gabinetto㊚ a pagamento

ゆうりょう 優良 ◇優良な eccellente, superiore ¶健康優良児 bambino pieno di salute ¶品質優良な商品 articolo di alta qualità

❖**優良株** titoli㊚[複] di prim'ordine;〔英〕blue chip㊚[無変]

優良企業 azienda㊛ in forte attivo

優良図書 libro㊚ segnalato come valido

優良品 merce㊛ di qualità

優良物件《不動産など》immobile㊚ in ottime condizioni

ゆうりょく 有力 **1**《権勢・影響力のある》◇有力な《権勢のある》potente;《強力な》forte;《影響力のある》influente ¶有力な政党 partito forte [influente / potente] ¶有力な支持を得る ottenere un forte appoggio **2**《可能性・効力のある》◇有力な《効力のある》valido, efficace;《説得力のある》convincente,《可能性のある》promettente ¶これが何よりも有力な証拠だ. È questa la prova schiacciante! ¶次期総裁として山田氏が有力視されている. Yamada è visto da molti come il più probabile nuovo presidente del partito.

❖**有力者** persona㊛ influente

ゆうれい 幽霊 fantasma㊚[複 -i], spettro㊚, spirito㊚ ¶幽霊の出る城 castello popolato [abitato] dagli spiriti

❖**幽霊会社** società㊛ fantasma [無変]

幽霊人口 popolazione㊛ fittizia

幽霊船《実在しない船》nave㊛ fantasma;《無人で漂っている船》nave㊛ deserta

幽霊屋敷 casa㊛ degli spiriti

ゆうれつ 優劣 ¶優劣を競う rivaleggiare㊀[av] [と con] / combattere㊀[av] per la supremazia (㊚ di) ¶二者の優劣を論じる discutere sulla superiorità fra i due ¶この2つの作品は優劣つけがたい. Non si può dire quale delle due opere sia la migliore.

ユーロ〔英 Euro〕《欧州連合の通貨単位》euro㊚[無変]

❖**ユーロ円**《金融》〔英〕euro-yen㊚[無変]

ユーロ圏 area[女][zona[女]] dell'euro
ユーロコミュニズム eurocomunismo[男]
ユーロ債 euro-obbligazioni[女][複]
ユーロ市場 euromercato[男]
ユーロスター《ユーロトンネルを経由する国際高速列車》Eurostar[男][無変]；《イタリア国内の高速列車》Eurostar (Italia)[男][無変]
ユーロ建て ◇ユーロ建ての in euro ¶ユーロ建ての請求書 fattura di pagamento in euro
ユーロダラー eurodollaro[男]
ユーロトンネル《英仏海峡トンネル》〔英〕eurotunnel[男]
ユーロビジョン eurovisione[女]
ユーロマネー euromoneta[女], eurovalute[女][複]

ユーロピウム〔英 europium〕〘化〙europio[男]；《元素記号》Eu

ゆうわ 宥和 ¶反対派に対する宥和を考えている．Sto meditando una conciliazione con l'opposizione.
✤**宥和政策** politica[女] di pacificazione

ゆうわ 融和《調和》armonia[女]；《和解》conciliazione[女], pacificazione[女] ◇融和する armonizzarsi《と con》；conciliarsi《と con》 ¶近隣諸国と融和を保つことが大切である．È importante mantenere buone relazioni con i paesi vicini. ¶両国の融和が計られた．È stata tentata una conciliazione tra le due nazioni.

ゆうわく 誘惑 tentazione[女], seduzione[女]
◇誘惑する《…したい気にさせる》tentare *qlcu.* a＋[不定詞]；《異性を》sedurre *qlcu.*；《そそのかす》istigare a *ql.co.*［＋[不定詞]］ ¶誘惑に勝つ vincere la tentazione ¶誘惑に負ける［負けない］cedere [resistere] alla tentazione
✤**誘惑者**《異性に対する》sedut*tore*[男][女 *-trice*]

ゆえ 故 **1**《理由》◇故なく senza motivo [ragione] ¶故あって郷里に帰ることになった．Per ragioni mie ho deciso di tornare nel mio paese. ¶彼の沈黙は故なきことではない．Il suo silenzio ha una ragione.
2《…のために》◇故に quindi, perciò ¶それ故に perciò / di conseguenza / in conseguenza di ciò / per questa ragione ¶外国人であるが故にこのような扱いを受けるのですか．Mi trattano così solo perché sono uno straniero? ¶この三角形は3つの辺の長さが等しい．故に正三角形である．Questo triangolo ha i tre lati uguali: di conseguenza è un triangolo equilatero.

ゆえん 所以《理由》ragione[女]；《根拠》base[女] ¶彼女が名女優といわれる所以はここにある．È per questo che lei è considerata una grande diva.

ゆえん 油煙 nerofumo[男]

ゆか 床 pavimento[男] ¶床を張る pavimentare *ql.co.*《で con, di》 ¶床が抜けた．Il pavimento ha ceduto.
✤**床板**《総称》legno[男][asse[女]] per pavimenti ¶家に床板を張る pavimentare di legno la casa
床運動〘スポ〙ginnastica[女] a corpo libero
床暖房 ¶この家は床暖房である．Questa casa ha il pavimento riscaldato.
床みがき《行為》lucidatura[女] del pavimento；《道具》lucidatrice[女]
床面積 superficie[女] pavimentata ¶この家は床面積が99平方メートルだ．Questa casa ha novantanove metri quadrati di superficie.

ゆかい 愉快 ◇愉快な《楽しい》divertente, piacevole, godurioso ◇愉快に piacevolmente ¶愉快になる《事柄が》diventare divertent*e* [spassos*o*] /《人が》godersela ¶愉快な人ですね．È una persona allegra [gioiosa / piacevole / simpatica], vero? ¶大いに愉快にやりましょう．Spassiamocela! ¶あの傲慢(ごうまん)なやつが頭を下げたとは愉快な話だ．È proprio una gran soddisfazione che quell'arrogante abbia chiesto scusa.

ゆかうえ 床上 ¶大雨で家が床上10センチまで浸水した．A causa della pioggia torrenziale l'acqua ha allagato le case fino a 10 cm（読み方: dieci centimetri）sopra il livello del pavimento.

ゆがく 湯がく dare una lessata a *ql.co.* ¶ほうれんそうを湯がく lessare gli spinaci

ゆかげん 湯加減 ¶湯に入る前に湯加減をみなさい．Controlla la temperatura dell'acqua prima di entrare nella vasca.

ゆかしい 床しい **1**《懐かしい》 ¶行事は古式ゆかしく行われた．La cerimonia si è svolta secondo la buona vecchia procedura. **2**《洗練された》piacevole e delicato, a modo ◇ゆかしさ raffinatezza[女], delicatezza[女]

ゆかした 床下 ¶床下に sotto il pavimento ¶床下浸水2000戸．Duemila edifici inondati fin sotto il pavimento.

ゆかた 浴衣 *yukata*[男][無変]；*kimono*[男][無変] di cotone estivo informale

ゆがみ 歪み《ひずみ》distorsione[女], deformazione[女] ¶板のゆがみ distorsione [deformazione] di un'asse di legno

ゆがむ 歪む《ひずむ》torcersi；《変形する》deformarsi ◇ゆがんだ storto; deforme；《比喩的》perverso ¶家が古くなって外壁がゆがんできた．La casa è invecchiata ed i muri esterni si stanno deformando. ¶この鏡はゆがんで見える．Questo specchio distorce le immagini. ¶彼は心がゆがんでいる．Ha un animo perverso.

ゆがめる 歪める torcere, deformare ¶彼は痛さで顔をゆがめた．Il viso gli si è contratto per il [dal] dolore. / Sul suo viso apparve una smorfia di dolore. ¶唇をゆがめて笑った．Ha riso con ironia. ¶事実をゆがめる alterare [travisare / distorcere] la realtà

ゆかり 縁・所縁 legame[男] ¶ゆかりがある avere un legame《と con》 ¶彼はこの町にゆかりがある．È legato a questo quartiere. ¶縁もゆかりもない non avere niente a che fare con *ql.co.* [*qlcu.*] ¶故人にゆかりの人 conoscente del defunto

ゆかん 湯灌 ¶湯灌をする lavare il corpo del defunto prima della sepoltura

ゆき 行き ¶行きと帰り andata e ritorno ¶…行き diretto a / per / che va a ¶ミラノ行きユーロスター Eurostar per Milano ¶行きは列車で帰りは飛行機だ．Andiamo in treno e torniamo in aereo. ¶行きは3時間もかかった．Per l'andata ci sono volute ben tre ore. ¶このバスはどこ行きですか．Dove va [porta] quest'autobus? ¶そんなことをすると刑務所行きになるよ．Se fai una cosa

[ゆ]

simile andrai diritto in prigione.

ゆき 裄 《着物の》lunghezza㊛ misurata dal centro del collo all'estremità della manica ¶裄を詰める accorciare le maniche

ゆき 雪 **1** neve㊛;《降雪, 降雪量》nevicata ㊛→気象 用語集 ◇**雪が降る** nevicare (►非人称動詞 [*es, av*]) ¶雨まじりの雪 nevischio ¶粉雪 neve fine [farinosa] ¶万年雪 neve perenne ¶春の淡雪 leggera [lieve] neve primaverile ¶ぼたん雪 grossi fiocchi di neve ¶雪曇りの日 giornata nevosa ¶雪をかく spalare la neve ¶雪がしんしんと降っている. Nevica silenziosamente. ¶大雪が降る. Nevica abbondantemente. ¶小雪がぱらついた. C'è stata una leggera nevicata. ¶雪が積もる. La neve si accumula. ¶雪が消えた[解けた]. La neve si è sciolta. ¶明日はたぶん雪だろう. Domani probabilmente avremo la neve. ¶朝から降っていた雪は昼までに20センチ積もった. Nevicava fin dal mattino e a mezzogiorno c'erano già 20 cm (読み方: venti centimetri) di neve. ¶野も畑も雪に覆われ見渡す限り白一色だ. La campagna è coperta di neve. Tutto è bianco, a perdita d'occhio. ¶列車は大雪に閉じ込められた. Il treno è rimasto bloccato「dalla neve alta [a causa dell'abbondante nevicata]. ¶富士山は雪を頂いている. Il monte Fuji è incappucciato di neve.
2 《白いもの》¶雪の肌 carnagione bianca come la neve
慣用 **雪と墨** ¶この2つの絵は雪と墨だ. Questi due quadri sono come il giorno e la notte.

ゆきあう 行き合う incontrare *qlcu.*, incontrarsi con *qlcu.* ¶故郷に帰っても行き合う人は知らない人ばかりだった. Tornando al mio paese non ho incontrato alcun conoscente.

ゆきあかり 雪明かり riflesso㊚ [riverbero㊚] della neve ¶雪明かりの中で nel chiarore della neve

ゆきあたりばったり 行き当たりばったり ◇行き当たりばったりの a caso, non preparato ◇行き当たりばったりに[で] a caso, a casaccio, come capita [va];《無計画に》senza un piano stabilito;《目的もなく》senza meta ¶行き当たりばったりで宿を決める scegliere un albergo a caso

ゆきあたる 行き当たる ¶あの道を真っすぐ行くと, 映画館に行き当たります. Andando dritto per quella strada, incontrerà un cinema. ¶思わぬ困難に行き当たった. Abbiamo incontrato una difficoltà inaspettata.

ゆきあらし 雪嵐 bufera㊛ [tempesta㊛] di neve

ゆきおとこ 雪男 《ヒマラヤの》yeti㊚[無変], l'abominevole uomo㊚ delle nevi

ゆきおれ 雪折れ ¶竹は雪折れしやすい. I bambù si spezzano facilmente sotto il peso della neve. ¶柳に雪折れなし.《諺》"Una quercia può spezzarsi, ma una canna resiste alla tempesta."

ゆきおろし 雪下ろし **1**《雪をおろす》¶屋根の雪下ろしをする spalare la neve dal tetto **2**《風》tramontana㊛ nevosa

ゆきおんな 雪女 fantasma㊚ femminile vestito di bianco che appare in paesaggi innevati

ゆきかう 行き交う andare e venire, incrociarsi ¶町は行き交う人でにぎわっていた. La città era animata dalla folla che andava e veniva.

ゆきかえり 行き帰り ¶行き帰り歩いて来た. Sono andato e tornato a piedi. ¶列車は行き帰りとも超満員だった. Il treno era superaffollato sia all'andata che al ritorno.

ゆきがかり 行き掛かり **1**《成り行き》¶行きがかり上誘いを断れなかった. Obbligato dalle circostanze, non ho potuto rifiutare l'invito. ¶とんだ行きがかりでこの仕事をする羽目になった. Per una causa indipendente dalla mia volontà, sono costretto ad occuparmi di questo lavoro.
2《しがらみ》¶行きがかりはすべて水に流そう. Seppelliamo il passato. / Dimentichiamo tutto ciò che è accaduto finora.

ゆきかかる 行き掛かる **1**《行こうとする》¶駅へ叔母を迎えに行きかかった時, 電話があった. Mentre stavo per andare alla stazione a prendere la zia, ha squillato il telefono. **2**《通りかかる》passare per *ql.co.*; star per superare *ql.co.*;《さしかかる》avvicinarsi a *ql.co.* ¶たまたま事故現場に行きかかった. Per caso sono capitato sul luogo dell'incidente.

ゆきかき 雪掻き《行為》rimozione㊛[spalatura㊛] della neve;《道具》pala㊛ per rimuovere la neve ¶雪かきをする spalare [rimuovere] la neve

ゆきがけ 行き掛け ◇行きがけに nell'andare《への in》, andando《への a》;《通りがかりに》di passaggio ¶スーパーへの行きがけに郵便局へ寄る. Prima di andare al supermercato passerò per l'ufficio postale.
慣用 **行きがけの駄賃** ¶あいつ, 行きがけの駄賃に酒を1本失敬して行った. Approfittando dell'occasione mi ha portato via una bottiglia di *sakè*.

ゆきかた 行き方 **1**《行く道順》¶駅への行き方を教えてください. Mi indichi per favore la strada per la stazione. **2**《やり方》modo㊚ di fare

ゆきがっせん 雪合戦 ¶雪合戦をする giocare a palle di neve

ゆきき 行き来 **1**《往来》traffico㊚[複 *-ci*]; andirivieni㊚[無変], viavai㊚[無変] ¶行き来する人々 viavai di gente ¶この通りは人や車の行き来が激しい. In questa strada il traffico è intenso [c'è molto traffico]. **2**《付き合い》¶隣の家とは行き来していない. Non frequento「ho rapporti d'amicizia con] i vicini.

ゆきぐつ 雪靴 scarponi㊚[複] da neve;《かんじき》racchette㊛[複] per la neve

ゆきぐに 雪国《雪の多い国》paese㊚ nevoso;《雪の多い地方》regione㊛ nevosa;《川端康成の作品》"Il paese delle nevi"

ゆきぐも 雪雲 nuvola㊛ (carica) di neve

ゆきぐもり 雪曇り ¶雪曇りだ. Sembra che voglia nevicare.

ゆきくれる 行き暮れる ¶村に着く前に行き暮れてしまった. Siamo stati sorpresi dalla notte prima di arrivare al paesino.

ゆきげしき 雪景色 paesaggio㊚[複 *-gi*] innevato [coperto di neve]

ゆきげしょう 雪化粧 ¶山はすっかり雪化粧した.

ゆ

Le montagne sono tutte imbiancate [innevate].

ゆきけむり 雪煙 ¶雪煙を上げて滑る sciare sollevando una nuvola di neve

ゆきさき 行き先 **1**《目的地》destinazione㊛, meta㊛ ¶この列車の行き先はどこですか. Qual è la destinazione di questo treno? / Dove va [porta] questo treno? ¶父は行き先を言わずに出かけた. Mio padre è uscito senza dirmi dove andava. ¶行き先から電話があった. Mi ha chiamato per telefono da dove si trova in questo momento. **2**《将来》futuro㊚

ゆきしつ 雪質 qualità㊛ della neve ¶ここの雪質はよい. Qui la neve è di buona qualità.

ゆきすぎ 行き過ぎ esagerazione㊛, eccesso㊚ ¶何事も行き過ぎはよくない. Di qualunque cosa si tratti, non si deve mai esagerare!

ゆきすぎる 行き過ぎる **1**《通り過ぎる》passare, oltrepassare ¶その店はわかりにくいから行き過ぎないようにしなさい. Quel negozio è difficile da trovare, stai attento a non oltrepassarlo! **2**《やり過ぎる》esagerare ◇行き過ぎた eccessivo, esagerato

ゆきずり 行きずり ¶行きずりの人 persona di passaggio / 《通りすがりの人》passante㊚㊛ ¶彼は行きずりの女と関係を持った. È andato con una donna incontrata per caso.

ゆきぞら 雪空 ¶今日は雪空だ. Oggi il cielo minaccia neve.

ゆきだおれ 行き倒れ 《人》sconosciuto㊚[㊛-*a*] colpito da malore ¶行き倒れになる cadere ammalato [《死ぬ》morire] in viaggio

ゆきだるま 雪達磨 pupazzo㊚ di neve
♣雪だるま式 ¶彼の借金は雪だるま式にふくれ上がった. I suoi debiti aumentavano a valanga.

ゆきちがい 行き違い **1**《すれ違い》¶我々は行き違いになった. Ci siamo incrociati (senza incontrarci). **2**《誤解》malinteso㊚, fraintendimento㊚ ¶我々の間で行き違いがあった. Ci siamo capiti male.

ゆきちがう 行き違う **1**《すれ違う》¶彼を駅に迎えに行ったが, 行き違ったらしく会えなかった. Sono andato alla stazione a prenderlo, ma forse ci siamo incrociati senza incontrarci. **2**《食い違う》essere diverso da *ql.co.*

ゆきつく 行き着く arrivare㊎[*es*]《に a, in》, raggiungere ¶こうなったら行き着くところまでやるしかないさ. A questo punto siamo costretti ad andare fino in fondo. ¶行き着く先は総辞職だ. In ogni caso finiremo con l'essere dimessi in blocco.

ゆきつけ 行き付け ¶これは私の行きつけのレストランだ. Questo è il ristorante「dove vengo sempre [che frequento abitualmente]. / Sono un habitué in questo ristorante.

ゆきづまり 行き詰まり situazione㊛ senza uscita ¶行き詰まりを打開する trovare una via di uscita

ゆきづまる 行き詰まる giungere al punto morto, trovarsi in un vicolo cieco;《状態》trovarsi in un impasse ¶交渉は行き詰まった. Le trattative [I negoziati] sono ad un punto morto [si trovano in un vicolo cieco].

ゆきつもどりつ 行きつ戻りつ ¶買おうか買うまいか, 店の前を行きつ戻りつした. Passavo e ripassavo davanti al negozio indeciso se comprarlo o no. ¶廊下を行きつ戻りつした. Andavo su e giù per il corridoio.

ゆきどけ 雪解け disgelo㊚ ¶今年は春が早くてもう雪解けが始まっている. Quest'anno la primavera è venuta in anticipo, e le nevi si sono già sciolte. ¶両国の間に雪解けの気配が感じられる. Si avverte aria di disgelo fra i due paesi.
♣雪解け水 acqua㊛ di neve sciolta
雪解け道 strada㊛ fangosa per lo scioglimento della neve

ゆきとどく 行き届く 《よく気が付く》essere attento;《思いやりがある》essere premuroso ¶サービスの行き届いたホテル albergo con un ottimo servizio ¶手入れの行き届いた機械 macchinario ben tenuto ¶いろいろ行き届かない点が多いと思います. Temo che il servizio lasci alquanto a desiderare.

ゆきどまり 行き止まり vicolo㊚ cieco [複-*chi*] ¶この道は行き止まりだ. Questa strada non ha uscite. ¶「この先行き止まり」《掲示》"Strada senza uscita" / "Vicolo cieco"

ゆきなやむ 行き悩む **1**《前進するのがむずかしい》avanzare con difficoltà ¶深い雪に行き悩む avanzare con difficoltà tra la neve **2**《思うようにはかどらない》procedere㊎[*es*] a stento ¶仕事の行き悩み il lavoro procede a stento.

ゆきのした 雪の下 《植》sassifraga㊛

ゆきのはら 雪野原 ¶見渡すかぎりの雪野原だった. La pianura si stendeva innevata a perdita d'occhio.

ゆきば 行き場 ¶不満のもって行き場がない.《吐け口がない》Non ho una valvola di sfogo per le mie frustrazioni. /《誰に相談したらいいかわからない》Non so a chi rivolgermi per questi problemi. ¶やり場のない怒りを抱えている. Ho una rabbia che non riesco a sfogare.

ゆきみ 雪見 ¶雪見に行く andare ad ammirare un paesaggio innevato
♣雪見酒 ¶雪見酒を酌む bere il *sakè* ammirando un paesaggio coperto di neve

ゆきみち 雪道 strada㊛ coperta di [sepolta dalla] neve

ゆきめ 雪眼 cecità㊛ temporanea causata dal riflesso della neve

ゆきもよう 雪模様 ¶空は雪模様だ. Il cielo minaccia neve.

ゆきやけ 雪焼け ¶雪焼けする abbronzarsi sulla neve

ゆきやなぎ 雪柳 《植》spirea㊛

ゆきやま 雪山 **1**《冬山》montagna㊛ innevata **2**《雪を積み上げたもの》cumulo㊚ di neve

ゆきよけ 雪除け・雪避け riparo㊚ contro la neve

ゆきわたる 行き渡る essere diffuso dappertutto ¶全員に行き渡る essere distribuito a tutti ¶この制度が全国に行き渡るにはかなりの時間を要するだろう. Ci vorrà molto tempo per diffondere questo sistema in tutto il paese.

ゆきわりそう 雪割草 《植》(erba㊛) epatica㊛

ゆく 行く →行(い)く

ゆく 逝く 《死ぬ》morire㊥[es], andarsene, mancare㊥[es]

ゆくえ 行方 **1**《足跡》traccia㊛《複 -ce》, pista㊛ ¶行方を追う seguire le tracce di qlcu. ¶息子の行方がわからない. Non so dove si trovi mio figlio. ¶警察はついに犯人の行方を突き止めた. Finalmente la polizia ha scoperto dove si nascondeva il criminale. ¶あの事件以来, 彼は行方をくらましている. Dopo quella vicenda ha tagliato la corda. **2**《将来》futuro㊛ ¶恋の行方 sviluppo di un rapporto d'amore
✤**行方知れず** ◇行方知れずの scomparso; 《災害などで》disperso ¶彼女は旅先で行方知れずになった. Lei è scomparsa durante il viaggio.
行方不明 ¶行方不明になる risultare disperso
行方不明者 disperso㊚《㊛-a》, scomparso㊚《㊛-a》

ゆくさき 行く先 **1**《目的地, 居所》¶我々は行く先々で歓迎された. Siamo stati accolti calorosamente ovunque siamo andati. **2**《将来》futuro㊚, avvenire㊚

ゆくすえ 行く末 futuro㊚, avvenire㊚ ¶子供たちの行く末が案じられる. Mi preoccupo del [per il] futuro dei miei figli. ¶息子の行く末を見届けるまでは死ねない. Non posso morire prima di aver visto mio figlio sistemato.

ゆくて 行く手 ¶行く手を遮る sbarrare il passo [la strada]《a》/ ostacolare il passaggio《di》¶行く手に灯台の明かりが見えてきた. Davanti a noi è apparsa la luce del faro. ¶行く手にはまだいくつか問題が残されている.《これから先》Nel nostro futuro ci sono ancora alcuni problemi da risolvere.

ゆくとし 行く年 ¶行く年来る年 l'anno vecchio e l'anno nuovo ¶除夜の鐘を聞きながら行く年を送った. Ho salutato l'anno vecchio ascoltando i rintocchi delle campane dell'ultimo giorno dell'anno.

ユグノー 〔仏 huguenot〕《史》《教徒》ugonotto㊚《㊛ -a》

ゆくゆく 行く行く **1**《途中で》¶この悪い知らせをどう話すか彼の家まで行く行く考えていた. Andando a casa sua pensavo a come avrei potuto dargli questa brutta notizia. **2**《将来》◇ゆくゆくは《将来》in futuro, nell'avvenire; 《いつか》un giorno; 《結局》alla fine; 《いずれは》prima o poi ¶ゆくゆくは彼が部長になるだろう. Sarà lui prima o poi a diventare caposezione.

ゆげ 湯気 vapore㊚ ¶湯気を立てる emanare vapore ¶湯気の立っているスープ minestra fumante ¶風呂場に湯気がこもる. Il vapore riempie la stanza da bagno. ¶眼鏡が湯気で曇った. Gli occhiali sono appannati dal vapore.
慣用 湯気を立てて ¶父は湯気を立てて怒っていた. Mio padre fumava di rabbia.

ゆけつ 輸血 trasfusione㊛ di sangue ◇輸血する《医者が主語》fare una trasfusione di sangue《per [a] qlcu.》, sottoporre [a] qlcu. ad una trasfusione di sangue; 《患者が主語》sottoporsi ad una trasfusione di sangue
✤**輸血性肝炎**《医》epatite㊛ causata da una trasfusione di sangue
輸血反応《医》reazione㊛ a una trasfusione di sangue

ゆけむり 湯煙 ¶温泉から立ちのぼる湯煙 vapore che si alza da una sorgente termale

ゆさい 油彩《画法》pittura㊛ ad olio
✤**油彩画** pittura㊛[dipinto㊚] ad olio, olio㊚《複 -i》

ゆざい 油剤《薬》farmaco㊚《複 -ci》a base di olio; 《軟膏》unguento㊚, pomata㊛

ゆさぶり 揺さぶり ¶反対派に揺さぶりをかける far traballare l'opposizione

ゆさぶる 揺さぶる **1**《揺する》scuotere ¶枝を揺さぶる scuotere un ramo **2**《動揺させる》scuotere; 《衝撃を与える》sciocare ¶彼の証言は政界及び財界を揺さぶった. La sua testimonianza ha scosso il mondo politico e finanziario.

ゆざまし 湯冷まし acqua㊛ bollita e raffreddata

ゆざめ 湯冷め ¶湯冷めをする prendere freddo [raffreddarsi] dopo il bagno

ゆさん 遊山 ¶遊山に出かける andare in gita / fare un'escursione
✤**遊山客** vacanziere㊚《㊛ -a》

ゆし 油紙 carta㊛ oleata

ゆし 油脂 oli㊚《複》e grassi㊚《複》
✤**油脂工業** industria㊛ di oli e grassi

ゆし 諭旨 ¶あの学生は諭旨退学となった. Hanno espulso quello studente dopo avergli spiegato le motivazioni.
✤**諭旨免職** ¶諭旨免職になる essere licenziato [destituito] con un avviso

ゆしゅつ 輸出 esportazione㊛ ◇輸出する esportare ¶農産物の輸出を制限する limitare [restringere / controllare] l'esportazione dei prodotti agricoli ¶ヨーロッパの自動車輸出が伸びている. Si sta incrementando l'esportazione delle automobili in Europa.
✤**輸出価格** prezzo㊚ di esportazione
輸出業者 esportatore㊚《㊛ -trice》; 《会社》azienda㊛ esportatrice
輸出競争 competizione㊛[concorrenza㊛] per l'esportazione
輸出許可書[証] permesso㊚ di esportazione
輸出禁止 divieto㊚ di esportazione
輸出港 porto㊚ d'imbarco [per l'esportazione]
輸出国 paese㊚ esportatore
輸出産業 industria㊛ basata sulle esportazioni
輸出証明書 certificato㊚ di esportazione
輸出申告(書) dichiarazione㊛ di esportazione
輸出税 tariffe㊛《複》di esportazione
輸出制限 limitazione㊛ delle esportazioni
輸出超過 eccedenza㊛ delle esportazioni rispetto alle importazioni
輸出手続き formalità㊛《複》[procedure㊛《複》] per le esportazioni
輸出品 merce㊛ di esportazione

ゆしゅつにゅう 輸出入 esportazione㊛ e importazione㊛; 〔英〕import-export㊚《無変》¶輸出入の差額 bilancia commerciale ¶輸出入のバランス[アンバランス] equilibrio [squilibrio] fra le esportazioni e le importazioni
✤**輸出入銀行**〔英〕Export-Import Bank㊛; banca㊛ per l'import-export

ゆず 柚《植》bergamotto㊚ giapponese
✤**柚湯** bagno㊚ caldo aromatizzato con lo *yu-*

ゆすぐ 濯ぐ risciacquare *ql.co.* ¶髪[口]をゆすぐ risciacquarsi i capelli [la bocca] ¶さっとゆすぐだけで大丈夫です。 Basta un semplice risciacquo.

ゆすぶる 揺すぶる →揺さぶる

ゆすり 強請 《行為》estorsione㊛, ricatto㊚;《人》ricatta*tore*㊚ [㊛ -*trice*] ¶ゆすりにあう subire un'estorsione

ゆずり 譲り ¶彼の性格は母親譲りだ。 Ha preso il carattere della madre.
✤譲り状 atto㊚ di trasferimento di beni

ゆずりあい 譲り合い 《互いの譲歩》concessione㊛ reciproca;《妥協》compromesso㊚ reciproco

ゆずりあう 譲り合う conciliarsi ¶互いに席を譲り合う insistere reciprocamente nel cedere il posto all'altro ¶お先にどうぞと譲り合う lasciare (vicendevolmente) precedenza all'altro ¶譲り合って事をうまく運んでほしい。 Desidero che portiate avanti il problema conciliando le vostre esigenze.

ゆずりうける 譲り受ける ottenere [ricevere] *ql.co.*;《相続する》ereditare *ql.co.*;《買う》acquistare *ql.co.* ¶彼は全財産を親から譲り受けた。 Ha ereditato dai genitori tutti i beni. ¶友人から車を安く譲り受けた。 Ho comprato un'auto da un amico ad un prezzo di favore.

ゆすりか 揺すり蚊 《昆》moscerino㊚

ゆずりわたす 譲り渡す 《財産などを》trasferire, concedere, cedere;《証券などの金銭や等価のものと交換に》negoziare ¶彼は全財産を甥に譲り渡すことにした。 Ha deciso di cedere tutte le sue proprietà al nipote.

ゆする 強請 《強要する》estorcere *ql.co.* a *qlcu.*;《恐喝する》ricattare *qlcu.*, fare un ricatto a *qlcu.* ¶数人の男に囲まれ金をゆすられた。 Un gruppo di uomini, circondandomi, mi ha estorto del denaro.

ゆする 揺する 《揺り動かす》scuotere, scrollare;《揺りかごなどを》dondolare, cullare;《震動させる》far oscillare;《小刻みに》far tremare ¶ぐっすり眠っている少年を揺すって起こした。 Ho svegliato il ragazzo che dormiva profondamente scuotendolo [scrollandolo] energicamente. ¶揺すりながら赤ん坊を眠らせた。 Ho fatto addormentare il bambino cullandolo. ¶彼は肩を揺すって笑った。 Le risa gli scuotevano le spalle.

ゆずる 譲る **1**《人に渡す》cedere [lasciare / trasferire] *ql.co.* a *qlcu.*; passare [trasmettere] *ql.co.* a *qlcu.* ¶権利を譲る cedere i diritti ¶家の所有権を譲る trasferire la proprietà di una casa a *qlcu.* ¶この服は小さくなったので弟に譲ろう。 Questo abito mi è diventato piccolo, così lo passerò a mio fratello. ¶女王は王子に位を譲った。 La regina ha abdicato in favore del [ha lasciato il trono al] principe ereditario. ¶道を譲る dare la strada [《に a》] ¶お年寄りに席を譲る cedere il posto alle persone anziane ¶後進に道を譲る fare largo ai giovani ¶順番を譲る far passare avanti *qlcu.*

2【売る】 vendere *ql.co.* a *qlcu.* ¶彼はカメラを譲って欲しいと言った。 Mi ha chiesto di vendergli la mia macchina fotografica. ¶少し譲ってくださいませんか。 Puoi darmene un po'?

3【譲歩する】 cedere㉠ [*av*] a *ql.co.*;《劣る》essere inferior*e* 《に a》 ¶どちらも自説を主張して譲らなかった。 Fissi sul proprio punto di vista, nessuno dei due cedeva. ¶この条件については一歩も譲れません。 Su questa clausola non possiamo fare alcuna concessione. ¶彼の熱意に負けついに譲ってしまった。 Mi sono definitivamente arreso davanti al suo entusiasmo.

4【後に回す】 ¶これについてはまたの機会に譲ろう。 Rimandiamo quest'argomento ad altra occasione.

ゆせい 油井 pozzo㊚ petrolifero

ゆせい 油性 《化・工》oleosità㊛, untuosità㊛ ◊油性の oleoso;《油を主成分とした》a base oleosa ¶油性の化粧品 cosmetico a base oleosa
✤油性塗料 [溶液] vernice [soluzione] oleosa 油性ペン pennarello㊚ indelebile

ゆせん 湯煎 ¶湯煎にする cuocere [riscaldare] *ql.co.* a bagnomaria

ゆそう 油送 trasporto㊚ del petrolio
✤油送管《油送管路》oleodotto㊚;《空中給油の》tubo㊚ di alimentazione

ゆそう 油槽 serbato*io*㊚ [複 -*i*] del petrolio
✤油槽船 nave㊛ cisterna, petroliera㊛;《大型の》superpetroliera㊛
油槽トラック autobotte㊛, autocisterna㊛

ゆそう 輸送 trasporto㊚ ◊輸送する trasportare *ql.co.* ¶国内 [国外・長距離] 輸送 trasporto interno [internazionale / a lunga distanza] ¶陸上輸送 trasporto terrestre [via terra] ¶海上輸送 trasporto marittimo [via mare] ¶鉄道輸送 trasporto ferroviario [via ferrovia] ¶航空輸送 trasporto aereo [via aerea] ¶トラック輸送 trasporto su gomma ¶ピストン輸送 trasporto a navetta
✤輸送機 aereo㊚ da trasporto, cargo㊚ [複 -*ghi*]
輸送機関 mezzo㊚ di trasporto
輸送業 industria㊛ dei trasporti
輸送業者 spedizioniere㊚, trasporta*tore*㊚ [㊛ -*trice*]
輸送船 nave㊛ da trasporto, cargo㊚;《軍》nave㊛ da trasporto truppe
輸送費 costi㊚ [複] di trasporto
輸送網 rete㊛ di trasporti
輸送量 volume㊚ di traffico
輸送料 spese㊛ [複] di nolo
輸送力 capacità㊛ di trasporto

ゆたか 豊か **1**《裕福》 ◊豊かな ricco [㊚ 複 -*chi*], opulento ¶豊かな暮らしをする condurre una vita agiata / vivere agiatamente [nell'agiatezza]

2《豊富》 ◊豊かな abbondante;《肥沃・豊饒な》fertile ¶天然資源の豊かな国 paese ricco di risorse naturali ¶才能豊かな画家 pittore dotato [di grande talento] ¶実り豊かな秋 autunno prospero ¶豊かな土地 terra fertile [ricca]

3《心がゆったりした》 ¶あんな心の豊かな人はいない。 Non c'è nessuno con cuore generoso come il suo.

ゆだねる 委ねる ¶責任を委ねる lasciare la responsabilità nelle mani di *qlcu*. ¶運命に身を委ねる affidarsi [《諦める》rassegnarsi] alla sorte ¶この仕事は一切君に委ねる. Ti incarico di [Ti affido] tutto questo lavoro.

ユダヤ 〔ラ Judaea〕 Giudea[女] ◇ユダヤの ebraico [[男]複 -*ci*]

✤ユダヤ教 religione[女] ebraica, ebraismo[男] ¶ユダヤ教の礼拝所《シナゴーグ》sinagoga

ユダヤ教徒 israelit*a*[男][女] [[男]複 -*i*], ebre*o*[男] [[女] -*a*]

ユダヤ人 ebre*o*[男] [[女] -*a*], giude*o*[男] [[女] -*a*]

ユダヤ人街 ghetto[男], quartiere[男] ebraico

ユダヤ人排斥運動 movimento[男] antisemitico

ユダヤ暦 calendario[男] ebraico

ゆだる 茹る **1**《ゆであがる》essere cott*o* **2** ⇒茹(ゆ)る

ゆだん 油断 《不注意》disattenzione[女];《放心》distrazione[女];《怠 慢》negligenza [-gli-][女];《なおざり》trascuratezza[女] ◇油断する essere disattent*o* 《に a》; essere distratt*o* ◇油断のない prudente, cauto ¶油断させる distrarre *qlcu*. ¶油断なく attentamente / con attenzione [prudenza / cautela] ¶油断して per disattenzione [imprudenza] / senza cautela ¶あの人には油断しないほうがいい. Bisogna stare attenti con lui. ¶油断するとまた風邪をひくぞ. Se non farai attenzione, riprenderai di nuovo il raffreddore.

[慣用] **油断大敵** L'imprudenza è il maggior nemico.

油断も隙もない ¶東京は油断も隙もない所だ. La prudenza a Tokyo non è mai troppa. ¶君ときたら油断も隙もないんだから. Non posso distrarmi un attimo che ne combini una delle tue!

ゆたんぽ 湯湯婆 borsa[女] dell'acqua calda

ゆちゃく 癒着 **1**〔医〕aderenza[女] ◇癒着する aderire[自] [*av*]《に a》 ¶手術後の癒着がひどい. Dopo l'intervento chirurgico ha avuto una grave aderenza. **2**《不正などで手を結ぶこと》attaccamento[男] ◇癒着する essere legat*o* 《に a》 ¶政界と財界の癒着 connivenza fra il mondo politico e quello dell'alta finanza

ユッカ 〔英 yucca〕〔植〕yucca[女], iucca[女]

ゆっくり

1《急がずに》lentamente, piano, con calma, con comodo;《あせらずに》senza fretta, senza affrettarsi ◇ゆっくりした lento ¶ゆっくり話してください. Parli piano [lentamente] per favore. (►「parlare piano」には「小声で話す」という意味もある) ¶ゆっくり歩いて行こう. Andiamo a piedi con calma. ¶いつか一部始終をゆっくりお話しします. Un giorno ti racconterò tutto con calma.

2《ゆとりのあるさま》 ◇ゆっくりする《くつろぐ》rilassarsi, mettersi comod*o*;《とどまる》trattenersi a lungo ◇ゆっくりした allentato ¶日曜日はゆっくり起きる. Di domenica [La domenica] mi alzo tardi. ¶どうぞごゆっくり. Prego, si metta comodo [a suo agio]. (►comodoは相手の性・数に合わせて語尾変化する) ¶今日はゆっくりしていられません. Oggi non posso fermarmi [trattenermi]. ¶2, 3日ゆっくり休みたい. Vorrei restare tranquillo per un paio di giorni.

ゆったり 《大きさにゆとりがある》spazioso;《快適な》comodo ¶ゆったりした上着 giacca comoda ¶1等車の座席はゆったりとしている. I posti in prima classe sono spaziosi. ¶このソファーには6人がゆったり座れる. Su questo divano possono sedersi comodamente sei persone. ¶ゆったりと暮らす vivere nell'agiatezza ¶ゆったりと静かな音楽を聴く ascoltare rilassat*o* una musica distensiva ¶ここの景色を眺めているとゆったりした気分になる. Quando guardo questo paesaggio, mi sento sereno.

ゆでこぼす 茹で溢す ¶野菜をゆでこぼす scolare le verdure lessate

ゆでだこ 茹で蛸 《ゆでたタコ》polpo[男] lesso ¶彼はゆでだこのような顔をして怒っていた. Era rosso come un peperone per la rabbia.

ゆでたまご 茹で卵 uovo[男] [複 le *uova*] sodo;《半熟》uovo[男] alla coque [kɔk]

ゆでる 茹でる far bollire *ql.co.*, lessare *ql.co.* ¶卵をゆでる far bollire le uova ¶ゆでたにんじん carota lessa

ゆでん 油田 giacimento[男] petrolifero

✤油田ガス gas[男] [無変] di campo petrolifero

油田地帯 regione[女] [zona[女]] petrolifera

ゆどうふ 湯豆腐 piatto[男] di *tofu* bollito (◆da mangiare con salsa di soia e spezie)

ゆどおし 湯通し **1**《織物の》 ¶布に湯通しする vaporizzare la stoffa / ammorbidire la stoffa con il vapore **2**〔料〕 ◇湯通しする sbollentare *ql.co.*

ゆとり **1**《場所》spazio[男] [複 -*i*];《時間》tempo[男] ¶紙面にゆとりがあればこの記事も載せたい. Se c'è ancora spazio, vorrei pubblicare questo articolo. ¶願書提出期限までにあまりゆとりがない. Non c'è molto [Manca poco] tempo al termine per la presentazione della domanda. ¶時間に少しゆとりを見て駅へ行っていたほうがいい. È meglio andare alla stazione con un certo anticipo [margine di tempo].

2《金銭の》 ¶ゆとりのある暮らしをする vivere agiatamente

3《気持ちの》 ¶ゆとりのある教育 istruzione tendente non al nozionismo ma allo sviluppo delle capacità individuali ¶忙しくて他の事を考えるゆとりがない. Sono talmente impegnato da non poter pensare ad altro.

ユニーク 〔英 unique〕 ◇ユニークな《独特の》unic*o* [[男]複 -*ci*], originale, fuori del comune;〔ラ〕sui generis;《無比の》inconfondibile, incomparabile ¶彼はユニークな存在だ. È una presenza originale [sui generis]. ¶彼の発想はユニークだ. La sua idea è davvero unica.

ユニオンジャック 〔英 Union Jack〕〔英〕Union Jack[男] [無変]; bandiera[女] del Regno Unito

ユニオンショップ 〔英 union shop〕 azienda[女] che assume personale a condizione che si iscriva al sindacato entro un periodo di tempo stabilito

ユニセックス 〔英 unisex〕 ◇ユニセックスの unisex [unisex] [無変]

ユニセフ UNICEF Fondo[男] Internazionale per l'Infanzia delle Nazioni Unite;《略》〔英〕UNICEF [úniʧef][男]

ユニゾン 〔英 unison〕〔音〕unisono[男] ¶ユニ

ゾンで歌う cantare all'unisono

ユニット〔英 unit〕unità⊕
✤ユニット家具 mobile⊕ componibile
ユニット型投資信託 fondi⊕[複] comuni d'investimento
ユニット住宅 prefabbricato⊕
ユニットバス cellula⊕ da bagno [無変]

ユニテリアン〔英 unitarian〕《教義》unitarismo⊕;《人》unitariano⊕[-a]
✤ユニテリアン教会 chiesa⊕ unitariana

ユニバーサルデザイン〔英 universal design〕〔英〕universal design⊕[無変], design⊕[無変] universale ¶ユニバーサルデザインの製品企画 progettazione di prodotti facili da utilizzare per chiunque, anche anziani e disabili

ユニバーシアード〔英 Universiade〕《国際学生競技大会》Universiadi⊕[複]

ユニホーム〔英 uniform〕《制服, スポーツ用の》uniforme⊕, divisa⊕ ¶ユニホームを着る indossare [mettersi / portare] un'uniforme

ゆにゅう 輸入 importazione⊕ ◇輸入する importare ql.co.;《文ול》introdurre ql.co. ¶原料を輸入する importare le materie prime ¶食料を輸入に依存する dipendere dalle importazioni per i generi alimentari ¶西洋文明の日本への輸入 introduzione della cultura occidentale in Giappone
✤輸入依存度 grado⊕ di dipendenza dalle importazioni
輸入インフレ inflazione⊕ importata
輸入価格《邦貨建て》prezzo⊕[valore⊕]delle importazioni (in yen)
輸入課徴金 soprattassa⊕ sulle importazioni
輸入関税 tariffe⊕[複]di importazione
輸入規制 limiti⊕ di importazione ◇輸入規制する controllare l'importazione
輸入業者 importatore⊕[⊕ -trice];《会社》agenzia⊕ importatrice
輸入許可書[証] licenza⊕ d'importazione, autorizzazione⊕ all'importazione
輸入禁制品 merce⊕ di importazione vietata
輸入港 porto⊕ d'importazione
輸入国 paese⊕ importatore
輸入自由化 liberalizzazione⊕ dell'importazione
輸入申告(書) dichiarazione⊕ d'importazione
輸入制限 restrizione⊕ delle importazioni
輸入制限品目 articoli⊕[複] la cui importazione è limitata
輸入税率 tariffa⊕ doganale d'importazione
輸入担保 depositi⊕[複] a fonte di importazioni
輸入超過 eccedenza⊕ delle importazioni rispetto alle esportazioni
輸入手続き formalità⊕[複] per le importazioni
輸入品 merce⊕ d'importazione
輸入ユーザンス pagamento⊕ differito delle importazioni

ユネスコ UNESCO Organizzazione⊕ delle Nazioni Unite per l'Educazione, la Scienza e la Cultura;《略》〔英〕UNESCO [unésko]⊕

ゆのはな 湯の花《温泉の》sedimenti⊕[複] in sospensione di acqua termale

ゆのみ 湯飲み tazza⊕ da tè (senza manico)

ゆば 湯葉 foglio⊕[複 -gli] di caseina di soia

ゆび 指 dito⊕[複 le dita;《稀》i diti]¶親指《手 の》pollice⊕;《足 の》alluce⊕ ¶人差し指 indice⊕ ¶中指 medio⊕ ¶薬指 anulare⊕ ¶小指 mignolo⊕ ¶指の間 spazio fra le dita / spazio infradita ¶指の関節 giuntura del dito ¶指の腹 polpastrello ¶指を鳴らす schioccare le dita /《関節を》far crocchiare le nocche ¶彼は結婚指輪を指にはめている. Porta la fede al dito. ¶少年は指で数えた. Il ragazzo ha contato con le dita. ¶赤ん坊は指をくわえて眠っていた. Il bambino dormiva con il dito in bocca. ¶彼は今年の長者番付で5本の指に入った. È entrato tra i primi cinque nella lista dei maggiori contribuenti di quest'anno.

[慣用]指一本 ¶いまだかつて人から指一本差されるようなことはしていない. Nessuno mi ha mai additato alle spalle. / Ho sempre camminato a testa alta tra la gente. ¶何を頼んでも指一本動かそうとしない. Qualsiasi cosa gli chieda, non muove mai nemmeno un dito.

指をくわえる ¶指をくわえて眺める《羨望の目で》guardare ql.co. [qlcu.] con invidia ¶指をくわえて好機を逃がす farsi sfuggire una buona occasione senza poter alzare un dito

指をつめる《やくざなどが》amputarsi la punta del mignolo come punizione [in segno di penitenza]

ゆびおり 指折り ¶指折り数える contare con le dita (►イタリアでは折った指を親指から順に立てながら数える) ¶子供たちは父親の帰国を指折り数えて待っていた. I figli aspettavano il ritorno del padre contando i giorni sulle dita della mano. ¶彼は世界での指折りの実業家だ. È uno dei primi imprenditori al mondo.

ユビキタス ubiquità⊕ ◇ユビキタスの ubiquo, onnipresente

ゆびきり 指切り ¶少女たちは約束の印に指切りした. Le ragazze hanno incrociato i mignoli all'atto della promessa.
✤指切りげんまん promessa⊕ fatta unendo i mignoli (◆イタリア人はしない)

ゆびさき 指先 punta⊕ del dito ¶彼女は指先が器用だ. È molto brava nei lavori manuali.

ゆびさす 指差す additare ql.co. [qlcu.], indicare [mostrare] ql.co. [qlcu.] con il dito, puntare il dito a ql.co. [qlcu.] ¶目撃者は犯人を指差した. Il testimone oculare ha additato [indicato con il dito] il criminale.

ゆびずもう 指相撲 gioco⊕ della lotta con i pollici

ゆびづかい 指使い《音》diteggiatura⊕

ゆびにんぎょう 指人形 burattino⊕ (che si infila su un dito)

ゆびぬき 指貫き ditale⊕ ¶指ぬきをはめる infilarsi un ditale

ゆびぶえ 指笛 ¶指笛を吹く fischiare⊕[av] con due dita in bocca

ゆびわ 指輪 anello⊕ ¶結婚指輪 fede⊕ ¶婚約指輪 anello di fidanzamento ¶指輪をはめる infilarsi [mettersi] un anello /《人に》infilare un anello al dito di qlcu. ¶指輪をはめている

ゆぶね 湯船 ¶湯船につかる immergersi nella vasca da bagno

ゆみ 弓 **1**〘武器〙arco男〘複 -chi〙;〘弓術〙tiro男 all'arco ¶弓を射る[引く] tirare una freccia con l'arco / scoccare una freccia ¶弓を引き絞る tendere l'arco al massimo ¶弓に矢をつがえる mettere una freccia nell'arco ¶弓に弦(る)を張る tendere la corda dell'arco
2〘弦楽器の〙arco男〘複 -chi〙, archetto男
〘慣用〙**弓を引く**《そむく》ribellarsi a [contro] qlcu.
✤**弓師** fabbricante男伊 di archi

ゆみがた 弓形 ◇弓形の ad arco, arcuato, a forma d'arco
✤**弓形窓**〘建〙〔英〕bow-window男〘無変〙;《稀》bovindo男

ゆみず 湯水 ¶彼は父親の遺した金を湯水のように使った. Ha scialacquato tutto il denaro ereditato dal padre.

ゆみづる 弓絃 corda女 dell'arco
ゆみなり 弓形 ◇弓なりの arcuato, ad arco
¶弓なりに体をそらす arcuare il busto / portare il busto all'indietro ad arco

ゆみはりづき 弓張り月 luna女 crescente
ゆみや 弓矢 arco男〘複 -chi〙e freccia女〘複 -ce〙
✤**弓矢の道**〘弓術〙tiro男 all'arco;〘武道〙arte女 marziale

ゆめ 夢 **1**【睡眠中の】sogno男;〘悪夢〙brutto sogno男, incubo男 ¶夢のお告げ rivelazione in sogno ¶夢を見る fare un sogno, sognare他,自[av] ¶悪い夢を見る avere un incubo / fare un brutto sogno ¶夢を結ぶ《眠る》addormentarsi ¶夢に現れる apparire in sogno ¶夢から覚める destarsi da un sogno ¶その知らせを聞いて夢かと思った. Sentendo questa notizia non credevo alle mie orecchie. ¶母のことを夢に見た. Ho sognato mia madre. / Ho visto mia madre in sogno. ¶楽しくてまるで夢のようだ. Sono felice, mi sembra di sognare. ¶子供のころの夢をよく見る. Sogno spesso di quando ero bambino. ¶空を飛んだ夢を見た. Ho sognato di volare nel cielo. ¶目覚ましのベルで夢を破られた. Il sogno è stato interrotto dal suono della sveglia.
2【はかないこと】illusione女 ¶甘い夢にふける lasciarsi prendere da un sogno [un'illusione] ¶我々の期待は夢と消えた. Le nostre speranze sono svanite come un sogno. ¶人生は夢だ. La vita è un sogno.
3【希望, 願望】sogno男, desiderio男〘複 -i〙 ¶夢を追う inseguire [rincorrere] un sogno ¶夢を実現する realizzare il *proprio* sogno ¶夢の自動車フェラーリ una Ferrari da sogno ¶彼は夢がない. Non ha sogni [ambizioni]. ¶イタリアへ行くのが僕の夢です. Il mio sogno è andare in Italia. ¶これで私の夢は破られた. Con ciò il mio sogno è andato in fumo [a monte]. ¶鳥のように空を飛びたいという人間の夢から飛行機が発明された. L'aspirazione dell'uomo a volare come gli uccelli ha reso possibile l'invenzione dell'aeroplano.
4【「夢にも…ない」の形で, まったく, 少しも】¶夢にも思わない non avere la minima idea / non sognarsi neppure lontanamente ¶僕が[彼が]歌手になるなんて夢にも思わなかった. Non mi sarei mai sognato "di diventare [che sarebbe diventato] un cantante professionista. ¶あの人の親切は夢にも忘れない. Non dimenticherò mai la sua gentilezza.
〘慣用〙**夢を描く** ¶彼は将来に大きな夢を描いている. Ha grandi sogni per il futuro.
夢を見る〘空想にふける〙immaginare, immaginarsi ¶夢を見る人 sognatore男〘女 -trice〙

ゆめうつつ 夢現 **1**【半分眠っていること】◇夢うつつで[に] fra la veglia e il sonno, nel dormiveglia ¶一日中夢うつつだった. Per tutta la giornata sono stato mezzo addormentato. **2**〘夢中〙¶それから1か月は夢うつつに過ぎた. Da quel momento ho vissuto un mese come in sogno.

ゆめうらない 夢占い oniromanzia女;〘人〙oniromante男 ¶夢占いをしてもらう farsi interpretare i sogni da un oniromante

ゆめじ 夢路 ¶夢路につく addormentarsi ¶安らかに夢路をたどる dormire saporitamente

ゆめのくに 夢の国 terra女 di sogno, paese男 delle meraviglie;〘理想郷〙utopia女

ゆめはんだん 夢判断 oniromanzia女;〘フロイトの著書〙"L'interpretazione dei sogni" (Freud)

ゆめまくら 夢枕 ¶母が夢枕に立った. Mia madre mi è apparsa in sogno.

ゆめまぼろし 夢幻 ¶夢幻の世 questo mondo effimero [illusorio] ¶夢幻と消える《計画などが》andare in fumo /《期待などが》svanire

ゆめみ 夢見 ¶夢見がよかった[悪かった]. Ho fatto un bel [brutto] sogno.

ゆめごこち 夢見心地 stato男 d'animo da sogno ¶夢見心地である sentirsi come in un sogno

ゆめみる 夢見る sognare *ql.co.* [di+不定詞] ¶息子は宇宙飛行士になることを夢見ている. Mio figlio sogna di diventare astronauta. ¶あの少女はいつも夢見るような目つきをしている. Quella ragazza ha sempre gli occhi sognanti [trasognati].

ゆめものがたり 夢物語 storia女 irreale [fantastica] ¶それは夢物語に終わった. Quella storia è finita come un sogno.

ゆめゆめ ¶ゆめゆめ油断するな. Mi raccomando, devi essere attentissimo.

ゆもと 湯元〘温泉の〙sorgente女 termale

ゆゆしい 由由しい ¶ゆゆしい問題 problema男〘複 -i〙serio [grave / critico] ¶ゆゆしい事態になった. Ci troviamo in una situazione critica.

ゆらい 由来〘起源〙origine女;〘来歴〙storia女;〘出所〙fonte女 ¶…に由来する derivare da *ql.co.* ¶…の由来をたずねる ricercare l'origine di *ql.co.* ¶…の由来は…にさかのぼる risalire all'origine di *ql.co.* ¶この習慣は中世の行事に由来する. Questa usanza affonda le sue radici in un rito medievale.
✤**由来書**(ɡ) storia女, memorie女〘複〙

ゆらぐ 揺らぐ **1**【揺れる】tremare自[av]; vacillare自[av], ondeggiare自[av], traballare;《かすかに揺れる》tremolare自[av] ¶強風で板塀が揺らいでいる. A causa di un forte vento il recinto di legno traballa. ¶枝が風に揺らいだ. I rami tremano al vento. ¶ろうそくの火が揺らいで, やがて消えた. La fiamma della candela tremolava e alla fine si è spenta.

2《動揺する》 ¶いざという時, 心が揺らいで決心がつきかねた. Nel momento critico ho eṣitato e non sono riuscito a prendere una deciṣione. ¶先代が亡くなってから店の身代は揺らぎ始めた. Dopo la morte del precedente proprietario la gestione del negozio ha cominciato a traballare.

ゆらす 揺らす ⇒揺する

ゆらめく 揺らめく tremolare[自][*av*]

ゆらゆら lentamente e ampiamente ¶大地がゆらゆら揺れ始めた. La terra ha cominciato a ṣmuoversi lentamente.

ゆらりゆらり ¶ボートはゆらりゆらりと揺れながら岸を離れた. La barca, ondeggiando, si è staccata dalla riva. ¶酔っているせいか男はゆらりゆらりと歩道を歩いていた. Forse per ubriachezza l'uomo camminava barcollando sul marciapiedi.

ゆられる 揺られる ¶馬車に揺られて山道を上った. Salii per la strada di montagna ṣballottato dal carro. ¶つり船が波に揺られている. Le imbarcazioni dei pescatori dondolano sulle onde.

ゆり 百合 〔植〕 giglio[男][複 -*gli*] ¶鬼百合 giglio tigrino ¶百合のように清純な innocente come un giglio

✤**ゆり根** bulbo[男] di giglio

ゆりいす 揺り椅子 (sedia[女] a) dondolo[男]

ゆりうごかす 揺り動かす scuotere, scrollare ¶心を揺り動かす言葉 parole commoventi

ユリウスれき ユリウス暦 calendario[男] giuliano

ゆりおこす 揺り起こす ¶母親は息子を揺り起こした. Ha scosso suo figlio per ṣvegliarlo.

ゆりかえし 揺り返し **1**《余震》 scossa[女] di assestamento **2**《現象や病状などの反作用・反動》 il risorgere[男], nuova insorgenza[女]

ゆりかご 揺り籃 culla[女] ¶揺りかごから墓場まで dalla culla alla tomba

ゆりのき 百合の木 〔植〕 liriodendro[男]

ゆるい 緩い **1**【きつくない】 lar*go* [[男] 複 -*ghi*] ¶緩い結び目 nodo lento ¶緩い包帯 fasciatura lenta ¶靴のひもを緩く結ぶ annodare i lacci delle scarpe senza stringerli troppo ¶このズボンはウエストが緩い. Questi pantaloni mi stanno larghi in vita. ¶スカートのウエストが緩くなった. La gonna si è allentata in vita. ¶栓の閉め方が緩いと蛇口から水が漏れる. Se non lo chiudi bene, il rubinetto perde acqua.

2【急でない】 ¶緩いカーブ curva lenta ¶道はここから緩く右に曲がっている. Da qui la strada fa un'ampia curva a [verso] destra. ¶あの坂道は勾配が緩い. Questa salita ha una lieve pendenza. ¶この辺は川の流れが緩い. In questo punto il fiume scorre lentamente.

3【速度が遅い】 ¶緩い歩調で a passi lenti ¶緩い速度で a velocità moderata

4【水分が多い】 ¶緩いおかゆ pappa molto liquida di riso bianco ¶この2, 3日, 便が緩い. In questi ultimi giorni le feci sono molli. ¶この辺は地盤が緩い. Qui la terra è molle [morbida].

5【厳重でない】 indulgente, clemente, debole ¶緩い取り締まり controllo non rigoroso ¶警戒が緩すぎた. La sorveglianza era troppo scarsa.

ゆるがす 揺るがす **1**《揺り動かす》 ¶天地を揺るがす大音響 grande tonfo che fa tremare la terra **2**《強く動かす, 不安定にさせる》 agitare, mettere in agitazione ¶相次ぐテロ行為は世間を揺るがしている. I continui atti terroristici fanno tremare il mondo. ¶汚職問題は彼の立場を揺るがした. Problemi di corruzione hanno fatto vacillare la sua poṣizione.

ゆるがせ 忽せ ¶仕事をゆるがせにする trascurare il lavoro /《怠ける》 essere negligent*e* [-gli-] nel lavoro

ゆるぎない 揺るぎない fermo, stabile, solido

◇揺るぎなく fermamente, solidamente

¶揺るぎない基盤の上に su baṣe solida / su fondamenta solide ¶揺るぎない確信 convinzione ferma ¶彼の地位は揺るぎないものとなった. La sua poṣizione si è rinsaldata [si è stabilizzata].

ゆるぐ 揺るぐ ¶私の信念は揺るがない. La mia fede è salda.

ゆるし 許し **1**《許可》 permesso[男];《官庁などの》 autorizzazione[女];《同意》 consenso[男] ¶…する許しを得る ottenere il permesso di *ql.co.* [di＋[不定詞]] **2**《容赦》 perdono[男], scuṣa[女] ¶〈人〉に許しを請う chiedere perdono [scuṣa] a *qlcu.* ¶どうかお許しを. Mi perdoni. ¶彼に許しを請うたがむだであった. Gli ho chiesto perdono invano. **3**《芸道の免許の階級》 ¶茶の湯の奥許しを受ける ottenere la massima qualifica nella cerimonia del tè

ゆるす 許す **1**【罪や過ちを】 perdonare *qlcu.*, perdonare *ql.co.* a *qlcu.*; scuṣare *qlcu.* ¶彼は今までの罪を許してもらった. Gli sono state condonate tutte le pene imputategli per i crimini commessi. ¶どうかお許しください. Voglia perdonarmi! ¶今度だけは許してやる. Per questa volta ti perdono. ¶今回の君の過ちは許しがたい. Questo tuo errore「non è perdonabile [è imperdonabile]. ¶先日のご無礼をお許しください. Perdoni la mia scorteṣia di qualche giorno fa. ¶このような犯罪は絶対に許すことはできない. Un crimine di questo genere non può assolutamente essere tollerato.

2【許可する, 認める】 approvare *ql.co.* [*qlcu.*], concedere a *qlcu.* di＋[不定詞]; permettere a *qlcu.* di＋[不定詞] [che＋[接続法]], consentire a *qlcu.* di＋[不定詞], ammettere *ql.co.*, acconsentire a *ql.co.* ¶法律の許す範囲で nei limiti consentiti dalla legge ¶彼は私に発言を許さなかった. Non mi consentì di parlare. ¶きまりで寄宿舎からの夜間外出は許されていない. Secondo il regolamento non è permesso uscire dal dormitorio durante la notte. ¶父に大学に行きたいと頼んだら許してくれた. Ho chiesto a mio padre di mandarmi all'università ed ha acconsentito. ¶両親はついに娘の結婚を許した. Alla fine i genitori hanno dato il loro consenso al matrimonio della figlia. ¶弁解は一切許されない. Non è ammessa alcuna scuṣa.

3【免除する】 eṣonerare *qlcu.* da *ql.co.*

4【条件が調って可能にする】 consentire, permettere ¶天候が許すならば se il clima [il tempo] lo consente /《雨でなければ》pioggia permettendo ¶時間の許す限り finché il tempo lo permetterà ¶紙面の許す限り finché avremo spazio disponibile ¶予算が許せばイタリア滞在を延長しようと思う. Se i soldi mi permetteranno, prolungherò la mia permanenza in Italia. ¶大学進学を希望していたが家庭の事情が許さなかった. Avrei voluto iscrivermi all'università, ma le condizioni familiari non me l'hanno consentito.

5【思い通りにさせる, 聞き入れる】 esaudire, concedere, ammettere *ql.co.* ¶神は私の願いを許し給うた. Dio ha esaudito il mio desiderio. ¶彼女は男に肌を許した. Si è concessa a quell'uomo. ¶相手チームに初めの1点を許した. Abbiamo lasciato [Abbiamo permesso di] fare il primo punto alla squadra avversaria.

6【気を緩める】 ¶気を許す《警戒を緩める》allentare l'attenzione ¶私が心を許せる人 persona di cui posso fidarmi / persona in [di] cui ho fiducia ¶見ず知らずの者に気を許すな. Non dare confidenza alle persone sconosciute.

7【すぐれたもの, 値するものとして認める】 riconoscere ¶彼が誠実であることは自他ともに許している. Tutti, lui compreso, riconoscono la sua onestà.

ゆるみ 緩み **1**《緩んでいること》 ¶綱の緩みを引き締める tirare una corda allentata ¶もう少し肩幅に緩みをとってください. Mi faccia le spalle un po' più larghe. **2**《厳しくないこと》 ¶気の緩みがこの事故を招いた. Una disattenzione è stata la causa di questo incidente.

ゆるむ 緩む **1**《きつくなくなる》allentarsi ¶靴のひもが緩んでいるよ. Ti si sono allentati i lacci delle scarpe. ¶結び目が緩んでいる. Il nodo è lento.
2《速度がゆっくりになる》rallentare, rallentarsi
3《傾斜が緩やかになる》 ¶山道の勾配が緩んできた. Qui la pendenza del sentiero si addolcisce.
4《やわらかくなる》 ¶雨で地盤が緩んだ. Il terreno è diventato molle a causa della pioggia.
5《厳しさがやわらぐ》 ¶気が緩む《人が主語》diminuire l'attenzione / distrarsi / rilassarsi /《緊張をほぐす》allentare la tensione ¶この2, 3日寒さが緩んできた. In questi ultimi giorni il freddo è venuto attenuandosi.
6《市況の動きが悪くなる》 ¶目下商況は緩んでいる. Per il momento la Borsa è un po' inattiva.

ゆるめ 緩め ◇緩めに leggermente ¶リボンで髪を緩めに結ぶ legare i capelli leggermente con un nastro ¶ウエストを緩めに服を仕立てる fare un vestito un po' largo alla vita

ゆるめる 緩める **1**《緩くする》allentare, allargare ¶ベルト[ねじ]を緩める allentare una cintura [una vite] ¶手綱を緩める allentare le redini del cavallo ¶階段の勾配を緩める rendere meno ripida la pendenza di una scala **2**《遅くする》 ¶速力を緩める diminuire [ridurre] la velocità / andare a velocità un po' più bassa [ridotta] ¶歩調を緩める rallentare il passo
3《緩和する》 ¶規則を緩める ammorbidire [allentare] un regolamento ¶警戒を緩めた. Hanno diminuito la sorveglianza. ¶政府は自動車税の税率を緩めた. Il governo ha abbassato la tassa di circolazione. ¶気を緩めてはいけない. Bisogna stare sempre attenti.

ゆるやか 緩やか ◇緩やかな lento;《厳しくない》poco rigido ¶緩やかな川の流れ corrente lenta del fiume ¶風が緩やかに吹く. Il vento soffia dolcemente. ¶緩やかな傾斜 lenta pendenza ¶規則を緩やかにする rendere meno rigido un regolamento

ゆるゆる **1**《急がずゆっくり》 ¶ゆるゆる歩く camminare「piano piano [lentamente / tranquillamente] **2**《だぶだぶ》 ¶ゆるゆるのズボン pantaloni larghi

ゆれ 揺れ **1**《震動》oscillazione[女];《船・飛行機の縦揺れ》beccheggio[男] [複 -*gi*];《横揺れ》rollio[男] [複 -*ii*];《急な縦揺れ》sobbalzo[男], scossone[男];《急な横揺れ》strattone[男];《小刻みな》sballottamento[男];《ゆったりした規則的な》dondolamento[男] ¶車の揺れ scossa dell'automobile ¶地震の揺れを感じた. Si sono sentite scosse sismiche.
2《動揺》agitazione[女]

ゆれうごく 揺れ動く ¶祭り提灯が風に揺れ動いている. Le lanterne della festa dondolano al vento. ¶海藻が水中で揺れ動いている. Le alghe ondeggiano nell'acqua. ¶揺れ動く世界経済 economia mondiale instabile ¶人事異動で社内の空気が揺れ動いている. A causa dei trasferimenti, nella ditta c'è una certa agitazione.

ゆれる

揺れる **1**【前後・左右・上下に動く】 tremare[自] [*av*], traballare[自] [*av*];《ぶら下がったものなどが》dondolare[自] [*av*], oscillare[自] [*av*];《大きく振動する》ondeggiare[自] [*av*];《小さく震える》vibrare[自] [*av*] ¶飛行機がひどく揺れた. L'aereo vibrava [oscillava] tremendamente. ¶洗濯物が風に揺れている. Il bucato sventola. ¶枝が風に揺れている. I rami si agitano al vento. ¶ろうそくの火が揺れている. La fiamma della candela tremola. ¶時計の振り子が揺れている. Il pendolo dell'orologio oscilla. ¶強風で木が激しく揺れている. A causa del forte vento gli alberi ondeggiano violentemente. ¶船が揺れ始めた. La nave ha cominciato a rollare. ¶道が悪いのでバスが激しく揺れる. L'autobus traballa tutto a causa della strada dissestata.

2【動揺する】 ¶財界が揺れている. Il mondo finanziario è in subbuglio. ¶世界情勢は揺れている. La situazione mondiale è fluttuante. ¶決心を迫られて彼の心は揺れた. Messo alle strette dal dover prendere una decisione, era in grande agitazione.

ゆわえる 結わえる legare, annodare ¶犬を鎖で柱にゆわえておく legare un cane al palo con una catena ¶旗が竿(さお)にゆわえられている. La bandiera è annodata all'asta.

ゆわかしき 湯沸かし器 〔英〕boiler [bóiler][男] [無変];《家庭用の》scaldabagno[男] [無変] caldaia[女] dell'acqua ¶ガス湯沸かし器 scaldabagno a gas

よ

よ 世・代 **1**《世間，世の中》mondo㊚, società㊛ ¶世に知られた科学者 scienziato molto noto [conosciuto / famoso] ¶世のため人のために尽くす rendere un servigio alla società e alla popolazione / lavorare per il bene di tutti ¶一体，世の親たちはどう思っているのだろう. Ma cosa pensano i genitori di oggi, dico io!
2《人生》vita㊛ ¶世をはかなむ sentire la vuotezza di questo mondo ¶世の荒波を乗り越える superare le alterne vicende della vita
3《前世・現世・来世》 ¶あの世 l'aldilà㊚ / l'altro mondo ¶世を去る lasciare questo mondo / passare a miglior vita / morire
4《時勢，時代》tempo㊚, epoca㊛, periodo㊚, era㊛ ¶世に逆らう andare controcorrente ¶明治の世に nell'era Meiji ¶世に先んじる anticipare i tempi ¶世は早くも20代で世に出た. Siamo proprio nell'epoca del computer.
[慣用] 世が世なら ¶世が世なら私も楽隠居をしているはずだ. Se le cose fossero come una volta [Se i tempi fossero diversi], io sarei un tranquillo pensionato.
世に入れられる ¶彼の考えはなかなか世に入れられなかった. Il suo pensiero non è stato subito apprezzato [accettato] dal mondo.
世に処する adattarsi a vincere in società
世に出る (1)《世間に知られる》diventare famoso [noto], acquistare fama;《出世する》avere successo ¶彼は早くも20代で世に出た. Poco più che ventenne era già「famoso [un uomo affermato]. (2)《出版される》¶この本は10年前に世に出た. Questo libro è stato pubblicato [è uscito] dieci anni fa.
世に問う affidare ql.co. al giudizio del pubblico ¶研究の成果を世に問う presentare al pubblico [rendere noti] i risultati della propria ricerca
世の常 ¶そんなことは世の常だ. Così vanno le cose in questo mondo.
世の習い ¶これが世の習いだ. Questa [Così] è la vita.
世を忍ぶ vivere appartato [in oscurità / in incognito] ¶あの旅人は領主の世を忍ぶ仮の姿だ. Quel viaggiatore è un signore feudatario in incognito.
世を捨てる[背く]《隠遁する》abbandonare il mondo [la vita mondana], voltare le spalle al mondo, ritirarsi dal mondo;《出家する》ritirarsi a vita monastica [in un convento]
世をはばかる ¶彼は世をはばかってひっそり暮らしている. Vive appartato evitando ogni contatto umano.
世を渡る ¶彼はうまく世を渡った. Ha fatto [Si è fatto] strada abilmente.

よ 余 **1**《数量を表す語に付いて，…余り》¶30人余が出席した. Hanno partecipato oltre [più di] trenta persone. **2**《残り》il resto

よ 夜 notte㊛ ¶話し込んで夜を明かす passare la notte chiacchierando ¶夜が明けた. La notte è finita. ¶夜が更けた. Si è fatta notte inoltrata.
[慣用] 夜の目も寝ずに ¶心配で夜の目も寝ずに知らせを待った. In attesa della notizia non ho chiuso occhio.
夜も日も明けない ¶彼は奥さんがいなければ夜も日も明けない. Non riesce a stare nemmeno un momento senza la moglie.
夜を日に継ぐ ¶夜を日に継いで働く lavorare「giorno e notte [senza tregua / senza sosta]

-よ 1《くだけた会話での強調》¶この話はほかの人にしてはだめよ. Non andarlo a raccontare ad altri, hai capito?
2《不満・非難の気持ち》¶なぜ僕に教えてくれなかったんだよ. Ma perché non me l'hai detto?
3《命令文の強調》¶来いと言うまで来るなよ. Non venire finché non te lo dico io!
4《誘い》¶この問題をみんなで考えようよ. Su, ora pensiamo tutti a questo problema!
5《呼びかけ》¶神よ，われを憐れみたまえ. Signore, abbi pietà!

よあかし 夜明かし ¶友だちと話し込んで夜明かしをした. Ho passato tutta la notte a parlare con un amico.

よあけ 夜明け aurora㊛, alba㊛ ◇夜明けにアルバの, al sorgere del sole, sul far del giorno, all'aurora ¶もう夜明けだ. È già l'alba.

よあそび 夜遊び ◇夜遊びする《夜更かし》fare le ore piccole [le nottate], 《盛り場に通う》frequentare locali notturni;《楽しむ》divertirsi di notte

よあつ 与圧 pressurizzazione㊛
✤与圧室 camera㊛ pressurizzata
与圧装置 apparecchio㊚[複 -chi] di pressurizzazione

よあるき 夜歩き ◇夜歩きする uscire di notte

よい 宵 sera㊛, serata㊛ ¶宵の口 nelle prime ore [subito dopo il calare] della sera ¶まだ宵の口だ. La serata è appena iniziata.

よい 酔い ubriachezza㊛ ¶酔いが回ってきたようだ. Mi sa che sono un po' ubriaco. ¶外へ出て少し酔いをさましてくる. Esco per far passare la sbornia.
✤酔いざまし →酔い覚め

よい 良い・善い buono（►語尾変化については→いい [語形]）;《誠実な》onesto;《正しい》giusto ¶彼の演説はとてもよかった. Mi è piaciuto molto il suo discorso. ¶1か月もすれば，すっかりよくなるだろう. Guarirà completamente entro [prima di] un mese. ¶彼と知り合えてよかった. Sono felice di averlo conosciuto. ¶来てみてよかった. Meno male che sono venuto. ¶よかったら，本社まで来てください. Se può, venga alla sede centrale della ditta. ¶もっと時間があったらよかったのに. Sarebbe stato bello se avessi avuto più tempo. ¶よいことをしてほうびをもらった. Sono stato premiato per la mia buona azione.

よいごし 宵越し ¶彼は宵越しの金を持たぬ男だ. Quando esce la sera spende tutto quello che ha.

よいざめ 酔い覚め ¶酔い覚めの水を飲む bere un po' d'acqua per far passare l'ubriacatura

よいしょ 《重い物を担ぐとき》 Issa! / Oh issa!

よいしれる 酔い痴れる **1**《酒に》 essere ubriaco [[男]複 -*chi*] fradicio [[男]複 -*ci*; [女]複 -*ce*, -*cie*] **2**《魅了される》 essere incantato (da *ql.co.*) ¶音楽に酔いしれる rimanere[自][*es*] affascinato [incantato] dalla musica

よいっぱり 宵っ張り ¶彼は宵っ張りの朝寝坊だ. La notte tira avanti fino alle ore piccole e si sveglia tardi.

よいつぶれる 酔い潰れる ¶わずかな酒ですっかり酔いつぶれてしまった. Dopo poche tazzine di *sakè* era già ubriaco fradicio.

よいどめ 酔い止め farmaci[男][複] contro la chinetosi [il mal da trasporto]; 《電車の》 medicina[女] contro il mal「di treno [《車の》 d'auto / 《飛行機の》 d'aereo / 《船の》 di mare]

よいどれ 酔いどれ ubriaco[男] [[女] -*ca*; [男]複 -*chi*]

よいまちぐさ 宵待ち草 ⇒月見草

よいまつり 宵祭り vigilia[女] della festa

よいやみ 宵闇 ¶宵闇が訪れるころ al calare della sera / nella penombra della sera

よいん 余韻 **1**《後に残る響き》 risonanza[女]; eco[男] [複 -*chi*] ¶教会の鐘が余韻を残して聞こえてくる. L'eco dei rintocchi della campana della chiesa risuona nell'aria. **2**《後に残る味わい》 ¶この詩には余韻がある. Questa poesia suscita risonanze profonde nei lettori.

✤**余韻嫋嫋**(じょうじょう) ¶余韻嫋々たる尺八の調べが聞こえる. Si sentono le delicate risonanze dello *shakuhachi*.

よう 用 **1**《用事》 incarico[男] [複 -*chi*], affare[男], impegno[男], commissione[女] ¶君にちょっと用があるんだが. Avrei bisogno un momento di te. ¶母から用を頼まれた. Mia madre mi ha dato un incarico. ¶私は午後用がある. Nel pomeriggio ho「un impegno [da fare]. ¶社長が君に用があるそうだ. Il presidente ti vuole [ti chiama]. ¶何のご用ですか. Che cosa desidera? / Che le serve? ¶子供では用が足りない. Non è una faccenda da bambini. ¶生徒は用有り顔で職員室の前に立っていた. L'alunno stava davanti alla sala dei professori con l'aria di voler chiedere qualcosa.
2《使用，働き》 ¶これは日除けの用をしている. Questo serve a ripararsi dal sole. ¶婦人用手袋 (un paio di) guanti femminili [da donna] ¶職員用トイレ bagno [servizio] riservato al personale ¶登山用の靴 scarponi da montagna ¶非常用のベル campanello d'allarme
[慣用] **用を足す** (1)《仕事をする》 assolvere un incarico; 《使いをする》 sbrigare una commissione di lavoro ¶僕のイタリア語でも用が足せた. Me la sono cavata con il mio italiano. (2)《用便する》 soddisfare un bisogno naturale, fare i *propri* bisogni, andare al bagno

よう 洋 ¶洋の東西を問わず sia in Occidente che [sia] in Oriente / 《どこでも》 dappertutto / dovunque

よう 要 **1**《大切な点》 ¶要は会社の経営方針を変えることだ. L'importante è cambiare la linea di conduzione della ditta. ¶彼は要を得た回答をした. Ci ha dato una risposta sintetica e chiara. **2**《必要であること》 ¶再審査の要ありと言われた. Mi hanno detto che era necessario sottoporlo ad un riesame.

よう 陽 ◇陽の〘電〙 positivo ¶陽電気 elettricità positiva ¶陽イオン ione positivo / catione[男]

よう 癰 〘医〙 antrace[男]

よう 酔う **1**【酒に】 ubriacarsi, prendere una sbornia; 《ほろ酔い》 diventare alticcio [[男]複 -*ci*; [女]複 -*ce*] ¶酔ったふりをして fingendosi ubriaco / facendo finta di essere ubriaco ¶酔った勢いで上司の悪口を言った. Sotto l'effetto dell'alcol ho sparlato dei miei superiori.
2【乗り物に】 avere mal 《に di》; 《吐き気がする》 soffrire[自][*av*] di nausea ¶船[車]に酔う avere il mal「di mare [d'auto]
3【うっとりする】 ¶彼は成功に酔っている. È ebbro di successo. / È ubriaco per il successo. ¶聴衆はみごとな演奏に酔っていた. Il pubblico ascoltava estasiato il bellissimo concerto. ¶自分に酔う essere ebbro di *se* stesso / 《優越感にひたる》 montarsi la testa / gasarsi

-よう **1**《意志》 ¶…しようとする avere intenzione di + [不定詞] / 《試みる》 cercare [tentare] di + [不定詞] ¶あと1時間で夕食にしよう. Fra un'ora ceniamo. **2**《勧誘》 ¶もうやめよう. Ora smettiamola. ¶しばらくの間，一緒に生活しよう. Perché non viviamo [stiamo] insieme per un po'? **3**《推量》 ¶日もまもなく暮れよう. Fra poco tramonterà il sole. ¶これは彼の最もすぐれた作品だと言えよう. Si potrebbe dire che questo è il suo capolavoro. **4**《「…ようとする」の形で，動作・行為が行われる直前であることを表す》 stare「per [sul punto di] + [不定詞]

-よう -葉 ¶2葉の写真 due fotografie

-よう -様 **1**《…する方法，…する様子》 modo[男] [maniera[女]] di + [不定詞] ¶ここからでは車で行くほかに行きようがない. Da qui non c'è alcun mezzo tranne l'automobile. ¶言いようもないほど美しい. È di una bellezza indescrivibile. ¶彼の喜びようといったら. Era di un'allegria che non ti dico. **2**《…に似た形》 ¶まき割り様の凶器 arma simile ad un'ascia

ようい 用意 《支度》 preparazione[女]; 《手はず》 preparativi[男][複]; 《用心，注意》 precauzione[女] ◇**用意する** preparare *ql.co.*, prepararsi per *ql.co.* [a + [不定詞]], fare i preparativi per *ql.co.* [di *ql.co.* / per + [不定詞]]; 《対策》 prendere precauzioni ¶…する用意がある essere pronto a + [不定詞] ¶もう昼食の用意はできていますか. È già pronto per il pranzo? ¶雨に降られたときの用意をしてきました. Sono venuto premunito contro la pioggia. ¶「位置について. 用意, どん」(号令) "Ai vostri posti! Pronti, via!"

✤**用意周到** ¶用意周到な計画 piano che prevede ogni eventualità / progetto elaborato fin(o) nei minimi particolari ¶彼はいつも用意周到だ. È molto previdente.

よい 容易 ◇容易な (易しい) facile; (単純な) semplice ◇容易に facilmente, senza difficoltà; semplicemente ¶この国で労働許可証を得るのは容易ではない. In questo paese non è facile ottenere il permesso di lavoro. ¶容易ならぬ事態 situazione grave [seria] ¶…を容易にする semplificare *ql.co.* / facilitare *ql.co.* ¶科学技術の進歩で情報処理が容易になった. I progressi della tecnologia hanno reso più semplice l'elaborazione dei dati.

よいく 養育 crescita㊛; (養うこと) mantenimento㊚ ◇養育する (育てあげる) allevare [tirare su / nutrire] *ql.cu.*; mantenere *ql.cu.* ¶彼女は祖母に養育された. È stata allevata [tirata su] dalla nonna.

✤**養育費** spese㊛[複] per il mantenimento dei figli

よいん 要因 causa㊛ principale, fattore㊚ primo

よいん 要員 (集合的) personale㊚ ¶保安要員 personale di sicurezza ¶労働要員 lavoratori necessari ¶要員を確保する procurarsi [assicurarsi] il personale necessario per un lavoro

ようえき 用益 uso㊚ e beneficio㊚[複 *-ci*]

✤**用益権** (diritto㊚ di) usufrutto㊚

用益権者 usufruttuario㊚[㊛ *-ia*; ㊚複 *-i*]

用益物権 usufrutto㊚

ようえき 葉腋 〖生〗 ascella㊛

ようえき 溶液 〖化〗 soluzione㊛ ¶濃[希薄]溶液 soluzione concentrata [diluita]

ようえん 妖艶 ◇妖艶な ammaliante; pieno di fascino ¶妖艶な笑み sorriso ammaliante

ようおん 拗音 sillaba㊛ giapponese palatalizzata (▶「きゃ」「じゅ」「ぴょ」など)

ようか 八日 (月の第8日目) (l')otto㊚, giorno㊚ otto; (8日間) otto giorni㊚[複]

ようか 沃化 〖化〗 iodazione㊛

✤**沃化銀** ioduro㊚ di argento

沃化物 ioduro㊚

ようか 養家 famiglia㊛ adottiva

ようが 洋画 **1** (絵画) pittura㊛ di stile occidentale **2** (映画) film㊚[無変] occidentale

ようが 陽画 〖写〗 positivo㊚

ようかい 妖怪 mostro㊚

ようかい 溶解 scioglimento㊚, dissoluzione㊛; 〖化〗 soluzione㊛ ◇溶解する (他のものを) sciogliere *ql.co.*, dissolvere *ql.co.*; (自らが) sciogliersi, dissolversi ¶それは水に溶解する[しない]. È solubile [insolubile] in acqua.

✤**溶解度** solubilità㊛

ようがい 要害 (要塞) fortezza㊛; (山上の) rocca㊛, roccaforte㊛[複 *rocheforti*] ; (要地) posizione㊛ strategica ¶要害堅固な城塞 cittadella [fortezza] inattaccabile ¶天然の要害 fortezza naturale

ようがく 洋楽 musica㊛ occidentale (◆ soprattutto la musica rock o pop)

ようがし 洋菓子 (総称) dolci㊚[複] occidentali

✤**洋菓子職人** pasticciere㊚[㊛ *-a*]

洋菓子店 pasticceria㊛

ようかん 羊羹 dolce㊚ a base di pesto di *azuki*

ようがん 溶岩 〖地質〗 lava㊛ ¶火山から溶岩が流れ出した. La lava fuoriusciva dal cratere.

✤**溶岩流** colata㊛ di lava

ようき 妖気 ¶彼女には妖気が漂っている. Quella donna emana un'aria sinistra [tetra].

ようき 容器 recipiente㊚, contenitore㊚

ようき 陽気 **1** (朗らかなこと) allegria㊛, gaiezza㊛, festosità㊛, euforia㊛ ◇陽気な allegro, festoso, gioioso ◇陽気に allegramente, festosamente, gioiosamente ¶陽気な音楽 musica allegra ¶陽気になる diventare allegro / rallegrarsi 《で per》 ¶陽気にする far diventare *ql.cu.* allegro (▶allegroは目的語の性・数に合わせて語尾変化する) / rallegrare *ql.cu.* ¶陽気に騒ぐ divertirsi allegramente / far baldoria ¶彼は陽気な性格だ. Ha un carattere allegro.

2 (時候, 天候) tempo㊚, clima㊚ ¶結構な陽気になりましたねえ. È arrivata la bella stagione, vero? ¶陽気の加減で具合が悪い. Non mi sento bene a causa del tempo.

ようぎ 容疑 sospetto㊚ ¶容疑をかける sospettare *ql.cu.* / avere dei sospetti su *ql.cu.* ¶彼に容疑がかかった. Il sospetto è caduto su di lui. ¶彼は殺人の容疑で検挙された. È stato arrestato come sospetto di omicidio.

✤**容疑者** indiziato㊚[㊛ *-a*], imputato㊚[㊛ *-a*], persona㊛ sospettata ¶殺人容疑者 indiziato di omicidio

ようきゅう 要求 domanda㊛; (要請) richiesta㊛; (必要) necessità㊛, bisogno㊚ ◇要求する chiedere, domandare ¶〈人〉の要求により a richiesta di *ql.cu.* ¶要求があれば su richiesta ¶要求に答える rispondere ad una richiesta ¶時代の要求を満たす soddisfare le esigenze dei tempi ¶情報の開示を要求する richiedere l'accesso pubblico alle informazioni ¶我々の要求が通って土曜と日曜が休みになった. In seguito alle nostre richieste, abbiamo ottenuto il sabato e la domenica festivi. ¶体が睡眠を要求している. Il mio corpo esige qualche ora di sonno.

✤**要求払い** 〖金融〗 ◇要求払いの pagabile a richiesta

要求払い預金 〖金融〗 deposito㊚ a vista

ようぎょ 幼魚 pesce㊚ giovane

ようぎょ 養魚 piscicoltura㊛, acquacoltura㊛, allevamento㊚ di pesci

✤**養魚池** vivaio㊚[複 *-i*] di pesci

養魚家 piscicoltore㊚[㊛ *-trice*]

養魚場 vivaio㊚

ようきょう 容共 filocomunista㊚[㊚複 *-i*]

✤**容共派** fazione㊛[gruppo㊚] filocomunista

ようぎょう 窯業 industria㊛ della ceramica

✤**窯業家** ceramista㊚[㊚複 *-i*]

ようきょく 陽極 anodo㊚, polo㊚ [elettrodo㊚] positivo ◇陽極の anodico㊚[㊚複 *-ci*]

陽極効果 effetto anodico

陽極線 raggi男[複] anodici [secondari]

ようきょく 謡曲 canti男[複] del teatro nō; 《謡うこと》recitazione女 di versi del teatro nō

ようぎん 洋銀 alpacca女, argentana女; argentone男

ようぐ 用具 《精密な》strumento男; 《工具など》utensile男, arnese男; 《一式》arnese男 ¶運動用具 articoli sportivi ¶ゴルフ用具 attrezzi da golf ¶筆記用具 occorrente男 per scrivere

ようけい 養鶏 pollicoltura女

❖**養鶏家** pollicoltore男 [女 -trice], allevatore男 [女 -trice] di polli

養鶏業 pollicoltura女, allevamento男 di polli

養鶏場 pollaio男[複 -i]; allevamento男 di polli

ようけん 用件 《用向き》affare男; 《問題》problema男[複 -i]; 《訪問の目的》motivo della visita; 《手紙の内容》contenuto della lettera ¶用件をうかがいましょう．Che cosa desidera? ¶さっそく用件に入ろう．Veniamo subito al punto.

ようけん 要件 condizione女 necessaria, requisito男 ¶要件を満たす soddisfare le condizioni necessarie [i requisiti] ¶規則正しい生活が健康の第一の要件である．La cosa più importante per la salute è condurre una vita regolare.

ようげん 用言 《日本語文法で》parole女[複] declinabili

ようご 用語 《専門分野の語》termine男; parola女 tecnica; 《専門語》terminologia女[複 -gie], nomenclatura女 ¶科学用語 terminologia scientifica

❖**用語集** glossario男[複 -i]

用語法 terminologia女, nomenclatura女

ようご 養護 cura女, assistenza女; sostegno男

❖**養護学級** [学校] classe女 [scuola女] per bambini disabili

養護教諭 docente男女 [insegnante男女] di sostegno

養護施設 istituto男 per disabili

養護老人ホーム casa女 di riposo, ospizio男[複 -i] (per anziani), ricovero男 (per anziani)

ようご 擁護 《防衛》difesa女; 《保護》protezione女 ¶憲法を擁護する difendere la Costituzione ¶人権擁護 difesa [salvaguardia] dei diritti umani

❖**擁護者** difensore男 [女 difenditrice], protettore男 [女 -trice]; 《文芸の》mecenate男

ようこう 洋行 ◊**洋行する** andare [「留学」] andare a studiare] in Occidente, fare un viaggio in Occidente

ようこう 要項 regolamento男 ¶募集要項 regole per i candidati ¶入試要項 guida all'esame di ammissione

ようこう 要綱 punti男[複] importanti e riassunti ¶経済学要綱 compendio di economia

ようこう 陽光 luce女 solare [del sole]

ようこうろ 溶鉱炉《高炉》altoforno男[複 altiforni] ¶溶鉱炉に火を入れる[の火を落とす] accendere [spegnere] un altoforno

❖**溶鉱炉ガス** gas男[無変] di altoforno

ようこそ Benvenuto! (▶相手の性・数に合わせて語尾変化する)

ようさい 洋裁 sartoria女 all'occidentale

❖**洋裁学校** scuola女 di sartoria [di cucito]

洋裁店 sartoria女

ようさい 要塞 fortezza女, forte男; 《特に山上の》rocca女

❖**要塞地帯** zona女 fortificata

ようざい 用材 《建築材料》materiali男[複] edili; 《木材》legname男 da costruzione

ようざい 溶剤 《化》solvente男

ようさん 葉酸 《化》acido男 folico[複 -ci]

ようさん 養蚕 sericoltura女

❖**養蚕家** sericoltore男 [女 -trice], bachicoltore男 [女 -trice]

養蚕業 sericoltura女, bachicoltura女

養蚕所 bigattiera女

ようし 用紙 foglio男[複 -gli], modulo男, formulario男[複 -i] ¶申し込み用紙 modulo per domanda ¶試験[解答]用紙 fogli per le prove scritte [per le risposte] ¶コピー用紙 fogli per fotocopiatrice ¶投票用紙 scheda di votazione ¶用紙に記入する riempire [compilare] un modulo

ようし 要旨 《要点》punti男[複] principali [essenziali]; 《要約》contenuto男 ¶講演の要旨をまとめる riassumere i contenuti essenziali di una conferenza / sintetizzare una conferenza

ようし 容姿 apparenza女, figura女 ¶容姿に恵まれている essere dotato di una bella figura ¶彼女は容姿端麗だ．È graziosa.

ようし 陽子 《物》protone男

ようし 養子 figlio男[複 -glia, 男複 -gli] adottivo ¶養子に取る adottare qlcu. ¶次男を田中家の養子にした．Ho fatto adottare il mio secondogenito dalla famiglia Tanaka.

❖**養子縁組** adozione女 ◊〈人〉**と養子縁組する** adottare qlcu.

ようじ 幼児 bambino男[複 -a], infante男, fanciullo男 [女 -a]

❖**幼児期** infanzia女

幼児教育 educazione女 infantile

幼児語 linguaggio男[複 -gi] infantile

ようじ 幼時 infanzia女, fanciullezza女 ¶幼時から dall'infanzia ¶幼時に nell'infanzia

ようじ 用事 impegno男, incarico男[複 -chi], faccenda女; commissione女 ◊**用事で** per un impegno, per una commissione ¶用事を言いつける dare un incarico a qlcu. ¶用事を頼む affidare una commissione a qlcu. ¶父は用事で大阪へ行った．Mio padre è andato ad Osaka per alcuni impegni. ¶用事ができたので今日は伺えません．Oggi non posso venire a trovarla perché mi è capitato un impegno.

ようじ 楊枝 stuzzicadenti男[無変]

ようしき 洋式 ◊**洋式の** di [in] stile occidentale, all'occidentale ¶洋式の風呂 bagno in stile occidentale

❖**洋式便所** gabinetto男 all'occidentale

ようしき 様式 1《表現形式》stile男 ¶古い様式の家具 mobile in stile antico ¶ロマネスク様式の大堂 cattedrale romanica 2《一定の書き方》forma女 ¶法律文書の様式 forma dei documenti legali ¶所定の様式で nella debita forma 3《やり方》metodo男, maniera女 ¶生活様式

modo di vivere / stile di vita
- ❖様式化 stilizzazione㊛ ◇様式化する stilizzare
- 様式美 ¶伝統芸能はそれぞれの様式美をもっている。Ogni spettacolo tradizionale ha una sua caratteristica bellezza.
- ようしつ 洋室 stanza㊛ [camera / ambiente㊚] in stile occidentale
- ようしつ 溶質 《化》soluto㊚
- ようしゃ 容赦 **1**《許すこと》perdono㊚ ◇容赦する《許す》perdonare;《寛大に認める》tollerare;《見逃す》chiudere un occhio su ql.co. ¶もう容赦はできない。Non posso più tollerarlo. ¶お取り替えはご容赦願います。La merce non si cambia.
2《手加減を加えること》 ◇容赦ない《仮借ない》implacabile;《むごい》spietato ◇容赦なく implacabilmente; rigidamente;《無慈悲に》senza pietà ¶死は容赦なくやって来る。La morte non perdona nessuno. / La morte viene per tutti.
- ようしゅ 洋酒 bevanda㊛ alcolica occidentale
- ようじゅつ 妖術 magia㊛, stregoneria㊛
- ようしょ 洋書 libro㊚ occidentale
- ようしょ 要所 punto importante ¶戦略上の要所 luogo㊚ [複 -ghi] [punto㊚] strategico [複 -ci] ¶要所を押さえる cogliere i punti essenziali ¶要所を固める rafforzare i punti strategici ¶高速道路の要所要所に検問所が置かれた。Hanno messo posti di blocco nei punti cruciali dell'autostrada.
- ようじょ 幼女 bambina㊛, bimba㊛, bambinetta㊛, fanciulla㊛
- ようじょ 養女 figlia㊛ adottiva
- ようしょう 幼少 infanzia㊛ ◇幼少の giovane, piccolo ¶彼は幼少のころから聡明だった。Ha mostrato le sue doti di intelligenza sin da piccolo [sin dall'infanzia].
- ようしょう 要衝 centro㊚ [luogo㊚ [複 -ghi] importante, punto strategico [複 -ci] ¶交通の要衝 nodo di comunicazione
- ようじょう 洋上 sull'oceano /《船上で》a bordo di una nave
- ❖洋上作戦 operazione㊛ navale
- ようじょう 養生 ◇養生する prendersi cura della *propria* salute ¶手術後はしばらく家で養生したほうがよい。Dopo un intervento chirurgico è meglio fare un po' di convalescenza a casa.
- ようしょく 洋食 piatto㊚ all'occidentale, cucina㊛ occidentale ¶洋食がいいですか、和食がいいですか。Desidera mangiare all'occidentale o alla giapponese?
- ❖洋食屋 ristorante㊚ (occidentale)
- ようしょく 要職 posto㊚ [posizione㊛] importante;《職責》carica㊛ importante ¶要職に就くottenere un posto importante / assumere un incarico importante ¶要職に就いている occupare [avere] una posizione importante
- ようしょく 容色 bellezza㊛ ¶彼女は容色が衰えてきた。La sua bellezza ha cominciato a sfiorire.
- ようしょく 養殖 allevamento㊚, coltura㊛ ¶ますを養殖する allevare trote ¶牡蠣(ホ)の養殖 allevamento di ostriche
- ❖養殖場 allevamento㊚;《魚の》vivaio㊚ [複 -i]
- 養殖真珠 perla㊛ coltivata
- ようじん 用心 《注意》attenzione㊛, cura㊛;《警戒》precauzione㊛, vigilanza㊛, sorveglianza㊛;《慎重》prudenza㊛ ◇用心する [prestare] attenzione《に a》, stare attento《に a》;《念のための措置をとる》prendere precauzioni;《警戒する》stare in guardia, sorvegliare ql.co. [qlcu.], tenere d'occhio ql.co. [qlcu.] ◇用心して《注意深く》attentamente, con attenzione ◇用心深い prudente ¶用心する fare [prestare] attenzione / per prudenza ¶風邪をひかないように用心が大切だ。È importante premunirsi contro i raffreddori. ¶彼には用心したほうがいい。È meglio non fidarsi di lui. ¶「足下にご用心」《掲示》"Attenzione a dove mettete i piedi"
- ❖用心棒 《ボディーガード》guardia㊛ del corpo; gorilla㊚ [無変];《酒場などの》buttafuori㊚ [無変]
- ようじん 要人 personaggio㊚ [複 -gi], persona㊛ che ricopre un alto incarico,《英》vip㊚㊛ [無変] ¶政府要人たち personalità [autorità] governative
- ようじんぶかい 用心深い 《注意している》attento;《警戒した》cauto;《慎重な》prudente
- ようす 様子 **1**《ありさま, 状態》stato㊚, condizione㊛, situazione㊛;《状況》circostanze㊛[複] ¶…の様子をうかがう studiare ql.co. [qlcu.] / tastare il polso a qlcu. ¶息子が元気な様子を手紙で知らせてきた。Mi ha scritto mio figlio e dice che sta bene. ¶この町は10年前とではすっかり様子が変わっている。Questa città è completamente cambiata rispetto a dieci anni fa. ¶もう少し天気の様子を見てから出かけよう。Aspettiamo ancora un po' a vedere come si mette il tempo prima di uscire. ¶病人の様子がおかしい。Il malato presenta sintomi allarmanti.
2《外観》aspetto㊚, apparenza㊛;《表情》aria㊛ ¶その男はどんな様子をしていましたか。Che aspetto aveva quell'uomo? ¶彼女は会社勤めらしい「疲れ］した」様子だった。Aveva l'aria「di essere un'impiegata [molto stanca].
3《態度, 挙動》atteggiamento㊚, comportamento㊚ ¶近ごろ彼女の様子がおかしい。In questi ultimi tempi il comportamento della ragazza è strano. ¶それを聞くと驚いた様子をした。A sentire ciò, si mostrato meravigliato.
4《気配》segno㊚, sintomo㊚ ¶泥棒が外から入った様子はない。Non ci sono segni che il ladro sia entrato dall'esterno. ¶ひと雨降りそうな様子ですね。Sembra proprio che debba piovere. ¶彼はいっこうに帰りそうな様子を見せなかった。Non dava segno di voler tornare a casa.
- ようすい 用水 《灌漑(カンガイ)用》acqua㊛ di irrigazione;《消火用》acqua㊛ per l'estinzione degli incendi ¶農業[工業]用水 acqua㊛ per uso agricolo [industriale]
- ❖用水池 laghetto㊚ [bacino㊚] (di irrigazione)
- 用水槽 serbatoio㊚ [複 -i] di acqua piovana
- 用水路 《灌漑用の》canale㊚ di irrigazione;《発電用水用の》ponte-canale㊚ [複 *ponti-canale*]
- ようすい 羊水 《医》liquido㊚ amniotico [複

-ci]

ようする 要する richiedere, aver bisogno《を di》, necessitare《を di》, occorrere[自][es]（►ふつう非人称動詞で用いる） ¶治療を要する虚弱児童 bambino delicato che necessita di cure ¶この旅行に要する費用 spese necessarie per questo viaggio ¶これは急を要する問題です. Questo è un problema urgente. ¶この工事には時間と資金を要する. Per questi lavori ci vuole tempo e denaro in quantità.

ようする 擁する **1**《持つ》¶権力を擁する avere [possedere / tenere] il potere ¶あの企業は2000人の社員を擁している. Quell'impresa ha duemila dipendenti. **2**《率いる》¶兵を擁する guidare [comandare] l'esercito

ようするに 要するに insomma, in poche parole, in breve, infine, in ultima analisi, tutto sommato ¶要するに何を言いたいんだ. Ma insomma che cosa vuoi dire?

ようせい 幼生 〔動〕larva[女]
✤**幼生期** stad*io*[男][複 *-i*] larvale
幼生器官 organo[男] larvale [di larva]

ようせい 妖精 fata[女], fatina[女];《小妖精》folletto[男]

ようせい 要請 richiesta[女] ◇**要請する** chiedere *ql.co.* a *qlcu.*, richiedere [fare richiesta di] *ql.co.* ¶国民の要請を入れる tener conto delle [accettare le] richieste del popolo ¶時代の要請に応じる andare incontro alle [soddisfare le] esigenze dei tempi ¶大学側の要請によって dietro [a seguito della / su] richiesta dell'università

ようせい 陽性 **1**《陽気な性質》¶彼女は陽性だ. La ragazza ha un carattere allegro.
2《病原体の試薬への反応》reazione[女] positiva;《ツベルクリン反応》cutireazione[女] positiva ¶反応は陽性だった. La reazione era positiva.
✤**陽性反応** reazione[女] positiva

ようせい 養成 ¶技術者を養成する formare [addestrare] i tecnici ¶体力を養成する sviluppare [coltivare] la forza fisica
✤**養成期間** periodo[男] di formazione professionale
養成所 istituto[男] di formazione ¶俳優養成所 scuola di teatro

ようせき 容積 《容量》capacità[女], capienza[女];《体積》volume[男] ¶樽の容積を量る misurare la capienza di una botte ¶この箱の容積は1立方メートルだ. Questa scatola ha un 1 m^3（読み方: un metro cubico）di volume.

ようせつ 夭折 morte[女] prematura ◇**夭折する** morire[自][*es*] prematuramente

ようせつ 溶接 saldatura[女] ◇**溶接する** saldare ¶酸素溶接 saldatura ossiacetilenica [ossidrica] ¶電気溶接 saldatura elettrica
✤**溶接機** saldatrice[女]
溶接工 salda*tore*[男][女 *-trice*]
溶接棒 bacchetta[女] di apporto
溶接用防護マスク maschera[女] da saldatore

ようせん 用船 contratto[男] di noleggio, nolo[男];《船》nave[女] noleggiata ¶航海用船 nolo a viaggio
✤**用船業** serviz*io*[男][複 *-i*] noleggio [無変]
用船契約 contratto[男] di nolo, nolo[男]
用船者 noleggia*tore*[男][女 *-trice*]
用船料 nolo[男]

ようそ 沃素 〔化〕iodio[男];《元素記号》I

ようそ 要素 《成分》elemento[男];《構成要素》costituente[男], componente[男];《要因》fattore[男];〔数〕elemento[男] ¶地球を構成する基本的要素 elementi essenziali del globo terrestre

ようそう 洋装 vestito[男] occidentale
✤**洋装店** negoz*io*[男][複 *-i*] di vestiti occidentali [abbigliamento all'occidentale];〔仏〕boutique [butík][女][無変]

ようそう 様相 aspetto[男] ¶深刻な様相を帯びる assumere un aspetto grave [serio] ¶様相は一変した. La situazione è cambiata bruscamente. ¶事態は悲劇的な様相を呈してきた. La situazione cominciò a presentare un aspetto tragico.

-ようだ -様だ **1**《…に似ている, …と同様である》come, a somiglianza [dall'aspetto]《の di》¶針金のようなもの qualche cosa (di) simile ad un filo di ferro ¶このような本 un libro come questo / un simile libro / un libro di questo genere ¶あの人のように中国語が話せたらいい. Sarebbe bello se potessi parlare (in) cinese come lui. ¶今日は寒くてまるで冬のようだ. Oggi fa freddo, sembra proprio inverno. ¶以上のような結果になりました. Ho ottenuto il risultato suddetto. ¶毎日のように雨が降る. Piove quasi tutti i giorni. ¶失敗するようなことはない. Non può fallire.
2《仕方, 方法》maniera[女], modo[男], metodo[男] ¶彼の言ったようにしましょう. Facciamo come ci dice lui. ¶好きなようにしなさい. Fai come ti pare (e piace).
3《…らしい》¶どうやら風邪をひいたようだ. Temo d'aver preso il raffreddore. ¶あの顔は一度見たことがあるようだ. Quel viso mi sembra di averlo già visto una volta. ¶まだ気づかれていないように思う. Credo che non se ne sia accorto. ¶成り行きはどうやら難しいようだ. Pare che le cose si mettano proprio male.
4《「-ように」の形で目的を表す》in modo da＋[不定詞], allo scopo di＋[不定詞] ¶列車に間に合うように家を出た. Sono uscito di casa in tempo per prendere il treno. ¶誰にでもわかるように話をしてください. Vorrei che lei parlasse in modo tale che tutti possano capire. ¶誰もそのことに気がつかないようにやってくれ. Fallo in maniera [modo] che nessuno se ne accorga. ¶最後に一夜漬けをしなくてすむように毎日勉強すべきだ. È meglio studiare un po' tutti i giorni in modo da non dover fare una sgobbata alla fine.
5《軽い命令》¶体に気をつけるように. Sta' attento alla salute. ¶父は私にそこへ1人で行くように命じた. Mio padre mi ha ordinato di andare lì da solo. ¶先生に聞いてみるよう彼に言った. Gli ho detto di provare a chiedere al professore.
6《願望》¶病気が早く治りますように. Mi auguro che guarisca presto dalla malattia.

ようだい 容体・容態 ¶容体がいい[悪い] star bene [male] / essere in buona [cattiva] salute ¶お母さんの容体はいかがですか. Come sta sua madre? ¶患者の容態が急変した. Le condizioni del paziente sono improvviṣamente peggiorate.

ようたし 用足し **1**《用事をすること》affare[男], commissione[女], faccenda[女] ¶用足しをする fare una commissione ¶母は用足しに出かけている. Mia madre è fuori per delle commissioni.
2《用便》 ¶出発前に用足しをしておこう. Prima di partire andiamo in bagno [andiamo alla toilette].

ようだてる 用立てる **1**《使う》uṣare [servirsi di] *ql.co.*, utiliẓẓare *ql.co.* ¶旅行費の一部として用立てよう. Uṣiamo questo denaro per una parte delle spese di viaggio. **2**《貸す》prestare *ql.co.* a *qlcu.*;《立て替える》pagare *ql.co.* per *qlcu.* ¶彼に3万円用立てた. Gli ho prestato trentamila yen.

ようだん 用談 ¶彼はすぐ用談に入った. Ha portato subito il discorso sull'affare.

ようだんす 用簞笥 cassettone[男], comò[男]

ようち 用地 sito[男], terreno[男], luo*go*[男] [複 -*ghi*], posto[男] ¶工場[建築]用地 sito「per una fabbrica [edificabile]

ようち 夜討ち ¶夜討ちをかける effettuare un attacco notturno a sorpresa ¶報道陣に夜討ち朝駆けをかけられた. I cronisti mi hanno assalito di notte e di prima mattina a casa.

ようち 要地 posto[男] [punto[男] / luo*go*[男] [複 -*ghi*]] importante;《軍事上の》poṣizione[女] strategica;《交通上の》nodo[男] stradale

ようち 幼稚 ◇**幼稚な** infantile, puerile, bambine*sco* [[男]複 -*schi*] ¶幼稚な考え idea [pensiero] infantile ¶幼稚な言葉づかい modo di parlare infantile / espressione infantile

ようちえん 幼稚園 scuola[女] materna, aṣilo[男] (infantile); giardino[男] d'infanzia

ようちゅう 幼虫 larva[女] ¶せみの幼虫 larva di cicala ¶蝶[蛾]の幼虫 bru*co*[男] [複 -*chi*]

ようちゅうい 要注意 ¶血液検査で要注意を申し渡された. Dopo gli eṣami del sangue mi hanno consigliato di fare attenzione. ¶彼は警察の要注意人物だ. La polizia lo tiene「d'occhio [sotto sorveglianza].

ようつい 腰椎〘解〙vertebra[女] lombare

ようつう 腰痛 dolore[男] lombare;《腰 痂 痛》lombaggine[女];《話》mal[男] di schiena

ようてん 要点 punto[男] principale [essenziale / chiave [無変]] ¶要点をつかむ afferrare [cogliere] i punti essenziali ¶要点を絞る trarre i punti principali ¶彼の話はまったく要点に触れていない. Il suo discorso non tocca affatto il punto in questione. ¶彼の話はいつも要点から外れる. Va sempre fuori tema.

ようてん 陽転 ¶ツベルクリン反応が陽転した. La reazione alla tubercolina è diventata poṣitiva. ¶彼は血清陽転者だ. È sieropoṣitivo.

ようでんき 陽電気 elettricità[女] poṣitiva

ようでんし 陽電子〘物〙poṣitrone[男]

ようと 用途 uṣo[男] ¶用途が広い avere una vasta gamma di uṣi / servire a diversi uṣi / essere multiuṣo [無変] [polivalent*e*] ¶用途が限られている avere un uṣo limitato ¶金の用途をはっきりさせる fare un chiaro resoconto dei soldi

ようど 用度《必要な費用》spese[女] [複], costi[男] [複];《物品の供給》fornitura[女]
✤**用度課** sezione[女] per l'approvvigionamento di materiali da ufficio

ようとうくにく 羊頭狗肉 ¶羊頭狗肉の広告 pubblicità ingannevole

ようどうさくせん 陽動作戦〘軍〙diversione[女]

ようとして 杳として ¶彼の行方は杳としてわからない. È sparito nel nulla.

ようとん 養豚 suinicoltura[女], allevamento[男] di maiali
✤**養豚家** suinicol*tore*[男] [[女] -*trice*], alleva*tore*[男] [[女] -*trice*] di maiali
養豚場 porcile[男]

ようなし 洋梨《木》pero[男];《実》pera[女]

ようにん 容認《承認》approvazione[女], consenso[男], benestare[男] [無変];《許可》permesso[男];《官庁の》nullaosta[男] [無変];《出版物の》〔ラ〕imprimatur[男] [無変] ◇**容認する** approvare, consentire; ammettere, permettere ¶会社は組合側の要求を一部容認した. La ditta ha accolto parte delle richieste poste dal sindacato.

ようねん 幼年 infanzia[女] ◇**幼年の** infantile, puerile
✤**幼年期** infanzia[女]; età[女] infantile (►物事についても用いる)

ようばい 溶媒〘化〙solvente[男]

ようび 曜日 ¶曜日を間違える ṣbagliare il giorno della settimana ¶何曜日に来ましょうか. In che giorno posso venire?

ようひし 羊皮紙 pergamena[女] ¶古代の羊皮紙写本 antica pergamena

ようひん 用品 ¶事務用品 articoli di cancelleria ¶台所用品 utensile da cucina ¶家庭用品 utensili casalinghi

ようひん 洋品 abbigliamento[男] e accessori[男] [複] (di stile occidentale) ¶紳士洋品 abbigliamento maschile
✤**洋品店**《小間物屋》merceria[女];《洋服屋》nego*zio*[男] [複 -*i*] di vestiti (all'occidentale);〔仏〕boutique [butík][女] [無変]

ようふ 妖婦 maliarda[女], donna[女] fatale, seduttrice[女]

ようふ 養父 padre[男] adottivo;《継父》patrigno[男]

ようぶ 腰部 lombo[男], regione[女] lombare, reni[女] [複]

ようふう 洋風 ¶洋風の家 casa in stile occidentale

ようふく 洋服

《衣服》abito[男], vestito[男];《集合的》abbigliamento[男];《和服に対して》abito[男] [vestito[男] / abbigliamento[男]] occidentale ⇨次ページ [図版], ワイシャツ [図版]
✤**洋服かけ**《ハンガー》gruc*cia*[女] [複 -*ce*] per abiti, stampella[女];《コート・帽子などをかける》attaccapanni[男] [無変]
洋服だんす arma*dio*[男] [複 -*i*]
洋服屋《店》nego*zio*[男] [複 -*i*] di abbigliamento;《仕立屋》sartoria[女];《人》sar*to*[男] [[女] -*a*]

ようふぼ 養父母 genitori[男] [複] adottivi

ようぶん 養分 nutrimento[男], elementi[男] [複] nutritivi ¶養分がある essere nutrient*e* ¶植物は根から養分を吸収する. La pianta assorbe il nutri-

洋服
●紳士服 abbigliamento男 maschile.
1 スーツ completo男. 2 タキシード〔英〕smoking男〔無変〕. 3 モーニング〔英〕tight男〔無変〕. 4 燕尾服〔仏〕frac男〔無変〕, marsina女. 5 ダブルのジャケット doppiopetto男〔無変〕. 6 長ズボン pantaloni男〔複〕. 7 半ズボン calzoni男〔複〕corti. 8 ニッカーボッカー calzoni男〔複〕alla zuava. 9 ワイシャツ camicia女. 10 袖 manica女. 11 ポケット tasca女. 12 シャツフロント sparato (della camicia). 13 テール coda女. 14 襟 bavero男. 15 胸ポケット taschino男. 16 フラップ patta女. 17 折り目 piega女. 18 折り返し risvolto男.

●婦人服 abbigliamento男 femminile.
19 テーラード〔仏〕tailleur男〔無変〕. 20 ジャンパースカート scamiciato男. 21 ブラウス camicetta女. 22 スカート gonna女. 23 ワンピース abito男 intero. 24 ツーピース abito男 due pezzi.〔無変〕. 25 イブニングドレス abito男 da sera. 26 カクテルドレス abito男 da cocktail. 27 プリンセス〔仏〕princesse男〔無変〕. 28 キュロット gonna女 pantalone. 29 毛皮 pelliccia女. 30 マント mantella女. 31 ネグリジェ camicia女 da notte.

32 コート cappotto男. 33 レインコート impermeabile男. 34 ダッフルコート〔英〕montgomery男〔無変〕. 35 トッグル alamaro男. 36 ジャケット giacca女. 37 ジャンパー giubbotto男. 38 パーカー giaccone男 con cappuccio. 39 セーター〔英〕golf男〔無変〕. 40 (厚手の)セーター maglione男. 41 カーディガン〔英〕cardigan男〔無変〕. 42 プルオーバー〔英〕pullover男〔無変〕. 43 ベスト gilè男, panciotto男. 44 ポロシャツ polo男〔無変〕. 45 Tシャツ maglietta女. 46 ランニング canottiera女. 47 バスローブ accappatoio男. 48 ガウン vestaglia女. 49 ショール scialle男. 50 スカーフ〔仏〕foulard男〔無変〕. 51 ネクタイ cravatta女. 52 サスペンダー bretelle女〔複〕. 53 ベルト cintura女. 54 マフラー sciarpa女.

mento dalle radici. ¶土は植物に養分を与える。La terra nutre le piante.
ようへい 葉柄 〚植〛picciolo㊚
ようへい 傭兵 〚軍〛mercenario㊚ [複 -i]
　❖傭兵制 sistema㊚ mercenario
　傭兵隊 truppe㊛ [複] mercenarie [di mercenari]
ようぼ 養母 madre㊛ adottiva;《継母》matrigna㊛
ようほう 用法 modo㊚ d'impiego [di uṣare];《使用説明書》istruzioni㊛ [複] per l'uṣo ¶薬の用法を誤る aṣṣumere una medicina in maniera erronea;《量を誤る》ṣbagliare la doṣe della medicina
ようほう 養蜂 apicoltura㊛, allevamento㊚ di api
　❖養蜂家 apicoltore㊚ [複 -trice]
　養蜂場 apiario㊚ [複 -i]
　養蜂箱 arnia㊛
ようぼう 要望 domanda㊛, richiesta㊛ ◇要望する chiedere ql.co. a qlcu.; preṣentare una richiesta a qlcu. ¶要望にこたえる soddisfare le richieste di qlcu.
ようぼう 容貌 aspetto㊚ fiṣico [複 -ci], apparenza㊛, preṣenza㊛, viṣo㊚, sembianze㊛ [複] ¶秀麗な〔恐ろしい〕容貌の男 uomo distinto [dall'aspetto terrificante]
　❖容貌魁偉〘かいい〙 容貌魁偉な男 uomo dall'aspetto gigantesco
ようま 洋間 stanza㊛ [ambiente㊚ / locale㊚] di [in] stile occidentale
ようまく 羊膜 〚解〛amnio㊚ [複 -i]
ようみゃく 葉脈 〚植〛nervatura㊛, venatura㊛ [vena㊛] della foglia
ようみょう 幼名 nome㊚ di infanzia (◆ prima della maggiore età) ¶家康は幼名を竹千代と言った。Ieyasu nella sua infanzia veniva chiamato Takechiyo.
ようむ 用務 《緊急の用務》compito urgente ¶毎日〔日常〕の用務 lavoro quotidiano
　❖用務員《学校の》bidello㊚ [㊛ -a], auṣiliario㊚ [㊛ -ia; ㊚複 -i];《校内に住居があって夜間の管理もする》custode㊚ [㊛];《役所などの》uṣciere㊚ [㊛ -a], commesso㊚ [㊛ -a];《会社などの》fattorino㊚
ようむ 要務 missione㊛ [incarico㊚ [複 -chi]] importante ¶要務で con una missione [un incarico] importante
ようむき 用向き ¶東京行きの用向きは何ですか。Per che cosa [Per quale motivo / A che scopo] deve andare a Tokyo? ¶ご用向きをおっしゃってください。Che cosa deṣidera.
ようめい 用命 ordine㊚, comando㊚ ◇用命する dare [impartire] un ordine a qlcu. ¶なんなりとご用命ください。Mi ordini qualunque cosa abbia biṣogno.
ようもう 羊毛 lana㊛ ¶羊毛の生地 stoffa [tessuto㊚] di lana ¶羊毛を刈る toṣare le pecore
　❖羊毛(加工)工場 lanificio㊚ [複 -ci]
　羊毛産業 industria㊛ laniera
ようもうざい 養毛剤 lozione㊛ [tonico㊚ [複 -ci]] per la crescita dei capelli
ようやく 要約 riassunto㊚, sommario㊚ [複 -i];《概説書》compendio㊚ [複 -i] ◇要約する riassumere ql.co. ◇要約できる riassumibile ¶要約すれば riassumendo / in breve / in ṣinteṣi ¶会議の内容はこのレポートに要約されている。I riṣultati del convegno sono riassunti in questa relazione.
　❖要約版 edizione㊛ ridotta

ようやく 漸く **1**《やっと》finalmente, alla fine; solo, soltanto ¶地下鉄は10年かかってようやく完成した。La metropolitana è stata finalmente terminata dopo dieci anni. ¶その時になってようやく彼は私に真実を語った。Soltanto allora mi disse la verità. **2**《かろうじて》appena (appena), a malapena ¶タクシーでようやく駆けつけてようやく間に合った。Ho preṣo il taxi e ho fatto appena in tempo. ¶彼はようやく卒業できた。È riuscito「appena appena [a fatica] a laurearsi.
ようよう 洋々 **1**《広大な様子》¶洋々たる大海原 distesa㊛ di mare **2**《希望に満ちている様子》¶前途洋々たる若者 giovane promettente ¶君たちの前途は洋々たるものだ。Davanti a voi avete「un brillante futuro [brillanti prospettive].
ようらん 要覧《要約》sommario㊚ [複 -i];《案内書》guida㊛, manuale㊚;《パンフレット》〚仏〛dépliant [deplián]㊚ [無変] ¶大学要覧 guida dell'università
ようらんき 揺籃期 periodo㊚ iniziale ¶明治時代の日本では工業はまだ揺籃期にあった。Nell'era Meiji l'industria giapponeṣe era appena「agli inizi [nella faṣe iniziale / allo stadio iniziale].
ようりく 揚陸 **1**《積み荷の陸揚げ》scaricamento㊚, scarico㊚ [複 -chi] **2**《上陸》approdo㊚, ṣbarco㊚ [複 -chi]
　❖揚陸艦〚軍〛mezzo㊚ da ṣbarco ¶強襲揚陸艦 mezzo anfibio da assalto
ようりつ 擁立 ◇擁立する sostenere qlcu. fino all'assunzione di una carica importante
ようりょう 用量《量の定め》doṣe㊛, doṣaggio㊚ [複 -gi];《一般に量》quantità㊛ ¶用量を増やす aumentare la doṣe ¶用量を減らす diminuire [ridurre] la doṣe ¶用量を決める stabilire [prescrivere] la doṣe
ようりょう 要領 **1**《要点》punto essenziale ¶要領を得た回答 risposta chiara e conciṣa [appropriata] ¶彼の回答はまったく要領を得ていない。La sua risposta「è molto generica [non è pertinente / è vaga]. **2**《こつ》¶要領を教える insegnare「come fare [la tecnica di / il metodo di] ql.co. ¶要領のいい男《うまく立ち回る》uomo furbo [《悪い意味で》astuto / scaltro] ¶この仕事の要領がなかなかつかめない。Non ho ancora appreṣo la tecnica di questo lavoro. ¶彼は人扱いの要領をよく心得ている。Sa trattare (con) la gente.
ようりょう 容量《容積》volume㊚, capacità㊛;《電》capacità㊛ ¶この器の容量は3リットルだ。Questo recipiente ha un volume [una capacità] di tre litri.
　❖容量分析〚化〛analiṣi㊛ [無変] volumetrica
ようりょく 揚力〚物〛portanza㊛
ようりょくそ 葉緑素〚生・植〛clorofilla㊛
　◇葉緑素の clorofilliano

ようりょくたい 葉緑体 《植》cloroplasto⊕

ようれい 用例 esempio⊕ [複 -i] ¶用例を示す dare [fare] un esempio ¶用例を挙げて説明する spiegare ql.co. con esempi / esemplificare ql.co.

ようれき 陽暦 calendario⊕ [複 -i] solare

ようろ 要路 1 《重要な道路》strada⊕ importante [maestra], arteria⊕ stradale 2 《重要な地位》¶要路にある人々 persone che occupano posizioni importanti

ようろういん 養老院 →老人ホーム

ようろうねんきん 養老年金 pensione⊕ per gli anziani

ようろうほけん 養老保険 assicurazione⊕ per la vecchiaia

ヨーク 〔英 york〕《服》sprone⊕

ヨークシャーテリア 〔英 Yorkshire terrier〕〔英〕yorkshire terrier〕[無変]

ヨーグルト 〔独 Joghurt〕yogurt⊕ [無変] ¶いちご味のヨーグルト yogurt alla fragola ¶プレーンヨーグルト yogurt bianco ¶低脂肪ヨーグルト yogurt magro

ヨーデル 〔独 Jodel〕《発声法・歌》jodel⊕ [無変], jodler⊕ [無変] ¶ヨーデルを歌う cantare facendo lo jodel

ヨード 〔独 Jod〕《化》iodio⊕;《元素記号》I
✤**ヨードチンキ** 《薬》tintura⊕ di iodio
ヨードホルム 《薬》iodoformio⊕ [複 -i]

ヨーヨー 〔英 yo-yo〕《joj ó》yo-yo⊕ [無変](▶商標)¶ヨーヨーで遊ぶ giocare con lo yo-yo

ヨーロッパ 〔ポ Europa〕Europa⊕ ◇ヨーロッパの europeo →欧州 ¶ヨーロッパに〔で〕in Europa ¶東［西／南／北／中部］ヨーロッパ l'Europa orientale [occidentale / meridionale / settentrionale / centrale]
✤**ヨーロッパ人** europeo⊕ [⊕ -a]
ヨーロッパ大陸 Continente⊕ europeo

よか 予価 prezzo⊕ previsto

よか 予科 corso⊕ preparatorio [複 -i] [propedeutico [複 -ci]]

よか 余暇 tempo⊕ libero ¶余暇がある［を楽しむ］ avere [godere] del tempo libero

ヨガ 〔梵 yoga〕yoga⊕ ◇ヨガの yoga [無変] ¶ヨガを行う praticare lo yoga
✤**ヨガ行者** yogi(n)⊕ [無変]

よかく 予格 《文法》dativo⊕, caso⊕ dativo

よかく 余角 《幾何》angolo⊕ complementare

よかぜ 夜風 vento⊕ notturno ¶夜風に当たって風邪をひいた。Mi sono raffreddato a causa della brezza serale [del vento notturno].

よかつ 余割 《数》cosecante⊕;《記号》cosec

よからぬ 良からぬ ¶よからぬうわさ voci maligne [malevoli / cattive] ¶彼らはよからぬことをたくらんでいるようだ。Stanno progettando qualche cosa di losco.

よかれ 善かれ ¶君に善かれと思ってやったことだ。L'ho fatto per il tuo bene [pensando a te].

よかれあしかれ 善かれ悪しかれ ¶善かれ悪しかれこの仕事を続けるほかありません。Bene o male che sia [ともかく] Comunque], non posso fare a meno di continuare questo lavoro.

よかん 予感 presentimento⊕, sensazione⊕ ¶予感がする avere un presentimento / presentire ql.co. ¶予感が当たった。Il mio presentimento si è avverato. ¶私は母の死が近いことを予感した。Avevo la sensazione che la morte di mia madre fosse vicina. ¶厄介なことが起こりそうな予感がした。Me lo sentivo che sarebbe accaduta una disgrazia.

よき 予期 《期待》attesa⊕;《予想》aspettativa⊕, previsione⊕ ◇予期する aspettarsi, attendersi ¶予期に反して contro le aspettative ¶予期していたとおり, 社長は多忙で会えなかった。Come temevo, il presidente era occupato e non ho potuto incontrarlo. ¶予期した以上の成功 successo che supera ogni aspettativa ¶予期しない事件が起こった。È accaduta una cosa「non prevista [insperata / inattesa / inaspettata].

よぎ 余技 passatempo⊕, distrazione⊕ ¶余技に絵をかく dipingere per passatempo [diporto]

よぎしゃ 夜汽車 treno⊕ notturno

よぎない 余儀ない ¶余儀ない事情で per [a] causa di forza maggiore / per motivi imprescindibili dalla mia volontà ¶余儀なく私が行くことになった。Sono costretto ad andare io.

よきにつけあしきにつけ 善きにつけ悪しきにつけ ¶善きにつけ悪しきにつけうわさの種になる essere sulla bocca di tutti sia nel bene che nel male

よきょう 余興 intrattenimento⊕ ¶彼は余興としてピアノを弾いた。Ci ha intrattenuto suonando il pianoforte.

よぎり 夜霧 nebbia⊕ serale [notturna] ¶街は夜霧に包まれていた。La città è coperta dalla nebbia notturna.

よぎる 過る ¶一瞬不安が胸をよぎった。Un attimo di inquietudine mi ha attraversato il cuore.

よきん 預金 deposito⊕;《貯蓄》risparmio⊕ [複 -i] ◇預金する depositare denaro ¶普通預金 deposito ordinario ¶定期預金 deposito vincolato a scadenza determinata ¶当座預金 deposito in conto corrente [《略》c/c] ¶表面預金 deposito nominale ¶振替預金 depositi trasferiti ¶実質預金 depositi reali ¶実勢預金 depositi bancari al netto della base ¶銀行に 300 万円の預金がある avere un deposito di trecentomila yen in banca ¶預金をおろす prelevare [prendere] denaro dal conto
✤**預金銀行** banca⊕ in deposito
預金口座 conto⊕
預金口座番号 numero⊕ del conto
預金コスト costo⊕ del deposito
預金残高 saldo⊕ ¶預金残高がゼロになった。Non ho più soldi in banca.
預金者 depositante⊕;《当座預金の》correntista⊕ [⊕複 -i]
預金準備率 tasso⊕ di riserve「in base ai depositi」[obbligatorie] (da depositare presso la Banca del Giappone)
預金証書 certificato⊕ di deposito bancario
預金通帳 libretto⊕ di risparmio
預金利子 interesse⊕ sul denaro depositato
預金利子率 tasso⊕ di interesse passivo sui depositi

よく 欲 《欲望》desider*o*㊚ [複 -i], voglia㊛;《貪欲》avarizia㊛ ◇欲の深い bramoso, avido ◇欲のない disinteressato;《金銭欲のない》indifferente al denaro ¶欲を満たす [抑える] soddisfare [frenare] i desideri ¶彼は大変欲が深い. È di un'avidità senza limiti. / È una persona che vorrebbe tutto. ¶彼は名誉欲が強い. È assetato di gloria. ¶彼は知識欲が盛んだ. È avido di imparare.
[慣用] 欲に目がくらむ essere accecato dalla volontà di possesso
欲の皮が突っ張っている ¶欲の皮が突っ張っている. È avido oltre ogni dire.
欲も得もない essere disinteressato
欲を言えば ¶欲を言えばもう少し大きいのがいい. Se fosse possibile, ne vorrei uno un po' più grande. ¶欲を言えば彼にもう少し勉強してほしい. Quello che vorrei è che studiasse un po' di più.

よく 翼《鳥・飛行機の翼, 建物などの両側に突き出た部分》ala㊛ [複 *ali*;《古・詩》*ale*] ¶翼のある alato ¶建物の両翼 le due ali del palazzo
✤翼長《片方の》lunghezza㊛ di un'ala;《両翼の》apertura㊛ alare

よく 良く・善く **1**《十分に》bene;《大いに》molto ¶よくわかりました. Ho capito bene. ¶道を渡るときはよく注意しなさい. Stai molto attento quando attraversi la strada. ¶よく考えた上で決心しました. Dopo averci pensato e ripensato, ho preso una decisione. ¶彼女は私にとてもよくしてくれた. È stata molto gentile con me.
2《上手に・立派に》¶光陰矢の如しとはよく言ったものだ. È proprio vero che il tempo vola. ¶よくしたもの →見出し語参照
3《相手の行為を評価・感謝して》¶雨の中をよくおいでくださいました. È stato gentile a venire con questa pioggia.
4《しばしば》spesso, abitualmente, frequentemente ¶私はよく映画に行く. Vado spesso al cinema. ¶それはよくあることです. Sono cose che accadono tutti i giorni. /《相手をなぐさめて》Sono cose che capitano.
5《驚き・非難・憎悪を込めて》¶この月給で5人家族がよく暮らせるものだ. È un miracolo che una famiglia di cinque persone riesca a vivere con questo stipendio! ¶こんなに重い石をよく動かせたねえ. Come hai fatto a smuovere una pietra così pesante? ¶よく（も）あんなひどいことが言えたものだ. Con che coraggio ha detto quelle cose orribili! ¶よくも僕の悪口を言False. Come hai osato parlare male di me? ¶あいつよく言うよなあ. Ma hai sentito quel tipo che discorsi fa! ¶よく言うよ. 遅れてきたのは君の方じゃないか. Senti chi parla! Chi è che è arrivato in ritardo per primo?!

よく- 翌- successivo, seguente
よくあさ 翌朝 la mattina㊛ seguente ¶事件の翌朝 la mattina 「dopo l'[successiva all'] avvenimento
よくあつ 抑圧《鎮圧, 抑制》repressione㊛;《圧迫, 圧制》oppressione㊛;《抑制, 活動制限》soppressione㊛;《心》rimozione㊛ ◇抑圧的 repressivo, oppressivo ◇抑圧する opprimere; reprimere; sopprimere;《心》rimuovere ¶抑圧に反抗する insorgere contro l'oppressione
よくあるしつもん よくある質問《コンピュータ》domande㊛ [複] frequenti, FAQ㊛ [複]
よくうつしょう 抑鬱症《医》depressione㊛
よくげつ 翌月 il mese㊚ seguente [successivo / dopo]
よくし 抑止 restrizione㊛, impedimento㊚, freno㊚ ◇抑止する restringere, impedire, frenare, contenere, deterrere ¶抑止の手段 deterrente㊚ ¶核戦争を抑止する prevenire la guerra nucleare
✤抑止力《核の抑止力》deterrente nucleare
よくしたもの 善くしたもの ¶よくしたもので親がいない時は子供たちは協力し合って家事をする. Il bello è che in assenza dei genitori i bambini si aiutano a vicenda nelle faccende domestiche.
よくしつ 浴室 (stanza㊛ da) bagno㊚ →バスルーム 図版
よくじつ 翌日 il giorno㊚ successivo [seguente / dopo] ¶卒業式の翌日 il giorno successivo alla cerimonia di laurea ¶仕事を翌日に延ばすな. Mai rimandare il lavoro al giorno dopo.
よくしゅう 翌週 la settimana㊛ successiva [seguente / dopo] ¶翌週までずっと fino alla settimana seguente ¶翌週中に entro la settimana prossima
よくしゅるい 翼手類《動》chirotteri㊚ [複]
よくじょう 浴場《男子[女子]浴場》reparto maschile [femminile] del bagno pubblico ¶公衆浴場 bagno pubblico
よくじょう 欲情《欲望》desider*o*㊚ [複 -i] [appetito㊚] sessuale;《情欲》passione㊛
よくする 浴する ¶恩恵に浴する essere beneficiato da *qlcu.* (*ql.co.*) ¶《人》に拝謁の光栄に浴する avere l'onore di essere ricevuto in udienza da *qlcu.*
よくする 良くする・能くする《上手にする》¶彼は書をよくする. È molto bravo in calligrafia. / È un eccellente calligrafo.
よくせい 抑制 restrizione㊛, freno㊚, contenimento㊚;《制御》controllo㊚ ◇抑制する contenere, frenare; controllare ¶インフレを抑制する contenere l'inflazione ¶抑制しがたい incontenibile / incontrollabile / irrefrenabile
よくぞ 善くぞ ¶本当のことをよくぞ言ってくださった.《私に対して》Sono felice che lei abbia avuto il coraggio di dirmi la verità.
よくそう 浴槽 vasca㊛ da bagno
よくちょう 翌朝 la mattina㊛ seguente
よくど 沃土 terra㊛ [suolo㊚] fertile
よくとく 欲得《欲得なし（ぬき）で》senza interesse materiale / disinteressatamente ¶con altruismo [generosità] ¶欲得のない友人 amico disinteressato
✤欲得ずく ¶欲得ずくである badare solo ai *propri* interessi ¶欲得ずくで動く agire [fare *ql.co.*] (solo) per calcolo [interesse] ¶欲得ずくの人 calcolat*ore*㊚ [*-trice*]
よくねん 翌年 l'anno㊚ successivo [seguente / dopo] ¶翌年への繰り越し saldo da riportare all'anno successivo / saldo a nuovo
よくばり 欲張り《貪欲》avidità㊛; eccessiva

cupidigia㊛ [複 -gie]；《人》persona㊛ che vuole troppo [avida / ingorda]《欲張りな《欲の皮の突っ張った》》avido, ingordo ¶欲張りじいさん vecchio ingordo

よくばる 欲張る essere avido [ingordo] ◇欲張って per avidità; per troppo volere ¶君は欲張りすぎだ. Chiedi troppo! ¶その子は欲張ってビスケットを全部ポケットに入れた. Il bambino si è messo in tasca tutti i biscotti per ingordigia. ¶そんなに欲張るものではない. Non pretendere troppo!

よくばん 翌晩 la sera㊛ successiva [seguente / dopo]

よくふか 欲深 →欲張り

よくぼう 欲望 desiderio㊚ [複 -i] ¶肉体的欲望 desiderio carnale ¶欲望をかきたてる suscitare il desiderio di qlcu. ¶欲望を抑える frenare i desideri di qlcu.

よくめ 欲目 ¶欲目で見る giudicare ql.co. [qlcu.] con parzialità ¶親の欲目かもしれないが, 息子はよくできる. Si sa che i genitori non sono imparziali [Sarà anche che sono la mamma], ma mi sembra che mio figlio sia davvero bravo.

よくや 沃野 pianura㊛ fertile

よくよう 抑揚 inflessione㊛, intonazione㊛, modulazione㊛ ¶抑揚のある modulato ¶抑揚のない senza inflessione /《単調な》monotono ¶声に抑揚をつける inflettere [modulare] la voce ¶抑揚をつけて読む leggere ql.co. con un'intonazione marcata

よくよう 浴用 ◇浴用の da bagno
✜**浴用石けん** saponetta㊛, sapone㊚ da bagno
浴用タオル piccolo asciugamano㊚ usato al posto della spugna per lavarsi

よくよく ¶よくよく考えた末 dopo aver pensato e ripensato ¶よくよく考えてみたが, その仕事は僕に向いていないと思う. Ho riflettuto bene ma penso che quel lavoro non sia adatto a me. ¶彼はよくよく運が悪い男だ. È molto sfortunato. / Come è sfortunato! ¶日本人がローマに出向いて行くからには, よくよくの訳があるに違いない. Ci dev'essere sicuramente qualche motivo impellente [serio] per cui deve andare a Roma personalmente.

よくよく- 翌翌- ¶翌々日［月］due giorni [mesi] dopo

よくりゅう 抑留 internamento㊚, detenzione㊛;《船舶の出港停止》fermo㊚, embargo㊚ [複 -ghi] ◇抑留する internare [detenere] qlcu. ¶父はシベリアに3年抑留されていた. Mio padre trascorse tre anni in un campo di concentramento della [in] Siberia.
✜**抑留者** internato㊚ [㊛ -a], detenuto㊚ [㊛ -a]

-よけ -除け ¶霜よけ《行為》protezione antigelo /《施設》riparo contro la brina e il gelo ¶日よけ riparo dal sole ¶盗難よけの警報装置 allarme antifurto

よけい 余計 **1**《普通より多いこと》◇余計な superfluo;《むだな》inutile, non richiesto;《不必要な》non necessario ◇余計に eccessivamente, in eccesso, troppo;《もっと》in più ¶人より余計に働く lavorare molto più degli altri ¶100

ユーロ余計に払う pagare cento euro in più ¶お金を余計に持ってきた. Ho portato più denaro del necessario. ¶親に余計な心配をかける dare eccessive preoccupazioni ai genitori ¶余計なお世話だ. Sono affari miei che non ti riguardano! / Bada ai fatti tuoi! ¶余計なものは持って行くな. Non portare cose inutili! ¶何もわかっていないくせに余計な口をきくな. Non mettere bocca in cose che non capisci! ¶余計なことかも知れないが, 彼とはあまりつき合わないことだ. Forse non mi riguarda [Non vorrei intromettermi], ma ti consiglio di non frequentarlo.
2《いっそう, ますます》¶涼しい部屋から出るとよけい(に)暑さを感じる. Uscendo da una camera fresca all'aperto, si sente ancora di più il caldo. ¶開けるなと言われるとよけい(に)開けたくなるのだ. Più mi dicono di non aprirlo e più mi viene voglia di farlo.

よける 避ける evitare, farsi da parte, scansarsi ¶水溜まりをよけて通る passare evitando le pozzanghere ¶車が来るから早くよけなさい. Arriva una macchina, fatti da parte [levati], presto! ¶船は港に入って嵐をよけた. La nave ha evitato la tempesta riparando nel porto. ¶霜がこないとこの花は枯れてしまう. Se non si mettono al riparo dalla brina, questi fiori moriranno.

よけん 与件《哲》dato㊚

よけん 予見 previsione㊛, pronostico㊚ [複 -ci] ◇予見する prevedere ql.co. [che+接続法] ¶経済的不況を予見する prevedere [pronosticare] la recessione ¶予見したとおりだった. L'ho indovinato [azzeccato].

よげん 予言 predizione㊛ ◇予言する predire ql.co. [che+直説法] ¶彼の予言は的中した. La sua predizione [profezia] si è avverata. ¶事件は両国間の戦争を予言した. L'episodio faceva prevedere la guerra fra i due paesi. ¶易者はその山は噴火すると予言した. Quel veggente ha predetto che il vulcano eromperà.
✜**予言者** profeta㊚ [㊛ -essa; ㊚複 -i];《文》veggente㊚㊛

よげん 余弦《数》coseno㊚;《記号》cos

よげん 預言 profezia㊛ ◇予言の[的] profetico㊚ [㊛複 -ci] ◇予言する profetare [profetizzare] ql.co. [che+直説法]
✜**預言者** profeta㊚ [㊛ -essa; ㊚複 -i]
預言書《旧約聖書の》profezie㊛複 dell'Antico [del Vecchio] Testamento

よこ 横 **1**《水平》◇横の trasversale, orizzontale ◇横書き scrittura orizzontale ¶横の線 linea orizzontale ¶横に並べる[切る] allineare [tagliare] ql.co. orizzontalmente ¶首を横に振る scuotere la testa in segno di diniego ¶横に1列に並んでください. Mettetevi tutti in riga. ¶立っている棒を横にしてください. Quel bastone là, poggialo a terra. ¶その官製はがきは横10センチ縦14.8センチです. Le cartoline postali giapponesi sono larghe 10 cm (読み方: dieci centimetri) e alte 14,8 cm (読み方: quattordici virgola otto centimetri).
2《傍ら, わき》lato㊚, fianco㊚ [複 -chi] ◇横の laterale ◇横に di lato, lateralmente, di fianco ¶横を向く voltarsi di lato ¶横に倒れる cadere

di lato ¶〈人〉の横に座る sedersi「di lato [accanto] a *qlcu.* ¶横に置く《傍らに》appoggiare *ql.co.*「al *proprio* lato [accanto a *sé*] ¶この絵は少し横から見たほうがいい. Questo quadro è meglio guardarlo un po' dal lato. ¶この写真であなたの横にいるのは誰ですか. Chi è la persona accanto a lei in questa foto? ¶彼はいつも横から口を出す. S'intromette sempre nei discorsi altrui. ¶彼の話は少し横にそれた. Il suo discorso è andato un po' fuori argomento.

3《斜め, ひずみ》 **◇横の** obliquo; storto ¶彼はいつも帽子を横にかぶっている.《斜めに》Porta sempre il cappello「sulle ventitré [di traverso]. /《つばを横に》Mette sempre il berretto con la viṣiera di lato. ¶体を横にして人込みを通り抜けた. Mi sono messo di lato per riuscire a passare tra la gente.

[慣用] **横から見ても縦から見ても** da tutti i punti di vista, da ogni punto di vista, sotto tutti gli aspetti

横になる ṣdraiarsi, coricarsi, stendersi sul letto ¶疲れたからちょっと横になりたい. Sono stanco, vorrei ṣdraiarmi un po'.

横のつながり rapporti[男][複] oriẓẓontali [con persone dello stesso livello]

横のものを縦にもしない ¶息子は横のものを縦にもしない. Mio figlio è tanto pigro che non muoverebbe neanche un dito.

よご 予後 《病後の経過, 回復》convalescenza[女];〔医〕《病気の経過・結末の予知》prognoṣi[女][無変] ¶予後を養う fare [trascorrere] la convalescenza ¶予後が大変良好だ[思わしくない]. La convalescenza procede [non procede] molto bene.

よこあい 横合い **1**《横の方》 ¶青年が横合いから声をかけてきた. Un giovane mi ha chiamato dal lato. **2**《局外》 ¶横合いから〈人〉の話に口を出す intromettersi nei discorsi di *qlcu.* / interrompere il discorso di *qlcu.*

よこあな 横穴 《縦穴 pozzoに対して》galleria[女];《トンネル》〔英〕tunnel[男][無変];《洞窟》grotta[女], caverna[女], antro[男];《自然の深いほら穴》spelonca[女] ¶丘の斜面に横穴を掘った. Abbiamo scavato una galleria sul pendio della collina.

✤横穴式古墳 〔考〕antic*o* [複 *-chi*] tumulo[男] funerar*io* [複 *-i*] costruito sul pendio di una collina

よこあるき 横歩き **◇横歩きする** camminare[自] [*av*] a ṣghembo

よこいっせん 横一線 ¶横一線に並ぶ stare in riga ¶3候補とも横一線に並んでいる. Tutti e tre i candidati procedono [sono] testa a testa.

よこいと 横糸 trama[女]

よこう 予行 ¶開会式の予行(演習)をする fare la prova della cerimonia di inaugurazione

よこおよぎ 横泳ぎ nuoto[男] alla marinara [all'indiana]

よこがお 横顔 **1**《横を向いた顔》profilo[男] ¶〈人〉の横顔を描く disegnare [tracciare] il profilo di *qlcu.* **2**《人物の一面, プロフィール》profilo[男] ¶〈人〉の横顔を紹介する tracciare il profilo di *qlcu.*

よこがき 横書き ¶答案は横書きにすること. Le risposte vanno scritte oriẓẓontalmente.

よこかぜ 横風 vento[男] di traverso

よこがみやぶり 横紙破り ¶彼は横紙破りだ. Non c'è ma che tenga, quando decide di fare qualcosa.

よこぎ 横木 barra[女], ṣbarra[女], stanga[女] ¶門の横木を外す levare [togliere] la ṣbarra a un cancello

よこぎる 横切る attraversare *ql.co.* ¶道を横切る attraversare una strada ¶自動車の前を横切る passare davanti alle automobili

よこく 予告 preavviṣo[男], preannun*cio*[男][複 *-ci*];《通知》comunicazione[女];《警告》avvertimento[男];《告知》avviṣo[男]

◇予告する preavviṣare *ql.co.*, fare sapere *ql.co.* in anticipo ¶新刊予告《広告での》annuncio pubblicitario su un libro di prossima pubblicazione ¶会は予告どおり9時から行います. La riunione avrà luogo alle nove come già annunciato. ¶天災は予告なしに起こる. I diṣastri naturali accadono senza preavviṣo. ¶1週間前の予告で解雇された. È stato licenziato con il preavviṣo di una settimana.

✤予告編 《映画の》〔英〕trailer [tréiler][男][無変]

よこぐるま 横車 ¶横車を押す imporre con prepotenza una *propria* idea agli altri

よこじく 横軸 《機械の》albero[男] oriẓẓontale;《車軸の》albero[男] mosso da leve;《グラフの》asse[男] delle ascisse

よこしま 邪 **◇よこしまな** ingiusto, diṣonesto;《悪い》malva*gio* [[男]複 *-gi*; [女]複 *-gie*], perverso

よこじま 横縞 ¶横縞の模様の a strisce [righe] oriẓẓontali

よこす 寄越す 《こちらに送る》mandare [inviare] *ql.co.*《に a》;《こちらに渡す》dare [passare] *ql.co.*《に a》 ¶彼はもう1年も手紙をよこさない. È ormai un anno che non mi scrive. ¶そのピストルをよこすんだ. Dammi quella pistola! ¶八木を私のところへよこしてくれ. Manda Yagi da me, ho biṣogno di lui. ¶あなたを迎えにタクシーをよこしましょう. Manderò un tassì a prenderla. ¶田舎から送ってよこしたりんごをお分けします. Vorrei regalarle un po' di mele che mi hanno spedito da casa.

よごす 汚す 《汚くする》sporcare *ql.co.*, insudiciare *ql.co.*;《しみをつける》macchiare *ql.co.*;《汚染する》inquinare *ql.co.* ¶服を汚す sporcare un vestito ¶ソースでネクタイを汚した. La cravatta si è sporcata di salsa. ¶工場からの廃棄物が川を汚した. Le scorie della fabbrica hanno inquinato il fiume.

よこずき 横好き ¶私のピアノはへたの横好きだ. Mi piace suonare il pianoforte nonostante lo suoni male.

よこすべり 横滑り 《車・車輪の》ṣlittamento[男], ṣbandata[女] **◇横滑りする**《車・車輪が》ṣlittare[自] [*es, av*] lateralmente, ṣbandare[自] [*av*];《同格の地位に》essere trasferito in un posto equivalente ¶雪で車が左に横滑りした. La macchina ha ṣbandato a sinistra a cauṣa della neve. ¶加藤氏は外相から法相に横滑りした. Kato, già [ex] Ministro degli Affari Esteri, è divenuto Ministro della Giustizia.

よこたえる 横たえる ¶〈物〉をゆっくり[静かに]横たえる mettere delicatamente in poṣizione oriẓẓontale *ql.co.* ¶ベッドに身を横たえる coricarsi [ṣdraiarsi] sul letto

よこだおし 横倒し ¶横倒しになる cadere[自][*es*]「di lato [lateralmente / su un fianco]

よこたわる 横たわる《人が横になる》coricarsi, distendersi, ṣdraiarsi ¶ベッドに横たわる distendersi sul letto ¶町は眼下に横たわっていた. Sotto di noi era distesa la città. ¶彼の前途には大きな困難が横たわっている. Si trova di fronte ad una difficoltà insormontabile.

よこちょう 横町 traversa[女], strada[女] laterale;《路地》vicolo[男] ¶3つ目の横町を入る entrare [voltare] nella terza traversa a sinistra

よこづけ 横付け ¶船が岸壁に横付けになった. Una nave ha attraccato al molo. ¶車が家の玄関に横付けされた. Un'automobile si è fermata davanti all'ingresso di casa mia.

よこっつら 横っ面 ¶横っ面をひっぱたく schiaffeggiare *qlcu.* / dare uno schiaffo a *qlcu.* / prendere a schiaffi *qlcu.* ¶横っ面をひっぱたかれる prendere [pigliare] uno schiaffo《に da》

よこっとび 横っ跳び ¶驚いて横っ跳びに自転車を避けた. Colto di sorpresa, ho scansato la bicicletta balzando di lato.

よこづな 横綱 **1**《相撲の》grande campione[男] di *sumo*;《その地位》massimo rango[男] nella graduatoria dei lottatori di *sumo* **2**《最高の人・物》¶彼の飲みっぷりは横綱級だ. È un grande bevitore!

よこっぱら 横っ腹 ⇒横腹

よこて 横手 ◇横手に accanto [di fianco] a *qlcu.* [*ql.co.*], sul [a] fianco di *qlcu.* [*ql.co.*], al lato di *ql.co.* [*qlcu.*];《隣接して》vicino a *qlcu.* [*ql.co.*] ¶タバコ屋の横手の家 casa vicina al tabaccaio ¶横手から子供が急に飛び出して来た. Un bambino è ṣbucato improvviṣamente da una via laterale [da una traversa].

よごと 夜毎 ¶彼は夜毎酒場に通った. Frequentava la taverna「tutte le notti [notte dopo notte].

よこどり 横取り ◇横取りする soffiare, rubare *ql.co.* a *qlcu.*, derubare *qlcu.* di *ql.co.* ¶親友に恋人を横取りされた. Un caro amico mi ha portato via la ragazza.

よこなが 横長 ◇横長の in oriẓẓontale ¶横長の紙 foglio oriẓẓontale

よこながし 横流し ¶統制品の横流しをする vendere prodotti controllati dal governo al mercato nero

よこながれ 横流れ ¶横流れのこの品を手に入れた. Ho ottenuto questo articolo illegalmente [per via illegale /《闇市の》al mercato nero].

よこなぐり 横殴り ¶雪は横殴りに吹きつけた. La neve cadeva forte e di traverso.

よこなみ 横波 **1**《横からの波》onda[女] laterale ¶ボートは激しい横波を受けて転覆した. La barca si è capovolta colpita da violenti onde sulla fiancata. **2**《電波・音などの》onda[女] traṣversale

よこばい 横這い ¶かにの横ばい passo a ṣghembo del granchio ¶相場は横ばいの状態を続けている. Non c'è nessuna variazione [oscillazione] nel cambio. ¶物価は横ばい状態にある. I prezzi sono stazionari.

よこはば 横幅 larghezza[女] ¶長さ50センチ横幅40センチの布 stoffa larga 50 cm e lunga 40 (cm) / stoffa di 50 cm di larghezza e 40 (cm) di lunghezza / stoffa 50×40 cm (読み方: cinquanta per quaranta centimetri)

よこばら 横腹 fianco[男][複 -*chi*] ¶右の横腹が痛む. Ho un dolore al fianco destro. / Mi fa male il fianco destro. ¶馬の横腹 fianco di un cavallo ¶馬の横腹をける spronare il cavallo ¶船の横腹 murata [fianco / fiancata] di una nave

よこぶえ 横笛 flauto[男] traverso ¶横笛を吹く suonare il flauto traverso

よこみち 横道《わき道》traversa[女] (del corso), via[女] laterale, strada[女] secondaria ¶彼の話はよく横道にそれる. Va spesso fuori tema. ¶彼の講演は本題から横道にそれた. La sua conferenza ha deviato [si è allontanata / è uscita] dall'argomento.

よこむき 横向き ¶横向きにする girare *qlcu.* [*ql.co.*] di lato ¶横向きになる girarsi di fianco ¶横向きに座る sedersi di traverso ¶横向きに寝る dormire su un fianco ¶右[左]を下に横向きに寝てください.《医者が患者に言う》Si metta sul fianco destro [sinistro]. ¶横向きの写真 fotografia di profilo

よこめ 横目 ¶横目で見る guardare con la coda dell'occhio / guardare in tralice /《物欲しそうに》guardare con occhi cupidi ¶横目でにらむ《冷たい目で》guardare con freddezza ¶横目を使う《秋波を送る》lanciare un'occhiata ammaliatrice a *qlcu.*

よこもじ 横文字《ローマ字》caratteri[男][複] latini;《西欧語》lingua[女] occidentale ¶横文字は苦手です. Le lingue occidentali non sono il mio forte.

よこやり 横槍 ¶部長がその企画に横やりを入れてきた. Il responsabile ha mosso [sollevato] obiezioni al progetto.

よこゆれ 横揺れ《船・飛行機の》rollio[男][複 -*ii*];《地震の》scossa[女] siṣmica ondulatoria ◇横揺れする《船・飛行機》rollare[自][*av*], oscillare[自][*av*] ¶この列車は横揺れがひどい. Questo treno dondola molto.

よごれ 汚れ sporcizia[女];《しみ》macchia[女] ¶汚れを取る pulire [ripulire] *ql.co.* /《洗う》lavare *ql.co.* /《しみをとる》ṣmacchiare *ql.co.* ¶汚れを洗い落とす lavare via la sporcizia《の da》 ¶ここの汚れがなかなか落ちない. Questa macchia (qui) non va via facilmente. ¶どこでネクタイにそんな汚れをつけたの. Dove ti sei fatto una macchia del genere sulla cravatta? ¶テーブルクロスにコーヒーの汚れがついている. La tovaglia è macchiata di caffè.

✤**汚れ物** cosa[女] sporca;《洗濯物》biancheria[女] sporca [da lavare] ¶汚れ物を洗濯する fare il bucato / lavare i panni

汚れ役 ¶彼女は汚れ役を得意としている. È brava nel fare [nell'interpretare] la parte di personaggi dei bassifondi.

よごれる 汚れる 1《汚くなる》sporcarsi, insudiciarsi;《しみがつく》macchiarsi;《汚染する》inquinarsi ◇汚れた sporco [男複 -chi], sudicio [男複 -ci; 女複 -cie, -ce] ¶汚れた空気《室内の》aria viziata ¶油で汚れた手 mani sporche di olio [grasso] / mani unte ¶汚れやすい facile da sporcarsi ¶汗と油で服が汚れた. Mi si è macchiato il vestito di olio e sudore. ¶靴がすっかり汚れている. Le scarpe sono sporchissime [si sono inzaccherate]. ¶川は工場排水で汚れてしまった. Il fiume è stato inquinato dagli scarichi della fabbrica.
2《けがれる》¶汚れた金 denaro sporco [riciclato] ¶私の手は汚れていない. Ho le mani pulite.

よこれんぼ 横恋慕 ◇横恋慕する desiderare l'uomo o la donna d'altri

よこわり 横割り ¶会社内の横割り sistema di contatto orizzontale fra i reparti della ditta

よさ 良さ・善さ ¶この町の良さは緑が多いことだ. La caratteristica positiva di questa città sta nell'abbondanza del verde. ¶彼らにはあの人の良さがわからないらしい. Mi sa che loro non sono capaci di apprezzarlo.

よざい 余罪 ¶その男には余罪があるらしい. Sembra che quell'uomo abbia commesso altri crimini.

よざくら 夜桜 ¶夜桜を見物する andare di sera "a vedere i ciliegi in fiore [ad ammirare la fioritura dei ciliegi]

よさん 予算 1《国家などの》bilancio 男 [複 -ci] (preventivo);《英》budget [bádʒet] 男 [無変] ¶暫定[総]予算 bilancio provvisorio [generale / totale] ¶国の予算編成 preparazione [compilazione] del bilancio nazionale ¶予算を編成する redigere [stendere] un bilancio preventivo ¶予算外の支出 spesa non prevista in bilancio ¶均衡予算 bilancio in pareggio ¶予算の復活折衝 trattative per la reintegrazione delle voci che erano state tagliate dal bilancio preventivo ¶予算を削減する ridurre il bilancio preventivo ¶予算で計上する stanziare ql.co. nel bilancio preventivo ¶昨日来年度の予算が成立した. Ieri è stato approvato il bilancio preventivo dell'anno venturo.
2《予定経費》spese 女 [複] previste;《見積もり》preventivo 男; stima 女 ¶予算を上回る superare le spese previste ¶予算3000円でプレゼントを買いたい. Vorrei fare un regalo che costi non più di tremila yen. ¶本を買いたいが予算がない. Vorremmo comprare dei libri, ma siamo a corto di fondi. ¶思わぬ出費で予算が狂ってしまった. A causa di spese impreviste si è superato di molto il preventivo.

❖予算赤字 deficit 男 [無変] previsionale
予算案 ¶予算案を提出する presentare il bilancio per l'approvazione
予算委員 membro 男 del comitato del bilancio
予算委員会 comitato 男 [commissione 女] del bilancio
予算黒字 surplus 男 [無変] previsionale
予算調整 rettifica 女 del bilancio preventivo

よし bene ¶よし, よくできたね. Ottimo, sei stato molto bravo! ¶それでよし. Va bene così! ¶よしよし, もう泣くな. Su, via. Non piangere più! ¶よし, 僕が行こう. Bene, ci vado io. ¶よし, これに決めよう. D'accordo! Facciamo così. ¶よしよし, わかった. Bene, ho capito tutto.

よし 由 1《事情》motivo 男, causa 女, ragione 女;《意味》significato 男 ¶由ありげな様子[態度]で con uno sguardo significativo
2《「由もない」の形で》mezzo 男, modo 男, maniera 女 ¶どう解決するかわかる由もない. Non c'è modo di sapere come risolvere questo problema. ¶彼の安否は知る由もない. Non si sa come riuscire ad avere notizie su di lui.
3《旨, おもむき》¶この旨, 先方へお伝えください. Riferisca questo all'altra parte.
4《…とのこと》¶皆様お元気の由, なによりです. Sono molto contento di sapere che state bene.

よし 葦・蘆《植》canna 女, giunco 男 [複 -chi]
[慣用] 葦の髄から天井をのぞく avere una visione angustissima [ristrettissima] della vita

よじ 四次 ¶四次元の quadridimensionale ¶第四次元 la quarta dimensione
❖四次元空間 spazio 男 [複 -i] "a quattro dimensioni [quadridimensionale]

よしあし 善し悪し ¶事のよしあしを見分ける distinguere il bene dal male ¶この機械のよしあしは判定しにくい. È difficile valutare la qualità di una macchina di questo genere. ¶よしあしは別としてとにかく我々はやった. L'abbiamo fatto, bene o male che sia. ¶カードで買うのもよしあしだ. Acquistare con la carta di credito ha i suoi pro e i suoi contro [ha i suoi inconvenienti].

よしきた ¶よしきた, 任せろ. Bene, ci penso io!

よしきり 葦切《鳥》cannaiola 女

よしず 葦簾 riparo 男 di canne ¶よしず張りの小屋 capanna di canne

よじのぼる 攀じ登る 《岩山などを》scalare ql.co.;《木・綱などを》arrampicarsi [salire 自] [es] su ql.co. ¶ロープで岩山をよじ登る fare una scalata su una montagna rocciosa con la corda

よしみ 誼 ¶よしみを結ぶ stringere amicizia con qlcu. ¶昔からのよしみで彼のことはよく知っている. La lunga amicizia con lui mi permette [mi ha permesso] di conoscerlo bene. ¶友だちのよしみで金を貸した. Gli ho prestato del denaro "per amicizia [perché è un amico].

よしゅう 予習 preparazione di lezioni ¶明日の予習は済んだか. Hai finito di prepararti per la lezione di domani? ¶授業の進度が速くて予習が追いつかない. Il programma della lezione va avanti troppo in fretta e non riesco mai a prepararmi bene.

よじょう 余剰 eccesso, eccedenza 女 ¶生産過剰による食糧の余剰 eccesso di alimenti dovuto alla sovrapproduzione ¶昨年度は3万トンの農産物の余剰を生じた. Lo scorso anno si sono avute trentamila tonnellate di prodotti agricoli in eccesso.

❖余剰価値 plusvalore 男
余剰金 ¶余剰金を次会計年度に回すことが認められている. L'eccedenza può essere portata al prossimo anno finanziario.

余剰資金 fondi[男][複] in eccesso
余剰人員 eccesso[男] di personale ¶余剰人員を整理する licenziare il personale in eccesso
余剰物資 eccedenza[女] di materiale, materiale[男] in eccesso
余剰労働力 forza[女] lavoro in eccesso

よじょう 余情 ¶余情のある詩 poema ricco di suggestioni / poesia suggestiva

よじる 捩る torcere *ql.co.*; contorcere *ql.co.*; 《自分の体を》contorcersi ¶糸をよじる torcere i fili ¶娘は体をよじって笑いこけた. La ragazza si contorceva dalle risa.

よじれる 捩れる ¶ベルトがよじれているよ. Hai la cintura storta. ¶腹の皮がよじれるほどおかしい. Mi fa male la pancia dal ridere.

よしん 予診 esami[男][複] preliminari a fini diagnostici ¶予診をする redigere la cartella sanitaria a fini diagnostici
✤予診室 sala[女] colloqui

よしん 予審 istruttoria[女] ¶予審をする istruire un processo ¶事件は予審中である. Il caso è in istruttoria.
✤予審判事 giudice[男][女] istrut*tore* [[女] *-trice*]

よしん 余震 scossa[女] di assestamento, repliche[女][複] ¶余震が計８回起きた. Si sono registrate in totale otto scosse di assestamento.

よしんば 縦しんば ¶よしんばそれが事実だとしても，彼らの行動は許されるものではない. Anche se ciò fosse vero, quello che hanno fatto non sarebbe perdonabile.

よす 止す smettere [cessare] *ql.co.* [di＋[不定詞]]; 《中断》interrompere *ql.co.* ¶そんな話はもうよそう. Ma finiamola con questi discorsi! ¶もう泣くのはおよし. Non piangere più. ¶よしなさい. Basta! / Smettila! ¶冗談はよせ. Non scherzare! / Basta con gli scherzi!

よすが 縁 《手段》mezzo[男]; 《助け》aiuto[男] ¶この品は亡き母をしのぶよすがとなるでしょう. Questo oggetto mi aiuterà a ricordare la mia defunta madre.

よすてびと 世捨て人 《隠者》eremit*a*[男][複 *-i*]; 《僧侶》mona*co*[男][[女] *-ca*; [男] 複 *-ci*] eremita ¶世捨て人の生活を送る vivere da eremita

よすみ 四隅 ¶部屋の四隅に nei quattro angoli di una stanza

よせ 寄席 《演芸場》teatro[男] di varietà; 《落語などの》teatrino[男] di *rakugo* [*kodan*]
✤寄席芸人 artist*a*[男][女][[男]複 *-i*] di varietà

よせあつめ 寄せ集め miscu*glio*[男][複 *-gli*], guazzabu*glio*[男][複 *-gli*], accozzaglia[女] ¶寄せ集めの商品 miscuglio di merci ¶寄せ集めのチーム squadra rimediata / 《急造の》squadra improvvisata ¶この本はいろいろなものの寄せ集めにすぎない. Questo libro è soltanto un guazzabuglio di cose diverse.

よせあつめる 寄せ集める ¶参加者を寄せ集める radunare i partecipanti ¶落ち葉を寄せ集める rastrellare le foglie morte

よせい 余生 ¶彼は余生を生まれ故郷で静かに送った. Ha trascorso il resto [gli ultimi anni] della vita serenamente nel paese natale. ¶私は余生を著作に当てたい. Vorrei dedicare i miei ultimi anni a scrivere.

よせい 余勢 ¶余勢を駆って spinto [incitato] da *ql.co.* ¶彼は大成功の余勢を駆って他に事業を興そうとしている. Sullo slancio del grande successo vuole aprire una nuova attività.

よせがき 寄せ書き pannello[男] in cartone decorato su cui tutti scrivono messaggi di augurio per *qlcu.* ¶皆で先生に寄せ書きしよう. Scriviamo tutti qualche frase al maestro.

よせかける 寄せ掛ける ¶はしごを壁に寄せ掛けた. Ho appoggiato la scala alla parete.

よせぎ 寄せ木 《床などの》〔仏〕parquet [parké][男][無変]; parchè[男][無変] ¶寄せ木の床 (pavimento a) parquet
✤寄せ木細工 intars*io*[男][複 *-i*]; 《床の》pavimentazione[女] di legno ¶寄せ木細工をする intarsiare (►目的語は材料やそれで作る物) ¶寄せ木細工の机 scrivania intarsiata
寄せ木細工師 intarsia*tore*[男][[女] *-trice*]
寄せ木造り 《彫刻で》*yosegizukuri*[男] (◆ tecnica di costruzione delle statue del budda in legno con blocchi combinati)

よせぎれ 寄せ切れ ¶寄せぎれでクッションを作る fare un cuscino「con pezzi di stoffa diversi [di patchwork]

よせつ 余接 〔数〕cotangente[女]; 《記号》cot

よせつける 寄せ付ける ¶彼女を寄せつけるな. Non permetterle di avvicinartisi. / Non la fare avvicinare a te. ¶人を寄せつけない険しい山 montagna scoscesa e inaccessibile

よせて 寄せ手 《攻め手》forza[女] attaccante; 《敵》nemi*co*[男][複 *-ci*]

よせなべ 寄せ鍋 〔料〕*nabemono*[男][無変] con vari ingredienti ⇒鍋物 [日本事情]

よせむねづくり 寄せ棟造り 〔建〕casa[女] di stile *yosemune* (◆padiglione con tetto a quattro spioventi)

よせる 寄せる **1** 《近づける》avvicinare [accostare] *ql.co.*; 《ある方向に動かす》muovere *ql.co.* 《の方へ verso》; 《引き寄せる》tirare su *ql.co.* ¶椅子をテーブルに寄せる avvicinare una sedia al tavolo ¶耳元に口を寄せてささやく sussurrare *ql.co.* nell'orecchio di *qlcu.* ¶できるだけ車は塀に寄せて停めてください. Per cortesia, parcheggi accostandosi il più possibile al muro. ¶男が数人額を寄せて話し合っている. Gli uomini hanno fatto cerchio e stanno discutendo di qualcosa. ¶敵が寄せて来た. Il nemico ci è venuto addosso. ¶寄せ来る敵 massa ondeggiante di soldati nemici ¶大波が寄せて来た. Si sta avvicinando una grossa onda. ¶波が寄せたり返したりしている. Le onde si gettano sulla riva e si ritirano.

2 《集める》radunare, raggruppare, riunire; 《加える》sommare ¶額にしわを寄せる corrugare la fronte ¶枯れ葉を寄せて火を付けた. Ho acceso il fuoco ammucchiando le foglie morte. ¶映画館は客を寄せるために大きな看板を出した. Il cinema ha esposto un grande cartellone per attirare spettatori. ¶買った物を全部寄せても２万円にならない. Anche mettendo insieme tutto quello che ho comprato, non arrivo neppure a ventimila yen.

3 《送る，贈る》inviare, mandare, spedire ¶多

くの励ましの手紙が寄せられた. Mi hanno inviato numerose lettere di incoraggiamento. ¶ご意見をお寄せください. Scrivetemi la vostra opinione. **4**《気持ちを傾ける》 ¶母に寄せる詩 poesia dedicata a mia madre ¶「春に寄せて」《題名》"Alla Primavera" ¶同情を寄せる provare [avere] compassione per *qlcu*. ¶信頼を寄せる avere fiducia in *qlcu*. ¶彼はあの女性に思いを寄せている. È innamorato di quella donna.
5《頼る》 affidarsi per aiuto a *qlcu*., appoggiarsi a *qlcu*., rifugiarsi presso *qlcu*. ¶戦火を逃れて田舎に身を寄せた. Per fuggire gli orrori della guerra, mi sono rifugiato in campagna. ¶家が焼けて身を寄せる所がない. Ho avuto la casa distrutta da un incendio e non so dove andare.
6《訪問する》 visitare *qlcu*., fare una visita a *qlcu*. ¶また寄せていただきます. Ritornerò a trovarla.

よせん 予選 《コンテストなどの》 selezione㊛ preliminare;《音楽コンクールの》 prova㊛ eliminatoria;《競技などの》 eliminatorie㊛《複》;《レースなどの》 gara㊛ [prova㊛] eliminatoria;《サッカーなどの》 girone㊚ eliminatorio [複 -i] ¶予選を行う fare una prova [gara] eliminatoria ¶予選を通過する superare la prova [gara] eliminatoria ¶予選を勝ち進む [で破れる] procedere alle [essere battuto nelle] eliminatorie ¶第2次予選に入る entrare nel secondo girone eliminatorio ¶コンクールの予選に落ちる essere respinto alla selezione preliminare di un concorso
❖予選リーグ 《サッカーのワールドカップの》 qualificazioni㊛《複》 (mondiali)

よそ 1《他の場所》 altro luogo㊚ ¶よそへ[に]行く andare altrove [in un altro luogo] ¶よそを探してみよう. Cerchiamo altrove. ¶この店はよそより安い. In questo negozio la merce costa meno che altrove. ¶よそに泊まる dormire fuori [da *qlcu*.]. ¶その話はよそで聞いた. Ho avuto questa notizia da altre fonti. ¶先生が話している時によそを向いてはいけません. Non bisogna distrarsi quando il maestro parla.
2《他人, 未知の》 ¶よその子 bambino㊚ [㊛ -a] altrui ¶よその国 gli altri paesi ¶よそ様のことはどうでもいい. Non m'importa delle cose degli altri [《一般の人》 della gente]. ¶よそのおじさんから道を聞かれた. Uno sconosciuto mi ha chiesto la strada.
3《顧みないこと》 ¶…をよそに (して)《ないがしろにして》 trascurando [ignorando] *ql.co*. [*qlcu*.] /《構わずに》 indifferente a *ql.co*. [*qlcu*.] /《…にもかかわらず》 malgrado *ql.co*. [che+接続法]

よそう 予想 《予期》 aspettativa㊛;《予測》 previsione㊛ ◇予想する《期待する》 aspettarsi [attendere] *ql.co*. [che+接続法];《予測・予報する》 prevedere [pronosticare] *ql.co*.
¶長期予想 previsione a lungo termine ¶選挙予想《コンピュータなどによる》 proiezione elettorale ¶希望者の数は予想を上回った. Il numero degli aspiranti era superiore al previsto. ¶予想が当たった[外れた]. La previsione si è rivelata giusta [non si è rivelata esatta]. ¶予想を裏切って中野氏が党首となった. Contrariamente a quanto previsto [alle previsioni / ai pronostici], Nakano è diventato presidente del partito. ¶試験に予想した問題が出た.《筆記試験》 Agli esami sono uscite le domande che aspettavo. /《口頭試験》 Agli esami mi hanno fatto le domande che mi aspettavo. ¶私の予想どおり2人は結婚した. Come avevo previsto, quei due si sono sposati. ¶結果は予想以上[以下]であった. I risultati sono andati oltre le previsioni [sono stati inferiori a quanto previsto]. ¶予想して30分早く家を出た. Sono uscito trenta minuti prima sapendo che ci sarebbe stata un mucchio di gente.
❖予想外 ◇予想外の imprevisto ¶今年は予想外の収穫を得た. Abbiamo avuto un raccolto migliore「di quanto ci si aspettasse [delle previsioni].
予想屋 《競馬などの》 venditore㊚ [㊛ -trice] di pronostici sulle corse
予想利益 profitto previsto

よそう 装う ¶ご飯を少なめに[いっぱい]よそう mettere poco riso nella ciotola [riempire la ciotola di riso] ¶サラダをお客一人一人によそう servire l'insalata a ciascuno degli ospiti

よそおい 装い **1**《服 装》 abbigliamento㊚, abito㊚ ¶もう夏の装いをしている. Indossa già un abito estivo. / Porta già abiti estivi. ¶彼女は装いを凝らして出かけた. È uscita di casa vestita con estrema [particolare] cura.
2《様子》 aspetto㊚ ¶野山はすっかり春の装いである. I monti e le pianure hanno assunto l'aspetto primaverile. ¶経営者が替わり装いも新たに開店した. La gestione è cambiata ed il negozio, ristrutturato, è stato riaperto.

よそおう 装う **1**《着る》 vestirsi, abbigliarsi ¶上品に装う vestirsi con gusto
2《偽って振りをする》 fingere [simulare] di+不定詞 [che+接続法], far finta di+不定詞 [che+接続法] ¶友人を装って maschera*to* da amico ¶すべて知っているように装っている. Fa mostra [finta] di saper tutto. ¶彼は金銭に対する無関心を装っている. Affetta indifferenza al denaro. ¶まじめを装って何人もの人をだましていた. Comportandosi come se fosse un uomo onesto, ha ingannato parecchie persone.

よそく 予測 previsione㊛, pronostico㊚《複 -ci》 ◇予測する prevedere [pronosticare] *ql.co*. [che+直説法]; predire *ql.co*. [che+直説法]; proiettare *ql.co*.; stimare *ql.co*., far la stima di *ql.co*., valutare [calcolare] *ql.co*. ¶予測を誤る sbagliare nel fare pronostici [previsioni / valutazioni] ¶情勢の発展は予測がつけにくい. Gli sviluppi della situazione sono 「improvvisabili [difficilmente prevedibili]. ¶地下鉄工事完成まであと3年かかると予測される. Si prevede che vorranno ancora tre anni per portare a termine i lavori della metropolitana.

よそごと よそ事 ¶それはよそ事だ. Non è affar mio. / Non mi riguarda. / Non c'entro. ¶それはよそ事とは思えない. Sento questa cosa come mia. / Questa cosa riguarda anche me. ¶私にとってよそ事どころじゃない.《大事, 心配》 Mi sta a cuore.

よそながら →陰ながら

よそみ よそ見 ¶よそ見をする guardare da un'altra parte / distogliere lo sguardo da ql.co. [qlcu.] / 《注意を怠る》distrarsi ¶私がよそ見をしている間に旅行かばんがなくなっていた. La mia valigia è scomparsa mentre guardavo da un'altra parte. ¶よそ見をしないで運転しなさい. Devi guidare l'automobile senza distogliere lo sguardo dalla strada.

よそめ よそ目 ¶彼らはよそ目には幸せそうに見える. Agli altri sembrano [appaiono] felici. ¶よそ目にも彼の苦労がわかる. Lo capirebbe chiunque quanto è dura per lui.

よそもの よそ者 **1**《よその土地から来た者》straniero男 [女 -a], forestiero男 [女 -a] ¶よそ者はひと目でわかる. Si possono distinguere gli stranieri a prima vista. **2**《仲間でないもの》estraneo男 [女 -a] ¶よそ者扱いされた. Sono stato trattato come un estraneo.

よそゆき よそ行き **1**《晴れ着》abito男「da cerimonia [da festa / di gala]; 《外出着》vestito男 per uscire [della domenica] ¶よそ行きを着てめかしこんでいた. Portava un vestito elegante. / Si vestiva elegantemente. **2**《態度や言葉が改まること》¶よそゆきの言葉を使う usare espressioni formali

よそよそしい 《冷淡な》freddo; 《超然とした》distaccato; 《無関心な》indifferente ¶よそよそしく freddamente; con distacco; con indifferenza ◇よそよそしくする trattare qlcu. freddamente ¶あの件以来, 彼女はよそよそしくなった. Dopo quella faccenda è diventata molto fredda con me.

よぞら 夜空 cielo男 notturno [della sera] ¶天の川が夜空にかかっていた. La Via Lattea era appesa nel cielo notturno.

よたいりつ 預貸率 《金融》rapporto男 depositi-prestiti

よたか 夜鷹 《鳥》succiacapre男[無変]

よたく 預託 ◇預託する depositare ql.co. in un istituto di credito, mettere il denaro in deposito

♣**預託金** denaro男 in deposito, deposito男

よだつ ¶恐怖に身の毛がよだった. Per la paura mi si sono rizzati i capelli [《鳥肌になる》mi è venuta la pelle d'oca].

よたもの 与太者 teppista男[複 -i]; 《ちんぴら》lazzarone男

よたよた ◇よたよたする《老人・病人が》essere malfermo [non essere fermo] sulle gambe; vacillare自[av], barcollare自[av] ¶あちらから老人がよたよたと歩いて来る. Sta arrivando un anziano dal passo malfermo.

よだれ 涎 saliva女, bava女 ¶赤ん坊がよだれを垂らしている. Il bambino sbava. 慣用 **よだれが出る**《食べ物について》appetitoso ¶においをかいだだけでよだれが出る. Il buon profumo mi fa venire l'acquolina in bocca. ¶よだれが出るようなうらやましい品だ. È una cosa da far venire la bava alla bocca. **よだれを垂らす** ¶これは収集家が見たらよだれを垂らす品だ. È un oggetto che fa venire invidia a tutti i collezionisti.

♣**よだれ掛け** bavaglino男, bavetta女

よだん 予断 ¶両国の和平交渉がどうなるか予断を許さない. Non si può prevedere come si svolgeranno i negoziati per la pace fra i due paesi.

よだん 余談 digressione女 ¶余談ながらエピソードを1つお話ししたい. Per inciso [Tra parentesi / Apro una parentesi,] vorrei raccontarvi un episodio. ¶余談はさておき本筋に入ろう. Tralasciamo le digressioni e torniamo al nostro argomento. ¶彼の話は余談が多い. Va spesso fuori tema.

よち 予知 pronostico男 [複 -ci], previsione女 ◇予知する fare una previsione, prevedere, pronosticare ¶地震を予知する prevedere un terremoto ¶予言者は予知能力がある. I profeti hanno la capacità [il potere] di predire il futuro.

よち 余地 spazio男 [複 -i] in più [avanzato] ¶うちの敷地にはもう1軒家を建てるだけの余地がある. Nel nostro terreno c'è ancora spazio sufficiente per costruire un'altra casa. ¶会場は立錐(スイ)の余地もなかった. La sala era piena zeppa [era stracolma]. ¶この企画には君が活躍する余地が十分ある. Questo progetto ti lascia un sufficiente spazio per svolgere un ruolo attivo. ¶改善の余地がある. Ci sono ancora spazi per un miglioramento. ¶まだ交渉の余地がある. Ci sono ancora margini di [per la] trattativa. ¶彼がこの分野の権威であることは疑う余地がない. Non c'è dubbio che lui sia [È senz'altro / È senza dubbio] un'autorità in questo settore. ¶この誤りは弁解の余地がない. Questo errore「non è giustificabile [è ingiustificabile / è inammissibile].

よちょきん 預貯金 depositi男[複] e risparmi男[複]

よちよち ¶よちよち歩く《病人・老人が》camminare自 con [a] passi malfermi ¶よちよち歩きの赤ちゃん bambino男 [複 -a] ai primi passi

よつ 四つ 《数》quattro男 慣用 **四つに組む** (1)《相撲で》afferrarsi a vicenda la cintura con ambedue le mani (2)《真剣に取り組む》¶彼は最近公害問題に四つに組んでいる. In questi ultimi anni affronta il problema dell'inquinamento con il massimo impegno.

よつあし 四つ足 **1**《4本の足》¶四つ足のテーブル tavolo con quattro piedi **2**《けもの》animale男; bestia女

よつおり 四つ折り ◇四つ折りの piegato in quattro ¶四つ折りにする piegare ql.co. in quattro

よっか 四日 《月の4日目》il quattro del mese; 《4日間》quattro giorni男[複]

よつかど 四つ角 incrocio男 [複 -ci], crocicchio男 [複 -chi] ◇四つ角で all'incrocio, al crocevia ¶次の四つ角を右へ曲がってください. Giri [Volti] a destra al prossimo incrocio.

よつぎ 世継ぎ erede男, successore男 [女 succeditrice]

よっきゅう 欲求 desiderio男 [複 -i], voglia女 ¶欲求を抑える reprimere un desiderio ¶欲求を満たす soddisfare [appagare] un desiderio ¶性的欲求 desiderio [appetito] sessuale [carnale] ¶生理的欲求 bisogni fisiologici ¶知的欲求

sete di conoscenza

❖欲求不満 frustrazione⓪ ¶欲求不満になる essere frustrat*o* [insoddisfatt*o*] ¶彼は欲求不満に陥っている．È in uno stato di perenne insoddisfazione.

よつぎり 四つ切り **1**《4つに切ること》¶トマトを四つ切りにする tagliare un pomodoro in quattro **2**《写真の》(foto⓪ [無変] di) f*o*glio⓪ [複 -gli]「in quarto [formato 25,5 × 30,5 cm (読み方: ventic*i*nque v*i*rgola c*i*nque per trenta v*i*rgola c*i*nque cent*i*metri)]

よつご 四つ子 quattro gemelli⓪ [複];《4人とも女児の場合》quattro gemelle⓪ [複]

よっつ 四つ quattro;《4歳》quattro anni ⓪ [複] ¶四つの子 bamb*i*no⓪ [⓪ -*a*] di quattro anni

よって 因って 《故に》quindi, di conseguenza, così, in tal modo ¶よって被告人は無罪．Dichiariamo di conseguenza l'accus*a*to innocente.

よつであみ 四つ手網 bilan*cia*⓪ [複 -*ce*]

ヨット [英 yacht]《レジャー用》barca a vela;《英》yacht [jot]⓪ [無変];《大型の》panfilo ⓪;《スポーツ用船舶》imbarcazione⓪ da diporto;《競技用》p*a*nfilo⓪ [yacht⓪ [無変]] da regata ¶ヨットを走らせる veleggiare⓪ [*av*] / viaggiare su p*a*nfilo ¶ヨットを操る condurre un panfilo a vela ¶外海用ヨット panfilo d'altomare ¶補助エンジン付きヨット panfilo dotato di motore aus*i*liario

❖ヨットクラブ[英] yacht club⓪ [無変]; c*i*rcolo ⓪ n*a*utico [複 -*ci*]

ヨットパーカー giaccon*e*⓪ incerato

ヨットハーバー porto⓪ per imbarcazioni di diporto

ヨットレース regata⓪ a vela

よっぱらい 酔っ払い 《状態》ubriachezza⓪;《酔っている人》ubria*co*⓪ [⓪ -*ca*; ⓪複 -*chi*];《飲んだくれ》ubriacon*e*⓪ [⓪ -*a*]

❖酔っ払い運転 ¶酔っ払い運転をする guidare l'automobile sotto l'effetto dell'alcol

よっぱらう 酔っ払う ubriacarsi, şbronzarsi ¶ぐでんぐでんに酔っ払う pr*e*ndersi una bella şbronza /《状態》essere ubria*co* [⓪複 -*chi*] frad*i*cio [⓪複 -*ci*;⓪複 -*ce*, -*cie*]

よっぽど 余っ程 → 余程

よつゆ 夜露 rugiada⓪ della sera ¶夜露にあたる essere espost*o* alla rugiada della sera ¶夜露にぬれて coperto di [bagnato dalla] rugiada della sera

よづり 夜釣り ¶夜釣りに行く andare a pescare di notte

よつんばい 四つん這い ◇四つんばいで carponi ¶四つんばいで行く《人が》camminare carponi

よてい 予定 《計画》programm*a*⓪ [複 -*i*], progetto⓪ ◇予定する《計画する》programmare [progettare] *ql.co.*, fare un programma di *ql.co.*, avere in programma *ql.co.*;《予想する》prevedere *ql.co.*, aspettarsi *ql.co.* [che + 接続法]

¶予定の行動 azione programmata ¶来週の予定 programma per la pr*o*ssima settimana ¶列車は予定より20分遅く［早く］到着した．Il treno è arrivato con un ritardo [un anticipo] di ven-

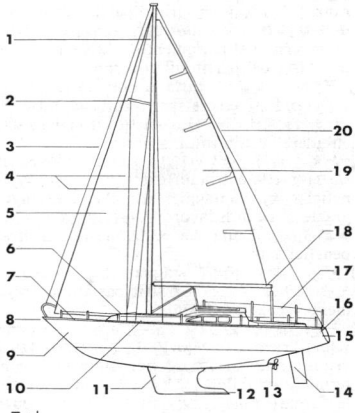

ヨット

1 マスト albero⓪. **2** スプレッダー crocetta⓪. **3** フォアステイ strallo⓪ di trinchetto. **4** シュラウド sartia⓪. **5** ジブ fiocco⓪. **6** ハッチ boccaporto. **7** デッキ ponte⓪, coperta⓪. **8** 船首, バウ prora⓪, prua⓪. **9** 船体 scafo⓪. **10** キャビン cabina⓪. **11** フィンキール chiglia⓪ di deriva. **12** バラスト zavorra⓪. **13** プロペラ elica ⓪. **14** 舵 timone⓪. **15** 船尾, スターン poppa ⓪. **16** トランザム specchio⓪ di poppa. **17** ライフライン cima⓪ di salvataggio. **18** ブーム boma⓪ [無変]. **19** メインスル randa⓪. **20** バックステイ paterazzo⓪, sartia⓪ volante.

ti minuti. ¶予定を変える cambiare programma ¶5時の列車で東京に帰る予定です．Ho in programma di tornare a Tokyo col treno delle cinque. ¶船は予定の時間どおり港を出た．La nave ha lasciato il porto all'ora stabilita. ¶会は土曜の晩に予定されている．L'incontro è in programma per s*a*bato sera. ¶君の明日の予定は．Che programmi hai per domani? / Domani che fai? ¶仕事は予定どおり進んでいます．Il lavoro procede come previsto. ¶予定した講師は都合で来られなくなった．Il relatore che attendevamo, per un contrattempo non è potuto venire. ¶列車は8時着の予定だ．Secondo l'orario il treno dovrebbe arrivare alle otto. ¶予定よりも出席者が多かった．I partecipanti erano più numerosi di quanto fissato.

❖予定外 ◇予定外の imprevisto ¶彼が来たのは予定外だった．Non mi aspettavo [Non pensavo / Non prevedevo] che egli venisse.

予定説《キリ》(teoria⓪ della) predestinazione⓪

予定調和《哲》armon*i*a⓪ prestabilita

予定納税 pagamento⓪ anticipato delle imposte

予定日 ¶出産予定日 giorno previsto per il parto

予定表 programma⓪

よど 四度《音》quarta⓪

よとう 与党 partito⒨ di governo [di maggioranza] ¶与党第一党 primo partito di governo ✤与党議員 sosten*itore*⒨ [⒢ -*trice*] del partito di governo ne paio di parlamentari⒨ [複] (総称) parlamentari⒨ [複] del partito di governo

よどおし 夜通し tutta la notte ¶夜通しやっている《店などが》essere aper*to* tutta la notte ¶夜通し寝ずに看病した。Ho assistito il malato senza chiudere occhio tutta la notte.

よとく 《余分の利益》guadagno⒨ [benefi*cio*⒨ [複] -*ci*] / entrata⒡ extra [無変]; 《役得》benefici⒨ [複] [vantaggi⒨ [複]] che si ottengono grazie al tipo di lavoro ¶彼の地位ではいろいろ余得がある。Dalla sua posizione ricava diversi benefici extra.

よどみ 淀み・澱み stagnazione⒡, ristagno⒨ ¶彼はよどみなくしゃべった。Ha parlato scorrevolmente [senza esitazioni].

よどむ 淀む・澱む 1 《水・空気などが》stagnare ⒤ [*av*], ristagnare ⒤ [*av*]; 《ごみなどが沈澱する》depositarsi; 《動かない》non muoversi, essere ferm*o* [immobile] ¶よどんだ空気 aria stagnante [ferma] ¶川底によどんでいる泥 fango depositato sul (fondo del) letto del fiume
2 《活気がなくなる》¶よどんだ目 occhi privi di vita, sguardo vuoto [vacuo]
3 《滞る》¶恐怖のために言葉がよどんだ。Non mi uscivano le parole di bocca per la paura.

よなおし 世直し riforme⒡ [複] sociali e politiche
✤世直し一揆(いっき) insurrezione⒡ [rivolta⒡] per estirpare le ingiustizie (di questo mondo) (◆in particolare dal tramonto del periodo Edo agli inizi dell'era Meiji)

よなか 夜中 《夜更け》notte⒡ fonda [alta]; 《1, 2時》mezzanotte⒡ ¶彼は毎晩夜中まで本を読んでいる。Tutte le sere legge fino a notte inoltrata. ¶夜中に目が覚めた。Mi sono svegliato in piena notte.

よなが 夜長 ¶秋の夜長 lunga notte autunnale

よなき 夜泣き ¶この子の夜泣きをする。Il bambino piange di notte. ¶この子の夜泣きは生後6ヶ月からしばらく続いた。Le crisi di pianto notturno di questo bambino sono iniziate a sei mesi e sono durate per un po'.

よなきそば 夜鳴き蕎麦 《売る人》vend*itore*⒨ [⒢ -*trice*] ◆夜鳴き蕎麦 ambulante notturno di *soba*

よなべ 夜なべ ¶夜なべする lavorare di notte

よなよな 夜な夜な ¶彼は夜な夜な酒場に通った。Frequentava i locali notturni「notte dopo notte [tutte le notti].

よなれる 世慣れる ¶世慣れた人 uomo di mondo ¶彼は世慣れている。Conosce bene la vita. / Ha esperienza del mondo. ¶世慣れない innocente / ingenuo / privo di esperienza

よにげ 夜逃げ fuga⒡ notturna ¶一家は家賃を払わずに夜逃げした。Quella famiglia「è fuggita [se n'è andata] nottetempo senza pagare l'affitto.

よにも 世にも 《極めて》¶世にもまれな事件だった。Si trattava di un caso rarissimo [alquanto raro].

よにんぐみ 4人組 quartetto⒨

よねつ 予熱 riscaldamento⒨ ¶オーブンを170度で予熱する riscaldare il forno a centosettanta gradi

よねつ 余熱 ¶余熱でハンカチにアイロンをかけた。Ho stirato un paio di fazzoletti con il calore residuo del ferro da stiro.

よねん 余念 ¶…に余念がない essere assorto in *ql.co.* [in +不定詞] ¶彼は研究に余念がない。È completamente「dedito agli [intento negli] studi. ¶老人は盆栽の手入れに余念がなかった。Il vecchio era tutto assorbito [preso] dalla cura dei *bonsai*.

よのなか 世の中 **1** 《世間》mondo⒨, società⒡ ¶世の中に出る 《出世する》farsi strada ¶学校を途中でやめて世の中に出た。Ho lasciato gli studi a metà e ho cominciato a lavorare. ¶つくづく世の中がいやになった。Ormai la vita mi annoia.
2 《時勢》tempo⒨; 《時代》epoca⒡ ¶ひどい世の中になった。Ma in che mondo orribile viviamo! ¶今は家柄などを問題にする世の中じゃない。Oggi non è più il tempo in cui si guarda alla posizione sociale di una famiglia.

よは 余波 conseguenza⒡, 《影響》contraccolpo⒨, ripercussione⒡; effetto⒨ secondar*io* [複 -*i*] ¶余波で di [come] conseguenza / (とばっちりで) di contraccolpo ¶台風の余波で come conseguenza del tifone

よばい 夜這い visita⒡ furtiva notturna (ad una donna) ¶夜這いをする andare a trovare di nascosto una donna di notte

よはく 余白 《白い部分》spaz*io*⒨ [複 -*i*] in bianco; 《欄外の》margine⒨ ¶余白に書く scrivere *ql.co.* in margine ¶余白を残す lasciare del margine ¶余白を埋める riempire lo spazio [le parti] in bianco ¶もう余白がない。Non c'è più spazio.

よばわり 呼ばわり ◊…呼ばわりする dare del… ¶泥棒呼ばわりしないでくれ。Non chiamarmi [darmi del] ladro!

よばん 夜番 guardia⒡ notturna; 《夜の当番》turno⒨ notturno [di notte] ¶夜番をする fare la guardia notturna

よび 予備 riserva⒡, scorta⒡ ◊ 予備の di scorta, (とっておきの) riservat*o*, (準備的段階の) preliminare ¶予備の食糧 viveri di riserva / approvvigionamento di viveri ¶予備のタイヤ ruota di scorta ¶予備の部品 pezzi di ricambio ¶予備にとっておく conservare *ql.co.* come riserva
✤予備役将校 ufficiale⒨ della riserva [di complemento]
予備金 fondo⒨ di riserva
予備軍 riserva⒡
予備校 corso⒨ [scuola⒡] di preparazione agli esami d'ammissione all'università
予備工作 lavori⒨ [複] preliminari; 《犯罪の》fase⒡ preparatoria di un crimine
予備交渉 trattative⒡ [複] [negoziati⒨ [複]] preliminari ¶予備交渉をする trattare preliminarmente / fare trattative preliminari
予備試験 esame⒨ preliminare
予備選挙 elezione⒡ preliminare
予備知識 conoscenza⒡ di fondo [di base] ¶予備知識をもつ informarsi anticipatamente「di

よびあげる 予備費 fondo *m* di riserva
よびあげる 呼び上げる ¶先生は学生たちの名を呼びあげた. Il professore ha fatto l'appello.
よびあつめる 呼び集める 《呼んで集める》chiamare;《集合させる》convocare, radunare
よびいれる 呼び入れる ¶部屋へ呼び入れる chiamare [fare entrare] *qlcu.* in una stanza
よびおこす 呼び起こす ¶その知らせを受けて，すぐ父を呼び起こした. Ricevuta la notizia, ho svegliato subito mio padre. ¶〈人〉の記憶を呼び起こす ricordare *ql.co.* a *qlcu.* / richiamare [riportare] alla mente [memoria] *ql.co.* a *qlcu.* ¶その運動は大衆の共感を呼び起こした. Questa campagna ha avuto [raccolto] la simpatia delle masse.
よびかけ 呼び掛け 《誘い》invito *m*;《訴え》appello *m* ¶呼びかけに応えて a richiesta di *qlcu.*
よびかける 呼び掛ける **1**《声をかける 呼ぶ》chiamare *qlcu.*;《話しかける》parlare a *qlcu.*;《あいさつする》salutare *qlcu.* ¶通りで昔の友人に呼びかけられた. Per la strada mi sono sentito chiamare da un vecchio amico.
2《訴える》invocare *ql.co.*, appellarsi a *qlcu.* ¶最近テレビでも禁煙を呼びかけている. In questi ultimi tempi anche la televisione lancia appelli contro il fumo. ¶政府は労働者にストライキの中止を呼びかけた. Il Governo ha rivolto agli operai un appello per sospendere lo sciopero.
よびかわす 呼び交わす 《呼び合う》chiamarsi l'un l'altro
よびこ 呼び子 fischietto *m*
よびごえ 呼び声 (grido *m* di) richiamo *m* ¶野性の呼び声 richiamo della foresta
〖慣〗呼び声が高い ¶彼は次期の党総裁として呼び声が高い. Si parla di lui come del prossimo presidente del partito.
よびこみ 呼び込み《人》imbonit*ore m* [⊛ -*trice*];《行為》imbonimento *m*
よびこむ 呼び込む ¶客を呼び込む chiamare i clienti incitandoli
よびさます 呼び覚ます 《目を覚まさせる》svegliare *qlcu.*;《思い出などをよみがえらせる》evocare *ql.co.*
よびすて 呼び捨て ¶〈人〉を呼び捨てにする chiamare *qlcu.* per nome o per cognome senza usare titoli onorifici o vezzeggiativi
よびだし 呼び出し《召喚》citazione⊛, convocazione⊛ ¶警察から月曜日に来るようにとの呼び出しを受けた. Sono stato convocato dalla polizia per lunedì.
♣呼び出し音 suono *m* di chiamata
呼び出し状 mandato *m* di comparizione, intimazione⊛ a comparire
よびだす 呼び出す 《呼んで来させる》far venire *qlcu.*;《電話に》chiamare *qlcu.* al telefono;《召喚する》citare [convocare] *qlcu.* ¶欠席の多い生徒を呼び出して注意を与えた. Ho chiamato e ammonito gli alunni che avevano fatto molte assenze. ¶彼は裁判所に証人として呼び出された. È stato citato in tribunale come testimone.
よびたてる 呼び立てる far venire *qlcu.* ¶こんな時刻にお呼び立てして申し訳ありません. Le chiedo scusa per averla fatta venire a quest'ora.
よびつける 呼び付ける **1**《呼んで来させる》far venire *qlcu.* ¶彼は部下を呼びつけてしかった. Ha rimproverato il suo subordinato facendolo venire nel suo ufficio. **2**《呼び慣れる》¶呼びつけた名 nome familiare
よびとめる 呼び止める intimare [dare] l'alt a *qlcu.*, fermare *qlcu.* ¶通行中警官に呼び止められた. Lungo la strada sono stato fermato da un poliziotto.
よびな 呼び名 **1**《通称》soprannome *m* ¶彼女は「おちびちゃん」の呼び名で通っていた. Era chiamata con il soprannome di "piccolina". **2**《名称》denominazione⊛ ¶この魚にはいろいろな呼び名がある. Questo pesce「è chiamato con diversi nomi [ha diversi nomi].
よびね 呼び値 prezzo *m* [quotazione⊛] nominale ¶買い[売り]呼び値 quotazione nominale per acquisto [vendita]
よびみず 呼び水 **1**《ポンプの誘い水》ポンプに呼び水をさす adescare una pompa **2**《きっかけ》¶彼の質問が呼び水となって，活発な議論が展開された. Le sue domande hanno animato la [stimolato i partecipanti alla] discussione.
よびもどす 呼び戻す 《元のところへ戻らせる》richiamare indietro *qlcu.* ¶大使は本国に呼び戻された. L'ambasciatore è stato richiamato in patria. ¶《元の状態に返らせる》¶鐘の音に彼女は現実に呼び戻された. Il suono della campana l'ha richiamata alla realtà.
よびもの 呼び物 attrazione⊛ [numero *m*] principale ¶今月号の呼び物《雑誌などの》servizio speciale del numero di questo mese (di una rivista) ¶祭の呼び物 attrazione principale di una festa
よびや 呼び屋《興行師》impresario *m* [⊛ -*ia*; 複 -*i*], organizzatore *m* [⊛ -*trice*]
よびょう 余病《合併症》complicazione⊛;《稀》complicanza⊛ ¶風邪が余病を併発した. Un raffreddore ha provocato serie complicazioni.
よびよせる 呼び寄せる far avvicinare *qlcu.*;《召喚する》convocare [citare] *qlcu.* ¶父は子供たちを病床に呼び寄せた. Il padre ha chiamato i bambini al suo capezzale. ¶裁判官は証人を2人呼び寄せた. Il giudice ha citato in tribunale due testimoni.
よびりん 呼び鈴 campanello *m* ¶呼び鈴を押す[鳴らす] premere [suonare] un campanello
よぶ 呼ぶ **1**【注意・関心を引くために呼び掛ける】chiamare *qlcu.*;《大声で》gridare⊛ [*av*] a *qlcu.* ¶名前を呼ばれたので振り返った. Sentendomi chiamare per nome, mi sono voltato. ¶先生は生徒の名前を呼んで出欠をとる. Il maestro fa l'appello leggendo i cognomi degli alunni.
2【声を掛けて来てもらう】chiamare [richiamare] *qlcu.* ¶助けを呼ぶ声が聞こえた. Si è udita una voce che invocava aiuto. ¶すぐ医者を呼んでくれ. Chiamami subito un medico. ¶母を東京へ呼んで一緒に暮らそうと思っている. Ho intenzione di far venire mia madre a Tokyo e vivere con lei. ¶お呼びだそうですが, Mi ha fatto

chiamare? ¶裁判所に証人として呼ばれた. Sono stato citato in tribunale come testimone.
3【招待する】 invitare *qlcu*. ¶夕食に呼ぶ invitare *qlcu*. a cena ¶友人の結婚式に呼ばれた. Sono stato invitato al matrimonio di un mio amico.
4【「…と呼ぶ」の形で, 称する】 chiamare, denominare ¶そのころの建築様式はルネサンス様式と呼ばれている. Lo stile architettonico di questo periodo è chiamato rinascimentale. ¶昔, 東京は江戸と呼ばれていた. Anticamente Tokyo si chiamava Edo. ¶このあたりは下町と呼ばれる. Questo viene chiamato quartiere popolare.
5【引き起こす, 集める】 ¶この映画は観客の評判を呼んだ. Questo film ha avuto molto successo. ¶金曜に放映されているドラマが人気を呼んでいる. La serie televisiva del venerdì ha ottenuto un successone. ¶水不足が野菜の高値を呼んだ. La penuria d'acqua ha causato l'aumento del prezzo delle verdure. ¶塩は湿気を呼びやすい. Il sale assorbe l'umidità.

よふかし 夜更かし ¶夜更かしは体に悪い. Fare le ore piccole [Stare sveglio fino a notte inoltrata / Andare a letto molto tardi] rovina la salute.

よふけ 夜更け ¶夜更けに a notte inoltrata / nel cuore della notte ¶彼は夜更けまでか勉強している. Studia fino alle ore piccole [fino a notte inoltrata].

よぶん 余分 ◇ 余分な《余った分》eccedente, eccessivo, in eccesso; 《必要以外の》 superfluo, più del necessario ¶100万トンの米の余分が出た. Si è registrato un milione di tonnellate di riso in eccesso. ¶余分に in più del necessario ¶余分な金は持ち歩かない. Non porto con me denaro più del necessario.

よほう 予報 previsione⊛ ◇予報する prevedere *ql.co.* [che＋直説法] ¶天気予報 previsioni 「del tempo [meteorologiche] ¶長期予報 previsione a lungo termine ¶天気予報は当たった[外れた]. Le previsioni del tempo 「erano [non erano] esatte. ¶当分の間悪天候が続くという予報だ. Si prevede che il brutto tempo durerà per un po'.

よぼう 予防 prevenzione⊛; 《保護》 protezione⊛; 《注意》 cautela⊛ ◇予防する prevenire *ql.co.* ¶予防の preventivo ¶火災予防 prevenzione contro gli incendi ¶盗難予防の警報装置 soneria di allarme contro i furti
♣**予防医学** medicina⊛ preventiva
予防衛生 igiene⊛ preventiva
予防拘禁《法》carcerazione⊛ preventiva
予防策 misura⊛ preventiva
予防接種[注射] vaccinazione⊛ ¶予防接種をする vaccinare *qlcu.* ¶インフルエンザの予防接種を受ける farsi vaccinare contro l'influenza / assumere il vaccino antinfluenzale
予防接種証明書 certificato⊛ di vaccinazione
予防線 ¶予防線を張る stendere un cordone di sicurezza contro *ql.co.* / prendere precauzioni contro *ql.co.* ¶非難されないように予防線を張った. Si è premunito contro un eventuale rimprovero.
予防戦争 guerra⊛ preventiva
予防措置《医》profilassi⊛ [無変]
予防点検 controllo⊛ preventivo
予防保全[保守] manutenzione⊛ preventiva

よほど 余程 1《ずいぶん》 molto, considerevolmente, notevolmente ¶彼はよほどの天才にちがいない. È certamente un grande genio. ¶よほどのことがない限り, 明日その時間に行きます. Se non me lo impedirà qualche cosa di serio, domani verrò all'appuntamento. **2《もう少しで》** ¶よほど会社をやめようかと思った. Pensavo quasi di dare le dimissioni dalla ditta.

よぼよぼ ¶よぼよぼの老人 vecchio decrepito ¶彼はよぼよぼと歩いていった. Passava via barcollando.

よまいごと 世迷言 lamento⊛, lagnanza⊛, lamentela⊛ ¶彼はいつも何だかんだ世まいごとを並べている. Brontola sempre per una cosa o l'altra.

よませる 読ませる《読むように仕向ける》 ¶この小説はなかなか読ませる. Questo romanzo si fa leggere [si legge] che è un piacere.

よまつり 夜祭り festa⊛ notturna

よまわり 夜回り《夜の警戒をすること・人》guardia⊛ notturna ¶夜回り(を)する fare la guardia notturna

よみ 読み 1《読むこと》 lettura⊛ ¶読み書きそろばんを習う imparare a leggere, scrivere e far di conto ¶漢字の試験で読みを間違えた. All'esame di ideogrammi ho sbagliato qualche lettura. **2《判断》** ¶読みの深い人 persona perspicace [lungimirante / di profondo intuito] ¶読みが浅い(人が主語) dedurre solo le cose più ovvie / non penetrare a fondo ¶票の読みを誤る sbagliare la valutazione [il calcolo / le previsioni] dei voti

よみあげる 読み上げる 1《声を出して》leggere ad alta voce *ql.co.* ¶名簿を読み上げる《出欠をとる》fare l'appello 2《読み終える》finire di leggere *ql.co.*

よみあやまり 読み誤り 1《読み違え》lettura⊛ errata [inesatta]; 《発音の》pronuncia⊛ [複 *-ce*] errata [sbagliata] 2《判断の》giudizio⊛ [複 *-i*] sbagliato; 《解釈の》interpretazione⊛ sbagliata

よみあやまる 読み誤る 1《読み間違える》leggere in modo sbagliato; 《発音を》pronunciare in modo sbagliato 2《判断の》sbagliare nel giudizio ¶情勢を読み誤った. Non ho letto bene la situazione.

よみあわせ 読み合わせ 1《照合》confronto⊛ ¶学生たちはノートの読み合わせをした. Gli studenti hanno confrontato i propri quaderni leggendoseli l'un l'altro. 2《脚本上演のけいこ》 ¶脚本の読み合わせを始める cominciare la lettura in gruppo del copione

よみおとす 読み落とす saltare inavvertitamente nella lettura ¶数行読み落とす saltare qualche rigo nel leggere

よみかえす 読み返す《何度も読む》leggere *ql.co.* ripetutamente; 《もう一度読む》rileggere *ql.co.* ¶母親は息子からの手紙を何度も読み返した.

La mamma ha letto e riletto più volte la lettera del figlio.
よみがえる 蘇る・甦る **1**《生き返る》ritornare㉓[*es*] alla vita;《元気を取り戻す》riprendersi ◇よみがえらせる riportare *qlcu*. alla vita;《仮死状態の人を》far risuscitare [risorgere] *qlcu*. ¶ 1杯のコーヒーですっかりよみがえった心地です. Mi sono ripreso completamente con una tazza di caffè. **2**《元どおりになる》ritornare「allo stato precedente [come prima] ¶あのころの楽しい思い出がよみがえった. I bei ricordi di quei tempi mi sono ritornati alla mente [alla memoria].
よみかき 読み書き ¶読み書きを習う imparare la lettura e la scrittura / imparare a leggere e scrivere ¶読み書きができない essere analfabeta / non sapere né leggere né scrivere ¶読み書きができない人 analfabet*a*㉓[㉓ *-i*]
よみかた 読み方 ¶漢字の読み方 lettura [pronuncia] di un ideogramma ¶読み方の練習をする esercitarsi a leggere a voce *ql.co*.
よみきかせる 読み聞かせる ¶毎晩おばあちゃんは子供に本を読み聞かせます. Ogni sera la nonna legge i libri ai bambini.
よみきり 読み切り ¶読み切りの短編 breve novella non divisa a puntate
よみきる 読み切る ¶昨夜『細雪』を読み切った. Ieri sera ho finito di leggere "Neve sottile".
よみくだす 読み下す **1**《始めから終わりまで読む》leggere *ql.co*.「fino alla fine [da cima a fondo] ¶彼は難解な文をなんとか読み下した. È riuscito a leggere un brano di difficile interpretazione. **2**《漢文を》leggere un testo classico cinese riordinando la posizione delle parole secondo il giapponese
よみごたえ 読み応え ¶これはなかなか読みごたえのある本だ.《内容が充実している》Questo libro è ricco di contenuti. /《価値がある》Vale proprio la pena di leggere questo libro.
よみこなす 読みこなす riuscire a leggere approfonditamente ¶彼なら『神曲』を原書で読みこなせるだろう. Lui potrebbe essere in grado di leggere la "Divina Commedia" in lingua originale.
よみこむ 詠み込む ¶この詩には人生のはかなさが詠み込まれている. Questo poema esprime la fugacità della vita.
よみこむ 読み込む **1**《徹底的に読む》leggere a fondo *ql.co*. **2**《コンピュータ》¶データを読み込む leggere i dati
よみさし 読みさし ¶彼は本を読みさしにして出かけた. È uscito di casa lasciando a metà la lettura del libro.
よみじ 黄泉路 strada㉓ per l'aldilà [l'altro mondo]
よみすすむ 読み進む ¶夢中になって読み進んだ. Completamente assorto, sono andato avanti nella lettura.
よみすて 読み捨て ¶この手紙はどうぞ読み捨てにしてください. Ignori, la prego, questa lettera.
よみせ 夜店 bancarella㉓ di sera
よみち 夜道 ¶夜道を行く camminare di notte ¶夜道を帰る fare di notte la strada di ritorno
よみつぐ 読み継ぐ ¶この作品は何世代にもわたって読み継がれている. La lettura di quest'opera è tramandata da una generazione all'altra.
よみて 読み手・詠み手 **1**《読む人》lett*ore*㉓ [㉓ *-trice*];《カルタを読み上げる人》lett*ore*㉓ [㉓ *-trice*] **2**《詩歌の作者》composit*ore*㉓ [㉓ *-trice*] di un poema, aut*ore*㉓ [㉓ *-trice*] di una poesia
よみで 読み出 ¶この本は読みでがある.《大部》Questo è un libro「voluminoso [《内容豊富》ricco di contenuti /《骨が折れる》difficile da leggere] ¶この週刊誌はまったく読みでがない. Questo settimanale è proprio privo di contenuti.
よみとりき 読み取り機 《コンピュータ》lettore㉓
よみとりヘッド 読み取りヘッド testina㉓ di lettura
よみとる 読み取る leggere *ql.co*. ¶《人》の心を読み取る leggere nel pensiero di *qlcu*. ¶情況を読み取る afferrare la situazione ¶意味を読み取る comprendere [capire] il significato di un brano
よみながす 読み流す **1**《すらすらと読む》leggere scorrevolmente [con grande facilità] **2**《ざっと読む》¶本を読み流す dare un'occhiata ad un libro / sfogliare distrattamente un libro
よみのくに 黄泉の国 terra㉓ dei morti, aldilà㉓[不変];《ギ神》Ade㉓, Aceronte㉓
よみびと 詠み人・読み人 aut*ore*㉓ [㉓ *-trice*] di una poesia
❖詠み人知らず autore ignoto [anonimo]
よみふける 読み耽る ¶時間も忘れて小説を読みふけっていた. Non mi rendevo conto del tempo che passava, tanto ero assorto nella lettura del romanzo.
よみふだ 読み札 carte㉓[複] che il dicitore legge nel gioco a carte delle poesie →カルタ
日本事典
よみもの 読み物 **1**《読むこと》lettura㉓ ¶読み物に熱中する essere assorto nella lettura **2**《書物》雑誌》《新聞, 雑誌》giornale㉓, stampa㉓ ¶高校生向けの読み物 lettura [libri] per liceali **3**《読みごたえのある文章》¶この本はなかなかの読み物だ. Questo libro vale la lettura.
よむ 詠む ¶和歌を詠む comporre un *waka*
よむ 読む **1**【書かれた文字・文を声に出して】leggere ad alta voce;《朗読する》recitare ¶あまり大きな声で読まないでくれ. Non leggere a voce troppo alta. ¶お経を読む recitare un sutra ¶母親は子供におとぎ話を読んで聞かせた. La mamma ha letto ad una favola [una fiaba] al figlio.
2【書かれた文字・文を目でたどって】leggere ¶どんな新聞を読んでいますか. Quale quotidiano legge? ¶何か読む物はありませんか. Non c'è qualcosa da leggere? ¶「学者」とは読んで字のごとく「学問をする人」という意味です. "Studioso" significa, come dice la parola, "uno che studia". ¶楽譜 [ガスのメーター] を読む leggere lo spartito [il contatore del gas] ¶暗号を読む decifrare un codice ¶手相を読む leggere la mano ¶世界各国の気温の変化はこのグラフで読める. Guardando questo grafico si possono conoscere le varia-

zioni di temperatura di ogni paese. ¶読みやすい字 calligrafia facilmente leggibile
3《推察する》capire, afferrare, intuire;《予想する》prevedere ¶顔色を読む leggere nel viso ¶行間を読む leggere fra le righe ¶票を読む prevedere il numero di voti ¶相手の手を読む prevedere le mosse dell'avversario ¶空気が読めない non afferrare le situazioni ¶彼の心が読めない. Non riesco ad afferrare il suo pensiero. ¶君の考えていることは顔色で読める. Ti si legge in viso quello che pensi. ¶彼は人の心を読むのがうまい. Sa leggere nelle intenzioni delle persone.

よめ 夜目 ¶その教会は夜目にもはっきり見えた. La chiesa si vedeva bene anche di sera.
|慣用| 夜目遠目笠の内 Le donne sembrano più belle quando si guardano da lontano, o nel buio, o quando portano il cappello.

よめ 嫁 《花嫁》sposa㊛;《妻》moglie㊛《複-gli》;《配偶者》coniuge㊛, consorte㊛;《息子の妻》nuora㊛ ⤳家系図 ¶長女を嫁にやった. Ho accasato la primogenita. ¶あの家では嫁と姑(しゅうとめ)の仲がいい. In quella famiglia suocera e nuora vanno d'accordo. ¶嫁いびりをする maltrattare la nuora / fare cattiverie alla nuora

よめい 余命 《余生》il resto㊚ della vita;《死ぬ少し前》gli ultimi giorni㊚《複》della vita ¶彼は余命いくばくもない. Ha ancora poco da vivere.

よめいり 嫁入り matrimonio㊚《複-i》¶姉は商家に嫁入りした. Mia sorella maggiore ha sposato un commerciante. ¶嫁入り前の娘がいます. Ho una figlia da maritare.
❖嫁入り仕度 preparativi㊚《複》del matrimonio
嫁入り道具 ¶嫁入り道具を調える acquistare il corredo nuziale [da sposa]

よもぎ 蓬 《植》assenzio㊚《複-i》selvatico《複-ci》;《学名》*Artemisia princeps* Pampanini

よもすがら 終夜 (per) tutta la notte

よもや neanche per sogno ⤳まさか

よもやまばなし 四方山話 ¶よもやま話をする parlare di questo e quello ¶よもやま話に花が咲いた. Ci siamo divertiti chiacchierando di varie cose [del più e del meno].

よやく 予約 **1**《ホテルなどの》prenotazione㊛ ◇予約する prenotare *ql.co.* ¶レストランを予約する prenotare il ristorante ¶予約を取り消す annullare [cancellare] una prenotazione ¶"予約席"《掲示》"Posto riservato [prenotato]" /《レストランの》"Tavolo riservato"
2《雑誌・新聞などの定期購読》abbonamento㊚《のa》;《商品などの》ordinazione㊛ anticipata ◇予約する abbonarsi a *ql.co.*; ordinare in anticipo *ql.co.*
3《面会・医者などの》appuntamento㊚ ◇予約する prendere [fissare] un appuntamento con *qlcu.* ¶診察には予約がいる. Per la visita è necessario prendere [fissare] un appuntamento.
❖予約金 caparra㊛
予約出版 edizione㊛ riservata agli abbonati
予約診療 visita㊛ (medica) su appuntamento
予約販売 vendita㊛ su prenotazione [ordinazione] ◇予約販売する vendere *ql.co.* su prenotazione [ordinazione]

よゆう 余裕 **1**《空間のゆとり》¶少しつめれば, もう1人座る余裕がある. Se vi stringete, c'è spazio per un'altra persona.
2《時間のゆとり》¶時間の余裕がある[ない]. C'è ancora [Non c'è più] tempo. ¶余裕を十分みて日程を決めよう. Decidiamo l'itinerario fissando i tempi con una certa larghezza.
3《金銭のゆとり》¶余裕のある生活をする condurre una vita agiata ¶金の余裕がない. Mi mancano i soldi. ¶海外旅行の余裕などない. Non posso permettermi di fare un viaggio all'estero.
4《気持ちのゆとり》¶心に余裕がある essere tranquillo / avere il cuore sereno ¶他人のことなど考えている余裕がない. Ho già tanti problemi per conto mio, per cui non posso pensare agli altri. ¶彼はいつも余裕しゃくしゃくだ. È sempre disinvolto [spigliato]. ¶余裕で勝つ vincere facilmente 《大差で》con un buon margine ¶"大丈夫なの"「余裕だね」"Sei sicuro che ce la fai?" "Sicurissimo."

よよと ¶よよと泣き崩れる scoppiare in pianto

より 寄り **1**《寄り集まること》¶その店は駅前にあるので客の寄りがいい. Siccome il negozio si trova vicino alla stazione, attrae molti clienti.
2《1か所にかたまったできもの》¶あせもの寄り eruzione cutanea causata da sudore
3《場所・側・方向などを表す語に付いて, そこに近いことを表す》¶駅の大学寄りの出口 uscita della stazione dal lato dell'università ¶東寄りの風 vento dell'est ¶右寄りの路線をとる optare per una linea di condotta destrorsa ¶その党はやや左寄りだ. Questo partito è piuttosto a sinistra. ¶私は校長寄りの意見をもっています. Io sono a favore dell'idea del preside.

より 縒り・撚り torsione㊛ ¶糸によりをかける torcere il filo ¶3本よりの綱 corda di tre fili intrecciati
|慣用| よりを戻す ¶2人はよりを戻した. I due si sono riconciliati. ¶彼らの関係が元に戻った. I rapporti fra quei due sono ritornati come prima.

より- ancora più ¶より正確に言えば più precisamente ¶より一層努力するつもりです. M'impegnerò ancora di più. ¶よりよい環境で子供を育てる allevare i bambini in un ambiente migliore

-より **1**【出発点, 基点】da, a partire da ¶国内線は羽田空港より出発する. I voli nazionali partono dall'aeroporto di Haneda. ¶当店は8月1日から8月15日まで休業いたします. Il nostro negozio rimarrà chiuso dal 1 (読み方: primo) al 15 agosto. ¶本日2時より会議を開きます. Il consiglio si apre oggi alle due.
2【比較の基準】rispetto a, in confronto a, più di, meno di ¶私は君より若い. Sono più giovane di te. ¶私はすしより天ぷらのほうが好きです. Al *sushi* preferisco il *tempura*. ¶これでもないよりはいい. Meglio questo di niente. ¶私が説明するより見たほうがよくわかると思います. Credo che capirete meglio guardando che attraverso la mia spiegazione. ¶彼女は女優というより歌手である. È più una cantante che un'attrice.
3【以外】all'infuori di, altro che ¶そうするよりほかに方法がない. Non posso fare altrimenti. ¶歩いて行くより仕方がない. Non ci rimane (altro) che andare a piedi.

よりあい 寄り合い riunione[女] ¶今晩寄り合いがある. Stasera ho una riunione.
✤**寄り合い所帯** 《統一のない人々の集まり》 gruppo[男] eterogeneo ¶この楽団は学生や勤め人などの寄り合い所帯だ. Questa banda muṣicale è un miscuglio di studenti, impiegati, ecc.

よりあつまり 寄り集まり 《会合》 riunione[女]; 《集合体》 gruppo[男]; 《群れ》 folla[女] ¶素人役者の寄り集まり gruppo di attori dilettanti

よりあつまる 寄り集まる radunarsi, raggrupparsi

よりあわせる 縒り合わせる・撚り合わせる torcere *ql.co.* ¶色とりどりの糸をより合わせてひもを作る attorcigliare [intrecciare] uno spago con fili di vario colore

よりかかる 寄り掛かる **1** 《もたれかかる》 appoggiarsi 《に a》, sorreggersi 《に su, a》 ¶彼は壁に寄りかかって本を読んでいた. Leggeva un libro stando appoggiato alla parete. **2** 《依存する》 dipendere 《に da》 ¶彼はまだ親に寄り掛かって生活している. Vive ancora a carico dei suoi genitori.

よりけり ◇…によりけりだ dipendere[自][*es*] da *ql.co.* [*qlcu.*] ¶それを買うか買わないかは値段によりけりだ. Comprarlo o meno dipende dal prezzo.

よりすがる 寄り縋る **1** 《すがりつく》 stringersi 《に a》 ¶娘は彼の肩に寄りすがって泣いた. La ragazza ha pianto sulla sua spalla. **2** 《頼みにする》 ¶君しか寄りすがる人がいないんだ. Tu sei l'unica persona (a) cui possa chiedere aiuto.

よりそう 寄り添う mettersi vicin*o* 《に a》; 《互いに》 avvicinarsi ¶夫婦は寄り添って歩いた. La coppia camminava fianco a fianco. ¶彼のそばにはいつも洋子が寄り添っていた. C'era sempre Yoko accanto a lui.

よりつき 寄り付き **1** 《株式市場で》 apertura[女]; 《寄り付き値段》 prezzo[男] [quotazione[女]] d'apertura ¶寄り付きで買う[売る] comprare [vendere] nella seduta d'apertura ¶寄り付き相場は800ドルだった. La Borsa ha aperto a 800 dollari. **2** 《料理屋などの》 atr*io*[男] [複 *-i*]

よりつく 寄り付く **1** 《そばへ寄る》 avvicinarsi 《に a》 ¶あの男は近ごろちっとも寄り付かない. In questi ultimi tempi non si fa vedere. ¶退職すると, 誰も彼に寄り付かなくなった. Da quando è andato in pensione, nessuno lo frequenta.
2 《株式市場で》 ¶A社が5円高で寄り付いた. Le azioni della ditta A sono salite di 5 yen nella prima seduta.

よりどころ 拠り所 **1** 《支え》 appogg*io*[男] [複 *-gi*], sostegno[男]; 《目標》 scopo[男]; 《生きがい》 ragione[女] d'essere ¶聖書は彼の生涯の拠り所であった. La Bibbia è stata il suo punto di appoggio per tutta la vita. ¶心の拠り所を失う perdere il sostegno spirituale / 《人生の目標を失う》 perdere lo scopo della vita [la ragione di vivere] **2** 《根拠》 baṣe[女]

よりどり 選り取り ¶「より取り1000円」《掲示》 "1.000 yen al pezzo" ¶このネクタイはより取り見取りで2本3000円です. Con tremila yen si possono scegliere [comprare a scelta] due cravatte.

よりによって 選りに選って ¶よりによって今日ストライキだとは. Che diṣastro! Scioperano proprio oggi.

よりぬき 選り抜き ◇より抜きの selezionato, scelto; 《第一級の》 di prima scelta ¶より抜きの品 il migliore articolo ¶より抜きの人材 le risorse umane migliori

よりぬく 選り抜く scegliere, selezionare

よりみち 寄り道 **1** 《ついでに立ち寄ること》 ◇寄り道する passare 《に da》 ¶寄り道しないで帰っていらっしゃい. Torna a casa senza fermarti da nessuna parte. ¶九州へ行く途中で広島に寄り道した. Andando nel Kyushu mi sono fermato [ho fatto una sosta] a Hiroshima.
2 《回り道》 ¶ちょっと寄り道してこの手紙を投函してもらえないか. Potresti passare a imbucarmi [impostarmi] questa lettera?

よりめ 寄り目 strabiṣmo[男] convergente
◇寄り目の strabic*o* [[男]複 *-ci*] convergente

よりょく 余力 《余っている力》 riserva[女] di forza [energia]; 《余った財力》 riserva[女] di denaro ¶余力を残しておく risparmiare le forze ¶彼にはまだもう一勝負する余力があるようだ. Sembra che abbia ancora abbastanza forza [energie] per fare un'altra partita.

よりわける 選り分ける classificare; 《分離》 separare ¶大きさ別にみかんをより分ける classificare i mandarini secondo la grandezza ¶不良品をより分ける scartare i prodotti difettosi

よる 夜

notte[女]; 《宵》 sera[女] ◇夜の notturno; serale ◇夜に di notte, durante la notte ¶暗い[星の出ている]夜 notte buia [stellata] ¶雨の夜 notte piovosa ¶夜になる. 《暗くなる》 Si fa sera. / Scende [Cala / Viene] la sera. ¶夜が更けると a notte fonda / a notte inoltrata / nel cuore della notte ¶8月16日の夜に la sera del 16 agosto ¶夜遅くまで fino a tarda notte ¶話し込んで夜を明かした. Abbiamo trascorso la notte parlando. ¶夜にならないうちに prima che faccia notte ¶夜が明ける. Spunta [Sorge] l'alba. ¶夜も昼も働く lavorare giorno e notte ¶この工場の機械は夜も昼も動いている. Le macchine di questa fabbrica funzionano 24 ore su 24. ¶列車は夜11時発です. È il treno delle ventitré.

よる 因る・由る・依る・拠る

1【従う, 応じる】 dipendere[自][*es*] da *ql.co.* [*qlcu.*] ◇…によって a seconda di *ql.co.* ¶法律の定めるところにより come previsto dalla legge ¶国によって異なる文化 cultura diversa da paeṣe a paeṣe ¶値段は重さによる. Il prezzo varia a seconda del peso. ¶それは場合による. Dipende (dai caṣi). / A seconda dei casi. ¶成否は君の努力いかんによる. Il tuo successo dipende dal tuo impegno. ¶彼は日によって態度が違う. Cambia atteggiamento di giorno in giorno. ¶人によって言うことが違う. I pareri cambiano da persona a persona. ¶時によっては, そこまで30分で行ける. Qualche volta ci si può arrivare in trenta minuti. ¶その番組は視聴者の要望により再放送された. Quel programma è stato replicato di nuovo su richiesta dei telespettatori. ¶建築様式は時代によって異なる. Lo stile architettonico varia a seconda delle epoche. ¶ご依頼によって伺いました. Sono venuto su sua richiesta.

2【基づく】 baṣarsi su *ql.co.*; stare a *ql.co.* ¶労働による所得 stipendio basato sulle ore lavorative ¶所得による税金 imposta sul reddito ¶新聞によると secondo i giornali ¶聞くところによると a quanto ho sentito / stando a quanto [quel che] si dice ¶この結論は実験の結果によったものである. Queste sono le conclusioni tratte dai [in baṣe ai] risultati sperimentali. ¶それは法律によって禁じられている. La legge lo proibisce [non lo consente]. ¶ある新聞の報道によるとイタリア語学習者は増加している. Stando a quanto riportato da un giornale, sta crescendo il numero di persone che studiano l'italiano.

3【起因する】 essere dovut*o* a *ql.co.* [*qlcu.*], essere cauṣat*o* da *ql.co.* [*qlcu.*] ◇…によって a cauṣa di *ql.co.* [*qlcu.*] ¶不注意により重傷を負った. Per diṣattenzione si è ferito gravemente. ¶戦争によって彼の一家は散り散りになった. A cauṣa della guerra la sua famiglia si diviṣe.

4【手段とする】 ◇…によって per mezzo di *ql.co.*, con *ql.co.* ¶音によって感情を表現する esprimere i sentimenti con i suoni ¶アルバイトによってなんとか暮らす campare con un lavoro part-time ¶話し合いによって問題を解決する risolvere una questione discutendone di persona ¶辞書によって言葉の意味を調べる cercare il significato delle parole sul vocabolario ¶縄ばしごによって脱出した. Sono fuggito con [uṣando] una scala di corda.

5【動作の主体となる】 ¶モーツァルトによる交響曲 sinfonia di [composta da] Mozart ¶この絵はヴェロッキオの工房によるとされている. Questa pittura è attribuita alla bottega del Verrocchio.

6【よりどころとする】 ¶私は信仰によらなければ生きてゆけなかったろう. Non sarei potuto vivere se non fossi stato sostenuto dalla fede. ¶この党のよって立つ基盤は労働者だ. Questo partito si fonda sugli operai.

よる 寄る **1**【近づく】 avvicinarsi a *qlcu.* [*ql.co.*] ¶彼はそばへ寄って来た. Si è avvicinato a me. ¶冬が忍び寄る. L'inverno si avvicina pian piano. ¶もう少し右に寄ってください. Spostatevi ancora un po' a destra. ¶自転車を避けようとわきに寄った. Mi sono fatto da parte per evitare la bicicletta. ¶駅から少し北へ寄ったところに郵便局がある. Poco più a nord della stazione c'è un ufficio postale. ¶彼は窓辺に寄って夕日を眺めていた. Guardava il tramonto appoggiato al davanzale.

2【集まる】 riunirsi, radunarsi ¶砂糖に蟻が寄って来る. Le formiche accorrono sullo zucchero. ¶彼らはストーブのそばに寄った. Si sono raccolti [radunati] davanti alla stufa. ¶３人寄れば文殊の知恵. 《諺》"Due teste sono meglio di una."

3【立ち寄る】 passare[自] [*es*] da *qlcu.*; fare un salto da *qlcu.*; 《船・飛行機が》 fare scalo a [in] *ql.co.* ¶学校の帰りに友だちの家に寄った. Al ritorno dalla scuola sono passato da un amico. ¶この船は途中方々の港に寄る. Questa nave fa molti scali.

4【重なり増える】 ¶笑うと目の下にしわが寄る. Quando ride, gli vengono le rughe sugli zigomi. ¶寄る年波には勝てない. Non si possono nascondere gli anni che passano. ¶しわの寄っている服を着ているのはみっともない. Non sta bene portare un abito tutto ṣgualcito.

[慣用] **寄ってたかって** ¶村人たちは寄ってたかって男にくってかかった. Tutti gli abitanti del villaggio se la sono presa con lui.

寄らば大樹の陰 Se vuoi essere protetto da qualcuno, che sia una persona influente.

寄ると触わると ¶寄ると触わると近所ではそのうわさでもちきりだ. Quando i vicini si incontrano, non fanno che parlare di questa vicenda.

よる 選る scegliere

よる 縒る・撚る ¶こよりをよる torcere della carta per fare uno spago ¶このロープは50本の糸をよったものだ. Questa corda è fatta con cinquanta fili attorcigliati.

よるひる 夜昼 ¶夜昼の別なく働く lavorare giorno e notte

よるべ 寄る辺 ¶私は寄る辺がない. Non ho nessun parente su cui contare.

よれよれ ◇よれよれの《すり切れて》consumato, logoro; 《しわくちゃで》ṣgualcito, sciupato ¶よれよれの服 abito logoro [consumato / ṣgualcito] ¶この布はすぐよれよれになる. Questa stoffa si ṣgualcisce facilmente.

よろい 鎧 armatura[女] ¶よろいかぶとに身を固める indossare un'armatura completa

✤**よろい武者** guerriero[男] in armatura

よろいど 鎧戸 persiana[女]; 《シャッター》 saracinesca[女] ¶よろい戸を開ける[閉める] aprire [chiudere] una persiana

よろける 《バランスをくずす》 perdere l'equilibrio; 《ふらつく》 vacillare[自] [*av*], barcollare[自] [*av*]; 《つまずく》 inciampare[自] [*es, av*] ¶石につまずいてよろけた. Ho barcollato inciampando in un sasso. ¶酒に酔ってよろけながら歩いて行った. Camminava vacillando [barcollando] sotto l'effetto dell'alcol.

よろこばしい 喜ばしい 《うれしい》 felice, piacevole; gradevole; 《満足すべき》 soddisfacente; 《よい》 buono ¶喜ばしい結果 risultato soddisfacente / buon risultato ¶喜ばしいこと avvenimento felice ¶喜ばしい傾向 tendenza poṣitiva ¶全員合格とは実に喜ばしいことだ. È「una cosa veramente bella [buona notizia] che tutti abbiano superato gli eṣami.

よろこばす 喜ばす 《うれしがらせる》 rallegrare, rendere felice *qlcu.* (►feliceは目的語の性・数に合わせて語尾変化する); 《満足させる》 accontentare, soddisfare; 《楽しませる》 far divertire ¶息子の言葉は父を喜ばせた. Le parole del figlio hanno soddisfatto il padre. ¶山の花が登山者の目を喜ばせてくれる. I fiori della montagna deliziano gli occhi degli escursionisti.

よろこび 喜び **1**《喜ぶこと》 gioia[女], piacere[男], allegria[女] ¶生の喜び la gioia di vivere ¶喜びのあまり泣く piangere di gioia ¶…することは喜びに堪えません. Sono veramente felice di＋[不定詞] ¶彼女の胸は喜びに躍っていた. Il suo cuo-

re batteva forte per la felicità. ¶学生たちの学習の進歩を見るのが私の喜びです。È un piacere per me vedere gli studenti fare progressi.
2《祝いごと・祝意》¶慶びの手紙 lettera di congratulazioni ¶同僚の結婚の慶びを述べるため電報を打った。Ho mandato un telegramma per congratularmi del matrimonio di un collega. ¶お隣の家にお慶びがあった。Nella casa del vicino c'era stato un lieto evento.

よろこぶ 喜ぶ **1**《うれしいと思う》essere felice《contento / soddisfatto》, provare gioia; rallegrarsi;《祝う》congratularsi ¶涙を流して[とび上がって]喜ぶ piangere [saltare] di gioia ¶子供はおもちゃをもらうと喜ぶ。I bambini sono felicissimi di ricevere giocattoli. ¶先生の全快を伺って学生一同大いに喜んでおります。Noi studenti siamo tutti felici della guarigione del professore. ¶ご結婚をお慶び申し上げます。《手紙・電報などで》Congratulazioni [Felicitazioni] per il vostro matrimonio.
2《気持ちよく受け入れる》¶「夕食にいらっしゃいませんか」「喜んで」"Può venire a cena da me?" "Volentieri [Con piacere]". ¶この新計画を喜ばない者もいる。Alcuni non sono contenti di questo nuovo piano. ¶同僚は我々の忠告をあまり喜んでいない様子だった。Sembra che il collega non abbia gradito il nostro consiglio.

よろしい 宜しい **1**《良好な》buono ¶どちらがよろしいですか。Qual è meglio? / Quale preferisce? ¶どちらでもよろしい。Tutti e due possono andare. ¶君がそんなことをするのはよろしくない。Non sta bene che tu faccia queste cose.
2《同意・許可を表わす》¶このタイプライターを使ってもよろしい。Puoi usare questa macchina da scrivere. ¶それでよろしい。Così va bene. ¶ここでタバコを吸ってもよろしいですか。Si può fumare qui? ¶よろしければ私の家に寄ってください。Non vorrebbe passare un momento da casa mia? ¶よろしいようになさってください。Faccia come le sembra meglio. ¶よろしい、僕が駅へ迎えに行ってあげよう。D'accordo, vado io a prenderlo alla stazione. ¶よろしい、我々はこの手段でいこう。Bene! Usiamo questo sistema.

よろしき 宜しき ¶教授の指導よろしきを得て grazie all'ottima guida del professore
よろしく 宜しく **1**《適当に, 具合よく》¶今ごろいいは彼女とよろしくやっているんだ。Suppongo che stia passando momenti felici con lei. ¶この件は君に任せるからよろしく処理してくれ。Mi raccomando, questa faccenda te l'affido a te.
2《あいさつの言葉》¶みなさんによろしくお伝えください。《丁寧な言い方》Porga i miei ossequi a tutti. /《くだけた言い方》Salutami tutti. ¶彼によろしく。Salutamelo. ¶奥さんによろしく。Salutami tua moglie. ¶父からよろしくとのことです。Mio padre la saluta. ¶野と申します。よろしく。Mi chiamo Yano. Piacere (di conoscerla).
3《依頼の言葉》¶娘をどうぞよろしく。Le raccomando mia figlia. ¶では、その件は君の考えでよろしく。Pensaci tu e trova la soluzione migliore. ¶ひとつここはよろしくお願いします。Le chiedo un occhio di riguardo su questa faccenda.

4《…のように》come (se fosse) qlcu. ¶彼は歌舞伎の役者よろしく見事な立ち回りを演じ切った。Fece un gesto esagerato come se fosse un attore del teatro kabuki.

よろず 万 ogni cosa㊐
✤**よろず屋**《雑貨屋》empor*io*㊚[複 -i];《なんでもひと通りやる人》tuttofare㊚[無変];〔ラ〕factotum㊚[無変]

よろめく 1《ふらっと倒れそうになる》vacillare㊀[av] **2**《浮気する》avere una relazione (amorosa) con qlcu.;《1, 2回の》avere una scappatella con qlcu.;《誘惑に負ける》cedere㊀[av] alla tentazione

よろよろ ◇よろよろする vacillare㊀[av] ¶老人はよろよろと立ち上がった。Il vecchio si è alzato malfermo sulle gambe.

よろん opinione㊛ pubblica ¶世論を喚起する sensibilizzare l'opinione pubblica ¶世論に訴える far appello all'opinione pubblica
✤**世論調査** sond*aggio*㊚[複 -gi] d'opinione ¶教育問題について世論調査を行う。Fanno un sondaggio d'opinione sui problemi scolastici.

よわい 齢 ¶よわい九十を重ねた。Ha compiuto ben novant'anni.

よわい 弱い **1**【体力がない】debole, fiacco《㊚-chi》;《虚弱な》delicato, fragile ¶胃が弱い avere lo stomaco delicato ¶目が弱い avere la vista debole / essere debole di vista ¶足が弱い avere le gambe deboli ¶彼女は体が弱い。La ragazza è cagionevole di salute. ¶うちの子は力が弱い。Mio figlio non è forte. ¶弱い者いじめする maltrattare i deboli
2【もろい】fragile ¶弱い土台 fondamenta㊐[複] fragili ¶弱い布地[紙] stoffa [carta] poco resistente ¶この建物は地震に弱い。Questo edificio「non resiste [è poco resistente] ai terremoti. ¶この辺は地盤が弱い。In questa zona il terreno「non è solido [cede facilmente]. ¶彼の主張は根拠が弱い。La sua affermazione non poggia su basi solide.
3【勢い・力が少ない】debole, leggero ◇弱く debolmente, leggermente ◇弱くなる indebolirsi ¶弱い風 vento leggero [debole] / venticello / brezza ¶弱い光 luce tenue [fioca] ¶この酒は弱い。Questo liquore è leggero. ¶弱い国[チーム] nazione [squadra] debole ¶意志の弱い男 uomo dal carattere debole ¶気が弱い essere debole di carattere ¶弱い立場にある人々 i deboli / gente di posizione svantaggiata ¶私は今、弱い立場にある。《不利な》Mi trovo in una posizione sfavorevole [poco vantaggiosa].
4【不得意だ】¶僕は数学に弱い。Sono debole [Non sono bravo] in matematica.
5【耐えられない, 苦手である】poco resistente ¶私は船に弱い。Soffro il mal di mare. ¶僕は酒に弱い。Non reggo l'alcol. ¶僕は暑さに弱い。Non sopporto il caldo. ¶僕は女に弱い(=断われない) Ho un debole per le donne. /《強い態度がとれない》È debole con le donne. /《苦手》Non ci sa fare con le donne. ¶君にそう言われると弱い。Mi tocchi in un punto debole.

よわき 弱気 **1**《気の弱さ》debolezza㊛;《小心, 臆病》timidezza㊛ ◇弱気な debole di carattere;《内気》timido ◇弱気になる intimidirsi; perdersi di coraggio;《悲観的になる》diventare pessimist*a* [[男] 複 *-i*];《躊躇する》esitare[自][*av*] a＋[不定詞];《落胆》scoraggiarsi ¶私は息子の弱気をしかった. Ho rimproverato mio figlio per la sua timidezza. ¶私はつい弱気になってしまう. Divento subito pessimista. / Tendo a scoraggiarmi subito. ¶一瞬弱気になった. È stato un attimo di debolezza.

2《株式市場で》tendenza[女] al ribasso ◇弱気の tendente [orientato] al ribasso

✤弱気市場 mercato[男] al ribasso

弱気筋 ribassist*a*[男][女][[男]複 *-i*]

よわき 弱き《弱い者》¶強きをくじき弱きを助ける abbattere il prepotente e aiutare l'oppresso

よわごし 弱腰《弱い態度》posizione[女] [atteggiamento[男]] debole ¶国民は政府の弱腰を非難した. Il popolo criticò la debole posizione [il debole atteggiamento] del governo.

よわさ 弱さ debolezza[女];《衰えきった弱さ》fiacchezza[女];《もろい弱さ》fragilità[女]

よわせる 酔わせる **1**《酒に》far ubriacare *qlcu*. **2**《うっとりとさせる》incantare [affascinare] *qlcu*. ¶彼女の美しい声が満場を酔わせた. La sua bella voce ha incantato tutto il pubblico.

よわたり 世渡り ¶世渡りの道を教える insegnare a *qlcu*. come vivere ¶世渡りがうまい sapere vivere [cavarsela] / saperci fare ¶危い世渡りをしている. Conduce una vita rischiosa.

よわね 弱音 ¶弱音を吐く《泣き言を言う》lamentarsi [lagnarsi / dolersi] di *ql.co.* /《臆病風を吹かす》mostrare la *propria* timidezza ¶弱音を吐くな. Non arrenderti! / Non scoraggiarti!

よわび 弱火 ¶弱火で煮込む cuocere *ql.co.* a fuoco basso [lento / moderato] ¶ガスを弱火にする abbassare il gas

よわまる 弱まる indebolirsi, affievolirsi ¶嵐も弱まってきた. Il temporale sta diminuendo [attenuandosi / calmandosi]. ¶体力が弱まる. Il corpo si sta indebolendo. ¶雨足が弱まった. La pioggia è calata di intensità.

よわみ 弱味 punto[男] debole, debolezza[女] ¶彼はこちらの弱みにつけ込んだ. Ha approfittato delle mie debolezze. ¶彼は決して弱みを見せない. Non mostra [rivela] mai la sua debolezza. ¶彼に弱みを握られている. Mi ha in pugno conoscendo bene i miei punti deboli.

よわむし 弱虫《臆病者》fifon*e*[男][[女] *-a*], codard*o*[男][[女] *-a*];《意志などの弱い人》persona[女] dal carattere debole ¶あいつはまったく弱虫だ. È proprio un cacasotto!

よわめる 弱める indebolire, affievolire ¶睡眠不足が彼の体を弱めた. La carenza di sonno ha indebolito la sua salute. ¶視力を弱める offuscare la vista ¶労働組合の力を弱める indebolire l'influenza del sindacato ¶ガスの火を弱める abbassare il gas ¶攻勢を弱める diminuire l'attacco di intensità

よわよわしい 弱弱しい《力のない》debole;《かすかな》fioc*o* [[男] 複 *-chi*], fievole;《虚弱な》fragile, delicato ¶弱々しい声で con voce fioca ¶あの少女は弱々しい体つきをしている. La ragazza ha una costituzione delicata.

よわりはてる 弱り果てる **1**《すっかり弱くなる》esaurirsi, ridursi allo stremo delle forze ¶難民たちは流浪と栄養不良で弱り果てている. I profughi sono esausti per il vagabondaggio e la denutrizione.

2《非常に困る》non sapere più cosa fare;《悩む》essere seccat*o* [infastidit*o* / importunat*o* / disturbat*o*];《うんざりする》essersi stufat*o* [essere stuf*o*] di *ql.co.* [*qlcu.*], non poterne più ¶工事の音がうるさくて弱り果てている. Il baccano dei lavori in corso mi sta esaurendo. ¶校内の暴力問題には弱り果てている. Non sappiamo più che fare con il problema della violenza a scuola.

よわりめにたたりめ 弱り目に祟り目 "La sfortuna colpisce sempre i più deboli." ¶旅行中, 風邪をひいたり, パスポートを無くしたりで, 弱り目にたたり目だった. Durante il viaggio ho avuto una sfortuna dopo l'altra: ho preso il raffreddore e ho perso il passaporto.

よわる 弱る **1**《弱くなる》indebolirsi, affievolirsi ¶ひどい暑さのため体が弱る indebolirsi per il caldo eccessivo ¶私は脚力が弱ってきた. Mi si sono indebolite le gambe.

2《困る》rimanere imbarazzat*o* [perpless*o*]; trovarsi in difficoltà ¶昨夜は終電車に乗り遅れて弱った. Ieri sera mi sono messo nei guai perdendo l'ultimo treno. ¶弱ったなあ. Che disastro! / Che guaio! ¶弱ったな, 財布を家に忘れてきた. E adesso, che faccio?! Ho dimenticato il portafoglio a casa.

よん 四 quattro[男] ¶4番目の quarto ¶4分の1 un quarto ¶4分の3 tre quarti ¶4重の quadruplice ¶4倍(の) quadruplo ¶4倍する quadruplicare ¶4倍になる quadruplicarsi ¶4本足の動物 quadrupede

✤四重唱[奏] quartetto[男]

よんじゅう 四十 quaranta[男] ¶40番めの quarantesimo ¶40分の11 undici quarantesimi ¶約40人の人 una quarantina di persone ¶40歳の人 quarantenne

よんダブルディ 4WD《四輪駆動》trazione[女] a quattro ruote motrici [integrale];《車》4×4(読み方: quattro per quattro)

よんどころない 拠無い ¶よんどころない用事 impegno inevitabile ¶よんどころない事情で per cause di forza maggiore

よんりん 四輪 ◇四輪の a quattro ruote

✤四輪駆動車 automobile[女] a quattro ruote motrici

四輪車 veicolo[男] a quattro ruote

ら

ラ 〔伊〕《音》la④[無変]
-ら -等 ¶われら noi / noialtri ¶子供ら i bambini ¶山田氏ら il signor Yamada e gli altri
ラード 〔英 lard〕lardo④, strutto④, sugna④
ラーメン 拉麺 《料》ramen④[無変]; tagliolini④[複] giapponesi in brodo di diverso tipo
ラーユ 辣油 《料》olio④ piccante con peperoncino
ライ 《イタリア放送協会》RAI④
らい- 来-《来たる》¶来シーズン la prossima stagione ¶来学期 il prossimo quadrimestre
-らい -来 1《…振り》¶今年の夏は 60 年来の暑さだ。Questa estate è la più calda da 60 anni a questa parte. 2《…の間》¶彼は 20 年来東京に住んでいる。Abita a Tokyo da vent'anni. 3《その時以来》¶昨年来この会社に勤めている。Dall'anno scorso lavoro in questa ditta.
らい 来意 ¶彼は玄関で来意を告げた。Ha detto il motivo della sua visita all'ingresso.
らいう 雷雨 temporale④ ¶今朝から激しい雷雨が続いている。Da stamattina imperversa un grosso temporale.
らいうん 雷雲 nuvola④ temporalesca
らいえん 来演 ¶スカラ座が来演した。La compagnia del Teatro alla Scala è venuta per una serie di rappresentazioni.
ライオン 〔英 lion〕leone④[④ -essa] ¶ライオンの子 leoncino④[④ -a]
らいかん 雷管 《撃発雷管》innesco④[複 -schi], capsula④ esplosiva;《起爆装置》detonatore④
らいき 来期 ◇来期の prossimo, venturo ¶来期の配当 prossimi dividendi fissati
らいきゃく 来客 ospite④④;《訪問者》visitatore④[④ -trice] ¶秘書が来客を告げた。Il segretario ha annunciato il visitatore. ¶来客中で手が離せない。Ho qui una persona e non posso assentarmi. ¶社長は来客中です。Il presidente è occupato con un ospite [una persona].
らいぎょ 雷魚《魚》《カムルチー》《学名》Channa argus;《タイワンドジョウ》《学名》Channa maculatus
らいげき 雷撃 1《落雷》colpo④ di fulmine ¶雷撃を受ける essere colpito da un fulmine / rimanere fulminato 2《魚雷の攻撃》¶敵艦を雷撃する silurare una nave nemica
❖雷撃機 aerosilurante④
らいげつ 来月 il prossimo mese④ (▶副詞的にも用いる), il mese④ prossimo (▶副詞的にも用いる) ¶来月の今日 da qui a un mese / a un mese da oggi / fra un mese esatto ¶来月の 10 日 il 10 del prossimo mese
らいこう 来航 ◇来航する《人が主語》arrivare④ [es] in nave ¶英国の豪華客船が横浜に来航した。

Una lussuosa nave da crociera inglese è approdata nel porto di Yokohama.
らいさん 礼賛 1《仏教》《崇拝》adorazione④, lode④ 2《ほめたたえる》elogio④[複 -gi], lode④ ◇礼賛する adorare qlcu.[ql.co.]; elogiare [lodare] qlcu.[ql.co.] ¶科学礼賛 elogio alla scienza ¶自然礼賛 lode alla natura
❖礼賛者 adoratore④[④ -trice];《ファン》ammiratore④[④ -trice]
らいしゃ 来社 ¶午前中にご来社ください。Venga per favore nel nostro ufficio in mattinata.
らいしゅう 来週 la prossima settimana④ (▶副詞的にも用いる), la settimana④ prossima (▶副詞的にも用いる) ¶来週の土曜日 il sabato della prossima settimana ¶来週の今日 da qui a una settimana / a una settimana da oggi / fra una settimana esatta ¶それではまた来週。Alla prossima settimana!
らいしゅう 来襲 ➝襲来
らいじょう 来場 ¶9時までにご来場ください。Si prega di arrivare entro le nove. ¶ご来場の皆様に申しあげます…. Attenzione, prego! Si comunica ai signori visitatori [ai presenti] che...
❖来場者《講演会などの》presenti④[複], astanti④[複];《展覧会などの》visitatore④[④ -trice]
らいしんし 頼信紙 modulo④ per telegramma
ライス 〔英 rice〕riso④ bollito, riso④ (in) bianco
❖ライスカレー riso④ bianco con curry
らいせ 来世 altra vita④, vita④ futura ¶彼は来世を信じている。Crede in una vita futura.
ライセンス 〔英 license〕《許可, 許可証》licenza④;《運転の》patente④ (di guida) ¶ライセンスを取る ottenere la licenza di ql.co. / prendere la patente ¶車のA級ライセンス patente A
❖ライセンス生産 produzione④ su licenza [concessione]
ライター 〔英 lighter〕accendino④ ¶ガスライター accendino a gas
ライター 〔英 writer〕《作家》scrittore④[④ -trice] ¶フリーライター scrittore indipendente
らいたく 来宅 ¶明日ご来宅いただけますか。Potrebbe venire a casa mia domani?
らいちょう 雷鳥《鳥》pernice④ bianca
らいてん 来店 ¶ご来店をお待ちしております。La aspettiamo.
らいでん 来電 telegramma④[複 -i] (ricevuto) ¶ローマからの来電によれば secondo il nostro inviato speciale a Roma
ライト 〔英 light〕1《光》luce④;《明かり, 照明》illuminazione④ ¶ヘッドライト《車》fari anteriori 2《明るい》¶ライトブルー blu chiaro, azzurrino / celeste
❖ライトアップ ◇ライトアップする illuminare

ライトペン 《コンピュータ》penna㊛ ottica
ライト 〔英 right〕 1 《右》destra㊛ 2 《スポ》《ボクシング，サッカー》destro㊚; 《野球》esterno㊚ destro ¶ライトバック[ハーフ]《サッカー》terzino [mediano㊚] destro

ライトきゅう ライト級 《スポ》《ボクシングの階級，選手》peso leggero
ライトバン 《車》giardinetta㊛
ライトヘビーきゅう ライトヘビー級 《スポ》《ボクシングの階級，選手》peso mediomassimo, mediomassimo㊚
ライトモチーフ 〔独 Leitmotiv〕《音》leitmotiv [laitmotív]㊚[無変]; 《芸術作品の》tema㊚ [複 -i] [motivo㊚] dominante [principale]
らいにち 来日 arrivo [venuta㊛] in Giappone ◇来日する venire [arrivare] in Giappone ¶法王の来日 visita del Papa in Giappone ✣来日公演 rappresentazione㊛ teatrale [《コンサート》concerto㊚] in Giappone; tournée㊛ [無変] in Giappone
らいねん 来年 l'anno prossimo㊚ (►副詞的にも用いる), il prossimo anno㊚ (►副詞的にも用いる) ¶来年早々 ai primissimi dell'anno nuovo ¶来年の今ごろ l'anno prossimo [venturo] in questo stesso periodo ¶来年のことを言うと鬼が笑う.《諺》È da sciocchi pensare di prevedere il futuro.
らいねんど 来年度《会計年度》il prossimo anno㊚ finanziario;《学年度》il prossimo anno㊚ scolastico;《大学の》il prossimo anno㊚ accademico;《略》il prossimo A.A. ¶来年度の予算 bilancio preventivo per il prossimo anno finanziario
ライノタイプ 〔英 Linotype〕《商標》《印》〔英〕linotype㊚[無変]; macchina㊛ linotipica, linotipia㊛
らいはい 礼拝《仏を拝むこと》◇礼拝する pregare →礼拝
ライバル 〔英 rival〕 rivale㊚㊛;《スポーツ・商売で》concorrente㊚㊛ ◇ライバルの rivale; concorrente;《商》concorrenziale ¶恋のライバル rivali in amore ¶ライバル会社 ditta concorrente [rivale] ¶よきライバル ottimo rivale
らいびょう 癩病 →ハンセン病
らいひん 来賓 ospite㊚㊛ ✣来賓室 stanza㊛ degli ospiti
来賓席 tribuna㊛ d'onore
ライフ 〔英 life〕vita㊛
✣ライフサイエンス scienza㊛ della vita
ライフサイクル ciclo㊚ vitale
ライフジャケット giubbotto㊚ di salvataggio
ライフスタイル stile㊚ di vita, modo㊚ di vivere
ライフセーバー bagnino㊚[㊛-a]
ライフボート battello㊚ [lancia㊛[複-ce]] di salvataggio
ライフワーク《一生をかけてする仕事》lavoro㊚ di una vita intera, 《畢生の事業》l'opera㊛ più rappresentativa, capolavoro㊚
ライブ 〔英 live〕◇ライブの〔英〕live [láiv] ◇ライブで《実況》in diretta, 《生演奏》dal vivo ¶ライブ放送 trasmissione in diretta ¶ショーをライブでテレビ放送する trasmettere uno spettacolo in diretta per televisione

✣ライブアルバム album㊚[無変] live
ライブコンサート concerto㊚ (dal vivo)
ライブハウス locale㊚ con intrattenimento musicale dal vivo
ライブ盤 disco㊚[複 -chi] registrato dal vivo [live]
ライブ録音 registrazione㊛ dal vivo
ライブラリー 〔英 library〕《図書館，蔵書》biblioteca㊛;《選集，双書》collana㊛ ¶フィルムライブラリー cineteca ¶ビデオライブラリー videoteca
ライフル 〔英 rifle〕carabina㊛, fucile㊚
らいほう 来訪 visita㊛ ◇来訪する visitare, compiere una visita ¶イタリアから使節団が日本に来訪した. Una delegazione italiana visitò il Giappone.
ライム 〔英 lime〕《植》limetta㊛, 〔英〕lime [láim]㊚[無変]
ライむぎ ライ麦 segale㊛
✣ライ麦畑 campo㊚ di segale
ライ麦パン pane㊚ di segale
ライムライト 〔英 limelight〕riflettore㊚ lenticolare, ribalta㊛, luci㊛[複] della ribalta
らいめい 雷鳴 tuono㊚ ◇雷鳴がとどろく tuonare (►非人称動詞 [es, av]) ¶突然雷鳴がとどろいた Improvvisamente è [ha] tuonato.
ライラック 〔英 lilac〕lillà㊚, serenella㊛
らいれき 来歴 storia㊛, passato㊚《起源》origine㊛ ¶この寺の故事来歴 storie e leggende riguardanti questo tempio ¶この祭の来歴を探る risalire alle origini di questa festa
ライン 〔英 line〕 1《線》linea㊛ ¶ラインの外に出ないでください. Non oltrepassare [Stare entro] la striscia. 2《水準》livello㊚ ¶合格ラインに達する《入学のための》raggiungere il livello minimo per l'ammissione [《昇級・単位取得の》per la promozione]
✣ラインズマン《テニスなど》arbitro㊚ di linea;《サッカー》guardalinee㊚[無変]
ラインダンス danza㊛ di fila
ラウドスピーカー 〔英 loudspeaker〕altoparlante㊚, 《メガホン》megafono㊚ ¶ラウドスピーカーで話す parlare con l'[all']altoparlante
ラウンジ 〔英 lounge〕sala㊛, salone㊚;《飛行場の》sala㊛ d'aspetto
ラウンド 〔英 round〕 1《ボクシングで》〔英〕round㊚[無変]; ripresa㊛ ¶第5ラウンド il quinto round / la quinta ripresa 2《丸い》◇ラウンドカラー《服》colletto rotondo [tondo] ¶ラウンドネック《服》collo rotondo
ラオチュー 老酒 vino㊚ di riso cinese
ラガービール 〔独 Lagerbier〕birra㊛ chiara
らがん 裸眼 ¶裸眼で観察する osservare ad occhio nudo ¶私の右は裸眼での視力はゼロに近い. Senza occhiali, la capacità visiva del mio occhio destro è quasi nulla.

らく 楽 1《心身の安らかさ》◇楽な confortevole, comodo ¶楽な姿勢で座る sedersi comodamente ¶どうぞお楽になさってください. Stia comodo. / Si metta a Suo agio. ¶少し楽になりましたか. Ti senti un po' meglio? ¶問題が解決して気が楽になった. Ora che si è risolto il problema mi sento più tranquillo. ¶楽あれ

ば苦あり.《諺》"Ogni rosa ha le sue spine." / "La vita non è solo rose e fiori."
2《裕福なこと》◇楽な agiato ◇楽に agiatamente ¶楽な暮らしをする condurre una vita libera da preoccupazioni economiche ¶老後は楽に暮らしたい. Voglio trascorrere una vecchiaia tranquilla.
3《たやすいこと》
◇楽な facile, semplice ◇楽に facilmente ¶楽な仕事 lavoro facile [non stancante] ¶3時間もあれば楽に行ける. Si può arrivare facilmente [tranquillamente] in tre ore.

らくいん 烙印 marchio男 [複 -chi] ¶…の烙印を押される essere bollato [marchiato] come … ¶彼は前科者の烙印を押された. È stato bollato [marchiato] come pregiudicato.

らくいんきょ 楽隠居 ¶彼は楽隠居の身だ. Vive una confortevole vita ritirata.

らくえん 楽園 paradiso男 ¶地上の楽園 paradiso in terra [terrestre]

らくがき 落書き (壁などの) graffito男, scritta女 sulla parete;《紙切れやノートなどの》scarabocchio男 [複 -chi] ¶壁に落書きをする fare dei graffiti / fare scritte sulle pareti / imbrattare le pareti ¶ノートに落書きをする scarabocchiare il quaderno / fare scarabocchi sul quaderno ¶「落書き禁止」"Non imbrattare le pareti."

らくご 落伍 ¶マラソンで落伍する《やめる》ritirarsi da una gara di maratona /《他より遅れる》rimanere indietro in una gara di maratona
❖**落伍者** ¶人生の落伍者 fallito男 [女 -a] nella vita

らくご 落語 racconto男 rakugo; monologo男 [複 -ghi] comico [複 -ci] ¶落語を演じる recitare [raccontare] un rakugo
❖**落語家** narratore男 [女 -trice] di rakugo

らくさ 落差 **1**《水位の差》altezza女 di caduta d'acqua, salto男 (d'acqua);《水準の差》dislivello男 **2**《高低の差》calo男 ¶昨年度の収穫高に比べ, かなりの落差が見られる. Rispetto al raccolto dello scorso anno si constata un notevole [sensibile] calo. **3**《差異》differenza女 ¶芸能界はイメージと現実の落差が激しい. La realtà del mondo dello spettacolo è ben diversa da come appare.

らくさつ 落札 ◇落札する aggiudicarsi ql.co. (►金額は per…で表す) ¶「落札しました」"Aggiudicato!" ¶ダム建設工事はわが社が落札した. I lavori per la costruzione della diga sono stati aggiudicati alla nostra ditta.
❖**落札者** vincitore男 [女 -trice] di un'asta, aggiudicatario男 [女 -ia; 男複 -i]
落札値 prezzo男 aggiudicato

らくじつ 落日 tramonto男, calar男 del sole;《日没の太陽》il sole男 del [al] tramonto

らくしゅ 落首 componimento男 kyoka satirico [複 -ci]

らくしょう 楽勝 vittoria女 facile ¶Aチームは Bチームに楽勝した. La squadra A ha vinto sulla squadra B senza difficoltà. /《圧勝》La squadra A ha ottenuto una vittoria schiacciante contro la squadra B.

らくじょう 落城 caduta女 [resa女] di un castello ¶ついに落城した. La fortezza alla fine è arresa.

らくせい 落成 fine女 [termine男] della costruzione ¶ホテルは来月落成する. Il prossimo mese sarà terminata [completata] la costruzione dell'albergo.
❖**落成式** cerimonia女 per il completamento della costruzione di ql.co.

らくせき 落石 caduta女 di massi ¶「落石注意」《掲示》"Caduta massi"

らくせん 落選《選挙での》sconfitta女 elettorale;《審査での》eliminazione女 ◇落選する essere sconfitto alle elezioni, non essere eletto; essere eliminato
❖**落選者**《選挙での》candidato男 [女 -a] sconfitto;《審査での》eliminato男 [女 -a]

らくだ 駱駝 **1**《動》cammello男 ¶らくだのこぶ gobba di cammello ¶ヒトコブラクダ dromedario ¶フタコブラクダ cammello **2**《織》(tessuto男 di) cammello ¶らくだのコート cappotto di cammello
❖**らくだ色** color男 cammello [無変]

らくたい 落体《物》corpo男 in caduta

らくだい 落第 **1**《進級できないこと》bocciatura女 scolastica ¶長期欠席のため彼は落第した. Ha dovuto ripetere un anno scolastico a causa della lunga assenza.
2《不合格》bocciatura女 ◇落第させる bocciare, respingere ◇落第する essere bocciato (《で in》); essere respinto (《で a》) ¶化学で落第した. È stato bocciato in chimica.
3《不適格》¶彼は父親としては落第だ. Non è un buon padre. / È un fallito come padre.
❖**落第生** studente男 [女 -essa] bocciato [respinto];《留年生》ripetente男女
落第点 punteggio男 [複 -gi] [voto男] insufficiente ¶3科目で落第点をとった. Ha preso l'insufficienza in tre materie.

らくたん 落胆《意気消沈》scoraggiamento男;《失望》disappunto男, delusione女 ◇落胆する scoraggiarsi, perdersi d'animo; provare disappunto [delusione], rimanere deluso ¶事業に失敗して落胆している. A causa del fallimento dell'affare è molto scoraggiato. ¶期待どおりにいかず落胆している. È rimasto deluso dall'andamento delle cose.

らくちゃく 落着 ¶一件落着. (Il) caso (è) chiuso.

らくちょう 落丁 pagina女 mancante ¶9ページから16ページまで落丁だ. Mancano le pagine da 9 a 16.
❖**落丁本** libro男 con delle pagine mancanti

らくてん 楽天 ◇楽天的な ottimista [男 -i], ottimistico [男複 -ci] ◇楽天的に ottimisticamente
❖**楽天家** ottimista男女 [男複 -i]
楽天主義 ottimismo男
楽天地 paradiso男

らくのう 酪農 industria女 casearia ¶彼は酪農を営んでいる. Gestisce un'industria casearia.
❖**酪農家** produttore男 [女 -trice] di latticini
酪農産業 industria女 casearia
酪農場 caseificio男 [複 -ci]

酪農製品 latticini男[複]
らくば 落馬 caduta囡 da cavallo ◇落馬する cadere da cavallo
らくばん 落盤 crollo男, frana囡 ¶トンネルに落盤があった．C'è stato un crollo nella galleria. / È franata la galleria.
✤落盤事故 frana囡, crollo男
ラグビー〔英 rugby〕〔英〕rugby男 ¶ラグビーをする giocare a rugby
✤ラグビー選手 rugbista男[複 -i]
らくやき 楽焼き ceramica囡 Raku, ceramica囡 cotta a bassa temperatura
らくよう 落葉 caduta囡 delle foglie ¶落葉した albero spoglio ¶落葉しはじめた．Le foglie hanno cominciato a cadere.
✤落葉樹 albero男 a foglie caduche
落葉樹林 foresta囡 decidua
らくらい 落雷 scarica囡 di nuvola-terra ¶昨日学校に落雷した．Ieri è caduto un fulmine sulla scuola.
らくらく 楽楽 1 (ゆったり) comodamente ¶このソファーには楽々3人座れる．Su questo divano possono sedersi comodamente tre persone. 2 (たやすく) molto facilmente, con molta facilità
ラグラン〔英 raglan〕(ラグラン袖) maniche囡[複] a raglan; (ラグランコート) soprabito男 con le maniche a raglan
ラクロス〔英 lacrosse〕《スポ》〔英〕lacrosse男 [無変]
ラケット〔英 racket〕racchetta囡 ¶テニスのラケット racchetta da tennis
✤ラケットボール《スポ》〔英〕rackets男[複][無変]
ラジアルタイヤ〔英 radial tire〕pneumatico男 [複 -ci] radiale
ラジアン〔英 radian〕《数》radiante男
-らしい 1【…のように思われる・見える】sembrare[es] | parere[es] | + 名詞 [+形容詞 / di +不定詞 / che +接続法]; (…と言われている) Dicono [Si dice] che +接続法 ¶彼は正直者らしい．Sembra un uomo onesto. / Dicono che sia un uomo onesto. ¶この辺は夜は静からしい．Questa zona di notte sembra che sia tranquilla. ¶きのう駅の前で先生らしい人を見た．Ieri ho visto davanti alla stazione un signore che sembrava il mio professore. ¶彼は来られないらしい．Ha detto che non potrà venire. ¶夜中に雨が降ったらしい．Pare che durante la notte sia piovuto. ¶それは本物らしく見えた．Mi sembrava che fosse autentico.
2【…にふさわしい】degno di; (典型的な) da, proprio di, tipico男[複 -ci], caratteristico男[複 -ci]; (…に見える) avere l'aria di ¶子供らしいいたずら dispetto da bambini ¶中世の町らしい風景 paesaggio tipico di una cittadina medievale ¶泣くなんて君らしくもない．Piangere non è da [è degno di] te. ¶いかにも神父さんらしい話し方だ．È un modo di parlare tipico dei preti. ¶彼には芸術家らしいところが少しもない．Non ha per nulla l'aria dell'artista.
ラジウム〔英 radium〕radio男; 〔英〕radium男;《元素記号》Ra

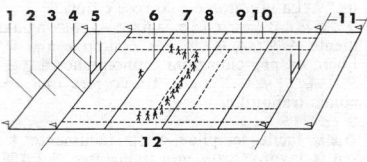

ラグビー
1 デッドボールライン linea囡 di pallone morto. 2 インゴール area囡 di meta. 3 ゴールライン linea囡 di meta. 4 ゴールポスト palo男. 5 クロスバー traversa囡. 6 22メートルライン linea囡 dei 22 metri. 7 10メートルライン linea囡 dei 10 metri. 8 ハーフウェイライン linea囡 di metà campo. 9 15メートルライン linea囡 dei 15 metri. 10 5メートルライン linea囡 dei 5 metri. 11 タッチインゴールライン linea囡 laterale dell'area di meta. 12 タッチライン linea囡 laterale.

✤ラジウム鉱泉 sorgente囡 termale di radio
ラジウム療法 radioterapia囡
ラジエーター〔英 radiator〕《機》radiatore男
ラジオ〔英 radio〕《受信機》radio囡[無変]; apparecchio男[複 -chi] radio [無変]; (ラジオ放送) radiofonia囡, trasmissione囡 radiofonica → テレビとラジオ 用語集 ¶ラジオをかける [消す / 聞く / 選局する] accendere [spegnere / ascoltare / sintonizzare] la radio ¶ラジオで放送する trasmettere ql.co. per [alla] radio ¶ラジオの音を大きく[小さく]する alzare [abbassare] il volume della radio
✤ラジオアイソトープ radioisotopo男
ラジオ解説者 commentatore男[囡 -trice] radiofonico男[複 -ci]
ラジオ広告 [コマーシャル] pubblicità囡 radiofonica
ラジオ講座 ¶ラジオイタリア語講座 corso radiofonico di lingua italiana
ラジオコントロール radiocomando男
ラジオコンパス《空》radiobussola囡, radiogoniometro automatico男[複 -ci]
ラジオ受信機 radioricevitore男
ラジオゾンデ《気》radiosonda囡
ラジオ体操 esercizi男[複] ginnici trasmessi dalla radio ¶ラジオ体操をする fare ginnastica alla radio
ラジオ聴取者 radioascoltatore男[囡 -trice]
ラジオドラマ radiodramma男[複 -i]
ラジオ番組 programma男[複 -i]「della radio [radiofonico]
ラジオビーコン《船・空》(無線標識) radiofaro男
ラジオ放送局 stazione囡 radiofonica
ラジカセ radioregistratore男
ラジカル〔英 radical〕◇ラジカルな radicale
ラジコン radiocomando男 ¶ラジコンで操作する radiocomandare ql.co. ¶ラジコンの模型飛行機 aeromodello radiocomandato
らししょくぶつ 裸子植物 gimnosperme囡[複] →植物 用語集 ◇裸子植物の gimnospermico男[複 -ci]
ラシャ 羅紗《織》stoffa囡 di lana pesante

❖ラシャ紙 carta㊥ da parati ruvida
らしんばん 羅針盤 bussola㊥ ¶羅針盤の針 ago della bussola
ラスク 〔英 rusk〕 〚料〛fette㊤[複] biscottate (zuccherate)
ラスト 〔英 last〕 fine㊤, finale㊥ ◇ラストのファイナル, ultimo
ラストシーン l'ultima scena㊤, scena㊤ finale
ラストスパート sprint㊥[無変] finale, l'ultimo sforzo㊥ (▶比喩的な意味でも用いる) ¶ラストスパートをかける fare lo [impegnarsi nello] sprint finale / fare l'ultimo sforzo
ラストチャンス l'ultima occasione㊤
ラズベリー 〔英 raspberry〕〚植〛lampone㊥
❖ラズベリージャム marmellata㊤ di lamponi
らせん 螺旋 spirale㊤, elica㊤ ¶螺旋を描く disegnare [tracciare] una spirale
❖螺旋階段 scala㊤ a chiocciola
螺旋状 ¶螺旋状の a spirale, a elica, elicoidale
らぞう 裸像 nudo㊥
らたい 裸体 nudità㊤, corpo㊥ nudo ¶半裸体の男 uomo mezzo nudo ¶裸体になる spogliarsi / svestirsi / denudarsi
❖裸体画 ¶裸体画を描く dipingere un nudo
裸体主義 nudismo㊥
らち 拉致 rapimento㊥ ◇拉致する〈連れ去る〉portar via qlcu. con la forza;《誘拐する》rapire [sequestrare] qlcu. ¶彼は旅行中何者かに拉致された. È stato sequestrato [rapito] da qualcuno durante il viaggio.
らち 埒 〔限度〕limite㊥ ¶職権の埒を越える andare oltre / limiti della propria competenza
|慣用|埒が明かない ¶そんなことをぐずぐず言っていても埒が明かない. Continuando a lamentarci non andremo da nessuna parte [non risolveremo niente].
埒も無い ¶埒もない論議 polemica assurda [insensata / priva di senso]
らちがい 埒外 ¶埒外のことには口を出さないほうがいい. È meglio non ficcare il naso nelle faccende altrui.
らちない 埒内 ¶党則の埒内で secondo le [sottostando alle] regole del partito
らっか 落下 caduta㊤ ◇落下する cadere㊤[es]
❖落下地点 ¶人工衛星の落下地点 punto [luogo] di caduta del satellite
落下物 ¶「落下物注意」〈掲示〉"Pericolo caduta oggetti contundenti"
ラッカー 〔英 lacquer〕《塗料》lacca㊤, vernice㊤ alla cellulosa ¶…にラッカーを塗る laccare [verniciare] ql.co.
❖ラッカーシンナー diluente㊥ per vernici cellulosiche
らっかさん 落下傘 paracadute㊥[無変] ¶落下傘で降りる paracadutarsi ¶落下傘で食料を被災地に投下する paracadutare i reparti [gli alimenti] sulla zona sinistrata
❖落下傘投下 ¶落下傘投下する paracadutare ql.co. [qlcu.]
落下傘部隊 reparto㊥ paracadutisti
落下傘兵 paracadutista㊥㊤[複]-i
らっかせい 落花生 〚植〛〈木・実〉arachide㊤;《スナックとしての》nocciolina㊤ americana

らっかん 楽観 ◇楽観する essere ottimista, guardare ql.co. con ottimismo ◇楽観的な ottimista㊤㊥[複]-i ¶事態は楽観を許さない. La situazione non permette alcun ottimismo.
❖楽観主義 ottimismo㊥
楽観主義者 ottimista㊤㊥[複]-i
ラッキー 〔英 lucky〕 ◇ラッキーな fortunato ¶ラッキー! Che fortuna! ¶君はなんてラッキーなんだ Ma come sei fortunato!
らっきょう 辣韮 (sorta㊤ di) scalogno㊥
❖らっきょう漬け scalogni㊥[複] sotto aceto
ラック 〔英 rack〕 ¶マガジンラック portariviste㊥[無変] ¶CDラック mensola porta cd
らっこ 猟虎 lontra㊤ marina [di mare]
ラッサねつ ラッサ熱〚医〛febbre㊤ di Lassa
ラッシュ 〔英 rush〕 **1**《殺到, 人でごった返すこと》affollamento㊥ ¶ゴールドラッシュ corsa all'oro ¶朝7時から8時まで通勤ラッシュである. L'ora di punta degli impiegati è tra le sette e le otto di mattina.
2《映・テ》giornalieri㊥[複];〔英〕rushes㊥[複]
❖ラッシュアワー ora㊤ di punta ¶朝夕のラッシュアワー ore di punta mattutine e serali
ラッセル ◇ラッセルする《登山で》camminare sgombrando la neve dal passaggio
❖ラッセル車 locomotiva㊤ spazzaneve [無変]
らっぱ 喇叭 tromba㊤ ¶らっぱを吹く suonare una tromba /《ほらを吹く》dire fanfaronate ¶進軍[突撃/退却]らっぱを吹く suonare la marcia [la carica / la ritirata]
❖らっぱ管〚解〛ovidotto㊥
らっぱ管炎〚医〛salpingite㊤
らっぱ手〔人〕trombettista㊤㊥[複]-i
らっぱ水仙〚植〛trombone㊥, tromboncino㊥, giunchiglia㊤ grande
らっぱ飲み ¶らっぱ飲みをする bere a collo [a fiasco]
ラップ 〔英 rap〕〚音〛〔英〕rap㊥[無変]
ラップ 〔英 wrap〕《食品のラップフィルム》pellicola㊤ (per alimenti) ¶野菜をラップする coprire la verdura con la pellicola
ラップタイム 〔英 lap time〕tempo㊥ parziale [intermedio] [複]-i
らつわん 辣腕 grande abilità㊤ (nello svolgere dei lavori) ¶辣腕をふるう lavorare con grande abilità e efficienza
❖辣腕家 persona㊤ abile [efficiente / di grande abilità]
ラディッシュ 〔英 radish〕ravanello㊥
ラテックス 〔英 latex〕〚化〛lattice㊤
ラテン 〔英 Latin〕 ¶ラテン(系)の latino;《ラテンアメリカの》latino-americano
❖ラテンアメリカ America㊤ Latina
ラテン音楽 musica㊤ latino-americana
ラテン化 latinizzazione㊤ ◇ラテン化する latinizzare
ラテン語 la lingua㊤ latina, il latino㊥ ¶俗ラテン語 il latino volgare
ラテン文学 letteratura㊤ latina
ラテン民族 popoli㊥[複] latini
らでん 螺鈿 incastonatura㊤ di madreperla su lacca
❖螺鈿細工 articoli㊥[複] di lacca incastonati

di madreperla
ラド 〔英 rad〕〔物〕〔英〕rad男〔無変〕
ラドン 〔英 radon〕〔化〕radon男;〔元素記号〕Rn
ラニーニャげんしょう ラニーニャ現象 〔気〕fenomeno男 della Niña
ラノリン 〔英 lanolin〕〔化〕lanolina女
らば 騾馬 〔動〕(雄のロバと雌の馬との交配による) mulo男 [複 -a] ; (雄の馬と雌のロバの交配による) bardotto男
ラバー 〔英 rubber〕 gomma女 ¶フォームラバー gomma spugnosa
❖ラバーソール suola女 di para
らふ 裸婦 donna女 nuda; (作品としての) nudo男 femminile ¶裸婦のブロンズ像 nudo femminile in bronzo
ラフ 〔英 rough〕(気軽な) ¶ラフな服装で出かける uscire in abiti casual [sportivi]
❖ラフスケッチ schizzo男, disegno男 abbozzato
ラフプレー gioco男 [複 -chi] duro [sporco]
ラブ 〔英 love〕 1 (愛) amore男 2 (テニスで無得点) zero男
❖ラブオール (テニスで) zero pari
ラブゲーム (テニスで) gioco男 a zero ¶ラブゲームで勝つ fare [dare] cappotto
ラブシーン scena女 d'amore
ラブストーリー storia女 d'amore
ラブホテル albergo男 [複 -ghi] per coppie con stanze affittabili anche a ore
ラブレター lettera女 d'amore
ラプソディー 〔英 rhapsody〕〔音〕rapsodia女 ¶ラプソディーふうの rapsodico [男複 -ci]
ラベル 〔英 label〕 etichetta女 ¶瓶にラベルを貼る mettere un'etichetta su una bottiglia / etichettare una bottiglia
ラベンダー 〔英 lavender〕〔植〕lavanda女
ラボラトリー 〔英 laboratory〕 laboratorio男 [複 -i] ; (ランゲージラボラトリー) laboratorio linguistico [複 -ci]
ラマ 〔英 lama〕(ラマ教の僧侶) lama男 [無変]
❖ラマ教 lamaismo男 ◇ラマ教の lamaista [男複 -i]
ラマ教徒 lamaista男女
ラマ寺院 monastero男 di lama, lamasseria女
ラマ僧 lama男 [無変]
ラマ 〔英 llama〕〔動〕lama男 [無変]
ラマダーン (イスラム教の断食月) ramadan男 [無変]
ラミネート 〔英 laminate〕 ¶ラミネートのチューブ tubo laminato
❖ラミネート加工 (層状加工) laminazione女
ラム 〔英 lamb〕(子羊) agnello男; (その肉) (carne女 di) agnello男, abbacchio男 [複 -chi]
❖ラムウール lana女 di agnello
ラムスキン pelliccia女 [複 -ce] di agnello
ラムステーキ bistecca女 di agnello
ラム RAM 〔コンピュータ〕〔英〕RAM女 [無変] ; memoria女 ad accesso casuale
ラムしゅ ラム酒 rum男 [無変]
ラムネ gassosa女, gazzosa女
ラメ 〔仏 lamé〕〔仏〕lamé男 [無変] ¶ラメの入った生地 tessuto di lamé [laminato]
❖ラメ糸 filo di lamé

ラリー 〔英 rally〕 1 ((卓球やテニスの) scambio男 [複 -i] (di colpi) ¶テニスの試合で激しいラリーが続いた。Nella partita di tennis è stato un continuo di scambi potenti.
2 (自動車レース) 〔英〕rally [rélli]男 [無変]
ラルゴ 〔伊〕〔音〕largo男
られつ 羅列 enumerazione女 ◇羅列する (書き並べる) enumerare ; (列挙する) elencare
- られる → れる
ラレンタンド 〔伊〕〔音〕rallentando男
らん 乱 (内乱) guerra女 civile ; (反乱) rivolta女 ¶応仁の乱 Guerra di Onin (◆1467-77) ¶島原の乱 Rivolta dei cristiani a Shimabara (◆1637-38) ¶乱を起こす fare [sollevare] una rivolta / rivoltarsi
らん 蘭〔植〕orchidea女
らん 欄 (新聞・雑誌のコラム) rubrica女; (用紙の) riquadro男 ¶広告欄 spazio pubblicitario ¶スポーツ欄 rubrica [(ページ全体) pagina] sportiva ¶投書欄 rubrica dei lettori
ラン LAN 〔コンピュータ〕LAN女 [無変]
❖ランアダプター 〔コンピュータ〕 adattatore LAN [無変]
らんおう 卵黄 tuorlo男, rosso男 d'uovo
らんがい 欄外 margine男 ◇欄外の marginale ¶欄外に a margine ¶欄外の注 nota marginale [a margine]
らんかく 卵殻 guscio男 [複 -sci] d'uovo
らんかく 濫獲・乱獲 (魚の) pesca女 indiscriminata ; (鳥獣などの) caccia女 indiscriminata ◇濫獲する pescare [cacciare] indiscriminatamente ¶濫獲のためその種の鳥は絶滅の危機にある。A causa della caccia indiscriminata, questa specie di uccello è in via di estinzione.
らんがく 蘭学 rangaku男 (◆ studio delle scienze occidentali durante il periodo Edo filtrato attraverso la lingua olandese)
らんかん 卵管 ovidotto男
らんかん 欄干 (橋・道路などの) parapetto男, balaustra女, balaustrata女; (階段・バルコニーなどの) ringhiera女 ¶橋の欄干にもたれる appoggiarsi al parapetto del ponte
らんぎり 乱切り 〔料〕tagliata女 a fettine diagonali
らんきりゅう 乱気流 perturbazione女 atmosferica ¶飛行機はたびたび乱気流に巻き込まれて揺れた。L'aereo traballava spesso mentre attraversava la perturbazione atmosferica.
ランキング 〔英 ranking〕 classifica女, graduatoria女 ¶ランキング上位の選手たち giocatori [(陸上) atleti] primi classificati ¶この本は売り上げランキング3位だ。Questo libro si è posizionato terzo nella classifica (dei più venduti).
ランク 〔英 rank〕 grado男, posizione女 ¶ランクづけする classificare ql.co. [qlcu.] / fare una classifica ¶1位にランクされる essere classificato primo
らんぐいば 乱杭歯 ¶彼は乱ぐい歯だ。Ha una dentatura irregolare.
らんくつ 濫掘・乱掘 estrazione女 incontrollata ¶石炭を濫掘する estrarre carbone indiscriminatamente

らんこう　乱交　amore男 di gruppo;《俗》ammucchiata女
✤乱交パーティー　orgia女《複 -ge》
ランゴバルド　〖6-8世紀にイタリアを支配したゲルマンの部族〗Longobardi男[複]　◇ランゴバルド人の　longobardo
らんざつ　乱雑　disordine男, confusione女
¶乱雑に　disordinato, confuso ◇乱雑に disordinatamente, in disordine, in modo disordinato [confuso] ¶乱雑な部屋　camera disordinata [《めちゃくちゃ》messa sottosopra]
らんし　乱視　《医》astigmatismo男 ¶乱視用のめがね　occhiali astigmatici
らんし　〖生〗ovulo男
ランジェリー　〖仏 lingerie〗biancheria女 intima femminile,〖仏〗lingerie[無変] →下着 図版
らんしゃ　乱射　《銃の》sparo男[《ミサイル・ロケットの》lancio男《複 -ci》] alla cieca [a casaccio] ¶犯人はピストルを乱射した。Il criminale tirava colpi di pistola alla cieca [a casaccio].
らんじゅく　爛熟　1《熟しすぎること》 ◇爛熟した troppo maturo 2《極度の成熟》 ¶爛熟した文化　cultura al suo apogeo ◇彼の書は爛熟の域に達している。La sua calligrafia ha raggiunto la piena maturità.
らんしん　乱心　follia女 ◇乱心する　perdere la testa, dare di matto
らんすう　乱数　numeri男《複》casuali [random]
✤乱数表　tavola女 di numeri casuali [random]
らんせい　乱世　epoca女 agitata, periodo男 pieno di disordini sociali, periodo男 movimentato [turbolento]
らんせい　卵生　《生》oviparità女 ◇卵生の　oviparo
✤卵生動物　animale男 oviparo;《集合的》ovipari男[複]
らんせん　乱戦　《混戦》mischia女 ¶保守・革新の乱戦　lotta accanita fra conservatori e progressisti ¶試合は乱戦になった。La partita è diventata《una mischia [movimentata]》.
らんそう　卵巣・《解》ovaia女
✤卵巣炎　《医》ovarite女
卵巣腫瘍　《医》cisti女[無変] ovarica
卵巣摘出手術　ovariectomia女
卵巣ホルモン　ormoni男《複》ovarici
らんぞう　濫造・乱造　◇濫造する　produrre ql.co. in eccesso ¶粗製濫造　sovrapproduzione indiscriminata di merci scadenti
らんそううん　乱層雲　《気》nembostrato男
らんだ　乱打　1《むやみに打つこと》◇乱打する《人を》picchiare di santa ragione qlcu.;《物を》battere ql.co. violentemente ¶人に乱打を浴びせる　dare a qlcu. un sacco di botte / suonarle a qlcu. ¶鐘を乱打する　suonare le campane a distesa 2《スポ》scambio男《複 -i》di colpi
らんたいせい　卵胎生 ◇卵胎生の　ovoviviparo
✤卵胎生動物　ovovivipari男《複》
ランダム　〖英 random〗 ¶ランダムに選ぶ　scegliere a caso [a casaccio]
✤ランダムアクセス　《コンピュータ》accesso男 casuale

ランダムアクセスメモリー　《コンピュータ》→ラム
ランダムサンプリング　《統》campionatura女 a caso
ランタン　〖英 lantern〗lanterna女
ランタン　〖独 Lanthan〗《化》lantanio男;《元素記号》La
ランチ　〖英 launch〗《小型船》lancia女《複 -ce》
ランチ　〖英 lunch〗《昼食》pranzo男,《seconda》colazione女;《軽食》spuntino男 ¶お子様ランチ　menu fisso per bambini
✤ランチタイム　ora女 di [del] pranzo, intervallo男 per il pranzo
らんちきさわぎ　乱痴気騒ぎ　cagnara女, baccano男, schiamazzo男 ¶らんちき騒ぎをする《大騒ぎ》fare baldoria /《飲み食いをしながらの》fare bisboccia /《ばか騒ぎ》fare stupidaggini
らんちょう　乱丁　¶乱丁はお取り換えいたします。Cambieremo il libro in caso di impaginazione errata.
らんちょう　乱調　◇乱調の　a ritmo irregolare ¶株式市場は乱調を来している。La Borsa è ora molto instabile. ¶ピッチャーの乱調で1点失った。Abbiamo perso un punto perché il lanciatore era fuori forma.
ランチョンマット　〖英 luncheon mat〗 tovaglietta女《all'americana》, sottopiatto男
ランディング　〖英 landing〗《着地・着陸》atterraggio男《複 -gi》
ランデブー　〖仏 rendez-vous〗 appuntamento男 fra innamorati ◇ランデブーする《男女が》avere un incontro sentimentale;《宇宙船が》darsi un rendez-vous
らんとう　乱闘　zuffa女, rissa女, mischia女
らんどく　濫読・乱読　◇濫読する　leggere molto ma "alla rinfusa [in maniera disorganica]
ランドスケープ　〖英 landscape〗paesaggio男《複 -gi》
ランドセル　〖蘭 ransel〗 cartella女 a spalla per scuola elementare ¶ランドセルを背負う　mettersi sulle spalle la cartella per la scuola
ランドリー　〖英 laundry〗lavanderia女 ¶コイン・ランドリー　lavanderia a gettoni
ランナー　〖英 runner〗corridore男《稀》-trice] ¶長距離ランナー　fondista男女《複 -i》 ¶短距離ランナー　velocista男女《複 -i》, scattista男女[《複 -i》];《英》sprinter[sprínter]男《複無変》
らんにゅう　乱入　irruzione女 ◇乱入する　fare irruzione in ql.co., irrompere in ql.co.
✤乱入者　intruso男《-a》
ランニング　〖英 running〗corsa女 ¶ランニングをする　correre自《av》/ fare una corsa /《ジョギング》fare jogging
✤ランニングシャツ　canottiera女, maglietta女 da corsa
ランニングシューズ　scarpe女《複》da corsa
ランニングパンツ　pantaloncini男《複》
らんばい　乱売　liquidazione女, svendita女
¶乱売する　liquidare [svendere] ql.co.
らんぱく　卵白　albume男, bianco男 d'uovo
らんばつ　濫伐・乱伐　disboscamento男 indiscriminato ¶濫伐する　disboscare [abbattere alberi] indiscriminatamente
らんぱつ　濫発・乱発　《紙幣・小切手などの》emis-

sione㊥ eccessiva ¶紙幣を濫発する emettere banconote in eccesso ¶法令を濫発する emanare troppi decreti di legge

らんはんしゃ 乱反射 riflessione㊥ irregolare
らんぴ 濫費・乱費 spreco㊚ [複 -chi], sperpero㊚, dilapidazione㊛ ◇濫費する sprecare, sperperare, dilapidare
らんぴつ 乱筆 ¶乱筆のほどお許しください。Le chiedo scusa per la mia pessima grafia. (►イタリアではこのような表現はしない)
ランプ 〔英 lamp〕(明かり) lume㊚, lampada㊛, lanterna㊛ ¶石油ランプ lume a petrolio ¶ランプの台 base di lume ¶ランプをつける [消す] accendere [spegnere] una lampada ¶ランプの芯を出す alzare la miccia
✤**ランプシェード** paralume㊚
ランプ 〔英 ramp〕《高速道路の》rampa㊛ autostradale
ランプ 〔英 rump〕《牛の尻肉》culaccio㊚ [複 -ci]
✤**ランプステーキ** bistecca㊛ di culaccio
らんぼう 乱暴 1《暴力》violenza㊛ ◇乱暴する usare violenza a qlcu.;《強姦する》violentare qlcu. ◇乱暴な violento, brutale, aggressivo ¶彼は酒を飲むと乱暴になる。Quando beve, diventa violento.
2《粗野, 粗雑》◇乱暴な《無礼な》sgarbato, rude;《粗雑な》grossolano, poco curato, rozzo;《むちゃな》spericolato;《不条理な》irragionevole;《度を外れた》eccessivo ¶乱暴な態度 atteggiamento sgarbato [rude] ¶ドアを乱暴に閉める sbattere la porta con violenza ¶乱暴な字を書く scrivere sgorbi ¶品物を乱暴に扱う trattare male [maneggiare senza riguardo] le merci ¶乱暴な口を利く《無作法な》parlare aggressivamente /《言葉使いの悪い》usare brutte parole / dire parolacce ¶乱暴な運転をする guidare in modo spericolato
✤**乱暴者** violento㊚ [㊛ -a]
らんまん 爛漫 ¶春爛漫の野山 pianure e montagne in piena fioritura primaverile
らんみゃく 乱脈 ◇乱脈な disordinato, sregolato, disorganizzato,《支離滅裂な》incoerente ¶乱脈な経理 contabilità disordinata ¶あの病院の内部は乱脈を極めている。Quell'ospedale è in preda alla disorganizzazione.
らんよう 濫用・乱用 ◇濫用する abusare [av] di ql.co., fare abuso di ql.co. ¶職権を濫用する abusare [fare abuso] della propria posizione ¶薬を濫用する fare abuso di medicine
らんらん 爛爛 ¶その話を聞いているうち, 彼の目は爛々と輝きはじめた。Ascoltando la storia i suoi occhi cominciarono a brillare [ad illuminarsi].
らんりつ 乱立 ¶ビルが乱立している。C'è una sfilza confusa di palazzi tutti diversi. ¶市会議員選挙には候補者が乱立している。Per le elezioni amministrative ci sono troppi candidati.

り

り 利 1《利益》profitto㊚, guadagno㊚, utile㊚, lucro㊚ ¶利を収める guadagnare㊍《単独でも可》/《金をかせぐ》fare soldi ¶利にさとい《商売の勘がいい》avere il senso degli affari /《計算高い》essere un calcolatore [《女性》una calcolatrice] ¶漁夫の利 →漁夫 慣用
2《利点》vantaggio㊚ [複 -gi], beneficio㊚ [複 -ci] ¶この砦は地の利を得ている。Questa fortezza sta in posizione strategica.
3《利子》interesse㊚
り 里 ri㊚ [無変]; unità㊛ di misura pari a ca. 3,9km (読み方: circa tre virgola nove chilometri) di distanza
り 理 1《法則》¶自然の理 le leggi della natura
2《理屈》ragione㊛ ◇理にかなった《合理的な》ragionevole; razionale;《論理的な》logico㊚ [複 -ci] ¶この理にかなわない《理にかなわない》irragionevole / irrazionale / illogico /《ばからしい》pazzesco / assurdo ¶人に理を説く far ragionare qlcu. ¶彼の演説は理に落ちるのが欠点だ。Il suo discorso ha il difetto di rimanere intrappolato in una logica troppo rigida ¶彼がそういうのは理の当然だ。È del tutto naturale [logico] che lui lo dica.
リアウインドー 〔英 rear window〕《車》lunotto㊚
リアエンジン 〔英 rear engine〕 ¶リアエンジンの車 auto㊛ con motore posteriore
リアクション 〔英 reaction〕 ¶ある新聞記事へのリアクション reazione a un articolo di giornale
りあげ 利上げ aumento㊚ del tasso di interesse ◇利上げする aumentare i tassi d'interesse
リアスしきかいがん リアス式海岸 《地》costa㊛ frastagliata [a rias]
リアリスト 〔英 realist〕 realista㊚㊛ [㊚複 -i]
リアリズム 〔英 realism〕 realismo㊚ ¶リアリズム文学 letteratura realista
リアリティー 〔英 reality〕 realtà㊛ ¶リアリティーのある話 discorso che ha del vero [《真実らしい》plausibile / realistico]
リアル 〔英 real〕 ◇リアルな《現実の》reale;《写実的な》realistico㊚ [複 -ci]
✤**リアルタイム** tempo㊚ reale;〔英〕real-time㊚ ¶リアルタイムで放送されたニュース notizia trasmessa in tempo reale
リアルタイムシステム 《コンピュータ》sistema㊚ [複 -i] "in tempo reale [real-time]"
リアルタイム処理 《コンピュータ》elaborazione㊛ in tempo reale, procedura㊛ real-time
リーグ 〔英 league〕《同盟・連盟》lega㊛;《スポーツのチームの》serie㊛ [無変], divisione㊛ ¶一部 [二部] リーグ la prima [seconda] divisione

♣リーグ戦 campionato㊚

リース 〔英 lease〕〔英〕leasing㊚[無変]; noleggio㊚ ◇リースする《貸す》dare *ql.co.* in leasing /《借りる》avere un leasing su *ql.co.* ¶機械を工場にリースする dare a nolo [noleggiare] un macchinario ad una fabbrica

♣リース会社 società㊛ di leasing

リーズナブル 〔英 reasonable〕◇リーズナブルな ragionevole ¶リーズナブルな値段 prezzo㊚ ragionevole

リーゼント 〔英 regent〕pettinatura㊛ a cresta che finisce con un ciuffo, ciuffo㊚ a banana [alla Pompadour]

リーダー 〔英 leader〕《指導者》〔英〕leader [líder]㊚[無変], capo㊚, dirigente㊚㊛

♣リーダーシップ 〔英〕leadership㊛[無変]; direzione㊛, comando㊚, guida㊛ ¶リーダーシップをとる《イニシアチブをとる》prendere [avere / assumere] l'iniziativa /《指揮をとる》assumere [prendere] la direzione [il comando] /《統括する》guidare

リーダー 〔英 reader〕1《読本》libro㊚ di lettura ¶サイドリーダー letture scelte in lingua straniera a scopo didattico 2《コンピュータ》lettore㊚

リーチ 〔英 reach〕《ボクシングで》allungo㊚ [複 *-ghi*] ¶この選手はリーチが長い。Questo pugile ha un buon allungo.

リート 〔独 Lied〕《音》lied [lid]㊚[無変]

リード 〔英 lead〕1《導くこと》guida㊛ ◇リードする guidare, condurre ¶女性をリードしてワルツを踊る condurre una donna nel valzer 2《優勢である》condurre, essere in vantaggio ¶わがチームは2対1で試合をリードしている。La nostra squadra sta conducendo [è in vantaggio] per due a uno. ¶第3ラウンドでリードを奪われた。Ho perso il vantaggio alla terza ripresa. ¶この国はテクノロジーで他のヨーロッパ諸国をリードしている。Questo paese è in testa agli altri paesi europei per la tecnologia.

♣リード線《電》filo㊚ conduttore

リード 〔英 reed〕《木管楽器の吹き口の》ancia㊛ [複 *-ce*], linguetta㊛

リーフレット 〔英 leaflet〕《数枚の》《仏》dépliant [deplián]㊚[無変];《1枚の》volantino㊚, manifestino㊚

リール 〔英 reel〕1《釣り道具の》mulinello㊚ 2《フィルムや録音テープの》bobina㊛ ¶巻き取りリール bobina avvolgitrice [ricevitrice]

りいん ¶鈴虫がりいんと鳴いている。I grilli stanno cantando. ¶電話がりいんと鳴る。Il telefono squilla.

リウマチ reumatismo㊚ →リューマチ

りえき 利益 1《もうけ》profitto㊚, guadagno㊚;《商》utile㊚ ◇利益のある《有利な》vantaggioso, utile, proficuo;《金銭的に》lucroso, remunerativo, redditizio ◇利益のない senza profitto, non remunerativo, infruttuoso;《無益な》inutile ¶粗[純]利益 profitto lordo [netto] ¶販売利益 utile sulle vendite ¶利益の配当 distribuzione del profitto ¶利益を得る guadagnare㊙ (▶単独でも可) ¶不当な利益を得る ricavare un profitto eccessivo [illegale] ¶社会に利益を還元する ridistribuire (i) profitti alla società ¶本屋は利益の少ない商売だ。Una libreria「rende poco commercialmente [non rende molto].

2《役に立つこと》beneficio㊚[複 *-ci*], vantaggio㊚[複 *-gi*], utilità㊛;《利害》interesse㊚ ¶そんなこと知ってもなんの利益にもならないよ。Non ti serve a niente imparare simili sciocchezze. / Imparando simili sciocchezze non otterrai alcun vantaggio. ¶それは私の利益になる。Ciò mi favorisce. ¶社会の利益のために働く lavorare「per il bene della società [a beneficio della società]

♣利益金 guadagni㊚[複], profitti㊚[複], utili㊚[複]

利益配当(金) dividendo㊚

利益目的 ¶利益目的の a fini di lucro

利益率 tasso㊚ di remunerazione

りえん 離縁《夫婦間の》divorzio㊚[複 *-i*];《養子縁組の》annullamento㊚ di un'adozione ◇離縁する《一方的に》ripudiare *qlcu.*;《養子縁組を解く》revocare un'adozione

♣離縁状 lettera㊛ [dichiarazione㊛ scritta] di divorzio

りか 李下 ¶李下に冠(かんむり)を正さず。Bisogna evitare comportamenti che insinuino sospetti su di sé.

りか 理科 1《教科》scienze㊛[複] naturali 2《大学の》facoltà㊛ di scienze naturali; facoltà di scienze matematiche, fisiche e naturali ¶理科系に進むつもりです。Ho intenzione di iscrivermi ad una facoltà scientifica.

りかい 理解 comprensione㊛ ◇理解する capire, comprendere, intendere ¶理解させる far capire [comprendere / intendere] *ql.co.* a *qlcu.* /《自分を》farsi capire [comprendere / intendere] ¶理解しやすい[しにくい] facilmente [difficilmente] comprensibile / facile [difficile] da comprendere ¶理解し合う comprendersi [intendersi] reciprocamente ¶日伊両国間の相互理解を深める approfondire la comprensione reciproca fra il Giappone e l'Italia ¶彼は理解のある人だ。È un uomo comprensivo. ¶彼の行動は理解に苦しむ。Non riesco a capire il suo comportamento. ¶それは理解できない。È inconcepibile [incomprensibile]. ¶この詩は私には理解できない。Questa poesia non la capisco proprio. ¶この子は理解が早い。Questo bambino ha una rapida capacità di comprensione.

♣理解力 comprensione㊛, intelligenza㊛, capacità㊛ intellettive ¶この質問は小学生の理解力を超えている。Questa domanda va oltre le capacità degli scolari.

りがい 利害 interesse㊚ ¶利害を越えた関係 rapporto disinteressato ¶彼らの利害は相反する。I loro interessi sono contrastanti. ¶AとBの利害が一致している。Gli interessi di A e B coincidono. ¶双方の利害が絡む。Gli interessi delle due parti sono intrecciati.

♣利害関係 ¶その国は日本と大きな利害関係を有している。Quel paese è di vitale interesse per il Giappone. ¶両者には利害関係がある。Quei due sono legati da interessi.

利害関係者 parti㊛[複] interessate; interessato㊚[㊛ -a]

利害得失 vantaggi㊚[複] e svantaggi㊚[複], pro㊚[無変] e contro㊚[無変]

りかがく 理化学 fisica㊛ e chimica㊛

りがく 理学 scienza㊛ (naturale)
✤ **理学士** laureato㊚[㊛ -a][dottore㊚[-essa]] in Scienze Naturali
理学博士 diplomato㊚[㊛ -a] del dottorato in Scienze Naturali
理学部 facoltà㊛ di scienze naturali; facoltà㊛ di scienze matematiche, fisiche e naturali

りき 利器 1《鋭利な刃物》spada㊛ affilata, coltello㊚ tagliente 2《便利な機械, 器具》¶文明の利器 comodità moderne

りきがく 力学 meccanica㊛;《動力学》dinamica㊛ ◇力学の laborioso, dinamico㊚[複 -ci] ◇力学的に dinamicamente

りきかん 力感 ¶力感溢れる彫刻 scultura potente[possente] ¶この作品は力感に溢れている. Quest'opera è piena di vigore.

りきさく 力作《大作》grande lavoro㊚;《苦心の作》opera㊛ laboriosa;《代表作》opera㊛ rappresentativa;《傑作》capolavoro㊚

りきし 力士 lottatore㊚ di *sumo*

りきせつ 力説 ◇力説する sottolineare *ql.co.*, porre l'accento [insistere] su *ql.co.*, mettere *ql.co.* in rilievo

りきそう 力走 ◇力走する correre「il più veloce possibile [con tutte le *proprie* forze]

リキッド〔英 liquid〕liquido㊚
✤ **リキッドファンデーション** fondotinta㊚[無変] liquido

りきてん 力点 1《力のかかる点》punto㊚ in cui viene applicata la forza;《物》punto㊚ di applicazione della potenza 2《重視する点》¶力点を置く insistere su *ql.co.* / dare importanza [rilievo] a *ql.co.* / sottolineare *ql.co.*

りきむ 力む 1《力を入れる》sforzarsi ¶重い石を持ち上げようとして力んだ. Ha fatto grossi sforzi nel sollevare un pesante sasso. ¶うーんと力んで押したが車はびくともしなかった. Spingevamo paonazzi l'automobile, ma questa non si spostava di un millimetro. 2《努力する》¶いくら力んでみてもどうにもならなかった. Malgrado tutti i miei sforzi non sono stato all'altezza di farlo. 3《気負う》darsi da fare esageratamente, affannarsi ¶そう力むな. Rilassati!

りきゅう 離宮《皇室の》villa㊛ imperiale;《王家の》villa㊛ reale ¶桂離宮 villa imperiale di Katsura

リキュール〔仏 liqueur〕liquore㊚

りきりょう 力量 abilità㊛, capacità㊛;《才能》talento㊚ ¶力量のある人 persona abile [capace / di talento] ¶力量を示す mostrare la *propria* abilità[capacità] / dare prova della *propria* abilità[capacità] ¶この仕事をするだけの力量がない. Non è all'altezza di fare quel lavoro.

りく 陸 terra㊛;《大陸》continente㊚, terraferma㊛ ¶陸に上がる sbarcare㊛ [*es*] / scendere [mettere piede] a terra ¶陸が見えたぞ. Ecco la terra! / Terra in vista! ¶あの村は陸の孤島だ. Quel villaggio è isolato dal resto del mondo come un'isoletta nell'oceano.

りくあげ 陸揚げ scarico㊚[複 -chi], scaricamento㊚, sbarco㊚[複 -chi] ¶船荷の陸揚げをする scaricare una nave [sbarcare le merci
✤ **陸揚げ港** porto㊚ di scarico
陸揚げ場 posto㊚ di scarico

りくい 利食い《金融》guadagno㊚ dovuto alla compravendita dei titoli

りくうん 陸運 trasporto㊚ terrestre [via terra, su ruote]

リクエスト〔英 request〕richiesta㊛ ¶聴取者のリクエストに応える soddisfare le richieste dei radioascoltatori
✤ **リクエスト曲** musica㊛ [canzone㊛]richiesta, pezzo㊚[brano㊚]richiesto
リクエスト番組 programma㊚ [複 -*i*] su richiesta

りくかいくう 陸海空 1《陸と海と空》mare, cielo e terra㊛ 2《陸海空軍》forze㊛[複] terrestri, marine e aeree; esercito㊚, marina㊛ e aeronautica㊛

りくぐん 陸軍 esercito㊚, forze㊛[複] di terra, armata㊛ ¶陸軍に入る entrare [arruolarsi] nell'esercito
✤ **陸軍士官学校** accademia㊛ militare

りくさんぶつ 陸産物 prodotti㊚[複] della terra

りくじょう 陸上 ◇陸上の terrestre ◇陸上で a terra
✤ **陸上競技** atletica㊛ leggera ⇒スポーツ[用語集]
陸上競技場 stadio㊚[複 -*i*] di atletica leggera
陸上自衛隊 Forze㊛[複] di Autodifesa Terrestri
陸上植物 piante㊛[複] terrestri
陸上輸送 trasporto㊚ via terra

りくせい 陸生 ◇陸生の terrestre
✤ **陸生動物** animale㊚ terrestre

りくそう 陸送 trasporto㊚ via terra ¶じゃが芋を陸送する trasportare patate via terra [(トラック)su gomma]

りくち 陸地 terra㊛ ¶地球の陸地面積 superficie㊛ della terraferma del globo

りくつ 理屈 1《論理》logica㊛;《道理》ragione㊛;《理論》teoria㊛ ¶理屈に合った logico / ragionevole / razionale /《正しい》giusto ¶理屈に合わない illogico / irragionevole /《ばからしい》assurdo ¶理屈の上では正しいが, 現実的ではない. È teoricamente giusto, ma non è applicabile alla realtà. ¶あの人はいつも理屈に合わないことばかり言う. Quello dice sempre cose poco ragionevoli. ¶彼の言うことには十分理屈がある. In ciò che dice c'è una grande dose di verità. ¶理屈抜きでいい音楽だ. È indiscutibilmente una bella musica. 2《口実》pretesto㊚, scusa㊛ ¶彼は何かと理屈をつけては会社を休む. Adducendo questo o quel pretesto lui si assenta spesso dalla ditta. ¶理屈を言ってないで仕事をしろ. Non fare discorsi inutili e pensa a lavorare.
✤ **理屈屋** persona㊛ cavillosa e pedante

りくつづき 陸続き ¶フランスとスペインは陸続きだ. La Francia confina con la Spagna. ¶トル

コからパキスタンまで陸続きで行ける. Si può andare dalla Turchia al Pakistan via terra.

りくつっぽい 理屈っぽい (di pensiero) arzigogolato, complicato, cavilloso ¶理屈っぽい人 persona troppo rigidamente attaccata alla logica

りくとう 陸稲 riso coltivato in terreno non irrigato

リグニン 〔英 lignin〕《化》lignina

りくはんきゅう 陸半球 emisfero terrestre

りくふう 陸風 vento di terra

リクライニングシート 〔英 reclining seat〕 sedile [poltroncina] reclinabile

リクルート 〔英 recruit〕《人材募集, 採用》reclutamento (di personale);《学生などの就職活動》ricerca di un posto di lavoro ¶リクルートスーツ abito indossato per i colloqui di lavoro (◆ di solito di colore scuro abbinato a una camicia bianca)

りくろ 陸路 ¶陸路で via terra /《トラックで》su gomma ¶陸路大阪に赴く andare a Osaka via terra

リケッチア 〔ラ rickettsia〕《生》rickettsia

りけん 利権 concessione, licenza ¶鉱山［石油］採掘の利権 concessione mineraria [petrolifera] ¶利権を譲渡する fare delle concessioni ¶利権を与える dare a qlcu. la concessione (《のdi》) ¶利権を獲得する ottenere una concessione
✤利権所有者 concessionario [複 -i], 《複 -i》
利権屋 profittatore [(女) -trice], affarista [(女) 複 -i]

りこ 利己 ◇利己的 egoista [(男)複 -i], egoistico [(男)複 -ci];《自己中心的》egocentrico [(男)複 -ci];《欲得ずくの, 私心のある》interessato ¶利己的でない《利他的》altruista [(男)複 -i] / altruistico [(男)複 -ci] /《欲得を離れた》disinteressato
✤利己主義 egoismo
利己主義者 egoista [(男)複 -i]
利己心 ¶あいつは利己心のかたまりみたいなやつだ. È l'egoismo in persona.

りこう 利口 **1**《頭がいいこと》◇利口な《聡明な》intelligente;《賢い》assennato;《鋭敏な》acuto ◇利口に intelligentemente; saggiamente ¶利口な少年 ragazzo intelligente [sveglio / svelto] ¶こんな日は家にいたほうが利口だ. Con una giornata così è più saggio stare a casa.
2《子供が聞き分けがいいこと》¶およしなさい, お利口さんだから. Piantala! Fa' il bravo!
3《抜け目ないこと》◇利口な《機転がきく・利発な》sveglio [(男)複 -gli], svelto;《狡猾な》furbo, astuto;《巧みな》abile ◇利口に furbamente, furbescamente; abilmente ¶利口に立ち回る fare il furbo [la furba]

りこう 履行《契約などの》adempimento di un contratto;《計画の完成・実現》compimento, realizzazione;《法律などの施行》attuazione, applicazione ◇履行する adempiere, compiere, realizzare ¶契約を履行する adempiere un contratto

りこうがくぶ 理工学部 facoltà di scienze e ingegneria

りごうしゅうさん 離合集散 associazione e dissociazione;《政党などの》cambiamento di allineamenti ¶離合集散を繰り返す associarsi e dissociarsi ripetutamente

リコーダー 〔英 recorder〕《音》flauto dolce [diritto / a becco]

リコール 〔英 recall〕**1**《欠陥商品の》richiamo ¶欠陥車をリコールする ritirare le automobili difettose **2**《要職にある人を》rimozione a richiesta generale ¶知事をリコールする. Il governatore ha dovuto dimettersi dalla carica a richiesta generale.
✤リコール運動《政》movimento a favore delle dimissioni di qlcu.
リコール制 sistema con il quale l'opinione pubblica può invocare le dimissioni di funzionari pubblici

りこん 離婚 divorzio [複 -i] (▶片方の過失での離婚を divorzio per colpaという) ◇離婚する divorziare [av] da qlcu. ¶離婚した人 persona divorziata / divorziato [(男) -a] ¶協議離婚する ottenere il divorzio consensuale
✤離婚訴訟 ¶離婚訴訟を起こす intentare una causa di divorzio
離婚手続き procedura di divorzio ¶離婚手続きをする fare le pratiche di divorzio
離婚届 dichiarazione di divorzio ¶離婚届を出す far registrare il divorzio

リサーチ 〔英 research〕 ¶リサーチをする fare ricerche [indagini] su ql.co.

リザーブ 〔英 reserve〕《予約》prenotazione ¶部屋［テーブル］をリザーブする prenotare una camera [un tavolo]

りさい 罹災 ◇罹災する essere colpito da un disastro
✤罹災者 vittima di un disastro

リサイクル 〔英 recycle〕 riciclaggio [複 -gi] ¶ガラス瓶をリサイクルする riciclare bottiglie di vetro ¶ガラス製品のための回収容器 contenitore per la raccolta del vetro
✤リサイクルショップ negozio [複 -i] di seconda mano
リサイクル法 legge sul riciclaggio

リサイタル 〔英 recital〕〔英 recital [résital, rétʃital]〕《音楽》¶ピアノのリサイタルを開く tenere un recital di pianoforte

りさげ 利下げ《金融》riduzione di interesse ◇利下げする ridurre [abbassare] i tassi d'interesse

りざや 利鞘《経》margine di profitto, margini [複] degli utili ¶株の売買で利ざやを稼ぐ guadagnare con le azioni / ricavare un margine di profitto dalle azioni ¶利ざやが大きい［小さい］. C'è un largo [piccolo] margine di profitto.

りさん 離散 ◇離散する disperdersi ¶一家は離散した. La famiglia si è dispersa [sfasciata].

りし 利子 interesse ¶高い［低い］利子で ad alto [a basso] interesse ¶無利子で senza interessi ¶年8分の利子で金を貸す［借りる］ dare [prendere] denaro in prestito all'otto per cento di interesse annuo ¶利子をつけて返す restituire il denaro con gli interessi ¶この預金は1％の利子がつく. Questo deposito dà un interes-

se dell'un per cento. ¶利子が利子を生んで元金が倍になった. Gli interessi si sono accumulati e il capitale si è raddoppiato. ¶経過利子《経》 interesse maturato
✤利子率 tasso㊚ d'interesse ¶自然利子率 tasso d'interesse naturale

りじ 理事 direttore㊚[㊛-trice]; amministratore㊚[㊛-trice], membro㊚ del consiglio direttivo ¶常任理事 direttore esecutivo
✤理事会 consiglio㊚[複-gli]「di amministrazione [direttivo]
理事長 presidente㊚[㊛-essa], amministratore㊚[㊛-trice] generale

りしゅう 履修 ◇履修する seguire
✤履修届 domanda㊛ di iscrizione ai corsi scelti

りじゅん 利潤 《経》profitto㊚, guadagno㊚ ¶利潤の追求 ricerca del profitto ¶利潤をあげる ottenere [ricavare] un profitto
✤利潤動機 obiettivo㊚ del profitto
利潤率 tasso di profitto

りしょく 利殖 ¶彼は利殖の道にたけている. È bravo nel far fruttare il proprio denaro.
✤利殖法 tecnica㊛ per [di] far fruttare il denaro

りしょく 離職 ◇離職する lasciare il *proprio* lavoro [impiego]; 《失業する》perdere il posto di lavoro
✤離職者 licenziato㊚[㊛-a]; 《定年退職者》impiegato㊚[㊛-a] in pensione; 《失業保険を受けている人》lavoratore㊚[㊛-trice] in cassa integrazione, cassintegrato㊚[㊛-a]; 《失業者》disoccupato㊚[㊛-a]
離職率 percentuale㊛ di abbandono del lavoro

りす 栗鼠 《動》scoiattolo㊚

りすい 利水 《灌漑(かんがい)》irrigazione㊛
✤利水工事 lavori㊚[複] di irrigazione, opera㊛ di sfruttamento dell'acqua

りすい 離水 decollo㊚ (dall'acqua) ¶水上飛行機が離水した. Un idrovolante ha decollato dall'acqua.

りすう 理数 scienza㊛ e matematica㊛
✤理数系 indirizzo㊚ scientifico e matematico

リスク 〔英 risk〕rischio㊚[複-schi] ¶リスクを負う assumersi il rischio ¶リスクが大きい rischioso ¶その会社に投資するのはリスクが大きい. Si corre un grande rischio a investire in quella ditta.

リスト 〔英 list〕lista㊛, elenco㊚[複-chi]; 《カタログ》catalogo㊚[複-ghi] ¶在庫品のリスト inventario delle merci ¶リストを作る fare una lista ¶リストに記載された名前 i nomi elencati [in elenco / nella lista] ¶彼の名前は候補者リストにある. Il suo nome figura nella lista dei candidati.
✤リストアップ ¶必要な品をリストアップする elencare gli [fare la lista degli] articoli necessari

リストラ taglio㊚[複-gli] del personale nel quadro di una ristrutturazione aziendale

リスナー 〔英 listener〕ascoltatore㊚[㊛-trice]

リスニング 〔英 listening〕ascolto㊚ ¶リスニングのテスト esame di ascolto ¶イタリア語のリスニング力をつける migliorare l'abilità di ascolto in italiano
✤リスニングルーム sala㊛ d'ascolto

リズミカル 〔英 rhythmical〕◇リズミカルな ritmico㊚[複-ci] ¶リズミカルに話す parlare ritmicamente

リズム 〔英 rhythm〕ritmo㊚ ¶ダンスのリズム ritmo della danza ¶リズムに乗って歌う cantare seguendo [tenendo] il ritmo
✤リズム感 senso del ritmo ¶彼はリズム感がある. Ha un buon senso del ritmo.
リズムセクション sezione㊛ ritmica

りする 利する **1**《利益を得る・与える》¶敵を利する favorire il nemico ¶あの経験は利するところが多大であった. Quell'esperienza mi ha recato un grande beneficio [mi ha insegnato molte cose / mi è stata molto utile]. **2**《利用する》approfittare㊷[av] di *ql.co.* ¶地形を利してダムを作る costruire una diga approfittando della topografia del territorio

りせい 理性 ragione㊛ ◇理性的な《合理的な》razionale; 《分別のある》ragionevole ◇理性的に razionalmente; ragionevolmente ¶純粋理性 ragione pura [pratica] ¶『純粋理性批判』(カント) "Critica della ragion pura" (Kant) ¶理性がある essere razionale [ragionevole] ¶理性を失う perdere la ragione [la testa / la calma] ¶理性を取り戻す recuperare la ragione ¶彼の前で理性的でいられなくなる. Davanti a lui non riesco a essere razionale. ¶彼は理性がない. È un irrazionale [《理性が働かない》irrazionevole].

りせき 離籍 ◇離籍する《戸籍を抜く》depennare *qlcu.* dal registro di famiglia; 《除名させる》cancellare il nome di *qlcu.* dal registro (di *ql.co.*)

リセット 〔英 reset〕《コンピュータ》〔英 reset [resét]〕㊚[無変] ◇リセットする resettare; ripristinare
✤リセットボタン《コンピュータ》bottone㊚ di reset

りそう 理想 ideale㊚ ◇理想的な, 理想のideale; 《完璧な》perfetto ¶理想を実現する[追う] realizzare [perseguire] un ideale ¶理想と現実は違う. L'ideale e la realtà sono due cose ben diverse [distinte]. ¶彼は私の理想の人です. È l'uomo che desideravo [sognavo]. ¶あなたの理想の男性はどんなタイプですか. Qual è per te l'uomo ideale?
✤理想化 idealizzazione㊛ ◇理想化する idealizzare *ql.co.* [*qlcu.*]
理想家 idealista㊚㊛[㊚複-i]; 《夢想家》sognatore㊚[㊛-trice]
理想郷 utopia㊛
理想主義 idealismo㊚ ◇理想主義的 idealistico [複-ci]; utopistico㊚[複-ci]
理想主義者 idealista㊚㊛
理想像 figura㊛ ideale, modello㊚; 《手本・模範》esemplare㊚
理想論 ¶君の言っていることは理想論にすぎない. Quello che dici non è altro che una teoria utopica.

リゾート 〔英 resort〕centro㊚ attrezzato di villeggiatura ¶海浜のリゾート地 stazione bal-

neare ¶ウィンタースポーツリゾート stazione di sport invernali
❖リゾートウエア abbigliamento◎ casual [無変] [sportivo]
リゾート産業 industria◎ della villeggiatura
リゾートホテル albergo◎ [複 -ghi] di una località turistica

りそく 利息 interesse◎ →利子

りそん 離村 ¶若者たちはつぎつぎに離村していった。I giovani「se ne sono andati dal [hanno abbandonato il] villaggio l'uno dopo l'altro.

りた 利他 ◇利他的 altruistico [◎複 -ci]
❖利他主義 altruismo◎
利他主義者 altruista◎ [◎複 -i]

リターンエース 〔英 return ace〕《テニスで》risposta◎ vincente

リターンキー 〔英 return key〕《コンピュータ》tasto◎ di invio

リターンマッチ 〔英 return match〕《スポ》rivincita◎, (incontro di) ritorno◎

リタイヤ 〔英 retire〕 ◇リタイヤする ritirarsi da *ql.co.*;《定年退職する》andare in pensione ¶レースをリタイヤする ritirarsi da [abbandonare] una gara

リダイヤル 〔英 redial〕 ◇リダイヤルする ricomporre lo stesso numero

りだつ 離脱 ◇離脱する《あるグループから離れる》staccarsi da *ql.co.* ¶党を離脱する staccarsi dal *proprio* partito / lasciare il *proprio* partito ¶戦線を離脱する abbandonare il [ritirarsi dal] fronte

リタルダンド 〔伊〕《音》ritardando◎, 《記号》rit., ritard.

りち 理知《人間に生まれつき備わる知的能力》intelletto◎;《知性, 知識》intelligenza◎ ◇理知的 intellettuale; intelligente ¶理知を働かせる esercitare il *proprio* intelletto

リチウム 〔独 Lithium〕《化》litio◎;《元素記号》Li

りちぎ 律儀 onestà◎, sincerità◎, fedeltà◎ ◇律儀な onesto, sincero, fedele
❖律儀者 persona◎ estremamente corretta con gli altri

りちゃくりく 離着陸 decollo◎ e atterraggio◎ [◎複 -gi]

りつ 率《割合》tasso◎;《百分率》percentuale◎, proporzione◎;《指数》indice◎;《可能性》probabilità◎ ¶出生率 tasso di natalità ¶死亡率 (tasso di) mortalità ¶高い [低い] 率で ad alto [a basso] tasso ¶平均率 tasso medio ¶率の良い投資 investimento redditizio

りつあん 立案 elaborazione◎ [stesura◎ / formulazione◎] di un programma [un piano / un progetto] ◇立案する elaborare [stendere / formulare] un piano
❖立案者 ideatore◎ [◎ -trice] di un piano

りっか 立夏 il primo giorno d'estate secondo il calendario lunare (◆ intorno al 6 maggio secondo il calendario solare)

りつき 利付き ◇利付きの con gli interessi
❖利付き口座《預金》conto◎ [deposito◎] fruttifero
利付き長期公債 debito◎ consolidato

りっきゃく 立脚 ◇立脚する başarsi su *ql.co.* ¶…に立脚して in base a *ql.co.* / başandosi su *ql.co.*
❖立脚地 [点] punto◎ di vista, angolazione◎

りっきょう 陸橋 viadotto◎;《歩道橋》cavalcavia◎ [無変] pedonale

りっけん 立憲
❖立憲君主 monarca◎ [複 -chi] costituzionale
立憲君主国 monarchia◎ costituzionale
立憲政治 governo◎ [sistema◎] costituzionale

りっこうほ 立候補 candidatura◎ ◇立候補する presentarsi come candidato [《女性》candidata], candidarsi ¶彼は国会選挙 [地方選挙] に立候補した。Si è presentato come candidato alle elezioni politiche [amministrative]. ¶彼は会長に立候補した。Si è candidato alla presidenza.
立候補者 candidato◎ [◎ -a]
立候補届 ¶立候補届を出す [取り下げる] presentare [ritirare] la candidatura

りっこく 立国 **1**《建国》fondazione◎ di una nazione **2**《ある方針で国を盛んにすること》¶貿易立国 nazione başata sul commercio con l'estero

りっしでん 立志伝 biografia◎ di un uomo che si è fatto da sé [uomo di successo]

りっしゅう 立秋 il primo giorno d'autunno secondo il calendario lunare (◆ intorno all'8 agosto secondo il calendario solare)

りっしゅん 立春 il primo giorno di primavera secondo il calendario lunare (◆ intorno al 4 febbraio secondo il calendario solare)

りっしょう 立証 prova◎, dimostrazione◎ ◇立証する provare [dimostrare] *ql.co.* ¶彼の有罪を立証するものは何もない。Non c'è alcuna prova della sua colpevolezza. / Non c'è niente che provi la sua colpevolezza.

りっしょくパーティー 立食パーティー ricevimento◎ [《英》party [párti]◎ [無変]] in piedi;《仏》buffet◎ [無変]

りっしんしゅっせ 立身出世 successo◎ nella vita ◇立身出世する avere successo nella vita, fare una bella carriera

りっすい 立錐 ¶会場は立錐の余地もなかった。La sala era stracolma [piena zeppa].

りっする 律する regolamentare ¶自分の好みで他人を律することはできない。Non è possibile imporre le proprie convinzioni agli altri.

りつぜん 慄然 ◇慄然とする tremare◎ [*av*] di paura per *ql.co.* ¶慄然とさせる光景 scena terrificante ¶慄然として口が聞けなかった。Spaventato, non sono riuscito ad aprire bocca. ¶それを思い出すと慄然とする。Quei terribili ricordi mi fanno tremare.

りつぞう 立像 statua◎

りったい 立体 《幾何》solido◎ →次ページ 図版 ◇立体の solido;《3次元の》tridimensionale
❖立体映画 film◎ [無変] tridimensionale [a tre dimensioni]
立体音響 suono◎ stereofonico [複 -ci]
立体感 effetto◎ tridimensionale ◇立体感のある tridimensionale;《写真・映画などの》stereoscopico [◎複 -ci]
立体幾何学 geometria◎ solida

立体鏡 stereosc*o*pio男[複 -*i*]
立体交差 incr*o*cio男[複 -*ci*] a cavalcavia ¶立体交差している高架道路 cavalcavia男[無変]
立体裁断《服》drappe*gg*io男[複 -*gi*]
立体写真 fotografia女 stereoscopica
立体派《美》cub*i*smo男
りっち 立地 ubicazione女
❖**立地条件** ubicazione女; condizioni女[複] topogr*a*fiche ¶この銀行は立地条件がいい[悪い]. Questa banca è ben [mal] ubicata.
りっとう 立冬 il primo giorno男 d'inverno secondo il calendario lunare (◆ intorno all'8 novembre secondo il calendario solare)
りつどう 律動 ritmo男, movimento男 r*i*tmico ◇律動的な r*i*tmico[複 -*ci*]
リットル〔仏 litre〕《容量の単位》litro男;《記号》l ¶4リットルの瓶 bottiglione da quattro litri ¶半リットル mezzo litro ¶4分の3リットル tre quarti di litro

りっぱ 立派

1《すばらしいこと》◇立派な《すぐれた》eccellente;《見事な》spl*e*ndido; stup*e*ndo, magn*i*fico [男複 -*ci*], meraviglioso;《偉大な》grande, magn*i*fico;《堂々たる》grandioso, imponente;《高潔な、気高い》n*o*bile;《卓越した》eminente;《称賛すべき》ammir*e*vole, lod*e*vole, bello (◆語尾変化については →いい 語形);《尊敬すべき》rispett*a*bile;《威厳のある》dignitoso ◇立派に eccellentemente; stupendamente, meravigliosamente, magnificamente ¶立派な記録 record fant*a*stico ¶立派な宮殿 palazzo imponente [magn*i*fico] ¶立派な著作 opera di valore ¶立派な理想 n*o*bile ideale男 ¶彼の態度は立派だった. Il suo comportamento è stato ammir*e*vole. ¶立派なお宅にお住まいですねえ. Lei abita in una splendida casa.
2《正当な、十分な》sufficiente, soddisfacente.

立体
1 六角柱 pr*i*sma男 a base esagonale. 2 三角柱 pr*i*sma男 triangolare. 3 四角柱 parallelep*i*pedo男 rettangolo. 4 立方体 cubo男. 5 角錐 pir*a*mide女. 6 四面体 tetra*e*dro男. 7 八面体 otta*e*dro男. 8 十二面体 dodeca*e*dro男. 9 円柱 cilindro男. 10 円錐 cono男. 11 球 sfera女. 12 高さ altezza女. 13 底面 base女. 14 頂点 v*e*rtice男. 15 側稜 sp*i*golo男. 16 側面 faccia女. 17 母線 apotema男. 18 軸 asse男.

《申し分ない》impecc*a*bile, perfetto ◇立派に molto bene, sufficientemente; impeccabilmente, perfettamente ¶立派な証拠 prova schiacciante ¶言うことだけはご立派だが…. Dice belle cose, ma... ¶彼は東京で立派にやっている. Se la sta cavando alla grande a Tokyo. ¶22歳ならもう立派な大人だぞ. Hai 22 anni, sei un uomo fatto ormai.

リップ〔英 lip〕《唇》labbro男 [複女 *labbra*]
❖**リップクリーム** crema女 per le labbra, burro男 di cacao
リップサービス《口先だけのお世辞》parole女[複]「di conven*i*enza [complimentose] ¶リップサービスをする adulare
リップスティック《口紅》rossetto男
リップブラシ pennellino男 per rossetto
リップペンシル matita女 per le labbra
りっぷく 立腹 ◇立腹する arrabbiarsi; infuriarsi ¶ご立腹はごもっともです. Ha ragione ad arrabbiarsi.
りっぽう 立方 ¶xの立方 x alla terza potenza / x al cubo ¶1メートル立方 cubo di un metro
❖**立方根** radice女 c*u*bica
立方センチメートル centimetro男 cubo;《記号》cm³ ¶この瓶の容積は50立方センチメートルだ. Il volume di questa bottiglia è di 50 cm³ (読み方: cinquanta centimetri cubi).
立方体 cubo男 ◇立方体の c*u*bico [男複 -*ci*]
立方メートル metro男 cubo;《記号》m³
立方メートル毎キログラム metro cubo男 per chilogrammo;《記号》m³/kg
りっぽう 立法 legislazione女 ◇立法の legislativo ¶教育立法 legislazione per l'istruzione / legislazione scolastica
❖**立法機関** organo男 legislativo, legislatura女
立法権 potere男 legislativo
立法者 legislatore男
りっぽう 律法 legge女;《宗》comandamento男
りづめ 理詰め ◇理詰めの teor*e*tico [男複 -*ci*], l*o*gico [男複 -*ci*] ¶理詰めで説得する conv*i*ncere qlcu. con la l*o*gica ¶理詰めで承諾させた. Procedendo con logica, l'ho persuaso ad accettare la mia proposta. ¶君のように理詰めでこられるとかなわない. Non c'è niente da fare contro la tua fredda logica.
りつりょう 律令《史》c*o*dici男[複] Ritsu e Ryo di origine cinese indicanti rispettivamente divieti e norme, corrispondenti agli odierni c*o*dici penale e amministrativo-processuale
❖**律令国家** ordinamento男 statale giapponese basato sui c*o*dici Ritsu e Ryo (dalla metà del VII secolo al X secolo)
りつろん 立論 argomentazione女, ragionamento男, impostazione女 di un discorso
◇立論する argoment*a*re男 [*av*], ragion*a*re自 [*av*], impost*a*re una teoria
りてい 里程 distanza女 in *ri*;《距離》distanza女
❖**里程標** pietra女 miliare
りてきこうい 利敵行為 azione女 che favorisce il nemico

リテヌート 〔伊〕〘音〙ritenuto[男];《記号》riten.

りてん 利点 vantaggio[男][複 -gi], beneficio[男][複 -ci], profitto[男], convenienza[女] ¶この製品は軽いという利点がある. Questo prodotto ha il vantaggio di essere leggero.

りとう 離党 dimissioni[女][複] dal partito
◇離党する lasciare [uscire[自][es] da] un partito

りとう 離島 《離れ島》isola[女] solitaria [remota];《島を離れること》 ◇離島する lasciare l'isola

りとく 利得 ⇒利益

リトグラフ 〔英 lithograph〕《石版画・石版印刷》litografia[女] ◇リトグラフの litografico [[男]複 -ci] ¶リトグラフにする litografare ¶リトグラフ作家 litografo[男][[女] -a]

リトマス 〔英 litmus〕〘化〙tornasole[男][無変]
✤**リトマス試験紙** cartina[女] al [di] tornasole

リニアモーター 〔英 linear motor〕〘電・機〙motore[男] lineare
✤**リニアモーターカー** 〘鉄道〙treno[男] a motore lineare

りにち 離日 partenza[女] dal Giappone, congedo[男] dal Giappone ◇離日する lasciare il Giappone, partire dal Giappone, prendere congedo dal Giappone

りにゅう 離乳 svezzamento[男], slattamento[男]
◇離乳させる svezzare [slattare] *qlcu.*
✤**離乳期** periodo[男] di svezzamento
離乳食 dieta[女] svezzante;《市販の》omogeneizzato[男]

リニューアル 〔英 renewal〕 rinnovamento[男]
◇リニューアルする rinnovare

りにょう 利尿 〘医〙diuresi[女][無変] ¶正常利尿 diuresi normale
✤**利尿剤** diuretico[男][複 -ci]
利尿作用 effetto[男] diuretico

りにん 離任 ◇離任する lasciare il *proprio* ufficio [posto]

リネン 〔英 linen〕(tessuto[男] di) lino[男]

りねん 理念 〘哲〙idea[女];《イデオロギー》ideologia[女][複 -gie];《信条としての考え》principio[男][複 -i], filosofia[女]
¶社会主義の理念 ideologia socialista ¶福沢諭吉の教育理念 la filosofia dell'educazione di Fukuzawa Yukichi

りのう 離農 《集団的な》esodo[男] dalle campagne ◇離農する abbandonare l'agricoltura
✤**離農者** persona[女] che ha abbandonato l'agricoltura

リノールさん リノール酸〘生化〙acido[男] linoleico [複 -ci] [linolico [複 -ci]]

リノリウム 〔英 linoleum〕 linoleum[男][無変]

リハーサル 〔英 rehearsal〕 prova[女] ◇リハーサルする fare una prova ¶リハーサルなしのぶっつけ本番でやる mettere in scena *ql.co.* senza aver fatto prove ¶『ハムレット』は今リハーサル中だ. Ora si sta provando l'"Amleto". / Sono in corso le prove dell'"Amleto".

リバーシブル 〔英 reversible〕〘服〙 ¶リバーシブルのコート soprabito reversibile

リバイバル 〔英 revival〕 〔英〕revival[男][無変]; ritorno[男] ¶1970年代の歌がリバイバルした. Le canzoni degli anni '70 sono tornate in voga.
✤**リバイバルソング** canzone[女] revival [無変]
リバイバルブーム ¶リバイバルブームが起きている. È di moda il ritorno alle cose del passato.

リバウンド 〔英 rebound〕 rimbalzo[男]

りはつ 利発 ◇利発な intelligente; sveglio [[男]複 -gli]

りはつ 理髪 taglio[男][複 -gli] di [dei] capelli
✤**理髪師** barbiere[男][[女] -a]; parrucchiere[男][[女] -a] per uomo ¶『セビリアの理髪師』(ロッシーニ) "Barbiere di Siviglia" (Rossini)
理髪店 negozio[男][複 -i] di barbiere ¶理髪店に行く andare dal barbiere

りはば 利幅 margine[男] di profitto ¶大きな利幅があった. Ho avuto un largo margine di guadagno.

リハビリテーション 〔英 rehabilitation〕〘医〙riabilitazione[女], rieducazione[女];《物理・理学療法》fisioterapia[女] ¶患者に両足のリハビリテーションを受けさせる sottoporre un paziente alla riabilitazione [alla rieducazione] delle gambe ¶手術後リハビリテーションをする fare la riabilitazione dopo l'operazione

りばらい 利払い pagamento[男] degli interessi

りはん 離反 allontanamento[男], distacco[男][複 -chi] ◇離反する allontanarsi [staccarsi] da *qlcu.* ¶重税のため民心は政府から離反した. Le pesanti imposte hanno allontanato il popolo dal governo.
✤**離反者** disertore[男][[女]複 -trice]

リビドー 〔ラ libido〕〘心〙libido[女][無変]

りびょう 罹病 ◇罹病する ammalarsi, essere colpito da *ql.co.*, prendersi [buscarsi] *ql.co.*;《感染》infettarsi di *ql.co.*, contagiarsi di *ql.co.*
✤**罹病率** quoziente[男] di morbosità

リビングルーム 〔英 living room〕 soggiorno[男]

リブ 〔英 rib〕〘料〙costoletta[女]

リフォーム 〔英 reform〕 ristrutturazione[女], rinnovo[男] ¶彼は家をリフォームした. Ha ristrutturato la casa.

りふじん 理不尽 ◇理不尽な irragionevole, irrazionale;《不当な》ingiusto ¶理不尽な要求 richiesta assurda [pazzesca / irragionevole]

りふだ 利札 〘金融〙cedola[女] (di interesse), tagliando[男]
✤**利札落ち** ex-cedola[女] ◇利札落ちの secco [[男]複 -chi], senza cedola
利札付き ◇利札付きの col dividendo
利札付き債権 obbligazione[女] al portatore

リフティング 〔英 lifting〕 **1** 《美容整形》〔英〕lifting[男][無変] **2** 《サッカーの》palleggio[男][複 -i]

リフト 〔英 lift〕 **1** 《スキー場の》〔英〕ski(-)lift[男][無変], sciovia[女] (►いずれも, 立って乗るものを指す);《座って乗るもの》seggiovia[女] ¶リフトで登る salire in [con la] seggiovia
2 《荷物用エレベーター》montacarichi[男][無変]
✤**リフトバック** ¶リフトバックの車 auto[女] col portellone posteriore

リプレイス 〔英 replace〕〘コンピュータ〙sostituzione[女], rimpiazzo[男]

リフレーション 〔英 reflation〕〘経〙reflazione[女]

り

リフレーン 〔英refrain〕《音・詩学》ritornello; 〔仏〕refrain [refrén] 《無変》

リベート 〔英 rebate〕 **1**《払い戻し》rimborso男 ¶その商品は1割のリベートがつく．Ci danno il dieci per cento di rimborso sul prezzo di questi articoli．**2**《手数料》commissione女, percentuale女;《賄賂(ホヘラ)》bustarella女 ¶商品に対し15％のリベートをもらう[取る] ricevere [prendere] una commissione del quindici per cento sulla merce

りべつ 離別 《別離》separazione女, 《離婚》divorzio男 [複 -i] ¶彼は子供の時に母親と離別した．Si è separato da sua madre quando era bambino．

リベット 〔英 rivet〕《機》ribattino男, rivetto男 ¶…にリベットを打つ ribattere [inchiodare] ql.co.
✤リベット打ち機 ribaditrice女, chiodatrice女, rivettatrice女

リベラリスト 〔英 liberalist〕 liberale男女
リベラリズム 〔英 liberalism〕 liberalismo男
リベラル 〔英 liberal〕 ◇リベラルな liberale
リポーター 〔英 reporter〕 →レポーター
リポート 〔英 report〕 →レポート
リボかくさん リボ核酸《生化》acido男 ribonucleico [複 -ci];《略》〔英〕RNA男
リボ(ルビング)ばらい リボ(ルビング)払い credito男 rotativo
リボン 〔英 ribbon〕 nastro男, 《ちょう結び, リボン型》fiocco男 [複 -chi] ¶リボンで結ぶ legare con un nastro ¶タイプライターのリボン nastro per la macchina da scrivere ¶ばらの花形に結んだリボン coccarda女 ¶頭にリボンをつける mettere un nastro nei capelli

りまわり 利回り 《経》frutto男, reddito男, rendita女;《利率》tasso男 d'interesse ¶高利回りの貯蓄 deposito con alto tasso d'interesse ¶直接利回り rendimento corrente ¶この株は利回りがいい．Questi titoli rendono bene. ¶この株は4分の利回りです．Queste azioni mi fruttano il quattro per cento．

リミット 〔英 limit〕 limite男
リム 〔英 rim〕《車輪の》cerchione男
リムジン 〔英 limousine〕《車》〔仏〕limousine女 [無変]
✤リムジンバス aerobus男 [無変], bus男 navetta [navetta女/ autobus男 [無変]] che svolge il servizio passeggeri tra la città e l'aeroporto

りめん 裏面 **1**《裏側》rovescio男 [複 -sci];《後ろ》parte女 posteriore, dietro男, retro男 ¶小切手の裏面 retro dell'assegno bancario ¶「裏面を見よ」《表示》"Vedi retro"
2《物事の隠された面》 ¶裏面にいろいろ事情がある．Ci sono sotto molte altre cose．
✤裏面工作 operazione女 dietro le quinte ¶誰かが裏面工作をしている．C'è qualcuno che manovra dietro le quinte．

リモートコントロール 〔英 remote control〕《電》comando男 a distanza, telecomando男 ¶リモートコントロール式の模型飛行機 aeromodello telecomandato
リモコン →リモートコントロール ¶テレビのリモコン telecomando (televisivo)

リヤカー (piccolo) rimorchio男 [複 -chi] ¶リヤカーを引く trainare un rimorchio

りゃく 略 《省略》omissione女;《語句の縮約, 略語》abbreviazione女 ¶イタリア語で agg．は形容詞 aggettivo の略である．In italiano "agg." è l'abbreviazione di "aggettivo"．¶「以下略」eccetera /《略》ecc. / etc.《官庁》omissis(▶ラテン語 ceteris omissis の短縮形)

りゃくが 略画 schizzo男, abbozzo男, bozzetto男 ¶馬の略画を描く fare l'abbozzo di [abbozzare] un cavallo / schizzare un cavallo

りゃくげん 略言 ◇略言する riassumere ql.co. (per sommi capi) ¶略言すれば《要約すると》in poche parole / per riassumere / abbreviando / sintetizzando /《手っ取り早く言えば》a farla breve / in parole povere

りゃくご 略語 abbreviazione女;《頭文字の》sigla女 ¶EUは欧州連合の略語である．UE è la sigla per Unione Europea．

りゃくごう 略号 sigla女;《電文の》codice男 (telegrafico [複 -ci])
りゃくし 略史 breve storia女
りゃくじ 略字 forma女 semplificata di un carattere (cinese)
りゃくしき 略式 informalità女 ◇略式の informale, semplificato ◇略式に[で] informalmente, senza formalismi ¶略式で結婚式を挙げる celebrare un matrimonio informale
✤略式起訴状《法》denuncia女 [複 -ce] ¶略式起訴状を提出する sporgere denuncia (に対して contro)

略式裁判 processo男 rapido [abbreviato / sommario [複 -i]] ¶略式裁判を行う fare giustizia sommaria
略式処分《法》《権利・財産の》trasferimento男 sommario, cessione女 sommaria
略式手続き procedimento男 sommario
略式命令《法》ordinanza女 sommaria

りゃくしゅ 略取 **1**《人・物などを無理やりに奪うこと》cattura女;《軍》《要塞などの奪取》presa女 ◇略取する catturare qlcu. [ql.co.]; conquistare [prendere] ql.co. **2**《法》《誘拐》rapimento男, sequestro男 di persona ◇略取する rapire [sequestrare] qlcu.
✤略取誘拐罪 rapimento男, ratto男

りゃくしょう 略称 nome男 abbreviato, abbreviazione女
りゃくす 略す《省略する》omettere [tralasciare] ql.co.;《縮める》abbreviare [accorciare] ql.co.;《とばす》saltare ql.co.;《除く》levare [togliere];《要約する》riassumere [fare un riassunto di / fare un sunto di] ql.co. ¶略して説明する spiegare ql.co. a grandi linee ¶略さずに語る raccontare ql.co. integralmente [senza omettere niente] ¶詳しいことは略します．Ometterò i particolari. ¶住所を略さずに書く scrivere il proprio indirizzo completo

りゃくず 略図《スケッチ》schizzo男;《地図》piantina女, mappa女 ¶略図を書く fare uno schizzo di ql.co.

りゃくだつ 略奪 saccheggio男 [複 -gi] ◇略奪する saccheggiare qlcu. [ql.co.], mettere a bottino ¶村中が敵兵に略奪された．Tutto il villaggio

è stato saccheggiato dai soldati nemici.
❖**略奪者** saccheggia*tore*㊚ [㊛ -*trice*]
略奪品 bottino㊚, preda㊛;《戦利品》spoglie㊛ [複]

りゃくねんぴょう 略年表 breve tavola㊛ cronologica

りゃくふく 略服 abito㊚ informale ¶彼は略服をきていた. Portava un abito informale. / Vestiva in modo informale.

りゃくれき 略歴 breve curriculum㊚ [無変] vitae

りゅう 竜 drago㊚《複 -*ghi*》, dragone㊚（◆西欧の「ドラゴン」は翼をもち火をはく悪の象徴。また, drago volanteは「凧(たこ)」をさす）

-りゅう -流 **1**《流派》¶藤間流の日本舞踊 danza giapponese della scuola Fujima **2**《やり方》¶日本流のお辞儀 inchino alla giapponese ¶彼は自己流でやっている. Lo fa a modo suo.

りゆう 理由 ragione㊛;《原因》causa㊛;《動機》motivo㊚;《口実》scusa㊛, pretesto㊚ ¶存在理由 ragion(e) d'essere ¶いかなる理由で per quale ragione ¶薄弱な[根拠のある / はっきりした]理由 ragione povera [ben fondata / precisa] ¶理由のない senza ragione [motivo] / immotivato ¶…の理由で a [per] causa di *ql.co.* ¶彼は経済的理由で大学を中退した. Ha lasciato l'università per ragioni economiche. ¶そんな理由は通らないよ. Quella scusa è inammissibile. ¶彼はいろいろな理由をつけて仕事を休みたがる. Adducendo vari motivi è sempre pronto a non lavorare. ¶健康上の理由で今日の会議は欠席いたします. Non partecipo alla riunione di oggi per motivi di salute. ¶彼が私のことを悪く言う理由がわからない. Non capisco perché parli male di me. ¶私が反対するのには十分な理由がある. Ho buone ragioni [ragioni sufficienti] per oppormi. ¶理由はどうあろうと暴力を振るうのはよくない. Qualunque sia la ragione, non si deve ricorrere alla violenza.

りゅうあん 硫安《化学肥料》solfato㊚ di ammonio

りゅうい 留意 ¶留意する《配慮する, 考慮する》tener conto《に di》; tener presente *ql.co.*[*qlcu.*];《注意する》fare [prestare] attenzione《に a》, stare attento《に a》¶健康には留意してください. Abbia cura di se stesso. / Si riguardi.

りゅういき 流域 bacino㊚ (idrografico㊚ [複 -*ci*]);《大河の》valle㊛ (fluviale) ¶大井川流域に nel bacino del fiume Oi ¶ナイル河流域 valle del Nilo
❖**流域面積** bacino㊚ di drenaggio

りゅうか 流下 ◇流下する scorrere㊀ [*es*] nel fiume
❖**流下物** materiali㊚ [複] trasportati dal fiume

りゅうか 硫化《化》solforazione㊛ ◇硫化する solforare
❖**硫化ゴム** gomma㊛ vulcanizzata
硫化水素 solfuro㊚ di idrogeno, acido㊚ solfidrico [無変]
硫化物 solfuro㊚

りゅうかい 流会 ¶定数に達しなかったため会議が流会になった. La riunione non si è tenuta per mancanza del numero legale.

りゅうがく 留学 ◇留学する studiare㊀ (▶単独でも可) all'estero;《行く》andare all'estero per motivi di studio ¶イタリアに留学する andare a studiare in Italia ¶イタリア留学中に durante il soggiorno in Italia come studente
❖**留学生** stud*ente*㊚ [㊛ -*essa*] che studia all'estero ¶国費留学生 borsista㊚㊛《複 -*i*》governativo ¶交換[外国人給費]留学生 borsista「di scambio [straniero]」¶私費留学生 studente che studia all'estero a spese proprie ¶在日イタリア人留学生 studenti italiani in Giappone

りゅうかん 流感《「流行性感冒」の略》《医》influenza㊛ ¶流感にかかる prendere l'influenza ¶私は流感にかかっている. Ho l'influenza. / Sono influenzato.

りゅうき 隆起 **1**《突起, 出っ張り》sporgenza㊛, protuberanza㊛ ◇隆起している essere sporgente, sporgere㊀ [*es*] ◇隆起した gobbo, protuberante **2**《地質》sollevamento㊚ (del terreno) ◇隆起する sollevarsi

りゅうぎ 流儀 stile㊚ ¶私は私の流儀でやります. Lo faccio a modo mio.

りゅうきへい 竜騎兵《史》dragone㊚
りゅうけい 流刑 →流刑(るけい)

りゅうけつ 流血 spargimento㊚ di sangue ¶デモは流血の惨事に発展した. La manifestazione si è trasformata in un fatto di sangue.

りゅうげん 流言 notizia㊛ falsa, diceria㊛ ¶流言を放つ diffondere [far circolare] una notizia falsa
❖**流言飛語** notizia㊛ infondata [priva di fondamento / falsa e tendenziosa]

りゅうこ 竜虎 ¶竜虎相打つ決戦 battaglia decisiva fra due rivali di pari forza

りゅうこう 流行 **1** moda㊛, voga㊛,《英》trend㊚ [無変]
◇流行する essere [andare] di moda ◇流行の di moda, alla moda, in voga, popolare ¶大流行する essere di gran moda ¶流行させる lanciare la moda di *ql.co.* ¶流行を追う seguire la moda ¶流行遅れになる passare [uscire] di moda ¶再流行する tornare di moda [in voga] ¶最新流行 [流行遅れ]の服 vestito「all'ultima [fuori] moda」¶ミニスカートが再び流行 gran ritorno della minigonna ¶彼はいつも流行の最先端をいく. È sempre all'ultima moda. ¶君, 流行に遅れているよ. Non sei al passo con la moda.
2《病気などの》diffusione㊛, propagazione㊛ ◇流行性の《医》epidemico㊚《複 -*ci*》¶疫病の流行を食い止める ostacolare la propagazione di un'epidemia ¶この地方ではコレラが流行している. In questa zona si sta propagando il colera. / In questa regione c'è un'epidemia di colera.

❖**流行歌** canzone㊛「in voga [gettonata]」
流行歌手 cant*ante*㊚㊛ popolare
流行語 parola㊛「in voga [alla moda / ricorrente]」
流行作家 scritt*ore*㊚ [㊛ -*trice*] popolare
流行性肝炎《医》epatite㊛ epidemica
流行性感冒 influenza㊛
流行性結膜炎《医》congiuntivite㊛ epidemica

流行病 epidemia㊛
りゅうこつ 竜骨 《船》chiglia㊛, carena㊛ ¶深竜骨 chiglia a pinna ¶湾曲部竜骨 chiglia di rollio
りゅうさ 流砂 →流砂(ﾘｭｳｻﾞ)
りゅうさん 硫酸 《化》acido solforico [複 -ci] ¶濃硫酸 acido solforico concentrato ¶硫酸で焼く vitriolizzare
❖硫酸アンモニア [マグネシウム / カルシウム] solfato㊚ di ammonio [magnesio / calcio]
硫酸化 solfatazione㊛
硫酸紙 pergamena㊛ vegetale, carta㊛ pergamenata
硫酸銅 solfato㊚ di rame
りゅうざん 流産 **1**《胎児の》aborto㊚ (▶自然流産も堕胎も意味する) ◇流産する《人工流産も含めて》 abortire [av] ¶自然 [人工] 流産 aborto naturale [procurato] ¶妻は流産した。 Mia moglie ha avuto un aborto. **2**《物事が成立しないこと》 ¶計画は流産に終わった。 Il progetto è stato bocciato [scartato].
りゅうし 粒子 grano㊚, granello㊚; 《薬剤などの》granulo㊚; 《微細な》particella㊛ ¶粒子の荒いネガ negativo a grana grossa
りゅうしつ 流失 ¶何百という家屋が洪水で流失した。 Un centinaio di case sono state portate via dall'inondazione.
りゅうしゃ 流砂 sabbie㊛[複] mobili
リュージュ 〔仏 luge〕《スポ》slittino㊚
りゅうしゅつ 流出 fuoriuscita㊛, deflusso㊚ (▶いずれも物にも人にも用いる); 《人材や資本などの海外への》fuga㊛;《多数の人や資本などの》esodo㊚ ◇流出する fuoriuscire㊥ [es], defluire㊥ [es]; fuggire㊥ [es] ¶石油流出 fuoriuscita di petroli ¶資本の流出《経》fuga [esodo] di capitali ¶頭脳流出 fuga di cervelli
❖流出車線 corsia㊛ di uscita
りゅうじょう 粒状 ◇粒状の granulato ¶粒状にする granulare ql.co.
りゅうず 竜頭 《釣り鐘や時計の》corona㊛ ¶時計の竜頭を巻く caricare un orologio ¶竜頭巻きの時計 orologio a carica manuale [con caricamento a chiavetta]
りゅうすい 流水 acqua㊛ corrente
りゅうせい 流星《天》meteora㊛, stella㊛ cadente
❖流星雨 pioggia㊛ [複 -ge] meteorica, sciame㊚ meteorico [複 -ci]
流星群 sciame㊚ meteorico, corrente㊛ di meteore
りゅうせい 隆盛 prosperità㊛ ◇隆盛な prospero ¶隆盛を極めている essere al culmine della prosperità ¶隆盛の一途をたどる prosperare sempre di più
りゅうぜつらん 竜舌蘭《植》agave㊛
りゅうせんけい 流線型 ◇流線型の aerodinamico [複 -ci] ¶流線型の車体 carrozzeria (dalla linea) aerodinamica
りゅうそく 流速 velocità㊛ della corrente
りゅうたい 流体 fluido㊚
❖流体静力学 idrostatica㊛
流体力学 idrodinamica㊛
りゅうだん 榴弾《軍》granata㊛, bomba㊛ a frammentazione

りゅうち 留置 fermo㊚ di polizia, detenzione㊛;《予防拘禁》arresto㊚ preventivo ◇留置する fermare qlcu., operare il fermo di qlcu., tenere qlcu. in fermo ¶彼は留置されている。 È in stato di arresto.
❖留置場 guardina㊛
りゅうちょう 留鳥 uccello㊚ stanziale
りゅうちょう 流暢 scorrevolezza㊛, fluidità㊛;《弁が立つ》facilità㊛ verbale ◇流暢な fluente ◇流暢に scorrevolmente, correntemente;《正確に》correttamente ¶流暢な演説 discorso fluente ¶イタリア語を流暢に話す parlare italiano correntemente [fluentemente]
りゅうつう 流通 **1**《換気》ventilazione㊛;《循環》circolazione㊛ ¶部屋の空気の流通をよくする ventilare [arieggiare] una stanza
2《経》《貨幣の》circolazione㊛;《商品の》distribuzione㊛;《手形の》negoziazione㊛ (delle cambiali) ◇流通する circolare㊥ [es, av];《状態》essere in circolazione;《商品が》essere in commercio ¶新紙幣を流通させる mettere una nuova banconota in circolazione ¶流通していない》貨幣 moneta in [fuori] corso
❖流通革命 rivoluzione㊛ nella distribuzione
流通機構 sistema㊚ [複 -i]「di distribuzione [distributivo]
流通市場《金融》mercato㊚ dei titoli azionari
流通資本 capitale㊚ circolante [in circolazione]
流通証券 titoli㊚ [複] negoziabili
流通税 imposta㊛ di successione
流通路 canali㊚ [複] di smercio [distribuzione]
リュート〔英 lute〕《音》liuto㊚
▸リュート奏者 liutista㊚ [㊛複 -i]
りゅうどう 流動《流れ動くこと, 変動》fluttuazione㊛ ◇流動する fluttuare㊥ [av] ◇流動的 fluido, fluttuante;《不安定な》instabile ¶情勢はまだ流動的である。 La situazione è ancora fluida.
❖流動資産《経》attività㊛ [複] liquide, disponibilità㊛ [複] correnti
流動資本 capitale㊚ circolante
流動食 alimento㊚ liquido, dieta㊛ liquida
流動性《情勢などの》fluidità㊛ ¶国際流動性 liquidità internazionale ¶労働の流動性 mobilità del lavoro ¶非流動性 illiquidità
流動体《物・化》《気体・液体》fluido㊚;《液体》liquido㊚
流動点《流体力学》punto㊚ di fusione
流動負債 debito㊚ fluttuante
流動物《液体》liquido㊚
りゅうとうだび 竜頭蛇尾 ¶彼の講演はいつも竜頭蛇尾だ。 Nelle sue conferenze l'esordio è sempre brillante, ma la conclusione è deludente.
りゅうにゅう 流入 affluenza㊛, afflusso㊚ ◇流入する affluire㊥ [es] ¶商品の市場流入 affluenza delle merci sul [nel] mercato ¶外国資本の日本への流入 afflusso di capitali stranieri in Giappone ¶イタリア製品がわが国市場に流入した。 I prodotti italiani affluivano sul nostro mercato.
❖流入車線 corsia㊛ di accesso
りゅうにん 留任 ◇留任する rimanere㊥ [es]

[restare㊂[es]] in carica ¶彼の会長留任が決定された。Hanno deciso che egli rimanga come presidente dell'associazione.

りゅうねん 留年 ◇留年する rimanere㊂[es] nella stessa classe per un altro anno, ripetere il corso, essere ripetente ¶大学を2年間留年した。Sono stato per due anni fuori corso.

♣留年生 ripetente㊌㊐

りゅうは 流派 scuola㊐

りゅうび 柳眉 belle sopracciglia㊐[複]
[慣用] 柳眉を逆立てる ¶彼女は柳眉を逆立てた。Quella bella ragazza ha espresso la sua rabbia aggrottando le sopracciglia.

りゅうひょう 流氷 ghiaccio㊊[複 -ci]「galleggiante [alla deriva]; 《氷群》banchisa㊐, banco㊊[複 -chi] di ghiaccio galleggiante

りゅうほ 留保 1 →保留 2《権利の》《法》riserva㊐, restrizione㊐, eccezione㊐ ¶留保を付する fare qualche riserva《c. a, in》¶…権利を留保する riservarsi il diritto di [+不定詞]

♣留保資金 fondo㊊ di riserva

留保事項 riserve㊐[複]

りゅうぼく 流木 tronco㊊[複 -chi] galleggiante [alla deriva]; 《川に流して運ぶ材木》legname㊊ trasportato dalla corrente

リューマチ 《医》reumatismo㊊ ¶リューマチを引き起こす procurare i reumatismi a qlcu. ¶関節[筋肉/急性]リューマチ reumatismo articolare [muscolare / acuto] ¶リューマチがでた。Ho avuto un attacco di reumatismi.

♣リューマチ患者 persona㊐ affetta da reumatismi

リューマチ痛 dolori㊊[複] reumatici

リューマチ熱 febbre㊐ reumatica

りゅうよう 流用 ¶彼は公金を流用した。《着服して》Si è appropriato indebitamente del denaro pubblico. ¶研究費の一部を流用した。Ho usato [adoperato] una parte dei fondi di ricerca per un altro scopo.

りゅうりゅう 隆隆 1《栄える様子》prosperità㊐,《隆々たる》prospero 2《筋肉が盛り上がっている様子》¶筋肉隆々たる男 uomo muscoloso

りゅうりゅうしんく 粒粒辛苦 ¶彼は粒々辛苦の末に仕事を成し遂げた。Ha portato a termine il lavoro al costo di un durissimo e certosino impegno.

りゅうりょう 流量 《河川の》(quantità㊐ di) corrente㊐;《流体力学で》tempo㊊ di scorrimento;《水・熱などの》flusso㊊;《単位時間内における水の》portata㊐

りゅうれい 流麗 ¶流麗な文体 stile fluente e elegante

リュックサック [独 Rucksack] zaino㊊, sacco㊊[複 -chi] da montagna ¶リュックを背負っている portare uno zaino sulle spalle

りょう 両《二つで一組になるもの、相対して一組になるものの双方》tutti e due㊊[複 *tutte e due*㊐]; ambedue [無変]; entrambi㊊[複 -e] (▶定冠詞は修飾する名詞との間に挿入される) ¶両チーム entrambe le squadre ¶両の目に涙があふれていた。Entrambi gli occhi erano colmi di lacrime. 2《数字に付いて、列車などを

数える》¶8両編成の列車 treno composto da otto carrozze

りょう 良 《評点》buono (▶形容詞) →成績 [参考] ¶ラテン文学で良を取った。Ho preso buono in letteratura latina.

りょう 涼 ¶涼を求める cercare aria fresca ¶涼をとる godersi il fresco

りょう 猟 《狩猟》caccia㊐[複 *-ce*] ¶猟をする cacciare㊌ (▶単独でも可) ¶猟が解禁になった。Si è aperta la stagione della caccia.

りょう 陵 mausoleo㊊ imperiale

りょう 量 《数量》quantità㊐;《総量》totale㊊ complessivo;《金額ではかった総量》《経》ammontare㊊;《容量》volume㊊;《薬などの規定量》dose㊐ ◇量的な quantitativo ◇量的に quantitativamente

¶生産[資本]量《経》ammontare della produzione [del capitale] ¶料理の量が多い[少ない]。Le porzioni sono abbondanti [scarse]. ¶このケーキの砂糖の量は 50 グラムだ。La giusta dose di zucchero per questa torta è (di) 50 grammi. ¶君は酒の量が多すぎないか。Non è che tu bevi troppo? ¶あの人の読書の量はものすごい。La quantità di libri che quel tale legge è spaventosa. ¶量より質が大切だ。La qualità è più importante della quantità. ¶生産の量はふえたが質は低下した。La produzione è aumentata in quantità, ma è peggiorata come qualità.

♣量的規制[統制]《経》controllo㊊ quantitativo

りょう 稜《幾何》spigolo㊊

りょう 漁 《水産物をとること》pesca㊐;《漁業》industria㊐ della pesca;《漁獲高》pesca㊐, retata㊐, pescata㊐ ¶昆布漁 raccolta di alghe ¶鮭漁 pesca di salmoni ¶漁をする pescare ¶海で漁をする pescare in mare ¶今日はまぐろの漁が多かった。Oggi abbiamo pescato tanti tonni.

りょう 寮 dormitorio㊊[複 *-i*] ¶男子[女子]寮 dormitorio maschile [femminile] ¶大学の寮 residenza universitaria /《学生寮》casa dello studente [degli studenti] /《食堂付きの》pensionato studentesco ¶会社の独身寮《男子用》dormitorio per scapoli /《女子用》dormitorio per donne non sposate ¶寮生活をする vivere in dormitorio ¶彼は息子を寮に入れた。Ha sistemato suo figlio in un dormitorio. ¶会社の寮が軽井沢にある。《保養所》La nostra ditta ha una casa per le vacanze dei dipendenti a Karuizawa.

♣寮監 direttore㊊[㊐ *-trice*] del dormitorio

寮生 studente㊊[㊐ *-essa*] del dormitorio

寮長 =寮監;《学生の》rappresentante㊊㊐ degli studenti del dormitorio

寮費 spese㊐[複] per il dormitorio

寮母 governante㊐[《管理人》ispettrice㊐] del dormitorio

-りょう -料 ¶配達料 soprattassa per consegna a domicilio ¶診察料 onorario per visita medica privata

-りょう -領 ¶日本領 territorio [《領有地》possedimento㊊] giapponese /《植民地》colonia㊐ giapponese ¶フランス領ギアナ Guiana francese

りょう 利用 uso㊊, utilizzazione㊐;《使用》impiego㊊[複 *-ghi*];《商》

《活用》utilizzo㊚ ◇利用する usare [utilizzare / impiegare] ql.co. [qlcu.], fare uso di ql.co. [qlcu.], servirsi di ql.co.；《自分のために活用する》approfittare㊀ [av] di ql.co. [qlcu.]；《悪用・濫用する》abusare㊀ [av] di ql.co. ¶利用できる utilizzabile ¶利用できない inutilizzabile ¶太陽熱の利用 utilizzazione dell'energia solare ¶廃物利用 riutilizzazione degli oggetti fuori uso ¶このサービスを利用するためには per usufruire di questo servizio ¶会社に行くのにバスを利用している。Per andare in ufficio mi servo dell'autobus. ¶この図書館は学生しか利用できない。Questa biblioteca è riservata agli studenti. ¶休みを利用して京都へ旅行に行ってきた。Ho fatto un viaggio a Kyoto approfittando [usufruendo] delle vacanze. ¶彼に利用されるなよ。Non lasciarti sfruttare da lui. ¶彼は地位を利用して公金を横領した。Si è appropriato del denaro pubblico abusando della sua posizione.
✤利用価値 utilità㊛ ¶利用価値がある[ない] sfruttabile [inutilizzabile]
利用者 utente㊚㊛

りょうあし 両足 due piedi㊚ [複], due gambe㊛ [複]（►piede はくるぶしから下の部分, gamba は主にひざから足首までの部分）➡体 図版

りょうあん 良案 buona idea㊛

りょういき 領域 **1**《領有区域》territorio㊚ [複 -i], dominio㊚ [複 -i] ¶敵がわが国の領域を侵した。Il nemico ha invaso il nostro territorio. **2**《分野》campo㊚, settore㊚, specialità㊛ ¶化学は私の領域ではない。La chimica non è il mio campo [un settore di mia competenza]. ¶これは科学の領域を超えている。Questo è al di sopra dei [supera i] limiti della scienza.

りょういん 両院 le due Camere㊛ [複] ¶法案は両院を通過した。Il disegno di legge è stato approvato da entrambe [da tutte e due] le Camere.
✤両院協議会［総会］ commissione㊛ bicamerale

りょううで 両腕 entrambe le braccia㊛ [複] ¶両腕を広げる allargare le braccia ¶《諦めの身振り》両腕を広げて〈人〉を迎える accogliere a braccia aperte qlcu. ¶両腕で抱き締める abbracciare qlcu.

りょうえん 良縁 buona offerta㊛ di matrimonio ¶娘に良縁があった。A mia figlia si è presentato un buon partito.

りょうか 良貨 ⇔悪貨

りょうが 凌駕 superamento㊚, sorpasso㊚
¶彼は技量において父親を凌駕した。Ha superato tecnicamente il padre.

りょうかい 了解 intesa㊛ ◇了解する capire, intendere；《主語が複数で》intendersi《について su》¶相互の了解 comprensione reciproca ¶その点について我々は互いに了解済みだ。Su questo punto ci siamo già intesi. ¶彼の了解を求めて cercare di raggiungere un'intesa con lui ¶彼女の了解を得て con il suo consenso ¶了解！《無線で》Ricevuto! / Bene! /《承諾の返事》Va bene. / D'accordo! / OK.
✤了解事項 voci㊛ [複] di un accordo；《法》stipulazione㊛

りょうかい 領海 acque㊛ [複] territoriali ¶イタリアの領海外[内]で fuori [dentro] le acque (territoriali) italiane ¶領海 10 海里外[内]で fuori [entro] dieci miglia marine del limite territoriale
✤領海侵犯 violazione㊛ delle acque territoriali
領海線 limiti㊚ [複] territoriali

りょうがえ 両替 cambio㊚ [複 -i] ◇両替する cambiare ql.co.《に in》¶空港で5万円をユーロに両替した。All'aeroporto ho cambiato cinquantamila yen in euro. ¶小銭がないのですが, 10 ユーロ札を両替してもらえますか。Non ho più spiccioli. Può cambiarmi dieci euro?
✤両替所 (ufficio㊚ [複 -ci] di) cambio㊚
両替商《人》cambiavalute㊚㊛ [無変]；《店》ufficio㊚ di cambio
両替料 commissione㊛ di cambio

りょうがっこう 理容学校 scuola㊛ per barbieri

りょうがわ 両側 tutti e due i lati㊚ [複], tutte e due le parti㊛ [複], entrambe [ambedue] le parti㊛ [複] ¶道の両側に木が植えてある。Ai due lati della strada ci sono degli alberi. ¶通りの両側に店が並んでいる。Due file di negozi fiancheggiano la strada.

りょうかん 量感 ¶量感のある voluminoso / grosso

りょうがん 両岸 entrambe le rive㊛ [複] [le sponde㊛ [複]] ¶川の両岸に桜の木が植えられた。Gli alberi di ciliegio sono stati piantati su entrambe le rive del fiume.

りょうがん 両眼 entrambi gli occhi㊚ [複]

りょうき 猟奇 ◇猟奇的な《血なまぐさい》macabro；《グロテスクな》grottesco [複 -schi]；《異様な》bizzarro ¶猟奇的な事件 faccenda macabra
✤猟奇趣味 gusto㊚ grottesco [macabro]

りょうき 猟期 stagione㊛ venatoria [di caccia] ¶鴨(ガモ)の猟期 l'alta stagione per le anatre selvatiche

りょうき 漁期 stagione㊛ della pesca

りょうぎ 両義 ◇両義の ambiguo ◇両義的に ambiguamente
✤両義性 ambiguità㊛

りょうきょく 両極《北極と南極》il polo㊚ nord e il polo㊚ sud；《陰極と陽極》polo㊚ negativo e polo㊚ positivo

りょうきょくたん 両極端 i due estremi㊚ [複], i due poli opposti㊚ [複], le due estremità㊛ [複] ¶彼らの意見は両極端に分かれた。Le loro opinioni si sono divise in due poli opposti.

りょうぎりタバコ 両切り煙草 sigaretta㊛ senza filtro

りょうきん 料金 tariffa㊛；《値段》prezzo㊚；《医者・弁護士など専門職に対する》onorario㊚ [複 -i]；《有料道路などの》pedaggio㊚ [複 -gi]；《入場料》ingresso㊚
¶料金を上げる[下げる] aumentare [abbassare] la tariffa《di》¶高い[低い]料金で a prezzo alto [basso] ¶ガス料金を払う pagare il [la bolletta del] gas ¶料金は 50 ユーロだ。Il prezzo [La tariffa] è di cinquanta euro. ¶駐車料金は 600 円だった。Il parcheggio è costato 600 yen. ¶宅配は別料金になっております。La consegna a domicilio è extra. ¶追加料金 supplemento

❖料金口《コインを挿入する穴》fessura㊛ per moneta [《札の》biglietti]
料金支払通知書 ¶ガスの料金支払通知書 bolletta del gas
料金所《有料道路の》casello㊚ (autostradale) ¶料金所の係員 esattore㊚ [㊛ -trice] [casellante㊚㊛] autostradale
料金表 listino㊚ dei prezzi, tariffario㊚ [複 -i]
料金別納 ¶料金別納郵便 affrancatura pagata / porto pagato
りょうくう 領空 spazio㊚ [複 -i] aereo territoriale ¶イタリアの領空を飛ぶ volare sul territorio italiano
❖領空侵犯 violazione㊛ dello spazio aereo
りょうぐん 両軍 tutti e due gli eserciti [複], tutte e due le armate㊛[複] ¶両軍に多数の死者が出た。 Ci sono stati numerosi morti in entrambi gli eserciti.
りょうけ 両家 tutte e due [entrambe] le famiglie㊛[複] ¶両家の争い lotta tra le due famiglie
りょうけ 良家 ¶良家の子女 ragazza di buona famiglia ¶良家の出だ。 È di buona famiglia.
りょうけん 了見 《考え》idea㊛;《意向》intenzione㊛;《分別》discrezione㊛, giudizio㊚[複 -i] ¶了見の狭い人 persona「di mentalità ristretta [gretta] ¶彼はよくない了見を起こした。 Aveva cattive intenzioni.
❖了見違い idea㊛ sbagliata ¶それは了見違いだよ。 Ti sbagli. / Hai torto.
りょうけん 猟犬 cane㊚ da caccia
りょうこう 良好 buono ¶手術後の経過は良好だ。 Il decorso postoperatorio è buono [soddisfacente]. ¶受信感度は大変良好です。 La ricezione è ottima.
りょうこく 両国 i due paesi㊚[複], le due nazioni㊛[複] ¶日伊両国の親善のために尽くすつもりだ。 Mi impegnerò a promuovere l'amicizia fra il Giappone e l'Italia.
りょうさい 良妻 ¶良妻賢母である essere una buona moglie e una saggia madre
りょうさく 良策 《措置》buon provvedimento㊚;《戦術》buona tattica㊛;《アイデア》buona idea㊛
りょうさん 量産 produzione㊛ in serie ¶自動車を量産する produrre [fabbricare] automobili in serie
❖量産車 automobile㊛ di serie
量産品 articolo㊚ prodotto in serie
りょうし 猟師 cacciatore㊚ [㊛ -trice]
りょうし 量子 《物》quanto㊚
❖量子力学 meccanica㊛ quantistica
量子論 teoria㊛ quantistica [dei quanti]
りょうし 漁師 pescatore㊚ [㊛ -trice]
りょうし 理容師 barbiere㊚ [㊛ -a], parrucchiere㊚ [㊛ -a] per uomo
りょうじ 領事《人》console㊚;《職》consolato㊚ ◇領事の consolare ¶駐伊日本総領事 Console Generale del Giappone in Italia ¶副領事 vice console
❖領事館 consolato㊚, sede㊛ consolare
領事館員 personale㊚ del consolato;《事務職員》impiegato㊚ [㊛ -a] del consolato

領事裁判 giurisdizione㊛ consolare
領事査証 visto㊚ consolare
領事条約 diritto㊚ consolare
領事部 sezione㊛ consolare ¶在東京イタリア大使館領事部 sezione consolare presso l'Ambasciata d'Italia a Tokyo
りょうじ 療治 ➾治療
りょうしき 良識 buon senso㊚ ¶良識のある人 persona「di buon senso [sensata] ¶良識ある行動 comportamento sensato
りょうしつ 良質 buona qualità㊛ ◇良質の di (buona) qualità, di prim'ordine
りょうしゃ 両者 i due[複] [㊛ 複 le due], tutte e due le parti㊛[複], entrambi㊚[複] [㊛ 複 -e] ¶この研究は両者の協力で完成した。 La cooperazione dei due studiosi ha consentito di portare a termine questa ricerca. ¶この件では両者互いに譲らなかった。 Nessuno dei due ha ceduto sulla questione.
りょうしゅ 領主 signore㊚ feudale, feudatario㊚ [㊛ -ia; 複 -i]
りょうしゅう 領収 ◇領収する ricevere ¶「金10万円, まさに領収いたしました」 "Dichiaro di aver ricevuto 100.000 [centomila] yen."
❖領収書 ricevuta㊛, quietanza㊛ ¶公給領収書 ricevuta ufficiale ¶領収書を求める [出す] chiedere [rilasciare] una ricevuta ¶領収書にサインする firmare una ricevuta ¶「領収済」 "Pagato" / "Per quietanza"
りょうじゅう 猟銃 fucile㊚ da caccia
りょうしょ 良書 buon libro㊚
りょうしょう 了承《認めること》riconoscimento㊚, ammissione㊛;《合意》consenso㊚;《裁可》approvazione㊛ ◇了承する riconoscere [ammettere] ql.co.; consentire a [con] ql.co., dare il proprio assenso a ql.co.; approvare ql.co. ¶この件は落着したとご了承いただきたいと存じます。 Vorrei chiederle di riconoscere che questo problema si è risolto.
りょうじょく 陵辱 1《侮辱》trattamento㊚ indegno, offesa㊛, insulto㊚ ◇陵辱する disonorare [insultare] qlcu. ¶陵辱を受ける essere insultato 2《暴行》violenza㊛ (carnale) ¶女性を陵辱する violentare una donna
りょうしん 両親 i genitori㊚[複] ➾家系図 ¶ご両親はお元気ですか。 I suoi genitori sono in buona salute? ¶ご両親によろしくお伝えください。 Mi saluti i suoi genitori.
りょうしん 良心 coscienza㊛ ◇良心的な coscienzioso;《正直な》onesto ◇良心的に coscienziosamente ¶良心に恥じない行動 comportamento coscienzioso ¶良心的な店 [値段] negozio [prezzo] onesto ¶良心にかけて誓う giurare sulla propria coscienza ¶良心に訴える fare appello alla coscienza di qlcu. ¶良心に従う agire secondo coscienza / seguire i dettami della coscienza ¶彼には良心のひとかけらもない。 È completamente privo di scrupoli. ¶私は良心に恥じるところはない。 Ho la coscienza pulita. ¶良心が答(とが)める。 Provo un rimorso di coscienza. / Mi sento un peso sulla coscienza. ¶良心の声に耳を傾ける ascoltare la voce della coscien-

りょうすいき 量水器　contatore男 dell'acqua
りょうせい 両生　¶水陸両生の《動》anfibio男[複 -i]
✤**両生類**《動》anfibi男[複]
りょうせい 両性　entrambi i sessi男[複]　¶両性の平等 uguaglianza dei sessi
✤**両性花**《植》fiore男 bisessuale [ermafrodito / androgino / androginico[複 -ci]]
両性化合物《化》composto男 anfotero
両性具有　◇両性具有の《生》ermafrodito, androgino
両性具有者 ermafrodito男
両性酸化物《化》ossido男 anfotero
両性生殖《生》riproduzione女 sessuale [mediante gameti]
りょうせい 良性　◇良性の《医》benigno
✤**良性腫瘍** tumore男 benigno
りょうせいばい 両成敗　¶けんか両成敗. In una lite entrambe le parti sono da biasimare.
りょうせん 稜線　(尾根) cresta女　¶稜線がくっきりと見える. Si vede chiaramente il profilo della montagna.
りょうぞく 良俗　buon costume男　¶公序良俗に反する offendere l'ordine pubblico e la morale
りょうぞん 両損　¶それでは両損になる. Questo provocherà perdite da entrambe le parti.
りょうだて 両建《商》doppia facoltà女 [opzione女], stellaggio男[複 -gi]
✤**両建て預金** deposito男 compensativo
りょうたん 両端　le due estremità女[複]　¶この道の北と南の両端に alle due estremità, al nord e al sud, di questa strada
りょうち 領地　dominio男[複 -i];《領有地》possedimento男, proprietà女;《国の》territorio男[複 -i];《封土》feudo男;《王領》regno男;《皇帝領》impero男　¶ハプスブルク家領地 domini degli Asburgo
りょうて 両手　le due mani女[複], entrambe [ambedue] le mani女[複];《両腕》le due braccia女[複]　¶両手にかばんを持つ portare una valigia per ogni mano　¶両手でかばんを持つ portare una valigia con tutte e due le mani　¶本を両手いっぱいに抱える avere le (due) braccia piene di libri　¶両手を広げる《手のひらを》aprire le due mani　¶È ambidestro.
[慣用]**両手に花**　¶彼は両手に花でにやにやしている. È tutto sorridente perché si trova fra due belle donne.
✤**両手鍋** pentola女 con due manici
りょうてい 料亭　ristorante男 giapponese di lusso
りょうてんびん 両天秤　¶両天秤にかける seguire [giocare su] due alternative /《二股をかける》fare il doppio gioco　¶彼女が彼と僕とを両天秤にかけていたとは知らなかった. Non sapevo che fosse indecisa fra lui e me.
りょうど 領土　territorio男[複 -i], dominio男[複 -i]　◇領土の territoriale　¶領土を拡張する espandere il proprio territorio [dominio]　¶いかなる国もわが領土を侵してはならない. Nessun paese deve violare il nostro territorio.

✤**領土権**　¶彼らはこの島の領土権を主張した. Hanno sostenuto il diritto territoriale su quest'isola.
領土保全　¶領土保全を図る cercare di assicurare l'integrità territoriale
りょうどうたい 良導体　¶熱の良導体 buon conduttore termico
りょうとうづかい 両刀使い　**1**《二刀流》scherma女 con due spade [con la doppia spada];《人》spadaccino男[複 -a] con due spade　**2**《両立しない2つのことが両方できる人》esperto男[複 -a] in due arti (lontane tra loro)　**3**《酒と甘いもの両方を好む人》　¶彼は甘辛ともいける両刀使いだ. Gli piacciono sia l'alcol sia i dolci.
りょうとうろんぽう 両刀論法　dilemma男[複 -i]
りょうとく 両得　doppio[複 -i] guadagno男　¶このやり方だと一挙両得だ. In questo modo riusciamo a prendere due piccioni con una fava.
りょうどなり 両隣　¶両隣の家 le due case accanto alla mia
りょうにん 両人　(entrambi) i due男[複];《女2人》(entrambe) le due女[複]　¶私ども両人は出席いたします. Parteciperemo tutti e due.　¶よっ, ご両人.《冷やかして》Che coppia!
りょうば 両刃　◇両刃の a doppio taglio (►比喩的にも用いる)　¶両刃の剣 spada a doppio filo [a doppia lama] /《比喩的》arma a doppio taglio　¶両刃の安全かみそり rasoio di sicurezza con lametta a due tagli
りょうば 猟場　zona女 di caccia;《私有地の》riserva女 di caccia
りょうば 漁場　zona女 di pesca
りょうはん 量販　vendita女 in grandi quantità
✤**量販店** ipermercato男;〔英〕megastore男[無変],〔英〕superstore男[無変]
りょうひ 良否　¶品物の良否を見極める giudicare la qualità delle merci　¶ことの良否に関係なく indipendentemente dai meriti
りょうびらき 両開き　¶両開きのドア porta a doppio battente /《引き戸》porta scorrevole a due ante
りょうふう 涼風　brezza女 (fresca)
りょうぶん 領分　**1**→領地　**2**《活動範囲》sfera女 d'azione;《勢力範囲》territorio男[複 -i], dominio男;《管轄》giurisdizione女, competenza女　¶《人》の領分を侵す invadere la competenza [il dominio] di qlcu.　¶君は自分の領分を守っていたまえ. Pensa agli affari tuoi.　¶『子供の領分』(ドビュッシー) "L'angolo dei bambini" (Debussy)

りょうほう 両方　entrambi男[複] [複 -e], ambedue男[複]女[複], tutti e due男[複]《複 tutte e due》　¶田中と佐藤とは両方ともこの大学の学生だ[ではない]. Sia Tanaka sia Sato [Né Tanaka né Sato] sono studenti di questa università.　¶左右両方をよく見てから道を渡りなさい. Attraversa la strada dopo aver guardato bene a destra e a sinistra.　¶答えは両方とも正しい. Tutte e due [Entrambe] le risposte sono esatte.
りょうほう 療法　terapia女, cura女, tratta-

mento[男] ¶化学療法 chemioterapia ¶電気療法 elettroterapia ¶放射線療法 radioterapia ¶食餌療法をする seguire una dieta speciale

りょうめ 両目 due [entrambi gli] occhi[男][複] ¶両目をつぶりなさい. Chiudi gli occhi.

りょうめ 量目 peso[男] ¶量目をごまかす imbrogliare [rubare] sul peso ¶量目不足である essere al di sotto del peso normale

りょうめん 両面 **1**《ものの表と裏》due [entrambi i] lati[男][複] ¶レコードの両面 i due lati di un disco **2**《ものごとの２つの面》 ¶表裏両面のある人 persona con due facce ¶ものには両面があるものだ. "Ogni medaglia ha il suo rovescio." ¶彼は心身両面の回復が著しい. Si è ripreso notevolmente sia fisicamente sia mentalmente.

✤**両面価値**〘心〙ambivalenza[女]
両面コピー fotocopia[女] fronte retro
両面テープ nastro[男] biadesivo

りょうやく 良薬 buona medicina[女]
[慣用] **良薬口に苦し** La medicina, più è amara più è efficace. / "Il miglior consiglio è duro all'orecchio."

りょうゆう 両雄 due grandi personaggi[男][複] ¶両雄並び立たず Due galli nel pollaio non possono coesistere.

りょうゆう 領有 possesso[男] ◇**領有する** possedere

りょうよう 両用 ¶水陸両用の飛行機 aereo anfibio ¶晴雨両用に使える. Si può usarlo「con qualsiasi tempo [sia che piova sia che faccia bel tempo].

りょうよう 両様 ◇**両様に** in entrambi [ambedue / tutti e due] i modi ¶この語句は具体的, 比喩的両様に解釈できる. Questa frase può essere interpretata sia letteralmente sia metaforicamente.

りょうよう 療養 terapia[女], cura[女] medica, trattamento[男] medic*o* [複 -*ci*] ◇**療養する** sottoporsi ad una terapia [un trattamento / una cura]; curarsi ¶自宅療養 cura「in casa [domestica] ¶療養中である《治療中》essere in cura /《病後の回復期にある》essere in convalescenza

✤**療養所** 《特に結核の》sanator*io*[男][複 -*i*]
療養生活 ¶長い療養生活を送る passare un lungo periodo in cura

りょうり 料理 **1**《調理》cucina[女]; arte[女] culinaria;《料理されたもの》piatto[男];《食べ物》cibo[男] ◇**料理する** cucinare[他] (►単独でも可), far da mangiare;《火を使って》cuocere *ql.co.* ⇒次ページ [用語集] ¶肉[野菜]料理 piatto di carne [verdure] ¶家庭料理 cucina casalinga ¶あっさりした[こってりした]料理 piatto leggero [grasso e pesante] ¶一品料理を注文する ordinare alla carta ¶料理の本 libro di cucina / ricettario ¶料理を残す avanzare del cibo / non mangiare tutto ¶イタリア料理は好きかい. Ti piace la cucina italiana? ¶妻は魚料理が上手です. Mia moglie è brava a cucinare il pesce. ¶このレストランの料理はおいしい. In questo ristorante si mangia bene [la cucina è ottima]. **2**《処理》◇**料理する** sistemare;《解決する》risolvere ¶私には料理しきれない状況だ. Non ce la faccio a tenere sotto controllo la situazione. **3**《やっつけること》¶我々は相手チームを難なく料理した. Abbiamo superato facilmente la squadra avversaria.

✤**料理学校[教室]** scuola[女] [corso[男]] di cucina
料理長 〘仏〙chef [ʃɛf][男][無変]; capocuoco[男] [[女] *capocuoca*; [男]複 *capocuochi, capicuochi*; [女]複 *capocuoche*]
料理人 cuoc*o*[男][[女] -*ca*; [男]複 -*chi*]
料理法 《レシピ》ricetta[女];《料理のしかた一般》arte[女] culinaria
料理屋《高級なもの》ristorante[男];《庶民的なもの》trattoria[女], osteria[女]

りょうりつ 両立 compatibilità[女];《共存》coesistenza[女] ◇**両立する** essere compatibil*e*《と con》; coesistere[自][*es*]《と con》 ¶両立しがたい２つの思想 due pensieri incompatibili [contrastanti] ¶勉強と仕事の両立は難しい. Lo studio e il lavoro sono difficilmente compatibili.

りょうりん 両輪 le due ruote[女][複] ¶この会社であの二人は車の両輪だ. Loro due sono entrambi indispensabili per il buon andamento della ditta.

りょうわき 両脇 ◇**両脇に**《両脇の下》sui due fianchi [lati];《両横》ai due fianchi [lati]

りょかく 旅客 《旅行者》viaggia*tore*[男][[女] -*trice*];《観光客》turist*a*[男] [女][[男]複 -*i*];《乗客》passegger*o*[男][[女] -*a*]

✤**旅客運賃** tariffa[女] [prezzo[男]] del biglietto
旅客機 aeroplano[男] per trasporto passeggeri
旅客名簿 lista[女] di passeggeri
旅客列車 treno[男] viaggiatori

りょかん 旅館 《日本式の》*ryokan*[男][無変] (◆ albergo tradizionale giapponese);《ホテル》alberg*o*[男][複 -*ghi*];〘英〙hotel [otél][男][無変];《宿屋》locanda[女] ¶旅館の主人《持ち主》padron*e*[男][[女] -*a*] di un albergo / alberga*tore*[男][[女] -*trice*] /《経営者》diret*tore*[男][[女] -*trice*] di un albergo

✤**旅館業** industria[女] alberghiera

りよく 利欲 avidità[女] ¶彼は利欲に走りすぎる. È molto avido di denaro. ¶彼は利欲に目がくらんでいる. È accecato dall'ingordigia di denaro.

りょくおうしょくやさい 緑黄色野菜 verdure[女][複] dai colori vivaci (che contengono molto carotene)

りょくそうるい 緑藻類〘植〙alghe[女][複] verdi

りょくち 緑地 zona[女] [regione[女]] verde

✤**緑地化計画** progetto[男] di imboschimento
緑地帯 zona[女] verde

りょくちゃ 緑茶 tè[男][無変] verde

りょくないしょう 緑内障 〘医〙glaucom*a*[男][複 -*i*]

りょくひ 緑肥 〘農〙sove*scio*[男][複 -*sci*]

りょけん 旅券 passaporto[男] ⇒パスポート ¶旅券を申請する fare richiesta del passaporto

✤**旅券課** uffic*io* [複 -*ci*] passaporti
旅券査証 visto[男] ¶旅券査証をする vidimare il passaporto / apporre il visto sul passaporto
旅券番号 numero[男] di passaporto

《 用語集 》 料理 Cucina

イタリア料理のコース
前菜, アンティパスト Antipasti
オイル漬け sottolio [sott'olio]男. カルパッチョ carpaccio男 (◆牛ヒレの生の薄切り肉にパルメザンチーズ, オリーブ油をかけた料理). キャビア caviale男. クロスティーニ crostini男[複] (◆大型のカナペ). コッパ coppa女. サラミソーセージ salame男. サルミ salumi男[複] (◆ハム, ソーセージなど加工肉の総称). 酢漬け sottaceto男. スモークドサーモン salmone男 affumicato. テリーヌ terrina女. 生ハム prosciutto男 crudo. ハム prosciutto cotto. パテ〔仏〕pâté男. ブレザーオラ bresaola女 (◆牛ヒレの乾燥肉). ボッタルガ bottarga女 (◆ボラの半乾燥卵). ムース〔仏〕mousse女[無変]; spuma女. モルタデッラ mortadella女 (◆ボローニャ産ソーセージ).
●前菜の盛り合わせ antipasto男 assortito [misto]. 魚介類のサラダ insalata女 di frutti di mare. スタッフドオリーブ olive男[複] all'ascolana. 詰め物入りムール貝 cozze女[複] ripiene. 生ハムとメロン prosciutto男 e melone男.

1番目の料理（スープとパスタ) Primi piatti
スープ類 minestre クリームスープ crema女. コンソメ brodo男 ristretto;〔仏〕consommé男. スープ, ブイヨン brodo男. 卵スープ zuppa女 (◆トーストパンを加えたスープ). ストラッチャテッラ stracciatella女 (◆かき卵とパルメザン粉チーズのスープ). ミネストラ minestra女 (◆具の少ないスープ). ミネストローネ minestrone男 (◆パスタや米の入った具の多い野菜スープ).
パスタ pasta ●ロングパスタ pasta lunga. ヴェルミチェッリ vermicelli男[複]. カペッリーニ capellini男[複]. スパゲッティ spaghetti男[複]. タリアテッレ tagliatelle女[複]. タリオリーニ tagliolini男[複]. パッパルデッレ pappardelle男[複]. フェットゥッチーネ fettuccine女[複]. ブカティーニ bucatini男[複]. マカロニ maccheroni男[複] (◆ショートパスタのマカロニもある). リングイーネ linguine女[複].
●**ショートパスタ pasta corta.** 小型のペンネ pennette男[複]. 小型のマカロニ maccheroncini男[複]. コンキリエ conchiglie女[複]. ファルファッレ farfalle女[複]. フジッリ fusilli男[複]. ペンネ penne女[複]. リガトーニ rigatoni男[複].
●**詰め物入りパスタ pasta ripiena.** アニョロッティ agnolotti男[複]. アノリーニ anolini男[複]. カッペッレッティ cappelletti男[複]. カンネッローニ cannelloni男[複]. トルテッリーニ tortellini男[複]. ラヴィオリ ravioli男[複].
●**スパゲッティ・ボンゴレ spaghetti男[複] alle vongole** (◆スパゲッティのアサリあえ). スパゲッティ・カルボナーラ spaghetti alla carbonara (◆スパゲッティの卵とベーコンあえ). スパゲッティのトマトソースあえ spaghetti al pomodoro. スパゲッティのニンニクとオリーブ油と唐辛子あえ spaghetti aglio, olio e peperoncino. スパゲッティのミートソースあえ spaghetti al ragù [alla bolognese]. トルテッリーニのスープ仕立てボローニャ風 tortellini男[複] alla bolognese. イワシ入りパスタ pasta女 con le sarde. パスタといんげん豆の煮込み pasta e fagioli男[複]. マカロニグラタン maccheroni男[複] gratinati [al gratin]. ラザーニャのエミリア風 lasagne男[複] all'emiliana.
●**その他のパスタ類 altri piatti.** カルツォーネ calzone男 (◆ピッツァ生地に, リコッタチーズ, モッツァレラ, サラミ, ハムなどを詰めて半分に折って焼くか, 揚げたもの). クレープ crespelle女[複]. ニョッキ gnocchi男[複]. ピアーダ piada女 (◆小麦粉, ラード, 水で練って焼いたロマーニャ地方のフォカッチャ). ピッツァ pizza女. フォカッチャ focaccia女 (◆パン生地にラード, 豚脂の揚げかす等をねり合わせて焼いたピッツァ). ポレンタ polenta女 (◆トウモロコシ粉の料理).

米とリゾット riso e risotti ピラフ pilaf男 リゾット risotto男. イカ墨ソース入りリゾット risotto nero [con le seppie]. ミラノ風サフラン入りリゾット risotto alla milanese. リージ・エ・ビージ risi e bisi男[複] (◆グリンピース入りリゾット). リゾット, バローロワイン風味 risotto男 al Barolo.
●アランチーニ arancini男[複] (◆オレンジ形ライスコロッケ). スップリ suppli男 (◆ライス・コロッケ).

2番目の料理（メインディッシュ) Secondi piatti
肉類 carne 赤身肉(主に牛肉) carne女 rossa. 白身肉(子牛・鶏肉) carne bianca. ●牛肉と子牛肉 manzo e vitello. ヒレ肉 filetto男. リブロース costata女. ロインロース controfiletto男. もつ frattaglie女[複] (胃袋 trippa女. 肝臓, レバー fegato男. 胸腺 animelle女[複]. 腎臓, ロニョン rognone男). 舌 lingua女. 脳 cervello男. ●鳥肉 pollame. 鶏肉 pollo男 (手羽肉 ala女. ささ身, 胸肉 petto男. もつ肉 rigaglie女[複]. モモ肉 coscia女. レバー fegatino男). ウズラ quaglia女. カモ anatra女, anitra女. キジ fagiano男. 七面鳥 tacchino男. (山)鳩 piccione男. ホロホロ鳥 faraona女. ●その他の肉 altra carne. 豚肉 maiale男 (肩ロース costole女[複]. バラ pancetta女. 骨付きロース arista女. モモ coscio男. ロース lombo男). 子羊 abbacchio男, agnello男 (肩 spalla女. バラ pancia女. モモ cosciotto男. ラン sella女. (リブ)ロース costolette女[複]). イノシシ cinghiale男. ウサギ coniglio男. フォアグラ fegato男 d'oca. 子山羊 capretto男. 野ウサギ lepre女. ノロジカ capriolo男.
●ウサギの白ワイン風味 spezzatino男 di coniglio al vino bianco. 小型のエスカロップ scaloppina

㊦. 子羊のオーブン焼き agnello㊚ al forno. スペッツァティーノ spezzatino. 鶏肉の猟師風 pollo㊚ spezzato alla cacciatora. 野ウサギのサルミ salmì㊚ di lepre. ビーフステーキ bistecca㊛. ホロホロ鳥の粘土焼き faraona㊛ alla creta. ローストダック anatra arrostita. ローストビーフ roṣbif㊚.

魚類 pesce アナゴ grongo㊚. アンコウ coda㊛ di rospo. カタクチイワシ(アンチョビ) acciuga㊛. イシモチ ombrina㊛. イワシ sarda㊛. ウナギ anguilla㊛. エイ razza㊛. カサゴ scorfano㊚. カマス luccio㊚ di mare. カレイ limanda㊛. クロダイ orata㊛. サケ salmone㊚. サバ sgombro㊚. シタビラメ sogliola㊛. シラス bianchetti㊚[複]. スズキ spigola㊛, branzino㊚. タラ merluzzo㊚. ニシン aringa㊛. ヒダラ baccalà㊚, stoccafisso㊚. ヒメジ triglia㊛. ヒラメ rombo㊚. ボラ cefalo㊚, muggine㊚. マグロ tonno㊚. マス trota㊛. マダイ dentice㊚, pagro㊚. メカジキ pesce㊚ spada. メヌケ pesce㊚ persico.

魚介類 frutti di mare アカザエビ, テナガエビ scampo㊚. アゲマキ貝 dattero㊚ di mare. アサリ vongola㊛. アワビ orecchia㊛ di mare. イイダコ moscardino㊚. イセエビ aragosta㊛. ウニ riccio㊚ di mare. エビ gambero㊚. オマールエビ astice㊚. カキ ostrica㊛. カニ granchio㊚. クモガニ granceola㊛. コウイカ seppia㊛. サザエ lumaca㊛ di mare. シバエビ gamberetto㊚. シャコ canocchia㊛. タイショーエビ gamberone㊚, mazzancolla㊛. タコ polpo㊚. ハマグリ arsella㊛. (小形の)ホタテ貝 pettine㊚. マテ貝 capelonga㊛. ムール貝 cozza㊛. ヤリイカ calamaro㊚. ●イカの煮込み seppia㊛ in umido. カッチュッコ cacciucco㊚ (◆トスカーナ地方の魚介鍋). スズキの網焼き spigola㊛ alla griglia. ズッパ・ディ・ペッシェ zuppa㊛ di pesce (◆魚介のスープ). チュッピン ciuppin㊚ (◆リグーリア地方の魚介類のスープ). ブリッダ buridda㊛ (◆リグーリア地方の魚介のトマト煮). ブロデット brodetto㊚ (◆アドリア海沿岸地方の魚介鍋).

チーズ Formaggi グラーナ grana㊛[無変]. グリュイエール groviera㊛[無変] (◆小さな気孔のあるチーズ). ゴルゴンゾーラ gorgonzola㊚ (◆青かび入りチーズ). パルメザン parmigiano㊚. フォンティーナ fontina㊛ (◆甘口の軟らかいチーズ). ペコリーノ pecorino㊚ (◆羊の乳のチーズ). マスカルポーネ mascarpone㊚ (◆牛乳と生クリームで作るソフトなクリームチーズ). モッツァレッラ mozzarella㊛ di bufala (◆水牛の乳で作るソフトチーズ). リコッタ ricotta㊛ (◆チーズを抽出した後の凝乳で作るソフトチーズ).

デザート Dolci アイスクリーム gelato㊚. アーモンドマカロン amaretto㊚. アップルタルト torta㊛ di mele. カスタードプリン〔仏〕crème caramel㊛[無変]. カンノーロ cannolo㊚ (◆リコッタクリーム入りの筒形菓子). ザバイオーネ zabaione㊚ (◆マルサーラワイン入りの卵黄クリーム). シャーベット sorbetto㊚. ズッコット zuccotto㊚ (◆リキュール入りスポンジケーキ). ズッパ・イングレーゼ zuppa㊛ inglese (◆アルケルメス・リキュールを含ませたスポンジケーキ). スフレ〔仏〕soufflé㊚. ティラミス tiramisù㊚. パンナ・コッタ panna cotta (◆生クリームのプディング). フルーツポンチ macedonia㊛ (di frutta).

野菜 Verdura アスパラガス asparago㊚. アーティチョーク carciofo㊚. インゲンマメ fagiolo㊚. カブ rapa㊛. カボチャ zucca㊛. カリフラワー cavolfiore㊚. キノコ fungo㊚. キャベツ cavolo㊚. グリーンピース pisello㊚. ジャガイモ patata㊛. ズッキーニ zucchini㊚[複]. セロリ sedano㊚. ソラマメ fava㊛. タマネギ cipolla㊛. トウガラシ peperoncino㊚. トマト pomodoro㊚. トリュフ tartufo㊚. ナスビ melanzana㊛. ニンジン carota㊛. ネギ porro㊚. ピーマン peperone㊚. ヒヨコマメ cece㊚. フダンソウ bietola㊛. ブロッコリ broccolo㊚. ホウレンソウ spinacio㊚. レタス lattuga㊛. レンズマメ lenticchia㊛.

調味料 Condimenti 油 olio㊚ (オリーブ油 olio d'oliva. サラダ油 olio di semi). 砂糖 zucchero㊚. 塩 sale㊚. 酢 aceto㊚ (香酢 aceto aromatico. バルサム香酢 aceto balsamico. ワインビネガー aceto di vino). 豚脂 lardo㊚. バター burro㊚. マーガリン margarina㊛. マスタード mostarda㊛. マヨネーズ maionese㊛. 洋ガラシ senape㊛. ラード strutto㊚.

香草と香料 Aromi e spezie アサツキ erba㊛ cipollina. アニス anice㊚. アンジェリカ angelica㊛. イタリアン・パセリ prezzemolo㊚. エシャロット scalogno㊚. エストラゴン dragoncello㊚. オレガノ origano㊚. カイエンペッパー pepe㊚ di caienna. クミン cumino㊚. クレソン crescione㊚. ケーパー cappero㊚. コショウ pepe㊚. 胡麻 sesamo㊚. コリアンダー coriandolo㊚. サフラン zafferano㊚. シナモン cannella㊛. ショウガ zenzero㊚. セージ salvia㊛. セルフユ cerfoglio㊚. タイム timo㊚. 丁字 chiodo㊚ di garofano. ナツメグ noce㊛ moscata. ニンニク aglio㊚. バジリコ basilico㊚. ハツカダイコン, ラディッシュ rafano㊚. バニラ vaniglia㊛. パプリカ paprica㊛. ヒャクシン ginepro㊚. フェンネル finocchio㊚. マヨラナ maggiorana㊛. ミント menta㊛. ローズマリー rosmarino㊚. ローリエ foglia㊛ di alloro, lauro㊚.

り

りょこう 旅行 viaggio男[複-gi];《小旅行》gita女;《周遊》giro男;《視察旅行》ispezione女;《探検旅行》esplorazione女;《回遊, 遊覧》escursione女 ◇旅行する viaggiare自[av];fare un viaggio ¶海外旅行 viaggio all'estero ¶修学[バス]旅行 gita scolastica [in pullman] ¶宇宙旅行 viaggio nello spazio ¶新婚旅行 viaggio di nozze / luna di miele ¶世界一周旅行 viaggio (giro) intorno al mondo / giro del mondo ¶旅行に出る partire per un viaggio / mettersi in viaggio ¶旅行中である essere in viaggio ¶イタリア[京都]を旅行する viaggiare in Italia [a Kyoto] ¶お忍びで[自動車で]旅行する viaggiare in incognito [in automobile]
✤旅行案内書 guida女 turistica; cicerone男
旅行案内所 ufficio男[複-ci] informazioni per turisti
旅行家 viaggiatore男[女-trice];《世界を渡り歩く人》giramondo男女[無変]
旅行会社 →旅行代理店
旅行かばん borsa女[borsone男] da viaggio;《トランク》valigia女[複-ge, -gie] /鞄 図版;《行李(ごうり)》baule男
旅行記 diario男[複-i] di viaggio ¶『ガリバー旅行記』(スウィフト) "I viaggi di Gulliver" (Swift)
旅行業者 agente男女 di viaggi
旅行先《目的地》destinazione女, meta女;《滞在地》soggiorno男 ¶旅行先から絵はがきを送ろう. Ti manderò una cartolina dal posto dove vado. ¶旅行先で病気になった. Mi sono ammalato durante il viaggio.
旅行シーズン (alta) stagione女 turistica
旅行者 viaggiatore男[女-trice];《観光客》turista男女[男複-i];《乗客》passeggero男[女-a]
旅行者小切手 assegno男 turistico[複-ci];〔英〕traveller's cheque男[無変]
旅行傷害保険 assicurazione女 per incidenti di viaggio
旅行代理店 agenzia女「di viaggi [turistica]
旅行日程 itinerario男[複-i];《予定表》programma男[複-i] giornaliero di un viaggio
りょしゅう 旅愁 malinconia女, solitudine女 del viaggiatore ¶その風景に旅愁を誘われた. La vista di quel paesaggio suscitò in me un senso di solitudine.
りょじょう 旅情 ¶そこには旅情をそそるようなものは何もなかった. In quel viaggio non ho trovato niente che mi ha emozionato.
りょそう 旅装《旅行用の服装》abbigliamento男 da viaggio;《旅支度》preparativi男[複] per il viaggio /《旅支度を整える prepararsi per un viaggio /《トランクに荷物をつめる》fare [preparare] la valigia ¶旅装を解く《トランクのものを出す》disfare la valigia
りょだん 旅団《軍》brigata女 ¶国際旅団 Brigate Internazionali (◆スペイン内戦時の共和派支持の外国人兵団) ¶黒色旅団 Brigate Nere (◆ファシズム時代に反ファッショ・パルチザンに対抗して作られた軍事組織) ¶赤い旅団 Brigate Rosse (◆1970年代のイタリアの極左過激派の軍事組織)
✤旅団長 comandante男 di brigata

りょっか 緑化 rimboschimento男, rimboscamento男 ◇緑化する rimboscare [rimboschire] ql.co.
✤緑化運動 campagna女 per il rimboscamento [rimboschimento]
りょてい 旅程《日程》itinerario男[複-i];《道のり》distanza女;《行程》percorso男, tragitto男;《旅の予定表》programma男[複-i] di viaggio ¶旅程を練る fare un programma di viaggio ¶この旅程をこなすのは大変だ. Non è facile percorrere tutto questo itinerario. ¶1日300キロの旅程をこなした. Siamo riusciti a percorrere 300 km al giorno.
りょひ 旅費 spese女[複] di viaggio ¶東京まで旅費はどのくらいかかりますか. Quanto costa il viaggio fino a Tokyo?
リラ〔伊〕《イタリアの旧通貨単位》lira女;《記号》L., Lit. ◆lira italianaの略》 ¶100万リラ un milione di lire / L. [Lit.] un milione
リラ《仏 lilas》《植》lillà男[無変]
リライト〔英 rewrite〕 ◇リライトする riscrivere
リラックス〔英 relax〕 ◇リラックスする rilassarsi, distendersi ¶少しはリラックスしろよ. Dai, rilassati un po'! ¶カモミール茶を飲んでリラックスする distendere i nervi con una camomilla ¶この椅子に座るとリラックスした気分になる. Su questa sedia mi sento "rilassato [a mio agio]".
リリース〔英 release〕《CD・映画などの》lancio男[複-ci] sul mercato ¶彼の新作CDは3月にリリースされる. Il suo nuovo cd uscirà in marzo.
リリーフ〔英 relief〕 **1**《野球》cambio男[複-i] del lanciatore **2**《浮き彫り》rilievo男
リリカル〔英 lyrical〕《叙情的》 ◇リリカルな lirico男[複-ci]
りりく 離陸 decollo男 ◇離陸する decollare[es, av] ¶飛行機は定刻どおりにローマ空港を離陸した. L'aereo ha decollato in orario dall'aeroporto di Roma.
りりしい 凛々しい《男らしい》virile;《勇ましい》fiero
リリシズム〔英 lyricism〕lirismo男, liricità女
りりつ 利率《経》tasso[saggio男[複-gi]] d'interesse ¶高い[低い]利率 alto [basso] tasso d'interesse ¶銀行[市場]利率 tasso d'interesse bancario [di mercato] ¶利率を上げる alzare [elevare] il tasso d'interesse ¶利率を下げる abbassare [diminuire] il tasso d'interesse ¶年7分5厘の利率で金を貸す prestare il denaro al tasso d'interesse annuo del 7,5 % (読み方: sette virgola cinque per cento)
リレー〔英 relay〕 **1**《スポ》staffetta女;《特に陸上の》corsa女 a staffetta;《競泳》nuoto男 a staffetta ¶800メートルリレー "quattro per duecento [4×200]" ¶400メートル自由型リレー staffetta "quattro per cento [4×100] stile libero ¶聖火リレー staffetta della fiaccola olimpica
2《順に受け継ぐこと》 ¶バケツリレーで火を消した. Abbiamo domato l'incendio formando una catena di secchi d'acqua.
3《電》《継電器》relè男
✤リレー選手 staffettista男女[男複-i];《特に競

泳）frazionista男㊚[男複 -i]
リレーゾーン zona㊛ di cambio (nella staffetta)
リレー中継〔テ〕collegamento男 televisivo
りれき 履歴（来歴,経歴,身の上）storia㊛ personale;（特に職歴）carriera㊛;（前歴）precedenti男[複]　¶履歴を調べる controllare i precedenti　¶履歴に傷がつく（前科ができる）macchiarsi la fedina penale
❖履歴書〔ラ〕curriculum vitae男[無変]　¶会社に履歴書を出した。Ho presentato il mio curriculum a quella ditta.
りろせいぜん 理路整然　¶理路整然とした議論 argomentazione logica [coerente]　¶彼の講演は実に理路整然としていた。La sua conferenza è stata ben argomentata.
りろん 理論 teoria㊛ ◇理論的な teorico [男複 -ci];〔哲〕（思弁的,思索的）teoretico [男複 -ci] ◇理論的に(は) in teoria, teoricamente; teoreticamente　¶マルクス理論 teoria di Marx [marxiana / marxista]　¶理論を立てる teorizzare / costruire una teoria　¶理論と実践は必ずしも一致しない。La teoria e la pratica non sempre coincidono.
❖理論家 teorico男[㊚ -ca;男複 -ci]
理論体系 sistema男[複 -i] teorico
理論哲学 filosofia㊛ teoretica
理論闘争 polemica㊛ teorica [ideologica]
理論物理学 fisica㊛ teorica
理論理性〔哲〕ragione㊛ teoretica
りん 厘　¶5分5厘の利率で col tasso d'interesse del 5,5 %（読み方: cinque virgola cinque per cento）
りん 燐〔化〕fosforo男;《元素記号》P
❖燐化物 fosfuro男
燐鉱石 fosforite㊛
りん　¶電話はりんと1度鳴っただけで止まった。Il telefono ha squillato solo una volta e poi ha smesso.
-りん -輪　1《車輪》ruota㊛　¶二輪車 veicolo a due ruote　¶三輪車 triciclo/（オート三輪）motocarro男　2《花》¶梅1輪 un fiore di prugno
りんか 隣家 casa㊛ vicina [accanto [無変] / adiacente]
りんか 燐火〔化〕fosforescenza㊛;（鬼火）fuoco男[複 -chi] fatuo
りんかい 臨界〔物〕◇臨界の critico [男複 -ci]
❖臨界圧力〔温度〕pressione㊛ [temperatura㊛] critica
臨界事故 incidente男 critico in uno stabilimento nucleare
臨界実験 esperimento男 di criticità
臨界状態 stato男 critico
臨界前核実験 test男[無変] nucleare subcritico
りんかい 臨海 ◇臨海の litorale
❖臨海学校 colonia㊛ marina estiva
臨海工業地帯 zona㊛ industriale litoranea
臨海実験所 laboratorio男[複 -i] di biologia marina
臨海道路 strada㊛ litorale
臨海都市 città㊛ sul mare [litorale]
りんかいせき 燐灰石〔鉱〕apatite㊛

りんかく 輪郭　1《人の顔の》lineamenti男[複];《もの形の》contorno男, sagoma㊛;（側面の）profilo男　¶ぼやけた輪郭 contorni sfumati　¶輪郭のはっきりした顔立ちをしている avere lineamenti ben delineati
2《大要》linee㊛[複] generali　¶輪郭を話す raccontare a grandi linee una faccenda　¶事件の輪郭がうかびあがってきた。Si iniziano a intravedere i lineamenti della vicenda.
りんがく 林学 selvicoltura㊛
❖林学者 selvicoltore男[㊚ -trice]
りんかん 林間　¶林間の小道 sentiero nel bosco
❖林間学校 colonia㊛ montana [di campagna] estiva
りんかん 輪姦 ◇輪姦する violentare qlcu. a turno
りんぎ 稟議 consultazione㊛ tramite circolare
りんきおうへん 臨機応変 flessibilità㊛, elasticità㊛ ◇臨機応変に secondo le circostanze　¶臨機応変の措置をとった。Ha preso un provvedimento opportuno [adeguato alle circostanze].
りんぎょう 林業 selvicoltura㊛
リンク〔英 link〕《コンピュータ》〔英〕男[無変]　¶リンクをたてる creare un link　¶役立つリンク集 link utili
リンク〔英 rink〕《スケート場》pista㊛ di pattinaggio
リング〔英 ring〕1《輪, 指輪》anello男 ◇リング状の ad anello　¶エンゲージリング anello di fidanzamento
2《ボクシングやレスリングの》〔英〕ring男[無変]; quadrato男　¶リングに上がる salire sul ring [quadrato]
❖リングポスト paletto男 d'angolo
リンクせい リンク制〔経〕sistema男 economico in cui le importazioni vengono regolate in base alle esportazioni
りんけい 鱗茎〔植〕bulbo男 tunicato
りんげつ 臨月 l'ultimo mese男 di gravidanza　¶臨月である essere negli ultimi giorni di gravidanza　¶臨月を迎える entrare nell'ultimo mese
リンゲル〔英 Ringer〕〔医〕¶リンゲルの点滴 fleboclisi㊛[無変] [flebo㊛[無変]] con la soluzione di Ringer
❖リンゲル液 soluzione㊛ di Ringer
りんけん 臨検（現場検証）sopralluogo男[複 -ghi];（行政機関の行う調査）ispezione㊛;（船舶の）ispezione di una nave ◇臨検する fare un sopralluogo (di ql.co.); ispezionare ql.co.
りんご 林檎〔植〕（木）melo男;（実）mela㊛　¶りんごのようなほお guance di un bel rosa　¶りんごのような丸顔 viso tondo come una mela　¶りんごの皮 buccia di una mela　¶りんごの皮をむく sbucciare una mela　¶焼きりんご mela cotta
❖りんご畑 meleto男
りんご酒 sidro男 di mela
りんこう 燐光〔化〕fosforescenza㊛　¶燐光を発する物質 sostanza fosforescente
りんこう 燐鉱〔鉱〕fosforite㊛
りんこうせん 臨港線〔鉄道〕ferrovia㊛ por-

tuale

りんごく 隣国 paeṣe[男] vicino [limitrofo]

りんさく 輪作〘農〙rotazione[女] agraria, avvicendamento[男] delle colture ◇輪作する avvicendare

りんさん 燐酸 〘化〙acido[男] fosforico [複 -ci]

✤**燐酸塩** fosfato[男]

燐酸肥料 fertilizzante[男] fosfatico [複 -ci], fosfato[男]

りんさんぶつ 林産物 prodotti[男][複] forestali [di selvicoltura]

りんじ 臨時 ◇臨時の《一時的な》temporaneo, provviṣorio [男複 -i]；《特別の》speciale, straordinario [男複 -i] ◇臨時に temporaneamente, provviṣoriamente; specialmente, straordinariamente

✤**臨時記号**〘音〙accidente[男]

臨時休業 chiusura[女] temporanea

臨時休校 chiusura[女] temporanea (di una scuola)

臨時国会 sessione[女] straordinaria della Dieta [del Parlamento]

臨時収入 introito[男] straordinario [extra [無変]]

臨時召集〘軍〙chiamata[女] d'emergenza

臨時招集 convocazione[女] straordinaria

臨時政府 governo[男] provviṣorio

臨時総会 assemblea[女] generale straordinaria

臨時増刊 numero[男] speciale [extra]

臨時手当 compenso[男] extra [straordinario]

臨時ニュース 《テレビの》telegiornale[男] straordinario, notiżie[女][複] flash [無変]

臨時費 spese[女][複] accessorie [impreviste], imprevisti[男][複]

臨時便 volo[男] straordinario

臨時雇い assunzione[女] temporanea;《人》impiegato[男] [[女] -a] [lavoratore[男] [[女] -trice]] con contratto a tempo determinato

臨時予算 bilancio[男] [複 -ci] provviṣorio

臨時列車 treno[男] straordinario

りんしたいけん 臨死体験 esperienza[女] dell'aldilà [di premorte] ¶臨死体験をした. Ho sperimentato la morte per alcuni istanti (prima di tornare in vita).

りんしつ 隣室 stanza[女] [camera[女]] vicina [accanto [無変]]

りんじゅう 臨終 l'ultima ora[女], l'ora[女] suprema ¶臨終の際に sul letto [in punto] di morte ¶ご臨終です. È deceduto [spirato]. ¶父の臨終に間に合った. Sono arrivato appena in tempo per assistere agli ultimi momenti di vita di mio padre.

りんしょう 輪唱 〘音〙canone[男] ◇輪唱する cantare a canone

りんしょう 臨床 ◇臨床の clinico [男複 -ci]

◇臨床的に clinicamente

✤**臨床医** clinico[男] [複 -ci]

臨床医学 clinica[女] (medica) ¶神経臨床医学 clinica neurologica

臨床検査 eṣame[男] clinico

臨床実験 ¶その薬は臨床実験中である. Questo farmaco è ora sottoposto alla prova clinica.

臨床心理士〘医〙psicologo[男] [[女] -ga; [男] 複 -gi] clinico

りんじょう 臨場 preṣenza[女] ◇臨場する essere preṣente《に a》

✤**臨場感** ¶臨場感あふれる大画面 grande schermo che dà la sensazione di essere dentro le immagini

りんしょく 吝嗇 avarizia[女]

✤**吝嗇家** avaro[男] [[女] -a], tirchio[男] [[女] -chia; [男]複 -chi]

りんしるい 鱗翅類 〘昆〙lepidotteri[男][複] ⇀ 昆虫 [用語集]

りんじん 隣人 vicino[男] [[女] -a] (di casa)；《集合的》vicinato[男] ¶隣人は皆消火を手伝ってくれた. Tutti i vicini mi hanno aiutato a spegnere l'incendio. ¶汝(なんじ)自身のごとく汝の隣人を愛せ.〘聖〙"Ama il prossimo tuo come te stesso."

✤**隣人愛** amore[男] per il prossimo

リンス 〔英 rinse〕balsamo[男] per capelli ¶リンスを洗い流す sciacquare via il balsamo

りんせい 輪生 〘植〙◇輪生の verticillato

✤**輪生体** verticillo[男]

りんせき 隣席 sedia[女] vicina [accanto [無変]], posto[男] accanto

りんせき 臨席 preṣenza[女] ◇臨席する essere preṣente《に a》¶臨席のもとに alla [in] preṣenza di *qlcu.* ¶式は両陛下ご臨席のもとに開かれた. La cerimonia ha avuto inizio alla preṣenza delle Loro Maestà. ¶ご臨席の皆様に会社を代表して感謝の意を表します. Vorrei ringraziare tutti i preṣenti a nome della nostra ditta.

✤**臨席者** i preṣenti[男][複], le preṣenti[女][複], gli astanti[男][複]

りんせつ 隣接 contiguità[女] ◇隣接した contiguo《に a》, confinante《に con》◇隣接する confinare[自] [av]《に con》¶隣接した家々 case contigue ¶イタリアはスイスに隣接している. L'Italia confina con la Svizzera. ¶工場の爆発で隣接の住宅はすべて破壊された. L'esploṣione della fabbrica ha distrutto tutte le case intorno [circostanti].

✤**隣接諸国** i paeṣi[男][複] vicini [confinanti / limitrofi]

隣接地 terreno[男] confinante [limitrofo]

りんせんたいせい 臨戦態勢 ¶臨戦態勢に入る entrare in stato di guerra ¶軍隊に臨戦態勢をとらせる preparare le truppe per l'azione

リンチ 〔英 lynch〕linciaggio[男] [複 -gi] ¶リンチを加える linciare *qlcu.*

りんてんき 輪転機 〘印〙rotativa[女] ¶オフセット輪転機 rotativa offset ¶輪転機を回す far funzionare una rotativa ¶輪転機で刷る stampare con la rotativa

りんと 凜と ¶凜とした声で con voce squillante

りんどう 林道 strada[女] [sentiero[男]] nel bosco;《林業に用いる》strada[女] per il trasporto di tronchi d'albero

りんどう 竜胆 〘植〙genziana[女]

りんね 輪廻〘仏教〙trasmigrazione[女] dell'anima, metempsicoṣi[女] [無変]

リンネル 〔仏 linière〕〘織〙(tessuto[男] di) lino[男]

リンパ 〔英 lymph〕〘解〙linfa[女]

✤**リンパ液** linfa[女]

り

リンパ管 vaso linfatico [複 -ci]
リンパ球 linfocita [複 -i]
リンパ系 sistema [複 -i] linfatico
リンパ腫 linfoma [複 -i]
リンパ節〔腺〕 linfonodo, nodulo linfatico, ghiandole [複] linfatiche ¶リンパ腺がはれている. Il nodulo linfatico è gonfio.
リンパ腺炎 linfadenite
りんばん 輪番 ◇輪番で a turno, a rotazione
✤輪番制 sistema [複 -i] di rotazione
りんびょう 淋病《医》gonorrea, blenorragia [複 -gie] ◇淋病の gonorroico [複 -ci]
✤淋病患者 paziente gonorroico
淋(病)菌 gonococco [複 -chi]
りんぶ 輪舞 danza in cerchio
✤輪舞曲『音』rondò; 〔仏〕rondeau [無変]
りんぷん 鱗粉《蝶などの》scaglia
りんぺん 鱗片《魚類・爬虫類の》scaglia, squama; 《蝶などの鱗粉》scaglia; 《植物の》palea, filamento, tricoma [複 -i] squamiforme

リンボー〔英 limbo〕《踊り》limbo [無変]
りんや 林野 foreste [複] [boschi [複]] e campi [複]
✤林野庁 Agenzia per le Foreste
りんり 倫理 etica, morale ◇倫理的な etico [複 -ci], morale ¶倫理的判断 giudizio etico
✤倫理学 etica
倫理学者 etico [複 -ci]
りんりつ 林立 ¶テレビのアンテナが林立している. Sui tetti è un brulicare di antenne televisive.
りんりん《擬》tin tin (▶ベルや鈴の音); drin drin (▶各種のベルの音) ¶りんりん鳴る音 tintinnio [複 -ii]; 《電話の》squillo ¶りんりんと鳴る fare tin tin / tintinnare [av, es] / squillare [es, av]
りんりん 凛凛 **1**《りりしい》¶勇気凛々たる若武者 giovane guerriero temerario e audace **2**《寒さが身にしみる》¶夜気が凛々と身にしみた. L'aria della notte era di un freddo penetrante [tagliente].

ルアー〔英 lure〕esca artificiale ¶ルアーで釣る pescare con un'esca artificiale
るい 累 ¶あなたに累を及ぼすようなことはいたしません. Non le creerò alcun fastidio. ¶そのような政策は企業の将来に累を及ぼすことになりかねない. Una simile politica comprometterà il futuro della nostra impresa.
るい 塁 **1**《とりで》forte; fortezza **2**《野球》base ¶ 1〔2/3〕塁 la prima (seconda/terza) base ¶本塁 casa base ¶ 1塁に出る conquistare la prima base
|慣用|塁を摩(ま)する《能力などが同じ程度にせまる》raggiungere il livello di qlcu.
✤塁審《野球の》giudice di base
るい 類 **1**《種類》genere, tipo, qualità ¶下着類 indumenti intimi ¶家具類 la mobilia ¶アーティチョークとズッキーニは野菜類だ. I carciofi e le zucchine sono degli ortaggi.
2《類似するもの》simile ¶これに類する例 simile esempio / un esempio del genere
3《動植物の分類》¶両生類 anfibi ¶爬虫類 rettili ¶人類 genere umano ¶類のない事件 un caso senza precedenti ¶類を見ないすばらしさ una meraviglia che non conosce eguali ¶こんな美しい景色は他に類がない. Non esiste un altro panorama bello come questo.
|慣用|類は友を呼ぶ "Ogni simile ama il suo simile." / "Chi si assomiglia si piglia."
✤類概念《論理》genere, concetto generico [複 -ci]
るいか 累加 incremento cumulativo [progressivo] ◇累加的 cumulativo, progressivo ¶利潤は累加した. I profitti sono aumentati progressivamente [cumulativamente].

✤累加的配当《経》dividendo cumulativo
るいかん 涙管《解》condotto lacrimale
るいぎご 類義語 sinonimo
るいく 類句 frase somigliante [analoga]
るいけい 累計 totale cumulativo
るいけい 類型 **1**《共通点をもつ型》tipo **2**《ありふれた型》◇類型的(な) stereotipato ¶類型的な詩 poesia stereotipata [priva di originalità]
✤類型学 tipologia
るいご 類語 sinonimo ¶類語・反対語辞典 dizionario dei sinonimi e dei contrari
るいじ 類似 somiglianza, similitudine, analogia ◇類似する assomigliare [somigliare] 《と a》, essere simile 《と a》, avere analogia 《と con》 ◇類似した simile, analogo [複 -ghi] ¶ 2つの事件にはいくつか類似点がある. Fra questi due casi ci sono alcune somiglianze [alcuni punti in comune].
✤類似品 imitazione, merce pirata ¶このカメラの類似品が出回っている. Sul mercato circolano delle imitazioni di questa macchina fotografica.
るいしょ 類書 libri [複] simili
るいしょう 類焼 ◇類焼する essere distrutto per il propagarsi di un incendio
るいじょう 累乗《数》elevazione a potenza
るいしん 累進《つぎつぎに昇進すること》promozione progressiva; 《つぎつぎに前進すること》avanzamento progressivo ◇累進する essere promosso progressivamente [gradualmente]; avanzare progressivamente
✤累進課税 imposizione [tassazione] progressiva

累進税率 tasso㊚ di imposta progressivo
るいじんえん 類人猿 《動》antropomorfo㊚, scimmie㊛[複] antropomorfe
るいすい 類推 analogia㊛ ◊ 類推の analog*ico*[㊚複 -*ci*] ◊ 類推する ragionare㊚[*av*]「per analogia [analogicamente] ¶…から類推して per analogia con *ql.co.* ¶話し方から類推すると彼は外国育ちだ. Il suo modo di parlare lascia pensare che sia cresciuto all'estero.
❖**類推解釈**〔法〕interpretazione㊛ analogica
類推法 metodo㊚ analogico;《論理》analogișmo㊚;〔法〕analogia㊛
るいする 類する ¶これに類した事件はたくさんある. Ci sono molti altri casi come [simili a] questo.
るいせき 累積 accumulazione㊛ ◊ 累積する accumularsi ◊ 累積的な cumulativo
❖**累積赤字** dișavanzi㊚[複] cumulativi
累積投資 investimenti㊚[複] cumulativi
累積配当 dividendo㊚ cumulativo
るいせん 涙腺〔解〕ghiandole㊛[複] lacrimali ¶妻は涙腺がゆるい. Mia moglie ha la lacrima facile.
るいのう 涙嚢〔解〕sacco㊚[複 -*chi*] lacrimale
るいはん 累犯〔法〕recidiva㊛, reato㊚ ripetuto
❖**累犯者** recidivo㊚[㊛ -*a*]
るいべつ 類別 classificazione㊛ ◊ 類別する classificare ¶これらの論文は10のグループに類別される. Questi articoli [saggi] sono classificabili in dieci categorie.
るいれい 類例 esempio㊚[複 -*i*] simile ¶世界に類例のない事件だ. È un caso senza precedenti [senza pari] nel mondo.
るいれき 瘰癧〔医〕scrofolosi㊛[無変]
ルー〔仏 roux〕《料》〔仏〕roux㊚[無変]
ルージュ〔仏 rouge〕rossetto㊚
ルーズ〔英 loose〕《ルーズな(おおざっぱ》grossolano;《気にしない, 無頓着》incurante, noncurante;《投げやり》sciatto;《節度がない》șregolato;《怠 慢》negligente [-gli-];《怠 惰》pigro;《放縦》licenzioso, dissoluto ¶ルーズなやり方で in maniera sciatta ¶彼は時間にルーズだ. Non è puntuale. / Non rispetta la puntualità. ¶彼は金にルーズだ.《金使いが荒い》È incurante [Non ha cura] del denaro. /《金を返さない》Non si ricorda mai di restituire i soldi. ¶彼は生活がルーズだ. Conduce una vita șregolata.
ルーズリーフ〔英 loose-leaf〕foglio㊚[複 -*gli*] intercambiabile, ricamb*io*㊚[複 -*i*]
ルーチン〔英 routine〕**1**《決まりきった単調な仕事》〔仏〕routine㊛[無変]; le *proprie* faccende ㊛[複] quotidiane **2**《コンピュータ》〔仏〕routine㊛[無変]; sottoprogramm*a*㊚[複 -*i*]
ルーツ〔英 roots〕radici㊛[複];《祖先》i propri antenati㊚[複];《起源》origini㊛[複] ¶この行事はルーツを古代の神事にたどれる. L'origine di questo evento risale ad un rito dei tempi antichi.
ルート〔英 root〕《数》radice㊛ quadrata ¶ルート5 radice quadrata di 5
ルート〔英 route〕**1**《道》strada㊛; via㊛;《行程》itinerar*io*㊚[複 -*i*], percorso㊚;《針路》rotta㊛ ¶バスのルート itinerario [linea] d'autobus ¶飛行ルート rotta aerea ¶別のルートで行きます. Faccio un'altra strada. **2**《経路》canale㊚;《販路》șbocco㊚[複 -*chi*] ¶彼は極秘ルートでその情報を手に入れた. Ha ottenuto l'informazione attraverso un canale segreto. ¶新製品の販売ルートを開拓する ricercare șbocchi alla vendita di nuovi prodotti
ループ〔英 loop〕**1**《輪》cappio㊚[複 -*i*] **2**《鉄道》(area㊛ di) raccordo㊚ **3**《コンピュータ》〔英〕loop㊚[無変] **4**《服》《ベルトや紐を通す輪》passante㊚
❖**ループアンテナ** antenna㊛ a telaio
ループヤーン《服》lana㊛ bouclé [buklé]
ルーブル《ロシアの通貨単位》rublo㊚;《略》R, Rub
ルーペ〔独 Lupe〕lente㊛ d'ingrandimento
ルーム〔英 room〕camera㊛
❖**ルームサービス** servi*zio*㊚[複 -*i*] in camera ¶ルームサービスを頼む farsi servire in camera
ルームシューズ pantofole㊛[複]
ルームボーイ cameriere㊚
ルームメイト compagno㊚[㊛ -*a*] di camera [di stanza]
ルームライト luce㊛ di cortesia
ルームランプ →ルームライト
ルーメン〔英 lumen〕《光》〔ラ〕lumen㊚[無変]
ルール〔英 rule〕regola㊛ ¶ルールを守る rispettare [osservare] le regole ¶ルールに違反する contravvenire alla [infrangere le] regole
ルーレット〔仏 roulette〕**1**《賭博, その用具》〔仏〕roulette [rulét]㊛[無変] ¶ルーレットをする giocare alla roulette **2**《洋裁》rotella㊛
ルクス〔英 lux〕《照明度の単位》〔ラ〕lux㊚[無変];《略》lx
るけい 流刑 confino㊚, deportazione㊛;《国外追放》deportazione㊛, esil*io*㊚[複 -*i*] (► 「亡命」の意味もある);《パヴェーゼの小説》"Il carcere" 流刑に処する condannare *qlcu.* al confino [alla deportazione] / confinare [deportare] *qlcu.* ¶流刑に処す *qlcu.* / condannare *qlcu.* all'esilio ¶政治的理由で流刑の宣告を受ける subire una condanna all'esilio per motivi politici
❖**流刑囚** confinato㊚[㊛ -*a*]; deportato㊚[㊛ -*a*], esiliato㊚[㊛ -*a*]
流刑地 luogo㊚[複 -*ghi*] di confino [deportazione / esilio]
ルゴールえき ルゴール液〔医〕liquido㊚ di Lugol
るざい 流罪 →流刑
るす 留守 **1**《不在》assenza㊛ (da casa) ¶母は留守です. Mia madre è fuori [non è in casa / è uscita]. ¶昨日は一日中留守にしていて失礼いたしました. Mi dispiace, ieri sono stato tutto il giorno fuori casa. ¶留守中に泥棒がはいった. Durante la mia assenza è entrato un ladro.
2《留守番》custodia㊛ di una casa ¶隣人に留守を頼んで旅行に出かけた. Ho affidato la casa al vicino [Ho chiesto al vicino di sorvegliare la casa] e sono partito.
3《おろそかになること》trascuratezza㊛ ¶近ごろゴルフに凝って商売のほうがお留守になっていました.

Recentemente mi sono dedicato tutto al golf e ho trascurato [ho tralasciato] gli affari.
〖慣用〗留守を使う fingere di essere「fuori casa [uscito]」

るすばん 留守番 《人》persona⒡ che resta a casa ¶両親は出かけたが子供たちは家でお留守番だった. I bambini aspettavano a casa il ritorno dei genitori.
✣留守番電話 segreteria⒡ telefonica

ルターは ルター派 luteranesimo⒨;《人》luterano⒨[⒡-a]

ルック 〔英 look〕《服》〔英〕look⒨[無変]; stile⒨ ¶ニュールック stile [look] nuovo / nuova immagine

ルックス 〔英 looks〕¶彼はルックスがいい. È un bell'uomo. / È di bell'aspetto.

るつぼ 坩堝 **1**《容器》crogiolo⒨
2《多数の人がわきかえる様子》¶聴衆は興奮のるつぼと化した. Il pubblico si è trasformato in una folla eccitata.
3《種々のものが混ざっている状態》¶アメリカ社会は人種のるつぼだ. La società americana è un crogiolo di razze.

ルテチウム 〔独 Lutetium〕《化》lutezio⒨;《元素記号》Lu

ルテニウム 〔独 Ruthenium〕《化》rutenio⒨;《元素記号》Ru

るてん 流転《変化》vicende⒡[複], vicissitudini⒡[複];《無常》mutevolezza⒡ ¶人生の流転 vicissitudini della vita ¶万物は流転する (ヘラクレイトス)"Tutto scorre" /〔ギ〕"Panta rei" (Eraclito)

ルネサンス 〔仏 Renaissance〕Rinascimento⒨ ◇ルネサンスの rinascimentale ¶ルネサンス様式の教会 chiesa (di stile) rinascimentale ¶後期ルネサンス様式 stile tardo-rinascimentale

ルバート 〔伊〕《音》rubato⒨ ¶テンポルバート tempo rubato

ルバシカ 〔ロ rubashka〕《服》rubasca⒡

ルビ 〔英 ruby〕《印》caratteri⒨[複] kana che indica la lettura di un ideogramma ¶漢字にルビを振る stampare [scrivere] in piccoli caratteri kana la pronuncia di un ideogramma

ルビー 〔英 ruby〕rubino⒨ ¶ルビーの指輪 anello con rubino

ルピー 〔英 rupee〕《インドやパキスタンなどの通貨単位》rupia⒡

ルビジウム 〔独 Rubidium〕《化》rubidio⒨;《元素記号》Rb

るふ 流布 diffusione⒡, propagazione⒡ ◇流布する diffondersi ◇流布させる diffondere, propagare, fare circolare

ルポライター giornalista⒨ ⒡[⒨複 -i] di reportage, cronista⒨[複 -i]

ルポルタージュ 〔仏 reportage〕**1**《現地報告》〔仏〕reportage [reportáʒ]⒨[無変]; cronaca⒡, servizio⒨[複 -i], inchiesta⒡ ¶現地特派員のルポルタージュ servizio di un inviato speciale
2《記録文学》letteratura⒡ documentaria;《ラジオ・テレビ・映画などの》documentario⒨[複 -i]

ルミノールはんのう ルミノール反応《化》reazione⒡ al luminolo

るみん 流民 popolo vagante [nomade]

るり 瑠璃《宝石》lapislazzuli⒨[無変]
✣瑠璃色 blu⒨ lapislazzuli [無変]

るろう 流浪 vagabondaggio⒨[複 -gi] ◇流浪する errare⒤[av], vagabondare⒤[av] ¶流浪の旅に出る andare a vagabondare ¶流浪の民 popolo errante ¶流浪の生活 vita errante [vagabonda] ¶諸国を流浪する errare per vari paesi

ルンバ 〔英 rumba〕《音》rumba⒡

れ

レ 〔伊〕《音》re⒨[無変]

レア 〔英 rare〕《生焼けの》¶レアのステーキ bistecca al sangue

れい 礼 **1**《礼儀》buona educazione⒡, etichetta⒡, cortesia⒡, convenienze⒡[複] ¶礼を守る osservare [rispettare] le convenienze [regole della buona educazione] ¶礼を尽くしてもてなす accogliere qlcu. con i dovuti [con tutti i] riguardi ¶彼は礼をわきまえた人だ. È un uomo di buone maniere. ¶彼は礼を重んじる. Tiene molto all'etichetta.
2《あいさつ》saluto⒨;《お辞儀》inchino⒨;《片ひざを曲げるお辞儀》riverenza⒡ ¶先生に礼をする salutare con un inchino il maestro ¶「起立！礼！」《号令》"In piedi! Saluto!" ¶挙手の礼をする salutare militarmente
3《感謝》ringraziamento⒨ ¶礼を言う ringraziare qlcu. (per ql.co.) ¶お礼の手紙を書く scrivere una lettera di ringraziamento a qlcu. ¶何とお礼を申し上げてよいやらわかりません. Non so proprio come ringraziarla. ¶厚くお礼申し上げます.《書き言葉》Le esprimo i miei più vivi ringraziamenti. /《話し言葉》La ringrazio di cuore. ¶お礼には及びません. Non c'è nessun motivo per ringraziare. /《くだけた表現》Non c'è di che.
4《返礼》regalo⒨ in segno di ringraziamento ¶これはほんのお礼の気持ちです. Questo è un piccolo simbolo [segno] della mia gratitudine. ¶彼の親切に何かお礼をしたいと思っています. Vorrei ricambiare la sua gentilezza in qualche modo.
5《礼金》ricompensa⒡ ¶迷子の犬をみつけてくださった方に１万円のお礼を差し上げます. Si offrono diecimila yen di ricompensa a chi ritroverà il cane.
6《式典》cerimonia⒡, funzione⒡ ¶即位の礼 cerimonia dell'incoronazione

れい 例 1 《実例》eṣempio㊚ [複 -i]；《事例》caṣo㊚ ¶例に漏れず come in tutti gli altri caṣi ¶例を挙げる fare [dare / citare] un eṣempio ¶…の例に従う seguire l'eṣempio di qlco. [ql.co.] ¶例を挙げれば facendo un eṣempio ¶こんな例はほかにない. Non ci sono altri eṣempi di questo genere [questo tipo].
2 《先例》precedente㊚ ¶例にない senza precedenti ¶例になく 5 月に雪が降った. Cosa mai successa, ha nevicato in maggio. ¶いまだかつて例のない大地震だった. Un terremoto così violento fino ad oggi non si era mai registrato [verificato].
3 《いつもと同じこと》cosa㊛ abituale [solita] ¶例のごとく come al solito ¶例によって例のごとしだ. Siamo alle solite! / Ci risiamo! / È sempre la stessa storia!
4 《「例の」の形で，上述の》suddetto, sopraminato；《問題の》in questione；《あの》quello ¶例の documenti in questione ¶例の銀行 la suddetta [sopranominata] banca ¶例の件はどうなった. Come è andata a finire quella faccenda?
5 《慣例》uṣanza㊛, costume㊚, uṣi㊚ [複], fatto㊚ uṣuale ¶例を破る rompere la tradizione ¶ターバンを巻くのがこの国の例である. È un'uṣanza di questo paeṣe avvolgere il capo con un turbante.

れい 零 zero㊚ ¶3 対 0 で勝つ vincere (per) tre a zero

れい 霊 1 《霊魂》spirito㊚, anima㊛ ◇霊的 spirituale ¶霊肉一致 unione di anima e corpo ¶霊的交感 comunione spirituale
2 《死者の霊魂》spirito㊚, anima㊛；《亡霊》fantaṣma㊚ [複 -i], spettro㊚, ombra㊛ ¶霊を呼び戻す evocare lo spirito di qlcu. ¶死者たちの霊 spirito dei defunti ¶死者の霊を慰める placare lo spirito di un defunto ¶彼の霊よ安かれ. Che la sua anima riposi in pace.
3 《人知でははかり知ることのできない力》¶宇宙の霊 spirito dell'Universo

レイ 〔ハワイ語 lei〕《首にかける花輪》collana㊛ [ghirlanda㊛] di fiori

レイアウト 〔英 layout〕《印》〔英〕lay-out㊚ [無変]；impaginazione㊛, diṣpoṣizione㊛ tipografica ◇レイアウトする fare il lay-out, impaginare

れいえん 霊園 cimitero㊚

レイオフ 〔英 layoff〕《一時解雇》licenziamento㊚ temporaneo；《一時帰休》soṣpenṣione㊛ temporanea del lavoro；periodo㊚ di interruzione del lavoro ¶レイオフする licenziare temporaneamente / mettere in caṣṣa integrazione (◆ caṣṣa integrazioneはイタリアの「給与補償基金」) ¶この工場の 3000 人の労働者がレイオフになった. Tremila operai di questo stabilimento sono stati soṣpeṣi temporaneamente dal lavoro [《イタリアの場合》sono stati meṣṣi in caṣṣa integrazione].

れいか 零下 sotto zero ¶けさは零下 5 度だった. Stamattina c'erano 5 gradi sotto zero. ¶温度は零下に下がった. La temperatura è sceṣa sotto (lo) zero.

れいかい 例会 seṣṣione㊛ [riunione㊛] ordinaria ¶例会を開く tenere una seṣṣione ordinaria

れいかい 例解 eṣemplificazione㊛; spiegazione㊛ con eṣempi

れいかい 霊界 1 《精神の世界》mondo spirituale 2 《死者の住む所》terra [regno㊚] dei morti [defunti], aldilà㊚, oltretomba㊚, Inferi㊚ [複]；《ギ神》Ade㊚

れいがい 冷害 danno㊚ cauṣato dal [dovuto al] freddo [gelo] ¶この地方の冷害による稲作の被害は深刻である. Il riso di questa zona ha subìto gravi danni a cauṣa del freddo.

れいがい 例外 eccezione㊛ ◇例外的な eccezionale, inṣolito ◇例外的に eccezionalmente ¶…を例外として ad eccezione di ql.co. [qlcu.] / eccetto (tranne / fuorché) ql.co. [qlcu.] / salvo ql.co. [qlcu.] ¶この法律はいかなる例外も認めない. Questa legge non ammette eccezioni. ¶例外のない規則はない. "Non c'è (alcuna) regola senza eccezioni." / "L'eccezione conferma la regola."

れいかん 霊感 iṣpirazione㊛ ¶まさにその時霊感がひらめいた. Proprio in quel momento「ho avuto [mi è venuta] un'iṣpirazione.

れいかんしょう 冷感症 《医》《不感症》frigidità㊛, frigidezza㊛ ◇冷感症の frigido

れいき 冷気 freddo㊚ ¶夜明けの冷気 il freddo dell'alba

れいぎ 礼儀 《ていねいな言動》corteṣia㊛；《作法》buone maniere㊛ [複]；《社交上の決まり》etichetta㊛, regole㊛ [複] della buona educazione [creanza] ¶目上の人に対する礼儀 riṣpetto per [verṣo] i superiori ¶礼儀を守る oṣṣervare [riṣpettare] l'etichetta ¶礼儀にかなっている eṣṣere conforme all'etichetta [alle buone maniere] ¶礼儀正しい educato / corteṣe ¶礼儀正しく educatamente / corteṣemente ¶礼儀知らずの maleducato / scorteṣe ¶彼は礼儀正しい. È educato [corteṣe]. / Ha buone maniere. ¶親しき仲にも礼儀あり. 《諺》La corteṣia va riṣpettata anche tra amici intimi. ¶近ごろの若者は礼儀を知らない. I giovani di oggi non conoscono l'educazione.
✤礼儀作法 regole㊛ [複] della buona educazione [creanza], galateo㊚ ¶礼儀作法を心得る saper adeguarsi alle regole della buona creanza

れいきゃく 冷却 raffreddamento㊚；refrigerazione㊛ ¶水を冷却する raffreddare l'acqua
✤冷却器 《飲み物などの》contenitore㊚ refrigerante；《エンジンなどの》radiatore㊚
冷却期間 《争議などの》faṣe㊛ di raffreddamento；《冷静になるための》periodo㊚ di tempo per far calmare gli animi degli intereṣṣati ¶冷却期間を置く prenderṣi un periodo di riflessione
冷却剤 refrigerante㊚, refrigeratore㊚, liquido㊚ di raffreddamento, refrigerante㊚
冷却水 acqua㊛ di raffreddamento

れいきゅう 霊柩 bara㊛
✤霊柩車 carro㊚ funebre

れいきん 礼金 1 《謝礼》ricompenṣa㊛；《報酬》compenṣo㊚, remunerazione㊛, retribuzione㊛；《弁護士など専門職に対する》onorario㊚

[複 -*i*], parcella[女] ¶礼金を払う pagare una ricompensa [una parcella] **2**《部屋を借りるときの》mensilità[女] a fondo perduto（◆イタリアにはない）

れいぐう 礼遇 ¶彼は国賓として礼遇された. Ha avuto una cortese accoglienza come ospite dello Stato.

れいぐう 冷遇 trattamento[男] freddo ¶彼は会社で冷遇されている. È trattato con freddezza nella sua ditta.

れいけつ 冷血 **1**《体温が低いこと》 ◇冷血の a sangue freddo **2**《非情》 ◇冷血な senza cuore, senza pietà, spietato, crudele; insensibile
✤**冷血漢** persona[女]「senza cuore [senza pietà]
冷血動物〔生〕animale[男] a sangue freddo

れいげつ 例月 ogni mese[男]（►副詞的にも用いる） ◇例月に mensilmente ¶例月集会がある. C'è una riunione ogni mese.

れいげん 冷厳 ¶冷厳な事実 fatto indiscutibile ¶冷厳な処置をとる prendere misure rigide [severe / dure]

れいげん 霊験 ¶この仏像は霊験あらたかだ. Questa statua buddista concede immediatamente la grazia che le si chiede.

れいこう 励行 ◇励行する effettuare [praticare] *ql.co.* con rigore ¶禁酒励行 stretta osservanza dell'astensione dalle bevande alcoliche ¶私は早起きを励行している. Cerco sempre di alzarmi presto.

れいこく 冷酷 crudeltà[女], durezza[女]
◇冷酷な crudele, spietato, a sangue freddo
¶彼は私に冷酷な仕打ちをした. Mi ha trattato crudelmente [spietatamente].

れいこく 例刻 ¶会議は例刻に始まった. La riunione ha avuto inizio alla solita ora.

れいこん 霊魂 anima[女]
✤**霊魂不滅** immortalità[女] dell'anima

れいさい 例祭 festa[女] annuale

れいさい 零細 ◇零細な《小さい》minuto;《わずかな》esiguo ¶零細な小売業者 piccolo commerciante[男][女] al minuto [al dettaglio] / dettagliante[男][女] ¶零細な資本 piccolo capitale
✤**零細企業** piccola impresa

れいざん 霊山 montagna[女] sacra, monte[男] sacro

れいし 茘枝〔植〕《木, 実》litchi[男][無変]

れいじ 例示 esemplificazione[女] ◇例示する esemplificare *ql.co.*, dimostrare *ql.co.* con esempi

れいじ 零時 ¶午前零時に a mezzanotte ¶午後零時に a mezzogiorno / alle dodici ¶午前零時 20 分に a mezzanotte e venti / venti minuti dopo la mezzanotte

れいしき 礼式《礼意を表す作法》etichetta[女];《儀式の作法》rituale[男], regolamenti[男][複] di una cerimonia ¶それは礼式にかなっている. Ciò è conforme all'etichetta.

れいじつ 例日 ¶彼は例日のとおり会社に行った. È andato in ufficio come tutti gli altri giorni [come al solito].

れいしゅ 冷酒 *sakè*[男][無変] freddo

れいしょう 冷笑 《嘲笑》ghigno[男], sogghigno[男], riso[男] beffardo;《いやみな》riso[男] sarcastico ◇冷笑する sogghignare[自][*av*]（di *ql.co.* [*qlcu.*]）, deridere *qlcu.* [*ql.co.*], fare una risata beffarda; sorridere[自][*av*] con sarcasmo ¶冷笑を浴びる essere deriso da *qlcu.* / essere oggetto di derisione ¶冷笑を浮かべて con un sorriso freddo / con derisione

れいしょう 例証 dimostrazione[女] con esempi ◇例証する dimostrare *ql.co.* con esempi ¶彼は自説の例証としていくつかの事実を挙げた. Ha elencato alcuni fatti per dimostrare [sostenere] la sua teoria.

れいじょう 令状 mandato[男], ordine[男] ¶死刑執行令状 mandato di esecuzione capitale ¶召喚令状 mandato di comparizione / citazione ¶差し押さえ令状 ordine di sequestro ¶逮捕令状を発する emettere [emanare] un mandato di cattura《に contro》 ¶令状による[よらない]逮捕 arresto con [senza] mandato ¶家宅捜索令状を執行する dare esecuzione al mandato di perquisizione

れいじょう 令嬢 《相手の》Sua [《第三者の》sua] figlia[女]

れいじょう 礼状 lettera[女] di ringraziamento

れいすい 冷水 acqua[女] fredda
✤**冷水塊** massa[女] d'acqua fredda
冷水器 refrigeratore[男]（d'acqua）
冷水摩擦 ¶冷水摩擦をする fare un massaggio con un panno inumidito in acqua fredda
冷水浴 ¶冷水浴をする fare un bagno freddo [una doccia fredda]

れいせい 冷静 calma[女], serenità[女], tranquillità[女]; sangue[男] freddo ◇冷静な calmo, sereno, tranquillo ◇冷静に con calma, serenamente, tranquillamente; a sangue freddo（►「冷酷に」の意味もある） ¶冷静な判断 giudizio sereno ¶冷静な判断力 capacità di giudicare con calma ¶冷静に行動する agire con calma ¶冷静さを取り戻す[失う] recuperare [perdere] la calma ¶冷静を装う fingere di essere calm*o* ¶彼はいつも冷静だ. Mantiene sempre「la sua presenza di spirito [l'autocontrollo].

れいせつ 礼節 regole[女][複] di cortesia ¶礼節を重んじる osservare [rispettare] le regole di cortesia

れいせん 冷戦 guerra[女] fredda

れいぜん 冷然 ¶冷然と見守る guardare con freddezza ¶冷然たる態度 atteggiamento freddo e impassibile

れいぜん 霊前 ◇霊前で 《柩の前で》davanti alla bara [alla salma] di *qlcu.*;《仏壇などの前で》davanti all'altarino del defunto;《墓前で》davanti alla tomba di *qlcu.* ¶霊前に果物を供える offrire frutta sull'altarino del defunto ¶父の霊前に祈りをささげた. Ho pregato per l'anima di mio padre.

れいそう 礼装 ¶礼装で in abito formale [da cerimonia / scuro] ¶礼装用の靴[ネクタイ] scarpe [cravatta] da cerimonia

れいぞう 冷蔵 refrigerazione[女]; conservazione[女]「in frigorifero [frigorifera] ¶魚を冷蔵する conservare il pesce in frigorifero ¶「要冷蔵」《表示》"Conservare in frigorifero"
✤**冷蔵庫** frigorifero[男], frigo[男][無変]

冷蔵室 cella㊛ frigorifera
れいぞく 令息 《相手の》Suo [《第三者の》suo] figlio
れいぞく 隷属 dipendenza㊛, subordinazione㊛, sottomissione㊛ ◇隷属的な subordinato, dipendente ¶隷属している dipendere《に da》/ essere subordinato [soggetto]《に a》/ sottostare《に a》 ¶隷属させる assoggettare [sottomettere] qlcu. ¶隷属的な地位に置かれている essere in posizione subordinata ¶本国への隷属から脱する uscire dalla dipendenza dalla metropoli
れいだい 例題 esercizio㊚ [複 -i]；《例》esempio㊚ [複 -i] ¶例題を出す dare [assegnare] gli esercizi
れいたん 冷淡 **1** 《冷やかなこと》freddezza㊛, insensibilità㊛ ◇冷淡な freddo, insensibile, impassibile ◇冷淡に freddamente, insensibilmente ¶冷淡な仕打ち trattamento freddo ¶彼らは私に冷淡だった. Sono stati freddi con me.
2 《無関心》indifferenza㊛ ◇冷淡な indifferente《に a》
れいだんぼう 冷暖房 condizionamento㊚ d'aria, climatizzazione㊛
❖冷暖房完備 ¶冷暖房完備の家 casa completamente attrezzata con aria condizionata e riscaldamento
冷暖房装置 impianto㊚ di aria condizionata e riscaldamento, condizionatore㊚ (d'aria), climatizzatore㊚
れいち 霊地 terra㊛ sacra, luogo㊚ [複 -ghi] sacro
れいちょう 霊長 ¶人間は万物の霊長である. L'uomo è il re del creato.
❖霊長類 primati㊚ [複] →動物 用語集
霊長類学 primatologia㊛
れいてつ 冷徹 ¶冷徹な男 uomo dal sangue freddo ¶冷徹な知性 intelligenza acuta e penetrante
れいてん 礼典 **1** 《礼儀に関する決まり》regole㊛ [複] di etichetta；《その本》libro㊚ sulle norme dell'etichetta; galateo㊚ **2** 《儀式》cerimonia㊛, rituale㊚
れいてん 零点 zero㊚ ¶零点をつける dare zero 《に a》 ¶物理で零点をとった. Ho preso zero in fisica. ¶彼のチームは零点だった. La sua squadra non ha avuto [ottenuto] alcun punto.
れいど 零度 ¶絶対零度《物》zero assoluto ¶けさは零度以下に[零度以下に]下がった. Stamattina la temperatura è scesa「a zero [sotto lo] zero].
れいとう 冷凍 congelamento㊚；《食品の急速冷凍保存》surgelamento㊚ ¶肉を冷凍する surgelare [congelare] della carne ¶パンは冷凍保存がきく. Il pane può essere conservato surgelato.
❖冷凍器 congelatore㊚；《食品のための急速冷凍器》surgelatore㊚
冷凍魚 pesce㊚ surgelato
冷凍庫[室] cella㊛ frigorifera；《冷蔵庫内の》[英] freezer [frízer] [無変]; congelatore㊚
冷凍コンテナ contenitore㊚ refrigerato, [英] container [無変] refrigerato
冷凍剤 refrigerante㊚, fluido㊚ frigorigeno [criogeno]

冷凍食品 alimento㊚ surgelato, surgelato㊚
冷凍船 nave㊛ frigorifera
冷凍装置 impianto㊚ congelatore
冷凍トラック autocarro㊚ refrigerato
冷凍輸送 trasporto㊚ a freddo [in frigorifero]
れいねん 例年 **1** 《いつもの年》¶例年の行事 evento [avvenimento] annuale ¶収穫は例年より悪い. Il raccolto「non è buono come tutti gli altri anni [è inferiore alla media annua]. ¶今年は例年になく暑い. Quest'anno「fa un caldo insolito [fa eccezionalmente caldo].
2 《毎年》ogni anno㊚ (▶副詞的にも用いる)
れいはい 礼拝 《崇拝, 賛美》adorazione㊛；《祈 禱》preghiera㊛；《(santa) messa㊛, servizio㊚ [複 -i], funzione㊛ religiosa ◇礼拝する adorare Dio; pregare㊚ (▶単独でも可)；《ミサに行く》andare a [alla] messa, sentire la messa →キリスト教 用語集 ¶日曜礼拝 servizio domenicale ¶朝の礼拝に出る[を行なう] partecipare alle [celebrare le] funzioni mattutine
❖礼拝式 servizio㊚ religioso, funzione㊛ religiosa；《ミサ》messa㊛
礼拝堂《教会内の》cappella㊛；《ユダヤ教の》sinagoga㊛；《イスラム教の》moschea㊛
れいはい 零敗 **1** 《1点もとれずに負けること》¶零敗を喫する perdere la partita senza fare [ottenere] nessun punto **2** 《無敗》¶わがチームは5勝零敗だ. La nostra squadra ha vinto cinque partite senza perderne nessuna.
れいばい 霊媒 medium㊚ [無変]
れいひょう 冷評 critica㊛ fredda ¶評論家たちはあの芝居を冷評した. La critica ha accolto quell'opera teatrale freddamente [con freddezza].
れいびょう 霊廟 mausoleo㊚
レイプ [英 rape] stupro㊚
れいふく 礼服 abito㊚ da cerimonia; abito formale；《紳士用の黒服》abito㊚ scuro；《タキシード》[英] smoking [zmókin(g)] [無変]；《婦人用の夜会服》abito㊚ da sera；《婦人の長いドレス》abito㊚ lungo [複 -ghi]；《カクテルドレス》abito㊚ da cocktail [da pomeriggio / da mezza sera]；《軍人の》alta uniforme ¶礼服を着用する mettersi [indossare] un abito da sera ¶礼服着用のこと. È d'obbligo l'abito da sera.
れいふじん 令夫人 《相手の》la Sua signora㊛, Sua moglie㊛；《石田氏令夫人》la signora Ishida /《手紙のあて名》Gentile Sig.ra Ishida
れいぶん 例文 esempio㊚ [複 -i] (di frase) ¶例文の豊富な辞書 dizionario ricco di esempi ¶例文練習 esercizi strutturali ¶例文にならって文章を作りなさい. Comporre delle frasi seguendo gli esempi.
れいほう 礼砲 salva㊛ ¶ 21 発の礼砲を打つ sparare ventun colpi a salve [una salva di ventun colpi]
れいぼう 礼帽 cappello㊚ da cerimonia；《シルクハット》(cappello㊚ a) cilindro㊚
れいぼう 冷房 condizionamento㊚ d'aria, climatizzazione㊛ ¶冷房設備のある部屋 stanza con aria condizionata ¶冷房をかける accendere [far funzionare] il condizionatore d'aria ¶この部屋の冷房は効き過ぎている[あまり効いていな

い]. L'aria condizionata di questa stanza è「troppo forte [debole].

✤**冷房車** carrozza[女] con aria condizionata

冷房装置 condizionatore[男] d'aria

冷房病 disturbi[男][複] causati dall'esposizione all'aria condizionata

れいめい 令名 celebrità[女], fama[女], notorietà[女];《文》rinomanza[女] ¶令名が高い famoso / celebre ¶彼はピアニストとして令名をはせている. È noto [conosciuto / famoso] come pianista.

れいめい 黎明 alba[女], aurora[女] ¶近代文学の黎明 gli albori [l'alba] della letteratura moderna

✤**黎明期** ¶ルネサンスの黎明期 alba [albori] del Rinascimento / periodo prerinascimentale

れいやく 霊薬 farmac*o*[男][複 *-ci*] miracoloso [portentoso], medicina[女] miracolosa

れいらく 零落《没落, 凋落》decadenza[女];《貧困》miseria[女], povertà[女] ◇**零落する**《家族が主語で》decadere[自][*es*];《人が主語で》cadere[自][*es*][ridursi] in miseria, rovinarsi

れいれいしい 麗麗しい ¶麗々しい飾り付け decorazione vistosa [sfarzosa] ¶彼の名刺には麗々しい肩書きが並んでいた. Sul suo biglietto da visita era stampata una lista di pretenziosi titoli.

レインコート〔英 raincoat〕〘服〙impermeabile[男]

レインシューズ《雨靴》stivali[男][複] per la pioggia,〔仏〕galoche[女][複], scarpe[女][複] da pioggia

レーキ〔英 rake〕《くま手》rastrello[男]

レーサー〔英 racer〕pilot*a*[男][女][[男]複 *-i*]

レーザー〔英 laser〕〘物〙laser[男][無変]

✤**レーザー光線** ragg*io*[男][複 *-gi*] laser[無変]

レーザー治療〘医〙laserterapia[女], trattamento[男] con il laser

レーザー濃縮法《ウランの》arricchimento[男] dell'uranio con il laser

レーザープリンター stampante[女] laser

レーシングカー〔英 racing car〕〘車〙automobile[女][macchina[女]] da corsa

レース〔英 lace〕〘服〙pizzo[男], merletto[男], trina[女] ¶レースの襟 colletto di pizzo ¶かぎ編みレース trina all'uncinetto ¶レースの手袋 guanti di pizzo ¶手編みレース merletto a tombolo ¶レースを編む fare un merletto ¶レースの縁取りをつける merlettare *ql.co.*

✤**レース編み** merletti[男][複], pizzi[男][複]

レース糸 filo[男] da merletto

レース〔英 race〕《競走》gara[女] di velocità, corsa[女];《競泳》gara[女] di nuoto;《競漕(きょうそう)》regata[女];《競馬》corsa[女] di cavalli

¶自動車レース corsa automobilistica ¶レースをする fare una gara / correre[自][*av*] ¶レースに参加する partecipare ad una gara [corsa] ¶レースに勝つ[負ける] vincere [perdere] una corsa

レーズン〔英 raisin〕《干しぶどう》uva[女] passa, uvetta[女], uva[女] sultanina

レーゾンデートル〔仏 raison d'être〕《存在理由》ragion[女] d'essere; scopo[男] della *propria* vita; ragione[女] della *propria* esistenza

レーダー〔英 radar〕〔英〕radar [rádar][男][無変] ¶レーダーで飛行機を追う inseguire un aereo con il radar ¶レーダーが飛行物体を捕らえた. Il radar ha individuato un oggetto volante.

✤**レーダー影** zona[女] d'ombra radar

レーダー技師《管制官など》opera*tore*[男][[女] *-trice*] di stazioni radar, radarist*a*[男][女][[男]複 *-i*], uomo[男][複 *uomini*] radar;《装置を扱う技術者》tecnic*o*[男][複 *-ci*] radar

レーダー基地[スコープ] stazione[女] [schermo[男]] radar

レーダー探知範囲[追跡] zona[女] di copertura del [inseguimento[男]] radar

レーダー網 rete[女] radar

レーダー有効範囲 portata[女] del radar

レート〔英 rate〕〘経〙tasso[男], sagg*io*[男][複 *-gi*], corso[男], quotazione[女] ¶レートを上げる[下げる] alzare [abbassare] il tasso ¶為替レート tasso di cambio ¶BA [BR]レート〘金融〙tasso di accettazione bancaria [delle cambiali] ¶今日のレートは1ユーロ160円だ. Oggi l'euro è quotato a 160 yen.

レーベル〔英 label〕〘音〙casa[女] discografica

レーヨン〔英 rayon〕rayon[男][無変], raion[男][無変]

レール〔英 rail〕《線路》rotaia[女](►「わだち」も意味する);《軌道》binar*io*[男][複 *-i*];《戸やカーテンの》binario[男] ¶レールから外れる《脱線する》uscire dalle rotaie [dai binari] / deragliare[自][*av*] ¶レールを敷く《線路を》posare le rotaie /《鉄道を敷設する》costruire una ferrovia ¶計画実現へのレールを敷く fare preparativi preliminari alla realizzazione di un progetto

レーン〔英 lane〕《ボウリング・道路の》corsia[女]

レーンジャー〔英 ranger〕**1**《特別攻撃隊員》soldat*o*[男][[女] *-essa*] d'assalto **2**《森林警備隊》guardia[女] forestale;《国立公園管理員》guardian*o*[男][[女] *-a*] d'un parco nazionale

レオタード〔英 leotard〕〘服〙body[男][無変]

レガーズ〘スポ〙《すね当て》parastinchi[男][無変]

レガート〔伊〕〘音〙legato[男]

レガッタ〔英 regatta〕〘スポ〙regata[女]

-れき -歴 ¶ゴルフ歴《アマチュアの》esperienza [《プロの》carriera] nel golf ¶職歴 carriera professionale ¶私は運転歴が長い[浅い]. Guido la macchina da molto [poco] tempo. ¶私は教職歴5年です. Ho cinque anni di esperienza nel campo dell'insegnamento.

れきがん 礫岩〘地質〙conglomerato[男]

れきし 歴史 storia[女] ◇**歴史の, 歴史的(な), 歴史上の** storic*o*[[男]複 *-ci*] ◇**歴史的に** storicamente ¶歴史的に見て dal punto di vista storico / nell'ottica storica / sotto l'aspetto storico ¶歴史的に重要な事件 avvenimento storicamente importante ¶歴史上の人物 personaggio storico ¶歴史始まって以来の dall'inizio della storia ¶歴史以前の preistorico ¶歴史を作った人々 personaggi che hanno fatto la storia ¶この大学は長い[200年の]歴史をもっている. Questa università ha「una lunga storia [duecento anni di storia]. ¶彼は歴史に名を残した. Il suo nome è passato alla storia. ¶この出来事は歴史に残るだろう. Questo avveni-

[れ]

mento rimarrà nella storia. ¶歴史は繰り返す. La storia si ripete.
✤歴史家 storico男[⑧ -ca; 男複 -ci]
歴史学 storia⑧, scienza⑧ storica
歴史学派《経・法》scuola⑧ storica
歴史観 concezione⑧ della storia
歴史記述 storiografia⑧
歴史研究 studi男複 storici
歴史主義 《哲》storicismo男 ◇歴史主義的な storicistico[男複 -ci]
歴史主義者 storicista男⑧[男複 -i]
歴史小説 romanzo男 storico
歴史的妥協 compromesso男 storico (◆ 1970年代半ばのイタリア共産党とキリスト教民主党との妥協による新多数派形成政策)
歴史哲学 filosofia⑧ storica [della storia]
歴史物語《文学》genere男 narrativo in cui vengono trattati personaggi ed eventi storici

れきし 轢死 ◇轢死する morire investito da un treno, morire sotto un treno

れきせい 瀝青《鉱》bitume男; pece⑧
✤瀝青ウラン鉱 pechblenda⑧
瀝青炭 carbone男 bituminoso

れきせん 歴戦 ◇歴戦の che ha combattuto tante guerre ¶歴戦の勇士 veterano

れきぜん 歴然 ◇歴然たる evidente, chiaro ◇歴然と evidentemente, chiaramente ¶激戦の跡が歴然と残っていた. Rimanevano tracce inconfondibili della violenta battaglia. ¶彼がうそをついていることは歴然としている. È evidente [chiaro come il giorno] che lui sta mentendo.

れきだい 歴代 generazioni⑧複 precedenti ¶歴代の法王 successione⑧ dei papi ¶歴代の首相が訪れた地 luogo visitato dai primi ministri del passato
✤歴代史 cronaca⑧, cronistoria⑧, annali男[複]

れきにん 歴任 ¶会社でいろいろなポストを歴任した. In questa ditta ho ricoperto diversi posti [ho svolto diverse funzioni].

れきねん 暦年 1《年に定められた1年》anno男 civile stabilito dal calendario gregoriano 2《歳月》anni男[複], tempo男

れきねん 歴年 1《年を経ること》 ¶歴年の経験 pratica pluriennale 2《年々》anno dopo anno

れきねんれい 暦年齢(生活年齢) età⑧ cronologica

れきほう 歴訪 ¶ヨーロッパ諸国を歴訪する visitare diversi paesi europei l'uno dopo l'altro

レギュラー〔英 regular〕¶レギュラーでその番組に出ている. Prende parte a quella trasmissione come ospite fisso. ¶その選手はレギュラーから外された. Quel giocatore è stato tolto dalla lista dei titolari.
✤レギュラーガソリン benzina⑧ super [無変]
レギュラー選手 giocatore男⑧[⑧ -trice] titolare, titolare男⑧
レギュラーポジション posizione⑧ fissa
レギュラーメンバー titolare男⑧

レギンス〔英 leggings〕《服》〔英〕leggings男[複],〔仏〕fuseaux男[複], calzamaglia⑧[複 calzemaglie, calzamaglie]

レクイエム〔ラ〕requiem男⑧[無変]

レクチャー〔英 lecture〕《講演》discorso男;《講義》lezione⑧, conferenza⑧

レグホン〔英 leghorn〕《鶏の品種》gallina⑧ livornese

レクリエーション〔英 recreation〕ricreazione⑧, svago男[複 -ghi], diporto ¶レクリエーション施設 attrezzature per il tempo libero

レゲエ〔英 reggae〕reggae男[無変]

レコーダー〔英 recorder〕registratore男

レコーディング〔英 recording〕《録音》registrazione⑧; incisione⑧ ◇レコーディングする effettuare una registrazione, registrare [incidere] ql.co. ¶アナログ[デジタル]レコーディング registrazione analogica [digitale]

レコード〔英 record〕1《競技などの記録》primato男;〔英〕record男[無変] ¶レコードを作る[破る/保持する] stabilire [battere / detenere] un record 2《音盤》disco男[複 -schi] ¶LPレコード disco a 33 giri / 33 giri男[無変] /〔英〕LP男[無変] ¶レコードをかける mettere un disco (sul giradischi) 3《コンピュータ》〔英〕record男[無変]
✤レコード会社 casa⑧ discografica
レコード店 negozio男[複 -i] di dischi
レコード針 puntina⑧ del giradischi
レコードプレーヤー giradischi男[無変]
レコードホルダー《スポ》detentore男[⑧ -trice] di un「record [primato], primatista男⑧[男複 -i]

レザー〔英 leather〕1《皮革》pelle⑧, cuoio男[複 -i] 2《合成皮革》pelle⑧ finta [sintetica], similpelle⑧[無変]
✤レザーコート《上着》giacca⑧[giaccone男] di pelle;《オーバー》soprabito男[cappotto男] di pelle

レザー〔英 razor〕《かみそり》rasoio男[複 -i]
✤レザーカット taglio di capelli con il rasoio

レジ cassa⑧ ¶レジで払ってレシートをもらう pagare alla cassa e ritirare lo scontrino
✤レジ係 cassiere男[⑧ -a]
レジ袋 sacchetto男[busta⑧] di plastica

レシート〔英 receipt〕《レジから出る紙片》scontrino男;《領収書》ricevuta⑧

レシーバー〔英 receiver〕1《無線受信機》radio⑧ 2《ステレオなどのヘッドホン》cuffia⑧;《電話の受話器》ricevitore男, cornetta⑧ 3《スポ》《テニス、卓球》ribattitore男[⑧ -trice];《バレーボール》ricevitore男[⑧ -trice]

レシーブ〔英 receive〕◇レシーブする《テニス》ribattere la palla;《卓球》la pallina;《バレーボール》ricevere la palla ¶回転レシーブ ricezione con capriola

レジスター〔英 register〕《金銭登録機》registratore男 di cassa 2《コンピュータ》register

レジスタンス〔仏 résistance〕《抵抗運動》(movimento男 di) resistenza⑧;《史》la Resistenza⑧ (◆イタリアの抵抗運動は国民解放委員会 Comitato di Liberazione Nazionale, 略称 CLN の指導のもとに行われた)¶レジスタンスの戦士たち combattenti della resistenza / partigiani ¶レジスタンスに参加する partecipare [prendere parte] alla resistenza

レシタティーブ〔英 recitative〕⇒レチタティー

レシチン 〔英 lecithin〕《生化》lecitina㊛

レジデンス 〔英 residence〕《キッチン付きの宿》〔英〕residence㊚[無変], residenza㊛

レシピ 〔英 recipe〕ricetta㊛ ¶レシピ集 ricettario ¶クッキーのレシピ ricetta di biscotti

レシプロエンジン 《機》motore㊚ alternativo [a pistoni]

レジャー 〔英 leisure〕《余暇》tempo㊚ libero;《余暇にする遊び》ricreazione㊛, passatempo㊚, svago㊚[複 -ghi] ¶レジャーを楽しむ darsi a attività di svago

✤**レジャー産業** industria㊛ del tempo libero

レジャー施設 centro㊚ ricreativo [di divertimenti e sport]

レジュメ 〔仏 résumé〕schema㊚[複 -i] riassuntivo

レストハウス 〔英 rest house〕punto㊚ di ristoro;《高速道路沿いの》autogrill㊚[無変](►本来は商標であるが一般名詞のように用いられる);《宿泊所》alberghetto㊚ lungo la strada

レストラン 〔仏 restaurant〕ristorante㊚;《庶民的な》trattoria㊛, osteria㊛ →次ページ 会話 ¶高級レストラン ristorante di lusso ¶レストランで食事する mangiare「in un [al] ristorante

レズビアン 〔英 lesbian〕lesbica㊛ ◇レスビアンの[的な] lesbico㊚[複 -ci]

レスポンス 〔英 response〕risposta㊛ ¶この車はレスポンスがいい. Questa macchina risponde bene.

✤**レスポンスタイム** tempo㊚ di risposta (ad una domanda)

レスラー 〔英 wrestler〕《スポ》lottatore㊚[㊛-trice]

レスリング 〔英 wrestling〕《スポ》lotta㊛ libera;〔英〕wrestling㊚[無変] ¶レスリングをする fare la lotta libera ¶レスリングの選手 lottatore㊚[㊛-trice] (di wrestling) ¶レスリングの試合 incontro di lotta libera

レセプション 〔英 reception〕《宴会》ricevimento㊚, festa㊛ ¶レセプションで盛大なもてなしをする offrire [dare] un ricevimento con un ricco rinfresco

レゾルシン 〔独 Resorcin〕《化》resorcina㊛

レター 〔英 letter〕**1**《手紙》lettera㊛ ¶ラブレター lettera d'amore ¶ファンレター lettera di un ammiratore[《差出人が女性》un'ammiratrice] / posta degli ammiratori / lettere dei fan **2**《文字》lettera㊛ ¶キャピタルレター (lettera) maiuscola

✤**レターペーパー** carta㊛ da lettere

レターヘッド intestazione㊛ ¶レターヘッド入り用箋 carta㊛ intestata

レタス 〔英 lettuce〕《料》lattuga㊛

レタリング 〔英 lettering〕〔英〕lettering㊚[無変]; design㊚[無変] delle lettere

レチタティーヴォ 〔伊〕《音》recitativo㊚

れつ 列 **1**《連なり, 並び》fila㊛, linea㊛;《縦列》colonna㊛, coda㊛;《横列》riga㊛;《行列》corteo㊚ ¶最前[後]列 prima [ultima] fila ¶1列に並んだ家 fila di case ¶1列に並んだ街路樹 un filare di alberi ¶3列に並んで in [su] tre file ¶1列縦隊で in fila indiana ¶4列縦隊で su quattro file ¶列を成す[作る] fare la fila ¶列を作って待つ aspettare in fila ¶列を乱す scomporre la fila ¶列を詰める stringere [serrare] le file ¶列の後ろにつく fare la coda ¶列に割り込まないでください. Non si intrufoli nella fila. ¶私は列の前の方に並んでいた. Ero [Mi trovavo] in testa alla fila. ¶4列に並んでください. Mettetevi in fila per quattro. ¶店の前に買い物客が長い列を作っている. Davanti al negozio c'è una lunga coda [fila] di clienti. **2**《仲間》《しゃ》¶彼は名人の列に入った. È entrato a far parte del numero dei grandi maestri. / È annoverato fra i grandi maestri.

れつあく 劣悪 ¶劣悪品 prodotto scadente ¶彼らは劣悪な環境に住んでいる. Vivono in un ambiente miserabile.

れっか 劣化 deterioramento㊚, degradazione㊛, degrado㊚, peggioramento㊚

✤**劣化ウラン** uranio㊚ impoverito ¶劣化ウラン弾 proiettile ad uranio impoverito

れっか 烈火 ¶彼は烈火のごとく怒った. È andato su tutte le furie. / Si è infuriato.

レッカー レッカー(車) carro㊚ attrezzi (da rimorchio), autogrù㊛[無変]

✤**レッカー移動** rimozione㊛ forzata [coatta]

れっき 列記 enumerazione㊛ elencare i nominativi [i nomi] dei promossi / fare l'elenco dei promossi

れっきとした 歴とした **1**《身分・家柄が高い》rispettabile, di tutto rispetto, d'alto rango ¶彼はれっきとした家の出だ. Proviene da una famiglia di tutto rispetto. **2**《確かな》autentico㊚[複 -ci], indiscutibile ¶これはれっきとしたピカソの絵だ. Questa è un'autentica tela [Questo è senza dubbio un quadro] di Picasso. ¶私はれっきとした証拠を握っている. Ho una prova indiscutibile [inconfutabile].

れっきょ 列挙 enumerazione㊛ ◇列挙する enumerare, elencare ¶彼は計画の欠点を列挙した. Ha elencato i difetti del progetto. / Uno dopo l'altro ha indicato tutti i difetti del piano.

れっきょう 列強 le grandi potenze㊛[複] (del mondo)

れっこく 列国 diversi paesi㊚[複], diverse nazioni㊛[複] ¶西欧列国 paesi dell'Europa occidentale

れっしゃ 列車 treno㊚ ¶最終列車 l'ultimo treno ¶臨時[増発/休日]列車 treno straordinario [supplementare / festivo] ¶上り[下り]列車 treno che va「al capoluogo [dal capoluogo verso la provincia] ¶10両編成の列車 treno composto di 10 carrozze [vagoni] ¶旅客[貨物]列車 treno passeggeri [merci] ¶ローマ発の[行きの]列車 treno「proveniente da [per] Roma ¶列車に乗る[乗り遅れる] prendere [perdere] il treno ¶この列車は定刻より早い[定刻どおりだ/遅れている]. Il treno è in anticipo [in orario / in ritardo]. ¶午後8時45分発の列車で発ちます. Partirò con il treno delle 8.45 di sera. ¶列車は汽笛を鳴らした. Il treno ha fischiato.

✤**列車事故** incidente㊚ ferroviario[複 -i]

列車時刻表 orario男[複 -i] ferroviario
列車集中制御装置 sistema男[複 -i] di controllo centralizzato del traffico
れっしょう 裂傷　lacerazione女, squarcio男[複 -ci], ferita女 aperta
れつじょう 劣情　passione女 bassa [animalesca], desiderio男[複 -i] carnale [sessuale] ¶劣情を催す sentire [provare] una passione sessuale ¶劣情をそそる eccitare il desiderio carnale
れっしん 烈震《旧震度階級の一つ》terremoto男 rovinoso
れっする 列する　**1**《出席する》partecipare自 [av] [assistere自 [av]] a ql.co. ¶会議に列する partecipare [essere presente] a una riunione　**2**《加わる》¶7大国に列する figurare fra i sette grandi ¶彼は協会の役員の座に列している. Fa parte del [È fra i membri del] comitato direttivo dell'associazione.
レッスン〔英 lesson〕lezione女 ¶グループレッスン lezioni di gruppo ¶個人レッスン lezioni private ¶イタリア語のレッスンをお願いできませんか. Non potrebbe farmi [darmi] delle lezioni di italiano? ¶彼女は子供たちにピアノのレッスンをしている. Lei dà lezioni di pianoforte ai bambini. ¶私は週に2回バイオリン[歌]のレッスンを受けている. Prendo lezione di violino [canto] due volte alla settimana.
れっせい 劣性《生》recessività女　◇劣性の recessivo
✦**劣性遺伝** eredità女 recessiva
劣性遺伝形質 caratteri男[複] recessivi
劣性遺伝子 gene男 recessivo
劣性化《遺伝形質の》 recessione女
れっせい 劣勢 ¶劣勢を挽回する capovolgere una situazione sfavorevole / recuperare lo svantaggio ¶我々は数において劣勢であった. Eravamo numericamente inferiori.
れっせき 列席　presenza女, partecipazione女 ¶式に列席する partecipare [assistere / essere presente] ad una cerimonia ¶茶話会へのご列席をお願い申し上げます. È gradita la sua presenza al rinfresco. ¶ここにご列席の皆様に心からの感謝の意を表します. Ringrazio di cuore tutti i presenti [tutti gli intervenuti]. ¶「ご列席の皆様」

《 **会 話** 》　レストランで **Al ristorante**

■電話での予約 **Prenotare un tavolo per telefono**
A: もしもし，レストラン「チンクェテッレ」ですか. 4名の席を予約したいのですが. 8時ごろ行きます. できたら隅の静かな席[外の席]がいいのですが.
　Pronto, ristorante Cinqueterre? Vorrei prenotare un tavolo per quattro persone. Possibilmente ⌈in un angolo tranquillo [all'aperto], per le otto circa.
B: どなたのお名前で？　Sì, il nome?
A: 近藤です. Kondo.

■レストランで **Al ristorante**
A: こんばんは. 近藤と申します. 私の名前で4名席を予約してあるのですが.
　Buonasera, mi chiamo Kondo. Ho un tavolo per quattro persone prenotato a mio nome.
B: さあどうぞ. こちらのテーブルでよろしいでしょうか.
　Si accomodino. Va bene questo tavolo?
A: はい，けっこうです. ありがとう.
　Sì, perfetto. Grazie.
B: 飲み物は何になさいますか.
　Da bere che cosa desiderano?
A: ワインのリストをお願いします.
　C'è una lista dei vini, per favore?
B: はい，ただいま.
　Gliela porto subito.
A: それでは，82年のバルベーラ1本とガスなしのミネラルウォーターを1リットルお願いします.
　Bene. Da bere prendiamo una bottiglia di Barbera annata 82 e un litro di acqua minerale non gassata.
B: 前菜からお始めになりますか.
　I signori iniziano con un antipasto?
A: ええ，クロスティーニの盛り合わせをお願いします.
　Sì, ci porti un piatto di crostini misti.
B: 承知しました. 1皿目は何になさいますか.
　Certo, signore. E per primo cosa prendono?
A: フェットチーネのきのこ和えを2つ, ペンネのトリュフ和えを半人前1つ, それとアスパラガスのクリームスープを1つ.
　Due porzioni di fettuccine ai funghi, una mezza porzione di penne al tartufo e una crema di asparagi.
B: 2皿目の料理はもうお決まりですか.
　I signori hanno già deciso il secondo piatto?
A: ミラノ風カツレツ1つ, なすのチーズ焼き1つ, ヴェネツィア風レバー1つ, きじの狩人風1つ.
　Una cotoletta alla milanese, una parmigiana di melanzane, un fegato alla veneziana e una porzione di fagiano alla cacciatora.
B: 付け合わせは何になさいますか.
　E per contorno?
A: ミックスサラダとグリンピースのバターいため.
　Un'insalata mista e pisellini al burro.
B: チーズ, ケーキ類, 果物はいかがですか.
　Desiderano del formaggio, del dolce o della frutta?
A: 季節のフルーツの盛り合わせとティラミスを1つとコーヒー4つお願いします.
　Della frutta di stagione, una porzione di tiramisù e quattro caffè.
B: コーヒーをお持ちしました.
　Ecco i caffè.
A: ありがとう. 勘定をお願いします.
　Grazie. Il conto per favore.

《呼びかけ》"Signore e signori."
❖**列席者**《集合的》preṣenti男[複], astanti男[複]
レッテル 〔蘭 letter〕 **1**《ラベル》etichetta女 **2**《評価》彼は怠け者のレッテルを貼られた. Gli hanno affibbiato il marchio di pigro.
れつでん 列伝 raccolta女 di biografie; vite女[複] ¶『対比列伝』《プルタルコス》 "Vite parallele" (Plutarco)
れっとう 列島 catena女 di iṣole;《群島》arcipelago男[複 -ghi] ¶千島列島 le iṣole Curili ¶日本列島 arcipelago giapponeṣe / le iṣole giapponeṣi
れっとう 劣等 inferiorità女 ◇劣等な inferiore《より a》 ¶劣等な品 articolo inferiore [scadente / di scarsa qualità]
❖**劣等感** complesso d'inferiorità ¶劣等感を抱く provare un complesso d'inferiorità / sentirsi inferiore
劣等財《経》merci女[複] povere
劣等生 pessimo studente男[女 -essa]
レッドカード 〔英 red card〕《スポ》cartellino男 rosso
レッドパージ 〔英 red purge〕purga女 anticomunista ¶レッドパージに掛けられた映画人 cineasta finito nelle maglie dell'epurazione anticomunista
れっぷう 烈風 vento男 violento [furioso] ¶烈風が吹いていた. Soffiava un vento tremendo [terribile / violentissimo].
レディー 〔英 lady〕donna女, signora女
❖**レディーファースト** precedenza女 alle donne
レディーメード 〔英 ready-made〕**1**《既製品》◇レディーメードの (già) confezionato, bell'e fatto **2**《美》《マルセル・デュシャンに発する芸術様式》arte女 ready-made
レトリック 〔英 rhetoric〕retorica女
レトルト 〔蘭 retort〕《蒸留器》storta女
❖**レトルト食品** alimento precotto in confezione a tenuta d'aria e di luce
レニウム 〔英 rhenium〕《化》renio男;《元素記号》Re
レバー 〔英 lever〕leva女 ¶レバーを引く tirare una leva ¶レバーを前に[右に/左に]倒す manovrare una leva in avanti [a destra / a sinistra]

応用例

ローマの郷土料理の[この近くの / 料金が手ごろな]レストランをご存じですか.
Mi può consigliare un tipico ristorante romano [un buon ristorante qui vicino / un buon ristorante economico]?
2人なんですが.《入るとき》
Siamo in due. / Un tavolo per due!
すみません、テーブルを2つ合わせていただけますか.
Scuṣi, è possibile unire due tavoli?
かなり待たなくてはなりませんか.
Biṣogna aspettare molto per mangiare?
あまり長く待てません. 何か早くできる料理はありますか.
Non posso aspettare molto, cosa c'è di veloce da mangiare?
ここの自慢料理は何ですか.
Quali sono le specialità della casa?
何かおすすめの料理はありますか.
Che cosa mi [ci] consiglia?
隣のテーブルの方が食べているのは何でしょうか.
Cosa sta mangiando il signore del tavolo accanto?
定食はありますか.
Avete un menù (a prezzo) fisso?
すみません、注文を変えてもいいですか.
Scuṣi, potrei cambiare la mia ordinazione?
これは注文していませんが.
Questa non è quello che ho ordinato.
この料理[メインディッシュ]はどんな料理ですか.
Mi può spiegare cos'è questa pietanza?
「ほかにコーヒー、デザートなどいかがですか」「いえ、これで結構です」
"Per finire, desiderate qualcos'altro?" "No, grazie. Siamo a posto così."
しみをつけてしまいました. しみ抜きはありますか.
Mi sono macchiato; avete uno ṣmacchiatore?
勘定にはテーブル・チャージが含まれています.
Nel conto è compreso il coperto.
支払いはクレジットカードでできますか.
Accettate la carta di credito?

用語集

●レストラン
レストラン ristorante男; trattoria女. 軽食堂 tavola女 calda [fredda]. 居酒屋 osteria女. セルフサービスの店 〔英〕self-service男[無変]. 食堂(大学・職場の) mensa女. ピッツァ専門店 pizzeria女. サンドイッチ屋 paninoteca女. ワイン専門店 enoteca女. シェフ〔仏〕chef男[無変]. コック cuoco男[女 -ca]. 給仕長 caposervizio男. ボーイ、ウエーター cameriere男. ウエートレス cameriera女. 料理[美食]法、料理様式 gastronomia女. 郷土料理 cucina女 locale. 地方料理 cucina女 regionale. 菜食主義料理 cucina女 vegetariana.

●食事
食事 pasto男. 朝食 (prima) colazione女. 昼食 pranzo男. 夕食 cena女. 間食 spuntino男. おやつ merenda女. 宴会 banchetto男, convito男. 1人前 porzione女, razione女. 前菜 antipasto男. 1[2]皿目の料理 primo [secondo] piatto男. 付け合わせ contorno男. チーズ formaggio男. デザート〔仏〕dessert男[無変]. ケーキ dolce男. フルーツ frutta女. ⇒料理 用語集, ワイン 用語集, コーヒー 関連, 食器 図版

レバー 〔英 liver〕《料》《肝臓》fegato男
❖レバーペースト pâté男[無変] di fegato

レパートリー 〔英 repertory〕 ¶このピアニストはレパートリーが広い[狭い]。Questo pianista ha un vasto [limitato] repertorio.

レビュー 〔仏 revue〕 rivista女, spettacolo男 di varietà
❖レビューガール ballerina女 di rivista

レビュー 〔英 review〕《批評》critica女;《批評雑誌》rivista女 di critica ¶ブックレビュー《書評》recensione女 ¶映画のレビューを書く scrivere la recensione di un film

レフェリー 〔英 referee〕《スポ》arbitro男[女-a] ¶試合のレフェリーを務める arbitrare una partita / fare l'arbitro in una gara
❖レフェリーストップ arresto男 dell'arbitro

レフト 〔英 left〕 **1**《左》sinistra女 **2**《スポ》《ボクシング, サッカー》sinistro男;《野球》esterno男 sinistro 《サッカー》terzino sinistro ¶レフトのストレート[フック] diritto [gancio] sinistro **3**《左派》la sinistra女 ¶ニューレフト nuova sinistra

レプリカ 〔英 replica〕《芸術作品の》replica女, copia女, riproduzione女;《工》replica女

レフレクター 〔英 reflector〕《電波・光の》riflettore男

レフレックスカメラ 〔英 reflex camera〕《写》(macchina女 fotografica) reflex女[無変]

レベル 〔英 level〕 **1**《程度, 水準》livello男, grado男 ¶生活レベル livello [tenore] di vita ¶これは同じレベルの問題ではない。Questi problemi non sono sullo stesso livello [piano]. ¶事務[閣僚]レベルの折衝 incontro a livello「tecnico [di ministri] **2**《水準器》livella女
❖レベルアップ ¶サッカーチームをレベルアップする alzare [migliorare] il livello di una squadra di calcio
レベルダウン ¶製品の質がレベルダウンしたようだ。Sembra che la qualità dei prodotti sia generalmente peggiorata.

レポーター 〔英 reporter〕 cronista男女[複 -i];〔英〕reporter男女[無変];《特派員》corrispondente男, inviato男[女 -a] speciale

レポート 〔英 report〕 **1**《報告書》rapporto男, relazione女, resoconto男 ¶レポートを作る preparare un rapporto《について su》¶レポートを提出する presentare [consegnare] un rapporto [una relazione] **2**《宿題の》tema男[複 -i];《学生が書く小論文》tesina女 ¶イタリア現代史についてのレポート tesina sulla storia italiana contemporanea

レム 〔英 rem〕《物》〔英〕rem男[無変]; röntgen [roentgen]男[無変] equivalente uomo男[無変]
レムすいみん レム睡眠《医》fase女 REM

レモネード 〔英 lemonade〕 limonata女

レモン 〔英 lemon〕 limone男 ¶レモンの薄切り fettina di limone ¶レモンの木 albero di limone[無変]
❖レモン色 limone男, (color男) giallo limone[無変]
レモンケーキ torta女 al limone
レモン絞り器 spremilimoni男[無変], spremiagrumi男[無変]

レモンジュース spremuta女 di limone
レモンスカッシュ limonata女 gassata [frizzante]
レモンティー tè男[無変]「con il [al] limone

レリーフ 〔英 relief〕《浮き彫り》rilievo男

-れる **1**《直接の受け身》¶父に叱られた。Sono stato rimproverato [ripreso] da mio padre. ¶会議は午後3時に開かれる。La riunione sarà aperta alle tre del pomeriggio. ¶人に顔を見られるのが恥ずかしい。Mi vergogno quando mi guardano. ¶父に死なれた。Mi è morto il padre.
2《使役の受け身》¶毎日私は残業をさせられる。Ogni giorno mi fanno fare gli straordinari.（►Mi fanno + 不定詞 は話者が自分の意志ではなく, 強制されて何かをすることを表す）
3《間接の受け身》¶途中雨に降られてびしょぬれになった。Sono stato sorpreso dalla pioggia per la strada e mi sono bagnato fino alle ossa. ¶ゆうべ友だちに遊びに来られて勉強ができなかった。Ieri sera ho ricevuto la visita di un amico e non ho potuto studiare. ¶猫に魚をすっかり食べられてしまった。Il gatto mi ha mangiato tutto il pesce.
4《可能》poter + 不定詞, riuscire自[es] a + 不定詞, essere capace di + 不定詞, saper + 不定詞, essere in grado di + 不定詞, aver la possibilità di + 不定詞 ¶今日は忙しくて行かれません。Oggi sono occupato, perciò non posso venire. ¶ゆうべ眠れなくて3時まで本を読んだ。Stanotte non riuscivo a prendere sonno e ho letto fino alle tre. ¶その質問には答えられません。A questa domanda non si può rispondere.
5《自発》¶月を見ていると故郷のことが思い出される。Quando vedo la luna, mi viene sempre in mente il mio paese. ¶この子の将来が案じられる。Il futuro di questo ragazzo mi dà da pensare. ¶彼の苦労が思われる。Si capisce [comprende] quanto lui abbia faticato.
6《敬語表現》¶ご主人が帰られましたらよろしくお伝えください。Quando tornerà suo marito, gli porga i miei saluti.

れん 嗹《用紙を数える単位》risma女（►risma は印刷用紙の場合500枚, タイプ用紙など事務用品類の場合は400枚を意味する）

-れん -連 **1**《仲間》¶女房連 gruppo di casalinghe **2**《ひとくくりのもの》¶3連の真珠のネックレス collana di perle a tre fili

れんあい 恋愛《恋》amore男;《恋すること》innamoramento男 ¶恋愛をすると人はいきいきする。Innamorarsi fa sentire vivi.
❖恋愛結婚 matrimonio男[複 -i] d'amore
◇恋愛結婚する sposarsi per amore, fare un matrimonio d'amore
恋愛詩 poesia女 d'amore
恋愛事件 avventura女 amorosa
恋愛至上主義 amore男 per amore
恋愛小説 romanzo男 rosa[無変] [d'amore]
恋愛問題 ¶彼女はいま恋愛問題に悩んでいる。Lei ora è afflitta da un problema d'amore.

れんおんぷ 連音符 ¶2連[3連/4連/5連/6連]音符 duina [terzina / quartina / quintina / sestina]

れんか 廉価 basso prezzo男 ◇廉価な a basso prezzo, di poco prezzo, a buon mercato, economico [男複 -ci], poco costoso
✤**廉価版** edizione女 economica
廉価品 merce女 di poco prezzo;《投げ売り品》articolo男 da liquidazione
れんが 連歌 *renga*男 [無変]; poeṣie女 [複] a catena in cui l'emistichio superiore (di 5-7-5 sillabe) e quello inferiore (di 7-7) di un *waka* sono composte da due o più persone, continuando a comporre a ripetizione, a volte fino a 100 *ku* [strofe]
✤**連歌師** partecipante男女 agli incontri per la composizione di un *renga*
れんが 煉瓦 mattone男 ¶耐火[敷 / 化粧]れんが mattone refrattario [da pavimento / ṣmaltato] ¶れんがを焼く cuocere mattoni ¶れんがを積む posare mattoni
✤**れんが工** mattonaio男 [複 -*i*]
れんが工場 mattonaia女
れんが敷き ¶れんが敷きの床 pavimento di mattoni [di cotto]
れんが造り ¶れんが造りの家 casa di [in] mattoni
れんかんけいすう 連関係数 〘統〙coefficiente男 di associazione
れんき 連記 ◇連記する elencare ¶候補者から3名を選んで連記してください. Votare esprimendo tre preferenze sulla scheda.
✤**連記制** sistema男 di votazione con scrutinio plurimo
連記投票 ¶無記名連記投票 votazione a scrutinio segreto con più preferenze
れんきゅう 連休 giorni男 di vacanza consecutivi ¶連休にする《飛び石連休の間の日も休みにして》fare il ponte
れんきんじゅつ 錬金術 alchimia女
✤**錬金術師** alchimist*a*男 [複 -*i*]
れんげ 蓮華 **1**《蓮(はす)の花》fiore男 di loto [Lotus] **2** ⇀蓮華草 **3**《ちりれんげ》cucchia*io*男 [複 -*i*] cinese di ceramica [porcellana]
✤**蓮華座** 《仏像の台座》baṣe女 ornata di fiori di loto (di una statua buddista)
れんけい 連係 《関係》relazione女, rapporto男, legame男, connessione女;《接触, 連絡》contatto男;《協力》cooperazione女, collaborazione女 ◇連係する collaborare自 [*av*] con *qlcu.*, mettersi d'accordo con *qlcu.* (per + 不定詞) ¶連係して in collaborazione《と con》 ¶連係をとる mettersi in contatto《と con》/《保つ》mantenere i contatti [tenersi in contatto]《と con》 ¶連係がとぎれる perdere i contatti《との con》
✤**連係プレー** 〘スポ〙lavoro男 di squadra
れんけい 連携 cooperazione女
れんげそう 蓮華草 〘植〙astragalo男
れんけつ 連結 〘鉄道〙《列車の》agganciamento男, attacc*o*男 [複 -*chi*];〘機〙《2つのものをつなぐこと》giunto男 d'accoppiamento;〘化〙combinazione女 ¶列車に機関車を連結する agganciare una locomotiva a un treno ¶7両連結の列車 treno di sette vagoni [carrozze]
✤**連結器** 〘鉄道〙gan*cio*男 [複 -*ci*];〘機〙gancio男 di traino
連結決算 〘会〙bilan*cio*男 [複 -*ci*] consolidato;《本社と支社の》bilancio男 unico [複 -*ci*]
連結装置 dispoṣitivo男 di accoppiamento
れんけつ 廉潔 integrità女, probità女, onestà女, rettitudine女 ◇廉潔な integro, probo, onesto, retto
れんこ 連呼 ¶候補者の名前を連呼する gridare ripetutamente il nome di un candidato
れんご 連語 《語の配列》ordine男 delle parole;《複合語》parola女 composta;《句》fraṣe女, sintagm*a*男 [複 -*i*], propoṣizione女
れんこう 連行 ◇連行する portare [condurre] *qlcu.*《へ a, in》 ¶彼は警察に連行された. È stato portato [condotto] alla polizia. ¶強制連行された労働者 lavoratori deportati a forza
れんごう 連合 《結合》unione女, associazione女;《同盟》alleanza女, lega女 ◇連合する unirsi, allearsi, creare una lega ¶国際連合 Organizzazione delle Nazioni Unite /《略》ONU [ɔ́nu] ¶3党連合の政府 governo tricolore ¶この法案を通すため保革が連合した. Per far passare questo disegno di legge il partito conservatore e quello progressista si sono alleati.
✤**連合艦隊** flotta女 combinata
連合軍 forze女 [複] alleate;《第2次世界大戦中の》gli Alleati男 [複]
連合国 gli Alleati男 [複] ¶連合国総司令官 comandante supremo alleato
連合政権 governo男 di coalizione
連合体 federazione女, corpo男 alleato, alleanza女
れんごく 煉獄 purgatorio男 ¶煉獄の苦しみを味わう soffrire le pene del purgatorio ¶ダンテの煉獄篇 purgatorio dantesco
れんこん 蓮根 〘料〙radice女 di loto
れんさ 連鎖 《つながったもの》catena女;《遺伝子の》gruppo男 di geni associati ¶食物連鎖 catena alimentare ¶連鎖事件 catena [serie] di caṣi
✤**連鎖球菌** 〘生〙streptococ*co*男 [複 -*chi*]
連鎖倒産 fallimenti男 [複] a catena
連鎖反応 reazione女 a catena
れんざ 連座 ◇連座する essere implicat*o* [coinvolt*o*]《に in》
✤**連座制** sistema男 di responsabilità collettiva
れんさい 連載 pubblicazione女 a puntate ¶夕刊に連載中の小説 romanzo apparso [pubblicato] a puntate sull'edizione serale di un giornale
✤**連載小説** romanzo男 a puntate, romanzo男 d'appendice [a epiṣodi / a fascicoli]
連載漫画 fumetti男 [複] a puntate
連載物 puntate女 [複], pubblicazione女 periodica [a puntate]
れんさく 連作 **1**《作物の》¶稲を連作する coltivare il riso「ogni anno [annualmente]
2《数人の作家が分担する作品》opera女 scritta da più autori [a più mani];《1人の作家の》serie女 [無変] di opere di un artista
れんざん 連山 catena女 di monti [montagne]
れんじ 連子 《格子》tralic*cio*男 [複 -*ci*], grata女, graticcio男 [複 -*ci*]
✤**連子窓** finestra女 munita di grata verticale o

orizzontale
レンジ 〔英 range〕 **1**《調理用の》cucina[女], fornello[男] ¶ガス[電子]レンジ fornello a gas [a microonde] **2**《周波数・声などの範囲》gamma[女];《分野》campo[男]
れんじつ 連日 ogni giorno[男] (►副詞的にも用いる), tutti i giorni[男][複] (►副詞的にも用いる); giorno dopo giorno ¶連日の雨 lungo periodo di piogge ¶連日連夜 giorno e notte
レンジャー ⇒レーンジャー
れんしゅう 練習 esercizio[男][複 -i]; allenamento[男]; prova[女] ◇練習する fare esercizi a [di] *ql.co.*, esercitarsi a *ql.co.* [in *ql.co.* / a＋[不定詞]]; fare allenamento [una prova] di *ql.co.*, allenarsi in *ql.co.* [a＋[不定詞]]; provare *ql.co.* [a＋[不定詞]]
¶発音の練習 esercizio di pronuncia ¶水泳の練習 allenamento di nuoto ¶コーラスの練習 prova del coro ¶練習中に nel corso degli allenamenti ¶ピアノの練習をする fare esercizi al pianoforte ¶人前で話す練習をする esercitarsi a parlare in pubblico ¶〈人〉に練習をさせる《稽古をつける》tenere *qlcu.* in esercizio / far esercitare *qlcu.* a [in] *ql.co.* / allenare *qlcu.* a [in] *ql.co.* ¶練習を欠かさない tenersi in esercizio ¶練習が十分である《人が主語》essere in esercizio [allenamento] ¶練習不足 insufficienza d'allenamento ¶練習不足である essere fuori esercizio [allenamento]

[使いわけ] **esercizio, allenamento, prova**
esercizioは体育・語学などで反復して練習すること，訓練，稽古(けいこ)をさし，allenamentoは特にスポーツの分野でのトレーニングをいう．provaは公演の前に行う演奏・演技，リハーサル，下稽古をさす．

✤**練習機**《飛行機》velivolo[男] d'addestramento, velivolo-scuola[男][複 *velivoli-scuola*]
練習曲〔音〕studio[男][複 -i]
練習試合 partita[女] di allenamento[男]
練習場《陸上競技などの》campo[男] d'allenamento;《ジム・道場など》palestra[女];《劇・音楽などの》sala[女] prove
練習船 nave[女] d'addestramento
練習帳 quaderno[男] degli esercizi
練習問題 esercizio[男][複 -i], eserciziario[男][複 -i]
れんじゅう 連中 **1**《グループ》gruppo[男];《仲間》colleghi[男][複];《人々》gente[女];《一味》cricca[女] ¶会社の連中と con i *propri* colleghi d'ufficio **2**《一座の人たち》¶おはやし連中 compagnia [〔仏〕troupe] di musicisti
れんしょ 連署 ¶100人連署の請願書 petizione firmata da cento persone ¶請願書に連署する firmare congiuntamente una petizione ¶保証人連署をもって con la firma congiunta del garante
✤**連署人** cofirmatario[男][[女] -ia; [男]複 -i], firmatario[男][[女] -ia; [男]複 -i] congiunto
れんしょう 連勝 vittorie[女][複] consecutive, vittorie[女][複] di fila ◇連勝する conseguire una vittoria dopo [dietro] l'altra, ottenere una serie di vittorie ¶5連勝する vincere cinque volte consecutive [cinque partite consecutivamente] ¶連勝を続ける continuare a vincere consecutivamente ¶連勝式勝馬投票法 pronostico combinato
レンズ 〔蘭 lens〕lente[女];《カメラの》obiettivo[男] ¶凸[凹]レンズ lente convessa [concava] ¶望遠[拡大]レンズ lente teleobiettivo [d'ingrandimento] ¶ズームレンズ obiettivo zoom [無変] / varifocale[男] ¶広角レンズ obiettivo grandangolare ¶対物レンズ obiettivo ¶コンタクトレンズ lente a contatto ¶レンズを向ける puntare l'obiettivo《に verso》¶レンズを絞る chiudere il diaframma ¶レンズの絞りを開く aprire il diaframma
✤**レンズコーティング** rivestimento[男] di lente
レンズフード《カメラの》parasole[男]
レンズまめ レンズ豆《ヒラマメ》lenticchia[女]
れんせん 連戦 una serie[女] di battaglie, battaglie[女][複] consecutive ◇連戦する combattere una serie di battaglie, partecipare[自][av] a più battaglie consecutive ¶連戦連勝する ottenere una serie di vittorie ¶連戦連敗する subire una serie di sconfitte
れんそう 連想 associazione[女];〔心〕《観念連合》associazione[女] di idee;《類推》analogia[女][複 -gie] ◇連想する pensare[自][av] a *ql.co.* per associazione di idee;《類推する》ragionare[自][av] per analogia ¶自由連想 libera associazione ¶これを見て何を連想しますか．Che cosa le fa venire in mente questo? / A che cosa le fa pensare questo?
れんぞく 連続 continuità[女], continuazione[女];《継起》successione[女] ◇連続的な continuo, consecutivo, ininterrotto ◇連続する continuare[自][es], susseguirsi, accadere[自][es] in continuazione [ininterrottamente]; durare[自][es, av] ¶連続8時間の労働 otto ore di lavoro ininterrotto [continuo] ¶変なことが連続して起こった．Strane cose sono accadute una dopo l'altra. ¶3日連続して雨が降った．È piovuto ininterrottamente per tre giorni.
✤**連続性** continuità[女]
連続ドラマ〔英〕serial[男][無変];《テレビの》teleromanzo[男] a puntate; telenovela[女][複 -as];〔英〕soap opera[女][無変];《ラジオの》dramma[男][複 -i] radiofonico [複 -ci] a puntate
れんだ 連打 ¶太鼓を連打する battere [suonare] il tamburo ripetutamente
れんたい 連帯 solidarietà[女] ◇連帯する essere solidale《と con》◇連帯の solidale, congiunto, unito, collettivo ¶労働者の連帯 solidarietà fra i lavoratori
✤**連帯感** ¶彼らの間には一種の連帯感がある．Fra di loro c'è spirito di solidarietà.
連帯債務 responsabilità[女] collettiva
連帯債務者 debitore[男] in solido
連帯スト sciopero[男] di solidarietà
連帯責任 responsabilità[女] collettiva, corresponsabilità[女] ¶事故の連帯責任を負う assumersi la responsabilità collettiva [congiunta] dell'incidente
連帯デモ manifestazione[女] di solidarietà
連帯保証 responsabilità[女] collettiva「su garan-

連帯保証人 garante㊚ & collettivo [corresponsabile]
れんたい 連隊 〖軍〗reggimento㊚ ◇連隊の reggimentale ¶砲兵連隊 reggimento di artiglieria
❖連隊旗 bandiera㊛ reggimentale
連隊長 comandante㊚ reggimentale
連隊本部 comando㊚ reggimentale
れんたいけい 連体形 〖文法〗forma㊛ attributiva
レンタカー 〔英 rent-a-car〕automobile㊛ a noleggio
❖レンタカー会社 autonoleggio㊚ [複 -gi]
レンタサイクル 〔rent-a-cycle〕bicicletta㊛ a noleggio
レンタル 〔英 rental〕noleggio㊚ [複 -gi] ◇レンタルする noleggiare ql.co. 《に a》
❖レンタル制 sistema㊚ [複 -i] di noleggio
レンタルビデオ videonoleggio㊚ [複 -gi]
レンタル料 canone㊚ di noleggio
れんたん 練炭 mattonella㊛, formella㊛ di carbone
れんだん 連弾 esecuzione㊛ a quattro mani, duetto㊚ per pianoforte ◇連弾する suonare il pianoforte a quattro mani, suonare un duetto per pianoforte
レンチ 〔英 wrench〕〖機〗chiave㊛ fissa [di manovra] ¶モンキーレンチ chiave inglese
れんちゅう 連中 →連中(じゅう)
れんてつ 錬鉄 〖冶〗ferro㊚ battuto
❖錬鉄法 puddellaggio㊚ [複 -gi]
錬鉄炉 forno㊚ di puddellaggio
レント 〔伊〕〖音〗lento
れんどう 連動 ◇連動する funzionare㊀[av] sincronicamente
❖連動装置 ingranaggio㊚ [複 -gi]
レントゲン 〔独 Röntgen〕**1**《エックス線》raggi㊚ [複] X, raggi㊚ [複] Röntgen [Roentgen] **2**《照射線量の単位》roentgen㊚ [無変];《略》R
❖レントゲン技師 radiologo㊚ [-ga; ㊛複 -ghe]
レントゲン検査《写真による》esame㊚ radiografico [複 -ci];《透視による》esame㊚ radioscopico [複 -ci] ¶レントゲン検査をしてもらう farsi fare una radiografia / sottomettersi ad un esame radiografico /《俗》farsi le lastre (▶lastra はレントゲンの原板)
レントゲン写真 radiografia㊛ ¶腹部のレントゲン写真をとる fare una radiografia addominale
れんにゅう 練乳 latte㊚ condensato
れんねん 連年 ogni anno (▶副詞的にも用いる), tutti gli anni [複] (▶副詞的にも用いる) ¶連年の不作続き una serie di anni di carestia
れんぱ 連破 una serie di vittorie, vittorie㊛ [複] consecutive ¶3連破する sconfiggere [battere] qlcu. [ql.co.] tre volte di seguito [consecutivamente] / ottenere tre vittorie consecutive [di fila]
れんぱ 連覇 ¶3連覇する vincere il campionato per tre stagioni consecutive
れんばい 廉売 svendita㊛
れんぱい 連敗 una serie di sconfitte, una sconfitta㊛ dopo [dietro] l'altra ¶3連敗する perdere tre partite di seguito / essere sconfitto per tre volte「di seguito [consecutivamente]
れんぱつ 連発 ◇連発する sparare a raffica ¶6連発の拳銃 rivoltella a sei colpi ¶質問を連発する fare una domanda dopo l'altra / fare una raffica [serie] di domande
❖連発銃 arma㊛ da fuoco a ripetizione, fucile㊚ semiautomatico [複 -ci]
れんばん 連判 ◇連判する《署名する》firmare congiuntamente;《押印する》sigillare congiuntamente ¶連判で sotto firma congiunta ¶連判に加わる aggiungere la propria firma alle altre
❖連判状 accordo㊚ [patto] sotto firma congiunta
れんばん 連番 ¶宝くじはいつも連番で買う。Compro sempre biglietti di lotteria in serie.
れんびん 憐憫 ¶憐憫の情を催す provare [sentire] compassione [pietà] 《に per》/ impietosirsi 《に per》
れんぺい 練兵 addestramento㊚ militare
❖練兵場 piazza㊛ d'armi, campo㊚ di Marte
れんぽう 連邦 federazione㊛, stato㊚ federale ◇連邦の federale ¶英連邦 Commonwealth Britannico ¶オーストラリア連邦 Federazione Australiana ¶スイス連邦 Confederazione Elvetica ¶ミャンマー連邦 Unione di Myanmar
❖連邦政府 Governo㊚ Federale
れんぽう 連峰 catena㊛ di monti [montagne] ¶ヒマラヤ連峰 catena dell'Himalaya
れんま 錬磨 ◇若者の心身を錬磨する allenare lo spirito e il corpo dei giovani
れんめい 連名 ¶連名で招待状を出す spedire [mandare] un invito sotto firma congiunta
れんめい 連盟 lega㊛, unione㊛, federazione㊛ ¶国際連盟 Società delle Nazioni ¶連盟に加入する partecipare [prender parte] ad una lega ¶連盟を結成する allearsi [formare una lega] 《と con》
れんめん 連綿 ¶連綿と継承されてきた伝統 lunga e ininterrotta tradizione / tradizione tramandata di generazione in generazione ¶この家は千年も連綿と続いている。La discendenza di questa famiglia non si è mai interrotta per mille anni.
れんよう 連用 ◇連用する usare ql.co. continuamente [a lungo]

れんらく 連絡 **1**《つながり》contatto㊚ ◇連絡する mettersi in contatto 《と con》, prendere contatto 《と con》 ¶連絡を保つ[がついている / をつける]《人が主語》tenersi [essere / mettersi] in contatto 《と con》 ¶彼からの連絡が途絶えた。Non si sono più fatti sentire (vivi). **2**《通報》comunicazione㊛;《通信》corrispondenza㊛ ◇連絡する comunicare ql.co. a qlcu. [ql.co.], informare [avvisare] qlcu. [ql.co.] di ql.co. ¶電話連絡 comunicazione telefonica ¶早く警察に連絡したほうがいい。È meglio informare subito la polizia. ¶今晩電話で連絡するよ。Ti chiamo stasera. ¶この件については絶えずご連絡いたします。La terrò al corrente di questa faccenda. ¶彼から連絡があった。Ho ricevuto un mes-

saggio da lui. ¶船は嵐のなかで連絡を絶った。A causa della tempesta si sono interrotte le comunicazioni con la nave.
3《列車などの接続》coincidenza⊕ ¶この電車に乗ればバスに連絡する。Se prendiamo questo treno, troveremo la coincidenza con l'autobus.
❖**連絡駅**〘鉄道〙stazione⊕ di coincidenza
連絡係 addetto⊕〘⊕ -a〙al collegamento
連絡切符 ¶列車と船の連絡切符 biglietto cumulativo ferroviario marittimo
連絡先 indirizzo⊕, recapito⊕ ¶ミラノ滞在時の連絡先を教えてください。Mi faccia sapere dove si fermerà durante il suo soggiorno a Milano.
連絡事務所 ufficio⊕〘複 -ci〙di collegamento
連絡船 traghetto⊕;《フェリー》〘英〙ferry-boat⊕〘無変〙

れんりつ 連立 coalizione⊕ ¶2党が連立して政権を握った。I due partiti hanno formato un governo di coalizione [governo bicolore].
❖**連立政権**〘政〙coalizione⊕ al governo; governo⊕ di coalizione
連立内閣 gabinetto⊕ [governo⊕] di coalizione
連立方程式〘数〙equazione⊕ simultanea
連立与党〘政〙partiti⊕〘複〙della coalizione governativa

れんれん 恋恋 ¶恋々たる思いを抱く sospirare (d'amore) per qlcu. ¶彼はその地位に恋々としている。È attaccatissimo alla sua posizione.

ろ

ろ 炉《暖炉》caminetto⊕; focolare⊕;《かまど》forno⊕, fornello⊕;《物》《原子炉》reattore⊕ ¶原子炉 reattore nucleare ¶高炉 altoforno ¶電気炉 forno elettrico ¶炉を切る costruire [ricavare] un focolare nel pavimento
❖**炉周期**《物》periodo⊕ del reattore

ろ 絽〘織〙garza⊕ di seta
❖**絽縮緬**〘紋〙crespo⊕ di garza di seta

ろ 櫓《和船の》remo⊕ da bratto ¶櫓を漕ぐ brattare⊜〘av〙

ロ《音》si⊕〘無変〙 ¶ロ長[短]調 si maggiore [minore]

ろあく 露悪 ¶彼は露悪趣味だ。《悪人ぶる》Si comporta male di proposito. /《自分の欠点を示したがる》Prova gusto a mostrare i propri difetti.

ロイヤリティー〘英 royalty〙《法》《特許使用料》diritti⊕〘複〙di utilizzazione (di un brevetto);《著作権使用料》diritti⊕〘複〙d'autore

ロイヤル〘英 royal〙◇ロイヤルの reale
❖**ロイヤルゼリー** →ローヤルゼリー
ロイヤルファミリー famiglia⊕ reale
ロイヤルボックス palco⊕〘複 -chi〙reale

ろう 労 fatica⊕ ¶労を惜しまず risparmiarsi [risparmiare fatica] ¶彼がこの会社の社長に紹介の労をとってくれた。Lui mi ha gentilmente presentato al presidente di questa ditta. ¶労に報いる《金銭的に》compensare un lavoro [la fatica] di qlcu. ¶労多く功少なかった。Abbiamo faticato [Ci siamo affaticati] tanto per ottenere scarsi risultati.

ろう 牢 carcere⊕〘複 le carceri〙, prigione⊕ ¶牢に入る andare in prigione [carcere] ¶牢に入れる imprigionare qlcu. ¶牢を出る uscire dal carcere [di prigione]
❖**牢番** carceriere⊕〘⊕ -a〙, agente⊕ di custodia;《俗》secondino⊕
牢破り《行為》evasione⊕ dal carcere;《人》evaso⊕〘⊕ -a〙 ¶牢破りをする evadere⊜〘es〙dal carcere

ろう 蠟 cera⊕ ¶床に蠟を引く dare la cera ai pavimenti / incerare il pavimento
〖慣用〗**蠟をかむような** ¶蠟をかむような詩だ。È una poesia scolorita [sciatta].
❖**蠟紙** carta⊕ cerata
蠟細工 lavoro⊕ in cera, opere⊕ in cera
蠟人形 statua⊕《bambola⊕》di cera
蠟引き inceratura⊕ ¶蠟引きの床 pavimento cerato [incerato]

ろう- 老- ¶老婦人 vecchia donna / signora anziana (▶vecchioよりも anzianoのほうが丁寧な表現)

-ろう 1《推量》 ¶彼女は着物を着たらもっと美しかろう。Se indossasse un *kimono*, sarebbe certamente più bella. ¶晴れた日の富士はきれいだろう。Il monte Fuji deve essere molto bello nelle giornate limpide. **2**《〖「…ろうに」の形で〗》¶ほかに何か方法があったろうに。Ci doveva essere un altro sistema per cavarsela!

ろうあ 聾啞 sordomutismo⊕ ◇聾啞の sordomuto

ろうえい 朗詠 recitazione⊕, declamazione⊕ ◇朗詠する recitare ql.co., declamare ql.co.
❖**朗詠集** raccolta⊕ di poesie per canto

ろうえい 漏洩 fuga⊕ ◇漏洩する trapelare⊜〘es〙 ¶試験問題の[企業秘密の]漏洩 fuga di notizie sulle domande dell'esame [sui segreti di un'impresa]

ろうえき 労役《重労働》lavoro⊕ duro;《強制労働》lavori⊕〘複〙forzati ¶2年間の労役に処せられた。È stato condannato a due anni di lavori forzati.

ろうか 老化 invecchiamento⊕ ◇老化する《人が》invecchiare⊜〘es〙 ¶読書は頭の老化を防ぐ。La lettura impedisce l'invecchiamento del cervello [aiuta a conservare la gioventù mentale]. ¶肌の老化を遅らせるクリーム crema che rallenta l'invecchiamento della pelle
❖**老化現象**《生》senilità⊕, processo⊕ di invecchiamento

ろうか 廊下 corridoio⊕〘複 -i〙 ¶廊下の突き当たりに in fondo al corridoio

ろうかい 老獪 astuzia⊛, furberia⊛, furbizia⊛, scaltrezza⊛ ◇老獪な furbo, astuto ◇老獪に astutamente ¶あの政治家は老獪だ. Quel politico è una vecchia volpe [è più furbo di una volpe].

ろうかく 楼閣 《高殿》palazzo⊛ alto ¶空中に楼閣を描く fare castelli in aria ¶その計画は砂上の楼閣だ. Questo piano è impraticabile.

ろうがっこう 聾学校 scuola⊛ per sordi [per non udenti]

ろうがん 老眼 《医》presbiopia⊛, presbitismo⊛ ◇老眼の presbite ¶老眼の人 presbite⊛⊛

❖**老眼鏡** occhiali⊛[複] da presbite

ろうきゅう 老朽 invecchiamento⊛ ¶老朽家屋 edificio cadente [pericolante]

❖**老朽化** ◇老朽化する diventare vecchio, invecchiare⊜[es] ◇老朽化した decrepito, cadente, pericolante; 《古びた》vecchio⊛⊛ -chi]

ろうきょう 老境 vecchiaia⊛, senilità⊛ ¶彼は老境に入った. È giunto alla vecchiaia.

ろうきょく 浪曲→浪花節 (なにわ)

❖**浪曲師** cantastorie⊛[無変] di naniwabushi

ろうく 労苦 ¶労苦をいとわない essere disposto a lavorare duro ¶〈人〉の労苦に報いる ricompensare le fatiche di qlcu.

ろうけつぞめ 﨟纈染め・蠟纈染め batik⊛[無変] ¶ろうけつ染めのテーブルクロス tovaglia di stoffa batik

ろうご 老後 ¶老後に備える prepararsi alla vecchiaia ¶老後を田舎で過ごす trascorrere la vecchiaia in campagna ¶老後の楽しみ passatempo [〔英〕hobby [ɔ́bbi]⊛[無変]] della vecchiaia

ろうこう 老巧 ◇老巧な《抜け目のない》scaltro ¶老巧な外交官 diplomatico esperto

ろうごく 牢獄 →牢

ろうこつ 老骨 ¶老骨にむち打って働く lavorare malgrado la veneranda età [l'età avanzata]

ろうさい 労災 →労働災害

ろうさく 労作 ¶この絵は父の多年の労作です. Questo quadro ha richiesto molto impegno da parte di mio padre.

ろうし 労使 lavoratori⊛[複] e imprenditori⊛[複]; 《企業内の》lavoratori⊛[複] e padronato⊛

❖**労使関係** relazioni⊛[複] fra lavoratori e imprenditori [padronato]

労使協調 ¶労使協調路線で行く scegliere la politica della collaborazione [cooperazione] fra lavoratori e padronato

労使交渉 trattative⊛[複] fra lavoratori e padronato, negoziato⊛ tra dipendenti e dirigenti

労使紛争 contrasto⊛[conflitto]⊛ di lavoro, conflitto⊛ sindacale

ろうし 労資 lavoro⊛ e capitale⊛

ろうし 牢死 ◇牢死する morire⊜[es] in prigione [carcere]

ろうしゅう 老醜 ¶老醜をさらす mostrare la propria senilità / apparire vecchio

ろうしゅつ 漏出 fuga⊛ ¶ガス管からガスが漏出していた. C'era una fuga di gas dal tubo.

ろうしょう 朗唱 ¶詩を朗唱する recitare una poesia

ろうじょう 籠城 **1** 《城にこもること》◇籠城する asserragliarsi in un castello ¶敵軍に包囲されて1か月籠城した. Il castello fu assediato per un mese dai nemici. **2** 《ある場所にこもること》¶今日は家に籠城してレポートを書く. Oggi mi tappo in casa a scrivere una tesina.

❖**籠城軍** soldati⊛[複] assediati, esercito⊛ assediato

ろうじん 老人 vecchio⊛[⊛ -chia; ⊛ 複 -chi]; anziano⊛[⊛ -a] (►vecchio より anziano のほうが丁寧な表現); 《総称》anziani⊛[複]

❖**老人医学** geriatria⊛

老人医療 medicina⊛ geriatrica

老人学 gerontologia⊛

老人病 malattie⊛[複]「della senilità [senili]

老人病院 ospedale⊛ geriatrico [複 -ci]

老人病学 geriatria⊛

老人ホーム ospizio⊛[複 -i] (per anziani), casa⊛ di riposo

ろうすい 老衰 senilità⊛, vecchiaia⊛ ◇老衰する indebolirsi per la vecchiaia ¶老衰で死ぬ morire di vecchiaia

ろうすい 漏水 perdita⊛ d'acqua ¶漏水を防ぐ prevenire una perdita d'acqua ¶水道から漏水している. 《蛇口から》Il rubinetto dell'acqua perde. / 《水道管から》C'è una perdita d'acqua dalla tubatura. ¶天井から漏水している. L'acqua filtra [cola] attraverso il soffitto.

ろうする 労する 《苦労する》faticare⊜[av] (a+不定詞); 《苦労させる》far faticare qlcu. ¶労せずして senza fare (alcuna) fatica ¶人手を労する mettere qlcu. al lavoro

ろうする 弄する ¶駄弁を弄する ciarlare[av] / chiacchierare⊜[av] / 《無意味なことを言う》dire cose insensate ¶策を弄して con l'inganno

ろうせい 老成 ◇老成した《経験を積んだ》esperto; 《円熟した》maturo ¶老成した口を利く parlare da esperto [《大人びた》da adulto] ¶彼は老成した技術をもっている. Ha una tecnica consumata [sperimentata].

ろうせき 蠟石 《鉱》agalmatolite⊛

ろうぜき 狼藉 《乱暴》violenza⊛ ¶〈人〉に狼藉を働く assalire qlcu. / usare violenza a qlcu.

❖**狼藉者** bandito⊛, fuorilegge⊛[無変]

ろうそ 労組 →労働組合

ろうそう 老荘 《老子と荘子》Lao Zi⊛ e Zhuang Zi ¶老荘の学 filosofia di Lao Zi e Zhuang Zi

ろうそく 蠟燭 candela⊛; 《教会の》cero⊛ ¶新しいろうそく candela vergine [nuova] ¶ろうそくの芯 lucignolo [stoppino] della candela ¶ろうそくの灯 lume di candela ¶ろうそくに火をともす[を(吹き)消す] accendere [spegnere] una candela

❖**ろうそく立て** candeliere⊛; 《小型のもの》bugia⊛[複 -gie]; 《大型の燭台》candelabro⊛; 《燭台のろうそくを立てる部分》bocciolo⊛

ろうたい 老体 《年寄りの体》corpo⊛ vecchio; 《老人》vecchio⊛[⊛ -chia; ⊛ 複 -chi]; anziano⊛[⊛ -a]

ろうたいか 老大家 autorità⊛ venerabile,

vecchio [複 -chi] maestro [㊚-a], vegliardo [㊚ -a]

ろうたいこく 老大国 nazione㊛ un tempo ricca e potente ma attualmente decaduta

ろうづけ 鑞付け brasatura ◇ろう付けする saldare ql.co. a stagno; saldare ql.co. a ottone

ろうでん 漏電 〔電〕dispersione㊛ di elettricità; 《ショート》cortocircuito [corto circuito ㊚] ◇漏電する andare in cortocircuito ¶漏電している essere in cortocircuito ¶漏電による火事 incendio causato da un corto circuito

ろうと 漏斗 imbuto

ろうどう 労働 lavoro㊚ ◇労働する lavorare㊀ [av] ¶肉体[頭脳]労働 lavoro manuale [intellettuale] ¶重[軽]労働 lavoro pesante [leggero] ¶家事労働 lavori di casa [casalinghi] ¶闇[不法]労働 lavoro nero [clandestino] ¶強制労働[刑罰の] lavori forzati ¶時間外労働 straordinario ¶「イタリアは労働に基礎を置く民主的共和国である」 "L'Italia è una Repubblica democratica fondata sul lavoro." (◆イタリア共和国憲法第1条) ¶うちの会社は1日7時間労働[週5日労働]だ. Nella nostra ditta noi lavoriamo (per) sette ore al giorno [cinque giorni alla settimana].

✤労働委員会 commissione㊛ per le relazioni di lavoro

労働移動性 mobilità㊛ del lavoro

労働運動 movimento㊚ operaio [複 -i] [dei lavoratori]; 《労組の》movimento㊚ sindacale

労働歌 canto㊚ di lavoro

労働価値説 〔経〕teoria㊛ del valore basata sul lavoro

労働関係 rapporti㊚ [複] fra datori di lavoro e lavoratori

労働貴族 aristocrazia㊛ del lavoro

労働基本権 diritti㊚ [複] fondamentali al lavoro consentiti dalla legge

労働協約 contratto㊚ (collettivo) di lavoro

労働金庫 Credito㊚ per Lavoratori

労働組合 →見出し語参照

労働権 diritto㊚ al lavoro

労働攻勢 offensiva㊛ sindacale

労働災害 →見出し語参照

労働三権 tre diritti㊚ [複] fondamentali dei lavoratori (◆団結権 diritto di organizzazione, 団体交渉権 diritto di negoziazione collettiva, 争議権 diritto di sciopero の三つを指す)

労働三法 Triplice Ordinamento㊚ del Lavoro (◆労働組合法 Legge sul Sindacato, 労働基準法 Legge sulle Condizioni di Lavoro, 労働関係調整法 Legge per la Regolamentazione dei Rapporti di Lavoro の三法を指す)

労働時間 《労働協約上の》ore㊛ [複] lavorative; 《勤務時間》orario㊚ [複 -i] di lavoro ¶労働時間短縮 riduzione㊛ [diminuzione] delle ore lavorative ¶総労働時間 totale delle ore lavorative

労働市場 mercato㊚ del lavoro

労働者 →見出し語参照

労働集約的産業 industria㊛ ad alta intensità di lavoro

労働条件 condizioni㊛ [複] di lavoro

労働人口 〔統〕forze㊛ [複] del lavoro

労働生産性 produttività㊛ del lavoro

労働戦線 fronte㊚ operaio

労働争議 agitazione㊛ sindacale, controversia㊛ [vertenza㊛] sindacale

労働党 《イギリスの》Partito㊚ Laburista

労働法 leggi㊛ [複] [legislazione㊛] sul lavoro

労働力 forza㊛ di lavoro; 《特に肉体労働者の》manodopera㊛ ¶労働力構成比 percentuali di composizione della forza lavoro ¶労働力不足 scarsità㊛ [carenza㊛] di manodopera [forza lavoro]

労働力人口 popolazione㊛ attiva, forza㊛ lavoro

ろうどうくみあい 労働組合 sindacato㊚ (dei lavoratori) ◇労働組合の sindacale ¶企業別[産業別]労働組合 sindacato aziendale [industriale] (◆イタリアはほとんど産業別組合) ¶労働組合に加入する iscriversi ad un sindacato

✤労働組合員 iscritto [㊚ -a] ad un sindacato

労働組合運動家 sindacalista [㊚複 -i]

労働組合活動 attività㊛ sindacale

労働組合幹部 dirigente㊚ di un sindacato, sindacalista㊚

労働組合法 legge㊛ sul sindacato, legislazione㊛ sindacale

―【関連】―

イタリアの主な労働組合
イタリア労働総同盟 Confederazione㊛ Generale Italiana del Lavoro; 《略》CGIL [tʃiddʒiɛlle]　イタリア全国労働者組合同盟 Confederazione㊛ Italiana Sindacati Nazionali dei Lavoratori; 《略》CISNAL [tʃiznal]㊛　イタリア労働者組合同盟 Confederazione㊛ Italiana Sindacati Lavoratori; 《略》CISL [tʃizl]㊛　イタリア労働者連合 Unione㊛ Italiana dei Lavoratori; 《略》UIL [wil,uil]㊛

ろうどうさいがい 労働災害 infortuni㊚ [複] sul lavoro

✤労働災害法 legge㊛ riguardante gli infortuni sul lavoro

労働災害保険 assicurazione㊛ contro gli infortuni sul lavoro

労働災害保障 indennità㊛ per gli infortuni sul lavoro

ろうどうしゃ 労働者 lavoratore [㊚ -trice]; 《工場などの》operaio [㊚ -ia; ㊚複 -i] ¶肉体[頭脳]労働者 lavoratore manuale [intellettuale] ¶労働者の経営参加 partecipazione dei lavoratori alla direzione [gestione] aziendale ¶季節労働者 《農業の》bracciante / 《外国からの》lavoratore stagionale

✤労働者階級 classe㊛ operaia; classe㊛ dei lavoratori

ろうどく 朗読 lettura㊛ a voce alta; 《朗唱, 暗唱》recitazione㊛; 《身振りを加えて》declamazione㊛ ◇朗読する leggere ql.co. a voce alta; recitare ql.co.; declamare ql.co. ¶彼は三島の作品の一節を朗読した. Ha letto un brano tratto da un'opera di Mishima.

✤朗読者 lettore [㊚ -trice]

朗読法 dizione㊛

ろうにゃくなんにょ 老若男女 ¶老若男女が集まった. Si sono radunati uomini e donne, giovani e meno giovani. ¶老若男女を問わず senza distinzione di età e sesso

ろうにん 浪人 **1**〔武士の〕*samurai*［無変］senza signore **2**〔学生〕*studente*男［女 *-essa*］bocciato agli esami d'ammissione all'università ¶就職浪人 laureato che non ha ancora trovato lavoro **3**〔失業者〕disoccupato男［女 *-a*］

ろうねん 老年 età女 avanzata, vecchiaia女, terza età ◇老年の vecchio［男複 *-chi*］; anziano

ろうば 老婆 vecchia女, anziana女
❖**老婆心** ¶老婆心ながら忠告させてください。Lasci che le dia un consiglio anche se le posso sembrare invadente.

ろうばい 狼狽 confusione女, sconcerto男, sgomento男 ◇狼狽する rimanere sconcertato [disorientato]《に da》, perdere la calma [la testa] ¶狼狽して in preda al panico / perdendo la testa

ろうはいぶつ 老廃物 scorie女［複］del metabolismo

ろうひ 浪費 《むだな出費》spreco男［複 *-chi*］, sperpero男;《多大な出費》dispendio男［複］;《散財, 遊蕩》dissipazione女 ◇浪費する sprecare [dissipare] *ql.co.*;《金を》sperperare [scialacquare] *ql.co.* ¶金を浪費する scialacquare il denaro per [in] cose insignificanti
❖**浪費家** spendaccione男［女 *-a*］［sprecone男［女 *-a*］］
浪費癖 ¶彼は浪費癖がある。Ha le mani bucate.

ろうほう 朗報 buona notizia女 ¶朗報が届いた。È arrivata una buona notizia.

ろうむ 労務 lavoro男
❖**労務課** sezione女 personale［無変］, ufficio男［複 *-ci*］del personale
労務管理 amministrazione女［gestione女］del personale
労務者 operaio男［女 *-ia*］;［男複 *-i*］;《日雇いの》lavoratore男［女 *-trice*］a giornata, giornaliero男［女 *-a*］, manovale男

ろうや 牢屋 =牢

ろうりょく 労力 **1**《労働》lavoro男;《人手》forza女 lavoro, lavoratori男［複］;《特に肉体労働者》manodopera女 ¶高い［安い］労力 manodopera costosa [a buon mercato]
2《骨折り》fatica女, pena女;《努力》sforzo男 ¶労力を惜しまない non risparmiare fatica ¶この仕事は非常な労力を要した。Questo lavoro ha richiesto una grande fatica.

ろうれい 老齢 età女 avanzata, vecchiaia女
◇老齢の vecchio［男複 *-chi*］; anziano ¶彼は老齢に達した。È giunto in età avanzata. / È diventato vecchio.
❖**老齢年金** pensione女 di vecchiaia

ろうれん 老練 ¶老練な教師 insegnante男 veterano [esperto] ¶老練な大工 carpentiere esperto [abile] ¶老練な外科医 chirurgo男［女 *-ga*］;［男複 *-ghi, -gi*］consumato

ろうろう 朗朗 ¶彼は朗々と起訴状を読み上げた。Ha letto l'atto di accusa con voce chiara e sonora.

ろえい 露営 accampamento男, bivacco男［複 *-chi*］◇露営する accamparsi; dormire［av］all'addiaccio, bivaccare男［av］
❖**露営地** accampamento男

ロー〔英 low〕¶ギヤをローにする innestare la prima
❖**ローギヤ**〔車〕prima marcia女

ローカル〔英 local〕◇ローカルな locale
❖**ローカルカラー** colore男［caratteristica女］locale
ローカル線〔鉄〕linea女 locale;（幹線 linea principale につながる支線）linea女［ferrovia女］secondaria
ローカル電車《各駅停車の》treno男 locale
ローカルニュース notizie女［複］locali
ローカル版《新聞の》edizione女 locale [regionale]
ローカル放送 trasmissione女 locale [regionale]

ローション〔英 lotion〕lozione女 ¶アフターシェービングローション（lozione）dopobarba ¶ふけ止めローション lozione antiforfora

ロース〔英 roast〕〔料〕lombo男, lombata女, controfiletto男, braciola女 per arrosto
❖**ロースハム** prosciutto男 cotto

ローズ〔英 rose〕**1**〔植〕rosa女 **2**《ばら色》¶ローズピンクの口紅 rossetto (color) rosa scuro

ロースクール〔英 law school〕scuola女［corso男］di specializzazione in giurisprudenza

ロースター〔英 roaster〕《コーヒー用の》tostatrice女;《焼き肉用の》forno男 per arrostire, casseruola女 per arrosti

ロースト〔英 roast〕¶牛肉をローストにする arrostire le bistecche di manzo
❖**ローストチキン** pollo男 arrosto
ローストビーフ〔英〕roast-beef男［無変］; rosbif男［無変］

ローズマリー〔英 rosemary〕〔植・料〕rosmarino男

ローター〔英 rotor〕〔機・電〕rotore男

ロータリー〔英 rotary〕《交差点の》isola女 rotatoria, rondò男 ¶駅前のロータリー la rotatoria [il rondò] davanti alla stazione
❖**ロータリーエンジン**〔機〕motore男 rotativo [Wankel［無変］]
ロータリークラブ〔英〕Rotary Club男［無変］
ロータリースイッチ〔電〕commutatore男 rotante

ローティーン〔英 low teens〕¶ローティーンの娘たち adolescenti (fra i 13 e i 15 anni d'età)

ローテーション〔英 rotation〕rotazione女, turno男 ¶5人でローテーションを組んで働いている。Lavoriamo in cinque a rotazione [a turno].

ロードゲーム〔英 road game〕《スポ》¶わがチームは日曜日にロードゲームを行った。Domenica scorsa la nostra squadra ha giocato fuori casa.

ロードショー〔英 road show〕prima visione女 in esclusiva
❖**ロードショー劇場** cinema男［無変］in esclusiva

ロードホールディング〔英 roadholding〕〔車〕tenuta女 di strada

ロードマップ〔英 road map〕**1**《道路地図》carta女［pianta女］stradale **2**〔政〕《道筋》〔英〕road map男［無変］¶和平へのロードマップ road map per la pace ¶中東和平のロードマップ processo di pace nel Medio Oriente

ロードレース [road race] 《スポ》 corsa㊛ su strada

ロードワーク [英 roadwork] 《スポ》 allenamento㊚ su strada

ローネック [英 low-necked] 《服》〈襟ぐりを開けること〉scollatura㊛ (▶丸い襟ぐりは scollatura tonda, V字形の襟ぐりは scollatura a V, 極端に襟ぐりを開けることを scollacciatura という) ¶ローネックのブラウス camicetta scollata [scollacciata]

ローヒール [英 low-heels] scarpe㊛[複] col tacco basso, scarpe㊛[複] basse

ロープ [英 rope] corda㊛; 《ケーブル》cavo㊚
✤**ロープウエー**〈人を輸送する〉funivia㊛; 〈空中ケーブルカー〉teleferica㊛

ローマ 1 〈イタリアの首都〉Roma㊛ ◇ローマの romano ¶彼は生粋のローマっ子だ. È romano "da sette generazioni [di Roma]".
2 〈古代の〉Roma㊛ ◇ローマの romano ¶ローマ化された異邦人 barbari romanizzati ¶共和政ローマ Repubblica Romana ¶ローマは一日にして成らず.《諺》"Roma non fu fatta in un giorno." ¶すべての道はローマに通ず.《諺》"Tutte le strade portano a Roma."
✤**ローマカトリック教** cattolicesimo㊚ romano ¶ローマカトリック教徒 cattolici
ローマカトリック教会 Chiesa㊛ Cattolica Apostolica Romana
ローマ字 caratteri㊚[複] latini ¶ローマ字表記法 sistema㊚[複 -i] di traslitterazione [trascrizione] in caratteri latini (▶「ヘボン式」と「訓令式」sistema di traslitterazione Hepburn と「訓令式」sistema kunrei の2種類がある) ¶ローマ字で書く scrivere ql.co. in caratteri latini
ローマ字体 lettere㊛[複] romane, caratteri㊚[複] romani
ローマ人 romano㊚ [㊛ -a]
ローマ神話 mitologia㊛ latina
ローマ数字 numero㊚ romano (▶ Ⅰ, Ⅱ, Ⅲ…)
ローマ帝国 Romano Impero ¶神聖ローマ帝国 Sacro Romano Impero
ローマ法《法》diritto㊚ romano ¶ローマ法大全 Corpus iuris civilis
ローマ法王 Papa㊚[複 -i], Sommo Pontefice㊚
ローマ法王庁 Vaticano㊚; Santa sede㊛
ローマ方言 dialetto㊚ romano, romanesco㊚
ローマンたい ローマン体《印》carattere㊚ roman
ロームそう ローム層《地質》¶関東ローム層 strato argilloso della zona del Kanto
ローヤルゼリー [英 royal jelly] pappa㊛[gelatina㊛]reale
ローラー [英 roller]《機》〈一般に〉rullo㊚ (compressore);《土》rullo㊚ compressore stradale;《印》cilindro㊚ per stampa
✤**ローラー鎖** catena㊛ a rulli
ローラーコースター montagne㊛[複] russe
ローラー作戦 tecnica㊛ a scniacciasassi
ローラースケート《スポ》pattinaggio㊚ a rotelle ¶ローラースケートの靴 pattini a rotelle [a quattro ruote] ¶ローラースケートをする pattinare㊔ [av] con pattini a rotelle

ローラーベアリング cuscinetto㊚ a rulli

ローリング [英 rolling]《船の横揺れ》rollio㊚ [複 -ii] ¶船はローリングを始めた. La nave ha cominciato a rollare.

ロール [英 roll]〈巻いた物, 円筒形の物〉rotolo㊚
✤**ロールキャベツ**《料》involtino㊚ di cavolo, cavolo㊚ farcito
ロールバー《車》[英] roll-bar㊚[無変]
ロールシャッハテスト [英 Rorschach test]《心》test㊚[無変] di Rorschach
ローレンシウム [英 lawrencium]《化》laurenzio㊚;《元素記号》Lr
ローン [英 loan]《金融》finanziamento㊚, prestito㊚, mutuo㊚ ¶銀行ローン prestito bancario ¶住宅ローン mutuo per la casa ¶30年ローンを組む accendere [fare] un mutuo di a trent'anni
ローンテニス [英 lawn tennis]《スポ》tennis㊚ su prato

ろか 濾過〈結果, 行為〉filtrazione㊛;〈行為〉filtraggio㊚[複 -gi] ¶濾過する filtrare ql.co.
✤**濾過液** liquido㊚ filtrato
濾過器 filtro㊚
濾過紙 carta㊛ da filtro
濾過集塵(ﾋﾞｼﾞ)**装置** depuratore㊚ d'aria
濾過性 filtrabilità㊛ ¶濾過性ウイルス virus㊚[無変] filtrabile
濾過装置 filtro㊚

ろかた 路肩〈道路のへり〉bordo㊚ [ciglio㊚ [複 -gli] / margine㊚]della strada;〈路側帯〉corsia㊛ di emergenza ¶「路肩注意」(掲示) "Attenzione al bordo della strada" ¶「路肩走行禁止」(掲示) "Divieto di transito sulla corsia di emergenza"

ろく 六 sei㊚ ¶6分の1 un sesto ¶6分の5 cinque sesti ¶6倍(の) sestuplo ¶6倍する sestuplicare ql.co. ¶6番目[第6]の sesto ¶6重(の) sestuplice㊚
✤**六重唱**〈六重奏 / 六人組〉sestetto㊚

ログ [英 log]《コンピュータ》registrazione㊛
✤**ログアウト** [英 logout㊚[無変] ◇ログアウトする uscire㊔[es] dalla sessione; uscire (da un sistema)
ログイン [英 login㊚[無変] ◇ログインする iniziare la sessione; entrare㊔[es] (in un sistema)
ログオフ [英 logoff㊚[無変] ◇ログオフする terminare [interrompere] la sessione; uscire (da un sistema)
ログオン [英 logon㊚[無変] ◇ログオンする iniziare la sessione

ろくおん 録音 registrazione㊛;〈CDの〉incisione㊛ ◇録音する registrare ql.co.; incidere un cd ¶アナログ[デジタル]録音 registrazione analogica [digitale] ¶ラジオ番組をテープ[カセットテープ]に録音する registrare un programma radiofonico su nastro [una cassetta]
✤**録音係**《映》tecnico㊚[複 -ci] del suono
録音機 registratore㊚, magnetofono㊚;《テープレコーダー》registratore㊚ su nastro
録音技師 tecnico㊚ audio [無変] [del suono], [英] sound engineer㊚[無変]
録音再生《再生》riproduzione㊛;《録音と再生》

registrazione㊛ e riproduzione㊛
録音再生ヘッド testina㊛ di registrazione e riproduzione
録音室 stud*io*㊚[複 -*i*] di registrazione; sala㊛ d'incisione
録音テープ nastro㊚ (magnetico[複 -*ci*])
録音放送 trasmissione㊛「in differita [registrata]」¶録音放送をする trasmettere un programma「registrato [in differita]」
ろくが 録画 videoregistrazione㊛ ◇録画する videoregistrare *ql.co.* ¶テレビで放映される映画を録画する registrare un film alla televisione
❖**録画放送** trasmissione㊛「in differita [registrata]」;(ニュース番組で) cronaca㊛ in differita
ろくがつ 六月 giugno㊚ (略) giu.
¶6月に in [a / nel mese di] giugno
ろくさんせい 六三制 sistema㊚ scolastico giapponese per l'istruzione inferiore obbligatoria, costituito da sei anni di scuola elementare e tre di scuola media (◆il successivo periodo di scolarizzazione facoltativa comprende di tre anni di scuola superiore e quattro di università)

ろくじゅう 六十 sessanta㊚ ¶60番目の sessantesimo ¶(19)60年代に negli anni Sessanta ¶60年間 sessantennio ¶60歳の人 sessantenne㊚㊛ ¶だいたい60くらいだ. una sessantina di... ¶彼はだいたい60くらいだ. È sulla sessantina. ¶60分の1 un sessantesimo ¶60分の59 cinquantanove sessantesimi
|慣|**六十の手習い** iniziare lo studio o un'attività in tarda età
❖**六十進法** sistema㊚ di numerazione sessagesimale
ろくしょう 緑青 verderame㊚[無変] ¶緑青が出た. Si è formato del verderame.
ろくすっぽ 碌すっぽ ¶部長は私の報告書をろくすっぽ見ようとしなかった. Il caposezione non ha guardato quasi per niente la mia relazione. ¶ろくすっぽ知りもしないくせに. Ma se non sai nemmeno di che si parla!
ろくでなし buon*o*㊚[㊛ -*a*] a nulla, incapace㊚㊛, inett*o*㊚[㊛ -*a*];《ろくでもない人》mascalzon*e*㊚[㊛ -*a*] ¶このろくでなしめ. Sei proprio un incapace!
ろくでもない 碌でもない inutile, insensato
ろくど 六度 《音》sesta㊛
ろくな 碌な ¶この辺にはろくなレストランがない. In questa zona non c'è un ristorante decente. ¶今日はまったくろくなことがなかった. Oggi è stata una giornataccia.
ろくに 碌に ¶今日はろくに新聞を読む暇もなかった. Oggi non ho avuto nemmeno il tempo di dare un'occhiata al giornale. ¶ろくに休みもとれない. Non posso prendere facilmente un giorno di ferie.
ろくぶんぎ 六分儀 sestante㊚
ろくぼく 肋木 《スポ》spalliera㊛ svedese
ろくまく 肋膜 《解》pleura㊛
❖**肋膜炎** 《医》《胸膜炎》pleurite㊛
ろくめんたい 六面体 《幾何》esaedro㊚ ◇六面体の esaedrico[複 -*ci*] ¶正六面体 esaedro regolare
ろくやね 陸屋根 《建》tetto㊚ a terrazza
ろくれんぱつ 六連発 ¶六連発の拳銃 revolver㊚[rivoltella㊛]a sei colpi
ろくろ 轆轤 1《滑車》carrucola㊛ **2**《ろくろ鉋(がんな)》torn*io*㊚[複 -*i*] ¶ろくろで茶碗を作る modellare una tazza da tè sul tornio da vasaio
❖**轆轤首** mostro㊚ dal collo lunghissimo
ろくろく 碌碌 ¶彼とはろくろく口を利いたこともない. Non ho quasi mai parlato con lui. ¶ろくろくお構いもしません. Mi scusi per la povera accoglienza.
ロケ 《映》esterno㊚ ¶彼らは新作映画のために京都へロケに行った. Sono andati a Kyoto a girare gli esterni per un nuovo film.
ロケット 〔英 locket〕《装身具》medaglione㊚
ロケット 〔英 rocket〕《推進装置》razzo㊚;《ロケット推進ミサイル》missile㊚ ¶3段式[多段式]ロケット razzo「a tre stadi [pluristadio]」¶ロケットを打ち上げる lanciare un razzo [missile]
❖**ロケットエンジン** endoreattore㊚, motore㊚ a razzo
ロケット機 veicolo㊚ a razzo
ロケット工学《理論, 研究》missilistica㊛;《方法, 使用技術》razzotecnica㊛
ロケット推進 propulsione㊛ a razzo
ロケット弾 bomba㊛ a razzo;《弾薬》munizioni㊛[複]a razzo
ロケット発射台 rampa㊛[piattaforma㊛[複 *piatteforme, piattaforme*]] di lancio
ロケット砲 lanciamissili㊚[無変]
ロケハン 《映》ricognizione㊛[ricerca㊛] dei luoghi all'aperto per le riprese di un film
ろけん 露見 scoperta㊛ ¶旧悪が露見した. Le sue malfatte del passato sono state scoperte. ¶陰謀が露見した. Il complotto è stato smascherato[è venuto alla luce].
ろこう 露光 《写》esposizione㊛
❖**露光指数** indice㊚ di esposizione
ロココ 〔仏 rococo〕《ロココ様式》rococò㊚, stile㊚ rococò ¶ロココ芸術《絵画》arte [pittura] rococò ¶ロココ調 gusto rococò
ロゴス 〔ギ logos〕logos㊚[無変]
ろこつ 露骨 1《あからさま》◇**露骨な** palese, esplicito ◇**露骨に** apertamente, esplicitamente ¶露骨に言う parlare in maniera cruda ¶露骨に憎しみを表わす mostrare apertamente odio 《への verso》¶露骨にいやな顔をした. Non ha nascosto la sua riluttanza.
2《卑猥》◇**露骨な** osceno ¶露骨な言葉使い linguaggio osceno
ロザリオ 〔ポ rosario〕《キリ》rosar*io*㊚[複 -*i*]
ろし 濾紙 carta㊛ da filtro
ろじ 路地 vicolo㊚;《庭内の道》vialetto㊚ di un giardino ¶路地の突き当たりに[で]in fondo al vicolo ¶銀座通りから横へ入った路地 una traversa della Ginza
❖**路地裏** ¶彼は路地裏に住んでいた. La sua casa era in un vicolo.
ろじ 露地 1《茶室の庭》giardino㊚ adiacente alla stanza per la cerimonia del tè **2**《屋根のない土地》spaz*io*㊚[複 -*i*] all'aperto

❖露地栽培 coltivazione⼥ all'aperto
ロシア Russia⼥ ◇ロシアの russo ¶帝政ロシア Russia zarista [imperiale]

❖ロシア革命 Rivoluzione⼥ Russa (◆ 1905-17)

ロシア語 il russo⼥

ロシア人 russo⼥[⼥ -a]; 《ソビエト人》sovietico⼥;⼥複 -ca⼥; ⼥複 -ci

ロジウム 〔英 rhodium〕〔化〕rodio⼥; 《元素記号》Rh

ロジカル 〔英 logical〕 ◇ロジカルな logico [⼥複 -ci]

ろしゅつ 露出 **1** 《むき出し》esposizione⼥ ◇露出する esporre qlco. ¶土砂崩れで鉱床が露出した。A causa della frana è emerso un giacimento. ¶肌の露出が多い服 vestito che lascia scoperte ampie parti del corpo **2** 〔写〕esposizione⼥ ¶露出オーバー[不足] sovraesposizione [sottoesposizione] ¶写真は露出オーバー[不足]だった。La fotografia è stata sovraesposta [sottoesposta].

❖露出狂 esibizionista⼥[⼥複 -i]
露出計〔写〕esposimetro⼥
露出時間〔写〕tempo⼥ di esposizione
露出症 esibizionismo⼥

ろじょう 路上 ¶路上で sulla strada

❖路上試験《車の試運転》prova⼥ su strada;《運転免許のための》esame⼥ di guida
路上事故 incidente stradale
路上駐車 ◇路上駐車する parcheggiare la macchina in strada

ろしんようゆう 炉心溶融《物》〔英〕meltdown⼥[無変], fusione⼥ del nocciolo

ロス 〔英 loss〕 ¶時間のロス perdita [spreco] di tempo

❖ロスタイム《スポ》tempo⼥ di recupero

ろせん 路線《交通機関の》linea⼥;《基本方針》linea⼥ di condotta ¶強硬路線か柔軟路線か。Linea dura o linea morbida?

❖路線トラック autocarro [camion [無変]] di linea;《ヨーロッパ諸国間の貨物輸送にあたる》〔仏〕TIR [tir][複]

路線バス《市内の》autobus [無変] di linea;《都市間を結ぶ》pullman⼥[無変] di linea, corriera⼥;《高速バス》autostradale⼥

ろそくたい 路側帯《高速道路の》corsia⼥ di emergenza

ろだい 露台 balcone⼥;《テラス》terrazza⼥

ろだな 炉棚 mensola (di caminetto)

ロッカー 〔英 locker〕armadietto⼥ (metallico [複 -ci])

❖ロッカールーム《更衣室》spogliatoio⼥[複 -i]

ろっかく 六角 ◇六角の esagonale

❖六角形 ◇六角形の esagonale ¶正六角形 esagono regolare

六角堂〔建〕padiglione⼥ esagonale

ろっかんしんけい 肋間神経〔解〕nervi⼥[複] intercostali

❖肋間神経痛 nevralgia⼥ intercostale

ロッキングチェア 〔英 rocking chair〕sedia⼥ a dondolo

ロック 〔英 lock〕 ¶戸をロックする chiudere la porta [《車の》portiera] a chiave

ロック 〔英 rock〕 **1**《岩》roccia⼥[複 -ce]

2〔音〕〔英〕rock⼥[無変]

❖ロック歌手 cantante⼥ rock [無変]
ロックバンド banda⼥ rock [無変]

ロックアウト 〔英 lockout〕serrata⼥ ◇ロックアウトする fare una serrata, chiudere i lavoratori fuori della fabbrica

ロッククライミング 〔英 rock-climbing〕《スポ》scalata⼥ ¶ロッククライミングをする fare una scalata / scalare

ロックンロール 〔英 rock'n'roll〕〔英〕rock'n'roll⼥[無変], rock and roll⼥[無変]

ろっこつ 肋骨〔解〕costola⼥, costa⼥ ¶私は転んで肋骨を折った。Cadendo mi sono rotto [fratturato] una costola.

ロッジ 〔英 lodge〕《山小屋》baita⼥

ロット 〔英 lot〕〔商〕《商品の単位》lotto⼥

ロッドアンテナ 〔英 rod antenna〕antenna⼥ ad asta dielettrica

ろっぽうぜんしょ 六法全書〔法〕Raccolta⼥ dei Sei Codici, I Sei Codici⼥[複] (◆ costituzione, codice civile, diritto commerciale, codice di procedura civile, codice penale e codice di procedura penale) →法律 用語集

ろてい 露呈 ¶内部の対立が露呈した。È emerso un conflitto interno. ¶彼の本音が露呈した。Si è rivelata la sua vera intenzione. /《意に反して》Si è tradito.

ロデオ 〔ス rodeo〕〔ス〕rodeo⼥[無変]

ろてん 露天 ◇露天の all'aperto

❖露天商人 bancarellista⼥[⼥複 -i], venditore⼥[⼥ -trice] ambulante
露天風呂 bagno⼥ termale all'aria aperta [all'aperto]
露天掘り ¶露天掘りの鉱山 miniera a cielo aperto [a giorno]

ろてん 露店 bancarella⼥

ろてん 露点《物》punto⼥ di rugiada, temperatura⼥ di condensazione

❖露点記録計 registratore⼥ del punto di rugiada
露点湿度計 igrometro⼥ a condensazione

ろとう 路頭 ¶彼は職を失って路頭に迷った。Ha perso il lavoro ed è finito sulla [in mezzo alla] strada. ¶彼は妻子を路頭に迷わせた。Ha lasciato la sua famiglia sul lastrico.

ろとう 露頭《地質》《岩石, 鉱脈の》affioramento⼥

ろば 驢馬〔動〕asino⼥[⼥ -a], somaro⼥[⼥ -a], ciuco⼥[⼥複 -chi];《小さいろば》asinello⼥[⼥ -a], somarello⼥[⼥ -a] ¶ろばが鳴いた。Un asino ha ragliato.

ろばた 炉端 ¶炉端に座る sedersi vicino al focolare [al fuoco]

❖炉端焼き barbecue⼥[無変] tipico [grigliata⼥ tipica] giapponese

ロビー 〔英 lobby〕《玄関》vestibolo⼥;《入り口の大広間》atrio⼥[複 -i];《控えの間》sala⼥ d'attesa;《ホテルの》〔英〕hall⼥[ɔl][無変];《劇場・映画館の休憩所》〔仏〕foyer [fwajé]⼥[無変], ridotto⼥ ¶正面ロビー ridotto principale

ロビイスト 〔英 lobbyist〕lobbista⼥[⼥複 -i];《団体》〔英〕lobby⼥[無変]; gruppo⼥ di

ロブ 〔英 lob〕《スポ》(テニスで) ¶ロブを上げる fare un pallonetto / respingere a pallonetto

ロブスター 〔英 lobster〕(伊勢えび) aragosta㊛; (オマールえび) astice㊚

ロフト 〔英 loft〕 1 (屋根裏部屋) mansarda㊛ 2 《ゴルフクラブの》curvatura㊛ del lofter

ろぼう 路傍 ◇路傍に sul bordo [ciglio] della strada, lungo la strada

ロボット 〔英 robot〕 1 (人造人間) robot [robó, robót]㊚[無変], automa㊚(複 -i) ¶産業用ロボット robot industriale ¶工場をロボット化する robotizzare [automatizzare] la fabbrica ¶ロボットのように働く lavorare come una macchina 2 (操り人形) ¶彼は社長のロボットにすぎない。 Non è altro che il fantoccio del presidente.
✤**ロボット工学** robotica㊛

ロボトミー 〔英 lobotomy〕《医》(大脳の白質切除) lobotomia㊛

ロマ 〔英 Roma〕(ジプシー) rom㊚[無変]

ロマネスク 〔仏 romanesque〕《ロマネスク様式》 stile㊚ romanico, il romanico ¶ロマネスク様式の romanico ¶ロマネスク様式の教会 chiesa romanica / chiesa di stile romanico →教会 図版

ロマン 〔仏 roman〕 1 (長編小説) romanzo㊚ 2 (空想, 夢) ¶ロマンに満ちた小説 romanzo pieno di romantiche avventure
✤**ロマン主義** romanticismo㊚
ロマン主義者 romantico[㊚ -ca; ㊛複 -ci], seguace㊛㊚ del romanticismo
ロマン派 scuola㊛ romantica; (人) romantici㊚[複]

ロマンス 〔英 romance〕 1 (騎士物語) romanzo㊚; (恋愛物語) storia㊛ d'amore, racconto㊚ sentimentale, libro㊚ rosa㊚[無変] (恋愛) ¶2人の間にロマンスが生まれた[芽生えた]。 Fra i due è nata [sbocciata] una storia d'amore.
3 《楽》romanza㊛
✤**ロマンスグレー** ¶ロマンスグレーの紳士 signore affascinante dai capelli grigio argento

ロマンス語 〔言〕lingue㊛ romanze (俗ラテン語を共通祖語とした諸語の総称で, イタリア語, フランス語, スペイン語, ポルトガル語, ルーマニア語などがこれに属する)

ロマンスシート posto㊚ a sedere per coppie

ロマンチシズム 〔英 romanticism〕《芸・文・音》romanticismo㊚

ロマンチスト 1 《芸・文・音》romantico[㊚ -ca; ㊛複 -ci], seguace㊛㊚ del romanticismo 2 (ロマンチックな人) persona㊛ romantica [sentimentale]; (夢見る人) sognatore㊚[㊛ -trice]; (理想家) idealista㊚㊛[㊚複 -i]

ロマンチック 〔英 romantic〕 ◇ロマンチックな romantico[㊛複 -ci] ¶ロマンチックな人[詩] persona [poesia] romantica ¶彼は何でもロマンチックに考える傾向がある。Per qualunque cosa tende a fare il romantico.

ロム ROM 《コンピュータ》memoria㊛ a sola lettura, (略)〔英〕ROM㊚[無変]

ろめい 露命 vita㊛ fugace [effimera] ¶半端仕事をして露命をつなぐ tirar avanti facendo solo dei lavoretti qua e là

ろめん 路面 superficie㊛[複 -ci, -cie] della strada
¶「路面凍結注意」(掲示)"Strada sdrucciolevole per ghiaccio"
✤**路面電車** tram㊚[無変]

ろれつ 呂律 ¶ろれつが回らない farfugliare㊋ [av] / pronunciare indistintamente ql.co. / articolare male ql.co. ¶彼はろれつが回らないほど酔っ払っている。È talmente ubriaco che non è nemmeno in grado di parlare.

ろん 論 1 (理論) teoria㊛ ¶論の立て方 impostazione teorica / argomentazione / ragionamento
2 (意見, 見解) opinione㊛, parere㊚; (論文) saggio㊚[複 -gi], articolo㊚ ¶日本人論 saggio sui giapponesi
3 (議論) discussione㊛; polemica㊛; argomento㊚ ¶抽象議論 discussione astratta ¶この問題について彼と論を戦わせた。Ho discusso con lui su questo problema. ¶この2つの問題は同じ論ではない。Non si può mettere questi due casi sullo stesso piano. / (比較にならない) Non c'è paragone fra questi due casi.
[慣用] 論より証拠 "Contano più i fatti che le parole."

論を俟(ま)たない va da sé che... ¶彼の考えが正しいことは論を俟たない。È ovvio [indiscutibile] che abbia ragione.

ろんがい 論外 ◇論外の fuori discussione ¶それは論外だ。(問題と無関係)Questo non ha niente a che vedere [fare] col nostro problema. / (論ずるに値しない) Non se ne parla nemmeno. / (むちゃ) Questo è assurdo [impossibile]!

ろんかく 論客 polemista㊚[㊚複 -i], contendente㊚㊛, disputante㊚; opinionista㊚㊛[㊚複 -i]

ろんぎ 論議 (議論) discussione㊛; (討論) dibattito㊚; (論争) polemica㊛ ¶活発な論議 accesa discussione / acceso scambio di idee ¶問題を論議する discutere (su) un problema ¶盛んな論議を呼ぶ causare [provocare] un acceso dibattito

ろんきゃく 論客 →論客(ろんかく)

ろんきゅう 論及 ◇論及する riferirsi a ql.co., fare riferimento a ql.co.; (その件を話す) parlare㊋ [av] di ql.co., trattare ql.co. ¶彼はその問題の細部に論及した。Ha trattato il problema particolareggiatamente [nei minimi particolari].

ろんきゅう 論究 ◇論究する discutere㊋ [av] a fondo su ql.co.

ろんきょ 論拠 fondamento㊚, motivo㊚, ragione㊛, causa㊛ ¶彼の意見には確かな論拠がある。La sua opinione è ben fondata. / Ha un buon motivo per sostenere la sua idea. ¶君の論拠はどこにあるのだ。Su che cosa si basa il tuo discorso?

ロング 〔英 long〕◇ロングの lungo[㊚複 -ghi]
✤**ロングコート**《服》soprabito㊚ [cappotto㊚] lungo [複 -ghi]
ロングジャンプ《スポ》tiro㊚ lungo
ロングショット《映》campo㊚ lungo
ロングスカート《服》gonna㊛ lunga
ロングセラー libro㊚ di successo duraturo
ロングラン《劇》un gran numero㊚ di repliche;

〘映〙lunga programmazione[女] ¶この芝居は500夜のロングランを続けた. Questo spettacolo ha avuto cinquecento repliche [è stato replicato per cinquecento sere].

ろんご 論語 "Lun Yu" ["Dialoghi"[男][複] / "Discorsi"[男][複]] di Confucio
[慣用] **論語読みの論語知らず** È un erudito che non sa sfruttare il suo sapere.

ろんこうこうしょう 論功行賞 riconoscimento[男] al merito

ろんこく 論告〘法〙requiṣitoria[女] ¶午後2時に検事の論告がある. Alle 14.00 il procuratore pronuncerà [terrà] la requiṣitoria.

ろんし 論旨 contenuto[男] di un discorso

ろんしゃ 論者《講演などの》ora*tore*[男][[女] *-trice*], conferenzier*e*[男][[女] *-a*];《筆 者》au*tore*[男][[女] *-trice*]

ろんしゅう 論集 raccolta[女] di saggi

ろんじゅつ 論述《主張》asserzione[女], affermazione[女];《陳述, 言明》dichiarazione[女]
◇**論述する** affermare; dichiarare
✤**論述式テスト** prova[女] scritta, compoṣizione[女], tem*a*[男][複 *-i*]

ろんしょう 論証 dimostrazione[女] ◇**論証する** dimostrare [provare] *ql.co.* ¶定理を論証する dimostrare un teorema

ろんじる 論じる **1**《筋道を立てて述べる》¶著者はこの問題を余すところなく論じている. L'autore ha preso in considerazione [ha trattato] questo problema in maniera eṣauriente. ¶彼は教育改革について論じた. Ha parlato sulla [della] riforma scolastica.
2《議論する》¶激しく論じ合う avere un'accesa discussione ¶この事について彼と論じ合った. Su questa faccenda ho discusso con lui.

ろんじん 論陣 ¶…を主張して[…に反対して]論陣を張る prendere una solida poṣizione per [contro] *ql.co.* ¶彼は堂々と論陣を張った. Ha fatto un discorso molto convincente.

ろんせつ 論説《新聞の社説》editoriale[男], articolo[男] di fondo, nota[女] editoriale
✤**論説委員** editorialist*a*[男][女][男複 *-i*]

ろんせん 論戦 dibattito[男], discussione[女], polemica[女], controversia[女], disputa[女] ¶熾烈(しれつ)な論戦 accesa polemica

ろんそう 論争 disputa[女], controversia[女], dibattito[男], polemica[女] ¶核兵器についての論争 dibattito sulle armi nucleari ¶100年来の論争 polemica secolare ¶〈人〉と…について論争する polemizzare su *ql.co.* con *qlcu.* ¶論争を生む provocare [suscitare] una polemica ¶論争の火蓋を切る innescare la polemica ¶論争の焦点 oggetto di polemiche ¶彼は論争が好きだ. È un uomo polemico. ¶それは論争中の事件だ. È un caṣo controverso.
✤**論争者** disputante[男][女]
論争点 punto[男] discusso [controverso], oggetto[男] di controversia

ろんだい 論題 argomento[男], tem*a*[男][複 *-i*]

ろんだん 論壇 **1**《演壇》pod*io*[男][複 *-i*] **2**《言論界》mondo[男] della critica

ろんちょう 論調 ¶新聞の論調 commento dei giornali [della stampa] ¶彼の論調は最近少し柔らかくなった. Il tono dei sui commenti recentemente si è un po' addolcito [ammorbidito].

ろんてき 論敵 oppoṣi*tore*[男][[女] *-trice*] [avversar*io*[男][[女] *-ia*; [男]複 *-i*]] (in un dibattito)

ろんてん 論点 argomento[男] principale di un discorso [una discussione] ¶彼の話はいつも論点がずれる. Il suo discorso va sempre fuori tema.
✤**論点先取[窃取]の虚偽**〘論〙〔ラ〕assumptio non probata
論点相違の虚偽〘論〙〔ラ〕ignoratio elenchi

ロンド 〔伊〕〘音〙rondò[男]

ろんぱ 論破 ◇**論破する** battere [vincere] *qlcu.* dialetticamente

ロンパース 〔英 rompers〕《幼児服》pagliaccetto[男], tutina[女]

ろんばく 論駁 confutazione[女], obiezione[女]
◇**論駁する** confutare *ql.co.*, oppugnare *ql.co.* ¶論駁を書く scrivere una confutazione ¶徹底的な[反論の余地のない / 弱腰の]論駁 confutazione eṣauriente [stringente / fiacca]

ろんぴょう 論評 commento[男], critica[女]
◇**論評する** criticare [commentare] *ql.co.* ¶論評を控える astenersi dal commento ¶新聞はこの法案を辛辣に論評している. I giornali commentano duramente il disegno di legge in questione.

ろんぶん 論文 articolo[男];《学 術 的 な も の》sag*gio*[男][複 *-gi*];《本も含めた学者の著作》opera[女], lavoro[男];《小説と区別した評論・随筆》saggio[男];《そのジャンル》saggistica[女];《卒業論文・学位論文など》teṣi[女][無変];《学生のレポート》teṣina[女], relazione[女];《新聞・雑誌掲載の》articolo[男] ¶論文の作者 au*tore*[男][[女] *-trice*] di un articolo / saggist*a*[男][女][男複 *-i*] ¶卒業論文を提出する preṣentare la teṣi di laurea

ろんぽう 論法 logica[女], ragionamento[男] ¶それは誤った論法だ. Stai seguendo una linea di ragionamento ṣbagliata. / Stai facendo un errore di logica. ¶人にはその人なりの論法がある. Ognuno ha la sua logica [il suo modo di ragionare].

ろんり 論理《議論の筋道》logica[女] ◇**論理的な** logi*co* [男複 *-ci*] ◇**論理的に** logicamente;《理路整然と》a rigor di logica
¶論理的な考え方 ragionamento logico ¶これは論理的に正しい. Questo è logicamente giusto [corretto]. ¶論理性を欠いた議論だ. È un discorso privo di logica. ¶彼の論理は薄弱だ. La sua è una logica fiacca. ¶君の論理には飛躍がある. C'è un salto di logica nel tuo discorso. ¶非論理的な illogico ¶論理的整合性がない incongruo
✤**論理演算**〘コンピュータ〙operazione[女] logica
論理学 logica[女] ¶形式[アリストテレス]論理学 logica formale [aristotelica]
論理学者 logi*co*[男][[女] *-ca*; [男]複 *-ci*]
論理関数〘コンピュータ〙funzione[女] logica
論理主義〘哲〙logiciṣmo[男]
論理性 logicità[女]
論理設計[素子]〘コンピュータ〙disegno[男] [elemento[男]] logico

わ

わ 和 **1**《合計》somma⊛;《総和》totale⊛, ammontare⊛ ¶2つの数の和を求める fare l'addizione di due numeri / addizionare due numeri ¶4と5の和は9である。Quattro più cinque fa nove. **2**《平和, 和平》pace⊛ ¶和を結ぶ fare (la) pace《と con》**3**《調和》armonia⊛ [concordia⊛]《の間の fra, di》;《友愛》amicizia⊛《の間の fra, di》¶人の和 armonia [concordia] fra persone **4**《日本》Giappone⊛ ◇和の giapponese ¶和菓子 dolce [pasticcino] giapponese ¶和伊辞典 dizionario giapponese-italiano

わ 輪 《環, リング》anello⊛; 《円》cerchio⊛ [複 -chi]; 《糸などで作った》laccio⊛ [複 -ci] ¶土星の輪 anello di Saturno ¶鎖の輪 anello di una catena ¶知恵の輪 anelli magici ¶タバコの煙で輪を作る fare un anello di fumo ¶…の周りに輪を作る fare [整然と] disporsi in cerchio intorno [attorno] a ql.co. [qlcu.] ¶とびが1羽輪を描いて飛んでいる。Un nibbio vola in cerchio. ¶世界に友情の輪を広げよう。Facciamo in modo che il legame dell'amicizia abbracci tutto il mondo.

[慣用] **輪をかける** ¶彼は私に輪をかけた怠け者だ。È ancora più pigro di me.

✤**輪投げ** gioco⊛ degli anelli ¶輪投げをする giocare agli anelli

輪回し gioco⊛ del cerchio

-わ 《語尾を和らげる》¶あそこに彼がいるわ。È lì, lo vedi? ¶その本は私のですわ。Guarda che quel libro è mio. **2**《「わよ」の形で》¶私も行くわよ。Vengo anch'io, dai. ¶《「…わ…わ」の形で》¶Guarda che tutti se ne sono andati via. **3**《「わね」の形で》¶今日はずいぶん寒いわね。Oggi fa molto freddo, vero? **4**《「…わ…わ」の形で》¶毎日降るわ降るわ、1週間も降りつづけだ。Ogni giorno pioggia, pioggia…, è una settimana che piove in continuazione! ¶この子はよく食べるわ食べるわ。Ma quanto mangia questo bambino!

-わ -羽 ¶5羽の鳥 cinque uccelli

-わ -把 《野菜・薪(⅊)などの束》fascio⊛ [複 -sci];《野菜・花・鍵などの束》mazzo⊛;《小さな束》mazzetto⊛ ¶薪1把 un fascio di legna ¶ほうれん草1把 un mazzo di spinaci

わあ **1**《急に叫ぶ様子》oh! / uh! ¶わあ大変だ。Accidenti! /《自分のことについて》Oh, povero me! ¶わあ, うれしい。Come sono contento! ¶わあ, すごく速いな。Accidenti, come corre!
2《勢いよく動く様子》¶人々が店内にわあっと詰めかけた。Le persone si sono precipitate a riempire il negozio.

ワーカホリック 〔英 workaholic〕ossessionato⊛ [⊛ -a] dal lavoro

ワークシート 〔英 work sheet〕《コンピュータ》foglio⊛ [複 -gli] di lavorazione

ワークシェアリング 〔英 work sharing〕《経》distribuzione⊛ del lavoro

ワークショップ 〔英 workshop〕《研究会, セミナー》seminario⊛ [複 -i], gruppo⊛ di lavoro, 〔英〕workshop⊛ [無変]

ワースト 〔英 worst〕◇ワーストの peggiore
✤**ワースト記録** ¶ワースト記録をもつ avere il peggior record [[点] il peggior punteggio]
ワーストドレッサー i peggiori vestiti⊛ [複]

ワードローブ 〔英 wardrobe〕《洋服だんす, 持ち衣装の総称》guardaroba⊛ [無変]

ワープロ 〔英〕word processor⊛ [無変]

ワーム 〔英 worm〕《コンピュータ》〔英〕worm⊛ [無変]

ワールド 〔英 world〕mondo⊛ ¶ミスワールド Miss Mondo
✤**ワールドカップ** Coppa⊛ Mondiale [del Mondo]

わあわあ ¶会議では皆わあわあ言うだけで何も決まらなかった。Alla riunione tutti facevano un gran parlare senza giungere a nessuna conclusione. ¶わあわあ泣く piangere a dirotto

わあん ¶子供はわあんと大声で泣き出した。Il bambino ha cominciato a piangere strillando ad alta voce. ¶洞窟(ʦ)の中で話すとわあんと声が反響する。Nelle caverne, quando si parla ad alta voce, si sente l'eco.

ワイ 〔英 Y〕y⊛⊛, ipsilon⊛ [無変] ¶Y字型 a forma di Y ¶Y字型鋼 trave⊛ a Y ¶Y字路 biforcazione / bivio
✤**Y軸** 《数》asse⊛ delle ordinate [delle y]

わいきょく 歪曲 deformazione⊛, distorsione⊛ ◇歪曲する deformare, distorcere ¶事実の歪曲 distorsione [deformazione] della verità ¶彼の言葉が歪曲して報道された。Le sue parole sono state trasmesse in maniera distorta [falsata].

ワイシャツ Yシャツ camicia⊛ [複 -cie] (da uomo) →次ページ 図版 ¶絹[木綿の]ワイシャツ camicia di seta [cotone]
✤**ワイシャツ地** tessuto⊛ da camicia

わいしょう 矮小 ◇矮小な molto piccolo, minuscolo;《発育不全の》nano ¶矮小な議論をする fare una discussione semplicistica

わいせつ 猥褻 oscenità⊛, indecenza⊛, impudicizia⊛ ◇猥褻な osceno, indecente, licenzioso;《雑誌・映画が》erotico⊛ [複 -ci], pornografico⊛ [複 -ci]
✤**猥褻罪** oltraggio⊛ [複 -gi] al pudore ¶強制猥褻罪 atto di libidine violento /《強姦》atto di violenza carnale

猥褻図書 libro⊛ osceno [pornografico⊛ [複 -ci]]

わいだん 猥談 racconto⊛ pornografico [複 -ci] [osceno / indecente] ¶猥談(を)する raccontare cose pornografiche [oscene]

ワイド 〔英 wide〕 ◇ワイドな amp*io* [男複 -*i*]；《巨大な》gigante, enorme
✤ワイドショー《テ》varietà televisivo di informazione e pettegolezzi (mattutino o pomeridiano)
ワイドスクリーン schermo男 gigante

ワイナリー 〔英 winery〕 cantina女, azienda女 vinicola

ワイパー 〔英 wiper〕 tergicristallo男 [複 -*o*, -*i*] ¶間欠ワイパー tergicristallo intermittente ¶ワイパーを動かす azionare il tergicristallo

ワイヤー 〔英 wire〕《金属線》filo男 metall*ico* [複 -*ci*]；《ケーブル》cavo男；《太いもの》fune女
✤ワイヤガラス vetro男 retinato
ワイヤーブラシ spazzola女 metallica [per lime / a fili]
ワイヤーロープ fune女 di acciaio; cavo男 metallico

ワイヤレス 〔英 wireless〕 ◇ワイヤレスの senza fili
✤ワイヤレスマイク microfono男 senza fili

ワイルドカード 〔英 wild card〕《コンピュータ》carattere男 jolly [無変]

わいろ 賄賂 《バックシーシュ》bustarella女；《口銭, コミッション》tangente女
¶賄賂を贈る dare una bustarella a qlcu. / corrompere qlcu. /《俗》ungere (le ruote a) qlcu. ¶賄賂を受け取る ricevere una bustarella da qlcu. / farsi corrompere da qlcu. ¶賄賂の利かない役人 funzionario che non si lascia corrompere [che non accetta bustarelle] / funzionario incorruttibile ¶賄賂で買収する人 corrutt*ore*男 [女 -*trice*] ¶賄賂を受け取った人 corrotto男 [女 -*a*] ¶賄賂がはびこる世界 tangentopoli女 [無変]

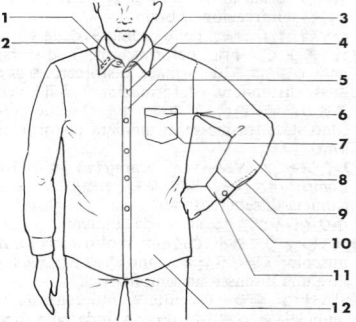

ワイシャツ
1 襟(衿) colletto男. **2** カラー止め stecchetta女. **3** 台襟 collare男. **4** ボタン穴 occhiello男. **5** 前立て pannello男 anteriore. **6** フラップ patta女. **7** 胸ポケット taschino男. **8** 袖 manica女. **9** 袖あき apertura女 al fondo manica. **10** 袖口のボタン bottone男 da polsino. **11** カフス polsino男. **12** すそ lembo男.

わいわい ¶わいわい騒ぐ声[音] schiamazzo / chiasso / baccano /《俗》casino ¶わいわい騒ぐ fare「molto chiasso [un gran baccano] ¶何をわいわい言っているんだい. Che cos'è tutto questo casino? ¶彼の離婚は週刊誌でわいわい書き立てられた. Del suo divorzio si è molto parlato sui settimanali.

ワイン 〔英 wine〕 vino男 → 1736, 1737 ページ 用語集 ¶白[赤]ワイン vino bianco [rosso] ¶ロゼのワイン vino rosé [rosato] ¶辛口[甘口]のワイン vino secco [amabile] ¶テーブルワイン vino da tavola ¶銘柄のワイン vino di marca ¶すずきの白ワイン蒸し spigola al vino bianco
✤ワインカラー ◇ワインカラーの bordò [無変]；〔仏〕bordeaux [無変]；di color「vinaccia [無変] [rosso bruno]
ワイン倉 cantina女
ワイングラス bicchiere男 da vino
ワイン産業 industria女 vinicola [enologica]
ワイン醸造 enologia女
ワイン醸造装置 vinificatore男
ワイン醸造法 vinificazione女
ワイン製造所 cantina; azienda女 vinicola
ワインセラー cantina女 dei vini
ワイン店 enoteca女 (▶販売だけでなく, 試飲や展示も行っている)
ワインリスト lista女 dei vini

わおん 和音 accordo男；《三和音》triade女 → 音楽 用語集 ¶長[短]和音 accordo maggiore [minore] ¶協和音 accordo consonante / consonanza ¶不協和音 accordo dissonante / dissonanza ¶分散和音 accordo arpeggiato / accordo spezzato ¶主[属 / 下属]和音 triade di tonica [dominante / sottodominante] ¶属七の和音 accordo di settima (di) dominante ¶和音の転回 rivolto di un accordo ¶和音の進行 successione degli accordi ¶和音の分析 analisi「degli accordi [armonica]

わか 和歌 *waka*男 [無変] (◆versi tradizionali giapponesi, ritmati su parole di 5 e [o] 7 sillabe. Delle diverse forme antiche di poesia giapponese, oggi è rimasta quella detta *tanka*, costituita da versi di 5–7–5–7–7 sillabe)

わが 我が 《私の》mio [男複 *miei*]；《私たちの》nostro ¶わが国の生産品 prodotti nostrani ¶母親というものはどんなときでもわが子を忘れないものだ. Una madre non dimentica mai il proprio figlio. ¶わが国の人口はおよそ1億人だ. La popolazione del nostro paese è di circa cento milioni di persone.

慣用 **わが意を得たり** ¶君の意見はわが意を得たりというところだ. Hai detto esattamente quello che pensavo. ¶その条件ならわが意を得たりというところだ. Queste condizioni mi vengono incontro.

わが事のように ¶大学卒業を報告に行ったら森山先生はわが事のように喜んでくれた. Quando sono andato dal prof. Moriyama a dirgli che mi ero laureato, era felice come se si fosse trattato della sua, di laurea.

わかい 和解 riconciliazione女, rappacificazione女 ◇和解する riconciliarsi《と con》, rappacificarsi《と con》, fare pace《と con》

◇和解させる《AとBとを》riconciliare A con [e] B, rappacificare A e B ¶判事は2社に和解を勧告した. Il giudice ha invitato le due società a riconciliarsi.

わかい 若い 1《年齢が》giovane;《青年の, 若々しい》giovanile ¶若い女 donna giovane ¶気の若い人 persona dallo spirito giovanile ¶若い木の芽が美しい. Sono graziosi i teneri germogli. ¶若いころ in tenera età / da giovane / nei primi anni della vita ¶若い時はよく飲んだものだ. Quando ero giovane, bevevo molto. ¶若いうちが花さ. La giovinezza è il fiore della vita. ¶あの人は年より若く見える. Porta bene gli anni. / Sembra più giovane di quanto sia. / Dimostra meno anni. ¶彼は若くして政治家になった. Si è dato alla politica ancor giovane. ¶妹は私より2つ若い. Mia sorella è di due anni più giovane di me. ¶この服を着ると君は若く見える. Questo vestito ti fa sembrare più giovane [ti ringiovanisce].
2《未熟な》immaturo;《未経験の》inesperto;《子供じみた》puerile ¶君はまだ考えが若い. Ragioni ancora come un ragazzo! / Sei ancora immaturo!

わかいもの 若い者 《青少年》giovane[男] [女];《子分》seguace[男][女], subordinat*o*[男] [[女] *-a*]

わかえだ 若枝 ramo[男] nuovo, ramoscello[男]; germo*glio*[男] [複 *-gli*]; virgulto[男]

わかがえり 若返り ringiovanimento[男] ¶党幹部の若返りをはかる svecchiare [ringiovanire] la leadership del partito

わかがえる 若返る ringiovanire[自] [*es*] ¶彼女は髪型を変えて10歳若返った. Da quando ha cambiato pettinatura è ringiovanita di dieci anni.

わかぎ 若木 giovane albero[男];《苗木》piantina[女], alberello[男]

わかくさ 若草 erba[女] giovane [tenera / nuova] ¶『若草物語』(オルコット) "Piccole donne"(Alcott)
✤若草色 ◇若草色の (di color) verde [無変] chiaro [無変]

わかげ 若気 impetuosità[女] giovanile ¶若気の過ちを犯す commettere un errore dovuto all'ardore giovanile ¶若気の至りで一文なしでアメリカへ行った. Trascinato dalla passione giovanile, andai negli Stati Uniti senza un soldo.

わかさ 若さ giovinezza[女], gioventù[女] ¶若さを保つ秘訣(ひけつ) segreto per mantenere [conservare] la giovinezza ¶彼は25歳の若さで死んだ. Morì che aveva soltanto venticinque anni.

わかさぎ 公魚・鰙 〔魚〕《学名》*Hypomesus olidus*

わがし 和菓子 dolcetto[男] giapponese;《集合的》dolciumi[男] [複] giapponesi

わかじに 若死に morte[女] prematura ¶姉は若死にした. Mia sorella è morta prematuramente [giovane].

わかしらが 若白髪 capelli[男] [複] prematuramente bianchi ¶彼は若白髪だ.《完全に白髪》Pur essendo ancora giovane, ｢ha tutti i capelli bianchi [《ごま塩頭》i suoi capelli sono già tutti brizzolati].

わかす 沸かす 1《沸騰させる》far bollire;《熱くする》scaldare, riscaldare ¶ミルクを沸かす scaldare il latte ¶湯を沸かす far bollire l'acqua /《風呂を準備する》preparare il bagno
2《熱狂させる》accendere la passione (di *qlcu.*) ¶彼の演説は青年たちの血を沸かせた. Il suo discorso ha esaltato [eccitato] gli animi dei giovani. ¶昨日のサッカーの試合は観衆を沸かせた. La partita di calcio di ieri ha entusiasmato gli spettatori.

わかす 涌かす・湧かす 《うじなどを発生させる》far proliferare (vermi o insetti) ¶生ごみを捨て忘れてうじをわかせてしまった. Mi sono dimenticato di gettare i rifiuti della cucina e si sono riempiti di vermi.

わかぞう 若造 giovincello[男], ragazzino[男], ragazzotto[男];《青二才》sbarbatello[男];《未成年》adolescente[男]

わかだんな 若旦那《若い主人》giovane padrone[男];《主人の息子》fi*glio*[男] [複 *-gli*] del padrone;《召使いの側から》signorino[男]

わかちあう 分かち合う condividere ¶喜びも悲しみも分かち合う condividere con *qlcu.* sia la gioia sia il dolore

わかちがき 分かち書き ¶日本語の文章を分かち書きする scrivere un testo giapponese lasciando uno spazio fra le parole

わかつ 分かつ 1《分ける, 分け合う》dividere *ql.co.* 《と con》 ¶半分に分かつ dividere a metà ¶喜びも悲しみも分かつのが夫婦だ. Marito e moglie devono condividere sia le gioie che i dolori. 2《区別する》¶明暗を分かつ decidere il destino 《の di》 ¶我々は昼夜を分かたず救助作業にあたった. Ci siamo adoperati giorno e notte nelle azioni di soccorso. 3《判断して区別する》giudicare ¶理非を分かつ distinguere le cose giuste da quelle che non lo sono

わかづくり 若作り ¶若作りをする《化粧で》truccarsi per sembrare più giovan*e* /《服装で》vestirsi come un [《女性》una] giovane

わかて 若手 《集合的》giovani[男] [複], nuove leve[女] [複] ◇若手の giovane ¶そんなことは若手に任せておけばいい. Lascia fare questa cosa ai giovani.

わかどり 若鶏 pollastr*o*[男] [[女] *-a*], galletto[男] ¶若鶏の肉 (carne di) pollo novello

わかな 若菜 ¶若菜摘みに行く andare a raccogliere le tenere erbe

わかば 若葉 foglia[女] nuova;《集合的》fogliame[男] nuovo
✤若葉マーク adesivo[男] applicato su una macchina guidata da un neo-patentato

わかはげ 若禿 calvizie[女] precoce; 〔医〕alopecia [alopecia][女] ¶彼は若はげだ. È precocemente calvo.

わかふうふ 若夫婦 giovani coniugi[女] [複]

わがまま 我儘 《気まま》capric*cio*[男] [複 *-ci*];《身勝手》egoismo[男];《自己中心的な気質》egocentrismo[男] ◇わがままな capriccioso; egoist*a* [[男] 複 *-i*]; egocentri*co* [[男] 複 *-ci*]; egoisti*co* [[男] 複 *-ci*] (►人については用いない);《甘やかされて》viziato ¶わがままな態度 atteggiamento egoistico ¶わがままを言う fare i capricci / agire da egoista ¶今度だけは私のわがままを許して。Solo per questa volta, accontentami! ¶わがままを言って親を困らせるものじゃない。La pianti di assillare i tuoi genitori con le tue sciocchezze [con i tuoi capricci]?! ¶そんなに甘やかすとわがままになっていけない。Se gli permetti tutti quei capricci, finirai col viziarlo.

わがみ 我が身 ¶わが身を省みて恥ずかしい。《自分のしたことを》Mi vergogno di me stesso. ¶明日はわが身かもしれない。Chissà, domani potrà capitare a me! ¶わが身をつねって人の痛さを知れ。《諺》Guai a mettersi nei panni altrui.

わがみち 我が道 ¶わが道を行く andare per la *propria* strada

わかめ 若布 《植》alga⊛ marina *wakame*; 《学名》*Undaria pinnatifida* Suringer

わかめ 若芽 gemma⊛, germoglio⊛《複 -gli》; 《根・球根・幹から出るもの》pollone⊛

わかもの 若者 giovane⊛, giovanotto⊛ [《諧》⊛ -a]; 《集合的》gioventù⊛
  ♣若者言葉 linguaggio⊛《複 -gi》dei giovani

わがものがお 我が物顔 ◇わが物顔に in maniera autoritaria [da padrone /《女性》da padrona] ¶会社でわが物顔に振る舞う spadroneggiare⊛ [*av*] in ufficio / comportarsi da padrone dell'ufficio

わがや 我が家 《家庭》la mia famiglia⊛;《家屋》casa⊛ mia ¶わが家に勝るものはなし。Non c'è alcun posto migliore della famiglia. ¶狭いながらも楽しいわが家。"Casa mia, per piccina che tu sia, tu mi sembri una badia."

わかやぐ 若やぐ ¶スポーツをすると気持ちが若やぐ。Praticare uno sport ci fa sentire più giovani. ¶離婚したら彼女は若やいだ。Il divorzio l'ha ringiovanita.

わからずや 分からず屋 testardo⊛ [⊛ -a], cocciuto⊛ [⊛ -a], testa⊛ dura ¶わからずやの親たち genitori testardi ¶彼はわからず屋だ。《頑固者》È un testardo. / Ha la testa dura. /《道理がわからない》Non vuole sentire ragioni.

わかり 分かり comprensione⊛ ¶わかりの早い子 bambino intelligente [svelto / sveglio] ¶わかりの悪い子だね。Non c'è verso che tu capisca.

わかりきった 分かり切った ¶それはわかり切っ

《 **用語集** 》　**ワイン Vino**

色調 Colore

白 **bianco** 薄緑色がかった白 bianco⊛ verdolino. 琥珀(こ は く)色 giallo⊛ ambrato. 黄金色 giallo dorato. 麦わら色がかった薄い黄色 giallo paglierino scarico. 麦わら色がかった濃い黄色 giallo paglierino carico. 麦わら色がかった白 bianco paglierino. よく澄んだ黄色 giallo chiarissimo.

ロゼ **rosato** 明るいロゼ chiaretto⊛. 桜色を帯びたロゼ cerasuolo⊛. バラ色 rosato⊛.

赤 **rosso** 暗赤色 rosso⊛ cupo. オレンジ色がかった赤 rosso aranciato. 褐色がかった赤 rosso mattone. ザクロ色 rosso granato. 真紅色 rosso porporino. 紫がかった赤 rosso violaceo. ルビー色 rosso rubino.

香り Profumo

高貴な nobile. 繊細な tenue. 繊細で上品な delicato. 上品な sottile. 特徴のある pronunziato. 特徴のない sfuggente. 豊潤な pieno. アーモンド(の香り) mandorla⊛. キイチゴ(の香り) lampone⊛. クワの実(の香り) more⊛ [複]. スミレ(の香り) viola⊛. ナシ(の香り) pera⊛. バラ(の香り) rosa⊛. ヒアシンス(の香り) giacinto⊛. モモ(の香り) pesca⊛. リンゴ(の香り) mela⊛.

味 Gusto

味・香りの調和した armonico. 味・香りの釣り合いのとれた equilibrato. 味がはっきりとして特徴がすぐわかる deciso. 味・香りに乏しい scarno. 甘口の dolce. 中甘口の amabile. 薄甘口の abboccato. 甘味材を添加した dolciastro. アルコール分が高い alcolico. アルコール分が高く質の良い gagliardo. アルコール分が低くバランスのとれた leggero. アルコール分が低く飲みロの良い passante. 安定した、保存性の良い stabile. 色あせた scolorito. 塩分を含んだ salmastro. 軽くて味・香りの良い sottile. 辛口の secco. (発泡性ワインの)辛口の bruto. (さわやかな)辛口の asciutto. 完璧な、申し分のない completo. 気品のある aristocratico. 口あたりのよい limpido. 口あたりの良い frizzante. 口あたりの良い gradevole. こくのある generoso, corroborante. こくの個性のない debole, piatto. 酸味のある asprigno. 酸味の強い acidulo, allappante. 舌を刺すような aspro. 渋みのある acerbo. (寝かせすぎで)渋みの強い decrepito. 熟成した maturo. 熟成の悪い、老化した sbollito. 熟成の不完全な angoloso, duro, immaturo. 上品に調和のとれた delicato. (発泡性ワインの)澄んだ brillante. ソフトな morbido. (全体に)調和のとれた ampio. (色・味・香りの)特徴的な caratteristico. 喉ごしの良い scorrevole. 発泡性の spumante, spumeggiante. いくらか発泡性のある frizzante. ビロードのような感触の vellutato. 風味のよい sapido. フルーティな fruttato. (濃くてこくのある)ボディのしっかりした corposo. 保存のよい(年代を経た) austero. 若い giovane. (発酵・熟成が速く)若いうちに飲める pronta beva.

イタリアの主なワイン Vini principali italiani
●**北イタリア (Italia settentrionale)**
赤(**rosso**) : Barbaresco, Barolo, Brachetto d'Acqui, Gattinara, Ghemme, Roero, Sforzato di Valtellina, Valtellina superiore, Bardolino superiore, Dolcetto di Dogliani, Langhe rosso, Dolcetto d'Alba, Dolcetto d'Asti, Barbera d'Alba, Barbera d'Asti, Valpolicella,

たことだ. È una cosa evidente [ovvia / chiara].
わかりにくい 分かり難い difficile da comprendere [capire] ¶彼の字はわかりにくい. La sua scrittura è illeggibile. ¶わかりにくい話だ. 《複雑な》È una storia complicata [tortuosa].
わかりやすい 分かり易い facile da comprendere [capire] ¶わかりやすい字 scrittura chiara [facilmente leggibile] ¶わかりやすく説明する spiegare ql.co. chiaramente ¶彼の家はわかりやすい. La sua casa「si trova facilmente [è facile da trovare]. ¶わかりやすく言えば per dirla in termini semplici / in parole povere / in breve /《つまり》insomma
わかる 分かる **1**《理解する》capire [comprendere] ql.co. [che+直説法]; 《知る》apprendere [conoscere] ql.co. ¶辞書を引けば言葉の意味はわかる. Consultando il vocabolario si capisce il significato delle parole. ¶彼はイタリア語がわかる. Conosce l'italiano. ¶彼は音楽が全然わからない. Non capisce niente di musica. ¶その気持ちわかるよ. Ti capisco. ¶私の言ったことがおわかりになりましたか. Mi sono spiegato? ¶わかったかい. Hai capito? / Chiaro? ¶今に彼もわかるだろう. Un giorno capirà anche lui. ¶わかりました.《理解した》Ho capito. /《了解した》Sì, va bene. /《仰せのとおりにします》Sì, certamente. /《オーケー》D'accordo. ¶3時に電話をくれ, わかったね. Chiamami per telefono alle tre, capito? ¶試験の結果はいつわかりますか. Quando si saprà l'esito degli esami? ¶なぜかわからないが彼女はとても怒っていた. Era arrabbiatissima per non so quale ragione.
2《識別・判別する》identificare ql.co. [qlcu.], verificare ql.co., riconoscere ql.co. [qlcu.], rendersi conto「di ql.co. [che+直説法];《精通している》intendersi di ql.co. ¶この雨では明日のピクニックはどうなるかわからない. Con questa pioggia, non so se faremo il picnic domani. ¶どうしていいかわからない. Non so che fare. ¶彼は私が誰だかわからなかった. Non mi ha riconosciuto. ¶彼はワインがわかる. Si intende [È un intenditore] di vini.
3《判明する》essere scoperto ¶人にわからないよ

Amarone della Valpolicella, Lambrusco di Sorbara.
白**(bianco)**: Gavi, Roero Arneis, Soave superiore, Albana di Romagna, Langhe bianco, Lugana, Teroldego Rotaliano, Trebbiano di Romagna.
ロゼ **(rosato):** Alto Adige Lagrein Rosato.
発泡性ワイン **(vino spumante)** : Asti spumante, Franciacorta, Prosecco di Conegliano-Valdobbiadene, Oltrepò Pavese spumante.
デザート・ワイン**(vino da dessert)** : Recioto di Soave, Ramandolo, Colli Orientali del Friuli Picolit, Cinque Terre Sciacchetrà.

●中部イタリア **(Italia centrale)**
赤 : Brunello di Montalcino, Carmignano, Chianti, Chianti classico, Vino Nobile di Montepulciano, Montefalco Sagrantino, Torgiano Rosso Riserva, Morellino di Scansano, Conero, Montepulciano d'Abruzzo Colline Teramane, Montepulciano d'Abruzzo, Bolgheri rosso, Rosso Piceno.
白 : Vernaccia di San Gimignano, Montecarlo bianco, Orvieto, Verdicchio dei Castelli di Jesi, Frascati, Est! Est!! Est!!! di Montefiascone, Trebbiano d'Abruzzo.
ロゼ : Montepulciano d'Abruzzo cerasuolo.
発泡性ワイン : Vernaccia di Serrapetrona.
デザート・ワイン : Vin Santo toscano.

●南部イタリア **(Italia meridionale)**
赤 : Taurasi, Cerasuolo di Vittoria, Cirò rosso, Primitivo di Manduria, Salice Salentino rosso, Etna rosso, Aglianico del Vulture.
白 : Fiano di Avellino, Greco di Tufo, Vermentino di Gallura, Lacryma Christi del Vesuvio bianco, Biferno bianco, Etna bianco, Vernaccia di Oristano.
発泡性ワイン : Moscato di Pantelleria spumante.
デザート・ワイン : Moscato Passito di Pantelleria.

関連語 **Parole relative**
アルコール計 enometro男. エチルアルコール alcol男 etilico. (25-50リットル入りの)大びん damigiana女. 滓(を) residuo男. 聞き酒 degustazione女. 統制原産地呼称 D.O.C. (Denominazione di Origine Controllata). 統制保証原産地呼称 D.O.C.G. (Denominazione di Origine Controllata e Garantita). 栓 tappo男. 栓抜き cavatappi男 [無変]. たる botte女. 発酵 fermentazione女. びん bottiglia女;《胴にとうもろこしの皮をまいた首細のびん》fiasco男. びん詰め imbottigliamento男. ぶどう uva女. ぶどうの木 vite男. ぶどう栽培 viticoltura女. ぶどうの収穫 vendemmia女. ぶどうの収穫年度 annata女. ぶどうの苗木 vitigno男. ぶどう畑 vigna女. ぶどうの房 grappolo男. ラベル etichetta女. ワイン倉 cantina女. ワイン蒐集, ワイン博物館, ワイン屋 enoteca女. ワイン醸造 enologia女. →料理 用語集, レストランで 会話

うに悪いことをしても、いつかはわかってしまう。Prima o poi, i misfatti anche se tenuti nascosti, finiscono per essere scoperti. ¶宝の隠し場所がわかった。Il nascondiglio del tesoro è stato scoperto [individuato]. ¶そのうわさはうそだとわかった。Si è saputo che quella voce era infondata. **4**《道理が》comprendere, capire ¶君もわからないことを言う人だね。Ma pure tu non vuoi ragionare, eh?

わかれ 別れ 《単に離れること、また恋人・夫婦などの離別》separazione㊛;《いとまごい》commiato㊚;《永遠の》add*io*㊚[複 -*ii*] ¶別れの悲しみ il dolore dell'addio ¶今生(こんじょう)の別れ l'ultimo addio ¶〈人〉に別れを告げる accomiatarsi [congedarsi] da qlcu. ¶別れを惜しむ essere riluttante nel separarsi da qlcu. ¶別れを悲しむ farsi a malincuore da qlcu. ¶別れの杯を乾(ほ)す fare i brindisi prima della partenza / bere il bicchiere della staffa ¶別れのあいさつを交わす salutarsi ¶別れの時が来た。È giunto il momento「del commiato [di separarci]. ¶永遠の別れなどと言わずにまた会おうと言ってくれ。Non dirmi addio, ma arrivederci! ¶これでお別れだ。Non ci vedremo più. /（怒って）Non farti più vedere. ¶お別れ公演（引退興行など）recita [serata] di addio ¶お別れパーティー festa di addio

わかればなし 別れ話 ¶我々夫婦の間に別れ話が持ち上がっているんだ。Stiamo parlando di divorzio.

わかれみち 分かれ道 **1**《枝道》ramo㊚, strada㊛ secondaria;《分岐点》bivio㊚[複 -*i*], biforcazione㊛;《十字路の交差点》crocevia㊛, incr*o*cio㊚[複 -*ci*] **2**《人生の》¶彼は今、人生の分かれ道に立っている。Ora si trova「ad un bivio [in un momento cruciale / ad un punto di svolta] della sua vita. ¶彼にとってそれが運命の分かれ道だった。Quell'evento è stato decisivo per lui.

わかれめ 分かれ目 ¶ここが勝負の分かれ目だ。Siamo al momento risolutivo [decisivo] della battaglia [competizione].

わかれる 分かれる 《分裂する》dividersi（に in）;《またになる》biforcarsi;《分岐する》ramificarsi ¶この先では道が2つに分かれている。Più avanti la strada si divide in due [si biforca]. ¶国がいくつに分かれていようと1つの民族だ。Per quanto il paese sia diviso, siamo un unico popolo. ¶あの木は枝が四方に分かれている。Quell'albero si dirama [si ramifica] da tutte le parti. ¶意見が分かれている。Le opinioni divergono.

わかれる 別れる 《離別する》lasciarsi, separarsi da qlcu.;《離婚する》divorziare㊚[*av*] da qlcu. ¶私たちは郵便局の前で別れた。Ci siamo salutati davanti all'ufficio postale. ¶ここで別れましょう。Ci salutiamo qui. /（別れのあいさつとして）Ci salutiamo qui. ¶空港でお別れしてからもう3年になりますね。Da quando ci siamo lasciati all'aeroporto, sono già passati tre anni! ¶彼はとうとう奥さんと別れたそうだ。Dicono che abbia finito per separarsi [divorziare] dalla moglie.

わかれわかれ 別れ別れ separatamente ¶道に迷って私たちは別れ別れになってしまった。Smarrita la strada, ci siamo persi chi da una parte chi dall'altra.

わかわかしい 若若しい giovanile ¶彼は若々しく見える。Ha un'aria giovanile. / Ha l'aspetto giovane.

わき 脇 **1**《体の》fianco㊚[複 -*chi*];《脇の下》ascella㊛ ¶荷物を脇に抱える tenere il bagaglio sotto il braccio

2《横、かたわら》lato㊚, fianco㊚[複 -*chi*], fiancata㊛ ◇わきの laterale ¶私の家のわきに accantato a [a fianco di /《近くに》vicino a] casa mia ¶わきから口を出す ficcare il naso negli affari altrui ¶わきに置く《とっておく》mettere ql.co. da parte /《どける》togliere di mezzo ql.co. / spostare ql.co. ¶脇に寄る farsi da parte / scostarsi / mettersi di lato ¶車を歩道の脇に寄せてくれ。Accosta l'auto al marciapiede, per favore.

3《よその方向》¶わきを向く《知らんぷり》volgere lo sguardo altrove / distogliere lo sguardo ¶話をわきにそらす sviare il discorso

4《能楽の》*waki*㊚[無変];《役》secondo ruolo nel teatro *nō* →能 [日本事情]

わぎ 和議 negoziato㊚[trattativa㊛] di pace;《協定、示談》accordo㊚ ¶債権者たちと和議を結んだ。Ho concluso un accordo con i creditori.

わきあいあい 和気藹藹 ¶話し合いは和気藹々とした空気の中で進められた。La trattativa si è svolta in un'atmosfera molto amichevole.

わきあがる 沸き上がる **1**《煮え立つ》bollire㊚[*av*] ¶湯が沸き上がる。L'acqua sta bollendo. **2**《激しく起こる》¶観衆の間に喚声がわき上がった。Tra il pubblico si alzarono grida di ammirazione.

わきあき 脇明き 《服》apertura㊛ sottoascella [無変]

わきおこる 沸き起こる ¶入道雲がもくもくとわき起こってきた。Nel cielo torreggiavano i cumuli nembi. ¶悲しみがわき起こった。Mi è venuta una profonda tristezza. ¶聴衆の間に割れるような拍手がわき起こった。Dal pubblico sono scoppiati fragorosi applausi.

わきが 腋臭 puzzo㊚ di ascelle;《医》bromidrosi㊛ ¶彼はわきがが強い。Le sue ascelle emanano un cattivo odore.

わきかえる 沸き返る **1**《激しく沸く》¶やかんの湯が沸き返っている。L'acqua bolle nel bollitore. **2**《熱狂する》¶チームの勝利に町じゅうが沸き返っている。Tutta la città è in visibilio per la vittoria della squadra. **3**《騒然となる》¶この事件で国じゅうがわき返った。L'incidente ha provocato un'accesa indignazione in tutto il paese.

わきげ 腋毛 peli㊚[複] ascellari ¶わき毛をそる depilarsi le ascelle

わきたつ 沸き立つ →沸き返る

わきづくえ 脇机 cassettiera㊛ mobile

わきでる 湧き出る・涌き出る ¶そこから温泉[泉]が湧き出ている。Da lì「sgorgano le terme [nasce la sorgente].

ワギナ 〔ラ vagina〕《解》vagina

わきのした 脇の下 ascella㊛ ¶脇の下をくすぐる fare il solletico a qlcu. sotto il braccio

わきばら 脇腹 **1**《横腹》fianco㊚[複 -*chi*] ¶

両[右の]脇腹が痛い. Ho un dolore ai fianchi [al fianco destro].
2 《めかけ腹》 ¶脇腹の子 figlio illegittimo

わきまえ 弁え 《識別》discernimento⒨;《分別》discrezione⒠, buon senso⒨;《心得》conoscenza⒠;《経験》esperienza⒠

わきまえる 弁える **1** 《区別する》distinguere 《AとBを A da B》 ¶善悪をわきまえなければいけない. Bisogna saper distinguere il bene dal male. ¶彼は公私の別をわきまえていない. Confonde le cose pubbliche con quelle private. / Non sa distinguere il pubblico dal privato.
2 《心得る》essere conscio [⒠ 複 -sci; ⒠ 複 -sce] [consapevole] di ql.co.; rendersi conto di ql.co. ¶前後をわきまえないで senza riflettere / senza prevedere le conseguenze ¶礼儀をわきまえた di buone maniere / ben educato ¶そのくらいのことは彼だってわきまえてるよ. Una cosa del genere la capisce persino lui. ¶彼は場所柄もわきまえずに高笑いをした. Dimenticando dove era, ha fatto una sonora risata.

わきみ 脇見 ¶わき見をする guardare altrove / distogliere lo sguardo da ql.co. ¶よそ見・わき見をするな. Non distrarti! ¶試験中わき見をしてはいけません. Durante gli esami non alzate gli occhi dai vostri fogli.
✜脇見運転 ¶脇見運転をする guidare senza guardare avanti

わきみず 湧き水・涌き水 acqua⒠ della sorgente [fonte]

わきみち 脇道 **1** 《横道》traversa⒠, strada⒠ secondaria ¶脇道に入る entrare in una strada secondaria
2 《本題からそれる》¶話が脇道にそれる《人が主語で》deviare dall'argomento [dal filo del discorso] / perdere il filo del discorso

わきめ 脇目 **1** 《よそ見》¶彼は脇目もふらずに私の横を走り去った. Mi è passato accanto, tirando via dritto senza degnarmi di uno sguardo.
2 《傍観》¶事態はわき目にはよく見える. Agli occhi altrui tutto sembra andare bene.
慣用 脇目もふらず ¶彼は脇目もふらずに勉強した. Si è dedicato [Si è dato] interamente allo studio. / Era totalmente immerso nello studio. ¶彼は脇目もふらずに働いた. Si è messo [Si è gettato] anima e corpo nel lavoro.

わきやく 脇役 《芝居での役》ruolo⒨ secondario [複 -i], parte⒠ secondaria;《人》attore⒨ [⒠ -trice] non protagonista ¶彼はその映画で脇役を務めた. Ha svolto [avuto] una parte secondaria in quel film. ¶もう脇役はごめんだ. Mi sono stufato di fare il comprimario.

わぎり 輪切り fetta⒠ [fettina⒠] sottile a rotonda ¶輪切りにする tagliare ql.co. a fette [a fettine / a rondelle] / affettare ql.co.

わく 枠 **1**《額縁の》cornice⒠;《囲い》telaio⒨ ¶窓の枠 telaio di una finestra ¶刺繡(ししゅう)の枠 telaio da ricamo ¶絵に枠をつける incorniciare un dipinto ¶めがねの枠 montatura degli occhiali ¶黒枠で囲まれた死亡広告 necrologio inquadrato di nero
2 《制限範囲》limite⒨;《制限時間》termine⒨ ¶枠内 →見出し語参照 ¶枠をはみ出す superare i limiti ¶予算の枠を決める fissare il tetto [il limite massimo] del bilancio preventivo

わく 沸く **1** 《煮立つ》bollire⒠ [av];《熱くなる》riscaldarsi ¶湯が沸いている. L'acqua sta bollendo. ¶お風呂が沸いていますから, どうぞお入りください. Prego si accomodi, il bagno è pronto.
2 《活発になる》diventare più attivo ¶ユーモアあふれる講演に聴衆が沸いた. Il pubblico si è entusiasmato davanti a una conferenza così piena di humor. ¶政府の新政策に議論が沸いた. Si sono accese le polemiche sul nuovo programma del governo.

わく 湧く・涌く **1** 《湧き出す》sorgere⒠ [es], scaturire⒠ [es] ¶泉から清水が湧いている. L'acqua zampilla [sgorga] dalla fonte.
2 《虫などが発生する》pullulare⒠ [av], moltiplicarsi ¶ごみ箱にうじがわいている. La pattumiera pullula di vermi.
3 《心の中に生じる》¶君の話を聞いて勇気がわいた. Il tuo discorso mi ha incoraggiato [mi ha dato coraggio]. ¶フィレンツェでは見るものすべてに興味がわいた. Tutto quello che ho visto a Firenze mi ha interessato. ¶彼の作品にはまったく好奇心がわかなかった. Le sue opere non mi hanno suscitato alcuna curiosità. ¶あの不審な行動から彼に対する疑念がわいた. La sua strana condotta mi ha lasciato sospettoso.

わくがい 枠外 ¶この支出は予算の枠外だ.《含まれていない》Queste spese non sono incluse [comprese] nel bilancio preventivo. /《別途支出》Questa è una spesa straordinaria. /《超過》Questa spesa supera il bilancio preventivo.

わくぐみ 枠組み **1** 《骨組み》telaio⒨ [複 -i], armatura⒠ ¶コンクリートの枠組みをそして togliere la cassaforma **2** 《おおよその構成》struttura⒠ ¶日本の政治の枠組み struttura politica del Giappone ¶私の研究のおおよその枠組みを説明いたします. Vi illustrerò il quadro [la struttura] generale delle mie ricerche.

わくせい 惑星《遊星》pianeta⒨ [複 -i] ◇惑星の planetario [複 -i] ¶惑星間の interplanetario ¶内惑星 pianeta interno [inferiore] ¶外惑星 pianeta esterno [superiore] ¶小惑星 asteroide⒨ / piccolo pianeta
✜惑星運動 moto⒨ planetario
惑星間探測機 sonda⒠ interplanetaria
惑星軌道 orbita⒠ planetaria
惑星状星雲 nebulosa⒠ planetaria

ワクチン〔独 Vakzin〕〔医〕vaccino⒨ ◇ワクチンの vaccinico [⒨複 -ci] ¶生[不活化]ワクチン vaccino di virus vivo [morto] ¶インフルエンザワクチン vaccino contro l'influenza ¶ワクチンを飲ませる somministrare un vaccino per via orale a qlcu. ¶ワクチンを投与する vaccinare qlcu.
✜ワクチン接種[注射] vaccinazione⒠ ¶子供にコレラのワクチン注射をした. Il bambino è stato vaccinato contro il colera.
ワクチン療法 vaccinoterapia⒠

わくでき 惑溺 ¶酒色に惑溺する diventare schiavo delle donne e dell'alcol

わくない 枠内 **1**《枠の中》¶枠内に[で] nel

quadro di *ql.co.*
2【制限内】¶…の枠内で nei limiti di *ql.co.* ¶一定の枠内で entro i limiti [termini] fissati / entro certi limiti [termini] ¶予算の枠内で entro il bilancio preventivo ¶法律の枠内で nei termini fissati dalla legge

わくらん 惑乱 turbamento㊚ ◇惑乱する《自らが》turbarsi;《他の人を》far perdere la ragione a *qlcu.*

わくわく ¶この冒険小説はわくわくするよ。Questo romanzo di avventure ti emoziona sempre di più, una pagina dopo l'altra. ¶子供達は夏休みを前にわくわくしている。I bambini non stanno più nella pelle aspettando l'arrivo delle vacanze estive.

わけ 訳 **1**【事柄や言葉の意味・内容】significato㊚, senso㊚ ¶この文章は訳がわからない。Non capisco il significato di questa frase. ¶彼は訳のわからないことばかり言う。Dice cose senza senso. ¶訳のわからぬ indefinibile / indefinito
2【物事の道理・筋道, 事情】motivo㊚, ragione㊛;【理由】perché㊚ ¶わけをただす indagare sui motivi di *ql.co.* ¶わけを尋ねる chiedere il motivo [domandare la ragione] di *ql.co.* a *qlcu.* ¶わけを話す esporre [spiegare] il motivo [il perché] ¶どういうわけで? Per quale motivo? / Perché? そういうわけで per questo / per questa ragione / quindi ¶そういうわけであれば così / se è come dici tu [dice lei] / in tal caso ¶これにはわけがあるんです。Posso spiegare tutto. ¶彼が自殺したわけは誰にもわからない。Nessuno sa perché si sia suicidato. ¶以上のようなわけです。Ecco il perché. ¶どういうわけかあの男は嫌いだ。Non so perché, ¶ma quell'uomo mi è antipatico [ma, a pelle, quell'uomo non mi piace]. ¶彼がそんなことをするわけがない。Non c'è ragione perché [Non è assolutamente possibile che] lui faccia una cosa simile. ¶わけもなく senza motivo ¶こういうわけですから悪しからずご了承ください。Per le ragioni che le ho esposto, la prego di comprendere la mia posizione.
3【良識】buon senso㊚ ¶そんなわけのわからないことを言うものじゃない。Non si discuto cose così insensate! ¶君はもう少しわかりのわかる男と思っていたよ。Credevo che tu fossi una persona più ragionevole.
4【「…というわけではない」の形で】non è che + 接続法 ¶魚が嫌いというわけではないが, 肉のほうを好んで食べる。Non è che il pesce non mi piaccia, ma preferisco mangiare la carne. ¶君一人が悪いというわけではない。皆が気を付けなければいけなかったんだ。Non hai sbagliato solo tu; tutti dovevano fare attenzione.
5【「…わけだ」の形で, 当然だ】¶彼はイタリア語が上手なわけだ, イタリアに10年もいたんだから。Dato che ha vissuto in Italia per dieci anni, è naturale che sappia bene l'italiano. ¶それなら彼が怒るわけだよ。Se le cose stanno così, ha ragione ad andare in collera.
6【「わけが違う」の形で, 全然違う】¶これはそこらで売っているものとわけが違う。Questo è ben diverso da quello che ti vendono abitualmente. ¶今回はいつものとわけが違う。許すわけにはいかない。Questa volta l'hai fatta grossa. Non te la posso far passare liscia.
7【「…わけにはいかない」の形で, できない】¶それなら行かないわけには。Allora sarò costretto ad andarci. ¶真実を彼に言うわけにはいかない。Non possiamo dirgli la verità.

わけあう 分け合う condividere *ql.co.*《と con》¶一切れのパンを2人で分け合った。Abbiamo diviso in due un pezzo di pane.

わけいる 分け入る penetrare㊐ [*es*] [addentrarsi /《奥へ奥へと》inoltrarsi] 《に in》¶我々は深い森の中に分け入った。Siamo penetrati in una profonda foresta. ¶彼は人込みの中に分け入った。Si è immerso [Si è disperso] nella folla.

わけぎ 分葱【植】(specie㊛ di) scalogno㊚;【学名】*Allium fistulosum var. caespitosum* Makino

わけしり 訳知り ¶訳知り顔にものを言う。Parla come se「fosse a conoscenza di [sapesse] tutto.

わけても 別けても soprattutto, particolarmente, specialmente, in particolare

わけない 訳ない facile, semplice, agevole ◇わけなく agevolmente ¶そんなことはわけない, すぐできますよ。Una stupidaggine del genere si può fare immediatamente.

わけへだて 分け隔て ¶母親は子供をわけへだてなく扱っている。La madre tratta tutti i figli allo stesso modo. ¶人種で人をわけへだてしてはいけない。Non bisogna fare discriminazioni razziali.

わけまえ 分け前 fetta㊛, parte㊛, quota㊛, porzione㊛ ¶分け前にあずかる[を要求する] avere [chiedere] la *propria* parte《の di》

わけめ 分け目 **1**《髪の》riga㊛, scriminatura㊛;《分割線》linea㊛ di separazione ¶右よりに髪の分け目をつける farsi la riga a destra **2**《分かれ目》¶天下分け目の戦い battaglia decisiva

わける 分ける **1**【分割する】dividere *ql.co.*;《細分する》suddividere *ql.co.* ◇分けられない indivisibile ¶3つの章に分ける dividere il saggio in tre capitoli ¶彼は髪の毛をまん中から分けている。Porta i capelli divisi nel mezzo. ¶勘定は6万円だから3人で分けると1人当たり2万円になる。Il conto è di 60.000 yen, quindi dividendo per tre, fa 20.000 yen a testa.
2【分配する】distribuire [dividere / spartire] *ql.co.* ¶利潤を分ける dividere i profitti (con *qlcu.*) ¶うちの庭にきれいな花が咲いたので近所の人に分けてあげた。Nel mio giardino sono sbocciati dei bei fiori e ne ho regalato qualcuno ai vicini.
3【区分けする】《分離する》separare《A と B を A da B》;《分類する》classificare *ql.co.* ◇分けられない《分離不可能》inseparabile /《分類不可能》inclassificabile ¶男子生徒と女子生徒を分ける separare gli alunni dalle alunne ¶本を題目によって分ける classificare i libri「secondo l'argomento [per soggetto]
4【掻き分ける】¶波を分けて船は進む。La nave avanza fendendo le onde. ¶警官は人の波を分けながら泥棒を追いかけた。Un poliziotto ha inse-

guito il ladro facendosi strada tra la folla.

わご 和語 《大和(ﾔﾏﾄ)言葉》termine男 di origine giapponese;《全体として》giapponese男 originale [puro]

わこう 倭寇 〔史〕*wako*男[無変];pirati男[複] giapponesi del Medioevo

わごう 和合 armonia女, concordia女 ◇ 和合する armonizzarsi [andare d'accordo / 《状態》essere in armonia]《と con》¶夫婦和合 armonia coniugale ¶彼のところは一家和合の暮しである。La sua famiglia vive in pace e armonia.

わこうど 若人 →若者

わゴム 輪ゴム elastico男[複 -ci]

ワゴン 〔英 wagon〕 1《自動車の》〔英〕station wagon女[無変] 2《手押し車》carrello男
✤ワゴンサービス (1)《レストランなどの》servizio男[複 -i] al tavolo (2)《デパートなどの》svendita女 di articoli offerti su carrello

わこんかんさい 和魂漢才 spirito男 giapponese combinato con gli studi cinesi

わこんようさい 和魂洋才 spirito男 giapponese combinato con le scienze occidentali

わざ 技 1《技術》tecnica女, arte女, abilità女 ¶彼はミラノでピアノの技を磨いた。Ha perfezionato la sua tecnica di pianoforte a Milano.
2《柔道》*waza*男[無変]《柔道》tecnica [mossa] di *judo* ¶足技 tecnica di attacco con i soli piedi ¶寝技 tecnica a terra ¶相手に技をかけて colpire l'avversario con una mossa ¶技あり Waza ari! / Vantaggio!

わざ 業 1《仕事》opera女 ¶それは容易な業ではない。Non è una cosa semplice [facile]. / È un'impresa!
2《しわざ》¶神の御業 opera di Dio ¶あの砂丘は見事な自然のなせる業だ。La duna è un splendido lavoro della natura. ¶彼は人間業ではない。È al di sopra delle capacità umane.

わさい 和裁 confezione女 di *kimono* ¶和裁を習う imparare a confezionare *kimono*

わざし 業師 1《相撲などの》lottatore男 molto dotato tecnicamente
2《策士》stratega男[複 -ghi];《抜け目のない人》persona女 sagace [astuta]

わざと apposta, di proposito, intenzionalmente, volutamente ¶それはわざとしたのだ。L'ho fatto apposta [intenzionalmente]. ¶私がいやだということを彼はわざとします。Fa per dispetto tutto quello che gli dico di non fare.
慣用 **わざとらしい** ¶彼はわざとらしい微笑を浮べた。Ha fatto un sorriso costruito [falso]. ¶彼はわざとらしく振る舞った。《不自然に》Non si è comportato in maniera spontanea. /《芝居がかって》Si è comportato in modo artificioso.

わさび 山葵 〔植〕rafano男 giapponese dal sapore piccante;《学名》*Wasabia japonica* ¶わさびは鼻につーんとくる。Il *wasabi* pizzica il naso.
慣用 **わさびが利く** ¶わさびが利いたせりふを吐く fare un'osservazione acuta e pungente

わざわい 災い 《天災など》calamità女, disastro男, catastrofe女;《不幸》disgrazia女;《事故による》sciagura女;《不祥事》sventura女 ¶運転手の不注意が災いを招いた。La distrazione del conducente ha causato [provocato] una sciagura. ¶彼に災いがふりかかった。Gli è accaduta una disgrazia. ¶正直が災いして商売に失敗した。La sua onestà si è rivelata un handicap e ha fatto fallire l'affare. ¶美貌が災いして身を滅ぼした。La sua bellezza è stata la sua rovina. ¶口は災いの元《諺》"Chi poco parla poco sbaglia."
慣用 **災い転じて福となす**《諺》"Non tutti i mali vengono per nuocere."

わざわざ appositamente; espressamente ¶わざわざ彼に会いに来た。Sono venuto espressamente per vederlo. ¶彼は近くの店で買えるのにわざわざ遠くの店に行く。Benché si possa comprare in un negozio vicino, va apposta a comprarlo in uno lontano.

わし 和紙 carta女 giapponese; carta女 di riso
(▶不正確な表現であるが,よく使われる)

わし 鷲 〔鳥〕aquila女 ¶鷲のひな aquilotto ¶双頭の鷲《紋章》aquila bicipite
✤鷲座〔天〕Aquila女
鷲鼻 naso男 aquilino

わしき 和式 stile男 giapponese ◇ 和式の di stile giapponese ¶和式の風呂[トイレ] bagno [toilette] alla giapponese

わしつ 和室 camera女 [stanza女] in stile giapponese

わしづかみ 鷲摑み ◇ わしづかみする artigliare *ql.co.* ¶彼はお金をわしづかみにして逃げた。Agguantati i soldi, scappò via.

わしゃ 話者 narratore男 [女 -trice], oratore男 [女 -trice];〔言〕parlante男 ¶日本語話者 parlante giapponese

わじゅつ 話術 arte女 di parlare, eloquenza女;《雄弁術》oratoria女;《語り方》modo男 di parlare ¶彼は話術にたけている。Ha un'oratoria perfetta.

わしょく 和食 cucina女 [piatto男] giapponese

わしん 和親 amicizia女
✤和親条約 trattato男 di pace e amicizia

わずか 僅か 1《数量・程度が非常に少ない》poco男[複 -chi], un po' di *ql.co.* ¶ここまで来れば駅までもうわずかです。Una volta arrivati qua, manca pochissimo alla stazione. ¶その家族5人はわずかの金で暮している。In quella famiglia di cinque persone vivono con pochi soldi. ¶私たちはわずか3人だった。Eravamo solo (in) tre. ¶わずかですがお礼の気持ちです。È solo un pensiero per ringraziarla. ¶あの夫婦はわずかなことがもとで別れた。Quella coppia si è separata per「una cosa da niente [delle inezie].
2《「わずかに」の形で,かろうじて》a malapena, solo, soltanto, appena ¶おじいさんのことはわずかに覚えているばかりだ。Ho solo un vago ricordo del nonno.

わずらい 患い malattia女 ¶彼は長患いののちに他界した。È morto dopo (una) lunga malattia.

わずらう 患う ammalarsi;《状態》essere ammalato;《長期間にわたる》soffrire男 [*av*] di *ql.co.* ¶心臓[胃/腸/肝臓]をわずらっている soffrire di cuore [stomaco / intestino / fegato] ¶胸をわずらっている essere ammalato ai polmoni ¶私はひ

と月前からわずらっている。Da un mese sono ammalato.

わずらわしい 煩わしい 1《面倒な》seccante, fastidioso ◇煩わしさ seccatura㊛, fastidio㊚[複 -i] ¶煩わしくなる seccarsi [annoiarsi] di ql.co. [qlcu.] ¶私はすべてが煩わしくなった。Mi sono stancato [stufato / seccato] di tutto.
2《煩雑な》complicato ¶これをするには煩わしい手続きを要する。Per fare questo ci vuole una procedura complicata.

わずらわす 煩わす 1《悩ませる》¶…のことで心を煩わせる preoccuparsi di [per] qlcu. [ql.co.] / stare in pensiero per ql.co. [qlcu.] / essere in pena per ql.co. [qlcu.]
2《面倒をかける》disturbare [scomodare] qlcu. ¶就職のことでお手を煩わせてもよろしいですか。Le sarei molto grato se mi aiutasse a trovare un lavoro. ¶お手を煩わせて申しわけありませんでした。Mi scusi [La ringrazio] per il disturbo.

わする 和する 1《仲良くする》¶一家相和して暮らしていた。Tutta la famiglia viveva in pace e armonia. ¶和して同ぜず preservare le *proprie* idee senza necessariamente entrare in conflitto con (gli) altri
2《調子を合わせる》¶彼らに和して歌を歌った。Ho cantato una canzone in coro con loro.

わすれがたみ 忘れ形見 1《記念の品》ricordo㊚ 2《遺児》orfano㊚ [-a] ¶A氏の忘れ形見 figlio piccolo [《女児》figlia piccola] del defunto sig. A

わすれぐさ 忘れ草《植》emerocallide㊛
わすれさる 忘れ去る dimenticare qlcu. [qlco.] ¶彼のことはすっかり忘れ去った。《自然に》Mi ero completamente dimenticato di lui. /《意識的に》Me lo sono levato dalla mente.

わすれっぽい 忘れっぽい smemorato ◇忘れっぽさ smemoratezza㊛ ¶近ごろ忘れっぽくなった。Ultimamente mi dimentico spesso le cose.

わすれなぐさ 忘れな草《植》nontiscordardimé㊚, miosotide㊛

わすれもの 忘れ物《持ってくるべきであるのに置き忘れたもの》oggetto㊚ lasciato;《遺失物》oggetto㊚ smarrito ◇忘れ物をする lasciare ql.co. ¶近ごろバスに忘れ物が多い。Di questi tempi si trovano molte cose lasciate sugli autobus. ¶忘れ物はないか、もう一度よく確かめなさい。Guarda bene ancora una volta se non hai dimenticato niente.

わすれる 忘れる 1【記憶がなくなる、失念する】dimenticare ql.co. [qlcu.], scordare [qlcu.], dimenticarsi [scordarsi] di ql.co. [qlcu. / che+直説法]
◇忘れられた dimenticato ◇忘れられない indimenticabile ¶昨日覚えた単語をもう忘れた。Ho già dimenticato i vocaboli che ho studiato ieri. ¶ご恩は一生忘れません。Non dimenticherò mai la sua gentilezza. ¶悩みを酒で忘れようとした。Ha cercato di affogare le pene nell'alcol. ¶忘れずにそのようにいたします。Lo farò senz'altro. ¶家に電話をかけ忘れた。Ho dimenticato di telefonare a casa.
2【気づかずにいる】non accorgersi di ql.co. [qlcu.], non fare caso a ql.co. [qlcu.], dimenticarsi di ql.co. [qlcu.] ¶彼と話し込んでいて時間のたつのを忘れていた。Immerso nella conversazione con lui, non mi sono accorto del tempo che passava. ¶我を忘れて fuori di sé ¶彼は今、寝食を忘れて勉強している。In questo momento si dedica tutto allo studio senza pensare ad altro.
3【置き忘れる】lasciare ql.co.; dimenticare ql.co. ¶バスの中に傘を忘れてきた。Ho lasciato l'ombrello nell'[sull']autobus.

わせ 早生《米》riso㊚ primaticcio [複 -ci] [precoce];《一般作物の》primizie㊛ [複] ¶早生のみかん mandarini precoci

わせい 和声《音》armonia㊛ ◇和声の [的な] armonico㊚ [複 -ci] →音楽 用語集 ¶歌に和声をつける mettere in armonia un canto / armonizzare un canto ¶和声的短音階 scala minore armonica
✦和声音 nota㊛ armonica
和声学 armonia㊛, scienza㊛ degli accordi
和声法 legge㊛ dell'armonia

わせい 和製 ◇和製の fabbricato [prodotto / fatto] in Giappone, di fabbricazione [produzione] giapponese;《英》made in Japan
✦和製英語 parola㊛ giapponese di ispirazione inglese

ワセリン〔独 Vaselin〕《商標》《化》vaselina㊛

わせん 和戦 1《戦争と平和》guerra㊛ e pace㊛ ¶わが国は和戦両様の構えをしている。Il nostro paese è preparato sia alla guerra sia alla pace.
2《講和》pace㊛
✦和戦条約 trattato㊚ di pace

わそう 和装 1《和服》abbigliamento㊚ giapponese, *kimono*㊚ [無変] ¶和装で in *kimono*
2《和装本》rilegatura㊛ di stile giapponese

わた 腸《はらわた》visceri㊚ [複], intestini㊚ [複], interiora㊛ [複] ¶魚のわたを抜く estrarre le interiora di un pesce / pulire un pesce ¶えびの殻をむいて背わたを取る sgusciare e「pulire [svenare] i gamberetti

わた 綿《綿花》cotone㊚;《原綿》cotone㊚ grezzo [idrofilo];《衣料・外科用の》bambagia㊛ [複 -gie] ¶綿の実 seme di cotone ¶綿の木 (pianta di) cotone ¶ふとんに綿を入れる imbottire di cotone il *futon* ¶子供を綿にくるむように大切に育てる crescere un figlio nella bambagia
慣用 綿のように疲れる essere stanco [㊚ -chi] morto, essere sfinito [stremato] di fatica
✦綿油 olio㊚ [複 -i] di cotone
綿打ち機 battitoio㊚ [複 -i], lupo㊚
綿菓子 zucchero㊚ filato
綿くず cascame㊚ di cotone
繰り機 sgranatrice㊛, filatoio㊚ [複 -i]

わだい 話題 argomento㊚, tema㊚ [複 -i] ¶話題の in questione ¶時の[今日の]話題 l'argomento del giorno ¶…を話題にする parlare di ql.co. [qlcu.] ¶《話に出す、はっきりさせる》mettere ql.co. sul tappeto ¶もとの話題に戻って tornando in argomento ¶話題を変える cambiare argomento ¶住宅問題が会議の話題にのぼった。Il problema della casa è stato uno dei temi spontanei del convegno. ¶彼女は実に話題の豊富な人

わたいれ

だ. Ha una riserva inesauribile di argomenti di conversazione. ¶私は話題に窮した. Non sapevo di che parlare. ¶あれが新聞紙上に話題をまいた女だ. È una donna che è balzata sulla cronaca dei giornali. ¶彼の発見は学界の大きな話題となった. La sua scoperta ha suscitato grande interesse nella comunità scientifica. ¶彼らの離婚は格好の話題となった. Il loro è stato un divorzio molto chiacchierato.

わたいれ 綿入れ vestito男 [《着物》kimono男] [無変] imbottito

わだかまり 蟠り 《こだわり, 恨み》rancore男, risentimento男;《対立》contrasto男 ¶わだかまりがある provare rancore [risentimento] verso qlcu. ¶夫婦間にわだかまりがある. Fra marito e moglie c'è qualcosa che non va [ci sono dei contrasti]. / Marito e moglie non vanno d'accordo. ¶彼への心のわだかまりが晴れた. Ogni rancore verso di lui è scomparso [si è dissipato]. ¶わだかまりなく話し合いましょう. Parliamo apertamente l'uno con l'altro.

わだかまる 蟠る 《感情が滞る》 ¶彼らの心に憎悪感がわだかまりはじめた. Nel loro cuore si è accumulato via via del risentimento. ¶それでも彼の心に深くわだかまる不信の念は消えなかった. Nonostante tutto ciò, non è scomparsa la sfiducia radicata nel suo cuore.

わたくし 私 1 《自分》→私(7) 2 《公人に対しての私人》◇私の privato, personale ¶公と私の区別をはっきりつけなければいけない. Bisogna fare una precisa distinzione tra la cosa pubblica e quella privata. ¶人の上に立つ者は私の気持ちがあってはならない. Chi si trova in una posizione di comando, non deve lasciarsi guidare da sentimenti [《利害》interessi] personali.

✤私事 fatti男[複] privati, questione女 personale [privata];《興味, 利益》interesse男 personale ¶これは私事ですから皆に心配をかけたくありません. Questa è una faccenda mia personale [Questo è un problema mio], non voglio che gli altri si preoccupino.

私立 私立の学校 scuola privata

わたくしする 私する appropriarsi indebitamente di qlco. ¶公金を私する appropriarsi di fondi pubblici

わたぐも 綿雲 pecorelle女[複]

わたげ 綿毛 《鳥などの》piuma女, peluria女;《植物・動物の》lanugine女 ¶綿毛に覆われた lanuginoso /《植物について》tomentoso ¶たんぽぽの綿毛 lanugine del dente di leone

わたし 私 io男女;《親・譲》sottoscritto男 [女 -a] (►正式には公文書・申請書などに使われる「下記の者」という表現) ¶私は山田です. Io sono Yamada. / Il mio nome è Yamada. / Mi chiamo Yamada. ¶それは私の本です. Quello è il mio libro. ¶彼女は私と話した. Mi ha raccontato tutto. ¶私にもその本を見せていただけますか. Può fare vedere il libro anche a me? ¶私どもでは 《お家では》a casa mia / 《私たちの会社では》nella nostra ditta / 《私たちの店では》nel [al] nostro negozio

わたし 渡し 1 《受け渡し》consegna女 ¶着荷渡し consegna all'arrivo ¶代金引き換え渡し pa-

gamento alla consegna ¶鉄道貨車渡し franco stazione (ferroviaria) ¶本船渡し franco a bordo /《略》FOB [fob] 2 《渡し場》scalo男, porto男, imbarcadero男;《渡し船》traghetto男

✤渡し銭 prezzo del trasporto su nave traghetto, pedaggio男 [複 -gi]

渡し守 traghettatore男 [女 -trice]

わたしたち 私達→われわれ

わたす 渡す 1 【手渡す】 dare ql.co. a qlcu., consegnare ql.co. a qlcu. ¶この包みを彼に渡してくれないか. Puoi dargli questo pacchetto? ¶お買い上げの品は受取票と引き換えにお渡しします. Vi consegneremo i vostri acquisti previa dimostrazione dello scontrino. ¶犯人を警察に渡した. Abbiamo consegnato il criminale alla polizia.

2 【譲る】 cedere [trasferire] ql.co. a qlcu. ¶彼は会長の座を誰にも渡すまいとしている. Fa di tutto per non cedere ad altri il suo posto di presidente della ditta. ¶ついに彼らはとりでを敵の手に渡した. Alla fine dovettero consegnare la fortezza al nemico.

3 【かける】 ¶ロープを端から端へ渡す tendere una fune da un angolo all'altro ¶小川に板を渡す Ho messo [appoggiato] un'asse di legno su un ruscello. ¶川に新しく橋を渡した. Un nuovo ponte è stato costruito sul fiume.

4 【船などで運ぶ】 traghettare [portare] qlcu. ¶川を渡す far trasbordare qlcu. [ql.co.] dall'altra parte del fiume

わだち 轍 traccia女 [複 -ce] delle ruote;《くぼんだもの》solco男 [複 -chi] ¶わだちの上を [わだちを避けて] 走る passare sulle [evitare le] tracce delle ruote

わたぼうし 綿帽子 1 《花嫁の》grande cappuccio男 [複 -ci] bianco [複 -chi] di bavella del kimono da sposa 2 《雪の》¶富士山が綿帽子をかぶっている. Il monte Fuji è incappucciato di neve.

わたぼこり 綿埃 lanugine女 di polvere

わたり 渡り 1 《人などの》provenienza女, origine女 ¶ポルトガル渡りのガラス瓶 bottiglia di vetro fabbricata in Portogallo 2 《鳥の》migrazione女 3 《手形などの》¶銀行渡りの手形 cambiale女 pagabile in banca

[慣用] 渡りに船 ¶転勤の辞令は彼にとって渡りに船になった. Il trasferimento è stato una salvezza per lui [una felice coincidenza]. ¶渡りに船とばかりにその申し出に飛び付いた. Ho colto al volo l'offerta che per me era come una fune di salvezza.

渡りをつける prendere contatti con qlcu. [ql.co.] ¶社長に渡りをつけて採用してもらった. Mi sono fatto assumere tramite il presidente.

わたりあう 渡り合う 1 《戦う》combattere◎ [av] con qlcu.;《互いに》combattersi, battersi 2 《議論する》discutere「ql.co. con qlcu. [con qlcu. di ql.co.], polemizzare su ql.co. con qlcu. ¶彼はイタリア人とイタリア語で自由に渡り合うことができる. Sa confrontarsi [discutere] con gli italiani nella loro lingua senza problemi.

わたりあるく 渡り歩く ¶彼はひとつ所に落ち着けず, あちこち渡り歩いている. Non riesce a stare

わたりいた 渡り板 《船》passerella㊛;《工事現場などの》passerella㊛

わたりぞめ 渡り初め inaugurazione㊛ di un nuovo ponte

わたりどり 渡り鳥 uccello㊚ migratore

わたりもの 渡り者 《移住労働者》operaio㊚ [㊛ -ia; ㊚㊛ -i] migratore㊚ [㊛ -trice];《あちこちを渡り歩く人》vagabondo㊚ [㊛ -a];《よそ者》forestiero㊚ [㊛ -a];《流れ者》nomade㊚㊛

わたりろうか 渡り廊下 corridoio㊚ [複 -i] di passaggio [di collegamento] fra due edifici

わたる 亙る 《広がり及ぶ》¶彼の説明は細部にわたった. È sceso fin nei minimi particolari nella sua spiegazione. ¶私事にわたって申しわけありません. Mi dispiace parlare di problemi personali. ¶あの学生は全課目にわたって成績がいい. Quello studente ha ottenuto buoni voti in tutte le materie. ¶疫病は大阪,京都から奈良にわたって広がった. L'epidemia si è diffusa da Osaka e Kyoto a Nara. ¶3回にわたって in tre volte [parti /《続きものが》puntate] ¶会議は5日間にわたった. Il convegno è durato (per) cinque giorni. ¶10年にわたって行われた研究が成功した. I dieci anni di ricerche sono stati coronati da successo.

わたる 渡る **1**《隔てている物を越えて移動する》attraversare, passare ¶道 [踏切] を渡る attraversare una strada [un passaggio a livello] ¶向こう側に渡る passare di là ¶国境を渡る passare il confine ¶船でアメリカへ渡った. È andato in America per [in] nave. ¶キリスト教は16世紀に日本に渡ってきた. Il cristianesimo è penetrato [è stato introdotto] in Giappone nel sedicesimo secolo. ¶海を渡って来るそよ風が気持ちいい. Fa piacere la brezza che viene dal mare.
2《世を生きて行く》¶あの人は世を渡るのがうまい. Sa farsi strada nel mondo. ¶頭がいいだけでは世の中は渡れない. La sola intelligenza non basta per vivere nel mondo.
3《他人の手に移る》passare ¶この家も人の手に渡ってしまう. Anche questa casa finirà per passare in mani altrui. ¶今までこの絵はいろいろな人の手に渡ってきた. Finora queste quadro è passato per diverse mani. ¶この秘密が敵の手に渡ると大変なことになる. Sarebbe gravissimo se il nemico venisse a conoscenza di questo segreto.
4《支給される》¶この本は数が少ないので生徒全員に渡らない. Questi libri sono in numero limitato, non possiamo darli [distribuirli] a tutti gli studenti.
5《「…渡る」の形で広い範囲に及ぶ》¶歌声が会場いっぱいに響き渡った. Il canto risuonò riempiendo la sala. ¶全員に注意が行き渡るまで3日かかった. Ci sono voluti tre giorni perché quell'avviso arrivasse a tutti.
慣用 渡る世間に鬼はない In questo mondo in fondo nessuno è veramente cattivo.

わっ ¶わっと泣き出した. È scoppiato「a piangere [in lacrime]. ¶聴衆がわっと喚声を上げた. Il pubblico è esploso in grida. ¶後ろからわっとおどかした. L'abbiamo spaventato facendogli bu alle spalle. ¶特売にわっと人が集まった. Una gran folla si è ammassata nel reparto dei saldi. ¶蜘蛛の子を散らすようにわっと逃げ出した. La gente si è sparpagliata in tutte le direzioni.

ワックス 《英 wax》cera㊛;《スキーの》sciolina㊛ ¶床にワックスをかける dare la cera al pavimento / incerare il pavimento ¶車にワックスを塗る passare la cera alla macchina ¶スキーにワックスをかける passare [applicare] la sciolina sotto gli sci / sciolinare gli sci

ワッセルマンはんのう ワッセルマン反応 《医》(reazione㊛ di) Wassermann㊚ [無変]

ワット 《英 watt》watt [vat] ㊚ [無変];《記号》W ¶100ワットの電球 lampadina di [da] 100 watt
✤**ワット計** wattmetro㊚, wattometro㊚
ワット時 wattora㊛ [無変]

ワッフル 《英 waffle》focaccetta㊛ di cialda morbida ripiena di crema ¶ベルギーワッフル waffle belga

ワッペン 《独 Wappen》distintivo㊚, contrassegno㊚;《シールの》etichetta㊛ adesiva, autoadesivo㊚

わな 罠 trappola㊛;《ひもの先を輪に結だもの》laccio㊚ [複 -ci] (▶trappola, laccio は鳥獣を捕るための仕掛けにも,比喩的な意味にも用いる);《けもの仕掛け》tagliola㊛ ¶罠を張る [仕掛ける]《鳥獣に》preparare una trappola《に per》/ tendere un laccio《に per》/《人に》preparare una trappola《に a》/ tendere un laccio《に a》/ tendere un'insidia《に a》¶大きなねずみが罠に掛かった. Un grosso topo「è caduto in trappola [è rimasto intrappolato]. ¶みんな彼を罠に掛けようとした. Gli hanno teso una trappola.

わなげ 輪投げ gioco㊚ degli anelli ¶輪投げをする giocare agli anelli ¶輪投げの輪 anello

わななく 戦く tremare㊀ [av] ¶彼女は恐怖で全身がわなないた. Era talmente impaurita che tremava「tutta [come una foglia].

わなわな ¶恐ろしさにわなわな震えていた. Tremava forte per la paura.

わに 鰐 《動》《アフリカ産の,また一般に》coccodrillo㊚;《北米産の》alligatore㊚;《中南米産の》caimano㊚;《インド産の》gaviale㊚;《ワニ類》coccodrilli㊚[複]
✤**わに革** (pelle㊛ di) coccodrillo㊚

わにぐち 鰐口 **1**《大きな口》bocca㊛ cavernosa **2**《仏堂の前の鈴》gong㊚ [無変] alla porta del tempio

わにクリップ (morsetto㊚ a) coccodrillo㊚

ワニス 《英 varnish》vernice㊛

わび 佗び sensazione㊛ di solitudine avvolgente e di intimo silenzio

わび 詫び scusa㊛, perdono㊚ ¶わびの言葉 parola di scuse ¶わびを聞き入れる scusare [perdonare] qlcu. / accettare le scuse di qlcu. ¶「こちらから詫びるべきでしょうか」「いや,向こうから詫びを入れてくるだろう」"Tocca a noi chiedere scusa?" "No, le scuse dovrebbero farcele [presentarcele] loro." ¶…のおわびの印に in segno di

scusa [perdono] per *ql.co.* [aver + 過去分詞] / per farsi perdonare ¶日ごろのご無沙汰をおわびたします。 Mi scuso [Mi dispiace] di [per] non essermi fatto vivo per tanto tempo. (▶vivoは主語の性・数に合わせて語尾変化する) ¶隣のお宅におわびに行ってきました。 Sono andato alla casa accanto a presentarle le mie scuse. ¶おわびのしようもありません。 Non ho parole per scusarmi. / Sono profondamente mortificato.
✥**わび状** lettera㊛ di scuse

わびごと 詫び言 ¶わび言を繰り返す chiedere ripetutamente scusa

わびしい 侘しい 《さびしい》triste, solitario㊚ 複 -*i*];《陰うつな》tetro, malinconico㊚ 複 -*ci*];《惨めな》misero ◇わびしく tristemente, solitariamente; miseramente ¶わびしい暮らしをする condurre una vita triste [solitaria] / vivere miseramente ¶わびしい景色 paesaggio triste [malinconico] / 《心細い》deprimente]

わびずまい 侘び住まい 《ひっそりした生活》vita㊛ ritirata [solitaria];《みすぼらしい住まい》misera [povera] capanna㊛;《みすぼらしい生活》vita㊛ povera [misera]

わびる 詫びる presentare le *proprie* scuse a *qlcu.*, chiedere scusa [perdono] a *qlcu.*, scusarsi con *qlcu.* per *ql.co.* [per + 不定詞] ¶無沙汰をわびた。 Ho chiesto scusa [Mi sono scusato] per il mio lungo silenzio. ¶ご迷惑おかけしたことをおわび申し上げます。 Le chiedo scusa per il disturbo arrecato [per averLa disturbata].

わふう 和風 **1**《日本風》stile㊚ giapponese ◇和風で[の] in stile giapponese ¶和風の家屋 casa di [costruita in] stile giapponese ¶和風室内装飾 arredamento alla giapponese **2**《微風》dolce brezza㊛

わふく 和服 vestito㊚ giapponese, *kimono*㊚ [無変] ¶和服姿の女性 donna in costume giapponese [in *kimono*]

わぶん 和文 testo㊚ giapponese;《文字》scrittura㊛ giapponese ¶和文伊訳 traduzione dal giapponese in italiano ¶和文タイプライター macchina da scrivere con caratteri giapponesi

わへい 和平 pace㊛
✥**和平会議** conferenza㊛ di pace
和平工作 iniziative㊛[複] per la [a favore della] pace ¶その国は中東の和平工作に乗り出した。 Quel paese ha cominciato a prendere iniziative a favore della pace nel Medio Oriente.
和平交渉 negoziati㊚[複] di [trattative㊛[複] per la] pace

わほう 話法 **1**《話し方》maniera㊛ [modo㊚] di parlare **2**《文法》discorso㊚ ¶直接[間接]話法 discorso diretto [indiretto]

わぼく 和睦 =和解 ¶我々は和睦の条件をのんだ。 Abbiamo accettato le condizioni della [di] pace. ¶両国は和睦した。 Le due nazioni si sono rappacificate.

わめきごえ 喚き声 grido㊚[複《主に人の》le *grida*;《主に動物の》i *gridi*],《大勢の》urlo㊚[複《大勢の》le *urla*;《一人一人の》gli *urli*];《金切り声》strillo㊚

わめく 喚く gridare㊀[*av*], urlare㊀[*av*];《金切り声で》strillare㊀[*av*] ¶大声でわめく gridare a gran voce [a più non posso / a squarcia-gola] ¶何をわめいているんだ。 Perché stai gridando? /《何を言っているのか》 Ma di che cavolo stai cianciando?

わやく 和訳 《日本語に訳すこと》traduzione㊛ in giapponese;《日本語に訳されたもの》traduzione㊛ [edizione㊛] (in) giapponese ¶以下のイタリア文を和訳せよ。 Tradurre in giapponese il seguente testo italiano.

わようせっちゅう 和洋折衷 ¶和洋折衷の生活様式で暮らしている日本人が多い。 Molti giapponesi vivono in [seguendo] uno stile semioccidentale. ¶畳にベッドというのは和洋折衷だ。 Il letto sul *tatami* è un compromesso fra lo stile giapponese e quello occidentale.

わら 藁 paglia㊛ ¶わらを束ねる fare mazzi di paglia / legare la paglia in mazzi ¶…にわらを詰める imbottire di paglia *ql.co.* / impagliare *ql.co.* ¶おぼれる者は藁をもつかむ 《諺》 "Chi sta per annegare si attacca anche ad un filo di paglia."
慣用 藁にもすがりたい ¶藁にもすがりたい気持ちだ。 Mi attaccherei anche ad un solo filo di speranza.
✥**藁ぐつ** stivali㊚[複] di paglia
藁細工 articolo㊚ in paglia
藁人形 bambola㊛ di paglia
藁灰 cenere㊛ di paglia
藁葺き屋根 ¶藁葺き屋根の家 casa dal tetto di paglia
藁布団 materasso㊚ di paglia

わらい 笑い **1**《笑うこと》riso㊚ [複 le *risa*];《大笑い》risata㊛;《微笑》sorriso㊚ ¶高笑い risata fragorosa ¶冷ややかな[卑しい]笑いを浮かべる avere un sorriso beffardo [un ignobile sorriso] ¶会場には明るい笑いがあふれていた。 Nella sala risuonavano allegre risate. ¶大笑いをした。 Ci siamo fatti grandi risate. / Ci siamo sbellicati [sganasciati] dalle risa. ¶そんなばか笑いはするな。 Non ridere in modo così sguaiato! ¶笑いをこらえる trattenere una risata ¶うれしくて思わず笑いが込み上げてきた。 Per la contentezza mi è venuto spontaneo un sorriso. ¶彼はクラス中に大笑いを巻き起こした。 Ha provocato una grande risata in tutta la classe.
2《あざけり》¶彼は私を笑いのたねにした。 Mi ha reso ridicolo.
慣用 笑いが止まらない ¶こんなにもうかっては笑いが止まらないだろう。 Guadagni così tanto「che sarai al settimo cielo [che sarai contentissimo].

わらいがお 笑い顔 volto㊚ [viso㊚] sorridente
わらいぐさ 笑い種 ¶まったくのお笑い種だ。 Mi fa ridere! / Non farmi ridere! / È ridicolo!
わらいくずれる 笑い崩れる ¶彼女は笑い崩れた。 Si è piegata in due dal gran ridere.
わらいごえ 笑い声 riso㊚[複 le *risa*], risata㊛ ¶聴衆からどっと笑い声が上がった。 Tutto il pubblico è scoppiato a ridere.
わらいこける 笑いこける morire㊀[*es*] dalla risate, sbellicarsi [sganasciarsi / crepare] dalle risate;《身をよじらせて》torcersi [contorcersi] dalle risate

わらいごと 笑い事 ¶笑い事じゃないよ。 Non

c'è niente da ridere. / È una cosa grave [seria].

わらいじょうご 笑い上戸 《酔うと笑う人》 persona[女] che ha la ṣbronza allegra; 《よく笑う人》 persona[女] che ride facilmente

わらいとばす 笑い飛ばす ¶彼は私の心配を笑い飛ばした. Ha riso di fronte ai miei timori.

わらいばなし 笑い話 《こっけいな話》 racconto[男] comico [複 *-ci*] ; 《冗談, しゃれ》 scherzo[男]; 《ひとくち話》 barzelletta[女] ¶どこの国にも古くからの笑い話がある. Ogni paeṣe ha le sue tradizionali storie comiche. ¶これは笑い話として聞き流してくれ. Non farci caṣo, prendilo come uno scherzo. ¶今では笑い話になったが当時は真剣だった. Adesso ci ridiamo sopra, ma allora era una cosa serissima.

わらいもの 笑い物 ¶笑いものになる essere deriṣo da *qlcu.* / essere preṣo in giro da *qlcu.* / diventare lo zimbello di *qlcu.* ¶皆で彼のことを笑いものにした. Lo abbiamo preso in giro tutti assieme.

わらう 笑う **1** 《声を出して笑う》 ridere[自] [*av*] ; 《微笑する》 sorridere[自] [*av*] ; 《にっこりほほえむ》 fare un ampio sorriso; 《皮肉に笑う》 ridacchiare[自] [*av*] ; 《忍び笑いをする》 fare una risata soffocata; 《作り笑いをする》 fare finta di ridere; 《照れ笑いをする》 ridere per nascondere il *proprio* imbarazzo; 《苦笑いする》 fare una risata amara ¶笑わせる far ridere *qlcu.* ¶笑うことはないだろう. Non c'è niente da ridere. / Che c'è da ridere? ¶彼はにこにこ笑って私にあいさつした. Mi ha salutato sorridendo. ¶私はげらげら笑ってしまった. Sono scoppiato in una sonora risata. ¶最後に笑うのは我々だ. Saremo noi a ridere per ultimi. / 《諺》 "Ride bene chi ride ultimo."

2 《嘲笑する》 schernire, deridere, burlare[他], [自] [*av*], canzonare, fare una risata beffarda; 《冷笑する》 ghignare[自] [*av*] ¶人は私のことを陰で笑っている. La gente ride alle mie spalle. ¶人からばかだといって笑われようが, 僕は思ったとおりやります. Ridano pure di me dicendo che sono stupido! Io non cambio idea! ¶泣くのはおよし, 人に笑われるから. Ṣmettila di piangere, ti rendi ridicolo.

[慣用] **笑う門には福来たる** 《諺》 "Gente allegra il ciel l'aiuta."

わらえる 笑える ¶笑えないジョーク scherzo di cattivo gusto ¶どうも笑えない映画だ. È un film che non fa ridere. ¶笑えるようなことじゃないぞ. Non è una cosa da ridere.

わらじ 草鞋 sandali[男][複] di paglia ¶二足のわらじをはく ⇒二足の草鞋

[慣用] **わらじを脱ぐ** 《旅を終える》 terminare [concludere] un viaggio; 《宿泊する》 fermarsi [scendere[自] [*es*]] in un albergo

わらじをはく 《旅に出る》 partire per un viaggio

わらじむし 草鞋虫 〔動〕 porcellino[男] di terra

わらばんし 藁半紙 foglio[男] [複 *-gli*] di carta contenente fibre di paglia; 《ざら紙》 carta[女] di bassa qualità

わらび 蕨 〔植〕 felce[女] comune; 《食用の若葉》 germoglio[男] [複 *-gli*] di felce

わらべ 童 bambino[男] [[女] *-a*]

✤**童歌** vecchia canzone[女] per bambini, filastrocca[女]

わらわせる 笑わせる ¶おなかが痛いからもうこれ以上笑わせないでくれ. Ṣmettila di farmi ridere che mi fa male la pancia.

ワラント 〔英 warrant〕 〔経〕 garanzia[女]

✤**ワラント債** obbligazioni[女][複] con warrant

わり 割り **1** 《10 分の 1》 10 % [男], dieci[男] per cento (►単数として扱われる) ¶年に1割5分の利子で金を借りた. Ho preso denaro in prestito con l'interesse annuo del 15 per cento. ¶仕事は8割がたできている. Il lavoro è completato all'ottanta per cento circa. ¶…を3割引にする fare il trenta per cento di sconto [scontare il trenta per cento] su *ql.co.*

2 《割合, 比率》 percentuale[女] (►もともと「百分率」を表す) ¶人口の何割が女性ですか. Che percentuale della popolazione occupano le donne? ¶3日に1日の割りで夜勤がある. Ho il turno di notte ogni tre giorni.

3 《割り当て》 l'assegnare, il distribuire ¶学生の部屋割りをする assegnare le camere agli studenti ¶費用を戸別割り[頭割り]にする dividere le spese per nucleo familiare [pro capite] ¶収入割りで会費を支払っています. Pagano le quote in proporzione alle proprie entrate.

4 《もうけ》 guadagno[男]; 《有利》 vantaggio[男] [複 *-gi*] ¶割りのいい仕事 lavoro redditizio [vantaggioso / fruttuoso / proficuo] ¶割りの悪い仕事を引き受けたもんだ. Ho accettato un lavoro veramente ingrato.

5 《水で薄める》 ¶ウイスキーの水割り whisky (allungato) con acqua

[慣用] **割りに合わない** ¶これは割りに合わない仕事だ. Questo è un lavoro che non rende [che rende poco].

割りを食う ¶割りを食うのはいつも私だ. Ci rimetto sempre e solo io.

わりあい 割合 **1** 《比率》 rapporto[男], proporzione[女]; 《百分率》 percentuale[女] ¶酢と油を1と2の割合で混ぜる mescolare aceto e olio in proporzione di uno a due ¶食費の全支出に占める割合はどのくらいですか. In proporzione alle spese complessive, quanto sono quelle alimentari? ¶1時間4キロの割合で歩いた. Abbiamo camminato alla velocità di 4 km (読み方: quattro chilometri) all'ora [l'ora]. ¶今月は10人に1人の割合でインフルエンザにかかった. Questo mese una persona su dieci ha preso l'influenza. ¶A派は1対4の割合で少数派だ. La corrente A è in minoranza in rapporto di uno a quattro. ¶この大学の女子学生の割合はどのくらいですか. Qual è la percentuale delle studentesse in questa università?

2 《比較的》 comparativamente, relativamente; 《かなり》 piuttosto, abbastanza

わりあて 割り当て quota[女]; 《分けること》 diviṣione[女], ripartizione[女]; 《配分すること》 assegnazione[女], attribuzione[女]; 《仕事・任務などの担当分》 compito[男], incarico[男] [複 *-chi*] ; 《金を割り振ること, その金額》 stanziamento[男] ¶耕地の割り当て lottizzazione delle terre coltivabili ¶仕

事の割り当て distribuzione del lavoro ¶教育費に3万円を割り当てる destinare trentamila yen alle spese di educazione di bambini ¶輸入割り当てを減らす ridurre la quota d'importazione ¶私は自分の割り当て分を支払った。Ho versato la mia quota [parte].

❖**割り当て周波数** 《通信》frequenza㊛ portante autorizzata
割り当て制 《商》contingentamento㊚
割り当て量 《商》assegnazione㊛, quota㊛

わりあてる 割り当てる assegnare [《目的・用途に》destinare] *ql.co.*《に a》 ¶10人に10万円を割り当てる distribuire centomila yen tra dieci persone ¶公平に割り当てる fare parti uguali ¶3人の講演者に1時間ずつ割り当てられた。A ciascuno dei tre conferenzieri è stata assegnata un'ora.

わりいん 割り印 ¶割り印を押す apporre un timbro su due parti combacianti per l'autenticazione

わりかん 割り勘 divisione㊛ delle spese [《食事代などの》del conto] ¶割り勘にする pagare alla romana

わりきる 割り切る ¶それについてはもっと割り切って考えなければならない。Dobbiamo essere più decisivi nel considerare questa vicenda. ¶これは理屈で割り切ることはできない。Questo problema non può essere risolto solo con la logica.

わりきれる 割り切れる 1《割り算で余りが出ない》¶10は5で割り切れる。Il 10 è divisibile per 5. ¶割り切れる数 numero divisibile ¶割り切れない数 numero indivisibile [《素数》primo] 2《気持ちがすっきりする》¶人生には割り切れないことがたくさんある。La vita sfugge alla logica.

わりこみ 割り込み 1《無理に間に入り込むこと》¶「割り込み禁止」《掲示》"È vietato intrufolarsi [intromettersi]" 2《コンピュータ》interruzione㊛;〔英〕interrupt㊚ [無変]

わりこむ 割り込む infilarsi in *ql.co.* ¶列に割り込む inserirsi [infilarsi] in una fila ¶警官が群衆の中に割り込んで行った。I poliziotti si sono fatti largo tra la folla. ¶彼は私たちの会話に割り込んできた。Si è intromesso [Ha interferito] nella nostra conversazione.

わりざん 割り算 divisione㊛ ¶割り算をする fare la divisione

わりだか 割高 ¶都会は生活費が割高だ。Il costo della vita in relazione è più elevato [caro] in città. ¶小麦粉は小袋で買うより大袋で買うより割高になる。Una confezione piccola di farina in relazione costa di più rispetto ad una grande.

わりだす 割り出す 1《計算する》¶…の原価を割り出す calcolare il costo di *ql.co.* / fare il calcolo del costo di *ql.co.*
2《推断する》supporre ¶警察は手口から犯人を割り出した。La polizia ha identificato il criminale basandosi sul suo comportamento.

わりつけ 割り付け impaginazione㊛, disposizione㊛ tipografica; menabò㊚ ¶割り付ける impaginare *ql.co.*, fare l'impaginazione ¶記事 [図版] を割り付ける impaginare gli articoli [le illustrazioni]

❖**割り付け係** impagina*tore*㊚ [㊛ *-trice*] (►「丁付け係」も意味する)

わりと 割と ⇁割に
わりに 割に 《比較的》relativamente, proporzionalmente;《…と比べて》in proporzione a *ql.co.*;《かなり》abbastanza, piuttosto ¶この酒は値段のわりにはおいしい。Questo *sakè* è buono「per il suo [in proporzione al] prezzo. ¶日本は狭いわりに人口が多い。Il Giappone ha una popolazione molto numerosa rispetto alla scarsa superficie. ¶彼は威張っているわりには気が弱い。Fa il prepotente ma in realtà è un debole. ¶彼は勉強するわりによくできない。Non riesce bene,「considerando quanto studia [nonostante studi tanto]. ¶宿題はわりに簡単にできた。「思ったより」Ho fatto i compiti più facilmente「del previsto [di quanto avessi pensato].

わりばし 割箸 bastoncini㊚ [複] di legno (o di bambù) usa e getta

わりびき 割引 1《値段などを引くこと》sconto㊚, riduzione㊛ sul prezzo ◇割り引く fare [dare / praticare] uno sconto, scontare *ql.co.* ¶現金割引 sconto sul [per pagamento in] contante;《経》sconto di cassa ¶団体 [学生] 割引 riduzione di gruppo [per studenti] ¶割引して売る vendere *ql.co.* 「con lo sconto [scontato] (►scontato va al maschile o al femminile, al singolare o al plurale a seconda del genere e numero del sostantivo a cui si riferisce) ¶あの店では切符を20％割引で売っている。Quell'agenzia ha una tariffa ridotta del venti per cento sui biglietti.
2《手形の》sconto㊚ cambiario [複 -i];《値段などの》riduzione㊛ ¶割引で sotto prezzo / 《金融》sotto la pari ¶銀行割引 sconto bancario

❖**割引運賃** tariffa㊛ ridotta
割引価格 prezzo㊚ ridotto [scontato]
割引クーポン buono㊚ sconto
割引券 biglietto㊚ a tariffa ridotta
割引国債 Buono㊚ del Tesoro Ordinario;《略》BTO㊚ [無変]
割引債 obbligazioni㊛ [複] con retrocessione
割引発行 emissione㊛ di titoli sotto la pari
割引歩合 tasso㊚ di sconto (cambiario)
割引率 tasso㊚ [*saggio*㊚ [複 -*gi*]] di sconto ¶中央割引率《公定歩合の》tasso ufficiale di sconto
割引料金 tariffa㊛ ridotta

わりびく 割り引く 1《値段を安くする》scontare *ql.co.*, fare uno sconto, ridurre il prezzo di *ql.co.* ¶商品を割り引いて売る vendere gli articoli sotto prezzo [a prezzo ridotto] / scontare gli articoli ¶定価から10％割り引く ridurre il prezzo del dieci per cento
2《手形の》¶手形を銀行で割り引いてもらった。Ho riscosso in banca un effetto scontato [una cambiale scontata].
3《内輪に見積もる》¶割り引いて受け取る prendere *ql.co.* con prudenza ¶友人たちは彼の話を割り引いて聞いた。I suoi amici ascoltavano prendendo per vero solo una parte.

わりふ 割り符《証明用の》tacche㊛ [複] di contrassegno,《切符の半券》tagliando㊚ di contrassegno

わりふる 割り振る ⇁割り当てる
わりほぐす 割り解す ¶卵を割りほぐす rompere un uovo e sbatterlo

わりまえ 割り前 ⇒分け前
わりまし 割り増し《料金》supplemento[男], extra[男][無変] ¶割り増しを払う pagare il supplemento ¶夜11時以降タクシー料金は3割の割り増しになる. La sera dopo le undici c'è un supplemento notturno del trenta per cento sulle tariffe dei taxi.
✤**割り増し賃金** straordinario[男][複 -i]
わりもどし 割り戻し rimborso[男] parziale
◇割り戻しをする rimborsare parzialmente
✤**割り戻し金** rimborso[男] parziale
わりやす 割安 ◇割安な relativamente a buon mercato, a prezzi piuttosto bassi ¶ダースで買ったほうが割安だ. Comprare a dozzine è più conveniente.
わる 悪 《悪い人》mascalzone[男][女 -a];《悪さ》male[男]
わる 割る **1**《壊す, たたき切る》rompere ¶お皿を割る rompere un piatto ¶薪(まき)を割る spaccare la legna da ardere ¶卵を割った. Ho rotto un uovo.
2《裂傷を付ける》¶彼は壁にぶつかって額を割った. Si è ferito alla fronte battendola contro il muro.
3《割り込む》interferire[自][av], infilarsi ¶〈人〉の話に割って入る interferire nei discorsi di *qlcu.* ¶列に横から割って入る infilarsi di lato in una fila
4《分割する》dividere;《細分化する》frazionare ¶りんごを4つに割る dividere una mela in quattro
5《割り算をする》dividere ¶6割る3は2. Sei diviso tre fa due. ¶100は3で割り切れない. Cento non è divisibile per tre.
6《関係を裂く》¶2人の仲を割る rovinare il rapporto di [fra] due persone ¶彼は党を2派に割ろうとたくらんでいる. Ha in mente di dividere il partito in due fazioni.
7《ある数量以下になる》¶過半数[定員]を割る non raggiungere la maggioranza [il numero chiuso] ¶今年ローマを訪れた観光客はいつもの年を割った. Il numero dei turisti a Roma quest'anno è diminuito rispetto a quello degli altri anni [degli anni precedenti]. ¶平均株価は2万円を割った. La media del corso di Borsa è crollata sotto i ventimila yen.
8《液体を液体で薄める》diluire, allungare; annacquare ¶私はいつもワインを水で割って飲む. Bevo sempre vino 「allungato con acqua [annacquato].
わるあがき 悪足掻き ¶今さら悪あがきをしてもむだだぞ. È ormai inutile resistere! / Rassegnati!
わるい 悪い **1**【道徳上よくない】cattivo, sbagliato;《宗教上》immorale, peccaminoso;《邪悪な》malvagio [[男]複 *-gi*; [女]複 *-gie*], perfido, maligno;《不道徳な》illecito ¶人の物を取るのも悪ければうそをつくのも悪い. È male sia rubare le cose degli altri che dire bugie. ¶私が悪かった. Ho sbagliato io. / È colpa mia.
2【好ましくない】¶悪くすると ⇒見出し語参照 ¶悪いことに per sfortuna / sfortunatamente ¶行儀の悪い子 bambino maleducato ¶顔色が悪いね. Hai un brutto colorito. / Sei pallido. ¶今日は天気が悪い. Oggi fa brutto tempo. / Che tempaccio oggi! ¶雨上がりで道が悪い. Dopo la pioggia la strada è in dissesto [si è dissestata]. ¶病気はだんだん悪くなった. La malattia a poco a poco è andata peggiorando. ¶あの人は人の言うことをいつも悪くとる. Prende sempre a male quello che gli dicono. ¶ミニスカートもまんざら悪くないね.《似合っている》Le minigonne non ti stanno poi tanto male. ¶彼は友だちと仲が悪い. Non è in buoni rapporti con gli amici. ¶悪い日に友だちがやって来た. Gli amici sono venuti in una giornata inopportuna. ¶悪いようにはしないよ. Fidati di me!
3【劣っている】inferiore, scadente, povero;《欠点のある》difettoso ¶安いものが悪いとは限らない. Non sempre le cose a buon mercato sono scadenti. ¶僕は頭が悪い. Io sono poco intelligente. ¶勉強しなかったので今度の試験の結果は悪かった. Questo esame non è andato bene perché non avevo studiato.
4【有害な】dannoso, nocivo ¶目に悪いから暗いところで本を読んではいけない. Non devi leggere al buio perché 「fa male agli [rovina gli] occhi.
5【失礼・無礼な】spiacevole, molesto, scortese ¶口の悪い人 persona sarcastica ¶待たせると悪いから急いで行きましょう. Non sta bene far aspettare, affrettiamoci! ¶寝ているところを早く起こして悪かった. Scusami se ti ho svegliato presto.
6【働き・状態がふつうでない】¶エンジンの具合が悪い. Il motore ha dei problemi. ¶「どこか悪いんですか」「少し胃が痛いんです」"Qual è il problema?" "Ho un po' di mal di stomaco." ¶特に悪いところはない. Non ho particolari disturbi.
7【食べ物が傷んでいる】¶牛乳は悪くなると変なにおいがしてくる. Quando il latte va a male, prende uno strano odore.
[慣用] **悪い虫がつく** ¶うちの娘に悪い虫がついたらしい. Mi sembra che un moscone stia ronzando attorno a nostra figlia.
わるがしこい 悪賢い scaltro, astuto ¶あいつは悪賢いやつだ. È molto furbo. / È una vecchia volpe.
わるぎ 悪気 ¶別に悪気があってやったわけではありません.《わざとではない》Non l'ho fatto apposta. ¶悪気はなかったのだが彼を怒らせてしまった. L'ho fatto arrabbiare senza nessuna intenzione.
わるくすると 悪くすると nel peggiore dei casi, nella peggiore delle ipotesi ¶悪くすると戦争だ. Se la fortuna non ci assiste, scoppierà una guerra.
わるくち 悪口 maldicenza[女];《ののしり》offesa[女];《侮辱》insulto[男] ¶陰で〈人〉の悪口を言う parlare male alle spalle di *qlcu.* ¶彼は私がばかだと皆に悪口を言っている. Va in giro dicendo a tutti che sono stupido. ¶あの人は私の論文の悪口ばかり言う. Critica sempre i miei articoli.
わるさ 悪さ **1**《悪い程度》¶彼の口の悪さは相当なものだ. È proprio una malalingua.
2《いたずら》¶子供のころはよく悪さをしたものだ. Da piccolo ho fatto spesso delle birichinate. ¶彼はその娘に悪さをした. L'ha molestata.

わるずれ 悪擦れ ¶あの娘はまだ15歳だというのに悪ずれしている. Quella ragazza, malgrado i suoi quindici anni, sa come va il mondo.

わるだくみ 悪巧み intrigo[男][複 -*ghi*], complotto[男] ¶悪だくみをする preparare un complotto / tramare (un intrigo) / fare intrighi ¶悪だくみを考え出す escogitare un piano diabolico

わるぢえ 悪知恵 furberia[女], scaltrezza[女], astuzia[女] ¶彼は悪知恵がある. È furbo [astuto / scaltro]. ¶悪知恵をつける istigare *qlcu.* / mettere una cattiva idea in testa a *qlcu.*

ワルツ 〔英 waltz〕〘音〙valzer[男][無変] ¶ワルツを踊る ballare il valzer

わるのり 悪乗り ¶悪乗りをして結婚式の披露宴で3曲も歌ってしまった. Al banchetto di nozze ho fatto una figuraccia esaltandomi e cantando ben tre pezzi.

わるびれる 悪びれる 《恥じる》vergognarsi ¶悪びれずに答える rispondere senza soggezione ¶彼は悪びれた様子もなくパーティーにやって来た. Ha avuto la faccia tosta di venire alla festa.

わるふざけ 悪ふざけ beffa[女]; brutto scherzo[男]; 《からかうこと》beffa[女] ¶悪ふざけをする fare un brutto scherzo / beffare *qlcu.*

わるぶる 悪振る ¶彼は悪振っているが根はやさしい. Si comporta come un duro, ma in realtà è un uomo sensibile.

わるもの 悪者 persona[女] cattiva, furfante[男][女], mascalzon*e*[男][女 -*a*] ¶悪者をこらしめる punire i furfanti ¶私1人が悪者になった. Hanno dato [scaricato] tutta la colpa solo a me.

わるよい 悪酔い ◇**悪酔いする** prendere una brutta sbornia; 《飲みすぎ》prendere una pesante sbronza ¶この酒は悪酔いする. Questo *sakè* fa star male.

われ 我 io ⇒私 ¶我こそは日本人だ. Io sì, che sono giapponese. ¶我とわが耳を疑った. Non riuscivo a credere alle mie (stesse) orecchie. ¶良心の呵責に我とわが身をさいなんだ. I morsi della coscienza mi torturavano. ¶「我思う, 故に我あり」(デカルト)〘哲〙〔ラ〕Cogito, ergo sum. (Cartesio)

[慣用] **我勝ちに** ⇒我先に

我関せず ¶我関せずという態度をとる mostrarsi indifferent*e* 《に対して a》 ¶我関せず, だね. Ciò non mi riguarda.

我と思わん者 ¶我と思わん者は出てきて私と勝負をしろ. Venga a combattere con me chi crede di esserne capace!

我とはなしに ⇒我知らず

我ながら ¶我ながらみっともない. Mi vergogno di me stesso. ¶我ながらばかなことをしたものだ. Riconosco da me di essere stato stupido. ¶我ながらこの絵はよくできた. Non lo dico per vanità ma questo quadro mi è riuscito bene.

我にかえる 《正気に戻る》rinvenire[自][*es*]; riprendersi; 《平常に戻る》ritornare[自][*es*] in *sé*

我にもなく ¶我にもなく私は少年を叱ってしまった. Mio malgrado ho rimproverato il ragazzo.

我も我も ¶我も我もと先を争って列車に乗った. La gente saliva sul treno accalcandosi.

我を忘れる ¶私は歓喜のあまり我を忘れた. Ero fuori di me [Ho perso la testa] per la gioia.

われ 割れ ¶ガラスの割れ coccio di vetro ¶票の割れ dispersione di voti

われかえる 割れ返る ¶コンサート会場は喚声で割れかえるようだった. Il pubblico acclamava così forte che la sala dei concerti sembrava scoppiare.

われさきに 我先に ¶我先に逃げ出す fare a gara per scappare [andarsene] per prim*o* ¶我先にとバーゲン会場に走った. La folla si è precipitata verso il reparto dei saldi.

われしらず 我知らず senza accorgersene, inconsciamente, involontariamente; 《本能的に》istintivamente ¶我知らず目頭が熱くなった. Non riuscivo a trattenere le lacrime. ¶我知らず笑ってしまった. Sono scoppiato in una risata irrefrenabile.

われなべ 破鍋 ¶割れ鍋に綴(と)じ蓋(ぶた)《諺》"Ogni pentola ha il suo coperchio."

われめ 割れ目 fessura[女], crepa[女]; spaccatura[女] ¶壁に割れ目が入った. Sulla parete si è aperta una crepa. ¶雲の割れ目から月の光が射し込んできた. Il chiarore della luna giunse attraverso uno spiraglio tra le nuvole.

われもこう 吾亦紅 〘植〙pimpinella[女]

われもの 割れ物 articolo[男] fragile ¶「割れ物注意」《表示》"Fragile" / "Maneggiare con cura" / 〔英〕"Handle With Care"

われら 我等 ⇒われわれ

われる 割れる **1** 《壊れる》rompersi, spezzarsi; 《粉々に》frantumarsi, andare in frantumi; 《破裂する》scoppiare[自][*es*]; 《割れ目が入る》creparsi, rompersi, spaccarsi ¶割れやすい fragile ¶割れない infrangibile ¶ボールが窓に当たってガラスが割れた. La palla ha colpito la finestra e il vetro si è rotto. ¶長いこと雨が降らないので地面が割れている. Poiché non piove da tempo, la superficie della terra è tutta crepe.

2 《割り切れる》 ¶6は3で割れる. Sei è divisibile per tre.

3 《分裂する》dividersi ¶この問題について我々の意見は2つに割れた. Su questa questione, le nostre opinioni si sono divise in due. ¶票が割れた. I voti sono andati dispersi.

4 《判明する》 ¶被害者の身元が割れた. È venuta [saltata] fuori la vittima.

5 《基準の数に届かない》 ¶参加者の定員が割れた. Non si è raggiunto il numero stabilito di partecipanti.

[慣用] **割れるような** (1)《音や声が非常に大きい様子》 ¶割れるような拍手が起こった. È scoppiato un applauso fragoroso. (2)《頭がひどく痛い様子》 ¶頭が割れるように痛い. La testa mi fa male da scoppiare.

われわれ 我我 noi[男][女][複] ¶我々自身はそれを認めている. Noi stessi lo ammettiamo. ¶我々の勝利 la nostra vittoria ¶彼は我々を見捨てた. Ci ha abbandonato.

わん 《犬の鳴き声》《擬》bau[男][無変] ⇒わんわん1

わん 椀・碗 ciotola[女]

わん 湾 《奥行きのあるもの》golfo[男]; 《湾口の狭

わ

いもの）baia㊛ ¶東京湾 baia di Tokyo ¶メキシコ湾 golfo del Messico

わんがん 湾岸 costa㊛
- ❖**湾岸戦争** Guerra㊛ del Golfo (◆1991)
- **湾岸道路** strada㊛ costiera

わんきょく 湾曲 ◇湾曲する curvare㉠ [av] ◇湾曲した curvato, piegato；《アーチ型に》arcuato, piegato ad arco

ワンクッション ¶僕が直接言うよりワンクッションをおいたほうがいい．Invece di parlargli io direttamente, è meglio far intervenire un intermediario.

わんこつ 腕骨 〔解〕osso㊚ [複 le ossa] carpale [del carpo]

ワンサイドゲーム 〔英 one-sided game〕partita㊛ a senso unico

わんさと in massa, in gran numero ¶大教室に学生がわんさと押しかけた．Un gran numero [Un sacco] di studenti si è precipitato nell'aula magna. ¶彼には金がわんさとある．Ha un sacco di soldi. / È ricco sfondato.

わんしょう 腕章 bracciale㊚

ワンステップ 〔英 one step〕《一段階》un passo㊚ ¶政界へのワンステップを踏み出した．Ha fatto il suo primo passo nel mondo politico.

ワンダーフォーゲル 〔独 Wandervogel〕club㊚ [無変] delle camminate

ワンタン 雲呑 ravioli㊚ 〔複〕cinesi di carne

ワンツーパンチ 〔英 one-two punch〕《スポ》《ボクシングで》uno-due㊚ [無変]

わんにゅう 湾入 ¶海岸線が湾入している．La linea costiera curva verso l'interno.

わんぱく 腕白 ◇腕白な birichino, monellesco㊚〔複 -schi〕
- ❖**わんぱく小僧** birichino㊚, monello㊚

ワンピース 〔英 one-piece〕《服》abito㊚ intero

ワンポイント 〔英 one point〕**1**《一地点》un punto㊚ **2**《点数の1点》un punto **3**《模様の》¶ワンポイントのシャツ camicia con un piccolo disegno
- ❖**ワンポイントレッスン** breve lezione㊛ su un solo argomento

ワンマン 〔英 one man〕¶彼はワンマンだ．《専横な》È autoritario [tirannico].
- ❖**ワンマン経営** ワンマン経営をする tenere una gestione autoritaria [da dittatore / accentratrice]

ワンマン社長 presidente㊚ [㊛ -essa] dal piglio dittatoriale [dal pugno di ferro]

ワンマンショー spettacolo㊚ personale ¶その夜は彼のワンマンショーだった．《独り占め》Ha monopolizzato la serata.

ワンマンバス autobus㊚ [無変] con autista-bigliettaio

わんりょく 腕力 **1**《腕の力》¶腕力が強い avere gran forza nelle braccia **2**《暴力》¶腕力に訴る ricorrere alla violenza / venire alle mani ¶腕力で彼は僕から時計を奪った．Mi ha preso l'orologio con la forza.
- ❖**腕力沙汰** ¶ついに腕力沙汰になった．Alla fine la discussione è degenerata in una rissa.

ワンルームマンション monolocale㊚, monocamera㊛

わんわん **1**《犬の鳴き声》《擬》bau bau㊚ [無変], bu bu㊚ [無変] (►いずれも、「犬がわんわん吠えると」も意味する．また幼児語で「犬」そのものもさす) ¶わんわんなく abbaiare㉠ [av] / fare bau bau **2**《人の泣き声》¶私はくやしくてわんわん泣いた．Per la rabbia ho pianto singhiozzando forte. **3**《反響》¶この講堂はわんわん反響する．Questo auditorium risuona troppo.

を

-を **1**《動作・作用の対象を示す》¶皆でこの問題を考えてみましょう．Consideriamo tutti insieme questo problema. ¶父に頭をぶたれた．Mio padre mi ha colpito in testa.
2《移動の行われる所を示す》¶日本では車は左側を走る．In Giappone i veicoli transitano sulla sinistra. ¶私は毎朝公園を散歩します．Ogni mattina faccio una passeggiata nel parco. ¶彼は黙って私の前を通りすぎて行った．Mi è passato davanti senza dir nulla. ¶列車は名古屋を経て、大阪へ向かった．Il treno è passato per Nagoya e ha proseguito per Osaka. ¶川を泳いで渡った．Ho attraversato il fiume a nuoto.
3《出発・分離の所を示す》¶家を出る uscire di casa ¶彼は今日東京駅を発った．È partito oggi dalla stazione di Tokyo. ¶来年中学を卒業します．L'anno prossimo terminerò la scuola media.
4《経過する時間を示す》¶現代を生きる vivere il presente
5《「…を…に」の形で》¶自動車の番号を手掛かりに犯人を突き止めた．Hanno identificato il criminale grazie alla targa dell'automobile.
6《「をもって」の形で、「を」・「で」の強調》¶この研究は山本氏をもって最初とする．Il prof. Yamamoto è il primo a fare ricerca in questo campo. ¶93歳の高齢をもって没した．È morto in età avanzata, a novantatré anni. ¶万をもって数える．Si contano a decine di migliaia. ¶彼の才能をもってしても成功しなかった．Malgrado il suo talento non ebbe successo.

-をして ¶彼の論文はあの批評家をしてうならせた．Il suo saggio gli ha procurato il plauso di quel critico.

付　録

手紙の書き方 …………………………………1752
世界の地名・人名 ……………………………1758
　イタリアの地名 ………………………………1758
　世界の地名 ……………………………………1762
　世界の人名 ……………………………………1770
　聖書・宗教・神話・伝説・文学・その他 ………1786
年　表 …………………………………………1793

手紙の書き方

封筒の書き方

■受取人住所・氏名

```
Sig.ra Maria Bianchi
Viale della Vittoria 14
00165 Roma   RM
ITALY
```

相手の住所氏名は封筒表の右下に書く。
「～様」に当たる言葉として,名前の前に肩書きを付ける。
　男性：　Sig. (Signor), Prof. (Professor), Dott. (Dottor)
　女性：　Sig.ra (Signora), Prof.ssa (Professoressa), Dott.ssa (Dottoressa)
Professor, Professoressa は中学・高校・大学の教員に, Dottor, Dottoressa は大学卒業者に対して用いる。
肩書きの前に相手に敬意を表して, Gent. (Gentile), Egr. (Egregio/Egregia) などを付けることもある。
　Gent. sig., Gent. sig.ra, Egr. dott., Egr. dott.ssa
　Gent.mo (Gentilissimo), Gent.ma (Gentilissima) を使うとよりていねいになる。
＊親しい者同士では肩書きを付けず,名前だけでもよい。
　イタリアの住所は最初の行に通りの名と番地,次の行に郵便番号と市町村名を,そのあとに県名の略語を書く。RMはローマ県を示す。

■差出人住所・氏名

```
Michiko Yamamoto
6-2-15-108, Minami-Aoyama
Minato-ku
Tokyo 107-0062
JAPAN
```

封筒裏面の蓋の上に書く。封筒の裏に書けない場合は,おもて面の左上に書いてもよいが,受取人の名前より小さい字で書く。
イタリアから日本に出すときは,すべて日本語で書いてもかまわない。
ただし,最後に国名だけは GIAPPONE あるいは JAPAN と書く。

手紙文

> Tokyo, 10 aprile 2008
>
> Cara Maria,
>
> grazie di cuore per essere stata così gentile e disponibile durante la mia permanenza a Roma.
> Era la prima volta che venivo in Italia, ma con una guida come te passeggiare per Roma è stata una sorpresa continua: tutto quel che vedevo e sentivo era per me curioso e inconsueto. Quando poi sono apparsi davanti ai miei occhi i quadri di Raffaello e le sculture di Michelangelo, ho provato un'emozione indescrivibile.
> Di fronte a paesaggi così splendidi e a meraviglie architettoniche tanto straordinarie, continuavo a puntare l'obiettivo della mia macchina fotografica.
> Felice come una ragazzina, quando ti sei messa in posa sulla scalinata di Piazza di Spagna non finivo più di scattare foto!
>
> Ho un piacevolissimo ricordo anche della visita a casa tua e dei piatti squisiti che hai preparato. Sono arrivati anche i tuoi amici e le ore sono trascorse allegramente. Grazie a te ho potuto fare esperienze che mi sarebbero state impossibili da semplice turista: che meraviglioso soggiorno a Roma!
>
> Sono tornata da pochissimo in Giappone ma il desiderio di visitare ancora a Roma è sempre più forte. Spero quindi di poterti rivedere presto nella città eterna!
>
> Un abbraccio
> Michiko

マリアさん、ローマでは、たいへんお世話になり、ありがとうございました。

私にとってははじめてのイタリアでしたが、マリアさんの案内で歩くローマは、見るもの聞くものすべてがめずらしく、驚きの連続でした。ラファエッロの絵やミケランジェロの彫刻が目の前に現れたときの感動は言葉に尽くせません。

建物や景色のすばらしさに、ついついカメラを向けたくなって、スペイン階段では、年甲斐もなくはしゃぎながら、マリアさんをモデルに何枚も写真を撮ってしまいました。

お宅に伺って、マリアさんのおいしい手料理をいただいたことも、楽しい思い出になりました。ご近所のお友達もいらしてにぎやかでしたね。おかげで、普通の観光旅行では得られない経験をすることができて、本当にすばらしいローマ滞在となりました。

帰ってきて間もないというのに、ローマを再び訪れたいという気持ちが、私の中にどんどん膨らんできています。永遠の都で再びお会いできることを願っています。

では、季節の変わり目、どうぞお体を大切にお過ごしください。　　　道子

■■書き出しのことば

親しい友人・知人にはCaro, Cara の後に名前を書く。Carissimo, Carissima とすれば親密度が増す。親しくない人には、男性の場合 Gentile, Egregio を、女性の場合 Gentile, Gentilissimaを肩書きの前に付ける。名前がわかっていれば、肩書きの後に続ける。その場合、professore, dottore, ingegnere, ragioniere の最後の "e" は省かれる。

　中学・高校・大学の先生 Egregio professore / Egregia professoressa, 弁護士 Egregio avvocato
　建築士 Egregio architetto, 会計士 Egregio ragioniere / Egregia ragioniera
　医師 Egregio dottore / Egregia dottoressa, エンジニア Egregio ingegnere
　カトリックの聖職者：大司教, 司教 Eccellenza Reverendissima（名前は付けない）
　司祭 Reverendo Don ..., 神父, 修道士 Reverendo Padre ...
　修道女 Reverenda Madre ..., (Reverenda) Suor ...
公職にある人には名前を付けない。
　大臣, 閣僚 Signor Ministro, 国会議員 Onorevole, 市長 Signor Sindaco
大学の教授, 学部長, 学長には Chiarissimo を肩書きの前に付けて, 姓名を続けてもよい。
　マリーニ教授 Chiarissimo professor Marini, … 学部長 Chiarissimo Preside della Facoltà di ...

… 大学学長 Chiarissimo Rettore dell'Università di …

* 日本語の「拝啓」に当たる言葉や時候の挨拶はなく，書き出しの言葉のあとに，すぐに本題に入るのが普通である。

■結びのことば

本文から改行して始める。コンマ，ピリオド等は付けない。
親しい友人，知人の間では，親愛の情を示す表現として，キス (bacio)，抱擁 (abbraccio)，キスする (baciare)，抱きしめる (abbracciare)，愛情 (affetto)，挨拶 (saluto) 等の言葉が多く用いられる。キス，抱擁などの言葉は必ずしも行為そのものを示すわけではなく，親しい間柄での常套句である場合が多い。
   Un bacio, Tanti baci, Un bacione, Un abbraccio, Ti abbraccio, Con affetto,
   Ti mando i miei più cari saluti, Un caro saluto
親しくない人に対しては，「敬具」に当たる表現として，次のようなものがある。
   Le porgo i più distinti saluti
   Le invio i più cordiali saluti
   Con i migliori saluti, Cordiali saluti

* 手紙をパソコンで書いても，末尾に書く自分の名前は手書きでサインする。
* 日本語の手紙の最後によく見られる，「お体お大事に」「ご自愛のほどを」のような健康を気遣う表現は，特に病気や健康の話題が手紙の中で取り上げられていないかぎりは用いない。

いろいろな手紙

■友人への手紙

Osaka, 24 giugno 2008

Cara Carla,
come va?
La mia vita da impiegato si è appena conclusa e il tempo che io e mia moglie trascorriamo insieme è aumentato. Pensavamo quindi di cogliere l'occasione per studiare seriamente in Italia l'italiano, a cui ci dedichiamo già da un po'. Quel che desideriamo entrambi è trascorrere un periodo nella tanto sognata Toscana e così, mentre raccoglievamo informazioni, abbiamo scoperto una scuola di lingua a Fiesole. Quest'estate abbiamo intenzione di visitare la zona e cercare una sistemazione adatta per una coppia anziana come noi: potresti darci qualche consiglio in quel caso?
Non appena avremo fissato un programma più preciso, ti faremo sapere.

A proposito, io mi impegno parecchio nel corso avanzato di italiano, mentre mia moglie dovrebbe finalmente riuscire a concludere quello elementare. È il nostro sogno studiare l'italiano e fare tante amicizie in Italia!

A presto
Taro

カルラへ，お元気ですか。
　私の会社生活も終わって，夫婦二人でいる時間が長くなりました。これを機に，以前から勉強していたイタリア語をイタリアで本格的に学びたいと思います。やはり，憧れのトスカーナで過ごしたいというのが私たち二人の気持ちです。そのための情報を集め，フィエーゾレの語学学校を見つけました。今年の夏に，一度現地を訪ねてみようと思っています。年寄り二人が暮らすのにいい場所を探してみるつもりですが，そのときに相談に乗ってくれませんか？
　詳しい日程が決まりましたら，連絡しますので，よろしくお願いします。
　そうそう，私はイタリア語上級クラスでがんばっていますが，妻の方も，ようやく初級クラスを修了できそうなところまできました。二人して，イタリア語を勉強して，イタリアにたくさん友人を作るのが私たちの夢なのです！　それではまた。　　　　太郎

◆ いろいろな表現

ローマ滞在中にはお世話になり、ありがとうございました。
Vi ringrazio per tutto ciò che avete fatto durante il mio soggiorno a Roma.
試験に合格するように。
In bocca al lupo per l'esame!
返事が遅くなってごめんなさい。
Scusami se ti rispondo con ritardo.
もし…さんに会うことがあったら、私からよろしくとお伝えください。
Se avrai occasione di vedere il signor [la signora]..., ti prego di portargli [portarle] tanti saluti da parte mia.
ご家族の皆さんによろしく。
Manda i miei saluti a tutta la tua famiglia.
時間のある時に、お手紙であなたの近況を知らせてください。待っています。
Appena avrai tempo, per favore scrivimi due righe. Aspetto tue notizie recenti.
今後もますますご活躍されますことを心よりお祈りしております。
Vi porgo i più sentiti auguri per un futuro sempre più ricco di soddisfazioni.

* イタリア人が旅先、出先から家族や親しい友人などに絵葉書を送る場合は、ふつう、次のように親愛の情を込めた簡単で短いものが多い。

親愛なる挨拶をこめて。　　　Cari saluti
挨拶を送ります。　　　　　　Un saluto
キスと抱擁を送ります。　　　Baci e abbracci
近いうちに。　　　A presto / Arrivederci
愛をこめて。　　　Con affetto / Un abbraccio / Ti abbraccio / （恋人に）Con amore
来ることが決まったらお手紙ください。　Se decidi di venire, scrivimi.
その後の進展を知らせてください。　　　Raccontami com'è andata.
あなたのお返事を待っています。　　　　Aspetto la tua risposta.

■ 招待・お祝い・あいさつ状

Cara Paola,
riuniamo alcuni cari amici venerdì 6 settembre per celebrare il nostro anniversario di matrimonio.
Speriamo che tu e Michele possiate unirvi a noi dalle 18 in poi per un cocktail.

Con affetto
　　　　　　　　Yoshiyuki e Emi

パオラさん、9月6日(金)に私たちの結婚記念日を祝うために友人たちが集まってくれます。18時から始めますので、ミケーレと一緒に来ていただければうれしく存じます。
愛をこめて。　　　　　　　　　　　　　　　　　　　　　　　　　吉之, 恵美

◆ いろいろな表現

6月23日(土)20時より自宅で夕食会を開きますのでご招待いたします。
返信お待ちしております。加藤博信, 幸恵
Hironobu e Sachie Kato vi aspettano a casa per una cena sabato 23 giugno alle ore 20. RSVP
(RSVPはフランス語のRépondez, s'il vous plaît. 「返信をお願いします」の略)
ご親切にご招待くださり厚く御礼申し上げますとともに、喜んで参加させていただきます。
Ringrazio calorosamente per il gentile invito e sono felice di poter partecipare.
お二人の結婚25周年を心からお祝い申しあげます。
Congratulazioni e auguri vivissimi per i vostri 25 anni insieme.
前々からのっぴきならない所用がございまして、残念ながらせっかくのご招待ですが、出席できません。申し訳ありません。

Sono dispiaciuto di non poter accogliere il gentile invito, a causa di precedenti improrogabili impegni.
楽しい夕べを、ありがとうございました。
Ringrazio affettuosamente per la splendida serata.
喜んでこのおめでたい日のお祝いに出席いたします。心よりおめでとうと申し上げます。
Vi sono vicino in questo giorno di gioia. Felicitazioni e sentiti auguri.
あいにく私たちは出席できませんが、お二人の門出に際し、心よりお祝いを申し上げます。
Purtroppo non potremo essere con voi, ma condividiamo la vostra gioia e vi inviamo i nostri auguri più affettuosi.
お二人の末永いお幸せをお祈りいたします。
Vi auguro una vita di coppia lunga e felice.
素晴らしい贈り物を頂戴し、厚く御礼申し上げます。
La ringrazio infinitamente per il bellissimo regalo. / Con i più sentiti ringraziamenti per lo squisito pensiero.
長女美貴が3月5日に誕生しましたことを、ここにお知らせいたします。
Annunciamo con gioia la nascita della nostra primogenita Miki, avvenuta il 5 marzo.
お子様のお誕生を心からお祝い申し上げます。小さなマッテオ君にキスを送ります。
Felicitazioni vivissime per il lieto evento e un bacino al piccolo Matteo.
お誕生日おめでとう。愛を込めて。
Buon compleanno con tanto affetto.
ご卒業おめでとう。
Congratulazioni per la tua laurea!
あけましておめでとう。
Buon Anno! / Felice Anno Nuovo!
よいクリスマスと穏やかな2009年をお迎えください。(12月24日までに届ける)
Auguri per un Buon Natale e un sereno 2009.
あなたとあなたのご家族にとって幸福な一年でありますようにお祈りいたします。
Auguro a te e alla tua famiglia un felice anno nuovo.
幸せな新年でありますように。
I più sinceri auguri per un felice anno nuovo.
来る復活祭があなたにとって平穏と喜びに満ちた日でありますように。
Ti auguro che la prossima Pasqua sia per te un giorno di serenità e di festa.

▮▮病気のお見舞いとお礼

一日も早くお元気になられますように。
Vivissimi auguri per una rapida e completa guarigione.
一日も早いご回復をお祈りいたします。
Spero che ti ristabilisca al più presto.
先日は遠いところをお見舞いに来ていただき、ありがとうございました。
La ringrazio vivamente per essermi venuto/a a trovare in ospedale da molto lontano.
きれいなお花を送ってくださってありがとう。
I fiori che mi hai mandato sono meravigliosi: grazie!

▮▮お悔やみの手紙

心からお悔やみ申し上げます。
Le invio le mie più sentite condoglianze.
(親しい人に) Ti sono affettuosamente vicino/a in questo momento di dolore.
Ti sono veramente vicino/a in questa triste circostanza.
御母堂さまの御逝去を悼み、謹んでお悔やみ申しあげます。
Partecipo al Suo dolore per la scomparsa della Sua cara madre.
お父様の在りし日のお姿を偲び、心よりご冥福をお祈りいたします。
Desidero esprimere tutto il mio cordoglio per la scomparsa di Suo padre.
お気遣いありがとうございました。
Ringrazio commosso/a per l'affettuoso pensiero.

ベアトリーチェさん，ミケーレさん，このような悲しみのときに，私たちのそばにいて愛情深く支えてくれて，ありがとう。
Vi ringraziamo, cari Beatrice e Michele, di esserci stati così vicini sorreggendoci con il vostro affetto in un momento così doloroso.
ありがとう。この悲しいときに私たちにしてくださったことを決して忘れません。
Grazie, non dimenticheremo mai quanto avete fatto per noi in questa triste circostanza.

■■ ホテルの予約

Dott. Teruo Matsui
1-2-4, Kodaira-cho, Chuo-ku
Tokyo 106-0132 Japan
tel./fax +81-3-1234-5678

20 maggio 2008

Spett.le Hotel Azzurro

fax +39-06-123456

Gentili Signori,
avrei intenzione di trascorrere un periodo di vacanza all'Hotel Azzurro.
Vi prego di comunicarmi con cortese sollecitudine se potrò godere della Vostra ospitalità dal giorno 24 al 31 luglio. Avrei necessità di due camere a due letti con bagno.

Distinti saluti

Dott. Teruo Matsui
Teruo Matsui（手書き）

休暇でホテル・アッズッロに滞在したいと考えております。つきましては，貴ホテルに
7月24日から31日まで滞在することが可能かどうかを，至急お知らせいただきたく存じます。
当方，ツインルームを2部屋希望いたします。

◆ いろいろな表現

本日お電話した件ですが，バスルーム・朝食付きシングルルーム1部屋を10月12日に1泊，山川氏の名前での予約を確認いたします。到着時間は，おそらく18時頃になる予定です。
Con riferimento alla telefonata odierna, Vi confermo la prenotazione di 1 camera singola con bagno e servizio di prima colazione per la notte del 12 ottobre a nome signor Yamakawa.
L'ora di arrivo sarà presumibilmente intorno alle 18.

来る1月18日から21日までツインルーム1部屋をお願いした予約のキャンセルをお願いいたします。予定外の理由により旅程を延期しなくてはならなくなりました。急な予定変更で申し訳ありませんが・・・
Vi preghiamo di annullare la nostra prenotazione per 1 camera a due letti dal 18 al 21 gennaio prossimi, perché cause indipendenti dalla nostra volontà ci costringono a rimandare il viaggio previsto.
Scusandoci per il contrattempo...

7月27日夜9時頃に到着いたしますので，よろしくお願いします。
Con la presente Vi confermo il nostro arrivo per il giorno 27 luglio p.v. intorno alle ore 21.

世界の地名・人名

■イタリアの地名

ア 行

アーディジェ川 Adige男 (トレンティーノ-アルト-アーディジェ州とヴェネト州を流れる)
アヴェッリーノ Avellino囡;《略》AV (カンパーニア州の都市) ◇avellinese
アヴェンティーノの丘 Aventino男 (ローマ七丘の1つ)
アウレリア街道 Via Aurelia (ローマから北西に伸びてジェーノヴァを通り、アルルに至る)
アオスタ Aosta囡;《略》AO (ヴァッレ-ダオスタ州の州都) ◇aostano
アクイレイア Aquileia囡 (フリウーリ-ヴェネツィア-ジュリア州の町) ◇aquileiese
アグリジェント Agrigento男 (シチリア州の都市) ◇agrigentino
アジアーゴ Asiago男 (ヴェネト州の都市) ◇asiaghese
アスコリ・ピチェーノ Ascoli Piceno囡;《略》AP (マルケ州の都市) ◇ascolano
アスティ Asti囡;《略》AT (ピエモンテ州の都市) ◇astigiano
アチレアーレ Acireale囡 (シチリア州の都市) ◇acese
アッシージ Assisi囡 (ウンブリア州の都市) ◇assisiate
アッダ川 Adda男 (ロンバルディーア州の川)
アッピア街道 Via Appia (ローマから南東に伸びてカーブを通り、ブリンディジに至る)
アドリア海 Mare Adriatico (地中海の一部、イタリア半島とバルカン半島に囲まれた海) ◇adriatico
アプリア Apulia囡 (プッリャ州からカラーブリア州にわたる地域の古名) ◇apulo
アブルッツォ Abruzzo男 (中部の州) ◇abruzzese
アペニン Appennini男[複] (アルプス山脈から分かれてイタリア半島を縦断する山脈) ◇appenninico
アマルフィ Amalfi囡 (カンパーニア州の都市) ◇amalfitano
アルノ川 Arno男 (アペニン山脈のファルテローナ山に源を発し、フィレンツェ、ピサを通りティレニア海に注ぐ)
アルベロベッロ Alberobello囡 (プッリャ州の都市) ◇alberobellese
アレッサンドリア Alessandria囡;《略》AL (ピエモンテ州の都市) ◇alessandrino
アレッツォ Arezzo囡;《略》AR (トスカーナ州の都市) ◇aretino
アンコーナ Ancona囡;《略》AN (マルケ州の州都) ◇anconetano
イーモラ Imola囡 (エミーリア-ロマーニャ州の都市) ◇imolese
イヴレーア Ivrea囡 (ピエモンテ州の都市) ◇eporediese
イオニア海 Mare Ionio (地中海の一部、イタリア半島南部の東岸、シチリア島の東岸、ギリシャ島の西岸に接する海) ◇ionico
イスキア島 isola囡 di Ischia (カンパーニア州、ナポリ湾の島) ◇ischitano
イセーオ湖 lago男 d'Iseo (ロンバルディーア州の湖)
イゼルニア Isernia囡;《略》IS (モリーゼ州の都市) ◇isernino
イルピーニア Irpinia囡 (現在のカンパーニア州アヴェッリーノ県あたりを指す古名) ◇irpino
インペーリア Imperia囡;《略》IM (リグーリア州の都市) ◇imperiese
ヴァッレ・ダオスタ Valle囡 d'Aosta (北部の州) ◇valdostano
ヴァッロンブローサ Vallombrosa囡 (トスカーナ州の町) ◇vallombrosano
ヴァレーセ Varese囡;《略》VA (ロンバルディーア州の都市) ◇varesino
ヴィアレッジョ Viareggio囡 (トスカーナ州の都市) ◇viareggino
ヴィーボ・ヴァレンツィア Vibo Valentia囡;《略》VV (カラーブリア州の都市) ◇vibonese
ヴィチェンツァ Vicenza囡;《略》VI (ヴェネト州の都市) ◇vicentino
ヴィテルボ Viterbo囡;《略》VT (ラツィオ州の都市) ◇viterbese
ヴィミナーレの丘 Viminale男 (ローマ七丘の1つ)
ウーディネ Udine囡;《略》UD (フリウーリ-ヴェネツィア-ジュリア州の都市) ◇udinese
ヴェイオ Veio (ラツィオ州ローマ近郊のエトルリア古代都市、古名はウェイイ)
ヴェーネト Veneto男 (北部の州) ◇veneto
ヴェスーヴィオ山 Vesuvio男 (ナポリ南東部にある活火山、標高1277m) ◇vesuviano
ヴェネツィア Venezia囡;《略》VE (ヴェネト州の州都) ◇veneziano
ヴェノーサ Venosa囡 (バジリカータ州の町) ◇venosino
ヴェルチェッリ Vercelli囡;《略》VC (ピエモンテ州の都市) ◇vercellese
ヴェルバーニア Verbania囡;《略》VB (ピエモンテ州の都市) ◇verbanese
ヴェローナ Verona囡;《略》VR (ヴェネト州の都市) ◇veronese
ヴォルテッラ Volterra囡 (トスカーナ州の都市) ◇volterrano
ウルビーノ Urbino囡 (マルケ州の都市) ◇urbinate
ウンブリア Umbria囡 (中部の州) ◇umbro
エウル EUR囡 (Esposizione Universale di Romaの略。1942年のローマ万国博覧会のために創設されたローマ市南部の地区、現在は主に官公庁街となっている)
エオリア諸島 isole囡[複] Eolie (ティレニア海に浮かぶ島々)
エスクイリーノの丘 Esquilino男 (ローマ七丘の1つ)
エトナ山 Etna男 (シチリア島東部の活火山、標高3350m) ◇etneo
エトルリア Etruria囡 (エトルリア人の居住地、現在のトスカーナ地方が中心) ◇etrusco

エミーリア Emilia囡（ボローニャの北西の地方）
◇emiliano
エミーリア-ロマーニャ Emilia-Romagna囡（北部の州）
◇emiliano-romagnolo
エミリア街道 Via囡 Emilia（リーミニからピアチェンツァに至る）
エルコラーノ Ercolano囡（カンパーニア州ナポリ近郊の古代ローマ都市．79年ヴェスーヴィオ火山の噴火で埋没）◇ercolanese
エルバ島 isola囡 d'Elba（トスカーナ州の島）
◇elbano
エンナ Enna囡;《略》EN（シチリア州の都市）
◇ennese
オートラント Otranto囡（プッリャ州の都市）
◇otrantino, idruntino
オスティア Ostia囡（ラツィオ州の都市）◇ostiense
オリスターノ Oristano囡;《略》OR（サルデーニャ州の都市）◇oristanese
オルヴィエート Orvieto囡（ウンブリア州の都市）
◇orvietano
オルチャ渓谷 Val男 d'Orcia（シエナ南東部に広がる一帯）

カ 行

カープア Capua囡（カンパーニア州の都市）
◇capuano
カープリ Capri囡（ナポリ湾の島）◇caprese
ガエータ Gaeta囡（ラツィオ州の都市）◇gaetano
カセルタ Caserta囡;《略》CE（カンパーニア州の都市）◇casertano
カゼンティーノ Casentino囡（トスカーナ州の山岳地域）◇casentinese
カターニア Catania囡;《略》CT（シチリア州の都市）
◇catanese
カタンザーロ Catanzaro囡;《略》CZ（カラーブリア州の州都）◇catanzarese
カッシア街道 Via囡 Cassia（ローマから北に伸びてアレッツォを通り，フィレンツェに至る）
カッシーノ Cassino囡（ラツィオ州の町）
◇cassinate
カッラーラ Carrara囡（トスカーナ州の都市）
◇carrarese
カッリャリ Cagliari囡;《略》CA（サルデーニャ州の州都）◇cagliaritano
カノッサ Canossa囡（エミーリア-ロマーニャ州の町）
◇canossiano
カラーブリア Calabria囡（南部の州）◇calabrese
ガルダ湖 lago男 di Garda（イタリア最大の北部の湖，370km²）◇gardesano
カルタニッセッタ Caltanissetta囡;《略》CL（シチリア州の都市）◇nisseno
カンネ Canne囡（プッリャ州の都市．前216年ローマ軍がハンニバル率いるカルタゴ軍に敗れた土地．古名はカンナエ Cannae）
カンパーニア Campania囡（南部の州）◇campano
カンピドッリョの丘 Campidoglio男（ローマ七丘の1つ，ユピテル神殿のあった聖地で，現ローマ市庁舎の所在地）◇capitolino
カンポバッソ Campobasso囡;《略》CB（モリーゼ州の州都）◇campobassano
キエーティ Chieti囡;《略》CH（アブルッツォ州の都市）◇chietino, teatino
キオッジャ Chioggia囡（ヴェーネト州の町）
◇chioggiotto, chiozzotto
クイリナーレの丘 Quirinale男（ローマ七丘の1つ）
クーネオ Cuneo囡;《略》CN（ピエモンテ州の都市）
◇cuneese, cuneense
クーマ Cuma囡（カンパーニア州ナポリ近郊の都市．古代ギリシア植民都市，古名はキュメ，クマエ）
◇cumano
グッビオ Gubbio囡（ウンブリア州の都市）
◇eugubino
グラン・サッソ Gran Sasso男（アペニン山脈の山岳地帯，最高峰は Corno Grande, 2912m）
クレモーナ Cremona囡;《略》CR（ロンバルディーア州の都市）◇cremonese
グロッセート Grosseto囡;《略》GR（トスカーナ州の都市）◇grossetano
クロトーネ Crotone囡;《略》KR（カラーブリア州の都市）◇crotonese, crotoniate
コーモ Como囡;《略》CO（ロンバルディーア州の都市）◇comasco
コーモ湖 lago男 di Como（イタリアで3番目に大きいロンバルディーア州の湖，別名ラリオ湖 lago di Lario）◇lariano
コゼンツァ Cosenza囡;《略》CS（カラーブリア州の都市）◇cosentino
コツィエ・アルプス Alpi囡[複] Cozie（イタリア・フランス国境にある西アルプス山脈の一部）
コマッキオ Comacchio囡（エミーリア-ロマーニャ州の都市）◇comacchiese
ゴリツィア Gorizia囡;《略》GO（フリウーリ-ヴェネツィア-ジューリア州の都市）◇goriziano
コルティーナ・ダンペッツォ Cortina d'Ampezzo（ヴェーネト州の都市）◇ampezzano, cortinese
コルトーナ Cortona囡（トスカーナ州の都市）
◇cortonese

サ 行

サヴォーナ Savona囡;《略》SV（リグーリア州の都市）
◇savonese
サッサリ Sassari囡;《略》SS（サルデーニャ州の都市）
◇sassarese
サムニウム Sannio男（サムニウム人の居住地，カンパーニア地方北東部とアブルッツォ地方南部）
◇sannita
サルソマッジョーレ Salsomaggiore Terme囡（エミーリア-ロマーニャ州の都市）◇salsese
サルデーニャ Sardegna囡（島および特別州，地中海第2の島）◇sardo
サレルノ Salerno囡;《略》SA（カンパーニア州の都市）◇salernitano
サレント Salento男（プッリャ州の半島）◇salentino
サン・ジミニャーノ San Gimignano（トスカーナ州の都市）◇sangimignanese
サンレーモ San Remo, Sanremo（リグーリア州の都市）◇sanremese
シエーナ Siena囡;《略》SI（トスカーナ州の都市）
◇senese
ジェーノヴァ Genova囡;《略》GE（リグーリア州の州都）◇genovese
シチリア Sicilia囡（島および特別州，地中海最大の島）◇siciliano
シバリ Sibari囡（カラーブリア州の都市，富と贅沢で

有名な古代ギリシア植民都市, 古名はシュバリス) ◇sibarita
ジャニーコロの丘 Gianicolo男 (ローマの丘)
ジューリエ・アルプス Alpi囡[複] Giulie (イタリア北東部からスロヴェニアに連なるアルプス山脈の一部)
シラクーザ Siracusa囡; ⦅略⦆SR (シチリア州の都市) ◇siracusano
ストレーザ Stresa囡 (北部の町) ◇stresiano
ストロンボリ Stromboli (シチリア州, ティレニア海エオリア諸島の島)
スポレート Spoleto囡 (ウンブリア州の都市) ◇spoletino
セジェスタ Segesta囡 (シチリア島西部の都市)
ソッレント Sorrento囡 (カンパニア州の都市) ◇sorrentino
ソンドリオ Sondrio囡; ⦅略⦆SO (ロンバルディーア州の都市) ◇sondriese

タ行

ターラント Taranto囡; ⦅略⦆TA (プッリャ州の都市) ◇tarantino
タルクイーニア Tarquinia囡 (ラツィオ州の都市, エトルリアの古代都市) ◇tarquiniese
チヴィタヴェッキア Civitavecchia囡 (ラツィオ州の都市) ◇civitavecchiese
チェーリオの丘 Celio男 (ローマ七丘の1つ)
チェルヴィーノ Cervino男 (マッターホルン)
チェルタルド Certaldo囡 (トスカーナ州の町) ◇certaldese
チョチャリーア Ciociaria (ラツィオ州南部の地方) ◇ciociaro
チレント Cilento男 (カンパニア州南部の地方)
ティーヴォリ Tivoli (ラツィオ州の都市) ◇tivolese
ティチーノ川 Ticino男 (スイスに源を発してマッジョーレ湖に注ぐ) ◇ticinese
ティレニア海 Mare Tirreno (地中海の一部, イタリア半島西岸, コルシカ島とサルデーニャ島の東岸, シチリア島の北岸に接する海) ◇tirrenico
テーヴェレ川 Tevere男 (エミーリア-ロマーニャ州のフマイオーロ山に源を発し, テーヴェレ渓谷, ローマ平野を流れ, ローマを貫通してティレニア海に注ぐ) ◇tiberino
テーラモ Teramo囡; ⦅略⦆TE (アブルッツォ州の都市) ◇teramano
テルニ Terni囡; ⦅略⦆TR (ウンブリア州の都市) ◇ternano
トーディ Todi囡 (ウンブリア州の町) ◇todino
トスカーナ Toscana囡 (中部の州) ◇toscano
トラーパニ Trapani囡; ⦅略⦆TP (シチリア州の都市) ◇trapanese
トラジメーノ湖 Trasimeno男 (イタリアで4番目に大きいウンブリア州の湖)
トラステーヴェレ Trastevere男 (ローマのテーヴェレ川右岸地区) ◇trasteverino
トリーノ Torino囡; ⦅略⦆TO (ピエモンテ州の州都) ◇torinese
トリエステ Trieste囡; ⦅略⦆TS (フリウーリ-ヴェネツィア・ジューリア州の州都) ◇triestino
トリナクリア Trinacria囡 (シチリア島の古名) ◇trinacrio
トレヴィーゾ Treviso囡; ⦅略⦆TV (ヴェーネト州の都市) ◇trevigiano
トレンティーノ-アルト・アーディジェ Trentino-Alto Adige男 (北部の州) ◇trentino-altoatesino
トレント Trento囡; ⦅略⦆TN (トレンティーノ-アルト・アーディジェ州の州都) ◇trentino

ナ行

ナポリ Napoli囡; ⦅略⦆NA (カンパーニア州の州都) ◇napoletano
ヌオロ Nuoro男; ⦅略⦆NU (サルデーニャ州の都市) ◇nuorese
ノヴァーラ Novara囡; ⦅略⦆NO (ピエモンテ州の都市) ◇novarese
ノート Noto囡 (シチリア州南東部の町) ◇notigiano
ノルチャ Norcia囡 (ウンブリア州の町) ◇norcino

ハ行

パードヴァ Padova囡; ⦅略⦆PD (ヴェーネト州の都市) ◇padovano
バーリ Bari囡; ⦅略⦆BA (プッリャ州の州都) ◇barese
パヴィーア Pavia囡; ⦅略⦆PV (ロンバルディーア州の都市) ◇pavese
バジリカータ Basilicata囡 (南部の州) ◇lucano
パラティーノの丘 Palatino (ローマ七丘の1つ, ローマ発祥の地とされる)
パリオーリ Parioli男[複] (ローマの高級住宅街) ◇pariolino
パルテノペ Partenope囡 (ナポリの古名) ◇partenopeo
バルバージャ Barbagia (サルデーニャ島中部の山間地)
パルマ Parma囡; ⦅略⦆PR (エミーリア-ロマーニャ州の都市) ◇parmigiano, parmense
パレルモ Palermo囡; ⦅略⦆PA (シチリア州の州都) ◇palermitano
パンテッレリーア Pantelleria囡 (シチリア島南西の島) ◇pantesco
ピアチェンツァ Piacenza囡; ⦅略⦆PC (エミーリア-ロマーニャ州の都市) ◇piacentino
ビエッラ Biella囡; ⦅略⦆BI (ピエモンテ州の都市) ◇biellese
ピエモンテ Piemonte男 (北部の州) ◇piemontese
ピサ Pisa囡; ⦅略⦆PI (トスカーナ州の都市) ◇pisano
ピストイア Pistoia囡; ⦅略⦆PT (トスカーナ州の都市) ◇pistoiese
ピンチョの丘 Pincio男 (ローマの丘)
ファーノ Fano囡 (マルケ州の都市) ◇fanese
ファエンツァ Faenza囡 (エミーリア-ロマーニャ州の都市) ◇faentino
フィウミチーノ Fiumicino (ラツィオ州の町, レオナルド・ダ・ヴィンチ空港の所在地)
フィレンツェ Firenze囡; ⦅略⦆FI (トスカーナ州の州都) ◇fiorentino
フェッラーラ Ferrara囡; ⦅略⦆FE (エミーリア-ロマーニャ州の都市) ◇ferrarese
フォッジャ Foggia囡; ⦅略⦆FG (プッリャ州の都市) ◇foggiano

フォルリ Forlì⊛;《略》FO（エミーリア‐ロマーニャ州の都市）◇forlivese
ブッセート Busseto⊛（エミーリア‐ロマーニャ州の町）
プッリャ Puglia⊛（南部の州）◇pugliese
プラート Prato⊛;《略》PO（トスカーナ州の都市）◇pratese
フラスカーティ Frascati⊛（ラツィオ州の都市）◇frascatano
ブラッチャーノ湖 lago di Bracciano（ラツィオ州の湖）◇braccianese
フラミニア街道 Via⊛ Flaminia（ローマからウンブリア州を経てリーミニに至る）
フリウーリ Friuli男（イタリア北東端の地方）◇friulano
フリウーリ‐ヴェネツィア‐ジューリア Friuli-Venezia Giulia男（北部の州）◇friulano-giuliano
ブリンディジ Brindisi⊛;《略》BR（プッリャ州の都市）◇brindisino
ブレッシャ Brescia⊛;《略》BS（ロンバルディーア州の都市）◇bresciano
フロジノーネ Frosinone⊛;《略》FR（ラツィオ州の都市）◇frusinate
ペーザロ Pesaro⊛;《略》PU（マルケ州の都市）◇pesarese
ペスカーラ Pescara⊛;《略》PE（アブルッツォ州の都市）◇pescarese
ペストゥム, パエストゥム Paestum⊛（カンパーニア州の町）◇pestano
ベッルーノ Belluno⊛;《略》BL（ヴェーネト州の都市）◇bellunese
ベネヴェント Benevento⊛;《略》BN（カンパーニア州の都市）◇beneventano
ペルージャ Perugia⊛;《略》PG（ウンブリア州の州都）◇perugino
ベルガモ Bergamo⊛;《略》BG（ロンバルディーア州の都市）◇bergamasco
ベルニーナ Bernina男（ロンバルディーア州・スイス国境の山脈）
ペンニン・アルプス Alpi⊛[複] Pennine（イタリア北西・スイス国境の山脈, マッターホルン Cervino とモンテ・ローザ Monte Rosa を含む）
ポー川 Po男（コツィエ・アルプス山脈のモンヴィーゾ山岳地帯に源を発し, ポー平野を流れ, アドリア海に注ぐイタリア最長の川）◇padano
ポッツオーリ Pozzuoli⊛（カンパーニア州の町）◇puteolano
ポテンツァ Potenza⊛;《略》PZ（バジリカータ州の都）◇potentino
ボルセーナ湖 lago男 di Bolsena（ラツィオ州の湖）◇bolsenese
ボルツァーノ Bolzano⊛;《略》BZ（トレンティーノ‐アルト・アーディジェ州の都市）◇bolzanese, bolzanino
ポルデノーネ Pordenone⊛;《略》PN（フリウーリ‐ヴェネツィア‐ジューリア州の都市）◇pordenonese
ポルトヴェーネレ Portovenere⊛（リグーリア州の町）
ポレージネ Polesine男（ヴェーネト州のアーディジェ川とポー川にはさまれたデルタ地帯）◇polesano
ボローニャ Bologna⊛;《略》BO（エミーリア‐ロマーニャ州の州都）◇bolognese
ポンペイ Pompei⊛（カンパーニア州の都市）◇pompeiano

マ 行

マチェラータ Macerata⊛;《略》MC（マルケ州の都市）◇maceratese
マッサ Massa⊛;《略》MS（トスカーナ州の都市）◇massese
マッジョーレ湖 lago男 Maggiore（イタリアで2番目に大きい北部の湖）
マッターホルン Cervino男（イタリア・スイス国境の, アルプス山脈中の高峰, 標高4478m. マッターホルンはドイツ語名）
マテーラ Matera⊛;《略》MT（バジリカータ州の都市）◇materano
マルケ Marche⊛[複]（中部の州）◇marchigiano
マルサーラ Marsala⊛（シチリア州の都市）◇marsalese
マントヴァ Mantova⊛;《略》MN（ロンバルディーア州の都市）◇mantovano
ミラノ Milano⊛;《略》MI（ロンバルディーア州の州都）◇milanese
ムラーノ Murano⊛（ヴェネツィアの潟に浮かぶ島, ヴェネツィアン・グラスの製造で知られる）
メッシーナ Messina⊛;《略》ME（シチリア州の都市）◇messinese
メラーノ Merano⊛（トレンティーノ‐アルト・アーディジェ州の都市）◇meranese
モーデナ Modena⊛;《略》MO（エミーリア゠ロマーニャ州の都市）◇modenese
モリーゼ Molise男（南部の州）◇molisano
モンタルチーノ Montalcino⊛（トスカーナ州の町）◇montalcinese
モンチェニージオ峠 colle男 del Moncenisio（イタリアとフランス国境のアルプス山脈中の峠）
モンツァ Monza⊛（ロンバルディーア州の都市）◇monzese
モンテプルチャーノ Montepulciano⊛（トスカーナ州の町）◇montepulcianese
モンドヴィ Mondovì;（ピエモンテ州の町）◇monregalese
モンブラン Monte男 Bianco（イタリア・フランス・スイス国境のアルプス山脈中の最高峰, 標高4810m）

ラ 行

ラヴェンナ Ravenna⊛;《略》RA（エミーリア‐ロマーニャ州の都市）◇ravennate
ラクイラ L'Aquila⊛;《略》AQ（アブルッツォ州の都）◇aquilano
ラグーザ Ragusa⊛;《略》RG（シチリア州の都市）◇ragusano
ラ・スペッツィア La Spezia⊛;《略》SP（リグーリア州の都市）◇spezzino
ラツィオ Lazio男（中部の州, 州都はローマ）◇laziale
ラティーナ Latina⊛;《略》LT（ラツィオ州の都市）◇latinense
ラティーナ街道 Via⊛ Latina（ローマからカッシーノを経てカンパーニアに至る）
ラテラーノ Laterano男（ローマの地区. ローマの司教座のあるサン・ジョヴァンニ・イン・ラテラーノ大聖堂は,

ランペドゥーサ島 Lampedusa㊛ (地中海にあるイタリア最南端の島) ◇lampedusano
リーパリ Lipari㊛ (シチリア州のエオリア諸島中最大の島)
リーミニ Rimini㊚;《略》RN (エミーリア - ロマーニャ州の都市) ◇riminese
リヴォルノ Livorno㊚;《略》LI (トスカーナ州の都市) ◇livornese
リエーティ Rieti㊛;《略》RI (ラツィオ州の都市) ◇reatino, rietino
リグーリア Liguria㊛ (北部の州) ◇ligure
リグーリア海 Mar㊚ Ligure (地中海の一部で, コルシカ島の北側に広がる海) ◇ligure
ルカーニア Lucania㊛ (バジリカータの古名) ◇lucano
ルッカ Lucca㊛;《略》LU (トスカーナ州の都市) ◇lucchese
ルビコン川 Rubicone㊚ (ロマーニャ地方を流れる川)
レッコ Lecco㊛;《略》LC (ロンバルディーア州の都市) ◇lecchese
レッジョ・エミーリア Reggio (nell') Emilia㊛;《略》RE (エミーリア - ロマーニャ州の都市) ◇reggiano
レッジョ・カラーブリア Reggio (di) Calabria㊛;《略》RC (カラーブリア州の都市) ◇reggino
レッチェ Lecce㊛;《略》LE (プッリャ州の都市) ◇leccese
ロヴィーゴ Rovigo㊛;《略》RO (ヴェーネト州の都市) ◇rodigino, rovigotto
ローディ Lodi㊛;《略》LO (ロンバルディーア州の都市) ◇lodigiano
ローマ Roma㊛;《略》RM (イタリアの首都, ラツィオ州の州都) ◇romano
ロマーニャ Romagna㊛ (ボローニャの南東の地方) ◇romagnolo
ロンバルディーア Lombardia㊛ (北部の州) ◇lombardo

****

■世界の地名

ア 行

アーヘン Aquisgrana㊛ (ドイツ中西部の都市) ◇aquisgranese
アイギナ Egina㊛ (ギリシアの島) ◇egineta
アイスランド Islanda㊛ (大西洋北部の国) ◇islandese
アイルランド Irlanda㊛ (西ヨーロッパの国) ◇irlandese
アヴィニョン Avignone㊚ (フランス南部の都市) ◇avignonese
アウクスブルク Augusta㊛ (ドイツ南部の都市) ◇augustano
アキテーヌ Aquitania㊛ (フランス南西部の地方) ◇aquitano
アジア Asia㊛ ①大陸 ②(特に)中近東 ◇asiatico
アストゥリアス Asturie㊛[複] (スペイン北西部の地方の古称, 王国名)
アストラハン Astrachan, Astrakhan㊛ (ロシア連邦南西部の都市)

アスワン Assuan㊛ (エジプトの都市)
アゼルバイジャン Azerbaigian㊚ (西アジアの国) ◇azerbaigiano
アゾレス Azzorre㊛[複] (大西洋の諸島, ポルトガル領)
アッシリア Assiria㊛ (西アジアの古代王国) ◇assiro
アッティカ Attica㊛ (ギリシアの地方) ◇attico
アテネ Atene㊛ (ギリシアの首都) ◇ateniese
アナトリア Anatolia㊛ (小アジアの別称) ◇anatolico
アパラチア Appalachi㊚[複] (北アメリカの山脈)
アビシニア Abissinia㊛ (エチオピアの旧称) ◇abissino
アフガニスタン Afghanistan㊚ (西アジアの国) ◇afgano, afghano
アフリカ Africa㊛ (大陸) ◇africano
アマゾン川 Rio㊚ delle Amazzoni (南アメリカの川) ◇amazzonico
アメリカ合衆国 Stati㊚[複] Uniti d'America ◇statunitense, americano
アラゴン Aragona㊛ (スペイン北東部の地方) ◇aragonese
アラスカ Alaska, Alasca㊛ (アメリカ合衆国の州) ◇alascano
アラビア Arabia㊛ (西アジアの地方) ◇arabo
アラビア海 Mare㊚ Arabico. インド洋北西の海)
アラブ首長国連邦 Emirati㊚[複] Arabi Uniti (西アジアの国)
アルゴス Argo㊛ (ギリシアの古代都市)
アルザス Alsazia㊛ (フランス北東部の地方) ◇alsaziano
アルジェ Algeri㊛ (アルジェリアの首都) ◇algerino
アルジェリア Algeria㊛ (アフリカ北部の国) ◇algerino
アルゼンチン Argentina㊛ (南アメリカの国) ◇argentino
アルバニア Albania㊛ (ヨーロッパ南東の国) ◇albanese
アルプス(山脈) Alpi㊛[複] (西ヨーロッパの山脈) ◇alpino
アルメニア Armenia㊛ (西アジアの国) ◇armeno
アレクサンドリア Alessandria㊛ (エジプトの都市) ◇alessandrino
アンゴラ ① Angola㊛ (アフリカ西南部の国) ◇angolano
② Angora㊛ (トルコの首都アンカラの古名)
アンダルシア Andalusia㊛ (スペイン南部の地方) ◇andaluso
アンティオキア, アンタキア Antiochia㊛ (トルコの都市) ◇antiocheno
アンティグア・バーブーダ Antigua e Barbuda㊛ (カリブ海アンティル諸島にある国)
アンティル諸島 Antille㊛[複] (中央アメリカの諸島)
アンデス山脈 cordigliera㊛ delle Ande (南アメリカの山脈) ◇andino
アンドラ Andorra㊛ (西ヨーロッパの国) ◇andorrano
アンドラ・ラ・ベリャ Andorra la Vella㊛ (アンドラの首都)
アントワープ Anversa㊛ (ベルギー北部の都市) ◇anversano
アンナン Annam㊚ (ベトナム中部の地方) ◇annamita, annamitico

イエメン Yemen㊚（西アジアの国）◇yemenita
イオニア Ionia㊛（古代ギリシア人の植民した小アジア西海岸地方）◇ionico
イギリス Inghilterra㊛（公式国名：グレート・ブリテンおよび北部アイルランド連合王国 Regno㊚ Unito di Gran Bretagna e Irlanda del Nord）◇inglese, britannico
イギリス海峡 La Manica㊛（イギリスとフランスの間の海峡）
イストリア Istria㊛（アドリア海北部の半島. イタリア国境からスロヴェニア，クロアチアにまたがる）◇istriano
イスラエル Israele㊚（地中海東岸の国）◇israeliano
イタカ Itaca㊛（ギリシアのイオニア諸島の島）
イタリア Italia㊛（公式国名：イタリア共和国 Repubblica㊛ Italiana）◇italiano
イダリウム Idalio㊚（キプロス島の古代都市）◇idalio
イベリア半島 penisola㊛ iberica（西ヨーロッパの半島）◇iberico
イラク Iraq, Irak㊚（西アジアの国）◇iracheno
イラン Iran㊚（西アジアの国）◇iraniano
イリオン Ilio㊚（小アジアの古代都市トロイアのギリシア語名）
イリュリア Illiria㊛（バルカン半島北西部を指す古名）◇illirico
イングランド Inghilterra㊛（イギリスの地方）◇inglese
インダス川 Indo㊚（インド，パキスタンの川）◇インダス文明 civiltà della valle dell'Indo
インド India㊛（南アジアの国）◇indiano
インドシナ Indocina㊛（東南アジアの半島）◇indocinese
インドネシア Indonesia㊛（東南アジアの国）◇indonesiano
インド洋 Oceano㊚ Indiano
ヴァージニア Virginia㊛（アメリカ合衆国の州）
ウィーン Vienna㊛（オーストリアの首都）◇viennese
ウェールズ Galles㊚（イギリスの地方）◇gallese
ヴォルガ川 Volga㊚（ロシアを流れてカスピ海に注ぐ）
ウガンダ Uganda㊛（アフリカ中部の国）◇ugandese
ウクライナ Ucraina㊛（東ヨーロッパの国）◇ucraino
ウズベキスタン Uzbekistan㊚（中央アジアの国）◇uzbeko, uzbeco
ウラル川 Ural㊚（ウラル山脈に源を発しカスピ海に注ぐ）
ウラル山脈 Urali㊚[複]（ロシア西部の南北に連なる山脈）◇uralico
ウルグアイ Uruguay㊚（南アメリカの国）◇uruguaiano, uruguayano
エウボイア島 Eubea㊛（エーゲ海西部のギリシア最大の島）◇euboico
エーゲ海 Mare㊚ Egeo（地中海の海）◇egeo
エクアドル Ecuador㊚（南アメリカの国）◇ecuadoriano
エジプト Egitto㊚（アフリカ北部の国）◇egiziano
エスコリアル El Escorial㊚（スペイン中部の都市）
エストニア Estonia㊛（東ヨーロッパの国）◇estone
エチオピア Etiopia㊛（アフリカ北東部の国，旧称アビシニア）◇etiope, etiopico
エディンバラ Edimburgo㊛（イギリスの都市）◇edimburghese
エフェソス Efeso㊚（小アジア西部の古代都市）◇efesino
エリス Elide㊛（ペロポネソス半島にあったギリシアの古代都市で，古代オリンピック競技開催の地）
エリトリア Eritrea㊛（アフリカ北東部の国）◇eritreo
エルサルバドル El Salvador㊚（中央アメリカの国）◇salvadoregno
エルサレム Gerusalemme㊛（イスラエルの首都）◇gerosolimitano
エルベ川 Elba㊚（ドイツ東部の川）
エレウシス Eleusi㊛（古代ギリシア，アッティカ地方の都市）◇eleusino
オーストラリア Australia㊛（太平洋西南部の国）◇australiano
オーストリア Austria㊛（西ヨーロッパの国）◇austriaco
オーベルニュ Alvernia㊛（フランス中部の地方）◇alverniate
オセアニア Oceania㊛ ◇oceaniano
オホーツク海 Mare㊚ di Ochotsk（北太平洋の海）
オマーン Oman㊚（西アジアの国）◇omanita
オランダ Olanda㊛, Paesi㊚[複] Bassi（西ヨーロッパの国）◇olandese, neerlandese, nederlandese

カ 行

ガーナ Ghana㊛（アフリカ中西部の国）◇ghanaese, ghaneano
カーボヴェルデ Capo Verde㊚（アフリカ西海岸沖の国）◇capoverdiano
ガイアナ Guyana, Guiana㊛（南アメリカの国）◇guayanese, guianese
カイロ il Cairo㊚（エジプトの首都）◇cairota
カザフスタン Kazakistan㊚（中央アジアの国）◇kazaco, kazako
カサブランカ Casablanca㊛（モロッコ北西部の都市）
カシミール Kashmir㊚（インド北部の地方）◇kashmiriano
ガスコーニュ Guascogna㊛（フランス南西部の地方）
カスティリア Castiglia㊛（スペイン中部の地方）◇castigliano
カスピ海 Mar㊚ Caspio（西アジアの湖）◇caspico
カタール Qatar㊚（西アジアの国）◇qatarese, qatariota
カタルーニア Catalogna㊛（スペイン北東部の地方）◇catalano
カディス Cadice㊛（スペイン南部の都市）◇gaditano
カナダ Canada㊛（北アメリカの国）◇canadese
カナリア諸島 Isole㊛[複] Canarie（大西洋北アフリカ沖の諸島，スペイン領）
カフカス［コーカサス］山脈 Caucaso㊚（西アジアの山脈）◇caucasico
ガボン Gabon㊚（アフリカ中部の国）◇gabonese
カメルーン Camerun㊚（アフリカ中西部の国）◇camerunese, camerunense
カリブ海 Mare㊚ Caribico, Mare㊚ dei Caraibi（大西洋中西部の海）◇caribico
カルスト地方 Carso㊚（カルスト台地が広がるアルプス

東部の地方）◇carsico
カルタゴ Cartagine[女]（アフリカ北部チュニス付近の古代都市）◇cartaginese, punico
カルパチア山脈 Carpazi[男][複]（東ヨーロッパの山脈）◇carpatico
カレドニア Caledonia[女]（古代ローマ時代のスコットランドを指す）◇caledone
韓国 Corea[女] del Sud（公式国名：大韓民国 Repubblica[女] di Corea）◇sudcoreano
ガンジス川 Gange[男]（インドの川）
カンディア Candia[女]（ギリシアのクレタ島の港市，ギリシア語名イラクリオン）
カントン Canton[女]（広東，中国の都市）◇cantonese
ガンビア Gambia[女]（アフリカ北西部の国）◇gambiano
カンボジア Cambogia[女]（インドシナ半島の国）◇cambogiano
北アメリカ America[女] settentrionale, America[女] del Nord ◇nordamericano
北朝鮮 Corea[女] del Nord（公式国名：朝鮮民主主義人民共和国 Repubblica[女] Democratica Popolare di Corea）◇nordcoreano
ギニア Guinea[女]（アフリカ西部の国）◇guineano
ギニアビサウ Guinea-Bissau[女]（アフリカ西部の国）
キプロス Cipro[男]（地中海の国）◇cipriota
キューバ Cuba[女]（中央アメリカの国）◇cubano
ギリシア Grecia[女]（ヨーロッパ南東の国．公式国名：ギリシア共和国 Repubblica[女] Ellenica）◇greco
キリバス Kiribati[女][複]（太平洋中西部の国）◇gilbertino
キルギス Kirghizistan[男]（中央アジアの国）◇kirghiso
キレナイカ Cirenaica[女]（古代ギリシア人が植民地を建設したリビア東部の地方，現在のリビアのベンガジ州）◇cirenaico
キレネ Cirene[女]（キレナイカの古代ギリシア植民都市）◇cirenaico, cireneo
グアテマラ Guatemala[男]（中央アメリカの国）◇guatemalteco
クウェート Kuwait[男]（西アジアの国）◇kuwaitiano
グダニスク Danzica[女]（ポーランドの都市）◇gedanese
クノッソス Cnosso[女]（地中海クレタ島の古代都市，ミノス文明の中心地）
クラクフ Cracovia[女]（ポーランドの都市）◇cracoviano
グラナダ Granada[女]（スペイン南部の都市）◇granadino
グリーンランド Groenlandia[女]（北極のデンマーク領の島）◇groenlandese
クリミア半島 Crimea[女]（黒海に突き出た半島）
グルジア Georgia[女]（西アジアの国）◇georgiano
クレタ島 Creta[女]（ギリシアの島）◇cretese
グレナダ Grenada[女]（中央アメリカの国）
クロアチア Croazia[女]（ヨーロッパ南東の国）◇croato
ケニア Kenia, Kenya[男]（アフリカ東部の国）◇keniano, keniota
ゲルマニア Germania[女]（ヨーロッパの地方）◇germanico, tedesco
ケルン Colonia[女]（ドイツ中西部の都市）◇coloniese
紅海 Mar[男] Rosso（アフリカとアラビア半島を隔てる海）
コーカサス［カフカス］(地方) Caucasia[女]（黒海とカスピ海の間の地方）◇caucasico
コーカサス山脈 ⇒カフカス山脈
コートジボアール Costa[女] d'Avorio（アフリカ西部の国）◇avoriano, ivoriano
コートダジュール Costa[女] Azzurra（フランス南東部の地方）
コスタリカ Costa[女] Rica（中央アメリカの国）◇costaricano
黒海 Mar[男] Nero（東ヨーロッパの内海）
コモロ Comore[女][複]（アフリカ南東部コモロ諸島から成る国）
コリント Corinto[女]（ギリシアの都市）◇corinzio, corintio
コルシカ島 Corsica[女]（フランス南部の島）◇corso
コルフ Corfù[女]（ギリシアの島）◇corfiota
コロンビア Colombia[女]（南アメリカの国）◇colombiano
コンゴ共和国 Repubblica[女] del Congo（アフリカ西部の国，首都ブラザビル Brazzaville）◇congolese
コンゴ民主共和国 Repubblica[女] Democratica del Congo（アフリカ西部の国，首都キンシャサ Kinshasa）◇congolese
コンスタンティノープル Costantinopoli[女]（東ローマ帝国の首都，現在のトルコのイスタンブール）◇costantinopolitano

サ 行

サヴォア Savoia[女]（フランス南東の地方）◇savoiardo
サウジアラビア Arabia Saudita[女]（西アジアの国）◇saudita, saudiano
ザクセン Sassonia[女]（ドイツ東部の地方）◇sassone
ザグレブ Zagabria[女]（クロアチアの首都）◇zagabrese
サハラ砂漠 Sahara[男]（アフリカ北部の砂漠）◇sahariano
サマリア Samaria[女]（古代パレスチナの地方）◇samaritano
サモア Samoa[女][複]（南太平洋の国）◇samoano
サモトラケ島 Samotracia[女]（エーゲ海北東部の島）◇samotracio
サラゴサ Saragozza[女]（スペイン北東部の都市）
サラミス島 Salamina[女]（ギリシアの島）◇salamino
ザルツブルク Salisburgo[女]（オーストリアの都市）◇salisburghese
サルマーシア Sarmazia[女]（東ヨーロッパの黒海北方の地方，ポーランドとロシアの一部を指す古名）◇sarmatico
ザンジバル Zanzibar[女]（タンザニアの島・都市）◇zanzibarese
サントメ・プリンシペ São Tomé e Príncipe[女]（アフリカ中部の国）
ザンビア Zambia[女]（アフリカ南部の国）◇zambiano
サン・マリーノ San Marino[男]（イタリア中部の国）◇sanmarinese
シーアン Xi'an[女]（西安，中国の都市）

シエラレオネ Sierra Leone⊛（アフリカ西部の国）
ジェリコ, エリコ Gerico⊛（死海の北方にあるパレスチナの古代都市）
死海 Mar⊛ Morto（パレスチナの湖）
シドン Sidone⊛（古代フェニキアの都市，現在のレバノンのサイダ）
シナイ半島 penisola⊛ del Sinai（エジプトの半島）
ジブチ Gibuti⊛（アフリカ東部の国）
ジブラルタル Gibilterra⊛（イベリア半島南端の地方）
シベリア Siberia⊛（ロシア東部の地方）◇siberiano
ジャマイカ Giamaica⊛（中央アメリカの国）◇giamaicano
シャム Siam⊛（タイ王国の旧称）◇siamese
ジャワ島 Giava⊛（インドネシアの島）◇giavanese
シャンハイ Sciangai, Shanghai⊛（上海，中国の都市）◇sciangaineseシュヴァーベン地方 Svevia⊛（ドイツ南部の地方，かつての公国）◇svevo
シュテッティン Stettino⊛（ポーランドの都市）
シュトゥットガルト Stoccarda⊛（ドイツ南西部の都市）
ジュネーブ Ginevra ⊛（スイス南西部の都市）◇ginevrino
ジョージア Georgia⊛（アメリカ合衆国の州）
シリア Siria⊛（西アジアの国）◇siriano
シンガポール Singapore⊛（東南アジアの国）◇singaporiano
ジンバブエ Zimbabwe⊛（アフリカ南東部の国）◇zimbabwiano, zimbabwano
シンプロン峠 Sempione⊛（スイス南部の峠）
スイス Svizzera⊛（西ヨーロッパの国．公式国名：スイス連邦 Confederazione⊛ Elvetica）◇svizzero, elvetico
スウェーデン Svezia⊛（北ヨーロッパの国）◇svedese
スーダン Sudan⊛（アフリカ中部の国）◇sudanese
スエズ Suez⊛（エジプトの都市）
スエズ運河 Canale⊛ di Suez（エジプトの運河）
スカンジナビア Scandinavia⊛（北ヨーロッパの半島）◇scandinavo
スキタイ Scizia⊛（古代ギリシア人による黒海とカスピ海の北方および東方の地方の呼称）◇scita
スコットランド Scozia⊛（イギリスの地方）◇scozzese
ストックホルム Stoccolma⊛（スウェーデンの首都）
ストラスブール Strasburgo⊛（フランス北東部の都市）◇strasburghese
スパルタ Sparta⊛（ギリシアの都市，古代ギリシアの都市国家）◇spartano
スペイン Spagna⊛（西ヨーロッパの国）◇spagnolo
スマトラ Sumatra⊛（インドネシアの島）◇sumatrano
スラボニア Schiavonia, Slavonia⊛（クロアチアのドナウ川とサヴァ川にはさまれた地方）◇schiavone
スリナム Suriname⊛（南アメリカの国）
スリランカ Sri Lanka⊛（南アジアの国）◇singalese
スロヴァキア Slovacchia⊛（東ヨーロッパの国）◇slovacco
スロヴェニア Slovenia⊛（東ヨーロッパの国）◇sloveno
スワジランド Swaziland⊛（アフリカ南部の国）◇swazilandese
セイシェル Seicelle⊛[複]（インド洋西部の国）
セーヌ川 Senna⊛（フランスの川）
赤道ギニア Guinea Equatoriale⊛（アフリカ中部の国）
セネガル Senegal⊛（アフリカ西部の国）◇senegalese
セビリア Siviglia⊛（スペイン南西部の都市）◇sivigliano
セルビア Serbia⊛（ヨーロッパ南東の国）◇serbo
セント・ヘレナ島 Sant'Elena⊛（大西洋南部の島）◇santelenese
セントクリストファー・ネービス Saint Christophere Navis, Saint Kitts e Nevis⊛（中央アメリカの国）
セントビンセントおよびグレナディン諸島 Saint Vincente Grenadine⊛（中央アメリカの国）
セント・ルシア Saint Lucia⊛（中央アメリカの国）
ソウル Seul, Seoul, Soul⊛（韓国の首都）
ソフィア Sofia⊛（ブルガリアの首都）
ソマリア Somalia⊛（アフリカ東部の国）◇somalo
ソロモン諸島 Isole⊛[複] Salomone（太平洋南西部の国）◇salomonide

夕行

ダーダネルス海峡 Dardanelli⊛[複]（トルコの海峡）
タイ Thailandia⊛（東南アジアの国）◇t(h)ailandese
大西洋 Oceano⊛ Atlantico ◇atlantico
大ブリテン島 Gran Bretagna⊛（イギリスの島）◇britannico
台湾 Taiwan, Formosa⊛ ◇taiwanese
タジキスタン Tagikistan⊛（西アジアの国）
タスマニア Tasmania⊛（オーストラリア南方の島）◇tasmaniano
ダナキル Dancalia⊛（エチオピア北東部の地方）◇dancalo
タヒチ島 Tahiti⊛（ポリネシアの島，フランス領）◇tahitiano
ダブリン Dublino⊛（アイルランドの首都）◇dublinese
ダマスカス Damasco⊛（シリアの首都）◇damasceno
タルスス Tarso⊛（トルコの都市，古代キリキアの主要都市）
ダルマチア Dalmazia⊛（クロアチアの地方）◇dalmata
タンガニーカ Tanganica⊛（アフリカ東部のタンガニーカ湖周辺地域）◇tanganicano
タンザニア Tanzania⊛（アフリカ東部の国）◇tanzaniano
タンジール Tangeri⊛（モロッコ北部の都市）◇tangerino
チェコ Ceca⊛（東ヨーロッパの国）◇ceco
チグリス川 Tigri⊛（イラクの川）
地中海 Mare⊛ Mediterraneo ◇mediterraneo
チベット Tibet⊛（中国の地方）◇tibetano
チャド Ciad⊛（アフリカ中部の国）◇ciadiano
中央アフリカ共和国 Repubblica⊛ Centrafricana（アフリカ中部の国）◇centrafricano
中央アメリカ America⊛ centrale ◇centroamericano

中国 Cina㊛（公式国名：中華人民共和国 Repubblica㊛ Popolare Cinese）◇cinese
チューリッヒ Zurigo㊚（スイス北部の都市）◇zurighese
チューリンゲン Turingia㊛（ドイツ中部の州）◇turingio
チュニス Tunisi㊛（チュニジアの首都）
チュニジア Tunisia㊛（アフリカ北部の国）◇tunisino
朝鮮半島 penisola㊛ coreana ◇coreano
チリ Cile㊚（南アメリカの国）◇cileno
チロル（地方）Tirolo㊚（オーストリアの地方）◇tirolese
ツバル Tuvalu㊛[複]（南太平洋の国）
ティエンチン Tianjin㊛（天津，中国の都市）
ディジョン Digione㊛（フランス中東部の都市）◇digionese
ティチーノ Ticino㊚（スイス南部の州）◇ticinese
ティベリアス湖 lago㊚ di Tiberiade（パレスチナの湖．ガリラヤ湖 lago㊚ di Galilea とも言う）
テーバイ Tebe㊛（古代ギリシア，ボイオティア地方の都市）◇tebano
テーベ Tebe㊛（古代エジプトの都市）◇tebeo
テキサス Texas㊚（アメリカ合衆国の州）◇texano, tessano
テッサリア Tessaglia㊛（古代ギリシア，北東部の地方）◇tessalico, tessalo
テッサロニキ Salonicco㊛, Tessalonica㊛（ギリシアの都市）◇tessalonicese
テムズ川 Tamigi㊚（イギリスの川）
テュロス Tiro㊛（古代フェニキアの都市）
デルフォイ Delfi㊛（アポロンの神殿があったギリシアの古代都市）◇delfico
テルモピュライ Termopili㊛[複]（ギリシアの史蹟，第二次ペルシア戦争の有名な合戦場となった隘路）
デロス島 Delo㊛（ギリシアの島）
デンマーク Danimarca㊛（北ヨーロッパの国）◇danese
ドイツ Germania㊛（西ヨーロッパの国．公式国名：ドイツ連邦共和国 Repubblica㊛ Federale Tedesca）◇tedesco, germanico
トゥールーズ Tolosa㊛（フランス南部の都市）◇tolosano
トゥーレンヌ Turenna㊛（フランス中西部の地方）
トゥーロン Tolone㊛（フランス南東部の都市）
東京 Tokyo㊛
トーゴ Togo㊚（アフリカ中西部の国）◇togolese
ドーバー海峡 stretto㊚ di Dover（イギリス海峡北端の海域）
ドナウ川 Danubio㊚（ドイツからオーストリア，ハンガリーなどを経て黒海に注ぐ）◇danubiano
ドニエプル川 Dnepr㊚（ロシアからベラルーシ，ウクライナを経て黒海に注ぐ）
ドブロブニク Ragusa㊛（クロアチアの都市）◇raguseo
ドミニカ共和国 Repubblica㊛ Dominicana（中央アメリカの国）◇dominicano
ドミニカ国 Dominica㊛（中央アメリカの国）
トラキア Tracia㊛（バルカン半島南東の地方）◇tracio
トランシルヴァニア Transilvania㊛（ルーマニア中部の地方）◇transilvano
トリニダード・トバゴ Trinidade Tobago㊛（中央アメリカの国）
トリポリ Tripoli㊛①リビアの首都 ②レバノンの都市）◇tripolino
トルクメニスタン Turkmenistan㊚（中央アジアの国）◇turkmeno
トルコ Turchia㊛（西アジアの国）◇turco
ドレスデン Dresda㊛（ドイツ東部の都市）
トロイ Troia㊛（小アジア北西部の古代都市）◇troiano
ドロミーティ Dolomiti㊛[複]（イタリア北部の山地，アルプスの一支脈）◇dolomitico
トンガ Tonga㊛（太平洋中南部の国）◇tonga

ナ行

ナイアガラの滝 Cascate㊛[複] del Niagara（カナダとアメリカ合衆国の国境にある滝）
ナイジェリア Nigeria㊛（アフリカ西部の国）◇nigeriano
ナイル川 Nilo㊚（アフリカ北流し地中海に注ぐ世界最長の川）◇nilotico
ナウル Nauru㊚（南太平洋の国）◇nauruano
ナザレ Nazareth㊛（イスラエル北部の都市．イエス・キリストが少年時代を過ごした土地）
ナバラ Navarra㊛（スペイン北部の地方）◇navarrese, navarrino
ナバラ，ナバール Navarra㊛（イベリア半島北部の古代王国）◇navarrese, navarrino
ナミビア Namibia㊛（アフリカ南部の国）◇namibiano
ナルボンヌ Narbona㊛（フランス南部の都市）◇narbonese
南極 Antartide㊚ ◇antartico
南極海 Oceano㊚ Antartico
ナンキン Nanchino㊛（南京，中国の都市）
ニース Nizza㊛（フランス南東部の都市）◇nizzardo
ニカラグア Nicaragua㊛（中央アメリカの国）◇nicaraguense
ニケア，ニカイア Nicea㊛（小アジア北西部の古代都市）◇niceno
ニジェール Niger㊚（アフリカ中部の国）◇nigerino
ニネベ Ninive㊛（古代アッシリアの首都）
日本 Giappone㊚（日本人）giapponese, nipponico
ニューイングランド Nuova Inghilterra㊛（アメリカ合衆国北西部の地方）
ニューギニア Nuova Guinea㊛（太平洋南西部の島）
ニュージーランド Nuova Zelanda㊛（太平洋中南部の国）◇neozelandese
ニューファンドランド Terranova㊛（カナダ東部の島，および州）
ニューヨーク New York㊛（アメリカ合衆国の都市，および州）◇newyorkese
ニュルンベルク Norimberga㊛（ドイツ南東部の都市）◇norimberghese
ヌビア Nubia㊛（エジプト南部の地方）◇nubiano
ヌミディア Numidia㊛（アフリカ北部の古代王国）◇numida
ネパール Nepal㊚（南アジアの国）◇nepalese
ネメア Nemea㊛（ギリシアの地方，古代ギリシアの遺跡がある）
ノバスコシア Nuova Scozia㊛（カナダ南東部の州）

ノルウェー Norvegia㊛（北ヨーロッパの国）◇norvegese
ノルマンディー Normandia㊛（フランス北部の地方）◇normanno

ハ 行

ハーグ L'Aia㊛（オランダの都市）
バーゼル Basilea㊛（スイス北西部の都市）◇basilese
バーレーン Bahrain㊚（西アジアの国）
バイエルン, ババリア Baviera㊛（ドイツ南東部の州）◇bavarese
ハイチ Haiti㊚（中央アメリカの国）◇haitiano
バイヨンヌ Baiona㊛（フランス南西部の都市）
パキスタン Pakistan㊚（南アジアの国）◇pachistano, pakistano
バグダッド Baghdad㊛（イラクの首都）◇bagdadita
バスク Paesi㊚[複] Baschi, Province㊛[複] Basche（イベリア半島北部の地方）◇basco
バスラ Bassora㊛（イラクの都市）
パタゴニア Patagonia㊛（アルゼンチン南部の地方）◇patagone
バチカン Vaticano㊚（公式国名：バチカン市国 Città del Vaticano）◇vaticano
パトラス, パトレ Patrasso㊚（ギリシアの都市）
パナマ Panama㊚（中央アメリカの国）◇panamense
バヌアツ Vanuatu㊚（南太平洋の国）
ハノイ Hanoi㊛（ベトナムの首都）
ハノーヴァー Hannover㊛（ドイツ北西部の都市）◇annoveriano
ハバナ L'Avana㊛（キューバの首都）◇avanese
バハマ Bahamas㊚[複]（西インド諸島にある国）
バビロニア Babilonia㊛（メソポタミア南東部の地方）◇babilonese
バビロン Babilonia, Babele㊛（イラクの古代都市）◇babilonese
パプア Papua㊛（インドネシアの地方）◇papua
パプア・ニューギニア Papua-Nuova Guinea㊛（太平洋南西部の国）◇papua
パラオ Palau㊛（太平洋西部の国）
パラグアイ Paraguay㊚（南アメリカの国）◇paraguaiano
パリ Parigi㊛（フランスの首都）◇parigino
バルカン半島 penisola㊛ balcanica◇balcanico
バルセロナ Barcellona㊛（スペイン北東の都市）◇barcellonese
パルテノン Partenone㊚（アテネにあった女神アテナの神殿）
バルト海 Mar㊚ Baltico（北ヨーロッパの海）◇baltico
パルナッソス山 Parnaso㊚（アポローンと学芸の女神ムーサたちが住んでいたと伝えられるギリシアの山）
バルバドス Barbados㊚[複]（中央アメリカの国）◇barbadosiano
パレスチナ Palestina㊛（ヨルダン川流域の地方）◇palestinese
バレンシア Valenza㊛（スペイン南部の地方，中世にイスラム教徒の王国があった）◇valenzano
ハワイ Hawaii㊛[複]（アメリカ合衆国の島，および州）◇hawaiano

ハンガリー Ungheria㊛（東ヨーロッパの国）◇ungherese, magiaro
バングラデシュ Bangladesh㊚（南アジアの国）◇bangladese
パンノニア Pannonia㊛（ドナウ川南西部の古代ローマの属州，現在のハンガリーの地域）◇pannonico
ハンブルク Amburgo㊚（ドイツ北部の都市）◇amburghese
東ティモール Timor Est㊚（東南アジアの国）
ピカルディ Piccardia㊛（フランス北部の地方）◇piccardo
ビキニ環礁 atollo㊚ di Bikini（中部太平洋の環礁）
ビザンティウム Bisanzio㊚（ローマ帝国東部の古代都市，現在のイスタンブール）◇bizantino
ビスワ川 Vistola㊛（ポーランドの川）
ヒマラヤ(山脈) Himalaya㊚（中央アジアの山脈）◇(h)imalaiano, himalayano
ピョンヤン Pyongyang㊚（平壌，北朝鮮の首都）
ビルマ Birmania㊛（ミャンマーの旧称）◇birmano
ピレウス il Pireo㊚（ギリシアの都市）
ピレネー山脈 Pirenei㊚[複]（フランス・スペイン国境の山脈）
ヒンドゥスタン Hindustan, Indostan㊚（インドの地方）◇indostano
ピンドス(山脈) Pindo㊚（ギリシアの山脈）
フィジー Figi㊚[複]（太平洋中南部の国）◇figiano
フィリピン Filippine㊛[複]（東南アジアの国）◇filippino
フィンランド Finlandia㊛（北ヨーロッパの国）◇finlandese
ブータン Bhutan㊚（南アジアの国）◇b(h)utanese
フェニキア Fenicia㊛（地中海東部沿岸地域の古名）◇fenicio
ブエノスアイレス Buenos Aires㊛（アルゼチンの首都）◇bonaerense
プエルトリコ Portorico㊚（中央アメリカの島）◇portoricano
ブダペスト Budapest㊚（ハンガリーの首都）◇budapestiano
ブラジル Brasile㊚（南アメリカの国）◇brasiliano
プラハ Praga㊛（チェコの首都）◇praghese
フランクフルト・アム・マイン Francoforte sul Meno（ドイツ西部の都市）◇francofortese
フランケン Franconia㊛（ドイツ南部の地方）◇francone
フランス Francia㊛（西ヨーロッパの国）◇francese
フランドル Fiandre㊛[複]（フランス・ベルギー・オランダの北海に面した地域）◇fiammingo
フリースラント Frisia㊛（オランダ北部の州）◇frisone
ブリタニア Britannia㊛（ブリテン島，特にその南部地方）◇britannico, britanno
ブリュッセル Bruxelles㊛（ベルギーの首都）◇brussellese
ブルージュ Bruges㊛（ベルギーの都市）◇brugitano
ブルガリア Bulgaria㊛（ヨーロッパ南東の国）◇bulgaro
ブルキナ・ファソ Burkina Faso㊚（アフリカ中西部の国）
ブルゴーニュ Borgona㊛（フランス中東部の地方）◇borgognone
ブルターニュ Bretagna㊛（フランス北部の地方）

ブルターニュ ◇bretone
ブルタバ川 Moldava㊛ ⇁モルドバ川
ブルネイ Brunei㊚（東南アジア、ボルネオ島北西の国）◇bruneiano
ブルンジ Burundi㊚（アフリカ南部の国）
プレアルプス Prealpi㊚[複]（イタリア北部のアルプス前山地域）◇prealpino
ブレーメン Brema㊛（ドイツ北西部の州・都市）◇bremese
プロヴァンス Provenza㊛（フランス南東部の地方）◇provenzale
フローニンゲン Groninga㊛（オランダの都市）
プロシア, プロイセン Prussia㊛（ドイツ北東部の地方）◇prussiano
ベオグラード Belgrado㊛（セルビアの首都）◇belgradese
ペキン Pechino㊛（北京、中国の首都）◇pechinese
ヘスペリア Esperia㊛（古代ギリシア人が用いたスペイン、イタリアの古代名称、ギリシア語で「西」を意味する）
ヘッセン Assia㊛（ドイツ西部の州）◇assiano
ベトナム Vietnam㊚（インドシナ半島の国）◇vietnamita
ベナン Benin㊚（アフリカ西部の国）
ベネズエラ Venezuela㊚（南アメリカの国）◇venezuelano
ベネルクス Benelux㊚（ベルギー・オランダ・ルクセンブルクの地方）
ベラルーシ Bielorussia㊛, Russia㊛ Bianca（東ヨーロッパの国）◇bielorusso
ベリーズ Belize㊚（中央アメリカの国）
ペルー Perù㊚（南アメリカの国）◇peruviano
ヘルヴェティア Elvezia㊛（古代ローマ時代のアルプス地方の呼称、スイスのラテン語名）◇elvetico
ベルガモン Pergamo㊚（ヘレニズム時代に栄えた小アジア北西部の古代都市）◇pergameno
ベルギー Belgio㊚（ヨーロッパの国）◇belga
ペルシア Persia㊛（イランの旧称）◇persiano
ペルシア湾 golfo㊚ Persico（イランとアラビア半島の間の湾）
ベルリン Berlino㊚（ドイツの首都）◇berlinese
ベルン Berna㊛（スイスの首都）◇bernese
ヘレス Xeres㊚（スペイン南部の都市）
ペロポネソス半島 Peloponneso㊚（ギリシアの半島）◇peloponnesiaco
ベンガル Bengala㊛（インドとバングラデシュにまたがるインド半島北東部の地方）◇bengalese
ヘント Gand㊛（ベルギーの都市）
ポーランド Polonia㊛（東ヨーロッパの国）◇polacco
ボスニア・ヘルツェゴビナ Bosnia-Erzegovina㊛（ヨーロッパ南東の国）◇bosniaco, erzegovese
ボスニア湾 golfo㊚ di Botnia（スウェーデンとフィンランドの間の湾）
ボスポラス海峡 Bosforo㊚（トルコ北西部の海峡）
北極 Artide㊛ artico
北極海 Mare㊚[Oceano㊚] Artico
ボツワナ Botswana㊚（アフリカ南部の国）
ボヘミア Boemia㊛（チェコの中核を成す地方）◇boemo
ポメラニア Pomerania㊛（ドイツ北東部からポーランド北西部地方）◇pomerano
ポリネシア Polinesia㊛ ◇polinesiano
ボリビア Bolivia㊛（南アメリカの国）◇boliviano
ポルトガル Portogallo㊚（西ヨーロッパの国）◇portoghese
ホンコン Hong Kong（香港、中国の都市）
ホンジュラス Honduras㊚（中央アメリカの国）◇honduregno, honduriano

マ 行

マーシャル諸島 Isole㊛[複] Marshall（太平洋西部の国）
マイン川 Meno㊚（ドイツの川）
マインツ Magonza㊛（ドイツ中西部の都市）
マクデブルク Magdeburgo㊚（ドイツ中部の都市）
マグレブ Maghreb㊚（モロッコ・アルジェリア・チュニジア地域の総称）◇maghrebino
マケドニア Macedonia㊛ ①ギリシアの古代王国 ②ヨーロッパ南東の国 ◇macedone, macedonico
マジョルカ島 Maiorca㊛（地中海の島、スペイン領）◇maiorchino
マゼラン海峡 stretto㊚ di Magellano（南米大陸南端とフエゴ島の間の海峡）
マダガスカル Madagascar㊚（アフリカ南東部の国）◇malgascio
マッキンリー山 Mac Kinley㊚（アメリカ合衆国の山）
マデイラ島 Madera㊛（アフリカ北西沖の島、ポルトガル領）
マドリード Madrid㊚（スペインの首都）◇madrileno
マニラ Manila㊛（フィリピンの首都）
間宮海峡 stretto㊚ dei Tartari（サハリン北部とシベリア東岸との間の海峡）
マラウイ Malawi㊚（アフリカ南東部の国）◇malawiano
マラッカ Malacca㊛（マレーシアの州・都市）
マラッカ海峡 stretto㊚ di Malacca（マレーシア半島・スマトラ島間の海峡）
マリ Mali㊚（アフリカ北西部の国）◇maliano
マルセイユ Marsiglia㊛（フランス南部の都市）◇marsigliese
マルタ Malta㊛（地中海中央部の島、および国）◇maltese
マレーシア Malaysia㊛（東南アジアの国）◇malaysiano
満州 Manciuria㊛（中国北東部の旧称）◇manciuriano, mancese
マントン Mentone㊚（フランス南東部の都市）
ミクロネシア Micronesia㊛ ◇micronesiano
南アフリカ Sudafrica㊚（アフリカ南部の国）◇sudafricano
南アメリカ America㊛ meridionale, America㊛ del Sud ◇sudamericano
ミャンマー Myanmar㊚（東南アジアの国）
ミュケナイ Micene㊛（ペロポネソス半島北東部のアルゴリス地方にあった古代ギリシアの都市）◇miceneo
ミュンヘン Monaco㊚ di Baviera（ドイツ南部の都市）◇monacense, monachese
ミロス島 Milo㊛（ギリシアのエーゲ海キクラデス諸島中の島）
メキシコ Messico㊚（中央アメリカの国）◇messicano

メキシコ・シティ Città⊛ del Messico（メキシコの首都）
メキシコ湾流 Corrente⊛ del Golfo
メッカ La Mecca⊛（サウジアラビアの都市でイスラム教の聖地）
メディナ Medina⊛（サウジアラビアの都市でイスラム教の聖地）◇medinese
メラネシア Melanesia⊛ ◇melanesiano
メンフィス Menfi⊛（エジプトの古代都市）◇menfitano
モエシア Mesia⊛（ドナウ川下流南岸のローマ帝国の州）
モーリシャス Maurizio男（インド洋西部の国）◇mauriziano
モーリタニア Mauritania⊛（アフリカ中西部の国）◇mauritano, mauro
モザンビーク Mozambico男（アフリカ南東部の国）◇mozambicano
モスクワ Mosca⊛（ロシアの首都）◇moscovita
モスクワ大公国 Moscovia⊛（モスクワを中心に13世紀後半に独立した封建国家）
モナコ Monaco⊛（西ヨーロッパの国．公式国名：モナコ公国 Principato男 di Monaco）◇monegasco
モラヴィア Moravia⊛（チェコ東部の地方）◇moravo
モルジブ Maldive⊛［複］（南アジアの国）◇maldiviano
モルダヴィア Moldavia⊛（モルドバからルーマニア北東部に広がる地域）◇moldavo
モルッカ［マルク］諸島 Molucche⊛［複］（インドネシアの諸島）◇molucchese
モルドバ Moldavia⊛（東ヨーロッパの国）◇moldavo
モルドバ川 Moldava⊛（チェコの川）
モロッコ Marocco男（アフリカ北西部の国）◇marocchino
モンゴル Mongolia⊛（中央アジアの国）◇mongolo, mongolico
モンテネグロ Montenegro男（ヨーロッパ南東部の国）◇montenegrino

ヤ 行

ユーフラテス川 Eufrate男（イラクの川）
ユーラシア Eurasia⊛ ◇eurasiatico
ユダヤ Giudea⊛（ペルシア，ギリシア，ローマの支配下にあった古代パレスチナ南部の地方）◇giudeo
ヨーロッパ Europa⊛ ◇europeo
ヨルダン Giordania⊛（西アジアの国）◇giordano

ラ 行

ライデン Leida⊛（オランダの都市）
ライプツィッヒ Lipsia⊛（ドイツ東部の都市）
ライン川 Reno男（アルプスに源を発し北海に注ぐ川）◇renano
ラインラント Renania⊛（ドイツ西部，ライン川流域の地方）
ラエティア Rezia⊛（中央アルプス地域にあった古代ローマ属州の1つ）
ラオス Laos男（インドシナ半島にある国）◇laotiano
ラコーニア Laconia⊛（ギリシアのペロポネソス半島南東部の地域，中心都市スパルタ）◇laconico
ラップランド Lapponia⊛（スカンジナビア半島北部の地方）◇lappone
ラトビア Lettonia⊛（東ヨーロッパの国）◇lettone
リエージュ Liegi⊛（ベルギー東部の都市）
リスボン Lisbona⊛（ポルトガルの首都）◇lisbonese
リディア Lidia⊛（小アジア西部にあった古代国）◇lidio
リトアニア Lituania⊛（東ヨーロッパの国）◇lituano
リビア Libia⊛（アフリカ北部の国）◇libico
リヒテンシュタイン Liechtenstein男（西ヨーロッパの国）
リベリア Liberia⊛（アフリカ北西部の国）◇liberiano
リムーザン Limosino⊛（フランス中西部の地方）◇limosino
リモージュ Limoges⊛（フランスのリムーザン地方の中心都市）◇limosino
リューベック Lubecca⊛（ドイツ北部の都市）
リュキア Licia⊛（小アジア南西部にあった古代国）◇licio
リヨン Lione⊛（フランス東部の都市）◇lionese
ルーマニア Romania⊛（ヨーロッパ南東部の国）◇romeno, rumeno, romano, rumano
ルクセンブルク Lussemburgo男（西ヨーロッパの国）◇lussemburghese
ルシタニア Lusitania⊛（イベリア半島西南部の古代ローマ領の地域，現在のポルトガル中央部とスペイン西部地域）◇lusitano
ルツェルン Lucerna⊛（スイス中部の都市）
ルワンダ Ruanda⊛（アフリカ東部の国）◇ruandese
レスボス島 Lesbo男（エーゲ海北東部のギリシアの島）◇lesbico, lesbio
レソト Lesotho男（アフリカ南部の国）
レバノン Libano男（地中海東岸の国）◇libanese
レパント Lepanto⊛（ギリシアの都市）
レポンティン・アルプス Alpi⊛［複］Lepontine（アルプス中部の山脈）
レマン湖 Lemano男（スイス西部の湖）
ロアール川 Loira⊛（フランスの川）
ローザンヌ Losanna⊛（スイス西部の都市）
ロードス Rodi⊛（エーゲ海南東部の島とその港市）◇rodiese
ローヌ川 Rodano男（フランス南東部を地中海に流れる川）
ロカルノ Locarno⊛（スイス中南部の都市）◇locarnese
ロシア Russia⊛ ◇russo
ロゼッタ Rosetta⊛（エジプト，ナイル河口の都市）
ロッキー山脈 Montagne⊛［複］Rocciose（北アメリカの山脈）
ロレーヌ Lorena⊛（フランス北東部の地方）◇lorenese
ロンドン Londra⊛（イギリスの首都）◇londinese

ワ 行

ワーテルロー Waterloo⊛（ベルギー中部の都市）
ワルシャワ Varsavia⊛（ポーランドの首都）◇varsaviano

■世界の人名

ア 行

アイスキュロス Eschilo男 (前525-456；ギリシアの三大悲劇詩人の1人.『縛られたプロメテウス』 *Prometeo incatenato*,『ペルシア人』*I persiani*,『オレステイア』*Orestea*)

アヴェロエス Averroè男 (1126-1198；スペイン生まれのアラビア哲学者, 医学者, アリストテレスの注釈家. 本名はイブン・ルシュド Ibn Rushd)
◇アヴェロエス主義 averroismo男

アヴォガドロ Amedeo Avogadro (Torino 1776-1856；イタリアの科学者.「分子説」を発見)

アウグスティヌス(聖) Sant'Agostino (354-430；ヌミディア生まれの初期キリスト教会最大の教父)
◇聖アウグスティヌスの agostiniano

アウグストゥス Cesare Augusto Ottaviano (Roma 前63-Nola 後14；ローマ帝国初代皇帝, 在位：前27-後14)
◇アウグストゥス帝の augusteo

アガンベン Giorgio Agamben男 (Roma 1942-；イタリアの哲学者, 美学者.『ホモ・サケル』*Homo sacer*)

アグネス(聖) Sant'Agnese女 (3-4世紀；12歳で殉教したローマの少女)

アグリッパ Marco Vipsanio Agrippa男 (前63-前12；ローマの将軍)

アグリッパ (ネッテスハイムの) Agrippa di Nettesheim男 (1486-1535；ドイツの思想家, 錬金術師.『オカルト哲学』*De occulta philosophia*)

アグリッピーナ ①アグリッピーナ Agrippina maggiore女 (前14-後33；アグリッパの娘, ローマ皇帝ゲルマニクスの妃でカリグラや小アグリッピーナの母) ②小アグリッピーナ Agrippina minore女 (15-59；ローマ皇帝クラウディウスの妃でネロの母)

アショカ Ashoka男 (前3世紀；インドのマウリア朝の王)

アスクレピアデス Asclepiade di Samo男 (前4-3世紀；ギリシアの詩人) ◇アスクレピアデス格の asclepiadeo

アタナシウス Atanasio di Alessandria男 (295頃-373；アレクサンドリアの司教)

アッティラ Attila男 (406頃-453；ヨーロッパに大帝国を建設したフン族の王)

アッバード Claudio Abbado男 (Milano 1933-；イタリアの指揮者)

アナクレオン Anacreonte男 (前570頃-488頃；ギリシアの叙情詩人)

アニェッリ Giovanni Agnelli男 (Villar Peroso, Torino 1866-Torino 1945；イタリアの実業家. 自動車製造会社 FIAT の創立者)

アマーティ Nicola Amati男 (Cremona 1596-1684；イタリアのヴァイオリン製作者でアントニオ・ストラディヴァリの師)

アラリック Alarico男 (370頃-410；西ゴート族の王で410年にローマを占領した)

アリウス Ario男 (250頃-336；キリストの神性を否定する説を唱え異端のかどで追放された, アレクサンドリアの聖職者)

アリオスト Ludovico Ariosto男 (Reggio Emilia 1474-Ferrara 1533；イタリアの詩人.『狂えるオルランド』*Orlando furioso*)

アリギエーリ →ダンテ

アリスタルコス Aristarco (di Samotracia) 男 (前217頃-145頃；ギリシアの文献学者, 批評家)

アリスティデス Aristide男 (前530頃-462頃；ギリシアの政治家, 将軍)

アリストテレス Aristotele男 (前384-322；ギリシアの哲学者) ◇アリストテレスの aristotelico

アリストファネス Aristofane男 (前445頃-385頃；ギリシアの詩人, 喜劇作家)

アルカイオス Alceo男 (前630頃-550頃；ギリシアの詩人)

アルキビアデス Alcibiade男 (前450-404頃；ギリシアの政治家)

アルキブージ Francesca Archibusi女 (Roma 1960-；イタリアの映画監督.『カボチャ大王』*Il grande cocomero*)

アルキメデス Archimede男 (前287頃-212；ギリシアの数学者) ◇アルキメデスの原理 principio di Archimede

アルキロコス Archiloco男 (前7世紀；ギリシアの詩人)

アルクイン Alcuino (di York) 男 (735頃-804；イギリスの神学者, 教育家)

アルトゥージ Pellegrino Artusi男 (Forlimpopoli 1820-Firenze 1911；イタリアの作家, 美食家.『調理学と食事法』*La Scienza in cucina e l'arte di mangiare bene*)

アルドロヴァンディ Ulisse Aldrovandi (Bologna 1522-1605；イタリアの博物学者)

アルビノーニ Tommaso Albinoni (Venezia 1671-1750；イタリアの作曲家)

アルフィエーリ Vittorio Alfieri男 (Asti 1749-Firenze 1803；イタリアの劇作家.『サウル』*Saul*,『自伝』*Vita di Vittorio Alfieri da Asti scritta da esso*)

アルベルティ Leon Battista Alberti (Genova 1404- Roma 1472；イタリアの芸術家, 詩人, 哲学者)

アルミニョン Vittorio Arminjon (1830-1897；1866年8月, 日伊就航通商条約に調印したイタリア代表)

アレクサンデル Alessandro, 〔ラ〕Alexander (歴代教皇の名)

アレクサンドロス大王 Alessandro Magno男 (前356-323；マケドニア国王)

アレティーノ Pietro Aretino男 (Arezzo 1492-Venezia 1556；イタリアの風刺作家)

アンジェーリコ →フラ・アンジェーリコ

アンセルムス(聖) Sant'Anselmo d'Aosta (Aosta 1033- Canterbury 1109；イタリア生まれのスコラ哲学者, 教父, カンタベリー大司教)

アントニオーニ Michelangelo Antonioni男 (Ferrara 1912-2007；イタリアの映画監督.『情事』*L'avventura*,『赤い砂漠』*Deserto rosso*)

アントニオ・ダ・パードヴァ(聖) Sant'Antonio da Padova男 (Lisbona 1195- Arcella, Padova 1231；ポルトガル出身のフランチェスコ会士, 神学者)

アンブロシウス(聖) Sant'Ambrogio男 (Treviri 340頃- Milano 397；ミラノの司教, ミラノ市の守護聖人)

イグナティウス・デ・ロヨラ(聖) Sant'Ignazio di Loyola男 (1491-1556；スペインの宗教家, イエズス会の創設者)

イザベッラ・デステ Iṣabella d'Este[女] (Ferrara 1474–1539；マントヴァ公爵夫人)

イソクラテス Iṣocrate[男] (前436–338；ギリシアの雄弁家，修辞家)

イソップ Eṣopo[男] (前6世紀；ギリシアの寓話作家) ◇イソップの eṣopico

インノケンティウス Innocenzo[男], 〔ラ〕Innocentius (歴代教皇の名)

ヴァザーリ Giorgio Vaṣari[男] (Arezzo 1511– Firenze 1574；イタリアの建築家，作家，画家．『芸術家列伝』*Vite de' più eccellenti architetti, scultori e pittori italiani da Cimabue insino a' tempi nostri*)

ヴァッティモ Gianni Vattimo[男] (Torino 1936–；イタリアの哲学者．『弱い思想』*Il pensiero debole*)

ヴァッラ Lorenzo Valla[男] (Roma 1407–1457；イタリアの人文主義者，哲学者)

ヴァリニャーノ Alessandro Valignano[男] (Chieti 1539– Macao 1606；イタリアの宣教師，イエズス会士．1579年（天正7年）来日，天正少年使節4人のローマ派遣を企画した)

ヴァレンチノ Rodolfo Valentino[男] (Castellaneta, Taranto 1895– New York 1926；イタリア生まれのアメリカ映画俳優)

ヴァレンティーノ(聖) San Valentino[男] (3世紀；ローマのキリスト教殉教者)

ヴァロ Marco Terenzio Varrone[男] (前116–27；ローマの文学者)

ヴィーコ Giambattista Vico[男] (Napoli 1668–1744；イタリアの哲学者．『新しい学』*Scienza nuova*)

ヴィヴァルディ Antonio Vivaldi[男] (Venezia 1678–Vienna 1741；イタリアの作曲家．『調和の霊感』*L'estro armonico*,『和声と創意の試み』*Il cimento dell'armonia e dell'invenzione*)

ヴィクトリア女王 Regina Vittoria[女] (1819–1901；イギリス女王，在位：1837–1901．インドの女帝) ◇ヴィクトリア王朝時代の vittoriano

ヴィスコンティ Luchino Visconti[男] (Milano 1906–Roma 1976；イタリアの映画監督．『郵便配達は二度ベルを鳴らす』*Ossessione*,『山猫』*Il Gattopardo*)

ヴィスコンティ家 i Visconti (13–14世紀にミラノ公国を治めた家系)

ヴィッティ Monica Vitti[女] (Roma 1931–；イタリアの映画俳優．本名 Maria Luisa Ceciarelli)

ヴィットリーニ Elio Vittorini[男] (Siracuṣa 1908–Milano 1966；イタリアの作家．『シチリアでの会話』*Conversazione in Sicilia*)

ヴィットリーノ・ダ・フェルトレ Vittorino da Feltre[男] (Feltre 1378頃– Mantova 1446；イタリアの人文学者，教育者)

ヴィットリオ・エマヌエーレ ①2世Vittorio Emanuele II[男] (Torino 1820– Roma 1878；初代イタリア国王，在位：1861–78)
②3世 Vittorio Emanuele III[男] (Napoli 1869–Alessandria d'Egitto 1947；第3代イタリア国王，在位：1900–46)

ヴィッラーニ Giovanni Villani[男] (Firenze 1280頃–1348；イタリアの年代記作者．『新年代記』*Nuova Cronica*)

ウィトルウィウス Marco Vitruvio Pollione[男] (前1世紀；ローマの建築家．『建築論』*De architectura*)

ヴェスプッチ Amerigo Vespucci[男] (Firenze 1454– Siviglia 1512；イタリアの航海者，探検家)

ヴェッロッキオ Verrocchio[男] (Firenze 1435–Venezia 1488；イタリアの彫刻家，画家．本名 Andrea di Francesco di Cione)

ヴェルガ Giovanni Verga[男] (Catania 1840–1922；イタリアの作家．『マラヴォリア家の人々』*I Malavoglia*,『カヴァッレリーア・ルスティカーナ』*Cavalleria rusticana*)

ウェルギリウス Publio Virgilio Marone[男], 〔ラ〕Publius Vergilius Maro (前70–前19；ローマの詩人．『アエネイス』*Eneide*)

ヴェルディ Giuṣeppe Verdi[男] (Roncole di Busseto, Parma 1813– Milano 1901；イタリアの作曲家．『アイーダ』*Aida*,『リゴレット』*Rigoletto*,『オテッロ』*Otello*,『椿姫』*La traviata*)

ウェルトミュラー Lina Wertmüller[女] (Roma 1928–；イタリアの映画監督．『流されて…』*Travolti da un insolito destino nell'azzurro mare d'agosto*)

ヴェロネーゼ Veronese[男] (Verona 1528– Venezia 1588；イタリアの画家．本名 Paolo Caliari)

ヴェントゥーリ Lionello Venturi[男] (Modena 1885– Roma 1961；イタリアの美術史家．『美術批評史』*Storia della critica d'arte*)

ヴォルタ Alessandro Volta[男] (Como 1745–1827；イタリアの物理学者)

ヴォルテール Voltaire[男] (1694–1778；フランスの作家，思想家．本名 François Marie Arouet) ◇ヴォルテールの volterriano

ウッチェッロ Paolo Uccello[男] (Pratovecchio, Arezzo 1397頃– Firenze 1475；イタリアの画家．本名 Paolo di Dono)

ウルカ Vulca[男] (前6世紀頃；名が伝わる唯一のエトルリアの芸術家，彫刻家．ウェイイのアポロン像（テラコッタ）の作家)

ウルバヌス Urbano[男], 〔ラ〕Urbanus (歴代教皇の名)

ウンガレッティ Giuṣeppe Ungaretti[男] (Alessandria d'Egitto 1888– Milano 1970；イタリアの詩人．ノーベル文学賞受賞)

ウンベルト ①1世 Umberto I[男] (Torino 1844–Monza 1900；イタリア統一国家の第二代国王，在位：1878–1900) ◇ウンベルト1世時代の umbertino
②2世 Umberto II[男] (Racconigi, Cuneo 1904–Ginevra 1983；共和国成立前の最後のイタリア王)

エイナウディ ① Luigi Einaudi[男] (Carrù, Cuneo 1874– Roma 1961；イタリアの経済学者，政治家，イタリア共和国初代大統領)
② Giulio Einaudi[男] (Torino 1912– Magliano Sabina, Roma 1999； Luigi の息子，編集者．出版社エイナウディの創立者)

エウゲニウス Eugenio[男], 〔ラ〕Eugenius (歴代教皇の名)

エウスターキオ Bartolomeo Eustachio[男] (San Severino Marche, Macerata 1505頃–1574；イタリアの解剖学者)

エウセビオス Euṣebio (di Cesarea) [男] (260頃–340；「教会史の父」と呼ばれる歴史家，カイサリア司教)

エウリピデス Euripide[男] (前480頃–406頃；ギリシアの三大悲劇詩人の1人．『メデア』*Medea*,『ヒッポリ

ユトス』 *Ippolito*,『エレクトラ』*Elettra*)
エーコ Umberto Eco男 (Alessandria 1932– ; イタリアの記号論学者, 小説家.『薔薇の名前』*Il nome della rosa*,『フーコーの振り子』*Il pendolo di Foucault*)
慧能(ゑのう) Huineng男 (638-713 ; 中国, 盛唐の禅僧)
エピクテトス Epitteto男 (50頃-130頃 ; ローマ帝国時代のストア派哲学者)
エピクロス Epicuro男 (前341-270 ; ギリシアの哲学者) ◇エピクロス(派)の epicureo
エラスムス Erasmo da Rotterdam男 (1466頃-1536 ; オランダの人文学者, 神学者.『痴愚神礼賛』*Elogio della follia*) ◇エラスムスの erasmiano
エリザベス1世 Elisabetta I女 (1533-1603 ; イギリスの女王) ◇エリザベス1世の elisabettiano
エルコレ1世(エステ家の) Ercole I d'Este男 (1431-1505 ; フェッラーラ侯)
エンペドクレス Empedocle男 (前480頃-420頃 ; ギリシアの哲学者)
閻立本(えんりっ) Yen Liben男 (? -673 ; 中国, 唐の画家)
王維(おうい) Wang Wei男 (699頃-761 ; 中国, 盛唐の詩人, 画家)
オウィディウス Publio Ovidio Nasone男,〔ラ〕Publius Ovidius Naso (前43-後17 ; ローマの詩人.『転身譜』*Metamorfosi*)
王羲之(おうぎし) Wang Xi Zhi (307頃-365頃 ; 中国, 東晋の書家)
王蒙 Wang Meng (1308-85 ; 中国, 元末明初の画家)
王陽明(おうようめい) Wang Yangming男 (1472-1528 ; 中国, 明の思想家)
オクタウィアヌス Ottaviano → アウグストゥス
オッカム Guglielmo di Occam男 (1280頃-1349頃 ; イギリスのスコラ哲学者) ◇オッカム主義 occamismo
オルガンティーノ Gnecchi Soldo Organtino男 (1530頃-1609 ; イエズス会宣教師, 織田信長の命で京都に教会堂を建てた)
オルシーニ家 gli Orsini男[複] (12世紀に興ったローマの名門貴族)
オルランド Vittorio Emanuele Orlando男 (Palermo 1860– Roma 1952 ; イタリアの政治家)

カ 行

カール5世 Carlo V男 (1500-1558 ; 神聖ローマ帝国皇帝, 在位 : 1519-56)
カール大帝, シャルルマーニュ Carlo Magno男 (742-814) ◇カール大帝[シャルルマーニュ]の carolingio, carolino
ガイウス Gaio男 (2世紀 ; ローマの法学者.『法学提要』*Istituzioni*)
カヴァーニ Liliana Cavani (Carpi, Modena 1933– ; イタリアの映画監督.『愛の嵐』*Il portiere di notte*)
カヴァルカンティ Guido Cavalcanti男 (Firenze 1255頃-1300 ; イタリア, フィレンツェの詩人)
カヴール Camillo Benso Cavour男 (Torino 1810-1861 ; イタリア国家統一に貢献した政治家) ◇カヴールの cavourriano
カエサル Caio Giulio Cesare男,〔ラ〕Caius Iulius Caesar (前100頃-前44 ; ローマの将軍, 政治家.『ガリア戦記』*De bello gallico*) ◇カエサルの cesareo
郭熙(かくき) Guo Xi男 (11世紀 ; 中国, 北宋の画家)
夏珪(かけい) Xia Gui男 (13世紀 ; 中国, 南宋の画家)
カサノーヴァ Giovanni Giacomo Casanova男 (Venezia 1725– Dux, Boemia 1798 ; ヴェネツィア生まれの作家, 冒険家.『回想録』*Mémoires*)
カスティリオーネ ① Giuseppe Castiglione男 (Milano 1688– Pechino 1766 ; イエズス会修道士, 画家, 清朝の宮廷画家. 中国名は郎世寧)
② Baldesar Castiglione男 (Casatico, Mantova 1478– Toledo 1529 ; イタリアの文人.『廷臣論』*Il libro del cortegiano*)
カゼッラ Alfredo Casella男 (Torino 1883– Roma 1947 ; イタリアの作曲家, ピアニスト)
カッシーニ Giovanni Domenico Cassini男 (Perinaldo, Imperia 1625– Parigi 1712 ; イタリアの天文学者.「太陽視差」を発見)
カッシオドルス Flavio Magno Aurelio Cassiodoro男 (490頃-583頃 ; ローマの政治家, 著述家. ヴァヴァリウム修道院の創設者)
カッソーラ Carlo Cassola男 (Roma 1917– Montecarlo, Lucca 1987 ; イタリアの小説家.『ブーベの恋人』*La ragazza di Bube*)
ガッダ Carlo Emilio Gadda男 (Milano 1893– Roma 1973 ; イタリアの作家.『メルラーナ街の怖るべき混乱』*Quer pasticciaccio brutto de via Merulana*)
ガッタメラータ Gattamelata (Narni 1370頃– Padova 1443 ; イタリアの傭兵隊長. 本名 Erasmo da Narni. ドナテッロ作の騎馬像で有名)
カッチャーリ Massimo Cacciari男 (Venezia 1944– ; イタリアの哲学者, 政治家.『必要なる天使』*L'angelo necessario*)
カッラ Carlo Carrà男 (Quargnento, Alessandria 1881– Milano 1966 ; イタリアの画家)
カテリーナ・ダ・シエーナ(聖) Santa Caterina da Siena女 (Siena 1347– Roma 1380 ; イタリアの修道女. イタリア国の守護聖人の1人)
カテリーナ・デ[カトリーヌ・ド]・メディチ Caterina de' Medici女 (Firenze 1519– Blois 1589 ; フランス王アンリ2世の妃)
カトゥッルス Gaio Valerio Catullo男,〔ラ〕Gaius Valerius Catullus (前84頃-54 ; ローマの叙情詩人) ◇カトゥルスの catulliano
カトー ①大カトー Marco Porcio Catone男,〔ラ〕Marcus Porcius Cato Maior (前234-149 ; ローマの政治家, 弁論家, 文筆家. 通称「検察官カトー il Censore」.『農耕論』*De agricultura*) ◇大カトーの catoniano
②小カトー Marco Porcio Catone男 (前95-46 ; 大カトーの曾孫で政治家)
カナレット Canaletto男 (Venezia 1697-1768 ; イタリアの画家. 本名 Giovanni Antonio Canal)
カノーヴァ Antonio Canova男 (Possagno, Treviso 1757– Venezia 1822 ; 新古典主義のイタリアの彫刻家)
ガブリエーリ ① Andrea Gabrieli男 (Venezia 15 10頃-1586 ; イタリアの作曲家, オルガン奏者)
② Giovanni Gabrieli男 (Venezia 1557頃-1612 ; イタリアの作曲家, オルガン奏者. Andrea の甥)
カペー王家 i Capetingi男[複] (987-1328にフランスを統治) ◇カペー王朝の capetingio

カボート Giovanni Caboto男 (1450頃-1498頃；イタリアの探検家. 大航海時代の北米大陸を探検)

カミッレーリ Andrea Camilleri男 (Porto Empedocle, Agrigento 1925- ；イタリアの作家, モンタルバーノ Montalbano が主人公の推理小説シリーズ)

カラヴァッジョ Caravaggio男 (Caravaggio 1571- Porto Ercole 1610；イタリアの画家. 本名 Michelangelo Merisi) ◇カラヴァッジョ風の caravaggesco

カラカラ Caracalla男 (186-217；ローマ皇帝, 在位：211-217)

カラス Maria Callas女 (New York 1923- Parigi 1977；ギリシア系ソプラノ歌手)

カリグラ Caligola (12-41；ローマ皇帝, 在位：37-41. 本名 Gaius Julius Cesar Germanicus)

カリストゥス Callisto男, [ラ]Callistus (歴代教皇の名)

ガリバルディ Giuseppe Garibaldi男 (Nizza 1807- Caprera 1882；イタリア統一運動の英雄) ◇ガリバルディの garibaldino

カリマコス Callimaco (di Cirene)男 (前315頃-240頃；ギリシアの詩人, 文法学者)

ガリレイ Vincenzo Galilei男 (Santa Maria a Monte, Pisa 1520- Firenze 1591；イタリアの作曲家, 音楽理論家, リュート奏者. ガリレオ・ガリレイの父)

ガリレオ・ガリレイ Galileo Galilei男 (Pisa 1564- Arcetri, Firenze 1642；イタリアの物理学者, 数学者, 天文学者) ◇ガリレイの galileiano

ガルヴァーニ Luigi Galvani男 (Bologna 1737- 1798；イタリアの解剖学者, 科学者. 1780年「動物電気」を発見) ◇ガルヴァーニ電気理論 galvanismo男

カルヴァン Giovanni Calvino男 (1509-1564；フランスの宗教改革者) ◇カルヴァン主義 calvinismo男, カルヴァン主義の calvinistico

カルヴィーノ Italo Calvino男 (Santiago de Las Vegas, Cuba 1923- Siena 1985；イタリアの作家. 『くもの巣の小道』il sentiero dei nidi di ragno, 『木のぼり男爵』Il barone rampante, 『見えない都市』Le città invisibili, 『イタリア民話集』Fiabe italiane)

カルーソ Enrico Caruso男 (Napoli 1873-1921；イタリアのテノール歌手)

カルダーノ Gerolamo Cardano男 (Pavia 1501- Roma 1576；イタリアの医者, 哲学者. 『カルダーノ自伝』De vita propria)

カルディナーレ Claudia Cardinale女 (Tunisi 1939- ；イタリアの映画俳優)

カルドゥッチ Giosue Carducci男 (Valdicastello, Lucca 1835- Bologna 1907；イタリアの詩人, 文学史家. 1906年ノーベル文学賞受賞. 『魔王賛歌』Inno a Satana)

カルネアデス Carneade男 (前219頃-129頃；ギリシアの哲学者)

カルパッチョ Vittore Carpaccio男 (Venezia 1455頃-1526頃；イタリアの画家)

カルロ・アルベルト Carlo Alberto di Savoia Carignano男 (Torino 1798- Porto 1849；サルデーニャ王, 在位：1831-49. ヴィットリオ・エマヌエーレ2世の父)

ガレノス Galeno男 (129-200頃；ギリシアの医学者, 四体液説の主張者) ◇ガレノス派医学の galenico

カロリング王家 i Carolingi男[複] (7-10世紀にフランスを統治) ◇carolingio

ガンジー Mohandas Karamchand "Mahatma" Gandhi (1869-1948；インドの政治家) ◇(ガンジーの提唱した) 非暴力不服従主義 gandhismo男

カンテッリ Guido Cantelli男 (Novara 1920- Oely, Parigi 1956；イタリアの指揮者)

カント Immanuel Kant男 (1724-1804；ドイツの哲学者. 『純粋理性批判』Critica della ragione pura, 『実践理性批判』Critica della ragione pratica) ◇カントの, カント哲学の kantiano, カント哲学 filosofia®ø kantiana, kantismo男

カンパネッラ Tommaso Campanella男 (Stilo, Reggio Calabria 1568- Parigi 1639；イタリアの哲学者. 『太陽の国』La città del Sole)

韓非子 Han Fei Zi男 (前3世紀；中国, 戦国時代の思想家)

韓愈 Han Yu男 (768-824；中国, 唐の文学者)

キアーラ(聖) Santa Chiara女 (Assisi 1193-1253；フランチェスコ女子修道会の創設者)

キオッソーネ Edoardo Chiossone男 (Arenano 1833- Tokyo 1898；1875年に来日, 日本の造幣局に銅版彫刻の技術を指導した版画家)

キケロ Marco Tullio Cicerone男, [ラ]Marcus Tullius Cicero (前106-前43；ローマの弁論家, 政治家, 哲学者) ◇キケロの ciceroniano, キケロ主義 ciceronianismo男

徽宗(きそう) Hui Zong男 (1082-1135；中国, 北宋の皇帝, 画家)

ギベルティ Lorenzo Ghiberti男 (Firenze 1378- 1455；イタリアの彫刻家, 彫金師)

キュロス大王 Ciro il grande男 (前600頃-529；ペルシア帝国の創始者)

巨然 Ju Ran男 (10世紀；中国, 五代の画家)

ギルランダイオ Domenico Ghirlandaio男 (Firenze 1449-1494；イタリアの画家. 本名 Domenico Bigordi)

ギンズブルグ ① Natalia Ginzburg女 (Palermo 1916- Roma 1991；イタリアの作家. 『ある家族の会話』Lessico famigliare) ② Carlo Ginzburg男 (Torino 1939- ；イタリアの歴史学者, Natalia の息子. 『チーズとうじ虫』Il formaggio e i vermi)

クアジーモド Salvatore Quasimodo男 (Modica, Ragusa 1901- Napoli 1968；イタリアの詩人. ノーベル文学賞受賞)

グァダニーニ i Guadagnini男[複] (イタリアの弦楽器製作で知られる一族, Giovanni Battista Guadagnini (Cremona 1711- Torino 86) が有名)

グァルネーリ i Guarneri男[複] (イタリアの弦楽器製作で知られる一族, Giuseppe Guarneri (Cremona 1698-1744) が有名)

グイード・ダレッツォ Guido d'Arezzo男 (Arezzo 990頃-1050頃；イタリアの音楽理論家) ◇グイード・ダレッツォの guidoniano

グィッチャルディーニ Francesco Guicciardini男 (Firenze 1483- Arcetri, Firenze 1540；イタリアの政治家, 歴史家)

グイニツェッリ Guido Guinizelli男 (Bologna 1230頃- Monselice, Padova 1276頃；イタリアの詩人)

クィンティリアヌス Marco Fabio Quintiliano男 (35頃-95頃；ローマの雄弁家)

クオーコ Vincenzo Cuoco男 (Civitacampomarano, Campobasso 1770- Napoli 1823；イタリアの歴史家，政治家)

クサンティッペ Santippe女 (前5世紀；ソクラテスの妻)

クセノファネス Senofane男 (前6-5世紀；ギリシアの哲学者．エレア学派の祖とも言われる)

クセノフォン Senofonte男 (前430頃-354頃；ギリシアの軍人，歴史家．ソクラテスの弟子)

クセルクセス Serse男 (前519頃-465；ギリシアに遠征しサラミスの海戦で大敗したペルシア王)

鳩摩羅什(くまらじゅう) Kumarajiva男 (344-413；仏典を漢訳した．インド人を父とする西域の僧)

グラックス ① ティベリウス・グラックス Tiberio Sempronio Gracco男，〔ラ〕Tiberius Gracchus (前162-133；ローマの政治家)
② ガイウス・グラックス Gaio Sempronio Gracco男，〔ラ〕Gaius Gracchus (前154-121；ローマの政治家．兄の Tiberio と共にローマ共和政末期の護民官を務めた．社会改革運動家)

グラティアヌス Flavio Graziano男 (359-383；ローマ皇帝)

グラムシ Antonio Gramsci男 (Ales, Cagliari 1891- Roma 1937；イタリアのマルクス主義思想家．イタリア共産党創設者の1人．『獄中ノート』 *Quaderni del carcere*)

グリエルモ・ベルシェ Guglielmo Berchet男 (Venezia 1833-1913；イタリアの歴史家．『天正慶長遣欧使節団』 *Le antiche ambasciate giapponesi in Italia*)

クリストフォロス(聖) San Cristoforo男 (？-250頃；キリスト教の殉教聖人，旅人の守護聖人．伝説では幼子キリストを背負って川を渡った)

クリスピ Francesco Crispi男 (Ribera, Agrigento 1818- Napoli 1901；ガリバルディの千人隊を支援して，シチリアで民衆運動を組織した政治家．後にイタリア王国の首相)

グリマルディ Francesco Maria Grimaldi男 (Bologna 1618-1663；イタリアの物理学者)

グリム兄弟 Jacob Grimm男 (1785-1863)，Wilhelm Grimm男 (1786-1859) (ドイツの文献学者)

クレオパトラ Cleopatra女 (前69-前30；エジプトの女王)

グレゴリウス ① Gregorio，〔ラ〕Gregorius (歴代教皇の名)
② 1世(聖) San Gregorio I Magno男 (Roma 540頃-604；教皇，在位：590-604) ◇グレゴリオ聖歌 canto gregoriano
③ 13世 Gregorio XIII男 (Bologna 1502- Roma 1585；教皇，在位：1572-1585．グレゴリオ暦 calendario gregoriano の創始者) ◇グレゴリウスの gregoriano

クレメンス ① Clemente男，〔ラ〕Clemens (歴代教皇の名) ◇教皇クレメンスの clementino
② 7世 Clemente VII男 (Firenze 1478- Roma 1534；ヘンリー8世を破門し，英国国教会分離の端緒をつくった教皇，在位：1523-1534．本名 Giulio de' Medici)
③ 14世 Clemente XIV男 (Santarcangelo di Romagna 1705- Roma 1774；イエズス会を禁止した教皇，在位：1769-1774．本名 Giovanni Vincenzo Antonio Ganganelli)

クレメンティ Muzio Clementi男 (Roma 1752- Evesham, Worcestershire 1832；イタリアのピアニスト，作曲家)

クローヴィス Clodoveo I男 (466頃-511；カトリックに改宗し，フランク族を統一したメロヴィング朝の創始者)

クローチェ Benedetto Croce男 (Pescasseroli, L'Aquila 1866- Napoli 1952；イタリアの哲学者，批評家)

倪瓉(げいさん) Ni Zan男 (1301-1374；中国，元末明初の画家)

ケインズ John Maynard Keynes男 (1883-1946；イギリスの経済学者) ◇ケインズの keynesiano

ゲーテ Johann Wolfgang Goethe男 (1749-1832；ドイツの作家．『若きウェルテルの悩み』 *I dolori del giovane Werther*，『ファウスト』 *Faust*)

ケレスティヌス ① Celestino男，〔ラ〕Coelestinus (歴代教皇の名)
② 5世 Celestino V男 (Isernia 1215頃- Castello di Fumone 1296；教皇，在位：1294) ◇ケレスティヌス派修道僧 celestino男

黄公望(こうこうぼう) Huang Gongwang男 (1269-1354；中国，元の画家)

孔子(こうし) Confucio男 (前551-479；中国，春秋時代の思想家．『論語』 *Lun Yu* [*Dialoghi / Discorsi di Confucio*]) ◇孔子の confuciano，孔子の教え(儒教) confucianesimo男

顧愷之(こがいし) Gu Kaizhi男 (344-408頃；中国，六朝東晋の画家)

コジモ・デ・メディチ Cosimo de' Medici, il Vecchio (Firenze 1389- Careggi, Firenze 1464；イタリアの銀行家，政治家．美術，文学の保護者)

コズマ i コスマティ [複] (モザイク技術に長じ，12-13世紀ローマで活躍した一族) ◇cosmatesco

コスマスとダミアヌス Santi Cosma e Damiano男 (？-296頃；キリスト教の双子の殉教聖人，医者の守護聖人，メディチ家の守護聖人)

呉鎮(ごちん) Wu Zhen男 (1280-1354；中国，元の画家)

ゴッザーノ Guido Gozzano男 (Torino 1883-1916；イタリアの詩人)

ゴッツィ Carlo Gozzi男 (Venezia 1720-1806；イタリアの劇作家．『三つのオレンジの恋』 *L'amore delle tre melarance*，『トゥーランドット』 *Turandot*)

コレッジョ Correggio男 (Correggio, Reggio Emilia 1489-1534；イタリアの画家．本名 Antonio Allegri)

コッローディ Carlo Collodi男 (Firenze 1826-1890；イタリアの児童文学者．本名 Carlo Lorenzini．『ピノッキオの冒険』 *Le avventure di Pinocchio*)

呉道玄(ごどうげん) Wu Daozi男 (8世紀；中国，唐の画家)

ゴベッティ Piero Gobetti男 (Torino 1901- Parigi 1926；イタリアの政治思想家)

コペルニクス Niccolò Copernico男 (1473-1543；ポーランドの天文学者) ◇コペルニクス的転回 rivoluzione copernicana，コペルニクス学説 copernicanismo男

ゴルジ Camillo Golgi男 (Corteno, Brescia 1844-

Pavia 1926；イタリアの病理学者．1906年ノーベル生理学・医学賞受賞）

ゴルディオス Gordio男（古代フリュギアの王の名）

ゴルドーニ Carlo Goldoni男（Venezia 1707-Parigi 1793；イタリアの劇作家．『二人の主人を一度に持つと』*Il servitore di due padroni*，『コーヒー店』*La bottega del caffè*，『宿屋の女主人』*La locandiera*）◇ゴルドーニの goldoniano

コレッリ Arcangelo Corelli（Fusignano, Ravenna 1653- Roma 1713；イタリアの作曲家，ヴァイオリン奏者）

コロンナ家 i Colonna男[複]（11-12世紀に興ったローマの名門）

コロンブス Cristoforo Colombo男（Genova 1451- Valladolid 1506；イタリアの航海家．1492年にアメリカ大陸に到達）

ゴンザーガ家 i Gonzaga男[複]（15-17世紀のマントヴァ公爵の家系）

コンスタンティヌス大帝[1世] Costantino il Grande [I]男, [ラ]Flavius Valerius Constantinus（280頃-337；キリスト教徒となった最初のローマ皇帝，在位：306-337）

コンタリーニ家 i Contarini男[複]（11世紀に興ったヴェネツィアの名家）

コンパーニ Dino Compagni男（Firenze 1255頃-1324；イタリアの作家，政治家）

サ 行

サーバ Umberto Saba男（Trieste 1883- Gorizia 1957；イタリアの詩人）

ザヴァッティーニ Cesare Zavattini男（Luzzara, Reggio Emilia 1902- Roma 1989；イタリアの脚本家，作家）

サヴォイア家 i Savoia男[複]（1861-1946年の間イタリア統一国家を支配した王家）◇サヴォイア王家の sabaudo

サヴォナローラ Girolamo Savonarola男（Ferrara 1452- Firenze 1498；イタリアのドミニコ会修道士．神権政治による宗教改革を企てたが，異端者として火刑に処せられた）

サッケッティ Franco Sacchetti男（Ragusa, Dalmazia 1332頃- San Miniato, Pisa 1400；イタリアの作家）

サッフォー Saffo女（前600年頃；ギリシアの女流詩人）

サド侯爵 Marchese de Sade（1740-1814；フランスの作家．本名 Donatien-Alphonse-François de Sade．『ジュスチーヌあるいは美徳の不幸』*Justine ovvero le disavventure della virtù*）

ザネッラ Giacomo Zanella男（Chiampo, Vicenza 1820- Cavazzole, Vicenza 1888；イタリアの聖職者，詩人，文学者）

サラディン Saladino（1138-1193；サラーフ・アッディーン，エジプトとシリアの王．十字軍を破ってエルサレムを奪回した）

サルヴェーミニ Gaetano Salvemini男（Molfetta, Bari 1873- Sorrento 1957；イタリアの歴史学者）

サルスティウス Sallustio男（前86-34頃；ローマの歴史家）

サルターティ Coluccio Salutati（Stignano, Pistoia 1331- Firenze 1406；イタリアの人文主義者．『書簡集』*Epistolario*）

サルダナパロス Sardanapalo男（前7世紀；アッシリアの王）

サルピ Paolo Sarpi男（Venezia 1552-1623；イタリアの歴史家．『トレント公会議の歴史』*Istoria del Concilio Tridentino*）

サンガッロ ① Giuliano da Sangallo男（Firenze 1445頃-1516；イタリアの建築家）
② Antonio da Sangallo il Vecchio男（Firenze 1455頃-1534；イタリアの建築家．Giulianoの弟）
③ Antonio da Sangallo il Giovane男（Firenze 1483- Roma 1546；イタリアの建築家．Giuliano と Antonio の甥）

サングイネーティ Edoardo Sanguineti（Genova 1930-；イタリアの作家，文学者．『イタリア綺想曲』*Capriccio italiano*）

サンテリーア Antonio Sant'Elia男（Como 1888- Monfalcone, Gorizia 1916；イタリアの建築家）

サン・ドニ San Dionigi男（3世紀；パリの初代司教．フランス国の守護聖人の1人）

サンナザーロ Jacopo Sannazaro男（Napoli 1456-1530；イタリアの詩人．『アルカディア』*Arcadia*）

シェイクスピア William Shakespeare男（1564-1616；英国の劇作家，詩人．『ハムレット』*Amleto*，『オセロ』*Otello*，『ロミオとジュリエット』*Romeo e Giulietta*，『ヴェニスの商人』*Il mercante di Venezia*）◇シェイクスピアの shakespeariano

ジェズアルド Carlo Gesualdo男（Napoli 1560頃-1613；イタリアのマドリガル作曲家）

ジェノヴェージ Antonio Genovesi男（Castiglione, Napoli 1713- Napoli 1769；イタリアの経済学者）

ジェミニアーニ Francesco Geminiani男（Lucca 1687- Dublino 1762；イギリスで成功したイタリアの作曲家，ヴァイオリン奏者）

ジェルミ Pietro Germi男（Genova 1914- Roma 1974；イタリアの映画監督．『鉄道員』*Il ferroviere*）

ジェンティーレ Giovanni Gentile男（Castelvetrano, Trapani 1875- Firenze 1944；イタリアの哲学者）◇ジェンティーレの gentiliano

ジェンナーロ(聖) San Gennaro男（?-305；ナポリの守護聖人）

シクストゥス ① Sisto男, [ラ]Sixtus（歴代教皇の名）◇教皇シクストゥスの sistino
② 4世 Sisto IV男（Celle Ligure, Savona 1414- Roma 1484；教皇，在位：1471-1484．本名 Francesco della Rovere．システィーナ礼拝堂 cappella Sistina を創設）
③ 5世 Sisto V男（Grottammare, Ascoli Piceno 1520- Roma 1590；教皇，在位：1585-1590．本名 Felice Peretti）

始皇帝(しこうてい) Shi Huangdi男（前259-210；中国，秦の始皇帝）

シドッティ Giovanni Battista Sidotti男（1668-1714；イエズス会宣教師として屋久島に上陸したが直ちに捕えられ，江戸に監禁された．その博識は新井白石の『西洋紀聞』に紹介されている）

シノーポリ Giuseppe Sinopoli男（Venezia 1946- Berlino 2001；イタリアの指揮者）

司馬遷(しばせん) Sima Qian男（前145頃-86頃；中国，前漢の歴史家．『史記』*Shiji*）

シモニデス Simonide男（前556頃-467頃；ギリシアの叙情詩人）

釈迦(しゃか) Siddhartha Gautama男 （前6-5世紀；インドの思想家，仏教の創始者）

シャッシャ Leonardo Sciascia男 (Racalmuto, Agrigento 1921- Palermo 1989；イタリアの作家.『ふくろうの日』*Il giorno della civetta*,『マヨラナの失踪』*La scomparsa di Majorana*,『モーロ事件』*L'affaire Moro*)

シャルル・ダンジュー Carlo I d'Angiò 男 (1226- Foggia 1285；シュタウフェン朝を破り，南イタリアにナポリ・シチリア王国のアンジュー朝を打ち立てた)

シャルル・ド・ヴァロア Carlo di Valois男 (1270- 1325；ヴァロア朝を開いたフィリップ6世の父)

ジャンヌ・ダルク Giovanna d'Arco女 (1412-14 31；百年戦争に活躍したが異端審問によって火刑に処せられたオルレアンの乙女)

朱元璋(しゅげんしょう) Chu Yuan-chang (1328-1398；中国，明の初代皇帝)

朱子(しゅし) Zhu Zi男 (1130-1200；中国，明の思想家)

ジュリーニ Carlo Maria Giulini男 (Barletta 19 14- Brescia 2005；イタリアの指揮者)

荀子(じゅんし) Xun Zi男 （前3世紀；中国，戦国時代の思想家）

蒋介石(しょうかいせき) Jiang Jieshi男 (1877-1975；中国の政治家)

ジョット Giotto di Bondone男 (Colle di Vespignano, Firenze 1267頃- Firenze 1337；イタリアの画家，建築家) ◇ジョットの giottesco

ジョベルティ Vincenzo Gioberti男 (Torino 18 01- Parigi 1852；イタリアの哲学者，政治家)

ジョリッティ Giovanni Giolitti男 (Mondovì, Cuneo 1842- Cavour, Torino 1928；イタリアの政治家)

ジョルジョーネ Giorgione da Castelfranco (Castelfranco Veneto 1478頃- Venezia 1510；イタリアの画家．本名 Giorgio Barbarelli)

ジョルダーノ Umberto Giordano (Foggia 18 67- Milano 1948；イタリアの作曲家)

シローネ Ignazio Silone男 (Piscina dei Marsi, L'Aquila 1900- Ginevra 1978；イタリアの小説家)

ジンガレッリ Nicola Zingarelli男 (Cerignola 1860- Milano 1935；イタリアの文学者.『イタリア語辞典』*Vocabolario della lingua italiana*)

スウィフト Jonathan Swift男 (1667-1745；アイルランドの作家.『ガリバー旅行記』*I viaggi di Gulliver*)

ズヴェーヴォ Italo Svevo男 (Trieste 1861- Motta di Livenza, Treviso 1928；イタリアの小説家．本名 Ettore Schmitz.『ゼーノの苦悶』*La coscienza di Zeno*)

スカルラッティ ①Alessandro Scarlatti男 (Palermo 1660-1725；イタリアの作曲家)
② Domenico Scarlatti男 (Napoli 1685- Madrid 1757；イタリアの作曲家．Alessandro の息子)

スキアパレッリ Giovanni Virginio Schiaparelli (Savigliano, Cuneo 1835- Milano 1910；イタリアの天文学者．「彗星と流星の関係」を発見)

スキピオ ①大スキピオ Publio Cornelio Scipione Africano男 （前235頃-183；ローマの将軍）
② 小スキピオ Publio Cornelio Scipione Emiliano男 （前185頃-129；ローマの将軍）

スコパス Scopa男 （前4世紀；ギリシアの彫刻家）

スコラ Ettore Scola男 (Trevico, Avellino 19 31- ；イタリアの映画監督.『特別な一日』*Una giornata particolare*,『あんなに愛しあったのに』*C'eravamo tanto amati*)

スターン Laurence Sterne男 (1713-1768；イギリスの作家.『トリストラム・シャンディ』*Tristram Shandy*)

スタティウス Publio Papinio Stazio男 (45頃-96頃；ローマの詩人)

スタンダール Stendhal男 (1783-1842；フランスの作家．本名 Henri Beyle.『赤と黒』*Il rosso e il nero*,『パルムの僧院』*La certosa di Parma*)

スタンパ Gaspara Stampa女 (Padova 1523- Venezia 1554；イタリアの詩人)

ステファヌス Stefano男, [ラ]Stephanus （歴代教皇の名）

ストラディヴァリ Antonio Stradivari男 (Cremona 1644-1737；イタリアの弦楽器製作者) ◇ストラディヴァリ製作の楽器（ヴァイオリンとチェロ）stradivar*io*男[複 *-i*]

ストラボン Strabone男 （前63頃-24；ギリシアの地理学者）

ストレーレル Giorgio Strehler男 (Trieste 1921- Lugano 1997；イタリアの俳優，演出家)

スパルタクス Spartaco男, [ラ]Spartacus （?-前71；ローマの剣闘士）

スフォルツァ家 gli Sforza男[複] (1450-1535年の間ミラノ公国を統治した家系．初代領主は Francesco I (San Miniato, Firenze 1401- Milano 1466)) ◇スフォルツァ家の sforzesco

スラ Lucio Cornelio Silla男 （前138-78；ローマの将軍，政治家，独裁官）

スレイマン1世 Solimano I il Magnifico男 (1494- 1566；1520年以降オスマン帝国のスルタン，在位：1520-1566)

セヴェリーニ Gino Severini男 (Cortona, Arezzo 1883- Parigi 1966；イタリアの画家)

セウェルス Lucio Settimio Severo男 (146-211；ローマ皇帝，在位：193-211)

セガンティーニ Giovanni Segantini男 (Arco, Trento 1858- Schaffberg, Engadina 1899；イタリアの画家)

セクストス・エンペイリコス Sesto Empirico男 (2-3世紀；ギリシアの医者，懐疑主義哲学者)

セッキ Angelo Secchi男 (Reggio Emilia 1818- Roma 1878；イタリアの天文学者.「恒星スペクトルの分類」を発見)

セッテンブリーニ Luigi Settembrini男 (Napoli 1813-1876；イタリアの文学者，啓蒙主義者)

ゼッフィレッリ Franco Zeffirelli男 (Firenze 1923- ；イタリアの映画監督.『ロミオとジュリエット』*Romeo e Giulietta*,『椿姫』*La Traviata*)

セネカ Lucio Anneo Seneca男, [ラ]Lucius Annaeus Seneca （前4頃-65；ローマの哲学者.『ルキリウスへの道徳書簡』*Epistulae morales ad Lucilium*)

ゼノン ①エレアのゼノン Zenone di Elea （前5世紀；ギリシアの哲学者．パルメニデスの弟子）◇「ゼノンのパラドックス」"paradosso di Zenone"
②キプロスのゼノン Zenone di Cizio （前333-263；ギリシアの哲学者，ストア派の祖）

セバスティアヌス(聖) San Sebastiano男 （3世紀；ローマの軍人，キリスト教殉教徒人）

セレウコス王家 i Seleucidi男[複] （前312-64に小ア

ジア，シリア，ペルシアを統治)
セレウコス１世 Seleuco I男 (前358-280；セレウコス王朝の祖)
荘子(*そう*) Zhuang Zi男 (前4世紀；中国，戦国時代の思想家)
曹雪芹(*そうせっきん*) Cao Xue Qin男 (1715-1763；中国，清の作家.『紅楼夢』*Sogno della camera rossa*)
ソクラテス Socrate男 (前469-399；ギリシアの哲学者) ◇ソクラテスの socratico
ソシュール Ferdinand de Saussure男 (1857-1913；スイスの言語学者) ◇ソシュール（言語学）の saussuriano
蘇軾(*そしょく*) Su Shi男 (1036-1101；中国，宋の詩人)
ソドマ Sodoma男 (Vercelli 1477- Siena 1549；イタリアの画家．本名 Giovanni Antonio Bazzi)
ソフォクレス Sofocle男 (前496頃-406；ギリシアの三大悲劇詩人の1人)
ソフォニスバ Sofonisba女 (前3-2世紀；ヌミディア王マシニッサの妻)
ソルダーティ Mario Soldati男 (Torino 1906- Tellaro, La Spezia 1999；イタリアの作家，映画監督.『河の女』*La donna del fiume*)
ゾロアスター Zarathustra, Zoroastro男 (前7-6世紀；古代ペルシアの予言者. ゾロアスター教の開祖) ◇ゾロアスター教 zoroastrismo男
ソロン Solone男 (前640頃-560頃；ギリシアの政治家で七賢者の1人)
孫文(*そんぶん*) Sun Yat-Sen男 (1866-1925；中国の政治家)

夕 行

ダーウィン Charles Darwin男 (1809-1882；イギリスの生物学者.『種の起源』*L'origine delle specie*) ◇ダーウィンの darwiano, ダーウィンの進化論 darwinismo男
タヴィアーニ兄弟 Vittorio (San Miniato, Pisa 1929-) e Paolo (San Miniato, Pisa 1931-) Taviani (イタリアの映画監督.『サン・ロレンツォの夜』*La notte di San Lorenzo*)
タキトゥス Cornelio Tacito男 (55頃-120頃；ローマの歴史家.『ゲルマーニア』*Germania*,『年代記』*Annales*,『歴史』*Historiae*) ◇タキトゥスの tacitiano, タキトゥス研究 tacitismo男
ダゼッリョ Massimo Taparelli D'Azeglio男 (Torino 1798-1866；イタリアの政治家)
タッソ Torquato Tasso男 (Sorrento 1544- Roma 1595；イタリアの詩人)
タッソーニ Alessandro Tassoni男 (Modena 1565-1635；イタリアの詩人)
ダッラピッコラ Luigi Dallapiccola男 (Pizin, Croazia 1904- Firenze 1975；イタリアの作曲家)
ダヌンツィオ Gabriele D'Annunzio男 (Pescara 1863- Gardone Riviera, Brescia 1938；イタリアの詩人，小説家，劇作家.『快楽』*Il piacere*,『インノチェンテ』*L'innocente*)
◇ダヌンツィオの dannunziano, ダヌンツィオ的スタイル dannunzianesimo男
タブッキ Antonio Tabucchi男 (Pisa 1943- ；イタリアの作家，ポルトガル文学研究者.『フェルナンド・ペソア最後の三日間』*Gli ultimi tre giorni di Fernando Pessoa*,『逆さまゲーム』*Il gioco del rovescio*,『インド夜想曲』*Notturno indiano*)

ダランベール Jean Le Rond d'Alembert男 (1717-1783；フランスの数学者，物理学者，思想家)
ダリウス１世 Dario I男 (前550頃-486；ペルシア王)
ダル・ヴェルメ Luchino Dal Verme男 (1838-1911；1879年にトマソ殿下の侍従武官として来日)
タルティーニ Giuseppe Tartini男 (Pirano d'Istria 1692- Padova 1770；イタリアのヴァイオリン奏者，作曲家)
タレス Talete di Mileto男 (前626頃-545；ギリシアの哲学者)
タンクレーディ Tancredi d'Altavilla男 (1078頃-1112；第1回十字軍で活躍したノルマンの勇士)
ダンテ Dante Alighieri男 (Firenze 1265- Ravenna 1321；イタリアの詩人.『神曲』*Commedia*,『新生』*Vita nuova*,『俗語論』*De vulgari eloquentia*) ◇ダンテの dantesco, ダンテの流派 dantismo男, ダンテ学者 dantista男女, ダンテ研究 dantologia女
チャイコフスキー Piotr Ciaikovskij男 (1840-1893；ロシアの作曲家.『白鳥の湖』*Il lago dei cigni*,『悲愴』*Patetica*,『スペードの女王』*La dama di picche*)
チェーホフ Anton Pavlovic Cechov男 (1860-1904；ロシアの作家.『桜の園』*Il giardino dei ciliegi*,『かもめ』*Il gabbiano*,『三人姉妹』*Le tre sorelle*)
チェザロッティ Melchiorre Cesarotti男 (Padova 1730-1808；イタリアの文学者)
チェチーリア(*聖*) Santa Cecilia女 (？-232；ローマで殉教，音楽の守護聖人)
チェッリーニ Benvenuto Cellini男 (Firenze 1500-1571；イタリアの彫刻家，金細工師，著述家)
チマブーエ Cimabue男 (Firenze 1240-1302；ジョットの師と言われるフィレンツェの画家．本名 Cenni di Pepo)
チャンドラグプタ Chandragupta男 (前4-3世紀；インド最初の統一帝国マウリア朝の創始者)
趙孟頫(*ちょうもうふ*) Zhao Mengfu男 (1254-1322；中国，宋末元初の画家，書家)
ツウィングリ Huldrych Zwingli男 (1484-1531；スイスの宗教改革者) ◇ツウィングリ主義 zwinglismo男, zwinglianesimo男
デ・アミーチス Edomondo De Amicis男 (Oneglia, Imperia 1846-Bordighera, Imperia 1908；イタリアの文学者.『クオーレ』*Cuore*)
デ・ガスペリ Alcide De Gasperi男 (Pieve Tesino, Trento 1881- Sella di Valsugana, Trento 1954；イタリアの政治家)
デ・キリコ Giorgio De Chirico男 (Volos, Grecia 1888- Roma 1978；イタリアの画家)
デ・サーバタ Victor De Sabata男 (Trieste 1892- Santa Margherita Ligure, Genova 1967；イタリアの指揮者)
デ・サンクティス Francesco De Sanctis男 (Morra De Sanctis, Avellino 1817- Napoli 1883；イタリアの文学者，文芸評論家.『イタリア文学史』*Storia della letteratura italiana*)
ティエーポロ Giambattista Tiepolo男 (Venezia 1696- Madrid 1770；イタリアの画家)
ディオクレティアヌス Gaio Aurelio Valerio Diocleziano, [ラ] Gaius Aurelius Valerius Diocletianus (243頃-316；ローマ皇帝，在位：284-305)

ディオゲネス Diogene (di Sinope)働 (前412-323；ギリシアの哲学者、キニク学派)

ディオゲネス・ラエルティオス Diogene Laerzio働 (3世紀；ギリシアの哲学史家.『哲学者列伝』Le vite, le dottrine e le opinioni di filosofi illustri)

ディオニシウス・アレオパギタ Dionigi l'Areopagita働 (1世紀頃；キリスト教に回心したギリシアの学者)

ディケンズ Charles Dickens働 (1812-70；イギリスの作家.『オリヴァー・トゥイスト』Avventure di Oliver Twist,『大いなる遺産』Grandi speranze)

ディ・ジャーコモ Salvatore Di Giacomo (Napoli 1860-1934；イタリアの詩人)

ティツィアーノ Vecellio Tiziano働 (Pieve di Cadore 1490頃- Venezia 1576；イタリアの画家) ◇ティツィアーノ(風)の tizianesco

ティトゥス Flavio Vespasiano Tito働、〔ラ〕Titus Flavius Vespasianus (39-81；ローマの皇帝、在位：79-81)

ディドロ Denis Diderot働 (1713-1784；フランスの作家、思想家.『ラモーの甥』Il nipote di Rameau,『ダランベールの夢』Il sogno di d'Alembert)

ティブルス Albio Tibullo働 (前54頃-前19頃；ローマの詩人)

ティベリウス Tiberio Claudio Nerone働、〔ラ〕Tiberius Claudius Nero (前42-後37；第2代ローマ皇帝、在位：後14-37)

ティムール Tamerlano働 (1336-1405；ティムール帝国の建設者)

ティラボスキ Girolamo Tiraboschi働 (Bergamo 1731- Modena 1794；イタリアの歴史家、文学者.『イタリア文学史』Storia della letteratura italiana)

ティントレット Tintoretto働 (Venezia 1518-94；イタリアの画家. 本名 Jacopo Robusti)

テオクリトス Teocrito働 (前310頃-250頃；ギリシアの牧歌詩人)

テオドシウス1世(大帝) Teodosio I (il Grande)働、〔ラ〕Theodosius (347-395；ローマ皇帝、在位：379-395)

テオドリック(大王) Teodorico il Grande働 (454頃-526；東ゴート族の王、ラヴェンナを首都にした)

テオフラスト Teofrasto働 (前372頃-287頃；ギリシアの哲学者、アリストテレスの後継者)

デカルト Renato Cartesio働 (1596-1650；フランスの哲学者、数学者、物理学者. フランス名 René Descartes) ◇デカルトの cartesiano, デカルト哲学〔思想〕cartesianismo働

デキウス Caio Messio Quinto Traiano Decio働 (201頃-251；ローマ皇帝、在位：249-151)

デ・シーカ Vittorio De Sica働 (Sora, Frosinone 1901- Neuilly-sur-Seine, Parigi 1974；イタリアの映画監督.『靴みがき』Sciuscià,『自転車泥棒』Ladri di biciclette)

テスピス Tespi働 (前6世紀；ギリシアの悲劇詩人)

デッラ・カーサ Giovanni Della Casa働 (Mugello, Firenze 1503- Roma 1556；イタリアの詩人、文学者)

デッラ・クエルチャ Jacopo Della Quercia働 (Siena 1374-1438；イタリアの彫刻家)

デッラ・ロッビア I Della Robbia働 [複] (彫刻とテラコッタで15-16世紀イタリアで活躍した一族、Luca (Firenze 1400頃-1482), Andrea (Firenze 1435-1528), Giovanni (Firenze 1469-1529) が有名)

テバルディ Renata Tebaldi囡 (Pesaro 1922- San Marino 2004；イタリアのソプラノ歌手)

テミストクレス Temistocle働 (前528頃-462頃；アテナイの政治家、将軍)

デメトリオス1世 Demetrio I Poliorcete働 (前336頃-283；マケドニアの王)

デモクリトス Democrito働 (前460頃-370頃；ギリシアの哲学者) ◇デモクリトスの democriteo

デモステネス Demostene働 (前384-322；ギリシアの政治家、雄弁家)

デュマ ①大デュマ Alexandre Dumas (1802-70；フランスの小説家、劇作家.『三銃士』I tre moschettieri)
②小デュマ Alexandre Dumas (1824-95；フランスの小説家、劇作家. 大デュマの息子.『椿姫』La signora dalle camelie)

テュルタイオス Tirteo働 (前7世紀；ギリシアの詩人)

テルトゥリアヌス Quinto Settimio Florenzio Tertulliano働 (160頃-220頃；カルタゴ生まれの神学者)

テレージオ Bernardino Telesio働 (Cosenza 1509-1588；イタリアの哲学者)

デレッダ Grazia Deledda囡 (Nuoro 1871- Roma 1936；イタリアの小説家. ノーベル文学賞受賞.『灰』Cenere,『木蔦』L'edera,『風にそよぐ葦』Canne al vento)

テレンティウス Publio Terenzio Afro働 (前185頃-159；ローマの喜劇詩人)

ドゥーゼ Eleonora Duse囡 (Vigevano 1858- Pittsburgh 1924；イタリアの俳優)

陶淵明(とうえんめい) Tao Yuan Ming (365-427；中国、六朝時代の詩人)

董其昌(とうきしょう) Dong Qichang (1555-1636；中国、明の画家、書家)

トゥキディデス Tucidide働 (前460頃-400頃；ギリシアの歴史家)

董源(とうげん) Dong Yuan働 (10世紀；中国、五代の画家)

ドゥッチョ Duccio di Buoninsegna (Siena 1225頃-1319頃；イタリアの画家)

ドーニ Anton Francesco Doni働 (Firenze 1513- Monselice, Padova 1574；イタリアの作家)

トスカニーニ Arturo Toscanini働 (Parma 1867- Riverdale, New York 1957；イタリアの指揮者)

トスティ Francesco Paolo Tosti働 (Ortona, Chieti 1846- Roma 1916；イタリアの作曲家)

ドストエフスキー Fedor Mihajlovic Dostoevskij (1821-81；ロシアの作家.『悪霊』I demoni,『罪と罰』Delitto e castigo)

トッツィ Federigo Tozzi (Siena 1883- Roma 1920；イタリアの作家)

トッリチェッリ Evangelista Torricelli働 (Faenza 1608- Firenze 1647；イタリアの数学者、物理学者)

トト Totò働 (Napoli 1898- Roma 1967；イタリアの喜劇役者、本名 Antonio de Curtis)

ドナテッロ Donatello働 (Firenze 1386頃 -1466；イタリアの彫刻家. 本名 Donato di Niccolò di Betto Bardi)

ドニゼッティ Gaetano Donizetti働 (Bergamo

1797-1848；イタリアの作曲家.『愛の妙薬』*L'elisir d'amore*,『ランメルモールのルチア』*Lucia di Lammermoor*)

杜甫(とほ) Du Fu男 (712-770；中国、唐の詩人)

トマージ・ディ・ランペドゥーザ Giuseppe Tomasi di Lampedusa (Palermo 1896- Roma 1957；イタリアの小説家.『山猫』*Il Gattopardo*)

トマス・アクィナス Tommaso d'Aquino男 (Roccasecca, Frosinone 1225- Fossanova, Latina 1274；イタリアの哲学者、神学者.『神学大全』*Summa theologiae*)

ドミティアヌス Tito Flavio Domiziano男 (51-96；ローマ皇帝、在位：81-96)

ドラコン Dracone男 (前7世紀；ギリシアの立法家、過酷な刑罰を科す成文法を制定) ◇ドラコンの draconiano

トラヤヌス Marco Ulpio Traiano男, 〔ラ〕Marcus Ulpius Traianus (53-117；ローマ皇帝、在位：98-117)

トリアッティ Palmiro Togliatti男 (Genova 1893- Jalta 1964；イタリアの政治家、イタリア共産党創設者の1人)

トルストイ Lev Nicolaevic Tolstoj男 (1828-1910；ロシアの作家.『戦争と平和』*Guerra e pace*,『復活』*Resurrezione*)

トルナトーレ Giuseppe Tornatore男 (Bagheria, Palermo 1956- ；イタリアの映画監督.『ニュー・シネマ・パラダイス』*Nuovo Cinema Paradiso*)

トロイージ Massimo Troisi男 (San Giorgio a Cremano, Napoli 1953- Ostia, Roma 1994；イタリアの喜劇役者、映画監督)

トロツキー Lev Davidovic Trotzkij男 (1879-1940；ロシアの革命家) ◇トロツキスト trotskista, trozkista男⊕、トロツキズム trotskismo, trozkismo男

トンマゼーオ Niccolò Tommaseo男 (Sebenico, Dalmazia 1802- Firenze 1874；イタリアの文学者.『類語辞典』*Dizionario dei sinonimi*)

ナ 行

ナポレオン1世 Napoleone I男 (1769-1821；フランスの皇帝) ◇ナポレオンの napoleonico

ニーチェ Friedrich Wilhelm Nietzsche男 (1844-1900；ドイツの哲学者.『悲劇の誕生』*La nascita della tragedia dallo spirito della musica*,『ツァラトゥストラはかく語りき』*Così parlò Zarathustra*,『善悪の彼岸』*Al di là del bene e del male*) ◇ニーチェの nietzschiano, ニーチェ思想 nietzschianesimo男

ニエーヴォ Ippolito Nievo男 (Padova 1831- mare Tirreno 1861；イタリアの小説家、詩人)

ニコラウス ① Niccolò男, 〔ラ〕Nicolaus (歴代教皇の名) ② (聖) San Nicola di Bari男 (4世紀；小アジア、ミュラの大司教；サンタ・クロースはこの司教の名にちなむ)

ニッティ Francesco Saverio Nitti男 (Melfi, Potenza 1868- Roma 1953；イタリアの経済学者、政治家)

ネグリ ① Ada Negri⊕ (Lodi 1870- Milano 1945；イタリアの詩人)
② Antonio [Toni] Negri男 (Padova 1933- ；イタリアの哲学者.『帝国』*Impero*)

ネストリウス Nestorio男 (380頃-451；シリアの聖職者、コンスタンティノープルの総大司教) ◇ネストリウスの nestoriano, ネストリウスの教義 nestorianesimo男

ネルー Jawaharlal Nehru男 (1889-1964；インドの政治家)

ネロ Claudio Cesare Nerone男, 〔ラ〕Claudius Cesar Nero (37-68；ローマ皇帝、在位：54-68) ◇皇帝ネロの neroniano

ノーノ Luigi Nono男 (Venezia 1924-1990；イタリアの作曲家)

ノーベル Alfred Nobel男 (1833-1896；スウェーデンの科学者、ダイナマイトの発明者、ノーベル賞の基金寄贈者)

ハ 行

パヴァロッティ Luciano Pavarotti男 (Modena 1935-2007；イタリアのテノール歌手)

パヴェーゼ Cesare Pavese男 (Santo Stefano Belbo, Cuneo 1908- Torino 1950；イタリアの詩人、小説家.『丘の上の家』*La casa in collina*,『美しい夏』*La bella estate*,『月とかがり火』*La luna e il falò*)

パウサニアス Pausania男 (2世紀；ギリシアの旅行家、地理学者)

パウルス Paolo男, 〔ラ〕Paulus (歴代教皇の名)

馬遠(ばえん) Ma Yuan男 (12-13世紀；中国、南宋の画家)

パガニーニ Niccolò Paganini男 (Genova 1782- Nizza 1840；イタリアのヴァイオリン奏者、作曲家)

白居易(はくきょい) Bau Ju Yi男 (772-846；中国、唐の詩人)

バジーレ Giambattista Basile男 (Napoli 1575- Giugliano 1632；イタリアの作家.『五日物語』*Pentamerone*)

バシリオ (聖) San Basilio il Grande男 (330頃-379；教父、カエサリア総主教) ◇(聖)バシリウスの basiliano

パスコリ Giovanni Pascoli男 (San Mauro di Romagna, Forlì 1855- Bologna 1912；イタリアの詩人.『カステルヴェッキオの歌』*Canti di Castelvecchio*)

パゾリーニ Pier Paolo Pasolini男 (Bologna 1922- Ostia, Roma 1975；イタリアの作家、映画監督.『アッカットーネ』*Accattone*,『奇跡の丘』*Il Vangelo secondo Matteo*)

バッケッリ Riccardo Bacchelli男 (Bologna 1891- Monza 1985；イタリアの作家.『ポー川の水車小屋』*Il mulino del Po*)

バッサーニ Giorgio Bassani男 (Bologna 1916- Roma 2000；イタリアの作家.『フィンツィ・コンティーニ家の庭』*Il giardino dei Finzi-Contini*)

バッサーノ Jacopo Bassano男 (Bassano del Grappa, Vicenza 1515頃-1592；イタリアの画家、本名 Jacopo da Ponte)

バッハ Johann Sebastian Bach男 (1685-1750；ドイツの作曲家.『平均律クラヴィア曲集』*Clavicembalo ben temperato*,『フーガの技法』*Arte della fuga*,『ブランデンブルク協奏曲』*Concerti brandeburghesi*,『マタイ受難曲』*Passione secondo Matteo*)

パッラーディオ Andrea Palladio男 (Padova 15

08- Maser, Treviso 1580；イタリアの建築家）◇パッラーディオ様式の palladiano

バドッリョ Pietro Badoglio (Grazzano Badoglio, Asti 1871- 1956；イタリアの軍人，第二次世界大戦降伏時の首相)

ハドリアヌス ① Adriano男，[ラ] Hadrianus (歴代教皇の名) ② Publio Elio Adriano男，[ラ] Publius Aelius Hadrianus (76- 138；ローマ皇帝，在位：117- 138)

パトリック(聖) San Patrizio男 (390頃- 461；アイルランドの聖人)

パピーニ Giovanni Papini (Firenze 1881- 1956；イタリアの作家)

ハプスブルク家 gli Asburgo男[複] (オーストリアの王家) ◇ハプスブルク家の asburgico

パライオロゴス王家 i Paleologo男[複] (ビザンティン帝国最末期の王朝, 1261- 1453)

パラッツェスキ Aldo Palazzeschi (Firenze 1885- Roma 1974；イタリアの作家. 本名 Aldo Giurlani)

パリーゼ Goffredo Parise男 (Vicenza 1929- Treviso 1986；イタリアの作家)

パリーニ Giuseppe Parini男 (Bosisio, Lecco 1729- Milano 1799；イタリアの詩人)

パルメニデス Parmenide男 (前5世紀；ギリシアの哲学者, エレア学派の祖)

パレストリーナ Giovanni Pierluigi da Palestrina男 (Palestrina, Roma 1525頃- Roma 1594；イタリアの作曲家)

バレッティ Giuseppe Baretti男 (Torino 1719- Londra 1789；イタリアの文学者. 雑誌『文学の鞭』 Frusta letteraria の創設者)

范寛(はんかん) Fan Kuan男 (11世紀；中国, 北宋の画家)

バンデッロ Matteo Maria Bandello男 (Castelnuovo Scrivia, Alessandria 1485- Agen 1561；イタリアの小説家)

ハンニバル Annibale男 (前247頃- 183；カルタゴの将軍)

ビアージ Enzo Biagi (Lizzano in Belvedere, Bologna 1920- Milano 2007；イタリアの作家, ジャーナリスト)

ピアーノ Renzo Piano男 (Genova 1937- ；イタリアの建築家)

ピーコ・デッラ・ミランドラ Giovanni Pico della Mirandola (Mirandola, Modena 1463- Firenze 1494；イタリアの人文主義者)

ピウス Pio男，[ラ] Pius (歴代教皇の名)

ピエロ・デッラ・フランチェスカ Piero della Francesca男 (Borgo San Sepolcro, Arezzo 1412頃- 1492；イタリアの画家)

ヒエロニムス(聖) San Girolamo, San Gerolamo男 (347- 420；ラテン語訳聖書の完成者)

ピオヴェーネ Guido Piovene男 (Vicenza 1907- Londra 1974；イタリアの作家, ジャーナリスト)

ピタゴラス Pitagora男 (前571頃- 497頃；ギリシアの哲学者) ◇ピタゴラスの pitagorico,「ピタゴラスの定理」 "teorema di Pitagora"

ピピン短躯王 Pipino il Breve男 (714- 768；フランク王, カール大帝の父)

ヒポクラテス Ippocrate男 (前460頃- 370頃；ギリシアの医学者) ◇ヒポクラテスの ippocratico

ピュロス Pirro男 (前319- 272；古代ギリシアのエーペイロス王)

ピュロン Pirrone di Elide男 (前365- 275；ギリシアの哲学者, 懐疑論の祖) ◇ピュロニズム (懐疑論) pirronismo男, ピュロンの pirroniano

ピラト Ponzio Pilato男，[ラ] Pontius Pilatus (1世紀；ユダヤおよびサマリアのローマ総督, 在職：26- 36)

ピランデッロ Luigi Pirandello (Agrigento 1867- Roma 1936；イタリアの劇作家, 小説家. ノーベル文学賞受賞. 『作者を探す6人の登場人物』 Sei personaggi in cerca d'autore, 『エンリーコ4世』 Enrico IV) ◇ピランデッロの pirandelliano, ピランデッロ主義 pirandellismo男

ビレンキ Romano Bilenchi (Colle di Val d'Elsa, Siena 1909- Firenze 1989；イタリアの作家)

ピンダロス Pindaro男 (前518頃- 438頃；ギリシアの叙情詩人) ◇ピンダロスの pindarico

ピンデモンテ Ippolito Pindemonte男 (Verona 1753- 1828；イタリアの詩人)

ファイドロス Fedro男 (前15頃- 後50頃；ローマの寓話作家)

ファッラーチ Oriana Fallaci女 (Firenze 1929- 2006；イタリアの作家, ジャーナリスト. 『生まれなかった子への手紙』 Lettera a un bambino mai nato)

ファビウス Quinto Fabio Massimo男，[ラ] Quintus Fabius Maximus (前275頃- 203；ローマの政治家, 将軍)

フィチーノ Marsilio Ficino男 (Figline Valdarno, Firenze 1433- Careggi, Firenze 1499；イタリアの新プラトン学派の人文主義者)

フィレンツオーラ Agnolo Firenzuola男 (Firenze 1493- Prato 1543；イタリアの作家. 本名 Michelangiolo Giovannini)

フェッラーリ Enzo Ferrari男 (Modena 1898- Maranello, Modena 1988；自動車製造会社フェッラーリの創立者)

フェッリーニ Federico Fellini男 (Rimini 1920- Roma 1993；イタリアの映画監督. 『道』 La strada, 『甘い生活』 La dolce vita, 『8 1/2』 Otto e mezzo)

フェッレーリ Marco Ferreri男 (Milano 1928- Parigi 1997；イタリアの映画監督. 『最後の晩餐』 La grande abbuffata)

フェデリーコ[フリードリヒ] 2世 Federico II di Svevia男 (Iesi, Ancona 1194- Castel Fiorentino, Foggia 1250；シュタウフェン朝の神聖ローマ帝国皇帝, シチリア王) ◇フェデリーコ[フリードリヒ] 2世の federiciano

フェリペ2世 Filippo II男 (1527- 1598；スペイン, ナポリ, シチリアの王)

フェルミ Enrico Fermi男 (Roma 1901- Chicago 1954；イタリアの物理学者. ノーベル物理学賞受賞)

フォー Dario Fo男 (Sangiano, Varese 1926- ；イタリアの俳優, 劇作家. ノーベル文学賞受賞)

フォガッツァーロ Antonio Fogazzaro男 (Vicenza 1842- 1911；イタリアの作家)

フォスコロ Ugo Foscolo男 (Zante 1778- Turnham Green, Londra 1827；イタリアの詩人)

フォルゴレ Folgore da San Gimignano男 (San Gimignano 1270頃- 1330頃；イタリアの詩人)

フォンタネージ Antonio Fontanesi男 (Reggio Emilia 1818- Torino 1882；イタリアの画家,

1876年に工部美術学校の教師として来日)

ブゾーニ Ferruccio Busoni男 (Empoli, Firenze 1866- Berlino 1924；イタリアの作曲家，ピアニスト)

プッチーニ Giacomo Puccini男 (Lucca 1858- Bruxelle 1924；イタリアの作曲家.『トスカ』*Tosca*)

ブッツァーティ Dino Buzzati男 (Belluno 1906- Milano 1972；イタリアの作家.『七人の使者』*I sette messaggeri*,『タタール人の砂漠』*Il deserto dei Tartari*)

プトレマイオス ① i Tolomeo男[複] (ヘレニズム時代の古代エジプト王家，前306-前30) ② Claudio Tolomeo男 (2世紀頃；ギリシアの天文学，数学，地理学者.『アルマゲスト』*Almagesto*,『地理学入門』*Geografia*)

フラ・アンジェーリコ Fra Angelico男 (Vicchio, Firenze 1400頃- Roma 1455；イタリアの画家. 別名 Beato Angelico または Fra Giovanni da Fiesole, 本名 Guido di Pietro)

プラウトゥス Tito Maccio Plauto男, 〔ラ〕Titus Maccius Plautus (前254頃-184；ローマの喜劇作家) ◇プラウトゥスの plautino

プラクシテレス Prassitele男 (前4世紀；ギリシアの彫刻家)

プラトン Platone男 (前427-347；ギリシアの哲学者.『対話編』*Dialoghi*) ◇プラトンの platonico, プラトン主義 platonismo男, プラトン主義者 platonista男

ブラマンテ Bramante男 (Monte Asdrualdo, Pesaro 1444- Roma 1514；イタリアの建築家，画家. 本名 Donato di Pascuccio d'Antonio

フラミニウス Gaio Flaminio (Gaius Flaminius) 男 (?-前217；ローマの政治家，将軍. フラミニア街道を造った

ブランカーティ Vitaliano Brancati男 (Pachino, Siracusa 1907- Torino 1954；イタリアの作家.『シチリアのドン・ファン』*Don Giovanni in Sicilia*)

フランシスコ・ザビエル(聖) San Francesco Saverio男 (1506-1552；日本へ初めてキリスト教を伝えたスペインのイエズス会宣教師)

フランソワ1世 Francesco I di Valois (1494- 1547；フランス王)

フランチェスコ(聖) San Francesco d'Assisi男 (Assisi 1182頃-1226；フランチェスコ修道会の創設者. イタリア国の守護聖人の1人) ◇フランチェスコ会の francescano

フランツ1世 Francesco I男 (1768-1835；フランツ2世として最後の神聖ローマ帝国皇帝，在位：1792- 1806. フランツ1世として初代オーストリア皇帝，在位：1804-35)

フリードリヒ1世(赤ひげ王) Federico I Barbarossa男 (1123頃-1190；神聖ローマ帝国皇帝，ゲルマン王)

プリニウス(大) Plinio il Vecchio男, 〔ラ〕Caius Plinius Secundus (23-79；ローマの作家，博物学者.『博物誌』*Naturalis Historia*)

ブルータス Marco Giunio Bruto男 (前85-前42；ローマの政治家，カエサル暗殺の犯人の1人)

ブルーノ Giordano Bruno男 (Nola, Napoli 1548- Roma 1600；イタリアの哲学者.『無限・宇宙・諸世界について』*De l'infinito universo et mondi*)

ブルキエッロ Burchiello男 (Firenze 1404- Roma 49；イタリアの風刺詩人. 本名 Domenico di Giovanni)

ブルクハルト Jacob Burckhardt (1818-1897；スイスの歴史家, 美術史家.『チチェローネ』*Cicerone*,『イタリア・ルネサンスの文化』*La civiltà del Rinascimento in Italia*)

プルタルコス Plutarco男 (46頃-120頃；ギリシアの伝記作者)

プルチ Luigi Pulci (Firenze 1432- Padova 1484；イタリアの詩人)

ブルネッレスキ Filippo Brunelleschi男 (Firenze 1377-1446；イタリアの建築家，彫刻家)

ブルボン王家 i Borbone男[複] (ヴァロア朝を継いだフランスの王家，1734-1860年のナポリの王家) ◇ブルボン王家の borbonico

プレッツォリーニ Giuseppe Prezzolini男 (Perugia 1882- Lugano 1982；イタリアの文学評論家. 文学雑誌 "La Voce" を創刊

フロイト Sigmund Freud男 (1856-1939；オーストリアの精神医学者.『日常生活の精神病理学』*Psicopatologia della vita quotidiana*,『夢判断』*L'interpretazione dei sogni*,『精神分析入門』*Introduzione alla psicoanalisi*) ◇フロイトの freudiano, フロイト学派 freudismo男, scuola女 freudiana

ペアーノ Giuseppe Peano男 (Cuneo 1858- Torino 1932；イタリアの数学者)

米芾 Mi Fu男 (1051-1107；中国，北宋の画家)

米友仁(べいゆうじん) Mi Youren男 (1074-1151；中国，北宋の画家，米芾の息子)

ヘーゲル Georg Wilhelm Friedrich Hegel男 (1770-1831；ドイツの哲学者.『精神現象学』*Fenomenologia dello spirito*)

ベートーヴェン Ludwig van Beethoven (1770- 1827；ドイツの作曲家.『月光』*Al chiaro di luna*)

ヘシオドス Esiodo男 (前8世紀；ギリシアの詩人.『神統記』*Teogonia*,『仕事と日々』*Le opere e i giorni*)

ベッカリーア Cesare Beccaria (Milano 1738- 1794；イタリアの啓蒙主義者，法律学者)

ベッリ Giuseppe Gioachino Belli男 (Roma 1791-1863；イタリアの詩人)

ベッリーニ ① Giovanni Bellini男 (Venezia 1432頃-1516；イタリアの画家) ② Vincenzo Bellini男 (Catania 1801-Puteaux, Parigi 1835；イタリアの作曲家.『ノルマ』*Norma*)

ペッリコ Silvio Pellico男 (Saluzzo, Cuneo 1789- Torino 1854；イタリアの作家，愛国者.『獄中記』*Le mie prigioni*)

ペッリッツァ・ダ・ヴォルペード Giuseppe Pellizza da Volpedo (Volpedo, Alessandria 1868-1907；イタリアの画家)

ベッロッキオ Marco Bellocchio (Piacenza 1939- ；イタリアの映画監督.『ポケットの中のにぎり拳』*I pugni in tasca*)

ペトラルカ Francesco Petrarca (Arezzo 1304- Arquà, Padova 1374；イタリアの詩人，人文学者.『カンツォニエーレ』*Canzoniere*) ◇ペトラルカの petrarchesco, ペトラルカ詩風の模倣，ペトラルカ主義 petrarchismo男, ペトラルカ詩風の模倣者，ペトラルカ研究者 petrarchista男女

ペトルス(アミアンの) Pietro l'Eremita, Pietro d'Amiens (1050頃-1115；十字軍を提唱したフラ

ンスの修道士)
ペトローニウス Petronio Arbitro男, [ラ]Petronius Arbiter (?–66；ローマの作家.『サテュリコン』Satyricon)
ベニーニ Roberto Benigni男 (Manciano Misericordia, Arezzo 1952–；イタリアの喜劇役者，映画監督.『ライフ・イズ・ビューティフル』La vita è bella)
ベネディクト(聖，ヌルシアの) San Benedetto da Norcia (Norcia 480頃 – Montecassino 547頃；ベネディクト修道会の創始者)
◇聖ベネディクトの benedettino, ベネディクト修道会の benedettino, ベネディクト会士 benedettino男[女 -a])
ベネディクトゥス Benedetto男, [ラ]Benedictus (歴代教皇の名)
ヘミングウェイ Ernest Miller Hemingway男 (1899–1961；アメリカの作家.『武器よさらば』Addio alle armi,『誰がために鐘は鳴る』Per chi suona la campana)
ペラギウス Pelagio男 (360頃–420頃；ブリタニア出身の修道士，神学者)
ヘラクレイトス Eraclito di Efeso男 (前540頃–480頃；ギリシアの哲学者)
ベリオ Luciano Berio男 (Oneglia, Imperia 1925– Roma 2003；イタリアの作曲家)
ペリクレス Pericle男 (前495頃–429；ギリシアの政治家)
ベリサリウス Belisario男 (500頃–565；東ローマ帝国の将軍)
ペルジーノ Perugino男 (Città della Pieve, Perugia 1445頃– Fontignano, Perugia 1523；イタリアの画家. 本名 Pietro di Cristoforo Vannucci)
ベルシェ Giovanni Berchet男 (Milano 1783– Torino 1851；イタリアの詩人)
ベルトルッチ Bernardo Bertolucci男 (Parma 1940–；イタリアの映画監督.『暗殺の森』Il conformista,『ラスト・タンゴ・イン・パリ』Ultimo tango a Parigi)
ベルナール(聖) San Bernardo di Chiaravalle, Bernard de Clairvaux男 (1090–1153；フランスの修道士，神秘思想家．ベルナール会 (後のシトー会) の創始者で，クレルヴォー修道院を創設) ◇聖ベルナール (会) の bernardino
ベルナルディーノ・ダ・シエーナ(聖) San Bernardino da Siena男 (Massa Marittima 1380– L'Aquila 1444；フランチェスコ派の聖職者)
◇聖ベルナルディーノ・ダ・シエーナの bernardino
ベルニ Francesco Berni (Lamporecchio, Firenze 1497頃– Firenze 1535；イタリアの詩人)
ベルニーニ Gian Lorenzo Bernini男 (Napoli 1598– Roma 1680；イタリアの建築家，彫刻家)
ペロー Charles Perrault (1628–1703；フランスの批評家，童話作家.『赤ずきん』Cappuccetto rosso,『青ひげ』Barbablù,『長靴をはいた猫』Il gatto con gli stivali,『シンデレラ』Cenerentola)
ヘロデ(大王) Erode il Grande男 (前73–前4；ユダヤ王)
ヘロドトス Erodoto男 (前484頃–425頃；ギリシアの歴史家) ◇ヘロドトスの erodoteo
ヘンデル Georg Friedrich Händel男 (1685–1759；ドイツの作曲家.『リナルド』Rinaldo,『メサイア』Messiah,『水上の音楽』Musica sull'acqua)

ベンニ Stefano Benni男 (Bologna 1947–；イタリアの作家.『聖女チェレステ団の悪童』La compagnia dei Celestini)
ベンボ Pietro Bembo男 (Venezia 1470– Roma 1547；イタリアの詩人，人文学者，聖職者)
ボイアルド Matteo Maria Boiardo男 (Scandiano, Reggio Emilia 1441–1494；イタリアの詩人.『恋するオルランド』Orlando innamorato)
ボイト Arrigo Boito男 (Padova 1842– Milano 1918；イタリアの詩人，作曲家)
ボイネ Giovanni Boine男 (Finalmarina, Savona 1887– Porto Maurizio, Imperia 1917；イタリアの作家)
ボエティウス Ancio Manlio Torquato Severino Boezio男 (480頃–524；ローマの哲学者.『哲学の慰め』De Consolatione philosophiae)
ホーエンシュタウフェン王家 gli Hohenstaufen男 [複] (中世ドイツの王家，シュワーベン Svevia 大公家) ◇ホーエンシュタウフェン王家の svevo
墨子(ぼくし) Mo Zi男 (前5世紀；中国，戦国時代の思想家)
菩提達磨(ぼだいだるま) Bodhidharma男 (5–6世紀；中国禅の初祖となったインド僧)
ボッカッチョ Giovanni Boccaccio男 (Certaldo o Firenze 1313– Certaldo 1375；イタリアの作家.『デカメロン』Decamerone)
ボッチョーニ Umberto Boccioni男 (Reggio Calabria 1882– Verona 1916；未来派の画家，彫刻家)
ボッティチェッリ Sandro Botticelli男 (Firenze 1444–1510；イタリアの画家，本名 Sandro Filipepi.『ヴィーナスの誕生』Nascita di Venere,『春』Allegoria della Primavera) ◇ボッティチェッリの botticelliano
ボッピオ Norberto Bobbio男 (Torino 1909–2004；イタリアの政治思想家)
ポッリーニ Maurizio Pollini男 (Milano 1942–；イタリアのピアニスト)
ボッロミーニ Francesco Borromini男 (Bissone, Lugano 1599– Roma 1667；イタリアの建築家. 本名 Francesco Castelli)
ボテーロ Giovanni Botero男 (Bene Veganna 1544– Torino 1617；イタリアの政治思想家)
ボドーニ Giambattista Bodoni男 (Saluzzo, Cuneo 1740– Parma 1813；ボドーニ活字を発明したイタリアの印刷業者) ◇ボドーニ風の(活字の) bodoniano
ボナヴェントゥーラ(聖) San Bonaventura da Bagnoregio (Bagnoregio 1217 頃 – Lione 1274；スコラ哲学の神学者)
ボニファティウス ① Bonifacio男, [ラ]Bonifatius (歴代教皇の名)
② 8 世 Bonifacio VIII男 (Anagni, Frosinone 1235頃– Roma 1303；教皇権の王権に対する普遍的優位を主張した教皇，在位：1294–1303. 本名 Benedetto Caetani)
ホノリウス Onorio男, [ラ]Honorius (歴代教皇の名)
ホメロス Omero男 (前9–8世紀；ギリシアの詩人.『イリアス』Iliade,『オデュッセイア』Odissea)
◇ホメロスの omerico
ホラティウス Quinto Orazio Flacco男 (前65–後

8；ローマの詩人）◇ホラティウスの oraziano

ポリクラテス Policrate男（? -前522頃；ギリシアのサモス島の僭主）

ポリツィアーノ Poliziano（Montepulciano, Siena 1454- Firenze 94；フィレンツェの詩人，人文主義者．本名 Angelo Ambrogini）

ポリュドロス Polidoro男（前1世紀；ギリシアの彫刻家）

ボルジェーセ Giuseppe Antonio Borgese男（Polizzi Generosa, Palermo 1882- Fiesole, Firenze 1952；イタリアの文学者）

ボルジャ Cesare Borgia男（Roma 1475- Viana, Spagna 1507；イタリアの政治家）

ポルタ Carlo Porta男（Milano 1775-1821；イタリアの詩人）

ポンターノ Giovanni Pontano男（Cerreto di Spoleto, Perugia 1429- Napoli 1503；イタリアの人文主義者）

ボンテンペッリ Massimo Bontempelli男（Como 1878- Roma 1960；イタリアの作家）

ポンペイウス Gneo Pompeo Magno，〔ラ〕Gnaeus Pompeius Magnus（前106-前48；ローマの将軍，政治家）

ポンポナッツィ Pietro Pomponazzi男（Mantova 1462- Bologna 1525；イタリアの哲学者．『霊魂不滅論』*L'immortalità dell'anima*）

マ 行

マキアヴェッリ Niccolò Machiavelli男（Firenze 1469-1527；イタリアの政治理論家．『君主論』*Il Principe*，『フィレンツェ史』*Istorie fiorentine*，『マンドラゴラ』*Mandragola*）
◇マキアヴェッリの machiavelliano, マキアヴェリスト machiavellista女, マキアヴェリズム machiavellismo男

マクシミリアン1世 Massimiliano I d'Asburgo男（1459-1519；ハプスブルク家の神聖ローマ帝国皇帝，在位：1493-1519. カール5世の祖父）

マクセンティウス Marco Aurelio Valerio Massenzio男（278頃-312；コンスタンティヌス皇帝に敗れたローマ皇帝，在位：306-312）

マザッチョ Masaccio男（San Giovanni Valdarno 1401- Roma 1428；イタリアの画家．本名 Tommaso di Giovanni di Mone Cassai）

マザニエッロ Masaniello男（Napoli 1620-1647；ナポリのマザニエッロの乱で「平民の王」となった．本名 Tommaso Aniello）

マスカーニ Pietro Mascagni男（Livorno 1863- Roma 1945；イタリアの作曲家．『カヴァッレリーア・ルスティカーナ』*Cavalleria rusticana*）

マスッチョ・サレルニターノ Masuccio Salernitano男（Salerno 1410-1475；イタリアの説話作家．本名 Tommaso Guardati.『ノヴェッリーノ』*Novellino*）

マストロヤンニ Marcello Mastroianni男（Fontana Liri, Frosinone 1924- Parigi 1996；イタリアの映画俳優）

マゼラン Ferdinando Magellano男（1480-1521；ポルトガルの航海者）

マッシモ・ミラ Massimo Mila男（Torino 1910-1988；イタリアの音楽学者，音楽評論家）

マッツィーニ Giuseppe Mazzini男（Genova 18 05- Pisa 1872；イタリアの政治家）◇マッツィーニ（主義）の mazziniano

マッテオッティ Giacomo Matteotti男（Fratta Polesine, Rovigo 1885- Roma 1924；イタリアの政治家）

マニャーニ Anna Magnani女（Roma 1908-1973；イタリアの映画俳優）

マハービーラ Mahavira男（前6世紀；インドの思想家，ジャイナ教の開祖）

マホメット →ムハンマド

マメーリ Goffredo Mameli男（Genova 1827- Roma 1849；イタリアの愛国詩人．イタリア国家『マメーリの讃歌』*Inno di Mameli* の作詞者）

マライーニ ① Fosco Maraini男（Firenze 1912-2004；イタリアの写真家，日本に長く滞在した）
② Dacia Maraini女（Firenze 1936-；イタリアの作家，Fosco の娘）

マラテスタ ① Sigismondo Pandolfo Malatesta男（Rimini 1417-1468；リミニの領主）
② Errico Malatesta男（Santa Maria Capua Vetere 1854- Roma 1932；イタリアのアナーキスト）

マラパルテ Curzio Malaparte男（Prato 1898- Roma 1957；イタリアの作家．本名 Kurt Erich Suckert）

マリーニ Marino Marini男（Pistoia 1901- Forte dei Marmi 1980；イタリアの彫刻家）

マリーノ Giambattista Marino男（Napoli 1569-1625；イタリアの詩人）◇マリーノ（風文体）の marinista, マリーノ風のスタイル marinismo男

マリウス Gaio Mario男，〔ラ〕Gaius Marius（前157-前86；ローマの軍人，政治家）

マリネッティ Filippo Tommaso Marinetti男（Alessandria d'Egitto 1876- Bellagio, Como 1944；イタリアの詩人，未来派を主宰）

マルクス Karl Marx男（1818-1883；ドイツの経済学者，哲学者，革命家．『資本論』*Il Capitale*,『共産党宣言』（Engels との共著）*Manifesto del Partito comunista*）◇マルクス主義 marxismo男, マルクス主義の marxista, マルクス主義者 marxista男

マルクス・アウレリウス Marco Aurelio男，〔ラ〕Marcus Aurelius（121-180；ローマ皇帝，在位：161-180；ストア派の哲学者．『自省録』*Colloqui con se stesso*）

マルクス・アントニウス Marco Antonio男，〔ラ〕Marcus Antonius（前82頃-前30；ローマの政治家）

マルケルス Marco Claudio Marcello男，〔ラ〕Marcus Claudius Marcellus（前268頃-208；第2ポエニ戦役で活躍したローマの将軍）

マルコ・ポーロ Marco Polo男（Venezia 1254-1324；イタリアの商人，旅行家．『東方見聞録』*Il Milione*）

マルコーニ Guglielmo Marconi男（Bologna 18 74- Roma 1937；イタリアの発明家，無線通信を発明．ノーベル物理学賞受賞）

マルサス Thomas Robert Malthus男（1766-18 34；イギリスの経済学者）
◇マルサス主義 marthusianismo男

マルシリウス（パドヴァの） Marsilio da Padova男（Padova 1275頃- Monaco di Baviera 1343頃；イタリアの哲学者，政治思想家）

マルチェッロ Benedetto Marcello男 (Venezia 1686- Brescia 1739；イタリアの作曲家)

マルティーニ Simone Martini男 (Siena 1283頃- Avignone 1344；イタリアの画家)

マルティヌス ① Martino男, 〔ラ〕Martinus (歴代教皇の名) ②聖マルティヌス San Martino di Tours男 (315頃-397；フランス, トゥールの司教)

マロッタ Giuseppe Marotta男 (Napoli 1902-1963；イタリアの作家.『ナポリの黄金』L'oro di Napoli)

マン Thomas Mann男 (1875-1955；ドイツの作家.『魔の山』La montagna incantata,『ブデンブローク家の人々』I Buddenbrook)

マンゾーニ Alessandro Manzoni男 (Milano 1785-1873；イタリアの小説家, 詩人, 劇作家.『いいなずけ』I promessi sposi) ◇マンゾーニの manzoniano, マンゾーニ主義 manzonismo

マンテーニャ Andrea Mantegna男 (Isola di Carturo, Padova 1431- Mantova 1506；イタリアの画家)

マンフレーディ Manfredi男 (1232- Benevento 1266；フェデリーコ2世の息子, シチリア王)

ミケランジェリ Arturo Benedetti Michelangeli (Brescia 1920- Lugano 1995；イタリアのピアニスト)

ミケランジェロ Michelangelo Buonarroti男 (Caprese, Arezzo 1475- Roma 1564；イタリアの画家, 彫刻家, 建築家) ◇ミケランジェロの michelangiolesco

ミトリダテス6世 Mitridate VI Eupatore il Grande男 (前132頃-63；小アジアのポントス国の王) ◇ミトリダテスの mitridatico

ムーティ Riccardo Muti男 (Napoli 1941-；イタリアの指揮者)

ムッソリーニ Benito Mussolini男 (Dovia di Predappio, Forlì 1883- Giulino di Mezzegra, Como 1945；イタリア・ファシズムの創始者)

ムハンマド Maometto男 (570頃-632；アラビアの預言者でイスラム教の創始者) ◇マホメットの（イスラムの) maomettano

ムラトーリ Ludovico Antonio Muratori男 (Vignola, Modena 1672- Modena 1750；イタリアの歴史家)

メタスタージオ Pietro Metastasio男 (Roma 1698- Vienna 1782；イタリアの詩人, 劇作家. 本名 Pietro Trapassi)

メッサリーナ Messalina女 (25-48；ローマ皇帝クラウディウスの妃)

メディチ家 i Medici男[複] (14-18世紀のフィレンツェの貴族)

メトン Metone男 (紀元前5世紀；アテナイの天文学者)

メナンドロス Menandro男 (前342頃-290頃；ギリシアの喜劇作家) ◇メナンドロスの menandreo

メニッポス Menippo di Gadara男 (前4-3世紀；ギリシアの哲学者) ◇メニッポスの menippeo

馬鳴 (めみょう) Asvaghosa男 (2世紀頃；インドの仏教詩人.『ブッダチャリタ』Buddhacarita)

メロヴィング王家 i Merovingi男[複] (481-751にフランスを統治) ◇メロヴィング朝の merovingico

メンデルスゾーン゠バルトルディ Felix Jacob Mendelssohn Bartholdy男 (1809-1847；ドイツの作曲家, 指揮者.『真夏の夜の夢』Sogno di una notte di mezza estate,『無言歌』Romanze senza parole)

孟子 (もうし) Mencio, Meng Zi男 (前371頃-289頃；中国, 戦国時代の思想家)

毛沢東 (もうたくとう) Mao Zedong, Mao Tse-Tung男 (1893-1976；中国の政治家) ◇毛沢東主義 maoismo

モーツァルト Wolfgang Amadeus Mozart男 (1756-1791；オーストリアの作曲家. 歌劇『フィガロの結婚』Le nozze di Figaro,『ドン・ジョヴァンニ』Don Giovanni,『魔笛』Il flauto magico) ◇モーツァルトの mozartiano

モチェニーゴ家 i Mocenigo男[複] (11世紀に興ったヴェネツィアの名家)

モディリアーニ Amedeo Modigliani男 (Livorno 1884- Parigi 1920；イタリアの画家)

モネータ Ernesto Teodoro Moneta男 (Milano 1833-1918；ガリバルディ派の愛国者, 平和主義者, 1907年ノーベル平和賞受賞)

モラヴィア Alberto Moravia男 (Roma 1907-1990；イタリアの作家. 本名 Alberto Pincherle.『無関心な人々』Gli indifferenti,『ローマ物語』Racconti romani)

モランディ Giorgio Morandi男 (Bologna 1890-1964；イタリアの画家)

モリコーネ Ennio Morricone男 (Rome 1928-；イタリアの映画音楽作曲家)

モレッティ Nanni Moretti男 (Brunico, Bolzano 1953-；イタリアの映画監督.『ジュリオの当惑』La messa è finita)

モンターレ Eugenio Montale男 (Genova 1896- Milano 1981；イタリアの詩人, ノーベル文学賞受賞.『烏賊の骨』Ossi di seppia,『機会』Le occasioni)

モンタネッリ Indro Montanelli男 (Fucecchio, Firenze 1909- Milano 2001；イタリアの作家, ジャーナリスト.『ローマの歴史』Storia di Roma)

モンティ Vincenzo Monti男 (Alfonsine, Ravenna 1754- Milano 1828；イタリアの詩人)

モンテヴェルディ Claudio Monteverdi男 (Cremona 1567- Venezia 1643；イタリアの作曲家.『オルフェオ』Orfeo,『ポッペアの戴冠』L'incoronazione di Poppea)

モンテッソーリ Maria Montessori女 (Chiaravalle, Ancona 1870-Nordwijk, Olanda 1952；イタリアの幼児教育者) ◇モンテッソーリの montessoriano

ヤ行

ヤコブス・デ・ウォラギネ Jacopo da Varazze男 (Varazze, Savona 1230頃- Genova 1298；ジェノヴァ大司教.『黄金伝説』Legenda aurea)

ユークリッド Euclide男 (前300年頃；ギリシアの数学者.『原論 (ストイケイア)』Elementi) ◇ユークリッドの euclideo, ユークリッド幾何学 geometria女 euclidea

ユスティニアヌス1世 Giustiniano I (Iustinianus I)男 (483-565；東ローマ帝国皇帝, 在位：527-565.『ローマ法大全』Corpus iuris civilis を編纂させた) ◇ユスティニアヌスの giustinianeo

ユリアヌス Flavio Claudio Giuliano男, 〔ラ〕Flavius Claudius Iulianus (331-363；ローマ皇

帝，在位：361-363)
ユリウス Giulio男，〔ラ〕Julius (歴代教皇の名)
ユング Carl Gustav Jung男 (1875-1961；スイスの心理学者，精神医学者) ◊ユングの junghiano
ヨアキム（フィオーレの）Gioacchino da Fiore男 (Celico 1130頃- San Giovanni in Fiore 1202；聖霊の時代を預言したカラーブリアの修道士．説教師) ◊ヨアキムの gioachimita，ヨアキム思想 gioachimismo男
ヨハンネス ① Giovanni，〔ラ〕Johannes (歴代教皇の名)
② 23 世 Giovanni XXIII "papa buono"男 (Sotto il Monte, Bergamo 1881- Città del Vaticano 1963；教皇，在位：1958-1963)
ヨハンネス・パウルス ① Giovanni Paolo，〔ラ〕Johannes Paulus (歴代教皇の名)
② 2 世 Giovanni Paolo II男 (Wadowice, Cracovia 1920- Città del Vaticano 2005；教皇，在位：1978-2005)

ラ 行

ラグーザ Vincenzo Ragusa男 (Palermo 1841-1927；イタリアの彫刻家．1876年に来日，工部美術学校の教師となる．妻はイタリアで活躍した日本人女流画家ラグーザ玉)女
ラッファエッロ Raffaello Sanzio男 (Urbino 1483- Roma 1520；イタリアの画家，彫刻家，建築家) ◊ラッファエッロの raffaellesco
ラティーニ Brunetto Latini (Firenze 1220頃-1294；イタリアの詩人，文学者)
ラブレー François Rabelais (1493頃-1553；フランスの作家．『ガルガンチュアとパンタグリュエルの物語』Gargantua e Pantagruel) ◊ラブレーの rabelaisiano
ランドルフィ Tommaso Landolfi男 (Pico, Frosinone 1908- Roma 1979；イタリアの作家．『月ノ石』La pietra lunare)
リウィウス Tito Livio男 (Padova 前59-後17；ローマの歴史家でアウグストゥス帝の友人)
李淵（りえん）Li Yuan男 (566-635；中国，唐朝の創立者)
リカーソリ Bettino Ricasoli男 (Firenze 1809- Brolio, Arezzo 1880；イタリアの愛国者，政治家)
李成（りせい）Li Cheng男 (919-967；中国，五代北宋の画家)
リッチ Matteo Ricci男 (Macerata 1552- Pechino 1610；イタリアのイエズス会宣教師で中国におけるカトリック教布教の先駆者．中国名は利瑪寶)
リッピ Filippo Lippi男 (Firenze 1406 頃 - Spoleto 1469；イタリアの画家)
李唐（りとう）Li Tang男 (11-12世紀；中国，北宋末南宋初の画家)
リヌッチーニ Ottavio Rinuccini男 (Firenze 1562-1621；イタリアの詩人，台本作家．『エウリュディケ』Euridice)
李白（りはく）Li Po, Li Bai男 (701-762；中国，唐の詩人)
龍樹（りゅうじゅ）Nagarjuna男 (150頃-250頃；インドの大乗仏教思想家)
劉邦（りゅうほう）Liu Bang男 (前256-195；中国，前漢王朝の創始者)
リュシッポス Lisippo男 (前4世紀頃；ギリシアの彫刻家)
臨済（りんざい）Lin Ji男 (?-866；中国，唐の禅僧)
ルイ14世（太陽王）Luigi XIV (il Re Sole)男 (1638-1715；ブルボン家のフランス王，在位：1643-1715)
ルイジ・ストゥルツォ Luigi Sturzo (Caltagirone, Catania 1871- Roma 1959；イタリアの司祭，政治家，イタリア人民党の創設者)
ルーカ・パチョーリ Luca Pacioli男 (Borgo San Sepolcro 1445- Roma 1517；イタリアの数学者)
ルクルス Lucio Licinio Lucullo男 (前110頃-56；ローマの将軍，政治家)
ルザンテ Ruzante男 (Padova 1502頃-1542；イタリアの喜劇作家．本名 Angelo Beolco)
ルソー Jean-Jacques Rousseau男 (1712-1778；スイス生まれのフランスの作家．『社会契約論』Contratto sociale，『エミール』Emilio, o dell'educazione，『新エロイーズ』Giulia o la nuova Eloisa) ◊ルソーの rousseauiano
ルター Martin Lutero男 (1483-1546；ドイツの神学者，宗教改革の指導者)
◊ルターの，ルター主義の luterano，ルター主義 luteranesimo, luteranismo男，ルター主義の信奉者 luterano男 [& -a]
ルドヴィーコ・スフォルツァ（イル・モーロ）Ludovico Sforza (il Moro)男 (Vigevano, Pavia 1452- Loches 1508；ミラノの領主．頭髪や肌の黒さから「il Moro ムーア人」の別称が付けられた)
レーヴィ Carlo Levi男 (Torino 1902- Roma 1975；イタリアの作家．『キリストはエボリに止まりぬ』Cristo si è fermato a Eboli)
レーディ Francesco Redi男 (Arezzo 1626- Pisa 1697；イタリアの医者，文学者，自然科学者)
レーニン Nicolaj Lenin男 (1870-1924；ロシアのマルクス主義者) ◊レーニン主義 leninismo男，レーニン主義者 leninista両
レオ ① Leone男，〔ラ〕Leo (歴代教皇の名)
② 1 世 Leone I男 (Volterra 400頃- Roma 461；教皇，在位：440-461)
③13世 Leone XIII (Carpineto Romano 1810- Roma 1903；教皇，在位：1878-1903)
レオーネ Sergio Leone男 (Roma 1929-1989；イタリアの映画監督，マカロニ・ウェスタンの元祖)
レオナルド・ダ・ヴィンチ Leonardo da Vinci男 (Vinci, Firenze 1452- Castello di Cloux, Amboise 1519；イタリアの画家，彫刻家，建築家，数学者，科学者．『モナ・リザ』La Gioconda，『最後の晩餐』L'Ultima Cena, Il Cenacolo)
◊レオナルドの leonardesco
レオパルディ Giacomo Leopardi男 (Recanati 1798- Napoli 1837；イタリアの詩人．『カンティ』Canti) ◊レオパルディの leopardiano
レオンカヴァッロ Ruggero Leoncavallo男 (Napoli 1857- Montecatini, Pistoia 1919；イタリアの作曲家．『パリアッチ（道化師）』I pagliacci)
レスピーギ Ottorino Respighi男 (Bologna 1879- Roma 1936；イタリアの作曲家．『ローマの松』I pini di Roma)
老子（ろうし）Lao Zi男 (前6-5世紀；中国の思想家)
ロージ Francesco Rosi男 (Napoli 1922- ；イタリアの映画監督．『シシリーの黒い霧』Salvatore Giuliano)
ロータ Nino Rota男 (Milano 1911- Roma

1979 ; イタリアの作曲家)
ローレン Sophia Loren⼥ (Roma 1934-; イタリアの映画俳優. 本名 Sofia Scicolone)
魯迅(ろじん) Lu Xun男 (1881-1936 ; 中国の文学者)
ロダーリ Gianni Rodari男 (Omegna, Novara 1920- Roma 1980 ; イタリアの児童文学作家)
ロッシーニ Gioacchino Rossini男 (Pesaro 1792- Passy, Parigi 1868 ; イタリアの作曲家.『セビリアの理髪師』*Il barbiere di Siviglia*,『ウィリアム・テル』*Guglielmo Tell*)
ロッセッリ兄弟 Carlo (Roma 1899- Bagnoles-de-l'Orne 1937) e Nello (Roma 1900- Bagnoles-de-l'Orne 1937) Rosselli男 (イタリアの政治思想家)
ロッセッリーニ Roberto Rossellini男 (Roma 1906-1977 ; イタリアの映画監督.『無防備都市』*Roma città aperta*,『戦火のかなた』*Paisà*,『ドイツ零年』*Germania anno zero*)
ロッソ・ディ・サン・セコンド Pier Maria Rosso di San Secondo男 (Caltanissetta 1887- Lido di Camaiore 1956 ; イタリアの劇作家)
ロレンツォ・デ・メディチ Lorenzo de' Medici, il Magnifico男 (Firenze 1449- Careggi, Firenze 1492 ; フィレンツェの政治家, 学者, 詩人. 文芸の保護者)
ロンギ Roberto Longhi男 (Alba, Cuneo 1890- Firenze 1970 ; イタリアの美術史家)
ロンブローソ Cesare Lombroso男 (Verona 1835- Torino 1909 ; イタリアの精神医学者, 犯罪心理学者)

ワ 行

ワグナー Richard Wagner男 (Lipsia 1813- Venezia 1883 ; ドイツの作曲家.『ニーベルングの指輪』*L'anello del Nibelungo* : ラインの黄金 *L'oro del Reno*, ワルキューレ *La Valchiria*, ジークフリート *Sigfrido*, 神々の黄昏 *Crepuscolo degli dei*,『トリスタンとイゾルデ』*Tristano e Isotta*)
◇ ワグナーの wagneriano, ワグナー崇拝者 wagneriano男 [*-a*], ワグナーの音楽理論 wagnerismo男

* *

■聖書・宗教・神話・伝説・文学・その他

ア 行

アーサー王 Re Artù, Arturo男 (6世紀頃のイギリスにおける伝統的な英雄) ◇arturiano, アーサー王と円卓騎士団の物語 Leggende della Tavola Rotonda
アイアコス《ギ神》Eaco男 (アイギナ島の王, ペレウスの父)
アイオロス《ギ神》Eolo男 (風の神)
アイギナ《ギ神》Egina⼥ (アソポスの娘, ゼウスに誘拐(ゆうかい)され, 息子アイアコスを生んだ)
アイギパン《ギ神》Egipane男 (牧神, パンともいう)
アイゲウス《ギ神》Egeo男 (アテナイの王, テセウスの父)
アイネイアス《ギ神・ロ神》Enea男 (トロイア戦争での

トロイア軍の英雄, ローマの建国者)
青ひげ Barbablù (ペローの昔話集に登場する残忍な夫)
赤ずきん Cappuccetto rosso (ペローの昔話集に登場する狼に食べられる少女)
アガメムノン《ギ神》Agamennone (トロイア戦争でのギリシア軍の総大将)
アキレウス《ギ神》Achille (トロイア戦争で活躍したギリシア軍の英雄)
アグライア《ギ神・ロ神》Aglaia⼥ (三美神カリテスの1人で, 光輝の女神→エウプロシュネ, タレイア)
アケローン《ギ神》Acheronte男 (渡し守カロンが死者の霊を渡す冥界の川)
アスガルド Asgard男 (オーディンたち北欧神話の神々の都)
アスクレピオス《ギ神》Asclepio男 (医薬と医術の神)
アスタルテ Astarte⼥ (古代セム族の豊穣の女神)
アストライア《ギ神》Astrea⼥ (ゼウスとテミスの間に生まれた正義の女神, ディケ Dike ともいう)
アソポス《ギ神》Asopo男 (河の神)
アダム《聖書》Adamo男 (神が最初に創った人間)
アテナ, アテネ《ギ神》Atena⼥ (知恵・工芸の女神. ローマ神話のミネルヴァにあたる)
アドニス《ギ神》Adone男 (アフロディテに愛された美青年)
アトラス《ギ神》Atlante男 (天空をになう巨人)
アトランティス Atlantide⼥ (プラトンの描いた伝説の島)
アトレウス《ギ神》Atreo男 (ミュケナイの王, アガメムノンとメネラオスの父)
アトロポス《ギ神》Atropo⼥ (3人の運命の女神モイラの1人)→クロト, ラケシス
アハシュエロス《聖書》Assuero男 (古代ペルシアの王. 旧約聖書エステル記から)
アブサロム《聖書》Assalonne男 (ダビデの第3子, 父にそむいて殺された)
アブラハム《聖書》Abramo男 (古代ヘブライ民族の始祖, ノアの大洪水後の最初の族長)
アフラ・マズダ Ahura Mazda男 (ゾロアスター教の最高神)
アフロディテ《ギ神》Afrodite⼥ (愛と美の女神. ローマ神話のウェヌスにあたる)
アベル《聖書》Abele男 (兄カインに殺されたアダムとイヴの第2子)
アポロン《ギ神》, アポロ《ロ神》Apollo男 (ゼウスの子, 詩歌・音楽・予言・太陽の神)
アマゾン《ギ神》Amazzone⼥ (黒海沿岸に住んでいたとされる勇敢な女族)
アメン Ammone男 (古代エジプトの太陽神)
アラー Allah男 (イスラム教の唯一神)
アリアドネ《ギ神》Arianna⼥ (クレタの王ミノスの娘)
アルキオーネ《ギ神》Alcione⼥ (アイオロスの娘)
アルクメネ《ギ神》Alcmena⼥ (夫に化けたゼウスと交わってヘラクレスを生んだ)
アルケイデス《ギ神》Alcide (ヘラクレスの別称)
アルゴ《ギ神》Argo⼥ (イアソンの遠征隊を運んだ巨船の名)
アルゴス《ギ神》Argo男 (百眼の巨人)
アルテミス《ギ神》Artemide⼥ (多産および子供の守護神として知られる女神または月の女神. ローマ神話のディアナにあたる)
アルレッキーノ Arlecchino (最も有名なコンメディア・デッラルテの仮面の登場人物, 召使役)

アレクト《ギ神》Aletto女（復讐の女神の1人）
アレス《ギ神》Ares男（戦いの神．ローマ神話のマルスにあたる）
アレトゥーサ《ギ神》Aretusa女（アルテミスのニンフの1人で，狩人アルフェウスの求愛を逃れるため泉に変身した）
アロン《聖書》Aronne男（モーセの兄，ヘブライ人最初の大司祭）
アンティゴネ《ギ神》Antigone（オイディプスの娘で，刑死した兄ポリュネイケスを禁を犯して葬った）
アンデレ《聖書》Andrea男（十二使徒の1人）
アンドロマケ《ギ神》Andromaca（ヘクトールの妻）
アンドロメダ《ギ神》Andromeda女（カシオペイアの娘，ペルセウスの妻）
アンナ《聖書》Anna女（聖母マリアの母）
イアソン《ギ神》Giasone男（アルゴ船乗組員の指導者）
イエス・キリスト《聖書》Gesù Cristo男（ナザレのイエス）◇キリスト教徒 cristiano男
イオカステ《ギ神》Giocasta（オイディプスの母で妃）
イカロス《ギ神》Icaro男（ダイダロスの息子）
イグドラシル《北神》Yggdrasill（北欧神話の宇宙樹）
イサク《聖書》Isacco男（アブラハムの息子）
イシス Iside女（古代エジプトの豊饒（ほうじょう）の女神，オシリスの妻で妹，ホルスの母）
イスカリオテ《聖書》Iscariota男（キリストを裏切ったイスカリオテのユダ）
イスラエル《聖書》Israele男（ヤコブの異名）
イゼベル《聖書》Gezabele女（イスラエルの王アカブの妻）
イゾルデ Isotta女（中世ヨーロッパの恋愛伝説『トリスタンとイゾルデ』の主人公）
イピゲネイア《ギ神》Ifigenia女（アガメムノンとクリュタイムネストラの娘）
イブリース Iblis男（イスラム教のサタン，反逆天使）
イリス Iride女（虹の女神）
ヴェーダ Veda男[複]，インドのバラモン教の聖典の総称）
ウェスタ《ロ神》Vesta女（かまどの女神，家族と国家の保護者）
ヴェロニカ Veronica女（イエスの顔を布に写したとされる聖女）
ウラニア《ギ神》Urania女（天文をつかさどるムーサ）
ウラノス《ギ神》Urano（天を意味するギリシア最初の神，息子のクロノスに地位を奪われる）
ウルカヌス《ロ神》Vulcano（火の神．ギリシア神話のヘファイストスにあたる）
エイレーネ《ギ神》Irene女（ゼウスの娘，平和の女神）
エヴァ，イブ《聖書》Eva女（人類最初の女性，アダムの妻）
エウテルペ《ギ神》Euterpe女（音楽と叙事詩をつかさどるムーサ）
エウプロシュネ《ギ神》Eufrosine女（三美神カリテスの1人で，歓喜の女神）→アグライア，タレイア
エウメニデス《ギ神》Eumenidi女[複]，慈愛の女神）
エウリュディケ《ギ神》Euridice女（オルフェウスの妻）
エウロペ《ギ神》Europa女（ゼウスが牡牛に変身して近づいたフェニキアの王女）
エゲリア《ロ神》Egeria女（ヌマ・ポンピリウス王の妻で相談役となったニンフ）
エコー《ギ神》Eco女（ナルキッソスに恋焦がれて死に，声だけが残ったニンフ）
エサウ《聖書》Esaù（イサクの息子．弟ヤコブに相続権を騙し取られた）
エゼキア《聖書》Ezechia（前8-7世紀のユダ王国の王）
エテオクレス《ギ神》Eteocle男（オイディプスの息子，ポリュネイケスの兄弟）
エニュオ《ギ神》Enio女（戦いの女神．ローマ神話のベローナにあたる）
エホバ《聖書》Geova（ヘブライの神）
エラト《ギ神》Erato女（独唱歌，恋愛詩を司るムーサ）
エリザベツ《聖書》Elisabetta女（洗礼者ヨハネの母）
エリシャ《聖書》Eliseo男（ヘブライの預言者，エリヤの後継者）
エリダノス《ギ神》Eridano男（大洋神オケアノスとテテュスの子とされる川，今日のポー川とも言われる）
エリニュス《ギ神》erinni女[複]（3人の復讐の女神．ローマ神話のフリアイにあたる）
エリヤ《聖書》Elia（前9世紀ヘブライの預言者）
エレアザル《聖書》Eleazaro男（ヘブライの大司祭，アロンの息子）
エレクトラ《ギ神》Elettra女（アガメムノンとクリュタイムネストラの娘）
エレミア《聖書》Geremia男（ヘブライの預言者）
エロス《ギ神》Eros, Amore男（恋愛の神．ローマ神話のクピドにあたる）
オイディプス《ギ神》Edipo男（テーバイ王）
オーディン《北神》Odino, Wotan男（北欧神話の主神）
オケアノス《ギ神》Oceano男（ウラノスとガイアの息子，大地を取り巻く大河）
オシリス Osiride男（古代エジプトの冥界の神，息子ホルスをエジプト王とする）
オセロ Otello男（シェイクスピアの悲劇『オセロ』の主人公）
オデュッセウス《ギ神》Ulisse男（トロイア戦争でのギリシアの英雄，『オデュッセイア』の主人公）
オリオン《ギ神》Orione男（ポセイドンの子，巨人の狩人）
オリュンポス山《ギ神》Olimpo男（ギリシア神話の神々が住む山）
オルフェウス《ギ神》Orfeo男（たて琴の名手）
オルランド Orlando男（イタリア・ルネサンス騎士道物語詩の主人公）

カ 行

カークス《ギ神》Caco男（ヘファイストスの子で3つの頭を持った巨人の泥棒，ヘラクレスに殺された）
ガイア《ギ神》Gea（大地を意味するギリシア最初の神，ウラノスの妻）
カイン《聖書》Caino男（アダムとエヴァの長子で，弟アベルを殺した）
カシオペイア《ギ神》Cassiopea（アンドロメダの母）
カスタリア《ギ神》Castalia女（ギリシアのパルナソス山脈にある霊泉，アポロとミューズにささげられた）
カストル《ギ神》Castore男（父ゼウスと母レダの間に生まれた双子の兄弟の1人）
ガスパル《聖書》Gaspare男（キリスト生誕の時に訪れた東方の三博士の1人）→バルタザル，メルキオル
カッサンドラ《ギ神》Cassandra女（トロイア王の娘．トロイア陥落を予言したが，誰も信じなかった）
カッリーマコ Callimaco男（マキアヴェッリの喜劇

『マンドラーゴラ』の登場人物）
カナ《聖書》Cana囡（キリストが最初の奇跡を行ったガリラヤ地方の町）
ガニュメデス《ギ神》Ganimede男（ゼウスが酒の酌をさせるために望んだトロイアの美少年）
ガブリエル《聖書》Gabriele男（大天使）
ガラテイア《ギ神》Galatea囡（ネレイスの1人. 海のニンフ）
カリオペ《ギ神》Calliope囡（叙事詩を司るムーサ. オルフェウスの母）
カリテス《ギ神》Cariti囡[複], アグライア, エウプロシュネ, タレイアの3人の美の女神）
カリュプソ《ギ神》Calipso囡（オデュッセウスを7年のあいだ島に引き留めたニンフ）
カリュブディス《ギ神》Cariddi囡（渦巻きに姿を変えさせられた女神, メッシーナ海峡の渦巻き）
カルヴァリオの丘《聖書》Calvario男（ゴルゴタの丘に同じ）
カルカース《ギ神》Calcante男（トロイア戦争におけるギリシア軍の予言者）
カロン《ギ神》Caronte男（冥土(めいど)の川の渡し守）
ギネビア Ginevra囡（アーサー王の妃）
キュクロプス《ギ神》Ciclope男（一つ目の巨人）
キュベレ《ギ神・ロ神》Cibele囡（小アジアの豊饒と大地の女神, ゼウスの母レアとしばしば同一視される）
キリスト《聖書》Cristo男（イエスの呼称）
キルケ《ギ神》Circe囡（オデュッセウスを一年のあいだ島に引き留めた魔女）
クイリヌス《ロ神》Quirino男（戦争の神, 元来はサビニ人の神）
クピド《ロ神》Cupido男（ギリシア神話のエロスにあたる）
グラティアエ《ロ神》Grazie囡[複], ギリシア神話のカリテスにあたる）
クリオ, クレイオ《ギ神》Clio（歴史をつかさどるムーサ）
クリシュナ Krishna男（ヒンドゥー教の救世主的英雄, ヴィシュヌの化身）
グリフォン Grifone男（頭部と翼は鷲, 胴は獅子の中東起源の幻獣）
クリュセイス《ギ神》Criseide囡（クリュセスの娘）
クリュセス《ギ神》Crise男（アポロンの神殿の祭司）
クレオン《ギ神》Creonte男（テーバイ王）
クロエ Cloe囡（古代ギリシアの牧歌小説『ダフニスとクロエ』の主人公）
クロト《ギ神》Cloto囡（3人の運命の女神モイラの1人. →アトロポス, ラケシス）
クロノス《ギ神》Crono男（ウラノスとガイアの子, 息子のゼウスに地位を奪われる）
ゲッセマネ《聖書》Getsemani男（エルサレム近郊のキリスト受難の地）
ケフェウス《ギ神》Cefeo男（エチオピアの王, アンドロメダの父）
ゲリュオン《ギ神》Gerione男（三頭三身の怪物）
ケルベロス《ギ神》Cerbero男（冥府(めいふ)の門を守る頭が3つのある番犬）
ケレス《ロ神》Cerere囡（農業の女神. ギリシア神話のデメテルにあたる）
ゴーレム Golem男（ユダヤの伝説の動く泥人形）
コキュトス《ギ神》Cocito男（冥府(めいふ)を流れるアケロン川の支流, 「嘆きの川」の意）
ゴモラ《聖書》Gomorra囡（市民の邪悪のためにソドムとともに神に滅ぼされた古代都市）

コラッリーナ Corallina囡（コンメディア・デッラルテの仮面の登場人物, 女中役）
ゴリアテ《聖書》Golia男（ペリシテ人の巨人戦士, ダヴィデの投石によって殺された）
ゴルゴタの丘《聖書》Golgota男（エルサレム郊外のキリストはりつけの地, カルヴァリオの丘に同じ）
ゴルゴン《ギ神》Gorgoni男[複]（見るものを石に変える怪物の三姉妹）
コロンビーナ Colombina囡（コンメディア・デッラルテの仮面の登場人物, 女中役）

サ 行

ザアカイ《聖書》Zaccheo男（ユダヤのエリコ税吏の長）
サウル《聖書》Saul男（前11世紀のイスラエル王国初代の王）
サテュロス《ギ神》satiro男（半人半獣の森の精）
サトゥルヌス《ロ神》Saturno男（農耕の神. ギリシア神話のクロノスにあたる）
サムソン《聖書》Sansone男（イスラエルの伝説的英雄で怪力の持ち主）
サラ, サライ《聖書》Sara囡（アブラハムの妻）
サルペドン《ギ神》Sarpedone男（ゼウスの息子）
サロメ《聖書》Salomè囡（ユダヤ王ヘロデの後妻ヘロデアの娘）
ザンニ Zanni男（コンメディア・デッラルテの最古の仮面の登場人物, 召使役）
ジークフリート Sigfrido男（ゲルマン神話の英雄）
シシュポス《ギ神》Sisifo男（タルタロスに落ちる石を永久に押し上げつづける罰を受けたコリュントス王）
シナイ山《聖書》Sinai男（モーゼが十戒を授けられたエジプトの山）
シバ Shiva男（ヒンドゥー教の主神のひとつ）
シバの女王《聖書》Regina di Saba囡（ソロモンを訪問した南アラビアの女王）
シビュラ《ギ神・ロ神》Sibilla囡（アポロンの信託を伝える女巫）
シメオン《聖書》Simeone男（ヤコブとレアの子でシメオン族の祖）
シモン《聖書》①Simone男（十二使徒ペテロの前の名. ②熱心党のシモン Simone il Cananeo [Zelota]男（十二使徒の1人）
ジュピター →ユピテル
ジュリエット Giulietta囡（シェイクスピアの悲劇『ロミオとジュリエット』の主人公）
小ヤコブ《聖書》Giacomo il Minore男（十二使徒の1人）
白雪姫 Biancaneve囡（グリム童話の主人公. ディズニー・アニメで有名）
シルウァノス《ロ神》Silvano男（森の神）
シレノス《ギ神》Sileno男（ギリシア神話の森の神で, 酒神ディオニュソスの従者の半獣神）
ジン Jinn男（アラブ世界の霊鬼）
シンデレラ Cenerentola囡（中国からヨーロッパに入った民話の主人公）
スカラムーシュ〔仏〕Scaramouche男（コンメディア・デッラルテの仮面の登場人物, フランスで成功した）
スキュラ《ギ神》Scilla囡（メガラの王女だったがメッシーナ海峡の怪物に姿を変えられた）
スザンナ《聖書》Susanna囡（ヨアキムの妻. 入浴姿を老人たちに見られ言い寄られるが, 拒否すると逆に姦

通罪に問われた)
ステパノ〖聖書〗Stefano男 (キリスト教最初の殉教者)
ステュクス〖ギ神・ロ神〗Stige女 (冥界を流れる川)
スパヴェンタ (Capitano) Spaventa男 (コンメディア・デッラルテの仮面の登場人物, ほら吹きの隊長役)
スフィンクス〖ギ神〗sfinge女 (女性の頭部とライオンの体をした怪物)
セイレン〖ギ神〗sirena女 (半人半鳥の海の精, 美声で船乗りを魅惑する)
ゼウス〖ギ神〗Zeus男 (ギリシア神話の最高神. ローマ神話のユピテルにあたる)
セト Seth男 (古代エジプトの神)
ゼベダイ〖聖書〗Zebedeo男 (使徒ヤコブとヨハネの父)
セミラミス Semiramide女 (アッシリアの伝説上の女王)
セム〖聖書〗Sem (ノアの3人息子の長兄で, セム族の祖とされている)
セラピス Serapide男 (プトレマイオス朝時代のエジプトの神)
セレーネ〖ギ神〗Selene女 (月の女神)
セメレ〖ギ神〗Semele女 (ゼウスに愛されたが, ヘラの嫉妬(と)策略により死ぬ. ディオニソスの母)
ソドム〖聖書〗Sodoma男 (住民の悪業のためにゴモラと共に神によって滅ぼされた古代都市)
ソロモン〖聖書〗Salomone男 (前10世紀頃, 統一イスラエル王国の王, ダヴィデの息子)

夕 行

ダイダロス〖ギ神〗Dedalo男 (ミノス王のためにクレタの迷宮を建造したアテナイの名工)
ダヴィデ〖聖書〗Davide男 (統一イスラエル王国の初代国王)
タダイ〖聖書〗Taddeo男 (十二使徒の1人)
ダナイデス〖ギ神〗Danaidi[複], ダナオス Danaoの50人の娘たち)
ダナエ〖ギ神〗Danae女 (黄金の雨に身を変えたゼウスと交わってペルセウスを生んだ)
ダフニス Dafni男 (古代ギリシアの牧歌小説『ダフニスとクロエ』の主人公)
ダフネ〖ギ神〗Dafne女 (迫るアポロを逃れるため月桂樹に変身したニンフ)
ダルタニアン D'Artagnan男 (デュマの三銃士と共に登場する主人公)
タルペイア〖ロ神〗Tarpea女 (ローマの守備隊長タルペイウスの娘. 祖国を裏切ってサビニ族に門を開いた)
タレイア〖ギ神〗Talia女 (三美神カリテスの1人で, 花の女神. 喜劇と牧歌をつかさどるムーサでもある. →アグライア, エウプロシュネ)
タンタロス〖ギ神〗Tantalo男 (アトレウス一族の始祖. 永遠の乾きと飢えの罰を与えられた)
ディアナ〖ロ神〗Diana女 (月の女神. ギリシア神話のアルテミスにあたる)
デイアネイラ〖ギ神〗Deianira女 (ヘラクレスの妻)
ディーテ〖ロ神〗Dite男 (冥界の神プルトーンの別名. ギリシア神話のハデスにあたる)
ディードー〖ギ神・ロ神〗Didone女 (カルタゴの建設者といわれる女王, アイネイアスに捨てられて自殺)
ディオスクロイ〖ギ神〗Dioscuri[複] (ゼウスとレダの間に生まれた双子, カストールとポルックス)
ディオニュソス〖ギ神〗Dioniso男 (酒の神. ローマ神話のバッコスにあたる)
ディオメデス〖ギ神〗Diomede男 (トロイア攻略のギリシアの軍勢の中でアキレウスに次ぐ勇士)
デイフォボス〖ギ神〗Deifobo男 (パリスの弟)
テイレシアス〖ギ神〗Tiresia男 (テーバイの盲目の予言者)
デウカリオン〖ギ神〗Deucalione男 (プロメテウスの息子. 旧約聖書の洪水伝説のノアにあたる)
テセウス〖ギ神〗Teseo男 (アッティカの英雄)
テティス〖ギ神〗Teti女 (ウラノスとガイアの娘, 海の女神)
テト〖聖書〗Tito男 (使徒パウロの弟子)
デボラ〖聖書〗Debora女 (イスラエルの女預言者)
テミス〖ギ神〗Temi女 (ウラノスとガイアの娘, 正義の女神)
デメテル〖ギ神〗Demetra女 (クロノスとレアの娘, 大地の生産をつかさどり, 結婚と社会秩序を保護する女神)
テモテ〖聖書〗Timoteo男 (使徒パウロの弟子)
テュエステス〖ギ神〗Tieste男 (アトレウスの弟)
テュデウス〖ギ神〗Tideo男 (テーバイ遠征七勇士の1人)
デリラ〖聖書〗Dalila女 (愛人のサムソンを欺いた女)
テルシテス〖ギ神〗Tersite男 (『イリアス』に登場する醜悪でけんか好きのギリシア人)
テルプシコレ〖ギ神〗Tersicore女 (舞踏と合唱叙情詩をつかさどるムーサ)
テレマコス〖ギ神〗Telemaco男 (オデュッセウスの息子)
トール Thor男 (北欧神話のオーディンの長子, 雷神)
トッポジージョ Topo Gigio (イタリアの人形キャラクター)
ドナルド・ダック Paperino男 (ディズニー・アニメのキャラクター)
トビア〖聖書〗Tobia男
トマス〖聖書〗Tommaso男 (イエスの十二使徒の1人)
ドラキュラ Dracula男 (吸血鬼)
トリスタン Tristano男 (中世ヨーロッパの恋愛伝説『トリスタンとイゾルデ』の主人公)
トリプトレモス〖ギ神〗Trittolemo男 (農耕の守護神)
ドリュアス〖ギ神・ロ神〗Driadi[複] (森のニンフ)
トロイロス〖ギ神〗Troilo男 (トロイア戦争でアキレウスに殺された)
ドン・アッボンディオ Don Abbondio男 (マンゾーニ『いいなずけ』に登場する司祭)
ドン・カミッロ Don Camillo (ユーモア小説家ジョバンニ・グァレスキ (1908-68) の連作『ドン・カミッロ』の主人公)
ドン・キホーテ Don Chisciotte男 (セルバンテスの『ドン・キホーテ』の主人公) ◇donchisciottesco, donchisciottismo男)
ドン・ファン Don Giovanni男 (スペインの伝説上の人物で数多くの文学作品の主人公)

ナ 行

ナータン〖聖書〗Nathan男 (旧約の預言者)
ナタナエル〖聖書〗Natanaele男 (イエスの十二使徒の1人, バルトロマイと同一視される)
ナルキッソス〖ギ神〗Narciso男 (泉に映る自分の姿に恋して水仙に変身した若者)
ニオベ〖ギ神〗Niobe女 (タンタロスの娘, テーバイ王ア

ンフィオンの妻)
ニコデモ《聖書》Nicodemo (パリサイ人でイエスに好意を抱いた古代ユダヤ議会の議員)
ニュクス《ギ神》Notte🚺 (夜の女神)
ネストル《ギ神》Nestore🚹 (トロイア戦争におけるギリシア軍の最も賢明な長老)
ネッソス《ギ神》Nesso🚹 (ヘラクレスに殺されたが復讐を果たしたケンタウロス)
ネブカドネザル《聖書》Nabucodonosor🚹 (前6世紀バビロニアの王)
ネプトゥヌス《ロ神》Nettuno🚹 (海の神. ギリシア神話のポセイドンにあたる)
ネメシス《ギ神》Nemesi🚺 (因果応報と復讐の女神)
ネレイス, ネレイデス《ギ神》nereidi🚺[複] (海神ネレウスの50人の娘たち, 海のニンフ)
ネレウス《ギ神》Nereo🚹 (海神)
ノア《聖書》Noè🚹 (大洪水を生き延びた) ◇ノアの方舟 L'Arca di Noè
ノルン Norn🚺[複] (北欧神話の人間と運命をつかさどる3人の女神)

ハ 行

バアル Baal, Baal🚹 (古代セム族の男神)
パイドラ《ギ神》Fedra🚺 (テセウスの妻で, 義理の息子ヒュッポリュトスを愛して自殺した)
バウキス《ギ神》Bauci🚺 (貧しい農夫ピレモンの妻, 夫とともにゼウスをもてなした)
パウロ《聖書》Paolo🚹 (一世紀のキリスト教の使徒)
パエトン《ギ神》Fetonte🚹 (太陽神ヘリオスの息子)
パシファエ《ギ神》Pasifae🚺 (ミノス王の妻, ミノタウロスを生んだ)
バッカス《ロ神》Bacco🚹 (酒神. ギリシア神話のディオニュソスにあたる)
バテシバ《聖書》Betsabea🚺 (ダビデの妻, ソロモンの母)
ハデス《ギ神》Ades, Ade🚹 (ゼウスの兄弟, 冥界の王)
パトロクロス《ギ神》Patroclo🚹 (アキレウスの友人)
ハム《聖書》Cam🚹 (ノアの次男)
ハムレット Amleto🚹 (シェイクスピアの悲劇『ハムレット』の主人公)
パラス《ギ神》Pallade🚺 (アテナイの守護女神アテナのこと)
バラバ《聖書》Barabba🚹 (イエスの代わりに放免された盗賊)
バランツォーネ (Dottore) Balanzone🚹 (コンメディア・デッラルテの仮面の登場人物. 尊大な法学者または医者の役)
パリス《ギ神》Paride🚹 (トロイアの王子. スパルタ王妃ヘレネーを奪ったためトロイア戦争が起こる)
バルク《聖書》Baruc🚹 (ヘブライの預言者エレミアの友人)
バルタザル《聖書》Baldassarre🚹 ①キリスト生誕の時に訪れた東方の三博士の1人. →ガスパル, メルキオル ②旧約聖書中のバビロニア最後の王
パルテノペ《ギ神》Partenope🚺 (オデュッセウスが去るのを嘆いて海に身を投じたセイレン)
バルトロマイ《聖書》Bartolomeo🚹 (イエスの十二使徒の1人)
パレス《ロ神》Pale🚺 (牧人の守護女神)
パン《ギ神》Pan🚹 (牧神. 森林・原野・牧羊の神. 頭・胸・腕は人間, 足は山羊で, 時に山羊の角や耳をもつ.ローマ神話のファウヌスにあたる)
パンタグリュエル Pantagruele🚹 (ラブレーの作品に登場する大食漢でユーモラスな巨人) ◇pantagruelico
パンタローネ Pantalone🚹 (コンメディア・デッラルテのヴェネツィアの仮面の登場人物, 年老いた商人役)
パンドラ《ギ神》Pandora🚺 (エピメテウスの妻) ◇パンドラの箱 vaso🚹 di Pandora
ピエリーノ Pierino🚹 (Piero の愛称辞, しばしば悪童の代名詞として使われる)
ビシュヌ Vishnu🚹 (ヒンドゥー教の主神のひとつ)
ヒッポリュテ《ギ神》Ippolita🚺 (アマゾン族の女王)
ヒッポリュトス《ギ神》Ippolito🚹 (テセウスとヒッポリュテの息子. 継母のパイドラに愛されたため父に呪われ, 海神ポセイドンに殺された)
ヒドラ《ギ神》Idra🚺 (ヘラクレスが退治した九頭の大蛇)
ピノッキオ Pinocchio🚹 (コッローディの『ピノッキオの冒険』の主人公)
ヒュアデス《ギ神》Iadi🚺[複] (アトラスの娘たち)
ヒュギエイア《ギ神》Igea🚺 (アスクレピオスの娘で健康の女神. ローマ神話のサルスにあたる)
ピュグマリオン《ギ神》Pigmalione🚹 (彫刻が巧みなキプロス島の王で, 自作の象牙の乙女像に恋をした)
ヒュプノス《ギ神》Ipnosi🚹 (眠りの神, ニュクスの息子)
ヒュペリオン《ギ神》Iperione🚹 (太陽の神)
ヒュメン《ギ神》Imene🚹 (婚姻の神)
ピラト《聖書》Ponzio Pilato🚹 (キリストの処刑を許可したローマのユダヤ総督)
ピリトウス《ギ神》Piritoo🚹 (テッサリア王でテセウスの友人)
ピリポ《聖書》Filippo🚹 (イエスの十二使徒の1人)
ピレモン Filemone🚹 ①《ギ神》貧しい農夫. 妻バウキスとともにゼウスをもてなした. ②《聖書》パウロの弟子
ファウスト Faust🚹 (悪魔と契約を交わしたと伝えられる15世紀ドイツの医者)
ファウヌス《ロ神》fauno🚹 (牧神. ギリシア神話のパンにあたる)
プシュケ《ロ神》Psiche🚺 (エロス (クピド) に愛された娘)
仏陀 Budd(h)a🚹 (仏教の覚者, 一般には釈迦を指す) ◇仏教 budd(h)ismo🚹, 仏教徒 budd(h)ista🚺
ブラフマン Brahma🚹 (ヒンドゥー教の宇宙の最高神, 梵天(ぼん))
フランケンシュタイン Frankenstein🚹 (メアリ・シェリーの小説の主人公)
フリアイ《ロ神》Furie🚺[複] (3人の復讐の女神. ギリシア神話のエリニュスにあたる)
プリアモス《ギ神》Priamo🚹 (トロイア戦争のときのトロイア王, トロイア陥落の際に殺された)
ブリアレス《ギ神》Briareo🚹 (100本の腕と50の頭をもった巨人)
ブリゲッラ Brighella🚹 (コンメディア・デッラルテの仮面の登場人物, 狡猾な召使役)
ブリセイス《ギ神》Briseide🚺 (アキレウスとアガメムノンの確執の原因となった美女)
フリッグ Frigg🚺 (北欧神話のオーディンの妻)
フリュギア《聖書》Frigia🚺 (小アジアの古代の王国)
ブリュンヒルデ Brunilde🚺 (北欧神話でワルキューレの1人でその長)
プルチネッラ Pulcinella🚹 (コンメディア・デッラルテ

のナポリの仮面の登場人物,狡猾な召使役)
プルトン《ロ神》**Plutone**男(冥府(ポィ)の神.ギリシア神話のハデスにあたる)
プレイアデス《ギ神》**Pleiadi**[複](アトラスの7人の娘たち)
フレイヤ《北神》**Freya**女(北欧神話の美と愛と豊穣の女神)
プレゲトン川《ギ神》**Flegetonte**男(冥界を取り巻く火の川)
フローラ《ロ神》**Flora**女(花の女神)
プロメテウス《ギ神》**Prometeo**男(巨人族の1人でデウカリオンの父,エピメテウスの兄.人類に火をもたらした)
ベアトリーチェ Beatrice女(ダンテの『神曲』で愛を具現する女性)
ヘーベ《ギ神》**Ebe**女(ゼウスとヘラの娘で青春と春の女神,昇天したヘラクレスの妻)
ペネイオス《ギ神》**Peneo**男(ダフネの父親で川の神)
ペガサス《ギ神》**Pegaso**男(ペルセウスがメドゥーサを切り殺したとき,その血から生まれた翼のある天馬)
ヘカテ《ギ神》**Ecate**女(地上と冥府(ポィ)を支配する女神)
ヘクトル《ギ神》**Ettore**男(プリアモスの子,トロイアの英雄)
ヘスペリデス《ギ神》**Esperidi**女[複](世界の西の果ての園で黄金の林檎を守るニンフたち)
ベツレヘム《聖書》**Betlemme**女(ヨルダン川北西部のイエスやダヴィデの生誕地)
ペトロ《聖書》**Pietro**男(イエスの十二使徒の1人)
ベニヤミン《聖書》**Beniamino**男(ヤコブとラケルの末子,ヨゼフの弟)
ペネロペ《ギ神》**Penelope**女(オデュッセウスの妻,夫の長期不在中貞節を守りつづけた)
ヘファイストス《ギ神》**Efesto**男(火の神.ローマ神話のウルカヌスにあたる)
ヘラ《ギ神》**Era**女(ゼウスの伴侶たる天の女神.ローマ神話のユーノーにあたる)
ヘラクレス《ギ神》**Eracle, Ercole**男(ゼウスとアルクメネの子,ギリシア神話最大の英雄)
ペリアス《ギ神》**Pelide**男(海神ポセイドンの子,甥のイアソンに金羊毛を取りに行かせた)
ヘリオス《ギ神》**Elios, Elio**男(ヒュペリオンの息子,太陽神.ローマ神話のソルにあたる)
ヘリコン山《ギ神》**Elicona**男(アポロンとムーサたちが住むとされる山)
ペルセウス《ギ神》**Perseo**男(ゼウスとダナエの間に生まれた英雄)
ペルセポネ《ギ神》**Persefone**女(ゼウスとデメテルの間に生まれた娘.下界の女王,春の女神)
ヘルメス《ギ神》**Ermes, Ermete**男(神々の使者.牧畜,商業,盗賊,旅人の守護神.ローマ神話のメルクリウスにあたる)
ペルペートゥア Perpetua女(マンゾーニ『いいなづけ』のドン・アッボンディオ司祭の下女の名)
ペレウス《ギ神》**Peleo**男(アキレウスの父)
ベローナ《ロ神》**Bellona**女(戦いの女神.ギリシア神話のエニュオにあたる)
ヘロデア《聖書》**Erodiade**女(サロメの母)
ペロプス《ギ神》**Pelope**男(タンタロスの子,アトレウスとテュエステスの父)
ペンテウス《ギ神》**Penteo**男(テーバイ王)
ペンテシレイア《ギ神》**Pentesilea**女(アマゾン女人族の女王,トロイア戦争でトロイアに味方して戦った)

ポイボス《ギ神》**Febo**(太陽神アポロンの別名)
ポセイドン《ギ神》**Poseidone**男(ゼウスの兄弟,海の神.ローマ神話のネプトゥヌスにあたる)
ポリュクセネ《ギ神》**Polissena**女(トロイアの王女,アキレウスに愛された)
ポリュデウケス《ギ神》**Polluce**男(ゼウスとレダの間に生まれた双子の1人)
ポリュヒュムニア《ギ神》**Polimnia**女(賛歌のムーサの1人)
ポリュペモス《ギ神》**Polifemo**男(一つ目の巨人キュクロプスの1人)
ホルス Horus(古代エジプトの天空神,王権の神)
ホロフェルネス《聖書》**Oloferne**男(旧約聖書外典のユディト書に登場するネブカドネザル王に仕えていた将軍)

マ 行

マーリン Merlino男(アーサー王伝説の魔法使い)
マイア《ギ神》**Maia**女(プレイアデスの1人,ゼウスと交わってヘルメスを生んだ)
マタイ《聖書》**Matteo**男(イエスの十二使徒の1人)
マッテヤ《聖書》**Mattia**男(ユダの代わりに選ばれた十二使徒の1人)
マナセ《聖書》**Manasse**(前7世紀のユダ王国の王,エゼキアの息子)
マニトゥ Manitù(北米先住民族社会における超自然的存在,霊)
マリア《聖書》①**Maria**女(イエス・キリストの母)◇聖母マリア **Madonna**女(聖母子 **Madonna col Bambino**)
②マグダラのマリア **Maria Maddalena**女(イエスの処刑に立ち会い復活後のイエスを最初に見た聖女)
③ベタニアのマリア **Maria (di Betania)**女(ラザロとマルタの妹)
マルコ《聖書》**Marco**男(福音書の著者)
マルス《ロ神》**Marte**男(軍神,戦いの神.ギリシア神話のアレスにあたる)
マルタ(ベタニアの)《聖書》**Marta (di Betania)**女(ラザロの妹,マリアの姉)
ミカエル《聖書》**Michele**男(大天使)
ミダス《ギ神》**Mida**男(小アジアのフリュギアの王)
ミッキー・マウス Topolino男(ディズニー・アニメのキャラクター)
ミトラ Mitra(古代アーリア人の太陽神)
ミネルヴァ《ロ神》**Minerva**女(知恵の女神.ギリシア神話のアテナにあたる)
ミノス《ギ神》**Minosse**男(ゼウスとエウロペの子でクレタ島の王)
ミノタウロス《ギ神》**Minotauro**男(牛頭人身の怪物・パシフェの子)
ミュラ《ギ神》**Mirra**女(キプロスの王女で父と交わりアドニスを生んだ)
ムーサ, ミューズ《ギ神》**Musa**女(芸術を保護する女神で,9人いる)
ムート Mut女(古代エジプトの女神,アメンの妻)
ムネモシュネ《ギ神》**Mnemosine**女(記憶の女神,ゼウスとの間にムーサを生む)
メガイラ《ギ神》**Megera**女(復讐の女神の1人)
メディア《ギ神》**Medea**女(魔法使いのコルキス王女,イアソンに捨てられ我が子を殺害する)
メディチ i Medici男[複](ルネサンスを演出したフィレンツェの名家)
メドゥーサ《ギ神》**Medusa**女(ゴルゴンの1人,見る

メトセラ〘聖書〙Matusalemme男（エノクの息子でノアの祖父，969歳まで生きたと言われる）
メネギーノ Meneghino男（コンメディア・デッラルテの仮面の登場人物，ミラノ庶民を象徴する役）
メネラオス〘ギ神〙Menelao男（スパルタ王，アガメムノンの弟でヘレネの夫）
メフィストフェレス〘聖書〙Mefistofele男（ファウスト伝説に登場する悪魔）◇mefistofelico
メムノン〘ギ神〙Memnone男（エチオピア王）
メルキオル〘聖書〙Melchiorre男（キリスト生誕時に訪れた東方の三博士の1人．→ガスパル，バルタザル）
メルキセデク〘聖書〙Melchisedech男（アブラハムの時代のサレムの祭司で王）
メルクリウス〘ロ神〙Mercurio男（商売の神．ギリシア神話のヘルメスにあたる）
メルポメネ〘ギ神〙Melpomene女（悲劇をつかさどるムーサ）
メレアグロス〘ギ神〙Meleagro男（カリュドンの王子）
メロペ〘ギ神〙Merope女（プレイアデスの1人，シシュポスの妻）
メントール〘ギ神〙Mentore男（オデュッセウスの友人，その留守を守った）
モーセ〘聖書〙Mosè男（前13世紀に神との契約を果たしたヘブライ民族の指導者）
モナリザ La Gioconda女, Monna Lisa女（レオナルド・ダ・ヴィンチが描いた女性）
モモス〘ギ神〙Momo男（批評の神．夜と眠りの息子）
モルペウス〘ギ神〙Morfeo男（夢の神．眠りの神ヒュプノスの息子）
モロク〘聖書〙Moloch男（古代カナーンの地の神）
モンテクリスト伯(岩窟王) Conte di Montecristo男（アレクサンドル・デュマの小説の主人公）

ヤ 行

ヤコブ〘聖書〙Giacobbe男（イサクの子で，エサウの弟）
ヤコブ(大)〘聖書〙Giacomo il Maggiore男（十二使徒の1人，ゼベダイの息子）
ヤヌス〘ロ神〙Giano男（頭の前後に顔をもち，事の始めと終わりをつかさどる．門や入り口の守護神）
ヤペテ〘聖書〙Iafet男（ノアの第3子）
ヤラベアム〘聖書〙Geroboamo I男（前10世紀のヘブライ人の初代の王）
ユーノー〘ロ神〙Giunone女（光と結婚の女神．ユピテルの妻でギリシア神話のヘラにあたる）
ユダ〘聖書〙① Giuda男（イエスの十二使徒の1人，マタイの福音書ではタダイ Taddeo と呼ばれる）②イスカリオテのユダ Giuda (Iscariota)男（十二使徒の1人でイエスを裏切る）
ユディト〘聖書〙Giuditta女（旧約聖書外典のユディト書に語られるユダヤの女傑）
ユピテル，ジュピター〘ロ神〙Giove男（ローマ神話の最高神．ギリシア神話のゼウスにあたる）
ヨアブ〘聖書〙Ioab男（ダヴィデの甥）
ヨザファト〘聖書〙Giosafat, Giosafat男（前9世紀のユダ王国の王）
ヨシア〘聖書〙Giosia男（ユダ王国最後の王）
ヨシュア〘聖書〙Giosuè男（モーセの後継者）
ヨゼフ〘聖書〙Giuseppe男（①ヤコブとラケルの子．②聖母マリアの夫で，イエスの養父）
ヨナタン〘聖書〙Gionata男（サウルの息子，ダヴィデの友人）
ヨハネ〘聖書〙Giovanni男（イエスの十二使徒の1人）

ラ 行

ラー Ra男（古代エジプトの太陽神）
ラウラ Laura女（ペトラルカの『カンツォニエーレ』に歌われた女性）
ラオコーン〘ギ神〙Laocoonte男（トロイアのアポロンの神官）
ラケシス〘ギ神〙Lachesi女（3人の運命の女神モイラの1人．→アトロポス，クロト）
ラケダイモン〘ギ神〙Lacedemone男（ゼウスの子で，スパルタの建設者）
ラケル〘聖書〙Rachele女（ヤコブの妻）
ラザロ〘聖書〙Lazzaro男（ベタニアの人，マルタとマリアの弟．イエスの奇跡により死後甦る）
ランスロ Lancillotto男（アーサー王伝説の騎士）
リュカオン〘ギ神〙Licaone男（アルカディア王）
ルカ〘聖書〙Luca男（福音書の著者）
ルチフェル，ルシファー〘宗教〙Lucifero男（キリスト教のサタン，反逆天使）
ルツ〘聖書〙Rut女（ベツレヘムのナオミの息子の嫁，ダヴィデの曽祖母）
レア〘ギ神〙Rea女（ウラノスとガイアの娘，クロノスの妻）
レーテ〘ギ神〙Lete（冥界を流れる忘却の川）
レダ〘ギ神〙Leda女（ゼウスが白鳥の姿で近づいて妻とした）
レビ〘聖書〙Levi男（ヤコブとレアの息子，レビ人の祖）
レベッカ〘聖書〙Rebecca女（イサクの妻，エサウとヤコブの母）
ロキ Loki男（北欧神話の奇怪な神，火の魔物）
ロト〘聖書〙Lot男（アブラハムの甥）
ロビン・フッド Robin Hood男（イギリスの伝説的な民衆の英雄）
ロミオ Romeo男（シェイクスピアの悲劇『ロミオとジュリエット』の主人公）
ロムルス Romolo男（前753年ローマを建設した初代の王で，双子の兄弟レムス Remo と友にオオカミに育てられた伝説上の人物）
ロラン Orlando男（『ロランの歌』などのフランス中世騎士道物語詩の主人公）
ロンギヌスの槍 Lancia di Longino男（磔刑のキリストを刺した百卒長ロンギヌスの槍，聖杯伝説と対をなす伝説）

ワ 行

ワルキューレ Valchirie女[複]（北欧神話でオーディンに仕える戦いの乙女たち）
ワルハラ Valhalla（北欧神話で英雄が死後に運び込まれるオーディーンの館）

年　　表

(この年表は日本とヨーロッパ，特にイタリアとの関係を中心に編まれている)

西暦紀元前　avanti Cristo (a.C.; 年数のあとに，たとえば 753 a.C.とつける)

8000頃	縄文文化発生	Nascita della Cultura Jomon (–circa III sec. a.C.)
753	ロムルスのローマ建国 (伝説)	Romolo, mitico re, fonda Roma
510頃	ローマで共和政開始	Fondazione della Repubblica a Roma
450頃	ローマで十二表法制定	Roma, Legge delle Dodici Tavole
367	ローマでリキニウス法制定	Leggi Liciniae-Sextiae: i plebei possono accedere al Consolato
3世紀頃	弥生文化発生	Nascita della Cultura Yayoi (–circa III sec. d.C.)
272	ローマによる中部イタリア制覇	Estensione del dominio di Roma sull'Italia Centrale
264	第1回ポエニ戦争	Prima Guerra Punica (–241)
218	第2回ポエニ戦争	Seconda Guerra Punica (–201)
149	第3回ポエニ戦争	Terza Guerra Punica (–146)
146	カルタゴ滅亡	Distruzione di Cartagine
133	グラックス兄弟の改革	Riforma agraria di Tiberio e Caio Gracco (–121)
73	スパルタクスの反乱	Rivolta di Spartaco (–71)
60	第1回三頭政治	I Triumvirato (Pompeo, Crasso e Cesare)
44	カエサル，暗殺される	Uccisione di Giulio Cesare
43	第2回三頭政治	II Triumvirato (Antonio, Lepido e Ottaviano)
31	アクティウムの海戦	Battaglia Navale di Azio
27	ローマ，元首政となる	Inizio del Principato con Ottaviano Augusto
4頃	イエス・キリスト誕生	Nascita di Gesù Cristo

西暦紀元後　dopo Cristo (d.C.)

30頃	キリストの磔刑	Crocifissione di Gesù
64	ローマ大火．キリスト教への迫害開始	Incendio di Roma. Inizio della persecuzione dei cristiani
79	ヴェスヴィオ火山噴火．ポンペイ，エルコラーノ埋没	Eruzione del Vesuvio. Scomparsa di Pompei e Ercolano
100頃	トラヤヌス帝；ローマの領土最大になる	Massima estensione dell'Impero Romano sotto Traiano (98–117)
212	カラカラ帝，ローマ帝国内のすべての自由民に市民権を与える	L'Imperatore Caracalla (211–217) estende la cittadinanza romana a tutti i sudditi liberi dell'Impero
239	邪馬台国の女王卑弥呼，魏(ｷ)に使いを送る	Himiko, regina di Yamatai, invia un'ambasciata presso la Cina dei Wei
313	コンスタンティヌス大帝，ミラノ勅令でキリスト教公認	Editto di Milano di Costantino: tolleranza del Cristianesimo
325	ニケーア公会議 (ニカイア宗教会議)	Concilio di Nicea
330	コンスタンティノポリスへの遷都	Trasferimento della capitale a Bisanzio, poi chiamata Costantinopoli
376	ゲルマン民族，ローマ領内での移動開始	Inizio delle migrazioni dei popoli germanici
395	ローマ帝国の東西分裂	Divisione dell'Impero Romano in Oriente e Occidente
410	西ゴート族，ローマを略奪	I Visigoti saccheggiano Roma
476	西ローマ帝国滅亡	Caduta dell'Impero Romano d'Occidente
481	フランク王国建国	Fondazione del Regno dei Franchi
493	テオドリック，東ゴート王国建国	Fondazione del Regno degli Ostrogoti in Italia con il re Teodorico
527	東ローマ帝国 (ビザンチン帝国) でユスティニアヌス帝，帝位に就く	Giustiniano imperatore di Bisanzio (–565)
529	ベネディクトゥス，モンテカッシーノに修道院創設	Benedetto da Norcia fonda il monastero di Montecassino
538頃	仏教伝来	Introduzione del buddismo in Giappone
568	ランゴバルド(ロンバルド)，王国建国	Fondazione del Regno dei Longobardi
590	グレゴリウス1世，教皇になる	Papato di Gregorio I Magno (–604)
604	十七条憲法制定 (聖徳太子)	Costituzione dei Diciassette Articoli
607	遣隋使小野妹子	Ono no Imoko, ambasciatore alla corte cinese dei Sui
622	ムハンマド，メディナへの遷都 (ヒジュラ，ヘジラ)．イスラム暦成立	Egira di Maometto dalla Mecca a Medina: inizio del calendario musulmano
630	遣唐使の開始	Prima delegazione giapponese alla corte cinese dei Tang

645	大化の改新	Riforma Taika
651	ササン朝ペルシア滅亡	Fine della dinastia dei Sassanidi in Persia
701	大宝律令で律令制成る	Sistema Ritsuryo (insieme di codici amministrativi e penali)
712	『古事記』	Kojiki
720	『日本書紀』	Nihonshoki
732	トゥール・ポワティエの戦い	Battaglia di (Tours-)Poitiers. Blocco dell'avanzata degli Arabi in Europa
751	ピピン，カロリング朝を建てる	Pipino il Breve, re dei Franchi
770頃	『万葉集』	Man'yoshu (-780)
774	カール大帝，ランゴバルド征服	Carlo Magno conquista il Regno Longobardo in Italia
794	平安京遷都	Il trasferimento della capitale a Heian-kyo (Kyoto)
800	カール大帝戴冠，「西ローマ帝国」復興	Carlo Magno è incoronato imperatore a Roma da Papa Leone III
800頃	仮名の発明	Ideazione dell'alfabeto sillabico "kana"
805	最澄，天台宗を開く	Saicho fonda la Setta Tendai
816	空海，密教をもたらし，真言宗を開く	Kukai fonda la Setta Shingon del buddismo esoterico
843	ヴェルダン条約成る，フランク王国三分	Trattato di Verdun, divisione del Regno dei Franchi in tre regni
894	遣唐使停止	Sospensione della delegazione alla corte cinese dei Tang
910	クリュニー修道院創設	Fondazione del monastero benedettino di Cluny
962	神聖ローマ帝国成立	Fondazione del Sacro Romano Impero
1011頃	紫式部『源氏物語』	Murasaki Shikibu, Storia di Genji, il Principe Splendente
1053	平等院鳳凰(ほうおう)堂	Costruzione del Padiglione della Fenice presso il Tempio Byodoin
1054	キリスト教会，東西に分裂	Definitiva frattura tra la Chiesa Orientale e quella Occidentale
1096	第1回十字軍	Prima Crociata (-1099)
1122	ヴォルムス協約成る	Concordato di Worms
1130	シチリア王国成立	Costruzione del Regno normanno di Sicilia e di Puglia
1147	第2回十字軍	Seconda Crociata (-1149)
1155	フリードリッヒ1世バルバロッサの統治	Regno di Federico I Barbarossa (-1190)
1158	ボローニャ大学に特許状授与，大学として認められる	Federico Barbarossa dà un riconoscimento all'Università di Bologna
1189	第3回十字軍	Terza Crociata (-1192)
1192	鎌倉幕府開く	Inizio dello shogunato di Kamakura
1215	大憲章（マグナカルタ）承認	Concessione della "Magna Charta Libertatum"
1250	フリードリッヒ2世没	Morte di Federico II
1274	蒙古襲来（文永の役）	Prima invasione delle armate mongole
1281	蒙古襲来（弘安の役）	Seconda invasione delle armate mongole
1299	オスマン帝国建国	Fondazione dell'Impero Ottomano
1300	ボニファキウス8世，最初の聖年を宣す	Bonifacio VIII istituisce il Primo Giubileo
1309	教皇庁，アヴィニョンに移る	Trasferimento del Papato ad Avignone (-1377)
1320頃	ダンテ『神曲』	Dante, Commedia
1333	鎌倉幕府，滅ぶ	Fine dello shogunato di Kamakura
1336	室町（足利）幕府，開く	Inizio dello shogunato di Muromachi
1339	英仏百年戦争	Guerra dei Cento Anni tra Francia e Inghilterra (-1453)
1346	ペスト大流行	Epidemia di peste (-1350)
1351	ボッカッチョ『デカメロン』	Boccaccio, Decamerone
1378	教会大分裂始まる	Scisma d'Occidente o Grande Scisma: papi e antipapi si contendono il dominio della Chiesa (-1417)
1414	コンスタンツ公会議	Concilio di Costanza (-1418)
1453	東ローマ帝国滅亡	Caduta dell'Impero Romano d'Oriente
1469	ロレンツォ・デ・メディチ，フィレンツェの実権を握る	Signoria di Lorenzo il Magnifico a Firenze (-1492)
1492	コロンブス，アメリカ大陸到達	Cristoforo Colombo scopre l'America
1498	サヴォナローラ，フィレンツェで処刑	Rogo di Gerolamo Savonarola a Firenze
1513	マキアヴェッリ『君主論』	Machiavelli, Il principe
1516	アリオスト『狂えるオルランド』	Ariosto, Orlando furioso
1517	ルター「95か条の論題」発表．ドイツ宗教改革開始	Martin Lutero affigge le 95 tesi sulla porta del Duomo di Wittenberg
1527	（カール5世による）ローマ略奪	Sacco di Roma
1534	イエズス会創立	Fondazione della Compagnia di Gesù
1543	ポルトガル人日本に鉄砲を伝える	Introduzione dei primi fucili in Giappone da parte dei portoghesi
1545	トリエント（トレント）公会議	Concilio di Trento (-1563)

1549	フランシスコ・ザビエル，鹿児島に到来	Arrivo di Francesco Saverio a Kagoshima
1555	アウクスブルクの宗教和議	Pace di Augusta
1571	レパントの海戦	Battaglia Navale di Lepanto
1573	織田信長，室町幕府を滅ぼす	Fine dello shogunato di Muromachi
1575	タッソ『解放されたイェルサレム』	Tasso, *Gerusalemme liberata*
1579	イエズス会巡回使アレッサンドロ・ヴァリニャーノ（イタリア人）来日	Arrivo in Giappone del visitatore gesuita Alessandro Valignano
1582	教皇グレゴリウス13世，暦法改正	Gregorio XIII riforma il calendario giuliano
	天正少年遣欧使節，ローマへ（天正10）	La delegazione dei giovani nobili cristiani giapponesi parte per Roma
1583	クルスカ学会設立（イタリア語純化のための言語学会）	Fondazione dell'Accademia della Crusca
1585	教皇グレゴリウス13世，天正少年遣欧使節団を謁見	Il Papa Gregorio XIII riceve la prima delegazione giapponese (di giovani nobili)
1590	豊臣秀吉，全国を統一	Toyotomi Hideyoshi unifica tutto il Giappone
	ヴァリニャーノ，天正使節団とともに再来日	Valignano ritorna in Giappone insieme alla delegazione dei giovani nobili cristiani
1595	アルヴァレス『ラテン文法』『拉葡日対訳辞書』を天草で刊行	Pubblicazione ad Amakusa del *De Institutione Grammatica* e del *Ditionarium Latino Lustitanicum ac Japonicum* di Alvarez
1600	ジョルダーノ・ブルーノ刑死	Rogo di Giordano Bruno a Roma
	関ケ原の戦い	Battaglia di Sekigahara tra Tokugawa e Toyotomi
1603	徳川家康，江戸（徳川）幕府を開く	Tokugawa Ieyasu fonda lo shogunato di Edo
	ローマにアカデミア・リンチェイ創立	Fondazione dell'Accademia dei Lincei a Roma
	日本イエズス会『日葡辞書』を刊行	La Compagnia di Gesù in Giappone pubblica il *Vocabvlario da Lingoa de Iapam* (–1604)
1604	ロドリゲス『日本(大)文典』長崎で刊行	Pubblicazione a Nagasaki della grammatica giapponese di *Arte da Lingoa de Iapam* di João Rodriguez (–1608)
1612	クルスカ学会『イタリア語大辞典』を刊行	Pubblicazione del *Vocabolario degli Accademici della Crusca*
1618	ドイツ30年戦争始まる	Inizio della Guerra dei Trent'anni (–1648)
1629頃	踏み絵始まる	Inizia la persecuzione dei cristiani giapponesi
1632	ディエゴ・コリャド（ドミニコ会）監修『日本文典』『拉西日対訳辞書』ローマで刊行 Pubblicazione a Roma di *Ars Grammaticae Iaponicae Linguae, Dictionarium sive Thesauri Linguae Japonicae* di Diego Collado	
1633	ガリレオ・ガリレイ，異端裁判で有罪宣告	Galileo Galilei è condannato al carcere dal Sant'Uffizio di Roma
1641	鎖国	Isolamento del paese (–1854)
1637	島原の乱	Rivolta dei Cristiani a Shimabara (–1638)
1648	ウエストファリア条約	Pace di Vestfalia
1708	イエズス会士シドッティ日本潜入．新井白石，その尋問をもとにその後『西洋紀聞』を著す L'ultimo missionario gesuita Giovanni Sidotti arriva in Giappone. Arai Hakuseki scrive *Seiyo Kibun*	
1713	ユトレヒト条約	Trattato di Utrecht e Rastatt (–1715)
1716	康熙(こう)帝の命により『康熙字典』刊	Pubblicazione del *Dizionario Kangxi*
1720	サルデーニャ王国成立	Formazione del Regno di Sardegna
1740	オーストリア継承戦争始まる	Guerra di Successione Austriaca (–1748)
1751	フランスでダランベールとディドロ監修の『百科全書』刊行	Diderot e d'Alembert pubblicano *Encyclopédie* (–1780)
1776	アメリカ合衆国，独立宣言	Dichiarazione di Indipendenza degli Stati Uniti
1789	フランス革命開始，人権宣言	Inizio della Rivoluzione Francese. Dichiarazione dei Diritti dell'Uomo
1796	ナポレオン1世のイタリア政略	Campagna d'Italia dell'esercito francese sotto il comando di Napoleone Bonaparte (–1797)
1806	神聖ローマ帝国解体	Abolizione del Sacro Romano Impero
1814	ウィーン会議	Congresso di Vienna (–1815)
1815	ナポレオン，ワーテルローの戦いで敗北，セント・ヘレナ島に流刑	Sconfitta di Napoleone Bonaparte a Waterloo e suo esilio a Sant'Elena
1820	カルボナリの乱	Inizio dei Moti Carbonari a Napoli
1823	シーボルト，長崎に来航	Siebold, medico bavarese, giunge a Nagasaki
1831	マッツィーニ，青年イタリア党を結成	Giuseppe Mazzini fonda la Giovane Italia
1848	第1次イタリア独立戦争	Prima Guerra d'Indipendenza Italiana (–1849)
	マルクス，エンゲルス『共産党宣言』発表	Marx, Engels, *Manifesto del Partito Comunista*
1853	黒船来航	Arrivo a Uraga delle quattro navi statunitensi del commodoro Perry

	クリミア戦争	Guerra di Crimea (–1856)
1854	日米和親条約	Trattato di Amicizia di Kanagawa tra il Giappone e gli Stati Uniti
1859	第2次イタリア独立戦争	Seconda Guerra d'Indipendenza Italiana
1860	ガリバルディの「千人隊」	Giuseppe Garibaldi e la Spedizione dei Mille
1861	イタリア統一王国成立	Vittorio Emanuele II è proclamato "Re d'Italia"
1866	日伊修好通商条約（慶応2年）	Accordo Italo-giapponese di amicizia e commercio
	第3次イタリア独立戦争	Terza Guerra d'Indipendenza Italiana
1867	大政奉還	Proclamazione del "Ritorno all'antica monarchia"
	ヘボン編『和英語林集成』刊行	Pubblicazione di *A Japanese and English Dictionary with English and Japanese Index* di James Curtis Hepburn
1868	明治維新．江戸，京都より遷都，東京と改称	Riforma Meiji. Trasferimento della capitale da Kyoto a Edo, poi chiamata Tokyo
1869	第1回バチカン公会議	Concilio Vaticano I (–1870)
	スエズ運河開通	Apertura del Canale di Suez
1870	普仏戦争始まる	Inizio della Guerra Franco-prussiana (–1871)
	ローマ，イタリアの首都になる	Roma capitale d'Italia
1871	廃藩置県の詔書	Rescritto imperiale per l'abolizione degli "han" e istituzione delle prefetture
	岩倉具視ほか政府要人が欧米に出発	Iwakura Tomomi e altri ministri partono per l'Europa e gli Stati Uniti
1873	岩倉具視帰国	Ritorno di Iwakura Tomomi in Giappone
1875	イタリア人画家・版画家キオッソーネ，大蔵省紙幣寮の招きで来日	Edoardo Chiossone, pittore e incisore italiano, arriva in Giappone invitato dal Ministero delle Finanze, per dirigere l'Officina Carte-valori
1882	独墺伊三国同盟	Triplice Alleanza tra Austria, Germania e Italia (–1915)
1889	大日本帝国憲法（明治憲法）発布	Proclamazione della Costituzione Meiji
	大槻文彦，最初の近代的国語辞典『言海』を刊行 (–1891)	Otsuki Fumihiko pubblica *Genkai*, il primo dizionario moderno della lingua giapponese
1894	日清戦争	Guerra Cino-giapponese (–1895)
1900	ウンベルト1世，暗殺される	Regicidio di Umberto I
1902	日英同盟締結	Alleanza Anglo-giapponese (–1912)
1904	日露戦争	Guerra Russo-giapponese (–1905)
1911	イタリア・トルコ戦争	Guerra Italo-turca
1914	パナマ運河開通	Apertura del Canale di Panama
	サラエボ事件	Incidente di Sarajevo
	第1次世界大戦勃発	Inizio della Prima Guerra Mondiale (–1918)
	日本，第1次世界大戦に参加	Il Giappone interviene nella Prima Guerra Mondiale
1915	イタリア，第1次世界大戦に参加	L'Italia interviene nella Prima Guerra Mondiale
1917	アメリカ合衆国参戦	Gli Stati Uniti entrano in Guerra
	ロシア革命勃発	Inizio della Rivoluzione Russa
	日伊秘密協定	Accordo Italo-giapponese
1919	ヴェルサイユ条約	Trattato di Versailles
1920	国際連盟成立	Fondazione della Società delle Nazioni
1921	ワシントン会議	Conferenza di Washington (–1922)
1922	ファシストの「ローマ進軍」．第1次ムッソリーニ政権樹立	"La marcia su Roma". Formazione del Primo Governo Mussolini
	ソビエト社会主義共和国連邦成立	Nascita dell'URSS
1923	関東大震災	Il grande terremoto di Kanto
1925	ロカルノ条約	Trattato di Locarno
1929	ラテラノ協定	Lo Stato Italiano e la Santa Sede firmano i Patti Lateranensi
	世界大恐慌始まる	Inizio della Recessione
1930	ロンドン軍縮会議	Conferenza navale di Londra
1931	満州事変勃発	Incidente di Mukden
1932	満州国建国宣言	Proclamazione della Fondazione del Manciukuò
1933	アメリカでニューディール政策始まる	New Deal di F. D. Roosevelt
	日本，国際連盟脱退	Ritiro del Giappone dalla Società delle Nazioni
	ヒトラー，ドイツ首相に	Hitler forma il governo
1934	日本，ワシントン軍縮条約を破棄	Rinuncia del Trattato Navale di Washington da parte del Giappone
	満州帝国建国	Nascita dell'Impero Mancese
1935	イタリア，エチオピアを侵略	L'Italia invade l'Etiopia
1936	2・26事件	Incidente del 26 febbraio
	スペイン市民戦争始まる	Inizio della Guerra Civile in Spagna (–1939)
1937	イタリア，国際連盟脱退	Ritiro dell'Italia dalla Società delle Nazioni
1939	第2次世界大戦勃発	Inizio della Seconda Guerra Mondiale (–1945)

1940	イタリア，第二次世界大戦に参戦	Entrata in Guerra dell'Italia
	ベルリンで日独伊三国軍事同盟調印	Firma del "Patto Tripartito" a Berlino
1941	ハワイ真珠湾攻撃	Bombardamento di Pearl Harbor
	太平洋戦争勃発	Scoppio della Guerra del Pacifico
1943	イタリア・ファシズム政権崩壊	Caduta del fascismo in Italia
1945	イタリア解放，ムッソリーニ処刑	Liberazione dell'Italia. Mussolini viene giustiziato
	ドイツ降伏	Resa della Germania
	広島・長崎に原爆	Bomba atomica su Hiroshima e Nagasaki
	日本降伏	Resa del Giappone
	ニュルンベルク［国際軍事］裁判	Processo di Norimberga (–1946)
1946	イタリア，国民投票で共和制発足	Referendum istituzionale in Italia; proclamazione della Repubblica
	極東国際軍事裁判	Tribunale militare internazionale per l'Estremo Oriente (–1948)
1947	日本国憲法施行	Entrata in vigore della nuova Costituzione Giapponese
	マーシャル・プラン	Piano Marshall
	冷戦始まる	Inizio della Guerra fredda (–1991)
1948	イタリア共和国憲法施行	Entrata in vigore della Costituzione della Repubblica Italiana
1949	北大西洋条約機構創設	Nascita della NATO
1950	朝鮮戦争	Guerra di Corea (–1953)
1951	サンフランシスコ講和条約	Firma del Trattato di Pace a San Francisco
1955	ワルシャワ条約機構発足	Nasce il patto di Varsavia
	イタリア，国連に加盟	Ammissione dell'Italia all'ONU
1956	日本，国連に加盟	Ammissione del Giappone all'ONU
1958	EEC発足	Fondazione della CEE
1959	東京にイタリア文化会館開設	Inaugurazione dell'Istituto Italiano di Cultura di Tokyo
1961	ローマに日本文化会館開設	Inaugurazione dell'Istituto Giapponese di Cultura di Roma
1962	第2回バチカン公会議	Concilio Vaticano II (–1965)
1965	東西両教会和解	Revoca della scomunica reciproca tra Cattolici e Ortodossi
1970	大阪万博	Esposizione internazionale di Osaka
1972	沖縄本土返還	Restituzione di Okinawa al Giappone
1978	イタリア首相モロ，暗殺さる	Assassinio di Aldo Moro
1986	チェルノブイリ原発事故	Incidente nucleare di Cernobyl
1989	昭和天皇崩御	Morte dell'Imperatore Showa (Hirohito)
	平成年号始まる	Inizio dell'era Heisei
	ベルリンの壁崩壊	Crollo del muro di Berlino
1991	湾岸戦争	Guerra del Golfo
	バブル崩壊	Crollo della bolla economica
	ソ連の崩壊，独立国家共同体の誕生	Fine dell'URSS e nascita della Comunità di Stati Indipendenti (CSI)
1992	マーストリヒト条約	Trattato di Maastricht
1993	EU発足	Nasce l'Unione Europea
1995	阪神・淡路大震災	Grande terremoto di Hanshin-Awaji
	地下鉄サリン事件	Attentato al gas nervino nella metropolitana di Tokyo
1999	欧州通貨ユーロ導入	Introduzione dell'euro
2001	9.11テロ事件	Attentati dell'11 settembre 2001
2003	イラク戦争	Guerra all'Iraq

日本史時代区分

飛鳥時代	periodo Asuka	fine VI secolo–metà VII secolo
奈良時代	periodo Nara	710–794
平安時代	periodo Heian	794–1185
鎌倉時代	periodo Kamakura	1185 [1192]–1333
南北朝時代	periodo delle Dinastie Meridionale e Settentrionale	1333–1392
室町［足利］時代	periodo Muromachi [Ashikaga]	1336–1573
戦国時代	periodo dei Regni Combattenti	1467–1568
安土桃山［織豊(しょくほう)］時代	periodo Azuchi-Momoyama [Oda-Toyotomi]	1573–1600
江戸［徳川］時代	periodo Edo [Tokugawa]	1603–1868
明治時代	era Meiji	1868–1912
大正時代	era Taisho	1912–1926
昭和時代	era Showa	1926–1989
平成時代	era Heisei	1989–

和伊中辞典〈第2版〉

1994年1月1日　初版　　　　発行
2008年3月5日　第2版第1刷発行

監　修	和　田　忠　彦
編　者	西　川　一　郎
発行者	大　澤　　　昇

発 行 所　〔郵便番号 101-8001〕
　　　　　東京都千代田区一ツ橋 2-3-1

　　　　　株式会社　小　学　館

　　　　　電話　編集　03-3230-5169
　　　　　　　　販売　03-5281-3555

印 刷 所　凸版印刷株式会社
製 本 所　牧製本印刷株式会社

©Shogakukan　1994, 2008
　Printed in Japan

本書の一部あるいは全部を無断で複製・転載することは，法律で認められた場合を除き，著作者および出版者の権利の侵害となります。あらかじめ小社あて許諾を求めてください。

Ⓡ〈日本複写権センター委託出版物〉
本書の全部または一部を無断で複写（コピー）することは，著作権法上での例外を除き，禁じられています。本書からの複写を希望される場合は，日本複写権センター（☎03-3401-2382）にご連絡ください。

造本には，じゅうぶん注意しておりますが，万一，落丁・乱丁などの不良品がありましたら，「小学館制作局」（☎0120-336-340）あてにお送りください。送料小社負担にて，お取り替えいたします。（電話受付は土・日・祝日を除く 9:30～17:30です）

★小学館外国語辞典のホームページ
　「小学館ランゲージワールド」
　http://www.l-world.shogakukan.co.jp/
ISBN978-4-09-515452-7